ドイツ語圏の主な国と都市

ドイツ連邦共和国

Bundesrepublik Deutschland（国際識別記号：D）

面積： 357,121km²
人口： 8,189万人
通貨： ユーロ（EUR）
首都： ベルリン
　　　（Berlin）346万
都市： ハンブルク
　　　（Hamburg）179万
　　　ミュンヒェン（München）135万
　　　ケルン（Köln）101万
　　　フランクフルト・アム・マイン
　　　（Frankfurt am Main）68万
　　　シュトゥットガルト（Stuttgart）61万
　　　デュッセルドルフ（Düsseldorf）59万
　　　ドルトムント（Dortmund）58万
　　　エッセン（Essen）57万
　　　ブレーメン（Bremen）55万
　　　ドレスデン（Dresden）52万
　　　ライプツィヒ（Leipzig）52万
　　　ハノーファー（Hannover）52万
　　　ニュルンベルク（Nürnberg）51万
　　　デュースブルク（Duisburg）49万

オーストリア共和国

Republik Österreich（国際識別記号：A）

面積： 83,879km²
人口： 846万人
通貨： ユーロ（EUR）
首都： ウィーン
　　　（Wien）172万
都市： グラーツ
　　　（Graz）26万
　　　リンツ（Linz）19万
　　　ザルツブルク（Salzburg）15万
　　　インスブルック（Innsbruck）12万

スイス連邦

Schweizerische Eidgenossenschaft
（通称：die Schweiz）　（国際識別記号：CH）

面積： 41,285km²
人口： 800万人
通貨： スイス・フラン
　　　（sFr）
公用語： ドイツ語、
　　　フランス語、
　　　イタリア語、ロマンシュ語
首都： ベルン（Bern）13万
都市： チューリヒ（Zürich）38万
　　　ジュネーヴ（Genf [Genève]）19万
　　　バーゼル（Basel）16万
　　　ローザンヌ（Lausanne）13万

コラム索引

ドイツ・ミニ情報

1	自動車	134	16	基本法	580	31	宗 教	1077
2	首都ベルリン	180	17	日常のあいさつ	582	32	学校制度	1174
3	ビールとワイン	206	18	家	609	33	シーボルト	1215
4	ドイツ語	283	19	インスティトゥート	684	34	社会保障	1236
5	ドイツという国	284	20	ドイツにおける日本文化	696	35	スポーツクラブ	1249
6	ドイツ統一	337	21	デパート・買い物	721	36	ハンカチ	1318
7	育児休業[期間]	359	22	日独文化交流	789	37	飲 酒	1356
8	ドイツ人の食事マナー	406	23	マスメディア	866	38	環 境	1400
9	ヨーロッパ連合	409	24	日本医学の父ベルツ	871	39	大 学	1415
10	家 庭	424	25	マイスター	876	40	休 暇	1437
11	ドイツの祝祭日	432	26	音 楽	913	41	交 通	1467
12	サッカー	487	27	ノーベル賞受賞者	953	42	森	1543
13	外国人労働者	496	28	政 党	990	43	兵 役	1559
14	誕生日	503	29	サイクリング	1049	44	クリスマス	1562
15	料 理	533	30	喫 煙	1057	45	世界文化遺産	1570

使ってみよう(簡単なドイツ語会話)

訪問する	194	インフォメーション	679	劇 場	1331
ドイツ語	283	買い物をする	720	落ち合う	1351
乗り物で行く	419	病 気	776	大 学	1415
お 金	520	郵便局	1021	道を尋ねる	1556
あいさつする	582	レストラン	1081	時 刻	1625
ホテル	662	電 話	1326		

使える用語100

コンピューター用語 100	256	医療用語 100	774	福祉用語 100	1234
Denglisch 100	366	音楽用語 100	914	環境用語 100	1398

巻末付録索引

Ⅰ.	和独の部	1678	(2) 歴史地図	1754
Ⅱ.	手紙の書き方	1734	Ⅶ. ヨーロッパ連合(EU)と欧州共通通貨	
Ⅲ.	環境用語	1736	ユーロ(Euro)	1755
Ⅳ.	福祉用語	1740	1. ヨーロッパ連合(EU)加盟国	1755
Ⅴ.	建築様式	1744	2. 欧州共通通貨ユーロ(Euro)	1756
Ⅵ.	ドイツの言語・政治機構・歴史	1746	Ⅷ. 発音について	1757
	1. 言語	1746	Ⅸ. 最新の正書法のポイント	1765
	2. 政治機構	1747	Ⅹ. 文法表	1771
	3. 歴史	1748	Ⅺ. 動詞変化表	1786
	(1) 歴史年表	1748		

APOLLON
Deutsch-Japanisches Wörterbuch
3., überarbeitete Auflage

アポロン独和辞典

〔第3版〕

責任編集執筆者

根本道也 NEMOTO, Michiya
恒吉良隆 TSUNEYOSHI, Yoshitaka
吉中幸平 YOSHINAKA, Kohei
成田克史 NARITA, Katsufumi
福元圭太 FUKUMOTO, Keita
重竹芳江 SHIGETAKE, Yoshie

編集執筆者

有村隆広 ARIMURA, Takahiro
新保弼彬 SHINBO, Sukeyoshi
本田義昭 HONDA, Yoshiaki
鈴木敦典 SUZUKI, Atsunori

DOGAKUSHA

© 株式会社 同学社 2010
Dogakusha, Inc. 2010
First Edition 1994
Second Edition 2000
Third Edition 2010

Printed in Japan

責任編集執筆者

根本道也（九州大学名誉教授）
恒吉良隆（福岡女子大学名誉教授）
吉中幸平（佐賀大学教授）
成田克史（名古屋大学教授）
福元圭太（九州大学教授）
重竹芳江（佐賀大学准教授）

編集執筆者

有村隆広（九州大学名誉教授）
新保弼彬（九州大学名誉教授）
本田義昭（山口大学教授）
鈴木敦典（元九州大学准教授）

執筆顧問

矢儀万喜多

執筆者

MICHEL, Wolfgang （九州大学名誉教授）
安藤秀國（愛媛大学教授）
米沢　充（佐賀大学名誉教授）
大羽　武（宮崎大学名誉教授）

協力者

HOLST, Sven（福岡女子大学准教授）
石井寿子
福岡麻子（神戸大学講師）
KASJAN, Andreas（九州大学教授）
佐藤正樹（広島大学教授）
棚瀬明彦（九州大学名誉教授）
津村正樹（九州大学教授）

写真提供:
世界文化フォト／ドイツ連邦共和国大使館／(株)フィクス／
安部　理／安藤秀國／石井寿子／石川泰章／鹿児嶋繁雄／小林陽子／恒吉良隆／成田克史／光吉明子／
Anton Bauhofer／Elke Boss／Birgit Gräbel／Manuela Heider／Sven Holst／Familie Jäggi／Kurt Sauter／
JOSKA KRISTALL GmbH & Co. KG／Hotel-Restaurant Pilgerhof am Bodensee

装丁　山﨑理佐子

『アポロン独和辞典 第3版』まえがき

成長し続けて

本辞典のルーツは1972年刊行の『同学社版 新修ドイツ語辞典』にさかのぼります．当時，『新修ドイツ語辞典』は初学者のための配慮と工夫をこらした先駆的な学習辞典として広くドイツ語学習者に迎えられました．

言葉は時代の推移とともに進展し，また変容します．1990年の東西ドイツ統一に代表される時代の変化はドイツ語にも変化をもたらしました．これに対応するため，長年愛用された『新修ドイツ語辞典』は全面的に改訂され，1994年に『アポロン独和辞典』として生まれ変わりました．

その後も欧州連合(EU)の発足，共通通貨ユーロの導入など，ドイツとドイツをめぐる状況の変化は続きます．特に1998年8月にドイツ語に新しい正書法が導入されたことは，言葉の規範を示す辞典として見過ごすことのできない出来事でした．私たちは新正書法が発表されると同時に『アポロン独和辞典』の改訂に取りかかり，数年にわたる作業ののち，2000年に『新アポロン独和辞典』を世に送り出しました．

新正書法は2005年までとされた試行期間の間にドイツ語圏諸国で多くの議論を呼び，様々な主張に対する調整・妥協が図られました．2006年，その結果が改訂新正書法として発表されると，私たちは最新の正書法を取り入れるとともに，初学者への配慮と工夫をさらに強化するための全面的改訂作業を開始し，それから4年を経た2010年という節目の年に，新しい装いの『アポロン独和辞典 第3版』を刊行する運びとなりました．

長所をさらに伸ばす

「初学者への配慮」と「時代とともに」—この二つは『新修ドイツ語辞典』以来，改訂のたびに最も重きを置いてきた私たちの編集方針のモットーです．今回の編集でもそれらのモットーをさらに活かすために次のようなさまざまな工夫を施しました．

1. 最新の正書法を使いこなす

最新の正書法の特徴の一つは，二とおりのつづり方，すなわち，頭文字の大文字・小文字や，二語の組み合わせの一語書き・分かち書きをともに許す語が大幅に増えたことです．本辞典では，頭文字の大小の場合，その両方の見出し語を記載していますので，どちらを引いても見逃す心配はありません．また一語書きと分かち書きの場合，両方の形を見出しに併記するとともに，主に分かち書きの前半部に相当する見出し語から赤い三角形のマーク(▶)でこの両形併記の見出しへ参照指示を出していますので，全体を一語として引いても，部分に分けて引いても，探している言葉を必ず見つけることができます．

本辞典は最新の正書法に合わせただけではありません．20世紀が残した膨大な文字資料は今後も読み継がれていくことでしょう．上記の表記方法は，当時の正書法で書かれ

まえがき

た文章を読む際にも力を発揮します．本辞典はほかにも当時のつづりで引いた場合に最新のつづりへ導く配慮がなされ，過去の文献を読み解く際の使用に耐えうるものとなっています．

2. 学習段階に応じた見出し語のランクづけ

本辞典は「学習段階に応じて」重要度を示すことにしました．そのため，広く使用されているドイツ語教科書やドイツ語技能検定試験(独検)の問題などを調査し，新たに学習レベル別の重要語を選定しました．

三つ星：1学期目の授業で出会う約500語
二つ星：2学期目の授業で新たに出会う約500語
一つ星：2年目になって新たに出会う約900語

その他，上記以外に一般的に使用頻度の高い約 3,500 語を選び，星なし赤活字で示しました．特によく使われる約 600 語には冒頭に会話文を枠囲みで掲げて，生きた文例の中で単語を覚えられるように配慮しました．さらに真っ先に覚えるべき訳語は赤で示しています．

3. 見出し語・例文・訳語の刷新

特にインターネットの普及やグローバリゼーションの進行に伴って，ドイツ語圏にもたくさんの新しい語彙が入ってきました．本辞典はそれらの語彙を積極的に見出し語として採用しました．また，古くなった訳語や不自然な訳文などがないかどうかを徹底的にチェックし，それらを私たちのふだんの生活で使われている生きた日本語に改めました．

4. 付録類の刷新とコラム欄の充実

今まで巻末にまとめられていた付録類を，今回の改訂では極力本文中に配置し，単語を検索する過程で自然に目に入るように工夫しました．簡単な会話集である「使ってみよう」や，コンピュータ，環境，福祉，医療，音楽，そしてドイツ語になった英語風言い回しの「100 語」コーナーを新たに採用し，分野別単語集の機能も持たせました．もちろん和独の部や文法表，歴史年表などはこれまでどおり，巻末にまとめられています．

また，「ドイツ・ミニ情報」のコラムについても，その数を従来の 31 から 45 に増強しました．ややもすると無味乾燥になりがちな辞典の「オアシス」として，ぜひ気ままに拾い読みしてください．

4 年におよんだ本辞典の編集過程においては，スヴェン・ホルスト氏，石井寿子氏，福岡麻子氏ほか多くの方々のご協力を仰ぎました．特にホルスト氏には，ドイツ語の細かなニュアンスや的確な訳語などに関する再三にわたる問い合わせに，快くご回答をお寄せいただきました．厚くお礼を申しあげます．

また，様々な困難に直面した場合もつねに前向きな対応をしてくださった本辞典の版元の株式会社同学社・近藤孝夫社長をはじめ，並里典仁氏，田代和子氏ならびに印刷・製版をご担当いただいた研究社印刷株式会社の方々に深甚の感謝を申しあげます．

本辞典が多くの学習者のお役にたち，ますます充実したものになりますよう，皆様方のご指導，ご鞭撻をよろしくお願い申しあげます．

2010 年 1 月

責任編集執筆者一同

『新アポロン独和辞典』まえがき

　『新アポロン独和辞典』は，前身の『アポロン独和辞典』刊行後6年目のこの2000年という節目の年に，装いを新たにして出版の運びとなりました．振り返ってみますとこの10年足らずの間にも，ドイツおよびその周辺にはさまざまな状況の変化がありました．ベルリンへの首都移転計画決定，欧州統一通貨の名称「ユーロ」の決定，新しい正書法の施行，環境保護を国家目標の一つとする基本法改正，介護保険の導入など．

　これらの社会現象は当然ながら直ちに言語現象に反映されます．言葉の解説を使命とする辞典はこれに対応しなければなりません．なかでもドイツ正書法の改正は従来の辞典の改訂を余儀なくするものです．この新正書法は1998年8月に施行され，2005年までは移行期間とされていますが，刊行物においても着実に新正書法が取り入れられつつあります．

　私たちは『アポロン独和辞典』をこのような実情に対応させるべく大々的に改訂し，ここに『新アポロン独和辞典』を完成させました．ドイツで刊行された新旧正書法対応辞典は幾種類かありますが，その解説方法をそのまま踏襲しても，日本人の学習者にとっては必ずしも適切なものにはなりません．特に初学者の便宜を考えると，格別の工夫が必要になります．私たち編集スタッフは，種々の角度から討議を重ね，本辞典独自の方法で新旧書法の対応関係を明示しました．

　ドイツで刊行された新正書法辞典の間でも，細かな規則の運用については相互に食い違いが見られることがあります．ドイツ語圏内で議論が煮つまらない部分を残したまま施行に踏み切った様子が垣間見えます．そのような不一致点についてはインターネットなどにより，ドイツのいくつかの出版社の辞典編集部から直接得た最新の情報に基づいて処置しました．

　『新アポロン独和辞典』の特徴は，前身の『アポロン独和辞典』を土台としつつ，新正書法への対応処置をしたこと，そして本書の一貫したモットーである「初学者への配慮」と「時代と共に歩む」という方針をさらに進展させた点にあります．具体的には次のような特色があります．

1. **新旧両正書法に対応**

　　　旧正書法から新正書法への過渡期にはそれに応じた，配慮の行き届いた辞典が必要である．そのために，新旧いずれのつづりからでも検索できるようにした．ただしその際，旧正書法になじみのない初学者の立場を考慮して，新正書法での検索がしやすいように表示法にはさまざまの工夫を凝らした．

2. **訳語・用例の改善**

　　　訳語・解説のわかりやすさ，用例の適正さなどをさらに追求して，全般的に改善を施した．

3. **見出し語補充**

　　　ドイツ語圏における諸事情の変化・進展に伴い，新たに約1,500語の見出し語を補充した．新正書法によって追加された見出し語を合わせると，本辞典の見出し語総数は53,000語に及ぶ．

4. **ドイツ・ミニ情報**

　　　言葉はそれぞれの国や地域の文化・社会事情を映し出す鏡である．ドイツの文化や社会事情に関心を寄せ，それを少しでも深く知ることはドイツ語学習を促進するのに大いに効果がある．その一助としてこの辞典では巻末付録「ドイツの言語・社会・文化・歴史」に加えて，本文内の随所にコラム「ドイツ・ミニ情報」を新たに設けた．

5. **巻末付録を改新**

　　　『アポロン独和辞典』の巻末付録「理工学・医学用語」を改め，「環境用語」，「福祉用

語」、「医療・看護用語」を設けた．環境関係や福祉関係は，わが国がこれからドイツに多くを学ばなければならない分野と考えられるため，新たに追加した．医療用語は医・歯・薬学部生のためのみならず，ドイツに滞在中あるいは旅行中の人の用途も考慮して編集した．「コンピュータ・ネットワーク用語」はすでに前身の『アポロン独和辞典』にあったものであるが，好評に応えて大幅に増補した．なお，欧州通貨統一への理解を助けるために，「ドイツの言語・社会・文化・歴史」にEU諸国の地図とEU各国の人口・首都などの一覧表を追加掲載した．

今回は比較的短い年月で集中的に改訂作業を進めました．新しい正書法をわが国の独和辞典の利用者，なかんずく初学者にわかりやすく示すにはどうすればよいか，私たちは一件一件なんども壁に突き当たりながら，少しずつ記述法を編み出していきました．

今回の作業過程においても多くの方々にお力添えをいただきましたが，特に，石井寿子氏には本文内の「ドイツ・ミニ情報」と巻末付録の「環境用語」を，大羽武氏には「医療・看護用語」をご執筆いただきました．なお，「ドイツ・ミニ情報」に関しては麻生健氏にも多々ご教示いただき，「福祉用語」の作成に当たっては光吉明子氏ならびに保条成宏氏から多大のご協力を得ました．ここにお名前を記し，厚くお礼申し上げます．

『アポロン独和辞典』を土台にしているとはいえ，新旧両正書法に対応できる態勢を整えるという点では新しい辞典を作るにも等しい作業でした．この骨の折れる作業を根気よく支え，かつ可能にしてくださった同学社の近藤久壽治社長，近藤孝夫専務をはじめ，辞典担当の並里典仁氏ならびに編集部諸氏，さらには制作面でご尽力くださった研究社印刷株式会社に対して心から感謝の意を表します．

この辞典の長所を一層伸ばすように，今後も引き続き努力していく所存です．各方面からきたんのないご意見・ご教示をいただければ幸いです．

1999年10月

編集執筆者

『アポロン独和辞典』まえがき

　いま世界は大きく変わりつつあります．ベルリンの壁の崩壊(1989 年)に象徴される冷戦構造の終焉，東西両ドイツの統一(1990 年)は，ドイツ語を取り巻く情勢に多大な変化をもたらしました．こうした流れの中にあって，世界を映し出す鏡である辞典もまた，新しく生まれ変わることが求められています．

　この辞典の前身『同学社版・新修ドイツ語辞典』(1972 年刊行)は，画期的なわが国最初の学習辞典として，長い間多くの人々に愛用されてきました．「時代とともに歩む」をモットーに毎年改訂を続けてきましたが，ドイツ語をめぐる諸状況の変化と新時代の要請に，より的確に応えるためには，新しい辞典が必要であるとの認識に至りました．

　私たち編者は，「初学者への配慮」という前著の精神を受け継ぎ，教育現場に即した，わかりやすい記述の方法を求めて議論を重ね，また来るべき 21 世紀を視野に入れて，常に最新の情報を採り入れるように努めました．外国との往き来が盛んになり，日常生活の多様な場面で「国際化」が進む今日，コミュニケーションのための外国語学習が重要視されていることを十分に考慮し，そのためのさまざまな工夫もこらしました．そうした作業の過程を経て，いまここに，前著の特長である「使いやすさ」をいっそう推し進め，しかも充実した内容を持つ，一新された『アポロン独和辞典』が誕生しました．

　この辞典の主な特色は，次の点にあります．

厳選された見出し語
◇　現代日本のドイツ語学習者ならびにドイツ語にかかわる一般社会人の使用を想定し，必要かつ十分な約 5 万語を厳選した．「時代とともに歩む」という本辞典の基本方針から，最新語彙は積極的に採録した．
◇　日常生活において使用される基本語彙は 4000 語程度と言われる．本辞典ではその実情を踏まえ，さらに使用者の状況などを考慮して，約 5000 語を重要語として選定した．そのうち第一ランクの約 1500 語には ＊ 印を，第二ランクの 3500 語には * 印を付し，見出し語を赤色大活字にして目にとまりやすくした．
◇　一般の見出し語の範疇に入らない理系の専門用語は，「理工学・医学用語」として巻末の付録にまとめた．

使いやすさと充実した内容
◇　初学者が検索しやすいように，見出し語はすべて左端に出し，重要語にあっては意味項目の番号も一定の基準により原則として左端に出した．
　名詞や動詞などの変化形も，必要に応じて見出し語とし，主要な意味を添えた．とくに頻繁に用いられる動詞・助動詞の変化形(例: ist, möchte, hätte など)については，さらにその基本的な用例も示した．
◇　すべての見出し語に仮名による発音表記を添えたが，これは初学者が検索した語を自ら発音することを助け，オーラル学習を促そうとするものである．
◇　重要語には中型辞典の標準を上回る豊富な用例を収録し，当該語の表す意味を他の語句との有機的なつながりの中で具体的に示すようにした．
　訳語や訳文にもそのときどきの使用状況を示したり，あるいは原意を添えるなどして，具体的にイメージしやすいように配慮した．

発信型の学習を促す
◇　コミュニケーション能力を培うためには，個々の単語を日常的な文章の形で覚えるのが効果的である．そのような学習を実践できるように，基本語彙約 650 語には冒頭に枠囲みを

まえがき

設けて，口になじみやすい会話文をかかげた．
◇ 日本の学習者が自分の立場から発信する際によく用いる語彙(例: Japan, Student など)にはそれに役立つ用例を示した．また，ドイツ語で表現しようとするときに便利なように，訳語や例句には適宜，格を明示した．
◇ 巻末付録の「和独」「日常会話」なども，ドイツ語による表現力を助け，発信型の学習を推進しようとするものである．

ドイツ語の総合的理解を助ける
◇ 重要な語には英語の同意語を添えて，意味をとらえやすくした．
◇ 重要な語には，反意語(例: lang「長い」に対して kurz「短い」)だけでなく，関連語(例: Frühling「春」に関連して Sommer「夏」, Herbst「秋」, Winter「冬」)も示した．さらに，類語間のニュアンスの違いを解説する 類語 の欄，あるいは名詞の合成語・同族語(例: 樹木名)をまとめて示したり，語法上の注意を記した メモ の欄を随所に配して，語彙を相互に関連づけながら覚えられるようにした．
◇ 本文中の挿絵や巻末の付録(例: ドイツの言語・社会・文化・歴史)などは，ドイツ語の総合的理解を助け，利用者の学習意欲に応えようとするものである．

　この辞典は企画から完成まで十数年の歳月を要しました．企画の段階で，本書の前身『新修ドイツ語辞典』の執筆者のうち西田越郎，土屋明人の両氏がそれぞれのご都合により退かれました．その後新しいスタッフが加わって編纂作業も本格化し，ようやくここに，内容も装いも新たにこの辞典を刊行する運びとなりました．

　その間ドイツにおいてはもとより，わが国においても数々の優れた辞典が出版されました．私たちは自らの編集方針に基づきつつ，内外の先業から多くを学びました．同時に執筆者自らの手で現代ドイツ語の調査・研究も行い，その成果を随所に活用しましたが，その過程において，コンピュータによる言語データ処理作業に関しては樋口忠治氏のご指導を得ました．併せてここに記し，深謝の意を表すしだいです．

　複雑かつ多岐にわたる編集作業を遂行するにあたって，特に次の方々にさまざまな形で多大のお力添えをいただきました．阿部吉雄，大野克彦，越智和弘，越智フェリシタス，金森由美，熊野直樹，柴崎隆，田口知弘，服部憲明，福田幸夫，堀内泰紀，山本尤，行重耕平，Franz Hintereder-Emde, Angelika Emde の各氏に，また挿絵に関しては，藤真理，村上祥子，杉野芳和，坂口直子の各氏と(株)アップルボックスに，なお，校正段階では，岩本真理子，北野弘子，堺雅志，佐々木とも子，重竹芳江，嶋崎啓，嶋崎順子，瀧田恵巳，田野武夫，村山綾子の各氏に並々ならぬご協力をいただきました．ここにお名前を記し，厚くお礼を申し上げます．

　また，企画から刊行に至るまで終始変わらぬ熱意と理解をもって編集作業を支援してくださいました株式会社同学社の近藤久壽治社長，近藤孝夫専務ならびに並里典仁氏ほか同学社編集部の諸氏，制作面でひとかたならぬご尽力をいただきました研究社印刷株式会社に対して，心から感謝の意を表したいと思います．

　長年議論を重ねながら記述内容を練り上げてきましたが，いま刊行を目前に控えて，意図するところを十分に尽くし得なかったという思いも残ります．今後はご使用いただいた方々からのご教示とご批判により，「時代とともに成長する独和辞典」として一層充実したものに育てあげていくつもりです．

1993年10月

　　　　　　　　　　　　　　　　　　　　　　　　　　　　編集執筆者

この辞典の主な約束ごと

I 見出し語
1) ABC 順に配列した. ä, ö, ü はそれぞれ a, o, u の次に, ß は ss の次に, また an.., ..haft などもそれぞれ an, Haft の次に並べた. つづりが同じでも成り立ちが異なる語は別見出し語とした.
2) 名詞や形容詞の合成語が続くときは, 検索を容易にするため, 2 語目以下の共通部分を細字にした. ただし重要語は全形を太字で示した.
3) 分綴に適した位置は, = のほか, · で示した.
4) 見出し語約 5 万語のうち学習の初期段階で最も重要と思われる約 500 語には ‡ を付し, 赤色大活字で示した. さらに次の段階で重要と思われる約 500 語には ‡ を, それに次いで重要な約 900 語には * を付し, 赤色中活字で示した. その他, 一般的に使用頻度の高い語約 3,500 語を選び, 星なしの赤色活字で示した.

II 発音 (☞「発音について」, 1757 ページ)

III 品詞の記述

(i) 名詞
1) 名詞の性は 男 中 女 で示し, 変化形は原則として「単数 2 格/複数 1 格」の形で示した. ただし単数形のみが用いられる語は「単数 2 格/」で示し, 複数形のみが用いられるものは 複 で示した. なお, 変化形表示の中の - は見出し語全形を, .. は見出し語の一部を示す.
2) 重要な語には見出し語の前に定冠詞を添えた.
3) 意味によって単数形でしか用いられないものは 《複 なし》…の形で, 単数形で用いられるのがふつうであるものは 《ふつう 単》…の形で, 複数形で用いられるのがふつうであるものは 《ふつう 複》…の形で示した.
4) 形容詞の名詞化は見出し語の変化する部分を ..e[r], ..e[s] で示し, 語尾変化については 《語尾変化は形容詞と同じ》と示した. ただし, 重要な語についてはその変化例も ( ) の中に記した.
5) 定冠詞を伴う国名, 山河名などは見出し語に定冠詞を添えて示した.

(ii) 動詞・助動詞
1) 不規則変化する動詞には見出し語の右肩に * を付した. 規則変化と不規則変化の両方がある動詞については (*) とした.
2) 自動詞, 他動詞, 再帰動詞, 非人称動詞はそれぞれ 自, 他, 再帰, 非人称 で示し, 助動詞は 助動 で示した. ただし, 《再帰的に》, 《非人称の es を主語として》と示した場合もある.
3) 重要な動詞には過去基本形, 過去分詞を示し, さらに現在形で不規則変化するものは, その変化形も示した.
4) 完了の助動詞として haben をとるか sein をとるかの別は, 重要な動詞では (完了 haben), (完了 sein) の形で, 重要語でないものでは (h), (s) の形で示した.
5) 重要な動詞・助動詞については, 3) であげた変化形および du に対する命令形, 接続法第 2 式で不規則変化するものを見出し語として出した. また重要語でなくても注意を要するものには変化形を示し, さらにその変化形を見出し語として出した.
6) auf|erlegen のように前つづりが二つあるような動詞では重要語でなくても, (過分 auferlegt) のように過去分詞の語形を示した.
7) 最重要動詞の基本的語義の 3 格・4 格の目的語が, 日本語で対応することの多い「に·を」とずれている場合には, 「《3 格とともに》(人³を)助ける」のように初学者の注意を促した.
8) 動詞と密接に結びつく前置詞などの要素を訳語の前に 《 》の中で示した.
9) 独立した形容詞, 副詞と見なされる現在分詞, 過去分詞は見出し語として立て, その参照箇所を元の動詞の記述の最後に ☞ で示した.

(iii) 形容詞・副詞
1) 形容詞は 形, 副詞は 副 で示した.
2) 重要な形容詞で副詞的に用いられている例句・例文には 《副詞的に》と表示した.
3) 用法に制限のある場合には 《付加語としてのみ》, 《述語としてのみ》と示した.
4) 格変化語尾がつかないものは 《無語尾で》と示し, 格変化語尾がつくときにつづりが変わるものはその形を示した.
例: hoch (格変化語尾がつくときは hoh-)
5) 重要な形容詞で比較級, 最上級が -er, -st になるものを除き, 多少とも語形が変わるものについてはその全形を示した.

(iv) 接続詞
1) 接続詞は 接 で示し, 語[句]と語[句], 文と文を対等の関係で結びつける接続詞を 接 《並列接続詞》(aber, und など), 一つの文を他の文(主文)に従属する形で結びつける接続詞を 接 《従属接続詞; 動詞の人称変化形は文末》と表示した (dass, weil など). いわゆる副詞的の接続詞 (also, daher など) は 副 の中で 《接続詞的に》として扱った.
2) 従属接続詞に導かれる文では, いわゆる定形(定動詞)後置となるが, このことを「動詞の人称変化形は文末」という表現で示した. 関係代名詞などでも同様.

(v) 前置詞
1) 前置詞は 前 で示した.
2) いわゆる前置詞の格支配は, 例えば mit であれば 前 《3 格とともに》, an であれば 前 《3 格·4 格とともに》のように表記した. 3 格·4 格とともに用いられる前置詞は, 図版によってその用法の違いを明示した.

(vi) 冠詞[類]
1) 冠詞は der 冠 《定冠詞》, ein 冠 《不定冠詞》と表示した. また kein は 冠 《否定冠詞》, mein,

この辞典の主な約束ごと

dein, unser などは 冠【所有冠詞】とした.
2) それぞれ男性単数 1 格形の見出し語の下に変化表をかかげた. 1 格以外の変化形見出し語では, 例えば meinem であれば ☞ mein, keinem であれば ☞ kein のように参照箇所を指示した.

(vii) 代名詞
1) 代名詞は 代 と表記し, そのあとに【人称代名詞】,【指示代名詞】,【関係代名詞】,【不定代名詞】などのように, その種類を書き添えた.
2) すべての人称代名詞の 1 格, およびその他の重要な代名詞には変化表をかかげた.

IV 訳語・用例など
1) 訳語は原則として使用頻度の高い順に配列した.
2) 訳語の理解を助けるために, 必要に応じて同意語 (=...), 英語同意語 (英 ...) を示した. さらに単語間の有機的関連を把握しやすくするために, 反závis語と関連語句は (⇔ ...) でかかげた.
3) 用例では必要に応じて目的語などの格を明示した. さらに例文の時称・態・法などの理解を助けるために, 例文のあとに,【現在完了】(ただし助動詞として sein をとる場合のみ),【受動・過去】【状態受動・現在】,【接2・現在】などの注記を付した.
4) 見出し語と密接に結合して成句的に用いられる語, および見出し語と結びつきの強い前置詞は, 特に注意を喚起するために太字で示した.
5) 用例中で必要な場合(序数・記号など)には (=...) で読み方を添えた. また, 用例訳語の理解を助けるために, 必要に応じて補足説明や原意を付記した.

V 記号
[ ] ① 発音の表記. ② 省略可能. ③ 外国語からの借用語であることを示す (例: [英] [ラテ] [フラ] [オラ]).
〔 〕 ① 名詞の変化語尾の省略可能. ② 発音の省略可能.

( ) ① 訳語の補足的な説明. ② 部分的な言い換え. ③ 単数 2 格・複数などの別形.
〚 〛 文法的な注意・説明.
《 》 ① 概括的な意味上の分類. ② 専門分野・文体・用法などの略記. (☞ VII〜IX)
『 』 文学・芸術などの作品名.
| 分離動詞の分離位置.
/ ① 名詞の変化形(単数と複数)の区切り. ② 用例間の区切り.
´ と ` ´ は第 1 アクセント, ` は第 2 アクセント.
− 名詞の変化形を示すときの見出し語の全体.
… と … … は欧文の省略部, … は和文の省略部.
.. 一つの単語の前半部または後半部との接合点.
〜 〚 〛の中では動詞の見出し語全形.
… と 〜 相互に関連する要素を示すとき, … は当該語の中で見出し語と直接関係する方を, 〜 はもう一方を示す.
← 訳文などの原意を示す.
☞ 参照・指示.
▶ 最新のつづり方への参照指示. (☞「最新の正書法のポイント」, 1765 ページ)
= 同意語.
⸱ 名詞・形容詞などの合成形見出し語の接合点.
* ① 見出し語の前: 重要な語であることを示す. ② 動詞の右肩: 不規則変化(強変化・混合変化)する動詞.
(*) 動詞の右肩: 不規則変化(強変化)と規則変化(弱変化)の両方がある動詞.
I, II, III 品詞の別
A), B) 用法の別
①, ②, ③; ㋐, ㋑, ㋒ 語の意味の分類
a), b) 用例の意味の別

VI 文法上の略記

男	男性名詞	女	女性名詞	中	中性名詞
複, (単)	単数形	複, (複)	複数形	縮小	縮小形
愛称	愛称形	短縮	短縮形	代	代名詞
形	形容詞	副	副詞	冠	冠詞
前	前置詞	接	接続詞	数	数詞
間	間投詞	自	自動詞	他	他動詞
再帰	再帰動詞	非人称	非人称動詞	助動	助動詞
現分	現在分詞	過分	過去分詞	現在	現在形
過去	過去形	命令	命令形	接1	接続法第 1 式
接2	接続法第 2 式	接頭	接頭語(辞)	接尾	接尾語(辞)
【分離】	分離動詞	【非分離】	非分離動詞	英	英語の同意語
⟨⟩	関連情報	類語	類語解説	人³	人の 3 格
人⁴	人の 4 格	物³	物の 3 格	物⁴	物の 4 格
事³	事柄の 3 格				
事⁴	事柄の 4 格(同種の事物が二つ用いられる場合は A⁴ B⁴ などの記号も用いた)				
比較	比較級	最上	最上級		

xi　　　　　　　　　　　この辞典の主な約束ごと

VII 専門分野一覧

(医)	医学	(印)	印刷	(インド神)	インド神話
(宇宙)	宇宙	(映)	映画	(園芸)	園芸
(劇)	演劇	(音楽)	音楽	(絵)	絵画
(海名)	海名	(海)	海洋	(化)	化学
(カトリック)	カトリック	(川名)	川名	(観光)	観光
(気象)	気象	(教)	教育	(漁)	漁業
(魚)	魚類	(ギリシア神)	ギリシア神話	(キリスト教)	キリスト教
(軍)	軍事	(経)	経済	(ゲルマン神)	ゲルマン神話
(言)	言語学	(建)	建築	(光)	光学
(工)	工学	(坑)	鉱業	(航空)	航空
(考古)	考古学	(交通)	交通	(鉱物)	鉱物
(国名)	国名	(湖名)	湖名	(昆)	昆虫
(コンピュ)	コンピュータ	(山名)	山名	(史)	史学
(詩学)	詩学	(自動車)	自動車	(社)	社会学
(写)	写真	(獣医)	獣医学	(修)	修辞学
(手芸)	手芸	(手工)	手工業	(商)	商業
(商標)	商標	(植)	植物	(書籍)	書籍
(女名)	女性名	(神学)	神学	(新教)	新教
(人名)	人名	(心)	心理学	(神)	神話
(数)	数学	(スポ)	スポーツ	(姓)	姓
(生化)	生化学	(政)	政治	(聖)	聖書
(生)	生物	(製本)	製本	(織)	繊維
(造船)	造船	(男名)	男性名	(地学)	地学
(地名)	地名	(彫刻)	彫刻	(鳥)	鳥類
(地理)	地理	(哲)	哲学	(電)	電気
(電子)	電子	(電信)	電信	(天)	天文学
(動)	動物	(島名)	島名	(都市名)	都市名
(土木)	土木	(トラ)	トランプ	(ファッ)	ファッション
(服飾)	服飾	(物)	物理	(法)	法学
(放送)	放送	(北欧神)	北欧神話	(マスコミ)	マスコミ
(民族)	民族学	(民俗)	民俗学	(木工)	木工
(冶)	冶金	(薬)	薬学	(郵)	郵便
(ユダヤ教)	ユダヤ教	(料理)	料理	(林)	林業
(ローマ神)	ローマ神話				

VIII 文体・用法等一覧

(隠語)	隠語	(婉曲)	婉曲	(書)	文書言葉
(雅)	雅語	(官庁)	官庁言葉	(戯)	戯語
(口語)	口語	(古)	古語	(ことわざ)	ことわざ
(詩)	詩的	(俗)	俗語	(比)	比喩的
(方)	方言	(まれ)	まれ	(幼児)	幼児

IX 使用地域一覧

(オーストリア)	オーストリア	(北ドイツ)	北ドイツ	(ザクセン)	ザクセン
(スイス)	スイス	(中部ドイツ)	中部ドイツ	(東部ドイツ)	東部ドイツ
(南西ドイツ)	南西ドイツ	(ベルリン)	ベルリン	(北西ドイツ)	北西ドイツ
(北東ドイツ)	北東ドイツ	(南ドイツ)	南ドイツ		

重要語は赤 — **der** **Mit·tag**¹ [ミッターク mítaːk] — アクセントのある箇所はゴシック体

重要な名詞は定冠詞付き

> 正午 Bald ist es *Mittag*.
> バるト イスト エス ミッターク
> 間もなくお昼です。

特に重要な語の使い方を会話文で示す

単数2格と複数形 — 男 (単2) -s/(複) -e (3格のみ -en) ① **正午**,

名詞の性

真先に覚えるべき訳語は赤で示す

省略可能 — [真]昼. ((英) *noon*). Vormittag 午前 / Nach*mittag* 午後 / Montag*mittag* 月曜日の正午 / ein heißer *Mittag* 暑い昼どき / eines *Mittags* ある日の昼[ごろ]に / heute *Mittag* きょうの正午に / **am** *Mittag* 正午に、昼に / **gegen** *Mittag* 昼ごろ / **im** *Mittag* des Lebens《比》人生の最盛期に / **über** *Mittag* 昼の間に / **zu** *Mittag* essen 昼食を食べる.

前置詞句はアルファベット順に並ぶ

よく使われる熟語は全体を太字で示す

重要度を*の数で表す — ***der* **April** [アプりる aprίːl]

省略可能 — 男 (単2) -[s]/(複) -e (3格のみ -en) 《ふつう 単》 **4月** (略: Apr.). ((英) *April*). ((関連) *名 Monat*), Anfang *April* 4月の初めに / Ende *April* 4月の終わりに / Heute ist der 5. (= fünfte) *April*. きょうは4月5日だ / im *April* 4

ふつう単数形で

関連語の所在

用例中では見出し語を斜体で示す

序数の読み方

Aal [アーる áːl] 男 -[e]s/-e《魚》ウナギ. Er windet sich wie ein *Aal*.《比》彼はぬらりくらりとうまく逃げる（←うなぎのように身をくねらせる）.

原意を添えて理解を助ける

合成語の接合点 — **Mit‧spie·ler** [ミット・シュピーらァ] 男 -s/-《ゲームなどの》[他の]競技者、チームメート、共演者. (女性形: -in).

非重要語の単数2格と複数形は簡潔に

女性形を作る語尾

Aa·chen [アーヘン áːxən] 田 -s/《都市名》アーヘン（ドイツ、ノルトライン・ヴェストファーレン州. 大聖堂にカール大帝の墓がある: 《地図》C-3).

表紙裏の地図上の位置

前半部が同じ合成語は二つ目から前半部を細字にして検索を楽に — **Da·ten⸗au·to·bahn** [ダーテン・アオトバーン] 因 -/《コンピ》情報ハイウェー（光ファイバーによる高速デジタル情報通信ネットワーク）.

Da·ten⸗bank [ダーテン・バンク] 因 -/-en《コンピ》データバンク.

専門分野

Da·ten⸗ba·sis [ダーテン・バーズィス] 因 -/ basen《コンピ》データベース.

見出し語の全形を示す

見出し語の一部を表す

***alt** [アるト ált]

> 年とった; …歳の
> Wie *alt* bist du? 君は何歳?
> ヴィー アるト ビスト ドゥ

重要な形容詞の不規則な比較級・最上級 — 形 (比較 älter, 最上 ältest)((英) *old*) ① **年とった**, 高齢の, 老齢の; 年寄りじみた, 老けた. ((反) 「若い」は jung). eine *alte* Frau 老女 / ein *alter* Baum 老木 / Mein Vater ist ziemlich *alt*. 私の父はかなり年とっています / Das

見出し語に対応する英語表現

反意語

二とおりのつづり方が可能 — **ach·tung⸗ge·bie·tend, Ach·tung ge·bie·tend** [アハトゥング・ゲビーテント] 形 尊敬の念をいだかせるような（業績など）, 威厳のある（人物など）.

hel·fen* [ヘɁフェン hélfən]

> 助ける Ich *helfe* dir.
> イヒ へるフェ ディア
> 君に手を貸してあげよう.

人称	単	複
1	ich helfe	wir helfen
2	du **hilfst** / Sie helfen	ihr helft / Sie helfen
3	er **hilft**	sie helfen

(half, *hat*...geholfen) 自 (完了) haben) ① 〖3格とともに〗(人³を)**助ける**, 手伝う. (英 *help*). Er *hilft* mir finanziell. 彼は経済的に私を助けてくれる / *Können* Sie mir *helfen*? 助けていただ

aa·sen [アーゼン á:zən] 自 (h) 〖**mit** 物³ ~〗(方)(物を)浪費する.

‡teil︱neh·men* [タイル・ネーメン táıl-nè:-mən] du nimmst...teil, er nimmt...teil (nahm...teil, *hat*...teilgenommen) 自 (完了) haben) ① 〖**an** 事³~〗(事³に)**参加する**, 加わる, 出席する. (英 *take part in*). Ich *nehme* an der Reise *teil*. 私はその旅行に参加します / an einem Seminar (einem Wettbewerb) *teil-nehmen* ゼミに出席する(競技会に出場する).

an︱ren·nen* [アン・レンネン án-rènən] I 自 (s) ① 〖**an** (または **gegen**) 人・物⁴~〗《口語》(人・物⁴に)走って来てぶつかる. ② 〖過去分詞の

> ▶ **stehen bleiben, stehen lassen**

Ste·hen [シュテーエン] 中 〖成句的に〗einen Zug (Wagen) **zum** *Stehen* bringen 列車(自動車)を停止させる / zum *Stehen* kommen (列車・自動車などが)停止する.

ste·hen︱blei·ben*, ste·hen blei·ben* [シュテーエン・ブらイベン ʃtéːən-blàıbən] 自 (完了) sein) (blieb...stehen, *ist*...stehengeblieben / stehen geblieben) ① (活動・現象などが)**進展しなくなる**, 中断する. Wo *sind*

auf·*zu*·ma·chen [アオふ・ツ・マッヘン] **‡auf-machen** (開ける)の zu 不定詞.

> ▶ **so ≠ dass**

daß [ダス]
 〈従〉 dass の古い形. 新正書法では短母音の後ろの ß は ss と書くように改められた.

muß [ムス] muss の古い形 (☞ daß 〈従〉).

mit·tag [ミッターク] heute Mittag (きょうの正午) などにおける Mittag の古い形.

Schiffahrt [シふ・ふァールト] Schifffahrt の古い形.

spa·zie·ren ge·hen* ☞ spazieren

図版・主な参考メモ・類語の索引

図版

Abteil コンパートメント	23	Entwerter 自動改札機	377	neben …の隣に	938
Adventskranz 待降節の飾り環	30	Erker 出窓のある張り出し部	389	Neuschwanstein ノイシュヴァーンシュタイン[城]	946
Altar 祭壇	44	Essen 皿, ナイフ, フォークなど	407	Nische ニッチ	952
Amphitheater 円形劇場	45	Fachwerkhaus 木骨家屋	417	Pavillon 東屋	995
an …のきわに	45	Fahne 旗のいろいろ	418	Post ドイツ郵便	1021
Apotheke 薬局	76	Flügel 鳥の翼, 翼状のもの	456	Renaissance ルネサンス様式	731, 1745
Arkade アーケード	80	Forelle ニジマス	461	Rokoko ロココ様式	1745
auf …の上に	87	Gemüse 野菜のいろいろ	525	Romanik ロマネスク様式	731, 1744
aus …から: von との比較	108	Giebel 切妻のいろいろ	556	Rosenkranz ロザリオ	1093
Autobahn アウトバーン	133	Gotik ゴシック様式	731, 1744	Säule 柱	1118
Auto 自動車	134	Haar 髪型のいろいろ	587	S-Bahn 都市高速鉄道	1119
Badezimmer 浴室	137	Haltestelle 停留所	596	Schloss 宮殿	1149
Barock バロック様式	731, 1745	Haselnuss ハシバミの実	605	Schuh 靴のいろいろ	1172
Bart ひげのいろいろ	144	Haube 頭巾	606	Schulsystem ドイツ連邦共和国の教育制度	1175
Basilika バジリカ型教会堂	145	Haus 家	610	Schüssel ボウル, 深皿など	1178
Beere いちご類	154	her こちらへ: hin「あちらへ」との比較	622	Sofa ソファーなど	1225
Birne 梨, 電球	211	hinter …の後ろに	646	Stephansdom シュテファン大聖堂	1275
Bocksbeutel フランケンワインのびん	222	Horn 角, ホルン	660	Stock 建物の階	1283
Bogen アーチ, 弓	223	Hut 帽子のいろいろ	667	Strandkorb ビーチチェア	1289
Brandenburger Tor ブランデンブルク門	228	Imbiss 軽食堂	673	Stuhl いすのいろいろ	1299
Brot パンのいろいろ	237	in …の中に	675	Tanne もみの木	1315
Brunnen 噴水	239	Information 案内所	679	Theater 劇場の座席など	1331
Burg 城塞	246	Jugendherberge ユースホステル	701	Tonsur 剃髪	1341
Computer コンピュータ	255	Kanzel 説教壇	712	Topf 深鍋	1341
Dach 屋根	260	Kirche 教会	731	trinken グラス, カップなど	1357
David[s]stern ダビデの星	271	Klassizismus 新古典主義様式	1745	U-Bahn 地下鉄	1368
Deutsches Eck ドイチェス・エック	284	Kölner Dom ケルン大聖堂	752	über …の上の方に	1369
Dirndlkleid ディルンドル	293	Körper 人体	768	um …の周りに	1388
Drehorgel 手回しオルガン	302	Küche 台所	786	unter …の下に	1422
durch …を通って	310	Kuchen ケーキなど	786	vor …の前に	1520
Edelweiß エーデルワイス	323	Linde 洋種菩提樹	835	Wappen 紋章	1547
Eiche オーク	326	Litfaßsäule 広告塔	837	Zither ツィター	1638
ein|steigen 乗り込む: aus|steigen「降りる」, um|steigen「乗り換える」との比較	349	Loreley ローレライ	841	Zug ドイツの主な列車	1645
		Maibaum メイポール	854	Zugspitze ツークシュピッツェ	1647
		Maßwerk 飾り格子	867	zwischen …の間に	1672
		Matterhorn マッターホルン	868		
		Mülltonne 大型ごみ容器	910		

主な参考メモ

als als と wenn	40	Familie 家族を表す語のいろいろ	424	Kleidung 衣類のいろいろ	738
Arzt 医者のいろいろ	83	Farbe 色のいろいろ	426	kochen 料理法のいろいろ	749
auf auf と über	88	Fisch ドイツで見かける魚	447	Krankheit 病気のいろいろ	776
aus aus と von	108	Gemüse ドイツでよく見かける野菜	525	Landkarte 地図のいろいろ	803
Baum ドイツでよく見かける木	147	Geschäft 店のいろいろ	536	Möbel 家具のいろいろ	898
Beruf 職業のいろいろ	181	Gesicht 顔の部分	543	Monat 月名	903
Bier ドイツの主なビール	206	Getränk 飲み物のいろいろ	549	nicht nicht の位置	947
bleiben sein と bleiben	215	Getreide 穀物のいろいろ	549	Obst ドイツでよく見かける果物	966
Blume ドイツでよく見かける花	219	gut 成績評価の段階	585	Partei ドイツの主な政党	990
da da と weil	259	Gymnasium ギムナジウムの学年	586	Planet 太陽系の惑星	1011
denn denn と weil	278	ihr ihr と Sie	671	Schmuck 装身具のいろいろ	1156
Deutsch 言語のいろいろ	283			Sie[1] Sie と du と ihr	1214
Doktor 博士のいろいろ	296			Tag 週, 月, 年	1313
du du と Sie	308			Tierkreis 十二宮	1335

xv 図版・主な参考メモ・類語の索引

Uhr 時計のいろいろ	1387	Wein ワインについてのいろいろ	1563	Wohnung Wohnung と Haus	1603
Vieh ドイツでよく見かける家畜	1509	wenn wenn と als	1573	zu 分離動詞のzu 不定詞	1641
Vogel ドイツでよく見かける鳥	1514	werden 未来表現について	1575	Zug ドイツの主な列車	1645
weil weil と da と denn	1563	Woche 曜日名	1599		

類語

all すべての	36	Gehalt¹ 給料	512	sagen 言う	1109
alt 年とった	41	gehen 歩く	514	scheinen …に見える	1130
an|kommen 着く	59	genau 正確な	526	schicken 送る	1134
antworten 答える	72	geschehen 起こる	538	schlafen 眠る	1140
auf|stehen 起きる	103	geschickt 巧みな	538	schlecht 悪い	1144
aus|gehen 出かける	115	Gespräch 会話	545	Schmerz 苦しみ	1154
backen 焼く	136	glauben 信頼する	559	schnell すばやい	1161
Bahnhof 駅	139	gut 良い	585	schön 美しい	1165
bauen 建てる	147	haben 持っている	589	schreien 叫ぶ	1170
bekannt 有名な	169	Haltung 態度	597	schützen 守る	1179
bequem 楽な	176	Haus 家	610	schwanken 揺れる	1182
Berg 山	178	heben 上げる	613	schwierig 難しい	1189
besuchen 見物に行く	194	helfen 助ける	620	sehen 見る	1197
biegen 曲げる	205	hören 聞く	660	sein ある、いる	1200
billig 安い	209	Hotel ホテル	662	seltsam 奇妙な	1206
brav 行儀のよい	230	immer いつも	674	sicher 確かな	1212
brechen 砕く	231	jetzt 今	698	Sitzung 会議	1222
breit 幅の広い	231	Jugentliche[r] 青少年	701	sofort すぐに	1225
bringen 持って来る	235	Kampf 戦い	710	Sorge 不安	1232
Burg 城	245	kennen 知っている	725	steigen 乗る	1271
dauern 続く	270	Kleid 衣服	738	still 静かな	1280
denken 考える	277	klingen 鳴る	742	studieren 詳しく調べる	1299
deutlich はっきりした	282	klug 賢い	743	Sünde 罪	1306
dick 太った	287	Kopf 頭	766	teil|nehmen 参加する	1325
Ding 物	291	Körper 体	768	Teller 皿	1327
dunkel 暗い	309	Kraft 力	772	teuer 高価な	1330
dünn 細い	310	Krankenhaus 病院	776	treffen 会う	1351
eilig 急いでいる	328	Kuh 牛	787	Unfall 事故	1409
empfangen 迎える	361	kürzlich 最近	795	untersuchen 調べる	1430
enden 終わる	363	lachen 笑う	798	Urlaub 休暇	1438
endlich やっと	364	lassen 残しておく	807	Ursache 原因	1438
eng 狭い	365	laufen 走る	810	verletzen 傷つける	1473
entschuldigen 許す	374	lebhaft 元気な	815	verstehen 理解する	1494
Ergebnis 結果	386	leicht 易しい	821	versuchen 試みる	1496
erlauben 許可する	391	lernen 勉強する	826	vertraut 親しい	1499
essen 食べる	406	lesen 読む	827	vor|haben 予定している	1526
Essen 食事	406	leugnen 否定する	828	Wagen 自動車	1539
fahren 運転する	419	loben ほめる	838	wählen 選ぶ	1540
fangen 捕まえる	425	lustig 陽気な	848	wahr 本当の	1541
fehlen 欠けている	431	machen 作る	851	wahrscheinlich おそらく	1543
fern 遠い	435	manchmal ときどき	857	wechseln 取り替える	1555
fleißig 勤勉な	452	Mann 男	859	Weg 道	1556
fliehen 逃げる	453	Meer 海	872	weh 痛い	1559
fließen 流れる	453	nach …へ	919	weigern 断る	1561
Fluss 川	457	naiv 素朴な	932	wenig 少ない	1572
folgen 従う	459	niedrig 低い	951	Werbung 宣伝	1574
Frage 問題	466	öffnen 開ける	970	Werkzeug 器具	1576
Frau 女	468	oft しばしば	970	wunderbar すばらしい	1609
Freude 喜び	473	Ort 場所	979	wundern 驚かす	1609
Freund 友人	474	reinigen きれいにする	1072	zahlen 支払う	1618
freundlich 親切な	474	Reise 旅行	1073	Zeit 時	1625
froh 楽しい	477	Restaurant レストラン	1081	Zimmer 部屋	1636
fühlen 感じる	481	richtig 正しい	1085		
gebrauchen 使う	501	ruhen 休む	1100		

Das Alphabet

ラテン文字 (活字体)		(筆記体)		ドイツ文字 (活字体)		名称 (音標文字)	(仮名表記)
A	a	𝓐	𝒶	𝔄	a	á:	アー
B	b	𝓑	𝒃	𝔅	b	bé:	ベー
C	c	𝓒	𝒸	ℭ	c	tsé:	ツェー
D	d	𝓓	𝒹	𝔇	d	dé:	デー
E	e	𝓔	𝑒	𝔈	e	é:	エー
F	f	𝓕	𝒇	𝔉	f	éf	エふ
G	g	𝓖	𝑔	𝔊	g	gé:	ゲー
H	h	𝓗	𝒉	ℌ	h	há:	ハー
I	i	𝓘	𝒾	ℑ	i	í:	イー
J	j	𝓙	𝒿	ℑ	j	jót	ヨット
K	k	𝓚	𝓀	𝔎	k	ká:	カー
L	l	𝓛	𝓁	𝔏	l	él	エる
M	m	𝓜	𝓂	𝔐	m	ém	エム
N	n	𝓝	𝓃	𝔑	n	én	エン
O	o	𝓞	𝑜	𝔒	o	ó:	オー
P	p	𝓟	𝓅	𝔓	p	pé:	ペー
Q	q	𝓠	𝓆	𝔔	q	kú:	クー
R	r	𝓡	𝓇	𝔑	r	ér	エル
S	s	𝓢	𝓈	𝔖	ſ, s	és	エス
T	t	𝓣	𝓉	𝔗	t	té:	テー
U	u	𝓤	𝓊	𝔘	u	ú:	ウー
V	v	𝓥	𝓋	𝔙	v	fáu	ふァオ
W	w	𝓦	𝓌	𝔚	w	vé:	ヴェー
X	x	𝓧	𝓍	𝔛	x	íks	イクス
Y	y	𝓨	𝓎	𝔜	y	ýpsilɔn	ユプスィろン
Z	z	𝓩	𝓏	𝔍	z	tsét	ツェット
Ä	ä	𝓐̈	ä	𝔄	ä	a:-úmlaut	アー・ウムらオト
Ö	ö	𝓞̈	ö	𝔒	ö	o:-úmlaut	オー・ウムらオト
Ü	ü	𝓤̈	ü	𝔘	ü	u:-úmlaut	ウー・ウムらオト
	ß		ß		ß	ɛs-tsét	エス・ツェット

A a

a¹, A¹ [アー á:] 田 -/- アー(ドイツ語アルファベットの第1字). das *A* und [das] O《口語》最も重要なこと, 本質, 核心(←初めと終わり；ギリシア語アルファベットの最初の文字 Alpha と最後の文字 Omega による) / von *A* bis *Z*《口語》初めから終わりまで / Wer *A* sagt, muss auch B sagen.《ことわざ》乗りかかった舟だ(←A を言う者は B をも言わなければならない).

a², A² [アー] 田 -/-《音楽》イ音. *A*-Dur イ長調 / *a*-Moll イ短調.

a³ [アール]《記号》アール(= Ar).

A³ [アンペーア]《記号》アンペア(= Ampere).

à [ア a]《弱》前《4格とともに》《口語》《商》1個当たり(= zu). fünf Stück *à* 2 Euro 2ユーロ硬貨 5枚.

ä, Ä [エー ɛ:] 田 -/- a, A の変音(アー・ウムラウト).

a.¹ [アム または アン]《略》…河畔の(= am, an). Frankfurt *a*. M. (= am Main) フランクフルト・アム・マイン.

a.², A. [アンノ]《略》西暦…年に(= anno, Anno).

a.. [ア.. a.. または ア..]《形容詞につける》《接頭》《否定・反対》例：*a*politisch 非政治的な / *a*sozial 反社会的な.

AA [アー・アー]《略》外務省(= Auswärtiges Amt).

Aa·chen [アーヘン á:xən] 田 -s/《都市名》アーヘン(ドイツ, ノルトライン・ヴェストファーレン州. 大聖堂にカール大帝の墓がある. ☞ 地図 C-3).

Aal [アール á:l] 男 -[e]s/-e《詩》《魚》ウナギ. Er windet sich wie ein *Aal*.《比》彼はぬらりくらりとうまく逃げる(←うなぎのように身をくねらせる).

aa·len [アーレン á:lən] 再帰 (h) *sich*⁴ *aalen*《口語》(うなぎのように)のんびりと寝そべる.

aal·glatt [アール・グラット] 形 ぬらりくらりした, 捕らえどころのない.

a. a. O. [アム アン ゲフューアテン(アン ゲゲーベネン)オルト]《略》上述の箇所で, 前掲書で(= am angeführten または angegebenen Ort).

Aar [アール á:r] 男 -[e]s/-e《詩》鷲(わし)(= Adler).

der **Aar·gau** [アール・ガオ á:r-gaʊ] 男 -[s]/《定冠詞とともに》《地名》アールガウ(スイス 26州の一つ. 州都はアーラウ).

Aas¹ [アース á:s] 田 -es/-e 獣の死体, 腐肉.

Aas² [アース] 田 -es/Äser《口語》(いやな)やつ, 野郎.

aa·sen [アーゼン á:zən] 自 (h)〘mit 物³ ～〙《方》(物³を)浪費する.

Aas·gei·er [アース・ガイアァ] 男 -s/- ①《腐肉にたかる》はげたか. ②《比》人を食い物にする悪人, ごうつくばり.

⁎⁎ab [アップ áp] I 前《3格とともに; ②, ③ では 4格も》①（空間的に）⑦ …から, …発. (= from). Der Zug fährt *ab* München. その列車はミュンヒェン発です. ⑦《商》(商品を)…渡しで. *ab* Lager 倉庫渡しで.

② (時間的に) …から, …以後. *ab* heute きょうから / *Ab* erstem (または ersten) Mai hat er Urlaub. 5月1日から彼は休暇をとる.（参考 過去の時点には seit を用いる. 例: seit gestern きのうから）.

③（数量的に）…以上の. Kinder *ab* 6 Jahren (または Jahre) 6歳以上の子供たち.

II 副 ① 離れて, 去って; (ボタンなどが)とれて; (交通) …発. (英) off). (戏)「…着」は an). zwei Kilometer *ab* [von hier][ここから] 2キロメートル離れた所に / Kassel *ab* 7.30 カッセル発 7時 30分 / Der Knopf wird bald *ab* sein. そのボタンはすぐ取れるだろう.

② 下へ. Mützen *ab*!（命令で:) 脱帽! / Er war völlig *ab*.《比》彼はくたくたに疲れていた.

③（他の副詞などとともに成句的に） *ab und zu* ときどき (☞ 類語 manchmal) / *ab und an*《北ドミ》ときどき / *auf und ab* a) 上や下へ, b) あちこちへ / **von … *ab*** …から ⇒ von heute *ab* きょうから / von hier *ab* ここから.

ab.. [アップ.. áp..]《分離動詞の》《前つづり》; つねにアクセントをもつ〙 ①（ある所から離れて）例：*ab*|fahren 出発する. ②（除去・遮断）例：*ab*|reißen 引きはがす. ③（完了）例：*ab*|laufen（期限などが)満了する. ④（下降）例：*ab*|legen 下に置く. ⑤（減少）例：*ab*|rüsten 軍備を縮小する. ⑥（取り消し）例：*ab*|sagen とりやめる. ⑦（模写）例：*ab*|schreiben 書き写す.

ab·än·der·lich [アップ・エンダァリヒ] 形 変えることのできる, 変更可能な.

ab|än·dern [アップ・エンダァン áp-ɛndərn] 他 (h)（部分的に）変える, 変更する; 修正する.

Ab·än·de·rung [アップ・エンデルング] 因 -/-en（部分的な)変更; 修正.

ab|ar·bei·ten [アップ・アルバイテン áp-àrbaɪtən] I 他 (h) ①（借金など⁴を)働いて返す. ②（課題など⁴を)済ます, 片づける. II 再帰 (h) *sich*⁴ *abarbeiten* くたくたになるまで働く.

◇⇨ **abgearbeitet**

Ab·art [アップ・アールト áp-a:rt] 因 -/-en《生》変種.

ab·ar·tig [アップ・アールティヒ áp-a:rtɪç] 形（性的に）異常な, 倒錯した; 変種の.

Abb. [アップ・ビルドゥング]《略》図, 挿絵(= Abbildung).

Ab·bau [アップ・バオ áp-baʊ] 男 -[e]s/- ①（建物などの）解体, 撤去. der *Abbau* einer Maschine² 機械の解体. ②（賃金などの）引き下

げ; (人員などの)削減. ③《化・生》分解; (原子の)減成. ④《坑》採掘. ⑤(体力などの)衰え.

ab|bau・en [アップ・バオエン áp-bàuən] 他 (h) (建物など⁴を)解体する, 撤去する. (⚠「建てる」は auf|bauen). ein Zelt⁴ abbauen テントをたたむ. ②(賃金など⁴を)引き下げる; (人員など⁴を)削減する. ③(偏見など⁴を) [徐々に]取り除く. ④《化・生》分解する. ⑤《坑》(石炭など⁴を)採掘する. II 自 (h) (体力が)衰える, 衰弱する.

ab|bei・ßen* [アップ・バイセン áp-bàisən] 他 (h) (一部を)かみ切る. ein Stück⁴ Brot abbeißen パンを一口かじる.

ab|be・kom・men* [アップ・ベコンメン áp-bəkɔ̀mən] (過分 abbekommen) 他 (h) ① 分けてもらう. ②(損害・打撃など⁴を)受ける, 被る. Prügel⁴ abbekommen ひどくなぐられる. ③ (付着している物⁴を)苦労して取りはずす, 取り去る.

ab|be・ru・fen* [アップ・ベルーフェン áp-bərù:-fən] (過分 abberufen) 他 (h) (外交官など⁴を)召還する, 解任する. 《雅・比》(人⁴を)神が召す.

Ab・be・ru・fung [アップ・ベルーフンヶ] 女 –/-en 召還, 解任; 《雅・比》神に召されること, 昇天.

ab|be・stel・len [アップ・ベシュテレン áp-bəʃtèlən] (過分 abbestellt) 他 (h) (物⁴の注文・予約)をとり消す, (物⁴を)キャンセルする. ②(頼んでいた職人など⁴を)断る.

Ab・be・stel・lung [アップ・ベシュテルンヶ] 女 –/-en (注文・予約などの)とり消し, キャンセル.

ab|bet・teln [アップ・ベッテルン áp-bètəln] 他 (h)《口語》(人³から物⁴を)ねだって手に入れる.

ab|be・zah・len [アップ・ベツァーレン áp-bətsà:lən] (過分 abbezahlt) 他 (h) ①(物⁴の)代金を分割払いで支払う. ②(借金など⁴を)分割払いで返済する.

ab|bie・gen [アップ・ビーゲン áp-bì:gən] (bog … ab, ist/hat … abgebogen) I 自 (s) (人・車などが)わきへ曲がる, (道などが)曲がる, 分岐する. 《米》turn off. Er bog [nach] links ab. 彼は左へ曲がった / vom Weg abbiegen 道からそれる.
II 他 (定下 haben) ①《口語》(いやな話など⁴を)そらす, 回避する. Sie bog das Gespräch geschickt ab. 彼女は話を巧みにそらした. ②(指など⁴を)折り曲げる.

Ab・bild [アップ・ビルト áp-bɪlt] 中 –[e]s/-er (忠実な)模写; 《比》生き写し, 似姿, 肖像.

ab|bil・den [アップ・ビルデン áp-bìldən] 他 (h) 模写する, 写しとる.

Ab・bil・dung [アップ・ビルドゥンヶ] 女 –/-en ①《複 なし》模写. ②図版, 挿絵, イラスト (略: Abb.).

ab|bin・den* [アップ・ビンデン áp-bìndən] I 他 (h) ①(ひもなど⁴を)ほどく, はずす. die Krawatte⁴ abbinden ネクタイをはずす. ②(腕・血管など⁴を)縛って止血する, 結紮(けっさつ)する. ③(スープなど⁴に)とろみをつける. II 自 (h)《建》(セメントなどが)固まる.

Ab・bit・te [アップ・ビッテ áp-bɪtə] 女 –/-n《ふつう 単》謝罪.

ab|bla・sen* [アップ・ブラーゼン áp-blà:zən] 他 (h) ①(ほこりなど⁴を)吹き払う. ②《口語》(催しなど⁴を)中止する, とりやめる.

ab|blät・tern [アップ・ブレッタァン áp-blètərn] 自 (s) ①(塗料などが)はげ落ちる. ②落葉する.

ab|blen・den [アップ・ブレンデン áp-blèndən] I 他 (h) ①(灯火など⁴を)覆って暗くする. ②《交通》(ヘッドライト⁴を)減光する. II 自 (h) ①《写》レンズを絞る. ②《交通》ヘッドライトを減光する. ③ 撮影を終わる.

Ab・blend≲licht [アップ・ブレントリヒト] 中 –[e]s/ (ヘッドライトの)減光, ロービーム.

ab|blit・zen [アップ・ブリッツェン áp-blìtsən] 自 (s)《口語》拒絶される, 目的を達しない. Er ist bei ihr abgeblitzt.《現在完了》彼は彼女にひじ鉄をくらった. ◇【lassen とともに】人⁴ abblitzen lassen 人⁴の要求(求愛)をはねつける.

ab|blo・cken [アップ・ブロッケン áp-blɔ̀kən] 他 (h)《スポ》(攻撃など⁴を)ブロックする, 防ぐ.

ab|bre・chen* [アップ・ブレッヒェン áp-brèçən] du brichst … ab, er bricht … ab (brach … ab, hat/ist … abgebrochen) I 他 (定下 haben) ① 折り取る, 折る, (花など⁴を)摘み取る. 《米》break off. einen Ast abbrechen 枝を折り取る / Brich dir nur keinen ab!《口語》そんなに気取るなよ / sich³ einen abbrechen《口語》むちゃくちゃにがんばる.
②(家屋・橋など⁴を)取り壊す, 撤去する. alte Häuser⁴ abbrechen 老朽化した家を取り壊す / alle Brücken⁴ hinter sich³ abbrechen《比》過去を断ち切る, 新しい人生を始める(←自分の後ろの橋をすべて壊す). ③(交渉など⁴を)途中でやめる, 打ち切る; (関係など⁴を)断つ. das Gespräch⁴ abbrechen 会話を中断する / den Umgang mit 人³ abbrechen 人³と絶交する.
II 自 (定下 sein または haben) ① (s) 折れる, 取れる. Die Spitze des Messers brach ab. ナイフの先が折れた. ② (h) (話などを途中で)突然やめる, 中断する. Sie brach mitten im Satz ab. 彼女は話の途中で急に黙り込んだ. ③ (s) (会話などが)とぎれる.
◇☞ **abgebrochen**

ab|brem・sen [アップ・ブレムゼン áp-brèmzən] 他 (h) (自動車など⁴に)ブレーキをかける. ◇【目的語なしで】schnell abbremsen 急ブレーキをかける.

ab|bren・nen* [アップ・ブレンネン áp-brènən] I 他 (h) ①(家・雑草など⁴を)焼き払う. ②発火させる, (花火⁴を)打ち上げる. ③《ナ形》《口語》日焼けさせる. II 自 (s) 焼け落ちる, 焼失する; (花火が)焼け出される.
◇☞ **abgebrannt**

ab|brin・gen* [アップ・ブリンゲン áp-brìŋən] 他 (h) ①【人⁴ von 物³ ~】(人⁴に物³をあきらめさせる. 人⁴ von einem Plan abbringen 人⁴に計画をやめさせる. ②《口語》(汚れな

ab|brö·ckeln [アップ・ブレッケルン áp-brœkəln] 自 (s) ① (しっくい・塗料などが)ぼろぼろはげ落ちる. ② 《経》相場が下がりぎみになる.

Ab·bruch [アップ・ブルフ áp-brux] 男 –[e]s/..brüche ① 〘複なし〙(建物などの)取り壊し, 撤去. ein Haus⁴ auf Abbruch verkaufen 家をスクラップの値段で売る. ② 〘ふつう 単〙(突然の)中止, 中断, 打ち切り. der Abbruch der diplomatischen Beziehungen² 国交断絶. ③ 〘複なし〙損害. 単³ keinen Abbruch tun 単³にダメージを与えない.

ab·bruch=reif [アップ・ブルフ・ライフ] 形 取り壊しの時期に達した(建物など).

ab|brü·hen [アップ・ブリューエン áp-brȳ:ən] 他 (h) (肉・野菜など⁴に)熱湯を注ぐ.

ab|bu·chen [アップ・ブーヘン áp-bù:xən] 他 《商》(口座から)引き落とす.

ab|bürs·ten [アップ・ビュルステン áp-bỳrstən] 他 (h) (ほこりなど⁴を)ブラシで払う; (衣服など⁴に)ブラシをかける.

ab|bü·ßen [アップ・ビューセン áp-bỳ:sən] 他 (h) ① 《宗教》(罪⁴を)償う. ② 《法》(刑期⁴を)勤めあげる.

Abc [アー・ベー・ツェー a:-be:-tsé: または ア・ベ・ツェー] 中 –/– 〘ふつう 単〙① アルファベット. Namen⁴ nach dem Abc ordnen 名前をアルファベット順に並べる. ② 《比》初歩, 入門.

ab|che·cken [アップ・チェッケン áp-tʃɛkən] 他 (h) ① 点検する. ② (人の名前など⁴に)チェック済みの鉤印(かぎじるし)(✓)を付ける.

Abc-Schüt·ze [アベツェー・シュッツェ] 男 –n/–n (Abc を習い始めた)小学校1年生; 初学者.

ABC-Waf·fen [アベツェー・ヴァッフェン] 複 《軍》エービーシー兵器(核・生物・化学兵器の総称)(=atomare, biologische und chemische Waffen).

ab|däm·men [アップ・デンメン áp-dɛmən] 他 (h) (川など⁴を)せき止める; (土地⁴を)堤防で守る.

ab|dämp·fen [アップ・ダンプフェン áp-dɛmpfən] I 自 (s) ① 湯気を出す(出しきる); 《化》蒸発する. ② 《口語》(船・汽車などが)出発する; (人が)立ち去る. II 他 (h) 《化》気化させる.

ab|dämp·fen [アップ・デンプフェン áp-dɛmpfən] 他 (h) (音・色などを)和らげる.

ab|dan·ken [アップ・ダンケン áp-dàŋkən] 自 (h) 退職する, 辞任する, (王が)退位する.

ab|de·cken [アップ・デッケン áp-dɛkən] 他 (h) ① (覆いなど⁴を)取る, (物⁴の)覆いを取る. die Bettdecke⁴ abdecken ベッドカバーを取る / den Tisch abdecken 食卓を片づける. ② 《A⁴ mit B³ ~》A⁴ を B³ で覆う. ③ (要求・需要など⁴を)満たす, カバーする.

ab|dich·ten [アップ・ディヒテン áp-dìçtən] 他 (h) (物⁴の)すき間をふさぐ.

Ab·dich·tung [アップ・ディヒトゥング] 女 –/–en ① 〘複なし〙目張り, 密閉[すること]. ② 詰め物, パッキング.

ab|drän·gen [アップ・ドレンゲン áp-drɛ̀ŋən] 他 (h) (人⁴を)押しのける.

---

3 **Abend**

ab|dre·hen [アップ・ドレーエン áp-drè:ən] (drehte ... ab, hat/ist ... abgedreht) I 他 (完了 haben) ① (ガス・水道など⁴を栓を)ひねって止める; (電灯など⁴をスイッチをひねって消す. (⇔「ひねって出す」は an|drehen). Dreh das Wasser ab! 水を止めてくれ / das Licht⁴ abdrehen 電灯のスイッチを切る.

② ねじ切る. einen Knopf abdrehen ボタンをねじって引きちぎる / einem Huhn den Hals abdrehen 鶏の首をひねって殺す. ③ 《映》(映画など⁴を)撮影し終える.

II 自 (完了 sein または haben) (船・飛行機などが)針路を変える.

ab|dros·seln [アップ・ドロッセルン áp-drɔ̀səln] 他 (h) 《工》(ガス・蒸気など⁴の)流れを絞る, 抑える; (エンジンなど⁴の)回転数を落とす.

Ab·druck¹ [アップ・ドルック áp-drʊk] 男 –[e]s/–e ① 〘複なし〙(原稿などを)印刷すること, (新聞などへの)掲載; (印刷による)複製. ② 印刷された物, 複製物.

Ab·druck² [アップ・ドルック] 男 –[e]s/..drücke (押してきた)跡, 押印, 刻印, 圧痕(あっこん). Abdrücke von Füßen im Sand 砂についた足跡.

ab|dru·cken [アップ・ドルッケン áp-drʊ̀kən] 他 (h) (記事など⁴を新聞・雑誌などに)掲載する. einen Leserbrief in der Zeitung abdrucken 読者からの手紙を新聞に掲載する.

ab|drü·cken [アップ・ドリュッケン áp-drỳkən] I 他 (h) ① (物⁴(銃など)の)引き金を引く. ② 《口語》(人⁴を)抱き締めてキスをする. ③ (人³の物⁴を)押さえて止める. sich³ eine Ader⁴ abdrücken 自分の血管を押さえて止血する. ④ (物⁴の)押し型を取る. II 再帰 ① sich⁴ abdrücken (靴などの)跡が残る. ② sich⁴ von 物³ abdrücken 物³ を突いて離れる(けって跳ぶ).

abds. [アーベンツ] 《略》晩に (=abends).

ab|dun·keln [アップ・ドゥンケルン áp-dʊ̀ŋkəln] 他 (h) (電灯など⁴を)覆いをかけて暗くする.

ab|eb·ben [アップ・エッベン áp-ɛ̀bən] 自 (s) (潮が)引く; 《比》(興奮などが)静まる, 治まる.

Abel [アーベる á:bəl] –s/– ① 《男名》アーベル. ② 《聖》《人名》アベル(アダムの第2子. 兄カインに殺された; 創世記4章).

..a·bel [..アーベる ..á:bəl] 〘形容詞をつくる 接尾〙《可能》例: akzept*abel* 受け入れられる / vari*abel* 変えられる.

abend [アーベント] heute Abend (今晩)などにおける Abend の古い形.

☆☆*der* Abend [アーベント á:bənt]

| 晩 | Guten *Abend*! | こんばんは. |
| | グーテン アーベント | |

男 (単2) –s/(複) –e (3格のみ –en) ① 晩, 夕方, 夜. (英 evening). (⇔ 日暮れどきから就寝時までを指す. それ以後は Nacht. 「朝」は Morgen, 「昼間」は Tag). Montag*abend* 月曜日の晩 / ein stiller *Abend* 静かな夜 / der Heilige *Abend*

クリスマスイブ / Es wird *Abend*. 日が暮れる / gestern *Abend* 昨晩 / heute *Abend* 今晩 / morgen *Abend* 明晩 / *eines Abends* ある晩 / jeden *Abend* 毎晩.

◊《前置詞とともに》**am** *Abend* 夕方に, 夜に / am *Abend* des Lebens《比》晩年に / am *Abend* **für** *Abend* 毎晩毎晩 / **gegen** *Abend* 夕方ごろ / vom Morgen bis **zum** *Abend* 朝から晩まで / **zu** *Abend* essen 夕食を食べる / Man soll den Tag nicht **vor** dem *Abend* loben. 《諺》結果を見てから祝え（←晩になる前にその日のことをほめてはならない）.

② 夕べの催し, 夜会, (…の)夕べ. ein bunter *Abend* さまざまな催しのある夕べ / ein musikalischer *Abend* 音楽の夕べ. ③《圏なし》《古》西 (= Westen).

Abend⸗**an·zug** [アーベント・アンツーク] 男 -[e]s/ ..züge (男性の)夜会服, タキシード.

Abend⸗**blatt** [アーベント・ブラット] 中 -[e]s/ ..blätter 夕刊紙.

Abend⸗**brot** [アーベント・ブロート] 中 -[e]s/ (パンにハムなどを添えた簡単な)夕食.

Abend⸗**däm·me·rung** [アーベント・デンメルング] 女 -/-en たそがれ, 夕暮れ.

*das **Abend·es·sen** [アーベント・エッセン á:bənt-ɛsən] 中 (単2) -s/(複) - 夕食. 《英 supper, dinner). 《英》「朝食」は Frühstück,「昼食」は Mittagessen). Das *Abendessen* ist fertig. 夕食の用意ができました / 人⁴ **zum** *Abendessen* ein|laden 人⁴を夕食に招待する.

abend⸗**fül·lend** [アーベント・ふュれント] 形 夜遅くまで続く(催しなど).

Abend⸗**gym·na·si·um** [アーベント・ギュムナーズィウム] 中 -s/..sien [..ズィエン] 夜間ギムナジウム(社会人のために大学入学資格を与える).

Abend⸗**kas·se** [アーベント・カッセ] 女 -/-n (劇・映)(夕方開く)当日券売り場.

Abend⸗**kleid** [アーベント・クライト] 中 -[e]s/ -er イブニングドレス.

Abend⸗**land** [アーベント・らント] 中 -[e]s/ 西洋, 西欧, ヨーロッパ. 《英》「東洋」は Morgenland).

abend⸗**län·disch** [アーベント・れンディッシュ] 形 西洋の, 西欧の, ヨーロッパの.

abend·**lich** [アーベント・りヒ] 形《付加語としてのみ》晩の, 夕方の; 夕方らしい. die abendliche Kühle 夕方のひんやりした空気.

Abend⸗**mahl** [アーベント・マーる] 中 -[e]s/ ① (新教)聖餐(祭礼); 《カット》聖体拝領. ② (キリストの)最後の晩さん.

Abend⸗**rot** [アーベント・ロート] 中 -[e]s/ 夕焼け, 夕映え. 《英》「朝焼け」は Morgenrot).

****abends** [アーベンツ á:bənts] 副 晩に, 夕方に; 毎晩, 毎夕 (略: abds.). 《英 in the evening). 《英》「朝に」は morgens). freitagabends または freitags *abends* [毎]金曜日の晩に / spät *abends* 晩遅く / von morgens **bis** *abends* 朝から晩まで / *abends* um 8 または um 8 Uhr *abends* 晩の8時に.

Abend⸗**schu·le** [アーベント・シューれ] 女 -/-n 夜間学校.

Abend⸗**son·ne** [アーベント・ゾンネ] 女 -/ 夕日.

Abend⸗**stern** [アーベント・シュテルン] 男 -[e]s/ 宵の明星. 《英》「明けの明星」は Morgenstern).

das **Aben·teu·er** [アーベントイアァ á:bəntɔyər] 中 (単2) -s/(複) - (3格のみ -n) ① 冒険; 異常な出来事(体験). 《英 adventure). ein *Abenteuer*⁴ erleben 冒険を体験する / Das *Abenteuer* lockt. 冒険が心をそそる / **auf** *Abenteuer* aus|gehen 冒険に出かける. ② 冒険的な企て. ③ (恋の)アバンチュール.

aben·teu·er·lich [アーベントイアァりヒ] 形 ① 冒険的な; 向こう見ずな, 危険な; 冒険を描いた(物語など). ② 異常な, 奇妙な.

Aben·teu·er⸗spiel·platz [アーベントイアァ・シュピーるプらッツ] 男 -es/..plätze 冒険児童公園 (材木などを自分で組み立てたりして遊べるにしてある).

Aben·teu·rer [アーベントイラァ á:bəntɔyrər] 男 -s/- (無謀な)冒険家; いかさま師. (女性形: Abenteu[r]erin).

‡**aber** [アーバァ á:bər]

しかし

Er ist klein, *aber* sehr stark.
エァ イスト クライン アーバァ ゼーァ シュタルク
彼は小さいが, しかしとても強い.

I 接《並列接続詞》① 《相反・対比》しかし, けれども, だが. 《英 but). Ihn kenne ich nicht, *aber* seinen Bruder. 私は彼は知らないが, 彼の兄(弟)なら知っている / Er ging einkaufen, sie *aber* blieb zu Hause. 彼は買い物に出かけたが, 彼女は家に残った. 《英 aber は文頭だけでなく, 文中に置かれることもある).

◊《**zwar**(または **wohl**) ~, *aber* ... の形で》《なるほど》~ではあるが, しかし… Er ist zwar alt, *aber* noch rüstig. 彼は年とってはいるが, まだかくしゃくしている.

② 《物語などで「しかし」の意味が薄れて》そして, ところで, さて. Als es *aber* dunkel wurde, machten sie Rast. さて暗くなると彼らは休憩しました.

③ 《間投詞的に》(驚き・強調・非難などを表して：)ほんとに, まったく; いやはや. Das ist *aber* schön! それはほんとにすばらしい / *Aber* ja! そうですとも / *Aber* gern! よろこんで[そうします] / *Aber* natürlich! もちろんですとも / *Aber* nein! 違いますよ, とんでもない / *Aber* Peter! まあペーターったら[なんてこと言うの].

II 副《古》再び, さらに. aber und abermals 再三再四.

▶ **aber⸗hundert, aber⸗tausend**

Aber [アーバァ] 中 -s/- (口語: -s) ① 異議, 異論. ohne Wenn und Aber あれこれ文句を言わずに. ② 難点.

Aber⸗**glau·be** [アーバァ・グらオベ] 男 -ns

(3格・4格 -n)/ 迷信.
aber・gläu・bisch [アーバァ・グロイビッシュ] 形 迷信深い; 迷信的な(考えなど).
aber**hun・dert, Aber・hun・dert** [アーバァ・フンダァト] 数《無語尾》《雅》何百もの.
ab|er・ken・nen* [アップ・エァケンネン áp-ɛrkɛnən] (過分 aberkannt) 他 (h) (法) (人³から権利など⁴を)判決によって剥奪(はくだつ)する.
aber・ma・lig [アーバァ・マーリヒ] 形《付加語としてのみ》再度の.
aber・mals [アーバァ・マールス] 副 もう一度、再び、またしても.
ab|ern・ten [アップ・エルンテン áp-ɛrntən] 他 (h) ① (作物⁴を)収穫する. ② (畑など⁴の)刈り入れをする.
aber・tau・send, Aber・tau・send [アーバァ・タオゼント] 数《無語尾》《雅》何千もの.
Aber・witz [アーバァ・ヴィッツ] 男 -es/《雅》ナンセンス、ばかげたこと.
aber・wit・zig [アーバァ・ヴィッツィヒ] 形 ばかげた.
Abf. [アップ・ファールト] (略)発車、出航 (=Abfahrt).

****ab|fah・ren*** [アップ・ファーレン áp-fàːrən]

(乗り物で)出発する

Ich *fahre* morgen *ab*.
イヒ ファーレ モルゲン アップ
私はあす出発します.

du fährst ... ab, er fährt ... ab (fuhr ... ab, *ist*/hat ... abgefahren) Ⅰ 自 《完了》sein) ① (乗り物で)出発する, (乗り物が)発車する, 出航する. (英 depart). (←→「到着する」は an|kommen). Wir *fahren* gleich mit dem Zug *ab*. 私たちはすぐに列車で発ちます / Der Bus *fährt* in fünf Minuten *ab*. バスはあと5分で発車します. (☞ 類語 aus|gehen).
② (俗)立ち去る. *Fahr ab*! とっととうせろ.
③ (スキーで:)滑降する. ④ 〖auf 人・物⁴〜〗《俗》(人・物⁴に)夢中になる, ほれ込む. auf einen Filmstar *abfahren* 映画スターに夢中になる. ⑤ 《俗》拒否(拒絶)される, はねつけられる. ◊〖lassen とともに〗Sie ließ ihn *abfahren*. 彼女は彼にひじ鉄をくわせた.
Ⅱ 他 《完了》haben または sein) ① (h) (車などで)運び去る. Müll⁴ *abfahren* ごみを運び去る.
② (h, s) (車などで)視察する, 巡回する. die Grenze⁴ *abfahren* 国境をパトロールする. ③ (h) (手足などを乗り物で)ひいて切断する. Der Zug *fuhr* ihm ein Bein *ab*. 彼は彼に片足を切断された. ④ (h) (タイヤなどを)すり減らす, 破損する. ◊《再帰的に》sich⁴ *abfahren* (タイヤなどが)すり減る. ⑤ (h) (口語)(回数券など⁴を)使い果たす. ⑥ (h) 《映・放送》(テープなど⁴を)スタートさせる.

*die **Ab・fahrt** [アップ・ファールト áp-faːrt] 女 (単) -/(複) -en ① (乗り物での)出発, 発車, 出航 (略: Abf.). (英 departure). (←→「列車などの)到着」は Ankunft). eine pünktliche *Abfahrt* 定刻どおりの発車 / Vorsicht bei der *Abfahrt* des Zuges! (駅のアナウンスで:)列車が発車します、ご注意ください / das Zeichen⁴ zur *Abfahrt* geben 発車の合図をする.
② (スキーの)滑降; 滑降路. ③ (高速道路の)出口, ランプ.

Ab・fahrts・lauf [アップファールツ・らオふ] 男 -[e]s/..läufe (スキーの)滑降[競技].

*der **Ab・fall** [アップ・ふァる áp-fal] 男 (単2) -[e]s/(複) ..fälle [..ふェれ] (3格のみ ..fällen) ① ごみ, くず, 廃[棄]物. (英 waste). Küchen*abfall* 台所ごみ / radioaktive *Abfälle* 放射性廃棄物 / Der *Abfall* häuft sich. ごみがたまる.
② 《圏 なし》(宗・政)離反, 背反. der *Abfall* vom Glauben 背教. ③ 《圏 なし》(土地などの)傾斜. ④ 《圏 なし》(圧力・能力などの)低下, 減少.

Ab・fall・be・sei・ti・gung [アップふァる・ベザイティグング] 女 -/ ごみ(廃棄物)処理.
Ab・fäl・le [アップ・ふェれ] *Abfall (ごみ)の 複
Ab・fall・ei・mer [アップふァる áp-àimaɐ] 男 -s/- ごみバケツ.
ab|fal・len* [アップ・ふァれン áp-fàlən] 自 (s) ① (離れて)落ちる、抜け落ちる; (比) (心配などが)消えうせる. Die Blätter *fallen* vom Baum *ab*. 木の葉が落ちる. ② (ごみなどが)出る; (比)(もうけなどが)ある, 出る. Auch für dich *fällt* etwas *ab*. 君にもいくらかもうけがあるよ. ③ 〖von 人・事³ 〜〗(宗・政)(人・事³から)離反する, 背く. vom Glauben *abfallen* 信仰を捨てる. ④ (土地などが)傾斜している. ⑤ 〖gegen 人・物⁴ と比べて〗見劣りする. ⑥ (圧力・性能などが)低下する.
ab・fäl・lig [アップ・ふェリヒ áp-fɛlɪç] 形 否定的な, 見下した(意見・判断など). *abfällig* über 人・物⁴ urteilen 人・物⁴をけなす.
Ab・fall・pro・dukt [アップふァる・プロドゥクト] 中 -[e]s/-e ① リサイクル(再生)製品. ② (生産過程で生じる)廃棄物.
Ab・fall・ton・ne [アップふァる・トンネ] 女 -/-n (円筒形の)大型ごみ容器.
Ab・fall・ver・wer・tung [アップふァる・ふェアヴェーァトゥング] 女 -/ リサイクル, 廃棄物利用.
ab|fan・gen* [アップ・ふァンゲン áp-fàŋən] 他 (h) ① (他人あての手紙など⁴を)横取りする; (人⁴を待ち受けて)捕まえる. ② 《軍・スポ》(敵の攻撃など⁴を)食い止める. ③ (スリップする車などの)体勢を立て直す.
ab|fär・ben [アップ・ふェルベン áp-fɛrbən] 自 (h) ① 色が落ちる(さめる). ② 〖auf 物⁴ 〜〗(物⁴に)色が移る. ③ 〖auf 人⁴ 〜〗(比)(人⁴に)影響を与える.
ab|fas・sen [アップ・ふァッセン áp-fàsən] 他 (h) (文書・手紙など⁴を)作成する, 起草する.
Ab・fas・sung [アップ・ふァッスング] 女 -/-en (文書などの)作成, 起草.
ab|fei・len [アップ・ふァイれン áp-fàilən] 他 (h) (物⁴を)やすりで削り取る(磨く).

ab|fer·ti·gen [アップ・フェルティゲン áp-fɛrtɪgən] 他 (h) ① (郵便物⁴の)発送手続きを終える, (乗り物⁴の)出発準備を済ます. einen Zug *abfertigen* 列車の出発準備を整える. ② (人⁴に応対する, (人⁴を)さばく. die Fluggäste⁴ *abfertigen* 乗客の搭乗手続きをする. ③ (口語)冷たくあしらう. 人⁴ kurz *abfertigen* 人⁴をあっさりはねつける.

Ab·fer·ti·gung [アップ・フェルティグング] 囡 -/-en ① (郵・鉄道) 発送手続きと(出発準備)を終えること; (手荷物などの)受付. ② (口語) (客への)そっけない応対.

ab|feu·ern [アップ・フォイアァン áp-fɔyərn] 他 (h) (銃などを⁴)発射する, 発砲する.

ab|fin·den* [アップ・フィンデン áp-findən] I 他 (示談金などを払って)承服させる; (人⁴と)話をつける. 人⁴ mit Geld *abfinden* 人⁴と金で話をつける. II 再帰 (h) 《*sich*⁴ mit 人·事³ ～》 (人³と)折り合う; (事³に)甘んじる. Ich *kann mich* damit nicht *abfinden.* 私はそれには我慢できない.

Ab·fin·dung [アップ・フィンドゥング] 囡 -/-en 示談; 示談金.

ab|flau·en [アップ・ふらオエン áp-flauən] 自 (s) (風などが)静まる; (比) (情熱などが)衰える; (熱・景気などが)下がる.

ab|flie·gen* [アップ・ふりーゲン áp-fliːgən] (flog … ab, *ist*/*hat* … abgeflogen) I 自 (sein) 飛び立つ; (飛行機が)離陸する, (飛行機で)出発する. II 他 (定下 haben) ① (負傷者など⁴を)空輸する. ② (ある地域⁴を)偵察飛行する.

ab|flie·ßen* [アップ・ふりーセン áp-fliːsən] 自 (s) ① (水が)流れ出る, はける. ② (資本などが)流出する.

Ab·flug [アップ・ふるーク áp-fluːk] 男 -[e]s/..flüge ① (飛行機での)出発, 離陸. (℞「列車などの)出発」は Abfahrt. ② (複 なし) (鳥などが)飛び立つこと.

Ab·fluss [アップ・ふるス áp-flʊs] 男 -es/..flüsse ① (複 なし) (水などの)流出, 排出. ② 排水口, 排水管.

Ab·fluss·rohr [アップふるス・ローァ] 中 -[e]s/-e 排水管.

Ab·fol·ge [アップ・ふォるゲ áp-fɔlgə] 男 -/-n 連続, 順番. in chronologischer *Abfolge* 年代順に.

ab|for·dern [アップ・フォルダァン áp-fɔrdərn] 他 (h) (人³に証明書などの)提示を求める.

ab|fra·gen [アップ・ふラーゲン áp-fràːgən] 他 (h) ① (人⁴または人³に)(人⁴を)試問する, 質問して答えさせる. ② (コンピ) (データ⁴を)表示させる.

ab|fres·sen* [アップ・ふレセン áp-frɛsən] 他 (h) ① (動物などが)食いちぎる. ② (動物などが)食い尽くす.

ab|frie·ren* [アップ・ふリーレン áp-friːrən] I 自 (s) ひどく凍える; (植物が)霜で枯れる. II 他 (h) 凍傷で失う. *sich*³ die Füße⁴ *abfrieren* 凍傷で足をなくす / *sich*³ einen *abfrieren* 《口語》ひどく凍える.

Ab·fuhr [アップ・ふーァ áp-fuːr] 囡 -/-en ① (複 なし) (車で)運び去ること, 搬出. ② (比) (すげない)拒絶. 人³ eine *Abfuhr*⁴ erteilen 人³をはねつける / sich³ eine *Abfuhr*⁴ holen けなく拒絶される. ③ (口語) 完敗.

ab|füh·ren [アップ・フューレン áp-fyːrən] I 他 (h) ① 連行する, 拘引する. ② (税金など⁴を)支払う. ③ (ガス・蒸気など⁴を)排出させる. ④ (人⁴ von 物³ ～》 (人⁴を物³から)そらせる. II 自 (h) (薬などが)通じをよくする; 排便する. ◇《現在分詞の形で》*abführende* Mittel 下剤.

Ab·führ·mit·tel [アップフューァ・ミッテる] 中 -s/- 下剤, 便通薬.

ab|fül·len [アップ・フュれン áp-fʏlən] 他 (h) (液体・ガスなど⁴を)詰める; (びんなど⁴に)詰める. Wein⁴ in Flaschen *abfüllen* ワインをびんに詰める / die Flaschen⁴ mit Wein *abfüllen* びんにワインを詰める.

Abg. [アップ・ゲオルドネテ (..タァ)]《略》[国会]議員 (= Abgeordnete[r]).

Ab·ga·be [アップ・ガーベ áp-gaːbə] 囡 -/-n ① (複 なし) (商品・手荷物などの)引き渡し, 交付. ② (ふつう 複) 公課(租税・関税など). ③ (経) 販売. ④ (スポ) (ボールの)パス. ⑤ (熱などの)放出; 発砲.

ab·ga·ben·frei [アップガーベン・ふライ] 形 税のかからない, 免税の.

ab·ga·ben·pflich·tig [アップガーベン・プふりヒティヒ] 形 納税義務のある, 税のかかる.

Ab·gang [アップ・ガング áp-gaŋ] 男 -[e]s/..gänge ① (複 なし) 退去, 退出; (劇) 退場. sich³ einen guten *Abgang* verschaffen 引きぎわをきれいにする. ② 卒業[者], 退職[者], 退院[した人]. nach dem *Abgang* von der Schule 学校を卒業したあとで. ③ (スポ) (鉄棒・あん馬などの)フィニッシュ, 終末技. ④ (列車・船の)出発. kurz vor *Abgang* des Zuges 列車の発車直前に. ⑤ (複 なし) (郵便などの)発送. ⑥ (複 なし) (医) (結石などの)排出, 排泄(はいせつ); 流産. ⑦ (複 なし) (商) 売れ行き; (コンピ) (官庁) 欠損.

Ab·gangs·zeug·nis [アップガングス・ツォイクニス] 中 ..nisses/..nisse 卒業証書.

das **Ab·gas** [アップ・ガース áp-gaːs] 中 (単2) -es/(複) -e (3格のみ -en) (ふつう 複) (自動車などの)排気ガス. die *Abgase* der Motoren² エンジンの排気ガス.

ab·gas·arm [アップガース・アルム] 形 排気ガスの少ない.

Ab·gas·ka·ta·ly·sa·tor [アップガース・カタりュザートァ] 男 -s/-en [..ザトーレン] (自動車の)触媒による排気ガス浄化装置.

ab·gas·re·du·ziert [アップガース・レドゥツィーァト] 形 排気ガスを低減した.

Ab·gas·tur·bi·ne [アップガース・トゥルビーネ] 囡 -/-n 排気ガス[で駆動する]タービン.

Ab·gas·un·ter·su·chung [アップガース・ウンタァズーフング] 囡 -/-en (自動車の)排気

Ab·gas=wert [アップガース・ヴェーアト] 男 -[e]s/-e 《ふつう 圏》(空気中の)排気ガス濃度; 排気ガス排出基準値.

ab·ge·ar·bei·tet [アップ・ゲアルバイテット] I ab|arbeiten (働いて返す)の 過分 II 形 仕事で疲れきった; がさがさになった(手など).

ab|ge·ben* [アップ・ゲーベン áp-gè:bən] du gibst ... ab, er gibt ... ab (gab ... ab, hat ... abgegeben) I 他 (完了 haben) ① 引き渡す, 手渡す; (手荷物など^{4}を)預ける. (英 hand in). Ich *habe* den Brief *bei* der Sekretärin *abgegeben.* 私は手紙を秘書に手渡した / Er *gibt* seinen Mantel *an* (または *in*) der Garderobe *ab.* 彼はコートをクロークに預ける.
② (人^{3}に物^{4}を)分けてやる. Ich *gebe* dir die Hälfte des Kuchens *ab.* 君にケーキを半分あげるよ. ③ 譲り渡す, (従業員などを)手放す. die Leitung^4 *an* 人^4 *abgeben* 経営を人^{4}に譲る. ④ (中古車などを安く売り渡す; (部屋など^{4}を)賃貸する. ⑤ (スポ)(ボール^{4}を)パスする. Er *gibt* [den Ball] *an* den Mittelstürmer *ab.* 彼は[ボールを]センターフォワードにパスする. ⑥ (意見など^{4}を)発表する, 述べる. ein Urteil^4 *abgeben* 判断を下す / Ich *habe* meine Stimme *abgegeben.* 私は投票した. ⑦ (銃弾^{4}を)発射する, (熱など^{4}を)放出する. ⑧ (口語)(人^{4}の)役を演じる; (人^4)である. Er *gibt* einen guten Vater *ab.* 彼はいい父親だ.
II 再帰 (完了 haben) [*sich*^{4} *mit* 人・事^3 ～] (口語)(人・事^{3}に)かかわりあう. Damit *kann* ich *mich* nicht *abgeben!* そんなことにかかわってはいられない.

ab·ge·bo·gen [アップ・ゲボーゲン] *ab|biegen (わきへ曲がる)の 過分

ab·ge·brannt [アップ・ゲブラント] I ab|brennen (焼き払う)の 過分 II 形 焼け出された; 《口語》無一物の.

ab·ge·bro·chen [アップ・ゲブロッヘン] I ab|brechen (折り取る)の 過分 II 形 とぎれとぎれの(言葉など).

ab·ge·brüht [アップ・ゲブリュート áp-gəbry:t] 形 《口語》恥知らずな, 無神経な.

ab·ge·dreht [アップ・ゲドレート] ab|drehen (栓をひねって止める)の 過分

ab·ge·dro·schen [アップ・ゲドロッシェン áp-gədrɔʃən] 形 《口語》言い古された, 陳腐な(文句など).

ab·ge·fah·ren [アップ・ゲふァーレン] *ab|fahren (乗り物で出発する)の 過分

ab·ge·feimt [アップ・ゲふァイムト áp-gəfaɪmt] 形 悪賢い, ずるい.

ab·ge·flo·gen [アップ・ゲふろーゲン] ab|fliegen (飛び立つ)の 過分

ab·ge·gan·gen [アップ・ゲガンゲン] ab|gehen (立ち去る)の 過分

ab·ge·ge·ben [アップ・ゲゲーベン] ab|geben (引き渡す)の 過分

ab·ge·grif·fen [アップ・ゲグリッふェン áp-gəgrıfən] 形 使い古された, 陳腐な.

ab·ge·hackt [アップ・ゲハックト] I ab|hacken (切り落とす)の 過分 II 形 とぎれとぎれの(言葉など).

ab·ge·hal·ten [アップ・ゲハるテン] ab|halten (妨げる)の 過分

ab·ge·han·gen [アップ・ゲハンゲン] I *ab|hängen^1 (…しだいである)の 過分 II 形 (つるして)食べごろの柔らかさになった(肉など).

ab·ge·här·tet [アップ・ゲヘルテット] I ab|härten (鍛える)の 過分 II 形 鍛えられた.

ab|ge·hen* [アップ・ゲーエン áp-gè:ən] (ging ... ab, *ist*/hat ... abgegangen) I 自 (完了 sein) ① 立ち去る, (劇)退場する; (学校・職場などを)去る. Ein Schauspieler *geht ab.* ひとりの俳優が退場する / *von* der Schule *abgehen* 学校を卒業(退学)する.
② (乗り物が)出発する, (郵便物などが)発送される. Der Zug *geht* in fünf Minuten *ab.* 列車はあと5分で出る. ③ 《*von* 事^3 ～》(事^{3}から)離れる, それる. *von* einer Gewohnheit *abgehen* ある習慣をやめる / *von* einem Plan *abgehen* ある計画を放棄する. ④ (道が)分岐する; (道が)曲がる. Der Weg *geht von* der Hauptstraße *ab.* その道は本通りから分かれている. ⑤ (ボタンなどが)取れる, (染料などが)はげ落ちる. ⑥ (人^{3}に)欠けている; (人^{3}が)いなくて寂しい. Ihm *geht* der Humor völlig *ab.* 彼にはユーモアがまったくない / Du *gehst* mir sehr *ab.* 君がいなくてとても寂しい. ⑦ (商)(商品が…の)売れ行きである. Die Ware *geht* reißend *ab.* この商品は飛ぶように売れる. ⑧ 《*von* 物^3 ～》(物^{3}から)差し引かれる. ⑨ (物事が…に)なっていく, 経過する. Alles *ist* gut *abgegangen.* すべてうまく行った. ⑩ (鉄棒・あん馬などで:)フィニッシュの跳躍をする. ⑪ (医)(結石などが)排出する.
II 他 (完了 sein または haben) (ある区域^{4}を)見回る, パトロールする.

ab·ge·hetzt [アップ・ゲヘッツト] I ab|hetzen (再帰で: へとへとになるまで走る)の 過分 II 形 へとへとになった.

ab·ge·ho·ben [アップ・ゲホーベン] ab|heben (取りはずす)の 過分

ab·ge·holt [アップ・ゲホーるト] *ab|holen (受け取りに行く)の 過分

ab·ge·kämpft [アップ・ゲケンプふト áp-gəkεmpft] 形 (仕事などで)疲れきった; 戦い疲れた.

ab·ge·kar·tet [アップ・ゲカルテット áp-gəkartət] 形 《口語》こっそり示し合わせた.

ab·ge·klap·pert [アップ・ゲクらッパァト áp-gəklapərt] 形 《俗》使い古された, がたがたの; 陳腐な.

ab·ge·klärt [アップ・ゲクれーアト áp-gəklε:rt] 形 円熟した(人物など); 公平な(判断など).

ab·ge·kürzt [アップ・ゲキュルツト] ab|kürzen (短縮する)の 過分

ab·ge·la·gert [アップ・ゲらーガァト] I ab|lagern (堆積させる)の 過分 II 形 (貯蔵して)品

質のよくなった, 熟成した(ワインなど).

ab·ge·lau·fen [アップ・ゲらォフェン] ab|laufen (流れ出る)の 過分

ab·ge·le·gen [アップ・ゲレーゲン] I ab|liegen (遠く離れた所にある)の 過分 II 形 人里離れた, へんぴな. ein *abgelegenes* Dorf へんぴな村.

ab·ge·legt [アップ・ゲレークト] ab|legen (下に置く)の 過分

ab·ge·lehnt [アップ・ゲレーント] *ab|lehnen (拒絶する)の 過分

ab·ge·lenkt [アップ・ゲレンクト] ab|lenken (他の方向へ向ける)の 過分

ab|gel·ten* [アップ・ゲるテン áp-gèltən] 他 (h) (負債・損失などを)弁済する, 償う.

Ab·gel·tung [アップ・ゲるトゥング] 女 −/-en (負債などの)弁済, 返済.

ab·ge·macht [アップ・ゲマハト] I ab|machen (取り除く)の 過分 II 形 とり決められた. *Abgemacht*! それでよし, よし決まった.

ab·ge·ma·gert [アップ・ゲマーガァト] I ab|magern (やせこける)の 過分 II 形 やせこけた.

ab·ge·mel·det [アップ・ゲメるデット] I ab|melden (転出を届け出る)の 過分

ab·ge·mes·sen [アップ・ゲメッセン] I ab|messen (測る)の 過分 II 形《雅》節度のある, 落ち着いた.

ab·ge·neigt [アップ・ゲナイクト áp-gənaıkt] 形《成句的に》人・事³ *abgeneigt* sein 人・事³が好きでない, 気に入らない. Ich bin nicht *abgeneigt*, ein Glas Wein zu trinken. 喜んでワインを一杯いただきます.

ab·ge·nom·men [アップ・ゲノンメン] *ab|nehmen (取り去る)の 過分

ab·ge·nutzt [アップ・ゲヌッツト] I ab|nutzen (使い古す)の 過分 II 形 使い古した, すり減った.

Ab·ge·ord·ne·ten ⸗ haus [アップゲオルドネテン・ハオス] 中 −es/..häuser ① 議会. ② 議事堂

Ab·ge·ord·ne·te[r] [アップ・ゲオルドネテ(..タァ) áp-gəordnətə(..tər)] 男 女《語尾変化は形容詞と同じ》 ☞ Alte[r] (例: 男 1格 der Abgeordnete, ein Abgeordneter) 国会議員, 代議士 (略: Abg.). 《英》*representative*). Bundestags*abgeordnete[r]* 連邦議会議員.

ab·ge·rech·net [アップ・ゲレヒネット] ab|rechnen (差し引く)の 過分

ab·ge·reist [アップ・ゲライスト] ab|reisen (旅立つ)の 過分

ab·ge·ris·sen [アップ・ゲリッセン] I ab|reißen (引きはがす)の 過分 II 形 ① ぼろぼろの, すり切れた(衣服など); 見すぼらしい. ② とぎれとぎれの, 支離滅裂な(言葉など).

ab·ge·sagt [アップ・ゲザークト] ab|sagen (とりやめる)の 過分

Ab·ge·sand·te[r] [アップ・ゲザンテ(..タァ) áp-gəzantə(..tər)] 男 女《語尾変化は形容詞と同じ》《雅》使者, 使節.

ab·ge·schabt [アップ・ゲシャープト] I ab|schaben (削り取る)の 過分 II 形 すり切れた(衣服など).

ab·ge·schal·tet [アップ・ゲシャるテット] ab|schalten (スイッチを切る)の 過分

ab·ge·schie·den [アップ・ゲシーデン] I ab|scheiden (分離する)の 過分 II 形《雅》① 人里離れた, へんぴな. ② 死んだ.

Ab·ge·schie·den·heit [アップ・ゲシーデンハイト] 女 −/《雅》人里離れていること, もの寂しさ.

ab·ge·schla·gen [アップ・ゲシュらーゲン] I ab|schlagen (伐採する)の 過分 II 形 ①《スポ》完敗した, はるかに差のついた. ②《方》疲れきった.

ab·ge·schleppt [アップ・ゲシュれップト] ab|schleppen (引いて行く)の 過分

ab·ge·schlos·sen [アップ・ゲシュろッセン] I *ab|schließen (鍵をかけて閉める)の 過分 II 形 ① 世間から隔絶した, 孤独な(生活など). eine *abgeschlossene* Wohnung 周りから孤立した住まい. ② 完結した, まとまった.

ab·ge·schmackt [アップ・ゲシュマックト áp-gəʃmakt] 形 味気ない, 平凡な(言葉など).

ab·ge·schnit·ten [アップ・ゲシュニッテン] I ab|schneiden (切り取る)の 過分 II 形 孤立した.

ab·ge·schrie·ben [アップ・ゲシュリーベン] ab|schreiben (書き写す)の 過分

ab·ge·se·hen [アップ・ゲゼーエン] ab|sehen (見て覚える)の 過分. ◇《成句的に》*abgesehen* von 人・物³ または von 人・物³ *abgesehen* 人・物³を除いて, 人・物³は別として / *abgesehen* [davon], dass... …ということは別として.

ab·ge·setzt [アップ・ゲゼッツト] ab|setzen (取りはずす)の 過分

ab·ge·spannt [アップ・ゲシュパント] I ab|spannen (馬などを車からはずす)の 過分 II 形 疲れ果てた, ぐったりした.

ab·ge·spielt [アップ・ゲシュピーるト] I ab|spielen (レコードなどをかける)の 過分 II 形 使い古した(レコードなど).

ab·ge·stan·den [アップ・ゲシュタンデン] I ab|stehen (離れている)の 過分 II 形 ① 気の抜けた, 生ぬるくなった(ビールなど); よどんだ(空気など). ②《比》古くさい(言い回しなど).

ab·ge·stellt [アップ・ゲシュテるト] ab|stellen (下へ降ろす)の 過分

ab·ge·stimmt [アップ・ゲシュティムト] ab|stimmen (採決する)の 過分

ab·ge·stor·ben [アップ・ゲシュトルベン] I ab|sterben (枯れる)の 過分 II 形 ① 枯れた(植物など); 壊死(ぇ)した(細胞など). ② しびれた(手足など).

ab·ge·stumpft [アップ・ゲシュトゥンプふト] I ab|stumpfen (丸くする)の 過分 II 形 鈍くなった;《比》鈍感な, 無感覚な.

ab·ge·ta·kelt [アップ・ゲターケるト] I ab|takeln (廃船にする)の 過分 II 形《俗》落ちぶれた, うらぶれた.

ab·ge·tan [アップ・ゲターン] I ab|tun (無視する)の 過分 II 形 (用件などが)片づいた.

ab·ge·tra·gen [アップ・ゲトラーゲン] I ab|tragen (平らにする)の 過分 II 形 着(はき)古した.

ab·ge·tre·ten [アップ・ゲトレーテン] **I** ab|treten (退く)の過分 **II** 形 はき減らした(靴底など).

ab·ge·trock·net [アップ・ゲトロックネット] ab|trocknen (ふく)の過分

ab·ge·war·tet [アップ・ゲヴァルテット] ab|warten (到来を待つ)の過分

ab·ge·wa·schen [アップ・ゲヴァッシェン] ab|waschen (洗い落とす)の過分

ab·ge·wech·selt [アップ・ゲヴェクセルト] ab|wechseln (交代する)の過分

ab|ge·win·nen* [アップ・ゲヴィンネン áp-gə-vìnən] (過分 abgewonnen) 他 (h) ① (賭事(ごと)などで 人³から 物⁴を)勝ち取る. 人³ viel Geld⁴ abgewinnen 人³から大金を巻き上げる. ② (人・物³から 物⁴を)手に入れる, 引き出す. dem Kranken ein Lächeln⁴ abgewinnen 病人をほほえませる. ③ (事³に長所・魅力など⁴を)見いだす.

ab·ge·wo·gen [アップ・ゲヴォーゲン] **I** ab|wägen (比較検討する)の過分 **II** 形 均衡のとれた, 慎重に考えられた(言葉など).

ab|ge·wöh·nen [アップ・ゲヴェーネン áp-gə-vø̀:nən] (過分 abgewöhnt) 他 (h) (人³に 事⁴の)習慣をやめさせる. 人³ das Trinken⁴ abgewöhnen 人³に酒をやめさせる. ◇(再帰的に) Ich habe mir endlich das Rauchen abgewöhnt. 私はやっとたばこをやめた.

ab·ge·wrackt [アップ・ゲヴラックト] **I** ab|wracken (解体してスクラップにする)の過分 **II** 形 時代遅れの, すたれた.

ab·ge·zehrt [アップ・ゲツェーアト áp-gətseːrt] 形 やせ衰えた, やつれた.

ab·ge·zo·gen [アップ・ゲツォーゲン] ab|ziehen (抜き取る)の過分

ab|gie·ßen* [アップ・ギーセン áp-gìːsən] 他 (h) ① (余分な液体⁴を)流して捨てる. ② (野菜など⁴の)ゆで汁を捨てる. ③ (美)(胸像など⁴を)型に入れて造る, 鋳造する.

Ab·glanz [アップ・グランツ áp-glants] 男 -es/ ① 反射[光], 反映. ② (比) 名残.

ab|glei·ten* [アップ・グライテン áp-glàɪtən] 自 (s)(雅) ① 滑り落ちる. (比)(考えなどが)それる. ② (比)(成績・相場などが)下がる; 堕落する.

Ab·gott [アップ・ゴット áp-gɔt] 男 -[e]s/..göt-ter ① 崇拝(熱愛)の対象, アイドル. Das Kind war ihr Abgott. その子は彼女は熱烈に愛していた. ② (古) 偶像.

ab·göt·tisch [アップ・ゲティッシュ áp-gœtɪʃ] 形 偶像崇拝的な, 盲目的な.

ab|gra·ben* [アップ・グラーベン áp-gràːbən] 他 (h) ① (溝を掘って水など⁴を)他方へ流す. ② (土⁴を)掘って除く.

ab|gren·zen [アップ・グレンツェン áp-grèntsən] **I** 他 (h) ① (土地など⁴に)境界を付ける. ② (比)(任務・概念など⁴の)範囲をはっきりと定める. **II** (再帰) sich⁴ abgrenzen (他と)一線を画する. sich⁴ von 人・事³ abgrenzen 人・事³ と別の立場をとる.

Ab·gren·zung [アップ・グレンツング] 女 -/-en 境界[の設定]; (比) 定義[づけ].

Ab·grund [アップ・グルント áp-grʊnt] 男 -[e]s/..gründe ① 深い谷, 深淵(えん). ② (雅) 底知れぬ深み, (魂などの)深淵(えん); 越えがたい溝; 破滅の淵. am Rande des Abgrundes 破滅に瀕(ひん)して.

ab·grün·dig [アップ・グリュンディヒ áp-grʏn-dɪç] 形 (雅) 底知れぬ, 計り知れぬ; なぞめいた; 途方もない.

ab|gu·cken [アップ・グッケン áp-gʊ̀kən] **I** 他 (h) (口語) (人³から技術など⁴を)見て学び取る. **II** 自 (生徒言葉)カンニングする.

Ab·guss [アップ・グス áp-gʊs] 男 -es/..güsse (美) 複製の鋳像; 鋳物.

ab|ha·ben* [アップ・ハーベン áp-hàːbən] 他 (h) (口語) ① (帽子など⁴を)脱いでいる, (眼鏡など⁴を)はずしている; (染みなど⁴を)落としている. den Hut abhaben 帽子をかぶっていない. ② 分けてもらう. einen abhaben (俗) a) 酔っ払っている, b) 頭がいかれている.

ab|ha·cken [アップ・ハッケン áp-hàkən] 他 (h) (鋭い刃物で)切り落とす.
◇☞ abgehackt

ab|ha·ken [アップ・ハーケン áp-hàːkən] 他 (h) ① (物⁴に)チェック済みの鉤印(かぎじるし)(✓)を付ける; (懸案など⁴を)片づける. ② (コートなど⁴を)フックからはずす.

ab|hal·ten* [アップ・ハルテン áp-hàltən] du hältst...ab, er hält...ab (hielt...ab, hat...abgehalten) **I** 他 (完了 haben) ① [人⁴ von 事³~] (人³が 事³をするのを)妨げる, (人⁴に 事³を)思いとどまらせる. Er hielt sie von der Arbeit ab. 彼は彼女の仕事のじゃまをした / Lassen Sie sich nicht abhalten! どうかお構いなく.
② (寒さ・雨など⁴を)防ぐ, (虫など⁴を)寄せつけない. Die Hecke hält den Wind ab. 垣根が風を防ぐ / den Lärm abhalten 騒音をさえぎる. ③ (会議など⁴を)開催する, (授業などを)行う. Die Partei hielt eine Versammlung ab. その党は大会を開いた. ④ (離して)支え持つ. ein Kind⁴ abhalten 子供を抱えて用便させる.
II 自 (完了 haben)(海) 針路を転じる. von der Klippe abhalten 岩礁から遠ざかるように針路をとる.

Ab·hal·tung [アップ・ハルトゥング] 女 -/-en ① 支障, さし支え. ② [複 なし](催し・会議などの)挙行, 開催.

ab|han·deln [アップ・ハンデルン áp-hàndəln] 他 (h) ① (人³から 物⁴を)交渉して(値切って)買い取る; (価格³からある金額⁴を)値切る. ② (あるテーマ⁴を)論じる, 扱う.

ab·han·den.. ☞ abhanden|kommen

ab·han·den|kom·men* [アップハンデン・コンメン aphándən-kɔ̀mən] 自 (s)(人³から)なくなる, 紛失する. Meine Brieftasche ist [mir] abhandengekommen.(現在完了)私は財布をなくした.

Ab·hand·lung [アップ・ハンドルング] 女 -/-en

(学術上の)論文 (略: Abh.). (⚠ 「(学校の)作文」は Aufsatz).

der **Ab·hang** [アップ・ハング áp-haŋ] 男 (単2) -[e]s/(複) ..hänge [..ヘンゲ] (3格のみ ..hängen) 斜面, スロープ. (英 *slope*). ein steiler *Abhang* 急な斜面.

Ab·hän·ge [アップ・ヘンゲ] Abhang (斜面の) 複

ab|hän·gen[1]* [アップ・ヘンゲン áp-hèŋən] (hing…ab, hat…abgehangen) 自 (完了 haben) ① 〖**von** 人・事[3]~〗…しだいである, (人・事[3]に)依存している. (英 *depend on*). Das *hängt* vom Wetter *ab*. それは天気しだいだ / Es *hängt* von dir *ab*, ob … …かどうかは君しだいだ / Er *hängt* finanziell von seinen Eltern *ab*. 彼は経済的に両親に依存している.
② (つるした肉が)食べごろの柔らかさになる.
◇☞ **abgehangen**

ab|hän·gen[2] [アップ・ヘンゲン] (hängte…ab, hat…abgehängt) 他 (h) ① (掛かっているもの[4]を)取りはずす. ein Bild[4] **von** der Wand *abhängen* 壁から絵を取りはずす. ② (受話器[4]を)掛ける. [den Hörer] *abhängen* [受話器を掛けて]電話を切る. ③ (客車など[4]を)切り離す. ④ (口語) (㋐) (他の走者など[4]を)引き離す. ⑤ (俗) (人[4]を)振り切る, まく.

*ab·hän·gig [アップ・ヘンギヒ áp-hɛŋıç] 形 (英 *dependent*) ① 〖**von** 人・事[3] ~〗(人・事[3]に)依存しているの, (人・事[3]に)依存している. Das ist vom Wetter *abhängig*. それは天気しだいだ / Er ist finanziell von seinen Eltern *abhängig*. 彼は経済的に両親に依存している / Sie ist von Drogen *abhängig*. 彼女は麻薬中毒だ / A[4] von B[3] *abhängig* machen B[3] を A[4] の条件とする.
② 従属的な. ein *abhängiger* Satz 〖言〗従属文, 副文 / die *abhängige* Rede 〖言〗間接話法.

..ab·hän·gig [..アップヘンギヒ ..apheŋıç] 〖形容詞をつくる 接尾〗① (…に左右される) 例: zeit*abhängig* 時代に制約された. ② (…に頼りきった) 例: drogen*abhängig* 麻薬中毒の.

Ab·hän·gig·keit [アップ・ヘンギヒカイト] 女 -/ (アルコール・麻薬などへの)依存; 従属[関係].

ab|här·ten [アップ・ヘルテン áp-hèrtən] 他 (h) (体など[4]を)鍛える. ◇(再帰的に) *sich*[4] **gegen** Erkältungen *abhärten* 風邪に対して抵抗力をつける.
◇☞ **abgehärtet**

ab|hau·en(*) [アップ・ハオエン áp-hàuən] (haute…ab または hieb…ab, hat/ist…abgehauen) I 他 (h) ① (斧[4]などで)切り落とす, 切り倒す. Äste[4] *abhauen* 枝を切り落とす. ② (生徒言葉)(答案など[4]を)こっそり書き写す, カンニングする. II 自 (s) (過去 haute…ab) (俗)立ち去る, ずらかる. *Hau ab*! a) 消えうせろ, b) 逃げろ.

ab|he·ben* [アップ・ヘーベン áp-hè:bən] (hob…ab, hat…abgehoben) I 他 (完了 haben) ① (持ち上げて)取りはずす, 取り去る.

Er *hebt* den Hörer *ab*. 彼は受話器を取る. ② (預金[4]を)引き出す. Geld[4] **vom** Konto *abheben* 口座からお金を下ろす.
II 自 (h) 〖空〗離陸する.
III 再帰 (h) *sich*[4] *abheben* くっきりと対照をなす, 際立って見える. Die Türme *heben sich* **vom** Himmel (または **gegen** den Himmel) *ab*. 塔は空にくっきりと浮き上がって見える.

ab|hef·ten [アップ・ヘフテン áp-hèftən] 他 (h) (書類など[4]を)ファイルにとじる.

ab|hei·len [アップ・ハイレン áp-hàılən] 自 (s) (傷などが)治る.

ab|hel·fen* [アップ・へルフェン áp-hèlfən] 自 (h) (弊害・苦痛など[3]を)取り除く, 是正する. einem Übel *abhelfen* 弊害を除去する / einer Krankheit[3] *abhelfen* 病気を治す.

ab|het·zen [アップ・ヘッツェン áp-hètsən] I 再帰 (h) *sich*[4] *abhetzen* へとへとになるまで走る. II 他 (h) (馬など[4]を)駆りたててへとへとにさせる.
◇☞ **abgehetzt**

Ab·hil·fe [アップ・ヒルフェ áp-hılfə] 女 -/ (弊害・欠陥などの)除去. *Abhilfe*[4] schaffen (弊害・欠陥などを)除去する.

*ab|ho·beln [アップ・ホーベルン áp-hò:bəln] 他 (h) かんなで削る.

*ab|ho·len [アップ・ホーレン áp-hò:lən] (holte…ab, hat…abgeholt) 他 (完了 haben) ① (用意された物[4]を)受け取りに行く, 受け取って来る. (英 *fetch*). Theaterkarten[4] **an** der Kasse *abholen* (予約していた)芝居の切符を入場券売り場に受け取りに行く / Er *holt* ein Paket **von** der Post *ab*. 彼は小包を郵便局から受け取って来る.
② (約束の場所に)迎えに行く(来る), (迎えに行って)連れて来る. Ich *hole* dich **vom** (または **am**) Bahnhof *ab*. 君を駅へ迎えに行くよ. (☞ 類語 empfangen). ③ (口語・婉曲)逮捕する.

Ab·hol·preis [アップホール・プライス] 男 -es/-e (商品の配送を頼まない場合の)持ち帰り割引価格.

ab|hol·zen [アップ・ホルツェン áp-hòltsən] 他 (h) (樹木[4]を)切り倒す, (森林[4]を)伐採する.

ab|hor·chen [アップ・ホルヒェン áp-hòrçən] 他 (h) ① 〖医〗聴診する. ② (軍)盗聴する.

ab|hö·ren [アップ・ヘーレン áp-hø:rən] 他 (h) ① (人[4] (または 人[3])に事[4]を)試問する, 言わせる. die Schüler[4] (または den Schülern[3]) die Vokabeln[4] *abhören* 生徒たちに単語を言わせる. ② (医)聴診する. ③ (電話・外国の放送など[4]を)傍受する, 盗聴する. ④ (録音テープなど[4]を)試聴する.

Abi [アビ ábi] 中 -s/-s 〖ふつう 単〗〖口語〗= Abitur

das **Abi·tur** [アビトゥーア abitú:r] 中 (単2) -s/(複) -e (3格のみ -en) 〖ふつう 単〗 アビトゥーア, ギムナジウム(高校)卒業試験. das *Abitur*[4] machen a) アビトゥーアを受ける, b) アビトゥーアに合格する / Ich bereite mich **auf** das *Abitur* vor. 私はアビトゥーアの準備をしている. (⚠

abkürzen

ドイツでは大学入学試験がないので、この試験に合格すると大学入学資格を持つことになる).

Abi·tu·ri·ent [アビトゥリエント abituriént] 男 -en/-en アビトゥーア受験者(合格者). (女性形: -in).

ab|ja·gen [アップ・ヤーゲン áp-jà:gən] I 他 (h) (追いかけて人³から物⁴を)奪い返す. II 再帰 (h) sich⁴ abjagen《口語》へとへとになるほど走る.

Abk. [アップ・キュルツング]《略》略語(=**Abkürzung**).

ab|kan·zeln [アップ・カンツェルン áp-kàntsəln] 他 (h)《口語》しかりつける.

ab|kap·seln [アップ・カプセルン áp-kàpsəln] I 他 (h) (病原体などを)カプセルに閉じ込める. II 再帰 (h) sich⁴ abkapseln ① (腫瘍(しゅ)などが)被包される. ② 《比》殻に閉じこもる.

ab|kau·fen [アップ・カオフェン áp-kàufən] 他 (h) ① (人³から物⁴を)買い取る. ② 《口語》(人³の事⁴を)信用する. Das kaufe ich dir nicht ab! 君の言うことなんか信じないぞ.

Ab·kehr [アップ・ケーァ áp-ke:r] 女 -/ 転向; 離反; 放棄.

ab|keh·ren¹ [アップ・ケーレン áp-kè:rən] I 他 (h) (顔・目など⁴を)背ける, そらす. II 再帰 (h)《sich⁴ von 人·物³ ~》(人·物³に)背を向ける;《比》(人·事³に)背く,(人·事³を)見捨てる.

ab|keh·ren² [アップ・ケーレン áp-kè:rən] 他 (h)《南ドイ》(ごみ⁴を)掃き取る;(床など⁴を)掃いてきれいにする.

ab|klap·pern [アップ・クらッパァン áp-klàpərn] 他 (h) (町・店など⁴を)訪ね回る.

ab|klä·ren [アップ・クレーレン áp-klὲ:rən] 他 (h) (問題など⁴を)解明する.

Ab·klatsch [アップ・クらッチュ áp-klatʃ] 男 -[e]s/-e ① (粗悪な)模造品, イミテーション. ② (レリーフなどの)拓本.

ab|klem·men [アップ・クれムメン áp-klὲmən] 他 (h) ① (ホースなどを)止め金で)はさんで止める;《医》(血管など⁴を鉗子によって)絞扼(こう)する. ② (はさんで)切断する.

ab|klin·gen* [アップ・クリンゲン áp-klìŋən] 自 (s) ① (音などが)しだいに小さくなる. ② 《比》(痛み・興奮などが)しだいに治まる(弱まる).

ab|klop·fen [アップ・クろプフェン áp-klòpfən] 他 (h) ① (汚れ・ほこりなど⁴を)はたいて取り除く;(人·物⁴を)はたいて落とす. Sie klopfte den Schnee **vom** Mantel ab. 彼女はコートの雪を払い落とした / die Jacke⁴ abklopfen 上着のほこりを払う. ② たたいて調べる. einen Kranken abklopfen《医》患者を打診する. ③ (リハーサルなど⁴を)指揮棒で譜面台をたたいて中止させる.

ab|knal·len [アップ・クナれン áp-knàlən] 他 (h)《俗》平然と撃ち殺す.

ab|kni·cken [アップ・クニッケン áp-knìkən] I 他 (h) (枝など⁴を)ぽきっと折り取る;(花など⁴を)下向きに)折り曲げる. II 自 (s) (道などが)折れ曲がる. ◇現在分詞の形で》 abknickende Vorfahrt《交通》左折(右折)優先.

ab|knöp·fen [アップ・クネプフェン áp-knœpfən] 他 (h) ① ボタンをはずして取る. die Kapuze⁴ vom Anorak abknöpfen アノラックからフードを取りはずす. ② 《俗》(人³からお金など⁴を)巻き上げる, だまし取る.

ab|knut·schen [アップ・クヌーチェン áp-knù:tʃən] 他 (h)《俗》(人⁴を)強く抱き締めたままキスをする.

ab|ko·chen [アップ・コッヘン áp-kòxən] I 他 (h) ① (飲料水・器具など⁴を)煮沸[消毒]する. ② (薬草など⁴を)せんじる. ③ 《軍》(卵など⁴を)十分にゆでる. ④ 《スポ》・隠語》(ボクサーなどが体重⁴を)落とす. II 自 (h) 野外で炊事をする.

ab|kom·men* [アップ・コンメン áp-kɔ̀mən] 自 (s) ① 《von 物³ ~》(物³から)それる, 遠ざかる. vom Weg[e] abkommen 道に迷う / vom Thema abkommen《比》本題からそれる. ② 《von 事³ ~》(事³[計画など]を)やめる, 投げ出す.(仕事などから)抜け出す. ④ 《スポ》(…のぐあいに)スタートする. ⑤ (風習などが)すたれる.

das Ab·kom·men [アップ・コンメン áp-kɔmən] 中 (単2) -s/(複) - 協定, とり決め. Kultur*abkommen* 文化協定 / ein internationales Abkommen 国際協定 / mit 人³ über 事⁴ ein Abkommen⁴ treffen 人³と事⁴について協定を結ぶ.

ab·kömm·lich [アップ・ケムりヒ] 形 (人が)なくても済む,(仕事などから)手が離せる. Ich bin im Moment nicht abkömmlich. 私は今手が離せない.

Ab·kömm·ling [アップ・ケムリング áp-kœmlɪŋ] 男 -s/-e 《法》子孫, 後裔(こうえい).

ab|krat·zen [アップ・クラッツェン áp-kràtsən] I 他 (h) (付着しているもの⁴を)かき落とす,(物⁴の)汚れをこすり取る. die Tapeten⁴ von der Wand abkratzen 壁のクロスをはがす. II 自 (s)《俗》くたばる, 死ぬ.

ab|krie·gen [アップ・クリーゲン áp-krì:gən] 他 (h)《口語》① 分けてもらう. ② 《比》(損害・打撃など⁴を)受ける, 被る. ③ (付着しているもの⁴を)苦労して取り去る.

ab|küh·len [アップ・キューれン áp-kỳ:lən] I 他 (h) 冷やす, 冷ます;《比》(興奮・怒りなど⁴を)静める. II 自 (s) 冷える, 冷める;《比》(興奮・怒りなどが)静まる. III 再帰 (h) sich⁴ abkühlen ① 体を冷やす. ② 冷える, 冷める;《比》(興奮・怒りなどが)静まる.

Ab·küh·lung [アップ・キューるング] 女 -/-en 《ふつう 単》冷却; 冷えること; 温度の低下.

Ab·kunft [アップ・クンフト áp-kunft] 女 -/ 素性, 血統;《比》起源, 由来. von hoher Abkunft 名門の出の.

ab|kür·zen [アップ・キュルツェン áp-kỳrtsən] du kürzst ... ab (kürzte ... ab, hat ... abgekürzt) 他 (完了 haben) 短縮する。(言葉など⁴を)簡略にする. Wir haben den Weg abgekürzt. 私たちは近道をした / einen Besuch abkürzen 訪問を早めに切りあげる / ein Wort⁴ abkürzen 単語を略して書く.

die Ab·kür·zung [アップ・キュルツング áp-kyrtsuŋ]囡 (単) -/(複) -en ① 略語, 省略形 (略: Abk.).《英》abbreviation). ②〖圈 なし〗(演説などの)短縮, 簡略化. ③ 近道. eine *Abkürzung*⁴ nehmen 近道をする.

ab|la·den* [アップ・ラーデン áp-là:dən] 他 (h) ① (積み荷を⁴)下ろす; (物⁴の)積み荷を下ろす. 《メモ》「積み込む」は aufladen. Sie *laden* das Holz **vom** Lastwagen *ab*. 彼らはトラックから木材を下ろす / einen Lastwagen *abladen* トラックの荷を下ろす. ②〖軍⁴ **auf**〖人⁴ ～〗(軍⁴(責任など)を人⁴に)押しつける. Er *lädt* die Schuld immer auf mich *ab*. 彼はいつも私に責任をなすりつける. ③《比》(怒りなど⁴をぶちまける. Sie *lädt* alle ihre Sorgen **bei** ihm *ab*. 彼女は彼にあらいざらい悩みをぶちまける.

Ab·la·ge [アップ・ラーゲ áp-la:gə]囡 -/-n ① (帽子などの)置き場所; (書類などの)保管場所. ②〖圈 なし〗保管.

ab|la·gern [アップ・ラーガァン áp-là:gərn] I 他 (h) ① (砂などを⁴を)堆積(ﾀﾞs)させる, 沈殿させる. ◇〖再帰的に〗*sich*⁴ *ablagern* 堆積する, 沈殿する. ② (品質を良くするために)貯蔵する. II 自 (h, s) (貯蔵されて)品質が良くなる, (ワインなどが)熟成する.
◇☞ abgelagert

Ab·la·ge·rung [アップ・ラーゲルンク áp-là:gəruŋ]囡 -/-en ① 堆積(ﾀﾞs)[物]; 沈殿[物]. ② (熟成のための)貯蔵.

Ab·lass [アップ・ラス áp-las] 男 -es/..lässe ① (ｶﾄﾘｯｸ) 贖宥(ﾆﾖﾝ), 免罪. ②〖工〗排水[管].

Ab·lass=brief [アップラス・ブリーフ] 男 -[e]s/ -e (中世の)贖宥(ﾆﾖﾝ)状.

ab|las·sen* [アップ・ラッセン áp-làsən] I 他 (h) ① (水・蒸気など⁴を)排出する; (水などを抜いて物⁴を)空にする; 《口語》(怒りなどを⁴を)ぶちまける. einen Teich *ablassen* 池の水を抜く. ② (人³に物⁴を好意的に安く)売る, 譲る. ③ (ある金額・割合⁴を)値引きする. II 自 (h) 〖**von** 物³ ～〗(物³を)やめる. **von** einem Vorhaben *ablassen* 計画を中止する. ②〖**von** 人³ ～〗(人³を)相手にするのをやめる.

Ab·lauf [アップ・ラオフ áp-lauf] 男 -[e]s/ ..läufe ① (出来事などの)経過, 成り行き. ②〖圈 なし〗(期間の)満了, 終了. *nach Ablauf* von drei Tagen 3日たったあとに / *vor Ablauf* der Frist² 期限満了前に. ③ 流出, 排出; 排水管(口). ④〖圈 なし〗(ｽﾎﾟｰﾂ) スタート.

ab|lau·fen* [アップ・ラオフェン áp-làufən] du *läufst*…ab, er *läuft*…ab (lief…ab, *hat*/*ist* …abgelaufen) I 自（定了) sein) ① (水などが)流れ出る; 流れ落ちる. Das Wasser *läuft* **aus** der Badewanne *ab*. 浴槽から水がぬく / Der Regen *läuft* **vom** Schirm *ab*. 雨水が傘から滴り落ちる / **An** ihm *läuft* alles *ab*.《比》彼には何を言っても馬耳東風だ.
② (水が滴り落ちて)乾く. ③ (期限などが)満了する; (期間などが)終わる. Mein Pass *läuft* bald *ab*. 私のパスポートはもうすぐ期限が切れる.
④ (催し物などが…に)進行する, 行われる. Alles *ist* gut *abgelaufen*.【現在完了】万事うまく行った. ⑤ (巻いた糸・テープなどが)最後まで繰り出される; (ぜんまい仕掛けのおもちゃなどが)止まる.
II 他 (定了 sein または haben) ① (s, h) (ある地域⁴を)見回る; 訪ねて回る. Ich *bin* (または *habe*) alle Geschäfte *abgelaufen*.【現在完了】私はあらゆる店を訪ねて回った. ② (h) (靴底などを⁴歩いて)すり減らす. *sich*³ die Beine⁴ **nach** 物³ *ablaufen*《口語》足を棒にして物³を探し回る.

Ab·laut [アップ・ラオト áp-laut] 男 -[e]s/ -e 〖ふつう 圈〗(言) 母音交替, アブラウト (語幹の母音の規則的変化; 例: singen—sang—gesungen).

ab|le·ben [アップ・レーベン áp-lè:bən] I 自 (s) 死去する, 死ぬ. II 他 (h) (一定の期間⁴を)生き延びる.

Ab·le·ben [アップ・レーベン áp-lè:bən] 中 -s/ 《雅》死, 逝去 (=Tod).

ab|le·cken [アップ・レッケン áp-lèkən] 他 (h) なめてきれいにする, (血などを⁴)なめて取り除く.

ab|le·gen [アップ・レーゲン áp-lè:gən] (legte …ab, *hat*…abgelegt) I 他（定了 haben) ① 下に置く, 下ろす. 《英》lay down). Er *legt* den Hörer *ab*. 彼は受話器を置く / eine Last⁴ *ablegen* 重荷を下ろす / Karten⁴ *ablegen*《ｶｰﾄﾞ》不要なカードをわきへ置く.
② (コート・帽子など⁴を)脱ぐ. den Mantel **an** der Garderobe *ablegen* コートを脱いでクロークに掛ける. ◇〖目的語なしでも〗*Legen* Sie bitte *ab*! どうぞコート(帽子)をお取りください. ③ (書類などを⁴)ファイルに整理する. ④《比》(悪癖など⁴を)やめる. ⑤〖行為を表す名詞を目的語として〗行う, …する. einen Beweis für 事⁴ *ablegen* 事⁴を証明する / eine Prüfung⁴ *ablegen* 試験を受ける / einen Eid *ablegen* 宣誓する.
II 自（定了 haben)《海》出港する.

Ab·le·ger [アップ・レーガァ áp-le:gər] 男 -s/- 〖園芸〗挿し木(取り木)の若枝.

***ab|leh·nen** [アップ・レーネン áp-lè:nən] (lehnte…ab, *hat*…abgelehnt) 他（定了 haben) ① (招待・贈り物など⁴を)拒絶する, 断る; (要求など⁴を)拒否する, 拒む. 《英》reject). 《メモ》「受け入れる」は annehmen. Sie *lehnte* meine Einladung *ab*. 彼女は私の招待を断った / einen Antrag *ablehnen* 動議を否決する. (☞類語 weigern). ② 認めない, 受け入れない; 《法》忌避する. Diesen Künstler *lehne* ich *ab*. この芸術家を私は認めない.

Ab·leh·nung [アップ・レーヌンク áp-lè:nuŋ] 囡 -/-en 拒絶, 拒否; 否決.

ab|leis·ten [アップ・ライステン áp-làistən] 他 (h) (兵役など⁴を)果たす, 勤めあげる.

ab|lei·ten [アップ・ライテン áp-làitən] 他 (h) ① (流れなど⁴を)他の方向へ導く; 《比》(怒りなど⁴を)わきへそらす. den Fluss *ableiten* 川の流れを変える. ②〖A⁴ **von** (または **aus**) B³ ～〗(A⁴を B³ から)導き出す, 引き出す; (A⁴を B³

Abmeldung

に)由来すると言う. Lehren⁴ aus der Geschichte *ableiten* 歴史から教訓を引き出す / eine Formel⁴ *ableiten* 《数》数式を展開する. ◊《再帰的に》Das Wort *leitet sich*⁴ aus dem Griechischen *ab*.《言》この単語はギリシア語に由来する.

Ab·lei·tung [アップ・ライトゥング] 囡 -/-en ① 《覆 なし》導き出すこと, 誘導. ②《言》派生[語]. ③《電》アース, 導線.

ab|len·ken [アップ・レンケン áp-lèŋkən] (lenkte…ab, *hat*…abgelenkt) I 他 (完了 haben) ① 他の方向へ向ける. Der Windstoß *lenkte* den Ball *ab*. 突風でボールのコースが変わった / ein Schiff⁴ vom Kurs *ablenken* 船を針路からそらす. ② (注意などを)わきへそらせる. den Verdacht von sich *ablenken*（自分への）嫌疑をそらす. ③《⁴に》気晴らしをさせる, 気分転換させる. einen Kranken *ablenken* 病人の気をまぎらわせる. ◊《再帰的に》*sich*⁴ *ablenken* 気晴らしをする.
II 自 (完了 haben) 話題を変える.

Ab·len·kung [アップ・レンクング] 囡 -/-en ①《覆 なし》わきへそらすこと;《物》偏向, 回折. ② 気晴らし, 気分転換.

Ab·len·kungs⸗ma·nö·ver [アップレンクングス・マネーヴァァ] 囲 -s/- 《軍》陽動作戦（敵の注意を他へそらす作戦）.

ab|le·sen* [アップ・レーゼン áp-lè:zən] 他 (h) ① (式辞など⁴を)読み上げる. ② (計器など⁴の)目盛りを読み取る. das Gas⁴ *ablesen* ガスの使用量を読み取る. ③《A⁴ von (または an) B³ 〜》(A⁴ を B³ から)見て取る, 察知する. einen Wunsch von den Augen *ablesen* ⁴の目を見てその希望を読み取る. ④《A⁴ aus B³ 〜》(A⁴ を B³ から)推論する. ⑤ (害虫など⁴を)つまみ取る.

ab|leug·nen [アップ・ロイグネン áp-lɔ̀ygnən] 他 (h) (罪など⁴を)きっぱり否認(否定)する.

ab|lich·ten [アップ・リヒテン áp-lìçtən] 他 (h) (書類など⁴を)コピーする.

Ab·lich·tung [アップ・リヒトゥング] 囡 -/-en (書類などの)コピー.

ab|lie·fern [アップ・リーファァン áp-lì:fərn] 他 (h) (囲⁴を)届ける, 引き渡す;(囲⁴を)送り届ける.

Ab·lie·fe·rung [アップ・リーフェルング] 囡 -/-en 引き渡し, 配達.

ab|lie·gen* [アップ・リーゲン áp-lì:gən] 自 (h) ① 遠く離れた所にある. ②《南ドイツ・オーストリア》(肉が貯蔵されて)柔らかくなる;(ワインが)熟成する.
◊☞ **abgelegen**

ab|lö·schen [アップ・レッシェン áp-lœ̀ʃən] 他 (h) ① (黒板⁴を・黒板の字を⁴を)ふいて消す. ②《囲 mit 囲³ 〜》《料理》(囲⁴に 囲³(ワインなど)を)かける, 注ぐ.

Ab·lö·se [アップ・レーゼ áp-lø̀:zə] 囡 -/-n ① 《ホテッフ》(住宅賃貸契約の)保証金, 敷金. ② 《スポーツ》(選手の)移籍料.

ab|lö·sen [アップ・レーゼン áp-lø̀:zən] I 他 (h) ① (付着したもの⁴を)はがす. Briefmarken⁴ *ablösen* 切手をはがす. ② (囲⁴を)交代する.

(囲⁴ bei der Arbeit *ablösen* 囲⁴と仕事を交代する. ③ (負債など⁴を)弁済する, (一度に)償却する. ein Pfand⁴ *ablösen* 質草を請け出す. II 再帰 (h) *sich*⁴ *ablösen* ① はがれる, はげる. Die Farbe *löst sich ab*. 塗料がはげる. ② 交代し合う.

Ab·lö·sung [アップ・レーズング] 囡 -/-en ① はがすこと; はがれること; 剥離(ハクリ). ② 交代; 更迭(コウテツ). ③ (負債などの)弁済, 一括払い, 償却, 償還.

ab|luch·sen [アップ・るクセン áp-lùksən] 他 (h)《俗》(囲³から囲⁴を)だまし取る.

Ab·luft [アップ・るフト áp-luft] 囡 -/《工》排気.

ab|ma·chen [アップ・マッヘン áp-màxən] (machte…ab, *hat*…abgemacht) 他 (完了 haben) ① 《口語》取り除く, 取りはずす. 《英 take off》. 《古風》「取り付ける」は an|machen. Ich *habe* das Schild **von der Tür** *abgemacht*. 私は表札をドアから取りはずした / die Schnur⁴ vom Paket *abmachen* 小包のひもをはずす.
② とり決める. einen Termin mit 囲³ *abmachen* 囲³と日取りをとり決める / Wir haben *abgemacht*, uns morgen zu treffen. 私たちはあす会うことにした. ③ (用件など⁴を)片づける. Das *musst* du mit dir selbst *abmachen*. これは君が自分で克服しなければならない問題だよ. ④《口語》(任期などを⁴)勤めあげる.
◊☞ **abgemacht**

Ab·ma·chung [アップ・マッフング] 囡 -/-en 協定, とり決め. mit 囲³ über 囲⁴ *Abmachungen* treffen 囲³と 囲⁴について協定を結ぶ.

ab|ma·gern [アップ・マーガァン áp-mà:gərn] 自 (s) やせこける.
◊☞ **abgemagert**

Ab·ma·ge·rung [アップ・マーゲルング] 囡 -/-en やせること, 減量.

Ab·ma·ge·rungs⸗kur [アップマーゲルングス・クーァ] 囡 -/-en 減量療法, ダイエット.

ab|ma·len [アップ・マーれン áp-mà:lən] I 他 (h) 写生する, 模写する. II 再帰 (h) *sich*⁴ *abmalen* 《雅》(感情が顔などに)現れる.

Ab·marsch [アップ・マルシュ áp-marʃ] 囲 -[e]s/ (隊列を組んでの)出発.

ab|mar·schie·ren [アップ・マルシーレン áp-marʃì:rən] 自 (s) (隊列を組んで)出発する.

ab|mel·den [アップ・メるデン áp-mèldən] du meldest…ab, er meldet…ab (meldete…ab, *hat*…abgemeldet) 他 (完了 haben) ① (囲⁴の)転出(退学・退会)を届け出る. 《反意》「転入を届け出る」は an|melden. den Sohn von der Schule *abmelden* 息子の退学届を出す / **Bei** mir *ist* er *abgemeldet*.《状態受動・現在》《口語》彼には愛想がついた. ◊《再帰的に》Er *hat sich*⁴ polizeilich *abgemeldet*. 彼は警察に転出届を出した. ② (囲⁴の)使用中止を届け出る. das Auto⁴ *abmelden* 廃車届をする.

Ab·mel·dung [アップ・メるドゥング] 囡 -/-en ① (転出・退学などの)届け出.《反意》「転入届」は Anmeldung. ② (車などの)使用中止の届け.

ab|mes·sen* [アップ・メッセン áp-mèsən] 他 (h) ① (大きさ・量など⁴を)測る, 測定する;《比》見積もる, 推し量る. ② (布など⁴を)測って取り分ける. einen Meter Stoff abmessen 布地を1メートル切り取る.
◇☞ **abgemessen**

Ab·mes·sung [アップ・メッスング] 女 -/-en ① 〖複 なし〗測定, 測量. ② 〖ふつう複〗寸法.

ab|mon·tie·ren [アップ・モンティーレン ápmɔnti:rən] 他 (h) (機械の一部など⁴を)取りはずす.

ab|mü·hen [アップ・ミューエン áp-mỳ:ən] 再帰 (h) sich⁴ abmühen 骨折る, 苦労をする. sich⁴ mit einer Aufgabe abmühen 苦労してある課題にとり組む.

ab|mus·tern [アップ・ムスタァン áp-mùstərn] I 他 (海)(船員⁴を)解雇する. II 自 (h) (海)(船員が)船の勤務をやめる.

ab|na·gen [アップ・ナーゲン áp-nà:gən] 他 (h) (肉など⁴を)かじり取る.

Ab·nä·her [アップ・ネーァァ áp-nɛ:ər] 男 -s/- 《服飾》(スカートなどの)タック.

die **Ab·nah·me** [アップ・ナーメ áp-na:mə] 女 (単) -/(複) -n 〖ふつう単〗 ① 取り去ること, 除去;《医》切断. ② 減少, 減退, 目減り. (☞「増加」は Zunahme). die Abnahme der Kräfte² 体力の減退. ③ 買い取り, 購入; 売れ行き. Die Ware findet reißende Abnahme. この商品は飛ぶような売れ行きだ.

ab|neh·men [アップ・ネーメン áp-ne:mən] du nimmst...ab, er nimmt...ab (nahm...ab, hat...abgenommen) I 他 (完了 haben) ① 取り去る, 取りはずす;(手足など⁴を手術で)切除する. (英 take off). Er nimmt das Bild von der Wand ab. 彼は壁から絵を取りはずす / Kannst du [den Hörer] abnehmen? 電話に出てくれないか(←受話器を取ってくれないか) / den Hut abnehmen 帽子を脱ぐ / Äpfel⁴ abnehmen りんごを摘み取る.
② (人³から物⁴を)取り上げる, 奪い取る; (人³に料金など⁴を)請求する. 人³から運転免許証を取り上げる / Der Mann nahm mir die Brieftasche ab. その男は私から札入れを奪い取った.
③ (人³の物⁴を)持ってやる; (人³の面倒⁴を)引き受ける. Ich nehme dir diese Arbeit gern ab. 君のこの仕事を喜んでやってあげるよ.
④ (人³から物⁴を)受け取る. dem Briefträger das Päckchen⁴ abnehmen 郵便配達人から小型小包を受け取る / 人³ ein Versprechen⁴ abnehmen 《比》人³から約束を取りつける.
⑤ (規格に合っているか検査する. ⑥ (人³から物⁴を)買い取る. ⑦《口語》(人³の話⁴を)信じる. Das nehme ich dir nicht ab! 君のその話は信じられないよ. ⑧ (原型から)写し取る. 人³ die Totenmaske⁴ abnehmen 人³のデスマスクを取る. ⑨《手芸》(編み目⁴を)減らす.
II 自 (完了 haben) ① 減る, 減少する; 低下する, 弱まる; (日が)短くなる; (月が)欠ける.

(☞「増す」は zu|nehmen). Die Geschwindigkeit nahm plötzlich ab. 速度が急に落ちた / Die Tage nehmen ab. 日が短くなる.
② 体重が減る, やせる. Sie hat drei Kilo abgenommen. 彼女は3キロやせた.

Ab·neh·mer [アップ・ネーァァ áp-ne:mər] 男 -s/- 買い手, 消費者. (女性形: -in).

Ab·nei·gung [アップ・ナイグング] 女 -/-en 〖ふつう単〗反感, 嫌悪. (☞「好意」は Zuneigung). eine Abneigung⁴ gegen 人・物⁴ haben 人・物⁴に反感をいだく.

ab·norm [アプノルム apnɔ́rm] 形 ① 正常でない, アブノーマルな. ② 異常な, 並はずれた.

ab·nor·mal [アップノルマール ápnɔrma:l または ..マール] 形 (ﾃｷｽﾄ･ｽﾄ)=abnorm

Ab·nor·mi·tät [アプノルミテート apnɔrmitɛ:t] 女 -/-en ① 異常[性], 病的状態. ② 奇形[者].

ab|nö·ti·gen [アップ・ネーティゲン áp-nə̀:tıgən] 他 (h)《雅》(人³に 物⁴を)強いる.

ab|nut·zen [アップ・ヌッツェン áp-nùtsən] I 他 (h) (使い古す, (靴⁴を)はき古す. II 再帰 (h) sich⁴ abnutzen すり減る, 傷む.
◇☞ **abgenutzt**

ab|nüt·zen [アップ・ニュッツェン áp-nỳtsən] 他 (h)/再帰 (h)《南ドｲ･ｽｲｽ》=abnutzen

Ab·nut·zung [アップ・ヌッツング] 女 -/ 消耗, 摩滅.

Abon·ne·ment [アボネマーン abɔnəmá:] 中 -s/-s ① (新聞・雑誌などの)予約購読. eine Zeitung⁴ im Abonnement beziehen 新聞を予約購読する. ②《劇》(劇場などのシーズンを通しての)座席予約. ③ (バスなどの)定期券; 通し切符.

Abon·nent [アボネント abɔnént] 男 -en/-en 予約購読者; (劇場などの)予約会員. (女性形: -in).

abon·nie·ren [アボニーレン abɔní:rən] 他 (abonnierte, hat...abonniert) I 他 (完了 haben) (新聞・雑誌など⁴を)予約購読する, (劇場の席など⁴を)シーズン予約する. eine Zeitung⁴ abonnieren 新聞を予約購読する.
II 自 (完了 haben) (劇場などの)予約会員になる. Wir haben in der Oper abonniert. 私たちはオペラのシーズン予約会員になった.

abon·niert [アボニールト] I abonnieren (予約購読する)の過分, 3人称単数・2人称親称複数現在 II 形〖成句的に〗auf 物⁴ abonniert sein 物⁴を予約購読している.

abon·nier·te [アボニーァテ] abonnieren (予約購読する)の過去

ab|ord·nen [アップ・オルドネン áp-ɔ̀rdnən] 他 (h) (人⁴を代表として)派遣する. 人⁴ zu einer Konferenz abordnen 人⁴を会議に派遣する.

Ab·ord·nung [アップ・オルドヌング] 女 -/-en ① 〖複 なし〗(代表の)派遣. ② 派遣団の一行, 代表団.

Abort¹ [アボルト abɔ́rt または アップ・オルト ɔ́rt] 男 -[e]s/-e トイレ, 便所 (=Toilette).

Abort² [アボルト abórt] 男 -s/-e《医》流産.

ab|pa・cken [アップ・パッケン áp-pàkən] 他 (h)《商》(商品⁴を)小分けして包装する.

ab|pas・sen [アップ・パッセン áp-pàsən] 他 (h)(⁴を)うかがう;(囚⁴を)待ちうける.

ab|pfei・fen* [アップ・プファイフェン áp-pfàɪfən] 他 (h)(スポ)(競技⁴の)終了(中止)のホイッスルを吹く.

ab|pflü・cken [アップ・プふりュッケン áp-pflỳkən] 他 (h)(花・果実など⁴を)摘み取る;(木など⁴の)果実を取り尽くす.

ab|pla・gen [アップ・プラーゲン áp-plà:gən] 再帰 (h) *sich⁴ abplagen* さんざん苦労する. *sich⁴ mit* 人・事³ *abplagen* 人・事³のことでひどく苦労する.

ab|plat・zen [アップ・プラッツェン áp-plàtsən] 自 (s)(ボタンなどが)はじけて取れる;(塗料などが)はげ落ちる.

ab|pral・len [アップ・プラレン áp-pràlən] 自 (s) はね返る;《比》(願い・非難などが)聞き入れられない. *Der Ball prallt an* (または **von**) *der Mauer ab.* ボールが壁に当たってはね返る.

ab|put・zen [アップ・プッツェン áp-pùtsən] 他 (h) ① (物⁴の)汚れをぬぐい(こすり)取る. ② (壁など⁴に)モルタル(しっくい)を塗る.

ab|quä・len [アップ・クヴェーレン áp-kvè:lən] 再帰 (h) *sich⁴ mit* 人・事³ *abquälen* さんざん苦労する. *sich⁴ mit* 人・事³ *abquälen* 人・事³のことでひどく苦労する. ② *sich³ 事⁴ abquälen* 苦しまぎれに事⁴をする.

ab|qua・li・fi・zie・ren [アップ・クヴァリふィツィーレン áp-kvalifitsì:rən] 他 (h)(業績など⁴を)けなす, 低く評価する.

ab|ra・ckern [アップ・ラッカァン áp-ràkərn] 再帰 (h) *sich⁴ abrackern*《俗》あくせく働く.

Abra・ham [アーブラハム á:braham] -s/ ①《男名》アーブラハム. ②《聖》《人名》アブラハム (イスラエル民族の祖;創世記 17, 5 以下). *wie in Abrahams Schoß*《口語》安楽に, 安全に(←アブラハムのひざに抱かれているように).

ab|rah・men [アップ・ラーメン áp-rà:mən] 他 (h)(牛乳⁴から)クリームをすくい取る.

Abra・ka・da・bra [アーブラカダーブラ a:brakadá:bra または アーブラカダーブラ] 中 -s/ アブラカダブラ(寄席・サーカスなどで使う呪文).

ab|ra・sie・ren [アップ・ラズィーレン áp-razì:rən] 他 (h) ①(ひげ・髪など⁴を)そり落とす. ②《口語》(爆弾・嵐などが)根こそぎ破壊する.

ab|ra・ten* [アップ・ラーテン áp-rà:tən] I 自 (h)(囚³ *von* 事³〜)(に)思いとどまるように忠告する. *Ich habe ihm von der Reise abgeraten.* 私は彼にその旅行をやめるよう忠告した. II 他 (h)(囚³に事⁴を)思いとどまるように忠告する.

Ab・raum [アップ・ラオム áp-raʊm] 男 -[e]s/ ①(坑)(有用な鉱物を含まない)表土, 被覆石. ②(方)くず, 廃物(=Abfall).

ab|räu・men [アップ・ロイメン áp-rɔ̀ʏmən] 他 (h)(食器・食卓など⁴を)片づける. *den Tisch* (または *das Geschirr⁴ vom Tisch*) *abräumen* テーブルの食器を片づける.

ab|re・a・gie・ren [アップ・レアギーレン áp-reagì:rən] I 他 (h)《心》(興奮・緊張など⁴を)発散させる, 消散させる. *Sie reagierte ihren Ärger an den Kindern ab.* 彼女は子供たちに八つ当たりした. II 再帰 (h) *sich⁴ abreagieren* 気持ちが静まる.

ab|rech・nen [アップ・レヒネン áp-rèçnən] *du rechnest ab, er rechnet...ab* (rechnete ... ab, *hat...abgerechnet*) I 他 (完了 haben) ① 差し引く. *die Steuern⁴ vom Lohn abrechnen* 給料から税金を差し引く. ②(事⁴の)勘定を締める. *die Kasse⁴ abrechnen* 会計の帳簿を締める. ◇《目的語なしでも》*Sie hat schon abgerechnet.* 彼女はもう帳簿を締めてしまった. II 自 (完了 haben)《*mit* 囚³ 〜》(囚³と)貸し借りの清算をする;《比》(道徳的な責任について囚³と)決着をつける.

Ab・rech・nung [アップ・レヒヌング áp-rèçnʊŋ] 女 -/-en ① 差し引き, 控除. 事⁴ *in Abrechnung bringen*(書) 他 事⁴を差し引く. ② 決算, 清算. *mit* 囚 *Abrechnung⁴ halten* a) 囚と貸し借りを清算する, b)《比》囚³と話をつける.

Ab・re・de [アップ・レーデ áp-re:də] 女 -/《雅》 とり決め, 協定. ◇《ふつう成句的に》事⁴ *in Abrede stellen*《書》事⁴を否認する.

ab|rei・ben* [アップ・ライベン áp-ràɪbən] 他 (h) ①(汚れなど⁴を)こすって落とす;(物⁴の)汚れをこすって(ふいて)取る. *den Rost vom Messer abreiben* ナイフのさびをこすり落とす. ② すって乾かす;(囚⁴の)体を摩擦する. ◇《再帰的に》*sich⁴ abreiben* (人が)体をふく, (タオルなどが)すり切れる. ③ (レモンの皮など⁴を)下ろし金ですり下ろす.

Ab・rei・bung [アップ・ライブング áp-ràɪbʊŋ] 女 -/-en ① 摩擦. *eine kalte Abreibung* 冷水摩擦. ②《口語》殴打;叱責(しっせき).

die **Ab・rei・se** [アップ・ライゼ áp-raɪzə] 女 (単) -/(複) -n 《ふつう 単》旅立ち, (旅行のための)出発. (英 *departure*). (反「旅行者」の到着」は Anreise). *Sie verzögerte ihre Abreise.* 彼女は出発を遅らせた.

ab|rei・sen [アップ・ライゼン áp-ràɪzən] *du reist...ab* (reiste...ab, *ist...abgereist*) 自 (完了 sein) ① 旅立つ, (旅行に)出発する. (英 *depart*). *Ich reise morgen nach Berlin ab.* 私はあすベルリンへ出発します. ②(旅先から)帰路につく.

ab|rei・ßen* [アップ・ライセン áp-ràɪsən] *du reißt...ab* (riss...ab, *hat/ist...abgerissen*) I 他 (完了 haben) ① 引きはがす, もぎ取る, 引きちぎる. *ein Kalenderblatt⁴ abreißen* カレンダーを一枚はがす. ②(建物など⁴を)取り壊す. ③《口語》(衣服など)をぼろぼろに着古す. ④《俗》(兵役など⁴を)勤めあげる.

II 自 (完了 sein) ①(糸・ボタンなどがぶつんと)切れる, 取れる. *Der Knopf ist abgerissen.* [現在完了] ボタンがぷつんと取れた. ②《比》(会話・交信などが急に)とぎれる.

◇☞ **abgerissen**

Ab·reiß⸗ka·len·der [アップライス・カレンダァ] 男 -s/- 日めくり, はぎ取り式カレンダー.

ab·rich·ten [アップ・リヒテン áp-rıçtən] 他 (h) (犬など⁴を)調教(訓練)する.

Ab·rieb [アップ・リープ áp-ri:p] 男 -[e]s/-e ① 〖園なし〗摩耗, 摩滅. ② (摩擦ですり落ちた)破片, くず.

ab|rie·geln [アップ・リーゲルン áp-ri:gəln] 他 (h) ① (戸など⁴を)かんぬきで閉める. ② (道路など⁴を)遮断する, 閉鎖する.

ab|rin·gen [アップ・リンゲン áp-rıŋən] 他 (h) (人・物³から園⁴を無理に奪い取る.

Ab·riss [アップ・リス áp-rıs] 男 -es/-e ① 〖園なし〗(建物などの)取り壊し. ② 概要, 概説; 便覧. ein *Abriss* der deutschen Grammatik² ドイツ文法概説. ③ (入場券などの切り取り)半券.

ab|rol·len [アップ・ロレン áp-rɔlən] I 他 (h) ① (巻いてある物⁴をほどいて広げる. ein Kabel⁴ *abrollen* (巻いてある)ケーブルをほどいて伸ばす. ② (貨物など⁴を車両で)運び去る. II 自 (s) ① (巻いてある物が)ほどけて広がる;《比》(プログラムなどがスムーズに)進行する. Die Veranstaltung *rollte* reibungslos *ab*. 催しは順調に進んだ. ② (車両が)走り去る.

ab|rü·cken [アップ・リュッケン áp-rỳkən] I 他 (h) (押して)ずらす, 離す. II 自 (s) ① 〖von 人・物³ ~〗(人・物³から)身をずらす, 離れる;《比》(人・事³と)一線を画す. ② 〖軍〗隊列を組んで出発する.

Ab·ruf [アップ・ルーフ áp-ru:f] 男 -[e]s/- 《ふつう園》① 呼び出し, 召還. ② 〖商〗納品請求. eine Ware⁴ **auf** *Abruf* liefern 品物を請求によって納入する. ③ 〖経〗(預金の)引き出し.

ab|ru·fen* [アップ・ルーフェン áp-ru:fən] 他 (h) ① 呼び出す(戻す). ② 〖コンピュ〗(データ⁴を)呼び出す. ③ 〖商〗(商品など⁴の)納品を請求する

ab|run·den [アップ・ルンデン áp-rùndən] 他 (h) ① (園⁴に)丸みをつける. eine Kante⁴ *abrunden* 角を丸くする. ② (数⁴の)端数を切り上げる(切り下げる). eine Zahl⁴ **nach** oben (unten) *abrunden* 数の端数を切り上げる(切り捨てる). ③ 完全なものに仕上げる. ◇〖再帰的に〗sich⁴ *abrunden* 完全なものに仕上がる.

ab·rupt [アブルプト aprúpt áb.. ab..] 形 ① 突然の, 出し抜けの. ② 支離滅裂な.

ab|rüs·ten [アップ・リュステン áp-rỳstən] I 自 (h) 軍備を縮小する. (☞「軍備を拡張する」は auf|rüsten). II 他 (h) 〖建〗(建物⁴の)足場を取り去る.

Ab·rüs·tung [アップ・リュストゥング] 女 -/-en 軍備縮小. (☞「軍備拡張」は Aufrüstung).

ab|rut·schen [アップ・ルッチェン áp-rùtʃən] 自 (s) ① 滑り落ちる. Das Messer *ist* mir *abgerutscht*. 〖現在完了〗私の手からナイフが滑り落ちた. ② 〖比〗(成績などが)落ちる; 堕落する.

Abs. (略) ① [アップ・ザッツ] 節; 項 (=Absatz). ② [アップ・ゼンダァ] 差出人, 発信人 (=Absender).

ab|sa·cken [アップ・ザッケン áp-zàkən] 自 (s) 〖口語〗① (地面などが)急に沈下する; (船が)沈没する; (飛行機が)急に降下する. ② 〖比〗(血圧・成績などが)下がる; 堕落する.

die **Ab·sa·ge** [アップ・ザーゲ áp-za:gə] 女 (単) -/(複) -n ① **拒否**, 断り; (訪問・約束などの)とり消し. (☞「受諾」は Zusage). eine *Absage*⁴ erhalten 断られる. ② 〖放送〗番組終了のアナウンス.

ab|sa·gen [アップ・ザーゲン áp-zà:gən] (sagte…ab, *hat*…abgesagt) I 他 (定了 haben) ① (催しなど⁴を)とりやめる. (英 cancel). ein Fest⁴ *absagen* 祭りをとりやめる. ② (訪問・招待など⁴を)とり消す, 断る. (☞「受諾する」は zu|sagen). Er *sagte* [seine Teilnahme] *ab*. 彼は[参加を]とり消した.
II 自 (定了 haben) ① (人³に)断りを言う. Ich *muss* Ihnen für Montag *absagen*. 月曜日の約束を私はお断りせざるをえません. ② 〖雅〗(事³を)断念する. dem Alkohol *absagen* 酒をやめる.

ab|sä·gen [アップ・ゼーゲン áp-zɛ̀:gən] 他 (h) ① (枯れ枝など⁴を)のこぎりで切り落とす. ② 〖口語〗(人⁴を)首にする.

ab|sah·nen [アップ・ザーネン áp-zà:nən] I 他 (h) ① 〖口語〗(いちばんいいところなど⁴を)せしめる, うまい汁を吸う. ② 〖方〗(牛乳⁴の)乳脂を取り除く.

der **Ab·satz** [アップ・ザッツ áp-zats] 男 (単2) -es/(複) ..sätze [..ゼッツェ] (3格のみ ..sätzen) ① (靴の)かかと. hohe *Absätze* ハイヒール. ② (階段の)踊り場. ③ (文章の)パラグラフ, 段落, 節; 〖法〗(条文の)項. (略: Abs.). einen *Absatz* machen 改行する / einen Text **in** *Absätze* gliedern 一つのテキストをいくつかの節に分ける. ④ 〖園なし〗〖経〗売れ行き. Diese Krawatten finden keinen *Absatz*. このネクタイはさっぱり売れない. ⑤ 中断. **in** *Absätzen* とぎれとぎれに.

Ab·sät·ze [アップ・ゼッツェ] Absatz (靴のかかと)の園.

Ab·satz⸗ge·biet [アップザッツ・ゲビート] 中 -[e]s/-e 〖商〗販路.

ab|sau·fen* [アップ・ザオフェン áp-zàufən] 自 (s) ① 〖俗〗沈没する; おぼれ死ぬ. ② 〖口語〗(車のエンジンが)ガスを吸い込み過ぎてエンストする.

ab|sau·gen [アップ・ザオゲン áp-zàugən] 他 (h) ① (水・ごみなど⁴を吸い取る. ② (園⁴に)掃除機をかける. ③ 〖化〗吸引ろ過する.

ab|scha·ben [アップ・シャーベン áp-ʃà:bən] 他 (h) (汚れ・付着物など⁴を)削り取る, かき落とす.
◇☞ **abgeschabt**

ab|schaf·fen [アップ・シャッフェン áp-ʃàfən] 他 (h) ① (法律・制度など⁴を)廃止する. ② (車など⁴を)処分する, 手離す;《口語》(人⁴を)首にする.

Ab·schaf·fung [アップ・シャッフング] 女 -/-en 〖ふつう園〗① (法律・制度などの)廃止.

② (車などの)処分.

ab·schä·len [アップ・シェーレン áp-ʃɛːlən] 他 (h) ① (皮など⁴を)はぐ，むく． ② (野菜など⁴の)皮をはぐ，むく．

ab|schal·ten [アップ・シャるテン áp-ʃaltən] du schaltest ... ab, er schaltet ... ab schaltete ... ab, hat ... abgeschaltet I 他 (定了 haben) (物⁴の)**スイッチを切る**. (メモ「スイッチを入れる」は an|schalten). den Fernseher abschalten テレビのスイッチを切る．
II 自 (定了 haben) (口語) 集中力がなくなる; リラックスする. Die Zuhörer hatten bereits abgeschaltet. 聴衆はとっくに聴いていなかった．

ab·schät·zen [アップ・シェッツェン áp-ʃɛtsən] 他 (h) (距離・速度など⁴を)見積もる; 品定めする．

ab·schät·zig [アップ・シェツィヒ áp-ʃɛtsɪç] 形 軽蔑的な，見くびった．

Ab·schaum [アップ・シャオム áp-ʃaʊm] 男 -[e]s/(煮汁などの)あく, 浮きかす． der Abschaum der Menschheit² (比) 人間のくず．

ab·schei·den* [アップ・シャイデン áp-ʃaɪdən] I 他 (h) (化) 分離する, 析出する; (生) 分泌する． II 自 (s) (雅・婉曲) 逝去する．
◇☞ abgeschieden

Ab·scheu [アップ・ショイ áp-ʃɔʏ] 男 -[e]s/(まれに 女 -/) 嫌悪[感]. vor 人・物³ Abscheu⁴ haben 人・物³に嫌悪の念をいだく．
► abscheu≠erregend

ab·scheu·ern [アップ・ショイアァン áp-ʃɔʏərn] 他 (h) ① (汚れなど⁴を)こすって落とす; (床など⁴を)ブラシで磨く. ② (衣服など⁴を)すり切らす; (皮膚など⁴を)すりむく．

ab·scheu·er·re·gend, Ab·scheu er·re·gend [アップショイ・エァレーゲント] 形 嫌悪感をいだかせるような．

ab·scheu·lich [アップ・ショイリヒ] I 形 いやな, 不快な; えげつない, 卑劣な. ein abscheulicher Geruch いやなにおい. II 副 (口語) (いやになるほど)ひどく. Es ist abscheulich kalt. ひどく寒い.

ab·schi·cken [アップ・シッケン áp-ʃikən] 他 (h) (手紙・小包など⁴を)発送する; (使者⁴を)派遣する. (☞ 類語 schicken).

ab|schie·ben* [アップ・シーベン áp-ʃiːbən] I 他 (h) ① 押しやる, 押しのける; (比) (仕事など⁴を)他人に押しつける． die Verantwortung⁴ **auf** 人⁴ abschieben 責任を人⁴に転嫁する. ② (人⁴を)国外に退去させる; (口語) 左遷する．
II 自 (s) (俗) 立ち去る. Schieb ab! うせろ.

*der **Ab·schied** [アップ・シート áp-ʃiːt] (単2) -[e]s/(複) -e (3格のみ -en) ① 『ふつう 単』(雅) **別れ**, 離別; いとまごい. (英 farewell). ein trauriger Abschied 悲しい別れ / **von** 人³ Abschied⁴ nehmen (雅) 人³に別れを告げる / Der Abschied von dir fällt mir schwer. 君と別れるのはつらい / **zum** Abschied 別れに際して. ② 『複 なし』(古) 解任, 免職; 辞職. 人³ den Abschied geben 人³を免職にする / Er will seinen Abschied einreichen. 彼は辞表を出すつもりだ.

Ab·schieds≠fei·er [アップシーツ・ふァイアァ] 女 -/-n 送別会.

Ab·schieds≠ge·such [アップシーツ・ゲズーフ] 中 -[e]s/-e 辞職願い．

ab|schie·ßen* [アップ・シーセン áp-ʃiːsən] 他 (h) ① (鉄砲・弓矢など⁴を)発射する. eine Rakete⁴ abschießen ロケットを発射する. ② 射殺する, 射落とす; 撃破(撃墜)する. ③ (人³の手・足など⁴を)弾丸で失わせる. ④ (口語) (人⁴を)失脚させる．

ab|schin·den* [アップ・シンデン áp-ʃindən] 再他 (h) sich⁴ abschinden (口語) さんざん苦労する．

ab|schir·men [アップ・シルメン áp-ʃɪrmən] 他 (h) ① 守る, 保護する. 人⁴ **gegen** schädliche Einflüsse abschirmen 人⁴を悪影響から守る. ② (光・音など⁴を)さえぎる. ③ (物) 遮蔽(しゃへい)する．

ab|schlach·ten [アップ・シュらハテン áp-ʃlaxtən] 他 (h) ① 屠殺(とさつ)する. ② (比) 虐殺する．

Ab·schlag [アップ・シュらーク áp-ʃlaːk] 男 -[e]s/..schläge ① (商) 値下がり; 割引. ② 分割払い, (1回分の)分割払い金. 動⁴ **auf** Abschlag kaufen 物⁴を分割払いで買う. ③ (サッカーの)パントキック; (ホッケーの)ブリー; (ゴルフの)ティーショット.

ab|schla·gen* [アップ・シュらーゲン áp-ʃlaːgən] I 他 (h) ① (樹木など⁴を)伐採する, (枝など⁴を)切り落とす; (方) (テントなど⁴を)取り払う. ② (頼みなど⁴を)拒絶する, 断る. 人³ eine Bitte⁴ abschlagen 人³の頼みをはねつける. (☞ 類語 weigern). ③ (軍) (敵・攻撃⁴を)撃退する. ④ (サッカーで:) パントキックをする; (ホッケーで:) ブリーをする; (ゴルフで:) ティーショットをする. II 再他 (h) sich⁴ abschlagen (湯気などが)結露する．
◇☞ abgeschlagen

ab·schlä·gig [アップ・シュれーギヒ áp-ʃlɛːgɪç] 形 (官庁) 拒絶の, 断りの(回答など).

Ab·schlags≠zah·lung [アップシュらークス・ツァーるング] 女 -/-en (経) 分割払い[の初回]金; 分割払い.

ab|schlei·fen* [アップ・シュらイふェン áp-ʃlaɪfən] I 他 (h) (さびなど⁴を)磨いて落とす; (磨いて)なめらかにする. II 再他 (h) sich⁴ abschleifen すり減る, なめらかになる; (比) (性格的に)角がとれる．

Ab·schlepp≠dienst [アップシュれップ・ディーンスト] 男 -es/-e (故障車の)レッカーサービス業.

ab|schlep·pen [アップ・シュれッペン áp-ʃlɛpən] (schleppte ... ab, hat ... abgeschleppt) I 他 (定了 haben) ① (故障車など⁴をレッカー車で)**引いて行く**. Ich musste meinen Wagen abschleppen lassen. 私は車をレッカー車で運んでもらわなければならなかった. ② (俗・戯) (人⁴を)無理やり連れて行く.
II 再他 (定了 haben) 『sich⁴ **mit** (または **an**)

物³~》《口語》(物³を)苦労して運ぶ.
Ab·schlepp≠wa·gen [アップシュレップ・ヴァーゲン] 男 -s/- レッカー車.

ab|schlie·ßen * [アップ・シュリーセン áp-ʃliːsən] du schließt...ab (schloss...ab, hat... abgeschlossen) **I** 他 （定了）haben) ① (部屋など⁴に)鍵(ᵏᵃᵍⁱ)をかけて閉める. (英 lock). (⇔「鍵で開ける」は auf|schließen). die Tür⁴ abschließen ドアの鍵をかける / Er schloss das Zimmer von innen ab. 彼は部屋に中から鍵をかけた.
② (契約など⁴を)結ぶ, 締結する. Ich habe eine Versicherung abgeschlossen. 私は保険の契約を結んだ.
③ 終える, 締めくくる. das Studium⁴ abschließen 大学を卒業する / Ein Feuerwerk schließt das Fest ab. 花火が上がって祭りが終わる / die Bücher⁴ abschließen《商》帳簿を締める. ④ 隔離する, 閉じ込める. ◇《再帰的に》sich⁴ von der Umwelt abschließen 世間との交渉を絶つ.
II 自 （定了）haben) ① 《mit 物³~》(物³で)終わる. Der Roman schließt mit einem Happyend ab. この小説はハッピーエンドで終わっている. ② 《mit 人・事³~》(人・事³との)関係を絶つ. mit dem Leben abschließen 人生を投げ出す.

◇☞ **abgeschlossen**

ab·schlie·ßend [アップ・シュリーセント] **I** *ab|schließen (鍵をかけて閉める) の現分 **II** 形 終わりの, 最終的な. Abschließend sagte er ... 結論として彼は…と言った.

der **Ab·schluss** [アップ・シュるス áp-ʃlʊs] 男 (単2) -es/(複) ..schlüsse [..シュりュッセ] (3格のみ ..schlüssen) ① 《覆 なし》終了, 完了; 完結;《商》決算. nach Abschluss des Studiums 大学卒業後 / zum Abschluss kommen 終わる / 物⁴ zum Abschluss bringen 物⁴を終える. ② (衣服などの)へり飾り, 縁飾り. ③ (交渉・契約などの)締結, とり決め. der Abschluss eines Vertrags 条約の締結. ④ 隔離, 遮断.

Ab·schlüs·se [アップ・シュりュッセ] Abschluss (へり飾り)の複

Ab·schluss≠prü·fung [アップシュるス・プりューふング] 囡 -/-en 卒業(修了)試験.

ab·schme·cken [アップ・シュメッケン áp-ʃmɛkən] 他 (h) ① (料理⁴の)味を調える. die Suppe⁴ abschmecken スープの味つけをする. ② (物⁴の)味見をする.

ab·schmie·ren [アップ・シュミーレン áp-ʃmìːrən] (過分 abgeschmiert) **I** 他 (h) ①《工》(機械など⁴に)グリースを塗る. ② (生徒宣葉:) そんざいに書き写す. **II** 自 (s)《空》(飛行機が)墜落する.

ab|schmin·ken [アップ・シュミンケン áp-ʃmìŋkən] 他 (h) (人・事物⁴の)化粧を落とす. das Gesicht⁴ abschminken 顔の化粧を落とす. ◇《再帰的に》Sie schminkte sich⁴ gerade ab.

彼女は化粧を落としたところだった. **II** 再帰 (h) sich³ 事⁴ abschminken《俗》事⁴(希望など)を断念する, あきらめる.

Abschn. [アップ・シュニット] 《略》(文章の)章, 節(=**Abschnitt**).

ab|schnal·len [アップ・シュナれン áp-ʃnàlən] **I** 他 (h) (物⁴の)留め金をはずす. **II** 再帰 (h) sich⁴ abschnallen シートベルトをはずす. **III** 自 (h)《口語》(精神的に)ついていけない. ◇《成句的に》Da schnallst du ab. 君はびっくり仰天するよ.

ab|schnei·den* [アップ・シュナイデン áp-ʃnàɪdən] du schneidest...ab, er schneidet... ab (schnitt...ab, hat...abgeschnitten) **I** 他 （定了）haben) ① 切り取る, 切り離す;(爪⁴を)短く切る, (髪⁴を)カットする. (英 cut off). ein Stück Brot⁴ abschneiden パンを一切れ切り取る / 人³ die Haare⁴ abschneiden 人³の髪を刈る.
② (交通など⁴を)遮断する;(人³に対して 事⁴を)妨げる. 人³ den Weg abschneiden 人³の行く手を妨げる / Sie schnitt ihm das Wort ab. 彼女は彼の言葉をさえぎった. ③ (周囲から)孤立させる. Der starke Schneefall schnitt das Dorf vom Umland ab. 豪雪がその村を周辺地域から孤立させた. ④ (道のり⁴を)短縮する. den Weg abschneiden 近道をする. ◇《目的語なしでも》Hier schneiden wir ab. ここを行けば近道だ.
II 自 （定了）haben) (試験などで…の)成績をあげる. Sie hat bei der Prüfung gut (schlecht) abgeschnitten. 彼女は試験で良い(悪い)成績を取った.

◇☞ **abgeschnitten**

ab|schnel·len [アップ・シュネれン áp-ʃnɛlən] **I** 他 (h) (矢など⁴を)放つ. **II** 再帰 (h) sich⁴ abschnellen 飛び上がる. **III** 自 (s) 飛び上がる.

der **Ab·schnitt** [アップ・シュニット áp-ʃnɪt] 男 (単2) -[e]s/(複) -e (3格のみ -en) ① (書物などの)章, 節 (略: Abschn.). Hier endet der erste Abschnitt. ここで第1章が終わっている. ② (人生・歴史などの)時期. ein entscheidender Abschnitt im Leben 人生の重大な一時期. ③ 部分, 断片, 切片. der Abschnitt der Eintrittskarte² 入場券の切り取り半券. ④ 区域, 地区. ⑤《数》(直線の)線分; 弓形, (円・球の)切片.

ab·schnitt[s]·wei·se [アップシュニッツ・ヴァイゼ (または アップシュニット..)] 副 一節ごとに, 一節ずつ.

ab|schnü·ren [アップ・シュニューレン áp-ʃnỳːrən] 他 (h) (腕など⁴を)縛って血行を止める;《医》結紮(けっさつ)する. 人³ die Luft⁴ abschnüren 人³の首を締める.

ab|schöp·fen [アップ・シェプふェン áp-ʃœpfən] 他 (h) (泡など⁴を)すくい取る. den Rahm abschöpfen a) (牛乳から)クリームをすくい取る, b)《比》うまい汁を吸う.

ab|schrau·ben [アップ・シュラオベン áp-ʃràubən] 他 (h) ねじをゆるめて取りはずす. (ふたなど⁴を)ねじってはずす.

ab|schre·cken [アップ・シュレッケン áp-ʃrèkən] 他 (h) ① (恐れさせて)しり込みさせる, 思いとどまらせる. Das *schreckt* mich nicht *ab*! そんなことではひるまないぞ. ② 《料理》(ゆで卵など⁴を)水で急に冷やす; (熱した鉄など⁴を)急冷する.

ab·schre·ckend [アップ・シュレッケント] I ab|schrecken (しり込みさせる)の 現分 II 形 ① 見せしめの. ② ぞっとするような.

Ab·schre·ckung [アップ・シュレックング] 女 -/-en 脅かし, 威嚇, 見せしめ.

ab|schrei·ben* [アップ・シュライベン áp-ʃràibən] (schrieb…ab, hat…abgeschrieben) I 他 (完了) 書き写す; 清書する. Ich *habe* das Gedicht **aus** einem Buch *abgeschrieben*. 私はその詩をある本から書き取った. ② カンニングする. Er *hat* die Aufgabe **von** seinem Nachbarn *abgeschrieben*. 彼は隣の生徒の答案をこっそり見て書いた. ③ 《商》(ある金額⁴を)差し引く, 帳消しにする. ④ 《口語》(なくなったものと)あきらめる. Den Ring kannst du *abschreiben*. その指輪はあきらめたほうがいいよ. ⑤ (鉛筆など⁴の先を)書いてすり減らす. ◊《再帰的に》 sich⁴ *abschreiben* (鉛筆などの先が)すり減る.
II 自 (完了 haben) (人³に)断りの手紙を書く.

Ab·schrei·bung [アップ・シュライブング] 女 -/-en 《経》控除[額], 減価償却[分].

Ab·schrift [アップ・シュリフト áp-ʃrɪft] 女 -/-en 写し, コピー; 謄本.

ab|schür·fen [アップ・シュルフェン áp-ʃỳrfən] 他 (h) すりむく. sich³ die Knie⁴ *abschürfen* ひざをすりむく.

Ab·schür·fung [アップ・シュルフング] 女 -/-en すりむくこと; すり傷.

Ab·schuss [アップ・シュス áp-ʃus] 男 -es/..schüsse ① 発射, 発砲. der *Abschuss* der Rakete² ロケットの発射. ② 撃破, 撃墜. 《狩》(獲物を)射とめること.

ab·schüs·sig [アップ・シュスィヒ áp-ʃysɪç] 形 急傾斜の, 険しい.

ab|schüt·teln [アップ・シュッテルン áp-ʃỳtəln] 他 (h) ① (ごみなど⁴を)払い(ふるい)落とす; ⁴をふるってきれいにする. den Schnee **vom** Mantel *abschütteln* コートの雪を払い落とす. ② 《比》(疲れ・疑念など⁴を)振り切る, まく. die Müdigkeit⁴ *abschütteln* 眠気を振り払う.

ab|schwä·chen [アップ・シュヴェッヒェン áp-ʃvɛçən] I 他 (h) (印象・表現など⁴を)弱める, 和らげる. II 再帰 (h) sich⁴ *abschwächen* 弱まる, 衰える.

ab|schwat·zen [アップ・シュヴァッツェン áp-ʃvàtsən] 他 (h) (人³から 物⁴を)言葉巧みにせしめる.

ab|schwei·fen [アップ・シュヴァイフェン áp-ʃvàifən] 自 (s) (本題などから)それる, はずれる. **vom** Thema *abschweifen* テーマからそれる.

ab|schwen·ken [アップ・シュヴェンケン áp-ʃvèŋkən] 自 (s) 向きを変える, 方向転換する.

ab|schwir·ren [アップ・シュヴィレン áp-ʃvìrən] 自 (s) ① (鳥などが羽音をたてて)さーっと飛び去る. ② 《口語》そそくさと立ち去る.

ab|schwö·ren* [アップ・シュヴェーレン áp-ʃvø̀:rən] 自 (h) (人・事³と)縁を切る[と誓う]. dem Alkohol *abschwören* 《比》酒を断つ.

ab·seh·bar [アップ・ゼーバール または アップ・ゼー..] 形 見極め(見通し)のつく. in *absehbarer* Zeit 近いうちに.

ab|se·hen* [アップ・ゼーエン áp-zè:ən] I 他 (h) ① (人³から技巧など⁴を)見て覚える, 見て取る. Das Kunststück *hat* er seinem Bruder *abgesehen*. この手品を彼は兄がするのを見て覚えた. ② (結果など⁴を)予測する. Das Ende der Kämpfe ist nicht *abzusehen*. 戦いの結末は予測できない. ③ 〖es を目的語として成句的に〗es¹ **auf** (人・物)⁴ *abgesehen haben* (人・物)⁴をねらう. Er *hat* es nur **auf** ihr Geld *abgesehen*. 彼は彼女のお金だけが目当てだ. II 自 (h) ① 《**von** (人・物)³ ～》(事³を)思いとどまる. von einer Anzeige *absehen* 告発を断念する. ② 《**von** (人・物)³ ～》(人・物)³を考慮に入れない, 度外視する. wenn man von dem Schaden *absieht* 損害のことをさておけば.
◊☞ **abgesehen**

ab|sei·fen [アップ・ザイフェン áp-zàifən] 他 (h) 石けんで洗う. (人³) den Rücken *abseifen* (人³) の背中を洗う.

ab|sei·len [アップ・ザイレン áp-zàilən] I 他 (h) ザイルで降ろす. II 再帰 (h) sich⁴ *abseilen* 《口語》姿をくらます, ずらかる.

ab sein* ☞ ab II ①, ②

ab·sei·tig [アップ・ザイティヒ áp-zaɪtɪç] 形 ① 常軌を逸した, アブノーマルな. ② 《雅》離れたところにある.

ab·seits [アップ・ザイツ áp-zaɪts] I 副 わきに, 離れて; (サッカーなどで) オフサイドの位置に. 《略 offside》. *abseits* **vom** Wege 道からそれて. II 前 〖2 格とともに〗…から離れて. *abseits* des Weges 道からそれて.

▶ **abseits|stehen**

Ab·seits [アップ・ザイツ] 中 -/- (サッカーなどの) オフサイド.

ab·seits·ste·hen* [アップ・ザイツ・シュテーエン ápzaɪts-ʃtè:ən] 自 (h) ① (人に)距離をおいている. ② (球技で:) オフサイドの位置にいる.

ab|sen·den⁽*⁾ [アップ・ゼンデン áp-zèndən] 他 (h) ① (郵便物など⁴を)発送する. ein Paket⁴ *absenden* 小包を発送する. ② (使者など⁴を)派遣する.

***der* Ab·sen·der** [アップ・ゼンダァ áp-zen-dər] 男 (単2) -s/(複) - (3 格のみ -n) ① 差出人, 発信人, 発送者. 《略: Abs.》. 《英 *sender*》. (反 《受取人》は Empfänger). Wer ist wohl der *Absender* dieses Briefes? この手紙の差出

人はだれだろうか. ② 差出人(発送者)の住所氏名.

Ab·sen·de·rin [アップ・ゼンデリン áp-zɛndərɪn] 囡 -/..rinnen (女性の)差出人.

Ab·sen·dung [アップ・ゼンドゥング] 囡 -/ 発送; (使者などの)派遣.

ab|sen·ken [アップ・ゼンケン áp-zɛŋkən] I 他 (h) ① 《建》(地下水などの)水面を下げる; (基礎工事の潜函(たか)など⁴を)沈める. ② 《園芸》(木の枝などを⁴を)取り木する. II 再帰 (h) sich⁴ absenken (土地などが)傾斜している.

ab·ser·vie·ren [アップ・ゼルヴィーレン áp-zɛrvìːrən] 他 (h) ① (食器・食卓など⁴を)片づける. ② 《俗》を失脚させる; 首にする.

ab·setz·bar [アップ・ゼッツバール] 形 ① (税などを控除できる(収入). ② よく売れる(商品など). ③ 解任(罷免)できる.

ab|set·zen [アップ・ゼッツェン áp-zɛtsən] du setzt...ab (setzte...ab, hat...abgesetzt) I 他 (完了 haben) ① (眼鏡などを⁴を)取りはずす, (帽子を⁴を)取る. (※ 「かぶせる」は auf|setzen). Er setzte die Brille ab. 彼は眼鏡をはずした. ② (道具などを⁴をしかるべき位置から)離す, わきへ置く. (※ 「当てる」は an|setzen). das Glas⁴ vom Mund absetzen グラスを口から離す(飲むのをやめる).
③ (乗客などを⁴)降ろす, (重い物⁴を)下へ置く. Bitte setzen Sie mich an der Ecke ab! 角(だ)のところで降ろしてください. ④ 沈殿(沈積)させる. ◇再帰的に sich⁴ absetzen 沈殿(沈積)する. ⑤ 解任する, (王などを⁴を)退位させる. den Minister absetzen 大臣を解任する. ⑥ 《商》(大量に)売る. ⑦ (予定なども⁴を)中止する, 取りやめる. ein Stück⁴ vom Programm absetzen ある劇をプログラムからはずす. ⑧ (給与などから)控除する, 差し引く. ⑨ 《農》(家畜などを⁴を)離乳させる. ⑩ (色などを⁴を)際だたせる. ◇再帰的に sich⁴ gegen 物⁴(または von 物³) absetzen 物⁴(または物³)に対して際だつ.
II 自 (完了 haben) 中断する. Er trinkt, ohne abzusetzen. 彼は一気に酒を飲む.
III 再帰 (完了 haben) sich⁴ absetzen 《口語》(こっそり)逃げ去る.

Ab·set·zung [アップ・ゼッツング] 囡 -/-en ① 解任, 罷免. ② 中断. ③ 《法》控除.

ab|si·chern [アップ・ズィッヒァルン áp-zɪçərn] 他 (h) (危険などから)守る, 防護する.

die **Ab·sicht** [アップ・ズィヒト áp-zɪçt] 囡 (単) -/(複) -en 意図, もくろみ, 目的, 計画. (英 intention), 一種の böse (gute) Absicht 悪意(善意) / Ich hatte nicht die Absicht, ihn zu beleidigen. 私は彼を侮辱するつもりはなかった / ernste Absichten⁴ auf 人⁴ haben 《口語》人⁴と結婚することを真剣に考えている / In welcher Absicht? 何の目的で / mit Absicht 故意に, わざと / ohne Absicht なにげなく, ついうっかり.

ab·sicht·lich [アップ・ズィヒトリヒ áp-zɪçtlɪç または アップ・ズィヒト..] 形 故意の, 意図的な. (英 intentional). eine absichtliche Entstellung 意図的な歪曲(ポム). ◇副詞的に Das hat er absichtlich getan. それを彼はわざと(故意に)やった.

ab·sichts·los [アップ・ズィヒツ・ロース] 形 意図的でない, なにげない.

ab|sit·zen* [アップ・ズィッツェン áp-zìtsən] I 他 (h) ① 《口語》(刑期などを⁴を)勤めあげる; (ある時間⁴を)座って過ごす. eine Strafe⁴ absitzen 刑期を終える. ② (長く使用してソファーなどを⁴を)すり減らす. II 自 (s, h) ① (s) (馬などから)降りる. ② (h) 離れて座っている.

ab·so·lut [アブゾるート apzolúːt] I 形 絶対的な, 絶対の; 完全な; 無条件の, 純粋な. (英 absolute). (※ 「相対的な」は relativ). die absolute Mehrheit 絶対多数 / Der Patient braucht absolute Ruhe. 患者は絶対安静が必要です / das absolute Gehör 絶対音感 / absoluter Alkohol 《化》無水アルコール. ② 専制の, 独裁の. ein absoluter Herrscher 専制君主. ③ 極限の, 限界の. der absolute Nullpunkt 《理》絶対零度 (−273.15°C).
II 副 絶対に, どうしても, まったく. Das ist absolut falsch. それは絶対に間違いだ / Das kann ich absolut nicht leiden. 私はそんなことは絶対にがまんできない.

Ab·so·lu·ti·on [アブゾるツィオーン apzolutsióːn] 囡 -/-en 《カソ》免罪, 赦免. 人³ Absolution⁴ erteilen 人³の罪を赦す.

Ab·so·lu·tis·mus [アブゾるティスムス apzolutísmus] 男 -/ 《史》絶対主義; 専制君主制.

ab·so·lu·tis·tisch [アブゾるティスティッシュ apzolutístɪʃ] 形 絶対主義の; 専制君主制の.

Ab·sol·vent [アプゾるヴェント apzɔlvɛ́nt] 男 -en/-en (学校などの)卒業(修了)者, 卒業(修了)見込者. (女性形: -in).

ab·sol·vie·ren [アプゾるヴィーレン apzɔlvíːrən] 他 (h) ① (学校などを⁴を)卒業する, 修了する; (試験⁴に)合格する. die Schule⁴ absolvieren 学校を卒業する. ② (宿題・訓練など⁴を)済ませる. ③ 《カソ》(人⁴の)罪を赦す.

ab·son·der·lich [アップ・ゾンダァりヒ] 形 奇妙な, 風変わりな.

ab|son·dern [アップ・ゾンダァン áp-zɔndərn] I 他 (h) ① 引き離す, 隔離する. kranke Tiere⁴ von der Herde absondern 病気の家畜を群れから隔離する. ② 《生・医》分泌する, 排出する. II 再帰 (h) 〈sich⁴ von 人³ ~〉(人³から)離れる, 離れる.

Ab·son·de·rung [アップ・ゾンデルング] 囡 -/-en ① 分離; 隔離, 孤立; 《生》分泌. ② 《生》分泌物. ③ 《鉱》節理, 裂開.

ab·sor·bie·ren [アプゾルビーレン apzɔrbíːrən] 他 (h) ① 《化・物》(熱・光など⁴を)吸収する. ② (注意力・精力など⁴を)奪う.

Ab·sorp·ti·on [アプゾルプツィオーン apzɔrptsióːn] 囡 -/-en 《化・物》(熱・光などの)吸収.

ab|spal·ten(*) [アップ・シュパるテン áp-ʃpáltən] I 他 (h) ① (丸太など^{4}を)裂く, 割る. ② 《化》(分子など^{4}を) 分裂させる. II 再帰 (h) sich^4 abspalten 分離する, 分裂する.

ab|span·nen [アップ・シュパンネン áp-∫pànən] 他 (h) ① (馬など^{4}を)車からはずす. die Pferde^4 vom Wagen abspannen 馬を馬車から離す. ② 《工》(綱などを張って)固定させる.
◇☞ **abgespannt**

Ab·span·nung [アップ・シュパンヌング] 女 –/ –en ① (肉体的・精神的な)疲れ, 疲労. ② 《工》張り綱.

ab|spa·ren [アップ・シュパーレン áp-∫pà:rən] 再帰 (h) sich^3 物^4 absparen 倹約(節約)して 物^{4}を手に入れる.

ab|spei·chern [アップ・シュパイヒァァン áp-∫pàiçərn] 他 (h) (データ^{4}を) 保存する.

ab|spei·sen [アップ・シュパイゼン áp-∫pàizən] 他 (h) ① 《口語》(わずかなものを与えて 人^{4}を)いよく追い払う. ② (人^{4}に)食事を与える.

ab·spens·tig [アップ・シュペンスティヒ áp-∫pɛnstıç] 形 成句的に 人^3 人^4 abspenstig machen 人^{3}から人^4(恋人・顧客など)を奪う.

ab|sper·ren [アップ・シュペレン áp-∫pɛrən] 他 (h) ① (道路など^{4}を)通行止めにする, 遮断する. ② 《南ドッ・オストッ》(部屋・ドアなど^{4}に)鍵(ホ)をかける. ③ (ガス・水道など^{4}を)栓を締めて止める.

Ab·sper·rung [アップ・シュペルング] 女 –/–en ① 《複 なし》通行止め; (交通)遮断, 閉鎖. ② (通行止めの)柵(ホ), バリケード; 警察の非常線.

ab|spie·len [アップ・シュピーレン áp-∫pì:lən] I 他 (h) ① (CD などを)《始めから終わりまで》かける. ② (ビデオカセット・ボールなど^{4}を)使い古す. ③ 初見で演奏する. ④ (スポッ)(ボール^{4}を)パスする. II 再帰 (h) sich^4 abspielen 起こる, 行われる.
◇☞ **abgespielt**

Ab·spra·che [アップ・シュプラーヘ áp-∫pra:xə] 女 –/-n 申し合わせ, とり決め. eine Absprache^4 treffen 申し合わせをする.

ab|spre·chen* [アップ・シュプレッヒェン áp-∫prɛçən] I 他 (h) ① (計画・価格など^{4}を)申し合わせる, とり決める. ② (人^{3}の 物^{4}を)認めない, 否認する. 人^3 ein Recht^4 absprechen 人^{3}の権利を否認する. II 再帰 (h) 《sich^4 [mit 人^3] ~》([人^{3}と])申し合わせる, とり決める.

ab|spre·chend [アップ・シュプレッヒェント] I ab|sprechen (申し合わせる)の 現分 II 形 否定的な, 非難するような(見解など).

ab|sprin·gen* [アップ・シュプリンゲン áp-∫prıŋən] 自 (s) ① (乗り物などから)飛び降りる; (ジャンプで:)踏み切りをする. ② (ボタンなどが)はじけて取れる; (塗料などが)はげ落ちる. ③ 《口語》離脱する, やめる. vom Studium abspringen 大学を中退する. ④ (ボールなどが)はね返る.

ab|sprit·zen [アップ・シュプリッツェン áp-∫prıtsən] I 他 (h) ① (ホースなどで)水をかけて洗う. ② (植物など^{4}に)薬剤を散布する. II 自 (s) (水などが)はねる, 飛び散る.

Ab·sprung [アップ・シュプルング áp-∫pruŋ] 男 –[e]s/..sprünge (ジャンプの)踏み切り; (乗り物などからの)飛び降り.

ab|spu·len [アップ・シュプーれン áp-∫pù:lən] 他 (h) ① (糸・テープなど^{4}をリールから)繰り出す. einen Film abspulen 映画を上映する. ② 《口語》(同じこと^{4}を)繰り返し言う(する).

ab|spü·len [アップ・シュピューれン áp-∫pỳ:lən] 他 (h) ① (汚れなど^{4}を)洗い落とす; (食器など^{4}をすいで)洗う.

ab|stam·men [アップ・シュタンメン áp-∫tà-mən] 自 (s) 《von 人・物^3 ~》(人^{3}の)系統を引く, 子孫である; (物^{3}に)由来する.

Ab·stam·mung [アップ・シュタムムング] 女 –/ 血統, 生まれ; 由来. Er ist von adliger Abstammung. 彼は貴族の家系である.

Ab·stam·mungs·leh·re [アップシュタムムングス・れ－レ] 女 –/–n 進化論.

der **Ab·stand** [アップ・シュタント áp-∫tant] 男 (単2) –[e]s/(複)..stände [..シュテンデ] (3格のみ..ständen) ① 隔たり, 距離, 間隔. 《来 distance》. Der Abstand zwischen den Bäumen ist nicht groß. 立木の間隔は大きくない / in 50 Meter Abstand 50 メートル間隔で / im Abstand von zwei Jahren 2 年の間隔をおいて / mit Abstand はるかに, 断然 / von 人^3 Abstand^4 halten a) 人^{3}から遠ざかっている, b) 《比》人^{3}を敬遠する / von 物^3 Abstand nehmen 《書》物^{3}を断念する.
② 《複 なし》《口語》補償金.

Ab·stän·de [アップ・シュテンデ] Abstand (隔たり)の 複

ab|stat·ten [アップ・シュタッテン áp-∫tàtən] 他 (h) 《特定の名詞を目的語にして》(正式・公式に)行う, ...する. 人^3 einen Besuch abstatten 人^{3}を訪問する / 人^3 seinen Dank abstatten 人^{3}に謝意を述べる.

ab|stau·ben [アップ・シュタオベン áp-∫tàubən] 他 (h) ① (物^{4}の)ほこりを払う. ② 《俗》くすねる. ③ (サッカーで:)ラッキーなシュートを決める.

ab|ste·chen* [アップ・シュテッヒェン áp-∫tɛ-çən] I 他 (h) ① (豚など^{4}を)屠殺(ミǎ)する. ② (ワインなど^{4}を樽(タǎ)から)流し出す; (溶鉱炉など^{4}の)流し口を開く. ③ (芝土など^{4}を)掘り取る. II 自 (h) 《von 人・物^3 ~》(人・物^{3}と)著しく対照をなす. Sie stach durch ihre Kleidung von allen ab. 彼女は服装のせいで皆のうちで際だっていた.

Ab·ste·cher [アップ・シュテッヒァァ áp-∫tɛçɐr] 男 –s/– (旅行中の)寄り道. einen Abstecher nach München machen ミュンヒェンに寄り道する.

ab|ste·cken [アップ・シュテッケン áp-∫tɛkən] 他 (h) ① (土地などの)境界をくいで示す. ② 《服飾》(ドレスなど^{4}を)待ち針で留める. ③ (ピンで留めてあった 物^{4}を)取りはずす.

ab|ste·hen* [アップ・シュテーエン áp-∫tè:ən] I 自 (h) ① 離れて[立って]いる; 突き出ている. Der Stuhl steht zu weit vom Tisch ab. いすは机から離れすぎている. ◇《現在分詞の形で》

abstehende Ohren 出っ張った耳. ② 《von 圏³ ～》《雅》(圏³を)断念する. von einem Vorhaben *abstehen* 計画を見合わせる. **II** 他 (h) 《口語》(一定の時間⁴を)立ったまま過ごす.
◇☞ **abgestanden**

Ab·stei·ge [アップ・シュタイゲ áp-ʃtaɪɡə] 囡 -/-n 《口語》安ホテル, 連れ込み宿.

ab|stei·gen* [アップ・シュタイゲン áp-ʃtàɪɡən] 自 (s) ① (馬・自転車などから)降りる, (山を)下る. (⇔ **auf**steigen). Er *stieg* **vom** Rad *ab*. 彼は自転車から降りた. ② (⁽ネホハ⁾)(下位リーグへ)降格する. ③ 宿泊する. in einem Hotel *absteigen* ホテルに泊まる.

Ab·stei·ger [アップ・シュタイガァ áp-ʃtaɪɡɐr] 男 -s/- (⁽ネホハ⁾)(下位リーグへ降格した)チーム.

ab|stel·len [アップ・シュテレン áp-ʃtɛlən] (stellte...ab, *hat*...abgestellt) 他 (h) ① (荷物など⁴を)**下へ降ろす**, 下へ置く. *Stell* doch mal den Koffer *ab*! トランクを下に置きなさいよ.
② (自動車など⁴を)**止めておく**, 駐車する; (古い家具など⁴を)しまっておく. Das Fahrrad *kannst* du im Hof *abstellen*. 自転車は中庭に止めておいていいよ. ③ (エアコン・テレビなど⁴を)消す; (水道, ガスなど⁴を)止める. (⇔ **an**|stellen). *Stell* bitte das Radio *ab*! ラジオを止めて! ④ 《比》(欠点・悪習など⁴を)取り除く, やめる. ⑤ 《A⁴ **auf** B⁴ ～》(A⁴を B⁴ に)合わせる. das Programm⁴ *auf* den Publikumsgeschmack *abstellen* プログラムを観客の好みに合わせる.

Ab·stellǀgleis [アップシュテル・グライス] 中 -es/-e (鉄道) 待避線, 側線. 囚⁴ **aufs** *Abstellgleis* schieben 《比》囚⁴を左遷する.

Ab·stellǀraum [アップシュテル・ラオム] 男 -[e]s/..räume 物置, 納戸.

ab|stem·peln [アップ・シュテンペルン áp-ʃtɛmpəln] 他 (h) ① (物⁴に)スタンプを押す, 押印する. ② (囚⁴に…という)烙印(らくいん)を押す. 囚⁴ **zum** (または **als**) Lügner *abstempeln* 囚⁴をうそつきだと決めつける.

ab·ster·ben* [アップ・シュテルベン áp-ʃtɛrbən] 自 (s) ① (植物が)枯れる, 枯死する; 《医》(細胞などが)壊死(えし)する; 《比》(風習などが)すたれる. ② (寒さで手足などの)感覚が麻痺(まひ)する. ③ 《口語》(エンジンが)止まる, エンストする.
◇☞ **abgestorben**

Ab·stieg [アップ・シュティーク áp-ʃtiːk] 男 -[e]s/-e ① 下ること, 下山, 下り. (⇔ 「上昇」 は Aufstieg). ② 下り道, 下り坂. ③ 没落, 衰退; (⁽ネホハ⁾)下位リーグへの降格.

ab|stim·men [アップ・シュティンメン áp-ʃtɪmən] (stimmte...ab, *hat*...abgestimmt) **I** 自 (完了 haben) **採決する**, 票決する, 投票する. (英 *vote*). Sie *stimmten* **über** den Antrag *ab*. 彼らはその動議を採決した / durch Handzeichen *abstimmen* 挙手で採決する.
II 他 (完了 haben) ① (色調・調子・意向など⁴ を)合わせる, 調整する. Er *stimmte* seine Rede **auf** die Zuhörer *ab*. 彼は演説の内容を聴衆に合わせた. ② (ラジオなど⁴の)バンドを合わせる, (楽器⁴の)音合わせをする.
III 再帰 (完了 haben) 《*sich*⁴ **mit** 囚³ ～》 (囚³と)意見を調整する.

Ab·stim·mung [アップ・シュティンムング] 囡 -/-en ① 採決, 票決, 投票. in geheimer *Abstimmung* 無記名投票で. ② (色調・調子・意向などの)調整. ③ 《放送》(ラジオなどの)同調, (楽器などの)調律.

ab·sti·nent [アプスティネント apstinént] 形 禁酒の; 禁欲的な, 節制している.

Ab·sti·nenz [アプスティネンツ apstinénts] 囡 -/ 禁酒; 禁欲, 節制; 《医》禁断.

Ab·sti·nenz·ler [アプスティネンツラァ apstinéntslər] 男 -s/- (ふつう軽蔑的に:) 禁酒(禁欲)主義者. (女性形は: -in).

ab|stop·pen [アップ・シュトッペン áp-ʃtɔpən] **I** 他 (h) ① (乗り物・機械など⁴を)止める, 停止させる. ② (タイム⁴を)ストップウォッチで計る; (走者など⁴の)タイムをストップウォッチで計る. **II** 自 (h) (乗り物などが)止まる, 停止する.

Ab·stoß [アップ・シュトース áp-ʃtoːs] 男 -es/..stöße ① 突き離すこと. ② (サッカーの)ゴールキック.

ab|sto·ßen* [アップ・シュトーセン áp-ʃtòːsən] **I** 他 (h) ① 突いて離す; (サッカーで:)(ボール⁴を)ゴールキックする. Er *stieß* das Boot vom Ufer *ab*. 彼はオールで突いてボートを岸から離した. ◇ 再帰的に *sich*⁴ von 物³ *abstoßen* 物³ をけって飛び出す, スタートする. ③ (商品・株などを)売り払う. ④ 《比》(囚³に)反感(いや気)を起こさせる. Sein Benehmen *stößt* mich *ab*. 彼の態度にはいや気がさす. ④ (家具など⁴をぶつけて)傷つける. **II** 自 (s, h) (岸から)離れる. **III** 再帰 (完了 haben) 《*sich*⁴ *abstoßen* (物・化)(磁極などが)反発し合う.

ab·sto·ßend [アップ・シュトーセント] **I** abstoßen (突いて離す)の 現分 **II** 形 反感を起こさせる, いやな.

ab|stot·tern [アップ・シュトッタァン áp-ʃtɔtərn] 他 (h) 《口語》(物⁴の)代金を分割して払う.

ab·stra·hie·ren [アプストラヒーレン apstrahíːrən] **I** 他 (h) 抽象[化]する. **II** 自 (h) 《von 圏³ ～》(圏³を)度外視する.

ab·strakt [アプストラクト apstrákt] 形 (比較 abstrakter, 最上 abstraktest) **抽象的な**, 観念的な. (⇔ *abstract*). ein *abstrakter* Begriff 抽象概念 / abstrakte Malerei 抽象絵画 / *abstrakt* malen 抽象画を描く / Der Vortrag war mir zu *abstrakt*. その講演は私には抽象的すぎた.

Ab·strak·ti·on [アプストラクツィオーン apstraktsió:n] 囡 -/-en 抽象[化]; 抽象概念.

Ab·strak·tum [アプストラクトゥム apstráktum] 中 -s/..trakta ① 《哲》抽象概念. ② 《言》抽象名詞.

ab|strei·chen* [アップ・シュトライヒェン ápʃtràɪçən] 他 (h) ① (靴の泥など⁴を)こすり取る, ぬぐい取る．こすって(ぬぐって)きれいにする． ② 《A⁴ von B³ ～》(A⁴ を B³ から)差し引く． ③ (ある地域⁴を)くまなく捜し回る．

ab|strei·fen [アップ・シュトライフェン ápʃtràɪfən] 他 (h) ① こすり落とす． die Asche⁴ von der Zigarre *abstreifen* 葉巻の灰を落とす． ② (衣服など⁴を)脱ぐ, (指輪など⁴を)はずす; 《比》(悪習など⁴を)やめる, (偏見など⁴を)捨てる． ③ (ある地域⁴を)くまなく捜し回る．

ab|strei·ten* [アップ・シュトライテン ápʃtràɪtən] 他 (h) ① 否認する． ein Verbrechen⁴ *abstreiten* 犯行を否認する． ② (囚³の能力など⁴を)認めない．

Ab·strich [アップ・シュトリヒ áp-ʃtrɪç] 男 -(e)s/-e ① 削減, 減額． *Abstriche*⁴ am Etat machen 予算を削減する． ② 《医》(検査のための)分泌物(組織)の塗沫(まつ)標本[作成]． ③ (字を書くときの)下向きのはね． ④ 《音楽》(バイオリンなどの)下げ弓．

ab·strus [アプストルース apstrúːs] 形 (混乱して)わかりにくい, ごたごたした, 錯綜(さく)した．

ab|stu·fen [アップ・シュトゥーフェン áp-ʃtùːfən] 他 (h) ① (土地など⁴を)段状にする, 段をつける． ② 《比》(囮⁴に)等級をつける; (色など⁴に)陰影をつける． die Gehälter⁴ *abstufen* 給料に等級をつける． ③ (囚⁴の)給与を格下げする．

ab|stumpf·fen [アップ・シュトゥンプフェン ápʃtùmpfən] I 他 (h) ① (とがったもの⁴を)丸くする． ② 《比》鈍感にする, 無気力にする． II 自 (s) 鈍感になる, 無気力になる．
◊☞ abgestumpft

Ab·sturz [アップ・シュトゥルツ áp-ʃtʊrts] 男 -es/..stürze ① 《飛》(なし)墜落, 転落． ② 絶壁, 断崖(だんがい)． ③ 《コンピュ》クラッシュ．

ab|stür·zen [アップ・シュテュルツェン ápʃtʏrtsən] 自 (s) ① 墜落する, 転落する． ② (斜面などが)急角度で落ち込んでいる． ③ 《コンピュ》クラッシュする．

ab|stüt·zen [アップ・シュテュッツェン ápʃtʏtsən] I 他 (h) (支柱などで)支える． II 再帰 (h)《*sich*⁴ *von* 物³ ～》(手足を突っ張って物³から)身を離している．

ab|su·chen [アップ・ズーヘン áp-zùːxən] 他 (h) ① (ある場所⁴を)くまなく探す． ② (害虫など⁴を)探して取り除く．

ab·surd [アプズルト apzúrt] 形 ばかげた, ナンセンスな; 不合理な, 不条理な．

Ab·sur·di·tät [アプズルディテート apzurditéːt] 女 -/-en ① 《ふつう単》ばからしさ, ナンセンス; 不合理, 不条理． ② ばかげたこと．

Ab·szess [アプスツェス apstsés] 男 -es/-e 《医》膿瘍(のうよう)．

Ab·szis·se [アプスツィッセ apstsísə] 女 -/-n 《数》横 (x) 座標．《対語》「縦座標」は Ordinate)．

Abt [アプト ápt] 男 -(e)s/Äbte 大修道院長, 僧院長．

Abt. [アップ・タイルング] 《略》(官庁などの)局, 部, 課; (病院・大学などの)科, 学科． (=Abteilung).

ab|ta·keln [アップ ターケルン áp-tàːkəln] 他 (h) 《海》(船⁴を)廃船にする．
◊☞ abgetakelt

ab|tas·ten [アップ・タステン áp-tàstən] 他 (h) ① 触って調べる; (医者が)触診する． ② (スキャナーなどで)読み取る, 走査する．

ab|tau·en [アップ・タオエン áp-tàʊən] I 他 (h) (氷・雪など⁴を)解かす; (冷凍庫など⁴の)霜を解かす． die Fensterscheibe⁴ *abtauen* 窓ガラスの氷を取る． II 自 (s) 氷(雪)が解ける．

Ab·tei [アプタイ aptáɪ] 女 -/-en 大修道院, 僧院．

***das* Ab·teil**¹ [アップ・タイル ap-táɪl または アップ..] 中 -(e)s/-e (3格のみ -en) ① (列車の)**コンパートメント**, 車室; 《口語》同じ車室の乗客たち．《英》*compartment*). ein *Abteil* zweiter Klasse² 2 等車室 / Dieses *Abteil* ist besetzt. 《状態受動・現在》この車室はふさがっています． ② (地下室などの)仕切られた場所; (戸棚などの)仕切り．

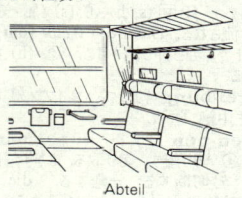

Abteil

ab|tei·len [アップ・タイレン áp-tàɪlən] 他 (h) (部屋など⁴を)分ける, 仕切る．

die **Ab·tei·lung**¹ [アップ・タイルング ap-táɪlʊŋ] 女 (単)-(複)-en ① 《経》(ある組織の)**部門**; (会社・官庁などの)局, 部, 課; (デパートなどの)売り場; (病院・大学などの)科, 学科． (略: Abt.). 《英》*department*). Werbe*abteilung* 宣伝部 / die chirurgische *Abteilung* (病院の)外科 / *Abteilung* **für** Haushaltswaren 家庭用品売り場　② 《軍》部隊; 大隊． Panzer*abteilung* 戦車部隊． ③ 《地学》統; 《生》門．

Ab·tei·lung² [アップ・タイルング] 女 -/ 分けること, 区分, 分割．

Ab·tei·lungs‹lei·ter [アップタイルングス・ライタァ] 男 -s/- 部局の長(局長・部長・課長など); (デパートなどの)売り場主任．(女性形: -in).

ab|tip·pen [アップ・ティッペン áp-tìpən] 他 (h) 《口語》(原稿など⁴を)キーで打ちこむ．

Äb·tis·sin [エプティッスィン εptísɪn] 女 -/..tissinnen (女性の)大修道院長, 尼僧院長．

ab|tö·nen [アップ・テーネン áp-tòːnən] 他 (h) (色など⁴に)濃淡の差をつける, 微妙なニュアンスをつける．

ab|tö·ten [アップ・テーテン áp-tòːtən] 他 (h) ① (細菌・神経など⁴を)殺す． ② 《比》(感情など⁴を)押し殺す, 抑える．

ab|tra·gen* [アップ・トラーゲン áp-tràːgən] 他

abträglich

(h) ① (丘など⁴を)平らにする; (建物など⁴を)とり壊support, 取り去る. einen Hügel *abtragen* 丘を崩して平らにする / eine Geschwulst⁴ *abtragen*《医》腫瘍(ﾂ)を切除する. ② (雅)(食器など⁴を食卓から)片づける. die Teller⁴ *abtragen* 皿を下げる. ③《雅》(借金など⁴を少しずつ返済する. ④ (衣服⁴を)着古す, (靴など⁴を)はき古す.

◇☞ **abgetragen**

ab·träg·lich [アップ・トレークリヒ] 形《雅》(人・事)³(にとって)不利で, 有害な. Das Rauchen ist deiner Gesundheit *abträglich*. 喫煙は君の健康によくない.

Ab·trans·port [アップ・トランスポルト áp-transpɔrt]男 –[e]s/-e 搬出.

ab|trans·por·tie·ren [アップ・トランスポルティーレン áp-transpɔrtìːrən]他 (h) (人・物⁴を)搬出する, 輸送する.

ab|trei·ben* [アップ・トライベン áp-tràibən] I 他 (h) ① (風・潮流などが)押し流す. ② (胎児⁴を)堕胎する; (寄生虫・胆石など⁴を)体内から出す. II 自 (s) ① (s) (船・気球などが)押し流される. Das Boot *treibt* vom Ufer *ab*. ボートが岸から押し流される. ② (h) 妊娠中絶をする.

Ab·trei·bung [アップ・トライブング]女 -/-en 妊娠中絶, 堕胎.

ab|tren·nen [アップ・トレンネン áp-trènən]他 (h) ① 切り離す, 切り取る, はがす;《医》(手足など⁴を切断する). ③ 分離する. die Knöpfe⁴ vom Mantel *abtrennen* コートからボタンを取りはずす. ② (部屋など⁴を)仕切る, 分ける.

ab|tre·ten* [アップ・トレーテン áp-trèːtən] du trittst…ab, er tritt…ab (trat…ab, ist/hat…abgetreten) I 自 (完了) sein) ① 退く, 去る;《劇》退場する. Der Schauspieler *ist* [von der Bühne] *abgetreten*.【現在完了】俳優は[舞台から]退場した. ② 退職する, 引退する;《口語》死ぬ. Der Minister *musste abtreten*. その大臣は辞任しなければならなかった.
II 他 (完了) haben) ① (靴の泥など⁴を)こすり落とす; (靴ひもを⁴の)泥をこすり落とす. *Tritt* [dir] die Schuhe auf der Matte *ab*! 靴の泥をマットで落としなさい. ② (権利など⁴を)譲る; 割譲する. 人³ (または an 人⁴) seine Rechte⁴ *abtreten* 人³ (または 人⁴)に権利を譲る. ③ (靴など⁴を)はき減らす; (じゅうたん⁴を)すり減らす.

◇☞ **abgetreten**

Ab·tre·ter [アップ・トレータァ áp-treːtər]男 -s/- (靴の泥をぬぐうための)マット.

Ab·tre·tung [アップ・トレートゥング]女 -/-en 《法》(財産・権利などの)譲渡;(領土の)割譲.

Ab·trieb [アップ・トリープ áp-triːp]男 –[e]s/-e (山の放牧場から谷への)家畜の追い下ろし.

Ab·tritt [アップ・トリット áp-trɪt]男 –[e]s/-e 退去; 引退; (俳優の)退場. der *Abtritt* von der Bühne 舞台からの退場.

ab|trock·nen [アップ・トロックネン áp-trɔknən] du trocknest…ab, er trocknet…ab (trocknete…ab, hat/ist…abgetrocknet) I 他 (完了) haben) ① (タオルなどで)ふく, (物⁴の)水気をふき取る; (汗・涙など⁴を)ぬぐう. 人⁴ (sich⁴) *abtrocknen* 人⁴の(自分の)体をふく ⇒ Die Mutter *trocknete* das Kind *ab*. 母親は子供の体をふいてやった / 人³ (sich³) das Gesicht⁴ *abtrocknen* 人³の(自分の)顔をふく / Sie *trocknete* dem Kind die Tränen *ab*. 彼女はその子の涙をぬぐってやった / Ich *muss* noch [das Geschirr⁴] *abtrocknen*. 私はこれから食器をふかないといけない. ② すっかり乾かす.
II 自 (完了) sein または haben) すっかり乾く. Die Wäsche *ist* (または *hat*) schnell *abgetrocknet*. 洗濯物はすぐに乾いた.

ab|trop·fen [アップ・トロプフェン áp-trɔpfən] 自 (s) ① (水などが)滴り落ちる; (食器などの)しずくが切れる. ②《スポ》(ボールが胸などで)トラップされる.

ab·trün·nig [アップ・トリュニヒ áp-trʏnɪç] 形 背いた, 離反した, 裏切った. 人・事³ *abtrünnig* werden 人・事³に背く.

ab|tun* [アップ・トゥーン áp-tùːn] 他 (h) ① (人・事⁴を)取り合わない, (あっさりと)片づける. 事⁴ als unwichtig *abtun* 事⁴を重要でないと無視する. ②《口語》(ネクタイ・眼鏡など⁴を)はずす, (服など⁴を)脱ぐ.

◇☞ **abgetan**

ab|tup·fen [アップ・トゥプフェン áp-tùpfən]他 (h) (綿などで軽くたたいて)ふき取る, ぬぐう.

ab|ur·tei·len [アップ・ウァタイレン áp-ʊrtaɪlən]他 (h) (人・事⁴に)有罪判決を下す.

ab|wä·gen* [アップ・ヴェーゲン áp-vɛːɡən](e) 他 (慎重に)比較検討する.

◇☞ **abgewogen**

ab|wäh·len [アップ・ヴェーレン áp-vɛːlən]他 (h) ① 投票で解任する. ② (特定の科目⁴の)選択をやめる.

ab|wäl·zen [アップ・ヴェるツェン áp-vɛltsən]他 (h)《事⁴ auf 人⁴ ~》(事⁴(責任など)を人⁴に)押しつける, 転嫁する. die Arbeit⁴ auf 人⁴ *abwälzen* 仕事を人⁴に押しつける.

ab|wan·deln [アップ・ヴァンデるン áp-vàndəln]他 (h) (部分的に)変える, (物⁴に)変更を加える.

ab|wan·dern [アップ・ヴァンダァン áp-vàndərn] I 自 (s) ① 移住する; 移動する. ②《スポ》(選手が)移籍する. II 他 (h) (ある地域⁴を)歩き回る.

Ab·wan·de·rung [アップ・ヴァンデルング]女 -/-en 移住; 移動.

Ab·wand·lung [アップ・ヴァンドるング]女 -/-en (部分的な)変化; 変化形, バリエーション.

Ab·wär·me [アップ・ヴェるメ áp-vɛrmə]女 -/《工》廃熱, 余熱.

Ab·wart [アップ・ヴァルト áp-vart]男 –[e]s/-e 《スイス》家屋管理人 (=Hausmeister). (女性形: -in).

ab|war·ten [アップ・ヴァルテン áp-vàrtən]

abwerfen

du wartest...ab, er wartet...ab (wartete...ab, hat...abgewartet) 他 (完了) haben) ① 〖人・事〗⁴の到来を待つ. den Briefträger abwarten 郵便配達人が来るのを待つ / Er wartete einen günstigen Augenblick ab. 彼はチャンスの到来を待っていた. ◇〖目的語なしでも〗Abwarten und Tee trinken!《口語》まあ落ち着け(←せんじ茶が十分に出るまで待て). ◇〖現在分詞の形で〗eine abwartende Haltung⁴ einnehmen 静観的な態度をとる.
② (囲⁴が)終わるのを待つ. den Regen abwarten 雨がやむのを待つ.

ab·wärts [アップ・ヴェルツ áp-vɛrts] 副 下の方へ, 下って. (英) downward). (反)「上の方へ」は aufwärts. Kinder von 6 Jahren abwärts 6歳以下の子供たち.
► abwärts|fahren, abwärts|gehen I

ab·wärts|fah·ren* [アップヴェルツ・ファーレン ápvɛrts-fà:rən] 自 (s) (乗り物が・人が乗り物で)下る. den Fluss abwärtsfahren 川を下る.

ab·wärts|ge·hen* [アップヴェルツ・ゲーエン ápvɛrts-gè:ən] I 自 (s) (徒歩で)下る. II 非人称 〖es geht mit 〖人・事〗³ abwärts の形で〗(〖人・事〗⁴が)悪化する, 落ち目である. Mit seiner Gesundheit geht es abwärts. 彼の健康状態は下り坂だ.

Ab·wasch [アップ・ヴァッシュ áp-vaʃ] I 男 -[e]s/ 《口語》① (食後の)食器洗い. ② (食後の)汚れた食器類. II 女 -/-en (ﾂﾟｼｭｳ)(台所の)流し[台], シンク.

ab|wa·schen* [アップ・ヴァッシェン ápvàʃən] du wäschst...ab, er wäscht...ab (wusch...ab, hat...abgewaschen) 他 (完了) haben) (汚れなど⁴を)洗い落とす; (囲⁴の)汚れを洗い落とす. den Schmutz [vom Gesicht] abwaschen [顔の]汚れを洗い落とす / Ich muss noch [das Geschirr] abwaschen. 私は今から食器洗いをしなくてはならない.

Ab·was·ser [アップ・ヴァッサァ áp-vasər] 中 -s/..wässer 下水, 汚水, (工場などの)廃水.

Ab·was·ser=ka·nal [アップヴァッサァ・カナール] 男 -s/..kanäle 下水道.

Ab·was·ser=rei·ni·gung [アップヴァッサァ・ライニグング] 女 -/ 下水浄化.

ab|wech·seln* [アップ・ヴェクセルン ápvèksəln] ich wechsle...ab (wechselte...ab, hat...abgewechselt) I 自 (完了) haben) 交代(交替)する, 入れ替わる. Wollen wir mal abwechseln? ちょっと交替しようか / mit 〖人〗³ beim Vorlesen abwechseln 〖人〗³と朗読を交代する.
II 再帰 (完了) haben) sich⁴ abwechseln 交代(交替)する, 入れ替わる; (いくつかのものが)交互に現れる. Sie wechselten sich bei der Arbeit ab. 彼らは交代で仕事をした.

ab·wech·selnd [アップ・ヴェクセルント] I ab|wechseln (交代する)の 現分 II 形 交代(交替)の, 交互の.

Ab·wechs·lung [アップ・ヴェクスるング] 女 -/-en 気分転換; 多様性, 変化. zur Abwechslung 気分転換に.

ab·wechs·lungs=reich [アップヴェクスるングス・ライヒ] 形 変化に富んだ, 多彩な.

Ab·weg [アップ・ヴェーク áp-ve:k] 男 -[e]s/-e 《ふつう 複》《比》(道徳的に)間違った道, 邪道. auf Abwege geraten 人の道を踏みはずす.

ab·we·gig [アップ・ヴェーギヒ áp-ve:giç] 形 (考えるのが)間違った, 誤った, 見当違いの.

Ab·wehr [アップ・ヴェーア áp-ve:r] 女 -/ ① 防衛, 防御; 抵抗. ② 反発, 拒否. ③ (ｽﾎﾟｰﾂ) ディフェンス, 守備.

ab|weh·ren [アップ・ヴェーレン áp-vè:rən] 他 (h) ① (敵軍・攻撃など⁴を)防ぐ. den Feind abwehren 敵を撃退する ② (危険など⁴を)防止する, 避ける. ③ (非難・謝辞など⁴を)退ける; (訪問客など⁴を)追い返す.

Ab·wehr=spie·ler [アップヴェーァ・シュピーらァ] 男 -s/- (ｽﾎﾟｰﾂ) ディフェンダー, バックス.

ab|wei·chen¹* [アップ・ヴァイヒェン áp-vàiçən] 自 (s) ① 〖von 〖物〗³ ~〗(〖物〗³から)それる, はずれる. vom Weg abweichen 道からそれる / von der Regel abweichen 規則に反する. ② 〖von 〖人・物〗³ ~〗(意見などが 〖人・物〗³と)異なる, 違う. ◇〖現在分詞の形で〗abweichende Meinungen 相異なる意見.

ab|wei·chen² [アップ・ヴァイヒェン] I 他 (h) (切手など⁴を)湿らせてはがす. II 自 (s) (切手などが)湿ってはがれる.

Ab·wei·chung [アップ・ヴァイヒュング] 女 -/-en ① それること, はずれること, 逸脱. ② 違い, 相違.

ab|wei·sen* [アップ・ヴァイゼン áp-vàizən] 他 (h) ① 追い返す; (攻撃など⁴を)撃退する. Er wies den Besucher ab. 彼は訪問客を断った. ② (要求など⁴を)拒絶する, はねつける.

ab·wei·send [アップ・ヴァイゼント] I ab|weisen (追い返す)の 現分 II 形 拒否的な, そっけない.

Ab·wei·sung [アップ・ヴァイズング] 女 -/-en 拒絶, 拒否; 撃退; 棄却, 却下.

ab|wen·den* [アップ・ヴェンデン áp-vèndən] I 他 (h) ① (視線など⁴を)他方へ向ける, そらす. Ich wandte (または wendete) den Blick von ihm ab. 私は彼から視線をそらした. ◇〖過去分詞の形で〗mit abgewandtem Gesicht 顔を背けて. ② 《規則変化》(打撃など⁴を)受け流す; 《比》(危険など⁴を)回避する, 防ぐ. II 再帰 (h) sich⁴ abwenden 顔を背ける. sich⁴ von 〖人〗³ abwenden a) 〖人〗³から顔を背ける, b) 《比》〖人〗³に背く, 〖人〗³を見放す.

ab|wer·ben* [アップ・ヴェルベン áp-vèrbən] 他 (h) 《経》(人材⁴を)引き抜く, (顧客⁴を)奪う.

ab|wer·fen* [アップ・ヴェルフェン áp-vèrfən] 他 (h) ① (爆弾・ビラなど⁴を高い所から)投下する. ② (じゃまなものなど⁴を)投げ捨てる, 脱ぎ捨てる. Das Pferd warf den Reiter ab. 馬が騎手を振り落とした. ③ (ｽﾎﾟｰﾂ) (ゴールキーパーがボール⁴を)スローする. ④ (利益など⁴を)生む, もたらす. ⑤ (トランプで:)(不要なカード⁴を)捨てる.

ab|wer·ten [アップ・ヴェーアテン áp-vèːrtən] 他 (h) ① (経) (通貨⁴の)平価を切り下げる. ② 低く評価する, 見くびる.

Ab·wer·tung [アップ・ヴェーアトゥング áp-vèːrtuŋ] 女 -/-en (経) (通貨の)平価切り下げ; 過小評価.

ab·we·send [アップ・ヴェーゼント áp-veːzənt] 形 不在の, 欠席の. (英 absent). (注意)「出席している」は anwesend). Er ist heute *abwesend*. 彼はきょうはいない. ② 放心した, ぼんやりした. mit *abwesendem* Blick うつろな目で.

Ab·we·sen·de[r] [アップ・ヴェーゼンデ (..ダァ) áp-veːzəndə (..dər)] 男 女 (語尾変化は形容詞と同じ) 不在者, 欠席者.

Ab·we·sen·heit [アップ・ヴェーゼンハイト áp-veːzənhait] 女 -/ ① 不在, 欠席. (英 ab-sence). (注意)「出席」は Anwesenheit). in meiner *Abwesenheit* 私のいないときに (所で). ② 放心[状態].

ab|wi·ckeln [アップ・ヴィッケルン áp-vìkəln] I 他 (h) ① (巻いたもの⁴を)ほどく. ②《比》(仕事などを)順序に従って進める, 片づける. II 再帰 (h) *sich*⁴ *abwickeln* (事柄が順序どおりに)進行する, (交通が)順調に流れる.

Ab·wick·lung [アップ・ヴィックルング áp-vìkluŋ] 女 -/-en (仕事などの)進展, 処理, 解決.

ab|wie·gen* [アップ・ヴィーゲン áp-vìːgən] 他 (h) (一定の量になるまで)取って量る.

ab|wim·meln [アップ・ヴィンメルン áp-vìməln] 他 (h) 《口語》(体よく)断る, 追い払う.

ab|win·ken [アップ・ヴィンケン áp-vìŋkən] 自 (h) 手を振って拒絶の合図をする.

ab|wirt·schaf·ten [アップ・ヴィルトシャフテン áp-vìrt-ʃaftən] 自 (h) (企業などが)倒産する, 破産する.

ab|wi·schen [アップ・ヴィッシェン áp-vìʃən] 他 (h) (ほこり・涙など⁴を)ふき取る; ふいてきれいにする. Er *wischte* mir den Schweiß *ab*. 私は汗をぬぐった.

ab|wra·cken [アップ・ヴラッケン áp-vràkən] 他 (h) (廃船など⁴を)解体してスクラップにする.
◇☞ **abgewrackt**

Ab·wurf [アップ・ヴルフ áp-vurf] 男 -[e]s/..würfe ① (爆弾・ビラなどの)投下. ②《スポ》(ゴールキーパーによる)スロー.

ab|wür·gen [アップ・ヴュルゲン áp-vỳrgən] 他 (h) ① (要求など⁴を)ひねりつぶす, 押さえつける. ②〘成句的に〙den Motor *abwürgen*《口語》エンストさせる.

ab|zah·len [アップ・ツァーレン áp-tsàːlən] 他 (h) (借金など⁴を)分割して返済する; (物⁴の)代金を分割払いする. Er *zahlt* das Auto *ab*. 彼は車の代金を分割払いしている.

ab|zäh·len [アップ・ツェーレン áp-tsɛ̀ːlən] I 他 (h) (人・物⁴の)数を数える; (一定数だけ)数えて取り出す. die Anwesenden⁴ *abzählen* 出席者数を数える. II 自 (h) (子供の遊びで:)数え歌を歌って鬼を決める.

Ab·zah·lung [アップ・ツァールング áp-tsàːluŋ] 女 -/-en 分割払い. 物⁴ auf *Abzahlung* kaufen 物⁴を分割払いで買う.

ab|zap·fen [アップ・ツァプフェン áp-tsàpfən] 他 (h) (栓を抜いて)つぎ出す. Er *zapfte* Bier vom Fass *ab*. 彼は樽(㌽)の栓を抜いてビールをつぎ出した. 〘人³ Blut⁴ *abzapfen*《口語》人³に瀉血(㌽)法を施す / 人³ Geld⁴ *abzapfen*《口語・比》人³からお金を絞り取る.

Ab·zei·chen [アップ・ツァイヒェン áp-tsaiçən] 中 -s/- ① バッジ, 記章; (軍人の)階級章. ② 目印, 標識. ③ (馬などの)斑点.

ab|zeich·nen [アップ・ツァイヒネン áp-tsàiçnən] I 他 (h) ① 写生する. ②(書類など⁴に)サインをする. II 再帰 (h) *sich*⁴ *abzeichnen* (輪郭などが)くっきり浮き出る; (比)(傾向などが)はっきりしてくる.

Ab·zieh⸗bild [アップ・ツィー・ビルト]中 -[e]s/-er 写し絵, 転写画(絵を陶器・ガラスに写したもの).

ab|zie·hen* [アップ・ツィーエン áp-tsìːən] (zog... ab, *hat/ist*... abgezogen) I 他 (完了 haben) ① 抜き取る, (引っぱって)はずす. den Schlüssel *abziehen* 鍵(㌽)を抜き取る / Sie hat den Ring vom Finger *abgezogen*. 彼女は指輪を指からはずした.

② (皮など⁴を)はぐ, むく, (動物⁴の)皮をはぐ, むく. dem Hasen das Fell⁴ *abziehen* または den Hasen *abziehen* うさぎの皮をはぐ / das Bett *abziehen* ベッドのシーツをはがす.

③ 差し引く, 控除する. die Steuer⁴ vom Lohn *abziehen* 給料から税金を天引きする. ④《軍》撤収させる. ⑤《写》焼き付ける; 《印》刷る. ⑥ (液体・気体など⁴を)流し出す, 排出させる. Wein⁴ auf Flaschen *abziehen* ワインを〔樽⁴から〕びんに詰める. ⑦ (床など⁴を)磨く, (刃物⁴を)研ぐ. ⑧ (注意・視線など⁴を)そらす. ⑨《料理》(スープなどに)とろ味をつける. ⑩ (銃など⁴の)引き金を引く.

II 自 (完了 sein) ① 《口語》立ち去る; 《軍》撤退する. ② (嵐などが)去る, (霧・雲などが)流れ去る.

ab|zie·len [アップ・ツィーレン áp-tsìːlən] 自 (h)〘auf 人・事⁴ ~〙(人・事⁴を)ねらう, 目標とする.

ab·zu·fah·ren [アップ・ツ・ファーレン] ≠abfahren (乗り物で出発する) の zu 不定詞.

der **Ab·zug** [アップ・ツーク áp-tsuːk] 男 (単2) -[e]s/(複) ..züge [..ツューゲ] (3 格のみ ..zügen) ①《写》焼き付け, 焼き増し; 《印》校正刷り. *Abzüge*³ von 物³ machen 物³の焼き増しをする. ②(エ・化)排気口, ドラフト. ein *Abzug* über dem Herd レンジの上のレンジフード.

③〘複 なし〙差し引き, 控除. 物⁴ in *Abzug* bringen 物⁴を差し引く / nach *Abzug* der Unkosten² 諸雑費を差し引いて. ④〘複〙差引高, 控除額. ⑤〘ふつう 複〙《軍》撤退, 退却. ⑥ (銃の)引き金.

Ab·zü·ge [アップ・ツューゲ] Abzug (焼き付け)の 複

ab·züg·lich [アップ・ツュークリヒ] 前〘2 格と

ともに）《商》…を差し引いて. *abzüglich* der Unkosten 諸雑費を差し引いて.

ab·zugs≠fä·hig [アップツークス・フェーイヒ] 形 控除できる(経費など).

ab|zwei·gen [アップ・ツヴァイゲン áp-tsvàrgən] I 自(s) (道・川などが)分かれる, 分岐する. II 他 (h) (お金など⁴を)分けて取っておく.

Ab·zwei·gung [アップ・ツヴァイグング] 女 -/-en ① (道などの)分岐点. ② 支線.

Ac [アー・ツェー] 《化·記号》アクチニウム (= Actinium).

a cap·pel·la [ア カペラ a kapéla] [宗楽]《音楽》ア・カペラで, 楽器の伴奏なしで.

Ac·ces·soire [アクセソアール aksɛsoá:r] 中 -s/-s [..ソアール(ス)]《ふつう複》アクセサリー.

Ace·tat [アツェタート atsetá:t] 中 -s/-e《化》アセテート, 酢酸塩.

Ace·ty·len [アツェティレーン atsetylé:n] 中 -s/《化》アセチレン.

*ach! [アッハ áx] 間 (驚き・喜び・悲しみ・嘆き・同情などを表して:) ああ, おお, まあ. (英) *oh*). *Ach Gott!* おやあ, あああどうしよう / *Ach ja!* a) そうだとも, b) (何かを思いついて:)ああそうだな / *Ach nein!* とんでもない / *Ach so!* ああそういうことですか / *Ach, wie schade!* ああ残念 / *Ach was!* そんなばかな.《名詞的に》*ach* und weh (または *Ach* und Weh) schreien 《口語》泣きわめく.

Ach [アッハ] 中 -s/-[s] 悲嘆, 嘆息 (ach と言う声). sein ständiges *Ach* und Weh 彼の絶え間ない悲嘆の声 / mit *Ach* und Krach 《口語》やっとのことで / *Ach* und Weh schreien 《口語》泣きわめく.

Achat [アハート axá:t] 男 -[e]s/-e《鉱》めのう(瑪瑙).

Achill [アヒる axíl] -s/ 《ギ神》アキレス, アキレウス(トロヤ戦争の英雄. 唯一の弱点であるかかとに敵の矢を受けて死んだ).

Achil·les [アヒレス axílɛs] = Achill

Achil·les≠fer·se [アヒレス・フェルゼ] 女 -/-n アキレスのかかと;《比》(強者の)弱点.

Achil·les≠seh·ne [アヒレス・ゼーネ] 女 -/-n アキレス腱(ゖん).

a. Chr. [n.] [アンテ クリストゥム〔ナートゥム〕]《略》〔西暦〕紀元前 (= ante Christum [natum]).

die **Ach·se** [アクセ áksə] 女 (単) -/(複) -n ① (工) (自動車などの)車軸, 心棒, シャフト. (英) *axle*). Die *Achse* ist gebrochen. 現在完了) 車軸が折れた / auf [der] *Achse* sein 《比》旅行中(出張中)である. ② 軸 (天) 地軸 (= Erd*achse*); (物) 回転軸 (= Dreh*achse*); (数) 座標軸; 対称軸. Die Erde dreht sich **um** ihre *Achse*. 地球は地軸を中心に回転している.

die **Ach·sel** [アクセる áksəl] 女 (単) -/(複) -n 肩; 肩の関節; わき[の下]. (英) *shoulder*). die *Achseln*⁴ hoch|ziehen または mit den *Achseln* zucken 肩をすくめる(″当惑・無関心″を表す) / *unter* den *Achseln* schwitzen わきの下に汗をかく.

Ach·sel≠höh·le [アクセる・ヘーれ] 女 -/-n わきの下のくぼみ, 腋窩(ぇき).（☞ Körper 図).

Ach·sel≠zu·cken [アクセる・ツッケン] 中 -s 肩をすくめること(″当惑・無関心″を表す身ぶり).

acht¹ [アハト áxt] 数《基数; 無語尾で》8[の]. (英) *eight*). Das kostet *acht* Euro. これは8ユーロします / Er ist *acht* [Jahre alt]. 彼は8歳です / um *acht* [Uhr] 8時に / heute in *acht* Tagen 来週のきょう / alle *acht* Tage 1週間ごとに / zu *achten* 《口語》8人で.

acht² [アハト áxt] 数《acht¹ の序数; 語尾変化は形容詞と同じ》第8[番目]の. (英) *eighth*). Heute ist der *achte* Januar. きょうは1月8日です / das *achte* Mal 8度目 / zu *acht* 8人で. ◇《名詞的に》Heinrich der *Achte* ハインリヒ8世 / am *Achten* dieses Monats 今月の8日に.

acht³ [アハト] außer Acht lassen (気にかけない), in Acht nehmen (用心する)における Acht の古い形.

Acht¹ [アハト] 女 -/-en ① (数字の)8. ② (トランプの)8. ③《口語》(バス・市電などの)8番 [系統].

Acht² [アハト] 女 -/ 注意; 用心. ◇《成句的に》他⁴ außer Acht lassen 他⁴を気にかけない, 顧慮しない / sich⁴ vor 人·物³ in *Acht* nehmen 人·物³に対して用心する, 警戒する.

▶ acht|geben, acht|haben

acht·bar [アハトバール] 形 《雅》尊敬に値する, りっぱな.

Acht≠eck [アハト・エック] 中 -[e]s/-e 8角形.

acht≠eckig [アハト・エキヒ] 形 8角形の.

ach·tel [アハテる áxtəl] 数《分数; 無語尾で》8分の1[の].

Ach·tel [アハテる] 中 (スイ: 男) -s/- ① 8分の1. ein *Achtel* Wein 8分の1リットルのワイン. ②《音楽》= *Achtel*note

Ach·tel≠no·te [アハテる・ノーテ] 女 -/-n 《音楽》8分音符.

*ach·ten [アハテン áxtən] du achtest, er achtet (achtete, hat...geachtet) I 自 (完了) haben) [auf 人·物⁴ ~] (人·物⁴に)注意を払う; (人·物⁴を気にかける. (英) *pay attention to*). auf den Verkehr *achten* 交通に注意する / Kannst du auf das Kind *achten*? この子を見ていてくれる?

II 他 (完了) haben) ① 尊敬する; 尊重する. (英) *respect*). (⇔ 軽蔑する / verachten). Man soll alte Leute *achten*. お年寄りは敬うものだ / das Gesetz⁴ *achten* 法律を尊重する. ② [A⁴ für B⁴ ~]《雅》(A⁴を B⁴と)見なす, 思う.

äch·ten [エヒテン ɛ́çtən] 他 (h) ① 仲間はずれにする; 追放する. ② (核兵器・死刑など⁴を)断固として非難する. ③ (囚人⁴の)法的保護を解除する, 放逐する.

ach·tens [アハテンス áxtəns] 副 第8に, 8番目に.

Ach·ter [アハタァ áxtər] 男 -s/- ① (スポ) (ボートの)エイト;(フィギュアスケートの)8の字形. ② (方)(数字の)8; (口語)(バス・電車などの)8番[系統].

Ach·ter·bahn [アハタァ・バーン] 女 -/-en (8の字形の)ジェットコースター.

Ach·ter·deck [アハタァ・デック] 中 -[e]s/-s 《海》後部甲板.

ach·ter·lei [アハタァらイ áxtərlái] 形 《無語尾で》8種[類]の、8通りの.

ach·tern [アハタァン áxtərn] 副 《海》船尾に、後ろに.

ach·te·te [アハテテ] *achten (注意を払う)の過去

acht≠fach [アハト・ふァッハ] 形 8倍の、8重の.

acht|ge·ben*, Acht ge·ben* [アハト・ゲーベン áxt-gè:bən] 自 (h) 《auf 人・物⁴ ~》(人・物⁴に)注意を払う.

acht|ha·ben*, Acht ha·ben* [アハト・ハーベン áxt-hà:bən] 自 (h) 《auf 人・物⁴ ~》(人・物⁴に)気をつける.

acht≠hun·dert [アハト・フンダァト] 数 《基数; 無語尾で》800 の.

acht≠jäh·rig [アハト・イェーリヒ] 形 《付加語としてのみ》8歳の; 8年[間]の.

acht≠kan·tig [アハト・カンティヒ] 形 8稜(りょう)の.

acht·los [アハト・ろース áxt-lo:s] 形 不注意な、うっかりした; むとんじゃくな. (英 careless). 物⁴ achtlos weg|werfen 物⁴を無造作に投げ捨てる.

Acht·lo·sig·keit [アハト・ろーズィヒカイト] 女 -/ 不注意、むとんじゃく.

acht≠mal [アハト・マーる] 副 8度、8回; 8倍.

acht≠ma·lig [アハト・マーリヒ] 形 《付加語としてのみ》8回の.

acht·sam [アハトザーム] 形 《雅》注意深い、慎重な.

Acht·sam·keit [アハトザームカイト] 女 -/ 注意深さ、慎重さ.

Acht·stun·den≠tag [アハトシュトゥンデン・ターク] 男 -[e]s/-e 1日8時間労働.

acht·tä·gig [アハト・テーギヒ] 形 《付加語としてのみ》① 8日間の. ② 1週間の(会議など).

acht≠täg·lich [アハト・テークリヒ] 形 ① 8日ごとの. ② 1週間ごとの、毎週の.

acht≠tau·send [アハト・タオゼント] 数 《基数; 無語尾で》8,000 の.

**die Ach·tung [アハトゥング áxtuŋ] 女 《単》-/ ① 尊敬、尊重. (英 respect). (⇔「軽蔑」は Verachtung). Er hat überhaupt keine Achtung vor seinem Vater. 彼は父親をまったく尊敬していない / Alle Achtung! 《口語》これはすばらしい、おみごと.

② 注意. (英 attention). Achtung! a) 注意せよ! 危ない!、b) 《軍》(号令で:) 気をつけ! / Achtung, Stufen! (掲示で:) 注意、段差あり / Achtung, Achtung! (場内アナウンスで:) お聞きください、重要なお知らせです.

► achtung≠gebietend

Äch·tung [エヒトゥング] 女 -/-en 追放、破門; 排斥、ボイコット.

ach·tung·ge·bie·tend, Ach·tung ge·bie·tend [アハトゥング・ゲビーテント] 形 尊敬の念をいだかせるような(業績など), 威厳のある(人物など).

ach·tungs≠voll [アハトゥングス・ふォる] 形 うやうやしい.

*acht≠zehn [アハ・ツェーン áx-tse:n] 数 《基数; 無語尾で》18 [の]. (英 eighteen). Er ist achtzehn [Jahre alt]. 彼は18歳です / achtzehn Uhr 18時.

acht·zehn≠jäh·rig [アハツェーン・イェーリヒ] 形 《付加語としてのみ》18歳の; 18年[間]の.

acht·zehnt [アハ・ツェーント áx-tse:nt] 数 《序数》第18[番目]の.

*acht·zig [アハツィヒ áxtsɪç] 数 《基数; 無語尾で》80 [の]. (英 eighty). Er ist achtzig [Jahre alt]. 彼は80歳です / Er ist Mitte achtzig. 彼は80代の半ばだ / auf achtzig sein 《口語》かんかんに怒っている / 人⁴ auf achtzig bringen 《口語》人⁴をかんかんに怒らせる.

Acht·zig [アハツィヒ] 女 -/ (数字の)80.

acht·zi·ger [アハツィガァ áxtsɪɡər] 形 《無語尾で》80歳[代]の; 80年[代]の. in den achtziger Jahren (または Achtzigerjahren) des vorigen Jahrhunderts 前世紀の80年代に.

Acht·zi·ger [アハツィガァ] I 男 -s/- ① 80歳[代]の男性. (女性形: -in) ② 《複で》80歳[代]; (ある世紀の)80年代. ③ [19]80年産のワイン. II 女 -/ 《口語》旧80ペニヒ切手.

acht·zig≠jäh·rig [アハツィヒ・イェーリヒ] 形 《付加語としてのみ》80歳の; 80年[間]の.

acht·zigst [アハツィヒスト áxtsɪçst] 数 《序数》第80[番目]の.

acht·zigs·tel [アハツィヒステる áxtsɪçstəl] 数 《分数; 無語尾で》80 分の1 [の].

Acht·zigs·tel [アハツィヒステる] 中 (スイス: 男) -s/- 80 分の1.

äch·zen [エヒツェン éçtsən] 自 (h) うめく; (比) (床などが)きしむ.

der **Acker** [アッカァ ákər] I 男 《単2》-s/《複》Äcker [エッカァ] (3格のみ Äckern) 畑、耕地. (英 field). ein fruchtbarer Acker 肥えた畑 / den Acker bestellen (または pflügen) 畑を耕す. II 男 -s/- アッカー(昔の耕地面積の単位. 0.2 ~0.6 ヘクタール).

Äcker [エッカァ] Acker (畑)の 複.

Acker≠bau [アッカァ・バオ] 男 -s/ 耕作、農業. Ackerbau⁴ treiben 農業を営む.

Acker≠kru·me [アッカァ・クルーメ] 女 -/-n 《農》(畑の)表土、耕土.

Acker≠land [アッカァ・らント] 中 -[e]s/ 耕地.

ackern [アッカァン ákərn] 自 (h) ① 《口語》あくせく働く、がり勉をする. ② 《農》耕作する.

a con·to [ア コントー a kónto] [略号] 《経》分割払いで、内金で.

Ac·ti·ni·um [アクティーニウム aktí:nium] 中 -s/ 《化》アクチニウム(記号: Ac).

a. d. [アンダァ]《略》…河畔の (=**an der**). Frankfurt *a. d.* Oder オーダー河畔のフランクフルト.

a. D. [アー デー]《略》① 退役した, 退職した (=**außer Dienst**). ② =A. D.

A. D. [アンノ ドーミニ]《略》① 西暦[紀元後]…年に (=**Anno Domini**).

ADAC [アー・デー・アー・ツェー] 男 -/《略》全ドイツ自動車クラブ (=**Allgemeiner Deutscher Automobil-Club**).

ad ac·ta [アット アクタ at ákta] [ラツ]《成句的に》 中4 *ad acta* legen《比》中4を処理(解決)済みと見なす.

ada·gio [アダージョ adá:dʒo] [イタ] 副《音楽》アダージョ, 緩やかに.

Adal·bert [アーだるベルト á:dalbɛrt] -s/《男名》アーダルベルト.

Adam [アーダム á:dam] -s/① 《男名》アーダム. ② 《聖》《人名》アダム(神に創造された人類の始祖). bei *Adam* und Eva an|fangen (または beginnen)《口語・比》前置きを長々と話すこと(←アダムとエバから始める)/ seit *Adams* Zeiten《口語》大昔から / der alte *Adam* 人間の古い悪癖 / den alten *Adam* aus|ziehen 心を入れ替える.

Adams·ap·fel [アーダムス・アプふェる] 男 -s/..äpfel《口語・戯》のどぼとけ(禁断のりんごがアダムののどにつかえたとされることから).

Ad·ap·ta·ti·on [アダプタツィオーン adapta-tsió:n] 女 -/-en ①《圏なし》(生・社)(環境などへの)適応, 順応. ②(文学作品の)改作, 翻案.

Ad·ap·ter [アダプタァ adáptər] 男 -s/- アダプター.

ad·ap·tie·ren [アダプティーレン adapti:rən] 他 (h) ① 適応させる, 順応させる. ②《オス》(建物などを4)改装する. ③(文学作品4を映画・放送用に)改作する, 翻案する.

ad·äquat [アット・エクヴァート át-ɛkva:t または アデクヴァート adɛkvá:t] 形 適当な, 妥当な. (人・物3に)ふさわしい.

ad·die·ren [アディーレン adí:rən] 他 (h)《数》 (数4を)足す, 加算する, 合計する.（⇔「引く」は subtrahieren).

Ad·di·ti·on [アディツィオーン aditsió:n] 女 -/-en《数》足し算, 加法. ①「引き算」は Subtraktion). ②《化》付加.

ade! [アデー adé:] 間《方》さようなら.

der **Adel** [アーデる á:dəl] 男 (単 2) -s/《総称として》① 貴族, 貴族階級. Er stammt aus altem *Adel*. 彼は古い貴族の出だ. ②(貴族の)爵位. ③《雅》高貴さ, 気高さ, 気品. der *Adel* des Herzens 心の気高さ.

Adel·bert [アーデるベルト á:dəlbɛrt] -s/《男名》アーデルベルト.

Ade·le [アデーれ adé:lə] -s/《女名》アデーレ (Adelheid などの短縮).

ade·lig [アーデりヒ á:dəlıç] 形《雅》=adlig

adeln [アーデるン á:dəln] 他 (h) ① (人4を)貴族に列する. ②《雅》(人・物4を)気高くする.

Adels·stand [アーデるス・シュタント] 男 -[e]s/ 貴族の身分.

Ade·nau·er [アーデナオアァ á:dənauər] -s/《人名》アデナウアー (Konrad *Adenauer* 1876 - 1967; 旧西ドイツの初代首相).

die **Ader** [アーダァ á:dər] 女(単)-/(複)-n ① 血管.（英）vein).（⇔「動脈」は Arterie,「静脈」は Vene). Die *Adern* schwellen an. 血管がふくれる/《口語》4《口語》4からお金を絞り取る, b)《古》《医》人4に瀉血(しゃけつ)を施す. ②(血管状のもの:)《地学》鉱脈 (=Erzader),水脈 (=Wasserader);《植》葉脈 (=Blatt-ader);(大理石の)縞(しま)模様; (エ)(ケーブルの)心線. ③《圏なし》素質, 天分. Er hat keine *Ader* für Musik. 彼には音楽の素質がない.

Ader·lass [アーダァ・らス] 男 -es/..lässe《医》瀉血(しゃけつ).

Ad·hä·si·on [アトヘズィオーン athɛzió:n] 女 -/ -en ①(物)付着, 粘着. ②《医》癒着.

adi·eu! [アディエー adió:] 間《方》さようなら (=Auf Wiedersehen!). ◇《名詞的に》人3 *adieu* (または *Adieu*4) sagen 人3に別れを告げる.

Adi·eu [アディエー] 中 -s/-s さようなら[のあいさつ]. 人3 *Adieu*4 sagen 人3に別れを告げる.

Ad·jek·tiv [アティエクティーふ átjɛkti:f] 中 -s/ -e [..ヴェ..]《言》形容詞.

Ad·ju·tant [アディユタント atjutánt] 男 -en/-en《軍》副官. (女性形: -in).

Ad·ler [アードらァ á:dlər] 男 -s/- ①(鳥)ワシ(鷲). ② 鷲(ワシ)の紋章(図案). ③《圏なし; 定冠詞とともに》(天)鷲座(ざ).

Ad·ler·au·ge [アードらァ・アオゲ] 中 -s/-n (鷲(ワシ)の目のように)鋭い目.

Ad·ler·na·se [アードらァ・ナーゼ] 女 -/-n 鷲鼻(わしばな), かぎ鼻.

ad li·bi·tum [アット リービトゥム at lí:bitum] [ラツ] ① 任意に, 自由に. ②《音楽》即興演奏で, 自由に, アドリブで(略: ad lib.).

ad·lig [アードりヒ á:dlıç] 形 ① 貴族の, 貴族階級の. eine *adlige* Familie 貴族の家柄. ②《雅》気高い, 高貴な, 気品のある.

Ad·li·ge[r] [アードりゲ (..ガァ) á:dlıgə (..gər)] 男 女《語尾変化は形容詞と同じ》貴族.

Ad·mi·nis·tra·ti·on [アトミニストラツィオーン atministratsió:n] 女 -/-en ① 管理; 行政. ② [行政]官庁, 行政機関.

ad·mi·nis·tra·tiv [アトミニストラティーふ at-ministratí:f] 形 管理[上]の; 行政[上]の.

Ad·mi·ral [アトミラーる atmirá:l] 男 -s/-e ①《圏..miräle も》(軍)海軍大将; 提督. (女性形: -in). ②《昆》アカタテハ. ③《圏なし》ホットワイン(赤ワインに卵・砂糖・薬味を入れたもの).

Ad·mi·ra·li·tät [アトミラりテート atmirali-tɛ́:t] 女 -/-en《軍》①《総称として》海軍将官. ② 海軍本部.

Adolf [アードるふ á:dɔlf] -s/《男名》アードルフ.

Ado·nis [アドーニス adó:nıs] I《ギリ神》アドニス

(アフロディテに愛された美少年). **II** 男 -/..nisse 美少年.

ad·op·tie·ren [アドプティーレン adoptí:rən] 他 (h) ① 養子にする. ② (風習など[4]を)取り入れる.

Ad·op·ti·on [アドプツィオーン adoptsió:n] 囡 -/-en《法》養子縁組.

Ad·op·tiv⸗kind [アドプティーふ・キント] 中 -[e]s/-er 養子, 養女.

Ador·no [アドルノ adórno] -s/《人名》アドルノ (Theodor W. *Adorno* 1903-1969; ドイツの哲学者).

Adr. [アドレッセ]《略》あて名 (=Adresse).

Adres·sat [アドレサート adrεsá:t] 男 -en/-en (郵便物などの)受取人 (=Empfänger). (女性形: -in).

Adress⸗buch [アドレス・ブーフ] 中 -[e]s/..bücher 住所録.

die **Adres·se** [アドレッセ adrέsə] 囡 (単) -/(複) -n ① **あて名**, アドレス, 住所 (略: Adr.). (英 *address*). Privat*adresse* 自宅の住所 / Das ist meine neue *Adresse*. これが私の新しい住所です / die *Adresse*[4] an|geben 住所を告げる / bei 人[3] **an die falsche** *Adresse* **kommen** (または geraten)《口語・比》人[3]に期待して当てがはずれる (← 間違ったあて名へ来る) / **per** *Adresse* Herrn Meyer (手紙で:)マイアー氏方(気付) (略: p. A.).
② 《政》上奏文;（公式の)あいさつ状, 感謝状, メッセージ. ③ (電子メール・ホームページの)アドレス, (記憶装置の)アドレス.

adres·sie·ren [アドレスィーレン adrεsí:rən] 他 (h) ① (手紙など[4]に)あて名を書く. ② 《物[4] **an** 人[4]》(手紙などを)人[4]に宛てて出す.

adrett [アドレット adrét] 形 こざっぱりした, こぎれいな身なりの(人).

die **Adria** [アードリア á:dria] 囡 -/《定冠詞とともに》《海名》アドリア海(イタリアとバルカン半島とにはさまれた海域).

ADSL [アー・デー・エス・エる] [英]《略》ADSL, 非対称デジタル加入者線 (=Asymmetrical Digital Subscriber Line).

A-Dur [アー・ドゥーア] 中 -/《音楽》イ長調 (記号: A).

Ad·vent [アドヴェント atvént] 男 -[e]s/-e《ふつう 単》《キ教》① 待降節(クリスマス前の4回の日曜日を含む期間). ② 待降節の日曜日. der erste *Advent* 待降節の第1日曜日.

Ad·vents⸗kranz [アトヴェンツ・クランツ] 男 -es/..kränze 待降節の飾り環(もみの小枝を編んだもので, その上に飾った4本のろうそくに日曜日ごとに1本ずつ火をともす).

Ad·vents⸗zeit [アトヴェンツ・ツァイト] 囡 -/-en 待降節[の時期]. ⇒「ドイツ・ミニ情報 11」, 432ページ.

Adventskranz

Ad·verb [アトヴェルプ atvérp] 中 -s/..verbien [..ヴェルビエン]《言》副詞.

ad·ver·bi·al [アトヴェルビアーる atvεrbiá:l] 形 《言》副詞の, 副詞的な.

Ad·ver·bi·al⸗satz [アトヴェルビアーる・ザッツ] 男 -es/..sätze《言》状況[語]文.

Ad·vo·kat [アトヴォカート atvoká:t] 男 -en/-en (ﾍﾞﾆ･ｵｽﾄﾘｱ) 弁護士 (=Rechtsanwalt). (女性形: -in).

AEG [アー・エー・ゲー]《略》《商標》アーエーゲー(ドイツの総合電機会社) (=Allgemeine Elektrizitäts-Gesellschaft).

Ae·ro.. [アエロ.. aero.. または アエーロ..]《名詞などにつける 腰綴》(空気の・航空の) 例: *Aero*dynamik 空気力学.

Ae·ro·bic [エロービク εró:bık] [英] 中 -s/《ふつう冠詞なしで》エアロビクス.

Ae·ro·dy·na·mik [アエロ・デュナーミク] 囡 -/《物》空気力学, 航空力学.

Af·fä·re [アふエーレ afέ:rə] 囡 -/-n ① (不快な)事件, (やっかいな)出来事, いざこざ. sich[4] **aus der** *Affäre* **ziehen**《口語》窮地を脱する. ② 情事, (性的な)関係, 色事.

der **Af·fe** [アッふエ áfə] 男 (単 2·3·4) -n/(複) -n ① 《動》**サル**(猿). (英 *monkey*). [Ich denke,] mich laust der *Affe* !《俗》たまげた(← 猿が私のしらみを取ってくれる) / Du bist wohl vom wilden *Affen* gebissen? (状態受動・現在)《俗》君は気が狂っているんじゃないか(← 野性の猿にかみつかれた). ② 《俗》(ののしって:)以下者; 気取り屋. ③ 《俗》酔い. einen *Affen* haben 酔っ払っている.

Af·fekt [アふエクト afékt] 男 -[e]s/-e 激情, 興奮.

af·fek·tiert [アふエクティーァト afεktí:rt] 形 気取った, きざな.

äf·fen [エッふエン έfən] 他 (h) ① 《雅》欺く; からかう. ② 《戯》人[4]の猿まねをする.

af·fen⸗ar·tig [アッふエン・アールティヒ] 形 ① 猿のような. ② ものすごい(スピードなど).

Af·fen⸗hit·ze [アッふエン・ヒッツェ] 囡 -/《口語》すごい暑さ.

Af·fen⸗lie·be [アッふエン・りーベ] 囡 -/ 溺愛(できあい), 盲愛.

Af·fen⸗schan·de [アッふエン・シャンデ] 囡 -/《口語》たいへんな恥辱, 赤恥.

Af·fen⸗the·a·ter [アッふエン・テアータァ] 中 -s/《俗》猿芝居.

af·fig [アふイヒ áfıç] 形《口語》気取った, きざな.

Äf·fin [エふイン έfin] 囡 -/-nen 《動》Äffinnen (雌の)猿.

äf·fisch [エふイッシュ έfıʃ] 形 猿のような.

Af·front [アふローン afrõ: または ..ロント ..rónt] [ﾌﾗ] 男 -s/-s 侮辱.

Af·gha·ni·stan [アふガーニスターン afgá:nısta:n または ..タン] 中 -s/《国名》アフガニスタン(アジア中南部. 首都はカブール).

[*das*] **Afri·ka** [アーふリカ á:frika または アふ..] 中 (単 2) -s/《地名》**アフリカ**[大陸].

Afri·kaans [アふリカーンス afriká:ns] 中 -/ アフリカーンス語(南アフリカ共和国の公用語で, オランダ

語の方言から生じたもの).

Afri·ka·ner [アふリカーナァ afriká:nər] 男 -s/- アフリカ人. (女性形: -in).

afri·ka·nisch [アふリカーニッシュ afriká:nɪʃ] 形 アフリカ[人]の.

Af·ter [アふタァ áftər] 男 -s/- (医)肛門(ᴄ̊ぅ).

Ag [アー・ゲー] (化・記号)銀 (=**Argentum**).

AG [アー・ゲー] 囡 -/-s 《略》株式会社 (= Aktiengesellschaft).

die **Ägä·is** [エゲーイス ɛgéːɪs] 囡 -/《定冠詞とともに》《海名》エーゲ海 (=das Ägäische Meer).

ägä·isch [エゲーイッシュ ɛgéːɪʃ] 形 エーゲ[海]の. das *Ägäische* Meer エーゲ海.

Aga·mem·non [アガメムノン agamémnɔn] -s/ 《ᵍ'ʲɬ神》アガメムノン(トロヤ戦争におけるギリシア軍総指揮官).

Aga·the [アガーテ agáːtə] -[n]s/ 《女名》アガーテ.

Aga·ve [アガーヴェ agáːvə] 囡 -/-n (植)リュウゼツラン(竜舌蘭).

Agen·da [アゲンダ agénda] 囡 -/Agenden ① スケジュール帳. ② 議事(行動)日程; 議題.

Agent [アゲント agént] 男 -en/-en ① 諜報(ᵗ̊ょぅ)員, スパイ. (女性形: -in). ② (経)代理業者, エージェント. ③ (芸能人の)マネージャー.

Agen·tur [アゲントゥーァ agentúːɐ] 囡 -/-en ① 代理[業]; 代理店, 取扱店, エージェンシー. ② 通信社 (=Nachrichten*agentur*).

Ag·fa [アクふァ ákfa] 《略》《商標》アグファ(ドイツのカメラ・フィルム会社) (=Aktiengesellschaft für Anilinfabrikation).

Ag·gre·gat [アグレガート agregáːt] 中 -[e]s/-e ① 集合体. ② (工)機械ユニット, セット(連動機械装置一式).

Ag·gre·gat=zu·stand [アグレガート・ツーシュタント] 男 -[e]s/ ..stände 《化》凝集(ᵍ̊ょぅ)状態 (物質の固体・液体・気体の三つの状態).

Ag·gres·si·on [アグレスィオーン agresióːn] 囡 -/-en ① (不法な)攻撃, (他国への)侵略. ②《心》攻撃[的態度].

ag·gres·siv [アグレスィーふ agresíːf] 形 ① 攻撃的な, 好戦的な; 挑戦的な. ②(色などが)けばけばしい, 刺激的な; 腐食性の(薬品など). ③ 向こう見ずな, むちゃな. eine *aggressive* Fahrweise 乱暴な運転.

Ag·gres·si·vi·tät [アグレスィヴィテート agresivitéːt] 囡 -/-en ①《圏 なし》《心》攻撃性. ② 攻撃的な言動.

Ag·gres·sor [アグレッソァ agrésɔr] 男 -s/-en [..ソーレン]《政》侵略国[の主謀者].

Ägi·de [エギーデ ɛgíːdə] 囡 -/ 庇護(ᵍ̊). unter der *Ägide* von 人³ 人³の庇護を受けて.

agie·ren [アギーレン agíːrən] 自 (h) (…として)行動する; (…の)役割を演じる. als Leiter *agieren* リーダーとして活動する.

agil [アギーる agíːl] 形 機敏な, すばしこい.

Agi·ta·ti·on [アギタツィオーン agitatsióːn] 囡 -/-en ①(政治的な)扇動, アジ[テーション]. ②(旧東ドイツで:)政治的啓蒙(ᵏ̊ぃ)活動.

Agi·ta·tor [アギタートァ agitáːtɔr] 男 -s/-en [..タトーレン] ①(政治的な)扇動者, アジテーター. (女性形: -in). ②(旧東ドイツで:)政治的啓蒙(ᵏ̊ぃ)活動家.

agi·ta·to·risch [アギタトーリッシュ agitatóːrɪʃ] 形 ①(政治的に)扇動的な, 扇動者の. ②(旧東ドイツで:)政治的啓蒙(ᵏ̊ぃ)活動家[の].

agi·tie·ren [アギティーレン agitíːrən] I 自 (h) (政治的に)扇動をする, アジる. **für** eine Partei *agitieren* 政党の宣伝活動をする. II 他 (h) (旧東ドイツで:)(囚⁴を)政治的に啓蒙(ᵏ̊ぃ)する.

Agit·prop [アギット・プロップ agɪt-prɔ́p] 囡 -/ (階級闘争のための)情宣活動, アジプロ (=**Agitation** und **Propaganda**).

Agnes [アグネス ágnɛs] 《女名》アグネス.

Agnos·ti·ker [アグノスティカァ agnóstikər] 男 -s/- (哲)不可知論者. (女性形: -in).

Agnos·ti·zis·mus [アグノスティツィスムス agnostitsísmus] 男 -/ (哲)不可知論.

Ago·nie [アゴニー agoní:] 囡 -/-n [..ニーエン] 死(断末魔)の苦しみ, 苦悶(ᵏ̊ん); (医)アゴニー.

Agraf·fe [アグラッふェ agráfə] 囡 -/-n ①(衣服の)留め金, ブローチ. ②(建)(アーチ頂部の装飾付きのかなめ石 (☞ **Bogen** 図).

Agra·ri·er [アグラーリァ agráːriər] 男 -s/- 大地主. (女性形: -in).

agra·risch [アグラーリッシュ agráːrɪʃ] 形 農業[上]の.

Agrar=po·li·tik [アグラール・ポリティーク] 囡 -/ 農業政策, 農政.

Agrar=re·form [アグラール・レふォルム] 囡 -/-en 農制改革.

Agree·ment [エグリーメント ɛgríːmənt] [英] 中 -s/-s 協定, とり決め, 申し合わせ.

Agro·nom [アグロノーム agronóːm] 男 -en/-en 農学士. (女性形: -in).

Agro·no·mie [アグロノミー agronomíː] 囡 -/ 農学.

agro·no·misch [アグロノーミッシュ agronóːmɪʃ] 形 農学の.

Ägyp·ten [エギュプテン ɛgýptən] 中 -s/ 《国名》エジプト[・アラブ共和国](首都はカイロ).

Ägyp·ter [エギュプタァ ɛgýptər] 男 -s/- エジプト人. (女性形: -in).

ägyp·tisch [エギュプティッシュ ɛgýptiʃ] 形 エジプト[人・語]の.

Ägyp·to·lo·gie [エギュプトろギー ɛgyptologíː] 囡 -/ [古代]エジプト学.

ah! [アー áː] 間 (驚き・喜び・突然の了解を表して:) ああ, おや, まあ. *Ah*, wie schön! ああ, なんてきれいなんだろう / *Ah*, so [ist das]! ああそうか.

äh! [エー ɛ́ː] 間 ①(不快・疑念を表して:) うへえ, ふん, ちぇっ. *Äh*, pfui! おー, いやだ. ②(言葉につまって:)えー, あー.

aha! [アハー ahá: または アハ] 間 ①(突然の了解を表して:)ははあ, なるほど. *Aha*, so ist das! なるほど, そうなのか. ②(確認・予想の中を表して:)ほうら[そうでしょう], ほらね. *Aha*, da haben wir's. ほらね, 言ったとおりだろ.

Aha-Er·leb·nis [アハー・エァレープニス] 田 ..nisses/..nisse 《心》アハー体験(意味関連の突然の認識).

ahd. [アㇳト・ホーホドイチュ]《略》古高ドイツ語の(＝althochdeutsch).

Ah·le [アーレ á:lə] 囡 -/-n 錐(きり), 突き錐; (活字をはさむ)ピンセット.

Ahn [アーン á:n] 男 -[e]s (または -en)/-en ①《ふつう圕》《雅》先祖, 祖先. ②《方》祖父.

ahn·den [アーンデン á:ndən] 他 (h)《雅》(不正など⁴を)罰する.

Ahn·dung [アーンドゥング] 囡 -/-en《雅》処罰, 懲罰; 報復.

Ah·ne [アーネ á:nə] 囡 -/-n ①《雅》祖先[の女性]. ②《方》祖母.

äh·neln [エーネルン ɛ́:nəln] 自 (h) (人・物³に)似ている.

ah·nen [アーネン á:nən] (ahnte, hat … geahnt) I 他 (完了 haben) 予感する; うすうす知っている. Er *ahnte* seinen nahen Tod. 彼は死期の近いことを予感した / Das konnte ich nicht *ahnen*. そんなことは私には予想もできなかった / [Ach,] du *ahnst* es nicht!《口語》これは驚いた, いやはや(←君にはわかるまい).
II 自 (完了 haben)《雅》(人³に)予感がする. Mir *ahnte* nichts Gutes. 私はいやな予感がした.

Ah·nen⸗ta·fel [アーネン・ターフェる] 囡 -/-n ①《雅》系図. ②(動物の)血統書.

***ähn·lich** [エーンリヒ ɛ́:nlɪç]

似ている
Er ist seinem Vater *ähnlich*.
エァ イスㇳ ザイネム フーァータァ エーンリヒ
彼は父親似だ.

形 ① (人・物³に)似ている, 類似した; 《数》相似の. (英 similar). ein *ähnlicher* Vorschlag 同じような提案 / *ähnliche* Dreiecke 相似三角形 /人³ *ähnlich* sehen (人³に似ている⇒ Sie *sieht* ihrer Mutter sehr *ähnlich*. 彼女は母親にとても似ている / Sie reagiert *ähnlich* wie ihre Schwester. 彼女は姉と同じように受け答えする / Er heißt Huber oder so **ähnlich**. 彼はフーバーとかなんとかいう名前だ.
◇《名詞的に》und *Ähnliches* 等々 / oder so *Ähnliches* あるいはそれに似たもの(こと).
②《3格とともに前置詞的に》…と同じように. *ähnlich* dem Dichter その詩人と同じように.
▶ ähnlich|sehen

Ähn·li·che[s] [エーンリヒ[ス] ɛ́:nlɪçə[s]] 田《語尾変化は形容詞と同じ》似ているもの(こと). und *Ähnliches* 等々 / oder so *Ähnliches* あるいはそれに似たもの(こと).

die **Ähn·lich·keit** [エーンリヒカイㇳ ɛ́:nlɪçkaɪt] 囡 -/《複》-en 類似[性], 似ていること, 類似点. (英 similarity). Er hat *Ähnlichkeit* mit seinem Vater. 彼は父親に似たところがある.

ähn·lich|se·hen* [エーンリヒ・ゼーエン ɛ́:nlɪç-zè:ən] 自 (s) (人³ ～) (人³らしい)やり方(性格)だ. Das *sieht* ihm *ähnlich*. いかにも彼のやりそうなことだ.

ahn·te [アーンテ] ahnen (予感する)の 過去

die **Ah·nung** [アーヌング á:nʊŋ] 囡《単》-/《複》-en ① 予感, 虫の知らせ. eine böse *Ahnung* いやな予感 / Ich habe eine *Ahnung*, dass er heute kommt.《口語》私には彼がきょう来るような気がする. ②《圕なし》(おぼろげな)見当, 心当たり. Keine *Ahnung*!《口語》(質問に答えて:)全然知りません(わかりません) / Ich habe keine blasse *Ahnung*, wo er ist. 彼がどこにいるのか, 私には見当もつかない.

ah·nungs⸗los [アーヌングス・ろース] 形 何も知らない, 思いもよらない.

ah·nungs⸗voll [アーヌングス・ふォる] 形 いやな予感のする, 胸騒ぎのする.

ahoi! [アホイ ahóy]《海》(他の船に呼びかけて:)おーい, やーい. Boot *ahoi*! おーい, そのボート!

Ahorn [アーホルン á:hɔrn] 男 -s/-e《植》カエデ. ②《圕なし》かえで材.

Äh·re [エーレ ɛ́:rə] 囡 -/-n《植》(穀物の)穂. *Ähren*⁴ lesen 落穂をを拾う.

Äh·ren⸗le·se [エーレン・れーゼ] 囡 -/-n 落ち穂拾い.

AIDS, Aids [エーツ é:ts]《英》田 -/《医》エイズ, 後天性免疫不全症候群 (＝acquired immune deficiency syndrome).

Aids·kran·ke[r] [エーツ・クランケ (..カァ)] 男囡《語尾変化は形容詞と同じ》エイズ患者.

Aids⸗test [エーツ・テスト] 男 -s/-s エイズ検査.

Air¹ [エーァ ɛ́:r]《仏》男 -[s]/-s《ふつう圕》風采(ふうさい); (人がかもし出す)雰囲気.

Air² [エーァ]《仏》男 -s/-s《音楽》歌曲, アリア; エール(旋律的要素の強い器楽曲).

Air⸗bag [エーァ・ベック]《英》男 -s/-s (自動車の)エアバッグ, 緩衝用空気袋.

Air⸗bus [エーァ・ブス] 男 ..busses/..busse《商標》《空》エアバス.

Air⸗con·di·tio·ning [エーァ・コンディツィシェニング]《英》田 -s/-s エアコン[ディショニング], 空調[装置].

ais, Ais [アーイス á:ɪs] 田 -/-《音楽》嬰(えい)イ音.

die **Aka·de·mie** [アカデミー akadémi:] 囡《単》-/《複》-n [..ミーエン] ① アカデミー, 学士院, 芸術院; 学術協会. (英 academy). die *Akademie* der Wissenschaften² 科学アカデミー. ② 単科大学, 専門学校. Kunst*akademie* 美術学校. ③《圕なし》(文学・音楽の)催し, 行事.

Aka·de·mi·ker [アカデーミカァ akadé:mɪkər] 男 -s/- ① 大学教育を受けた人, 大学卒業者. (女性形: -in). ②《戯》アカデミー会員.

aka·de·misch [アカデーミッシュ akadé:mɪʃ]《英 academic》① 大学の. eine *akademische* Bildung 大学教育 / ein *aka-*

demischer Grad 学位 / die *akademische* Freiheit 大学の自由 / die *akademische* Jugend (総称として:) 大学生 / Er ist *akademisch* gebildet. 彼は大学教育を受けている / das *akademische* Viertel 大学の15分 (講義が定刻より15分遅れて始まる慣例). ② 《美》(軽蔑的に:) アカデミズムの, 古い型にはまった. ③ 世間離れした; なくもがなの.

Aka·zie [アカーツィエ aká:tsiə] 囡 -/-n《植》アカシア.

Akk. [アックザティーふ]《略》《言》4格, 対格 (= Akkusativ).

Ak·kli·ma·ti·sa·ti·on [アクリマティザツィオーン aklimatizatsió:n] 囡 -/-en (風土・環境への)順化, 順応.

ak·kli·ma·ti·sie·ren [アクリマティズィーレン aklimatizí:rən] 再帰 (h) *sich*[4] *akklimatisieren* (風土・環境に)慣れる, 順応する.

Ak·kli·ma·ti·sie·rung [アクリマティズィールング] 囡 -/-en (風土・環境への)順化, 順応.

Ak·kord [アコルト akórt] 男 -[e]s/-e ①《音楽》和音. ②《経》出来高払い, 請負. **im** *Akkord* arbeiten 出来高払いで仕事をする. ③《法》合意, 和解.

Ak·kord·ar·beit [アコルト・アルバイト] 囡 -/-en《経》出来高払いの請負の仕事.

Ak·kor·de·on [アコルデオン akórdeɔn] 中 -s/-s《音楽》アコーディオン.

ak·kre·di·tie·ren [アクレディティーレン akredití:rən] 他 (h) ①《政》(外交官[4]に)信任状を交付して派遣する. ②《経》(囚[4]のために)クレジットを設定する.

Ak·kre·di·tiv [アクレディティーふ akredití:f] 中 -s/-e [..ヴェ] ① (外交官の)信任状. ②《経》信用状.

Ak·ku [アック áku] 男 -s/-s 蓄電池 (=Akkumulator).

Ak·ku·mu·la·ti·on [アクムらツィオーン akumulatsió:n] 囡 -/-en ① 蓄積, 集積. ②《経》(資本の)蓄積. ③《地学》沈積.

Ak·ku·mu·la·tor [アクムらートル akumulá:tɔr] 男 -s/-en [..トーレン] ①《工》蓄電池 (略: Akku). ② 蓄圧器, アキュムレータ. ③《コンピュ》累算器.

ak·ku·mu·lie·ren [アクムリーレン akumulí:rən] 他 (h) (囡[4]を)蓄積(集積)する.

ak·ku·rat [アクラート akurá:t] 形 ① 入念な, 綿密な, きちょうめんな. ② 正確な.

Ak·ku·ra·tes·se [アクラテッセ akuratéssə] 囡 -/ 入念さ, 綿密さ, きちょうめんさ.

Ak·ku·sa·tiv [アックザティーふ ákuzati:f] 男 -s/-e [..ヴェ]《言》4格, 対格 (略: Akk.).

Ak·ku·sa·tiv·ob·jekt [アックザティーふ・オビエクト] 中 -[e]s/-e《言》4格目的語.

Ak·ne [アクネ áknə] 囡 -/-n《医》アクネ, 痤瘡(ざそう), にきび.

Akon·to·zah·lung [アコント・ツァーるング] 囡 -/-en《経》内金(頭金)払い, 分割払い.

Ak·qui·si·teur [アクヴィズィテーア akvizité:r]

男 -s/-e ①《経》勧誘員, 外交員, セールスマン. (女性形: -in). ②《新聞》(新聞の)広告取り.

Akri·bie [アクリビー akribí:] 囡 -/ (徹底した)綿密さ, 細心さ, きちょうめん.

Akro·bat [アクロバート akrobá:t] 男 -en/-en 軽業師, 曲芸師, アクロバット師. (女性形: -in).

Akro·ba·tik [アクロバーティク akrobá:tɪk] 囡 -/ 軽業, 曲芸, アクロバット.

akro·ba·tisch [アクロバーティッシュ akrobá:tɪʃ] 形 軽業的な, 曲芸の, アクロバティックな.

Akro·po·lis [アクローポリス akró:pɔlis] 囡 -/..polen [..ロポーレン] アクロポリス (古代ギリシアの都市国家の中核として丘上に築かれた城塞で, 祭政の中心. 特にアテネのものが有名).

Akt [アクト ákt] 男 -[e]s/-e ① 行為, 動作. rechtswidrige *Akte* 不法行為 / ein *Akt* der Vernunft[2] 分別ある行い. ② 儀式, セレモニー. ③《劇》幕. ein Drama **in** fünf *Akten* 5幕のドラマ. ④(サーカスなどの)出し物. ⑤《美》ヌード, 裸体画. ⑥ 性交 (=Geschlechts*akt*).

die **Ak·te** [アクテ áktə] 囡 (単) -/(複) -n《ふつう複》書類, 文書; (官庁などの)公文書.《英》file). erledigte *Akten* 処理済みの書類 / *Akten*[4] ordnen 書類を整理する / Das kommt **in** die *Akten*. それは記録される / **über**[副] die *Akten*[4] schließen《比》[副][4]に関する協議(検討)を終える / *Akten*[4] **zu** den *Akten* legen《口語・比》[副][4]を解決済みと見なす.

Ak·ten·kof·fer [アクテン・コッふァァ] 男 -s/- アタッシェケース.

ak·ten·kun·dig [アクテン・クンディヒ] 形 書類で明らかな, 文書によって証明可能な.

Ak·ten·map·pe [アクテン・マッペ] 囡 -/-n [書類用]ファイル.

Ak·ten·schrank [アクテン・シュランク] 男 -[e]s/..schränke 書類戸棚, ファイリング・キャビネット.

Ak·ten·ta·sche [アクテン・タッシェ] 囡 -/-n 書類かばん, ブリーフケース.

Ak·ten·zei·chen [アクテン・ツァイヒェン] 中 -s/- 書類整理番号, ファイル番号.

Ak·teur [アクテーァ aktø:r] 男 -s/-e《雅》① (事件の)関係者, 当事者. (女性形: -in). ② 俳優 (=Schauspieler). ③《スポ》プレーヤー, 競技者.

die **Ak·tie** [アクツィエ áktsiə] 囡 (単) -/(複) -n《経》株, 株式, 株券. Die *Aktien* steigen (fallen). 株価が上がる(下がる) / Wie stehen die *Aktien*?《口語》景気はどうだい.

Ak·ti·en·ge·sell·schaft [アクツィエン・ゲゼるシャふト] 囡 -/-en《経》株式会社 (略: AG).

Ak·ti·en·ka·pi·tal [アクツィエン・カピタール] 中 -s/《経》株式資本.

Ak·ti·en·kurs [アクツィエン・クルス] 男 -es/-e 株価, 株式相場.

Ak·ti·on [アクツィオーン aktsió:n] 囡 -/-en ① (組織的な)行動, 運動, 活動, キャンペーン; (一般の)行動. eine gemeinsame *Aktion* 共同

Aktionär

作業 / in *Aktion* sein 活動している / in *Aktion* treten 行動を起こす. ② 《ﾋﾞｼﾞ･ｽﾞｸ》安売り; 特価品. (=Sonderangebot).

Ak·ti·o·när [アクツィオネーア aktsioné:r] 男 -s/-e (女性形: -in).

Ak·ti·ons⹁ra·di·us [アクツィオーンス･ラーディウス] 男 -/ ① 行動半径, 活動範囲. ② (船･飛行機の)航続距離.

ak·tiv¹ [アクティーふ ákti:f または ..ティーふ] 形 ① **活動的な**, 活発な, **積極(能動)的な**. 《英》active). (《反》「消極的な」は passiv). ein *aktiver* Teilnehmer 積極的な参加者 / das *aktive* Wahlrecht 選挙権 (《英》= das passive Wahlrecht) / Er ist politisch sehr *aktiv*. 彼は政治的にたいへんアクティブだ.
② 活動中の, 現役の, 現職の. ein *aktives* Mitglied 正会員 / ein *aktiver* Sportler 現役のスポーツ選手. ③ (薬などが)効果的な; 《化》活性の. ④ 《言》能動[態]の.

Ak·tiv¹ [アクティーふ] 中 -s/-e 《ふつう単》 《言》能動態. (《反》「受動態」は Passiv).

Ak·tiv² [アクティーふ] 中 -s/-s (まれに -e [..ヴェ]) (旧東ドイツで:) 活動分子, アクティブ[グループ].

Ak·ti·va [アクティーヴァ ákti:va] 複 《経》借方, (企業の)現在資産. (《反》「貸し方」は Passiva).

Ak·ti·vie·ren [アクティヴィーレン aktivi:rən] 他 (h) ① 活動させる, 活発にする. ② 《化》活性化する. ③ 《経》借り方に記帳する.

Ak·ti·vist [アクティヴィスト aktivíst] 男 -en/-en ① (政治運動などの)活動家. (女性形: -in). ② (旧東ドイツで:) 模範労働者.

Ak·ti·vi·tät [アクティヴィテート aktivité:t] 因 -/-en ① 《複 なし》活動(行動)性, 能動性, 積極性; 活気. ② 《ふつう複》(積極的な)活動, 行動. ③ 《化》活性.

Ak·tiv⹁koh·le [アクティーふ･コーレ] 因 -/-n 《化》活性炭.

ak·tu·a·li·sie·ren [アクトゥアリズィーレン aktualizí:rən] 他 (h) アクチュアル(今日的)なものに作り替える, 現代風に書き換える.

Ak·tu·a·li·tät [アクトゥアリテート aktualité:t] 因 -/-en ① 《複 なし》(事件・ニュースなどの)現実性, 時局性. ② 《複 で》現状, 時事問題.

ak·tu·ell [アクトゥエる aktuél] 形 ① **現在問題になっている**, アクチュアルな, 今日的(時事的)な. ein *aktuelles* Thema 最近話題のテーマ. ② 《服飾・経》最新流行の. ③ 《ﾐｼﾝ》カレントの.

Aku·pres·sur [アクプレスーア akupresú:r] 因 -/-en 《医》指圧療法.

Aku·punk·tur [アクプンクトゥーア akupuŋktú:r] 因 -/-en 《医》針術(はりじゅつ), 針療法.

Akus·tik [アクスティク akústɪk] 因 -/ ① 《物》音響学. ② 《建》音響効果.

akus·tisch [アクスティッシュ akústɪʃ] 形 ① (付加語としてのみ) 音響の, 音響に関する; 音響効果上の. ② 聴覚の, 聴覚的な. (《反》「視覚の」は visuell). ein *akustischer* Typ 《心》聴覚型[の人].

akut [アクート akú:t] 形 ① 緊急の. ein *akutes* Problem さし迫った問題. ② 《医》急性の. (《反》「慢性の」は chronisch).

AKW [アー･カー･ヴェー] 中 -[s]/-[s] 《略》原子力発電所 (=Atomkraftwerk).

der **Ak·zent** [アクツェント aktsént] 男 (単 2) -[e]s/(複) -e (3格のみ -en) (《英》 accent) ① 《言》 アクセント, 強勢; アクセント符号. Der *Akzent* liegt auf der ersten Silbe. アクセントは第1音節にある. ② 強調, 力点. den *Akzent* **auf** 囲⁴ legen 囲⁴を強調する. ③ 《複なし》 (言葉の)なまり. mit bayerischem *Akzent* sprechen バイエルンなまりで話す.

ak·zent⹁frei [アクツェント･フライ] 形 なまりのない. *akzentfrei* Deutsch sprechen なまりのないドイツ語を話す.

ak·zen·tu·ie·ren [アクツェントゥイーレン aktsentuí:rən] 他 (h) ① アクセントをつけて発音する, 強く発音する. ② 《比》強調する.

Ak·zept [アクツェプト aktsépt] 中 -[e]s/-e 《経》(手形の)引受; 引受手形.

ak·zep·ta·bel [アクツェプターべる aktseptá:bəl] 形 受け入れ(引き受け)られる, 受諾できる. ein *akzeptabler* Vorschlag 受諾可能な提案.

ak·zep·tie·ren [アクツェプティーレン aktseptí:rən] 他 (h) ① (提案・条件など⁴を)受け入れる, 受諾する. ② (運命・病気など⁴を)甘受する. ③ (仲間として)受け入れる.

Al [アー･エる] 《化・記号》アルミニウム (Aluminium).

à la [ア ら a la] 《3ｶｸ》 …風に, …式に, …流に. *à la* mode 最新の流行に合わせて.

alaaf! [アらーふ alá:f] 間 (ケルンのカーニバルで:) 万歳!

Ala·bas·ter [アらバスタァ alabástər] 男 -s/- 《ふつう複》 《鉱》 雪花(せっか)石膏(せっこう), アラバスター.

à la carte [ア ら カルト a la kárt] 《3ｶｸ》《料理》 アラカルトで, メニューから選んで.

der **Alarm** [アらルム alárm] 男 (単 2) -[e]s/(複 のみ -e (3格のみ -en)) ① **警報**. (《英》 alarm). Feuer*alarm* 火災警報 / blinder (または falscher) *Alarm* 誤報[による大騒ぎ] / *Alarm*⁴ aus|lösen (または geben) 警報を鳴らす / *Alarm*⁴ schlagen a) 警報を発する, b) 《比》(たいへんだと言って)大騒ぎする. ② 警戒態勢.

alarm⹁be·reit [アらルム･ベライト] 形 (警報に備えて)緊急出動態勢の整った.

Alarm⹁be·reit·schaft [アらルム･ベライトシャふト] 因 -/ 緊急出動態勢.

Alarm⹁glo·cke [アらルム･グろッケ] 因 -/-n 警鐘.

alar·mie·ren [アらルミーレン alarmí:rən] (alarmierte, *hat* ...alarmiert) 他 《完了 haben》 ① (囚⁴に)急報する, 出動を要請する. Ich *habe* die Feuerwehr *alarmiert*. 私は消防に急報した. ② (囚⁴を)不安にさせる, 警告を発する. ◊《現在分詞の形で》 *alarmierende* Nachrichten 急を告げる知らせ.

alar·miert [アらルミーァト] alarmieren (急報

する)の[過分], 3人称単数・2人称親称複数[現在]

alar·mier·te [アらルミーァテ] alarmieren (急報する)の[過去]

Alas·ka [アらスカ aláska] 中 -s/ 《地名》① (北アメリカの)アラスカ半島. ② アラスカ(アメリカ合衆国の州).

Alaun [アらオン aláun] 男 -s/-e 《化》みょうばん(明礬).

Alb[1] [アるプ álp] 男 -[e]s/-en ① 《ふつう[複]》《鬼神》アルブ(地下に住む自然の精). ② 《[複] -e も》夢魔; 《[複] なし》悪夢.

die **Alb**[2] [アるプ] 女 -/-en 《定冠詞とともに》《山名》アルブ(ジュラ山脈中の連山. シュヴァーベン・アルブ die Schwäbische *Alb* など).

Al·ba·ner [アるバーナァ albá:nər] 男 -s/- アルバニア人. (女性形: -in).

Al·ba·ni·en [アるバーニエン albá:niən] 中 -s/ 《国名》アルバニア[共和国](バルカン半島南西部. 首都はティラナ).

al·ba·nisch [アるバーニッシュ albá:nɪʃ] 形 アルバニア[人・語]の.

Al·ba·tros [アるバトロス álbatrɔs] 男 - (または ..rosses) /..rosse 《鳥》アホウドリ.

Alb=drü·cken [アるプ・ドリュッケン] 中 -s/ = Alpdrücken

Al·ben [アるベン] Album (アルバム)の[複]

al·bern[1] [アるバァン álbərn] 形 ① ばかげた, たわいない, 愚かな. ein *albernes* Benehmen 愚かなふるまい. ② 《口語》くだらない, 無意味な.

al·bern[2] [アるバァン] 自 (h) ばかげたことをする; (子供のように)ふざける.

Al·bern·heit [アるバァンハイト] 女 -/-en ばかげたこと, 愚行.

Al·bert [アるベルト álbɛrt] -s/ 《男名》アルベルト.

Al·bi·no [アるビーノ albí:no] 男 -s/-s 白子(しろこ)(先天性色素欠乏症の人・動物・植物).

Alb·recht [アるブレヒト álbrɛçt] 男 -s/ 《男名》アルブレヒト.

Alb=traum [アるプ・トラオム] 男 -[e]s/..träume 悪夢 (= Alptraum).

das **Al·bum** [アるブム álbum] 中 (単2) -s/ (複) Alben 《写真・切手などの》**アルバム**; (レコードの)アルバム. (英 *album*). Bilder[4] ins *Album* kleben 写真をアルバムに貼(は)る.

Al·che·mie [アるヒェミー alçemí:] 女 -/ 錬金術.

Al·che·mist [アるヒェミスト alçemíst] 男 -en/-en 錬金術師. (女性形: -in).

Ale·man·ne [アれマンネ aləmánə] 男 -n/-n アレマン族(西南ドイツおよびスイスに住んでいた古代ゲルマンの一種族). (女性形: Alemannin).

alert [アれルト alért] 形 元気のいい, 機敏な, 活発な; 利口な.

die **Ale·u·ten** [アれウーテン aleú:tən] [複] 《定冠詞とともに》《島名》アリューシャン(アレウト)列島.

Alex·an·der [アれクサンダァ alɛksándər] -s/ ① 《男名》アレクサンダー. ② 《人名》アレクサンドロス大王 (*Alexander der Große* 前356-前323; 古代マケドニアの王, アレクサンドロス3世の敬称).

Alex·an·dria [アれクサンドリア alɛksándria または ..ドリーア] 中 -s/ 《都市名》アレクサンドリア(ナイル川デルタの西部にあるエジプト第二の都市).

Alex·an·dri·ner [アれクサンドリーナァ alɛksandrí:nər] 男 -s/- ① アレクサンドリアの市民(出身者). (女性形: -in). ② 《詩学》アレクサンダー詩行, アレクサンドラン(6脚弱強格の詩行).

Al·fred [アるふレート álfre:t] -s/ 《男名》アルフレート.

Al·ge [アるゲ álgə] 女 -/-n 《植》藻, 藻類, 海草.

Al·ge·bra [アるゲブラ álgebra] 女 -/ 《数》代数[学].

al·ge·bra·isch [アるゲブラーイッシュ algebrá:-ɪʃ] 形 代数[学]の.

Al·ge·ri·en [アるゲーリエン algé:riən] 中 -s/ 《国名》アルジェリア[民主人民共和国](アフリカ北西部. 首都はアルジェ).

Al·ge·ri·er [アるゲーリアァ algé:riər] 男 -s/- アルジェリア人. (女性形: -in).

al·ge·risch [アるゲーリッシュ algé:rɪʃ] 形 アルジェリア[人]の.

ALGOL [アるゴル álgɔl] [英] 中 -[s]/ 《コンピュ》アルゴル(科学技術計算用の高度なプログラム言語) (= algorithmic language).

Al·go·rith·mus [アるゴリトムス algorítmus] 男 -/..rithmen 《数・コンピュ》アルゴリズム, 算法, 十進法.

ali·as [アーりアス á:lias] [ラテ] 副 またの名は, 別名は.

Ali·bi [アーりビ á:libi] 中 -s/-s ① 《法》アリバイ. ein *Alibi*[4] haben アリバイがある. ② 口実, 弁解, 言いつくろい.

Ali·men·te [アりメンテ aliméntə] [複] 《法》(私生児などの)養育費.

Al·ka·li [アるカーり alká:li または アるカり] 中 -s/..kalien [..カーりエン] 《化》アルカリ.

al·ka·lisch [アるカーリッシュ alká:lɪʃ] 形 《化》アルカリ[性]の. eine *alkalische* Reaktion アルカリ反応.

*der **Al·ko·hol** [アるコホーる álkoho:l] 男 (単2) -s/(複) -e (3格のみ -en) ① 《化》**アルコール**; 酒精. (英 *alcohol*). Der Weinbrand enthält 43 Prozent *Alkohol*. このブランデーは43度ある. ② 《ふつう [単]》アルコール飲料, 酒[類]. Ich trinke keinen *Alkohol*. 私は酒は飲みません / unter *Alkohol* stehen 酔っ払っている.

al·ko·hol=ab·hän·gig [アるコホーる・アップヘンギヒ] 形 アルコール依存症(中毒)の.

al·ko·hol=arm [アるコホーる・アルム] 形 アルコール分の少ない(飲料など).

al·ko·hol=frei [アるコホーる・ふライ] 形 ① アルコール分を含まない. *alkoholfreie* Getränke ソフトドリンク. ② 酒類を出さない(レストランなど).

Al·ko·hol=ge·halt [アるコホーる・ゲハるト] 男

alkoholhaltig

-[e]s/-e アルコール含有[量], アルコール分.

al·ko·hol·hal·tig [アるコホーる・ハるティヒ] 形 アルコールを含んだ, アルコール入りの.

Al·ko·ho·li·ka [アるコホーリカ alkohó:lika] 複 アルコール飲料.

Al·ko·ho·li·ker [アるコホーリカァ alkohó:likər] 男 -s/- (常習的な)酒飲み; アルコール中毒者. (女性形: -in).

al·ko·ho·lisch [アるコホーリッシュ alkohó:lɪʃ] 形 ① 〔付加語としてのみ〕 アルコールを含む. *alkoholische* Getränke アルコール飲料, 酒類. ② 《化》アルコール(性)の.

al·ko·ho·li·sie·ren [アるコホリズィーレン alkoholizí:rən] 他 (h) ① 《化》[4に]アルコールを混ぜる. ② 《戯》〈人4を〉酔っ払わせる.

Al·ko·ho·lis·mus [アるコホリスムス alkoholísmus] 男 -/ ① 飲酒癖. ② 《医》アルコール依存症(中毒).

Al·ko·hol·spie·gel [アるコホーる・シュピーゲる] 男 -s/- 血中アルコール濃度.

al·ko·hol·süch·tig [アるコホーる・ズュヒティヒ] 形 アルコール依存症(中毒)の.

Al·ko·hol·test [アるコホーる・テスト] 男 -[e]s/-s (または -e) (ドライバーに対する)アルコール検査(テスト).

Al·ko·ven [アるコーヴェン alkó:vən または ア る..] 男 -s/- アルコーブ(床の間のように壁をへこませて作った窓のない小部屋. 寝室などに使う).

***all** [アる ál]

すべての[もの]

Das ist *alles*. これですべてです.
ダス イスト アれス

格	男	女	中	複
1	aller	alle	alles	alle
2	alles	aller	alles	aller
3	allem	aller	allem	allen
4	allen	alle	alles	alle

代 〔不定代名詞; 語尾変化は dies*er* と同じ, ただし無語尾でも用いられる〕 **A)** 〔付加語として〕 ① 〔複数名詞とともに〕 すべての, あらゆる, いっさいの. (英 *all*). *alle* Kinder すべての子供たち / *alle* Tage 毎日 / Sie kamen aus *allen* Ländern. 彼らはあらゆる国々からやって来た / unter *allen* Umständen どんなことがあっても / vor *allen* Dingen 何はさておき, まず第一に.
② 〔単数名詞とともに〕 いずれの…も, あらゆる; 非常な. *Aller* Anfang ist schwer. 《諺》何事も初めは難しい / *alles* Glück dieser Erde² この地のあらゆる幸せ / Bücher *aller* Art² あらゆる種類の本 / Er hat *alles* Geld verloren. 彼はお金を全部なくした / in *aller* Eile 大急ぎで / in *aller* Frühe 早朝に / mit *aller* Kraft 全力をあげて / zu *allem* Unglück さらに運の悪いことには / *ein* für *alle* Mal そのつど, いつも / ein für *alle* Mal これっきりで, きっぱりと.

③ 〔数詞の前で〕 …ごとに, …の間隔で. *alle* vier Jahre 4 年ごとに / *alle* halbe Stunde 30 分ごとに / Der Omnibus fährt *alle* 12 Minuten. バスは 12 分おきに走っている.
④ 〔無語尾で〕すべての. *all* mein Geld 私のあり金全部 / *all* diese Menschen これらすべての人々.

B) 〔名詞的に〕 ① 〔複数形 *alle* で〕 すべての人人, 皆. *alle* beide 両者とも, 二人とも / vor *aller* Augen みんなの目の前で / Die Bekannten sind *alle* gekommen. 〔現在完了〕知人たちは皆やって来た.
② 〔中性単数形 *alles* で〕 ⑦ すべてのもの(こと). *Alles* in Ordnung! すべてオーケーだ / das *alles* または dies[es] *alles* これらすべて / *all*[*es*] und jedes いっさいがっさい / *alles* oder nichts いっさいか無か / *Alles* Gute! お元気で / Er ist *alles* andere als geschickt. 彼はお義理にも器用だとは言えない / *alles*, was ich gesehen habe 私が見たすべてのもの / *alles* in *allem* 何もかもひっくるめて, 全体的には, 要するに / **über** *alles* 何にもまして / **vor** *allem* とりわけ, なかんずく / Du bist mein Ein und *Alles*. おまえは私のすべてです. ⑦ 〔口語〕〔居合わせている〕すべての人. *Alles* einsteigen! 皆さんご乗車ください.
③ 〔*alles* の形で疑問文で〕〔口語〕いったい. Was hast du *alles* gesehen? いったい君は何を見たと言うんだい.

類語 **all**: 一つ一つが集まって全部. **ganz**: あるものの全体. die *ganze* Stadt 町中. **jeder**: (全体の中の)それぞれ. **gesamt**: 全体の, 総体の. die *gesamte* Bevölkerung 総人口.

All [アる] 中 -s/ 宇宙, 万有.

all·abend·lich [アる・アーベントりヒ] 形 毎晩の.

Al·lah [アらー ála:] 男 -s/ アラー(イスラム教の唯一神).

all·be·kannt [アる・ベカント] 形 だれもが知っている, 周知の.

al·le¹ [アれ álə] 副 〔口語〕 ① 使い果たして, 尽きて. Das Benzin ist *alle*. ガソリンがもうなくなった / Der Schnaps wird *alle*. 焼酎が空になる. ② 疲れきって. Ich bin ganz *alle*. 私はへとへとだ.

▶ **alle\|machen**

al·le² [アれ] 代 〔不定代名詞〕 ☞ all

al·le·dem [アれ・デーム alə·dé:m] 副 〔前置詞とともに〕 **bei** (または **trotz**) *alledem* それにもかかわらず.

Al·lee [アれー alé:] 女 -/-n [アれーエン] 並木道. eine breite *Allee* 広い並木道. (☞ 類語 Weg).

Al·le·go·rie [アれゴリー alegorí:] 女 -/-n [..リーエン] 《美·文学》アレゴリー, 比喩, 寓意(ǧ).

al·le·go·risch [アれゴーリッシュ alegó:rɪʃ] 形 アレゴリーの, 比喩的の, 寓意(ǧ)的な.

al·le·gret·to [アれグレット allegréto] 〔伊〕副 《音楽》アレグレット, やや快速に.

al·le·gro [アれーグロ allé:gro] 〔伊〕副 《音楽》アレグロ, 快速に, 速く.

*al・lein [アらイン aláin]

> ひとりきりの
> Wohnen Sie *allein*?
> ヴォーネン ズィー アらイン
> あなたはひとりで住んでいるのですか．

I 形 ① **ひとりきりの**, 単独の; 水いらずの, 他人を交えず…だけの．(英 alone). Er war *allein* im Zimmer. 彼はひとりぼっちで部屋にいた / Hier sind wir ganz *allein*. ここならぼくたちにじゃまが入らないよ / *allein* stehen a) (幼児が支えなして)ひとりで立っている, b) (家などが)孤立している / Lass mich *allein*! ほっといてくれ / Ein Unglück kommt selten *allein*. (ことわざ)泣きっ面に蜂(蜂)(←そして不幸は重なって来る).
② 孤独な, 寂しい. sich⁴ *allein* fühlen 孤独を感じる.
II 副 ① 《雅》ただ…だけ (=nur). Auf ihm *allein* ruhte unsere Hoffnung. ただ彼にだけ私たちは希望を託していた．◇《ふつう **schon** とともに》もう…だけで．Schon der Gedanke *allein* ist schrecklich. そう考えるだけでも恐ろしい．
◇《成句的に》nicht *allein* A, sondern [auch] B AだけでなくBもまた / einzig und *allein* ただひたすら．
② 独力で, 他人の助けなして．Das habe ich *allein* gemacht. それを私は独力でやった / **von** *allein*[e] (口語) ひとりでに, おのずから．
III 接 《並列接続詞》《雅》しかしながら．Ich hoffte auf ihn, *allein* ich wurde bitter enttäuscht. 彼が頼りだった, しかし私はひどく裏切られた．(参考 文と文を接続し, 必ず文頭に置かれる).
▶ **allein**≠**erziehend, Allein**≠**erziehende**[**r**], **allein|lassen, allein**≠**stehend**²

al・lei・ne [アらイネ aláinə] 形 副 (口語) = allein

al・lein≠**er・zie・hend, al・lein er・zie・hend** [アらイン・エァツィーエント] 形 (夫婦の)片方だけで子供を養育している．

Al・lein≠**er・zie・hen・de**[**r**], **al・lein Er・zie・hen・de**[**r**] [アらイン・エァツィーエンデ(..ダァ)] 男 女 《語尾変化は形容詞と同じ》シングルファーザー, シングルマザー．

Al・lein≠**gang** [アらイン・ガング] 男 -[e]s/..gän・ge ① ひとり歩き, 単独行動; 単独登山. ② (スポーツ)独走, 独泳．

Al・lein≠**herr・schaft** [アらイン・ヘルシャフト] 女 -/ 独裁政(政治)．

Al・lein≠**herr・scher** [アらイン・ヘルシャァ] 男 -s/- 独裁者, 専制君主. (女性形: -in).

al・lei・nig [アらイニヒ aláːrniç] 形 ① 《付加語としてのみ》単独の; 唯一の. der *alleinige* Erbe ただ一人の相続人. ② (雅)身寄りのない; 独身の．

al・lein|las・sen* [アらイン・ら゚ッセン aláin-làsən] 他 (h) 見捨てる．

Al・lein≠**sein** [アらイン・ザイン] 中 -s/ ひとりで(自分たちだけで)いること, 独居, 水いらず; 孤独．

al・lein≠**ste・hend**¹ [アらイン・シュテーエント] 形 独身の, 家族(身寄り)のない．

al・lein≠**ste・hend**², **al・lein ste・hend** [アらイン・シュテーエント] 形 孤立した(家など)．

al・lem [アれム] 代 《不定代名詞》 ☞ all

al・le|ma・chen [アれ・マッヘン álə-màxən] 他 (h) (口語) ① (もの⁴を)平らげる, 使い果たす. ② (人⁴を社会的に)葬る, 殺す．

al・le≠**mal** [アれ・マーる] 副 (口語) きっと, もちろん; どっちみち．(参考 「そのつど」の意味では alle Mal とつづる) ☞ all A) ②

al・len [アれン] 代 《不定代名詞》 ☞ all

al・len≠**falls** [アれン・ふァるス] 副 ① せいぜいのところ． ② 場合によっては, 必要とあれば．

al・lent≠**hal・ben** [アれント・はるベン] 副 《雅》いたるところで, あらゆる場所で (=überall).

al・ler [アらァ] 代 《不定代名詞》 ☞ all

al・ler.. [アらァ.. álər..] 《形容詞・名詞などにつける接頭》《すべての・最も》. 例: *aller*nächst 最も近い．

al・ler≠**best** [アらァ・ベスト] 形 最善の, 最良の．

*al・ler≠**dings** [アらァ・ディングス álər-díŋs] 副 ① もっとも[…だが], ただし. (英 though). Sie hat gute Zensuren, *allerdings* nicht in Sport. 彼女は成績がいい, もっとも体育は別だが．◇《後続の **aber, doch** などとともに》なるほど…であるが．Das ist *allerdings* richtig, aber es ist nicht die volle Wahrheit. それはなるほど正しいが, 真実を語りつくしていない．
② 《強い肯定の返事》もちろん, 確かに. (英 certainly). Kommst du heute Abend? — *Allerdings*! 君は今晩来る? — もちろんだよ．

al・ler≠**erst** [アらァ・エーァスト] 形 《付加語としてのみ》いちばん最初の．

All・er・gen [アれルゲーン alɛrgéːn] 中 -s/-e 《ふつう 複》《医》アレルゲン, アレルギー抗原．

All・er・gie [アれルギー alɛrgíː] 女 -/-n [..ギーエン] 《医》アレルギー．

All・er・gi・ker [アれルギカァ alɛ́rgikər] 男 -s/- 《医》アレルギー体質者. (女性形: -in).

al・ler・gisch [アれルギッシ alɛ́rgiʃ] 形 《医》アレルギー[性]の; (比)過敏な. **gegen** 人・物⁴ *allergisch* sein 人・物⁴が感覚的にいやである．

al・ler≠**hand** [アらァ・ハント álər-hànt] 形 《無語尾で》(口語) ① かなり多くの, さまざまな. Er weiß *allerhand* Neues. 彼はいろいろ新しいことを知っている．② 相当な, たいした; ひどい. Das ist ja *allerhand*! それはひどい．

Al・ler・hei・li・gen [アらァ・ハイりゲン] 中 《無変化; 冠詞なしで》(カトリック)諸聖人の祝日, 万聖節 (11月1日. 全聖人を記念する祝日)．

al・ler≠**höchst** [アらァ・ヘーヒスト] 形 最高の, 至高の．

al・ler・lei [アらァらイ álərlài] 形 《無語尾で》いろいろな, さまざまな. *allerlei* Ausgaben さまざまな出費. ◇《名詞的に》Ich habe *allerlei* gehört. 私はいろいろなことを耳にした．

Al・ler・lei [アらァらイ] 中 -s/ ごたまぜ. Leipziger *Allerlei*《料理》ライプツィヒ風温野菜の取り合わせ(えんどう・アスパラガス・にんじんなどを入れる).

al·ler‡letzt [アらァ・れツト] 形《付加語としてのみ》いちばん最後の, ごく最近の.

al·ler‡liebst [アらァ・リープスト] 形 ① 最愛の, 最も好きな. ② とてもかわいらしい.

al·ler‡meist [アらァ・マイスト] 形 最も多くの; 大部分の. am *allermeisten* a) 最も多く, b) たいてい.

al·ler‡nächst [アらァ・ネーヒスト] 形 最も近い, すぐ隣りの.

al·ler‡neu[·e]st [アらァ・ノイ[エ]スト] 形 最新の. die *allerneuesten* Nachrichten 最新のニュース.

al·ler‡or·ten [アらァ・オルテン] 副 いたるところで.

Al·ler‡see·len [アらァ・ゼーれン] 中 -/《冠詞なして》《カッ》万霊節(11 月 2 日. 信者の霊を祭る).

al·ler‡seits [アらァ・ザイッ] 副 ① みんなに, 一同に. Guten Abend *allerseits*! 皆さんこんばんは. ② あらゆる方面から, いたるところで.

Al·ler·welts.. [アらァヴェるツ.. álərvɛlts..]《名詞につける》接頭 ①《ごく普通の・一般的な》例: *Allerwelts*gesicht ありふれた顔. ②《多用される》例: *Allerwelts*wort いろんな場合に使われる月並みな言葉.

Al·ler·welts‡kerl [アらァヴェるツ・ケルる] 男 -[e]s/-e《口語》(なんでもこなす)器用なやつ, なんでも屋.

al·ler‡we·nigst [アらァ・ヴェーニヒスト] 形 最も少ない, ごくわずかの.

Al·ler‡wer·tes·te[r] [アらァ・ヴェーァテステ(..タァ)] 男《語尾変化は形容詞と同じ》《口語》尻(り)(＝Gesäß).

al·les [アれス áləs] 代《不定代名詞》すべてのもの. (☞ all). *alles* oder nichts いっさいか無か / *Alles* in Ordnung! 万事オーケーだ.

al·le‡samt [アれ・ザムト] 副《口語》皆いっしょに, 一人残らず.

Al·les‡fres·ser [アれス・ふレッサァ] 男 -s/-《動》雑食動物.

Al·les‡kle·ber [アれス・クれーバァ] 男 -s/- 万能接着剤.

All·gäu [アるゴイ álgɔY] 中 -s/《地名》アルゴイ(ドイツ, バイエルン州の南西部地方: ☞ 地図 D~E-5).

all‡ge·gen·wär·tig [アる・ゲーゲンヴェルティヒ] 形 遍在の, 常にいたるところに存在する.

****all·ge·mein** [アる・ゲマイン álgəmáin] 形 ① 一般的な, 全般的な, [世間一般の; 普遍的な. (英) general). (⇔「特別な」は besonder). die *allgemeine* Meinung 世間一般の考え / Sein Vorschlag fand *allgemeine* Zustimmung. 彼の提案は大方の賛同を得た / Das ist *allgemein* bekannt. それは周知のことだ / *allgemein* gesprochen 一般的に言って. ◊《名詞的に》im *Allgemeinen* 一般に, 大体において, 概して.

② [集団]全員にかかわる, 社会[全体のため]の. das *allgemeine* Wahlrecht 普通選挙権 / das *allgemeine* Wohl 公共の福祉. ③ はっきりしない, 漠然とした.

► **allgemein‡bildend, allgemein‡gültig, allgemein‡verständlich**

All·ge·mein‡arzt [アるゲマイン・アールツト] 男 -es/..ärzte 一般医.(女性形: ..ärztin).

all·ge·mein‡bil·dend, all·ge·mein bil·dend [アるゲマイン・ビるデント] 形 一般教養の.

All·ge·mein‡bil·dung [アるゲマイン・ビるドゥング] 因 -/ 一般教養.

all·ge·mein‡gül·tig, all·ge·mein gül·tig [アるゲマイン・ギュるティヒ] 形 普遍妥当の.

All·ge·mein‡gut [アるゲマイン・グート] 中 -[e]s/..güter《ふつう 単》共有財産.

All·ge·mein·heit [アる・ゲマインハイト] 因 -/-en ①《複 なし》一般性, 普遍性. ②《複 なし》一般[の人々]. ③《複 で》ありふれた言葉, 決まり文句.

all·ge·mein‡ver·ständ·lich, all·ge·mein ver·ständ·lich [アるゲマイン・フェァシュテントりヒ] 形 だれにでもわかる, 平易な.

All·ge·mein‡wohl [アるゲマイン・ヴォーる] 中 -[e]s/ 公共の福祉.

All‡ge·walt [アる・ゲヴァるト] 因 -/《雅》(神の)全能; 絶大な力.

all‡ge·wal·tig [アる・ゲヴァるティヒ] 形《雅》全能の; 絶大な力(権力)を有する.

All‡heil·mit·tel [アる・ハイるミッテる] 中 -s/- 万能薬.

Al·li·anz [アリアンツ aliánts] 因 -/-en《政》同盟, 連合.

Al·li·ga·tor [アリガートァ aligá:tor] 男 -s/-en [..ガトーレン]《動》アリゲーター(アメリカ・南東アジアの大型のワニ).

al·li·iert [アリイーァト alií:rt] 形 同盟の; 連合[国]軍の.

Al·li·ier·te[r] [アリイーァテ(..タァ) alií:rtə(..tər)] 男因《語尾変化は形容詞と同じ》同盟者(国). die *Alliierten* 連合国.

Al·li·te·ra·ti·on [アリテラツィオーン alıterasió:n] 因 -/-en《詩学》頭韻.

all‡jähr·lich [アる・イェーァりヒ] 形 毎年の, 毎年行われる.

All·macht [アる・マハト] 因 -/《雅》全能.

all‡mäch·tig [アる・メヒティヒ] 形 全能の. der *allmächtige* Gott 全能の神.

all·mäh·lich [アる・メーりヒ al-mé:lıç] I 副 しだいに, 徐々に; そろそろ. (英) gradually). Es wurde *allmählich* dunkler. しだいに暗くなった / Es wird nun *allmählich* Zeit, dass ich gehe. もうそろそろ私は行かなくては.

II 形《進行の》緩やかな, ゆっくりとした. (英) gradual). der *allmähliche* Übergang 緩やかな移行.

all‡mo·nat·lich [アる・モーナトりヒ] 形 毎月

all≠nächt·lich [アる・ネヒトリヒ] 形 毎夜の，夜ごとの．

Al·lo·pa·thie [アろパティー alopatí:] 女 -/ 《医》逆症療法．

Al·lo·tria [アろートリア aló:tria] 中 -[s]/ ふざけ，ばか騒ぎ． *Allotria*[4] treiben ふざける．

All≠roun·der [オーる・ラオンダァ o:l-ráundər] [英] 男 -s/- オールラウンダー，万能選手．(女性形: -in)．

all≠sei·tig [アる・ザイティヒ] 形 あらゆる方面にわたる，全般的な． eine *allseitige* Bildung 広い教養．

all≠seits [アる・ザイツ] 副 いたるところに，あらゆる方面へ(から)．

der **All≠tag** [アる・タ-ク ál-ta:k] 男 (単2)-[e]s/(複) -e (3格のみ -en) ① 《ふつう 単》平日，仕事日，ウィークデー．(英 *weekday*)．(区別「祭日」は Feiertag). im *Alltag* 平日に. ② 《複 なし》単調な日常[生活]． der graue *Alltag* 灰色の(単調な)日々．

all≠täg·lich [アる・テークリヒ altéːklɪç] 形 ① [アる・テークリヒ] 日常の，ありふれた，普通の，平凡な．(英 *ordinary*)． *alltägliche* Ereignisse ありふれた出来事.
② [アる・テークリヒ または アる・テーク..] 毎日の．(英 *daily*)． im *alltäglichen* Leben 日々の生活で． ③ [アる・テークリヒ] (旧) 平日の．

All·tags≠le·ben [アるタークス・れーベン] 中 -s/ 日常生活．

all≠um·fas·send [アる・ウムふァッセント] 形 《雅》すべてを包括する．

Al·lü·re [アリューレ alý:rə] 女 -/-n (ふつう 複)(ふつう軽蔑的に:)《人目を引く》ふるまい，態度．

all≠wis·send [アる・ヴィッセント] 形 全知の，何でも知っている．

All≠wis·sen·heit [アる・ヴィッセンハイト] 女 -/ (神の)全知．

all≠wö·chent·lich [アる・ヴェッヒェントりヒ] 形 毎週の．

all≠zu [アる・ツー ál-tsu:] 副 あまりにも[…すぎる]，きわめて，非常に．(英 *too*)． Die Last ist *allzu* schwer. 荷が重すぎる / *allzu* sehr あまりにも，過度に / *allzu* viel あまりにも多い．

all·zu sehr ☞ allzu

all·zu viel ☞ allzu

All·zweck.. [アるツヴェック..] 《名詞につける 接頭》《多目的の・多用途の》 例: *Allzweckhalle* 多目的ホール．

Alm [アるム álm] 女 -/-en (高原の)牧草地．

Al·ma [アるマ álma] -s/ 《女名》アルマ．

Al·ma Ma·ter [アるマ マータァ álma máːtər] [ラ] 女 -/- 《雅》(特に母校としての)大学．

Al·ma·nach [アるマナハ álmanax] 男 -s/-e 《書籍》年鑑；(出版社の)年刊カタログ．

Al·mo·sen [アるモーゼン álmo:zən] 中 -s/- ① 施し[物]，喜捨． ② 《比》わずかな報酬．

Alp[1] [アるプ] Alb[1] ② の古い形．

Alp[2] [アるプ] 女 -/-en (ﾕ方) (高原の)牧草地 (=Alm)．

Al·pa·ka [アるパッカ alpáka] 中 -s/-s ① 《動》アルパカ． ② 《複 なし》アルパカの毛[織物]．

Alp≠drü·cken [アるプ・ドリュッケン] 中 -s/ (睡眠中の)胸苦しさ，悪夢．

Al·pe [アるぺ álpe] 女 -/-n (ﾕ方) (高原の)牧草地 (=Alm)．

die **Al·pen** [アるペン álpən] 複 《定冠詞とともに》《山名》アルプス[山脈]． Wir fahren **in** die *Alpen*. 私たちはアルプスに行きます．

Al·pen≠ro·se [アるペン・ローゼ] 女 -/-n 《植》アルペンシャクナゲ．

Al·pen≠veil·chen [アるペン・ふァイるヒェン] 中 -s/- 《植》シクラメン．

Al·pen≠vor·land [アるペン・ふォーァらント] 中 -[e]s/ 《地名》アルプス前地(アルプス北麓からドナウ川に至る丘陵地帯． ☞ 地図 D～F-4).

Al·pha [アるふァ álfa] 中 -[s]/-s アルファ(ギリシア字母の第1字: *A*, *α*)．

das **Al·pha·bet** [アるふァベート alfabéːt] 中 (単2) -[e]s/(複) -e (3格のみ -en) アルファベット，字母．(英 *alphabet*)． Wörter[4] nach dem *Alphabet* ordnen 単語をアルファベット順に並べる．

al·pha·be·tisch [アるふァベーティッシュ alfabéːtɪʃ] 形 アルファベット[順]の． in *alphabetischer* Reihenfolge アルファベット順に．

al·pha·be·ti·sie·ren [アるふァベティズィーレン alfabetizíːrən] 他 ① アルファベット順に並べる． ② (文盲の人[4]に)読み書きを教える．

Alp≠horn [アるプ・ホルン] 中 -[e]s/..hörner 《音楽》アルペンホルン．

al·pin [アるピーン alpíːn] 形 ① アルプス[地方]の；高山[性]の． ② 《付加語としてのみ》(スキーの:)アルペン競技の；アルプス登山の．

Al·pi·nis·mus [アるピニスムス alpinísmus] 男 -/ アルプス登山．

Al·pi·nist [アるピニスト alpiníst] 男 -en/-en アルピニスト，アルプス登山家．(女性形: -in)．

Alp≠traum [アるプ・トラオム] 男 -[e]s/..träume 悪夢．

Al·raun [アるラオン alráun] 男 -[e]s/-e = Alraune

Al·rau·ne [アるラオネ alráunə] 女 -/-n ① 《植》マンドラゴラ(ナス科植物．その根が人体に似ていることから富や幸運をもたらすと信じられた)． ② アルラウン(小妖精)．

als[1] [アるス áls]

> …よりも；…として
> Er ist jünger *als* ich.
> エァ イスト ユンガァ　アるス イヒ
> 彼は私よりも若い．

接 《従属接続詞；動詞の人称変化形は文末》 ① 《比較級とともに》…よりも．(英 *than*)． Er ist älter *als* ich. 彼は私よりも年上だ / Sie ist jünger, *als* sie aussieht. 彼女は見かけより若

als

い.
◇〖**mehr** A *als* B の形で〗B というよりはむしろ A. Er ist mehr geizig *als* sparsam. 彼は倹約家というよりはむしろけちだ.
② 〘…として, …の資格で〙(英 *as*). *Als* dein Freund möchte ich dir raten, das nicht zu tun. 友人として私は君にそんなことをしないよう忠告したい / Meine Aufgabe *als* Lehrer ist [es] … 教師としての私の任務は… / Die Nachricht hat sich *als* falsch erwiesen. そのニュースは間違いであることが判明した / Er fühlt sich *als* Held. 彼は英雄気取りだ / *Als* Kind bin ich oft dort gewesen.《現在完了》子供のころ私はたびたびそこへ行った.
③ 〖**ander, nichts** などとともに〗…とは別の, …のほかの, …を除いて. Er ist heute ganz anders *als* sonst. 彼はきょうはいつもとはまったくの別人だ / Das kann kein anderer *als* du. それは君以外のだれにもできない / Ich verlange nichts [anderes] *als* mein Recht. 私はただ自分の権利のみを要求しているのだ.
④ 〖**sowohl** A *als* [**auch**] B の形で〗A も B も. Sie spricht sowohl Englisch *als* auch Deutsch. 彼女は英語もドイツ語も話す.
⑤ 〖*als* **ob**(または *als* **wenn**)…＋接続法の形で〗あたかも…であるかのように. (英 *as if*). Du tust ja, *als* ob du alles wüsstest (または *als* wüsstest du alles). 君はあたかも何でも知っているかのようにふるまっているじゃないか. (⇒ ob, wenn を省略して als ＋接続法…の形も用いられる).
⑥ 〖**zu** ~, *als* **dass**…＋接続法の形で〗…するには〔あまりにも〕…すぎる. Sie spricht zu leise, *als* dass sie ihn verstehen könnte. 彼女はあまりにも小声で話すので私は彼女の言うことが理解できない.
⑦ 〖**umso** ~, *als*… の形で〗…だけになおさら~. (⇒ には比較級がくる). Er arbeitete umso fleißiger, *als* er ein Stipendium bekommen wollte. 彼は奨学金をもらいたかっただけに, なおさら熱心に勉強した.
⑧ 〖**insofern, insoweit** とともに〗…であるかぎりにおいて; …であるから. Der Vorschlag ist insofern gut, *als* er niemandem schadet. その提案はだれの損にもならないという点では よい.
⑨ 〖**so** ~ *als*… の形で〗…と同じくらい~ (＝ so~wie…). so bald *als* möglich できるだけ早く / Er ist doppelt so alt *als* sein Sohn. 彼は息子の2倍の年だ.

als² [アるス áls] 援〘従属接続詞; 動詞の人称変化形は文末〙…したときに. (英 *when, as*). *Als* ich gehen wollte, [da] läutete das Telefon. 私が出かけようとしたとき, 電話が鳴った / Da*mals, als* er noch jung war, … 彼がまだ若かったころ, …
◇〖**kaum** ~, *als*… の形で〗~するやいなや… Er hatte sich kaum ins Bett gelegt, *als* der Anruf kam. 彼がベッドに入るやすぐに, 電話がかかってきた.
∥(⇒) als と wenn: 過去の「一回的な事柄」には上

例のように als を用いるが, 過去の「反復・習慣」には wenn を用いる. Wenn ich ihn besuchen wollte, war er [immer] verreist. 私が彼を訪ねようと思ったときには, 彼はいつも旅に出ていた.

als⁀bald [アるス・バルト] 副《雅》ただちに, すぐに.

als⁀dann [アるス・ダン] 副 ①《雅》それから, 次に. ②《南ドツ・オーストリア》(別れの言葉として:)それではまた!

:**al·so** [アるゾ álzo]

┌─────────────────────────┐
│ それじゃ; それゆえに   │
│   │
│ *Also*, auf Wiedersehen!   │
│ アるゾ アオフ ヴィーダァゼーエン │
│ それじゃ, さようなら.   │
└─────────────────────────┘

副 ① 〘間投詞的に〙《口語》**それじゃ**, では, さあ. *Also*, bis morgen! じゃ, またあした / Na *also*! それみろ / *Also* gut! じゃ, そうしよう / *Also* los! さあ始めよう.
② 〘接続詞的に〙**それゆえに**, したがって. (英 *so, therefore*). Ich bin krank, *also* bleibe ich zu Hause. 私は病気です, だから家に留まります / Ich denke, *also* bin ich. われ思う, ゆえにわれあり (デカルトの言葉).
③ つまり, すなわち; (発言などのつなぎに:)えーっと, だから. *Also* ich meine, dass… えーっと, ですから私は…だと思うのです.
④《古》そのように. „*Also* sprach Zarathustra" 『ツァラトゥストラはこう語った』(ニーチェの著書).

die **Als·ter** [アるスタァ álstər] 囡 -/〖定冠詞とともに〗アルスター川 (ドイツ, シュレースヴィヒ・ホルシュタイン州. エルベ川の右支流で, ハンブルクの港に注ぐ).

:**alt** [アるト ált]

┌─────────────────────────┐
│ 年とった; …歳の   │
│ Wie *alt* bist du? 君は何歳? │
│ ヴィー アるト ビスト ドゥ   │
└─────────────────────────┘

形(比較 älter, 最上 ältest) (英 *old*) ① **年とった**, 高齢の, 老齢の; 年寄りじみた, 老けた. (⇒「若い」は jung). eine *alte* Frau 老女 / ein *alter* Baum 老木 / Mein Vater ist ziemlich *alt*. 私の父はかなり年とっています / Das Kleid macht *alt*.《口語》その服を着ると老けて見える.
◇〖名詞的に〗*Alt* und Jung 老いも若きも.
② (年齢が)**…歳の**; …の期間を経た. Sie ist noch dreißig Jahre *alt*. 彼女はまだ 30 歳だ / Er ist so *alt* wie ich. 彼は私と同じ年だ / ein drei Jahre *altes* Auto 3 年乗った自動車.
③ **古い**, 使い古した. (⇒「新しい」は neu). ein *altes* Haus 古い家 / *alte* Möbel 使い古した家具 / 物⁴ *alt* kaufen 物⁴を中古で買う.
④ 昔からの, 長い歴史のある; 年代物の; 老練な. eine *alte* Gewohnheit 昔ながらの習慣 /

ein *alter* Freund von mir 私の昔からの友人 / *altes* Porzellan 骨董(🔸)品の陶磁器 / ein *alter* Hase《口語》ベテラン．◇《名詞的に》Er ist immer der *Alte*. 彼は昔のままだ / Es bleibt alles **beim** *Alten*. 何もかも昔のままだ．⑤ 古くさい，陳腐な．ein *alter* Witz 陳腐なジョーク / ein *alter* Schwätzer どうしようもないおしゃべり．⑥《付加語としてのみ》昔の；古代の．*alte* deutsche Sagen 昔のドイツの伝説 / die *alten* Griechen 古代ギリシア人．⑦《付加語としてのみ》かつての，昔の(教え子など) /《「新」に対して:》旧[の]，昔の．die *Alte* Welt 旧世界(新世界アメリカに対するヨーロッパ)．⑧《付加語としてのみ》(親しい呼びかけて:) Na, *alter* Junge, wie geht's?《口語》やあ君，調子はどうかね．⑨《付加語としてのみ》《口語》いやな，いまいましい．Er ist ein *alter* Egoist. 彼はいやらしいエゴイストだ．

|類語| **alt**:「年とった」の意味で最も一般的な語．**älter**: (絶対的比較級で:)年配の．**greis**: (白髪で)高齢の．**bejahrt, betagt**:《雅》年老いた．

Alt [アるト]男 -s/-e 複① アルト(女声・少年の声の低音域)．Sie singt [im] *Alt*. 彼女はアルトで歌う．②《複 なし》アルト声部．③《集》アルト歌手．

der **Al·tar** [アるタール altá:r] 男 (単2) -[e]s/(複) Altäre [..テーレ] (3 格のみ Altären) (教会などの)祭壇.《英 altar》．人⁴ **zum** *Altar* führen《雅》人⁴(女性)と結婚する(←人⁴を祭壇に導く).

Altar

Al·tar≠bild [アるタール・ビるト] 中 -[e]s/-er 祭壇画．
Al·tä·re [アるテーレ] *Altar*(祭壇)の複
alt≠ba·cken [アるト・バッケン] 形 ①(パンなどが)古くて堅くなった．②(比)古くさい，時代遅れの．
Alt≠bau [アるト・バオ] 男 -[e]s/-ten 古い建物，旧館；旧設住宅．
alt≠be·kannt [アるト・ベカント] 形 古くから知られた，旧知の．
alt≠be·währt [アるト・ベヴェーアト] 形 昔から定評のある，信頼し得る．
alt≠deutsch [アるト・ドイチュ] 形 古いドイツの(特に宗教改革以前の)；古ドイツ語の．
Al·te [アるテ álta] ☞ Alte[r], Alte[s]
alt≠ein·ge·ses·sen [アるト・アインゲゼッセン] 形 昔から住み着いている，土着の．

das **Al·ten≠heim** [アるテン・ハイム áltənhaim] 中 (単2) -[e]s/(複 3 格のみ -en) 老人ホーム．Mein Onkel lebt in einem *Alten-heim*. 私のおじは老人ホームで暮らしている.
Al·ten≠hil·fe [アるテン・ヒるフェ] 女 -/(国・福祉団体などによる)高齢者扶助．
Al·ten≠pfle·ge [アるテン・プふレーゲ] 女 -/ 高齢者介護．
Al·ten≠ta·ges·stät·te [アるテン・ターゲスシュテッテ] 女 -/-n 高齢者用デイケア施設．
Al·ten≠teil [アるテン・タイる] 中 -[e]s/-e (農家の)隠居後の財産保留分．sich⁴ **aufs** *Altenteil* zurück|ziehen《比》引退する．

****Al·te[r]** [アるテ (..タァ) áltə (..tər)]

格	男	女	複
1	der Alte	die Alte	die Alt*en*
2	des Alt*en*	der Alt*en*	der Alt*en*
3	dem Alt*en*	der Alt*en*	den Alt*en*
4	den Alt*en*	die Alte	die Alt*en*
1	ein Alt*er*	eine Alte	Alte
2	eines Alt*en*	einer Alt*en*	Alt*er*
3	einem Alt*en*	einer Alt*en*	Alt*en*
4	einen Alt*en*	eine Alte	Alte

男 女《語尾変化は形容詞と同じ》① 老人，年寄り，高齢者．(⇔「若い人」は Junge[r]). ein kleiner *Alter* 小柄なおじいさん / eine gutmütige *Alte* お人よしのおばあさん / Er redet wie ein *Alter*. 彼は老人のような話し方をする．②《成句的に》mein *Alter*《俗》私のおやじ(亭主・上司) / meine *Alte* 私のおふくろ(女房・上司).

*das **Al·ter** [アるタァ áltər] 中 (単2) -s/(複) - (3格のみ -n)《ふつう 単》①年齢，年数．《英 age》．ein Mann mittleren *Alters* 中年の男 / das *Alter* eines Baumes 樹齢 / Er ist sehr rüstig **für** sein *Alter*. 彼はその年にしてはなかなか達者だ / Er starb **im** *Alter* von dreißig Jahren. 彼は30歳のときに死んだ / Er ist in meinem *Alter*. 彼は私と同い年だ / Sie ist im kritischen *Alter*. 彼女は今更年期だ．② 老年，高齢；老年期．(⇔「青春時代」は Jugend). Fünfzig ist noch kein *Alter*. 50歳はまだ老年ではない．③(総称として:)老人．(⇔「青少年」は Jugend).

äl·ter [エるタァ éltər] (≛alt の比較級) 形 ① 年上の；より古い．der *ältere* Bruder 兄 / Ich bin *älter* **als** er. 私は彼より年上だ．② やや年輩の，中年過ぎの．eine *ältere* Dame 初老の婦人．(☞ 類語 alt).

Al·ter Ego [アるタァ エーゴ áltər é:go] [ラ] 中 --/ ①《心》もう一人の自分，自己の分身．②《口語》無二の親友．

Äl·te·re[r] [エるテレ (..ラァ) éltərə (..rər)] 男 女《語尾変化は形容詞と同じ》年上の方，年長者．

al·tern [アるタァン áltərn] I 自 (s まれに h) ①年をとる，老ける．② 経年変化する，変質する，(ワインなどが)熟成する．II 他 (h) ①《民》老化させる．②(ワインなど⁴を)熟成させる．

alternativ

＊al・ter・na・tiv [アるテルナティーふ alternatíːf] 形 ① 二者択一の，どちらか一方の． ② (既存の価値の)代わりになる，代替になる，対案の；アルタナティーフ運動の． eine *alternative* Lösung 別の解決方法 / *alternative* Energien 代替エネルギー / Wir leben *alternativ*. 私たちは新しい価値観に基づいた生活をしている．

Al・ter・na・tiv=be・we・gung [アるテルナティーふ・ベヴェーグング] 囡 -/-en アルタナティーフ運動(1970年代中頃に旧西ドイツに起こった自然環境保護・平和・女性解放などを唱える運動．「旧来のあり方とは異なる」価値観や生活形態を主張する).

Al・ter・na・ti・ve [アるテルナティーヴェ alternatíːvə] 囡 -/-n 二者択一，代わりの方法(手段)；別の可能性．

Al・ter・na・tiv=ener・gie [アるテルナティーふ・エネルギー] 囡 -/-n [..ギーエン] (石油・原子力などに代わる)代替エネルギー．

Al・ter・na・ti・ve[r] [アるテルナティーヴェ (..ヴァァ) alternatíːvə (..vər)] 男 囡 〖語尾変化は形容詞と同じ〗アルタナティーフ運動của người.

Al・ter・na・tiv=me・di・zin [アるテルナティーふ・メディツィーン] 囡 -/-en 代替療法; (近代医学によらない)自然療法．

al・ter・nie・ren [アるテルニーレン alterníːrən] 圓 (h) 交替する; 交互に現れる(起こる).

al・ters [アるタァス] 副 〖成句的に〗 seit *alters* または von *alters* her 〘雅〙昔から．

Al・ters=ge・nos・se [アるタァス・ゲノッセ] 男 -n/-n 同年輩の人．(女性形: ..genossin).

al・ters=ge・recht [アるタァス・ゲレヒト] 形 年齢に配慮した．

Al・ters=gren・ze [アるタァス・グレンツェ] 囡 -/-n ① 年齢制限． ② 定年．

Al・ters=heim [アるタァス・ハイム] 囲 -[e]s/-e 老人ホーム (=Altenheim).

Al・ters=klas・se [アるタァス・クらッセ] 囡 -/-n ① 同年齢グループ． ② 〘スポ〙年齢別クラス．

Al・ters=ren・te [アるタァス・レンテ] 囡 -/-n 老齢年金．

Al・ters=ru・he・geld [アるタァス・ルーエゲるト] 囲 -es/ 老齢年金．

al・ters=schwach [アるタァス・シュヴァッハ] 形 ① 老衰した． ② 老朽化した, 使い古された．

Al・ters=schwä・che [アるタァス・シュヴェッヒェ] 囡 -/ 老衰．

Al・ters=ver・si・che・rung [アるタァス・フェアズィッヒェルング] 囡 -/-en 〖法〗養老保険．

Al・ters=vor・sor・gung [アるタァス・フェアゾルグング] 囡 -/-en 老齢年金; 老齢者扶助．

das **Al・ter・tum** [アるタァトゥーム áltərtuːm] 囲 (単 2) -s/(複) ..tümer [..テューマァ] (3格のみ ..tümern) ① 〖複 なし〗古代． (英 antiquity). Sagen aus dem deutschen *Altertum* ドイツ古代の伝説 / das klassische *Altertum* 古典古代 (ギリシア・ローマ時代). ② 〖複 で〗古代の文化遺産; 古代美術品.

Al・ter・tü・mer [アるタァテューマァ] 圈 古代の文化遺産; 古代美術品 (=Altertum ②).

al・ter・tüm・lich [アるタァテュームりヒ] 形 古代の; 古風な．

Al・ter・tums=for・scher [アるタァトゥームス・ふォルシャァ] 男 -s/- 考古学者. (女性形: -in).

al・te・rungs=be・stän・dig [アるテルングス・ベシュテンディヒ] 形 (材質などが)経年変化(変質)しにくい, 老化に強い．

＊Al・te[s] [アるテ[ス] áltə[s]]

1格	das Alt*e*	etwas Alt*es*
2格	des Alt*en*	——
3格	dem Alt*en*	etwas Alt*em*
4格	das Alt*e*	etwas Alt*es*

囲 〖語尾変化は形容詞と同じ〗古いもの; 昔のこと. *Altes* und Neues 古いものと新しいもの / Es bleibt alles beim *Alten*. 何もかも前のままだ / alles beim *Alten* lassen すべてをそのままにしておく．

äl・test [エるテスト éltəst] (〖alt の最上〗) 形 最年長の; 最も古い． die *älteste* Tochter 長女．

Äl・tes・te[r] [エるテステ (..タァ) éltəstə (..tər)] 男 囡 〖語尾変化は形容詞と同じ〗 ① 最年長者; (教会などの)長老． ② 長男, 長女． mein *Ältester* 私の長男 / meine *Älteste* 私の長女．

alt=ge・wohnt [アるト・ゲヴォーント] 形 長い間慣れ親しんだ, 古くからなじんでいる．

Alt=glas [アるト・グらース] 囲 -es/ 使用済みガラス(原料としてリサイクルされる使用済みボトルなど).

Alt=glas=be・häl・ter [アるトグらース・ベへるタァ] 男 -s/- 空きびん回収ボックス．

Alt=glas=con・tai・ner [アるトグらース・コンテーナァ] 男 -s/- =Altglasbehälter

alt=her・ge・bracht [アるト・ヘーアゲブらッハト] 形 昔からの, 昔ながらの, 古くから伝わる．

alt=hoch=deutsch [アるト・ホーホドイチュ] 形 古高ドイツ語の(およそ 750–1050 年の高地ドイツ語; 略: ahd.).

Alt=hoch=deutsch [アるト・ホーホドイチュ] 囲 -[s]/ 古高ドイツ語．

Al・tist [アるティスト altíst] 男 -en/-en [少年]アルト歌手. (女性形: -in).

alt=klug [アるト・クるーク] 形 ませた, こましゃくれた．

Alt=last [アるト・らスト] 囡 -/-en 〘ふつう 複〙(産業廃棄物などによる)汚染地区; 汚染廃棄物．

ält・lich [エるトりヒ] 形 やや年をとった, 初老の．

Alt=ma・te・ri・al [アるト・マテリアーる] 囲 -s/ ..alien [..アーりエン] 資源ごみ(古紙・空きびんなど).

Alt=meis・ter [アるト・マイスタァ] 男 -s/- ① (学界・芸術界の)老大家, 巨匠. (女性形: -in). ② 〘スポ〙元チャンピオン．

Alt=me・tall [アるト・メタる] 囲 -s/-e くず鉄, スクラップ．

alt=mo・disch [アるト・モーディッシュ] 形 古風な, 旧式の, 流行遅れの． (〘反〙「最新流行の」は

Alt⚬öl [アるト・エーる] 田 -[e]s/ 廃油.
Alt⚬pa・pier [アるト・パピーア] 田 -s/ 古紙.
Alt⚬phi・lo・lo・ge [アるト・ふィろろーゲ] 男 -n/-n 古典(ギリシア・ラテン)文献学者. (女性形: Altphilologin).
Alt⚬phi・lo・lo・gie [アるト・ふィろろぎー] 女 -/ 古典(ギリシア・ラテン)文献学.
Al・tru・is・mus [アるトルイスムス altruísmus] 男 -/ 利他主義, 愛他主義. (⚬「利己主義」は Egoismus).
al・tru・is・tisch [アるトルイスティッシュ altruístiʃ] 形 利他主義の, 愛他的の.
alt⚬sprach・lich [アるト・シュプラーハリヒ] 形 古代語(古典語)の.
die **Alt⚬stadt** [アるト・シュタット áltʃtat] 女 (単) -/(複) ..städte [..シュテーテ または ..シュテッテ] (3格のみ ..städten] 旧市内, 旧市街地区(市の最も古い区域). Die Altstadt ist sehr romantisch. 旧市内はとてもロマンチックだ.
Alt⚬stim・me [アるト・シュティンメ] 女 -/-n 《音楽》アルトの声; アルト声部.
Alt⚬stoff [アるト・シュトふ] 田 -[e]s/-e =Altmaterial.
alt・tes・ta・men・ta・risch [アるト・テスタメンターリッシュ] 形 旧約聖書的な.
Alt⚬wa・ren [アるト・ヴァーレン] 複 中古品; 骨董(ミッッ)品.
Alt⚬wa・ren⚬händ・ler [アるトヴァーレン・ヘンドらァ] 男 -s/- 古物商. (女性形: -in).
Alt⚬was・ser [アるト・ヴァッサァ] 田 -s/- 三日月湖(蛇行した川の跡が湖になったもの).
Alt⚬wei・ber⚬som・mer [アるトヴァイバァ・ゾンマァ] 男 -s/- ① (初秋の)小春日和. ② (初秋の空に漂う)蜘蛛(ミッ)の糸.
Alu [アーる・ á:lu] 田 -s/ 《口語》アルミニウム (=Aluminium).
Alu⚬fo・lie [アーる・ふォーりエ] 女 -/-n アルミホイル (=Aluminiumfolie).
Alu・mi・ni・um [アるミーニウム alumí:nium] 田 -s/ アルミニウム (記号: Al).
Alu・mi・ni・um⚬fo・lie [アるミーニウム・ふォーりエ] 女 -/-n アルミホイル, アルミ[ニウム]箔(ばく).
Al⚬weg⚬bahn [アるヴェーク・バーン] 女 -/-en モノレール(スウェーデンの発明者 Axel Lenhart Wenner-Gren の名から).
Alz・hei・mer⚬krank・heit, Alz・hei・mer-Krank・heit [アるツハイマァ・クランクハイト] 女 -/ 《医》アルツハイマー病(ドイツの神経科医 Alois *Alzheimer* 1864-1915 の名から).

‡**am** [アム ám] 《前置詞 an と定冠詞 dem の融合形》① *am* Abend 夕方に / *am* Montag 月曜日に / *am* 10. (=zehnten) Mai 5月10日に / *am* Ende 最後に, 結局 / *am* See 湖のほとりに. ② 《最上級とともに》*am* schönsten 最も美しい(美しく).

a. M. [アム マイン] 《略》マイン河畔の (=am Main). Frankfurt *a. M.* マイン河畔のフランクフルト.

Am [アー・エム] 《化・記号》アメリシウム (=Americium).
Ama・de・us [アマデーウス amadé:ʊs] 《男名》アマデーウス.
Amal・gam [アマるガーム amalgá:m] 田 -s/-e 《化》アマルガム(水銀とほかの金属との合金).
Ama・lia [アマーりア amá:lia] -s/ 《女名》アマーリア.
Ama・lie [アマーりエ amá:liə] -[n]s/ 《女名》アマーリエ.
Ama・ryl・lis [アマリュりス amarýlɪs] 女 -/ ..ryllen 《植》アマリリス.
Ama・teur [アマテーァ amatǿ:r] 男 -s/-e ① アマチュア, 素人(いる). (女性形: -in). (⚬「専門家」は Fachmann). ② 《スポ》アマチュアの選手. (⚬「プロの選手」は Professional, Profi).
Ama・teur⚬sport・ler [アマテーァ・シュポルトらァ] 男 -s/- アマチュアの選手. (女性形: -in).
der **Ama・zo・nas** [アマツォーナス amatsó:nas] 男 《定冠詞とともに》《川名》アマゾン川.
Ama・zo・ne [アマツォーネ amatsó:nə] 女 -/-n ① 《ギリ神》アマゾン(小アジア北辺に住んでいたと伝えられる好戦的な女族). ② 《比》女性騎手; (モーターレースの)女性レーサー.
Am・ber [アンバァ ámbər] 男 -s/ 竜涎(ッぜん)香 (香水の原料).
Am・bi・ti・on [アンビツィオーン ambitsió:n] 女 -/-en 《ふつう 複》野心, 功名心.
am・bi・va・lent [アンビヴァれント ambivalént] 形 《心》アンビバレントな, 反対感情並列の.
Am・bi・va・lenz [アンビヴァれンツ ambivaléntsɪ] 女 -/-en 《心》アンビバレンス, 反対感情並列(相反する価値・感情などの併存).
Am・boss [アンボス ámbɔs] 男 -es/-e ① (鍛冶屋の)鉄床(かなとこ), 金敷き. ② 《医》(耳の)キヌタ骨.
Am・bra [アンブラ ámbra] 田 -s/ =Amber
Am・bro・sia [アンブローズィア ambró:zia] 女 -/ ① 《ギリ神》アンブロシア(神々の食する不老不死の食物). ② 《比》アンブロシア(あんず・パイナップル・アーモンドに砂糖とシェリー酒をかけたデザート).
am・bu・lant [アンブらント ambulánt] 形 ① 移動の, 巡回の. *ambulanter* Handel 行商. ② 《医》外来の, 通院の. *ambulante* Behandlung 外来診療.
Am・bu・lanz [アンブらンツ ambulánts] 女 -/-en 《医》① 移動診療所, 野戦病院. ② 救急車. ③ 応急手当室. ④ (病院の)外来診療部門.
Amei・se [アーマイゼ á:maɪzə] 女 -/-n 《昆》アリ(蟻).
Amei・sen⚬bär [アーマイゼン・ベーァ] 男 -en/-en 《動》アリクイ.
Amei・sen⚬hau・fen [アーマイゼン・ハオふェン] 男 -s/- あり塚.
Amei・sen⚬säu・re [アーマイゼン・ゾイレ] 女 -/ 《化》蟻酸(ぎさん).
amen [アーメン á:mɛn または ..mən] 副 《キリ教》アーメン(「そうなりますように」を意味する祈りの結びの言葉). ◊《成句的に》zu allem ja und *amen* (ま

たは Ja und *Amen*) sagen《口語》何にでもはい はいと同意してしまう.

Amen [アーメン] 中 -s/- ①《ふつう単》《宗教》アーメン. ◇《成句的に》zu allem Ja und *Amen* sagen《口語》何にでもはいはいと同意してしまう / Das ist so sicher wie das *Amen* in der Kirche. それは絶対確実である(←教会でのアーメンのように).

Ame·ri·ci·um [アメリーツィウム amerí:tsium] 中 -s/ 《化》アメリシウム (記号: Am).

[*das*] **Ame·ri·ka** [アメーリカ amé:rika] 中 (単 2) -s/ ① 《国名》アメリカ[合衆国] (正式には die Vereinigten Staaten von *Amerika* (略: USA) という. 首都はワシントン D. C.). ② アメリカ[大陸](南北アメリカ大陸の総称).

der **Ame·ri·ka·ner** [アメリカーナァ ameriká:nɐr] 男 (単 2) -s/ (複) - (3 格のみ -n) アメリカ人. (英 *American*).

Ame·ri·ka·ne·rin [アメリカーネリン ameriká:nərin] 安 -/..rinnen アメリカ人[女性].

ame·ri·ka·nisch [アメリカーニッシュ ameriká:nɪʃ] 形 アメリカ[人]の; アメリカ英語の.

ame·ri·ka·ni·sie·ren [アメリカニズィーレン amerikanizí:rən] 他 (h) アメリカナイズする, アメリカ風にする.

Ame·ri·ka·nis·mus [アメリカニスムス amerikanísmus] 男 -/..nismen ① 《言》アメリカ特有の語法; (他国語の中の)アメリカ英語からの借用語. ② アメリカニズム, アメリカ気質.

Ame·ri·ka·nis·tik [アメリカニスティク amerikanístɪk] 安 -/ アメリカ学.

Ame·thyst [アメテュスト ametýst] 男 -[e]s/-e 《鉱》アメジスト, 紫水晶.

Ami [アーミ ámi] Ⅰ 男 -[s]/-[s] 《口語》アメリカ人, アメリカ兵. Ⅱ 安 -/-s 《口語》アメリカたばこ.

Ami·no·säu·re [アミーノ・ゾイレ] 安 -/-n 《化》アミノ酸.

Am·mann [アンマン áman] 男 -[e]s/Ammänner 《スイス》郡長, 市(町・村)長.

Am·me [アンメ áma] 安 -/-n 乳母.

Am·men⸗mär·chen [アンメン・メーァヒェン] 中 -s/- たわいのない作り話.

Am·mo·ni·ak [アモニアック amoniák または アン..] 中 -s/ 《化》アンモニア.

Am·mo·ni·um [アモーニウム amó:nium] 中 -s/ 《化》アンモニウム.

Am·nes·tie [アムネスティー amnestí:] 安 -/-n [..ティーエン]《法》(政治犯などの)大赦.

am·nes·tie·ren [アムネスティーレン amnestí:rən] 他 (h) (囚人⁴に)大赦を与える.

Am·nes·ty In·ter·na·tio·nal [エムネスティ インタナッシェネる émnesti ɪntɐrnǽʃənəl] [英] 安 - -/ 国際アムネスティ(人権擁護機関).

Amö·be [アメーベ amǿ:bə] 安 -/-n 《生》アメーバ.

Amok [アーモク á:mɔk または アモック] 男 -s/ アモック(凶暴な精神錯乱の発作). ◇《ふつう成句的に》*Amok*⁴ laufen 手当たりしだい人を殺して暴れ回る.

Amok·läu·fer [アーモク・ろイふァァ] 男 -s/- アモック患者; 《比》殺人狂.(女性形: -in).

a-Moll [アー・もる] 中 -/《音楽》イ短調 (記号: a).

Amor [アーモァ á:mɔr] 男 -s/《ロ神》アモル(恋の神. ギリシア神話のエロスに当たる).

amo·ra·lisch [アモラーリッシュ ámora:lɪʃ または アモラー..] 形 不道徳な, 背徳的な; 道徳と無関係な.

Amo·ret·te [アモレッテ amorétə] 安 -/-n 《美》アモレット, キューピッド(翼のある愛の童神).

amorph [アモるふ amɔ́rf] 形 ① はっきりした形のない. ②《物・生》無定形の, 非結晶の.

Amor·ti·sa·ti·on [アモルティザツィオーン amortizatsió:n] 安 -/-en 《経》(負債などの)[逐次]償還.

amor·ti·sie·ren [アモルティズィーレン amortizí:rən] 他 (h) 《経》① (負債など⁴を)[逐次]償還する. ② (投資など⁴の)元を取る. ◇《再帰的に》*sich*⁴ *amortisieren* 元が取れる.

amou·rös [アムレース amurǿ:s] 形 情事の, 色恋[ざた]の.

die **Am·pel** [アンペる ámpəl] 安 (単) -/(複) -n ①《交通信号》[機] (=Verkehrs*ampel*). Die *Ampel* steht auf Rot. 交通信号は赤だ. ② ペンダント形ランプ. ③ つり植木鉢.

Am·pere [アンペーァ ampé:r または ..pɛ́:r] 中 -[s]/- 《電》アンペア (略: A., Amp.).

Am·phi·bie [アムふィービエ amfí:biə] 安 -/-n 《動》両生類.

Am·phi·bi·en⸗fahr·zeug [アムふィービエン・ふァールツォイク] 中 -[e]s/-e 水陸両用車.

am·phi·bisch [アムふィービッシュ amfí:bɪʃ] 形 ①《生》両生類の. ②《軍》水陸両用の.

Am·phi·the·a·ter [アムふィー・テアータァ] 中 -s/- (古代ローマの)円形劇場, 闘技場; (半円形の)階段教室.

Am·pho·re [アムふォーレ amfó:rə] 安 -/-n アンフォラ(左右に取っ手の付いた古代のつぼ).

Am·pul·le [アンプれ ampúlə] 安 -/-n 《医》アンプル.

Am·pu·ta·ti·on [アンプタツィオーン amputatsió:n] 安 -/-en 《医》切断[術].

am·pu·tie·ren [アンプティーレン amputí:rən] 他 (h) 《医》(手術で手足など⁴を)切断する.

Am·sel [アムゼる ámzəl] 安 -/-n 《鳥》クロウタドリ(ツグミの一種).

Ams·ter·dam [アムスタァ・ダム amstɐr-dám または アム..] 中 -s/《都市名》アムステルダム(オランダの首都: ☞《地図》B-2).

das **Amt** [アムト ámt] 中 (単 2) -es (まれに -s) /(複) Ämter [エムタァ] (3 格のみ Ämtern) ① 公職, 官職, ポスト (= *post. office*). Ehrenamt 名誉職 / ein geistliches *Amt* 聖職 / ein *Amt*⁴ an|treten ある公職に就く / das *Amt*⁴ des Bürgermeisters überneh-

men 市長の職を引き受ける / Er ist noch immer *im Amt.* 彼は今なお公職に就いている / 人⁴ in ein *Amt* ein|führen 人⁴をある官職に就ける / in *Amt* und Würden sein a) 要職にある, b) (皮肉って:) 安定したいい地位に就いている.
② **職務**, 公務; 職責, 任務. von *Amts* wegen 職務上 / Das ist nicht meines *Amtes.* 《雅》それは私の職務外のことだ.
③ **役所**; 官庁, 省, [部]局. das Auswärtige *Amt* 外務省 / auf ein *Amt* gehen 役所に行く. ④ 《カリック》歌ミサ.
⚑ ..amt のいろいろ: **Arbeitsamt** (公的な)職業斡旋所 / **Gesundheitsamt** 衛生局, 保健所 / **Schulamt** 教育庁 / **Wohnungsamt** 住宅局

Äm·ter [エムタァ] Amt (公職)の 複
am·tie·ren [アムティーレン ámti:rən] 自 (h) 公職についている; 公務を代行する. ◇〖現在分詞の形で〗der *amtierende* Bürgermeister 現市長; 市長代行.
amt·lich [アㇺトりヒ ámtlıç] 形 ① **公の**, 公的な, 役所の, 官庁の; 公務(職務)上の; 官庁による. 《英 *official*》. ein *amtliches* Schreiben 公文書 / eine *amtliche* Genehmigung 当局による認可. ② 《口語》まったく確かな, 信頼できる. Ist das *amtlich*? それは確かですか. ③ しかつめらしい(顔つきなど).
Amt·mann [アㇺト・マン] 男 -[e]s/..männer (または..leute) [上級]公務員.(女性形: ..frau).
Amts≉arzt [アㇺツ・アールツト] 男 -[e]s/..ärzte 保健所の医師.(女性形: ..ärztin).
Amts≉deutsch [アㇺツ・ドイチュ] 中 -[s] / (堅苦しい)お役所ドイツ語.
Amts≉ge·richt [アㇺツ・ゲリヒト] 中 -[e]s/-e 《法》区裁判所(略:AG).
Amts≉hand·lung [アㇺツ・ハンドるング] 女 -/-en 職務[遂行]行為.
Amts≉hil·fe [アㇺツ・ヒるフェ] 女 -/ 官庁間の協力[相互援助].
Amts≉schim·mel [アㇺツ・シンメる] 男 -s/ 《口語》お役所流, 官僚主義.
Amts≉spra·che [アㇺツ・シュプラーヘ] 女 -/-n 公用語.
Amu·lett [アムれット amulét] 中 -[e]s/-e お守り, 護符, 魔よけ.
amü·sant [アミュザント amyzánt] 形 楽しい, 愉快な, おもしろい.
Amü·se·ment [アミュゼマーン amyzəmãː] 中 -s/-s 楽しみ[事], 娯楽, 暇つぶし.
amü·sie·ren [アミュズィーレン amyzíː-rən] (amüsierte, *hat* ...amüsiert) I 再帰 《完了 haben》 *sich*⁴ *amüsieren* ① **楽しむ**, 楽しく過ごす, 《英 *enjoy oneself*》. Ich *habe mich* köstlich *amüsiert*. 私は大いに楽しんだ. ② 《*sich*⁴ **über** 人・事⁴~》(人・事⁴から)からかう, おもしろがる. II 他 《完了 haben》 楽しませる. 《英 *amuse*》. Die Geschichte *hat* ihn *amüsiert*. この話は彼をおもしろがらせた.
amü·siert [アミュズィーァト] amüsieren (再帰 で: 楽しむ) の 過分, 3人称単数・2人称親称複数 現在.
amü·sier·te [アミュズィーァテ] amüsieren (再帰 で: 楽しむ) の 過去.

an [アン án]

> 3格と: …のきわに(きわで)
> Das Bild hängt *an der Wand.*
> ダス ビるト ヘンクト アン デァ ヴァント
> その絵は壁に掛かっている.

> 4格と: …のきわへ(きわに)
> Sie hängt das Bild *an die Wand.*
> ズィー ヘンクト ダス ビるト アン ディー ヴァント
> 彼女はその絵を壁に掛ける.

I 前 〖**3格・4格**とともに〗(定冠詞と融合して am (←an dem), ans (←an das) となることがある) ① 《**近接・接近**》⑦ 《どこに》〖**3格**と〗…**のきわ(そば)に**, …のきわ(そば)で, …に(で). Die Leiter lehnt *an* dem Baum. はしごは木に立て掛けてある / Sie sitzt immer *am* Fenster. 彼女はいつも窓辺に座っている / ein Hotel *am* See 湖畔のホテル / Frankfurt *am* Main マイン河畔のフランクフルト(略: Frankfurt *a. M.*) / *an* der Ecke auf ein Taxi warten 街角でタクシーを待つ.
◇〖副詞とともに〗Das Taxi fuhr *an* uns vorbei. そのタクシーは私たちのわきを通り過ぎて行った / *am* Fluss entlang 川に沿って.
◇〖同じ名詞をつないで〗Kopf *an* Kopf (人々が)ひしめき合って / Sie wohnen Tür *an* Tür. 彼らは隣り合わせに住んでいる.
④ 《どこへ》〖**4格**と〗…**のきわ(そば)へ**, …のきわ(そば)に, …へ(に). Er lehnt die Leiter *an* den Baum. 彼ははしごを木に立て掛ける / Sie setzt sich *ans* Fenster. 彼女は窓辺に座る / eine Fahrt⁴ *an* den See machen 湖畔へドライブする.
② 《所属する場所・あて先》⑦ 〖**3格**と〗…**で**, …**に**. Ich studiere *an* der Universität Bonn. 私はボン大学で勉強しています / Lehrer *an* einem Gymnasium ギムナジウムの先生 / *An* dieser Stelle geschah der Unfall. この場所で事故は起こった. ④ 〖**4格**と〗…**に**, …へ. *an* die Arbeit gehen 仕事にとりかかる / einen Brief *an* 人⁴ schreiben 人⁴あてに手紙を書く / Ich habe eine Frage (Bitte) *an* Sie. あなたに質問(お願い)があります / *an* die Öffentlichkeit appellieren 公衆に訴える / Er wird

an..

an eine andere Schule versetzt. 《受動・現在》彼は別の学校へ転勤(転校)させられる.
③《時間的に》『**3格**と』…[の時]に, …日に. *am* Morgen (Abend) 朝に(晩に) / *an* diesem Wochenende 今度の週末に / *am* 5. (=fünften) Mai 5月5日に / *an* Ostern (特に南ドイツで:)復活祭の時に.
④《手がかり》『**3格**と』…によって. Ich erkenne ihn *an* der Stimme. 私は声で彼だとわかる / *an*⁴ *an* einem Beispiel erklären 例⁴を実例によって説明する.
⑤《原因》『**3格**と』…で. *an* Krebs sterben 癌($\overset{がん}{}$)で死ぬ / Das liegt nicht *an* mir. それは私のせいではない.
⑥《従事》『**3格**と』…しているところ. Ich bin *am* Aufräumen. 私は片づけをしているところです / *an* einem Roman schreiben 小説を執筆中である.
⑦《関係》『**3格**と』…について[は], …に関して[は], …の点で[は]. Zweifel *an* einer Entscheidung 判決に対する疑念 / der Mangel *an* Ausdauer 忍耐力の欠如 / Er ist noch jung *an* Jahren, aber reich *an* Erfahrungen. 彼は年は若いが経験が豊かだ / Wer ist schuld *an* dem Unfall? この事故の責任はだれにあるのか / *An* diesem Buch ist nicht viel. この本はたいしたものではない.
⑧『*am* ..sten の形で; 形容詞・副詞の最上級をつくる』最も…, いちばん…. *am* besten 最も良く, いちばん上手に / Das ist mir *am* liebsten. 私にはそれがいちばん好ましい / *am* schnellsten 最も速く.
⑨『**bis an**... の形で』《時間的・空間的に》『**4格**と』…まで. bis *an* s Lebensende 死ぬまで / bis *an* den Rhein ライン河畔まで.
⑩『*an* [**und für**] **sich** の形で』それ自体[としては]. eine *an* [und für] sich gute Idee それ自体としてはいい思いつき.
⑪『特定の動詞・形容詞とともに』*an* 事³ teil|nehmen 事³に参加する / *an* 人・事⁴ denken 人・事⁴のことを思う / sich⁴ *an* 人・事⁴ erinnern 人・事⁴を思い出す / *an* 人・事³ zweifeln 人・事⁴を疑う / *an* 事³ reich (arm) sein 事³に富んでいる(乏しい) / *an* 事⁴ gewöhnt sein 事⁴に慣れている.

II 副 ①《交通》…着. (⇔「…発」は ab). Frankfurt *an* 17.50 フランクフルト着17時50分.
②『**von**…*an* の形で』…から. von heute *an* きょうから / von Anfang *an* 初めから / von klein *an* 幼少のころから / von München *an* ミュンヒェンから.
③《口語》(ラジオ・電灯などの)スイッチが入っている, (栓が)開いている. Licht *an*! 点灯せよ / Das Radio ist *an*. ラジオがついている / Die Heizung ist *an*. 暖房が入っている.
④《口語》(衣服を)着ている. Nur rasch den Mantel *an*! 早くコートを着なさい / ohne etwas *an* 素っ裸で.
⑤『*an* [die]+数量を表す語句の形で』《口語》およそ, 約. Sie ist *an* die vierzig [Jahre alt]. 彼女はおよそ40歳だ / Er hat *an* [die] 50 Euro verloren. 彼は約50ユーロ失った.
⑥《成句的に》ab und *an* ときどき.

an.. [アン.. án..]《分離動詞の前つづり》つねにアクセントをもつ ①《目的地への接近》例: *an*|kommen 到着する. ②《接触・結合》例: *an*|kleben くっつける. ③《相手へ向かっての働きかけ》例: *an*|lächeln ほほえみかける. ④《動作の開始》例: *an*|fangen 始まる. ⑤《動作の継続》例: *an*|dauern 持続する. ⑥《増加》例: *an*|steigen 増加する. ⑦《ほんの少し》例: *an*|kochen さっと煮る.

Ana·chro·nis·mus [アナクロニスムス anakronísmʊs] 男 –/..nismen 時代錯誤, アナクロニズム.

ana·chro·nis·tisch [アナクロニスティッシュ anakronístɪʃ] 形 時代錯誤の, アナクロニズムの.

Ana·gramm [アナグラム anagrám] 中 –s/–e アナグラム, (語句の)つづり置き換え[遊び].

anal [アナール aná:l] 形《医》肛門($\overset{こうもん}{}$)の.

ana·log [アナローク analó:k] 形 ① 類似の, 似ている; 相応した. ②《コンピ》アナログ[方式]の. (⇔「デジタル[方式]」は digital).

Ana·lo·gie [アナロギー analogí:] 女 –/–n [..ギーエン] ① 類似, 類推, アナロジー. ②《生》(形態上の)相似.

Ana·log·rech·ner [アナローク・レヒナァ] 男 –s/–《コンピ》アナログ[式]計算機.

An·al·pha·bet [アン・アるふァべート án-alfabe:t または ..ベート] 男 –en/–en 文字の読めない人, 文盲. (女性形: –in).

An·al·pha·be·ten·tum [アン・アるふァべーテントゥーム または ..ベーテントゥーム] 中 –s/ 文盲, (一定地域での)文盲者の総数.

die **Ana·ly·se** [アナリューゼ analýzə] 女 (単)–/(複)–n ① 分析. (英 analysis), ↔「総合」は Synthese). eine *Analyse*⁴ machen (または vor|nehmen) 分析を行う. ②《化》分析;《数》解析. eine qualitative (quantitative) *Analyse* 定性(定量)分析. ③ 精神分析 (=Psycho*analyse*).

ana·ly·sie·ren [アナリュズィーレン analyzí:rən] 他 分析する. einen Traum *analysieren* 夢を分析する.

Ana·ly·ti·ker [アナリューティカァ analýtikər] 男 –s/– 分析者, 精神分析医;《数》解析学者. (女性形: –in).

ana·ly·tisch [アナリューティッシュ analýtɪʃ] 形 分析の, 分析的な;《数》解析の. *analytische* Geometrie 解析幾何学.

Anä·mie [アネミー anɛmí:] 女 –/–n [..ミーエン]《医》貧血[症] (=Blutarmut).

anä·misch [アネーミッシュ anɛ́:mɪʃ] 形《医》貧血[性]の (=blutarm).

Anam·ne·se [アナムネーゼ anamné:zə] 女 –/–n《医》既往歴, 病歴.

Ana·nas [アナナス ánanas] 女 –/– (または Ananasse)《植》パイナップル.

An·ar·chie [アナルヒー anarçí:] 囡 -/-n [..ヒーエン] 無政府状態, アナーキー, 無法状態; 混乱.

an·ar·chisch [アナルヒッシュ anárçɪʃ] 形 無政府状態の, 混乱した, 無秩序な.

An·ar·chis·mus [アナルヒスムス anarçísmʊs] 男 -/ 無政府主義, アナーキズム.

An·ar·chist [アナルヒスト anarçíst] 男 -en/-en 無政府主義者, アナーキスト. (女性形: -in).

an·ar·chis·tisch [アナルヒスティッシュ anarçístɪʃ] 形 無政府主義的な, アナーキーな.

An·äs·the·sie [アン・エステズィー anεstezí: または アネス.. anεs..] 囡 -/-n [..ズィーエン] 《医》① 知覚麻痺(ひ), 無感覚. ② 麻酔[法].

an·äs·the·sie·ren [アン・エステズィーレン anεstezí:rən または アネス.. anεs..] 他 (h) 《医》 (人⁴に)麻酔をかける.

An·äs·the·sist [アン・エステズィスト anεstezíst または アネス.. anεs..] 男 -en/-en 《医》麻酔専門]医. (女性形: -in).

Ana·tom [アナトーム anató:m] 男 -en/-en 《医》解剖学者. (女性形: -in).

Ana·to·mie [アナトミー anatomí:] 囡 -/-n [..ミーエン] ①《複 なし》《医》解剖学. ② 解剖学研究室(教室).

ana·to·misch [アナトーミッシュ anató:mɪʃ] 形 解剖学[上]の.

an|bah·nen [アン・バーネン án-bà:nən] I 再帰 (h) sich⁴ anbahnen (新しい道・関係などが)開ける, 始まる. Neue Möglichkeiten bahnen sich an. 新しい可能性が開ける. II 他 (h) (道⁴の)道を切り開く.

An·bah·nung [アン・バーヌング] 囡 -/-en (事業などの)準備, 下地作り, (市場などの)開拓.

an|bän·deln [アン・ベンデルン án-bèndəln] 自 (h)《mit 人³ ~》《口語》(人³に)言い寄る, (人³と)いい仲になる; (人³と)いざこざを起こす.

An·bau [アン・バオ án-bau] 男 -[e]s/-ten ①《複 なし》増築. ② 増築された建物, 増築部分. ③《複 なし》《農》栽培.

an|bau·en [アン・バオエン án-bàuən] I 他 (h) ① (家屋に接して)建て増す. eine Garage⁴ ans Haus anbauen 家にガレージを建て増す. ②《農》栽培する. II 自 (h) 増築する.

An·bau=flä·che [アンバオ・ふれッヒェ] 囡 -/-n《農》耕地面積.

An·bau=mö·bel [アンバオ・メーベル] 田 -s/-《ふつう 複》ユニット家具, 組み合わせ家具.

An·be·ginn [アン・ベギン án-bəgɪn] 男 -[e]s/《雅》最初, 初め. seit Anbeginn または von Anbeginn [an] 最初から.

an|be·hal·ten* [アン・ベハルテン án-bəhàltən] (過分 anbehalten) 他 (h)《口語》(コートなど⁴を)身につけたままにする, 脱がずにいる.

an=bei [アン・バイ または アン..] 副《官庁》これに添えて, 同封して. Anbei senden wir Ihnen ein Muster. 見本を同封します.

an|bei·ßen* [アン・バイセン án-bàisən] I 他 (h) (物⁴に)食いつく, かじりつく. II 自 (h) (魚が餌(ẽ)に)食いつく;《口語・比》(甘い話に)飛びつく.

An·bei·ßen [アン・バイセン] 田《成句的》zum Anbeißen sein (または aus|sehen)《口語》食べてしまいたいほどかわいい.

an|be·lan·gen [アン・ベランゲン án-bəlàŋən] 他 (h)《成句的》was 人・物⁴ anbelangt, ... 人・物⁴に関しては…

an|be·rau·men [アン・ベラオメン án-bəràumən] 他 (h)《官庁》(会議など⁴の)日時を決める.

an|be·ten [アン・ベーテン án-bè:tən] 他 (h) (人・物⁴を)崇拝する; 熱愛する.

An·be·ter [アン・ベータァ án-bè:tər] 男 -s/- (熱狂的な)ファン; 崇拝者. (女性形: -in).

An·be·tracht [アン・ベトラハト án-bətraxt] 男《成句的》in Anbetracht [dessen, dass...] …を考慮して / in Anbetracht dieser Umstände² このような事情を考慮して.

an|be·tref·fen* [アン・ベトレッふェン án-bətrèfən] 他 (h)《成句的》was 人・物⁴ anbetrifft, ... 人・物⁴に関しては…

an|bet·teln [アン・ベッテルン án-bètəln] 他 (h) (人⁴に)ねだる. 人⁴ um Geld anbetteln 人⁴にお金をせがむ.

An·be·tung [アン・ベートゥング] 囡 -/-en《ふつう 単》崇拝; 熱愛.

an|bie·dern [アン・ビーダァン án-bì:dərn] 再帰 《sich⁴ bei 人³ ~》(人³に)なれなれしく近づく, とり入ろうとする.

an|bie·ten [アン・ビーテン án-bì:tən] du bietest...an, er bietet...an (bot...an, hat...angeboten) I 他《完了》haben) ① (人³に 物⁴を) 提供しようと申し出る; (人³に飲食物など⁴を)さし出す, 勧める. (英 offer). Darf ich Ihnen eine Tasse Kaffee anbieten? コーヒーを1杯いかがですか / Ich habe ihm meine Hilfe angeboten. 私は彼に援助を申し出た. ◇《再帰的に》Er bot sich⁴ als Vermittler an. 彼は仲介役を買って出た.
② (人³に 事⁴を)提案する. 人³ das Du⁴ anbieten (人³に) du (君)で呼びあうことを提案する. ③ 売りに出す.
II 再帰《完了》haben) sich⁴ anbieten ① (解決案などが)思い浮かぶ. ② 適している. Für das Treffen bietet sich der Ort geradezu an. 会談にはその場所がうってつけだ.

an|bin·den* [アン・ビンデン án-bìndən] I 他 (h) (ひもなどで)結び付ける, つなぐ. das Pferd⁴ an einen Pflock anbinden 馬をくいにつなぐ. II 自 (h)《mit 人³ ~》《雅》(人³と)いさかいを起こす; (人³と)いい仲になる.
◇☞ **angebunden**

an|bla·sen* [アン・ブラーゼン án-blà:zən] 他 (h) ① (風などが 人・物⁴に)吹きつける. ② (火などを)吹きおこす; (ラッパなど⁴を)試しに吹く, 鳴らしてみる. ③《冶》(溶鉱炉⁴に)送風を開始する. ④《俗》(人⁴を)どなりつける.

der **An·blick** [アン・ブリック án-blɪk] 男 (単2) -[e]s/(複) -e (3格のみ -en) ① 眺め, 光

景.(ަ sight). Der *Anblick* begeisterte ihn. その光景は彼を感激させた. ②〖複 なし〗見ること, 注視. **beim** ersten *Anblick* 一見して.

an|bli‧cken [アン・ブリッケン án-blìkən]⑩(h) 見つめる. Sie *blickte* ihn lächelnd *an*. 彼女はほほえみながら彼を見つめた.

an|blin‧zeln [アン・ブリンツェルン án-blìntsəln]⑩(h) ①(まぶしそうに)目をしばたたかせながら見つめる. ②(囚⁴に)目くばせする.

an|boh‧ren [アン・ボーレン án-bò:rən]⑩(h) ①(物⁴に)穴を開ける;(温泉など⁴を)掘り当てる. ②《口語》(囚⁴に)探りを入れる.

an|bra‧ten [アン・ブラーテン án-brà:tən]⑩(h)《料理》(肉などを)さっと焼く(いためる).

an|bre‧chen* [アン・ブレッヒェン án-brèçən] I ⑩(h) ①(物⁴の)封を切る, (蓄えなど⁴を)使い始める. eine Flasche⁴ Wein *anbrechen* ワインの口を開ける. ②(部分的に物⁴を)折る. II ⑩(s)《雅》(日・時代などが)始まる. Eine neue Epoche *ist angebrochen*.〖現在完了〗新しい時代が始まった.
◊☞ **angebrochen**

an|bren‧nen* [アン・ブレンネン án-brènən] I ⑩(h)(物⁴に)火をつける, 点火する. II ⑩(s) ① 燃え始める. Das Holz *brannte* endlich *an*. まきにやっと火がついた. ②(料理が)焦げつく. nichts⁴ *anbrennen lassen*《口語》どんなチャンスも逃さない.
◊☞ **angebrannt**

an|brin‧gen* [アン・ブリンゲン án-brìŋən] (brachte…an, *hat*…angebracht) ⑩(完了 haben) ①《口語》(どこからか)持って来る, 連れて来る. Die Kinder *brachten* eine junge Katze *an*. 子供たちは子猫を連れて来た.
②(壁などに)取り付ける. eine Lampe⁴ *an* der Decke *anbringen* 照明を天井に取り付ける. ③(苦情など⁴を)持ち出す, 口に出す;(知識など⁴を)ひけらかす. eine Bitte⁴ **bei** 囚³ *anbringen* 囚³に頼みごとをする. ④《口語》就職(入学)させる,(娘⁴を)嫁がせる. ⑤《口語》(商品⁴を)売りさばく, 売りつける.
◊☞ **angebracht**

An‧bruch [アン・ブルフ án-brux] 男 ―[e]s/..brüche ①〖複 なし〗《雅》始まり, 開始. **bei** *Anbruch* des Tages 夜明けに. ② 破損の兆し, ひび.

an|brül‧len [アン・ブリュレン án-brỳlən]⑩(h) ①(動物が囚⁴に)ほえかかる. ②《口語》(囚⁴に)大声でがなりたてる.

An‧cho‧vis [アンヒョーヴィス ançó:vɪs または ..ショーヴィス ..ʃó:vɪs] 囡 ―/― アンチョビー(カタクチイワシの塩漬け)(= Anschovis).

die **An‧dacht** [アン・ダハト án-daxt] 囡(単)―/(複)―en ①〖複 なし〗信心, 敬虔(けい). ②《宗教》(短い)礼拝, 祈禱(とう). eine *Andacht*⁴ *halten* 祈禱する. ③〖複 なし〗(精神的な)集中. **mit** *Andacht* zu|hören 一心に傾聴する.

an‧däch‧tig [アン・デヒティヒ án-dɛçtɪç] 形

① 信心深い, 敬虔(けい)な. ② 精神(気持ち)を集中させた. 囚³ *andächtig* lauschen 囚³の言葉に一心に耳を傾ける. ③ 厳かな.

an‧dan‧te [アンダンテ andántə] [音楽] 副《音楽》アンダンテ, 緩やかに, 歩くような速度で.

an‧dau‧ern [アン・ダオアァン án-dàuərn] ⑩(h) 持続する, 絶え間なく続く.

an‧dau‧ernd [アン・ダオアァント] I *andauern*(持続する)の現分 II 形 持続的な, 絶え間ない;再三の. *andauernder* Regen 長雨.

die **An‧den** [アンデン ándən]複〖定冠詞とともに〗アンデス山脈(南米大陸の太平洋側に連なる).

das **An‧den‧ken** [アン・デンケン án-deŋkən] 中(単2) ―s/(複) ― ①〖複 なし〗思い出, 回想, 追憶, 記念. (≒ memory). Ich schicke dir das Foto **zum** *Andenken* **an** unsere Reise. 私たちの旅の思い出にこの写真を君に送ります. ② 思い出の品, 記念品,(旅の)みやげ. Der Ring ist ein *Andenken* **an** meine Mutter. この指輪は母の形見です.

***an‧der** [アンダァ ándər] 形 ①(二つのうち)もう一方の, もう一つの, 別の方の.(≒ other). die *andere* Hälfte もう一方の半分 / am *anderen* Ende もう一方の端に. ◊〖名詞的に〗Die einen (または Die Einen), die *anderen* (または die *Anderen*) gehen. 来る者もあれば, 去る者もあり / ein Bein⁴ über das *andere* schlagen 脚を組む.

② ほかの,(これまでとは)違った, 異なる. *andere* Maßstäbe⁴ an|legen ほかの基準を当てはめる / ein *anderes* Mal いつか別の時に / Das ist eine *andere* Welt. それは別世界だ / Da bin ich *anderer* Meinung² als Sie. その点では私はあなたとは違う意見です / *Andere* Länder, *andere* Sitten.《諺》所変われば品変わる(←異なった国には異なった風習がある) / Sie ist **in** *anderen* Umständen. 彼女は妊娠している(←通常とは異なった状態である) / **mit** *anderen* Worten 言い換えれば.

◊〖名詞的に〗Das ist etwas [ganz] *anderes* (または *Anderes*). それは[まったく]別のことだ / und *andere*[s](または *Andere*[s])(略: u. a.) 等々, その他 / einer (eins) **nach** dem *anderen* 一人ずつ(事柄が次々と) / einen Tag nach dem *anderen* 毎日毎日, 連日 / **unter** *anderem* (または *Anderem*)(事物について:)とりわけ, なかでも(略: u. a.) / **unter** *anderen* (または *Anderen*)(人について:)とりわけ, なかでも(略: u. a.).

◊〖**als** とともに〗nichts *anderes* (または *Anderes*) **als**… …以外の何ものでもない ⇒ Ich konnte nichts *anderes* (または *Anderes*) tun als warten. 私は待つしかなかった / Es bleibt ihm nichts *anderes* (または *Anderes*) übrig als… 彼は…するほかに何もできなかった / Das ist *alles andere* (または *Andere*) **als** leicht. それは簡単どころではない(たいへん難しい).

③ その次の. **am** *anderen* Tag 翌日に.

|注意| ander のあとに続く形容詞は ander と同じ語尾変化をするが, 無冠詞で, 単数男性・中性3格の

an·de·ren⳽falls [アンデレン・ふァるス] 副 そうでない場合には，さもなければ．

an·de·ren⳽**teils** [アンデレン・タイлス] 副 他の部分は．einsteils ~, anderenteils … 一部の，他の部分では…

an·de·rer⳽seits [アンデラァ・ザイツ] 副 他方では，その反面．einerseits ~, andererseits … 一方では~，他方では…

an·der⳽mal [アンダァ・マーる] 副《成句的に》ein andermal 別の時に，またいつか．

***än·dern** [エンダァン éndərn] (änderte, hat … geändert) I 他 (完了 haben) 変える，変更する．(英 change). ein Kleid⁴ ändern ワンピースを仕立て直す / Er änderte überraschend seine Pläne. 彼は不意に計画を変更した / Daran ist nichts zu ändern. それはどうしようもない(←何も変えられない)．
II 再帰 (完了 haben) sich⁴ ändern 変わる，変化する．Das Wetter ändert sich. 天気が変わる．

an·dern⳽falls [アンダァン・ふァるス] 副 = anderenfalls

an·dern⳽**teils** [アンダァン・タイлス] 副 = anderenteils

*__an·ders__ [アンダァス ándərs] 副 ① 異なって，別の仕方で，違った方法で．(英 differently). anders denken 違った考え方をする / Er ist ganz anders geworden. 『現在完了』彼はすっかり変わってしまった / Früher war alles anders. 昔は何もかもこんなようではなかった(もっとよかった) / anders gesinnt 考え方の異なる．
◊《**als** とともに》…とは異なって(違って)．Ich denke anders als du. ぼくは君とは考えが違うよ / Er sieht anders aus als sein Vater. 彼は父親とは見た感じが違う．
◊《**nicht** とともに》まさにそのように，そうするしかない．Ich konnte nicht anders. 私はそうするしかなかったんです．
② 《不定代名詞・疑問詞などとともに》そのほか，それ以外 (=sonst). Wer anders als ich? 私以外にだれが? / jemand anders だれか別の人 / Ich habe niemand anders gesehen. 私はほかにだれも見なかった / irgendwo anders どこかほかの所で．
▶ anders⳽denkend, Anders⳽denkende[r], anders⳽geartet

an·ders⳽ar·tig [アンダァス・アールティヒ] 形 性質の異なる，別種の．

an·ders⳽**den·kend, an·ders den·kend** [アンダァス・デンケント] 形 意見の異なる，違う考えを持つ．

An·ders den·ken·de[r], an·ders Den·ken·de[r] [アンダァス・デンケンデ(..ダァ)] 男 女《語尾変化は形容詞と同じ》意見(考え方)の異なる人．

an·der⳽seits [アンダァ・ザイツ] 副 他方では (=andererseits).

An·der·sen [アンダァゼン ándərzən] -s/《人名》アンデルセン (Hans Christian *Andersen* 1805-1875; デンマークの作家).

an·ders⳽ge·ar·tet, an·ders ge·ar·tet [アンダァス・ゲアールテット] 形 異なる種類(性質)の．

an·ders ge·sinnt ☞ anders ①

an·ders⳽gläu·big [アンダァス・グろイビヒ] 形 信仰の異なる．

an·ders⳽**he·rum** [アンダァス・ヘルム] 副 ① 逆回りに，反対方向へ；(前後が)逆に．② 《口語》同性愛の，倒錯した．

an·ders⳽wo [アンダァス・ヴォー] 副《口語》どこか別のところで．

an·ders⳽**wo·her** [アンダァス・ヴォヘーァ] 副《口語》どこか別のところから．

an·ders⳽**wo·hin** [アンダァス・ヴォヒン] 副《口語》どこか別のところへ．

än·der·te [エンダァテ] ‡ändern (変える) の過去

an·dert·halb [アンダァト・ハるプ ándərt-hálp] 形《無語尾で》1と2分の1(1¹/₂)の (=einein-halb). anderthalb Stunden 1時間半 / vor anderthalb Jahren 1年半前に．

an·dert·halb⳽fach [アンダァトハるプ・ふァッハ] 形 1倍半の．

die **Än·de·rung** [エンデルング éndəruŋ] 女 (単)-/(複)-en 変更，修正；変化．(英 change). eine Änderung der Arbeitsverhältnisse² 労働条件の変更．

an·der⳽wärts [アンダァ・ヴェлツ] 副《雅》別の場所で(へ)．

an·der⳽**wei·tig** [アンダァ・ヴァイティヒ] I 形《付加語としてのみ》その他の，別の．II 副 別の仕方で；別の方面で．

an|deu·ten [アン・ドイテン án-dɔ̀ytən] du deutest…an, er deutet…an (deutete…an, hat …angedeutet) I 他 (完了 haben) ① ほのめかす，暗示する，それとなく知らせる(言う). (英 hint). Er deutete seine Hilfsbereitschaft an. 彼は援助する用意のあることをほのめかした．② 大づかみに示す．Ich *möchte* hier meine Pläne nur andeuten. 私の計画をここにかいつまんで示したい．
II 再帰 (完了 haben) sich⁴ andeuten (可能性などが)見えてくる．Der Sturm deutete sich an. 嵐の前兆があった．

die **An·deu·tung** [アン・ドイトゥング án-dɔ̀ytuŋ] 女 (単)-/(複)-en ① ほのめかし，暗示，示唆，ヒント；予示．(英 hint). eine leise Andeutung⁴ machen かすかにほのめかす．② 兆し，前兆．die Andeutungen einer Krankheit² 病気の兆候．

an·deu·tungs⳽wei·se [アンドイトゥングス・ヴァイゼ] 副 暗示的に，それとなく．

an|dich·ten [アン・ディヒテン án-dìçtən] 他 (h) (人³には (悪意・超能力など)があると)うそを言う．

An·drang [アン・ドランク án-draŋ] 男 -[e]s/押し寄せること，殺到，雑踏．

an|drän·gen [アン・ドレンゲン án-drɛ̀ŋən] 自

(s) 〖gegen 物⁴ ～〗(物⁴に向かって)押し寄せる.
An·dre·as [アンドレーアス andré:as]《男名》アンドレーアス.
an|dre·hen [アン・ドレーエン án-drè:ən] 他 (h) ① (ガス・水道など⁴を)栓をひねって出す; (電灯など⁴を)スイッチをひねってつける. (⇔「ひねって止める」は ab|drehen). *das Licht⁴ andrehen* スイッチをひねって明かりをつける / *das Wasser⁴ andrehen* コックをひねって水を出す. ② (ねじなど⁴を)回して締める. ③《口語》(人³に粗悪品など⁴を)高く売りつける. ④《映》クランクインする.
and·rer*seits [アンドラァ・ザイツ] 副 他方では (=andererseits).
an|dro·hen [アン・ドローエン án-drò:ən] 他 (h) (人³に 物⁴をするぞと言って)脅す, 脅迫する.
An·dro·hung [アン・ドローウング] 囡 -/-en 脅し, 脅迫. *unter Androhung von Strafe* 罰するぞと脅かされて.
An·dro·me·da [アンドローメダ andró:meda] I -/《ギリ神》(エチオピア王の娘). II 囡 -/ ① 〖定冠詞とともに〗《天》アンドロメダ座. ②《植》ヒメシャクナゲ.
Äne·as [エネーアス ɛné:as]《ギリ神》アエネアス(トロヤの英雄. のちにローマの建設者ロムルスの祖となったとされる).
an|ecken [アン・エッケン án-èkən] 自 (s) ① (誤って角などに)ぶつかる. *mit dem Rad am Bordstein anecken* 自転車で縁石にぶつかる. ②《口語》ひんしゅくを買う. *bei 人³ anecken* 人³の機嫌をそこねる.
an|eig·nen [アン・アイグネン án-àignən] du eignest … an, er eignet … an (eignete … an, *hat* … angeeignet) 再帰 《完了》haben) *sich³ 物·事⁴ aneignen* ① (物⁴(知識·習慣などを)習得する, 身につける. (奥 acquire). *sich³ eine Fremdsprache⁴ aneignen* 外国語を習得する / *Du hast dir gute Umgangsformen angeeignet.* 君は礼儀作法を身につけたね. ② (物⁴を)横領する, 着服する.
An·eig·nung [アン・アイグヌング] 囡 -/-en 〖ふつう 単〗習得, 取得; 横領;《法》先占.
an*ein·an·der [アン・アイナンダァ an-ainándər] 副 〖互いに〗接し合って, 相並んで. *aneinander denken* 互いに相手のことを考える / *aneinander vorbei|gehen* 互いにすれ違う.
an·ein·an·der|fü·gen [アンアイナンダァ・フューゲン anainándər-fỳ:gən] 他 (h) つなぎ合わせる, 接合する.
an·ein·an·der|ge·ra·ten* [アンアイナンダァ・ゲラーテン anainándər-gəràːtən] 自 (s) (意見の対立などで)けんかになる.
an·ein·an·der|gren·zen [アンアイナンダァ・グレンツェン anainándər-grɛ̀ntsən] 自 (h) 隣合う, 隣接する.
an·ein·an·der|rei·hen [アンアイナンダァ・ライエン anainándər-ràiən] I 他 (h) 並べて置く. II 再帰 (h) *sich⁴ aneinanderreihen* a) (物が)並ぶ, b) (事が)続く.

An·ek·do·te [アネクドーテ anɛkdóːtə] 囡 -/-n 逸話.
an|ekeln [アン・エーケルン án-è:kəln] 他 (h) (人⁴に)吐き気を催させる.
Ane·mo·ne [アネモーネ anemóːnə] 囡 -/-n 《植》アネモネ.
An·er·bie·ten [アン・エァビーテン án-ɛrbiːtən] 囲 -s/ 申し出, 提案.
an·er·kannt [アン・エァカント án-ɛrkant] I an|erkennen (承認する)の 過分 II 形 定評のある, 一般に認められている, 公認の. *ein anerkannter Fachmann* 定評ある専門家.
an·er·kann·ter*ma·ßen [アンエァカンタァ・マーセン] 副 一般に認められているように, 定評どおり.
an|er·ken·nen* [アン・エァケネン án-ɛrkènən] (erkannte … an, *hat* … anerkannt) (⇔まれには非分離動詞として用いられる) 他 《完了》haben) ① 承認する, 認める, 認知する. (奥 acknowledge). *Wir erkennen seine Meinung an.* 私たちは彼の意見を正当と認める / *die neue Regierung⁴ anerkennen* (他国が)新政府を承認する. ② (功績など⁴を)評価する, 称賛する. ◇〖現在分詞の形で〗*anerkennende* Worte 称賛の言葉. ◇☞ **anerkannt**
an·er·ken·nens*wert [アンエァケネンス・ヴェーァト] 形 評価すべき, 称賛に値する.
An·er·ken·nung [アン・エァケヌング] 囡 -/-en ①《ふつう 単》(公的な)承認, 認知; 是認. ② (功績などを)評価すること, 称賛, 賛辞. *in Anerkennung von seinen Verdiensten* 彼の功績をたたえて.
an|fa·chen [アン・ファッヘン án-fàxən] 他 (h) 《雅》(火⁴を)あおる;《比》(欲望·感情など⁴を)あおりたてる.
an|fah·ren* [アン・ファーレン án-fà:rən] I 自 (s) ① (乗り物が·乗り物で)動き始める. *Der Wagen fuhr langsam an.* 車がゆっくり動き出した. ②〖過去分詞の形で〗*angefahren kommen* (乗り物で)やって来る. II 他 (h) ① (乗り物で)運んで来る. ② (乗り物で·乗り物が人·物⁴に)ぶつかる. *Er hat ein Kind angefahren.* 彼は子供をはねた. ③ (乗り物で·乗り物がある場所⁴へ)向かう. ④《比》(人³に)どなりつける. ⑤ (工)(工場設備など⁴を)始動させる.
An·fahrt [アン・ファールト án-faːrt] 囡 -/-① (乗り物での)到着. ② (乗り物での)所要時間, 所要距離. ③ (自動車用の)進入路.
An·fall [アン・ファル án-fal] 男 -[e]s/..fälle ① (病気などの)発作, (感情などの)激発. *Herzanfall* 心臓発作 / *ein Anfall von Hysterie* ヒステリーの発作 / *einen schweren Anfall bekommen* (または haben) 激しい発作に襲われる. ②〖圏 なし〗収穫, 生産(産出)高. *der Anfall an Getreide* 穀物の収穫量.
an|fal·len* [アン・ファレン án-falən] I 他 (h) ① (人·物⁴に)突然襲いかかる. *Der Wolf fiel die Schafe an.* 狼が羊を襲った. ② (病気·

怒りなどが〔人⁴を〕襲う. Angst *fiel* ihn *an*. 彼は不安に襲われた. **II** (s) (付随して)発生する. ◇《現在分詞の形で》die *anfallenden* Kosten (何かに付随して)かかる費用.

an·fäl·lig [アン・ふェりヒ án-fɛlɪç] 形 (病気などに)感染しやすい, 抵抗力がない. Sie ist sehr *anfällig für* (または **gegen**) Erkältungen. 彼女はとても風邪をひきやすい.

An·fäl·lig·keit [アンふェりヒカイト] 女 -/ 病気に感染しやすいこと, 虚弱.

*der **An·fang** [アン・ふァング án-faŋ] 男 (単2) -[e]s/(複) ..fänge [..ふェンゲ] (3格のみ ..fängen) 初め, 最初; 初期; 始まり, 発端, 創始; 起源. (⇔ *beginning*). (⇔「終わり」は Ende). *Anfang* März 3月初めに / der *Anfang* einer Erzählung² 物語の冒頭 / erste *Anfänge* der Kultur² 文化の起源 / den *Anfang* machen 真っ先に始める ⇒ Wer macht den *Anfang*? だれから始めますか / mit 事³ einen neuen *Anfang* machen 事³ を再開する / Aller *Anfang* ist schwer. (ことわざ) 何事も最初は難しい.

◇《前置詞とともに》**am** *Anfang* des Jahres 年の初めに / **im** (または **zu**) *Anfang* 初めに / **von** *Anfang* an 初めから / **von** *Anfang* bis [zu] Ende 初めから終わりまで.

An·fän·ge アン・ふェンゲ *Anfang (初め)の 複.

an|fan·gen [アン・ふァンゲン án-faŋən]

始める; 始まる

Morgen *fängt* die Schule *an*.
モルゲン　ふェングト ディ シューれ　アン
あすから学校が始まる.

du fängst...an, er fängt...an (fing...an, hat...angefangen) **I** 他 (完了 haben) ① (事⁴を)始める, 開始する. (⇔ *begin*). (⇔「終える」は beenden). Er *fängt* die Arbeit *an*. 彼は仕事にとりかかる / ein neues Leben⁴ *anfangen* 新生活を始める. ◇〖**zu** 不定詞[句]とともに〗 Sie *fing an* zu weinen. 彼女は泣き始めた.

② 行う, 扱う, 処理する. Was *soll* ich nun *anfangen*? 私はどうすればよいのだろう / Man kann mit diesem Plan nichts *anfangen*. この計画ではどうしようもない.

II 自 (完了 haben) ① 始まる. (⇔「終わる」は auf|hören, enden). Der Unterricht *fängt* um acht Uhr *an*. 授業は8時に始まる / Das *fängt* ja gut *an*! (反語的に:)これはさい先がいいぞ.

② 始める. Wer *fängt an*? だれから始めますか / mit 事³ *anfangen* 事³を始める ⇒ mit der Arbeit *anfangen* 仕事にとりかかる / [wieder] **von** vorn *anfangen* 最初からやり直す.

der **An·fän·ger** [アン・ふェンガァ án-fɛŋər] 男 (単2) -s/(複) – (3格のみ -n) 初心者, 初学者, 新米. (⇔ *beginner*). Kurse für *Anfänger* 初心者コース / Er ist noch ein blutiger *Anfänger* im Autofahren. 彼は車の運転にかけてはまだまったくの初心者だ.

An·fän·ge·rin [アン・ふェンゲリン án-fɛŋərɪn] 女 -/..rinnen (女性の)初心者.

an·fäng·lich [アン・ふェングりヒ] **I** 形〖付加語としてのみ〗初めの, 初期の. **II** 副 最初に, 初めのうちは.

***an·fangs** [アン・ふァングス án-faŋs] **I** 副 最初に. (⇔ *at first*). *Anfangs* ging alles gut. 初めは万事うまくいった.

II 副〖**2**格とともに〗(口語)…の初めに. *anfangs* des Jahres 年の初めに.

An·fangs=sta·di·um [アンふァングス・シュターディウム] 中 -s/..dien [..ディエン] 初期の段階.

***an|fas·sen** [アン・ふァッセン án-fàsən] du fasst...an, er fasst...an (fasste...an, hat...angefasst) **I** 他 (完了 haben) ① (事⁴に手で)触れる, つかむ. Sie *fasste* vorsichtig das Tuch *an*. 彼女は慎重にその布を手に取った. ② (仕事など⁴に)とり組む, とりかかる. ein Problem⁴ richtig *anfassen* きちんと問題解決にとりかかる. ③ (人⁴に)扱う. 〖人⁴ hart *anfassen* 人⁴をきびしく扱う. ④ 《雅》(感情などが)人⁴の心を)とらえる.

II 自 (完了 haben)〖副詞の **mit** とともに〗手助けをする. *Fass* doch mal mit *an*! ちょっと手を貸してよ.

III 再帰 (完了 haben) *sich*⁴ *anfassen* (…のような)手触りである. Der Stoff *fasst sich* weich *an*. その布地は手触りが柔らかい.

an·fecht·bar [アン・ふェヒトバール] 形 議論の余地のある; 《法》無効にできる, とり消しうる.

an|fech·ten* [アン・ふェヒテン án-fɛçtən] 他 (h) (事⁴の)正当性を認めない. ein Urteil⁴ *anfechten* 判決に異議を申したてる. ② 《雅》(人⁴を)悩ます, わずらわす.

An·fech·tung [アン・ふェヒトゥング] 女 -/-en ① 異議[申したて], 論難; 《法》とり消し[の請求]. ② 《雅》誘惑.

an|fein·den [アン・ふァインデン án-fàɪndən] 他 (h) (人⁴に)敵対する, 敵意を示す.

An·fein·dung [アン・ふァインドゥング] 女 -/-en 敵対, 敵視.

an|fer·ti·gen [アン・ふェルティゲン án-fɛ̀rtɪgən] 他 (h) 作り上げる, 製作する; (衣服など⁴を)仕立てる; (書類など⁴を)作成する. ein Protokoll⁴ *anfertigen* 議事録を作成する.

An·fer·ti·gung [アン・ふェルティグング] 女 -/-en 製作; (書類の)作成.

an|feuch·ten [アン・ふォイヒテン án-fɔ̀yçtən] 他 (h) (切手・海綿など⁴を)湿らす, 軽くぬらす.

an|feu·ern [アン・ふォイアァン án-fɔ̀yərn] 他 (h) ① (ストーブなど⁴に)点火する. ② 《比》(特にスポーツで:)激励する(鼓舞)する.

an|fle·hen [アン・ふれーエン án-flè:ən] 他 (h) (人⁴に)懇願する. 人⁴ **um** Hilfe *anflehen* 人⁴に必死で助けを請う.

an|flie·gen* [アン・ふりーゲン án-flì:gən] **I** 自 (s) ① 飛んで来る. ◇《過去分詞の形で》 *an*-

Anflug

geflogen kommen 飛んで来る. ② (知識などが人³に)たやすく身につく. **II** 他 (h) ① (ある場所⁴へ)向かって飛ぶ. Wir *fliegen* jetzt München *an*. 私たちはただ今ミュンヒェンへ向かって飛行しております. ② 《雅》(不安などが人⁴を)突然襲う.

An·flug [アン・ふるーク án-flu:k] 男 -[e]s/..flüge ① 《空》飛来, (着陸のための)進入, アプローチ. Die Maschine befindet sich **im** *Anflug* **auf Frankfurt.** 当機はフランクフルトへの着陸態勢に入りました. ② 《比》かすかな気配. **mit dem** *Anflug* **eines Lächelns** かすかなほほえみを浮かべて.

an|for·dern [アン・ふォルダァン án-fɔ̀rdərn] 他 (h) 要求する, 請求する.

An·for·de·rung [アン・ふォルデルング án-fɔ̀rdəruŋ] 女 -/-en ① 要求, 請求; 注文. ② 《ふつう 複》(仕事についての)要求, 要求される条件.

die **An·fra·ge** [アン・ふラーゲ án-fra:gə] 女 (単) -/(複) -n 問い合わせ, 照会; (議会での)質問. (英 *inquiry*). eine *Anfrage*⁴ **an** 人⁴ **richten** 人⁴に問い合わせる.

an|fra·gen [アン・ふラーゲン án-frà:gən] 自 (h) 問い合わせる, 照会する. **wegen einer Sache bei** 人³ *anfragen* ある件で人³に問い合わせる.

an|freun·den [アン・ふロインデン án-frɔ̀yndən] 再帰 (h) 『*sich*⁴ *mit* 人·事³ ~』(人³と)親しくなる, 仲良くなる, (環境³に)慣れる, なじむ.

an|frie·ren* [アン・ふリーレン án-frì:rən] **I** 自 (s) ① 『*an* 物³ ~』(物⁴に)凍ってくっつく. ② 凍り始める. **II** 他 (h) *sich*³ 物⁴ *anfrieren* 物⁴(手·足など)が凍える.

an|fü·gen [アン・ふューゲン án-fỳ:gən] 他 (h) (A³ に B⁴ を)付け加える. **dem Brief eine Nachschrift⁴** *anfügen* 手紙に追伸を添える.

an|füh·len [アン・ふューれン án-fỳ:lən] **I** 他 (h) (物⁴に)触ってみる. **II** 再帰 (h) 『*sich*⁴ *anfühlen*』(…のような)手触りである. Das *fühlt sich wie Samt an*. それはビロードのような手触りだ.

An·fuhr [アン・ふーァ án-fu:r] 女 -/-en 運び込むこと, 搬入.

an|füh·ren [アン・ふューレン án-fỳ:rən] (führte ... an, *hat* ... angeführt) 他 (完了 haben) ① 先導する, 率いる, リードする. (英 *lead*). **Der Bürgermeister** *führt* **den Festzug** *an*. 市長が祭のパレードの先頭に立っている. ② (理由などを)あげる, 持ち出す. **Beispiele⁴** *anführen* 例をあげる / **A⁴ als Argument für B⁴** *anführen* A⁴をB⁴の論拠としてあげる. ③ 引用する (=zitieren). ◇《過去分詞の形で》 **am** *angeführten* **Ort** 上述の箇所で, 前掲書で (略: a. a. O.). ④ 《口語》からかう, 一杯くわせる.

An·füh·rer [アン・ふューラァ án-fy:rər] 男 -s/- 先導者, 指揮者, リーダー; (ギャングなどの)首領. (女性形: -in).

An·füh·rung [アン・ふュールング án-fy:ruŋ] 女 -/-en ① 先導, 指揮, リーダーシップ. **unter** *Anführung* **des Klassensprechers** 学級委員のリードのもとに. ② 言及, 列挙; 引用[箇所].

An·füh·rungs·strich [アン・ふューるングス・シュトリヒ] 男 -[e]s/-e 《ふつう 複》 =Anführungszeichen

An·füh·rungs·zei·chen [アン・ふューるングス・ツァイヒェン] 中 -s/- 《ふつう 複》引用符 (記号: „ …").

an|fül·len [アン・ふュれン án-fỳlən] 他 (h) 『A⁴ **mit B³** ~』(A⁴をB³で)満たす, いっぱいにする.

die **An·ga·be** [アン・ガーベ án-ga:bə] 女 (単) -/(複) -n ① 申したて, 報告, 申告; 指示. **Können Sie uns darüber nähere** *Angaben* **machen?** それについて詳しく報告していただけませんか / **nach den** *Angaben* **des Zeugen** 証人の供述によれば / **ohne** *Angaben* **von Gründen** 理由も述べずに. ② 《複 なし》《口語》自慢, ほら. ③ (スポーツ)(球技の)サーブ[ボール].

an·gän·gig [アン・ゲンギヒ án-gɛŋɪç] 形 許される, さし支えない, 許容しうる.

an|ge·ben* [アン・ゲーベン án-gè:bən] du gibst ... an, er gibt ... an (gab ... an, *hat* ... angegeben) **I** 他 (完了 haben) ① 告げる, 述べる, 知らせる, (例など⁴を)あげる, (英 *inform*). **Bitte** *geben* **Sie Ihre Anschrift** *an*! ご住所をおっしゃってください / **einen Grund [für 事⁴]** *angeben* [事⁴の]理由をあげる. ◇《過去分詞の形で》 **am** *angegebenen* **Ort** 上述の箇所で, 前掲書で (略: a. a. O.). ② (方向·テンポなど⁴を)定める. **den Ton** *angeben* **a)** 《音楽》出だしの音を聞かせる, **b)** 《比》イニシアチブをとる. ③ 《警察などに》密告する, 告げ口する. **einen Mitschüler beim Lehrer** *angeben* 同級生のことを先生に言いつける.

II 自 (完了 haben) ① 《口語》自慢する, ほらを吹く. *Gib* **doch nicht so** *an*! そんなに大口をたたくな. ② (球技で):サーブする.

An·ge·ber [アン・ゲーバァ án-ge:bər] 男 -s/- ① 密告者, 裏切り者. (女性形: -in). ② 《口語》ほら吹き.

An·ge·be·rei [アン・ゲーベライ an-ge:bəráɪ] 女 -/-en ① 《ふつう 複》《口語》自慢, ほら. ② 自慢話.

an·ge·be·risch [アン・ゲーベリッシュ án-ge:bərɪʃ] 形 《口語》自慢屋の, ほら吹きの.

an·geb·lich [アン・ゲープリヒ án-ge:plɪç] 形 自称の, 表向きの, 名目上の. **der** *angebliche* **Verfasser des Buches** その本の表向きの著者 / **Er ist** *angeblich* **Arzt.** 彼は医者だと称している.

an·ge·bo·ren [アン・ゲボレン án-gəbo:rən] 形 生まれつきの, 生来の, 天賦の(才能など); 先天性の(病気など).

*das **An·ge·bot** [アン・ゲボート án-gəbo:t] 中 (単 2) -[e]s/-e (3格のみ -en) ① 申し出, 提案. (英 *offer*). ② **ein** *Angebot*⁴ **machen** 人³に申し出をする / **ein** *Angebot*⁴

ab|lehnen (an|nehmen) 申し出を拒絶する（受諾する）. ② 〚醜なし〛〚経〛(商品の)供給，(総称として:) (店頭の)商品. Sonder*angebot* 特売品 / *Angebot* und Nachfrage 供給と需要 / Das *Angebot* von Gemüse ist gering. 野菜の品ぞろえが少ない.

an·ge·bo·ten [アン・ゲボーテン] *an|bieten (提供しようと申し出る)の過分

an·ge·bracht [アン・ゲブラッハト] I an|bringen (持って来る)の過分 II 形 適切な, 当を得た (発言など).

an·ge·brannt [アン・ゲブラント] I an|brennen (火をつける)の過分 II 形 焦げついた.

an·ge·bro·chen [アン・ゲブロッヘン] I an|brechen (封を切る)の過分 II 形 ① ひびの入った. ② 封を切った(パッケージなど).

an·ge·bun·den [アン・ゲブンデン] I an|binden (結び付ける)の過分 II 形 ① (仕事などで)束縛された. ② 〚成句的に〛kurz *angebunden* sein 無愛想である, そっけない.

an|ge·dei·hen* [アン・ゲダイエン án-gədaıən] 自 (h) 〚成句的に〛人³に物⁴ *angedeihen lassen* 〚雅〛人³に物⁴を授ける(与える).

an·ge·deu·tet [アン・ゲドイテット] an|deuten (ほのめかす)の過分

an·ge·eig·net [アン・ゲアイグネット] an|eignen (再用 で: 習得する)の過分

an·ge·fan·gen [アン・ゲファンゲン] *an|fangen (始める)の過分

an·ge·fasst [アン・ゲファスト] *an|fassen (手で触れる)の過分

an·ge·führt [アン・ゲフューアト] an|führen (先導する)の過分

an·ge·gan·gen [アン・ゲガンゲン] I an|gehen (関係する)の過分 II 形 〚成句的に〛*angegangen* kommen 〚口語〛歩いてやって来る.

an·ge·ge·ben [アン・ゲゲーベン] an|geben (告げる)の過分

an·ge·gos·sen [アン・ゲゴッセン án-gəgɔsən] 形 〚物¹ sitzt (または passt) wie *angegossen* の形で〛〚口語〛(物¹)(衣服など)が体にぴったり合う.

an·ge·grif·fen [アン・ゲグリッフェン] I an|greifen (攻撃する)の過分 II 形 疲れきった, 消耗した.

an·ge·habt [アン・ゲハープト] an|haben (身につけている)の過分

an·ge·hal·ten [アン・ゲハるテン] an|halten (止める)の過分

an·ge·haucht [アン・ゲハオホト] I an|hauchen (息を吐きかける)の過分 II 形 (ある傾向などに)やや染まった.

an·ge·hei·ra·tet [アン・ゲハイラーテット án-gəhaıraːtət] 形 婚姻によって親族となった, 姻族の.

an·ge·hei·tert [アン・ゲハイタァト án-gəhaıtərt] 形 ほろ酔い[気分]の.

an|ge·hen* [アン・ゲーエン án-geːən] (ging ...an, *hat*/*ist*...angegangen) I 他 〚完了〛haben) ① (人·物⁴に)関係する, かかわる. Das *geht* dich nichts *an*. それは君には何の関係もない / Was mich *angeht*, ich bin bereit. 私に関するかぎりは, 用意はできています.

② 〚人⁴ **um** 物⁴ ～〛(人⁴に物⁴を)頼む, せがむ. Er *ging* mich um Geld *an*. 彼は私にお金を無心した. ③ (人⁴に)襲いかかる, アタックする. Der Bär *ging* den Jäger *an*. 熊は猟師に襲いかかった. ④ (物⁴に)着手する, とり組む. eine Aufgabe⁴ zielstrebig *angehen* ある課題にひたむきにとり組む.

II 自 (〚完了〛sein) ① 〚口語〛(催しなどが)始まる. Das Theater *geht* um acht Uhr *an*. 芝居は 8 時に始まる. ② 〚口語〛(火·明かりなどが)つく. 〚注意〛「火などが消える」は *aus*|*gehen*). ③ 〚口語〛(植物が)根づく. ④ 〚**gegen** 物⁴～〛(物⁴に)立ち向かう, (物⁴と)闘う. gegen Vorurteile *angehen* 偏見と闘う. ⑤ 我慢できる, さしつかえない. Die Hitze *geht* ja noch *an*. この暑さはまだ我慢できる / Es *geht* nicht *an*, dass...するのはよくない.

◊☞ angegangen

an·ge·hend [アン・ゲーエント] I an|gehen (関係する)の現分 II 形 〚付加語としてのみ〛なりかけの, 養成途中で; 将来の. ein *angehender* Arzt 医者の卵.

an|ge·hö·ren [アン・ゲヘーレン án-gəhøːrən] (gehörte...an, *hat*...angehört) 自 (〚完了〛haben) ① (団体など³に) 所属している, (党など³)の一員である. *Gehören* Sie einem Verein *an?* あなたは何かサークルに入っていますか. ② 〚雅〛(人³と)密接な関係にある.

an·ge·hö·rig [アン・ゲヘーリヒ án-gəhøːrɪç] 形 (団体など³に)属している.

An·ge·hö·ri·ge[r] [アン・ゲヘーリゲ(..ガァ) án-gəhøːrɪgə (..gɐr)] 男 女 〚語尾変化は形容詞と同じ ☞ Alte[r]〛(例: 男 1 格 der Angehörige, ein Angehörig*er*) ① 〚ふつう複〛親族, 身内(の人). meine *Angehörigen* 私の家族. ② (団体の)一員, 構成員.

an·ge·hört [アン・ゲヘーァト] an|gehören (所属している), *an|hören (熱心に聞く)の過分

an·ge·klagt [アン・ゲクらークト] an|klagen (起訴する)の過分

An·ge·klag·te[r] [アン・ゲクらークテ(..タァ) án-gəkla:ktə (..tər)] 男 女 〚語尾変化は形容詞と同じ ☞ Alte[r]〛(例: 男 1 格 der Angeklagte, ein Angeklagt*er*) 〚法〛被告[人]. (〚注意〛「原告」は Ankläger). einen *Angeklagten* vernehmen 被告を尋問する.

an·ge·knackst [アン・ゲクナクスト án-gəknakst] 形 ① ひびの入った. ② 〚比〛(健康などが)そこなわれた, (自尊心などが)傷ついた.

an·ge·kom·men [アン・ゲコンメン] *an|kommen (着くの)の過分

die **An·gel** [アンゲる ángəl] 女 (単) -/(複) -n ① (糸や針などを付けた)釣りさお. die *Angel*⁴ aus|werfen 釣り糸を投げる / Die Fische gehen nicht an die *Angel*. 魚が針にかからない. ② (ドアなどの)ちょうつがい. 物·事⁴ **aus** der *Angel* heben a) 物⁴をちょうつがいからはずす, b) 《比》根本的に変える.

an·ge·le·gen [アン・ゲレーゲン] **I** an|liegen (体にぴったり合う)の 過分 **II** 形 《成句的に》 sich³ 軍⁴ *angelegen* sein lassen 《雅》軍⁴を心にかける.

die **An·ge·le·gen·heit** [アン・ゲレーゲンハイト án-gəle:gənhaıt] 囡 (単) -/(複) -en 事柄, 要件, 用事, 業務. 《英》*affair*). eine dringende *Angelegenheit* 急用 / eine private *Angelegenheit* 私事 / eine *Angelegenheit*⁴ erledigen 用事を片づける / Er kam in einer dienstlichen *Angelegenheit*. 彼は職務で来た / Das ist meine *Angelegenheit*! これは私の問題だ / Misch dich nicht in meine *Angelegenheiten*! 私のことに口出しするな.

an·ge·le·gent·lich [アン・ゲレーゲントりヒ] 形 《雅》切なる, 切実な (願いなど).

an·ge·legt [アン・ゲレークト] **I** an|legen (当てがう)の 過分 **II** 形 《成句的に》 auf 軍⁴ *angelegt* sein 軍⁴を目的としている.

an·ge·lehnt [アン・ゲれーント] **I** an|lehnen (寄せかける)の 過分

an·ge·lernt [アン・ゲれルント] **I** an|lernen (仕事の手ほどきをする)の 過分 **II** 形 ① 半熟練の (労働者など). ② 《口語》生かじりの (知識など).

An·gel⸗ha·ken [アンゲる・ハーケン] 男 -s/- 釣り針.

An·ge·li·ka [アンゲーりカ angé:lika] -s/ 《女名》アンゲーリカ.

an·geln [アンゲるン ángəln] ich angle (angelte, hat ... geangelt) **I** 自 《完了》haben) ① 魚釣りをする. 《英》*fish*). Er *angelt* gern. 彼は釣りが好きだ / *angeln* gehen 釣りに行く / 《nach 人·物³~》《口語·比》《人·物³を手に入れようとする.
II 他 《完了》haben) (魚⁴を)釣る. Ich gehe Forellen *angeln*. 私はますを釣りに行く / Er *hat* sich³ ein reiches Mädchen *geangelt*. 《口語·比》 彼は金持ちの娘をものにした.

An·gel⸗punkt [アンゲる・プンクト] 男 -[e]s/-e 要点, 眼目, 核心.

An·gel⸗**ru·te** [アンゲる・ルーテ] 囡 -/-n 釣りざお.

An·gel·sach·se [アンゲる・ザクセ ángəl-zaksə] 男 -n/-n ① 《史》アングロサクソン人. (女性形: Angelsächsin). ② イギリス人, イギリス系アメリカ人.

an·gel·säch·sisch [アンゲる・ゼクスィッシュ ángəl-zɛksıʃ] 形 アングロサクソン[人·語]の.

An·gel·te [アンゲるテ] angeln (魚釣りをする)の 過去

an·ge·macht [アン・ゲマッハト] an|machen (取り付ける)の 過分

an·ge·mel·det [アン・ゲメるデット] an|melden (知らせる)の 過分

an·ge·mes·sen [アン・ゲメッセン] an|messen (寸法をとる)の 過分 **II** 形 ふさわしい, 相応の, 適切な.

‡**an·ge·nehm** [アン・ゲネーム án-gəne:m] 形 快適な, 心地よい; 感じのよい, 好ましい. 《英》*pleasant*). (← 「不快な」 ist unangenehm). ein *angenehmer* Geruch 快い香り / eine *angenehme* Nachricht うれしい知らせ / Er ist ein *angenehmer* Mensch. 彼は好感の持てる人だ / Es ist *angenehm* kühl. 心地よい涼しさだ / *Angenehme* Reise! (旅行に出る人に)快適なご旅行を! / *Angenehme* Ruhe! おやすみなさい! / Sehr *angenehm*! (紹介されたときに)はじめまして, どうぞよろしく. (☞ 類語 bequem).

an·ge·nom·men [アン・ゲノンメン] **I** *an|nehmen (受け取る)の 過分 ◇《成句的に》 *angenommen*, dass ... ...と仮定すれば. **II** 形 ① 受け入れられた. ein *angenommenes* Kind 養子. ② 仮の (名前など).

an·ge·passt [アン・ゲパスト] **I** an|passen (合わせる)の 過分 **II** 形 (周囲に)順応した, (時流に)同調した.

An·ger [アンガァ áŋər] 男 -s/- 《方》(村の)緑地, 牧草地, 広場.

an·ge·regt [アン・ゲレークト] **I** an|regen (促す)の 過分 **II** 形 活発な, 生き生きした. eine *angeregte* Diskussion 活発な討論.

an·ge·rei·chert [アン・ゲライヒャァト] **I** an|reichern (豊富にする)の 過分 **II** 形 添加された, 濃縮された.

an·ge·ru·fen [アン・ゲルーフェン] *an|rufen (電話をかける)の 過分

an·ge·schafft [アン・ゲシャフト] an|schaffen (購入する)の 過分

an·ge·schaut [アン・ゲシャオト] an|schauen (見つめる)の 過分

an·ge·schla·gen [アン・ゲシュらーゲン] **I** an|schlagen (掲示する)の 過分 **II** 形 ① 縁の欠けた (グラスなど). ② 疲れきった, グロッキーの.

an·ge·schlos·sen [アン・ゲシュろッセン] **I** an|schließen (つなぐ)の 過分 **II** 形 ネットワークで結ばれた (放送局など).

an·ge·schnal·lt [アン・ゲシュナるト] an|schnallen (ベルトで固定する)の 過分

an·ge·se·hen [アン・ゲゼーエン] **I** *an|sehen (見つめる)の 過分 **II** 形 名声のある; 尊敬されている. ein *angesehener* Mann 名望のある男性.

an·ge·setzt [アン・ゲゼッツト] an|setzen (当てる)の 過分

An·ge·sicht [アン・ゲズィヒト án-gəzıçt] 匣 -[e]s/-er (複⁻: -e) ① 《雅》顔 (= Gesicht). 《人³ von *Angesicht* zu *Angesicht* gegenüber|stehen 人³に面と向かい合う. ② 見ること. im *Angesicht* der Gefahr² 危険に直面して.

an·ge·sichts [アン・ゲズィヒツ án-gəzıçts] 前 《2格とともに》《雅》...を目の前にして, ...に直面して. *angesichts* des Feindes 敵を目の前にして / *angesichts* dieser Tatsache この事実に直面して.

an·ge·spannt [アン・ゲシュパント] **I** an|spannen (馬車につなぐ)の 過分 **II** 形 ① 緊張した,

張りつめた(注意力など). mit *angespannter* Aufmerksamkeit 注意を集中して. ② 緊迫した(状況など).

an·ge·spro·chen [アン・ゲシュプロッヘン] an|sprechen (話しかける)の過分

an·ge·stammt [アン・ゲシュタムト] án-gəʃtamt] 形 先祖伝来の, 代々受け継がれてきた(財産・権利など).

an·ge·steckt [アン・ゲシュテックト] an|stecken (留める)の過分

an·ge·stellt [アン・ゲシュテるト] I an|stellen (立て掛ける)の過分 II 形 雇われた. fest *angestellt* (または fest*angestellt*) 常勤の.

*__An·ge·stell·te[r]__ [アン・ゲシュテるテ (..タァ) án-gəʃtɛltə (..tər)] 男 『語尾変化は形容詞と同じ ☞ Alte[r]』(例: 男 1 格 der Angestellte, ein Angestellter) サラリーマン, 社員, 従業員, 勤め人. (英) [*salaried*] *employee*). Büro-*angestellte* 事務員 / die *Angestellten* unserer Firma² わが社の社員たち.

an·ge·strengt [アン・ゲシュトレングト] I an|strengen (再帰 で: 努力する)の過分 II 形 緊張した, 精神力を集中した.

an·ge·tan [アン・ゲターン] I an|tun (危害などを加える)の過分 II 形 『成句的に』es⁴ 人³ *angetan* 人³を魅了している / von 人・物³ *angetan* sein 人・物³に魅せられている / dazu (または danach) *angetan* sein, zu 不定詞[句] …するのに適している ⇒ Die Lage ist nicht dazu *angetan*, Feste zu feiern. 祭りなどしている場合ではない.

an·ge·trun·ken [アン・ゲトルンケン] I an|trinken (再帰 で: 酒を飲んで…の状態になる)の過分 II 形 ほろ酔いの.

an·ge·wandt [アン・ゲヴァント] I an|wenden (用いる)の過分 II 形 応用された. *angewandte* Chemie 応用化学.

an·ge·wen·det [アン・ゲヴェンデット] an|wenden (用いる)の過分

an·ge·wi·dert [アン・ゲヴィーダァト] I an|widern (嫌悪の情を催させる)の過分 II 形 むかむかした.

an·ge·wie·sen [アン・ゲヴィーゼン] I an|weisen (割り当てる)の過分 II 形 『成句的に』auf 人・物⁴ *angewiesen* sein 人・物⁴を頼り(当て)にしている. Er ist finanziell auf dich *angewiesen*. 彼は経済的には君が頼りなのだ.

an|ge·wöh·nen [アン・ゲヴェーネン án-gəvø̀:nən] (過分 angewöhnt) 他 (h) (人³に物⁴の)習慣をつけさせる. Ich habe ihm *angewöhnt*, pünktlich zu sein. 私は彼に時間を守る習慣をつけさせた. ◇『再帰的に』sich³ das Rauchen⁴ *angewöhnen* 喫煙の習慣がつく.

An·ge·wohn·heit [アン・ゲヴォーンハイト] 女 -/-en 習慣, 癖. eine schlechte *Angewohnheit*⁴ an|nehmen (ab|legen) 悪い習慣を身につける(やめる).

an·ge·wur·zelt [アン・ゲヴツェるト] I an|wurzeln (根づく)の過分 II 形 根が生えた. wie *angewurzelt* da|stehen (驚きのあまり)まるで根が生えたように立ちすくむ.

an·ge·zeigt [アン・ゲツァイクト] I an|zeigen (広告する)の過分 II 形 (雅) 適切な, 得策の.

an·ge·zo·gen [アン・ゲツォーゲン] *an|ziehen (着る)の過分

an·ge·zün·det [アン・ゲツュンデット] *an|zünden (火をつける)の過分

An·gi·na [アンギーナ angí:na] 女 -/..ginen (医) アンギーナ, 口峡(こうきょう)炎; 扁桃(へんとう)炎.

ang·le [アングれ] *angeln (魚釣りをする)の1人称単数現在

an|glei·chen* [アン・グらイヒェン án-glàiçən] 他 (h)(A⁴ B³ (または an B⁴) ~〗(A⁴ を B³(または B⁴) に)合わせる, 適応(順応)させる. die Löhne⁴ den Preisen³ (または an die Preise) *angleichen* 賃金を物価に合わせる. ◇『再帰的に』 sich⁴ 人³ *angleichen* 自分[の生き方]を 人³ に合わせる.

An·glei·chung [アン・グらイヒュング] 女 -/-en 合わせること, 適応, 順応, 同化.

Ang·ler [アングらァ áŋlər] 男 -s/- ① 釣り人, 釣り師. (女性形: -in). ② (魚)[チョウチン]アンコウ.

an|glie·dern [アン・グリーダァン án-gli:dərn] 他 (h) (A⁴ を B³ に)併合させる, 組み入れる.

an·gli·ka·nisch [アングリカーニッシュ anglikáːnɪʃ] 形 (基督教) 英国国教[会]の.

An·glist [アングリスト anglíst] 男 -en/-en 英語英文学研究者. (女性形: -in).

An·glis·tik [アングリスティク anglístɪk] 女 -/ 英語英文学.

An·gli·zis·mus [アングリツィスムス anglitsísmus] 男 -/..zismen (言) 英語以外の言語における英語風の言い回し, 英語的語法.

An·go·ra⸗kat·ze [アンゴーラ・カッツェ] 女 -/-n (動) アンゴラネコ, ペルシャネコ.

An·go·ra⸗wol·le [アンゴーラ・ヴォれ] 女 -/-n (織) モヘア(アンゴラやぎの毛); アンゴラうさぎの毛.

an·greif·bar [アン・グライフバール] 形 攻撃されうる, 反論の余地のある.

an|grei·fen* [アン・グライフェン án-gràifən] (griff…an, hat…angegriffen) I 他 (完了 haben) ① (敵などを)<u>攻撃する</u>, 襲撃する. (英) *attack*). Die Soldaten *griffen* die Stellung *an*. 兵士たちは陣地を攻撃した. ② (球技で:) アタックする; (競走で:) 追い抜く. ③ (他人の言動など⁴を)激しく非難する. 人⁴ öffentlich *angreifen* 人⁴を公然と非難する. ④ (仕事などに)とりかかる, 着手する. eine Arbeit⁴ geschickt *angreifen* 仕事に手際よくとりかかる. ⑤ (蓄えなどに)手をつける. die Ersparnisse² *angreifen* 貯金に手をつける. ⑥ (体・器官など⁴を)弱らせる, そこなう, 傷める; (金属など⁴を)腐食する. Das helle Licht *greift* meine Augen *an*. 明るい光は私の目に障る. ⑦ (方) (手で)つかむ, 触る.

II 再帰 (完了 haben) sich⁴ *angreifen* (方)

Angreifer

手触りが...である.
◇☞ **angegriffen**
An·grei·fer [アン・グライふァァ án-graifər] 男
-s/- 攻撃者, 襲撃者. (女性形: -in).
an|gren·zen [アン・グレンツェン án-grɛntsən]
自 (h) 《**an** 物⁴ ～》(物⁴と)境を接する.
an·gren·zend [アン・グレンツェント] **I** an|-
grenzen (境を接する) の 現分 **II** 形 隣接した.
das angrenzende Zimmer 隣室.
der **An·griff** [アン・グリふ án-grɪf] 男 (単2)
-[e]s/(複) -e (3格のみ -en) ① 攻撃, 襲撃, ア
タック. (英 attack). ein atomarer Angriff
核攻撃 / **zum** Angriff über|gehen 攻撃に転
ずる. ② 激しい批判, 非難. persönliche
Angriffe⁴ **gegen** 人⁴ richten 人⁴を個人攻撃
する. ③ 着手. 事⁴ **in** Angriff nehmen 事⁴
に着手する.
An·griffs·krieg [アングリふス・クリーク] 男
-[e]s/-e 侵略戦争.
an·griffs·lus·tig [アングリふス・るスティヒ] 形
攻撃的な, 好戦的な.
An·griffs·punkt [アングリふス・プンクト] 男
-[e]s/-e ① 《軍》攻撃点. ② (批判などに対
する)弱み, 弱点.
angst [アングスト áŋst] 形 こわい, 不安な, 心配
な. Mir ist angst [und bange]. 私は不安
(心配)だ. ◇《名詞的に》人³ Angst [und Ban-
ge] machen 人³をこわがらせる.
̽̽*die* Angst [アングスト áŋst]

| 不安 | Keine *Angst*!
カイネ アングスト
心配しなくていいよ. |

女 (単) -/(複) Ängste [エングステ] (3格のみ
Ängsten) 不安, 心配, 恐怖. (英 fear,
anxiety). eine bodenlose Angst 底知れぬ不
安 / Angst⁴ haben (bekommen) こわい(こわ
くなる) / 人³ Angst⁴ ein|jagen 人³に不安感を
起こさせる / Sie hat Angst, dass sie zu dick
wird. 彼女は太りすぎはしないかと心配している /
人³ Angst [und Bange] machen 人³をこわが
らせる.
◇《前置詞とともに》**aus** Angst lügen こわくてう
そをつく / **in** großer Angst 非常にこわがって /
人⁴ **in** Angst versetzen 人⁴を不安に陥れる /
es⁴ **mit** der Angst zu tun bekommen (または
haben) 急に不安になる / Angst⁴ **um**　人·物⁴
haben 人·物⁴のことを心配する / Sie hat
Angst **vor** dem Hund. 彼女は犬がこわい /
vor Angst 不安のあまりに. (☞ 類語 Sorge).
Ängs·te [エングステ] ̽Angst (不安)の 複
Angst˸geg·ner [アングスト・ゲーグナァ] 男
-s/- 《スプ》(勝てそうにない)強敵. (女性形: -in).
Angst˸ha·se [アングスト・ハーゼ] 男 -n/-n 《口
語》臆病(おくびょう)者.
ängs·ti·gen [エングスティゲン ɛŋstɪɡən] **I** 他
(h) 不安にさせる, 心配させる, こわがらせる. **II**

再帰 (h) sich⁴ ängstigen ① 《sich⁴ **vor** 事³
～》(事³を)こわがる, おびえる. ② 《sich⁴ **um** 人·物⁴ ～》(人·物⁴のこと
を)気づかう.
ängst·lich [エングストリヒ ɛŋstlɪç] 形 ① 不
安そうな, 心配そうな; びくびくした, 臆病(おくびょう)な.
(英 anxious). ein ängstlicher Blick おびえた
まなざし / Sei nicht so ängstlich! そうびくびく
するな / Mir wurde ängstlich zumute. 私は
不安になった. ② きちょうめんな, 入念な. mit
ängstlicher Genauigkeit ひどくきちょうめんに.
Ängst·lich·keit [エングストリヒカイト] 女 -/
不安, 臆病(おくびょう), 小心.
angst˸voll [アングスト・ふォる] 形 不安でたまら
ない, 心配でいっぱいの.
an|gu·cken [アン・グッケン án-gùkən] 他 (h)
《口語》じっと見る, 見つめる.
an|gur·ten [アン・グルテン án-gùrtən] 再帰 (h)
sich⁴ angurten シートベルトを締める.
Anh. [アン・ハング] 《略》付録, 補遺 (＝An-
hang).
an|ha·ben＊ [アン・ハーベン án-hà:bən] du
hast...an, er hat...an (hatte...an, hat...ange-
habt) 他 (定了 haben) ① 《口語》(衣服など⁴
を)身につけている, 着ている, (靴など⁴を)はいている.
eine Hose⁴ anhaben ズボンをはいている / Er
hatte nichts an. 彼は何も身にまとっていなかっ
た. ② 《成句的に》人·物³ nichts anhaben
können 人·物³に害を与えることはない. Er
kann mir nichts anhaben. 彼は私には手出し
ができない.
an|haf·ten [アン・ハふテン án-hàftən] 自 (h)
① (汚れなどが)付着している, くっついている.
② (欠点などが人·事³に)伴う, つきまとう.
An·halt [アン・ハルト án-halt] 男 -[e]s/-e 《ふつ
う 単》(問題解決の)手がかり, 糸口; (意見など
の)根拠. einen Anhalt **für** 事⁴ finden 事⁴
のための手がかりを見つける.
an|hal·ten＊ [アン・ハるテン án-hàltən] du
hältst...an, er hält...an (hielt...an, hat...ange-
halten) **I** 他 (定了 haben) ① (自動車·息な
ど⁴を)止める. (英 stop). Der Polizist hielt
das Auto an. 警官はその車を止めた / den
Atem anhalten 息をこらす.
② 《人⁴ **zu** 事³ ～》(人⁴に 事³をするように)促す.
die Kinder⁴ zur Ordnung anhalten 子供たち
にきちんと片づけるように促す. ③ (衣服など⁴を)
当ててみる. Ich halte mir den Rock zur
Probe an. 私はそのスカートを試しに当ててみる.
II 自 (定了 haben) ① (自動車などが)止まる,
(人が)立ち止まる. Das Auto hielt an der
Ecke an. その車は曲がり角で止まった / **mit**
dem Lesen anhalten 読書を中断する. ②
(天気などが)長く続く. Der Regen hielt lang
an. 雨がずっと降り続いていた.
III 再帰 (定了 haben) sich⁴ anhalten つかま
る. sich⁴ fest **am** Geländer anhalten 手す
りにしっかりつかまる.

an·hal·tend [アン・ハるテント] I an|halten (止める)の現分 II 形 持続的な. *anhaltender* Beifall 鳴りやまぬ拍手.

An·hal·ter [アン・ハるタァ án-haltər] 男 -s/- ① ヒッチハイカー. (女性形: -in). ② 《成句的に》 per *Anhalter* reisen (または fahren)《口語》ヒッチハイクをする.

An·halts≈punkt [アンはるツ・プンクト] 男 -[e]s/-e《意見などの》根拠, よりどころ.

an·hand [アン・ハント] I 前《2格とともに》…を手がかりにして, …を基にして. *anhand* seines Berichtes 彼の報告を基にして. II 副《～ von《事・物³》》《事・物³を》手がかりにして.

der **An·hang*** [アン・ハング án-haŋ] 男 (単 2) -[e]s/(複) ..hänge [..ヘング] (3格のみ ..hängen) ① 付録, 補遺;《契約書などの》付帯条項. (略: Anh.).《英》 *appendix*. ② 《複なし》支持者, 信奉者, とり巻き;《口語》身寄り.

An·hän·ge [アン・ヘンゲ] Anhang 《付録》の複

an|hän·gen¹* [アン・ヘンゲン án-hèŋən] 自 (h) 《雅》 ① 《人³の念頭に》こびりついて離れない. ② 《人・事³に》愛着を持っている;《教義など³を》信奉している.

an|hän·gen² [アン・ヘンゲン] I 他 ① 掛ける, 下げる. den Mantel **an** einen Haken *anhängen* コートをフックに掛ける. ② 《車両⁴を》連結する. ③ 付け加える. Er *hängte* noch eine Null **an** die Zahl *an*. 彼はその数にゼロをもう一つ付け加えた. ④ 《口語》《人³について事⁴を》陰でうわさする,《悪いこと⁴を人³の》せいにする. II 再帰 (h) 《*sich*⁴ **an**《人・物⁴》～》《人・物⁴》にすがりつく;《口語》《人・物⁴の》後ろにぴったりついて走る.

der **An·hän·ger** [アン・ヘンガァ án-hɛŋər] 男 (単2) -s/(複) – (3格のみ -n) ① 支持者, 信奉者, とり巻き,《スポーツ選手などの》ファン, サポーター. ein treuer *Anhänger* einer Lehre² ある学説の忠実な信奉者. ② 《自動車などの》トレーラー, 連結車. ein Lastkraftwagen **mit** *Anhänger* トレーラー付きトラック. ③ ペンダント. ④ 《荷物に付ける》名札, 荷札.

An·hän·ge·rin [アン・ヘングリン án-hɛŋərɪn] 女 -/..rinnen 《女性の》支持者, サポーター.

An·hän·ger·schaft [アン・ヘンガァシャふト] 女 -/ 《総称として:》支持者, とり巻き, ファン.

an·hän·gig [アン・ヘンギヒ án-hɛŋɪç] 形 《法》係属中の. Der Prozess ist *anhängig*. その訴訟は係属中である / 事⁴ *anhängig* machen 事⁴を法廷に持ち出す.

an·häng·lich [アン・ヘングリヒ] 形 愛着を感じている, 心服している, 忠実な, なついている.

An·häng·lich·keit [アン・ヘングリヒカイト] 女 -/ 愛着, 心服, 忠実.

An·häng·sel [アン・ヘングぜる án-hɛŋzəl] 中 -s/- ①《小さな》ペンダント, 小さな装身具. ② つけ足し, 添え物.

an|hau·chen [アン・ハオヘン án-hàuxən] 他 (h) ① 《人・物⁴にはあっと》息を吹きかける. ② 《俗》しかりつける, どなりつける. ◇☞ angehaucht

an|hau·en* [アン・ハオエン án-hàuən] 他 (h) ① 《木など⁴に》斧(ﾎ)を入れる. ② 《俗》《人⁴に》なれなれしく話しかける. 《人⁴ **um** 物⁴ *anhauen*》人⁴に物⁴をねだる (無心する).

an|häu·fen [アン・ホイふェン án-hɔ̀yfən] I 他 (h) 《お金など⁴を》ためる, 蓄える. II 再帰 (h) 《*sich*⁴ *anhäufen*》たまる. Die Arbeit *häuft sich* immer mehr *an*. 仕事がたまる一方だ.

An·häu·fung [アン・ホイふング] 女 -/-en 蓄積, 集積; たまったもの.

an|he·ben* [アン・ヘーベン án-hè:bən] I 他 (h) ① ちょっと持ち上げる. ② 《給料など⁴を》上げる. ③ 《**zu** 不定詞[句]とともに》《雅》…しはじめた. Er *hob* an zu lachen. 彼は笑いだした. II 自 (h) 《雅》《歌などが》始まる.

an|hef·ten [アン・ヘふテン án-hèftən] 他 (h) 《ピンなどで》留める, 貼(ﾊ)り付ける, 縫い付ける.

an|hei·meln [アン・ハイメるン án-hàɪməln] 他 (h) 《人⁴を》くつろいだ気分にさせる.

an·hei·melnd [アン・ハイメるント] I an|heimeln《くつろいだ気分にさせる》の現分 II 形 アットホームな, くつろいだ, 居心地のいい.

an|heim|fal·len* [アンハイム・ふァれン anháim-fàlən] 自 (s) 《雅》《人・物³の》手に帰する. der Vergessenheit³ *anheimfallen* 忘れられる.

an|heim|stel·len [アンハイム・シュテれン anháim-ſtèlən] 他 (h)《雅》《決定など⁴を人³に》任せる, ゆだねる.

an·hei·schig [アン・ハイシヒ án-haɪʃɪç] 形 《成句的に》 *sich*⁴ *anheischig* machen, **zu** 不定詞[句]《雅》…しはじめる, …を申し出る.

an|hei·zen [アン・ハイツェン án-hàɪtsən] 他 (h) ①《ストーブなど⁴に》火をつける, 点火する. ② 《口語・比》《気分・景気など⁴を》あおる, たきつける.

an|herr·schen [アン・ヘルシェン án-hèrʃən] 他 (h) 頭ごなしにしかりつける.

an|heu·ern [アン・ホイァァン án-hɔ̀yərn] I 自 (h)《海》《乗組員として》雇われる. II 他 (h)《海》乗組員として雇う;《口語》《働き手⁴を》雇う.

An·hieb [アン・ヒープ án-hi:p] 男 《成句的に》 **auf** [den ersten] *Anhieb*《口語》即座に, すぐさま, 一発で.

an|him·meln [アン・ヒンメるン án-hìməln] 他 (h)《口語》ほれぼれと《うっとりと》見つめる;《スターなど⁴に》夢中になる.

An·hö·he [アン・ヘーエ án-hø:ə] 女 -/-n《小さな》丘, 高台.

an|hö·ren [アン・ヘーレン án-hø̀:rən] (hörte … an, *hat* … angehört) I 他 (完了 haben) ①《人⁴の言うこと・物⁴を》熱心に聞く, 傾聴する. Ich *hörte* ihn aufmerksam *an*. 私は彼の言うことを注意して聞いた. ◇《再帰代名詞(3格)とともに》 *sich*³ eine Rede⁴ *anhören* 演説に耳を傾ける.

②《副詞の **mit** とともに》《他人の会話など⁴を》つい聞いてしまう. Ich *kann* das nicht mehr mit

anhören. 私はこれをもう黙って聞いていられない. ③ 〖人³の話し声で囲⁴を〗知る. Man *hört* [es] ihr *an*, dass sie erkältet ist. 彼女の話し声から，風邪をひいていることがわかる.
II 再帰 《完了 haben》 *sich⁴ anhören* (…のように)聞こえる. Das *hört* sich ja gut *an*! それはよさそうだね.

An·hö·rung [アン・ヘールング] 囡 -/-en 聴聞会, 公聴会.

Ani·lin [アニリーン anilíːn] 田 -s/ 《化》アニリン.

ani·ma·lisch [アニマーリッシュ animáːlɪʃ] 形 動物[性]の; 動物的な; 衝動的な.

Ani·ma·teur [アニマテーァ animatǿːr] 男 -s/-e (旅行社などの)イベント案内係, 接待係. (女性形: -in).

Ani·ma·ti·on [アニマツィオーン animatsióːn] 囡 -/-en ① リクリエーション活動. ② 《映》アニメーション.

Ani·mier‹da·me [アニミーァ・ダーメ] 囡 -/-n バー(キャバレー)のホステス.

ani·mie·ren [アニミーレン animíːrən] 他 (h) ① 〖人⁴ **zu** 囲³~〗〖人⁴に囲³を〗する気を起こさせる. ② 《映》アニメーション化する.

Ani·mis·mus [アニミスムス animísmus] 男 -/ アニミズム, 精霊崇拝.

Ani·mo·si·tät [アニモズィテート animozitɛ́ːt] 囡 -/-en 《雅》敵意[のある言葉].

An·ion [アニオーン または アン・イオーン áːn-ioːn] 田 -s/-en [アニオーネン または アン・イオーネン] 《化》マイナスイオン, 陰イオン.

Anis [アニース aníːs または アーニス] 男 -es/-e [アニーゼ] 《植》アニス(実を薬用・食用とする).

Ank. [アン・クンフト] 《略》到着 (=**Ankunft**).

an·kämp·fen [アン・ケンプフェン án-kɛmpfən] 自 (h) 〖**gegen** 人・物⁴ ~〗〖人・物⁴と〗戦う, 〖人・物⁴に〗立ち向かう.

An·kauf [アン・カオフ án-kauf] 男 -[e]s/..käufe (宅地・絵画などの)購入, (大量の)買いつけ.

an·kau·fen [アン・カオフェン án-kaufən] 他 (h) (宅地・絵画など⁴を)購入する, (まとめて)買いつける.

der **An·ker** [アンカァ áŋkər] 男 (単2) -s/(複) - (3格のみ -n) ① 《海》錨. 《英 *anchor*). den *Anker* lichten (aus|werfen) 錨を上げる(下ろす) / **vor** *Anker* gehen a) 停泊する, b) 《比》身を固める / Das Schiff liegt vor *Anker*. その船は停泊している. ② 《工》(時計の)アンクル. ③ 《建》かすがい, つなぎ金物. ④ 《電》アンカー, (磁石の)接極子, 電機子.

an·kern [アンカァン áŋkərn] 自 (h) 《海》(船が)錨を下ろす, 停泊する.

An·ker‹platz [アンカァ・プルッツ] 男 -es/..plätze 《海》[投]錨地, 停泊地.

an|ket·ten [アン・ケッテン án-kɛtən] 他 (犬・自転車などを鎖でつなぐ.

An·kla·ge [アン・クラーゲ án-klaːgə] 囡 -/-n ① 〖冠 なし〗《法》起訴. **gegen** 人⁴ *Anklage⁴*

erheben 人⁴を起訴する / **unter** *Anklage* stehen 起訴されている. ② 《雅》非難, 弾劾.

An·kla·ge‹bank [アン・クラーゲ・バンク] 囡 -/..bänke 《ふつう 単》(法廷の)被告席.

an|kla·gen [アン・クラーゲン án-klàːgən] (klagte … an, hat … angeklagt) 他 《完了 haben》 ① 〖人⁴を〗起訴する, 告発する. 《英 *accuse*). Der Staatsanwalt *klagte* ihn **wegen** Mordes *an*. 検事は彼を殺人罪で起訴した / 人⁴ **des** Diebstahls *anklagen* 人⁴を盗みで起訴する. ② 〖人・物⁴を〗非難する, 責める. ◊〖再帰的に〗 *sich⁴ anklagen* 自分を責める.

An·klä·ger [アン・クレーガァ án-klɛːgər] 男 -s/- 原告, 告訴人; (一般に:)告発者, 弾劾者. (女性形: -in). (〆)「被告」は Angeklagte).

an|klam·mern [アン・クラムマァン án-klamərn] **I** 他 (h) (クリップなどで)留める. **II** 再帰 (h) 〖*sich⁴* **an** 人・物⁴ ~〗〖人・物⁴に〗しがみつく.

An·klang [アン・クラング án-klaŋ] 男 -[e]s/..klänge ① 類似[点], 連想させるもの, 面影. In seiner Musik findet sich ein *Anklang* **an** Mozart. 彼の音楽にはモーツァルトを思わせるところがある. ② 共感, 賛同. 〖**bei** 人³〗 *Anklang⁴* finden 〖人³の〗共感(賛同)を得る.

an|kle·ben [アン・クレーベン án-klèːbən] **I** 他 (h) (糊⁴などで)貼(は)り付ける. ein Plakat⁴ **an** die Wand (または der Wand) *ankleben* ポスターを壁に貼り付ける. **II** 自 (h) 付着する.

An·klei·de‹ka·bi·ne [アンクライデ・カビーネ] 囡 -/-n (プールなどの)更衣室; (洋装店などの)試着室, フィッティングルーム.

an|klei·den [アン・クライデン án-klàɪdən] 他 (h) 〖人⁴に〗服を着せる. ◊〖再帰的に〗 *sich⁴ ankleiden* 服を着る.

an|kli·cken [アン・クリッケン án-klɪkən] 他 (h) 〖ぶつう〗(マウスで)クリックする. ein Menü⁴ *anklicken* メニューをクリックする.

an|klin·gen* [アン・クリンゲン án-klìŋən] 自 (h) ① 感じとれる, 聞きとれる. In seinen Worten *klang* Resignation *an*. 彼の言葉にはなんとなくあきらめの気持ちが感じとれた. ② 〖**an** 人・物⁴ ~〗〖人・物⁴を〗思い起こさせる.

an|klop·fen [アン・クロプフェン án-klɔ̀pfən] 自 (h) ① (ドアを)ノックする. Er *klopfte* laut **an** die Tür (または der Tür) *an*. 彼はどんどんドアをノックした. ② 《口語》(応じてくれるか)探りを入れる. **bei** 人³ **um** Geld *anklopfen* 人³にお金を無心する.

an|knip·sen [アン・クニプセン án-knɪpsən] 他 (h) 《口語》(電灯など⁴の)スイッチをぱちんと入れる.

an|knüp·fen [アン・クニュプフェン án-knʏpfən] **I** 他 (h) ① (糸・ひもなど⁴を)結びつける, つなぐ. ② (囲⁴の)糸口をつくる. **mit** 人³ ein Gespräch⁴ *anknüpfen* 人³と話を始める. **II** 自 (h) 〖**an** 囲⁴ ~〗(囲⁴を)話の糸口とする.

An·knüp·fungs‹punkt [アンクニュプフングス・プンクト] 男 -[e]s/-e (話の)糸口.

an|koh·len [アン・コーレン án-kòːlən] 他 (h)

① 《口語》(うそをついて)からかう，かつぐ． ② 《俗》³)少し焦がす．

**an|kom·men* [アン・コンメン án-kɔ̀mən]

着く

Wann *kommen* wir in Wien *an* ?
ヴァン コンメン ヴィア イン ヴィーン アン
私たちは何時にウィーンに着きますか．

(kam...an, *ist*...angekommen) **I** 圓 (完了 sein) ① (目的地に)**着く**，到着する. (英) *arrive*). (⇔)「(乗り物で)出発する」は ab|fahren). Der Zug *kommt* um zehn Uhr in Bonn *an*. その列車は 10 時にボンに到着する / Wir sind gut *zu* Hause *angekommen*. 『現在完了』私たちは無事家に帰り着きました / **an** der Stelle *ankommen* 現場に着く. (⇔) ankommen は「到着してそこに滞在する」ことを意味するので，3 格および 4 格とともに用いられる前置詞のあとでは場所を表す名詞は 3 格になる).
② 〖*auf*〖人·事〗⁴ ~〗 (〖人·事〗⁴)しだいである. Alles *kommt auf* dich *an*. すべて君しだいだ / Ob das klappt, *kommt auf* die Umstände *an*. それがうまくいくかどうかは状況しだいだ / Das *kommt* darauf *an*. それは場合によりけりだ.
◊〖*lassen* とともに〗 es⁴ *auf* 事⁴ *ankommen lassen* 事⁴をあえてする / Ich *lasse* es darauf *ankommen*. 《口語》運を天にまかせよう.
③ 《口語》(会社などに)就職する. Er *kam bei* einem Verlag *an*. 彼は出版社に就職した.
④ 《口語》(観衆・聴衆に)受ける. Seine Witze *kamen bei* den Zuhörern nicht *an*. 彼のジョークは聴衆に受けなかった. ⑤ 《口語》(やっかいな問題をかかえて)やって来る. Die Zuhörer *kamen* mit immer neuen Fragen *an*. 聴衆は毎度新たな質問を浴びせて来た. ⑥ 〖*gegen*〖人·事〗⁴ ~〗 (〖人·事〗⁴に)かなう，勝てる. Gegen ihn *kommst* du nicht *an*. 彼には君はかなわないよ.
II 非人称 (完了 sein) 〖*es kommt auf*〖人·事〗⁴ *an* の形で〗 (〖人·事〗⁴)が重要である，問題である. Auf das Geld *kommt* es nicht *an*. お金のことは問題でない.
III 他 (完了 sein) (雅) (不安・欲望などが〖人〗⁴を)襲う. Angst *kam* ihn *an*. 彼は不安に襲われた / Der Abschied *kam* mich hart *an*. 私は別離がつらかった.

〖類語〗**an|kommen**: 「(ある場所に)到着する」意味で最も一般的に用いられる語. **ein|treffen**: (予定の時刻に目的の場所に)到着する. (公的な表現に用いられることが多い). **erreichen**: (ある場所⁴)に達する，到着する. **landen**: (飛行機が)着陸する.

An·kömm·ling [アン・ケムリング án-kœmlɪŋ] 男 -/-e 到着したばかりの人．

an|kop·peln [アン・コッペルン án-kɔ̀pəln] 他 (h) (車両など⁴を)連結する；(猟犬など⁴を)まとめてつなぐ．

an|kot·zen [アン・コッツェン án-kɔ̀tsən] 他 (h) (俗) むかむかさせる, うんざりさせる．

an|krei·den [アン・クライデン án-kràɪdən] 他 (h) (〖人〗³の事⁴を)非難する．

an|kreu·zen [アン・クロイツェン án-krɔ̀ʏtsən] 他 (h) (事⁴に)×印を付ける (ドイツでは書類などの該当欄にふつう×印を付ける)．

an|kün·di·gen [アン・キュンディゲン án-kỳndɪɡən] **I** 他 (h) (訪問など⁴を)予告する, (前もって)知らせる.
II 再帰 (h) *sich⁴ ankündigen* (到来の)前兆を示す. Der Frühling *kündigt sich an*. 春の兆しが見える．

An·kün·di·gung [アン・キュンディグング] 女 -/-en 予告, 告知．

*die **An·kunft** [アン・クンフト án-kʊnft] 女 (単) -/ ① 到着, 到来 (略: Ank.). (英) *arrival*). (⇔「(列車などの)出発」は Abfahrt, 「(飛行機の)出発」は Abflug. die *Ankunft*⁴ des Zuges erwarten 列車の到着を待つ / **bei** (**nach**) meiner *Ankunft* 私が到着したときに (あとで). ② (比) 誕生．

An·kunfts=zeit [アンクンフツ・ツァイト] 女 -/-en 到着時刻．

an|kur·beln [アン・クルベルン án-kʊ̀rbəln] 他 (h) ① (クランクを回してエンジンなど⁴を)始動させる. ② (比) (商況・生産など⁴を)活気づける．

an|lä·cheln [アン・レッヒェルン án-lɛ̀çəln] 他 (h) (〖人〗⁴に)ほほえみかける．

an|la·chen [アン・ラッヘン án-làxən] **I** 他 (h) (〖人〗⁴に)笑いかける. **II** 再帰 (h) *sich³* 〖人〗⁴ *anlachen* (〖人〗⁴と)いい仲になる．

die **An·la·ge** [アン・ラーゲ án-la:ɡə] 女 (単) -/(複) -n ① 設置, 建設, 創設. Die *Anlage* des Sportplatzes dauerte längere Zeit. 競技場の建設にはかなりの期間がかかった.
② 〖ふつう複〗 公園, (公共の)緑地帯. öffentliche *Anlagen* [緑地]公園.
③ 施設, プラント. Fabrik*anlage* 工場施設 / militärische *Anlagen* 軍事施設.
④ 装置, 設備. Klima*anlage* エアコン [ディショナー] / eine automatische *Anlage* 自動装置. ⑤ 〖複 なし〗(ドラマ・小説などの)構想. ⑥ 素質, 才能；〖生・医〗原基. *Anlage* zum Zeichnen 画才 / eine *Anlage*⁴ zu Allergien haben アレルギー体質である. ⑦ 同封〖物〗. **als** *Anlage* または **in** der *Anlage* 同封して. ⑧ 投資, 出資．

an|lan·gen [アン・ラングン án-làŋən] **I** 圓 (s) (雅) (目的地に)達する, 到着する. **II** 他 (h) (〖人·物〗⁴に)関係する. was mich *anlangt*, ... 私に関しては…．

der **An·lass** [アン・ラス án-las] 男 (単 2) -es/(複) ..lässe [..ɴッセ] (3 格のみ ..lässen) ① **きっかけ**, 動機, 原因. (英) *occasion*). der *Anlass* des Streites 争いの原因 / ohne jeden (または allen) *Anlass* なんの理由もなく / 〖人〗³ *Anlass*⁴ *zu* 事⁴ geben 〖人〗³に事⁴をするきっかけを与える ⇒ Seine Bemerkung gab uns *Anlass* zu einem langen Gespräch. 彼の発言がきっかけで長い話し合いとなった / 事⁴ zum

Anlässe

Anlass nehmen 国⁴をきっかけにする.（☞類語 Ursache.

② 機会，チャンス．**aus** *Anlass* meines Geburtstages 私の誕生日を機会に / **bei** diesem *Anlass* この機会に.

An·läs·se [アン・れッセ] Anlass（きっかけ）の 複

an|las·sen* [アン・らッセン án-làsən] I 他 (h) ① (エンジンなど⁴を)始動させる. ② 《口語》(衣服など⁴を)身につけたままでいる. ③ (ラジオ・電灯など⁴を)つけたままにしておく. II 再帰 (h) *sich*⁴ *anlassen* (口語)出だしの調子(様子)は…である. Das Wetter *lässt sich* gut *an*. [この様子では]天気はよくなりそうだ.

An·las·ser [アン・らッサァ án-lasər] 男 -s/- (工)(エンジンの)始動機(装置), スターター.

an·läss·lich [アン・れスリヒ] 前《2 格とともに》…の機会に，…に際して. *anlässlich* unserer Verlobung 私たちの婚約に際して.

an|las·ten [アン・らステン án-làstən] 他 (h) (人³に 国⁴の)罪(責任)を負わせる.

An·lauf [アン・らオふ án-lauf] 男 -[e]s/..läufe ① (スポ) 助走；助走距離. einen *Anlauf* **zum** Sprung nehmen 跳躍のために助走をする. ② (比) (仕事などの)滑り出し, 開始, 始動.

an|lau·fen* [アン・らオふェン án-làufən] I 自 (s) ① (スポ) 助走する. ② 《過去分詞の形で》*angelaufen* kommen 走って来る. ③ (機械などが)始動する, (事業などが)始まる. ④ 《**gegen** 人・物⁴ ~》(人・物⁴に)[走って]ぶつかる；《比》(人・物⁴と)立ち向かう. **gegen** eine Laterne *anlaufen* 街灯にぶつかる. ⑤ (ガラスなどが)曇る. ⑥ (顔などが…の)色になる. ⑦ (費用などが)増大する, かさむ. II 他 (h) (船が港など⁴へ)向かう.

An·lauf·stel·le [アンらオふ・シュテれ] 女 -/-n (公的な)相談窓口.

An·lauf·zeit [アンらオふ・ツァイト] 女 -/-en (エンジンなどの)始動所要時間；(劇の初演の)上演期間, (封切り映画の)上映期間.

An·laut [アン・らオト án-laut] 男 -[e]s/-e (言)語頭音.

an|läu·ten [アン・ろイテン án-lòytən] I 他 (h) ① (南ド,スイス)(人⁴に)電話をかける. ② (スポ)(競技⁴の)開始をベルで知らせる. II 自 (h) (スイス)(人³に)電話をかける.

an|le·gen [アン・れーゲン án-lè:gən] (legte … an, *hat* … angelegt) I 他 《完了》haben) ① 当てがう, 添えて置く. ein Lineal⁴ *anlegen* 定規を当てる / Er *legte* eine Leiter **an** den Baum *an*. 彼は木にはしごを掛けた / einem Säugling [an die Brust] *anlegen* 乳児に乳を含ませる / einen strengen Maßstab **an** 物⁴ *anlegen* (比)物⁴を厳しく評価する.

② (雅)(衣服・飾りなど⁴を)身につける；(人³に 物⁴を)身につけさせる. eine Uniform⁴ *anlegen* 制服を身につける / 人³ einen Verband *anlegen* 人³に包帯を巻いてやる.

③ (道路などを)建設する, (目録など⁴を)作成する, (小説など⁴を)構想する. einen Park *anle-gen* 公園を作る. ④ 投資する; (お金⁴を)支出する. 彼は持ち金を株に投資した / Wie viel *wollen* Sie für das Gemälde *anlegen*? この絵にいくら出すつもりですか. ⑤ 《**es** を目的語として成句的に》**es⁴ auf** 物⁴ *anlegen* 物⁴を[ひそかに]もくろむ. Er *hat* es darauf *angelegt*, dich zu täuschen. 彼は君をだますつもりだった. ⑥ (石炭など⁴を)火にくべる.

II 自 《完了》haben) ① (船が)接岸する. ② 《**auf** 人⁴ ~》(人⁴をねらって)銃を構える.

III 再帰 《完了》haben) 《*sich*⁴ **mit** 人³ ~》(人³に)けんかを売る.

◊☞ **angelegt**

an|leh·nen [アン・れーネン án-lè:nən] (lehnte…an, *hat*…angelehnt) I 他 《完了》haben) ① 寄せかける, もたせかける. 《比 *lean*》. Er *lehnte* das Fahrrad **an** die Wand *an*. 彼は自転車を壁にもたせかけた. ② (ドア・窓など⁴を)半開きにしておく.

II 再帰 《完了》haben) 《*sich*⁴ **an** 人・物⁴ ~》(人・物⁴に)寄りかかる(もたれる)；《比》(人・物⁴を)手本にする. *sich*⁴ **an** eine Wand *anlehnen* 壁に寄りかかる.

An·leh·nung [アン・れーヌング] 女 -/-en 寄りかかること; 依存; よりどころ. **in** (または **unter**) *Anlehnung* **an** 人・物⁴ 人・物⁴を手本として(よりどころとして).

an·leh·nungs·be·dürf·tig [アンれーヌングス・ベデュルふティヒ] 形 依存心の強い.

An·lei·he [アン・らイエ án-laıə] 女 -/-n ① (経) (高額の)借り入れ, 借款; 公債, 社債. staatliche *Anleihen* 国債 / Ich muss **bei** dir eine *Anleihe* machen. ぼくは君に借金しなければならない. ② (比) (他人の作品からの)借用. eine *Anleihe*⁴ **bei** Goethe machen ゲーテから借用する.

an|lei·men [アン・らイメン án-làımən] 他 (h) 《口語》(接着剤で)接着する.

an|lei·ten [アン・らイテン án-làıtən] 他 (h) 指導する, (人⁴に)手ほどきをする. Kinder⁴ **zur** Selbstständigkeit *anleiten* 子供たちが自立するようにしつける.

An·lei·tung [アン・らイトゥング] 女 -/-en ① 指導, 手ほどき. ② (器具などの)使用説明書, マニュアル.

an|ler·nen [アン・れルネン án-lèrnən] I 他 (h) (人⁴に)仕事の手ほどきをする. II 再帰 (h) *sich*³ 物⁴ *anlernen* 《口語》物⁴を練習して習得する.

◊☞ **angelernt**

An·lern·ling [アン・れルンリング án-lεrnlıŋ] 男 -s/-e 短期養成(訓練)の見習工, 研修生.

an|lie·fern [アン・リーふァァン án-li:fərn] 他 (h) (家具など⁴を)配達する, 納入する.

an|lie·gen* [アン・リーゲン án-li:gən] 自 (h) ① (衣服が)体にぴったり合う. ② 《口語》(仕事などが)残されている, 片づいていない. ③ 《雅》(人³にとって)懸案である. ④ 《雅》(人³に)わずらわす.

◊☞ **anliegend**

◇☞ **angelegen**

An·lie·gen [アン・リーゲン] 匣 -s/- 関心事，願い，要請．Ich habe ein *Anliegen* **an** Sie. あなたにお願いがあります．

an·lie·gend [アン・リーゲント] **I** an|liegen (体にぴったり合った) 現分 **II** 形 ① 《付加語としてのみ》隣接している(家など)．② 同封の．③ 体にぴったり合った(衣服など)．

An·lie·ger [アン・リーガァ án-li:gər] 男 -s/- 《交通》沿道居住者(特定の道路・水路沿いの居住者)．(女性形: -in). Für *Anlieger* frei! (道路標識で:)沿道居住者以外進入(駐車)禁止．

an|lo·cken [アン・ロッケン án-lɔkən] 他 (h) (人・動物⁴を)おびき寄せる；《比》(囚⁴の心を)引きつける．

an|lö·ten [アン・れーテン án-lø:tən] 他 (h) はんだ付けする．

an|lü·gen* [アン・リューゲン án-ly:gən] 他 (h) (囚⁴にぬけぬけとうそをつく．

Anm. [アン・メルクング] 《略》注[釈] (=**Anmerkung**).

an|ma·chen [アン・マッヘン án-màxən] (machte ... an, hat ... angemacht) 他 (完了haben) ① 取り付ける，しっかり留める．(⇔「取り除く」は ab|machen). Er *machte* ein Schild **an** der Tür *an*. 彼はドアに表札を取り付けた．
② (圏⁴の)スイッチを入れる；《口語》(火・明かりなど⁴を)つける．(⇔「消す」は aus|machen). das Radio⁴ *anmachen* ラジオのスイッチを入れる．
③ 混ぜ合わせて作る，調合する．Salat⁴ *anmachen* (ドレッシングなどを混ぜて)サラダを作る．④ 《口語》(囚⁴に)言い寄る，(囚⁴の)気持ちをそそる．⑤ (囚⁴に)突っかかる，挑発する．

an|mah·nen [アン・マーネン án-mà:nən] 他 (h) (支払い・返却など⁴を)催促する．

an|ma·len [アン・マーレン án-mà:lən] 他 ① 《口語》(圏⁴に)色(ペンキ)を塗る；化粧する．② (圏⁴を壁などに)描く．ein Tier⁴ **an** die Wand *anmalen* 壁に動物の絵を描く．

An·marsch [アン・マルシュ án-marʃ] 男 -[e]s/- 進軍．im *Anmarsch* sein 接近(進軍)中である．② 《口語》目的地までの道のり．

an|mar·schie·ren [アン・マルシーレン án-marʃì:rən] 自 (s) 進軍(行進)して来る．◇過去分詞の形で》*anmarschiert* kommen 《口語》(大勢の人が)どんどん接近して来る．

an|ma·ßen [アン・マーセン án-mà:sən] 再帰 (h) *sich*³ 圏⁴ *anmaßen* 圏⁴を不当に行使する，思いあがってる．Ich *maße mir* kein Urteil darüber *an*. 私はそれについて判断を下す立場にはありません．

an·ma·ßend [アン・マーセント] **I** an|maßen (再帰で: 不当に行使する)の 現分 **II** 形 思いあがった，尊大な．

An·ma·ßung [アン・マースング] 囡 -/-en 不当な要求；横柄，尊大．

An·mel·de·for·mu·lar [アンメルデ・フォルムラール] 中 -[e]s/-e 届け出用紙，申し込み用紙，申込書．

an|mel·den [アン・メルデン án-mèldən] du meldest ... an, er meldet ... an (meldete ... an, hat ... angemeldet) 他 (完了 haben) ① (到着・来訪など⁴を)知らせる，予告する．(英 announce). Er *hat* seinen Besuch telefonisch *angemeldet*. 彼は訪問したい旨を電話で知らせた．◇再帰的に》*sich*⁴ schriftlich *anmelden* 自分の訪問を書面で知らせる / Sie *meldet sich*⁴ **beim** Arzt *an*. 彼女は医者に受診の予約をする．
② (当局に転入など⁴を)届け出る，申請する．(⇔「転出を届け出る」は ab|melden). ein Patent⁴ **beim** Patentamt *anmelden* 特許局にパテントを申請する．◇再帰的に》Ich *meldete mich* polizeilich *an*. 私は警察に転入届を出した．
③ (囚⁴の入学などを)申し込む．Er *meldete* seine Tochter **in** der Schule *an*. 彼は学校に娘の入学申し込みをした．◇再帰的に》*sich*⁴ **bei** einem Verein *anmelden* クラブに入会を申し込む / *sich*⁴ **zu** einem Kurs *anmelden* 講習会に参加を申し込む．④ (要求・異議など⁴を)申したてる．seine Bedenken⁴ *anmelden* 異議を申したてる．

die **An·mel·dung** [アン・メるドゥング án-mɛldʊŋ] 囡 (単) -/(複) -en ① (到着・訪問の)通知；(診察などの)申し込み，アポイントメント．**nach** vorheriger *Anmeldung* 予約した上で．② 〖圈 なし》(当局への)届け出，申告；住民登録，転入届．(⇔「転出届」は Abmeldung). polizeiliche *Anmeldung* 警察への転入届．③ (要求・異議などの)提起，申したて．④ 《口語》届け出(申請)窓口，受付．

an|mer·ken [アン・メルケン án-mèrkən] 他 (h) ① (囚³の様子から圏⁴を)見て取る，気づく．囚³ seinen Ärger *anmerken* 囚³の様子からその人が怒っていることに気づく．② (圏⁴に)印(˘)を付ける．einen Tag im Kalender rot *anmerken* カレンダーの日付に赤い印を付ける．③ 《雅》(圏⁴を所見(注釈)として)述べる．

die **An·mer·kung** [アン・メルクング án-mɛrkʊŋ] 囡 (単) -/(複) -en ① 注釈，注解 (略: Anm.). einen Text mit *Anmerkungen* versehen テキストに注を付ける．② 《雅》コメント，寸評．

an|mes·sen* [アン・メッセン án-mèsən] 他 (h) (囚³の体に合わせて服など⁴の)寸法をとる．

◇☞ **angemessen**

an|mon·tie·ren [アン・モンティーレン án-mɔntì:rən] 他 (h) (部品など⁴に)取り付ける．

An·mut [アン・ムート án-mu:t] 囡 -/《雅》優美，優雅；愛らしさ．

an|mu·ten [アン・ムーテン án-mù:tən] 他 (h) 《雅》(囚⁴に…の)感じをいだかせる，印象を与える．

an·mu·tig [アン・ムーティヒ án-mu:tɪç] 形 優美な，優雅な，気品のある．

An·na [アンナ ána] -s/《女名》アンナ．

an|nä·hen [アン・ネーエン án-nɛ̀:ən] 他 (h) (ボタンなどを)縫い付ける.

an|nä·hern [アン・ネーアァン án-nɛ̀:ərn] I 再帰 (h) *sich* 人・物³ *annähern* 人・物³に近づく, 接近する; 親しくなる. II 他 (h) (A⁴をB³に)近づける, 合わせる. 物⁴ einem Vorbild *annähern* 物⁴を手本に近いものにする.

an·nä·hernd [アン・ネーアァント] I an|nähern (近づける)の 現分 II 副 おおよそ, ほぼ.

An·nä·he·rung [アン・ネーエルング] 女 -/-en 接近; 歩み寄り; 適応. bei *Annäherung* des Zuges 列車が接近する際に / eine *Annäherung* zwischen den beiden Staaten 両国家間の歩み寄り.

An·nä·he·rungs⸗ver·such [アンネーエルングス・フェァズーフ] 男 -[e]s/-e 接近の試み, 歩み寄り工作; 異性への言い寄り, アタック.

die **An·nah·me** [アン・ナーメ án-na:mə] 女 (単) -/(複) -n ① (複 なし) 受け取り, 受け入れ. (英 *acceptance*). Er hat die *Annahme* des Pakets verweigert. 彼はその小包を受け取ることを拒んだ. ② (提案などの)承認, (動議などの)採択; (志願者の)採用. die *Annahme* eines Plans 企画の承認 ③ 想定, 仮定. in der *Annahme*, dass … …と想定して / Ich war der *Annahme*², dass … 私は…と思った. ④ (小包などの)受付[窓]口.

An·na·len [アナーレン aná:lən] 複 史 年代記, 年史; 年鑑.

An·ne [アンネ ánə] -(n)s/ 女名 アンネ.

an·nehm·bar [アン・ネームバール] 形 ① 受け入れられる(条件・提案など). ② まずまずの, かなりよい. ein *annehmbares* Wetter まずまずの天気.

an|neh·men [アン・ネーメン án-nɛ̀:mən] du nimmst…an, er nimmt…an, hat…genommen I (完了) haben) ① (物⁴を)受け取る. (英 *accept*). ein Paket *annehmen* 小包を受け取る / Er *nahm* das Geschenk *an*. 彼はそのプレゼントを受け取った. ② (申し出など⁴を)受け入れる, 受諾する; (案など⁴を)採用する. (英 「拒絶する」は ab|lehnen). Ich *nehme* Ihre Einladung dankend *an*. ご招待をありがたくお受けします / einen Antrag *annehmen* 動議を採択する. ③ (志願者⁴を)受け入れ, 採用する; (口語)(子供⁴を)養子にする. Ich *habe* den jungen Mann als Volontär *angenommen*. 私はその若い男を見習いとして採用した / Patienten⁴ *annehmen* (診察のための)患者を受け付ける. ④ 推量する, 思う; 仮定する. (英 *suppose*). Ich *nehme an*, dass er noch kommt. 彼はそのうちやって来ると私は思う / 囲⁴ als Tatsache *annehmen* 囲⁴を事実と仮定する / *Nehmen* wir einmal *an*, dass … 仮に…であるとしよう. ◇[過去分詞の形で] *angenommen*, dass … …と仮定すれば.
⑤ (習慣など⁴を)身につける, (ある態度⁴を)とる. Nimm doch Vernunft *an*! 分別をわきまえろ / einen anderen Namen *annehmen* 別名を名乗る.
⑥ (様相など⁴を)帯びる. Gestalt⁴ *annehmen* はっきりしたものになる, 現実になる.
⑦ (染料など⁴を)吸収する. Das Papier *nimmt* keine Tinte *an*. この紙にはインクが乗らない.
II 再帰 (完了 haben) *sich*⁴ 人・事² *annehmen* 人・事²の面倒を見る.
◇☞ **angenommen**

An·nehm·lich·keit [アン・ネームりヒカイト] 女 -/-en (ふつう 複) 快適さ, 心地よさ; 利点.

an·nek·tie·ren [アネクティーレン anɛktí:rən] 他 (h) (領土⁴などを不法に)併合する.

An·ne·xi·on [アネクスィオーン aneksió:n] 女 -/-en (政) (他国領土の)併合.

an·no, An·no [アノー áno] 副 古 …年に (略: a., A.). *anno* (または *Anno*) 1848 西暦1848年に / *anno* (または *Anno*) Domini 西暦(紀元後)…年に (略: a. D., A. D.).

An·non·ce [アノースェ anɔ̃:sə] [淡] 女 (単) -/(複) -n (新聞・雑誌などの) 広告 (= Anzeige). eine *Annonce*⁴ auf|geben (新聞などに)広告の掲載を依頼する.

an·non·cie·ren [アノンスィーレン anɔ̃sí:rən] I 他 (h) (新聞・雑誌に)広告する. II 他 (h) (物⁴の)[新聞]広告を出す.

an·nul·lie·ren [アヌリーレン anulí:rən] 他 (h) (判決・契約など⁴の)無効を宣言する, とり消す.

An·nul·lie·rung [アヌリールング] 女 -/-en 無効宣言, とり消し.

An·o·de [アノーデ anó:də] 女 -/-n 電 陽極. (反 「陰極」は Kathode).

an|öden [アン・エーデン án-ø̀:dən] 他 (h) (口語) 退屈させる, うんざりさせる.

ano·mal [アノマール anomá:l または ..マール] 形 変則的な, 異常な, 変態的な.

An·o·ma·lie [アノマリー anomalí:] 女 -/-n [..リーエン] 変則, 異常; (生) 奇形, 異常.

an·o·nym [アノニューム anoný:m] 形 匿名の, 作者不詳の.

An·o·ny·mi·tät [アノニュミテート anonymitɛ́:t] 女 -/ 匿名[性], 無名[性]. in der *Anonymität* der Großstädte² 大都会の孤独(互いに名前も知らない人間関係)の中で.

Ano·rak [アノラク ánorak] 男 -s/-s アノラック.

an|ord·nen [アン・オルドネン án-ɔ̀rdnən] 他 (h) ① 指示する, 命令する. Der Arzt *ordnete* strenge Bettruhe *an*. 医者は絶対安静を命じた. ② (一定の方式で)配列する, 並べる.

die **An·ord·nung** [アン・オルドヌング án-ɔrdnuŋ] 女 (単) -/(複) -en ① 指示, 指図, 命令. (英 *order*). eine *Anordnung*⁴ treffen 指示をする / auf *Anordnung* des Arztes 医者の指図に従って. ② 配列, 配置, 整理. (英 *arrangement*). eine übersichtliche *Anord-*

an·or·ga·nisch [アン・オルガーニッシュ ánɔrgaːnɪʃ または ..ガーニッシュ] 形 無機[質]の, 無機の. (⇔「有機の」は organisch). *anorganische* Chemie 無機化学.

anor·mal [アノルマール ánɔrmaːl] 形 ノーマルでない, 異常な.

an|pa·cken [アン・パッケン án-pàkən] I 他 (h) ① 引っつかむ. 〈人〉⁴ **am** Arm *anpacken* 〈人〉⁴の腕をつかむ. ② (仕事など⁴に)着手する. ③《口語》〈人〉⁴を…に取り扱う. II 自 (h)『副詞の **mit** とともに』(仕事などに)手を貸す. Alle *packten* mit *an*. みんなが協力した.

an|pas·sen [アン・パッセン án-pàsən] I 他 (h) (A⁴ を B³ に)合わせる, 適合させる. (英 fit). Er *passte* seine Kleidung der Jahreszeit³ *an*. 彼は服装を季節に合わせた. /〈人〉³ einen Anzug *anpassen* (仮縫いで)〈人〉³の体にスーツの寸法を合わせる. II 再帰 (完了 haben) *sich*⁴ 〈人・物〉³ *anpassen* 〈人・物〉³に順応する, 適応する. *sich*⁴ der Umgebung³ (または **an** die Umgebung) *anpassen* 環境に順応する.
◇☞ angepasst

An·pas·sung [アン・パッスング án-pàsʊŋ] 女 -/-en《ふつう 単》適合, 適応, 順応.

an·pas·sungs·fä·hig [アンパッスングス・フェーイヒ] 形 適応力のある, 順応性のある.

an|pei·len [アン・パイレン án-pàilən] 他 (h) ①(海・空)に向けて針路をとる; (敵)の位置(方位)を特定する. ②〈目標〉⁴を目標にする.

an|pfei·fen* [アン・プファイフェン án-pfàifən] 他 (h) ①〈スポ〉(競技⁴の)開始のホイッスルを吹く. ②《口語》〈人〉⁴をがみがみしかる.

An·pfiff [アン・プふィふ án-pfɪf] 男 -[e]s/-e ①〈スポ〉競技開始のホイッスル. ②《口語》きついおしかり, お目玉.

an|pflan·zen [アン・プふらンツェン án-pflàntsən] 他 (h) ①(花など⁴を)植える; (庭など⁴に)草木を植える. ②(茶など⁴を)栽培する.

An·pflan·zung [アン・プふらンツング án-pflàntsʊŋ] 女 -/-en ① 植え付け, 栽培, 植樹. ② 栽培地; 植林地.

an|pflau·men [アン・プふらオメン án-pflàumən] 他 (h)《口語》からかう, ひやかす.

an|pö·beln [アン・ぺーベルン án-pø:bəln] 他 (h)《口語》〈人〉⁴にののしりながらからむ.

An·prall [アン・プらル án-pral] 男 -[e]s/-e《ふつう 単》激しくぶつかること, 衝突.

an|pral·len [アン・プらレン án-pràlən] 自 (s)『**an** (または **gegen**)〈人・物〉⁴ ~』(〈人・物〉⁴に)激しくぶつかる, 衝突する.

an|pran·gern [アン・プらンガァン án-pràŋərn] 他 (h) 公然と非難する, 弾劾する.

an|prei·sen* [アン・プらイゼン án-pràizən] 他 (h) 推奨する, ほめて宣伝する.

An·pro·be [アン・プろーべ án-pro:bə] 女 -/-n ①(衣服の)試着. ② 試着室.

an|pro·bie·ren [アン・プろビーレン án-probì:rən] 他 (h) ① 試着する. die Schuhe⁴ *anprobieren* 靴を試しにはいてみる. ②(人⁴に)衣服など⁴を試着させる.

an|pum·pen [アン・プンペン án-pùmpən] 他 (h)《口語》(人⁴から)お金をせがんで借りる.

An·rai·ner [アン・らイナァ án-rainər] 男 -s/- ① 隣接地の所有者. (女性形: -in). ②《ﾈｽｲﾄ》(交通)沿道居住者. (= Anlieger)

an|ra·ten* [アン・らーテン án-rà:tən] 他 (h)『(〈人〉³に〈事〉⁴ を)勧める, 勧告する. ◇《名詞的に》**auf** Anraten des Arztes 医者の勧めで.

an|rech·nen [アン・れヒネン án-rèçnən] 他 (h) ①(事⁴を〈人〉³の)勘定につける. ② 算入する, 下取り査定する. die Ausbildungszeit⁴ **auf** die Dienstjahre *anrechnen* 職業訓練期間を勤務年数に算入する. ③(事⁴を…であると)評価する. Das *rechne* ich dir hoch *an*! 君のその点を高く評価するよ.

An·rech·nung [アン・れヒヌング án-rèçnʊŋ] 女 -/-en《ふつう 単》算入. **unter** *Anrechnung* der Zinsen² 利子込みで / **in** *Anrechnung* bringen (書)単⁴を計算に入れる.

An·recht [アン・れヒト án-rɛçt] 中 -[e]s/-e ① 要求(請求)権. ein Anrecht⁴ **auf** 〈事〉⁴ haben 〈事〉⁴に対する要求権をもつ. ②(劇場などのシーズンを通しての)座席予約.

An·re·de [アン・れーデ án-re:də] 女 -/-n 呼びかけ, 呼称. „Du" ist eine vertrauliche *Anrede*.「ドゥー」は親しい呼びかけである.

an|re·den [アン・れーデン án-rè:dən] I 他 (h) (〈人〉⁴に)話しかける; (〈人〉⁴に…の呼び方で)話しかける, 呼びかける. Ich *rede* ihn immer mit „ Herr Direktor" *an*. 私は彼にいつも「所長さん」と呼びかける. II 自 (完了 haben)『**gegen** 〈事〉⁴ ~』(〈事〉⁴に負けないように)声を出す, 話す. gegen den Lärm *anreden* 騒音に負けないように話す.

an|re·gen [アン・れーゲン án-rè:gən] 他 (h) ①『〈人〉⁴ **zu** 〈事〉³ ~』(〈人〉⁴に〈事〉³をするように)促す, (〈人〉⁴に〈事〉³をする)気にさせる. (英 prompt). ②(…しようと)提案する, 提唱する. ein neues Projekt⁴ *anregen* 新しい企画を提唱する. ③ 活気づける, 活発にする. Bewegung *regt* den Appetit *an*. 運動をすると食欲がでる. ◇《目的語なしでも》Kaffee *regt an*. コーヒーは心身を活気づける.
◇☞ angeregt

an·re·gend [アン・れーゲント] I *an|regen (促すの)現分 II 形 活発にする, 刺激的な, 興奮させる.

An·re·gung [アン・れーグング án-rè:gʊŋ] 女 -/-en 活気づけ, 刺激, 促し; 提案. eine Tablette **zur** *Anregung* des Appetits 食欲を促す錠剤.

an|rei·chern [アン・らイヒァァン án-ràiçərn] 他 (h) 豊かにする, (添加して)強化する; (工)(ウランなど⁴を)濃縮する.
◇☞ angereichert

An·rei·se [アン・らイゼ án-raizə] 女 -/-n ①(旅行者の)到着. (⇔「旅立ち」は Abreise). ②(目的地へ向かう)旅行, 往路.

an|rei·sen [アン・らイゼン án-ràizən] 自 (s)

**anreißen**

① (旅行者が)到着する． ② (目的地へ向けて)旅行する，往路を行く．

an|rei·ßen* [アン・ライセン án-ràɪsən] 他 (h) ① (樹⁴に)裂け目を付ける． ② (口語)(封を切って物⁴を)使い始める，(蓄えなど⁴に)手をつける． ③ (テーマ等⁴を)話題にする，切り出す．

An·reiz [アン・ライツ án-raɪts] 男 -es/-e 刺激，促し，そそのかし． einen *Anreiz* zum Kauf geben 購買[欲]を刺激する，買い気をそそる．

an|rei·zen* [アン・ライツェン án-ràɪtsən] 他 (h) 刺激する，そそのかす． 人⁴ zum Stehlen *anreizen* 人⁴に盗み心を起こさせる．

an|rem·peln [アン・レンペルン án-rèmpəln] 他 (h) (口語)(人⁴に)わざとぶつかる．

an|ren·nen* [アン・レンネン án-rènən] I 自 (s) ① 〖an (または gegen) 人·物⁴ ~〗(口語) (人·物⁴に)走って来てぶつかる． ②〖過去分詞の形で〗angerannt kommen 走って来る． 〖gegen 人·物⁴ ~〗(人·物⁴に向かって)突進する；〖比〗(人·物⁴に)立ち向かう． II 他 (h) (口語)(走って来てひじなど⁴を)ぶつける．

An·rich·te [アン・リヒテ án-rɪçtə] 女 -/-n 配膳台用の食器棚．

an|rich·ten [アン・リヒテン án-rɪçtən] 他 (h) ①(料理⁴を)皿に盛りつける，(食事⁴の)支度をする． Es *ist* angerichtet. 〖状態受動·現在〗(雅)お食事の用意ができました． ②(災いなど⁴を)引き起こす，しでかす． Verwirrung⁴ *anrichten* 混乱を引き起こす．

an|rol·len [アン・ロルン án-ròlən] I 自 (s) ① (列車などが)動き始める；〖比〗(ある事⁴の)開始される． ②〖過去分詞の形で〗angerollt kommen (列車などが)近づいて来る，(ボールなどが)転がって来る． II 他 (h) (樽(たる)など⁴を)転がして運んで来る．

an·rü·chig [アン・リュヒヒ án-ryçɪç] 形 悪評のある，いかがわしい；下品な(冗談など)．

an|rü·cken [アン・リュケン án-rỳkən] I 自 (s) (隊列を組んで)近づいて来る． II 他 (h) (家具など⁴を)少し動かす，ずらす．

der **An·ruf** [アン・ルーフ án-ruːf] 男 (単2)-e)s/(複)-e (3格のみ -en) ① 電話をかけること(かかってくること)，通話．(米 *call*). einen *Anruf* bekommen (または erhalten) 電話をもらう / Ich warte auf einen *Anruf*. 私は電話がかかってくるのを待っています． ② 呼びかけ．

der **An·ruf꞊be·ant·wor·ter** [アンルーフ・ベアントヴォルタァ ánruːf-bəantwɔrtər] 男．(単2)-s/(複)-(3格のみ -n) 留守番電話[機]．

****an|ru·fen*** [アン・ルーフェン án-rùːfən]

電話をかける
Ich *rufe* dich morgen *an*.
イヒ ルーフェ ディヒ モルゲン アン
あす君に電話するよ．

(rief...an, hat...angerufen) I 他 (完了 haben) ①〖4格とともに〗(人⁴に)電話をかける．(米 *call*). *Rufen* Sie mich bitte heute Abend wieder *an*! 今晩もう一度お電話ください / die Polizei⁴ *anrufen* 警察に電話する．
② (人⁴に)呼びかける． 人⁴ aus weiter Ferne *anrufen* 人⁴に遠くから呼びかける． ③〖雅〗(人⁴に)頼む，求める． 人⁴ um Hilfe *anrufen* 人⁴に助けを請う．
II 自 (完了 haben) 電話をかける． Ich *muss* noch **bei** ihm *anrufen*. これから彼の所へ電話をしなくてはならない / im Büro *anrufen* 事務所に電話をする / zu Hause *anrufen* 家に電話をする．

An·ru·fer [アン・ルーファァ án-ruːfər] 男 -s/- 電話をかける人(かけてきた人)．(女性形: -in).

An·ru·fung [アン・ルーフング án-ruːfʊŋ] 女 -/-en 嘆願，依頼．

an|rüh·ren [アン・リューレン án-ryːrən] 他 (h) ①(人·物⁴に)触れる． *Rühr* mich nicht *an*! 私に触れるな！ / das Essen⁴ kaum *anrühren* 食事にほとんど手をつけない． ②〖雅〗感動させる． ③ かき混ぜる．

***ans** [アンス áns] 〖前置詞 an と定冠詞 das の融合形〗*ans* Meer fahren 海辺へ行く / *ans* Werk gehen 仕事にとりかかる / bis *ans* Ende der Welt² 世界の果てまで．

An·sa·ge [アン・ザーゲ án-zaːgə] 女 -/-n ② (番組などの)予告，アナウンス；(口頭での)通知．

an|sa·gen [アン・ザーゲン án-zàːgən] I 他 (h) ①(前もって)告げる，予告する，アナウンスする． Der Wetterbericht *hat* ein Gewitter *angesagt*. 天気予報では雷雨になると言っていた．
②(人³に囲⁴を)口述して筆記させる． II 再帰 (完了 haben) *sich⁴ ansagen* 訪問[の予定]を知らせる． *sich⁴* **bei** 人³ (**für** Montagabend) *ansagen* 人³に(月曜の夕方に)訪問することを知らせる．

der **An·sa·ger** [アン・ザーガァ án-zaːgər] 男 (単)-s/(複)-(3格のみ -n) (ラジオ・テレビの)アナウンサー；(ショーなどの)司会者．(米 *announcer*). Fernseh*ansager* テレビのアナウンサー / ein geschickter *Ansager* 巧みな司会者．

An·sa·ge·rin [アン・ザーゲリン án-zaːgərɪn] 女 -/..rinnen (ラジオ・テレビの)女性アナウンサー；(ショーなどの)女性司会者．

an|sam·meln [アン・ザメルン án-zàməln] I 他 (h) 集める，(芸術品など⁴を)収集する，(財産⁴を)蓄積する． II 再帰 (h) *sich⁴ ansammeln* (人が)集まる；(物が)たまる．

An·samm·lung [アン・ザムルング án-zamlʊŋ] 女 -/-en ① 収集，蓄積，集積． ② 群衆，人だかり．

an·säs·sig [アン・ゼスィヒ án-zɛsɪç] 形 (ある場所に)定住している．

An·satz [アン・ザッツ án-zats] 男 -es/..sätze ① 手始め，手がかり；(跳躍などの)助走，スタート． ② 兆し，萌芽(ほうが)． der *Ansatz* der Frucht² 果実の芽． ③〖医〗(体の部分の)付け根． der *Ansatz* des Halses 首の付け根． ④ (価格などの)査定，見積もり． 物⁴ **in** *Ansatz* bringen 物⁴の価格を査定する． ⑤〖工〗接ぎ

足し部. ⑥《音楽》音(声)の出し方. ⑦《数》数式[化].

An·satz≠punkt [アンザッツ・プンクト] 男 -(e)s/-e (事を始めるための)手がかり, 糸口.

an|sau·gen(*) [アン・ザオゲン án-zàugən] I 他 (h) 吸収する, 吸い寄せる. II 再帰 (h) sich⁴ ansaugen (ひるなどが)吸いつく.

an|schaf·fen [アン・シャッフェン án-ʃafən] (schaffte ... an, hat ... angeschafft) I 他 (完了 haben) ① (家具など⁴を)購入する, 調達する, 手に入れる. Bücher⁴ für die Bibliothek anschaffen 蔵書用に本を購入する(買いそろえる). ◊[再帰代名詞(3 格)とともに] Ich habe mir ein Auto angeschafft. 私は車を買った / sich³ Kinder⁴ anschaffen 〘口語〙子供をつくる. ② 〘南ドイツ・オーストリア〙 (人³に囲⁴を)命じる. II 自 (完了 haben) 〘俗〙(売春などで)金を稼ぐ.

An·schaf·fung [アン・シャッフング] 女 -/-en 購入; 購入した品.

an|schal·ten [アン・シャルテン án-ʃaltən] 他 (h) (電灯・テレビなどの)スイッチを入れる. (⇔「スイッチを切る」は ab|schalten).

an|schau·en [アン・シャオエン án-ʃàuən] (schaute ... an, hat ... angeschaut) 他 (完了 haben) 〘南ドイツ・オーストリア・スイス〙見つめる; (関心を持って)見る (≅ sehen). Sie schaute ihn erstaunt an. 彼女はびっくりして彼を見た. ◊[再帰代名詞(3 格)とともに] Willst du dir noch das Schloss anschauen? お城も見ておきたい[でしょう]?

an·schau·lich [アン・シャオリヒ] 形 はっきりした, 目に見えるような; 具体(具象)的な. eine anschauliche Darstellung 生き生きとした描写 / 囲⁴ durch Beispiele anschaulich machen 囲⁴を例を用いてわかりやすく示す.

An·schau·lich·keit [アン・シャオリヒカイト] 女 -/ わかりやすさ; 具体(具象)性.

die An·schau·ung [アン・シャオウング án-ʃauuŋ] 女 (単) -/(複) -en ① 見解, 意見, ものの見方. (英 view, opinion). Weltanschauung 世界観 / eine politische Anschauung 政治観. ② 〘囲 なし〙観察; 瞑想(ネッシッ); 〘哲〙直観. aus eigener Anschauung urteilen 自分の目で見て判断する.

An·schau·ungs≠ma·te·ri·al [アンシャオウングス・マテリアール] 中 -s/..alien [..アーリエン] 視覚(実物)教育用教材.

An·schau·ungs≠un·ter·richt [アンシャオウングス・ウンタァリヒト] 男 -[e]s/ 〘教〙視覚(実物)教育.

An·schein [アン・シャイン án-ʃaɪn] 男 -[e]s/ 外観, 様子, 見かけ. Es hatte den Anschein, als ob es regnen wollte. 雨が降りそうな様子だった / dem (または allem) Anschein nach どうやら[…らしい].

an·schei·nend [アン・シャイネント án-ʃaɪnənt] 副 外観上[は], 見たところ[では]. Er ist anscheinend krank. 彼は見たところ病気らしい.

an|schi·cken [アン・シッケン án-ʃɪkən] 再帰 (h) (sich⁴ zu 囲³ ~) 〘雅〙囲³をしようとしている. ◊[zu 不定詞句]とともに] Er schickt sich an zu gehen. 彼は出かけるところだ.

an|schie·ben* [アン・シーベン án-ʃìːbən] 他 (h) (車など⁴を)押して動かす.

an|schie·ßen* [アン・シーセン án-ʃìːsən] I 他 (h) ① (人・動物⁴に)発砲して傷を負わせる. ② 〘口語〙(人⁴を)罵倒(ば)する. II 自 〘過去分詞の形で〙angeschossen kommen 突進して来る.

An·schiss [アン・シス án-ʃɪs] 男 -es/-e 〘俗〙罵倒(ば).

der An·schlag [アン・シュラーク án-ʃlaːk] 男 (単2) -[e]s/(複) ..schläge [..シュレーゲ] (3 格のみ ..schlägen) ① 掲示[物], ポスター. einen Anschlag machen 掲示をする / Am schwarzen Brett hängt ein neuer Anschlag. 掲示板に新しい掲示が出ている. ② 〘複 なし〙(キーボードなどの)打鍵, タッチ; (競泳の)タッチ. Er hat einen weichen Anschlag. (ピアノ演奏などで:)彼のタッチは軟らかい. ③ 〘複で〙(キーボードで)文字を打つ回数. ④ 襲撃(暗殺)計画. ⑤ 〘商〙(費用の)見積り. 囲⁴ in Anschlag bringen 囲⁴を勘定(考慮)に入れる. ⑥ 〘工〙(機械の)ストッパー, 止め弁, 移動止め. ⑦ 〘スポーツ〙サーブ.

An·schlag≠brett [アンシュラーク・ブレット] 中 -[e]s/-er 掲示板.

An·schlä·ge [アン・シュレーゲ] Anschlag (掲示[物])の 複

an|schla·gen* [アン・シュラーゲン án-ʃlàːɡən] (schlug ... an, hat / ist ... angeschlagen) I 他 (完了 haben) ① (ポスターなど⁴を)掲示する, 貼(ぱ)りつける; (板など⁴を)打ちつける. ein Plakat⁴ anschlagen ポスターを貼る. ② (体の一部⁴を)ぶつけて傷つける; (食器など⁴をぶつけて壊す. Ich habe mir das Knie angeschlagen. 私はひざをぶつけて傷めた / einen Teller⁴ anschlagen 皿をぶつけて壊す. ③ (キーボードなど⁴を)たたく; (楽器など⁴を)かき鳴らす, 弾く; (和音⁴を)奏でる. eine Glocke⁴ anschlagen 鐘を鳴らす / einen Akkord auf dem Klavier anschlagen ピアノで和音を弾く. ④ 〘比〙(これまでとは別の調子に)変える. einen schnelleren Schritt anschlagen 歩調を速める / ein anderes Thema⁴ anschlagen 別の話題を持ち出す. ⑤ 〘雅〙(囲⁴を…に)評価する. eine Leistung⁴ hoch anschlagen 業績を高く評価する.

II 自 (完了 sein または haben) ① (s) ぶつかる. Er ist mit dem Kopf an die Wand angeschlagen. 〘現在完了〙彼は壁に頭をぶつけた. ② (h) (水泳で:)タッチする. ③ (h) (鐘などが)鳴る; (犬) (犬が)ほえる. ④ (h) (薬などが)効き目がある. Die Medizin schlägt bei ihm gut an. その薬は彼にはよく効く.

◊☞ angeschlagen

An·schlag⹀säu·le [アンシュラーク・ゾイレ] 囡 -/-n (円形の)広告柱.

an|schlei·chen* [アン・シュらイヒェン án-ʃlàiçən] 再帰 (h) 〔*sich*⁴ **an** 人・物⁴ ~〕(人・物 に)忍び寄る.

an|schlie·ßen* [アン・シュリーセン án-ʃlìːsən] du schließt...an (schloss...an, *hat*... angeschlossen) **I** 他 (完了 haben) ① (配線網などに)つなぐ, 接続する. (英 connect). einen Schlauch an die Leitung (または der Leitung) *anschließen* ホースを水道につなぐ. ② (犬など⁴を)鎖でつなぐ, つないで錠をする. einen Hund an eine Kette *anschließen* 犬を鎖につなぐ. ③ (意見など⁴を)付け加える. einige Bemerkungen⁴ *anschließen* いくつかのコメントを付け加える.

II 再 (完了 haben) *sich*⁴ *anschließen* ① 〔*sich*⁴ **an** 物・事 ~〕(物⁴に)引き続く, 接続する; (物⁴に)隣接する. An den Vortrag *schließt sich* eine Diskussion *an*. 講演に引き続いて討論が行われる. ② (人・物³に)加わる, 従う, 同調する. *sich*⁴ einer Partei³ *anschließen* ある党派の一員になる / Darf ich mich Ihnen *anschließen*? ごいっしょしてよろしいでしょうか.

III 自 (完了 haben) ① 〔**an** 物・事 ~〕(物⁴ に)引き続く, 接続する; (物⁴に)隣接する. Die Terrasse *schließt* ans Wohnzimmer *an*. テラスは居間に続いている. ② (服などが)体にぴったり合う.

◊☞ **angeschlossen**

an·schlie·ßend [アン・シュリーセント] **I** an|- schließen (つなぐ)の 現分 **II** 副 引き続いて, その後に. Wir gingen zuerst ins Konzert und *anschließend* in die Diskothek. 私たちはまずコンサートに行き, それからディスコに行った.

der **An·schluss*** [アン・シュるス án-ʃlʊs] 男 (単2) -es/(複) ..schlüsse [..シュリュッセ] (3格のみ ..schlüssen) ① (配線網・配管網などへの)接続. (英 connection). Telefon*anschluss* 電話接続 / Das Dorf hat noch keinen elektrischen *Anschluss*. この村にはまだ電気が引かれていない.

② (列車の)接続[便]. den *Anschluss* erreichen (verpassen) 接続便に間に合う(乗り遅れる) / Der Zug hat um 13.20 Uhr *Anschluss* nach München. この列車は 13 時 20 分にミュンヒェン行きの便と接続する. ③ 〔複 なし〕(人との)結びつき, つき合い, コンタクト. Sie findet überall schnell *Anschluss*. 彼女はどこに行ってもすぐ知り合いができる / Er hat den *Anschluss* verpasst. 《口語》彼は出世(昇進)のチャンスを逸した / *Anschluss* an eine Partei ある政党への入党 / **im** *Anschluss* an 人・事⁴ a) 人⁴ にならって, b) 事⁴に引き続いて ⇒ Bitte kommen Sie im *Anschluss* an den Unterricht zu mir! 授業がすんだらそのまま私のところに来てください.

An·schlüs·se [アン・シュリュッセ] Anschluss (接続)の 複

an|schmie·gen [アン・シュミーゲン án-ʃmìː- gən] 再帰 (h) *sich*⁴ *anschmiegen* 体をすり寄せる, ぴったりくっつく. *sich*⁴ **an** die Mutter *anschmiegen* (子供が)母親にすがりつく.

an·schmieg·sam [アン・シュミークザーム] 形 甘えて寄りそってくる(子供など).

an|schmie·ren [アン・シュミーレン án-ʃmìː- rən] (区分 angeschmiert) **I** 他 (h) ① (物⁴にペンキなどを)ぞんざいに塗る. ② 《俗》だます. **II** 再帰 (h) *sich*⁴ *anschmieren* (インクなどで)うっかり体(衣服)を汚す.

an|schnal·len [アン・シュナれン án-ʃnà- lən] (schnallte...an, *hat*...angeschnallt) 他 (完了 haben) ベルト(締め金)で固定する. ◊〔再帰的に〕*sich*⁴ *anschnallen* (飛行機・車で)シートベルトを締める ⇒ Bitte *schnallen* Sie *sich* während der Fahrt *an*! 走行中はシートベルトを締めてください.

an|schnau·zen [アン・シュナオツェン án- ʃnàʊtsən] 他 (h) 《口語》どなりつける.

an|schnei·den* [アン・シュナイデン án- ʃnàɪdən] 他 (h) ① (パンなど⁴の)最初の一切れを切り取る. ② 《比》(質問・話題⁴を)切り出す, 提出する. ein Thema⁴ *anschneiden* あるテーマを持ち出す. ③ 《テニスなどで:》(ボール⁴に)スピンをかける.

An·schnitt [アン・シュニット án-ʃnɪt] 男 -[e]s/-e ① (パンなどの)最初の一切れ. ② 切り口, 切断面.

An·scho·vis [アンショーヴィス anʃóːvɪs] 囡 -/- アンチョビー(カタクチイワシの塩漬け).

an|schrau·ben [アン・シュラオベン án-ʃràʊ- bən] 他 (h) ねじでとめる(固定する).

an|schrei·ben* [アン・シュライベン án-ʃràɪ- bən] 他 (h) ① 書きつける. ein Wort⁴ **an** die Tafel *anschreiben* 単語を黒板に書く. ② 貸しとして帳簿につける. 物⁴ *anschreiben lassen* 物⁴をつけにしてもらう. ◊〔過去分詞の形で〕**bei** 人³ gut *angeschrieben* sein 《口語》人³に受けがよい. ③ (官庁)(人⁴に)書面で問い合わせる.

an|schrei·en* [アン・シュライエン án-ʃràɪən] 他 (h) (人⁴に)大声で話しかける; どなりつける.

die **An·schrift*** [アン・シュリふト án-ʃrɪft] 囡 (単)-/(複)-en (手紙の)あて名, 住所 (= Adresse). (英 address). Kennst du seine *Anschrift*? 君は彼の住所を知っているかい / *Anschrift* unbekannt (郵便物などで:)あて先不明 / die *Anschrift*⁴ an|geben 住所を告げる.

an|schul·di·gen [アン・シュるディゲン án- ʃʊ́ldɪɡən] 他 (h) 《雅》告発する, 告訴する.

An·schul·di·gung [アン・シュるディグング] 囡 -/-en 《法》告発, 告訴.

an|schwär·zen [アン・シュヴェルツェン án- ʃvèrtsən] 他 (h) 《口語》(人⁴のことを)悪く言う.

an|schwel·len* [アン・シュヴェれン án- ʃvèlən] 自 (s) ① ふくれる; (足などが)はれる. ② (音などが)大きくなる. ③ 増大する; (川など

が)水かさを増す.

An·schwel·lung [アン・シュヴェるング] 囡 -/-en 膨張, 増大; 増水; 《医》腫脹(ﾋﾞょぅ), はれ.

an|schwem·men [アン・シュヴェメン] ánʃvɛmən] 他 (h) (川が土砂など4を)流し寄せる.

an|schwin·deln [アン・シュヴィンデルン ánʃvɪndəln] 他 (h) 《口語》だます.

*****an|se·hen*** [アン・ゼーエン án-zè:ən] du siehst...an, er sieht...an (sah...an, hat...angesehen) **I** 他 (定了) haben) ① 見つめる, (じっと)見る. (英 look at). 人4 freundlich ansehen 人4をやさしく見つめる / Er sah mich erstaunt an. 彼は驚いて私を見た / Das ist schrecklich anzusehen. それは見るからに恐ろしい光景だ. ◊《副詞の **mit** とともに》Ich kann das nicht mehr mit ansehen. 私はそれをもう黙って見ていられない. ◊《目的語なしでも》Sieh mal [einer] an!《口語》これは驚いた.
② (関心を持って)見る, 見物(観察)する. eine Wohnung4 ansehen (買う前に)住まいを下見する. ◊《再帰代名詞 (3 格) とともに》sich3 人·物4 ansehen 人·物4をじっくり見る ⇒ Ich sehe mir einen Film an. 私は映画を見る / Wir sahen uns München an. 私たちはミュンヒェンを見物した / sich3 einen Patienten ansehen (医者が)患者を診る. (☞ 類語 besuchen).
③ 《成句的に》人·物4 **als** (または **für**)... ansehen 人·物4を...と見なす. Ich sehe ihn als meinen Freund an. 私は彼を友人と思っている/ 圃4 als wahr ansehen 圃4を真実と見なす. (〈メモ〉...には4格の名詞や形容詞がくる). ④ (人3 の外見から圃4を)見てとる. Man sieht ihm sein Alter nicht an. 外見からは彼の年はわからない. ⑤ (...に)判断する, 評価する. 圃4 anders ansehen 圃4について別の見方をする.
II 再帰 (定了) haben) sich4 ansehen (...のように)見える. Das sieht sich ganz hübsch an. それはとてもすてきに見える.
◊☞ angesehen

das An·se·hen [アン・ゼーエン án-ze:ən] 中 (単2) -s/ ① 名望, 名声. in hohem Ansehen stehen たいへん信望がある / sich3 Ansehen4 verschaffen 名声を得る. ②《雅》外観, 外見, 様子 (=Aussehen). dem Ansehen **nach** urteilen 外見で判断する / 人4 nur **vom** Ansehen kennen 人4の顔しか知らない. ③ 顧慮, 配慮. ohne Ansehen der Person2 urteilen その人の地位(身分)のいかんを問わず判断する.

an·sehn·lich [アン・ゼーンリヒ] 形 ① 相当な, かなりの(金額など). ② りっぱな, 堂々とした.

an|sei·len [アン・ザイレン án-zàɪlən] 他 (h) ザイルで結びつける. ◊《再帰的に》sich4 anseilen ザイルで体を固定する.

an sein* ☞ an II ③

an|set·zen [アン・ゼッツェン án-zɛ̀tsən] du setzt...an (setzte...an, hat...angesetzt) **I** 他 (定了) haben) ① (道具などをしかるべき位置へ)当てる, 当てがう. (〈メモ〉「離す」は ab|setzen). Er setzte das Glas an und trank es aus. 彼はグラスを口に当ててぐっと飲み干した / das Messer4 ansetzen (切るために)ナイフを当てる. ② 継ぎ足す, 付け足す. Knöpfe4 ans Kleid ansetzen ワンピースにボタンを付ける. ③ (会議など4の日時を)定める, 決める; (費用·日数など4を)見積もる; (数)(方程式4を)立てる. Die Sitzung *ist* **für** vier Uhr angesetzt.《状態受動·現在》その会議は4時に開くことに決まっている. ④ (ある任務のために)投入する, 出動させる. Hunde4 **auf** eine Spur ansetzen 犬に跡を追わせる. ⑤ (実·芽など4を)つける, (さび·ぜい肉など4が)生じる. Mein Rad *hat* Rost angesetzt. 私の自転車はさびがついた. ◊《目的語なしでも》Die Erdbeeren *haben* gut angesetzt. いちごによく実がついた. ⑥ (かき混ぜて)作る. eine Bowle4 ansetzen (ワイン·果物などで)パンチを作る.
II 自 (定了) haben) ① **zu** 3 ~3 を始める, しようとする. zum Sprechen ansetzen 話をしようとする / Das Flugzeug setzte zur Landung an. 飛行機は着陸態勢に入った. ②《場所を表す語句とともに》(...で)始まる. ③ (ミルクなどが)焦げつく.
III 再帰 (定了) haben) sich4 ansetzen (さびなどが)生じる, (石灰などが)付着する.

die An·sicht [アン・ズィヒト án-zɪçt] 囡 (単) -/(複) -en ① 意見, 見解, 考え. (英 view). eine vernünftige Ansicht まともな意見 / Ich bin der Ansicht2, dass... 私は...と考えている / **nach** meiner Ansicht または meiner Ansicht **nach** 私の考えでは. ② (風景などの)絵, 写真. eine Ansicht der Stadt2 Köln ケルンの町の風景写真. ③ (見える)面. die vordere Ansicht des Schlosses 城の前面. ④ 見ること. **zur** Ansicht 見本として.

an·sich·tig [アン・ズィヒティヒ án-zɪçtɪç] 形 《成句的に》人·物2 ansichtig werden《雅》人·物2に気づく, 人·物2を見つける.

die An·sichts·kar·te [アンズィヒツ・カルテ ánzɪçts-kartə] 囡 (単) -/(複) -n 絵はがき. (英 picture postcard). eine Ansichtskarte aus dem Urlaub 休暇先からの絵はがき.

An·sichts⁄sa·che [アンズィヒツ・ザッヘ] 囡 《成句的に》Das ist Ansichtssache! それは見方の問題だ.

an|sie·deln [アン・ズィーデルン án-zi:dəln] **I** 再帰 (h) sich4 ansiedeln 定住する, 入植する. **II** 他 (h) 定住させる, 入植させる.

An·sied·ler [アン・ズィードらァ án-zi:dlər] 男 -s/- 移住者, 移民, 入植者.(女性形: -in).

An·sied·lung [アン・ズィードるング] 囡 -/-en 移住, 入植; 移住地, 入植地.

An·sin·nen [アン・ズィンネン án-zɪnən] 中 -s/- 無理(不当)な要求.

an·son·sten [アン・ゾンステン an-zónstən] 副 《口語》① その他の点では, そのほかに. Ansonsten nichts Neues. その他には何も変わったこと

anspannen 68

an|span・nen [アン・シュパンネン án-ʃpànən] 他(h) ① (馬など⁴を)馬車につなぐ; (馬車⁴に)馬をつなぐ. die Pferde⁴ anspannen 馬を馬車につなぐ. ② (弦・綱など⁴を)張る, 引き締める. ein Seil⁴ anspannen ロープをぴんと張る. ③ (神経など⁴を)緊張させる. alle Kräfte⁴ anspannen 全力を尽くす.
◇☞ **angespannt**

An・span・nung [アン・シュパンヌング] 女 –/-en ① 〘複なし〙全力を注ぐこと. unter Anspannung aller Kräfte² 全力をあげて. ② (精神・力の)集中, 緊張.

An・spiel [アン・シュピーる án-ʃpi:l] 中 –[e]s/-e ① 〘スポ・ゲーム〙(ゲームの)開始. ② 〘スポ〙(ボールの)パス.

an|spie・len [アン・シュピーれン án-ʃpi:lən] I 他(h) ① (楽曲・楽器など⁴を)試しに演奏してみる. ② (人⁴に)ボールをパスする. II 自(h) ① 〘auf 人・事⁴ ~〙(人・事⁴を)ほのめかす, 当てこする. ② 〘スポ・ゲーム〙ゲームを始める. Wer spielt an? だれから始めるの?

An・spie・lung [アン・シュピーるング] 女 –/-en ほのめかし, 当てこすり. eine Anspielung⁴ auf 事⁴ machen 事⁴を当てこする.

an|spin・nen* [アン・シュピンネン án-ʃpìnən] 再帰(h) sich⁴ anspinnen (しだいに)始まる, 芽生える.

an|spit・zen [アン・シュピッツェン án-ʃpitsən] 他(h) ① (鉛筆など⁴を)とがらせる. ② 《口語》 (人⁴に)はっぱをかける.

An・sporn [アン・シュポルン án-ʃporn] 男 –[e]s/ 激励, 励まし.

an|spor・nen [アン・シュポルネン án-ʃpɔrnən] 他(h) ① (馬⁴に)拍車をかける. ② (比)励ます, ふるい立たせる. 人⁴ zu 事³ anspornen 人⁴を励まして事³をさせる.

An・spra・che [アン・シュプラーヘ án-ʃpra:xə] 女 –/-n ① スピーチ, (短い)あいさつ, 式辞. eine Ansprache⁴ halten スピーチをする, 式辞を述べる. ② 〘南ド・オーストリア〙語らい.

an|spre・chen* [アン・シュプレッヒェン án-ʃprɛçən] *du sprichst…an, er spricht…an (sprach…an, hat…angesprochen)* I 他(完了haben) ① (人⁴に)話しかける; 呼びかける (英 speak to). Er sprach mich auf der Straße an. 彼が通りで私に話しかけた / 人⁴ mit Vornamen ansprechen 人⁴にファーストネームで話しかける.
② (群衆など⁴に)訴える; (人⁴に)頼む. 人⁴ auf 事⁴ ansprechen 人⁴に事⁴について意見を求める / 人⁴ um Geld ansprechen 人⁴にお金を無心する. ③ (テーマ・問題など⁴に)言及する, 論じる. eine Frage⁴ ansprechen ある問題を持ち出す. ④ 〘成句的に〙人・物⁴ als … ansprechen 人・物⁴を…と見なす. 人⁴ als Nachfolger ansprechen 人⁴を後継者と見なす. («als» 4格の名詞や形容詞がくる). ⑤ (人⁴の)心を打つ, (人⁴に)感銘を与える. Der Vortrag hat viele Menschen angesprochen. その講演は多くの人々に感銘を与えた.
II 自(完了haben) ① 〘auf 事⁴ ~〙(事⁴に)反応する. ② 効果を表す. Das Mittel spricht bei ihm nicht an. その薬は彼には効き目がない. ③ (音楽)(楽器などが…[のように]に)音が出る.

an・spre・chend [アン・シュプレッヒェント] I an|sprechen (話しかける)の現分 II 形 感じのいい, 魅力的な.

an|sprin・gen* [アン・シュプリンゲン án-ʃprìŋən] I 自(h) (犬などが人⁴に)飛びつく; 襲いかかる. II 自(s) ① (エンジンなどが)始動する. ② 〘auf 事⁴ ~〙(口語)(事⁴[提案など]に)飛びつく. auf ein Angebot anspringen 申し出に飛びつく. ③ 〘過去分詞の形で〙angesprungen kommen 跳なはねながらやって来る.

an|sprit・zen [アン・シュプリッツェン án-ʃpritsən] 他(h) (事⁴に水などを)ひっかける, はねかける.

der **An・spruch** [アン・シュプルフ án-ʃprux] 男 (単2) –[e]s/(複) ..sprüche [..シュプリュッヒェ](3格のみ ..sprüchen) ① 要求, (権利などの)主張, (英 claim). ein berechtigter Anspruch 正当な要求 / hohe Ansprüche⁴ an 人⁴ stellen 人⁴に高度の要求を出す / Anspruch⁴ auf 事⁴ erheben 事⁴を要求する / 物・事⁴ in Anspruch nehmen a) 事⁴を利用する b) 事⁴を要求する, 必要とする ⇒ Diese Arbeit nimmt viel Zeit in Anspruch. この仕事はずいぶん時間がかかる / 人⁴ in Anspruch nehmen 人⁴の時間(労力)を奪う, 人⁴をわずらわせる.
② (要求する)権利, 請求権. Anspruch⁴ auf 物⁴ haben 物⁴を要求する権利を持っている.

An・sprü・che [アン・シュプリュッヒェ] Anspruch (要求) の複

an・spruchs=los [アンシュプルフス・ろース] 形 ① 無欲な, 謙虚な, 控えめな. ② 内容のない, 中身の乏しい(作品など).

An・spruchs=lo・sig・keit [アンシュプルフス・ろーズィヒカイト] 女 –/ ① 無欲さ, 謙虚さ, 控えめなこと. ② (内容の)乏しさ.

an・spruchs=voll [アンシュプルフス・ふぉる] 形 ① 要求(注文)の多い, (好みなどが)うるさい; 程度の高い(作品など). ② (コマーシャル用語として:)一流の, 高品質の.

an|spu・cken [アン・シュプッケン án-ʃpùkən] 他(h) (人⁴に)唾(つば)を吐きかける.

an|spü・len [アン・シュピューれン án-ʃpỳ:lən] 他(h) (波・川などが物⁴を岸に)打ち寄せる.

an|sta・cheln [アン・シュタッヘるン án-ʃtaxəln] 他(h) あおりたてる. 人⁴ zu 事³ anstacheln 人⁴を事³に駆りたてる.

die **An・stalt** [アン・シュタるト án-ʃtalt] 女 (単) –/(複) –en ① (公共の)施設(学校・病院・研究所など). (英 institution). Heilanstalt 療養所. ② (婉曲)(精神病患者・中毒患者の)更生施設. ③ 企業, 協会. ④ 〘複で〙準

備，用意．*Anstalten*[4] **zu**[3] machen (または treffen) 囲[3]に着手する，取りかかる / Er machte keine *Anstalten* zu gehen. 彼は出かけようとしなかった．

der An·stand [アン・シュタント án-ʃtant] 男 (単2) -[e]s/(複) ..stände [..シュテンデ] (3名のみ ..ständen) ① 《囲 なし》礼儀，作法，エチケット．Er hat keinen *Anstand*. 彼はエチケットを知らない / **mit** *Anstand* 礼儀正しく．② 《南ドゥ・オーストリア》面倒，いざこざ．③《狩》待伏せ場．

An·stän·de [アン・シュテンデ] Anstand (面倒) の復

an·stän·dig [アン・シュテンディヒ án-ʃtɛndɪç] 形 ①《品行・考え方などが》きちんとした，りっぱな，礼節にかなった；上品な．（医 *decent*）．ein *anständiges* Betragen きちんとした態度 / *anständig* handeln りっぱにふるまう．(☞ 類語 brav)．②《口語》満足のいく，ちゃんとした，十分な．ein *anständiges* Gehalt 十分な給料．③《口語》かなりの，相当な《金額・業績など》．

An·stän·dig·keit [アン・シュテンディヒカイト] 女 -/ 礼儀(作法)にかなったこと，上品．

An·stands·be·such [アン・シュタンツ・ベズーフ] 男 -[e]s/-e 儀礼上(表敬)訪問．

An·stands≠hal·ber [アンシュタンツ・ハルバァ] 副 儀礼上，礼儀上．

an·stands≠**los** [アンシュタンツ・ロース] 副 無造作に，さっさと．

an|star·ren [アン・シュタレン án-ʃtàrən] 他 (h) 見つめる，凝視する．

*￭**an·statt** [アン・シュタット an-ʃtát]（医 *instead of*）I 前 《2格とともに》…の代わりに（= statt）．Er kommt *anstatt* seines Vaters. 父親の代わりに彼が来る．
II 接 《**zu** 不定詞[句]または dass 文とともに》…する代わりに．*Anstatt* zu arbeiten, spielten sie Karten. 彼らは働かずにトランプをした．

an|stau·nen [アン・シュタオネン án-ʃtàunən] 他 (h) びっくりして（驚いて）見る．

an|ste·chen＊ [アン・シュテヒェン án-ʃtèçən] 他 (h) ①（じゃがいもなどを⁴フォークで）刺して煮えぐあいをみる．②（酒樽(たる)の⁴）口を開ける．

an|ste·cken [アン・シュテッケン án-ʃtèkən] (steckte ... an, *hat* ... angesteckt) I 他 《完了 haben》①（ピンなどで刺して）留める，付ける；《指輪など⁴を》はめる．eine Brosche⁴ **an** das Kleid (または am Kleid) *anstecken* ブローチをドレスに付ける / Er *steckte* seiner Braut den Ring *an*. 彼は花嫁に指輪をはめてやった．
②（人⁴に病気などを）うつす，感染させる．Er *hat* mich **mit** seiner Grippe *angesteckt*. 彼は私にインフルエンザをうつした．◊《再帰的に》*sich*⁴ *anstecken*（病気を）うつされる，感染する ⇒ Ich *habe* mich **bei** ihm *angesteckt*. 私は彼に病気をうつされた．③《方》（ろうそくなど⁴に）火をつける；（家など⁴に）放火する．
II 自 《完了 haben》（病気などが）うつる，感染

する．

an·ste·ckend [アン・シュテッケント] I *ansteckend* (留める)の現分 II 形 伝染性の．eine *ansteckende* Krankheit 伝染病．

An·steck≠na·del [アンシュテック・ナーデる] 女 -/-n 留めピン，ブローチ．

An·ste·ckung [アン・シュテックング] 女 -/-en 《ふつう 囲》伝染，感染．Ansteckung durch Berührung 接触による感染．

an|ste·hen＊ [アン・シュテーエン án-ʃtè:ən] 自 (h, s) ①(h) 並んで順番を待つ．**nach** 物³ *anstehen* 物³を手に入れようと並んで待つ．② (h)《書》未処理(未解決)である．《物⁴ *anstehen lassen*》物⁴を先に引き延ばす．③ (h)《成句的に》nicht *anstehen*, **zu** 不定詞[句]《雅》…するのをためらわない．Ich *stehe* nicht *an*, darüber zu urteilen. それについて私はあえて私見を述べよう．④ (h)（期限などが）決まっている．

an|stei·gen＊ [アン・シュタイゲン án-ʃtàigən] 自 (s) ①（道などが）上り坂になる．②（水位・気温などが）上がる，上昇する；（数量が）増加する，増大する．

an≠stel·le, an Stel·le [アン・シュテれ] I 前 《2格とともに》…の代わりに．*anstelle* des Lehrers 先生の代わりに．II 副 《〜 **von** 事・物³》《事・物³の代わりに．

an|stel·len [アン・シュテれン án-ʃtèlən] (stellte ... an, *hat* ... angestellt) I 他 《完了 haben》① 立て掛ける．eine Leiter⁴ **an** den Baum *anstellen* はしごを木に立て掛ける．
②（エアコンなどを）作動させる；（ガスなど⁴を栓をひねって）つける．（☞ 「消す」は ab|stellen）．Stell das Radio *an*! ラジオをつけてくれ / den Motor *anstellen* エンジンをかける．
③ 雇う，採用する；《口語》《人⁴を》仕事に使う．人⁴ **als** Verkäufer *anstellen* 人⁴を店員として雇う / Sie *ist* **bei** der Post fest *angestellt*. 《状態受動・現在》彼女は郵便局の正職員だ / 《人⁴ **zum** Schuhputzen *anstellen* 人⁴に靴磨きをさせる．④《特定の名詞を目的語として》行う，…する．viele Untersuchungen⁴ *anstellen* いろいろな調査を行う / **über** 物⁴ Beobachtungen *anstellen* 物⁴について観察する．⑤《口語》やってみる；（愚かなこと⁴を）しでかす．Was *hast* du da wieder *angestellt*! またまた何をしてかしたのだ．⑥《口語》《囲⁴を…のやり方で》処理する．Wie soll ich das *anstellen*? 私はそれにどう手をつけたらいいだろうか．
II 再 《完了 haben》*sich*⁴ *anstellen* ① 列に並ぶ．*sich*⁴ **an** der Theaterkasse *anstellen* 劇場のチケット売り場に並ぶ．②《口語》(…に)ふるまう．*sich*⁴ geschickt *anstellen* 要領よくふるまう / Stell dich nicht so *an*! そんなまねはよせ．

◊☞ **angestellt**

an·stel·lig [アン・シュテリヒ án-ʃtɛlɪç] 形 器用な，機敏な．

An·stel·lung [アン・シュテるング] 女 -/-en ①《ふつう 囲》雇用，採用．② 勤め口，就職口，

ポスト.

An·stich [アン・シュティヒ án-ʃtɪç] 男 –[e]s/- 《ふつう 単》（樽）などの口を開けること. frischer *Anstich* 樽の口を開けたばかりのビール.

An·stieg [アン・シュティーク án-ʃtiːk] 男 –[e]s/-e ① 《複 なし》勾配(ﾖｳﾊｲ), 傾斜. der *Anstieg* der Straße² 道の勾配. ② 《複 なし》（温度などの）上昇, 増加. ③ 登ること, 登り; 上り坂.

an·stif·ten [アン・シュティフテン án-ʃtɪftən] 他 (h) ① (悪いこと⁴を)引き起こす. einen Streit *anstiften* 争いを引き起こす / eine Verschwörung⁴ *anstiften* 陰謀をたくらむ. ② そそのかす. 人⁴ **zu** 事³ *anstiften* 人⁴をそそのかして事³をさせる.

An·stif·ter [アン・シュティフタァ án-ʃtɪftər] 男 –s/- 扇動者, (悪事の)火付け役. (女性形: 男)

An·stif·tung [アン・シュティフトゥング] 女 –/-en 扇動, 教唆.

an|stim·men [アン・シュティメン án-ʃtɪmən] 他 (h) ① (歌⁴を)歌い出す, (曲⁴を)演奏し始める. ② 《比》(歓声・叫び声⁴を)あげる.

An·stoß [アン・シュトース án-ʃtoːs] 男 –es/..stöße ① 突くこと, 当たること, 衝突. ② (サッカーなどの)キックオフ. ③ きっかけ, 動機. den *Anstoß* **zu** 事³ geben 事³のきっかけを作る. ④ 《雅》腹立ち, 不機嫌. Sie nahm *Anstoß* an seinem Benehmen. 彼女は彼の態度に腹を立てた / **bei** 人³ *Anstoß*⁴ erregen 人³の感情を害する.

an|sto·ßen* [アン・シュトーセン án-ʃtòːsən] I 他 (h) つつく, 突く; ちょっと突いて(押して)動かす. 人⁴ **mit dem Fuß** *anstoßen* (合図のために)人⁴を足でちょっとつつく. II 自 (s, h) ① (s) 突き当たる, ぶつかる. **mit dem Kopf an die Wand** *anstoßen* 頭を壁にぶつける. ② (h) (サッカーで)キックオフする. ③ (h) (言葉などが)つかえる. **mit der Zunge** *anstoßen* 舌足らずな話し方をする. ④ (h) (乾杯するために)グラスを突き合わせる. Sie *haben* **auf** seine Gesundheit *angestoßen*. 彼らは彼の健康を祈って乾杯した. ⑤ (s) 《**bei** 人³ ~》(人³の)感情を害する. ⑥ (h) 《**an** 物⁴ ~》(物⁴に)隣接する.

an·stö·ßig [アン・シュテースィヒ án-ʃtøːsɪç] 形 不快な, 気に障る; いやらしい, 下品な.

an|strah·len [アン・シュトラーレン án-ʃtràːlən] 他 (h) ① 照らす, (物⁴に)照明(ライト)を当てる. ② 《比》うれしそうに見つめる.

an|stre·ben [アン・シュトレーベン án-ʃtrèːbən] 他 (雅) 得ようと努力する.

an|strei·chen* [アン・シュトライヒェン án-ʃtràɪçən] 他 (h) ① (物⁴にペンキなどを)塗る, 塗装する. ◇《過去分詞の形で》Frisch *angestrichen*! (はり紙で)ペンキ塗りたて. ② (物⁴に)線で印(ﾙｼ)をつける, 下線を引く. die Fehler⁴ rot *anstreichen* 間違った箇所に赤で線を引く. ③ (マッチを⁴をする, こする.

An·strei·cher [アン・シュトライヒャァ án-ʃtraɪçər] 男 –s/- 塗装工. (女性形: -in).

an|stren·gen [アン・シュトレンゲン án-ʃtrɛŋən] (strengte...an, hat...angestrengt) I 再他 《定了》haben) *sich*⁴ *anstrengen* 《大いに》**努力する**, がんばる. Du *musst* dich in der Schule mehr *anstrengen*. 君は学校でもっとがんばらないといけないよ.
II 他 《定了》haben) ① (能力などを)**大いに働かせる**, フルに発揮する. Sie *strengte* ihre Fantasie *an*. 彼女は想像力を大いに働かせた / alle Kräfte⁴ *anstrengen* 全力を尽くす. ② (酷使して)疲れさせる, 消耗させる. die Augen⁴ *anstrengen* 目を疲れさせる. ③ 《法》(訴訟⁴を)起こす.
◇☞ **angestrengt**

***an·stren·gend** [アン・シュトレンゲント án-ʃtrɛŋənt] I *an*|strengen (再他で: 大いに努力するの) 現分
II 形 **骨の折れる**, きつい, ハードな. 《英》hard). eine *anstrengende* Arbeit 骨の折れる仕事.

die **An·stren·gung** [アン・シュトレングング án-ʃtrɛŋʊŋ] 女 (単) –/(複) –en ① **努力**, 骨折り. 《英》 effort). große *Anstrengungen*⁴ machen 大いに努力する / **mit** *Anstrengung* やっとのことで. ② 苦労, 辛労, 負担.

An·strich [アン・シュトリヒ án-ʃtrɪç] 男 –[e]s/-e ① 《複 なし》塗装; (塗装の)色調. ② (塗られた)色. ③ 《複 なし》うわべ, 見せかけ.

An·sturm [アン・シュトゥルム án-ʃtʊrm] 男 –[e]s/..stürme 《ふつう 単》 ① 突進, 突撃. ② (群衆・客の)殺到.

an|stür·men [アン・シュテュルメン án-ʃtʏrmən] 自 (s) ① 《**gegen** 人・物⁴ ~》(人・物⁴に)突進する, 襲いかかる. ② 《過去分詞の形で》*angestürmt* kommen すっとんで来る.

an|su·chen [アン・ズーヘン án-zùːxən] 自 (h) 《**um** 事⁴ ~》(ﾀﾂｼﾞ)(事⁴を)申請する.

An·su·chen [アン・ズーヘン án-zùːxən] 中 –s/- 《ﾀﾂｼﾞ》申請, 請願.

..ant [..アント ..ánt] 《..ieren に終わる動詞から男性名詞をつくる 接尾》(...する人) 例: Praktik*ant* 実習生 / Emigr*ant* 亡命者.

Ant·a·go·nis·mus [アンタゴニスムス antagonísmus] 男 –/..nismen 対立, 反対, 敵対.

Ant·a·go·nist [アンタゴニスト antagoníst] 男 –en/-en 対立(反対・敵対)者. (女性形: -in).

die **Ant·ark·tis** [アント・アルクティス antárktɪs] 女 –/ 《定冠詞とともに》(地名) 南極[地方]. 《反》「北極[地方]」は die Arktis).

ant·ark·tisch [アント・アルクティッシュ antárktɪʃ] 形 南極[地方]の.

an|tas·ten [アン・タステン án-tàstən] 他 (h) ① (名誉・権利など⁴を)侵害する. ② (蓄えなど⁴に)手をつける. ③ (物⁴に)触れる.

der **An·teil** [アン・タイル án-taɪl] 男 (単 2) –[e]s/(複) -e (3 格のみ -en) ① **分け前**, 割当, 持ち分, シェア. 《英》 share). unser *Anteil* an dem Erbe 私たちの相続分. ② 《複 なし》**関与**, 参加; 関心, 興味; 同情. *Anteil* **an** 事³ haben 事³に関与している / *Anteil*⁴ an 人・事³

nehmen a) 四格³に関与する, b) 人・四格³に関心(同情)を寄せる.

an·tei·lig [アン・タイリヒ án-taɪlɪç] 形 取り分(持ち分)に応じた.

An·teil·nah·me [アンタイル・ナーメ] 女 -/ ① 参加, 協力. ② 同情, 関心.

die **An·ten·ne** [アンテンネ anténə] 女 (単) -/(複) -n ① アンテナ. Fernseh*antenne* テレビアンテナ / keine *Antenne*⁴ **für** 四格⁴ haben《口語》四格⁴がさっぱりわからない. ②《動》(昆虫の)触覚.

An·tho·lo·gie [アントろギー antologí:] 女 -/-n [..ギーエン] アンソロジー, 詞華集.

An·thro·po·lo·ge [アントろポローゲ antropoló:gə] 男 -n/-n 人類学者. (女性形: Anthropologin).

An·thro·po·lo·gie [アントろポロギー antropologí:] 女 -/ 人類学; 《哲》人間学.

an·thro·po·lo·gisch [アントろポローギッシュ antropoló:gɪʃ] 形 人類学[上]の;《哲》人間学[上]の.

An·thro·po·so·phie [アントろポゾふィー antropozofí:] 女 -/《哲》人智学(ドイツの思想家ルードルフ・シュタイナー 1861-1925 が創始).

an·ti.., **An·ti..** [アンティ.. anti.. または アンティ..]《形容詞・名詞につける 腰頭》 ①《反・非》 例: *anti*autoritär 反権威主義的な / *Anti*pathie 反感. ②《抗》 例: *anti*biotisch 抗生物質の.

An·ti÷al·ko·ho·li·ker [アンティ・アるコホーリカァ] 男 -s/- 禁酒主義者. (女性形: -in).

an·ti÷au·to·ri·tär [アンティ・アオトリテーァ] 形 反権威主義的な.

An·ti÷ba·by÷pil·le [アンティベービ・ぴれ] 女 -/-n《薬》経口避妊薬, ピル.

An·ti·bio·ti·kum [アンティ・ビオーティクム ánti-bio:tikum または ..ビオーティクム] 中 -s/..tika《医》抗生物質.

An·ti÷christ [アンティ・クリスト] 男 -[s]/ I《聖》反キリスト, 悪魔. II 男 -en/-en キリスト教の敵対者. (女性形: -in).

An·ti÷fa·schis·mus [アンティ・ふァシスムス] 男 -/ 反ファシズム[運動].

An·ti÷gen [アンティ・ゲーン anti-gé:n] 中 -s/-e《生・医》抗原.

An·ti·go·ne [アンティーゴネ antí:gone] -[n]s/《ギリ神》アンティゴネ(オイディプス王の娘).

an·tik [アンティーク antí:k] 形 ① 古典古代(ギリシア・ローマ)の. die *antike* Kultur 古典古代文化. ② 古代風の, 古風な, アンティークな. *antike* Möbel アンティークな家具.

An·ti·ke [アンティーケ antí:kə] 女 -/-n ①《複 なし》(ギリシア・ローマの)古典古代, 古代文化. die griechische *Antike* 古代ギリシア文化. ②《ふつう 複》古美術品, 古典時代の美術(芸術)品.

an·ti÷kom·mu·nis·tisch [アンティ・コムニスティッシュ] 形 反共[産主義]の.

An·ti÷kör·per [アンティ・ケルパァ] 男 -s/-《ふつう 複》《医》抗体.

An·ti·lo·pe [アンティろーペ antiló:pə] 女 -/-n《動》レイヨウ.

An·ti·mon [アンティモーン antimó:n] 中 -s/《化》アンチモン(記号: Sb).

An·ti·no·mie [アンティノミー antinomí:] 女 -/-n [..ミーエン]《哲》二律背反, アンチノミー.

An·ti·pa·thie [アンティパティー antipatí:] 女 -/-n [..ティーエン] 反感, 嫌悪. (⇔「共感」は Sympathie).

An·ti·po·de [アンティポーデ antipó:də] 男 -n/-n ①《地理》対蹠(たいせき)人(地球上の正反対側の土地に住む人). (女性形: Antipodin). ②《比》(性格などが)正反対の人.

an|tip·pen [アン・ティッペン án-tɪpən] I 他 (h) (指先で)軽くたたく, 軽く触れる;《比》(問題点などに)ちょっと触れる. II 自 (h) 〖**bei** 人³ ~〗《口語》(人³に)それとなく尋ねる.

An·ti·qua [アンティークヴァ antí:kva] 女 -/《印》ラテン文字; ローマン字体.

An·ti·quar [アンティクヴァール antikvá:r] 男 -s/-e 古本屋, 古本商人; 骨董(こっとう)商. (女性形: -in).

An·ti·qua·ri·at [アンティクヴァリアート antikvariá:t] 中 -[e]s/-e ①《複 なし》古本(古書)業. ② 古本屋, 古書店.

an·ti·qua·risch [アンティクヴァーリッシュ antikvá:rɪʃ] 形 古本の, 古書の; 使い古した, 中古の. *antiquarische* Bücher 古書.

an·ti·quiert [アンティクヴィーァト antikví:rt] 形 古くなった; 時代遅れの, 古風な.

An·ti·qui·tät [アンティクヴィテート antikvité:t] 女 -/-en《ふつう 複》古美術品, 骨董(こっとう)品.

An·ti÷se·mit [アンティ・ゼミート] 男 -en/-en 反ユダヤ主義者. (女性形: -in).

an·ti÷se·mi·tisch [アンティ・ゼミーティッシュ] 形 反ユダヤ主義の, ユダヤ人排斥の.

An·ti÷se·mi·tis·mus [アンティ・ゼミティスムス] 男 -/ 反ユダヤ主義.

an·ti÷sep·tisch [アンティ・ゼプティッシュ または ..ゼプティッシュ]《医》防腐(殺菌)[性]の.

an·ti÷sta·tisch [アンティ・シュターティッシュ または ..シュターティッシュ] 形《物》静電防止の.

An·ti÷the·se [アンティ・テーゼ] 女 -/-n《哲》反定立, 反対命題, アンチテーゼ;《修》対照法, 対句.

an·ti·zi·pie·ren [アンティツィピーレン anti-tsipí:rən] 他 (h) (思想などを⁴を)先取りする, 予見する.

Ant·litz [アントリッツ ántlɪts] 中 -es/-e《ふつう 単》《雅》顔 (=Gesicht).

An·ton [アントーン ánto:n] -s/《男名》アントーン.

An·to·nym [アントニューム antoný:m] 中 -s/-e《言》反意(反義)語. (⇔「同義語」は Synonym).

der **An·trag** [アン・トラーク án-tra:k] 男 (単2) -es (まれに -s)/(複) ..träge [..トレーゲ] (3格のみ ..trägen) ① 申請, 申し込み; 申請書,

Anträge

申込書. (英 application). ein schriftlicher *Antrag* 文書による申請 / einen *Antrag* **auf** 囲⁴ stellen 囲⁴を申請する.
② 提案, 動議. einen *Antrag* an|nehmen (ab|lehnen) 動議を採択(却下)する / **auf** *Antrag* von Herrn Meyer マイアー氏の動議に基づいて. ③ 結婚の申し込み, プロポーズ. einem Mädchen einen *Antrag* machen ある娘に求婚する.

An·trä·ge [アン・トレーゲ] Antrag (申請)の 複

an|tra·gen* [アン・トラーゲン án-trà:gən] 他 (h)《雅》(囚³に囲⁴を)申し出る, 提案する.

An·trags⸗for·mu·lar [アントラークス・フォルムらール] 囲 -s/-e 申し込み用紙, 申請用紙.

An·trag⸗stel·ler [アントラーク・シュテらァ] 男 -s/- 申請(出願)者. (女性形: -in).

an|tref·fen* [アン・トレッフェン án-trèfən] 他 (h) (囚⁴と偶然に)出会う, 出くわす.

an|trei·ben* [アン・トライベン án-tràibən] I 他 (h) ① (馬など⁴を)追いたてる, 駆りたてる; (囚⁴を仕事などに)急がせる. 囚⁴ **zur** Arbeit *antreiben* 囚⁴をせきたてて仕事をさせる. ② (機械など⁴を)動かす, 作動させる. Die Maschine *wird* elektrisch *angetrieben*. 《受動・現在》その機械は電気で動く. ③ (漂流物⁴を波が岸へ)漂着させる. II 自 (s) 漂着する.

an|tre·ten* [アン・トレーテン án-trè:tən] I 他 (h) ① (旅行など⁴を)始める, (職務など⁴に)就く. ein Amt⁴ *antreten* ある公職に就く / eine Reise⁴ *antreten* 旅立つ. ② (土など⁴を)踏み固める. ③ (キックペダルを踏んでオートバイなど⁴を)始動させる. ④ (遺産などを)引き継ぐ. II 自 (s) ① 整列する, 並ぶ. in einer Reihe *antreten* 一列に並ぶ. ② (任務などのために)出頭する, 姿を見せる. **zum** Dienst *antreten* 勤務に就く. ③《**gegen** 囚³ ～》《スポ》(囚³と)対戦する.

An·trieb [アン・トリープ án-tri:p] 男 -[e]s/-e ① 衝動, 誘因, 動機. **aus** eigenem *Antrieb* 自発的に. ②《工》動力, 駆動[力]. ein Motor mit elektrischem *Antrieb* 電動モーター.

An·triebs⸗kraft [アントリープス・クラふト] 囡 -/..kräfte《工》推進力.

an|trin·ken* [アン・トリンケン án-trìŋkən] I 他 (h) (酒など⁴を)まず一口飲む. II 再帰 (h) *sich*³ 囲⁴ *antrinken* 酒を飲んで囲⁴の状態になる. *sich*³ Mut⁴ *antrinken* 酒を飲んで元気づく / *sich*³ einen [Rausch] *antrinken*《口語》酔っ払う.

◇☞ **angetrunken**

An·tritt [アン・トリット án-trɪt] 男 -[e]s/- (旅行などを)始めること, (職務などに)就くこと, 就任. **bei** *Antritt* der Reise² 旅立つ際に.

An·tritts⸗be·such [アントリッツ・ベズーフ] 男 -[e]s/-e 就任のあいさつ回り.

An·tritts⸗re·de [アントリッツ・レーデ] 囡 -/-n 就任演説.

an|tun* [アン・トゥーン án-tù:n] 他 (h) ① (囚³に危害など⁴を)加える, 与える; (囚³に好意など⁴を)示す, 施す. 囚³ Gutes³ *antun* 囚³に好意を寄せる. ◇《再帰的に》*sich*³ etwas⁴ *antun*《口語・婉曲》自殺する. ②《**es** を目的語として成句的に》es 囚³ *antun* 囚³を魅了する. Sie *hat* es ihm *angetan*. 彼はすっかり彼女のとりこになった. ③《雅》着る, 身につける.

◇☞ **angetan**

Ant·wer·pen [アント・ヴェルペン ant-vérpən またはアント..] 囲 -s/《都市名》アントウェルペン, アントワープ(ベルギーの河港都市. ☞ 地図 B-3).

die **Ant·wort** [アントヴォルト ántvɔrt] 囡 (単) -/(複) -en 返事, 回答, 返答(略: Antw.). (反 *answer*). (⇔《問い》は Frage). eine kluge *Antwort* 賢明な答え / 囚³ eine *Antwort*⁴ geben 囚³に返事をする / eine *Antwort*⁴ fordern (erwarten) 返事を要求する(期待する) / eine *Antwort*⁴ bekommen (または erhalten) 返事をもらう / 囚³ die *Antwort*⁴ schuldig bleiben 囚³に返事を怠っている / die *Antwort* **auf** eine Frage 質問に対する回答 / **Um** *Antwort* wird gebeten. 《受動・現在》ご返事を請う(略: U. A. w. g.) / Keine *Antwort* ist auch eine *Antwort*. 《ことわざ》返事がないのもまた一つの返事.

ant·wor·ten [アントヴォルテン ántvɔrtən]

答える	Bitte *antworten* Sie!
	ビッテ アントヴォルテン ズィー
	どうぞ答えてください.

人称	単	複
1	ich antworte	wir antworten
2	{du antwortest / Sie antworten	{ihr antwortet / Sie antworten
3	er antwortet	sie antworten

(antwortete, *hat* … geantwortet) I 自 (完了 haben) 答える, 返事する. (英 *answer*). (⇔「尋ねる」は fragen). 囚³ höflich *antworten* 囚³にていねいに返事する / **auf** eine Frage *antworten* 質問に答える / *Hast* du auf seinen Brief *geantwortet*? 彼の手紙に返事を出したかい.

II 他 (完了 haben) (囲⁴と)答える, 返事する. Er *antwortete* nichts. 彼は何も答えなかった / **Auf** unsere Frage *antwortete* er, dass … 私たちの質問に彼は…と答えた.

類語 **antworten**:「(質問などに口頭・文書で)答える, 返事をする」の意味でもっとも一般的な語. **be-antworten**: (質問・要求などに口頭または文書できちんと)回答する. **entgegnen**: (相手の意見や要求に反対して口答で)言い返す. **erwidern**: (相手の意見や要求に対して)言い返す, 応酬する.

ant·wor·te·te [アントヴォルテテ] ‡antworten (答える)の 過去

Ant·wort⸗schein [アントヴォルト・シャイン] 男 -[e]s/-e《郵》国際返信切手券.

Anwesenheitsliste

an|ver·trau·en [アン・フェアトラオエン án-fɛrtràʊən] (區込) anvertrauet (h) ① (A³ に B⁴ を)ゆだねる, 任せる. (人³ Geld⁴ anvertrauen 人³にお金を任せる. ◇(再帰的に) Ich vertraue mich vollkommen dem Arzt an. 私はその医者に完全に我が身を任せている. ② (人³に秘密など⁴を)打ち明ける. Sie vertraute ihm ein Geheimnis an. 彼女は彼に秘密を打ち明けた. ◇(再帰的に) sich⁴ 人³ anvertrauen 人³に心中を打ち明ける

an|vi·sie·ren [アン・ヴィズィーレン án-vizìːrən] (他) (h) ① (人・物⁴に)ねらいを定める. ② (比) (他⁴を)目指す.

an|wach·sen＊ [アン・ヴァクセン án-vàksən] (自) (s) ① (植物などが)根づく; (傷などが)癒着する; (移植した皮膚などが)生着する. ② (人口などが)増加する, 膨張する. Die Bevölkerung wächst weiter an. 人口がさらに増加する.

der **An·walt** [アン・ヴァルト án-valt] (男) (単2) -[e]s/(複) ..wälte [..ヴェルテ] (3格のみ..wälten) ① 弁護士, 弁護人, ～ (lawyer). sich³ einen Anwalt nehmen 弁護士を雇う. ② 代弁者, 代理人. sich⁴ zum Anwalt für 人⁴ machen 人⁴を全力で擁護する.

An·wäl·te [アン・ヴェルテ] Anwalt (弁護士)の

An·wäl·tin [アン・ヴェルティン án-vɛltɪn] (女)-/..tinnen (女性の)弁護士; 代理人.

An·walts·bü·ro [アンヴァルツ・ビュロー] -s/- 弁護士事務所.

an|wan·deln [アン・ヴァンデルン án-vàndəln] (他) (h) (雅)(感情などが不意に人⁴を)襲う.

An·wand·lung [アン・ヴァンドルング án-vàndlʊŋ] (女)-/-en (感情などの)突然的な出現. in einer Anwandlung von Großmut 急に気前がよくなって.

an|wär·men [アン・ヴェルメン án-vɛ̀rmən] (他) (h) 少し温(暖)める.

An·wär·ter [アン・ヴェルタァ án-vɛrtər] (男) -s/- (賞などの)候補者; (地位・財産などの)後継(相続)予定者. (女性形: -in). Anwärter auf den Thron 王位継承予定者.

An·wart·schaft [アン・ヴァルトシャフト án-vartʃaft] (女) -/-en (ふつう (単)) 継承(相続)要求[権]; 見込み. die Anwartschaft⁴ auf ein Amt haben 公職に就く見込みがある.

an|wei·sen＊ [アン・ヴァイゼン án-vàɪzən] du weist ... an (wies ... an, hat ... angewiesen) (他) ((完了) haben) ① ([人³に]座席・仕事など⁴を)割り当てる, あてがう. Er wies jedem eine andere Arbeit an. 彼は各人に違った仕事を割り当てた.
② ((zu 不定詞[句]とともに) (人⁴に…することを)指示する, 命令する. Ich habe ihn angewiesen, die Sache sofort zu erledigen. 私は彼にこの件に即刻処理するよう命じた. ③ (人⁴に)指導する, 手ほどきする. den Lehrling anweisen 見習いに手ほどきする. ④ (お金⁴を)振り込む, 為替で送金する.
◇☞ angewiesen

An·wei·sung [アン・ヴァイズング] (女) -/-en ① 割り当て, 指定. ② 指示, 指図, 命令. ③ (器具などの)説明書. ④ 振込, 送金; 為替, 小切手. Postanweisung 郵便為替 / eine Anweisung auf 200 Euro 200ユーロの為替.

an·wend·bar [アン・ヴェントバール] (形) 応用できる, 適用(使用)できる.

an|wen·den(＊) [アン・ヴェンデン án-vɛ̀ndən] du wendest ... an, er wendet ... an (wandte ... an, hat ... angewandt または wendete ... an, hat ... angewendet) (他) ((完了) haben) 用いる, 使用する. (英 use). eine Technik⁴ anwenden ある技術を用いる / Gewalt⁴ anwenden 暴力をふるう. ② ((再) auf 人・事⁴ ～) ((再)を人・事⁴に)適用する, 応用する. Das können wir nicht direkt auf die Praxis anwenden. それはそのまま実地には応用できない.
◇☞ angewandt

An·wen·der [アン・ヴェンダァ án-vɛndər] (男) -s/- ((コンピュ)) (特にソフトウェアの)使用者, ユーザー. (女性形: -in).

die **An·wen·dung** [アン・ヴェンドゥング án-vɛndʊŋ] (女) (単)/(複) -en 使用; 適用, 応用. (英 use). die Anwendung einer neuen Technik² 新しい技術の応用 / 物⁴ in Anwendung (または zur Anwendung) bringen (書) (物⁴を使用する / zur Anwendung kommen (書) (規則などが)適用される.

An·wen·dungs·pro·gramm [アンヴェンドゥングス・プログラム] -s/-e ((コンピュ)) アプリケーションソフトウェア, 応用ソフト.

an|wer·ben＊ [アン・ヴェルベン án-vɛ̀rbən] (他) (h) (兵士・労働者など⁴を)募集する.

an|wer·fen＊ [アン・ヴァルフェン án-vɛ̀rfən] I (他) (h) (エンジンなど⁴を)始動させる. II (自) (h) (球技で:)スローオフする.

An·we·sen [アン・ヴェーゼン án-ve:zən] (中) -s/- 家屋敷, 地所.

＊**an·we·send** [アン・ヴェーゼント án-ve:zənt] (形) 出席している, 居合わせている. (英 present). (⇔ "不在の" は abwesend) Er ist im Augenblick nicht anwesend. 彼はただ今おりません / alle anwesenden Personen 出席しているすべての人々 / bei einer Sitzung anwesend sein 会議に出席している / nicht ganz anwesend sein (比)うわの空である, ぼうっとしている.

An·we·sen·de[r] [アン・ヴェーゼンデ (..ダァ) án-ve:zəndə (..dər)] (男) (女) ((語尾変化は形容詞と同じ))出席者. Sehr verehrte Anwesende! ご出席の皆様.

An·we·sen·heit [アン・ヴェーゼンハイト] (女) -/ ① 出席, 参列, 居合わせること. (⇔ "欠席" は Abwesenheit). in Anwesenheit von Herrn Schmidt シュミット氏の出席のもとで / während meiner Anwesenheit 私がいる間に. ② 存在(現在)していること. die Anwesenheit⁴ von Gift nach|weisen 毒の混在を立証する.

An·we·sen·heits·lis·te [アンヴェーゼンハイ

anwidern

ツ・リステ] 図 -/-n 出席者名簿.
an|wi·dern [アン・ヴィーダァン án-vì:dərn] 他 (h) (人4に)嫌悪感(不快感)を起こさせる.
◊☞ **angewidert**
An·woh·ner [アン・ヴォーナァ án-vo:nər] 男 -s/- (通りなどに)隣接して住んでいる人, 近隣住民. (女性形: -in).
An·wurf [アン・ヴルふ án-vurf] 男 -[e]s/..würfe ① 〖國 なし〗 (球技の)スローオフ. ② 〖比〗非離, 悪口.
an|wur·zeln [アン・ヴルツェルン án-vùrtsəln] 自 (s) 根づく, 根を下ろす.
◊☞ **angewurzelt**
die **An·zahl** [アン・ツァール án-tsa:l] 囡 (単) -/ (一定の)数; 若干の数. (英 *number*). eine *Anzahl* Bücher (または **von** Büchern) 何冊かの本 / eine große *Anzahl* von Kindern 多数の子供たち / die *Anzahl* der Teilnehmer[2] 参加者の数.
an|zah·len [アン・ツァーレン án-tsà:lən] 他 (h) (ある金額4を)内金として支払う; (商品4の)頭金を支払う.
An·zah·lung [アン・ツァールング án-tsa:luŋ] 囡 -/-en 内金; (分割払いの)頭金, 最初の支払い.
an|zap·fen [アン・ツァプふェン án-tsàpfən] 他 (h) ① (樽(たる)などの)口を開ける, (樹液を採るために樹皮など4に)傷をつける. ② 〖口語〗(電話など4に)盗聴器を取り付ける. ③ 〖口語〗(人4に)お金を無心する.
An·zei·chen [アン・ツァイヒェン án-tsaiçən] 匣 -s/- ① 徴候, 前ぶれ, 前兆. das erste *Anzeichen* einer Krankheit[2] 病気の最初の徴候. ② 様子, 気配. kein *Anzeichen*[4] von Reue zeigen 改悛の情をまったく見せない.
die **An·zei·ge** [アン・ツァイゲ án-tsaigə] 囡 (単)-/(複)-n ① (新聞などの)広告; 通知状, 公示. eine *Todesanzeige* 死亡広告 / eine *Anzeige*[4] **bei** der Zeitung aufgeben 新聞に広告を出す. (☞ 〖類語〗Werbung). ② (警察などへの)届け出, 訴え, 告発. eine anonyme *Anzeige* 匿名の訴え / eine *Anzeige*[4] bei der Polizei machen 警察に届け出る(訴える). ③ (計器などの)示度, 表示; 表示板.
an|zei·gen [アン・ツァイゲン án-tsàigən] (zeigte…an, hat…angezeigt) 他 (完了 haben) ① (新聞などで)広告する, 通知する, 公示する. neue Bücher[4] **in** der Zeitung *anzeigen* 新刊書を新聞に広告する.
② (人・車4を警察などへ)届け出る, 訴える. einen Diebstahl **bei** der Polizei *anzeigen* 盗難を警察に届け出る. ③ (計器類が)表示する, 示す. Das Barometer *zeigte* schönes Wetter *an*. 気圧計は好天を予告していた.
◊☞ **angezeigt**
An·zei·gen=teil [アンツァイゲン・タイる] 男 -[e]s/-e (新聞・雑誌などの)広告欄.
An·zei·ger [アン・ツァイガァ án-tsaigər] 男 -s/- ① 計器, 表示器, インジケーター. ② 小新聞; (名称として:)(…)新聞, (…)報. literari-scher *Anzeiger* 文芸新聞.
an|zet·teln [アン・ツェッテルン án-tsètəln] 他 (h) (暴動など4を)企てる, たくらむ.
an|zie·hen [アン・ツィーエン án-tsì:ən] (zog…an, hat…angezogen) I 他 (完了 haben) ① (衣服4を)着る, 身に着ける, (靴など4を作く, (帽子4を)かぶる. (英 *put on*). (⇔ 「脱ぐ」は aus|ziehen). ein Kleid[4] *anziehen* ワンピースを着る / Ich *ziehe* [mir] den Mantel *an*. 私はコートを着る.
② (人4に)服を着せる. Ich *habe* das Kind *angezogen*. 私は子供に服を着せた / Sie *ist* elegant *angezogen*. 〖状態受動・現在〗彼女は上品な身なりをしている. 〖再帰的に〗*sich*[4] *anziehen* 服を着る ⇨ Das Kind *kann* sich schon *anziehen*. この子はもう[自分で]服を着ることができる / *sich*[4] warm *anziehen* 暖かい服を着る.
③ (自分の方へ)引き寄せる, 引きつける; 〖比〗(人4の心を)奪う. Der Magnet *zieht* Eisen *an*. 磁石は鉄を引き寄せる / Salz *zieht* Feuchtigkeit *an*. 塩は湿気を吸収する / Ihr heiteres Wesen *zieht* alle *an*. 彼女の明るい人柄はすべての人を魅了する.
④ (ねじなど4を)固く締める; (弦など4を緩みなく)張る. die Handbremse[4] *anziehen* ハンドブレーキを引く.
II 自 (完了 haben) ① (経・商) (価格などが)上がる. ② (列車などが)動き出す; (車などが)加速する, スピードを上げる.
an·zie·hend [アン・ツィーエント án-tsì:ənt] I **an|ziehen** (着る)の現分 II 形 人の心を引きつける, 魅力的な.
An·zie·hung [アン・ツィーウング án-tsì:uŋ] 囡 -/-en ① 〖國 なし〗引くこと; 引力. die magnetische *Anziehung* 磁力. ② 魅力, 魅惑.
An·zie·hungs=kraft [アンツィーウングス・クラふト] 囡 -/..kräfte ① (物)引力, 磁力. ② 〖國 なし〗魅力.
an·zu·fan·gen [アン・ツ・ふァンゲン] **an|fangen* (始める)の zu 不定詞.
*der **An·zug** [アン・ツーク án-tsu:k]

| スーツ | Der *Anzug* steht dir gut. |
| デァ アンツーク シュテート ディァ グート |
| そのスーツは君によく似合うよ. |

男 (単2) -[e]s/(複) ..züge [..ツューゲ] (3格のみ..zügen) ① (男性用の)スーツ, 背広; (上下そろいの)服[装]. (英 *suit*). ein sportlicher *Anzug* スポーティーなスーツ / Er trug einen dunklen *Anzug*. 彼はダークスーツを着ていた / einen *Anzug* von der Stange kaufen 背広をつるし(既製品)で買う / (人)4 **aus** dem *Anzug* stoßen 《俗》(人)4をぶちのめす. (☞ 〖類語〗Kleid).
② 〖成句的に〗**im** *Anzug* sein 接近しつつある. Ein Gewitter ist im *Anzug*. 雷雨が近づいている. ② (自動車などの)加速性, 出足. ③ (ス) (議会での)動議.

..anzug のいろいろ: **Abendanzug**（男性の）夜会服 / **Arbeitsanzug** 作業服 / **Badeanzug**（女性用の）水着 / **Gesellschaftsanzug** 正装 / **Sportanzug** スポーツウェア / **Straßenanzug** 平服, タウンウェア / **Taucheranzug** 潜水服 / **Trainingsanzug** トレーニングウェア

An·zü·ge [アン・ツューゲ] *Anzug（スーツ）の 複

an·züg·lich [アン・ツュークリヒ] 形 ① 当てこすりの, いやみの. ② 下品な, いかがわしい.

An·züg·lich·keit [アン・ツュークリヒカイト] 女 –/–en ① 〚複なし〛当てこすり, いやがらせ. ② 当てこすった (いやがらせの) 言葉.

an·zu·kom·men [アン・ツ・コンメン] *an|kommen (着く) の zu 不定詞.

***an|zün·den** [アン・ツュンデン ánˈtsʏndən] du zündest ... an, er zündet ... an (zündete ... an, hat ... angezündet) 他 (完了 haben) (物⁴に) 火をつける, 点火する; (家など⁴に) 放火する. (英 light). eine Kerze⁴ *anzünden* ろうそくに火をつける / Er *zündete* sich³ die Pfeife *an*. 彼はパイプに火をつけた.

an·zu·ru·fen [アン・ツ・ルーフェン] *an|rufen (電話をかける) の zu 不定詞.

an|zwei·feln [アン・ツヴァイふェるン ánˈtsvaɪfəln] 他 (h)（事⁴を）疑う, 疑問視する.

AOK [アー・オー・カー] 〈略〉（ドイツの）地区疾病金庫 (=Allgemeine Ortskrankenkasse).

Äon [エーオン ɛˈøːn または エーオン ɛ:ɔn] 男 –s/–en [エーオーネン] 〚ふつう複〛〈雅〉永劫(ごう).

a. o. Prof. [アオサッ・オルデントリヒャァ プロふェッソァ] 〈略〉准教授, 員外教授 (=außerordentlicher Professor).

Aor·ta [アオルタ aóˈrta] 女 –/Aorten〈医〉大動脈.

apart [アパルト apárt] 形 独特な魅力を持つ, 趣味の (服など).

Apart·heid [アパールトハイト apáːrthaɪt] 女 –/ アパルトヘイト (南アフリカのかつての人種隔離政策).

Apart·ment [アパルトメント apártmənt] 中 –s/–s（近代的な設備の単身向け）マンション [の一室].

Apart·ment=haus [アパルトメント・ハオス apártmənthaʊs] 中 –es/..häuser（小規模な住居からなる）共同住宅, マンション.

Apa·thie [アパティー apatíː] 女 –/–n [..ティーエン] ① 無関心, 無感動. ② 〈医〉感情鈍麻, 無感情.

apa·thisch [アパーティッシュ apáːtɪʃ] 形 無関心の, 無感動の.

Aper·çu [アペルスュー apɛrsýː] 〚仏〛中 –s/–s 気の利いた思いつき, 妙案.

Ape·ri·tif [アペリティーふ aperitíːf] 男 –s/–s アペリティフ (食欲を誘うための食前酒).

der **Ap·fel [アプふェる ápfəl]

> りんご　Dieser *Apfel* ist sauer.
> ディーザァ アプふェる イスト ザオアァ
> このりんごは酸っぱい.

男（単 2）–s/（複）Äpfel [エプふェる]（3 格のみ Äpfeln）① りんご.（英 apple）. ein reifer *Apfel* 熟したりんご / Diese *Äpfel* sind noch nicht reif. これらのりんごはまだ熟していない / einen *Apfel* essen りんごを食べる / einen *Apfel* schälen りんごの皮をむく / **für** einen *Apfel* und ein Ei 〚口語〛捨て値で (←りんご 1 個と卵 1 個を代価として) / **in** den sauren *Apfel* beißen 〚口語・比〛いやなことをを仕方なくする (←酸っぱいりんごをかじる) / Der *Apfel* fällt nicht weit vom Stamm. 〈諺〉瓜(うり)のつるになすびはならぬ (←りんごは幹から遠くには落ちない) / Kein *Apfel* konnte zur Erde fallen. 立錐(すい)の余地もなかった (←1 個のりんごも地面に落ちることがなかった).

② りんごの木. Die *Äpfel* blühen bereits. りんごの木にもう花が咲いている.

*die **Äp·fel** [エプふェる] Apfel (りんご) の 複
Im Herbst erntet man *Äpfel*. 秋にはりんごを収穫する.

Ap·fel=baum [アプふェる・バオム] 男 –[e]s/..bäume りんごの木.

Ap·fel=ku·chen [アプふェる・クーヘン] 男 –s/– アップルケーキ (りんごをのせて焼いたケーキ).

Ap·fel=most [アプふェる・モスト] 男 –[e]s/ アップルモスト (軽発酵させたりんご果汁);《南ドイツ》りんご酒.

Ap·fel=mus [アプふェる・ムース] 中 –es/ りんごのピューレ (ソース).

Ap·fel=saft [アプふェる・ザふト] 男 –[e]s/..säfte りんごジュース.

die **Ap·fel·si·ne** [アプふェるズィーネ apfəlzíːnə] 女（単）–/（複）–n オレンジ [の木] (=Orange). eine *Apfelsine*⁴ schälen オレンジの皮をむく.

Ap·fel=stru·del [アプふェる・シュトルーデる] 男 –s/–（薄い生地で巻いて作る）アップルパイ.

Ap·fel=wein [アプふェる・ヴァイン] 男 –[e]s/–e りんご酒 (特に中部ドイツで飲まれている).

Apho·ris·mus [アふォリスムス aforísmus] 男 –/..rismen アフォリズム, 警句, 箴言(しんげん).

Aphro·di·te [アふロディーテ afrodíːtə] 女 –s/《ギ神》アフロディテ (愛と美と豊穣の女神. ローマ神話のビーナスに当たる).

APO, Apo [アーポ áːpo] 女 –/〈略〉(特に 1960 年代のドイツの) 議会外反政府勢力 (新左翼など) (=Außerparlamentarische Opposition).

apo·dik·tisch [アポディクティッシュ apodíktɪʃ] 形 ①《哲》反論の余地のない, 明白な. ② 有無を言わせぬ, 断定的な.

Apo·ka·lyp·se [アポカリュプセ apokalýpsə] 女 –/–n ①《宗》黙示録; (特に新約聖書の) ヨハネの黙示録. ② 〚複なし〛破滅.

apo·ka·lyp·tisch [アポカリュプティッシュ apokalýptɪʃ] 形 ①《宗》ヨハネの黙示録の. ② 世の終わりを思わせるような, 破滅的な.

apo·li·tisch [アポーリーティッシュ ápoliːtɪʃ または アポリ–..] 形 非政治的な, 政治に無関心な.

Apoll [アポる apól] –s/〈雅〉=Apollo

apol·li·nisch [アポリーニッシュ apolíːnɪʃ] 形

① アポロ[ン]の, アポロ[ン]的な. ② 《哲》調和のとれた, 中庸を得た.

Apol·lo [アポろ apólo] I -s/《ぎり神》アポロン, アポロ(光・音楽・詩・予言などをつかさどる太陽神). II 男 -s/-s 《比》美青年.

Apol·lon [アポろン apólon] -s/ = Apollo

Apo·lo·get [アポろゲート apologé:t] 男 -en/-en ① 弁明者, 弁護者. (女性形: -in). ② 《宗》(初期キリスト教の)護教者.

Apo·lo·gie [アポろギー apologí:] 因 -/-n [..エーン] ① 弁明, 弁護. ② 弁明(弁護)演説; 弁明書.

Apo·stel [アポステる apóstəl] 男 -s/- ① (キリストの)使徒. die zwölf *Apostel* キリストの十二使徒. ② (主義などの)主唱者, 唱道者. (女性形: -in).

Apo·stel·ge·schich·te [アポステる・ゲシヒテ] 因 -/ 《聖》使徒行伝.

a pos·te·ri·o·ri [ア ポステリオーリ a posterió:ri] [ラテン] 副 ① 《哲》後天的に, 経験的に. (メモ 「先天的に」は a priori). ② あとから.

apo·sto·lisch [アポストーリッシュ apostó:lɪʃ] 形 ① 《神学》 使徒の; 使徒的な. ② 《カトリック》 [ローマ]教皇の.

Apo·stroph [アポストローふ apostró:f] 男 -s/-e 《言》アポストロフィー, 省略符 (記号: '). einen *Apostroph* setzen 省略符を打つ.

apo·stro·phie·ren [アポストロふィーレン apostrofí:rən] 他 (h) 《成句的に》 *jmdn* als ... 人·事4 を...と見なす, 言う. (メモ ...には4格の名詞や形容詞がくる).

die Apo·the·ke [アポテーケ apoté:ka] 因 (単) -/(複) -n ① 薬局, 薬屋. (英 *pharmacy*). zur *Apotheke* gehen 薬局に行く. ② (家庭で常備する)薬箱. ③ 《口語》値段の高いことで有名な店.

apo·the·ken⹀pflich·tig [アポテーケン・プふりヒティヒ] 形 正規の薬局でないと買えない(薬など).

Apo·the·ker [アポテーカァ apoté:kər] 男 -s/- 薬剤師. (女性形: -in).

der Ap·pa·rat [アパラート apará:t] 男 (単2) -[e]s/(複) -e (3格のみ -en) ① (一組の)装置, 器械, 器具. ein elektrischer *Apparat* 電気器具. (⇨ 類語 Werkzeug). ② 電話機 (=Telefon*apparat*); ラジオ受信機 (=Radio*apparat*); テレビ受像機 (=Fernseh*apparat*); 電気かみそり (=Rasier*apparat*); カメラ (=Foto*apparat*). Wer ist am *Apparat*? (電話で:)どちら様でしょうか / Bleiben Sie bitte am *Apparat*! そのままで[電話口で]お待ちください. ③ 《ふつう 複》 (政治組織などの)機構, 機関. Verwaltungs*apparat* 行政機構. ④ (学問上の)参考資料; 校異資料. ⑤ 《医》器官. ⑥ 《口語》ばかでかいもの.

Ap·pa·ra·tur [アパラトゥーァ aparatú:r] 因 -/-en 装置(設備器具)一式.

Ap·par·te·ment [アパルテマーン apartəmã:] 中 -s/-s ① (豪華なホテルの)数室続きの部屋, スイートルーム. ② (近代的な設備の単身向け)マンション[の一室].

Ap·peal [エピーる epí:l] [英] 男 -s/ (他人の心情に)訴える力, アピール.

Ap·pell [アペる apél] 男 -s/-e ① 訴え, 警告; 呼びかけ, アピール. ② 《軍》召集, 点呼.

ap·pel·lie·ren [アペリーレン apelí:rən] 自 (h) 《an 人·事4 ~》 (人·事4に)訴える, 呼びかける, アピールする. an das Volk *appellieren* 国民に呼びかける.

Ap·pen·dix [アペンディクス apéndɪks] I 男 (単2) -/..dizes [..ディツェース] (または -es/-e) ① 付属物, 添え物. ② (書物の)付録, 補遺. II 因 男 -/..dizes 《医》虫垂.

Ap·pen·di·zi·tis [アペンディツィーティス apenditsí:tɪs] 因 -/..tiden [..ツィティーデン] 《医》虫垂炎, 盲腸炎.

Ap·pen·zell-Au·ßer·rho·den [アペンツェる・アオサァローデン apəntsél-áusərro:dən または アッペン..] 中 -[s]/ 《地名》アペンツェル・アウサーローデン(スイス 26 州の一つで準州).

Ap·pen·zell-In·ner·rho·den [アペンツェる・インナァローデン apəntsél-ínərro:dən または アッペン..] 中 -[s]/ 《地名》アペンツェル・インナーローデン(スイス 26 州の一つで準州).

der Ap·pe·tit [アペティート apetí:t]

> 食欲 Guten *Appetit*!
> グーテン アペティート
> おいしく召しあがれ.

男 (単2) -[e]s/(複) -e (3格のみ -en) 《ふつう 単》 ① 食欲. (英 *appetite*). keinen *Appetit* haben 食欲がない / den *Appetit* an|regen 食欲をそそる / 人³ den *Appetit* verderben 人³の食欲を失わせる / **auf** 物⁴ *Appetit*⁴ haben 物⁴を食べたいと思う.
② 《比》欲求, (...したい)気持ち.

> メモ 食事を始めるときのあいさつ: ドイツ語の "Guten Appetit!" はこれから食事をする人に向かって言うせりふである. 本来は「私はあなたに十分な食欲を願う」を意味する目的語であるから4格の形になっている. 日本語の「いただきます」のように自分一人で口にする言葉ではない.

ap·pe·tit⹀an·re·gend [アペティート・アンレーゲント] 形 食欲をそそる, おいしそうな; 食欲を増進させる(薬など).

ap·pe·tit·lich [アペティートリヒ] 形 ① 食欲をそそる. ② (包装などが清潔で)小ぎれいな;《比》(若くて)魅力的な(女の子など).

ap·pe·tit·los [アペティート・ろース] 形 食欲のない, 食欲不振の.

ap·plau·die·ren [アプらオディーレン aplau-

Ap·plaus [アプラオス apláus] 男 -es/-e 《ふつう 単》拍手喝采(かっさい). stürmischer *Applaus* 嵐のような拍手.

ap·pli·zie·ren [アプリツィーレン aplitsí:rən] 他 (h) ① 適用(応用)する. ② 《医》(薬⁴を)投与する; (療法⁴を)適用する. ③ (模様など⁴を)縫い付ける, アップリケする.

ap·por·tie·ren [アポルティーレン aportí:rən] 他 (h) 《狩》(猟犬が獲物⁴を)捜して持って来る.

Ap·po·si·ti·on [アポズィツィオーン apozitsió:n] 女 -/-en 《言》同格. (例: Karl der Große カール大帝).

Ap·pro·ba·ti·on [アプロバツィオーン aprobatsió:n] 女 -/-en (医師・薬剤師の)開業許可(免許).

ap·pro·biert [アプロビーァト aprobí:rt] 形 開業免許を受けた(医師など).

Apr. [アプリる] 《略》4月 (=April).

Après-Ski [アプレ・シー] 中 -/ ① アフタースキーウェア(スキーをした後ロッジで着る服). ② (スキーをした後の)パーティー, アフタースキー.

Apri·ko·se [アプリコーゼ aprikó:zə] 女 -/-n ① 《植》アンズ(杏). ② あんずの木.

der April [アプリる apríl] 男(単2)-[s](複)-e (3格のみ -en) 《ふつう 単》4月** (略: Apr.). (英 *April*). (◊⇒ 月名 ☞ *Monat*). Anfang *April* 4月の初めに / Ende *April* 4月の終わりに / Heute ist der 5. (=fünfte) *April*. きょうは4月5日だ / im *April* 4月に / 人⁴ in den *April* schicken 人⁴をエープリルフールにかつぐ, 一杯くわせる / *April*, *April*! 《口語》まんまと一杯くわせたぞ / der launische *April* きまぐれな4月の空.

April⸗scherz [アプリる・シェルツ] 男 -es/-e 4月1日の冗談, エープリルフール;《比》根も葉もない冗談.

April⸗wet·ter [アプリる・ヴェッタァ] 中 -s/ (変わりやすい)4月の天気.

a pri·o·ri [ア プリオーリ a prió:ri] 〔ラ〕 ① 《哲》先天的に, 先験的に, アプリオリに. (◊⇒「後天的に」は a posteriori). ② 始めから, もともと, 原則的に.

apro·pos [アプロポー apropó:] 副 それはそうと, ところで, ついでに[言えば].

Ap·sis [アプスィス ápsɪs] 女 -/Apsiden [アプスィーデン] ① 《建》後陣, アプス(教会の内陣の後ろの出っ張り). (☞『建築様式 (1)』, 1744ページ). ② (テントの)半円形の張り出し.

Aquä·dukt [アクヴェドゥクト akvɛdúkt] 男 -[e]s/-e (古代ローマの)水道橋.

Aqua·ma·rin [アクヴァマリーン akvamarí:n] 男 -s/-e 《鉱》藍玉(らんぎょく)石, アクアマリン.

Aqua·pla·ning [アクヴァ・プらーニング] 中 -[s] ハイドロプレーニング(水たまりでタイヤが浮き上がる現象).

Aqua·rell [アクヴァレる akvarél] 中 -s/-e (絵)水彩画. 物⁴ in *Aquarell* malen 物⁴を水彩で描く.

Aquarell⸗far·be [アクヴァレる・ふぁルベ] 女 -/-n 水彩絵の具.

aqua·rel·lie·ren [アクヴァレリーレン akvarɛlí:rən] 他 (h) (絵)水彩で描く.

Aqua·rell⸗ma·le·rei [アクヴァレる・マーれライ] 女 -/ 水彩画.

Aqua·ri·um [アクヴァーリウム akváːriυm] 中 -s/..rien [..リエン] ① (魚用の)水槽, 養魚鉢. ② 水族館.

Äqua·tor [エクヴァートァ ɛkvá:tɔr] 男 -s/ 《地理》赤道.

äqui·va·lent [エクヴィ・ヴァれント ɛkvi-valént] 形 等価の, 同等の.

Äqui·va·lent [エクヴィ・ヴァれント ɛkvi-valént] 中 -[e]s/-e 等価(のもの); 等価(同等)の代償.

Ar¹ [アール á:r] 中 -[e]s/-(単位: -/-) アール(面積の単位; 100 m²) (記号: a). fünf *Ar* 5アール.

Ar² [アー・エル] 《化・記号》アルゴン (=Argon).

Ära [エーラ ɛ́:ra] 女 -/Ären ① 時代, 年代. die *Ära* der Computertechnik² コンピュータ技術の時代. ② 《地学》代(地質時代の区分).

Ara·ber [アラバァ árabər または アラー..] 男 -s/- ① アラビア人. (女性形: -in). ② 《動》アラビア馬.

Ara·bes·ke [アラベスケ arabéskə] 女 -/-n ① 《建・美》(アラビア風の)唐草模様. ② 《音楽》アラベスク(ピアノのための小曲).

Ara·bi·en [アラービエン ará:biən] 中 -s/ 《地名》アラビア, アラビア半島.

ara·bisch [アラービッシュ ará:bɪʃ] 形 アラビア[人・語]の. *arabische* Ziffern アラビア数字.

**die Ar·beit [アルバイト árbaɪt]

> 仕事 Ich habe heute viel *Arbeit*.
> イヒ ハーベ ホイテ ふぃーる アルバイト
> 私はきょうは仕事がいっぱいある.

女 (単)-/(複)-en ① 仕事, 労働, 作業; 勉強, 研究. (英 *work*). eine geistige (körperliche) *Arbeit* 頭脳(肉体)労働 / eine leichte (schwere) *Arbeit* 軽(重)労働 / an die *Arbeit* gehen または sich⁴ an die *Arbeit* machen 仕事にとりかかる / an (または bei) der *Arbeit* sein 仕事中である / 物⁴ in *Arbeit* geben 物⁴を発注する / 物⁴ in *Arbeit* haben 物⁴を製作中である / Der Schrank ist in *Arbeit*. 戸棚は今製作中です.

② 《複 なし》労苦, 骨折り. Das macht (または kostet) viel *Arbeit*. それは大変な労力だ / keine Mühe⁴ und *Arbeit*⁴ scheuen 労苦をいとわない.

③ 《複 なし》職, 働き口, 勤め口. eine *Arbeit*⁴ suchen 職を探す / Er hat zurzeit keine *Arbeit*. 彼は目下失業中だ / in *Arbeit* sein 職に就いている / ohne *Arbeit* sein 失業中である / Er geht zur *Arbeit*. 彼は勤めに出かける.

④ 作品; 研究成果, 論文, 著書. eine wissenschaftliche *Arbeit* 学術論文 / eine

arbeiten

handwerkliche *Arbeit* 手工芸品. ⑤ (学校の)宿題, テスト. ⑥ (機械・器官の)働き, 活動. ⑦〚圏 なし〛〚スポ〛トレーニング.

> ..*arbeit* のいろいろ: **Akkordarbeit** 出来高払いの仕事 / **Büroarbeit** 事務 / **Doktorarbeit** 博士論文 / **Gartenarbeit** 庭仕事 / **Geistesarbeit** 頭脳労働 / **Gelegenheitsarbeit** 臨時の仕事 / **Handarbeit** 手仕事 / **Hausarbeit** 家事, 宿題 / **Kurzarbeit** 時間短縮勤務 / **Schularbeit** 宿題 / **Teilzeitarbeit** パートタイム勤務 / **Zusammenarbeit** 共同作業. (日本語のいわゆる「(副業としての)アルバイト」はドイツ語では Job または Nebenarbeit という).

:ar·bei·ten [アルバイテン árbaɪtən]

> 働く Ich *arbeite* bei der Post.
> イヒ アルバイテ バイ デァ ポスト
> 私は郵便局に勤めています.
>
> | 人称 | 単 | | 複 | |
> |---|---|---|---|---|
> | 1 | ich | arbeite | wir | arbeiten |
> | 2 | {du | arbeitest | {ihr | arbeitet |
> | | {Sie | arbeiten | {Sie | arbeiten |
> | 3 | er | arbeitet | sie | arbeiten |

(arbeitete, hat ... gearbeitet) **I** 自 (完了 haben) ① **働く**, 仕事をする; (学生が)勉強する, 研究する. (英 *work*). fleißig *arbeiten* 熱心に働く(勉強する) / Er *arbeitet* als Kellner. 彼はウエーターとして働いている / Er *arbeitet* an einem Roman. 彼は小説を執筆中だ / bei der Bahn *arbeiten* 鉄道に勤めている / für die Prüfung *arbeiten* 試験勉強をする / in einer Fabrik *arbeiten* ある工場で働いている / Sie *arbeitet* über Kant. 彼女はカントについて研究している. (☞ 類語)

② (機械・器官などが)動いている, 働いている. Die Waschmaschine *arbeitet* vollautomatisch. この洗濯機は全自動だ / Sein Herz *arbeitet* wieder normal. 彼の心臓は再び正常に動いている / Der Wein *arbeitet*. 《比》ワインが発酵している.

II 再帰 (完了 haben) *sich*[4] *arbeiten* ① 働いて[その結果]…になる. Er hat sich krank *gearbeitet*. 彼は働き過ぎて病気になった. ② 〚*sich*[4] durch 物[4] ~〛(物[4]の中を)苦労して進む. *sich*[4] durch den Schnee *arbeiten* 雪をかき分けて進む. ③ 〚**es** *arbeitet sich*[4] ... の形で〛仕事のやりぐあいが…である. Es *arbeitet sich* schlecht bei dieser Hitze. この暑さでは仕事がはかどらない.

III 他 (完了 haben) (衣服・工芸品など[4]を)作る, 製作する. eine Vase[4] in Ton *arbeiten* 陶土で花びんを作る / Wer hat diesen Anzug *gearbeitet*? だがこのスーツを仕立てたのですか.

*der **Ar·bei·ter*** [アルバイタァ árbaɪtɐr] 男 (単2) -s/(複) - (3格のみ -n) ① 労働者, 勤労者. (英 *worker*). Industrie*arbeiter* 工業労働者 / ein gelernter *Arbeiter* 熟練労働者. ② 仕事をする人. ein schneller *Arbeiter* 仕事の早い人.

Ar·bei·te·rin [アルバイテリン árbaɪtərɪn] 女 -/..rinnen ① (女性の)労働者. ② 〚昆〛ハタラキアリ(ハタラキバチ).

Ar·bei·ter·klas·se [アルバイタァ・クラッセ] 女 -/ 労働者階級.

Ar·bei·ter·schaft [アルバイタァシャフト] 女 -/ (総称として:)労働者, 勤労者.

ar·bei·te·te [アルバイテテ] ⁝arbeiten (働く)の過去

*der **Ar·beit⸗ge·ber*** [アルバイト・ゲーバァ árbaɪt-ge:bɐr] 男 (単2) -s/(複) - (3格のみ -n) 雇用主, 雇い主, 経営者.

Ar·beit⸗ge·be·rin [アルバイト・ゲーベリン] 女 -/..rinnen (女性の)雇用主.

*der **Ar·beit⸗neh·mer*** [アルバイト・ネーマァ árbaɪt-ne:mɐr] 男 (単2) -s/(複) - (3格のみ -n) 被雇用者, 従業員.

Ar·beit⸗neh·me·rin [アルバイト・ネーメリン] 女 -/..rinnen (女性の)被雇用者.

ar·beit·sam [アルバイトザーム] 形 《雅》勤勉な, 仕事熱心な, よく働く.

Ar·beits⸗amt [アルバイツ・アムト] 中 -[e]s/..ämter (公的な)職業斡旋所. (⽤語 2004年1月から公式に Agentur für Arbeit と称する).

Ar·beits⸗an·zug [アルバイツ・アンツーク] 男 -[e]s/..züge 作業服, 仕事着.

Ar·beits⸗be·din·gun·gen [アルバイツ・ベディングンゲン] 複 (単)労働条件. günstige *Arbeitsbedingungen* 有利な労働条件.

Ar·beits⸗be·schaf·fung [アルバイツ・ベシャッフング] 女 -/-en 雇用創出(失業者のために雇用機会を増やす措置).

Ar·beits⸗dienst [アルバイツ・ディーンスト] 男 -[e]s/-e ① 労働(勤労)奉仕. ② (特にナチス時代の)労働奉仕[制度].

Ar·beits⸗ein·stel·lung [アルバイツ・アインシュテルング] 女 -/-en ① 操業停止, ストライキ. ② 労働[に対する]意識.

Ar·beits⸗er·laub·nis [アルバイツ・エァらオプニス] 女 -/ 就労許可.

Ar·beits⸗es·sen [アルバイツ・エッセン] 中 -s/- (政治家・財界人などの協議のための)会食.

ar·beits⸗fä·hig [アルバイツ・フェーイヒ] 形 作業(労働)能力のある, 就労可能な.

Ar·beits⸗gang [アルバイツ・ガング] 男 -[e]s/..gänge ① 作業の進行. ② 作業工程.

Ar·beits⸗ge·mein·schaft [アルバイツ・ゲマインシャフト] 女 -/-en ワーキング(研究)グループ, 作業チーム.

Ar·beits⸗kli·ma [アルバイツ・クリーマ] 中 -s/ 労働環境, 職場の雰囲気.

Ar·beits⸗kraft [アルバイツ・クラフト] 女 -/..kräfte ① 〚圏 なし〛 作業(労働)能力. ② (働き手としての)労働者, 労働力.

Ar·beits⸗la·ger [アルバイツ・らーガァ] 中 -s/- 強制労働収容所.

Ar·beits⸗leis·tung [アルバイツ・らイストゥング]

囡 -/-en ① (一定時間内の)仕事量，ノルマ．② 労働能率．

Ar·beits=lohn [アルバイツ・ローン] 男 -[e]s/..löhne 賃金．

ar·beits=los [アルバイツ・ロース árbaɪts-loːs] 形 失業している，無職の．(裏 *unemployed*). Er ist schon seit einem Jahr *arbeitslos*. 彼はもう1年前から失業している．

Ar·beits·lo·sen=geld [アルバイツろーゼン・ゲルト] 囲 -[e]s/-er 失業保険金，失業手当．

Ar·beits·lo·sen=quo·te [アルバイツろーゼン・クヴォーテ] 囡 -/-n 失業率．

Ar·beits·lo·sen=un·ter·stüt·zung [アルバイツろーゼン・ウンタァシュテュッツング] 囡 -/ 失業保険金，失業手当．

Ar·beits·lo·sen=ver·si·che·rung [アルバイツろーゼン・フェアズィッヒェルング] 囡 -/-en 失業保険．

Ar·beits=lo·se[r] [アルバイツ・ローゼ (..ザァ) árbaɪts-loːzə (..zɐr)] 男囡《語尾変化は形容詞と同じ ☞ *Alte*[r]》(例: 男 1格 der Arbeitslose, ein Arbeitsloser) 失業者. Die Zahl der *Arbeitslosen* ist in den letzten Jahren deutlich angestiegen. [現在完了] 失業者の数は近年目に見えて増えてきた．

Ar·beits=lo·sig·keit [アルバイツ・ローズィヒカイト] 囡 -/ 失業[状態]，無職．

Ar·beits=markt [アルバイツ・マルクト] 男 -[e]s/..märkte 労働市場．

Ar·beits=platz [アルバイツ・プらッツ] 男 -es/..plätze ① 仕事場，職場．② 職，雇用口．

Ar·beits=recht [アルバイツ・レヒト] 匣 -[e]s/ 労働法．

ar·beits=scheu [アルバイツ・ショイ] 形 労働をいやがる，仕事嫌いの．

Ar·beits=spei·cher [アルバイツ・シュパイヒャァ] 男 -s/《コンピュータ》メーンメモリー，主記憶装置．

Ar·beits=stel·le [アルバイツ・シュテれ] 囡 -/-n 仕事場，職場．

Ar·beits=stun·de [アルバイツ・シュトゥンデ] 囡 -/-n 労働時間．

Ar·beits=tag [アルバイツ・ターク] 男 -[e]s/-e 仕事(労働)日，就業日．der achtstündige *Arbeitstag* [1日] 8時間労働．

Ar·beits=tei·lung [アルバイツ・タイるング] 囡 -/-en 分業．

Ar·beits=tier [アルバイツ・ティーァ] 男 -[e]s/-e 役畜(ホーポ); (比) 仕事の虫．

ar·beits=un·fä·hig [アルバイツ・ウンフェーイヒ] 形 仕事ができない，労働能力のない，就労不能の．

Ar·beits=un·fall [アルバイツ・ウンふァる] 男 -[e]s/..fälle 労働災害．

Ar·beits=ver·hält·nis [アルバイツ・フェアヘルトニス] 匣 ..nisses/..nisse ① 雇用関係．② [複で] 労働条件．

Ar·beits=ver·trag [アルバイツ・フェアトラーク] 男 -[e]s/..träge 労働契約．

Ar·beits=wei·se [アルバイツ・ヴァイゼ] 囡 -/-n ① 作業方法，仕事の仕方．② 機械の操作法(動かし方)．

Ar·beits=zeit [アルバイツ・ツァイト] 囡 -/-en ① 労働(就労)時間．gleitende *Arbeitszeit* フレックスタイム，勤務時間選択制．② (ある一定の仕事のために費やされる)労働(作業)時間．

Ar·beits=zeit=ver·kür·zung [アルバイツツァイト・フェアキュルツング] 囡 -/ 労働時間の短縮．

Ar·beits=zim·mer [アルバイツ・ツィンマァ] 匣 -s/ 仕事部屋，研究室，書斎．

ar·cha·isch [アルヒャーイッシュ arçáːɪʃ] 形 ① 古代の; 原始時代の．② 古風な，古めかしい．

Ar·chäo·lo·ge [アルヒェオろーゲ arçeoló:gə] 男 -n/-n 考古学者．(女性形: Archäologin).

Ar·chäo·lo·gie [アルヒェオろギー arçeologí:] 囡 -/ 考古学．

ar·chäo·lo·gisch [アルヒェオろーギッシュ arçeoló:gɪʃ] 形 考古学[上]の．

Ar·che [アルヒェ árçə] 囡 -/-n (聖) 箱舟．die *Arche* Noah ノアの箱舟 (創世記6-9)．

Ar·chi·me·des [アルヒメーデス arçimé:dɛs] 《人名》アルキメデス(前287?-前212; 古代ギリシアの数学者・物理学者)．

Ar·chi·pel [アルヒぺール arçipé:l] 男 -s/-e ① (海名) 多島海(本来はギリシアと小アジアの間にあるエーゲ海)．② 群島．

Ar·chi·tekt [アルヒテクト arçitékt] 男 -en/-en 建築家，建築技師．(女性形: -in)．

ar·chi·tek·to·nisch [アルヒテクトーニッシュ arçitektóːnɪʃ] 形 建築の; 建築学上の．

Ar·chi·tek·tur [アルヒテクトゥーァ arçitektúːr] 囡 -/-en ① (複 なし) 建築学(術)．② 建築様式．③ (複 なし) (総称的に) 建築物．

Ar·chiv [アルヒーふ arçíːf] 匣 -s/-e [..ヴェ] (保管されている)文書，記録集．② 文書(資料)館，専門図書館，記録保管所．

Ar·chi·var [アルヒヴァール arçiváːr] 男 -s/-e (文書館などの)職員，文書係．(女性形: -in)．

ARD [アー・エル・デー] 囡 -/ (略)ドイツ連邦共和国公共放送協会(ドイツ第一テレビ放送) (= Arbeitsgemeinschaft der öffentlich-rechtlichen Rundfunkanstalten der Bundesrepublik Deutschland)．

Are·al [アレアーる areá:l] 匣 -s/-e ① 平面; 地面，面積．② 敷地，地所．③ (生) (動植物の)分布地域．

Ären [エーレン] Ära (時代)の 複．

Are·na [アレナ aré:na] 囡 -/Arenen ① (古代の)競技場; (円形の観客席に囲まれた)競技場，スタジアム．② 闘牛場; (サーカスの)演技場．

arg [アルク árk] 形 (比較 ärger, 最上 ärgst) ① (雅) 悪い，悪意のある．ein *arger* Blick 悪意のある目つき．(名詞的に) **im Argen** liegen (雅) 混乱している．② (方·雅) ひどい，すごい．

Ar·gen·ti·ni·en [アルゲンティーニエン argentíːniən] 匣 -s/《国名》アルゼンチン[共和国] (南アメリカ．首都はブエノスアイレス)

är·ger [エルガァ] arg (悪い)の比較

der Är·ger [エルガァ érgər] 男 (単2) -s/ ① 怒り, 立腹, 不機嫌. (英 anger). 〘人³〙 *Ärger* bereiten (または machen) 〘人³〙を怒らせる / Er machte seinem *Ärger* Luft. 彼はうっ憤を晴らした / seinen *Ärger* an 〘人³〙 aus|lassen 〘人³〙に憤まんをぶちまける / *Ärger*⁴ über 〘人・事⁴〙 empfinden 〘人・事⁴〙に腹を立てる / 〘人・事⁴〙 aus *Ärger* tun 〘人・事⁴〙を腹立ちまぎれにする / vor *Ärger* platzen 激怒する.
② 腹の立つこと, 不愉快なこと. der häusliche *Ärger* 家庭内のごたごた / viel *Ärger*⁴ mit 〘人³〙 haben 〘人³〙のことでいやな思いをしている.

är·ger·lich [エルガァリヒ érgərliç] 形 ① 怒った. (英 angry). ein *ärgerlicher* Blick 怒りに満ちた目つき / auf 〘人⁴〙 (または über 〘人・事⁴〙) *ärgerlich* sein 〘人⁴〙 (または 〘人・事⁴〙)に腹を立てている. ② 不愉快な, 腹立たしい. Das ist eine ganz *ärgerliche* Geschichte. それはまったく頭にくる話だ.

****är·gern** [エルガァン érgərn] ärgerte, *hat*... geärgert) I 他 (完了 haben) 〘人⁴〙を怒らせる, 立腹させる, いらだたせる. Sein Verhalten *ärgert* mich. 彼の態度には腹が立つ / Er *hat* sie mit seiner Bemerkung *geärgert*. 彼は自分の発言で彼女を怒らせた / Es *ärgert* mich, dass ... 私は... のことがしゃくにさわる.
II 再帰 (完了 haben) sich⁴ *ärgern* 腹を立てる, 怒る. sich⁴ über 〘人・事⁴〙 *ärgern* 〘人・事⁴〙に腹を立てる ⇒ Ich *habe* mich über ihn *geärgert*. 私は彼のことで腹が立った / sich⁴ krank *ärgern* 病気になるほど腹を立てる / sich⁴ schwarz *ärgern* 〘口語〙かんかんに怒る(←黒くなるまで怒る).

Är·ger·nis [エルガァニス] 中 ..nisses/..nisse ① 〘複 なし〙(宗教的・道徳的な)不快感, 憤り; 〘聖〙つまずき. bei 〘人³〙 *Ärgernis*⁴ erregen 〘人³〙に不快な気持ちを起こさせる. ② しゃくの種. ③ 〘ふつう 複〙不快な(いやな)こと.

är·ger·te [エルガァテ] *ärgern (怒らせる)の過去

Arg·list [アルク・リスト] 女 -/ 奸計(かん), 悪だくみ; 悪意.

arg·lis·tig [アルク・リスティヒ] 形 悪意のある, 悪だくみの; 〘法〙悪意の.

arg≈los [アルク・ロース] 形 悪意のない, 無邪気な; 疑いをいだかない.

Arg≈lo·sig·keit [アルク・ローズィヒカイト] 女 -/ 悪意のなさ, 無邪気; (精神的な)無防備.

Ar·gon [アルゴン árgon または ..ゴーン ..gó:n] 中 -s/ 〘化〙アルゴン (記号: Ar).

ärgst [エルクスト] (arg(最上)の) 形 最も悪い. ◇〘名詞的に〙 das *Ärgste* 最悪の事態.

das **Ar·gu·ment** [アルグメント argumént] 中 (単2) -[e]s/(複) -e (3格のみ -en) ① 論拠, 論証. ein schlagendes *Argument* 明確な論拠 / *Argumente*⁴ für (gegen) 〘事⁴〙 an|führen 〘事⁴〙に賛成(反対)の論拠をあげる. ② 〘数〙独立変数; 偏角.

Ar·gu·men·ta·ti·on [アルグメンタツィオーン argumentatsió:n] 女 -/-en 論証[すること].

ar·gu·men·tie·ren [アルグメンティーレン argumentí:rən] 自 (h) 論証する, 論拠を示す. für (gegen) 〘事⁴〙 *argumentieren* 〘事⁴〙に賛成(反対)の論拠をあげる.

Arg·wohn [アルク・ヴォーン árk-vo:n] 男 -[e]s/ 〘雅〙邪推; 猜疑(さい), 不信. gegen 〘人・事⁴〙 *Argwohn*⁴ hegen 〘人・事⁴〙に対して不信感をいだく.

arg·wöh·nen [アルク・ヴェーネン árk-vø:nən] 他 (h) 〘雅〙(〘人・事⁴〙に)不信感をもつ, 邪推する.

arg·wöh·nisch [アルク・ヴェーニッシュ árk-vø:nɪʃ] 形 〘雅〙疑い深い, 不信の.

Arie [アーリエ á:riə] 女 -/-n 〘音楽〙アリア, 詠唱.

Ari·er [アーリアァ á:riər] 男 -s/- ① 〘民族・言〙アーリヤ人(インド・ヨーロッパ系民族の総称). (女性形: -in). ② (ナチスの用語で:)アーリア人(非ユダヤ系白人).

arisch [アーリッシュ á:rɪʃ] 形 ① 〘民族・言〙アーリア人の, インド・ヨーロッパ(印欧)語族の. ② (ナチスの用語で:)アーリア人(非ユダヤ系白人)の.

Aris·to·krat [アリストクラート arıstokrá:t] 男 -en/-en ① 貴族. (女性形: -in). ② 高潔な人.

Aris·to·kra·tie [アリストクラティー arıstokratí:] 女 -/-n [..ティーエン] ① 〘複 なし〙貴族制; 貴族国家. ② 貴族階級. ③ 〘複 なし〙高貴さ, 品位.

aris·to·kra·tisch [アリストクラーティッシュ arıstokrá:tıʃ] 形 ① 貴族制の; 貴族の, 貴族社会(階級)の. ② 貴族的な, 高貴な.

Aris·to·te·les [アリストーテレス arıstó:teles] 〘人名〙アリストテレス(前384–前322; 古代ギリシアの哲学者).

Arith·me·tik [アリトメーティク arıtmé:tık] 女 -/-en ① 〘複 なし〙算術. ② 算術の教科書.

arith·me·tisch [アリトメーティッシュ arıtmé:-tıʃ] 形 算術(算数)の.

Ar·ka·de [アルカーデ arká:də] 女 -/-n ① 〘建〙アーチ. ② 〘ふつう 複〙アーケード.

Arkade

Ar·ka·di·en [アルカーディエン arká:diən] I 中 -s/ 〘地名〙アルカディア(ギリシア南部ペロポネソス半島の中央高原地方. 後世, 牧歌的な楽園にたとえられた). II 中 -[s] 桃源郷, 理想郷, ユートピア.

die **Ark·tis** [アルクティス árktıs] 女 -/ 〘地名〙北極[地方]. (⇔「南極[地方]」は die Antarktis).

ark·tisch [アルクティッシュ árktıʃ] 形 北極[地方]の; 北極のような. eine *arktische* Kälte ひどい寒さ.

¦arm [アルム árm]

貧乏な Ich bin *arm*, aber gesund.
私は貧しいが、健康だ。

形(比較 ärmer, 最上 ärmst) (英 poor) ① **貧乏な**, 貧しい。(⇔「金持ちの」は reich). ein *armes* Land 貧しい国 / Sie sind sehr *arm*. 彼らはとても貧乏だ。◇《名詞的に》*Arm* und *Reich*《古》だれもかれも(← 貧乏人も金持ちも). ② (内容などの)乏しい, 貧弱な。ein *armer* Boden やせた土地 / **an**[3] *arm* sein 物[3]に乏しい ⇨ Die Frucht ist *arm* an Vitaminen. その果物にはビタミンが乏しい。
③ **かわいそうな**, 哀れな。ein *armer* Kerl かわいそうなやつ。

..arm [..アルム ..arm]《形容詞をつくる 接尾》① (乏しい)例: kalorien*arm* 低カロリーの。② (…の少ない)例: fett*arm* 脂肪の少ない。

*der **Arm** [アルム árm] 男 (単2) -es (まれに -s)/(複) -e (3格のみ -en) ① 腕。(英 arm). (☞ Körper 図), (⇔「手」は Hand). Ober*arm* 上腕 / dicke *Arme* 太い腕 / der rechte (linke) *Arm* 右腕(左腕) / Er legte seinen *Arm* um ihre Schulter. 彼は腕を彼女の肩にまわした / sich[3] den *Arm* brechen 腕を折る / die *Arme*[4] aus|breiten 両腕を広げる。
◇《前置詞とともに》人[4] **am** *Arm* führen 人[4] の腕をとって導く / ein Kind[4] **auf dem** *Arm* tragen 子供を腕に抱いている / 人[4] **auf den** *Arm* nehmen a) 人[4]を抱き上げる, b) 《口語》人[4]をからかう / *Arm* **in** *Arm* 互いに腕を組んで / 人[4] **in die** *Arme* nehmen (または schließen) 人[4]を抱き締める / 人[3] **in den** *Arm* fallen《比》人[3]を引きとめる / 人[3] **in die** *Arme* laufen《口語・比》人[3]にばったり出会う / 人[4] **mit** offenen *Armen* auf|nehmen 人[4]を心から歓迎する(← 両腕を広げて) / 物[4] **unter den** *Arm* nehmen 物[4]を小わきにかかえる / 人[3] **unter die** *Arme* greifen《比》人[3]を助ける / die Beine[4] **unter die** *Arme* (または den *Arm*) nehmen《戯》一目散に逃げる。
② 《比》力, 能力, 権力; 働き手。der *Arm* des Gerichts 司直の手。③ (腕状のもの:) (道標などの)横木; 腕木; 大枝; (川の)支流; 入江; (のこぎりの)柄; (くらげなどの)触手。④ (服の)袖(₵)。ein Kleid mit kurzem *Arm* 袖の短いワンピース。

Ar·ma·tur [アルマトゥーァ armatúːr] 女 -/-en ① (機械の)部品, 付属品; 装備。② 《ふつう 複》(機械などの)計器類; (浴室などの)コック(水栓)類。

Ar·ma·tu·ren⹀brett [アルマトゥーレン・ブレット] 中 -[e]s/-er (自動車・飛行機などの)計器盤, ダッシュボード。

Arm⹀band [アルム・バント] 中 -[e]s/..bänder ブレスレット, 腕輪。

Arm·band·uhr [アルムバント・ウーァ] 女 -/-en 腕時計。

Arm⹀bin·de [アルム・ビンデ] 女 -/-n ① 腕章。② 腕のつり包帯。

Arm⹀brust [アルム・ブルスト] 女 -/..brüste (または -e) 弩(いしゆみ)(中世の武器).

die **Ar·mee** [アルメー armé:] 女 (単) -/(複) -n [..メーエン] ① **軍隊**, 軍。(英 army). **in die** *Armee* ein|treten 入隊する。② 《比》多数, 大勢。eine *Armee* von Arbeitslosen 大勢の失業者。

Ar·mee⹀korps [アルメー・コーァ] 中 -[..コーァ[ス]]/-[..コーァス] 軍団。

*der **Är·mel** [エルメる érməl] 男 (単2) -s/(複) - (3格のみ -n) (英 sleeve). Hemds*ärmel* シャツの袖 / ein Kleid ohne *Ärmel* ノースリーブのワンピース / sich[3] die *Ärmel* hoch|krempeln 《口語》腕まくりして仕事にとりかかる / 人[4] **am** *Ärmel* zupfen (袖を引いて) 人[4]の注意を促す / 軍[4] **aus dem** *Ärmel* schütteln《口語》軍[4]を無造作にやってのける(← 袖口から振って出す).

der Är·mel⹀ka·nal [エルメる・カナーる] 男 -s/《定冠詞とともに》《地名》英仏海峡, ドーバー海峡。

är·mel⹀los [エルメる・ろース] 形 袖(₵)のない, ノースリーブの。

Ar·me·ni·en [アルメーニエン armé:niən] 中 -s/《国名》アルメニア[共和国](中央アジア。旧ソ連邦に属していた。首都はエレバン).

Ar·men⹀vier·tel [アルメン・フィァテる] 中 -s/- 貧民街, スラム街。

Ar·me[r] [アルメ (..マァ) ármə (..mər)] 男 女 《語尾変化は形容詞と同じ》 貧乏人; 哀れな人。Du *Armer*! (男性に対して)かわいそうな君。(⇔ 女性に対しては Du *Arme*!)

är·mer [エルマァ] ¦arm (貧乏な)の 比較

ar·mie·ren [アルミーレン armí:rən] 他 (h)《建》(鉄筋などで)補強する。◇《過去分詞の形で》der *armierte* Beton 鉄筋コンクリート。

Arm⹀leuch·ter [アルム・ろイヒタァ] 男 -s/- ① 枝形燭台(しょくだい), シャンデリア。② 《俗》ばか, あほう。

ärm·lich [エルムりヒ] 形 みすぼらしい, 貧弱な; 乏しい。

Arm⹀reif [アルム・ライふ] 男 -[e]s/-e ブレスレット, 腕輪。

arm·se·lig [アルムゼーりヒ ármzeːlɪç] 形 ① みすぼらしい, みじめな, 哀れな。② 不十分な, 乏しい。

Arm⹀ses·sel [アルム・ゼッセる] 男 -s/- ひじ掛けいす, 安楽いす。

ärmst [エルムスト] ¦arm (貧乏な)の 最上

die **Ar·mut** [アルムート ármuːt] 女 (単) -/ ① **貧乏**, 貧困。(英 poverty). (⇔「富裕」は Reichtum). **in** *Armut* leben 貧乏暮らしをする / *Armut* ist keine Schande. 《ことわざ》貧乏は恥にあらず。② 欠乏, 不足。Blut*armut* 貧血 / die *Armut* des Ausdrucks 表現の乏しさ。

Ar·muts⹀zeug·nis [アルムーツ・ツォイクニス]

Ar.nold

⊞ ..nisses/..nisse ① 《法》(昔の:)貧困証明書. ② 《比》無能の証明.

Ar·nold [アルノールﾄ árnɔlt] -s/《男名》アルノルト.

Aro·ma [アローマ aróːma] ⊞ -s/Aromen (または -s) ① 《よい》香り, 芳香. ② 香料, 薬味. Aroma des Kaffees コーヒーの香り.

aro·ma·tisch [アロマーティッシュ aromáːtɪʃ] 形 ① 香りのよい, 芳香のある. *aromatischer Tee* 香りのよい紅茶. ② 《化》芳香族の.

aro·ma·ti·sie·ren [アロマティズィーレン aromatizíːrən] 他 (h) 《物⁴に》香りをつける, 香料を加える.

Ar·ran·ge·ment [アランジェマーン arɑ̃ʒəmáː] 〖꒳〗 ⊞ -s/-s ① 整理, 配置, 配列; 準備, 手はず. ② 《音楽》編曲, アレンジ. ③ (芸術的に整えられたもの:)フラワーデザイン, 花束, 生け花. ④ 協定, とり決め.

ar·ran·gie·ren [アランジーレン arɑ̃ʒíːrən] I 他 (h) ① 《物⁴の》手はずを整える. *eine Reise⁴ arrangieren* 旅行の手配をする. ② (見かけよく)しつらえる, 配置する. ③ 《音楽》編曲する, アレンジする. II 再帰 (h) 《sich⁴ 〖mit 人·事³〗 ~》(《人·事³》と)折り合う.

Ar·rest [アレスﾄ arést] 男 -[e]s/-e ① 拘禁, 拘留. *drei Tage Arrest* 3日間の拘留 / *in Arrest sitzen* 拘留されている / 《人⁴ in Arrest bringen》《人⁴》を拘留する. ② 《法》仮差し押さえ. 《物⁴ mit Arrest belegen》《物⁴》を仮差し押さえする.

ar·re·tie·ren [アレティーレン aretíːrən] 他 (h) ① 《工》(動く部分⁴を)ロックする. ② 《古》逮捕する.

ar·ro·gant [アロガンﾄ arogánt] 形 尊大な, 思いあがった, うぬぼれた.

Ar·ro·ganz [アロガンツ arogánts] 女 -/ 尊大, 思いあがり.

Arsch [アルシュ árʃ またはアールシュ] 男 -[e]s/Ärsche (俗) 尻(㈱), けつ. *am Arsch der Welt²* へんぴな所に / *Leck mich am Arsch!* 何言ってやがる, ほっといてくれ! / *im Arsch sein* めちゃくちゃになっている / 《³ in den Arsch kriechen》(俗)《人³》におべっかを使う.

Arsch⸗krie·cher [アルシュ·クリーヒャァ] 男 -s/- (俗) おべっか使い. (女性形: -in).

Ar·sen [アルゼーン arzéːn] 中 -s/《化》砒素(㌻) (記号: As).

***die* Art** [アールﾄ áːrt] 女 (単) -/(複) -en ① 《冠 なし》性質, 気質, 本性.《英 nature》. *ein Mensch dieser Art²* (または *von dieser Art*) このような性質の人 / *Sie hat eine lebhafte Art.* 彼女は活発な性格だ / *Das liegt in seiner Art.* それはいかにも彼らしい. ② 《冠 なし》やり方, 方法, 流儀.《英 way》. *Lebensart* 生活の仕方 / *Er hat eine Art zu sprechen wie sein Vater.* 彼の話し方は父親に似ている / *auf diese Art [und Weise]* こんなやり方で / *in gewohnter Art* ふだんのやり方で. ③ 《冠 なし》《口語》マナー, 行儀, 作法. *Er hat keine Art.* 彼はマナーを知らない / *Das ist doch keine Art!* そんな態度があるもんか.

④ 種類. 《英 *kind*, *sort*》. *Tierart* 動物の種類 / *alle Arten von Blumen* または *Blumen aller Art²* あらゆる種類の花 / *eine Art Tisch* テーブルのようなもの, 一種のテーブル / **aus der *Art* schlagen** (種族の中の)変り種である.

Art. [アルティーケル]《略》(法律の)条項; 《経》商品, 品目; 《言》冠詞. (= **Artikel**).

Ar·te·mis [アルテミス ártemɪs] 〖ギ神〗アルテミス(狩猟・獣・誕生と死の女神. ローマ神話のディアナに当たる).

ar·ten [アールテン áːrtən] 自 (s)《nach 人³ ~》《雅》《人³に》似てくる.

◊☞ **geartet**

Ar·te·rie [アルテーリエ artéːriə] 女 -/-n 《医》動脈. (⇔**「静脈」**は Vene).

Ar·te·ri·en⸗ver·kal·kung [アルテーリエン·フェァカルクンク] 女 -/-en 《医》動脈硬化[症].

Ar·thri·tis [アルトリーティス artríːtɪs] 女 -/..tiden [..リティーデン] 《医》関節炎.

Ar·thur [アルトゥァ ártur] -s/《男名》アルトゥール.

ar·tig [アールティヒ áːrtɪç] 形 ① (子供の)行儀のよい, 従順な, おとなしい. *artige Kinder* 行儀のよい子供たち / *Sei artig!*(子供に:)おとなしくしなさい.(☞ 類語 **brav**). ② 《雅》礼儀正しい, ていねいな.

..ar·tig [..アールティヒ ..aːrtɪç] 《形容詞をつくる 接尾》《性質・種類》例: *stichwortartig* メモ風の, メモのような.

Ar·tig·keit [アールティヒカイﾄ] 女 -/-en ① 《ふつう 複》お世辞, お愛想. ② 《冠 なし》《雅》(子供たちの)行儀のよさ, 従順; 礼儀正しさ.

***der* Ar·ti·kel** [アルティーケル artíːkəl または ..ティッケル ..tíkəl] 男 (単 2) -s/(複 -n) 《英 *article*》① (新聞・雑誌などの)記事, 論説. *einen Artikel über 物⁴ schreiben* 《物⁴》について記事を書く. ② (法律などの)条[項], 項目. *Das steht im Artikel 3 der Verfassung.* それは憲法第 3 条にある. ③ 《経》商品, 品目. *ein billiger Artikel* 安い商品. ④ 《言》冠詞. *der bestimmte (unbestimmte) Artikel* 定(不定)冠詞 / *ohne Artikel* 冠詞なしで, 無冠詞で.

Ar·ti·ku·la·ti·on [アルティクらツィオーン artikulatsióːn] 女 -/-en ① 明瞭(㍊)な発音; 《言》分節; 調音. ② (意見などの)はっきりした表明. ③ 《音楽》アーティキュレーション, 句切法.

ar·ti·ku·lie·ren [アルティクリーレン artikulíːrən] I 他 (h) ① (音節・単語など⁴を)はっきり発音する. ② (感情・意見など⁴を)はっきり言い表す. II 再帰 (h) *sich⁴ artikulieren* ① 自分の考えを表現する. ② (考えなどが)表現される.

Ar·til·le·rie [アルティれリー artíləriː または

..リー] 囡 -/-n [..リーエン または ..リーエン]《軍》砲兵[隊]; 大砲.

Ar·til·le·rist [アルティれリスト ártıləɾıst または ..リスト] 男 -en/-en《軍》砲兵, 砲手. (女性形: -in).

Ar·ti·scho·cke [アルティショッケ artıʃɔ́kə] 囡 -/-n《植》アーティチョーク, チョウセンアザミ. (☞ Gemüse 図).

Ar·tist [アルティスト artíst] 男 -en/-en (ショー・サーカスなどの)芸人. (女性形: -in).

Ar·tis·tik [アルティスティク artístık] 囡 -/ ① (曲芸師の)芸, 技(を). ② 優れた演技, 卓越した技量.

ar·tis·tisch [アルティスティッシュ artístıʃ] 形 ① 芸人の, 曲芸[師]の. ② 名人芸の.

Ar·tur [アルトゥァ ártur] -s/《男名》アルトゥル.

art⹁ver·wandt [アールト・フェァヴァント] 近い種類の, 類似の.

die **Arz·nei** [アールツナイ a:rtsnáı または アルツ..] 囡 (単) -/(複) -en 薬, 薬剤 (=Medikament). (㊧ medicine). [八]³ eine *Arznei*⁴ verordnen [八³]に薬を処方する / eine *Arznei*⁴ ein|nehmen 薬を服用する / Das ist eine bittere *Arznei* für ihn.《比》それは彼にとってはいい教訓だ(←にがい薬だ).

Arz·nei⹁buch [アールツナイ・ブーフ] 田 -[e]s/ ..bücher 薬局方(ﾎﾞｳ). Deutsches *Arzneibuch* ドイツ薬局方.

Arz·nei⹁mit·tel [アールツナイ・ミッテる] 田 -s/- 薬剤, 医薬品.

der **Arzt [アールツト á:rtst または アルツト]

> 医者 Schnell, einen *Arzt*!
> シュネる　　アイネン　**アールツト**
> 早く, お医者さんを!

男 (単2) -es/(複) Ärzte [エーァツテ または エルツテ] (3格のみ Ärzten) 医者, 医師. (㊧ doctor). ein praktischer *Arzt* 一般開業医 / Mein Vater ist *Arzt*. 私の父は医者です / den *Arzt* fragen (または konsultieren) 医者に診てもらう / den *Arzt* holen lassen 医者を呼ぶにやる / Ich gehe zum *Arzt*. 私は医者に行く.

💊 医者のいろいろ: **Augenarzt** 眼科医 / *der* **Chirurg** 外科医 / **Facharzt** 専門医 / **Frauenarzt** 婦人科医 / **Hals-Nasen-Ohren-Arzt** 耳鼻咽喉科医 / **Hausarzt** ホームドクター / **Hautarzt** 皮膚科医 / *der* **Internist** 内科医 / **Kinderarzt** 小児科医 / **Nervenarzt** 神経[内]科医; 精神科医 / *der* **Orthopäde** 整形外科医 / **Zahnarzt** 歯

die **Ärz·te [エーァツテ または エルツテ] ⁑Arzt (医者)の複.

Arzt⹁hel·fe·rin [アールツト・ヘるフェりン] 囡 -/..rinnen (女性の)医療(診察)助手 (=Sprechstundenhilfe).

Ärz·tin [エーァツティン έ:rtstın または エルツ..éɾts..] 囡 -/..tinnen (女性の)医者, 女医.

ärzt·lich [エーァツトりヒ または エルツト..] 形 医者の, 医師による; 医療の. eine *ärztliche* Untersuchung 診察 / ein *ärztliches* Attest 診断書 / sich⁴ *ärztlich* behandeln lassen 医者に治療してもらう.

die **Arzt⹁pra·xis** [アールツト・プラクスィス] 囡 (単) -/(複) ..praxen (医院の)**診察室**.

as, As¹ [アス ás] 田 -/-《音楽》変イ音. *As*-Dur 変イ長調.

As² Ass の古い形.

As³ [アー・エス]《化・記号》砒素(ヒ) (=Arsen).

As·best [アスベスト asbést] 男 -[e]s/-e アスベスト, 石綿.

asch⹁blond [アッシュ・ブろント] 形 灰色がかった金髪の.

die **Asche** [アッシェ áʃə] 囡 (単) -/(複) -n 灰, 灰分; 燃えがら. (㊧ ash). die *Asche* der Zigarette² [紙巻きたばこの]灰 / radioaktive *Asche* 放射能を帯びた灰 / sich³ *Asche*⁴ aufs Haupt streuen《戯》悔い改める(←自分の頭に灰をまく) / wie ein Phönix aus der *Asche* erstehen (または steigen)《比》フェニックスのように灰の中からよみがえる / 圀⁴ in Schutt und *Asche* legen 圀⁴を焼き払う / zu *Asche* verbrennen 燃えて灰になる.

Aschen⹁bahn [アッシェン・バーン] 囡 -/-en (ﾌﾟ)(石炭がらを敷いた)シンダートラック.

Aschen⹁be·cher [アッシェン・ベッヒァァ] 男 -s/- 灰皿.

Aschen⹁brö·del [アッシェン・ブレーデる] 田 -s/- (グリム童話の)灰かぶり姫, シンデレラ.

Aschen⹁put·tel [アッシェン・プッテる] 田 -s/- =Aschenbrödel

Ascher [アッシァァ áʃər] 男 -s/-《口語》灰皿 (=Aschenbecher).

Ascher⹁mitt·woch [アッシァァ・ミットヴォッホ] 男 -[e]s/-e (ﾌﾟ)灰の水曜日(四旬節の第1日. 信者が懺悔の印として額に祝別された灰の十字の印を受ける.

asch⹁fahl [アッシュ・ふァーる] 形 (灰のように)青ざめた(顔色など).

asch⹁grau [アッシュ・グラオ] 形 灰色の. ◊〖名詞的に〗Das geht ja ins *Aschgraue*.《口語》それはきりがない.

Äschy·lus [エッシュるス έʃylus または エー..]《人名》アイスキュロス(前525-前456; 古代ギリシアの悲劇作家).

As-Dur [アス・ドゥーァ] 田 -/《音楽》変イ長調 (記号: As).

äsen [エーゼン έ:zən] 自 (h)《狩》(鹿などが)餌(ｴ)を食う.

Asi·at [アズィアート aziá:t] 男 -en/-en アジア人. (女性形: -in).

asi·a·tisch [アズィアーティッシュ aziá:tıʃ] 形 アジアの; アジア人の.

[das] **Asi·en** [アーズィエン á:ziən] 田 (単2) -s/《地名》**アジア**[大陸・州]. (㊧ Asia). Südostasien 東南アジア.

As·ke·se [アスケーゼ askéːzə] 囡 -/ 禁欲; 苦

Asket

行.

As·ket [アスケート aské:t] 男 -en/-en 禁欲[主義]者; 苦行者.(女性形: -in).

as·ke·tisch [アスケーティッシュ aské:tɪʃ] 形 禁欲[主義]的な; 苦行の; 苦行者のような.

Äs·ku·lap≠stab [エスクラープ・シュタープ] 男 -[e]s/..stäbe (蛇の巻きついた)アスクレピオスのつえ(医者・医学の象徴).

Äsop [エゾープ εzó:p] -s/《人名》アイソポス, イソップ(紀元前6世紀のギリシアの寓話作家).

aso·zi·al [ア・ゾツィアール á-zotsia:l または ..アーる] 形 ① 非社交的な, 社会に適さない. ② 反社会的な.

As·pekt [アスペクト aspékt] 男 -[e]s/-e ① 見方, 見地, 観点. ② 様相, アスペクト. ③ 《言》(動詞の)相, アスペクト.

As·phalt [アスふァると asfált または アス..] 男 -[e]s/-e アスファルト.

as·phal·tie·ren [アスふァるティーレン asfaltí:rən] 他 (h) (道路[4]を)アスファルトで舗装する.

As·pik [アスピーク aspí:k または アスピック aspík] 男 -[e]s/-e 《料理》アスピック(肉・魚の煮汁にゼラチンを加えて固めた料理), 煮こごり.

As·pi·rant [アスピラント aspiránt] 男 -en/-en ① 志願者, 志望者. (女性形: -in). ② (旧東ドイツ): 大学院生.

As·pi·ra·ti·on [アスピラツィオーン aspiratsió:n] 女 -/-en ① 《ふつう 複》野心, 野望. ② 《言》気[息]音.

as·pi·rie·ren [アスピリーレン aspirí:rən] I 他 (h) 《言》気音を伴って発音する. II 自 (h) 《**auf** 4 ~》(オーストリア)《4に応募(志願)する.

As·pi·rin [アスピリーン aspirí:n] 中 -s/《薬》アスピリン.

Ass [アス ás] 中 -es/-e ① (さいころの目の)1; (トランプの)エース. ② 《口語》第一人者, エース, 名人. ③ (ニッシッ)(テニスの)サービスエース; (ゴルフの)ホールインワン. ④ 《商》人気商品.

aß [アース] ｔessen (食べる)の 過去[1]

äße [エーセ] ｔessen (食べる)の 接続[2]

As·ses·sor [アセッソァ aséso] 男 -s/-en [..ソーレン] 上級公務員候補者.(女性形: -in).

As·si·mi·la·ti·on [アスィミらツィオーン asimilatsió:n] 女 -/-en ① 同化(作用); 適応, 順応. ② 《生》同化(作用). ③ 《言》同化.

as·si·mi·lie·ren [アスィミリーレン asimilí:rən] I 再帰 (h) *sich*[4] *assimilieren* 順応(適応)する. *sich*[3] 物[3] (または **an** 物[4]) *assimilieren* 物[3] (または 物[4])に順応(適応)する. II 他 (h) 《生》同化する.

As·sis·tent [アスィステント asɪstént] 男 -en/-en ① (大学の)助手.(女性形: -in). ② (一般に)助手, 補佐役, アシスタント.

As·sis·tenz [アスィステンツ asɪsténts] 女 -/-en 《ふつう 単》手伝い, 援助, 助力. 人[3] *Assistenz*[4] leisten 人[3]に助力する, 手伝う.

As·sis·tenz≠arzt [アスィステンツ・アールツト] 男 -es/..ärzte 《医》(医長・院長などの下で勤務する)一般医師, 医員.(女性形: ..ärztin).

as·sis·tie·ren [アスィスティーレン asɪstí:rən] 自 (h) (人[3]の)助手を務める, 手伝いをする. 人[3] **bei** der Operation *assistieren* 人[3]が手術する際に助手を務める.

As·so·zi·a·ti·on [アソツィアツィオーン asotsiatsió:n] 女 -/-en ① 連想, 観念連合. ② 《政》(特に政治的な)連合, 協同.

as·so·zi·a·tiv [アソツィアティーふ asotsiatí:f] 形 ① 連想による, 観念連合の. ② 連合の.

as·so·zi·ie·ren [アソツィイーレン asotsií:rən] I 他 (h) 連想する. II 再帰 (h) *sich*[4] *assoziieren* 連合(提携)する.

As·sy·ri·en [アスューリエン asý:riən] 中 -s/《国名》アッシリア(メソポタミア地方の古代王国).

der **Ast** [アスト ást] 男 (単2) -es (まれに -s)/(複) Äste [エステ] (3格のみ Ästen) ① (幹から直接出ている) [大] 枝. (英 *branch*, *bough*). (三日「小枝」は Zweig). ein dicker *Ast* 太い枝 / **von** *Ast* **zu** *Ast* springen 枝から枝へ跳び移る / Er ist **auf** dem absteigenden *Ast*. 《比》彼は落ち目だ(←それ以下下がった枝の上にいる).

② (木の)節. Das Brett hat viele *Äste*. この板には節目が多い. ③ (大河などの)分流. ④ 《園 なし》《方》背中; 背中のこぶ. *sich*[3] einen *Ast* lachen 《俗》(背を丸めて)笑いこける.

AStA [アスタ ásta] 男 -[s]/-[s] (または Asten) (略)(ドイツの)[全学]学生自治会(= Allgemeiner Studentenausschuss).

As·ta·tin [アスタティーン astatí:n] 中 -s/《化》アスタチン(記号: At).

Äs·te [エステ] Ast (枝)の 複

As·ter [アスタァ ástər] 女 -/-n 《植》アスター, エゾギク.

As·te·ris·kus [アステリスクス asterískυs] 男 -/..risken 《印》星印, アステリスク(記号: *).

Äs·thet [エステート εsté:t] 男 -en/-en ① 審美眼のある人. (女性形: -in). ② 唯美(耽美[たんび])主義者.

Äs·the·tik [エステーティク εsté:tɪk] 女 -/-en ① 美学. ② 《複 なし》美的感覚; 美, 美しさ.

äs·the·tisch [エステーティッシュ εsté:tɪʃ] 形 ① 美学の, 美学的な; 美的な. ② 美しい, 魅力的な, 趣味のいい.

Äs·the·ti·zis·mus [エステティツィスムス εstetitsísmυs] 男 -/ 唯美主義, 耽美(たんび)主義.

Asth·ma [アストマ ástma] 中 -s/《医》ぜんそく. *Asthma*[4] haben ぜんそく持ちである.

Asth·ma·ti·ker [アストマーティカァ astmá:tikər] 男 -s/- 《医》ぜんそく患者.(女性形: -in).

asth·ma·tisch [アストマーティッシュ astmá:tɪʃ] 形 《医》ぜんそく[性]の; ぜんそくにかかっている.

as·tig·ma·tisch [アスティグマーティッシュ astɪgmá:tɪʃ] 形 《医》乱視の.

ast≠rein [アスト・ライン] 形 ① 節目のない(板など). ② 《口語》非の打ちどころのない, 完璧(かんぺき)な; 《若者言葉》最高にすばらしい.

As·tro·lo·ge [アストロろーゲ astroló:gə] 男 -n/-n 占星術師.(女性形: Astrologin).

As·tro·lo·gie [アストロろギー astrologí:] 囡 -/ 占星術.

as·tro·lo·gisch [アストロローギッシュ astroló:gɪʃ] 形 占星術の, 星占いの.

As·tro·naut [アストロナオト astronáut] 男 -en/-en 宇宙飛行士. (女性形: -in).

As·tro·nom [アストロノーム astronó:m] 男 -en/-en 天文学者. (女性形: -in).

As·tro·no·mie [アストロノミー astronomí:] 囡 -/ 天文学.

as·tro·no·misch [アストロノーミッシュ astronó:mɪʃ] 形 ① 天文[学]の; 天体の.. ein *astronomisches* Fernrohr 天体望遠鏡 / *astronomische* Einheit 天文単位. ② (口語・比) 天文学的な, 巨大な. *astronomische* Preise 天文学的な値段.

As·tro·phy·sik [アストロ・ふュズィーク ástrofyzi:k または ..ふュズィーク] 囡 -/ 天体物理学.

das **Asyl** [アズューる azý:l] 中 (単2) -s/(複) -e (3格のみ -en) ① (亡命者・浮浪者などの)<u>収容施設</u>; 避難所. ② (ふつう 中) (亡命者などの)保護, 庇護(ご). **um** politisches *Asyl* bitten 政治的庇護を求める.

Asy·lant [アズュらント azylánt] 男 -en/-en (政治的な)庇護(ご)を求めている人, 亡命を求める人. (女性形: -in).

Asyl≠recht [アズューる・レヒト] 中 -[e]s/ (法) 庇護(ご)権(政治的に迫害された者が受ける権利).

Asym·me·trie [ア・ズュメトリー a-zymetrí:] 囡 -/-n [..リーエン] 不均整, 非対称.

asym·me·trisch [ア・ズュメートリッシュ ázyme:trɪʃ または ..メートリッシュ] 形 不均整な, 非対称の.

at [エット ét] [英] (ニンラキ) アットマーク (@).

At [アー・テー] (化・記号)アスタチン (=Astatin).

A. T. [アるテス テスタメント または アー テー] (略) 旧約聖書 (=Altes Testament).

Ata·vis·mus [アタヴィスムス atavísmus] 男 -/..vismen (生) 隔世遺伝, 先祖返り.

Ate·li·er [アテリエー atelié: または atə..] (フランス) 中 -s/-s ① (画家・デザイナー・写真家などの)アトリエ, ② (映画のための).

der **Atem** [アーテム á:təm] 男 (単2) -s/ 呼吸, 息. ((英) breath). *Atem*[4] holen 息を吸う / den *Atem* an|halten 息を止める / einen kurzen *Atem* haben a) すぐ息切れがする, b) (雅) ぜんそく持ちである, c) (比) 持続力がない / einen langen *Atem* haben a) 息が長く続く, b) (比) 持続力がある / Ihm stockte der *Atem*. (驚いて)彼は息が詰まった.
◇[前置詞とともに] **außer** *Atem* kommen 息を切らす / Er ist außer *Atem*. 彼は息を切らしている / [A][4] **in** *Atem* halten ..に息つくひまを与えない / in einem *Atem* 一気に / **mit** verhaltenem *Atem* 息を殺して / **nach** *Atem* ringen (息が苦しくて)あえぐ / wieder **zu** *Atem* kommen 息を吹き返す.

atem≠be·rau·bend [アーテム・ベラオベント] 形 息をのむような, 息詰まるような. eine *atem-beraubende* Spannung 息詰まるような緊張.

atem≠los [アーテム・ろース] 形 ① 息切れした, 息も絶え絶えの. ② 息つく暇もない(速さなど); 息詰まるような(静けさ).

Atem≠not [アーテム・ノート] 囡 -/ (医) 呼吸困難.

Atem≠pau·se [アーテム・パオゼ] 囡 -/-n 短い休息[時間], 一息つく間.

Atem≠we·ge [アーテム・ヴェーゲ] 複 気道.

Atem≠zug [アーテム・ツーク] 男 -[e]s/..züge 呼吸. einen tiefen *Atemzug* tun 深呼吸をする / **in** einem (または im selben または im gleichen) *Atemzug* a) 一気に, b) (ほぼ)同時に / im nächsten *Atemzug* その直後に.

Athe·is·mus [アテイスムス ateísmus] 男 -/ 無神論.

Athe·ist [アテイスト ateíst] 男 -en/-en 無神論者. (女性形: -in).

athe·is·tisch [アテイスティッシュ ateístɪʃ] 形 無神論の, 無神論者の.

Athen [アテーン até:n] 中 -s/ (都市名)アテネ, アテナイ(ギリシアの首都).

Athe·ne [アテーネ até:nə] 囡 -s/ (ギリ神)アテナ, アテネ(アテネ市の守護神で, 技術・音楽・戦い・知性の女神. ローマ神話のミネルバに当たる).

Äther [エータァ é:tər] 男 -s/ ① (化)エーテル. ② (雅) 天空, 大空. ③ (哲) 霊気; 元素.

äthe·risch [エテーリッシュ eté:rɪʃ] 形 ① (化)エーテルの, 揮発性の. ② (雅)天空の, 天界の; きわめて繊細な.

Äthi·o·pi·en [エティオービエン etió:piən] 中 -s/ (国名) エチオピア[民主連邦共和国](アフリカ北東部. 首都はアジスアベバ).

Ath·let [アトれート atlé:t] 男 -en/-en ① 運動選手, スポーツマン. (女性形: -in). ② (口語) 筋骨たくましい人.

Ath·le·tik [アトれーティク atlé:tɪk] 囡 -/ ① 運動競技. ② 競技術, 体育理論.

ath·le·tisch [アトれーティッシュ atlé:tɪʃ] 形 ① 運動競技の. ② 筋骨のたくましい.

Äthyl≠al·ko·hol [エテューる・アるコホーる] 男 -s/ エチルアルコール.

Äthy·len [エテュれーン ετylé:n] 中 -s/ (化) エチレン.

der **At·lan·tik** [アトらンティク atlántik] 男 (単2) -s/ (定冠詞とともに) (海名) <u>大西洋</u>. ((英) the Atlantic). (ご注意)「太平洋」は der Pazifik).

at·lan·tisch [アトらンティッシュ atlántɪʃ] 形 大西洋の. der *Atlantische* Ozean 大西洋.

At·las[1] [アトらス átlas] **I** (ギリ神)アトラス(天を支える巨人神). **II** (定冠詞とともに)(山名)アトラス山脈(アフリカ北西部, 名は I に由来). **III** 男 -[ses]/Atlasse (または Atlanten) ① 地図帳, 地図集. ② 図解書, 図表集.

At·las[2] [アトらス] 男 -[ses]/Atlasse (織) しゅす(繻子), サテン.

[アスタリスク] **at·men** [アートメン á:tmən] du atmest, er atmet (atmete, *hat* ... geatmet) **I** 自 (完了 haben) <u>呼吸する</u>, 息をする. ((英) breathe).

atmete

tief *atmen* 深呼吸する / Der Kranke *atmet* schwer. 病人は苦しそうに息をしている / Hier kann man frei *atmen*.《比》ここではのびのびできる(←自由に呼吸できる).
II 他 (完了 haben) ①《雅》(空気など⁴を)吸い込む. die frische Luft⁴ *atmen* 新鮮な空気を吸う. ②《比》発散させる. Dieser Ort *atmet* Frieden und Stille. この村は平和と静けさに満ちている.

at·me·te [アートメテ] ‡atmen (呼吸する)の 過去

die **At·mo·sphä·re** [アトモスフェーレ atmosfέːrə] 囡 (単) -/(複) -n (英 *atmosphere*) ① **大気**, 大気圏. ② **雰囲気**; 環境. eine gute *Atmosphäre* いい雰囲気でいる. ③《物》(圧力の単位として:)気圧 (記号: atm).

at·mo·sphä·risch [アトモスフェーリッシュ atmosfέːrɪʃ] 形 ① 大気[中]の. der *atmosphärische* Druck 大気圧. ② 雰囲気の, 雰囲気をかもし出す; かすかな(ニュアンスなど).

At·mung [アートムング] 囡 -/ 呼吸. künstliche *Atmung* 人工呼吸.

Atoll [アトる atɔ́l] 匣 -s/-e 環状さんご島, 環礁.

das **Atom** [アトーム atóːm] 匣 (単2) -s/(複) -e (3格のみ -en) ①《化》**原子**. (英 *atom*). Wasserstoff*atom* 水素原子. ②《比》微量. nicht ein *Atom* 少しも…ない.

ato·mar [アトマール atomáːr] 形 ① 原子の; 原子力の. das *atomare* Zeitalter 原子力時代. ② 核兵器の. die *atomare* Abrüstung 核軍縮.

Atom∮aus·stieg [アトーム・アオスシュティーク] 匣 -[e]s/- 脱原発.

Atom∮bom·be [アトーム・ボンベ] 囡 -/-n 原子爆弾.《注意》「水素爆弾」は Wasserstoffbombe).

Atom∮ener·gie [アトーム・エネルギー] 囡 -/ 原子力エネルギー (=Kernenergie).

Atom∮ge·wicht [アトーム・ゲヴィヒト] 匣 -[e]s/-e《化》原子量.

Atom∮kern [アトーム・ケルン] 男 -[e]s/-e 原子核.

Atom∮kraft·werk [アトーム・クラふトヴェルク] 匣 -[e]s/-e 原子力発電所 (=Kernkraftwerk)(略: AKW).

Atom∮krieg [アトーム・クリーク] 男 -[e]s/-e 核戦争.

Atom∮macht [アトーム・マハト] 囡 -/..mächte ① 核[兵器]保有国. ②《複 なし》核戦力.

Atom∮müll [アトーム・ミュる] 男 -s/ 放射性廃棄物.

Atom∮phy·sik [アトーム・ふュズィーク] 囡 -/ 原子物理学 (=Kernphysik).

Atom∮re·ak·tor [アトーム・レアクトァ] 男 -s/-en [..トーレン] 原子炉 (=Kernreaktor).

Atom∮spal·tung [アトーム・シュパるトゥング] 囡 -/-en [原子]核分裂.

Atom∮sperr∮ver·trag [アトームシュペル・ふェアトラーク] 男 -[e]s/..träge 核拡散防止条約.

Atom∮test [アトーム・テスト] 男 -[e]s/-s (または -e) 核実験.

Atom-U-Boot [アトーム・ウー・ボート] 匣 -[e]s/-e《軍》原子力潜水艦.

Atom∮waf·fe [アトーム・ヴァッふェ] 囡 -/-n《ふつう 複》核兵器.

atom·waf·fen·frei [アトームヴァッふェン・ふライ] 形 非核[武装]の.

Atom∮zeit·al·ter [アトーム・ツァイトあるタァ] 匣 -s/ 原子力時代.

ato·nal [ア・トナーる áːtonaːl または ..ナーる] 形《音楽》無調の.

Ato·pie [アトピー] 囡 -/-n [..ピーエン]《医》アトピー.

ätsch! [エーチュ έːtʃ] 間《幼児》や~い[ざまを見ろ]!

At·ta·ché [アタシェー ataʃéː] [次] 男 -s/-s 外交官補; (大使・公使館の)専門担当官.

At·tach·ment [エタッチュメント ətǽtʃmənt] [英] 匣 -s/-s《コンピュ》添付ファイル.

At·ta·cke [アタッケ atákə] 囡 -/-n ① 攻撃; (激しい)批判. ②《医》発作.

at·ta·ckie·ren [アタキーレン atakíːrən] 他 (h) 攻撃する; 《比》激しく批判(非難)する.

At·ten·tat [アッテンタート átəntaːt または アテンタート atəntáːt] 匣 -[e]s/-e 暗殺[計画]. ein *Attentat*⁴ **auf** 人⁴ verüben 人⁴を暗殺する.

At·ten·tä·ter [アッテンテータァ átəntɛːtər または アテンテー.. atəntɛː..] 男 -s/- 暗殺者, 刺客(ほく). (女性形: -in).

At·test [アテスト atέst] 匣 -[e]s/-e (医者の)[健康]診断書.

At·ti·la [アッティら átila] -s/《人名》アッチラ (406?-453; フン族の王).

At·trak·ti·on [アトラクツィオーン atraktsióːn] 囡 -/-en ①《複 なし》(人を)引きつける力, 魅力. ② アトラクション, 呼び物.

at·trak·tiv [アトラクティーふ atraktíːf] 形 魅力的な, 人を引きつける. (⇨ 類語 schön).

At·trap·pe [アトラッペ atrápə] 囡 -/-n まがい物, 模造品.

At·tri·but [アトリブート atribúːt] 匣 -[e]s/-e ① 属性, 特性; 符号, 目印. ②《言》付加語, 限定詞.

at·tri·bu·tiv [アトリブティーふ átributiːf または ..ティーふ] 形《言》付加語的な.

At·tri·but·satz [アトリブート・ザッツ] 男 -es/..sätze《言》付加語文.

ät·zen [エッツェン έtsən] **I** 他 (h) ① (金属などを)腐食する. ②《医》(患部⁴を)焼灼(ほくしゃく)する. ③ (図案など⁴を)エッチングする. **II** 自 (h) (酸などが)腐食する.

ät·zend [エッツェント] **I** ätzen (腐食する)の 現分 **II** 形 ① 腐食性の;《比》刺すような(においなど); 辛らつな(言葉など). ②《若者言葉:》むかつく, ひどい.

Ätz∮na·tron [エッツ・ナートロン] 匣 -s/《化》苛性ソーダ.

Ät·zung [エッツング] 囡 -/-en 腐食[作用]; エッチング;《医》焼灼(ほくしゃく)[法].

au! [アオ áu] 圏 ① ([肉体的]苦痛を表して:)おおっ, ああ. *Au*, das tut weh! おおっ, 痛いっ. ② (喜びを表して:)《口語》やったぁ, わあーっ.

Au¹ [アー・ウー] 《化・記号》金 (=**Aurum**).

Au² [アオ áu] 因 –/–en 《南ﾄﾞ・ｵｽﾄﾘｱ》(川辺の)草原 (=Aue).

Au·ber·gi·ne [オベルジーネ obɛrʒíːnə] [ｸﾞｽ] 因 –/–n 《植》ナス[の実].

ːauch [アオホ áux]

…もまた
Ich habe Hunger. — Ich *auch*!
イヒ ハーベ フンガァ　イヒ アオホ
私はおなかがすいた. — 私も.

副 **A**) ① …**もまた**, …も[同様], 同じく. (癸 *also, too*). Ich gehe jetzt, du *auch*? 私は今から行くが, 君も行くかい / Alle schwiegen, *auch* ich war still. みんな黙っていた, 私も静かにしていた / Es hat *auch* heute geregnet. きょうも雨が降った.
◊《**nicht nur** A, **sondern auch** B の形で》A だけでなく B もまた. Er ist nicht nur fleißig, sondern *auch* klug. 彼は勤勉であるばかりでなく, 頭もよい.
◊《**sowohl** A **als** (または **wie**) **auch** B の形で》A も B も. Sowohl er als *auch* sie lieben Musik. 彼も彼女も音楽が好きだ.
② そのうえ, (癸 *besides*). *Auch* das noch! おまけにそれもか / Ich kann nicht, ich will *auch* nicht. 私にはできないし, それにまたするつもりもない.
③ …でさえも, …すらも. (癸 *even*). *Auch* ein Kind kann das begreifen. 子供でさえそれを理解できる / *Auch* der Klügste macht Fehler. どんなに賢い人でも誤りは犯す.

B) 《文中でのアクセントなし》① 《非難・驚きの気持ちを表して》まったく, ほんとに. Du bist [aber] *auch* eigensinnig. 君ときたらまったく頑固だね / Warum kommst du *auch* so spät? どうしてまたこんなに遅く来たの.
② 実際(…なのだから). Ich gehe jetzt, es ist *auch* schon spät. ぼくはもう行くよ, なにしろもう遅いのだから.
③《疑問文で》本当に…なのだろうか. Ist das *auch* wahr? それは本当なのだろうか / Darf er das *auch* tun? そんなことを彼は本当にしてもよいのだろうか.
④ 《**was**, **wo**, **wer** などとともに譲歩文で》[たとえ]…であろうと. was er *auch* sagen mag たとえ彼が何と言おうとも / wo er *auch* hinkommt 彼はどこへ行っても / Lassen Sie niemanden herein, wer es *auch* sein mag. だれであろうと中に入れないでください / wie dem *auch* sei いずれにせよ.
⑤《*auch* **wenn** または **wenn** *auch* などの形で》たとえ…でも, [事実]…ではあるが. *Auch* wenn ihm alles glückt, ist er unzufrieden. たとえ万事うまく行っても, 彼は不満足だ / Er arbeitet gut, wenn *auch* langsam. 彼は実際ゆっくりではあるがよく働く / ein guter, wenn *auch* langsamer Arbeiter ゆっくりとではあるが腕のよい労働者 / Wenn *auch*!《口語》かまうものか, それでいいよ.

> 《ﾒﾓ》*auch* wenn が「仮に…であっても」を表すのに対し, wenn *auch* は「仮に…であっても」,「事実…であっても」の両方の意味を持つ.

⑥《**wie, so** とともに譲歩文で》いかに…でも. Wie reich er *auch* ist, er ist nicht glücklich. いかに金持ちであろうとも, 彼は幸福ではない / So klug er *auch* ist, diese Aufgabe konnte er nicht lösen. 彼がいくら頭がよくても, この問題は解けなかった.

Au·di [アオディ áudi] 圐 –s/–s 《商標》アウディ (ドイツの自動車会社. またその会社製の自動車).

Au·di·enz [アオディエンツ audiénts] 因 –/–en 謁見(ｴﾂ), 引見.

Au·di·max [アオディ・マクス audi-máks または アオ..] 因 –/ (学生言葉:)(大学の最も大きい)大講義室 (=**Auditorium maximum**).

Au·di·o⁄vi·si·on [アオディオ・ヴィズィオーン] 因 –/ ① 視聴覚技術. ② 視聴覚機器による情報[提供].

au·dio⁄vi·su·ell [アオディオ・ヴィズエる] 形 視聴覚の.

Au·di·to·ri·um [アオディトーリウム auditóː-rium] 匣 –s/..rien [..リエン] ① 講義室. ② (総称として:)聴衆.

Aue [アオエ áuə] 因 –/–n 《方》《詩》(川辺の)草原.

Au·er⁄huhn [アオアァ・フーン] 匣 –[e]s/..hüh-ner 《鳥》オオライチョウ. (《ﾒﾓ》雄は Auerhahn, 雌は Auerhenne).

ːauf [アオふ áuf]

---
3 格と: …の上に(上で)

Das Buch liegt *auf dem Tisch.*
ダス ブーフ リークト アオふ デム ティッシュ

その本は机の上にある.
---
4 格と: …の上へ(上に)

Sie legt das Buch *auf den Tisch.*
ズィー れークト ダス ブーフ アオふ デン ティッシュ

彼女はその本を机の上に置く.

I 前《**3 格・4 格**とともに》(定冠詞と融合して aufs (←auf das) となることがある) ①《上面との接触》⑦《どこに》《**3 格**と》…の上に, …[の上]で. (癸

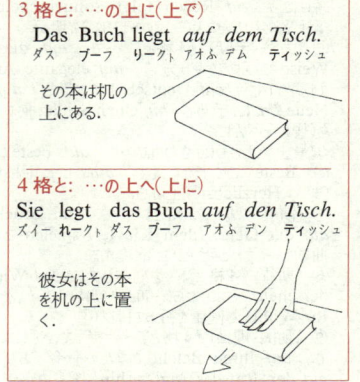

auf..

on). Das Kind sitzt *auf* dem Bett. その子供はベッドの上に座っている / *auf* der Straße 路上で, 通りで / *auf* dem Rücken liegen あお向けに横たわっている / *auf* dem Land leben 田舎で暮らす.
㋑《どこへ》〖4格と〗…の上へ, …[の上]に. Sie setzt das Kind *auf* das Bett. 彼女はその子供をベッドの上に座らせる / *auf* den Berg steigen 山に登る / *auf* die Knie fallen ひざまずく / *aufs* Land ziehen 田舎に引っ越す. (☞ 類語 nach).
② 《公共の場所》㋐〖3格と〗…で, …に. *auf* dem Bahnhof warten 駅で待つ / Er ist *auf* der Universität. 彼は大学に在学中だ. ㋑〖4格と〗…へ, …に. *auf* die Post gehen 郵便局へ行く / Er geht noch *auf* die Schule. 彼はまだ学校に通っている.
③ 《用事・行事・目的》㋐〖3格と〗…中に, …の際に. *auf* Urlaub sein 休暇中である / *auf* der Hochzeit 結婚式の席上. ㋑〖4格と〗…をするために. *auf* die Reise gehen 旅に出る / *auf* einen Ball gehen ダンスパーティーに行く.
④ 《距離的に》〖4格と〗…だけ離れた所から. Die Explosion war *auf* 3 Kilometer zu hören. その爆発は3キロメートル先から聞こえた.
⑤ 《時間的に》〖4格と〗㋐《予定の期間》…の予定で. *auf* zwei Jahre ins Ausland gehen 2年間の予定で外国へ行く / *auf* ewig (または immer) 永久に. ㋑《予定の時刻》…に. ein Taxi[4] *auf* 17 Uhr bestellen タクシーを午後5時に来てもらうよう予約する. ㋒《ある時点への接近》…にかけて. Es geht *auf* drei Uhr zu. そろそろ3時だ / in der Nacht vom Samstag *auf* den Sonntag 土曜日から日曜日にかけての夜に. ㋓《連続》…に続いて, …の次に. Whisky[4] *auf* Bier trinken ビールのあとにウイスキーを飲む / Schlag *auf* Schlag 《口語》立て続けに / *Auf* Regen folgt Sonnenschein. (ことわざ) 苦あれば楽あり(←雨のあとには日が照る).
⑥ 《方法・手段》〖4格と〗…で. *auf* diese Weise このようなやり方で / *auf* elegante Art エレガントに / *auf* Deutsch ドイツ語で / *aufs* Neue 新たに, 改めて / *auf* einen Schlag 何もかも(皆)いっぺんに.
◇《最上級とともに》きわめて…に. *aufs* beste (または Beste) この上なく良く / *aufs* herzlichste (または Herzlichste) 心から.
⑦ 《演奏方法》〖3格と〗…で. ein Stück[4] *auf* der Geige (dem Klavier) spielen ある曲をヴァイオリン(ピアノ)で演奏する.
⑧ 《期待》〖4格と〗…を期待して. *Auf* Wiedersehen! さようなら(←再会を期待して) / *Auf* Ihr Wohl! ご健康を祈って[乾杯]!
⑨ 《動機・理由》〖4格と〗…に従って, …によって. *auf* Ihren Befehl あなたの命令どおり / *auf* den Rat des Arztes [hin] 医者の忠告に従って / *auf* eine Frage antworten 質問に答える. / *auf* Grund (または *auf*grund) einer Aussage[2] 証言に基づいて.
⑩ 《程度》〖4格と〗…にいたるまで, …ほどまでに. *auf* die Minute 1分も違わずに / 〖3 *aufs* Haar gleichen 〖3格に〗にそっくりである (←髪1本にいたるまで).

◇ **bis *auf*...** の形で ㋐ …にいたるまで, …も含めて. bis *auf* den letzten Tropfen 最後の一滴まで. ㋑ …を除いて, …以外は. alle bis *auf* einen 一人を除いて全員.
⑪ 《分配の基準》〖4格と〗…当たり. *auf* den Kopf (または die Person) 1人当たり / 2 Esslöffel Waschpulver *auf* einen Liter 1リットルにつき2さじの洗剤.
⑫ 《誓い》〖4格と〗…にかけて. *auf* meine Ehre 私の名誉にかけて.
⑬ 《特定の動詞・形容詞とともに》 *auf* 〖人・物〗[4] achten 〖人・物〗[4]に気をつける / sich[4] *auf* 〖事〗[4] freuen 〖事〗[4]を楽しみにしている / *auf* 〖事〗[4] verzichten 〖事〗[4]を断念する / *auf* 〖人・物〗[4] warten 〖人・物〗[4]を待つ / *auf* 〖人・物〗[4] böse sein 〖人・物〗[4]に腹を立てている / *auf* 〖人・物〗[4] neugierig sein 〖人・物〗[4]のことを知りたがっている / *auf* 〖人・物〗[4] stolz sein 〖人・物〗[4]を誇りに思っている.

> **auf** と **über**: *auf* が「(接触して)上に」を意味するのに対して, 「(離れて)上の方に」, 「(覆って)上に」を意味する. 例: *Über* dem Tisch hängt eine Lampe. テーブルの上に電灯が下がっている / eine Decke[4] *über* den Tisch legen テーブルにテーブルクロスを掛ける.

II 副 ① 上へ; 立って, 起きて. 《英》 up). *Auf*! (号令で:) 立て, 起きろ! / Die Kinder sind noch *auf*. 子供たちはまだ起きている / *Auf*, an die Arbeit! さあ, 仕事にかかろう! / *auf* und davon gehen《口語》(すばやく)逃げ去る.
② 《口語》(窓・店などが)開いて. Fenster *auf*! 窓を開けろ! / Die Tür ist *auf*. ドアは開いている.
③ 《成句的に》 ***auf* und ab** (または **nieder**) a) 上に下に(上へ下へ), b) 行ったり来たり. ④ 【**von**...***auf*** の形で】…から. von klein (または Kind) *auf* 子供のときから / von Grund *auf* 根本から, 徹底的に.

auf.. [アオふ. áuf..]〖分離動詞の 前つづり; つねにアクセントをもつ〗① 《上方へ・上面へ》 例: *auf*|steigen (煙などが)立ち上る. ② 《動作の突発》 例: *auf*|leuchten (稲妻などが)ぴかっと光る. ③ 《開くこと》 例: *auf*|machen 開ける. ④ 《復旧》 例: *auf*|frischen 修復する. ⑤ 《解明》 例: *auf*|klären 解明する. ⑥ 《完結》 例: *auf*|essen 平らげる.

auf·ar·bei·ten [アオふ.アルバイテン áuf-àrbaɪtən] 他 (h) ① (たまっている仕事[4]を)片づける. ② (出来事など[4]を)顧みる, 内省する. ③ (家具など[4]を)修復する, 再生する.

auf|at·men [アオふ.アートメン áuf-à:tmən] 自 (h) 深く息をする; 《比》ほっとする(一息つく).

auf|bah·ren [アオふ.バーレン áuf-bà:rən] 他 (h) (遺体[4]を)棺台に載せる.

der **Auf·bau** [アオふ.バオ áuf-bau] 男 (単2) −[e]s/(複) −ten ① 〖複 なし〗建設, 建築; (機械などの)組み立て; (会社などの)設立. ②〖複

なし》構造，機構；（小説などの）構成. der *Auf-bau* des Dramas ドラマの構成.③《建》上部（屋上）構築物；（船の）上甲板の構造物；《工》（車の）ボディー，車体.④《化》構成，組成.

auf|bau·en ［アオフ・バオエン áuf-bàuən］（baute…auf, hat…aufgebaut） I 他（h）① 〈建物など^{4}を〉建てる，建造する；〈機械など^{4}を〉組み立てる.（《ミ》「解体する」はab|bauen）. ein Gebäude^4 wieder *aufbauen* 建物を再建する / ein Zelt^4 *aufbauen* テントを張る.（☞ 類語 bauen）.
② 〈団体など^{4}を〉組織する，作り上げる；〈事業などを〉起こす. sich^3 ein neues Leben^4 *aufbauen* 新生活を築く.④ 〈歌手・政治家など^{4}を〉後援する.④ 〈講演・楽曲などを〉構成する，組み立てる.⑤ 〈商品など^{4}を〉陳列する.⑥ 〖A^4 auf B^3 ～〗 A^4〈理論など〉を B^3 の上に〉築く.
II 自（完了 haben）〖auf 事^3 ～〗〈事^{3}に〉基づく，〈事^{3}を〉根拠とする.
III 再帰（完了 haben）*sich^4 aufbauen* ①〈高気圧などが〉発生する，② 《口語》ぬっと立つ. *sich^4 vor 人^3 aufbauen* 人^{3}の前に立ちはだかる.③ 〖*sich^4 auf 事^3 ～*〗〈事^{3}に〉基づいている.④ 〖*sich^4 aus 物^3 ～*〗《化》〈物^{3}から〉合成されている.

auf|bäu·men ［アオフ・ボイメン áuf-bòʏmən］ 再帰（h）*sich^4 aufbäumen* ①〈馬などが〉棒立ちになる.② 〖*sich^4 gegen 人・事^4 ～*〗《比》〈人・事^{4}に〉反抗する，逆らう.

auf|bau·schen ［アオフ・バオシェン áuf-bàʊʃən］ 他（h）〈風が帆など^{4}を〉ふくらませる；《比》大げさに言う.

Auf·bau·ten ［アオフ・バオテン］ Aufbau（上部構築物）の 複

auf|be·geh·ren ［アオフ・ベゲーレン áuf-bəgèːrən］（過分 aufbegehrt）自（h）《雅》いきりたつ，反抗する. **gegen** 人・事^4 *aufbegehren* 人・事^{4}に立ち向かう.

auf|be·hal·ten[*] ［アオフ・ベハルテン áuf-bəhàltən］（過分 aufbehalten）他（h）《口語》〈帽子など^{4}を〉かぶったままでいる，〈眼鏡^{4}を〉かけたままでいる.

auf|be·kom·men ［アオフ・ベコンメン áuf-bəkɔ̀mən］（過分 aufbekommen）他（h）《口語》① やっとのことで〉開けることができる. Ich *bekam* den Koffer endlich *auf*. 私はやっとトランクを開けることができた.② 〈宿題など^{4}を〉課せられる.

auf|be·rei·ten ［アオフ・ベライテン áuf-bəràɪtən］（過分 aufbereitet）他（h）① 〈データなど^{4}を〉処理する，修正する.② 《坑》〈鉱物^{4}を〉選別する；〈核燃料など^{4}を〉再処理する；〈飲料水など^{4}を〉浄化する.③ 〈古文書など^{4}を〉解読する.

Auf·be·rei·tung ［アオフ・ベライトゥング］女 -/-en ① 〈鉱物の〉選別；〈核燃料の〉再処理；〈水などの〉浄化.② 解明.

auf|bes·sern ［アオフ・ベッサァン áuf-bèsərn］ 他（h）改善する，向上させる. das Gehalt^4 *aufbessern* 給料を引き上げる.

Auf·bes·se·rung ［アオフ・ベッセルング］ 女 -/-en 改善，向上；昇給，給料の引き上げ.

auf|be·wah·ren ［アオフ・ベヴァーレン áuf-bəvàːrən］（bewahrte…auf, hat…aufbewahrt）他（完了 haben）〈荷物など^{4}を〉保管する，保存する；預かる. das Gepäck^4 *auf* dem Bahnhof *aufbewahren* lassen 荷物を駅に預ける / Ich *bewahre* das Geld für dich *auf*. このお金を君のためにとっておくよ.

auf·be·wahrt ［アオフ・ベヴァールト］ aufbewahren（保管する）の 過分

Auf·be·wah·rung ［アオフ・ベヴァールング］ 女 -/-en ① 《複 なし》保管，保存. 人^3 物^4 **zur** *Aufbewahrung* geben 人^{3}に物^{4}を預ける.② 手荷物預り所（＝Gepäck*aufbewahrung*）.

auf|bie·ten[*] ［アオフ・ビーテン áuf-bìːtən］ 他（h）①〈力・知力など^{4}を〉傾注する，集中させる. alle Kräfte^4 *aufbieten* 全力を傾ける.② 〈軍隊などを〉動員する，投入する.③ 〈人^{4}の〉婚姻を予告する.

Auf·bie·tung ［アオフ・ビートゥング］ 女 -/-en ① 〈力などの〉傾注，集中. **mit**（または **unter**） *Aufbietung* aller Kräfte^2 全力を傾けて.② 〈軍隊などの〉動員，投入.③ 婚姻の予告.

auf|bin·den[*] ［アオフ・ビンデン áuf-bìndən］ 他（h）① 〈髪など^{4}を〉結い上げる，束ね上げる.② 〈ネクタイなど^{4}を〉ほどく，解く. Sie *band sich*^{3} die Schürze *auf*. 彼女はエプロンをはずした.③ 〖口語〗〈人^{3}にうそなど^{4}を〉信じこませる.

auf|blä·hen ［アオフ・ブレーエン áuf-blɛ̀ːən］ I 他（h）〈風が帆など^{4}を〉ふくらませる. II 再帰（h）*sich^4 aufblähen* ふくらむ.《比》いばる.

auf|bla·sen[*] ［アオフ・ブラーゼン áuf-blàːzən］ I 他（h）〈空気を入れて〉ふくらませる. einen Ballon *aufblasen* 気球^{4}をふくらませる. II 再帰（h）*sich^4 aufblasen* 《口語》いばる.
◇☞ **aufgeblasen**

auf|blei·ben[*] ［アオフ・ブらイベン áuf-blàɪbən］ 自（s）《口語》① 起きている，寝ずにいる. bis 12 Uhr *aufbleiben* 12時まで起きている.② 〈戸・窓などが〉開いたままになっている.

auf|blen·den ［アオフ・ブレンデン áuf-blɛ̀ndən］ I 自（h）①〈ヘッドライトなどが〉ぱっとつく.② 《映》フェードインする. II 他（h）① 〈ヘッドライトなど^{4}を〉上向きにする.

auf|bli·cken ［アオフ・ブリッケン áuf-blìkən］ 自（h, s）① 見上げる；〈本などから〉視線を上げる. **zum** Himmel *aufblicken* 空を見上げる.② 〖**zu** 人^3 ～〗《比》〈人^{3}を〉尊敬する.

auf|blit·zen ［アオフ・ブリッツェン áuf-blìtsən］ 自（h, s）① ぴかっと光る.② （s）《比》〈考えなどが〉ひらめく. Eine Idee *blitzte* **in** ihm *auf*. ある考えが彼の頭にひらめいた.

auf|blü·hen ［アオフ・ブリューエン áuf-blỳːən］ 自（s）① 〈花が〉開く，咲く，開花する.② 《比》栄える，興隆する；生気を取り戻す. Der Handel *blüht auf*. 商売が繁盛する. ◇〈現在分詞の形で〉ein *aufblühender* Industriezweig 花形産業.

auf|bo·cken [アオフ・ボッケン áuf-bòkən] 他 (h) (自動車など⁴を)整備用リフトに載せる.

auf|brau·chen [アオフ・ブラオヘン áuf-bràuxən] 他 (h) (蓄え・精力など⁴を)使い果たす.

auf|brau·sen [アオフ・ブラオゼン áuf-bràuzən] 自 (s) ① (水が)沸騰する; (海が)波立つ; (シャンパンなどが)泡立つ. ② (拍手・歓声などが)わき起こる. ③《比》激高する, かっとなる. ◇《現在分詞の形で》ein *aufbrausendes* Temperament 怒りっぽい気性.

auf|bre·chen* [アオフ・ブレッヒェン áuf-brèçən] du brichst…auf, er bricht…auf (brach…auf, *hat*/*ist*…aufgebrochen) I 他 (完了 haben) ① (無理に)こじ開ける. ein Schloss⁴ *aufbrechen* 錠前をこじ開ける (類語 öffnen). ② (路面など⁴を)掘り返す. II 自 (完了 sein) ① (つぼみが)開く, 開花する; (氷・傷口などが)割れる, 裂ける. Die Eisdecke *bricht auf*. 張りつめた氷が裂ける. ② 出発する. **zu** einer Reise *aufbrechen* 旅行に出発する. ③《雅》(対立などが)急に表面化する.

auf|brin·gen* [アオフ・ブリンゲン áuf-brìŋən] 他 (h) ① (費用など⁴を)調達する;《比》(気力など⁴を)ふるい起こす. den Mut **zu** 不³ *aufbringen* 不³をする勇気をふるい起こす. ②《口語》(錠・戸など⁴を)苦労して開ける, こじ開ける. ③ (うわさ・流行・新語など⁴を)広める, はやらせる. ④ (船⁴を)拿捕(だほ)する. ⑤ (《塗料・薬など⁴を)塗る. ⑥ 怒らせる, 激高させる.
◇☞ **aufgebracht**

Auf·bruch [アオフ・ブルフ áuf-brux] 男 -[e]s/ ① 出発, 旅立ち. ② (国・民族などの)台頭, 勃興(ぼっ).

auf|brü·hen [アオフ・ブリューエン áuf-brỳ:ən] 他 (h) (熱湯でコーヒー・紅茶など⁴を)いれる.

auf|brum·men [アオフ・ブルメン áuf-brùmən] 他 (h)《口語》(人³に罰など⁴を)科す.

auf|bü·geln [アオフ・ビューゲるン áuf-bỳ:gəln] 他 (h) (物⁴にアイロンをかける; (ししゅうの下絵を)アイロンプリントする.

auf|bür·den [アオフ・ビュルデン áuf-bỳrdən] 他 (h)《雅》(人³に重荷・責任など⁴を)負わせる.

auf|de·cken [アオフ・デッケン áuf-dèkən] 他 (h) ① (物⁴の)覆いを取る. (⇔ zu|decken). das Bett⁴ *aufdecken* ベッドカバーをはずす. ◇《再帰的に》*sich*⁴ *aufdecken* ふとんをはねのける. ② (食卓にテーブルクロス⁴を)掛ける. ◇《目的語なしで》Die Kinder *hatten* schon *aufgedeckt*. 子供たちはもう食卓の用意を済ませていた. ③ (秘密など⁴を)暴露する.

auf|don·nern [アオフ・ドンナァン áuf-dònərn] 再帰 (h) *sich*⁴ *aufdonnern*《俗》けばけばしく着飾る.
◇☞ **aufgedonnert**

auf|drän·gen [アオフ・ドレンゲン áuf-drèŋən] I 他 (h) (人³に物⁴を)押しつける, 強いる. II 再帰 (h) *sich*⁴ *aufdrängen* ① ([人³に])押しつけがましくする, うるさくつきまとう. ② (考えな

どが[人³の])頭について離れない.

auf|dre·hen [アオフ・ドレーエン áuf-drè:ən] I 他 (h) ① (栓など⁴を)ひねって開ける. den Wasserhahn *aufdrehen* 水道の蛇口を開ける. ② (ねじ⁴を)ゆるめる;《口語》(つまみを回してラジオなど⁴の)ボリュームを上げる. ③《南ドッ·オスト》(物⁴のスイッチを入れる, (時計など⁴の)ねじを巻く. ④ (髪⁴を)カーラーで巻く. II 自 (h)《口語》スピード(ピッチ)を上げる.
◇☞ **aufgedreht**

auf·dring·lich [アオフ・ドリングリヒ] 形 押しつけがましい, しつこい;《比》(色・においなどが)どぎつい; (音楽・声などが)やかましい.

Auf·dring·lich·keit [アオフ・ドリングリヒカイト] 女 -/-en ①《複 なし》押しつけがましさ, あつかましさ. ② 押しつけがましい言動.

Auf·druck [アオフ・ドルック áuf-druk] 男 -[e]s/-e ① (便箋(びん)などに印刷された会社名などの)表刷り; (ラベルに印刷された)値段. ②《郵》(切手の)添え刷り, 重ね刷り.

auf|dru·cken [アオフ・ドルッケン áuf-drùkən] 他 (h) (スタンプなど⁴を)押す; (模様など⁴を)プリントする, 印刷する.

auf|drü·cken [アオフ・ドリュッケン áuf-drỳkən] I 他 (h) ① (ドアなど⁴を)押し開ける. ② (スタンプなど⁴を)押す. 物³ einen Stempel *aufdrücken* 物³に印を押す. II 自 (h) (押しつけるように)力を入れて書く.

auf·ein·an·der [アオフ・アイナンダァ auf-aɪnándər] 副 ① 重なり合って; お互いに, 相互に. *aufeinander* warten お互いに待つ. ② 敵対して. *aufeinander* los|gehen 互いにつかみかかる.
▶ **aufeinander|folgen**

auf·ein·an·der|fol·gen, auf·ein·an·der fol·gen [アオフアイナンダァ・フォるゲン aufaɪnándər-fòlgən] 自 (s) (出来事などが)相次いで起こる.

auf·ein·an·der|le·gen* [アオフアイナンダァ・れーゲン aufaɪnándər-lè:gən] 他 (h) 重ねて置く, 積み上げる.

auf·ein·an·der|sto·ßen* [アオフアイナンダァ・シュトーセン aufaɪnándər-ʃtò:sən] 自 (s) 衝突する, ぶつかり合う.

*der **Auf·ent·halt** [アオフ・エントハるト áuf-ɛnthalt] 男 (単2) -[e]s/(複) -e (3格のみ -en) ① 滞在; 滞在期間. (英 stay). Studien-*aufenthalt* 海外研修, 留学 / **bei** meinem *Aufenthalt* in Bonn 私がボンに滞在していたときに / **während** meines *Aufenthaltes* in Deutschland 私がドイツに滞在している間に. ② (列車の)停車. Der Zug hat 10 Minuten *Aufenthalt*. 列車は10分間停車する / **ohne** *Aufenthalt* durch|fahren 停車せずに通過する. ③《雅》滞在地.

Auf·ent·halts⸗er·laub·nis [アオフエントハるツ・エァらオプニス] 女 -/..nisse (外国人の)滞在許可.

Auf·ent·halts⸗ge·neh·mi·gung [アオフエ

ントハルġツ・ゲネーミグング] 囡 -/-en (外国人の)滞在許可 (= Aufenthaltserlaubnis).

Auf·ent·halts=ort [アオㇷ・エントハルツ・オルト] 男 -[e]s/-e 滞在地, 居所.

auf|er·le·gen [アオㇷ・エァれーゲン áuf-ɛrlèːgən] 〚過分〛auferlegt 他 (h) 《雅》《囚³に》義務・責任など⁴を》負わせる, 《囚³に罰など⁴を》科す. ◇《再帰的に》 *sich*³ keinen Zwang *auferlegen* 遠慮をしない.

auf|er·ste·hen* [アオㇷ・エァシュテーエン áuf-ɛrʃtèːən] 〚過分〛auferstanden 自 (s) 《ふつう不定詞・過去分詞で用いる》《宗》(死者が)よみがえる, 復活する.

Auf·er·ste·hung [アオㇷ・エァシュテーウング] 囡 -/-en 《宗》よみがえり, 復活.

auf|es·sen* [アオㇷ・エッセン áuf-èsən] 他 (h) 残さず食べる, 平らげる.

auf|fä·deln [アオㇷ・フェーデるン áuf-fɛ̀ːdəln] 他 (h) (真珠などを)糸に通す.

auf|fah·ren* [アオㇷ・ファーレン áuf-fàːrən] I 自 (s) ① 〚**auf** 物⁴ ~〛(物⁴に)追突する, 乗り上げる. ② (自動車が)車間距離を詰める. ③ 《比》(驚いて)跳び上がる. **aus dem Schlaf** *auffahren* (目が覚めて)急に跳び起きる. ④ 怒りだす. ⑤ 乗りつける. II 他 (h) 《俗》(飲食物⁴を)食卓に出す. 《軍》(大砲など⁴を)配置する.

Auf·fahrt [アオㇷ・ファールト áuf-faːrt] 囡 -/-en ① (乗り物に)登ること. ② (幹線道路への)進入路, 入口, ランプ; (玄関までの)車道. ③ (乗り物で)乗りつけること.

Auf·fahr·un·fall [アオㇷ・ファール・ウンㇷぁる] 男 -[e]s/..fälle (車の)追突事故.

auf|fal·len* [アオㇷ・ファれン áuf-fàlən] du fällst … auf, er fällt … auf (fiel … auf, *ist* … aufgefallen) 自 (定了) sein) ① 目だつ, 人目をひく. Sein Benehmen *fällt auf*. 彼のふるまいは人目をひく / 囚³ *auffallen* 囚³の注意をひく ⇒ *Ist dir nichts aufgefallen?* 《現在完了》何も変わったことに気づかなかった? ② 〚**auf** 物⁴ ~〛(物⁴の上に)落ちる, 落ちて当たる.

auf·fal·lend [アオㇷ・ファれント áuf-falənt] I auf|fallen (目だつ)の 《現分》
II 形 ① 目だつ, 人目をひく. (類 *conspicuous*). Sie ist eine *auffallende* Erscheinung. 彼女は際だった容姿をしている. ② はでな, 奇妙な, 変な. ein *auffallendes* Benehmen 変な態度.
III 副 目だって, 非常に, 妙に. Er ist *auffallend* still. 彼は異様にもの静かだ.

auf·fäl·lig [アオㇷ・フェりヒ áuf-fɛlɪç] 形 目だつ, 人目をひく. *auffällige* Farben 目だつ色.

auf|fan·gen* [アオㇷ・ファンゲン áuf-fàŋən] 他 (h) ① (落ちてくる物⁴を)捕らえる, 捕まえる. einen Ball *auffangen* ボールをキャッチする. ② (雨水など⁴を)容器にうけとめる; (難民など⁴を)一時的に収容する. ③ (攻撃などを)うけとめる, 阻止する. ④ (通信など⁴を偶然に)傍受する, (話など⁴を偶然に)耳にする. eine Neuigkeit⁴ *auffangen* ニュースを小耳にはさむ. ⑤ (飛行機⁴の)体勢を立て直す.

Auf·fang=la·ger [アオㇷぁング・らーガァ] 中 -s/- (難民などの)仮収容所.

auf|fas·sen [アオㇷ・ファッセン áuf-fàsən] du fasst … auf, er fasst … auf (fasste … auf, *hat* … aufgefasst) 他 《定了》 haben) ① 〚物⁴ と〛解釈する, 受け取る. 物⁴ **als Vorwurf** *auffassen* 物⁴を非難と受け取る / Ich *habe* das anders *aufgefasst*. 私はそれを違ったふうに解釈した. ② 理解する, 把握する. 物⁴ **richtig** *auffassen* 物⁴を正しく理解する. ◇〚目的語なしでも〛Das Kind *fasst* schnell *auf*. その子はのみ込みが早い.

die **Auf·fas·sung** [アオㇷ・ファッスング áuf-fasuŋ] 囡 《単》-/《複》-en ① 見解, 解釈, 見方. **Nach meiner** *Auffassung* ist das falsch. 私の考えではそれは間違いです / Sind Sie der *Auffassung*², dass …? あなたは…という見解ですか. ② 《複 なし》理解力. Er hat eine gute *Auffassung*. 彼はのみ込みが早い.

Auf·fas·sungs=ga·be [アオㇷぁッスングス・ガーベ] 囡 -/ 理解力.

auf|fin·den* [アオㇷ・フィンデン áuf-fɪndən] 他 《定了》 haben) (偶然に)見つけ出す, 発見する. 囚⁴ **tot** *auffinden* 囚⁴が死んでいるのを発見する.

auf|fla·ckern [アオㇷ・ふらッカァン áuf-flàkərn] 自 (s) (炎などが)ぱっと燃え上がる; 《比》(疑念などが)再燃する, 頭をもたげる.

auf|flam·men [アオㇷ・ふらンメン áuf-flàmən] 自 (s) (火が)ぱっと燃え上がる, (明かりなどが)ぱっとともる; 《比》(怒りなどが)燃え上がる.

auf|flie·gen* [アオㇷ・ふリーゲン áuf-fliːɡən] 自 (s) ① (鳥・飛行機などが)飛び立つ, 舞い上がる. ② (ドアなどが)急に開く. ③ 《口語》(犯罪組織などが)発覚してつぶれる, (計画などが)失敗する, ふいになる.

auf|for·dern [アオㇷ・ふォルダァン áuf-fɔrdərn] (forderte … auf, *hat* … aufgefordert) 他 《定了》 haben) 〚囚⁴ **zu** 物³ ~〛(囚⁴に物³を)要求する, 要請する, 勧める. 囚⁴ **zur Teilnahme** *auffordern* 囚⁴に参加するように促す / Er *forderte* sie zum Tanz *auf*. 彼は彼女にダンスを申し込んだ. ◇〚**zu** 不定詞[句]とともに〛Er *wurde aufgefordert*, seinen Ausweis zu zeigen. 《受動・過去》彼は身分証明書を見せるように要求された.

Auf·for·de·rung [アオㇷ・ふォルデルング] 囡 -/-en 要求, 要請, 催促; 勧め. eine *Aufforderung* **zum** Tanz 《口語》ダンスへの誘い.

auf|fors·ten [アオㇷ・ふォルステン áuf-fɔ̀rstən] 他 (h) (伐採地など⁴に)植林する.

auf|fres·sen* [アオㇷ・ふレッセン áuf-frɛ̀sən] 他 (h) ① (動物が餌⁴など⁴を)食い尽くす. ② 《口語》消耗させる. Die Arbeit *frisst* mich *auf*. その仕事は私をくたくたにする.

auf|fri·schen [アオㇷ・ふリッシェン áuf-frìʃən] I 他 (h) ① (古くなった家具など⁴を)手入れしてきれいにする, 修復する. ② 《比》(記

憶・知識など⁴を)新たにする. **II** 圁 (s, h) (風が)強くなる.

auf|füh·ren [アオふ・ヒューレン áuf-fy̆:rən] (führte ... auf, hat ... aufgeführt) **I** 他 (定了 haben) ① (劇など⁴を)上演する, (映画⁴を)上映する, 演奏する. ② (名前・例など⁴を)あげる, 記載する. 囚⁴ als Zeugen *aufführen* 囚⁴を証人としてあげる. ③ (雅) (建物・壁など⁴を)建てる, 築く.
II 再帰 (定了 haben) *sich⁴ aufführen* (…の)態度をとる. Du *hast* dich anständig *aufgeführt*. おまえはお行儀がよかったね.

die **Auf·füh·rung** [アオふ・ヒュールング áuf-fy̆:ruŋ] 囡(単)-/(複)-en ① 上演, 上映, 演奏. (英 *performance*). eine *Aufführung* der „Zauberflöte"² 『魔笛』の上演 / ein Drama⁴ zur *Aufführung* bringen ドラマを上演する. ② 《ふつう 複》《雅》ふるまい, 態度. ③ (名前などを)あげること. ④ 《雅》建造, 建築.

auf|fül·len [アオふ・ふュれン áuf-fy̆lən] **I** 他 (h) ① (ガソリン・油など⁴を)補給する. ② (容器⁴を)満たす, いっぱいにする. den Tank mit Benzin *auffüllen* タンクをガソリンで満タンにする. ② 補充する, 補う.

*die **Auf·ga·be** [アオふ・ガーベ áuf-ga:bə] 囡(単)-/(複)-n ① (課せられた)仕事, 任務; 課題, 使命. (英 *task*). eine schwierige *Aufgabe* 困難な任務 / eine *Aufgabe*⁴ übernehmen 仕事を引き受ける / Das ist nicht meine *Aufgabe*. それは私の仕事ではない / sich³ 囮⁴ zur *Aufgabe* machen 囮⁴を自分の使命とする. ② 《ふつう 複》(学校の)宿題. Ich muss noch meine *Aufgaben* machen. ぼくはまだ宿題をしなくてはならない. (☞ 類語 Frage).
③ 練習問題, 計算問題. eine *Aufgabe*⁴ lösen 練習問題を解く. ④ 《複 なし》(輸送などの)委託, (広告などの)依頼. ⑤ 《複 なし》放棄, 断念. die *Aufgabe* eines Planes 計画の断念. ⑥ (スポ) サーブ.

auf|ga·beln [アオふ・ガーベるン áuf-ga:bəln] 他 (h) 《俗》(囚⁴と)たまたま知り合いになる; (獲物⁴を)偶然見つける.

Auf·ga·ben·be·reich [アオふガーベン・ベライヒ] 男 -[e]s/-e 任務(仕事)の範囲.

der **Auf·gang** [アオふ・ガング áuf-gaŋ] 男 (単 2)-[e]s/..gänge [..ゲンゲ] (3格のみ ..gängen) ① (太陽・月などが)昇ること. (英 *rising*). (反対) (「太陽・月などが)沈むこと」は Unter|gang). der *Aufgang* der Sonne² 日の出 ② (階段の)上り口, (城などへ登る)道; 階段.

Auf·gän·ge [アオふ・ゲンゲ] Aufgang (昇ること)の 複.

auf·ge·baut [アオふ・ゲバオト] auf|bauen (建てる)の 過分.

auf|ge·ben [アオふ・ゲーベン áuf-gè:bən] du gibst ... auf, er gibt ... auf (gab ... auf, hat ... aufgegeben) **I** 他 (定了 haben) ① (小包など⁴を窓口に)出す, 委託する. ein Paket⁴ auf (または bei) der Post *aufgeben* 郵便局で小包を出す / Er *gab* seinen Koffer bei der Bahn *auf*. 彼はトランクを鉄道で託送した / eine Anzeige⁴ *aufgeben* (新聞に)広告の掲載を依頼する.
② (囚³に課題など⁴を)課す. Unser Lehrer *gibt* uns immer viel *auf*. 私たちの先生は私たちにいつもたくさん宿題を出す.
③ 放棄する, 断念する; 見捨てる. (英 *give up*). das Rauchen⁴ *aufgeben* たばこをやめる / das Studium⁴ *aufgeben* 学業を放棄する / einen Kranken *aufgeben* 病人を見放す. ◊ [目的語なしでも] Ich *gebe* nicht so schnell *auf*. 私はそうそうやすとはあきらめないぞ. ④ (スポ) (ボール⁴に)サーブする.
II 圁 (定了 haben) 《スポ》棄権する.

auf·ge·bla·sen [アオふ・ゲブらーゼン] **I** auf|blasen (ふくらませる)の 過分 **II** 形 《口語》思いあがった, 高慢な.

Auf·ge·bla·sen·heit [アオふ・ゲブらーゼンハイト] 囡 -/ 思いあがり, 高慢.

Auf·ge·bot [アオふ・ゲボート áuf-gəbo:t] 田 -[e]s/-e ① 《ふつう 単》動員[された人数]. ein starkes *Aufgebot* von Polizisten 動員された多数の警官. ② 《複 なし》(力の)集中, 傾注. ③ (昔の:)婚姻予告.

auf·ge·bracht [アオふ・ゲブラッハト] **I** auf|bringen (調達する)の 過分 **II** 形 激怒した, 憤激した.

auf·ge·bro·chen [アオふ・ゲブロッヘン] auf|brechen (こじ開ける)の 過分.

auf·ge·don·nert [アオふ・ゲドンナァト] **I** auf|donnern (再帰 で: 着飾る)の 過分 **II** 形《俗》けばけばしく着飾った.

auf·ge·dreht [アオふ・ゲドレート] **I** auf|drehen (ひねって開ける)の 過分 **II** 形《口語》浮き浮きした, はしゃいだ.

auf·ge·dun·sen [アオふ・ゲドゥンゼン áuf-gədunzən] 形 はれた, むくんだ.

auf·ge·fal·len [アオふ・ゲふァれン] auf|fallen (目だつ)の 過分.

auf·ge·fasst [アオふ・ゲふァスト] auf|fassen (…と解する)の 過分.

auf·ge·for·dert [アオふ・ゲふォルダァト] auf|fordern (要求する)の 過分.

auf·ge·führt [アオふ・ゲふューァト] auf|führen (上演する)の 過分.

auf·ge·gan·gen [アオふ・ゲガンゲン] auf|gehen (昇る)の 過分.

auf·ge·ge·ben [アオふ・ゲゲーベン] auf|geben (出す)の 過分.

auf·ge·hängt [アオふ・ゲヘングト] auf|hängen (掛ける)の 過分.

auf·ge·hal·ten [アオふ・ゲハるテン] auf|halten (抑える)の 過分.

auf|ge·hen* [アオふ・ゲーエン áuf-gè:ən] (ging ... auf, *ist* ... aufgegangen) 圁 (定了 sein) ① (太陽などが)昇る, 出る. (英 *rise*). (反対) 「沈む」は unter|gehen). Die Sonne *geht auf*. 太陽が昇る.

② (ドアなどが)開く;(幕が)上がる;(傷口などが)ぱっくり開く;(結び目などが)ほどける. Die Tür *geht* nur schwer *auf*. このドアはなかなか開かない. ③ (種子が)芽を出す;(つぼみが)ほころびる. ④ (パン生地などが)ふくらむ. ⑤ 〖比〗 〖人³の〗心に浮かぶ;はっきりわかる. Der Sinn seiner Worte *ging* ihr nicht *auf*. 彼の言葉の意味に彼女は気づかなかった. ⑥ 〖in 人・事³ ~〗 (人・事³に)献身する,没頭する. Er *geht* völlig in seiner Arbeit *auf*. 彼はすっかり自分の仕事に没頭している. ⑦ 〖in 物³ ~〗(物³に)飲み込まれる;(物³となって)消滅する. ⑧ 〖数〗割り切れる. ⑨ 〖狩〗解禁になる.

auf·ge·ho·ben [アオふ・ゲホーベン] **I** auf|heben (上へ上げる)の 過分 **II** 形 〖成句的に〗 gut (schlecht) *aufgehoben* sein 大事に(粗末に)扱われている.

auf·ge·hört [アオふ・ゲヘーアト] *auf|hören (やむ)の 過分.

auf·ge·klärt [アオふ・ゲクれーアト] **I** auf|klären (解明する)の 過分 **II** 形 啓蒙(ホミホ)された; 先入観のない,偏見のない;性教育を受けた.

auf·ge·kom·men [アオふ・ゲコンメン] auf|kommen (生じる)の 過分.

auf·ge·kratzt [アオふ・ゲクラッツト] **I** auf|kratzen (ひっかいて傷をつける)の 過分 **II** 形 《口語》上機嫌の,はしゃいだ.

auf·ge·legt [アオふ・ゲれークト] **I** auf|legen (載せる)の 過分 **II** 形 (…の)気分の. Er ist heute gut (schlecht) *aufgelegt*. 彼はきょうは上機嫌(不機嫌)だ / **zu** 事³ *aufgelegt* sein 事³ をする気分である. ◇〖間投詞的に〗 *Aufgepasst*! 気をつけて!注意して[見て・聞いて]くれ!

auf·ge·löst [アオふ・ゲれースト] **I** auf|lösen (溶かす)の 過分 **II** 形 ① われを忘れた;頭が混乱した. ② 疲れきった.

auf·ge·macht [アオふ・ゲマッハト] *auf|machen (開ける)の 過分.

auf·ge·nom·men [アオふ・ゲノンメン] *auf|nehmen (取り上げる)の 過分.

auf·ge·passt [アオふ・ゲパスト] *auf|passen (気をつける)の 過分. ◇〖間投詞的に〗*Aufgepasst*! 気をつけて!注意して[見て・聞いて]くれ!

auf·ge·räumt [アオふ・ゲロイムト] **I** *auf|räumen (片づける)の 過分 **II** 形 上機嫌な,陽気な.

<u>**auf·ge·regt**</u> [アオふ・ゲレークト] áuf-gə-re:kt] **I** auf|regen (興奮させる)の 過分 **II** 形 <u>興奮した</u>. (英 excited). eine *aufgeregte* Stimme 興奮した声.

auf·ge·schla·gen [アオふ・ゲシュらーゲン] auf|schlagen (打ち割る)の 過分.

auf·ge·schlos·sen [アオふ・ゲシュろッセン] **I** auf|schließen (鍵で開ける)の 過分 **II** 形 ① 心を開いた,開放的な. ② 〖成句的に〗 **für** 事⁴ *aufgeschlossen* sein 事⁴に関心がある.

auf·ge·schmis·sen [アオふ・ゲシュミッセン] 形 《俗》途方にくれた,進退きわまった.

auf·ge·schnit·ten [アオふ・ゲシュニッテン] auf|schneiden (切り開く)の 過分.

auf·ge·schos·sen [アオふ・ゲショッセン] **I** auf|schießen (ぱっと上がる)の 過分 **II** 形 急に背丈が伸びた(青少年など).

auf·ge·schrie·ben [アオふ・ゲシュリーベン] *auf|schreiben (書き留める)の 過分.

auf·ge·schwemmt [アオふ・ゲシュヴェムト] **I** auf|schwemmen (ぶくぶく太らせる)の 過分 **II** 形 ぶくぶく太った,むくんだ.

auf·ge·setzt [アオふ・ゲゼッツト] **I** auf|setzen (帽子などをかぶせる)の 過分 **II** 形 わざとらしい.

auf·ge·stan·den [アオふ・ゲシュタンデン] *auf|stehen (立ち上がる)の 過分.

auf·ge·stellt [アオふ・ゲシュテるト] auf|stellen (立てる)の 過分.

auf·ge·stie·gen [アオふ・ゲシュティーゲン] auf|steigen (乗る)の 過分.

auf·ge·ta·kelt [アオふ・ゲターケるト] **I** auf|takeln (艤装する)の 過分 **II** 形 《口語》ごてごてとめかしこんだ.

auf·ge·taucht [アオふ・ゲタオホト] auf|tauchen (浮かび上がる)の 過分.

auf·ge·tre·ten [アオふ・ゲトレーテン] auf|treten (登場する)の 過分.

auf·ge·wach·sen [アオふ・ゲヴァクセン] auf|wachsen (成長する)の 過分.

auf·ge·wacht [アオふ・ゲヴァッハト] auf|wachen (目を覚ます)の 過分.

auf·ge·weckt [アオふ・ゲヴェックト] **I** auf|wecken (目を覚まさせる)の 過分 **II** 形 利発な,才気のある(子供など).

auf·ge·zo·gen [アオふ・ゲツォーゲン] auf|ziehen (引き上げる)の 過分.

auf|gie·ßen* [アオふ・ギーセン áuf-gì:sən] 他 (h) ① (コーヒー・紅茶など⁴を)いれる. ② (熱湯など⁴を)注ぎかける.

auf|glie·dern [アオふ・グリーダァン áuf-glì:dərn] 他 (h) 分類する,区分する.

auf|grei·fen* [アオふ・グライふェン áuf-gràıfən] 他 (h) ① (不審者など⁴を)捕まえる,逮捕する. ② (考え・テーマなど⁴を)取り上げる.

auf²grund, auf Grund [アオふ・グルント] **I** 前 〖2格とともに〗…に基づいて;…の理由で. *aufgrund* einer Aussage² 証言に基づいて. **II** 副 〖~ **von** 事・物³〗(事・物³に)基づいて. *aufgrund* von Krankheit 病気のために.

Auf·guss [アオふ・グス áuf-gʊs] 男 -es/..güsse (紅茶・コーヒーなどの)せんじ出し. der erste *Aufguss* vom Tee 紅茶の一番せんじ.

Auf·guss·beu·tel [アオふグス・ボイテる] 男 -s/- ティーバッグ.

auf|ha·ben* [アオふ・ハーベン áuf-hà:bən] **I** 他 (h) 《口語》① (帽子など⁴を)かぶっている,(眼鏡⁴を)かけている. Er *hat* einen neuen Hut *auf*. 彼は新しい帽子をかぶっている. ② (ドアなど⁴を)開けたままにしている,(口・目⁴を)開けている. ③ (ようやく)開き終えている,ほどいてしまっている. ④ (宿題など⁴を)課せられている. Ich *habe* heute viel *auf*. 私はきょうはたくさん宿題がある. ⑤ 《方》食べ終わっている. **II** 自 (h) 《口語》(店などが)開いている.

auf|ha·cken [アオフ・ハッケン áuf-hàkən] 他 (h)(つるはしで)たたき割る.

auf|hal·sen [アオフ・ハルゼン áuf-hàlzən] 他 (h)(口語)(人³に仕事・責任など⁴を)押しつける.

auf|hal·ten* [アオフ・ハルテン áuf-hàltən] du hältst ... auf, er hält ... auf (hielt ... auf, hat ... aufgehalten) I 他 (完了 haben) ① 抑える, 抑制する; 阻止する. den Ansturm des Feindes *aufhalten* 敵の進撃を阻止する. ② (人⁴を)引き止める. Ich *will* Sie nicht länger *aufhalten*. これ以上お引き止め(おじゃま)はいたしません. ③《口語》(ドアなど⁴を)開けたままにしておく.
II 再帰 (完了 haben) *sich*⁴ *aufhalten* ①『場所を表す語句とともに』(…に)滞在する, とどまる. Ich *halte mich* hier nicht lange *auf*. 私はここに長くは滞在しない. ②『*sich*⁴ *mit* (または *bei*) 事³ ~』(事³に)かかわりあう. Wir *haben uns mit* (または *bei*) diesen Fragen zu lange *aufgehalten*. 私たちはこれらの問題にあまりにも長いあいだこだわりすぎた. ③『*sich*⁴ *über* 事⁴ ~』(事⁴を)非難する, けなす.

auf|hän·gen [アオフ・ヘングン áuf-hèŋən] (hängte ... auf, hat ... aufgehängt) 他 (完了 haben) ① (帽子・絵など⁴を)掛ける, つるす. (英 hang up). Wäsche⁴ *aufhängen* 洗濯物を干す / den Mantel *aufhängen* コートを掛ける / [den Hörer] *aufhängen* (受話器を掛けて)電話を切る.
②《口語》縛り首にする. ◊《再帰的に》*sich*⁴ *aufhängen* 首をつって自殺する. ③《口語》(人³にいやなこと⁴を)押しつける; (人³に物⁴を)売りつける; (人³に作り話など⁴を)信じ込ませる. Der Chef *hat* ihm eine neue Arbeit *aufgehängt*. 上役が彼に新しい仕事を押しつけた.

Auf·hän·ger [アオフ・ヘンガァ áuf-hɛŋər] 男 -s/- ① (上着などの)襟つり, (タオルなどのループ. ② (新聞の記事種(だ), (話などの)ねた; きっかけ, とっかかり.

auf|häu·fen [アオフ・ホイフェン áuf-hɔ̀yfən] 他 (h) 積み上げる, 盛り上げる. ◊《再帰的に》*sich*⁴ *aufhäufen* 山積みになる, 大量にたまる.

auf|he·ben* [アオフ・ヘーベン áuf-hè:bən] (hob ... auf, hat ... aufgehoben) 他 (完了 haben) ① 上へ上げる; 拾い(取り)上げる, 助け起こす. die Hand⁴ *aufheben* 手を上げる / Er *hob* das Papier *vom* Boden *auf*. 彼は床からその紙を拾い上げた / einen Deckel *aufheben* ふたを持ち上げる.
② 保管する, とっておく. Sie *hebt* alle Nummern dieser Zeitschrift *auf*. 彼女はこの雑誌のすべてのバックナンバーを保存している. ③ (集会など⁴を)解散する. die Sitzung⁴ *aufheben* 会議を終える. ④ 廃止する, 破棄する, とり消す. ein Gesetz⁴ *aufheben* 法律を廃止する / die Verlobung⁴ *aufheben* 婚約を解消する. ⑤ 相殺(ポシ)する, 帳消しにする. ◊《再帰的に》 Die beiden Rechnungen *heben sich auf*. 両方の勘定は相殺される. ⑥《哲》止揚する. ⑦《数》約分する.

Auf·he·ben [アオフ・ヘーベン áuf-hè:bən] 中《ふつう成句的に》viel *Aufheben*[*s*]⁴ von 人・物³ machen 《雅》人・物³のことで大騒ぎする / **ohne** [jedes (または großes)] *Aufheben*《雅》騒ぎたてずに, さりげなく.

Auf·he·bung [アオフ・ヘーブング áuf-hè:buŋ] 女 -/-en ① (会議などの)終了; (法律などの)廃止, 破棄. ②《哲》止揚.

auf|hei·tern [アオフ・ハイタァン áuf-hàitərn] I 他 (h) 元気づける, (人⁴の)気を引きたてる.
II 再帰 (h) *sich*⁴ *aufheitern* (顔・気分などが)晴れやかになる; (空が)晴れる.

Auf·hei·te·rung [アオフ・ハイテルング áuf-hàitəruŋ] 女 -/-en (天気が)晴れること; 気晴らし.

auf|hel·fen* [アオフ・ヘルフェン áuf-hèlfən] 自 (h) (人³が)立ち上がるのを助ける;《比》(人³を)援助する.

auf|hel·len [アオフ・ヘレン áuf-hèlən] I 他 (h) ① 明るくする;《比》(気分など⁴を)晴れやかにする. ② 明らかにする, 解明する. II 再帰 (h) *sich*⁴ *aufhellen* ① (空が)明るくなる;《比》(表情などが)晴れやかになる. ② (疑問などが)明らかになる.

auf|het·zen [アオフ・ヘッツェン áuf-hètsən] 他 (h) 扇動する, そそのかす. die Masse⁴ *zu* Gewalttaten *aufhetzen* 群集をそそのかして暴行を働かせる.

auf|heu·len [アオフ・ホイレン áuf-hɔ̀ylən] 自 (h) (サイレンなどが)うなり始める, (犬などが)ほえだす.

auf|ho·len [アオフ・ホーレン áuf-hò:lən] I 他 (h) (遅れなど⁴を)取り戻す. Der Zug *hat* die Verspätung *aufgeholt*. 列車は遅れを取り戻した. II 自 (h) ばん回する, 遅れを取り戻す.

auf|hor·chen [アオフ・ホルヒェン áuf-hòrçən] 自 (h) 聞き耳を立てる.

***auf|hö·ren** [アオフ・ヘーレン áuf-hø̀:rən] (hörte ... auf, hat ... aufgehört) 自 (完了 haben) ① やむ, 終わる. (英 stop). (⇔「始まる」は anfangen). Der Regen *hört* gleich *auf*. 雨はすぐやむ / Hier *hört* der Weg *auf*. ここで道がとぎれている / Da *hört* [*sich*⁴] doch alles *auf*!《口語》もうたくさんだ(←すべてが終わる). (☞類語 enden).
② やめる. 『**mit** 事³』 *aufhören* 事³をやめる ⇒ Jetzt *höre* ich mit der Arbeit *auf*. もう仕事はやめにしよう. ◊『**zu** 不定詞[句]とともに』Sie *hörte* nicht *auf* zu schimpfen. 彼女はののしるのをやめなかった.

Auf·kauf [アオフ・カオフ áuf-kauf] 男 -[e]s/..käufe 買い占め.

auf|kau·fen [アオフ・カオフェン áuf-kàufən] 他 (h) 買い占める, 買い集める.

Auf·käu·fer [アオフ・コイファァ áuf-kɔ̀yfər] 男 -s/- 買い占めをする人. (女性形: -in).

auf|klap·pen [アオフ・クラッペン áuf-klàpən] 他 (h) ① (本・スーツケースなど⁴を)ぱたんと開ける. ② (コートの襟など⁴を)立てる.

Auflauf

auf|klä·ren [アオフ・クらーレン áuf-klà:rən] 自 (h) 《気象》晴れ上がる, 明るくなる.

auf|klä·ren [アオフ・クれーレン áuf-klḕ:-rən] (klärte...auf, hat...aufgeklärt) **I** 他 (完了) haben ① (疑問・問題など⁴を)解明する, 明らかにする; (秘密など⁴を)解く. (英 clear up). einen Mord *aufklären* 殺人事件を解明する. ② (人⁴に)教える, 啓蒙(けいもう)する, (子供⁴に)性教育をする; (旧東ドイツで:)政治的に啓蒙する. 人⁴ **über** 物⁴ *aufklären* 人⁴に物⁴をよくわからせる, 教える. ③ (液体⁴を)澄ます, 透明にする. ④ 《軍》偵察する.

II 再帰 (完了 haben) *sich⁴ aufklären* ① (天気が)晴れる; (顔が)晴れやかになる. ◇[非人称の **es** を主語として] Es *klärt sich auf*. 空が晴れてくる. ② (事件などが)解明される, (問題などが)明らかになる. Die Sache *hat sich aufgeklärt*. 事態が明らかになった.

◇[☞ **aufgeklärt**

Auf·klä·rer [アオフ・クれーらァ áuf-klɛ:rər] 男 -s/- ① 啓蒙主義者. (女性形: -in). ② 《軍》斥候; 偵察機. ③ (旧東ドイツで:)政治上の)活動家.

auf·klä·re·risch [アオフ・クれーレリッシュ áuf-klɛ:rəriʃ] 啓蒙主義の, 合理主義の; 啓蒙的な, 啓発的な.

Auf·klä·rung [アオフ・クれールング áuf-klɛ:ruŋ] 女 -/-en ① (ふつう単) 解明[すること]; 啓蒙(けいもう), 啓発, 教化; 性教育; (旧東ドイツで:)政治的宜伝活動. ② [複 なし] (特に 18 世紀の)啓蒙主義. ③ 説明, 情報. ④ 《軍》偵察.

auf|kle·ben [アオフ・クれーベン áuf-klè:bən] 他 (h) (糊(のり)などで)貼りつける.

Auf·kle·ber [アオフ・クれーバァ áuf-kle:bər] 男 -s/- 糊(のり)付きラベル, ステッカー.

auf|kna·cken [アオフ・クナッケン áuf-knàkən] 他 (h) ① (くるみなど⁴を)割る. ② 《口語》(金庫など⁴を)こじ開ける.

auf|knöp·fen [アオフ・クネプフェン áuf-knœpfən] 他 (h) (服⁴のボタンをはずす.

auf|kno·ten [アオフ・クノーテン áuf-knò:tən] 他 (h) (小包・ひもなど⁴の)結び目をほどく.

auf|knüp·fen [アオフ・クニュプフェン áuf-knýpfən] 他 (h) ① (結んだもの⁴を)ほどく. ② 縛り首にする.

auf|ko·chen [アオフ・コッヘン áuf-kòxən] **I** 他 (h) ① (スープなど⁴を)煮立てる, 沸騰させる. ② 煮(温め)直す. **II** 自 (s) 煮え立つ, 沸騰し始める.

auf|kom·men* [アオフ・コンメン áuf-kòmən] (kam...auf, *ist*...aufgekommen) 自 (完了 sein) ① 生じる, 起こる; (うわさなどが)広まる, (ニューモードなどが)はやる. Ein Gewitter *kommt auf*. 嵐が起こる / Misstrauen *kam in ihr auf*. 彼女の心に不信感が生まれた. ② 〔**für** 人・事⁴ ～〕(人・事⁴の)費用を引き受ける, 補償(賠償)をする. für die Kinder *aufkommen* 子供たちの養育費を負担する / für den Verlust *aufkommen* 損害を賠償する. ③ 〔成句的に〕**gegen** 人・事⁴ nicht *aufkommen* 人・事⁴に抵抗(太刀打ち)できない. Ich *komme* gegen ihn nicht *auf*. 私は彼には太刀打ちできない. ④ 立ち上がる; 《比》健康を取り戻す. ⑤ 着地する; (ニン⁹) 追いつめる; 優位になる.

Auf·kom·men [アオフ・コンメン áuf-kɔmən] 中 -s/- ① 《経》(一定期間の)収入, 税収. ② [複 なし] (病気からの)回復.

auf|krat·zen [アオフ・クラッツェン áuf-kràtsən] 他 (h) ① (皮膚など⁴を)ひっかいて傷つける; (傷口など⁴をひっかいて)開く.

◇[☞ **aufgekratzt**

auf|krem·peln [アオフ・クレンペるン áuf-krɛ̀mpəln] 他 (h) (袖(そで)・ズボンなど⁴を)まくり上げる.

auf|krie·gen [アオフ・クリーゲン áuf-kri:gən] 他 (h) 《口語》① (ドアなど⁴をやっと開けることができる. ② (宿題など⁴を)課せられる.

auf|kün·di·gen [アオフ・キュンディゲン áuf-kỳndigən] 他 (h) (事⁴の)解約を通告する. 人³ die Freundschaft⁴ *aufkündigen*《雅》人³に絶交を告げる.

Auf·kün·di·gung [アオフ・キュンディグング] 女 -/-en 解約の通告.

Aufl. [アオふ・らーゲ] 《略》(書籍の)版 (= **Auflage**).

auf|la·chen [アオフ・らッヘン áuf-làxən] 自 (h) 笑い出す, ぷっと吹き出す.

auf|la·den* [アオフ・らーデン áuf-là:dən] **I** 他 (h) ① (荷物など⁴を)積み込む. (反義) 「積み荷を下ろす」は **ab|laden** ② 《口語》(人³に物⁴を)背負わせる; 《比》(人³に責任など⁴を)負わせる. ◇〔再帰的に〕*sich³ 物⁴ aufladen* 単⁴(責任・仕事など)をしょいこむ. ③ 《物》(バッテリーなど⁴を)充電する. **II** 再帰 (h) *sich⁴ aufladen*《物》帯電する.

die **Auf·la·ge** [アオフ・らーゲ áuf-la:gə] 女 (単)-/(複)-n ① 《書籍》(本の)版 (略: Aufl.); (新聞などの)発行部数; 《経》(一定期間の)生産量. (英 edition). Neu*auflage* 新版 / die erste *Auflage* 初版 / Das Buch erscheint in einer *Auflage* von 10 000 Exemplaren. その本は 10,000 部出版される. ② 《官庁》条件, 義務. 人³ 事⁴ zur *Auflage* machen 人³に事⁴を義務づける. ③ 被膜, (金属の)めっき. ④ 支え台.

Auf·la·ge[n]-hö·he [アオふらーゲ[ン]・ヘーエ] 女 -/-n《書籍》発行部数.

auf|las·sen* [アオフ・らッセン áuf-làsən] 他 (h) 《口語》(ドアなど⁴を)開いた(開けた)ままにしておく. den Mantel *auflassen* コートのボタンをはめずにおく. ② 《口語》(帽子など⁴を)かぶったままでいる. ③ 《口語》(子供など⁴に)起きていることを許す. ④ 《南ドイツ・オーストリア》(工場など⁴を)閉鎖する; (坑)閉山する.

auf|lau·ern [アオフ・らオアァン áuf-làuərn] 自 (h) 人³を待ち伏せする.

Auf·lauf [アオフ・らオふ áuf-lauf] 男 -[e]s/..läufe ① (公道などでの)人だかり; [不法]集会.

② 《料理》グラタン.

auf|lau·fen* [アオふ・ラオふェン áuf-làufən] **I** 圓 (s) ① 〖**auf** 〖物〗⁴ ～〗(海)(物⁴に)座礁する, 乗り上げる. ② 〖**auf** 〖人・物〗⁴ ～〗(車などが 〖人・物〗⁴に)突き当たる, 衝突する. ③ (利子などが)増える, (郵便物などが)たまる. ④ (水かさが)増す. ⑤ (競走で)追いつく. zur Spitze *auflaufen* トップに出る. **II** 他 (h) 〖成句的に〗 sich³ die Füße⁴ *auflaufen* 〖口語〗走って(歩いて)足を傷める.

auf|le·ben [アオふ・レーベン áuf-lè:bən] 圓 (s) ① 元気を取り戻す, 快活になる. ② (比) (会話などが)再び活発になる.

auf|le·gen [アオふ・レーゲン áuf-lè:gən] 他 (h) ① 載せる, 上に置く; (テーブルクロスなど⁴を)掛ける; (シーツなど⁴を)敷く; (受話器など⁴を)置く. eine Schallplatte⁴ *auflegen* レコードをかける / die Ellbogen⁴ *auflegen* ひじをつく / Rouge⁴ *auflegen* 頬(隱)(唇)に紅を塗る. ② 閲覧に供する, 公開する. ③ 《書籍》出版する. ④ 《経》大量生産する.

◇☞ **aufgelegt**

auf|leh·nen [アオふ・レーネン áuf-lè:nən] 再帰 (h) 〖*sich*⁴ **gegen** 〖人・事〗⁴ ～〗(〖人・事〗⁴に)反抗する. **II** 他 (h) 〖方〗(腕など⁴を)もたせかける.

Auf·leh·nung [アオふ・レーヌング áuf-lè:nuŋ] 囡 -/-en 反抗, 反逆; 暴動.

auf|le·sen* [アオふ・レーゼン áuf-lè:zən] 他 (h) ① (落穂・石など⁴を)拾い集める, 拾い上げる. ② 《口語》(犬など⁴を)拾って来る. ③ 《口語・戯》(病気・みなど⁴を)もらう.

auf|leuch·ten [アオふ・ロイヒテン áuf-lòyç-tən] 圓 (h, s) (明かりなどが)ぱっと輝く; (比)(顔・目などが)輝く.

auf|lie·gen* [アオふ・リーゲン áuf-lì:gən] 圓 (h) ① 上に載っている. ② 閲覧に供されている. ③ 《海》係船されている.

auf|lis·ten [アオふ・リステン áuf-lìstən] 他 (h) リストアップする, (物⁴のリストを作る.

auf|lo·ckern [アオふ・ロッカァン áuf-lòkərn] 他 (h) (土など⁴を)ほぐす;(比)(授業など⁴の緊張を)ほぐす, (雰囲気など⁴を)和らげる. ◇〖再帰的に〗 *sich*⁴ *auflockern* 体のこり(緊張)をほぐす.

auf|lo·dern [アオふ・ローダァン áuf-lò:dərn] 圓 (s) (炎などが)燃え上がる; (比) (憎しみなどが)燃え上がる.

auf·lös·bar [アオふ・レースバール áuf-lø:sba:r] 形 ① 溶かすことのできる; 《化》可溶性の. ② ほどける(結び目など). ③ 解消可能な(契約など).

auf|lö·sen [アオふ・レーゼン áuf-lø:zən] du löst ... auf, er löste ... auf, *hat* ... aufgelöst **I** 他 (定了) haben) ① 溶かす, 溶解させる. (英) *dissolve*). Bitte *lösen* Sie die Tablette in warmem Wasser *auf*! 錠剤はお湯に溶かしてください / Zucker⁴ in Kaffee *auflösen* 砂糖をコーヒーに溶かす. ② 《雅》(リボン・結んだ髪など⁴を)ほどく. ③ (問題など⁴を)解く. ein Rätsel⁴ *auflösen* なぞを解く / eine Gleichung⁴ *auflösen* 方程式を解く. ④ (契約・婚約など⁴を)解消する, (団体・議会など⁴を)解散する.

II 再帰 (定了) haben) *sich*⁴ *auflösen* ① 溶ける, 溶解する. Salz *löst sich* in Wasser *auf*. 塩は水に溶ける / Der Nebel *löst sich auf*. 霧が晴れる. ② 〖*sich*⁴ **in** 〖物〗⁴ ～〗(解消して〖物〗⁴で)〜になる. Alles *löste sich* in Freude *auf*. 何もかも喜ばしい結果になった. ③ 《雅》(リボン・結んだ髪などが)ほどける. ④ (問題などが)解決する. ⑤ (契約・婚約などが)解消される, (団体・議会などが)解散する.

◇☞ **aufgelöst**

Auf·lö·sung [アオふ・レーズング áuf-lø:zuŋ] 囡 -/-en 〖ふつう 単〗 ① 溶解; (契約などの)解消; (議会などの)解散; 分解; (軍・連邦などの)解体. die *Auflösung* einer Verlobung² 婚約の解消. ② (問題などの)解決, 解明. die *Auflösung* des Geheimnisses 秘密の解明. ③ (精神的な)混乱.

***auf|ma·chen** [アオふ・マッヘン áuf-màxən] (machte ... auf, *hat* ... aufgemacht) **I** 他 (定了) haben) ① 《口語》(窓・目など⁴を)開ける, 開く; (ボタンなど⁴をはずす, (結び目など⁴を)ほどく. (英) *open*). (〖語〗「閉める」は zu|machen). *Machst* du bitte die Flasche *auf*? このびんを開けてくれる? / die Tür⁴ *aufmachen* ドアを開ける / den Mund *aufmachen* 口を開ける / einen Brief *aufmachen* 手紙を開封する / *Mach* doch die Ohren *auf*! よく聞けよ! (← 耳を開けろ). ◇〖目的語なしでも〗 Er *hat* mir nicht *aufgemacht*. 彼は私を中へ入れてくれなかった. (☞ 類語 öffnen).

② 《口語》(新しい店など⁴を)開業する. eine Filiale⁴ *aufmachen* 支店を開く. ③ しつらえる, 装わせる, 飾る. ein Buch⁴ hübsch *aufmachen* 本をきれいに装丁する. ◇〖再帰的に〗 Sie *macht sich*⁴ immer sehr *auf*. 〖口語〗彼女はいつもたいへんめかし込んでいる. ④ 〖人³に〗計算書など⁴を)作成する. ⑤ 《口語》(カーテンなどを)掛ける.

II 圓 (定了) haben) 《口語》(店などが)開く, 開店する; 開業する. Die Post *macht* um 9 Uhr *auf*. 郵便局は9時に開きます.

III 再帰 (定了) haben) *sich*⁴ *aufmachen* 出発する. Er *machte sich* **in** die Stadt *auf*. 彼は町へ出かけた.

Auf·ma·cher [アオふ・マッハァ áuf-maxər] 男 -s/- 〖口〗(新聞などの)大見出し; トップ記事.

Auf·ma·chung [アオふ・マッフング áuf-maxuŋ] 囡 -/-en ① 身なり, 外装, メークアップ; (商品の)包装. ② (新聞などの)大見出し; トップ記事. in großer *Aufmachung* a)飾りたてて, b)大見出しで.

Auf·marsch [アオふ・マルシュ áuf-marʃ] 男 -es/..märsche 行進, パレード.

auf|mar·schie·ren [アオふ・マルシーレン áuf-marʃì:rən] 圓 (s) 行進して来て配置につく.

auf|mer·ken [アオふ・メルケン áuf-mèrkən] 圓 (h) 《雅》注意を払う, 耳を傾ける. **auf** 〖人・物〗⁴ *aufmerken* 〖人・物〗⁴に注意を向ける.

***auf·merk·sam** [アオふ・メルクザーム áuf-mɛrkza:m] 形 (裏) attentive) ① 注意深い. ein *aufmerksamer* Beobachter 注意深い観察者 / Die Schüler hören dem Lehrer *aufmerksam* zu. その生徒たちは先生の言うことを注意深く聴く / 人・車4に人・車4への注意を促す / auf 人・車4 *aufmerksam* werden 人・車4に気づく. ② よく気のつく, 思いやりのある, 親切な. Er ist gegen seine Mutter sehr *aufmerksam*. 彼は母親に対してたいへん思いやりがある / Das ist sehr *aufmerksam* von Ihnen. ご配慮いただきどうもありがとうございます.

die **Auf·merk·sam·keit** [アオふ・メルクザームカイト áuf-mɛrkza:mkaɪt] 囡 (単) -/(複) -en (裏) attention) ①《複なし》注意[深さ]. die *Aufmerksamkeit*4 **auf** 物4 richten 物4に注意を向ける(払う) / **mit** gespannter *Aufmerksamkeit* zu|hören 注意深く耳を傾ける. ② 心づかい, 思いやり, 親切. 人3 *Aufmerksamkeiten*4 erweisen 人3に親切を尽くす. ③ ささやかな贈り物.

auf|mö·beln [アオふ・メーベるン áuf-møː-bəln] 他 (h) ①《補修して》見栄えよくする. ②《口語》元気づける.

auf|mu·cken [アオふ・ムッケン áuf-mʊkən] 自 (h)《gegen 人・事4 ~》《口語》(人・事4に対して)文句を言う.

auf|mun·tern [アオふ・ムンタァン áuf-mʊntɐn] 他 (h) ① 元気づける; 励ます. ②人4 **zu** 事3 *aufmuntern* 人4を励まして事3をさせる.

Auf·mun·te·rung [アオふ・ムンテルング] 囡 -/-en 鼓舞, 激励; 励ましの言葉.

auf·müp·fig [アオふ・ミュプふィヒ] 形《方》反抗的な, 従順でない.

auf|nä·hen [アオふ・ネーエン áuf-nɛːən] 他 (h) 縫い付ける. ein Band4 **auf** das Kleid *aufnähen* ワンピースにリボンを縫い付ける.

die **Auf·nah·me** [アオふ・ナーメ áuf-naːma] 囡 (単) -/(複) -n ① 受け入れ, 迎え入れること, 接待; 受容, 採用. (裏) reception). die *Aufnahme* von Flüchtlingen 難民の収容 / Der Vorschlag fand begeisterte *Aufnahme*. その提案は熱狂的に受け入れられた / die *Aufnahme* **in** einen Verein クラブへの加入 / die *Aufnahme* ins Krankenhaus 病院への収容.

② (写真の)撮影; 録音, 録画; 写真, 録音(録画)されたもの. Luft*aufnahme* 航空写真 / Achtung, *Aufnahme*! さあ, 撮りますよ / eine *Aufnahme*4 von 人・物3 machen 人・物3の写真を撮る / die *Aufnahme* eines Musikstücks **auf** Tonband 録音テープへの楽曲の録音. ③《複なし》(仕事などの)開始; (交渉の)続行. ④ (病院などの)受付, 待合室. ⑤ (飲食物の)摂取, 吸収. ⑥ (資本の)借入.

auf·nah·me·fä·hig [アオふナーメ・ふェーヒ] 受け入れる(収容できる)ことができる; 受容(理解)力のある. Sie ist **für** Musik *aufnahmefähig*. 彼女は音楽に対して感受性がある.

Auf·nah·me·fä·hig·keit [アオふナーメ・ふェーイヒカイト] 囡 -/ 収容能力; (精神的)受容(理解)力.

Auf·nah·me·prü·fung [アオふナーメ・プリューふング] 囡 -/-en 採用(入学)試験.

***auf|neh·men* [アオふ・ネーメン áuf-nèːmən] du nimmst...auf, er nimmt...auf (nahm...auf, hat...aufgenommen) 他《完了》haben) ① (床・地面から)取り上げる, 拾い上げる. (裏) pick up). den Handschuh **vom** Boden *aufnehmen* 床から手袋を拾い上げる / Die Mutter *nahm* das Kind *auf*. 母親は子供を抱き上げた / Maschen4 *aufnehmen*《手芸》目を拾う.

② (団体・組織などに)受け入れる; (客など4を)迎える, 泊める. (裏) receive). 人4 **in** einen Chor *aufnehmen* 人4を合唱団に加入させる / Er *wurde* ins Gymnasium *aufgenommen*.《受動・過去》彼はギムナジウムに入学を許可された / 人4 freundlich *aufnehmen* 人4を温かく迎え入れる / Das Hotel *kann* keine Gäste mehr *aufnehmen*. そのホテルは客をもうこれ以上泊められない. ③ (事4を)開始する, (仕事などに)着手する. die Arbeit4 *aufnehmen* 仕事にとりかかる / Er *will* mit uns Kontakt *aufnehmen*. 彼は私たちとコンタクトをとろうとしている / ein Thema4 *aufnehmen* あるテーマを取り上げる.

④ (写真・映画4を)撮影する; 録音する, 録画する; (文書など4を)書きつける. eine Landschaft4 *aufnehmen* 風景を撮影する / Ich *habe* das Konzert **auf** Tonband *aufgenommen*. 私はコンサートをテープに録音した / ein Protokoll4 *aufnehmen* 調書を取る.

⑤ (部屋などが人4を)収容できる. Der Aufzug *kann* sechs Personen *aufnehmen*. このエレベーターには6人乗れる. ⑥ (心の中に)受け止める; 理解する. einen Vorschlag beifällig *aufnehmen* 提案を好意的に受け入れる / neue Eindrücke4 *aufnehmen* 新たな印象を心に刻む. ◇《目的語なしで》Das Kind *nimmt* schnell *auf*. この子はのみ込みが早い. ⑦《A4 **in** B4 ~》(A4 を B4(プログラムなど)に)取り入れる. eine Erzählung4 **in** eine Sammlung *aufnehmen* ある物語を選集に収録する. ⑧《**es** を目的語として成句的に》es4 **mit** 人・物3 *aufnehmen* 人・物3にひけをとらない. ⑨ (飲食物4を)摂取する; 吸収する. ⑩ (資金など4を)借り入れる.

auf|nö·ti·gen [アオふ・ネーティゲン áuf-nøːtɪgən] 他 (h) (人3に物4を)無理強いする, 押しつける.

auf|op·fern [アオふ・オプふァァン áuf-ɔpfɐn] I 他 (h) (人・事3のために物4を)犠牲にする. II 再帰 (h)《*sich*4 **für** 人・事 ~》(人・事4のために)身をささげる.

auf·op·fernd [アオふ・オプふァァント] I aufopfern (再帰 で; 身をささげる)の現分 II 形 献身的な.

Auf·op·fe·rung [アオフ・オプフェルング] 囡 -/-en《ふつう匣》犠牲[的行為]；献身．

auf|pa·cken [アオフ・パッケン] áuf-pàkən] 他 (h) 積み込む；《比》(人³に責任など⁴を)負わせる．◊《再帰的に》sich³ viel Arbeit⁴ *aufpacken* たくさんの仕事をしょいこむ．

auf|päp·peln [アオフ・ペッペるン áuf-pèpəln] 他 (h) (子供・病人など⁴に)栄養をつけて元気にさせる．

****auf|pas·sen** [アオフ・パッセン áuf-pàsən] du passt ... auf (passte ... auf, hat ... aufgepasst) 自 (定了) haben) 気をつける，注意を払う．(英 take care)．Der Schüler *passt* nicht *auf*. その生徒は[先生の話を]注意して聞いていない / *Pass* doch *auf*!《口語》よく聞け(見ろ)よ / **auf** 人·物⁴ *aufpassen* 人·物⁴に注意を払う，気を配る ⇨ Du *musst* auf die Autos *aufpassen*. 車に注意しないといけないよ / auf die Kinder *aufpassen* 子供たちに気を配る．

◊☞ **aufgepasst**

Auf·pas·ser [アオフ・パッサァ áuf-pasər] 男 -s/- ① 見張り人，監視人．(女性形: -in)．② (軽蔑的に)密偵，スパイ．

auf|peit·schen [アオフ・パイチェン áuf-pàıtʃən] 他 (h) ①《嵐が海など⁴を》波立たせる．②《比》(人⁴・感覚など⁴を)興奮させる．

auf|pflan·zen [アオフ・プふらンツェン áuf-pflàntsən] I 他 (h) ① (旗など⁴を)立てる．② (銃剣⁴を)装着する．II 再帰 (h)《*sich*⁴ vor 人·物⁴ ～》《口語》(人·物³の前に)立ちはだかる．

auf|pfrop·fen [アオフ・プふロプふェン áuf-pfròpfən] 他 (h) 接ぎ木する；《比》(人·物³に異質なもの⁴を無理やり)押しつける．

auf|plat·zen [アオフ・プらッツェン áuf-plàtsən] 自 (s) (縫い目・つぼみなどが)ほころびる，(傷口が)ぱっくり開く．

auf|plus·tern [アオフ・プるーステァン áuf-plù:stərn] I 他 (h) (鳥が羽⁴を)逆立てる．II 再帰 (h) *sich*⁴ *aufplustern* ① (鳥が)羽を逆立てる．②《口語》いばる．

auf|prä·gen [アオフ・プレーゲン áuf-prè:gən] 他 (h) 刻印する．人·事³ seinen Stempel *aufprägen*《比》人·事³に強い影響を及ぼしている．

Auf·prall [アオフ・プらる áuf-pral] 男 -[e]s/-e《ふつう匣》衝突，はね返り．

auf|pral·len [アオフ・プられン áuf-pràlən] 自 (s)《**auf** 物⁴ ～》(物⁴にぶつかる，衝突する．

Auf·preis [アオフ・プライス áuf-prais] 男 -es/-e 割増価格，追加料金．

auf|pro·bie·ren [アオフ・プロビーレン áuf-probì:rən] 他 (h) (帽子など⁴を)かぶってみる，(眼鏡など⁴を)掛けてみる．

auf|pum·pen [アオフ・プンペン áuf-pùmpən] 他 (h) (タイヤなど⁴に)ポンプで空気を入れる．

auf|put·schen [アオフ・プッチェン áuf-pùtʃən] 他 (h) ① 扇動する．② 刺激する，興奮させる．◊《再帰的に》*sich*⁴ **mit** Kaffee *aufputschen* コーヒーで元気をつける．

auf|put·zen [アオフ・プッツェン áuf-pùtsən] 他 (h) ① 飾りたてる．②《口語》(決算表など⁴を)粉飾する．

auf|quel·len* [アオフ・クヴェれン áuf-kvèlən] 自 (s) ① ふやける，ふくれる．②《比》(感情・涙などが)こみ上げる．

auf|raf·fen [アオフ・ラッふェン áuf-ràfən] I 他 (h) ① (散らばっている物⁴を)さっと拾い上げる，かき集める．Papiere⁴ vom Tisch *aufraffen* 机の書類をかき集める．② (スカートなど⁴を)たくし上げる．II 再帰 (h) *sich*⁴ *aufraffen* やっと起きあがる；《比》気力をふるい起こす． *sich*⁴ **zu** einer Entscheidung *aufraffen* やっとのことで決心する．

auf|ra·gen [アオフ・ラーゲン áuf-rà:gən] 自 (h) そびえ立っている．

auf|rap·peln [アオフ・ラッペるン áuf-ràpəln] 再帰 (h) *sich*⁴ *aufrappeln*《口語》やっとのことで立ち(起き)上がる；気力をふるい起こす；(病気が治って)元気になる．

auf|rau·en [アオフ・ラオエン áuf-ràuən] 他 (h) (物⁴の)表面をざらざらにする，けばだてる．

auf|rau·hen [アオフ・ラオエン] auf|rauen の古い形．

****auf|räu·men** [アオフ・ロイメン áuf-ròymən] (räumte ... auf, hat ... aufgeräumt) I 他 (定了) haben) ① (部屋・おもちゃなど⁴を)片づける，整頓(とん)する．Die Mutter *räumte* das Zimmer *auf*. 母親は部屋を片づけた．◊〖目的語なしでも〗Hast du schon *aufgeräumt*? もう片づけは済んだの？
II 自 (定了) haben) ①《**mit** 事³ ～》(事³を)取り除く，一掃する．mit Vorurteilen *aufräumen* 偏見を取り除く．② (疫病などが)多くの人々の命を奪う．

◊☞ **aufgeräumt**

auf|rech·nen [アオフ・レヒネン áuf-rèçnən] 他 (h) ①《A⁴ **gegen** B⁴ ～》(A⁴をB⁴で)相殺(さい)する．②《人³に費用など⁴を)負担させる．

auf·recht [アオフ・レヒト áuf-reçt] 形 (英 upright) ① 直立した，(姿勢が)まっすぐな．in *aufrechter* Haltung 背筋をまっすぐ伸ばして / *aufrecht* stehen 直立している．② 心のまっすぐな，まっ正直な．ein *aufrechter* Mann まっ正直な男．

auf·recht|er·hal·ten* [アオフレヒト・エァハるテン áufreçt-ɛrhàltən] (過分) aufrechterhalten 他 (h) (秩序など⁴を)維持する，保持する；(意見など⁴を)固持する．

Auf·recht·er·hal·tung [アオふレヒト・エァハるトゥング] 囡 -/ 維持，保持．

auf|re·gen [アオフ・レーゲン áuf-rè:gən] (regte ... auf, hat ... aufgeregt) I 他 (定了) haben) 興奮させる，刺激する．(英 excite)．Zu viel Besuch *regt* den Kranken *auf*. あまり見舞い客が多いと病人が興奮してしまう．
II 再帰 (定了) haben) *sich*⁴ *aufregen* ① 興奮する．*Reg* dich nicht so *auf*! 興奮するな．②《*sich*⁴ **über** 人·事⁴ ～》《口語》(人·事⁴に)憤慨する．Das ganze Dorf regt sich

über sie *auf*. 村中が彼女に憤慨している.
◇☞ **aufgeregt**

auf·re·gend [アオフ・レーゲント] I *auf|regen* (興奮させる)の 現分 II 形 刺激的な, スリリングな; 人騒がせな. ein *aufregendes* Buch 刺激的な本.

die **Auf·re·gung** [アオフ・レーグング áuf-re:gʊŋ] 女 (単) -/(複) -en ① 興奮, 激高. (英 excitement). Nur keine *Aufregung*! 頼むから興奮しないで / in *Aufregung* geraten 興奮する / vor *Aufregung* 興奮のあまり. ② 混乱, パニック, 大騒ぎ.

auf|rei·ben* [アオフ・ライベン áuf-ràɪbən] I 他 (h) ① (皮膚など4を)こすって傷つける. sich³ die Hand⁴ *aufreiben* 手をすりむく. ② (人⁴・体力など⁴を)消耗させる. ◇《現在分詞の形で》 eine *aufreibende* Tätigkeit 心身をすりへらす仕事. ③ (軍隊⁴を)全滅させる. II 再帰 (h) sich⁴ *aufreiben* 心身をすり減らす. Er *reibt sich* im Beruf *auf*. 彼は職務で心身をすり減らしている.

auf|rei·ßen* [アオフ・ライセン áuf-ràɪsən] I 他 (h) ① (手紙など⁴を)破って開ける; (ドアなど⁴を)急に開ける; (路面など⁴を)掘り起こす; (衣服など⁴を)引き裂く, (手など⁴に)裂傷を負う. die Augen⁴ (den Mund) *aufreißen* 《口語》[驚いて]目の玉をむく(ぽかんと大口を開ける). ② 《工》(物⁴の)立面図を描く. ③ (テーマなど⁴を)概説する. ④ 《俗》手に入れる. einen Job *aufreißen* 仕事にありつく / ein Mädchen⁴ *aufreißen* 《隠語》女の子をひっかける. II 自 (s) 破れる, 裂ける.

auf|rei·zen [アオフ・ライツェン áuf-ràɪtsən] 他 (h) ① 扇動する, そそのかす. 人⁴ zum Widerstand *aufreizen* 人⁴を抵抗運動に駆りたてる. ② 刺激する, 興奮させる. ◇《現在分詞の形で》 ein *aufreizender* Gang 気をそそるような歩き方.

auf|rich·ten [アオフ・リヒテン áuf-rìçtən] I 他 (h) ① まっすぐに起こす. den Oberkörper *aufrichten* 上体をまっすぐに起こす. ② (記念碑など⁴を)建てる, (壁など⁴を)築く. ③ 《比》元気づける, 励ます. Diese Hoffnung *richtete* ihn *auf*. この希望が彼を元気づけた. II 再帰 (完了 haben) sich⁴ *aufrichten* ① 起き上がる. Der Kranke *richtete sich* im Bett *auf*. 病人はベッドに起き上った. ② 《比》立ち直る, 元気を取り戻す.

auf·rich·tig [アオフ・リヒティヒ áuf-rɪçtɪç] I 形 正直な, 誠実な, 率直な; 心からの. (英 sincere). ein *aufrichtiger* Mensch 正直な人間 / *aufrichtig* gesagt 正直に言えば.
II 副 心から, 本当に. Es tut mir *aufrichtig* leid. 本当にお気の毒です.

Auf·rich·tig·keit [アオフ・リヒティヒカイト] 女 -/ 正直さ, 誠実さ, 率直さ.

Auf·riss [アオフ・リス áuf-rɪs] 男 -es/-e ① 《建》立面図, 投影図. ② 概要, あらまし.

auf|rol·len [アオフ・ロлен áuf-rɔ̀lən] 他 (h) ① (じゅうたんなど⁴をくるくる)巻く, 巻き上げる. (袖(₇)など⁴を)まくり上げる. 《口語》(髪⁴を)カーラーに巻きつける. ② (巻いたもの⁴を)広げる. eine Landkarte⁴ *aufrollen* 地図を広げる. ③ (引き戸など⁴を)がらがらと開ける. ④ 《比》(問題など⁴を)詳細に検討する, 究明する. ⑤ 《軍・スポ》(敵陣など⁴を)側面から攻撃して突破する.

auf|rü·cken [アオフ・リュッケン áuf-rỳkən] 自 (s)① 間隔をつめる. ② 昇進する. zum Abteilungsleiter *aufrücken* 部長に昇進する.

Auf·ruf [アオフ・ルーフ áuf-ru:f] 男 -[e]s/-e ① 呼び出し, 召喚. ② 呼びかけ, アピール; 声明, 布告. *Aufruf* an die Öffentlichkeit 大衆へのアピール. ③ 《経》(紙幣の)無効宣言, 回収. ④ 《ュピ》コール, 呼び出し.

auf|ru·fen* [アオフ・ルーフェン áuf-rù:fən] 他 (h) ① (患者・生徒など⁴の)名前を呼びあげる; 《法》召喚する. ② 《人⁴ zu 事³ ~》(人⁴に事³をするように)呼びかける, アピールする. 人⁴ zu einer Demonstration *aufrufen* 人⁴にデモを呼びかける. ③ 《経》(紙幣を無効として)回収する. ④ 《ュピ》コールする, 呼び出す. ⑤ 《雅》(良心など⁴に)訴える.

Auf·ruhr [アオフ・ルーア áuf-ru:r] 男 -[e]s/-e 《ふつう 単》① 反乱, 暴動. *Aufruhr* gegen die Staatsgewalt 国家権力に対する反乱 / ein Volk⁴ in *Aufruhr* bringen 国民を蜂起(ほう)させる. ② 《複 なし》激動, 混乱; 興奮. in *Aufruhr* geraten 騒然となる.

auf|rüh·ren [アオフ・リューレン áuf-rỳ:rən] 他 (h) ① (沈殿物など⁴を)かき立てる. ② 《雅》(激情など⁴を)かき立てる; (記憶など⁴を)呼び覚ます. ③ (古い話など⁴を)蒸し返す.

Auf·rüh·rer [アオフ・リューラァ áuf-ry:rər] 男 -s/- 扇動者; 反乱者, 暴徒. (女性形: -in).

auf·rüh·re·risch [アオフ・リューレリッシュ áuf-ry:rərɪʃ] 形 ① 扇動的な. ② 反乱(暴動)を起こした.

auf|run·den [アオフ・ルンデン áuf-rùndən] 他 (h) (数⁴の)端数を切り上げる.

auf|rüs·ten [アオフ・リュステン áuf-rỳstən] 自 (h) 軍備を拡張する. (⇔「軍備を縮小する」は ab|rüsten). II 他 (h) ① (国などに)軍備を持たせる. ② 《ュピ》(高性能の部品でパソコン⁴を)アップグレードする.

Auf·rüs·tung [アオフ・リュストゥング] 女 -/-en 軍備拡張. (⇔「軍備縮小」は Abrüstung).

auf|rüt·teln [アオフ・リュッテルン áuf-rỳtəln] 他 (h) (寝ている人⁴を)揺り起こす; 《比》目覚めさせる. 人⁴ aus dem Schlaf *aufrütteln* 人⁴を眠りから揺り起こす.

aufs [アオフス] 《前置詞 auf と定冠詞 das の融合形》 *aufs* Dach klettern 屋根に登る / *aufs* beste (または Beste) きわめてよく / *aufs* Neue 新たに.

auf|sa·gen [アオフ・ザーゲン áuf-zà:gən] 他 (h) ① (詩など⁴を)暗唱する. ② 《雅》(人³に事⁴の) 解消を通告する. 人³ die Freundschaft⁴ *aufsagen* 人³に絶交を宣言する.

auf|sam·meln [アオフ・ザンメるン áufzàməln] 他 (h) ① 拾い集める. ②《口語》(逮捕して)連行する.

auf·säs·sig [アオフ・ゼスィヒ áuf-zɛsɪç] 形 反抗的な, 従順でない; 反逆的な.

der **Auf·satz** [アオフ・ツァッツ áuf-zats] 男 (単2) -es/(複) ..sätze [..ゼッツェ] (3格のみ ..sätzen) ①(学校の)作文; (短い)論文, レポート; (新聞の)論説. (◁ 「学術上の」論文」は Abhandlung). einen *Aufsatz* schreiben 作文(論文)を書く. ②（テーブルのセンターピース, 卓上飾り[食器](食卓などの中央に置き, 果物・花などをアレンジしたもの).

Auf·sät·ze [アオフ・ゼッツェ] Aufsatz (作文)の複.

auf|sau·gen(*) [アオフ・ザオゲン áuf-zàugən] 他 (h) ① 吸い込む, 吸収する. ②(人⁴の精力を)すっかり奪ってしまう.

auf|schau·en [アオフ・シャオエン áuf-ʃàuən] 自 (h) ①《南ドィッ・ォーストリ・スイス》見上げる. zum Himmel *aufschauen* 空を見上げる. ②『zu 人³~』《雅》(人³を)尊敬する.

auf|scheu·chen [アオフ・ショイヒェン áuf-ʃɔ̀yçən] 他 (h)(動物など⁴を)脅して追いたてる.

auf|scheu·ern [アオフ・ショイアァン áuf-ʃɔ̀yərn] 他 (h)(皮膚など⁴を)すりむく.

auf|schich·ten [アオフ・シヒテン áuf-ʃìçtən] 他 (h) 積み重ねる; 積み重ねて作る.

auf|schie·ben* [アオフ・シーベン áuf-ʃìːbən] 他 (h) ①(引き戸など⁴をスライドさせて)開ける, 押し上げる. die Tür⁴ *aufschieben* ドアを[スライドさせて]開ける. ②(予定など⁴を)延期する, 先へ延ばす. eine Reise⁴ *aufschieben* 旅行を延期する. ◇『過去分詞の形で』*Aufgeschoben* ist nicht aufgehoben.《諺》延期は中止にあらず.

auf|schie·ßen* [アオフ・シーセン áuf-ʃìːsən] 自 (s) ①(炎などが)ぱっと上がる; (鳥などが)急に舞い上がる; (水が)噴出する. ②(人・植物が)急速に成長する. ③ ぱっと飛び起きる(立ち上がる). ④《雅》(不安などが)心をよぎる.

◇☞ aufgeschossen

Auf·schlag [アオフ・シュら―ク áuf-ʃlaːk] 男 -(e)s/..schläge ① はね返り, バウンド, 衝突. ②(テニス・バトミントンなどの)サーブ. ③(そで⁴) などの)折り返し. ④ 値上がり; 値上げ[分].

auf|schla·gen* [アオフ・シュら―ゲン áuf-ʃlàːgən] du schlägst... auf, er schlägt... auf (schlug..., hat/ist... aufgeschlagen) I 他 (完了 haben) ① 打ち割る. Er *hat* das Ei *aufgeschlagen*. 彼は卵を割った. ②(ひざなど⁴を打ちつけてけがをする. Ich *habe* mir das Bein *aufgeschlagen*. 私は足をぶつけてけがをした. ③(閉じたもの⁴を)開く, 開ける; (本のある箇所⁴を)めくる. die Augen⁴ *aufschlagen* 目を開ける / *Schlagen* Sie bitte Seite 17 *auf*! 17ページを開いてください. (☞ 類語 öffnen). ④(袖⁴など⁴を)折り返す, (襟⁴など⁴を)立てる. ⑤(足場⁴など⁴を)組み立てる, しつらえる; (住まい⁴を)定める. ein Zelt⁴ *aufschlagen* テントを張る. ⑥(値段⁴を)上げる. ⑦〚成句的に〛Maschen⁴ *aufschlagen*《手芸》最初の[一段の]編み目を作る.

II 自 （完了 sein, haben) ①(s)（落ちて)ぶつかる. Das Flugzeug *schlug* auf dem Boden (または den Boden) *auf*. 飛行機が地面に激突した. ②(s)（ドアなどが)ばたんと開く. ③(s)（炎などが)ぱっと燃え上がる. ④(h) 値上がりする. ⑤(h)（テニスなどで):サーブする.

Auf·schlä·ger [アオフ・シュれ―ガァ áuf-ʃlɛːgər] 男 -s/-（テニス・バドミントンなどの)サーバー. (女性形: -in).

auf|schlie·ßen* [アオフ・シュリーセン áuf-ʃliːsən] du schließt...auf (schloss...auf, hat...aufgeschlossen) I 他 （完了 haben) ①(部屋・引き出しなど⁴を)鍵(鍵)で開ける.《英 unlock》. (◁ 「鍵で閉める」は zu|schließen). die Tür⁴ *aufschließen* ドアを鍵で開ける. (☞ 類語 öffnen). ②《雅》(人³に事⁴を)説明(解明)する; 打ち明ける. 人³ sein Herz⁴ *aufschließen* 人³に自分の心を打ち明ける. ③（油田など⁴を)開発する; 《鉱》(鉱石⁴を)砕く. ④《化・生》(不溶性物質⁴を)可溶性にする.

II 再帰 (完了 haben) sich⁴ 人³ *aufschließen* 人³に心を打ち明ける; 人³に開かれる. Eine neue Welt *schloss* sich ihm *auf*. 新しい世界が彼の前に開けた.

III 自 （完了 haben) (列の間隔などを)詰める. Bitte *aufschließen*! どうぞお詰めください / **zur** Spitzengruppe *aufschließen*《スポ》トップグループに追いつく.

◇☞ aufgeschlossen

auf|schlit·zen [アオフ・シュリッツェン áuf-ʃlɪtsən] 他 (h) 切り開く, 切り裂く.

auf|schluch·zen [アオフ・シュるフツェン áuf-ʃlùxtsən] 他 (h)（突然)すすり泣く, むせび泣く, しゃくりあげる.

Auf·schluss [アオフ・シュるス áuf-ʃlʊs] 男 -es/..schlüsse ① 説明, 解明; 情報. 人³ über 人・事⁴ *Aufschluss*⁴ geben 人³に人・事⁴について説明してやる. ②《地学》鉱脈の露出[部].

auf|schlüs·seln [アオフ・シュリュッセるン áuf-ʃlỳsəln] 他 (h)（一定の基準で)分類する.

auf·schluss=reich [アオフシュるス・ライヒ] 形 示唆に富む, 啓発されるところの多い, 有益な. eine *aufschlussreiche* Äußerung 教示に富む発言.

auf|schnal·len [アオフ・シュナれン áuf-ʃnàlən] 他 (h) ①(物⁴の)留め金をはずす. den Gürtel *aufschnallen* ベルトの留め金をはずす. ② 留め金付きのベルトで結びつける.

auf|schnap·pen [アオフ・シュナッペン áuf-ʃnàpən] I 他 (h) ①《口語》小耳にはさむ, 偶然知る. ②（犬などが)ぱっとくわえる. II 自 (s)（掛け金がはずれてドアなどが)ぱっと開く.

auf|schnei·den* [アオフ・シュナイデン áuf-ʃnàɪdən] du schneidest...auf, er schnei-

det...auf (schnitt...auf, *hat*...aufgeschnitten) **I** 他 (定了 haben) ① 切り開く; (医者が)切開する. einen Knoten [mit der Schere] *aufschneiden* 結び目を[はさみで]切って開ける / 人³ den Bauch *aufschneiden* (戯) 人³の腹部を手術する. ② (肉・パンなど⁴を)薄切りにする、スライスする. den Braten *aufschneiden* ロースト肉を薄く切る.
II 自 (定了 haben) 《口語》ほらを吹く.

Auf·schnei·der [アオフ・シュナイダァ áuf-ʃnaɪdər] 男 -s/- 《口語》ほら吹き. (女性形: -in).

Auf·schnei·de·rei [アオフ・シュナイデライ auf-ʃnaɪdəráɪ] 女 -/-en 《口語》ほら, 大言壮語.

Auf·schnitt [アオフ・シュニット áuf-ʃnɪt] 男 -[e]s/ (ハム・チーズなどの)薄切り, 切片.

auf|schnü·ren [アオフ・シュニューレン áuf-ʃny:rən] 他 (h) (小包・靴など⁴の)ひもをほどく.

auf|schrau·ben [アオフ・シュラオベン áuf-ʃràʊbən] 他 (h) ① ねじって開ける. einen Füllhalter *aufschrauben* 万年筆のキャップを回して開ける. ② 《A⁴ **auf** B⁴~》(A⁴をB⁴に)ねじで取り付ける.

auf|schre·cken¹ [アオフ・シュレッケン áuf-ʃrèkən] 他 (h) (飛び上がるほど)びっくりさせる; (狩) (うさぎなど⁴を)脅して狩り出す.

auf|schre·cken²⁽*⁾ [アオフ・シュレッケン] 自 (s) びっくりして飛び上がる(起きる). Er *schreckte* (または *schrak*) **aus** dem Schlaf *auf*. 彼はびっくりして目を覚ました.

Auf·schrei [アオフ・シュライ áuf-ʃraɪ] 男 -[e]s/-e 叫び声, 絶叫. ein freudiger *Aufschrei* 歓声.

auf|schrei·ben [アオフ・シュライベン áuf-ʃràɪbən] (schrieb...auf, *hat*...aufgeschrieben) 他 (定了 haben) ① 書き留める, メモする. Bitte *schreiben* Sie Ihren Namen *auf*! お名前を書いてください / 人⁴ *aufschreiben* 《口語》(交通警官などが)人⁴の住所氏名を書き留める. ◊《再帰代名詞(3 格)とともに》*sich*³ 事⁴ *aufschreiben* 事⁴をメモする ⇨ Ich *habe* mir seine Adresse *aufgeschrieben*. 私は彼のアドレスをメモした. ② 《口語》(人³に薬⁴を)処方する.

auf|schrei·en* [アオフ・シュライエン áuf-ʃràɪən] 自 (h) 突然叫ぶ, 大声をあげる.

Auf·schrift [アオフ・シュリフト áuf-ʃrɪft] 女 -/-en 上書き, (看板・硬貨などの)文字; (びん・缶詰などの)ラベル; 碑[銘]文.

Auf·schub [アオフ・シューブ áuf-ʃu:p] 男 -[e]s/..schübe 延期; 猶予[期間]. **ohne** *Aufschub* たちどころに, 即座に / 人³ *Aufschub*⁴ geben (または gewähren) 人³に猶予を与える.

auf|schüt·ten [アオフ・シュッテン áuf-ʃỳtən] 他 (h) ① (わら・土など⁴を)盛り上げる, (石など⁴を)積み上げる. ② (土砂などを積み上げて堤防など⁴を)築く.

auf|schwat·zen [アオフ・シュヴァッツェン áuf-ʃvàtsən] 他 (h) (人³に物⁴を)言葉巧みに売りつける.

auf|schwem·men [アオフ・シュヴェンメン áuf-ʃvèmən] 他 (h) (ビールなどが人⁴を)ぶくぶく太らせる.
◊☞ **aufgeschwemmt**

auf|schwin·gen* [アオフ・シュヴィンゲン áuf-ʃvìŋən] **I** 再帰 (h) *sich*⁴ *aufschwingen* ① (鳥などが)飛び上がる, 舞い上がる. ② 《*sich*⁴ **zu** 人・事³ ~》(人³に)躍進(昇進)する, (事³を)する気になる, 思いきってする. **II** 自 (h) (ドアなどが)ばたんと開く.

Auf·schwung [アオフ・シュヴング áuf-ʃvʊŋ] 男 -[e]s/..schwünge ① 躍進, 発展; (景気の)上昇. ②《雅》(精神の)高揚. 人³ neuen *Aufschwung* geben 人³に新たな活力を与える. ③ (鉄棒などでの)け上がり.

auf|se·hen* [アオフ・ゼーエン áuf-zè:ən] 自 (h) ① 見上げる, 視線を上げる. **vom** Buch *aufsehen* [読んでいる]本から目を上げる / **zum** Himmel *aufsehen* 空を見上げる. ②《**zu** 人³》(比)(人³を)尊敬する, 敬う.

das **Auf·se·hen** [アオフ・ゼーエン áuf-ze:ən] 中 (単) -s/ センセーション, (世間の)注目[を集めること]. (英 sensation). **ohne** *Aufsehen* 注目されることなく / *Aufsehen* erregen (または machen) 評判になる, センセーションを巻き起こす ⇨ Der Vorfall erregte großes *Aufsehen*. その事件はたいへんセンセーションを巻き起こした.
▶ **aufsehen⚡erregend**

auf·se·hen⚡er·re·gend, Auf·se·hen er·re·gend [アオフゼーエン・エァレーゲント] 形 センセーショナルな. *aufsehenerregendes* Ereignis センセーショナルな出来事.

Auf·se·her [アオフ・ゼーアァ áuf-ze:ər] 男 -s/- 監視人, 看守. (女性形: -in).

auf sein [☞ auf II ①, ②

auf·sei·ten, auf Seiten [アオフ・ザイテン] 前《2 格とともに》…の側に. *aufseiten* des Klägers 原告側に.

auf|set·zen [アオフ・ゼッツェン áuf-zètsən] du setzt...auf (setzte...auf, *hat*...aufgesetzt) **I** 他 (定了 haben) ① (帽子など⁴を人³に)かぶせる, (眼鏡⁴を)かける. (英 put on). (✍ 「取りはずす」は ab|setzen). dem Kind eine Mütze⁴ *aufsetzen* 子供に帽子をかぶせる / eine Brille⁴ *aufsetzen* 眼鏡をかける / eine ernste Miene⁴ *aufsetzen* (比) 真剣な顔をする.
② (上に)置く, 載せる. einen Topf *aufsetzen* 鍋(⁵)を火にかける / ein Stockwerk⁴ *aufsetzen* もう 1 階建て増す / die Füße⁴ **auf** den Boden *aufsetzen* 両足を地面に下ろす. ③ [縫い]付ける. Taschen⁴ **auf** einen Mantel *aufsetzen* コートにポケットを付ける. ④ (人⁴の身体を)起こしてやる. ◊《再帰的に》*sich*⁴ im Bett *aufsetzen* ベッドの上で起き上がる. ⑤ (文書など⁴を)作成する, 起草する. einen Vertrag *aufsetzen* 契約書を作成する.
II 自 (定了 haben) ① (飛行機などが)着陸す

る; 着地する.　②《狩》(鹿などが)角を生やす.
◇☞ **aufgesetzt**

die **Auf·sicht** [アオふ・ズィヒト áuf-zɪçt] 囡(単) -/(複) -en　①《覆なし》監視, 監督; コントロール.（英）supervision). die *Aufsicht*[4] **über** 人・物[4] **haben** (または führen) 人・物[4]を監督する / Sie stehen **unter** polizeilicher *Aufsicht*. 彼らは警察の監視下にある.　②《ふつう覆》《口語》監視員, 監督官.　③　上からの眺め, 俯瞰(ふ).

Auf·sichts≠be·hör·de [アオふズィヒツ・ベヘーァデ] 囡 -/-n　監督官庁.

Auf·sichts≠pflicht [アオふズィヒツ・ブふりヒト] 囡 -/　(特に年少者に対する)監督の義務.

Auf·sichts≠rat [アオふズィヒツ・ラート] 男 -[e]s/..räte《経》監査役会; 監査役.

auf|sit·zen* [アオふ・ズィッツェン áuf-zìtsən] 圊 (s, h)　①　(s)（馬・バイクなどに)乗る, またがる.　②　(h)《口語》身を起こして座っている;（寝ないで)起きている. Der Patient *saß* im Bett *auf*. 患者はベッドに座っていた.　③　(h) 載っている, 固定されている.　④　(h)《海》(船が)座礁している.　⑤　(s)《方》(人[3]にとって)やっかい者である.　⑥　(s)（人・事[3]に)だまされる, 乗せられる.　⑦　(s)《口語》すっぽかされる. 人[4] *aufsitzen lassen* 人[4]をすっぽかす, 待ちぼうけをくわす.

auf|spal·ten[(*)] [アオふ・シュぱるテン áuf-ʃpàltən] 他 (h) 割る, 分解(分裂)させる.◇再帰的に] *sich*[4] *aufspalten* 分解(分裂)する.

auf|span·nen [アオふ・シュパンネン áuf-ʃpànən] 他 (h)　①（帆・綱など[4]を)張る;（枠などに)張って固定する.　②（傘など[4]を)開く.

auf|spa·ren [アオふ・シュパーレン áuf-ʃpà:rən] 他 (h) (のちのために)とっておく, 残しておく.

auf|spei·chern [アオふ・シュパイヒャァン áuf-ʃpàıçərn] I 他 (h) 貯蔵する, 蓄積する. II 再帰 (h) *sich*[4] *aufspeichern* (怒りなどが)うっ積する.

auf|sper·ren [アオふ・シュペレン áuf-ʃpèrən] 他 (h)　①《口語》(口・窓など[4]を)大きく開ける.　②《南ドィ・ォ－ストリァ》(ドアなど[4]の)鍵(ぎ)を開ける.

auf|spie·len [アオふ・シュピーレン áuf-ʃpì:lən] I 圊 (h)　①　演奏する. **zum Tanz** *aufspielen* ダンスの伴奏をする.　②《二ざ》(…な)プレーをする. groß *aufspielen* すばらしいプレーをする. II 他 (h) (曲[4]を)演奏する. einen Walzer *aufspielen* ワルツを演奏する.　III 再帰 (h) *sich*[4] *aufspielen* 《口語》もったいぶる, 気取る. *sich*[4] **als** Held *aufspielen* 英雄を気取る.

auf|spie·ßen [アオふ・シュピーセン áuf-ʃpì:sən] 他 (h)　①（肉など[4]を)串して取る;（昆虫など[4]を)ピンで刺して固定する.　②《口語》酷評する, やり玉にあげる.

auf|split·tern [アオふ・シュプりッタァン áuf-ʃplìtərn] I 他 (h)（政党など[4]を)分裂させる. ◇[再帰的に] *sich*[4] *aufsplittern* 分裂する. II 圊 (s) 割れる, 裂ける.

auf|spren·gen [アオふ・シュプレンゲン áuf-ʃprèŋən] 他 (h) こじ開ける; 爆破して開ける.

auf|sprin·gen* [アオふ・シュプリンゲン áuf-ʃprìŋən] 圊 (s)　①　飛び上がる;（ボールが)バウンドする. Er *sprang* empört **vom Stuhl** *auf*. 彼は怒っていますから飛び上がった.　②（列車・馬などに)飛び乗る. **auf** eine anfahrende Straßenbahn *aufspringen* 動き出した市電に飛び乗る.　③（ドア・錠などが)ぱっと開く,（つぼみが)ほころびる.　④（皮膚などに)ひび割れる.

auf|sprit·zen [アオふ・シュプリッツェン áuf-ʃprìtsən] I 圊 (s)　①　(泥・水などが)はね上がる.　②《俗》さっと立ち上がる.　II 他 (h) (塗料など[4]を)吹き付ける.

auf|spu·len [アオふ・シュプーれン áuf-ʃpù:lən] 他 (h) （フィルム・録音テープなど[4]を)巻き取る.

auf|spü·ren [アオふ・シュビューレン áuf-ʃpỳ:rən] 他 (h) (犯人・獲物など[4]を)捜し出す, 見つけ出す.

auf|sta·cheln [アオふ・シュタッヘるン áuf-ʃtàxəln] 他 (h) 刺激する, かきたてる; 励ます. 人[4] **zum** Aufruhr *aufstacheln* 人[4]を扇動して反乱を起こさせる.

auf|stamp·fen [アオふ・シュタンプふェン áuf-ʃtàmpfən] 圊 (h) 地面を踏みつける,（怒って)じだんだを踏む.

Auf·stand [アオふ・シュタント áuf-ʃtant] 男 -[e]s/..stände 暴動, 反乱, 蜂起(ほう). einen *Aufstand* **gegen** die Regierung nieder|-schlagen 反政府暴動を鎮圧する.

auf·stän·disch [アオふ・シュテンディッシュ áuf-ʃtɛndɪʃ] 形 暴動(反乱)に加わっている, 蜂起(ほう)した.

Auf·stän·di·sche[r] [アオふ・シュテンディシェ(..シャァ) áuf-ʃtɛndɪʃə(..ʃər)] 男囡《語尾変化は形容詞と同じ》暴徒, 反乱者.

auf|sta·peln [アオふ・シュターぺるン áuf-ʃtà:pəln] 他 (h)（本・箱など[4]を)積み上げる, 積み重ねる.

auf|ste·chen* [アオふ・シュテッヒェン áuf-ʃtɛçən] 他 (h)　①（水ぶくれなど[4]を)針で刺して開ける.　②《口語》(誤りなど[4]を)暴く, ほじくり出す.

auf|ste·cken [アオふ・シュテッケン áuf-ʃtɛkən] 他 (h)　①（上方へ上げて)ピンで留める. *sich*[3] das Haar[4] *aufstecken* 髪を結う.　②（旗など[4]を)掲げる,（ろうそく[4]を)立てる,（指輪[4]を)はめる.　③《口語》(計画など[4]を)とりやめる,（中途で)放棄する.

auf|ste·hen [アオふ・シュテーエン áuf-ʃtè:ən]

立ち上がる; 起きる
　　Steh mal bitte *auf*!
　　シュテー　マーる　ビッテ　アオふ
　　ちょっと立ってみてよ.

(stand...auf, ist/hat...aufgestanden) 圊 (完了 sein または haben)　①　(s) 立ち上がる, 起き上がる.（英）*stand up*). **vom** Stuhl *aufstehen* いすから立ち上がる / Wir *standen* vom Tisch *auf*.

私たちは食事を終えて席を立った / **vor** 人³ *aufstehen* a) 人³に敬意を表して立ち上がる, b) 人³に席を譲る.

② (s) 起きる, 起床する. (޵) *get up*). Ich *stehe* jeden Tag um 6 Uhr *auf*. 私は毎日6時に起きます / **früh** (**spät**) *aufstehen* 早起き(朝寝坊)する / Da *musst* du früher *aufstehen*! (俗) その手に乗るもんか(←君はもっと早く起きないといけない).

③ (s) 〖**gegen** 人⁴ ~〗(雅) (人⁴に)反抗して立ち上がる. ④ (h) (机などが)床に立っている. ⑤ (h) (ドア・窓などが)開いている. Das Fenster *steht auf*. 窓が開いている. ⑥ (s) 〖**in** 人³ ~〗(雅) (感情などが 人³の心に)生じる.

> 類語 **auf|stehen**: (目覚めて)起床する. **auf|wachen**: (ぱっと)目を覚ます. **wach werden**: 目が覚める.

auf|stei·gen* [アオフ・シュタイゲン áuf-ʃtaɪɡən] (stieg...*auf*, *ist*...aufgestiegen) 自 (完了 sein) ① (馬・自転車などに)乗る. (޵ *get on*). (反 「降りる, 下る」は ab|steigen). **auf** das Fahrrad *aufsteigen* 自転車に乗る / 人⁴ *aufsteigen lassen* 人⁴をオートバイ(自転車)の後部座席に乗せる.

② 登る. **auf** einen Berg *aufsteigen* 山に登る. (現在分詞の形で) 募る疑念 / die *aufsteigende* Linie 直系の尊属. ③ (飛行機などが)飛び立つ, 上昇する; (太陽などが)昇る; (煙などが)立ち昇る. Die Sonne *steigt* am Horizont *auf*. 地(水)平線から太陽が昇る. ④ 昇進する, 出世する; (޹) (上位リーグへ)昇格する. ⑤ (雅) (考えなどが)浮かぶ; (感情などが)生じる; (涙が)こみあげてくる. Angst *stieg* in mir *auf*. 私は不安がこみあげて来た. ⑥ (޹) (上位リーグへ)昇格する.

Auf·stei·ger [アオフ・シュタイガァ áuf-ʃtaɪɡɐr] 男 -s/- ① (口語) 出世した人, 成功者. (女性形: -in). ② (޹) (上位リーグへの)昇格チーム(選手).

auf|stel·len [アオフ・シュテれン áuf-ʃtɛlən] (stellte...*auf*, *hat*...aufgestellt) I (完了 haben) ① 立てる, 置く; (装置などを)据えつける; (歩哨などを⁴)立てる. Er *stellt* Tische und Stühle im Garten *auf*. 彼は庭にテーブルといすを置く / ein Denkmal⁴ *aufstellen* 記念碑を建てる / eine Maschine⁴ *aufstellen* 機械を据える / ein Zelt⁴ *aufstellen* テントを張る. ② (倒れたものを⁴)立てる, 起こす; (襟などを⁴)立てる. ③ (チーム・部隊などを)編成する. ④ (候補者などを⁴)立てる, 指名する. 人⁴ **als** Kandidaten *aufstellen* 人⁴を候補者に立てる. ⑤ (一覧表・リストなどを⁴)作成する; (理論などを⁴)立てる. einen Plan *aufstellen* 計画を立てる. ⑥ (記録を⁴)樹立する. ⑦ (要求・主張などを⁴)する, 行う. eine Forderung⁴ *aufstellen* 要求する.

II (再帰) (完了 haben) sich⁴ *aufstellen* 立つ, 並ぶ, 位置につく. sich⁴ in Reih und Glied *aufstellen* 整列する.

Auf·stel·lung [アオフ・シュテるング] 女 -/-en ① (複 なし) 建設, 設置, 設立; 配置; (機械の)据えつけ. *Aufstellung*⁴ nehmen 整列する, 位置につく. ② (チーム・部隊などの)編成. ③ (立候補者などの)指名, 擁立. ④ (理論などの)構成; (記録の)樹立. ⑤ 一覧表, リスト[の作成].

auf|stem·men [アオフ・シュテンメン áuf-ʃtɛmən] (h) ① (かなてこなどで)こじ開ける. ② (足・体などを⁴)支える.

Auf·stieg [アオフ・シュティーク áuf-ʃtiːk] 男 -[e]s/-e ① 上ること, 登山; 上昇. (޵ 「下降」は Abstieg). der *Aufstieg* zum Berggipfel 山頂への登攀(ふ). ② 上り坂. ③ 向上, 発展, 進進; (޹) 上位リーグへの昇格.

auf|stö·bern [アオフ・シュテーバァン áuf-ʃtøː-bərn] (h) ① (動物を⁴)狩り出す. ② 捜し出す.

auf|sto·cken [アオフ・シュトッケン áuf-ʃtɔkən] (h) ① (建物に⁴)階を建て増す. ② (資本などを⁴)増額する.

auf|sto·ßen* [アオフ・シュトーセン áuf-ʃtoːsən] I (h) ① 押し開ける. die Tür⁴ **mit dem Fuß** *aufstoßen* ドアを足でけって開ける. ② 打ち当てる; 勢いよく置く. sich³ den Kopf *aufstoßen* 頭をぶつけてけがする / den Becher **auf** den Tisch *aufstoßen* グラスを卓上にどんと置く. II 自 (h, s) ① げっぷをする. ② (s, h) (飲食物が 人³に)げっぷを出させる. Bier *stößt* mir leicht *auf*. ビールを飲むと私はすぐげっぷが出る. ③ (s) 〖**auf** 物⁴ ~〗(物⁴に)ぶつかる. **mit dem Kopf auf die Kante** *aufstoßen* 頭を角(ど)にぶつける. ④ (s) (口語) (欠点・不快なことなどが 人³の)目にとまる.

auf|stre·ben [アオフ・シュトレーベン áuf-ʃtreːbən] 自 (h) (雅) そびえ立つ.

auf|stre·bend [アオフ・シュトレーベント] I *aufstreben* (そびえ立つ)の 現分 II 形 ① (雅) そびえ立つ(建物などが). ② (比) 向上心のある; 発展(向上)を目指す.

auf|strei·chen* [アオフ・シュトライヒェン áuf-ʃtraɪçən] (h) (バター・ペンキなどを⁴)塗る.

Auf·strich [アオフ・シュトリヒ áuf-ʃtrɪç] 男 -[e]s/-e ① パンに塗るもの(バター・ジャムなど). ② 〖音楽〗(ヴァイオリンなどの)上げ弓. ③ (字を書くときの)上向きのはね.

auf|stül·pen [アオフ・シュテュるペン áuf-ʃtʏlpən] (h) ① (帽子などを⁴)無造作にかぶせる. ② (袖(そ)などを⁴)折り返す, (襟などを⁴)立てる; (比) (唇を⁴)とがらせる.

auf|stüt·zen [アオフ・シュテュッツェン áuf-ʃtʏtsən] (h) ① (腕などを⁴)つく, もたせかける. die Arme⁴ **auf** den Tisch *aufstützen* 机に両腕を つく. ② (病人などを⁴)支えて起こす. ◇[再帰的に] sich⁴ *aufstützen* (腕をついて)体を起こす.

auf|su·chen [アオフ・ズーヘン áuf-zùːxən] (h) ① (人を⁴)訪ねる, (ある場所⁴へ)行く. den Arzt *aufsuchen* 医者に診てもらいに行く / die Toilette⁴ *aufsuchen* トイレに行く. ②

(本などをめくってある箇所⁴を)探す, 探し出す.

auf·ta·keln [アオフ・ターケルン áuf-tà:kəln] I 他 (h) 《海》(船⁴を)艤装(ぎそう)する. II 再帰 (h) *sich⁴ auftakeln*《口語》(ごてごてと)めかしこむ.
◇☞ **aufgetakelt**

Auf·takt [アオフ・タクト áuf-takt] 男 -[e]s/-e ① 《ふつう 単》開始, 幕開け, 皮切り. ② 《音楽》上拍. ③ 《詩学》行首余剰音.

auf·tan·ken [アオフ・タンケン áuf-tàŋkən] I 他 (h) (乗り物など⁴に)燃料を補給する. II 自 (h) 燃料を補給する; 《比》英気を養う.

auf|tau·chen [アオフ・タオヘン áuf-tàuxən] (tauchte...auf, *ist*...aufgetaucht) 自 《完了》sein) ① (水中から)浮かび上がる. Das U-Boot *tauchte* **aus** dem Wasser *auf*. 潜水艦が水中から浮上した. ② 《突然》現れる;《比》(心に)浮かぶ. Nach zwei Jahren *tauchte* er **in** München *auf*. 2年後に彼はミュンヒェンに姿を現した.

auf|tau·en [アオフ・タオエン áuf-tàuən] I 他 (h) (氷・凍ったものなどを)解かす; (窓ガラスなど⁴の)氷を解かす. die Kühlkost⁴ *auftauen* 冷凍食品を解凍する. II 自 (s) ① (氷などが)解ける; (川などの)氷が解ける. ② 《比》打ち解ける.

auf·tei·len [アオフ・タイレン áuf-tàilən] 他 (h) ① 分配する. ② 分割する; (グループに)分ける.

Auf·tei·lung [アオフ・タイルング] 女 -/-en 分配; 分割.

auf|ti·schen [アオフ・ティッシェン áuf-tìʃən] 他 (h) ① (料理など⁴を)食卓に載せる; (人³に物⁴を)ごちそうする. ② 《口語》(人³にでたらめなこと⁴を)話して聞かせる.

der **Auf·trag** [アオフ・トラーク áuf-tra:k] 男 (単2) -[e]s/(複) ..träge [..トレーゲ] (3格のみ ..trägen) ① 依頼, 委任, 委託; 指図. (英 *order*). 人³ einen *Auftrag* erteilen (または geben) 人³に依頼をする / einen *Auftrag* erhalten 依頼を受ける / **im** *Auftrag* (略: i. A.) (手紙の署名で:)委任を受けて / Ich komme im *Auftrag* von Herrn Meyer. 私はマイアー氏の委託を受けて参りました.
② (商品などの)注文. einen *Auftrag* bekommen 注文を受ける / 物⁴ **bei** 人³ **in** *Auftrag* geben《商》物⁴を人³に注文する. ③ 《ふつう 単》任務, 使命. ④ 《ふつう 単》色の塗り.

Auf·trä·ge [アオフ・トレーゲ] Aufträge (依頼の) 複

auf|tra·gen* [アオフ・トラーゲン áuf-trà:gən] I 他 (h) ① (人³に 事⁴を)依頼する, 委託する. Er *hat* mir einen Gruß an dich *aufgetragen*. 彼から君によろしくとのことだったよ. ② (ペンキなど⁴を)塗る. ③ 《雅》(料理⁴を)食卓に運ぶ. ④ (衣服⁴を)着古す, (靴⁴を)はきつぶす. II 自 (h) ① (衣服を着ると)着ぶくれして見える. ② 〖成句的に〗dick *auftragen*《口語》大げさに言う.

Auf·trag·ge·ber [アオフ・トラーク・ゲーバァ] 男 -s/- 委任者, 依頼人; 注文者, 発注者. (女性形: -in).

Auf·trag·neh·mer [アオフ・トラーク・ネーマァ] 男 -s/- 受託者; 受注者. (女性形: -in).

Auf·trags·be·stä·ti·gung [アオフ・トラークス・ベシュテーティグング] 女 -/-en《商》注文(発注)確認[書]; 注文請書.

Auf·trags·ein·gang [アオフ・トラークス・アインガング] 男 -[e]s/..gänge 受注.

auf·trags·ge·mäß [アオフ・トラークス・ゲメース] 形 委任(注文)どおりの.

auf|tref·fen* [アオフ・トレッフェン áuf-trèfən] 自 (s) 〖**auf** 物⁴ (または 物³) ~〗(物⁴ (または 物³) に)ぶつかる, 衝突する.

auf|trei·ben* [アオフ・トライベン áuf-tràibən] I 他 (h) ①《口語》(苦労して)探し出す, (お金など⁴を)調達する. ② ふくらませる. II 自 (s) ふくらむ.

auf|tren·nen [アオフ・トレンネン áuf-trènən] 他 (h) (縫い目など⁴を)ほどく.

auf|tre·ten* [アオフ・トレーテン áuf-trè:tən] du trittst...auf, er tritt...auf (trat...auf, *ist/hat*...aufgetreten) I 自 (《完了》sein) ① 登場する, 出演する. (英 *appear*). **als** Hamlet *auftreten* ハムレット役で登場する / als Zeuge vor Gericht *auftreten* 証人として裁判に出頭する.
② (..な)態度を示す. Er *ist* bescheiden *aufgetreten*. 〖現在完了〗彼は慎み深くふるまった. ③ 〖**gegen** 人・事⁴ ~〗(人・事⁴に)反対(反論)する. ④ (病気・現象などが)生じる, 発生する. Pocken *treten* heute kaum mehr *auf*. 天然痘は今日ではもうほとんど見られない / Da *sind* neue Probleme *aufgetreten*. 〖現在完了〗その とき新たな問題が生じた. ⑤ 歩を運ぶ. leise (vorsichtig) *auftreten* 静かに(用心深く)歩く. II 他 (《完了》haben) (ドアなど⁴を)けって開ける. Er *trat* die Tür *auf*. 彼はドアをけって開けた.

Auf·tre·ten [アオフ・トレーテン] 中 -s/ ① (舞台などへの)登場, 出現. ② 態度, 挙動. ③ (病気の)発生.

Auf·trieb [アオフ・トリープ áuf-tri:p] 男 -[e]s/-e ① 刺激, 激励, 鼓舞. 人³ *Auftrieb*⁴ geben 人³を激励する. ② 《複 なし》《物》浮力, 揚力. ③ (家畜を山の牧場へ)追い上げること.

Auf·tritt [アオフ・トリット áuf-trɪt] 男 -[e]s/-e ① 《劇》(劇場・舞台等への)登場. ② 《劇》(舞台の)場. der zweite *Auftritt* 第2場. ③ 《比》(激しい)口論.

auf|trump·fen [アオフ・トルンプフェン áuf-trùmpfən] 自 (h) (自分の)優位を誇示する. **mit** seinem Wissen *auftrumpfen* 自分の知識を誇示する / **gegen** 人⁴ *auftrumpfen* 人⁴に対して高飛車に出る.

auf|tun* [アオフ・トゥーン áuf-tù:n] I 他 (h) ① 《口語》(新しい仲間・店など⁴を)[たまたま]見つける. ②《雅》(ドアなど⁴を)開ける. ③《口語》(人³の皿に料理⁴を)盛る, よそる. ④《方》(帽子⁴を)かぶる, (眼鏡⁴を)かける. II 再帰 (h) *sich⁴ auftun*《雅》(ドアなどが)開く. ② 《雅》(人³に可能性・眺望などが)開かれる.

auf|tür·men [アオフ・テュルメン áuf-tỳrmən] **I** 他 (h) 高く積み重ねる. **II** 再帰 (h) *sich⁴ auftürmen* (山のように)積み重なる.

auf|wa·chen [アオフ・ヴァッヘン áuf-vàxən] (wachte...auf, *ist*...aufgewacht) 自 〘完了〙 sein) ① 目を覚ます, 目が覚める. (英 *wake up*). Ich *bin* früh *aufgewacht*.〘現在完了〙私は早く目が覚めた / *aus* einem Traum *aufwachen* 夢から覚める. (☞ 類語 aufstehen). ② (意識・記憶などが)よみがえる.

auf|wach·sen* [アオフ・ヴァクセン áuf-vàksən] du wächst...auf, er wächst...auf (wuchs...auf, *ist*...aufgewachsen) 自 〘完了〙 sein) ① 成長する, 育つ. (英 *grow up*). Ich *bin* **auf** dem Land *aufgewachsen*.〘現在完了〙私は田舎で育った. ② 《雅》(山・塔などが)しだいに高く見えてくる.

auf|wal·len [アオフ・ヴァレン áuf-vàlən] 自 (s) ① 沸騰する, 煮え立つ. ② (霧などが)立ちのぼる. ③ 《雅》(感情が)突然こみ上げる.

Auf·wal·lung [アオフ・ヴァルング] 女 -/-en 沸騰; (感情が)突然こみ上げること.

Auf·wand [アオフ・ヴァント áuf-vant] 男 -[e]s/ ① 費やすこと, 消費, 消耗; 経費, 費用. *Aufwand* **an** Geld 出費 / *Aufwand* an Energie エネルギーの消費. ② 浪費, ぜいたく. großen *Aufwand* mit 物³ treiben 物³を浪費する.

auf·wän·dig [アオフ・ヴェンディヒ áuf-vɛndıç] 形 費用のかかる (=aufwendig).

auf|wär·men [アオフ・ヴェルメン áuf-vɛ̀rmən] **I** 他 (h) (冷えた食べ物など⁴を)温め直す; 《比》(古い話など⁴を)繰り返す. **II** 再帰 (h) *sich⁴ aufwärmen* 体を温める. 《スポ》ウォーミングアップする. *sich⁴* **am** Ofen (**mit** heißem Tee) *aufwärmen* ストーブで(熱い紅茶で)体を温める.

auf|war·ten [アオフ・ヴァルテン áuf-vàrtən] 自 (h) ① 〖人³ **mit** 物³ ~〗《雅》(人³に物³を)供する, ふるまう. ② 〖**mit** 物³ ~〗(物³を)提供する.

auf·wärts [アオフ・ヴェルツ áuf-vɛrts] 副 上の方へ, 上がって, さかのぼって. (英 *upward*). (⇔「下の方へ」は abwärts). Männer von 18 Jahren *aufwärts* 18歳以上の男子.
► **aufwärts|fahren, aufwärts|gehen I**

auf·wärts|fah·ren* [アオフヴェルツ・ファーレン áufwɛrts-fàːrən] 自 (s) (乗り物が・人が乗り物で)上る. Der Lift *fährt aufwärts*. そのエレベーターは上りだ.

auf·wärts|ge·hen [アオフヴェルツ・ゲーエン áufwɛrts-gèːən] **I** 自 (s) (徒歩で)上る. **II** 非人称 (s) 〖**es** geht **mit** 人・事³ *aufwärts* の形で〗(人・事³が)よくなる, 上向きである. Mit seiner Gesundheit *geht* es *aufwärts*. 彼の健康は回復しつつある.

Auf·war·tung [アオフ・ヴァルトゥング] 女 -/-en《雅》(儀礼的な)訪問. 人³ eine *Aufwartung⁴* machen 人³を表敬訪問する.

Auf·wasch [アオフ・ヴァッシュ áuf-vaʃ] 男 -[e]s/ 《方》① 食器洗い. **in** einem *Aufwasch*《比》何もかも一緒に. ② 汚れた食器.

auf|wa·schen* [アオフ・ヴァッシェン áuf-vàʃən] 他《方》(食器など⁴を)洗う, すすぐ.

auf|we·cken [アオフ・ヴェッケン áuf-vɛ̀kən] (weckte...auf, *hat*...aufgeweckt) 他 〘完了〙 haben) 〖人⁴の〗目を覚まさせる, 起こす. (英 *wake up*). Das Klingeln *hat* ihn *aufgeweckt*. 呼び鈴の音で彼は目を覚ましました.
◊☞ **aufgeweckt**

auf|wei·chen [アオフ・ヴァイヒェン áuf-vàıçən] **I** 他 (h) (水に浸して)柔らかくする; 《比》(体制など⁴を内部から)弱体化させる. hartes Brot⁴ **in** Suppe *aufweichen* 堅いパンをスープに浸して柔らかくする. **II** 自 (s) (水気を含んで)柔らかくなる, (道が)ぬかるむ.

auf|wei·sen* [アオフ・ヴァイゼン áuf-vàızən] 他 (h) (特性など⁴を)示している, 見せている; 指摘する, 備えている. 物⁴ *aufzuweisen* haben 物⁴を持っている, 備えている.

auf|wen·den⁽*⁾ [アオフ・ヴェンデン áuf-vɛ̀ndən] 他 (h) (労力・時間など⁴を)費やす, かける, 使う.

auf·wen·dig [アオフ・ヴェンディヒ áuf-vɛndıç] 形 費用のかかる.

Auf·wen·dung [アオフ・ヴェンドゥング] 女 -/-en 消費, 浪費; 〘圏〙で 経費, 費用.

auf|wer·fen* [アオフ・ヴェルフェン áuf-vɛ̀rfən] **I** 他 (h) ① (ボールなど⁴を)投げ上げる, (雪・ほこりなど⁴を)巻き上げる. ② (たきぎなど⁴を火にくべる, (トランプ⁴を)[投げて]出す. ③ (ドア・窓などを)勢いよく開ける. ④ (土など⁴をすくい上げて)積み上げる; (堤防などを)築く. ⑤ (頭⁴を)上へ反らす. ⑥ (問題などを)提起する. **II** 再帰 (h)〖*sich⁴* **zu** 人³ ~〗(人³だと)あつかましくも自称する.

auf|wer·ten [アオフ・ヴェーアテン áuf-vèːrtən] 他 (h) ① 〘経〙 (通貨の)平価を切り上げる. ② (人・物⁴の)価値を高める.

Auf·wer·tung [アオフ・ヴェーアトゥング] 女 -/-en 〘経〙 平価の切り上げ.

auf|wi·ckeln [アオフ・ヴィッケルン áuf-vìkəln] 他 (h) ① (ひもなど⁴を)巻く, 巻き上げる; 〘口語〙 (髪⁴を)カーラーに巻く. ② (巻いたもの⁴を)ほどく, 解く.

auf|wie·geln [アオフ・ヴィーゲルン áuf-vìː-gəln] 他 (h) 扇動する, 挑発する, そそのかす.

Auf·wie·ge·lung [アオフ・ヴィーゲルング] 女 -/-en 扇動, 挑発.

auf|wie·gen* [アオフ・ヴィーゲン áuf-vìːgən] 他 (h) (物⁴と)釣り合う, (物⁴を)埋め合わせる. Die Vorteile *wiegen* die Nachteile nicht *auf*. メリットがデメリットと釣り合わない.

Auf·wieg·ler [アオフ・ヴィーグラァ áuf-vìː-glər] 男 -s/- 扇動者, アジテーター. (女性形: -in).

auf·wieg·le·risch [アオフ・ヴィーグレリッシュ áuf-vìːglərıʃ] 形 扇動的な, そそのかすような.

Auf·wind [アオフ・ヴィント áuf-vınt] 男 -[e]s/

-e ① 《気象》上昇気流. ② 《比》刺激, 鼓舞.

auf|wir·beln [アオふ・ヴィルベるン áuf-wìrbəln] I 他 (h) (ほこりなど⁴を)舞い上げる. II 自 (s) (ほこりなどが)舞い上がる.

auf|wi·schen [アオふ・ヴィッシェン áuf-vìʃən] 他 (h) (水など⁴を)ふき取る; (床など⁴を)ふき掃除する.

auf|wüh·len [アオふ・ヴューれン áuf-vỳːlən] 他 (h) ① (土など⁴を)掘り返す. ② (水面など⁴を)波立たせる. ③ 《比》(人⁴の心を)かき乱す.

auf|zäh·len [アオふ・ツェーれン áuf-tsɛ̀ːlən] 他 (h) 数え上げる, 列挙する.

Auf·zäh·lung [アオふ・ツェーるング] 女 -/-en 数え上げること, 列挙.

auf|zäu·men [アオふ・ツォイメン áuf-tsɔ̀ymən] 他 (h) (馬⁴に)馬勒(ばろく)を付ける.

auf|zeh·ren [アオふ・ツェーレン áuf-tsɛ̀ːrən] I 他 (h) 《雅》 使い果たす; 食べ尽くす. II 再他 (h) *sich*⁴ *aufzehren* 《雅》精力を使い果たす, 憔悴(しょうすい)する.

auf|zeich·nen [アオふ・ツァイヒネン áuf-tsàiçnən] 他 (h) ① (図・模様など⁴を)描く, スケッチする. ② 書き留める, 記録する, 録画(録音)する.

Auf·zeich·nung [アオふ・ツァイヒヌング] 女 -/-en ① (図などを)描くこと, スケッチ. ② 記録; 文書; 手記; 《放送》録画, 録音.

auf|zei·gen [アオふ・ツァイゲン áuf-tsàigən] 他 (h) 《雅》(問題など⁴を)はっきり示す, 指摘する.

auf|zie·hen* [アオふ・ツィーエン áuf-tsìːən] (zog...auf, *hat/ist*...aufgezogen) I 他 (完了 haben) ① 引き上げる; 引いて開ける; (編んだ・結んだもの⁴を)ほどく. die Flagge⁴ *aufziehen* 旗を掲げる / Sie *zog* den Vorhang weit *auf*. 彼女はカーテンを[引いて]大きく開けた / die Schublade⁴ *aufziehen* 引き出しを開ける.
② (弦など⁴を)張る; (写真など⁴を)貼(は)る. eine neue Saite⁴ *auf* die Geige *aufziehen* バイオリンに新しい弦を張る / Fotos⁴ *aufziehen* 写真を貼る. ③ (子供など⁴を)育てる, (動植物⁴を)飼育(栽培)する. ④ (時⁴の)ぜんまいを巻く. ⑤ 《口語》催す, 実行する. ein Fest⁴ *aufziehen* 祭りを催す. ⑥ 《口語》からかう.
II 自 (完了 sein) ① (嵐・雲などが)近づいて来る. ② (衛兵などが)行進して来る.

Auf·zucht [アオふ・ツフト áuf-tsuxt] 女 -/ ① (家畜の)飼育, (植物の)栽培. ② (動物の)子, ひな; (植物の)苗[木].

***der* Auf·zug** [アオふ・ツーク áuf-tsuːk] 男 (単2) -[e]s/(複) ..züge [..ツューゲ] (3 格のみ ..zügen) ① エレベーター, リフト. (米 *elevator*). den *Aufzug* benutzen エレベーターを使う. ② 行進, パレード. (米 *parade*). der *Aufzug* der Wache² 衛兵交代のパレード. ③ (軽蔑的に:)(奇妙な)身なり, 服装. ④ 《劇》幕. die zweite Szene des dritten *Aufzugs* 第 3 幕第 2 場.

Auf·zü·ge [アオふ・ツューゲ] *Aufzug (エレベーター)の複.

auf·*zu***·ma·chen** [アオふ・ツ・マッヘン] ＊aufmachen (開ける)の zu 不定詞.

auf·*zu***·ste·hen** [アオふ・ツ・シュテーエン] ＊aufstehen (立ち上がる)の zu 不定詞.

auf|zwin·gen* [アオふ・ツヴィンゲン áuf-tsviŋən] I 他 (h) (人³に)(物⁴を)押しつける. II 再他 (h) *sich*⁴ (人)³ *aufzwingen* (考えなどが)(人)³の頭から離れない.

Aug. [アオグスト] (略) 8 月 (= **August**).

Aug⸗ap·fel [アオク・アプふェる] 男 -s/..äpfel 眼球, ひとみ. 人・物⁴ wie seinen *Augapfel* hüten 人・物⁴を掌中の珠(たま)のように大切にする.

***das* Au·ge** [アオゲ áugə]

> 目　Sie hat braune *Augen*.
> ズィー ハット ブラオネ　アオゲン
> 彼女は褐色の目をしている.

中 (単2) -s/(複) -n ① 目, 眼, 眼球; 視線; 視力. (英 *eye*). blaue (schwarze) *Augen* 青い(黒い)目 / das linke (rechte) *Auge* 左目 (右目) / kurzsichtige (weitsichtige) *Augen* 近視(遠視) / ein künstliches *Auge* 義眼 / *Augen* rechts! 《軍》(号令で:)かしら[頭]右! / das *Auge* des Gesetzes 警官(←法の目) / das *Auge* der Vernunft² (人間の)認識力.
◇《動詞とともに》㋐《主語として》Jetzt **gehen** mir die *Augen* **auf**! 今やっと真相がわかったよ / Die *Augen* **glänzen**. 目が輝く / so weit das *Auge* **reicht** 見渡すかぎり(←目が届くかぎり) / Ihm gehen die *Augen* über. a) 彼はびっくりして目を丸くする, b) 《雅》彼の目に涙があふれる / Was die *Augen* **sehen**, glaubt das Herz. 《ことわざ》百聞は一見にしかず(←目が見るものを心は信じる).
㋑《目的語として》die *Augen*⁴ **auf|machen** a) 目を開ける, b) 《比》よく注意する / die *Augen*⁴ **auf|schlagen** 目を開ける / gute (schlechte) *Augen*⁴ **haben** 視力が良い(悪い) / ein *Auge*⁴ auf 人・物⁴ **haben** a) 人・物⁴に注目している, b) 人・物⁴が気に入っている / ein *Auge*⁴ für 物⁴ **haben** 物⁴がよくわかる / große *Augen*⁴ **machen** (驚いて)目を丸くする / einem Mädchen schöne *Augen*⁴ **machen** 《口語》女の子に色目を使う / die *Augen*⁴ **öff·nen** 目を開ける / 人³ die *Augen*⁴ öffnen 人³を啓発(啓蒙(けいもう))する / *sich*³ die *Augen*⁴ **rei·ben** 目をこする / die *Augen*⁴ **schließen** a) 目を閉じる, b) 《婉曲》死ぬ / 人³ die *Augen*⁴ **ver·binden** 人³に目隠しをする / ein *Auge*⁴ auf ein Mädchen **werfen** 《口語》女の子に目をつける / ein *Auge*⁴ **zu|drücken** 《口語》大目に見る(←片目をつぶる) / kein *Auge*⁴ **zu|machen** (または **zu|tun**) 一睡もしない.
◇《前置詞とともに》人³ 物⁴ **an** den *Augen* **ab|sehen** 人³の目つきを見て物⁴を察知する / 人・物⁴ nicht **aus** den *Augen* lassen 人・物⁴か

..äugig

ら目を離さない / 人・物⁴ aus den *Augen* verlieren 人・物⁴を見失う / Geh mir aus den *Augen*! 消えうせろ / Aus den *Augen*, aus dem Sinn. (諺) 去る者日々に疎し / Er ist seinem Vater wie aus dem *Augen* geschnitten. 彼は父親にそっくりだ / Der Schalk sieht ihm aus den *Augen*. 彼は見るからにいたずら者だ(←いたずら者が目の中からのぞいている) / 人・物⁴ im *Auge* behalten a) 人・物⁴を目を離さない, b) 人・物⁴を覚えておく / 事⁴ im *Auge* haben 事⁴をもくろんでいる / Ich könnte ihr nicht mehr in die *Augen* sehen, wenn ich das täte. 〘接2・現在〙そんなことをしたらぼくはもう彼女を正視できないだろう / In den *Augen* der Polizei ist er der Täter. 警察の見るところでは彼が犯人だ / 人⁴ ins *Auge* fassen 人⁴をよく考えてみる, もくろむ / Ihm standen die Tränen in den *Augen*. 彼は涙を浮かべていた / Er ist mir ein Dorn im *Auge*. 彼は私の目の上のたんこぶだ / Das kann ins *Auge* gehen. 《口語》それはまずいことになりそうだ / **mit** bloßem *Auge* 肉眼で / mit anderen *Augen* 見方を変えれば / mit einem blauen *Auge* davon|kommen 《口語》九死に一生を得る / *Auge* um *Auge*, Zahn um Zahn. 《聖》目には目を, 歯には歯を / **unter** vier *Augen* 二人だけで, 内密に / 人³ unter die *Augen* treten 人³の前に顔を出す / 事⁴ **vor** *Augen* führen 人³に事⁴をはっきりわからせる / vor aller² *Augen* 皆の見ている前で, 公然と / Das Bild steht (または schwebt) mir noch klar vor [den] *Augen*. その光景が今もありありと目に浮かぶ / Mir wurde schwarz vor den *Augen*. 〘比〙私は目の前が真っ暗になった(気を失った).

② (形が目に似ているもの:) 〘植〙(じゃがいもなどの)芽; つぼみ, さいころの目; トランプの点数; (スープなどに浮かんだ)脂肪玉; 〘気象〙台風の目; (くじゃくなどの)羽の斑紋(はん).

äu·gen [オイゲン ɔʏɡən] 圓 (h) (動物が)そっと見る, うかがい見る.

Au·gen≠arzt [アオゲン・アールツト] 男 -es/..ärzte 眼科医. (女性形: ..ärztin).

*der **Au·gen·blick** [アオゲン・ブリック áuɡən-blɪk または ..ブリック] 男 (単2) -[e]s/(複) -e (3格のみ -en) 瞬間, 一瞬; (特定の)時点. (英) *moment*). Einen *Augenblick*, bitte! ちょっとお待ちください / jeden *Augenblick* 今にも / alle Angenblicke 《口語》再三再四 / einige *Augenblicke* später 少したって / einen günstigen *Augenblick* ab|warten 好機の到来を待つ / einen lichten *Augenblick* haben a) 一時的に正気になる, b) 〘戯〙妙案が浮かぶ / **im** *Augenblick* a) 目下, b) たった今しがた / Er kam im letzten *Augenblick*. 彼は時間ぎりぎりにやって来た / im nächsten *Augenblick*

au·gen·blick·lich [アオゲン・ブリックリヒ áuɡən-blɪklɪç または ..ブリックリヒ] **I** 形 〘付

加語としてのみ〙① 即座の, 即刻の. (英) *immediate*). *augenblickliche* Hilfe 即刻の援助. ② 目下の, 現在の. (英) *present*). die *augenblickliche* Situation 目下の状況. ③ 一時的な, 一瞬の. eine *augenblickliche* Laune 一時の気まぐれ.

II 副 ① 直ちに, 即座に. (英) *immediately*). Komm *augenblicklich* her! すぐに来てくれ. ② 目下, 現在. Ich *augenblicklich* habe ich keine Zeit. 私は今のところ暇がない.

Au·gen≠braue [アオゲン・ブラオエ] 囡 -/-n 眉(まゆ), 眉毛.

au·gen≠fäl·lig [アオゲン・フェリヒ] 形 一目瞭然(りょう)の, 明白な, 歴然たる.

Au·gen≠far·be [アオゲン・ファルベ] 囡 -/-n 目の色.

Au·gen≠heil·kun·de [アオゲン・ハイルクンデ] 囡 -/ 眼科[学].

Au·gen≠hö·he [アオゲン・ヘーエ] 囡 〘成句的に〙 in Augenhöhe 目と同じ高さに.

Au·gen≠höh·le [アオゲン・ヘール] -/-n 《医》眼窩(がん).

Au·gen≠kli·nik [アオゲン・クリーニク] 囡 -/-en 眼科病院.

Au·gen≠licht [アオゲン・リヒト] 田 -[e]s/ 〘雅〙視力. das *Augenlicht*⁴ verlieren 視力を失う.

Au·gen≠lid [アオゲン・リート] 田 -[e]s/-er 《医》まぶた.

Au·gen≠maß [アオゲン・マース] 田 -es/ 目測. nach [dem] *Augenmaß* 目測で.

Au·gen≠merk [アオゲン・メルク] 田 -[e]s/ 〘雅〙注意, 注目. sein *Augenmerk*⁴ auf 人・物⁴ richten (または lenken) 人・物⁴に注意を向ける.

Au·gen≠schein [アオゲン・シャイン] 男 -[e]s/ 〘雅〙① 外観, 外見, 見かけ. dem *Augenschein* nach 見たところ. ② 検証, 実見. 人・物⁴ in *Augenschein* nehmen 人・物⁴を詳細に(批判的に)吟味する.

au·gen≠schein·lich [アオゲン・シャインリヒ または ..シャインリヒ] **I** 形 〘雅〙明白な, 明らかな. **II** 副 〘雅〙見たところ…らしい.

Au·gen≠trop·fen [アオゲン・トロプフェン] 男 -s/-, 点眼薬, 目薬.

Au·gen≠wei·de [アオゲン・ヴァイデ] 囡 -/ 目を喜ばせる物(光景), 目の保養.

Au·gen≠wim·per [アオゲン・ヴィンパァ] 囡 -/-n まつ毛.

Au·gen≠zahn [アオゲン・ツァーン] 男 -[e]s/..zähne 《医》[上の]犬歯.

Au·gen≠zeu·ge [アオゲン・ツォイゲ] 男 -n/-n 目撃者. (女性形: ..zeugin).

Au·gi·as≠stall [アオギーアス・シュタる] 男 -[e]s/ ① 〘ギ神〙アウゲイアスの家畜小屋(エリス王アウゲイアスの牛舎は30年間掃除せず汚れ放うだいだったのをヘラクレスが1日で掃除した). ② 〘比〙不潔な場所; なおざりにされた仕事, 無秩序. den *Augiasstall* aus|misten (または reinigen) 〘雅〙積年の腐敗を一掃する.

..äu·gig [..オイギヒ ..ɔʏɡɪç] 〘形容詞をつくる

腰尾》《…の目の》例: blau*äugig* 青い目の / ein*äugig* 片目の.

Augs·burg [アオクス・ブルク　áuks-bɚrk] 田 -s/《都市名》アウクスブルク (ドイツ, バイエルン州. ローマ時代からの古都. 15-16世紀のフッガー家に代表される商業都市. ☞ 〈地図〉E-4).

***der* Au·gust**[1] [アオグスト augúst] 男 (単2) -[e]s/(複) -e (3格のみ -en) 《ふつう 冠》**8月**(略: Aug.). 《変 *August*), 《月名 ☞ Monat》. im *August* 8月に / Anfang *August* 8月の初旬に / am 6. (=sechsten) *August* 8月6日に.

Au·gust[2] [アオグスト] **I** -s/《男名》アウグスト. **II** 男《成句的に》der dumme *August* (サーカスの)道化師.

Au·gus·tin [アオグスティーン áugusti:n または .. ティーン] 男 -s/《男名》アウグスティン.

Au·gus·ti·ne [アオグスティーネ augustí:nə] 囡 -s/《女名》アウグスティーネ.

Au·gus·ti·ner [アオグスティーナァ augustí:nɚr] 男 -s/- アウグスティヌス派の修道士. (女性形: -in).

Au·gus·ti·nus [アオグスティーヌス augustí:nus]《人名》アウグスティヌス (Aurelius *Augustinus* 354-430; 初期キリスト教の思想家・教父).

Auk·ti·on [アオクツィオーン auktsió:n] 囡 -/-en オークション, 競売 (=Versteigerung).

Auk·ti·o·na·tor [アオクツィオナートァ auktsioná:tɚr] 男 -s/-en [..ナトーレン] 競売人. (女性形: -in).

***die* Au·la** [アオら áula] 囡 (単) -/(複) Aulen (または -s) ① (大学などの)[大]講堂. ② (古代ギリシア・ローマ時代の)前庭.

Au·len [アオレン] Aula (大講堂)の 複.

au pair [オ ペーァ o péːr] 副 オペーアで, 無給で(言葉・生活習慣を学ぶために無給で家事などを手伝いながら, 外国の家庭に無料で住み込ませてもらうこと).

Au-pair-Mäd·chen, Au-pair-Mäd·chen [オ・ペーァ・メートヒェン] 田 -s/- オペーアガール (au pair の方法による女子留学生).

Au·re·o·le [アオレオーれ aureó:lə] 囡 -/-n ① (聖像の)光背(背), 後光. ② 《気象》 (太陽・月の)暈(な), コロナ.

Au·ri·kel [アオリーケる aurí:kəl] 囡 -/-n 〈植〉サクラソウ.

Au·ro·ra [アオローラ auró:ra] **I** -/ ① 《ロ-神》アウロラ(あけぼのの女神. ギリシア神話のエオスに当たる). ② 《女名》アウローラ. **II** 囡 -/《ふつう冠詞をして》《詩》曙光(しょ), 朝焼け; オーロラ.

Au·rum [アオルム áurum] 田 -s/ 金(=Gold; 記号: Au).

aus [アオス áus]

> …[の中]から; …出身の
> Ich komme *aus* Japan.
> イヒ　コンメ　　　アオス ヤーパン
> 私は日本から来ました。

I 前《3格とともに》《変 *from, out of*》. ①《内から外へ》**…[の中]から**. *aus* dem Zimmer gehen (kommen) 部屋から出て行く(来る) / Sie nimmt ein Buch *aus* dem Regal. 彼女は本棚から本を1冊取り出す / *aus* der Flasche trinken らっぱ飲みする / *aus* der Mode kommen 流行遅れになる / 人・物[4] *aus* den Augen verlieren 人・物[4]を見失う.

②《出所・起源・由来》**…出身の**, **…から[の]**. Woher kommen Sie? ― Ich komme *aus* München. あなたはどちらのご出身ですか ― 私はミュンヒェンの出身です / Er stammt *aus* guter Familie. 彼は良家の出だ / *aus* eigener Erfahrung sprechen 自分の経験に基づいて話す / 物[4] *aus* der Zeitung wissen 物[4]を新聞で知っている / ein Roman *aus* dem 17. (=siebzehnten) Jahrhundert 17世紀の小説 / ein Märchen *aus* alten Zeiten 昔から伝わるメルヘン / Er hat den Roman *aus* dem Deutschen ins Japanische übersetzt. 彼はその小説をドイツ語から日本語に翻訳した.

> ☞ **aus** と **von**: aus も von も「…から」と訳されることがあるが, aus が「内部から」を意味するのに対して, von は「起点から」を意味する.

③《材料》**…でできている**, **…製の**. Das Kleid ist *aus* reiner Seide. このドレスは本絹でできている / eine Figur[4] *aus* Holz schnitzen 木で彫像を作る / *Aus* dem Plan ist nichts geworden. 《現在完了》その計画は実現しなかった(←何も出来上がらなかった).

④《理由・原因・動機》**…から**, **…がもとで**. *Aus* welchem Grund? どんな理由から？ / *aus* verschiedenen Gründen さまざまな理由から / *aus* Liebe 愛情から / *aus* diesem Anlass これをきっかけに / Er hat es *aus* Angst getan. 彼は不安だったのでそうした / *aus* sich heraus 自分から[進んで], 自発的に.

II 副 ①《口語》**終わって**, だめになって; (明かり・火などが)消えて, (スイッチが)切れて. Das Kino ist *aus*. 映画が終わった / Ich habe das Buch *aus* (=*aus*gelesen). 私はその本を読み終わった / Licht *aus*! 明かりを消して！ ◇《非人称の es を主語として》Es ist *aus* mit ihm. 彼はもうおしまいだ(死んでしまった) / Zwischen uns ist es *aus*. 私たちの仲はもうおしまいだ.

② **外に**, **外に出して**. Der Ball ist *aus*. ボールはアウト(ラインの外)だ. ◇《副詞 **ein** とともに》bei 人[3] ein und *aus* gehen 人[3]のところに出入りしている / Ich weiß weder (または nicht) *aus* noch ein. 私は途方に暮れている(←出方も入り方もわからない).

③《**von** … **aus** の形で》**…から**. Von hier *aus* kann man die Kirche sehen. ここからその教会が見える / von Grund *aus* 根本から / von Haus *aus* 元来, もともと / von mir *aus* 《口語》私の立場からすれば[かまわない].

ausbleichen

④〖**auf**〖物〗⁴ **aus** sein の形で〗(〖物〗⁴を)ねらっている,欲しがっている. Der Löwe ist auf Beute *aus*. ライオンが獲物をねらっている.

Aus [アオス] 囲 -/- ① 〖複 なし〗(球技で:)アウト,ラインの外;(反則による)退場. **ins** *Aus* グラウンドの外へ. ② (野球の)アウト.

aus.. [アオス.. áus..]〖分離動詞の前つづり〗;つねにアクセントをもつ〗 ①《外へ》例: *aus*|gehen 外出する. ②《排除》例: *aus*|pressen しぼり出す. ③《選択》例: *aus*|wählen 選出する. ④《拡大》例: *aus*|breiten 広げる. ⑤《終結・消滅》例: *aus*|trinken 飲み干す.

aus·ar·bei·ten [アオス・アルバイテン áus-àrbaıtən] I 他 (h)(文書など⁴を)作成する,起草する,(計画⁴を)立案する;仕上げる. einen Vortrag *ausarbeiten* 講演の原稿を書き上げる. II 再帰 (h) *sich*⁴ *ausarbeiten* (存分に)体を動かす,体を鍛える.

Aus·ar·bei·tung [アオス・アルバイトゥング] 囡 -/-en ①〖複 なし〗(文書などの)作成,仕上げ. ②(仕上げられた)論文. ③〖複 なし〗体を使うこと,鍛練.

aus|ar·ten [アオス・アールテン áus-à:rtən] 自 (s) ①〖**in**〖事〗⁴(または **zu**〖物〗³) ~〗(悪化して〖事〗⁴(または〖物〗³)に)なる. Der Streit *artete* in eine Schlägerei *aus*. 口論がなぐり合いになった. ② 行儀が悪くなる,(悪い方へ)人が変わってしまう.

aus|at·men [アオス・アートメン áus-à:tmən] I 自 (h) 息を吐く. (⇔「息を吸う」は ein|atmen). II 他 (h)(息など⁴を)吐く,吐き出す.

aus|ba·den [アオス・バーデン áus-bà:dən] 他 (h)(口語)(失敗など⁴の)あと始末をする,尻(しり)ぬぐいをする.

aus|bag·gern [アオス・バッガァン áus-bàgərn] 他 (h)(水路など⁴を)掘り抜く;浚渫(しゅんせつ)する.

aus|ba·lan·cie·ren [アオス・バランスィーレン áus-balūsì:rən] 他 (h)(人・事⁴の)均衡をとる,バランスをとる.

Aus·bau [アオス・バオ áus-bau] 男 -[e]s/ ①(機械などの)解体,取りはずし. ② 拡充,強化. ③ 増築,改装.

aus|bau·en [アオス・バオエン áus-bàuən] 他 (h) ①(機械部品など⁴を)取りはずす. die Batterie⁴ aus dem Auto *ausbauen* 車からバッテリーを取りはずす. ②(施設など⁴を)拡張する;(関係など⁴を)強化する. ③ 改造する,改装する. ein Gebäude⁴ **zur** Diskothek *ausbauen* ある建物をディスコに改造する.

aus·bau⁼fä·hig [アオスバオ・フェーイヒ] 形 拡張できる;将来有望な(地位など).

aus|be·din·gen* [アオス・ベディンゲン áusbədìŋən] 他 (過分 *ausbedingen* 他 (h)) *sich*³ 事⁴ *ausbedingen* 事⁴を条件とする,留保する.

aus|bei·ßen* [アオス・バイセン áus-bàısən] 他 (h)(歯⁴を)かみ折る. *sich*³ **an** 物³ die Zähne⁴ *ausbeißen*《比》物³に歯がたたない.

aus|bes·sern [アオス・ベッサァン áus-bèsərn] (besserte ... aus, *hat* ... ausgebessert) 他

(完了 haben) 修理する,修繕する,(衣類⁴を)繕う,(美術品⁴を)修復する. (英 repair). das Dach⁴ *ausbessern* 屋根を修理する.

Aus·bes·se·rung [アオス・ベッセルング] 囡 -/-en 修理,修繕,修復.

aus|beu·len [アオス・ボイレン áus-bòʏlən] 他 (h) ①(着古してズボンのひざなど⁴を)丸くたるませる. ◊《再帰的に》*sich*⁴ *ausbeulen* (ズボンのひざなどが)丸くたるむ. ②(物⁴の)へこみを直す.

Aus·beu·te [アオス・ボイテ áus-bɔʏtə] 囡 -/-n 〖ふつう 単〗収穫[物];産出高(量). die *Ausbeute* **an** Erzen 鉱石の採掘高.

aus|beu·ten [アオス・ボイテン áus-bɔʏtən] 他 (h) ①(労働者など⁴を)搾取する;(無知など⁴に)つけ込む. ② 採掘する,(鉱山⁴を)開発する. ③(資料など⁴を)利用し尽くす.

Aus·beu·ter [アオス・ボイタァ áus-bɔʏtər] 男 -s/- [労働]搾取者. (女性形: -in).

Aus·beu·tung [アオス・ボイトゥング] 囡 -/-en 〖ふつう 単〗① 搾取. ②(資料などの)利用.

aus|be·zah·len [アオス・ベツァーレン áusbətsà:lən] (過分 ausbezahlt) 他 (h)(人³に給料など⁴を)支払う.

***aus|bil·den** [アオス・ビルデン áus-bìldən] du bildest ... aus, er bildet ... aus (bildete ... aus, *hat* ... ausgebildet) I 他 (完了 haben) ① 養成する,育てる,(人⁴に)職業教育をする. (英 train). Lehrlinge⁴ *ausbilden* 実習生を教育する /〖人⁴ **zum** Facharzt *ausbilden*〗人⁴に専門医養成の教育をする. ◊《*lassen* とともに》Sie *lässt sich*⁴ **als**(または **zur**) Sängerin *ausbilden*. 彼女は歌手になる修業をしている. ②(能力など⁴を)十分に伸ばす;鍛練する. II 再帰 (完了 haben) *sich*⁴ *ausbilden* ① 修業する,教育を受ける. *sich*⁴ **in** der Malerei *ausbilden* 絵の修業をする. ② 発達する;形成される(花)が開花する.

Aus·bil·der [アオス・ビルダァ áus-bıldər] 男 -s/- (職業人の)養成者,指導者. (女性形: -in).

die **Aus·bil·dung** [アオス・ビルドゥング áus-bìlduŋ] 囡 -/(複) -en ①(技能などの)**養成**,訓練,(専門的)教育,修業. (英 training). Er steht noch in der *Ausbildung*. 彼はまだ修業中だ. ② 形成,発達.

aus|bit·ten* [アオス・ビッテン áus-bìtən] 再帰 (h) *sich*³ 物・事⁴ *ausbitten* 物・事⁴を強く要求する. Ich *bitte* mir Ruhe *aus*! お静かに願います.

aus|bla·sen* [アオス・ブラーゼン áus-blà:zən] 他 (h) ①(ろうそくなど⁴を)吹き消す. ②(物⁴を)吹いて中身を出す(取り除く). ③(煙など⁴を)ふっと吐く.

aus|blei·ben* [アオス・ブライベン áus-blàıbən] 自 (s) ①(予期されたことが)起こらない,生じない. Der Erfolg *blieb* aus. 成果はなかった. ② 帰って来ない. ③(客などが)来ない. ④(脈・呼吸が)止まる.

aus|blei·chen¹* [アオス・ブライヒェン áus-blàıçən] 自 (s) 色があせる,退色する.

aus|blei·chen² [アオス・ブライヒェン] 他 (h) (物⁴の)色をあせさせる, 退色させる.

aus|blen·den [アオス・ブレンデン] áus-blèndən] I 他 (h)《放送·映》《音声·映像⁴を》フェードアウトさせる. II 再帰《完了》 *sich*⁴ *ausblenden*《放送》(放送局が)番組を終わる.

der **Aus·blick** [アオス・ブリック áus-blɪk] 男《単2》-[e]s/《複》-e (3格のみ -en) ① 眺め, 眺望, 見晴らし.《英》view). ein Zimmer mit *Ausblick* auf die Berge 山を見晴らせる部屋. ②《比》(将来の)見通し, 展望, 予想. ein *Ausblick* auf die weitere Entwicklung 今後の発展の見通し.

aus|boo·ten [アオス・ボーテン áus-bò:tən] 他 (h)《海》ボートで上陸させる;《荷⁴をボートで陸上げする.《口語》(人⁴を地位などから)け落しさせ, 追い出す.

aus|bor·gen [アオス・ボルゲン áus-bòrgən] 他 (h)《方》① 借りる. ②《人³に物⁴を》貸す.

aus|bre·chen* [アオス・ブレッヒェン áus-brèçən] du brichst ... aus, er bricht ... aus (brach ... aus, *hat*/*ist* ... ausgebrochen.) I 他《完了》haben) ① 壊して取る, 折り取る, くり抜く.《英》break off). Ich *habe* mir einen Zahn *ausgebrochen*. 私は歯を1本折ってしまった / ein Fenster⁴ *ausbrechen* 壁をくり抜いて窓を作る. ② (食べ物など⁴を)吐く.

II 自《完了》sein) ① 逃げ出す, 脱走(脱出)する.《英》escape). aus dem Gefängnis *ausbrechen* 刑務所から脱走する / aus dem Alltag *ausbrechen*《比》日常生活から逃げ出す. ② 突発する, 勃発(ぼっ)する; 噴火する;《汗などが》急に吹き出す. Ein Aufstand *bricht aus*. 暴動が突発する. ③《in 事⁴ ～》《感情が高まって》事⁴を)突然やり始める. in Tränen *ausbrechen* わっと泣き出す / in Zorn *ausbrechen* 急に怒り出す. ④ (車などが)コースからはずれる.

Aus·bre·cher [アオス・ブレッヒャァ áus-breçər] 男 -s/-《口語》脱獄者, 脱走者. (女性形: -in).

aus|brei·ten [アオス・ブライテン áus-bràitən] du breitest ... aus, er breitet ... aus (breitete ... aus, *hat* ... ausgebreitet) I 他《完了》haben)《英》spread) ① (たたんだもの⁴を)広げる;《箱などから出して》並べる;《比》(詳しく)述べる. die Zeitung⁴ *ausbreiten* 新聞を広げる / die Geschenke⁴ auf dem Tisch *ausbreiten* プレゼントをテーブルの上に並べる / Er *breitete* seinen Plan vor uns *aus*. 彼は自分の計画を私たちに披露した. ②《腕·翼など⁴を》広げる;《木が枝⁴を》伸ばす.

II 再帰《完了》haben) *sich*⁴ *ausbreiten* ① (景色などが)広がる, 展開する. Vor uns *breitete sich* eine weite Ebene *aus*. 私たちの目の前にはるかな平地が広がっていた. ② (うわさ·恐慌などが)広まる;《火が》燃え移る, (病気が)蔓延(まんえん)する. Seuchen *breiten sich aus*. 伝染病が蔓延する. ③《*sich*⁴ über 事⁴ ～》《事⁴について》とうとうしゃべる. ④《口

語》長々と寝そべる.

Aus·brei·tung [アオス・ブライトゥング] 女 -/-拡張; 広がり, 伝播(でんぱ), 蔓延(まんえん).

aus|bren·nen* [アオス・ブレンネン áus-brènən] I 自 (s) (火·ろうそくなどが)燃え尽きる, 消える;《枠組だけ残して》内部が完全に焼ける. Das Gebäude *ist* gänzlich *ausgebrannt*.《現在完了》その建物は内部がすっかり焼けてしまった. II 他 (h) 焼き払う;《傷口⁴を》焼いて消毒

◊☞ **ausgebrannt**

aus|brin·gen* [アオス・ブリンゲン áus-brìŋən] 他 (h) ①《祝辞⁴を》述べる. einen Trinkspruch auf 人⁴ *ausbringen*《人⁴を祝って乾杯の祝辞を述べる. ②《海》(錨·救命ボート⁴を)降ろす. ③《印》(行⁴を)送る. ④《狩》(ひな⁴を)かえす. ⑤《農》(肥料など⁴を)畑にまく.

Aus·bruch [アオス・ブルフ áus-brux] 男 -[e]s/..brüche ① 突発; 勃発(ぼっ). der *Ausbruch* des Krieges 戦争の勃発 / zum *Ausbruch* kommen 突発する. ② 脱走, 脱出. ③ (火山の)爆発, 噴火;《怒り·笑いなどの》爆発;《伝染病などの》発生. ein *Ausbruch* der Freude² 歓喜のほとばしり. ④ アウスレーゼ(熟した特選のぶどうでつくる高級ワイン).

aus|brü·ten [アオス・ブリューテン áus-brỳ:tən] 他 (h) ① (卵·ひな⁴を)かえす, 孵化(ふか)させる. Die Henne *brütete* die Eier *aus*. めんどりが卵をかえした. ②《口語》(よからぬ事⁴を)たくらむ. ③《口語》(病気⁴などの)気(け)がある.

aus|bud·deln [アオス・ブッデルン áus-bùdəln] 他 (h)《方》(地中から)掘り出す.

aus|bü·geln [アオス・ビューゲルン áus-bỳ:gəln] 他 (h) ①《物⁴に》アイロンをかける;《しわ⁴をアイロンで伸ばす. ②《俗》《失敗など⁴の》埋め合わせをする.

Aus·bund [アオス・ブント áus-bunt] 男 -[e]s/..bünde (ふつう軽蔑的に:)典型, 権化. Er ist ein *Ausbund* von Tugend. 彼は美徳の権化のような人だ.

aus|bür·gern [アオス・ビュルガァン áus-bỳrgərn] 他 (h)《人⁴の》市民権(国籍)を剥奪(はくだつ)する.

Aus·bür·ge·rung [アオス・ビュルゲルング] 女 -/-en 市民権(国籍)の剥奪(はくだつ).

aus|bürs·ten [アオス・ビュルステン áus-bỳrstən] 他 (h)《ほこりなど⁴を》ブラシで落とす;《衣服など⁴に》ブラシをかける.

aus|che·cken [アオス・チェッケン áus-tʃekən] 自 (h) ①《空》(到着後必要な手続きを)済ませる. ②《*aus* 物³ ～》(物³《ホテルなど)を)チェックアウトする.

Ausch·witz [アオシュヴィッツ áuʃvɪts] 中《都市名》アウシュヴィッツ(ポーランド, オシュウェツィムのドイツ式名称. 近郊にナチのユダヤ人強制収容所跡がある. ここで400万人のユダヤ人が殺された).

Aus·dau·er [アオス・ダオァァ áus-dauər] 女 -/ 忍耐[力], がんばり, ねばり. mit *Ausdauer* 忍耐強く.

aus·dau·ernd [アオス・ダオアァント áus-dau-ərnt] 形 ① 忍耐(持久)力のある，ねばり強い． ② 《植》多年生の．

aus|deh·nen [アオス・デーネン áus-dè:nən] (dehnte...aus, hat...ausgedehnt) **I** 他 《完了》haben) ① **広げる**，膨張させる；《比》(勢力など[4]を)拡大(拡張)する．《英》expand). Die Wärme *dehnt* das Metall *aus*. 熱は金属を膨張させる / Das Hochdruckgebiet *hat* seinen Einfluss *ausgedehnt*. 高気圧圏が勢力を伸ばした / ein Verbot **auf** 人·事[4] *ausdehnen* 禁止令を人·事[4]にまで拡大して適用する． ② (期間を時間的に)**延ばす**．《英》extend). Er *hat* seinen Aufenthalt bis zum nächsten Tag *ausgedehnt*. 彼は滞在を翌日まで延長した．
II 再帰 《完了》haben) *sich*[4] *ausdehnen* ① **広がる**；膨張する；《比》(勢力などが)拡大(拡張)する．Wasser *dehnt sich* beim Erwärmen *aus*. 水は温めると膨張する． ② (時間的に)**延びる**，延長する．Die Sitzung *hat sich* bis nach Mitternacht *ausgedehnt*. 会議は真夜中過ぎまで延びた． ③ (平野などが)広がっている．
◇ ☞ **ausgedehnt**

Aus·deh·nung [アオス・デーヌング] 囡 -/-en ① 拡張，伸長；(土地の広がり；(熱による)膨張． ② (期間などの)延長．

aus·den·ken* [アオス・デンケン áus-dèŋkən] 他 《完了》haben) ① 考え出す，思いつく．sich[3] einen Spaß *ausdenken* いたずらを考え出す． ② 想像する．Die Folgen sind nicht *auszudenken*. 結果がどうなるか想像もつかない． ③ (計画などを)考え抜く．

aus|deu·ten [アオス・ドイテン áus-dɔ̀ytən] 他 (h) (テキストなど[4]を)解釈する；(夢など[4]を)判断する．

aus|die·nen [アオス・ディーネン áus-dì:nən] 自 (h) 《過去分詞でのみ用いる》① 兵役を終える． ② 《口語》使い古される．Diese Schuhe *haben ausgedient*. この靴はもうはき古した．
◇ ☞ **ausgedient**

aus|dor·ren [アオス・ドレン áus-dòrən] 自 (s) 干からびる，からからに乾燥する．

aus|dör·ren [アオス・デレン áus-dœ̀rən] **I** 他 (h) 干からびさせる，からからに乾燥させる．**II** 自 (s) = aus|dorren

aus|dre·hen [アオス・ドレーエン áus-drè:ən] 他 (h) (電灯など[4]の)スイッチをひねって消す，(ガスなど[4]の)栓をひねって止める．das Gas[4] *ausdrehen* ガスの栓をしめる．

***der* Aus·druck**[1] [アオス・ドルック áus-drʊk] 男 (単2) -[e]s/..drücke [..ドリュッケ] (3格の..drücken) 《英》expression) ① **表現**，言い回し，言葉，用語．Mode*ausdruck* はやりの言葉 / ein treffender *Ausdruck* 的確な表現 / den passenden *Ausdruck* suchen 適切な表現を探す / einen höflichen *Ausdruck* verwenden ていねいな言葉を使う / „Heiß" ist gar kein *Ausdruck*!「暑い」なんてものじゃないよ / *Ausdrücke*[4] gebrauchen《口語》悪態をつく．
② 《複なし》表現の仕方，言い方，文体．Er hat einen guten *Ausdruck*. 彼は表現の仕方がうまい．
③ 《ふつう単》表現，表情，表出．ein starrer *Ausdruck* こわばった表情 / einem Gefühl *Ausdruck*[4] geben 感情を表に出す．
◇ 《前置詞とともに》ein Lied[4] **mit** *Ausdruck* singen 歌を表現豊かに歌う / **mit dem** *Ausdruck* **des Dankes** 感謝の意を表して / **ohne** *Ausdruck* 無表情に / **zum** *Ausdruck* **bringen** 事[4]を言葉に表す / Eine Krise kommt zum *Ausdruck*. 危機があらわになる．
④ 《数・ミンギ》式；項．

Aus·druck[2] [アオス・ドルック] 男 -[e]s/-e ① (テレタイプに打ち出された)受信文． ② 《コンピ》(出力された)印字；プリントアウト． ③ 《印》刷りあがり．

Aus·drü·cke [アオス・ドリュッケ] ＊Ausdruck[1] (表現)の

aus|dru·cken [アオス・ドルッケン áus-drʊ̀kən] 他 (h) ① 《印》印刷し終える，刷りあげる． ② 《コンピ》プリントアウトする．

aus|drü·cken [アオス・ドリュッケン áus-drʏ̀kən] (drückte...aus, hat...ausgedrückt) **I** 他 《完了》haben) ① **表現する**，表す；言う，述べる．《英》express). klar *klar ausdrücken* 事[4]を明確に表現する / 人[3] seinen Dank *ausdrücken* 人[3]に感謝の言葉を述べる / 事[4] **in** (または **mit**) Gesten *ausdrücken* 事[4]を身ぶりで示す．
② (汁・水気を)**搾り出す**；(レモンなど[4]を)搾る．《英》squeeze). den Saft [**aus der Zitrone**] *ausdrücken* [レモンから]汁を搾り出す / eine Zitrone[4] *ausdrücken* レモンを搾る． ③ (たばこなど[4]を)もみ消す．
II 再帰 《完了》haben) *sich*[4] *ausdrücken* ① 自分の意見(考え・心中)を述べる．*sich*[4] deutlich *ausdrücken* 自分の意見をはっきり言い表す / Ich weiß nicht, wie ich *mich ausdrücken soll*. 私は自分の気持ちをどう表現していいかわからない． ② 表され[てい]る，表現され[てい]る．**In** seinem Gesicht *drückt* sich seine Erwartung *aus*. 彼の顔には期待感が表れていた．

aus·drück·lich [アオス・ドリュックリヒ áus-drʏklɪç または アオス・ドリュック..] **I** 形 はっきりした，明確な．ein *ausdrückliches* Verbot 厳禁 / auf *ausdrücklichen* Wunsch der Mutter[2] 母親のたっての希望で．
II 副 特に；きっぱりと．事[4] *ausdrücklich* betonen 事[4]を特に強調する．

aus·drucks=los [アオスドルックス・ロース] 形 無表情な；表現力の乏しい．

aus·drucks=voll [アオスドルックス・ふォる] 形 表情に富む；表現力の豊かな．

Aus·drucks=wei·se [アオスドルックス・ヴァイ

aus|duns·ten [アオス・ドゥンステン áus-dʊnstən] 他 (h) 自 (h) =aus|dünsten

aus|düns·ten [アオス・デュンステン áus-dʏnstən] I 他 (h) (湯気・においなど⁴を)発散させる. II 自 (h) (地面などが)湯気(もや)を立ちのぼらせる; 臭気を出す.

Aus·düns·tung [アオス・デュンストゥング] 女 -/-en ① 《複 なし》発散. ② 臭気; 体臭.

aus ゠ ein·an·der [アオス・アイナンダァ aus-aɪnándər] 副 ① (時間的・空間的に)[互いに]離れて, 離れ離れに. Wir sind [im Alter] vier Jahre *auseinander*. 私たちは[年齢が]四つ離れている / Die beiden sind schon lange *auseinander*. 《口語》その二人はもう長い間つき合いがない. ② 次々と. 動⁴ *auseinander* entwickeln 動⁴を次から次へと発展させる.
▶ **auseinander|setzen**

aus·ein·an·der|brin·gen* [アオスアイナンダァ・ブリンゲン ausaɪnándər-brìŋən] 他 (h) 《口語》(くっついたもの⁴を)引き離す; 仲たがいさせる.

aus·ein·an·der|fal·len* [アオスアイナンダァ・ふァれン ausaɪnándər-fàlən] 自 (s) (くっついているものが)ばらばらになる, 分解する.

aus·ein·an·der|ge·hen* [アオスアイナンダァ・ゲーエン ausaɪnándər-gè:ən] 自 (s) ① 別れる, 離れる. ② 《口語》(婚約などが)解消される. ③ (道・枝が)分かれる. ④ 《口語》ばらばらに壊れる. ⑤ (意見などが)分かれる. Unsere Meinungen *gehen* stark *auseinander*. われわれの意見は大きく違っている. ⑥ 《口語》太る.

aus·ein·an·der|hal·ten* [アオスアイナンダァ・ハるテン ausaɪnándər-hàltən] 他 (h) 区別する, 見分ける.

aus·ein·an·der|lau·fen* [アオスアイナンダァ・らオフェン ausaɪnándər-làufən] 自 (s) ① (道などが)分岐する. ② (バターなどが)溶けて流れる.

aus·ein·an·der|neh·men* [アオスアイナンダァ・ネーメン ausaɪnándər-nè:mən] 他(h) ① (機械など⁴を)分解する. ② 《俗》《2ッ》(敵⁴を)打ち負かす.

aus·ein·an·der|set·zen* [アオスアイナンダァ・ゼッツェン ausaɪnándər-zɛ̀tsən] I 他 (h) ① 離して座らせる. Der Lehrer *setzte* die Schüler *auseinander*. 先生はその生徒たちを離して座らせた. ② (人³に計画など⁴を)説明する. II 再帰 (h) ① 《*sich*⁴ *mit* 人³ ~》(人³と)議論する; 《法》(遺産などの分割について人³と)話し合いがつく. ② 《*sich*⁴ *mit* 動⁴ ~》(動⁴と)とり組む, ame する.

Aus·ein·an·der ゠ set·zung [アオスアイナンダァ・ゼッツング] 女 -/-en ① (詳細な)説明, 分析. ② 討論, 議論; 論争, 対決. ③ 《法》(遺産などの)分割.

aus·er·ko·ren [アオス・エァコーレン áus-ɛrko:rən] 形 《雅》選び抜かれた.

aus|er·le·sen¹* [アオス・エァれーゼン áus-ɛrlè:zən] (過分 auserlesen) 他 (h) 《雅》選び出す.

aus·er·le·sen² [アオス・エァれーゼン] I aus-erlesen¹ (選び出すの) 過分 II 形 《雅》えり抜きの, すぐれた, 極上の. III 副 きわめて, とびきり.

aus|er·se·hen* [アオス・エァゼーエン áus-ɛrzè:ən] (過分 ausersehen) 他 (h) 《雅》選び出す, 指名する.

aus·er·wäh·len [アオス・エァヴェーれン áus-ɛrvɛ̀:lən] (過分 auserwählt) 他 (h) 《雅》選び出す. ◇《過去分詞の形で》das *auserwählte* Volk 選民(イスラエル民族).

aus|fah·ren* [アオス・ふァーレン áus-fà:rən] I 自 (s) ① (乗り物が)発車する, 出港する; (鉱夫が)出坑する. ② ドライブに出かける, 乗り物で出かける. Wir *sind* gestern *ausgefahren*. 《現在完了》私たちはきのうドライブに出かけた. ③ (腕などが)さっと動く(伸びる). ◇《現在分詞の形で》*ausfahrende* Bewegungen⁴ machen 急な動きをする. II 他 (h) ① ドライブに連れて行く, 乗り物に乗せて行く. Die Mutter *fährt* das Baby *aus*. 母親は赤ん坊を[乳母車で]散歩に連れて行く. ② 配送(配達)する. ③ 《工》(アンテナ・車輪などを)出す. ④ (車が道など⁴を)傷める, 破損する. ◇《過去分詞の形で》*ausgefahrene* Straßen 車の通行で傷んだ道路. ⑤ (カーブ⁴を)内側車線にはみ出さずに回る. ⑥ (車など⁴の)性能をフルに発揮させる.

die Aus·fahrt [アオス・ふァールト áus-fa:rt] 女 (単)-/(複)-en ① (車庫・高速道路などの)出口, 出口ランプ. 《英》*exit*. (⇔「入口」はEinfahrt). (▷ Autobahn 図). Bitte die *Ausfahrt* freihalten! (張り紙などで)車の出口につき駐車お断り. ② 《複 なし》(駅などからの)発車, 出港. 《英》*departure*. Der Zug steht zur *Ausfahrt* bereit. 列車は発車準備ができている. ③ ドライブ. eine *Ausfahrt*⁴ machen ドライブをする.

Aus·fall [アオス・ふァる áus-fal] 男-[e]s/..fälle ① 《複 なし》(毛髪・歯などの)脱落. ② (催しなどの)中止, (講義の)休講; (作業の)休止. ③ 《複 なし》欠席, (故障による機械の)停止. ④ 損失, 損害. große *Ausfälle*⁴ erleiden 大損害を被る. ⑤ 結果. der *Ausfall* der Ernte² 収穫高. ⑥ 《軍》出撃, 攻撃; 《フェンシングの》突きの姿勢; (重量挙げ・体操の)開脚姿勢.

aus|fal·len* [アオス・ふァれン áus-fàlən] du fällst... aus, er fällt... aus (fiel... aus, ist... ausgefallen) 自 (完了 sein) ① (毛髪・歯などが)抜け落ちる; 脱落する, 欠損する. 《英》*fall out*. Die Haare *sind* ihm *ausgefallen*.《現在完了》彼は頭髪が抜けた.
② (催し・講義などが)中止になる; 運休する. Die Vorlesung *fällt* heute *aus*. この講義はきょうは休講だ. ③ 欠席(欠勤)する, 欠場する. ④ (機械・電気などが)突然止まる. ⑤ (試験・選考などが)…の結果になる. Die Prüfung *fiel* gut *aus*. 試験はうまくいった. ⑥ 《化》沈殿する.

◇☞ **ausgefallen**

aus·fal·lend [アオス・ふァれレント] **I** ausfallen (抜け落ちる)の現分 **II** 形 無礼な，侮辱的な．

aus·fäl·lig [アオス・ふェりヒ áus-fɛlɪç] 形 無礼な，侮辱的な．

Aus·fall=stra·Be [アオスふァる・シュトラーセ] 囡 -/-n 《交通》(市街地から郊外へ通じる)幹線道路．

aus|fech·ten* [アオス・ふェヒテン áus-fɛ̀çtən] 他 (h) 戦い抜く，(訴訟など⁴に)決着をつける．

aus|fe·gen [アオス・ふェーゲン áus-fè:gən] 他 (h) 《北ドイツ》(ちりなど⁴を)掃き出す；(部屋など⁴を)掃いてきれいにする．

aus|fei·len [アオス・ふァイれン áus-fàilən] 他 (h) ① やすりで仕上げる． ② 《比》(文章など⁴を)練り上げる，推敲(すいこう)する．

◇☞ **ausgefeilt**

aus|fer·ti·gen [アオス・ふェルティゲン áus-fɛ̀rtɪgən] 他 (h) 《官庁》(文書・証書など⁴を)作成する，(パスポートなど⁴を)発行する，交付する．

Aus·fer·ti·gung [アオス・ふェルティグング] 囡 -/-en 《官庁》(文書・証書の)作成；文書，書類；(パスポートなどの)発行，交付．in doppelter *Ausfertigung* 正副二通で．

aus·fin·dig [アオス・ふィンディヒ áus-fɪndɪç] 形 《成句的に》人・物⁴ *ausfindig* machen (長い間探して)人・物⁴をやっと見つけ出す．

aus|flie·gen* [アオス・ふりーゲン áus-flì:gən] **I** 自 (s) ① 飛び立つ；(ひな鳥が)巣立つ． ② 《口語・比》遠足などに出かける． 《飛行機で》脱出する． **II** 他 (h) ① (危険な所から)飛行機で救出する，空輸する． ② (パイロットが飛行機⁴の)性能をフルに発揮させる．

aus|flie·ßen* [アオス・ふりーセン áus-flì:sən] 自 (s) (液体が)流れ出る，漏れる；(容器などが)空になる．

aus|flip·pen [アオス・ふりッペン áus-flìpən] 自 (s) 《口語》① (麻薬に浸って)現実から逃避する；(社会から)ドロップアウトする． ② 逆上する，かっとなる；有頂天になる．

◇☞ **ausgeflippt**

Aus·flucht [アオス・ふるフト áus-fluxt] 囡 -/..flüchte 《ふつう複》言い逃れ，逃げ口上，口実．*Ausflüchte*⁴ machen 言い逃れをする．

der **Aus·flug [アオス・ふるーク áus-flu:k] 男 (単2) -(e)s/(複) ..flüge [..ふりューゲ] (3格のみ ..flügen) ① 遠足，ハイキング；小旅行．(英 *excursion*)．Am Sonntag machen wir einen *Ausflug* an die See (in die Berge). 日曜日には私たちは海へ(山へ)ハイキングに行く．(☞ 類語 Reise). ② (蜜蜂(みつばち)・鳥などの)巣立ち；(養蜂で:)巣箱の出入口．

Aus·flü·ge [アオス・ふりューゲ] ≠ Ausflug (遠足)の複

Aus·flüg·ler [アオス・ふりュークらァ áus-fly:klər] 男 -s/- 遠足をする人，ハイカー，行楽客．(女性形: -in).

Aus·fluss [アオス・ふるス áus-flUs] 男 -es/..flüsse ① 《複 なし》流出，排出． ② 流出口，排水孔(こう)． ③ 《医》分泌[物]；おりもの，こしけ． ④ 《雅》(感情などの)現れ；(研究などの)成果．

aus|for·mu·lie·ren [アオス・ふォルムりーレン áus-formulì:rən] 他 (h) (文章など⁴を)推敲(すいこう)する．

aus|for·schen [アオス・ふォルシェン áus-fòrʃən] 他 (h) ① (人⁴に)詳しく尋ねる． ② 探り出す．

aus|fra·gen [アオス・ふラーゲン áus-frà:gən] 他 (h) (人⁴に)根掘り葉掘り質問する． 人⁴ nach 人・事³ (または über 人・事⁴) *ausfragen* 人⁴に 人・事 についてしつこく尋ねる．

aus|fran·sen [アオス・ふランゼン áus-frànzən] 自 (s) (布地の端が)ほつれる．

aus|fres·sen* [アオス・ふレッセン áus-frèsən] 他 (h) ① (動物などが)食べ尽くす． ② (川などが)浸食する． ③ 《口語》(悪いこと⁴を)しでかす． ④ 《俗》(便器⁴の)しりぬぐいをする．

aus|frie·ren* [アオス・ふリーレン áus-frì:rən] **I** 自 (s) ① 冷害で立ち枯れる． ② すっかり凍る，凍りつく． **II** 他 (h) 《工》冷却分離する．

die **Aus·fuhr** [アオス・ふーァ áus-fu:r] 囡 (単) -/(複) -en 《経》① 《複 なし》**輸出**．(英 *export*).（⇔ 「輸入」は Einfuhr). die *Ausfuhr* von Maschinen 機械の輸出． ② 輸出品．

aus·führ·bar [アオス・ふュ―アバール] 形 ① 実行可能な． ② 輸出に適した．

aus|füh·ren [アオス・ふューレン áus-fy:rən] (führte ... aus, hat ... ausgeführt) 他 (完了) haben) ① (病人・犬など⁴を)外に(散歩に)連れ出す；遊びに連れ出す．(英 *take out*). Ich muss den Hund noch *ausführen*. 私はこれから犬を散歩に連れて行かなければならない． ② **輸出する**．(英 *export*).（⇔ 「輸入する」は ein|führen). Autos⁴ *ausführen* 自動車を輸出する．

③ **実行[実施]する**; 遂行する． einen Plan *ausführen* 計画を実行する / eine Operation⁴ *ausführen* 手術を行う． ④ 仕上げる，完成させる．ein Bild⁴ in Öl *ausführen* 油絵を描く． ⑤ 詳しく説明する(述べる)． wie ich oben *ausgeführt* habe 上に詳しく述べましたように． ⑥ 《ミ》実行する．

aus·führ·lich [アオス・ふューアりヒ áus-fy:rlɪç または アオス・ふュー ァ..] 形 **詳しい**, 詳細な．(英 *detailed*). ein *ausführlicher* Bericht 詳細な報告 / 事⁴ *ausführlich* erklären 事⁴を詳しく説明する．

Aus·führ·lich·keit [アオス・ふューアりヒカイト または アオス・ふュー ァ..] 囡 -/ 詳細，精密． in aller *Ausführlichkeit* 微に入り細にわたって．

Aus·füh·rung [アオス・ふューるング] 囡 -/-en ① 《複 なし》実施，遂行．die *Ausführung* eines Befehls 命令の遂行 / 事⁴ **zur** *Ausführung* bringen 事⁴を実行[実施]する． ② 《複 なし》完成，仕上げ；品質，造り．Möbel in bester *Ausführung* 極上等の家具． ③ 《ふつう

㉑詳述, 詳説. ④ 《コンピュ》実行.

aus|fül·len [アオス・フュレン áus-fỳlən] (füllte ... aus, hat ... ausgefüllt) ㊤ 《完了》 haben) ① (すき間・穴など⁴を)埋める, ふさぐ; (場所など⁴を)占める. (英 *fill*). einen Graben mit Steinen *ausfüllen* 溝を石で埋める.
② (用紙など⁴に)記入する. *Füllen* Sie bitte das Formular *aus*! この用紙に記入してください. ③ (時間⁴を)つぶす. die Wartezeit⁴ mit Lesen *ausfüllen* 待ち時間を読書をしてつぶす. ④ (考え・仕事などが囚⁴の心を占める, 満たす. Ein Gedanke *füllt* ihn ganz *aus*. 彼の頭にはある考えでいっぱいだ / Der Beruf *füllt* mich *aus*. 私はこの職業に満足している. ⑤ (職務など⁴を)果たす.

Ausg. (略) ① [アオス・ガーベ] (書籍の)版 (= **Ausgabe**). ② [アオス・ガング] 出口 (=**Ausgang**).

die **Aus·ga·be** [アオス・ガーベ áus-ga:bə] 囡 -/-n ① 《複 なし》支給, (荷物などの)引き渡し, (旅券などの)交付, (証券などの)発行. (英 *distribution*). ② (手荷物などの)引き渡し口 (所). ③ 《ふつう 複》支出, 出費. (英 *expense*). (反対「収入」は Einnahme). laufende *Ausgaben* 経常費 / große *Ausgaben*⁴ machen 多額の出費をする.
④ (書籍の)版, (新聞の)刊. (英 *edition*). Taschen*ausgabe* ポケット版の本 / die neueste *Ausgabe* 最新版. ⑤ (商品の)型, モデル, タイプ. die viertürige *Ausgabe* des Autos この車のフォードア・モデル. ⑥ (テレビ・ラジオの)放送[番組]. ⑦ 《コンピュ》アウトプット. (反対「インプット」は Eingabe).

Aus·ga·be[n]·buch [アオスガーベ[ン]・ブーフ] 甲 -[e]s/..bücher 支出簿, 金銭出納簿.

der **Aus·gang** [アオス・ガング áus-gaŋ] 男 (単2) -[e]s/(複) ..gänge [..ゲンゲ] (3格のみ ..gängen) ① 出口. (英 *exit*). (反対「入口」は Eingang). Not*ausgang* 非常[出]口 / den *Ausgang* suchen 出口を探す / am *Ausgang* warten 出口で待つ / am *Ausgang* des Dorfes 村のいちばん端に.
② 《複 なし》(時代などの)終わり. am *Ausgang* des Mittelalters 中世期末に. ③ (語句などの)末尾; 結果, 結末. eine Geschichte mit glücklichem *Ausgang* ハッピーエンドの物語. ④ 外出[許可]. Die Rekruten hatten keinen *Ausgang*. 新兵は外出許可がもらえなかった. ⑤ 《ふつう 複》(郵便物などの)発送; 《ふつう 複》発送郵便物, 出荷商品. ⑥ 《複なし》(話などの)出発点.

Aus·gän·ge [アオス・ゲンゲ] ＊Ausgang (出口)

Aus·gangs·punkt [アオスガングス・プンクト] 男 -[e]s/-e 出発点, 基点.

aus|ge·ben* [アオス・ゲーベン áus-gè:bən] du gibst ... aus, er gibt ... aus (gab ... aus, ausgegeben) **I** ㊤ 《完了》 haben) ① (お金⁴を)支出する, 使う. (英 *spend*). Sie *gibt* für ihre Kleidung viel Geld *aus*. 彼女は服装にたくさんお金をかける / Ich *gebe* dir einen *aus*.《口語》君に1杯おごるよ.
② 支給する; 手渡す. warme Kleidung⁴ an die Flüchtlinge *ausgeben* 暖かい衣類を難民に配る.
③ (紙幣・株券など⁴を)発行する. Briefmarken⁴ *ausgeben* 切手を発行する.
④ [成句的に] [人⁴] als (または für)... *ausgeben* [人・物⁴] を…と詐称する. (〈/エ〉 には4格の名詞か形容詞がくる). Er *gab* das Bild als (または für) sein Werk *aus*. 彼はその絵を自分の作品だと偽った / Die Perlen⁴ als (または für) echt *ausgeben* 真珠を本物だと偽る. ◊[再帰的に] Er *gibt sich*⁴ als Arzt *aus*. 彼は医者だと自称している. ⑤ (命令など⁴を)出す, 伝える. ⑥ (仕事などを⁴よそに頼む, 外注する. die Wäsche⁴ *ausgeben* 洗濯物をクリーニングに出す. ⑦ 《コンピュ》(テキスト⁴を)打ち出す.
II 再帰 《完了》 haben) *sich*⁴ *ausgeben* 力を出し尽くす.

aus·ge·bes·sert [アオス・ゲベッサァト] aus|-bessern (修理する)の 過分

aus·ge·bil·det [アオス・ゲビルデット] ＊aus|bilden (養成する)の 過分

aus·ge·bombt [アオス・ゲボンプト áus-gə-bɔmpt] 形 空襲で被災した. ◊[名詞的に] die *Ausgebombten* 空襲で焼け出された人々.

aus·ge·brannt [アオス・ゲブラント] **I** aus|-brennen (燃え尽きる)の 過分 **II** 形《口語》くたくたに疲れた.

aus·ge·brei·tet [アオス・ゲブライテット] aus|-breiten (広げる)の 過分

aus·ge·bro·chen [アオス・ゲブロッヘン] aus|brechen (壊して取る)の 過分

aus·ge·bucht [アオス・ゲブーフト áus-gə-bu:xt] 形 ① 全室(全席)予約済みの. ② 日程の詰まった(アーチストなど).

aus·ge·bufft [アオス・ゲブフト áus-gəbuft] 形 《俗》要領のいい, 抜け目のない.

Aus·ge·burt [アオス・ゲブーァト áus-gəbu:rt] 囡 -/-en 《雅》(悪い意味で:)産物, 見本; 申し子. *Ausgeburt* der Hölle² 地獄の申し子, 悪魔.

aus·ge·dehnt [アオス・ゲデーント] **I** aus|-dehnen (広げる)の 過分 **II** 形 長時間の; 広々とした; 大規模の.

aus·ge·dient [アオス・ゲディーント] **I** aus|-dienen (兵役を終える)の 過分 **II** 形 兵役を終えた; 使い古された.

aus·ge·drückt [アオス・ゲドリュックト] aus|-drücken (表現する)の 過分

aus·ge·fal·len [アオス・ゲふァレン] **I** aus|-fallen (抜け落ちる)の 過分 **II** 形 珍しい, 変わった, 奇妙な. eine *ausgefallene* Idee とっぴな思いつき.

aus·ge·feilt [アオス・ゲふァイルト] **I** aus|fei-len (やすりで仕上げる)の 過分 **II** 形 練りあげられた(文章・計画など).

aus·ge·flippt [アオス・ゲふリップト] **I** aus|-

flippen (現実から逃避する)の過分 II 形《口語》ドロップアウトした, 社会に背を向けた.

aus･ge･führt [アオス・ゲフューァト] aus|führen (外に連れ出す)の過分

aus･ge･füllt [アオス・ゲふェルト] aus|füllen (埋める)の過分

aus･ge･gan･gen [アオス・ゲガンゲン] *aus|gehen (外出する)の過分

aus･ge･ge･ben [アオス・ゲゲーベン] aus|geben (支出する)の過分

aus･ge･gli･chen [アオス・ゲグリッヒェン] I aus|gleichen (均一化する)の過分 II 形 ① 調和のとれた, 円満な(人柄など); 安定した. ② (スポ)バランスのとれた(チームなど), 互角の(試合など).

Aus･ge･gli･chen･heit [アオス・ゲグリッヒェンハイト] 女 -/ 釣り合い(バランス)がとれていること.

aus･ge･hal･ten [アオス・ゲハるテン] aus|halten (耐える)の過分

aus|ge･hen [アオス・ゲーエン] áus-gè:ən] (ging ... aus, ist ... ausgegangen) 自 (完了 sein)
① 外出する; (ディナー・観劇などのために)出かける. (英 go out). Ich *gehe* heute Abend *aus*. 私は今晩外出します / Sie *gehen* oft **zum** Tanzen *aus*. 彼らはよくダンスに出かける.
② (火・明かりなどが)消える. (✍「(火などが)つく」は an|gehen). Plötzlich ging das Licht *aus*. 突然明かりが消えた.
③ (蓄え・忍耐力などが)尽きる; (毛髪などが)抜ける; (色が)落ちる. Mir *ist* das Geld *ausgegangen*.《現在完了》私はお金を使い果たしてしまった / Jetzt *geht* mir aber die Geduld *aus*!《比》もう我慢がならない / Ihm *gehen* die Haare *aus*. 彼は髪が薄くなっていく.
④ (...の)結果になる, (...で)終わる. Die Sache *ging* gut (schlecht) *aus*. その件はうまくいった(悪い結果になった) / Wie *geht* der Film denn *aus*? その映画はどんな結末になるの / Das Wort *geht* **auf** einen Vokal *aus*.《言》その単語は母音で終わる. ⑤〖**auf**⁴ ~〗(興⁴を)ねらう, もくろむ. Er *geht* bei allem nur aufs Geld *aus*. 彼は何をするにもお金が目当てだ. ⑥〖**von**〖物³~〗(物³を)出発点にしている. Unsere Reise *geht* von Berlin *aus*. 私たちの旅行の出発点はベルリンだ / Du *gehst* von falschen Voraussetzungen *aus*. 君は間違った前提から出発しているよ. ⑦〖**von**〖人･物³~〗(人･物³に)由来する; (人･物³を)発散している. Der Plan *ging* von ihm *aus*. その計画はもともと彼が立てたものだ / Von ihm *geht* eine gewisse Sicherheit *aus*. 彼の表情には自信がみなぎっている.

〖類語〗**aus|gehen**: 外出する; (ディナーなどに)出かける. **ab|fahren**: (乗り物で)出発する. Ich *fahre* gleich mit dem Zug *ab*. 私はすぐに列車で出発する. **verlassen**: (ある場所⁴を)去る, あとにする.

aus･ge･hun･gert [アオス・ゲフンガァト] I aus|hungern (飢えさせる)の過分 II 形 ひどく腹をすかせた; 飢えて弱った.

aus･ge･kocht [アオス・ゲコッホト] I aus|kochen (煮出す)の過分 II 形《口語》抜け目のない.

aus･ge･kom･men [アオス・ゲコンメン] aus|kommen (やり繰りする)の過分

aus･ge･las･sen [アオス・ゲラッセン] I aus|lassen (機会などを逃がす)の過分 II 形 大はしゃぎの, 浮かれた, はめをはずした.

Aus･ge･las･sen･heit [アオス・ゲらッセンハイト] 女 -/-en《ふつう単》大はしゃぎ, 浮かれ騒ぎ.

aus･ge･legt [アオス・ゲれークト] aus|legen (陳列する)の過分

aus･ge･lei･ert [アオス・ゲらイアァト] I aus|leiern (ねじなどを使いつぶす)の過分 II 形《口語》使い古された; がたのきた.

aus･ge･macht [アオス・ゲマッハト] I *aus|machen (消す)の過分 II 形 ① 決定された, 確かな. ② まったくの, ひどい(ペテンなど). III 副 まったく, ひどく.

aus･ge･mer･gelt [アオス・ゲメルゲルト] 形 衰弱した, やつれた.

aus･ge･nom･men [アオス・ゲノンメン] I aus|nehmen (取り除く)の過分 II 接 ...を除いて, ...の場合以外は. Er widerspricht allen, *ausgenommen* seiner Frau. あいつはだれにでも逆らうが, 奥さんに対してだけはからきしだめだ / Alle waren da, er (または ihn) *ausgenommen*. 彼以外はみんな来ていた / Wir werden kommen, *ausgenommen* es regnet stark (または *ausgenommen*, wenn es stark regnet). 大雨でないかぎり私たちは参ります.

aus･ge･nutzt [アオス・ゲヌッツト] aus|nutzen (十分に利用する)の過分

aus･ge･packt [アオス・ゲパックト] aus|packen (取り出す)の過分

aus･ge･prägt [アオス・ゲプレークト] I aus|prägen (再帰で: はっきりと現れる)の過分 II 形 際だった, 特徴のはっきりした.

aus･ge･pumpt [アオス・ゲプンプト] I aus|pumpen (ポンプでくみ出す)の過分 II 形《俗》へとへとになった.

aus･ge･rech･net [アオス・ゲレヒネット または アオス・ゲレヒ..] I aus|rechnen (計算して解く)の過分 II 副《口語》よりによって, こともあろうに. *Ausgerechnet* jetzt kommt er! よりによって今夜がやって来るとは.

aus･ge･reicht [アオス・ゲライヒト] aus|reichen (足りる)の過分

aus･ge･reift [アオス・ゲライフト] I aus|reifen (熟す)の過分 II 形 (果実などが)完熟した;《比》円熟した, 完成の域に達した.

aus･ge･ru･fen [アオス・ゲルーフェン] aus|rufen (叫ぶ)の過分

aus･ge･ruht [アオス・ゲルート] aus|ruhen (再帰で: 休む)の過分

aus･ge･schal･tet [アオス・ゲシャるテット] aus|schalten (スイッチを切る)の過分

aus･ge･schlos･sen [アオス・ゲシュろッセン áus-gəʃlosən] I aus|schließen (閉め出す)の過分

ausgeschnitten

II [アオス・ゲシュロッセン または アオス・ゲシュロッセン] 形 **不可能な**, ありえない. *Ausgeschlossen*! そんなわけがありません / Es ist nicht *ausgeschlossen*, dass… …ということはありえないわけではない.

aus·ge·schnit·ten [アオス・ゲシュニッテン] I aus|schneiden (切り抜く)の 過分 II 形 襟ぐりの深い(ドレスなど).

aus·ge·se·hen [アオス・ゲゼーエン] *aus|sehen (…のように見える)の 過分

aus·ge·setzt [アオス・ゲゼッツト] aus|setzen (外に置く)の 過分

aus·ge·spro·chen [アオス・ゲシュプロッヘン] I *aus|sprechen (発音する)の 過分 II 形『付加語としてのみ』明白な, まぎれもない; 著しい, 際だった. Das ist *ausgesprochenes* Pech. それはまったくの不運だ. III 副 非常に.

aus|ge·stal·ten [アオス・ゲシュタルテン] áus-gəʃtàltən] (過分 ausgestaltet) 他 (h) (祭りなど⁴の)手はずを整える, (部屋など⁴を)飾り付ける.

Aus·ge·stal·tung [アオス・ゲシュタるトゥング] 女 –/-en ① 《複 なし》整えること, 企画構成; 飾り付け. ② 形態, 体制.

aus·ge·stellt [アオス・ゲシュテるト] aus|stellen (展示する)の 過分

aus·ge·stie·gen [アオス・ゲシュティーゲン] *aus|steigen (降りる)の 過分

aus·ge·stor·ben [アオス・ゲシュトルベン] I aus|sterben (死に絶える)の 過分 II 形 絶滅した; 人気(ﾋﾟ)のない.

aus·ge·sucht [アオス・ゲズーフト] I aus|suchen (選び出す)の 過分 II 形 ①『付加語としてのみ』えり抜きの; 特別の, *ausgesuchte* Weine 特選ワイン / mit *ausgesuchter* Höflichkeit 非常にていねいに. ② 残りものの(商品など). III 副 格別に, 非常に.

aus·ge·tauscht [アオス・ゲタオシュト] aus|tauschen (交換する)の 過分

aus·ge·tre·ten [アオス・ゲトレーテン] I aus|treten (火などを踏み消す)の 過分 II 形 踏み固められた; はきつぶされた.

aus·ge·übt [アオス・ゲユープト] aus|üben (営む)の 過分

aus·ge·wach·sen [アオス・ゲヴァクセン] I aus|wachsen (再帰で: 成長する)の 過分 II 形 十分に成長した. ein *ausgewachsener* Unsinn《口語・比》まったくのナンセンス.

aus·ge·wählt [アオス・ゲヴェーるト] I aus|wählen (選び出す)の 過分 II 形 選び出された, えり抜きの. *ausgewählte* Werke (著作などの)選集.

aus·ge·wan·dert [アオス・ゲヴァンダァト] aus|wandern (移住する)の 過分

aus·ge·wo·gen [アオス・ゲヴォーゲン áus-gəvoːgən] 形 均衡(バランス)のとれた.

Aus·ge·wo·gen·heit [アオス・ゲヴォーゲンハイト] 女 –/ 均衡(バランス)がとれていること.

***aus·ge·zeich·net** I [アオス・ゲツァイヒネット áus-gətsaɪçnət] aus|zeichnen (表彰する)の 過分 II [アオス・ゲツァイヒネット または アオス・ゲツァイヒ..ト] 形 **抜群の**, 優秀な, すばらしい. 《英》excellent). eine *ausgezeichnete* Leistung 抜群の成績 / ein *ausgezeichneter* Wein 極上のワイン / Das Essen schmeckt *ausgezeichnet*. この料理はとてもおいしい / Sie tanzt *ausgezeichnet*. 彼女はダンスがとても上手だ.(⇨ 類語 gut).

aus·ge·zo·gen [アオス・ゲツォーゲン] *aus|ziehen (脱ぐ)の 過分

aus·gie·big [アオス・ギービヒ áus-giːbɪç] 形 豊富な, たっぷりの, 十分な. *ausgiebige* Ruhe 十分な休養.

aus|gie·ßen* [アオス・ギーセン áus-gìːsən] 他 (h) ① 注ぎ出す; (びんなど⁴を)空にする. ② 《雅》(嘲笑(﹅ﾞ)などを)浴びせる. ③ (穴など⁴に)流し込んで埋める. ④ (火⁴に)水をかけて消す.

Aus·gleich [アオス・グらイヒ áus-glaɪç] 男 –[e]s/-e 《ふつう 単》 ① 均一(均等)化. ② (損害・損失の)埋め合わせ, 補償; 《経》[差引]勘定, 決算. ③ (相違点などの)調整, 調停; 和解. einen *Ausgleich* schaffen 調停(調整)する. ④ 《複 なし》(球技で:)タイスコア;(テニスの)ジュース.

aus|glei·chen* [アオス・グらイヒェン áus-glaɪçən] I 他 (h) ① 均一(均等)化する, ならす, 等しくする. ② (損害・損失⁴を)埋め合わせる, 補償する, 償う; 《経》[差引]勘定する, 決算する. Einnahmen⁴ und Ausgaben⁴ *ausgleichen* 収支の均衡をはかる. ③ (相違点などを)調整する, (争い・意見などを)調停する. II 自 (h) (球技で:)同点に持ち込む. III 再帰 (h) *sich*⁴ *ausgleichen* バランス(釣り合い)がとれる;(差異などが)調整される, 相殺(ﾗﾞｲ)される.

◇⇨ **ausgeglichen**

Aus·gleichs·sport [アオスグらイヒス・シュポルト] 男 –s/..sportarten (まれに ..sporte) (仕事でこった筋肉をほぐすための)レクリエーションスポーツ.

aus|glei·ten* [アオス・グらイテン áus-glàɪtən] 自 (s) ①《雅》① 滑る, 足を滑らせる. ② (ナイフなどが)(人³の手から)滑り落ちる.

aus|glü·hen [アオス・グリューエン áus-glỳːən] I 他(h) 《医》(注射針⁴を)焼いて消毒する; 焼灼(ﾋｮｸ)する; 《工》(金属⁴を)焼きなます. II 自 (h, s) ① (火)(フィラメントなどが)焼き切れる. ② (s) (車などの内部が)丸焼けになる.

aus|gra·ben* [アオス・グラーベン áus-gràːbən] 他 (h) ① 掘り出す, 掘り起こす;(遺跡など⁴を)発掘する. ②《比》(古文書など⁴を)見つけ出す;(古い話など⁴を)持ち出す.

Aus·gra·bung [アオス・グラーブング] 女 –/-en (遺跡の)発掘; 発掘物, 出土品.

aus|grei·fen* [アオス・グライフェン áus-gràɪfən] 自 (h) (馬などが)大またで駆ける. ◇[現在分詞の形で] mit *ausgreifenden* Schritten gehen 大またで歩く.

Aus·guck [アオス・グック áus-guk] 男 –[e]s/-e ① 《口語》展望台, 見晴らし台. ②《海》見

張り員; 見張り台.
aus|gu·cken [アオス・グッケン áus-gùkən] 自 (h) 〖nach 人・物³ ~〗(口語)(人・物³を)見張る.
Aus·guss [アオス・グス áus-gus] 男 -es/..güsse ① (台所の)流し; 排水口. ② (方)(流しの)汚水, 下水. ③ (方)(ポットなどの)注ぎ口.
aus|ha·ben* [アオス・ハーベン áus-hà:bən] I 他 (h) ①(口語)(衣服など⁴を)脱いでしまっている. ②(口語)(本など⁴を)読み終わっている. ③(方) 食べ(飲み)終わっている. II 自 (h) (口語)(学校などが)終わっている.
aus|ha·cken [アオス・ハッケン áus-hàkən] 他 (h) (くわで)掘り出す; (くちばしで)つつき出す.
aus|ha·ken [アオス・ハーケン áus-hà:kən] I 他 (h) (鉤から)はずす. II 非人称 (h) 〖es hakt bei 人³ aus の形で〗(口語)人³はわけがわからず我慢できない.

aus|hal·ten* [アオス・ハルテン áus-hàltən] du hältst ... aus, er hält ... aus (hielt ... aus, hat ... ausgehalten) I 他 (完了 haben) ① (事⁴に)**耐える**, 我慢する. ② endure. Ich **kann** die Hitze nicht *aushalten*. 私はこの暑さに耐えられない / Diese Ware *hält* den Vergleich mit den anderen *aus*. この商品は他のものに見劣りしない (～比較に耐える) / Hier *lässt* es *sich aushalten*. ここはなかなか快適だ. ◊〖es を目的語として成句的に〗Ich *halte* es vor Hunger nicht mehr *aus*. 私はもう空腹に耐えられない.
② (口語) (愛人など⁴の)生活費の面倒をみる.
③ (音楽) (音⁴を)保持する.
II 自 (完了 haben) 持ちこたえる, 辛抱する; 長持ちする. Er *hat* in dem Betrieb nur ein Jahr *ausgehalten*. 彼はその会社で1年しか続かなかった.

Aus·hal·ten [アオス・ハルテン] 中 〖成句的に〗Es ist nicht **zum** *Aushalten*. それは我慢ない.
aus|han·deln [アオス・ハンデルン áus-hàndəln] 他 (h) 協議して決める, 協定する.
aus|hän·di·gen [アオス・ヘンディゲン áus-hèndıgən] 他 (h) (人³に物⁴を公式に)手渡す, 引き渡す, 交付する.
Aus·hän·di·gung [アオス・ヘンディグング] 女 -/ (公式の)引き渡し, 交付.
Aus·hang [アオス・ハング áus-haŋ] 男 -[e]s/..hänge 掲示, 公告, ポスター.
aus|hän·gen¹* [アオス・ヘンゲン áus-hèŋən] 自 (h) 掲示(陳列)してある.
aus|hän·gen² [アオス・ヘンゲン] I 他 (h) ①掲示(陳列)する. ②(ドアなど⁴を)蝶番からはずす. sich³ den Arm *aushängen*(口語)腕を脱臼する. II 再帰 〖sich⁴ *aushängen*〗①蝶番からはずれる. ②(衣服のしわが)つるしておくうちに伸びる. ③〖*sich* **bei** 人³ ~〗(口語)(人³と)組んでいた腕をほどく.
Aus·hän·ge·schild [アオスヘンゲ・シルト] 中 -[e]s/-er 看板(宣伝)になる人(顔), 表看板.
aus|har·ren [アオス・ハレン áus-hàrən] 自 (h)

aus|hau·chen [アオス・ハオヘン áus-hàuxən] 他 (h) 〖雅〗①(息など⁴を)吐く, (かすかに声⁴を)出す. einen Seufzer *aushauchen* ため息をつく. ② (においなど⁴を)放つ.
aus|he·ben* [アオス・ヘーベン áus-hè:bən] 他 (h) ①(蝶番から)取りはずす. die Tür⁴ *ausheben* ドアを取りはずす. ②(土・穴など⁴を)掘る; (木⁴を)掘り起こす. ③(物⁴の中身を)取り出す; (方)(郵便ポスト⁴を)空にする. ④(泥棒の隠れ家など⁴の)手入れをする.
Aus·he·bung [アオス・ヘーブング] 女 -/-en ①〖複 なし〗取り出す(はずす)こと; 掘り起こすこと. ②(港などの)浚渫; ③(泥棒の隠れ家などの)手入れ. ④(古) 徴兵. ⑤(ポスト)(郵便ポストの)開函.
aus|he·cken [アオス・ヘッケン áus-hèkən] 他 (h)(口語)(いたずらなど⁴を)考え出す, たくらむ.
aus|hei·len [アオス・ハイレン áus-hàılən] 自 (s) (病気・患部が)全快する, 全治する.
aus|hel·fen* [アオス・ヘルフェン áus-hèlfən] 自 (h) (与えて・貸して人³を)助ける, (人³の)急場を救う. 人³ **bei** einer Arbeit *aushelfen* 人³の仕事を手伝う / **Kannst** du mir **mit** zehn Euro *aushelfen*? 10ユーロ貸してくれないか.
Aus·hil·fe [アオス・ヒルフェ áus-hılfə] 女 -/-n ① 一時的援助, 急場の手伝い. **zur** *Aushilfe* 当座のしのぎに, 間に合わせに. ② 臨時雇い, パートタイマー.
Aus·hilfs≠kraft [アオスヒルフス・クラフト] 女 -/..kräfte 臨時雇いの人.
aus·hilfs≠wei·se [アオスヒルフス・ヴァイゼ] 副 急場しのぎで; 臨時雇いで.
aus|höh·len [アオス・ヘーレン áus-hò:lən] 他 (h) 空洞にする, くり抜く; (比) 衰弱させる.
aus|ho·len [アオス・ホーレン áus-hò:lən] I 自 (h) ①腕を後ろへ引いて構える. **mit** der Hand **zum** Schlag *ausholen* なぐろうとして手を振り上げる / **zum** Sprung *ausholen* 腕を引いて跳ぶ構えをする. ② 大またで進む. ③ (話などを)過去にさかのぼって始める. II 他 (h) 〖**über** 人・事⁴ ~〗(口語)(人⁴に人・事⁴について)あれこれ聞き出す.
aus|hor·chen [アオス・ホルヒェン áus-hòrçən] 他 (h) (人⁴から)それとなく質問する, 探り出す.
aus|hun·gern [アオス・フンゲルン áus-hùŋərn] 他 (h) 飢えさせる; 兵糧攻めにする.
◊☞ **ausgehungert**
aus|ix·en [アオス・イクセン áus-ıksən] 他 (h) (タイプした文・語⁴を)Xの文字を打って消す.
aus|käm·men [アオス・ケンメン áus-kèmən] 他 (h) ①(ごみなど⁴を)櫛でずいて取り除く. ②(髪⁴を)すく.
aus|keh·ren [アオス・ケーレン áus-kè:rən] 他 (h) (南ド)(ちりなど⁴を)掃き出す; (部屋など⁴を)掃除する.
aus|ken·nen* [アオス・ケンネン áus-kènən] 再帰 (h) *sich*⁴ *auskennen* 事情に通じている, 勝手がわかっている. **In** dieser Stadt (**Mit**

auskippen

ihm) *kenne* ich *mich aus*. この町のこと(彼の扱い方)ならよくわかっています.

aus|kip·pen [アオス・キッペン áus-kìpən] 他 (h) (容器を傾けて・ひっくり返して中身⁴を)空ける, こぼす; (容器⁴を)傾けて空にする.

aus|klam·mern [アオス・クランマァン áus-klàmərn] 他 (h) ① (問題点など⁴を)除外する, 考慮に入れない. ② 《数》(因数など⁴を)かっこの外に出す. ③ 《言》(文成分⁴を)枠外に置く.

Aus·klang [アオス・クラング áus-klaŋ] 男 -[e]s/ 《雅》(ある事の)終わり, 結び.

aus|klei·den [アオス・クライデン áus-klàɪdən] 他 (h) ① 《雅》(人⁴の)衣服を脱がせる. ◇再帰的に sich⁴ *auskleiden* 衣服を脱ぐ. ② 《A⁴ **mit** B³ ～》(A⁴をB³で)内張りする.

aus|klin·gen* [アオス・クリンゲン áus-klìŋən] 自 (h, s) ① (h, s) 鳴りやむ. ② (s) 《比》(祭りなどが)終わる, 幕を閉じる.

aus|klin·ken [アオス・クリンケン áus-klìŋkən] I 他 (h) ① (物⁴の掛け金をはずして)切り離す. Bomben⁴ *ausklinken* 爆弾を投下する. ◇再帰的に sich⁴ *ausklinken* 切り離される. II 自 (s) (掛け金がはずされて)切り離される.

aus|klop·fen [アオス・クロプフェン áus-klɔ̀pfən] 他 (h) (ほこりなど⁴を)たたき出す; (じゅうたん・パイプなど⁴を)たたいてきれいにする.

Aus·klop·fer [アオス・クロプフアァ áus-klɔpfar] 男 -s/- (じゅうたんなどの)ほこりたたき棒.

aus|klü·geln [アオス・クリューゲルン áus-klỳ:gəln] 他 (h) (知恵をしぼって)考え出す.

aus|knei·fen* [アオス・クナイフェン áus-knàɪfən] 自 (s) 《口語》(こっそり)抜け出す, 逃げ出す.

aus|knip·sen [アオス・クニプセン áus-knìpsən] 他 (h) 《口語》(電灯など⁴の)スイッチをひねって消す.

aus|kno·beln [アオス・クノーベルン áus-knò:bəln] 他 (h) 《口語》① さいころを振って決める. ② (知恵をしぼって)考え出す.

aus|ko·chen [アオス・コッヘン áus-kɔ̀xən] 他 (h) ① (スープをとるために骨・肉⁴を)煮出す. ② 煮沸消毒する. ③ 《俗》(悪事など⁴を)考え出す.

◇☞ **ausgekocht**

aus|kom·men* [アオス・コンメン áus-kɔ̀mən] (kam ... aus, *ist* ... ausgekommen) 自 (完了 sein) ① 《mit 物³ ～》(物³で)**やり繰りする**, 間に合わせる. Er *kommt* mit seinem Geld nie *aus*. 彼は自分の金(%)だけでやっていけたためしがない.
② 《mit 人³ ～》(人³と)うまくやっていく. Ich *komme* mit ihm schlecht *aus*. 私は彼と折り合いが悪い. ③ 《ohne 人・物⁴ ～》(人・物⁴なしで)済ませる. Er *kommt* ohne seine Frau nicht *aus*. 彼は奥さんがいないとやっていけない. ④ 《南ドィ・オストリア》逃げ出す, 逃亡する.

Aus·kom·men [アオス・コンメン] 中 -s/ ① 生計, 生活費. ein gutes *Auskommen*⁴ haben 十分な収入がある. ② 折り合い, つき合い. Mit ihm ist kein *Auskommen*. 彼はつき合いにくい男だ.

aus·kömm·lich [アオス・ケムリヒ] 形 (暮らしていくのに)十分な. ein *auskömmliches* Gehalt 十分な給料.

aus·kos·ten [アオス・コステン áus-kɔ̀stən] 他 (h) 《雅》堪能(%)する, 満喫する.

aus·kra·men [アオス・クラーメン áus-krà:mən] 他 (h) 《口語》① (探し出しなどから)探し出す; 《比》(思い出話など⁴を)始める. ② (箱など⁴を)空にする.

aus·krat·zen [アオス・クラッツェン áus-kràtsən] I 他 (h) ① かき取る, かき落とす. ② (かき落として)きれいにする. ③ 《医》掻爬(*)する. II 自 (s) 《俗》逃げ出す.

aus·ku·geln [アオス・クーゲルン áus-kù:gəln] 他 (h) (腕など⁴を)脱臼(%)させる. sich³ den Arm *auskugeln* (自分の)腕を脱臼する.

aus·küh·len [アオス・キューレン áus-kỳ:lən] I 他 (h) 十分に冷やす. II 自 (s) すっかり冷える.

aus·kund·schaf·ten [アオス・クントシャフテン áus-kùnt-ʃaftən] 他 (h) 探り出す, つきとめる.

*die **Aus·kunft** [アオス・クンフト áus-kunft] 女 (単) -/(複) ..künfte [..キュンフテ] (3格のみ ..künften) ① (問い合わせに対する)**情報**, インフォメーション. (英 *information*). über 物⁴ *Auskunft*⁴ geben (ein|holen) 物⁴について情報を得る(入手する) / 人⁴ um *Auskunft* bitten 人⁴に情報を求める.
② 《複 なし》(駅などの)**案内所**, インフォメーション. Wo ist bitte die *Auskunft*? 案内所はどこでしょうか.

Aus·künf·te [アオス・キュンフテ] *Auskunft (情報)の 複

Aus·kunf·tei [アオス・クンフタイ aus-kunftáɪ] 女 -/-en 興信所.

aus|kup·peln [アオス・クッペルン áus-kùpəln] 自 (h) クラッチを切る.

aus·ku·rie·ren [アオス・クリーレン áus-kuri:rən] 他 (h) 《口語》全治させる. ◇再帰的に sich⁴ *auskurieren* 全快する, 全治する.

aus|la·chen [アオス・ラッヘン áus-làxən] 他 (h) 嘲笑(%)する, 笑い物にする. *Lass* dich nicht *auslachen*! ばかなことをするんじゃない.

aus|la·den¹* [アオス・ラーデン áus-là:dən] 他 (h) (積荷⁴を)降ろす; (トラックなど⁴の)積荷を降ろす.

aus|la·den²* [アオス・ラーデン] 他 (h) (人⁴への)招待をとり消す.

aus·la·dend [アオス・ラーデント] I aus|laden¹ (積荷を降ろす)の 現分 II 形 ① 突き出た, 張り出した. *ausladende* Bäume 枝が張り出した木. ② 《比》大げさな(身ぶりなど).

Aus·la·ge [アオス・ラーゲ áus-la:gə] 女 -/-n ① 陳列品; ショーウインドー, 陳列ケース. ② 《ふつう 複》立替金, (他人のための)出費, 経費.

aus|la·gern [アオス・ラーガァン áus-la:gərn] 他 (h) ① (美術品など⁴を)安全な場所に移して保管する. ② (倉庫から出して)売りに出す.

***das* Aus·land** [アオス・らント áus-lant] 中 (単2) -es (まれに -s)/ 外国, 国外. (＊「国内」は Inland). Er arbeitet *im Ausland.* 彼は外国で働いている / im *Ausland* leben 外国で暮らす / im In- und *Ausland* 国の内外において / ins *Ausland* reisen 外国へ旅行する / Handel *mit* dem *Ausland* 外国との貿易.

***der* Aus·län·der** [アオス・lエンдァ áus-lɛndər] 男 (単2) -s/(複) - (3格のみ -n) 外国人. (＊ *foreigner*). Er ist *Ausländer,* aber er spricht sehr gut Deutsch. 彼は外国人だが, とても上手にドイツ語を話す.

Aus·län·de·rin [アオス・lエンдリン áus-lɛndərɪn] 女 -/..rinnen 外国人[女性].

***aus·län·disch** [アオス・lエンディッシュ áus-lɛndɪʃ] 形 (＊ *foreign*) ① 外国の; 外国人の. *ausländische* Sender 外国の放送局 / Er hat viele *ausländische* Freunde. 彼には外国人の友だちがたくさんいる. ② (風) 外国風の, 異国風の.

Aus·lands⊻auf·ent·halt [アオスランツ・アオフエントハルト] 男 -[e]s/-e 外国滞在.

Aus·lands⊻kor·re·spon·dent [アオスランツ・コレスポンデント] 男 -en/-en 海外特派員, 在外通信員. (女性形: -in).

Aus·lands⊻rei·se [アオスランツ・ライゼ] 女 -/-n 外国(海外)旅行.

aus·las·sen* [アオス・らッセン áus-làsən] I 他 (h) ① (機会などを)逃す, 見落とす; (字などを)書き落とす, 抜かす. Er *ließ* versehentlich einen Buchstaben *aus.* 彼は文字を一つ誤って抜かした. ② 《圏》4 **an** 人3 ~》《圏》(感情などを 人3に)ぶちまける. seinen Zorn an 人3 *auslassen* 人3に怒りをぶちまける. ③ (バター・脂肪などを)溶かす. ④ (服の上げを)下ろす, (服の)幅を広げる. ⑤ 《口語》(電灯・ストーブなどを)つけないでおく. ⑥ 《口語》(上着などを)着ないで済ます. II 再帰 (h) 《*sich*4 **über** 人・事4 ~》(人・事4について)意見を述べたる.

◇☞ **ausgelassen**

Aus·las·sung [アオス・らッスング] 女 -/-en ① (言葉・つづりなどの)脱落, 省略. ② 《ふつう 圏》(意見などの)表明, 発言.

Aus·las·sungs⊻zei·chen [アオスらッスングス・ツァイヒェン] 中 -s/- 《言》省略符号, アポストロフィ(記号: ')(＝ Apostroph).

aus|las·ten [アオス・らステン áus-làstən] 他 (h) ① (機械などを)フルに使う; (トラックなどに)最大限に荷を積む. ② (仕事などが 人の)能力をフルに働かせる.

Aus·lauf [アオス・らオフ áus-lauf] 男 -[e]s/..läufe ① 《圏 なし》(液体の)流出; 出口, 排水口. ② 《圏 なし》走り回れる場所, 空地. Kinder brauchen *Auslauf*. 子供たちには遊び場が必要だ. ③ 《スポ》(陸上競技のゴール通過後の)惰走路; (スキーのゴール後の)滑走路.

aus|lau·fen* [アオス・らオフェン áus-làufən] I 自 (s) ① 流れ出る, 漏れる; (漏れて容器が)空になる; (色などが)にじむ. Das Benzin *ist aus* dem Tank *ausgelaufen.* 《現在完了》ガソリンがタンクから漏れた. ② 出港する. (＊「ゴールしたあと」)惰走する. ④ (機械などが)しだいに止まる. ⑤ (契約などが)終わる. ⑥ (道などが…で)終わる; (…の)結果になる. Der Turm *läuft in eine Spitze aus.* その塔は先がとがっている / gut (schlecht) *auslaufen* 良い(悪い)結果に終わる. II 再帰 (h) *sich*4 *auslaufen* 思う存分走り(歩き)回る.

Aus·läu·fer [アオス・ろイファァ áus-lɔyfər] 男 -s/- ① (山脈などの)末端部, 山麓（えん）. ② 《気象》(気圧の)張り出し. ③ 《植》匍匐（ほふく）茎; 新芽. ④ (ポスト・スポ) メッセンジャーボーイ. (女性形: -in).

aus|lau·gen [アオス・らオゲン áus-làugən] 他 (h) ① 《化》(可溶物を)浸出する. ② 《比》へとへとにさせる.

Aus·laut [アオス・らオト áus-laut] 男 -[e]s/-e 《言》語末音, 音節末音.

aus|lau·ten [アオス・らオテン áus-làutən] 自 (h) 《言》(ある音で)終わる. Das Wort „ Haus" *lautet auf* „ s" *aus.* 「家」という単語は「s」で終わる.

aus|le·ben [アオス・れーベン áus-lè:bən] I 再帰 (h) *sich*4 *ausleben* 自由奔放に生きる. II 他 (雅) (才能などを)十分に伸ばす.

aus|lee·ren [アオス・れーレン áus-lè:rən] 他 (h) (容器を)空にする. das Glas4 in einem Zug *ausleeren* グラスを一気に飲み干す.

aus|le·gen [アオス・れーゲン áus-lè:gən] (legte ... aus, hat ... ausgelegt) 他 (完了 haben) ① (商品などを)陳列する, 並べる; (わななどを)仕掛ける. (＊ *display*). die Bücher4 im Schaufenster *auslegen* 本をショーウインドーに陳列する. ② 《A4 **mit** B3 ~》(A4にB3を)敷く, 張る; (A4にB3を)はめ込む, 象眼する. Ich *habe* die Wohnung mit Teppichen *ausgelegt.* 私は住まいにじゅうたんを敷いた. ③ 解釈する. die Bibel4 *auslegen* 聖書を解釈する /《圏》**als** Eitelkeit *auslegen* 《圏》を虚栄心の現れだととる(解する) / Er *hat* meine Äußerungen falsch *ausgelegt.* 彼は私の発言を誤解した. ④ (ある金額4を)立て替える. *Kannst du mir 50 Euro auslegen?* ぼくに50ユーロ立て替えてくれないか. ⑤ 《工》(ある性能を備えるように)設計する. Der Saal *ist für 2 000 Leute ausgelegt.* 《状態受動・現在》このホールは2,000人収容するように設計されている.

Aus·le·ger [アオス・れーガァ áus-le:gər] 男 -s/- ① 解釈(注釈)者. (女性形: -in). ② (クレーンなどの)ジブ, 腕; (ボートの)張り出し材; 舷側浮材.

Aus·le·gung [アオス・れーグング] 女 -/-en ① 陳列. ② 解釈, 注釈. eine richtige *Auslegung* 正しい解釈.

aus|lei·ern [アオス・らイアァン áus-làiərn] I 他 (h) 《口語》(ねじなどを)使いつぶす. II 自 (s) (ゴムなどが)伸びてしまう.

Ausleihe

◊☞ **ausgeleiert**

Aus·lei·he [アオス・ライエ áus-laɪə] 囡 -/-n ① 〚籲 なし〛(本などの)貸し出し. ② (図書館の)貸し出し窓口.

aus|lei·hen* [アオス・ライエン áus-làɪən] 他 (h) ① 貸す, 貸し出す. *Ich habe ihm*（または **an ihn**) *ein Buch ausgeliehen.* 私は彼に本を貸した. ② 借りる. [*sich*⁴] 物⁴ **von** 人³ *ausleihen* 物⁴を人³から借りる.

aus|ler·nen [アオス・れルネン áus-lɛ̀rnən] 圓 (h) 修業期間を終える. *Man lernt nie aus.* 《諺》人生修業に終わりはない.

Aus·le·se [アオス・れーゼ áus-le:zə] 囡 -/-n ① 〚籲 なし〛選択, 選別; 淘汰(とうた). *eine Auslese*⁴ *treffen* 選別する. ② エリート, 粒より; 精選品. ③ アウスレーゼ(熟した特選のぶどうで作る高級ワイン).

aus|le·sen* [アオス・れーゼン áus-lè:zən] 他 (h) ① (本など⁴を)読み終える. ② (悪いもの⁴を)よりのける; (悪いものがないか)選別する. ③ 《雅》(よいもの⁴を)えりすぐる. (☞ 類語 **wählen**).

aus|lie·fern [アオス・リーふァァン áus-lì:fərn] 他 (h) ① (犯人など⁴を)引き渡す, 送還する. ◊ 〚過去分詞の形で〛人·物³ *ausgeliefert sein* 《比》人·物³のなすままである. ② 《商》(商品⁴を)引き渡す, 出荷する.

Aus·lie·fe·rung [アオス・リーフェルング áus-lì:fəruŋ] 囡 -/-en ① (犯人などの)引き渡し, 送還. ② (商品の)引き渡し, 出荷.

aus|lie·gen* [アオス・リーゲン áus-lì:gən] 圓 (h) (商品などが)陳列してある, 並べてある; (新聞などが)閲覧に供されている.

aus|löf·feln [アオス・れっふぇるン áus-lœ̀fəln] 他 (h) スプーンですくって平らげる.

aus|log·gen [アオス・ろッゲン áus-lɔ̀gən] 再帰 (h) *sich*⁴ *ausloggen* 〚コンピュ〛ログアウトする. 《英》 *log out*).

aus|lö·schen [アオス・れッシェン áus-lœ́ʃən] 他 (h) ① (火・ろうそくなど⁴を)消す. *eine Kerze*⁴ *auslöschen* ろうそくの火を消す. ② (痕跡・思い出など⁴を)消し去る, 抹消する. *die Schrift*⁴ *an der Tafel auslöschen* 黒板の字を消す.

aus|lo·sen [アオス・ろーゼン áus-lò:zən] 他 (h) くじで決める.

aus|lö·sen [アオス・れーゼン áus-lø̀:zən] 他 (h) ① 作動させる. *den Verschluss des Fotoapparates auslösen* カメラのシャッターを切る. ② (反応など⁴を)引き起こす; (感情など⁴を)呼び起こす. *Beifall*⁴ *auslösen* 喝采(かっさい)を博する. ③ (身代金を払って人⁴を)釈放(解放)してもらう.

Aus·lö·ser [アオス・れーザァ áus-lø̀:zər] 男 -s/- ① 《工》作動ボタン; 《写》シャッターボタン. *Drücken Sie hier auf den Auslöser!* ここのシャッターを押してください. ② (争いなどの)きっかけ, 引き金. ③ 《心》解発因(におい色など心的な刺激になるもの).

Aus·lo·sung [アオス・ろーズング] 囡 -/-en くじ引き[で決めること], 抽選.

Aus·lö·sung [アオス・れーズング] 囡 -/-en ① 〚籲 なし〛作動, 操作. ② (人質などの)身請け. ③ 遠隔地手当; 出張手当.

aus|lo·ten [アオス・ろーテン áus-lò:tən] 他 (h) ① 《海》(水路など⁴の)水深を測る; 《比》(他人の発言など⁴の)真意を探る. ② 《工》(壁面など⁴の)垂直を定める.

aus|lüf·ten [アオス・リュふテン áus-lỳftən] I 他 (h) (部屋など⁴に)風を通す, (衣服⁴を)外気に当てる. II 圓 (h) 外気に当たる. III 再帰 (h) *sich*⁴ *auslüften* 《口語》散歩する.

***aus|ma·chen** [アオス・マッヘン áus-màxən] (*machte ... aus*, *hat ... ausgemacht*) 他 (定了 **haben**) ① 《口語》(火·明かり·テレビなど⁴を)消す. 《英》 *turn off*). (《英》「つける」は *an|machen*). *Mach bitte das Licht aus!* 明かりを消してくれないか.

② (期限·落ち合う場所⁴を)とり決める, 申し合わせる; (争いなど⁴の)決着をつける. *mit* 人³ 事⁴ *ausmachen* 人³と事⁴をとり決める, b) 人³と事⁴の話をつける / *den Preis ausmachen* 価格をとり決める. ③ (金額·数量が)…になる. *Wie viel macht es aus?* いくらになりますか. ④ (事⁴の)本質を成す; (事⁴を)構成する. *Die Mieteinnahmen machen den Hauptanteil seines Einkommens aus.* 家賃の収入が彼の収入の主なものだ. ⑤ **etwas**⁴, **nichts**⁴, **viel**⁴ などとともに](…の)意味(重要性)を持つ. *Macht es Ihnen etwas aus, wenn ich rauche?* たばこを吸ってもかまいませんか / *Das macht nichts aus.* それはたいしたことではない. ⑥ (遠方に)発見する, 見つけ出す. ⑦ 《方》(じゃがいもなど⁴を)掘り出す.

◊☞ **ausgemacht**

aus|ma·len [アオス・マーれン áus-mà:lən] I 他 (h) (物⁴に)色を塗る, 彩色する; (物⁴の内部に)壁画を描く. 《比》ありありと描く. II 再帰 (h) *sich*³ 事⁴ *ausmalen* 事⁴を思い描く, 想像する. *Er malt sich die Zukunft rosig aus.* 彼は未来をばら色に思い描いている.

Aus·maß [アオス・マース áus-ma:s] 中 -es/-e ① 大きさ, 広さ. ② 規模, 範囲; スケール. *in*（または **von**) *größtem Ausmaß* 大規模に.

aus|mer·zen [アオス・メルツェン áus-mèrtsən] 他 (h) ① (誤りなど⁴を)削除する; (害虫など⁴を)駆除する. ② (不用家畜⁴を)処分する.

aus|mes·sen* [アオス・メッセン áus-mèsən] 他 (h) (物⁴の)大きさを正確に測る.

aus|mis·ten [アオス・ミステン áus-mìstən] 他 (h) ① (家畜小屋⁴を)掃除する. ② 《口語》(引き出しなど⁴の)不用品を処分する.

aus|mus·tern [アオス・ムスタァン áus-mùstərn] 他 (h) ① (古い機械など⁴を)廃棄する. ② 《軍》(検査で)兵役不適格とする.

die **Aus·nah·me** [アオス・ナーメ áus-na:mə] 囡 (単) /(複) -n 例外, 特例. 《英》 *exception*). *Ich kann für Sie keine Ausnahme machen.* あなたを特別扱いするわけには

いきません / **bei**（または **mit**）⑶³ eine *Ausnahme*⁴ machen ⑶³を例外とする / Mit *Ausnahme* von Peter waren alle anwesend. ペーター以外は全員出席していた / Keine Regel ohne *Ausnahme*.《諺》例外のない規則はない.

Aus·nah·me=fall [アオスナーメ・ふァる] 男 -[e]s/..fälle 例外的な場合, 特例.

Aus·nah·me=**zu·stand** [アオスナーメ・ツーシュタント] 男 -[e]s/..stände 非常（緊急）事態.

aus·nahms=los [アオスナームス・ろース] 形 例外のない.

aus·nahms=**wei·se** [アオスナームス・ヴァイゼ] 副 例外的に, 特例として; 珍しく. Er hat es mir *ausnahmsweise* erlaubt. 彼は私にそれを特別に許可してくれた.

aus|neh·men* [アオス・ネーメン áus-nè:mən] du nimmst...aus, er nimmt...aus (nahm...aus, *hat*...ausgenommen) I 他 (完了) haben) ① (巣などから卵などを)取り出す, 抜き取る; (巣⁴から)卵を取り出す. die Eier⁴ **aus** dem Nest *ausnehmen* 巣から卵を取り出す. ② (動物⁴の)臓物を取り出す. ③ 《俗》(人⁴から)お金を巻き上げる; (人⁴に)しつこく尋ねる. ④ 除外する, 除く, 例外とする. Alle haben Schuld, ich *nehme* mich nicht *aus*. みんなに責任がある, 私も例外ではない. ⑤ (ﾄﾘﾉｺﾞ)見分ける, 識別する.
II 再帰 (完了 haben) *sich*⁴ *ausnehmen*《雅》(…に)見える, (…の)印象を与える. Sie *nimmt sich* in diesem Kleid gut *aus*. 彼女はこの服を着ると引きたつ.
◊☞ **ausgenommen**

aus|neh·mend [アオス・ネーメント] I *ausnehmen*（取り出す）の現分 II 形《雅》格別な, 際だった. III 副《雅》格別に, 非常に. Er ist *ausnehmend* höflich. 彼は非常に礼儀正しい.

aus|nut·zen [アオス・ヌッツェン áus-nùtsən] du nutzt...aus (nutzte...aus, *hat*...ausgenutzt) 他 (完了) haben) ① 十分に利用する, 利用し尽くす. eine Gelegenheit⁴ *ausnutzen* チャンスを生かす / die Zeit⁴ gut *ausnutzen* 時間を十分に活用する. ② 食い物にする, (人・事⁴に)つけ込む. Er *nutzte* seinen Freund gründlich *aus*. 彼は友人を徹底的に食い物にした.

aus|nüt·zen [アオス・ニュッツェン áus-nỳtsən] 他 (h)《方》= aus|nutzen

aus|pa·cken [アオス・パッケン áus-pàkən] (packte...aus, *hat*...ausgepackt) I 他 (完了 haben) ① (包みなどの中身⁴を)取り出す; (包みなど⁴を)開けて中身を取り出す.《英》*unpack*). (反義)「包装する」は ein|packen. die Kleider⁴ **aus** dem Koffer *auspacken* スーツケースから衣服を取り出す / ein Päckchen⁴ *auspacken* 小包を開ける. ②《口語》(秘密・心配ごと⁴を)打ち明ける, 話す.
II 自 (完了 haben)《口語》① 秘密をばらす. ② 心の中をぶちまける.

aus|pfei·fen* [アオス・プふァイフェン áus-pfàifən] 他 (h)（芝居・俳優など⁴を)口笛を吹いてやじり倒す.

aus|plau·dern [アオス・プらオダァン áus-plàudərn] 他 (h)（秘密など⁴を)しゃべってしまう.

aus|plün·dern [アオス・プりュンダァン áus-plỳndərn] 他 (h)（人⁴の)持ち物を略奪する.

aus|po·sau·nen [アオス・ポザオネン áus-pozàunən] (過分 ausposaunt) 他 (h)《口語》言いふらす, 吹聴(ﾁｮｳ)する.

aus|prä·gen [アオス・プレーゲン áus-prɛ̀:gən] I 再帰 (h) *sich*⁴ *ausprägen*（感情などが)はっきりと現れる; （傾向などが)はっきりしてくる. II 他 (h)（貨幣⁴を)鋳造する.
◊☞ **ausgeprägt**

aus|pres·sen [アオス・プレッセン áus-prèsən] 他 (h) ① (果汁など⁴を)搾り出す; (果物⁴を)搾る. ②《口語・比》(人⁴を)質問攻めにする.

aus|pro·bie·ren [アオス・プロビーレン áus-probì:rən] 他 (h)（新製品など⁴を)試してみる, テストする.

Aus·puff [アオス・プふ áus-puf] 男 -[e]s/-e 《工》排気[口]; 排出; 排気装置.

Aus·puff=topf [アオスプふ・トプふ] 男 -[e]s/..töpfe（自動車などの)消音器, マフラー.

aus|pum·pen [アオス・プンペン áus-pùmpən] 他 (h)（水など⁴を)ポンプでくみ出す; (物⁴を)ポンプで空にする.
◊☞ **ausgepumpt**

aus|punk·ten [アオス・プンクテン áus-pùŋktən] 他 (h)（ボクシングで:)(人⁴に)判定で勝つ.

Aus·put·zer [アオス・プッツァ áus-putsər] 男 -s/-（サッカーの)スイーパー.（女性形: -in).

aus|quar·tie·ren [アオス・クヴァルティーレン áus-kvartì:rən] 他 (h)（一時的に人⁴に)部屋（住居)を空けてもらう.

aus|quet·schen [アオス・クヴェッチェン áus-kvètʃən] 他 (h) ① (果汁⁴を)搾り出す; (果物⁴を)搾る. ②《口語・比》(人⁴を)質問攻めにする.

aus|ra·die·ren [アオス・ラディーレン áus-radì:rən] 他 (h) ① (消しゴムで)消す; 《比》(記憶⁴を記憶から)消す. ②《俗》(都市など⁴を)壊滅させる; (人⁴を)消す.

aus|ran·gie·ren [アオス・ランジーレン áus-rãʒì:rən] 他 (h)《口語》(不用の物⁴を)お払い箱にする.

aus|ras·ten [アオス・ラステン áus-ràstən] 自 (s) ①《工》(ばねなどが)はずれる. ②《口語》かっとなる.

aus|rau·ben [アオス・ラオベン áus-ràubən] 他 (h)（人・物⁴から)金めの物を残らず奪う.

aus|räu·chern [アオス・ロイヒャァン áus-rɔ̀yçərn] 他 (h)（害虫など⁴を)いぶして駆除する; (部屋など⁴を)燻蒸(ｸﾝｼﾞｮｳ)消毒する.

aus|rau·fen [アオス・ラオフェン áus-ràufən] 他 (h)（髪)(草・毛など⁴を)むしり取る.

aus|räu·men [アオス・ロイメン áus-rɔ̀ymən] 他 (h) ① (中の物を)そっくり取り出す, 取り除く; (戸棚など⁴の)中を空にする. die Möbel³ **aus** einem Zimmer *ausräumen* 家具を部屋から運び出す. ②《比》(偏見など⁴を)取り払う.

aus|rech·nen [アオス・レヒネン áus-rèçnən] du rechnest ... aus, er rechnet ... aus (rechnete ... aus, hat ... ausgerechnet) 他 (完了 haben) ① (問題など⁴を)計算して解く. eine Rechenaufgabe⁴ ausrechnen 計算問題を解く.
② 算出する. die Kosten⁴ ausrechnen 費用を算出する. ◇[再帰代名詞(3格)とともに] sich³ 匣⁴ ausrechnen 〜の見当(予測)をつける ⇨ Er rechnet sich beim Rennen gute Chancen aus. 彼は競争で勝機があると見込んでいる.
◇⇨ ausgerechnet

die **Aus·re·de** [アオス・レーデ áus-re:də] 囡 (単) -/(複) -n 言いわけ, 口実, 逃げ口上. (英 excuse). Das ist eine faule Ausrede. それは見えすいた言いわけだ / nach einer Ausrede suchen 口実を探す.

aus·re·den [アオス・レーデン áus-rè:dən] I 自 (h) 終わりまで話す. Lass mich bitte ausreden! 最後まで言わせてくれ. II 他 (h)[匣⁴を説得して匣⁴に)思いとどまらせる. III 再帰 (h) sich⁴ ausreden 《方》心中を打ち明ける.

aus|rei·chen [アオス・ライヒェン áus-ràıçən] (reichte ... aus, hat ... ausgereicht) 自 (完了 haben) ① 足りる, 十分である. Das Geld reicht für den Bau des Hauses nicht aus. そのお金は家を建てるには足りない. ② [mit 匣³ 〜] (口語) (匣³で)やっていける.

aus·rei·chend [アオス・ライヒェント áus-rèıçənt] I aus|reichen (足りる)の 現分 II 形 十分な; (成績が)可の. ausreichende Kenntnisse 十分な知識. (口語) 成績評価については ⇨ gut も用いる.

aus|rei·fen [アオス・ライフェン áus-ràıfən] 自 (s) ① (果実などが)熟す;(ワインなどが)熟成する. ② (比) (人間が)成熟する;(計画などが)熟す.
◇⇨ ausgereift

Aus·rei·se [アオス・ライゼ áus-raızə] 囡 -/-n (正式な手続きによる)出国. (⇔「入国」は Einreise).

aus|rei·sen [アオス・ライゼン áus-ràızən] 自 (s) (正式な手続きを経て)出国する. (⇔「入国する」は ein|reisen).

aus|rei·ßen* [アオス・ライセン áus-ràısən] I 他 (h) ① 引き抜く, むしり取る. II 自 (s) ① (縫い目などが)ほころびる, (ボタンが)取れる. ② (口語) 逃げ出す. ③ (スポ) (スパートして匣³を)引き離す.

Aus·rei·ßer [アオス・ライサァ áus-raısər] 男 -s/- ① (口語) 家出人, (特に:)家出少年. (女性形: -in). ② (工・隠語) (計測における)異常な数値. ③ (スポ) (自転車競技などで)スパートして引き離しにかかった選手. ④ (射撃の)外れ弾.

aus|rei·ten* [アオス・ライテン áus-ràıtən] 自 (s) 馬に乗って出かける; 乗馬りする. II 他 (h) (馬術で:) (馬⁴に)全力を出させる.

aus|ren·ken [アオス・レンケン áus-rèŋkən] 他 (h) (腕など⁴を)脱臼(だっきゅう)させる. sich³ die Schulter⁴ ausrenken (自分の)肩を脱臼する.

aus|rich·ten [アオス・リヒテン áus-rìçtən] 他 (h) ① (あいさつ・知らせなど⁴を)伝える. Richten Sie ihm Grüße von mir aus! 彼によろしくお伝えください. ② 達成する, 成就する. Mit Geld kann man bei ihm viel ausrichten. お金を使えば彼には大いに効き目がある. ③ まっすぐに並べる, 整列させる. ◇[再帰的に] sich⁴ ausrichten 整列する. ④ (祝宴・大会など⁴を)開催する, 挙行する. ⑤ [A⁴ auf 匣⁴ (または nach B³)〜](A⁴をB⁴(またはB³)に)合わせる. einen Vortrag auf das Alter der Zuhörer² ausrichten 講演の内容を聴衆の年齢に合わせる. ⑥ [過去分詞の形で] militaristisch ausgerichtet sein 軍国主義的傾向がある.

Aus·rich·tung [アオス・リヒトゥング áus-rìçtuŋ] 囡 -/ ① 整列, 調整; (思想などの)志向. ② 開催, 挙行.

Aus·ritt [アオス・リット áus-rıt] 男 -[e]s/-e 騎行; (馬での)遠乗り.

aus|rol·len [アオス・ロレン áus-ròlən] I 他 (h) ① (巻いたもの⁴を)広げる. ② (パン生地など⁴を)めん棒で伸ばす. II 自 (s) (飛行機・車などが)徐々に停止する.

aus|rot·ten [アオス・ロッテン áus-ròtən] 他 (h) (雑草・種族など⁴を)根絶する, 絶滅させる;《比》(悪習・偏見など⁴を)一掃する.

Aus·rot·tung [アオス・ロットゥング áus-ròtuŋ] 囡 -/-en 根絶, 絶滅;《比》一掃.

aus|rü·cken [アオス・リュッケン áus-rỳkən] I 自 (s) ① (軍) 出動する. ② (口語) 逃げ出す. II 他 (h) ① (印) (語・数字など⁴を)行の欄外に出す. ② (工) (クラッチ⁴を)切る, 動力源から切り離す.

Aus·ruf [アオス・ルーふ áus-ru:f] 男 -[e]s/-e 叫び[声].

aus|ru·fen* [アオス・ルーふェン áus-rù:fən] (rief ... aus, hat ... ausgerufen) 他 (完了 haben) ① (…と)叫ぶ, 叫び声をあげる. „Wunderbar!" rief er aus. 「すばらしい」と彼は叫んだ. ② 大声で知らせる, アナウンスする; 宣言する, 公告する. die Stationen⁴ ausrufen 駅名をアナウンスする / einen Streik ausrufen ストライキを宣言する / [人]⁴ als Sieger (zum König) ausrufen [人]を勝者(国王)として公告する. ③ (新聞など⁴を)呼び売りする.

Aus·ru·fe:satz [アオスルーふェ・ザッツ] 男 -es/..sätze 《言》感嘆文.

Aus·ru·fe:zei·chen [アオスルーふェ・ツァイヒェン] 囲 -s/- 《言》感嘆符(記号:!).

aus|ru·hen [アオス・ルーエン áus-rù:ən] (ruhte ... aus, hat ... ausgeruht) I 再帰 (完了 haben) sich⁴ ausruhen 休む, 休息(休養)する. Du musst dich ein wenig ausruhen. 君は少し休まないといけないよ. (⇨類語 ruhen). II 自 (完了 haben) 休む, 休息(休養)する. auf einer Bank ausruhen ベンチで休む. III 他 (完了 haben) (手足・目など⁴を)休める. die Augen⁴ ausruhen (疲れた)目を休める.

aus|rüs·ten [アオス・リュステン áus-rỳstən] 他 (h) ① (人・物⁴に)装備を施す. ein Schiff *ausrüsten* 船を艤装(ぎそう)する / ein Auto⁴ mit leichten Felgen *ausrüsten* 車に軽いホイールを付ける. ◊《再帰的に》sich⁴ **für** eine Reise *ausrüsten* 旅の準備をする. ②《織》仕上げ加工する.

Aus·rüs·tung [アオス・リュストゥング] 囡 -/-en ①《複 なし》装備, 備え付け; 武装; 艤装(ぎそう). ② 設備, 装置; プラント.

aus|rut·schen [アオス・ルッチェン áus-rùtʃən] 自 (s) ① つるりと滑る, 滑って転ぶ. ②(ナイフなどが)手から滑り落ちる.

Aus·rut·scher [アオス・ルッチャァ áus-rutʃər] 男 -s/- ①《口語》つるりと滑ること. ②(口をすべらせての失言, 思わぬ)ミス. ③《ごぞ》思いがけない敗北.

Aus·saat [アオス・ザート áus-za:t] 囡 -/-en ①《複 なし》種まき, 播種(はしゅ). ②(まくための)種子.

aus|sä·en [アオス・ゼーエン áus-zɛ̀:ən](種⁴をまく; (物)⁴の種をまく.

Aus·sa·ge [アオス・ザーゲ áus-za:gə] 囡 -/-n ① 発言, 言明. ②(法廷での)証言, 供述. Zeugen*aussage* 証人の供述 / eine *Aussage* machen 供述する. ③(芸術的・精神的な)表現内容, 意味.

aus|sa·gen [アオス・ザーゲン áus-zà:gən] Ⅰ 自 (h) 供述する, 証言する. Er hat **gegen** ihn *ausgesagt*. 彼女は彼に不利な供述をした. Ⅱ 他 (h) ① 述べる, 言明する. ②(芸術作品などが)言い表す, 訴えるものがある. Der Film *sagt* wenig *aus*. この映画は訴えるものが少ない.

Aus·sa·ge=satz [アオス・ザーゲ・ザッツ] 男 -es/..sätze《言》平叙文, 叙述文.

Aus·satz [アオス・ザッツ áus-zats] 男 -es/《医》ハンセン病(=Lepra).

aus·sät·zig [アオス・ゼツィヒ áus-zɛtsɪç] 形《医》ハンセン病の.

Aus·sät·zi·ge[r] [アオス・ゼツィゲ(..ガァ) áus-zɛtsɪgə(..gər)] 男 囡《語尾変化は形容詞と同じ》ハンセン病患者.

aus|sau·gen(*) [アオス・ザオゲン áus-zàugən] 他 (h) ①(果汁など⁴を)吸い出す; (果物⁴から)果汁を吸い出す. eine Wunde⁴ *aussaugen* 傷口から毒を吸い出す. ②《比》搾取する.

aus|schach·ten [アオス・シャハテン áus-ʃàxtən] 他 (h) ①(地面⁴を)掘り下げる. ②(縦坑など⁴を)掘って作る.

Aus·schach·tung [アオス・シャハトゥング] 囡 -/-en (坑)掘削[した縦坑].

aus|schal·ten [アオス・シャるテン áus-ʃàltən] du schaltest...aus, er schaltet...aus (schaltete...aus, hat...ausgeschaltet)《完了 haben》①(テレビなど⁴の)スイッチを切る.《英 switch off》.《反「スイッチを入れる」は ein|schalten》. den Motor *ausschalten* エンジンを切る / das Licht⁴ *ausschalten* 明かりを消す. ◊《再帰的に》Die Maschine *schaltet sich*⁴ automatisch *aus*. この機械は自動的にスイッチが切れる. ②(人・事⁴を)排除する, 締め出す. eine Fehlerquelle⁴ *ausschalten* 間違いの原因を除く.

Aus·schal·tung [アオス・シャるトゥング] 囡 -/-en ① スイッチを切ること, (電流の)遮断. ② 除外, 排除.

Aus·schank [アオス・シャンク áus-ʃaŋk] 男 -[e]s/..schänke ①《複 なし》(酒類の)小売り. ② 飲み屋, 居酒屋; (酒場の)カウンター.

Aus·schau [アオス・シャオ áus-ʃau]《成句的に》**nach** 人・物³ *Ausschau*⁴ halten 人・物³を待ち受けて見張る.

aus|schau·en [アオス・シャオエン áus-ʃàuən] 自 (h) ①《**nach** 人・物³》待ち受けて見張る, 《方》(人・物³を)探し求める. ②《南ドイツ・オーストリア》(…のように)見える.

aus|schei·den* [アオス・シャイデン áus-ʃàidən] Ⅰ 他 (h) ① 除外する, 排除する. ② 分泌する; 排泄(はいせつ)する. Ⅱ 自 (s) ① 退職する, 退会する, 引退する; 《ごぞ》(競技で)敗退する, 失格になる. aus dem Dienst *ausscheiden* 退職する. ②(提案などが)除外される, 問題外である.

Aus·schei·dung [アオス・シャイドゥング] 囡 -/-en ①《複 なし》分離; 除去. ②《ふつう 複》分泌物, 排泄(はいせつ)物. ③《ごぞ》予選.

Aus·schei·dungs=kampf [アオスシャイドゥングス・カンプふ] 男 -[e]s/..kämpfe《ごぞ》予選[試合].

Aus·schei·dungs=spiel [アオスシャイドゥングス・シュピーる] 中 -[e]s/-e =Ausscheidungskampf

aus|schel·ten* [アオス・シェるテン áus-ʃɛ̀ltən] 他 (h) しかりつける, きつくしかる.

aus|schen·ken [アオス・シェンケン áus-ʃɛ̀ŋkən] 他 (h) ①(酒場の客に酒など⁴を)出す, 飲ませる. ②(飲み物⁴を)つぐ.

aus|sche·ren [アオス・シェーレン áus-ʃè:rən] 自 (s) 列[編隊]から離れる, (車がスリップして車線からそれる), 《比》(同盟などから)離脱する.

aus|schi·cken [アオス・シッケン áus-ʃìkən] 他 (h) 使いに出す. 人⁴ **nach** Brot *ausschicken* 人⁴をパンを買いにやる.

aus|schif·fen [アオス・シッフェン áus-ʃìfən] 他 (h) (船客⁴を)上陸させる, (積荷⁴を)陸揚げする.

Aus·schif·fung [アオス・シッフング] 囡 -/-en《ふつう 複》上陸; 陸揚げ.

aus|schil·dern [アオス・シるダァン áus-ʃìldərn] 他 (h) ①(道路など⁴に)標識を立てる(完備する). ②(進路など⁴を)標識で示す.

aus|schimp·fen [アオス・シンプふェン áus-ʃìmpfən] 他 (h) しかりとばす, ののしる.

aus|schlach·ten [アオス・シュらハテン áus-ʃlàxtən] 他 (h) ①(屠殺(とさつ)した牛・豚など⁴)の内臓を抜く. ②《口語》(廃棄など⁴の)利用可能な部品を取りはずす. ③《口語》利用し尽くす.

aus|schla·fen* [アオス・シュらーフェン áusʃlàːfən] **I** 自 (h, s)・再帰 (h) *sich*[4] *ausschlafen* 十分に眠る. ―願望 schlafen). **II** 他 (h) 眠って治す(忘れる). seinen Rausch *ausschlafen* 眠って酔いをさます / seinen Zorn *ausschlafen* 眠って怒りを忘れる.

Aus·schlag [アオス・シュラーク áus-ʃlaːk] 男 -(e)s/..schläge 《ふつう 単》 ① 発疹(ほっしん), 吹き出物. *Ausschlag*[4] bekommen 吹き出物ができる. ② (天秤(てんびん)が)傾くこと; (振り子が)振れること. den *Ausschlag* [für 単[4]] geben [単[4]にとって] 決め手になる.

aus|schla·gen* [アオス・シュラーゲン áus-ʃlàːɡən] **I** 自 (h, s) ① (h, s), (木などが)芽を吹く. ② (h)(馬が)ける, けり上げる; 暴れる. ③ (h, s)《工》(計器の針などが)振れる; (天秤(てんびん)・磁針などが)傾く. ④ (h)(時計が)時刻を打ち終わる. **II** 他 (h) ① たたいて出す(取る); (火[4]を)たたいて消す. 人[3] einen Zahn *ausschlagen* 人[3]をなぐって歯を1本折る. ② (他[4]に)内張りする. eine Kiste[4] mit Papier *ausschlagen* 箱の内側に紙を張る. ③ (金属など[4]を)たたいて延ばす. ④ (申し出など[4]を)断る, はねつける.

aus·schlagˀge·bend [アオスシュラーク・ゲーベント] 形 決定的な. **für** 単[4] *ausschlaggebend* sein 単[4]にとって決定的である.

aus|schlie·ßen* [アオス・シュリーセン áus-ʃliːsən] du schließt …aus (schloss …aus, hat …ausgeschlossen) 他 《完了》 haben) ①(鍵(かぎ)をかけて人[4]を)閉め出す. 《寛》 *lock out*). (《さて》「閉じ込める」は ein|schließen). Du *hast* mich versehentlich *ausgeschlossen*. 君は誤って私を閉め出してしまった. ② 《人[4] aus 単[3] ~》 (人[4]を単[3]から)除名する. Sie *schlossen* ihn aus der Partei *aus*. 彼らは彼を党から除名した. ③ 《人[4] **von** 単[3] ~》(人[4]を単[3]から)締め出す, 参加させない. 人[4] von einem Ausflug *ausschließen* 人[4]を遠足に参加させない. ④ (人・事[4]を)除外する, 例外とする. Wir haben alle Schuld, ich *schließe* mich nicht *aus*. 私たちはみんな責任がある, 私自身も例外でない. ⑤ 生じさせない, 不可能にする. Das *schließt* jeden Zweifel *aus*. それには疑問の余地がない.

◇☞ **ausgeschlossen**

aus·schließ·lich [アオス・シュリースリヒ または アオス・シュリース..] **I** 形 排他的な, 独占的な; 専有の. das *ausschließliche* Recht[4] auf 単[4] haben 単[4]の専有権を持っている. **II** 副 もっぱら, ただ…だけ. Er interessiert sich *ausschließlich* für Sport. 彼はスポーツにしか関心がない. **III** 前《2格とともに》…を除いて. (《さて》「…を含めて」は einschließlich). *ausschließlich* Porto (または des Portos) 郵送料を含まないで, 送料別で. (《さて》名詞に冠詞や付加語がない場合, その名詞は無変化, 複数の場合, 格を明示するため 3 格).

Aus·schlie·ßung [アオス・シュリースンク] 女 -/-en 閉め出すこと, 除外; 除名; 排除.

aus|schlüp·fen [アオス・シュリュプふェン áus-ʃlỳpfən] 自(s) (ひなが)孵化(ふか)する, (昆虫が)さなぎからかえる.

Aus·schluss [アオス・シュルス áus-ʃlus] 男 -es/..schlüsse 除外, 除名; 排除. unter *Ausschluss* der Öffentlichkeit[2] (裁判などが)非公開で(←公衆を除外した).

aus|schmü·cken [アオス・シュミュッケン áus-ʃmỳkən] 他 (h) ① (部屋など[4]を)飾[りたて]る, 装飾する. ② 《比》(話[4]に)尾ひれを付ける.

Aus·schmü·ckung [アオス・シュミュックンク] 女 -/-en 飾り[たてること], 装飾; (話の)尾ひれ.

aus|schnei·den* [アオス・シュナイデン áus-ʃnàɪdən] 他 (h) 切り抜く; 切り取って除く. ein Inserat[4] aus der Zeitung *ausschneiden* 新聞の広告を切り抜く / Sterne[4] aus Buntpapier *ausschneiden* 色紙を切り抜いて星形を作る.

◇☞ **ausgeschnitten**

Aus·schnitt [アオス・シュニット áus-ʃnɪt] 男 -(e)s/-e ① (新聞などの)切り抜き; 抜粋, (切り取った)部分, 一端. ② (衣服の)襟ぐり, ネックライン. ein Kleid mit tiefem *Ausschnitt* 襟ぐりの深いドレス.

aus|schöp·fen [アオス・シェプふェン áus-ʃœpfən] 他 (h) ① (水など[4]を)くみ出す; (樽(たる)など[4]の)水をくみ出して空にする. ② 《比》使い尽くす, 利用し尽くす. alle Möglichkeiten[4] *ausschöpfen* あらゆる手段を尽くす.

aus|schrei·ben* [アオス・シュライベン áus-ʃràɪbən] 他 (h) ① (名前など[4]を)略さないで書く. ② (金額など[4]を)文字でつづる. ③ (領収書など[4]を記入して)発行する, 交付する. einen Scheck *ausschreiben* 小切手を振り出す. ④ (公告などで)公示する, 公募する.

Aus·schrei·bung [アオス・シュライブング] 女 -/-en 公示, 公告; 公募.

aus|schrei·ten* [アオス・シュライテン áus-ʃràɪtən] 自(s)《雅》大またで歩く.

Aus·schrei·tung [アオス・シュライトゥング] 女 -/-en 《ふつう 複》暴力[行為], 暴行.

der **Aus·schuss** [アオス・シュス áus-ʃus] 男 (単2) -es/(複) ..schüsse [..シュッセ] (3格のみ ..schüssen) ① 委員会. (《英》 *committee*). ein ständiger *Ausschuss* 常設(常任)委員会. ②《複 なし》(商品の)傷物, 不良品. ③ (貫通銃創の)射出口.

Aus·schüs·se [アオス・シュッセ] Ausschuss (委員会)の 複

Aus·schussˀsit·zung [アオスシュス・ズィッツング] 女 -/-en 委員会[の会議].

Aus·schussˀwa·re [アオスシュス・ヴァーレ] 女 -/-n (商品の)傷物, 不良品.

aus|schüt·teln [アオス・シュッテるン áus-ʃỳtəln] 他 (h) (ほこりなど[4]を)振って落とす; (他[4]の)ほこりを振り払う.

aus|schüt·ten [アオス・シュッテン áus-ʃỳtən] 他 (h) ① (水など[4]を容器から)空ける, こぼす; (容器[4]の)中身を空ける. 人[3] sein Herz[4] *aus*-

schütten 《比》人³に胸中を打ち明ける. ② (利益⁴を)分配する.

Aus·schüt·tung [アオス・シュットゥング] 囡 -/-en ① (利益の)分配; 配分額. ② (ホルモンなどの)放出, 放射.

aus·schwär·men [アオス・シュヴェルメン] áus-ʃvèrmən] 圓 (s) (蜜蜂(穏)などが)群れをなして飛び立つ;《比》(人が)大勢で出かけて行く.

aus·schwei·fen [アオス・シュヴァイフェン áus-ʃvàrfən] 圓 (s) 度を過ごす, 常軌を逸する.

aus·schwei·fend [アオス・シュヴァイフェント] I aus|schweifen (度を過ごす)の 現分 II 形 度を過ごした, 奔放な, ふしだらな. ein *ausschweifendes* Leben⁴ führen ふしだらな生活をする.

Aus·schwei·fung [アオス・シュヴァイフンぐ] 囡 -/-en 度を過ごすこと, 逸脱, 奔放, 放蕩(譬).

aus|schwei·gen* [アオス・シュヴァイゲン] áus-ʃvàɪgən] 再帰 (h) 〘*sich*⁴ [**über** 4格] ~〙 (〘4格〙について〙)沈黙し通す.

aus|schwit·zen [アオス・シュヴィッツェン áus-ʃvìtsən] I 他 (h) ① (汗など⁴を)にじみ出させる, (老廃物など⁴を)汗とともに出す. eine Erkältung⁴ *ausschwitzen* 《比》発汗して風邪を治す. ② (料理) (小麦粉などを)炒(い)って水気を取る. II 圓 (s) 〘**aus** 3格 ~〙 (〘物〙から)にじみ出る.

****aus|se·hen*** [アオス・ゼーエン áus-zè:ən] du siehst…aus, er sieht…aus (sah…aus, *hat* …ausgesehen) 圓 (完了 haben) ① (…のように)見える, (…の)様子をしている. (英 look). *Sie sieht* gesund *aus*. 彼女は健康そうだ / *Das Metall sieht* wie Gold *aus*. その金属は金のように見える / *Sie sieht* jünger *aus*, als sie ist. 彼女は実際よりも若く見える / Er *sah aus*, als ob er krank wäre. 彼はまるで病人のようだった / Das Kleid *sieht* **nach** etwas (nichts) *aus*. 《口語》そのワンピースは見ばえがいい(ぱっとしない) / So *siehst* du [gerade] *aus*! 《口語》君の考えそうなことだが, そうはいかないよ. ◇〘非人称の **es** を主語として〙 Mit seiner Gesundheit *sieht* es gut *aus*. 彼の健康状態は良さそうだ / Es *sieht* **nach** Regen *aus*. 雨が降りそうだ. (🔁 類語 scheinen).

② 〘**nach** 人·物³ ~〙 (人·物³を)待ち受けて見張る.

das **Aus·se·hen** [アオス・ゼーエン áusze:ən] 田 (単2) -s/ 外観, 顔つき, 風采(穏). (英 *appearance*). ein gesundes *Aussehen*⁴ haben 健康そうである / 人⁴ **nach** dem *Aussehen* beurteilen 人⁴を見かけで判断する.

aus sein* 🔁 aus II ①, ②, ④

au·ßen [アオス áusən] 副 ① **外で**; 外部(外側)に. (英 *outside*). (反 「中で」は innen). Die Tasse ist *außen* schmutzig. そのカップは外側が汚れている / Die Tür geht **nach** *außen* auf. そのドアは外側へ開く / nach *außen* hin 外面的に / **von** *außen* [her] 外から. ② 〘付加的〙屋外で.

▶ **Außen⸗stehende**[*r*]

Au·ßen⸗an·ten·ne [アオセン・アンテネ] 囡 -/-n 屋外アンテナ.

Au·ßen⸗auf·nah·me [アオセン・アオフナーメ] 囡 -/-n 〘ふつう 複〙(映) ロケーション, 野外撮影.

Au·ßen⸗be·zirk [アオセン・ベツィルク] 男 -[e]s/-e (都市の)周辺地区, 郊外.

Au·ßen·bord⸗mo·tor [アオセンボルト・モートァ] 男 -s/-en [..モートーレン] 船外モーター.

aus|sen·den⁽*⁾ [アオス・ゼンデン áus-zèndən] 他 (h) ① (使者などを)派遣する, 送り出す. ② 〘物〙(放射線など⁴を)発する, 出す.

Au·ßen⸗dienst [アオセン・ディーンスト] 男 -[e]s/ 外勤;(外交官の)国外勤務.

Au·ßen⸗han·del [アオセン・ハンデる] 男 -s/ 外国(海外)貿易.

Au·ßen⸗mi·nis·ter [アオセン・ミニスタァ] 男 -s/- 外務大臣, 外相.(女性形: -in).

Au·ßen⸗mi·nis·te·ri·um [アオセン・ミニステーリウム] 田 -s/..rien [..リエン] 外務省.

Au·ßen⸗po·li·tik [アオセン・ポリティーク] 囡 -/ 外交政策.

au·ßen⸗po·li·tisch [アオセン・ポリティッシュ] 形 外交[政策]上の.

Au·ßen⸗sei·te [アオセン・ザイテ] 囡 -/-n 外側, 外面;《比》見外見, うわべ.

Au·ßen⸗sei·ter [アオセン・ザイタァ] 男 -s/- ① (社会·グループから離れた)アウトサイダー.(女性形: -in). ② (競)勝つ見込みのない選手;(競馬の)穴馬.

Au·ßen⸗spie·gel [アオセン・シュピーゲる] 男 -s/- (自動車の)サイドミラー.

Au·ßen⸗stän·de [アオセン・シュテンデ] 複 《商》未回収金, 売掛金.

Au·ßen⸗ste·hen·de[*r*], **au·ßen Ste·hen·de**[*r*] [アオセン・シュテーエンデ(..ダァ)] 男 囡 〘語尾変化は形容詞と同じ〙局外者, 部外者, 第三者.

Au·ßen⸗stür·mer [アオセン・シュテュルマァ] 男 -s/- (サッカー·ラグビーなどの)ウイング.(女性形: -in).

Au·ßen⸗welt [アオセン・ヴェるト] 囡 -/ ① (自己の)外の世界, 外界. ② 周囲の社会, 世間.

******au·ßer** [アオサァ áusər] I 前 〘**3格**とともに〙 ① (除外の) **…を除いて**, (…の)以外の. (英 *except*). *Außer* dir habe ich keinen Freund. ぼくの君のほかに友だちはいない / *Außer* mir war niemand da. 私以外にだれもそこにはいなかった / täglich *außer* sonntags 日曜以外は毎日. ② 《ある空間の外》 **…の外に**. (英 *out of*). Er ist *außer* Haus[e]. 彼は外出している / *außer* Sicht sein 視界の外にある. ◇〘まれに2格とともに〙 *außer* Landes gehen (leben) 国外へ出る(外国で暮らす).

③ 《ある状況の圏外》 **…の外に**, 圏外に. Der Aufzug ist *außer* Betrieb. エレベーターは作動していない / Das steht *außer* Frage. それには疑問の余地がない / *außer* Atem sein 息を切らしている / *außer* Dienst sein 退職(退役)

している / 図⁴ außer Acht lassen 図⁴を考慮に入れない / Er war außer sich³ vor Zorn. 彼は怒りのあまりわれを忘れた / außer Stande (または außerstande) sein, zu 不定詞[句] …する能力がない. ◇《特定の動詞と結びついて4格とともに》außer sich⁴ geraten われを忘れる / 図⁴ außer [jeden] Zweifel stellen 図⁴を疑いの余地のないものとする.
II 前 …を除いて, …以外は. Ich komme, außer es regnet. 私は参ります, 雨が降れば別ですが. ◇《außer dass … の形で》…であることを除いては. Der Urlaub war schön, außer dass ich mich erkältet habe. 風邪をひいたことを除けば休暇はすばらしいものだった. ◇《außer wenn … の形で》…でないかぎり. Wir werden kommen, außer wenn es regnet. 雨が降らなければ参りましょう.

au・ßer.. [アオサァ.. áusər.. または アオサァ..]《形容詞につける 接頭》(…外の) 例: außereuropäisch ヨーロッパ外の.

äu・ßer [オイサァ ɔ́ysər] 形 《比較 なし, 最上》äußerst》 《英 outer》《付加語としてのみ》① 外の, 外側の. 《反》「内の」は inner》. der äußere Rahmen 外枠. ② 外見上の, 表面の. der äußere Eindruck うわべの印象 / nach dem äußeren Schein urteilen 外見で判断する. ③ 外(外部)からの. ein äußerer Anlass 外からの誘因. ④ 対外的な, 外国の. die äußeren Angelegenheiten 外交上の諸問題.

*au・ßer・dem [アオサァ・デーム áusərde:m または ..デーム] 副 その上, それに加えて, おまけに. 《英 besides》. Er ist intelligent und außerdem auch nett. 彼は頭がいいし, その上親切だ.

au・ßer・ehe・lich [アオサァ・エーエリヒ] 形 結婚外の; 正式な結婚によらない, 庶出の.

Äu・ße・re[s] [オイセレ[ス] ɔ́ysərə[s]] 中《語尾変化は形容詞と同じ》① 外観, 外側; (比) 外見. das Äußere des Hauses 家の外観. ② 外務. Minister des Äußeren 外務大臣.

au・ßer≠ge・wöhn・lich [アオサァ・ゲヴェーンリヒ áusər-gəvø:nlɪç] **I** 形 普通でない, 異常な; 非凡な, 並はずれた. 《英 unusual》. eine außergewöhnliche Begabung 非凡な才能.
II 副 非常に, すごく. 《英 unusually》. Es war außergewöhnlich heiß. 猛烈な暑さだった.

*au・ßer・halb [アオサァ・ハルプ áusər-halp] **I** 前《2 格とともに》①《空間的に》…の外に, …の外で. 《英 outside》. 《反》「…の中に」は innerhalb》. Wir wohnen außerhalb der Stadt. 私たちは郊外に住んでいます / außerhalb des Hauses 家の外で. ②《時間的に》…外に. außerhalb der Arbeitszeit 勤務時間外に.
II 副 外に; 市外に, 郊外に; 外国に; 戸外に. 《英 outward》. Er wohnt außerhalb. 彼は郊外に住んでいる / Ich komme von außerhalb. 私はよその土地の出身です. ◇《~ von 事・物³》(事・物³の)外に, 外で. außerhalb von Berlin ベルリン郊外に.

au・ßer・ir・disch [アオサァ・イルディッシュ] 形 地球の外にある, 地球外の. eine außerirdische Station 宇宙ステーション.

äu・ßer・lich [オイサァリヒ ɔ́ysərlɪç] 形 ① 外部の, 外面の; (薬) 外用の. 《英 external》. 《反》「内部の」は innerlich》. eine äußerliche Verletzung 外傷. ② 外観上の; 表面的な, うわべの. eine äußerliche Ähnlichkeit⁴ haben 外見上似ている / äußerlich gesehen 表面的に見れば.

Äu・ßer・lich・keit [オイサァリヒカイト] 囡 -/-en 外面, 外観; (比) うわべ. an Äußerlichkeiten hängen 形式(うわべ)にこだわる.

äu・ßern [オイサァン ɔ́ysərn] (äußerte, hat … geäußert) **I** 他 《完了 haben》(意見・希望など⁴を)述べる, 表明する; (気持ちなど⁴を態度で)表す. 《英 express》. Ich äußerte meine Meinung **über** die Aufführung. 私はその上演について私の意見を述べた.
II 再 《完了 haben》 sich⁴ äußern ① 意見を述べる. sich⁴ **über** 人・事⁴ abfällig äußern 人・事⁴について否定的な意見を述べる / **Zu** diesem Thema kann ich nicht äußern. この話題については私はコメントできません. ②（病気などが…の形で)現れる. Die Grippe äußerte sich zunächst **in** Fieber (または **durch** Fieber). その流感はまず発熱の症状が出た.

au・ßer・ordent・lich [アオサァ・オルデントリヒ] **I** 形 ① 並はずれた, 抜群の. eine außerordentliche Begabung 非凡な才能. ② 正規でない, 臨時の(会合など). **II** 副 非常に, きわめて. Es ist außerordentlich schwierig. それは非常に難しい.

au・ßer≠par・la・men・ta・risch [アオサァ・パルラメンターリッシュ] 形 議会外の, 院外の.

au・ßer≠plan・mä・ßig [アオサァ・プラーンメースィヒ] 形 予定(計画)外の, 臨時の(略: apl.).

äu・ßerst [オイサァスト ɔ́ysərst] (äußer の 最上) **I** 形 《付加語としてのみ》① 最も外の, 最も遠く離れた. am äußersten Ende der Stadt² 町のいちばんはずれに / Die Eisbären leben im äußersten Norden. 白熊は極北に生息している.
② 最大の, 極度の. mit äußerster Vorsicht 細心の注意を払って. ◇《名詞的に》aufs äußerste (または Äußerste) 極端に. ③ 最後の, ぎりぎりの. der äußerste Termin 最終的な期限. ◇《名詞的に》Er geht bis zum äußersten. 彼は極端に走る. ④ 最悪の. ◇《名詞的に》Wir sind auf das Äußerste gefasst. われわれは最悪の事態を覚悟している.
II 副 きわめて, 極端に. Er lebt äußerst bescheiden. 彼はきわめて質素に暮らしている.

au・ßer≠stan・de, au・ßer Stan・de [アオサァ・シュタンデ] 副 《zu 不定詞[句]とともに》(…する)能力がない. Ich bin außerstande, ihr zu helfen. 私には彼女を助けることができない.

äu・ßers・ten・falls [オイサァステン・ふァるス]

äu·Ber·te [オイサァテ] äußern (述べる)の 過去

Äu·Be·rung [オイセルング] 因 -/-en ① 発言, (表明された)意見, (発言された)言葉; (言)発話. eine unvorsichtige *Äußerung* 軽率な発言. ② (気持ちなどの)表れ.

aus|set·zen [アオス・ゼッツェン áus-zètsən] du setzt…aus (setzte…aus, hat…ausgesetzt) **I** 他 (完了 haben) ① 外に置く, (ある場所に)放置する, (動物など4を)放す. Sie *hat* ihr Kind **im** Wald *ausgesetzt*. 彼女はわが子を森に置き去りにした / ein Boot⁴ *aussetzen* (船から)ボートを降ろす. ② (人·物⁴を物³に)さらす. 人⁴ einer Gefahr³ *aussetzen* 人⁴を危険にさらす. ◇(再帰的に) sich⁴ Vorwürfen³ *aussetzen* 非難に身をさらす. ③ (謝礼·遺産などを)約束する. eine Belohnung⁴ für den Finder *aussetzen* 発見者に謝礼を約束する. ④ 中断する, (一時的に)中止する;《法》(訴訟など⁴を)中止する, (決定など⁴を)持ち越す, 延期する. den Unterricht *aussetzen* 授業を中断する. ⑤《成句的に》etwas **an** 人·物³ *auszusetzen* haben 人·物³にけちをつける.
II 自 (完了 haben) ① (機械·呼吸などが一時的に)止まる, 停止する. Die Musik *setzte aus*. 音楽がやんだ. ② 休む, 中断する. **mit** der Arbeit *aussetzen* 仕事を中断する.

Aus·set·zung [アオス・ゼッツング] 因 -/-en ① (幼児などの)遺棄. ② (賞金などの)提供. ③《法》(訴訟などの)中止, 延期.

die **Aus·sicht** [アオス・ズィヒト áus-zɪçt] 因 (単) -/(複) -en ① 《ふつう 単》見晴らし, 眺め, 景色.（英 view）. eine herrliche *Aussicht* **auf**（または **über**）den See 湖を見晴らすすばらしい眺め / die *Aussicht* **aus** dem Fenster 窓からの眺め.
② 見込み, 見通し.（英 prospect）. Erfolgsaussicht 成功の見込み / Er hat keine *Aussicht* zu gewinnen. 彼は勝つ見込みがない / Er hat *Aussicht* **auf** den ersten Preis. 彼は1等賞を取る見込みがある / 囲³ **in** Aussicht haben 物⁴を得られる見込みがある / 人⁴ für einen Posten in *Aussicht* nehmen 人⁴をあるポストに予定している / 物⁴を[与える]約束をする / in *Aussicht* stehen 期待されている / Das sind ja schöne *Aussichten*! 〈反語的に:〉こいつは見ものだ.

aus·sichts≠los [アオスズィヒツ·ロース] 形 見込みのない, 期待が持てない, 絶望的な.

aus·sichts**≠reich** [アオスズィヒツ·ライヒ] 形 見込みのある, 期待の持てる, 有望な.

Aus·sichts·turm [アオスズィヒツ·トゥルム] 男 -[e]s/..türme 展望タワー.

aus|sie·deln [アオス・ズィーデルン áus-zì:-dəln] 他 (h) [強制的に]移住させる.

Aus·sied·ler [アオス・ズィードラァ áus-zi:dlər] 男 -s/- [強制]移住者. (女性形: -in).

aus|söh·nen [アオス・ゼーネン áus-zø:nən] **I** 再帰 (h) *sich*⁴ *aussöhnen* ① 和解する. Ich *habe mich* **mit** ihm *ausgesöhnt*. 私は彼と仲直りした. ②《*sich*⁴ **mit** 囲³ ~》〈比〉〈囲³(運命などに)〉甘んじる. **II** 他 (h) 和解させる. A⁴ **mit** B³ *aussöhnen* A⁴をB³と仲直りさせる.

Aus·söh·nung [アオス・ゼーヌング] 因 -/-en 和解, 仲直り.

aus|son·dern [アオス・ゾンダァン áus-zòn-dərn] 他 (h) 選び出す, えり分ける.

aus|sor·tie·ren [アオス・ゾルティーレン áus-zɔrti:rən] 他 (h) (不要品など⁴を)えり分ける; (いい物⁴を)選別する.

aus|spä·hen [アオス・シュペーエン áus-ʃpɛ:ən] **I** 自 (h) 《**nach** 人·物³ ~》(人·物³を)待ち受けて様子をうかがう. **II** 他 (h) (人·事⁴を)ひそかに探る.

aus|span·nen [アオス・シュパンネン áus-ʃpànən] **I** 他 (h) ① (綱⁴を伸ばして·網⁴を広げて)張る. ② はずす. die Pferde⁴ *ausspannen* 馬を馬車からはずす. ③ 〈俗〉(人³から人⁴を)横取りする. Er *hat* mir meine Freundin *ausgespannt*. 彼は私からガールフレンドを奪った. **II** 自 (h) (仕事から離れて)休養する, 休息する.

Aus·span·nung [アオス・シュパンヌング] 因 -/ 休養, 休息.

aus|spa·ren [アオス・シュパーレン áus-ʃpà:-rən] 他 (h) ① (場所など⁴を)空けておく. ② 〈比〉(問題点など⁴に)触れないでおく.

aus|sper·ren [アオス・シュペレン áus-ʃpèrən] 他 (h) ① (部屋などから)締め出す. ② (労働者⁴を)ロックアウトする.

Aus·sper·rung [アオス・シュペルング] 因 -/-en (労働者の)ロックアウト.

aus|spie·len [アオス・シュピーレン áus-ʃpì:lən] **I** 他 (h) ① 〈トラ〉(カード⁴を)出してトランプを始める; (カード⁴を)出す. [einen] Trumpf *ausspielen* 切り札を出す. ② (役⁴を)演じ尽くす. ③ 〈スポ〉(賞など⁴を賭(か)けて)試合する, 競技する. Beim Fußball *wurde* ein Pokal *ausgespielt*. 〈受動·過去〉そのサッカーには優勝カップがかかっていた. ④ (球技で)(相手⁴を)かわす, 寄せつけない. ⑤《A⁴ **gegen** B⁴ ~》〈比〉(A⁴とB⁴と)争わせて漁夫の利を占める. **II** 自 (h) 〈トラ〉最初に札を出す. Wer *spielt aus*? だれから始めるの.

aus|spi·o·nie·ren [アオス・シュピオニーレン áus-ʃpionì:rən] 他 (h) ① (隠れ家など⁴を)探り出す. ②

die **Aus·spra·che** [アオス・シュプラーヘ áus-ʃpra:xə] 因 (単) -/(複) -n ①《複 なし》発音, 発音の仕方.（英 pronunciation）. die deutsche *Aussprache* ドイツ語の発音 / eine gute（schlechte）*Aussprache*⁴ haben 発音がいい(悪い) / eine feuchte *Aussprache*⁴ haben〈戯〉唾(つば)を飛ばしながら話す. ② 意見の交換, 話し合い, 討論. eine offene *Aussprache* 率直な話し合い / eine *Aussprache* **mit** 人³ haben 人³と話し合う.

aus|spre·chen* [アオス・シュプレッヒェン áus-ʃprɛçən] du sprichst…aus, er spricht…aus (sprach…aus, hat…ausgesprochen) **I** 他 (完了 haben) ① 発音する. (英 pronounce). Wie *spricht* man dieses Wort *aus*? この単語はどう発音するのですか. ◊《再帰的に》Sein Name *spricht sich*[4] schwer *aus*. 彼の名前は発音しにくい.
② (考えなど[4]を)述べる, 言い表す. Ich *möchte* Ihnen meinen herzlichsten Dank *aussprechen*. あなたに心からお礼を申し上げます / ein Urteil[4] *aussprechen* 判決を言い渡す.
II 再帰 (完了 haben) *sich*[4] *aussprechen* ① 自分の意見(考え)を述べる; 心の中を打ち明ける. Na los, *sprich* dich *aus*! さあ, 思っていることをすっかり話してごらん / *sich*[4] **für** (**gegen**) 人・事[4] ~ 人・事[4]に賛成(反対)の意見を述べる / Er *hat* sich lobend **über** dich *ausgesprochen*. 彼は君のことをほめていたよ.
② (腹を割って)話し合う. Wir *müssen uns* einmal in Ruhe *aussprechen*. 私たちは一度じっくり話し合わなければならない. ③ 《*sich*[4] **in** 物[3] ~》(感情などが物[3]《顔など》に)表れる.
III 自 (完了 haben) 最後まで話す. Bitte, *lassen* Sie mich *aussprechen*! 最後まで言わせてください.
◊☞ **ausgesprochen**

Aus·spruch [アオス・シュプルフ áus-ʃprux] 男 -[e]s/..sprüche (偉人などの)言葉, 箴言(しんげん), 名言. einen *Ausspruch* von Goethe zitieren ゲーテの言葉を引用する.

aus|spu·cken [アオス・シュプッケン áus-ʃpù-kən] **I** 自 (h) 唾(つば)を吐く. **vor** 人[3] *ausspucken* (軽蔑・嫌悪を表して:)人[3]の前で唾(つば)を吐く. **II** 他 (h) ① (果物の種など[4]を)吐き出す; 《口語》(食べた物[4]を)吐く. ② 《比》(コンピュータなどがデータ[4]を)出す.

aus|spü·len [アオス・シュビューレン áus-ʃpỳːlən] 他 (h) (汚れ[4]を)洗い落とす, すすぎ落とす; (コップなど[4]を)洗ってきれいにする, 洗浄する. sich[3] den Mund *ausspülen* 口をすすぐ.

aus|staf·fie·ren [アオス・シュタフィーレン áus-ʃtafìːrən] 他 (h) (部屋など[4]をしつらえる; (人[4]に)服をあてがう, 衣装を着せる.

Aus·stand [アオス・シュタント áus-ʃtant] 男 -[e]s/..stände ① 《ふつう 単》ストライキ (= Streik). in den *Ausstand* treten ストライキに入る. ② 《ふつう 複》《南チロル・オーストリア》退職, 退学.

aus|stat·ten [アオス・シュタッテン áus-ʃtàtən] 他 (h) ① 《人・物 **mit** 人・物[3] ~》《人・物[4]に物[3]を》調えてやる, 持たせる. 人[4] mit Vollmachten *ausstatten* 人[4]に全権を与える / ein Zimmer[4] mit Möbeln *ausstatten* 部屋に家具を備えつける. ② 《人・物[4]を…に》調える. ein Hotel[4] neu *ausstatten* ホテルを新装する.
◊《過去分詞の形で》ein gut *ausgestattetes* Buch 装丁のよい本.

Aus·stat·tung [アオス・シュタットゥング] 女 -/-en ① 備え付け[品], 家具調度; 装備; 《劇》舞台装置. ② 《経》(商品の)意匠; 装丁. ③ 《法》持参金, (親が子に与える)独立資金.

Aus·stat·tungs=film [アオス・シュタットゥングス・ふぃるム] 男 -[e]s/-e《映》スペクタクル映画.

aus|ste·chen* [アオス・シュテッヒェン áus-ʃtɛçən] 他 (h) ① 刺して(掘って)出す; (溝など[4]を)掘る; (人[3]の目など[4]を)突いてつぶす. ② (クッキーなど[4]を)型抜きする. ③ (競争相手[4]を)しのく, 凌駕(りょうが)する. 人[4] **bei** seiner Freundin *ausstechen* 人[4]を myślshot落としてガールフレンドを手に入れる.

aus|ste·hen* [アオス・シュテーエン áus-ʃtèːən] **I** 自 (h) (返事・処理などが)まだなされていない. Die Zahlung *steht* noch *aus*. 支払いはまだ済んでいない. **II** 他 (苦痛など[4]を)耐える. 人[4] nicht *ausstehen* können 人[4]が嫌いである.

****aus|stei·gen*** [アオス・シュタイゲン áus-ʃtàɪɡən] (stieg…aus, *ist*…ausgestiegen) 自 (完了 sein) ① (乗り物から)降りる, 下車する, 下船する. (英 get off). (⇔☞「乗り込む」は ein|steigen). Wo *steigen* Sie *aus*? あなたはどこで降りますか / Sie *ist* **aus** dem Zug *ausgestiegen*. (☞現在完了) 彼女は列車から降りた. (☞ ein|steigen 図).
② 《口語》(事業などから)手を引く. Er *wollte* **aus** dem Projekt *aussteigen*. 彼はそのプロジェクトから降りるつもりだった. ③ (途中で)棄権する.

Aus·stei·ger [アオス・シュタイガァ áus-ʃtaɪɡər] 男 -s/- (隠語)(体制からの)離脱者, 局外者. (女性形: -in).

aus|stel·len [アオス・シュテレン áus-ʃtɛ̀lən] (stellte…aus, *hat*…ausgestellt) 他 (完了 haben) ① (絵など[4]を)展示する, (商品[4]を)陳列する. (英 exhibit). Der Maler *stellte* seine Bilder zum Verkauf *aus*. 画家は自分の絵を展示販売した / Waren[4] **im** Schaufenster *ausstellen* 商品をショーウインドーに陳列する. ② (証明書など[4]を)発行する, 交付する, (小切手など[4]を)振り出す. Die Schule *stellte* dem Schüler das Abiturzeugnis *aus*. 学校はその生徒にギムナジウム卒業証書を交付した. ③ (見張り・信号機など[4]を)配置する, 立てる. Wachen[4] *ausstellen* 見張りを立てる. ④ 《口語》(物[4]の)スイッチを切る. den Motor *ausstellen* エンジンを切る.

Aus·stel·ler [アオス・シュテラァ áus-ʃtɛlər] 男 -s/- ① (展示会などへの)出品者. (女性形: -in). ② 交付者; (手形の)振出人.

*die **Aus·stel·lung** [アオス・シュテルング áus-ʃtɛlʊŋ] 女 (単) -/(複) -en ①《ふつう 単》展示, 展覧; (証明書などの)発行. die *Ausstellung* des Passes パスポートの交付. ② 展覧会, 展示会. (英 exhibition). Kunstausstellung 美術展 / eine *Ausstellung*[4] eröffnen 展覧会を開幕する / in eine *Ausstellung* gehen または eine *Ausstellung*[4] besuchen 展

aus|ster·ben* [アオス・シュテルベン áus-ʃtɛrbən] 圓 (s) (種族・系統などが)死に絶える、絶滅する.
◊☞ **ausgestorben**

Aus·steu·er [アオス・シュトイアァ áus-ʃtɔyər] 囡 -/-n《ふつう単》嫁入り支度, 持参金.

aus|steu·ern [アオス・シュトイアァン áus-ʃtɔyərn] 他 ① (ハンドル操作で自動車などの)体勢を立て直す. ② (電)(アンプなど⁴の)レベルを適正にする. ③ (娘⁴に)嫁入り支度をしてやる. ④ (人⁴に対する)社会保険金の給付を終了する.

Aus·stieg [アオス・シュティーク áus-ʃtiːk] 男 -[e]s/-e ① 降車, 降船, (電車・バスなどの)降車口.(対 「乗車(口)」は Einstieg). ②《口語》(事業などから)手を引くこと.

aus|stop·fen [アオス・シュトプフェン áus-ʃtɔpfən] 他 (h) (物⁴に)詰め物をする; (動物⁴を)剝製(はくせい)にする. ein Kissen⁴ mit Federn *ausstopfen* クッションに羽毛を詰める.

Aus·stoß [アオス・シュトース áus-ʃtoːs] 男 -es/..stöße《ふつう単》① (経)(工場・機械などの)産出量(高), 生産能力. ② (有害物質などの)排出量.

aus|sto·ßen* [アオス・シュトーセン áus-ʃtòː-sən] 他 (h) ① (蒸気・煙など⁴を)放出する. ② (叫び声など⁴を)発する, (ため息⁴を)つく. ③ (人⁴の目など⁴を)突いて傷つける. ④ 追放する. 人⁴ aus der Partei *ausstoßen* 人⁴を政党から除名する. ⑤ (経)(一定期間に)生産する.

aus|strah·len [アオス・シュトラーレン áus-ʃtrɑ̀ːlən] I 他 (h) ① (光・熱など⁴を)放射する, 発する;《比》(喜びなど⁴を表情に)表す. ② (放送)(番組⁴を)放送する. II 圓 (h) ①〖*von* 物³〗~(光・熱などが物³から)発している. ②〖*auf* 人・物⁴〗(things)人・物⁴に)影響を及ぼす.

Aus·strah·lung [アオス・シュトラールング] 囡 -/-en ① 放射; 放送, 放映. ②《比》(周囲への)影響[力], 作用.

aus|stre·cken [アオス・シュトレッケン áus-ʃtrɛ̀kən] I 他 (h) (腕・脚など⁴を)伸ばす. Die Schnecke *streckt* ihre Fühler *aus*. かたつむりが触角を伸ばす / die Hand⁴ nach 人・物³ *ausstrecken* a) 人・物³に手を伸ばす, b)《比》人・物³を手に入れようとする. II 再帰 *sich*⁴ *ausstrecken* (のびのびと)大の字に横になる.

aus|strei·chen* [アオス・シュトライヒェン áus-ʃtràiçən] 他 (h) ① (文字など⁴を)線を引いて消す, 抹消する. ② (絵の具など⁴を)薄くのばして塗る. ③ (物⁴の)内側をべったり塗る; (割れ目など⁴を)塗りつぶす. eine Backform⁴ mit Butter *ausstreichen* (ケーキなどの)焼き型の内側にバターを塗る.

aus|streu·en [アオス・シュトロイエン áus-ʃtrɔyən] 他 (h) (種など⁴を)まく;《比》(うわさなど⁴を)ふりまく, 広める.

aus|strö·men [アオス・シュトレーメン áus-ʃtrøː-mən] I 圓 (s) (ガス・水などが)大量に流出する. Von ihm *strömt* Wärme *aus*.《比》彼には暖かい雰囲気がある. II 他 (h) (熱など⁴を)放射する, (香りなど⁴を)発散する;《比》(雰囲気⁴の)雰囲気(感じ)を漂わせる.

aus|su·chen [アオス・ズーヘン áus-zùːxən] (suchte...aus, hat...ausgesucht) 他 (定了 haben) ① 選び出す.(英 choose). Ich *suchte* für meine Frau ein passendes Geschenk *aus*. 私は家内のためにぴったりのプレゼントを選んだ / 人³ (*sich*³) einen Hut *aussuchen* 人³(自分)のために帽子を選び出す.(☞ 類語 wählen). ② (物⁴の中をくまなく捜す.
◊☞ **ausgesucht**

der **Aus·tausch** [アオス・タオシュ áus-tauʃ] 男 (単2) -es/ 交換, (部品などの)取り替え.(英 exchange). Meinungs*austausch* 意見の交換 / A⁴ im *Austausch* gegen B⁴ erhalten B⁴と交換に A⁴を得る.

aus·tausch·bar [アオス・タオシュバール] 形 交換可能な, 取り替えることのできる.

Aus·tausch⸗dienst [アオスタオシュ・ディーンスト] 男 -[e]s/-e [学術]交換のための斡旋(あっせん)[機関]. Deutscher Akademischer *Austauschdienst* ドイツ学術交流会 (略: DAAD).

aus|tau·schen [アオス・タオシェン áus-tàuʃən] (tauschte...aus, hat...ausgetauscht) I 他 (定了 haben) ① 交換する.(英 exchange). Briefmarken⁴ *austauschen* 切手を交換する / Meinungen⁴ mit 人³ *austauschen* 人³と意見を交わす / Die beiden Staaten *tauschten* Botschafter *aus*. 両国は大使を交換した. (☞ 類語 wechseln).
② (物⁴を)取り替える, (人⁴を)交替させる. den Motor [gegen einen neuen] *austauschen* エンジンを[新しいものと]取り替える.
II 再帰 (定了 haben) *sich*⁴ *austauschen* 論じ合う. *sich*⁴ mit 人³ über 人・事⁴ *austauschen* 人³と人・事⁴について意見を交換する.

Aus·tausch⸗stu·dent [アオスタオシュ・シュトゥデント] 男 -en/-en 交換学生.(女性形: -in).

aus|tei·len [アオス・タイレン áus-tàilən] 他 (h) 分配する, 配る. Geschenke⁴ an die Kinder *austeilen* 贈り物を子供たちに配る.

Aus·tei·lung [アオス・タイルング] 囡 -/-en 分配[すること].

Aus·ter [アオスタァ áustər] 囡 -/-n《動》カキ(貝の一種). eine *Auster*⁴ auf|brechen かきの殻をこじ開ける.

Aus·tern⸗bank [アオスタァン・バンク] 囡 -/..bänke (海底の)かき群棲(ぐんせい)地.

aus|til·gen [アオス・ティルゲン áus-tìlgən] 他 (h) ① (害虫など⁴を)根絶する, 抹殺する. ② (文字など⁴を)消す, 抹消する.

aus|to·ben [アオス・トーベン áus-tòːbən] I 再帰 (h) *sich*⁴ *austoben* ① 嵐などが)荒れ狂う. ② (子供などが)存分に暴れ回る; おもいきりはめをはずす. ③ (嵐などが)静まる, 治まる. II

他 (h)(怒り・情熱など⁴を)ぶちまける.　**III** 自 (h)(嵐などが)静まる, 治まる.

Aus·trag [アオス・トラーク áus-tra:k] 男 -[e]s/..träge ① 〖圏 なし〗(争いなどの)決着.　zum *Austrag* kommen 《書》決着がつく.　② (ᴬ⁵ᵗᵍ)(競技の)実施, 開催.

aus|tra·gen* [アオス・トラーゲン áus-trà:gən] 他 (h) ① (新聞・郵便など⁴を)配達する.　② (争いなど⁴の)決着(けり)をつける.　③ (競技⁴を)実施する, 開催する.　Wettkämpfe⁴ *austragen* 試合をする.　④ (胎児⁴を)臨月まで宿す.　⑤ (記入した日付など⁴を)消す.

Aus·trä·ger [アオス・トレーガァ áus-trɛ:gər] 男 -s/-　配達人. (女性形: -in).

Aus·tra·gung [アオス・トラーグング áus-tra:guŋ] 女 -/-en ① 〖ふつう 圏〗① 配達.　② (争いなどの)決着.　③ (ᴬ⁵ᵗᵍ)(競技の)実施, 開催.

Aus·tra·li·en [アオストラーリエン austrá:liən] 中 -s/ 《国名》オーストラリア[連邦](首都はキャンベラ).

Aus·tra·li·er [アオストラーリアァ austrá:liər] 男 -s/- オーストラリア人. (女性形: -in).

aus·tra·lisch [アオストラーリッシュ austrá:lɪʃ] 形 オーストラリア[人]の.

aus·trei·ben* [アオス・トライベン áus-tràɪbən] **I** 他 (h) ① (家畜⁴を牧場へ)追って行く.　② (人³の悪習など⁴を)やめさせる.　③ (悪魔など⁴を)追い払う.　④ (人³の体内から汗など⁴を)分泌させる.　**II** 自 (h) (木が)芽(葉)を出す. (芽・つぼみなどが)出る.

Aus·trei·bung [アオス・トライブング áus-tràɪbuŋ] 女 -/-en ① 《雅》追放.　② 《医》(胎児の)娩出(ᵇᵉⁿ).

aus|tre·ten* [アオス・トレーテン áus-tre:tən] **I** 他 (h) ① (火など⁴を)踏み消す.　② (階段など⁴を)踏み減らす; (靴⁴を)はきつぶす.　**II** 自 (s) ① 脱退(脱会)する. (ᴬⁿᵗ [入会する] は eintreten).　aus einer Partei *austreten* 離党する.　② (水・ガスなどが)漏れ出る.　③ 《口語》席をはずしてトイレに行く.

◇ausgetreten

aus|trick·sen [アオス・トリクセン áus-trìksən] 他 (h) ① (球技で:)(相手選手⁴を)トリックプレーでかわす.　② (ライバルなど⁴を)巧妙に締め出す.

aus|trin·ken* [アオス・トリンケン áus-trìŋkən] 他 (h) (飲み物⁴を)飲み干す; (グラス・びんなど⁴を)飲んで空にする.

Aus·tritt [アオス・トリット áus-trɪt] 男 -[e]s/-e ① 〖ふつう 圏〗(外へ)出て行くこと, 退出.　② 脱退, 脱会.　③ (水・ガスなどの)漏れ.　④ (小さなバルコニー, (階段の)踊り場.

Aus·tritts=er·klä·rung [アオストリッツ・エァクレールング] 女 -/-en 脱退宣言, 離党通知.

aus|trock·nen [アオス・トロックネン áus-tròknən] **I** 他 (h) (からからに)乾かす, 干からびさせる.　**II** 自 (s) (川などが)干上がる, (パンなどが)干からびる.

aus|tüf·teln [アオス・テュフテルン áus-tỳftəln] 他 (h) 《口語》頭を絞って考え出す.

aus|üben [アオス・ユーベン áus-ỳ:bən] (übte ...aus, hat ...ausgeübt) 他 (完了 haben) ① (職業など⁴を)営む, (職⁴に)従事している, (行為⁴を)行う, (職務など⁴を)執行する. (英 *practice*).　ein Handwerk⁴ *ausüben* 手工業に従事している / Sie *übt* ihren Beruf nicht mehr *aus*. 彼女は今はもう仕事はしていない / eine Pflicht⁴ *ausüben* 義務を果たす.

② (権利・権力など⁴を)行使する.　Er *hat* sein Wahlrecht nicht *ausgeübt*. 彼は選挙権を行使しなかった.　③ (影響など⁴を)及ぼす.　Sie *übte* eine starke Anziehungskraft *auf* ihn *aus*. 彼女は彼を強く魅了した.

Aus·übung [アオス・ユーブング] 女 -/-en 営業, 実施; 執行, 行使.

aus|ufern [アオス・ウーファァン áus-ù:fərn] 自 (s) (議論などが)収拾がつかなくなる; 限度を越える.

Aus·ver·kauf [アオス・フェアカオふ áus-fɛrkauf] 男 -[e]s/..käufe (在庫品一掃の)バーゲンセール.

aus|ver·kau·fen [アオス・フェアカオふェン áus-fɛrkàufən] (過分 ausverkauft) 他 (h) 売り尽くす.

aus·ver·kauft [アオス・フェアカオふト] **I** aus|verkaufen (売り尽くす)の 過分 **II** 形 売り切れの(商品など), 入場券の売り切れた, 満席の(劇場など).　Die Karten sind *ausverkauft*. チケットは売り切れです.

aus|wach·sen* [アオス・ヴァクセン áus-vàksən] **I** 再帰 (h) 〖*sich*⁴ *zu* 人・物³ ~〗(人・物³ に)成長(発展・拡大)する.　Die Unruhen *wachsen sich* zur Rebellion *aus*. 騒乱が反乱に発展する.　**II** 自 (s) ① (穀物が穂の中で)芽を出す.　② 《口語》退屈して我慢しきれなくなる.

◇ausgewachsen

Aus·wach·sen [アオス・ヴァクセン] 中 〖成句的に〗Das ist ja **zum** *Auswachsen*! まったく, もどかしいったらありゃしない.

die **Aus·wahl** [アオス・ヴァール áus-va:l] 女 (単) -/(複) -en ① 〖圏 なし〗選択, 選抜, 選出. (英 *selection*). die [freie] *Auswahl*⁴ haben 自由に選ぶことができる / eine *Auswahl*⁴ treffen 選択する / **zur** *Auswahl* stehen より取り見取りである.　② (選べるように)各種とりそろえた品.　Das Geschäft hat eine große *Auswahl* **an** (または **von**) Stoffen. その店は布地を各種とりそろえている.　③ 選集; 特選品. eine *Auswahl* aus Goethes Werken ゲーテ選集.　④ (ᴬ⁵ᵗᵍ) 選抜チーム.

aus|wäh·len [アオス・ヴェーレン áus-vɛ̀:lən] (wählte ...aus, hat ...ausgewählt) 他 (完了 haben) 選び出す, 選抜(選択)する. (英 *choose*). ein Geschenk⁴ für 人³ *auswählen* 人³のためのプレゼントを選ぶ / Er *wählte* unter den Bewerbern zwei *aus*. 彼は志願者の中から二人選抜した / Ich *habe* mir (または für mich) das Beste *ausgewählt*. 私は自分のために最良のものを選んだ. (類語 wählen).

◊☞ **ausgewählt**

Aus·wahl⸗mann·schaft [アオスヴァール・マンシャフト] 囡 -/-en 〚スポ〛 選抜チーム.

aus|wal·zen [アオス・ヴァるツェン áus-vàltsən] 他 (h) ① 〚工〛（金属⁴などを)圧延する. ② (口語・比) (話などを)だらだらと延ばす.

Aus·wan·de·rer [アオス・ヴァンデラァ áus-vandərər] 男 -s/- (他国への)移住者, 移民 (=Emigrant). (女性形: Auswanderin).

aus|wan·dern [アオス・ヴァンダァン áus-vàndərn] (wanderte…aus, ist…ausgewandert) 自 (完了 sein) (他国へ)移住する. (＝ *emigrate*). (⇔「(他国から)移住する」は ein|wan·dern). Wir *wandern* nach Kanada *aus*. 私たちはカナダへ移住します.

Aus·wan·de·rung [アオス・ヴァンデルング] 囡 -/-en 〚ふつう 単〛 (他国への)移住.

aus·wär·tig [アオス・ヴェルティヒ áus-vɛrtiç] 形 〚付加語としてのみ〛 ① よその土地の, よそ[から]の, 外部[から]の. *auswärtige* Gäste よそから来たお客たち. ② 外国関係の, 対外の. das *Auswärtige* Amt 外務省 (略: AA) / *auswärtige* Angelegenheiten 外交問題.

aus·wärts [アオス・ヴェルツ áus-vɛrts] 副 ① よそで, 外で. Er arbeitet *auswärts*. 彼はよそで働いている / *auswärts* essen 外食する / *auswärts* spielen 〚スポ〛 アウェー(遠征地)で試合をする / von *auswärts* よそから / *auswärts* reden (または sprechen) 〚口語・戯〛 その方言を話す. ② 外側へ.

Aus·wärts⸗spiel [アオスヴェルツ・シュピーる] 中 -[e]s/-e 〚スポ〛 アウェーゲーム. (⇔「ホームゲーム」は Heimspiel).

aus|wa·schen* [アオス・ヴァッシェン áus-vàʃən] 他 (h) ① (汚れなど⁴を)洗い落とす; (食器・衣類⁴を)きれいに洗う; (傷口⁴を)洗浄する. den Schmutz aus dem Kleid *auswaschen* ワンピースの汚れを洗い落とす. ② (水が岸・岩など⁴を)えぐる, 浸食する.

aus·wech·sel·bar [アオス・ヴェクセるバール] 形 交換可能な, 取り替えがきく.

aus|wech·seln [アオス・ヴェクセるン áus-vɛksəln] 他 (h) 交換する, 取り替える. A⁴ gegen B⁴ *auswechseln* A⁴をB⁴と取り替える.

Aus·wech·sel⸗spie·ler [アオス・ヴェクセる・シュピーらァ] 男 -s/- 〚スポ〛 交代要員[の選手], サブメンバー. (女性形: -in).

Aus·wechs·lung [アオス・ヴェクスるング] 囡 -/-en 交換, 取り替え.

der **Aus·weg** [アオス・ヴェーク áus-ve:k] 中 (単2) -[e]s/(複) -e (3格のみ -en) (難局からの)逃げ道, 打開策. einen *Ausweg* suchen 逃げ道を探す / Es gibt keinen *Ausweg*. なすすべがない.

aus·weg⸗los [アオスヴェーク・ろース] 形 逃げ道のない, 行き詰まった, 絶望的な.

Aus·weg⸗lo·sig·keit [アオスヴェーク・ろーズィヒカイト] 囡 -/ 行き詰まり, 絶望的状態.

aus|wei·chen* [アオス・ヴァイヒェン áus-vàiçən] 自 (s) ① よける, 避ける. 人・物³ *ausweichen* 人・物³をよける, 避ける / [nach] rechts *ausweichen* 右による. ② (攻撃³を)かわす; (質問・視線など³を)そらす. ◊〚現在分詞の形で〛 eine *ausweichende* Antwort 要領を得ない返事. ③ 〚*auf* 物⁴ ~〛(やむをえず物⁴へ)くら替えする, 乗り換える.

aus|wei·den [アオス・ヴァイデン áus-vàidən] 他 (h) (獣など⁴の)内臓を取り出す.

aus|wei·nen [アオス・ヴァイネン áus-vàinən] I 再帰 (h) *sich*⁴ *ausweinen* 思う存分泣く. II 他 (h) (雅) (悲しみなど⁴を)泣いて晴らす. *sich*⁴ die Augen *ausweinen* 目を泣きはらす.

*der **Aus·weis** [アオス・ヴァイス áus-vais] 男 (単2) -es/(複) -e (3格のみ -en) ① 証明書. (＝ *identification*). Personal*ausweis* 身分証明書 / Studenten*ausweis* 学生証 / einen *Ausweis* aus|stellen (vor|zeigen) 証明書を交付する(提示する). ② 証拠. nach *Ausweis* der Statistik² 統計によって明らかなように.

aus|wei·sen* [アオス・ヴァイゼン áus-vàizən] I 他 (h) ① 国外に追放する. ② (証明書・業績などで)証明する. Die Dokumente *weisen* ihn als Diplomaten *aus*. その書類が彼が外交官であることを証明している. ③ (計算上)明らかにする, 証明する. II 再帰 (h) *sich*⁴ *ausweisen* 自分の身分(職業)を証明する. Bitte *weisen* Sie *sich aus*! 身分を証明するものを何か見せてください.

Aus·weis⸗pa·pie·re [アオスヴァイス・パピーレ] 複 証明書[類], 証書.

Aus·wei·sung [アオス・ヴァイズング] 囡 -/-en 国外追放, 放逐.

aus|wei·ten [アオス・ヴァイテン áus-vàitən] I 他 (h) ① (衣類など⁴を長く使って)だぶだぶにする. ② (生産・貿易など⁴を)拡大する, 拡張する. II 再帰 (h) *sich*⁴ *ausweiten* 広がる, 伸びる; (伸びて)だぶだぶになる; 拡大する.

Aus·wei·tung [アオス・ヴァイトゥング] 囡 -/-en 拡大, 伸張.

aus·wen·dig [アオス・ヴェンディヒ áus-wɛndıç] 副 暗記して, そらで. 物⁴ *auswendig* lernen 物⁴をそらんじる ⇨ Bitte lernen Sie das Gedicht bis morgen *auswendig*! あすまでにその詩を暗記してください / 物⁴ *auswendig* können (または wissen) 物⁴をそらんじている / Das weiß ich schon *auswendig*! (口語・比) a) そのことはもう耳にたこができるほど聞いたよ, b) それはもう見飽きたよ.

aus|wer·fen* [アオス・ヴェルふェン áus-vèrfən] 他 (h) ① (操り出すように)投げる. Netze⁴ (または ein Netz⁴) *auswerfen* 網を打つ / den Anker *auswerfen* 錨をおろす. ② (たん・血など⁴を)吐き出す. ③ (一定期間内に)生産する.

aus|wer·ten [アオス・ヴェーァテン áus-vè:rtən] 他 (h) (物⁴の)価値を評価する, (評価して)有効に活用する.

Aus·wer·tung [アオス・ヴェーァトゥング] 囡 -/-en 価値評価, 有効に活用すること.

aus|wet·zen [アオス・ヴェッツェン áus-vètsən] 他 (h) 《成句的に》eine Scharte⁴ *auswetzen* 失敗を取り戻す(←刃こぼれを研いで除く).

aus|wi·ckeln [アオス・ヴィッケるン áus-vikəln] 他 (h) (他⁴の)包装を解く; (くるまれているもの⁴を)ほどいて出す. das Baby⁴ *auswickeln* 赤ちゃんのおむつをはずす.

aus|wir·ken [アオス・ヴィルケン áus-vìrkən] 再帰 *sich⁴ auswirken* 影響を及ぼす, 作用する. *sich⁴ gut auf 人・物⁴ auswirken* 人・物⁴に良い影響をもたらす.

Aus·wir·kung [アオス・ヴィルクング áus-vìrkuŋ] 女 -/-en (作用の)結果, 効果, 影響.

aus|wi·schen [アオス・ヴィッシェン áus-vìʃən] 他 (h) ① (他⁴の中をぬぐってきれいにする; (汚れなど⁴を)ふき取る. Sie *wischt* das Glas mit einem Tuch *aus*. 彼女はグラスをふきんでふく / sich⁴ die Augen⁴ *auswischen* 涙をぬぐう. ② (黒板の文字など⁴を)ふいて消す. ③ 《成句的に》人³ eins⁴ *auswischen* 《口語》人³に[仕返しに]ひどい目にあわせる.

aus|wrin·gen* [アオス・ヴリンゲン áus-vrìŋən] 他 (h) 《方》(洗濯物など⁴を)絞る.

Aus·wuchs [アオス・ヴークス áus-vu:ks] 男 -es/..wüchse ① 異常生成物, こぶ, 隆起. ② 《ふつう 複》行き過ぎ, 過度. *Auswüchse der Fantasie²* 誇大妄想.

aus|wuch·ten [アオス・ヴフテン áus-vùxtən] 他 (h) 〖工〗(車輪など⁴の)バランスをとる.

Aus·wurf [アオス・ヴルふ áus-vurf] 男 -[e]s/..würfe ① 〖複 なし〗(火山の)噴出. ② 《ふつう 単》〖医〗たん, 喀(ぅ)たん. ③ 〖複 なし〗(人間・社会の)くず.

aus|zah·len [アオス・ツァーれン áus-tsà:lən] I 他 (h) ① (賃金など⁴を)支払う. ② (人への)債務を完済する, (人に退職の)給料の清算をする. II 再帰 (h) *sich⁴ auszahlen* (仕事などで)割りに合う, (苦労などが)報われる.

aus|zäh·len [アオス・ツェーれン áus-tsɛ̀:lən] 他 (h) ① (他⁴の)数を正確に数える. ② (ボクシングで:)人⁴に)ノックアウトを宣する.

Aus·zah·lung [アオス・ツァーるング áus-tsà:luŋ] 女 -/-en ① (賃金の)支払い. ② 〖経〗銀行為替.

aus|zeh·ren [アオス・ツェーレン áus-tsè:rən] 他 (h) 《雅》非常に衰弱させる, 消耗させる.

Aus·zeh·rung [アオス・ツェールング áus-tsè:ruŋ] 女 -/ 《雅》衰弱, 消耗.

aus|zeich·nen [アオス・ツァイヒネン áus-tsàiçnən] du zeichnest...aus, er zeichnet... aus (zeichnete ... aus, hat ... ausgezeichnet) I 他 (定了 haben) ① 表彰する, 顕彰する (*honor*). 人⁴ *mit einem Orden auszeichnen* 人に勲章を授けて表彰する / Der Film *wurde* mit drei Preisen *ausgezeichnet*. 〖受動・過去〗その映画は三つの賞を受賞した.

② 優遇する, 特別扱いする. 人⁴ durch besonderes Vertrauen *auszeichnen* 人を特に信頼して重用する. ③ 際だたせる, 目だたせる. Hervorragende Fahreigenschaften *zeichnen*

diesen Wagen *aus*. 抜群の走行性がこの自動車の売り(特徴)だ. ④ (商品に)値札を付ける. ⑤ 〖印〗(文字など⁴に)目だて指定をする; (原稿⁴に)活字指定を記入する.

II 再帰 (定了 haben) *sich⁴ auszeichnen* 際だつ, 傑出している. Er *zeichnete sich* **durch** großen Fleiß *aus*. 彼はたいへん勤勉なことで際だっていた.

◊ ☞ **ausgezeichnet**

die **Aus·zeich·nung** [アオス・ツァイヒヌング áus-tsaiçnuŋ] 女 (単) -/(複) -en ① 表彰, 顕彰. ② 勲章, メダル, 賞[金]. ③ 《成句的に》die Prüfung⁴ *mit Auszeichnung* bestehen 成績最優秀で試験に合格する. ④ (商品の)価格表示.

Aus·zeit [アオス・ツァイト áus-tsait] 女 -/-en (バレーボールなどの)タイムアウト.

aus·zieh·bar [アオス・ツィーバール] 形 引き伸ばせる, 伸長式の(テーブルなど).

aus|zie·hen [アオス・ツィーエン áus-tsì:ən] (zog...aus, hat/ist...ausgezogen) I 他 (定了 haben) ① (衣服など⁴を)脱ぐ, (人⁴の衣服など⁴を)脱がせる. (英 take off). (〈反〉「着る」は an|ziehen). [sich³] den Mantel *ausziehen* コートを脱ぐ / Die Mutter *zieht* dem Kind die Schuhe *aus*. 母親が子供の靴を脱がせる.

② (人⁴の)衣服を脱がせる. Die Mutter *zieht* die Kinder *aus*. 母親が子供たちの服を脱がせる. ◊ 〖再帰用〗Ich habe mich ausgezogen. 私は服を脱いだ.

③ (くぎ・雑草など⁴を)引き抜く, 抜き取る; (三脚など⁴を)引き伸ばす. 人³ einen Zahn *ausziehen* 人³の歯を抜く / einen Tisch *ausziehen* (天板を引き出して)テーブルを伸ばす.

④ 抜き書きする, 抜粋する. wichtige Stellen⁴ aus einem Buch *ausziehen* 重要な箇所を本から抜き書きする. ⑤ (化・薬)(植物⁴の)エキスを抽出する. ⑥ (線など⁴を)なぞる.

II 自 (定了 sein) ① 引っ越して行く. (〈反〉「引っ越して来る」は ein|ziehen). Wann *ziehen* Sie *aus*? いつ引っ越しされるのですか / **aus** der Wohnung *ausziehen* 住まいを引き払う. ② (一団となって)出て行く, 出かける. **auf** Abenteuer *ausziehen* 冒険を求めて旅に出る. ③ (香りが)抜ける.

Aus·zieh⸗tisch [アオスツィー・ティッシュ] 男 -es/-e 伸縮式テーブル.

aus|zi·schen [アオス・ツィッシェン áus-tsìʃən] 他 (h) (俳優・講演者など⁴を)しっしっと言ってやじる(不満を表す).

Aus·zu·bil·den·de[r] [アオス・ツ・ビるデンデ(..ダァ) áus-tsu-bìldəndə (..dɐr)] 男 女 〖語尾変化は形容詞と同じ ☞ Alte[r]〗〖官庁〗職業訓練生, 見習[工], 実習生(略: Azubi).

der **Aus·zug** [アオス・ツーク áus-tsu:k] 男 (単2) -[e]s/(複) ..züge (3 格のみ ..zügen) ① (住居を)引き払うこと, 転出. (〈反〉「入居」は Einzug). ② (一団となって)

て行くこと，出かけること; 退場. *Auszug* **aus** einem besetzten Gebiet 占領地域からの撤退. ③ **抜粋**, 抜き書き; 要約; (管弦楽曲などの)独奏用の編曲[版], ピアノスコア. *Auszüge* **aus** einer Rede ある演説からの抜粋 / **im** *Auszug* 要約して, かいつまんで. ④ (薬草などの)エキス, 抽出物. ⑤ (カメラなどの)伸縮部[品].

Aus·zü·ge [アオス・ツューゲ] *Auszug (転出) の 複.

aus·*zu***·ge·hen** [アオス・ツ・ゲーエン] *aus|gehen (外出する)の zu 不定詞.

aus·zugs·wei·se [アオスツークス・ヴァイゼ] 副 抜粋して, 要約して.

aus*zup***·fen** [アオス・ツプフェン] áus-tsùpfən] 他 (h) (白髪・草など⁴を)抜き取る, むしり取る.

aus·*zu***·stei·gen** [アオス・ツ・シュタイゲン] *aus|steigen (降りる)の zu 不定詞.

aut·ark [アオタルク autárk] 形 自給自足の; (精神的に)自立している.

Aut·ar·kie [アオタルキー autarkí:] 女 –/-n [..キーエン] 自給自足[経済], アウタルキー; (精神的)自足, 独立.

au·then·tisch [アオテンティッシュ auténtɪʃ] 形 確かな, 信頼できる, 本物の. *authentische* Nachrichten 信頼できるニュース.

Au·then·ti·zi·tät [アオテンティツィテート autentitsité:t] 女 –/ 確かさ, 信頼性, 信憑(しんぴょう)性.

Au·tis·mus [アオティスムス autísmus] 男 –/ 《医》自閉症.

au·tis·tisch [アオティスティッシュ autístɪʃ] 形 《医》自閉性(症)の.

das **Au·to [アオトー áuto]

自動車 Kannst du *Auto* fahren?
カンスト ドゥ アオト- ファーレン
君は車を運転できる?

中 (単2) -s/(複) -s **自動車**, 車 (=Wagen). (英) *car*). (☞「ドイツ・ミニ情報1」, 134 ページ). ein neues (gebrauchtes) *Auto* 新(中古)車 / **aus** dem *Auto* steigen 自動車から降りる / **ins** *Auto* steigen 自動車に乗る / **im** (または **mit** dem) *Auto* reisen 自動車で旅行する / Ich fahre mit dem *Auto* in die Stadt. 私は車で町へ出かける / wie ein *Auto* gucken 《口語》(驚いて)見つめる. (☞ 類語 Wagen).

Au·to*≠***at·las** [アオト・アトラス] 男 ..las[ses]/..lasse (または ..lanten) ドライブマップ.

*die **Au·to***≠***bahn** [アオト・バーン áutoba:n] 女 (単) -/(複) -en **アウトバーン**, 高速[自動車専用]道路. **auf** der *Autobahn* fahren アウトバーンを走る.

Au·to·bahn*≠***rast·stät·te** [アオトバーン・ラストシュテテ] 女 –/-n (高速道路の)ドライブイン, サービスエリア.

Au·to·bahn*≠***zu·brin·ger** [アオトバーン・ツーブリンガァ] 男 -s/- アウトバーンへの連絡道路.

Au·to·bio·gra·fie [アオト・ビオグラふィー auto-biografí:] 女 –/-n [..ふィーエン] 自[叙]伝.

au·to·bio·gra·fisch [アオト・ビオグラーふィッシュ auto-biográ:fɪʃ] 形 自[叙]伝の; 自伝的な.

Au·to·bio·gra·phie [アオト・ビオグラふィー auto-biografí:] 女 –/-n [..ふィーエン] =Autobiografie

au·to·bio·gra·phisch [アオト・ビオグラーふィッシュ auto-biográ:fɪʃ] 形 =autobiografisch

der **Au·to***≠***bus** [アオト・ブス áuto-bus] 男 (単2) ..busses/(複) ..busse (3格のみ ..bussen) **バス**, 乗合自動車 (=Omnibus).

Au·to·di·dakt [アオト・ディダクト auto-didákt] 男 -en/-en 独学者, 独修者. (女性形: -in).

Au·to*≠***fäh·re** [アオト・ふェーレ] 女 –/-n カーフェリー.

der **Au·to***≠***fah·rer** [アオト・ふァーラァ áuto-fa:rər] 男 (単2) -s/(複) - (3格のみ -n) **ドライバー**, 自動車の運転者.

Au·to*≠***fah·re·rin** [アオト・ふァーレリン] 女 –/..rinnen (女性の)ドライバー.

Au·to*≠***fahrt** [アオト・ふァールト] 女 –/-en ドライブ, 自動車での走行.

au·to*≠***frei** [アオト・ふライ] 形 自動車通行(乗り入れ)禁止の(道など).

Au·to*≠***fried·hof** [アオト・ふリートホーふ] 男 –[e]s/..höfe 《口語》廃車集積場 (元の意味は「自動車の墓場」).

au·to·gen [アオトゲーン autogé:n] 形 ① 《工》自力による. *autogenes* Schweißen 接合材を用いない溶接, ガス溶接. ② 《心・医》自原[性]の, 自原的な. *autogenes* Training (精神療法としての)自律訓練法.

Au·to·gramm [アオトグラム autográm] 中 -s/-e (有名人の)[自筆]署名, サイン.

Au·to·gramm*≠***jä·ger** [アオトグラム・イェーガァ] 男 -s/- 《口語》(軽蔑的に:)サイン収集狂[の人]. (女性形: -in).

Au·to·in·dus·trie [アオト・インドゥストリー] 女 –/-n [..リーエン] 自動車産業.

Au·to*≠***kar·te** [アオト・カルテ] 女 –/-n 自動車道路地図, ロードマップ.

Au·to*≠***kenn·zei·chen** [アオト・ケンツァイヒェン] 中 -s/- (自動車の)ナンバー, 登録番号.

Au·to*≠***ki·no** [アオト・キーノ] 中 -s/-s ドライブイン・シアター(自動車に乗ったまま見られる映画館).

Au·to·krat [アオトクラート autokrá:t] 男 -en/-en ① 独裁者, 専制君主. (女性形: -in). ② 《比》ワンマン, 独断的な人.

Au·to·kra·tie [アオトクラティー autokratí:] 囡 -/-n [..ティーエン] 独裁(専制)政治.

au·to·kra·tisch [アオトクラーティッシュ autokrá:tɪʃ] 形 ① 独裁(専制)的な. ② 独断的な,自分勝手な.

der **Au·to·mat [アオトマート automá:t] 男 (単2·3·4) -en/(複) -en ① 自動販売機. Briefmarken*automat* 切手自動販売機 / Lösen Sie den Fahrschein bitte **am** *Automaten*! 乗車券は自動販売機でお求めください / Zigaretten⁴ **aus** dem *Automaten* holen たばこを自動販売機で買う. ② 自動機械(装置),自動制御システム. ③ 〖コンピュ〗〖自動〗データ処理装置.

Au·to·ma·tik [アオトマーティク automá:tɪk] 囡 -/ 〖工〗自動調節(運転); 自動[制御·調節]装置.

Au·to·ma·ti·on [アオトマツィオーン automatsió:n] 囡 -/ 〖工〗オートメーション.

au·to·ma·tisch [アオトマーティッシュ automá:tɪʃ] 形 ① 自動[式]の,オートマチックの. (英 *automatic*). ein *automatischer* Temperaturregler 自動温度調節器. ② (手続きなどが)自動的な,機械的な; 《比》無意識の. den Vertrag *automatisch* verlängern 契約の有効期間を自動的に延長する / *automatisch* antworten 無意識に答える.

au·to·ma·ti·sie·ren [アオトマティズィーレン automatizí:rən] 他 (h) オートメーション化する,自動化する.

Au·to·ma·ti·sie·rung [アオトマティズィールング] 囡 -/-en オートメーション化,自動化.

Au·to·ma·tis·mus [アオトマティスムス automatísmus] 男 -s/..tismen ① 〖工〗オートメーション機構. ② 《生·医》自動性. ③ 《心》自動症.

Au·to≠**me·cha·ni·ker** [アオト·メヒャーニカァ] 男 -s/- 自動車整備(修理)工. (女性形: -in).

Au·to≠**mi·nu·te** [アオト·ミヌーテ] 囡 -/-n 自動車で1分間に走る距離. Das Dorf liegt zwanzig *Autominuten* entfernt. その村は車で20分のところにある.

Au·to·mo·bil [アオト·モビーる auto-mobí:l]

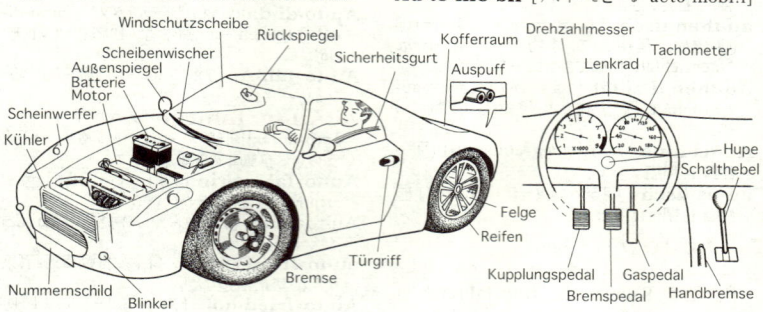

Windschutzscheibe
Scheibenwischer
Rückspiegel
Außenspiegel
Batterie
Motor
Scheinwerfer
Kühler
Nummernschild
Blinker
Sicherheitsgurt
Kofferraum
Auspuff
Felge
Reifen
Bremse
Türgriff
Drehzahlmesser
Tachometer
Lenkrad
Hupe
Schalthebel
Kupplungspedal
Bremspedal
Gaspedal
Handbremse

Auto

---- ドイツ・ミニ情報 1 ----

自動車 Auto

1885年,カール・ベンツが1気筒ガソリンエンジンで走る三輪車を発明,翌年,特許を取得した.同じ年,ゴットリープ・ダイムラーが独自に開発したガソリンエンジンを馬車に取り付けて走らせた.こうして世界初のガソリン自動車が誕生した.以来,ドイツには伝統的に自動車産業が盛んで,ベンツ,BMW,ポルシェ,フォルクスワーゲン,オペルなど,世界に名高いメーカーが数多い.排気ガスや交通渋滞などの自動車公害の深刻化にともない,最近では各社とも環境に優しい省エネ車の開発に力を入れている.ガソリンエンジンと電力モーターとの併用で,わずか3リッターで,100 kmの距離を走れる「3リッターカー」が注目を集めている.

車の利用率が鉄道の10倍と,典型的な車社会のドイツ.広域道路総延長は22万1千キロ,そのうち5％がアウトバーン(高速[自動車専用]道路)で,アメリカに次いで世界で二番目に長い高速道路網を持っている.軍事色を強めたヒトラー政権時代(1933–45年)に,全国どこへでも即座に軍隊を送りこめ,非常事態には戦闘機も着陸できる堅固な道路網を敷こうとしたのが,アウトバーン建設の始まりだった.アウトバーンでは基本的に速度無制限だが,光化学スモッグ警報が出たときには排気ガスを抑えるために時速60キロ以内,人口密集地域では100キロ以内というように,部分的に規制されている.なお,利用料を支払う必要はないが,重量トラックに限っては支払い証明書方式で料金が徴収される.

田 -s/-e 自動車(＝Auto).

au·to·nom [アオトノーム autonóːm] 形 自治権のある，独立した．

Au·to·no·mie [アオトノミー autonomíː] 囡 -/-n [..ミーエン] ① 自主，独立．② 《哲》自律[性]．

Au·to=num·mer [アオト・ヌンマァ] 囡 -/-n 《口語》(自動車の)ナンバー，登録番号(＝Autokennzeichen).

Aut·op·sie [アオトプスィー autɔpsíː] 囡 -/-n [..スィーエン]《医》検死，剖検(ぼうけん).

der **Au·tor** [アオトァ áutɔr] 男 (単2) -s/(複) -en [..トーレン] 著者，作者．(英 *author*). Er ist der *Autor* dieses Buches. 彼はこの本の著者だ．

Au·to·rei·se=zug [アオトライゼ・ツーク] 男 -[e]s/..züge カースリーパー・トレイン(旅行者とその車をいっしょに運ぶ列車).

Au·to=ren·nen [アオト・レンネン] 田 -s/- 自動車レース．

Au·to·rin [アオトーリン autóːrɪn] 囡 -/..rinnen (女性の)著者，作者．

au·to·ri·sie·ren [アオトリズィーレン autorizíːrən] 他 (h) ① 《囚⁴ zu 囲³ ～》 (囚⁴に囲³の)権限を与える．② (事を)認可する，大家(たいか)で認める．◇(過去分詞の形で)eine *autorisierte* Übersetzung 作者承認済みの翻訳．

au·to·ri·tär [アオトリテーァ autoritéːr] 形 権威主義的な，独裁的な．

die **Au·to·ri·tät** [アオトリテート autoritéːt] 囡(単) -/(複) -en ① 《複なし》**権威**, 威信，権力．(英 *authority*). die staatliche *Autorität* 国家権力．② (その道の)権威者，大家(たいか). Er ist eine *Autorität* auf dem Gebiet der Kernphysik. 彼は核物理学の分野の権威者だ．

Au·to=schlan·ge [アオト・シュランゲ] 囡 -/-n 自動車の[長蛇の]列．

Au·to=schlos·ser [アオト・シュロッサァ] 男 -s/- 自動車整備[修理]工．(女性形: -in).

Au·to=schlüs·sel [アオト・シュリュッセル] 男 -s/- 自動車のキー．

Au·to=stopp [アオト・シュトップ] 男 -s/ ヒッチハイク．Wir fahren per *Autostopp* nach Italien. 私たちはヒッチハイクでイタリアへ行く．

Au·to·stun·de [アオト・シュトゥンデ] 囡 -/-n 自動車で1時間に走る距離．

Au·to·sug·ges·ti·on [アオト・ズゲスティオーン auto-zugestióːn] 囡 -/-en 《心》自己暗示．

Au·to·te·le·fon [アオト・テーレフォーン] 田 -s/-e カーテレフォン，自動車用電話．

Au·to=un·fall [アオト・ウンふァる] 男 -[e]s/..fälle 自動車事故．

Au·to=ver·kehr [アオト・ふェアケーァ] 男 -s/ 自動車交通．

Au·to=zu·be·hör [アオト・ツーベヘーァ] 田 -s/- 自動車の付属品，カーアクセサリー．

autsch! [アオチュ áutʃ] 間 (突然の瞬間的な苦痛を表して:)あいたっ; あっ．

au·weh! [アオ・ヴェー au-véː] 間 (苦痛・残念を表して:)ああ痛い; ああ残念．

avan·cie·ren [アヴァンスィーレン avãsíːrən] 自(s) 昇進する．

Avant·gar·de [アヴァーンガルデ avã́ːgardə または アヴァンガルデ] [仏] 囡 -/-n (芸術の)アバンギャルド，前衛[派]; (政治運動などの)前衛．

Avant·gar·dist [アヴァンガルディスト avãgardíst] 男 -en/-en アバンギャルディスト，前衛派芸術家．(女性形: -in).

avant·gar·dis·tisch [アヴァンガルディスティッシ avãgardístɪʃ] 形 アバンギャルド[派]の，前衛的な．

avan·ti! [アヴァンティ avánti] [伊] 間 進め!

Ava·tar [アヴァタール avatáːr] 男 -s/-s (コンピュ)アバター(ウェブ上のユーザーを表す人物画像，化身).

Ave [アーヴェ áːve] 田 -[s]/-[s] ＝Ave-Maria

Ave-Ma·ria [アーヴェ・マリーア] 田 -[s]/-[s] 《カトリック》アヴェ・マリア，天使祝詞(聖母マリアをたたえる祈り).

Ave·nue [アヴェニュー avəný:] [仏] 囡 -/-n [..ニューエン] (都市の)並木道．

Aver·si·on [アヴェルズィオーン avɛrzióːn] 囡 -/-en 反感，嫌悪．eine *Aversion*⁴ gegen 囚・物⁴ haben 囚・物⁴ に反感を持っている．

Avis [アヴィー avíː または アヴィース avíːs] [仏] 男 田 -[es] [アヴィース (..ズ)] / -[e] [アヴィース (..ゼ)] 《商》(送金などの)通知[状]，送り状．

avi·sie·ren [アヴィズィーレン avizíːrən] 他 (h) 《商》(納品・到着など⁴を)通知する．

Avo·ca·do [アヴォカード avokáːdo] 囡 -/-s 《植》アボカド[の実]．

axi·al [アクスィアール aksiáːl] 形 《工》軸の，軸性の，軸方向の．

Axi·om [アクスィオーム aksióːm] 田 -s/-e 《哲・数》公理，《比》自明の理．

die **Axt** [アクスト ákst] 囡(単) -/(複) Äxte [エクステ] (3格のみ Äxten) **斧**(おの). (英 *ax*). eine scharfe *Axt* 鋭利な斧 / einen Baum mit der *Axt* fällen 斧で木を切り倒す / wie die *Axt* im Walde《口語》粗野に / die *Axt*⁴ an 囲⁴ legen《比》囲⁴(悪いこと)の根源を断とうとする．

Äx·te [エクステ] Axt (斧)の複

Aya·tol·lah [アヤトら ajatólá] 男 -[s]/-s アヤトラ(イスラム教シーア派の最高聖職者の称号).

Aza·lee [アツァレーエ atsaléːə] 囡 -/-n 《植》アザレア，セイヨウツツジ．

Aza·lie [アツァーリエ atsáːliə] 囡 -/-n ＝Azalee

Aze·tat [アツェタート atsetáːt] 田 -s/-e 《化》アセテート，酢酸塩(＝Acetat).

Aze·ty·len [アツェテュれーン atsetyléːn] 田 -s/ 《化》アセチレン．

Azu·bi [ア・ツー・ビ a-tsúː-bi または アー・ツ・ビ] 男 -s/-s (または 囡 -/-s) 《口語》見習[工]，実習生(＝Auszubildende[*r*]).

Azur [アツーァ atsúːr] 男 -s/ 《詩》空色，紺ぺき．

azur=blau [アツーァ・ブらオ] 形 空色の，紺ぺきの．

B b

b¹, B¹ [ベー bé:] 田 -/- ベー(ドイツ語アルファベットの第2字).

b², B² [ベー] 田 -/- 《音楽》変ロ音.(⇔ 英語の b flat). *B*-Dur 変ロ長調 / *b*-Moll 変ロ短調.

B³ [ベー]《化・記号》硼素 (=Bor).

b. [バイ または バイム]《略》(地名で)…近郊の; (手紙のあて名で)…気付. (=bei, beim).

B. [ベッチェらァ]《略》学士 (=Bachelor).

Ba [ベー・アー]《化・記号》バリウム (=Barium).

bab·eln [バッベるン bábəln] 田 (h)《方》① (幼児が)片言をしゃべる. ②ぺちゃくちゃしゃべる.

Ba·bel [バーべる bá:bəl] 田 -s/ ①《都市名》バベル (バビロン Babylon のヘブライ語名). der Turm zu *Babel*《聖》バベルの塔 (人間のおごりの象徴; 創世記 11, 1–9). ② 風俗退廃の地. ③ 言語のるつぼのような町.

das **Ba·by** [ベービ bé:bi] [英] 田(単 2) -s/(複) -s ① 赤ん坊, ベビー. Sie erwartet ein *Baby*. 彼女は身ごもっている. ②《口語》頼りない人; (愛称として:)かわいこちゃん.

Ba·by=aus·stat·tung [ベービ・アオスシュタットゥング] 因 -/-en ベビー用品.

Ba·by·lon [バービュろン bá:bylon] 田 -s/《都市名》バビロン(古代バビロニアの首都).

Ba·by·lo·ni·en [バビュろーニエン babyló:niən] 田 -s/《国名》(古代の)バビロニア王国(メソポタミアのバビロン地方に栄えた).

ba·by·lo·nisch [バビュろーニッシュ babyló:nɪʃ] 形 バビロニア(人)の, バビロンの. eine *babylonische* Sprachverwirrung《比》言語の混乱(創世記 11, 1–9).

ba·by·sit·ten [ベービ・ズィッテン bé:bi-zɪtən] 田 《不定詞でのみ用いる》《口語》(アルバイトで)ベビーシッターをする.

Ba·by·sit·ter [ベービ・ズィッタァ] [英] 男 -s/- ベビーシッター.(女性形: -in).

Bac·cha·nal [バッハナーる baxaná:l] 田 -s/..nalien [..ナーリエン] (または -e) ①《複》..na-lien》バッカス(酒神)の祭. ②《複》-e》《雅・比》(どんちゃん騒ぎの)大酒盛り.

Bac·chant [バハント baxánt] 男 -en/-en《雅・比》大酒飲み, 酔っ払い.(女性形: -in).

bac·chan·tisch [バハンティッシュ baxántɪʃ] 形 酔って浮かれた, 乱痴気騒ぎの.

Bac·chus [バッフス báxus] [ローマ神] バッカス, バッコス(酒の神. ギリシア神話のディオニソスに当たる).

der **Bach¹** [バッハ báx] 男(単 2) -es (まれに -s)/(複) Bäche [ベッヒェ] (3格のみ Bächen) 小川, 細流. ein heller *Bach* 澄んだ小川 / Ein *Bach* fließt durch das Tal. 小川が谷間を流れている. (⇒《類語》Fluss).

Bach² [バッハ] -s/《人名》バッハ (Johann Se- bastian *Bach* 1685–1750; ドイツの作曲家).

Bä·che [ベッヒェ] Bach¹ (小川)の 複.

Ba·che·lor [ベッチェらァ bétʃələr] 男 -[s]/-s 学士[号]. (略: B.).

Bach=fo·rel·le [バッハ・フォれれ] 因 -/-n《魚》ブラウントラウト(ニジマスの一種).(⇒ Forelle 図).

Bäch·lein [ベヒらイン béçlaɪn] 田 -s/- (Bach の縮小) 小川.

Bach=stel·ze [バッハ・シュテるツェ] 因 -/-n《鳥》セキレイ.

Back=blech [バック・ブれヒ] 田 -[e]s/-e《料理》オーブンプレート, 天パン(菓子焼き用鉄板).

Back=bord [バック・ボルト] 田 (口語 男) -[e]s/-e《ふつう 単》《海・空》左舷(ぜん).

die **Ba·cke** [バッケ báka] 因(単) -/(複) -n ① 頬(ほお), ほっぺた (=Wange). (英 cheek). Sie hat rote *Backen*. 彼女は赤いほっぺたをしている / Er kaut mit vollen *Backen*. 彼は口にいっぱいほおばってかむ. ②(頬状のもの:)(万力(まんりき)・ペンチなどの)あご(物をつかむ部分); (スキーの) (銃の)頬(当て部.

ba·cken¹(*) [バッケン bákən] du backst, er backt または du bäckst, er bäckt (backte または buk, hat...gebacken) I 他 (完了 haben) ① (パン・ケーキなどを)オーブンで焼く.(英 bake). Sie *backt* einen Kuchen. 彼女はケーキを焼く / Er *hat* das Brot selbst *gebacken*. 彼はそのパンを自分で焼いた.

② 《方》[油で]揚げる, フライにする, いためる. ③ 《方》(果物などを[4]加熱して乾燥させる.

II 自 (完了 haben) ① パン(ケーキ)を焼く. Sie *kann* gut *backen*. 彼女はケーキを焼くのが上手だ. ② (パン・ケーキなどが)焼ける. Der Kuchen muss eine Stunde *backen*. このケーキは1時間焼かないといけない. ③《口語》(オーブンなど[1]の)焼き具合が…だ. Unser Ofen *backt* schlecht. うちのオーブンはうまく焼けない.

◇⇒ **gebacken**

《類語》**backen**: (パン・ケーキなどを)焼く. **braten**: (バター・ラードなどを入れて肉・魚などを)揚げる, 焼く. **grillen**: (肉などを焼き網を用いて強火で)あぶる, グリルにする. **rösten**: (水・油を用いずに)焼く, 炒る.

ba·cken² [バッケン] (backte, hat ... gebackt) 自 (h)《[an 物[3]]~》《方》(雪・粘土などが[物[3]に])くっつく, こびりつく.

Ba·cken=bart [バッケン・バールト] 男 -[e]s/..bärte 頬(ほお)ひげ. (⇒ Bart 図).

Ba·cken=kno·chen [バッケン・クノッヘン] 男 -s/-《医》頬骨(きょうこつ).

Ba·cken=zahn [バッケン・ツァーン] 男 -[e]s/..zähne 白歯(きゅうし).

Badegast

*der **Bä·cker*** [ベッカァ békər] 男 (単) -s/ (複) - (3格のみ -n) パン屋, パン(焼き菓子)作り職人. (英) baker). ein frisches Brot⁴ beim *Bäcker* holen 焼きたてのパンをパン屋で買ってくる / **zum** *Bäcker* gehen パン屋へ行く.

*die **Bä·cke·rei*** [ベッケライ bɛkərái] 囡 (単) -/(複) -en ① ベーカリー, パン(焼き菓子)作りの店, パン屋. (英) bakery). ② 《複 なし》パンの製造. die *Bäckerei*⁴ erlernen パンの製造法を習得する. ③ 《ふつう 複》《南ドイツ・オーストリア》クッキー, ビスケット.

Bä·cke·rin [ベッケリン békərin] 囡 -/-rinnen (女性の)パン屋, パン(焼き菓子)作り職人.

Back゠fisch [バック・フィッシュ] 男 -(e)s/-e ① フライにした魚. ② (14-17歳くらいの)小娘.

Back゠form [バック・フォルム] 囡 -/-en (菓子などの)焼き型.

Back゠ground [ベック・グラオント] [英] 男 -s/-s ① (精神的な)背景. ② (過去の)経歴, 職業歴. ③ 《映》(映画などの)背景. ④ 《音楽》バックグラウンドミュージック.

Back゠obst [バック・オーブスト] 中 -(e)s/ ドライフルーツ.

Back゠ofen [バック・オーフェン] 男 -s/..öfen パン焼きがま; オーブン, 天火. (☞ Küche 図)

Back゠pfei·fe [バック・プファイフェ] 囡 -/-n 《方》平手打ち (=Ohrfeige).

Back゠pflau·me [バック・プふらオメ] 囡 -/-n ドライプルーン.

Back゠pul·ver [バック・プるふァァ] 中 -s/- ベーキングパウダー.

Back゠slash [ベック・スレッシュ] 男 -s/-s 《コンピュ》バックスラッシュ, 逆斜線(\).

bäckst [ベックスト] ※backen¹ (パンなどを焼く)の2人称親称単数 [現在].

Back゠stein [バック・シュタイン] 男 -(e)s/-e れんが (=Ziegel).

Back゠stu·be [バック・シュトゥーベ] 囡 -/-n パン工房.

bäckt [ベックト] ※backen¹ (パンなどを焼く)の3人称単数 [現在].

back·te [バックテ] ※backen¹ (パンなどを焼く)の [過去].

Back゠trog [バック・トローク] 男 -(e)s/..tröge パン作りのこね桶(粉).

Back゠up, Back-up [ベック・アップ] 中 男 -s/-s 《コンピュ》バックアップ, (原状回復するための)データの複製.

Back゠wa·re [バック・ヴァーレ] 囡 -/-n 《ふつう 複》ベーカリー製品(パン・クッキー・ケーキなど).

*das **Bad*** [バート bá:t]

> ふろ Ist das *Bad* frei?
> イスト ダス バート フライ
> おふろは空いていますか.

中 (単) -es (まれに -s)/(複) Bäder [ベーダァ] (3格のみ Bädern) ① ふろ; ふろの湯; 入浴; 水遊び, 海水浴. (英) bath). ein kaltes *Bad* 冷水浴 / ein *Bad*⁴ nehmen 入浴する / 人³ ein *Bad*⁴ machen (または bereiten) 人³ のためにふろの用意をする / Das *Bad* ist fertig. ふろの用意ができている / Das *Bad* ist zu heiß. ふろが熱すぎる / das Kind⁴ mit dem *Bad* ausschütten 《比》角を矯(た)めて牛を殺す (←ふろの水を捨てるのに中の子供もいっしょに流してしまう).
② 浴室, バスルーム. eine Wohnung **mit** *Bad* und Küche 浴室と台所付きの住居. ③ [公衆]浴場; [水泳]プール; [海]水浴場; 湯治場. ins *Bad* gehen プールへ行く. ④ 《工化》溶液; (フィルムの)現像液.

> ..**bad** のいろいろ: Freibad 屋外プール / Hallenbad 屋内プール / Heilbad 湯治場 / Schwimmbad [水泳]プール / Seebad 海水浴[場] / Thermalbad 温泉.

Ba·de゠an·stalt [バーデ・アンシュタるト] 囡 -/-en [屋外の]公営プール.

Ba·de゠an·zug [バーデ・アンツーク] 男 -es/..züge (一般に女性用の)水着, 海水着.

Ba·de゠gast [バーデ・ガスト] 男 -es/..gäste 湯治

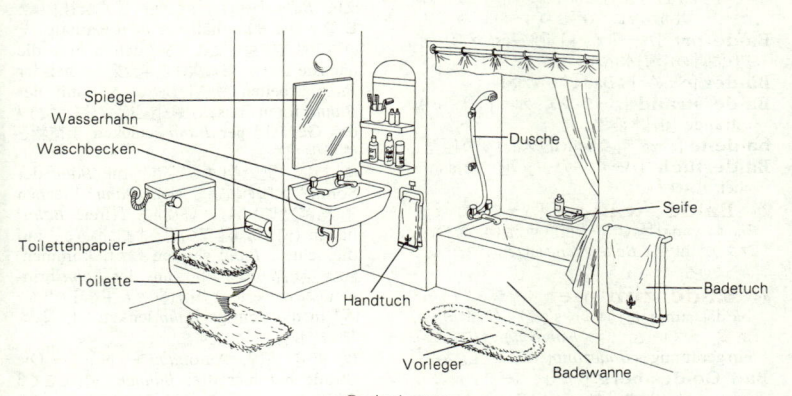

Spiegel, Wasserhahn, Waschbecken, Toilettenpapier, Toilette, Dusche, Seife, Handtuch, Badetuch, Vorleger, Badewanne

Badezimmer

客; [水泳]プールの利用客.

Ba·de·ho·se [バーデ・ホーゼ] 囡 -/-n 水泳パンツ.

Ba·de·kap·pe [バーデ・カッペ] 囡 -/-n 水泳帽; バスキャップ. (☞ Hut 図).

Ba·de·kur [バーデ・クーア] 囡 -/-en 温泉療法, 湯治.

Ba·de·man·tel [バーデ・マンテる] 男 -s/..mäntel バスローブ.

Ba·de·meis·ter [バーデ・マイスタァ] 男 -s/- [水泳]プールの監視員. (女性形: -in).

Ba·de·müt·ze [バーデ・ミュッツェ] 囡 -/-n 水泳帽; バスキャップ (=Badekappe). (☞ Hut 図).

ba·den [バーデン bá:dən] du badest, er badet (badete, hat...gebadet) **I 自 (完了 haben) (英 bathe) ① **入浴する**. Er badet täglich eine Stunde. 彼は毎日1時間ふろに入る / heiß baden 熱いふろに入る / kalt baden 冷水浴をする.
② **水浴びをする**, 泳ぐ. Wir baden im See. 私たちは湖で水浴びをする / baden gehen a) 泳ぎに行く, b) (俗) 失敗する.
II 他 (完了 haben) 入浴させる, (湯・水に)浸す. Sie badet das Kind. 彼女は子供をふろに入れている / Er ist in Schweiß gebadet. (状態受動・現在) (比) 彼は汗びっしょりだ. ◇(再帰的に) sich⁴ baden 入浴する.

Ba·den [バーデン] 中 -s/ 《地名》バーデン(ドイツ, バーデン・ヴュルテンベルク州の西半分の地方). ② 《都市名》バーデン (ア オーストリア, ニーダーオーストリア州. イ スイス, アールガウ州. ☞ 地図 D-5).

Ba·den-Ba·den [バーデン・バーデン bá:dən-bá:dən] 中 -s/ 《都市名》バーデン・バーデン(ドイツ, バーデン・ヴュルテンベルク州の温泉保養地: ☞ 地図 D-4).

Ba·den-Würt·tem·berg [バーデン・ヴュルテンベルク bá:dən-výrtəmbɛrk] 中 -s/ 《地名》バーデン・ヴュルテンベルク(ドイツ16州の一つ. 州都はシュトゥットガルト. ☞ 地図 D-4~5).

Ba·de·ort [バーデ・オルト] 男 -es/-e ① 浜辺・湖畔の[海]水浴場. ② 湯治場.

Bä·der [ベーダァ] *Bad (ふろ) の 複

Ba·de·strand [バーデ・シュトラント] 男 -[e]s/..strände [海]水浴場.

ba·de·te [バーデテ] *baden (入浴する)の 過去

Ba·de·tuch [バーデ・トゥーフ] 中 -[e]s/..tücher バスタオル.

die **Ba·de·wan·ne** [バーデ・ヴァンネ bá:də-vanə] 囡 (単) -/(複) -n 浴槽, 湯船, バスタブ. in der Badewanne sitzen バスタブにつかっている.

das **Ba·de·zim·mer** [バーデ・ツィンマァ bá:də-tsɪmər] 中 (単2) -s/(複) - (3格のみ -n) 浴室, バスルーム. (英 bathroom). (☞ 図). ein geräumiges Badezimmer 広々とした浴室.

Bad Go·des·berg [バート ゴーデス・ベルク ba:t gó:dəs-bɛrk] 中 -s/ 《地名》バート・ゴーデスベルク(元来は保養地として発展したが1969年ボンに合併された. 市内の公園がここに集まっていたが, 首都移転に伴いその多くがベルリンに移った).

Bad·min·ton [ベトミントン bǽtmɪntən] [英] 中 -s/ バドミントン.

Bae·de·ker [ベーデカァ bɛ́:dəkər] 男 -s/- 《商標》ベーデカー (Baedeker 社発行の旅行案内書.

baff [バふ báf] 形 《成句的に》baff sein 《俗》唖然(ぁ。)とした, 驚いてものが言えない.

BAföG, Ba·fög [バーふェク bá:fœk] 中 -[s]/ 《略》① (ドイツの)連邦奨学金法 (=Bundesausbildungsförderungsgesetz). ② 《口語》連邦奨学金法に基づく奨学金.

Ba·ga·ge [バガージェ bagá:ʒə] 《俗》囡 -/-n 《ふつう 単》① ならず者[の集団]. ② 《古》旅行手荷物.

Ba·ga·tel·le [バガテれ bagatɛ́lə] 囡 -/-n ① ささいな(つまらない)こと. ② 《楽》バガテル(2音から成る短い器楽曲).

ba·ga·tel·li·sie·ren [バガテりズィーレン bagatɛlizí:rən] 他 (h) ささいなこととして扱う, 軽視する.

Bag·dad [バクダット bákdat] 中 -s/ 《都市名》バグダード(イラクの首都).

Bag·ger [バッガァ bágər] 男 -s/- ① パワーショベル, 掘削機. ② (バレーボールで:)アンダーレシーブ(パス).

bag·gern [バッガァン bágərn] **I** 自 (h) ① パワーショベルで土砂を取り払う. ② (バレーボールで:)アンダーレシーブ(パス)する. **II** 他 (h) (水路など⁴を)パワーショベルで掘る.

Ba·guette [バゲット bagɛ́t] 《フ》囡 -/-n [バゲッテン] バゲット(棒状の白パン).

bah! [バー bá:] 間 =bäh ①

bäh! [ベー bɛ́:] 間 ① (嫌悪・軽蔑・意地悪を表して:)うわぁー, げー; ふん, やーい, ベー[いい気味だ]. ② (羊の鳴き声:)めえー.

die **Bahn [バーン bá:n] 囡 (単) -/(複) -en ① **鉄道** (=Eisenbahn); 路面電車 (=Straßenbahn). (英 train). U-Bahn 地下鉄 / Deutsche Bahn [AG] ドイツ鉄道[株式会社] (略: DB) / Die Bahn hält vor dem Rathaus. その電車は市庁舎前に止まる / Ich nehme die nächste Bahn. 私は次の電車に乗る / bei der Bahn arbeiten 鉄道に勤めている / mit der Bahn fahren (reisen) 鉄道で行く(旅行する) / das Gepäck⁴ per Bahn schicken 手荷物を鉄道便で送る.
② **軌道**, (地ならしをした)道. die Bahn der Sonne² 太陽の軌道 / sich³ Bahn⁴ brechen 道(活路)を切り開く, 普及する / freie Bahn⁴ haben (何の障害もなく)思うままに進める / auf die schiefe Bahn geraten (または kommen) (比) 道を踏み誤る / 囚⁴ aus der Bahn bringen (または werfen) (比) 囚⁴の人生を狂わせる / 囲⁴ in die richtige Bahn lenken (比) 囲⁴を期待どおり進むようにする.
③ 道路, 車線. Autobahn アウトバーン / Die Straße hat hier drei Bahnen. 道はここで3車線になっている. ④ (スポ) (競走の)コース, (ボウ

リングの)レーン． Er läuft *auf Bahn* 3. 彼は第3コースを走る． ⑤ 駅 (=*Bahn*hof). 人⁴ *zur Bahn* bringen 人⁴を駅まで送る． ⑥ (織物・壁紙などの)一幅, 一巻.

Bahn≠an·ge·stell·te[r] [バーン・アンゲシュテルテ(..タァ)] 男《語尾変化は形容詞と同じ》[民営]鉄道職員.

Bahn≠**be·am·te[r]** [バーン・ベアムテ(..タァ)] 男《語尾変化は形容詞と同じ》[国営]鉄道職員. (女性形: ..beamtin).

bahn≠bre·chend [バーン・ブレッヒェント] 形 先駆的な, 新機軸の． eine *bahnbrechende* Erfindung 画期的な発明.

Bahn≠bre·cher [バーン・ブレッヒャァ] 男 -s/- パイオニア, 先駆者, 開拓者. (女性形: -in).

Bahn≠**card** [バーン・カルト] 女 -/-s 《商標》バーンカード(ドイツ鉄道株式会社が発行する割引切符購入のための会員カード).

bah·nen [バーネン bá:nən] 他 (h) (人³のために道⁴を)切り開く． ◇《再帰的に》*sich*³ einen Weg durch die Menge *bahnen* 群衆をかき分けて進む.

Bahn≠fahrt [バーン・ファールト] 女 -/-en 鉄道旅行.

*der **Bahn≠hof** [バーン・ホーフ bá:n-ho:f]

駅 Wie komme ich zum *Bahnhof*?
ヴィー コンメ イヒ ツム バーンホーフ
駅へはどう行けばいいでしょうか.

男 (単2) -[e]s/(複) ..höfe [..ヘーフェ] (3格のみ ..höfen) (鉄道の)駅, ステーション, 停車場. (略: Bf. または Bhf.). (癸 station). Güter*bahnhof* 貨物駅 / Der Zug hält nicht **an** diesem *Bahnhof*. その列車はこの駅には止まらない． / 人⁴ **am** (または **vom**) *Bahnhof* ab|holen 人⁴を駅に迎えに行く / **auf** dem (または **im**) *Bahnhof* 駅で / Der Zug fährt in den *Bahnhof* ein. 列車が駅に入って来る / 人⁴ **zum** *Bahnhof* begleiten (または bringen) 人⁴を駅まで送る / Ich verstehe nur *Bahnhof*.《俗・比》私にはさっぱりわからない(←「駅」という語(除隊のことしか聞かれない) / [ein] großer *Bahnhof*《口語》(駅・空港などの)盛大な歓迎.

《語源》Der Bahnhof: (市内にいくつかの駅があるときは，「中央駅」のことを der Hauptbahnhof という). die Haltestelle: (市電・バスの)停留所． die Station: 駅. (「駅」と「停留所」のどちらの意味にも用いるが，具体的な「駅」を意味するときは「小さな駅」のニュアンスを持つ)． Bis Bonn sind es noch drei *Stationen*. ボンまではまだ三つの駅がある.

Bahn≠hö·fe [バーン・ヘーフェ] ⁑ Bahnhof (駅) の複.

Bahn·hofs·hal·le [バーンホーフス・ハレ] 女 -/-n (駅の)コンコース.

Bahn·hofs≠**mis·si·on** [バーンホーフス・ミスィオーン] 女 -/-en (キリスト教団体の)旅行者救護所.

Bahn·hofs≠vor·ste·her [バーンホーフス・フォーァシュテーァァ] 男 -s/- 駅長． (女性形: -in).

bahn≠la·gernd [バーン・らーガァント] 形 駅留めの(貨物など).

Bahn≠li·nie [バーン・リーニエ] 女 -/-n (鉄道の)路線; 線路． Die Straße überquert hier die *Bahnlinie*. 道路はここで鉄道と交差している．

Bahn≠**po·li·zei** [バーン・ポリツァイ] 女 -/ 鉄道公安警察.

Bahn≠**schran·ke** [バーン・シュランケ] 女 -/-n (踏切の)遮断機.

* *der **Bahn≠steig** [バーン・シュタイク bá:nʃtaɪk] 男 (単2) -[e]s/(複) -e (3格のみ -en) (駅の)プラットホーム． (癸 *platform*). **auf** dem *Bahnsteig* warten プラットホームで待つ.

Bahn≠stre·cke [バーン・シュトレッケ] 女 -/-n 路線区間, [鉄道]路線.

Bahn≠**über·gang** [バーン・ユーバァガング] 男 -[e]s/..gänge (鉄道の)踏切.

Bahn≠**wär·ter** [バーン・ヴェルタァ] 男 -s/- (鉄道の)踏切警手; 路線巡回員. (女性形: -in).

Bah·re [バーレ bá:rə] 女 -/-n 担架; 棺台． von der Wiege bis zur *Bahre*《雅》生れてから死ぬまで(←揺りかごから棺台まで).

Bai [バイ bái] 女 -/-en 湾, 入江.

bai·risch [バイリッシュ báɪrɪʃ] 形《言》バイエルン方言の(=bayerisch).

Bai·ser [ベゼー bɛze:] 中 -s/-s メレンゲ(砂糖を加えて泡立てた卵白を軽く焼いたもの).

Bais·se [ベーセ bɛ:sə] 女 -/-n 《経》(相場・物価の)下落.

Ba·jo·nett [バヨネット bajonɛ́t] 中 -[e]s/-e 銃剣.

Ba·ke [バーケ bá:kə] 女 -/-n ① 《交通》航空(水路)標識, ビーコン; 予告標識(踏切・高速道路出口への距離を示す数字の標識)． ② (測量の)ポール.

Ba·ke·lit [バケリート bakəli:t] 中 -s/-e《商標》ベークライト(合成樹脂).

Bak·ken [バッケン bákən] 男 -s/- (スキーの)ジャンプ台, シャンツェ.

Bak·te·rie [バクテーリエ bakté:ria] 女 -/-n 《ふつう複》《生・医》細菌, バクテリア.

bak·te·ri·ell [バクテリエる bakteriɛ́l] 形《生・医》細菌性の, バクテリアによる.

Bak·te·ri·o·lo·gie [バクテリオろギー bakterioloɡí:] 女 -/ 細菌学.

bak·te·ri·o·lo·gisch [バクテリオろーギッシュ bakterioló:ɡɪʃ] 形 細菌[学]の, 細菌学的な.

Ba·la·lai·ka [バらライカ balaláɪka] 女 -/-s (または ..laiken)《音楽》バラライカ(ロシアの弦楽器).

Ba·lan·ce [バラーンス baláːs または ..sə] 女 -/-n [..セン] バランス, 平衡, 釣り合い． die *Balance*⁴ halten (verlieren) 平衡を保つ(失う).

ba·lan·cie·ren [バらンスィーレン balāsí:rən] I 他 (h) (物4の) バランスを保つ. II 自 (h, s) ① (h) バランスをとる. ② (s) [**über** 物4 ～] (物4の上を)バランスをとりながら進む.

bald [バるト bált]

> 間もなく *Bald* ist Weihnachten.
> バるト イスト ヴァイナハテン
> もうすぐクリスマスだ.

副 (比較 eher, 最上 am ehesten) ① 間もなく, すぐに, じきに. (＊ *soon*). Komm bald wieder! 近いうちにまたおいで / Bis (または Auf) *bald*! 《口語》 (別れのあいさつで:) ではまたあとで / so *bald* **wie** möglich または möglichst *bald* できるだけ早く / *bald* darauf (または danach) その後間もなく / Bist du *bald* still? 《方・口語》 (いらいらした気持ちで:) いいかげんに静かにしないか.

② 容易に. Er konnte nicht so *bald* einschlafen. 彼はなかなか寝つけなかった.

③ 《口語》 ほとんど, もう少しで. Er wäre *bald* gestorben. 《接2・過去》 彼はあやうく死ぬところだった.

④ 《*bald* A, *bald* B の形で》 あるときは A, またあるときは B. *Bald* lachte, *bald* weinte sie vor Freude. 彼女はうれしさのあまり笑ったり泣いたりした / *bald* hier, *bald* da ここかと思えばまたあちら.

Bal·da·chin [バるダヒーン báldaxi:n または ..ヒーン] 男 -s/-e (王座・祭壇などの)天蓋(がい).

Bäl·de [べルデ béldə] 囡 《成句的に》 in *Bälde* 《書》 間もなく.

bal·dig [バるディヒ báldiç] 形 《付加語としてのみ》 間もない, 近々の. Auf *baldiges* Wiedersehen! では近いうちにまた!

bal·digst [バるディヒスト báldiçst] 副 できるだけ早く.

bald≠möglichst [バるト・メークリヒスト báldmǿ:kliçst] I 形 できるだけ早い. II 副 できるだけ早く.

Bal·dri·an [バるドリアーン báldria:n] 男 -s/-e ① 〘植〙 カノコソウ. ② 《複 なし》 かのこ草の根のエキス(鎮静剤となる).

Balg[1] [バるク bálk] 男 -[e]s/Bälge ① 〘狩〙 (動物の)皮. ②《俗》 人間の皮(体). einem Tier den *Balg* ab|ziehen 動物の皮をはぐ / 人3 **auf** den *Balg* rücken 《俗》 人3にすり寄る. ② (詰め物をした)剝製(はく), ③ ふいご, (オルガン・アコーディオンなどの)送風器, (写真機の)蛇腹.

Balg[2] [バるク bálk] 中 男 -[e]s/Bälge[r] 《口語》 腕白小僧, がき.

bal·gen [バるゲン bálgən] 再帰 (h) *sich*4 *balgen* (子供がふざけて)取っ組み合いをする, (犬などが)じゃれ合う.

Bal·ge·rei [バるゲライ balgəráɪ] 囡 -/-en (遊び半分の)取っ組み合い, じゃれ合い.

der **Bal·kan** [バるカーン bálka:n] 男 -s/ ① 〘山名〙 バルカン山脈(ブルガリア中央部). ② 〘地名〙 バルカン半島(ヨーロッパ南東部).

die **Bal·kan≠halb·in·sel** [バるカーン・ハるプインゼる] 囡 -/ 〘定冠詞とともに〙 〘地名〙 バルカン半島.

Bal·ken [バるケン bálkən] 男 -s/- ① 角材, 〘建〙 梁(はり), (まぐさの)ながえ, (天秤(びん)の)さお. eine Brücke **aus** *Balken* 角材でできた橋 / Er lügt, dass sich die *Balken* biegen. 《口語》 彼は大ぼらを吹く(←梁が曲がるほど). ② 〘スポ〙 隠語) 平均台; 〘音楽〙 連鉤(りょう).

Bal·ken≠über·schrift [バるケン・ユーバァシュリふト] 囡 -/-en (新聞の)大見出し.

*der **Bal·kon** [バるコーン balkṍ: または ..コーン ..kó:n] 男 -s/-s 〘複〙-s (または -e) (3格のみ -en) ① バルコニー. (＊ *balcony*). (☞ Haus 図). ein sonniger *Balkon* 日当たりのいいバルコニー / **auf** den *Balkon* treten バルコニーに出る. (＊日本語ではベランダとも呼ぶが, ドイツ語の die Veranda は3方を囲まれた張り出しサンルームを指す). ② (劇場の) 2階席; バルコニー(階上)席. (☞ Theater 図). ③ 《俗》 (女性の)豊満な胸.

*der **Ball**[1] [バる bál] 男 (単2) -es (まれに -s)/(複) Bälle [べれ] (3格のみ Bällen) ① ボール, まり. (＊ *ball*). Tennis*ball* テニスボール / den *Ball* fangen ボールをキャッチする / den *Ball* werfen ボールを投げる / Der *Ball* springt auf. ボールがバウンドする / **am** *Ball* sein (または bleiben) a) ボールをキープしている, b) 《口語・比》 しつこく追い続ける / *Ball*[4] (または mit dem *Ball*) spielen ボール遊び(球技)をする / 人3 die *Bälle*[4] zu|werfen 《比》 (討論中に) 人3を巧みに応援する.

② 球状のもの. Schnee*ball* 雪玉 / Er knüllte das Papier zu einem *Ball*. 彼は紙を丸めて球を作った.

der **Ball**[2] [バる bál] 男 (単2) -[e]s/(複) Bälle [べれ] (3格のみ Bällen) 舞踏会, ダンスパーティー. einen *Ball* geben (または veranstalten) 舞踏会を催す / **auf** einen *Ball* (または **zu** einem *Ball*) gehen 舞踏会へ行く.

Bal·la·de [バらーデ balá:də] 囡 -/-n バラード, 物語詩, 譚詩(たんし).

Bal·last [バラスト bálast または バらスト] 男 -[e]s/-e 〘海〙 バラスト, 底荷(船の重心の安定を保つためのめの砂袋や石など). ② 余計な荷物; 《比》 やっかいな物, 重荷.

Bal·last≠stof·fe [バラスト・シュトッふェ] 複 〘医〙 (食物中の)消化しにくい繊維質.

Bäl·le [べれ] *Ball[1] (ボール), *Ball*[2] (舞踏会)の複.

bal·len [バれン bálən] I 他 (h) 丸く固める. Schnee[4] *ballen* 雪玉を作る / die Hand[4] **zur** Faust *ballen* または die Faust[4] *ballen* こぶしを握る. II 再帰 (h) *sich*4 *ballen* 丸く固まる, かたまりになる. III 自 (h) 《方》 ボール遊びをする.
◊ ☞ geballt

Bal·len [バれン bálən] 男 -s/- ① 包み, 梱(こり); バレン (紙・布地などの数量単位). ein *Ballen* Baumwolle 一包みの木綿. ② (手のひら・足の裏の)ふくらみ; 〘医〙 母指球.

Bal·le·ri·na [バれリーナ baləríːna] 囡 -/

..rinen バレリーナ.

bal·lern [バルァン bálərn] **I** 自 (h) 《口語》 ① (続けざまに)ずどんずどんと撃つ. ② 《方向を表す語句とともに》(…を)どんどんたたく; (…へ)どしんとぶつかる. **II** 他 《口語》(物⁴を…へ)力まかせに投げ(たたき)つける.

Bal·lett [バレット balét] 中 -[e]s/-e ① 《集し》バレエ. das klassische *Ballett* クラシックバレエ. ② バレエの作品. ③ バレエ団.

Bal·lettän·zer [バレット・テンツァァ] Ballettänzer (バレエダンサー)の古い形.

Bal·lettän·ze·rin [バレット・テンツェリン] Ballettänzerin (女性の)バレエダンサー)の古い形.

Bal·let͜tän·zer [バレット・テンツァァ] 男 -s/- バレエダンサー.

Bal·let͜tän·ze·rin [バレット・テンツェリン] 女 -/..rinnen (女性の)バレエダンサー, バレリーナ.

Bal·lis·tik [バリスティク balístɪk] 女 -/ 弾道学.

bal·lis·tisch [バリスティッシュ balístɪʃ] 形 弾道[学]の.

Ball͜jun·ge [バル・ユンゲ] 男 -n/-n (テニスの)ボールボーイ. (女性形: ..mädchen).

Ball͜kleid [バル・クライト] 中 -[e]s/-er 舞踏会用のドレス.

Bal·lon [バローン balṓ: または バローン balṓ:n] [͡フ͡ス] 男 -s/-s (または -e) ① 気球, 風船. Heißluft*ballon* 熱気球 / im *Ballon* fliegen 気球に乗って飛ぶ. ② カルボイ(ワイン・酸類などを入れる[かご入りの]風船形のびん). ③ 《口語》頭. [so] einen *Ballon* bekommen 《俗》(顔が)真っ赤になる.

Ball͜saal [バル・ザール] 男 -[e]s/..säle 舞踏会用ホール.

Ball͜spiel [バル・シュピール] 中 -[e]s/-e 球技.

Bal·lung [バルング] 女 -/-en ① 丸く固めること. ② 丸い固まり; 集結, 密集.

Bal·lungs͜ge·biet [バルングス・ゲビート] 中 -[e]s/-e 産業(人口)密集地域.

Bal·sam [バルザーム bálza:m] 男 -s/-e ① 《ふつう単》香油, バルサム(芳香薬に使う天然油脂と精油の混合物). ② 《雅》(心の)慰め, 救い. Deine Worte sind *Balsam* für meine Seele. 君の言葉は私の心の痛みをいやしてくれる.

bal·sa·mie·ren [バルザミーレン balzamí:rən] 他 (h) (死体⁴に)保存剤で防腐処置をする. ② 《雅》(人・物⁴に)香油を塗る.

Bal·te [バルテ bálte] 男 -n/-n ① バルト諸国の人. (女性形: Baltin). ② バルト諸国[出身]のドイツ系住民.

Bal·tha·sar [バルタザァ báltazar] -s/ 《男名》バルタザル.

Bal·ti·kum [バルティクム báltikum] 中 -s/ バルト三国 (エストニア・ラトビア・リトアニア).

bal·tisch [バルティッシュ báltɪʃ] 形 バルト三国の; バルト海[沿岸]の. das *Baltische* Meer バルト海 (=die Ostsee).

Ba·lus·tra·de [バルストラーデ balustrá:də] [͡フ͡ス] 女 -/-n (建) 手すり, 欄干[のあるバルコニー].

Balz [バルツ bálts] 女 -/-en 《ふつう単》① (きじ・雷鳥などの)求婚動作. ② 交尾期.

Bal·zac [バルザック balzák] -s/ 《人名》バルザック (Honoré de *Balzac* 1799-1850; フランスの作家).

bal·zen [バルツェン báltsən] 自 (h) (交尾期の)雄鳥が雌を呼ぶ.

Bam·berg [バン・ベルク bám-bɛrk] 中 -s/ 《都市名》バンベルク (ドイツ, バイエルン州: ☞ 地図 E-4).

Bam·bus [バンブス bámbus] 男 ..busses/..busse (または -) (植) タケ(竹). Stäbchen aus *Bambus* 竹製の箸(はし).

Bam·bus͜rohr [バンブス・ロー ア] 中 -[e]s/-e 竹[の茎].

Bam·bus͜spros·sen [バンブス・シュプロッセン] 複 竹の子.

Bam·bus͜vor·hang [バンブス・フォーアハング] 男 -s/ (政) 竹のカーテン(東西冷戦時代の東南アジアにおける共産主義国と非共産主義国の間の政治的壁.「鉄のカーテン」をまねた表現).

Bam·mel [バンメル bámel] 男 -s/ 《俗》不安, おじ気, 気後れ.

bam·meln [バンメルン bámeln] 自 (h) 《方》 ① 《mit 物³ ~》《口語》(物³(足など)を)ぶらぶらさせる. ② 《俗》絞首刑になる.

ba·nal [バナール baná:l] 形 平凡な, 月並みな, 陳腐な.

Ba·na·li·tät [バナリテート banalité:t] 女 -/-en ① 《複 なし》平凡, 月並み, 陳腐. ② 平凡な言葉(考え), 陳腐な発言(しゃれ).

*die ∗∗**Ba·na·ne** [バナーネ baná:nə] 女 (単) -/(複) -n (植) バナナ. Affen essen gern *Bananen*. 猿はバナナを好んで食べる.

Ba·na·nen͜ste·cker [バナーネン・シュテッカァ] 男 -s/- (電) バナナプラグ.

Ba·nau·se [バナオゼ banáuzə] 男 -n/-n 芸術を解さない不粋者, (俗). (女性形: Banausin).

band [バント] *binden (結ぶ)の 過去

das **Band**¹ [バント bánt] **I** 中 (単2) -es (まれに -s)/(複) Bänder [ベンダァ] (3格のみ Bändern) ① リボン, テープ. (英 *band*). ein *Band*⁴ im Haar tragen 髪にリボンをつけている. ② 録音テープ (=Ton*band*). ein *Band*⁴ besprechen テープに吹き込む / Musik⁴ auf *Band* auf|nehmen 音楽をテープに録音する. ③ ベルトコンベア (=Fließ*band*). am *Band* arbeiten 流れ作業の仕事をしている / am laufenden *Band* 《口語・比》次から次へと, ひっきりなしに. ④ 巻き尺. ⑤ 《ふつう複》(医) 靱帯(じんたい). ⑥ 《放送》(限られた目的のための)周波数帯域.

II 中 (単2) -es (まれに -s)/(複) -e (3格のみ -en) 《ふつう 雅》絆(きずな), 結束, きずな, きずし. *Bande* der Freundschaft² 友情のきずな.

der **Band**² [バント bánt] 男 (単2) -es (まれに -s)/(複) Bände [ベンデ] (3格のみ Bänden) (本の)巻, 冊 (略: Bd., 複 Bde.). (英 *volume*). der zweite *Band* 第2巻 / Hesses Werke in sechs *Bänden* 全6巻のヘッセ著作

集 / Das spricht *Bände*.《口語・比》それは言うべきことを十分言い尽くしている(←何巻分も語っている).

Band³ [ベント bɛ́nt] 〔英〕囡 -/-s バンド, 楽団.

Ban·da·ge [バンダージェ bandá:ʒə] 〔フ〕囡 -/-n サポーター, 包帯; (ボクシングの)バンデージ.

ban·da·gie·ren [バンダジーレン bandaʒí:rən] 他 (h) (手・足など⁴に)包帯を巻く.

Ban·de¹ [バンデ bándə] 囡 -/-n ① (盗賊・犯罪者などの)一味, 徒党. ② (戯)(特に若者たちの)グループ, 一群.

Ban·de² [バンデ] 囡 -/-n ① (デ)(玉突き台の)縁; (馬場などの)囲い. ②《物》帯.

bän·de [ベンデ] binden (結ぶ)の接続2

Bän·de [ベンデ] Band² (巻)の複

Bän·der [ベンダァ] Band¹ (リボン)の複

Ban·de·ro·le [バンデローれ bandəró:lə] 〔フ〕囡 -/-n (たばこ箱などの)帯封(納税済み印).

bän·di·gen [ベンディゲン béndɪɡən] 他 (h) (動物⁴を)飼いならす, (子供など⁴を)おとなしくさせる; (比)(感情⁴を)抑制する.

Bän·di·gung [ベンディグング] 囡 -/-en (動物を)慣らすこと, 調教; (感情などの)抑制, 制御.

Ban·dit [バンディート bandí:t] 男 -en/-en 追いはぎ, 山賊, 盗賊. (女性形: -in).

Band·maß [バント・マース] 中 -es/-e 巻き尺.

Ban·do·ne·on [バンドーネオン bandó:neɔn] 中 -s/-s《音楽》バンドネオン(アコーディオンの一種).

Band·sä·ge [バント・ゼーゲ] 囡 -/-n 帯鋸(おびのこ).

Band·schei·be [バント・シャイベ] 囡 -/-n《医》椎間(ついかん)板.

Band·wurm [バント・ヴルム] 男 -[e]s/..würmer《動》サナダムシ; (比)長ったらしいもの.

bang [バング báŋ] 形 = bange.

ban·ge [バンゲ báŋə] 形 (比較 banger, 最上 bangst または 比較 bänger, 最上 bängst; 格変化語尾がつくときは bang-) 心配な, 不安な, 気がかりな. in *banger* Erwartung 期待しつつも不安な気持ちで / Mir ist *bange* um ihn.《方》私は彼のことが気がかりだ / Vor ihm ist mir nicht *bange*.《方》私は彼なんかこわくない. ◇名詞的に) 囚³ *Bange*⁴ machen 囚³を不安にする.

Ban·ge [バンゲ] 囡 -/《方》心配, 不安. 囚³ *Bange*⁴ machen 囚³を不安にさせる / Nur keine *Bange*! 心配するな.

ban·gen [バンゲン báŋən] I 圓 (h)《雅》① 〖um 囚・事⁴ ~〗(囚・事⁴のことを心配する, 気づかう. ②〖nach 囚³ ~〗《方》(囚³を)恋しがる. II 非人称 〖es *bangt* 囚³ vor 事³ の形で〗《雅》囚³は事³がこわい.

bän·ger [ベンガァ] bange (心配な)の比較

Ban·gig·keit [バンギヒカイト] 囡 -/ 心配, 不安, 気がかり.

Bang·kok [バンコク báŋkɔk] 中 -s/《都市名》バンコク(タイの首都).

Ban·gla·desch [バングらデッシュ baŋladéʃ] 中 -/《国名》バングラデシュ[人民共和国](首都はダッカ).

bäng·lich [ベングりヒ] 形 心配そうな.

bängst [ベングスト] bange (心配な)の最上

Ban·jo [バニョ bánjo または ベンヂョ béndʒo] 中 -s/-s《音楽》バンジョー.

†die Bank¹ [バンク báŋk] 囡 (単) -/(複) -en ① 銀行(略: bank). Er geht *auf* die *Bank*. 彼は銀行へ行く / Geld⁴ *auf* der *Bank* [liegen] haben 銀行に預金がある / ein Konto⁴ *bei* der *Bank* haben 銀行に口座を持っている. ② 賭博(とばく)の胴元(どうもと)(の持ち金).

die **Bank**² [バンク báŋk] 囡 (単) -/(複) Bänke [ベンケ] (3 格のみ Bänken) ① ベンチ, 腰掛け.《愛》bench).(☞ Sofa 図). ① sich⁴ auf eine *Bank* setzen ベンチに腰かける / 事⁴ *auf* die lange *Bank* schieben《口語・比》事⁴を延期する(←長いベンチの上へ押しやる) / durch die *Bank*《口語》例外なく, 一様に / *vor* leeren *Bänken* predigen むだな説教をする(←空いたベンチの前で説教する).

② 作業台, 工作台; (パン屋などの)売り台. Dreh*bank* 旋盤. ③ 砂州(さす), 浅瀬, 岩礁;《地学》岩層;《気象》(雲などの)層.

Bank·an·ge·stell·te[r] [バンク・アンゲシュテるテ (..タァ)] 男 《語尾変化は形容詞と同じ》銀行員.

Bank·an·wei·sung [バンク・アンヴァイズング] 囡 -/-en 銀行[振出]小切手, 銀行手形.

Bank·au·to·mat [バンク・アオトマート] 男 -en/-en 現金自動預け払い機.

Bän·ke [ベンケ] Bank² (ベンチ)の複

Bän·kel·sän·ger [ベンケる・ゼンガァ] 男 -s/- (17-19 世紀の)大道歌手. (女性形: -in).

Ban·ker [バンカァ báŋkər] 男 -s/-《口語》銀行家 (=Bankier). (女性形: -in).

Ban·kett [バンケット baŋkét] 中 -[e]s/-e ①《雅》(公式の)祝宴, 饗宴(きょうえん). ② =Bankette

Ban·ket·te [バンケッテ baŋkétə] 囡 -/-n ① (車道よりも高くなった)歩道. ②《建》礎石.

Bank·ge·heim·nis [バンク・ゲハイムニス] 中 ..nisses/..nisse 銀行の守秘義務(客との取り引きに関して銀行が第三者に対して守るべき義務).

Bank·hal·ter [バンク・ハるタァ] 男 -s/- 賭博(とばく)の親, 胴元. (女性形: -in).

Ban·ki·er [バンキエー baŋkié:] 男 -s/-s 銀行家.

Bank·kon·to [バンク・コント-] 中 -s/..konten 銀行口座.

Bank·leit·zahl [バンク・らイトツァーる] 囡 -/-en 銀行コード番号(略: BLZ.).

Bank·no·te [バンク・ノーテ] 囡 -/-n 銀行券, 紙幣.

Ban·ko·mat [バンコマート baŋkomá:t] 男 -en/-en (オーストリア) 現金自動預け払い機.

bank·rott [バンクロット baŋkrót] 形 破産(倒産)した, 支払不能の; (比)破綻(はたん)した. Die Firma ist *bankrott*. その会社は破産した / 囚⁴ *bankrott* machen 囚⁴を破産させる / sich⁴ *bankrott* erklären 自己破産を宣言する.

► **bankrott|gehen**

Bank·rott [バンクロット] 男 -[e]s/-e 破産, 倒産, 支払不能; 《比》破綻(はたん). den *Bankrott* erklären 破産を宣告する / *Bankrott* machen a) 破産する, b) 破綻する / [kurz] **vor** dem *Bankrott* stehen 破産しかかっている.

bank·rott|ge·hen [バンクロット・ゲーエン baŋkrót-gè:ən] 自 (s) 破産する.

Bank≠we·sen [バンク・ヴェーゼン] 中 -s/ 銀行業[務]; 銀行制度.

Bann [バン bán] 男 -es (まれに -s) ① 《雅》魔力, 呪縛(じゅばく). **unter** dem *Bann* von 人・物³ stehen 人・物³に魅惑されている / den *Bann* brechen 魔力(束縛)を脱する. ② 《史》(教皇による)破門, 追放. 人⁴ **mit dem** *Bann* belegen 人⁴を破門(追放)する.

ban·nen [バンネン bánən] 他 (h) ① 《雅》(魔力で)呪縛(じゅばく)する. ◇《過去分詞の形で》Die Zuhörer lauschten wie *gebannt*. 聴衆はうっとり聴き入っていた. ② 《雅》(悪魔など⁴を追い払う; 《比》(危険など⁴を)取り除く. ③ 《史》破門する.
◇☞ **gebannt**

Ban·ner [バンナァ bánər] 中 -s/- 旗, のぼり, バナー (☞ Fahne 図); 《雅・比》旗印, 象徴.

Bann≠fluch [バン・フルーフ] 男 -[e]s/..flüche 《史》(教皇による)破門.

Bann≠mei·le [バン・マイレ] 女 -/-n ① 《法》(議事堂周辺などの)デモ禁止区域. ② 《史》市の権利の及ぶ地域.

Ban·tam≠ge·wicht [バンタム・ゲヴィヒト] 中 -[e]s/-e ① [園 なし] (ボクシングなどの)バンタム級. ② バンタム級の選手.

Bap·tis·mus [バプティスムス baptísmus] 男 -/ [宗教] 成年浸礼主義(成年に達した者のみが洗礼を受けるという主義).

Bap·tist [バプティスト baptíst] 男 -en/-en バプテスト[教会]信者(15 世紀-).

***bar** [バール bá:r] 形 ① 現金の. *bares* Geld 現金 / eine Ware⁴ **gegen** *bar* verkaufen 商品を現金払いで売る / Ich bezahle **in** *bar*. 私は現金で払います / Möchten Sie *bar* oder mit Kreditkarte bezahlen? お支払いは現金ですか, それともクレジットカードになさいますか. ② 《付加語としてのみ》《雅》純然たる, まったくの. ③ 《古》裸の, むき出しの. mit *barem* Haupt 帽子をかぶらずに. ④ 《成句的に》物² *bar* sein 《雅》物²を欠いている. Er ist jeder Vernunft *bar*. 彼は分別がまったくない.

***die Bar**¹ [バール bá:r] [英] 女 (単) -/(複) -s ① バー, 酒場; スナック. **in eine** *Bar* gehen バーに行く. ② (バーの)スタンド, カウンター.

Bar² [バール] 中 -s/-s (単位: -/-) 《気象》バール(気圧の単位; b).

..bar [..バール ..ba:r] [形容詞をつくる] [接尾] ① (…できる) 例: heil*bar* 治療できる. ② (…を持った) 例: frucht*bar* 実りある.

***der Bär** [ベール bέ:r] 男 (単 2·3·4) -en/(複) -en (動) クマ(熊). 《英》bear). Braun*bär* ヒグマ / Der *Bär* brummt. 熊がうなる. / 人³

einen *Bären* auf|binden 《口語・比》人³をペテンにかける / ungeschickt wie ein *Bär* 熊のように不器用な / Er ist ein rechter *Bär*. 《口語・比》彼はまったく不器用なやつだ. ② 《成句的に》der Große (Kleine) *Bär* 《天》大熊座(小熊座).

Ba·ra·cke [バラッケ baráka] 女 -/-n バラック, 仮小屋.

Bar·bar [バルバール barbá:r] 男 -en/-en ① 未開人, 野蛮人. (女性形: -in). ② 教養のない人.

Bar·ba·ra [バルバラ bárbara] -s/ 《女名》バルバラ.

Bar·ba·rei [バルバライ barbáraI] 女 -/-en ① 野蛮, 粗野. ② 《ふつう 単》無教養.

bar·ba·risch [バルバーリッシュ barbá:rɪʃ] I 形 ① 残忍な, 残酷な. ② 野蛮な, 不作法な, 品のない. ③ ものすごい, ひどい(寒さなど). II 副 ひどく. *barbarisch* kalt ひどく寒い.

Bar·ba·ros·sa [バルバロッサ barbarósa] -s/ 《人名》バルバロッサ, 赤ひげ王(神聖ローマ帝国皇帝フリードリッヒ 1 世 1123?-1190 の異名).

Bar·be [バルベ bárba] 女 -/-n 《魚》バーベル(ニゴイの類. 中部ヨーロッパの川に生息し腹子が有毒).

Bar·be·cue [バーベキュー bá:rbikju:] [英] 中 -[s]/-s ① バーベキュー, 野外焼き肉パーティー. ② バーベキューの焼き肉.

bär≠bei·ßig [ベーァ・バイスィヒ] 形 とげとげしい, 気難しい, むっとした(表情など).

Bar·bier [バルビーア barbí:r] [古] 男 -s/-e 《古・戯》理髪師, 床屋 (= Herrenfriseur).

Bar·ce·lo·na [バルツェローナ bartseló:na] 中 -s/ 《都市名》バルセロナ(スペイン北東部の都市).

Bar≠da·me [バール・ダーメ] 女 -/-n バーのホステス.

Bar·de [バルデ bárdə] 男 -n/-n ① 《古代ケルト族の》吟唱詩人(9-15 世紀). ② (皮肉って:)詩人. ③ シンガーソングライター.

Bä·ren≠dienst [ベーレン・ディーンスト] 男 《成句的に》人³ einen *Bärendienst* erweisen (または leisten) よかれと思ってしたのにかえって人³に損害を与える.

Bä·ren≠haut [ベーレン・ハオト] 女 -/..häute 熊の皮. **auf** der *Bärenhaut* liegen 《口語》ぶらぶら怠けている, のらくら暮らす.

Bä·ren≠hun·ger [ベーレン・フンガァ] 男 -s/ 《口語》すごい空腹.

bä·ren≠stark [ベーレン・シュタルク] [口語] 形 ① ものすごくすてきな. ② 非常に頑健な.

Ba·rett [バレット barét] 中 -[e]s/-e (まれに -s) ビレッタ帽(聖職者・裁判官などの平い縁なし帽).

bar≠fuß [バール・フース bá:r-fu:s] 副 はだしで. *barfuß* gehen はだしで歩く.

bar≠fü·ßig [バール・フュースィヒ] 形 はだしの, 素足の. ein *barfüßiges* Kind はだしの子供.

barg [バルク] bergen (救出する)の 過去

bär·ge [ベルゲ] bergen (救出する)の 接II

***das Bar≠geld** [バール・ゲルト bá:r-gɛlt] 中 (単 2) -es/ 現金. 《英》cash). 《ノ》「小切手」

Scheck). Ich habe kein *Bargeld* bei mir. 私は現金を持ち合わせていない.

bar·geld⁼los [バールゲルト・ロース] 形 現金払いによらない, 手形(振替)による, キャッシュレスの.

bar·häup·tig [バール・ホイプティヒ] 形 《雅》無帽の.

Bar⁼ho·cker [バール・ホッカァ] 男 -s/- (バーなどの)カウンター用いす.

Bä·rin [ベーリン bɛ́ːrɪn] 女 -/..rinnen 雌熊.

Ba·ri·ton [バーリトン báːritɔn] 男 -s/-e [..トーネ]《音楽》① バリトン(男声の中間音域). ② 《複 なし》バリトン声部. ③ バリトン歌手.

Ba·ri·um [バーリウム báːriʊm] 中 -s/《化》バリウム (記号: Ba).

Bar·kas·se [バルカッセ barkásə] 女 -/-n ①《軍》大型の艦載艇. ② 大型モーターボート.

Bar⁼kauf [バール・カオフ] 男 -[e]s/..käufe《商》現金による購入.

Bar·ke [バルケ bárkə] 女 -/-n マストのない小舟(地中海などで用いられる).

barm·her·zig [バルム・ヘルツィヒ barm-hértsɪç] 形《雅》哀れみ深い, 慈悲深い. *Barmherziger* Gott (または Himmel)! (驚き·悲嘆の叫び): おお, 神よ / die *Barmherzigen* Brüder (Schwestern) 《カット》慈悲の友会修道士(修道女).

Barm·her·zig·keit [バルム・ヘルツィヒカイト] 女 -/《雅》慈悲[心], 慈愛, 思いやり.

Bar·mi·xer [バール・ミクサァ] 男 -s/- バーテンダー. (女性形: -in).

ba·rock [バロック barɔ́k] 形 ① バロック様式の, バロック時代の. ein *barocker* Bau バロック建築. ② 風変わりな, 奇妙な.

Ba·rock [バロック] 中 (男) -[s] ① バロック[様式](17世紀初めから18世紀中頃にかけてヨーロッパに栄えた芸術様式で, 流動感の強調と豊かな装飾を特徴とする⇒「建築様式(4)」, 1745 ページ). ② バロック時代.

Ba·rock⁼mu·sik [バロック・ムズィーク] 女 -/ バロック音楽.

Ba·rock⁼stil [バロック・シュティール] 男 -[e]s/ バロック様式.

das (der) **Ba·ro·me·ter** [バロメータァ baromɛ́ːtɐr] 中 (オーストリア・スイス: 男も) (単2) -s/(複) -(3格のみ -n) 気圧計, 晴雨計, バロメーター. Das *Barometer* fällt (steigt). 気圧計が下がる(上がる) / Das *Barometer* steht auf Sturm.《比》今にもひと騒ぎ起こりそうだ(←気圧計は暴風雨を指している).

Ba·ron [バローン baróːn] 男 [アクセント] -s/-e ①《複なし》男爵の称号 (=Freiherr). ② 男爵.

Ba·ro·ness [バロネス barunɛ́s] 女 -/-en = Baronesse

Ba·ro·nes·se [バロネッセ barunɛ́sə] 女 -/-n 男爵令嬢.

Ba·ro·nin [バローニン baróːnɪn] 女 -/..ninnen 男爵夫人 (=Freifrau).

Bar·ras [バラス báras] 男 -/《兵隊言葉》軍隊 (=Militär).

Bar·re [バレ bárə] 女 -/-n 砂洲, 浅瀬.

Bar·ren [バレン bárən] 男 -s/- ①(金属の)延べ棒. ②《スポーツ》(体操競技の)平行棒.

Bar·ri·e·re [バリエーレ barié:rə] 女 -/-n 柵(さく), (通行止めの)横木; 《スイス》(腕木式の)遮断機;《比》障害.

bar·ri·e·re⁼frei [バリエーレ・フライ] 形 バリアフリーの.

Bar·ri·ka·de [バリカーデ barikáːdə] 女 -/-n バリケード. eine *Barrikade*⁴ errichten (または bauen) バリケードを築く / **auf die** *Barrikaden* **gehen**《口語·比》反対のために立ち上がる.

barsch [バルシュ bárʃ] 形 つっけんどんな, ぶっきらぼうな, 無愛想な.

Barsch [バルシュ] 男 -es (まれに -s)/-e《魚》パーチ, ペルカ (スズキ類の食用淡水魚).

Bar·schaft [バールシャフト] 女 -/-en 《ふつう 単》手持ちの現金, 有り金.

Bar⁼scheck [バール・シェック] 男 -s/-s (まれに -e) 現金手形, 普通小切手.

Barsch·heit [バルシュハイト] 女 -/-en ①《複なし》粗野, 無愛想. ② 粗野(無愛想)な言葉.

barst [バルスト] bersten (破裂する)の 過去

bärs·te [ベルステ] bersten (破裂する)の 接II

der **Bart** [バールト báːrt] 男 (単2) -es (まれに -s)/(複) Bärte (3格のみ Bärten) ① (人間の)ひげ. (英 beard). ein langer *Bart* 長いひげ / ein Mann mit *Bart* ひげのある男 / einen *Bart* haben (tragen) ひげがある(ひげを生やしている) / sich³ einen *Bart* wachsen lassen ひげを生やす / Ich lasse mir den *Bart* abrasieren. 私はひげをそり落としてもらう / sich³ den *Bart* streichen《比》ひげをなでて満足感を表す / Der *Bart* ist ab.《口語》もうおしまいだ(たくさんだ) / Das hat [so] einen *Bart*! そんなの, もう古いよ(←こんなにひげが生えている) / 名⁴ **in seinen** *Bart* **brummen** (または murmeln) (不満そうに) 名⁴を口の中でもぐもぐ言う / 人³ **um den** *Bart* **gehen** 人³にへつらう(←人のひげをなでる) / Das ist ein Streit um des Kaisers *Bart*.《口語》それはくだらぬ争いだ(←皇帝のひげをめぐって争うようなものだ).
② (猫などの)ひげ; ひげ状のもの. ③ 鍵(かぎ)の歯.

Vollbart Spitzbart Schnauzbart

Backenbart Fliege Fräse

Bart

Bär·te [ベーァテ] Bart (ひげ) の 複

Bar·thel [バルテル bártəl] 男《成句的に》wissen, wo *Barthel* [den] Most holt《口語》なかなか抜け目がない、いろいろな策を持っている.

bär·tig [ベーァティヒ bέːrtɪç] 形 ひげのある.

bart·los [バールト・ロース] 形 ひげのない.

Bar·zah·lung [バール・ツァールング] 女 -/-en 現金(即金)払い.

Ba·salt [バザルト bazált] 男 -[e]s/-e《鉱》玄武岩.

Ba·sar [バザール bazáːr] 男 -s/-e ① (中近東諸国の)街頭市場. ② バザー, 慈善市(ﾃﾞﾝ).

Ba·se¹ [バーゼ báːzə] 女 -/-n ① 《南ドィ》《古》従姉妹 (=Kusine). ② 《スイス》 おば (=Tante).

Ba·se² [バーゼ] 女 -/-n《化》塩基.

Base·ball [ベース・ボール béːs-boːl] 《英》男 -s/ 野球.

Ba·sel [バーゼル báːzəl] 中 -s/《都市名》バーゼル(スイス第二の都市) (☞《地図》C-5).

die **Ba·sel-Land·schaft** [バーゼル・ラントシャフト baːzəl-lánt-ʃaft] 女 -/《定冠詞とともに》《地名》バーゼル・ラントシャフト(スイス 26 州の一つで準州).

die **Ba·sel-Stadt** [バーゼル・シュタット baːzəl-ʃtát] 女 -/《定冠詞とともに》《地名》バーゼル・シュタット(スイス 26 州の一つで準州).

Ba·sen [バーゼン] Base¹ (従姉妹), Base² (塩基), Basis (基礎)の複.

BASF [ベー・アー・エス・エフ] 女 -/《略》《商標》ベー・アー・エス・エフ(ドイツの化学会社) (=Badische Anilin- und Sodafabrik).

ba·sie·ren [バズィーレン baziːran] 自 (h) 《auf 中³ ~》(理論などが中³に)基づく.

Ba·si·li·ka [バズィーリカ baziːlika] 女 -/..liken ① バジリカ公会堂(古代ローマの長方形の公会堂). ② (初期キリスト教時代の)バジリカ型教会堂 (☞ 図); (中世の)バジリカ型大聖堂(中廊の天井が側廊の天井よりも高いのが特徴).

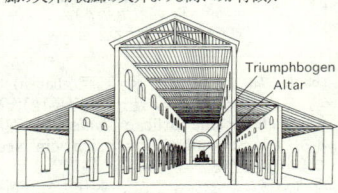

Triumphbogen
Altar

Basilika

Ba·si·li·kum [バズィーリクム baziːlikum] 中 -s/-s (または ..liken)《植》バジリコ(シソ科. 香辛料・薬用に用いる).

Ba·si·lisk [バズィリスク bazilísk] 男 -en/-en ① バジリスク(アフリカの砂漠に住み、それににらまれた者はたちまち死ぬといわれた伝説上の動物). ② 《動》バジリスク(熱帯アメリカの大トカゲ. イグアナの一種).

die **Ba·sis** [バーズィス báːzɪs] 女 (単) -/(複) Basen (英 *base*) ① 基礎, 基盤. eine gemeinsame *Basis*⁴ suchen 共通の基盤を探し求める / Diese Theorie ruht (または steht) auf einer sicheren *Basis*. この理論はしっかりした基礎に基づいている. ②《建》基礎[工事], 柱脚. ③《数》基数; 底辺, 底面; 基底, (対数の)底. ④《軍》基地. ⑤《言》基礎語. ⑥《経》(マルクス経済学用語で:)下部構造; (社会の)底辺, 一般大衆. ⑦《電》ベース.

ba·sisch [バーズィッシュ báːzɪʃ] 形《化》塩基性の.

Bas·ke [バスケ báskə] 男 -n/-n バスク人(ピレネー山脈地方に住む民族). (女性形: Baskin).

Bas·ken·müt·ze [バスケン・ミュッツェ] 女 -/-n ベレー帽.

Bas·ket·ball [バスケット・バる báːskət-bal または バス..] 男 -[e]s/..bälle ① 《複なし; ふつう冠詞なしで》(競技としての)バスケットボール. ② バスケットボール用のボール.

bas·kisch [バスキッシュ báskɪʃ] 形 バスク[人・語・地方]の.

bass [バス bás] 形《成句的に》*bass* erstaunt (または verwundert) sein ひどく驚いている.

Bass [バス] 男 -es/Bässe《音楽》① バス(男声の最低音域). ②《複なし》バス声部. ③ バス歌手. ④ コントラバス; 低音楽器. ⑤《ふつう複》(オーケストラなどの)低音部.

Bass=gei·ge [バス・ガイゲ] 女 -/-n コントラバス.

Bas·sin [バセーン basέː] 《フランス》中 -s/-s 水槽, 水盤.

Bas·sist [バスィスト basíst] 男 -en/-en《音楽》① バス(低音)歌手. ② コントラバス奏者. (女性形: -in).

Bass=schlüs·sel [バス・シュリュッセる] 男 -s/-《音楽》ヘ音(低音部)記号.

Bass=stim·me [バス・シュティンメ] 女 -/-n《音楽》低音; バス声部.

Bast [バスト bást] 男 -es (まれに -s)/-e ① 《植物の)靱皮(ﾋﾟ), 内皮. ②《狩》(鹿の)袋角.

bas·ta! [バスタ básta] 間《口語》《議論は》これでおしまい, もうたくさんだ!

Bas·tard [バスタルト bástart] 男 -[e]s/-e ① 《生》(動植物の)雑種. ② (昔の:) (貴人の)ご落胤(ﾗｸｲﾝ). ③ (のろくって:)やつ.

Bas·tei [バスタイ bastái] 女 -/-en (要塞の)稜堡(ﾘｮｳﾎ).

bas·teln [バステるン básteln] ich bastle (bastelte, *hat* ... gebastelt) I 自 ① 〈趣味で〉工作をする. Sie *bastelt* gern. 彼女は工作が趣味だ. ②《an 中³ ~》《中³ を)いじくりまわす. Er *bastelt* ständig an seinem Auto. 彼はしょっちゅう自分の車をいじくりまわしている.
II 他 (完了 haben) (模型などを⁴ 趣味で)組み立てる.

bas·tel·te [バステるテ] basteln (工作をする)の 過去.

bast·le [バストれ] basteln (工作をする)の 1 人称単数 現在.

bat [バート] ✱ bitten (頼む)の 過去.

Ba·tail·lon [バタリヨーン bataljóːn] 《フランス》中 -s/-e《軍》大隊 (略: Bat.).

bäte

bä・te [ベーテ] ‡bitten (頼む)の腰2
Ba・tik [バーティク bá:tɪk] 囡 -/-en (または 男 -s/-en) ① 〖複 なし〗(ジャワ島の)ろう染め法. ② ジャワさらさ, バティック.
Ba・tist [バティスト batíst] 男 -[e]s/-e (薄地の)上質亜麻布.
die **Bat・te・rie** [バッテリー batərí:] 〖発〗 囡 (単) -/(複) -n [..リーエン] (英 *battery*) ① 〖電〗電池, バッテリー. Die *Batterie* ist leer (または erschöpft). 電池がきれた / eine *Batterie*[4] auf|laden 電池に充電する / die *Batterie*[4] aus|wechseln 電池を交換する. ② 〖軍〗砲兵[中]隊. ③ 〖工〗(同種の器具を連結した)装置[一式]. ④ 〖口語〗たくさんの同種の品. eine *Batterie* von Bierflaschen たくさんのビールびん.
bat・te・rie ≠ be・trie・ben [バッテリー・ベトリーベン] 形 電池式の, バッテリー駆動の(時計など).
Bat・zen [バッツェン bátsən] 男 -s/- ① 〖口語〗かたまり. ein *Batzen* Geld 大金. ② 〖史〗バッツェン(昔のスイスおよび南ドイツの銀貨).
der **Bau** [バオ báu] 男 (単 2) -s (まれに -es)/(複) -e (3 格のみ -en)または(複) -ten ① 〖複 なし〗建築[工事], 建設, 建造. (英 *construction*). der *Bau* eines Hauses 家の建築 / Das Schiff ist **im** (または in) *Bau*. その船は建造中だ.

② 〖複 なし〗構造, 構成; 体格. der *Bau* des klassischen Dramas 古典戯曲の構成 / der innere *Bau* eines Atoms 原子の内部構造 / Er ist **von** schlankem *Bau*. 彼はすらっとした体つきをしている.

③ (複 -ten) 建築物, 建物. die modernen *Bauten* 近代的建築物. ④ 〖複 なし〗〖口語〗建築現場. Er arbeitet **auf** dem *Bau*. 彼は建築現場で働いている. ⑤ 〖複 -e〗(きつねなどの)巣穴; 〖鉱〗坑道. nicht **aus** dem *Bau* kommen 〖比〗家に引きこもっている. ⑥ 〖複 なし〗(兵隊言葉:)営倉. ⑦ 〖複 なし〗(南ド・オーストリア)(農作物の)栽培.

Bau・amt [バオ・アムト] 匣 -[e]s/..ämter 建築(建設)局.
Bau ≠ ar・bei・ten [バオ・アルバイテン] 複 建築(建設)工事.
Bau ≠ ar・bei・ter [バオ・アルバイタァ] 男 -s/- 建築(建設)労働者, 土木作業員. (女性形: -in).
Bau ≠ art [バオ・アールト] 囡 -/-en 建築様式(方法).
der **Bauch** [バオホ báux] 男 (単 2) -es (まれに -s)/(複) Bäuche [ボイヒェ] (3 格のみ Bäuchen) ① 腹, 腹部. (英 *belly*). Bier*bauch* ビール腹 / einen *Bauch* bekommen 太鼓腹になる / sich³ [vor Lachen] den *Bauch* halten 《口語》腹を抱えて笑う / sich³ den *Bauch* voll|schlagen 《口語》たらふく食べる / **auf** dem *Bauch* liegen 腹ばいになっている / sich⁴ auf den *Bauch* legen 腹ばいになる / auf den *Bauch* fallen 《口語》失敗する / vor 人³ auf dem *Bauch* kriechen 《口語》人³にへつらう /

aus dem hohlen *Bauch* 《俗》準備なしに, とっさに / eine Wut⁴ **im** *Bauch* haben 《口語》ひどく怒っている / Ein voller *Bauch* studiert nicht gern. 《ことわざ》腹の皮が張れば目の皮がたるむ (←満腹すると勉強がいやになる).

② (腹状のもの:)(樽などの)胴; 船腹.
Bäu・che [ボイヒェ] *Bauch (腹)の複
Bauch ≠ fell [バオホ・フェる] 匣 -[e]s/-e 〖医〗腹膜.
bauch ≠ frei [バオホ・フライ] 形 へそ出し[ルック]の(Tシャツなど).
Bauch ≠ höh・le [バオホ・ヘーれ] 囡 -/-n 〖医〗腹腔(くう).
bau・chig [バオヒヒ báuxɪç] 形 胴のふくらんだ(花びんなど).
Bauch ≠ la・den [バオホ・らーデン] 男 -s/..läden 《口語》(首から下げて腹の前で抱える)販売用ケース.
Bauch ≠ lan・dung [バオホ・らンドゥング] 囡 -/-en 〖空〗(飛行機の)胴体着陸.
bäuch・lings [ボイヒりングス bóyçlɪŋs] 副 腹ばいに, うつ伏せに.
Bauch ≠ red・ner [バオホ・レードナァ] 男 -s/- 腹話術師. (女性形: -in).
Bauch ≠ schmerz [バオホ・シュメルツ] 男 -es/-en 〖ふつう 複〗腹痛.
Bauch・spei・chel・drü・se [バオホシュパイヒェる・ドリューゼ] 囡 -/-n 〖医〗膵臓(ぞう).
Bauch ≠ tanz [バオホ・タンツ] 男 -es/..tänze ベリーダンス(腹と腰をくねらせる中近東の女性の舞踊).
Bauch ≠ weh [バオホ・ヴェー] 匣 -[e]s/ 《口語》腹痛 (=Bauchschmerz).
Bau ≠ ele・ment [バオ・エれメント] 匣 -[e]s/-e 建物の部材.

‡**bau・en** [バオエン báuən]

> 建てる　Wir *bauen* ein Haus.
> ヴィァ バオエン アイン ハオス
> 私たちは家を建てる.

(baute, *hat* ... gebaut) **I** 他 (完了 haben) ① 建てる, 建築(建設)する, 建造する; (巣などを)作る. (英 *build*). eine Brücke⁴ *bauen* 橋を建設する / Die Schwalben *bauen* sich³ ein Nest. つばめが巣を作る.

② (機械などを)組み立てる, 製作する, (新型車などを)開発する, 設計する. ein neues Modell⁴ *bauen* 新型を開発する / Er *hat* seinen Computer selbst *gebaut*. 彼は自分でコンピュータを組み立てた / einen Satz *bauen* 〖言〗文を作る.

③ 《口語》(試験などを)受ける; (まずいことを)してかす. das Examen⁴ *bauen* 試験を受ける / einen Unfall *bauen* 事故を起こす. ④ 〖農〗(野菜などを)栽培する.

II 自 (完了 haben) ① [自分の]家を建てる. Er will nächstes Jahr *bauen*. 彼は来年家を建てるつもりだ. ② 〖**an** 物³ ~〗(物³の)建築(建設)に従事している. an einer Straße *bau*-

en 道路建設に従事している. ③〔**auf** 人・事⁴ ~〕(人・事⁴を)信頼する. Auf diesen Mann können wir bauen. この男なら信頼できる.
◇☞ **gebaut**

[類語] **bauen**:「建てる, 建設する」という意味で最も一般的な語. **auf**|**bauen**: (仮設の建物などを)建てる, (テントなどを)組み立てる. **erbauen**: (比較的大きく, 重要な建物などを)建設する. **errichten**: (建物・塔・記念碑などを築き上げる.

der **Bau·er¹ [バオアァ báuər] 男 (単 2·3·4) -n/(複) -n ① 農民, 農夫. (英) *farmer*). ein schlichter *Bauer* 素朴な農夫 / Was der *Bauer* nicht kennt, das frisst er nicht. 《ことわざ》食わず嫌い(←百姓は自分の知らないものは食べない) / Die dümmsten *Bauern* haben die größten Kartoffeln. 愚か者に福あり(←最も愚かな農夫が最も大きなじゃがいもを得る).
② (軽蔑的に:)無作法者. ③《とらんぷ》ジャック; (チェスの)ポーン.
Bau·er² [バオアァ] 田 男 -s/- 鳥かご(=Vogelkäfig).
Bäu·er·chen [ボイアァヒェン bóyərçən] 田 -s/- ① (Bauer¹ の縮小) 小農. ② げっぷ. [ein] *Bäuerchen*⁴ machen 《口語》(赤ん坊が)げっぷをする.
Bäu·e·rin [ボイエリン bóyərɪn] 女 -/..rinnen (女性の)農民; 農民の妻.
bäu·e·risch [ボイエリッシュ bóyərɪʃ] 形 (田舎者らしく)粗野な, 武骨な, やぼな.
bäu·er·lich [ボイアァリヒ] 形 農民の[ような], 田舎[風]な.
Bau·ern·fän·ger [バオアァン・フェンガァ] 男 -s/- (世間知らずにつけこむ)ペテン師. (女性形: -in).
Bau·ern·früh·stück [バオアァン・フリューシュテュック] 田 -[e]s/- 農家風の朝食(じゃがいもとベーコン・卵などをいっしょにいためたもの).
Bau·ern·hof [バオアァン・ホーフ] 男 -[e]s/..höfe 農場, 農民の家家屋敷(畜舎・中庭を含む).
Bau·ern·krieg [バオアァン・クリーク] 男 -[e]s/-e 《史》農民戦争(特に 1524–25 年のドイツ南部・中部のもの).
Bau·ern·re·gel [バオアァン・レーゲる] 女 -/-n 農事金言(天候や農事に関する農民の言い習わし).
bau·ern·schlau [バオアァン・シュらオ] 形 抜け目のない, ずるい.
Bau·fach [バオ・ファッハ] 田 -[e]s/- 建築業の専門分野.
bau·fäl·lig [バオ・フェりヒ] 形 (建物が)倒壊しそうな, 老朽化した.
Bau·fäl·lig·keit [バオ・フェりヒカイト] 女 -/ (建物などの)老朽[化].
Bau·füh·rer [バオ・フューラァ] 男 -s/- (建設工事の)現場監督. (女性形: -in).
Bau·ge·län·de [バオ・ゲれンデ] 田 -s/- 建築敷地(用地).
Bau·ge·neh·mi·gung [バオ・ゲネーミグング] 女 -/-en (建築局による)建築認可[証].
Bau·ge·rüst [バオ・ゲりュスト] 田 -[e]s/- 建築用の足場.

Bau·ge·wer·be [バオ・ゲヴェルベ] 田 -s/- 建築業.
Bau·grund [バオ・グルント] 男 -[e]s/ 建築用地; 建築基盤.
Bau·haus [バオ・ハオス báu-haus] 田 -es/ バウハウス(グロピウスが 1919 年ヴァイマルに創設した総合造形学校の名称. 1933 年まで機能主義的な建物・デザイン・家具の開発に貢献した).
Bau·herr [バオ・ヘル] 男 -n (まれに -en)/-n 建築主. (女性形: -in).
Bau·hüt·te [バオ・ヒュッテ] 女 -/-n ① 建設現場の仮小屋. ② (中世の:)教会建築石工(彫刻職人)組合.
Bau·jahr [バオ・ヤール] 田 -[e]s/-e 建築(製造)年[号].
Bau·kas·ten [バオ・カステン] 男 -s/..kästen 積み木箱.
Bau·kas·ten·sys·tem [バオカステン・ズュステーム] 田 -s/-e (建築の)ユニット方式.
Bau·klotz [バオ・クろッツ] 男 -es/..klötze (口語: ..klötzer) (おもちゃの)積み木.
Bau·kunst [バオ・クンスト] 女 -/ 建築術.
bau·lich [バオりヒ] 形 建築[上の].

der **Baum [バオム báum]

| 木 | Der *Baum* hat viele Blüten. デァ バオム ハット ふぃーれ ブリューテン その木はたくさんの花をつけている. |

男 (単 2) -es (まれに -s)/(複) Bäume [ボイメ] (3 格のみ Bäumen) ① 木, 樹木, 立ち木. (英 *tree*). Nadel*baum* 針葉樹 / ein alter *Baum* 老木 / einen *Baum* fällen (pflanzen) 木を切り倒す(植える) / Die Kinder spielen unter einem *Baum*. 子供たちは木の下で遊んでいる / Im Frühling schlagen die *Bäume* aus. 春には木々の芽が吹く / Auf einen Hieb fällt kein *Baum*. 《ことわざ》大事業は一挙にはできない(←一打で倒れる木はない) / den Wald vor lauter *Bäumen* nicht sehen 木を見て森を見ない / Es ist dafür gesorgt, dass die *Bäume* nicht in den Himmel wachsen. 《ことわざ》どんなものにもおのずから限度がある(←木々が天にまで達せぬよう神は配慮し給う) / *Bäume*⁴ ausreißen können 《口語》たいしたことをやってのける / vom *Baum* der Erkenntnis² essen 《比》経験を積んで賢くなる(←知識の木の実を食べる) / Es ist, um auf *Bäume* zu klettern. 《口語》まったくやりきれない.
② 《口語》クリスマスツリー (=Weihnachts*baum*).
🗨 ドイツでよく見かける木: der **Ahorn** かえで / der **Apfelbaum** りんごの木 / die **Birke** しらかば / die **Birne** なしの木 / die **Buche** ぶな / die **Eiche** オーク / die **Erle** はんの木 / die **Esche** とねりこ / die **Fichte** ドイツとうひ / der **Kiefer** 松 / der **Kirschbaum** さくらの木 / die **Lärche** から松 / die **Linde** しなのき / die **Pappel** ポプラ / die **Platane** プラタナス / die **Rosskastanie** とち / die **Tanne** もみ / ...

Ulme にれ / der **Wacholder** びゃくしん / die **Zeder** ヒマラヤ杉 / die **Zypresse** 糸杉

Bau⸗markt [バオ・マルクト] 男 -[e]s/..märkte ホームセンター.

Baum⸗blü·te [バオム・ブリューテ] 女 -/-n ① 樹木(果樹)の花. ② 樹木(果樹)の開花期.

＊＊**Bäu·me** [ボイメ bɔ́ymə] ‡Baum (木)の 複

Bau⸗meis·ter [バオ・マイスタァ] 男 -s/- (国家試験に合格した)建築士. (女性形: -in).

bau·meln [バオメルン báʊməln] 自 (h) ① (口語)(…にぶら下がって)ぶらぶら揺れている. ② 〖mit 3 ~〗(口語)(3足などを)ぶらぶらさせる. ③ (俗) 絞首刑になる.

bäu·men [ボイメン bɔ́ymən] 再帰 (h) sich⁴ bäumen ① (馬が)棒立ちになる. ② 〖sich⁴ gegen 4 ~〗(雅) (4に)抵抗する, 逆らう.

Baum⸗gren·ze [バオム・グレンツェ] 女 -/-n (高山などの)樹木[生育]限界線.

Baum⸗ku·chen [バオム・クーヘン] 男 -s/- バウムクーヘン(木の切り株模様のケーキ).

baum⸗lang [バオム・ラング] 形《口語》のっぽの.

Baum⸗schu·le [バオム・シューレ] 女 -/-n (林・園芸)種苗栽培園, 養樹園.

Baum⸗stamm [バオム・シュタム] 男 -[e]s/..stämme (木の)幹, 樹幹.

Baum⸗ster·ben [バオム・シュテルベン] 中 -s/ (大気汚染などによる)樹木の枯死.

Baum⸗stumpf [バオム・シュトゥンプふ] 男 -[e]s/..stümpfe (木の)切り株.

Baum⸗wol·le [バオム・ヴォれ] 女 -/-n ① 木綿; 綿糸; 綿布; 綿花. ein Hemd aus reiner *Baumwolle* 綿100%のシャツ. ② 《植》ワタ(綿)[の木].

baum·wol·len [バオム・ヴォれン báʊm-vɔ-lən] 形 木綿の, 木綿製の.

Bau⸗plan [バオ・プラーン] 男 -[e]s/..pläne ① 建築(建設)計画. ② 建築(建設)設計図.

Bau⸗platz [バオ・プらッツ] 男 -es/..plätze 建築(建設)用地.

bäu·risch [ボイリッシュ bɔ́yrɪʃ] 形 田舎くさい, 粗野な, 武骨な, やぼな.

Bausch [バオシュ báʊʃ] 男 -es (まれに -s)/Bäusche ① (衣服などの)ふくらみ. ② (綿・紙などの)束, かたまり; クッション, 詰め物. ③〖成句的に〗in *Bausch* und Bogen 全部ひっくるめて.

bau·schen [バオシェン báʊʃən] 他 (h) ふくらます; (4に)ふくらみをつける, フレアにする. Der Wind *bauscht* die Segel. 風が帆をはらます. ◊〖再帰的に〗sich⁴ *bauschen* ふくらむ.

bau·schig [バオシヒ báʊʃɪç] 形 ふくらんだ, ふくらみのある(衣服など).

bau|spa·ren [バオ・シュパーレン báʊ-ʃpaːrən] 自 (h)〖ふつう不定詞で用いる〗住宅貯蓄をする.

Bau⸗spar·kas·se [バオ・シュパールカッセ] 女 -/-n 住宅貯蓄組合, 住宅金融金庫.

Bau⸗stein [バオ・シュタイン] 男 -[e]s/-e ① 建築用石材. ②〖ふつう 複〗積み木. ③《比》構成要素, 基礎, 礎石.

Bau⸗stel·le [バオ・シュテれ] 女 -/-n 建築(工事)現場.

Bau⸗stil [バオ・シュティーる] 男 -[e]s/-e 建築様式. (☞「建築様式」, 1744 ページ).

bau·te [バオテ] ‡bauen (建てる)の 過去

Bau⸗teil [バオ・タイる] 男 [E]-s/-e ① 〖複〗建物の一部. ② 〖中〗建物用部材(部品).

Bau·ten [バオテン] ‡Bau (建造物)の 複

Bau⸗un·ter·neh·mer [バオ・ウンタネーマァ] 男 -s/- (土木)建築業者. (女性形: -in).

Bau⸗vor·ha·ben [バオ・フォーァハーベン] 中 -s/- ① 建設計画. ② 建築中の建物.

Bau⸗wei·se [バオ・ヴァイゼ] 女 -/-n ① 建築(施工)方式. ② (建築物などの)構造.

Bau⸗werk [バオ・ヴェルク] 中 -[e]s/-e (建築学上意義のある)建築物, 建造物.

Bau⸗we·sen [バオ・ヴェーゼン] 中 -s/ (総称として)建築, 土木.

Bau·xit [バオクスィート bauksíːt] 男 -s/-e 《鉱》ボーキサイト(アルミニウムの原料).

bauz! [バオツ báʊts] 間 (物が落ちる音・人が転倒したときの擬音:) どしん, どすん, ばたん.

Ba·va·ria [バヴァーリア bavá:ria] I 女 -/ バヴァーリア(ミュンヒェンにあるバイエルンを象徴する女性の銅像). II 中 -s/ バヴァーリア(*Bavaria* はバイエルン Bayern のラテン語形).

Bay·er [バイァァ báiɐr] 男 -n/-n バイエルンの住民. (女性形: -in).

bay·e·risch [バイエリッシュ báiərɪʃ] 形 バイエルンの, バイエルン方言の.

Bay·ern [バイァァン báiɐrn] 中 -s/《地名》バイエルン(ドイツ 16 州の一つ. 州都はミュンヒェン; ☞ 地図 E~F-4).

Bay·reuth [バイ・ロイト baɪ-rɔ́yt] 中 -s/《都市名》バイロイト(ドイツ, バイエルン州. 毎年 7-8 月にヴァーグナーの作品を上演するバイロイト音楽祭が開かれる; ☞ 地図 E-4).

bay·risch [バイリッシュ báɪrɪʃ] 形 バイエルンの (=bayerisch).

Ba·zar [バザール bazáːr] 男 -s/-e (中近東の)街頭市場; 慈善市(ばざ), バザー (=Basar).

Ba·zil·len⸗trä·ger [バツィれン・トレーガァ] 男 -s/- 保菌者. (女性形: -in).

Ba·zil·lus [バツィるス batsíluːs] 男 -/..zillen (生・医) 桿菌(ㅇㅎㅇ), バチルス.

Bd. [バント] 中《略》(書籍の)巻, 冊 (=Band). der 4. (=vierte) *Bd.* 第 4 巻.

Bde. [ベンデ] 複《略》(書籍の)巻, 冊 (=Bände).

B-Dur [ベー・ドゥーァ] 中 -/《音楽》変ロ長調(記号: B).

Be [ベー・エー] 《化・記号》ベリリウム (=Beryllium).

be.. [べ.. bə..]《非分離動詞の 前つづり; アクセントをもたない》①〖自動詞から他動詞をつくる〗《目標へ向かっての動作》例: *be*steigen (塔など⁴に)登る. ②〖名詞から他動詞をつくる〗《…を付与する》例: *be*ampeln (通りなど⁴に)信号機を付ける / *be*leben 活気づける. ③〖形容詞から他動詞をつくる〗《ある状態を招く》例: *be*reichern 豊かにする. ④《包括・所有》例: *be*greifen 理解する. ⑤《基礎語の意味を強め

る)例: beschimpfen 罵倒(ばっ)する. ⑥〖過去分詞の形で〗例: bewaldet 森に覆われた.

be·ab·sich·ti·gen [ベ・アップズィヒティゲン bə-ápzɪçtɪgən] (beabsichtigte, hat…beabsichtigt) 他 (定了. 他…) …する)つもりである, 意図する, もくろむ. (英) intend). Sie *beabsichtigt* eine Reise nach Rom. 彼女はローマへ旅行するつもりだ / Ich *beabsichtige*, mir ein Haus zu bauen. 私は自分の家を建てようと思っている. (☞ 類語 vor|haben).

be·ab·sich·tigt [ベ・アップズィヒティヒト] Ⅰ beabsichtigen (…するつもりである)の 過分, 3 人称単数・2 人称親称複数 現在 Ⅱ 形 意図した, もくろんだ. eine *beabsichtigte* Wirkung ねらった効果.

be·ab·sich·tig·te [ベ・アップズィヒティヒテ] beabsichtigen (…するつもりである)の 過去

be·ach·ten [ベ・アハテン bə-áxtən] du beachtest, er beachtet (beachtete, hat…beachtet) 他 (定了 haben) ① (規則など⁴を)守る, 守る (英 observe). die Vorschriften⁴ *beachten* 指示を守る. ② (人・物⁴に)注意を払う, (人・物⁴を)顧慮する. Bitte *beachten* Sie, dass… …ということにご注意ください / 人・物⁴ nicht *beachten* 人・物⁴を無視する ⇒ Sie *beachtete* sein Geschenk überhaupt nicht. 彼女は彼からのプレゼントにまったく目もくれなかった.

be·ach·tens·wert [ベアハテンス・ヴェーアト] 形 注目に値する, 注目すべき

be·ach·tet [ベ・アハテット] beachten (規則などを守る)の 過分, 3 人称単数・2 人称親称複数 現在

be·ach·te·te [ベ・アハテテ] beachten (規則などを守る)の 過去

be·acht·lich [ベ・アハトリヒ] 形 相当の, かなりの; 注目に値する(業績など).

Be·ach·tung [ベ・アハトゥング] 因 -/ 注意, 注目, 顧慮. *Beachtung*⁴ finden 注目される / 人・物³ *Beachtung*⁴ schenken 人・物³に注意を払う / *Beachtung*⁴ verdienen 注目に値する.

be·ackern [ベ・アッカァン bə-ákɐrn] 他 (h) ①〔口語〕徹底的に調べる. ② (畑⁴)耕す.

Be·am·ten·schaft [ベ・アムテンシャフト] 因 -/ (総称として:)[国家・地方]公務員, 官吏, 役人.

Be·am·ten·tum [ベ・アムテントゥーム] 甲 -s/ ① 公務員の身分. ② (総称として:)公務員.

*Be·am·te[r]** [ベ・アムテ (..タァ) bə-ámtə (..tɐr)] 男 〔語尾変化は形容詞と同じ ☞ Alte[r]〕 (例: 1格 der Beam*te*, ein Beamt*er*) 公務員, 官吏, 役人. (英 *official*). Staats*beamte[r]* 国家公務員 / ein höherer *Beamter* 高級官吏. (英 Beamtinnen und Beamte (男女の公務員たち)の代わりに, Beamtenschaft または Bedienstete が用いられることがある).

Be·am·tin [ベ・アムティン bə-ámtɪn] 因 -/..tinnen (女性の)公務員.

be·ängs·ti·gen [ベ・エングスティゲン bə-ɛ́ŋstɪgən] 他 (h) 不安にさせる, 心配させる.

be·ängs·ti·gend [ベ・エングスティゲント] Ⅰ 形 beängstigen (不安にさせる)の 現分 Ⅱ 形 心配な, 不安な. ein *beängstigendes* Vorzeichen 気がかりな兆候.

be·an·spru·chen [ベ・アンシュプルッヘン bə-ánʃpruxən] (過分 beansprucht) 他 (h) ① (権利など⁴を)要求する, 請求する; (援助など⁴を)求める. gleiche Rechte⁴ *beanspruchen* 平等の権利を要求する. ② (時間・場所など⁴を)必要とする. Der neue Schrank *beansprucht* viel Platz. この新しいたんすはかなりの場所をとる. ③ (人⁴を)わずらわす, 手間どらせる. Ich *bin* sehr *beansprucht*.〖状態受動・現在〗私はとても忙しい. ④ (機械など⁴を)酷使する, 無理な使い方をする.

Be·an·spru·chung [ベ・アンシュプルッフング] 因 -/-en 要求, 負担; [工] 負荷.

be·an·stan·den [ベ・アンシュタンデン bə-ánʃtandən] (過分 beanstandet) 他 (h) (物⁴に)クレームをつける, 苦情を言う.

Be·an·stan·dung [ベ・アンシュタンドゥング] 因 -/-en クレーム, 苦情.

be·an·tra·gen [ベ・アントラーゲン bə-ántra:gən] (beantragte, hat…beantragt) 他 (h) ① (奨学金・ビザなど⁴を)申請する. beim Chef Urlaub⁴ *beantragen* 所長に休暇を願い出る. ② (解決など⁴を)提議する, (会期延長などを)提案する.

be·ant·wor·ten [ベ・アントヴォルテン bə-ántvɔrtən] du beantwortest, er beantwortet (beantwortete, hat…beantwortet) 他 (定了 haben) ① (質問・手紙など⁴に)答える, 返答する. (英 *answer*). eine Frage⁴ *beantworten* 質問に答える / einen Brief *beantworten* 手紙に返事を書く / Das *kann* ich nicht *beantworten*. それには私は答えられない. (☞ 類語 antworten). ② (圃⁴に)反応する. einen Gruß mit einem Lächeln *beantworten* あいさつに微笑で応じる.

be·ant·wor·tet [ベ・アントヴォルテット] beantworten (答える)の 過分, 3 人称単数・2 人称親称複数 現在

be·ant·wor·te·te [ベ・アントヴォルテテ] beantworten (答える)の 過去

Be·ant·wor·tung [ベ・アントヴォルトゥング] 因 -/-en 返事, 返答. in *Beantwortung* Ihres Schreibens (官庁) 貴信に対する回答として.

be·ar·bei·ten [ベ・アルバイテン bə-árbartən] du bearbeitest, er bearbeitet (bearbeitete, hat…bearbeitet) 他 (定了 haben) ① 加工する, (物⁴に)手を加える. Metall⁴ mit dem Hammer *bearbeiten* 金属をハンマーで加工する / das Feld⁴ *bearbeiten* 畑を耕す. ② (案件など⁴を)処理する. einen Fall *bearbeiten* 事件を捜査する. ③〚A⁴ mit B³ ～〛(A⁴ を B³ で)手入れする. die Möbel⁴ mit Politur *bearbeiten* 家具をワックスで磨きあげる. ④ (原稿など⁴を)手直しする, 改訂する, (小説など⁴を)脚色する, 編集する, 編曲する, (学問的に)調査する. einen Roman für die Bühne *bearbeiten* ある小説を舞台用に脚色する / ein

Musikstück⁴ für Orchester *bearbeiten* 楽曲をオーケストラ用に編曲する. ◇《過去分詞の形で》neu *bearbeitete* Auflage 改訂版. ⑤《口語》(人⁴に)働きかける, 説得しようと努める. ⑥《口語》*mit*《物³～》《口語》(人・物⁴を物³で)ひどくたたく.

Be·ar·bei·ter [ベ・アルバイタァ bə-árbaɪtər] 男 -s/- 加工者; 改作者, 改訂者; 編集(編曲)者. (女性形: -in).

be·ar·bei·tet [ベ・アルバイテット] bearbeiten (加工する)の 過分, 3 人称単数・2 人称親称複数 現在

be·ar·bei·te·te [ベ・アルバイテテ] bearbeiten (加工する)の 過去

Be·ar·bei·tung [ベ・アルバイトゥング] 女 -/-en ① 加工; (案件の処理); 改作, 改訂; 編集, 編曲. ② 改訂(脚色・編曲のされた).

be·arg·wöh·nen [ベ・アルクヴェーネン bə-árkvø:nən] 他 (h)《雅》(人・物⁴に)疑念をいだく.

Beat [ビート bí:t]《英》男 -s/-s《音楽》(ジャズの)ビート; ビート音楽.

Be·a·te [ベアーテ beá:tə] -[n]s/《女名》ベアーテ.

be·at·men [ベ・アートメン bə-á:tmən] 他《医》(人⁴に)人工呼吸を施す.

Be·at·mung [ベ・アートムング] 女 -/-en《医》(酸素などの)吸入, 人工呼吸.

Be·a·tri·ce [ベアトリーチェ beatrí:sə] -[n]s/《女名》ベアトリーチェ. ②《人名》ベアトリーチェ(ダンテの恋人).

Be·a·trix [ベアートリクス beá:trɪks または ベーア..]《女名》ベアートリクス.

be·auf·sich·ti·gen [ベ・アオフズィヒティゲン bə-áʊfzɪçtɪgən] (過分 beaufsichtigt) 他 (h) 監督する, 監視する.

Be·auf·sich·ti·gung [ベ・アオフズィヒティグング] 女 -/-en 監督, 監視.

be·auf·tra·gen [ベ・アオフトラーゲン bə-áʊftra:gən] (beauftragte, hat...beauftragt) 他 (h) (人⁴に)委託する. 人⁴ *mit* 物³ *beauftragen* 人⁴に物³を依頼する.

Be·auf·trag·te[r] [ベ・アオフトラークテ (..タァ) bə-áʊftra:ktə (..tər)] 男 女《語尾変化は形容詞と同じ》受託者, 代理人, 全権委員, 使者.

be·äu·gen [ベ・オイゲン bə-ɔ́ʏɡən] 他 (h)《雅》しげしげと見る.

be·bau·en [ベ・バオエン bə-báʊən] 他 (h) ① (土地⁴に)家を建てる. ein Gelände⁴ *mit* Mietshäusern *bebauen* 土地⁴に賃貸アパートを建てる. ② (畑⁴を)耕す, (畑⁴に)作付けする.

Be·bau·ungs⸗plan [ベバオウングス・プラーン] 男 -[e]s/..pläne (地区の)建設計画, 地区整備計画.

be·ben [ベーベン bé:bən] (bebte, hat...gebebt) 自 (完了 haben) ① (家・大地が)揺れる, 震動する.《米》(= shake). Minutenlang *bebte* die Erde. 数分間地面が揺れた. ②《雅》(寒さなどに)震える. Seine Stimme *bebte* vor Aufregung. 彼の声は興奮のあまり震えていた. ③《*vor* 人³ ～》《雅》(人³を)ひどくこわがる. ④《*um* 人⁴ ～》《雅》(人⁴のことを)ひどく心配する. Die Mutter *bebte* um ihr krankes Kind. 母親は病気の子供のことが心配でたまらなかった.

Be·ben [ベーベン] 中 -s/- ① 震動; 地震(= Erdbeben). ②《雅》(声の)震え; 身震い.

be·bil·dern [ベ・ビるダァン bə-bíldərn] 他 (h) (本などに)挿絵(イラスト)を入れる. ◇《過去分詞の形で》ein reich *bebildertes* Buch イラストの多い本.

beb·te [ベーブテ] beben (揺れる) の 過去

der **Be·cher** [ベッヒャァ béçər] 男 (単 2) -s/(複) - (3格のみ -n) ① 杯, 酒杯, (脚と取っ手のない)コップ, グラス. (☞ trinken 図). Aschen*becher* 灰皿 / ein silberner *Becher* 銀の杯 / einen *Becher* Wein trinken 1 杯のワインを飲む. ②《植》杯状の花(葉).

be·chern [ベッヒャァン béçərn] 自 (h)《口語・戯》痛飲する.

be·cir·cen [ベ・ツィルツェン bə-tsírtsən] 他 (h)《口語》(女性が男性⁴を)魅惑する, 惑わす(ギリシア神話の魔女キルケ Circe の名から) (= bezirzen).

das **Be·cken** [ベッケン békən] 中 (単 2) -s/(複) - ① 洗面器, 水盤, たらい.《米》basin). Spül*becken* (台所の)流し / das *Becken*⁴ mit Wasser füllen 洗面器に水を満たす. ② プール, 水槽, 貯水池. ③《地理》盆地. ④《医》骨盤. ⑤《ふつう 複》《音楽》シンバル.

Beck·mes·se·rei [ベック・メッセライ bɛk-mɛsəráɪ] 女 -/-en あげ足取り, あら探し (ヴァーグナーの楽劇『ニュルンベルクのマイスタージンガー』の中の人物 Beckmesser の名から).

Bec·que·rel [ベケレる bɛkərél] 中 -s/-《物》ベクレル(放射能の単位; 記号: Bq). (フランスの物理学者 A. H. Becquerel 1852-1908 の名から).

be·dacht [ベ・ダッハト] I bedenken (よく考える)の 過分 II 形 ① 思慮深い, 慎重な. *bedacht* handeln よく考えた上で行動する. ②《成句的》*auf* 物⁴ *bedacht* sein 物⁴に気を配っている, 留意している.

Be·dacht [ベ・ダッハト bə-dáxt] 男《成句的》*auf* 物⁴ *Bedacht*⁴ nehmen 物⁴に留意する / mit *Bedacht* 慎重に / ohne *Bedacht* 無思慮に, 軽率に / voll *Bedacht* 十分に考慮して.

be·dach·te [ベ・ダッハテ] bedenken (よく考える)の 過去

be·däch·tig [ベ・デヒティヒ bə-déçtɪç] 形 落ち着いた, 思慮深い, 慎重な.

Be·däch·tig·keit [ベ・デヒティヒカイト] 女 -/ 落ち着き, 思慮[深さ], 慎重, 周到さ.

be·dacht·sam [ベ・ダッハトザーム] 形《雅》慎重な, 思慮深い.

Be·da·chung [ベ・ダッフング] 女 -/-en ① 屋根を付けること. ② 屋根.

*⁕**be·dan·ken** [ベ・ダンケン bə-dáŋkən] (bedankte, hat...bedankt) I 再帰 (完了 haben) *sich*⁴ *bedanken* 礼を言う, 感謝する.

*sich*⁴ **bei** 人³ **für** 物⁴ *bedanken* 人³に 物⁴の礼を言う ⇨ Er *bedankte sich* bei ihr für das Geschenk. 彼は彼女にプレゼントのお礼を言った / Ich *bedanke mich*. (少し大げさに:)どうもありがとう / Dafür *bedanke* ich *mich*! (口語)(反語的に:)それはごめんだ.
II 他 (完了) haben)《南ドッチュラント》(人・事⁴に)感謝する.

be·dankt [ベ·ダンクト] ＊bedanken (再帰) で:礼を言う)の 過分, 3 人称親称複数 現在

be·dank·te [ベ·ダンクテ] ＊bedanken (再帰) で:礼を言う)の 過去

be·darf [ベ·ダルフ] bedürfen (必要とする)の 1 人称単数·3 人称単数 現在

der **Be·darf** [ベ·ダルフ bə-dárf] 男 (単2)-[e]s/(複)-e (3格のみ -en) 〖ふつう 単〗 ① 必要, 需要. ⑧ *need*). *Bedarf*⁴ **an** 物³ haben 物³を必要とする / **bei** *Bedarf* 必要の際には / [je] **nach** *Bedarf* 必要に応じて / Mein *Bedarf* ist gedeckt. 〖状態受動·現在〗(口語)もうたくさんだ(←私の要求は満たされた). ② 必要な品, 必需品. Büro*bedarf* 事務用品.

Be·darfs꞊ar·ti·kel [ベダルフス·アルティーケル] 男 -s/- 必要な品, 必需品.

Be·darfs꞊de·ckung [ベダルフス·デックング] 囡 -/-en 需要の充足.

Be·darfs꞊fall [ベダルフス·ファル] 男〖成句的に〗**für** den *Bedarfsfall*《書》必要な場合に備えて / **im** *Bedarfsfall*《書》必要な場合には.

Be·darfs꞊hal·te·stel·le [ベダルフス·ハルテシュテレ] 囡 -/-n 臨時停留所(乗降客がいるときだけ止まる).

be·darfst [ベ·ダルフスト] bedürfen (必要とする)の 2 人称親称単数 現在

be·dau·er·lich [ベ·ダオアァリヒ] 形 気の毒な, 残念な, 遺憾な.

be·dau·er·li·cher꞊wei·se [ベダオアァリヒァァ·ヴァイゼ] 副 残念なことに, 遺憾ながら.

be·dau·ern [ベ·ダオアァン bə-dáuərn] (bedauerte, *hat*...bedauert) 他 (完了) haben) ① (人⁴を)気の毒に思う. ⑧ *be sorry for*). einen Kranken *bedauern* 病人を気の毒に思う / Er *bedauerte* sie wegen ihres Misserfolgs. 彼は彼女が失敗したのを気の毒に思った / Sie ist wirklich zu *bedauern*. 彼女は本当に気の毒だ.
② (事⁴を)残念に思う. Ich *bedauere* den Vorfall. 私はその事件を残念に思う / Ich *bedauere* sehr, dass ich nicht mitkommen kann. 私はいっしょに行けなくてとても残念です. ◇〖目的語なしでも〗[Ich] *bedauere*! (ていねいな断り:)残念ですが.

das **Be·dau·ern** [ベ·ダオアァン bə-dáuərn] 中 (単2) -s/ ① 同情. ② 残念, 遺憾[の念]. **zu** meinem *Bedauern* 残念なことには.

be·dau·erns꞊wert [ベダオアァンス·ヴェーァト] 形 気の毒な; 残念な, 遺憾な(事態など).

be·dau·ert [ベ·ダオアァト] bedauern (気の毒に思う)の 過分, 3 人称単数·2 人称親称複数 現在

be·dau·er·te [ベ·ダオアァテ] bedauern (気の毒に思う)の 過去

be·de·cken [ベ·デッケン bə-dékən] (bedeckte, *hat*...bedeckt) 他 (完了) haben) ① 〖人·物⁴ **mit** 物³ ~〗 (人·物⁴を物³で)覆う, かぶせる. ⑧ *cover*). den Leichnam mit einem Tuch *bedecken* 死体を布で覆う / Er *bedeckte* sein Gesicht mit den Händen. 彼は顔を両手で覆った / Die Mutter *bedeckte* das Kind mit Küssen.《比》母親はその子の顔にキスの雨を降らせた. ◇〖再帰的に〗Der Himmel *bedeckt sich*⁴ mit Wolken. 空が雲に覆われた. ② 覆っている. Schnee *bedeckt* die Erde. 雪が大地を覆っている / Der Rock *bedeckt* die Knie. そのスカートはひざ下まで丈がある.

be·deckt [ベ·デックト] I bedecken (覆う)の 過分, 3 人称単数·2 人称親称複数 現在 II 形 ① 覆われた; (空が)曇った. Der Schreibtisch ist **mit** Büchern *bedeckt*. 机の上は本で埋まっている. ◇〖成句的に〗*sich*⁴ *bedeckt* halten 自分の考えを言わない. ② (声が)かすれた, ハスキーな.

be·deck·te [ベ·デックテ] bedecken (覆う)の 過去

Be·de·ckung [ベ·デックング] 囡 -/-en ① 覆うこと. ② 覆うもの, 衣服, カバー. ③ (警察などによる)護衛.

be·den·ken＊ [ベ·デンケン bə-déŋkən] (bedachte, *hat*...bedacht) I 他 (完了) haben) ① (事⁴について)よく考える; 考慮に入れる. ⑧ *consider*). Sie müssen die Folgen *bedenken*. どういう結果になるかをあなたはよく考えないといけません / Ich gebe [dir] zu *bedenken*, dass……ということは私は[君に]考慮に入れて欲しい. ② (雅)(人⁴に)贈る, 与える. 人⁴ **mit** einem Geschenk *bedenken*《人⁴に》プレゼントを贈る.
II (再帰) (完了) haben) *sich*⁴ *bedenken* (決心する前によく考える. Ich *muss mich* erst *bedenken*. 私はまずよく考えてみなければならない.
◇〖⇨〗**bedacht**

Be·den·ken [ベ·デンケン] 中 -s/- ① 〖複なし〗考慮, 思案. **nach** langem *Bedenken* 長いこと思案したあげくに / **ohne** *Bedenken* ためらうことなく. ② 〖ふつう 複〗疑念, 異議. Ich habe große *Bedenken*, ob das möglich ist. そんなことができるかどうか, 私には大いに疑わしい / *Bedenken*⁴ **gegen** einen Plan äußern 計画に異議を唱える.

be·den·ken꞊los [ベデンケン·ロース] 形 無思慮な, ためらうことのない. *bedenkenlos* handeln あと先を考えずに行動する.

be·denk·lich [ベ·デンクリヒ bə-déŋklɪç] 形 ① 憂慮すべき, 気がかりな, 容易ならぬ. Der Zustand des Patienten ist *bedenklich*. その患者の容態は危険だ. ② 怪しげな, いかがわしい(商売など). *bedenkliche* Geschäfte⁴ machen 怪しげな商売をする. ③ 考え込んだ, 懐疑的な. Das stimmte mich *bedenklich*.

Bedenklichkeit

そのことで私は考え込んでしまった / ein *bedenkliches* Gesicht⁴ machen 不審そうな顔つきをする.
Be·denk·lich·keit [ベ・デンクリヒカイト] 囡 -/ ① 疑わしさ, うさんくささ. ② 重大さ.
Be·denk⇗zeit [ベデンク・ツァイト] 囡 -/-en 考慮(猶予)期間.
be·dep·pert [ベ・デッパァト bə-déppərt] 形 《俗》途方に暮れた, 当惑した.
****be·deu·ten** [ベ・ドイテン bə-dɔ́ʏtən]

> 意味する Was *bedeutet* das?
> ヴァス　ベドイテット　ダス
> それはどういう意味ですか.

du bedeutest, er bedeutet (bedeutete, *hat...* bedeutet) 他 (定了) haben) ① (園⁴を)意味する; (…で)ある. (英 *mean*). Dieses Schild *bedeutet* „Einbahnstraße". この標識は「一方通行」を意味する / Seine Worte *bedeuten*, dass... 彼の言葉は…ということを意味している / Dieser Plan *bedeutet* ein großes Wagnis. この計画は大冒険だ.
② (園⁴の)前兆である. Diese Wolken *bedeuten* Sturm. この雲は嵐の前触れだ.
③ (**etwas**⁴, **nichts**⁴, **viel** などとともに〉(…の)重要性をもつ. Als Schriftsteller *bedeutet* er etwas. 作家として彼は重きをなしている / Das hat nichts zu *bedeuten*. それはつまらないことだ / Geld *bedeutet* ihm alles. 彼にとってはお金がすべてだ. ④ (雅)(囚³に囚⁴を)それとなく知らせる, ほのめかす. Er *bedeutete* mir zu gehen. 彼は私に行くように合図した.

be·deu·tend [ベ・ドイテント bə-dɔ́ʏtənt]
Ⅰ *bedeuten (意味する)の 現分
Ⅱ 形 ① 重要な. (英 *important*). eine *bedeutende* Rolle⁴ spielen 重要な役を演じる.
② 著名な. ein *bedeutender* Gelehrter 著名な学者. ③ 優れた. ein *bedeutender* Film 優れた映画. ④ 〈数量などが〉大きい, 相当な. ein *bedeutendes* Kapital 巨額の資本. Ⅲ 副 著しく, ずいぶん. Sein Zustand ist *bedeutend* besser. 彼の容態はずいぶん良くなっている.

be·deu·tet [ベ・ドイテット] *bedeuten (意味する)の 過分, 3人称単数・2人称親称複数 現在
be·deu·te·te [ベ・ドイテテ] *bedeuten (意味する)の 過去
be·deut·sam [ベ・ドイトザーム] 形 ① 重要な, 意義深い. ② 意味深長な. 囚⁴ *bedeutsam* an|blicken 囚⁴を意味ありげなまなざしで見る.
Be·deut·sam·keit [ベ・ドイトザームカイト] 囡 -/ ① 重要性. ② 意義.
die **Be·deu·tung** [ベ・ドイトゥング bə-dɔ́ʏtuŋ] 囡 (単) -/(複) -en ① 意味. (英 *meaning*). die eigentliche *Bedeutung* eines Wortes ある語の本来の意味 / Dieses Wort hat zwei *Bedeutungen*. この単語には二つの意味がある. ② 〖複 なし〗重要性, 意義, 価値.

(英 *importance*). **von** *Bedeutung* sein 重要である / Er ist ein Mann von *Bedeutung*. 彼は重要人物だ / ein Ereignis von historischer *Bedeutung* 歴史的意義のある出来事.
be·deu·tungs⇗los [ベドイトゥングス・ロース] 形 無意味な; 重要でない.
Be·deu·tungs⇗lo·sig·keit [ベドイトゥングス・ローズィヒカイト] 囡 -/ 無意味; 重要でないこと.
be·deu·tungs⇗voll [ベドイトゥングス・ふォる] 形 ① 意義深い, 重要な. ② 意味深長な.
***be·die·nen** [ベ・ディーネン bə-díːnən] (bediente, *hat...* bedient) Ⅰ 他 (定了) haben) ① 〖**4格**とともに〗(囚⁴に)給仕する, サービスする, 応待する. (英 *serve*). Der Kellner *bedient* die Gäste. ウエーターが客に給仕する / die Kunden⁴ gewissenhaft *bedienen* (店員が)客に良心的に応待する / *Werden* Sie schon *bedient*? 〘受動・現在〙(店員などが客に:)ご用はもう承ったでしょうか / Ich **bin** *bedient*! 〘状態受動・現在〙〘俗・比〙もうたくさんだ(=もう給仕されている). ◆〘目的語なしでも〙Wer *bedient* an diesem Tisch? このテーブルのサービス係はだれですか. ◆〘過去分詞の形で〙 **mit** 物・事³ gut (schlecht) *bedient* sein 《口語》物・事³で満足できる(できない).
② 〈機械など⁴を〉操作する, 取り扱う. Wie *bedient* man dieses Gerät? この器具はどのように操作するのですか. ③ 〘与〙(要求されたカード⁴を)出す. ④ 〘スポ〙(囚⁴に)ボールをパスする.
Ⅱ 再帰 (定了) haben) ① *sich*⁴ *bedienen* 〈食事のとき:〉自分で取って食べる(飲む) ⇒ Bitte, *bedienen* Sie *sich*! どうぞご自由にお取りください. ② *sich*⁴ 物² *bedienen* 《雅》物²を用いる, 使用する. *sich*⁴ eines Wörterbuchs *bedienen* 辞典を用いる.
Be·diens·te·te[**r**] [ベ・ディーンステテ (..タァ) bə-díːnstətə (..tər)] 男 囡 〖語尾変化は形容詞と同じ〗 ① 〘官庁〙(官公庁の)職員. ② 使用人.
be·dient [ベ・ディーント] *bedienen (給仕する)の 過分, 3人称単数・2人称親称複数 現在
be·dien·te [ベ・ディーンテ] *bedienen (給仕する)の 過去
*die **Be·die·nung** [ベ・ディーヌング bə-díːnuŋ] 囡 (単) -/(複) -en ① 〖複 なし〗給仕, サービス, 接待. (英 *service*). Selbst*bedienung* セルフサービス / *Bedienung* im Preis eingeschlossen (または enthalten) 〘勘定書などで〙サービス料込み. ② (機械などの)操作, 取り扱い. ③ 〘ふつう 単〙ウエーター, ウエートレス; 店員. die *Bedienung*⁴ rufen ウエーターを呼ぶ / Die *Bedienung* kommt nicht. ウエーターが来ない. ④ 〘ベルリン〙〈通いの〉家政婦の口(職).
Be·die·nungs⇗an·lei·tung [ベディーヌングス・アンらイトゥング] 囡 -/-en (器具などの)操作説明書.
be·din·gen [ベ・ディンゲン bə-dínən] (bedingte, *hat...* bedingt) 他 (定了) haben) ①

(結果として囚⁴を)引き起こす. (英 cause). Eine Frage *bedingt* die andere. 一つの疑問が別の疑問を生み出す / Seine Krankheit *ist* psychisch *bedingt*.〚状態受動・現在〛彼の病気は心因性のものだ. (系) (囲⁴を)前提とする. Diese Arbeit *bedingt* viel Zeit und Geduld. この仕事にはかなりの時間と忍耐を要する.

be·dingt [ベ·ディングト] I bedingen (引き起こす)の過分, 3人称単数·2人称親称複数現在 II 形 条件付きの, 制限された. eine *bedingte* Zusage 条件付き承諾.

..be·dingt [..ベディングト ..bədɪŋt]〚形容詞をつくる腰尾〛(…に制約された)例: alters*bedingt* 年齢に制約された.

be·ding·te [ベ·ディングテ] bedingen (引き起こす)の過去

Be·dingt·heit [ベ·ディングトハイト] 囡 -/-en 制限, 制約; 限定[性].

die **Be·din·gung** [ベ·ディングング bə-díŋʊŋ] 囡 (単) -/(複) -en ① 条件, 前提. (英 condition). Lebens*bedingung* 生活条件 / 囚³ eine *Bedingung*⁴ stellen 囚³に条件を出す / eine *Bedingung*⁴ an|nehmen 条件に応じる / **unter** folgender *Bedingung* 次の条件のもとで / unter keiner *Bedingung* いかなる条件でも…[し]ない / 囲⁴ **zur** *Bedingung* machen 囲⁴を条件とする. ②〚ふつう複〛状況, 情勢, 条件. Die klimatischen *Bedingungen* sind nicht gut. 気候条件はよくない.

be·din·gungs=los [ベディングングス·ロース] 形 無条件の; 全面(絶対)的な. die *bedingungslose* Kapitulation 無条件降伏.

be·drän·gen [ベ·ドレンゲン bə-dréŋən] 他 (h) ① (囚·物⁴を)攻めたてる; (囚³に)しつこく迫る. 囚⁴ **mit** Fragen *bedrängen* 囚⁴を質問攻めにする. ② (心配などが囚⁴を)苦しめる, 悩ます. ◇〚過去分詞の形で〛sich⁴ in einer *bedrängten* Lage befinden 苦境にある.

Be·dräng·nis [ベ·ドレングニス] 囡 -/..nisse〚雅〛困窮, 苦境. in *Bedrängnis* geraten 苦境に陥る.

be·dro·hen [ベ·ドローエン bə-dróːən] (bedrohte, *hat* ... bedroht) 他 (完了 **haben**) (英 threaten) ① 脅す, 脅迫する. 囚⁴ **mit** dem Messer *bedrohen* 囚⁴をナイフで脅す. ② (物事が囚·物⁴を)おびやかす, 危うくする. Das Hochwasser *bedroht* die Stadt. 洪水が町をおびやかす / Ihr Leben *ist bedroht*.〚状態受動·現在〛彼女の命が危ない.

be·droh·lich [ベ·ドローリヒ] 形 おびやかすような, 危険をはらんだ, 不気味な.

be·droht [ベ·ドロート] bedrohen (脅す)の過分, 3人称親称単数·2人称親称複数現在

be·droh·te [ベ·ドローテ] bedrohen (脅す)の過去

Be·dro·hung [ベ·ドローウング] 囡 -/-en 脅し, 脅迫, 威嚇; 危険[な状態].

be·dru·cken [ベ·ドルッケン bə-drúkən] 他 (h) (物⁴に)印刷する; プリント[染め]する.

be·drü·cken [ベ·ドリュッケン bə-drýkən] 他 (h) (囚·物⁴の)気をめいらせる. Die Krankheit des Kindes *bedrückt* sie. 子供の病気で彼女はふさぎこんでいる.

◇⟨☞ **bedrückt**

be·drü·ckend [ベ·ドリュッケント] I bedrücken (気をめいらせる)の現分 II 形 重苦しい, 気がめいるような, 意気消沈させる. *bedrückendes* Schweigen 重苦しい沈黙.

be·drückt [ベ·ドリュックト] I bedrücken (気をめいらせる)の過分 II 形 意気消沈した.

Be·drü·ckung [ベ·ドリュックング] 囡 -/ 意気消沈.

Be·du·i·ne [ベドゥイーネ beduíːnə] 男 -n/-n ベドウィン[族](アラビア系の遊牧民).

be·dür·fen* [ベ·デュルフェン bə-dýrfən] ich bedarf, du bedarfst, er bedarf (bedurfte, *hat* ... bedurft) 自 (完了 haben)〚**2格**とともに〛〚雅〛(囚·事²を)必要とする. (英 need). Der Kranke *bedarf* eines Arztes. その病人は医者に診てもらう必要がある / Das *bedarf* einer Erklärung. それには説明が必要だ. ◇〚非人称の **es** を主語として〛Es *bedarf* keines weiteren Wortes. これ以上何も言う必要はない.

das **Be·dürf·nis** [ベ·デュルフニス bə-dýrfnɪs] 中(単 2) ..nisses/(複) ..nisse (3格のみ ..nissen) ① 欲求, 必要, 需要, 要求. (英 need). ein *Bedürfnis*⁴ befriedigen (または erfüllen) 欲求を満たす / Er hatte (または fühlte) ein großes *Bedürfnis* **nach** Ruhe. 彼はぜひとも休みたかった / Es ist mir ein *Bedürfnis*, Ihnen zu danken. 私はぜひあなたにお礼を申し上げたい. ②〚ふつう複〛必需品. ③〚古〛生理的欲求, 便意, 尿意.

Be·dürf·nis=an·stalt [ベデュルフニス·アンシュタルト] 囡 -/-en (官庁)公衆トイレ.

be·dürf·nis=los [ベデュルフニス·ロース] 形 つましい, 欲のない, 質素な.

be·durft [ベ·ドゥルフト] bedürfen (必要とする)の過分

be·durf·te [ベ·ドゥルフテ] bedürfen (必要とする)の過去

be·dürf·tig [ベ·デュルフティヒ bə-dýrftɪç] 形 ① 貧しい, 困窮している. *bedürftige* Familien 貧困家庭. ②〚雅〛(囚·物²を)必要とする. Sie ist der Ruhe *bedürftig*. 彼女には休息が必要だ.

Be·dürf·tig·keit [ベ·デュルフティヒカイト] 囡 -/ 貧しさ, 困窮.

Beef·steak [ビーフ·ステーク bíːf-steːk] [英] 中 -s/-s (料理)ビーフステーキ.

be·eh·ren [ベ·エーレン bə-éːrən] 他 (h)〚雅〛(訪問·出席などによって囚⁴に)栄誉を与える. Bitte, *beehren* Sie mich bald wieder! 近いうちにまたどうぞお越しください.

be·ei·den [ベ·アイデン bə-áɪdən] 他 (h) (陳述など⁴が)真実であることを誓う.

be·ei·di·gen [ベ·アイディゲン bə-áɪdɪgən] 他 (h)〚雅〛= beeiden

*be·ei·len [ベ・アイレン bə-áɪlən] (beeilte, hat ... beeilt) (定了 haben) sich⁴ beeilen ① 急ぐ. (英 hurry). Beeil dich! 急げ / Er beeilt sich mit seiner Arbeit. 彼は仕事を急ぐ.
② 〖zu 不定詞[句]とともに〗ためらうことなく…する. Er beeilte sich, mir zuzustimmen. 彼は即座に私に同意した.

be·eilt [ベ・アイルト] *beeilen (再帰 で: 急ぐ)の過分, 3人称単数・2人称親称複数現在

be·eil·te [ベ・アイルテ] *beeilen (再帰 で: 急ぐ) の過去

be·ein·dru·cken [ベ・アインドルッケン bə-áɪndrukən] (過分 beeindruckt) 他 (人⁴に)強い印象を与える, 感銘を与える. Ich bin von dem Buch sehr beeindruckt. 〖状態受動・現在〗私はその本に非常に感銘を受けている.

be·ein·flus·sen [ベ・アインふルッセン bə-áɪnflusən] du beeinflusst, er beeinflusst (beeinflusste, hat ... beeinflusst) 他 (定了 haben) (人・事⁴に)影響を及ぼす, 感化を及ぼす. Dieses Ereignis beeinflusste die Verhandlungen. この事件は審理に影響を及ぼした / Er ist leicht zu beeinflussen. 彼は影響されやすい.

be·ein·flusst [ベ・アインふるスト] beeinflussen (影響を及ぼす)の過分, 3人称単数・2人称親称複数現在

be·ein·fluss·te [ベ・アインふるステ] beeinflussen (影響を及ぼす)の過去

Be·ein·flus·sung [ベ・アインふるッスング] 女 -/-en 影響, 感化; 干渉.

be·ein·träch·ti·gen [ベ・アイントレヒティゲン bə-áɪntreçtɪɡən] (過分 beeinträchtigt) 他 (人⁴を)妨げる, 侵害する. 人⁴ in seiner Freiheit beeinträchtigen 人⁴の自由を侵害する.

Be·ein·träch·ti·gung [ベ・アイントレヒティグング] 女 -/-en 妨害, 侵害.

Be·el·ze·bub [ベえる・ツェブープ beél-tsəbu:p または べーる.. béːl..] 男 -/ (聖) ベルゼブブ(ベルゼブル), 悪魔のかしら. den Teufel mit (または durch) Beelzebub aus|treiben 小難を除こうとしてかえって大難を招く(←ベルゼブブによって悪魔を追い出す; マタイによる福音書 12, 24).

be·en·den [ベ・エンデン bə-éndən] du beendest, er beendet (beendete, hat ... beendet) 他 (定了 haben) 終える, 済ます; (争いなど⁴を)やめる. (英 end). (⇔ 「始める」は an|fangen, beginnen). Er hat die Arbeit beendet. 彼は仕事を終えた / den Krieg beenden 戦争を終結させる / einen Vortrag mit einem Zitat beenden ある文を引用して講演を締めくくる.

be·en·det [ベ・エンデット] beenden (終える)の過分, 3人称単数・2人称親称複数現在

be·en·de·te [ベ・エンデテ] beenden (終える)の過去

be·en·di·gen [ベ・エンディゲン bə-éndɪɡən] 他 (h) =beenden

Be·en·di·gung [ベ・エンディグング] 女 -/ (獣) =Beendung

Be·en·dung [ベ・エンドゥング] 女 -/ 終結, 終了, 完結, 完了.

be·en·gen [ベ・エンゲン bə-éŋən] 他 (h) 窮屈にする, 圧迫する; 制限する. Die Kleidung beengt mich. この服は私には窮屈だ. ◇過去分詞の形で〗Wir wohnen sehr beengt. 私たちは狭苦しい所に住んでいる.

Be·engt·heit [ベ・エングトハイト] 女 -/ 狭苦しさ, 窮屈さ.

be·er·ben [ベ・エルベン bə-ɛ́rbən] 他 (h) (人⁴の)遺産を相続する.

be·er·di·gen [ベ・エーァディゲン bə-éːrdɪɡən] 他 (h) 埋葬する.

Be·er·di·gung [ベ・エーァディグング] 女 -/-en 埋葬, 葬式 (=Begräbnis).

Be·er·di·gungs:in·sti·tut [ベエーァディグングス・インスティトゥート] 中 -[e]s/-e 葬儀社.

die **Bee·re** [ベーレ béːrə] 女 (単) -/(複) -n 漿果(しょうか)(ぶどう・いちご類の実, またその総称). (英 berry). Erdbeere いちご / Heidelbeere こけもも / reife Beere 熟れたいちご / Beeren⁴ pflücken いちごを摘む / in die Beeren gehen (方) 野いちごを摘みに行く.

Brombeere　Himbeere

Heidelbeere　Johannisbeere

Preiselbeere　Stachelbeere

Beere

Bee·ren=aus·le·se [ベーレン・アオスれーゼ] 女 -/-n ① ぶどうの房から特に熟れた粒を選んで摘むこと. ② ベーレンアウスレーゼ(熟した粒を選んで作られた上質ワイン).

Beet [ベート béːt] 中 -[e]s/-e 苗床, 花壇 (=Blumenbeet).

Bee·te [ベーテ béːtə] 女 -/-n 《植》ビート(トウジシャ属) (=Bete).

Beet·ho·ven [ベート・ホーふェン béːt-hoːfən] -s/ (人名) ベートーヴェン (Ludwig van Beethoven 1770-1827; ドイツの作曲家).

be·fä·hi·gen [ベ・ふェーイゲン bə-fɛ́ːɪɡən] 他 (h) 〖人⁴ zu 事³ ~〗 (人⁴に事³が)できるようにする.

be·fä·higt [ベ・ふェーイヒト] I befähigen (でき

be·fä·hi·gung [ベ・フェーイグング] 囡 -/ 能力, 資格.

be·fahl [ベ・ファーる] befehlen (命令する)の過去

be·fäh·le [ベ・フェーれ] befehlen (命令する)の接2

be·fahr·bar [ベ・ファールバール] 形 車が通れる (道路など), 航行可能な(川・海など).

be·fah·ren[1] [ベ・ファーレン] 他 (h) (乗り物が・人が乗り物で道など[4]を)走行する, (川・海など[4]を)航行する. eine Straße[4] mit dem Auto befahren 自動車で道路を走る.

be·fah·ren[2] [ベ・ファーレン] I befahren[1] (走行する)の過分 II 形 ① 車(船)が往来する. eine viel befahrene (または vielbefahrene) Straße 交通量の多い通り. ② 《海》航海の経験を積んだ. ③ 《狩》(獣が)住んでいる(巣穴など).

Be·fall [ベ・ファる] bə-fál] 男 -[e]s/ (病気・害虫による植物の)被害, 発病.

be·fal·len* [ベ・ファれン bə-fálən] 他 (h) (病気・恐怖などが)襲う, 振りかかる. Angst befiel mich. 私は不安になった.

be·fand [ベ・ファント] * befinden (再帰 で: …にある)の過去

be·fan·gen [ベ・ファンゲン bə-fáŋən] 形 ① 物おじした, はにかんでいる, おずおずした. Die neue Umgebung macht das Kind ganz befangen. 新しい環境にその子はすっかりとまどっている. ② 偏見をいだいている, 《法》かたよった, 不公平な. ③ 《成句的に》in 圍[3] befangen sein 《雅》圍[3](信仰など)のとりこになっている, とらわれている.

Be·fan·gen·heit [ベ・ファンゲンハイト] 囡 -/ ① 当惑, とまどい, 気後れ. ② 《法》先入観, 不公平.

be·fas·sen [ベ・ファッセン bə-fásən] I 再帰 (h) 《sich[4] mit 囚・事[3] ～》(囚・事[3]と)かかわり合う, (囲[3]に)たずさわる, 関係する. Ich befasste mich lange mit diesem Fall. 私は長い間この事件を手がけた. II 他 (h) 《囚[4] mit 事[3] ～》《官庁》(囚[4]を事[3]に)従事させる. Ich bin damit nicht befasst. 《状態受動・現在》私はそれには従事していない(関係がない).

be·feh·den [ベ・フェーデン bə-fé:dən] 他 (h) 《雅》攻撃する, (囚[4]と)戦う. ◊《相互的に》sich[4] befehden 相争う, 反目し合う.

der Be·fehl [ベ・フェーる bə-fé:l] 男 (単2) -[e]s/(複) -e (3格のみ -me) ① 命令, 指図, 指令. 《英》 order). ein dienstlicher Befehl 業務命令 / einen Befehl geben (erhalten) 命令を与える(受ける) / einem Befehl befolgen (verweigern) 命令に従う(命令を拒む) / einen Befehl aus|führen 命令を遂行する. ② 命令(指揮)権. Der Kapitän hat den Befehl über das Schiff. 船長には船の指揮権がある / unter dem Befehl eines Generals stehen ある将官の指揮下にある. ③ 《コンピュ》命令, コマンド.

be·feh·len* [ベ・フェーれン bə-fé:lən] du befiehlst, er befiehlt (befahl, hat…befohlen) I 他 (完了 haben) ① (《囚[3]に》《事[4]を》命令する, 指図する. 《英》 order). Er befahl mir, mit ihm zu kommen. 彼は私にいっしょについて来るように命じた / Von dir lasse ich mir nichts befehlen! 君の指図は受けないぞ. ◊《目的語なしても》Wie Sie befehlen! (大げさに:)仰せのとおりにいたします. ② 《方向を表す語句とともに》(囲[4]に…へ)行くように命じる. Er wurde zu seinem Vorgesetzten befohlen. 《受動・過去》彼は上司の所へ行くように命じられた. ③ 《雅》(A[3] に B[4] を)ゆだねる.
II 自 (完了 haben) 《über 囚・物[4] ～》(囚・物[4] に対する)命令(指揮)権を持っている.

be·feh·lend [ベ・フェーれント] I befehlen (命令する)の現分 II 形 命令するような. in befehlendem Ton 命令口調で.

be·feh·li·gen [ベ・フェーりゲン bə-fé:lɪgən] 他 (h) 《軍》指揮する, 率いる.

Be·fehls·form [ベフェーるス・フォルム] 囡 -/-en 《言》命令法 (=Imperativ).

Be·fehls=ge·walt [ベフェーるス・ゲヴァるト] 囡 -/ 命令(指揮)権.

Be·fehls·ha·ber [ベフェーるス・ハーバァ] 男 -s/- 《軍》司令官, 指揮官. (女性形: -in).

Be·fehls·ver·wei·ge·rung [ベフェーるス・フェァヴァイゲルング] 囡 -/-en 《軍》命令拒否.

be·fes·ti·gen [ベ・フェスティゲン bə-féstɪgən] (befestigte, hat…befestigt) 他 (完了 haben) ① 固定する, 取り(くくり)付ける, (ボートなど[4]を)つなぎ留める. 《英》 fasten). ein Schild[4] an der Tür befestigen 表札をドアに取り付ける. ② (堤防など[4]を)固める, 堅固にする; 《比》(地位・信頼など[4]を)確かなものにする. das Ufer[4] befestigen 護岸工事をする. ◊《再帰的に》sich[4] befestigen (地位などが)確かなものになる, 安定する ⇒ Die Preise befestigen sich. 物価が安定する.

be·fes·tigt [ベ・フェスティヒト] befestigen (固定する)の過分, 3人称単数・2人称親称複数現在

be·fes·tig·te [ベ・フェスティヒテ] befestigen (固定する)の過去

Be·fes·ti·gung [ベ・フェスティグング] 囡 -/-en ① 《ふつう単》固定[すること]; 強化, 築城. ② 防衛施設, 堡塁(ほうるい).

be·feuch·ten [ベ・フォイヒテン bə-fóyçtən] 他 (h) 湿らせる, ぬらす.

be·feu·ern [ベ・フォイァァン bə-fóyərn] 他 (h) ① (囲[4]に)砲火を浴びせる. ② 《雅》鼓舞(激励)する. ③ 《海・空》(囲[4]に)標識灯を付ける.

Beff·chen [ベふヒェン béfçən] 中 -s/- (聖職者などの)制服の襟飾り(胸にたらす2条の白い布片).

be·fiehl [ベ・フィーる] befehlen (命令する)の du に対する 命令

be·fiehlst [ベ・フィーるスト] befehlen (命令する)の2人称親称単数 現在

be·fiehlt [ベ・フィーるト] befehlen (命令する)の3

人称単数 現在

be·fin·den [ベ・ふィンデン bə-fíndən] du befindest, er befindet (befand, *hat*...befunden) **I** 再帰 (完了 haben) *sich*[4] *befinden* ① 〚場所を表す語句とともに〛(…に)ある, いる. Er *befindet sich* in seinem Büro. 彼は自分の事務所にいる / Wo *befindet sich* die Kasse? レジはどこですか. (☞ 類語 sein). ② 《雅》(…の状態に)ある. Die beiden Länder *befanden sich* im Kriegszustand. 両国は戦争状態にあった / Wie *befinden* Sie *sich*? ご機嫌(ご気分)はいかがですか.
II 他 (完了 haben) 〚成句的に〛人[4] **als** (または **für**) schuldig *befinden* 《雅》人[4] を有罪と見なす/囲[4] **für** richtig *befinden*《雅》囲[4]を正しいと判断する.
III 自 (完了 haben) 〚**über** 人・物[4] ~〛《官庁》(人・物[4]について)判断を下す, 決定する.

Be·fin·den [ベ・ふィンデン] 匣 -s/ ① 健康状態, 体調. ② 《雅》見解, 意見, 判断. **nach** meinem *Befinden* 私の考えでは.

be·find·lich [ベ・ふィントリヒ] 形《書》(…の場所・状態に)いる, ある, 存する. das in der Kasse *befindliche* Geld 金庫に入っているお金.

be·flag·gen [ベ・ふらッゲン bə-flágən] 他 (h) (船・建物など[4]を)旗で飾る.

be·fle·cken [ベ・ふれッケン bə-flékən] 他 (h) ① (囲[4]に)染みを付ける, 汚す. ② 《比》(名誉など[4]を)けがす, 傷つける.

Be·fle·ckung [ベ・ふれックング] 囡 -/-en 〚ふつう 囲〛汚す(汚される)こと.

be·flei·ßi·gen [ベ・ふらイスィゲン bə-flái-sɪgən] 再帰 (h) *sich*[4] *befleißigen*《雅》囲[2] にいそしむ, 努める.

be·flie·gen* [ベ・ふリーゲン bə-flí:gen] 他 (h) (ある区間・路線[4]を定期的に)飛ぶ.

be·flis·sen [ベ・ふりッセン bə-flísən] 形 《雅》熱心な, 勤勉な. ein *beflissener* Schüler まじめに勉強する生徒 / **um** 物[4] *beflissen* sein 物[4]を得ようと懸命に努力している.

Be·flis·sen·heit [ベ・ふりッセンハイト] 囡 -/ 熱心さ, 勤勉さ.

be·flü·geln [ベ・ふりューゲるン bə-flý:gəln] 他 (雅) ① (歩調など[4]を)速める. ② 《比》駆りたてる, 鼓舞する.

be·flü·gelt [ベ・ふりューゲるト] **I** beflügeln (歩調などを速める)の 過分 **II** 形 翼を付けた.

be·föh·le [ベ・ふェーれ] befehlen (命令する)の 接2

be·foh·len [ベ・ふォーれン] befehlen (命令する)の 過分

be·fol·gen [ベ・ふォるゲン bə-fólgən] 他 (h) (命令など[4]に)従う; (規則など[4]を)守る. (☞ 類語 folgen).

Be·fol·gung [ベ・ふォるグング] 囡 -/ (命令などに)従うこと; (規則などを)守ること, 遵守.

be·för·dern [ベ・ふェるダァン bə-fǿrdərn] (beförderte, *hat*...befördert) 他 (完了 haben) ① 運送する, 輸送する. (英 *transport*). Die Fähre *befördert* täglich etwa 100 Fahrgäste. そのフェリーは毎日約100名の乗客を運ぶ / Pakete[4] mit der Post *befördern* 小包を郵送する / 人[4] **an** die frische Luft (または **ins** Freie) *befördern* 《口語・比》(人をつまみ出す. ② (囲[4]に)昇進させる. Er *ist* **zum** Direktor *befördert worden*. 《受動・現在完了》彼は取締役に昇進した.

be·för·dert [ベ・ふェるダァト] befördern (運送する)の 過分, 3人称単数・2人称親称複数 現在

be·för·der·te [ベ・ふェるダァテ] befördern (運送する)の 過去

Be·för·de·rung [ベ・ふェるデルング] 囡 -/-en ① 〚圈 なし〛運送, 輸送. ② 昇進, 進級.

Be·för·de·rungs⸗kos·ten [ベふェるデルングス・コステン] 複 運送料, 輸送料.

Be·för·de·rungs⸗mit·tel [ベふェるデルングス・ミッテる] 甲 -s/- 運送(輸送)手段.

be·frach·ten [ベ・ふラハテン bə-fráxtən] 他 (h) (囲[4]に)荷を積む. ein Schiff[4] mit Kohle *befrachten* 船に石炭を積む.

be·fra·gen [ベ・ふラーゲン bə-frá:gən] **I** 他 (h) (人[4]に詳しく)尋ねる, 質問する. 人[4] **über** 囲[4] *befragen* 人[4]に囲[4]について質問する. **II** 再帰 (h) *sich*[4] *befragen* 問い合わせる. *sich*[4] **bei** 人[3] *befragen* 人[3]に照会する.

Be·fra·gung [ベ・ふラーグング] 囡 -/-en ① 問い合わせ, 照会. ② 〚アンケート〛調査.

be·frei·en [ベ・ふライエン bə-fráiən] (befreite, *hat*...befreit) 他 (完了 haben) ① 自由にする, 解放する, 救い出す. (英 *free*). einen Gefangenen *befreien* 捕虜を解放する / 人[4] **aus** einer Gefahr *befreien* 人[4]を危険から救出する. ◇《再帰的に》*sich*[4] *befreien* 自由になる, 解放される.
② 〚人[4] **von** 物[3] ~〛(人[4]に物[3](義務などを))を)免除する. 人[4] **vom** Militärdienst *befreien* 人[4]の兵役を免除する / Er *wurde* vom Turnen *befreit*. 《受動・過去》(病気などの理由で)彼は体育の授業を免除された. ③ 〚人・物[4] **von** 物[3]〛(人・物[4]から物[3]を)取り除く. die Schuhe[4] vom Schmutz *befreien* 靴の汚れを取る / 人[4] von Angst *befreien* 人[4]の不安を取り除いてやる. ◇《再帰的に》*sich*[4] von Vorurteilen *befreien* 偏見を捨て去る.

Be·frei·er [ベ・ふライアァ bə-fráiər] 男 -s/- 解放者, 救済者. (女性形: -in).

be·freit [ベ・ふライト] befreien (自由にする)の 過分, 3人称単数・2人称親称複数 現在

be·frei·te [ベ・ふライテ] befreien (自由にする)の 過去

Be·frei·ung [ベ・ふライウング] 囡 -/-en ① 自由にすること, 解放, 救出. ② 救済. ③ 免除.

Be·frei·ungs⸗krieg [ベふライウングス・クリーク] 男 -[e]s/-e ① 解放(独立)戦争. ② 〚圈 で〛《史》解放戦争 (ヨーロッパをナポレオン1世の軍事的支配から解放するための戦争. 1813-1815).

be·frem·den [ベ・ふレムデン bə-frémdən] 他

(h) (人⁴に)奇異な感じを与える, 不審の念をいだかせる. Sein Verhalten *befremdete* alle. 彼の態度は皆に不審の念をいだかせた. ◆〖過去分詞の形で〗人⁴ *befremdet* an|sehen 人⁴をけげんに見つめる.

Be·frem·den [ベ・フレムデン] 中 -s/ 不審の念, 意外な感じ. **mit leisem** *Befremden* かすかな不審の念を持って.

be·fremd·lich [ベ・フレムトリヒ] 形 《雅》不審な, いぶかしい, 奇妙な.

be·freun·den [ベ・フロインデン] bə-frɔ́yndən] 再帰 (h) *sich*⁴ *befreunden* ① 《*sich*⁴ [mit 人³] ~》(人³と)親しくなる, 友達になる. ②《*sich*⁴ *mit* 事³ ~》(事³〈考え方など〉に)なじむ.

be·freun·det [ベ・フロインデット] I befreunden (再帰で: 親しくなる)の 過分 II 形 親しい, 友好関係にある. *befreundete* Staaten 友好諸国 / **mit** 人³ *befreundet* **sein** 人³と親しくしている.

be·frie·den [ベ・フリーデン bə-frí:dən] 他 (h) 《雅》平和にする; 落ち着かせる.

be·frie·di·gen [ベ・フリーディゲン bə-frí:dɪgən] (befriedigte, *hat*…befriedigt) 他 (完了 haben) (人⁴を)満足させる, (要求・欲求などを)満たす. (英 *satisfy*). Sie *wollte* ihre Neugier *befriedigen*. 彼女は自分の好奇心を満たそうとした / Das Ergebnis *befriedigt* mich. この結果に私は満足だ. ◆〖再帰的に〗*sich*⁴ *befriedigen* 自慰(マスターベーション)をする.

be·frie·di·gend [ベ・フリーディゲント bə-frí:dɪgənt] I befriedigen (満足させる)の 現分 II 形 ① 満足できる, まずまずの. eine *befriedigende* Antwort 満足できる回答. ② (成績が)良の. (☞ 成績評価については ☞ **gut** ⑪).

be·frie·digt [ベ・フリーディヒト] befriedigen (満足させる)の 過分, 3人称単数・2人称親称複数 現在

be·frie·dig·te [ベ・フリーディヒテ] befriedigen (満足させる)の 過去

Be·frie·di·gung [ベ・フリーディグング] 女 -/ 満足[させること], 充足. Er findet seine *Befriedigung* in der Arbeit. 彼はその仕事に充足感を覚えている.

Be·frie·dung [ベ・フリードゥング] 女 -/ 平和にすること, 和平; 鎮静.

be·fris·ten [ベ・フリステン bə-frístən] 他 (h) (契約などに)期限をつける. ◆〖過去分詞の形で〗ein *befristetes* Visum 期限つきのビザ.

be·fruch·ten [ベ・フルフテン bə-frúxtən] 他 (h) ① (雌⁴に)受粉(受精)させる, 受胎させる. ② 《雅・比》(人事⁴に)有益な刺激を与える.

Be·fruch·tung [ベ・フルフトゥング] 女 -/-en 《生》受粉, 受精, 受胎;《比》(有益な)刺激. eine künstliche *Befruchtung* 人工受精.

be·fu·gen [ベ・フーゲン bə-fú:gən] 他 (h) 《人⁴ [**zu** 事³] ~》(人⁴に 事³の)権限(資格)を与える.
◆☞ **befugt**

Be·fug·nis [ベ・フークニス] 女 -/..nisse 権限, 資格, 権能. Dazu hast du keine *Befugnis*! 君にはそんなことをする権限がない.

be·fugt [ベ・フークト] I befugen (権限を与える)の 過分 II 形 権限(資格)がある. Er ist *befugt*, dies zu tun. 彼はこれをする権限がある.

be·füh·len [ベ・フューレン bə-fý:lən] 他 (h) (物⁴に)触る; 触れてみる, (脈など⁴を)とる.

be·fum·meln [ベ・フンメルン bə-fúməln] 他 (h) 《口語》(商品など⁴を)触ってみる, いじる; 愛撫(*ㇵ*)する.

Be·fund [ベ・フント bə-fúnt] 男 -[e]s/-e 調査結果, 検査結果, 鑑定; (医者の)所見. Der *Befund* war negativ (positiv). 検査結果は陰性(陽性)と出た / **nach ärztlichem** *Befund* 医者の診断によれば / **ohne** *Befund* (医)異常なし (略: o.B.).

be·fun·den [ベ・フンデン] ＊befinden (再帰で: …にある)の 過分

be·fürch·ten [ベ・フュルヒテン bə-fýrçtən] 他 (h) 恐れる, 気づかう, 懸念する. Ich *befürchte* das Schlimmste. 私は最悪の事態を恐れる / Es ist zu *befürchten*, dass… …が気づかわれる.

Be·fürch·tung [ベ・フュルヒトゥング] 女 -/-en 恐れ, 気づかい, 不安. Deine *Befürchtungen* sind unbegründet. 君の心配は根拠がない.

be·für·wor·ten [ベ・フューァヴォルテン bə-fý:rvɔrtən] 他 (h) (事⁴を強く)支持する, バックアップする. einen Plan *befürworten* 計画を支持する.

Be·für·wor·ter [ベ・フューァヴォルタァ bə-fý:rvɔrtər] 男 -s/- 支持者. (女性形; -in).

Be·für·wor·tung [ベ・フューァヴォルトゥング] 女 -/-en 支持, バックアップ, 支援.

be·gab [ベ・ガープ] ＊begeben¹ (再帰で: 行く)の 過去

be·gabt [ベ・ガープト bə-gá:pt] 形 (比較 begabter, 最上 begabtest) 才能のある, 天分のある. (英 *talented*). Er ist künstlerisch *begabt*. 彼は芸術的才能がある / Die junge Schauspielerin ist hoch *begabt* (または hoch-*begabt*). その若い女優は天分豊かだ / **für** 事⁴ *begabt* **sein** 事⁴の才能がある ⇨ Er ist besonders für Musik *begabt*. 彼は特に音楽の才能がある.

die **Be·ga·bung** [ベ・ガーブング bə-gá:bʊŋ] 女 (単) -/(複) -en ① (天賦の)才能, 天分. (英 *talent*). eine musikalische *Begabung* 音楽の才能 / eine *Begabung*⁴ **für** Sprachen haben 語学の才能がある / Sie hat *Begabung* **zur** Lehrerin. 彼女は教師としての天分がある. ② 才能のある人, 天才.

be·gaf·fen [ベ・ガッフェン bə-gáfən] 他 (h) 《口語》(驚いて人・物⁴に)ぽかんと見とれる.

be·gann [ベ・ガン] ＊beginnen (始める)の 過去

be·gän·ne [ベ・ゲンネ] ＊beginnen (始める)の 接2

be·gat·ten [ベ・ガッテン bə-gátən] 他 (h) (動物の雄が雌⁴と)交尾する. ◆〖相互的に〗*sich*⁴ *begatten* (雄と雌が)交尾する.

Be·gat·tung [ベ・ガットゥング] 囡 -/-en 交尾; 性交.

be·ge·ben[1]* [ベ・ゲーベン bə-gé:bən] du begibst, er begibt (begab, hat … begeben) I 再帰 (完了 haben) *sich*[4] *begeben* 《雅》 ① 〖方向を表す語句とともに〗(…へ)行く, 赴く (英 *proceed*). Er *begab sich* **nach** Bonn. 彼はボンに行った / *sich*[4] **zu** 囚[3] *begeben* 囚[3] の所へ行く / *sich*[4] **zu** Bett (または zur Ruhe) *begeben* 床に就く / *sich*[4] **in** ärztliche Behandlung *begeben* 医者の治療を受ける. ② 〖*sich*[4] **an** 囲[4] ~〗(囲[4]に)とりかかる. *sich*[4] an die Arbeit *begeben* 仕事にとりかかる. *sich*[4] (囲[2]を)放棄する, 断念する. *sich*[4] einer Möglichkeit[2] *begeben* 可能性を放棄する. ④ (事件などが)起こる, 生じる. Da *begab* es *sich*, dass … そのとき…ということが起こった.

II 他 (完了 haben)《商》(公債など[4]を)発行する, (手形[4]を)振り出す; (商品[4]を)売却する.

be·ge·ben[2] [ベ・ゲーベン] begeben[1] (再帰 で: 行く)の 過分

Be·ge·ben·heit [ベ・ゲーベンハイト] 囡 -/-en 《雅》事件, 出来事.

***be·geg·nen** [ベ・ゲーグネン bə-gé:gnən] du begegnest, er begegnet (begegnete, ist … begegnet) 圓 (完了 sein) ① (囚・物[3]に偶然に)出会う, 出くわす, 遭遇する. (英 *meet*). Ich *begegne* diesem Mann oft. 私はこの男性によく出会う / Ich *bin* ihm zufällig auf einer Party *begegnet*. 〖現在完了〗私はあるパーティーで偶然彼に出会った / Dieser Ansicht *kann* man oft *begegnen*. この見解はよく耳にする. ◊〖相互的に〗*sich*[3] *begegnen* a) お互いに出会う, b) 〖比〗(意見などが)一致する ⇒ Ihre Blicke *begegneten sich*. 彼らの視線が合った. (☞ 類語 treffen).

② 《雅》(災難などが囚[3]の身に)降りかかる, 起こる. Ihm *ist* ein Unglück *begegnet*. 〖現在完了〗彼の身に不幸が降りかかった. ③ 《雅》(囚[3] に…の態度で)応対する, 接する. 囚[3] freundlich *begegnen* 囚[3] に親切に応対する. 《雅》(困難などに[3]に)対処する. einer Gefahr[3] mutig *begegnen* 危険に勇敢に立ち向かう. ⑤ 《雅》(表現・考えなどが作品などに)出てくる.

be·geg·net [ベ・ゲーグネット] * begegnen (出会う)の 過分, 3 人称単数・2 人称親称複数 現在

be·geg·ne·te [ベ・ゲーグネテ] * begegnen (出会う)の 過去

die **Be·geg·nung** [ベ・ゲーグヌング bə-gé:gnʊŋ] 囡 (単) -/(複) -en ① 出会い, 遭遇. eine zufällige *Begegnung* 偶然の出会い. ② 〖スポ〗試合.

be·geh·bar [ベ・ゲーバール] 形 歩いて通れる(道など).

be·ge·hen* [ベ・ゲーエン bə-gé:ən] 他 (h) ① (過失・罪など[4]を)犯す. Selbstmord[4] *begehen* 自殺する / ein Verbrechen[4] *begehen* 罪を犯す / eine Dummheit[4] *begehen* ばかなことをする. ② 《雅》(祭・儀式など[4]を)挙行する, (誕生日など[4]を)祝う ③ (道など[4]を)歩く, 通る, (歩いて)見回る, 巡回する. Felder[4] *begehen* 畑を見回る. ◊〖過去分詞の形で〗ein [viel] *begangener* Weg 人通りの多い道.

be·geh·ren [ベ・ゲーレン bə-gé:rən] 他 (h) 《雅》熱望する, 欲しがる; (強く)求める. Er *begehrte* sie zur Frau. 彼は彼女を妻にと所望した / Er *begehrte*, sie zu sprechen. 彼は彼女に面会を求めた.
◊☞ begehrt

Be·geh·ren [ベ・ゲーレン] 甲 -s/- 〖ふつう 単〗《雅》熱望, 要求, 願望.

be·geh·rens·wert [ベゲーレンス・ヴェート] 形 望ましい, ぜひとも手に入れたい, 魅力的な.

be·gehr·lich [ベ・ゲーァリヒ] 形 《雅》物欲しげな, 貪欲(になる).

be·gehrt [ベ・ゲーァト] I begehren (熱望する)の 過分 II 形 引っぱりだこの, 需要の多い.

Be·ge·hung [ベ・ゲーウング] 囡 -/-en ① 〖複 なし〗見回り, 巡回. ② 犯行, (過失・罪などを)犯すこと. ③ 《雅》(祭典などの)挙行.

be·geis·tern [ベ・ガイスタァン bə-gáıstərn] (begeisterte, *hat* … begeistert) I 他 (完了 haben) 感激させる, 感動させる, 熱狂(熱中)させる. Seine Rede *begeisterte* alle. 彼の演説はすべての人を感動させた / Er *begeisterte* uns alle **für** seinen Plan. 彼は自分の計画を披露して私たちみんなを夢中にさせた.
◊〖現在分詞の形で〗eine *begeisternde* Rede 感動的な演説.

II 再帰 (完了 haben) *sich*[4] *begeistern* 感激する, 熱狂(熱中)する. *sich*[4] **an** der Natur *begeistern* 自然を見て感動する / Er *begeistert sich* **für** Fußball. 彼はサッカーに夢中だ.

be·geis·tert [ベ・ガイスタァト bə-gáıstərt] I begeistern (感激させる)の 過分, 3 人称単数・2 人称親称複数 現在
II 形 感激した, 熱狂した; 熱烈な. (英 *enthusiastic*). *begeisterte* Zuschauer 熱狂した観衆 / Er war ganz *begeistert* **von** ihr. 彼は彼女にすっかり夢中になっていた.

be·geis·ter·te [ベ・ガイスタァテ] begeistern (感激させる)の 過去

die **Be·geis·te·rung** [ベ・ガイステルング bə-gáıstərʊŋ] 囡 -/〖複〗感激, 熱狂, 熱中. (英 *enthusiasm*). eine stürmische *Begeisterung* あらしのような熱狂 / **in** *Begeisterung* geraten 感激する / 囚[4] **in** *Begeisterung* versetzen 囚[4]を熱狂(感激)させる / **mit** *Begeisterung* 感激して, 熱狂して.

be·gib [ベ・ギーブ] begeben[1] (再帰 で: 行く)の du に対する 命令

be·gibst [ベ・ギーブスト] begeben[1] (再帰 で: 行く)の 2 人称親称単数 現在

be·gibt [ベ・ギーブト] begeben[1] (再帰 で: 行く)の 3 人称単数 現在

Be·gier [ベ・ギーァ bə-gí:r] 囡 -/ 《雅》欲望, 熱望 (= Begierde).

Be·gier·de [ベ・ギーァデ bə-gí:rdə] 囡 -/-n

欲望, 熱望, 欲求; 情欲; 貪欲(㋕). eine heftige *Begierde* nach Macht 激しい権力欲.

be·gie·rig [ベ・ギーりヒ bə-gíːrɪç] 形 熱望している, 熱心な, 貪欲(㋕)な. Wir sind *begierig* **auf** seinen Besuch. 私たちは彼の訪問を待ちこがれている / die frische Luft⁴ *begierig* ein|-atmen 新鮮な空気をむさぼるように吸いこむ.

be·gie·ßen* [ベ・ギーセン bə-gíːsən] 他 (h) ① (人·物)に水などをかける, 注ぐ. Blumen [mit Wasser] *begießen* 草花に水をやる / 囚⁴ mit kaltem Wasser *begießen* 囚に冷水を浴びせる. ② (口語) (事⁴を祝って)祝杯をあげる. einen Erfolg *begießen* 成功を祝って酒を飲む.

der **Be·ginn** [ベ・ギン bə-gín] 男 (単2) -[e]s/ 初め, 最初; (物事の)始まり, 開始. (㊧ *beginning*). (㊧ 「終わり」は Ende). [Der] *Beginn* der Vorstellung ist 20 Uhr. 上演の開始は20時です / **am** *Beginn* der Sendung² 放送の始めに / **bei** *Beginn* des Gesprächs 討論の始めに / **mit** *Beginn* des Wintersemesters 冬学期の開始とともに / **seit** *Beginn* dieses Jahrhunderts 今世紀が始まって以来 / **von** *Beginn* an 始めから / **kurz vor** *Beginn* der Vorstellung² 開演直前に / **gleich zu** *Beginn* 始まってすぐに / **zu** *Beginn* dieses Jahrhunderts 今世紀初頭に.

**be·gin·nen* [ベ・ギンネン bə-gínən]

> 始める; 始まる
> Wann *beginnt* die Vorlesung?
> ヴァン　ベギント　ディ　ふォーァれーズング
> 講義は何時に始まりますか.

(begann, *hat* ... begonnen) (㊧ *begin*) I 他 (完了 haben) ① 始める, 着手する. (㊧ 「終える」は beenden). eine Arbeit⁴ *beginnen* 仕事を始める / Sie *begann* zu weinen. 彼女は泣きだした.
② する, 行う. Was *soll* ich nun **mit** ihm *beginnen*? さて彼のことをどうしたらいいだろうか. II 自 (完了 haben) ① 始まる. (㊧ 「終わる」は enden). Der Unterricht *beginnt* um 9 Uhr. 授業は9時に始まる / Hier *beginnt* unser Grundstück. ここからが私たちの土地です / Es *beginnt* zu regnen. 雨が降り始める.
② 始める. Wer *beginnt*? だれから始めますか / **mit** 事³ *beginnen* 事³を始める, 事³にとりかかる ⇒ Sie *begannen* mit der Arbeit. 彼らは仕事にとりかかった.

be·glau·bi·gen [ベ・グらオビゲン bə-gláubɪgən] 他 (h) ① (文書などを公的に)認証(証明)する. eine Unterschrift⁴ *beglaubigen* 署名が本物であることを認証する. ◇(過去分詞の形で) eine polizeilich *beglaubigte* Fotokopie 警察が認証したコピー[の書類]. ② (大使などに)信任状を与える.

Be·glau·bi·gung [ベ・グらオビグング bə-gláubɪgʊŋ] 女 -/-en 認証, 証明; (大使などの)信任[状]. die

Beglaubigung von Urkunden 文書の認証.

Be·glau·bi·gungs≠schrei·ben [ベグらオビグングス・シュライベン] 中 -s/- (大使などの)信任状.

be·glei·chen* [ベ・グらイヒェン bə-gláɪçən] 他 (h) 《雅》 (勘定·負債⁴を)支払う, 清算する. eine Rechnung⁴ *begleichen* 勘定を払う.

Be·glei·chung [ベ・グらイヒュング] 女 -/-en 《ふつう単》 清算.

Be·gleit≠brief [ベグらイト・ブリーふ] 男 -[e]s/-e (送付品の)添え状, 送り状.

be·glei·ten [ベ・グらイテン bə-gláɪtən] du begleitest, er begleitet (begleitete, *hat* ... begleitet) 他 (完了 haben) ① 《4格とともに》 (囚⁴に)同行する, ついて行く; 送って行く, 護送する. (㊧ *accompany*). Darf ich Sie *begleiten*? お供してよろしいでしょうか / Er *begleitete* sie **nach** Hause. 彼は彼女を家まで送った / Das Glück *hat* mich immer *begleitet*. (比) 私はいつも幸運に恵まれた.
② (人·物⁴の)伴奏をする. Er *begleitete* die Sängerin **auf** dem Klavier. 彼はピアノでその歌手の伴奏をした.
③ 《雅》 (事⁴に)伴う, 付随する. Sein Streben *wurde* von Erfolg *begleitet*. 『受動·過去』彼の努力は実を結んだ(←成功に伴われた).

Be·glei·ter [ベ・グらイタァ bə-gláɪtɐ] 男 -s/- ① 同行(同伴)者, お供, 案内人, 護衛;《婉曲》 愛人, 恋人. (女性形: -in). ② (音楽) 伴奏者.

Be·gleit≠er·schei·nung [ベグらイト・エァシャイヌング] 女 -/-en 付随(随伴)現象;《医》随伴症状.

be·glei·tet [ベ・グらイテット] begleiten (同行する)の 過分, 3人称単数·2人称親称複数 現在

be·glei·te·te [ベ・グらイテテ] begleiten (同行する)の 過去

Be·gleit≠mu·sik [ベグらイト・ムズィーク] 女 -/ (映画などの)伴奏音楽.

Be·gleit≠pa·pie·re [ベグらイト・パピーレ] 複 (貨物の)添付書類, インボイス.

Be·gleit≠schrei·ben [ベグらイト・シュライベン] 中 -s/- (送付品の)添え状, 送り状.

Be·gleit≠um·stand [ベグらイト・ウムシュタント] 男 -[e]s/..stände 《ふつう複》 付随(付帯)状況.

die **Be·glei·tung** [ベ・グらイトゥング bə-gláɪtʊŋ] 女 (単) -/(複) -en ① 同行, 同伴. (㊧ *company*). Er reiste **in** *Begleitung* seiner Frau. 彼は夫人同伴で旅行した. ② (総称として:)同行者, 同伴者. 囚⁴ **als** *Begleitung* mit|nehmen 囚⁴を同行者として連れて行く. ③ (音楽) 伴奏; 伴奏の曲.

be·glü·cken [ベ・グりュッケン bə-glýkən] 他 (h) 《雅》 幸福にする, 喜ばせる. 囚⁴ **mit** einem Geschenk *beglücken* 囚⁴をプレゼントで喜ばせる. ◇(現在分詞の形で) ein *beglückendes* Erlebnis うれしい体験.

be·glück·wün·schen [ベ・グりュックヴュンシェン bə-glýkvʏnʃən] 他 (h) (囚⁴に)お祝いの

be・gna・det [ベ・グナーデット bə-gná:dət] 形 天分に恵まれた, 才能の豊かな. eine *begnadete* Sängerin 才能に恵まれた女性歌手.

be・gna・di・gen [ベ・グナーディゲン bə-gná:dıgən] 他 (h) (人⁴に)恩赦を与える.

Be・gna・di・gung [ベ・グナーディグング] 囡 –/–en 恩赦, 特赦.

be・gnü・gen [ベ・グニューゲン bə-gný:gən] 再帰 (h)〖*sich*⁴ *mit* 物³ ~〗(物³で)満足する, (物³に)甘んじる.

Be・go・nie [ベゴーニエ begó:niə] 囡 –/–n〖植〗ベゴニア.

be・gön・ne [ベ・ゲンネ] ＊beginnen (始める)の 接2

be・gon・nen [ベ・ゴンネン] ＊beginnen (始める)の 過分

be・gra・ben¹＊ [ベ・グラーベン bə-grá:bən] du begräbst, er begräbt (begrub, *hat* ... begraben) 他 (完了 haben) ① 埋葬する, 葬る; 埋める. (英 bury). einen Toten *begraben* 死者を埋葬する / Damit kannst du dich *begraben lassen*.《口語》そんなことをしてもなんの役にもたたないよ / Die Lawine *begrub* viele Menschen **unter** sich³. 雪崩が多くの人を生き埋めにした. ② (比)放棄する, あきらめる, やめる. eine Hoffnung⁴ *begraben* 希望を捨てる / einen Streit *begraben* けんかをやめる.

be・gra・ben² [ベ・グラーベン] begraben¹ (埋葬する)の 過分

Be・gräb・nis [ベ・グレープニス] 匣 ..nisses/ ..nisse 埋葬, 葬式.

be・gräbst [ベ・グレープスト] begraben¹ (埋葬する)の2人称親称単数 現在

be・gräbt [ベ・グレープト] begraben¹ (埋葬する)の3人称単数 現在

be・gra・di・gen [ベ・グラーディゲン bə-grá:dıgən] 他 (h) (道路・河川など⁴を)まっすぐにする.

＊**be・grei・fen**＊ [ベ・グライフェン bə-gráıfən] (begriff, *hat* ... begriffen) 他 (完了 haben) ① (意味・事情などを)理解する, 把握する; (人⁴の)気持ち(言動)がわかる. (英 understand). den Sinn von 物³ *begreifen* 物³の意味を理解する / Ich *habe* deine Erklärung nicht *begriffen*. 私は君の説明を理解できなかった / Ich *begreife* dich sehr gut. 君の気持ちはよくわかる. ◇〖目的語なしで〗Das Kind *begreift* schnell. その子はのみ込みが早い. ◇〖再帰的に〗Es *begreift sich*⁴, dass ... …ということは自明の(わかりきった)ことである. (⇒ 類語 verstehen). ② 〖成句的に〗圉⁴ **in** sich³ *begreifen* 圉⁴を含んでいる.

◇⇒ begriffen

be・greif・lich [ベ・グライフリヒ] 形 理解(把握)できる, もっともな. ein *begreiflicher* Irrtum 無理もない思い違い /〖人³〗圉⁴ *begreiflich machen* 人³に圉⁴を納得させる / Es ist mir nicht *begreiflich*, dass ... …ということは私には理解できない.

be・greif・li・cher・wei・se [ベ・グライフりヒャ・ヴァイゼ] 副 当然[のことながら], もちろん.

be・gren・zen [ベ・グレンツェン bə-gréntsən] 他 (h) ① (物⁴に)境界を付ける, (物⁴の)境をなす. Eine Hecke *begrenzt* den Garten. 生け垣が庭の境をなしている. ② 制限(限定)する. die Redezeit⁴ **auf** zehn Minuten *begrenzen* 演説時間を10分に制限する / die Geschwindigkeit⁴ *begrenzen* 速度を制限する.

be・grenzt [ベ・グレンツト] I begrenzen (境界を付ける)の 過分 II 形 限られた, 制限された; 狭い(考えなど).

Be・grenzt・heit [ベ・グレンツトハイト] 囡 –/–en 〖ふつう 単〗境界(限界・制限)のあること.

Be・gren・zung [ベ・グレンツング] 囡 –/–en 境界を引くこと; 境界, 限界; 制限.

be・griff [ベ・グリふ] ＊begreifen (理解する)の 過去

der **Be・griff** [ベ・グリふ bə-gríf] 男 (単2) –[e]s/(複) –e (3格のみ –en) ① 概念. (英 concept). Grund*begriff* 基本概念 / ein klarer *Begriff* 明確な概念 / ein philosophischer *Begriff* 哲学上の概念 / einen *Begriff* definieren 概念を定義する. ② 考え, 観念, 理解[力], 想像[力]. sich³ keinen *Begriff* von 圉³ machen 圉³がわかっていない /〖*über* alle *Begriffe* 想像を絶するほど / Das geht *über* meine *Begriffe*. それは何のことか私にはわからない(← 私の理解力を越える) / schwer *von Begriff* sein《口語》のみ込みが悪い. ③〖成句的に〗〖人³〗ein *Begriff* sein 〖人³〗に知られている. Dieser Name ist mir kein *Begriff*. そんな名前は聞いたことがありません / Diese Sängerin ist in der ganzen Welt ein *Begriff*. この女性歌手は世界中に名を知られている. ④〖**im** *Begriff* sein (または stehen), **zu** 不定詞[句]の形で〗まさに…しようとしている. Ich war *im Begriff zu* gehen. 私はちょうど出かけるところだった.

be・grif・fe [ベ・グリッふェ] ＊begreifen (理解する)の 接2

be・grif・fen [ベ・グリッふェン] I ＊begreifen (理解する)の 過分 II 形〖**in** 圉³ ~〗(圉³に)従事している, (圉³の)最中である. Die Gäste sind im Aufbruch *begriffen*. 客たちは出発しようとしている.

be・griff・lich [ベ・グリふりヒ] 形 概念上の; 抽象的(観念的)な.

Be・griffs・be・stim・mung [ベ・グリふス・ベシュティムンク] 囡 –/–en 概念規定, 定義.

be・griffs・stut・zig [ベグリふス・シュトゥツィヒ] 形 理解の遅い, 愚鈍な, のみ込みの悪い.

be・grub [ベ・グループ] begraben¹ (埋葬する)の 過去

be・grün・den [ベ・グリュンデン bə-grýndən] du begründest, er begründet (begründete, *hat* ... begründet) I 他 (完了 haben) ① 理

由(根拠)づける, (囲4の)理由(根拠)をあげる. eine Behauptung⁴ begründen 主張を根拠づける / Sie begründete ihr Fehlen mit Krankheit. 彼女は病気を欠席の理由にした. ② 基礎づける, 設立する, 創設(創立)する. (英 establish). ein Geschäft⁴ begründen 店を設立する / eine neue Lehre⁴ begründen 新しい学説を打ち立てる.
II 再帰 (完了 haben) 〖sich⁴ aus (または in) 囲³ ~〗(囲³で)理由(根拠)づけられる.
◇☞ begründet

Be·grün·der [ベ・グリュンダァ bə-grýndər] 男 -s/- 設立者, 創設者. (女性形: -in).

be·grün·det [ベ・グリュンデット bə-grýndət] I begründen (理由づける)の 過分, 3 人称単数・2 人称親称複数 現在 II 形 理由(根拠)のある. begründete Ansprüche 正当な要求 / Das ist in seinem Charakter begründet. それは彼の性格に根ざしている.

be·grün·de·te [ベ・グリュンデテ] begründen (理由づける)の 過去

Be·grün·dung [ベ・グリュンドゥング] 女 -/-en ① 理由(根拠)づけ. eine Begründung⁴ für 囲⁴ an|geben 囲⁴を理由づける / ohne Begründung なんの理由も言わずに. ② 設立, 創設.

be·grü·nen [ベ・グリューネン bə-grý:nən] I 他 (草木で庭など⁴を)緑化する. II 再帰 (h) sich⁴ begrünen (森などが)青々としてくる.

* **be·grü·ßen** [ベ・グリューセン bə-grý:sən] du begrüßt (begrüßte, hat ... begrüßt) 他 (完了 haben) ① 〖**4 格とともに**〗(囚⁴に歓迎の)あいさつをする, (正式に)あいさつを述べる; 歓迎する. (英 greet). 日常の「あいさつする, 会釈する」は grüßen). Ich begrüße Sie sehr herzlich. 皆さまに心よりごあいさつ申しあげます / 囚⁴ mit Beifall begrüßen 囚⁴を拍手で迎える.
② (比)(提案など⁴を快く受け入れる, 歓迎する. Wir begrüßen Ihren neuen Vorschlag. 私たちはあなたの新しい提案を歓迎します / Es ist zu begrüßen, dass … …であることは喜ばしい. ③ (⁴)(役所など⁴に)意見を求める.

be·grü·ßens≠wert [ベグリューセンス・ヴェーアト] 形 歓迎すべき, 喜ぶべき, ありがたい.

be·grüßt [ベ・グリュースト] *begrüßen (あいさつをする)の 過分, 2 人称親称単数・3 人称単数・2 人称親称複数 現在

be·grüß·te [ベ・グリューステ] *begrüßen (あいさつをする)の 過去

Be·grü·ßung [ベ・グリュースング] 女 -/-en (歓迎の)あいさつ; 歓迎[会], レセプション.

be·gu·cken [ベ・グッケン bə-gúkən] 他 (h) 《口語》じろじろ見る, しげしげと見る.

be·güns·ti·gen [ベ・ギュンスティゲン bə-gýnstɪgən] 他 (h) ① (囚⁴に)有利に働く; (計画など⁴を)支援する, 助長する. Der Rückenwind hat die Läufer begünstigt. 追い風でランナーたちには有利になった. ② ひいきにする, 優遇する. ③ (法)(犯行後の犯人⁴を)援助する.

Be·güns·ti·gung [ベ・ギュンスティグング] 女 -/-en ① ひいき, 優遇; 支援, 助長. ② 《法》(犯行後の)犯人援助.

be·gut·ach·ten [ベ・グートアハテン bə-gú:t-axtən] 他 (h) ① 鑑定する, 判定する. ② 《口語・戯》(専門家のように)詳しく観察する.

Be·gut·ach·tung [ベ・グートアハトゥング] 女 -/-en 鑑定, 判定.

be·gü·tert [ベ・ギュータァト bə-gý:tərt] 形 金持ちの, 富裕な; 地所持ちの.

be·gü·ti·gen [ベ・ギューティゲン bə-gý:tɪɡən] 他 (h) (囚⁴を)なだめる; 静める, 和らげる.

be·haart [ベ・ハールト bə-há:rt] 形 毛の生えた. stark behaarte (または starkbehaarte) Beine 毛深い足.

Be·haa·rung [ベ・ハールング] 女 -/-en ① 発毛. ② (人間の)体毛; (動物の)毛.

be·hä·big [ベ・ヘービヒ bə-hé:bɪç] 形 ① 肥満した, でっぷりした; (いすなどが)ゆったりした. ② (歩き方などが)悠然とした, (声に)落ち着いた. ③ 《⁴》裕福な, 金持ちの; 豪勢な.

Be·hä·big·keit [ベ・ヘービヒカイト] 女 -/ 肥満, (いすなどが)ゆったりしていること; (歩き方が)悠然としていること; (声に)落ち着いていること.

be·haf·tet [ベ・ハフテト bə-háftət] 形 〖**mit** 囲³ ~〗囲³(欠点・病気など)をかかえている.

be·ha·gen [ベ・ハーゲン bə-há:gən] 自 (h) (囚³の)気に入る, (囚³を)満足させる.

Be·ha·gen [ベ・ハーゲン] 中 -s/ 心地よさ, 快適さ, 快さ.

be·hag·lich [ベ・ハークリヒ bə-há:klɪç] 形 居心地のよい, 快適な; 気楽な; 愉快な. (英 comfortable). ein behagliches Zimmer 快適な部屋 / es⁴ sich³ behaglich machen くつろぐ (es は形式目的語) / behaglich in der Sonne sitzen のんびりとひなたに座っている. (☞ 類語 bequem).

Be·hag·lich·keit [ベ・ハークリヒカイト] 女 -/ 居心地のよいこと, 快適さ, 気楽, くつろぎ.

be·hält [ベ・ヘルト] behalten¹ (持っておく)の 3 人称単数 現在

be·hal·ten¹* [ベ・ハルテン bə-háltən] du behältst, er behält (behielt, hat ... behalten) 他 (完了 haben) ① (ずっと)持っておく, 取っておく; (ある場所に)とどめておく. (英 keep). ein Buch⁴ als (または zum) Andenken behalten 本を記念として手もとにおいて置く / Das übrige Geld kannst du behalten. 残りのお金は君が取っておいていいよ / den Hut auf dem Kopf behalten 帽子をかぶったままでいる / Wir haben unseren Gast über Nacht bei uns behalten. 私たちは客を家に泊めた / ein Geheimnis⁴ für sich⁴ behalten 《比》秘密を胸にしまっておく / 囲⁴ im Gedächtnis behalten 《比》囲⁴を記憶にとどめておく.
② (状態・価値など⁴を)保つ, 維持する. die Ruhe⁴ behalten 心の平静を保つ / Das Gold behält den Glanz. 金は輝きを失わない.
③ 覚えておく, 記憶しておく.

be·hal·ten² [ベ・ハルテン] behalten¹ (持ってお

Be·häl·ter [ベ・ヘルタァ bəhéltər] 男 -s/- 容器, 水槽; 貯水池, タンク; コンテナ.

Be·hält·nis [ベ・へルトニス] 中 ..nisses/..nisse《雅》容器, 入れ物.

be·hältst [ベ・ヘるツト] behalten¹ (持っておく)の2人称親称単数 現在

be·händ [ベ・ヘント bəhént] 形 =behände

be·hän·de [ベ・ヘンデ bəhéndə] 形 敏捷(びんしょう)な, すばしこい, 機敏な; 手際のよい, 巧みな. behände Bewegung すばやい動き / Er ist geistig behände.《比》彼は抜け目のない男だ.

be·han·deln [ベ・ハンデるン bəhándəln] ich behandle (behandelte, hat … behandelt)《完了》haben)《英》treat) ① (人⁴を…に)取り扱う, 待遇する, (道具など⁴を…に)扱う. Er behandelt mich immer freundlich. 彼は私にいつも親切にしてくれる / Behandle mich nicht wie ein kleines Kind! ぼくのことを小さな子供みたいに扱わないでくれよ / 人⁴ als Freund behandeln 人⁴を友人として扱う / eine Maschine⁴ sorgfältig behandeln 機械を慎重に扱う.
② (テーマ・題材など⁴を)論じる, 取り扱う. Der Roman behandelt das Leben Napoleons. この小説はナポレオンの生涯を取り扱っている / ein Thema⁴ vielseitig behandeln あるテーマを多面的に論じる.
③ (病人・病気など⁴を)治療する, 処置する. eine Krankheit⁴ mit Medikamenten behandeln ある病気を薬剤で治療する / Wer hat Sie bisher behandelt? これまでだれがあなたを治療したのですか / Ich lasse mich ärztlich behandeln. 私は医者の治療を受ける. ◇(現在分詞の形で) der behandelnde Arzt 主治医.
④ (原料など⁴を…に)処理する, 加工する. ein Material⁴ mit Säure behandeln 原料を酸で処理する.

be·han·delt [ベ・ハンデるト] behandeln (取り扱う)の 過分, 3人称単数・2人称親称複数 現在

be·han·del·te [ベ・ハンデるテ] behandeln (取り扱う)の 過去

Be·hän·dig·keit [ベ・ヘンディヒカイト] 女 -/ 敏捷(びんしょう)さ, 機敏さ; 手際のよさ, 巧みさ.

be·hand·le [ベ・ハンドれ] behandeln (取り扱う)の1人称単数 現在

die **Be·hand·lung** [ベ・ハンドるング bəhándlʊŋ] 女 (単) -/(複) -en《英》treatment) ① 取り扱い, 待遇. eine freundliche Behandlung 親切な待遇. ②《化・工》(原料などの)処理, 加工. die chemische Behandlung von Lebensmitteln 食料品の化学処理. ③《医》治療, 手当て; 療法. eine ambulante Behandlung 外来診療 / Er ist bei einem Facharzt in Behandlung. 彼は専門医の治療を受けている. ④ (テーマ・題材などを)論じること, 取り扱うこと; 論述. die wissenschaftliche Behandlung eines Themas あるテーマの学問的な取り扱い.

Be·hang [ベ・ハング bəháŋ] 男 -[e]s/..hänge ① 掛け飾り, 壁掛け. ②（実っている)果物; (クリスマスツリーなどの)飾り, 飾り房. ③《狩》(犬のたれ耳.

be·hän·gen [ベ・ヘンゲン bəhéŋən] 他 (h)〖人・物⁴ mit 物³ ~〗(人・物⁴に物³を)掛ける, ぶら下げる. den Christbaum mit bunten Kugeln behängen クリスマスツリーに色とりどりの玉をぶら下げる. ◇〖再帰的に〗sich⁴ mit Perlen behängen《口語》真珠で身を飾りたてる.

be·har·ren [ベ・ハレン bəhárən] 自 (h)〖auf (または bei) 物³ ~〗(物³に)こだわる, 固執する, (物³をしつこく)主張する.

be·harr·lich [ベ・ハルリヒ] 形 根気のある, 粘り強い, 不屈の; 頑固な.

Be·harr·lich·keit [ベ・ハルリヒカイト] 女 -/ 根気よさ, 粘り強さ, 不屈.

Be·har·rung [ベ・ハルング] 女 -/ 固持; 固執; 頑固さ.

Be·har·rungs⸗ver·mö·gen [ベハルングス・フェァメーゲン] 中 -s/ 耐久力, 粘り強さ;《物》慣性, 惰性, 惰力.

be·hau·en(*) [ベ・ハオエン bəháuən] 他 (h) (石材など⁴を)加工する, 削る. ◇〖過去分詞の形で〗roh behauene Steine 荒削りの石.

***be·haup·ten** [ベ・ハオプテン bəháuptən] du behauptest, er behauptet (behauptete, hat …behauptet) I 他《完了》haben) ① 主張する, 言い張る.《英》claim) 事⁴ steif und fest behaupten 事⁴を頑強に主張する / Er behauptet, dass er Recht hat. 彼は自分が正しいと言い張っている / Er behauptet, sie nicht zu kennen. 彼は彼女を知らないと言っている.
② (地位など⁴を)守り通す, 堅持する. den ersten Platz behaupten トップを守り抜く.
II 再帰《完了》haben) sich⁴ behaupten ① がんばり通す. Du musst dich in deiner neuen Stellung behaupten. 君は今度のポストでがんばらないといけないよ. ② (⁵⁵)(試合で)勝つ.

be·haup·tet [ベ・ハオプテット] *behaupten (主張する)の 過分, 3人称単数・2人称親称複数 現在

be·haup·te·te [ベ・ハオプテテ] *behaupten (主張する)の 過去

die **Be·haup·tung** [ベ・ハオプトゥング bəháuptʊŋ] 女 (単) -/(複) -en ① 主張;《数》証明すべき命題.《英》claim). eine kühne Behauptung 大胆な主張 / eine Behauptung⁴ auf|stellen 主張する / eine Behauptung⁴ widerlegen 主張を論破する / die Behauptung⁴ zurück|nehmen 主張を撤回する / Er blieb bei seiner Behauptung, dass … 彼は…という主張を変えなかった. ②《ふつう 単》(権利などの)保持, 堅持.

Be·hau·sung [ベ・ハオズング] 女 -/-en《雅》(粗末な)住居, 住みか; (間に合わせの)宿.

be·he·ben* [ベ・ヘーベン bəhé:bən] 他 (h) ① (欠陥など⁴を)除去する, (故障など⁴を)修理

be·hei·ma·tet [ベ・ハイマーテット bə-háɪ-maːtət] 形 (ある町などに)定住している; (ある土地を)故郷とする. Er ist in Berlin *beheimatet*. 彼はベルリンに住んでいる(生まれつき).

be·hei·zen [ベ・ハイツェン bə-háɪtsən] 他 (h) ① (部屋を⁴)暖める, 暖房する; (ストーブなど⁴に)火を入れる. ② 《工》加熱する.

Be·helf [ベ・へルフ bə-hélf] 男 -[e]s/-e 間に合わせ, 代用品.

be·hel·fen* [ベ・へルフェン bə-hélfən] 再帰 (h) *sich*⁴ *behelfen* ① 《*sich*⁴ [mit 人・物] ~》 ([人・物]³で)間に合わせる. ② 《*sich*⁴ ohne 人・物⁴ ~》(人・物⁴なしで)済ませる.

be·helfs·mä·ßig [ベ・へルフス・メースィヒ] 形 応急の, 一時的な, 間に合わせの, 臨時の.

be·hel·li·gen [ベ・へリゲン bə-héliɡən] 他 (h) (人⁴を)わずらわす. 人⁴ mit Fragen *behelligen* 人⁴を質問でわずらわす.

Be·hel·li·gung [ベ・へリグング] 女 -/-en 悩ます(わずらわす)こと, 妨害.

be·hend [ベ・へント] 形 behänd の古い形.

be·hen·de [ベ・へンデ] behände の古い形.

Be·hen·dig·keit [ベ・へンディヒカイト] Behändigkeit の古い形.

Be·her·ber·gen [ベ・へァベルゲン bə-hérbɛrɡən] (過分 beherbergt) 他 (h) ① 泊める, 宿泊させる. ② (物⁴に)場所を提供する; (人・物⁴を)収容する.

be·herr·schen [ベ・へルシェン bə-hérʃən] (beherrschte, hat...beherrscht) 他 (完了 haben) ① 支配する, 統治する; (比)(感情などが⁴を)とりこにする, (人・事⁴が人⁴の)頭をいっぱいにする. (英 *rule*). ein Land⁴ *beherrschen* ある国を支配する.
② (感情など⁴を)抑制する, 抑える. (英 *control*). Er konnte seinen Ärger nicht *beherrschen*. 彼は怒りを抑えることができなかった. ◇《再帰的に》 *sich*⁴ *beherrschen* 自制する ⇒ Er konnte sich nicht *beherrschen*. 彼は自分を抑えることができなかった.
③ (外国語・技術など⁴を)使いこなす, マスターしている. Er *beherrscht* mehrere Sprachen. 彼は数カ国語を使いこなす. ④ (物⁴の上に)そびえている; (物⁴の際だって特徴づける. Der Kirchturm *beherrscht* die ganze Stadt. 教会の塔が町全体を見下ろしている.

be·herrscht [ベ・へルシュト] I beherrschen (支配する)の 過分, 3人称単数・2人称親称複数 現在 II 形 自制した, 落ち着いた.

be·herrsch·te [ベ・へルシュテ] beherrschen (支配する)の 過去.

Be·herr·schung [ベ・へルシュング] 女 -/ ① 支配, 統治. ② 自制. die *Beherrschung*⁴ verlieren 自制心を失う. ③ 熟達, 精通, 習熟, マスターすること.

be·her·zi·gen [ベ・へルツィゲン bə-hértsɪɡən] 他 (h) (忠告など⁴を)肝に銘じる, 心に留める.

be·her·zi·gens·wert [ベ・へルツィゲンス・ヴェート] 形 肝に銘ずべき, 留意すべき.

Be·her·zi·gung [ベ・へルツィグング] 女 -/ 肝に銘ずること, 留意.

be·herzt [ベ・へルツト bə-hértst] 形 勇気のある, 勇敢な, 大胆な.

Be·herzt·heit [ベ・へルツトハイト] 女 -/ 勇気[のあること], 勇敢さ, 大胆さ.

be·he·xen [ベ・へクセン bə-héksən] 他 (h) (人に)魔法をかける; (比)魅惑する, 惑わす.

be·hielt [ベ・ヒーると] behalten¹ (持っておく)の 過去.

be·hiel·te [ベ・ヒーるテ] behalten¹ (持っておく)の 過去.

be·hilf·lich [ベ・ヒるふりヒ] 形 (人³の)助けになる, 役にたつ. Er war mir bei der Arbeit *behilflich*. 彼は私の仕事を手伝ってくれた / Kann ich Ihnen *behilflich* sein? お手伝いしましょうか.

be·hin·dern [ベ・ヒンダァン bə-híndərn] (behinderte, hat ... behindert) 他 (h) (人・物⁴の)じゃまをする, 妨害する. den Verkehr *behindern* 交通を妨げる / Das *behinderte* ihn bei der Arbeit. それが彼の仕事の支障となった.

be·hin·dert [ベ・ヒンダァト] I behindern (じゃまをする)の 過分, 3人称単数・2人称親称複数 現在 II 形 (精神・身体に)障害のある. schwer *behindert* または schwer*behindert* (精神・身体に)重い障害のある / ein *behindertes* Kind 障害児.

be·hin·der·te [ベ・ヒンダァテ] behindern (じゃまをする)の 過去.

be·hin·der·ten·ge·recht [ベヒンダァテン・ゲレヒト] 形 障害者に優しい(ふさわしい).

Be·hin·der·te[r] [ベ・ヒンダァテ (..タァ) bə-híndərtə (..tər)] 男女 《語尾変化は形容詞と同じ》《官庁》身体(精神)障害者. (注 *behinderte* Person または *behinderter* Mensch または Menschen mit Behinderung と言うほうが好ましい).

Be·hin·de·rung [ベ・ヒンデルング] 女 -/-en じゃま, 妨害; 障害, さし支え.

die **Be·hör·de** [ベ・へァデ bə-hǿːrdə] 女 (単) -/(複) -n ① 官庁, 役所, 当局. die zuständige *Behörde* 所轄官庁. ② 官庁の建物, 庁舎.

be·hörd·lich [ベ・へァトりヒ] 形 官庁の, 当局の. eine *behördliche* Maßnahme 当局による措置.

Be·huf [ベ・フーふ bə-húːf] 男 -[e]s/-e 《官庁》目的. ◇《成句的に》 zu diesem (または dem) Behuf[e] この[目的]のために.

be·hufs [ベ・フーふス] 前 《2格とともに》《官庁》…のために, …の目的で.

be·hü·ten [ベ・ヒューテン bə-hýːtən] du behütest, er behütet (behütete, hat ... behütet) 他 (完了 haben) 守る, 保護する. (英 *protect*). Unser Hund *behütet* das Haus. うちの犬は留守番をする / ein Geheimnis⁴ *behüten* 秘密を守る / 人⁴ vor Gefahr *behüten* 人⁴を危険から守る / Gott *behüte*! 《接 1・現在》まっぴら

be·hü·tet [ベ・ヒューテット] behüten（守る）の 過分, 3人称単数・2人称親称複数 現在

be·hü·te·te [ベ・ヒューテテ] behüten（守る）の 過去

be·hut·sam [ベ・フートザーム] 形 用心深い, 慎重な, 気を配った(言葉など).

Be·hut·sam·keit [ベ・フートザームカイト] 女 -/ 用心深さ, 慎重さ.

bei [バイ bái]

（場所と:）…の近くに

Potsdam liegt *bei* Berlin.
ポツダム　　リークト　バイ　ベルリーン
ポツダムはベルリンの近くにある.

（人と:）…の所に

Ich wohne *bei* meinem Onkel.
イヒ　ヴォーネ　バイ　マイネム　オンケる
私はおじの家に住んでいます.

前 《3格とともに》(定冠詞と融合してbeim (← bei dem) となることがある) (英) near, by, at) ① 《地名などとともに》…**の近くに**, …のそばに. Offenbach *bei* Frankfurt フランクフルト近郊のオッフェンバッハ / *beim* Bahnhof 駅の近くに / Das Kino ist gleich *bei* der Schule. その映画館は学校のすぐ近くにある. ◇《同一名詞を結びつけて》びっしり並んで. Auf dem Campingplatz steht Zelt *bei* Zelt. キャンプ場にはテントがびっしり並んでいる / Kopf *bei* Kopf 目白押しに.

② 《人を表す語とともに》…**の所に**, …のもとで. Sie wohnt *bei* mir. 彼女は私の家に同居している / *bei* uns [zu Hause] 私たちの所(家・国)では / Ich war gerade *beim* Arzt. 私はちょうど医者に行ってきたところだ / Die Schuld liegt *bei* ihm. 責任は彼にある / *bei* 人³ Unterricht⁴ haben 人³の授業を受ける / *Bei* wem hast du das gelernt? 君はそれをだれに習ったのか. ◇《再帰代名詞とともに》Ich habe leider kein Geld *bei* mir. 私は残念ながらお金を持ち合わせていない / nicht [ganz] *bei* sich³ sein 《口語》ぼんやりしている.

③《会社名などとともに》…**の会社で**, …の勤務先で. Er arbeitet *bei* Siemens. 彼はジーメンス[社]に勤めている / Er ist (または arbeitet) *bei* der Post. 彼は郵便局に勤めている.

④《行為などを表す語句とともに》…**のとき(際)に**. *bei* meiner Abfahrt 私が出発するときに / *Beim* Essen sehe ich nie fern. 食事中は私は決してテレビを見ません / *beim* Erwachen 目が覚めたときに / *bei* Tag und Nacht 昼夜通して / Rom *bei* Nacht 夜のローマ.

⑤《接触点・手がかり》…**[の部分]を**. Sie nahm das Kind *bei* der Hand. 彼女は子供の手をつかんだ / 人⁴ *bei* den Ohren ziehen 人⁴の両耳を引っぱる / 人⁴ *bei* seinem Namen rufen 人⁴の名を呼ぶ.

⑥《原因・理由》…**だから**, …のために. *Bei* dieser Hitze bleiben wir lieber zu Hause. この暑さでは家にいたほうがいい / *Bei* deinen guten Augen brauchst du keine Brille. 君は目がいいのだから眼鏡はいらないよ.

⑦《条件》…**の場合には**, …の状況で. *bei* näherer Betrachtung さらに詳しく見ると / *bei* schönem Wetter 天気が良ければ / *bei* offenem Fenster 窓を開けたままで / Es war genauso *bei* mir. 私の場合もまったく同じだった.

⑧《all や形容詞の最上級とともに》…**にもかかわらず**, どんなに…であっても. *bei* aller Vorsicht どんなに用心しても / Ich kann dich *beim* besten Willen nicht verstehen. どう考えても君の言うことは理解できない / *bei* alledem それにもかかわらず.

⑨《sein とともに》…**しているところである**, …の状態である. Er war gerade *bei* der Arbeit (または *beim* Arbeiten). 彼はちょうど仕事中だった / Er ist wieder *bei* guter Gesundheit. 彼はまた元気になっている / *bei* guter Laune sein 上機嫌である.

⑩《誓い》…にかけて. *bei* meiner Ehre 私の名誉にかけて / *bei* Gott 神かけて.

⑪《*bei* weitem または *bei* Weitem の形で》はるかに, 断然. Das ist *bei* weitem (または Weitem) besser. そのほうがはるかによい.

bei.. [バイ.. bái..] I《分離動詞の 前つづり: つねにアクセントをもつ》①《付加》例: *bei*fügen 付加する. ②《助力》例: *bei*stehen 援助する. II《名詞につける 接頭》①《付加・副次》例: *Bei*blatt 付録. ②《助力》*Bei*hilfe 助力.

bei|be·hal·ten* [バイ・ベはるテン bái-bəhàltən] (過分 beibehalten) 他 (h) 保持する, 維持する, 持ち続ける. eine Gewohnheit⁴ *beibehalten* ある習慣を持ち続ける.

Bei≠blatt [バイ・ブらット] 中 -[e]s/..blätter (新聞・雑誌などの)折り込み, 付録.

Bei≠boot [バイ・ボート] 中 -[e]s/-e 《海》(本船に積まれた)作業艇, 救命ボート.

bei|brin·gen* [バイ・ブリンゲン bái-brìŋən] (brachte... bei, hat... beigebracht) 他 (完了 haben) ①（人⁴を)**教える**, 教え込む;《口語》(人³に不幸など⁴を)それとなく知らせる. 人³ das Tennisspielen⁴ *beibringen* 人³にテニスを教える / Man *muss* ihr die Wahrheit schonend *beibringen*. 彼女にはそれとなく本当のことを知らせなければならない. ②（人³に損害など⁴を)与える, もたらす. 人³ eine Wunde⁴ *beibringen* 人³に傷を負わせる. ③（証人など⁴を)連れて来る;（書類など⁴を)提出(提示)する.

Beich·te [バイヒテ báiçtə] 女 -/-n 《宗教》(罪の)告解, 懺悔(ザンゲ); (一般に:)告白. die *Beichte*⁴ ab|legen (hören) 告解する(告解を聞く) / zur *Beichte* gehen 告解に行く.

beich·ten [バイヒテン báiçtən] 他 (h) ①《宗教》(罪⁴を)告解する, 懺悔(ザンゲ)する. ◇《目的語

Beihilfe

なしでも〕beim Priester *beichten* 司祭に告解する. ② 告白する, 打ち明ける. Ich *muss* dir etwas *beichten.* ぼくは君に打ち明けなければならないことがある.

Beicht︲ge·heim·nis [バイヒト・ゲハイムニス] 甲 ..nisses/..nisse (カトリック教)(聴罪司祭が厳守すべき)告解の秘密, 守秘義務.

Beicht︲kind [バイヒト・キント] 甲 -[e]s/-er (カトリック)告解者.

Beicht︲stuhl [バイヒト・シュトゥール] 男 -[e]s/..stühle (カトリック)告解席.

Beicht︲va·ter [バイヒト・ファータァ] 男 -s/..väter (カトリック)聴罪司祭.

**bei·de [バイデ bái dǝ]

両方の; 両方とも
Wir kommen *beide.*
ヴィア コンメン バイデ
私たちは二人とも参ります.

形 (格変化語尾がつくときは beid-) (英 *both*) ① 両方の, 両方とも, 二人の, 二つの. die *beiden* Kinder その二人の子供たち / meine *beiden* Söhne 私の二人の息子たち / *beide* Mal 2 度とも / in *beiden* Fällen どちらの場合にも / mit *beiden* Händen 両手で.
◊《名詞的に》einer von *beiden* 二人のうちの一人 / Ich habe *beide* gefragt. 私は両人に質問した / diese *beiden* この二人, この二つ / wir *beide*[n] われわれ二人 / alle *beide* 二人とも, 両方.
②《中性単数; 1 格・3 格・4 格の形で》両方とも. Sie hat *beides* verkauft, den Tisch und die Stühle. 彼女は机もいすも両方とも売った / *Beides* ist möglich. 両方とも可能だ / Sie hat sich in *beidem* geirrt. 彼女は両方の点で思い違いをしていた.(注意 *beide* に続く形容詞は定冠詞に続く形容詞と同じ語尾変化).

bei·de Mal ☞ beide
bei·der·lei [バイダァライ báidǝrlái] 形《無語尾で》両種の, 両様の. Kinder *beiderlei* Geschlechts 男女両方の子供たち.
bei·der︲sei·tig [バイダァ・ザイティヒ] 形《付加語としてのみ》両側の; 双方の, お互いの. in *beiderseitigem* Einverständnis 双方の合意で.
bei·der·seits [バイダァ・ザイツ] I 前《2 格とともに》…の両側に. *beiderseits* des Flusses 川の両側に. II 副 両側で, 双方で.
beid︲hän·dig [バイト・ヘンディヒ] 形 両手使いの, 両手の利く.
bei·dre·hen [バイ・ドレーエン bái-dre̝:ǝn] 自 (h)《海》船首を風上に向ける; 方向転換しながら減速する.

bei·ein·an·der [バイ・アイナンダァ baiainándǝr] 副 並び合って, いっしょに, 集まって.
◊《*sein* とともに》いっしょにいる;《口語》整然と(きちんと)している. Zu Weihnachten ist die ganze Familie *beieinander.* クリスマスには家族全員が集まります. ◊《成句的に》gut

(schlecht) *beieinander* sein 元気である(元気でない).
bei·ein·an·der︲ha·ben [バイアイナンダァ・ハーベン baiainándǝr-hà:bǝn] 他 (h)《書類などを》いっしょにして持っている. Er *hat* nicht alle (または Er *hat* sie nicht richtig) *beieinander.*《口語》彼は頭がどうかしている.
bei·ein·an·der sein ☞ beieinander
Bei·fah·rer [バイ・ファーラァ bái-fa:rǝr] 男 -s/- ① (車の助手席にいる)同乗者. (女性形: -in). ② 運転助手, (モーターレースの)ナビゲーター.
Bei·fah·rer︲sitz [バイファーラァ・ズィッツ] 男 -es/-e (車などの)助手席.

der **Bei︲fall** [バイ・ファる bái-fal] 男 (単 2) -[e]s/ ① 喝采(かっさい), 拍手.(英 *applause*). begeisterter *Beifall* 熱狂的な喝采 / viel *Beifall* bekommen (または ernten) 大喝采を浴びる / [人]³ *Beifall*⁴ klatschen [人]³に拍手を送る. ② 賛成, 同意. *Beifall*⁴ äußern 賛成の意を表す / Der Vorschlag fand allgemeinen *Beifall.* その提案は大方の賛成を得た.

bei︲fäl·lig [バイ・フェりヒ] 形 賛成の, 同意の, 好意的な. eine *beifällige* Bemerkung 賛成意見 / *beifällig* nicken 同意してうなずく.
Bei·falls︲ruf [バイファるス・ルーふ] 男 -[e]s/-e 喝采(かっさい).
bei|fü·gen [バイ・フューゲン bái-fy̆:gǝn] 他 (h) ① (A³に B⁴を)添付する, 同封する. ② 言い添える, 付言する.
Bei·fü·gung [バイ・フューグング] 女 -/-en ①《書》付加, 添付. unter *Beifügung* von [物]³ [物]³を添付{同封}して.《言》付加画定.
Bei·fuß [バイ・フース] 男 -es/《植》ヨモギ.
Bei·ga·be [バイ・ガーベ] 女 -/-n ① 添加, 付加, おまけ; (食事などの)添え物, 付け合わせ, つま. ②《考古》副葬品.
beige [ベーシュ bé:ʃ または ベージェ bé:ʒǝ]《フランス語》形《無語尾で》ベージュの, 淡褐色の.
bei|ge·ben* [バイ・ゲーベン bái-gè:bǝn] I 他 (h)《雅》① (A³に B⁴を)添える, 付け加える. ② ([人]³に案内人など⁴を)付けてやる. II 自 (h)《成句的に》klein *beigeben*《口語》譲歩する; 引きさがる.
bei·ge·bracht [バイ・ゲブラッハト] *bei*bringen (教える)の 過分
Bei·ge·schmack [バイ・ゲシュマック] 男 -[e]s/ (本来の味を損なう)よけいな味, 雑味; (不快な・いやな)余韻.
bei|ge·sel·len [バイ・ゲゼれン bái-gǝzèlǝn] (過分 beigesellt) I 他 (h)《雅》([人]³に[人]⁴を)伴わせる, 添わせる. II 再帰 (h) *sich*⁴ [人]³ *bei*gesellen [人]³に合流する, 仲間になる.
bei·ge·tra·gen [バイ・ゲトラーゲン] *bei*|tragen (寄与する)の 過分
Bei︲heft [バイ・ヘふト] 甲 -[e]s/-e (本・雑誌の)別冊, 付録.
Bei·hil·fe [バイ・ヒるフェ] 女 -/-n ① 助成金, 補助金, 物質的援助. Studien*beihilfe* 奨学

金. ② 《覆》なし》《法》幇助(ﾎｳ)[犯], 従犯.

Bei·jing [ベイヂング béidʒɪŋ または ..ヂング] 田 -s/《都市名》北京(ﾍﾟｷﾝ) (=Peking).

Bei·klang [バイ・クラング] 男 -[e]s/..klänge (本来の響きを損なう)よけいな響き.

bei|kom·men* [バイ・コンメン bái-kòmən] 自 (s) (人・物³に)立ち向かう; 比肩する. Ihm ist nicht *beizukommen*. 彼は手に負えない. ② (事³を)処理する, 始末する. Ich weiß nicht, wie ich der Sache *beikommen* soll. 私はその件をどう処理してよいかわからない. ③ 《雅》(人³の)念頭に浮かぶ. sich³ 囲⁴ *beikommen lassen* (事⁴を)思いつく.

Beil [バイル báɪl] 田 -[e]s/-e 手斧(ﾁｮｳﾅ), なた.

beil. [バイ・リーゲント] 《略》同封の (=*beiliegend*).

Bei·la·ge [バイ・ラーゲ] 女 -/-n ① 添付, 封入, 同封. ② (新聞・雑誌などの)付録, 折り込み. ③ 《料理》(肉料理などの)付け合わせ, 添え物. ④ 《ｵｰｽﾄﾘｱ》(手紙などの)同封物.

bei·läu·fig [バイ・ロイフィヒ] 形 ① ついでの; さりげない, なにげない. *beiläufige* Fragen 付随的な質問. ② 《ｵｰｽﾄﾘｱ》およその, 大体の. *beiläufig* in einer Stunde 1時間ほどで.

Bei·läu·fig·keit [バイ・ロイフィヒカイト] 女 -/-en ① 枝葉末節, どうでもよいこと. ② さりげなさ, むとんじゃく. ③ 副次的な現象.

bei|le·gen [バイ・レーゲン bái-lè:gən] 他 (h) ① (手紙などに)田⁴を)添える, 同封する. einem Brief ein Foto⁴ *beilegen* 手紙に写真を同封する. ② (争いなど⁴を)解決する, 調停する. ③ (人³に称号など⁴を)与える. ④ (事³に価値・意義など⁴を)認める.

Bei·le·gung [バイ・レーグング] 女 -/-en 調停, 仲裁.

bei≠lei·be [バイ・ライベ] 副 《否定を表す語句とともに》決して(決して)…ない. Das habe ich *beileibe* nicht getan. 私はそういうことは断じてしていない.

Bei·leid [バイ・ライト bái-laɪt] 田 -[e]s/ 悔やみ, 弔意. 人³ sein *Beileid*⁴ aus|drücken (または aus|sprechen) (人³に)悔やみを述べる / Herzliches *Beileid*! 心からお悔やみ申し上げます.

Bei·leids≠schrei·ben [バイライツ・シュライベン] 田 -s/- お悔やみの手紙.

bei|lie·gen* [バイ・リーゲン bái-lì:gən] 自 (h) (手紙などに)添えてある, 同封してある. Die Rechnung *liegt* dem Paket *bei*. 請求書は小包に同封してあります.

bei·lie·gend [バイ・リーゲント] Ⅰ bei|liegen (添えてある)の 現分 Ⅱ 形 《書》同封の, 添付された (略: beil.). *Beiliegend* finden Sie die gewünschten Unterlagen. ご請求の書類は同封してあります.

beim [バイム báɪm]《前置詞 bei と定冠詞 dem の融合形》gleich *beim* Bahnhof 駅のすぐ近くに / *beim* Abschied 別れに際して. ◇《名詞化した不定詞に》Ich bin gerade *beim* Packen. 私はちょうど荷造りしているところです.

bei|men·gen [バイ・メンゲン bái-mèŋən] 他 (h) (A³ に B⁴ を)混ぜる, 混ぜ合わせる.

bei|mes·sen* [バイ・メッセン bái-mèsən] 他 (h) (人・事³に)意義・価値など⁴を)認める, 置く.

bei|mi·schen [バイ・ミッシェン bái-mìʃən] 他 (h) (A³ に B⁴ を)混ぜる, 混入する.

*das **Bein** [バイン báɪn] 田 (単2) -es (まれに -s)/(複) -e (3格のみ -en) ① 脚, 足. 《英》leg). 《⊂ﾃﾝ》下肢全体を指す. 足首から下は Fuß, (☞ Körper 図). das linke (rechte) *Bein* 左脚 (右脚) / schlanke *Beine* すらりとした脚.

◇《動詞とともに》die *Beine*⁴ an|ziehen 脚を体に引き寄せる / die *Beine*⁴ aus|strecken 脚を伸ばす / *Beine*⁴ bekommen (または kriegen) 《口語》突然消え失せる, なくなる(←脚が生える) / die *Beine*⁴ kreuzen 脚を組む / 《人³ *Beine*⁴ machen (口語)人³をせきたてる / 《人³ ein *Bein* stellen a) 人³の前に足を出してつまずかせる, b) 《比》人³を陥れる / sich³ die *Beine*⁴ vertreten 《口語》(長時間座っていたあとに)歩いて脚をほぐす.

◇《前置詞とともに》人⁴ ans *Bein* binden 《口語》事⁴(お金・時間など)をかけざるをえない, ないものと思う / **auf** einem *Bein* hüpfen 片足でぴょんぴょん跳ぶ / auf eigenen *Beinen* stehen 自立している / [wieder] auf die *Beine* kommen a) 立ち上がる, b) 《比》(肉体的に・経済的に)立ち直る / 人³ auf die *Beine* helfen a) 人³を助け起こす, b) 《比》人³を立ち直らせる / 人・事⁴ [wieder] auf die *Beine* bringen (または stellen) a) 人⁴を助け起こす, b) 《比》人・事⁴を立ち直らせる ⇒ Er hat das Geschäft wieder auf die *Beine* gebracht. 彼は事業を再興した / auf den *Beinen* sein 《口語》a)(忙しく)立ち働いている, b)(仕事で)出歩いている / Ich muss mich jetzt auf die *Beine* machen. 《口語》私はもう出かけなければならない / wieder auf den *Beinen* sein 《口語》病気から回復している / Diese Musik geht **in** die *Beine*. 《口語》この音楽を聞くと自然に踊りだしたくなる / **mit** beiden *Beinen* im Leben (または auf der Erde) stehen 《比》足がしっかり地についている, どんな状況にも対処できる / mit einem *Bein* im Gefängnis stehen 《比》危い橋を渡っている(←片足を監獄に突っ込んでいる) / mit einem *Bein* im Grab[e] stehen 《比》半分死にかけている(←片足を墓に突っ込んでいる) / **über** die eigenen *Beine* stolpern 《比》とても不器用である(←自分の足につまずく) / **von** einem *Bein* aufs andere treten 《口語》足踏みして(いらいらして)待つ.

② (机などの)脚. ein Tisch mit drei *Beinen* 3本脚のテーブル. ③ (ズボンの)脚の部分. eine Hose mit engen *Beinen* 脚部の細いズボン. ④ 《北ﾄﾞ･中部ﾄﾞ》足 (=Fuß). ⑤ 《南ﾄﾞ･ｵｰｽﾄﾘ･ｽｲｽ》骨.

bei·nah [バイ・ナー] 副 《口語》=beinahe

bei≠na·he [バイ・ナーエ bái-na:ə または ..ナーエ] 副 《英 almost》ほとんど. Er wartete

Beißzange

beinahe drei Stunden. 彼はほとんど3時間も待った. ◊《接続法第2式の文で》すんでのことで, 危うく. *Beinahe* hätte ich es vergessen. 私は危うくそれを忘れるところだった.

Bei·na·me [バイ・ナーメ] 男 -ns (3格·4格 -n)/-n 別名, 異名, あだ名, ニックネーム.

Bein⹀bruch [バイン・ブルフ] 男 -[e]s/..brüche 脚の骨折. Das ist [doch] kein *Beinbruch*. 《口語》それはそうたいしたことではない / Hals- und *Beinbruch*! 《口語》がんばれよ, 成功を祈る.

be·in·hal·ten [ベ・インハルテン bə-ínhaltən] 過分 beinhaltet] 他 (h) 《書》(内容として)含む, 包含する; 意味する.

Bein⹀haus [バイン・ハオス] 中 -es/..häuser 納骨堂(墓地で掘り出された骨を安置する).

..bei·nig [..バイニヒ ..baınıç] 《形容詞をつくる接尾辞》《…足(脚)の》例: dreibeinig 3本足の.

bei|ord·nen [バイ・オルドネン bái-òrdnən] 他 (h) ① 《人³に助言者など⁴を》付ける. ② 《言》(語·文など⁴を)並列させる.

bei|pflich·ten [バイ・プふりヒテン bái-pflìçtən] 自 (h) 《人·事³に》賛成する, 同意する.

Bei⹀rat [バイ・ラート] 男 -[e]s/..räte ① 諮問委員会, 審議会. ② 顧問, 助言者.

be·ir·ren [ベ・イレン bə-írən] 他 (h) 惑わす, 当惑(混乱)させる. sich⁴ durch 事⁴ nicht *beirren lassen* 事⁴に惑わされない.

bei·sam·men [バイ・ザメン baı-zámən] 副 いっしょに, 集まって. Sie wohnen im selben Haus *beisammen*. 彼らは同じ家でいっしょに暮らしている / Er ist ganz gut *beisammen*. 《比》彼は元気だ.

Bei·sam·men·sein [バイザンメン・ザイン] 中 -s/ (気楽で楽しい)集まり, 集い. ein gemütliches *Beisammensein* くつろいだ集い.

Bei⹀schlaf [バイ・シュらーふ] 男 -[e]s/ 《雅》《法》同衾(ぎん), 性交. den *Beischlaf* aus|üben 同衾する.

Bei⹀sein [バイ・ザイン] 中《成句的に》im *Beisein* von den Kindern 子供たちの面前で / ohne sein *Beisein* 彼の立ち合いなしに.

bei⹀sei·te [バイ・ザイテ] 副 ① かたわらへ, わきへ. Sie stellte den Korb *beiseite*. 彼女はかごをかたわらへ置いた / *Scherz*(または *Spaß*) *beiseite*! a) 冗談はさておき, b) 冗談はよせ. ② わきで, 離れて. *beiseite* sprechen 《劇》傍白する, わきぜりふを言う.

▶ beiseite|lassen, beiseite|legen, beiseite|schaffen

bei·sei·te|las·sen* [バイザイテ・らッセン baı-záıtə-làsən] 他 (h) (事⁴に)触れずにおく; (問題など⁴を)一時棚上げにする.

bei·sei·te|le·gen [バイザイテ・れーゲン baı-záıtə-lè:gən] 他 (h) ① (事⁴を)中途で投げ出す. ② (お金⁴を)別にとっておく, 貯める.

bei·sei·te|schaf·fen* [バイザイテ・シャッフェン baı-záıtə-ʃàfən] 他 (h) ① (盗品など⁴を)隠す. ② (人⁴を)片づける.

bei·sei·te|spre·chen ☞ beiseite ②

bei|set·zen [バイ・ゼッツェン báı-zètsən] 他 (h) 《雅》埋葬する.

Bei·set·zung [バイ・ゼッツンク] 女 -/-en 《雅》埋葬.

Bei·sit·zer [バイ・ズィッツァァ] 男 -s/- 《法》陪席判事, 陪審員; 理事. (女性形: -in).

***das* Bei⹀spiel** [バイ・シュピーる bái-ʃpi:l] 中 《単》-[e]s/《複》-e (3格の複 -en) 《英》*example*) ① 例, 実例; 例証. ein treffendes *Beispiel* 適切な例 / 事⁴ als *Beispiel* an|geben 事⁴を例としてあげる / *Beispiel*⁴ für 事⁴ an|führen (または nennen) 事⁴の例をあげる / 事⁴ an einem *Beispiel* erklären 事⁴を例をあげて説明する / Dieser Vorgang ist ohne *Beispiel*. こんな事件は前代未聞だ(←実例がない) / zum *Beispiel* 例えば (略: z.B.).
② 手本, 模範. ein gutes *Beispiel* よい手本 / ein warnendes *Beispiel* 戒め / 人³ ein *Beispiel*⁴ geben 人³に手本を示す / Nimm dir ein *Beispiel*⁴ an deinem Bruder! 君の兄さんをお手本にしなさい / mit gutem *Beispiel* voran|gehen (他人の)模範となる.

bei·spiel·haft [バイ・シュピーるハふト] 形 模範的な, 手本となるような.

bei·spiel⹀los [バイシュピーる・ろース] 形 先例のない, 無類の, 未曾有(みぞう)の.

bei·spiels·wei·se [バイシュピーるス・ヴァイゼ] 副 例えば, 例を示せば《:》.

bei|sprin·gen* [バイ・シュプリンゲン bái-ʃprìŋən] 自 (s) 《雅》《人³を》助けに駆けつける.

bei·ßen [バイセン báısən] du beißt (biss, hat …gebissen) I 他 《定で》《人·物⁴を》かむ, 《人·物⁴に》かみつく, (虫などが)刺す. 《英》*bite*). Ich *kann* das harte Brot nicht *beißen*. 私はこの堅いパンはかめない / Der Hund hat ihn (または ihm) ins Bein *gebissen*. 犬が彼の脚にかみついた / sich³ die Lippen⁴ wund *beißen* 唇をかんでけがをする / Er hat nichts zu *beißen*. 彼は食べる物にもこと欠いている. ◊《再帰的に》Ich *habe mich* (または *mir*) auf die Zunge *gebissen*. 私は舌をかんだ.
II 自 《定で》haben) ① かむ, かじる; (魚が)餌(え)にくいつく. Der Hund *beißt*. その犬はかみつく癖がある / an den Nägeln *beißen* 爪(つめ)をかむ / Er *biss* ins Brot. 彼はパンをかじった.
② (刺すように)ひりひりする, (煙が目に)しみる. Pfeffer *beißt* auf der Zunge. こしょうが舌にひりひりする / Der Wind *beißt* mir ins Gesicht. 風が顔の肌を刺すように冷たい.
III 再帰 《定で》haben) sich⁴ *beißen* 《口語》(色が)調和しない. Gelb und Violett *beißen sich*. 黄色と紫は調和しない.

bei·ßend [バイセント] I *beißen (かむ)の 現分
II 形 刺すような, ひりひりする; 辛らつな(皮肉など). *beißende* Kälte 身を切るような寒さ.

Beiß⹀zan·ge [バイス・ツァンゲ] 女 -/-n ① ペンチ, やっとこ, 鉗子(かんし). ② (ののしって:)口やかましい(すぐに食ってかかる)女.

Bei·stand [バイ・シュタント] 男 -(e)s/..stände ① 《圏 なし》《雅》援助, 支援, 助力. 人³ *Beistand*⁴ leisten 人³を援助する. ② 後見人; 《法》訴訟補助人. ③ 《ｽｲｽ》結婚立会人.

Bei·stands·pakt [バイシュタンツ・パクト] 男 -(e)s/-e 《政》(国家間の)援助協定.

bei·ste·hen* [バイ・シュテーエン bái-ʃtèːən] 自 (h) (人³の)力になってやる, (人³を)助ける.

Bei·stell·tisch [バイシュテる・ティッシュ] 男 -(e)s/-e サイドテーブル.

bei|steu·ern [バイ・シュトイアァン bái-ʃtɔ̀y-ərn] 他 (h) (お金など⁴を)寄付する; 寄与する.

bei|stim·men [バイ・シュティンメン bái-ʃtìmən] 自 (h) (人・事³に)賛成する, 同意する.

Bei·strich [バイ・シュトリヒ] 男 -(e)s/-e 《言》コンマ(記号: ,)(＝Komma).

der **Bei·trag** [バイ・トラーク bái-traːk] 男 (単2) -(e)s/(複) ..träge [..トレーゲ] (3 格のみ ..trägen) ① 寄与, 貢献. (英 *contribution*). ein aktiver *Beitrag* zur Erhaltung des Friedens 平和維持のための積極的な寄与. ② 会費, 分担金; (保険などの)掛け金. ③ 寄稿; 寄稿論文. einen *Beitrag* für eine Zeitung schreiben (または liefern) 新聞に寄稿する / *Beiträge* zu... (学術誌の表題で) ...論集.

bei|tra·gen* [バイ・トラーゲン bái-trà:gən] du trägst... bei, er trägt... bei (trug... bei, hat ...beigetragen) I 自 (完了 haben) [zu 事³ ~] (事³に)寄与する, 貢献する. (英 *contribute*). zur Erhaltung des Friedens *beitragen* 平和の維持に貢献する.

II 他 (完了 haben) [A⁴ zu B³ ~] (B³ のために A⁴ の)寄与をする. sein Teil⁴ zur Entspannung *beitragen* 緊張緩和のために自分なりの貢献をする.

bei·trags·pflich·tig [バイトラークス・プふりヒティヒ] 形 出資(分担)義務のある.

bei|trei·ben* [バイ・トライベン bái-tràibən] 他 (h) 《法》(借金・税金など⁴を)取りたてる, 徴収する.

bei|tre·ten* [バイ・トレーテン bái-trèːtən] 自 (s) (団体など³に)加入する, 入会する; (条約など³に)加盟する; 《法》(訴訟手続き³に)加わる.

Bei·tritt [バイ・トリット bái-trɪt] 男 -(e)s/-e 参加, 加入, 入会; 加盟.

Bei·tritts·er·klä·rung [バイトリッツ・エァクれーるング] 女 -/-en (文書による)入会署名(宣言).

Bei·wa·gen [バイ・ヴァーゲン] 男 -s/- (オートバイの)サイドカー.

Bei·**werk** [バイ・ヴェルク] 中 -(e)s/ (服装などの)付属品, 飾り, アクセサリー; 添え物.

bei|woh·nen [バイ・ヴォーネン bái-vòːnən] 自 (h)《雅》(事³に)出席する, 参列する; 居合わせる. einem Fest *beiwohnen* 祝典に列席する.

Bei·wort [バイ・ヴォルト] 中 -(e)s/..wörter 《言》形容詞 (＝Adjektiv); 付加語的形容詞句.

Bei·ze [バイツェ báitsə] 女 -/-n (木材の)着色液, ステイン; (金属の)腐食剤; (染色の)媒染[剤]; (製革の)あく抜き液;《医》焼灼(しゃく)剤;《料理》マリナード, 漬け汁;《農》(種子の)滅菌液.

bei·zei·ten [バイ・ツァイテン] 副 間に合ううちに, ちょうどよい時に.

bei·zen [バイツェン báitsən] 他 (h) ① (木材など⁴を)着色する; (金属⁴を)腐食剤で処理する; (布地⁴を)媒染する; (種子⁴を)消毒する; (魚・肉⁴を)マリネにする. ② (目など⁴を)ひりひり刺激する.

be·ja·hen [ベ・ヤーエン bə-jáːən] (bejahte, hat...bejaht) 他 (完了 bejaht) ① (質問など⁴に)「はい」と答える, 肯定の返事をする (⇔ 『いいえ』 と答える は verneinen). Er *bejahte* meine Frage. 彼は私の質問に「はい」と答えた. ◇《現在分詞の形で》eine *bejahende* Antwort 「はい」という返事. ② 肯定する, 是認する. das Leben⁴ *bejahen* 人生を肯定する.

be·jahrt [ベ・ヤールト bə-jáːrt] 形《雅》年老いた, 高齢の. (⇨ 頻出 alt).

be·jaht [ベ・ヤート] bejahen (「はい」と答える)の 過分, 3 人称単数・2 人称親称複数 現在.

be·ju·ble [ベ・ヤーテ] bejahen (「はい」と答える)の 過分.

Be·ja·hung [ベ・ヤーウング] 女 -/-en 肯定[の言葉], 是認; 賛成.

be·jam·mern [ベ・ヤンマァン bə-jámərn] 他 (h) (人・事⁴のことを)嘆き悲しむ.

be·jam·merns·wert [ベヤンマァンス・ヴェーァト] 形 嘆かわしい, 悲しむべき, 痛ましい.

be·ju·beln [ベ・ユーベるン bə-jùːbəln] 他 (h) 歓呼して迎える, (人³に)歓声を送る.

be·kam [ベ・カーム] ‡bekommen¹ (もらう)の 過去.

be·kä·me [ベ・ケーメ] ‡bekommen¹ (もらう)の 接2.

be·kämp·fen [ベ・ケンプふェン bə-kémpfən] 他 (h) (人⁴と)戦う; (伝染病など⁴を)撲滅(克服)しようとする.

Be·kämp·fung [ベ・ケンプふング] 女 -/-en 戦い; 克服(撲滅)[しようとすること].

*‡**be·kannt**¹ [ベ・カント bə-kánt]

> 知られた, 有名な
> Er ist ein *bekannter* Maler.
> エァ イスト アイン ベカンタァ マーらァ
> 彼は有名な画家だ.

I bekennen (告白する)の 過分

II 形 (比較 bekannter, 最上 bekanntest) ① (多くの人によく)知られた, 周知の, 有名な. (英 *wellknown*). eine *bekannte* Melodie よく知られたメロディー / eine *bekannte* Tatsache 周知の事実 / Die Gegend ist *bekannt* für ihren Wein. その地方はワインの産地として知られている / Er ist *bekannt* für seinen Geiz. 彼はけちなことで有名だ / Er ist in München *bekannt*. a) 彼はミュンヒェンでは名が通っている,

b) 彼はミュンヒェンのことには詳しい.
② 《人³にとって》なじみの, 既知の. ein *bekanntes* Gesicht 見たことのある顔 / eine wohl *bekannte* (または wohl*bekannte*) Stimme 聞きなれた声 《人³にbekannt sein 人³になじみの(知られている) ⇨ Er (Das) ist mir gut *bekannt*. 私は彼を(それを)よく知っている.

③ 【mit 人・事³ ～】(人³と)知り合いの; (事³に)精通している. Ich bin mit ihm *bekannt*. 私は彼と知り合いだ / Er ist mit dem Inhalt des Briefes *bekannt*. 彼はその手紙の内容を知っている.

▶ bekannt|geben, bekannt|machen, bekannt|werden

> 類語 **bekannt**: (一般に広く)知られた. **berühmt**: (すぐれた資質や特性によって)有名な. ein *berühmter* Künstler 有名な芸術家. **namhaft**: (すぐれた業績などによって)著名な, 名望ある. (berühmt と異なり付加語としてのみ用いる).

be·kannt² [ベ・カント] bekennen (告白する)の 過分

be·kann·te [ベ・カンテ] bekennen (告白する)の 過去

Be·kann·ten·kreis [ベカンテン・クライス] 男 -es/-e 交際範囲, 交友. einen großen *Bekanntenkreis* haben 交際範囲が広い.

***Be·kann·te**[**r**] [ベ・カンテ (..ター)] bə-kántə (..tər) 男[語尾変化は形容詞と同じ ☞ Alte[r]] (例: 男1格 der Bekannte, ein Bekannter) 知人, 知り合い. (英 acquaintance). ein *Bekannter* meines Vaters 私の父の知人 / Wir sind alte *Bekannte*. 私たちは昔からの知り合いだ / Sie ist eine gute *Bekannte* von mir. 彼女は私の親しい知人だ.

be·kann·ter·ma·ßen [ベカンタァ・マーセン] 副 《書》周知のように, ご存知のように.

Be·kannt⸗**ga·be** [ベカント・ガーベ] 女 -/-n 《ふつう 単》公示, 告知.

be·kannt|**ge·ben***, **be·kannt ge·ben*** [ベカント・ゲーベン] bəkánt-gèːbən 他 (h) 広く知らせる, 公表する.

be·kannt·lich [ベ・カントリヒ] 副 周知のように, ご存知のように.

be·kannt|**ma·chen**, **be·kannt ma·chen** [ベカント・マッヘン] bəkánt-màxən 他 (h) ① 公表する, 公示する. ② 【人⁴ mit 事³ ～】(人⁴に事³を)知らせる, 教える. 【人⁴ mit 人³ ～】(人⁴に人³を)紹介する. Darf ich Sie *mit* Frau Weber *bekanntmachen*? [あなたに]ヴェーバー夫人をご紹介します.

Be·kannt·ma·chung [ベカント・マッフング] 女 -/-en ① 公表, 公開. ② 紹介.

die **Be·kannt·schaft** [ベ・カントシャふト] bə-kánt-ʃaft] 女 (単)-/(複) -en ① 《複なし》知り合うこと, 面識 [のあること]. Meine *Bekanntschaft* mit ihm ist schon alt. 私が彼と知り合ってすでに久しい / Ich freue mich, Ihre *Bekanntschaft* zu machen. お近づきになれてうれしいです / eine *Bekanntschaft*⁴ 人³ an|knüpfen 人³と交友関係を結ぶ / mit

単³ *Bekanntschaft*⁴ machen 《口語》単³(やっかいなこと)にかかわり合いを持つ.

② 交際範囲, 知り合い. Sie hat in dieser Stadt gar keine *Bekanntschaft*[*en*]. 彼女はこの町には全然知り合いがいない.

be·kannt|**wer·den***, **be·kannt wer·den*** [ベカント・ヴェーァデン] bəkánt-vèːrdən] 自(s) ① 知れ渡る. ② 【mit 人³ ～】人³と知り合いになる.

Be·kas·si·ne [ベカスィーネ bekasíːnə] 女 -/-n 《鳥》タシギ.

be·keh·ren [ベ・ケーレン bə-kéːrən] I 他 (h) 《宗》改宗させる, 回心させる; (人⁴の考えなどを)変えさせる. 【人⁴ zum Christentum *bekehren* 人⁴をキリスト教に改宗させる. II 再帰 (h) *sich*⁴ *bekehren* 改宗(回心)する; (考えなどを)変える. Er *kehrte sich zu* meiner Auffassung. 彼は私と同じ見方に変わった.

Be·keh·rung [ベ・ケールング] 女 -/-en 《宗》改宗, 回心; (政治思想などの)転向.

be·ken·nen* [ベ・ケンネン bə-kénən] (bekannte, *hat*...bekannt) I 他 (完了) haben 告白する, 白状する; (罪・誤ちなど⁴を)認める. (英 confess). die Wahrheit⁴ *bekennen* 真実を告白する / Er *bekannte* seine Schuld. 彼は自分の罪を認めた.

II 再帰 (完了) haben *sich*⁴ *bekennen* ①【*sich*⁴ zu 人・事³ ～】(人・事³を)支持(信奉)することを表明する. *sich*⁴ zu einem Glauben *bekennen* ある信仰を持つことを表明する. ② (…であると)認める. *sich*⁴ schuldig *bekennen* 自分に罪があると認める / *sich*⁴ als (または für) … *bekennen* 自分が…であると認める.

◊☞ bekennt

Be·kennt·nis [ベ・ケントニス] 中 ..nisses/..nisse ① (罪の)告白; 《複》で 回想, 思い出. ② 《公然とした》告白, 信条; 信条告白. ein *Bekenntnis*⁴ zur Demokratie ab|legen 民主主義の支持を公言する. ③ 《キリ教》信仰告白; 宗派. evangelisches (katholisches) *Bekenntnis* プロテスタント(カトリック)派.

Be·kennt·nis⸗**frei·heit** [ベケントニス・ふライハイト] 女 -/ 《宗》信教の自由.

be·kla·gen [ベ・クラーゲン bə-kláːgən] (beklagte, *hat*...beklagt) I 他 (完了) haben 《雅》(事⁴を)嘆く, 悲しむ; 残念がる. ein Unglück⁴ *beklagen* 不幸を嘆く / den Tod eines Freundes *beklagen* 友の死を悼む.

II 再帰 (h) *sich*⁴ *bekennen* 苦情を言う, 不平を言う. Ich *habe mich bei* ihm *über* den Lärm *beklagt*. 私は騒音のことで彼に苦情を言った.

be·kla·gens⸗**wert** [ベクラーゲンス・ヴェーァト] 形 嘆かわしい, 悲しむべき, 気の毒な.

be·klagt [ベ・クラークト] beklagen (嘆く)の 過分, 3人称単数・2人称親称複数 現在

be·klag·te [ベ・クラークテ] beklagen (嘆く)の 過去

Be·klag·te[**r**] [ベ・クラークテ (..ター)] bə-kláːktə (..tər) 男 囚 〖語尾変化は形容詞と同じ〗《法》被告.(⇔「原告」は Kläger).

be·klat·schen [ベ・クらッチェン bə-klátʃən] 他 (h) ① (人・事⁴に)拍手喝采(%)する. ② 《口語》(人⁴の)陰口をきく, 中傷する.

be·kle·ben [ベ・クれーベン bə-klé:bən] 他 (h) (物⁴に)貼(は)る. eine Mauer⁴ mit Zetteln bekleben 壁にビラを貼る.

be·kle·ckern [ベ・クれッカァン bə-klékərn] 他 (h) 《口語》(物⁴に)染みを付ける. sich³ die Krawatte⁴ bekleckern 自分のネクタイに染みを付ける.

be·kleck·sen [ベ・クれクセン bə-kléksən] 他 (h) 《口語》(ひどく)汚す. ein Heft⁴ mit Tinte beklecksen ノートをインクで汚す.

be·klei·den [ベ・クらイデン bə-kláidən] du bekleidest, er bekleidet (bekleidete, hat... bekleidet) 他 (完了 haben) ① (人⁴に)服を着せる. Er war nur mit einer Hose bekleidet. 《状態受動・過去》彼はズボンしかはいていなかった. ◇《再帰的に》sich⁴ mit 物³ bekleiden 物³を着る. ② 《人⁴ mit 物³ ~》《雅》(人⁴に物³(権力など)を)授ける. ③ 《雅》(地位などに)就いている. einen hohen Posten bekleiden 高い地位に就いている.

be·klei·det [ベ・クらイデット] bekleiden (服を着せる)の 過分, 3 人称単数・2 人称親称複数現在

be·klei·de·te [ベ・クらイデテ] bekleiden (服を着せる)の 過去

Be·klei·dung [ベ・クらイドゥング] 囡 -/-en 衣服, 衣類.

Be·klei·dungs·in·dus·trie [ベクらイドゥングス・インドゥストリー] 囡 -/-n [..リーエン] 衣料[品]産業.

be·klem·men [ベ・クれンメン bə-klémən] 他 (h) 胸苦しい気分にする, 不安にする.

be·klem·mend [ベ・クれンメント] I beklemmen (胸苦しい気分にする)の 現分 II 形 胸を締めつけるような, 不安.

Be·klem·mung [ベ・クれンムング] 囡 -/-en 胸苦しさ, 不安, 苦悶(もん).

be·klom·men [ベ・クロンメン bə-klómən] 形 《雅》胸苦しい, 息苦しい, 不安な.

Be·klom·men·heit [ベ・クロンメンハイト] 囡 -/ 胸苦しさ, 息苦しさ, 不安.

be·kloppt [ベ・クロップト bə-klɔ́pt] 形 《俗》頭がおかしい, 気が変な.

be·knien [ベ・クニーエン bə-kní:n または ベ・クニーエン bə-kní:ən] 他 (h) 《口語》(人⁴に)しつこくせがむ.

***be·kom·men¹* [ベ・コンメン bəkómən]

> もらう
> Heute bekommen wir Gehalt.
> ホイテ　ベコンメン　ヴィア ゲハるト
> きょう私たちは給料をもらう.

(bekam, hat/ist...bekommen) I 他 (完了 haben) ① もらう, 受け取る; 手に入れる. (英 get). einen Brief bekommen 手紙を受け取る / ein Geschenk⁴ bekommen プレゼントをもらう / Ich habe die Sachen billig bekommen. 私はその品々を安く手に入れた / Zeitungen bekommen Sie am Kiosk. 新聞はキオスクで買えますよ / Was bekommen Sie? a) (店員が客に:)何になさいますか. b) (客が店員に:)お勘定はいくらですか / ein Kind⁴ bekommen 子供ができる / Wir bekommen bald Regen. もうすぐ雨になる / Urlaub⁴ bekommen 休暇をもらう / den Zug bekommen 列車に間に合う.
◇〖感情・状態などを表す名詞を目的語として〗Er bekam Angst. 彼は不安になった / Farbe⁴ bekommen 顔色がよくなる / graue Haare⁴ bekommen 髪が白くなる / Hunger⁴ bekommen 腹がへる / Mut⁴ bekommen 勇気が出る.
◇〖行為などを表す名詞を目的語として〗einen Befehl bekommen 命令を受ける / einen Kuss bekommen キスをされる / ein Lob⁴ bekommen ほめられる / Prügel⁴ bekommen なぐられる.

◇〖過去分詞とともに〗Das habe ich geschenkt bekommen. それを私はプレゼントしてもらった / 物⁴ geschickt bekommen 物⁴を送ってもらう.

② 〖方向を表す語句とともに〗(人・物⁴を…へ)移動させる; (ある状態に)させる. Sie haben das Klavier nicht durch die Tür bekommen. 彼らはピアノをドアから運び入れることができなかった / 人⁴ zum Reden bekommen 人⁴に口を開かせる.

③ 〖zu 不定詞[句]とともに〗(…することができる; (…)させられる. Ihr bekommt heute nichts zu essen. 君たちはきょうは食事にありつけないぞ / Dort bekommen man alles zu kaufen. そこでは何でも買うことができる / etwas⁴ zu hören bekommen 小言を聞かされる.

II 自 (完了 sein) (人³の)体によい, ためになる. Das fette Essen bekommt mir nicht. 脂っこい料理は私には合いません / Wohl bekomm's! a) どうぞ召しあがれ b) (乾杯のあいさつで:)ご健康を祝して.

be·kom·men² [ベ・コンメン] ⁑ bekommen¹ (もらう)の 過分

be·kömm·lich [ベ・ケムリヒ] 形 消化のよい.

be·kös·ti·gen [ベ・ケスティゲン bə-kǿstıgən] 他 (h) (人⁴に)食事を出す.

Be·kös·ti·gung [ベ・ケスティグング] 囡 -/-en 〖ふつう 単〗賄い, 給食; 食事.

be·kräf·ti·gen [ベ・クレふティゲン bə-kréftıgən] 他 (h) ① (主張などを⁴を)裏づける, 確証(保証)する. ② (疑念など⁴を)強める.

Be·kräf·ti·gung [ベ・クレふティグング] 囡 -/-en 裏づけ, 確証(保証); 強化.

be·krän·zen [ベ・クレンツェン bə-kréntsən] 他 (h) 花輪で飾る. den Sieger mit Lorbeer bekränzen 勝利者を月桂冠で飾る.

be·kreu·zi·gen [ベ・クロイツィゲン bə-króy-tsɪgən] 再帰 (h) *sich⁴ bekreuzigen* 《カトリック》 十字を切る.

be·krie·gen [ベ・クリーゲン bə-krí:gən] 他 (h) (人・物⁴と)戦争をする. ◇〖相互的に〗 *sich⁴ bekriegen* 交戦する.

be·krit·teln [ベ・クリッテるン bə-krítəln] 他 (h) (人⁴の)あら探しをする, (事⁴に)けちをつける.

be·kritz·eln [ベ・クリッツェるン bə-krítsəln] 他 (h) (物⁴に)なぐり書きする, 落書きする.

be·küm·mern [ベ・キュンマァン bə-kýmərn] (bekümmerte, *hat*...bekümmert) I 他 (完了 haben) 心配させる (英 worry). Dein Leichtsinn *bekümmert* mich. 君の軽率さが気がかりだ / Was *bekümmert* Sie das? それがあなたに何のかかわりがあるのですか.
II 再帰 (完了 haben) 〖*sich*⁴ **um** 人・物⁴ ～〗 (人・物⁴のことを)気にかける, (人・物⁴の)世話をする.

be·küm·mert [ベ・キュンマァト bə-kýmərt] I bekümmern (心配させる)の 過分, 3人称単数・2人称親称複数 現在 II 形 心配している, 悲しんでいる. **über** 事⁴ *bekümmert sein* 事⁴を気に病んでいる.

be·küm·mer·te [ベ・キュンマァテ bə-kýmərtə] bekümmern (心配させる)の 過分

be·kun·den [ベ・クンデン bə-kúndən] 他 (h) 《雅》(弔意・関心など⁴を)表明する, はっきり示す.

be·lä·cheln [ベ・れッヒェるン bə-léçəln] 他 (h) (人・事⁴を)鼻であしらう, 冷笑する.

be·la·chen [ベ・らッヘン bə-láxən] 他 (h) おもしろがって笑う; あざ笑う.

be·la·den¹* [ベ・らーデン bə-lá:dən] du belädst, er belädt (belud, *hat*...beladen) 他 (完了 haben) (英 load) ① (トラックなど⁴に荷などを)積む, 載せる; (机など⁴に物を)積み上げる. ein Schiff⁴ *beladen* 船に荷を積む / einen Wagen **mit** Holz *beladen* 車に材木を積む / einen Tisch **mit** Geschenken *beladen* テーブルに贈り物を積み上げる. ② (人・動物⁴に荷などを)背負わせる. 人⁴ **mit** Verantwortung *beladen* 《比》人⁴に責任を負わせる.

be·la·den² [ベ・らーデン] beladen¹ (積む)の 過分

be·lädst [ベ・れーツト] beladen¹ (積む)の 2人称親称単数

be·lädt [ベ・れート] beladen¹ (積む)の 3人称単数 現在

Be·lag [ベ・らーク bə-lá:k] 男 -[e]s/..läge ① (表面の)薄い層; (アスファルトの)舗装面; (金属の)くもり. ② 《医》舌苔(ぜったい). ③ (表面を)覆うもの; 被膜, コーティング. ④ (オープンサンドに載せる)具, デコレーション.

Be·la·ge·rer [ベらーゲラァ bə-lá:gərər] 男 -s/- 〖ふつう 複〗 包囲軍.

be·la·gern [ベ・らーガァン bə-lá:gərn] 他 (h) 囲〗 包囲する. ② (口語) (ファン・記者などが 人・物⁴の)周りに群がる.

Be·la·ge·rung [ベ・らーゲルング bə-lá:gəruŋ] 女 -/-en ① 包囲[攻撃]. ② 〖醗 なし〗 (口語) (ファン・記者などが)群がること.

Be·la·ge·rungs≈zu·stand [ベらーゲルングス・ツーシュタント] 男 -[e]s/ 《法》戒厳状態. den *Belagerungszustand* verhängen 戒厳令を敷く.

be·läm·mert [ベ・れンマァト bə-lémərt] 形 《口語》① 困惑した, しょんぼりした. ② いやな(天気など).

Be·lang [ベ・らング bə-láŋ] 男 -[e]s/-e ① 〖醗 なし〗 重要性. Das ist für mich **ohne** *Belang* (**von** *Belang*). それは私にとって重要でない(重要である). ② 〖醗 で〗 利害[関係], 関心事 (= Interessen).

be·lan·gen [ベ・らンゲン bə-láŋən] 他 (h) ① 《法》告訴する, 訴える. ② (人・物⁴に)関係する, かかわる. Was mich *belangt*, so … 私に関しては, …

be·lang≈los [ベらング・ろース] 形 重要でない, ささいな.

Be·lang≈lo·sig·keit [ベらング・ろーズィヒカイト] 女 -/-en ① 〖醗 なし〗 重要でないこと, ささいなこと. ② 重要でない(ささいな)事柄.

be·las·sen* [ベ・らッセン bə-lásən] 他 (h) (人・物⁴を)…のままにしておく, (人・物⁴を…に)放置する. 人⁴ **in** seiner Stellung *belassen* 人⁴をその地位にとどめておく / alles⁴ **beim** Alten *belassen* すべてを元のままにしておく.

be·las·ten [ベ・らステン bə-lástən] 他 (h) ① (物⁴に)荷重をかける. das Auto⁴ zu stark *belasten* 車に過大な荷重をかける. ② (人⁴に)負担をかける, わずらわせる; (物⁴を)そこなう, 害する. Die Arbeit *belastete* ihn sehr. その仕事は彼には大きな負担となっていた / 人⁴ **mit** Verantwortung *belasten* 人⁴に責任を負わせる / Luft⁴ mit Abgasen *belasten* 空気を排気ガスで汚す. ③ (人⁴に)有罪(不利)に導く. ◇〖現在分詞の形で〗 *belastende* Aussagen⁴ machen (被告に)不利な陳述をする. ④ (人・物⁴に)経済的な負担を負わせる. die Bevölkerung⁴ **durch** neue Steuern *belasten* 住民に新たに課税する / ein Konto⁴ **mit** 1 000 Euro *belasten* 《商》1,000ユーロを口座の借方に記入する / ein Haus⁴ **mit** Hypotheken *belasten* 《商》家を抵当に入れる.

be·läs·ti·gen [ベ・れスティゲン bə-léstɪgən] 他 (h) わずらわす, 悩ます; (人⁴に)しつこくつきまとう, 絡む. 人⁴ **mit** zudringlichen Fragen *belästigen* しつこく質問して人⁴をわずらわす.

Be·läs·ti·gung [ベ・れスティグング] 女 -/-en わずらわす(悩ます)こと; 人を悩ませる行為, いやがらせ.

Be·las·tung [ベ・らストゥング] 女 -/-en ① (車・船などの)積載; 積み荷, 荷重. ② 負担, 圧迫. eine seelische (finanzielle) *Belastung* 精神的(経済的)負担. ③ 《法》被告側に不利な陳述. ④ 《商》借方記入.

Be·las·tungs≈pro·be [ベらストゥングス・プローベ] 女 -/-n 負荷(荷重)試験; 《比》試練.

Be·las·tungs⸗zeu·ge [ベらストゥングス・ツォイゲ] 男 -n/-n 《法》被告側に不利な陳述をする証人. (女性形: ..zeugin).

be·laubt [べ・らオプト bə-láupt] 形 葉の茂った.

be·lau·ern [べ・らオアァン bə-láuərn] 他 (h) (犯人など⁴を)ひそかに見張る.

be·lau·fen* [べ・らオフェン bə-láufan] I 再帰 (h) 〖 *sich⁴* *auf* 物⁴ ~ 〗 (物⁴ある金額・数値などに)達する. Die Kosten *belaufen* *sich* auf 300 Euro. 費用は300ユーロに達する. II 他 (h) (ある区間・地域⁴を)巡回する, 踏査する.

be·lau·schen [べ・らオシェン bə-láuʃən] 他 (h) 盗み聞きする; ひそかにうかがう.

Bel·can·to [べるカント bɛlkánto] 男 -s/ 《音楽》ベルカント唱法.

be·le·ben [べ・れーベン bə-léːbən] I 他 (h) ① 元気づける, 活気づける. Der heiße Kaffee *belebte* uns alle. 熱いコーヒーがわれわれみんなを元気づけてくれた / einen Text mit Bildern *beleben* テキストに絵を添えて生き生きしたものにする. ② (習慣など⁴を)復活させる. II 再帰 (h) *sich⁴* *beleben* ① 元気づく, 活気づく. Sein Gesicht *belebte* *sich*. 彼の顔は生き生きしてきた. ② (ある場所などが)にぎやかになる.

be·lebt [べ・れープト] I beleben (元気づける)の 過分 II 形 ① 活気のある, にぎやかな. eine *belebte* Straße にぎやかな通り. ② 生命のある. die *belebte* Natur 有機物の世界.

Be·le·bung [べ・れーブング] 女 -/-en 活気(生気)を与えること;《医》蘇生(₈ᵢ).

Be·leg [べ・れーク bə-léːk] 男 -[e]s/-e ① 証拠となるもの, 証拠資料. ② (語法・表現法などの)典拠, 使用例.

be·le·gen [べ・れーゲン bə-léːgən] (belegte, *hat* … belegt) 他 《完了》 haben) ① 〖A⁴ *mit* B³ ~〗 (A⁴をB³で)覆う, かぶせる; 敷きつめる. (英 *cover*). den Boden mit Teppichen *belegen* 床にじゅうたんを敷く / ein Brot⁴ mit Käse *belegen* パンにチーズを載せる.
② (座席・部屋など⁴を)とっておく, 確保する, 予約する; (順位⁴を)占める. eine Vorlesung⁴ *belegen* 講義の聴講を申し込む / ein Zimmer⁴ *belegen* (ホテルの部屋を確保する) / Die Telefonleitung *ist* *belegt*. 〖状態受動・現在〗電話回線がふさがっている. ③ 〖人・物⁴ *mit* 物³ ~ 〗 (人・物⁴に物³を)課する. 人⁴ mit einer Strafe *belegen* 人⁴に罰を加える / die Waren⁴ mit Zoll *belegen* 品物に関税をかける. ④ (資料・例・理由により)証明する. Er konnte seine Ausgaben mit Quittungen *belegen*. 彼は支出を領収書によって証明することができた.

◇ ☞ belegt

Be·leg⸗ex·em·plar [べ・れーク・エクセンプら一ル] 中 -s/-e 《書籍》(著者・図書館などに渡される)出版証明用の見本.

Be·leg·schaft [べ・れークシャふト] 女 -/-en (会社などの)全従業員.

Be·leg⸗stel·le [べ・れーク・シュテれ] 女 -/-n 引用箇所, 出典[となる箇所].

be·legt [べ・れークト] I belegen (覆う)の 過分, 3人称単数・2人称親称複数 現在 II 形 ① 覆われた. *belegtes* Brötchen オープンサンド / eine *belegte* Zunge 舌苔(ᵗᵃⁱ)に覆われた舌 / eine *belegte* Stimme 《比》かすれた声. ② (ホテルの部屋などが予約で)ふさがれた.

be·leg·te [べ・れークテ] belegen (覆う)の 過去

be·leh·ren [べ・れーレン bə-léːrən] 他 (h) 《雅》 (人³に)教える, わからせる. 人⁴ **über** 事⁴ *belehren* 人⁴に事⁴を教える / sich⁴ *belehren* lassen 人の忠告に耳をかす. ◇ 〖現在分詞の形で〗 ein *belehrender* Film ためになる映画.

Be·leh·rung [べ・れールング] 女 -/-en 教えてくれること, 教訓; 忠告, 叱責(ₛⁱ).

be·leibt [べ・らイプト bə-láipt] 形 ふとった, 肥満した;《婉曲》肉づきのよい.

Be·leibt·heit [べ・らイプトハイト] 女 -/ 肥満.

***be·lei·di·gen** [べ・らイディゲン bə-láidigən] (beleidigte, *hat* … beleidigt) 他 《完了》 haben) ① 侮辱する, (人⁴の)感情を害する. (英 *insult*). 人⁴ mit einer Äußerung *beleidigen* 人⁴をある発言で侮辱する / Er hat mich **in** meiner Ehre *beleidigt*. 彼は私の名誉を傷つけた. ◇ 〖現在分詞の形で〗 ein *beleidigendes* Benehmen 侮辱的な態度. (☞ 類語 verletzen).
② 《比》(目・耳など⁴に)不快感を与える. Diese Musik *beleidigt* mein Ohr. この音楽は私には耳ざわりだ.

◇ ☞ beleidigt

be·lei·digt [べ・らイディヒト] I *beleidigen (侮辱する)の 過分, 3人称単数・2人称親称複数 現在 II 形 侮辱された. Er ist leicht *beleidigt*. 彼は感情を害しやすい / ein *beleidigtes* Gesicht⁴ machen むっとした顔をする.

be·lei·dig·te [べ・らイディヒテ] *beleidigen (侮辱する)の 過去

die **Be·lei·di·gung** [べ・らイディグング bə-láidigʊŋ] 女 (単) -/(複) -en 侮辱; 無礼[な言動]. (英 *insult*). 人³ eine Beleidigung⁴ zufügen 人³を侮辱する / eine *Beleidigung* für das Auge 《比》目ざわりなこと.

be·lei·hen* [べ・らイエン bə-láiən] 他 (h) (物⁴を)担保にお金を貸す.

be·lem·mert [べ・れンマァト] belämmert の古い形.

be·le·sen [べ・れーゼン bə-léːzən] 形 (たくさん本を読んで)博識の.

Be·le·sen·heit [べ・れーゼンハイト] 女 -/ 多読; 博識.

be·leuch·ten [べ・ろイヒテン bə-lɔ́yçtən] 他 (h) ① 照らす, 明るくする. die Bühne⁴ mit einem Scheinwerfer *beleuchten* スポットライトで舞台を照らす / Die Straße *ist* schlecht *beleuchtet*. 〖状態受動・現在〗その通りは街灯が少ない. ② 《比》検討する, 考察する.

Be·leuch·tung [べ・ろイヒトゥング] 女 -/-en 〖ふつう 単〗 ① 照明, 明かり, ライト; 明るさ. die Beleuchtung der Straßen² 街路の照明.

② 《比》検討, 考察.

be·leum·det [ベ・ろイムデット bə-lóʏmdət] 形 …といううわさ(評判)の. Er ist gut (übel) *beleumdet*. 彼は評判がよい(悪い).

be·leu·mun·det [ベ・ろイムンデット bə-lóʏmundət] 形 =beleumdet

Bel·gi·en [ベるギエン bélgiən] 田 (単2) -s/ 《国名》ベルギー[王国] (首都はブリュッセル).

Bel·gi·er [ベるギアァ bélgiəʀ] 男 -s/- ベルギー人. (女性形: -in).

bel·gisch [ベるギッシュ bélgɪʃ] 形 ベルギー[人]の.

Bel·grad [ベる・グラート bél-gra:t] 田 -s/《都市名》ベルグラード(旧ユーゴスラビア連邦の首都. 別称ベオグラード Beograd).

be·lich·ten [ベ・リヒテン bə-líçtən] 他 (h) 《写》(フィルムなど⁴を)露出する, 感光させる.

Be·lich·tung [ベ・リヒトゥング bə-líçtʊŋ] 女 -/-en 《写》露光.

Be·lich·tungs=mes·ser [ベリヒトゥングス・メッサァ] 男 -s/- 《写》露出計.

be·lie·ben [ベ・リーベン bə-lí:bən] **I** 自 (h) 《雅》(人³の)気に入る. Ich tue, was mir *beliebt*. 私は好きなことをする. ◇【非人称の es を主語にして】wie es Ihnen *beliebt* ご随意に. **II** 他 (h) 〖zu 不定詞[句]とともに〗(皮肉で)…しがちである. Sie *belieben* zu scherzen! ご冗談ばかりおっしゃって.

◇☞ **beliebt**

Be·lie·ben [ベ・リーベン bə-lí:bən] 田 -s/ 好み, 意向. nach *Belieben* 随意に, 自分の好きなように.

be·lie·big [ベ・リービヒ bə-lí:bɪç] **I** 形 任意の, 随意の. ein *beliebiges* Beispiel 任意の例. ◇【名詞的に】jeder *Beliebige* 任意のだれでも. **II** 副 好きなだけ. *beliebig* lange 好きなだけ長く.

***be·liebt** [ベ・リープト bə-lí:pt] **I** beliebenの過去分詞 **II** 形 [比較 beliebter, 最上 beliebtest] ① 人気のある, 好かれている. (英 *popular*). Dieser Ausflugsort ist sehr *beliebt*. この行楽地はたいへん人気がある / ein *beliebter* Lehrer 人気のある先生 / Er ist bei allen Kollegen *beliebt*. 彼はすべての同僚に好かれている / sich⁴ bei 人³ *beliebt* machen 人³にとり入る. ② よく使われる(口実など).

Be·liebt·heit [ベ・リープトハイト] 女 -/ 人気, 人望, 好評.

be·lie·fern [ベ・リーふァァン bə-lí:fəʀn] 他 (h) (人⁴に)品物などを)納める, 納入する. 人⁴ mit 物³ *beliefern* 人⁴に物³を納める.

Be·lie·fe·rung [ベ・リーふェルング] 女 -/-en (品物などの)納入, 供給.

Bel·kan·to [ベるカント bɛlkánto] 男 -s/《音楽》ベルカント唱法(=Belcanto).

bel·len [ベれン bélən] (bellte, *hat* … gebellt) **I** 自 (定了 haben) ① (犬などが)ほえる. (英 *bark*). Der Hund *bellte* laut. その犬はやかましくほえた. ② 《比》(大砲などが)とどろく. ③ 《口語・比》(風邪などで)激しくせき込む. ◇【現在分詞の形で】ein *bellender* Husten しきりに出る空(から)せき.
II 他 (定了 haben) (命令など⁴を)どなる.

Bel·le·tris·tik [ベれトリスティク bɛletrístɪk] 女 -/ 文芸, 大衆文学.

bel·le·tris·tisch [ベれトリスティッシュ bɛletrístɪʃ] 形 文芸の, 大衆文学の.

bell·te [ベるテ] bellen (ほえる)の過去

be·lo·bi·gen [ベ・ろービゲン bə-lóːbɪɡən] 他 (h) (公的に)称賛する, 表彰する.

Be·lo·bi·gung [ベ・ろービグング] 女 -/-en 称賛, 賛辞.

be·loh·nen [ベ・ろーネン bə-lóːnən] (belohnte, *hat*…belohnt) 他 (定了 haben) (人・事⁴に)報いる. (英 *reward*). Seine Mühe wurde *belohnt*. 彼の苦労は報われた / 人⁴ für seine Hilfe *belohnen* 人⁴の助力に報いる / 人⁴ mit Undank *belohnen* 人⁴の恩をあだで返す.

be·lohnt [ベ・ろーント] belohnen (報いる)の過去分詞, 3人称単数・2人称親称複数現在

be·lohn·te [ベ・ろーンテ] belohnen (報いる)の過去

die **Be·loh·nung** [ベ・ろーヌング bə-lóːnʊŋ] 女 (単) -/(複) -en 報酬, 褒美, 謝礼金, 賞金. (英 *reward*). eine hohe *Belohnung*⁴ aus|setzen 高い報酬を与える / als (または zur) *Belohnung* für 事⁴ 事⁴に対する報酬として.

be·lud [ベ・るート] beladen¹ (積む)の過去

be·lüf·ten [ベリュふテン bə-lýftən] 他 (h) (部屋など⁴を)換気する.

be·lü·gen* [ベ・リューゲン bə-lýːɡən] 他 (h) (人⁴に)うそをつく, うそをついてだます. Du *hast* mich *belogen*. 君はぼくにうそをついたね. ◇【再帰的に】sich⁴ selbst *belügen* 思い違いをする.

be·lus·ti·gen [ベ・るスティゲン bə-lústɪɡən] **I** 他 (h) 楽しませる, おもしろがらせる. **II** 再帰 (h) 〖sich⁴ über 人・事⁴ ~〗《雅》(人・事⁴を)からかう, 笑いものにする.

Be·lus·ti·gung [ベ・るスティグング] 女 -/-en 娯楽, 気晴らし, 楽しい催し.

Bel·ve·de·re [ベる・ヴェデーレ bɛlvedéːrə] 田 -[s]/-s ① ベルヴェデーレ(見晴らしのよい場所にある宮殿などの名.「すばらしい眺め」の意). ② 見晴らし台.

Bem. [ベ・メルクング] 《略》注釈 (=**Bemer·kung**).

be·mäch·ti·gen [ベ・メヒティゲン bə-méçtɪɡən] 再帰 (h) 〖sich⁴ 人・物² *bemächtigen*〗《雅》① (人・物²を力ずくで)奪取する. Ich *bemächtigte* mich seiner Waffe. 私は彼の武器を取り上げた. ② (不安などが人²を)襲う.

be·mä·keln [ベ・メーケるン bə-méːkəln] 他 (h) 《口語》(人・物⁴について)けちをつける, あら探しをする.

be·ma·len [ベ・マーれン bə-máːlən] 他 (h) ① (物⁴に)色を塗る, 彩色する. 物⁴ mit Ölfarbe *bemalen* 物⁴に油絵の具を塗る. ②

《口語・戯》(顔など⁴に)厚化粧をする.

be·män·geln [ベ・メンゲるン bə-méŋəln] 他 (h) こきおろす, 非難する, とがめる.

be·man·nen [ベ・マンネン bə-mánən] 他 (h) (船など⁴に)乗組員を配置(配備)する. ◇〘過去分詞の形で〙 eine *bemannte* Raumstation 有人宇宙ステーション.

Be·man·nung [ベ・マンヌング] 女 -/-en 乗り組ませること, (船良などの)配置; (配置された)乗組員, クルー, 人員.

be·män·teln [ベ・メンテるン bə-méntəln] 他 (h) 《雅》(欠点など⁴を)ごまかす, 隠す. einen Fehler *bemänteln* 誤りを言いつくろう(隠す).

be·merk·bar [ベ・メルクバール] 形 目につく, 認めうる. sich⁴ *bemerkbar* machen a) (身ぶりなどで)人の注意を引く b) 表に現れる, 表面化する ⇒ Sein Alter machte sich *bemerkbar*. 彼には老いの兆しが表れた.

***be·mer·ken** [ベ・メルケン bə-mérkən] (bemerkte, hat…bemerkt) 他 《完了》 haben) ① 〘4格とともに〙(人・物⁴に)気づく, 《英 notice》. einen Fehler *bemerken* 間違いに気づく / Das Kind *bemerkte* das Auto zu spät. その子供は車に気づくのが遅すぎた.
② 〘所見・感想として〙述べる, 言う, 《英 remark》. Ich möchte dazu *bemerken*, dass … 私はそれに関して…ということを言いたい. ◇〘過去分詞の形で〙 nebenbei *bemerkt* ついでに言うと.

be·mer·kens·wert [ベメルケンス・ヴェーアト] I 形 注目すべき, 目だつ; 重要な, 著しい. eine *bemerkenswerte* Leistung 注目すべき業績. II 副 目だって, 非常に.

be·merkt [ベ・メルクト] *bemerken (気づく)の 過分, 3人称単数・2人称親称複数 現在

be·merk·te [ベ・メルクテ] *bemerken (気づく)の 過去

die **Be·mer·kung** [ベ・メルクング bə-mérkʊŋ] 女 (単) -/(複) -en コメント, (短い)発言, 覚え書き, 注釈. (略: Bem.). 《英 comment》. eine treffende *Bemerkung* 的確なコメント / eine *Bemerkung*⁴ über 人・事⁴ machen 人・事⁴についてコメントする.

be·mes·sen* [ベ・メッセン bə-mésən] I 他 (h) 見積もる, 算定する, 割り当てる. Meine Zeit *ist* nur kurz *bemessen*. 〘状態受動・現在〙私は時間があまりない. ◇〘過去分詞の形で〙 eine genau *bemessene* Dosis 正確に量った薬の服用量. II 再帯 〘*sich*⁴ nach 事³〙…〘埋³に従って〙算定される.

be·mit·lei·den [ベ・ミットらイデン bə-mítlaɪdən] (過分 bemitleidet) 他 (h) (人⁴に)同情する, 哀れむ.

be·mit·lei·dens·wert [ベミットらイデンス・ヴェーアト] 形 同情すべき.

be·mit·telt [ベ・ミッテるト bə-mítəlt] 形 財産のある, 裕福な.

be·moost [ベ・モースト bə-móːst] 形 苔(こけ)の生えた.

***be·mü·hen** [ベ・ミューエン bə-mýːən] (bemühte, hat…bemüht) I 再帯 《完了》 haben) *sich*⁴ *bemühen* ① 努力する, 骨折る. 《英 take trouble》. *sich*⁴ redlich *bemühen* 大いに骨を折る / Bitte, *bemühen* Sie *sich* nicht! どうぞお構いなく / Ich *habe* mich wirklich *bemüht*, ihm zu helfen. 私は彼を助けようとほんとに骨を折った / *sich*⁴ **um** 人・物⁴ *bemühen* a) 人・物⁴を得ようと努力する, b) 人・物⁴の世話をする, 面倒をみる ⇒ Er *bemühte sich* um eine Stelle bei der Post. 彼は郵便局に職を得ようと努めた / Sie *bemühte sich* um den Kranken. 彼女は病人の世話をした.
② 〘方向を表す語句とともに〙《雅》(…へ)わざわざ出かける. Wollen Sie *sich* bitte **ins** Nebenzimmer *bemühen*? 隣りの部屋へお越しいただけませんか.
II 他 《完了》 haben)《雅》(人⁴の)手をわずらわす, (人⁴に)苦労をかける. Darf ich Sie noch einmal *bemühen*? もう一度ご面倒をお願いしてよろしいでしょうか.

be·müht [ベ・ミュート] I *bemühen (再帯 で: 努力する)の 過分, 3人称単数・2人称親称複数 現在 II 形 〘成句的に〙 *bemüht* sein, **zu** 不定詞[句] …しようと努力する. Er ist *bemüht*, ihre Wünsche zu erfüllen. 彼は彼女の願いをかなえてやろうと骨折っている.

be·müh·te [ベ・ミューテ] *bemühen (再帯 で: 努力する)の 過去

die **Be·mü·hung** [ベ・ミューウング bə-mýːʊŋ] 女 (単) -/(複) -en ① 〘ふつう 複〙努力, 骨折り. 《英 effort》. Ich danke Ihnen für Ihre *Bemühungen*. あなたのご尽力に感謝します. ② 〘圏〙で(医者・弁護士などの)仕事, 職務.

be·mü·ßigt [ベ・ミュースィヒト bə-mýːsɪçt] 形 〘成句的に〙 *sich*⁴ *bemüßigt* fühlen, **zu** 不定詞[句]《雅》…する義務があると思う. Ich fühlte mich *bemüßigt*, sie nach Hause zu begleiten. 私は彼女を家に送って行かないわけにはいかなかった.

be·mut·tern [ベ・ムッタァン bə-mútərn] 他 (h) (人⁴を)母親代わりになって世話する(面倒をみる).

be·nach·bart [ベ・ナッハバールト bə-náxbaːrt] 形 近所の; 隣接した.

be·nach·rich·ti·gen [ベ・ナーハリヒティゲン bə-náːxrɪçtɪɡən] (過分 benachrichtigt) 他 (h) (人⁴に)知らせる, 報告する. die Polizei⁴ von dem Unfall *benachrichtigen* 警察に事故を通報する.

Be·nach·rich·ti·gung [ベ・ナーハリヒティグング] 女 -/-en 報告すること, 通知, 知らせ.

be·nach·tei·li·gen [ベ・ナーハタイリゲン bə-náːxtaɪlɪɡən] (過分 benachteiligt) 他 (h) 不利に扱う, 冷遇する. ◇〘過去分詞の形で〙 Ich fühle mich dabei *benachteiligt*. 私はそのことでは不利な扱いを受けていると感じている.

Be·nach·tei·li·gung [ベ・ナーハタイリグング]

因 -/-en 不利益(損害)を与える(被る)こと; 不利, 損.

be·nahm [ベ・ナーム] benehmen (再帰で: ふるまう)の 過去

be·ne·beln [ベ・ネーベルン bə-néːbəln] 他(h) (酒などが 人⁴を)ぼうっとさせる, 酔わせる.

Be·ne·dikt [ベーネディクト béːnedɪkt] -s/ ① 《男名》ベーネディクト. ② 《人名》(ヌルシアの)ベネディクッス(480?–543; ベネディクト会の創立者).

Be·ne·dik·ti·ner [ベネディクティーナァ benediktíːnɐr] 男 -s/- ① (カック) ベネディクト会修道士. (女性形: -in). ② ベネディクティン酒(リキュールの一種).

Be·ne·fiz [ベネフィーツ benefíːts] 中 -es/-e 《劇》慈善公演.

Be·ne·fiz≠kon·zert [ベネフィーツ・コンツェルト] 中 -[e]s/-e チャリティーコンサート.

Be·ne·fiz≠spiel [ベネフィーツ・シュピーる] 中 -[e]s/-e チャリティーマッチ, 慈善試合.

be·neh·men* [ベ・ネーメン bə-néːmən] du benimmst, er benimmt (benahm, hat ... benommen) I 再帰 (完了 haben) *sich*⁴ *benehmen* (…に)ふるまう, (…の)態度をとる.(英 behave). Er *hat sich* ihr gegenüber höflich *benommen*. 彼は彼女に対し礼儀正しくふるまった / *Benimm dich!* (子供に向かって)お行儀よくなさい / Er weiß *sich* zu *benehmen*. 彼は作法を心得ている.
II 他 (完了 haben) 《雅》(人³から思考力・意識など⁴を)奪う.
◇☞ **benommen**

Be·neh·men [ベ・ネーメン] 中 -s/ ① ふるまい, 態度, 作法, ein höfliches *Benehmen* 礼儀正しいふるまい / Er hat kein *Benehmen*. 彼は礼儀作法を知らない. ② 《成句的に》*sich*⁴ *mit* 人³ *ins Benehmen setzen* 《書》人³と折り合う, 協調する.

be·nei·den [ベ・ナイデン bə-náɪdən] du beneidest, er beneidet (beneidete, hat ... beneidet) 他 (完了 haben) うらやむ, ねたむ. (英 envy). Ich *beneide* ihn *um* sein Glück (wegen seines Erfolges). 私は彼の幸運(彼の成功)がうらやましい / Er ist nicht zu *beneiden*. 彼は気の毒な境遇にある(←うらやまれることはない).

be·nei·dens≠wert [ベナイデンス・ヴェーァト] 形 うらやむべき, うらやましい.

be·nei·det [ベ・ナイデット] beneiden (うらやむ)の 過去, 3 人称単数・2 人称親称複数 現在

be·nei·de·te [ベ・ナイデテ] beneiden (うらやむ)の 過去

Be·ne·lux≠staa·ten [ベーネルクス・シュターテン] 腹 ベネルクス三国 (1947 年に関税同盟を結んだベルギー・オランダ・ルクセンブルク).

be·nen·nen* [ベ・ネンネン bə-nénən] 他 (h) ① 名づける, 命名する. Sie *wurde nach* ihrer Tante *benannt*. 《受動・過去》彼女はおばにちなんで命名された. ② (人⁴の)名前をあげる; 指名する. 人⁴ *als* Kandidaten *benennen* 人⁴を候補者として指名する.

Be·nen·nung [ベ・ネンヌング] 因 -/-en ① 《腹 なし》命名; 指名. ② 名前, 名称.

be·net·zen [ベ・ネッツェン bə-nétsən] 他 (h) 《雅》(軽く)ぬらす, 湿らす.

ben·ga·lisch [ベンガーリッシュ bɛŋɡáːlɪʃ] 形 ベンガルの.

Ben·gel [ベンゲる béŋəl] 男 -s/- (口語・北ドッ: -s) ① 若造. ② (親しみをこめて:)腕白坊や, いたずらっ子.

be·nimm [ベ・ニム] benehmen (再帰で: ふるまう)の du に対する 命令

be·nimmst [ベ・ニムスト] benehmen (再帰で: ふるまう)の 2 人称親称単数 現在

be·nimmt [ベ・ニムト] benehmen (再帰で: ふるまう)の 3 人称単数 現在

Ben·ja·min [ベンヤミーン bénjamiːn] I ① -s/ 《男名》ベンヤミーン. ② 《人名》ベンヤミーン (Walter *Benjamin* 1892–1940; ユダヤ系のドイツの思想家・批評家). II 男 -s/-e 《戯》(男の)末っ子.

Benn [ベン bɛn] -s/ 《人名》ベン (Gottfried *Benn* 1886–1956; ドイツの詩人・評論家).

Ben·no [ベンノ béno] -s/ 《男名》ベンノ (Bernhard の 短縮).

be·nom·men [ベ・ノンメン] I benehmen (再帰で: ふるまう)の 過分 II 形 (意識が)もうろうとした; 《医》昏蒙(こんもう)の.

Be·nom·men·heit [ベ・ノンメンハイト] 因 -/ 意識もうろう; 《医》昏蒙(こんもう).

be·no·ten [ベ・ノーテン bə-nóːtən] 他 (h) 《官庁》(答案など⁴を)採点する, 評価する.

be·nö·ti·gen [ベ・ネーティゲン bə-nǿːtɪɡən] 他 (h) 必要とする. Ich *benötige* deine Hilfe. ぼくは君の助力が必要だ.

be·nutz·bar [ベ・ヌッツバール] 形 使用(利用)できる.

be·nut·zen [ベ・ヌッツェン bə-nútsən] du benutzt (benutzte, *hat* ... benutzt) 他 (完了 haben) 使用する, 利用する. (英 use). ein Werkzeug⁴ *benutzen* 道具を使う / Darf ich mal Ihr Telefon *benutzen*? ちょっと電話をお借りしていいですか / ein Taxi⁴ *benutzen* タクシーを利用する / 人・事⁴ *als* Vorwand *benutzen* 人・事⁴を口実に使う / den freien Tag *für* den Ausflug (**zum** Lesen) *benutzen* 休日を遠足に(読書に)使う. (☞ 類語 gebrauchen).

be·nüt·zen [ベ・ニュッツェン bə-nýtsən] 他 (h) 《南ドッ・ォェルヒ・スイス》=benutzen

Be·nut·zer [ベ・ヌッツァァ bə-nútsɐr] 男 -s/- 利用(使用)者. (女性形: -in).

Be·nüt·zer [ベ・ニュッツァァ bə-nýtsɐr] 男 -s/- 《南ドッ・ォェルヒ・スイス》=Benutzer

be·nut·zer≠freund·lich [ベ・ヌッツァァ・フロイントりヒ] 形 利用者にやさしい, ユーザーフレンドリーな.

be·nutzt [ベ・ヌッツト] benutzen (使用する)の 過分, 3 人称単数・2 人称親称複数 現在

be·nutz·te [ベ・ヌッツテ] benutzen (使用する)の 過去

die **Be·nut·zung** [ベ・ヌッツング bə-nú-tsuŋ] 女 (単) 使用, 利用. (英 *use*). die *Benutzung* öffentlicher Verkehrsmittel² 公共交通機関の利用 / 人³ einen Raum zur *Benutzung* an|weisen 人³に使うべき部屋を割り当てる.

Be·nüt·zung [ベ・ニュッツング] 女 -/(南ドイツ・オストリア・スイス) =Benutzung

Benz [ベンツ bénts] **I** 《人名》 ベンツ (Carl Friedrich *Benz* 1844–1929; ガソリン自動車発明者の一人). **II** 男 -/-《口語》[メルツェデス-]ベンツ (= Mercedes-*Benz*) (自動車の名称).

das **Ben·zin** [ベンツィーン bɛntsí:n] 中 (単 2) -s/(種類を表すときは: 複) -e 《化》 ガソリン; ベンジン. (英 *gasoline*). Wie viel kostet ein Liter *Benzin*? ガソリンは1リットルいくらですか.

Ben·zin=ka·nis·ter [ベンツィーン・カニスタァ] 男 -s/- 携帯用のガソリン容器.

Ben·zol [ベンツォーる bɛntsó:l] 中 -s/(種類:) -e 《化》 ベンゾール.

<u>be·ob·ach·ten</u> [ベ・オーバハテン bə-ó:-baxtən] du beobachtest, er beobachtet (beobachtete, hat … beobachtet) 他 (完了 haben) ① 観察する, 観測する; 監視する; 見守る. (英 *observe*). Er *beobachtet* gern die Vögel. 彼は鳥を観察するのが好きだ / Der Polizist *beobachtet* den Verkehr. 警察が交通を監視している. (類語 sehen).

② (人⁴に)気づく, 気づいてる. Das *habe* ich noch nie an ihr *beobachtet*. 彼女のそういう点に私はまだ一度も気づかなかった. ③ 《雅》 (規則など⁴を)守る. die Gesetze⁴ *beobachten* 法律を守る.

Be·ob·ach·ter [ベ・オーバハタァ bə-ó:baxtər] 男 -s/- 観察(観測)者, 目撃者; オブザーバー. (女性形: -in).

be·ob·ach·tet [ベ・オーバハテット] *beobachten (観察する)の 過分, 3人称単数・2人称親称複数 現在

be·ob·ach·te·te [ベ・オーバハテテ] *beobachten (観察する)の 過去

die **Be·ob·ach·tung** [ベ・オーバハトゥング bə-ó:baxtuŋ] 女 (単) (複) -en ① 観察; 監視. (英 *observation*). genaue *Beobachtungen*⁴ an|stellen 詳しく観察する / Er steht unter polizeilicher *Beobachtung*. 彼は警察の監視下にある. ② 観察結果. ③ 《雅》 (規則などの)遵守.

be·or·dern [ベ・オルダァン bə-órdərn] 他 (h) ① (人⁴に…へ)行け(来い)と指示する. ② 〖zu 不定詞(句)とともに〗(人⁴に…するように)命じる.

be·pa·cken [ベ・パッケン bə-pákən] 他 (h) (車など⁴に)荷を積む, (人⁴に)荷を負わせる. das Auto⁴ mit 物³ *bepacken* 車に物³を積む.

be·pflan·zen [ベ・プふランツェン bə-pflán-tsən] 他 (h) (庭など⁴に植物を)植えつける. den Garten mit Blumen *bepflanzen* 庭に花を植えつける.

be·pflas·tern [ベ・プふらスタァン bə-pflás-

tərn] 他 (h) ① 《口語》 (傷口など⁴に)こう薬を貼[は]る. ② (道路など⁴を)舗装する.

<u>be·quem</u> [ベ・クヴェーム bə-kvé:m] 形 ① 快適な, 心地よい, 楽な. (英 *comfortable*). ein *bequemer* Sessel 座り心地のよいいす / ein *bequemer* Weg 歩きやすい道 / Machen Sie es sich³ *bequem*! (客に:)どうぞ楽になさってください (ここで es は形式目的語).

② 容易な, 苦労のない. In einer Stunde können wir *bequem* dort sein. そこには1時間もあれば楽に行けます. ③ 不精な, 怠惰な. ein *bequemer* Mensch 不精者.

類語 bequem: (使用目的にかない, 苦痛を与えないで)楽な. **behaglich**: (身心の緊張感から解かれて)安楽な, くつろいだ. Ich fühle mich hier sehr *behaglich*. ここで私はとてものんびりした気分だ. **gemütlich**: (情緒的な落ち着きを表して)気楽な, ゆっくりとした. Wir plauderten *gemütlich* miteinander. 私たちはお互いにくつろいでおしゃべりをした. **angenehm**: (感覚的に好ましく)快適な. Das war eine *angenehme* Reise. それは楽しい旅行だった.

be·que·men [ベ・クヴェーメン bə-kvé:mən] 再帰 (h) 〖*sich*⁴ zu 事³ ~〗《雅》 (事³を)やっとする気になる.

Be·quem·lich·keit [ベ・クヴェームりヒカイト] 女 -/-en ① 〖複なし〗快適さ, 心地よさ. ② 快適な設備. ③ 〖複なし〗怠惰, なまけ, 不精.

be·rap·pen [ベ・ラッペン bə-rápən] 他 (h) 《俗》 (借金など⁴を)しぶしぶ払う.

be·rät [ベ・レート] beraten¹ (助言する)の 3人称単数 現在

*<u>be·ra·ten</u>*¹* [ベ・ラーテン bə-rá:tən] du berätst, er berät (beriet, hat … beraten) **I** 他 (完了 haben) ① (人⁴に)助言する, 忠告する. (英 *advise*). Wir *beraten* Sie beim Einkauf. (店員が客に:)お品選びの際はご相談ください(← 私たちはあなたが買物をする際に助言する) / sich⁴ von 人³ *beraten* lassen 人³の助言を求める / Damit bist du gut *beraten*. 〖状態受動・現在〗《口語》 それは良い考えです(そうしなさい). ◇〖現在分詞の形で〗人³ *beratend* zur Seite stehen 人³の相談にのってやっている.

② 協議する, 相談する. ein Gesetz⁴ *beraten* 法案を審議する.

II 自 (完了 haben) 〖über 事⁴ ~〗 (事⁴について)協議(相談)する.

III 再帰 (完了 haben) 〖*sich*⁴ [mit 人³] ~〗 ([人³と])相談(協議)する. Darüber *muss* ich *mich* mit meiner Frau *beraten*. それについて私は妻と相談しなければならない.

be·ra·ten² [ベ・ラーテン] beraten¹ (助言する)の 過分

Be·ra·ter [ベ・ラータァ bə-rá:tər] 男 -s/- 助言者, 顧問, コンサルタント. (女性形: -in).

be·rat·schla·gen [ベ・ラートシュらーゲン bə-rá:t-ʃla:gən] (beratschlagte, hat … beratschlagt) **I** 他 (h) (事⁴を)協議する. **II** 自 (h) 〖über 事⁴ ~〗 (事⁴について)協議(相談)する.

Be·rat·schla·gung [ベ・ラートシュらーグング] 女 -/-en 協議, 相談.

be·rätst [ベ・レーツト] beraten¹ (助言する)の2人称親称単数 現在

die **Be·ra·tung** [ベ・ラートゥング bə-rá:tuŋ] 女 (単) -/(複) -en ① 助言, アドバイス; 相談[所]. (英 advice). Berufs*beratung* 職業相談[所] / fachärztliche *Beratung* 専門医の診察. ② 協議, 審議.

be·rau·ben [ベ・ラオベン bə-ráubən] 他 (h) (人⁴から)持ち物を奪う. Ich möchte Sie nicht *berauben*. こんなものをいただいてよろしいのでしょうか(←強奪するつもりはない) / 人⁴ 物² *berauben*《雅》人⁴から物²を奪う / 人⁴ seiner Freiheit² *berauben*《雅・比》人⁴の自由を奪う.

Be·rau·bung [ベ・ラオブング] 女 -/-en 強奪する(される)こと.

be·rau·schen [ベ・ラオシェン bə-ráuʃən] I 他 (h)《雅》酔わせる;《比》うっとりさせる. 彼の講演 *berauschte* die Zuhörer. 彼の講演は聴衆をうっとりさせた. ◇【現在分詞の形で】*berauschende* Getränke 酒類 / Das war nicht *berauschend*.《口語・比》それはたいしたことはなかった(まあまあだった). II 再帰 (h)《sich⁴ an 物³ ~》《雅》《物³に》酔う;《比》《物³に》うっとりする. Ich *berauschte* mich an dem Anblick. 私はその眺めにうっとりした.

Be·rau·schung [ベ・ラオシュング] 女 -/-en 酔い, 陶酔.

be·re·chen·bar [ベ・レッヒェンバール] 形 計算(算定)できる; 予測できる.

be·rech·nen [ベ・レヒネン bə-réçnən] 他 (h) ① (費用・時間など⁴を)算出する, 計算する;《比》(効果など⁴を)あらかじめ考量する. die Kosten⁴ *berechnen* 費用を計算する / den Umfang eines Dreiecks *berechnen* 三角形の周囲を算出する. ② ([人³に]物⁴の)代金を請求する. Wie viel *berechnen* Sie mir? いくらですか. ③《A⁴ auf (または für) B⁴ ~》(A⁴をB⁴と)見積もる. die Bauzeit⁴ auf acht Monate *berechnen* 工事期間を8か月と見積もる.

be·rech·nend [ベ・レヒネント] I berechnen (算出する)の 現分 II 形 打算的な, 計算ずくの.

Be·rech·nung [ベ・レヒヌング] 女 -/-en ① 計算, 見積り. *Berechnungen*⁴ an|stellen 計算する / nach meiner *Berechnung* 私の見積りによれば. ②《圈 なし》打算. aus *Berechnung* handeln 打算から行動する.

be·rech·ti·gen [ベ・レヒティゲン bə-réçtɪgən] (berechtigte, hat...berechtigt) 他 《完》 haben) 《zu 物³ ~》(人⁴に物³をする)権利(資格)を与える.《英 entitle》. Seine Erfahrung *berechtigt* ihn zu dieser Kritik. 彼は経験を積んでいるのでこのような批判をする資格がある. ◇【目的語なしでも】Der Ausweis *berechtigt* zu freiem Eintritt. この証明書で自由に入場できます.

be·rech·tigt [ベ・レヒティヒト] I berechtigen (権利を与える)の 過分, 3 人称単数・2 人称親称 複数 現在 II 形 ① 権利(資格)のある; 正当な. Er ist *berechtigt*, das zu tun. 彼はそれをする資格がある.

be·rech·tig·te [ベ・レヒティヒテ] berechtigen (権利を与える)の 過去

Be·rech·ti·gung [ベ・レヒティグング] 女 -/-en 【ふつう 単】① 権利, 資格; (官庁の)認可. ohne *Berechtigung* 資格なしに. ② 正当性, 正しさ, 根拠.

be·re·den [ベ・レーデン bə-ré:dən] I 他 (h) ①《圈 mit 人³ ~》(圈⁴について人³と)話し合う, 協議(相談)する. ②《zu 物³ ~》(人⁴に物³をするように)説得する. II 再帰 (h) 《sich⁴ [mit 人³] über 物⁴ ~》([人³と 物⁴について])相談(協議)する.

be·red·sam [ベ・レートザーム] 形 雄弁な, 口達者な.

Be·red·sam·keit [ベ・レートザームカイト] 女 -/ 雄弁【術】.

be·redt [ベ・レート bə-ré:t] 形 雄弁な, 能弁な. ein *beredter* Anwalt 雄弁な弁護士 / ein *beredtes* Schweigen《比》意味深長な沈黙.

der **Be·reich** [ベ・ライヒ bə-ráɪç] 男 (まれに 中) (単2) -[e]s/(複) -e (3 格のみ -en)《英 area》① 地域, 区域. im *Bereich* der Stadt³ 市街区に. ② (活動・勢力などの)範囲, 領域, 分野. im *Bereich* der Kunst² 芸術の分野で / Das fällt nicht in meinen *Bereich*. それは私の領分ではない.

be·rei·chern [ベ・ライヒェァン bə-ráɪçərn] 他 (h) (知識など⁴を)豊かにする, (人⁴の)心を豊かにする. den Wortschatz *bereichern* 語彙(ﾋ)を豊富にする. II 再帰 (h) 《sich⁴ [an 人・物³] ~》([人・物³を利用して])私腹を肥やす.

Be·rei·che·rung [ベ・ライヒェルング] 女 -/-en 【ふつう 単】① 豊かにすること; 私腹を肥やすこと. ② 利得, 利益.

be·rei·fen [ベ・ライフェン bə-ráɪfən] 他 (h) (自動車など⁴に)タイヤを取り付ける.

Be·reift [ベ・ライフト bə-ráɪft] 形 霜で覆われた.

Be·rei·fung [ベ・ライフング] 女 -/-en (自動車の)タイヤ【一式】.

be·rei·ni·gen [ベ・ライニゲン bə-ráɪnɪgən] 他 (h) (事件・問題など⁴を)解決する, (紛争など⁴を)処理する; (困難など⁴を)除去する.

Be·rei·ni·gung [ベ・ライニグング] 女 -/-en (事件・問題などの)解決; (困難などの)除去.

be·rei·sen [ベ・ライゼン bə-ráɪzən] 他 (h) (ある地域⁴を)旅行して回る.

be·reit [ベ・ライト bə-ráɪt]

用意のできた　Bist du *bereit*?
ビスト ドゥ ベライト
用意はできたかい.

形 《英 ready》① 用意のできた, 準備のできた. Das Essen ist schon *bereit*. 食事の用意はもうできています / Wir sind zur Abfahrt *bereit*. 私たちは出発の準備ができています.
②《zu 物³~》《物³をする気がある, 《圈³に対して)心構えができている. Bist du zu allem *be*-

reit? 君は何でもする覚悟ができているのかい. ◊〖**zu** 不定詞[句]とともに〗Er ist *bereit*, mir zu helfen. 彼は進んで私の手伝いをしてくれる ▶ bereit|erklären, bereit|finden bereit|-haben, bereit|halten, bereit|machen

..be·reit [..ベライト ..bəráɪt]〖接尾〗① 〖用意のできた〗例: reise*bereit* 旅支度のできた. ② 〖応じる意志のある〗例: kompromiss*bereit* 妥協の気持ちのある.

be·rei·ten [ベ・ライテン bəráɪtən] du bereitest, er bereitet (bereitete, *hat* ... bereitet) **I** 他 (定了 haben) ① (食事など⁴を)用意(準備)する. (英 prepare). das Abendessen⁴ *bereiten* 夕食の用意をする / ein Bett⁴ *bereiten* (人³の)ベッドをしつらえる. ② (人³に喜び・悲しみなど⁴を)もたらす. 人³ Freude⁴ *bereiten* 人³を喜ばす. **II** 再帰 (定了 haben)〖*sich*⁴ **zu** 動³ ~〗〖雅〗(動³の)準備(心構え)をする. *sich*⁴ zum Sterben *bereiten* 死を覚悟する.

be·reit|er·klä·ren, be·reit er·klä·ren [ベライト・エァクレーレン bəráɪt-ɛrklɛ̀:rən] 再帰 (h)〖*sich*⁴ **zu** 動³~〗いつでも動³をする用意のあることを表明する.

be·rei·tet [ベ・ライテット] bereiten (用意する)の 過分, 3人称単数・2人称親称複数 現在

be·rei·te·te [ベ・ライテテ] bereiten (用意する)の 過去

be·reit|fin·den [ベライト・フィンデン bəráɪt-finden] 再帰 (h)〖*sich*⁴ **zu** 動³ ~〗いつでも動³をする用意がある.

be·reit|ha·ben* [ベライト・ハーベン bəráɪt-hà:bən] 他 (h) (すぐに使えるように)用意(準備)している.

be·reit|hal·ten* [ベライト・ハルテン bəráɪt-hàltən] **I** 他 (h) (すぐ使えるように)用意(準備)しておく. das Geld⁴ *bereithalten* お金を用意しておく. **II** 再帰 (h) *sich*⁴ *bereithalten* 待機している.

be·reit|ma·chen, be·reit ma·chen [ベライト・マッヘン bəráɪt-màxən] **I** 他 (h) (すぐ使えるように)用意(準備)する. Ich *habe* das Bad *bereitgemacht*. 君のにふろの用意をしておいたよ. **II** 再帰 (h)〖*sich*⁴ **für** 動⁴ (または **zu** 動³) ~〗(動⁴(または動³)の)用意(準備)をする. *sich*⁴ für die Abreise (または zur Abreise) *bereitmachen* 出発の準備をする.

***be·reits** [ベ・ライツ bəráɪts] 副 ① すでに, もう. (英 already). Ich habe *bereits* gegessen. 私はもう食事をすませた / Er wusste es *bereits*. 彼はすでにそれを知っていた. ② 〖南西部ド,スイ〗ほとんど, ほぼ.

Be·reit·schaft [ベ・ライトシャフト] 女 -/-en ① 〖ふつう 単〗用意, 準備; 待機. in *Bereitschaft* stehen 待機している / 動⁴ in *Bereitschaft* haben 動⁴を用意している / Welcher Arzt hat heute Nacht *Bereitschaft*? どの医者が今晩当直ですか. ② (警察の)機動隊.

Be·reit·schafts⸗dienst [ベライトシャフツ・ディーンスト] 男 -[e]s/-e (病院の)救急業務;

(警察などの)待機業務.

Be·reit·schafts⸗po·li·zei [ベライトシャフツ・ポリツァイ] 女 -/ (警察の)機動隊.

be·reit|ste·hen* [ベライト・シュテーエン bəráɪt-ʃtè:ən] 自 (h) (すぐ使えるように)用意(準備)ができている, (乗り物などが)待機している.

be·reit|stel·len [ベライト・シュテレン bəráɪt-ʃtɛ̀lən] 他 (h) (すぐ使えるように資金・品物など⁴を)用意(準備)する, (乗り物など⁴を)待機させる.

be·reit⸗wil·lig [ベライト・ヴィリヒ] 形 進んで(喜んで)する気のある, 乗り気の. ein *bereitwilliger* Helfer 進んで協力する人.

Be·reit·wil·lig·keit [ベライト・ヴィリヒカイト] 女 -/ 進んで(喜んで)する気持ち, 乗り気.

be·reu·en [ベ・ロイエン bəróʏən] (bereute, *hat* ... bereut) 他 (定了 haben) (事⁴を) 後悔する, 悔いる. Er *bereute* diese Tat. 彼はこの行為を後悔した / Ich *bereue* nicht, das Auto gekauft zu haben. 私はこの車を買ったことを後悔していない.

be·reut [ベ・ロイト] bereuen (後悔する)の 過分, 3人称単数・2人称親称複数 現在

be·reu·te [ベ・ロイテ] bereuen (後悔する)の 過去

***der* Berg** [ベルク bérk]

| 山 Wir fahren heute in die *Berge*. ヴィァ ファーレン ホイテ インディ ベルゲ 私たちはきょう山へ行きます.

男 (単2) -es (まれに -s)/(複) -e (3格のみ -en) (英 mountain) ① 山; 〖圏で〗山岳[地帯]. (⇔「谷」は Tal). Eis*berg* 氷山 / ein hoher *Berg* 高い山 / ein steiler *Berg* 険しい山 / die Spitze des *Berges* 山の頂 / einen *Berg* besteigen 山に登る / 人³ goldene *Berge*⁴ versprechen 《比》 人³にできもしない約束をする(←金の山をあげると約束する) / Der Glaube versetzt *Berge*.《聖》信仰は山をも動かす(マタイによる福音書 17, 20).

◊〖前置詞とともに〗**auf** einen *Berg* steigen 山に登る / **mit** 動³ **hinter** dem *Berg* halten 動³ (真実など)を隠している / **in** die *Berge* fahren 山へ行く / **über** *Berg* und Tal 山越え谷越え / Der Kranke ist **über** den *Berg*.《口語》その病人の容態は峠を越えた(危機を脱した) / [**längst**] über alle *Berge* sein《口語》とっくに逃げのびている / Mir standen vor Schreck die Haare **zu** *Berge*.《口語》驚きのあまり私は身の毛がよだつ思いをした.

② 積み重なり, 大量. *Berge* von Abfall ごみの山.

| 類語 der **Berg**: (ふつうの意味での)山. das Ge**birge**: (多くの山々から成る)山地, 山脈. Das Dorf liegt hoch oben im *Gebirge*. その村は高い山地の中にある. der **Hügel**: 丘, 丘陵.

berg⸗ab [ベルク・アップ] 副 山を下って. Der Weg führt steil *bergab*. その道は急な下り坂になっている / Mit ihm geht es *bergab*.《比》彼の

Berichtigung

健康(経済)状態は下り坂だ.

Berg≈aka·de·mie [ベルク・アカデミー] 囡 -/-n [..ミーエン] 鉱山大学.

berg|an [ベルク・アン] 副 山を登って, 上方へ. Die Straße steigt *bergan*. 道路は上りになっている.

Berg≈ar·bei·ter [ベルク・アルバイタァ] 男 -s/- 鉱山労働者, 坑夫. (女性形: -in).

berg|auf [ベルク・アオふ] 副 山を登って. *bergauf* steigen 山を登る / Mit dem Patienten geht es *bergauf*. 《比》その患者の容態は上向きだ.

Berg≈bahn [ベルク・バーン] 囡 -/-en 登山鉄道.

Berg≈bau [ベルク・バオ] 男 -[e]s/ 採鉱, 鉱業.

Berg≈be·woh·ner [ベルク・ベヴォーナァ] 男 -s/- 山地の住民. (女性形: -in).

ber·gen* [ベルゲン bérgən] du birgst, er birgt (barg, hat ... geborgen) 他 (h) ① 救出する; 安全な場所に移す, 収容する. Verunglückte[4] *bergen* 遭難者を救助する. ② 《雅》(安全のために)隠す, かくまう. Die Hütte *barg* sie **gegen** das Unwetter. その山小屋は彼らをあらしから守った. ③ 《雅》含んでいる, (危険など[4])はらんでいる.
◇☞ **geborgen**

Berg≈fahrt [ベルク・ふァールト] 囡 -/-en ① (川船の)遡行 (きう). ② (乗り物での)登山.

Berg≈fried [ベルク・ふリート] 男 -[e]s/-e (中世の)城砦(じょう)の塔. (☞ **Burg** 図).

Berg≈füh·rer [ベルク・ふューラァ] 男 -s/- ① 登山ガイド, 山案内人. (女性形: -in). ② 登山ガイドブック.

Berg≈gip·fel [ベルク・ギプふェる] 男 -s/- 山頂.

ber·gig [ベルギヒ bérgɪç] 形 山の多い.

Berg≈kamm [ベルク・カム] 男 -[e]s/..kämme 山の背, 尾根.

Berg≈ket·te [ベルク・ケッテ] 囡 -/-n 山脈, 連山.

Berg≈krank·heit [ベルク・クランクハイト] 囡 -/ 《医》高山病, 山岳病.

Berg≈kris·tall [ベルク・クリスタる] 男 -s/-e (鉱) 水晶.

Berg≈mann [ベルク・マン] 男 -[e]s/..leute (まれに ..männer) 鉱山労働者, 坑夫.

berg≈män·nisch [ベルク・メニッシュ] 形 鉱山労働者(坑夫)の.

Berg≈not [ベルク・ノート] 囡 -/ 山での遭難. in *Bergnot* geraten 山で遭難する.

Berg≈pre·digt [ベルク・プレーディヒト] 囡 -/ (キリスト教)(キリストの)山上の垂訓(れい) (マタイによる福音書5-7章).

Berg≈rü·cken [ベルク・リュッケン] 男 -s/- 山の背, 尾根.

Berg≈rutsch [ベルク・ルッチュ] 男 -es/-e 山崩れ, 地滑り.

Berg≈schuh [ベルク・シュー] 男 -[e]s/-e 登山靴. (☞ **Schuh** 図).

berg·stei·gen* [ベルク・シュタイゲン bérkʃtaɪɡən] 自 (s, h) 『不定詞・過去分詞でのみ用いる』登山をする.

Berg≈stei·gen [ベルク・シュタイゲン] 中 -s/ 登山.

Berg≈stei·ger [ベルク・シュタイガァ] 男 -s/- 登山家, アルピニスト. (女性形: -in).

Berg≈sturz [ベルク・シュトゥルツ] 男 -es/..stürze 山崩れ.

Berg-und-Tal-Bahn [ベルク・ウント・ターる・バーン] 囡 -/-en ジェットコースター (ただし 8 の字形のジェットコースターは Achterbahn).

Ber·gung [ベルグング] 囡 -/-en 救助, 救出.

Ber·gungs·ak·ti·on [ベルグングス・アクツィオーン] 囡 -/-en 救助活動.

Berg≈wacht [ベルク・ヴァハト] 囡 -/ 山岳遭難対策組織, 遭難救助隊.

Berg≈wand [ベルク・ヴァント] 囡 -/..wände 山の絶壁.

Berg≈werk [ベルク・ヴェルク] 中 -[e]s/-e 鉱山, 鉱業所.

Be·ri·be·ri [ベリ・ベーリ beri-bé:ri] 囡 -/ 《医》かっけ(脚気).

***der Be·richt** [ベーリヒト bə-rɪ́çt] 男 (単 2) -[e]s/(複) -e (3 格のみ -en) 報告[書], 報道[記事]. (英 *report*). ein mündlicher (schriftlicher) *Bericht* 口頭(文書)による報告 / einen *Bericht* ab|fassen 報告書を作成する / dem *Bericht* unseres Korrespondenten zufolge ... われわれ特派員の報告によれば... / einen *Bericht* **über**[4] (または **von**[4]) geben [4] (または 3)について報告する / *Bericht*[4] über [4] erstatten [4]について報告する.

***be·rich·ten** [ベ・リヒテン bə-rɪ́çtən] du berichtest, er berichtet (berichtete, *hat* ... berichtet) (英 *report*) I 他 (定了 haben) [4]を報告する, 伝える. ein Erlebnis[4] *berichten* ある体験を報告する / [人]3 [4] mündlich *berichten* [人]に[4]を口頭で報告する / Er hat ihr alles *berichtet*. 彼は彼女にすべてを報告した. II 自 (定了 haben) 報告する, 報道する. Er *berichtete* **über** die Reise (または **von** der Reise). 彼はその旅行について報告した / Wir *berichten* **aus** Wien. (ニュースなどで)ウィーンからレポートいたします.

Be·richt·er·stat·ter [ベリヒト・エァシュタッタァ] 男 -s/- 報告者, (新聞の)通信員, レポーター. (女性形: -in).

Be·richt·er·stat·tung [ベリヒト・エァシュタットゥング] 囡 -/-en (公式の)報告, 報道.

be·rich·tet [ベ・リヒテト] *berichten (報告する)の過分, 3人称単数・2人称親称複数 直現

be·rich·te·te [ベ・リヒテテ] *berichten (報告する)の過去

be·rich·ti·gen [ベ・リヒティゲン bə-rɪ́çtɪgən] 他 (h) (誤りなど[4]を)訂正する, ([人]4の)誤りを正す. Druckfehler[4] *berichtigen* 誤植を訂正する. ◇《再帰的に》sich[4] *berichtigen* 自分の発言を訂正する.

Be·rich·ti·gung [ベ・リヒティグング] 囡 -/-en ① 訂正, 校正. ② 訂正されたもの, 校正済み.

be·rie·chen* [ベ・リーヒェン bə-ríːçən] 他 (h) (犬などが人・物⁴の)においをかぐ.

be·rie·seln [ベ・リーゼルン bə-ríːzəln] 他 (h) ① (畑などに)散水する,水をまく. ② 〖人⁴ mit 物³ ~〗(口語) (物³(音楽など)を繰り返すことによって人⁴に徐々に)影響を及ぼす.

Be·rie·se·lungs·an·la·ge [ベリーゼルングス・アンらーゲ] 囡 -/-n スプリンクラー, 灌漑(な)(散水)用施設.

be·riet [ベ・リート] beraten¹ (助言する)の過去

be·rit·ten [ベ・リッテン] 形 騎馬の(警官など).

Ber·lin [ベルリーン bɛrlíːn] 田 -s/《都市名》ルリン, ベルリーン(ドイツ 16 州の一つ. 1945 年までドイツ帝国の首都. 第二次世界大戦後東西に分割. 1991 年から統一ドイツの首都: ➩ 地図 F-2 / ➩「ドイツ・ミニ情報 2」,下段).

Ber·li·na·le [ベルリナーれ bɛrlináːlə] 囡 -/-n ベルリン映画祭.

Ber·li·ner [ベルリーナァ bɛrlíːnər] I 男 -s/- ① ベルリンの市民(出身者). (女性形: -in). ② ベルリーナー(揚げパンの一種)(= der *Berliner* Pfannkuchen). II 形 《無語尾で》ベルリンの. die *Berliner* Mauer ベルリンの壁 (1961 年 8 月 13 日から 1989 年 11 月 9 日まで東西ドイツ,また東西陣営分断の象徴だった) / *Berliner* Weiße ベルリン風白ビール.

ber·li·nisch [ベルリーニッシュ bɛrlíːnɪʃ] 形 ベルリン(風)の; 《言》ベルリン方言の.

Bern [ベルン bɛrn] 田 -s/ ① 《地名》ベルン(スイス 26 州の一つ). ② 《都市名》ベルン(スイスの首都. ベルン州の州都. 旧市街は世界文化遺産: ➩ 地図 C-5).

Ber·ner [ベルナァ bɛrnər] I 男 -s/- ベルンの住民(出身者). (女性形: -in). II 形 《無語尾で》ベルンの.

Bern·hard [ベルン・ハルト bɛrn-hart] -s/《男名》ベルンハルト.

Bern·har·di·ner [ベルン・ハルディーナァ bɛrn-hardíːnər] 男 -s/- セントバーナード犬.

Bern·stein [ベルン・シュタイン] 男 -[e]s/ 《鉱》琥珀(ニ{く).

Ber·ser·ker [ベルゼルカァ bɛrzérkər または ベル..] 男 -s/- ① 《北欧神》ベルゼルカー(狂暴な戦士). ② 《比》狂暴な男. (女性形: -in).

bers·ten* [ベルステン bérstən] du birst, er birst (barst, *ist...*geborsten) 自 (s) 破裂する, 割れる, ひびが入る. Das Eis *birst.* 氷が割れる. ◊〖vor 物³ ~〗(怒りで)はちきれそうである. vor Wut *bersten* 怒りを爆発させる.

Bers·ten [ベルステン] 田 〖成句的に〗**zum Bersten** voll sein はちきれるほどいっぱいである.

Ber·t[h]a [ベルタ bérta] -s/《女名》ベルタ.

Bert·hold [ベルトるト bérthɔlt または ベルトホルト bérthɔlt] -s/《男名》ベルトルト.

Ber·told [ベルトるト bértɔlt] -s/《男名》ベルトルト.

Bert·ram [ベルトラム bértram] I -s/《男名》ベルトラム. II -s/-s《姓》ベルトラム.

be·rüch·tigt [ベ・リュヒティヒト bə-rýçtɪçt] 形 評判の悪い, 悪名の高い, いかがわしい.

be·rü·cken [ベ・リュッケン bə-rýkən] 他 (h) 《雅》魅惑する. ◊〖現在分詞の形で〗ein *berückender* Anblick うっとりするような光景.

be·rück·sich·ti·gen [ベ・リュックズィヒティゲン bə-rýkzɪçtɪgən] (berücksichtigte, *hat...* berücksichtigt) 他 《完了》haben) 考慮する, 考えに入れる; 尊重する. 《英》*consider*). das Wetter⁴ *berücksichtigen* 天気を考慮する / Wir *müssen berücksichtigen, dass...* 私たちは…ということを考慮しなければならない.

be·rück·sich·tigt [ベ・リュックズィヒティヒト] berücksichtigen (考慮する)の過分, 3 人称単数・2 人称敬称複数 現在

be·rück·sich·tig·te [ベ・リュックズィヒティヒテ] berücksichtigen (考慮する)の過去

Be·rück·sich·ti·gung [ベ・リュックズィヒティグング] 囡 -/ 考慮, 顧慮. **in**(または **unter**)*Berücksichtigung* der Vor- und Nachteile² メリットとデメリットを考慮して.

ドイツ・ミニ情報 2

首都ベルリン Berlin

ドイツが一つの国家としての形態を整えたのは,ベルリンを首都とするプロイセン王国が中心となってドイツ帝国を発足させた 1871 年のことである.つまりベルリンは, 国家という意識がドイツ人に芽生えたときからの首都であり, 地方分権が主流のドイツにあって, 唯一世界都市と言える大都会であった. 第二次世界大戦に敗戦し, 東西ドイツに分断されたとき,東ドイツは東ベルリン, 西ドイツはボンを首都としたが, これはあくまで戦勝 4 か国の意向に従った暫定措置にすぎず, 当時からドイツ人の間では, ドイツは必ず再び一つとなってベルリンに首都を戻すのだという気持ちが強かった.

1990 年に東西ドイツが統一されると, 首都はベルリンと決められたが, 40 年間西ドイツの首都であったボンの扱いをどうするか, また莫大な移転費用をどう捻出するかという問題があったため, ベルリンを名目だけの首都にするか, それとも議会と政府もボンから移すのかについては保留された. 結局翌年の連邦議会で, 首都機能をベルリンに移すことに決定する. ただし, ボンの急激な過疎化を避けるため, 議会と 11 省庁をベルリンに移し, 7 省庁をボンに残すことになった. 戦後最悪の失業率を記録し, 国家財政が極めて苦しい中での移転なので, 新築を極力避け, 既存の建造物を改築・再利用する方針であった. ドイツ連邦議会(国会)議事堂も, 終戦までヒトラー・ドイツが使用し, その後廃墟となっていた旧帝国議会の建物を利用している.

新しい連邦議会議事堂の本会議場
© BUNDESBILDSTELLE BONN

der Be·ruf [ベ・ルーフ bə-rúːf]

職業　Was sind Sie von *Beruf*?
ヴァス ズィント ズィー フォン ベルーフ
あなたの職業は何ですか．

男(単2) －[e]s/(複) －e (3格のみ －en) ① **職業**, 職[務]. (英 *occupation*). ein beliebter *Beruf* 人気のある職業 / ein freier *Beruf* 自由業 / einen *Beruf* aus|üben ある職業に従事する / einen *Beruf* ergreifen 職業に就く / einen *Beruf* erlernen ある職業を身につける / Er hat keinen festen *Beruf*. 彼は定職を持っていない / **im** *Beruf* stehen 職業に就いている / Sie ist **ohne** *Beruf*. 彼女は無職だ / Er ist Arzt **von** *Beruf*. 彼の職業は医者だ.
② 《ふつう 単》《雅》天職, 使命 (＝Berufung).
💡 職業のいろいろ: der **Angestellte**, die **Angestellte** 社員, 職人 / der **Anwalt**, die **Anwältin** 弁護士 / der **Arzt**, die **Ärztin** 医師 / der **Bäcker**, die **Bäckerin** パン屋 / der **Beamte**, die **Beamtin** 公務員 / der **Buchhändler**, die **Buchhändlerin** 本屋 / der **Fleischer** (または **Metzger**), die **Fleischerin** (または **Metzgerin**) 肉屋 / der **Friseur**, die **Friseurin** 理容師 / der **Ingenieur**, die **Ingenieurin** エンジニア / der **Journalist**, die **Journalistin** ジャーナリスト / der **Landwirt**, die **Landwirtin** 営農家 / der **Lehrer**, die **Lehrerin** 教師 / der **Polizist**, die **Polizistin** 警官 / der **Sekretär**, die **Sekretärin** 秘書 / der **Verkäufer**, die **Verkäuferin** 店員.

be·ru·fen¹* [ベ・ルーフェン bə-rúː-fən] **I** 他 (h) ① 任命する, 招聘(ｼｮｳﾍｲ)する. 人⁴ **in ein** (または **zu einem**) Amt *berufen* 人⁴をある官職に任命する / Er *wurde* **als** Professor an die Universität Bonn *berufen*. 《受動・過去》彼は教授としてボン大学に招聘された. ②《**es**を目的語として成句的に》Ich *will* es nicht *berufen*, aber… むやみに口に出して逆の結果を招きたくないが，… **II** 再帰 《完了 haben》《*sich*⁴ **auf** 人·事⁴ ～》〈人·事⁴を〉引き合いに出す．

be·ru·fen² [ベ・ルーフェン] 形 天性の, 適任の. ein *berufener* Kritiker 天性の批評家 / Er fühlte sich **zum** Missionar *berufen*. 彼は宣教師を自分の天職と感じた / aus *berufenem* Munde しかるべき筋から．

***be·ruf·lich** [ベ・ルーふりヒ bə-rúː-flɪç] 形 職業の(職務)上の. (英 *professional*). die *berufliche* Ausbildung 職業教育 / Wie geht es Ihnen *beruflich*? お仕事はいかがですか．

Be·rufs=aus·bil·dung [ベルーふス・アオスビるドゥング] 女 －/－en 職業教育．

Be·rufs=be·ra·tung [ベルーふス・ベラートゥング] 女 －/－en 職業相談(指導)．

be·rufs=fremd [ベルーふス・ふレムト] 形 (身につけた)職業以外の, 専門外の(仕事など)．

Be·rufs=ge·heim·nis [ベルーふス・ゲハイムニス] 中 ..nisses/..nisse (医師・弁護士などの)職業上守るべき秘密; (職業上の)守秘義務．

Be·rufs=ge·nos·sen·schaft [ベルーふス・ゲノッセンシャフト] 女 －/－en 同業者[保険]組合．

Be·rufs=krank·heit [ベルーふス・クランクハイト] 女 －/－en 職業病．

Be·rufs=le·ben [ベルーふス・れーベン] 中 －s/ 職業生活．

be·rufs=mä·ßig [ベルーふス・メースィヒ] 形 職業上の, 職業としての, 本職の．

Be·rufs=schu·le [ベルーふス・シューれ] 女 －/－n 職業学校 (基幹学校 Hauptschule を卒業した生徒が2-3年間, 週に2, 3回通う定時制の学校; ☞「ドイツ連邦共和国の教育制度」, 1175 ページ).

Be·rufs=sport·ler [ベルーふス・シュポルトらァ] 男 －s/－ プロスポーツ選手. (女性形: －in).

***be·rufs=tä·tig** [ベルーふス・テーティヒ bə-rúː-fs-tɛːtɪç] 形 職[業]に就いている. (英 *working*). eine *berufstätige* Frau 仕事を持っている女性, 有職婦人．

Be·rufs=tä·ti·ge[r] [ベルーふス・テーティゲ(..ガァ)] 男女《語尾変化は形容詞と同じ》職業人, 職に就いている人．

Be·rufs=ver·band [ベルーふス・フェアバント] 男 －[e]s/..bände 同業者連盟．

Be·rufs=ver·kehr [ベルーふス・フェアケーァ] 男 －[e]s/ 通勤ラッシュ．

Be·rufs=wahl [ベルーふス・ヴァーる] 女 －/ 職業の選択．

Be·ru·fung [ベ・ルーフング] 女 －/－en ① 任命, 招聘(ｼｮｳﾍｲ). die *Berufung*⁴ als Professor an|nehmen 教授としての招聘を受諾する. ②《ふつう 単》《雅》使命, 天職. die *Berufung* zum Arzt 医者となるべき天命. ③《ふつう 単》援用. **unter** (または **mit**) *Berufung* **auf** 物⁴ 物⁴を援用して. ④《法》控訴. **gegen** 人⁴ *Berufung*⁴ ein|legen 人⁴に対して控訴する．

Be·ru·fungs=ge·richt [ベ・ルーフングス・ゲリヒト] 中 －[e]s/－e 《法》控訴審裁判所．

be·ru·hen [ベ・ルーエン bə-rúː-ən] (beruhte, hat … beruht) 自《完了 haben》①《**auf** 事³ ～》事³に〉基づく, 起因する. Die Geschichte *beruht* auf Tatsachen. その話は事実に基づいている. ②《成句的に》事⁴ auf sich³ *beruhen* **lassen** 事⁴をそのままにしておく, 棚上げにする．

be·ru·hi·gen [ベ・ルーヒゲン bə-rúː-ɪɡən] (beruhigte, hat … beruhigt) **I** 他 《完了 haben》静める, 落ち着かせる, 安心させる. (英 *calm*). ein weinendes Kind⁴ *beruhigen* 泣いている子供をなだめる / Die Medizin *beruhigt* die Nerven. その薬は神経を鎮静させる. ◇《現在分詞の形で》eine *beruhigende* Musik 気分を癒やしてくれる音楽. ◇《過去分詞の形で》*beruhigt* schlafen können 安心して眠れる.
II 再帰 《完了 haben》*sich*⁴ *beruhigen* 静まる, 落ち着く, 安心する. *Beruhige dich* doch! 安心しなさいよ / Das Kind *hat sich* allmählich *beruhigt*. 子供はしだいに落ち着いてきた．

be·ru·higt [ベ・ルーイヒト] beruhigen (静める)の 過分, 3 人称単数·2 人称親称複数 現在

be·ru·hig·te [ベ・ルーイヒテ] beruhigen (静める)の過去

Be·ru·hi·gung [ベ・ルーイグング] 囡 -/-en 鎮静させること; 落ち着き, 安心.

Be·ru·hi·gungs≠mit·tel [ベルーイグングス・ミッテル] 匣 -s/- 鎮静剤.

***be·rühmt** [ベ・リュームト bə-rýːmt] 形 (比較) berühmter, (最上) berühmtest 有名な, 名高い. ein *berühmter* Schriftsteller 著名な作家 / **für**[4] (または **wegen**[2]) *berühmt* sein [物][4] (または[2])で有名である / sich[4] *berühmt* machen 有名になる / Dieses Buch ist nicht gerade *berühmt*. 《口語》この本の(中身)はたいしたことはない. ◇☞ 類語 bekannt].

Be·rühmt·heit [ベ・リュームトハイト] 囡 -/-en ① 〚圏 なし〛 有名, 名声. *Berühmtheit*[4] erlangen 有名になる. ② 有名人, 名士.

be·rüh·ren [ベ・リューレン bə-rýːrən] (berührte, hat ... berührt) I 他 (完了) haben) 《國 touch》 (人・物[4]に)触れる, 接触する. Er *berührte* leicht ihre Hand. 彼はそっと彼女の手に触れた / [人][4] **an der Schulter** *berühren* [人][4]の肩に触れる / das Essen[4] nicht *berühren* 《雅》食事に手をつけない / Die Linie *berührt* den Kreis nicht. その線は円に接していない / Wir *berührten* auf unserer Reise mehrere Länder. 《比》私たちは旅行中にいくつかの国に立ち寄った.
② (事[4]に)言及する, 触れる. Er *hat* diesen Punkt überhaupt nicht *berührt*. 彼はこの点にはまったく言及しなかった.
③ (人[4]の)心を動かす, 感動させる. Seine Worte *haben* uns tief *berührt*. 彼の言葉は私たちを深く感動させた.
II 再帰 (完了) haben) *sich*[4] *berühren* 合致する, 一致する. Dein Vorschlag *berührt sich* **mit** meinem Konzept. 君の提案はぼくの構想と一致する.

be·rührt [ベ・リュールト] berühren (触れる)の過分, 3人称単数・2人称親称複数現在

be·rühr·te [ベ・リュールテ] berühren (触れる)の過去

Be·rüh·rung [ベ・リュールング bə-rýːrʊŋ] 囡 -/-en ① 接触, 触れること. bei der kleinsten *Berührung* ちょっと触れただけでも. ② 関係, 交際. **mit** [人][3] **in** *Berührung* kommen [人][3]とコンタクトを持つ. ③ 〚圏 なし〛 言及.

Be·rüh·rungs≠li·nie [ベリュールングス・リーニエ] 囡 -/-n 〚数〛 接線.

Be·rüh·rungs≠punkt [ベリュールングス・プンクト] 男 -(e)s/-e ① 〚数〛 接点. ② (思想・感情の)共通点.

be·ruht [ベ・ルート] beruhen (基づく)の過分, 3人称単数・2人称親称複数現在

be·ruh·te [ベ・ルーテ] beruhen (基づく)の過去

Be·ryll [ベリュる berýl] 男 -s/-e 〚鉱〛緑柱石.

Be·ryl·li·um [ベリュリウム berýlium] 匣 -s/- 〚化〛ベリリウム (記号: Be).

bes. [ベ・ゾンダァス] 《略》特に (=**besonders**).

be·sa·gen [ベ・ザーゲン bə-záːgən] 他 (h) 意味する, 言い表している. Das *besagt* viel (nichts). それは多くを物語っている(中身がない).

be·sagt [ベ・ザークト] I besagen (意味する)の過分 II 形 〚付加語としてのみ〛《書》上述の, 前述の.

be·sai·ten [ベ・ザイテン bə-záitən] 他 (h) 〚楽器〛に)弦を張る.

Be·sa·mung [ベ・ザームング] 囡 -/-en 〚生・漁〛〚人工〛受精.

be·sänf·ti·gen [ベ・ゼンふティゲン bə-zénftɪgən] 他 (h) (興奮・怒りなど[4]を)静める. (人[4]を)落ち着かせる, なだめる. Er versuchte, ihren Zorn zu *besänftigen*. 彼は彼女の怒りを静めようとした. ◇《再帰的に》 *sich*[4] *besänftigen* 気分が落ち着く; (波などが)静まる.

Be·sänf·ti·gung [ベ・ゼンふティグング] 囡 -/-en 緩和, 鎮静, 和らげる(静める)こと.

be·sann [ベ・ザン] besinnen (再帰 で: よく考える)の過去

be·saß [ベ・ザース] *besitzen (所有している)の過去

be·sä·ße [ベ・ゼーセ] *besitzen (所有している)の接２

be·sät [ベ・ゼート bə-zέːt] 形 一面に覆われている. Der Himmel war **mit** Sternen *besät*. 空には一面に星がちりばめられていた.

Be·satz [ベ・ザッツ bə-záts] 男 -es/..sätze ① 〚服飾〛(衣服の)レース, 縁飾り. ② 〚狩〛(猟区の)猟獣総数; 〚漁〛(養魚池の)養魚総数.

die **Be·sat·zung** [ベ・ザッツング bə-zátsʊŋ] 囡 (単)-/(複)-en ① (船・航空機などの)乗組員, クルー, 乗務員. (溪 crew). 15 Mann *Besatzung* 15 名のクルー. ② 〚軍〛守備隊, 駐留部隊; 占領軍, 駐留軍. ③ 〚圏 なし〛占領[状態].

Be·sat·zungs≠macht [ベザッツングス・マハト] 囡 -/..mächte 占領国.

Be·sat·zungs≠trup·pen [ベザッツングス・トルッペン] 複 占領軍.

Be·sat·zungs≠zo·ne [ベザッツングス・ツォーネ] 囡 -/-n 占領地域(地区).

be·sau·fen* [ベ・ザオふェン bə-záufən] 再帰 (h) *sich*[4] *besaufen* 《俗》酔っ払う.
◇☞ **besoffen**

Be·säuf·nis [ベ・ゾイふニス] I 囡 -/《俗》泥酔. II 匣 -/..nisse (または 田 ..nisses /..nisse) 《俗》酒宴, 酒盛り.

be·schä·di·gen [ベ・シェーディゲン bə-ʃέːdɪgən] (beschädigte, *hat* ... beschädigt) 他 (完了) haben) (物[4]を)傷つける, 損傷する. 《溪 damage》. Durch das Erdbeben *wurden* viele Häuser stark *beschädigt*. 【受動・過去】地震によって多くの家がひどい損傷を受けた.

be·schä·digt [ベ・シェーディヒト] I beschädigen (傷つける)の過分, 3人称単数・2人称親称複数現在 II 形 破損した, そこなわれた.

be·schä·dig·te [ベ・シェーディヒテ] beschä-

digen（傷つける）の 過去
Be·schä·di·gung [ベ・シェーディグング] 囡 -/-en ① 損傷，損害． ② 損傷(損害)箇所．

be·schaf·fen¹ [ベ・シャッフェン bə-ʃáfən] 他 (h) 手に入れる；調達する． 人³ Geld⁴ beschaffen 人³にお金を工面してやる．

be·schaf·fen² [ベ・シャッフェン] 形 (…の)性質をもった，(…の)状態の． Das Material ist so beschaffen, dass… その材料は…の性質を持っている / Wie ist es mit deiner Gesundheit beschaffen? 君の健康状態はどうだい．

Be·schaf·fen·heit [ベ・シャッフェンハイト] 囡 -/（主に事物の)性質，状態．

Be·schaf·fung [ベ・シャッフング] 囡 -/ 入手，調達． die Beschaffung von Lebensmitteln 食料品の調達．

***be·schäf·ti·gen** [ベ・シェふティゲン bə-ʃɛ́ftɪɡən] (beschäftigte, hat … beschäftigt) I 再帰 (完了 haben)《sich⁴ mit 人·事³ ～》(事³ に)従事する，とり組む；(人³の)面倒をみる． sich⁴ mit einem Problem beschäftigen ある問題に取り組む / Er beschäftigt sich mit Physik. 彼は物理学を研究している / Sie beschäftigt sich oft mit den Kindern. 彼女はよく子供たちの相手をする．
II 他 (完了 haben) ① 雇う；活動させる． Diese Fabrik beschäftigt tausend Arbeiter. この工場は 1,000 人の労働者を使っている / die Kinder⁴ [mit einem Spiel] beschäftigen 子供たちを遊ばせる．
② (人⁴の)心をとらえている． Dieses Problem beschäftigt mich schon lange. この問題はずっと以前から私の関心事である．

***be·schäf·tigt** [ベ・シェふティヒト bə-ʃɛ́ftɪçt] I *beschäftigen (再帰で: 従事する)の 過分，3 人称単数・2 人称親称複数 現在
II 形 ① 忙しい；仕事中である． (英 busy). Er ist sehr beschäftigt. 彼は非常に忙しい / Sie ist noch in der Küche beschäftigt. 彼女はまだ台所仕事をしている / mit 事³ beschäftigt sein 事³に従事している，事³で忙しい ⇨ Sie ist damit beschäftigt, einen Brief zu schreiben. 彼女は手紙を書いているところだ．
② (会社などで)働いている． Er ist bei der Post beschäftigt. 彼は郵便局に勤めている．

be·schäf·tig·te [ベ・シェふティヒテ] *beschäftigen (再帰で: 従事する)の 過去

Be·schäf·tig·te[r] [ベ・シェふティヒテ (..タァ) bə-ʃɛ́ftɪçtə (..tɐ)] 男 囡《語尾変化は形容詞と同じ》従業員，被雇用者．

*die **Be·schäf·ti·gung** [ベ・シェふティグング bə-ʃɛ́ftɪɡʊŋ] 囡 (単) -/(複) -en ① 仕事，活動；職[業]． eine langweilige Beschäftigung 退屈な仕事 / eine Beschäftigung⁴ suchen 職を探す / Ich bin ohne Beschäftigung. 私は失業中だ． ②《複 なし》従事[すること]，かかわり合うこと． die Beschäftigung mit der modernen Literatur 現代文学へのとり組み． ③《複 なし》雇用． die Beschäftigung von ausländischen Arbeitern 外国人労働者の雇用．

be·schäf·ti·gungs·los [ベ・シェふティグングス・ロース] 形 失業している，仕事のない．

Be·schäf·ti·gungs·the·ra·pie [ベ・シェふティグングス・テラピー] 囡 -/-n [..ピーエン] (医) 作業療法．

be·schä·men [ベ・シェーメン bə-ʃɛ́:mən] 他 (h) 恥じ入らせる，恐縮させる． Dein Lob hat mich beschämt. 君の賛辞には恐縮した．

be·schä·mend [ベ・シェーメント] I beschämen (恥じ入らせる)の 現分 II 形 恥ずかしい，きまり悪い． ein beschämendes Gefühl 情けない(不面目な)気持ち．

Be·schä·mung [ベ・シェームング] 囡 -/-en 《ふつう 単》恥，恥辱． zu meiner Beschämung お恥ずかしいことに．

be·schat·ten [ベ・シャッテン bə-ʃátən] 他 (h) ① (雅) 日陰にする，影で覆う． Große Bäume beschatten die Straße. 大きな木々が道に影を投げかけている． ② 尾行する．

be·schau·en [ベ・シャオエン bə-ʃáʊən] 他 (h) (方) しげしげと見る，観察する．

Be·schau·er [ベ・シャオアァ bə-ʃáʊɐ] 男 -s/- 観察者；検査員．(女性形: -in).

be·schau·lich [ベ・シャオリヒ] 形 ① 平穏な，のんびりした，ゆったりした． ein beschauliches Leben⁴ führen 平穏な生活を送る． ②《カッケ》瞑想(絵)的な，内省的な．

Be·schau·lich·keit [ベ・シャオリヒカイト] 囡 -/ 快適，平穏；静観，瞑想(絵)．

*der **Be·scheid** [ベ・シャイト bə-ʃáɪt] 男 (単) -[e]s/(複) -e (3 格のみ -en) ① 通知，情報，案内．(英 information). Bescheid⁴ bekommen (または erhalten) 通知を受ける / 人³ Bescheid⁴ über 事⁴ geben 人³に事⁴について[事情を]知らせる / 人³ Bescheid⁴ sagen a) 人³に知らせる， b) (口語) 人³にはっきり意見を言う / 人³ Bescheid⁴ stoßen《口語》人³にずけずけものを言う / Bescheid⁴ wissen 聞きおよんでいる，精通している ⇨ Ich weiß schon Bescheid. 事情はもう承知しています / Er weiß in allen Dingen Bescheid. 彼はあらゆる事柄に精通している．
② (官庁などの)決定，回答． ein abschlägiger Bescheid 却下の回答．

be·schei·den¹ [ベ・シャイデン bə-ʃáɪdən] 形 ① 控えめな，節度ある．(英 modest). ein bescheidener Mensch 控えめな人． ② 簡素な，質素な(住居・食事など)．わずかな，少ない(収入など)． ein bescheidenes Zimmer 質素な部屋 / Seine Rente ist bescheiden. 彼の年金はとるに足らない額だ． ③《口語・婉曲》よくない(天気など)．

be·schei·den²* [ベ・シャイデン] I 他 (h) ① 《雅》(神・運命などが 人³に 事⁴を)授ける． Ihm war kein Erfolg beschieden. 彼は成功に恵まれない運命にあった． ②《雅》(人⁴を…へ)呼び出す． ③ (官庁) (人·事⁴に…

の)回答をする. 囚⁴ abschlägig *bescheiden* 囚⁴の申請を却下する. **II** 再帰 (h)《*sich*⁴〔*mit* 囲³〕～》《雅》([囲³に])甘んじる, 満足する.

Be·schei·den·heit [ベ・シャイデンハイト] 囡 -/ 控えめ, 節度, 謙遜(<small>けんそん</small>).

be·schei·nen* [ベ・シャイネン bə-ʃáɪnən] 他 (h) 照らす. Die Lampe *bescheint* sein Gesicht. ランプが彼の顔を照らしている.

be·schei·ni·gen [ベ・シャイニゲン bə-ʃáɪnɪɡən] 他 (h)《文書で》証明する. den Empfang eines Briefes *bescheinigen* 手紙を受領したことを証明する.

Be·schei·ni·gung [ベ・シャイニグング] 囡 -/ -en ①《覆なし》《文書による》証明. ② 証明書. 囚³ eine *Bescheinigung*⁴ aus|stellen 囚³に証明書を交付する.

be·schei·ßen* [ベ・シャイセン bə-ʃáɪsən] 他 (h)《俗》だます, ペテンにかける.

◊☞ **beschissen**

be·schen·ken [ベ・シェンケン bə-ʃéŋkən] 他 (h)《囚⁴に》贈り物をする. 囚⁴ *mit* Blumen *beschenken* 囚⁴に花を贈る.

be·sche·ren [ベ・シェーレン bə-ʃéːrən] 他 (h) ①《クリスマスに》囚³に 物⁴を)贈る;《クリスマスに囚⁴に》贈り物をする. dem Kind eine Eisenbahn⁴ *bescheren* 子供に鉄道模型のクリスマスプレゼントをする. ②《運命などが囚³に幸運など⁴を》授ける, もたらす.

Be·sche·rung [ベ・シェールング] 囡 -/-en ①《クリスマスプレゼントを)配る(贈る)こと;《黒》(贈られる)クリスマスプレゼント. ②《口語》《反語的に:)ありがたいこと(不愉快な驚き). Da haben wir die *Bescherung*! さあ, とんだことになったぞ / Das ist [ja] eine schöne *Bescherung*! (皮肉って:)結構なことだ.

be·scheu·ert [ベ・ショイアァト bə-ʃɔ́yərt] 形 ①《俗》ばかな, 愚かな. ② いまいましい, 不快な.

be·schi·cken [ベ・シッケン bə-ʃíkən] 他 (h) ①《展覧会など⁴に》出品する. eine Messe⁴ *mit* Warenmustern *beschicken* 見本市に商品の見本を出品する. ②《会議など⁴に》代表者を派遣する. ③《工》《高炉など⁴に》原料を入れる.

be·schie·ßen* [ベ・シーセン bə-ʃíːsən] 他 (h) ①《囚·物⁴を》射撃する, 砲撃する. 囚⁴ *mit* Fragen *beschießen*《比》囚⁴を質問攻めにする. ②《物》《囲⁴に》素粒子を)照射する.

Be·schie·ßung [ベ・シースング] 囡 -/-en 射撃, 砲撃.

be·schil·dern [ベ・シるダァン bə-ʃíldərn] 他 (h)《道路など⁴に》標識を取り付ける.

Be·schil·de·rung [ベ・シるデルング] 囡 -/-en ①《道路》標識を取り付けること. ②《総称として:)(ある地域内の)(道路)標識.

be·schimp·fen [ベ・シンプふェン bə-ʃímpfən] 他 (h) ののしる, 侮辱する.

Be·schimp·fung [ベ・シンプふング] 囡 -/-en 侮辱, ののしり; ののしりの言葉.

be·schir·men [ベ・シルメン bə-ʃírmən] 他 (h)《雅》① かばう, 保護する. 囚⁴ *vor* Gefahren *beschirmen* 囚⁴を危険から守る. ②《傘で》覆う, 覆い隠す.

Be·schir·mung [ベ・シルムング] 囡 -/《雅》庇護(<small>ひご</small>), 保護.

Be·schiss [ベ・シス bə-ʃís] 男 -es/《俗》ペテン, いんちき, 詐欺.

be·schis·sen [ベ・シッセン] **I** *bescheißen*(だます)の 過分 **II** 形《俗》ひどく悪い, いまいましい.

be·schla·fen* [ベ・シュらーふェン bə-ʃláːfən] 他 (h)《口語》①《囚⁴と》寝る. ②《計画など⁴を》一晩じっくり考える.

Be·schlag [ベ・シュらーク bə-ʃláːk] 男 -[e]s/..schläge ①《ふつう 覆》金具(ちょうつがい・留め金など). die *Beschläge* eines Koffers トランクの金具. ②《ふつう 覆》(馬などの)蹄鉄. ③《ガラス·金属などの)曇り, 湿気; かび, さび. ④《成句的に》物⁴ *in Beschlag* nehmen または 物⁴ *mit Beschlag* belegen 物⁴を独占する.

be·schla·gen* [ベ・シュらーゲン bə-ʃláːɡən] **I** 他 (h)《物⁴に金具を》打ち付ける. einen Schuh *mit* Nägeln *beschlagen* 靴底に鋲(<small>びょう</small>)を打つ / ein Pferd⁴ *beschlagen* 馬に蹄鉄を打つ. **II** 自 (s)·再帰 [(s) *sich*⁴ *beschlagen* (ガラスなどが)曇る, (金属が)さびる; ソーセージなどが)かびる. Die Fensterscheibe *beschlägt*. ガラス窓が曇る.

be·schla·gen² [ベ・シュらーゲン] **I** *beschlagen¹* (打ち付ける)の 過分 **II** 形《口語》精通している. **auf** einem Gebiet (**in** Chemie) *beschlagen* sein ある分野に(化学に)精通している.

Be·schlag·nah·me [ベ・シュらーク·ナーメ] 囡 -/-n《法》差し押さえ, 押収. die *Beschlagnahme* verbotener Bücher² 禁書の押収.

be·schlag·nah·men [ベ・シュらーク·ナーメン bəʃláːknaːmən] (beschlagnahmte, *hat*...beschlagnahmt) 他 (h) ①《法》差し押さえる, 押収する. ②《戯》《囚⁴を)独占する.

Be·schlag·nah·mung [ベ・シュらーク·ナームング] 囡 -/-en《法》差し押さえ(＝Beschlagnahme).

be·schlei·chen* [ベ・シュらイヒェン bə-ʃláɪçən] 他 (h) ①《獲物など⁴に》忍び寄る. ②《雅》《不安などが囚⁴の)心に忍び寄る.

be·schleu·ni·gen [ベ・シュろイニゲン bə-ʃlɔ́ynɪɡən] **I** 他 (h) ①《速度など⁴を》速める, 速くする. Er *beschleunigte* seine Schritte. 彼は歩調を速めた. ◊《再帰的に》*sich*⁴ *beschleunigen* 速くなる, 加速される. ②《囲⁴の)時期を早める. die Abreise⁴ *beschleunigen* 出発を繰り上げる. **II** 自 (h) 加速力が…である. Das Auto *beschleunigt* gut. この車は加速がいい.

Be·schleu·ni·gung [ベ・シュろイニグング] 囡 -/-en ① 速めること, 加速[度], 促進. ②《物》加速度. ③《囲》(自動車の)加速性能.

be·schlie·ßen [ベ・シュリーセン bə-ʃlíːsən] du beschließt (beschloss, *hat*...beschlossen) **I** 他 (完了 haben) ① (十分に考えて)決定する, 決心する. (英 *decide*). die Vergrößerung⁴ des Betriebes *beschließen* 工場の拡張を決定する / Er *beschloss*, Medizin zu studieren. 彼は医学を勉強することを決心した. ② (法案などを審議して)議決する, 決議する. ein Gesetz⁴ *beschließen* 法案を議決する. ③ 終える, 締めくくる. sein Leben⁴ *beschließen* 生涯を終える / Er *beschloss* seine Rede **mit** einem Zitat. 彼はある文を引用して講演を締めくくった.

II 自 (完了 haben) 〖**über** 男⁴ ～〗(男⁴について)採決する.

◊☞ **beschlossen**

be·schloss [ベ･シュロス] ＊beschließen (決定する)の過去

be·schlos·sen [ベ･シュロッセン] **I** ＊beschließen (決定する)の過分 **II** 形 決定された. Das ist eine *beschlossene* Sache. それはもう決まったことだ.

der **Be·schluss** [ベ･シュルス bə-ʃlús] 男 (単 2) -es/(複) ..schlüsse [..ʃүлюссε] (3 格のみ ..schlüssen) ① 決定, 決議, 議決. (英 *decision*). einen *Beschluss* fassen 決定(決議)する / **auf** *Beschluss* der Direktion¹ 首脳部の決定により / einen Antrag **zum** *Beschluss* erheben 提案を決議にまでもっていく. ② 〖複 なし〗終わり, 終結. **zum** *Beschluss* 終わりに臨んで, 最後に.

Be·schlüs·se [ベ･シュリュッセ] Beschluss (決定)の複

be·schluss·fä·hig [ベシュルス･フェーイヒ] 形 定足数に達した, 議決能力の

Be·schluss·fä·hig·keit [ベシュルス･フェーイヒカイト] 女 -/ 定足数, 議決能力.

Be·schluss·fas·sung [ベシュルス･ファッスング] 女 -/-en 〖ふつう 単〗(官庁) 議決, 決定.

be·schmie·ren [ベ･シュミーレン bə-ʃmí:-rən] 他 (h) ①〖A⁴ **mit** B³ ～〗(A⁴に B³を)塗る, 塗りつける. das Brot⁴ mit Butter *beschmieren* パンにバターを塗る. ② (塗って)汚す. Ich habe mir die Hände **mit** Tinte *beschmiert*. 私は手をインクで汚してしまった. ③ (壁などに)落書きする, 書きなぐる.

be·schmut·zen [ベ･シュムッツェン bə-ʃmútsən] 他 (h) (不注意で)汚す;《比》(名誉･評判など⁴を)けがす.

be·schnei·den＊ [ベ･シュナイデン bə-ʃnáɪ-dən] 他 (h) ① (物⁴の)余分な部分を切り取る, 切りそろえる. Bäume⁴ *beschneiden* 木を刈り込む. ② 制限(削減)する. 人³ das Einkommen⁴ *beschneiden* 人³の収入を削減する. ③ (人⁴の)包皮を切開する;(宗)(人⁴に)割礼を施す.

Be·schnei·dung [ベ･シュナイドゥング] 女 -/-en 切ること, 切断;削減, 制限;(医) 包皮切開;(宗) 割礼.

be·schnüf·feln [ベ･シュニュッふェルン bə-ʃnýfəln] 他 (h) ① (動物が人･物⁴の)においをか

んくんかぐ. ②《口語》(人･物⁴を)念入りに調べる, よく知ろうとする.

be·schnup·pern [ベ･シュヌッパァン bə-ʃnúpərn] 他 (h) ＝beschnüffeln

be·schö·ni·gen [ベ･シェーニゲン bə-ʃǿ:-nɪɡən] 他 (h) (過失などを)言いつくろう.

Be·schö·ni·gung [ベ･シェーニグング] 女 -/-en 言いつくろい, 弁解.

be·schrän·ken [ベ･シュレンケン bə-ʃréŋkən] (beschränkte, *hat* ..beschränkt) **I** 他 (完了 haben) 制限する, 限定する. (英 *limit*). den Export *beschränken* 輸出を制限する / die Redezeit⁴ **auf** zehn Minuten *beschränken* スピーチの時間を10分に制限する / 人⁴ **in** seinen Rechten *beschränken* 人⁴の権利を制限する.

II 再帰 (完了 haben) 〖*sich*⁴ **auf** 人･事⁴〗(人･物⁴で)我慢する;(物事が人･事⁴に)制限(限定)される. Bei seiner Rede *beschränkte* er *sich* auf das Notwendigste. 彼は演説の際必要不可欠なことだけを話した.

◊☞ **beschränkt**

be·schrankt [ベ･シュランクト bə-ʃráŋkt] 形 柵(²)のある, 柵で遮断された, 遮断機のある.

be·schränkt [ベ･シュレンクト] **I** *beschränken* (制限する)の過分 **II** 形 ① 制限された, 限定された. *beschränkte* Redezeit 限られた講演時間 / **in** *beschränkten* Verhältnissen leben ゆとり詰めた生活をする. ② 頭の鈍い; 偏狭な, 視野の狭い(人･考えなど).

be·schränk·te [ベ･シュレンクテ] *beschränken* (制限する)の過去

Be·schränkt·heit [ベ･シュレンクトハイト] 女 -/ ① 偏狭, 狭量; 愚かさ, 低能. ② 限定されていること, 制限.

Be·schrän·kung [ベ･シュレンクング] 女 -/-en 〖複 なし〗制限, 限定. ② 制限するもの, 制約(となるもの). 人³ *Beschränkungen*⁴ auf|erlegen 人³に制約を課する.

be·schrei·ben＊ [ベ･シュライベン bə-ʃráɪbən] (beschrieb, *hat* ..beschrieben) 他 (完了 haben) ① (印象･体験などを⁴)記述する, 描写する. (英 *describe*). eine Landschaft⁴ *beschreiben* 風景を[言葉で]描写する. / Sein Erstaunen war nicht zu *beschreiben*. 彼の驚きは言葉では言い表せないほどであった. ② (紙･黒板などに⁴)字を書く. eine Seite⁴ im Heft *beschreiben* ノートの1ページに[びっしり]書き込む. ③ (円･図などを⁴)描く. einen Kreis *beschreiben* 円を描く / Die Straße *beschreibt* einen Bogen. 道路はカーブしている.

die **Be·schrei·bung** [ベ･シュライブング bə-ʃráɪbʊŋ] 女 (単) -/(複) -en 記述, 描写. (英 *description*). Lebensbeschreibung 伝記 / eine *Beschreibung*⁴ von 人･物³ geben 人･物³の特徴を述べる / Das spottet jeder *Beschreibung*². 〘雅〙それはとうてい言葉では言い表せないほどひどい.

be·schrei·ten＊ [ベ･シュライテン bə-ʃráɪtən]

be·schrieb

(h)《雅》(ある道・方角⁴を)取って進む．neue Wege⁴ *beschreiten*《比》新機軸を出す / den Rechtsweg *beschreiten*《比》法的手段に訴える．

be·schrieb [ベ・シュリープ] beschreiben (記述する)の 過去

be·schrie·ben [ベ・シュリーベン] beschreiben (記述する)の 過分

be·schrif·ten [ベ・シュリふテン bəˈʃrɪftən] 他 (h) (物⁴に名前・説明などの)文字を記す. ein Heft⁴ mit seinem Namen *beschriften* ノートに名前を書く.

Be·schrif·tung [ベ・シュリふトゥング] 女 -/-en ① 《複 なし》表題(名称)などを書くこと. ② (書かれた)文字, 銘; レッテル, ラベル.

be·schul·di·gen [ベ・シュるディゲン bəˈʃʊldɪɡən] 他 (h) (人⁴に物²の)罪を帰する, (人⁴を)責める. 人⁴ des Diebstahls *beschuldigen* 人⁴に窃盗の罪を帰する.

Be·schul·dig·te[r] [ベ・シュるディヒテ (..タァ) bəˈʃʊldɪçtə (..tɐr)] 男女《語尾変化は形容詞と同じ》《法》容疑者, 被疑者.

Be·schul·di·gung [ベ・シュるディグング] 女 -/-en 告発, 告訴. Beschuldigungen⁴ gegen 人⁴ erheben 人⁴を告訴する.

be·schum·meln [ベ・シュンメるン bəˈʃʊməln] 他 (h)《口語》(人⁴を勝事などで)だます, ごまかす.

Be·schuss [ベ・シュス bəˈʃʊs] 男 -es/ ..schüsse ① 射撃, 砲撃. unter *Beschuss* geraten a) 砲火を浴びる, b)《口語・比》非難を浴びる. ② (物) 照射. ③《工》試射.

be·schüt·zen [ベ・シュッツェン bəˈʃʏtsən] 他 (h) (人⁴を)守る, 保護する. 人⁴ vor einem Feind *beschützen* 人⁴を敵から守る.(☞ 類語 schützen).

Be·schüt·zer [ベ・シュッツァ bəˈʃʏtsɐr] 男 -s/- ① 保護者, 後援者. (女性形: -in). ② パトロン. ③《婉曲》(売春婦の)ひも.

be·schwat·zen [ベ・シュヴァッツェン bəˈʃvatsən] 他 (h)《口語》① うまく言い伏せる. 人⁴ zu 事³ *beschwatzen* 事³を言いくるめて人³をさせる. ② (事⁴について)おしゃべりする.

die **Be·schwer·de** [ベ・シュヴェーァデ bəˈʃveːrda] 女 (単) -/(複) -n ① 不平, 苦情;《法》抗告. [gegen 人⁴] über 事⁴ *Beschwerde*⁴ führen [人⁴に対して]事⁴について苦情を言う. ② 《複 で》(身体的な)苦痛, 痛み. ohne *Beschwerden* 苦痛を伴わずに.

Be·schwer·de·füh·rer [ベシュヴェーァデ・ふューラァ] 男 -s/- 苦情を言う人;《法》抗告人, 訴願人. (女性形: -in).

***be·schwe·ren** [ベ・シュヴェーレン bəˈʃveːrən] (beschwerte, hat ... beschwert) I 再帰 《定了 haben》 sich⁴ *beschweren* 苦情(不平)を言う, クレームをつける. sich⁴ bei 人³ über 事⁴ (または wegen 事²) *beschweren* 人³に(事⁴または事²のことで)苦情(不平)を言う ⇨ Sie *beschwerte* sich bei ihren Nachbarn wegen der lauten Musik. 彼女は隣の住人に音楽がうるさいと苦情を言った．
II 他 《定了 haben》① (物⁴に)重しを載せる. Briefe⁴ *beschweren* (飛ばないように)手紙に重しを載せる. ②(人・物⁴に)負担をかける. den Magen mit 物³ *beschweren* 物³で胃に負担をかける / Diese Nachricht *beschwert* mich sehr. このニュースは気が重くなる.

be·schwer·lich [ベ・シュヴェーァリヒ] 形 骨の折れる, やっかいな, めんどうな, つらい.

Be·schwer·lich·keit [ベ・シュヴェーァリヒカイト] 女 -/-en ①《複 なし》やっかい(めんどう)であること. ②《複 で》苦労.

be·schwert [ベ・シュヴェーァト] *beschweren (再帰 で: 苦情を言う)の 過分, 3 人称単数・2 人称親称複数 現在

be·schwer·te [ベ・シュヴェーァテ] *beschweren (再帰 で: 苦情を言う)の 過去

be·schwich·ti·gen [ベ・シュヴィヒティゲン bəˈʃvɪçtɪɡən] 他 (h) (人⁴を)なだめる, (興奮・怒りなど⁴を)和らげる, 静める.

Be·schwich·ti·gung [ベ・シュヴィヒティグング] 女 -/-en なだめること, 慰撫(いぶ), 宥和(ゆうわ).

be·schwin·deln [ベ・シュヴィンデるン bəˈʃvɪndəln] 他 (h)《口語》(人⁴を)ごまかす, だます.

be·schwingt [ベ・シュヴィングト bəˈʃvɪŋt] 形 軽快な, 軽やかな(足どり・メロディーなど).

be·schwipst [ベ・シュヴィプスト bəˈʃvɪpst] 形 《口語》ほろ酔い気分の.

be·schwor [ベ・シュヴォーァ] beschwören (真実であると誓う)の 過去

be·schwo·ren [ベ・シュヴォーレン] beschwören (真実であると誓う)の 過分

be·schwö·ren* [ベ・シュヴェーレン bəˈʃvøːrən] (beschwor (古: beschwur), hat ... beschworen) 他 《定了 haben》① (事⁴が)真実であると誓う, 誓約する. Er *beschwor* seine Aussagen vor Gericht. 彼は法廷で証言が真実であることを誓った / Kannst du das *beschwören*? 心底そう思うかい(←誓えるかい). ②《zu 不定詞[句]とともに》(人⁴に…するよう)懇願する, 切願する. Er *beschwor* sie, ihn nicht zu verlassen. 彼は彼女に見捨てないでくれと懇願した. ③ (記憶などを)呼び(魔法)で呼び出す; (悪魔など⁴を)呼び出す, 追い払う.

Be·schwö·rung [ベ・シュヴェールング] 女 -/-en ① 懇願, 切願. ② 呪文(魔法)で呼び出すこと. ③ 呪文, まじない.

Be·schwö·rungs·for·mel [ベシュヴェールングス・ふォルメル] 女 -/-n 呪文, まじないの文句.

be·schwur [ベ・シュヴーァ] beschwören (真実であると誓う)の 過去《古》

be·see·len [ベ・ゼーれン bəˈzeːlən] 他 (h)《雅》(人・物⁴に)生命(活気)を与える, 魂を吹き込む; (人⁴の)心を満たす. ◇《過去分詞の形で》mit beseeltem Ausdruck 生き生きした表情で.

be·se·hen* [ベ・ゼーエン bəˈzeːən] 他 (h) 注意深く見る, 注視する, 吟味する.

be·sei·ti·gen [ベ・ザイティゲン bə-záiti-gən] (beseitigte, *hat* ... beseitigt) 他 (完了 haben) ① (汚れ・ごみなど⁴を)取り除く, 片づける; (困難・弊害⁴などを)除去する, 排除する. (英 *remove*). den Abfall *beseitigen* ごみを取り除く. ② (婉曲)(人⁴を)殺す, 消す.

be·sei·tigt [ベ・ザイティヒト] (取り除く) 過分, 3 人称単数・2 人称親称複数 現在

be·sei·tig·te [ベ・ザイティヒテ] beseitigen (取り除く) の 過去

Be·sei·ti·gung [ベ・ザイティグング] 女 -/ 除去, 排除.

be·se·li·gen [ベ・ゼーリゲン bə-zé:lɪgən] 他 (h) 《雅》この上なく幸福にする.

der **Be·sen** [ベーゼン bé:zən] 男 (単 2) -s/(複) - ① ほうき(箒). (英 *broom*). ein *Besen* aus Stroh わらぼうき / das Zimmer⁴ mit dem *Besen* fegen 部屋をほうきで掃く / mit eisernem *Besen* [aus]kehren (比) 容赦なく取り締まる(←鉄のほうきで掃き出す) / Ich fresse einen *Besen*, wenn das stimmt! (俗) そんなことは絶対にありえない(←もしそのとおりなら, ぼくはほうきを食ってやる) / 八⁴ **auf den** *Besen* **laden** (口語) 八⁴をからかう / Neue *Besen* kehren gut. (諺) 新入りはよく働く(←新しいほうきはよく掃ける).
② (料理) 泡立て器. ③ (俗) あばずれ女. ④ (音楽) (ドラムの)ブラシ.

be·sen⸗rein [ベーゼン・ライン] 形 掃き清めた, 清掃済みの.

Be·sen⸗stiel [ベーゼン・シュティール] 男 -[e]s/-e ほうきの柄. Er ist steif wie ein *Besenstiel*. 彼はこちこちになっている.

be·ses·sen [ベ・ゼッセン] I *besitzen (所有している) の 過分 II 形 (悪霊などに)とりつかれた; 夢中になった. **von** einer Idee *besessen* sein ある考えのとりこになっている.

Be·ses·sen·heit [ベ・ゼッセンハイト] 女 -/ (悪霊などに)とりつかれていること, 夢中, 熱狂.

be·set·zen [ベ・ゼッツェン bə-zétsən] du besetzt (besetzte, *hat* ... besetzt) 他 (完了 haben) ① (座席など⁴を)占める, 取っておく. (英 *occupy*). einen Tisch *besetzen* テーブルを確保する / einen Platz für mich! ぼくのために席を取っておいてくれ.
② (国など⁴を)占領する; (建物など⁴を)占拠する. Der Feind *besetzt* die Stadt. 敵はその町を占領した. ③ (地位・役割など⁴を)割り込る. eine Stelle⁴ **mit** 八³ *besetzen* あるポストに八³を配置する. ④ 〖A⁴ **mit** B³ ~〗 (A⁴ に B³を)飾り付ける. eine Bluse⁴ mit Spitzen *besetzen* ブラウスにレースの飾りを付ける.

be·setzt [ベ・ゼッツト bə-zétst] I besetzen (占める) の 過分, 2 人称親称単数・3 人称単数・2 人称親称複数 現在
II 形 (座席などが)ふさがっている. (英 *occupied*). (⇔「(座席などが)空いている」は frei). Ist der Platz *besetz*!? この席はふさがっていますか / Das Theater war voll *besetzt*. 劇場は満員だった / Das Telefon ist *besetzt*. その電話は話し中だ.

be·setz·te [ベ・ゼッツテ] besetzen (占める) の 過去

Be·setzt⸗zei·chen [ベゼッツト・ツァイヒェン] 中 –s/– (電話の)話し中の信号音.

Be·set·zung [ベ・ゼッツング] 女 –/–en ① (座席などを)取ること, ふさぐこと; 占領; 占拠. die *Besetzung* eines Landes 国の占領. ② (人の)配置; 《劇・映》キャスト, 配役; (〝ツ〟) (チームの)メンバー.

*be·sich·ti·gen** [ベ・ズィヒティゲン bə-zíçtɪgən] (besichtigte, *hat* ... besichtigt) 他 (完了 haben) 見物する, 見学する, 視察する. eine Stadt⁴ *besichtigen* 町を見物する / eine Ausstellung⁴ *besichtigen* 展覧会を見る / Die Klasse *besichtigte* mit ihrem Lehrer einen Betrieb. そのクラスは先生といっしょに会社を見学した. (⇒ 類語 besuchen).

be·sich·tigt [ベ・ズィヒティヒト] *besichtigen (見物する) の 過分, 3 人称単数・2 人称親称複数 現在

be·sich·tig·te [ベ・ズィヒティヒテ] *besichtigen (見物する) の 過去

die **Be·sich·ti·gung** [ベ・ズィヒティグング bə-zíçtɪɡʊŋ] 女 (単) -/(複) –en 見物, 見学; 視察. Eine *Besichtigung* des Schlosses ist leider nicht möglich. 城の見物は残念ながらできません.

be·sie·deln [ベ・ズィーデルン bə-zí:dəln] 他 (h) ① 〖場所⁴ **mit** 八³ ~〗(場⁴にある地域に)八³を) 入植させる. ② (ある地域⁴に)入植(定住)する. ◇〖過去分詞の形で〗 ein dicht *besiedeltes* Gebiet 人口密度の高い地域. ③ (動植物がある地域⁴に)生息する.

Be·sie·de·lung [ベ・ズィーデるング] 女 –/ = Besiedlung

Be·sied·lung [ベ・ズィードるング] 女 –/ ① 入植, 植民; 入植(植民)させること. ② 生息.

be·sie·geln [ベ・ズィーゲるン bə-zí:ɡəln] 他 (h) 確定する, 固める; 決定づける. einen Vertrag mit Handschlag *besiegeln* 契約を握手によって確認する / Dein Schicksal ist *besiegelt*. 〖状態受動・現在〗君の運命は決まっているよ.

be·sie·gen [ベ・ズィーゲン bə-zí:ɡən] (besiegte, *hat* ... besiegt) 他 (完了 haben) ① 打ち負かす. (英 *defeat*). den Gegner *besiegen* 敵に勝つ. ◇〖過去分詞の形で〗 ein *besiegtes* Land 敗戦国. ② (困難などを) 克服する, (怒りなど⁴を)抑制する. Er *hat* den Krebs *besiegt*. 彼は癌(%)を克服した.

be·siegt [ベ・ズィークト] besiegen (打ち負かす) の 過分, 3 人称単数・2 人称親称複数 現在

be·sieg·te [ベ・ズィークテ] besiegen (打ち負かす) の 過去

Be·sieg·te[**r**] [ベ・ズィークテ (..タァ) bə-zí:ktə (..tər)] 男 〖語尾変化は形容詞と同じ〗敗者, 被征服者.

be·sin·gen* [ベ・ズィンゲン bə-zíŋən] 他 (h)

① (愛・英雄など⁴を)歌によむ, 歌でたたえる. ② (テープなど⁴に)吹き込む.

be·sin·nen* [ベ・ズィンネン bə-zínən] (besann, *hat* besonnen) 再帰 (完了 haben) *sich⁴ besinnen* ① **よく考える**, 熟考する. ohne sich zu *besinnen* よく考えもせずに / Ich habe mich anders besonnen. 私は考えを変えた. ② 《*sich⁴* [**auf** 人・物⁴] ～》([人・物⁴を])**思い出す**. *sich⁴ auf sich⁴* selbst *besinnen* われに帰る / *Besinne dich* doch einmal auf ihren Namen! 彼女の名前を思い出してくれよ / wenn ich *mich* recht *besinne* 私の記憶違いでなければ.
◇ besonnen

Be·sin·nen [ベ・ズィンネン] 中 -s/ 熟考, 思案. nach kurzem *Besinnen* ちょっと考えてから.

be·sinn·lich [ベ・ズィンリヒ] 形 瞑想(然)的な, 瞑想に適した, 考え込ませるような.

Be·sin·nung [ベ・ズィンヌング] 女 -/ ① **意識**. die *Besinnung*⁴ verlieren 意識を失う / **bei** (**ohne**) *Besinnung* sein 意識がある(意識を失っている) / wieder **zur** *Besinnung* kommen 意識を取り戻す. ② 熟考, 思慮. ③ 想起.

be·sin·nungs·los [ベズィンヌングス・ロース] 形 ① 意識不明の, 人事不省の. ② 思慮分別を失った, われを忘れた.

der **Be·sitz** [ベ・ズィッツ bə-zíts] 男 (単2) -es/-e (3格のみ -en) (英 *possession*) ① **所有物**, 財産; 所有地; 《法》占有物. Privat-*besitz* 私有物 / staatlicher *Besitz* 国有財産 / Das Haus ist sein einziger *Besitz*. その家は彼の唯一の財産だ.

② **所有**, 所持; 《法》占有. der unerlaubte *Besitz* von Waffen 武器の不法所持 / 物⁴ **in** *Besitz* haben 物⁴を所有している / **im** *Besitz* von 物³ sein 物⁴を所有している / 物⁴ **in** *Besitz* nehmen 物⁴を手に入れる / **von** 物³ *Besitz*⁴ ergreifen 物³を手に入れる.

be·sitz·an·zei·gend [ベ・ズィッツ・アンツァイゲント] 形 《言》所有を示す. *besitzanzeigendes* Fürwort 所有代名詞 (=Possessivpronomen).

be·sit·zen* [ベ・ズィッツェン bə-zítsən] du besitzt (besaß, *hat* besessen) 他 (完了 haben) **所有している**, 持っている; 《比》(性質などを⁴)備えている; 《法》占有する. (英 *possess*). Er *besitzt* ein Auto. 彼は車を持っている / Er *besitzt* keinen Pfennig. 《口語》彼は無一文だ / Er *besitzt* Mut. 彼には勇気がある / Sie *besitzt* viel Ausdauer. 彼女はとても忍耐力がある. (類語 haben).
◇ besessen

der **Be·sit·zer** [ベ・ズィッツァァ bə-zítsər] 男 (単2) -s/(複) -(3格のみ -n) **所有者**, 持主; 《法》占有者. (英 *owner*). Wer ist der *Besitzer* dieses Hauses? この家の所有者はだれですか.

Be·sitz·er·grei·fung [ベズィッツ・エァグライフング] 女 -/ 取得, 入手, 占有.

Be·sit·ze·rin [ベズィッツェリン bə-zítsərin] 女 -/..rinnen (女性の)所有者.

be·sitz·los [ベズィッツ・ロース] 形 財産のない.

Be·sitz·tum [ベ・ズィッツトゥーム] 中 -s/..tümer 所有物, 財産; 所有地, 地所.

Be·sit·zung [ベ・ズィッツング] 女 -/-en 《雅》所有地, 地所, 領地; 所有.

be·sof·fen [ベ・ゾッフェン] I besaufen (再帰 で: 酔っ払う)の 過分 II 形 《俗》(べろんべろんに)酔っ払った.

be·soh·len [ベ・ゾーレン bə-zóːlən] 他 (h) (靴⁴に)靴底を張る.

be·sol·den [ベ・ゾルデン bə-zóldən] 他 (h) (公務員などに⁴)給料を払う.

Be·sol·dung [ベ・ゾルドゥング] 女 -/-en ① (公務員などの)給料, 俸給. ② 〔複 なし〕(公務員などへの)給料の支給.

be·son·der [ベ・ゾンダァ bə-zóndər] 形 ① 〔付加語としてのみ〕**特別な**; 個別の. (英 *special*). (反 「一般的な」は allgemein). ein *besonderer* Fall 特別なケース / Haben Sie einen *besonderen* Wunsch? 何か特別なご希望がありますか / ein *besonderes* Zimmer 特別室, 個室. ◇〔名詞的に〕im *Besonderen* 特に, とりわけ. ② **格別な**, 特殊な; 特に優れた. ein *besonderes* Erlebnis 特異な体験 / eine *besondere* Leistung ずば抜けた業績 / eine *besondere* Freude 格別なる喜び / Waren von *besonderer* Qualität 特級品.

Be·son·de·re[s] [ベ・ゾンデレ[ス] bə-zóndərə[s]] 中〔語尾変化は形容詞と同じ〕特別なこと(もの). etwas *Besonderes* 何か特別なこと(もの) / Es gab nichts *Besonderes* zu sehen. 特に見るべきものはなかった / im *Besonderen* 特に, とりわけ.

Be·son·der·heit [ベ・ゾンダァハイト] 女 -/-en 特性, 特色, 特異性, 独自性.

※be·son·ders [ベ・ゾンダァス bə-zóndərs] 副 ① **特に**, とりわけ. (英 *especially*). *besonders* heute とりわけきょうは / *besonders* wenn es regnet 特に雨の場合は.
② **非常に**, とても. Sie ist *besonders* nett. 彼女はとても感じがいい / **nicht** *besonders* 格別よくもない, まあまあの ➡ Der Film war nicht *besonders*. その映画はたいしたことはなかった / Wie geht es dir? — Nicht *besonders*! 元気かい — まあまあだ. ③ 別個に. Diese Frage werden wir *besonders* behandeln. この問題は別個に扱いましょう.

be·son·nen [ベ・ゾンネン] I besinnen (再帰 で: よく考える)の 過分 II 形 思慮深い, 慎重な.

Be·son·nen·heit [ベ・ゾンネンハイト] 女 -/ 思慮深さ, 慎重さ.

be·sor·gen [ベ・ゾルゲン bə-zórgən] (besorgte, *hat* besorgt) 他 (完了 haben) ① **調達する**, 手に入れる. die Getränke⁴ für die Party *besorgen* パーティーのための飲み物を調達する / 人³ eine Stelle⁴ *besorgen* 人³に職を世話する / Können Sie mir eine Eintritts-

karte *besorgen*? 私のために入場券を手にいれていただけますか / Bitte *besorge* mir ein Taxi! ぼくにタクシーを呼んでくれないか / 人³ ein Zimmer⁴ *besorgen* 人³に部屋を予約してやる. ◇《再帰代名詞(3格)とともに》*sich* 物⁴ *besorgen* a) 物⁴を手に入れる, b)《口語・婉曲》物⁴をくわえる.
② (人・物⁴の)**世話をする**, 面倒をみる. die Kinder⁴ *besorgen* 子供たちの世話をする / die Blumen⁴ *besorgen* 花の手入れをする.
③ (用事などを)**済ます**, 片づける. Einkäufe⁴ *besorgen* 買い物を済ませる / einen Auftrag *besorgen* 任務を果す.
④ 《es を目的語として成句的に》es⁴ 人³ *besorgen*《口語》a) 人³に仕返しする, b) 人³をとっちめる.
◇☞ **besorgt**

Be·sorg·nis [ベ・ゾルクニス] 女 -/..nisse 心配, 気づかい.
▶ **besorgnis-erregend**

be·sorg·nis·er·re·gend, Be·sorg·nis er·re·gend [ベゾルクニス・エァレーゲント] 形 気がかりな, 気づかわしい. Ihr Zustand ist *besorgniserregend*. 彼女の容体は気がかりだ.

be·sorgt [ベ・ゾルクト] I *besorgen* (調達する)の過分, 3人称単数・2人称親称複数現在 II 形 心配している, 気づかっている. **um** 人・事⁴ *besorgt* sein 人・事⁴を気づかっている.

be·sorg·te [ベ・ゾルクテ] *besorgen* (調達する)の過去

Be·sorgt·heit [ベ・ゾルクトハイト] 女 -/ 心配, 懸念, 不安.

Be·sor·gung [ベ・ゾルグング] 女 -/-en 《複 なし》入手, 調達; 処理; 世話. ② 買い物(= Einkauf). eine *Besorgung*⁴ machen 買い物をする.

be·span·nen [ベ・シュパンネン bəˈʃpánən] 他 (h) (A⁴ mit B³ ~) (A⁴ に B³ を)張る; つなぐ. ein Instrument⁴ mit Saiten *bespannen* 楽器に弦を張る / einen Wagen mit Pferden *bespannen* 車に馬をつなぐ.

Be·span·nung [ベ・シュパンヌング] 女 -/-en ① 《複 なし》(壁紙・弦などを)張ること; (馬などを)つなぐこと. ② カバー; 上張り材(壁布・いす布など); (ラケット・楽器などの)弦.

be·spie·geln [ベ・シュピーゲルン bəˈʃpíːɡəln] I 他 (h) (小説などに)描き出す. II 再帰 (h) *sich*⁴ *bespiegeln* 自分の姿を鏡に映して見る;《比》うぬぼれる.

be·spie·len [ベ・シュピーレン bəˈʃpíːlən] 他 (h) ① (テープ・CD など⁴に)録音する. ② (劇場⁴で)公演する;(競技場⁴で)試合をする.

be·spit·zeln [ベ・シュピッツェルン bəˈʃpítsəln] 他 (h) (人⁴を)こっそり見張る, 尾行する.

be·sprach [ベ・シュプラーハ] *besprechen* (話し合う)の過去

be·spre·chen* [ベ・シュプレッヒェン bəˈʃpreçən] du besprichst, er bespricht (besprach, hat ... besprochen) I 他 (完了 haben) ① (題⁴について)**話し合う**, 協議する. (英 discuss). Das *möchte* ich erst **mit** dir *besprechen*. そのことについてまず君と話し合いたい. ② (新聞・雑誌などで)批評する, 論評する. ein Buch⁴ *besprechen* 書評をする. ③ (テープ・CD など⁴に)吹き込む. ein Tonband⁴ *besprechen* 録音テープに声を吹き込む. ④ (病気など⁴を)呪文で治そうとする.
II 再帰 (完了 haben) 《*sich*⁴ [mit 人³] ~》([人³と]話し合う, 協議する. *sich*⁴ mit 人³ **über** 題⁴ *besprechen* 人³と題⁴について話し合う.

die Be·spre·chung [ベ・シュプレッヒュング bəˈʃpréçʊŋ] 女 (単) -/(複) -en ① **話し合い**, 協議, 相談. (英 *discussion, meeting*). eine *Besprechung*⁴ [über 題⁴] ab|halten (題⁴について)協議する / Er hat eine *Besprechung* mit seinem Chef. 彼は所長と協議中です. ② 批評, 論評, 書評. ③ まじない.

be·spren·gen [ベ・シュプレンゲン bəˈʃprɛŋən] 他 (h) (人・物⁴に水などを)振りかける, まく. den Rasen **mit** Wasser *besprengen* 芝生に水をかける.

be·sprich [ベ・シュプリヒ] *besprechen* (話し合う)の du に対する命令

be·sprichst [ベ・シュプリヒスト] *besprechen* (話し合う)の 2 人称親称単数現在

be·spricht [ベ・シュプリヒト] *besprechen* (話し合う)の 3 人称単数現在

be·sprin·gen* [ベ・シュプリンゲン bəˈʃpríŋən] 他 (h) (雄が雌⁴と)交尾する.

be·sprit·zen [ベ・シュプリッツェン bəˈʃprítsən] 他 (h) (人・物⁴に水などを)はねかける; はねかけて汚す. die Blumen⁴ **mit** dem Schlauch *bespritzen* 花にホースで水をかける.

be·spro·chen [ベ・シュプロッヘン] *besprechen* (話し合う)の過分

*bes·ser [ベッサァ bésər]

| より良い | Das ist *besser*. |
| ダス イスト ベッサァ |
| そのほうがいいですよ. |

(*gut, *wohl の比較) I 形 **より良い**, より優れた. (英 *better*). ein *besserer* Schüler **als** er 彼より優れた生徒 / Sie ist *besser* **in** Mathematik als ich. 彼女は数学は私よりできる / *Besser* ist *besser*. 用心に越したことはない(←より良いものより良い) / Das ist *besser* als nichts. それはなんといいましたぜ / Es ist *besser*, dass er bleibt. 彼は残っているほうがいい / Sie spielt *besser* Klavier als ich. 彼女は私よりピアノが上手だ / *besser* gesagt もっとうまく言えば.
◇《絶対的比較級として》かなり良い;《口語》…も同然の. *bessere* Leute 上流の人々 / Der Saal ist eine *bessere* Scheune. そのホールは穀物倉に毛の生えたようなものだ(←少しましな穀物倉).
II 副 《文全体にかかって》**…するほうがよい** Geh

Bessere[s]

besser zum Arzt! 医者に行ったほうがいいよ / Du hättest *besser* geschwiegen.〘接2·過去〙君は黙っていたほうがよかったのに.
► besser|gehen

Bes·se·re[s] [ベッセレ[ス] bésərə[s]]⊞〘語尾変化は形容詞と同じ〙より良いもの(こと). 人⁴ eines *Besseren* belehren 人⁴に思い直させる / sich⁴ eines *Besseren* besinnen 思い直す / Ich habe *Besseres* zu tun. 私はそんなことにかかわり合っていられない(←もっとよいことをしなければならない) / Das *Bessere* ist des Guten Feind.〘ことわざ〙角を矯(た)めて牛を殺す(←より良きものは良きものの敵である, 完璧を期そうとすると元も子もなくす).

bes·ser|ge·hen*, bes·ser ge·hen* [ベッサァ·ゲーエン bésər-gè:ən]匯人称 (s) [*es geht* 人³ *besser* の形で]人³の状態(調子)が以前より良い. Dem Kranken wird es bald *bessergehen*. その病人はまもなく快方へ向かうだろう.

bes·sern [ベッサァン bésərn] (besserte, hat …gebessert) I 再帰 (定了 haben) sich⁴ *bessern* 良くなる, 改善(改良)される; 改心する. (英 improve). Das Wetter *bessert* sich. 天気が良くなる / Du musst dich *bessern*. 君は改心しないといけないよ.
II 他 (定了 haben) 良くする, 改善(改良)する; 改心させる. Damit *besserst* du auch nichts. 君がそうしても何も良くならないよ.

bes·ser·te [ベッサァテ] bessern 〘再帰で: 良くなる〙の過去

*die **Bes·se·rung** [ベッセルング bésəruŋ]囡 (単) -/ 改善, 改良; (病気などの)回復. Gute *Besserung*! (病人に対して:)お大事に! / Der Patient ist auf dem Wege der *Besserung*². その患者は快方に向かっている.

Bes·ser≈wis·ser [ベッサァ·ヴィッサァ]男 -s/- 知ったかぶりをする人.(女性形: -in).

Bes·ser≈wis·se·rei [ベッサァ·ヴィッセライ]囡 -/ 知ったかぶり.

best [ベスト bést]

> 最も良い
> Er ist mein *bester* Freund.
> エア イスト マイン ベスタァ フロイント
> 彼は私のいちばんの親友です.

(↑gut, ↑wohl の最上) 形 最も良い, 最良(最上)の. (英 best). *beste* Qualität 最高の品質 / der *beste* Schüler in der Klasse クラスで最も優秀な生徒 / Das ist mein *bestes* Kleid. これは私のいちばんいいドレスです.

◊〘**am besten** の形で: 述語として〙最もよい[ことだ]. Er kommt *am besten*, du kommst sofort. 君がすぐ来てくれるのがいちばんだ / Ich halte es für *am besten*, dass … 私は…がいちばんよいと思う.

◊〘**am besten** の形で: 副詞的に〙最もよく[...する]. Sie singt *am besten*. 彼女がいちばん上手に歌う / Das gefällt mir *am besten*. それが

いちばん私の気に入っている.

◊〘**am besten** の形で: 文全体にかかって〙…するのが最もよい, …すべきだ. Du gehst jetzt *am besten* ins Bett. 君は今すぐ寝るのがいちばんだ(今すぐ寝るべきだ).

◊〘名詞的に〙 Das ist das *Beste*. それがベストだ / Er ist der *Beste* in der Klasse. 彼はクラスで首席だ / **aufs beste** または **aufs Beste** きわめてよく, とてもうまく /〘事·物〙⁴ **zum Besten** geben a)〘事〙⁴ (ジョークなど)を座興に披露する, b)〘物〙⁴ (酒などを)ふるまう /〘人〙⁴ **zum Besten** haben (または halten)人⁴をからかう / Mit seiner Gesundheit steht es nicht zum *Besten*. 彼の具合はあまりよくない.

◊〘成句的に〙 **auf dem besten** Wege sein, **zu** 不定詞[句] 今にも…しようとしている / **beim besten** Willen どんなに努力しても / **bei der ersten besten** Gelegenheit 手あたりしだいチャンスをつかんで / **im besten** Falle a) うまくいけば, b) うまくいってせいぜい / Er ist in den *besten* Jahren. 彼は男盛りだ / **mit den besten** Grüßen (手紙の結びで:)敬具 / **nach meinem besten** Wissen 私の知るかぎりでは.

be·stal·len [ベ·シュタれン bə-ʃtálən]他 (h) 〘官庁〙(官職)に任ずる, 任命する. 人⁴ **zum** Richter bestallen 人⁴を裁判官に任命する.

Be·stal·lung [ベ·シュタるング]囡 -/-en ① 任命, 任用. ② (任用の)辞令.

be·stand [ベ·シュタント] ≉bestehen (存在する) の過去

Be·stand [ベ·シュタント bə-ʃtánt] 男 -es (まれに -s)/Bestände ①〘複なし〙存立, 存続, 永続;〘持続〙(これまでの)存続年数. Bestand⁴ haben または **von Bestand** sein 長続きする⇒ Sein Eifer hat keinen *Bestand*. 彼の熱中は長続きしない. ② 現在高, 在庫品, ストック. der *Bestand* **an** Büchern 書籍の在庫 / der eiserne *Bestand* 手をつけてはならない非常用の備蓄(食糧など). ③〘林〙(種類·樹齢のそろった)木立ち, 林分(㍿).

be·stän·de [ベ·シュテンデ] ≉bestehen (存在する)の接2

be·stan·den [ベ·シュタンデン] I ≉bestehen (存在する)の過分 II 形 (草·木に)覆われた. ein mit Bäumen *bestandener* Garten 樹木に覆われた庭.

be·stän·dig [ベ·シュテンディヒ bə-ʃténdɪç] I 形 ① **絶え間ない**, ひっきりなしの, 不断の. (英 constant). in *beständiger* Angst leben 絶えずびくびくして暮らす. ②(人の心·天気などが)いつも変わらない, 安定する. *beständiges* Wetter 安定した天気. ③ 抵抗力のある, 耐性のある. Dieser Stoff ist sehr *beständig* gegen Hitze. この布地はとても熱に強い.
II 副 **絶え間なく**, ひっきりなしに. Er spricht *beständig* von ihr. 彼はいつも彼女のことを話している / Es hat heute *beständig* geregnet. きょうは絶え間なく雨が降った.

Be·stän·dig·keit [ベ·シュテンディヒカイト]囡

−/ 不変[性], 安定; 抵抗力, 耐性.

Be·stands=auf·nah·me [ベシュタンツ・アオフナーメ] 囡 −/-n 在庫品調べ, たな卸し.

Be·stand=teil [ベシュタント・タイル] 男 −[e]s/-e 《構成》要素, 成分.

be·stär·ken [ベ・シュテルケン bə-ʃtɛ́rkən] 他 (h) (人⁴の企てなどを)支持する; (疑いなど⁴を)強める. 人⁴ in seiner Meinung *bestärken* 人⁴の考えを支持する.

***be·stä·ti·gen** [ベ・シュテーティゲン bə-ʃtɛ́:tɪɡən] (bestätigte, *hat*...bestätigt) 他 (完了 haben) ① (事⁴が真実であることを)確認する, 確証する, 追認する; (英 *confirm*). eine Aussage⁴ *bestätigen* 供述の正しいことを認める / Die Erfahrung *hat* seine Lehre *bestätigt*. 経験によって彼の説の正しいことが裏付けられた. ◇[再帰的に] *sich*⁴ *bestätigen* 真実であることが確かめられる ⇒ Die Nachricht *hat sich bestätigt*. その情報は真実であることがわかった.
② (商)(商品などの受領⁴を)通知する; (銀行が小切手の支払い⁴を)保証する. Ich *habe* den Empfang des Pakets *bestätigt*. 私は小包を確かに受領しました. ③ (文書で任命など⁴を)承認する, 認可する; (法)批准する.

be·stä·tigt [ベ・シュテーティヒト] *bestätigen (確認する)の 過分, 3 人称単数・2 人称親称複数 現在

be·stä·tig·te [ベ・シュテーティヒテ] *bestätigen (確認する)の 過去

die **Be·stä·ti·gung** [ベ・シュテーティグング bə-ʃtɛ́:tɪɡʊŋ] 囡 (単) −/(複) -en ① 確認, 証明, 確証; 承認. (英 *confirmation*). ② 確認書; 承認書. eine *Bestätigung*⁴ aus|stellen 証明書を交付する / eine *Bestätigung* über den Erhalt der Ware² 商品の受領書.

be·stat·ten [ベ・シュタッテン bə-ʃtátən] 他 (h) (雅)(人⁴を)埋葬する.

Be·stat·tung [ベ・シュタットゥング] 囡 −/-en (雅) 埋葬, 葬式. Feuer*bestattung* 火葬.

be·stäu·ben [ベ・シュトイベン bə-ʃtɔ́ʏbən] 他 (h) ① (物⁴に粉状のものを)振りかける. einen Kuchen mit Puderzucker *bestäuben* ケーキにパウダーシュガーを振りかける. ② (植)(花⁴に)受粉させる.

Be·stäu·bung [ベ・シュトイブング] 囡 −/-en (粉状のものを振りかけること; (植) 受粉.

be·stau·nen [ベ・シュタオネン bə-ʃtáʊnən] 他 (h) (人・物⁴に)目を見はる, 驚嘆する.

Bes·te [ベステ bɛ́stə] ⇨ Beste[r], Beste[s]

be·ste·chen* [ベ・シュテッヒェン bə-ʃtɛ́çən] 他 (h) ① (人⁴を)買収する, (人⁴に)賄賂(ワいる)を贈る. Er *hat* die Zeugen mit Geld *bestochen*. 彼は証人たちをお金で買収した / sich⁴ *bestechen lassen* 賄賂(ワいる)を受け取る. ② (人⁴の)心を奪う, 魅了する. Sie *bestach* [uns] *durch* ihre Schönheit. 彼女はその美しさで[私たちを]魅了した. ◇[現在分詞の形で] ein *bestechendes* Lächeln 魅惑的な微笑.

be·stech·lich [ベ・シュテヒリヒ] 形 買収可能な, 賄賂(ワいる)の効く. ein *bestechlicher* Beamter 賄賂の効く役人.

Be·ste·chung [ベ・シュテッフング] 囡 −/-en 買収, 贈収賄. aktive (passive) *Bestechung*(法) 贈賄(収賄).

das **Be·steck** [ベ・シュテック bə-ʃtɛ́k] 中 (単) −[e]s/(複) -e (3格のみ -en) ① 〖口語: (複) −s〗 カトラリー(ナイフ・フォーク・スプーン[の 1 セット]). (英 *cutlery*). noch ein *Besteck*⁴ auf|legen ナイフ・フォーク・スプーンをもう 1 セット並べる. ② (医)(医療用の)器具一式.

****be·ste·hen*** [ベ・シュテーエン bə-ʃtɛ́:ən] (bestand, *hat*...bestanden) I 自 (完了 haben) ① 存在する, ある; 存続する. (英 *exist*). Das Geschäft *besteht* schon seit hundert Jahren. その店は 100 年も前から続いている / Darüber *besteht* kein Zweifel. それに関しては疑いの余地はない / Es *besteht* noch die Hoffnung, dass... まだ…という望みがある / Diese Verbindung soll *bestehen* bleiben. この関係はずっと続くことが望ましい.
② 〖aus 物³ ~〗(物³から)成り立っている, (物³で)構成されている. (英 *consist of*). Wasser *besteht* aus Wasserstoff und Sauerstoff. 水は水素と酸素とから成り立っている / Das Buch *besteht* aus drei Teilen. その本は 3 部から成り立っている.
③ 〖in 物³ ~〗(内容・本質などが物³に)ある, 存する. Seine Aufgabe *besteht* in der Aufstellung der Liste. 彼の任務はリストの作成だ / Das Problem *besteht* darin, dass... 問題は…という点にある.
④ 〖auf 物³ ~〗(物³に)固執する, (物³を)主張する. Er *besteht* auf seinem Recht. 彼は自分の権利をあくまでも主張する.
⑤ (負けずに)持ちこたえる. im Kampf *bestehen* 戦いを乗り切る / vor jeder Kritik *bestehen* どんな批判にも耐える.
II 他 (完了 haben) ① (試験など⁴に)合格する. (英 *pass*). Er *hat* das Examen *bestanden*. 彼は試験に合格した.
② (雅)(苦難など⁴に)耐え抜く, 屈しない.
◇⇨ **bestanden**

Be·ste·hen [ベ・シュテーエン] 中 −s/ ① 存在, 存立; 存続. ② 克服. ③ 固執.

be·steh·len* [ベ・シュテーレン bə-ʃtɛ́:lən] 他 (h) (人⁴から)盗む. 人⁴ um 物⁴ *bestehlen* 人⁴から物⁴を盗む.

be·stei·gen* [ベ・シュタイゲン bə-ʃtáɪɡən] 他 (h) ① (山・塔など⁴に)登る; (馬・自転車など⁴に)またがる, 乗る. den Thron *besteigen* (比) 王位に就く. ② (列車・車など⁴に)乗り込む.

Be·stei·gung [ベ・シュタイグング] 囡 −/-en 登頂; 乗馬, 乗車; 即位.

****be·stel·len** [ベ・シュテルレン bə-ʃtɛ́lən] (bestellte, *hat*...bestellt) 他 (完了 haben) ① 注文する; (座席など⁴を)予約する. (英 *order*).

ein Buch⁴ *bestellen* 本を注文する / Ich **habe** [mir] ein Bier *bestellt.* 私はビールを注文した / ein Taxi⁴ *bestellen* タクシーを呼ぶ / ein Zimmer⁴ **im** Hotel *bestellen* ホテルの部屋を予約する. *Haben* Sie schon *bestellt*? ご注文はもうお済みですか.

② (人⁴をある場所・時刻に)呼び出す,来させる. 人⁴ **in** ein Café *bestellen* 人⁴を喫茶店に呼び出す / 人⁴ **zu** sich³ *bestellen* 人⁴に自分の所へ来てもらう / Ich **bin** um vier Uhr **beim** (または zum) Arzt *bestellt.* 『状態受動・現在』私は4時に医者の所へ来るように言われている.

③ (人³にあいさつ・知らせなど⁴を)伝える. *Bestellen* Sie ihm schöne Grüße von mir! 彼に私からよろしくお伝えください / *Kann* (または *Soll*) ich etwas *bestellen*? 何かおことづけはありませんか / Er *lässt* dir *bestellen*, dass... 彼から君に…と伝言を頼まれたよ / Er hat hier nichts zu *bestellen.* ここでは彼は用なしだ(←伝える用件がない).

④ (代理人など⁴を)指名する,任命する. 人⁴ **zum** Vormund *bestellen* 人⁴を後見人に任命する. ⑤ (畑など⁴を)耕す.

◇☞ **bestellt**

Be·stel·ler [ベ・シュテらァ bə-ʃtélər] 男 -s/- 注文主;予約者. (女性形: -in).

Be·stell⸗num·mer [ベシュテる・ヌンマァ] 女 -/-n 商品カタログの番号(注文番号).

Be·stell⸗**schein** [ベシュテる・シャイン] 男 -[e]s/-e 注文票;(図書の)貸出票.

be·stellt [ベ・シュテるト] I ¦bestellen (注文する)の 過分, 3人称単数·2人称親称複数 現在 II 形 ① 注文(予約)済みの; 呼び出された. Sie kam wie *bestellt.* 折よく彼女がやって来た. ② 『es ist **um** 人·事⁴ gut (schlecht) *bestellt* の形で』人·事⁴が好調(不調)である.

be·stell·te [ベ・シュテるテ] ¦bestellen (注文する)の 過去

Be·stel·lung [ベ・シュテるング] 女 -/-en ① 注文,予約;注文品. eine *Bestellung*⁴ auf|geben (an|nehmen) 注文を出す(受ける) / 物⁴ **auf** *Bestellung* an|fertigen 物⁴を注文で製作する. ② (診療などの)予約者. ③ 伝言,ことづけ. eine *Bestellung*⁴ aus|richten 伝言を伝える / 人³ eine *Bestellung*⁴ auf|tragen 人³に伝言を託す. ④ 任命. ⑤ 耕作.

bes·ten⸗falls [ベステン・ふァるス] 副 いちばんうまくいけば;どんなにうまくいっても,せいぜい.

bes·tens [ベステンス béstəns] 副 ① たいへんよく. 心から,心をこめて. Danke *bestens*! 本当にどうもありがとう.

Bes·te[**r**] [ベステ (..タァ) bésta (..tər)] 男 女 『語尾変化は形容詞と同じ』最も優れた人;最も良い人, (☞ best〖名詞的に〗). Er ist der *Beste* in der Klasse. 彼はクラスで首席だ.

Bes·te[**s**] [ベステ[ス] béstə[s]] 中 『語尾変化は形容詞と同じ』最も良いもの(こと),最善. (☞ best〖名詞的に〗). Ich tue mein *Bestes*. 私はベストを尽くします.

be·steu·ern [ベ・シュトイアァン bə-ʃtɔ́yərn] 他 (h) (人·物⁴に)課税する.

Be·steu·e·rung [ベ・シュトイエルング] 女 -/-en 課税.

bes·ti·a·lisch [ベスティアーリッシュ bɛstiá:lɪʃ] 形 ① 獣的な,残忍な. ② 《口語》我慢ならない,不快な,ひどい(においなど).

Bes·ti·a·li·tät [ベスティアりテート bɛstialité:t] 女 -/-en ① 〖複 なし〗獣性,残忍さ.② 残虐行為.

Bes·tie [ベスティエ béstiə] 女 -/-n 野獣;《比》人でなし,残忍な人間.

***be·stim·men** [ベ・シュティンメン bə-ʃtímən] (bestimmte, hat ... bestimmt) I 他 (定了 haben) ① 定める,決める. 《英》 *determine*). den Termin *bestimmen* 期日を決める / Das *bestimmen* wir gemeinsam. その件はいっしょに決めましょう / Das Gesetz *bestimmt,* dass... 法は…と定めている / Du hast hier nichts zu *bestimmen.* 君はここでは決定権がない / 物⁴ **für** 人·事⁴ *bestimmen* 物⁴を人·事⁴のためのものと決める ⇒ Das Geld *ist* für dich *bestimmt.*〖状態受動・現在〗そのお金は君にあげることになっている / Sein Vater *hat* ihn **zum** (または **als**) Nachfolger *bestimmt.* 彼の父は彼を後継者にすることに決めた.

② (学問的に)定める,規定(定義)する. eine Pflanze⁴ *bestimmen* ある植物の分類を確定する / einen Begriff *bestimmen* ある概念を規定(定義)する. ③ (人·物⁴に)決定的な影響を及ぼす. Das Gelände *bestimmt* den Lauf des Flusses. 地形が川の流れに影響を与えている. ◇〖現在分詞の形で〗 ein *bestimmender* Faktor 決定的要因. ④〖〖人⁴ **zu** 事³ ~〗(説得して)人⁴に事³)をする気にさせる. 人⁴ zum Bleiben *bestimmen* 人⁴を説得してとどまらせる.

II 自 (定了 haben) 決定権を持つ. Hier *bestimme* ich. ここを取り仕切っているのは私だ / **über** 人·物⁴ *bestimmen* 人·物⁴を意のままにする. III 再帰 (定了 haben) 〖*sich* **nach** 事³ ~〗(事³によって)決定(左右)される.

***be·stimmt** [ベ・シュティムト bə-ʃtímt] I *bestimmen (定める)の 過分, 3人称単数·2人称親称複数 現在

II 形 (比較 bestimmter, 最上 bestimmtest) ① 〖付加語としてのみ〗定められた,ある一定の. 《英》 *certain*). zur *bestimmten* Zeit 決められた時刻に / ein *bestimmter* Betrag ある一定の金額 / der *bestimmte* Artikel《言》定冠詞.

② 〖付加語としてのみ〗ある種の. *Bestimmte* Leute sind da anderer Meinung². ある種の人々はその点では意見が異なる.

③ 明確な,はっきりとした. eine *bestimmte* Antwort 確答. ◇〖名詞的に〗Niemand weiß etwas *Bestimmtes.* だれもはっきりしたことは知らない.

④ 断固とした. in *bestimmtem* Ton 断固とした口調で / höflich, aber *bestimmt* ab|lehnen ていねいに,しかしきっぱりと断る.

Besuch

III 副 『文全体にかかって』確かに, きっと. Ja, be-stimmt! はい, 確かに / Wir werden bestimmt kommen. 私たちはきっと参ります. (⇨ 類語 sicher).

be·stimm·te [ベ・シュティムテ] *bestimmen (定める)の過去

Be·stimmt·heit [ベ・シュティムトハイト] 女 -/ 断固たる態度; 確実性. mit Bestimmtheit a) きっぱりと, b) 確信を持って.

die Be·stim·mung [ベ・シュティンムング bə-ʃtímuŋ] 女 (単) -/(複) -en ① 『複 なし』決定, 確定. (英 determination). Begriffsbestimmung 概念規定 / die Bestimmung des Preises 価格の確定. ② 規程, 規則. gesetzliche Bestimmungen 法規. ③ 『複 なし』(本来の)用途, 使用目的. Der Minister übergab die Brücke ihrer Bestimmung³. 大臣はその橋を開通させた(← 橋をその本来の目的にゆだねた). ④ 『複 なし』運命, 宿命. ⑤ 《言》規定[語]. eine adverbiale Bestimmung 副詞規定.

Be·stim·mungs·ort [ベシュティンムングス・オルト] 男 -[e]s/-e 目的地, (商品の)仕向け地.

Be·stim·mungs·wort [ベシュティンムングス・ヴォルト] 中 -[e]s/..wörter 《言》(複合語の)規定語 (例: Zahnarzt「歯医者」の Zahn「歯」).

be·stirnt [ベ・シュティルント bə-ʃtírnt] 形 《雅》星をちりばめた.

Best⹀leis·tung [ベスト・らイストゥング] 女 -/-en 《スポ》最高記録, ベストレコード.

best⹀mög·lich [ベスト・メークりヒ] 形 できるだけ良い, 可能なかぎり最善の. ◇『名詞的に』das Bestmögliche⁴ tun ベストを尽くす.

＊be·stra·fen [ベ・シュトラーふェン bə-ʃtráːfən] (bestrafte, hat ... bestraft) 他 《完了 haben》罰する, 《英 punish》. Die Mutter hat uns hart bestraft. 母は私たちを厳しく罰した / 人⁴ für 事⁴ (または wegen 事²) bestrafen 人⁴を事⁴(または事²)のかどで罰する / einen Diebstahl mit Gefängnis bestrafen 盗みに対して禁固刑を科する.

be·straft [ベ・シュトラーふト] *bestrafen (罰する)の過分, 3 人称単数・2 人称親称複数 現在

be·straf·te [ベ・シュトラーふテ] *bestrafen (罰する)の過去

Be·stra·fung [ベ・シュトラーふング] 女 -/-en 処罰, 罰, 刑罰.

be·strah·len [ベ・シュトラーれン bə-ʃtráːlən] 他 (h) 照らす, 照明する; 照射する. eine Geschwulst⁴ mit Radium bestrahlen 《医》腫瘍(ようしゅ)にラジウムを照射する.

Be·strah·lung [ベ・シュトラーるング] 女 -/-en ① 照射, 照明. ② 《医》放射線治療.

be·stre·ben [ベ・シュトレーベン bə-ʃtréːbən] 再帰 sich⁴ bestreben, zu 不定詞[句] …しようと努力する.
◇⇨ bestrebt

Be·stre·ben [ベ・シュトレーベン] 中 -s/ 努力, 骨折り.

be·strebt [ベ・シュトレープト] I bestreben (再帰で: …しようと努力する)の過分 II 形 『成句的に』bestrebt sein, zu 不定詞[句] …しようと努めている. Er war immer bestrebt, sein Bestes zu geben. 彼はいつもベストを尽くそうと努力していた.

Be·stre·bung [ベ・シュトレーブング] 女 -/-en 『ふつう 複』努力, 骨折り.

be·strei·chen* [ベ・シュトライヒェン bə-ʃtráiçən] 他 (h) 《A⁴ mit B³ ~》(A⁴に B³を)塗る. ein Brot⁴ mit Butter bestreichen パンにバターを塗る.

be·strei·ken [ベ・シュトライケン bə-ʃtráikən] 他 (h) (企業など⁴に対して)ストライキをする.

be·strei·ten* [ベ・シュトライテン bə-ʃtráitən] 他 (h) ① (事⁴に)異論を唱える, 反論する. eine Behauptung⁴ entschieden bestreiten ある主張をきっぱりと否認する / Das wird niemand bestreiten. それにはだれも異存はないだろう / Es lässt sich nicht bestreiten, dass … …には異論の余地はない. ② (事⁴の)費用を負担する. sein Studium⁴ aus eigener Tasche bestreiten 学費を自力でまかなう. ③ (催しなど⁴を)引き受ける, やってのける.

Be·strei·tung [ベ・シュトライトゥング] 女 -/-en 『ふつう 複』否認, 異論, 反論; (費用の)負担.

be·streu·en [ベ・シュトロイエン bə-ʃtróyən] 他 (h) 《A⁴ mit B³ ~》(A⁴に B³を)振りかける, まく. den Kuchen mit Puderzucker bestreuen ケーキにパウダーシュガーを振りかける.

be·stri·cken [ベ・シュトリッケン bə-ʃtríkən] 他 (h) ① 魅惑する, (人⁴の)心をとらえる. ② (人⁴に)自分の編んだものを着せる.

Best⹀sel·ler [ベスト・ゼらァ] 《英》男 -s/- (本・CD などの)ベストセラー.

be·stü·cken [ベ・シュテュッケン bə-ʃtýkən] 他 (h) 《A⁴ mit B³ ~》(A⁴にB³を)備え付ける, 装備する.

be·stün·de [ベ・シュテュンデ] ‡bestehen (存在する)の接2

be·stür·men [ベ・シュテュルメン bə-ʃtýrmən] 他 (h) ① (敵陣など⁴を)襲撃する, (場⁴に)殺到する. ② 《人⁴ mit 事³ ~》(人⁴を事³(質問など)で悩ます.

be·stür·zen [ベ・シュテュルツェン bə-ʃtýrtsən] 他 (h) (人⁴を)ひどく驚かす, 狼狽(ろうばい)させる. ◇『現在分詞の形で』bestürzende Nachrichten ショッキングなニュース.

be·stürzt [ベ・シュテュルツト] I bestürzen (ひどく驚かす)の過分 II 形 びっくりした, うろたえた. ein bestürztes Gesicht⁴ machen びっくりした顔をする.

Be·stür·zung [ベ・シュテュルツング] 女 -/ びっくり仰天, 狼狽(ろうばい).

＊der Be·such [ベ・ズーフ bə-zúːx] 男 (単2) -[e]s/(複) -e (3 格のみ -en) ① 訪問, 見舞い; (医者の)往診. 《英 visit》. ein offizieller Besuch 公式訪問 / [bei] 人³ einen Besuch machen 人³を訪問する / bei 人³ auf (または

zu) *Besuch* sein 囚³を訪問している．
② (劇場などを)訪れること，(学校などへ)通うこと．der *Besuch* der Vorlesungen² 講義に出席すること / Der *Besuch* der Schule ist Pflicht. 通学は義務である．
③ 〖圈 なし〗 **訪問客**，来客．(英 visitor). Wir haben heute *Besuch*. きょうは来客がある / *Besuch*⁴ bekommen 客が来る / *Besuch*⁴ empfangen 客を迎える / *Besuch*⁴ erwarten 客が来ることになっている．

> ⚐ ..besuch のいろいろ: **Arztbesuch** 往診 / **Damenbesuch** 女性の来客 / **Herrenbesuch** 男性の来客 / **Krankenbesuch** 病気見舞い / **Schulbesuch** 通学 / **Theaterbesuch** 観劇．

be·su·chen [ベ・ズーヘン bə-zú:xən]

訪問する

Darf ich Sie morgen *besuchen*?
ダルフ イヒ ズィー モルゲン ベズーヘン
あすお訪ねしてもよろしいですか．

(besuchte, *hat* ... besucht) 他 (完了 haben) (英 visit) ① **訪問する**，訪れる，(病人⁴を)見舞う；(医者が)往診する．einen Freund *besuchen* 友人を訪れる / *Besuchen* Sie mich bald einmal! 近いうちに一度お越しください．
② (物⁴を見物или見学しに)行く；(講義など⁴に)出席する．ein Konzert⁴ *besuchen* 音楽会に行く / Er *besucht* noch die Schule. 彼はまだ学校に通っている / eine Vorlesung⁴ *besuchen* 講義に出席する / Das Theater *war* gut (schlecht) *besucht*. 〖状態受動・過去〗劇場は客の入りが良かった(悪かった)．
◊〖過去分詞の形で〗ein gut *besuchter* Kurort 訪れる人の多い保養地．

〖類語〗**besuchen**: 「(囚⁴を)訪問する」の意味で最も一般的な語．**besichtigen**: (参観・視察のために)見物(見学)する．Wir *besichtigten* die Sehenswürdigkeiten der Stadt. 私たちは町の名所を見物した．**sich**³ 物⁴ **an|sehen**: (物⁴を注意深く見て)鑑賞する．Ich *habe* mir den Film *angesehen*. 私はその映画を見ました．

── 使ってみよう ──
お招きありがとうございます．
　Vielen Dank für die Einladung!
両親がよろしくと申しておりました．
　Viele Grüße von meinen Eltern!
そろそろ失礼しなければなりません．
　Ich muss leider langsam gehen.
楽しい夕べをありがとうございました．
　Vielen Dank für den schönen Abend!

Be·su·cher [ベ・ズーハァ bə-zú:xɐ] 男 -s/- 訪問客；来客；見物客，観客．(女性形: -in).
Be·suchs⸗zeit [ベズーフス・ツァイト] 女 -/-en (病院・刑務所などの)面会時間．
be·sucht [ベ・ズーフト] ⁝besuchen (訪問する)の 過分, 3人称単数・2人称親称複数 現在

be·such·te [ベ・ズーフテ] ⁝besuchen (訪問する)の 過去
be·su·deln [ベ・ズーデるン bə-zú:dəln] 他 (h) (血などで)汚す；《比》(名誉など⁴を)けがす．◊〖再帰的に〗sich⁴ mit Blut besudeln 人殺しをする.
Be·ta [ベータ bé:ta] 中 -[s]/-s ベータ(ギリシャ字母の第2字; *B, β*).
be·tagt [ベ・タークト bə-tá:kt] 形 《雅》年老いた，高齢の．
be·tas·ten [ベ・タステン bə-tástən] 他 (h) (人・物⁴を)手で触る，探る；(医者が)触診する．
be·tä·ti·gen [ベ・テーティゲン bə-té:tɪgən] I 他 (h) ① (機械・装置など⁴を)作動させる，操作する．die Bremse⁴ *betätigen* ブレーキをかける / Er *betätigte* den Schalter. 彼はスイッチを操作した．② 《雅》(信念など⁴を)実行に移す．II 再帰 (h) sich⁴ *betätigen* 働く，活動する．sich⁴ politisch *betätigen* 政治活動をする．
Be·tä·ti·gung [ベ・テーティグング] 女 -/-en ① 活動，従事．② 〖圈 なし〗 (機械などの)運転，操作．automatische *Betätigung* 自動操作．
be·täu·ben [ベ・トイベン bə-tóybən] 他 (h) ① 〖医〗 (人・物⁴に)麻酔をかける．Der Arzt *hat* ihn nur örtlich *betäubt*. 医者は彼に局部麻酔をかけた．② (人⁴の)感覚をまひさせる，ぼうっとさせる．Der Lärm *betäubte* fast den Verstand. 騒音で頭がぼうっとなった．◊〖現在分詞の形で〗ein *betäubender* Lärm 頭がしびれるような騒音 / ein *betäubender* Duft 頭がぼうっとなるような香り．③ 《比》(痛みなど⁴を)抑える，和らげる；(悩みなど⁴を)まぎらす．◊〖再帰的に〗sich⁴ durch Arbeit (mit Alkohol) *betäuben* 仕事で(酒で)気をまぎらす．
Be·täu·bung [ベ・トイブング] 女 -/-en 〖医〗麻酔；麻痺(ひ)，失神．eine örtliche *Betäubung* 局部麻酔 / aus der *Betäubung* erwachen 麻酔から覚める．
Be·täu·bungs⸗mit·tel [ベトイブングス・ミッテる] 中 -s/- 麻酔剤．
Be·te [ベーテ bé:tə] 女 -/-n 〖ふつう 圈〗 〖植〗ビート(トウジシャ属)．Rote *Bete* 〖北ド〗赤かぶ．
be·tei·li·gen [ベ・タイリゲン bə-táɪlɪɡən] (beteiligte, *hat* ... beteiligt) I 再帰 (完了 haben) 〖sich⁴ an 物³ ~〗 (物³に) **参加する**，関与する．(英 participate in). sich⁴ an der Diskussion *beteiligen* 討論に加わる．(☞〖類語〗teil|nehmen).
II 他 (h) haben) 〖人⁴ an 物³ ~〗 (人⁴を 物³に)参加させる，関与させる．人⁴ am Gewinn *beteiligen* 人⁴に分け前を与える．
be·tei·ligt [ベ・タイリヒト] I beteiligen (再帰で: 参加する)の 過分, 3人称単数・2人称親称複数 現在 II 形 〖成句的に〗an 物³ *beteiligt* sein 物³に関与している．
be·tei·lig·te [ベ・タイリヒテ] beteiligen (再帰で: 参加する)の 過去
Be·tei·lig·te[r] [ベ・タイリヒテ (..タァ) bə-táɪlɪçtə (..tɐr)] 男 女 〖語尾変化は形容詞と同じ〗参加(協力)者；《経》出資者，株主．

Be·tei·li·gung [ベ・タイリグング] 囡 -/-en ① 参加, 関与. **unter** großer *Beteiligung* 多額の出席者を得て. ② (利益分配への)参加権.

***be·ten** [ベーテン bé:tən] du betest, er betet (betete, *hat* ... gebetet) **I** 圁 (完了) haben) (神に)祈る, 祈りをささげる. (英 *pray*). Wir *beten* **zu** Gott. 私たちは神に祈りをささげる / **für** die Toten *beten* 死者の冥福(ぬい)を祈る / **um** Hilfe *beten* 助けを求めて祈る / Not lehrt *beten*. 《諺》苦しいときの神頼み(←苦境は祈ること を教える).

II 他 (完了) haben) (祈り⁴を)唱える. ein Vaterunser⁴ *beten* 主の祈りを唱える.

be·te·te [ベーテテ] * *beten* (祈る)の 過去

be·teu·ern [ベ・トイァァン bə·tóyərn] 他 (h) 断言する, 誓う. Er *beteuerte* seine Unschuld. 彼は自分の無実を主張した.

Be·teu·e·rung [ベ・トイエルング] 囡 -/-en 誓 い, 誓言, 断言.

Beth·le·hem [ベートルヘム bé:tlehɛm] 田 -s/ 《都市名》ベツレヘム(ヨルダン西部, イエス生誕の地).

be·ti·teln [ベ・ティーテルン bə·tí:təln] 他 (h) ①(物⁴に)題目(表題)をつける. ein Buch⁴ *betiteln* 本に表題をつける. ②(人⁴に)肩書き (称号)をつけて話しかける. 人⁴ **mit** Professor *betiteln* 人⁴に教授と呼びかける. ③《口語》 (人⁴を)ののしる.

Be·ton [ベトーン betɔ̃: または ベトーン betó:n] 男 -s/ (種類:) -s (または -e) コンクリート. armierter *Beton* 鉄筋コンクリート.

be·to·nen [ベ・トーネン bə·tó:nən] (betonte, *hat* ... betont) 他 (完了) haben) (英 *stress*) ①(語·音節⁴に)アクセントを置く. eine Silbe⁴ *betonen* ある音節にアクセントを置く. ②**強調する**, 力説する. Er *betonte*, dass ... 彼は ... ということを強調した.

◇⇨ *betont*

be·to·nie·ren [ベトニーレン betoní:rən] 他 (h) コンクリートで固める;《比》固定する.

Be·ton≠misch·ma·schi·ne [ベトーン・ミッ シュマシーネ] 囡 -/-n コンクリートミキサー.

be·tont [ベ・トーント] ①過分, 3 人称単数·2 人称親称複数 現在 **II** 形 ① アクセントのある. ② 強調された, 意図的な, 故意の. **III** 副 ことさらに. *betont* einfach 際立って簡素な.

be·ton·te [ベ・トーンテ] *betonen* (アクセントを置 く)の 過去

Be·to·nung [ベ・トーヌング] 囡 -/-en ① 《言》 アクセント[を置くこと]. ② 強調, 力説.

be·tö·ren [ベ・テーレン bə·tó:rən] 他 (h) 《雅》 魅惑する, 惑わす.

betr. [ベ・トレッふェント または ベ・トレふス] 《略》 ... に関して(= **betreffend**, **betreffs**).

Betr. [ベ・トレふ] 《略》《官庁·商》... 関係, ... の 件(= **Betreff**).

Be·tracht [ベ・トラハト bə·tráxt] 男 《成句的 に》**außer** *Betracht* bleiben 考慮されていない, 問題外である / 人·物⁴ **außer** *Betracht* lassen 人·物⁴を考慮しない, 問題にしない / Das kommt nicht **in** *Betracht*. それは問題にならない(考慮されない) / 人·物⁴ **in** *Betracht* ziehen 人·物⁴を考慮に入れる.

be·trach·ten [ベ·トラハテン bə·tráxtən] du betrachtest, er betrachtet (betrachtete, *hat* ... betrachtet) 他 (完了) haben) ① **観察する**, じっと見る. (英 *look at*). ein Bild⁴ *betrachten* 絵を鑑賞する / 人⁴ **von** oben bis unten *betrachten* 人⁴を上から下まで見つめる. ◇《再 帰的に》Ich *betrachtete* mich im Spiegel. 私は鏡の中の自分の姿に見入っていた. (⇨ 類園 sehen).

② 《形面的に》人·物⁴ **als** ... *betrachten* 人·物⁴ を ... と見なす. (英 *regard*). Ich *betrachte* ihn als meinen Freund. 私は彼を私の友人だと思っている / eine Sache⁴ als erledigt *betrachten* ある件をけりがついたことと見なす. (《注》... には 4 格(まれに 1 格)の名詞や形容詞がくる). ③ (事件·問題など⁴を) **考察する**. Er *betrachtet* das Problem von allen Seiten. 彼はその問題をあらゆる角度から検討する. ◇《過去分詞 の形で》genau *betrachtet* 詳しく見ると.

Be·trach·ter [ベ・トラハタァ bə·tráxtər] 男 -s/- ① 観察者, 見物人. (女性形: -in). ② 考察者.

be·trach·tet [ベ・トラハテット] betrachten (観 察する)の 過分, 3 人称単数·2 人称親称複数 現在

be·trach·te·te [ベ・トラハテテ] betrachten (観察する)の 過去

be·trächt·lich [ベ・トレヒトリヒ] **I** 形 著しい, かなりの, 相当な(量の). *beträchtliche* Verluste かなりの損失. **II** 副 著しく, かなり. Sie läuft *beträchtlich* schneller als ich. 彼女は私よりもはるかに速く走る.

die **Be·trach·tung** [ベ・トラハトゥング bə·tráxtʊŋ] 囡 (単)-/(複)-en ①《腹 なし》**観察**. **bei** näherer *Betrachtung* さらに細かく観察すると. ② **考察**. politische *Betrachtungen* 政治的省察 / *Betrachtungen*⁴ über 軍⁴ an|stellen 軍⁴を考察する.

be·traf [ベ・トラーふ] betreffen (関係するの 過去

der **Be·trag** [ベ・トラーク bə·trá:k] 男 (単 2) -[e]s/(複) ..träge [..トレーゲ] (3 格のみ ..trägen) **金額**. (英 *amount*). ein Scheck über einen *Betrag* von 1 000 Euro 額面 1,000 ユーロの小切手.

Be·trä·ge [ベ・トレーゲ] Betrag (金額)の 腹

be·tra·gen [ベ・トラーゲン bə·trá:gən] du beträgst, er beträgt (betrug, *hat* ... betragen) **I** 他 (完了) haben)《数量を表す 4 格とともに》(... の) **額になる**, (... の)数値に達する. Die Rechnung *beträgt* 40 Euro. お勘定は 40 ユーロです / Die Entfernung *beträgt* drei Meter. 隔たりは 3 メートルだ.

II 再帰 (完了) haben) *sich*⁴ *betragen* (... に) **ふるまう**, (... の)態度をとる. *sich*⁴ artig *betragen* 行儀よくふるまう.

be·tra·gen² [ベ・トラーゲン] betragen¹ (…の額になる)の 過分

Be·tra·gen [ベ・トラーゲン] 田 -s/ ふるまい, 態度. schlechtes Betragen よくない態度.

be·trägst [ベ・トレークスト] betragen¹ (再帰で: …にふるまう)の 2 人称親称単数 現在

be·trägt [ベ・トレークト] betragen¹ (…の額になる)の 3 人称親称単数 現在

be·trat [ベ・トラート] betreten¹ (足を踏み入れる)の 過去

be·trau·en [ベ・トラオエン bə-tráuən] 他 (h) 〖人⁴ mit 事³ ~〗〖人⁴に事³を〗任せる, 委託する.

be·trau·ern [ベ・トラオアァン bə-tráuərn] 他 (h) (死者・死⁴を)悼む, 嘆き悲しむ.

be·träu·feln [ベ・トロイふェルン be-tróyfeln] 他 (h)〖A⁴ mit B³ ~〗(A⁴に B³を)滴らせる.

be·treff [ベ・トレふ] in Betreff (…に関して)における Betreff の古い形.

Be·treff [ベ・トレふ bə-tréf] 男 -[e]s/〔官庁・商〕関係, …の件(略: Betr.). Betreff(または Betr.): Ihr Schreiben vom 10. (=zehnten) Januar 1月10日付けのご書簡に関して / in Betreff 人・事² 人・事²に関して[は].

be·tref·fen* [ベ・トレッふェン bə-tréfən] du betriffst, er betrifft (betraf, hat ... betroffen) 他 (定了 haben) ① 〖人・事⁴に〗関係する, かかわる. (英 concern). Diese Vorwürfe betreffen mich nicht. この非難は私には無関係だ / was 人・事⁴ betrifft 人・事⁴に関しては(関して言えば) ⇒ Was mich betrifft, bin ich (また は ich bin) einverstanden. 私としては了解しました. ②《雅》(不幸・災いなどが人⁴に)降りかかる. Ein Unglück hat die Familie betroffen. 不幸がその家族を襲った. ③《雅》人⁴に精神的な打撃を与える.

◇☞ **betroffen**

be·tref·fend [ベ・トレッふェント] I betreffen (関係する)の 現分 II 形 当該の, 関係する(略: betr.) die betreffende Behörde 当該官庁 / die diesen Fall betreffende Regel この件に関する規則.

Be·tref·fen·de[r] [ベ・トレッふェンデ (..ダァ) bə-tréfəndə (..dər)] 男 女〖語尾変化は形容詞と同じ〗当事者, 当人.

be·treffs [ベ・トレふス bə-tréfs] 前〖2 格とともに〗〔官庁・商〕…に関して[は](略: betr.). betreffs Ihrer Anfrage あなたの問い合わせに関して.

be·trei·ben* [ベ・トライベン bə-tráibən] (betrieb, hat...betrieben) 他 (定了 haben) ① (職業として)営む, 経営する; (研究など⁴に)従事する. ein Lokal⁴ betreiben 酒場を経営する / den Sport als Beruf betreiben スポーツを職業としている. ② (仕事など⁴を)推し進める, 促進する. sein Studium⁴ mit Anstrengung betreiben (大学で)学業を懸命に続ける. ③《工》(機械など⁴を)動かす, 運転する. 物⁴ elektrisch betreiben 物⁴を電気で動かす.

Be·trei·ben [ベ・トライベン] 田〖成句的に〗auf sein Betreiben [hin] 彼の勧め(指示)によって.

be·tre·ten¹* [ベ・トレーテン bə-trétən] du betrittst, er betritt (betrat, hat...betreten) 他 (定了 haben) (ある場所⁴に)足を踏み入れる, (家など⁴に)入る. (英 enter). den Rasen betreten 芝生に足を踏み入れる / das Zimmer⁴ betreten 部屋に入る / die Bühne⁴ betreten 舞台に登場する / Ich werde dieses Geschäft nie wieder betreten. この店にはもう二度と来ないのか.

be·tre·ten² [ベ・トレーテン] I betreten¹ (足を踏み入れる)の 過分 II 形 当惑した, 狼狽(ろうばい)した. ein betretenes Gesicht⁴ machen 困ったような顔をする.

Be·tre·ten [ベ・トレーテン] 田 -s/ 足を踏み入れること. Betreten verboten! (立て札などで:)立入禁止!

***be·treu·en** [ベ・トロイエン bə-tróyən] (betreute, hat...betreut) 他 (定了 haben) ① (一時的に人⁴の)世話をする, 面倒をみる. alte Leute⁴ betreuen お年寄りたちの世話をする. ② (ある分野など⁴を)担当する, 受け持つ.

Be·treu·er [ベ・トロイアァ bə-tróyər] 男 -s/- 世話人; 看護人;《スポ》コーチ, トレーナー; セコンド. (女性形: -in).

be·treut [ベ・トロイト] *betreuen (世話をする)の 過分, 3 人称親称単数・2 人称親称複数 現在

be·treu·te [ベ・トロイテ] *betreuen (世話をする)の 過去

Be·treu·ung [ベ・トロイウング] 女 -/ ① 面倒を見ること, 世話. ② 世話人; 看護人.

Be·treu·ungs=geld [ベトロイウングス・ゲルト] 田 -[e]s/ 在宅育児手当.

be·trieb [ベ・トリープ] *betreiben (営む)の 過去

***der Be·trieb** [ベ・トリープ bə-tríːp] 男〖単 2〗-[e]s/〖複〗-e (3 格のみ -en) ① 企業[体]; 会社, 工場. Großbetrieb 大企業 / ein privater (staatlicher) Betrieb 民間(国営)企業 / einen Betrieb leiten 企業を経営する.
② 〖複 なし〗操業; 営業, 経営; (機械の)運転. den Betrieb auf\nehmen 操業(営業)を開始する / Die Fabrik ist außer (in) Betrieb. その工場は操業を中止している(操業中だ). / in Betrieb nehmen 物⁴の操業(運転)を開始する / eine neue Maschine⁴ in Betrieb setzen 新しい機械を始動させる.
③ 〖複 なし〗《口語》活気, にぎわい, 雑踏; (交通などの)混雑. Auf der Straße war lebhafter Betrieb. 通りは交通が激しかった.

be·trie·ben [ベ・トリーベン] betreiben (営む)の 過分

be·trieb·lich [ベ・トリープりヒ] 形〖付加語としてのみ〗企業の, 経営の, 営業上の.

be·trieb·sam [ベ・トリープザーム] 形 活動的な; せかせかした.

Be·trieb·sam·keit [ベ・トリープザームカイト] 女 -/ 活動的なこと; せかせかしていること.

Be·triebs=an·lei·tung [ベトリープス・アンライトゥング] 女 -/-en (機械などの)取扱説明書.

Be·triebs≠aus·flug [ベトリープス・アオスふルーク] 男 -[e]s/..flüge 従業員の慰安旅行.
be·triebs≠ei·gen [ベトリープス・アイゲン] 形 企業(会社)所有の.
be·triebs≠fä·hig [ベトリープス・フェーイヒ] 形 (機械などが)運転可能な.
Be·triebs≠ge·heim·nis [ベトリープス・ゲハイムニス] 中 ..nisses/..nisse 企業秘密.
Be·triebs≠ka·pi·tal [ベトリープス・カピタール] 中 -s/ (経) 経営資本.
Be·triebs≠kli·ma [ベトリープス・クリーマ] 中 -s/ (企業の)労働環境, 職場の雰囲気.
Be·triebs≠kos·ten [ベトリープス・コステン] 複 経営費用.
Be·triebs≠lei·ter [ベトリープス・ライタァ] 男 -s/- 経営[責任]者, 支配人. (女性形: -in).
Be·triebs≠rat [ベトリープス・ラート] 男 -[e]s/..räte ① 経営協議会(従業員の代表組織). ② 経営協議会の委員. (女性形: ..rätin).
be·triebs≠si·cher [ベトリープス・ズィッヒァァ] 形 故障のない, 信頼性の高い(機械など).
Be·triebs≠wirt·schaft [ベトリープス・ヴィルトシャフト] 女 -/ 経営学.
be·triffst [ベトリフスト] betreffen (関係する)の2人称親称単数 現在
be·trifft [ベトリふト] betreffen (関係する)の3人称単数 現在
be·trin·ken* [ベトリンケン bə-tríŋkən] 再帰 (h) sich⁴ betrinken 酔っ払う.
◇☞ betrunken
be·tritt [ベトリット] I betreten¹ (足を踏み入れる)の3人称単数 現在 II betreten¹ (足を踏み入れる)の du に対する 命令
be·trittst [ベトリッツト] betreten¹ (足を踏み入れる)の2人称親称単数 現在
be·trof·fen [ベトロッフェン] I betreffen (関係する)の 過分 II 形 ① 狼狽(ろうばい)した, 当惑した, 驚いた. ② (災害などに)見舞われた.
Be·trof·fen·heit [ベトロッフェンハイト] 女 -/ 狼狽(ろうばい), 当惑.
be·trog [ベトローク] betrügen (だます)の 過去
be·trö·ge [ベトレーゲ] betrügen (だます)の 接2
be·tro·gen [ベトローゲン] betrügen (だます)の 過分
be·trü·ben [ベトリューベン bə-trý:bən] 他 (h) sich⁴ betrüben 悲しませる. Diese Nachricht *hat* uns sehr *betrübt*. この知らせはわれわれをたいへん悲しませた.
be·trüb·lich [ベトリューブリヒ] 形 悲しい, 悲しい気持ちにさせる.
Be·trüb·nis [ベトリューブニス] 女 -/..nisse 《雅》悲しみ, 悲嘆.
be·trübt [ベトリューブト] I betrüben (悲しませる)の 過分 II 形 悲しげな, 気のめいった. ein *betrübtes* Gesicht⁴ machen 悲しい顔をする.
be·trug [ベトルーク] betragen¹ (…の額になる)の 過去
der **Be·trug** [ベトルーク bə-trú:k] 男 (単2) -[e]s/ 詐欺, 欺瞞(ぎまん), ペテン. einen *Betrug* begehen 詐欺を働く / ein frommer *Betrug* a) (相手をいたわるための)善意による欺き, b) 自分を欺くこと, 妄想.

be·trü·gen* [ベ・トリューゲン bə-trý:gən] (betrog, *hat*...betrogen) 他 (変了 haben) ① だます, 欺く. (英 cheat). einen Kunden *betrügen* 顧客をだます / Sie *hat* ihren Mann *betrogen*. 彼女は夫に対して不貞を働いた. ◇《目的語なしでも》Er *betrügt* öfter. 彼はよく人をだます. ◇《再帰的に》sich⁴ selbst *betrügen* a) 自分を欺く, b) 思い違いをする.
② 《人⁴ um 物⁴ ~》《人⁴から物⁴を》だまし取る. Er *hat* mich um 100 Euro *betrogen*. 彼は私から 100 ユーロをだまし取った.
Be·trü·ger [ベトリューガァ bə-trý:gər] 男 -s/- 詐欺師, ペテン師. (女性形: -in).
Be·trü·ge·rei [ベトリューゲライ bə-try:gərái] 女 -/-en 詐欺, ごまかし, ペテン.
be·trü·ge·risch [ベトリューゲリッシュ bə-trý:gəri∫] 形 詐欺の, ごまかしの, ペテンの.
be·trun·ken [ベ・トルンケン bə-trúŋkən] I betrinken (再帰 で: 酔っ払う)の 過分 II 形 酔っ払った. (⇔ nüchtern). ein *betrunkener* Fahrer 酒酔い運転者 / Er ist völlig *betrunken*. 彼はすっかり酔っ払っている.
Be·trun·ke·ne[r] [ベ・トルンケネ (..ナァ) bə-trúŋkənə (..nər)] 男 女 《語尾変化は形容詞と同じ》酔っ払い.

‡das **Bett** [ベット bét]

> ベッド Sie macht das *Bett*.
> ズィー マッハト ダス ベット
> 彼女はベッドを整える.

中 (単2) -es (まれに -s)/(複) -en ① ベッド, 寝台. (英 bed). ein langes *Bett* (長い)(広い)ベッド / ein Hotel mit 60 *Betten* 数 60 のホテル / Das *Bett* ist bereit. ベッドの準備ができている / auf dem *Bett* sitzen ベッドの上に座っている / aus dem *Bett* springen ベッドから跳び起きる / ins (または zu) *Bett* gehen 就寝する / die Kinder⁴ ins *Bett* bringen (または schicken) 子供たちを寝かせる / sich⁴ ins *Bett* legen 床につく / Er liegt schon fünf Tage im *Bett*. 彼はもう 5 日間も病気で寝ている / sich⁴ ins gemachte *Bett* legen (自ら苦労しないで)楽な生活をする / das *Bett*⁴ hüten [müssen] (比) 病床を離れられない(=ベッドの番をしている).
② 羽布団, 寝具. die *Betten*⁴ aufschütteln 羽布団を揺すってふくらます / die *Betten*⁴ lüften (sonnen) 寝具を風に当てる(日に当てる) / die *Betten*⁴ frisch überziehen 寝具に新しいカバーを付ける.
③ 川床 (＝Flussbett). ④ 《工》(旋盤などの)台.

◇ ..bett のいろいろ: **Doppelbett** ダブルベッド / **Ehebett** 夫婦のベッド / **Etagenbett** 2 段ベッド /

Feldbett (折りたたみ式の)野営用ベッド / **Himmelbett** 天蓋付きベッド / **Kinderbett** 子供用ベッド / **Klappbett** 折りたたみ式ベッド / **Schrankbett** (戸棚に組み込まれた)収納式ベッド.

Bett⦅z⦆be·zug [ベット・ベツーク] 男 -[e]s/..züge (掛け布団の)カバー.

Bett⦅z⦆couch [ベット・カオチュ] 囡 -/-en ソファーベッド.

Bett⦅z⦆de·cke [ベット・デッケ] 囡 -/-n ① 掛け布団. ② ベッドカバー.

Bet·tel [ベッテる bétəl] 男 -s/ ① 物ごい. ② 《口語》くだらないもの、がらくた.

bet·tel⦅z⦆arm [ベッテる・アルム] 形 乞食(㾗)同然の、ひどく貧乏な.

Bet·te·lei [ベッテらイ betəlái] 囡 -/-en ① 〖醜なし〗物ごい、乞食(㾗)商売. ② しつこい無心、ねだり.

Bet·tel⦅z⦆mönch [ベッテる・メンヒ] 男 -[e]s/-e 《カトリック》托鉢(㾗)修道会士.

bet·teln [ベッテるン bétəln] ich bettle (bettelte, hat…gebettelt) 自 《完了》haben) ① 物ごいをする、《雅》beg). an den Türen betteln 戸口から戸口へと物ごいして歩く / betteln gehen 乞食(㾗)をして歩く. ② 《um 物⁴を~》《比》《物⁴を》しつこくねだる、《物⁴を》しきりに頼む. um Geld betteln お金をせがむ / um Verzeihung betteln 切に許しを請う.

Bet·tel⦅z⦆stab [ベッテる・シュタープ] 男 〖成句的に〗《人⁴ an den Bettelstab bringen 《人⁴を経済的に破滅させる / an den Bettelstab kommen 乞食(㾗)に落ちぶれる.

bet·tel·te [ベッテるテ] betteln (物ごいをする)の 過去

bet·ten [ベッテン bétən] 他 (h) 《雅》(そっと)寝かせる. das Kind⁴ auf das Sofa betten 子供をソファーに寝かせる / den Toten zur letzten Ruhe betten 《雅》死者を埋葬する. ◇〖過去分詞の形で〗weich gebettet sein 《比》裕福な暮らしをしている(←柔らかいベッドで寝ている) / in 物⁴ gebettet sein 《比》物⁴に取り囲まれている. ◇〖再帰的に〗Wie man sich⁴ bettet, so schläft (または liegt) man. 〖諺〗因果応報(←寝心地は床への入り方しだい).

Bet·ti·na [ベティーナ betíːna] -s/ 《女名》ベッティーナ (Elisabettina, Elisabeth の 短縮形).

bett·lä·ge·rig [ベット・れーゲリヒ] 形 病床にある、寝たきりの.

Bett⦅z⦆la·ken [ベット・らーケン] 匣 -s/ 《北ドイツ》シーツ、敷布 (=Betttuch).

bett·le [ベットれ] * betteln (物ごいをする)の1人称単数 現在

Bett·ler [ベットらァ bétlər] 男 -s/- 物もらい、乞食(㾗). (女性形: -in).

Bett⦅z⦆ru·he [ベット・ルーエ] 囡 -/ 《医》(ベッドでの)安静.

Bett⦅z⦆tuch [ベット・トゥーフ] 匣 -[e]s/..tücher シーツ、敷布.

Bettuch [ベット・トゥーフ] Betttuch の古い形.

Bett⦅z⦆vor·le·ger [ベット・フォーァれーガァ] 男 -s/- ベッドサイドマット(寝台のわきに敷くじゅうたん).

Bett⦅z⦆wä·sche [ベット・ヴェッシェ] 囡 -/ (寝具用の)シーツ、寝具の類.

Bett⦅z⦆zeug [ベット・ツォイク] 匣 -[e]s/ 《口語》寝具(布団・まくら・シーツ・カバーなど).

be·tucht [ベトゥーフト bə·túːxt] 形 《口語》裕福な、金持ちの.

be·tu·lich [ベ・トゥーりヒ] 形 ① 世話好きな、かいがいしい. ② のんびりした、ゆったりした.

beu·gen [ボイゲン bóygən] (beugte, hat…gebeugt) **I** 他 《完了》haben) ① 曲げる、かがめる. 《雅》bend). die Knie⁴ beugen ひざを曲げる / den Oberkörper beugen 上体をかがめる / Sein Rücken wurde vom Alter gebeugt. 〖受動・過去〗彼の背中は老齢のために曲がった. (🖙 類語 biegen). ② 《人⁴を》屈服させる;(プライドなど⁴を)へし折る. ③ 《物》(光線・電波など⁴を)回折させる. ④ 《言》(語尾など⁴を)変化させる. ⑤ 《法》(法⁴を)曲げる.
II 再帰 《完了》haben) sich⁴ beugen ① 〖方向を表す語句とともに〗(…へ/…から)身をかがめる、かがむ. sich⁴ aus dem Fenster beugen 窓から身を乗り出す / Der Arzt beugte sich über den Kranken. 医者は病人の上に身をかがめた. ② 《人・事³に》屈服する、従う. sich⁴ dem Schicksal beugen 運命に屈服する.
◇🖙 gebeugt

beug·te [ボイクテ] beugen (曲げる)の 過去

Beu·gung [ボイグング] 囡 -/-en ① 屈曲. ② 《法》法を曲げること. ③ 《言》語形変化. ④ 《物》(光線などの)回折.

Beu·le [ボイれ bóylə] 囡 -/-n ① こぶ. ② でこぼこ、へこみ.

be·un·ru·hi·gen [ベ・ウンルーイゲン bə·únruːigən] (beunruhigte, hat…beunruhigt) **I** 他 《完了》haben) 心配させる、不安にさせる. 《雅》worry). Ihr langes Ausbleiben beunruhigt mich. 彼女がなかなか帰ってこないので私は心配だ. ◇〖過去分詞の形で〗über 事⁴ beunruhigt sein 事⁴で不安になっている. ◇〖現在分詞の形で〗eine beunruhigende Nachricht 気がかりな知らせ / Es ist sehr beunruhigend, dass er nicht kommt. 彼が来ないのがとても気がかりだ.
II 再帰 《完了》haben) sich⁴ beunruhigen 心配する. Beunruhige dich nicht! 心配するな / sich⁴ um 人・事⁴ (または wegen 人・事²) beunruhigen 人・事⁴ (または 人・事²)を心配する.

be·un·ru·higt [ベ・ウンルーイヒト] beunruhigen (心配させる)の 過分, 3人称単数・2人称親称複数 現在

be·un·ru·hig·te [ベ・ウンルーイヒテ] beunruhigen (心配させる)の 過去

Be·un·ru·hi·gung [ベ・ウンルーイグング] 囡 -/-en 不安にする(悩ます)こと; 不安, (心の)動揺.

be·ur·kun·den [ベ・ウーァクンデン bə·úːrkundən] 他 (h) 文書(記録)にとどめる、登録(登記)する.

be·ur·lau·ben [ベ・ウーァらオベン bə·úːrlaubən] 他 (h) 《人⁴に》休暇を与える; 一時休職さ

せる.

Be·ur·lau·bung [ベ・ウーァらオブング] 囡 -/-en 休暇を与えること; 一時休職.

be·ur·tei·len [ベ・ウァタイれン bə-úrtaɪlən] (beurteilte, hat ... beurteilt) 他 《完了 haben》《英 judge》判断する, 評価する. Wie *beurteilen* Sie dieses Bild? この絵をどう評価されますか / 人・物⁴ richtig *beurteilen* 人・物⁴を正しく判断する. / 人⁴ nach seinem Äußeren *beurteilen* 人⁴を外見で判断する.

be·ur·teilt [ベ・ウァタイるト] beurteilen (判断する)の過分, 3人称単数・2人称親称複数現在

be·ur·teil·te [ベ・ウァタイるテ] beurteilen (判断する)の過去

Be·ur·tei·lung [ベ・ウァタイるング] 囡 -/-en ① 判定, 評価. ② (文書による)批評, 批判.

die **Beu·te** [ボイテ bɔ́ytə] 囡 -/ 獲物, 略奪(戦利)品; 盗品. Jagd*beute* 狩猟の獲物 / leichte *Beute* やすやすと獲得できるもの / *Beute*⁴ machen 略奪する / auf *Beute* ausgehen 略奪しに行く. ②《雅》餌食⁽ᵉ²⁾, 犠牲(=Opfer). 人・物³ zur *Beute* fallen 人・物³の餌食(犠牲)となる.

der **Beu·tel** [ボイテる bɔ́ytəl] 男 (単2) -s/(複) - (3格のー -n) ① (小さな)袋, 《変 bag). die Wäsche⁴ in den *Beutel* stecken (汚れた)洗濯物を袋に入れる. ②《口語》財布(= Geld*beutel*). Mein *Beutel* ist leer. ぼくの財布は空っぽだ / den *Beutel* [aus der Tasche] ziehen 金を払う / den *Beutel* zu|halten 財布のひもを締めている / tief in den *Beutel* greifen müssen《口語》多額の支払いをしなければならない(← 財布に深く手を入れなければならない) / Das reißt ein großes Loch in meinen *Beutel*. そのことで私は大金を払わなくてはならない(← 私の財布に大穴を空ける). ③《動》(カンガルーなどの)育児嚢.

beu·teln [ボイテるン bɔ́ytəln] I 他 (h) ①《方》(人⁴から)金品を巻き上げる. ②《南ド・オースト》(人⁴をしかって)揺さぶる. II 自 (h)・再帰 (h) sich⁴ *beuteln* (衣服が)型崩れする, よれよれになる.

Beu·tel·tier [ボイテる・ティーァ] 中 -[e]s/-e《動》有袋類(カンガルー・コアラなど).

be·völ·kern [ベ・ふェるカァン bə-fǽlkərn] I 他 (h) ① (ある場所⁴に)住む. ◊《過去分詞の形で》 ein stark *bevölkertes* (または stark*bevölkertes*) Land 人口密度の高い国. ② (ある場所⁴に)群がる. Viele Urlauber *bevölkerten* den Strand. 休暇中の多くの人々で浜辺はにぎわった. ③ (ある土地⁴に)入植させる. II 再帰 (h) sich⁴ *bevölkern* (ある場所が)人であふれる.

*die **Be·völ·ke·rung** [ベ・ふェるケルング bə-fǽlkəruŋ] 囡 -/(複) -en (ある地域の)住民; [総]人口.《英 population》. die einheimische *Bevölkerung* その土地の住民 / die arbeitende *Bevölkerung* 労働人口 / Die *Bevölkerung* wächst. 人口が増える.

Be·völ·ke·rungs⹀ab·nah·me [ベふェるケルングス・アップナーメ] 囡 -/ 人口減少, 過疎化.

Be·völ·ke·rungs⹀dich·te [ベふェるケルングス・ディヒテ] 囡 -/-n《ふつう圏》人口密度.

Be·völ·ke·rungs⹀ex·plo·si·on [ベふェるケルングス・エクスプろズィオーン] 囡 -/ 爆発的な人口増加.

Be·völ·ke·rungs⹀zu·nah·me [ベふェるケルングス・ツーナーメ] 囡 -/ 人口増加.

be·voll·mäch·ti·gen [ベ・ふォるメヒティゲン bə-fɔ́lmɛçtɪgən] 他 (h) 《人⁴ zu 事³ ~》(人⁴に 事³の)全権を委任する.

Be·voll·mäch·tig·te[r] [ベ・ふォるメヒティヒテ (..ター) bə-fɔ́lmɛçtɪçtə (..tər)] 男 囡《語尾変化は形容詞と同じ》全権を与えられた人, 全権使節(委員), 代理人.

Be·voll·mäch·ti·gung [ベ・ふォるメヒティグング] 囡 -/-en 全権委任.

****be·vor** [ベ・ふォァ bə-fóːr] 腰《従属接続詞; 動詞の人称変化形は文末》…する前に.《英 before》.(《英》「…したあとで」は nachdem). Türen nicht öffnen, *bevor* der Wagen hält! (車内の掲示で)停車する前にドアを開けないでください / *Bevor* ich abreise, muss ich noch viel erledigen. 旅行に出る前に私はまだいろいろ片づけなければならない. ◊《nicht とともに》…しないうちは. *Bevor* die Aufgaben nicht fertig sind, dürft ihr nicht draußen spielen. 宿題が済まないうちはおまえたちは外で遊んではいけません.

be·vor·mun·den [ベ・ふォーァムンデン bə-fóːrmundən] (過分 bevormundet) 他 (h) (人⁴を)後見する; (人⁴に)指図(干渉)する. Ich lasse mich nicht von dir *bevormunden*. ぼくは君の指図なんか受けない.

Be·vor·mun·dung [ベ・ふォーァムンドゥング] 囡 -/-en 後見; 指図; 干渉.

be·vor·ra·ten [ベ・ふォーァラーテン bə-fóːrraːtən] (過分 bevorratet) 他 (h)《書》(倉庫などに)品物を貯蔵(ストック)しておく.

be·vor|ste·hen* [ベふォーァ・シュテーエン bə-fóːrʃteːən] 自 (h) 間近に迫っている. Ein Fest *steht* bevor. もうすぐお祭りだ. ◊《現在分詞の形で》die *bevorstehende* Gefahr さし迫った危険.

be·vor·zu·gen [ベ・ふォーァツーゲン bə-fóːrtsuːgən] (過分 bevorzugt) 他 (h) 優遇する, ひいきにする; 他よりも好む. 人⁴ [vor den anderen] *bevorzugen* 人⁴を[他の人より]優遇する / Ich *bevorzuge* Wollstoffe. 私はウールが特に好きだ. ◊《過去分詞の形で》 eine *bevorzugte* Stellung⁴ ein|nehmen 特権的な地位に就く.

Be·vor·zu·gung [ベ・ふォーァツーグング] 囡 -/-en 優遇, ひいき, 寵愛⁽ᶜʰ⁾.

be·wa·chen [ベ・ヴァッヘン bə-váxən] 他 (h) 監視する, 見張る; (球技で:)マークする. die Grenze⁴ *bewachen* 国境を見張る / die Gefangenen⁴ streng *bewachen* 捕虜を厳しく監視する.

be·wach·sen [ベ・ヴァクセン bə-váksən] 形 一面に生えた(覆われた). eine mit Efeu *bewachsene* Wand つたに覆われた壁.

Be·wa·chung [ベ・ヴァッフング] 囡 -/-en ① 監視, 見張り; (球技で:)マーク. 人・物⁴ **unter** *Bewachung* stellen 人・物⁴を監視する. ② (総称として:)監視人.

be·waff·nen [ベ・ヴァッフネン bə-váfnən] 他 (h) 武装させる. ◊〘再帰的に〙*sich*⁴ **mit** 動³ *bewaffnen* 動³で武装する. ◊〘過去分詞の形で〙*bewaffnete* Bankräuber 武装した銀行強盗.

Be·waff·nung [ベ・ヴァッフヌング] 囡 -/-en ① 武装, 軍備. ② (総称として:)兵器. die atomare *Bewaffnung* 原子兵器.

be·wah·ren [ベ・ヴァーレン bə-vá:rən] (bewahrte, *hat...* bewahrt) 他 (h) ①〘人・物⁴ **vor** 動³～〙人・物⁴を動³から〙守る, 保護する. (英 protect). 人・物⁴ vor einer Gefahr *bewahren* 人・物⁴を危険から守る / Gott *bewahre* mich davor!〘接 1・現在〙私がそんなことになりませんように / [Gott] *bewahre*!〘接 1・現在〙とんでもない, そんなばかな. (☞ 類語 schützen). ②《雅》しまっておく, 保管する. Schmuck⁴ in einem Kasten *bewahren* アクセサリーをケースにしまっておく / 動⁴ im Gedächtnis *bewahren*〘比〙動⁴を記憶にとどめる. ③(平静さなど⁴を)保ち続ける, 維持する. **über** 動⁴ Stillschweigen⁴ *bewahren* 動⁴について沈黙を守る / 人³ die Treue⁴ *bewahren* 人³に対して信義を守る.

be·wäh·ren [ベ・ヴェーレン bə-vé:rən] 再帰 (h) *sich*⁴ *bewähren* (能力・適性などが)実証される. Er *hat* sich **als** guter Lehrer *bewährt*. 彼がりっぱな教師であることがわかった.
◊☞ bewährt

be·wahr·hei·ten [ベ・ヴァールハイテン bəvá:rhaɪtən] 再帰 (h) *sich*⁴ *bewahrheiten* (うわさ・予想などが)本当のことになる.

be·wahrt [ベ・ヴァールト] (守る)の過分, 3人称単数・2人称親称複数現在.

be·währt [ベ・ヴェーァト] I bewähren (再帰で: 実証される)の過分 II 形 実証された, 信頼できる, 定評のある. ein *bewährtes* Mittel 効果が実証された薬.

be·wahr·te [ベ・ヴァールテ] bewahren (守る) の過去.

Be·wah·rung [ベ・ヴェールング] 囡 -/-en ① (能力などの)証明, 実証. ②《法》保護観察, 執行猶予.

Be·wäh·rungs⋄frist [ベヴェールングス・フリスト] 囡 -/-en《法》保護観察(執行猶予)期間.

Be·wäh·rungs⋄hel·fer [ベヴェールングス・ヘルファァ] 男 -s/-《法》保護観察司. (女性形: -in).

be·wal·det [ベ・ヴァルデット bə-váldət] 形 森に覆われた, 樹木の茂った.

be·wäl·ti·gen [ベ・ヴェるティゲン bə-véltɪɡən] 他 (h) (困難など⁴を)克服する, (仕事⁴を)成し遂げる. ein Problem⁴ *bewältigen* ある問題を片づける.

Be·wäl·ti·gung [ベ・ヴェるティグング] 囡 -/-en (困難などの)克服, (仕事の)成就.

be·wan·dert [ベ・ヴァンダァト bə-vándərt] 形 精通している, 経験豊かな. **in** (または **auf**) 動³ *bewandert* sein 動³に精通している. ◊ Er ist auf allen technischen Gebieten *bewandert*. 彼は技術のあらゆる分野に精通している.

Be·wandt·nis [ベ・ヴァントニス] 囡 -/..nisse 事情, いきさつ. Damit hat es eine andere (besondere) *Bewandtnis*. それには別の(特別の)事情がある.

be·warb [ベ・ヴァルプ] ✳bewerben (再帰で: 応募する)の過去

be·wäs·sern [ベ・ヴェッサァン bə-vésərn] 他 (h) (畑など⁴に)水を引く, 灌漑(かんがい)する.

Be·wäs·se·rung [ベ・ヴェッセルング] 囡 -/-en 灌漑(かんがい).

Be·wäs·se·rungs⋄an·la·ge [ベヴェッセルングス・アンラーゲ] 囡 -/-n 灌漑(かんがい)(給水)施設.

✳**be·we·gen**¹ [ベ・ヴェーゲン bə-vé:ɡən] (bewegte, *hat...* bewegt) I 他 (h) (完了 haben) ① 動かす, 移動させる. (英 move). Ich kann meinen Arm nicht *bewegen*. 私は腕を動かせない / den Schrank *bewegen* 戸棚を移動させる / Der Wind *bewegte* die Fahnen. 旗が風になびいていた.

② (人⁴の)心を動かす, 感動(動揺)させる. Ihr Vortrag *hat* mich sehr *bewegt*. あなたの講演に私はとても感動しました.

③ (考え方などが人⁴の)心をとらえている, 頭から離れない. Dieser Gedanke *bewegt* mich seit langem. ずっと前からこの考えが私の頭から離れない.

II 再帰 (完了 haben) *sich*⁴ *bewegen* ① 動く; 進む; 運動する. *Beweg* dich nicht! 動いてはだめだよ / Die Blätter *bewegen* sich im Wind. 木の葉が風に揺らめく / Die Erde *bewegt* sich **um** die Sonne. 地球は太陽の周りを回っている / Der Zug *bewegte* sich **zum** Rathaus. その列車は市庁舎の方へ進んで行った. ②(…に)ふるまう. Ich kann mich hier frei *bewegen*. 私はここでは自由にふるまえる.
◊☞ bewegt

be·we·gen²✳ [ベ・ヴェーゲン] (bewog, *hat...* bewogen) 他 (h)〘人⁴ **zu** 動³ ～〙〘人⁴に動³をする〙気にさせる. 人⁴ zum Verzicht *bewegen* 人⁴を説得してあきらめさせる. ◊〘**zu** 不定詞[句]とともに〙Was *hat* dich *bewogen*, diesen Hund zu kaufen? どうして君はこの犬を買う気になったの?

Be·weg⋄grund [ベヴェーク・グルント] 男 -[e]s/..gründe 動機, 動因.

be·weg·lich [ベ・ヴェークリヒ] 形 ① 動かせる, 可動の; 流動性の. *bewegliche* Güter 動産 / eine Puppe mit *beweglichen* Gliedern 手足の動く人形. ② 活発な, 機敏な; 柔軟な. ③ 感動させる, 胸を打つ.

Be·weg·lich·keit [ベ・ヴェークリヒカイト] 囡

-/-en ① 流動性, 可動性. ② 活発さ, 機敏さ; 柔軟性.

be·wegt [ベ・ヴェークト] I *bewegen¹ (動かす) の過分, 3人称単数・2人称親称複数現在 II 形 ① 感動した, 心を動かされた. tief bewegt (または tiefbewegt) 深く感動した / mit bewegter Stimme 感動した声で. ② (海などが)荒れた; 《比》波乱に富んだ. ein bewegtes Meer 荒海 / ein bewegtes Leben 波乱に満ちた人生.

be·weg·te [ベ・ヴェークテ] *bewegen¹ (動かす) の過去.

die **Be·we·gung** [ベ・ヴェーグング bə-véːgʊŋ] 囡(単) -/(複) -en ① 動き, 動作, 身ぶり; 運動 (英 movement). Kreisbewegung 円運動 / eine rasche Bewegung⁴ machen すばやい動作をする / Sie machte eine abwehrende Bewegung mit der Hand. 彼女は手で拒絶するしぐさをした / sich³ Bewegung⁴ machen (健康のために)運動をする, 散歩する / einen Motor in Bewegung setzen エンジンを始動させる / Der Zug setzte sich⁴ in Bewegung. 列車は動きだした. ② (心の動き:)感動, 興奮, 動揺. Seine Stimme zitterte vor Bewegung. 彼の声は興奮のあまり震えていた. ③ (政治的・社会的な)運動. Friedensbewegung 平和運動 / eine revolutionäre Bewegung 革命運動.

Be·we·gungs⸗frei·heit [ベヴェーグングス・フライハイト] 囡 -/ 行動(活動)の自由.

be·we·gungs·los [ベヴェーグングス・ロース] 形 動かない, 不動の.

be·weih·räu·chern [ベ・ヴァイロイヒャァン bə-váɪrɔyçɐrn] 他(h) ① (物⁴に)香をたきしめる. ② 《口語》やたらにほめる. ◇《再帰的に》sich⁴ selbst beweihräuchern 自画自賛する.

be·wei·nen [ベ・ヴァイネン bə-váɪnən] 他(h) (人・事⁴のことを思って)悲しむ, 嘆く. einen Toten beweinen 死者を悼む / einen Verlust beweinen 損失を悲しむ.

der **Be·weis** [ベ・ヴァイス bə-váɪs] 男(単2) -es/(複) -e (3格のみ -en) ① 証明, 証拠 (英 proof). Gegenbeweis 反証 / ein schlagender Beweis 確かな証拠 / Das ist der Beweis seiner Schuld. それは彼の落ち度を証明するものだ / einen Beweis für 物⁴ führen 物⁴を証明する / unter Beweis stellen (書) 物⁴を立証する / zum (または als) Beweis seiner Aussage² 彼の発言を裏づける証拠として. ② 表明, しるし. ein Beweis der Freundschaft² 友情のあかし.

Be·weis⸗auf·nah·me [ベヴァイス・アオフナーメ] 囡 -/-n (法) 証拠調べ.

be·weis·bar [ベ・ヴァイスバール] 形 証明されうる, 立証可能な.

be·wei·sen* [ベ・ヴァイゼン bə-váɪzən] du beweist (bewies, *hat*...bewiesen) 他 (完了) haben) ① (真実など⁴を)証明する, 立証する. (英 prove). die Richtigkeit⁴ einer Behauptung² beweisen ある主張の正しさを証明する / Können Sie das beweisen? あなたはそのことを

証明できますか / Ich *habe* ihm *bewiesen*, dass er unrecht (または Unrecht) hat. 私は彼[の意見]が間違っていることを立証した. ② (事⁴を)明らかにする; (才能・勇気など⁴を)示す, 発揮する. Sie bewies ihre gute Erziehung. 彼女はしつけの良さが出ていた.

Be·weis⸗füh·rung [ベヴァイス・フューるング] 囡 -/-en 証明, 立証. eine geschickte Beweisführung 巧みな立証.

Be·weis⸗kraft [ベヴァイス・クラふト] 囡 -/ 証明(証拠)力.

be·weis·kräf·tig [ベヴァイス・クレふティヒ] 形 説得力のある, 証拠として有効な.

Be·weis⸗ma·te·ri·al [ベヴァイス・マテリアール] 田 -s/..alien 証拠物件.

Be·weis⸗mit·tel [ベヴァイス・ミッテる] 田 -s/- (法) 立証方法; 証拠物件.

be·wen·den [ベ・ヴェンデン bə-véndən] 自 (h) 《成句的に》es⁴ bei (まれに mit) 物³ bewenden lassen 物³をそのままにしておく. *Lass* es dabei *bewenden*! そのくらいにしておけ.

Be·wen·den [ベ・ヴェンデン] 田 《成句的に》 Damit mag es sein Bewenden haben. それでよしとしておこう.

be·wer·ben [ベ・ヴェるベン bə-vérbən] du bewirbst, er bewirbt (bewarb, *hat*... beworben) I 再帰 《完了》haben) 《sich⁴ [um 物⁴] ~》 ([物⁴に])応募する, 志願する, 申し込む. (英 apply for). sich⁴ um ein Stipendium bewerben 奨学金に応募する / Er bewirbt sich bei einer Firma um eine Stellung. 彼はある会社に職を求める. II 他 《完了》haben) (商) (物⁴の)宣伝をする.

Be·wer·ber [ベ・ヴェるバァ bə-vérbɐr] 男 -s/- 応募者, 志願者, 立候補者, 求婚者. 《女性形: -in》. einen Bewerber ab|weisen (an|nehmen) 志願者を拒絶する(採用する).

*die **Be·wer·bung** [ベ・ヴェるブング bə-vérbʊŋ] 囡(単) -/(複) -en ① 応募, 志願, 申し込み; 立候補, 求婚. die Bewerbung um eine Stelle あるポストへの応募. ② 願書, 申し込み書.

Be·wer·bungs⸗schrei·ben [ベヴェるブングス・シュライベン] 田 -s/- 願書, 申込書.

be·wer·fen* [ベ・ヴェるふェン bə-vérfən] 他 (h) ① 《人・物⁴ mit 物³ ~》 (人・物⁴に物³を)投げつける. 人⁴ mit Schmutz bewerfen 《比》 人⁴を誹謗(ひぼう)(中傷)する. ② 《A⁴ mit B³ ~》 (建) (壁など⁴に)塗る. ◇die Wand⁴ mit Mörtel bewerfen 壁にモルタルを塗る.

be·werk·stel·li·gen [ベ・ヴェルクシュテりゲン bə-vérkʃtɛlɪɡən] 他 (h) (書) (困難なこと⁴を)成し遂げる, 達成する.

be·wer·ten [ベ・ヴェーァテン bə-véːrtən] 他 (h) 評価する, 査定する. 物⁴ hoch (niedrig) bewerten 物⁴を高く(低く)評価する / ein Bild⁴ mit 5 000 Euro bewerten ある絵に 5,000 ユーロの値をつける.

Be·wer·tung [ベ・ヴェーァトゥング] 囡 -/-en

① 〖圏なし〗評価, 査定[額], 見積り. die *Bewertung* eines Gebäudes 家屋の査定. ② 評言, 評価の結果.

be·wies [ベ・ヴィース] beweisen（証明する）の 過去

be·wie·se [ベ・ヴィーゼ] beweisen（証明する）の 接2

be·wie·sen [ベ・ヴィーゼン] beweisen（証明する）の 過分

be·wil·li·gen [ベ・ヴィリゲン] bə-víligən 他 (h)（[人3に]囲4を）承諾する, 認可する. 人3 einen Kredit *bewilligen* 人3にクレジットを認める.

Be·wil·li·gung [ベ・ヴィリグング] 囡 -/-en ① 承諾, 承認, 認可. ② 承諾書, 認可状.

be·will·komm·nen [ベ・ヴィるコムネン] bə-vílkɔmnən] 他 (h)《雅》歓迎する, 歓待する.

be·wirb [ベ・ヴィルプ] *bewerben（再帰で: 応募する）の du に対する 命令

be·wirbst [ベ・ヴィルプスト] *bewerben（再帰で: 応募する）の 2 人称親称単数 現在

be·wirbt [ベ・ヴィルプト] *bewerben（再帰で: 応募する）の 3 人称単数 現在

be·wir·ken [ベ・ヴィルケン] bə-vírkən 他 (h) 引き起こす, 生じさせる. eine Veränderung⁴ *bewirken* 変化をもたらす / einen Sturm der Begeisterung² *bewirken* 熱狂のあらしを巻き起こす.

be·wir·ten [ベ・ヴィルテン] bə-vírtən 他 (h)（ごちそうして客⁴を）もてなす.

be·wirt·schaf·ten [ベ・ヴィルトシャふテン] bə-vírt-ʃaftən] 他 (h) ①（農場・飲食店など⁴を）経営する. ②（農地⁴を）耕作する. ③《経》（消費・流通など⁴を国家的に）管理（統制）する.

Be·wirt·schaf·tung [ベ・ヴィルトシャふトゥング] 囡 -/-en（農園などの）経営;（農地の）耕作;《経》（消費・流通などの国家的な）管理, 統制.

Be·wir·tung [ベ・ヴィルトゥング] 囡 -/ 接待, もてなし, 供応.

be·wohn·bar [ベ・ヴォーンバール] 形 住むことのできる, 居住に適した.

be·woh·nen [ベ・ヴォーネン] bə-vóːnən (bewohnte, *hat*...bewohnt) 他（完了 haben）（家など⁴に）住む, 居住する.《英 *inhabit*). ein Haus⁴ *bewohnen* ある家に住む / Die Insel *ist* nicht *bewohnt*.《状態受動・現在》この島には人は住んでいない.

*der **Be·woh·ner** [ベ・ヴォーナァ bə-vóːnər] 男（単2）-s/（複）-（3格のみ -n）① 住民, 居住者.《英 *inhabitant*). die *Bewohner* der Insel² 島の住民たち. ②〖圏 で〗（口語・戯）寄生虫.

Be·woh·ne·rin [ベ・ヴォーネリン bə-vóːnərɪn] 囡 -/..rinnen（女性形の）住民.

be·wohnt [ベ・ヴォーント] bewohnen（住む）の 過分, 3 人称単数・2 人称親称複数 現在

be·wohn·te [ベ・ヴォーンテ] bewohnen（住む）の 過去

be·wöl·ken [ベ・ヴェるケン bə-vǽlkən] 再帰 (h) *sich*⁴ *bewölken*（空が）雲で覆われる,《比》（顔つきなどが）曇る. Der Himmel *bewölkte sich* rasch. 空が急に曇った.

be·wölkt [ベ・ヴェるクト] I bewölken（再帰で: 雲で覆われる）の 過分 II 形 曇った. ein *bewölkter* Himmel 曇った空.

be·wor·ben [ベ・ヴォルベン] ＊bewerben（再帰 で: 応募する）の 過分

Be·wuchs [ベ・ヴークス bə-vúːks] 男 -es/（川岸・山などを）一面に覆った植物.

Be·wun·de·rer [ベ・ヴンデラァ bə-vúndərər] 男 -s/- 賛美（崇拝）者, ファン.（女性形: Bewunderin）. Die Sängerin hat zahlreiche *Bewunderer*. その女性歌手にはたくさんのファンがいる.

be·wun·dern [ベ・ヴンダァン bə-vúndərn] (bewunderte, *hat* bewundert) 他（完了 haben）称賛する, 感嘆する,（人・事⁴に）感心する; 賛美する.《英 *admire*). Ich *bewundere* dich. 君には感心するよ / Sie *bewunderte* seine Energie. 彼女は彼の活動力を称賛した / Deine Ausdauer ist zu *bewundern*! 君の辛抱強いのには感心するよ / ein Gemälde⁴ *bewundern* 絵を賛美する. ◊〖現在分詞の形で〗*bewundernde* Blicke 感嘆のまなざし.

be·wun·derns·wert [ベヴンダァンス・ヴェート] 形 称賛（感嘆）すべき, すばらしい.

be·wun·derns·wür·dig [ベヴンダァンス・ヴュルディヒ] 形 ＝bewundernswert

be·wun·dert [ベ・ヴンダァト] bewundern（称賛する）の 過分, 3 人称単数・2 人称親称複数 現在

Be·wun·der·te [ベ・ヴンダァテ] bewundern（称賛する）の 過去

Be·wun·de·rung [ベ・ヴンデルング] 囡 -/ 称賛, 感嘆.

＊**be·wusst** [ベ・ヴスト bə-vúst] 形（比較 bewusster, 最上 bewusstest）① 意識的な, 意図的な, 故意の.《英 *conscious*). eine *bewusste* Lüge 意図的なうそ / Das hast du *bewusst* getan! 君はそれをわざとやったんだろう. ②（はっきりと）意識している, 自覚のある. Er lebt *bewusst*. 彼は自覚を持って生きている / *sich*³ 事² *bewusst* sein 事²を意識している, 事² に気づいている ⇒ Ich bin mir keiner Schuld² *bewusst*. 私には罪を犯した覚えがない. ③（あることが 人³に）わかっている. Die Folgen seiner Tat waren ihm durchaus *bewusst*. 自分のしたことがどうなるか彼にはちゃんとわかっていた. ④〖付加語としてのみ〗既述の, ご存じの, 例の. das *bewusste* Buch 例の本.

▶ **bewusst|machen, bewusst|werden**

be·wußt [ベ・ヴスト] bewusst の古い形.

Be·wusst·heit [ベ・ヴストハイト] 囡 -/ 意識[していること]. mit *Bewusstheit* わざと, 故意に.

be·wusst·los [ベヴスト・ろース] 形 意識不明の, 失神した. Sie brach *bewusstlos* zusammen. 彼女は意識を失って倒れた.

Be·wusst·lo·sig·keit [ベヴスト・ローズィヒカイト] 囡 -/ 意識不明; 失神. **in tiefer Bewusstlosigkeit** 完全に気を失って / **bis zur Bewusstlosigkeit**《口語》とことん、うんざりするほど(←気を失うまで).

be·wusst|ma·chen, be·wusst ma·chen [ベヴスト・マッヘン bəvúst-màxən] 他 (h) (人³に事⁴を)意識させる、気づかせる。

das **Be·wusst·sein** [ベヴスト・ザイン bəvúst-zaɪn] 中 (単 2) -s/ 意識, 自覚; 正気. (英 consciousness). **das Bewusstsein⁴ verlieren** 意識を失う / **Er ist bei (ohne) Bewusstsein.** 彼は意識がある(ない) / **ins allgemeine Bewusstsein bringen** 事⁴を広く一般に認識させる / **事⁴ mit vollem Bewusstsein tun** 事⁴を意図的に行う / **wieder zu Bewusstsein kommen** 意識を取り戻す / **Allmählich kam ihm zu[m] Bewusstsein, dass...** 徐々に彼は…ということがわかってきた.

be·wusst|wer·den*, be·wusst wer·den* [ベヴスト・ヴェーアデン bəvúst-vèːrdən] 自 (s)《再帰代名詞(3 格)とともに》*sich³* 事⁴ *bewusstwerden* 事²を意識する、事²に気づく. **Sie wurde sich ihres Fehlers bewusst.** 彼女は自分の誤りに気づいた.

bez.《略》① [ベ・ツァーるト] 支払い済み (=bezahlt). ② [ベ・ツューグりヒ] …に関して (=bezüglich).

Bez.《略》① [ベ・ツァイヒヌング] 記号 (=Bezeichnung). ② [ベ・ツィルク] 地区 (=Bezirk).

**be·zah·len [ベ・ツァーれン bə-tsáːlən]

（…の）代金を支払う

Ich *bezahle* **alles.** 私が全部払います.
イヒ ベツァーれ アれス

(bezahlte, *hat*... bezahlt) 他 (完了) haben) (英 pay) ①（物⁴の)代金を支払う. **das Taxi⁴ bezahlen** タクシー代を払う / **Ich bezahle die Ware gleich bar.** 私はその品物の代金を即金で払います / **ein Auto⁴ in Raten (mit Scheck) bezahlen** 車の代金を分割払いで(小切手で)支払う. ◊《目的語なしでも》**Herr Ober, ich möchte bezahlen.** ボーイさん、勘定をお願いします / 事⁴ **teuer bezahlen müssen** 大きな代償を払わなければならない.

②（人⁴に)報酬を支払う. **Ich kann den Arzt nicht bezahlen.** 私は医者に診察料を払えない / 人⁴ **für seine Arbeit bezahlen** 人⁴に労働賃金を払う.

③（ある金額⁴を)支払う. **Ich habe 70 Euro für die Schuhe bezahlt.** 私は靴代に 70 ユーロ払った. ④（家賃・税金など⁴を)納める、支払う、(借金⁴を)返済する. **die Miete⁴ bezahlen** 家賃を払う.（☞類語 zahlen).

be·zahlt [ベ・ツァーるト] *bezahlen*(代金を支払う)の過分, 3 人称単数・2 人称親称複数現在 II 形 支払われた. **eine gut bezahlte (または gut**bezahlte) **Arbeit** 報酬のいい仕事 / *bezahlter* **Urlaub** 有給休暇 / **Die Mühe macht sich bezahlt.** 苦労が報われる.

be·zahl·te [ベ・ツァーるテ] *bezahlen (代金を支払う)の過去

die **Be·zah·lung** [ベ・ツァーるング bə-tsáːluŋ] 囡 (単) -/(複) -en《ふつう 単》①（代金の)支払い. (英 payment). **die Bezahlung der Ware² erhalten** 商品代の支払い. ② 報酬, 賃金. (英 pay). **die Ware² gegen Bezahlung liefern** 支払いと引き換えに品物を納入する / **ohne Bezahlung** 無報酬で.（☞類語 Gehalt).

be·zäh·men [ベ・ツェーメン bə-tsɛ́ːmən] 他 (h)（激情・欲望など⁴を)抑制する. ◊《再帰的に》*sich⁴ bezähmen* 自制する.

be·zau·bern [ベ・ツァオバァン bə-tsáubərn] 他 (h)（人⁴を)うっとりさせる、魅惑する. **Der Sänger bezauberte das Publikum.** その歌手は聴衆をうっとりさせた.

be·zau·bernd [ベ・ツァオバァント] I *bezaubern*（うっとりさせる)の現分 II 形 魅惑的な、うっとりさせる. **ein bezauberndes Mädchen** 魅力的な女の子.

be·zeich·nen [ベ・ツァイヒネン bə-tsáiçnən] du bezeichnest, er bezeichnet (bezeichnete, *hat*... bezeichnet) 他 (完了) haben) ①（事⁴に)印(しるし)(記号)を付ける;（はっきりと)標示する、指示する. (英 mark). **Namen mit einem Kreuz bezeichnen** 名前に × 印を付ける. (⇔注 日本语では ○ 印を付けるような場合にドイツでは × 印をすることが多い). ②《成句的に》**人·物⁴ als ... bezeichnen** 人·物⁴を…と呼ぶ. (英 call). **Man bezeichnete ihn als Verräter.** 人々は彼を裏切者と呼んだ. ◊《再帰的に》**Er bezeichnet sich⁴ als Künstler.** 彼は芸術家だと自称している. (⇔ ... には 4 格の名詞や形容詞がくる). ③ 言い表す;（人·物⁴の)特徴を述べる(示す). **Können Sie das näher bezeichnen?** それをもっと詳しく説明してくれませんか.

be·zeich·nend [ベ・ツァイヒネント] I *bezeichnen*（印を付ける)の現分 II 形 特徴的な、独特の. **Diese Äußerung ist bezeichnend für ihn.** この発言はいかにも彼らしい.

be·zeich·net [ベ・ツァイヒネット] *bezeichnen* （印を付ける)の過分, 3 人称単数・2 人称親称複数現在

be·zeich·ne·te [ベ・ツァイヒネテ] *bezeichnen* （印を付ける)の過去

die **Be·zeich·nung** [ベ・ツァイヒヌング bə-tsáiçnuŋ] 囡 (単) -/(複) -en ① 名称; 記号 (略: Bez.). **eine treffende Bezeichnung für** 物⁴ 物⁴を表す適切な名称. ②《複 なし》記号を付けること, 特徴を示すこと.

be·zei·gen [ベ・ツァイゲン bə-tsáigən] I 他 (h)《雅》（人³に敬意・謝意など⁴を)示す、表明する. II 再帰 (h) *sich⁴ bezeigen*《雅》（…の気持ちを)示す.

be·zeu·gen [ベ・ツォイゲン bə-tsɔ́ygən] 他 (h) 証言する; 立証する.

Be·zeu·gung [ベ・ツオイグング] 囡 -/-en 証言; 立証; (獨)表明.

be·zich·ti·gen [ベ・ツィヒティゲン bə-tsíçtɪgən] 他 (h) (人⁴を盗むなどのかどで)罪に問う.

be·zieh·bar [ベ・ツィーバール] 厖 入居可能な (家・部屋).

be·zie·hen* [ベ・ツィーエン bə-tsíːən] (bezog, hat...bezogen) I 他 (完了 haben) ① 覆う, (物⁴に)かぶせる, 張る, 敷く. die Betten⁴ frisch *beziehen* ベッドのシーツを取り替える / Stühle⁴ *mit* Leder *beziehen* いすに革を張る. ② (ある場所⁴に)入居する; (軍) (ある部署に)就く. ein Haus⁴ *beziehen* ある家に入居する / [einen] Posten *beziehen* 歩哨(っ)に立つ / einen klaren Standpunkt *beziehen* (比) 態度を明らかにする. ③ (商品・給料など⁴を定期的に)受け取る, (新聞・雑誌など⁴を)購読する. eine Rente⁴ *beziehen* 年金を受け取る. ④ 〖A⁴ auf B⁴ ～〗(A⁴ を B⁴ に)関係づける, 関連させる. Die Regel *kann* man nicht auf diesen Fall *beziehen*. この規則はこの場合には当てはめられない.
II 再帰 (完了 haben) *sich*⁴ *beziehen* ① (空が)雲で覆われる. Der Himmel *bezieht sich* [mit Wolken]. 空が曇る. ② 〖*sich* auf 人・事⁴ ～〗(人・事⁴に)関連する; (人・事⁴を)引き合いに出す. Seine Äußerung *bezog sich* nicht auf dich. 彼の発言は君のことを言っているのではなかった.

Be·zie·her [ベ・ツィーアァ bə-tsíːər] 男 -s/- (新聞などの)予約購読者. (女性形: -in).

***die* Be·zie·hung** [ベ・ツィーウング bə-tsíːʊŋ] 囡 (単)-/(複)-en 〖ふつう複〗関係, 間柄, 縁故, コネ. (英 *connection*). freundschaftliche *Beziehungen* 友好関係 / diplomatische *Beziehungen*⁴ *mit* (または zu) einem Land unterhalten ある国と外交関係を維持する / intime *Beziehungen*⁴ *mit* (または zu) 人³ haben 人³と深い仲である / Er hat überall *Beziehungen*. 彼はいたる所にコネがある / Er hat keine *Beziehung* zur Kunst. 彼は芸術とは無縁の人だ. ② 相互関係, 関連. (英 *relation*). die *Beziehung* zwischen Angebot und Nachfrage 供給と需要の相互関係 / zwei Dinge⁴ zueinander in *Beziehung* setzen (または bringen) 二つのものを相互に関連づける / *mit Beziehung* auf 事⁴ 事⁴に関して. ③ 観点. (英 *respect*). in dieser *Beziehung* この点で / In jeder *Beziehung* hat er Recht. すべての点で彼の言うことは正しい.

be·zie·hungs≠los [ベツィーウングス・ロース] 厖 相互関係(関連)のない.

be·zie·hungs≠wei·se [ベツィーウングス・ヴァイゼ] 接 ① ないしは, あるいは; というよりむしろ, もっと詳しく言えば (略: bzw.). Ich war mit ihm bekannt *beziehungsweise* befreundet. 私は彼とは知り合いというよりむしろ仲良しだった. ② それぞれ[に].

be·zif·fern [ベ・ツィッふァァン bə-tsífərn] 他 (h) ① (物⁴に)数字(番号)を付ける. die Seiten⁴ eines Buches *beziffern* 本にページの数字を打つ. ② 〖A⁴ **auf** B⁴ ～〗(A⁴ の額を B⁴(数量)と)見積もる. ◇〖再帰的に〗Der Schaden *beziffert sich* auf 1 000 Euro. 損害は 1,000 ユーロにのぼる.

***der* Be·zirk** [ベ・ツィルク bə-tsírk] 男 (単 2)-[e]s/(複)-e (3 格のみ -en) ① 区域, 地区; 領域. (英 *district*). Regierungs*bezirk* 行政区域 / Er wohnt in einem anderen *Bezirk* Wiens. 彼はウィーンの別の地区に住んでいる. ② (行政上の)管区; (旧東ドイツの)県; (オーストリア・スイスの)郡.

be·zir·zen [ベ・ツィルツェン bə-tsírtsən] 他 (h) (口語) (女性が男性⁴を)魅惑する, 惑わす(ギリシア神話の魔女キルケ *Circe* の名から).

be·zog [ベ・ツォーク] beziehen (覆う)の 過去

be·zo·gen [ベ・ツォーゲン] beziehen (覆う)の 過分

be·zug [ベ・ツーク] in Bezug auf (...に関して)における Bezug の古い形.

***der* Be·zug** [ベ・ツーク bə-tsúːk] 男 (単 2)-[e]s/(複)..züge [..ツューゲ] (3 格のみ ..zügen) ① (ベッドなどの)カバー, (いすなどの)張り布, (ラケットなどの)ガット, (弦楽器などの)弦. ② 〖複なし〗(定期的な)購入, 取り寄せること. der *Bezug* von Zeitschriften 雑誌の購読. ③ 〖複で〗(定期的な)収入, 給料. die *Bezüge* eines Beamten 公務員の給料. ④ (官庁・商)関係[づけ], 関連. **auf** 人・物⁴ *Bezug*⁴ nehmen 人・物⁴を引き合いに出す / **in** *Bezug* auf 人・事⁴ 人・事⁴に関して / **mit** (または **unter**) *Bezug* auf 人・物⁴ 人・物⁴に関して.

Be·zü·ge [ベ・ツューゲ] Bezug (カバー)の 複

be·züg·lich [ベ・ツークりヒ bə-tsýːklɪç] I 前 〖2 格とともに〗(書)...に関して. *bezüglich* Ihrer Anfrage お問い合せの件につき. II 厖 〖付加語としてのみ〗(...に)関係する. das *bezügliche* Fürwort (言) 関係代名詞 (＝Relativpronomen) / der darauf *bezügliche* Brief (官庁) その件に関する書簡.

Be·zug≠nah·me [ベ・ツーク・ナーメ] 囡 -/-n (書) 参照, 関連[づけ]. **mit** (または **unter**) *Bezugnahme* auf 物⁴ 物⁴に関して.

Be·zugs≠preis [ベ・ツークス・プライス] 男 -es/-e 購入価格, [予約]購読料.

Be·zugs≠quel·le [ベ・ツークス・クヴェれ] 囡 -/-n 仕入れ先; (有利な)買い物のチャンス.

be·zu·schus·sen [ベ・ツーシュッセン bə-tsúːʃʊsən] (過分 bezuschusst) 他 (h) (書) (物⁴に)補助金(助成金)を出す.

be·zwe·cken [ベ・ツヴェッケン bə-tsvékən] 他 (h) 目的とする, 意図する. Was *bezweckst* du mit dieser Frage? 君はこんな質問をしてどうしようというんだい.

be·zwei·feln [ベ・ツヴァイふェるン bə-tsváɪfəln] 他 (h) 疑う, 疑わしいと思う. Ich *bezweifle*, dass... 私は...のことを疑わしく思う.

be·zwin·gen* [ベ・ツヴィンゲン bə-tsvíŋən] 他 (h) (敵・障害など4を)征服する, 克服する; 《比》(怒り・悲しみなど4を)抑制する.

Be·zwin·ger [ベ・ツヴィンガァ bə-tsvíŋər] 男 -s/- 征服者, 克服者, 勝利者. (女性形: -in).

BGB [ベー・ゲー・ベー] 男 -s/ 《略》民法典 (= Bürgerliches Gesetzbuch).

BGH [ベー・ゲー・ハー] 男 -s/ 《略》連邦最高裁判所 (=Bundesgerichtshof).

BH [ベー・ハー] 男 -[s]/-[s] 《略》《口語》ブラジャー (=Büstenhalter).

Bhf. [バーン・ホーふ] 《略》駅 (=Bahnhof).

Bhu·tan [ブータン bú:tan] 中 -s/ 《国名》ブータン[王国](インドとチベットの間にある王国. 首都はティンブー).

Bi [ベー・イー] 《化・記号》ビスマス, 蒼鉛(そうえん) (=Bismutum).

Bi·ath·lon [ビーアトロン bí:atlɔn] 中 -s/-s 《スポ》バイアスロン.

bib·bern [ビッバァン bíbərn] 自 (h) 《口語》① (寒さ・心配のあまり)に身震いする (=zittern). ② 《um 囲4 ～》囲4を)心配する.

die **Bi·bel** [ビーベる bí:bəl] 女 (単) -/(複) -n 聖書, バイブル. 《英 Bible》. **auf die** *Bibel* schwören 聖書に手を置いて誓う / **in der** *Bi-bel* lesen 聖書[のある部分]を読む / In der *Bibel* steht es geschrieben. それは聖書に書かれている / Das steht schon in der *Bibel*. 《口語》それは前から言われている真理(知恵)だ(=すでに聖書に書かれている) / Der „Faust" ist seine *Bibel*. 《比》『ファウスト』はいわば彼のバイブルだ.

Bi·bel≠spruch [ビーベる・シュプルフ] 男 -[e]s/..sprüche (よく引用される)聖書の文句.

Bi·ber [ビーバァ bí:bər] 男 -s/- ① 《動》ビーバー. ② ビーバーの毛皮.

Bi·ber≠pelz [ビーバァ・ぺるツ] 男 -es/-e ビーバーの毛皮.

Bi·blio·graf [ビブリオグラーふ bibliográ:f] 男 -en/-en 文献目録編集者; 書誌学者. (女性形: -in).

Bi·blio·gra·fie [ビブリオグラふィー bibliográfi:] 女 -/-n [..ふィーエン] ① 文献目録, 参考書目. ② 書誌学.

bi·blio·gra·fisch [ビブリオグラーふィッシュ bibliográfɪʃ] 形 文献目録[上]の; 書誌学[上]の.

Bi·blio·graph [ビブリオグラーふ bibliográ:f] 男 -en/-en =Bibliograf

Bi·blio·gra·phie [ビブリオグラふィー bibliográfi:] 女 -/-n [...ふィーエン] =Bibliografie

bi·blio·gra·phisch [ビブリオグラーふィッシュ bibliográfɪʃ] 形 =bibliografisch

die **Bi·blio·thek*** [ビブリオテーク biblioté:k] 女 (単) -/(複) -en ① 図書館, 図書室; 書庫. 《英 library》. (《スイ》《小規模の図書館》は Bücherei). eine städtische *Bioblioethek* 市立図書館 / Er geht in die *Bibliothek*. 彼は図書館へ行く / **von der** *Bibliothek* Bücher4 aus|leihen 図書館から本を借りる. ② 蔵書. Er hat eine große *Bibliothek*. 彼には膨大な蔵書がある. ③ 叢書(そうしょ), (本の)シリーズ.

Bi·blio·the·kar [ビブリオテカール bibliotéká:r] 男 -s/-e 図書館員, 司書. (女性形: -in).

bi·blisch [ビーブリッシュ bí:blɪʃ] 形 聖書の, 聖書に関する; 聖書風の. eine *biblische* Geschichte 聖書からの物語 / ein *biblisches* Alter4 erreichen 《比》非常な高齢に達する.

Bi·det [ビデー bidé:] 中 (淡) -s/-s ビデ.

bie·der [ビーダァ bí:dər] 形 ① 正直な, 誠実な. ② 愚直な, 実直な.

Bie·der·keit [ビーダァカイト] 女 -/ ① 正直さ, 誠実さ. ② 愚直[なこと], 実直.

Bie·der≠mann [ビーダァ・マン] 男 -[e]s/..männer ① 正直者, 誠実な人. ② 小市民, 俗物.

Bie·der≠mei·er [ビーダァ・マイアァ] 中 -[s]/ ビーダーマイアー時代[様式](1815 年頃から 1848 年頃までのドイツの文化・芸術史の時代区分, また当時の実用性・写実性・優美を重んじる家具・文芸の様式).

****bie·gen*** [ビーゲン bí:gən] (bog, *hat/ist*.. gebogen) **I** 他 《他》 (h) **①** 曲げる, たわめる. 《◇ bend》. einen Draht *biegen* 針金を曲げる / 囲4 seitwärts (nach unten) *biegen* 囲4を横へ(下へ)曲げる. 《再帰的に》 Die Bäume *bogen sich*4 unter den Schneelast. 木々は雪の重みでたわんだ / *sich*4 vor Lachen *biegen* 《口語》腹をかかえて笑う. ② 《ホうプ》《言》語形変化させる.

II 自 《淡》 sein) 《方向を表す語句とともに》 (...へ)曲がる, 回る. Sie *sind* **um** die Ecke *gebogen*. 《現在完了》彼らは角を曲がった.

◇『≈ gebogen

類義 **biegen**: (物をある方向へ)曲げる. **beugen**: (体などまっすぐなものを下に)折り曲げる, 頭を下げる. das Knie4 *beugen* ひざを曲げる.

Bie·gen [ビーゲン] 中 《成句的に》 **auf** *Biegen* **und** (または oder) **Brechen** 《口語》 何が何でも, どんな事があっても(←曲がっても折れても).

bieg·sam [ビークザーム] 形 曲がりやすい, しなやかな(体など); 《比》柔順な(性格など).

Bie·gung [ビーグング] 女 -/-en ① 屈曲, 湾曲, カーブ. ② 《ホうプ》《言》語形変化 (=Beugung).

Bie·le·feld [ビーれ・ふェるト bí:lə-fɛlt] 中 -s/ 《都市名》 ビーレフェルト (ドイツ, ノルトライン・ヴェストファーレン州. 『≈ 地図』 D-2).

die **Bie·ne** [ビーネ bí:nə] 女 (単) -/(複) -n ① 《昆》ミツバチ(蜜蜂). 《◇ bee》. Die *Bienen* summen. 蜜蜂がぶんぶんと音をたてて飛んでいる / Sie ist fleißig wie eine *Biene*. 彼女は蜜蜂のように勤勉だ. ② 《俗》小娘, 女の子.

Bie·nen≠fleiß [ビーネン・ふらイス] 男 -es/ (蜜蜂(みつばち)のような)たゆまぬ勤勉さ, 精励.

Bie·nen≠ho·nig [ビーネン・ホーニヒ] 男 -s/ 蜂

蜜(みつ).

Bie·nen·kö·ni·gin [ビーネン・ケーニギン] 囡 -/..ginnen 女王蜂(ばち).

Bie·nen**≠korb** [ビーネン・コルプ] 男 -[e]s/..körbe (かご形の)蜜蜂(みつばち)の巣箱.

Bie·nen**≠schwarm** [ビーネン・シュヴァルム] 男 -[e]s/..schwärme 蜜蜂(みつばち)の群れ.

Bie·nen**≠stich** [ビーネン・シュティヒ] 男 -[e]s/-e ① 蜂(はち)が刺すこと; 蜂の刺し傷. ② ビーネンシュティッヒ(アーモンドのチップと蜂蜜でコーティングしたケーキ).

Bie·nen**≠stock** [ビーネン・シュトック] 男 -[e]s/..stöcke 蜜蜂(みつばち)の巣箱.

Bie·nen**≠wachs** [ビーネン・ヴァクス] 中 -es/ 蜜(みつ)ろう.

Bie·nen**≠zucht** [ビーネン・ツフト] 囡 -/ 養蜂(ようほう) (=Imkerei).

Bie·nen**≠züch·ter** [ビーネン・ツュヒタァ] 男 -s/- 養蜂(ようほう)業者 (=Imker). (女性形: -in).

Bi·en·na·le biená:lə] 囡 -/-n ビエンナーレ(2年ごとに開催される国際的な芸術展・映画祭など).

**das Bier [ビーァ bí:r]

> ビール　Zwei *Bier* bitte!
> ツヴァイ ビーァ ビッテ
> ビールを2杯ください.

中 (単) -[e]s/(種類を表すときのみ: 複) -e ビール. (英 beer). (☞「ドイツ・ミニ情報 3」, 下段). Fass-*bier* 樽(たる)ビール / dunkles *Bier* 黒ビール / helles *Bier* (黒ビールに対して:)(ふつうの)淡色ビール / starkes *Bier* 強いビール / ein Glas (ein Krug) *Bier* グラス(ジョッキ) 1杯のビール / Ich trinke gern *Bier*. 私はビールが好きです / ein großes (kleines) *Bier*⁴ bestellen ビールを大きい(小さい)グラスで注文する / *Bier*⁴ aus/schenken a) ビールを小売りする. b) ビールをつぐ / *Bier*⁴ brauen ビールを醸造する / auf ein *Bier* gehen (居酒屋に)飲みに行く / beim *Bier* sitzen (居酒屋で)ビールを一杯やっている / zum *Bier* gehen ビールを飲みに行く / Das ist nicht mein *Bier*. 《口語》それは私の知ったことじゃない.

> ドイツの主なビール: **Alt** アルト(デュッセルドルフ産などの黒ビール) / **Bockbier** ボックビール(強い黒ビール) / **Dortmunder** ドルトムンダー(ドルトムント産のビール) / **Exportbier** エクスポルトビール(まろやかな味のビール) / **Kölsch** ケルシュ(ケルン産のホップのきいたビール) / **Lagerbier** ラガービール / **Malzbier** 麦芽ビール / **Pils** ピルゼンビール / **Weißbier** ヴァイスビール(炭酸分の多いビール)

Bier≠bauch [ビーァ・バオホ] 男 -[e]s/..bäuche ビール腹.

Bier≠brau·er [ビーァ・ブラオアァ] 男 -s/- ビール醸造者. (女性形: -in).

Bier≠brau·e·rei [ビーァ・ブラオエライ] 囡 -/-en ① 〚複 なし〛ビール醸造. ② ビール醸造所.

Bier≠de·ckel [ビーァ・デッケる] 男 -s/- ビアマット, ビアコースター.

bier≠ernst [ビーァ・エルンスト] 形 《口語》くそまじめな.

Bier≠fass [ビーァ・ファス] 中 -es/..fässer ビール(ビア)樽(たる); 《俗》太っちょ.

Bier≠filz [ビーァ・フィるツ] 男 -es/-e (フェルトで作った)ビアマット.

Bier≠fla·sche [ビーァ・ふらッシェ] 囡 -/-n ビールびん.

Bier≠gar·ten [ビーァ・ガルテン] 男 -s/..gärten ビアガーデン.

Bier≠glas [ビーァ・グらース] 中 -es/..gläser ビアグラス.

Bier≠krug [ビーァ・クルーク] 男 -[e]s/..krüge ビールジョッキ. (☞ trinken 図).

Bier≠schin·ken [ビーァ・シンケン] 男 -s/- 《料理》ビアソーセージ(豚肉などの切り身が入った).

Biest [ビースト bi:st] 中 -[e]s/-er ① うるさい(手に負えない)動物(蚊・はえ・暴れ馬など). ②

ドイツ・ミニ情報 3

ビールとワイン Bier und Wein

ドイツのビールは, 消費量では世界第三位, 国民一人あたりの消費量では第一位だが, 醸造所の数は圧倒的に第一位. 全国規模の大手メーカーもないわけではないが, 地ビールが主流なため, 行く先々にその土地特有のビールがある. 発酵に使う酵母によってビールは2種類に大別でき, 発酵後上へ浮き上がる酵母を用いた上面発酵タイプ(アルト, ケルシュ, ベルリーナ・ヴァイセなど)と, 下に沈む酵母を使った下面発酵タイプ(ピルスナー, エクスポート, ドルトムンダーなど)がある. 1516年に発令されたバイエルン純粋令が今もなお引き継がれ, 水, 大麦の麦芽, ホップ以外の原料の使用を禁止し, ドイツビールの品質を保持している.

ドイツのワインは, フルーティーで複雑な深い味わいを持つと言われるが, これはワイン栽培が可能な土地としては北限ぎりぎりという寒冷な気候条件によるものだ. 夏の酷暑がなく, 日中高温でも夜になると急激に冷えこむため, ぶどうの酸の分解が抑制され, ワインになったときにも果実酸が充分に残る. 糖度の上がり方もゆるやかなため, 糖の全体量が比較的少なく, 糖から発酵して生じるアルコールの度数も低い. 糖度や摘み取り方など, さまざまな基準で等級が付けられるが, 大きく分ければ, 日常の消費に適したターフェルヴァイン, 補糖が許されるクヴァリテーツヴァイン, 補糖が許されないプレディカーツヴァインという3つのカテゴリーがある.

卑劣なやつ; 手に負えないもの. So ein *Biest*!
こんちくしょうが.

bie·ten [ビーテン bíːtən] du bietest, er bietet (bot, *hat*…geboten) **I** 他 (完了) haben) ①
(人³に物⁴を)提供しようと申し出る; 提供する.
Ich *biete* Ihnen eine Chance.
あなたにチャンスをあげましょう / Wie viel *bietest* du mir für dieses Bild? 君はこの絵にいくら出してくれるんだい.

② 《雅》(人³に腕などを)さし出す; (人³に保護などを)与える. Er *bot* ihr den Arm. 彼は彼女に腕を貸した / 人³ die Hand⁴ *bieten* (和解・握手などのために)人³に手をさし出す / 人³ die Stirn⁴ *bieten* 《比》人・事³に立ち向かう(←額をさし出す).

③見せる, 示す, 呈する. Der Artist *bot* ausgezeichnete Leistungen. その芸人はすばらしいパフォーマンスを見せた / Die Arbeit *bietet* keine Schwierigkeiten. この仕事にはなんら難しいところはない.

④ (競売で:)(ある値⁴を)つける. Er *hat* **auf** das Bild 5 000 Euro *geboten*. 彼はその絵に 5,000 ユーロの値をつけた / Wer *bietet* mehr? もっと高い値をつける人はいますか.

⑤ (人³に物⁴を)不当に要求する.
II 再帰 (完了 haben) *sich*⁴ *bieten* ① (機会などが)生じる. So eine Gelegenheit *bietet sich* nicht wieder. こんなチャンスはまたとない.
② (光景などが)現れる. Ein herrlicher Anblick *bot* sich ihnen. すばらしい眺めが彼らの目の前に開けた.
▶ bieten|lassen

bie·ten|las·sen*, bie·ten las·sen* [ビーテン・ラッセン bíːtən-làsən] (過分 bietenlassen / bieten lassen) 他 (完了 haben) sich³ 事⁴ *bietenlassen* 事⁴を甘んじて受ける. Das *lasse* ich *mir* nicht *bieten*. そんなことはさせないぞ.

Bi·ga·mie [ビガミー bigamíː] 女 -/-n [..ミーエン] 二重結婚, 重婚.

bi·gott [ビゴット bigɔ́t] 形 信仰心にこり固まった, 妄信的な; 信心ぶった.

Bi·got·te·rie [ビゴテリー bigɔtərí] 女 -/-n [..リーエン] ① 《複 なし》信心ぶること. ② 信心ぶった言動.

Bike [バイク báik] [英] 中 -s/-s バイク.

Bi·ker [バイカァ báikər] [英] 男 -s/- バイク乗り, ライダー. (女性形: -in).

Bi·ki·ni [ビキーニ bikíːni] 男 -s/-s ビキニ[の水着].

Bi·lanz [ビランツ bilánts] 女 -/-en ① 《経》決算, 清算, 貸借対照表, バランスシート, [差し引き]残高. eine *Bilanz*⁴ auf|stellen バランスシートを作成する / *Bilanz*⁴ machen 《口語》手持ちの資金をチェックする / 《比》(生活・活動の)総決算, 結果. [die] *Bilanz*³ aus 事³ ziehen 事³の結果を総括する.

bi·lan·zie·ren [ビランツィーレン bilantsíːrən] 他 《経》(口座などの)貸借対照表をする; 《比》(生活・活動の)総決算をする.

bi·la·te·ral [ビーらテラーる bíː-laterɑːl または ビ・らテラーる] 形 《政》相互の, 双方の; 《生》左右相称の.

‡*das* **Bild** [ビるト bílt]

| 絵 | Von wem ist das *Bild* da? フォン ヴェーム イスト ダス ビるト ダー あそこの絵はだれの絵ですか. |

中 (単2) -es (まれに -s)/(複) -er (3 格のみ -ern)
① 絵, 絵画; 肖像; 写真; (テレビの)画面. (英 picture). ein *Bild* von Dürer デューラーの絵 / ein abstraktes *Bild* 抽象画 / ein Buch mit vielen *Bildern* 挿絵(写真)の多い本 / ein *Bild*⁴ in Öl malen 油絵をかく / ein *Bild*⁴ auf|nehmen 写真をとる / Sie ist ein *Bild* von einem Mädchen. 彼女は絵のように美しい少女だ.

② 光景. das äußere *Bild* der Stadt² 都市の外観 / ein *Bild* des Jammers 《雅》悲惨な光景.

③ 表象, イメージ. ein falsches *Bild*⁴ von 国³ haben 国³について間違ったイメージを持っている / Ich bin darüber im *Bilde*. それについては私はよくわかっている / 人⁴ über 国⁴ ins *Bild* setzen 人⁴に国⁴のことを知らせる / *sich*³ ein *Bild*⁴ von 人·物³ machen 人·物³を思い描く ⇨ Ich kann mir kein rechtes *Bild* von dieser Sache machen. 私にはこの事がどうしてもよくわからない. ④ 比喩, 象徴. in *Bildern* sprechen 比喩を使って話す. ⑤ 似姿. Er ist ganz das *Bild* seines Vaters. 彼は父親そっくりだ. ⑥ 《劇》場(ば), 景.

⟨×⟩ ..bild のいろいろ: **Brustbild** 胸像 / **Fernsehbild** テレビの画像 / **Heiligenbild** 聖人像 / **Luftbild** 航空写真 / **Marienbild** マリア像 / **Marmorbild** 大理石像 / **Röntgenbild** レントゲン写真 / **Stadtbild** 町の全体像 / **Standbild** 立像 / **Weltbild** 世界像 / **Wunschbild** 願望(理)像

Bild·be·richt [ビるト・ベリヒト] 男 -[e]s/-e 写真[による]報道, フォトニュース.

Bild·da·tei [ビるト・ダタイ] 女 -/-en (コンピュ) 画像ファイル.

‡**bil·den** [ビるデン bíldən] du bildest, er bildet (bildete, *hat*…gebildet) 他 (完了 haben) ① 形づくる, 作る, 構成する. (英 form). *Bilden* Sie einen Satz mit „kommen"! 「kommen」を使った文を作りなさい / eine Figur⁴ aus (または in) Marmor *bilden* 大理石で像を作る / Wurzeln⁴ *bilden* 根が形成される / Die Kinder *bildeten* einen Kreis. 子供たちは輪になった / *sich*³ ein Urteil⁴ über 人·事⁴ *bilden* 人·事⁴について判断を下す.

② (内閣・委員会などを)組織する, 設ける. ein Kabinett⁴ *bilden* 組閣する / einen Verein *bilden* 協会を作る.

③ (ある形⁴を)成している, (ある物⁴で)ある. Der Fluss *bildet* hier die Grenze. 川はここで国境になっている / Dieser Fall *bildet* eine Ausnahme. この場合は例外だ.

④ 教育する, (人格など⁴を)養う. den Verstand *bilden* 知性を磨く. ◇〖目的語なしでも〗Lesen *bildet*. 読書は人間をつくる. ◇〖再帰的に〗*sich*⁴ *bilden* 教養を身につける.
⑤ 生じさせる. ◇〖再帰的に〗*sich*⁴ *bilden* 生じる. Nebel *bildet sich*. 霧が発生する.
◇☞ **gebildet**

bil·dend [ビるデント] I *bilden (形づくる)の現分 II 形 ① 造形的な. die *bildende* Kunst 造形芸術. ② 啓発的な, 教育的な.

Bil·der [ビるダァ] *Bild (絵)の複.

Bil·der═buch [ビるダァ・ブーフ] 中 -[e]s/..büchern 絵本. ein Wetter wie **im** *Bilderbuch* (絵に描いたように)みごとな天気.

Bil·der═**rah·men** [ビるダァ・ラーメン] 男 -s/- (絵画の)額縁.

Bil·der═**rät·sel** [ビるダァ・レーツェる] 中 -s/- 判じ絵.

bil·der═reich [ビるダァ・ライヒ] 形 ① 〖挿絵(写真)の多い. ② 比喩に富んだ(言葉など).

Bil·der═**schrift** [ビるダァ・シュリふト] 女 -/-en 絵文字, 象形文字.

Bil·der═**stür·mer** [ビるダァ・シュテュルマァ] 男 -s/- ① 〖史〗(特に宗教改革期の)聖画像破壊主義者. ② 〖比〗急進(改革)論者.

bil·de·te [ビるデテ] *bilden (形づくる)の過去.

Bild═flä·che [ビるト・ふれっヒェ] 女 -/-n 画面; 〖映〗スクリーン; 〖口語〗視界. **auf** der *Bildfläche* **erscheinen** 〖口語〗(突然)現れる / **von** der *Bildfläche* **verschwinden** 〖口語〗a) (突然)姿を消す, b) 忘れ去られる.

Bild═**funk** [ビるト・ふンク] 男 -s/ (無線による)ファクシミリ, 写真電信.

bild·haft [ビるトハふト] 形 具象的(具体的)な, 生き生きとした(描写など).

Bild═hau·er [ビるト・ハオアァ] 男 -s/- 彫刻家. (女性形: -in).

Bild═**hau·e·rei** [ビるト・ハオエライ] 女 -/-en ① 〖複 なし〗彫刻芸術. ② 〖ルツ〗彫刻作品.

bild═hübsch [ビるト・ヒュプシュ] 形 絵のように美しい, とてもかわいらしい.

bild·lich [ビるトリヒ] 形 ① 絵(写真)による. ② 比喩的な.

Bild·nis [ビるトニス] 中 ..nisses/..nisse 〖雅〗肖像(画). Selbst*bildnis* 自画像.

Bild═**plat·te** [ビるト・プらッテ] 女 -/-n ビデオディスク.

Bild═**röh·re** [ビるト・レーレ] 女 -/-n (テレビの)ブラウン管, 受像管.

bild·sam [ビるトザーム] 形 〖雅〗造形しやすい(素材); 〖比〗教育しやすい, 柔軟な(精神).

Bild═schirm [ビるト・シルム] 男 -[e]s/-e (テレビ・モニターなどの)スクリーン, (コンピュータの)モニター, ディスプレー.

Bild═schirm═scho·ner [ビるトシルム・ショーナァ] 男 -s/- 〖コンピ〗スクリーンセーバー.

Bild═schirm═**text** [ビるトシルム・テクスト] 男 -es/-e ビデオテックス (略: Btx).

Bild═**schnit·zer** [ビるト・シュニッツァァ] 男 -s/- 彫刻家(特に木彫). (女性形: -in).

Bild═schön [ビるト・シェーン] 形 絵のように美しい, とても美しい.

Bild═te·le·fon [ビるト・テーれふォーン] 中 -s/-e テレビ電話.

die **Bil·dung** [ビるドゥング *bíldʊŋ*] 女 (単)-/(複) -en ① 〖複 なし〗**教育**, 育成; 教養. (英 *education*). Schul*bildung* 学校教育 / die *Bildung* der Jugend² 青少年の育成 / eine Frau von *Bildung* 教養のある女性 / Er hat keine *Bildung*. 彼は教養がない(無作法だ). ② **形成**, 生成, 構成[すること]; 〖言〗語形成. (英 *formation*). Meinungs*bildung* 意見(世論)形成 / die *Bildung* von Knospen つぼみの形成 / die *Bildung* einer neuen Regierung² 新政府の結成. ③ 形態, 姿. die seltsamen *Bildungen* der Wolken² 雲の奇妙な形.

Bil·dungs═chan·cen [ビるドゥングス・シャンセン] 複 教育を受ける機会.

bil·dungs═fä·hig [ビるドゥングス・フェーイヒ] 形 教育を受ける能力のある, 教化できる.

Bil·dungs═grad [ビるドゥングス・グラート] 男 -[e]s/-e 教育レベル.

Bil·dungs═po·li·tik [ビるドゥングス・ポりティーク] 女 -/ 文教政策.

Bil·dungs═rei·se [ビるドゥングス・ライゼ] 女 -/-n 教養を高めるための旅行.

Bil·dungs═ro·man [ビるドゥングス・ロマーン] 男 -s/-e 〖文学〗教養小説, 発展小説.

Bil·dungs═ur·laub [ビるドゥングス・ウーらうプ] 男 -[e]s/-e 研修休暇.

Bil·dungs═we·sen [ビるドゥングス・ヴェーゼン] 中 -s/ (総称として:)教育施設; 教育制度.

bi·lin·gu·al [ビー・リングアーる *bíː-lɪŋɡuaːl*] I または ビ・リングアーる 形 2言語を話す, バイリンガルの; 2言語による (=zweisprachig).

Bi·lard [ビリヤルト *bíljart*] 〖フランス〗 中 -s/-e (キュツ: -s) ① 〖複 なし〗玉突き, ビリヤード. ② 玉突き台.

Bi·lett [ビリエット *bɪljét*] 〖フランス〗 中 -[e]s/-e (また -s) ① 〖スイス〗乗車券; 入場券. ② 〖オツ〗短い手紙; メモ; グリーティングカード.

Bi·li·ar·de [ビリアルデ *bɪliárdə*] 女 -/-n 1,000兆 (=1 000 Billionen).

bil·lig [ビリヒ *bílɪç*]

安い	Diese Tasche ist *billig*.
	ディーゼ タッシェ イスト ビリヒ
	このバッグは安い.

形 (比較 billiger, 最上 billigst) ① (値段の)**安い**. (英 *cheap*). (注意 「(値段の)高い」は teuer). ein *billiger* Anzug 安いスーツ / eine *billige* Ausgabe von Schillers Werken シラー著作集の廉価版 / Im Sommer ist das Gemüse am *billigsten*. 野菜は夏が最も安い / 物⁴ *billig* kaufen 物を安く買う.
② 安っぽい; つまらない. *billigen* Schnaps trinken 安酒を飲む / eine *billige* Ausrede

ありふれた逃げ口上 / ein *billiger* Scherz つまらないしゃれ. ③ 正当な, 妥当な, 当然の. ein *billiges* Verlangen 正当な要求.

> [類語] **billig**: (値段が)安い. Die Wohnung ist *billig*. このアパートは家賃が安い. **preiswert**: (品物などの価値を考えればそれほど高くないという意味で)手頃な値段の, 買い得の. ein *preiswerter* Mantel 割り安なコート.

bil·li·gen [ビリゲン bíligən] 他 (h) 承認(是認)する, (計画・提案など⁴に)同意(賛成)する. einen Vorschlag *billigen* ある提案に同意する.

Bil·li·gung [ビリグング] 女 –/–en《ふつう 単》承認, 是認, 同意.

Bil·li·on [ビリオーン bɪlió:n] 女 –/–en 1 兆 (= 1 000 Milliarden).

bim, bam! [ビム バム bím bám] 間 (鐘の音:) きんこん, からんころん.

Bim·bam [ビム・バム bím-bám] 中《成句的に》[Ach du] heiliger *Bimbam*!《口語》おやおや, これは驚いた (元は教会の鐘の擬音語).

Bi≈me·tall [ビー・メタル] 中 –s/–e《工》バイメタル.

bim·meln [ビメルン bíməln] 自 (h)《口語》(ベル・鐘などが)りんりん(からんからん)と鳴る; ベル(鐘)を鳴らす.

Bims≈stein [ビムス・シュタイン] 男 –[e]s/–e 軽石.

🔹**bin** [ビン bín]

> …である Ich *bin* Japaner.
> イヒ ビン ヤパーナァ
> 私は日本人です.

‡**sein**¹ (…である)の 1 人称単数 現在. Ich *bin* krank. 私は病気です. (⇨ 完了の助動詞 ⇨ **sein**¹ II A; 状態受動の助動詞 ⇨ **sein**¹ II B).

bi·när [ビネーァ binέ:r] 形 ① 2 成分(要素)からなる. ②《数》2 進法の. das *binäre* System 2 進法.

Bin·de [ビンデ bíndə] 女 –/–n ① 包帯, 眼帯; 三角巾(*);《口語》生理用ナプキン (= Damenbinde). eine elastische *Binde* 伸縮包帯 / eine *Binde* um 物⁴ wickeln 物⁴に包帯を巻く / den Arm **in** der *Binde* tragen 三角巾で腕をつっている / Die *Binde* fiel mir von den Augen.《雅》私は突然事態の真相がのみこめた (← 私の眼から眼帯が落ちた). ② 腕章. eine *Binde*⁴ am Arm tragen 腕章をつけている. ③《古》ネクタイ. [sich³] einen hinter die *Binde* gießen《口語》酒を一杯ひっかける.

Bin·de≈ge·we·be [ビンデ・ゲヴェーベ] 中 –s/–《医》結合組織.

Bin·de≈glied [ビンデ・グリート] 中 –[e]s/–er 結合(媒介)物, 仲介[するもの].

Bin·de≈haut [ビンデ・ハオト] 女 –/..häute《医》(目の)結膜.

Bin·de≈mit·tel [ビンデ・ミッテる] 中 –s/– 接合剤, セメント.

🔹**bin·den**🔹 [ビンデン bíndən] du bindest, er bindet (band, ge·bunden) (定 haben) (受 *bind*) ① 結ぶ, 束ねる; 結んで(束ねて)作る; 結び(巻き)つける. Vater *band* sorgfältig seine Krawatte. お父さんは入念にネクタイを結んだ / Besen⁴ *binden* (小枝などを束ねて)ほうきを作る / das Pferd⁴ **an** einen Baum *binden* 馬を木につなぐ / Ich *band* mir ein Tuch **um** den Hals. 私はスカーフを首に巻いた / eine Schnur⁴ **um** das Paket *binden* 小包にひもをかける / Blumen⁴ **zum** Strauß *binden* 花束を作る.

② 縛る;《比》拘束する, 束縛する. einen Gefangenen mit Stricken *binden* 捕虜を縄で縛る / Sie *banden* ihm die Hände. 彼らは彼の両手を縛った / Der Vertrag *bindet* mich. 私はその契約に拘束されている / *Ist* sie schon *gebunden*?《状態受動・現在》彼女はもう婚約しているのですか. ◇《再帰的に》*sich*⁴ **an** 人⁴ *binden* 人⁴と婚約する / *sich*⁴ **durch** das Versprechen *binden* 約束にしばられる.

③ (物⁴を)固める; (料理)(スープなど⁴に)とろみをつける. Der Regen *bindet* den Staub. 雨でほこりが立たなくなる. ④《音楽》レガートで演奏する(歌う); (詩の語⁴に)韻を踏ませる. ⑤《書籍》(本⁴を)装幀する, 製本する.

◇⇨ **gebunden**

bin·dend [ビンデント] I ∗**binden** (結ぶ)の 現分 II 形 拘束力のある. eine *bindende* Abmachung 履行すべき協定.

Bin·der [ビンダァ bíndər] 男 –s/– ① ネクタイ. ② 製本工 (= Buchbinder); 花を束ねる職人. (女性形: –in). ③《農》バインダー. ④ 小口積みのれんが.

Bin·de≈strich [ビンデ・シュトリヒ] 男 –[e]s/–e ハイフン(記号: -).

Bin·de≈wort [ビンデ・ヴォルト] 中 –[e]s/..wörter《言》接続詞 (= Konjunktion).

Bind·fa·den [ビント・ファーデン] 男 –s/..fäden 結びひも(糸), 細ひも. Es regnet *Bindfäden*.《口語》土砂降りの雨だ.

Bin·dung [ビンドゥング] 女 –/–en ① 結びつき, きずな; 拘束, 義務[づけ]; 愛着. eine *Bindung*⁴ ein|gehen 関係を結ぶ. ②《スキー》のビンディング.

Bin·gen [ビンゲン bíŋən] 中 –s/《都市名》ビンゲン (ドイツ, ラインラント・プファルツ州: ⇨ 地図 C –4).

bin·nen [ビンネン bínnən] 前《3 格(まれに 2 格)とともに》《時間的に》…以内に. *binnen* einem Monat 1 か月以内に / *binnen* kurzem (または Kurzem) 短時間のうちに, じきに.

Bin·nen≈ge·wäs·ser [ビンネン・ゲヴェッサァ] 中 –s/– 内陸の水域(湖沼・河川など).

Bin·nen≈ha·fen [ビンネン・ハーふェン] 男 –s/..häfen 内港, 河川(運河・湖)の港.

Bin·nen≈han·del [ビンネン・ハンデる] 男 –s/– 国内商業(取引).

Bin·nen≈land [ビンネン・らント] 中 –[e]s/..län-

der (海から遠い)内陸.
Bin·nen‗markt [ビンネン・マルクト] 男 -[e]s/ ..märkte 《経》 国内(域内)市場.
Bin·nen‗meer [ビンネン・メーア] 中 -[e]s/-e 内海; 内陸湖.
Bin·nen‗schiff·fahrt [ビンネン・シフふァールト] 女 -/ (河川などの)内水航行, 内陸水運.
Bi·nom [ビノーム binó:m] 中 -s/-e《数》2項式.
Bin·se [ビンゼ bínzə] 女 -/-n《植》トウシンソウ (イグサ属). in die *Binsen* gehen 《口語》消えうせる, だめになる.
Bin·sen‗wahr·heit [ビンゼン・ヴァールハイト] 女 -/-en 自明の理, 周知の事実.
Bin·sen‗weis·heit [ビンゼン・ヴァイスハイト] 女 -/-en 自明の理 (＝Binsenwahrheit).
bio.., Bio.. [ビオ.. bio.. または ビーオ..] 《形容詞・名詞につける 接頭》《生命の・生物の》例: *Bio*logie 生物学.
Bio‗ab·fall [ビーオ・アップふァる] 男 -[e]s/ ..fälle [..ふェれ] 生ごみ, 有機ごみ.
Bio‗bau·er [ビーオ・バオァ] 男 -n/-n 有機栽培農家. (女性形: ..bäuerin).
Bio·che·mie [ビーオ・ヒェミー bí:o-çemi: または ビオ・ヒェミー] 女 -/ 生化学.
Bio·che·mi·ker [ビーオ・ヒェーミカァ bí:o-çe:mikər または ビオ・ヒェー..] 男 -s/- 生化学者. (女性形: -in).
bio·che·misch [ビーオ・ヒェーミッシュ bí:o-çe:mıʃ または ビオ・ヒェー..] 形 生化学の.
Bio‗chip [ビーオ・チップ] 男 -s/-s 〈ニニsp〉バイオチップ, 生物化学素子.
Bio‗die·sel [ビーオ・ディーゼる] 男 -[s]/ バイオディーゼル[燃料].
Bio‗ener·gie [ビーオ・エネルギー] 女 -/-n バイオマス・エネルギー.
Bio‗ethik [ビーオ・エーティク] 女 -/ 生命倫理[学].
Bio‗gas [ビーオ・ガース] 中 -es/-e バイオガス (有機物が分解する際に生じる. 代替エネルギーの一つ).
bio·ge·ne·tisch [ビオ・ゲネーティッシュ bio-gené:tıʃ] 形 《生》生物発生の.
Bio‗graf [ビオグラーふ biográ:f] 男 -en/-en 伝記作者. (女性形: -in).
Bio·gra·fie [ビオグラふィー biografí:] 女 -/-n [..ふィーエン] 伝記.
bio·gra·fisch [ビオグラーふィッシュ biográ:fıʃ] 形 伝記の; 伝記体の.
Bio‗graph [ビオグラーふ biográ:f] 男 -en/-en ＝Biograf
Bio·gra·phie [ビオグラふィー biografí:] 女 -/-n [..ふィーエン] ＝Biografie
bio·gra·phisch [ビオグラーふィッシュ biográ:fıʃ] 形 ＝biografisch
Bio‗haus [ビーオ・ハオス] 中 -es/..häuser バイオハウス(自然素材で作り, 自然環境に適合させた家).
Bio‗kost [ビーオ・コスト] 女 -/ 自然食品.
Bio‗la·den [ビーオ・らーデン] 男 -s/..läden《口語》自然食品店.
Bio·lo·ge [ビオろーゲ bioló:gə] 男 -n/-n 生物学者. (女性形: Biologin).

*die **Bio·lo·gie** [ビオろギー biologi:] 女 (単) -/ 生物学. 《英》*biology*). Ich studiere *Biologie*. 私は生物学を専攻しています.
bio·lo·gisch [ビオろーギッシュ bioló:gıʃ] 形 ① 生物学[上]の, 生物学的な; 生物の. *biologische* Waffen 生物兵器. ② 天然素材の.
bio·lo·gisch-dy·na·misch [ビオろーギッシュ・デュナーミッシュ] 形 (農薬を使わない)自然農法の, 無農薬の.
Bio‗mas·se [ビーオ・マッセ] 女 -/《生物》バイオマス (一定地域の生物体総量).
Bio‗müll [ビーオ・ミュる] 男 -s/ (堆肥にする前の)生ごみ, 有機ごみ.
Bio·nik [ビオーニク bió:nık] 女 -/ 生体工学, バイオニクス.
Bio‗phy·sik [ビーオ・ふュズィーク bí:o-fyzi:k または ビオ・ふュズィーク] 女 -/ 生物物理学.
Bio‗pro·dukt [ビーオ・プロドゥクト] 中 -[e]s/-e《ふつう複》バイオ製品.
Bio‗rhyth·mus [ビーオ・リュトムス] 男 -/ ..rhythmen バイオリズム.
Bio·sphä·re [ビーオ・スふェーレ bí:o-sfɛ:rə または ビオ・スフェーレ] 女 -/ 生物圏.
Bio‗tech·nik [ビーオ・テヒニク] 女 -/ 生物工学.
Bio‗tech·no·lo·gie [ビーオ・テヒノろギー] 女 -/-n [..ギーエン] バイオテクノロジー.
Bio‗ton·ne [ビーオ・トンネ] 女 -/-n (生ごみ用の)ごみ容器.
Bio‗top [ビオトープ biotó:p] 男中 -s/-e《生》バイオトープ(動植物が生態系を保って生息する環境).
Bio‗treib·stoff [ビーオ・トライプシュトふ] 男 -[e]s/-e (動力用の)バイオ燃料.
BIP [ベー・イー・ペー] 中 -s/《略》国内総生産, GDP (＝Bruttoinlandsprodukt).
birg [ビルク] bergen (救出する)の du に対する 命令
birgst [ビルクスト] bergen (救出する)の2人称単数 現在
birgt [ビルクト] bergen (救出する)の3人称単数 現在
Bir·ke [ビルケ bírkə] 女 -/-n ①《植》シラカバ (白樺). ②《複 なし》白樺材.
Birk‗hahn [ビルク・ハーン] 男 -[e]s/..hähne《鳥》クロライチョウの雄.
Birk‗huhn [ビルク・フーン] 中 -[e]s/..hühner《鳥》クロライチョウ.
Bir·ma [ビルマ bírma] 中 -s/《国名》ビルマ (＝Burma) (Myanmar の旧称).
Birn‗baum [ビルン・バオム] 男 -[e]s/..bäume ① セイヨウナシの木. ②《複 なし》梨材.

die **Bir·ne [ビルネ bírna] 女 (単) -/(複) -n ① 《セイヨウナシ》. 《英》*pear*). (☞図 A). die *Birne*[4] schälen 梨の皮をむく.
② [西洋梨の木.
③ 電球. (☞図 B). die *Birne* auswechseln 電球を取り替える. ④《俗》頭. eine weiche *Birne*[4] haben 《俗》おつむが弱い.

bir·nen≠för·mig [ビルネン・フェルミヒ] 形 [西洋]梨の形の, 電球の形をした.

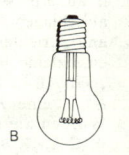

A Birne B

birst [ビルスト] I bersten (破裂する)の 2 人称単数・3 人称単数 現在 II bersten (破裂する)の du に対する 命令

＊bis [ビス bís]

…まで

Ich bleibe hier *bis* morgen.
イヒ　ブライベ　ヒーァ　ビス　モルゲン
私はあすまで当地にいます.

I 前 〖4格とともに〗① 《時間的に》…まで. (英) *till*. *bis* Ende Oktober 10 月末まで / *bis* heute きょうまで / *bis* jetzt 今まで / *bis* nächstes Jahr 来年まで / von 8 *bis* 11 Uhr 8 時から 11 時まで / *Bis* wann brauchst du den Wagen? 君はいつまでその車がいるんだ.
◇〖他の前置詞とともに; 名詞の格は後続の前置詞によって決まる〗*bis* **gegen** 12 Uhr 12 時頃まで / *bis* **in** die Nacht [hinein] 深夜まで / *bis* **nach** Mitternacht 真夜中過ぎまで / *bis* **vor** kurzem (または Kurzem) 少し前まで / *bis* **zum** Abend 夕方まで / *bis* zum achten Mai 5 月 8 日まで.
◇〖別れのあいさつで〗*Bis* morgen! ではまたあした / *Bis* bald! または *Bis* gleich! ではまたすぐに / *Bis* nachher! または *Bis* später! ではまたあとで.
② 《空間的に》…まで. (英) *to*. Der Zug fährt *bis* München. この列車はミュンヒェンまで行く / *bis* dorthin あそこまで / **von** oben *bis* unten 上から下まで.
◇〖他の前置詞とともに; 名詞の格は後続の前置詞によって決まる〗*bis* **an** den Rhein ライン河畔まで / *bis* **auf** die Haut nass werden 肌までびしょぬれになる / *bis* **ins** Kleinste (または Letzte) ごく詳細に / *bis* **zum** Bahnhof 駅まで.
③〖しばしば他の前置詞とともに〗《程度》…まで. [von eins] *bis* zehn zählen [1 から]10 まで数える / Kinder *bis* **zu** 6 Jahren 6 歳までの子供 / *bis* **über** eine Million 100 万以上[まで].
④《数詞の間に置かれて》《およその数》～から…, ～ないし[は]… 3 *bis* 4 Tage 三四日 / Das kostet 50 *bis* 60 Euro. それは 50 から 60 ユーロです.
⑤ 〖*bis* auf 人・物⁴ の形で〗⑦ 人・物⁴ を含めて. Der Saal war *bis* auf den letzten Platz besetzt. ホールは最後の席まで全部埋まっていた.
④ 人・物⁴ を除いて. *Bis* auf den Salat ist das Essen fertig. サラダを除けば料理はできている.

　(参考) *bis* は他の前置詞をともなわない場合は, 無冠詞の名詞や副詞などといっしょに用いられることが多い.

II 接〖従属接続詞; 動詞の人称変化形は文末〗…するまで[は]. Ich warte, *bis* du kommst. 君が来るまでぼくは待っているよ / Ich kann nicht nach Hause gehen, *bis* die Arbeit fertig ist. 私は仕事が済むまで帰宅できない.

Bi·sam [ビーザム bí:zam] 男 -s/-e (または -s) ① じゃこう(麝香). ② アメリカジャコウネズミ(マスクラット)の毛皮.

Bi·schof [ビショフ bíʃɔf または ビショーフ bí:ʃo:f] 男 -s/..schöfe [..ʃɛ(ー)ふェ] ①《カトリック》《新教》監督; 《ギリシア正教会・英国国教会》の主教. (女性形: Bischöfin). 人⁴ zum *Bischof* weihen 人⁴ を司教に叙階する. ② ビショップ酒(赤ワインにダイダイの皮と砂糖を入れた冷たい飲み物).

bi·schöf·lich [ビシェふりヒ または ビシェーふ..] 形 《キリスト教》司教(監督・主教)の.

Bi·schofs≠müt·ze [ビショフス・ミュッツェ] 女 -/-n (カトリック) 司教冠, ミトラ.

Bi·schofs≠sitz [ビショフス・ズィッツ] 男 -es/-e (カトリック) 司教座の所在地.

Bi·schofs≠stab [ビショフス・シュタープ] 男 -(e)s/..stäbe (カトリック) 司教杖(ぞう).

bi·se·xu·ell [ビー・ゼクスエる bí:-zɛksuɛl または ビ・ゼクスエる] 形 ①《生》雌雄同体の, 両性具有の. ②《医・心》両性愛(バイセクシャル)の.

＊bis≠her [ビス・ヘーァ bɪs-héːr] 副 今まで, 従来, これまで[は]. (英) *until now*. wie *bisher* 従来どおり / *Bisher* war alles in Ordnung. これまでは何もかもきちんとしていた.

bis·he·rig [ビス・ヘーリヒ bɪs-héːrɪç] 形〖付加語としてのみ〗今までの. seine *bisherigen* Werke 彼のこれまでの著作.

Bis·kuit [ビスクヴィート bɪskvíːt または ..クイート ..kuíːt] 中 男 -(e)s/-s (または -e) ビスケット.

bis·lang [ビス・らング] 副 《方》これまで (= bisher).

Bis·marck [ビスマルク bísmark] -s/ 《人名》ビスマルク (Otto Fürst von *Bismarck* 1815–1898; ドイツの政治家).

Bis·mu·tum [ビスムートゥム bɪsmúːtum] 中 -s/ 《化》ビスマス, 蒼鉛(そうえん) (記号: Bi).

Bi·son [ビーゾン bíːzɔn] 男 -s/-s 《動》バイソン (北米にすむ野牛).

biss [ビス] *beißen (かむ)の 過去

Biss [ビス bís] 男 -es/-e ① かむこと. ② かみ傷. ③ 《話・口語》ファイト, やる気.

＊＊biss·chen [ビスヒェン bísçən]

少し　Hast du ein *bisschen* Zeit?
ハスト　ドゥ　アイン　ビスヒェン　ツァイト
少し暇がある?

I 代《不定代名詞; 無変化》《ふつう **ein** とともに》少しの, 少量の. (英) *a little*). ein *bisschen* Brot (Geld) 少しばかりのパン(お金). ◊《**kein** *bisschen* の形で》少しも…ない. Es ist kein *bisschen* Wurst mehr da. もうソーセージが全然ない.

II 副《成句的に》**ein** *bisschen* 少し (=ein wenig). Ich möchte ein *bisschen* schlafen. 私は少し眠りたい.

biß·chen [ビスヒェン] bisschen の古い形 (⇨ daß ⟨古⟩).

bis·se [ビッセ] ＊beißen (かむ) の 接2

Bis·sen [ビッセン bísən] 男 -s/- 一口(分の食べ物), 軽い食事. ein *Bissen* Brot 一きれのパン / keinen *Bissen* an|rühren 一口も食べない.

bis·sig [ビスィヒ bísɪç] 形 ① かみつく癖のある. Vorsicht, *bissiger* Hund! 猛犬に注意! ② 辛らつな, 厳しい. eine *bissige* Kritik 辛らつな批評. ③ ⟨スポ·隠語⟩ ファイト満々の(選手など).

bist [ビスト bíst] ＊sein¹ (…である) の 2 人称親称単数 現在. Wie alt *bist* du? 君は何歳なの. (⟨古⟩ 完了の助動詞 ⇨ sein¹ II A; 状態受動の助動詞 ⇨ sein¹ II B).

Bis·tro [ビストロ bístro または ..トロー] [分] 中 -s/-s ビストロ, (居酒屋風の)レストラン.

Bis·tum [ビストゥーム] 中 -s/..tümer ⟨ラック⟩ 司教区.

bis·wei·len [ビス·**ヴァ**イレン bɪs-váɪlən] 副 ⟨雅⟩ ときどき, ときおり (=manchmal).

Bit [ビット bít] 中 -[s]/-[s] ⟨コンピ⟩ ビット (情報量の単位; 記号: bit).

‡bit·te [ビッテ bítə]

> どうぞ *Bitte* kommen Sie herein!
> ビッテ コンメン ズィー ヘライン
> どうぞお入りください.

副 ①《頼み·要求·促しに添えて》どうぞ. (英 *please*). Nehmen Sie *bitte* Platz! どうぞおかけください / *Bitte*[,] helfen Sie mir doch! どうか助けてください / Achtung *bitte*! (アナウンスで:) お知らせします / Ja, *bitte*? (電話口·玄関で:) はい, ご用件は / *bitte*, *bitte* machen ⟨幼児⟩ (手をたたいて)おねだりする.

②《肯定の返事に添えて》 はい, お願いします. Möchten Sie noch eine Tasse Kaffee?— [Ja,] *bitte*! コーヒーをもう一杯いかがですか — はい, いただきます.

③《疑問文で》すみませんが. Wo ist der Ausgang, *bitte*? すみません, 出口はどちらでしょうか.

④《相手の謝辞などに答えて》 どういたしまして. Vielen Dank!—*Bitte* [sehr または schön]! どうもありがとう—どういたしまして.

⑤《聞き返して》[Wie] *bitte*? え, [何とおっしゃいましたか].

⑥《思いどおりに》Na, *bitte*! ⟨口語⟩ ほら, ごらんなさい.

die **Bit·te** [ビッテ bítə] 女 (単) -/(複) -n 頼み, 願い. (英 *request*). eine dringende *Bitte* たっての願い / eine *Bitte*⁴ aus|sprechen (または äußern) 頼みごとを言う / 人³ eine *Bitte*⁴ ab|schlagen 人³の頼みを断る / eine *Bitte*⁴ **an** 人⁴ richten 人⁴にお願いをする / Ich habe eine kleine *Bitte* an Sie. あなたにちょっとしたお願いがあります / **auf** seine *Bitte* hin 彼の頼みで / eine *Bitte* **um** Hilfe 援助の依頼 / Würden Sie mir eine *Bitte* erfüllen? ⟨接2·未来⟩ 私の頼みを聞き入れてくださいませんか.

‡bit·ten＊ [ビッテン bítən]

> 頼む Ich *bitte* um Ruhe!
> イヒ ビッテ ウム ルーエ
> お静かに願います.
>
> | 人称 | 単 | 複 |
> |---|---|---|
> | 1 | ich bitte | wir bitten |
> | 2 | {du bittest
{Sie bitten | {ihr bittet
{Sie bitten |
> | 3 | er bittet | sie bitten |

(bat, *hat* ... gebeten) **I** 他 (完了 haben) ①〖**4 格**とともに〗(人⁴に)頼む, 願う, 求める. (英 *ask*). 人⁴ dringend bitten 人⁴に切に頼む / 人⁴ **um** 物⁴ *bitten* 人⁴に物⁴を頼む, 願う, 求める ⇨ Er *bittet* mich um Geld. 彼は私にお金をせがむ. / 人⁴ **um** Rat *bitten* 人⁴に助言を求める / 人⁴ um Verständnis *bitten* 人⁴に了解を求める / *bitten* und betteln しきりに頼む(お願いする). ◊《**zu** 不定詞[句]とともに》Sie *bat* mich, ihr zu helfen. 彼女は私に手伝ってくれと頼んだ. ◊《目的語なしで》*Darf* ich *bitten*? (女性にダンスの相手を頼むときなど:)お願いできますか / Darf ich um das Salz *bitten*? (食卓で:)塩をとっていただけますか / ums Wort *bitten* 発言の許可を求める / Wenn ich *bitten darf*, … 恐れ入りますが…

②〖方向を表す語句とともに〗(人⁴を…に)招待する; (人⁴を…へ)呼び寄せる. 人⁴ **ins** Zimmer *bitten* 人⁴を部屋に招き入れる / 人⁴ **zum** Essen *bitten* 人⁴を食事に招待する.

③《驚きの表現として》[Aber,] ich *bitte* Sie! とんでもない, それはあんまりです / Ich *muss* doch [sehr] *bitten*! まあなんとひどいことを.

II 自 (完了 haben) 《**für** 人⁴ ～》⟨雅⟩ (人⁴のことを)とりなす. Er *bat* für mich **bei** ihr. 彼は彼女に私のことをとりなしてくれた.

＊bit·ter [ビッタァ bítər] **I** 形 (比較 bitt[er]rer, 最上 bitterst) ① にがい, 渋い. (⟨古⟩「甘い」は süß). (英 *bitter*). *bittere* Schokolade ビターチョコレート / Der Tee schmeckt ziemlich *bitter*. その紅茶はかなりにがい.

② 辛らつな, 痛烈な; 厳しい, つらい. *bittere* Ironie 辛らつな皮肉 / 人³ *bittere* Vorwürfe⁴ machen 人³を手厳しく非難する / *bittere* Tränen⁴ weinen つらい涙を流す. ③ 気難しい, 不機嫌な. ein *bitterer* Zug um den

Mund 口もとに浮かんだ不機嫌な表情. ④ 激しい, ひどい. eine bittere Kälte 厳寒.
II 副 非常に, ひどく. 圏⁴ bitter bereuen 圏⁴を非常に後悔する.

bit·ter⹀bö·se [ビッタァ・ベーゼ] 形 ひどく怒っている.

bit·ter⹀ernst [ビッタァ・エルンスト] 形 きわめて重大な; ひどく真剣な.

bit·ter⹀kalt [ビッタァ・カルト] 形 ひどく寒い; 氷のように冷たい.

Bit·ter·keit [ビッタァカイト] 女 –/–en ① にがみ. ② にがにがしい思い, つらさ.

bit·ter·lich [ビッタァリヒ] I 副 激しく, ひどく, 痛ましく. bitterlich weinen さめざめと泣く. II 形 にがみを帯びた, ほろにがい.

Bit·ter·nis [ビッタァニス] 女 –/..nisse 《雅》 ① にがみ. ② にがにがしい思い, つらさ.

bit·ter⹀süß [ビッタァ・ズュース] 形 ① にがくて甘い(薬など). ② ほろにがい(思い出など).

Bitt⹀ge·such [ビット・ゲズーフ] 中 –[e]s/–e 請願(陳情)書.

Bitt⹀schrift [ビット・シュリフト] 女 –/–en = Bittgesuch.

Bitt⹀stel·ler [ビット・シュテラァ] 男 –s/– 請願(陳情)者. (女性形: –in).

Bi·tu·men [ビトゥーメン bitú:mən] 中 –s/–(または ..mina) 《化》瀝青(れきせい)(天然アスファルト).

Bi·wak [ビーヴァク bí:vak] 中 –s/–s (または –e) 《軍》露営, (登山で) ビバーク.

bi·wa·kie·ren [ビヴァキーレン bivakí:rən] 自 (h) 《軍》露営する; (登山で) ビバークする.

bi·zarr [ビツァル bitsár] 形 ① 異様な(形など). ② 風変わりな, 奇抜な, 珍妙な(考え・性格など).

Bi·zeps [ビーツェプス bí:tsɛps] 男 –[es]/–e 《医》(上腕の)二頭筋.

Bi·zet [ビゼー bizé:] –s/– 《人名》ビゼー (Georges Bizet 1838–1875; フランスの作曲家).

Bk [ベー・カー] 《化・記号》バークリウム (= Berkelium).

Black⹀box, Black Box [ブレック・ボックス] [英] 女 –/–es ブラックボックス.

Black⹀out, Black-out [ブレック・アオト] [英] 中 –s/–s ① 《劇》ブラックアウト(舞台照明を消して舞台を真っ暗にすること). ② 《物》(急な)交信途絶. ③ (瞬間的な)意識喪失.

blä·hen [ブレーエン blé:ən] I 他 (h) (風が帆など⁴を)ふくらます. II 他 (h) (食物が腸内にガスを発生させる. III 再帰 (h) sich⁴ blähen (帆などが)ふくらむ.

Blä·hung [ブレーウング] 女 –/–en 《医》胃(腸)にガスがたまること, 鼓腸(こちょう); 胃(腸)内のガス, おなら.

bla·ma·bel [ブラマーベる blamá:bəl] 形 恥さらしの, 屈辱的な(敗北など).

Bla·ma·ge [ブラマージェ blamá:ʒə] 女 –/–n 恥さらしな事, 恥辱.

bla·mie·ren [ブラミーレン blamí:rən] 他 (h) (人⁴に)恥をかかせる, 笑いものにする. ◇《再帰的に》sich⁴ blamieren 恥をさらす, もの笑いになる.

blan·chie·ren [ブランシーレン blaʃí:rən] 他 (h) 《料理》(熱湯で)さっとゆでる(ゆがく).

blank [ブランク bláŋk] 形 ① ぴかぴかの, つや(光沢)のある; 《詩》まばゆい. blanke Schuhe ぴかぴかの靴 / blanke Augen きらきら輝く目 / blanke Ärmel (口語) (すれて)てかてか光る袖(そで). ② 裸の, むき出しの. das blanke Schwert 抜き身の刀 / auf der blanken Erde sitzen 地面にじかに座る / blank gehen (口語) コートを着ないで歩く / Ich bin völlig blank. 《口語》ぼくは一文なしだ. ③ まったくの, まぎれもない. blanker Unsinn まったくのナンセンス, 愚の骨頂(こっちょう).

▶ **blank|putzen**

blan·ko [ブランコ bláŋko] 副 未記入(白紙)のままで; 《商》白地で.

Blan·ko⹀scheck [ブランコ・シェック] 男 –s/–s (まれに –e) 《商》白地(式)小切手.

Blan·ko⹀voll·macht [ブランコ・フォるマハト] 女 –/–en 《法》白紙全権委任[状].

blank⹀put·zen, blank put·zen [ブランク・プッツェン bláŋk-pùtsən] 他 (h) ぴかぴかに磨く.

Blank⹀vers [ブランク・フェルス] 男 –es/–e 《詩学》ブランクバース(5脚弱強格の無韻詩形).

Bläs·chen [ブレースヒェン blé:sçən] 中 –s/– (Blase の縮小) 小さな泡; 《医》小水泡.

Bla·se [ブラーゼ blá:zə] 女 –/–n ① 泡, 水泡, 気泡; シャボン玉; 《医》水泡, 泡疹(ほうしん). Blasen⁴ auf der Haut haben 皮膚に水泡ができている / Blasen⁴ werfen 泡立つ / Blasen⁴ ziehen a) 泡を生じる, b) 《医》水泡ができる, c) 《口語・比》悪い結果を伴う, あとを引く. ② 《医》膀胱(ぼうこう); 胎胞; 胆嚢(たんのう); (魚の)浮き袋. die Blase⁴ entleeren 小便をする.

Bla·se⹀balg [ブラーゼ・バるク] 男 –[e]s/..bälge ふいご; (足踏みオルガンの)送風機.

bla·sen* [ブラーゼン blá:zən] du bläst, er bläst (blies, hat geblasen) (英 blow) I 自 (完了 haben) ① 《方向を表す語句とともに》 (…へ)息を吹きかける. gegen die Scheibe blasen 窓ガラスに息を吹きかける / in die Hände blasen 手に息を吹きかける. ② (吹奏楽器で) 吹く, 吹奏する. auf der Flöte blasen フルートを吹く / zum Sammeln blasen 集合らっぱを吹く. ③ (風が)強く吹く. Der Wind bläst. 風が強い. ◇非人称の es を主語として》 Es bläst draußen. 外は風が強い.

II 他 (完了 haben) ① 《方向を表す語句とともに》(物⁴を…へ/…から)吹きかける, 吹き払う. die Krümel⁴ vom Tisch blasen テーブルからくずを吹き払う / 人³ 物⁴ in die Ohren blasen (口語) 物⁴(中傷などを)人³の耳に入れる. ② (吹いて)冷ます. die Suppe⁴ blasen スープを吹いて冷ます. ③ (吹奏楽器などを)吹く, 吹奏する; (吹奏楽器で曲⁴を)演奏する. [die] Flöte⁴ blasen フルートを吹く / 人³ den Marsch blasen 《比》人³をしかりとばす. ④ 吹いて作る. Glas⁴ blasen ガラス細工をする.

Bla·sen·ent·zün·dung [ブローゼン・エントツュンドゥング] 女 -/-en 膀胱(ぼうこう)炎.

Blä·ser [ブレーザァ bléːzər] 男 -s/- 管楽器奏者. (女性形: -in).

bla·siert [ブラズィーァト blazíːrt] 形 思いあがった, 高慢な, したり顔の.

Bla·siert·heit [ブラズィーァトハイト] 女 -/-en ① 〖複 なし〗高慢さ, 尊大さ. ② 思いあがった言動.

Blas·in·stru·ment [ブラース・インストルメント] 中 -es/-e (音楽)管楽器, 吹奏楽器.

Blas=ka·pel·le [ブラース・カペレ] 女 -/-n ブラスバンド, 吹奏楽隊.

Blas=mu·sik [ブラース・ムズィーク] 女 -/ 吹奏楽.

Blas·phe·mie [ブラスフェミー blasfemíː] 女 -/-n [..ミーエン] 冒瀆(ぼうとく), 瀆神(とくしん).

blas·phe·misch [ブラスフェーミッシュ blasféːmɪʃ] 形 冒瀆(ぼうとく)的な, 瀆神(とくしん)の.

Blas=rohr [ブラース・ローァ] 中 -[e]s/-e ① (吹き矢の)筒. ② 〈工〉(蒸気機関車などの)排気管.

*__blass__ [ブラス blás] 形 (比較)blasser, (最上)blassest まれに (比較)blässer, (最上)blässest) ① (顔色などが)青白い, 青ざめた. ((英)pale). ein *blasses* Gesicht 青白い顔 / Er wurde vor Schreck *blass*. 彼は恐ろしさのあまり青くなった. ② (色などが)淡い, ほのかな. ein *blasses* Rot auf den Wangen 頬(ほお)のほのかな赤味. ③ かすかな, ぼんやりした. eine *blasse* Erinnerung かすかな記憶 / Ich habe keine *blasse* Ahnung. 私はそのことについて少しも知らない. ④ 精彩を欠いた, ぱっとしない. Er wirkt sehr *blass*. 彼はまったくぱっとしない. ⑤ まぎれもない. der *blasse* Neid むき出しの嫉妬(しっと).

blaß [ブラス] blass の古い形 (☞ daß (参考)).

Bläs·se [ブレッセ blésə] 女 -/ 蒼白(そうはく), 淡色.

bläs·ser [ブレッサァ] *blass (青白い)の(比較)

bläs·sest [ブレッセスト] *blass (青白い)の(最上)

bläst [ブレースト] blasen (息を吹きかける)の2人称親称単数・3人称単数 現在

*__das__ **Blatt** [ブラット blát] 中 (単2) -es (まれに -s)/(複) Blätter [ブレッタァ] (3格のみ Blättern) ① 葉. ((英)leaf). grüne *Blätter* 青葉 / Die Bäume treiben *Blätter*. 木々は葉を出す / Die *Blätter* sprießen (fallen). 木の葉が芽ぐむ(落ちる) / kein *Blatt*[4] vor den Mund nehmen あけすけに自分の意見を言う(←木の葉を口に当てない).

② 〖数量単位としては: (複) -〗(1枚の)紙, (本などの)ページ. ein leeres *Blatt* 白紙 / ein grafisches *Blatt* 版画 / fünf *Blatt* Papier 5枚の紙 / lose *Blätter* ルーズリーフ / fliegende *Blätter* ビラ / *Blatt* **für** (または **um**) *Blatt* 1枚ずつ / Er ist noch ein unbeschriebenes *Blatt*. 〔口語・比〕a) 彼はまだどんな人間だかわからない(←何も書いてない紙), b) 彼はまだ経験が浅い / Das steht auf einem anderen *Blatt*. 〔比〕a) それは別問題だ, b) それは疑わしい / Das *Blatt* hat sich gewendet. 〔口語・比〕局面が変った(←ページがめくれた).

③ 新聞, 雑誌. Es hat **im** *Blatt* gestanden. それは新聞に載っていた. ④ 楽譜. **vom** *Blatt* singen (spielen) 初見で歌う(演奏する). ⑤ (トランプの)カード. ⑥ (のこ・斧(おの)などの)刃, (工具などの)平たい部分; (楽)(吹奏楽器の)リード, 舌. ⑦ 〈狩〉(鹿などの)肩甲部. ⑧ (牛の)肩肉.

> (参考) ..blatt のいろいろ: Abendblatt 夕刊 / Blütenblatt 花弁 / Feigenblatt いちじくの葉 / Flugblatt ビラ, ちらし / Kleeblatt クローバーの葉 / Merkblatt 注意書き / Notenblatt 楽譜 / Sägeblatt のこぎりの刃 / Wochenblatt 週刊新聞 / Zifferblatt (時計の)文字盤

Blat·ter [ブラッタァ bláṭər] 女 -/-n ① 〈医〉膿疱(のうほう). ② 〖複 で〗〈医〉天然痘, 痘瘡(とうそう).

Blät·ter [ブレッタァ] *Blatt (葉)の複

blät·te·rig [ブレッテリヒ blétərɪç] 形 ① 多葉の, 葉の多い. ② 葉状の, 薄片の.

blät·tern [ブレッタァン blétərn] (blätterte, hat/ist ..geblättert) I 自 (定て) haben または sein) ① (h) [**in** 物[3] ~] (物[3]の)ページをめくる. in einem Buch *blättern* 本をぱらぱら拾い読みする. ② (s) (ペンキなどが)はげ落ちる. II 他 (定て) haben) 〖方向を表す語句とともに〗(紙幣・トランプなど[4]を…へ)一枚一枚置く.

blät·ter·te [ブレッタァテ] blättern (ページをめくる)の過去

Blät·ter=teig [ブレッタァ・タイク] 男 -[e]s/-e パフペースト(幾層にも折りたたんだ小麦粉のパイ生地).

Blatt=gold [ブラット・ゴルト] 中 -[e]s/ 金箔(きんぱく).

Blatt=grün [ブラット・グリューン] 中 -s/ 〈植〉葉緑素, クロロフィル.

Blatt=laus [ブラット・らオス] 女 -/..läuse 〈昆〉アリマキ.

Blatt=pflan·ze [ブラット・プふらンツェ] 女 -/-n 観葉植物.

blätt·rig [ブレットリヒ blétrɪç] 形 =blätterig

Blatt=sa·lat [ブラット・ザらート] 男 -[e]s/-e サラダ用の葉菜(ようさい)(レタスなど).

Blatt=werk [ブラット・ヴェルク] 中 -[e]s/-e 〖ふつう 単〗① (総称として:)木の葉. ② (絵画や彫刻などの)葉模様.

*__blau__ [ブらオ bláu]

> 青い Sie hat *blaue* Augen.
> ズィー ハット ブらオエ アオゲン
> 彼女は青い目をしている.

(比較) blauer, (最上) blau[e]st 形 ① 青い, 青色の. ((英)blue). der *blaue* Himmel 青い空 / das *blaue* Meer 青い海 / die *blaue* Blume 青い花(ロマン派文学のあこがれの象徴) / der *Blaue* Planet 地球(←青い惑星) / ein *blauer* Fleck (なぐられた跡の)青あざ / ein Tuch[4] *blau* färben (または *blau*färben) 布を青く染める / einen *blauen* Montag machen《口語》(日曜日に続けて)月曜日に仕事をさぼる / Du wirst dein *blaues* Wunder erleben.《口語》君はあっと驚くだろう.

② (凍えて)血の気のない, 真っ青な. *blaue* Lippen 血の気のない唇. ③《俗》ぐでんぐでんに酔っ払った.

Blau [ブラオ] 甲 -s/- (口語: -s) ブルー, 空色, 青色. ein helles *Blau* ライトブルー / Sie trägt gerne *Blau*. 彼女は青い服がお気に入り.

blau=äu·gig [ブラオ・オイギヒ] 形 青い目の;《比》うぶな, ナイーブな.

Blau=bee·re [ブラオ・ベーレ] 女 -/-n《植》ブルーベリー (コケモモの一種) (=Heidelbeere). (☞ Beere 図).

blau=blü·tig [ブラオ・ブリューティヒ] 形 (皮肉って:)高貴なお生まれの, 貴族の血をひいた.

Bläue [ブロイエ] 女 -/《雅》青色.

Blaue[r] [ブラオエ (..ァ) bláʊə (..ər)] 男《語尾変化は形容詞と同じ》①《口語》警官(制服が青いことから). ②《俗》旧100マルク紙幣(青みがかった色をしていたことから).

Blaue[s] [ブラオエ[ス] bláʊə[s]] 甲《語尾変化は形容詞と同じ》《口語》青いもの; 漠然としたもの. ins *Blaue* [hinein] reden でまかせてしゃべる / eine Fahrt ins *Blaue* 当てのない旅 / Er lügt das *Blaue* vom Himmel herunter. 彼はとんでもないうそをつく.

Blau=fuchs [ブラオ・フクス] 男 -es/..füchse《動》青ギツネ(北極ギツネの一種).

Blau=kraut [ブラオ・クラオト] 甲 -[e]s/《南ドɪ, ォ±ɪ》ムラサキキャベツ(=Rotkohl).

bläu·lich [ブロイリヒ] 形 青みがかった.

Blau=licht [ブラオ・リヒト] 甲 -[e]s/-er (パトカー・消防車などの)青色警告灯.

blau|ma·chen [ブラオ・マッヘン bláʊ-màxən] 自(h)《口語》仕事(学校)をさぼる.

Blau=mei·se [ブラオ・マイゼ] 女 -/-n《鳥》アオガラ.

Blau=pau·se [ブラオ・パオゼ] 女 -/- 青写真.

Blau=säu·re [ブラオ・ゾイレ] 女 -/《化》青酸.

Blau=strumpf [ブラオ・シュトルンプフ] 男 -[e]s/..strümpfe (ののしって:)(教養を鼻にかける)才気走った女, 青鞜(とう)派の女(18世紀中ごろロンドン社交界の進歩的婦人サークルに青い靴下をはいた女性がいたことから).

Bla·zer [ブレーザァ blé:zər] 《英》男 -s/-《服飾》ブレザー[コート].

das **Blech** [ブレヒ bléç] 甲 (単2) -[e]s/(複) -e (3格のみ) -en ①ブリキ, 薄い金属板. *Blech*⁴ biegen ブリキを曲げる. ②《料理》(オーブンの天パン (=Back*blech*). ③《圏 なし》《音楽》(総称として:)(オーケストラの)金管楽器. ④《圏 なし》《口語》《軽蔑的に:》駄弁, ばかげたこと. Rede kein *Blech*! ばかげたことを言うな.

Blech=blas·in·stru·ment [ブレヒ・ブラースインストルメント] 甲 -[e]s/-e 金管楽器.

Blech=büch·se [ブレヒ・ビュクセ] 女 -/-n ブリキ缶.

ble·chen [ブレッヒェン bléçən] 他(h)・自(h) 支払う.

ble·chern [ブレッヒャァン bléçərn] 形《付加語としてのみ》① 金属板の, ブリキ製の. ② 金属的な響きの, うつろな響きの(声など).

Blech=in·stru·ment [ブレヒ・インストルメント] 甲 -[e]s/-e 金管楽器.

Blech=la·wi·ne [ブレヒ・ラヴィーネ] 女 -/-n (渋滞している)数珠つなぎの車列.

Blech=mu·sik [ブレヒ・ムズィーク] 女 -/ (ふつう軽蔑的に:)(小さな楽団による)吹奏楽.

Blech=scha·den [ブレヒ・シャーデン] 男 -s/..schäden《自動車》(交通事故による)ボディーの破損.

ble·cken [ブレッケン blékən] 他(h) (犬・猛獣などが)歯⁴をむき出す.

das **Blei**¹ [ブライ blái] 甲 (単2) -[e]s/ (種類を表すときのみ: 複) -e《英》lead) ①《圏 なし》鉛 (記号: Pb). schwer wie *Blei* 鉛のように重い / *Blei*⁴ gießen 鉛を溶かして水に入れ, 固まったその形から占う (大みそかの風習) /《物》《口語》人³ wie *Blei* im Magen. a)《物》人³の胃にもたれる, b)《物》人³の気を減入らせる / *Blei*⁴ in den Gliedern haben《口語》疲れ果てて手足が鉛のように重い. ② 測鉛(=Senk*blei*).

Blei² [ブライ] 男《南ド: 甲》-[e]s/-e (または -s)《口語》鉛筆 (=*Blei*stift).

Blei·be [ブライベ bláɪbə] 女 -/-n《ふつう 圏》《俗》宿泊所, 宿. keine *Bleibe*⁴ haben 泊る所がない.

blei·ben* [ブライベン bláɪbən]

> とどまる Ich *bleibe* heute zu Hause.
> イヒ　ブライベ　ホイテ　ツ　ハオゼ
> 私はきょうずっと家にいます.

(blieb, *ist*...geblieben) 自 (完了) sein) ①《場所を表す語句とともに》(…に)とどまる, 残る, 滞在する. 《英》remain). Wir *bleiben* bis zwei Uhr hier. 私たちは2時までここにいます / *Bleiben* Sie bitte am Apparat!《電話で:》切らずにお待ちください / bei 人³ *bleiben* 人³の所に滞在する / Wir *sind* drei Wochen in Deutschland *geblieben*.《現在完了》私たちは3週間ドイツに滞在しました / Der Vorfall *blieb* mir lange im Gedächtnis. その事件は長く私の記憶に残った / Das *bleibt* unter uns. それはここだけの話だよ / zu Hause *bleiben* (ずっと)家にいる.

> ⚠️ *sein* と *bleiben*: これまでの滞在を話題にする場合は, sein, これからのことを言うときは bleiben を用いる. 例: Wie lange *sind* Sie schon in Bonn? もうどれくらいボンに滞在していますか / Wie lange *bleiben* Sie noch in Bonn? あとどれくらいボンに滞在する予定ですか.

② (いつまでも…の)ままである. Das Wetter *bleibt* schön. ずっと天気がいい / Er *will* ledig *bleiben*. 彼はずっと独身でいるつもりだ / 人³ treu *bleiben* 人³にいつまでも忠実である / Die

bleibend

Tür *bleibt* offen (geschlossen). ドアは開いた(閉まった)ままである / **Wir *bleiben* Freunde!** ぼくたちはいつまでも友だちでいよう / übrig *bleiben* 残っている / **am** Leben *bleiben* 生きている / Alles *bleibt* **beim** Alten. 何もかも元のままだ / **in** Bewegung *bleiben* ずっと動いている / **ohne** Wirkung *bleiben* 効果のないままである.
③ 残っている. 10 weniger 7 *bleibt* 3. 10引く7は3 / Mir *bleibt* keine andere Wahl. 私に他に選択の余地がない.
④〖**bei**〖3格〗~〗〖3格〗に固執する, 〖3格〗を変えない. Er *bleibt* bei seiner Meinung. 彼は自分の意見を変えない / Bei diesem Wein *bleiben* wir. 私たちはこれからもこのワインにします / Ich bleibe dabei, dass… …という考えを私は変えない. ◇〖非人称の **es** を主語として〗Es *bleibt* dabei! それで決まりだ, それで変更なしだ.
⑤〖**zu** 不定詞とともに〗(…した)ままである. hängen *bleiben* a) 掛かっている, b) (記憶などに)残っている / liegen *bleiben* a) 横になったままである, b) 置いたままになっている / sitzen *bleiben* a) 座ったままである, b) 留年する / stecken *bleiben* a) はまり込んでいる, b) (計画などが)行き詰まる / stehen *bleiben* a) 立ち止まる, b) (活動などが)進展しなくなる. 〖この意味では分離動詞として一語書きされることがある〗.
⑥〖**zu** 不定詞(句)とともに〗まだ…されうる; まだ…されなければならない. Es *bleibt* zu hoffen, dass… …という望みがまだある / Es *bleibt* abzuwarten, ob… …かどうかはもう少し待ってないとわからない. ⑦《雅》死ぬ. im Krieg *bleiben* 戦死する.
▶ bleiben|lassen

blei·bend [ブライベント] Ⅰ ‡bleiben (とどまる)の〖現分〗 Ⅱ 〖形〗永続的な, 変わらない. eine *bleibende* Erinnerung 忘れられない思い出 / *bleibende* Werte 不変の価値.

blei·ben|las·sen*, blei·ben las·sen*
[ブライベン・ラッセン bláibən-làsən] 〖過去〗 blieben[ge]lassen / bleiben [ge]lassen 〖他〗(h)《口語》〖4格〗をしないでおく, (喫煙などを〖4格〗)やめる. *Lass* das lieber *bleiben*! それはしないほうがいいいよ.

bleich [ブライヒ bláiç] 〖形〗① 青ざめた, 血の気のない. (英) *pale*). ein *bleiches* Gesicht 青ざめた顔 / Er wurde *bleich* vor Schreck. 彼は恐怖のあまり血の気を失った. ②《雅》淡い色の, ほの白い. das *bleiche* Licht des Mondes 淡い月の光.

Blei·che [ブライヒェ bláiçə] 〖女〗-/-n ①〖複なし〗《詩》蒼白(≒), 青白さ. ②(昔の:)(布の)さらし場, 漂白場; 漂白剤.

blei·chen¹ [ブライヒェン bláiçən] 〖他〗(h) 漂白する, さらす.

blei·chen²(*) [ブライヒェン] 〖自〗(s) 色あせる, 変色する.

Bleich=mit·tel [ブライヒ・ミッテる] 〖中〗 -s/- 漂白剤.

blei·ern [ブライアァン bláiərn] 〖形〗① 〖付加語としてのみ〗鉛の, 鉛製の; 《雅》鉛色の. ②《比》(鉛のように)重苦しい, けだるい. *bleierner* Schlaf 重苦しい眠り.

blei=frei [ブライ・フライ] 〖形〗無鉛の(ガソリンなど).

blei=hal·tig [ブライ・ハるティヒ] 〖形〗鉛を含む.

blei=schwer [ブライ・シュヴェーァ] 〖形〗鉛のように重い; 《比》重苦しい.

*der Blei=stift [ブライ・シュティフト bláiʃtift] 〖男〗(単2) -[e]s/(複) -e (3格のみ -en) 鉛筆. (英) *pencil*). ein harter (weicher) *Bleistift* しんの硬い(しんの軟らかい)鉛筆 / mit dem *Bleistift* schreiben 鉛筆で書く / den *Bleistift* spitzen 鉛筆を削る.

Blei·stift=spit·zer [ブライシュティフト・シュピッツァァ] 〖男〗-s/- 鉛筆削り(器).

Blei=ver·gif·tung [ブライ・フェァギフトゥング] 〖女〗-/-en 鉛中毒.

Blei·weiß [ブライ・ヴァイス] 〖中〗-/ (化)鉛白, 塩基性炭酸鉛(白色顔料として塗料に用いる).

Blen·de [ブれンデ bléndə] 〖女〗-/-n ① 日よけ, ブラインド; (馬の)目隠し. ②(写·映)絞り; フェードアウト, フェードイン. die *Blende*⁴ öffnen (schließen) 絞りを開ける(絞る) / *Blende*⁴ ein|stellen 絞りを9に合わせる. ③(建)(外壁の)窓形装飾(開口部のない装飾用の窓); 壁龕(≒).

blen·den [ブれンデン bléndən] du blendest, er blendet (blendete, *hat* …geblendet) Ⅰ 〖他〗(完了 haben) ① (〖人4格〗を)まぶしがらせる, (目を)くらませる. (英) *dazzle*). Der Scheinwerfer *blendete* ihn (または seine Augen). 彼はヘッドライトがまぶしかった. ②《比》(人4格)を眩惑(≒)する; 魅了する. Er war von ihrer Schönheit *geblendet*. 〖状態受動·過去〗彼は彼女の美しさのとりこになっていた / sich⁴ vom äußeren Schein *blenden lassen* 外見に惑わされる. ③ (刑罰として)盲目にする.
Ⅱ 〖自〗(h) ① (太陽が)ぎらぎら輝く. ②〖**auf** (または **in**)〖物〗~〗(ランプなどで〖4格〗を)照らす.

blen·dend [ブれンデント] Ⅰ blenden (まぶしがらせる)の〖現分〗 Ⅱ 〖形〗まぶしいばかりの(容貌(≒)など); すばらしい. Es geht mir *blendend*. 私はとても調子がよい.

Blen·der [ブれンダァ bléndər] 〖男〗-s/- はったり屋, 見かけ倒しの人. (女性形: -in).

blen·de·te [ブれンデテ] blenden (まぶしがらせる)の〖過去〗.

Blen·dung [ブれンドゥング] 〖女〗-/ まぶしがらせる(眩惑(≒)する)こと; 眩惑されること.

Blend=werk [ブれント・ヴェルク] 〖中〗-[e]s/-e《雅》見せかけ, ごまかし, ペテン.

Bles·se [ブれッセ bléəs] 〖女〗-/-n ①(牛などの)額の白斑(≒). ②白斑(≒)のある動物.

*der Blick [ブリック blík] 〖男〗(単2) -[e]s/(複) -e (3格のみ -en) ① 視線, まなざし. (英) *look*). den *Blick* heben (senken) 目を上げる(伏せる) / 〖人3格〗einen *Blick* zu|werfen 〖人3格〗をちらっと見る / einen *Blick* riskieren《口語》盗み見る / den *Blick* **auf**〖物〗⁴ richten 〖物〗⁴に視線を

向ける / Er warf einen *Blick* auf den Brief. 彼はその手紙にちらっと目をやった / auf den ersten *Blick* 一目見て / keinen *Blick* für [人・物]⁴ haben a) [人・物]⁴を見向きもしない, b) [人・物]⁴を理解できない / einen *Blick* hinter die Kulissen werfen (または tun) 舞台裏(背後関係)を知る / [物]⁴ mit einem *Blick* sehen [物]⁴が一目でわかる.

② 〖覆 なし〗目つき, まなざし. einen sanften *Blick* haben 優しい目をしている. ③ 〖覆 なし〗見晴らし, 展望. ein Zimmer mit *Blick* aufs Meer 海を見晴らせる部屋. ④ 〖覆 なし〗眼力, 洞察力. den richtigen *Blick* für [事]⁴ haben [事]⁴をきちんと見きわめることができる.

*bli·cken [ブリッケン blíkən] (blickte, hat geblickt) 圓 (完了 haben) ① 〖方向を表す語句とともに〗(…へ)目を向ける, (…の方を)見る. (英 look). Er blickte **auf** seine Uhr. 彼は時計を見た / **aus** dem Fenster blicken 窓から外を見る / **ins** Zimmer blicken 部屋の中をのぞき込む / Er blickte in die Ferne. 彼は遠くを見やった / **zu** (または nach) [人・物]³ blicken [人・物]³に目を向ける. (☞ 類語 sehen). ② 〖ちらりと〗見える, のぞいている. Die Sonne *blickt* aus den Wolken. 太陽が雲間からのぞく. ③ (…の)目つきをしている. freundlich *blicken* 親しげなまなざしである.

▶ blicken|lassen

bli·cken|las·sen*, bli·cken las·sen* [ブリッケン・ラッセン blíkən-làsən] 再帰 (h) 〖sich⁴ ~〗(訪問して)顔を見せる.

Blick*fang [ブリック・ファング] 男 -[e]s/..fänge 人目をひく物.

Blick*feld [ブリック・フェるト] 中 -[e]s/-er 視界, 視野.

Blick*punkt [ブリック・プンクト] 男 -[e]s/-e ① 注目の的. im *Blickpunkt* der Öffentlichkeit² stehen 世間の注目を集めている. ② 視点, 観点.

blick·te [ブリックテ] ∗blicken (目を向ける)の過去

Blick*win·kel [ブリック・ヴィンケる] 男 -s/- 視角; 観点.

blieb [ブリープ] ∗bleiben (とどまる)の過去

blie·be [ブリーベ] ∗bleiben (とどまる)の接2

blies [ブリース] blasen (息を吹きかける)の過去

blie·se [ブリーゼ] blasen (息を吹きかける)の接2

*blind [ブリント blínt] 形 ① 目の見えない, 盲目の; 眼識のない. (英 blind). ein *blindes* Kind 目の見えない子供 / Er ist auf dem rechten Auge fast *blind*. 彼は右目がほとんど見えない / *blinder* Fleck 《医》(目の)盲点 / für [事]⁴ *blind* sein [事]⁴を見る目がない.

② 盲目的な, 見境のない. *blinder* Gehorsam 盲目的な服従 / Er war *blind* vor Eifersucht. 彼は嫉妬のあまり見境がなくなっていた / Liebe macht *blind*. 〖諺〗恋は盲目 (←恋は人を盲目にする) / [人]³ *blind* glauben [人]³の言うことを盲信する / ein *blinder* Zufall まったくの偶然.

③ 曇りのある, 不透明な. ein *blindes* Glas 曇りガラス. ④ 見せかけの, まやかしの. ein *blinder* Alarm 誤って発せられた警報. ⑤ 目に見えない, 隠れた. eine *blinde* Naht (外から見えない)縫い目.

Blind*darm [ブリント・ダルム] 男 -[e]s/..därme 《医》盲腸.

Blind·darm*ent·zün·dung [ブリントダルム・エントツュンドゥング] 囡 -/-en 《口語》盲腸炎 (=Appendizitis).

Blin·de*kuh [ブリンデ・クー] 囡 《成句的に》*Blindekuh*⁴ spielen 目隠し鬼ごっこをする.

Blin·den*füh·rer [ブリンデン・フューラァ] 男 -s/- 視覚障害者案内人. (女性形: -in).

Blin·den*hund [ブリンデン・フント] 男 -[e]s/-e 盲導犬.

Blin·den*schrift [ブリンデン・シュリふト] 囡 -/-en 点字; 点字印刷物.

Blin·de[r] [ブリンデ (..ダァ) blíndə (..dər)] 男 囡 〖語尾変化は形容詞と同じ〗目の見えない人, 盲人.

blind|flie·gen* [ブリント・ふりーゲン blíntflì:gən] 圓 (s) 計器飛行をする.

Blind*flug [ブリント・ふるーク] 男 -[e]s/..flüge 《空》計器飛行.

Blind*gän·ger [ブリント・ゲンガァ] 男 -s/- ① 《軍》不発弾. ② 《俗》期待はずれの人; 役立たず. (女性形: -in).

Blind·heit [ブリントハイト] 囡 -/ 盲目, 失明; 《比》蒙昧(もうまい), 無知. die völlige *Blindheit* 全盲, 完全失明 / Er ist [wie] mit *Blindheit* geschlagen. 〖状態受動・現在〗彼は事態がどうなっているのかまるでわかっていない.

blind·lings [ブリントリングス blíntlɪŋs] 副 やみくもに, 見境なく. *blindlings* in sein Verderben rennen 破滅へとつっき走る / [人]³ *blindlings* gehorchen [人]³に盲従する.

Blind*schlei·che [ブリント・シュらイヒェ] 囡 -/-n 《動》アシナシトカゲ.

blind|schrei·ben* [ブリント・シュライベン blínt-ʃràibən] 圓 (h) (ワープロなどで)ブラインドタッチでキーボードを打つ.

blin·ken [ブリンケン blíŋkən] I 圓 (h) ① ぴかぴか(きらきら)光る, 輝く. Die Sterne *blinken* am Himmel. 空に星がきらめいている. ② 点滅信号で合図する, ウインカーを点滅させる. II 他 (h) (信号⁴を)光の点滅で発信する. SOS⁴ *blinken* SOS を発信する.

Blin·ker [ブリンカ blíŋkər] 男 -s/- ① (自動車の)ウインカー. ② (釣りの)金属の擬餌(ぎじ)針(ルアーの一種).

Blink*feu·er [ブリンク・ふォイアァ] 中 -s/- 《交通》(特に海岸の)点滅信号[灯].

Blink*licht [ブリンク・りヒト] 中 -[e]s/-er 《交通》(交差点・踏切などの)点滅信号[灯].

blin·zeln [ブリンツェるン blíntsəln] 圓 (h) ① (まぶしくて)目を細くして見る. ② まばたきする; 目くばせする.

der **Blitz** [ブリッツ blíts] 男 (単2) -es/(複) -e (3格のみ -en) ① 稲妻, 稲光. (英) lightning). *Blitz* und Donner 稲妻と雷 / zuckende *Blitze* ぴかっと光る稲妻 / Der *Blitz* hat in den Baum eingeschlagen. 木に雷が落ちた / vom *Blitz* erschlagen werden 雷に打たれて死ぬ / wie vom *Blitz* getroffen 雷に打たれたように(肝をつぶして) / Er verschwand wie der *Blitz*. 《口語》彼は[電光のように]すばやく消えうせた / wie ein *Blitz* aus heiterem Himmel 晴天の霹靂(へきれき)のように.
② 《口語》(カメラの)フラッシュ (=*Blitz*licht).

Blitz⸗ab·lei·ter [ブリッツ・アップらイタァ] 男 -s/- 避雷針; (比) 怒りのはけ口.

blitz⸗ar·tig [ブリッツ・アールティヒ] 形 電光のような; 電光石火の, すばやい.

blitz⸗blank [ブリッツ・ブらンク] 形 《口語》まぶしいほど輝く, ぴかぴかに磨きあげられた.

blit·zen [ブリッツェン blítsən] (blitzte, hat ...geblitzt) I 非人称 (完了 haben) Es *blitzt*. 稲光がする. Bei dir *blitzt* es. 《口語・戯》君のスカートからスリップがのぞいているよ.
II 自 (完了 haben) ① (ぴかっと・きらりと)光る, ぴかぴか光る(輝く). Ein Messer *blitzte* in seiner Hand. ナイフが彼の手できらりと光った / Die Küche *blitzt* vor Sauberkeit. 台所が掃除が行き届いてぴかぴかしている / In seinen Augen *blitzte* Übermut. 彼の目には思いあがりの気持ちが見えた. ◊ [現在分詞の形で] mit *blitzenden* Augen 目をきらきらさせて. ② ストリーキングする.
III 他 (完了 haben) 《口語》フラッシュ(ストロボ)を使って撮影する.

Blitz⸗krieg [ブリッツ・クリーク] 男 -[e]s/-e (軍)電撃戦.

Blitz⸗licht [ブリッツ・りヒト] 中 -[e]s/-er (写)フラッシュ, ストロボ.

blitz⸗sau·ber [ブリッツ・ザオバァ] 形 ① 《口語》ぴかぴかに磨かれた(台所など). ② 《南ドツ》小ぎれいでチャーミングな(女の子など).

Blitz⸗schlag [ブリッツ・シュらーク] 男 -[e]s/..schläge 落雷.

blitz⸗schnell [ブリッツ・シュネる] 形 《口語》電光石火の, きわめて速い.

blitz·te [ブリッツテ] blitzen (非人称で: 稲光がする)の過去.

Bloch [ブロッホ blɔ́x] -s/- (人名) ブロッホ (Ernst *Bloch* 1885-1977; ドイツの哲学者).

der **Block** [ブロック blɔ́k] 男 (単2) -[e]s/(複) Blöcke [ブレッケ] (3格のみ Blöcken) または (複) Blocks (英 block) ① 〖複 Blöcke〗 (石・金属などの)かたまり. Felsblock 岩塊 / ein *Block* aus Beton コンクリートのかたまり.
② 〖複 Blocks まれに Blöcke〗 街区 (=Wohn*block*). Sie wohnen im gleichen *Block*. 彼らは同じ街区に住んでいる. ③ 〖複 Blöcke まれに Blocks〗 (政治・経済上の)ブロック. Ost*block* (かつての)東欧圏 / ein militärischer *Block* 軍事ブロック. ④ (はぎ取り式用紙の)一冊; 切手の記念シート. Notiz*block* はぎ取り式メモ帳 / ein *Block* Briefpapier 便箋(びんせん) 1冊.
⑤ 〖複 Blocks〗 (コンピュ) ブロック.

Blo·cka·de [ブロカーデ blɔkáːdə] 女 -/-n ① (国境などの)封鎖. die *Blockade*⁴ aufheben (brechen) 封鎖を解く(破る). ② (印) (転倒活字による)伏せ字(げた)の箇所.

Blö·cke [ブレッケ] Block (かたまり)の複.

blo·cken [ブロッケン blɔ́kən] 他 (h) ① (スポ) (相手の攻撃を⁴を)ブロック(防害)する. ② 《南ドツ》(床など⁴を)磨く.

Block⸗flö·te [ブロック・ふれーテ] 女 -/-n (音楽) ブロックフレーテ, リコーダー(木製の縦笛).

block⸗frei [ブロック・ふライ] 形 (政) ブロックに属さない. *brockfreie* Staaten 非同盟諸国.

Block⸗haus [ブロック・ハオス] 中 -es/..häuser 丸太小屋

blo·ckie·ren [ブロキーレン blɔkíːrən] I 他 (h) ① (港・国境など⁴を)封鎖する; (通路など⁴を)遮断する, 通行止めにする; (交渉など⁴を)阻止する; (スポ) ブロックする. Die Strecke *war* vom Schnee *blockiert*. 〖状態受動・過去〗その区間は雪で通行止めだった. ② (印) (未校正箇所⁴を)伏せ字にする. II 自 (h) (ブレーキなどが)機能しない. Der Motor *hat blockiert*. エンジンがかからなかった.

Block⸗schrift [ブロック・シュリふト] 女 -/ (印) 活字体, ブロック字体. (英「筆記体」は Schreibschrift).

blöd [ブレート] 形 =blöde

blö·de [ブレーデ bløː́də] 形 ① 《口語》ばかな, 愚かな. Ein *blöder* Kerl! ばかなやつだよ / sich⁴ *blöde* benehmen 愚かなふるまいをする. ② 《口語》いまいましい, 不愉快な. eine *blöde* Sache 不愉快なこと.

blö·deln [ブレーデるン blǿːdəln] 自 (h) 《口語》ふざけてばかな話(こと)をする.

Blö·di·an [ブレーディアン blǿːdiaːn] 男 -s/-e 《口語》ばか, 愚か者.

Blöd⸗mann [ブレート・マン] 男 -[e]s/..männer 《俗》(ののしって:)ばか者, 愚か者.

Blöd⸗sinn [ブレート・ズィン] 男 -[e]s/- 《口語》ばかげたこと, 愚かなこと. höherer *Blödsinn* ごりっぱなナンセンス / *Blödsinn*⁴ reden くだらぬことをしゃべる.

blöd⸗sin·nig [ブレート・ズィニヒ] 形 《口語》ばかげた, 愚かな.

Blog [ブロック blɔ́k または ブログ blɔ́g] 男中 -s/-s (コンピュ) ブログ, ウェブログ (英語の weblog に由来).

blö·ken [ブレーケン bløː́kən] 自 (h) (羊が)めーと鳴く, (牛が)もーと鳴く.

***blond** [ブロント blɔ́nt] 形 ① ブロンドの, 金髪の. (英 blond). *blondes* Haar ブロンドの髪 / ein *blondes* Mädchen 金髪の女の子. ② 《口語》淡黄色の(ビール・パンなど). *blondes* Bier (黒ビールに対して:)淡色ビール.

Blon·de[s] [ブロンデ[ス] blɔ́ndə[s]] 中 〖語尾変化は形容詞と同じ〗《口語》淡色ビール (=helles Bier).

blon·die·ren [ブロンディーレン blɔndíːrən] 他 (h)《髪を》ブロンドに染める(脱色する).

Blon·di·ne [ブロンディーネ blɔndíːnə] 女 -/-n 金髪の女性.

＊bloß [ブロース bló:s] I 形 ① **むき出しの**, 裸の.（英 bare）. mit bloßem Oberkörper 上半身裸で / mit bloßem Auge 肉眼で / Das Kind war nackt und bloß. その子供はすっ裸だった.
② 《付加語としてのみ》 ただ…だけの, 単なる.（英 mere). im bloßen Hemd シャツだけ着て / mit bloßen Worten 口先だけで / Der bloße Anblick macht mich schaudern. 見るだけでも私はぞっとする.
II 副《口語》① **ただ…だけ**, 単に.（英 only）. Er denkt bloß an sich. 彼は自分のことしか考えない / Ich habe bloß noch 5 Euro. 私はもうたった5ユーロしか持っていない / **nicht bloß A, sondern auch B** A だけでなく B もまた.
② 《命令文で》さあ, どうか. Mach das bloß nicht wieder! そんなこと二度とするんじゃないよ.
③ 《疑問文で》いったい. Was soll ich bloß machen? いったい私にどうしろというのか.
► bloß|legen²

Blö·ße [ブレーセ bløːsə] 女 -/-n ①《雅》裸[体], 身体の露出部分（特に局部）.（フェンシングで:)防備のすき；《比》弱点. sich³ eine Blöße⁴ geben 弱み(すき)を見せる / 人³ eine Blöße⁴ bieten 人³につけ込むすきを与える.

bloß|le·gen¹ [ブロース・レーゲン blóːs-lèːɡən] 他 (h)《比》(秘密など⁴を)明かす, 暴露する.

bloß|le·gen², bloß le·gen [ブロース・レーゲン] 他 (h) (遺跡など⁴を)掘り出す, 発掘する.

bloß|stel·len [ブロース・シュテレン blóːs-ʃtɛ̀lən] 他 (h)（人⁴の)弱点をさらす, 笑いものにする. ◇《再帰的に》sich⁴ bloßstellen 恥をさらす, もの笑いになる.

Blou·son [ブるゾーン bluzóː] 〔ジス〕 中 -[s]/-s《服飾》ブルゾン(腰部の締まったジャンパー).

blub·bern [ブるッバァン blúbərn] 自 (h)《口語》ぶくぶく泡を立てる；《比》(怒って)ぶつぶつ言う.

Blue·jeans [ブるー・ヂーンス blúː-dʒiːns] 〔英〕複《服飾》ブルージーンズ, ジーパン.

Blues [ブるース blúːs]〔英〕男 -/-《音楽》ブルース.

Bluff [ブらふ blʊ́f または ブらふ bláf]〔英〕男 -s/-s はったり；こけおどし.

bluf·fen [ブらッフェン blʊ́fən] 他 (h) (人⁴に)はったりを言ってだます.

＊＊blü·hen [ブリューエン blýːən] (blühte, hat … geblüht) 自《完了 haben》① (花が)**咲いている**, 花盛りである.（英 bloom). Die Rosen blühen. ばらの花が咲いている / Der Garten blüht. 庭は花盛りだ.
②《比》栄える, 盛んである. Das Geschäft blüht. 商売が繁盛している. ③《口語》(災難などが人³の)身に降りかかる. Das kann dir auch noch blühen. 君もそんな目に遭うかもしれないよ.

blü·hend [ブリューエント blýːənt] I ＊blühen (咲いている)の 現分 II 形 ① 花盛りの, 咲いている. blühende Wiesen 花盛りの草原 / in blühender Jugend 若い盛りに. ② 途方もない.

blüh·te [ブリューテ blýːtə] ＊blühen (咲いている)の 過去

Blüm·chen [ブリュームヒェン blýːmçən] 中 -s/- (Blume の 縮小) 小さい花.

Blüm·chen⹀kaf·fee [ブリュームヒェン・カフェー] 男 -s/-s《口語》薄すぎるコーヒー(カップの底の花模様が透けて見えるほど薄いことから).

＊die Blu·me [ブるーメ blúːmə]

> 花　Die *Blumen* sind für dich!
> ディ ブるーメン ズィント フューァ ディヒ
> この花は君に持ってきたんだよ.

女〔単〕-/〔複〕-n ① **花**, 草花.（英 flower).《ハイ》「樹木の花」は ふつう Blüte). duftende Blumen いい香りがする花 / künstliche Blumen 造花 / ein Strauß Blumen 一束の花 / Blumen⁴ gießen 花に水をやる / Blumen⁴ pflanzen 花を植える / Blumen⁴ pflücken 花をつむ / 人³ Blumen⁴ überreichen 人³に花を贈呈する / Die Blumen gehen auf. 花が咲く / Die Blumen welken. 花がしぼむ / 物⁴ **durch die Blume** sagen《比》物⁴を遠回しに言う / Vielen Dank für die Blumen.《口語》(反語的に:)それはまた結構なご忠告をどうも(人の批判に対する返答).
② ワインの芳香；ビールの泡. ③《狩》うさぎの白い尾.

> 《ハイ》ドイツでよく見かける花: die **Dahlie** ダリア / die **Distel** あざみ / das **Edelweiß** エーデルワイス / die **Geranie** ゼラニウム / die **Glockenblume** ききょう / der **Klee** クローバー / der **Krokus** クロッカス / die **Lilie** ゆり / das **Maiglöckchen** ドイツすずらん / der **Mohn** ひなげし / die **Nelke** カーネーション / die **Rose** ばら / das **Schneeglöckchen** スノードロップ / das **Stiefmütterchen** パンジー / die **Tulpe** チューリップ / das **Veilchen** すみれ

Blu·men⹀beet [ブるーメン・ベート] 中 -[e]s/-e 花壇.

Blu·men⹀er·de [ブるーメン・エーァデ] 女 -/-（草花用の）配合土, 肥土.

Blu·men⹀ge·schäft [ブるーメン・ゲシェふト] 中 -[e]s/-e 花屋.

Blu·men⹀kas·ten [ブるーメン・カステン] 男 -s/..kästen (草花用の)プランター, フラワーボックス.

Blu·men⹀kohl [ブるーメン・コール] 男 -[e]s/-e《植》カリフラワー.

blu·men⹀reich [ブるーメン・ライヒ] 形 ① 花がいっぱいの. ②《比》美辞麗句に富んだ.

Blu·men⹀stock [ブるーメン・シュトック] 男 -[e]s/..stöcke 鉢植えの花.

der Blu·men⹀strauß [ブるーメン・シュトラオス blúːmən-ʃtraus] 男 〔単〕-es/〔複〕..sträuße [..シュトロイセ] (3格のみ ..sträußen) 花束. 人³ einen Blumenstrauß überreichen 人³に花束を贈呈する.

Blu·men·topf [ブルーメン・トプふ] 男 -[e]s/..töpfe 植木鉢;《口語》植木の草花. Damit kannst du keinen *Blumentopf* gewinnen.《口語》そんなことをしたってどうにもならないよ.

Blu·men/va·se [ブルーメン・ヴァーゼ] 女 -/-n 花びん.

Blu·men/zwie·bel [ブルーメン・ツヴィーベる] 女 -/-n《植》鱗茎(りんけい), 球根.

blü·me·rant [ブリュメラント blyməránt] 形《口語》めまいのする, 血の気のない. Mir ist ganz *blümerant* [zumute]. 私はくらくらする.

blu·mig [ブルーミヒ blú:mıç] 形 ① 花のような香りのする, 芳香のある(ワインなど). ein *blumiges* Parfüm 花の香りの香水. ②《比》美辞麗句の多い.

*die **Blu·se** [ブルーゼ blú:zə] 女(単) -/(複) -n ① ブラウス; 上っ張り; (水兵服などの)上着.《英 *blouse*》. eine seidene *Bluse* 絹のブラウス / Sie trägt heute eine weiße *Bluse*. 彼女はきょうは白いブラウスを着ている. ②(若者言葉;) 女の子 (=Mädchen).

*das **Blut** [ブルート blú:t] 中(単2) -es (まれに -s)/(医: -e) ① 血, 血液.《英 *blood*》. gesundes *Blut* 健康な血 / das *Blut* Christi² キリストの血(聖餐(せいさん)式の赤ワイン) / das *Blut*⁴ stillen 血を止める / *Blut*⁴ spenden 献血する / *Blut*⁴ übertragen《医》輸血する /人³ *Blut*⁴ entnehmen 人³から採血する / viel *Blut*⁴ verlieren 多量の血を失う / Das *Blut* fließt aus der Wunde. 傷口から血が流れている / Das *Blut* stieg ihm vor Zorn in den Kopf. 彼は怒りのあまり血が頭にのぼった / Mir stockte das *Blut* in den Adern.(驚きのあまり)私は血も凍るような思いをした / Er hat *Blut* geleckt.《比》彼は味をしめた(←血をなめた) / *Blut*⁴ und Wasser⁴ schwitzen《口語》a) 非常にこわい思いをする, b) 悪戦苦闘する / böses *Blut*⁴ machen《比》人々を怒らせる /人⁴ bis aufs *Blut* peinigen (または quälen) 人⁴を徹底的に苦しめる. ②《比》気質, 気分. kaltes *Blut*⁴ bewahren 冷静を保つ / heißes (または feuriges) *Blut*⁴ haben かっとなりやすい / Nur ruhig *Blut*!《口語》まあまあ落ち着けよ / Die Musik liegt ihm *im Blut*. 彼には生まれつき音楽の才がある. ③ 血統, 血縁. blaues *Blut*⁴ [in den Adern] haben 貴族の出である. ④《詩》人間. ein junges *Blut* 若者.

▶ **blut/bildend, blut/stillend**

Blut/ader [ブルート・アーダァ] 女 -/-n《医》静脈 (=Vene).

Blut/an·drang [ブルート・アンドラング] 男 -[e]s/《医》充血.

blut/arm¹ [ブルート・アルム] 形《医》貧血[症]の;《比》顔色の悪い.

blut/arm² [ブルート・アルム] 形《口語》ひどく貧しい, 赤貧の.

Blut/ar·mut [ブルート・アルムート] 女 -/貧血[症] (=Anämie).

Blut/bad [ブルート・バート] 中 -[e]s/..bäder《ふつう 単》大量殺戮(さつりく), 大虐殺.

Blut/bahn [ブルート・バーン] 女 -/-en《医》血路.

Blut/bank [ブルート・バンク] 女 -/-en《医》(輸血用の)血液銀行.

Blut/bild [ブルート・ビるト] 中 -[e]s/-er《医》血液像[検査].

blut/bil·dend, Blut bil·dend [ブルート・ビるデント] 形 造血力のある.

Blut/bu·che [ブルート・ブーヘ] 女 -/-n《植》赤ブナ.

Blut/druck [ブルート・ドルック] 男 -[e]s/《医》血圧.

blut/dürs·tig [ブルート・デュルスティヒ] 形《雅》血に飢えた, 残忍な.

*die **Blü·te** [ブリューテ blý:tə] 女(単) -/(複) -n ① (樹木・果樹の)花.《英 *blossom*》.《口語》「草花」はふつう Blume. Kirsch*blüte* 桜の花 / ein Baum voller *Blüten*² 満開の木 / *Blüten*⁴ treiben (木が)花をつける. ②[複 なし] 開花期]; 花盛り. Die Bäume stehen **in** [voller] *Blüte*. 木々は花盛りである. ③[複 なし]《雅》全盛[期]. in der *Blüte* seiner Jahre² 彼の人生の全盛期に. ④《口語》偽札. ⑤《口語》(顔の)吹き出物, にきび. ⑥《口語》役たたず.

Blut/egel [ブルート・エーゲる] 男 -s/-《動》チスイビル.

blu·ten [ブルーテン blú:tən] du blutest, er blutet (blutete, *hat* ... geblutet) 自(完了 haben) ① 出血する.《英 *bleed*》. Der Verletzte blutet stark. その負傷者は大出血をしている / Er blutet **aus** der Nase. または Die Nase blutet ihm. 彼は鼻血を出している / Mir blutet das Herz.《比》私は断腸の思いだ(←私の心臓は出血している). ②《比》(木が)樹液を分泌する. ③《比》(やむをえず)大金を支払う. Er *musste* schwer bluten. 彼は大金を払うはめになった.

Blü·ten/blatt [ブリューテン・ブらット] 中 -[e]s/..blätter《植》花弁, 花びら.

Blü·ten/staub [ブリューテン・シュタオプ] 男 -[e]s/《植》花粉.

blü·ten/weiß [ブリューテン・ヴァイス] 形 (洗濯して)真っ白な(シャツなど).

Blu·ter [ブルータァ blú:tər] 男 -s/-《医》血友病患者.(女性形: -in).

Blut/er·guss [ブルート・エァグス] 男 -es/..güsse《医》血腫(けっしゅ); 内出血.

Blu·ter/krank·heit [ブルータァ・クランクハイト] 女 -/《医》血友病.

blu·te·te [ブルーテテ] bluten (出血する)の過去

Blü·te/zeit [ブリューテ・ツァイト] 女 -/-en 開花期, 花盛り;《比》全盛期, 最盛期.

Blut/farb·stoff [ブルート・ふァルプシュトふ] 男 -[e]s/-e《医》ヘモグロビン, 血色素 (=Hämoglobin).

Blut/ge·fäß [ブルート・ゲふェース] 中 -es/-e

《医》血管 (=Ader).
Blut≈ge·rinn·sel [ブلُートゲリンぜる] 田 -s/- 《医》凝血塊, 血栓.
Blut≈grup·pe [ブルート・グルッペ] 囡 -/-n 《医》血液型. Was für eine *Blutgruppe* haben Sie? — Ich habe die *Blutgruppe* A. あなたの血液型は何型ですか — A 型です.
Blut≈hoch·druck [ブلُート・ホーホドルック] 男 -[e]s/ 《医》高血圧[症].
Blut≈hund [ブルート・フント] 男 -[e]s/-e ①《動》ブラッドハウンド (嗅覚が鋭く, 獣の血のにおいをかいで追跡する英国種の猟犬). ②《比》残忍な人.

blu·tig [ブルーティヒ blúːtɪç] 形 ① 血まみれの; 《比》血なまぐさい, 流血の(惨事など). (英 *bloody*). ein *blutiges* Gesicht 血まみれの顔 / *blutige* Kämpfe 凄惨(説)な戦い. ②《付加語としてのみ》まったくの, 完全な. ein *blutiger* Laie ずぶの素人(½½) / Es ist mein *blutiger* Ernst. [そのことで]私は大まじめなんだ.

blut≈jung [ブلُート・ユング] 形 非常に若い.
Blut≈kon·ser·ve [ブلُート・コンゼルヴェ] 囡 -/-n 保存血液.
Blut≈kör·per·chen [ブلُート・ケルパァヒェン] 田 -s/- 《医》血球. rote (weiße) *Blutkörperchen* 赤(白)血球.
Blut≈krebs [ブルート・クレープス] 男 -es/-e 白血病 (=Leukämie).
Blut≈kreis·lauf [ブلُート・クライスらオふ] 男 -[e]s/..läufe 《医》血液循環.
blut≈leer [ブلُート・れーァ] 形 血の気のない, 青ざめた;《比》血の通わない, 人を感動させる力のない(小説など).
Blut≈plas·ma [ブلُート・プらスマ] 田 -s/..plasmen《医》血漿(♧ょ).
Blut≈pro·be [ブルート・プローベ] 囡 -/-n《医》(血液検査のための)採血; 血液(中アルコール度)検査.
Blut≈ra·che [ブルート・ラッヘ] 囡 -/ 血の復讐(ち),).(殺された人の血族による敵討ち).
blut≈rot [ブلُート・ロート] 形 血のように赤い, 真紅の.
blut≈rüns·tig [ブルート・リュンスティヒ] 形 血に飢えた, 残虐な; 血なまぐさい(映画など).
Blut≈sau·ger [ブルート・ザオガァ] 男 -s/- ①《動》吸血動物. ②(伝説上の)吸血鬼;《比》暴利をむさぼる人, 搾取者.(女性形: -in).
Blut≈schan·de [ブルート・シャンデ] 囡 -/ ① 近親相姦(蚊). ②(特にナチス用語として:)異民族間性交渉(特にアーリア人とユダヤ人の間の).
Blut≈sen·kung [ブルート・ゼンクング] 囡 -/-en《医》血沈; 血沈検査.
Blut≈se·rum [ブルート・ゼールム] 田 -s/..seren (または ..sera)《医》血清.
Blut≈spen·de [ブルート・シュペンデ] 囡 -/-n 献血.
Blut≈spen·der [ブルート・シュペンダァ] 男 -s/- (輸血の)献血者, 供血者.(女性形: -in).
Blut≈spur [ブルート・シュプーァ] 囡 -/-en 血痕(記).

blut≈stil·lend, Blut stil·lend [ブルート・シュティれント] 形《医》止血[用]の. *blutstillende* Mittel 止血剤.
Bluts≈trop·fen [ブلُーツ・トロプふェン] 男 -s/- 血の滴.
Blut≈sturz [ブلُート・シュトゥルツ] 男 -es/《医》大喀血(鈑);《口語》(口・鼻からの)大出血.
bluts≈ver·wandt [ブلُーツ・ふェァヴァント] 形 血縁の.
Bluts≈ver·wandt·schaft [ブلُーツ・ふェァヴァントシャふト] 囡 -/-en 血縁[関係].
Blut≈tat [ブلُート・タート] 囡 -/-en《雅》殺人.
Blut≈über·tra·gung [ブلُート・ユーバァトラーグング] 囡 -/-en《医》輸血.
Blu·tung [ブلُートゥング] 囡 -/-en《医》出血; 月経.
blut≈un·ter·lau·fen [ブلُート・ウンタァらオふェン] 形 皮下出血した, (目などが)充血した.
Blut≈un·ter·su·chung [ブلُート・ウンタァズーフング] 囡 -/-en《医》血液検査.
Blut≈ver·gie·ßen [ブلُート・ふェァギーセン] 田 -s/《雅》流血[の惨事].
Blut≈ver·gif·tung [ブلُート・ふェァギふトゥング] 囡 -/-en《医》敗血症.
Blut≈wä·sche [ブلُート・ヴェッシェ] 囡 -/-n《医》血液透析.
Blut≈wurst [ブلُート・ヴルスト] 囡 -/..würste ブラッドソーセージ (豚の肉・脂身・血から作る).
Blut≈zu·cker [ブلُート・ツッカァ] 男 -s/《医》血糖.
BLZ [ベー・エル・ツェット] 囡 -/-s《略》(銀行などの)コード番号 (=Bankleitzahl).
b-Moll [ベー・もる] 田 -/《音楽》変ロ短調(記号: b).
BMW [ベー・エム・ヴェー]《略》 I 囡 -/ ベー・エム・ヴェー, バイエルン自動車株式会社 (ミュンヒェンに本社があるドイツの自動車製造会社) (=**Bay**erische **M**otorenwerke AG). II 男 -[s]/-s《商標》ベー・エム・ヴェー, ビー・エム・ダブリュー (BMW 社製の自動車).
Bö [ベー böː] 突風.
Boa [ボーア bóːa] 囡 -/-s ①《動》オウヘビ(王蛇). ②《服飾》ボア(婦人用の襟巻き).
Boat≈peo·ple, Boat-Peo·ple [ボート・ピープる] [英] 複 ボートピープル(ボートや漁船で自国を脱出する[インドシナ]難民).
Bob [ボップ bóp] 男 -s/-s《スポ》ボブスレー (=*Bob*sleigh).
Bob≈bahn [ボプ・バーン] 囡 -/-en ボブスレーのコース.
Bob·sleigh [ボプ・スれー bóp-sleː] [英] 男 -s/-s《スポ》ボブスレー (略: Bob).
Bo·chum [ボーフム bóːxum] 田 -s/《都市名》ボーフム (ドイツ, ノルトライン・ヴェストファーレン州: ☞《地図》C-3).
der **Bock**¹ [ボック bók] 男 (単2) -[e]s/(複) Böcke (ベッケ) (3格は Böcken) ① 雄やぎ (=Ziegen*bock*); 雄羊 (=Schaf*bock*); のろ鹿の雄 (=Reh*bock*). Der *Bock* meckert.

Bock

雄やぎがめーめー鳴く / Er ist steif wie ein *Bock*. 彼は雄やぎのように強情だ / einen *Bock* haben 《比》強情である / einen *Bock* schießen 《口語》へまをする (昔, 射撃大会で残念賞の賞品が雄やぎであったことから) / einen *Bock* auf 引 haben 《若者言葉:》引[4]をしたがっている / den *Bock* zum Gärtner machen 《口語》猫にかつお節の番をさせる (← 雄やぎを庭師にする). ② (4脚のもの:)(体操用の)跳馬; 木(…)びき台; 御者台. ③ (男性をののしって:)助平; (子供に対して:)強情っ張り. Ihn stößt der *Bock*. あの子は強情だ (泣いて我を通そうとする). ④ 《昆》カミキリムシ.

Bock[2] [ボック] 中 -s/ ボックビール (=*Bock*bier).

bock⊱bei⋅nig [ボック・バイニヒ] 形 《口語》強情な, 反抗的な.

Bock⊱bier [ボック・ビーァ] 中 -[e]s/-e ボックビール (アルコール度の高い黒ビール. 原産地であるニーダーザクセン州の小都市 Einbeck の名から).

Bö⋅cke [ベッケ] Bock[1] (雄やぎ)の

bo⋅cken [ボッケン bɔ́kən] 自 (h) ① (馬などが)突っ張って動かない. 《口語》(自動車などが)動かない. ②《比》(子供などが)だだをこねる. ③ (羊などが)発情している.

bo⋅ckig [ボッキヒ bɔ́kɪç] 形 ① 強情な, 反抗的な. ②《方》退屈な.

Bocks⊱beu⋅tel [ボックス・ボイテル] 男 -s/- ① ボックスボイテル (やぎの陰嚢の形をしたワインのびん). ②《圈なし》(ボックスボイテルに詰めてある)フランケン地方産のワイン.

Bocksbeutel

Bocks⊱horn [ボックス・ホルン] 中 -es/..hörner やぎの角. 囚[4] ins *Bockshorn* jagen 《比》囚[4]をこわがらせる, おびえさせる.

Bock⊱sprin⋅gen [ボック・シュプリンゲン] 中 -s/ ① (体操で:)跳馬. ② 馬跳び遊び.

Bock⊱sprung [ボック・シュプルング] 中 -[e]s/..sprünge ① (体操で:)跳馬. ② こっけいでぎこちない跳び方.

Bock⊱wurst [ボック・ヴルスト] 囡 -/..würste ボックヴルスト (細長いソーセージで丸ごとゆでて食べる. Bockbier を飲む際に食べたことから).

der **Bo⋅den** [ボーデン bó:dən] 男 (単 2) -s/ (複) Böden [ベーデン] ① 土地; 土, 土壌. (英 soil). Sand*boden* 砂地 / fruchtbarer *Boden* 肥えた土壌 / sandiger *Boden* 砂地 / den *Boden* bearbeiten (または bebauen) 土地を耕す / Dieser *Boden* ist für den Weinbau nicht geeignet. この土地はぶどう栽培に適していない / den *Boden* für 人・事[4] vor|bereiten 《比》人・事[4]のために地ならし(根回し)をする / auf fruchtbaren *Boden* fallen 《比》(提案などが)進んで受け入れられる (← 肥えた土地に落ちる) / 引[4] aus dem *Boden* stampfen あっという間に 引[4] を生み出す.

② 地面; (部屋などの)床 (=Fuß*boden*). (英 ground). betonierter *Boden* コンクリートの地面(床) / auf den *Boden* fallen 地面(床)に落ちる / Er fiel zu *Boden*. 彼はばったり倒れた / Der *Boden* brennt ihm unter den Füßen. または Ihm wird der *Boden* zu heiß. 《口語》彼は身辺に危機を感じている (← 足元が燃える) / den *Boden* unter den Füßen verlieren a) 足を踏みはずす, b)《比》(立場などが)ぐらつく / am *Boden* zerstört sein 《口語》すっかり打ちのめされている, へばばっている (← 地面に打ち砕かれている).

③ 底, 底面. der *Boden* des Topfes 鍋(…)の底 / der *Boden* des Meeres 海底 / Das ist ein Fass ohne *Boden*. それは際限のないことだ (← 底無しの樽だ).

④ 《圈 なし》領域. auf deutschem *Boden* ドイツ領内で / [an] *Boden* gewinnen (verlieren) 勢力を増す(失う).

⑤ 《圈 なし》基礎, 基盤. auf dem *Boden* der Tatsachen[2] stehen 事実に基づいている.

⑥《東中部ドイ·北ドイ》 屋根裏[部屋] (=Dach*boden*).

Bö⋅den [ベーデン] ＊Boden (土地)の 複

Bo⋅den⊱be⋅lag [ボーデン・ベラーク] 男 -[e]s/..läge 床の建材, フローリング材.

Bo⋅den⊱fens⋅ter [ボーデン・フェンスタァ] 中 -s/- 天窓, 屋根窓.

Bo⋅den⊱frost [ボーデン・フロスト] 男 -[e]s/..fröste 地表の凍結.

Bo⋅den⊱haf⋅tung [ボーデン・ハフトゥング] 囡 -/ (自動車)ロードホールディング (タイヤの路面保持性能).

Bo⋅den⊱kam⋅mer [ボーデン・カンマァ] 囡 -/-n 《東中部ドイ·北ドイ》屋根裏部屋.

bo⋅den⊱los [ボーデン・ロース] 形 ① 底なしの, 底知れぬ深さの. ②《口語·比》途方もない, まったくひどい.

Bo⋅den-Luft-Ra⋅ke⋅te [ボーデン・るフト・ラケーテ] 囡 -/-n 《軍》地対空ミサイル.

Bo⋅den⊱ne⋅bel [ボーデン・ネーベる] 男 -s/ 《気象》地上霧 (地面が冷えて地表近くにできる霧).

Bo⋅den⊱per⋅so⋅nal [ボーデン・ペルゾナーる] 中 -s/ 《空》地上勤務員.

Bo⋅den⊱re⋅form [ボーデン・レフォルム] 囡 -/-en《法》土地(農地)改革.

Bo⋅den⊱satz [ボーデン・ザッツ] 男 -es/ 沈殿物, かす.

Bo⋅den⊱schät⋅ze [ボーデン・シェッツェ] 複 地下資源. arm (reich) an *Bodenschätzen* sein 地下資源に乏しい(富んでいる).

der **Bo⋅den⊱see** [ボーデン・ゼー bó:dən-ze:] 男 -s/《定冠詞とともに》《湖名》ボーデン湖 (ドイツ·スイス·オーストリア国境にまたがるドイツ最大の湖: ☞《地図》D-5).

bo⋅den⊱stän⋅dig [ボーデン・シュテンディヒ] 形 土着の, 生え抜きの, その土地に固有の; 郷土愛の強い.

Bo⋅den⊱sta⋅ti⋅on [ボーデン・シュタツィオーン] 囡 -/-en《宇宙》(スペースシャトルなどの)地上監視所, 地上局.

Bo·den≠tur·nen [ボーデン・トゥルネン] 田 -s/ (体操で)床運動.

Bo·den≠**ver·bes·se·rung** [ボーデン・フェア ベッセルング] 囡 -/-en 土地改良.

Bo·den≠**ver·seu·chung** [ボーデン・フェアゾ イヒュング] 囡 -/-en 土壌汚染.

Bo·dy≠buil·ding [ボッディ・ビルディング] [英] 田 -[s]/ ボディービル.

Bo·dy≠check [ボッディ・チェック] [英] 男 -s/-s (アイスホッケーの)ボディーチェック(パックを持った選手に体当たりすること).

Böe [ベーエ bǿ:ə] 囡 -/-n 突風 (=Bö).

bog [ボーク] ※biegen (曲げる)の過去

bö·ge [ベーゲ] ※biegen (曲げる)の接2

der **Bo·gen** [ボーゲン bó:gən] 男 (単2) -s/ (複) - (南ドˈ·中·ʔˈ: Bögen [ベーゲン] も) ① 湾曲, カーブ, 弓形の曲線; (数) 弧. (英 bow). Regen*bogen* 虹 / Der Fluss macht hier einen *Bogen* nach Westen. 川はここで西へカーブしている / mit dem Zirkel einen *Bogen* schlagen (または beschreiben) コンパスで弧を描く / einen [gewissen] *Bogen* um 人·物4 machen《口語》人·物を避ける, 敬遠する / den *Bogen* heraus|haben《口語》こつをのみ込んでいる(←カーブを知っている) / **in** einem *Bogen* um 物4 herum|fahren 物4を迂回(うかい)する / 人4 in hohem *Bogen* hinaus|werfen《口語·比》人4を追い出す(←高い弧を描いて投げ出す). ② 〔建〕アーチ, せりもち. (⇨ 図 A). ein gotischer *Bogen* ゴシック式のアーチ. ③ 弓 (⇨ 図 B); 〔音楽〕(弦楽器の)弓 (⇨ 図 C). Geigen*bogen* バイオリンの弓 / mit Pfeil und *Bogen* schießen 弓矢で射る / den *Bogen* überspannen 度を過ごす(←弓を強く張りすぎる). ④ (長方形の)紙; (印) 印刷全紙 (略: Bg.). Brief*bogen* 便箋(びんせん) / ein *Bogen* Packpapier 包装紙1枚. ⑤ (スキー)(スキーの)ボーゲン. ⑥《音楽》タイ; スラー.

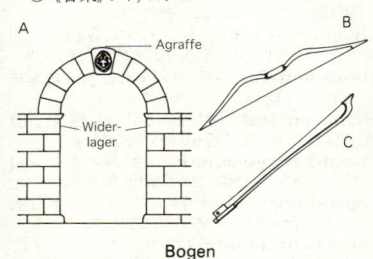

Bogen

Bö·gen [ベーゲン] Bogen (湾曲)の複

bo·gen≠för·mig [ボーゲン・フェルミヒ] 形 アーチ形の, 弓形の.

Bo·gen≠füh·rung [ボーゲン・フュールング] 囡 -/《音楽》(弦楽器の)運弓法, ボーイング.

Bo·gen≠gang [ボーゲン・ガング] 男 -[e]s/ ..gänge ①〔建〕アーケード (=Arkade). ②《医》(内耳の)[三]半規管.

Bo·gen≠lam·pe [ボーゲン・ランペ] 囡 -/-n《電》アーク灯.

Bo·gen≠schie·ßen [ボーゲン・シーセン] 田 -s/《スポ》アーチェリー, 弓術.

Bo·gen≠schüt·ze [ボーゲン・シュッツェ] 男 -n/-n (弓などを)射る人, 射手. (女性形: ..schützin).

Bo·heme [ボエーム boɛ́:m または ボヘーム bohé:m] 囡 -/ ボヘミアン風の(自由奔放な)生き方; ボヘミアン[たち].

Bo·he·mi·en [ボエミエーン boemiɛ́: または ボヘ.. bohe..] 男 -s/-s ボヘミアン, 自由奔放な生活をする人.

Boh·le [ボーレ bó:lə] 囡 -/-n 厚板.

Böh·men [ベーメン bǿ:mən] 田 -s/〔地名〕ボヘミア(チェコ共和国の西部地方).

der **Böh·mer·wald** [ベーマァ・ヴァルト bǿ:mər-valt] 男 -[e]s/《定冠詞とともに》〔地名〕ボヘミアの森 (ドイツ, バイエルン州とチェコの国境沿いの山地; ⇨ 地図 F-4).

böh·misch [ベーミッシュ bǿ:mɪʃ] 形 ボヘミア[人]の.

die **Boh·ne** [ボーネ bó:nə] 囡 (単) -/(複) -n ①〔植〕豆. (英 bean). Sojabohne 大豆 / grüne *Bohnen* さやいんげん / *Bohnen*4 in den Ohren haben《口語》人の話に耳を傾けない(←耳に豆を詰めている) / nicht die *Bohne*《口語》まったく…でない (昔, 豆は賭け事のチップとして用いられ, 価値がなかったことから). ② コーヒー豆 (=Kaffee*bohne*).

Boh·nen≠kaf·fee [ボーネン・カフェ] 男 -s/ ① コーヒー豆. ② レギュラーコーヒー(コーヒー豆をひいて浸出するコーヒー).

Boh·nen≠kraut [ボーネン・クラオト] 田 -[e]s/ ..kräuter 〔植〕キダチハッカ (シソ科の植物で, 香辛料として豆料理などに入れる).

Boh·nen≠stan·ge [ボーネン・シュタンゲ] 囡 -/-n 豆の蔓(つる)をはわせる支柱;《口語·戯》のっぽ.

Boh·nen≠stroh [ボーネン・シュトロー] 田 -[e]s/ 豆幹(まめがら), 豆の茎. Er ist dumm (grob) wie *Bohnenstroh*.《口語》彼はなんとも愚かだ(がさつだ).

Boh·ner [ボーナァ bó:nər] 男 -s/- (ワックスを塗った床を磨く)柄付きブラシ.

boh·nern [ボーナァン bó:nərn] 他 (h) (床などを)ワックスで磨く.

Boh·ner≠wachs [ボーナァ・ヴァクス] 田 -es/ -e 床磨き用ワックス.

boh·ren [ボーレン bó:rən] (bohrte, hat ... gebohrt) I 他 (完了 haben) ① (穴など4を)あける; (トンネルなど4を)掘る; (物4に)穴をうがつ. (英 drill). Er bohrte ein großes Loch **in** die Wand. 彼は壁に大きな穴をあけた / einen Brunnen *bohren* 井戸を掘る / Metall4 *bohren* 金属に穴をうがつ. ② 〖A4 **in** (または **durch**) B4 ~〗(A4をB4に)突き刺す, 突き立てる. Er *bohrte* den Stock in die Erde. 彼は棒を地面に突き立てた.

II 自 (完了 haben) ① 〖**in** 物3 ~〗(物3に)穴

をあける. Der Zahnarzt *bohrte* in dem kranken Zahn. 歯科医は虫歯に穴をあけた / in der Nase *bohren*《比》鼻をほじくる. ② 〖**nach** 物³(または **auf** 物⁴) ~〗(物³(または物⁴)を求めて)試掘する. nach Erdöl *bohren* 石油を試掘する. ③ 〖**in** 人・物³ ~〗(痛み・苦しみなどが人・物³を)苦しめる, さいなむ. Der Schmerz *bohrt* in seinem Kopf. 彼は頭がずきずきする / Zweifel *bohrten* in ihm. 彼は疑念にさいなまれた. ④《口語》せがむ; しつこく尋ねる. Die Kinder *bohrten* so lange, bis die Mutter nachgab. 子供たちは母親が根負けするまでせがみ続けた.
III 再帰《完了》haben 〖*sich*⁴ **in** (または **durch**) 物⁴ ~〗(物⁴に)突き刺さる, (虫などが物⁴に)食い込む. Der Pfeil *bohrte sich* in den Körper des Tiers. 矢が動物の体に突き刺さった.

boh·rend [ボーレント] **I** bohren (穴などをあける)の現分 **II** 形 突き刺すような;《口語》しつこい(質問など). *bohrende* Blicke 食い入るような視線.

Boh·rer [ボーラァ bóːrər] 男 -s/- ① 〘工〙錐(きり); ドリル; ボーリング機. ② ボーリング工.

Bohr⸗loch [ボーァ・ロッホ] 中 -[e]s/..löcher (ドリルなどによる)中ぐり穴;〘坑〙坑.

Bohr⸗ma·schi·ne [ボーァ・マシーネ] 女 -/-n 〘工〙電気ドリル; ボール盤;〘坑〙ボーリング機.

bohr·te [ボーァテ] bohren (穴などをあける)の過去.

Bohr⸗turm [ボーァ・トゥルム] 男 -[e]s/..türme 〘坑〙ボーリング塔, 油井やぐら.

Boh·rung [ボールング] 女 -/-en ① 穴空け, 中ぐり;〘坑〙ボーリング. ② 〘坑〙ボーリング孔(= Bohrloch).

bö·ig [ベーイヒ bǿːɪç] 形 突風性の, 突風を伴う.

Boi·ler [ボイラァ bɔ́ɪ̯lər] 〘英〙男 -s/- ボイラー, 湯沸かし器.

Bo·je [ボーイェ bóːjə] 女 -/-n 〘海〙ブイ, 浮標.

Bo·le·ro [ボレーロ boléːro] 男 -s/-s ① 《音楽》ボレロ(3/4 拍子のスペインの舞踊[曲]). ②《服飾》ボレロ(短い前あきのチョッキ風の上着).

Bo·li·vi·en [ボリーヴィエン bolíːviən] 中 -s/ 〘国名〙ボリビア[共和国](南アメリカ中部. 首都はラパス).

Böll [ベル bǿl] -s/〘人名〙ベル (Heinrich *Böll* 1917-1985; ドイツの作家. 1972 年ノーベル文学賞受賞).

Böl·ler [ベらァ bǿlər] 男 -s/- (礼砲などに使う) 小臼砲(うす); (昔の:)石畳用臼砲.

Boll⸗werk [ボル・ヴェルク] 中 -[e]s/-e ① 防塁, 砦(とりで).《比》守り, 防壁. ②《海》埠頭(ふとう), 波止場.

Bol·sche·wik [ボルシェヴィック bɔlʃevíːk] 男 -en/..wiki《軽蔑的に:》-en) ① ボルシェビキ (1917 年までのロシア社会民主党左派, その後のソビエト共産党員). ②〘複 -en〙(軽蔑的に:)共産党員.

Bol·sche·wis·mus [ボルシェヴィスムス bɔlʃevísmus] 男 -/ ① ボルシェビズム. ②《軽蔑的に:》旧ソ連型の共産主義(少数の指導者たちが権力を握っている形態).

Bol·sche·wist [ボルシェヴィスト bɔlʃevíst] 男 -en/-en ボルシェビキ; (軽蔑的に:)共産党員(= Bolschewik). (女性形: -in).

bol·sche·wis·tisch [ボルシェヴィスティッシュ bɔlʃevístɪʃ] 形 ボルシェビズムの.

bol·zen [ボルツェン bóltsən] **I** 自 (h)《口語》(サッカーなどで:)反則すれすれの乱暴なプレーをする. **II** 再帰 (h) *sich⁴* bolzen《方》なぐり合いをする.

Bol·zen [ボルツェン] 男 -s/- 〘工・建〙ボルト, 木くぎ, くさび.

Bom·bar·de·ment [ボンバルデマーン bɔmbardəmɑ́ː] 中 -s/-s 〘軍〙砲撃, 爆撃; (サッカーの)激しい連続攻撃.

bom·bar·die·ren [ボンバルディーレン bɔmbardíːrən] 他 (h) ① 〘軍〙砲撃(爆撃)する. ② 〖人・物⁴ **mit** 物³ ~〗《口語》(人・物⁴に物³を)投げつける, 浴びせる. 人⁴ mit Fragen *bombardieren* 人⁴に質問を浴びせる.

bom·bas·tisch [ボンバスティッシュ bɔmbástɪʃ] 形 大げさな, 誇張した, 仰々しい.

die **Bom·be** [ボンベ bómbə] 女 (単) -/(複) -n ① 爆弾. 《英》*bomb*). Atom*bombe* 原子爆弾 / Eine *Bombe* explodiert. 爆弾が破裂する / *Bomben*⁴ auf 物⁴ ab|werfen 物⁴に爆弾を投下する / Die *Bombe* ist geplatzt.〖現在完了〙《口語・比》恐れていた事態が起こった(←爆弾が破裂した) / Die Nachricht schlug wie eine *Bombe* ein.《比》そのニュースは一大センセーションを巻き起こした. ②《婉曲》原子爆弾. ③《ニズ・隠語》(サッカーなどの)弾丸シュート.

Bom·ben.., Bom·ben.. [ボンベン.. bómbən..] 〖形容詞・名詞につける 接頭〗① (爆弾の)例: *Bombenangriff* 爆撃. ②《口語》(ものすごい・非常に)例: *bombensicher* 絶対確実な.

Bom·ben⸗an·griff [ボンベン・アングリフ] 男 -[e]s/-e 爆撃.

Bom·ben⸗an·schlag [ボンベン・アンシュらーク] 男 -[e]s/..schläge 爆弾テロ.

Bom·ben⸗er·folg [ボンベン・エァふォるク] 男 -[e]s/-e《口語》(爆発的な)大成功, 大ヒット.

bom·ben⸗fest¹ [ボンベン・ふェスト] 形 爆撃に耐えうる, 防爆の.

bom·ben⸗fest² [ボンベン・ふェスト] 形《口語》絶対確かな, 絶対揺るがない(決心など).

Bom·ben⸗ge·schäft [ボンベン・ゲシェふト] 中 -[e]s/-e《口語》ぼろもうけ[の商売].

bom·ben⸗si·cher¹ [ボンベン・ズィッヒャァ] 形 爆撃に耐えうる, 爆撃に対して安全な.

bom·ben⸗si·cher² [ボンベン・ズィッヒャァ] 形 《口語》絶対確実な, 絶対安全な(商売など).

Bom·ben⸗tep·pich [ボンベン・テピヒ] 男 -s/-e 〘軍〙じゅうたん爆撃.

Bom·ber [ボンバァ bómbər] 男 -s/- ①《口語》爆撃機. ②《ニズ・隠語》(サッカー・ハンドボールなどの)エースシューター. (女性形: -in).

Bon [ボン bɔ̃ː] 〖ヌズ〙男 -s/-s ① 食券. **auf** *Bon* essen 食券で食事をする. ② (商店などの)レシート (= Kassen*bon*).

der Bon·bon [ボン・ボーン bɔ̃-bɔ̃ː] [ﾌﾗﾝｽ] 男 (ﾌﾗﾝｽ式 田) (単2) -s/(複) -s ボンボン, キャンデー, あめ玉; 《比》格別な楽しみ. Frucht*bonbon* フルーツキャンデー / *Bonbons*⁴ lutschen ボンボンをしゃぶる.

Bon·bo·ni·e·re [ボンボニエーレ bɔbonié:rə] 女 -/-n =Bonbonniere

Bon·bon·ni·e·re [ボンボニエーレ bɔboniéːrə] [ﾌﾗﾝｽ] 女 -/-n ① ボンボン入れ. ② (贈答用の)ボンボンの詰め合わせ.

bon·gen [ボンゲン bɔ́ŋən] 他 (h) 《口語》(食堂などで物⁴の)代金をレジに打ち込む.

Bo·ni·fa·ti·us [ボニファーツィウス bonifáː-tsius] 《人名》ボニファーツィウス (本名 Winfrid 672?–754; イギリス生まれのベネディクト会修道士で「ドイツ人の使徒」と呼ばれた).

Bo·ni·tät [ボニテート bonitɛ́ːt] 女 -/-en 《商》支払い能力, 信用性.

Bon·mot [ボンモー bɔ̃móː] [ﾌﾗﾝｽ] 田 -s/-s 機知に富んだ言葉, 警句, しゃれ.

Bonn [ボン bɔ́n] 田 -s/- 《都市名》ボン (ドイツ, ノルトライン・ヴェストファーレン州. 旧西ドイツの首都: ☞ 地図 C–3). *Bonn* liegt am Rhein. ボンはライン河畔にある.

Bon·ner [ボンナー bɔ́nər] I 男 -s/- ボンの市民 (出身者). (女性形: -in). II 形 《無語尾で》ボンの.

Bon·sai [ボンザイ bɔ́nzai] I 男 -/ 盆栽. II 男 -[s]/-s 盆栽の木.

Bo·nus [ボーヌス bóːnus] 男 - (または Bonusses)/- (または Bonusse または Boni) ① 《経》特別配当金, 特別報酬, ボーナス. ② (自動車保険で) 特別割引 (無事故者に対してなされる). ③ (学校の成績で:)プラス点 (大学の入学者決定の際に, 学習条件の不利な生徒に与えられる); 《ｽﾎﾟｰﾂ》(ハンディのある選手に与えられる)プラス点.

Bon·ze [ボンツェ bɔ́ntsə] 男 -n/-n ① (役得をむさぼる政党などの)ボス, 親玉. ② (仏教の)僧侶.

Boom [ブーム búːm] 《英》男 -s/-s ① 《経》ブーム, にわか景気. ② 《口語》大流行, ブーム. einen *Boom* erleben 大はやりする.

boo·men [ブーメン búːmən] 自 (h) 《口語》(急に)大はやりする, ブームになる.

***das* Boot** [ボート bóːt] 田 (単2) -es (まれに -s)/(複) -e (3格の み -en) (方: Böte [ベーテ] も) ボート, 小舟. (英 boat). Motor*boot* モーターボート / das *Boot*⁴ rudern ボートをこぐ / *Boot*⁴ fahren ボートに乗る / Wir sitzen alle im gleichen (または in einem) *Boot*. 《口語》私たちは皆運命 (境遇)を共にしている (←同じボートに座っている).

Boots⸗haus [ボーツ・ハオス] 田 -es/..häuser ボートハウス, 艇庫.

Boots⸗mann [ボーツ・マン] 男 -[e]s/..leute ① 《海》(商船の)甲板長, ボースン. ② 《軍》(海軍の)1等兵曹.

Bor [ボーア bóːr] 田 -s/- 《化》硼素 (ﾎｳｿ) (記号: B).

Bo·rax [ボーラクス bóːraks] 男 -[es]/ 《化》硼砂 (ﾎｳｻ).

***der* Bord¹** [ボルト bɔ́rt] 男 (単2) -[e]s/(複) -e (3格 のみ -en) 《ふつう 田》《海》舷側 (ｹﾞﾝｿｸ), 船べり; 船内, (飛行機の)機内. ◇《ふつう成句的に》**an** *Bord* gehen 乗船 (搭乗) する / **über** *Bord* gehen 船から落ちる / 物⁴ **über** *Bord*⁴ werfen a) 物⁴を船から投げ捨てる, b) 《比》田⁴(計画・偏見・懸念などを)捨て去る / Mann über *Bord*! だれか[海に]落ちたぞ / **von** *Bord* gehen 船(飛行機)から降りる.

Bord² [ボルト] 田 -[e]s/-e ① (壁に取り付けた)棚. ② (ｽｷｰ)(歩道などの)へり.

Bord⸗case [ボルト・ケース] 田・男 -/-[s] ボードケース (機内への持ち込みが許される小型トランク).

Bor·deaux [ボルドー bɔrdóː] I 男 -s/ 《都市名》ボルドー (フランス南西部の港湾・工業都市). II 男 -[ボルドー-ｽ]/(種類:) - [ボルドース] ボルドー産ワイン.

Bor·dell [ボルデる bɔrdɛ́l] 田 -s/-e 売春宿.

Bord⸗kan·te [ボルト・カンテ] 女 -/-n 歩道の縁.

Bord⸗kar·te [ボルト・カルテ] 女 -/-n (航空機の)搭乗券.

Bord⸗stein [ボルト・シュタイン] 男 -[e]s/-e 歩道の縁石.

Bor·dü·re [ボルデューレ bɔrdýːrə] 女 -/-n (織物などの)縁, へり; 縁飾り.

Borg [ボルク bɔ́rk] 男 《成句的に》**auf** *Borg*⁴ 掛けで, 付けで.

bor·gen [ボルゲン bɔ́rgən] (borgte, *hat*... geborgt) 他 (完了 haben) ① ([人³に]物⁴を)貸す. ◆ **lend**). Ich *borge* dir dieses Buch. 君にこの本を貸してあげよう. ② 借りる. (英 borrow). [sich³] **bei** (または **von**) [人]³ 物⁴ *borgen* [人]³から物⁴を借りる ⇒ Ich *habe* [mir] das Geld bei (または von) ihm *geborgt*. 私はそのお金を彼らから借りた.

borg·te [ボルクテ] borgen (貸す)の 過去.

Bor·ke [ボルケ bɔ́rkə] 女 -/-n 《北ﾄﾞ》① 樹皮. ② かさぶた.

Bor·ken·kä·fer [ボルケン・ケーファァ] 男 -s/- 《昆》キクイムシ (主として樹皮の中に棲む甲虫).

Born [ボルン bɔ́rn] 男 -[e]s/-e 《詩》泉, 井戸. der *Born* des Wissens 《雅》知識の泉.

bor·niert [ボルニーァト bɔrniːrt] 形 視野の狭い, 心の狭い, 偏狭な.

Bor·niert·heit [ボルニーァトハイト] 女 -/ ① 《圏なし》心の狭さ, 偏狭. ② 偏狭な言動.

Bor⸗sal·be [ボーァ・ザルベ] 女 -/-n 硼酸軟膏 (ﾎｳｻﾝﾅﾝｺｳ).

Borschtsch [ボルシュチュ bɔ́rʃtʃ] 男 -/ 《料理》ボルシチ (ロシア風スープ).

***die* Bör·se** [ベルゼ bœ́rzə] 女 (単) -/(複) -n ① 《経》株式市場, 証券取引所. an der *Börse* spekulieren 株式投機をする. ② 《雅》財布. ③ 《ﾎﾞｸｼﾝｸﾞなどの》ファイトマネー.

Bör·sen·be·richt [ベルゼン・ベリヒト] 男 -[e]s/-e 株式市況報告.

Börsenkurs

Bör·sen⫽kurs [ベルゼン・クルス] 男 -es/-e 株式相場.

Bör·sen⫽mak·ler [ベルゼン・マークらァ] 男 -s/- 株式[取引所]仲買人. (女性形: -in).

Bör·sen⫽spe·ku·lant [ベルゼン・シュペクらント] 男 -en/-en 相場師. (女性形: -in).

Bors·te [ボルステ bórstə] 女 -/-n ① (豚などの)剛毛; 《複で》《口語・戯》 (人間の頭髪、ひげ. ② (ブラシの)毛.

bors·tig [ボルスティヒ bórstɪç] 形 ① 剛毛の生えた; 剛毛のような, もじゃもじゃした. ② 《比》無愛想な, 粗野な, がさつな.

Bor·te [ボルテ bórtə] 女 -/-n (服飾)(衣服などの)へり飾り; 打ちひも, モール.

bös [ベース bǿ:s] 形 =böse

bös⫽ar·tig [ベース・アールティヒ] 形 ① 悪意のある, 意地の悪い. ② (医) 悪性の(病気など).

Bö·schung [ベッシュング] 女 -/-en (道路わきなどの)土手, 斜面.

***bö·se** [ベーゼ bǿ:zə] I 形 (比較) böser, (最上) bösest; 格変化語尾がつくときは böse-) ① (道徳的に)悪い; 悪意のある, 意地の悪い. (参 *evil*). (〈え〉「良い」は gut). eine *böse* Tat 悪い行い / ein *böser* Mensch 悪いやつ / 囲[4] aus *böser* Absicht tun 囲[4]を悪意から行う. (⇒類語 schlecht).

② (状態・性質などが)いやな, 不快な; 《口語》ひどい. ein *böses* Wetter ひどい天気 / eine *böse* Krankheit たちの悪い病気 / *böse* Erfahrungen[4] machen いやな経験をする / Das waren *böse* Jahre für ihn. それは彼にとってつらい年月だった / Das ist eine *böse* Geschichte. そいつはひどい話だ.

③ 《口語》怒っている, 腹を立てている. [mit] 囚[3] (または auf 囚[4]) *böse* sein 囚[3] (または 囚[4])のことを怒っている ⇒ Bist du mir noch *böse*? ぼくのことをまだ怒っているのかい / Er ist *böse* auf mich. 彼は私のことを怒っている / **über** 囲[4] *böse* sein 囲[4]のことを怒っている. ◇《名詞的に》im *Bösen* auseinander|gehen けんか別れする.

④ (子供などが)行儀が悪い, 言うことをきかない.

⑤ 《付加語としてのみ》《口語》病気の; 傷ついた. Ich habe ein *böses* Auge. 私の目は炎症を起こしている.

II 副 《口語》ひどく, 非常に. Es war *böse* kalt. ひどく寒かった.

Bö·se [ベーゼ] 男 《定冠詞とともに; 語尾変化は形容詞と同じ》《詩》悪魔.

Bö·se[s] [ベーゼ[ス] bǿ:zə(s)] 中 《語尾変化は形容詞と同じ》悪いこと, 悪事, 災い; 怒っていること. nichts *Böses*[4] ahnend 何も不安を感じずに / etwas *Böses*[4] tun 何か悪いことをする / **im** *Bösen* auseinander|gehen けんか別れをする.

Bö·se⫽wicht [ベーゼ・ヴィヒト] 男 -[e]s/-er (ﾎﾞｰｾﾞ-e) ① 《口語・戯》いたずらっ子. ② 悪人, 悪漢.

bos·haft [ボースハフト] 形 悪意のある, 意地の悪い; あざけりの, 冷笑的な.

Bos·haf·tig·keit [ボースハフティヒカイト] 女 -/-en ① 《複 なし》悪意, 意地悪; あざけり. ② 意地悪な言動.

Bos·heit [ボースハイト] 女 -/-en ① 《複 なし》悪意, 意地悪. Er tat es **aus** reiner *Bosheit*. 彼はまったくの悪意からそれをした. ② 意地悪な言動. 囚[3] *Bosheiten*[4] sagen 囚[3]にいやみを言う.

Bos·ni·en-Her·ze·go·wi·na [ボスニエン・ヘルツェゴーヴィナ bósniən-hɛrtsegó:vina または ..ゴヴィーナ] 中 -s/ (国名) ボスニア・ヘルツェゴビナ[共和国](首都はサラエボ).

der **Bos·po·rus** [ボスポルス bósporus] 男 《定冠詞とともに》(海名) ボスポラス海峡(黒海とマルマラ海を結ぶ. アジアとヨーロッパの境界で, イスタンブールの町を二分する).

Boss [ボス bɔs] 男 -es/-e 《口語》ボス, 親玉, (職場などの)上役, (政党・労組などの)リーダー.

bos·seln [ボッセるン bɔ́saln] I 自 (h) {**an** 囚[3] ~} 《口語》(囲[3]を)念入りに仕上げる. II 他 (h) (手細工で 囲[4]を)作り上げる.

bös⫽wil·lig [ベース・ヴィりヒ] 形 《法》悪意のある, 故意の.

Bös⫽wil·lig·keit [ベース・ヴィりヒカイト] 女 -/-en 悪意, 故意.

bot [ボート] *bieten (提供しようと申し出る)の過去

Bo·ta·nik [ボターニク botá:nɪk] 女 -/ 植物学 (=Pflanzenkunde).

Bo·ta·ni·ker [ボターニカァ botá:nikər] 男 -s/- 植物学者. (女性形: -in).

bo·ta·nisch [ボターニッシュ botá:nɪʃ] 形 植物[学]の. ein *botanischer* Garten 植物園.

bo·ta·ni·sie·ren [ボタニズィーレン botanizí:rən] 自 (h) 植物採集をする.

der **Bo·te** [ボーテ bó:tə] 男 (単 2・3・4) -n/(複) -n ① 使い[の者], 使者, メッセンジャー. 《英 *messenger*》. Post*bote* 郵便配達人 / ein schneller *Bote* 急使 / einen *Boten* zur Post schicken 郵便局に使いをやる. ② 《雅》先触れ. Der Krokus ist ein *Bote* des Frühlings. クロッカスは春の先触れだ.

bö·te [ベーテ] *bieten (提供しようと申し出る)の接2

Bo·ten⫽gang [ボーテン・ガング] 男 -[e]s/..gänge 使い走り[をすること]. *Botengänge*[4] machen お使いをする.

Bo·tin [ボーティン bó:tɪn] 女 -/..tinnen (女性の)使者.

bot⫽mä·ßig [ボート・メースィヒ] 形 《雅》(囚[3]に)従順な, 服従した.

die **Bot·schaft** [ボートシャフト bó:t-ʃaft] 女 (単) -/(複) -en ① 大使館. 《英 *embassy*》. die deutsche *Botschaft* in Tokyo 東京のドイツ大使館. ② 《雅》(重要な)知らせ; (公的な)メッセージ. 《英 *message*》. eine traurige *Botschaft* 悲報 / 囚[3] eine *Botschaft*[4] schicken 囚[3]に通知を出す / die Frohe *Botschaft* (ｷﾘ教) 福音 / die *Botschaft*[4] verkündigen 福音を伝える.

der Bot·schaf·ter [ボートシャフタァ bóːtʃaftər] 男 (単2) -s/(複) - (3格のみ -n) 大使. (英) *ambassador*. der deutsche *Botschafter* in Tokyo 東京駐在ドイツ大使.

Bot·schaf·te·rin [ボートシャフテリン bóːtʃaftərin] 女 -/-rinnen (女性形) の大使.

Bött·cher [ベティヒャァ bétçər] 男 -s/- 桶屋(おけや), 桶職人. (女性形: -in).

Bot·tich [ボティヒ bótiç] 男 -[e]s/-e 桶(おけ).

Bou·clé [ブクレー buklé:] 中 I 中 -s/-s (織)ブークレ糸, わな(輪奈)糸. II (織)ブークレ(輪奈)糸を用いた織物.

Bouil·lon [ブリヨーン buljṍː または ブイヨーン bujṍː] 女 -/-s (料理)ブイヨン(肉の煮出しのスープ).

Bouil·lon≠wür·fel [ブリヨーン・ヴュルフェル] 男 -s/- (さいころ状の)固形ブイヨン.

Bou·le·vard [ブルヴァール bulavá:r] 男 -s/-s (並木のある)大通り; 環状道路(特にパリのもの).

Bou·le·vard≠pres·se [ブれヴァール・プれッセ] 女 -/ (総称として:)街頭売りのセンセーショナルな大衆新聞.

Bour·bon [ベーァベン báːrbən] [英] 男 -s/-s バーボンウイスキー.

Bour·geois [ブルジョア burʒoá] [仏] 男 -/ ① ブルジョア, 有産階級の人; (軽蔑的に:)金持ちの俗物. (女性形: Bourgeoise). ② (マルクス主義用語で:)資本家.

Bour·geoi·sie [ブルジョアズィー burʒoazíː] [仏] 女 -/-n [..ズィーエン] ① (マルクス主義用語で:)資本家階級. ② (古)ブルジョアジー, 有産階級.

Bou·tique [ブティーク butíːk] [仏] 女 -/-n [..ティーケン] (または -s) ブティック.

Bo·vist [ボーヴィスト bóːvɪst または ボヴィスト] 男 -[e]s/-e (菌)ホコリタケ.

Bow·le [ボーれ bóːlə] 女 -/-n ① (料理)パンチ, ポンチ(ワインなどに果汁や砂糖をミックスした冷たい飲み物). ② パンチボウル.

Bow·ling [ボーリング bóːlɪŋ] [英] 中 -s/-s ボウリング.

Box [ボクス bóks] [英] 女 -/-en ① 箱[型の容器]; 箱型カメラ; スピーカーボックス. ② (厩舎(きゅうしゃ)・大ガレージなどの)一仕切り, 一区画; (モーターレース場の)ピット.

bo·xen [ボクセン bóksən] I 他 (h) (人⁴と)ボクシングの試合をする; (人⁴を)こぶしでなぐる. 人⁴ ins Gesicht *boxen* 人⁴の顔にげんこつをくらわす. II 自 (h) ボクシングをする.

Bo·xer [ボクサァ bóksər] 男 -s/- ① ボクサー. (女性形: -in). ② (口語)パンチ. ③ ボクサー(番犬の一種).

Box≠hand·schuh [ボクス・ハントシュー] 男 -[e]s/-e ボクシング用のグローブ.

Box≠kampf [ボクス・カンプふ] 男 -[e]s/..kämpfe ① (國 なし)ボクシング[競技]. ② ボクシングの試合.

Boy [ボイ bóy] [英] 男 -s/-s ① (ホテルなどの)ボーイ, 給仕. ② (若者言葉:)少年, 男の子.

Boy·kott [ボイコット bɔykɔ́t] 男 -[e]s/-s (または -e) ボイコット, 不買(排斥)運動(人々から共同排斥を受けたアイルランドの土地管理人 C. *Boycott* の名から).

boy·kot·tie·ren [ボイコティーレン bɔykɔtíːrən] 他 (h) (人・事⁴を)ボイコットする.

Bo·zen [ボーツェン bóːtsən] 中 -s/ (地名)ボーツェン, ボルツァーノ(イタリア, チロル地方の都市 Bolzano のドイツ名: ☞地図 E-5).

Br [ベー・エル] (化・記号)臭素(しゅうそ) (=**Brom**).

Br. (略) ① [ブライテ] 緯度 (=**Breite**). ② [ブルーダァ] 兄弟 (=**Bruder**).

brab·beln [ブラッベルン brábəln] 他 (h)・自 (h) (口語)ぶつぶつ言う, ぼそぼそつぶやく.

brach¹ [ブラーハ] ‡*brechen* (折る)の 過去

brach² [ブラーハ bráːx] 形 (土地が)休閑(休耕)中の.

brä·che [ブレーヒェ] ‡*brechen* (折る)の 接2

Brach≠feld [ブラーハ・ふぇるト] 中 -[e]s/-er 休閑(休耕)地.

Bra·chi·al·ge·walt [ブラヒアール・ゲヴァるト] 女 -/ 腕力. mit *Brachialgewalt* 腕ずくで.

brach|lie·gen* [ブラーハ・リーゲン bráːxliːgən] 自 (h) ① (土地が)休閑(休耕)中である; ② (比)(才能・お金などが)活用されないでいる.

brach·te [ブラハテ] ‡*bringen* (持って来る)の 過去

bräch·te [ブレヒテ] ‡*bringen* (持って来る)の 接2

bra·ckig [ブラキヒ brákıç] 形 (水が)塩分を含んで飲料に適さない, 汽水性の.

Brack≠was·ser [ブラック・ヴァッサァ] 中 -s/- 汽水(河口などの淡水と海水が混ざった水).

Brah·man [ブラーマン bráːman] 中 -s/ ブラフマン(バラモン教の宇宙原理).

Brah·ma·ne [ブラマーネ bramáːnə] 男 -n/-n バラモン(古代インドの氏姓制度の最高位. 僧侶階級). (女性形: Brahmanin).

Brahms [ブラームス bráːms] (人名)ブラームス (Johannes *Brahms* 1833-1897; ドイツの作曲家).

Brain≠drain [ブレーン・ドレーン] [英] 男 -s/ 頭脳流出.

Brain≠stor·ming [ブレーン・ストーァミング] [英] 中 -s/ (経)ブレーンストーミング(自由に意見を出し合って最善の解決策を見出す手法).

Bram≠se·gel [ブラーム・ゼーゲる] 中 -s/- (海)トガンスル(トガンマストの帆げたに掛ける帆).

Bran·che [ブラーンシェ brã́ːʃə] 女 -/-n (経済・職業の)部門, 領域; (口語)専門分野.

Bran·chen≠ver·zeich·nis [ブラーンシェン・ふェアツァイヒニス] 中 ..nisses/..nisse (住所も記載された)職業別電話帳.

der **Brand** [ブラント bránt] 男 (単2) -es (まれに -s)/(複) Brände [ブレンデ] (3格のみ Bränden) ① 火事, 火災; 燃焼. (英) *fire*. ein riesiger *Brand* 大火 / in *Brand* bricht aus. 火事が発生する / einen *Brand* löschen 火事を消す / in *Brand* geraten 火事になる /

ein Haus⁴ in *Brand* setzen (または stecken) 家に放火する. ② 〘ふつう 圏〙燃えているもの. ③ 《口語》(激しい)のどの渇き. einen *Brand* haben ひどくのどが渇いている. ④ 《手工》(陶器・れんがなどを)焼いて造ること. ⑤ 〘圏 なし〙《医》壊疽(ぇ); 《植》黒穂(ほ)病.

brand.. [ブラント.. bránt..] 〘形容詞につける接頭〙《非常に・きわめて》例: *brand*neu 《口語》新品の.

brand⊂ak·tu·ell [ブラント・アクトゥエる] 形 きわめてアクチュアルな(今日的な).

Brand⊂bla·se [ブラント・ブラーゼ] 囡 -/-n やけどによる[皮膚の]火ぶくれ.

Brand⊂bom·be [ブラント・ボンベ] 囡 -/-n 焼夷(しょうい)弾.

Brand⊂brief [ブラント・ブリーふ] 男 -[e]s/-e 《口語》(催促・無心のための)緊急の手紙.

Brän·de [ブレンデ] Brand (火事)の 圏.

bran·den [ブランデン brándən] 自 (h) 《雅》(波が岩に当たって)砕け散る; 〘比〙(歓声などが)どよめく.

Bran·den·burg [ブランデン・ブルク brándən-burk] 田 -s/ ① 〘地名〙ブランデンブルク(ドイツ16州の一つ. 州都はポツダム: ☞ 地図 F-2). ② 〘都市名〙ブランデンブルク(ドイツ,ブランデンブルク州: ☞ 地図 F-2).

Bran·den·bur·ger [ブランデン・ブルガァ brándən-burgər] I 男 -s/- ブランデンブルクの住民(出身者). (女性形: -in). II 形 〘無語尾で〙ブランデンブルクの. das *Brandenburger* Tor (ベルリンの)ブランデンブルク門.

Brandenburger Tor

brand⊂heiß [ブラント・ハイス] 形 《口語》最新の(ニュースなど).

Brand⊂herd [ブラント・ヘーァト] 男 -[e]s/-e (火事の)火元.

bran·dig [ブランディヒ brándiç] 形 ① 焦げた, 焦げ臭い. ②《医》壊疽(ぇ)の; 《植》黒穂(ほ)病にかかった.

Brand⊂mal [ブラント・マーる] 田 -[e]s/-e (まれに ..mäler) 《雅》烙印(らくいん); やけどの跡.

brand⊂mar·ken [ブラント・マルケン brántmarkən] (過分 gebrandmarkt) 他 (h) 公然と非難する. 人⁴ als Dieb *brandmarken* 人⁴に泥棒の汚名を着せる.

Brand⊂mau·er [ブラント・マオァァ] 囡 -/-n 防火壁.

brand⊂neu [ブラント・ノイ] 形 《口語》最新の, 真新しい.

Brand⊂op·fer [ブラント・オブふァァ] 田 -s/- ① 《宗》燔祭(はんさい)(動物を祭壇で焼いて神にささげる古代ユダヤ教の儀式). ② 火災の犠牲者.

Brand⊂re·de [ブラント・レーデ] 囡 -/-n アジ演説.

Brand⊂sal·be [ブラント・ざるべ] 囡 -/-n やけど用軟膏(なんこう).

Brand⊂scha·den [ブラント・シャーデン] 男 -s/ ..schäden 火災による損害.

brand⊂schat·zen [ブラント・シャッツェン bránt-ʃatsən] 他 (h) 《史》(町などを焼き払うぞと脅して)略奪する.

Brand⊂schutz [ブラント・シュッツ] 男 -es/ 防火対策.

Brand⊂soh·le [ブラント・ゾーレ] 囡 -/-n (靴の内側の)底革(焼き印のある安い革を用いたことから).

Brand⊂stel·le [ブラント・シュテれ] 囡 -/-n 火事場, 焼け跡.

Brand⊂stif·ter [ブラント・シュティふタァ] 男 -s/- 放火犯人; 失火者. (女性形: -in).

Brand⊂stif·tung [ブラント・シュティふトゥング] 囡 -/-en 放火[罪]; 失火[罪].

Brandt [ブラント bránt] 男 -s/ 《人名》ブラント (Willy *Brandt* 1913-1993; 1969-1974 旧西ドイツ首相. 1971 年ノーベル平和賞受賞).

Bran·dung [ブランドゥング] 囡 -/-en 海岸に砕け散る波, 磯波(いそなみ).

Brand⊂wa·che [ブラント・ヴァッヘ] 囡 -/-n (消防活動後の)再発火監視[員].

Brand⊂wun·de [ブラント・ヴンデ] 囡 -/-n やけど; 《医》熱傷(火傷)創.

Bran·dy [ブレンディ bréndi] [英] 男 -s/-s ブランデー.

Brand⊂zei·chen [ブラント・ツァイヒェン] 田 -s/- (家畜の)焼き印.

brann·te [ブランテ] * brennen (燃える)の 過去.

Brannt⊂wein [ブラント・ヴァイン] 男 -[e]s/-e 火酒(ブランデーなどのアルコール分の多い蒸留酒).

Bra·si·li·a·ner [ブラズィリアーナァ brazíliá:-nər] 男 -s/- ブラジル人. (女性形: -in).

bra·si·li·a·nisch [ブラズィリアーニッシュ brazíliá:nɪʃ] 形 ブラジル[人]の.

Bra·si·li·en [ブラズィーリエン brazí:liən] 田 -s/ 〘国名〙ブラジル[連邦共和国](首都はブラジリア).

brät [ブレート] * braten (焼く)の 3 人称単数 現在.

Brat⊂ap·fel [ブラート・アブふェる] 男 -s/..äpfel 焼きりんご.

* **bra·ten** * [ブラーテン brá:tən] du brätst, er brät (briet, *hat*... gebraten) I 他 〘完了 haben〙(肉・魚・じゃがいもなど⁴を)焼く, (多めの油で)焼く, いためる. 《英》roast). Die Mutter *brät* das Fleisch. 母親が肉を焼いている / Hähnchen⁴ am Spieß *braten* 若鶏を串(くし)焼きにする / Fisch⁴ in Öl *braten* 魚を油で焼く / sich⁴ in (または **von**) der Sonne *braten* las-

sen《口語・比》日光浴をして肌を焼く．◇〖過去分詞の形で〗*gebratener* Fisch 魚のフライ．(☞ 類語 backen)．

II 自 (完了) haben）(肉などが)**焼ける**, 揚がる．Das Fleisch *muss* eine Stunde braten. この肉は1時間焼かないといけない / **in der Sonne** *braten*《口語・比》日光浴をして肌を焼く．
◇☞ gebraten

* *der* **Bra·ten** ［ブラーテン brá:tən］男 (単2) –s/(複) ー **焼き肉**, ロースト, ステーキ; 焼き肉用の肉. (英 *roast*). Kalbs*braten* 子牛のロースト / ein saftiger *Braten* 肉汁をたっぷり含んだ焼き肉 / ein fetter *Braten*《口語》大もうけ(←脂の多い焼き肉) / den *Braten* riechen《口語》(危険などを)かぎつける．

Bra·ten⸗fett ［ブラーテン・フェット］中 –[e]s/ 焼き肉から滴る油．

Brat⸗fisch ［ブラート・フィッシュ］男 –es/-e 魚のフライ; フライ用の魚．

Brat⸗**hähn·chen** ［ブラート・ヘーンヒェン］中 –s/- ローストチキン．

Brat⸗**he·ring** ［ブラート・ヘーリング］男 –s/-e フライにしたにしん．

Brat⸗**huhn** ［ブラート・フーン］中 –[e]s/..hühner ローストチキン．

Bra·tis·la·va ［ブラティスらーヴァ bratislá:va］中 –s/〘都市名〙ブラチスラバ(スロバキアの首都: ☞ 地図 H–4)．

Brat⸗**kar·tof·fel** ［ブラート・カルトッフェる］女 –/-n〘ふつう 複〙(薄切り・さいの目にきざんだ)じゃがいもいため(いわゆる「ジャーマンポテト」)．

Brat⸗**pfan·ne** ［ブラート・プファンネ］女 –/-n フライパン．

Brat⸗**rost** ［ブラート・ロスト］男 –[e]s/-e (肉などの)焼き網, グリル．

Brat·sche ［ブラーチェ brá:tʃə］女 –/-n〘音楽〙ビオラ(＝Viola)．

Brat·schist ［ブラチスト bratʃíst］男 –en/-en ビオラ奏者．(女性形: -in)．
◇☞ gebraucht

Brat⸗**spieß** ［ブラート・シュピース］男 –es/-e (回転式の)焼き串(⑂)．

brätst ［ブレーツト］⁑braten (焼く)の2人称単数 現在

Brat⸗**wurst** ［ブラート・ヴルスト］女 –/..würste ローストソーセージ; ロースト用のソーセージ．

Bräu ［ブロイ bróy］中 –[e]s/-e (または -s)〘南ドイツ・オーストリア〙① (一回に醸造される)ビール[の量]．② ビール醸造所(会社) (＝Brauerei)．

der **Brauch** ［ブラオホ bráux］男 (単2) –es (まれに –s)/(複) Bräuche ［ブロイヒェ］(3格のみ Bräuchen）**慣習**, 習慣, しきたり, ならわし．(英 *custom*). ein überlieferter *Brauch* 伝来の風習 / **nach** altem *Brauch* 昔からのしきたりに従って / Das ist bei uns so *Brauch*. ここではこういうしきたりなのだ．

brauch·bar ［ブラオホバール bráuxba:r］形 **使える**; 役にたつ, 有用(有益)な. Diese Jacke ist noch ganz gut *brauchbar*. この上着はまだ十分着られる / *brauchbare* Vorschläge 有益な提案．

Brauch·bar·keit ［ブラオホバールカイト］女 –/ 有用性．

Bräu·che ［ブロイヒェ］Brauch（慣習)の 複

⁑**brau·chen** ［ブラオヘン bráuxən］

必要とする　Ich *brauche* mehr Geld.
　　イヒ　ブラオヘ　　　メーア　ゲるト
私はもっとお金が必要です．

(brauchte, *hat* ... gebraucht) **I** 他 (完了) haben) ① (人·物⁴を)**必要とする**, 要する. (英 *need*). Ich *brauche* deine Hilfe. ぼくには君の助けが必要だ / Sie *braucht* zum Lesen eine Brille. 彼女は読書するのに眼鏡が要る / Der Zug *braucht* für diese Strecke zwei Stunden. その列車はこの区間に2時間かかる．
◇〖否定詞および zu 不定詞[句]とともに〗…する**必要はない**, …するにはおよばない. Er *braucht* heute **nicht** zu arbeiten. 彼はきょうは働かなくてもよい / Du *brauchst* **keine** Angst zu haben. 君は何も心配する必要はないよ．
◇〖**nur** および zu 不定詞[句]とともに〗…**しさえすればよい**. Du *brauchst* es nur zu sagen. 君はそう言いさえすればよいのだ．

☞ zu 不定詞[句]とともに用いる場合の完了形では過去分詞は **brauchen** となる. 例: Sie *hat* nicht zu kommen *brauchen*.『彼女は来る必要はなかった』．また口語では不定詞の zu が省略されることがある. 例: Du *brauchst* nur anrufen.《口語》「君は電話するだけでいいんだ」．

② 使用する, 用いる. Dieses Buch *kann* ich gut für meine Arbeit *brauchen*. この本は私の仕事に大いに役にたつ．　③ (燃料・お金など⁴を)消費する．Das Auto *braucht* viel Benzin. その車はたくさんガソリンをくう．
II 非人称 (完了) haben)〖*es braucht* 物²の形で〗《雅》物²が必要である．
◇☞ gebraucht

brauch·te ［ブラオホテ］⁑brauchen (必要とする) の 過去

Brauch·tum ［ブラオホトゥーム］中 –s/..tümer〘ふつう 単〙風習, 習俗, しきたり, ならわし．das alte *Brauchtum*⁴ pflegen 昔のしきたりを保存する．

Braue ［ブラオエ bráuə］女 –/-n 眉(萬), 眉毛. die *Brauen*⁴ runzeln 眉をひそめる．

brau·en ［ブラオエン bráuən］他 (h) (ビールなど⁴を)醸造する;《口語》(飲み物⁴を)作る．Bier⁴ *brauen* ビールを醸造する /［sich³］einen starken Kaffee *brauen* 濃いコーヒーを入れる．

Brau·er ［ブラオアァ bráuər］男 –s/- ビール醸造者. (女性形: -in)．

Brau·e·rei ［ブラオエライ brauərái］女 –/-en ①〘複 なし〙ビールの醸造[法]．② ビール醸造所(会社)．

⁑***braun** ［ブラオン bráun］形 (英 *brown*) ① **褐色の**, 茶色の. *braune* Augen とび色の目 / Sie hat *braunes* Haar. 彼女は栗色の髪をして

② 日焼けした. Du bist schön *braun* geworden.〖現在完了〗君はみごとに日焼けしたね / Er hat *braune* Haut. 彼の肌は小麦色に焼けている.
③ ナチスの(制服の色から). die *braune* Epoche ナチスの時代.
► braun≒gebrannt

Braun[1] [ブラオン] 匣 -s/- (口語: -s) 褐色, 茶色, ブラウン.

Braun[2] [ブラオン] -s/-s (姓) ブラウン. [die] *Brauns* ブラウン家[の人々].

Braun≒bär [ブラオン・ベーァ] 男 -en/-en 《動》 ヒグマ.

Bräu・ne [ブロイネ bróynə] 囡 -/ 褐色の(肌).

bräu・nen [ブロイネン brǿynən] I 他 (h) ① 褐色にする; 日焼けさせる. Die Sonne *hat* mich *gebräunt*. 私は日焼けした. ② 〖料理〗きつね色に焼く(揚げる, いためる). Zwiebeln[4] in der Pfanne *bräunen* 玉ねぎをフライパンできつね色にいためる. II 自 (s) ① (日に焼けて)褐色になる. ② (肉などが)こんがり焼ける. III 再帰 (h) *sich*[4] *bräunen* 日焼けする; (赤茶けた色に)紅葉する.
◊☞ gebräunt

braun≒ge・brannt, braun ge・brannt [ブラオン・ゲブラント] 形 褐色に日焼けした.

Braun≒koh・le [ブラオン・コーレ] 囡 -/-n 《鉱》褐炭.

bräun・lich [ブロインリヒ] 形 褐色(茶色)がかった.

Braun・schweig [ブラオンシュヴァイク bráun-ʃvaɪk] 匣 -s/ 《都市名》ブラウンシュヴァイク(ドイツ, ニーダーザクセン州: ☞ 〖地図〗E-2).

Braus [ブラオス bráus] 男 《成句的に》in Saus und *Braus* leben ぜいたく三昧の生活をする.

Brau・se [ブラオゼ bráuzə] 囡 -/-n ① シャワー (=Dusche). ② じょうろ(シャワー)のノズル. ③ 《口語》炭酸レモネード.

Brau・se≒bad [ブラオゼ・バート] 匣 -[e]s/..bäder ① シャワー室. ② シャワー浴.

brau・sen[ブラオゼン bráuzən] I 自 (h, s) ① (h) (風・波などが)ごうごう音をたてる, (海などが)鳴り響く, (お湯が)音をたてて沸騰する. Der Wasserfall *braust*. 滝がごうごうと音をたてている. ◊〖非人称の es を主語として〗Es *braust* mir in den Ohren. 私は耳鳴りがする. ◊〖現在分詞の形で〗 *brausender* Beifall あらしのような喝采. ② (s) 〖方向を表す語句とともに〗《口語》(車などが…へ)轟音をたてて突っ走る. Der Zug *ist* über die Brücke *gebraust*. 〖現在完了〗列車は橋の上を轟音をたてて走って行った. II 再帰 (完了 haben) *sich*[4] *brausen* シャワーを浴びる.

Brau・se≒pul・ver [ブラオゼ・プるふァァ] 匣 -s/- 粉末ソーダ, 沸騰散(ラムネなどの原料).

die **Braut** [ブラオト bráut] 囡 (単) -/(複) Bräute [ブロイテ] (3格のみ Bräuten) (《英》bride) ① (婚礼の日の)花嫁, 新婦. (◁● 「花婿」は Bräutigam). *Braut* und Bräutigam strahlten glücklich. 花嫁と花婿は幸せに輝いていた. ② 婚約中の女性, フィアンセ. Sie ist seine *Braut*. 彼女は彼のフィアンセだ. ③ (若者言葉)女の子, ガールフレンド.

Bräu・te [ブロイテ] Braut (花嫁)の 複

Braut≒füh・rer [ブラオト・ふューラァ] 男 -s/- (婚礼のときの)花嫁の付き添い人.

der **Bräu・ti・gam** [ブロイティガム brǿyti-gam または brǿyti..] 男 (単) -s/(複) -e (3格のみ -en) (口語: (複) -s) (《英》bridegroom) ① (婚礼の日の)花婿, 新郎. (◁● 「花嫁」は Braut). Sie stellte ihn als ihren *Bräutigam* vor. 彼女は彼を自分の花婿として紹介した. ② 婚約中の男性, フィアンセ.

Braut≒jung・fer [ブラオト・ユングふァァ] 囡 -/-n (結婚式のときの)花嫁の付き添い人(未婚の若い女性).

Braut≒kleid [ブラオト・クらイト] 匣 -[e]s/-er ウェディングドレス, 花嫁衣装.

Braut≒kranz [ブラオト・クランツ] 男 -es/..kränze 花嫁の[かぶる]花冠(かんむり).

Braut≒leu・te [ブラオト・ろイテ] 複 新郎新婦; 婚約中の男女 (=Brautpaar).

bräut・lich [ブロイトリヒ] 形 花嫁の[ような].

Braut≒paar [ブラオト・パール] 匣 -[e]s/-e 新郎新婦; 婚約中の男女.

Braut≒schau [ブラオト・シャォ] 囡 〖成句的に〗 **auf** [die] *Brautschau*[4] **gehen**《口語・戯》嫁探しをする.

Braut≒schlei・er [ブラオト・シュらイァァ] 男 -s/- 花嫁のベール.

brav [ブラーふ bráːf] 形 ① (子供が)お行儀のよい, おとなしい. Sei *brav*! おとなしくしていなさい / ein *braves* Kind おとなしい子供, いい子. ② ちゃんとした, しっかりした, 実直な; (服装などが)地味な. eine *brave* Hausfrau しっかりものの主婦. ③ 勇敢な.

類語 **brav**: (子供の性質について)おとなしい, 行儀のよい. **artig**: (子供がよくしつけられて)行儀のよい, 利口な. **gehorsam**: (おとなの権威に対して)従順な. **anständig**: (道徳的に・社会的地位にふさわしく)礼儀正しい.

bra・vo [ブラーヴォ bráːvo] [ˈː] 間 ブラボー! うまい[ぞ]! すてき[だ]!

Bra・vo [ブラーヴォ] [ˈː] 匣 -s/-s 喝采(かっさい)の声.

Bra・vour [ブラヴーァ bravúːr] [フラ] 囡 -/-en =Bravur

bra・vou・rös [ブラヴレース bravurǿːs] 形 = bravurös

Bra・vur [ブラヴーァ bravúːr] 囡 -/-en ① 《複なし》勇気, 勇敢さ. ② 《複なし》優れた技巧(テクニック); 《複》で妙技, 妙演.

bra・vu・rös [ブラヴレース bravurǿːs] 形 勇敢な, 果敢な; 優れた技巧の(演奏など).

***die* **BRD** [ベー・エル・デー beːɛrdéː] 囡 (単) -/ 《定冠詞とともに》(略)《国名》ドイツ連邦共和国(=Bundesrepublik Deutschland). (首都

Break [ブレーク bréːk] [英] **I** 男 田 -s/-s ① (テニス・アイスホッケーなどの)ブレーク. ② 《音楽》(ジャズの)ブレーク[奏法]. ③ ブレーク(屋根のない4輪馬車). **II** 田 -s/-s (ボクシングの)ブレーク.

Brech⁼boh·ne [ブレヒ・ボーネ] 囡 -/-n 〘植〙インゲンマメ.

Brech⁼ei·sen [ブレヒ・アイゼン] 田 -s/- 〘工〙金てこ.

bre·chen [ブレッヒェン bréçən] du brichst, er bricht (brach, *hat/ist*...gebrochen) (英 *break*) **I** 他 〔完了 haben〕① (堅い物⁴を)**折る**, 割る, 砕く. Er *brach* einen Zweig **vom** Baum. 彼は木の小枝を折り取った / Blumen⁴ *brechen* 〘雅〙花を折り取る(摘む) / Er *hat* sich⁴ den Arm *gebrochen*. 彼は腕を骨折した / ein Glas⁴ **in** Stücke *brechen* コップをこなごなに割る / Brot⁴ *brechen* パンをちぎる / Steine⁴ *brechen* 石を切り出す / den Stab über 囚⁴ *brechen* 〘比〙囚⁴を厳しく非難する / 事⁴ vom Zaun *brechen* 〘比〙事⁴を不意に始める.

② (障害・限界など⁴を)**突破する**, 打ち破る. eine Blockade *brechen* 封鎖を突破する / einen Rekord *brechen* 記録を破る / Er *hat* sein Schweigen *gebrochen*. 彼は沈黙を破って話しだした.

③ (約束など⁴を)破る. Er *hat* sein Wort *gebrochen*. 彼は約束を破った / einen Vertrag *brechen* 契約(条約)に違反する / die Ehe *brechen* 不倫をする. ④ 〘口語〙嘔吐(½)する / [das Essen⁴] *brechen* [食べたものを]吐く. ⑤ (波など⁴を)はね返す, (光線・音波など⁴を)屈折させる.

II 自 〔完了 sein または haben〕① (s) 折れる, 割れる, 砕ける. Der Kamm *bricht* sehr leicht. この櫛(¾)はとても折れやすい / Das Eis *ist gebrochen*. 〘現在完了〙a) 氷が割れた, b) 〘比〙堅苦しい雰囲気が和んだ / Mir *brach* das Herz. 私の胸は張り裂けそうだった. ◇〘現在分詞の形で〙Der Saal war *brechend* voll. ホールははち切れるほど詰まっていた.

② (s) 〘方向を表す語句とともに〙〘雅〙(...から突然)現れる, 出て来る. Die Quelle *bricht* **aus** dem Felsen. 泉が岩間からわき出る / Der Mond *brach* **durch** die Wolken. 月が雲間から現れ出た. ③ (h) 〔**mit** 人・事³ ~〕〔人・事³と〕関係を絶つ. Sie *hat* mit ihm endgültig *gebrochen*. 彼女は彼ときっぱり縁を切った / mit einer Gewohnheit *brechen* ある習慣をやめる.

III 再帰 〔完了 haben〕*sich⁴ brechen* (波が)砕ける, (光線・音波などが)屈折する. Die Wellen *brechen sich* **am** Felsen. 波が岩に当たって砕ける.

◇☞ **gebrochen**

| 類語 **brechen**: (堅い物に力を加えて)割る, 砕く. einen Teller in Stücke *brechen* 皿をこなごなに砕く. **reißen**: (引っぱって無理に)引き破る, 引き裂く.

das Papier⁴ in Stücke *reißen* 紙をずたずたに引き裂く.

Bre·chen [ブレッヒェン] 田 〘成句的に〙**zum** *Brechen* voll sein 超満員である.

Bre·cher [ブレッヒャァ bréçər] 男 -/- ① (岩などに)砕ける波. ② (石などを砕く)破砕機.

Brech⁼mit·tel [ブレヒ・ミッテる] 田 -s/- 〘医〙[催]吐剤; 〘比〙いやなやつ(物).

Brech⁼reiz [ブレヒ・ライツ] 男 -es/-e 吐き気.

Brech⁼stan·ge [ブレヒ・シュタンゲ] 囡 -/-n 〘工〙金てこ (= Brecheisen).

Brecht [ブレヒト bréçt] -s/- 〘人名〙ブレヒト(Bertolt *Brecht* 1898–1956; ドイツの劇作家・詩人).

Bre·chung [ブレッヒュンヶ] 囡 -/-en ① (物の)(光・音などの)屈折. ② 〘言〙母音混和(*Erde* — *irdisch* のように後続母音などの影響で e が i に変化したり, u が o に変化する現象).

Bre·genz [ブレーゲンツ bréːgɛnts] 田 〘都市名〙ブレーゲンツ(オーストリア, フォーアアルルベルク州の州都: ☞地図 D-5).

der **Brei** [ブライ brái] 男 (単2) -[e]s/(複) -e (3種のみ -en) ① かゆ, かゆ状のもの. Hafer*brei* オートミールがゆ / einen *Brei* essen おかゆを食べる / 囚³ *Brei*⁴ um den Mund (または ums Maul) schmieren 〘俗〙囚³にお世辞を言う. / **um** den [heißen] *Brei* herum|reden 〘口語〙肝心なことを避けて話す (← 熱いかゆの回りであれこれしゃべる) / 囚⁴ **zu** *Brei* schlagen 〘俗〙囚⁴をたたきのめす.

brei·ig [ブライイヒ bráiiç] 形 かゆ状の, どろどろした.

der **Breis·gau** [ブライス・ガオ bráis-gau] 男 -s/ 〘定冠詞とともに〙〘地名〙ブライスガウ(ドイツ西南部の地方).

breit [ブライト bráit] 形 〔比較 breiter, 最上 breitest〕(英 *broad*) ① **幅の広い**. (⇔ 「幅の狭い」は schmal). eine *breite* Straße 幅の広い道路 / Er hat *breite* Schultern. 彼は肩幅が広い / weit und *breit* 辺り一面, 見渡すかぎり. ② 〘数量を表す4格とともに〙**...の幅の**. (⇔「...の長さの」は lang). Der Fluss ist 20 Meter *breit*. その川は幅が20メートルある / Das Band ist einen Finger *breit* (または Finger*breit*). このテープは指1本ほどの幅だ. ③ (社会的に)広範囲の, 多くの人々の. die *breite* Masse 一般大衆. ④ 〘比〙くどくどした, 間延びした; (口を大きく開けてふざまな. eine *breite* Aussprache 間延びした発音 / ein *breites* Lachen ばか笑い / 事⁴ *breit* erzählen 〘比〙事⁴をくどくどと話す.

| 類語 **breit**: (ある幅を持っていて)広い. ein *breiter* Fluss 幅広い川. **weit**: (あらゆる方向に延びていて)広々としている. das *weite* Meer 広い海.

breit⁼bei·nig [ブライト・バイニヒ] 形 足を広げた, 大股の. *breitbeinig* gehen 大股で歩く.

die **Brei·te** [ブライテ bráitə] 囡 (単) -/(複) -n ① (川・道などの)**幅** (英 *width*), (⇔「長さ」は Länge, 「高さ」は Höhe). ein Weg von drei Meter *Breite* 3メートル幅の道 / Die

Straße hat eine *Breite* von fünf Metern. この道路の幅は 5 メートルだ / die Länge, *Breite* und Höhe eines Zimmers 部屋の奥行き, 間口, 高さ / **in** die *Breite* gehen《口語》(人が)太る /《比》④ をくどくど物語る(←叙事詩のような冗慢さで). ② 《圈 なし》《地理》緯度. (☞「経度」は Länge). Berlin liegt [**auf** または **unter**] 52 Grad nördlicher *Breite*④. ベルリンは北緯 52 度にある. ③《圈 で》(ある緯度にある)地域. **in** unseren *Breiten* われわれの地域では.

brei·ten [ブライテン brái̯tən] **I** 他 (h)《雅》(毛布などを)④ 広げる, (両腕・翼を)伸ばす. eine Decke④ **über** 人④ *breiten* 人④に毛布を掛けてやる. **II** 再帰 (h) *sich*④ *breiten*《雅》(…へ)広がる, 伸びる.

Brei·ten≠grad [ブライテン・グラート] 男 -[e]s/-e《地理》緯度. (☞「経度」は Längengrad).

Brei·ten≠kreis [ブライテン・クライス] 男 -es/-e《地理》緯線.

Brei·ten≠sport [ブライテン・シュポルト] 男 -[e]s/《総称として:》大衆スポーツ.

breit|ma·chen [ブライト・マッヘン bráɪ̯tmàxən] 再帰 (h) *sich*④ *breitmachen*《口語》① (不当に)広い場所を占める; 居座る. ② (悪習などが)広がる, はびこる.

breit|schla·gen* [ブライト・シュらーゲン bráɪ̯tʃlà:gən] 他 (h)《口語》口説き落とす, 説得する. 人④ **zu** 事③ *breitschlagen* 人④を説得して事③をさせる / Er ließ *sich*④ *breitschlagen*. 彼は口説き落とされた.

breit≠schul·te·rig [ブライト・シュるテリヒ] 形 = breitschultrig

breit≠schul·trig [ブライト・シュるトリヒ] 形 肩幅の広い.

Breit≠sei·te [ブライト・ザイテ] 女 -/-n ① (机などの)長い方の側面; 《海》(船の)舷側(㌢). ②《軍》舷側の(㌢)砲[의一斉射撃].

Breit≠spur [ブライト・シュプーァ] 女 -/-en《鉄道》広軌.

breit≠spu·rig [ブライト・シュプーリヒ] 形《鉄道》広軌の;《比》横柄な, いばった.

breit|tre·ten* [ブライト・トレーテン bráɪ̯ttrè:tən] 他 (h)《口語》(事④を)くどくど話す.

Breit≠wand≠film [ブライトヴァント・フィるム] 男 -[e]s/-e《映》ワイドスクリーン映画.

Bre·men [ブレーメン bré:mən] 中 -s/《地名・都市名》ブレーメン(ドイツ 16 州の一つ, またその州都. ヴェーザー川沿いの旧ハンザ同盟都市で, 貿易・工業が盛ん). (☞ 地図 D-2).

Bre·mer [ブレーマァ bré:mər] **I** 男 -s/- ブレーメンの市民(出身者). (女性形: -in). **II** 形《無語尾で》ブレーメンの. „Die *Bremer* Stadtmusikanten"『ブレーメンの音楽隊』(グリム童話の一つ).

Bre·mer·ha·ven [ブレーマァ・ハーフェン bre:mər-há:fən] 中 -s/《都市名》ブレーマーハーフェン(ドイツ, ブレーメン州. ヨーロッパ第一の漁港. ☞ 地図 D-2).

Brems≠ba·cke [ブレムス・バッケ] 女 -/-n《自動車》ブレーキシュー(パッド), 制輪子.

Brems≠be·lag [ブレムス・べらーク] 男 -[e]s/..läge《自動車》ブレーキライニング.

* *die* **Brem·se**¹ [ブレムゼ brémzə] 女《単》-(複)-(複)-n《複》(英 *brake*) ① ブレーキ, 制動機. Hand*bremse* ハンドブレーキ / eine automatische *Bremse* 自動ブレーキ / **auf** die *Bremse* treten ブレーキを踏む / Die *Bremse* funktioniert nicht. ブレーキが効かない. ②《比》抑制, 制御.

Brem·se² [ブレムゼ] 女 -/-n《昆》アブ.

***brem·sen** [ブレムゼン brémzən] du bremst (bremste, *hat* ... gebremst) (英 *brake*) **I** 自 (完了 haben) ① ブレーキをかける. Der Fahrer *bremste* scharf. 運転手は急ブレーキをかけた. ②《比》抑制する, 歯止めをかける. Er muss **mit** dem Trinken *bremsen*. 彼は酒を控えないといけない.

II 他 (完了 haben) ① (物④に)ブレーキをかける. Er *bremste* den Wagen. 彼は車のブレーキをかけた. ②《比》抑制する, (人④に)歯止めをかける. die Ausgaben④ *bremsen* 支出を抑える.

Brems≠klotz [ブレムス・クろッツ] 男 -es/..klötze (車輪などの)制輪子, ブレーキシュー.

Brems≠licht [ブレムス・リヒト] 中 -[e]s/-er (自動車などの)ブレーキランプ.

Brems≠pe·dal [ブレムス・ペダーる] 中 -s/-e ブレーキペダル.

Brems≠spur [ブレムス・シュプーァ] 女 -/-en (自動車などの)急ブレーキの跡.

brems·te [ブレムステ] *bremsen (ブレーキをかける)の過去

Brems≠weg [ブレムス・ヴェーク] 男 -[e]s/-e 制動距離(ブレーキをかけてから停車するまでの距離).

brenn·bar [ブレンバール] 形 燃えやすい, 可燃性の.

Brenn·bar·keit [ブレンバールカイト] 女 -/ 可燃性.

Brenn≠ele·ment [ブレン・エれメント] 中 -[e]s/-e《物》核燃料.

****bren·nen*** [ブレンネン brénən] (brannte, *hat* ... gebrannt) (英 *burn*) **I** 自 (完了 haben) ① (火・燃料などが)燃え[ている], 燃焼する(している); (太陽が)照りつけ[ている]. Der Ofen *brennt*. ストーブが燃えている / Das Haus *brennt*. 家が燃えている / Das trockene Holz *brennt* leicht. 乾燥した木材は燃えやすい / Hass *brannte* in ihr.《比》彼女には憎しみに燃えていた. ◇《非人称の **es** を主語として》Es *brennt*! 火事だ / Wo *brennt*'s (=*brennt* es) denn? a) 火事はどこだ, b)《口語・比》どうしたんだ, 何が起きたんだ / Es *brennt* vor dem Tor.《比》(サッカーで:)ゴール前がピンチだ. ② (明かりなどが)ともっている. In seinem Zimmer *brennt* Licht. 彼の部屋に明かりがついている / Lass das Licht *brennen*! 明かりをつけたままにしておきなさい. ③ (傷口などが)ひりひり痛む; (香辛料などが)ぴりぴりする. Mir *brennen*

die Augen. 私は目がひりひりする. ④ 〖**auf** 囲⁴ ~〗(囲⁴をしたくて)うずうずする. auf Rache *brennen* 復讐(ふくしゅう)の念に燃える / Ich *brenne* darauf, sie zu sehen. 私は彼女に会いたくてたまらない. ⑤ 〖**vor** 囲³ ~〗(囲³のあまり)じりじりする. Sie *brennt* vor Neugier. 彼女は好奇心に燃えている.
II 他 (完了 haben) ① 燃やす, 焼く. Wir *brennen* nur Koks in unserem Ofen. 私たちはストーブでコークスだけを燃やしています. ② 〖A⁴ **auf** (または **in**) B⁴ ~〗(A⁴ を B⁴ に)焼き付ける. ein Zeichen⁴ auf das Fell eines Tiers *brennen* 動物の皮膚に焼き印を押す / ein Loch⁴ in die Tischdecke *brennen* テーブルクロスに焦げ穴を作る / eine CD⁴ *brennen* CD を焼く. ③ (明かりなど⁴を)ともす. Zum Abendessen *brennen* wir gern Kerzen. 夕食の際に私たちはろうそくをともすのが好きだ. ④ (医) (囚⁴に)やけどをさせる. ◇(再帰的に) *sich*⁴ am Ofen *brennen* ストーブでやけどをする. ⑤ (れんが・陶器など⁴を)焼く; (火酒⁴を)蒸留する. ⑥ (コーヒー豆など⁴を)炒(い)る. ⑦ (医) 焼灼(しょうしゃく)する.
◇ ☞ **gebrannt**

bren·nend [ブレンネント] **I** ＊brennen (燃える) の 現分 **II** 形 ① 燃えて(焼けて)いる; (比) 燃える(焼けつく)ような. eine *brennende* Zigarette 火のついたたばこ / ein *brennender* Ehrgeiz 激しい功名心. ② 緊急の, さし迫った. ein *brennendes* Problem 火急の問題. **III** 副 非常に, 切実に. Ich habe deine Hilfe *brennend* nötig. ぼくには君の助けがぜひとも必要だ.

Bren·ner¹ [ブレンナァ brénər] 男 -s/- ① (こんろなどの)火口(ほぐち), バーナー; 燃焼器. Gas*brenner* ガスバーナー. ② 蒸留酒製造[業]者. (女性形: -in).

der **Bren·ner**² [ブレンナァ brénər] 男 -s/ 〖定冠詞とともに〗(地名) ブレンナー峠(オーストリアとイタリアとの国境の峠. 標高 1371 m. 最も低いアルプス越えの地点として古来重要な交通路: ☞ 地図 E-5).

Bren·ne·rei [ブレンネライ brɛnərái] 女 -/-en ① 〖複 なし〗蒸留酒製造. ② 蒸留酒製造所.

Brennes·sel [ブレン・ネッセる] 女 Brennnessel の古い形.

Brenn⸗glas [ブレン・グラース] 中 -es/..gläser (光)集光レンズ, 凸レンズ.

Brenn⸗holz [ブレン・ホるツ] 中 -es/ まき(薪).

Brenn⸗ma·te·ri·al [ブレン・マテリアーる] 中 -s/..alien [..アーリエン] [暖房用]燃料.

Brenn⸗nes·sel [ブレン・ネッセる] 女 -/-n (植) イラクサ[属].

Brenn⸗punkt [ブレン・プンクト] 男 -[e]s/-e ① 〖光・数〗焦点. den *Brennpunkt* einer Linse² bestimmen レンズの焦点を合わせる. ② (関心・注目などの)中心, 的. Dieses Problem steht im *Brennpunkt* des Interesses. この問題は関心の的になっている.

Brenn⸗spi·ri·tus [ブレン・シュピーリトゥス] 男 -/ 燃料(工業)用アルコール.

Brenn⸗stoff [ブレン・シュトふ] 男 -[e]s/-e ① 燃料. ② (物)核燃料.

brenn·te [ブレンテ] ＊brennen (燃える)の 過2

Brenn⸗wei·te [ブレン・ヴァイテ] 女 -/-n 《光》焦点距離.

Bren·ta·no [ブレンターノ brɑntáːno] -s/ 《人名》ブレンターノ (Clemens *Brentano* 1778-1842; ドイツ・ロマン派の詩人).

brenz·lig [ブレンツりヒ bréntslɪç] 形 ① 焦げ臭い. ② (口語・比)(状況などが)危険な, やっかいな, ゆゆしい.

Bre·sche [ブレッシェ bréʃə] 女 -/-n (城壁などに)力づくであけた穴, 突破口. für 人・事⁴ eine *Bresche* schlagen 人・事⁴のために突破口を開く / für 囚⁴ in die *Bresche* springen 囚⁴のために身を投げうって助力する.

Bres·lau [ブレスらウ bréslau] 中 -s/ 《都市名》ブレスラウ (ポーランドのヴロツワフのドイツ名).

die **Bre·ta·gne** [ブレターニェ bretánjə または brɑ..] 女 -/ 〖定冠詞とともに〗《地名》ブルターニュ (フランス北西部の半島, またその地方名).

bre·to·nisch [ブレトーニッシュ bretóːnɪʃ] 形 ブルターニュ[人・語]の.

das **Brett** [ブレット brét] 中 (単2) -es (まれに -s)/(複) -er (3格のみ -ern) (英 board) ① 板. Sprung*brett* スプリングボード / ein dickes (dünnes) *Brett* 厚い(薄い)板 / das schwarze (または Schwarze) *Brett* 揭示板 / Aus sechs *Brettern* machte er eine Bank. 6 枚の板で彼はベンチを作った / Hier ist die Welt mit *Brettern* vernagelt. 〖状態受動・現在〗《口語》ここは行き止まりだ(←世界が板でくぎ付けされている) / ein *Brett*⁴ vor dem Kopf haben 《口語》物わかりが悪い (強情な牛の目の前に板を当てて, 前を見えなくした昔の風習から) / das *Brett*⁴ bohren, wo es am dünnsten ist《口語》いちばん楽なやり方をする(←板のいちばん薄い所に穴をあける). ② 〖複 で〗スキーの板 (=Ski). die *Bretter*⁴ wachsen スキーにワックスをかける. ③ (チェスなどの)盤 (=Spiel*brett*). ④ 〖複 で〗舞台 (= Bühne); (ボクシングの)マット.

Bret·ter [ブレッタァ] ＊Brett (板)の 複

Bret·ter⸗bu·de [ブレッタァ・ブーデ] 女 -/-n 小屋掛け, 仮小屋, バラック, 屋台.

Bret·ter⸗zaun [ブレッタァ・ツァオン] 男 -[e]s/..zäune 板塀, 板囲い.

Brett⸗spiel [ブレット・シュピーる] 中 -[e]s/-e 盤上でするゲーム(碁・チェスなど).

Bre·vier [ブレヴィーァ breviːr] 中 -s/-e ① 《カトリック》聖務日課[書]. ② (詩人などの作品からの)文選.

Bre·zel [ブレーツェる bréːtsəl] 女 -/-n ブレーツェル(8の字形をした塩味でやや堅めのパン. ビールのつまみなどとしても食べる). (☞ Brot 図).

brich [ブリヒ] ＊brechen (折る)の du に対する 命令

brichst [ブリヒスト] ＊brechen (折る)の 2 人称 親称単数 現在

bricht [ブリヒト] ＊brechen (折る)の 3 人称単数

Bridge

現在
Bridge [ブリッチュ brítʃ または ブリッチュ brídʒ] 甲 -/ ブリッジ(トランプ遊びの一種).

der **Brief** [ブリーふ brí:f]

> 手紙
> Ich schreibe gerade einen *Brief*.
> イヒ　シュライベ　グラーデ　アイネン　ブリーフ
> 私はちょうど手紙を書いているところだ.

男 (単 2) -es (まれに -s)/(複) -e (3 格のみ -en) ① 手紙. (英) letter). (「手紙の書き方」, 1734 ページ). Liebes*brief* ラブレター / ein privater (offener) *Brief* 私信(公開状) / einen *Brief* frankieren (または frei|machen) 手紙に切手を貼る / ein *Brief* der Liebe (または Blauer) *Brief* a) 解約(解雇)通知状, b)(成績・素行の悪い生徒の親に出す)警告状 / Ich schrieb ihm (または an ihn) einen langen *Brief*. 私は彼に長い手紙を書いた / Es ist ein *Brief* für dich da. 君に手紙が来ているよ / **mit** 人³ *Briefe*⁴ wechseln 人³と文通する / Gestern bekam ich einen *Brief* **von** meinen Eltern. きのう私は両親から手紙を受け取った.
② 証書. 人³ *Brief*⁴ und Siegel⁴ auf 事⁴ geben 《比》人³に事⁴を確約(保証)する(←証書と印を与える).

Brief⸗be·schwe·rer [ブリーふ・ベシュヴェーラァ] 男 -s/- 文鎮.
Brief⸗block [ブリーふ・ブロック] 男 -[e]s/..blöcke または -s (はぎ取り式の 1 冊の)便箋(びん).
Brief⸗bo·gen [ブリーふ・ボーゲン] 男 -s/- (南ド: ..bögen も) (1 枚 1 枚の)便箋(びん).
Brief⸗freund [ブリーふ・ふロイント] 男 -[e]s/-e ペンフレンド. (女性形: -in).
Brief⸗ge·heim·nis [ブリーふ・ゲハイムニス] 中 ..nisses/ 信書の秘密.
Brief⸗kar·te [ブリーふ・カルテ] 女 -/-n (封筒に入れて出す)グリーティングカード.
der **Brief⸗kas·ten** [ブリーふ・カステン brí:f-kastən] 男 (単 2) -s/(複) ..kästen [..ケステン] ① 郵便ポスト. (英 mailbox). Wo ist der nächste *Briefkasten*? 最寄りのポストはどこですか. ② 投書受け. ③ (新聞などの)[読者]投書欄, 読者の声欄.
Brief·kas·ten·fir·ma [ブリーふカステン・ふィルマ] 女 -/..firmen (郵便受けしかない脱税のための)架空会社, ペーパーカンパニー.
Brief⸗kopf [ブリーふ・コプふ] 男 -[e]s/..köpfe レターヘッド(便箋頭部の名前・住所).
brief·lich [ブリーふりヒ] 形 手紙の, 手紙による. *Brief*⁴ *brieflich* mit|teilen 事⁴を手紙で知らせる.

die **Brief⸗mar·ke** [ブリーふ・マルケ brí:f-markə] 女 (単) -/(複) -n 郵便切手. (英 stamp). Sonder*briefmarke* 記念切手 / *Briefmarken*⁴ sammeln 切手を収集する / Zehn *Briefmarken* **zu** 75 Cent, bitte! 75 セントの切手を 10 枚ください.

Brief·mar·ken⸗au·to·mat [ブリーふマルケン・アオトマート] 男 -en/-en 切手自動販売機.
Brief·mar·ken⸗samm·lung [ブリーふマルケン・ザムるング] 女 -/-en 切手収集, 切手のコレクション.
Brief⸗öff·ner [ブリーふ・エふナァ] 男 -s/- (開封用の)ペーパーナイフ.
Brief⸗pa·pier [ブリーふ・パピァー] 中 -s/-e 便箋(びん).
Brief⸗por·to [ブリーふ・ポルトー] 中 -s/-s (または ..porti) (封書の)郵便料金.
Brief⸗ro·man [ブリーふ・ロマーン] 男 -s/-e (特に 18 世紀の)書簡体小説.
die **Brief⸗ta·sche** [ブリーふ・タッシェ brí:f-taʃə] 女 (単) -/(複) -n 札入れ, 紙入れ. (英 wallet). Den Ausweis habe ich **in** meiner *Brieftasche*. 証明書は札入れの中に入れています / eine dicke *Brieftasche*⁴ haben 《口語》金持ちである.
Brief⸗tau·be [ブリーふ・タオベ] 女 -/-n 伝書鳩(ばと).
der **Brief⸗trä·ger** [ブリーふ・トレーガァ brí:f-trɛːgɐr] 男 (単 2) -s/(複) - (3 格のみ -n) 郵便配達人.
Brief⸗trä·ge·rin [ブリーふ・トレーゲリン] 女 -/..rinnen (女性の)郵便配達人.
Brief⸗um·schlag [ブリーふ・ウムシュらーク] 男 -[e]s/..schläge 封筒.
Brief⸗waa·ge [ブリーふ・ヴァーゲ] 女 -/-n 手紙(軽量郵便物)用のはかり.
Brief⸗wahl [ブリーふ・ヴァーる] 女 -/-en 郵送[による]投票(不在者投票の一形式).
Brief⸗wech·sel [ブリーふ・ヴェクセる] 男 -s/- ① 手紙のやり取り, 文通. **mit** 人³ **in** *Briefwechsel* stehen 人³と文通している. ② 往復書簡. der *Briefwechsel* zwischen Goethe und Schiller ゲーテとシラーの往復書簡.
Bries [ブリース brí:s] 中 -es/-e 《医》胸腺(きょうせん); 《料理》(子牛などの)胸腺.
briet [ブリート] *braten (焼く)の過去.
brie·te [ブリーテ] *braten (焼く)の接2.
Bri·ga·de [ブリガーデ brigá:də] [フランス] 女 -/-n ① 《軍》旅団. ② (旧東ドイツで)作業班.
Bri·ga·di·er [ブリガディエー brigadié:] 男 -s/-s ① 《軍》旅団長, 准将. ② [..ディーァ] も 《軍》-e [..ディーレ] も](旧東ドイツで)作業班長. (女性形: -in).
Brigg [ブリック brík] 女 -/-s ブリッグ(2 本マストの帆船の一種).
Bri·git·te [ブリギッテ brigítə] -[n]s/ 《女名》ブリギッテ.
Bri·kett [ブリケット brikét] 中 -s/-s (まれに -e) ブリケット(練炭の一種).
bril·lant [ブリリャント brɪljánt] [フランス] 形 輝かしい, すばらしい, 卓越した.
Bril·lant [ブリリャント] 男 -en/-en ブリリアントカットのダイヤモンド.
Bril·lanz [ブリリャンツ brɪljánts] 女 -/ ① 技巧のすばらしさ. ② 《写》画像の鮮明度. ③

Bril·le [ブリれ brílə]

> **眼鏡**
>
> Hast du eine neue *Brille*?
> ハスト ドゥ アイネ ノイエ ブリれ
> 君は新しい眼鏡をかけているね.

囡(単)-/(複)-n ① 眼鏡. (英 glasses). Sonnen*brille* サングラス / eine scharfe (schwache) *Brille* 度の強い(弱い)眼鏡 / eine *Brille* für die Ferne (die Nähe) 遠用(近用)の眼鏡 / eine *Brille*⁴ tragen 眼鏡をかけている / die *Brille*⁴ auf|setzen (ab|nehmen) 眼鏡をかける(はずす) / 囲⁴ **durch** eine gefärbte *Brille* sehen《比》囲⁴を色眼鏡で(偏見を持って)見る / 囲⁴ durch eine rosa (schwarze) *Brille* sehen 囲⁴をあまりに楽観的に(悲観的に)見る.
② 《口語》(眼鏡の形をしたもの:)便座; (動物の目の周りの)眼鏡斑.

Bril·len⸗etui [ブリれン・エトヴィー] 囲 -s/-s 眼鏡ケース.
Bril·len⸗glas [ブリれン・グらース] 囲 -es/..gläser 眼鏡のレンズ.
Bril·len⸗schlan·ge [ブリれン・シュらンゲ] 囡 -/-n (動)コブラ;《口語・戯》眼鏡をかけた女性.
Bril·len⸗trä·ger [ブリれン・トレーガァ] 男 -s/- 眼鏡をかけた人. (女性形: -in).
bril·lie·ren [ブリりイーレン brılíːrən] 围 (h) (すぐれたできばえで)人目を引く, 抜きんでる. Er *brillierte* **mit** seiner Rede. 彼のスピーチはすばらしかった.
Brim·bo·ri·um [ブリンボーリウム brımbóːrium] 囲 -s/《口語》大騒ぎ, 空騒ぎ.

brin·gen* [ブリンゲン bríŋən]

> **持って来る**
>
> *Bringen* Sie mir bitte ein Bier!
> ブリンゲン ズィー ミァ ビッテ アイン ビーァ
> ビールを1杯持って来てください.

(brachte, *hat* ... gebracht) 他 (完了) haben) (英 bring) ① (物⁴を)持って来る, 持って行く, 運ぶ, 届ける. Der Kellner *bringt* das Essen. ウエーターが料理を持って来る / Er *hat* mir Blumen *gebracht*. 彼は私に花を持って来てくれた / ein Paket⁴ **auf** die Post (または **zur** Post) *bringen* 小包を郵便局へ持って行く / 囚³ eine gute Nachricht⁴ *bringen* 囚³にいい知らせを届ける / 囚³ Hilfe⁴ *bringen* 囚³を援助する / Der letzte Winter *brachte* uns viel Schnee.《比》この前の冬は雪が多かった.
② 〖方向を表す語句とともに〗(囚⁴を…へ)連れて来る, 連れて行く, 送り届ける. *Bringen* Sie ihn hierher! 彼をここへ連れて来なさい / 囚⁴ **ins** Krankenhaus *bringen* 囚⁴を病院へ連れて行く(入院させる) / Ich *bringe* dich nach Hause. 君を家まで送るよ / 囚⁴ **zum** Bahnhof *bringen* 囚⁴を駅まで送って行く.
③ 〖特定の前置詞句とともに〗(囚・物⁴を…の方向へ)導く, (囚・物⁴を…の状態に)する, 陥れる. 囲⁴ **ans** Licht (または **an den Tag**) *bringen* 囲⁴を明るみに出す / 物⁴ **an sich**⁴ *bringen*《口語》物⁴を着服する / einen Satelliten **auf die Bahn** *bringen* 衛星を軌道に乗せる / 囚⁴ **aus** der Fassung *bringen* 囚⁴をうろたえさせる / eine Arbeit⁴ **hinter** sich⁴ *bringen* 仕事を片づける / den Motor **in Gang** *bringen* エンジンを始動させる / 囚⁴ **in** Gefahr *bringen* 囚⁴を危険に陥れる / 囲⁴ **nicht übers Herz** (または **über sich**⁴) *bringen* 囲⁴をする決心がつかない / 囚⁴ **zur** Verzweiflung *bringen* 囚⁴を絶望させる / 囲⁴ **zum** Ausdruck *bringen* 囲⁴を表現する / 囲⁴ **zu** Ende *bringen* 囲⁴を終わらせる.
④ 〖**es** を目的語として成句的に〗es⁴ weit *bringen* 出世する, 成功する / es⁴ **zu** Ansehen *bringen* 名声をかち得る / Er *hat* es bis zum Minister *gebracht*. 彼は大臣にまでなった / es⁴ zu etwas *bringen* ひとかどの者になる / Sie *hat* es auf 90 Jahre *gebracht*.《口語》彼女は90歳にもなった.
⑤ (利益など⁴を)もたらす, 生む; (囚³に囲⁴を)ひき起こす. hohen Ertrag *bringen* 大きい収益をもたらす / Das *bringt* nichts.《口語》そんなことをしても何にもならないよ / Das *bringt* ihm nur Ärger. それは彼の怒りをかうだけだ / 囚³ große Verluste⁴ *bringen* 囚³に大きな損害を与える / 囲⁴ **mit** sich³ *bringen* (必然的に)囲⁴を伴う ⇒ Das *bringt* Nachteile mit sich. それには欠点が伴う.
⑥ 〖囚⁴ **um** 物⁴ ~〗(囚⁴から物⁴を)奪う, 失わせる. 囚⁴ ums Leben *bringen* 囚⁴の命を奪う / Der Lärm *brachte* sie um den Schlaf. 騒音で彼女は眠れなかった.
⑦ 《口語》(記事など⁴を)掲載する, (番組など⁴を)放送する, (劇など⁴を)上演する. Die Zeitung *brachte* nichts darüber. 新聞はそれについて何も報道しなかった / Was *bringt* das Fernsehen heute Abend? 今晩テレビで何がありますか.
⑧ (物・事⁴を…に)する. die Arbeit⁴ fertig *bringen* (または fertig|*bringen*) 仕事を終える.
⑨ 《俗》(若者言葉:)できる (=können). Ich *bringe* diese Übung nicht. この練習問題はぼくの手に負えない.

[類語] **bringen**: 「持って来る(行く)」の意味で最も一般的な語. **holen**: (出かけて行って)取って来る. Kartoffeln⁴ aus dem Keller *holen* じゃがいもを地下室から取って来る. **tragen**: (手や腕など自分の体を使って)運ぶ, 持って行く. **schleppen**: (重い物を)引きずって運ぶ. **ab|holen**: (約束のものを)受け取って来る, 連れて来る.

bri·sant [ブリザント brızánt] 厖 爆発力の強い(火薬など);《比》論議を呼ぶ(テーマなど).
Bri·sanz [ブリザンツ brızánts] 囡 -/-en ① (火薬などの)爆発力. ② 〖(複) なし〗《比》(テーマ

などの)衝撃性, 問題性.
Bri·se [ブリーゼ bríːzə] 囡 -/-n (海上・浜辺の)微風, 軟風.
Bri·tan·ni·en [ブリタンニエン britániən] 田 -s/《地名》ブリタニア(イギリス, 大ブリテン島のローマ時代の呼び名).
Bri·te [ブリッテ bríta または ブリーテ bríːtə] 男 -n/-n ① ブリトン人(ブリタニアに住んでいたケルト人の一派). ② 大ブリテン島の住民(出身者); イギリス人. (女性形: Britin).
bri·tisch [ブリティッシュ brítɪʃ または ブリー..brí..] 肥 大ブリテン[島]の, イギリスの, イギリス本国の.
Broc·co·li [ブロッコリ brókoli] =Brokkoli
Broch [ブロッホ bróx] -s/《人名》ブロッホ (Hermann *Broch* 1886-1951; オーストリアの作家).
brö·cke·lig [ブレッケリヒ brǽkəlɪç] 肥 ぼろぼろに砕けた; 砕けやすい, もろい.
brö·ckeln [ブレッケるン brǽkəln] I 自 (h, s) ① ぼろぼろに崩れる. ② (s) ぼろぼろになってはがれる. II 他 (h) (パンなど⁴を)細かく砕く.
bro·cken [ブロッケン brókən] 他 (h) ① 細かく砕く. ② 《南ドイ·オストリア》摘み取る.
Bro·cken¹ [ブロッケン] 男 -s/- ① 破片, かけら, 切れ端; かたまり. ein *Brocken* Brot 一かけらのパン / ein harter *Brocken*《口語》難局, 手ごわい相手 / Er kann ein paar *Brocken* Spanisch.《比》彼は片言のスペイン語ができる. ② 《口語》ずんぐり(どっしり)した人.
der **Bro·cken**² [ブロッケン] 男 -s/《定冠詞とともに》《山名》ブロッケン山 (ハルツ山地の最高峰. 1142 m. 霧の名所で, 妖怪現象は有名: 《地図》 E-3).

bröck·lig [ブレックリヒ brǽklɪç] 肥 =bröckelig
bro·deln [ブローデるン bróːdəln] 自 (h) (湯などが)煮えたぎる, 沸き立つ; (霧などが)立ちのぼる. ◇《非人称の es を主語として》Es *brodelt* im Volk.《比》民衆が騒然としている.
Broi·ler [ブロイらァ bróɪlər]《英》男 -s/- ① (特に旧東ドイツで:)《若鶏の》ローストチキン (=Brathähnchen). ② ブロイラー.
Bro·kat [ブロカート brokáːt] 男 -[e]s/-e にしき, 金襴(きんらん), どんす.
Brok·ko·li [ブロッコリ brókoli] 複《植》ブロッコリー.
Brom [ブローム bróːm] 田 -s/《化》臭素(しゅうそ)(記号: Br).
Brom·bee·re [ブロム・ベーレ bróm-beːrə] 囡 -/-n 《植》ブラックベリー[の実]. (《Beere 図》).
bron·chi·al [ブロンヒアーる brɔnçiáːl] 肥《医》気管支の.
Bron·chi·al·ka·tarr [ブロンヒアーる・カタる] 男 -s/-e《医》気管支炎 (=Bronchitis).
Bron·chi·al·**ka·tarrh** [ブロンヒアーる・カタる] 男 -s/-e =Bronchialkatarr
Bron·chie [ブロンヒエ brónçiə] 囡 -/-n《ふつう複》《医》気管支.
Bron·chi·tis [ブロンヒーティス brɔnçíːtɪs] 囡 -/..tiden [..ヒティーデン《医》気管支炎.

Bron·ze [ブローンセ brɔ̃ːsə]《仏》囡 -/-n ① ブロンズ, 青銅. eine Halskette aus *Bronze* ブロンズのネックレス. ② ブロンズ製の工芸品. ③《複なし; 冠詞なしで》《スポ·隠喩》銅メダル.
Bron·ze·me·dail·le [ブローンセ・メダイエ] 囡 -/-n 銅メダル.
bron·zen [ブローンセン brɔ̃ːsən] 肥 ブロンズ(青銅)製の; ブロンズ(青銅)色の.
Bron·ze·zeit [ブローンセ・ツァイト] 囡 -/《考古》青銅器時代.
bron·zie·ren [ブロンスィーレン brɔ̃síːrən] 他 (h) (物⁴に)ブロンズ(青銅)メッキをする; ブロンズ(青銅)色にする.
Bro·sa·me [ブローザーメ bróːzamə] 囡 -/-n 《ふつう複》《雅》(パンなどの)小片, くず.
brosch. [ブロシーァト]《略》仮とじの (=broschiert).
Bro·sche [ブロッシェ bróʃə] 囡 -/-n ブローチ. eine *Brosche*⁴ an|stecken ブローチを付ける.
bro·schiert [ブロシーァト broʃíːrt] 肥《書籍》仮とじの, 仮製本の. (略: brosch.). eine *broschierte* Ausgabe ペーパーバック版.
Bro·schü·re [ブロシューレ broʃýːrə] 囡 -/-n (薄い仮とじの)小冊子, パンフレット.
Brö·sel [ブレーゼる bróːzəl] 男 -s/-《オストリア》《ふつう複》パンくず.
brö·seln [ブレーゼるン bróːzəln] I 他 (h) (パンなど⁴を)小さく砕く. II 自 (h) (パンなどが)小さく砕ける.

*das Brot [ブロート bróːt]

| パン | Ich esse gern deutsches *Brot*.
イヒ エッセ ゲルン ドイチェス ブロート
私はドイツのパンが好きだ. |

田 (単2) -es (まれに -s)/(複) -e (3格のみ -en)(英 bread) ①《ふつう複》パン. frisches *Brot* 焼きたてのパン / ein weiches (hartes) *Brot* 柔らかい(堅い)パン / *Brot*⁴ backen パンを焼く / ein Laib *Brot* 一かたまりのパン / eine Scheibe (または eine Schnitte) *Brot* (スライスした)パン1枚 / flüssiges *Brot*《戯》ビール(←液体のパン) / ein belegtes *Brot* オープンサンド / Butter⁴ **aufs** *Brot* streichen パンにバターを塗る / 物⁴ **für** ein Stück *Brot* verkaufen 物⁴をただ同然で売る(←パン1個と引き換えに) / Er kann mehr als *Brot* essen.《口語》彼には優れた能力がある (←パンを食べること以上のことができる) / Wes[sen] *Brot* ich esse, des[sen] Lied ich singe.《諺》世話になった人のことはほめあげにはいかない (←パンを食べさせてくれる人の歌を歌う).
②《比》生活の糧, 生計. ein hartes *Brot* つらい仕事 / Ich verdiene [mir] mein *Brot* selbst. 私は自分で暮らしをたてている.

| 《一》..brot のいろいろ: **Bauernbrot** 農家風黒パン / **Früchtebrot** ドライフルーツ入りパン / **Landbrot** 田舎風黒パン / **Roggenbrot** ライ麦パン / **Schrotbrot** 粗びきパン / **Schwarzbrot** 黒パン / |

Vollkornbrot(ライ麦粗びきの)黒パン / **Weißbrot** 白パン

Brot
Brezel
Brötchen (Semmel)
Hörnchen
Zopf

パンのいろいろ

***das Bröt·chen** [ブレーティヒェン brǿːtçən] 囲(単2) -s/(複) - (Brot の縮小) ブレートヒェン (皮の堅い丸い小型のパン. 南ドイツでは Semmel という). (☞ Brot 図). frische *Brötchen* 焼きたてのブレートヒェン.

Bröt·chen ⸗ ge·ber [ブレーティヒェン・ゲーバァ] 男 -s/- 《戯》雇い主(=Arbeitgeber). (女性形: -in).

Brot⸗ein·heit [ブロート・アインハイト] 囡 -/-en 《医》(食べ物に含まれる)炭水化物量の単位(特に糖尿病の食事療法での用語).

Brot⸗er·werb [ブロート・エァヴェルプ] 男 -[e]s/ 生計[の道], 食うための仕事.

Brot⸗korb [ブロート・コルプ] 男 -[e]s/..körbe パンかご. 囚³ den *Brotkorb* höher hängen 《口語》 a) 囚³に少しむ食べ物を与えない, b) 《比》 囚³にひもじい(つらい)思いをさせる(←パンかごをもっと高いところにつるす).

Brot⸗kru·me [ブロート・クルーメ] 囡 -/-n パンくず.

Brot⸗laib [ブロート・ライプ] 男 -[e]s/-e (一定の形に焼いた)まるごとのパン.

brot⸗los [ブロート・ロース] 形 仕事(収入)のない; もうけ(お金)にならない.

Brot⸗mes·ser [ブロート・メッサァ] 囲 -s/- パン切りナイフ.

Brot⸗neid [ブロート・ナイト] 男 -[e]s/ 他人の地位(収入)へのねたみ.

Brot⸗rin·de [ブロート・リンデ] 囡 -/-n パンの皮.

Brot⸗schei·be [ブロート・シャイベ] 囡 -/-n スライスしたパン.

Brot⸗schnei·de⸗ma·schi·ne [ブロートシュナイデ・マシーネ] 囡 -/-n パン用スライサー, パン切り器.

Brot⸗stu·di·um [ブロート・シュトゥーディウム] 囲 -s/..dien [..ディエン] 《軽蔑的に:》パン[を得るための]学問(収入・就職目当ての学問).

Brot⸗zeit [ブロート・ツァイト] 囡 -/-en 《南ド》おやつ[の時間].

Brow·ser [ブラオザァ bráuzər] 〔英〕男 -s/-(コンピュ) ブラウザー, インターネット閲覧ソフトウェア.

brr! [ブル br] 間 ① (嫌悪・寒さを表して:)ぶるる! ② (馬などを止める掛け声:)どうどう.

BRT [ベー・エル・テー] 《略》《海》(船の)登録総トン数 (=Bruttoregistertonne).

der **Bruch**¹ [ブルフ brúx] 男 (単2) -[e]s/(複) Brüche [ブリュッヒェ] (3格のみ Brüchen) ① 破損, 損傷, 崩壊. 《英 break》. der *Bruch* eines Dammes 堤防の決壊 / *Bruch*⁴ machen a)《口語》物を壊す, b)《空》(着陸の際に)機体を損傷する / in die *Brüche* gehen a) (花びんなどが)こなごなに砕ける, b)《比》(人間関係が)決裂する / ein *Bruch* mit der Vergangenheit 過去との決別 / zu *Bruch* gehen 二つに割れる, こなごなに壊れる. ②《医》骨折; 脱腸, ヘルニア. Knochen*bruch* 骨折. ③《ふつう 囲》(約束などを)破ること; (関係などの)断絶. der *Bruch* eines Vertrages 契約の破棄. ④《商》破損品, (チョコレートなどの)傷物, かけら. ⑤ しわ, ひだ; (ズボンなどの)折り目. ⑥《地学》断層. ⑦ 石切り場 (=Stein*bruch*). ⑧《数》分数 ein echter (unechter) *Bruch* 真(仮)分数. ⑨《隠語》家宅侵入, 押し入り (=Ein*bruch*).

Bruch² [ブルフ] 囲 囡 -[e]s/Brüche (方: Brücher も) 沼地, 湿地.

Brü·che [ブリュッヒェ] Bruch¹ (破損)の複.

bruch⸗fest [ブルフ・フェスト] 形 壊れにくい.

brü·chig [ブリュヒヒ brýçiç] 形 ① 壊れやすい, もろい. ②(声で)しわがれた.

Bruch⸗lan·dung [ブルフ・ランドゥング] 囡 -/-en ①《空》(機体の破損を伴う)不時着. ②《口語》失敗.

Bruch⸗rech·nung [ブルフ・レヒヌング] 囡 -/-en 分数計算.

bruch⸗si·cher [ブルフ・ズィッヒァァ] 形 破損しない, 壊れない.

Bruch⸗stel·le [ブルフ・シュテレ] 囡 -/-n 破損箇所.

Bruch⸗strich [ブルフ・シュトリヒ] 男 -[e]s/-e《数》分数線(分母と分子を分ける線).

Bruch⸗stück [ブルフ・シュテュック] 囲 -[e]s/-e 破片, 断片, かけら; (作品の)断片.

bruch·stück·haft [ブルフ・シュテュックハフト] 形 断片的な, 切れ切れの.

Bruch⸗teil [ブルフ・タイル] 男 -[e]s/-e 小部分. im *Bruchteil* einer Sekunde² 一瞬のうちに.

Bruch⸗zahl [ブルフ・ツァール] 囡 -/-en《数》分数.

die **Brü·cke [ブリュッケ brýkə]

> 橋　Wir gehen über die *Brücke*.
> ヴィァ ゲーエン ユーバァ ディ ブリュッケ
> 私たちは橋を渡ります.

囡 (単) -/(複) -n 《英 bridge》 ① 橋. eine breite (schmale) *Brücke* 幅の広い(狭い)橋 / eine *Brücke*⁴ bauen (または schlagen) 橋を架ける / eine *Brücke* über den Rhein ライン川に架かる橋 / Über den Fluss spannt sich eine *Brücke*. 川には橋が架かっている / 㿻³ goldene *Brücken*⁴ (または eine goldene *Brücke*⁴) bauen 《比》㿻³に妥協する道を用意してやる, 顔がたつようにしてやる(←黄金の橋を架けてやる) / alle *Brücken*⁴ hinter sich³ ab|brechen 《比》過去を絶ち切る(←背後の橋をすべて壊す) / Musik schlägt *Brücken* von Volk zu Volk. 音楽は民族から民族への橋渡しをする. ② 《海》船橋, 艦橋. ③ 《医》(歯の)ブリッジ, 架工義歯; 脳橋. ④ 《床運動の》ブリッジ.

Brü·cken⹁kopf [ブリュッケン・コプフ] 男 -[e]s/..köpfe 《軍》橋頭堡(ほ).

Brü·cken⹁pfei·ler [ブリュッケン・プファイラァ] 男 -s/- 橋脚.

Brü·cken⹁waa·ge [ブリュッケン・ヴァーゲ] 女 -/-n (家畜などを量る)台ばかり, 計量台.

Bruck·ner [ブルックナァ brúknər] -s/ 《人名》ブルックナー (Anton Bruckner 1824-1896; オーストリアの作曲家).

der Bru·der [ブルーダァ brú:dər]

> 兄, 弟 Ich habe einen *Bruder*.
> イヒ ハーベ アイネン ブルーダァ
> 私には兄(弟)が一人います.

男 (単2) -s/(複) Brüder [ブリューダァ] (3格のみ Brüdern) 《英》*brother*) ① **兄, 弟**, 兄弟. (＜注＞「姉妹」は Schwester, 「兄弟姉妹」は Geschwister). ein leiblicher *Bruder* 実の兄(弟) / mein älterer (jüngerer) *Bruder* 私の兄(弟) / Er ist ihr *Bruder*. 彼は彼女の兄(弟)だ / Ich habe zwei *Brüder*. 私には兄弟が二人います / die *Brüder* Grimm グリム兄弟. (＜注＞ドイツ語ではふつう「年長」「年少」を区別しない).
② 《雅》仲間, 同志, 盟友; (同じ会・団体などの)メンバー. unter *Brüdern*《口語》掛け値なしに(正直に)言えば. ③ 《ｶｯｺ》修道士. ④ 《口語》やつ. *Bruder* Lustig 《戯》陽気なやつ / ein warmer *Bruder*《俗》ホモ.

die Brü·der [ブルーダァ] ‡Bruder (兄, 弟)の複. Ich habe zwei *Brüder*. 私には二人の兄弟がいます.

brü·der·lich [ブリューダァリヒ] 形 兄弟の, 兄弟のように仲のいい, 親しい. 物⁴ brüderlich teilen 物⁴を仲よく分ける.

Brü·der·lich·keit [ブリューダァリヒカイト] 女 -/ 兄弟のような親密さ; 友愛, 同胞愛.

Bru·der·schaft [ブルーダァシャフト] 女 -/-en 《旧教》信心会, 信徒会.

Brü·der·schaft [ブリューダァシャフト] 女 -/-en ①〖複 なし〗(兄弟のような)親密さ, (du で呼び合う)親友関係. 㿻³ die *Brüderschaft* an|bieten (または an|tragen) 㿻³に親友関係 (du で呼び合う付き合い)を提案する / mit 㿻³ *Brüderschaft*⁴ trinken 㿻³と酒を飲み交わし親友関係を結ぶ (du で呼び合う間柄になる).
② 複 = Bruderschaft

Bru·der⹁volk [ブルーダァ・フォルク] 中 -[e]s/ ..völker 同種族の国民(民族).

Brue·g[h]el [ブロイゲる bróygəl] -s/《人名》ブリューゲル (Pieter Brueg[h]el 1525?～1569; オランダの画家).

Brü·he [ブリューエ brý:ə] 女 -/-n ① ブイヨン (肉・骨などを煮出したスープ). Hühner*brühe* チキンブイヨン. ② 《口語》ひどい飲み物 (水っぽいコーヒー・紅茶など). ③ 汚ない水; 《比》むだな(不快な)こと. in der *Brühe* sitzen ひどい目にあっている.

brü·hen [ブリューエン brý:ən] 他 (h) (物⁴に)熱湯を注ぐ; (コーヒー・紅茶⁴を)入れる. Kaffee⁴ *brühen* コーヒーを入れる.

brüh⹁heiß [ブリュー・ハイス] 形 煮え湯のように熱い.

brüh⹁warm [ブリュー・ヴァルム] 形《口語》最新の, ほやほやの(ニュースなど). 㿻³ 物⁴ *brühwarm* weiter|erzählen 動⁴(耳にしたことなど)をすぐにまた㿻³に話す.

Brüh⹁wür·fel [ブリュー・ヴュルふェる] 男 -s/- 《料理》(さいころ形の)固形ブイヨン.

brül·len [ブリュれン brýlən] (brüllte, *hat* gebrüllt) **I** 自 (定て haben) (英 *roar*) ①(動物が)ほえる, うなる. Das Vieh *brüllte* auf der Weide. 牛が牧場で鳴いていた. ② (人が)大声を上げる; 泣きわめく. Er *brüllte* vor Schmerzen. 彼は苦痛のあまり大声を上げた. (☞ 類語 schreien).
II 他 (定て haben) 大声で言う. Er *brüllte* Kommandos. 彼は大声で号令をかけた.

Brül·len [ブリュれン] 中 〖成句的に〗 Das ist ja zum *Brüllen*.《口語》そいつはお笑い草だ.

brüll·te [ブリュるテ] brüllen (ほえる)の過去.

Brumm⹁bär [ブルム・ベーァ] 男 -en/-en《口語》不平家, ぶつぶつ言う人.

brum·meln [ブルンメるン brúməln] 自 (h)・他 (h) ぼそぼそと話す, つぶやく.

brum·men [ブルンメン brúmən] **I** 自 (h, s) ① (h) (虫・エンジンなどが)ぶんぶん音をたてる, (熊などが)うーっとうなる. Mir *brummt* der Kopf (または der Schädel).《口語》私は頭ががんがんする. ② (h) ぶつくさ言う. ③ (s) (…へ)ぶーんと音をたてて行く. ④ (h)《口語》刑務所に入る; (学校で)居残りさせられる. **II** 他 (h) (歌⁴をぼそぼそ言う; (歌⁴を)低い声でハミングする. Er *brummte* eine Antwort. 彼はぼそっと返事をした.

Brum·mer [ブルンマァ brúmər] 男 -s/-《口語》① ぶんぶんいう虫(特に黒ばえ); うなり声を出す動物. ②《轟音(ごう)をたてる)大型トラック. ③ 鈍重な太っちょ.

brum·mig [ブルミヒ brúmiç] 形《口語》気難しい, 不機嫌な.

Brumm⹁schä·del [ブルム・シェーデる] 男 -s/-《口語》(二日酔いによる)頭痛.

Brunch [ブランチュ bránʧ または ブランシュ bránʃ] [英] 男 -[e]s/-[e]s ブランチ(朝食と昼食を兼ねた食事).

brü·nett [ブリュネット brynét] 形 (髪・肌が)ブ

Brü・net・te [ブリュネッテ brynέtə] 囡 -/-n（髪・肌が）ブルネットの女性.

Brunft [ブルンフト brúnft] 囡 -/Brünfte《狩》（鹿などの）発情（交尾）[期].

Brun・hild [ブルーン・ヒるト brú:n-hɪlt または ブルン.. brʊn..] -s/《女名》ブルーンヒルト（= Brunhilde）.

Brun・hil・de [ブルーン・ヒるデ bru:n-hɪ́ldə または brʊn..] -[n]s/《人名》ブルーンヒルデ（ドイツの諸伝説に登場する女性の名. ニーベルンゲン伝説では, ブルグント王グンターの妃）.

der **Brun・nen** [ブルンネン brúnən]（単2）-s/（複）-男 ① 噴水, 噴泉, 泉.《英 fountain）. ein *Brunnen* auf dem Marktplatz 中央広場の噴水 / der *Brunnen* des Lebens《比》命の泉. ② 井戸.《英 well）. einen *Brunnen* graben（または bohren）井戸を掘る / Wasser⁴ vom *Brunnen* holen 井戸から水をくんで来る / Wenn das Kind in den *Brunnen* gefallen ist, deckt man ihn [erst] zu.（ことわざ）泥棒を見て縄をなう（←子供が井戸に落ちてから井戸にふたをする）. ③ 鉱泉[の水].

Brunnen

Brun・nen=kres・se [ブルンネン・クレッセ] 囡 -/-n《植》クレソン, オランダガラシ.

Bru・no [ブルーノ brú:no] -s/《男名》ブルーノ.

Brunst [ブルンスト brúnst] 男 -/Brünste（哺乳（ほにゅう）動物の）発情（交尾）[期].

brüns・tig [ブリュンスティヒ brýnstɪç] 形 ①（哺乳（ほにゅう）動物が）発情した, さかりのついた. ②（人が）性的に興奮した.《雅》熱烈な.

brüsk [ブリュスク brýsk] 形 そっけない, 無愛想な. eine *brüske* Antwort そっけない返事.

brüs・kie・ren [ブリュスキーレン bryskí:rən] 他（h）《人⁴をぞんざいに（つっけんどんに）扱う.

Brüs・sel [ブリュッセる brýsəl] 田 -s/《都市名》ブリュッセル（ベルギーの首都: 凸 地図 B-3）.

die **Brust** [ブルスト brúst] 囡（単）-/（複）Brüste [ブリュステ]（3格のみ Brüsten）《英 breast）① 〔趣 なし〕胸, 胸部. eine breite *Brust* 幅広い胸 / *Brust* heraus! 胸を張れ! / 人⁴ an die *Brust* drücken《人⁴を抱き締める》/ *Brust* an *Brust* ぴったり並んで / sich⁴ an die *Brust* schlagen（胸をたたいて）後悔する / Er hat es **auf** der *Brust*.《口語》彼は胸をわずらっている / schwach auf der *Brust* sein《口語》a) 胸（肺）が弱い, b)《比》懐が寂しい, c)《比》（ある専門分野に）弱い / sich⁴ **in** die *Brust* werfen《口語》いばる / **mit** geschwellter *Brust*（誇らしく）胸をふくらませて / einen **zur** *Brust* nehmen《口語》大酒を飲む.

② 乳房. üppige *Brüste* 豊満な乳房 / dem Kind die *Brust*⁴ geben 子供に乳を飲ませる. ③ 〔趣 なし〕《料理》胸部の肉. ④ 〔趣 なし; 冠詞なし; 数詞とともに〕《スポ》平泳ぎ（= Brustschwimmen）. *Brust*⁴ schwimmen 平泳ぎで泳ぐ / Sieger **über** 100 m *Brust* 100 m 平泳ぎの勝者.

Brust=bein [ブルスト・バイン] 田 -[e]s/-e《医》胸骨.

Brust=beu・tel [ブルスト・ボイテる] 男 -s/-（首からつるす旅行用の）貴重品袋.

Brüs・te [ブリュステ] Brust（乳房）の複.

brüs・ten [ブリュステン brýstən] 再帰（h）〔*sich*⁴ **mit** 物³ ~〕（物³を）やたらと自慢する.

Brust=fell [ブルスト・フェる] 田 -[e]s/-e《医》胸膜, 肋膜（ろくまく）.

Brust=fell=ent・zün・dung [ブルストふェる・エントツュンドゥング] 囡 -/-en《医》胸膜炎, 肋膜（ろくまく）炎.

Brust=kas・ten [ブルスト・カステン] 男 -s/..kästen《口語》胸部, 胸郭（= Brustkorb）.

Brust=korb [ブルスト・コルプ] 男 -[e]s/..körbe《医》胸郭.

Brust=krebs [ブルスト・クレープス] 男 -es/ 乳癌（がん）.

brust=schwim・men [ブルスト・シュヴィンメン brúst-ʃvɪmən] 自〔ふつう不定詞の形で〕平泳ぎで泳ぐ.

Brust=schwim・men [ブルスト・シュヴィンメン] 田 -s/ 平泳ぎ.

Brust=stim・me [ブルスト・シュティンメ] 囡 -/-n《音楽》胸声（低音域の声）.（対語「頭声, ファルセット」は Kopfstimme）.

Brust=ta・sche [ブルスト・タッシェ] 囡 -/-n 胸ポケット（上着の）内ポケット.

Brust=ton [ブルスト・トーン] 男 -[e]s/..töne《音楽》胸声音. im *Brustton* der Überzeugung² 深い確信に満ちた声で.

Brust=um・fang [ブルスト・ウムふァング] 男 -[e]s/..fänge 胸囲;《服飾》バストの寸法.

Brüs・tung [ブリュストゥング] 囡 -/-en ①（バルコニー・橋などの）手すり, 欄干. Er beugte sich **über** die *Brüstung*. 彼は手すりの上に身をかがめた. ②（胸の高さの）窓下の壁, 腰壁.

Brust=war・ze [ブルスト・ヴァルツェ] 囡 -/-n《医》乳頭, 乳首.

Brut [ブルート brú:t] 囡 -/-en ① 卵を抱くこと, 抱卵, 孵化（ふか）. ②〔ふつう 単〕《動》一腹の卵からかえった子（ひな・幼虫など）;（戯）（一家の）子供たち. ③ 〔趣 なし〕《俗》やから, 悪党ども.

bru・tal [ブルターる brutá:l] 形 ① 粗暴な, 残忍な. ② 容赦のない. ③《若者言葉:》すごくいい.

Bru・ta・li・tät [ブルタりテート brutalitέ:t] 囡 -/

-en ① 〖複 なし〗粗暴, 残忍. ② 残忍な行為.

Bru·ta·lo [ブルターろ brutá:lo] 男 –s/–s 《口語》粗暴で自分本位な見ずな男.

Brut≠ap·pa·rat [ブルート・アパラート] 男 –[e]s/–e 孵卵(らん)器.

brü·ten [ブリューテン brý:tən] I 自 (h) ① (鳥が)卵を抱いている, ひなをかえす. ② 〖über 男³ ～〗(男³を)じっくり考える, 悩い悩む. Er brütet über seinen Plänen. 彼は自分の計画をあれこれ考えている. ③《雅》(暑さなどが)蒸しく覆う. Die Hitze brütete über dem Tal. 暑気が谷を覆っていた. ◇〖現在分詞の形で〗 eine brütende Hitze うだるような暑さ. II 他 (h) (よからぬこと⁴を)たくらむ. Rache⁴ brüten 復讐(ふくしゅう)を企てている.

Brü·ter [ブリューターァ brý:tər] 男 –s/– (物)増殖炉 (=Brutreaktor). ein schneller (または Schneller) Brüter 高速増殖炉.

Brut≠hit·ze [ブルート・ヒッツェ] 女 –/ 《口語》猛暑.

Brut≠kas·ten [ブルート・カステン] 男 –s/..kästen 《医》未熟児保育器.

Brut≠re·ak·tor [ブルート・レアクトァ] 男 –s/ –en [..トーレン] 《物》増殖炉.

Brut≠stät·te [ブルート・シュテッテ] 女 –/–n ① 孵化(ふか)場. ②《雅・比》(犯罪などの)温床.

brut·to [ブルットー brúto] 〖副〗《商》風袋(ふうたい) (包装)込みで; 税込みで, 総計で. (略: btto.). (⇔「正味で」is netto.)

Brut·to≠ein·kom·men [ブルット・アインコンメン] 中 –s/– (税金などを差し引く前の)総収入.

Brut·to≠ge·wicht [ブルット・ゲヴィヒト] 中 –[e]s/–e (風袋を含めた)総重量. (⇔「正味重量」is Nettogewicht).

Brut·to≠in·lands·pro·dukt [ブルット・インらンツプロドゥクト] 中 –[e]s/–e 《経》国内総生産, GDP (略: BIP).

Brut·to≠re·gis·ter·ton·ne [ブルット・レギスタァトンネ] 女 –/–n 《海》(船の)登録総トン数 (略: BRT).

brut·zeln [ブルッツェるン brútsəln] I 自 (h) (フライパンの中で)じゅうじゅう焼ける. II 他 (h) 《口語》(油で)じゅうじゅう焼く.

BSE [ベー・エス・エー] 女 –/ 《略》牛海綿状脳症, 狂牛病 (=bovine spongiform encephalopathy).

btto. [ブルットー] 《略》風袋(包装)を含めて (=brutto).

Btx [ビるトシルム・テクスト] 《略》ビデオテックス (=Bildschirmtext).

Bub [ブープ bú:p] 男 –en/–en 《南ドイツ・オーストリア・スイス》男の子, 少年; 息子.

Bu·be [ブーベ bú:bə] 男 –n/–n ① (トランプの)ジャック. ② 悪党, ごろつき.

Bu·ben≠streich [ブーベン・シュトライヒ] 男 –[e]s/–e 子供のいたずら.

Bu·ben≠stück [ブーベン・シュテュック] 中 –[e]s/–e 卑劣な行為, 悪事.

Bu·bi≠kopf [ブービ・コプふ] 男 –[e]s/..köpfe (女性の)ボーイッシュな髪型, ボーイッシュ・ボブ.

bü·bisch [ビュービッシュ bý:bɪʃ] 形 《雅》卑劣な; いたずらっぽい.

das **Buch** [ブーフ bú:x]

| 本 | Sein *Buch* wird ein Bestseller. ザイン ブーフ ヴィルト アイン ベストゼらァ 彼の本はベストセラーになるよ. |

格	単	複
1	das Buch	die Bücher
2	des Buches	der Bücher
3	dem Buch	den Büchern
4	das Buch	die Bücher

中 (単2) –es (まれに –s)/(複) Bücher [ビューヒャァ] (3格のみ Büchern) (英 book) ① 本, 書物, 書籍. ein dickes Buch 分厚い本 / ein interessantes Buch おもしろい本 / ein Buch von 500 Seiten 500 ページの本 / ein Buch⁴ schreiben (heraus|geben) 本を書く (出版する) / ein Buch⁴ lesen 本を読む / ein Buch⁴ auf|schlagen (zu|klappen) 本を開く (ぱたんと閉じる) / das Buch der Bücher² 聖書(←本の中の本) / Er redet wie ein Buch. 《口語》彼はとうとうとまくしたてる / Er ist ein Geschäftsmann, wie er im Buche steht. 彼は典型的な商売人だ(←本に書いてあるような) / Sie sitzt den ganzen Tag über ihren Büchern. 彼女は一日中本を読んでいる / Das ist mir (または für mich) ein Buch mit sieben Siegeln. 《比》それは私には不可解だ(←七重の封印をした本; 聖書, ヨハネ黙示録 5, 1-5).
② (書物の)巻, 冊. ein Roman in drei Büchern 全3巻の小説. ③ 《映》(映画の)シナリオ, 台本 (=Drehbuch). ④ (厚手の)帳面, ノート. ⑤ 〖ふつう複〗《商》帳簿, 会計簿. die Bücher⁴ führen 帳簿をつける / zu Buch[e] schlagen a) 収支に影響を及ぼす, b) 重要である.

⇔ ..buch のいろいろ: **Adressbuch** 住所録 / **Bilderbuch** 絵本 / **Gesetzbuch** 法典 / **Jahrbuch** 年鑑 / **Kursbuch** 時刻表 / **Lesebuch** 読本 / **Liederbuch** 歌曲集 / **Notizbuch** メモ帳 / **Tagebuch** 日記 / **Telefonbuch** 電話帳 / **Wörterbuch** 辞書

Buch≠bin·der [ブーフ・ビンダァ] 男 –s/– 製本屋, 製本工. (女性形: –in).

Buch≠bin·de·rei [ブーフ・ビンデライ] 女 –/ –en ① 〖複 なし〗製本[業]. ② 製本所.

Buch≠de·ckel [ブーフ・デッケる] 男 –s/– 本の表紙.

Buch≠druck [ブーフ・ドルック] 男 –[e]s/ 〖活版〗印刷, 図書印刷.

Buch≠dru·cker [ブーフ・ドルッカァ] 男 –s/– 印刷業者, 印刷工. (女性形: –in).

Buch≠dru·cke·rei [ブーフ・ドルッケライ] 女 –/ –en ① 〖複 なし〗印刷業. ② 印刷所.

Buch·dru·cker≠kunst [ブーフドルッカァ・クンスト] 女 –/ 印刷術.

buchstabiert

die **Bu·che** [ブーヘ búːxə] 囡 (単) -/(複) -n ①〘植〙ブナ[の木]. ②〘腹 なし〙ぶな材.

Buch゠ecker [ブーフ・エッカァ] 囡 -/-n ぶなの実.

bu·chen [ブーヘン búːxən] (buchte, *hat ...* gebucht) 他 (完了) haben) ①〘商〙(入金・出費などを[4])記帳する, 記入する. Er *hat* alle Einnahmen und Ausgaben *gebucht*. 彼はすべての収入と支出を記帳した / 〚⁴ **als** Erfolg *buchen* 〚比〛〚⁴を成功と見なす. ②(座席など[4]を)予約する; (部屋など[4]の)予約を受け付ける. einen Platz im Flugzeug *buchen* または einen Flug *buchen* 飛行機の座席を予約する.

Bu·chen゠wald[1] [ブーヘン・ヴァるト] 男 -[e]s/..wälder ぶなの森.

Bu·chen·wald[2] [ブーヘン・ヴァるト búːxən-valt] 田 -s/(地名) ブーヘンヴァルト(ヴァイマル近郊. 1937–1945 年ナチの強制収容所があった).

die **Bü·cher** [ビューヒャァ býːçɐr] ‡ Buch (本)の覆. Er hat viele *Bücher*. 彼はたくさんの本を持っている.

Bü·cher゠brett [ビューヒャァ・ブレット] 田 -[e]s/-er (壁に取り付けた)本棚.

die **Bü·che·rei** [ビューヒェライ byːçəráı] 囡 (単) -en (小規模の)図書館, 図書室; 文庫. (英) *library*).〚「大きな図書館」は Bibliothek). 《sich[3]》 Bücher[4] *aus* der *Bücherei* aus/leihen 図書館から本を借りる.

Bü·cher゠freund [ビューヒャァ・ふロイント] 男 -[e]s/-e 愛書家. (女性形: -in).

Bü·cher゠narr [ビューヒャァ・ナル] 男 -en/-en 蔵書狂, (極端な)愛書家. (女性形: ..närrin).

Bü·cher゠re·gal [ビューヒャァ・レガーる] 田 -s/-e 本棚, 書架.

Bü·cher゠re·vi·sor [ビューヒャァ・レヴィーゾァ] 男 -s/-en [..レヴィゾーレン] 会計士, 税理士. (女性形: -in).

Bü·cher゠schrank [ビューヒャァ・シュランク] 男 -[e]s/..schränke 本箱, 書棚.

Bü·cher゠stüt·ze [ビューヒャァ・シュテュッツェ] 囡 -/-n ブックエンド.

Bü·cher゠ver·bren·nung [ビューヒャァ・ふェアブレンヌング] 囡 -/-en 焚書(ふんしょ).

Bü·cher゠ver·zeich·nis [ビューヒャァ・ふェアツァイヒニス] 田 -nisses/-nisse 図書目録.

Bü·cher゠wurm [ビューヒャァ・ヴルム] 男 -[e]s/..würmer 〘戯・比〙本の虫, 読書狂.

Buch゠fink [ブーフ・ふィンク] 男 -en/-en 〘鳥〙ズアオアトリ.

Buch゠füh·rung [ブーフ・ふューるング] 囡 -/-en 〘商〙簿記. einfache (doppelte) *Buchführung* 単式(複式)簿記.

Buch゠hal·ter [ブーフ・ハるタァ] 男 -s/- 簿記係, 会計係. (女性形: -in).

Buch゠hal·tung [ブーフ・ハるトゥング] 囡 -/-en 〘商〙①〘ふつう 圉〙簿記 (=Buchführung). ②会計課, 経理部.

Buch゠han·del [ブーフ・ハンデる] 男 -s/ 書籍出版(販売)業.

Buch゠händ·ler [ブーフ・ヘンドらァ] 男 -s/- 書籍商[人], 図書販売業者. (女性形: -in).

die **Buch゠hand·lung** [ブーフ・ハンドるング búːx-handluŋ] 囡 (単) -/(複) -en 書店, 本屋. (英 *bookstore*). eine *Buchhandlung* für Medizin 医学書専門書店.

Buch゠ma·cher [ブーフ・マッハァ] 男 -s/- (競馬賭博(とばく)の)のみ屋, 胴元. (女性形: -in).

Büch·ner [ビューヒナァ býːçnər] -s/ 《人名》ビューヒナー (Georg Büchner 1813–1837; ドイツの劇作家).

Buch゠prü·fer [ブーフ・プリューふァァ] 男 -s/- 会計士 (=Bücherrevisor). (女性形: -in).

Buchs゠baum [ブクス・バオム] 男 -[e]s/..bäume 〘植〙ツゲ[の木].

Buch·se [ブクセ búksə] 囡 -/-n 〘電〙コンセント; 〘工〙スリーブ, 軸受け筒.

die **Büch·se** [ビュクセ býksə] 囡 (単) -/(複) -n ①缶; (ふた付きの)小容器; 缶詰. (英 *can*). eine *Büchse* Milch 缶入り[コンデンス]ミルク / eine *Büchse* für Gebäck クッキーを入れる缶 / Fleisch in *Büchsen* 缶詰めの肉 / eine *Büchse*[4] öffnen 缶詰を開ける / die *Büchse* der Pandora[2] パンドラの箱(災いをもたらすもの). ②〘口語〙募金箱 (=Sammelbüchse). ③猟銃, ライフル銃.

Büch·sen゠fleisch [ビュクセン・ふらイシュ] 田 -[e]s/ 缶詰めの肉.

Büch·sen゠milch [ビュクセン・ミるヒ] 囡 -/ 缶入り[コンデンス]ミルク.

Büch·sen゠öff·ner [ビュクセン・エふナァ] 男 -s/- 缶切り.

der **Buch·sta·be** [ブーフ・シュターベ búːx-ʃtaːbə] 男 (単) -ns (まれに -n), (単 3·4) -n/(複) -n 文字, 字母, つづり字. (英 *letter*). ein großer (kleiner) *Buchstabe* 大文字(小文字) / Schreiben Sie bitte die Zahl in *Buchstaben*! その数を文字でつづってください / sich[4] *an* den *Buchstaben* halten (または klammern) 字句にこだわる / bis **auf** den letzten *Buchstaben* 〘比〙完全に, すっかり(←最後の文字まで) / sich[4] auf seine vier *Buchstaben* setzen 〘口語・戯〙腰を下ろす (⸺ 尻 (Popo) が 4 文字であることから) / nach dem *Buchstaben* des Gesetzes 法の条文どおりに, 杓子(しゃくし)定規に.

Buch·sta·ben゠rät·sel [ブーフシュターベン・レーツェる] 田 -s/- 文字変え遊び(ある単語の文字を変えて別の単語を作る遊び; 例 Luft → Lust).

buch·sta·bie·ren [ブーフ・シュタビーレン buːx-ʃtabíːrən] (buchstabierte, *hat ...* buchstabiert) 他 (完了) haben) ①(単語など[4]の)つづりを言う. (英 *spell*). *Können* Sie bitte Ihren Namen *buchstabieren*? お名前のつづりをおっしゃってくださいませんか. ②(苦労して)一語一語判読する.

buch·sta·biert [ブーフ・シュタビーァト] buchstabieren (つづりを言う)の 過分, 3 人称単数・2 人称親称複数 直在.

buch·sta·bier·te [ブーフ・シュタビーァテ] buchstabieren (つづりを言う)の 過去

buch·stäb·lich [ブーフ・シュテープリヒ] 副 文字どおり，まったく．Sie waren *buchstäblich* verhungert. 彼らは文字どおり飢え死にしかけていた．

Bucht [ブフト búxt] 囡 -/-en 湾，入江; 山に入り込んだ平地．die Lübecker *Bucht* リューベック湾．

buch·te [ブーフテ] buchen (記帳する)の 過去

Bu·chung [ブーフンク] 囡 -/-en ① 簿記，記帳．② (旅行・座席などの)予約．

Buch=wei·zen [ブーフ・ヴァイツェン] 男 -s/- 《植》ソバ．

Bu·ckel [ブッケル búkəl] 男 -s/- ① 《口語》背中 (=Rücken)．Er nahm den Rucksack **auf** den *Buckel*. 彼はリュックを背負った / den *Buckel* für 囲4 hin|halten 《口語》囲4の責任を負う / einen krummen *Buckel* vor 囚3 machen 《比》囚3にぺこぺこする / einen breiten *Buckel* haben 《批判などに》へこたれない，泰然自若としている．猫背，背中のこぶ．einen *Buckel* haben 猫背である．③ 《口語》(路面などの)盛り上がり，でこぼこ; 小高い丘．

bu·cke·lig [ブッケリヒ búkəliç] 形 =bucklig

bu·ckeln [ブッケルン búkəln] I 自 (h) 《口語》背中を丸める．vor 囚3 *buckeln* 《比》囚3にぺこぺこする．II 他 (h) 《荷などを》背負う．

bü·cken [ビュッケン býkən] (bückte, *hat*... gebückt) 再帰 (定下 haben) *sich*4 *bücken* 身をかがめる．《英 bend》．Er bückte sich **nach** dem heruntergefallenen Bleistift. 彼は落ちた鉛筆を取ろうとして身をかがめた / *sich*4 **zur** Erde *bücken* 地面に身をかがめる．

◇☞ **gebückt**

buck·lig [ブックリヒ búkliç] 形 ① 背中の曲がった，せむしの．② 《口語》起伏の多い，でこぼこの(道など)．

Bück·ling¹ [ビュックリンク býkliŋ] 男 -s/-e 《口語・戯》(腰をかがめる)ていねいなおじぎ．

Bück·ling² [ビュックリンク býkliŋ] 男 -s/-e くん製にしん．

bück·te [ビュックテ] bücken (再帰用で: 身をかがめる)の 過去

Bu·da·pest [ブーダ・ペスト bú:da-pɛst] 田 -s/- 《都市名》ブダペスト(ハンガリーの首都)．

Bud·del [ブッデル búdəl] 囡 -/-n 《口語》(アルコール類などの)びん(=Flasche)．

bud·deln [ブッデルン búdəln] I 自 (h) 《口語》土を掘り返す．im Sand *buddeln* 砂遊びをする．II 他 (h) ① 《口語》(穴など⁴を)掘って作る．② 《方》(じゃがいもなど⁴を)掘る．

Bud·dha [ブッダ búda] I -s/- 《人名》仏陀(前5-6 世紀の人．本名 ゴータマ・シッダールタ．「悟った人」を意味する釈迦牟尼はその尊称)．II 男 -s/-s ① 仏陀(仏法を説く人[の称号])．② 仏陀像．

Bud·dhis·mus [ブディスムス budísmus] 男 -/ 仏教．

Bud·dhist [ブディスト budíst] 男 -en/-en 仏教徒．《女性形: -in》．

bud·dhis·tisch [ブディスティッシュ budístiʃ] 形 仏教[徒]の．

die **Bu·de** [ブーデ bú:də] 囡 (単) -/(複) -n ① (市場などの)小屋掛けの店，露店，屋台．《英 booth》．Schau*bude* 見せ物小屋 / eine *Bude*⁴ auf|stellen 小屋を建てる．② 《口語》あばら屋; (家具付きの)小さい部屋，下宿部屋．eine sturmfreie *Bude* (家主の干渉を受けずに)異性の客を迎えることのできる下宿部屋 / die *Bude*⁴ auf den Kopf stellen 《口語》ばか騒ぎする(←部屋をひっくり返す) / 囚3 die *Bude*⁴ ein|laufen (または ein|rennen) 《口語》囚3の家にうるさく押しかける / 囚3 **auf** die *Bude* rücken 《口語》囚3のところへ話をつけに押しかける．③ 《口語》(軽蔑的に:)店，飲食店．

Bu·den=zau·ber [ブーデン・ツァオバァ] 男 -s/- 《口語》(自室や自宅での)どんちゃん騒ぎ．

Bud·get [ビュヂェー bydʒéː] [完] 田 -s/-s ① 《政・経》予算[案]; das *Budget*⁴ auf|stellen 予算を組む．② 《口語・戯》資金．

Bu·e·nos Ai·res [ブエーノス アイレス buéːnɔs áirɛs] 田 《都市名》ブエノスアイレス(アルゼンチンの首都)．

Bü·fett [ビュフェット byfɛ́t] 田 -[e]s/-s (または -e) ① サイドボード，食器棚．Gläser⁴ aus dem *Büfett* holen 食器棚からグラスを取ってくる．② (バーなどの)カウンター，スタンド; (駅・劇場などの)ビュッフェ; 《スイ》駅の食堂．③ (パーティーなどの)立食用テーブル．kaltes *Büfett* (セルフサービスの)冷肉料理[のテーブル]．

Büf·fel [ビュッふェル býfəl] 男 -s/- 《動》スイギュウ(水牛)．

büf·feln [ビュッふェルン býfəln] I 自 (h) 《口語》猛勉強する，ガリ勉する．II 他 (h) 《口語》(単語など⁴を)ガリ勉して丸暗記する．

Buf·fet [ビュふェー byfɛ́ː] 田 -s/-s 《スイ》=Büfett

Büf·fet [ビュふェー byfɛ́ː] 田 -s/-s 《オーストリア》=Büfett

Bug [ブーク búːk] 男 -[e]s/-e (または Büge) ① 《複 -e》(海・空)へさき，船首; (飛行機の)機首．② 《複 -e または Büge》(牛・馬などの)肩[の部分]; 肩肉．

Bü·gel [ビューゲル býːgəl] 男 -s/- ① ハンガー，洋服掛け(=Kleider*bügel*)．Er hängte den Mantel **auf** den *Bügel*. 彼はコートをハンガーに掛けた．② (眼鏡の)つる; (ハンドバッグなどの)口金; (アイロンなどの)湾曲した取っ手; (電車の)パンタグラフ; あぶみ(馬具)．

Bü·gel=brett [ビューゲル・ブレット] 田 -[e]s/-er アイロン台．

Bü·gel=ei·sen [ビューゲル・アイゼン] 田 -s/- アイロン．

Bü·gel=fal·te [ビューゲル・ふァるテ] 囡 -/-n 《ふつう複》(アイロンでつけたズボンの)折り目．

bü·gel=frei [ビューゲル・ふライ] 形 《織》アイロンをかける必要のない，ノーアイロンの．

bü·geln [ビューゲるン býːgəln] ich bügle (bügelte, *hat*...gebügelt) **I** 他 (完了 haben) ① (物⁴に)**アイロンをかける**. (英 iron). Sie *bügelt* die Hose. 彼女はズボンにアイロンをかける. ② (競技)(相手のチームなど⁴に)圧勝する. **II** 自 (完了 haben) アイロンかけをする.

bü·gel·te [ビューゲるテ] bügeln (アイロンをかける)の過去

Buggy [バッギ bági] [英] 男 -s/-s ① (砂丘などを走行するための)サンドバギー. ② (折りたたみ式の)ベビーカー.

büg·le [ビューグれ] bügeln (アイロンをかける)の1人称単数 現在

bug·sie·ren [ブクスィーレン buksíːrən] 他 (h) (海)(船⁴を…へ)曳航(えいこう)する;(口語・比)(人・物⁴を)骨折って(…へ)連れて(運んで)行く.

bu·hen [ブーエン búːən] 自 (h)(口語)(劇場などで観衆が)ぶーぶーと言う, ブーイングする.

Buh·le [ブーれ búːlə] **I** 男 -n/-n (詩)恋人, 情夫. **II** 女 -/-n (詩)恋人, 情婦.

buh·len [ブーれン búːlən] 自 (um 男⁴ ~)(雅) (男⁴(同情など⁴)をへつらい求める. ②【mit 人³ ~】(古)(人³と)情を通じる.

Buh·mann [ブー・マン] 男 -[e]s/..männer (口語)スケープゴート, 悪者にされる人.

Buh·ne [ブーネ búːnə] 女 -/-n (護岸のための)突堤, 防波堤.

*die **Büh·ne** [ビューネ býːnə] 女 (単) -/(複) -n ① 舞台, ステージ. (英 stage). Dreh*bühne* 回り舞台 / die *Bühne* betreten 舞台に登場する / ein Stück⁴ *auf* die *Bühne* bringen 作品を上演する / hinter der *Bühne* 舞台裏で / Alles ging glatt *über* die *Bühne*. (口語)すべてがすらすらと運んだ / *von* der politischen *Bühne* ab|treten 政界から引退する. ② 劇場 (=Theater).

Büh·nen≠bild [ビューネン・ビるト] 中 -[e]s/-er 舞台装置(道具立て・書き割り・幕など).

Büh·nen≠bild·ner [ビューネン・ビるドナァ] 男 -s/- 舞台装置家, ステージデザイナー. (女性形: -in).

Büh·nen≠stück [ビューネン・シュテュック] 中 -[e]s/-e 戯曲, 脚本.

büh·nen≠wirk·sam [ビューネン・ヴィルクザーム] 形 舞台効果の大きい.

Büh·nen≠wir·kung [ビューネン・ヴィルクング] 女 -/ 舞台効果.

buk [ブーク] ‡backen¹ (パンなどを焼く)の過去

Bu·ka·rest [ブーカレスト búːkarɛst] 中 -s/ (都市名)ブカレスト(ルーマニアの首都).

bü·ke [ビューケ] ‡backen¹ (パンなどを焼く)の接2

Bu·kett [ブケット bukét] 中 -[e]s/-e (または -s) ① (雅)(大きな)花束. ② ワインの香り.

Bu·let·te [ブれッテ bulétə] 女 -/-n (料理)ブーレット(ミートボールの一種).

Bul·ga·re [ブるガーレ bulgáːrə] 男 -n/-n ブルガリア人. (女性形: Bulgarin).

Bul·ga·ri·en [ブるガーリエン bulgáːriən] 中 -s/ (国名)ブルガリア[共和国] (首都はソフィア).

bul·ga·risch [ブるガーリッシュ bulgáːrɪʃ] 形 ブルガリア[人・語]の.

Bull≠au·ge [ブる・アオゲ] 中 -s/-n (舷側の)丸窓.

Bull≠dog·ge [ブる・ドッゲ] 女 -/-n ブルドッグ.

Bull·do·zer [ブるドーザァ búldoːzər] [英] 男 -s/- ブルドーザー.

Bul·le¹ [ブれ búlə] 男 -n/-n ① 雄牛, 種牛; (大型動物の)雄. ②(俗)(がっしりして強そうな)大男. ③(俗)刑事, デカ.

Bul·le² [ブれ] 女 -/-n ① (文書の)封印. ② (中世の)封印された文書;(カトリック)(ローマ教皇の)教書. die Goldene *Bulle* (史) 金印勅書 (1356年に神聖ローマ皇帝カール4世が発布した帝国法).

Bul·len≠hit·ze [ブれン・ヒッツェ] 女 -/(俗)ひどい暑さ.

Bul·le·tin [ビュるテーン bʏltɛ̃ː] 中 -s/-s 公報, 公示;(要人などの公式な)病状報告[書]; 学報, 紀要.

bul·lig [ブリヒ búlɪç] **I** 形 (口語) ① (体格がっしりした. ②(暑さなどが)ひどい, すごい. **II** 副 (口語) ひどく, すごく.

bum! [ブム búm] 間 (大砲や鐘などの低く鈍い音:)ずどん, ずしん, ごーん.

Bu·me·rang [ブーメラング búːməraŋ または ブンメ.. búmə..] 男 -s/-e (または -s) ブーメラン.

Bum·mel [ブンメる búməl] 男 -s/- (口語)(商店街などの)ぶらぶら歩き, 散歩; 飲み歩き, はしご酒. einen *Bummel* durch die Stadt machen 街をぶらつく.

Bum·me·lant [ブンメらント buməlánt] 男 -en/-en (口語)怠け者, のらくら者. (女性形: -in).

Bum·me·lei [ブンメらイ buməláɪ] 女 -/-en (口語)のろのろ(ぐずぐず)すること; ずぼら, 怠惰.

bum·meln [ブンメるン búməln] ich bummle (bummelte, *ist/hat*...gebummelt) (完了 sein または haben) ① (s) ぶらつく, 散歩する. Wir *sind* durch die Altstadt ge*bummelt*. 【現在完了】私たちは旧市街をぶらついた. ② (s) 飲み歩く, はしご酒をする. ③ (h) ぐずぐずする; さぼる, 怠ける.

Bum·mel≠streik [ブンメる・シュトライク] 男 -[e]s/-s サボタージュ, 怠業, 遵法闘争.

bum·mel·te [ブンメるテ] bummeln (ぶらつく)の過去

Bum·mel≠zug [ブンメる・ツーク] 男 -[e]s/..züge (口語)鈍行(各駅停車の普通列車).

bumm·le [ブムれ] bummeln (ぶらつく)の1人称単数 現在

Bumm·ler [ブムらァ búmlər] 男 -s/- (口語)ぶらぶら散歩する人;(口語)怠け者. (女性形: -in).

bums! [ブムス búms] 間 (衝突・落下の際の鈍い音:)どしん, どん.

Bums [ブムス] 男 -es/-e ① (口語)(どしん・どんという)鈍い衝撃音. ②(俗)いかがわしい酒場, 安キャバレー (=Bumslokal).

bum·sen [ブムゼン búmzən] **I** 自 (h, s) ①

(h)《口語》どしん(どかん)と音がする. ② (h)〖**an** (または **gegen**) 〖物⁴〗~〗(〖物⁴〗を)どんどんたたく. **mit** der Faust **an** (または **gegen**) die Tür *bumsen* こぶしで戸をどんどんたたく. ③ (s) (…へ)どしんとぶつかる. **mit** dem Kopf **an** (または **gegen**) die Wand *bumsen* 頭ごと壁にぶつかる. II 〖他〗(h) ① (サッカーで:)(ボール⁴を)シュートする. ② (俗) (〖人〗⁴と)セックスする.

Bums=lo·kal [ブムス・ろカール] 〖中〗 -[e]s/- 《口語》いかがわしい安キャバレー, 安キャバレー.

der **Bund**¹ [ブント búnt] 〖男〗(単2) -es (まれに -s)/(複) Bünde [ビュンデ] (3格のみ Bünden) ① 同盟, 連合, 連盟; (人と人との緊密な結びつき, 結束. 《雅》 *alliance*). ein *Bund* der Freundschaft² 友情の契り / ein *Bund* zwischen drei Staaten 3国間の同盟 / einen *Bund* schließen 同盟を結ぶ, 結束する / den *Bund* der Ehe² ein|gehen《雅》結婚する / **mit** 〖人〗³ **im** *Bunde* sein (または stehen) 〖人〗³と提携している, 結託している.

② (各州に対して:)連邦 [共和国];《口語》連邦国防軍 (= *Bundes*wehr). der *Bund* und die Länder 連邦と諸州. ③ (ズボン・スカートの)ウエストバンド. ④ (ギターなどの)フレット.

Bund² [ブント] 〖中〗 -[e]s/-e (単位: -/-も) 束, 把. ein *Bund* Spargel アスパラガス 1 把 / fünf *Bund*[e] Stroh わら 5 束.

Bün·de [ビュンデ] **Bund**¹ (同盟) の〖複〗.
Bün·del [ビュンデる býndəl] 〖中〗 -s/- ① 束; (ひとまとめにしてくくった)包み, 荷物;《比》おむつをした赤ん坊. ein *Bündel* Stroh 一束のわら. ② 《数》 直線束; 平面束.

bün·deln [ビュンデるン býndəln] 〖他〗(h) 束ねる. Altpapier⁴ *bündeln* 古紙を束ねる.
bün·del=wei·se [ビュンデる・ヴァイゼ] 〖副〗 束で, 束にして.
Bun·des=an·stalt [ブンデス・アンシュタるト] 〖中〗 -/-en 連邦行政機関.
Bun·des=bahn [ブンデス・バーン] 〖女〗 -/-en (オーストリア・スイスの)連邦[国有]鉄道. (〖参〗ドイツの鉄道は1993年まで Deutsche *Bundesbahn* ドイツ連邦鉄道. 1994年以降民営化され Deutsche Bahn [AG] ドイツ鉄道[株式会社]; 略: DB).
Bun·des=bank [ブンデス・バンク] 〖女〗 -/- 連邦銀行. Deutsche *Bundesbank* ドイツ連邦銀行.
Bun·des=bür·ger [ブンデス・ビュルガァ] 〖男〗 -s/- ドイツ連邦市民. (女性形: -in).
bun·des=deutsch [ブンデス・ドイチュ] 〖形〗 ドイツ連邦共和国の, ドイツの.
Bun·des=deut·sche[r] [ブンデス・ドイチェ(..チャァ)] 〖男〗〖女〗《語尾変化は形容詞と同じ》ドイツ連邦共和国国民.
Bun·des=ge·biet [ブンデス・ゲビート] 〖中〗 -[e]s/ ドイツ連邦共和国の領土.
Bun·des=ge·nos·se [ブンデス・ゲノッセ] 〖男〗 -n/-n 同盟者. (女性形: ..genossin).
Bun·des=ge·richts·hof [ブンデス・ゲリヒツホーふ] 〖男〗 -[e]s/ (ドイツの)連邦最高裁判所(民事・刑事に関する最高裁判所; 略: BGH).

Bun·des=grenz·schutz [ブンデス・グレンツシュッツ] 〖男〗 -es/ 連邦国境警備隊 (略: BGS).
Bun·des=haupt·stadt [ブンデス・ハオプトシュタット] 〖女〗 -/..städte [..シュテーテ]《ふつう〖単〗》連邦首都; (ドイツの)連邦首都(ベルリン).
Bun·des=haus [ブンデス・ハオス] 〖中〗 -es/ (ドイツ・スイスの)連邦議会(国会)議事堂.
Bun·des=ka·bi·nett [ブンデス・カビネット] 〖中〗 -s/-e (ドイツの)連邦内閣.
Bun·des=kanz·ler [ブンデス・カンツらァ] 〖男〗 -s/- ① (ドイツやオーストリアの)連邦首相. (女性形: -in). ② (スイスの)連邦評議会事務総長.
Bun·des=la·de [ブンデス・らーデ] 〖女〗 -/ 《聖》契約の聖櫃(ひつ)(モーセの十戒を記した石板を納めた箱).

das **Bun·des=land** [ブンデス・らント búndəs-lant] 〖中〗(単2) -[e]s/(複) ..länder (3格のみ ..ländern) 連邦の州. die neuen *Bundesländer* 新連邦州(旧東ドイツの諸州) / die alten *Bundesländer* 旧連邦州(旧西ドイツの諸州). (〖参〗「ドイツ連邦共和国の州」, 巻末地図の前).

Bun·des=li·ga [ブンデス・リーガ] 〖女〗 -/..ligen ブンデスリーガ(ドイツのサッカーなどの最高リーグ).
Bun·des=mi·nis·ter [ブンデス・ミニスタァ] 〖男〗 -s/- (ドイツ・オーストリアの)連邦[政府の]大臣. (女性形: -in).
Bun·des=mi·nis·te·ri·um [ブンデス・ミニステーリウム] 〖中〗 -s/..rien [..リエン] (ドイツ・オーストリアの)連邦[政府]省.
Bun·des=nach·rich·ten·dienst [ブンデス・ナーハリヒテンディーンスト] 〖男〗 -[e]s/ (ドイツの)連邦情報局(略: BND).
Bun·des=post [ブンデス・ポスト] 〖女〗 -/ 連邦郵便. (1995年より民営化し, Deutsche Post [AG] ドイツ郵便[株式会社]となる).
Bun·des=prä·si·dent [ブンデス・プレズィデント] 〖男〗 -en/-en (ドイツ・オーストリア・スイスの)連邦大統領(スイスでは連邦評議会議長を兼ねる). (女性形: -in)
Bun·des=rat [ブンデス・ラート] 〖男〗 -[e]s/..räte ① 〖複 なし〗(ドイツの)連邦参議院; (オーストリアの)連邦議会(いずれも各州の代表から成り, 上院に相当する). ② 〖複 なし〗(スイスの)連邦評議会. ③ (オーストリアの連邦議会議員, (スイスの)連邦評議会構成員. (女性形: ..rätin).
Bun·des=re·gie·rung [ブンデス・レギールング] 〖女〗 -/-en 連邦政府.

die **Bun·des=re·pu·blik** [ブンデス・レプブリーク búndəs-republi:k] 〖女〗(単) -/ 連邦共和国. die *Bundesrepublik* Deutschland ドイツ連邦共和国(ドイツの正式名称; 略: BRD).
Bun·des=staat [ブンデス・シュタート] 〖男〗 -[e]s/-en ① 連邦国家. ② 連邦構成国.
Bun·des=stadt [ブンデス・シュタット] 〖女〗 -/ (スイスの)連邦首都(ベルン).
Bun·des=stra·ße [ブンデス・シュトラーセ] 〖女〗 -/-n (ドイツ・オーストリアの)国道.
Bun·des=tag [ブンデス・ターク] 〖男〗 -[e]s/ 連邦

議会(ドイツの議会は下院に相当する Bundestag と上院に相当する Bundesrat の2院制である).

Bun·des·tags≈ab·ge·ord·ne·te[r] [ブンデスタークス・アップゲオルドネテ(..タァ)] 男 囲 《語尾変化は形容詞と同じ》(ドイツの)連邦議会議員.

Bun·des·tags≈**prä·si·dent** [ブンデスタークス・プレズィデント] 男 -en/-en 連邦議会議長. (女性形: -in).

Bun·des·ver·fas·sungs≈ge·richt [ブンデスフェァファッスングス・ゲリヒト] 田 -[e]s/ (ドイツの)連邦憲法裁判所 (略: BVerfG).

Bun·des·ver·samm·lung [ブンデス・フェァザムるング] 囡 -/-en ① (ドイツの)連邦会議 (大統領を選出する). ② (スイスの)連邦議会.

Bun·des·wehr [ブンデス・ヴェーァ] 囡 -/ (ドイツの)連邦国防軍.

bun·des·weit [ブンデス・ヴァイト] 形 ドイツ連邦全土にわたる.

bün·dig [ビュンディヒ] bíndiç] 形 ① (返事・証明などが)簡潔な, 的確な; 説得力のある. kurz und *bündig* 簡単明瞭(めいりょう)に. ② 〖建〗同一平面上にある(床板・梁(はり)など).

Bünd·nis [ビュントニス] 田 ..nisses/..nisse 同盟. ein *Bündnis*4 schließen 同盟を結ぶ.

Bun·ga·low [ブンガろウ búngalo] 〔英〕 男 -s/-s バンガロー; バンガロー式住宅(ふつう屋根の平らな平屋建て).

Bun·ker [ブンカァ búŋkər] 〔英〕 男 -s/- ① (コンクリートの)[地下]防空壕(ごう), 地下待避壕. ② (石炭・穀物などの)貯蔵庫. ③ (ゴルフ場の)バンカー.

bun·kern [ブンカァン búŋkərn] I 他 (h) (石炭など4を)貯蔵庫に入れる. II 自 (h) 〔海〕(船が)燃料補給する.

Bun·sen·bren·ner [ブンゼン・ブレンナァ] 男 -s/- ブンゼンバーナー(ドイツの化学者 R. W. *Bunsen* 1811-1899 の名から).

***bunt** [ブント búnt] 形 (比較 bunter, 最上 buntest) ① 色とりどりの, 色鮮やかな; (白・灰色・黒以外の)色のついた. (英 colorful). *bunte* Blumen 色とりどりの花 / Der Stoff ist sehr *bunt*. この生地はとてもカラフルだ / ein *bunt* gestreifter (または *bunt*gestreifter) Schal カラフルなストライプ柄のスカーフ.

② まだらの, ぶちの(牛・犬など). Er ist bekannt wie ein *bunter* Hund. 《口語》彼はいたる所で知られている(←ぶちの犬のように).

③ 《付加語としてのみ》変化に富む, いろいろな. ein *bunter* Teller (お菓子や果物などを)いろいろに盛った皿 / ein *bunter* Abend さまざまな催しのある夕べ / in *bunter* Reihe sitzen 男女が交互に座っている.

④ 混乱した, ごちゃごちゃの. ein *buntes* Durcheinander 混乱 / Das wird mir zu *bunt!* 《口語》それはひどすぎる, 我慢がならない. ◇《成句的に》es4 zu *bunt* treiben 《口語》調子に乗りすぎる. (←e es は形式目的語).

Bunt≈druck [ブント・ドルック] 田 -[e]s/-e 〖印〗多色刷り, カラー印刷.

Bunt≈me·tall [ブント・メタる] 田 -s/-e 非鉄金属(銅・錫・鉛など).

Bunt≈pa·pier [ブント・パピーァ] 田 -s/-e 色紙.

Bunt≈sand·stein [ブント・ザントシュタイン] 男 -[e]s/-e 〖地学〗雑色砂岩, 斑砂(はんさ)岩.

Bunt≈specht [ブント・シュペヒト] 男 -[e]s/-e 〔鳥〕アカゲラ(キツツキ科).

Bunt≈stift [ブント・シュティフト] 男 -[e]s/-e 色鉛筆.

Bunt≈wä·sche [ブント・ヴェッシェ] 囡 -/ (熱湯で洗えない)色物の洗濯物.

Burck·hardt [ブルクハルト búrkhart] -s/ 《人名》ブルクハルト (Jacob *Burckhardt* 1818-1897; スイスの文化史家).

Bür·de [ビュルデ bírdə] 囡 -/-n 〔雅〕重い荷物; (精神的な)重荷, 苦労. die *Bürde* des Alters 〔雅〕老齢ゆえの苦労 / 自3 eine *Bürde*4 aufladen 自3に重荷を負わせる(苦労をかける).

die **Burg** [ブルク búrk] 囡 (単) -/(複) -en ① [山]城, (中世の)城塞(じょうさい). (☞ 図, 246 ページ). Ritter*burg* 騎士の城 / die Ruinen einer alten *Burg*2 古城の廃墟(はいきょ). ② 《成句的に》die *Burg* 《口語》(ウィーンの)ブルク劇場.

> [類語] die *Burg*: 城塞. (紀元 800〜1500 年の間に造られた封建貴族の居城兼城塞). das **Schloss**: 城[館], 宮殿. (16 世紀以後の王侯の居城, ふつう大庭園が備わっている). das **Heidelberger** *Schloss* ハイデルベルク城. die **Festung**: 要塞. (中世の Burg から分化した防衛専用の軍事施設). die **Residenz**: (王侯・高位聖職者の)居城, 王宮, 宮殿.

Bür·ge [ビュルゲ bírgə] 男 -n/-n 保証人; 保証して人(物), 〖法〗証人. (女性形: Bürgin).

bür·gen [ビュルゲン bírgən] 自 (h) 《für 人・事4 〜》(人・事4を)保証する. Ich *bürge* für seine Zuverlässigkeit. 彼が信頼できる人間であることは私が保証します.

Bur·gen·land [ブルゲン・らント búrgən-lant] 田 -s/ 《地名》ブルゲンラント(オーストリア 9 州の一つ. 州都はアイゼンシュタット).

der **Bür·ger [ビュルガァ bírgər] 男 (単2) -s/(複) - (3 格のみ -n) ① 市民, 町[村]の住民; 国民 (=Staats*bürger*). (英 citizen). die *Bürger* der Bundesrepublik2 連邦共和国(ドイツ)国民 / Er ist *Bürger* von München. 彼はミュンヒェン市民だ / *Bürger* in Uniform 連邦国防軍兵士(←制服の国民).

② (プロレタリアに対して:)ブルジョア; 市民階級の人.

Bür·ge·rin [ビュルゲリン bírgərın] 囡 -/..rin·nen (女性の)市民.

Bür·ger·ini·ti·a·ti·ve [ビュルガァ・イニツィアティーヴェ] 囡 -/-n 市民[住民]運動.

Bür·ger≈krieg [ビュルガァ・クリーク] 男 -[e]s/-e 内戦, 内乱.

bür·ger·lich [ビュルガァリヒ bírgərlıç] 形 ① 市民の, 国民の; 公民の; 〖法〗民事の. (英 civil). *bürgerliche* Pflichten 市民としての義務 / das *bürgerliche* Recht 民法 / das *Bürgerliche* Gesetzbuch ドイツ民法典(略: BGB). ② 市民階級の; 庶民的な, 簡素な.

Sie stammt aus einer *bürgerlichen* Familie. 彼女は市民階級の出だ / die *bürgerliche* Küche 簡素な(庶民的な)料理. ③ (軽蔑的に:)小市民的な, 偏狭な.

*der **Bür·ger·meis·ter** [ビュルガァ・マイスタァ bÝrgər-maistər] 男 (単2) -s/(複) - (3格のみ -n) 市長, 町長, 村長. (英 mayor). (△「大都市の)市長」は Oberbürgermeister). einen neuen *Bürgermeister* wählen 新しい市長を選ぶ.

Bür·ger≉meis·te·rin [ビュルガァ・マイステリン] 女 -/..rinnen (女性の)市長, 町長, 村長.

Bür·ger≉**pflicht** [ビュルガァ・プふりヒト] 女 -/-en 市民の義務.

Bür·ger≉**recht** [ビュルガァ・レヒト] 中 -[e]s/-e 【ふつう 圏】市民権, 公民権.

Bür·ger≉**recht·ler** [ビュルガァ・レヒトらァ] 男 -s/- 市民(公民)権運動家. (女性形: -in).

Bür·ger·rechts≉**be·we·gung** [ビュルガァレヒツ・ベヴェーグング] 女 -/-en 市民(公民)権運動.

Bür·ger·**schaft** [ビュルガァシャふト] 女 -/-en 【ふつう 圏】① (総称で:) 国民, 市(町·村)民. ② (ハンブルク·ブレーメンなどの)州議会; (リューベックなどの)市議会.

Bür·ger·**steig** [ビュルガァ・シュタイク] 男 -[e]s/-e 歩道 (=Gehsteig).

Bür·ger·**tum** [ビュルガァトゥーム] 中 -s/ 市民階級, ブルジョワジー.

Burg≉**frie·de** [ブルク・ふリーデ] 男 -ns (3格·4格 -n)/-n (議会での)党派抗争の一時的休止.

Bürg·**schaft** [ビュルクシャふト] 女 -/-en 保証; (法)保証契約. **für** 人·事⁴ **eine** *Bürg·schaft*⁴ **leisten** 人·事⁴を保証する / **für** 人⁴ **eine** *Bürgschaft*⁴ **übernehmen** 人⁴の保証人になる. ② 保証額.

Bur·gund [ブルグント burgúnt] 中 -s/ ①《地名》ブルゴーニュ(フランス中東部地方の古名). ②《史》ブルグント王国(東ゲルマンのブルグント族の王国).

Bur·gun·der [ブルグンダァ burgúndər] I 男

-s/- ① ブルゴーニュ(ブルグント)の住民(出身者). (女性形: -in). ② ブルゴーニュ産のワイン. ③《史》ブルグント人. II 形《無語尾で》ブルゴーニュ(ブルグント)の.

Burg≉ver·lies [ブルク・フェァリース] 中 -es/- 城内の地下牢.

Burk·hard [ブルク・ハルト búrk-hart] -s/《男名》ブルクハルト.

bur·lesk [ブルレスク burlésk] 形 ふざけた, おどけた, 茶番じみた.

Bur·les·ke [ブルレスケ burléskə] 女 -/-n 道化芝居, 茶番劇, バーレスク.

Bur·ma [ブルマ búrma] 中 -s/《国名》ビルマ (Myanmar の旧称).

Bur·nus [ブルヌス búrnus] 男 - (または ..nusses)/..nusse バーヌース(フード付きコート. 元来はベドウィン人が着用しているもの).

das **Bü·ro [ビュロー byró:] 中 (単2) -s/(複) -s ① **オフィス**, 事務所, 事務室; (会社の)営業所. (英 office). Reise*büro* 旅行代理店 / das *Büro* eines Anwalts 弁護士事務所 / **ins** *Büro* **gehen** 事務所(会社)に行く. ② (総称として:)事務員. Unser *Büro* erledigt das. うちのスタッフがそれを処理します.

Bü·ro≉an·ge·stell·te[r] [ビュロー・アンゲシュテルテ (..タァ)] 男 女《語尾変化は形容詞と同じ》事務員.

Bü·ro≉ar·beit [ビュロー・アルバイト] 女 -/-en オフィスワーク, 事務[の仕事].

Bü·ro≉be·darf [ビュロー・ベダルふ] 男 -[e]s/ (総称として:)事務用品.

Bü·ro≉klam·mer [ビュロー・クらンマァ] 女 -/-n [ゼム]クリップ.

Bü·ro·krat [ビュロクラート byrokrá:t] 男 -en/-en (軽蔑的に:)官僚的な(杓子(しゃくし)定規な)人. (女性形: -in).

Bü·ro·kra·tie [ビュロクラティー byrokratí:] 女 -/-n [..ティーエン] ①【ふつう 圏】官僚機構, 官僚支配; (総称として:)官僚. ②《圏 なし》(軽蔑的に:)官僚主義, 形式主義, 杓子(しゃくし)定規.

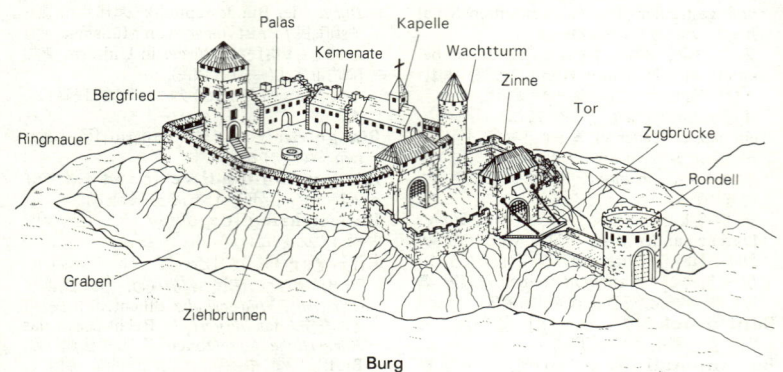

Palas Kapelle Wachtturm Kemenate Zinne Bergfried Tor Zugbrücke Ringmauer Rondell Graben Ziehbrunnen

Burg

Büstenhalter

bü·ro·kra·tisch [ビュロクラーティッシュ byrokráːtɪʃ] 形 ① 官僚[機構]の. ② (軽蔑的に:)官僚主義の, 形式主義的, 杓子(しゃくし)定規の.

Bü·ro·kra·tis·mus [ビュロクラティスムス byrokratísmus] 男 -/ (軽蔑的に:)官僚主義.

Bü·ro·stun·den [ビュロー・シュトゥンデン] 複 (役所・会社などの)勤務時間.

Bursch [ブルシュ búrʃ] 男 -en/-en ① 学生組合の正会員. ②《方》男の子; 若者 (= Bursche).

der **Bur·sche** [ブルシェ búrʃə] 男 (単 2·3·4) -n/(複) -n ① 男の子; 若者, 青年; やつ. ein toller *Bursche* 向こう見ずな若者. (☞ 類語 Jugendliche[r]). ② やつ. ein seltsamer *Bursche* 変わったやつ.

Bur·schen·schaft [ブルシェンシャフト] 女 -/-en 学生組合(19 世紀の初めに各地の大学で結成され, 一時は政治的活動もしたが, 今では学生相互の親睦を目的としている).

bur·schi·kos [ブルシコース burʃikóːs] 形 (特に女性が:)不作法な, おてんばな, 勝手気ままな; ぞんざいな(言葉使いなど).

die **Bürs·te** [ビュルステ býrstə] 女 (単) -/(複) -n ① ブラシ, 刷毛(はけ). (英 brush). Zahn*bürste* 歯ブラシ / die *Bürste* blank reiben 靴をブラシでぴかぴかに磨く / das Haar⁴ mit einer *Bürste* glätten 髪をブラッシングする. ② 《電》(モーターなどの)ブラシ. ③ (頭髪の)ブラッシュカット(短い角刈り).

bürs·ten [ビュルステン býrstən] du bürstest, er bürstet (bürstete, *hat*…gebürstet) 他 (完了 haben) (英 brush) ① (服・歯などを⁴に)ブラシをかける, ブラッシングする. [sich³] die Zähne⁴ *bürsten* 歯を磨く / Du *musst* dir die Haare *bürsten*. 髪にブラシをかけないといけないよ. ② 〖A⁴ von B³ 〜〗(A⁴ を B³ から)ブラシで払い落す. den Staub von den Schuhen *bürsten* 靴にブラシをかけてほこりを落とす.

bürs·te·te [ビュルステテ] bürsten (ブラシをかける) の過去

Bür·zel [ビュルツェル býrtsəl] 男 -s/- (鳥の)尾羽の付け根.

der **Bus** [ブス bús]

> バス Fährt der *Bus* zum Bahnhof?
> ふェーアト デア ブス ツム バーンホーふ
> このバスは駅へ行きますか.

男 (単 2) Busses/(複) Busse (3 格のみ Bussen) バス (= Omni*bus*). (英 bus). Wann fährt der nächste *Bus*? 次のバスは何時に出ますか / Die *Busse* fahren nur werktags. バスは平日にしか運行していない / **aus** dem *Bus* steigen バスから降りる / **in** den *Bus* steigen バスに乗り込む / mit dem *Bus* fahren バスで行く.

der **Busch** [ブッシュ búʃ] 男 (単 2) -es (まれに -s)/(複) Büsche [ビュッシェ] (3 格のみ Büschen) ① 灌木(かんぼく), (低木の)茂み, やぶ. (英 bush). ein dorniger *Busch* いばらの茂み / bei jm³ **auf** den *Busch* klopfen (《口語》)jm³に探りを入れる(← やぶをたたいて獲物を追いたてる) / mit jm³ **hinter** dem *Busch* halten (《口語・比》)jm³(計画など)を隠している / sich⁴ [seitwärts] **in** die *Büsche* schlagen (《口語》)こっそり立ち去る / Es ist etwas im *Busch*! (《口語》)どうも裏がありそうだ(うさんくさいぞ). ② 《地理》(熱帯地方の)ブッシュ, 叢林(そうりん); (《口語》)原始林. ③ 大きな花束; (毛などの)束.

Bü·sche [ビュッシェ] Busch (灌木)の複

Bü·schel [ビュッシェル býʃəl] 中 -s/- (草・花・毛髪などの)小さい束.

bu·schig [ブシヒ búʃɪç] 形 ① やぶに覆われた, 灌木(かんぼく)の茂った. ② (眉(まゆ)・ひげなどが)濃い; 毛深い.

der **Bu·sen** [ブーゼン búːzən] 男 (単 2) -s/(複) - (英 bosom) ① (女性の)胸. ein üppiger *Busen* ふくよかな胸 / mit nacktem *Busen* 胸をあらわにして. ② (詩) 懐; 胸中. **am** *Busen* der Natur² ruhen (《比》)自然の懐に憩う / Liebe⁴ **im** *Busen* hegen 恋を胸に秘めている. ③ (衣服の)胸部, 懐.

Bu·sen·freund [ブーゼン・ふロイント] 男 -[e]s/-e (ふつう皮肉って:)親友, 心の友. (女性形: -in).

Bus=fah·rer [ブス・ふァーラァ] 男 -s/- バスの運転手. (女性形: -in).

Bus=hal·te·stel·le [ブス・ハるテシュテれ] 女 -/-n バスの停留所.

Busi·ness [ビズニス bíznɪs または …ネス …nɛs] 中 -/ (軽蔑的に:)(利潤が目的の)商売; ビジネス.

Bus·sard [ブッサルト búsart] 男 -s/-e (鳥) ノスリ(タカの一種).

Bus·se [ブッセ] ¦Bus (バス)の複

Bu·ße [ブーセ búːsə] 女 -/-n ①《複 なし》《宗》懺悔(ざんげ), 贖罪(しょくざい); 《新教》悔い改め. *Buße*⁴ tun 悔い改める, 贖罪をする. ②《法》賠償[金]; (バス) 罰金. eine *Buße*⁴ zahlen 罰金を納める.

bü·ßen [ビューセン býsən] I 他 (h) ① (罪⁴の)償いをする. jm⁴ **mit** dem Leben *büßen* 死をもって jm⁴を償う / Das sollst du [mir] *büßen*! (脅して:)このことはただでは済まさないぞ. ②《スイス》《法》(jm³に)罰金刑を科す. II 自 (h) 〖**für** jm⁴ 〜〗(jm⁴の)償いをする.

Bü·ßer [ビューサァ býːsər] 男 -s/- 《宗》懺悔(ざんげ)する人, 贖罪(しょくざい)者. (女性形: -in).

Buß=geld [ブース・ゲるト] 中 -[e]s/-er 《法》(秩序違反行為に対する)過料, 罰金.

Buß- und Bet·tag [ブース ウント ベート・ターク] 男 -[e]s/《新教》懺悔(ざんげ)と祈りの日(教会暦年最後の日曜日の前の水曜日).

Büs·te [ビュステ býstə] 女 -/-n ① 胸像, 半身像. eine *Büste* aus Marmor 大理石の胸像. ② (女性の)胸[部], バスト. ③《服飾》ボディー, 人台.

Büs·ten·hal·ter [ビュステン・ハるタァ] 男 -s/-

Butt [ブット bút] 男 -(e)s/-e《魚》ヒラメ.
Bütt [ビュット bÝt] 女 -/-en《方》(カーニバルの弁士用の)樽(☆)形の演壇.
Büt·te [ビュッテ bÝta] 女 -/-n (木の)桶(☆), 樽(☆); 紙すき用桶; (ぶどう収穫用の)背負い桶.
Büt·ten≠pa·pier [ビュッテン・パピーァ] 中 -s/-e 手すき紙.
Büt·ten≠re·de [ビュッテン・レーデ] 女 -/-n (特にライン地方の)ユーモラスなカーニバルの演説(樽の上で演説したことから).

‡*die* **But·ter** [ブッタァ bútər]

> バター
> Könnte ich die *Butter* haben?
> ケンテ イヒ ディ ブッタァ ハーベン
> そのバターを取っていただけませんか.

女 (単) -/ バター. (英 butter). ungesalzene *Butter* 無塩バター / ein Stück *Butter* バター1個 / ein Pfund *Butter* 1 ポンド (500 g) のバター / *Butter*⁴ aufs Brot streichen (または schmieren) パンにバターを塗る / 動⁴ in *Butter* braten 動⁴をバターでいためる / Sie ist weich wie *Butter*.《口語・比》彼女は情にもろい(←バターのように軟らかい) / Mein Geld zerrinnt wie *Butter* an der Sonne.《俗》私のお金はたちまちなくなる(←日に当たったバターのように) / Mir ist fast die *Butter* vom Brot gefallen.『現在完了』私はがっかりした(びっくり仰天した)(←パンからバターが落ちたようだった) / Er lässt sich nicht die *Butter* vom Brot nehmen.《口語》彼は自分の損になるようなことには黙っていない(←自分のパンからバターを取り上げることを許さない) / Es ist alles in [bester] *Butter*.《俗》万事順調だ.

But·ter≠blu·me [ブッタァ・ブるーメ] 女 -/-n 黄色い花をつける草(たんぽぽ・きんぽうげなど).

But·ter≠brot [ブッタァ・ブロート] 中 -(e)s/-e バター[を塗った]パン. belegtes *Butterbrot* オープンサンド /《人》³ 中⁴ aufs *Butterbrot* schmieren《俗》《人》³に 中⁴をくどくど(非難がましく)言う(←いやなものをパンに塗ってやる) / 動⁴ für (または um) ein *Butterbrot* bekommen《口語》動⁴をただ同然で手に入れる.

But·ter·brot≠pa·pier [ブッタァブロート・パピーァ] 中 -s/-e (サンドイッチなどを包む)パラフィン紙.

But·ter≠do·se [ブッタァ・ドーゼ] 女 -/-n (食卓用)バター入れ.

But·ter≠milch [ブッタァ・ミるヒ] 女 -/ バターミルク(バターを採ったあとの脱脂乳).

but·tern [ブッタァン bútərn] I 他 (h) ① (物⁴に)バターを塗る. ② 『A⁴ in B⁴ ~』《口語》(A⁴(お金など)を B⁴ (事業など)に)つぎ込む. ③《スザ・隠語》(ボール⁴を)力いっぱいシュートする.
II 自 (h) バターを作る.

But·ter≠schmalz [ブッタァ・シュマるツ] 中 -es/- (溶かしたバターから採った)純乳脂肪.

but·ter≠weich [ブッタァ・ヴァイヒ] 形 バターのように柔らかい;《比》思いやりのある, 軟弱な.

But·zen≠schei·be [ブッツェン・シャイベ] 女 -/-n (中央が厚い)円形の小さな窓ガラス.

b. w. [ビッテ ヴェンデン]《略》裏をご覧ください(=bitte wenden!).

Byte [バイト báit] [英] 中 -[s]/-[s] (コンピュータ) バイト(情報量の単位, 8 ビット; 記号: byte).

by·zan·ti·nisch [ビュツァンティーニッシュ bytsantí:nɪʃ] 形 ビザンチン[風, 様式]の.

By·zanz [ビュツァンツ bytsánts] 中《都市名》ビザンチン(トルコのイスタンブールの古名).

Bz. [ベ・ツェット]《略》地区; (旧東ドイツで:)県;《オースト・スイス》郡. (=Bezirk).

bzw. [ベツィーウングス・ヴァイゼ]《略》または, ないし; あるいはむしろ; それぞれに. (=beziehungsweise).

C c

(C の項で見出し語が見つからない場合は, K, Z, Sch, Tsch の項を参照のこと)

c¹, C¹ [ツェー tséː] 中 -/- ツェー (ドイツ語アルファベットの第 3 字).

c², C² [ツェー tséː] 中 -/- 《音楽》ハ音. *C-Dur* ハ長調 / *c-Moll* ハ短調.

c³ [ツェント] 《略》セント (=Cent¹, Cent²).

C³ ① [ツェー] 《化·記号》炭素 (=Carboneum). ② [ツェるズィウス] 《記号》(温度計の)摂氏 (=Celsius). ③ [クローン] 《記号》クーロン (=Coulomb).

Ca [ツェー・アー] 《化·記号》カルシウム (=Calcium).

ca. [ツィルカ] 《略》ほぼ, およそ (=circa).

Cä·ci·lie [ツェツィーリエ tsetsíːliə] -[n]s/ ① 《人名》ツェツィーリエ (3 世紀ローマの聖者. オルガンの発明者といわれる. 音楽の守護聖人). ② 《女名》ツェツィーリエ.

CAD [ケット két] 中 -s/ 《コンピュ》CAD, コンピュータを利用した設計 (=computer-aided design).

Cad·mi·um [カトミウム kátmium] 中 -s/ 《化》カドミウム (記号: Cd) (=Kadmium).

Cae·si·um [ツェーズィウム tséːzium] 中 -s/ 《化》セシウム (記号: Cs) (=Cäsium).

*das **Ca·fé** [カフェー kafé] 《フラ》中 (単) -s/ (複) -s カフェ, 喫茶店 (=Kaffeehaus). ein gemütliches *Café* 居心地の良いカフェ / Ich gehe ins *Café*. 私はカフェに行きます.

Ca·fe·te·ria [カフェテリーア kafetəríːa] 《スぺ》 女 -/-s カフェテリア.

cal [カロリー] 《記号》カロリー (=Kalorie).

Cal·ci·um [カるツィウム káltsium] 中 -s/ 《化》カルシウム (記号: Ca) (=Kalzium).

Ca·li·for·ni·um [カりフォルニウム kalifórnium] 中 -s/ 《化》カリホルニウム (記号: Cf).

Call≠girl [コーる・ゲーゎる] 《英》中 -s/-s コールガール.

Cal·vin [カるヴィーン kalvíːn] -s/ 《人名》カルバン (Jean *Calvin* 1509–1564; フランス生まれ, スイスの宗教改革者).

Cal·vi·nis·mus [カるヴィニスムス kalvinísmus] 男 -/ 《キリスト教》カルバン主義.

Cam≠cor·der [カム・コルダァ] 男 -s/- ハンディビデオカメラ.

Cam·mem·bert [カンメンベーァ kámmbɛːr または カマンベーァ kamãbɛːr] 《フラ》男 -s/-s カマンベール[チーズ].

Ca·mi·on [カミオーン kamióː] 男 -s/-s 《スイス》トラック (=Lastkraftwagen).

Camp [ケンプ kémp] 《英》中 -s/-s ① キャンプ[場]. ② 捕虜収容所.

Cam·pa·ri [カンパーリ kampáːri] 《商標》男 -s/-s 《商標》カンパーリ (イタリア産のリキュール).

cam·pen [ケンペン kémpən] 自 (h) キャンプをする.

Cam·per [ケンパァ kémpər] 《英》男 -s/- キャンパー, キャンプしている人. (女性形: -in).

das **Cam·ping** [ケンピング kémpiŋ] 《英》中 (単) -s/ キャンプ[生活]. *Camping*⁴ machen キャンプをする / zum *Camping* fahren キャンプに行く.

Cam·ping≠platz [ケンピング・ぷらッツ] 男 -es/..plätze キャンプ場.

Cam·pus [カンプス kámpus または ケンプス kémpəs] 《英》男 -/- (大学の)キャンパス.

can·celn [ケンツるン kéntsln] 他 (h) キャンセルする.

cand. [カンディダートゥス または カント] [ˀaː] 《略》(国家試験などの)受験者; (大学の)最終試験受験資格者 (=candidatus).

Cape [ケープ kéːp] 《英》中 -s/-s 《服飾》ケープ.

Cap·puc·ci·no [カプチーノ kaputʃíːno] 《イタ》男 -[s]/-[s] カプチーノ (生クリームなどを加えたイタリア風コーヒー).

Ca·pri [カープリ káːpri] 中 -s/ 《島名》カブリ (ナポリ湾入口の島).

Ca·pric·cio [カプリッチョ kaprítʃo] 《イタ》男 -s/-s 《音楽》カプリッチョ, 狂想曲, 綺想曲.

Ca·ra·van [カラヴァン káravan または ..ヴァーン] 《英》男 -s/-s ① ステーションワゴン; キャンピングカー. ② (野菜などの)販売車.

Ca·ri·tas [カーリタス káːritas] 女 -/ ① 《宗》慈善, 隣人愛 (=Karitas). ② 《略》ドイツカリタス会 (ドイツのカトリック系の社会福祉事業団体) (=Deutscher *Caritas*verband).

Carl [カる kárl] -s/ 《男名》カール (=Karl).

Ca·ros·sa [カロッサ karósa] -s/ 《人名》カロッサ (Hans *Carossa* 1878–1956; ドイツの作家).

Car≠sha·ring, Car-Sha·ring [カー・シェーァリング] 《英》中 -s/ カーシェアリング.

Car·toon [カルトゥーン kartúːn] 《英》男 中 -s[s]/-s ① カリカチュア, 風刺漫画. ② [続きこまの]漫画, コミックス (=Comicstrip).

Ca·sa·no·va [カザノーヴァ kazanóːva] 男 -[s]/-s 女たらし, 色男 (漁色家としてしられたイタリア人文筆家 G. *Casanova* 1725–1798 の名から).

Cä·sar [ツェーザァ tséːzar] I -s/ 《人名》カエサル, シーザー (Gaius Julius *Cäsar* 前 100～102 頃-前 44; 古代ローマの政治家·文人). II 男 -en/-en [ツェザーレン] カエサル (古代ローマ皇帝の称号).

Cä·si·um [ツェーズィウム tséːzium] 中 -s/ 《化》セシウム (記号: Cs).

Cas·ting [カースティング káːstiŋ] 《英》中 -[s]/-s (映画などの)キャスト, 配役.

cat·chen [ケッチェン kétʃən] 自 (h) プロレスリングをする.

Cat·cher [ケッチァァ kétʃər] [英] 男 -s/- プロレスラー. (女性形: -in).

CB-Funk [ツェーベー・フンク] 男 -s/- (トランシーバーなどの)市民無線.

cbm [クビーク・メータァ] 《記号》 立方メートル (m³) (=Kubikmeter).

ccm [クビーク・ツェンティメータァ] 《記号》 立方センチメートル (cm³) (=Kubikzentimeter).

Cd [ツェー・デー] 《化·記号》 カドミウム (=Cadmium, Kadmium).

die **CD** [ツェー・デー tse:-dé:] [英] 女 (単) -/(複) -s 《略》 コンパクトディスク, CD (=compact disc). eine *CD*⁴ an|hören CD を聞く.

CD-Bren·ner [ツェーデー・ブレンナァ] 男 -s/- CDライター.

CD-Plat·te [ツェーデー・プらッテ] 女 -/-n コンパクトディスク, CD.

CD-Play·er [ツェーデー・プれーァァ] [英] 男 -s/- CDプレーヤー.

CD-ROM [ツェーデー・ロム] 女 -/-[s] (ツェッデーロム) CD-ROM (CDを用いた読み出し専用記憶媒体).

CDU [ツェー・デー・ウー] 女 -/ 《略》キリスト教民主同盟(ドイツの保守政党) (=Christlich-Demokratische Union).

C-Dur [ツェー・ドゥーァ] 中 -/ 《音楽》ハ長調 (記号: C).

Ce [ツェー・エー] 《化·記号》セリウム (=Cer).

Ce·lan [ツェらーン tselá:n] -s/ 《人名》ツェラーン (Paul *Celan* 1920-1970; ドイツ系ユダヤ人の詩人).

Cel·le [ツェれ tsélə] 中 -s/ 《都市名》ツェレ(ドイツ, ニーダーザクセン州の都市: ☞ 地図 E-2).

Cel·list [チェリスト tʃelíst] 男 -en/-en チェリスト, チェロ奏者. (女性形: -in).

Cel·lo [チェろ tʃélo] 中 -s/-s (または Celli) 《音楽》チェロ.

Cel·lo·phan [ツェろふぁーン tselofá:n] 中 -s/ 《商標》セロハン.

Cel·si·us [ツェるズィウス sélzius] I 《人名》ツェルジウス (Anders *Celsius* 1701-1744; 摂氏寒暖計を提唱したスウェーデンの天文学者). II -/ 《物》(温度計の)摂氏 (記号: C). 5°C (=fünf Grad *Celsius*) 摂氏5度.

Cem·ba·lo [チェンバろ tʃémbalo] [伊音] 中 -s/-s (または ..bali) 《音楽》チェンバロ.

der **Cent**¹ [ツェント tsént] 男 (単2) -[s]/(複) -[s] 《数量単位としては: (複) -》 セント(欧州共通通貨単位. 100分の1ユーロ) 《略: c, ct》. Ein Euro hat 100 *Cent*. 1ユーロは100セントだ / Ein Bleistift kostet vierzig *Cent*. 鉛筆は1本40セントだ.

Cent² [セント sént] 男 -[s]/-[s] (単位: -/-) セント(アメリカ・カナダなどの通貨単位. アメリカでは100分の1ドル) 《略: c, ct》.

Cen·ter [センタァ séntər または ツェン.. tsén..] [英] 中 -s/- (活動などの)中心地; ショッピングセンター.

Cen·time [サンティーム satí:m] [仏] 男 -[s] [サンティーム[ス]]/-s [サンティーム[ス]] (単位: -/-) サンチーム(フランス・ベルギーなどの旧小貨幣).

Cer [ツェーァ tsé:r] 中 -s/ 《化》セリウム (記号: Ce) (=Cerium, Zer).

Cer·van·tes [セルヴァンテス sɛrvántes] 《人名》セルバンテス (Miguel de *Cervantes* Saavedra 1547-1616; スペインの作家. 代表作『ドン・キホーテ』).

ces, Ces [ツェス tsés] 中 -/- 《音楽》変ハ音.

Cey·lon [ツァイろン tsáilon] 中 -s/ 《島名》セイロン(インド東南にある島で現在の国名はスリランカ).

Cé·zanne [セザン sezán] -s/ 《人名》セザンヌ (Paul *Cézanne* 1839-1906; フランスの画家).

cf. [コンフェァ] 《略》比較(参照)せよ (=confer!).

CH [ツェー・ハー] 《略》スイス[連邦] (=Confoederatio Helvetica).

Cha·grin [シャグレーン ʃagrɛ̃:] [仏] 中 -s/ シャグラン(粒状突起のある革).

Chaise·longue [シェゼ・ろンゲ] [仏] 女 -/-n [..ろンゲン] (または -s) (口語: 中 -s/-s も) 寝いす.

Cha·let [シャれー ʃalé:] [仏] 中 -s/-s ① シャレー(スイスの牧人小屋). ② シャレー風の別荘.

Cha·mä·le·on [カメーれオン kamé:leɔn] 中 -s/-s ① 《動》カメレオン. ② 《比》無節操な人.

Cha·mis·so [シャミッソ ʃamíso] -s/ 《人名》シャミッソー (Adelbert von *Chamisso* 1781-1838; フランス系のドイツの詩人・作家).

cha·mois [シャモア ʃamoá] [仏] 形 《無語尾で》(アルプスかもしかのような)黄褐色の.

Cham·pa·gner [シャンパニャァ ʃampánjər] [仏] 男 -s/- 《飲》シャンパン.

Cham·pi·gnon [シャンピニヨン ʃapinjɔ̃] [仏] 男 -s/-s 《植》マッシュルーム, シャンピニオン.

Cham·pi·on [チェンピエン tʃémpiən] [英] 男 -s/-s (ツェンピオン) チャンピオン; 選手権保持者. der *Champion* im Tennis テニスのチャンピオン.

die **Chan·ce** [シャーンセ ʃã:sə または シャーンス ʃã:s] [仏] 女 (単) -/(複) -n [..セン] ① 《複なし》チャンス, 好機, 機会. Ich gebe dir noch eine *Chance*. 君にもう一度[だけ]チャンスを与えよう / eine *Chance*⁴ wahr|nehmen (verpassen) チャンスをとらえる(逃がす). ② 《複で》見込み, 勝ち目, 成算. Er hat keine *Chancen* auf den Sieg. 彼には勝つ見込みがない / Er hat bei ihr keine *Chancen*. 《口語》彼は彼女に気に入られる見込みはない.

Chan·cen·gleich·heit [シャーンセン・グらイヒハイト] 女 -/ 機会均等.

chan·gie·ren [シャンジーレン ʃãʒí:rən] 自 (h) (生地などが)玉虫色に光る.

Chan·son [シャンソーン ʃãsɔ́:] [仏] I 中 -s/-s ① 《文学》(中世フランスの)叙事詩. ② 《音楽》(15-17世紀フランスの)世俗歌曲. II 中 -s/-s 《音楽》シャンソン.

Chan·so·net·te [シャンソネッテ ʃãsɔnétə] [仏] 女 -/-n = Chansonnette

Chan·so·ni·er [シャンソニエー ʃãsɔnié:] [仏] 男 -s/-s = Chansonnier

Chan·son·net·te [シャンソネッテ ʃãsɔnétə] [仏] 女 -/-n ① (女性の)シャンソン歌手. ② シャンソネット(くだけた内容の小歌).

Chan·son·ni·er [シャンソニエー ʃɑ̃sonié:] [发] 男 -s/-s ① (男性の)シャンソン歌手. ② (12-14世紀の)シャンソン歌手(詩人). ③ (中世フランスの)吟遊詩人の歌集.

das **Cha·os** [カーオス ká:ɔs] 中 (単2) -/ 混沌(とん), 無秩序, 混乱. ein *Chaos*⁴ aus|lösen 混乱をひき起こす.

Cha·ot [カオート kaó:t] 男 -en/-en 過激派. (女性形: -in).

cha·o·tisch [カオーティッシュ kaó:tɪʃ] 形 混沌(とん)とした, 無秩序の, 混乱した.

der **Cha·rak·ter** [カラクタァ karáktɐr] 男 (単2) -s/(複) -e [..テーレ] ((変) *character*). ① (人の)**性格**, 気質; 気骨, バックボーン. Er hat einen guten *Charakter*. 彼は性格が良い / Er ist ein Mann **von** *Charakter*. 彼はしっかりした人物だ / Er hat keinen *Charakter*. 彼には節操がない.
② (特定の性格の)人物, 気骨のある人. Er ist ein *Charakter*. 彼はなかなかの人物だ. ③ 《複なし》(事物の)性質, 特性, 特色. der spezifische *Charakter* eines Volkes 民族固有の特性. ④ (小説・劇などの)登場人物, キャラクター. ⑤ 《ふつう 複》文字.

Cha·rak·ter≠bil·dung [カラクタァ・ビるドゥング] 女 -/ 性格(人格)形成.

Cha·rak·ter≠dar·stel·ler [カラクタァ・ダールシュテらァ] 男 -s/- 《劇》性格俳優. (女性形: -in).

Cha·rak·ter≠feh·ler [カラクタァ・フェーらァ] 男 -s/- 性格上の欠陥.

cha·rak·ter·fest [カラクタァ・フェスト] 形 しっかりした性格の, 節操のある.

cha·rak·te·ri·sie·ren [カラクテリズィーレン karakterizí:rən] 他 (h) ① (人・物⁴の)特徴(性格)を描く. ② (人・物⁴を)特徴づける, (人・物⁴の)特徴をなす. Kurze Sätze *charakterisieren* seinen Stil. 短文が彼の文体の特徴だ.

Cha·rak·te·ris·tik [カラクテリスティク karakterístɪk] 女 -/-en ① 性格描写. ② 《数》(対数の)指標.

Cha·rak·te·ris·ti·kum [カラクテリスティクム karakterístikum] 中 -s/..tika 特徴, 特性.

cha·rak·te·ris·tisch [カラクテリスティッシュ karakterístɪʃ] 形 **特徴的な**, 特色のある; 特有の. 《変》 *characteristic*. eine *charakteristische* Kleidung 特徴のある服装 / Dieses Verhalten ist *charakteristisch* **für** ihn. このようなふるまいはいかにも彼らしい.

cha·rak·ter·lich [カラクタァリヒ] 形 性格上の, 性格的な.

cha·rak·ter≠los [カラクタァ・ろース] 形 無節操な.

Cha·rak·ter≠lo·sig·keit [カラクタァ・ろーズィヒカイト] 女 -/-en ① 《複なし》無節操. ② 無節操な言動.

Cha·rak·ter≠schwä·che [カラクタァ・シュヴェッヒェ] 女 -/-n 性格の弱さ.

Cha·rak·ter≠stär·ke [カラクタァ・シュテルケ] 女 -/-n 性格の強さ.

Cha·rak·ter≠zug [カラクタァ・ツーク] 男 -[e]s/..züge 特性, 特徴.

Char·ge [シャルジェ ʃárʒə] [发] 女 -/-n ① 地位, 官職. ② 《軍》階級; 下士官. ③ 《冶》(溶鉱炉への)装入. ④ 《薬》(一工程でできる)薬剤の量.

Cha·ris·ma [ヒャリスマ çá:rɪsma または カー..ká:..] 中 -s/..rismen [ヒャリスメン] (または ..rismata [ヒャリスマタ]) ① 《神学》カリスマ. ② (集団に影響を与える)特殊な能力.

Char·lot·te [シャルろッテ ʃarlótə] -[n]s/ 《女名》シャルロッテ.

Char·lot·ten·burg [シャルろッテン・ブルク ʃarlótən-burk] 中 -[s]/ 《地名》シャルロッテンブルク(ベルリンの市区名. 初代プロイセン国王フリードリヒ1世の妃ゾフィー・シャルロッテの宮殿がある).

char·mant [シャルマント ʃarmánt] [发] 形 魅力的な, チャーミングな (=scharmant).

Charme [シャルム ʃárm] [发] 男 -s/ 魅力.

Char·meur [シャルメーァ ʃarmǿ:r] [发] 男 -s/-s (または -e) 色男.

Cha·ron [ヒャーロン çá:rɔn] 男 -s/ 《ギリシア神》カロン(冥界の川アケローンの渡し守).

Char·ta [カルタ kárta] 女 -/-s 憲章.

Char·ter [チャルタァ tʃártɐr または シャル.. ʃár..] [英] 女 -/- (または 男 -s/-s) (飛行機などの)チャーター.

Char·ter≠flug [チャルタァ・ふるーク] 男 -[e]s/..flüge (航空機の)チャーター便.

Char·ter≠ma·schi·ne [チャルタァ・マシーネ] 女 -/-n チャーター機.

char·tern [チャルタァン tʃártɐrn または シャル.. ʃár..] 他 (h) (飛行機など⁴を)チャーターする.

Chas·sis [シャシー ʃasí:] [发] 中 -[シャスィース ..í:s] / [シャスィース ..í:s] (自動車などの)シャーシー, 車台; (テレビ・パソコンなどの)シャーシー(部品を取り付ける台).

Chat [チェット tʃét] [英] 男 -s/-s 《コンピュ》チャット.

chat·ten [チェッテン tʃétən] 自 (h) 《コンピュ》チャットする.

Chauf·feur [ショフェーァ ʃofǿ:r] [发] 男 -s/-e (自家用車・タクシーなどの)運転手. (女性形: -in).

chauf·fie·ren [ショフィーレン ʃofí:rən] I 自 (h) 車を運転する. II 他 (h) ① (車⁴を)運転する. ② (人⁴を)車で送る.

Chaus·see [ショセー ʃosé:] [发] 女 -/-n [..セーエン] (舗装された)街道.

Chau·vi [ショーヴィ ʃó:vi] [发] 男 -s/-s 《口語》男性優越主義者 (=Chauvinist).

Chau·vi·nis·mus [ショヴィニスムス ʃovinísmus] 男 -/..nismen ① 《複なし》ショービニズム (偏狭な愛国主義). ② ショービニズム的な言動. ③ 《成句的に》männlicher *Chauvinismus* 男性優越主義; 男性優越主義的な言動.

Chau·vi·nist [ショヴィニスト ʃoviníst] 男 -en/-en ① ショービニスト(偏狭な愛国主義者), 排外主義者. (女性形: -in). ② 男性優越主義者.

chau·vi·nis·tisch [ショヴィニスティッシュ ʃovinístɪʃ] 形 ① 偏狭な愛国主義の. ② 男性優越主義の.

Check[1] [シェック ʃέk] 男 -s/-s (ﾍﾞﾂ) 小切手 (= Scheck).

Check[2] [チェック tʃέk] [英] 男 -s/-s ① 点検, チェック. ② (アイスホッケーで:)チェック, 妨害.

che·cken [チェッケン tʃέkən] 他 (h) ① 《工》点検する, チェックする. ② (アイスホッケーで:)(相手選手[4]を)チェックする, 妨害する.

Check=lis·te [チェック・リステ] 女 -/-n チェック(点検)リスト.

chee·rio! [チーリオ tʃíːrio] 間 《口語》① 乾杯! (=prost!). ② さようなら!

* *der* **Chef** [シェふ ʃέf] [ﾌﾗ] 男 (単2) -s/(複) -s (英 *chief*) ① (局・部・課などの)長, チーフ, 所長, 店長; 上役, ボス. Küchen*chef* コック長 / Ich möchte den *Chef* sprechen. 所長にお目にかかりたいのですが. ② 《俗》(知らない男性へのなれなれしい呼びかけ:)大将, だんな.

Chef.. [シェふ.. ʃέf..] 《名詞につける接頭》① (…の長)例: *Chef*redakteur 編集長. ② (指導的な…)例: *Chef*ideologe (政党の)理論指導者.

Chef=arzt [シェふ・アールツト] 男 -es/..ärzte 医長, 主任医師. (女性形: ..ärztin).

Che·fin [シェふィン ʃέfɪn] 女 -/..finnen ① (女性の)局(部・課)長, チーフ, 所長, 店長; 上役. ② 《口語》チーフ(所長・店長)の奥さん.

Chef=re·dak·teur [シェふ・レダクテァ] 男 -s/-e 編集長, 主筆. (女性形: -in).

* *die* **Che·mie** [ヒェミー çemíː] 女 (単) -/ ① 化学. (英 *chemistry*). Biochemie 生化学 / Er studiert *Chemie*. 彼は化学を専攻している / organische (anorganische) *Chemie* 有機(無機)化学. ② 《口語》化学物質 (= Chemikalien).

Che·mie=fa·ser [ヒェミー・ふァーザァ] 女 -/-n 化学繊維.

Che·mi·ka·lie [ヒェミカーリエ çemikáːliə] 女 -/-n 《ふつう複》化学物質, 化学製品(薬品).

Che·mi·ker [ヒェーミカァ çéːmikər] 男 -s/- 化学者. (女性形: -in).

che·misch [ヒェーミッシュ çéːmɪʃ] 形 化学の, 化学的な. (英 *chemical*). *chemische* Analyse 化学分析 / *chemische* Elemente 化学元素 / eine *chemische* Formel 化学式 / die *chemische* Reinigung ドライクリーニング / ein *chemisches* Zeichen 化学記号.

Chem·nitz [ケムニッツ kémnɪts] 中 《都市名》ケムニッツ(ドイツ, ザクセン州. 1953-1990年の間はカール・マルクス・シュタット: 〔地図〕F-3).

Che·mo=the·ra·pie [ヒェーモ・テラピー] 女 -/-n [..ピーエン] 《医》化学療法.

..chen [..ヒェン ..çən] 《中性の縮小名詞をつくる接尾; 幹母音が a, o, u, au の場合は変音する》(小・親愛・軽蔑) 例: Väter*chen* おとうちゃん / Häns*chen* 小さなハンス, ハンスちゃん.

Che·rub [ヒェールプ çéːrup または ケー.. kéː..] 男 -s/..rubim [..ルビーム] (または Cherubinen [ヒェルビーネン]) 《聖》ケルビム, 智天使(パラダイスを守る天使).

Che·vreau [シェヴロー ʃəvróː または シェヴロ ʃévro] [ﾌﾗ] 中 -s/-s やぎ革, キッド.

Chi·an·ti [キアンティ kiánti] [ｲﾀ] 男 -[s]/ キアンティ(イタリア産の辛口の赤ワイン).

chic [シック ʃík] [ﾌﾗ] 形 しゃれた, いきな, シックな (=schick).

Chi·co·rée [シッコレ ʃíkore または シコレー ʃikoréː] [ﾌﾗ] 女 -/ (または 男 -s/) 《植》チコリー, キクニガナ(タンポポに似たサラダ用野菜). (⇨ Gemüse 図).

der **Chiem·see** [キーム・ゼー kíːm-zeː] 男 -s/ 《定冠詞とともに》《湖名》キームゼー (⇨ 〔地図〕F-5).

Chif·fon [シふォン ʃifɔ̃ː または シフォーン (ｵｰｽﾄﾘｱ: -eː)] (織) シフォン, 絹モスリン.

Chif·fre [シふレ ʃífrə または シッふァァ ʃífər] [ﾌﾗ] 女 -/-n ① 数字. ② 暗号. ③ 略号, 符号.

chif·frie·ren [シふリーレン ʃifríːrən] 他 (h) 暗号で書く, 暗号化する.

Chi·le [チーレ tʃíːle または ヒーレ çíːle] 中 -s/ 《国名》チリ[共和国] (首都はサンチアゴ).

Chi·le·ne [チれーネ tʃiléːnə または ヒ.. çi..] 男 -n/-n チリ人. (女性形: Chilenin).

Chi·mä·re [ヒメーレ çiméːrə] 女 -/-n ① 《ｷﾞﾘｼｬ神》キマイラ(ライオンの頭・やぎの胴・蛇の尾を持ち, 口から火を吐く怪獣) (=Schimäre). ② 《生》キメラ(1個の植物体中に遺伝子型の異なる組織が混在する現象).

Chi·na [ヒーナ çíːna] 中 (単2) -s/ 《国名》中華人民共和国, 中国 (首都は北京). (英 *China*). Ich reise im Sommer nach *China*. 私は夏に中国へ旅行します.

Chi·na=kohl [ヒーナ・コール] 男 -[e]s/-e 《植》ハクサイ(白菜).

Chi·na=rin·de [ヒーナ・リンデ] 女 -/ 《薬》キナの木の樹皮.

Chin·chil·la [チンちら tʃɪntʃíla] I 女 -/-s 《動》チンチラ(アンデス山脈に分布するリスに似た動物). II 中 -s/-s ① チンチラの毛皮. ② 《動》チンチラウサギ(チンチラに似た飼いウサギの一種).

Chi·ne·se [ヒネーゼ çinéːzə] 男 -n/-n 中国人. (女性形: Chinesin).

chi·ne·sisch [ヒネーズィッシュ çinéːzɪʃ] 形 中国の, 中国人の; 中国語の. (英 *Chinese*). die *Chinesische* Mauer 万里の長城 / die *chinesische* Sprache 中国語 / *chinesisch* sprechen 中国語で話す / Das ist *chinesisch* für mich. 《口語》それはぼくにはまったくちんぷんかんぷんだ.

Chi·ne·sisch [ヒネーズィッシュ] 中 -[s]/ 中国語. Ich lerne *Chinesisch*. 私は中国語を学んでいます / auf *Chinesisch* 中国語で. (⇨ 用法については Deutsch の項).

Chi·ne·si·sche [ヒネーズィシェ çinéːzɪʃə] 中 《複》なし; 定冠詞とともに; 語尾変化は形容詞と同じ】

① 中国語. (⇨ 用法については Deutsche の項参照). ② 中国的なもの(こと).

Chi・nin [ヒニーン çiní:n] 中 -s/ 《薬》キニーネ (マラリア治療に用いられる解熱剤).

Chip [チップ tʃíp] [英] 男 -s/-s ① (こけら)チップ. ② (ルーレットなどの)チップ, かけ札. ③ 『ふつう 複』《料理》ポテトチップス.

Chip=kar・te [チップ・カルテ] 女 -/-n IC カード (集積回路を内蔵した情報の記憶・処理能力を持つカード).

Chi・ro・man・tie [ヒロマンティー çiromantí:] 女 -/ 手相術.

Chi・ro・prak・tik [ヒロ・プラクティク çiropráktik] 女 -/ 《医》カイロプラクティック, 脊椎(ついち)指圧療法.

Chi・rurg [ヒルルク çirúrk] 男 -en/-en 《医》外科医. (女性形: -in). (⇨ 「内科医」は Internist).

Chi・rur・gie [ヒルルギー çirurgí:] 女 -/-n [..ギーエン] ① 《複 なし》《医》外科[学]. die plastische *Chirurgie* 形成外科. ② (病院の)外科.

chi・rur・gisch [ヒルルギッシュ çirúrgiʃ] 形 外科[学]の; 外科的な, 手術による; 外科用の.

Chi・tin [ヒティーン çití:n] 中 -s/ 《動》キチン(節足動物などの外骨格を形成する物質).

Chlor [クローァ kló:r] 中 -s/ 《化》塩素 (記号: Cl).

chlo・ren [クローレン kló:rən] 他 (h) (水など⁴を)塩素殺菌する.

Chlo・rid [クロリート klorí:t] 中 -[e]s/-e 《化》塩化物.

Chlo・ro・form [クロロふォルム kloroférm] 中 -s/ 《化》クロロホルム.

chlo・ro・for・mie・ren [クロロふォルミーレン kloroformí:rən] 他 (h) (人⁴に)クロロホルム麻酔をかける.

Chlo・ro・phyll [クロロふュる klorofýl] 中 -s/ 《植》葉緑素 (= Blattgrün).

Choke [チョーク tʃóːk] [英] 男 -s/-s 《自動車》チョーク.

Cho・le・ra [コーれラ kó:lera] 女 -/ 《医》コレラ.

Cho・le・ri・ker [コれーリカァ kolé:rikər] 男 -s/- 胆汁質の人, 怒りっぽい人. (女性形: -in).

cho・le・risch [コれーリッシュ kolé:rɪʃ] 形 胆汁質の, 怒りっぽい, 短気な.

Cho・les・te・rin [コれステリーン kolɛsterí:n または ヒョ.. ço..] 中 -s/ 《医》コレステロール, コレステリン.

Cho・pin [ショペン ʃɔpɛ̃] -s/ 《人名》ショパン (Fryderyk Franciszek (Frédéric François) *Chopin* 1810-1849; ポーランドの作曲家・ピアニスト).

der Chor [コーァ kó:r] I 男 (単2) -[e]s/(複) Chöre [ケーレ] (3格のみ Chören) ① 《音楽》合唱団, コーラス, 聖歌隊; 合唱; 合唱曲. (英 *chorus*). Männer*chor* 男声合唱団 / ein gemischter *Chor* 混声合唱団 / einen *Chor* leiten (または dirigieren) コーラスを指揮する / im *Chor* 声をそろえて, いっせいに / einen *Chor* komponieren 合唱曲を作曲する. ② 《音楽》 (オーケストラの楽器の)セクション. ③ 《劇》(ギリシア古典劇の)合唱隊, コロス.
II 男 (まれに 中) (単2) -[e]s/(複) -e (3格のみ -en) または (複) Chöre (3格のみ Chören) 《カッチ》 (教会の内陣(中央祭壇の周囲); 聖歌隊席. (⇨「建築様式 (1)」, 1744 ページ).

Cho・ral [コラーる kora:l] 男 -s/Choräle 《新教》賛美歌, コラール; 《カッチ》[グレゴリオ] 聖歌.

Chö・re [ケーレ] *Chor* (合唱団)の複.

Cho・re・o・graf [コレオグラーふ koreográ:f] 男 -en/-en (バレエの)振り付け師. (女性形: -in).

Cho・re・o・graph [コレオグラーふ koreográ:f] 男 -en/-en = Choreograf

Chor=ge・sang [コーァ・ゲザング] 男 -[e]s/ ..sänge 合唱[曲].

Cho・rist [コリスト korís t] 男 -en/-en 合唱団員, 聖歌隊員; 《カッチ》(= Chorsänger). (女性形: -in).

Chor=kna・be [コーァ・クナーベ] 男 -n/-n 少年聖歌隊員; 《カッチ》ミサの侍者.

Chor=lei・ter [コーァ・らイタァ] 男 -s/- 合唱団(聖歌隊)指揮者. (女性形: -in).

Chor=sän・ger [コーァ・ゼンガァ] 男 -s/- 合唱団員, 聖歌隊員. (女性形: -in).

Cho・se [ショーゼ ʃó:zə] [フラ] 女 -/-n 《ふつう 単》 《口語》(やっかいな)事柄, 件.

Chow-Chow [チャオ・チャオ] [英] 男 -s/-s チャウチャウ(中国の犬の種類).

Chr. [クリストゥス] 《略》キリスト (= Christus). v. *Chr.* 紀元前 (= vor Christo) / n. *Chr.* 紀元[後] (= nach Christo).

der Christ [クリスト kríst] I 男 (単2・3・4) -en/(複) -en キリスト教徒, クリスチャン. (英 *Christian*). ein frommer *Christ* 敬虔(けいけん)なクリスチャン / *Christen* und Heiden キリスト教徒と異教徒.
II (単2) -/ 《古》《人名》キリスト (= Christus).

Chris・ta [クリスタ krísta] -s/ 《女名》クリスタ. (Christiane の短縮).

Christ=baum [クリスト・バオム] 男 -[e]s/..bäume 《方》クリスマスツリー (= Weihnachtsbaum).

Chris・te [クリステ] Christus の呼びかけの形.

Chris・ten・heit [クリステンハイト] 女 -/ (総称として:)キリスト教徒.

das Chris・ten・tum [クリステントゥーム krístəntu:m] 中 (単2) -s/ キリスト教; キリスト教の信仰 (精神). (英 *Christianity*). das *Christentum*⁴ an|nehmen キリスト教を受け入れる / sich⁴ zum *Christentum* bekennen キリスト教徒になる[告白をする].

Chris・ti [クリスティ] Christus の2格形.

Chris・ti・an [クリスティアン krístian] -s/ 《男名》クリスティアン.

Chris・ti・a・ne [クリスティアーネ krıstiá:nə] -s/ 《女名》クリスティアーネ.

Chris・tin [クリスティン krístın] 女 -/..tinnen (女性の)キリスト教徒.

Chris・ti・ne [クリスティーネ krıstí:nə] -s/ 《女名》クリスティーネ.

Christ・kind [クリスト・キント] 中 -[e]s/ ① 幼児キリスト. ② (クリスマスにプレゼントを運んでくる子供の姿をした)天使.

christ・lich [クリストりヒ krístlıç] 形 **キリスト教の**, キリストの; キリストの教えに従った, キリスト教徒の, キリスト教徒としての. (英 Christian). die *christliche* Kirche キリスト教会 / die *christliche* Kunst キリスト教芸術 / die *christliche* Nächstenliebe キリスト教的隣人愛 / *christlich* handeln キリスト教徒らしく行動する / *Christlicher* Verein Junger Menschen² キリスト教青年会, YMCA (略: CVJM).

Christ・met・te [クリスト・メッテ] 因 -/-n 《カトリック》 クリスマスミサ;《新教》クリスマス早朝礼拝.

Christ・nacht [クリスト・ナハト] 因 -/..nächte クリスマスイブ (12月24日から25日へかけての夜).

Chris・to [クリスト-] Christus の 3 格.

Chris・toph [クリストふ krístɔf] -s/《男名》クリストフ.

Chris・tum [クリストゥム] Christus の 4 格形.

Chris・tus krístus 《無変化または 2 格 Christi, 3 格 Christo, 4 格 Christum, 呼びかけ Christe!》《人名》**[イエス・]キリスト** (キリスト教の始祖). 1867 *nach Christus* (略: n. Chr.) 西暦[紀元]1867 年 / 500 *vor Christus* (略: v. Chr.) [西暦]紀元前500年.

Chrom [クローム kró:m] 中 -s/《化》クロム (記号: Cr).

Chro・ma・tik [クロマーティク kromá:tık] 因 -/ ① 《音楽》半音階法. ② 《物》色彩論.

chro・ma・tisch [クロマーティッシュ kromá:tıʃ] 形 ① 《音楽》半音[階]の. ② 《物》色彩[論]の.

Chro・mo・som [クロモゾーム kromozó:m] 中 -s/-en 《ふつう圈》《生》染色体.

Chro・nik [クローニク kró:nık] 因 -/-en 年代記, 編年史.

chro・nisch [クローニッシュ kró:nıʃ] 形 《医》慢性の. (⇔「急性の」は akut);《口語》長びく, しつこい. eine *chronische* Krankheit 慢性の病気 / an *chronischem* Geldmangel leiden《戯》慢性の金欠病に苦しむ.

Chro・nist [クロニスト kroníst] 男 -en/-en 年代記作者(編者). (女性形: -in).

Chro・no・lo・gie [クロノろギー kronologí:] 因 -/-n [..ギーエン] ① 《圈なし》年代学. ② 年代決定. ③ 年代順.

chro・no・lo・gisch [クロノろーギッシュ kronoló:gıʃ] 形 年代順の; 年代学の.

Chro・no・me・ter [クロノメータァ kronomé:tər] 中 《口語: 男 も》-s/- (天測・航海用の)クロノメーター, 経線儀.

Chry・san・the・me [クリュザンテーメ kryzanté:mə] 因 -/-n 《植》キク(菊).

Chry・san・the・mum [ヒリュザンテムム çryzántemum または クリュ..kry..] 中 -s/..themen [..テーメン] 《植》=Chrysantheme

ciao! [チャオ tʃáu] 《イタ》間 じゃあね, バイバイ.

Ci・ce・ro [ツィーツェロ tsí:tsero] -s/《人名》キケロ (Marcus Tullius *Cicero* 前 106–前 43; 古代ローマの政治家).

Ci・ne・ast [スィネアスト sineást] 《フラ》男 -en/-en 映画製作者; 映画批評家; 映画ファン. (女性形: -in).

cir・ca [ツィルカ tsírka] 《ラテ》副 ほぼ, およそ (略: ca.) (=zirka).

Cir・cu・lus vi・ti・o・sus [ツィルクるス ヴィツィオーズス tsírkulus vitió:zus] 《ラテ》男 - -/Circuli vitiosi 《哲》循環論法.

cis, Cis [ツィス tsís] 中 -/ 《音楽》嬰[cis]ハ音. *Cis*-Dur 嬰ハ長調 / *cis*-Moll 嬰ハ短調.

Ci・ty [スィッティ síti] 《英》因 -/-s (大都市の)中心街, 都心, 繁華街 (=Innenstadt).

Ci・ty・bike [スィッティ・バイク] 《英》中 -s/-s (近距離向きの)小型オートバイ.

Cl [ツェー・エる] 《化・記号》塩素 (=Chlor).

Clan [クラーン klá:n または クれン klén] 《英》男 -s/-e [クラーネ] (または -s [クランス]) ① 《民俗》(スコットランド・アイルランドの)氏族, 一族. ② 《俗》一族郎党, 一派.

Cla・queur [クらケーァ klakǿ:r] 男 -s/-e 《劇》(劇場の)雇われ拍手屋, さくら. (女性形: -in).

clean [クリーン klí:n] 《英》形 《隠語》[今ではもう]麻薬を使っていない.

Clea・ring [クリーリング klí:rıŋ] 《英》中 -s/-s 《経》清算, 手形交換.

Cle・mens [クレーメンス klé:məns] 《男名》クレーメンス (=Klemens).

cle・ver [クれヴァァ klévər] 《英》形 利口な, 如才ない, ずる賢い; 巧みな.

Cle・ver・ness [クれヴァァネス klévərnɛs] 因 -/ 利口さ, 如才なさ.

Clinch [クリンチュ klıntʃ または クリンシュ klınʃ] 《英》男 -[e]s/-es ① 《ボクシングで:》クリンチ. ② 争い. mit *Dat³* im *Clinch* sein 人³とけんかしている.

Clip [クリップ klíp] 《英》(=Klipp) 男 -s/-s ① (万年筆などの)クリップ. ② (はさんで留めるアクセサリー:)イヤリング, ブローチ, 髪飾り, タイピン.

Cli・que [クリッケ klíka または クリーケ klí:kə] 《フラ》因 -/-n ① (軽蔑的に:)(排他的な)徒党, 派閥. ② (若者どうしの)仲間, グループ.

Clou [クルー klú:] 《フラ》男 -s/-s 《口語》(シーズン・催し物などの)クライマックス, ハイライト.

Clown [クらオン kláun または クラーン kló:n] 《英》男 -s/-s 道化師, クラウン. (女性形: -in).

Club [クるブ klúb または クラップ klúp] (=Klub) 《英》男 -s/-s ① クラブ; (若者の)仲間, グループ. ② クラブハウス.

cm [ツェンティ・メータァ または ..メータァ] 《記号》センチメートル (=Zentimeter).

Cm [ツェー・エム] 《化・記号》キュリウム (=Curium).

c-Moll [ツェー・モる] 中 -/ 《音楽》ハ短調 (記号: c).

Co [ツェー・オー] 《化・記号》コバルト (=Cobaltum, Kobalt).

Co. [コー] 《フラ》《略》会社 (=Compagnie, Kompanie).

c/o [ケーアオふ] [英]《略》(手紙のあて先で:)…方 (=care of).

Coach [コーチュ kóːtʃ] [英] 男 -[s]/-s (ズッ) コーチ; (サッカーチームなどの)監督.

coa·chen [コーチェン kóːtʃən] 他 (h)《ズッ》 (囚[4]・チームなど[4]を)コーチする, 指導する.

Co·ca-Co·la [コカ・コーら] 田 -[s]/-(または 囡 -/-)《商標》コカ・コーラ.

Cock·pit [コック・ピット kók-pɪt] [英] 田 -s/-s 《空》(飛行機の)コックピット, 操縦[士]席; 《海》(ヨット・モーターボートの)船尾座席; (レーシングカーの)運転席.

Cock·tail [コック・テーる kók-te:l] [英] 男 -s/-s カクテル.

Cock·tail⹁kleid [コックテール・クらイト] 田 -[e]s/-er カクテルドレス.

Cock·tail⹁**par·ty** [コックテール・パーるティ] [英] 囡 -/-s カクテルパーティー.

Code [コート kóːt] (=Kode) [英・ズ] 男 -s/-s ① (ニンュ゙) コード, 符号(情報を表現するための記号・規則の体系). ② 暗号[体系], 略号[体系]. ③《言》(記号と文法から成る)記号体系, コード. ④《社·言》社会階層方言.

Co·dex [コーデクス kóːdɛks] (=Kodex) [ラテン] 男 -/Codices [..ディツェース] (または -e) ①(古代の)木簡; (中世の)手写本. ②(ローマ法の)法典. ③規約(法規)集. ④《圈 -e》(ふるまい・行動の)規範.

Co·gnac [コニャク kónjak] [ズ] 男 -s/-s《商標》コニャック(フランスのコニャック地方産の高級ブランデー) (=Kognak).

Coif·feur [コアふェーァ koafǿːr] [ズ] 男 -s/-e 《ズ》《雅》理容師, 理髪師 (=Friseur). (女性形: Coiffeuse).

das(die) **Co·la** [コーら kóːla] 田 (単 2) -[s]/ (複) - または 囡 (単) -/(複) -《口語》コーラ. Ein[e] *Cola* bitte! コーラを一つください.

Col·la·ge [コらージェ kɔláːʒə] [ズ] 囡 -/-n 《美・文学・音楽》①《圏 なし》(技法としての)コラージュ. ②コラージュ作品.

Col·lege [コリッチュ kɔ́lɪtʃ] [英] 中 -[s]/-s ①(英国の)カレッジ, 学寮; パブリックスクール; 専門学校. ②(アメリカの大学の)教養課程; 単科大学.

Col·lie [コリ kóli] [英] 男 -s/-s コリー(スコットランド原産の牧羊犬).

Colt [コるト kólt] [英] 男 -s/-s《商標》コルト[式自動拳銃(けん)].

Come·back, Come-back [カム・ベック] [英] 田 -[s]/-s カムバック, 再起, 返り咲き.

Co·mic [コミク kómɪk] [英] 男 -s/-s《ふつう 圈》=Comicstrip

Co·mic⹁strip [コミク・ストリップ] [英] 男 -s/-s 《ふつう 圈》[続きこまの]漫画, コミックス.

Com·mu·ni·qué [コミュニケー kɔmynikéː] [ズス] 田 -s/-s《政》コミュニケ, (公式の)報告[書] (=Kommuniqué).

Com·pact Disc [コンパクト ディスク kɔmpákt dísk または コンペクト.. kɔmpékt..] [英] 囡 --/--s コンパクトディスク(略: CD).

Com·pact Disk [コンパクト ディスク] 囡 --/--s =Compact Disc

der Com·pu·ter [コンピュータァ kɔmpjúː-tɐr] [英] 男 (単 2) -s/(複) - (3 格のみ -n)コンピュータ, 電子計算機. den *Computer* programmieren (口語: füttern) コンピュータにプログラムを入力する / mit dem *Computer* schreiben コンピュータで書く / Der *Computer* speichert Informationen. コンピュータは情報を蓄える.

Com·pu·ter⹁freak [コンピュータァ・ふリーク] 男 -s/-s コンピュータ・フリーク.

com·pu·ter⹁ge·steu·ert [コンピュータァ・ゲシュトイアァト] 形 コンピュータ制御の.

com·pu·ter⹁ge·stützt [コンピュータァ・ゲシュテュッツト] 形 コンピュータを用いた.

Com·pu·ter⹁gra·fik [コンピュータァ・グラーふィク] 囡 -/-en コンピュータグラフィック.

Com·pu·ter⹁gra·phik [コンピュータァ・グラーふィク] 囡 -/-en =Computergrafik

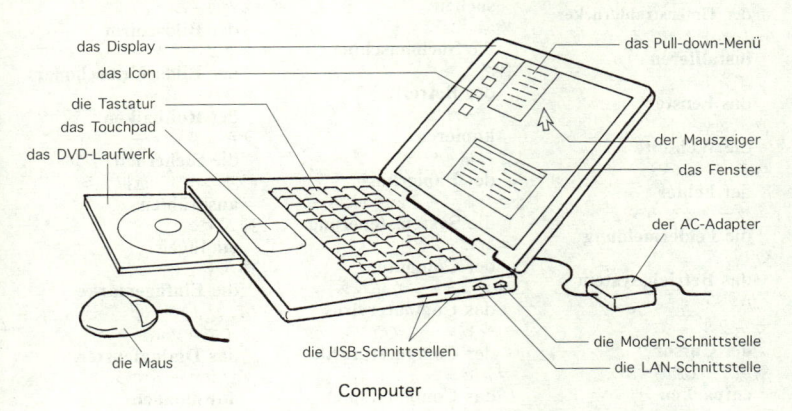

---

das Display — das Pull-down-Menü
das Icon
die Tastatur
das Touchpad
das DVD-Laufwerk
der Mauszeiger
das Fenster
der AC-Adapter
die Maus
die USB-Schnittstellen
die Modem-Schnittstelle
die LAN-Schnittstelle

Computer

com·pu·te·ri·sie·ren [コンピュテリズィーレン kɔmpjutərizíːrən] 他 (h) (データなど⁴を)コンピュータに記憶させる; コンピュータ化する.
Com·pu·ter⁵kri·mi·na·li·tät [コンピュータァ・クリミナリテート] 女 -/ コンピュータ犯罪.
Com·pu·ter⁵spiel [コンピュータァ・シュピーる] 中 -[e]s/-e コンピュータゲーム.
Com·pu·ter⁵spra·che [コンピュータァ・シュプラーヘ] 女 -/-n コンピュータ言語.
Com·pu·ter⁵vi·rus [コンピュータァ・ヴィールス] 男 -/..viren 〖ふつう 複〗 コンピュータウイルス.
Con·fé·ren·ci·er [コンフェランスィエー kõferãsié:] 〖フランス〗 男 -s/-s (寄席などの)司会者. (女性形: Conférencieuse).
Con·tai·ner [コンテーナァ konté:nər] [英] 男 -s/- コンテナ.
cool [クーる kúːl] [英] 形 《俗》① クールな, 冷静な, 落ち着いた. ② 安全な. ③ とてもすてきな, かっこいい.
Co·py⁵right [コッピ・ライト] [英] 中 -s/-s 著作権, 版権 (記号: ⓒ).
Cord [コルト kɔ́rt] 男 -[e]s/-e (または -s) (織) コールテン.
Cor·don bleu [コルドーン ブれー kɔrdɔ̃ː bløː] 〖フランス〗 中 - -/- -s (料理) コルドン・ブルー(チーズとハムをはさんだ子牛のカツレツ).
Cor·ned⁵beef, Cor·ned Beef [コーァネット・ビーふ] [英] 中 -/ コーンビーフ.
Corps [コーァ kóːr] (=Korps) 〖フランス〗 中 - [コーァ[ス]]/- [コーァス] ① (軍) 軍団. ② 学生組合.
cos [コーズィヌス] 《記号》《数》コサイン, 余弦 (=Kosinus).
cot [コータンゲンス] 《記号》《数》コタンジェント, 余接 (=Kotangens).
Cott·bus [コットブス kɔ́tbus] 中 《都市名》コトブス(ドイツ, ブランデンブルク州: ☞ 地図 G-3).
die **Couch** [カオチュ káutʃ] [英] 女 〖スイス: 男 も〗 (単) -/(複) -[e]s [カオチズ] (または -en) ソファー[ベッド], 寝いす. (☞ Sofa 図). sich⁴ **auf die**

コンピュータ用語100

あ
アイコン
　das **Icon**
アクセサリー
　das **Zubehör**
圧縮する
　packen
アップデートする
　updaten
暗証番号
　PIN
E メール
　die **E-Mail**
移動する
　verschieben
インクジェットプリンター
　der **Tintenstrahldrucker**
インストールする
　installieren
ウインドー
　das **Fenster**
ウェブサイト
　die **Webseite**
エラー
　der **Fehler**
エラーメッセージ
　die **Fehlermeldung**
OS
　das **Betriebssystem**

か
カーソル
　der **Cursor**
解凍する(展開する)
　entpacken
拡張カード
　die **Steckkarte**
画素
　der **Bildpunkt**
カットする
　aus|schneiden
キー　die **Taste**
キーボード
　die **Tastatur**
起動する
　starten
クリックする
　klicken
ケーブル
　das **Kabel**
検索する
　suchen
検索エンジン
　die **Suchmaschine**
件名
　der **Betreff**
コピーする
　kopieren
ごみ箱
　der **Papierkorb**
コントロールパネル
　die **Systemsteuerung**
コンピュータ
　der **Computer**
コンピュータウイルス
　das **Computervirus**
コンピュータグラフィック
　der **Computergrafik**
コンピュータゲーム
　das **Computerspiel**

さ
サーバー　der **Server**
再起動する
　neu starten
CD ライター
　der **CD-Brenner**
周辺機器
　die **Peripherie**
受信者
　der **Empfänger**
消去する
　löschen
初期化する
　formatieren
スキャナー
　der **Scanner**
スクリーン
　der **Bildschirm**
スクリーンセーバー
　der **Bildschirmschoner**
スクロールバー
　der **Rollbalken**
セキュリティー
　die **Sicherheit**
(文書の一部を)選択する
　aus|wählen
挿入する
　ein|fügen
挿入マーク
　die **Einfügemarke**

た
ダイアログボックス
　das **Dialogfenster**
ダウンロードする
　downloaden

Cou·leur [クレーァ kulǿ:r] [発] 因 -/-s ① 〖圏 なし〗(政治的・思想的)色合い, 傾向. ② (学生組合の)シンボルカラーの帽子と肩帯.

Count=down, Count-down [カオント・ダオン] [英] 囲 -[s]/-s カウントダウン, (ロケット発射前の)秒読み; 最後のチェック.

Coup [クー kú:] [発] 囲 -s/-s 大胆不敵な行為.

Coup d'E·tat [クー デター ku: detá:] [発] 囲 - -/-s - クーデター.

Cou·pé [クベー kupé:] [発] 田 -s/-s ① クーペ型の自動車. ② 2人乗りの箱型馬車. ③ 《古》《鉄道》(列車の)車室, コンパートメント.

Cou·plet [クプレー kuplé:] [発] 田 -s/-s クプレ(寄席などで歌う風刺的な歌).

Cou·pon [クポーン kupǿ:] [発] 囲 -s/-s ① クーポン, 回数券. ②《経》(債券などの)利札. ③ (切り売り用の)端切れ布.

Cour [クーァ kú:r] [発] 因〖成句的に〗囚³ die *Cour⁴* machen (または schneiden) 囚³(女性)の機嫌をとる, 愛を求める.

Cou·ra·ge [クラージェ kurá:ʒə] [発] 因 -/《口語》勇気, 大胆さ (=Mut);《方》体力. Er hat dabei viel *Courage* gezeigt. 彼はその際大いに勇気のあるところを見せた.

cou·ra·giert [クラジーァト kuraʒí:rt] 形 勇気のある, 勇敢な.

Cou·sin [クゼーン kuzḗ:] [発] 囲 -s/-s いとこ(従兄弟) (=Vetter).

Cou·si·ne [クズィーネ kuzí:nə] [発] 因 -/-n いとこ(従姉妹) (=Kusine).

Co·ver [カヴァァ kávər] [英] 囲 -s/- (雑誌の)表紙; (CDなどの)ジャケット.

Cow·boy [カオ・ボイ káʊ-bɔy] [英] 囲 -s/-s カウボーイ, 牛飼い. (女性形: Cowgirl).

CPU [ツェー・ペー・ウー] [英]《略》《三ケ》中央演算装置, CPU (=central processing unit).

ČR [チェー・エル]《略》〖国名〗チェコ共和国 (=Česká Republika).

Cr [ツェー・エル] 〖化・記号〗クロム (=Chrom).

Cra·cker [クレッカァ krǽkər] [英] 囲 -s/- クラッカー.

ダブルクリックする
doppelklicken

置換する
ersetzen

ディスプレー
das Display

データベース
die Datenbasis

転送する
weiter|leiten

添付ファイル
der Anhang

ドライバー
der Treiber

[ディスク]ドライブ
das Laufwerk

ドラッグする
ziehen

な

入力する
ein|geben

は

ハードディスク
die Festplatte

パスワード
das Password

発信者
der Absender

ハッカー
der Hacker

バッテリー
der Akku

表示
die Anzeige

[データ]ファイル
die Datei

フォルダー
der Ordner

フォント
der Schrifttyp

フッター
die Fußzeile

プリンター
der Drucker

プリントアウトする
aus|drucken

プルダウンメニュー
das Pull-down-Menü

プレビュー
die Druckvorschau

ブログ
das Weblog

プログラム
das Programm

文書ファイル
das Dokument

ペーストする
ein|fügen

ヘッダー
die Kopfzeile

編集する
bearbeiten

返信する
antworten

ポインター
der Mauszeiger

保存する
speichern

(名前を変更して)保存する
um|benennen

ま

マウス
die Maus

マウスパッド
das Mauspad

マルチメディア
die Multimedia

メーリングリスト
die Mailingliste

メールマガジン
der Rundbrief

メディア
die Datenträger

メモリー
der Speicher

モデム
das Modem

モニター
der Monitor

や

USBメモリー
der USB-Stick

ユーザー
der Benutzer

ユーティリティー
das Utility

容量
die Kapazität

ら

レーザープリンター
der Laserdrucker

ログインする
ein|loggen

Cra·nach [クラーナハ krá:nax] -s/ 《人名》クラーナハ(Lucas *Cranach* 1472-1553; ドイツ・ルネサンス期の画家・版画家).

Crash [クレッシュ kréʃ] [英] 男 -[e]s/-s ① (レーシングカーの)クラッシュ. ② 《経》相場の総崩れ. ③ 《コンピュ》(システムなどの)クラッシュ.

Cre·do [クレード kré:do] (=Kredo) 中 -s/-s ① 《カット》使徒信条; クレド(ラテン語 *Credo* で始まるミサの一部). ② 信仰告白; 信念表明.

die **Creme** [クレーム kré:m または kré:m] [ファ] 女(単) -/(複) -s (オリジ・スピ: -n [..メン]) ① (化粧品の)クリーム. Sonnen*creme* 日焼け止めクリーム / *Creme*⁴ auf die Haut auf|tragen 肌にクリームを塗る. ② 《料理》《生》クリーム; クレーム(甘口のリキュール酒). ③ 《複 なし》(ふつう皮肉って:)上流階級.

creme⸗far·ben [クレーム・ファルベン] 形 クリーム色の.

cre·scen·do [クレシェンド kreʃéndo] [イタ] 副 《音楽》クレッシェンド, しだいに強く.

Crew [クルー krú:] [英] 女 -/-s ① (船の)乗組員; (飛行機の)搭乗員; (ボートの)クルー. ② (海軍の)同期の士官候補生. ③ (特定の任務につく)作業団, チーム, グループ.

Crois·sant [クロアサーン kroasɑ̃] [フラ] 中 -[e]s/-s クロワッサン.

Crux [クルクス krúks] 女 -/ 苦悩, 悩み; 難点.

Cs [ツェー・エス] 《化・記号》 セシウム (=Cäsium, Zäsium).

ČSFR [チェー・エス・エフ・エル] 《略》《国名》[旧]チェコ・スロバキア連邦共和国(1993 年チェコとスロバキアに分離独立) (=Česká a Slovenská Federativní Republika).

CSU [ツェー・エス・ウー] 女 -/ 《略》キリスト教社会同盟(バイエルン州を基盤とするドイツの保守政党) (=Christlich-Soziale Union).

ct [ツェント] 《略》セント (=Cent¹, Cent²).

c. t. [ツェー テー] 《略》(大学の講義が:)定刻より 15 分遅れて (=cum tempore).

Cu [ツェー・ウー] 《化・記号》 銅 (=Cuprum, Kupfer).

Cup [カップ káp] [英] 男 -s/-s ① 《優勝》カップ, (優勝杯のかかった)選手権試合. Davis*cup* または Davis-*Cup* デビスカップ. ② (ブラジャーの)カップ.

Cu·rie I [キュリー kyrí:] 中 《物》キュリー(放射能の単位. 物理学者キュリー夫妻の名から; 記号: Ci). **II** [キュリ kyrí] -s/ 《人名》キュリー(夫 Pierre *Curie* 1859-1906; 妻 Marie *Curie* 1867-1934; 夫妻ともフランスの物理学者).

Cu·ri·um [クーリウム kú:rium] 中 -s/ 《化》キュリウム (記号: Cm).

Cur·ling [ケーアリング kə́:rlɪŋ] [英] 男 -s/ 《スポ》カーリング (⊛ *curling*).

Cur·ri·cu·lum [クリークるム kurí:kulum] 中 -s/..cula 《教》(学校の)カリキュラム.

Cur·ry [カリ kári または ケリ kǽri] 男 中 -s/-s ① 《複 なし》《料理》カレー粉. ② 《田》(インドの)カレー料理.

Cur·ry⸗reis [カリ・ライス] 男 -es/ ドライカレー. (⊙ 日本風のいわゆる「カレーライス」はふつう Reis mit Currysoße と言う).

Cur·ry⸗wurst [カリ・ヴルスト] 女 -/..würste カレーソーセージ(焼きソーセージにカレー粉とケチャップをかけたもの).

Cut·away [ケッテヴェ kǽtəve または カッ.. ká..] [英] 男 -s/-s カッタウェイ, モーニングコート.

Cut·ter [カッタァ kátər] [英] 男 -s/- (映画・放送の)フィルム編集者. (女性形: -in).

Cux·ha·ven [ククス・ハーふェン kuks-há:fən] 中 -s/ 《都市名》クックスハーフェン(ドイツ, ニーダーザクセン州. ハンブルクの外港. ⇨ 《地図》D-2).

CVJM [ツェー・ふァオ・ヨット・エム] 男 -s/ 《略》キリスト教青年会 (YMCA のドイツ語名) (=Christlicher Verein Junger Menschen).

D d

d¹, D¹ [デー dé:] 田 –/– デー(ドイツ語アルファベットの第4字).

d², D² [デー] 田 –/– 《音楽》ニ音. *D-Dur* ニ長調 / *d-Moll* ニ短調.

D. [ドクトァ]《略》《新教》神学博士 (= Doktor der evangelischen Theologie).

**da [ダー dá:]

| そこに | Wer ist *da*?
ヴェーァ イスト ダー
そこにいるのはだれ? |

I 副 ① 《話し手から少し離れた場所を指して》そこに、あそこに.《英》*there*). *da* drüben あの向こうに / *da* oben (unten) そこの上に(下に) / *da* und *da* しかじかの場所で / *da* und dort または hier und *da* あちこちに / *da* an der Ecke あそこの角で / von *da* そこから / *Da* kommt der Lehrer. あそこに先生がやって来ますよ / Wo liegt meine Brille?—[Sie liegt] *da*. 私の眼鏡はどこにありますか — そこにあります / Halt! Wer *da*? 止まれ! そこにいるのはだれだ. ◇《名詞・代名詞のあとで》das *da* あそこのそれ / Der Mann *da* ist mein Freund. あそこにいる男性は私の友人です.

② 《話し手のいる場所を指して》ここに (= hier). *Da* sind wir! さあ着いたぞ (←ここに私たちはいる).

③ 《*da sein* の形で》(人が)いる, (物が)ある. Ist er schon *da*? 彼はもう来ていますか / Ich bin gleich wieder *da*. 私はすぐに戻ってきます / Ist noch Bier *da*? ビールはまだありますか.

④ 《既出の場所を指して》そこで, そこに. Er wohnt in Bonn. *Da* studiert er Musik. 彼はボンに住んでいる. そこで彼は音楽を勉強している. ◇《関係副詞の wo を受けて》Der Mantel hängt *da*, wo er hingehört. コートならいつものところに掛かっていますよ.

⑤ 《注意を促して》そら, ほら. *Da*, ein Hase! ほら, うさぎがいる / *Da* nimm das Geld! ほら, このお金を取りなさい / *Da* haben wir's!《口語》それ, まずいことになったぞ / *Da* hast du's! a) そら, あげるよ, b) 《口語》ほら, 言ったとおりだろう.

⑥ 《時間的に》そのとき; 当時. von *da* ab (または an) そのときから / hier und *da* または *da* und dort ときおり / Ich sagte es ihm, aber *da* lachte er nur. 私がそう言っても彼は笑うだけだった. ◇《時を表す文を受けて》Als er in Bonn wohnte, *da* ging es ihm noch gut. ボンに住んでいたころはまだ彼は元気だった / Kaum war ich zu Hause, *da* klingelte es. 私が家に帰りつくやいなやベルが鳴った.

⑦ その場合には, それなら; その点では. *Da* kann man nichts machen. これじゃあもうどうしようもない / *Da* hast du Recht. その点では君は正しい / *Da* bin ich ganz Ihrer Meinung². その点ではぼくはあなたとまったく同意見だ.

⑧ 《関係副詞として; 動詞の人称変化形は文末》《古》…する[ところの・ときの]. (⇔ 現在ではふつう wo を用いる). die Stelle, *da* er begraben ist 彼が埋葬されている場所.

II 接 《従属接続詞; 動詞の人称変化形は文末》
① …だから, …なので. (英 *since*). *Da* heute Sonntag ist, ist das Geschäft zu. きょうは日曜日だから店は閉まっている.

> ⇨ **da** と **weil**: da は相手も知っている理由を付随的に述べるときに用いられるが, weil はおもに相手の知らない理由を論理的に述べるときに用いられる.

② 《雅》…したとき (= als). *Da* er noch reich war, hatte er viele Freunde. 彼はお金があったころは友だちも多かった.

da.. [(I では:) ダー.. dá:..; (II, III では:) ダ.. または ダー..] **I**《分離動詞の前つづり; つねにアクセントをもつ》《存在・そこに》例: *da*liegen 横たわっている. **II**《前置詞と結合して, 物・事を示す代名詞の代わりをする. (母音の前では dar..) が指示するものに重きをおくときは da のほうにアクセントをおく》例: *da*bei そのそばに. **III**《他の副詞と結合する》例: *da*her そこから.

d. Ä. [デァ エるテレ]《略》(人名のあとにつけて:) シニア, 年長者 (= der Ältere).

DAAD [デー・アー・アー・デー]《略》ドイツ学術交流会 (= Deutscher Akademischer Austauschdienst).

da|be·hal·ten* [ダー・ベハるテン dá:-bə-haltən] (過分 dabehalten) 他 (h) 手元に置いておく, 引き止める.

*da⋮bei [ダ・バイ da-bái; (指示的意味の強いときは:) ダー..] 副《前置詞と事物を表す代名詞との融合形》① そのそばに; その場に[居合わせて]. Er öffnete das Paket, ein Brief war nicht *dabei*. 彼は小包を開けたが, 手紙は入っていなかった / Er war auch *dabei*. 彼もその場に居合わせていた.

② その際に, 同時に. Er arbeitete und hörte *dabei* Radio. 彼はラジオを聞きながら仕事をしていた.

③ その上, おまけに; そのくせ, それにもかかわらず. Die Ware ist schlecht und *dabei* auch noch teuer. その商品は品質がよくないし, おまけにまた値段も高い.

④ それに関して, その点で. Was ist [denn schon] *dabei*? それがどうしたというのだ / Es ist

doch nichts *dabei*. それはたいしたことではない. ◊《**bleiben, helfen** などとともに》 Es bleibt *dabei*! それに決めた！/ Er bleibt *dabei*. 彼は自説を変えない / Sie half mir *dabei*. 彼女は私がそれをするのを手伝ってくれた.
⑤《*dabei* sein の形で》その場にいる(ある), 参加している. Er war **bei** der Sitzung *dabei*. 彼は会議に出席していた. ◊《**zu** 不定詞[句]とともに》…しようとしている. Er war gerade *dabei*, seinen Koffer zu packen. 彼はちょうどトランクに荷を詰めようとするところだった.

da·bei|blei·ben* [ダバイ・ブらイベン dabái-blàibən] 自 (s) そこに居続ける, それをし続ける.
da·bei|ha·ben* [ダバイ・ハーベン dabái-hà:bən] 他 (h) (口語) ① 携えている；連れている. ② 参加させる.
da·bei sein ☞ dabei
da·bei|sit·zen* [ダバイ・ズィッツェン dabái-zìtsən] 自 (h) (傍観して)その場に座っている.
da·bei|ste·hen* [ダバイ・シュテーエン dabái-ʃtè:ən] 自 (h) (傍観して)その場に立っている.
da|blei·ben* [ダー・ブらイベン dá:-blàirbən] 自 (s) そこにとどまっている(残っている).

da ca·po [ダ カーポ da ká:po] [略]《音楽》 ① ダ・カーポ, 初めから繰り返す (略: d. c.). ② アンコール(演奏会などのかけ声).

****das Dach** [ダッハ dáx] 中 (単2) -[e]s/(複) Dächer [デッヒャァ] (3格のみ Dächern) 屋根. (英 *roof*). Stroh*dach* わら[ふき]屋根 / ein steiles (flaches) *Dach* 急な(平たい)屋根 / das *Dach*⁴ mit Ziegeln decken かわらで屋根をふく / kein *Dach*⁴ über dem Kopf haben 《口語》住む家(泊まる所)がない / eins⁴ **aufs** *Dach* bekommen (または kriegen) 《口語・比》a) 一発なぐられる, b) しかられる / 人³ eins⁴ aufs *Dach* geben《口語・比》a) 人³を一発なぐる, b) 人³をしかる / 人³ aufs *Dach* steigen《口語・比》人³を非難する / **unter** einem *Dach* wohnen 人³と同じ屋根の下に住んでいる / unter *Dach* und Fach sein《比》a) 安全な状態である, b) 仕上がっている.

Satteldach　Walmdach　Mansardendach (Mansarde)

Zeltdach　Zwiebeldach (Zwiebel)　Kuppeldach (Kuppel)
Dach

Da·chau [ダッハオ dáxau] 中 -s/《都市名》ダッハウ(ドイツ, バイエルン州. ナチ時代に強制収容所があった: ☞ 地図 E-4).
Dach⸗bal·ken [ダッハ・バるケン] 男 -s/- 《建》屋根の梁(はり).

Dach⸗bo·den [ダッハ・ボーデン] 男 -s/..böden 《東中部ド・北ド》屋根裏[部屋].
Dach⸗de·cker [ダッハ・デッカァ] 男 -s/- 屋根ふき職人. (女性形: -in).
Dä·cher [デッヒャァ] ⁂Dach (屋根)の 複
Dach⸗fens·ter [ダッハ・フェンスタァ] 中 -s/- 屋根窓, 天窓.
Dach⸗first [ダッハ・フィルスト] 男 -[e]s/-e 屋根の棟.
Dach⸗gar·ten [ダッハ・ガルテン] 男 -s/..gärten ① 屋上庭園. ② 屋上テラス.
Dach⸗ge·schoss [ダッハ・ゲショス] 中 -es/-e 屋根裏部屋.
Dach⸗ge·sell·schaft [ダッハ・ゲぜるシャフト] 女 -/-en 《経》(コンツェルンなどの)親会社.
Dach⸗kam·mer [ダッハ・カンマァ] 女 -/-n 屋根裏部屋.
Dach⸗lu·ke [ダッハ・るーケ] 女 -/-n 天窓.
Dach⸗or·ga·ni·sa·ti·on [ダッハ・オルガニザツィオーン] 女 -/-en 上部機構(団体).
Dach⸗pap·pe [ダッハ・パッペ] 女 -/-n 《建》屋根ふき用の板紙, ルーフィングシート.
Dach⸗pfan·ne [ダッハ・プファンネ] 女 -/-n 《建》桟がわら, パンタイルがわら.
Dach⸗rin·ne [ダッハ・リンネ] 女 -/-n 《建》雨樋(とい), 軒樋.
Dachs [ダクス dáks] 男 -es/-e 《動》アナグマ. Er schläft wie ein *Dachs*. 彼はよく眠る(←穴熊のように).
Dachs⸗bau [ダクス・バオ] 男 -[e]s/-e 穴熊の棲(す)む地下の穴.
Dach⸗scha·den [ダッハ・シャーデン] 男 -s/..schäden ① 屋根の破損箇所. ② 《複なし》《俗》精神的な欠陥. einen *Dachschaden* haben 正気でない, いかれている.
Dachs⸗hund [ダクス・フント] 男 -[e]s/-e ダックスフント(短い曲がった足を持つ, 本来は穴熊狩りに用いられた猟犬).
Dach⸗spar·ren [ダッハ・シュパレン] 男 -s/- 《建》たるき(垂木).
Dach⸗stuhl [ダッハ・シュトゥーる] 男 -[e]s/..stühle 《建》屋根の骨組.
dach·te [ダハテ] ⁂denken (考える)の 過去
däch·te [デヒテ] ⁂denken (考える)の 接2
Dach⸗trau·fe [ダッハ・トラオふェ] 女 -/-n ① 軒先. ②《方》雨樋(とい), 軒樋 (=Dachrinne).
Dach⸗woh·nung [ダッハ・ヴォーヌング] 女 -/-en 屋根裏の住まい.
Dach⸗zie·gel [ダッハ・ツィーゲる] 男 -s/- 屋根がわら.
Da·ckel [ダッケる dákəl] 男 -s/- ① ダックスフント. ②《口語》(のんしって:)とんま, うすのろ.
Da·da·is·mus [ダダイスムス dadaísmus] 男 -/ ダダイズム(1910 年代後半に広がった, 伝統的形式の破壊を目標とした芸術・文芸思潮).
Da·da·ist [ダダイスト dadaíst] 男 -en/-en ダダイスト. (女性形: -in).
da·da·is·tisch [ダダイスティッシュ dadaístɪʃ]

形 ダダイズムの.

da・durch [ダ・ドゥルヒ da-dúrç; (指示的意味の強いときは:) ダー..] 副《前置詞 durch と事物を表す代名詞の融合形》① そこを通って. ② それによって, そのために. Er wurde schnell operiert und *dadurch* gerettet.《受動・過去》彼はすぐに手術を受け, それで助かった / Er bestand *dadurch* die Prüfung, dass er Tag und Nacht lernte. 彼は日夜勉強したので, 試験に合格した.

***da・für** [ダ・フューァ da-fý:r; (指示的意味の強いときは:) ダー..] 副《前置詞 für と事物を表す代名詞の融合形》① そのために. *Dafür* gebe ich gern etwas Geld. そのためなら私は喜んでお金を出そう.

② それに関して, それに対して. *Dafür* gibt es Beweise. それには証拠がある / *Dafür* hat er kein Verständnis. それに対して彼はまったく理解がない.

③ それに賛成して.《反》「それに反対して」は dagegen). Wir sind *dafür*. われわれはそれに賛成だ.

④ その代償として, その代わりに. Was gibst du mir *dafür*? その代わりに君はぼくに何をくれる? / Er arbeitet langsam, *dafür* aber gründlich. 彼は仕事は遅いが, その代わり綿密だ. ⑤ それにしては, その割りに. *Dafür*, dass er nie in Japan war, spricht er gut Japanisch! 彼は一度も日本に行ったことがないにしては, 日本語が上手だ. ⑥《口語》それ(病気など)に対して. Du hast Husten? *Dafür* weiß ich ein gutes Mittel. 君はせきが出るね, それによく効く薬をぼくは知っているよ.

► dafür|können

Da・für・hal・ten [ダフューァ・ハルテン] 中《成句的に》 nach meinem *Dafürhalten* 私の考えでは.

da・für|kön・nen*, **da・für kön・nen*** [ダフューァ・ケンネン dafý:r-kènan] 他 (h)《成句的に》etwas⁴ (nichts⁴) *dafürkönnen*《口語》責任がある(ない). Ich *kann* nichts *dafür*. 私はそのことについて責任がない.

dag [デカ・グラム] (略号)《記号》デカグラム (10 g) (=Dekagramm).

DAG [デー・アー・ゲー]《略》ドイツ職員労働組合 (=Deutsche Angestellten-Gewerkschaft).

da・ge・gen [ダ・ゲーゲン da-gé:gən; (指示的意味の強いときは:) ダー..] 副《前置詞 gegen と事物を表す代名詞の融合形》① それに向かって(ぶつかって・もたれて). Ein Felsbrocken lag im Weg, und er fuhr *dagegen*. 岩のかたまりが道に落ちていて, 彼の車はそれに衝突した.

② それに反対(対抗)して, それに対して.《反》「それに賛成して」は dafür). Ich bin *dagegen*. 私はそれに反対だ / Alle kämpften *dagegen* an. みんながそれに対して戦った / Wenn Sie nichts *dagegen* haben, ... それにご異存がなければ, ...

③ それと引き換えに; その代わり. Im Tausch *dagegen* bekam er eine CD. それと引き換えに彼は CD をもらった.

④ それに比べて. Schau mal, wie dick er ist! *Dagegen* bin ich ja noch schlank. ちょっと見ろよ, 彼の太りっぷりを! それに比べりゃぼくなんかまだスマートなもんだ.

⑤ [ダ・ゲーゲン]《接続詞的に》これに反して, 他方. Sie ist fleißig, er *dagegen* faul. 彼女は勤勉だが, 彼は怠け者だ.

da・ge・gen|hal・ten* [ダゲーゲン・ハルテン dagé:gən-hàltən] 他 (h) ① 《副⁴に》反論として述べる, 言い返す. ② (物⁴に)並べて比べる, 対比する.

Dag・mar [ダグマァ dágmar] -s/《女名》ダグマル.

da|ha・ben* [ダー・ハーベン dá:-hà:bən] 他 (h)《口語》《物⁴を》持ち合わせている.

da・heim [ダ・ハイム da-háim] 副《南ドィッ・オーストリア・スイス》わが家で, 自宅で (=zu Haus[e]); 故郷で. *Daheim* ist *daheim*! わが家にまさる場所はない / Wie geht's *daheim*?《口語》ご家族はお元気ですか / Sie ist in München *daheim*. 彼女の故郷はミュンヒェンだ / auf einem Gebiet *daheim* sein《比》ある分野に精通している.

► daheim|bleiben

Da・heim [ダ・ハイム] 中 -s/《南ドィッ・オーストリア・スイス》わが家; 故郷.

da・heim|blei・ben* [ダハイム・ブらイベン dahéim-blàibən] 自 (s) (外出しないで)家にいる.

***da・her** [ダ・ヘーァ da-hé:r; (指示的意味の強いときは:) ダー..] 副 ① そこから, その場所から. Fahren Sie nach Wien? — Von *daher* komme ich eben. あなたはウィーンに行くのですか — ちょうどそこから来たところです.

② [ダー・ヘーァ]《dass (weil) ... とともに》…がもとで, …の理由で. Sein Katarrh kommt *daher*, dass er ständig raucht. 彼のカタルは絶えずたばこを吸うせいだ. ③《接続詞的に》そのために, だから (=darum). Sie ist sehr fleißig, *daher* hat sie gute Noten. 彼女はとてもまじめだから成績がよい.

da・her|kom・men* [ダヘーァ・コンメン dahé:r-kòmən] 自 (s) (向こうから)近づいて来る.

da・her|re・den [ダヘーァ・レーデン dahé:r-rè:dən] 他 (h) (軽率に)ぺらぺらしゃべる.

da・hin [ダ・ヒン da-hín; (指示的意味の強いときは:) ダー..] 副 ① そこへ. der Weg *dahin* そこへ行く道 / Wir fahren oft *dahin*. 私たちはしばしばそこに行く / Ist es noch weit *dahin*? そこまではまだ遠いのですか / *Dahin* hat ihn der Alkohol gebracht.《比》彼がそこまで落ちぶれたのかアルコールのせいだ.

②《bis dahin の形で》その時まで, それまで. Bis *dahin* ist noch viel Zeit. それまでにはまだだいぶ時間がある.

③ (考え・事態などが)その方向へ, それに向かって. *Dahin* hat er sich geäußert. 彼はそういう趣旨で発言したのだ.

④ [ダ・ヒン]《成句的に》*dahin sein* 去った，終わった，だめになった．Meine Jugend ist *dahin*. 私の青春は終わった / Das Auto ist *dahin*. この車はもうだめだ．

da·hin|ei·len [ダヒン・アイレン dahín-àilən] 圓 (s) ① 急いで行く．② (時が)速く過ぎ去る．

da·hin·ge·gen [ダ・ヒンゲーゲン] 圓《雅》それに対して，それに反して．

da·hin|ge·hen* [ダヒン・ゲーエン dahín-gè:ən] 圓 (s)《雅》① 通り過ぎる．② (時が)過ぎ去る．③ (婉曲)(人が)死ぬ．

da·hin≠ge·stellt [ダヒン・ゲシュテルト] 厖 未決定の．Das ist (または bleibt) *dahingestellt*. それは未決定である．

da·hin|le·ben [ダヒン・れーベン dahín-lè:bən] 圓 (h) ぼんやりと日を過ごす，漫然と暮らす．

da·hin|schwin·den* [ダヒン・シュヴィンデン dahín-ʃvìndən] 圓 (s)《雅》① (蓄え・関心などが)なくなる．② (時が)過ぎ去る．

da·hin|ste·hen* [ダヒン・シュテーエン dahín-ʃtè:ən] 圓 (h) 未決定である，不確定である．

da·hin·ten [ダ・ヒンテン；(指示的意味の強いときは：) ダー..] 圓 その向こうに，その後ろに，その背後に．

da≠hin·ter [ダ・ヒンタァ da-híntər；(指示的意味の強いときは：) ダー..] 圓《前置詞 hinter と事物を表す代名詞の融合形》その後ろに，その背後に．ein Haus mit einem Garten *dahinter* 裏に庭のある家 / Sie stellte die Teller in den Schrank und *dahinter* die Gläser. 彼女は皿を戸棚に入れ，そしてその後ろにグラスを置いた / Es ist nichts *dahinter*.《比》それには別に深い意味はない．

da·hin·ter|kom·men* [ダヒンタァ・コンメン dahíntər-kɔ̀mən] 圓 (s)《口語》探り出す，かぎつける．Endlich *kam* sie *dahinter*, was er vorhatte. 彼女は彼がもくろんでいたことをようやく探り当てた．

da·hin·ter|ste·cken [ダヒンタァ・シュテッケン dahíntər-ʃtɛ̀kən] 圓 (h)《口語》(原因・理由などが)背後にある，背後に潜んでいる．

da·hin·ter|ste·hen* [ダヒンタァ・シュテーエン dahíntər-ʃtè:ən] 圓 (h) ① それを支持する．② 背後に潜んでいる，隠されている．

Dah·lie [ダーリエ dá:liə] 囡 -/-n《植》ダリア．

Daim·ler [ダイムらァ dáimlər] -s/《人名》ダイムラー (Gottlieb *Daimler* 1834–1900；ドイツの技術者で，ガソリンエンジンの発明者．自動車会社を設立．死後の 1926 年，合併によりダイムラー・ベンツ社が誕生．1998 年に米クライスラー社と合併後，これを分離，2007 年にダイムラー社となった)．

Da·ka·po [ダ・カーポ da-ká:po] 囲 -s/-s《音楽》ダ・カーポ，繰り返し；アンコール．(= da capo).

Dak·ty·lus [ダクテュるス dáktylus] 男 -/..tylen [..テューれン]《詩学》強弱弱(長短短)格．

da|las·sen* [ダ・らッセン dá:-làsən] 他 (h)《口語》置いておく，あとに残す．

da|lie·gen* [ダー・リーゲン dá:-lì:gən] 圓 (h) (目の前に)横たわっている；置かれている；(…の状態に)ある．

Dal·les [ダれス dáləs] 男 -/《口語》金欠病，金詰まり．den *Dalles* haben a) 金に困っている，b) 壊れている．

dal·li [ダり dáli] 圓《間投詞的に》《口語》急いで，早く．*Dalli, dalli!* 急げ，急げ！

Dal·ma·ti·ner [ダるマティーナァ dalmatí:nər] 男 -s/- ① ダルマチア人．(女性形: -in). ② ダルマチア犬．③ ダルマチア産のワイン．

da·ma·lig [ダー・マーりヒ] 厖《付加語としてのみ》そのころの，当時の．mein *damaliger* Lehrer 私の当時の先生．

*da≠mals [ダー・マーるス dá:-ma:ls] 圓 そのころ，当時．*Damals* war sie noch ledig. 当時彼女はまだ独身だった / seit *damals* 当時から．

Da·mas·kus [ダマスクス damáskus] 田 ①《都市名》ダマスカス(シリア・アラブ共和国の首都)．②《聖》使徒パウロの回心の地．sein *Damaskus*⁴ finden (または erleben)《比》回心する，生まれ変わる (使徒行伝 9 章)．

Da·mast [ダマスト damást] 男 -[e]s/-e (ダマスカス原産の)紋織物，ダマスク織り．

da·mas·ten [ダマステン damástən] 厖《付加語としてのみ》《雅》紋織りの，ダマスク織りの．

**die Da·me [ダーメ dá:mə]

ご婦人

Wie heißt denn die *Dame* dort?
ヴィー ハイスト デン ディ ダーメ ドルト
あちらのご婦人はなんという名前ですか．

囡 (単) -/(複) -n ① ご婦人，女性，レディー，淑女．(奥 *lady*).(⇔「紳士」は Herr). eine nette *Dame* 感じのいいご婦人 / eine ältere *Dame* 中年の女性 / die erste *Dame* des Staates ファーストレディー / die *Dame* des Hauses 主婦，女あるじ / eine *Dame* von Welt 世慣れた婦人 / Sie ist schon eine richtige *Dame*. 彼女はもうれっきとしたレディーだ / Die *Damen* zuerst! レディーファースト！ / Meine *Damen* und Herren! (スピーチの初めなどに:) 皆さん，紳士淑女の皆様．(☞ 圃語 Frau). ② (チェスなどの)クイーン．③ 《闥 なし》チェッカー．④ (チェッカーの)成りごま．

Da·men≠be·such [ダーメン・ベズーフ] 男 -[e]s/-e (男性の所への)女性の訪問[客]．

Da·men≠bin·de [ダーメン・ビンデ] 囡 -/-n 生理用ナプキン．

Da·men≠dop·pel [ダーメン・ドッぺる] 田 -s/-(テニスなどの)女子ダブルス．

Da·men≠ein·zel [ダーメン・アインツェる] 田 -s/-(テニスなどの)女子シングルス．

da·men·haft [ダーメンハフト] 厖 レディーらしい，淑女らしい；上品な(服装など)．

Da·men≠sa·lon [ダーメン・ザろーン] 男 -s/-s 美容院．

Da·men≠schnei·der [ダーメン・シュナイダァ] 男 -s/- (婦人服の)仕立屋. (女性形: -in).

Da·men=wahl [ダーメン・ヴァーる] 女 -/ (女性の方からの)ダンスのパートナー選び.

Da·men=welt [ダーメン・ヴェるト] 女 -/ (戯) (その場に居合わせた)ご婦人方.

Dam=hirsch [ダム・ヒルシュ] 男 -[e]s/-e (動) ダマジカ.

*da=mit [ダ・ミット da-mít; (指示的意味の強いときは:) ダー..] I [前置詞 mit と事物を表す代名詞の融合形] 副 ① それを持って. Sie nahm das Paket und ging *damit* zur Post. 彼女は小包を取り, それを持って郵便局に行った.
② それを用いて. Er nahm den Schlüssel und öffnete *damit* den Schrank. 彼は鍵(紛)を取って, それで戸棚を開けた.
③ それと同時に, そう言って. Er zitierte Kant und beendete *damit* seine Rede. 彼はカントを引用し, それで話を終えた.
④ それに関して, それについて. Was soll ich *damit* tun? それを私にどうしろというのか / Er ist *damit* einverstanden. 彼はそれに同意している.
⑤ それによって, その結果. Sie hat ihn zum Arzt gebracht und ihm *damit* das Leben gerettet. 彼女は彼を医者に運び込んだ, それで彼は助かった.
⑥《対象》それを. Her *damit*! (口語) それをこちらへよこせ / Heraus *damit*! (口語) そのことを言ってしまえ / Weg *damit*! (口語) そんなもの捨ててしまえ.
II [ダ・ミット] 接 [従属接続詞; 動詞の人称変化形は文末] …するために, …であるように. Ich muss mich beeilen, *damit* ich nicht zu spät komme. 私は遅刻しないように急がなければならない.

däm·lich [デームりヒ] 形 (口語) 愚かな; 要領の悪い.

der **Damm** [ダム dám] 男 (単2) -[e]s/(複) Dämme [デンメ] (3格のみ Dämmen) ① 堤防, ダム. (英 *dam*). einen *Damm* bauen ダムを築く / Der *Damm* ist gebrochen. (現在完了) 堤防が決壊した / einen *Damm* **gegen** die Willkür auf|bauen (比) 専横に抵抗する.
②（鉄道, 自動車道の）盛り土, 築堤; (北ドツ・中ドツ) 車道. wieder auf dem *Damm* sein (口語・比) 健康を取り戻している(元気になっている). ③ (医) 会陰(ネス)[部].

Damm=bruch [ダム・ブルフ] 男 -[e]s/..brüche 堤防の決壊.

Däm·me [デンメ] Damm (堤防)の複.

däm·men [デンメン dɛ́mən] 他 (h) ① (雅) (流れなど)を堤防でせき止める, (伝染病など⁴を)阻止する. eine Seuche⁴ *dämmen* 伝染病の流行を防ぐ. ② (工) (音・熱など⁴を)遮断する.

Däm·mer [デンマァ dɛ́mɐr] 男 -s/ (詩) 薄明, ほのかな光 (=Dämmerung).

däm·me·rig [デンメりヒ dɛ́mərɪç] =dämmrig

Däm·mer=licht [デンマァ・りヒト] 中 -[e]s/ 薄明かり, 薄暗がり, ほのかな光.

däm·mern [デンマァン dɛ́mɐrn] (dämmerte, *hat* ... gedämmert) 自 ((変了) haben) ① しだいに明るく(暗く)なる. Der Morgen *dämmert*. 夜明けになる / Der Abend *dämmert*. 日暮れになる. ◇[非人称の **es** を主語として] Es *dämmert*. a) 夜明けになる, b) 日暮れになる.
② (口語) (人³に)しだいにはっきりしてくる(わかってくる). Endlich *dämmerte* ihm die Wahrheit. やっと彼には真相がわかってきた. ◇[非人称の **es** を主語として] Jetzt *dämmert* es mir (または **bei mir**). だんだんわかってきたぞ. ③ 夢うつつである, うつらうつらしている. vor sich hin *dämmern* 意識がもうろうとしている.

Däm·mer=stun·de [デンマァ・シュトゥンデ] 女 -/-n (雅) 夕暮れ時, たそがれ時.

däm·mer·te [デンマァテ] dämmern (しだいに明るくなる)の過去

die **Däm·me·rung** [デンメルング dɛ́mərʊŋ] 女 (単) -/(複) -en ① 夜明け (=Morgen*dämmerung*); 夕暮れ (=Abend*dämmerung*). Die *Dämmerung* bricht an. a) 夜が明ける, b) 日が暮れる. ②《複なし》薄明, 薄暗がり.

Däm·mer=zu·stand [デンマァ・ツーシュタント] 男 -[e]s/ ① 夢うつつの状態. ②（医）もうろう状態.

dämm·rig [デムりヒ dɛ́mrɪç] 形 薄明るい, 薄暗い(夜明け・夕暮れなど); どんよりと曇った. Es wird *dämmrig*. 夜明け(夕暮れ)になる.

Däm·mung [デンムング] 女 -/-en (工) (音響・熱などの)遮断. Wärme*dämmung* 断熱.

Da·mo·kles=schwert [ダーモクレス・シュヴェーァト] 中 -[e]s/ (雅) ダモクレスの剣(幸福の中につねにひそんでいる危険).

Dä·mon [デーモン dɛ́ːmɔn] 男 -s/-en [デモーネン] ① 悪魔, 悪霊, デーモン. von einem *Dämon* besessen sein 悪魔に取りつかれている. ②（心の奥に宿る）超自然力, デーモン.

dä·mo·nen·haft [デモーネンハフト] 形 悪魔のような, デーモンのような.

Dä·mo·nie [デモニー demoníː] 女 -/-n [..ニーエン] (人間の運命を決定する)えたいの知れない力, 魔力, 超自然的な力; 魔力に取りつかれていること.

dä·mo·nisch [デモーニッシュ dɛmóːnɪʃ] 形 魔力(超自然的な力)のある; 悪魔(悪霊)に取りつかれた, 不気味な.

der **Dampf** [ダンプふ dámpf] 男 (単2) -es (まれに -s)/(複) Dämpfe [デンプふェ] (3格のみ Dämpfen) 蒸気, 水蒸気, 湯気; 霧, もや; (口語) 活気, 活力. (英 *steam*). eine Maschine⁴ mit *Dampf* betreiben 機械を蒸気で動かす / *Dampf*⁴ ab|lassen 怒り(不満)をぶちまける / [人]³ *Dampf*⁴ machen (口語・比) [人]³をせきたてる / *Dampf* hinter 事⁴ machen (または setzen)《口語・比》事⁴をせかす.

Dampf=bad [ダンプふ・バート] 中 -[e]s/..bäder

蒸し風呂.

Dampf≠druck [ダンプフ・ドルック] 男 -[e]s/..drücke 蒸気圧.

Dämp·fe [デンプフェ] Dampf(蒸気)の 複

damp·fen [ダンプフェン dámpfən] 自 (h,s) ① (h) 蒸気(湯気)を出す. Die Suppe *dampft*. スープが湯気をたてている. ② (s) (蒸気船が)走る;《口語》(蒸気船で)旅行する.

dämp·fen [デンプフェン démpfən] 他 (h) ① (音・光・感情など4を)和らげる, 弱める. Der Teppich *dämpft* den Schall. じゅうたんは音を和らげる / den Zorn *dämpfen* 怒りを静める. ② (じゃがいもなど4を)蒸す, ふかす. ③ (洋服などに)スチームアイロンをかける.
◇☞ **gedämpft**

Damp·fer [ダンプファァ dámpfər] 男 -s/- 汽船.《英 steamer》. Der *Dampfer* fährt ab. 汽船が出港する / **auf** dem falschen *Dampfer* sein (または sitzen)《口語・比》思い違いをしている(←間違った汽船に乗っている).

Dämp·fer [デンプファァ dámpfər] 男 -s/- ①《音楽》ミュート, 弱音器;(オートバイなどの)消音器, マフラー. 人・事³ einen *Dämpfer* auf|setzen 人・事³の気勢をそぐ / einen *Dämpfer* bekommen《口語》気勢をそがれる, たしなめられて落胆する. ②《方》(じゃがいもなどの)蒸し器. ③《工》緩衝器.

Dampf≠hei·zung [ダンプフ・ハイツング] 女 -/-en スチーム(蒸気)暖房.

damp·fig [ダンプフィヒ dámpfiç] 形 蒸気(霧)がたちこめた, 湯気のたつ.

Dampf≠kes·sel [ダンプフ・ケッセる] 男 -s/- [蒸気]ボイラー.

Dampf≠koch·topf [ダンプフ・コッホトプフ] 男 -[e]s/..töpfe 圧力鍋(な), 圧力釜(な).

Dampf≠lo·ko·mo·ti·ve [ダンプフ・ろコモティーヴェ] 女 -/-n 蒸気機関車.

Dampf≠ma·schi·ne [ダンプフ・マシーネ] 女 -/-n 蒸気機関.

Dampf≠schiff [ダンプフ・シふ] 甲 -[e]s/-e 蒸気船, 汽船.

Dampf≠tur·bi·ne [ダンプフ・トゥルビーネ] 女 -/-n 蒸気タービン.

Dampf≠wal·ze [ダンプフ・ヴァるツェ] 女 -/-n (道路工事用の)蒸気ローラー.

*****da≠nach** [ダ・ナーハ da:-ná:x; (指示的意味の強いときは:) ダー..] 副《前置詞 nach と事物を表す代名詞の融合形》① そのあとで;その後ろに. kurz *danach* その直後 / eine halbe Stunde *danach* その 30 分後に / Erst war ich beim Arzt. *Danach* habe ich eingekauft. 私はまず医者に行った. そのあと買い物をした.
② それを求めて, それに向かって. Alle streckten die Hände *danach* aus. みんながその方に手を伸ばした / Ich fragte ihn *danach*. 私はそのことについて彼に質問した.
③ それに従って, それによると;それ相応に. Ihr kennt die Regeln, nun richtet euch *danach*! 君たちは規則を知っているのだから, それ

に従いなさい / Der Käse war sehr billig, und er schmeckt auch *danach*. そのチーズはとても安かったが, 味も値段相応だ.

Da·na·er≠ge·schenk [ダーナァァ・ゲシェンク] 甲 -[e]s/-e 危険な贈り物, ありがたくないプレゼント(トロヤ落城を招いた木馬の話から).

Dä·ne [デーネ dέ:nə] 男 -n/-n デンマーク人.(女性形: Dänin).

da·ne·ben [ダ・ネーベン da-né:bən; (指示的意味の強いときは:) ダー..] 副《前置詞 neben と事物を表す代名詞の融合形》① そのそばに, その横に;そのそばへ.
② それに比べると. Hans ist sehr fleißig, *daneben* ist sein Bruder ziemlich faul. ハンスはとてもがんばり屋だ, それに比べると弟の方はずいぶん怠け者だ.
③ そのほかに, 同時に. Er studiert Jura, *daneben* arbeitet er als Kellner. 彼は大学で法律を勉強し, そのかたわらウエーター[のアルバイト]をしている.

da·ne·ben|be·neh·men* [ダネーベン・ベネーメン dané:bən-bənè:mən] 過分 danebenbenommen 再帰 (h) *sich*⁴ *danebenbenehmen*《口語》不作法なふるまいをする.

da·ne·ben|ge·hen* [ダネーベン・ゲーエン dané:bən-gè:ən] 自 (s) ① (弾丸などが)的をはずれる. ②《口語》失敗する. Der Versuch *ist danebengegangen*.《現在完了》その試みは失敗した.

da·ne·ben|lie·gen* [ダネーベン・リーゲン dané:bən-li:gən] 自 (h)《口語》思い違いをしている, 間違っている.

Dä·ne·mark [デーネ・マルク dέ:nə-mark] 甲 (単 2) -s/《国名》デンマーク[王国](首都はコペンハーゲン).

dang [ダング] dingen (金で雇う)の 過去

dän·ge [デンゲ] dingen (金で雇う)の 接2

da·nie·der|lie·gen* [ダニーダァ・リーゲン daní:dər-lì:gən] 自 (h)《雅》① (病気で)寝ている. ②《比》(商業・経済などが)不振である.

Da·ni·el [ダーニエる dá:nie:l または ..ニエる ..niεl] -s/ ①《聖》《人名》ダニエル(前 6 世紀初めのユダヤの預言者). ②《男名》ダーニエル.

Da·ni·e·la [ダニエーら danié:la] -s/《女名》ダニエーラ.

dä·nisch [デーニッシュ dέ:nɪʃ] 形 デンマーク[人・語]の.

dank [ダンク dáŋk] 前《2 格(または 3 格)とともに》…のおかげで, …のせいで. *dank* seiner Hilfe 彼の助力のおかげで.

***der* Dank** [ダンク dáŋk]

感謝	Vielen *Dank*! どうもありがとう.
	ふぃーれン ダンク

男 (単 2) -es (まれに -s)/ 感謝[の念], お礼.《英 thanks》. [Haben Sie] besten (または herzlichen) *Dank*! どうもありがとう / 人³ **für** 事⁴ *Dank*⁴ sagen 人³に事⁴の礼を言う / 人³

Dank[4] schulden 人[3]に恩を受けている / **Als** (または **Zum**) *Dank* für Ihre Mühe sende ich Ihnen ein Buch. お骨折りに対する感謝のしるしとして本をお送りします / Gott[3] sei *Dank*!《接1・現在》やれやれ, ありがたや, おかげさま.

***dank·bar** [ダンクバール] dánkba:r] 形 ① 感謝している, ありがたく思っている. (英 *grateful*). ein dankbarer Blick 感謝に満ちたまなざし / 人[3] **für** 囲[4] *dankbar* sein 人[3]に囲[4]のことで感謝している ⇒ Wir sind Ihnen für die Hilfe sehr *dankbar*. 私たちはあなたのご助力にとても感謝しています. ② やりがいのある, 報われる. eine *dankbare* Arbeit やりがいのある仕事. ③《口語》(布などが)持ちのよい, 丈夫な. ④《口語》(鉢植えの植物が)手入れの楽な.

Dank·bar·keit [ダンクバールカイト] 囡 -/ ① 感謝(の念). **aus** *Dankbarkeit* 感謝の念から / **in** (または **mit**) *Dankbarkeit* 感謝を込めて / 人[3] seine *Dankbarkeit*[4] zeigen 人[3]に感謝の意を表す. ②《口語》(布などの)丈夫さ. ③《口語》(鉢植えの植物などが)手のかからないこと.

Dank≠brief [ダンク・ブリーふ] 男 -[e]s/-e 礼状, 感謝の手紙.

‡**dan·ke!** [ダンケ dánkə]

> **ありがとう** *Danke* schön!
> ダンケ シェーン
> どうもありがとう.

間 ありがとう; (断りを表して:) 結構です. (英 *thank you*). *Danke* sehr (または vielmals)! どうもありがとう / Ja *danke*. はい, ありがとう / Wollen Sie mitfahren?—*Danke* [nein]! いっしょに乗って行きませんか — 結構です / Möchten Sie noch Bier?—**Nein** *danke*! ビールをもっといかがですか — いいえ, 結構です / Wie geht es Ihnen?—*Danke*, gut. お元気ですか — ありがとう, 元気です.

‡**dan·ken** [ダンケン dáŋkən]

> **感謝する** Ich *danke* Ihnen.
> イヒ ダンケ イーネン
> どうもありがとうございます.

(dankte, *hat*...gedankt) **I** 自 (完了 haben) ① (人[3]に)感謝する, 礼を言う. (英 *thank*). 人[3] herzlich (vielmals) *danken* 人[3]に心から(重ね重ね)お礼を言う / 人[3] **für** 囲[4] *danken* 人[3]に囲[4]のお礼を言う ⇒ Ich *danke* Ihnen für die Blumen. お花をどうもありがとうございます / **Nichts zu** *danken*! どういたしまして / Na, ich *danke* [schön]!《口語》まっぴら御免だ. ◇《現在分詞の形で》Wir nehmen Ihr Angebot *dankend* an. 私たちはあなたのお申し出をありがたくお受けします.

② あいさつを返す. Er grüßte sie, und sie *dankte* freundlich. 彼女は愛想よくこたえた.

II 他 (完了 haben) ① (人[3]の囲[4]に)報いる. Niemand *wird* dir deine Mühe *danken*. だれも君の骨折りに報いてくれないだろう. ②《雅》(人[3]に囲[4]を)負うている. Diesem Arzt *dankt* er sein Leben. 彼の命があるのはこの医者のおかげだ.

dan·kens≠wert [ダンケンス・ヴェーアト] 形 感謝すべき, 感謝に値する, ありがたい.

dan·kens·wer·ter·wei·se [ダンケンスヴェーアタァ・ヴァイゼ] 副 ありがたいことに.

Dan·kes·be·zei·gung [ダンケス・ベツァイグング] 囡 -/-en《ふつう複》感謝の表明.

Dan·ke≠schön [ダンケ・シェーン] 囲 -s/ ① ありがとう[の言葉]. ② (お礼のしるしの)プレゼント.

dank·sa·gen [ダンク・ザーゲン dáŋk-za:gən] (danksagte, *hat*...danksgesagt)《⇔ zu 不定詞は dankzusagen》自 (h) (雅) (人[3]に)礼を言う. (⇔ Dank sagen ともつづる) ☞ Dank

Dank≠sa·gung [ダンク・ザーグング] 囡 -/-en (特にお悔やみの)謝辞, 礼状.

Dank≠schrei·ben [ダンク・シュライベン] 囲 -s/- 礼状, 感謝状.

dank·te [ダンクテ] ‡danken (感謝する)の過去

‡‡**dann** [ダン dán]

> **それから**
> Geh erst rechts, *dann* links!
> ゲー エーアスト レヒツ ダン リンクス
> まず右へ, それから左に行きなさい.

副 ① **それから**, そのあと. (英 *then*). Erst regnete es, *dann* hagelte es. 初めは雨で, そのあとはあられになった / Was machen wir *dann*? それから何をしようか.

② **そのときに**. Bald habe ich Urlaub. *Dann* besuche ich euch. 間もなく休暇だ, そのときには君たちを訪ねよう.

③ **その上**, さらに. Und *dann* kommt noch die Mehrwertsteuer hinzu. さらにそれに付加価値税が加わる.

④《しばしば **wenn** で始まる条件文のあとで》それなら, その場合には. Wenn das Wetter schön ist, *dann* fahren wir doch weg. 天気がよければ出かけよう.

⑤《成句的に》*dann* und *dann* (決まった)これこれの時間に, いついつ / *dann* und wann ときおり / **Bis** *dann*!《口語》じゃあ, また.

Dan·te [ダンテ dántə] -s/《人名》ダンテ (*Dante* Alighieri 1265-1321; イタリアの詩人. 代表作『神曲』).

Dan·zig [ダンツィヒ dántsıç] 囲 -s/《都市名》ダンツィヒ (ポーランドのグダニスクのドイツ語名. 1945年までドイツ領: ☞ 地図 I-1).

dar.. ①《ダル.. dar..または ダール..》《母音で始まる前置詞と結合して副詞をつくる》例: *dar*auf その上に. 《ダール..》《分離動詞の前つづり; つねにアクセントをもつ》《提示・提出・譲渡》例:

dar|bieten さし出す.

dar·an [ダラン darán; (指示的意味の強いときは:) ダー..] 副 《前置詞 an と事物を表す代名詞の融合形》 ① そこに, そのそばに; そこへ, そのそばへ. Es klebt etwas *daran*. それには何かがくっついている / Sie suchten sich einen Tisch und setzten sich *daran*. 彼らはテーブルを探し, そこに座った.
② それに[続いて]. im Anschluss *daran* それに続いて / Er hielt einen Vortrag, und *daran* schloss sich eine längere Diskussion an. 彼は講演をした, それに続いてかなり長い討論が行われた.
③ それについて. Er ist nicht schuld *daran*, dass… …は彼のせいではない / Er denkt jetzt nicht mehr *daran*. 彼は今はもうそのことについては考えていない / Was liegt *daran*? それがどうしたというのだ / *Daran* liegt mir viel (nichts). それは私にとっては重大なことだ(何でもない).
④ 《原因》 それによって, そのために. Er hatte Krebs und *daran* gestorben. 彼は癌(がん)になり, それがもとで死んだ.
⑤ 〖成句的に〗 **nahe** (または **dicht**) *daran* sein, **zu** 不定詞[句] 今にも…しそうである. Er war nahe *daran* zu sterben. 彼は今にも死にそうだった. ⑥ 〖成句的に〗 gut *daran* tun, **zu** 不定詞[句] …するのがよい. Du tust gut *daran*, zu ihm zu gehen. 君は彼のところへ行ったほうがよい. ⑦ 〖俗〗 順番である (=dran ②).

dar·an|ge·hen* [ダラン・ゲーエン darán-gè:ən] 自 (s) とりかかる, 着手する.

dar·an|ma·chen [ダラン・マッヘン darán-màxən] 再帰 (h) *sich*⁴ daranmachen《口語》 とりかかる, 着手する.

dar·an|set·zen [ダラン・ゼッツェン darán-zètsən] I 他 (h) (ある目的のために)投入する. Er *setzte* alles *daran*, um sie zu retten. 彼女を救うために彼は全力を尽くした. II 再帰 (h)《口語》 *sich*⁴ daransetzen とりかかる, やり始める.

***dar·auf** [ダラオフ daráuf; (指示的意味の強いときは:) ダー..] 副 《前置詞 auf と事物を表す代名詞の融合形》 ① その上で; その上へ. In der Mitte stand der Tisch, *darauf* eine Vase. 中央にテーブルがあり, その上に花びんが置いてあった / Stell die Vase *darauf*! 花びんをその上に置きなさい.
② その後, それに続いて. den Tag *darauf* その翌日 / gleich *darauf* その直後に / Ein Jahr *darauf* zog er nach Berlin. その後 1 年たって彼はベルリンへ移った.
③ この件に, この(その)ことに. *Darauf* möchte ich noch einmal hinweisen. そのことを私はもう一度指摘したい / *Darauf* kommt es mir nicht an. それは私にとって問題ではない.
④ それを[目指して]. *darauf* dringen それを切望する / Endlich komme ich *darauf*. とうとう私はそれを思いついた.
⑤ それで, それから. Sie hatte sehr gute Zeugnisse und bekam *darauf* die Stellung. 彼女は非常に成績がよかったので職に就いた.

dar·auf·fol·gend [ダラオフ・ふォるゲント] 形 それに続く. am *darauffolgenden* Tag その翌日に.

dar·auf·hin [ダラオフ・ヒン; (指示的意味の強いときは:) ダー..] 副 ① それに基づいて; それゆえに, その結果; そのあとで. Es begann zu regnen, *daraufhin* gingen alle Zuschauer nach Hause. 雨が降り出した, それで観客はみんな家に帰った. ② その観点から, その点に関して. 他⁴ *daraufhin* prüfen 他⁴をその点について検査する.

***dar·aus** [ダラオス daráus; (指示的意味の強いときは:) ダー..] 副 《前置詞 aus と事物を表す代名詞の融合形》 ① 〖空間的に〗 その中から. Er nahm das Glas und trank *daraus*. 彼はコップを取り, [そこから]飲んだ.
② 《出所・根拠・材料》 そこから, そのことから. *Daraus* geht hervor, dass… そのことから…が明らかになる / *Daraus* hat er schon öfter zitiert. そこから彼はすでに何度か引用している / *Daraus* wird Öl gewonnen. 〖受動・現在〗 それからは油がとれます.
③ 《**werden**, **machen** とともに》 *daraus* werden (machen) それが…になる(それを…にする). Was ist *daraus* geworden? 〖現在完了〗 それはどうなったんですか / Mach dir nichts *daraus*! そんなこと気にするな.

dar·ben [ダルベン dárbən] 自 (h)《雅》 生活に苦しむ, 窮乏生活をする; 飢えに苦しむ.

dar|bie·ten* [ダール・ビーテン dá:r-bì:tən] I 他 (h)《雅》 ① 上演する, 演奏する; 朗読する. Es *wurden* Volkstänze *dargeboten*. 《受動・過去》 民俗舞踊が演じられた. ② (人³に他⁴を) 提供する, さし出す. 人³ die Hand⁴ *darbieten* 人³に手をさし出す. II 再帰 (h) *sich*⁴ *darbieten*《雅》 現れる, 生じる; 見えてくる. Eine herrliche Aussicht *bot* sich uns *dar*. すばらしい展望が開けてきた.

Dar·bie·tung [ダール・ビートゥング] 女 -/-en ① 《複なし》《雅》 上演, 演奏; 朗読. ② 出し物, 演目.

dar|brin·gen* [ダール・ブリンゲン dá:r-brìŋən] 他 (h)《雅》 ささげる; 贈る. den Göttern³ Opfer⁴ *darbringen* 神々にいけにえをささげる.

die **Dar·da·nel·len** [ダルダネルン dardanélən] 複 《定冠詞とともに》《海名》 ダーダネルス海峡 (トルコ北西部, エーゲ海とマルマラ海を結ぶ).

dar≠ein [ダライン; (指示的意味の強いときは:) ダー..] 副《雅》 その中へ.

dar·ein·fin·den* [ダライン・ふィンデン daráin-fìndən] 再帰 (h) *sich*⁴ *dareinfinden*《雅》 (…することに)甘んずる, 慣れる.

***darf** [ダルふ dárf] 動詞 〖話法の助動詞 *dürfen (…してもよい) の 1 人称単数・3 人称単数 現在〗 *Darf* ich etwas fragen? ちょっとお尋ねしてもいいですか / *Darf* man hier parken? ここに駐車してもいいですか.

darfst [ダルフスト dárfst] 助動 『話法の助動詞 dürfen (…してもよい) の2人称親称単数 直説』 Du *darfst* heute ins Kino gehen. 君はきょう映画を見に行ってもいいよ.

dar・ge・legt [ダール・ゲレークト] dar|legen (詳しく説明する)の 過分

dar・ge・stellt [ダール・ゲシュテルト] dar|stellen (表す)の 過分

*__dar・in__ [ダリン darín; (指示的意味の強いときは:) ダー...] 副 『前置詞 in と事物を表す代名詞の融合形』 ① その中で, その中に. Wir mieteten einen Bungalow. *Darin* verbrachten wir die Ferien. 私たちはバンガローを借りた. そこで私たちは休暇を過ごした.
② その点で. *Darin* liegt ein Widerspruch. その点に矛盾がある / Der Unterschied besteht *darin*, dass… その違いは…にある.

dar・in・nen [ダリンネン darínən] 副 《雅》 その中に.

dar|le・gen [ダール・れーゲン dá:r-lè:gən] (legte…dar, *hat*…dargelegt) 他 (完了 haben) ([人³に] 事⁴を)詳しく説明する, 詳しく述べる. 《英 explain》. Er *legte* seinen Plan *dar*. 彼は自分の計画を詳しく説明した.

Dar・le・gung [ダール・れーグング] 女 –/–en ① 説明, 詳述. ② 説明[の内容].

Dar・le・hen [ダール・れーエン dá:r-le:ən] 中 –s/– 貸付[金], ローン. ein *Darlehen*⁴ auf[-]nehmen ローンの貸し付けを受ける.

Dar・le・hens⸗kas・se [ダールれーエンス・カッセ] 女 –/–n 金融公庫.

Dar・lehn [ダール・れーン dá:r-le:n] 中 –s/– 貸付[金], ローン (=Darlehen).

der **Darm** [ダルム dárm] 男 (単2) –[e]s/(複) Därme [デルメ] (3格のみ Därmen) ① 腸. 《英 bowel》. Dick*darm* 大腸 / den *Darm* entleeren 排便する. ② (ソーセージの皮・楽器の弦などに使われる)腸.

Darm⸗bak・te・ri・en [ダルム・バクテーリエン] 複 腸内細菌.

Där・me [デルメ] Darm (腸)の 複

Darm⸗ent・lee・rung [ダルム・エントれールング] 女 –/–en 排便.

Darm⸗ge・schwür [ダルム・ゲシュヴューァ] 中 –[e]s/–e 腸潰瘍(かいよう).

Darm⸗krebs [ダルム・クレープス] 男 –es/ 《医》 腸癌(がん).

Darm⸗sai・te [ダルム・ザイテ] 女 –/–n ガット弦, 腸弦(小羊の腸で作った弦).

Darm・stadt [ダルム・シュタット dárm-ʃtat] 中 –s/ 《都市名》 ダルムシュタット(ドイツ, ヘッセン州: ☞ 地図 D-4).

Darm⸗ver・schlin・gung [ダルム・フェァシュリングング] 女 –/–en 《医》 腸捻転(ねんてん).

Darm⸗ver・schluss [ダルム・フェァシュルス] 男 –es/..schlüsse 《医》 腸閉塞(へいそく)[症].

Darm⸗wand [ダルム・ヴァント] 女 –/..wände 《医》 腸壁.

Dar・re [ダレ dárə] 女 –/–n (穀物・果物などの) 乾燥器, 乾燥室; 乾燥.

dar・rei・chen [ダール・ライヒェン dá:r-ràiçən] 他 (h) 《雅》 ([人³に] 物⁴を)さし出す; 贈る.

dar・ren [ダレン dárən] 他 (h) (穀物・果物など⁴ を窯で)乾燥させる.

dar|stel・len [ダール・シュテれン dá:r-ʃtɛlən] (stellte…dar, *hat*…dargestellt) I 他 (完了 haben) ① (絵などで)表す, (絵などが)表している, 表現している. Das Gemälde *stellt* den Künstler selbst in jungen Jahren *dar*. この絵は若いころの画家自身を表している.
② (ある役⁴を)演じる. 《英 act》. [den] Faust *darstellen* ファウストの役を演じる. ◆『現在分詞の形で』 die *darstellende* Kunst 演技芸術 (演劇・舞踊など).
③ 描写する, 叙述する. 事⁴ genau *darstellen* 事⁴を正確に描写する. ④ (事⁴を)意味する, (事⁴を)である. Diese Erfindung *stellt* einen großen Fortschritt *dar*. この発明は大進歩である. ⑤ 《化》生成する.
II 再帰 (完了 haben) *sich*⁴ *darstellen* ① (…の)様相を見せる; (…のような)印象を与える. Das Problem *stellt sich* [als] sehr schwierig *dar*. その問題はとても困難であると思われる. ② 目だとうとする. ③ 《雅》 (人・物³の前に)自分をさらす.

Dar・stel・ler [ダール・シュテらァ dá:r-ʃtɛlɐr] 男 –s/– 俳優, 演技者, 役者, オペラ歌手. (女性形: –in). der *Darsteller* des Hamlet ハムレットの役者.

dar・stel・le・risch [ダール・シュテれリッシュ dá:r-ʃtɛləriʃ] 形 演技上の, 俳優としての.

die **Dar・stel・lung** [ダール・シュテるング dá:r-ʃtɛluŋ] 女 (単) –/(複) –en ① (絵や図による)表現, 描写. eine grafische *Darstellung* 図示 / **zur** *Darstellung* **kommen** 描き出される. ② (舞台での)演技. ③ (言葉による)描写, 叙述. eine realistische *Darstellung* des Krieges 戦争のリアルな描写.

dar|tun* [ダール・トゥーン dá:r-tù:n] 他 (h) 《雅》 (事⁴を)説明する, 明らかにする; 示す.

dar・über [ダリューバァ darý:bɐr; (指示的意味の強いときは:) ダー...] 副 『前置詞 über と事物を表す代名詞の融合形』 ① その上で; その上へ, それを越えて. An der Wand stand ein Sofa, *darüber* hing ein Spiegel. 壁ぎわにソファーがあり, その上には鏡が掛けてあった.
② それに勝る. Es geht mir nichts *darüber*. 私にとってそれに勝るものはない.
③ それ以上, もっと. 10 Euro oder *darüber* 10ユーロかそれ以上 / Es ist schon 5 Minuten *darüber*. もう5分遅れている / *darüber* **hinaus** その上, さらに.
④ それについて. *Darüber* möchte ich nicht sprechen. それについては私は話したくない / Ich freue mich sehr *darüber*, dass… 私は…ということをたいへん喜んでいる. ⑤ そうしているうちに, その間に. Sie hat gelesen und ist *darüber* eingeschlafen. 彼女は本を読んでい

て，その間に眠ってしまった. ⑥ それが原因で，そのために. Er war so in die Lektüre vertieft, dass er *darüber* das Essen vergaß. 彼は読書にたいそう熱中していたので，食事するのを忘れてしまった.

dar·über|fah·ren* [ダリューバァ・ファーレン darýːbər-fàːrən] 圓 (h, s) さっとふく，なでる.

dar·über|ma·chen [ダリューバァ・マッヘン darýːbər-màxən] 再圏 (h) sich⁴ *darüber machen*《口語》(仕事などに)取りかかる.

dar·über|ste·hen* [ダリューバァ・シュテーエン darýːbər-ʃtèːən] 圓 (h) 超然としている.

dar·um [ダルム darúm; (指示的意味の強いときは:) ダー..] 圓『前置詞 um と事物を表す代名詞の融合形』① その周りに;《比》それを避けて. ein Haus mit einem Garten *darum* 庭に囲まれた家 / Man wird kaum *darum* herum|kommen. それはほとんど避けて通れないだろう.
② それを求めて，それについて. Ich bitte dich *darum*. 私は君にそれを頼むよ / Es geht *darum*, dass … …ということが問題だ.
③ [ダールム]『接続詞的に』だから，それゆえに. Mein Zug hatte Verspätung, *darum* komme ich erst jetzt. 私の列車は遅れました，だからやっと今参りました / Er hat gute Arbeit geleistet, aber *darum* ist er noch kein Meister. 彼はいい仕事をした，しかしだからといってまだ名人ではない / Warum tust du das? — *Darum*! どうしてそんなことするの — どうしても (⚠ 子供などが反抗的に答える場合).

dar·un·ter [ダルンタァ darúntər; (指示的意味の強いときは:) ダー..] 圓『前置詞 unter と事物を表す代名詞の融合形』① その下に; その下へ. Sie wohnen im dritten Stock, wir direkt *darunter*. 彼らが4階に住んでいて，私たちはその真下です / Wir stellen den Tisch in die Mitte und legen *darunter* einen Teppich. 私たちはテーブルを真ん中に置き，その下にじゅうたんを敷きます.
② それ以下で，もっと少なく. So etwas kostet etwa 50 Euro und *darunter*. そのようなものは50ユーロかそれ以下である / *Darunter* tut er es nicht. それ以下では彼は納得しない. ③ それらの中(間)に[混じって]. eine große Menschenmenge, *darunter* viele Kinder 大勢の人たち，その中に多くの子供たち[がいる]. ④ そのことについて，そのことで. *Darunter* kann ich mir nichts vorstellen. そのことについて私は何も思い浮かべることができない.

dar·un·ter|fal·len* [ダルンタァ・ファレン darúntər-fàlən] 圓 (s) それに含まれる，その一部である.

dar·un·ter|lie·gen* [ダルンタァ・リーゲン darúntər-liːgən] 圓 (h) それ以下である，それより劣っている.

Dar·win [ダルヴィーン dárviːn] -s/《人名》ダーウィン (Charles Robert *Darwin* 1809–1882; イギリスの生物学者で進化論の確立者).

Dar·wi·nis·mus [ダルヴィニスムス darvinísmus] 男 -/ ダーウィンの進化論.

:das [(I, II B では:) ダス das] [(II A では:) ダス dás]

その，この，あの
Das Motorrad gehört mir.
ダス　モートァラート　ゲヘーァト　ミァ
このオートバイはぼくのです.

I 冠『定冠詞; 中性単数の1格・4格; ⇒ der I』(前置詞と融合して ans (←an das), ins (←in das), fürs (←für das) となることがある). その. *das* Haus その家 / *das* Kind その子供 / *das* heutige Deutschland 今日のドイツ.
II 代 **A**)『指示代名詞; 中性単数の1格・4格; アクセントをもつ; ⇒ der II A』

それ，これ，あれ
Das weiß ich nicht.
ダス　ヴァイス　イヒ　ニヒト
それは私は知りません.

① 『動詞 sein とともに; 人やものを紹介して』それは，これは，あれは; これ(それ)らは. *Das* ist mein Buch. これは私の本です / *Das* sind meine Bücher. これらは私の本です / *Das* bin ich. それは私です.
⚠ この場合の das は性・数に関係なく用いられる. また，sein の人称変化は述語名詞・代名詞に従う.
② 『そのやことを指して』それ，そのこと. Hast du *das* gehört? 君はもうそのことを聞いたかい / *das* und *das* これこれ[のもの] / *das* **heißt** [それは]つまり，すなわち (略: d. h.).
◇『既出の中性名詞を受けて』mein Fahrrad und *das* meiner Schwester² ぼくの自転車と妹のそれ(自転車).
◇『関係代名詞 was を受けて』*Das*, was du sagst, stimmt gar nicht. 君の言うことはまったく事実とは異なる.
③ 『非人称の es の代わりに』*Das* regnet schon seit Tagen.《口語》もう数日雨が降り続いている.
B) 代 『関係代名詞; 中性単数の1格・4格; ⇒ der II B』Das Buch, *das* auf dem Tisch liegt, gehört mir. 机の上にある本は私のものです.

da sein* ⇒ da ③

Da·sein [ダー・ザイン dáː-zain] 匣 -s/ ① 存在; 生存，生活;《哲》現存在.《表 existence》. das *Dasein* Gottes 神の存在 / der Kampf ums *Dasein* 生存競争 / ein elendes *Dasein*⁴ führen 惨めな生活を送る. ② 居合わせること. Sein bloßes *Dasein* beruhigte sie. 彼がいるだけで彼女は落ち着いた.

Da·seins≠be·rech·ti·gung [ダーザインス・ベレヒティグング] 囡 -/ 生存権; 存在理由.

Da·seins≠form [ダーザインス・フォルム] 囡 -/-en 存在形態，生き方.

Da·seins≠kampf [ダーザインス・カンプふ] 男

Datenverarbeitung

-[e]s/..kämpfe 生存競争.

da|sit·zen* [ダー・ズィッツェン dáː-zìtsən] 自 (h) (じっと)座っている.

das≠je·ni·ge [ダス・イェーニゲ] 代 〖指示代名詞; 中性単数の1格・4格〗 ☞ derjenig*e*

***dass** [ダス dás]

> …ということ
> Ich weiß, *dass* er krank ist.
> イヒ ヴァイス ダス エァ クランク イスト
> 彼が病気だということは知っています.

接 〖従属接続詞; 動詞の人称変化形は文末〗 ① …ということ. (英 that). ◇〖主語文を導いて; 形式主語 **es** が先行することが多い〗 *Dass* du mir geschrieben hast, freut mich sehr. 君が手紙をくれたのはとてもうれしい / Es tut mir leid, *dass* ich zu spät gekommen bin. 遅刻してすみません.
◇〖目的語文を導いて〗 Er weiß, *dass* es wahr ist. 彼はそれが本当だということを知っている.
◇〖述語文を導いて〗 Die Hauptsache ist, *dass* du glücklich bist. 肝心なことは君が幸せであることだ.
◇〖**da[r]**＋前置詞と呼応して〗 Ich bleibe dabei, *dass* er unschuldig ist. 私は彼が無罪だという考えを変えるつもりはない / Denken Sie bitte daran, *dass*… …ということを忘れないでください.
② 〖先行する名詞の内容を表して〗 …という. Die Tatsache, *dass* er hier war, zeigt sein Interesse. 彼がここに来たという事実が彼の関心を示している / im Falle, *dass*… …という場合には.
③ 〖結果〗その結果…, そのため… Der Chor sang, *dass* es im Saal widerhallte. 合唱隊が歌い, [その結果]ホールが鳴り響いた. ◇〖**so** とともに〗 Das Buch war *so* interessant, *dass* es jeder lesen wollte. その本はとても面白かったので, だれもが読みたがった / Sie war sehr krank, *so dass* sie nicht kommen konnte. 彼女は病気が重かったので, 来ることができなかった.
④ 〖目的〗 …するために, …するように (＝damit). Gehe rechtzeitig aus dem Haus, *dass* du nicht zu spät kommst! 遅刻しないように早目に出かけなさい!
⑤ 〖特定の語句とともに〗 **zu ～, als *dass*** … あまりにも～なので…できない. Das Projekt ist zu kostspielig, *als dass* es verwirklicht werden könnte. そのプロジェクトはあまりにも費用がかかるので実現不可能だ.
〖**an**]**statt *dass*** … …するかわりに. Anstatt *dass* er selbst kam, schickte er seinen Vertreter. 彼は自分で来ないで代理をよこした.
außer (または **nur**) ***dass*** … …ということを除いては. Man erfuhr nichts, außer *dass* sie abgereist war. 人々は彼女が旅に出たこと以外は何も耳にしなかった.
kaum *dass* … …するやいなや. Kaum *dass* er da war, begann er schon einen Streit. 彼は来るやいなやけんかを始めた.
ohne *dass* … …することなしに. Er verließ den Raum, ohne *dass* es jemand bemerkte. だれも気づくことなく, 彼は部屋をあとにした.
auf *dass* … 〖古〗…せんがために, …すべく.
⑥ 〖*dass* 文のみで独立して; **doch** をともなうことが多い〗《願望・のろいなど》*Dass* es doch wahr wäre!〖接2・現在〗それが本当ならなあ! / *Dass* ihn doch der Teufel hole!〖接1・現在〗あいつなんかくたばってしまえ(←悪魔にさらわれるがよい) / Nicht, *dass* ich wüsste!〖接2・現在〗さあ, 知らないわけではない(←私が知っているわけではない).

▶ **so≠dass**

daß [ダス]

| 〘古〙dass の古い形. 新正書法では短母音の後ろの ß を ss と書くように改められた.

das≠sel·be [ダス・ぜるベ das-zélbə] 代 〖指示代名詞; 中性単数の1格・4格; ☞ derselbe〗① 〖付加語として〗同じ, 同一の;《口語》同様の. Er trägt *dasselbe* Hemd wie gestern. 彼はきのうと同じシャツを着ている / *dasselbe* Auto 同じ[型]の車. ② 〖名詞的に〗同じもの[こと]. Er sagt immer *dasselbe*. 彼はいつも同じことばかり言っている.

da|ste·hen* [ダー・シュテーエン dáː-ʃtèːən] 自 (h) ① (じっと)立っている. müßig *dastehen* ぼんやりつっ立っている. ② (…の)状態である. allein *dastehen* ひとりぼっちである / Das Geschäft *steht* gut *da*. 商売は順調だ.

Dat. [ダーティーふ] (略)〖言〗3格, 与格 (＝**Dativ**).

die **Da·tei** [ダタイ datái] 女 (単) -/(複) -en 〖コンピュ〗データファイル; データ集積庫. eine *Datei*[4] öffnen データファイルを開く.

die **Da·ten** [ダーテン] I Datum (日付)の複 II 〖複〗データ, 資料. *Daten*[4] speichern データを保存する.

Da·ten≠au·to·bahn [ダーテン・アオトバーン] 女 -/ 〖コンピュ〗情報ハイウェー(光ファイバーによる高速デジタル情報通信ネットワーク).

Da·ten≠bank [ダーテン・バンク] 女 -/-en 〖コンピュ〗データバンク.

Da·ten≠ba·sis [ダーテン・バーズィス] 女 -/..basen 〖コンピュ〗データベース.

Da·ten≠er·fas·sung [ダーテン・エァふアッスング] 女 -/ 〖コンピュ〗データ収集.

Da·ten≠lei·tung [ダーテン・らイトゥング] 女 -/-en 〖コンピュ〗データ回線.

Da·ten≠netz [ダーテン・ネッツ] 中 -es/-e 〖コンピュ〗データ網(ネットワーク).

Da·ten≠schutz [ダーテン・シュッツ] 男 -es/ 〖法〗データ保護(情報資料の不当利用防止[策]).

Da·ten≠trä·ger [ダーテン・トレーガァ] 男 -s/- 〖コンピュ〗データ記憶媒体(ハードディスク・DVDなど).

Da·ten≠über·tra·gung [ダーテン・ユーバァトラーグング] 女 -/-en 〖コンピュ〗データ伝送(通信).

Da·ten≠ver·ar·bei·tung [ダーテン・フェアアルバイトゥング] 女 -/ 〖コンピュ〗情報処理.

Da·ten·ver·ar·bei·tungs⸗an·la·ge [ダーテンフェアアルバイトゥングス・アンラーゲ] 囡 -/-n 《ニシ》 情報処理装置.

da·tie·ren [ダティーレン datíːrən] I 他 (h) ① 《文書など⁴に》日付を書く(入れる). einen Brief datieren 手紙に日付を書く / Der Brief ist vom 14. (=vierzehnten) September datiert. 《状態受動・現在》その手紙は9月14日付けである. ② 《古文書など⁴の》年代を決定する. II 圁 (h) ① 《seit 囲³ ~》《囲³の時点から》続いている. ② 《aus (または von) 囲³ ~》《囲³の)由来する, (囲³の)日付になっている. Der Schrank *datiert* aus dem Mittelalter. この戸棚は中世のものだ.

Da·tie·rung [ダティールング] 囡 -/-en ① 日付[の記入]. ② (物が作られた)年代[の推定].

Da·tiv [ダーティーフ daːtiːf] 男 -s/-e [..ヴェ] 《言》3格, 与格 (略: Dat.).

da·to [ダート― dáːto] [ﾗﾃﾝ] 副 《古》《商》本日 (=heute). bis *dato* 本日まで.

Dat·sche [ダッチェ dátʃə] 囡 -/-n (旧東ドイツで) 週末用の別荘.

Dat·tel [ダッテる dátəl] 囡 -/-n 《植》ナツメヤシ[の実].

Dat·tel⸗pal·me [ダッテる・パるメ] 囡 -/-n 《植》ナツメヤシ[の木].

das **Da·tum** [ダートゥム dáːtum] 田 (単2) -s/(複) Daten ① 日付, 年月日. (愛 date). Geburts*datum* 生年月日 / Der Brief trägt das *Datum* des 8. (=achten) Juni. この手紙は6月8日付だ / unter dem heutigen *Datum* きょうの日付で / Welches *Datum* haben wir heute? きょうは何日ですか / Die Nachricht ist neuesten *Datums*. そのニュースは最新のものだ. ② 《圏で》 データ, 資料. statistische *Daten* 統計資料.

Da·tums⸗gren·ze [ダートゥムス・グレンツェ] 囡 -/ 日付変更線.

Da·tums⸗stem·pel [ダートゥムス・シュテンペる] 男 -s/- 日付印; (郵)消印.

die **Dau·er** [ダオアァ dáuər] 囡 (単) -/(複) -n ① 期間, 時間の長さ. Gültigkeits*dauer* 有効期間 / die *Dauer* seines Aufenthalts 彼の滞在期間. ② 《圏なし》継続, 持続. auf [die] *Dauer* 長い間には, ついには / Das ist nicht von *Dauer*. それは長続きしない.

Dau·er⸗auf·trag [ダオアァ・アオふトゥラーク] 男 -(e)s/..träge 《経》 (口座からの)自動引き落とし[契約].

Dau·er⸗bren·ner [ダオアァ・ブレンナァ] 男 -s/- ① 長時間燃焼ストーブ. ② 《口語》ロングランの映画(芝居);人気の衰えないヒットソング. ③ 《口語・戯》長く激しいキス.

Dau·er⸗gast [ダオアァ・ガスト] 男 -(e)s/..gäste (飲み屋などの)常連[客];長期宿泊(滞在)客.

dau·er·haft [ダオアァハふト] 圈 持続的な;長持ちする.

Dau·er·haf·tig·keit [ダオアァハふティヒカイト] 囡 -/ 持続[性];長持ち.

Dau·er⸗kar·te [ダオアァ・カルテ] 囡 -/-n 定期乗車(入場)券.

Dau·er⸗lauf [ダオアァ・ろオふ] 男 -(e)s/..läufe ランニング, ジョギング (=Jogging).

*‡**dau·ern*** [ダオアァン dáuərn] (dauerte, hat ...gedauert) I 圁 《完了 haben》 ① (…の時間)続く, かかる. (愛 *last*). Das Fest *dauert* drei Tage. 祭りは3日間続く / Die Sitzung *dauert* bis fünf Uhr. 会議は5時までかかる. ◊[非人称の es を主語として] Wie lange *dauert* es noch? あとどれくらいかかりますか. ② 《雅》 長続きする. Dieser Friede wird *dauern*. この平和は長続きするだろう.

類語 **dauern**: (一定時間の間)続く. (時間の長さに重点が置かれている). **während**: 《雅》 《事柄・関係が》長続きする. (事柄の方に重点が置かれている). Ihre Freundschaft *währte* nicht lange. 彼らの友情は長く続かなかった.

II 他 《完了 haben》《雅》《囚⁴に》同情の念を起こさせる, 惜しいと思わせる. Der Verletzte *dauerte* mich. その負傷者は気の毒だった.

dau·ernd [ダオアァント dáuərnt] I *dauern (続く)の 現分

II 圈 持続的な;絶え間ない. *dauernde* Störungen ひっきりなしのじゃま / Er kommt *dauernd* zu spät. 彼はしょっちゅう遅刻する.

Dau·er⸗re·gen [ダオアァ・レーゲン] 男 -s/ 長雨.

dau·er·te [ダオアァテ] ‡dauern (続く)の 過去

Dau·er⸗wel·le [ダオアァ・ヴェれ] 囡 -/-n パーマネントウェーブ. sich³ eine *Dauerwelle*⁴ machen lassen パーマをかけてもらう.

Dau·er⸗wurst [ダオアァ・ヴルスト] 囡 -/..würste サマーソーセージ(サラミなどの常温で保存できるソーセージ).

Dau·er⸗zu·stand [ダオアァ・ツーシュタント] 男 -(e)s/..stände 持続的(慢性的)状態.

der **Dau·men** [ダオメン dáumən] 男 (単2) -s/(複) - ① (手の)親指. (愛 *thumb*). der rechte *Daumen* 右手の親指 / Das Kind lutscht am *Daumen*. その子は親指をしゃぶっている / [die] *Daumen*⁴ drehen 《口語・比》くらくら(ぶらぶら)している / 囚³ (または für 囚⁴) den *Daumen*⁴ drücken (または halten)《口語・比》囚³(または囚⁴)の成功を祈る / auf 物⁴ den *Daumen* halten (または haben)《口語》物⁴ (貯金など)をがっちり握って放さない / 物⁴ über den *Daumen* peilen《口語・比》物⁴を大まかに見積もる. ② 《工》カム.

Dau·men⸗ab·druck [ダオメン・アップドルック] 男 -(e)s/..drücke 親指の指紋, 拇印(ﾎ̤ん).

Dau·men⸗schrau·be [ダオメン・シュラオベ] 囡 -/-n 《ふつう 圏》 《史》親指ねじ (ねじで親指を締め付ける昔の拷問具). 囚³ *Daumenschrauben*⁴ an|legen 《比》囚³を厳しく責めたてる.

Däum·ling [ドイムリング dóymlɪŋ] 男 -s/-e ① 親指にはめるサック; 《方》手袋の親指. ② 《圏なし》 (グリム童話の)親指小僧.

Dau·ne [ダオネ dáunə] 囡 -/-n 《ふつう 圏》綿毛, (がちょう・鴨(ｶﾓ)などの)羽毛, ダウン.

dazwischen

Dau·nen|de·cke [ダオネン・デッケ] 囡 -/-n 羽毛(羽根)布団.

Dau·nen|ja·cke [ダオネン・ヤッケ] 囡 -/-n 《服飾》ダウンジャケット.

Daus[1] [ダオス dáus] 中 《成句的に》Ei der *Daus*! または Was der *Daus*!《古》何とまあ. (⊕ 元の意味は「悪魔」.

Daus[2] [ダオス] 中 -es/-e (または Däuser) ① (さいころの)2の目. ② (ドイツ式トランプの)エース.

Da·vid [ダーふィット dá:fɪt または ..ヴィット ..vɪt] -s/ ① 《男名》ダーフィット, ダーヴィット. ② 《聖》《人名》ダビデ(前10世紀ごろのイスラエルの王).

Da·vid[s]stern [ダーふィット・シュテルン ダーふィッツ..)] 男 -[e]s/-e ダビデの星(六角星形. ユダヤ教のシンボル).

Da·vis|po·kal, Da·vis-Po·kal [デーヴィス・ポカーる] 男 -[e]s/ (テニスの)デビスカップ(アメリカのテニス選手 D. F. *Davis* 1879-1945 の名から).

*__da·von__ [ダ・ふォン da-fón; (指示的意味の強いときは:) ダー..] 副 《前置詞 von と事物を表す代名詞の融合形》① そこから, ここから. Dort ist der Bahnhof, nicht weit *davon* die Schule. あそこが駅で, そこから遠くないところに学校があります.
② それについて. *Davon* weiß ich nichts. そのことについては私は何も知らない.
③ それによって, そのために. Es war so laut, ich bin *davon* aufgewacht. 《現在完了》とてもうるさくて, それで私は目が覚めてしまった.
④ 《部分》そのうちの. Er hatte viele Brüder, zwei *davon* sind noch am Leben. 彼は兄弟が多かったが, そのうちの二人が存命だ. ⑤ 《材料》それを使って, それから. *Davon* werde ich mir ein neues Kleid nähen. 私はそれで新しいワンピースを縫おうと思います. ⑥ 《成句的に》auf und *davon* gehen 《口語》さっと立ち去る.

da·von|ge·hen* [ダふォン・ゲーエン dafóngè:ən] 自 (s) 立ち去る; 《雅》世を去る.

da·von|kom·men* [ダふォン・コンメン dafón-kɔmən] 自 (s) 難を免れる, 助かる. Er *kam* mit einem blauen Auge *davon*. 《口語》彼は軽い損害で済んだ(←目の周りにあざができたくらいで済んだ).

da·von|lau·fen* [ダふォン・らオふェン dafónlàufən] 自 (s) ① 走り去る, 逃げる; 《口語》《囚³を》振り切って, 物にしない. (⇒ 類義 fliehen). ② 制御できなくなる. Die Preise *laufen davon*. 物価の上昇に歯止めがかからない.

Da·von·lau·fen [ダふォン・らオふェン] 中 《成句的に》Es ist zum *Davonlaufen*. 《口語》これはたまらない, ひどい.

da·von|ma·chen [ダふォン・マッヘン dafón-màxən] 再帰 (h) *sich*[4] *davonmachen*《比》死ぬ.

da·von|tra·gen* [ダふォン・トラーゲン dafóntrà:gən] 他 (h) ① 運び(持ち)去る, 片づける. ② 《雅》(勝利など⁴を)勝ち取る. ③ (損害など⁴を)被る, (傷など⁴を)負う.

*__da·vor__ [ダ・ふォーァ da-fó:r; (指示的意味の強いときは:) ダー..] 副 《前置詞 vor と事物を表す代名詞の融合形》① 《空間的に》その前に; その前へ. *Davor* steht ein Haus. その前に一軒の家が立っている.
② 《時間的に》その前に. zwei Tage *davor* の2日前 / Ich muss heute zur Untersuchung, *davor* darf ich nichts essen. 私はきょう検査を受けなくてはいけないので, その前には何も食べられない.
③ それに対して. Er hat mich *davor* gewarnt. 彼は私にそれに気をつけるよう注意した.

da·vor|ste·hen* [ダふォーァ・シュテーエン dafó:r-ʃtè:ən] 自 (h) その前に立っている; そのことを目前にしている.

Da·vos [ダヴォース davó:s] 中 《都市名》ダヴォース, ダボス(スイス東部の観光地).

da·wi·der [ダ・ヴィーダァ; (指示的意味の強いときは:) ダー..] 副 《方》それに反対して(逆らって).

*__da·zu__ [ダ・ツー da-tsú:; (指示的意味の強いときは:) ダー..] 副 《前置詞 zu と事物を表す代名詞の融合形》① それについて(対して). Was meinen Sie *dazu*? それに対してあなたはどんなご意見ですか / Er hatte keine Lust *dazu*. 彼はそれをする気はなかった.
② 《結果》そういうことに. Wie bist du denn *dazu* gekommen? 《現在完了》君はいったいどうしてそんなことになったの.
③ 《目的》そのために. *Dazu* reicht das Geld nicht. そのためにはお金が足りない.
④ それに加えて, その上. Sie ist nicht sehr begabt, *dazu* ist sie auch noch faul. 彼女はたいして才能はないし, その上怠け者だ.
⑤ それに合わせて. Sie singt, und er spielt *dazu* Klavier. 彼女が歌い, 彼がそれに合わせてピアノを弾く.

da·zu|ge·hö·ren [ダツー・ゲヘーレン datsú:-gəhò:rən] 自 (圖逼 dazugehört) (h) その一員である, それに属している; それに不可欠である. Es *gehört* schon einiges *dazu*, so etwas zu wagen. そんな大それたことをするには, 当然なにがしかの心構えが必要だ.

da·zu|ge·hö·rig [ダツー・ゲヘーリヒ] 形 《付加語としてのみ》それに属する, それに付属の.

da·zu|kom·men* [ダツー・コンメン datsú:-kɔmən] 自 (s) ① (その場に)来合わせる. Ich *kam* gerade *dazu*, als der Unfall passierte. 私はたまたま事故が起きた瞬間に出くわした. ② (すでにいる人々・事物に)つけ加わる.

da·zu·mal [ダー・ツ・マーる] 副 その昔.

da·zu|tun* [ダツー・トゥーン datsú:-tù:n] 他 (h) 《口語》付け加える, 足す.

Da·zu·tun [ダツー・トゥーン] 中 《所有冠詞とともに成句的に》ohne dein (sein) *Dazutun* 君の(彼の)助力なしに[は].

*__da·zwi·schen__ [ダ・ツヴィッシェン da-tsvíʃən; (指示的意味の強いときは:) ダー..] 副 《前置詞 zwischen と事物を表す代名詞の融合形》① 《空間的に》その間に, その中間に; その間へ. Die Eltern saßen auf dem Sofa, die beiden Kinder *dazwischen*. 両親はソファーに座っていて，その間に二人の子供がいた. ② 《時間的に》その間に. Beide Vorträge finden am Vormittag statt. *Dazwischen* ist eine kurze Pause. 両講演は午前中に行われ，その間に短い休憩がある. ③ その中に[混じって]. Es lag ein Päckchen Briefe da, *dazwischen* einige Karten. 手紙の束が置いてあり，その中に数枚のはがきがあった.

da·zwi·schen|fah·ren* [ダツヴィッシェン・ふァーレン datsvíʃən-fà:rən] 圓(s) ① 中に割って入る. ② (話などに)横やりを入れる.

da·zwi·schen|fun·ken [ダツヴィッシェン・ふンケン datsvíʃən-fùŋkən] 圓(h) 《口語》([人³に])余計な口出しをする.

da·zwi·schen|kom·men* [ダツヴィッシェン・コンメン datsvíʃən-kòmən] 圓(s) ① (何かの間に)入り込む, 巻き込まれる. ② (不都合なことなどが)起こる. wenn nichts *dazwischenkommt* 何の支障も生じなければ.

da·zwi·schen|re·den [ダツヴィッシェン・レーデン datsvíʃən-rè:dən] 圓(h) (話などに)割り込む; 《比》(人³に)干渉する, 口出しする.

da·zwi·schen|tre·ten [ダツヴィッシェン・トレーテン datsvíʃən-trè:tən] 圓(s) ① 仲裁する. ② (二人の間に)割り込む, 仲を裂く.

dB [デーツィ・ベる] 《記号》デシベル (=Dezibel).

DB [デー・ベー] 图 -/ 《略》① ドイツ鉄道[株式会社] (=Deutsche Bahn [AG]). ② (旧西ドイツの1993年までの)ドイツ連邦鉄道 (=Deutsche Bundesbahn).

DBP [デー・ベー・ペー または ドイチェ ブンデス・ポスト] 图 -/ 《略》(旧西ドイツの1994年までの)ドイツ連邦郵便 (=Deutsche Bundespost).

d. c. [ダ カーポ] 《略》《音楽》ダ・カーポ, 初めから繰り返す (=da capo).

die **DDR** [デー・デー・エる de:-de:-ɛ́r] 图 -/ 《定冠詞とともに》《略》《国名》[旧]ドイツ民主共和国, [旧]東ドイツ (1949 - 1990) (=Deutsche Demokratische Republik).

D-Dur [デー・ドゥーァ] 画 -/ 《音楽》ニ長調 (記号: D).

de.., De.. [デ.. de.. または デー..]《動詞・名詞などにつける 接頭》母音の前では des.., Des.. となる》《除去・離隔》例: *de*militarisieren 非武装化する / *de*zentral 分散的.

Dea·ler [ディーらァ díːlər] [英] 男 -s/- ① 《隠語》(麻薬の)売人. (女性形: -in). ② 《経》(株式会社の)仲買人.

De·ba·kel [デバーケる debáːkəl] 国 -s/- 崩壊, 壊滅; 敗北. ein *Debakel*⁴ erleiden 崩壊する, 敗北を喫する.

De·bat·te [デバッテ debátə] 图 -/-n 討議, 討論; (議会での)審議. eine *Debatte*⁴ eröffnen 討議を始める / **zur** *Debatte* stehen 討議中である / 囲⁴ **zur** *Debatte* stellen 囲⁴を討議する.

de·bat·tie·ren [デバティーレン debatíːrən] I 圓(h) 《究了》haben) 討議する. II 囮(h)《**über** 囲⁴ ~》(囲⁴について)討議する.

De·bet [デーベット déːbɛt] 国 -s/- 《商》借方, 債務. (⇔ 「貸方」 は Kredit).

De·büt [デビュー debyːt] 囲 -s/-s デビュー, 初舞台. Der Sänger gab gestern sein *Debüt*. その歌手はきのうデビューした.

De·bü·tant [デビュタント debytánt] 男 -en/-en (芸能界・スポーツ界などの)新人, ニューフェース. (女性形: -in).

de·bü·tie·ren [デビュティーレン debytíːrən] 圓(h) デビューする, 初登場する.

de·chif·frie·ren [デシふリーレン deʃifríːrən] 囮(h) (暗号など⁴を)解読する.

Deck [デック dék] 画 -[e]s/-s ① 《海》甲板, デッキ. Alle Mann **an** *Deck*! 全員甲板へ / nicht **auf** *Deck* sein 《口語》体調(気分)がよくない. ② (2階建てバスの)上階[席].

Deck⸗adres·se [デック・アドレッセ] 图 -/-n 偽名のあて名(受取人を偽装するためのあて名).

Deck⸗an·strich [デック・アンシュトリヒ] 男 -[e]s/-e (ペンキなどの)上塗り, 仕上げ塗り.

Deck⸗bett [デック・ベット] 画 -[e]s/-en 掛け布団.

Deck⸗blatt [デック・ブらット] 画 -[e]s/..blätter ① 《植》苞葉(ほう). ② (葉巻たばこの)上巻き葉. ③ (本の)扉, タイトルページ; 間紙(あい)(本の写真などの前に入れる透明な薄紙); (差し替え用の文言を印字した)訂正シール. ④ (トランプの山のいちばん上の札).

die **De·cke [デッケ dékə] 图 《単》-/《複》-n ① 覆い; 毛布, 掛け布団; テーブルクロス (=Tisch*decke*). eine neue *Decke*⁴ auflegen 新しいテーブルクロスを掛ける / sich⁴ **in** eine *Decke* wickeln 毛布にくるまる / sich⁴ **nach** der *Decke* strecken 《口語》分相応に(つましく)暮らす(←毛布の長さに合わせて体を伸ばす) / **mit** 人³ **unter** einer *Decke* stecken 《口語・比》人³と共謀する, つるむ. ② 天井. (英 ceiling). eine hohe *Decke* 高い天井 / Ihm fällt die *Decke* **auf** den Kopf. 《口語・比》彼は家にばかりいて息が詰まりそうになっている / **an** die *Decke* gehen 《口語》逆上する. ③ (舗装した)路面; (タイヤの)外被; (鹿・熊などの)毛皮; (本の)表紙.

der **De·ckel** [デッケる dékəl] 男 《単2》-s/《複》-(3格のみ -n) ① (容器の)ふた. (英 lid). den *Deckel* öffnen (schließen) ふたを開ける(閉じる) / den *Deckel* **vom** Topf abnehmen ふたを鍋(なべ)から取る. ② (本の)[厚]表紙. ein *Deckel* aus Leder 革表紙. ③ 《俗》帽子. 人³ eins⁴ **auf** den *Deckel* geben 《口語》人³に大目玉をくらわせる.

****de·cken** [デッケン dékən] (deckte, hat...gedeckt) I 囮 (究了 haben) ① 覆う. (英 cover). das Dach⁴ **mit** Schiefer *decken* スレートで屋根をふく / Mutter *deckte* den Tisch. お母さんが食卓の用意をした(テーブルクロスを掛けて食器を並べた) / Schnee *deckte* den Berg. 《雅》山は雪に覆われていた.

② 〖囲⁴ **über** 人・物⁴ ~〗(囲⁴を人・物⁴に)かぶせる. Sie *deckte* ein Tuch über den Käfig.

彼女は鳥かごに布をかぶせた.
③ (覆うようにして)守る, かばう; (罪跡などを)隠す. Sie *deckte* das Kind mit ihrem Körper. 彼女はその子供を身をもって守った / einen Verbrecher *decken* 犯人を擁護する / den Rückzug *decken* 退却を援護する.
④ 《商》保証する, (損失などを)補う, カバーする; (需要⁴を)満たす. ein Defizit⁴ *decken* 損失を補填(ほてん)する / den Bedarf *decken* 需要を満たす / Das Darlehen wird durch eine Hypothek *gedeckt*. 《受動・現在》この貸し付けは担保によって保証される. ⑤ (ﾙﾋﾞ)(相手の選手などを)マークする, ブロックする. ⑥ (家畜の雄が雌⁴と)交尾する.

II 再帰 (定了 haben) *sich*⁴ *decken* ① (意見などが)一致する. Ihre Aussage *deckt sich mit* deiner. 彼女の証言は君のと一致する. ② 《数》合同である, 重なり合う. Die beiden Dreiecke *decken sich*. この二つの三角形は合同である.

III 自 (定了 haben) (塗料が)下地を隠す.
◊☞ *gedeckt*

De·cken⸗be·leuch·tung [デッケン・ベロイヒトゥング] 女 –/–en 《建》天井照明.

De·cken⸗ge·mäl·de [デッケン・ゲメールデ] 中 –s/– 天井画.

De·cken⸗lam·pe [デッケン・ランペ] 女 –/–n 《建》天井灯.

Deck⸗far·be [デック・ファルベ] 女 –/–n 不透明塗料(絵の具).

Deck⸗man·tel [デック・マンテる] 男 –s/ 隠れみの, 口実. unter dem *Deckmantel* der Religion² 信仰にかこつけて.

Deck⸗na·me [デック・ナーメ] 男 –ns (3格・4格 –n)/–n 偽名; 《軍》暗号名.

deck·te [デックテ] ＊decken (覆う)の 過去

De·ckung [デックング] 女 –/–en 《ふつう 単》① 覆うこと, 覆い; 屋根(をふくこと). ② 援護; 防御; 《軍》遮蔽(しゃへい); かくまうこと; (違法行為などの)隠蔽(いんぺい). ③ (需要の)充足. ④ 《商》保証, 補償. ⑤ (意見の)一致. 単⁴ *zur Deckung bringen* 単⁴を一致させる. ⑥ (ﾙﾋﾞ)(相手選手に対する)マーク; 防御. ⑦ 《数》合同, 一致.

de·ckungs⸗gleich [デックングス・グらイヒ] 形 ① 《数》合同の. ② 完全に等しい(意見など).

Deck⸗wort [デック・ヴォルト] 中 –[e]s/..wörter 暗号.

de·cres·cen·do [デクレシェンド dekrɛʃéndo] [ｲﾀ] 副 《音楽》デクレッシェンド, しだいに弱く.

De·di·ka·ti·on [デディカツィオーン dedikatsió:n] 女 –/–en ① 献辞. ② 寄贈品, 贈呈[品], プレゼント.

De·duk·ti·on [デドゥクツィオーン deduktsió:n] 女 –/–en 《哲》演繹(えんえき)[法]. (☞ 「帰納[法]」は Induktion).

de·duk·tiv [デドゥクティーフ dé:dukti:f または デドゥクティーフ] 形 《哲》演繹(えんえき)的な, 演繹[法]の. (☞ 「帰納的な」は induktiv).

de·du·zie·ren [デドゥツィーレン dedutsí:rən] 他 (h) 《哲》演繹(えんえき)する.

de fac·to [デー ファクトー de: fákto] [ﾗﾃ] 《法》事実上, 事実に即して.

De·fä·tis·mus [デフェティスムス defɛtísmus] 男 –/ 敗北主義, 悲観論.

De·fä·tist [デフェティスト defɛtíst] 男 –en/–en 敗北主義(悲観論)者. (女性形: –in).

de·fä·tis·tisch [デフェティスティッシュ defɛtístiʃ] 形 敗北主義の.

de·fekt [デフェクト defékt] 形 欠陥のある, 故障している.

De·fekt [デフェクト] 男 –[e]s/–e ① (車などの)故障, 欠陥. ② 《医》(肉体的・精神的な)欠陥. ③ 《圏 で》《印》不ぞろい活字; 《製本》落丁.

de·fen·siv [デーフェンズィーフ dé:fɛnzi:f または デフェンズィーフ] 形 防御の, 防衛の; (ﾙﾋﾞ)守備の. *defensive* Fahrweise (事故を回避するための)防衛運転.

De·fen·si·ve [デーフェンズィーヴェ defɛnzí:və] 女 –/–n 《ふつう 単》防御, 守勢; (ﾙﾋﾞ)守備. (☞ 「攻撃」は Offensive).

de·fi·lie·ren [デフィリーレン defilí:rən] 自 (s, h) (貴賓などの前を)パレードする.

de·fi·nie·ren [デフィニーレン definí:rən] I 他 (h) 定義する; (精確に)規定する. II 再帰 (h) 《sich⁴ durch (または über)単⁴ ～》 単⁴によって)社会的位置づけが決まる.

De·fi·ni·ti·on [デフィニツィオーン definitsió:n] 女 –/–en ① 定義. ② 《ｶﾄﾘｯｸ》(教皇・公会議による)教理の決定.

de·fi·ni·tiv [デーフィニティーフ dé:finiti:f または デフィニティーフ] 形 決定的な; 最終的な.

De·fi·zit [デーフィツィット dé:fitsit] 中 –s/–e ① 不足額, 赤字. das *Defizit*⁴ *decken* 赤字を埋め合わせる. ② 不足, 欠乏.

de·fi·zi·tär [デフィツィテーァ defitsité:r] 形 赤字の; 赤字をもたらすような.

De·fla·ti·on [デーフラツィオーン deflatsió:n] 女 –/–en ① 《経》デフレーション. (☞ 「インフレーション」は Inflation). ② 《地学》デフレーション, 乾食(風による浸食作用).

de·fla·ti·o·när [デふらツィオネーァ deflationé:r] 形 デフレーションの.

de·flo·rie·ren [デふローレン deflorí:rən] 他 (h) (女⁴の)処女を奪う.

De·for·ma·ti·on [デフォルマツィオーン deformatsió:n] 女 –/–en ① 変形, デフォルメ. ② 《医》(生後に生じる)奇形, 変形; 《物》ひずみ.

de·for·mie·ren [デフォルミーレン deformí:rən] 他 (h) ① 変形させる; デフォルメする. ② (単⁴の)形をそこなう; 醜くする.

def·tig [デフティヒ déftɪç] 形 《口語》① こってりした. ② 粗野な. *deftige* Späße 下品な冗談. ③ 《口語》べらぼうな.

De·gen¹ [デーゲン dé:gən] 男 –s/– 《雅》勇士.

De·gen² [デーゲン] 男 –s/– 剣, サーベル, (フェンシングの)エペ. den *Degen* ziehen 剣を抜く.

De·ge·ne·ra·ti·on [デゲネラツィオーン degeneratsió:n] 女 –/–en ① 《生・医》退化; 退行, 変性. ② 堕落, 退廃, 衰退.

de·ge·ne·rie·ren [デゲネリーレン degeneríːrən] 自 (s) ① 〔生・医〕退化する; 退行(変性)する. ② 堕落(退廃)する; 衰退する.

de·gra·die·ren [デグラディーレン degradíːrən] 他 (h) ① 降格する; 格下げする. — einen Offizier **zum** Gefreiten *degradieren* 士官を兵卒に降格する. ② 〔カトリック〕〔法⁴の〕聖職を剥奪(はくだつ)する.

De·gra·die·rung [デグラディールング] 女 -/-en ① 降格, (地位の)格下げ. ② 〔カトリック〕聖職の剥奪(はくだつ).

dehn·bar [デーンバール] 形 ① 伸(延)ばすことができる, 弾力性のある, しなやかな. ② 意味のあいまいな, いろいろに解釈できる.

Dehn·bar·keit [デーンバールカイト] 女 -/ 伸長性, 延性, 弾(力)性;(意味の)あいまいさ.

deh·nen [デーネン déːnən] 他 (dehnte, *hat gedehnt*) **I** 他 (完了 haben) ① **伸ばす**, 延ばす, 広げる. (英 *stretch*). — ein Gummiband⁴ *dehnen* ゴムを伸ばす / die Glieder⁴ *dehnen* 手足を伸ばす. ② (語など⁴を)長く伸ばして発音する.
II 再帰 (完了 haben) *sich*⁴ *dehnen* ① **伸びる**, 延びる, 広がる. — Der Stoff *dehnt sich* mit der Zeit. その布地は時がたつにつれて伸びる / Ich reckte und *dehnte mich*. 私は長々と手足を伸ばした / Der Weg *dehnte sich* endlos. 道はどこまでも延びていた. ② (時間・会議などが)長引く. — Das Gespräch *dehnte sich*. 話し合いは長引いた.

dehn·te [デーンテ] dehnen (伸ばす)の過去

Deh·nung [デーヌング] 女 -/-en 伸長, 延長, 拡張; 《言》(母音の)長音化.

Deich [ダイヒ dáiç] 男 -(e)s/-e 堤防, 土手.

Deich=bruch [ダイヒ・ブルフ] 男 -(e)s/..brüche 堤防の決壊.

Deich·sel [ダイクセる dáiksəl] 女 -/-n (馬車などの)轅(ながえ), かじ棒.

deich·seln [ダイクセるン dáiksəln] 他 (h) 〔口語〕(うまく)やってのける, 策を講じる.

dein [ダイン dáin]

君(あなた)の		Ist das *dein* Auto?
		イスト ダス ダイン アオトー
		これは君の車かい.

格	男	女	中	複
1	dein	deine	dein	deine
2	deines	deiner	deines	deiner
3	deinem	deiner	deinem	deinen
4	deinen	deine	dein	deine

I 冠 〔所有冠詞; 2人称親称・単数〕(du で呼びかける相手に対して:) **君(あなた)の**, おまえの. (英 *your*). — *dein* Vater 君(あなた)のお父さん / *deine* Schwester 君(あなた)のお姉さん(妹) / Das ist *deine* Sache! それは君自身の問題だ / Nimm jetzt *deine* Medizin! いつもの薬を今飲みなさい.

II 代 **A)** 〔所有代名詞〕① **君(あなた)のもの**, おまえのもの. (英 *yours*). Mein Wagen ist größer als *deiner*. ぼくの車は君の車より大きい / Das ist nicht mein Heft, sondern *dein*[e]*s*. これはぼくのノートではなく君のだよ. ◊〔格語尾なしで〕Ich bin *dein*. 《雅》ぼくは君のものだ / Mein und *Dein* verwechseln 《口語》盗みを働く(←自分のものと他人のものをとり違える).
② 〔定冠詞とともに〕**君(あなた)の…, おまえの…** — Das war nicht mein Wunsch, sondern der *deine*. 《雅》それはぼくの望みではなく君の望みだった. ◊〔名詞的に〕der *deine* または der *Deine* あなたの夫 / die *deinen* または die *Deinen* 君の家族 / das *deine* または das *Deine* a) 君の義務, b) 君の財産.

⟹ 格変化は定冠詞がない場合は男性1格で deiner, 中性1格・4格で dein[e]s となるほかは前ページの表と同じ. 定冠詞がつく場合は男性1格と女性・中性1格・4格で deine, 他は deinen.

B) 〔人称代名詞; 2人称親称・単数 du の2格; ふつう deiner を用いる〕☞ **dein***er*¹
（⟹ dein は手紙の場合, 文頭以外でも頭文字を大文字で書くことがある）.

dei·ne [ダイネ], **dei·nem** [ダイネム], **dei·nen** [ダイネン] 代 〔所有冠詞〕☞ dein I

dei·ner¹ [ダイナァ dáinər] 代 〔人称代名詞; 2人称親称単数の2格; ☞ du〕statt *dein* 君の代わりに / Ich gedenke *deiner*. 《雅》私は君のことを忘れない.

dei·ner² [ダイナァ] 代 〔所有冠詞〕☞ dein I

dei·ner=seits [ダイナァ・ザイツ] 副 君の方(側)で. — Bestehen *deinerseits* noch Fragen? 君の側にはまだ質問がありますか.

dei·nes [ダイネス] 代 〔所有冠詞〕☞ dein I

dei·nes=glei·chen [ダイネス・グらイヒェン] 代 〔指示代名詞; 無変化〕君のような人. du und *deinesgleichen* 君や君と同類の人たち.

dei·net=we·gen [ダイネット・ヴェーゲン] 副 君のために, 君のせいで.

dei·net=wil·len [ダイネット・ヴィれン] 副 〔成句的に〕um *deinetwillen* 君のために.

dei·ni·ge [ダイニゲ] 代 〔所有代名詞; 定冠詞とともに; 語尾変化は形容詞と同じ〕《雅》君(あなた)のもの, おまえのもの. Das ist nicht mein Heft, sondern das *deinige*. これはぼくのノートではなく君のだよ. ◊〔名詞的に〕die *deinigen* または die *Deinigen* 君の家族 / das *deinige* または das *Deinige* a) 君の義務, b) 君の財産.

De·is·mus [デイスムス deísmus] 男 -/ 理神論.

De·ist [デイスト deíst] 男 -en/-en 理神論者. (女性形: -in).

de ju·re [デー ユーレ de: júːrə] [ラテン] 法的に, 法律上.

De·ka·de [デカーデ dekáːdə] 女 -/-n 10ずつのまとまり; 10個(編・巻); 10日(週・年)間.

de·ka·dent [デカデント dekadént] 形 デカダンの, 退廃的な.

De·ka·denz [デカデンツ dekadénts] 女 -/ デ

カダンス, 退廃, (文化的)衰退.

De·ka·gramm [デカ・グラム deka-grám] 田 -s/-e (単位: -/-) デカグラム (10 g; 記号: Dg, ｵｰｽﾄﾘｱ: dag).

De·kan [デカーン deká:n] 男 -s/-e ① (大学の)学部長. (女性形: -in). ② 《ｶﾄﾘｯｸ》(大教区の)首席司祭(教区長). ③ 《新教》教区監督.

De·ka·nat [デカナート dekaná:t] 田 -[e]s/-e ① 学部長の職; 学部長室, 学部本部. ② 《ｶﾄﾘｯｸ》主席司祭職(教区); 《新教》教区監督職(教区).

De·kla·ma·ti·on [デクラマツィオーン deklamatsió:n] 女 -/-en ① (詩などの)朗読. ② (美辞麗句を連ねた)熱弁, 長広舌. ③ 《音楽》デクラマツィオーン(歌詞を重視する歌唱法).

de·kla·ma·to·risch [デクラマトーリッシュ deklamató:rɪʃ] 形 ① 朗読調の, 朗読術の; 熱弁の. ② 《音楽》デクラマツィオーンの.

de·kla·mie·ren [デクラミーレン deklamí:rən] 他 (h) 自 (h) ① 朗読(暗誦)する. ② 熱弁をふるう. ③ 《音楽》歌詞を重視して歌う.

De·kla·ra·ti·on [デクララツィオーン deklaratsió:n] 女 -/-en ① 宣言, 布告. ② (課税品などの)申告.

de·kla·rie·ren [デクラリーレン deklarí:rən] 他 (h) ① 宣言(布告)する. ② (課税品など⁴を)申告する. ③ 《A⁴ als B⁴ ～》(A⁴ を B⁴ と)呼ぶ. ④ 《A⁴ zu B³ ～》(A⁴ を B³ に)指名する.

de·klas·sie·ren [デクラスィーレン deklasí:rən] 他 (h) ① (人⁴の)社会的地位を落とす. ② 《ｽﾎﾟｰﾂ》(相手⁴を)圧倒する.

De·kli·na·ti·on [デクリナツィオーン deklinatsió:n] 女 -/-en ① 《言》(名詞・代名詞・形容詞の)語形変化, 格変化. ② 《天》赤緯. ③ 《物》地磁気の偏角.

de·kli·nie·ren [デクリニーレン deklí:nirən] 他 (h) 《言》(名詞・代名詞・形容詞⁴を)語形変化(格変化)させる.

de·ko·die·ren [デコディーレン dekodí:rən] 他 (h) (情報・暗号など⁴を)解読する, 復号する.

De·kol·le·té [デコルテー dekɔlté:] 田 -s/-s 《服飾》デコルテ[のドレス] (婦人服の胸元や首筋をあらわにする裁ち方[のドレス]).

De·kol·le·tee [デコルテー dekɔlté:] 田 -s/-s = Dekolleté

de·kol·le·tiert [デコルティーァト dekɔltí:rt] 形 デコルテの; デコルテのドレスを着た(婦人).

De·kon·ta·mi·na·ti·on [デコンタミナツィオーン dekontaminatsió:n] 女 -/-en 《物》除染.

De·kor [デコーァ dekó:r] 男 田 -s/-s (または -e) ① (ガラス・陶磁器などの)模様; 装飾. ② 《劇・映》舞台装置(美術).

De·ko·ra·teur [デコラテーァ dekoraté:r] 男 -s/-e 室内装飾家, ショーウインドー装飾家; 《劇・映》舞台装置(美術)担当者. (女性形: -in).

De·ko·ra·ti·on [デコラツィオーン dekoratsió:n] 女 -/-en ① 《ほぼ なし》飾ること, 飾りつけ. ② 装飾, 飾り; (ショーウインドーの)飾りつけ; 《映・劇》舞台装置. ③ 叙勲, 勲章.

de·ko·ra·tiv [デコラティーふ dekoratí:f] 形

① 装飾的な, きらびやかな. ② 《劇・映》舞台装置(美術)に関する.

de·ko·rie·ren [デコリーレン dekorí:rən] 他 (h) ① 飾りつける. ② (人⁴に)勲章を授ける.

De·kret [デクレート dekré:t] 田 -[e]s/-e (官庁・裁判所などの)通達, 布告, 指令, 命令.

de·kre·tie·ren [デクレティーレン dekretí:rən] 他 (h) (官庁などが)通達(指令)する, 定める.

De·le·gat [デレガート delegá:t] 男 -en/-en 代表, [全権]使節. (女性形: -in).

De·le·ga·ti·on [デレガツィオーン delegatsió:n] 女 -/-en [全権]使節の派遣; [全権]使節, 代表団.

de·le·gie·ren [デレギーレン delegí:rən] 他 (h) ① (代表として)派遣する. ② 《法》(全権などを)委任する.

De·le·gier·te[r] [デレギーァテ (..タァ) delegí:rtə (..tər)] 男 女 《語尾変化は形容詞と同じ》 代表者, 使節.

de·lek·tie·ren [デレクティーレン delɛktí:rən] 再帰 (h) 《sich⁴ [an 物³]》 (物³(飲食物など)を)楽しむ.

Del·fin [デるふィーン delfí:n] I 男 -s/-e ① 《動》イルカ(海豚). ② 《複 なし; 定冠詞とともに》《天》いるか座. II 田 -s/ 《ふつう冠詞なしで》 = Delfinschwimmen

Del·fin⁼schwim·men [デるふィーン・シュヴィンメン] 田 -s/ (ドルフィンキックによる)バタフライ[泳法].

de·li·kat [デリカート deliká:t] 形 ① 美味な. ② 慎重な, 心配りをする. ③ デリケートな, 微妙な(問題など).

De·li·ka·tes·se [デリカテッセ delikatésə] 女 -/-n ① 格別[な味]の食べ物, 珍味, デリカテッセ. ② 《複 なし》《雅》繊細さ, デリカシー, 慎重.

De·li·ka·tes·sen⁼ge·schäft [デリカテッセン・ゲシェふト] 田 -[e]s/-e 高級食材店.

De·likt [デリクト delíkt] 田 -[e]s/-e 不法行為.

De·lin·quent [デリンクヴェント delɪŋkvént] 男 -en/-en 違反者, 犯罪者. (女性形: -in).

De·li·ri·um [デリーリウム delí:rium] 田 -s/ ..rien [..リエン] 譫妄(せんもう), 精神錯乱.

de·li·zi·ös [デリツィエース delitsió:s] 形 《雅》 美味な, 格別な味の.

Del·le [デれ délə] 女 -/-n 《方》へこみ, くぼみ.

Del·phi [デるふィ délfi] 田 -s/ 《都市名》デルフォイ(ギリシアの古代都市. 神託で有名なアポロンの神殿があった).

Del·phin [デるふィーン delfí:n] I 男 -s/-e = Delfin II 田 -s/ = Delfinschwimmen

Del·phin⁼schwim·men [デるふィーン・シュヴィンメン] 田 -s/ = Delfinschwimmen

Del·ta [デるタ délta] I 田 -[s]/-s デルタ(ギリシア字母の第4字: *Δ*, *δ*). II 田 -s/-s (または Delten) 三角州, デルタ.

***dem [(I, II B では:) デム dem; (II A では:) デーム dé:m] I 冠 《定冠詞; 男性・中性単数の3格》 (前置詞と結合して am (←an dem), im (←in dem), zum (←zu dem) となることがある) Er gibt *dem* Kellner ein gutes

Trinkgeld. 彼はウエーターに十分なチップを与える.
II 代 **A)**〖指示代名詞; 男性・中性単数の3格; ☞ der II A〗その人に, それに. Wie geht's Herrn Schmidt? — *Dem* geht's prima. シュミットさんはお元気ですか — あの人はすこぶる元気ですよ.
B)〖関係代名詞; 男性・中性単数の3格; ☞ der II B〗Hans, *dem* ich 100 Euro geliehen habe, ist nicht mehr in der Stadt. 私が100ユーロ貸したハンスはもうこの町にはいない.

De·ma·go·ge [デマゴーゲ demagó:gə] 男 -n/-n (軽蔑的に:)扇動家, デマゴーグ. (女性形: Demagogin).

De·ma·go·gie [デマゴギー demagogí:] 女 -/-n [..ギーエン] 〖ふつう 単〗(軽蔑的に:)扇動, デマゴギー.

de·ma·go·gisch [デマゴーギッシュ demagó:gɪʃ] 形 (軽蔑的に:)扇動的な, デマゴーグ的な.

De·mar·che [デマルシュ demárʃ または ..ʃə ..ʃə] 女 -/-n 外交的措置(口頭による抗議など).

De·mar·ka·ti·on [デマルカツィオーン demarkatsió:n] 女 -/-en《政》境界設定(決定);《医》分画.

De·mar·ka·ti·ons·li·nie [デマルカツィオーンス・リーニエ] 女 -/-n 暫定的国境(境界)線.

de·mas·kie·ren [デマスキーレン demaskí:rən] **I** 再帰 (h) *sich⁴ demaskieren* 仮面を脱ぐ;(比)正体を現す. **II** 他 (h) (囚⁴の)仮面をはぐ, 正体を暴く.

De·men·ti [デメンティ deménti] 中 -s/-s (報道などに対する公式の)否認, 打ち消し, 訂正.

de·men·tie·ren [デメンティーレン deméntí:rən] 他 (h) (報道などを公式に)否認する, 打ち消す, 訂正する.

dem=ent·spre·chend [デーム・エントシュプレッヒェント] 形 それに応じた, それ相応の.

De·menz [デメンツ deménts] 女 -/-en《医》認知症.

De·me·ter [デメータァ demé:tər] 女 -/《ギ神》デメテル(農業の女神. ローマ神話のケレスに当たる).

dem=ge·gen·über [デーム・ゲーゲンユーバァ] 副 それに対して, それに比べて.

dem=ge·mäß [デーム・ゲメース] 副 それに応じて.

De·mis·si·on [デミスィオーン demisió:n] 女 -/-en (大臣などの)辞任, (内閣の)[総]辞職.

de·mis·si·o·nie·ren [デミスィオニーレン demisioní:rən] 自 (h) (大臣が)辞任する, (内閣が)[総]辞職する.

dem=nach [デーム・ナーハ] 副 それによれば, それに従って, そうだとすると; それゆえに, だから.

dem=nächst [デーム・ネーヒスト] 副 間もなく, 近いうちに.

De·mo [デーモ dé:mo または デンモ démo] 女 -/-s〖隠語〗デモ[行進](＝*Demo*nstration).

De·mo·krat [デモクラート demokrá:t] 男 -en/-en 民主主義者; 民主党員. (女性形: -in).

die **De·mo·kra·tie** [デモクラティー demokratí:] 女 (単) -/(複) -n [..ティーエン] ① 〖複なし〗民主主義, デモクラシー; 民主制. eine parlamentarische *Demokratie* 議会制民主主義. ② 民主主義国家. in einer *Demokratie* leben 民主[制]国家に暮らす.

de·mo·kra·tisch [デモクラーティッシュ demokrá:tɪʃ] 形 ① 民主主義の, デモクラシーの, 民主的な. 《英 *democratic*》. eine *demokratische* Verfassung 民主憲法 / eine *demokratische* Entscheidung 民主的な決定. ② 民主党の.

de·mo·kra·ti·sie·ren [デモクラティズィーレン demokratizí:rən] 他 (h) ① (国・制度など⁴を)民主化する. ② 大衆化する.

De·mo·kra·ti·sie·rung [デモクラティズィールング] 女 -/-en 民主化; 大衆化.

de·mo·lie·ren [デモリーレン demolí:rən] 他 (h) (暴力で)破壊する;(建物など⁴を)取り壊す.

De·mons·trant [デモンストラント demonstránt] 男 -en/-en デモ参加者. (女性形: -in).

die **De·mons·tra·ti·on** [デモンストラツィオーン demonstratsió:n] 女 (単) -/(複) -en ① デモ[行進], 抗議集会.《英 *demonstration*》. eine *Demonstration* für den Frieden (gegen den Krieg) 平和のためのデモ(反戦デモ) / an einer *Demonstration* teil|nehmen デモに参加する. ② (意思などの)顕示, 示威. eine *Demonstration* der Macht² 権力の誇示. ③ 実演[による証明], 実物教示.

De·mons·tra·ti·ons·zug [デモンストラツィオーンス・ツーク] 男 -[e]s/..züge デモ行進.

de·mons·tra·tiv [デモンストラティーふ dé:monstrati:f または デモンストラティーふ] 形 ① あからさまな, これ見よがしの. ② 明瞭(めいりょう)な, わかりやすい. ein *demonstratives* Beispiel 端的な例. ③〖言〗指示的な.

De·mons·tra·tiv·pro·no·men [デモンストラティーふ・プロノーメン] 中 -s/- (または ..mina)〖言〗指示代名詞.

de·mons·trie·ren [デモンストリーレン demonstrí:rən] (demonstrierte, hat ... demonstriert) **I** 自 (変了 haben) デモ[行進]をする; デモに参加する.《英 *demonstrate*》. für den Frieden (gegen den Krieg) *demonstrieren* 平和を訴える(戦争反対の)デモをする. **II** 他 (変了 haben) ① (意思など⁴を)はっきり表す. ② (実例で)具体的に説明する.

de·mons·triert [デモンストリーァト] demonstrieren (デモをする)の 過分, 3人称単数・2人称親称複数 現在.

de·mons·trier·te [デモンストリーァテ] demonstrieren (デモをする)の 過去.

De·mon·ta·ge [デモンタージェ demontá:ʒə または デモン.. demɔ̃..] 女 -/-n (工場などの)解体, 分解; 除去, 切り崩し.

de·mon·tie·ren [デモンティーレン demontí:rən または デモン.. demɔ̃..] 他 (h) 〖工〗(工場など⁴を)解体する;《比》(囚⁴の)威力などを)弱める.

de·mo·ra·li·sie·ren [デモラリズィーレン demoralizíːrən] 他 (h) ① (囚⁴の)倫理的基盤を失わせる. ② (囚⁴の)士気を沮喪(を)させる.

De·mo·sko·pie [デモスコピー demoskopíː] 女 -/-n [‥ピーエン] 世論調査 (=Meinungsforschung).

de·mo·sko·pisch [デモスコーピッシュ demoskóːpɪʃ] 形 世論調査による, 世論調査の.

dem⸗sel·ben [デーム・ゼるベン] 四 『指示代名詞; 男性・中性単数の3格』 ☞ derselbe

De·mut [デームート déːmuːt] 女 -/ 謙遜(½), 謙虚, へりくだり; 恭順. 他⁴ in (または mit) *Demut* ertragen 囚⁴にけなげに耐える.

de·mü·tig [デーミューティヒ déːmyːtɪç] 形 謙遜(½)した, 謙虚な, へりくだった.

de·mü·ti·gen [デーミューティゲン déːmyːtɪgən] I 他 (h) 侮辱する, (囚⁴の)自尊心を傷つける. II 再帰 (h) *sich*⁴ *vor* (囚³ ~) (囚³に対して)へりくだる.

De·mü·ti·gung [デーミューティグング] 女 -/-en 侮辱, 屈辱.

dem⸗zu·fol·ge [デーム・ツ・ふォるゲ] 副 その結果として, それに従って(従えば), それゆえに.

***den** [(I, II B では:) デン den; (II A では:) デーン déːn] I 冠 『定冠詞; 男性単数の4格および複数の3格; ☞ der I』 Sie liebt *den* Mann. 彼女はその男を愛している / Ich schenke *den* Kindern Schokolade. 私はその子供たちにチョコレートをプレゼントする.
II 代 A) 『指示代名詞; 男性単数の4格; ☞ der II A』 その人を, それを. Herrn Schmidt? *Den* kenne ich sehr gut. シュミットさんですか. その人ならよく知っていますよ.
B) 『関係代名詞; 男性単数の4格; ☞ der II B』 Zeig mir bitte den Computer, *den* du dir gekauft hast! 君が買ったコンピュータを見せてくれよ.

de·na·tu·rie·ren [デナトゥリーレン denaturíːrən] I 他 (h) ① (囚⁴の)特性を失わせる. ② (アルコールなど⁴を)変性させる. II 自 (s) 変質(変性)する.

de·nen [(A では:) デーネン déːnən; (B では:) デーネン deːnən] A) 『指示代名詞; 複数の3格; ☞ der II A』 その人たちに, それらに. *Denen* werde ich die Meinung sagen. あいつらに文句を言ってやる.
B) 『関係代名詞; 複数の3格; ☞ der II B』 Die Leute, *denen* ich am meisten verdanke, sind alle schon tot. 私がいちばんお世話になった人たちはもうみんな亡くなっている.

Denk⸗an·stoß [デンク・アンシュトース] 男 -es/..stöße 考えるきっかけ(刺激).

Denk⸗art [デンク・アールト] 女 -/-en 考え方, 思考法; 心構え, 志向.

denk·bar [デンクバール] I 形 考えられる[かぎりの], ありうる. jedes *denkbare* Mittel ありとあらゆる手段. II 副 非常に; 考えうる限りで. ein *denkbar* günstiges Angebot 非常に有利な申し出 / die *denkbar* beste Methode 考えうる最高の方法.

†den·ken* [デンケン déŋkən]

> 考える Woran *denkst* du?
> ヴォラン デンクスト ドゥ
> 君は何を考えているの.

(dachte, *hat* … gedacht) (英) think) I 自 (完了) haben) 考える, 思考する. logisch *denken* 論理的に考える / Er *denkt* gemein. 彼は卑劣な考え方をする / Ich *denke*, also bin ich. われ思う, ゆえにわれあり(デカルトの言葉) / Das gibt mir zu *denken*. それは考えものだ(←私に考えさせる).

◇『前置詞とともに』*an* 囚・事⁴ *denken* a) 囚・事⁴のことを思う, 念頭におく. b) 囚・事⁴を思い出す ⇒ Er *denkt* immer an seine Familie. 彼はいつも家族のことを思っている / an die Kindheit *denken* [daran], morgen zu verreisen. 私はあす旅に出るつもりだ / *über* 囚・事⁴ (または **von** 囚・事³) … *denken* 囚・事⁴ (または 囚・事³)について…と考える, 判断する ⇒ Wie *denken* Sie über die Angelegenheit? この問題についてどうお考えになりますか / Er *denkt* gut (schlecht) von ihr. 彼は彼女のことをよく(悪く)思っている.

II 他 (完了) haben) (事⁴を)考える, 思う. Was *denkst* du jetzt? 君は今何を考えているの / Er *denkt*, dass das geht. 彼はそれはうまく行くと思っている / Ich *dachte*, du seist hier. 私は君がここにいると思っていた / Wer *hätte* das *gedacht*! 『接2・過去』 だれがそんなことを予想しただろうか.

III 再帰 (完了) haben) *sich*³ 事⁴ *denken* 事⁴を想像する, 思い浮かべる. Das kann ich mir *denken*. そのことは私にも想像がつく / Das habe ich mir gleich *gedacht*. そんなことだろうと思ったよ / Er *dachte sich* nichts Böses dabei. 彼はそのとき何も悪意はなかった / Ich *denke* mir eine Seereise sehr schön. 私は船の旅はとてもすてきだと思う / Das *hast* du *dir* [so] *gedacht*! 『口語』それは君のとんでもない思い違いだ.

◇ ☞ gedacht

類語 **denken**: (客観的に考えてみてそうだと)思う.
glauben: (主観的にそうだと)思う. Ich *glaube*, dass er die Wahrheit sagt. 彼は本当のことを言っていると思うよ. **meinen**: (積極的に自分の意見を表明して)…と思う. Ich *meine*, dass er recht (または Recht) hat. 私は, 彼の言っていることは正しいと思う.

Den·ken [デンケン] 中 -s/ 思考, 思惟, 思索; 思想.

Den·ker [デンカァ déŋkər] 男 -s/- 思想家, 哲学者; 思索家. (女性形: -in).

den·ke·risch [デンケリッシュ déŋkərɪʃ] 形 思索的な, 思想家の.

denk⸗faul [デンク・ふァオる] 形 考えることの嫌

いな.
Denk·feh·ler [デンク・フェーラァ] 男 -s/- 推論の誤り,考え違い.

das **Denk·mal** [デンク・マール dénk-ma:l] 中 (単2) -s/(複) ..mäler [..メーラァ] (3格のみ ..mälern) まれに (複) -e (英 *monument*) ① 記念碑, 記念像. das *Denkmal* Schillers und Goethes シラーとゲーテの記念像 / ein *Denkmal*[4] errichten 記念碑を建てる / [人]³ ein *Denkmal*[4] setzen [人]³の記念碑を建てる / sich³ ein *Denkmal*[4] setzen 《比》不滅の業績を残す. ② (歴史上の)文化遺産, 文化財. ein *Denkmal* römischer Kunst² 古代ローマ芸術の文化遺産.

Denk·mä·ler [デンク・メーラァ] Denkmal (記念碑)の複.

Denk·mal[s]·pfle·ge [デンクマール[ス]・プフレーゲ] 女 -/ 文化財保護, 記念物保護.

Denk·mal[s]·schutz [デンクマール[ス]・シュッツ] 男 -es/ 文化財保護[政策], 記念物保護[政策].

Denk·mo·dell [デンク・モデる] 中 -s/-e 思考モデル.

Denk⚆pau·se [デンク・パオゼ] 女 -/-n ① (考えを整理するための)休憩. ② (戯) (頭を休めるための)休憩.

Denk⚆pro·zess [デンク・プロツェス] 男 -es/-e 思考過程.

Denk⚆schrift [デンク・シュリふト] 女 -/-en (公的機関への)意見書, 報告書.

Denk⚆sport [デンク・シュポルト] 男 -[e]s/ クイズ, 頭の体操.

Denk⚆spruch [デンク・シュプルフ] 男 -[e]s/..sprüche 格言, 警句, 金言.

Denk⚆ver·mö·gen [デンク・フェァメーゲン] 中 -s/ 思考能力.

Denk⚆wei·se [デンク・ヴァイゼ] 女 -/-n 考え方, 思考法; 物の見方 (=Denkart).

denk⚆wür·dig [デンク・ヴュルディヒ] 形 記憶に値する, 記念すべき.

Denk⚆zet·tel [デンク・ツェッテる] 男 -s/- (俗) (過ちを繰り返さないようにするための)戒め, お仕置. [人]³ einen *Denkzettel* geben [人]³におきゅうをすえる.

︰denn [デン dén]

| というのは | Er kommt nicht,
エァ コムト ニヒト
denn er ist krank.
デン エァ イスト クランク
彼は来ないよ, というのは彼は病気なんだ. |

I 接 〖並列接続詞〗① というのは …だから. (英 *for*). Wir blieben zu Hause, *denn* das Wetter war schlecht. 私たちは家にいました, だって天気が悪かったんですもの.

▷ **denn** と **weil**: weil が主文に対する因果関係を述べるときに用いられるのに対して, denn は先行する文に対する話し手の判断の根拠を補足的に述べる

ときに用いられる. また weil が従属文を導き, したがって動詞の人称変化形は文末であるのに対して, denn は語順に影響を与えない. ☞ weil

② 〖比較級とともに〗…よりも. mehr *denn* je 以前よりいっそう / Er ist als Schriftsteller berühmter *denn* als Maler. 彼は画家としてより作家としての方が有名だ. (☞ 比較の als と, 「として」の als との重複を避けるため).

II 副 **A)** 〖文中でのアクセントなし〗① 〖疑問文で〗〖驚き・関心などを表して〗[いったい]…なのか. Was ist *denn* los? いったいどうしたの / Seit wann bist du *denn* krank? 君はいつから病気なの? / Hast du *denn* so viel Geld? 君にはそんなお金があるのかい.

② 〖修辞疑問文で〗…とでもいうのか. Kannst du *denn* nicht hören? 耳が聞こえないのか(言うことがわからないのか).

③ 〖平叙文で; auch, doch とともに〗果たして, 実際. Und so blieb es *denn* auch. 果たしてそれはそのまま変わることもなかった / Ihr war es *denn* doch zu anstrengend. 彼女にとってその作業はやはりきつすぎたな.

B) 〖疑問詞とともに; 文中でのアクセントあり〗それじゃあ[いったい]. Die Zeitung liegt nicht auf dem Tisch? Wo *denn*? 新聞はテーブルの上にないって? じゃあいったいどこだろう.

C) ① 〖平叙文で; so とともに〗そういうわけで. Ich habe noch viel Arbeit, so muss ich *denn* jetzt gehen. 私はまだいろいろ仕事がありますが, それでもう行かなければなりません.

② 〖es sei *denn*…の形で〗…でもないかぎり, …の場合は別だが. Peter kommt bestimmt, es sei *denn*, dass er krank ist. 病気でもないかぎりペーターはきっと来るよ.

③ (北ドイツ) それから; それなら (=dann).

den·noch [デンノッホ dénɔx] 副 それにもかかわらず, それでもなお, やはり. (☞ trotzdem に比べやや文語調). Er war krank, *dennoch* wollte er seine Reise nicht verschieben. 彼は病気だったが, それにもかかわらず旅行を延期しようとしなかった.

denn⚆schon [デン・ショーン] 副 〖成句的に〗 Wennschon, *dennschon*! (口語) やるからにはいっそとことんやろう.

den⚆sel·ben [デーン・ゼるベン] 代 〖指示代名詞; 男性単数の4格および複数の3格〗 ☞ derselbe

den·tal [デンターる dentá:l] 形 ①(医) 歯の. ②(言) 歯音の.

Den·tist [デンティスト dentíst] 男 -en/-en (昔の:)(大学教育を受けていない)歯科療法士(治療範囲に制限があった. 1952年に廃止). (女性形: -in).

De·nun·zi·ant [デヌンツィアント denuntsiánt] 男 -en/-en 密告者. (女性形: -in).

De·nun·zi·a·ti·on [デヌンツィアツィオーン denuntsiatsió:n] 女 -/-en 密告.

de·nun·zie·ren [デヌンツィーレン denuntsí:rən] 他 (h) 告発(密告)する; 悪く言う.

de·pla·ciert [デプらスィーァト deplasí:ʀt または ..ツィーァト ..tsí:ʀt] 形 =deplatziert

der

de·plat·ziert [デプラツィーアト deplatsíːrt] 形 場違いの, お門違いの(発言など).

De·po·nie [デポニー deponíː] 囡 -/-n [..ニーエン] ごみ集積場.

de·po·nie·ren [デポニーレン deponíːrən] 他 (h) ① (銀行などに)預ける, 供託する. Geld⁴ **bei** der Bank *deponieren* お金を銀行に預ける. ② (一定の場所に)保管する, 置く.

De·por·ta·ti·on [デポルタツィオーン deportatsióːn] 囡 -/-en 追放, 流刑; 強制的移送.

de·por·tie·ren [デポルティーレン deportíːrən] 他 (h) 追放する, 流刑に処する; 強制的に移送する.

De·po·si·ten [デポズィーテン depozíːtən] 覆 《経》預金, 信託金; 供託物.

De·pot [デポー depóː] 田 -s/-s ① (物資の)貯蔵所, 保管所; (銀行などの)貴重品保管室. ② 貯蔵品, 保管物; 供託物. ③ (市電・バスなどの)車庫. ④ (赤ワインなどの)おり. ⑤ 《医》貯留[物].

Depp [デップ dép] 男 -en (または -s)/-en (または -e) 《南ドイツ・オーストリア・スイス》のろま, ばか.

De·pres·si·on [デプレスィオーン depresióːn] 囡 -/-en ① 《医・心》うつ[病];《口語》ふさぎ込み. Er hat eine schwere *Depression*. 彼は重いうつ病だ. ② 《経》不景気. ③ 《気象》低気圧[地帯]. ④ (骨などの)陥没. ⑤ 《地理》海面より低い土地(低地). ⑥ 《天》俯角(ふかく). ⑦ (温度表示などの)過剰降下.

de·pres·siv [デプレスィーふ depresíːf] 形 ① 《医・心》うつ[病]の;《口語》ふさぎこんだ. ② 《経》不景気の.

de·pri·mie·ren [デプリミーレン deprimíːrən] 他 (h) 憂うつにさせる, 意気消沈させる. Das Wetter *deprimiert* mich. この天気で私は気がめいる.

De·pu·tat [デプタート deputáːt] 田 -[e]s/-e ① 現物支給(給与). ② (教師の)授業担当ノルマ.

De·pu·ta·ti·on [デプタツィオーン deputatsióːn] 囡 -/-en (政府に陳情・請願をするための)代表団, 派遣団.

De·pu·tier·te[r] [デプティーアテ (..タァ) deputíːrtɐ (..tɐr)] 男 囡 《語尾変化は形容詞と同じ》① 代表(派遣)団員. ② (フランスなどの)代議士.

**der [(I, II B では:) デァ der / (II A では:) デーァ déːr]

その, この, あの

Der Wein hier ist gut.
デァ ヴァイン ヒーァ イスト グート
ここのワインは上等だ.

格	男	囡	田	覆
1	der	die	das	die
2	des	der	des	der
3	dem	der	dem	den
4	den	die	das	die

I 冠 《定冠詞; アクセントをもたない》① 《すでに話題になったものを指して》その. (英 *the*). Er hat einen Sohn. *Der* Sohn studiert in Bonn. 彼には一人の息子がいる. その息子はボン大学で学んでいる.
② 《わかっているものや特定のものを指して》その, この, あの, 例の. Wer ist *die* Dame dort? あそこのご婦人はどなたですか / *das* Haus meines Freundes 友人の家 / *das* Auto⁴ reparieren (うちの)車を修理する.
③ 《一つしかないものにつけて》*die* Sonne 太陽 / Das ist *die* [beste] Idee. それはいちばんいい考えだ / Heute ist *der* 4. (=vierte) Mai. きょうは5月4日です.
④ 《抽象名詞につけて》*die* Liebe 愛 / *den* Tod fürchten 死を恐れる.
⑤ 《種族全体を一般化して》*Der* Mensch ist sterblich. 人間は死すべきものである. / *Das* Kind will spielen. 子供は遊びたがるものだ.
⑥ 《固有名詞が形容詞などの付加語をともなうとき》*der* kleine Fritz ちっちゃな[子供の]フリッツ君 / *das* Deutschland von heute 今日のドイツ. (注意 南ドイツでは付加語がなくても人名に定冠詞をつけることがある: *Die* Petra kommt gleich. ペトラはすぐ来ます.)
⑦ 《山・河川・海などなどの名称で》*der* Brocken ブロッケン山 / *die* Donau ドナウ川 / *die* Nordsee 北海.
⑧ 《男性・女性・複数の国名で》*der* Iran イラン / in *die* Schweiz fahren スイスへ行く / *die* USA アメリカ合衆国.
⑨ 《単位を示す名詞につけて》Dieser Stoff kostet 10 Euro *das* Meter. この服地は1メートル10ユーロする / 120 Kilometer *die* Stunde 時速 120 キロ.

注意 定冠詞が強く発音されて, 特定の人や物をはっきりと指示することがある: *der* [デーァ] Platz am Fenster 窓ぎわのあの席 / Ich gehe zu dem [デーァ] Arzt. 私はその医者の所へ行く.

II 代 **A)** 《指示代名詞; アクセントをもつ》

格	男	囡	田	覆
1	der	die	das	die
2	dessen	deren	dessen	{deren / derer}
3	dem	der	dem	denen
4	den	die	das	die

① 《既出の名詞を受けて》それ, これ; その人[たち]. Er hat einen Sohn. *Der* ist sehr fleißig. 彼には息子がいて, それはとても勤勉なんだよ / Diese Bluse gefällt mir. *Die* nehme ich. このブラウスが気に入りました. これにします / Mein Auto fährt schneller als *das* meines Freundes. 私の車は友人のそれ(車)より速い / *das* heißt すなわち, つまり(略: d. h.) / mein Bruder, sein Freund und *dessen* Frau 私の弟と, 彼の友人とその[友人の]妻.
② 《その場にある物・いる人を指して》これ, それ, あれ; この人[たち], あの人[たち]. Kennst du

das? 君,これ知ってる? / Was macht *der* an meinem Auto? あいつはぼくの車のところで何をしているんだ.

 複数2格の derer は関係代名詞の先行詞として用いられる. ☞ derer

B) 〖関係代名詞; 動詞の人称変化形は関係文の文末〗

格	男	女	申	複
1	der	die	das	die
2	dessen	deren	dessen	deren
3	dem	der	dem	denen
4	den	die	das	die

[…である]ところの. Er ist der einzige Freund, *der* mich nicht verlassen hat. 彼は私を見捨てなかった唯一の友人だ / Das ist die Kirche, *deren* Foto ich dir gezeigt habe. 教会の写真を君に見せたけど,あれがその教会だ / Kennst du den Mann, mit *dem* sie tanzt? 彼女がいっしょに踊っている男を知ってるかい.

 関係代名詞の性・数は先行詞の性・数と一致し,格は関係文中での関係代名詞の役割によって決まる.

der･art [デーァ・アールト] 圖 このように,これほどに. Es hat lange nicht mehr *derart* geregnet. もう長い間こんなに雨が降ったことはない / Er schrie *derart*, dass ihm die Stimme versagte. 彼は声がかれるほど大声で叫んだ.

der･ar･tig [デーァ・アールティヒ] 厖 このような,この種の. Eine *derartige* Krankheit gibt es selten. このような病気はまれにしかない.

derb [デルプ] dɛrp] 厖 ① 頑丈な,がっしりした. *derbes* Leder ごつい革. ② 荒っぽい,粗野な,がさつな. *derbe* Scherze 野卑な冗談 / eine *derbe* Antwort ぶっきらぼうな返事.

Derb･heit [デルプハイト] 囡 -/-en ① 〖複なし〗粗野,不作法. ② 粗野な言葉.

der･einst [デーァ・アインスト] 圖 ① 〖雅〗いつか,将来,他日. ② 〖古〗かつて,昔.

de･ren [(Aでは:) デーレン déːrən (Bでは:) デーレン deːrən] 囡 **A)** 〖指示代名詞; 女性単数および複数の2格; ☞ der II A〗 その人[ら]の,それ[ら]の. ihre Freundin and *deren* Tochter 彼女の友人とその[友人の]娘.

B) 〖関係代名詞; 女性単数および複数の2格; ☞ der II B〗 die Frau, *deren* Mann neulich verunglückte 最近夫が事故に遭った[その]婦人 / die Kinder, *deren* Eltern anwesend sind 両親が出席している子供たち.

de･rent･we･gen [デーレント・ヴェーゲン] 圖 彼女の(それの)ために,彼ら(彼女ら・それら)のために.

de･rent･wil･len [デーレント・ヴィレン] 圖 〖成句的に〗 um *derentwillen* 彼女(それ)のために,彼ら(彼女ら・それら)のために.

De･rer [デーァァ déːrər] 囡 〖指示代名詞; 複数の2格; 指示代名詞の先行詞として用いられる; ☞ der II A〗 […である]人々の. Hier ist die Liste *derer*, die wir eingeladen haben. これが私たちが招待した人たちのリストです.

der･ge･stalt [デーァ・ゲシュタルト] 圖 〖雅〗 その(この)ように (=derart). Derge*stalt*¹ verläuft *dergestalt*, dass … は…のように経過する.

der･glei･chen [デーァ・グらイヒェン] 囡 〖指示代名詞; 無変化〗 ① 〖付加語として〗 そのような. in *dergleichen* Fällen そのような場合には. ② 〖名詞的に〗 そのようなもの(こと). Ich habe *dergleichen* noch nie gehört. 私はそのようなことはまだ一度も聞いたことがない / und *dergleichen* [mehr] 等々 (略: u. dgl. [m.]).

der･je･ni･ge [デーァ・イェーニゲ déːrjeːnɪgə] 囡 〖指示代名詞; der.. の部分は定冠詞の変化, ..jenige の部分の語尾変化は定冠詞のあとの形容詞と同じ; 指示代名詞の先行詞として用いられることが多い〗 ① 〖付加語として〗 その. *derjenige* Mann, den wir gestern trafen 私たちがきのう会ったその男.

② 〖名詞的に〗 **その人[たち]**, それ. Er lobt nur *diejenigen*, die ihm schmeicheln. 彼は自分にお世辞を言う人だけをほめる. ◇〖2格の名詞とともに〗 mein Brief und *derjenige* meines Freundes 私の手紙と友人のそれ(手紙).

der･lei [デーァらイ déːrlaɪ] 囡 〖指示代名詞; 無変化〗 ① 〖付加語として〗 そのような. *derlei* Geschichten そのような話. ② 〖名詞的に〗 そのようなもの(こと).

der･ma･ßen [デーァ・マーセン] 圖 このように,これほどに (=derart). Er war *dermaßen* müde, dass … 彼は…するほど疲れていた.

Der･ma･to･lo･ge [デルマトろーゲ dɛrmatolóːgə] 男 -n/-n 皮膚科医. (女性形: Dermatologin).

Der･ma･to･lo･gie [デルマトろギー dɛrmatologíː] 囡 〖医〗皮膚科[学].

der･sel･be [デーァ・ぜるべ deːrzélbə] 囡 〖指示代名詞; der.. の部分は定冠詞の変化, ..selbe の部分の語尾変化は定冠詞のあとの形容詞と同じ〗 ① 〖付加語として〗 **同一の**, 同じ. Er trägt immer *dieselbe* Krawatte. 彼はいつも同じネクタイをしている / [ein und] *dieselbe* Person まったくの同一人物.

② 〖付加語として〗 〖口語〗 等しい,いっしょの. Er fährt *dasselbe* Auto wie ich. 彼は私と同じ[型の]車に乗っている.

③ 〖名詞的に〗 同一の人, 同一のもの(こと). Er ist immer noch *derselbe*. 彼は相変わらずだ.

der･weil [デーァ・ヴァイる] **I** 圖 その間に,そうしているうちに. **II** 腰 〖従属接続詞; 動詞の人称変化形は文末〗 …している間.

Der･wisch [デルヴィッシュ dérvɪʃ] 男 -[e]s/-e (イスラム神秘主義教団の)たく鉢僧.

der･zeit [デーァ・ツァイト] 圖 ① 現在,目下. ② 当時, そのころ (=damals).

der･zei･tig [デーァ・ツァイティヒ] 厖 〖付加語としてのみ〗 ① 現在の,目下の. ② 当時の.

*des¹ [デス dɛs] 冠 《定冠詞; 男性・中性単数の2格; ☞ der I》 das Auto *des* Täters 犯人の車 / statt *des* Lehrers 先生の代わりに.

des², **Des** [デス] 中 -/- 《音楽》変ニ音. *Des*-Dur 変ニ長調.

De·sas·ter [デザスタァ dezástər] 中 -s/- 大災害, 災難.

des·a·vou·ie·ren [デス・アヴイーレン dɛsavuí:rən または デザヴ.. dezavu..] 他 (h) ① (人⁴を)さらしものにする. ② (決議など⁴を)承認しない, 拒否する.

Des·cartes [デ・カルト de-kárt] 《人名》デカルト (René Descartes 1596-1650; フランスの哲学者).

Des-Dur [デス・ドゥーァ] 中 -/ 《音楽》変ニ長調(記号: Des).

De·ser·teur [デゼルテーァ dezɛrtǿ:r] 男 -s/-e 《軍》脱走(逃亡)兵. (女性形: -in).

de·ser·tie·ren [デゼルティーレン dezɛrtí:rən] 自 (s,h) 《軍》脱走(逃亡)する.

des⸗glei·chen [デス・ぐらイヒェン] 副 同様に, 同じく.

*des⸗halb [デス・ハるブ dés-hálp または デス・ハるブ] 副 それゆえに, それだから. (英 therefore). Sie ist krank, *deshalb* fehlt sie heute. 彼女は病気だ, だからきょうは休みだ / Abends wird es kühl, nimm dir *deshalb* die Jacke mit. 夕方は冷えるよ, だから上着を持って行きなさい / Ach, *deshalb*! ああ, それでか.

◇《weil とともに》*deshalb*, weil … …であるから ⇒ Er kommt nur *deshalb*, weil er dich nicht enttäuschen will. 彼は君をがっかりさせたくないという理由で来るにすぎない.

◇《aber, doch とともに》 だからといって. Er kam zu spät, aber ich war *deshalb* nicht böse. 彼は遅れて来た, でもだからといってぼくは腹は立てなかった.

De·sign [デザイン dizáin] [英] 中 -s/-s デザイン, 意匠, 造形, 図案.

De·si·gner [ディザイナァ dizáinər] [英] 男 -s/- デザイナー. (女性形: -in).

de·si·gnie·ren [デズィグニーレン dezigní:rən] 他 (h) ① 指名する. ② 想定する.

des·il·lu·si·o·nie·ren [デス・イるズィオニーレン dɛs-iluzioní:rən または デズィる.. dezilu..] 他 (h) 幻滅させる; (人⁴の)迷いをさます.

Des·in·fek·ti·on [デス・インフェクツィオーン dɛs-infɛktsió:n または デズィン.. dezin..] 女 -/-en 消毒, 殺菌.

Des·in·fek·ti·ons⸗mit·tel [デスインフェクツィオーンス・ミッテる] 中 -s/- 消毒剤.

des·in·fi·zie·ren [デス・インフィツィーレン dɛs-infitsí:rən または デズィン.. dezin..] 他 (h) 消毒(殺菌)する.

Des·in·ter·es·se [デス・インテレッセ dɛs-intɛrɛ́sə または デズィン.. dezin..] 中 -s/ 無関心, 関心のなさ.

des·in·ter·es·siert [デス・インテレスィーァト dɛs-intɛrɛsí:rt または デーズィン.. dé:zin..] 形 無関心な, 興味を持たない. an 人・事³ desinteressiert sein 人・事³に関心がない.

de·skrip·tiv [デスクリプティーふ dɛskriptí:f] 形 記述的な.

de·so·lat [デゾらート dezolá:t] 形 居たたまれない, 惨めな.

Des·or·ga·ni·sa·ti·on [デス・オルガニザツィオーン dɛs-organizatsió:n または デゾル.. dezor..] 女 -/-en ① (組織・秩序などの)解体, 崩壊. ② 無統制, 混乱.

des·pek·tier·lich [デスペクティーァリヒ] 形 《雅》非礼な, 侮辱的な.

Des·pot [デスポート dɛspó:t] 男 -en/-en ① 専制君主, 暴君. (女性形: -in). ② 横暴な人間.

Des·po·tie [デスポティー dɛspotí:] 女 -/-n [..ティーエン] 専制[政治], 圧制.

des·po·tisch [デスポーティッシュ dɛspó:tiʃ] 形 ① 専制的な. ② 横暴な.

Des·po·tis·mus [デスポティスムス dɛspotísmʊs] 男 -/ 専制政治, 圧制.

Des·sau [デッサオ dɛ́sau] 中 -s/ 《都市名》デッサウ(ドイツ, ザクセン・アンハルト州: ☞ 地図 F-3).

des·sel·ben [デス・ぜるベン] 代 《指示代名詞; 男性・中性単数の2格》 ☞ derselbe

des·sen [(A では:) デッセン dɛ́sən (B では:) デッセン dɛssən] 代 **A)** 《指示代名詞; 男性・中性単数の2格; ☞ der II A》 その人の; それの. *dessen* ungeachtet それにもかかわらず / Karl besuchte seinen Freund und *dessen* Sohn. カールは彼の友人とその[友人の]息子を訪ねた.

B) 《関係代名詞; 男性・中性単数の2格; ☞ der II B》 Das Kind, *dessen* Mutter krank ist, fühlt sich einsam. 母親が病気のその子は寂しがっている.

des·sent⸗we·gen [デッセント・ヴェーゲン] 副 彼のために, それのために.

des·sent⸗wil·len [デッセント・ヴィれン] 副 《成句的に》 um *dessentwillen* 彼のために, それのために.

des·sen un·ge·ach·tet ☞ dessen A)

Des·sert [デセーァ dɛsɛ́:r または デセルト dɛsɛ́rt] [仏] 中 -s/-s デザート (=Nachtisch).

Des·sin [デセーン dɛsɛ́:] [仏] 中 -s/-s ① (布などの)模様, 図案, 意匠. ② デッサン, 素描.

Des·sous [デス dɛsú:] [仏] 中 -[デス] [デスース] 《ふつう 複》女性用の下着.

De·stil·lat [デスティらート dɛstilá:t] 中 -[e]s/-e 《化》(蒸留による)留出物.

De·stil·la·ti·on [デスティらツィオーン dɛstilatsió:n] 女 -/-en ① 《化》蒸留. ② 蒸留酒製造所. ③ 居酒屋.

de·stil·lie·ren [デスティリーレン dɛstilí:rən] 他 (h) 《化》蒸留する. ◇《過去分詞の形で》 *destilliertes* Wasser 蒸留水.

*des·to [デスト- désto] 副 《比較級とともに》 [それだけ]いっそう, ますます (=umso). Je mehr, *desto* besser. 多ければ多いほどよい / Je älter er wird, *desto* bescheidener wird

er. 彼は年をとるにつれてますます謙虚になる.
◊《後続の **als, da, weil** に導かれる副文とともに》[…であるだけに] いっても. Ich lese ihre Bücher *desto* lieber, als ich sie persönlich kenne. 私は彼女を個人的に知っているので, それだけいっそう彼女の本を好んで読む.

De·struk·ti·on [デストルクツィオーン destruk-tsió:n] 囡 -/-en 破壊.

de·struk·tiv [デストルクティーふ destruktí:f] 形 ① 破壊的な. ② (医) 破壊性の.

des⸗we·gen [デス・ヴェーゲン dés-vé:gən または デス・ヴェー..] 副 それゆえに, それだから (= deshalb). (英 *therefore*). Sie ist krank, *deswegen* kann sie nicht kommen. 彼女は病気だ, だから来ることができない / *deswegen*, weil … …だから ⇒ Er kann *deswegen* nicht kommen, weil seine Frau krank ist. 彼は奥さんが病気ので来ることができる.

De·tail [デタイ detái または デターユ detá:j] [^注] 田 -s/-s 細部, ディテール. 冠⁴ bis **ins** kleinste *Detail* berichten 事⁴をきめて詳細に報告する / ins *Detail* gehen (描写などが)詳細に及ぶ.

De·tail·liert [デタイイーァト detají:rt] 形 詳細な, 精確な.

De·tek·tei [デテクタイ detεktái] 囡 -/-en 探偵事務所, 興信所.

De·tek·tiv [デテクティーふ detεktí:f] 男 -s/-e [..ヴェ] 私立探偵; (イギリスなどの)[私服]刑事. (女性形: -in).

De·tek·tor [デテクトァ detéktɔr] 男 -s/-en [..トーレン] ① (工) 探知器. ② (放送) 検波器.

De·ter·mi·na·ti·on [デテルミナツィオーン detεrminatsió:n] 囡 -/-en ① (哲) 概念規定. ② (生) (胚細胞の分化の)決定.

de·ter·mi·nie·ren [デテルミニーレン detεrminí:rən] 他 (h) 決定する; 規定する.

De·ter·mi·nis·mus [デテルミニスムス detεrminísmus] 男 -/ (哲) 決定論.

Det·lef [デートれふ dé:tlεf または デト.. dét..] -s/ 《男名》デ[—]トレフ.

Det·lev [デートれふ dé:tlεf または デト.. dét..] -s/ = Detlef

De·to·na·ti·on¹ [デトナツィオーン detonatsió:n] 囡 -/-en (大音響を伴う)爆発, 爆ごう.

De·to·na·ti·on² [デトナツィオーン] 囡 -/-en 《音楽》調子はずれ.

de·to·nie·ren¹ [デトニーレン detoní:rən] 自 (s) (大音響とともに) 爆発する, 爆ごうが生じる.

de·to·nie·ren² [デトニーレン] 自(h) (音楽)調子はずれて歌う(演奏する).

Deut [ドイト dɔyt] 男《成句的に》keinen *Deut* または nicht einen *Deut* 全然…ない, 少しも…でない. (⸪ *Deut* は昔のオランダの銅貨).

Deu·te·lei [ドイテらイ dɔytəlái] 囡 -/-en こじつけ, へ理屈.

deu·teln [ドイテるン dɔyteln] 自 (h)《**an** 冠³ ~》(事³に)こじつけの解釈(説明)をする. Daran gibt es nichts zu *deuteln*. そのことについて

はあれこれ言う余地はない.

deu·ten [ドイテン dɔ́ytən] du deutest, er deutet (deutete, *hat* … gedeutet) **I** 自 (完了 haben) ① 『方向を表す語句とともに』(…を)指し示す. (英 *indicate*). [**mit** dem Finger] **auf** 人・物⁴ *deuten* [指で]人・物⁴を指す / Er *deutete* mit dem Finger **nach** Norden. 彼は指で北の方を指した.
② 『**auf** 冠⁴ ~』(冠⁴の)前兆(前触れ)である. Alles *deutet* auf Regen. すべて雨の前触れだ. **II** 他 (完了 haben) 解釈する, 読み解く. (英 *interpret*). ein Gedicht⁴ *deuten* 詩を解釈する / die Sterne⁴ *deuten* 星占いをする / 人³ die Zukunft⁴ *deuten* 人³の未来を占う / Ich *deutete* ihr Nicken **als** Zustimmung. 私は彼女がうなずいたのを承諾したものと受けとめた.

deu·te·te [ドイテテ] deuten (指し示す)の過去

***deut·lich** [ドイトりヒ dɔ́ytlɪç] 形 ① はっきりした, 明瞭(めいりょう)な, 明らかな. (英 *clear*). eine *deutliche* Aussprache 明瞭な発音 / Daraus wird *deutlich*, dass… このことから…ということがはっきりする / ein *deutlicher* Sieg 明らかな勝利 / Die Zahl der Unfälle hat *deutlich* zugenommen. 事故の件数は明らかに増加した.
② あからさまな, あけすけな. *deutlich* werden (手控えていた)批判をあからさまに言うようになる.
類語 **deutlich**: (目・耳で区別・区分ができるほどに)はっきりした. **klar**: (だれが見ても意味するところが)明白な, 一目瞭然の. Das Telegramm enthielt eine *klare* Absage. その電報にはきっぱりとした拒絶の言葉が入っていた. **eindeutig**: (誤解の余地がないほど)明らかな, 一義的な.

Deut·lich·keit [ドイトりヒカイト] 囡 -/-en ① 『複 なし』明瞭(めいりょう)さ; 明確さ; 露骨さ. 事⁴ mit aller *Deutlichkeit* sagen 事⁴をあからさまに言う. ② 『複 で』遠慮のない(ぶしつけな)言葉.

***deutsch** [ドイチュ dɔ́ytʃ]

> ドイツの; ドイツ語の
> Das ist typisch *deutsch*.
> ダス イスト テューピッシュ ドイチュ
> これはいかにもドイツ的だ.

形 (英 *German*) ① ドイツの, ドイツ人の; ドイツ的(風)な. ein *deutsches* Auto ドイツ車 / die *deutsche* Sprache ドイツ語 / das *deutsche* Volk ドイツ国民 / die *deutsche* Literatur ドイツ文学 / Er besitzt die *deutsche* Staatsangehörigkeit. 彼はドイツ国籍をもっている.
② ドイツ語の, ドイツ語による. die *deutsche* Grammatik ドイツ語文法 / die *deutsche* Schweiz ドイツ語圏スイス / die *deutsche* Übersetzung der Werke² Shakespeares シェークスピアの作品のドイツ語訳.
◊《名詞的に》**auf** *Deutsch* ドイツ語[という伝達手段]で / **in** *Deutsch* ドイツ語[という言語形式]で.

◆〖副詞的に〗Er spricht *deutsch*. 彼はドイツ語で話す / *deutsch* schreiben ドイツ語で書く / mit 人³ *deutsch* sprechen (または reden)《口語》人³と率直に話す.
③〖大文字で〗*Deutsche* Bahn [AG] ドイツ鉄道[株式会社] (略: DB) / *Deutsche* Post [AG] ドイツ郵便株式会社] / *Deutsche* Mark ドイツマルク (2001年までのドイツの通貨; 略: DM).

Deutsch [ドイチュ dɔ́ɣtʃ]

ドイツ語 Verstehen Sie *Deutsch*?
フェァシュテーエン ズィー ドイチュ
ドイツ語がわかりますか.

田 (単2) -[s]/ ① 〖冠詞なしで〗(日常使う言葉としての)**ドイツ語**. (英 *German*). (☞「方言地図」「ドイツ語の系統」「ドイツ語の歴史」, 1746ページ / ☞「ドイツ・ミニ情報 4」, 下段). gutes *Deutsch* 正しいドイツ語 / Er spricht gut *Deutsch*. 彼はドイツ語を上手に話す / Er versteht kein *Deutsch*. 彼はドイツ語が全然わからない / Wir haben in der zweiten Stunde *Deutsch*. 私たちは2時間目はドイツ語の授業です / Er lehrt (または gibt) *Deutsch*. 彼はドイツ語を教えている / Verstehst du kein *Deutsch* [mehr]?《口語》君の耳はどこについているんだ.
◆〖前置詞とともに〗Wie heißt das **auf** *Deutsch*? それはドイツ語で何と言いますか / auf [gut] *Deutsch*《口語》率直に言って / Der Brief ist **in** *Deutsch* geschrieben. 〖状態受動・現在〗その手紙はドイツ語で書かれている / „Love", **zu** *Deutsch* „Liebe"「ラブ」, ドイツ語では「リーベ」.
② (特定の)ドイツ語. mein *Deutsch* 私のドイツ語 / Goethes *Deutsch* ゲーテのドイツ語 / Im heutigen *Deutsch* gibt es viele amerikanische Wendungen. 現代ドイツ語にはアメリカ風の言い回しがたくさんある.

🔍 言語のいろいろ: **Chinesisch** 中国語 / **Dänisch** デンマーク語 / **Deutsch** ドイツ語 / **Englisch** 英語 / **Französisch** フランス語 / **Griechisch** ギリシア語 / **Holländisch** オランダ語 / **Italienisch** イタリア語 / **Japanisch** 日本語 / **Koreanisch** 朝鮮語 / **Polnisch** ポーランド語 / **Russisch** ロシア語 / **Spanisch** スペイン語 / **Tschechisch** チェコ語 / **Türkisch** トルコ語 / **Ungarisch** ハンガリー語

―使ってみよう―

私はドイツ語が少し話せます.
　Ich spreche ein bisschen Deutsch.
あなたは英語ができますか.
　Können Sie Englisch?
何とおっしゃいましたか.
　Wie bitte?
どうかゆっくり話してください.
　Sprechen Sie bitte langsam!
もう一度おっしゃってください.
　Sagen Sie das bitte noch einmal!
これはドイツ語では何と言うのですか.
　Wie heißt das auf Deutsch?

Deut·sche [ドイチェ dɔ́ɣtʃə] 田 〖複なし; 定冠詞とともに〗(形容詞と同じ ☞ Alte[s]) ① (言語体系としての)**ドイツ語**. (🔍 ドイツ語一般ならびに外国語に対するドイツ語の場合に用いる). Das *Deutsche* ist eine germanische Sprache. *ドイツ語はゲルマン語系の言語である* / die Aussprache des *Deutschen* ドイツ語の発音 / 圖⁴ **aus** dem *Deutschen* ins Japanische übersetzen 圖⁴をドイツ語から日本語に翻訳する / Er übersetzt den Roman **ins** *Deutsche*. 彼はその小説をドイツ語に翻訳する.
② ドイツ的なもの(こと). das typisch *Deutsche* an ihm 彼の持つ典型的なドイツ人らしさ.

―― ドイツ・ミニ情報 4 ――

ドイツ語 Deutsch

現在ドイツ語を公用語としている国は, ドイツ, オーストリア, スイスで, これにリヒテンシュタインとルクセンブルクが加わる. さらに, 近隣諸国のドイツ語生活圏や, 他国へ移住したドイツ系住民を加えると, 世界のドイツ語使用人口は約1億人にのぼると推定される.

ドイツ語は, インド・ヨーロッパ語族のゲルマン語派に属する. ゲルマン民族の大移動が終わった紀元7世紀頃, 北方のゲルマン諸語と明確に異なる音韻特徴が, 中部・南部ドイツの諸方言に生じ, 高地ドイツ語が生まれた. (高地と呼ばれたのは, 北部より中・南部の方が地理的に海抜が高いためである.) この高地ドイツ語が後の標準ドイツ語の基になった.

しかし, 大小さまざまな領邦国家が分立し, 統一国家の成立が遅れたドイツでは, それぞれの地方で独自の方言が用いられ, 標準語の形成がなかなか進まなかった. ルターによるギリシア語原典からドイツ語への聖書翻訳(16世紀), 各地の言語協会の設立(17世紀), ドイツ国民文学の普及(18世紀)など, 何世紀にもわたる地道な努力の結果, 18世紀末にようやく全土で通用する書き言葉としてのドイツ語が確立された. このような経緯があるため, ひとことでドイツ語と言っても, 日常語では今でも地域差が大きい. 発音, 文法, 語彙的な相違から, 低地, 中部, 上部ドイツ方言に大別できる. (☞「方言地図」「ドイツ語の系統」「ドイツ語の歴史」, 1746ページ).

ルターが聖書を翻訳した机

Deut·sche[r] [ドイチェ(..チャァ) / dɔ́ytʃə(..tʃər)]

ドイツ人 Sind Sie *Deutscher*?
ズィント ズィー ドイチャァ
あなたはドイツ人ですか.

男 女 《語尾変化は形容詞と同じ ☞ 下表》ドイツ人. (英 *German*). ein typischer *Deutscher* 典型的なドイツ人 / alle *Deutschen* すべてのドイツ人 / Seine Frau ist [eine] *Deutsche*. 彼の妻はドイツ人だ.

男	1 der	Deutsche	ein	Deutscher
	2 des	Deutschen	eines	Deutschen
	3 dem	Deutschen	einem	Deutschen
	4 den	Deutschen	einen	Deutschen
女	1 die	Deutsche	eine	Deutsche
	2 der	Deutschen	einer	Deutschen
	3 der	Deutschen	einer	Deutschen
	4 die	Deutsche	eine	Deutsche
複	1 die	Deutschen		Deutsche
	2 der	Deutschen		Deutscher
	3 den	Deutschen		Deutschen
	4 die	Deutschen		Deutsche

Deut·sches Eck [ドイチェス エック dɔ́ytʃəs ék] 中 《Deutsch- の語尾変化は形容詞と同じ》-s/ 《地名》ドイチェス・エック (モーゼル川とライン川の合流部の河岸の先端.「ドイツの角(すみ)」の意).

Deutsches Eck

deutsch⹀feind·lich [ドイチュ・ファイントリヒ] 形 ドイツ嫌いの, 反ドイツ的な.
deutsch⹀freund·lich [ドイチュ・フロイントリヒ] 形 ドイツ好きの, 親ドイツ的な.

Deutsch·land [ドイチュ・らント / dɔ́ytʃ-lant]

ドイツ Ich fahre nach *Deutschland*.
イヒ ファーレ ナーハ ドイチュらント
私はドイツに行きます.

中 (単2) -s/《国名》ドイツ. (英 *Germany*). (☞ 正式には die Bundesrepublik *Deutschland* ドイツ連邦共和国 (略: BRD) という. 首都はベルリン. (☞「ドイツ・ミニ情報 5」, 下段).

Deutsch·land⹀lied [ドイチュらント・リート] 中 -[e]s/ ドイツ国歌 (ホフマン・フォン・ファラースレーベン作の „Deutschland, Deutschland über alles" という歌詞で始まる. 1922年からドイツ帝国の国歌. 今日では「世界に冠たるドイツ」という曲解を受ける第1節を避け, その第3節がドイツ連邦共和国の国歌となっている. F. J. ハイドンの曲に基づいて作詞された).

Deutsch·land⹀rei·se [ドイチュらント・ライゼ] 女 -/-n ドイツ旅行.
deutsch·land⹀weit [ドイチュらント・ヴァイト] 形 ドイツ全域の, ドイツ全土におよぶ.
Deutsch⹀leh·rer [ドイチュ・れーラァ] 男 -s/- ドイツ語教師. (女性形: -in).
deutsch⹀schwei·ze·risch [ドイチュ・シュヴァイツェリッシュ] 形 ドイツ語圏スイスの.
deutsch⹀spra·chig [ドイチュ・シュプラーヒヒ] 形 ① ドイツ語を話す(地域・住民など), ドイツ語圏の. ② ドイツ語による. *deutschsprachiger* Unterricht ドイツ語での授業.
deutsch⹀sprach·lich [ドイチュ・シュプラーハリヒ] 形 《付加語としてのみ》 ドイツ語の, ドイツ語に関する. *deutschsprachlicher* Unterricht ドイツ語の授業.

ドイツ・ミニ情報 5

ドイツという国 Deutschland

ドイツは正式にはドイツ連邦共和国 (Bundesrepublik Deutschland) といい, 16の州に分かれている. 首都はベルリン. 面積は約35.7万km² (日本の約94%)で, 北は北海・バルト海に面し, 南にはアルプス山脈が控えている. 北部は平坦な地形で, 南に向かうにつれてなだらかな山が連なっているが, 山岳地帯は日本ほど多くはない. 冬季は平野部で平均気温 1.5℃とかなり寒いが, 夏季は平野部の7月の平均気温が18℃で湿気も少なく過ごしやすい.

ドイツの人口はおよそ8,227万人で, ヨーロッパは最大. 昔から領邦に分かれた国家であったため各州が強い自治権を持っており, 地方ごとの伝統や国柄にも特色がある.

日本は明治以来ドイツからさまざまな文物を採り入れてきた. 医学をはじめとする近代科学の分野, 哲学や音楽などの人文科学や芸術の分野では特に大きな影響を受けた. 第二次世界大戦の敗戦から「奇跡の復興」を遂げた点や勤勉な国民性など, 両国民には共通するところも少なくない.

ドイツ車(ポルシェ, ベンツ, BMW, VWなど), そしてゾーリンゲンの刃物, マイセンの陶磁器はよく知られているが, 多種多様なソーセージやずっしりとしたドイツパン, 地方色豊かなビール・ワインといった食文化, そして美しい自然に恵まれた国としても有名だ.

ドイツは今, 環境保全に取り組む「環境先進国」として注目されており, また, サミット(G8)の一員, EUの主要国としての活躍が世界から期待されている.

ハイデルベルク

deutsch·spre·chend [ドイチュ・シュプレッヒェント] 形 ドイツ語を話す(人・地域).

Deutsch≠stun·de [ドイチュ・シュトゥンデ] 女 -/-n ドイツ語の授業[の時間].

Deutsch·tum [ドイチュトゥーム] 中 -s/ ① ドイツ気質. ② (総称として:)在外ドイツ人.

Deutsch·tü·me·lei [ドイチュ・テューメらイ] 女 -/-en (軽蔑的に:)ドイツ精神へのうぬぼれ.

Deutsch≠un·ter·richt [ドイチュ・ウンタァリヒト] 男 -[e]s/ ドイツ語の授業.

Deu·tung [ドイトゥング] 女 -/-en 解釈, 説明. die *Deutung* eines Traumes 夢判断.

De·vi·se [デヴィーゼ deví:zə] 女 -/-n ① モットー, スローガン. ② 〖商で〗外国為替; 外貨.

De·vi·sen≠kurs [デヴィーゼン・クルス] 男 -es/-e 《経》外国為替相場.

De·vi·sen≠markt [デヴィーゼン・マルクト] 男 -[e]s/..märkte 外国為替市場.

de·vot [デヴォート devó:t] 形 卑屈な; 《古》へりくだった.

Dez. [デツェンバァ] 《略》12 月 (=Dezember).

der **De·zem·ber** [デツェンバァ detsém-bəɐ] 男 (単2)-[s]/(複 - (3格のみ -n) 〖ふつう 冠詞〗 **12 月** (=Dez.). (英 *December*). 〖月名 ☞ Monat〗. Im *Dezember* ist Weihnachten. 12 月にはクリスマスがある.

De·zen·ni·um [デツェンニウム detsénium] 中 -s/..nien [..ニエン] 10 年[間] (=Jahrzehnt).

de·zent [デツェント detsént] 形 控えめな, 目立たない; (色などが)落ち着いた, 地味な.

De·zen·tra·li·sa·ti·on [デ・ツェントラりザツィオーン] 女 -/-en (行政権などの)分散; [地方]分権.

de·zen·tra·li·sie·ren [デ・ツェントラりズィーレン de-tsentralizí:rən] 他 (h) (行政権などを)分散させる.

De·zer·nat [デツェルナート detsɛrná:t] 中 -[e]s/-e (官庁などの)部局, 部署.

De·zer·nent [デツェルネント detsɛrnént] 男 -en/-en (官庁などの)部(局)長. (女性形: -in).

de·zi.. [デツィ.. detsi.. または デーツィ..] 〖単位名につける 接頭〗 (10 分の 1 の) 例: *Deziliter* デシリットル.

De·zi·bel [デーツィ・べる dé:tsi-bɛl または デツィ・べる] 中 -s/- デシベル(記号: dB).

de·zi·diert [デツィディーァト detsidí:rt] 形 決然たる, 断固とした.

De·zi·li·ter [デーツィ・リータァ dé:tsi-li:təɐ または デツィ・リー..] 男 中 -s/- デシリットル(記号: dl).

de·zi·mal [デツィマーる detsimá:l] 形 《数》10 進法の.

De·zi·mal≠bruch [デツィマーる・ブルフ] 男 -[e]s/..brüche 《数》分母が 10 の累乗である分数(¹/₁₀, ³³/₁₀₀ など); 帯(たい)小数.

De·zi·ma·le [デツィマーれ detsimá:lə] 女 -[n]/-n 《数》小数; 小数位. die erste *Dezimale* 小数第 1 位.

De·zi·mal≠sys·tem [デツィマーる・ズュステーム] 中 -s/ 《数》10 進法.

De·zi·mal≠zahl [デツィマーる・ツァーる] 女 -/-en 《数》帯(たい)小数.

de·zi·mie·ren detsimí:rən] 他 (h) (戦争・疫病などが人口などを⁴を)激減させる. ◊《再帰的に》 *sich⁴ dezimieren* 激減する.

DFB [デー・エフ・ベー] 《略》ドイツ・サッカー連盟 (=Deutscher Fußball-Bund).

Dg [デカ・グラム] 《記号》デカグラム (10 g) (=Dekagramm).

DGB [デー・ゲー・ベー] 《略》ドイツ労働組合同盟 (=Deutscher Gewerkschaftsbund).

dgl. [デーァ・グらイヒェン] 《略》そのような[もの(こと)] (=dergleichen).

d. Gr. [デァ グローセ] 《略》大王, 大帝 (=der Große).

d. h. [ダス ハイスト] 《略》すなわち (=das heißt).

Di. [ディーンス・ターク] 《略》火曜日 (=Dienstag).

d. i. [ダス イスト] 《略》すなわち (=das ist).

Dia [ディーア dí:a] 中 -s/-s 〖写〗スライド (=*Dia*positiv).

Di·a·be·tes [ディアベーテス diabé:tɛs] 男 -/ 《医》糖尿病 (=Zuckerkrankheit).

Di·a·be·ti·ker [ディアベーティカァ diabé:tikəɐ] 男 -s/- 《医》糖尿病患者. (女性形: -in).

di·a·bo·lisch [ディアボーリッシュ diabó:lɪʃ] 形 悪魔のような, 毒気を含んだ.

di·a·chron [ディアクローン diakró:n] 形 =diachronisch

Di·a·chro·nie [ディアクロニー diakroní:] 女 -/ 《言》通時態, 通時論. (☞「共時態」は Synchronie).

di·a·chro·nisch [ディアクローニッシュ diakró:nɪʃ] 形 《言》通時態の, 通時[論]的な.

Di·a·dem [ディアデーム diadé:m] 中 -s/-e ダイアデム(宝石をちりばめた輪櫛(くし)・額飾り).

Di·a·gno·se [ディアグノーゼ diagnó:zə] 女 -/-n 《医・心》診断. eine *Diagnose*⁴ stellen 診断する. ② (状況などの)判断.

Di·a·gnos·tik [ディアグノスティク diagnóstɪk] 女 -/ 《医・心》診断学.

Di·a·gnos·ti·ker [ディアグノスティカァ diagnóstikəɐ] 男 -s/- 診断医(者). (女性形: -in).

di·a·gnos·tisch [ディアグノスティッシュ diagnóstɪʃ] 形 診断の, 診断に基づいた.

di·a·gnos·ti·zie·ren [ディアグノスティツィーレン diagnostitsí:rən] 他 (h) (ある病気⁴だと)診断する. Der Arzt *diagnostizierte* Asthma. 医師は喘息(ぜんそく)と診断した.

di·a·go·nal [ディアゴナーる diagoná:l] 形 ① 《数》対角[線]の. ② 斜めの. ein Buch⁴ *diagonal* lesen 《口語》本を斜め読みする.

Di·a·go·na·le [ディアゴナーれ diagoná:lə] 女 -/-n 《数》対角線.

Dia·gramm [ディアグラム diagrám] 中 -s/-e ダイヤグラム, グラフ.

Di·a·kon [ディアコーン diakó:n] 男 -s (または -en)/-e[n] 《カトリック》助祭; 《新教》執事. (女性形:

Di·a·ko·nis·se [ディアコニッセ diakonísə] 因 -/-n ＝Diakonissin

Di·a·ko·nis·sin [ディアコニッスィン diakonísın] 因 -/..sinnen 《新教》(教会の福祉活動に従事する女性の)奉仕者.

Dia·lekt [ディアレクト dialékt] 男 -[e]s/-e 《言》方言 (＝Mundart). ein norddeutscher *Dialekt* 北ドイツの方言.

dia·lek·tal [ディアレクターる dialɛktá:l] 形 《言》方言の.

dia·lekt≠frei [ディアレクト・ふライ] 形 訛(なま)りのない.

Dia·lek·tik [ディアレクティク dialéktık] 因 -/ ① 《哲》弁証法. ② 《史·修》(古代ギリシアの)論争術; 《比》(巧みな)論法.

dia·lek·tisch [ディアレクティッシュ dialéktıʃ] 形 ① 《哲》弁証法の. *dialektischer* Materialismus 弁証法的唯物論. 《比》細かいことにこだわる. ③ 方言の

der **Dia·log** [ディアローク dialó:k] 男 (単2) -[e]s/(複) -e (3格のみ -en) ① 対話, 問答, 話し合い, 意見の交換. (☞「独白」は Monolog). mit 人³ einen *Dialog* führen 人³と対話を交わす. (☞類語 Gespräch). ② 《映》(脚本などの)対話の部分.

Dia·ly·se [ディアリューゼ dialý:zə] 因 -/-n ① 《化》透析. ② 《医》[人工]透析.

Di·a·mant [ディアマント diamánt] 男 -en/-en ダイヤモンド. ein *Diamant* von 3 Karat 3カラットのダイヤモンド / schwarze *Diamanten* 《比》石炭(←黒いダイヤ).

di·a·man·ten [ディアマンテン diamántən] 形 《付加語としてのみ》ダイヤモンドでできた, ダイヤモンドをちりばめた, ダイヤモンドの[ような].

dia·me·tral [ディアメトラーる diametrá:l] 形 ① 《数》直径の; 対蹠(たいしょ)点にある. ② 《比》正反対の. *diametrale* Ansichten 正反対の意見.

Di·a·na [ディアーナ diá:na] -s/ 《ロ神》ディアナ, ダイアナ (狩猟·月の女神. ギリシア神話のアルテミスに当たる).

Dia·po·si·tiv [ディーア·ポズィティーふ dí:a-pozití:f または ディア·ポスィティーふ] 中 -s/-e [..ヴ] 《写》スライド (略: Dia).

Dia≠pro·jek·tor [ディーア·プロイェクトァ] 男 -s/-en [..トーレン] スライドプロジェクター, スライド映写機.

Di·ar·rhö [ディアレー diarǿ:] 因 -/-en 《医》下痢 (＝Durchfall).

Di·a·spo·ra [ディアスポラ diáspora] 因 -/ ディアスポラ (離散して他民族·他宗教の地に住む少数派, またその居住地域).

di·ät [ディエート] *Diät* leben (食事療法をする)における *Diät* の古い形.

die **Di·ät** [ディエート diɛ́:t] 因 (単1) -/ (種類を表すときの複: 複) -en ① 食事療法 [のための特別食], ダイエット. *Diät*⁴ leben 食事療法(ダイエット)をする / Er muss eine strenge *Diät* einhalten. 彼は厳しい食事療法をしなければならない.

Di·ä·ten [ディエーテン diɛ́:tən] I *Diät* (食事療法)の 複 II 複 議員報酬.

di·ä·te·tisch [ディエテーティッシュ diɛtɛ́:tıʃ] 形 《医》食事療法にかなった.

Di·ät≠kost [ディエート·コスト] 因 -/ 食事療法のための特別食, ダイエット食.

dia·to·nisch [ディアトーニッシュ diató:nıʃ] 形 《音楽》全音階の.

:dich [ディヒ díç] 代 《人称代名詞; 2人称親称単数の4格》 (☞ du) 君を, おまえを, あなたを. (英 you). Ich liebe *dich*. 君を愛してるよ, あなたを愛しているわ. ◇《前置詞とともに》 Das ist für *dich*. これは君のためのものだよ. ◇《再帰代名詞として》 Beeile *dich*! 急ぎなさい. (☞ *dich* は手紙の場合, 文頭以外でも頭文字を大文字で書くことがある.)

dicht [ディヒト díçt] I 形 《比較》 dichter, 《最上》 dichtest) ① 密な, 密生(密集)した; (霧などの)濃い. (英 *thick*). Er hat *dichtes* Haar. 彼は髪が多い / *dichter* Nebel 濃い霧 / ein *dichter* Wald うっそうとした森 / ein *dichtes* Programm 《比》ぎっしり詰まったプログラム.
② (水·空気などを)通さない, 漏らさない. ein *dichtes* Fass 漏らない樽(たる) / Das Fenster ist nicht mehr *dicht*. この窓はすき間ができている / Du bist nicht ganz *dicht*! 《口語》おまえは頭が少しおかしいんじゃないか.
II 副 (時間的·空間的に)密接して. *dicht* an (または bei) *dicht* ぴったりくっついて / *dicht* neben dem Haus 家のすぐ隣に / Er stand *dicht* dabei, als der Unfall geschah. 事故が起こったとき, 彼はすぐ近くにいた / Das Fest steht *dicht* bevor. 祭りがすぐそこまで迫っている.
▶ **dicht≠besiedelt, dicht≠gedrängt, dicht|-machen²**

dicht≠be·sie·delt, dicht be·sie·delt [ディヒト·ベズィーデるト] 形 人口密度の高い, (人口が)密集した.

Dich·te [ディヒテ díçtə] 因 -/-n 《ふつう単》① 密度, 濃度; 込みぐあい; 濃さ. Bevölkerungs-*dichte* 人口密度. ② 《物》密度.

dich·ten¹ [ディヒテン díçtən] du dichtest, er dichtet (dichtete, *hat* ... gedichtet) I 他 (完了 haben) ① 詩·文学作品⁴を創作する. eine Ballade⁴ *dichten* 物語詩を書く. ② 《口語·比》夢想する.
II 自 (完了 haben) 詩(文学作品)を書く.

dich·ten² [ディヒテン] I 他 (h) (物⁴の)すき間をふさぐ. den Wasserhahn *dichten* 蛇口に(漏水防止の)パッキングを当てる. II 自 (h) (パテなどが)すき間をふさぐ.

*der **Dich·ter** [ディヒタァ díçtər] 男 (単2) -s/(複) - (3格のみ -n) 詩人, 作家. (英 *poet*). ein lyrischer *Dichter* 叙情詩人 / der *Dichter* des „Faust" 『ファウスト』の作者.

Dich·te·rin [ディヒテリン díçtərın] 因 -/..rinnen (女性の)詩人, (女性の)作家.

dich·te·risch [ディヒテリッシュ díçtərɪʃ] 形 詩[人]の, 詩的な, 文学的な. eine *dichterische* Begabung 詩的才能, 文学的才能.

dich·te·te [ディヒテテ] dichten¹ (創作する)の過去.

dicht≠ge·drängt, dicht ge·drängt [ディヒト・ゲドレンクト] 形 密集した, 超満員の.

dicht|hal·ten* [ディヒト・ハルテン díçt-hàltən] 自 (h) (口語)秘密を守る, 口を割らない.

Dicht≠kunst [ディヒト・クンスト] 女 -/ ① 詩作[力]; 創作能力. ② (芸術ジャンルとしての)文学, 詩歌.

dicht|ma·chen¹ [ディヒト・マッヘン díçtmàxən] I 他 (h) (口語) ① (店など⁴を)閉める, 休業する. ② (店など⁴を)廃業する; 営業停止にする. II 自 (h) ① 閉店する, 休業する. ② (口語)ディフェンスを固める.

dicht|ma·chen², dicht ma·chen [ディヒト・マッヘン díçt-màxən] 他 (h) (継ぎ目など⁴の)すき間をふさぐ.

die **Dich·tung¹** [ディヒトゥング díçtʊŋ] 女 (単) -/(複) -en ① 文学[作品], 詩作, 文芸. (英 *poetry*). eine epische *Dichtung* 叙事文学 / die *Dichtung* der Romantik² ロマン主義の文学. ② (口語)虚構, 作り話.

Dich·tung² [ディヒトゥング] 女 -/-en ① 〖複なし〗シーリング. ② パッキング, シーリング材.

Dich·tungs≠ring [ディヒトゥングス・リング] 男 -[e]s/-e パッキングリング.

* **dick** [ディック dík]

> 太い Er ist zu *dick*. 彼は太りすぎだ.
> エア イスト ツー ディック

I 形 (比較 dicker, 最上 dickst) ① 厚い, 太い, 太った. (英 *thick*). (⇔「薄い」は dünn). ein *dickes* Buch 分厚い本 / ein *dicker* Bauch 太鼓腹 / Das Baby ist *dick* und rund. その赤ん坊はまるまると太っている / ein *dickes* Lob⁴ ernten 大いに称賛される / *dick* auftragen (口語)大げさに言う.
② 〖数量を表す 4 格とともに〗…の厚さ(太さ)の. Die Wand ist einen Meter *dick*. この壁は厚さが 1 メートルある.
③ (口語)はれた, むくんだ. Der Knöchel ist *dick*. くるぶしがはれている.
④ どろっとした. *dicker* Brei どろっとしたかゆ.
⑤ (口語)濃い, 密集した. *dicker* Nebel 濃い霧 / Ihr Haar ist sehr *dick*. 彼女の髪はとても多い. ⑥ (口語)親しい, 緊密な. eine *dicke* Freundschaft 固く結ばれた友情 / mit 人³ durch *dick* und dünn gehen 人³と苦楽を共にする. ⑦ (口語)はなはだしい, すごい. ein *dicker* Fehler ひどい間違い / 物⁴ *dick* haben 物⁴にうんざりしている.
II 副 (口語)たいへん (=sehr). Ich bin *dick* satt. 私はとても満腹している.

〖類語〗**dick**: 太った. (あらさまな表現). **fett**: (脂肪で)太った, 肥えた. **stark**: 体格のいい. **korpulent**: 肥満体の. (太っていると同時に, 鈍重な感じを含む語. 子供や若い男に対してはふつう用いない). **mollig**: (女性・子供が)ふっくらした. **üppig**: (女性が)肉付きのよい, 豊満な.

dick≠bäu·chig [ディック・ボイヒヒ] 形 太鼓腹の.

Dick≠darm [ディック・ダルム] 男 -[e]s/..därme 〘医〙大腸. (⇔「小腸」は Dünndarm).

di·cke [ディッケ díkə] 副 (口語)たっぷりと, 十分に. 人·事⁴ *dicke* haben 人·事⁴に飽き飽きしている.

Di·cke [ディッケ] 女 -/-n ① 〖複なし〗太いこと, 厚いこと. ② 太さ, 厚さ. die *Dicke* von 30 cm 30 cm の太さ(厚さ). ③ 〖複なし〗(ソースなどの)濃さ.

dick≠fel·lig [ディック・フェリヒ] 形 (口語)ふてぶてしい, 無神経な.

dick≠flüs·sig [ディック・フリュスィヒ] 形 (液体が)粘り気のある, どろっとした.

Dick≠häu·ter [ディック・ホイタァ] 男 -s/- 厚皮動物(象·さいなど); (比)鈍感な人.

Di·ckicht [ディキヒト díkɪçt] 中 -s/-e (うっそうとした)やぶ, 叢林(繁*); (比)錯綜(荣*), もつれ.

Dick≠kopf [ディック・コプフ] 男 -[e]s/..köpfe 〘俗〙頑固者, 意地っぱり; 頑固, 強情. einen *Dickkopf* haben 強情である.

dick≠köp·fig [ディック・ケプフィヒ] 形 (口語)頑固な, 強情な.

dick·lich [ディックリヒ] 形 ① 小太りの, 太り気味の. ② (スープなどが)どろっとした.

Dick≠milch [ディック・ミルヒ] 女 -/ 凝乳, サワーミルク.

Dick≠schä·del [ディック・シェーデる] 男 -s/- 〘口語〙頑固[者] (=Dickkopf).

dick|tun* [ディック・トゥーン dík-tù:n] 再帰 (h) sich *dicktun* (口語)いばる, えらがる, 自慢する.

Dick≠wanst [ディック・ヴァンスト] 男 -es/..wänste 〘俗〙太鼓腹[の人], でぶ.

Di·dak·tik [ディダクティク didáktɪk] 女 -/-en ① 〖複なし〗教授法. ② 教授法理論.

di·dak·tisch [ディダクティッシュ didáktɪʃ] 形 ① 教授法の, 教授法上の. *didaktische* Theorien 教授法理論. ② 教訓的な, 教育的な.

* **die** [(I, II B では:) ディ di / (II A では:) ディー dí:]

> その, この, あの
> Wer ist *die* Dame dort?
> ヴェーァ イスト ディ ダーメ ドルト
> あそこのご婦人はだれですか.

I 冠 〖定冠詞; 女性単数および複数の 1 格・4 格; ☞ der I〗その. *Die* Frau versorgt *die* Kinder. その女性が子供たちの面倒をみる.

II 代 A) 〖指示代名詞; 女性単数および複数の 1 格・4 格; アクセントをもつ; ☞ der II A〗① 〖既出の女性名詞・複数名詞を受けて〗それ[ら], これ[ら]; その女性, その人たち. Die Dame da? *Die* kenne ich gut. あの女性ですか, あの人ならよく知ってますよ.

②〖その場にある物・いる人を指して〗これ[ら], それ[ら], あれ[ら]; この(あの)**女性**, この(あの)**人たち**. Guck mal! *Die* geht barfuß! 見ろよ, あの女, はだしで歩いている / *Die* sind aus Bayern. あの人たちはバイエルン出身だ.

B)〖関係代名詞; 女性単数および複数の１格・４格; ☞ der II B〗Ist das die Frau, *die* ihn sucht? あれが彼を探している女性ですか / die Frauen, *die* er liebte 彼が愛した女性たち.

*der **Dieb** [ディープ dí:p]〘男〙(単2) -[e]s/(複) -e (3格のみ -en) 泥棒, 空き巣[ねらい]. 〘英〙*thief*). Taschen*dieb* すり / einen *Dieb* fangen 泥棒を捕まえる / Haltet den *Dieb*! 泥棒を捕まえて! / wie ein *Dieb* in der Nacht〘雅〙こっそり, 知らぬ間に(←夜中の泥棒のように).

die·bes·si·cher [ディーベス・ズィッヒャァ]〘形〙盗難に遭わない.

Die·bin [ディービン dí:bɪn]〘女〙–/..binnen 女泥棒.

die·bisch [ディービッシュ dí:bɪʃ]〘形〙① ひそかな. mit *diebischem* Lächeln ほくそえみながら / sich⁴ *diebisch* freuen いい気味だと思って喜ぶ. ②〖付加語としてのみ〗盗癖のある.

Dieb⁼stahl [ディープ・シュターる]〘男〙–[e]s/..stähle 盗み; 〘法〙窃盗[罪]. einen *Diebstahl* begehen 盗みを働く / geistiger *Diebstahl* 剽窃(ひょうせつ), 盗作.

die·je·ni·ge [ディー・イェーニゲ]〘指示代名詞; 女性単数の1格・4格〙☞ derjenige
die·je·ni·gen [ディー・イェーニゲン]〘指示代名詞; 複数の1格・4格〙☞ derjenige

Die·le [ディーれ dí:lə]〘女〙–/-n ① 床板. ② 玄関の間, 控えの間.

*die·nen [ディーネン dí:nən] (diente, hat ... gedient)〘自〙(〘完了〙haben) ① (人・物³に)仕える, 奉仕する; 〘軍〙兵役に服する. (〘英〙*serve*). der Allgemeinheit³ *dienen* 公共に奉仕する / Er *hat* der Stadt lange Jahre als Bürgermeister *gedient*. 彼は市長として長年町のために働いた / Niemand *kann* zwei Herren *dienen*. だれも二人の主人に兼ね仕えることはできない(マタイによる福音書 6,24) / bei der Luftwaffe *dienen* 空軍に服務している.

② (人・事³の)役にたつ. Das Schwimmen *dient* der Gesundheit. 水泳は健康に良い / Womit *kann* ich Ihnen *dienen*?〘店員が客に〙何にいたしましょうか / Mit dieser Auskunft *ist* mir wenig *gedient*.〘状態受動・現在〙この情報は私にはあまり役にたたない.

③〖als 物¹ (zu 事³) ～〗(物¹として(事³のために))利用されている. Das Schloss *dient* heute als Museum. その城館は今では博物館として使われている / Die alten Strümpfe *können* noch zum Schuheputzen *dienen*. その古いストッキングはまだ靴磨きに利用できる.

◇**gedient**

*der **Die·ner** [ディーナァ dí:nər]〘男〙(単2) -s/(複) – (3格のみ -n) ① 召使, 使用人; 奉仕者. (〘英〙*servant*). ein treuer *Diener* 忠実な召使 / ein *Diener* des Staates 公僕(←国家の従僕) / ein *Diener* der Kunst² 芸術に尽力する者. ② (特に男性の)おじぎ. einen *Diener* machen おじぎをする.

Die·ne·rin [ディーネリン dí:nərɪn]〘女〙–/..rinnen (女性の)召使, 侍女.

dien·lich [ディーンりヒ]〘形〙役にたつ, 有用な. 人・事³ *dienlich* sein 人・事³の役にたつ.

*der **Dienst** [ディーンスト dí:nst]〘男〙(単2) -es (まれに -s)/(複) -e (3格のみ -en) (〘英〙*service*) ①〘冠なし〙勤務, 服務, 職務, 仕事. Nacht*dienst* 夜勤 / der öffentliche *Dienst* 公務 / *Dienst*⁴ machen (= tun) 勤務する / Er hat heute [lange] *Dienst*. 彼はきょうは[長時間]勤務だ / den *Dienst* an|treten 勤務に就く / *Dienst* ist *Dienst* [, und Schnaps ist Schnaps].《諺》公私混同するなかれ(←仕事は仕事, 酒は酒) / Welche Apotheke hat heute *Dienst*? きょうはどの薬局が開いていますか.

◇〖前置詞とともに〗aus dem *Dienst* aus|scheiden 職を辞する / 人⁴ aus dem *Dienst* entlassen 人⁴を解雇する / **außer** *Dienst* 退職(退役)した / Wir sind **im** *Dienst*. 私たちは勤務中です / Er steht **im** *Dienst* der Wissenschaft². 彼は学問に仕える身だ / 物⁴ **in** *Dienst* stellen 物⁴を使い始める / 人⁴ **in** *Dienst* nehmen 人⁴を雇う / der Arzt **vom** *Dienst* 当直医 / **zum** *Dienst* gehen 勤務に行く.

② 奉仕, 助力, サービス. *Dienst* am Kunden《口語》お客様への[無料]サービス / 人³ seine *Dienste*⁴ an|bieten 人³のために助力を申し出る / 人³ einen guten *Dienst* erweisen 人³に親切を尽くす / Das Fahrrad tut noch seine *Dienste*. この自転車はまだちゃんと役目を果たしているよ.

③ (特定の業務を担当する)機関, 部門. Kunden*dienst* 顧客サービス係り.

▶ **dienst⁼habend, dienst⁼tuend**

*der **Diens·tag** [ディーンス・ターク dí:nsta:k]〘男〙(単2) -[e]s/(複) -e (3格のみ -en) 火曜日 (略: Di.). (〘英〙*Tuesday*). (〘諺〙曜日名 ☞ Woche). Heute ist *Dienstag*. きょうは火曜日です / jeden *Dienstag* 毎火曜日に / [am] *Dienstag* 火曜日に / nächsten (letzten) *Dienstag* 今度の(この前の)火曜日に / [am] *Dienstag* früh 火曜日の早朝に.

Diens·tag⁼abend [ディーンス・ターク・アーベント]〘男〙–s/-e 火曜日の晩. [am] *Dienstagabend* 火曜日の晩に.

diens·tag⁼abends [ディーンス・ターク・アーベンツ]〘副〙[毎週]火曜日の晩に.

diens·tags [ディーンス・タークス]〘副〙毎火曜日に, 火曜日ごとに. *dienstags* abends 火曜日の晩ごとに.

Dienst⁼al·ter [ディーンスト・アるタァ]〘中〙–s/– (軍人・公務員の)勤務年数.

Dienst⁼an·tritt [ディーンスト・アントリット]〘男〙–[e]s/-e 着任, 就任.

Dienst⁼an·wei·sung [ディーンスト・アンヴァイズング]〘女〙–/-en 服務(勤務)規定.

dienst·bar [ディーンストバール] 形 [進んで]役にたつ. sich³ 人·物⁴ *dienstbar* machen 人·物⁴ を意のままに利用する(従わせる).

dienst≠be·flis·sen [ディーンスト・ベふりッセン] 形 仕事熱心な, かいがいしい.

dienst≠**be·reit** [ディーンスト・ベライト] 形 ① (時間外にも)営業している. Die Apotheke ist auch am Sonntag *dienstbereit*. その薬局は日曜日にも開いている. ② 親切な.

Dienst≠bo·te [ディーンスト・ボーテ] 男 –n/–使用人, 召使. (女性形: ..botin).

dienst≠**eif·rig** [ディーンスト・アイふリヒ] 形 仕事熱心な, まめまめしい.

dienst≠**fä·hig** [ディーンスト・フェーイヒ] 形 勤務(兵役)能力のある.

dienst≠**frei** [ディーンスト・ふライ] 形 非番の, 勤務のない. *dienstfrei* haben 非番である.

Dienst≠ge·heim·nis [ディーンスト・ゲハイムニス] 中 ..nisses/..nisse ① 職務上の秘密[事項]. ② 復 職務上の守秘義務.

Dienst≠**ge·spräch** [ディーンスト・ゲシュプレーヒ] 中 –[e]s/–e 公用(社用)の通話.

Dienst≠**grad** [ディーンスト・グラート] 男 –[e]s/–e (軍)階級, 位; 下士官.

dienst≠**ha·bend**, Dienst ha·bend [ディーンスト・ハーベント] 形 勤務中の, 当番に就いている.

Dienst≠jahr [ディーンスト・ヤール] 中 –[e]s/–e 《ふつう 復》勤務年数.

Dienst≠**leis·tung** [ディーンスト・らイストゥング] 女 –/–en 職務の遂行, 奉仕, サービスの提供; 《ふつう 復》《経》サービス業.

dienst·lich [ディーンストリヒ] 形 ① 職務上の, 業務上の. ein *dienstlicher* Befehl 職務命令. ② (比)堅苦しい, 形式ばった(口調・態度など).

Dienst≠**mäd·chen** [ディーンスト・メーティヒェン] 中 –s/– お手伝いさん, 女中. (⇔ Hausangestellte または Hausgehilfin と言うほうが好ましい).

Dienst≠**mann** [ディーンスト・マン] 男 –[e]s/..leute (または ..männer または ..mannen) ① 《復 ..männer (または ..leute)》(駅の)手荷物運搬人, 赤帽. ② 《復 ..mannen》(史)家臣.

Dienst≠**pflicht** [ディーンスト・プふリヒト] 女 –/–en 国民の義務; 職業上の義務. militärische *Dienstpflicht* 兵役義務.

Dienst≠**rei·se** [ディーンスト・ライゼ] 女 –/–n 出張, 職務上の旅行.

Dienst≠**schluss** [ディーンスト・シュるス] 男 –es/ 終業[時刻].

Dienst≠**stel·le** [ディーンスト・シュテれ] 女 –/–n 官庁, 役所. sich⁴ an die zuständige *Dienststelle* wenden 所轄官庁に問い合わせる.

Dienst≠**stun·de** [ディーンスト・シュトゥンデ] 女 –/–n ① 《ふつう 復》勤務(執務)時間. ② 《復 で》(役所などの窓口の)受付時間.

dienst≠**taug·lich** [ディーンスト・タオクリヒ] 形 (徴兵検査の結果として)兵役に適格の.

dienst≠**tu·end**, Dienst tu·end [ディーンスト・トゥーエント] 形 服務中の.

dienst≠**un·fä·hig** [ディーンスト・ウンふェーイヒ] 形 (徴兵検査の結果として)兵役に不適格の.

Dienst≠ver·hält·nis [ディーンスト・フェアへルトニス] 中 ..nisses/..nisse (公務員の)雇用関係. ein *Dienstverhältnis* ein|gehen 雇用関係を結ぶ.

Dienst≠**vor·schrift** [ディーンスト・フォーアシュリふト] 女 –/–en (公務員・軍人の)服務(勤務)規定.

Dienst≠**wa·gen** [ディーンスト・ヴァーゲン] 男 –s/– 公用車, 社用車.

Dienst≠**weg** [ディーンスト・ヴェーク] 男 –[e]s/ (所定の)事務手続き. auf dem *Dienstweg* 事務手順に従って.

Dienst≠**woh·nung** [ディーンスト・ヴォーヌング] 女 –/–en 官舎, 社宅.

Dienst≠**zeit** [ディーンスト・ツァイト] 女 –/–en ① (公務員・軍人の)勤務年限. ② (一日の)勤務(執務)時間.

dien·te [ディーンテ] *dienen (仕える)の過去

dies [ディース díːs] 代《指示代名詞; 中性単数 dieses の短縮形; ☞ dies*er*》① 《付加語として》この. *Dies* Auto gefällt mir. この車は気に入った. ② 《名詞的に》(性・数に関係ない人やものを指して:)これが(は). *Dies* ist meine Tochter. これが私の娘です / *Dies* sind meine Eltern. これが私の両親です (⇔ 述語名詞が複数であれば動詞もそれに従った形になる) / *dies* und das (または jenes) あれこれ.

dies≠be·züg·lich [ディース・ベツーククリヒ] 形 これに関する. *Diesbezüglich* möchte ich noch sagen, … これに関してまだ言いたいことがあるのですが, ….

die·se [ディーゼ] 代《指示代名詞》☞ dies*er*

Die·sel [ディーぜる díːzəl] I –s/ 《人名》ディーゼル (Rudolf *Diesel* 1858-1913; ドイツの機械技術者. ディーゼルエンジンの発明者). II 男 –[s]/– (口語)① ディーゼルエンジン; ディーゼル車. ② 《復なし》ディーゼル燃料.

die·sel·be [ディー・ぜるベ] 代《指示代名詞; 女性単数の1格・4格》☞ derselb*e*

die·sel·ben [ディー・ぜるベン] 代《指示代名詞; 複数の1格・4格》☞ derselb*e*

Die·sel·mo·tor [ディーぜる・モートァ] 男 –s/–en [..モートーレン] ディーゼルエンジン.

die·sem [ディーゼム], **die·sen** [ディーゼン] 代《指示代名詞》☞ dies*er*

※※**die·ser** [ディーザァ díːzər]

この	Ist *dieser* Platz noch frei?
	イスト ディーザァ プらッツ ノッホ ふライ
	この席はまだ空いていますか.

格	男	女	中	復
1	dieser	diese	dies[es]	diese
2	dieses	dieser	dieses	dieser
3	diesem	dieser	diesem	diesen
4	diesen	diese	dies[es]	diese

㊃ 〖指示代名詞〗① 〖付加語として〗**この**; これらの. (英 this; these). *dieser* Mann この男性/ *diese* Arbeit この仕事/ *dieses* Haus この家/ *dieser* beiden これら両者/ *dieses* mein Buch 私のこの本 (注 所有冠詞の語尾は dieser の影響を受けない) / in *dieser* Woche 今週/ in *diesen* Tagen 近日中に/ *diesen* Sonntag 今度の日曜日に/ *dieses* Jahr 今年.

② 〖名詞的に〗**これ**, この人; これらの人たち(もの). *Dieses* ist mir lieber. 私にはこちらの方が好ましい/ Welche von den Krawatten gefällt Ir am besten? — *Diese* da. どのネクタイがいちばん好き? — そこのやつだな/ *dieser* und jener あれあれやこれや人たち/ *dies* und das (または jenes) あれやこれや.

◇〖すでに述べたこと, またはこれから述べることを指して〗このこと. Ich weiß nur *dies*[*es*], dass … 私が知っているのはただ…というこのことだけだ.

◇〖jener「前者」とともに〗**後者**. Mutter und Tochter waren da; *diese* trug eine Hose, jene ein Kostüm. 母親と娘が来ていた, 娘はスラックスをはいていたが, 母親はスーツを着ていた.

die·ses [ディーゼス] ㊃ 〖指示代名詞〗☞ dieser

die·sig [ディーズィヒ dí:zɪç] 形 もやのかかった.

dies=jäh·rig [ディース・イェーリヒ] 形 〖付加語としてのみ〗今年の.

dies=mal [ディース・マール dí:s-ma:l] 副 **今回は**, 今度は. **für** *diesmal* 今回のところは.

dies=ma·lig [ディース・マーリヒ] 形 〖付加語としてのみ〗今回の, 今度の.

dies=sei·tig [ディース・ザイティヒ] 形 ① こちら側の. am *diesseitigen* Ufer こちらの岸で. ② (雅) この世の, 現世の.

dies=seits [ディース・ザイツ dí:s-zaɪts] **I** 前 〖2格とともに〗**…のこちら側に(で)**. (注「…のあちら側に」は jenseits). *diesseits* der Grenze² 国境のこちら側に.

II 副 こちら側で. ◇〖von とともに〗*diesseits* vom Rhein ライン川のこちら側に.

Dies=seits [ディース・ザイツ] 中 -/ (雅) この世, 現世, 此岸(ʃɡɑn). (注「あの世」は Jenseits).

Die·ter [ディータァ dí:tər] -s/ 《男名》 ディーター.

Diet·mar [ディートマァ dí:tmar] -s/ 《男名》 ディートマル.

Diet·rich [ディートリヒ dí:trɪç] **I** -s/ 《男名》 ディートリヒ. **II** -s/-s 《姓》 ディートリヒ. **III** 男 -s/-e (針金で作った)合い鍵(カギ).

dif·fa·mie·ren [ディファミーレン dɪfamí:rən] 他 (h) 誹謗(ヒホョウ)する, 中傷する.

Dif·fa·mie·rung [ディファミールング] 女 -/-en 誹謗(ヒホョウ), 中傷.

Dif·fe·ren·ti·al [ディフェレンツィアール dɪfərɛntsiá:l] 中 -s/-e =Differenzial

Dif·fe·ren·ti·al=rech·nung [ディフェレンツィアール・レヒヌング] 女 -/-en =Differenzialrechnung

Dif·fe·renz [ディフェレンツ dɪfərénts] 女 -/-en ① (数値上の)差; (商) 差額, 不足額. ② 〖ふつう複〗意見の相違, 食い違い.

Dif·fe·ren·zi·al [ディフェレンツィアール dɪfərɛntsiá:l] 中 -s/-e ① (数) 微分. (注「積分」は Integral). ② (工) 差動装置, デフ.

Dif·fe·ren·zi·al=rech·nung [ディフェレンツィアール・レヒヌング] 女 -/-en (数) ① 〖複なし〗微分法. ② 微分計算.

dif·fe·ren·zie·ren [ディフェレンツィーレン dɪfərɛntsí:rən] **I** 他 (h) ① 細かく分ける, 区分する. ② (数) 微分する. **II** 再帰 (h) *sich*⁴ *differenzieren* [細]分化する.

dif·fe·ren·ziert [ディフェレンツィーァト] **I** differenzieren (細かく分ける)の過分 **II** 形 細分化された; 多様化した.

Dif·fe·ren·zie·rung [ディフェレンツィールング] 女 -/-en ① 〖複なし〗区別, 区分, 細分化. ② (生) 分化. ③ (数) 微分.

dif·fe·rie·ren [ディフェリーレン dɪfərí:rən] 自 (h) (互いに)異なっている, 食い違う.

dif·fi·zil [ディフィツィール dɪfitsí:l] 形 ① 困難な, やっかいな; デリケートな(問題など). ② 気難しい, 扱いにくい(人など).

dif·fus [ディフース dɪfú:s] 形 ① (物・化) 拡散性の. ② 散漫な, ぼやけた.

Dif·fu·si·on [ディフズィオーン dɪfuzió:n] 女 -/-en ① (物・化) (物質同士の)拡散, 混和; (光の)散乱. ② (坑) 坑内換気.

di·gi·tal [ディギタール dɪgitá:l] 形 ① (医) 指の, 指による. ② (工) デジタル[方式]の. (注「アナログ方式」の は analog).

Di·gi·tal=auf·nah·me [ディギタール・アオフナーメ] 女 -/-n 〖電〗録音(録画).

Di·gi·tal=fern·se·hen [ディギタール・フェルンゼーエン] 中 -s/ デジタルテレビ放送.

Di·gi·tal=ka·me·ra [ディギタール・カメラ] 女 -/-s デジタルカメラ.

Di·gi·tal=uhr [ディギタール・ウーァ] 女 -/-en デジタル時計.

das **Dik·tat** [ディクタート dɪktá:t] 中 (単2)-(e)s/(複)-e (3格のみ -en) ① (筆記させるための)**口述**; (授業などでの)ディクテーション, 書き取り. (英 dictation). nach *Diktat* schreiben 口述筆記する/ ein *Diktat*⁴ schreiben 書き取りをする. ② 指令, 押しつけ.

Dik·ta·tor [ディクタートァ dɪktá:tor] 男 -s/-en [..タトーレン] ① 独裁者. (女性形: -in). ② (史) (古代ローマの非常時の)執政官.

dik·ta·to·risch [ディクタトーリッシュ dɪktató:rɪʃ] 形 独裁的な, 独裁者的な.

Dik·ta·tur [ディクタトゥーァ dɪktatú:r] 女 -/-en ① 〖複なし〗独裁, 独裁政治. die *Diktatur* des Militärs 軍部独裁. ② 独裁国家. ③ 〖複なし〗横暴, 専横. ④ (史) (古代ローマの非常時の)執政官の職.

dik·tie·ren [ディクティーレン dɪktí:rən] (diktierte, *hat* … diktiert) 他 (haben) ① (筆記させるために)**口述する**. (英 dictate). Er *diktiert* seiner Sekretärin einen Brief. 彼は

秘書に手紙を口述して筆記させる. ② (一方的に)押しつける, 指示する. 人³ Bedingungen⁴ **diktieren** 人³に条件を押しつける / Ich lasse mir nichts *diktieren*. 私はいかなる指図も受けない. ③ (行動などを⁴)規定する, 支配する.

dik·tiert [ディクティーァト] diktieren (口述する)の過分, 3人称単数・2人称親称複数現在.

dik·tier·te [ディクティーァテ] diktieren (口述する)の過去.

Dik·ti·on [ディクツィオーン dɪktsióːn] 女 -/-en 文体, 語り口, 言い回し.

Di·lem·ma [ディレンマ diléma] 中 -s/-s (または ..lemmata) ジレンマ, 板ばさみ. **in ein** *Dilemma* **geraten** ジレンマに陥る.

Di·let·tant [ディレタント dilɛtánt] 男 -en/-en 素人(½ǎ)愛好家; ど素人. (女性形: -in).

di·let·tan·tisch [ディレタンティッシュ dilɛtántɪʃ] 形 素人(½ǎ)的な; ど素人のような.

Di·let·tan·tis·mus [ディレタンティスムス dilɛtantísmus] 男 -/ ディレッタンティズム, 素人(½ǎ)芸; 不出来, 粗雑さ.

Dill [ディる díl] 男 -s/-e (植) ディル, イノンド(葉を香辛料・薬用に用いる).

Dil·they [ディるタイ díltaɪ] -s/ (人名) ディルタイ (Wilhelm Dilthey 1833-1911; ドイツの哲学者).

dim. [ディミヌエンド] (略) (音楽) ディミヌエンド, しだいに弱く (= **diminuendo**).

Di·men·si·on [ディメンズィオーン dimɛnzióːn] 女 -/-en ① (物) 次元, ディメンション. **die vierte** *Dimension* 第4の次元, 異次元. ② (ふつう 複) 規模, 大きさ, 寸法. **ein Faß von mächtigen** *Dimensionen* とてつもない大きさの樽(½ǎ).

di·men·si·o·nal [ディメンズィオナーる dimɛnzionáːl] 形 次元の; 規模(大きさ)に関する.

di·mi·nu·en·do [ディミヌエンド diminuéndo] [ľ宗] 副 (音楽) ディミヌエンド, しだいに弱く (略: dim.).

Di·mi·nu·tiv [ディミヌティーふ diminutíːf] 中 -s/-e [..ヴェ] (言) 縮小形, 指小詞 (Hans 「ハンス」に対する Hänschen 「ハンスちゃん」など).

DIN [ディーン díːn または ディン dín] (略) ドイツ工業規格協会 (= **Deutsches Institut für Normung e.V.**) (本来は **Deutsche Industrie-Norm[en]**「ドイツ工業規格」の略).

Di·ner [ディネー dinéː] [仏宗] 中 -s/-s (雅) 正餐(まん), ディナー (客を招いての格式ある夕食または昼食).

*das **Ding** [ディング díŋ] I 中 (単2) -[e]s/(複) -e (3格のみ -en) ① 物, 物品. (英) thing). **nützliche** *Dinge* 役にたつ物 / *Dinge* **zum Verschenken** 贈り物にする品物類 / **das** *Ding* **an sich³** (哲) 物それ自体 / **Jedes** *Ding* **hat zwei Seiten.** どんな物にも両面(表裏)がある.
② (ふつう 複) 事, 事柄; 事態. **alltägliche** *Dinge* 日常的な事柄 / **die Natur der** *Dinge*² 事の本質 / **Das ist ja ein** *Ding*! (口語) それはすごいこと(ひどい話)だ / **Das ist ein** *Ding der* **Unmöglichkeit**². それはありえないことだ / **Er hat andere** *Dinge* **im Kopf.** 彼はほかのことを考えている / **nach Lage der** *Dinge*² 今(当時)の状況では / **so wie die** *Dinge* **liegen** この状況では / **Das geht nicht mit rechten** *Dingen* **zu.** それは普通でありえないぞ(うさんくさい) / **über den** *Dingen* **stehen** 超然としている / **vor allen** *Dingen* とりわけ, 何よりも / **Sie ist immer guter** *Dinge*². 彼女はいつも朗らかだ.

II 中 (単2) -[e]s/(複) -er (3格のみ -ern) (口語) ① (明確に言い表せない)もの. **Das ist ein tolles** *Ding*. それはたいしたものだ / **Was ist das für ein** *Ding*? それはいったい何なのだ / **Gib mir mal das** *Ding* **da!** ちょっと, そこのそれを取ってくれ / **ein [krummes]** *Ding*⁴ **drehen** 悪事を働く.
② 女の子; やつ. **ein hübsches** *Ding* かわいい女の子. ③ 《ふつう 複》《婉曲》あそこ(性器).

> 類語 **das Ding**: (具体的に目に見えて存在する)物, 事物. **die Sache**: (関で:)(実生活で使用する)物品. **Er packte hastig seine** *Sachen* **in den Koffer.** 彼はせかせかと身の回りのものをスーツケースに詰めた. **das Material**: (材料としての)物. *Material* **zum Bauen** 建築材料. **der Stoff**: (原料・成分となる)物質, 物. **ein brennbarer** *Stoff* 可燃性物質. **die Ware**: 品物, 商品. **eine schlechte** *Ware* 質の悪い製品.

din·gen⁽*⁾ [ディンゲン díŋən] (dingte, *hat* ... gedungen) (まれに dang, *hat* ... gedingt)) 他 (h) (雅) (殺し屋などを⁴を)金(ǎ)で雇う.

◇ ☞ **gedungen**

ding·fest [ディング・フェスト] 形 《成句的に》 人⁴ *dingfest* **machen** 人⁴を逮捕する(捕らえる).

ding·lich [ディングりヒ] 形 ① 物事に即した, 実際の, 具体的な. ② (法) 物的な, 物権の.

Dings [ディングス díŋs] I 中 -/Dinger (口語) ① (名前を思い出せないものを指して:)あれ. **Gib mir mal das** *Dings* **da!** ちょっと, そこのそれを取ってくれ. ② (冠詞なし・冠詞なしで)(思い出せない地名の代わりに:)あそこ. II 男 女 (方: 中も) -/ 《口語》(思い出せない人の名前の代わりに:)あの人. **Gestern traf ich den (die)** *Dings*. きのう私はほらあの男の人(女の人)に会ったよ.

Dings≠bums [ディングス・ブムス] 男 女 中 -/ = Dings

Dings≠da [ディングス・ダー] 男 女 中 -/ = Dings

Ding≠wort [ディング・ヴォルト] 中 -[e]s/..wörter (言) 名詞 (= **Substantiv**).

di·nie·ren [ディニーレン diníːrən] 自 (h) (雅) 正餐(ほん)をとる, ディナーをしたためる.

Din·kel [ディンケる díŋkəl] 男 -s/- スペルト小麦.

Di·o·de [ディオーデ dióːdə] 女 -/-n (電) ダイオード.

di·o·ny·sisch [ディオニューズィッシュ dionýːzɪʃ] 形 ① ディオニュソスの. ② ディオニュソス的な, 激情(陶酔)的な.

Di·o·ny·sos [ディオーニュゾス dióːnyzɔs] (ギリ神) ディオニュソス(酒と豊穣の神. ローマ神話のバッ

Di·oxin [ディオクスィーン diɔksíːn] 匣 −/ 《化》ダイオキシン.

Di·ö·ze·se [ディエツェーゼ diøtséːzə] 囡 −/-n 《カトリ》司教区; 《新教》教区.

Diph·the·rie [ディフテリー dıftəríː] 囡 −/-n [..リーエン] 《医》ジフテリア.

Di·phthong [ディトング dıftón] 男 −s/-e 《言》二重母音 (au, ei, eu, äu など).

Dipl. [ディプローム] 《略》ディプローム (=**Di**plom).

Dipl.-Ing. [ディプローム・インジェニェーァ] 《略》工学ディプローム[取得者] (=**Di**plom**inge**nieur).

Dipl.-Kfm. [ディプローム・カオフマン] 《略》商学ディプローム[取得者] (=**Di**plom**kauf**mann).

Dipl.-Ldw. [ディプローム・ラントヴィルト] 《略》農学ディプローム[取得者] (=**Di**plom**land**wirt).

Di·plom [ディプローム dipló:m] 匣 −(e)s/-e ① ディプローム(大学で所定の課程を修了し,卒業試験に合格した者に与えられる学位) (略:Dipl.). ② ディプロームの学位記.

Di·plom⹁ar·beit [ディプローム・アルバイト] 囡 −/-en ディプローム資格請求論文.

der **Di·plo·mat** [ディプロマート diplomá:t] 男 (単3・4) −en/(複) −en 《英 diplomat》 ① 外交官. ② 外交的手腕にたけた人, 駆け引きのうまい人.

Di·plo·ma·tie [ディプロマティー diplomatíː] 囡 −/ ① 外交[術]; (総称として:) 外交団. ② 外交的手腕, 駆け引き.

Di·plo·ma·tin [ディプロマーティン diplomáːtɪn] 囡 −/..tinnen ① (女性の)外交官. ② 外交的手腕にたけた女性.

di·plo·ma·tisch [ディプロマーティッシュ diplomáːtɪʃ] 形 ① 外交[上]の, 外交的な; 外交官の. 《英 diplomatic》. die *diplomatischen* Beziehungen⁴ zu einem Land aufnehmen (ab|brechen) ある国と外交関係を結ぶ(断つ). ② 外交的手腕にたけた, 駆け引きのうまい.

di·plo·mie·ren [ディプロミーレン diplomíːrən] 他 (h) (囚⁴に)ディプロームの資格[証書]を授ける. ◇〖過去分詞の形で〗ein *diplomierter* Dolmetscher ディプローム資格のある通訳.

Di·plom⹁in·ge·ni·eur [ディプローム・インジェニェーァ] 男 −s/-e 工学ディプローム[取得者] (略: Dipl.-Ing.). (女性形: -in).

Di·plom⹁kauf·mann [ディプローム・カオフマン] 男 −(e)s/..kaufleute 商学ディプローム[取得者] (略: Dipl.-Kfm.). (女性形: ..kauffrau).

Di·plom⹁volks·wirt [ディプローム・ふぉるクスヴィルト] 男 −(e)s/-e 経済学ディプローム[取得者] (略: Dipl.-Volksw.). (女性形: -in).

Dipl.-Volksw. [ディプローム・ふぉるクスヴィルト] 《略》経済学ディプローム[取得者] (=**Di**plom**volksw**irt).

Di·pol [ディー・ポール díː-poːl] 男 −s/-e 《物》双極子.

⁝dir [ディーァ díːr] 代 《人称代名詞; 2人称親称単数の3格; ☞ du》君に, おまえに, あなたに; 君(あなた)にとって. Ich gebe *dir* 10 Euro. おまえに 10 ユーロやるよ / Wie du *mir*, so ich *dir*. 《諺》そっちがそっちなら, こっちもこっちだ(←君が私にするように, 私も君にする). ◇〖前置詞とともに〗bei *dir* 君(あなた)の所で / mit *dir* 君(あなた)といっしょに. ◇〖再帰代名詞として〗Kannst du *dir* so etwas vorstellen? そんなこと想像できるかい. 《☞ dir は手紙の場合, 文頭以外でも頭文字を大文字で書くことがある.》

***di·rekt** [ディレクト dirékt] I 形 ① 直接的な, 直接の; まっすぐな, 直通の. 《英 direct》. 《☞「間接的な」は indirekt》. ein *direkter* Weg nach Rom まっすぐローマへ通じている道 / eine *direkte* Verbindung 直通便 / Der Zug hat einen *direkten* Wagen nach Wien. この列車にはウィーン行きの直通車両が連結してある / Ich komme *direkt* zu dir. [寄り道しないで]まっすぐ君のところへ行くよ.

② (空間的に)すぐ近くの; (時間的に)すぐの. Das Hotel liegt *direkt* am Bahnhof. そのホテルは駅に面している / *direkt* nach dem Essen 食後すぐに.

③ (介在するものがなく)直接の. ein *direkter* Gedankenaustausch 直接の意見交換. ④ 《口語》あけすけの, 無遠慮な. Das war eine sehr *direkte* Frage. それはたいへんあけすけな質問だった.

II 副 《口語》まさに, まったく. Er hat *direkt* Glück gehabt. 彼はまさに運がよかった[というほかはない].

Di·rekt⹁flug [ディレクト・ふるーク] 男 −(e)s/..flüge (飛行機の)直行便.

Di·rekt·heit [ディレクトハイト] 囡 −/-en ① 《圈 なし》(発言などが)あけすけ(あからさま)なこと. ② あけすけな言動.

Di·rek·ti·on [ディレクツィオーン dɪrɛktsióːn] 囡 −/-en ① 《圈 なし》経営, 管理, 監督. ② 経営陣, 首脳陣; 本部[のオフィス].

Di·rek·ti·ve [ディレクティーヴェ dɪrɛktíːvə] 囡 −/-n 〖ふつう圈〗指令, 指示; 通達.

der **Di·rek·tor** [ディレクトァ díréktɔr] 男 (単2) −s/(複) −en [..トーレン] ① (公的機関の)長, 校長, 院長, 館長, 園長, 所長. 《英 director》. der *Direktor* des Museums 博物館長 / Er ist *Direktor* eines Gymnasiums. 彼はギムナジウムの校長だ.

② 《経》(会社の)取締役; 重役.

Di·rek·to·rat [ディレクトラート dɪrɛktorá:t] 匣 −(e)s/-e ① 校長(館長・所長)職; 校長(館長・所長)の在職期間. ② 校長(館長・所長)室.

Di·rek·to·rin [ディレクトーリン dɪrɛktóːrɪn または ディレクトリン] 囡 −/..rinnen ① (女性の)長(校長・院長・館長・園長・所長). ② 《経》(女性の)取締役; 重役.

Di·rek·to·ri·um [ディレクトーリウム dirεktóːriʊm] 中 -s/..rien [..リエン] ① (企業などの)取締役会, 運営会議. ② (ᵍᵗリック)聖務案内.

Di·ri·tri·ce [ディレクトリーチェ direktríːsə] 女 -/-n (オートクチュールの)女性主任デザイナー.

di·rekt⸗über·tra·gung [ディレクト・ユーバァトラーグング] 女 -/-en 《放送》(ラジオ・テレビの)生中継, 生放送.

Di·ri·gent [ディリゲント dirigέnt] 男 -en/-en ① 《音楽》指揮者. (女性形: -in). ② (チームなどの)統率者, 指揮官.

Di·ri·gen·ten⸗stab [ディリゲンテン・シュターブ] 男 -[e]s/..stäbe 指揮棒.

di·ri·gie·ren [ディリギーレン dirigíːrən] 他 (h) ① 《音楽》指揮する. ein Orchester⁴ *dirigieren* オーケストラを指揮する. ② (企業などを)統率する, (交通・経済などを)リードする, 導く. ③ (指示を出して人・物⁴を…へ)誘導する.

Di·ri·gis·mus [ディリギスムス dirigísmʊs] 男 -/- 《経》統制経済; (国家による)経済統制.

Dirndl [ディルンドる dírndl] 中 -s/-[n] ① 《圏 -n》《南ドィッ・ォーストリア》少女, 娘. ② 《圏 -》ディルンドル(= *Dirndl*kleid).

Dirndl⸗kleid [ディルンドる・クらイト] 中 -[e]s/-er ディルンドル (バイエルンやオーストリアの女性の民俗衣装).

Dirndlkleid

Dir·ne [ディルネ dírnə] 女 -/-n 売春婦.

dis, Dis [ディス dís] 中 -/- 《音楽》嬰(エィ)ニ音.

Disc⸗jo·ckey [ディスク・ヂョッケ] [英] 男 -s/-s ディスクジョッキー.

Dis·co [ディスコ dískο] 中 -/-s ディスコ (= *Disko*).

Dis·count⸗ge·schäft [ディスカオント・ゲシェフト] 中 -[e]s/-e ディスカウントショップ.

Dis-Dur [ディス・ドゥーァ] 中 -s/- 《音楽》嬰(エィ)ニ長調 (記号: Dis).

Dis·har·mo·nie [ディス・ハルモニー dɪsharmoníː] 女 -/-n [..ニーエン] ① 《音楽》不協和音. (⇒)「協和音」は Harmonie). ② (色などの)不調和. ③ (性格などの)不一致.

dis·har·mo·nisch [ディス・ハルモーニッシュ dɪsharmóːnɪʃ] 形 ① 《音楽》不協和音の. ② (色などが)不調和な. ③ しっくりしない.

Dis·kant [ディスカント dɪskánt] 男 -s/-e ① 《音楽》最高声域(音域); (ピアノなどの)鍵盤の右半分. ② かん高い声.

Dis·ken [ディスケン] Diskus (円盤)の 複

Dis·ket·te [ディスケッテ dɪskέtə] 女 -/-n 《コンピュ》フロッピーディスク.

Dis·ket·ten⸗lauf·werk [ディスケッテン・らオフヴェルク] 中 -[e]s/-e 《コンピュ》フロッピーディスクドライブ.

Disk⸗jo·ckey [ディスク・ヂョッケ] [英] 男 -s/-s ディスクジョッキー (= Discjockey).

die **Dis·ko** [ディスコ dísko] 女 《単》-/《複》-s ディスコ (= Disco). in die *Disko* gehen ディスコに行く.

Dis·ko·gra·fie [ディスコグラふィー dɪskografíː] 女 -/-n [..ふィーエン] レコード (CD) 目録, ディスコグラフィー.

Dis·ko·gra·phie [ディスコグラふィー dɪskografíː] 女 -/-n [..ふィーエン] = Diskografie

Dis·kont [ディスコント dɪskónt] 男 -s/-e 《経》① (手形割引の)割引料. ② (手形割引の)割引率.

Dis·kon·ti·nu·i·tät [ディス・コンティヌイテート dɪskontinuitέːt] 女 -/-en 不連続, 断続.

Dis·kont⸗satz [ディスコント・ザッツ] 男 -es/..sätze 《商》(手形割引の)割引率.

Dis·ko·thek [ディスコテーク dɪskotέːk] 女 -/-en ① ディスコ. ② レコード (CD) コレクション.

dis·kre·di·tie·ren [ディス・クレディティーレン dɪs-kreditíːrən] 他 (h) (人⁴の)信用を失わせる.

Dis·kre·panz [ディスクレパンツ dɪskrepánts] 女 -/-en 不一致, 矛盾.

dis·kret [ディスクレート dɪskrέːt] 形 ① 内密の, 内々の; 慎重な, 思慮深い. ② 地味な, 控えめな. ③ 《物・数》不連続の, 離散的な.

Dis·kre·ti·on [ディスクレツィオーン dɪskretsióːn] 女 -/- 秘密保持; 慎重さ, 思慮深さ; 控えめ[な態度].

dis·kri·mi·nie·ren [ディスクリミニーレン dɪskriminíːrən] 他 (h) ① 侮辱する, おとしめる. ② 差別する.

Dis·kri·mi·nie·rung [ディスクリミニールング] 女 -/-en ① 侮辱; 差別. ② 侮辱的な言動.

Dis·kurs [ディスクルス dɪskúrs] 男 -es/-e ① (学術的な)論考. ② 論戦;《言》談話.

Dis·kus [ディスクス dískʊs] 男 - (または Diskusses)/Disken (または Diskusse) 《スポ》(投てき用の)円盤; 円盤投げ.

die **Dis·kus·si·on** [ディスクスィオーン dɪskusióːn] 女 《単》-/《複》-en 討論, ディスカッション; 論争; 議論. 《英 *discussion*》. eine lebhafte *Diskussion* über aktuelle Fragen 時事問題に関する活発な討論 / die *Diskussion*⁴ leiten 討論を司会する / 物⁴ zur *Diskussion* stellen 物⁴を討議する.

Dis·kus⸗wer·fen [ディスクス・ヴェルふェン] 中 -s/- 《スポ》円盤投げ.

dis·ku·ta·bel [ディスクターべる dɪskutáːbəl] 形 議論する価値のある, 一考に値する.

****dis·ku·tie·ren** [ディスクティーレン dɪskutíːrən] (diskutierte, *hat* ...diskutiert) I 自 (完了 haben) 討論する. mit 人³ über 人³ 物⁴ *diskutieren* 人³と物⁴について討論する.
II 他 (完了 haben) (物⁴について)討論する, 討議する.《英 *discuss*》. Wir *diskutierten* unsere Pläne. 私たちは自分たちの計画について討議した.

dis·ku·tiert [ディスクティーアト] ＊diskutieren (討論する)の過分, 3人称単数・2人称親称複数 現在

dis·ku·tier·te [ディスクティーアテ] ＊diskutieren (討論する)の過去

dis-Moll [ディス・モる] 甲 -/《音楽》嬰(ない)ニ短調 (記号: dis).

Dis·pens [ディスペンス dispéns] 男 -es/-e (チラァ·カッと) 図 -/-en (特例による法の適用などの)免除; (カリック) 特免.

dis·pen·sie·ren [ディスペンズィーレン dispɛnzí:rən] 他 (h) 《人4 von 事3 ~》《人4に事3を特例として》免除する.

Dis·per·si·on [ディスペルズィオーン dispɛrzió:n] 図 -/-en (物·化)(微粒子の)分散.

Dis·play [ディスプれー displéi] 男 -s/-s ① (商品などの)飾り付け. ② (装置などの)表示窓; (コンピュー) ディスプレイ.

Dis·po·nent [ディスポネント dispɔnént] 男 -en/-en (経) ① (一定の業務·部門の)責任者. (女性形: -in). ② (劇場の)支配人.

dis·po·ni·bel [ディスポニーべる dispɔní:bəl] 形 自由に使える(資金など).

dis·po·nie·ren [ディスポニーレン dispɔní:rən] 自 (h) ① 《über 人·物4 ~》《人·事4を》自由に使う. ② 見通しを立てておく.

dis·po·niert [ディスポニーアト] I disponieren (自由に使う)の過分 II 形 ① (歌手などが…の)調子である. Der Sänger ist heute gut *disponiert*. その歌手はきょうは調子がよい. ②《für 事4 (または zu 事3) ~》(事4(または事3)にかかりやすい. Sie ist zu Kältungen *disponiert*. 彼女は風邪をひきやすい.

Dis·po·si·ti·on [ディスポズィツィオーン dispɔzitsió:n]図 -/-en ① 自由な使用, 裁量[権]. freie *Disposition*4 über 物4 haben 物4を意のままにできる / Er hat ein großes Vermögen zu seiner *Disposition*. 彼ははくだいな財産を自由に使える / 人4 zur *Disposition* stellen (官庁) 人4に休職を命ずる. ② 計画, 見通し; 構想. zu einem Aufsatz eine *Disposition*4 machen 作文の構想をたてる. ③ 素質;《医》素因. Er hat eine *Disposition* zu (または für) Erkältungen. 彼は体質的に風邪をひきやすい.

Dis·put [ディスプート dispú:t] 男 -[e]s/-e 論争, 議論.

Dis·pu·ta·ti·on [ディスプタツィオーン disputatsió:n] 図 -/-en (学術上の)論争, 議論.

dis·pu·tie·ren [ディスプティーレン disputí:rən] 自 (h) 論争する, 議論する. mit 人3 über 事4 *disputieren* 人3と事4について論争(議論)する.

Dis·qua·li·fi·ka·ti·on [ディス·クヴァりふィカツィオーン dis-kvalifikatsió:n] 図 -/-en ① 不適格の判定. ②《スポ》失格.

dis·qua·li·fi·zie·ren [ディス·クヴァりふィツィーレン dis-kvalifitsí:rən] 他 (h) ① (人4を)不適格と宣言する. ◇《再帰的に》*sich*4 *disqualifizieren* 自らの不適格さを露呈する. ②《スポ》失格にする.

Diss. [ディセルタツィオーン]《略》博士学位請求論文, 博士論文 (= **Dissertation**).

Dis·ser·ta·ti·on [ディセルタツィオーン dissertatsió:n] 図 -/-en 博士学位請求論文, 博士論文 (略: Diss.).

Dis·si·dent [ディスィデント dissidént] 男 -en/-en ① 離教者, 無宗教者. (女性形: -in). ② (思想的·政治的な)異端者.

dis·so·nant [ディソナント dissonánt] 形 《音楽》不協和音の; 不調和な.

Dis·so·nanz [ディソナンツ dissonánts] 図 -/-en 《音楽》不協和音; 不調和, 不一致, 不和. (⇔「協和音」は Konsonanz).

Di·stanz [ディスタンツ distánts] 図 -/-en ① 距離, 間隔. ②《複 なし》(社会階層間の)隔たり; (他人との)距離. **von** … (または **zu**) …《人3 *Distanz*4 wahren 人3と距離を保つ. ② (陸上競技などの)距離; (ボクシングの)規定ラウンド数; (相手との)距離.

di·stan·zie·ren [ディスタンツィーレン distantsí:rən] I 再帰 (h) 《*sich*4 **von** 人·事3 ~》(人·事3に)距離を置く; (事4を)あずかり知らぬとはねつける. II 他 《スポ》(相手4に)大勝する.

di·stan·ziert [ディスタンツィーアト] I distanzieren (再帰 で: 距離を置く)の過分 II 形 距離を置いた, よそよそしい(態度など).

Di·stel [ディステる dístəl] 図 -/-n 《植》アザミ.

Di·sti·chon [ディスティヒョン dístiçɔn] 甲 -s/..chen 《詩学》(6歩格と5歩格から成る)2行詩節.

di·stin·guiert [ディスティンギーアト distingí:rt または ..グイーアト ..guí:rt] 形 (服装などが)際だった, 洗練された; とりわけ上品な.

di·stink·tiv [ディスティンクティーふ distinktí:f] 形 (他との)差異を示す, 弁別的な.

Dis·tri·bu·ti·on [ディストリブツィオーン distribusió:n] 図 -/-en ①《経》所得(富)の分配; (商品の)配送. ② 分布[状況]. ③《数》超関数. ④《言》分布.

Dis·trikt [ディストリクト distríkt] 男 -[e]s/-e ① (特に英米の)行政区. ② 地区, 地域, 地方.

Dis·zi·plin [ディスツィプリーン distsiplí:n] 図 -/-en ①《複 なし》規律. die *Disziplin*4 wahren (verletzen) 規律を守る(破る). ② (学問などの)分野, 部門. ③《スポ》種目.

dis·zi·pli·na·risch [ディスツィプリナーリッシュ distsiplináːriʃ] 形 ① 規律の, 服務規定[上]の; 懲戒の手続きを踏んだ. ② 厳格な(処罰など).

Dis·zi·pli·nar=stra·fe [ディスツィプリナール·シュトラーふェ] 図 -/-n ①《スポ》(所属選手に対する)罰則; (アイスホッケーで:)ミスコンダクトペナルティー. ②《古》懲戒処分.

Dis·zi·pli·nar·ver·fah·ren [ディスツィプリナール·ふェアふァーレン] 甲 -s/- 《法》懲戒手続き.

dis·zi·pli·niert [ディスツィプリニーアト distsiplí:rt] 形 規律を遵守する; しつけの良い, 節度ある.

dis·zi·plin≠los [ディスツィプリーン・ろース] 形
規律のない，しつけの悪い．

di·to [ディートー dí:to] [古語] 副《口語》上と同じく，同上，同様に（略: do., dto.）．

Di·va [ディーヴァ dí:va] 女 –/Diven (または –s)
女性人気歌手，人気女優．

di·ver·gent [ディヴェルゲント divergént] 形
① (方向の)異なる(直線・意見など). ② 《数》
発散する(数列など).

Di·ver·genz [ディヴェルゲンツ divergénts] 女
–/–en ① (意見などの)相異. ② 《理》発散．

di·ver·gie·ren [ディヴェルギーレン divergí:-
rən] 自 (h) ① 《von 3格 ~》(直線・意見などが 3格と)異なる. ② 《数》発散する. ◇
《現在分詞の形で》eine *divergierende* Reihe
発散級数.

di·vers [ディヴェルス divérs] 形《付加語としてのみ》種々の，いくつかの〔異なる〕．

Di·vi·dend [ディヴィデント dividént] 男 –en/
–en 《数》被除数，分子．

Di·vi·den·de [ディヴィデンデ dividéndə] 女
–/–n 《経》(株の)配当金.

di·vi·die·ren [ディヴィディーレン diví:ri:rən]
他 (h) 《数》割る，除する. (☞「掛ける」は mul-
tiplizieren). ◇《過去分詞の形で》27 *dividiert*
durch 9 ist (または gibt) 3. 27 割る 9 は 3.

Di·vi·si·on [ディヴィズィオーン divizió:n] 女
–/–en ① 《数》割り算，除法. (☞「掛け算」は
Multiplikation). ② 戦隊; 師団. ③ (フランス・イギリスなどのサッカーリーグの)クラス, 部.

Di·vi·sor [ディヴィーゾル diví:zɔr] 男 –s/–en
[..ヴィゾーレン] 《数》除数，約数，分母.

Di·wan [ディーヴァーン dí:va:n] 男 –s/–e ①
(低い)寝いす. (☞ Sofa 図). ②《文学》(オリエントの)詩集.

d. J. 《略》① [ディァ ユンゲレ] (人名のあとにつけて：)
ジュニア (=der Jüngere). Cranach *d. J.* 小
クラーナハ. ② [ディーゼス ヤーレス] 本年[の]
(=dieses Jahres).

DJH [デー・ヨット・ハー] 中 –/《略》ドイツ・ユースホステル協会 (=Deutsches Jugendherbergs-
werk). (☞ Jugendherberge 図).

DKP [デー・カー・ペー] 女 –/《略》ドイツ共産党
(=Deutsche Kommunistische Partei).

dm [デツィ・メータァ] 《記号》10分の1メートル
(=Dezimeter).

DM [デー・マルク dé:-mark] 《略》ドイツマルク
(=Deutsche Mark). (☞ DM はふつう[マルク]
と読む. 2001 年までのドイツの通貨単位; 1 DM=100
Pfennig). 10,50 DM (=zehn Mark fünfzig)
10 マルク 50 ペニヒ.

d. M. [ディーゼス モーナッツ] 《略》今月[の] (=
dieses Monats).

d-Moll [デー・モる] 中 –/《音楽》ニ短調 (記号: d).

DNA [デー・エン・アー] [英] 女 –/ デオキシリボ核
酸 (=deoxyribonucleic acid).

DNS [デー・エン・エス] 女 –/ デオキシリボ核酸 (=
Desoxyribo[se]nukleinsäure).

do. [ディートー] 《略》同上，同様に (=dito).

Do. [ドンナァス・タ-ク] 《略》木曜日 (=Don-
nerstag).

d. O. [ディァ オービゲ または ディ オービゲ] 《略》上記の者 (=der Obige または die Obige).

Do·ber·mann [ドーバァ・マン dó:bar-man]
男 –[e]s/..männer 《動》ドーベルマン (番犬・警察犬などとして用いられるドイツ原産の中型犬. この犬種の
作出者 K. L. *Dobermann* の名にちなむ).

doch [ドッホ dóx]

> …だよ Das ist *doch* falsch!
> ダス イスト ドッホ ふァるシュ
> それは間違いだよ．

I 副 A)《文中でのアクセントあり》① それにもかかわらず． Es war ihm zwar verboten, aber
er hat es *doch* getan. それを彼は禁じられていたが，それでもやってしまった．

② 《否定を含んだ疑問文に対して; 返事の内容が肯定になる場合》いいえ，いやいや. Kommst
du nicht mit? — *Doch*[, ich komme mit]!
いっしょに行かないの？— いや[行くよ] / Warst
du nicht dabei? — O *doch*! 君はその場にいなかったのかい — いやいたとも.

③ やはり． Er hat *doch* recht (または Recht).
やはり彼の言うとおりだ / Also *doch*! やっぱりそうだろう．

B)《文中でのアクセントなし》①《確認・驚き・非難・反論などを表して》…だよ，…ではないか.
Das ist *doch* nicht möglich! それは不可能だよ / Das ist *doch* zu dumm! まったく腹立たしい / Du bist *doch* kein Kind mehr! 君はもう
子供ではないんだぞ / Ja *doch*! そうだとも / Nein
(または Nicht) *doch*! 違うったら．

②《命令文で》頼むから，いいかげんに; ぜひ．
Komm *doch* endlich! いいかげんに来いったら /
Besuchen Sie uns *doch* einmal! ぜひ一度私たちのところへおいでください．

③《平叙文の語順をもつ疑問文で》…だろう．
Du kennst ihn *doch*? 君は彼を知っているだろう / Sie wissen *doch*, dass…? あなたは…ということをご存じでしょう．

④《接続法 2 式の文で》…ならいいのに．
Wenn ich *doch* so viel Geld hätte! そんなにお金があったらなあ．

⑤《忘れたことを思い出そうとして》…だっけ．
Wie heißt er *doch*? 彼の名前はなんだっけ /
Wie war das *doch*? あれはどうだったっけ．

⑥《動詞の人称変化形を文頭に出して》《原因・理由を表して》《雅》…だから． Er ging
weg, sah er *doch*, dass ich sehr beschäftigt war. 彼は行ってしまった，なにしろ私がたいへん忙しいということがわかったものだから．

II 接《並列接続詞》《対立・相反》しかし, だが．
Wir warteten lange, *doch* sie kam (または
kam sie) nicht. われわれは長い間待った，しかし
彼女は来なかった / Er ist arm, *doch* zufrieden. 彼は貧しいが満足している．

Docht [ドホト dóxt] 男 -es (まれに -s)/-e (ろうそく・ランプなどの)しん, 灯心.

Dock [ドック dɔ́k] 中 -s/-s (まれに -e) 《海》ドック. Das Schiff liegt im *Dock*. 船がドックに入っている.

do·cken [ドッケン dɔ́kən] **I** 他 (h) ① 《海》(船⁴を)ドックに入れる. ② 《宇宙》(宇宙船⁴を)ドッキングさせる. **II** 自 (h) 《海》(船が)ドックに入っている.

Do·ge [ドージェ dó:ʒə] 〔伊〕 男 -n/-n 《史》ドージェ(18 世紀までのベネチア共和国・ジェノバ共和国の最高執政官).

Dog·ge [ドッゲ dɔ́gə] 女 -/-n (短毛の)大型犬. eine Deutsche *Dogge* グレートデン / eine Englische *Dogge* マスチフ.

Dog·ma [ドグマ dɔ́gma] 中 -s/Dogmen ① 《宗》教義, 教理; 定説. ② 《比》教条, ドグマ, 独断.

Dog·ma·tik [ドグマーティク dɔgmá:tɪk] 女 -/-en ① 《神学》教義学, 教理学. ② 《比》教条的な考え方, 独断論.

Dog·ma·ti·ker [ドグマーティカァ dɔgmá:tikər] 男 -s/- ① 教義学者, 教理学者. (女性形: -in). ② 《比》教条主義者者, 独断論者.

dog·ma·tisch [ドグマーティッシュ dɔgmá:tɪʃ] 形 ① 教義上の, 教理上の. ② 《比》教条主義的な, 独断的な.

Dog·ma·tis·mus [ドグマティスムス dɔgmatísmʊs] 男 -/ 教条主義, 独断論.

Dog·men [ドグメン] Dogma (教義)の 複

Doh·le [ドーれ dó:lə] 女 -/-n ① 《鳥》コクマルガラス. ② 《方》(古風な)黒い帽子.

* der **Dok·tor** [ドクトァ dɔ́ktɔr] 男 (単 2) -s/(複) -en [..トーレン] (英 *doctor*) ① 〔複 なし〕 博士[号], 博士学位. (略: Dr.). den *Doktor* machen (口語)博士号を取る / 人⁴ zum *Doktor* promovieren 人⁴に博士学位を授与する. ② 博士号取得者. Sehr geehrter Herr *Doktor* (Sehr geehrte Frau *Doktor*) Krause! (手紙の冒頭で:)拝啓クラウゼ博士殿 (⚠︎ 呼びかけの場合, 女性に対して Doktorin は使わない). ③ 《口語》医者 (=Arzt). den *Doktor* rufen 医者を呼ぶ / zum *Doktor* gehen 医者に行く.

> 博士のいろいろ: **Doktor der Philosophie** 哲学博士 (略: Dr. phil.) / **Doktor der Theologie** 神学博士 (略: Dr. theol.) / **Doktor des Rechts** 法学博士 (略: Dr. jur.) / **Doktor der Medizin** 医学博士 (略: Dr. med.) / **Doktor der Naturwissenschaften** 理学博士 (略: Dr. rer. nat.) / **Doktor der Ingenieurwissenschaften** 工学博士 (略: Dr.-Ing.) / **Ehrendoktor** 名誉博士

Dok·to·rand [ドクトラント dɔktoránt] 男 -en/-en 博士学位取得志願者. (女性形: -in).

Dok·tor=ar·beit [ドクトァ・アルバイト] 女 -/-en 博士[学位]論文.

Dok·to·rin [ドクトーリン dɔktó:rɪn] または ドクトリン] 女 -/..rinnen (女性の)博士; 《口語》女医.

Dok·tor=ti·tel [ドクトァ・ティーテる] 男 -s/- ドクター(博士)の称号.

Dok·tor=va·ter [ドクトァ・ファータァ] 男 -s/..väter ドクター(博士学位)論文指導教授. (女性形: ..mutter).

Dok·trin [ドクトリーン dɔktrí:n] 女 -/-en ① 教理, 教条; 学説. ② 《政》(政治的な)基本原則, ドクトリン.

dok·tri·när [ドクトリネーァ dɔktrinɛ́:r] 形 ① 教理に基づく. ② 《比》主義(理論)一点張りの, 教条主義的な.

Do·ku·ment [ドクメント dokumént] 中 -[e]s/-e (公的な)文書, [証拠]書類; 証書; 歴史資料, 記録; 〔こっけい〕 文書. ein geheimes *Dokument* 秘密文書.

Do·ku·men·tar=film [ドクメンタール・ふぃるム] 男 -[e]s/-e 記録(ドキュメンタリー)映画.

do·ku·men·ta·risch [ドクメンターリッシュ dokumɛntá:rɪʃ] 形 ① 記録(証拠書類)による. ② ドキュメンタリーの, 事実を伝える.

Do·ku·men·ta·ti·on [ドクメンタツィオーン dokumɛntatsió:n] 女 -/-en ① 編纂された資料, 文献. ② (気持ちなどの)表れ; 《比》証拠.

do·ku·men·tie·ren [ドクメンティーレン dokumɛntí:rən] **I** 他 (h) ① (物⁴を)記録として伝える. ② (物⁴の)証しである. **II** 再 他 (h) 〖*sich*⁴ **in** 物³ ~〗(物³に)はっきり現れている.

Dolch [ドるヒ dɔ́lç] 男 -es (まれに -s)/-e (両刃の)短剣, 短刀. den *Dolch* ziehen 短剣を抜く.

Dolch=stoß [ドるヒ・シュトース] 男 -es/..stöße ① 短刀で刺すこと. ② 《比》陰謀, 裏切り.

Dol·de [ドるデ dɔ́ldə] 女 -/-n 《植》散形(烝)花[序].

Dol·lar [ドらァ dɔ́lar] 男 -[s]/-s (単位: -/-) ドル(アメリカなどの通貨単位) (記号: $).

Dol·le [ドれ dɔ́lə] 女 -/-n (ボートのオール受け).

dol·met·schen [ドるメッチェン dɔ́lmɛtʃən] **I** 他 (h) 通訳する. ein Gespräch⁴ *dolmetschen* ある対話を通訳する. **II** 自 (h) 通訳をする, 通訳として働く.

der **Dol·met·scher** [ドるメッチャァ dɔ́lmɛtʃər] 男 (単 2) -s/(複) - (3 格のみ -n) 通訳. (英 *interpreter*). Er arbeitet bei Konferenzen als *Dolmetscher*. 彼は会議の通訳の仕事をしている.

Dol·met·sche·rin [ドるメッチェリン dɔ́lmɛtʃərɪn] 女 -/..rinnen (女性の)通訳.

Dom¹ [ドーム dó:m] 男 -[e]s/-e (3 格のみ -en) ① 〔キリ教〕 [司教座]大聖堂, ドーム. der Kölner *Dom* ケルンの大聖堂. ② 《建》丸屋根, ドーム.

Dom² [ドーム] 男 -[e]s/-e ① 《地学》円頂丘. ② ボイラーの蒸気をためる)鐘形気室.

Do·mä·ne [ドメーネ domɛ́:nə] 女 -/-n ① 国有地; 御料地. ② (得意とする)専門分野.

Do·mes·tik [ドメスティーク domɛstí:k] 男 -en/-en 〔ふつう 複〕 (軽蔑的に:)召使, 奉公人. (女性形: -in).

Do·mes·ti·ka·ti·on [ドメスティカツィオーン

do·mes·ti·zie·ren [ドメスティツィーレン domɛstitsíːrən] 他 (h)(野生動物⁴を)飼いならす, (野生植物⁴を)栽培植物にする.

do·mi·nant [ドミナント dominánt] 形 支配的な, 優勢な;《生》(遺伝形質が)優性の.

Do·mi·nan·te [ドミナンテ dominántə] 女 /-n ① 主な特徴. ②《音楽》属音;属和音.

Do·mi·nanz [ドミナンツ dominánts] 女 /-en ①《生》(遺伝形質の)優性. ② 優勢.

do·mi·nie·ren [ドミニーレン dominíːrən] I 自 (h) 優勢である, 支配的である. ◊《現在分詞の形で》eine *dominierende* Rolle 主要な役割. II 他 (h) 支配する.

Do·mi·ni·ka·ner [ドミニカーナァ dominikáːnər] 男 -s/-《ホッッ》ドミニコ会の修道士. (女性形: -in).

Do·mi·no [ドーミノ dóːmino] I 中 -s/-s ドミノ〖ゲーム〗. II 男 -s/-s (頭巾(ミǎ)と小仮面のついた)仮装舞踏会の衣装をつけた人〗.

Do·mi·zil [ドミツィール domitsíːl] 中 -s/-e《戯》居住地, 住まい.

Dom·pfaff [ドーム・プファふ] 男 -en (または -s)/-en《鳥》ウソ.

Domp·teur [ドンプテーァ domptǿːr] 〖仏〗男 -s/-e 調教師, 猛獣使い. (女性形: Dompteuse).

Do·nar [ドーナァ dóːnar] 男 /-《ゲルマン神》ドーナル(雷神・農耕神. Donnerstag「木曜日」の語源).

die **Do·nau** [ドーナオ dóːnau] 単 /-〖定冠詞とともに〗《川名》ドナウ川(ドイツ南西部に発し黒海に注ぐヨーロッパ第二の大河. 全長 2850 km: ☞《地図》D〜H-4).

Dö·ner [デーナァ dǿːnər] 男 -s/- = *Döner*kebab

Dö·ner·ke·bab [デーナァ・ケバッブ] 男 -[s]/-s《料》ケバブ〖羊肉をローストするトルコ料理の一〗.

Don Ju·an [ドン フアン dɔn xuán] 〖ス〗 I --[s]/-《人名》ドン・フアン(遊蕩生活を送ったスペインの伝説的貴族の名). II 男 --s/--s《比》女たらし, 色事師.

der **Don·ner** [ドンナァ dónər] 男 (単2) -s/-(複) - (3格のみ -n)〖ふつう 単〗 雷, 雷鳴; とどろき. (英 *thunder*). Der *Donner* kracht または grollt. 雷が鳴る / der *Donner* des Wasserfalls 滝の轟音(ぶっ) / wie *vom* *Donner* gerührt da|stehen びっくりして立ちつくしている(←雷に打たれたように) / *Donner* [und Blitz]!《俗》なんてことだ, これはまずい.

don·nern [ドンナァン dónərn] (donnerte, hat/ist ... gedonnert) I 非人称《完了》haben) Es *donnert*. 雷が鳴る. (英 *thunder*). II 自《完了》haben または sein) ①(h) 轟音(ぶっ)をとどろかせる. Die Flugzeugmotoren *donnern*. 飛行機のエンジンが轟音をたてている. ②(へ)轟音(ぶっ)をたてて進む(動く); どしんとぶつかる. ③(h)《口語》(激しく)たたく. gegen die Tür *donnern* 戸をどんどんたたく. ④(h)《口語》(大声で)どなりつける. III 他《完了》haben)《口語》《物⁴を…へ》激しく投げつける.

don·nernd [ドンナァント] I donnern《非人称》で;雷が鳴る)の 現分 II 形 とどろく, 響きわたる. ein *donnernder* Applaus 万雷の拍手.

Don·ner·schlag [ドンナァ・シュラーク] 男 -[e]s/..schläge (鋭い)雷鳴; 落雷.

der **Don·ners·tag** [ドンナァス・ターク dónərs-taːk] 男 (単2) -[e]s/(複) -e (3格のみ -en) 木曜日(略: Do.). (英 *Thursday*). (ஃ 曜日名 ☞ Woche). **[am]** *Donnerstag* 木曜日に / Heute ist *Donnerstag*. きょうは木曜日だ / Er kommt [am] nächsten *Donnerstag*. 彼は来週の木曜日に来る / [am] *Donnerstag* früh 木曜の早朝に.

Don·ners·tag·abend [ドンナァスターク・アーベント] 男 -s/-e 木曜の晩. **[am]** *Donnerstagabend* 木曜日の晩に.

don·ners·tag·abends [ドンナァスターク・アーベンツ] 副《毎週》木曜日の晩に.

don·ners·tags [ドンナァス・タークス] 副《毎週》木曜日に, 木曜日ごとに.

don·ner·te [ドンナァテ] donnern (雷が鳴る)の 過去

Don·ner·wet·ter [ドンナァ・ヴェッタァ] 中 -s/- ①《口語》大目玉, 激しい非難. ②《古》雷雨(= Gewitter). ③ [ドンナァ・ヴェッタァ]《間投詞的に》[**Zum**] *Donnerwetter*!《俗》(不満・怒りを表して:)なんてことだ; ちくしょう / *Donnerwetter*!(驚嘆して:)これはすごい.

Don Qui·chotte [ドン キショット dɔn kiʃɔ́t または ドン.. dɔ̃..] 〖ス・仏〗 I --[s]/《人名》ドン・キホーテ(セルバンテスの小説の主人公の名). II 男 --s/--s《比》世間知らずの理想家.

Don·qui·chot·te·rie [ドン・キショッテリー dɔn-kiʃɔtəríː または ドン.. dɔ̃..] 女 -/-n [..リーエン] ドン・キホーテ的行為.

doof [ドーふ dóːf] 形《俗》① 間抜けな, ばかな. ②《方》おもしろくない, 退屈な; いまいましい.

do·pen [ドーペン dóːpən または ドッペン dɔ́pən] 他 (h)《選手・競走馬などに》ドーピングする. ◊《再帰的に》Der Läufer *hat sich*⁴ *gedopt*. そのランナーはドーピングをした.

Do·ping [ドーピング dóːpiŋ または ドッピング dɔ́piŋ] 〖英〗 中 -s/-s《スポ》ドーピング.

Dop·pel [ドッペる dɔ́pəl] 中 -s/- ① コピー, 写し. ②(テニスなどの)ダブルス.

Dop·pel- [ドッペる.. dɔ́pəl..]《名詞などにつける 接頭》《二重・2 倍》例: *Doppel*fenster 二重窓.

Dop·pel·ad·ler [ドッペる・アードらァ] 男 -s/- 双頭の鷲(だ)(紋章・貨幣の模様).

Dop·pel-b [ドッペる・ベー] 中 -/-《音楽》重変記号, ダブルフラット (記号: ♭♭).

Dop·pel·bett [ドッペる・ベット] 中 -[e]s/-en ダブルベッド.

Dop·pel·de·cker [ドッペる・デッカァ] 男 -s/- ①《空》複葉機. ②《口語》2 階建てバス.

dop·pel·deu·tig [ドッペる・ドイティヒ] 形 二通りの意味にとれる; あいまいな.

Dop·pel=feh·ler [ドッペる・フェーらァ] 男 -s/- (テニスの)ダブルフォールト.

Dop·pel=fens·ter [ドッペる・フェンスタァ] 中 -s/- 二重窓.

Dop·pel=gän·ger [ドッペる・ゲンガァ] 男 -s/- (自分に)そっくりの人; 《民俗》(同一人物の)分身, ドッペルゲンガー. (女性形: -in).

dop·pel=glei·sig [ドッペる・グらイズィヒ] 形 《鉄道》複線の.

Dop·pel=haus [ドッペる・ハオス] 中 -es/..häuser 2軒続きの家, 2世帯家屋.

Dop·pel=hoch·zeit [ドッペる・ホホツァイト] 女 -/-en (親族・友人などの)二組同時の婚礼.

Dop·pel=kinn [ドッペる・キン] 中 -[e]s/-e 二重あご.

Dop·pel=klick [ドッペる・クリック] 男 -s/-s 《コンピュ》ダブルクリック.

Dop·pel=kreuz [ドッペる・クロイツ] 中 -es/-e 《音楽》重嬰(じゅうえい)記号, ダブルシャープ (記号: ✘).

Dop·pel=laut [ドッペる・らオト] 男 -[e]s/-e 《言》① 二重母音 (au, ei など). ② 重母音 (aa, oo など); 重子音.

Dop·pel=le·ben [ドッペる・れーベン] 中 -s/- (表裏のある)二重生活.

dop·peln [ドッペるン dɔ́pəln] 他 (h) ① 二重(2倍)にする. ② 《南ドシ・オストリ》(靴などの)底を張り替える.

Dop·pel=na·me [ドッペる・ナーメ] 男 -ns (3格・4格 -n)/-n (二つの姓または名からなる)複合名 (例: Hans-Georg).

Dop·pel=pass [ドッペる・パス] 男 -es/..pässe (サッカーの)ワンツーパス, 壁パス.

Dop·pel=punkt [ドッペる・プンクト] 男 -[e]s/-e 《言》コロン (記号: :).

dop·pel=rei·hig [ドッペる・ライイヒ] 形 2列の; 《服飾》ダブルの(上着など).

dop·pel=sei·tig [ドッペる・ザイティヒ] 形 両側の; (雑誌などで)左右2ページにわたる(広告など).

dop·pel=sin·nig [ドッペる・ズィニヒ] 形 二通りの意味のある; あいまいな.

Dop·pel=spiel [ドッペる・シュピーる] 中 -[e]s/-e ① 表裏のある言動. mit 人³ ein *Doppelspiel*⁴ treiben 人³に二枚舌を使う. ② (テニスなどの)ダブルス.

dop·pel=stö·ckig [ドッペる・シュテキヒ] 形 2階建ての(家・バスなど).

dop·pelt [ドッペると dɔ́pəlt] 形 ① 2倍の, 二重の; ダブルの; 表裏のある. 《英》*double*). die *doppelte* Länge 2倍の長さ / *doppelte* Buchführung 《商》複式簿記 / eine *doppelte* Moral ご都合主義, 二重モラル / Geteilter Schmerz ist halber Schmerz, geteilte Freude ist *doppelte* Freude. 《諺》分かち合った苦痛は半分, 共にする喜びは倍の喜び / Er ist *doppelt* so alt wie ich. 彼は私の倍の年齢だ / *doppelt* und dreifach (口語) 二重にも三重にも, 念入りに / 人・物⁴ *doppelt* sehen 人・物⁴が二重に見える / *Doppelt* genäht, hält besser. 《諺》念には念を入れよ(←二重に縫えばより丈夫だ).

② ひときわの, 格別の. mit *doppeltem* Eifer とりわけ熱心に. ③ (ウイスキーなどが)ダブルの.
► **doppelt|sehen**

dop·pelt|se·hen [ドッペると・ゼーエン dɔ́pəlt-zeːən] 他 (h) (酔って)目がくらくらする.

Dop·pel=ver·die·ner [ドッペる・フェァディーナァ] 男 -s/- ① 《腹で》共稼ぎの夫婦. ② 二重所得者. (女性形: -in).

das **Dop·pel=zim·mer** [ドッペる・ツィンマァ dɔ́pəl-tsɪmɐr] 中 (単2) -s/(複) - (3格のみ -n) (ホテルなどの)二人部屋, ツイン(ダブルベッド)ルーム. (☞「シングルルーム」は Einzelzimmer). ein *Doppelzimmer* mit Bad バス付きツインルーム.

dop·pel=zün·gig [ドッペる・ツュンギヒ] 形 二枚舌の, 裏表のある.

Dopp·ler=ef·fekt, Dopp·ler-Ef·fekt [ドップらァ・エフェクト] 男 -[e]s/ 《物》ドップラー効果.

Do·ra [ドーラ dóːra] -s/- 《女名》ドーラ (Dorothea, Theodora の 短縮).

das Dorf [ドルふ dɔ́rf]

村 Er wohnt auf dem *Dorf*.
    エァ ヴォーント アオフ デム ドルふ
    彼は村に住んでいる.

中 (単2) -es (まれに -s)/(複) Dörfer [デルふァァ] (3格のみ Dörfern) ① 村, 村落. (英 *village*). (☞「都市」は Stadt). Fischer*dorf* 漁村 / das olympische *Dorf* オリンピック村 / Er ist **auf dem** *Dorf* aufgewachsen. 『現在完了』彼は村で育った / **vom** *Dorf* stammen 田舎の出である / Die Welt ist doch ein *Dorf*! (外国や思わぬ所で知人に会ったとき:)世界は狭いものですね / Das sind mir böhmische *Dörfer*. それは私には何のことかさっぱりわからない(←それは私にとってはボヘミアの村だ; ボヘミアの地名がドイツ人にはわかりにくいことから).

② (総称として:)村民, 村人. das ganze *Dorf* 村中の人々.

Dorf=be·woh·ner [ドルふ・ベヴォーナァ] 男 -s/- 村の住民, 村民, 村人. (女性形: -in).

Dör·fer [デルふァァ] *Dorf (村)の 複.

Dörf·ler [デルふらァ dérflər] 男 -s/- 村の住民, 村民, 村人. (女性形: -in).

dörf·lich [デルふりヒ] 形 ① 村の. ② 田舎[風]の.

Do·ris [ドーリス dóːrɪs] 《女名》ドーリス (Dorothea の 短縮).

Dorn [ドルン dɔ́rn] I 男 -[e]s/-en (口語: Dörner) ① 《植物の》とげ; いばら. eine Pflanze mit *Dornen* とげのある植物. ② 《雅・比》苦痛, 苦悩. Sein Lebensweg war voller *Dornen*. 彼の生涯は苦難に満ちていた / Er ist mir ein *Dorn* im Auge. 彼は私にとって目の上のたんこぶだ. ③ 《詩》いばらのやぶ. II 男 -[e]s/-e (靴底の)スパイク, (ブローチなどの)針; 千枚通し.

Dor·nen=he·cke [ドルネン・ヘッケ] 女 -/-n

いばらの生垣(㌍).

Dor·nen⚬kro·ne [ドルネン・クローネ] 囡 -/-n 《聖》いばらの冠(キリストがかぶせられた. 苦難の象徴).

dor·nen⚬reich [ドルネン・ライヒ] 形 いばら(とげ)の多い; 《比》苦難に満ちた.

dor·nen⚬**voll** [ドルネン・ふぉる] 形 =dornenreich

dor·nig [ドルニヒ dórnɪç] 形 ① とげのある. ② 《雅》困難な, やっかいな.

Dorn⚬rös·chen [ドルン・レースヒェン] 囲 -s/ いばら姫, 眠り姫(100年間いばらに囲まれて眠るグリム童話の主人公).

Dorn·rös·chen⚬schlaf [ドルンレースヒェン・シュらーふ] 囲 -[e]s/ (グリム童話のいばら姫のような)長い眠り; (皮肉って)長い安逸の時.

Do·ro·thea [ドロテーア doroté:a] -s/ 《女名》 ドロテーア.

dör·ren [デレン dǽrən] I 他 (h) 乾かす, 乾燥させる. ◇[過去分詞の形で] gedörrtes Obst ドライフルーツ. II 自 (s) 乾く; 枯死する.

Dörr⚬fleisch [デル・ふらイシュ] 囲 -[e]s/ 乾燥肉.

Dörr⚬ge·mü·se [デル・ゲミューゼ] 囲 -s/- 乾燥野菜.

Dörr⚬obst [デル・オープスト] 囲 -es/ 乾燥果物, ドライフルーツ.

Dorsch [ドルシュ dórʃ] 囲 -[e]s/-e 《魚》タラの幼魚; (北海産の)小形のたら.

*****dort** [ドルト dórt]

> あそこに Ich warte *dort* oben.
> イヒ ヴァルテ ドルト オーベン
> ぼくはあそこの上で待っているよ.

圖 あそこに(で), そこに(で). (㊍ there). (⦿「ここに」は hier). *Dort* wohnt er. あそこに彼は住んでいる / *dort* an der Ecke そこの角に / der Herr *dort* あちらにいる紳士 / *dort* drüben 向こう側で / *dort* oben (unten) あそこの上の方で(下の方で) / da und *dort* a) あちこちで, b) ときおり / Ich komme gerade von *dort*. 私はちょうどそこから来たところです / Von *dort* aus können Sie mich anrufen. そこからあなたは私に電話できますよ.

dort⚬her [ドルト・ヘーァ dɔrt-hé:r; (指示的意味の強いときは:) ドルト..] 圖 あそこから, そこから. Von *dorther* kommen also die Gerüchte! うわさの出所はそこだったのか.

***dort⚬hin** [ドルト・ヒン dɔrt-hín; (指示的意味の強いときは:) ドルト..] 圖 あそこへ, そこへ. Wie komme ich am schnellsten *dorthin*? そこへはどうすればいちばん速く行けますか / bis *dorthin* あそこまで.

dor·tig [ドルティヒ dórtɪç] 形 《付加語としてのみ》 そこの, その地の.

Dort·mund [ドルト・ムント dórt-munt] 囲 -s/ 《都市名》ドルトムント(ドイツ, ノルトライン・ヴェストファーレン州: ☞ 地図 C-3).

die **Do·se** [ドーゼ dó:zə] 囡 (単) -/(複) -n ① (ふた付き[で円筒形の])**小容器**. (㊍ container). Butter*dose* バターケース. ② (缶詰の)**缶** (=Konserven*dose*). (㊍ can, tin). Bier in *Dosen* 缶入りのビール. ③ コンセント (=Steck*dose*).

dö·sen [デーゼン dǿ:zən] 自 (h) 《口語》まどろむ; ぼんやりしている.

Do·sen⚬bier [ドーゼン・ビーァ] 囲 -[e]s/-e 缶ビール.

Do·sen⚬milch [ドーゼン・ミるヒ] 囡 -/ (缶入りの)コンデンスミルク.

Do·sen⚬öff·ner [ドーゼン・エふナァ] 囲 -s/- 缶切り.

do·sie·ren [ドズィーレン dozí:rən] 他 (h) (薬などを)適量に計り分ける; 配分する.

dö·sig [デーズィヒ dǿ:zɪç] 形 《口語》眠い, うつらうつらした; ぼんやりした.

Do·sis [ドーズィス dó:zɪs] 囡 -/Dosen (一回分の)服用量; (ある)分量. eine tödliche *Dosis* 致死量 / [人3 Dingen4] in kleinen *Dosen* verabreichen (または bei|bringen) 《口語・比》[人3 に][事4 (事実など)を]少しずつ伝える / Er hat eine beträchtliche *Dosis* Humor. 《比》彼はたいへんなユーモアの持ち主だ.

Dos·si·er [ドスィエー dosié:] 〔仏〕囲 (古: 匣) -s/-s (ある案件の)ファイル, 一件記録.

Dos·to·jews·ki [ドストイェふスキー dɔstojéfski] -s/ 《人名》ドストエフスキー (Fjodor Michailowitsch *Dostojewski* 1821-1881; ロシアの作家).

do·tie·ren [ドティーレン dotí:rən] 他 (h) (地位など4 に)報酬を付ける, (賞など4 に)賞金を付ける. ◇[過去分詞の形で] eine gut dotierte (または gut*dotierte*) Position 給料のよい地位.

Dot·ter [ドッタァ dótər] 囲 匣 -s/- 卵黄.

Dot·ter⚬blu·me [ドッタァ・ブるーメ] 囡 -/-n 黄色い花をつける植物(リュウキンカなど).

dot·ter⚬gelb [ドッタァ・ゲるプ] 形 卵黄色の.

Dou·ble [ドゥーブる dú:bl] 〔仏〕囲 -s/-s 《映》 代役, スタンドイン; 瓜ふたつの人.

down [ダゥン dáun] 〔英〕圖 《口語》がっくりして; 疲れ果てて.

down·loa·den [ダゥン・ろーデン dáun-lo:-dən] 他 (h) 《コンピュ》 ダウンロードする (=herunter|laden).

Down⚬syn·drom, Down-Syn·drom [ダゥン・ズュンドローム] 囲 -s/ ダウン症候群 (イギリスの医師 J. L. H. *Down* 1828-1896 の名から).

Doz. [ドツェント] (略) [大学]講師 (=**Dozent**).

Do·zent [ドツェント dotsént] 囲 -en/-en (大学などの)講師. (略: Doz.). (女性形: -in). (⦿ Dozentinnen und Dozenten (男女の講師たち)の代わりに, Dozentenschaft または Lehrende または Lehrkörper が用いられることがある).

Do·zen·tur [ドツェントゥーァ dotsɛntú:r] 囡 -/-en (大学の)講師の職.

do·zie·ren [ドツィーレン dotsí:rən] 自 (h) ① (大学などで)講義する. ② 《比》講義口調で話す.

DP [デー・ペー] (略) ドイツ郵便[株式会社] (=Deutsche Post [AG]).

dpa [デー・ペー・アー]《略》ドイツ通信社(=Deutsche Presse-Agentur).

DR [デー・エル] 囡 -/《略》(旧東ドイツの)ドイツ国有鉄道(=Deutsche Reichsbahn).

Dr. [ドクトァ]《略》博士,ドクター(=Doktor).

Dra·che [ドラッヘ dráxə] 男 -n/-n 竜,ドラゴン;〖複なし;定冠詞とともに〗(天)竜座.

Dra·chen [ドラッヘン dráxən] 男 -s/- ① 凧(たこ). einen *Drachen* steigen lassen 凧を揚げる. ② 《俗》鼻っぱしの強い女. ③ ドラゴン級のヨット. ④ (ﾆヴ) ハンググライダー.

Dra·chen⸗flie·gen [ドラッヘン・ふりーゲン] 甲 -s/ (ﾆヴ) ハンググライディング.

Dra·gee [ドラジェー dra3é:] 甲 -s/-s ① ドラジェ(色とりどりの糖衣のアーモンド菓子),ボンボン. ② 《薬》糖衣錠.

Dra·gée [ドラジェー dra3é:] [ｽｲｽ] 甲 -s/-s = Dragee

Dra·go·ner [ドラゴーナァ dragó:nər] 男 -s/- ① 《史》竜騎兵(馬で合戦に駆けつける歩兵). ② 《口語》女丈夫(じょうぶ),男まさりの女.

der **Draht** [ドラート drá:t] 男 (単2) -es (まれに -s)/(複) Drähte [ドレーテ] (3格のみ Drähten) ① 針金,ワイヤ.《英》wire. einen *Draht* spannen 針金を張る / 甲4 mit *Draht* umwickeln 甲4に針金を巻きつける. ② 電線,電話線,ケーブル. heißer *Draht* ホットライン(国家首脳間の直通電話線) / auf *Draht* sein《口語・比》しゃんとしている,頭がさえている / 囚4 auf *Draht* bringen《口語・比》囚4に活を入れる / einen *Draht* zu 囚3 haben《比》囚3にコネがある.

Dräh·te [ドレーテ] Draht (針金)の 複

drah·ten [ドラーテン drá:tən] 他 (h) ① 甲4を針金で編み合わせる. ② 《古》電報で知らせる.

Draht⸗git·ter [ドラート・ギッタァ] 甲 -s/- 金網.

drah·tig [ドラーティヒ drá:tɪç] 形 ① 針金のような. ② 《比》(特に男性について:)細身で筋肉質の,引き締まった体つきの.

draht·los [ドラート・ろース] 形 無線の,ワイヤレスの. ein *drahtloses* Telefon 無線電話.

Draht⸗sche·re [ドラート・シェーレ] 囡 -/-n 針金ばさみ.

Draht⸗seil [ドラート・ザイる] 甲 -[e]s/-e ワイヤロープ,ケーブル.

Draht·seil⸗bahn [ドラートザイる・バーン] 囡 -/-en ケーブルカー,ロープウェー,リフト.

Draht⸗ver·hau [ドラート・フェァハオ] 男 甲 -[e]s/-e《軍》鉄条網;《戯》乾燥野菜.

Draht⸗zan·ge [ドラート・ツァンゲ] 囡 -/-n ペンチ.

Draht⸗zie·her [ドラート・ツィーアァ] 男 -s/- ① 針金製造工. (女性形: -in). ② (政界などの)黒幕.

Drai·si·ne [ドライズィーネ draɪzí:nə または ドレ.. drɛ..] 囡 -/-n ① ドライス自転車(自転車の前身). ② 《鉄道》保線車輌.

dra·ko·nisch [ドラコーニッシュ drakó:nɪʃ] 形 非常に厳しい,容赦ない(措置・処罰など).

drall [ドラる drál] 形 (若い女性などについて:)丸々とした,むっちりした.

Drall [ドラる] 男 -s (まれに -es)/-e 〖ふつう 単〗 ① 回転;(弾丸などの)旋転. ② (方向などの)振れ;《比》偏向. ③ (銃の)施条(しじょう);(織)(糸の)より. ④《物》角運動量.

das **Dra·ma** [ドラーマ drá:ma] 甲 (単2) -s/(複) Dramen 〖文学・劇〗ドラマ,戯曲;〖複なし〗劇[文学].《英》drama. das klassische *Drama* 古典劇 / ein *Drama* in fünf Akten 5幕のドラマ / ein *Drama*4 auf|führen (schreiben) 劇を上演する(書く). ②〖ふつう 単〗《比》劇的な出来事;大騒ぎ. das *Drama* der Geiselbefreiung2 劇的な人質解放の一幕.

Dra·ma·tik [ドラマーティク dramá:tɪk] 囡 ① 劇文学. ②《比》ドラマチックな緊張.

Dra·ma·ti·ker [ドラマーティカァ dramá:tikər] 男 -s/- 劇作家. (女性形: -in).

dra·ma·tisch [ドラマーティッシュ dramá:tɪʃ] 形《英》dramatic) ① 劇の,戯曲の,ドラマの. das *dramatische* Werk Brechts ブレヒトの劇作品. ②《比》ドラマチックな,劇的な. ein *dramatischer* Augenblick 劇的な瞬間.

dra·ma·ti·sie·ren [ドラマティズィーレン dramatizí:rən] 他 (h) ① 誇張して(大げさに)言う. ② 戯曲(ドラマ)化する,脚色する.

Dra·ma·turg [ドラマトゥルク dramatúrk] 男 -en/-en (劇団・テレビ局などの)文芸部員.

Dra·ma·tur·gie [ドラマトゥルギー dramaturgí:] 囡 -/-n [..ギーエン] ① 演劇論;作劇法. ② 劇作,脚色. ③ (劇団・テレビ局などの)文芸部.

Dra·men [ドラーメン] Drama (ドラマ)の 複

dran [ドラン drán] 副 ①《口語》そこに;そこへ(=daran). ②〖成句的に〗囚1 ist *dran* 囚1 の番である ⇒ Jetzt bist du *dran*. 今度は君の番だ / Er ist gut (schlecht) *dran*. 彼は調子がいい(悪い) / An dem Auto ist etwas *dran*. この車はどこか調子がおかしい / An dem Gerücht ist sicher etwas *dran*. そのうわさにはきっと何かわけがある.

Drä·na·ge [ドレナージェ drɛná:ʒə] 囡 -/-n ① 排水[施設]. ②《医》排膿(はいのう)[排液]法.

drang [ドラング] dringen (押し進む)の 過去

der **Drang** [ドラング dráŋ] 男 (単2) -es (まれに -s)/(複) Dränge [ドレンゲ] (3格のみ Drängen) 〖ふつう 単〗① (抑えがたい)衝動,渇望.《英》urge). 甲4 aus innerem *Drang* tun やみがたい気持ちから甲4をする / der *Drang* nach Freiheit 自由への渇望 / der Sturm und *Drang* 疾風怒濤(ど)時代,シュトゥルム・ウント・ドラング(18世紀後半のドイツの文芸思潮). ②〖複なし〗圧迫,(事態の)切迫. im *Drang* der Arbeit2 仕事に追われて.

drän·ge [ドレンゲ] dringen (押し進む)の 接2

Drän·ge [ドレンゲ] Drang (衝動)の 複

Drän·ge·lei [ドレンゲライ drɛŋəláɪ] 囡 -/-en ① 押しのけること, 割り込み. ② せがむこと.

drän·geln [ドレンゲルン drɛ́ŋəln] **I** 圁 (h)《口語》① 押しのけて進む. *Drägeln* Sie doch nicht so! 押さないでください. ② しきりにせがむ. **II** 他《口語》① 〔人⁴を〕押しのける. ② 〔人⁴を〕せっつく. **III** 再他 (h) *sich⁴ drängeln*『方向を表す語句とともに』《口語》(…へ)押しのけて進む.

drän·gen [ドレンゲン drɛ́ŋən] (drängte, *hat* …gedrängt) **I** 他 (完了 haben) ①『方向を表す語句とともに』(人⁴を…へ/…から)押しやる, 追いやる. (来 *push*). Er *drängte* mich an die Wand. 彼は私を壁に押しつけた / 人⁴ *aus* der Tür *drängen* 人⁴をドアから押し出す / 人⁴ **in** die Ecke *drängen* 人⁴を隅に押し込む / 人⁴ **zur** Seite *drängen* 人⁴をわきへ押しのける. ② せきたてる. 人⁴ *zu* 事³ *drängen* 人⁴に事³を迫る ⇒ 人⁴ zur Bezahlung *drängen* 人⁴に支払いを迫る. ◊『*zu* 不定詞[句]とともに』Meine Mutter *drängte* mich, meine Schularbeiten zu machen. 母は私に宿題させようとせかした. ◊『非人称の *es* を主語として』Es *drängt* mich, Ihnen zu danken. どうしてもあなたにお礼を申し上げずにはいられません.

II 再他 (完了 haben) *sich⁴ drängen* ①『場所を表す語句とともに』(…で)ひしめく. Die Menschen *drängten sich* **an** den Schaltern. 人々が窓口で押し合いへし合いしていた. ②『方向を表す語句とともに』(…へ)押しのけて進む, 殺到する. *sich⁴* **durch** die Menge *drängen* 群衆を押し分けて進む.

III 圁 (完了 haben) ① (前へ進もうと)押し合う. Bitte nicht *drängen*! 押し合わないでください. ②『方向を表す語句とともに』(…へ)押し合いながら進む. Die Leute *drängten sich* **zum** Ausgang. 人々は出口に殺到した. ③『*auf* 事⁴ ~』(事⁴を)迫る. Die Gläubiger *drängen* auf Zahlung. 債権者たちが支払いをせきたてる. ④ (時間などが)切迫する. Die Situation *drängt*. 状況は切迫している.

◊☞ **gedrängt**

drän·gend [ドレンゲント] **I** drängen (押しやる)の 現分 **II** 形 急を要する, 緊急の(問題など).

Drang·sal [ドラングザール dráŋza:l] 囡 -/-e (古: 中 -[e]s/-e)《雅》困窮, 苦悩.

drang·sa·lie·ren [ドラングザリーレン draŋzalíːrən] 他《雅》苦しめる, 悩ます.

dräng·te [ドレングテ] drängen (押しやる)の 過去

drang⁼voll [ドラング·ふォる] 形《雅》① 混雑している. ② 重苦しい.

dran|kom·men* [ドラン·コンメン drán-kɔmən] 圁 (s)《口語》(人·事¹の)番である; (授業中に)当てられる.

dra·pie·ren [ドラピーレン drapíːrən] 他 (h) ① 〔…に〕飾りひだをつける. ② (ひだ付きの布などで 物⁴を)装飾する.

dras·tisch [ドラスティッシュ drástɪʃ] 形 ① 露骨な, あからさまな. ② 思いきった, 強烈な(処置·薬など).

drauf [ドラおふ dráʊf] 副《口語》① その上に; その上へ (=darauf). ②『成句的に』*drauf* und dran sein, **zu** 不定詞[句]まさに…しようとしている / gut (schlecht) *drauf* sein 機嫌がいい(悪い).

Drauf⁼ga·be [ドラおふ·ガーベ] 囡 -/-n ① (商) 手付金 (=Handgeld). ②《方》おまけ;《スポーツ》アンコール[曲].

Drauf⁼gän·ger [ドラおふ·ゲンガァ] 男 -s/- 向こう見ずな男. (女性形: -in).

drauf⁼gän·ge·risch [ドラおふ·ゲンゲリッシュ] 形 向こう見ずな.

drauf|ge·ben* [ドラおふ·ゲーベン dráʊf-gèːbən] 他 (h) ① (おまけとして)追加する. ②『成句的に』人³ eins⁴ *draufgeben*《口語》人³をぴしゃりとたたく; 人³をしかる.

drauf|ge·hen* [ドラおふ·ゲーエン dráʊf-gèːən] 圁 (s)《口語》① 死ぬ. Im Krieg *gingen* Tausende *drauf*. 戦争で何千人もの人が死んだ. ② 使い尽くされる. ③ 壊れる, だめになる.

drauf|ha·ben* [ドラおふ·ハーベン dráʊf-hàːbən] 他 (h) ①《口語》マスターしている. Das Musikstück *hat* sie jetzt *drauf*. この曲をあの子はもう弾けるんです / Er *hat* was *drauf*. 彼はなかなかやるよ. ② …のスピードで飛ばす. Er *hat* 120 Kilometer (または 120 Sachen) *drauf*. 彼は 120 キロで飛ばしている.

drauf⁼los [ドラおふ·ろース] 副 まっしぐらに.

drauf sein ☞ drauf ②

draus [ドラおス dráʊs] 副《口語》その中から (=daraus).

＊drau·ßen [ドラオセン dráʊsən]

外で *Draußen* ist es kalt.
ドラオセン イスト エス カるト
外は寒い.

副 ① 外で, 外部に, 戸外で. (来 *outside*). (⇔ 「内で, 室内で」は drinnen). dort *draußen* あそこの外で / **nach** *draußen* gehen 戸外へ出る / **von** *draußen* 外から / Er stand *draußen* auf der Straße. 彼は表の通りに立っていた. ② 遠く離れて. Das Boot ist *draußen* auf dem Meer. そのボートは外洋に出ている.

drau·ßen|blei·ben* [ドラオセン·ブらイベン dráʊsən-blàɪbən] 圁 (s) 外にとどまる(いる). *Bleib* draußen! 入ってちゃだめ.

drech·seln [ドレクセルン drɛ́ksəln] 他 (h) ① (工芸品などを)旋盤(ろくろ)で作る. ②《比》(文章などを)技巧をこらして作る.

Drechs·ler [ドレクスらァ drɛ́kslər] 男 -s/- (木材加工の)旋盤職人, 挽物(ひきもの)師, ろくろ師. (女性形: -in).

der **Dreck** [ドレック drɛ́k] 男 (単 2) -s (まれに -es)/ 汚物, 泥; ごみ. (来 *dirt*). den *Dreck* entfernen (zusammen⁼fegen) 汚れを取り除く(ごみを掃き集める) / *Dreck⁴* **am**

Stecken haben 身にやましいところがある(←ステッキに泥がついている) / **I**⁴ **aus dem** *Dreck* **ziehen** **I**⁴を窮地から救ってやる / **die Karre**⁴ **aus dem** *Dreck* **ziehen** 困難を克服する(←荷車をぬかるみから引き上げる) / **Jetzt sind wir aus dem gröbsten** *Dreck* **heraus.** 今やわれわれは最悪の事態から脱け出した / **in den** *Dreck* **fallen** a) 泥にはまる, b)《比》苦境に陥る / **I**⁴ **in den** *Dreck* **ziehen**《比》**I**⁴を侮辱する / **im** *Dreck* **stecken** (または **sitzen**)《比》窮地に陥っている / **voll Speck und** *Dreck* 泥だらけの.
② 《俗》つまらない(くだらない)こと. **Mach deinen** *Dreck* **alleine!** 自分のことは自分でやれ.
③ 〖成句的に〗**einen** *Dreck*《俗》少しも…ない. **Das geht dich einen** *Dreck* **an!** それは君にはなんの関係もないことだ.

dre·ckig [ドレキヒ dréckɪç] 形 ① 《口語》汚い, 不潔な.(英 *dirty*). ② 《俗》恥知らずな, 下品な; 卑劣な. **ein** *dreckiger* **Witz** 品のないしゃれ. ③ 〖成句的に〗**es geht es** *dreckig*《口語》**I**³はお金に困っている(体調が悪い).

Dreck⹀spatz [ドレク・シュパッツ] 男 -en (または -es)/-en 泥んこの(汚い)子供.

Dreh [ドレー dre:] 男 -[e]s/-s (または -e) ① 《口語》要領, こつ. **den** *Dreh* **heraus|haben** こつを心得ている. ② 〖稀〗回転(=Drehung). ③ 〖成句的に〗**um den** *Dreh*《口語》大体それくらい.

Dreh⹀ach·se [ドレー・アクセ] 女 -/-n 回転軸.

Dreh⹀ar·beit [ドレー・アルバイト] 女 -/-en 〖ふつう複〗(映画の)撮影作業.

Dreh⹀bank [ドレー・バンク] 女 -/..bänke《工》旋盤.

dreh·bar [ドレーバール] 形 回転する, 回転式の.

Dreh⹀blei·stift [ドレー・ブライシュティフト] 男 -[e]s/-e (回転式の)シャープペンシル.

Dreh⹀brü·cke [ドレー・ブリュッケ] 女 -/-n《建》旋開橋, ターンブリッジ.

Dreh⹀buch [ドレー・ブーフ] 中 -[e]s/..bücher (映画の)シナリオ, 脚本.

Dreh⹀büh·ne [ドレー・ビューネ] 女 -/-n《劇》回り舞台.

dre·hen [ドレーエン dré:ən] (drehte, hat...gedreht) **I 他《完了》haben)(英 *turn*) ① 回す, 回転させる. *Drehen* **Sie den Knopf nach rechts!** つまみを右へ回してください / **den Schlüssel** *drehen* 鍵(を)回す / **das Gas**⁴ [**auf**] **klein** *drehen*《口語》(コックを回して)ガスの炎を小さくする.
② (物⁴の)向きを変える. **den Wagen** *drehen* 車をUターンさせる / **I**³ **den Rücken** *drehen* **I**³に背を向ける / **den Kopf nach links** *drehen* 顔を左へ向ける.
③ 回して(巻いて)作る. **eine Zigarette**⁴ *drehen* 紙巻きたばこを巻く / **ein Seil**⁴ *drehen* よってロープを作る / **einen Film** *drehen* 映画を撮影する.
④ 《口語》(うまく)粉飾する, ねじまげる. **Das hat er schlau** *gedreht*. 彼はそれをうまくごまかした / **Daran ist nichts zu** *drehen* **und zu deuteln.** それは明々白々とした事実だ.

II 〖再帰〗《完了》haben) **sich**⁴ *drehen* ① 回る, 回転する. **Die Räder** *drehen* **sich.** 車輪が回る / **Mir** *dreht* **sich alles im Kopf.**《口語》私は頭がくらくらする(目まいがする).
② 〖**sich**⁴ **um** 人・物⁴ ~〗《口語》(人・物⁴が)話題の中心である. **Das Gespräch** *drehte* **sich um Steuern.** 会話では税金のことが問題になっていた / **Alles** *dreht* **sich um ihn.** すべてが彼を中心に動いている. ◊〖非人称の **es** を主語として〗**Worum** *dreht* **es sich?** 何が問題になっているのですか.
③ 向きが変わる. **Der Wind hat sich** *gedreht*. a) 風向きが変わった, b)《比》情勢が変わった / **sich**⁴ **im Bett auf die andere Seite** *drehen* ベッドで寝返りをうつ.

III 自《完了》haben) ① 〖**an** 物³ ~〗(物³を)回す, ひねる. **am Radio** *drehen* ラジオのつまみを回す / **Da** *hat* **doch jemand dran** *gedreht*. a) これはだれかがいじったな, b)《俗》これはどこかおかしいぞ. ② (乗り物などが)方向転換する, 向きを変える.

Dre·her [ドレーァァ dré:ər] 男 -s/- ① 旋盤工.(女性形: -in). ② 《音楽》ドレーアー(オーストリアの民俗舞踊). ③ (回転式の)ドアハンドル.

Dreh⹀kreuz [ドレー・クロイツ] 中 -es/-e 4本バー式回転ゲート.

Dreh⹀mo·ment [ドレー・モメント] 中 -[e]s/-e《物》ねじりモーメント, トルク.

Dreh⹀or·gel [ドレー・オルゲる] 女 -/-n 手回しオルガン.

Drehorgel

Dreh⹀punkt [ドレー・プンクト] 男 -[e]s/-e 回転の中心; 支点;《比》中心, 要点.

Dreh⹀schei·be [ドレー・シャイベ] 女 -/-n《美》(製陶の)ろくろ;《鉄道》転車台.

Dreh⹀strom [ドレー・シュトローム] 男 -[e]s/《電》三相交流.

Dreh⹀stuhl [ドレー・シュトゥール] 男 -[e]s/..stühle 回転いす.

dreh·te [ドレーテ] *drehen (回す)の 過去

Dreh⹀tür [ドレー・テューァ] 女 -/-en 回転ドア.

Dre·hung [ドレーウング] 女 -/-en 回転, 旋回; 方向転換; ねじれ, よじれ. **eine halbe** *Drehung* **machen** 半回転する.

Dreh⹀zahl [ドレー・ツァール] 女 -/-en (一定時間あたりの)回転数.

drei [ドライ dráɪ] 数 〖基数; ふつう無語尾で. しかし格を明示するためにまれに2格 dreier, 3格 dreien の形も用いられる〗 3 [の]. (英 three). *drei* viertel 4分の3[の] / ein Kind von *drei* Jahren 3歳の子供 / Wir sind zu *dreien*. 私たちは3人です / Es ist *drei* [Uhr]. 3時です / Ich will es in *drei* Worten erklären. 簡単にご説明します(←3語で説明します) / Er kann nicht bis *drei* zählen.《口語》彼はあまりおつむのいい方ではない(←3まで数えられない) / Bleib mir *drei* Schritte vom Leibe! 私に近寄るな(←3歩離れていろ) / Aller guten Dinge sind *drei*.《諺》いいことは3度ある.

Drei [ドライ] 女 -/-en (数字の) 3; (さいころなどの) 3 [の目];《口語》(バス・電車などの) 3 番[系統]; (成績評価の) 3 (良). (☞ *gut* ⊕).

Drei·ach·tel·takt [ドライアハテる・タクト] 男 -[e]s/《音楽》8分の3拍子.

drei≠**ak·tig** [ドライ・アクティヒ] 形《劇》3幕物の.

drei≠**ar·tig** [ドライ・アールティヒ] 形 3種類の.

drei≠**bän·dig** [ドライ・ベンディヒ] 形 3巻本の(著作集など).

drei≠**bei·nig** [ドライ・バイニヒ] 形 3脚の(テーブルなど).

drei≠**blät·te·rig** [ドライ・ブれッテリヒ] 形 三つ葉の, 葉が3枚の.

Drei·bund [ドライ・ブント] 男 -[e]s/《史》(ドイツ・イタリア・オーストリア=ハンガリーの) 三国同盟 (1882-1915).

drei≠**di·men·si·o·nal** [ドライ・ディメンスィオナーる] 形 3次元の; 立体的な.

Drei·eck [ドライ・エック] 中 -[e]s/-e 三角 [形]. ein rechtwinkliges *Dreieck* 直角三角形.

drei≠**eckig** [ドライ・エキヒ] 形 三角[形]の.

Drei·ecks·ver·hält·nis [ドライエックス・フェアへるトニス] 中 -nisses/..nisse (男女間などの) 三角関係.

drei≠**ein·halb** [ドライ・アインハるプ] 数 〖分数; 無語尾で〗3と2分の1 ($3^1/_2$) [の].

Drei·ei·nig·keit [ドライ・アイニヒカイト] 女 -/《宗教》(父・子・聖霊なる神の) 三位一体.

Drei·er [ドライァァ dráɪər] 男 -s/- ① (昔の:) 3ペニヒ銅貨. Das ist keinen *Dreier* wert. それは一文の値打ちもない. ②《口語》(ナンバーくじの) 三つの当たり数字. ③《方》(数字の) 3 (=Drei).

drei·**er·lei** [ドライァァらイ dráɪərlaɪ] 形 〖無語尾で〗3種[類]の, 3通りの.

drei≠**fach** [ドライ・ふァッハ] 形 3倍の, 3重の.

Drei·fal·tig·keit [ドライ・ふァるティヒカイト] 女 -/《宗教》三位一体 (=Dreieinigkeit).

drei≠**far·big** [ドライ・ふァルビヒ] 形 3色の.

Drei·fuß [ドライ・ふース] 男 -es/..füße ① 3本足の五徳. ② (靴底修理に使う3本足の)鉄盤. ③ (3脚の)スツール.

drei≠**fü·ßig** [ドライ・ふューズィヒ] 形 3本足の.

drei≠**hun·dert** [ドライ・フンダァト] 数 〖基数; 無語尾で〗300 [の].

drei≠**jäh·rig** [ドライ・イェーリヒ] 形 〖付加語としてのみ〗3歳の; 3年[間]の.

drei≠**jähr·lich** [ドライ・イェーァりヒ] 形 3年ごとの.

Drei·kä·se·hoch [ドライケーゼ・ホーホ] 男 -s/-[s] 《口語・戯》ちびっ子, 坊や.

Drei·klang [ドライ・クらンク] 男 -[e]s/..klänge《音楽》三和音.

Drei·kö·nigs·fest [ドライケーニヒス・ふェスト] 中 -[e]s/-e 〖カ〗ご公顕の祝日;《新教》顕現日(1月6日. 東方の三博士のキリスト参拝記念日).

drei≠**mal** [ドライ・マーる] 副 3度, 3回; 3倍.

drei≠**ma·lig** [ドライ・マーりヒ] 形 〖付加語としてのみ〗3回の.

Drei·mas·ter [ドライ・マスタァ] 男 -s/- ① 3本マストの帆船. ② (特に18世紀に流行した) 三角帽子 (=Dreispitz).

drei≠**mo·na·tig** [ドライ・モーナティヒ] 形 〖付加語としてのみ〗生後3か月の; 3か月[間]の.

drei≠**mo·nat·lich** [ドライ・モーナトりヒ] 形 3か月ごとの.

drein [ドライン dráɪn] 副《口語》その中へ (=darein).

drein·bli·cken [ドライン・ブリッケン dráɪnblɪkən] 自 (h) (…の)目つき(顔つき)をしている.

drein|re·den [ドライン・レーデン dráɪnre:dən] 自 (h)《口語》口出しする, 口をはさむ.

Drei·rad [ドライ・ラート] 中 -[e]s/..räder ① (子供用の) 3輪車. ② オート3輪.

drei≠**räd·rig** [ドライ・レードリヒ] 形 3輪の, 車輪が三つある.

drei≠**sai·tig** [ドライ・ザイティヒ] 形 3弦の.

Drei·satz [ドライ・ザッツ] 男 -es/..sätze《数》比例算, 三率法.

drei≠**sei·tig** [ドライ・ザイティヒ] 形 〖付加語としてのみ〗3面の, 3辺の; 3ページの.

drei≠**sil·big** [ドライ・ズィるビヒ] 形《言》3音節の.

Drei·spitz [ドライ・シュピッツ] 男 -es/-e (特に18世紀に流行した) 三角帽子.

drei≠**spra·chig** [ドライ・シュプラーヒヒ] 形 3言語の, 3言語による.

Drei·sprung [ドライ・シュプルング] 男 -[e]s/..sprünge《スポ》① 〖覆 なし〗三段跳び. ② (個々の) 三段跳びの跳躍.

drei·ßig [ドライスィヒ dráɪsɪç] 数 〖基数; 無語尾で〗**30** [の]. (英 thirty). Er ist *dreißig* [Jahre alt]. 彼は30歳だ / Sie ist Mitte *dreißig*. 彼女は30代の半ばだ.

Drei·ßig [ドライスィヒ] 女 -/-en (数字の) 30.

drei·**ßi·ger** [ドライスィガァ dráɪsɪɡər] 形 〖無語尾で〗30歳代の; (ある世紀の) 30年[代]の. in den *dreißiger* Jahren (または *Dreißiger*jahren) 30年代に.

Drei·ßi·ger [ドライスィガァ] 男 -s/- ① 30歳[代]の男性. (女性形: -in). ② 〖覆 で〗30[歳]代; (ある世紀の) 30年代. ein Mann in den *Dreißigern* 30代の男. ③ [19]30年産のワイン.

drei·ßig·jäh·rig [ドライスィヒ・イェーリヒ] 形 《付加語としてのみ》 30歳の; 30年[間]の. der *Dreißigjährige* Krieg 三十年戦争 (1618-1648).

drei·ßigst [ドライスィヒスト dráɪsɪçst] 数 《序数》 第30[番目]の. Heute ist der *dreißigste* Juli. きょうは7月30日です.

drei·ßigs·tel [ドライスィヒステル dráɪsɪçstəl] 形《無語尾で》30分の1[の].

dreist [ドライスト dráɪst] 形 《比較 dreister, 最上 dreistest》あつかましい, ずうずうしい, 大胆な. (英 *bold*). ein *dreister* Bursche ふてぶてしい男 / 人⁴ *dreist* an|sehen 人⁴を物おじせずに見つめる.

drei·stel·lig [ドライ・シュテリヒ] 形 3けたの(数字).

Dreis·tig·keit [ドライスティヒカイト] 女 –/–en ① 《複なし》あつかましさ. ② あつかましい言動.

drei·stim·mig [ドライ・シュティミヒ] 形 《音楽》3声[部]の.

drei·stö·ckig [ドライ・シュテキヒ] 形 4階建ての;《方》3階建ての.

drei·stu·fig [ドライ・シュトゥーふィヒ] 形 3段の.

drei·stün·dig [ドライ・シュテュンディヒ] 形《付加語としてのみ》3時間の.

drei·stünd·lich [ドライ・シュテュントリヒ] 形 3時間ごとの.

drei·tä·gig [ドライ・テーギヒ] 形《付加語としてのみ》3日[間]の.

drei·täg·lich [ドライ・テークリヒ] 形 3日ごとの.

drei·tau·send [ドライ・タオゼント] 数《基数; 無語尾で》3,000[の].

drei·tei·lig [ドライ・タイリヒ] 形 3部分から成る, 三つぞろいの(背広など).

drei·und·ein·halb [ドライ・ウント・アインハルプ] 数《分数; 無語尾で》3と2分の1 (3½)[の].

drei vier·tel ⇒ *viertel*

Drei·vier·tel·stun·de [ドライふィアテル・シュトゥンデ] 女 –/–n 45分[間] (4分の3時間).

Drei·vier·tel·takt [ドライふィアテル・タクト] 男 –[e]s/ 《音楽》4分の3拍子.

drei·wö·chent·lich [ドライ・ヴェッヒェントリヒ] 形 3週間ごとの.

drei·wö·chig [ドライ・ヴェヒヒ] 形《付加語としてのみ》[生後]3週の; 3週間の.

Drei·zack [ドライ・ツァック] 男 –[e]s/–e 《ギ神》三つまたの矛(海神ポセイドンの象徴).

drei·zehn [ドライ・ツェーン dráɪ-tse:n] 数《基数; 無語尾で》**13**[の]. (英 *thirteen*). Der Junge ist *dreizehn* [Jahre alt]. その少年は13歳だ / Jetzt schlägt's [aber] *dreizehn*.《口語》いい加減にしなさい(←時の鐘が13鳴る).

drei·zehnt [ドライ・ツェーント] 数《序数》第13[番目]の.

drei·zei·lig [ドライ・ツァイリヒ] 形 3行の.

Dre·sche [ドレッシェ dréʃə] 女 –/ 《俗》なぐること, 殴打. *Dresche*⁴ bekommen ぶんなぐられる.

dre·schen* [ドレッシェン dréʃən] du drischst, er drischt (drosch, *hat*...gedroschen) **I** 他 (h) ① 脱穀する. Getreide⁴ *dreschen* 穀物を脱穀する / leeres Stroh⁴ *dreschen*《口語》むだなことをする, むだ口をたたく (←実のないわらを脱穀する). ② 《俗》ぶんなぐる; (ボールなど⁴を…へ思いきり)ける, 打つ. **II** 自 (h) [**auf** 物⁴ ～]《俗》(物⁴を)激しくたたく.

Dresch·fle·gel [ドレッシュ・ふれーゲル] 男 –s/– (脱穀用の)殻ざお.

Dresch·ma·schi·ne [ドレッシュ・マシーネ] 女 –/–n 脱穀機.

Dres·den [ドレースデン dré:sdən] 中 –s/ 《都市名》ドレスデン, ドレースデン(ドイツ, ザクセン州の州都. 歴史的建造物の多い美しい都市であったが, 第二次大戦の被害はドイツ諸都市中最大. しかし戦後復元された: ⇒《地図》F-3).

Dress [ドレス drés] 男 –es/–e (オースト: 女 –/Dressen も) 《ふつう 単》(ある目的のための)服[装], (特に:)スポーツウェア.

Dres·seur [ドレセーァ drɛsǿ:r] [フス] 男 –s/–e (動物の)調教師. (女性形: –in).

dres·sie·ren [ドレスィーレン drɛsí:rən] 他 (h) ① (動物⁴を)調教する. ② 《比》(子供⁴を)しつける, (兵隊⁴を)教練する. ③ (調理前に糸などで肉・魚⁴の)形を整える, 飾る. ④ (帽子など⁴を)プレスする.

Dres·sing [ドレスィング drésɪŋ] [英] 中 –s/–s ドレッシング.

Dress·man [ドレス・メン drés-mən] 男 –s/Dressmen (男性の)ファッション(写真)モデル. (メモ ドイツ製英語).

Dres·sur [ドレスーァ drɛsú:r] 女 –/–en ① 《ふつう 単》(動物の)調教;《比》(子供の)しつけ, (兵隊の)教練. ② (動物の)芸当; 馬場馬術.

Dr. h. c. [ドクトァ ハー ツェー]《略》名誉博士 (= *doctor honoris causa*).

drib·beln [ドリッペルン dríbəln] 自 (h) (球技で:)ドリブルする.

Drift [ドリふト dríft] 女 –/–en ① 《海》吹送流(風によって生じる海面流); (船舶の)偏流(船首と異なる方向に流されること); 偏流角. ② 漂流物.

Drill [ドリる dríl] 男 –[e]s/ ① 《軍》厳しい訓練; 反復練習, ドリル. ② 《漁》(釣針に掛かった魚を)遊ばせる(泳がせて弱らせる)こと.

Drill·boh·rer [ドリる・ボーラァ] 男 –s/– ドリル, らせん錐(きり).

dril·len [ドリれン dríllən] 他 (h) ① (生徒など⁴を反復練習で)厳しく鍛える;《軍》教練する. ② (種⁴を)筋まきする. ③ (物⁴にドリルで)穴をあける. ④ 《漁》(釣針に掛かった魚を)遊ばせて弱らせる.

Dril·lich [ドリリヒ drílɪç] 男 –s/–e 《織》ドリル織り.

Dril·ling [ドリリング drílɪŋ] 男 –s/–e ① 三つ子[の一人];《複 で》三つ子. ② 3連銃.

drin [ドリン drín] 副 ① 《口語》その中で(に) (= *darin*). ② 《*drin* sein の形で》可能である; 許容できる. Das ist nicht *drin*. それは無理だ / Dieser Preis ist [bei mir] nicht *drin*. この

値段では私は手が出ない.

Dr.-Ing. [ドクトァ・イング]《略》工学博士 (**Doktor der Ingenieurwissenschaften**).

drin·gen* [ドリンゲン dríŋən] (drang, ist/hat...gedrungen) 自 (完了) sein または haben) ① (s) (方向を表す語句で)(…へ/…から)押し(突き)進む; しみ通る; (突き抜けて)到達する. (英 penetrate). **aus** 物³ dringen 物³からほとばしり出る / **durch** das Gebüsch dringen やぶをかき分けて進む / Das Wasser drang [mir] in die Schuhe. 水が靴にしみ込んだ / Die Kugel drang ihm ins Herz. 銃弾が彼の心臓にまで達した / Das Gerücht drang schließlich auch **zu** ihm. うわさがついに彼の耳にも入った.
② (s,h) [**in** 人⁴ ~]《雅》(人⁴に)しつこく迫る. **mit** Bitten in 人⁴ dringen 人⁴にしつこく懇願する. ③ (h) [**auf** 物⁴ ~]《物⁴を)あくまで求める, (事⁴をせよと)迫る. **auf** Antwort dringen 回答を迫る / Er dringt darauf, dass ... 彼は…するように迫っている.

◊ ☞ **gedrungen**

*   **drin·gend** [ドリンゲント dríŋənt] I dringen (押し進む)の 現分
    II 形 ① 緊急の, さし迫った. (英 urgent). eine dringende Arbeit 緊急の仕事 / Die Angelegenheit ist dringend. この件は急を要する / Ich muss dich dringend sprechen. 君に至急話したいことがある. ② 切なる, たっての. eine dringende Bitte たっての願い. ③ (疑いなどが)強い, 有力な. ein dringender Verdacht 濃厚な容疑.

dring·lich [ドリングリヒ] 形 ① 緊急の, さし迫った. ② 切なる, たっての, 強い調子の.

Dring·lich·keit [ドリングリヒカイト] 女 -/ 切迫, 緊急性.

Drink [ドリンク drínk]《英》男 -[s]/-s アルコールの入った[混合]飲料, カクテル. einen Drink mixen カクテルを作る.

drin·nen [ドリンネン drínən] 副 内で, 内部に, 室内で. (英 inside). (⇔「外で, 戸外で」は draußen). Ihr Besucher wartet schon drinnen. あなたのお客さんはもう中でお待ちです / die Tür⁴ **von** drinnen öffnen ドアを内側から開ける.

drin sein ☞ **drin** ②

drisch [ドリッシュ] dreschen (脱穀する)の du に対する 命令

drischst [ドリッシュスト] dreschen (脱穀する)の 2 人称親称単数 現在

drischt [ドリッシュト] dreschen (脱穀する)の 3 人称単数 現在

*** **dritt** [ドリット drít] 数《drei の序数; 語尾変化は形容詞と同じ》第 3 [番目]の. (英 third). mein dritter Sohn 私の三男 / die dritte Person《言》3 人称 / **zu** dritt 3 人で / zum dritten Mal または das dritte Mal 3 度目に / das Dritte Reich《史》(ナチスの)第三帝国 (1933-1945) / Heute ist der dritte September. きょうは 9 月 3 日だ.

drit·tel [ドリッテル drítəl] 数《分数; 無語尾で》3 分の 1 [の].

das (der) **Drit·tel** [ドリッテル drítəl] 中 (スイス 男) (単2) -s/(複) - (3 格のみ -n) **3 分の 1**. Vom Kuchen ist noch ein Drittel da. ケーキはまだ 3 分の 1 残っている / die Dritte von Beethoven ベートーヴェンの交響曲第 3 番 / Er wurde im Wettlauf Dritter. 彼は競走で 3 着になった / der lachende Dritte 漁夫の利を得る人 / Wenn zwei sich streiten, freut sich der Dritte.《ことわざ》二人が争えば, 三人目が喜ぶ. ② (国王などの) 3 世. Friedrich der Dritte フリードリヒ 3 世.

Drit·te[r] [ドリッテ (..タァ) dríta (..tər)] 男 女《語尾変化は形容詞と同じ》① 第 3 番目の人(物); 第三者, 局外者. die Dritte von Beethoven ベートーヴェンの交響曲第 3 番 / Er wurde im Wettlauf Dritter. 彼は競走で 3 着になった / der lachende Dritte 漁夫の利を得る人 / Wenn zwei sich streiten, freut sich der Dritte.《ことわざ》二人が争えば, 三人目が喜ぶ. ② (国王などの) 3 世. Friedrich der Dritte フリードリヒ 3 世.

Dr. jur. [ドクトァ ユーァ]《略》法学博士 (= doctor juris).

DRK [デー・エル・カー] 中 -/《略》ドイツ赤十字 (=**Deutsches Rotes Kreuz**).

Dr. med. [ドクトァ メート]《略》医学博士 (= doctor medicinae).

dro·ben [ドローベン dró:bən] 副《南ドッ・オーストリ》あの上の方で, 頭上で. droben im Himmel 天国で.

Dro·ge [ドローゲ dró:gə] 女 -/-n ① 薬種(薬の原料), 生薬(しょうやく), 薬[剤]. ② 麻薬 (= **Rauschgift**).

dro·gen≀ab·hän·gig [ドローゲン・アップヘンギヒ] 形 薬物依存[症]の, 麻薬中毒の.

dro·gen≀süch·tig [ドローゲン・ズュヒティヒ] 形 = **drogenabhängig**

die **Dro·ge·rie** [ドロゲリー drogərí:] 女 (単) -/(複) -n [..リーエン] ドラッグストア. (英 drugstore).

Dro·gist [ドロギスト drogíst] 男 -en/-en 一般用医薬品登録販売者. (女性形: -in).

Droh≀brief [ドロー・ブリーフ] 男 -[e]s/-e 脅迫状.

*   **dro·hen** [ドローエン dró:ən] (drohte, hat...gedroht) 自 (完了 haben) ① [**3 格とともに**](人³を)**脅す**, 脅迫する. (英 threaten). Er hat mir gedroht. 彼は私を脅した / [人³ **mit** dem Finger drohen 人差し指をかざして人³を脅す (警告・叱責の身ぶり) / Er drohte mir mit Entlassung. 彼は私を解雇するぞと脅した. ◊ [**zu** 不定詞[句]とともに] Sie drohte ihm, ihn anzuzeigen. 彼女は彼を告発すると言って脅した. ② (危険・あらしなどが)**さし迫る**. Ihm droht Gefahr. 彼に危険が迫っている / Ein Gewitter droht. 夕立が来そうだ.
③ [**zu** 不定詞[句]とともに] 今にも…しそうだ. Die Mauer droht einzustürzen. この外壁は今にも崩れそうだ / Es droht zu regnen. 今にも雨が降りそうだ.

dro·hend [ドローエント] I *drohen (脅す)の現分 II 形 ① 威嚇的な, 脅迫的な. eine *drohende* Gebärde 脅すような身ぶり. ② さし迫った(危険など).

Droh·ne [ドローネ dróːnə] 女 -/-n ① 雄の蜜蜂(器). ② 《比》(他人の労働によって暮らす)怠け者, むだ飯食い.

dröh·nen [ドレーネン dröːnən] 自 (h) (雷・笑い声などが)鳴り響く, とどろく; 鳴動する. Die Motoren *dröhnten*. エンジンの音がとどろく / Die Klasse *dröhnte* vom Applaus. クラスは拍手喝采(器)で割れんばかりだった / Mir *dröhnt* der Kopf. 私は頭ががんがんする.

droh·te [ドローテ] *drohen (脅す)の過去

Dro·hung [ドローウング] 女 -/-en 脅し, 脅迫. eine *Drohung*⁴ aus|stoßen 脅し文句を吐く / 人⁴ durch *Drohungen* ein|schüchtern 人⁴を脅してひるませる.

drol·lig [ドロリヒ dróliç] 形 こっけいな, 愉快な; (おどけて)かわいらしい, ひょうきんな; 変な.

Dro·me·dar [ドロメダール dromedáːr または ドロー.. drōː..] 中 -s/-e (動) ヒトコブラクダ.

Drops [ドロップス drɔps] [英] 男 中 -/- ドロップ(菓子).

drosch [ドロッシュ] dreschen (脱穀する)の過去

drö·sche [ドレッシェ] dreschen (脱穀する)の接②

Drosch·ke [ドロシュケ drɔ́ʃkə] 女 -/-n ① (昔の:)辻馬車. ② タクシー (=Taxi).

Dros·sel¹ [ドロッセル drɔ́səl] 女 -/-n (鳥) ツグミ.

Dros·sel² [ドロッセル] 女 -/-n ① (狩)(鹿などの)之笛. ② (電)(交流電流を制限する)チョークコイル. ③ (工) スロットルバルブ.

dros·seln [ドロッセルン drɔ́səln] 他 (h) (物の)弁を絞る; 《比》抑制する, 弱める. den Motor *drosseln* エンジンの回転を落とす / die Ausfuhr⁴ *drosseln* 輸出を抑える.

Dr. phil. [ドクトァ フィーろ] 《略》文学(哲学)博士 (=doctor philosophiae).

Dr. rer. nat. [ドクトァ レーァ ナット] 《略》理学博士 (=doctor rerum naturalium).

Dr. theol. [ドクトァ テオーる] 《略》神学博士 (=doctor theologiae).

*****drü·ben** [ドリューベン drýːbən] 副 向こう[側]で. da (または dort) *drüben* 向うの方で, 向こう側に / *drüben* über dem Rhein ライン川の向こう側で / von *drüben* kommen あちら側(外国)から来る.

drü·ber [ドリューバァ drýːbər] 副 ① 《口語》その上で (=darüber). ② 《成句的に》Es (または Alles) geht drunter und *drüber*. 上を下への大騒ぎだ.

der **Druck**¹ [ドルック drúk] 男 (単 2) -es (まれに -s)/(複) Drücke [ドリュッケ] (3 格のみ Drücken) (英 *pressure*) ① (理) 圧力. Blut*druck* 血圧 / Luft*druck* 気圧 / hoher *Druck* 高圧 / ein *Druck* von 10 bar 10 バールの圧力.

② 《複 なし》圧する(押す)こと; 圧迫感. Hände*druck* 握手 / ein leichter *Druck* auf den Knopf ボタンを軽く押すこと / einen *Druck* im Magen verspüren 《比》胃にもたれを感じる.

③ 《複 なし》圧迫, 強制; (精神的な)重圧. dem *Druck* der öffentlichen Meinung² nach|geben 世論の圧力に屈する / *Druck*⁴ hinter 事⁴ machen 事⁴(仕事など)を急がせる / *Druck*⁴ auf 人⁴ aus|üben 人⁴に圧力をかける / in (または im) *Druck* sein 《口語》(時間的に)切迫している / mit einer Arbeit in *Druck* kommen 仕事に追われる / 人⁴ unter *Druck* setzen 人⁴に強要する / unter dem *Druck* der Verhältnisse² 状況に迫られて, やむを得ず.

der **Druck**² [ドルック drúk] I 男 (単 2) -es (まれに -s)/(複) -e (3 格のみ -en) ① 《複 なし》印刷(物). (英 *print*). Das Buch ist im *Druck*. その本は印刷中だ / 物⁴ in *Druck* geben 物⁴を印刷に回す. ② 印刷物; 版[本]; 複製画. Neu*druck* (古い本の)再版. ③ 《複 なし》《印》版面; 字体. ein kleiner *Druck* 字が細かい印刷.

II 男 -[e]s/-s (織) プリント[布]地.

Druck≎blei·stift [ドルック・ブらイシュティふト] 男 -[e]s/-e ノック式シャープペンシル.

Druck≎bo·gen [ドルック・ボーゲン] 男 -s/- (南 ドﾞｼ・ﾎﾞ-ｹﾞﾝ; ..bögen も) (印) 印刷全紙.

Druck≎buch·sta·be [ドルック・ブーフシュターベ] 男 -ns (まれに -n) (3 格・4 格 -n)/-n 活字体の文字.

Drü·cke [ドリュッケ] Druck¹ (圧力)の複

Drü·cke·ber·ger [ドリュッケ・ベルガァ drýkəbergər] 男 -s/- 《口語》逃げ足の速い男. (女性形: -in).

dru·cken [ドルッケン drúkən] (druckte, *hat* … gedruckt) 他 (完了 haben) (英 *print*) 印刷する, 刷る. A⁴ auf B³ (または B⁴) *drucken* A⁴ を B³ (または B⁴)にプリントする / ein Buch⁴ in 2000 Exemplaren *drucken* ある本を 2,000 部印刷する. ◊《目的語なしでも》Die Maschine *druckt* sehr sauber. この印刷機はとてもきれいに刷れる.

◊☞ gedruckt

*****drü·cken** [ドリュッケン drýkən]

押す

Drück bitte mal den Knopf!
ドリュック ビッテ マーる デン クノッふ
ちょっとそのボタンを押して!

(drückte, *hat* … gedrückt) I 他 (完了 haben) ① (人・物)⁴を押す, 握り(抱き)締める. (英 *press*), 《文》「引く」は ziehen). einen Hebel *drücken* レバーを押す / Er *drückte* mir die Hand. 彼は私の手を握った(握手した) / *Drücken*! (ドアの表示で) 押す.

② 《方向を表す語句とともに》(人・物)⁴を…に)押しつける. 人⁴ an die Wand⁴ *drücken* a) 人⁴

を壁に押しつける, b) 《比》人⁴(ライバルなど)を押しのける / Er *drückte* sie an sich⁴. 彼は彼女を抱き締めた / den Stempel *auf* den Brief *drücken* 手紙にスタンプを押す / 人³ Geld⁴ *in* die Hand *drücken* 人³の手にお金を握らせる.
③ 《A⁴ *aus* B³ ~》(A⁴をB³から)押し出す, 搾り出す. den Saft aus der Zitrone *drücken* レモンの果汁を搾る.
④ (肉体的・精神的に人⁴を)圧迫する, 苦しめる. Die Schuhe *drücken* mich. この靴は私にはきつい / Ihn *drücken* Sorgen. 《雅》彼は心配事があって悩んでいる. ⑤ (パイロットが飛行機⁴の)機首を下げる. ⑥ (水準などを)引き下げる. die Preise⁴ *drücken* 値段を下げる / den Rekord um eine Sekunde *drücken* 記録を1秒縮める. ⑦ 《こう》伏せて捨てる.
II 圓 (完了 haben) ①《方向を表す語句とともに》(…を)*押す*, 押さえる. 《英》press). *auf* die Klingel *drücken* 呼び鈴を押す.
② 圧迫する, 重くのしかかる. Mein rechter Schuh *drückt*. 右の靴がきつい / Die Hitze *drückt*. 焼きつくような暑さだ / Das Essen *drückt im* Magen. この料理は胃にもたれる.
III 再帰 (完了 haben) *sich*⁴ *drücken* 《口語》こっそり逃げ出す. *sich von* (または *vor*) der Arbeit *drücken* 仕事をずるける.
◇☞ **gedrückt**

drü·ckend [ドリュッケント] I *drücken (押す)の現分 II 形 圧迫するような, うっとうしい(暑さなど), 重くのしかかる(借金など).

der **Dru·cker** [ドルッカァ drúkər] 男 (単2) -s/(複) - (3格のみ -n) ① 《コンピュ》**プリンター**. den *Drucker* ein|schalten プリンターの電源を入れる. ② 印刷工, 印刷[業]者.

Drü·cker [ドリュッカァ drýkər] 男 -s/- ① (ドアの)取っ手, ノブ. *auf* den letzten *Drücker* 《口語》時間ぎりぎりに. ② ラッチロック, ばね錠. ③ 押しボタン. *am Drücker* sitzen 《比》決定権を握っている. ④ (猟銃の)引き金. ⑤ 《口語》(映画・小説などの)泣かせどころ. ⑥ 《口語》(新聞などの)訪問勧誘員.(女性形: -in).

Dru·cke·rei [ドルッケライ drukərái] 囡 -/-en 印刷業[所].

Dru·cke·rin [ドルッケリン drúkərin] 囡 -/..rinnen (女性の)印刷工, 印刷[業]者.

Drucker·pres·se [ドルッカァ・プレッセ] 囡 -/-n 印刷機.

Drucker⹂schwär·ze [ドルッカァ・シュヴェルツェ] 囡 -/(印)印刷用黒インク.

Druck⹂feh·ler [ドルック・フェーラァ] 男 -s/- (印)誤植, ミスプリント.

druck⹂fer·tig [ドルック・フェルティヒ] 形 そのまま印刷できる(原稿など).

Druck⹂knopf [ドルック・クノッフ] 男 -[e]s/..knöpfe ① 《服飾》(衣服の)スナップ[ボタン]. ② (スイッチなどの)押しボタン.

Druck⹂le·gung [ドルック・レーグンク] 囡 -/(印)印刷に回すこと.

Druck⹂luft [ドルック・るフト] 囡 -/《物》圧縮空気.

Druck⹂mes·ser [ドルック・メッサァ] 男 -s/- 《物》圧力計.

Druck⹂mit·tel [ドルック・ミッテる] 中 -s/- 強制手段.

druck⹂reif [ドルック・ライフ] 形 印刷に回してよい(原稿など), 完全原稿の.

Druck⹂sa·che [ドルック・ザッヘ] 囡 -/-n ① (郵)(昔の)印刷物. eine Sendung⁴ als *Drucksache* schicken 発送物を印刷物として送る. ② (印)(名刺・社用便箋などの)印刷物.

Druck⹂schrift [ドルック・シュリフト] 囡 -/-en ① 活字[体]. ② (とじてない)印刷物.

Druck⹂stock [ドルック・シュトック] 男 -[e]s/..stöcke (印)(凸版印刷用の)版.

druck·te [ドルックテ] drucken (印刷する)の過去

drück·te [ドリュックテ] *drücken (押す)の過去

Druck⹂wel·le [ドルック・ヴェれ] 囡 -/-n 《物》圧力波; 爆風.

Dru·den⹂fuß [ドルーデン・フース] 男 -es/..füße 5角の星形(夜の妖精 Drude の足跡で魔よけの符号として用いられた; ☆). (=Pentagramm).

drum [ドルム drúm] 副 《口語》① その周りに (=darum). ② 《成句的に》alles, was *drum* und dran ist それに伴ういっさいがっさい / Sei's *drum*. それでよしとしよう / das [ganze] *Drum* und Dran 付随するいっさいがっさい.

drun·ten [ドルンテン drúntən] 副 《南ドィ・オストリ》下方のあそこに.

drun·ter [ドルンタァ drúntər] 副 《口語》① その下に (=darunter). ② 《成句的に》Es (または Alles) geht *drunter* und drüber. [何もかも]むちゃくちゃだ.

Drü·se [ドリューゼ drýːzə] 囡 -/-n 《医》腺. Schweiß*drüse* 汗腺.

Dschi·had [ヂハート dʒiháːt] 男 -/ (イスラムの)聖戦, ジハード.

Dschin·gis Khan [チンギス カーン dʒíngis káːn] 《人名》ジンギス・カン, チンギス・ハン (1162?–1227; モンゴル帝国の創設者).

Dschun·gel [チュングる dʒúŋəl] 男 (まれに 中) -s/- ジャングル, 密林.

DSD [デー・エス・デー] 《略》DSD社 (=Duales System Deutschland). (メーカーが共同出資して1990年に設立された民間会社で, メーカーに代わって包装容器の回収とリサイクルを行う).

dt. [ドィチュ]《略》ドイツ[語・人]の (=deutsch).

dto. [ディートー]《略》上と同じく, 同上 (=dito).

Dtzd. [ドゥッツェント]《略》ダース (=Dutzend).

du [ドゥー dúː]

君は, あなたは		
Kommst *du* mit?	1格	*du*
コムスト ドゥ ミット	2格	deiner
君もいっしょに来る?	3格	dir
	4格	dich

囮《人称代名詞; 2人称親称単数の1格》①

君は(が)、おまえは(が)、あなたは(が). (英 *you*). (⚠「君たちは」は ihr). Wo wohnst *du*? 君はどこに住んでいるの / *du* und ich 君ぼく、あなたと私 / *Du* Glücklicher! 君はなんて幸運なやつだ.
◊《名詞的に》 mit ⃞³ **auf** *Du* und *Du* stehen ⃞³と友だちつき合いをしている / ⃞³ das *Du*⁴ an|bieten ⃞³に互いに du で呼び合うことを提案する / ⃞⁴ **mit** *Du* an|reden ⃞⁴に du で話しかける.
◊《不定代名詞 man の代りに》 *Du* kannst doch nichts ändern. それはどうしようもないよ.
② 《感嘆文で》 *Du* liebe Zeit! おやまあ、なんということだ.

> ⚠ du は家族・親友・学生どうしなど遠慮のいらない間柄、また子供・動物・神などに対して用いられ、その他の相手に対してはふつう Sie を用いる. du は手紙の場合、文頭以外でも頭文字を大文字で書くことがある.

du·al [ドゥアーる duá:l] 形 二つの要素から成る、相対(一対)を成す. ein *duales* Ausbildungssystem 職業学校と企業で平行して教育する制度.

Du·a·lis·mus [ドゥアリスムス dualísmus] 男 -/ ① (二者の)対立. ② 《哲》 二元論. ③ 《政》 二元政治.

du·a·lis·tisch [ドゥアリスティッシュ dualístiʃ] 形 二元論の、二元的な.

Dü·bel [デューベる dýːbəl] 男 -s/- ① (ねじなどを壁に固定する)だぼ. ② 《建》 合わせくぎ.

du·bi·os [ドゥビオース dubióːs] 形 《雅》 疑わしい、いかがわしい.

Du·blee [ドゥブれー dublé:] 中 -s/-s ① 金(銀)張り. ② (ビリヤードで:)空(く)クッション.

Du·blet·te [ドゥブれッテ dubléta] 女 -/-n ① (収集品などの)重複品. ② ダブレット(二片を貼り合わせた宝石). ③ (ボクシングの)ダブルパンチ.

du·cken [ドゥケン dúkən] 工 (h) *sich*⁴ *ducken* ① (危険を避けて)身をかがめる. ② 屈従する. II 他 (h) 屈従させる、やりこめる.

Duck·mäu·ser [ドゥック・モイザァ] 男 -s/- (自分の意見などを主張しない)意気地なし. (女性形: -in).

du·deln [ドゥーデるン dúːdəln] I 自 (h) 《口語》(楽器・ラジオなどが)長々と単調に鳴り響く. II 他 (h) 《口語》 長々と単調に奏でる.

Du·del·sack [ドゥーデる・ザック] 男 -[e]s/ ..säcke 《音楽》 バグパイプ.

Du·den [ドゥーデン dúːdən] I -s/ 《人名》 ドゥーデン(Konrad Duden 1829–1911; ドイツの言語学者. ドイツ語正書法の基礎を築いた). II 男 -[s]/- 《商標》 ドゥーデン(ドイツの国語辞典).

Du·ell [ドゥエる duél] 中 -s/-e (昔の:)決闘; 《⌒》(二者間の)対決、試合; 論戦. ein *Duell* auf Pistolen ピストルを用いる決闘 / ein *Duell*⁴ [mit ⃞³] aus|tragen [⃞³と]決闘する.

Du·el·lant [ドゥエらント duelánt] 男 -en/-en 決闘[当事]者. (女性形: -in).

du·el·lie·ren [ドゥエリーレン duelíːrən] 再帰 (h) *sich*⁴ [mit ⃞³] ~ [⃞³と]決闘する.

Du·ett [ドゥエット duét] 中 -[e]s/-e ① 《音楽》 二重唱[曲]; (同じ楽器による)二重奏[曲]. ② (皮肉って:)二人組.

der **Duft** [ドゥふト dúft] 男 (単2) -es (まれに -s)/(複) Düfte [デュふテ] (3格のみ Düften) ① 香り、(快い)におい、芳香、香気; 《比》 雰囲気. (英 *smell*). der *Duft* von Blumen 花の香り / Ein berauschender *Duft* breitete sich aus. うっとりさせる芳香が広がった. ② 《詩》 もや、かすみ.

duf·te [ドゥふテ dúftə] 形 《ベ・俗》 すばらしい、すてきな.

Düf·te [デュふテ] Duft (香り)の 複

duf·ten [ドゥふテン dúftən] du duftest, er duftet (duftete, *hat*...geduftet) 自 (定了 haben) ① 香る、(快く)におう、香りを放つ. (英 *smell*). Die Rosen *duften* süß. ばらが甘い香りを放っている.
② 《**nach** 物³ ~》 (物³の)香りがする. Die ganze Wohnung *duftet* nach frischem Gebäck. 家中に焼きたてのクッキーのにおいがたちこめている. ◊《非人称の **es** を主語として》 Es *duftete* nach Parfüm. 香水の香りがした.

duf·tend [ドゥふテント] I duften (香る)の 現分 II 形 におう、香気のある. eine *duftende* Blume 芳香を放つ花.

duf·te·te [ドゥふテテ] duften (香る)の 過去

duf·tig [ドゥふティヒ dúftiç] 形 ① 薄手の、軽やかな(布地). ② 《詩》 もやにかすんだ.

Duis·burg [デュース・ブルク dýːsburk] 中 -s/ 《都市名》 デュースブルク(ドイツ、ノルトライン・ヴェストファーレン州. ⇒ C-3).

Du·ka·ten [ドゥカーテン dukáːtən] 男 -s/- ドゥカーテン(13–19世紀のヨーロッパの金貨).

dul·den [ドゥるデン dúldən] du duldest, er duldet (duldete, *hat*...geduldet) 他 (定了 haben) ① 大目に見る、許す、黙認する. (英 *tolerate*). keinen Widerspruch *dulden* いかなる反論も許さない / Die Sache *duldet* keinen Aufschub. 事態は一刻の猶予も許さない.
② 《雅》《⌒4e》 我慢する、耐え忍ぶ. Er *duldet* große Schmerzen. 彼は大きな苦痛を耐え忍んでいる. ◊《目的語なしでも》 Er *duldet*, ohne zu klagen. 彼は文句も言わずじっと我慢している. ③《場所を表す語句とともに》(⃞⁴が…にいることを)許す、我慢する. Sie *duldet* ihn nicht **in** ihrem Hause. 彼女は彼が自分の家にいることに耐えられない / Wir *sind* hier nur *geduldet*. 《状態受動・現在》 私たちはお情けでここにいさせてもらっているだけだ.

dul·de·te [ドゥるデテ] dulden (大目に見る)の 過去

duld·sam [ドゥるトザーム] 形 寛容な; 辛抱強い.

Duld·sam·keit [ドゥるトザームカイト] 女 -/ 寛容; 辛抱強さ.

Dul·dung [ドゥるドゥング] 女 -/-en 《ふつう 単》 黙認、容認; 忍耐.

dumm [ドゥム dúm] 形 (比較 dümmer, 最上 dümmst) ① ばかな, 愚かな; 《口語》間抜けな, くだらない. (英 *stupid*). ein *dummer* Kerl ばかなやつ / ein *dummer* Streich 愚行 / ein *dummes* Gesicht⁴ machen 間抜けな顔をする / sich⁴ *dumm* stellen そらとぼける / *dumm* und dämlich 《口語》だらだらと, くどくどと / Rede kein *dummes* Zeug! くだらないことを言うな / Frag nicht so *dumm*! そんなばかな質問をするな / Ich lasse mich doch nicht für *dumm* verkaufen. 《口語》私はだまされないぞ. ② 《口語》不快な, いやな. eine *dumme* Sache 不快なこと / Ich habe ein *dummes* Gefühl. 私はいやな感じがする.
③ 《口語》(頭が)ぼうっとした, ふらふらした. Mir ist *dumm* im Kopf. 私は頭がふらふらだ / Der Lärm machte uns ganz *dumm*. 騒音で私たちは頭が完全にぼうっとなった.
► **dumm|kommen**

dumm≠dreist [ドゥム・ドライスト] 形 愚かで ずうずうしい, あつかましい.

Dum·me[r] [ドゥンメ(..マァ) dúmə (..mər)] 男 女 《語尾変化は形容詞と同じ》愚か者, 間抜け.

düm·mer [デュンマァ] *dumm (ばかな)の比較

dum·mer·wei·se [ドゥンマァ・ヴァイゼ] 副 愚かにも, 愚かなことに.

die **Dumm·heit** [ドゥムハイト dúmhaɪt] 女 (単) -/(複) -en ① 《複 なし》愚かさ, 愚鈍, 無知. 慣用 **aus** *Dummheit* sagen (tun) 愚かにも慣用を言って(して)しまう / *Dummheit* und Stolz wachsen auf einem Holz. 《ことわざ》自慢高慢ばかのうち(← 愚鈍と高慢は同じ木に生える). ② 愚かな言動, 愚行. eine *Dummheit*⁴ begehen 愚かなことをする / Mach keine *Dummheiten*! ばかなことはやめろよ.

dumm|kom·men*, **dumm kom·men*** [ドゥム・コンメン ドゥム-kɔ̀mən] 自 (s) (人³に)あつかましい態度をとる.

Dumm≠kopf [ドゥム・コプフ] 男 -[e]s/..köpfe ばか者, 愚かなやつ.

dümm·lich [デュムりヒ] 形 ばかみたいな, 少々頭の弱い.

dümmst [デュムスト] *dumm (ばかな)の最上

dumpf [ドゥンプフ dúmpf] 形 (比較 dumpfer, 最上 dumpf[e]st) (英 *dull*) ① 鈍い, さえない, こもった(音・声など). *dumpfe* Trommelschläge 太鼓を打つ鈍い音. ② じめじめした, かび臭い, むっとする(においなど). *dumpfe* Kellerluft かび臭い地下室の空気. ③ ぼんやりした, ものうげな, 活力(活気)のない. *dumpf* dahin|leben ぼんやりと日々を過ごす. ④ はっきりしない. ein *dumpfer* Schmerz 鈍痛 / eine *dumpfe* Ahnung おぼろげな予感.

dump·fig [ドゥンプふィヒ dúmpfɪç] 形 じめじめした, かび臭い, むっとする.

Dum·ping [ダンピング dámpɪŋ] 〔英〕中 -s/ 《経》ダンピング, 不当廉売.

Dü·ne [デューネ dýːna] 女 -/-n 砂丘.

Dung [ドゥング dúŋ] 男 -es (まれに -s)/ こやし.

Dün·ge≠mit·tel [デュンゲ・ミッテる] 中 -s/- 肥料 (= Dünger).

dün·gen [デュンゲン dýŋən] I 他 (h) (畑・作物⁴に)肥料をやる. II 自 (h) 肥料になる.

Dün·ger [デュンガァ dýŋər] 男 -s/- 肥料. organischer *Dünger* 有機肥料.

Dün·gung [デュングング] 女 -/-en ①《ふつう 単》施肥. ②《集》肥料.

***dun·kel** [ドゥンケる dúŋkəl]

| 暗い Draußen ist es schon *dunkel*. |
| ドラオセン イスト エス ショーン ドゥンケる |
| 外はもう暗い. |

形 (比較 dunkler, 最上 dunkelst; 格変化語尾がつくときはふつう dunkl-) (英 *dark*) ① 暗い. (メメ 「明るい」は hell). eine *dunkle* Straße 暗い街路 / in *dunkler* Nacht 暗い夜に / Es wird *dunkel*. 暗くなる. ◇《名詞的に》im Dunkeln tappen 《比》暗中模索する, まだ解決の手がかりをつかんでいない.
② 黒っぽい, 黒ずんだ; 濃い[色の]. ein *dunkler* Anzug ダークスーツ / *dunkles* Bier 黒ビール / Sie hat *dunkles* Haar. 彼女は黒っぽい髪をしている / ein *dunkles* Rot えんじ色.
③ (音などが)こもった, 鈍い; 低音の. eine *dunkle* Stimme 低音の声 / *dunkel* klingen 鈍く響く.
④ あいまいな, はっきりしない; 不可解な, なぞの. eine *dunkle* Erinnerung おぼろげな記憶 / *dunkle* Andeutungen⁴ machen それとなくほのめかす / eine *dunkle* Stelle in einem Text テキストの中のよくわからない箇所. ◇《名詞的に》Das liegt noch im *Dunkeln*. そのことまだはっきりしない.
⑤ 不審な, 怪しげな. *dunkle* Geschäfte⁴ machen いかがわしい商売をする.
⑥ 陰うつな, 暗たんたる. eine *dunkle* Vergangenheit 暗い過去 / das *dunkle* Zeitalter 暗黒時代(ルネサンスの歴史観における中世) / der *dunkelste* Tag meines Lebens 私の生涯の最悪の日.

> 類語 **dunkel**: 暗い. (「真っ暗の」から「ほの暗い」まで使用範囲が広い). **finster**: (光がなく)真っ暗な. in *finsterer* Nacht 真っ暗な夜に. **düster**: 薄暗い. (暗くて無気味なイメージを伴う). ein *düsterer* Gang 薄暗い廊下. **trübe**: (空模様などがどんよりとして)暗い.

Dun·kel [ドゥンケる] 中 -s/ ①《雅》暗さ; 暗黒, 闇(ヤみ). ② 不可解, なぞ.

Dün·kel [デュンケる dýŋkəl] 男 -s/ 自負, うぬぼれ, 高慢.

dun·kel≠blau [ドゥンケる・ブらオ] 形 ダークブルー(暗青色)の, 紺色の.

dun·kel·haa·rig [ドゥンケる・ハーリヒ] 形 黒っぽい髪をした.

dün·kel·haft [デュンケるハふト] 形 《雅》うぬぼれの強い, 高慢な.

dun·kel≠häu·tig [ドゥンケる・ホイティヒ] 形

褐色の肌をした.
Dun·kel·heit [ドゥンケルハイト] 囡 −/-en 《ふつう 単》 ① 暗さ, 暗闇(𝑦𝑎𝑚𝑖). Die *Dunkelheit* bricht herein. 日が暮れる. ② 《雅》暗い色調.
Dun·kel·kam·mer [ドゥンケル・カシマァ] 囡 −/-n 《写》暗室.
dun·keln [ドゥンケルン] dúŋkəln I 非人称 (h) Es *dunkelt*. 《雅》日が暮れる. II 自 (h, s) ① (h)《詩》暗くなる; (黒雲などが)現れる. Die Nacht *dunkelt*. 夜のとばりが下りる. ② (s) 黒ずむ, 黒くなる.
Dun·kel·zif·fer [ドゥンケル・ツィファァ] 囡 −/-n (公式の統計などに出ない)隠れた数[値].
dün·ken(*) [デュンケン] dýŋkən) du dünkst, er dünkt (古: du deuchst, er deucht) (dünkte, *hat* … gedünkt (古: deuchte, hat … gedeucht)) I 自 (h)《雅》(囚⁴ (まれに 囚³)には…と)思われる. Die Sache *dünkt* mich (まれに mir) zweifelhaft. その件は私にはうさんくさく思われる. ◊ 非人称 の *es* を主語として》Es *dünkt* mich (まれに mir), … 私には…と思われる. II 自 (h)《雅》(囚⁴ (まれに 囚³)には)…と思われる. III 再帰 (h) *sich*⁴ (まれに *sich*³) dünken 《雅》自分を…と思い込む, うぬぼれる. Er *dünkt sich* etwas Großes. 彼は自分を偉いと思っている.
dunk·ler [ドゥンクらァ] ≠dunkel (暗い)の 比較
***dünn** [デュン dýn] 形 ① 薄い, 細い; やせた. (悪 *thin*). (⇔ 「厚い」は dick). ein *dünnes* Brett (Buch) 薄い板(本) / Sie hat *dünne* Arme. 彼女は細い腕をしている / Farbe⁴ *dünn* auf|tragen 塗料を薄く塗る.
② まばらな, (密度が)薄い. *dünnes* Haar 薄い髪.
③ 中味の薄い; 水っぽい. ein *dünner* Vortrag 内容の乏しい講演 / eine *dünne* Suppe 水っぽいスープ. ④ 弱々しい(声など). eine *dünne* Stimme か細い声.

▶ **dünn≠besiedelt**
|類語| **dünn**: (厚みがないという意味で)細い. (人間についていえば「やせ細った」). **fein**: (繊細な・きゃしゃという感じで)細い. **schlank**: (均斉がとれて)すらりとした, スマートな. **schmal**: (幅がなくて)細い, ほっそりした. **mager**: (肉付きが悪く)やせた.

dünn≠be·sie·delt, dünn be·sie·delt [デュン・ベズィーデルト] 形 人口密度の低い, 人口の希薄な.
Dünn≠darm [デュン・ダルム] 男 −[e]s/..därme 《医》小腸. (⇔「大腸」は Dickdarm).
Dünn≠druck≠pa·pier [デュンドルック・パピーァ] 匣 −s/-e インディア紙.
Dün·ne [デュンネ dýnə] 囡 −/ 薄い(細い)こと.
dünn≠flüs·sig [デュン・ふりュスィヒ] 形 (溶液などが)水っぽい, 薄い.
dünn|ma·chen [デュン・マッヘン] dýn-màxən] 再帰 (h) *sich*⁴ *dünnmachen* 《口語》こっそり逃げる, ずらかる.
der **Dunst** [ドゥンスト dúnst] 男 (単2) −es (まれに -s)/(複) Dünste [デュンステ] (3格のみ Dünsten) ① [複 なし]もや, かすみ; 薄煙. (⇔ *fog*). Die Berge liegen im *Dunst*. 山は霧に包まれている / 囚³ blauen *Dunst* vor|machen 《口語》囚³を煙にまく / keinen [blassen] *Dunst* von 事³ haben 《口語》事³のことを全然知らない. ② (馬小屋などの)臭気, むっとするような空気.
Düns·te [デュンステ] Dunst (臭気)の 複
duns·ten [ドゥンステン dúnstən] 自 (h) ① 《雅》(地面などが)湯気を立てる; (いやな)においを放つ. ② 《成句的に》囚⁴ *dunsten lassen* 《ぞんざい》《口語》囚⁴に真実を明かさずにおく.
düns·ten [デュンステン dýnstən] 他 (h) ① 《料理》(肉・野菜など⁴を)蒸す. ② =dunsten ①.
Dunst≠glo·cke [ドゥンスト・グロッケ] 囡 −/-n (町などをすっぽり包む)スモッグ.
duns·tig [ドゥンスティヒ dúnstɪç] 形 ① もや(かすみ)のかかった, どんよりした. ② 空気の汚れた, むっとする(部屋など).
Dunst≠kreis [ドゥンスト・クライス] 男 −es/ 《雅》勢力範囲; 雰囲気; (精神的な)環境.
Dü·nung [デューヌング dý:nʊŋ] 囡 −/-en (あらしの前後の海面の)うねり, 大波.
Duo [ドゥーオ dú:o] 匣 −s/-s ① 《音楽》(ふつう異なる楽器による)二重奏[曲]; デュオ, 二重奏曲演奏者. ② (ふつう皮肉って:)二人組.
dü·pie·ren [デュピーレン dypí:rən] 他 (h) 《雅》だます, 謀る.
Du·pli·kat [ドゥプリカート duplikɑ́:t] 匣 −[e]s/-e 写し, 副本.
Du·pli·zi·tät [ドゥプリツィテート duplitsitɛ́:t] 囡 −/-en 二重性; (似たような事態の)再来.
Dur [ドゥーァ dú:r] 匣 −/- 《音楽》長調. (⇔ 「短調」は Moll). A-*Dur* イ長調.

***durch** [ドゥルヒ dúrç]

…を通って
Gehen wir *durch* den Park!
ゲーエン ヴィァ ドゥルヒ デン パルク
公園を通って行きましょう.

I 前 《4格とともに》① (空間的に) ㋐ …を通って(通して), 通り抜けて. (悪 *through*). Der Zug fährt *durch* einen Tunnel. 列車はトンネルを通過する (☞ 図) / *durch* die Tür gehen ドアを通って行く / *durch* das Fernrohr sehen 望遠鏡で見る / Das Licht dringt *durch* die Vorhänge. 光がカーテンを通して入ってくる / *durch* die Nase sprechen 鼻声でしゃべる. ㋑ …中を[あちこち]. *durch* das Land reisen 国中を旅行する / eine Reise⁴ *durch* Deutschland machen ドイツを巡る旅をする / *durch* die Straßen bummeln あちこちの通りをぶらつく.
② 《媒介・手段・原因》…によって, …を通して. *durch* Fleiß 努力によって / Ich habe sie

durch meinen Freund kennengelernt (または kennen gelernt). 私は友人を通して彼女と知り合った / 〚動〛⁴ durch das Los entscheiden 〚動〛⁴をくじで決める / Das Haus wurde durch Bomben zerstört.《受動・過去》その建物は爆弾で破壊された / Acht [geteilt] durch zwei ist vier. 8割る2は4.
③《ふつう名詞のあとに置かれて》《時間的に》…を通じて，…の間. die ganze Nacht durch 一晩中 / den Winter durch 冬の間中 / viele Jahre durch 長年にわたって / durch das ganze Leben 一生を通じて.

II 副 ①《成句的に》durch und durch《口語》a) 完全に，b) 骨の髄まで ⇨ Er war durch und durch nass. 彼はびしょぬれだった / Der Schmerz ging mir durch und durch. 痛みが骨の髄まで染み通った / bei 人³ unten durch sein《口語》人³に見放されている.

②《口語》《sein, haben, 話法の助動詞とともに》Es ist schon vier [Uhr] durch. もう4時を過ぎた / Darf ich mal durch? ちょっと通してください / Der Zug ist schon durch. 列車はもう通過した / Ich bin mit der Prüfung durch. 私は試験に合格した / Er ist durch. 彼は危険を免れた / Ist das Fleisch schon durch? この肉はよく火が通っています / Der Käse ist durch. このチーズは[熟成して]食べごろだ / Ich habe das Buch noch nicht durch (=durchgelesen). 私はその本をまだ読み終えていない / Meine Hose ist durch (=durchgescheuert). 私のズボンはすり切れている.

durch.. [ドゥルヒ.. dúrç.. または ドゥルヒ..]
I《分離動詞の前つづり》；つねにアクセントをもつ
① 《通過・貫通》例：durch|fahren 通過する.
② 《克服》例：durch|halten 持ちこたえる.
③ 《分割》例：durch|brechen 二つに割る.
④ 《徹底》例：durch|arbeiten 仕上げる.
⑤ 《消耗》例：durch|liegen (ベッドなどを)使い古す. II《非分離動詞の前つづり》アクセントをもたない ①《くまなく・浸透》例：durchfahren 周遊する. ②《突破》例：durchbrechen 突破する. ③《継続》例：durchtanzen 踊って過ごす. III《分離・非分離の混用》例：durch|blättern (durchblättern) ざっと目を通す.

durch|ackern [ドゥルヒ・アッカァン dúrç-àkərn] 他 (h) (文献など⁴を)精読する.

durch|ar·bei·ten [ドゥルヒ・アルバイテン dúrç-àrbaɪtən] I 自 (h) 休みなしに働く. die ganze Nacht durcharbeiten 夜通し働く. II 他 (h) ① 仕上げる，推敲(ﾞ)する. ② 精読する. das neue Buch⁴ gründlich durcharbeiten 新しい本を徹底的に読み込む. ③ (粉など⁴を)よくこねる. III 再帰 (h) sich⁴ durch|arbeiten 苦労して先へ進む. sich⁴ durch die Menge durcharbeiten 人ごみをかき分けて進む.

durch|at·men [ドゥルヒ・アートメン dúrç-à:tmən] 自 (h) 深呼吸する.

durch⸗aus [ドゥルヒ・アオス durç-áus またはドゥルヒ..] 副 ① まったく，完全に.《英》abso-

lutely). Das ist durchaus richtig. それはまったく正しい / Ich bin durchaus Ihrer Meinung². 私はあなたとまったく同意見です / Hast du das vergessen?—Nein, durchaus nicht. それを忘れたの?—いや，決して忘れてはいない. ② ぜひとも，絶対に. Er will durchaus mitkommen. 彼はどうしてもいっしょに行くと言っている.

durch|ba·cken⁽*⁾ [ドゥルヒ・バッケン dúrç-bàkən] 他 (h) (パンなど⁴を)焼きあげる.

durch|bei·ßen¹* [ドゥルヒ・バイセン dúrç-bàɪsən]《分離》I 他 (h) かみちぎる，かみ切る. Der Hund *hat* seine Leine *durchgebissen*. 犬が引き綱をかみ切った. II 再帰 (h) sich⁴ durchbeißen《口語》苦しくとめどをくぐり抜けて耐え抜く.

durch|bei·ßen²* [ドゥルヒ・バイセン]《非分離》他 (h) 食いつく，食い破る.

durch|bie·gen* [ドゥルヒ・ビーゲン dúrç-bì:gən] 他 (h) 折り曲げる. II 再帰 (h) sich⁴ durchbiegen (重みで)たわむ.

durch|bil·den [ドゥルヒ・ビルデン dúrç-bìldən] 他 (h) 入念に作る. ◇《過去分詞の形で》ein gut durchgebildeter Körper よく鍛え抜かれた身体.

durch|blät·tern¹ [ドゥルヒ・ブレッタァン dúrç-blètərn]《分離》他 (h) (本・新聞など⁴を)ばらぱらとめくって通す.

durch|blät·tern² [ドゥルヒ・ブレッタァン]《非分離》他 (h) =durch|blättern¹

durch|bläu·en [ドゥルヒ・ブロイエン dúrç-blɔ̀ʏən] 他 (h) したたかになぐる.

durch|bleu·en [ドゥルヒ・ブロイエン] durch|bläuen の古い形.

Durch·blick [ドゥルヒ・ブリック dúrç-blɪk] 男 -[e]s/-e ① (すき間などを通しての)眺め. ②《口語》(ある分野に対する)理解.

durch|bli·cken [ドゥルヒ・ブリッケン dúrç-blìkən] 自 (h) ① のぞき見る，のぞく. durch eine Lupe durchblicken 虫めがねをのぞく / 〚動〛⁴ durchblicken lassen 〚動〛⁴を暗示する，ほのめかす. ②《口語》(事情が)わかる.

durch·blu·tet [ドゥルヒ・ブルーテット] 形 血色のよい；血のにじんだ.

Durch·blu·tung [ドゥルヒ・ブルートゥング] 女 -/-en 血行.

durch|boh·ren¹ [ドゥルヒ・ボーレン dúrç-bò:rən]《分離》I 他 (h) (穴⁴を)あける；(穴⁴を)あける. II 再帰 (h)《sich⁴ durch 〚動〛⁴ ~》(虫などが 〚動〛⁴に)穴をあける.

durch|boh·ren² [ドゥルヒ・ボーレン]《非分離》他 (h) (弾丸などが 人・物⁴を)貫く，突き通る. 人⁴ mit Blicken durchbohren 《比》人⁴を射るような目で見る.

durch|bo·xen [ドゥルヒ・ボクセン dúrç-bòksən] I 他 (h)《口語》(法案など⁴を)無理に通す. II 再帰 (h) sich⁴ durchboxen《口語》(…へ)人を押しやりながら突き進む.

durch|bra·ten* [ドゥルヒ・ブラーテン dúrç-brà:tən] 他 (h) (肉など⁴をよく(十分に)焼く.

durch|bre·chen¹* [ドゥルヒ・ブレッヒェン

dúrç-brèçən]〖分離〗I 他(h) ① 二つに折る(割る). eine Tafel⁴ Schokolade *durchbrechen* 板チョコを二つに割る. ② 打ち抜いて(窓など⁴を)作る; (壁など⁴を)打ち抜く. eine Tür⁴ [durch die Wand] *durchbrechen* 壁を打ち抜いて入口を作る. II 自(s) ① 二つに折れる(割れる). Die Brücke *ist durchgebrochen*.〖現在完了〗橋は二つに折れた. ②(障害を打ち破って)現れ出る. Die Sonne *ist* durch die Wolken *durchgebrochen*.〖現在完了〗日光が雲間から差し込んだ / Der erste Zahn *bricht durch*. 最初の歯が生えてくる. ③〖**durch** 他 ~〗(他⁴(氷など)を)踏み抜いて落ち込む.

durch·bre·chen²* [ドゥルヒ・ブレッヒェン]〖非分離〗他(h) ①(封鎖など⁴を)突破する, 破る. ②《比》(法律など⁴を)犯す, (禁令など⁴を)破る.

◊☞ **durchbrochen**

durch|bren·nen* [ドゥルヒ・ブレンネン dúrç-brènən] 自(s, h) ①(s)(ヒューズ・電球などが)[焼き]切れる. ②(s)(石炭などが)真っ赤に燃えあがる. ③(s)《口語》逃げ失せる. von zu Hause *durchbrennen* 家出する.

durch|brin·gen* [ドゥルヒ・ブリンゲン dúrç-brìŋən] 他(h) ①(病人⁴に)危機を乗り越えさせる. Die Ärzte *haben* den Patienten *durchgebracht*. 医師たちは患者を持ちこたえさせた. ②(家族など⁴を)苦労して養う. ◊《再帰的に》*sich⁴ durchbringen* どうにか暮らしていく. ③(法案など⁴を)通過させる. ④(狭い所を抜けて)うまく通す. Wir bringen den Tisch hier nicht *durch*. その机はここからは通せない. ⑤(貯金など⁴を)使い果たす.

durch·bro·chen [ドゥルヒ・ブロッヘン] I **durchbrechen**²(突破する)の 過分 II 形 透かし彫りの, 透かし編みの.

Durch·bruch [ドゥルヒ・ブルフ dúrç-brux] 男 -[e]s/..brüche 突破, 打開, 出世[の道]; (突然の)出現, 突発; 打ち抜き, 開口部. der *Durchbruch* eines Zahnes 歯が生えること / **zum** *Durchbruch* kommen 現れ出る, 認められる.

durch|den·ken¹* [ドゥルヒ・デンケン dúrç-dènkən]〖分離〗他(h)(計画など⁴の)全工程を吟味する.

durch·den·ken²* [ドゥルヒ・デンケン]〖非分離〗他(h)(細部まで)熟慮する.

durch|drän·gen [ドゥルヒ・ドレンゲン dúrç-drèŋən] 再帰 (h) *sich⁴ durchdrängen* (群衆などを)押し分けて進む.

durch|dre·hen [ドゥルヒ・ドレーエン dúrç-drè:ən] I 他(h)(肉⁴をひき肉機で)ひく, (じゃがいもなど⁴を機械で)刻む. II 自(h, s)《口語》①(h, s)度を失う, 頭がおかしくなる. ②(h)(車輪が)空転する.

durch|drin·gen¹* [ドゥルヒ・ドリンゲン dúrç-drìŋən]〖分離〗(drang...durch, *ist*...durchgedrungen) 自 (完了 sein) ① 貫き通る, 侵入する, (液体が)しみ通る. Der Regen *drang* **bis auf** die Haut *durch*. 雨が肌までしみ通った / Die Nachricht *ist* **zu** uns *durchgedrungen*.〖現在完了〗その情報はわれわれの耳にまで達した.
② 〖**mit** 他³ ~〗(他³(要求・意見など)を)押し通す, 貫徹する. Er *ist* mit seinem Vorschlag *durchgedrungen*.〖現在完了〗彼は自分の提案を押し通した.

◊☞ **durchdringend**

durch·drin·gen²* [ドゥルヒ・ドリンゲン]〖非分離〗他(h) ① 貫き通す; 透過する. Röntgenstrahlen *durchdringen* feste Körper. レントゲン光線は固体を透過する. ②(他⁴の心を)満たす. Ein Gefühl der Freude *durchdrang* ihn. 彼は喜びの気持ちでいっぱいだった.

◊☞ **durchdrungen**

durch·drin·gend [ドゥルヒ・ドリンゲント] I durch|dringen¹(貫き通る)の 現分 II 形 貫き通るような, 鋭い. eine *durchdringende* Kälte 肌を刺す寒さ / 他⁴ mit *durchdringendem* Blick an|sehen 他⁴を鋭いまなざしで見つめる.

Durch·drin·gung [ドゥルヒ・ドリングング] 女 -/ ① 浸透; 貫通; 侵入. ②(物事への)精通.

durch|drü·cken [ドゥルヒ・ドリュッケン dúrç-drỳkən] 他(h) ①(果汁など⁴を)裏ごしする. ②(背中など⁴を)ぴんと伸ばす. die Knie⁴ *durchdrücken* ひざをまっすぐに伸ばす. ③《口語》(意見など⁴を)押し通す.

durch·drun·gen [ドゥルヒ・ドルンゲン] I durchdringen²(貫き通す)の 過分 II 形〖成句的に〗**von** 他³ *durchdrungen* sein 他³(考えなどに)満ち満ちている.

durch|ei·len¹ [ドゥルヒ・アイレン dúrç-àilən]〖分離〗自(s) 急いで通り抜ける.

durch·ei·len² [ドゥルヒ・アイレン]〖非分離〗他(h)(ある場所⁴を)急いで通り(駆け)抜ける.

***durch|ein·an·der** [ドゥルヒ・アイナンダァ durç-aınándər] 副 入り乱れて, ごちゃごちゃに;《比》(頭が)混乱して, とり乱して. Hier ist ja alles *durcheinander*. ここは何もかもごちゃごちゃだね / Ich bin noch ganz *durcheinander*. 私はまだ頭がこんがらがっている.

Durch≠ein·an·der [ドゥルヒ・アイナンダァ] 中 -s/ 混乱, 混雑, 無秩序. In seinem Zimmer herrschte ein großes *Durcheinander*. 彼の部屋はひどく散らかっていた.

durch·ein·an·der|brin·gen* [ドゥルヒアイナンダァ・ブリンゲン durçaınándər-brìŋən] 他(h) ① ごちゃごちゃにする, 乱雑にする;《比》(他⁴を)混乱させる. ②(異なるものを)ごちゃまぜにする, 取り違える.

durch·ein·an·der|ge·hen* [ドゥルヒアイナンダァ・ゲーエン durçaınándər-gè:ən] 自(s) めちゃくちゃになる, 混乱する.

durch·ein·an·der|re·den [ドゥルヒアイナンダァ・レーデン durçaınándər-rè:dən] 自(h) (何人かの人が)一度にがやがや話す.

durch·ein·an·der|wer·fen* [ドゥルヒアイ

ナンダァ・ヴェルフェン durçaınándər-vèrfən] 他 (h) ① (乱雑に)投げ散らかす． ② (異なるものを)ごちゃまぜにする，取り違える．

durch|exer·zie·ren [ドゥルヒ・エクセルツィーレン dúrçʔ-eksɛrtsìːrən] 他 (h) 《口語》 (軍⁴を)徹底的に(最初から最後まで)練習する．

durch|fah·ren¹* [ドゥルヒ・ファーレン dúrç-fàːrən] 《分離》 自 (s) ① (乗り物が・人が乗り物で)通過する．unter einer Brücke *durchfahren* 橋の下を通過する． ② (乗り物が・人が乗り物で)ノンストップで走る．

durch·fah·ren²* [ドゥルヒ・ファーレン dúrç-fàːrən] 《非分離》 他 (h) ① (乗り物である場所⁴を)横断(縦断)する． ② (乗り物である距離⁴を)走破する． ③ (考え・感情などが人⁴を)急に襲う．

Durch·fahrt [ドゥルヒ・ファールト dúrç-fa:rt] 女 -/-en ① 《複 なし》(乗り物での)通過，通り抜け．*Durchfahrt* verboten! (掲示などで:)(車の)通り抜け禁止 / Wir sind hier nur **auf der** *Durchfahrt*．私たちは当地に立ち寄っただけです． ② (車の)出入口，通路．[Die] *Durchfahrt* freihalten! (掲示などで:)出入口につき駐車禁止．

Durch·fall [ドゥルヒ・ファる dúrç-fal] 男 -es (まれに -s)/..fälle ① 下痢 (＝Diarrhö)．《口語》(試験などの)不合格；(劇などの)不評．

durch|fal·len* [ドゥルヒ・ファれン dúrç-fàlən] du fällst…durch, er fällt…durch (fiel…durch, *ist*…durchgefallen) 自 (完了 sein) ① (すき間などから下へ)落ちる． ② 《口語》(試験などに)不合格になる，(選挙に)落選する．**bei** (または **in**) der Prüfung *durchfallen* 試験に落ちる． ③ 《口語》(演劇などが)不評である．Das Stück *ist* bei der Premiere *durchgefallen*．《現在完了》その戯曲は初演の際不評だった．

durch|fech·ten* [ドゥルヒ・フェヒテン dúrç-fɛçtən] I 他 (h) (軍⁴を)戦い抜く，(主張など⁴を)貫き通す． II 《再帰》(h) *sich*⁴ *durchfechten* ① (苦労して)人生を切り開く． ② 《口語》物ごいをして暮らす．

durch|fei·len [ドゥルヒ・ファイれン dúrç-fàilən] 他 (h) ① やすりで切断する． ② (比)(論文など⁴を)推敲(すいこう)する．

durch|fin·den* [ドゥルヒ・フィンデン dúrç-findən] 自 (h)・《再帰》(h) *sich*⁴ *durchfinden* 行く道がわかる；(比) 勝手がわかる．Ich *fand mich* **in** der Stadt gut *durch*．私はこの町の勝手がよくわかっていた．

durch|flie·gen¹* [ドゥルヒ・フリーゲン dúrç-fliːgən] 《分離》 自 (s) ① 飛んで通り抜ける．**durch** eine Wolke *durchfliegen* (飛行機などが)雲を突き抜けて飛ぶ． ② (飛行機が)ノンストップで飛ぶ． ③ 《口語》(試験に)落ちる．

durch·flie·gen²* [ドゥルヒ・フリーゲン dúrç-fliːgən] 《非分離》 他 (h) ① (軍⁴を)突き抜けて飛ぶ；(ある区域⁴を)飛んで通過する．Die Rakete *hat* die Atmosphäre *durchflogen*．ロケットは大気圏を突き抜けた． ② (新聞など⁴に)ざっと目を通す．

durch|flie·ßen¹* [ドゥルヒ・フリーセン dúrç-fliːsən] 《分離》 自 (s) (管などを)通って流れる．

durch·flie·ßen²* [ドゥルヒ・フリーセン] 《非分離》 他 (h) (ある場所⁴を)貫いて流れる，貫流する．

durch·for·schen [ドゥルヒ・フォルシェン durç-fórʃən] 他 (h) ① 十分に研究(調査)する． ② 捜索する．

durch·fors·ten [ドゥルヒ・フォルステン durç-fórstən] 他 (h) ① 《林》間伐する． ② (比)(書類など⁴を)点検する．

durch|fra·gen [ドゥルヒ・フラーゲン dúrç-fràːgən] 《再帰》(h) *sich*⁴ *durchfragen* (目的地まで何度も)尋ねながらたどりつく．

durch|fres·sen* [ドゥルヒ・フレッセン dúrç-frɛ̀sən] I 他 (h) (物⁴を)食い破る；(金属⁴を)腐食する． II 《再帰》(h) *sich*⁴ *durchfressen* ① 《*sich*⁴ 物⁴ ～》(物⁴を)食い破って通る． ② 《*sich*⁴ [**bei** 人³] ～》《口語》([人³の所に])寄食する．

durch|frie·ren* [ドゥルヒ・フリーレン dúrç-friːrən] 自 (s) (池などが底まで)凍りつく；(体が)冷えきる．

durch·führ·bar [ドゥルヒ・フューァバール] 形 実行(実施)可能な．

durch|füh·ren [ドゥルヒ・フューレン dúrç-fỳːrən] (führte…durch, *hat*…durchgeführt) 他 (完了 haben) ① 実行する，実施する，成し遂げる．(英 carry out)．einen Plan *durchführen* 計画を実行する / eine Arbeit⁴ *durchführen* 仕事を遂行する / einen Versuch *durchführen* 実験を行う． ② 一とおり案内する．人⁴ **durch** eine Ausstellung *durchführen* 展示場で人⁴を案内して回る．

Durch·füh·rung [ドゥルヒ・フュールング] 女 -/-en ① (実験・計画などの)実行，実施，(任務などの)遂行；成就． ② 《音楽》(ソナタなどの)展開部．

durch|füt·tern [ドゥルヒ・フュッタァン dúrç-fỳtərn] 他 (h) 《口語》苦労して養う．

Durch·gang [ドゥルヒ・ガング] 男 -[e]s/..gänge ① 《複 なし》通り抜け，通過．*Durchgang* verboten! (掲示などで:)通行止め，通り抜け禁止． ② 通路，出入口． ③ (競技・選挙などの) 1 ラウンド，1 回．

durch·gän·gig [ドゥルヒ・ゲンギヒ dúrç-gɛŋɪç] 形 一貫した，全般的な，例外のない．

Durch·gangs=la·ger [ドゥルヒガングス・らーガァ] 中 -s/- (避難民・亡命者の)一時収容所．

Durch·gangs=stra·ße [ドゥルヒガングス・シュトラーセ] 女 -/-n (町などを貫く)幹線道路，街道．

Durch·gangs=ver·kehr [ドゥルヒガングス・フェァケーァ] 男 -s/ ① 通過車両の往来． ② 《経》(外国貨物の)通過[運送・貿易]．

Durch·gangs=zug [ドゥルヒガングス・ツーク] 男 -[e]s/..züge 《鉄道》 (昔の:)急行列車．

durch|ge·ben* [ドゥルヒ・ゲーベン dúrç-gèːbən] 他 (h) (電話・放送などで)伝える．eine Nachricht⁴ telefonisch *durchgeben* ある知ら

durch·ge·drun·gen [ドゥルヒ・ゲドルンゲン] durch|dringen¹ (貫き通る)の 過分

durch·ge·fal·len [ドゥルヒ・ゲふァれン] durch|fallen (すき間などから下へ落ちる)の 過分

durch·ge·führt [ドゥルヒ・ゲふューァト] durch|führen (実行する)の 過分

durch·ge·gan·gen [ドゥルヒ・ゲガンゲン] durch|gehen (通り抜ける)の 過分

durch|ge·hen* [ドゥルヒ・ゲーエン dúrç-gèːən] (ging...durch, *ist*...durchgegangen) **I** 自 (完了 sein) ① 通り抜ける, 通過する. (英 go through). Der Bach ist so flach, dass man *durchgehen* kann. その小川はとても浅いので歩いて渡ることができる.
② (水・糸などが)通る. ③ (列車が)直通である; (会議が)休みなく続く; (道などが)貫いている; (ある特色が)一貫している. Der Zug *geht* bis Köln *durch*. この列車はケルンまで(乗り換えなしで)直行する.
④ (法案などが)通過する; (一般に)通用する; 容認される. Der Antrag *ist* glatt *durchgegangen*. 『現在完了』その法案はすんなり通過した / 囚³ 事⁴ *durchgehen* lassen 囚³の事⁴を大目に見る ⇒ Sie *ließ* ihrem Kind alle Unarten *durchgehen*. 彼女は子供のどんないたずらも大目に見た. ⑤ (馬などが)暴走する; コントロールできなくなる. Ihm gingen die Nerven *durch*. 彼は自制心を失った (← 神経がコントロールできなくなった). ⑥ 《口語》ひそかに逃げ出す, 駆け落ちする. **mit** dem Geld *durchgehen* お金を持ち逃げする.
II 他 (完了 sein まれに haben) (物⁴の)全体に目を通す, (物⁴を)丹念に検討する. die Aufgaben⁴ noch einmal *durchgehen* 宿題にもう一度目を通す.

durch·ge·hend [ドゥルヒ・ゲーエント] **I** durch|gehen (通り抜ける)の 現分 **II** 形 直通の. ein *durchgehender* Zug 直通列車. **III** 副 休みなく. Das Geschäft ist *durchgehend* geöffnet. 『状態受動・現在』その店は休み時間なしで開いている.

durch≈geis·tigt [ドゥルヒ・ガイスティヒト] 形 《雅》理知的な(顔だちなど).

durch·ge·se·hen [ドゥルヒ・ゲゼーエン] durch|sehen (双眼鏡などを通して見る)の 過分

durch·ge·setzt [ドゥルヒ・ゲゼッツト] durch|-setzen¹ (意志などを押し通す)の 過分

durch|grei·fen* [ドゥルヒ・グライふェン dúrç-gràifən] 自 (h) ① (間から)手を突っ込む. ② 《比》断固たる処置をとる. Die Polizei *greift* **gegen** Verkehrssünder scharf *durch*. 警察は交通違反者に対して厳しい処置をとる.

durch·grei·fend [ドゥルヒ・グライふェント] **I** durch|greifen (手を突っ込む)の 現分 **II** 形 断固たる, 徹底的な. *durchgreifende* Änderungen 抜本的な変更.

durch|hal·ten* [ドゥルヒ・ハるテン dúrç-hàltən] **I** 自 (h) (最後まで)持ちこたえる, がんばり通す. **II** 他 (h) (戦闘・ストライキなど⁴を) 戦い抜く, (最後まで)耐え抜く.

durch|hau·en¹(*) [ドゥルヒ・ハオエン dúrç-hàuən] 《分離》(hieb...durch (口語: haute... durch), *hat*...durchgehauen) **I** 他 (h) ① 二つにたたき切る. ② (過去 haute...durch) 《口語》ぶんなぐる. **II** 再帰 (h) *sich*⁴ *durchhauen* 道を切り開いて進む.

durch·hau·en²(*) [ドゥルヒ・ハオエン] 《非分離》(durchhieb (口語: durchhaute), *hat*...durchhauen) 他 (h) ① 二つに切断する. ② 《林》(森⁴に)林道を切り開く.

durch|he·cheln [ドゥルヒ・ヘッヒェるン dúrç-hèçəln] 他 (h) 《口語》こきおろす, 酷評する.

durch|hei·zen [ドゥルヒ・ハイツェン dúrç-hàitsən] **I** 他 (h) (部屋など⁴を)十分に暖める. **II** 自 (h) (ある期間)ずっと暖房する.

durch|hel·fen* [ドゥルヒ・へるふェン dúrç-hèlfən] 自 (h) (囚³を)助けて通り抜けさせる, (苦境から)救い出す, (苦境を)切り抜けさせる.

durch|hun·gern [ドゥルヒ・フンガァン dúrç-hùŋərn] 再帰 (h) *sich*⁴ *durchhungern* 食うや食わずでなんとか切り抜ける.

durch|käm·men¹ [ドゥルヒ・ケンメン dúrç-kèmən] 《分離》他 (h) ① (髪など⁴を)櫛(し)で入念にすく. ② =durchkämmen²

durch·käm·men² [ドゥルヒ・ケンメン] 《非分離》他 (h) (ある場所⁴を)くまなく捜査する.

durch|kämp·fen [ドゥルヒ・ケンプふェン dúrç-kèmpfən] **I** 他 (h) (ある期間など⁴を)戦い抜く; (権利など⁴を)勝ち取る. **II** 再帰 (h) *sich*⁴ *durchkämpfen* ① (苦労して)切り抜ける; 押し分けて進む. ② 《*sich*⁴ **zu** 事³ ~》(悩んだ末に事³をする)決断をする.

durch|kau·en [ドゥルヒ・カオエン dúrç-kàuən] 他 (h) ① (食べ物⁴を)よくかむ. ② 《口語・比》(事⁴を)とことんまで論じる.

durch|kne·ten [ドゥルヒ・クネーテン dúrç-knèːtən] 他 (h) (パン生地など⁴を)十分にこねる; 《口語》(筋肉など⁴を)十分にマッサージする.

durch|kom·men* [ドゥルヒ・コンメン dúrç-kòmən] 自 (s) ① 通り抜ける, 通過する. **durch** die Innenstadt *durchkommen* 市内を通り抜ける. ② 《口語》(困難・危機などを)切り抜ける, (病気から)回復する; 合格(当選)する. **bei** der Wahl *durchkommen* 選挙で当選する / Damit *kommst* du bei mir nicht *durch*. そんなことではぼくには通用しないよ. ③ 《**mit** 事³ ~》(事³で)間に合わせる. Sie *kommt* mit ihrer Rente kaum *durch*. 彼女は自分の年金ではほとんどやっていけない. ④ 《口語》(雨が)漏る. ⑤ 《口語》(電話が)通じる; (情報などが)伝わる. Ich wollte dich anrufen, aber ich *kam* nicht *durch*. ぼくは君に電話しようとしたが, 通じなかった.

durch|kreu·zen¹ [ドゥルヒ・クロイツェン dúrç-kròytsən] 《分離》他 (h) (物⁴に)×印をつけて抹消する.

durch·kreu·zen² [ドゥルヒ・クロイツェン] 《非

分離] 他 (h) ① (意図・計画など⁴を)妨害する，じゃまする. ② 《雅》(海・大陸など⁴を)縦横に行き交う.

Durch·lass [ドゥルヒ・ラス dúrç-las] 男 –es/..lässe ① 〖複 なし〗《雅》通行許可. ② (狭い)通路, (小さな)出入口，排水溝.

durch|las·sen* [ドゥルヒ・ラッセン dúrç-làsən] 他 (h) ① (人・物⁴を)通す; 通過させる. *Würden* Sie mich bitte *durchlassen*? 〖接2・現在〗通していただけますか / Der Stoff *lässt* kein Wasser *durch*. この布地は水を通さない. ② 《口語》([人³に]物⁴を)許す, 大目に見る.

durch·läs·sig [ドゥルヒ・レスィヒ dúrç-lɛsɪç] 形 ① (液体・光・気体などを)通す, 透過性の. ② (制度などが)変更可能な, 融通の利く.

Durch·laucht [ドゥルヒ・ラオホト dúrç-lauxt または ..らオヒト] 女 –/–en 殿下 (侯爵 Fürst, 侯爵夫人 Fürstin の敬称). Seine *Durchlaucht* 殿下 / Ihre *Durchlaucht* 妃殿下 / Eure *Durchlaucht*!(呼びかけとして)殿下！

durch·lau·fen[1*] [ドゥルヒ・ラオフェン dúrç-làufən] 〖分離〗 I 自 (s) ① 走り抜ける. *durch* ein Museum *durchlaufen* 博物館をざっと見て回る. ② (液体が)しみ通る. ③ (休まず)走り続ける. II 他 (h) (走って靴など⁴を)すり減らす，(足⁴を)痛める.

durch·lau·fen[2*] [ドゥルヒ・ラオフェン dúrç-làufən] 〖非分離〗他 (h) ① (ある距離など⁴を)走破する，(森など⁴を)走り抜ける. Er *hat* die 100 m in 11 Sekunden *durchlaufen*. 彼は100メートルを11秒で走った. ② (学校・課程など⁴を)修了する. ③ 《雅》(恐怖などが[人⁴の]体を)走る.

Durch·lauf·er·hit·zer [ドゥルヒらオフ・エアヒッツァア] 男 –s/– 瞬間湯沸かし器.

durch·le·ben [ドゥルヒ・れーベン dúrç-lé:bən] 他 (h) (ある時期⁴を)過ごす, (ある状況⁴を)生き抜く.

durch|le·sen* [ドゥルヒ・れーゼン dúrç-lè:zən] 他 (h) 通読する. (☞ 類語 lesen).

durch·leuch·ten[1] [ドゥルヒ・ろイヒテン dúrç-lɔ̀yçtən] 〖分離〗自 (h) (光が)漏れる，さし込む.

durch·leuch·ten[2] [ドゥルヒ・ろイヒテン] 〖非分離〗他 (h) ① (レントゲンで)透視する. die Lunge *durchleuchten* 肺をレントゲンで検査する. ② 《比》詳しく調べる，解明する.

Durch·leuch·tung [ドゥルヒ・ろイヒトゥング] 女 –/–en [レントゲン]透視; くまなく照らすこと;《比》[徹底的]解明.

durch|lie·gen* [ドゥルヒ・リーゲン dúrç-lì:gən] I 他 (h) (ベッドなど⁴を)使い古す. II 再帰 sich⁴ *durchliegen* 床ずれができる.

durch·lö·chern [ドゥルヒ・れッヒァァン dúrç-lœ́çərn] 他 (h) ① 穴だらけにする. ②《比》(制度など⁴を)骨抜きにする, 弱める.

durch|lüf·ten [ドゥルヒ・リュフテン dúrç-lỳftən] 他 (物⁴に)十分に風を通す, 換気する.

durch|ma·chen [ドゥルヒ・マッヘン dúrç-màxən] I 他 (h) ① (困難・病気など⁴を)耐え抜く. Er *hat* viel *durchgemacht*. 彼はいろいろな目に遭ってきた. ② (学校・課程など⁴を)修了する, 終える. II 自 (h) 《口語》(休みなく)働き続ける; 夜通しパーティーをする.

Durch·marsch [ドゥルヒ・マルシュ dúrç-marʃ] 男 –[e]s/..märsche ① (軍隊などの)通過行進. ② 〖複 なし〗《俗》下痢 (=Durchfall).

durch|mar·schie·ren [ドゥルヒ・マルシーレン dúrç-marʃìːrən] 自 (s) 行進して通過する.

durch·mes·sen* [ドゥルヒ・メッセン dúrç-mésən] 他 (h) 《雅》端から端まで歩く, 横断する.

der **Durch·mes·ser** [ドゥルヒ・メッサァ dúrç-mɛsər] 男 (単2) –s/(複) – (3格のみ –n) (数) **直径** (略: d, 記号: ∅).《英》diameter). Der Kreis hat einen *Durchmesser* von 30 cm. この円の直径は30センチある / Der Tisch ist (または misst) zwei Meter **im** *Durchmesser*. このテーブルは直径2メートルだ.

durch·näs·sen [ドゥルヒ・ネッセン dúrç-nésən] 他 (h) びしょぬれにする. ◇〖過去分詞の形で〗völlig *durchnässt* sein すっかりびしょぬれている.

durch|neh·men* [ドゥルヒ・ネーメン dúrç-nè:mən] 他 (h) ① (授業などで)取り扱う, 論じる. ②《口語》(人⁴の)陰口をたたく.

durch|nu·me·rie·ren [ドゥルヒ・ヌメリーレン] durch|nummerieren の古い形.

durch|num·me·rie·ren [ドゥルヒ・ヌメリーレン dúrç-numərìːrən] 他 (h) (物⁴に)通し番号をつける.

durch|pau·sen [ドゥルヒ・パオゼン dúrç-pàuzən] 他 (h) 透写(トレース)する.

durch|peit·schen [ドゥルヒ・パイチェン dúrç-pàitʃən] 他 (h) ① 激しく笞(ムチ)打つ. ②《口語・比》(法案など⁴を)強引に通過させる.

durch|prü·geln [ドゥルヒ・プリューゲるン dúrç-prỳːgəln] 他 (h) 《口語》さんざんにたたきのめす.

durch·que·ren [ドゥルヒ・クヴェーレン dúrç-kvéːrən] (durchquerte, *hat* ...durchquert) 他 (定7 haben) (ある場所⁴を)横断する, 横切る.《英 cross》. die Stadt³ *durchqueren* 町を横切る / Er *durchquerte* den Erdteil. 彼は大陸を横断した.

durch·quert [ドゥルヒ・クヴェーァト] durchqueren (横断する)の 過分, 3 人称単数・2 人称親称複数 現在

durch·quer·te[ドゥルヒ・クヴェーァテ] durchqueren (横断する)の 過去

durch|rech·nen [ドゥルヒ・レヒネン dúrç-rèçnən] 他 (h) (費用など⁴を)きちんと計算する.

durch|reg·nen [ドゥルヒ・レーグネン dúrç-rèːgnən] 非人称 (h) Es *regnet* hier *durch*. ここは雨漏りがする.

Durch·rei·che [ドゥルヒ・ライヒェ dúrç-raiçə] 女 –/–n (台所から食堂への)配膳(ﾊｲｾﾞﾝ)窓.

Durch·rei·se [ドゥルヒ・ライゼ dúrç-raizə] 女 –/–n (旅行中の)通過. **auf** der *Durchreise* sein (経由地などに)立ち寄っている.

durch|rei·sen[1] [ドゥルヒ・ライゼン dúrç-ràizən]《分離》圓 (s) ① (旅行で)通過(経由)する. ② (ある所まで)一気に旅する.

durch·rei·sen[2] [ドゥルヒ・ライゼン]《非分離》他 (h) (国・地域など[4]を)旅して横断する(見て回る).

Durch·rei·sen·de[r] [ドゥルヒ・ライゼンデ (..ダァ) dúrç-ràizəndə (..dər)]圀囡《語尾変化は形容詞と同じ》(通過する)旅行客.

durch|rei·ßen* [ドゥルヒ・ライセン dúrç-ràisən] I 圓 (s) (糸・ひもなどが)ぶっつり切れる, (紙などが)二つに裂ける(破れる). II 他 (h) (糸など[4]を)ぶつっと切る, (紙など[4]を)二つに引き裂く.

durch|rie·seln [ドゥルヒ・リーゼルン dúrç-rì:zəln] 圓 (s) (水などが)さらさらと流れ落ちる.

durch|rin·gen* [ドゥルヒ・リンゲン dúrç-rìŋən] 再帰 (h)《*sich*[4] *zu* 物[3] ～》(迷い・熟慮の末に物[3]に)踏み切る. Ich *habe* mich dazu *durchgerungen*, es zu tun. 私はやっとの思いでそうすることを決断した.

durch|ros·ten [ドゥルヒ・ロステン dúrç-ròstən] 圓 (s) さびてぼろぼろになる.

durchs [ドゥルヒス]《前置詞 durch と定冠詞 das の融合形》*durchs* Fenster schauen 窓越しに眺める.

Durch·sa·ge [ドゥルヒ・ザーゲ dúrç-za:gə] 囡 -/-n (放送などによる)通報, アナウンス.

durch|sa·gen [ドゥルヒ・ザーゲン dúrç-zà:gən] 他 (h) ① 放送で知らせる. ② 口づてに伝える.

durch·schau·bar [ドゥルヒ・シャオバール] 形 見抜く(見破る)ことができる, わかりやすい.

durch|schau·en[1] [ドゥルヒ・シャオエン dúrç-ʃàuən]《分離》圓 (h) (方)(窓・双眼鏡などを)通して見る, のぞき見る.

durch·schau·en[2] [ドゥルヒ・シャオエン]《非分離》他 (h) (人[4]の)真意を見抜く, (意図など[4]を)見破る; (物[4]の)要領を得る. Seine Pläne *wurden durchschaut*.《受動・過去》彼の計画は見破られた.

durch|schei·nen* [ドゥルヒ・シャイネン dúrç-ʃàinən]《分離》圓 (h) (光などが)漏れる. Die Sonne *scheint* durch die Wolken *durch*. 陽の光が雲間から漏れている.

durch·schei·nend [ドゥルヒ・シャイネント] I durch|scheinen (光などが漏れる)の 現分 II 形 光を通す, 透けて見える(カーテンなど).

durch|scheu·ern [ドゥルヒ・ショイアァン dúrç-ʃɔ̀yərn] 他 (h) (衣類など[4]を)すり切らせる.

durch|schie·ßen* [ドゥルヒ・シーセン]《非分離》他 (h) ① 射抜く, 撃ち抜く. ② (印)(ページ[4]の)行間を開ける; (本[4]に)間紙(あい)を入れる. ③ (考えなどが人[4]の頭にひらめく.

durch|schim·mern [ドゥルヒ・シンマァン dúrç-ʃìmərn] 圓 (h) [ちらちら]光が漏れる.《比》(心情などが)ほの見える.

durch|schla·fen* [ドゥルヒ・シュラーフェン dúrç-ʃlà:fən] 圓 (h) 眠り続ける.

Durch·schlag [ドゥルヒ・シュラーク dúrç-ʃla:k] 男 -[e]s/..schläge ① (タイプライターで取る)カーボンコピー. ② (料理)こし器. ③ (タイヤの)くぎ穴.

durch|schla·gen[1]* [ドゥルヒ・シュラーゲン dúrç-ʃlà:gən]《分離》I 他 (h) ① (二つに)打ち割る; (壁など[4]に)穴をうがつ. ② (くぎなど[4]を)打ち通す.　einen Nagel durch ein Brett *durchschlagen* くぎを板に打ち通す. ③ (じゃがいもなど[4]を)裏ごしする. II 圓 (s, h) ① (s)(水気が)しみ通る, にじむ. ② (s) (ヒューズが)切れる. ③ (h) 下剤作用がある. III 再帰 (h) *sich*[4] *durchschlagen* (…へ)たどりつく; なんとか切り抜ける.

◇☞ **durchschlagend**

durch·schla·gen[2]* [ドゥルヒ・シュラーゲン]《非分離》他 (h) (弾丸などが物[4]を)打ち抜く, 貫通する.

durch·schla·gend [ドゥルヒ・シュラーゲント] I durch|schlagen[1] (打ち割る)の 現分 II 形 決定的な(証拠など); 目覚ましい(成功など).

Durch·schlag=pa·pier [ドゥルヒシュラーク・パピーァ] 伸 -[e]s/-e (カーボンコピー用の)薄いタイプ用紙.

Durch·schlags=kraft [ドゥルヒシュラークス・クラフト] 囡 -/ ① (弾丸などの)貫通力. ②《比》説得力.

durch|schlän·geln [ドゥルヒ・シュレンゲルン dúrç-ʃlɛ̀ŋəln] 再帰 (h) *sich*[4] *durchschlängeln*(物の間などを)縫うようにして進む;《比》(難局などを)巧みに切り抜ける.

durch|schlei·chen* [ドゥルヒ・シュライヒェン dúrç-ʃlàiçən] 圓 (s) こっそり通り抜ける.

durch|schlep·pen [ドゥルヒ・シュレッペン dúrç-ʃlɛ̀pən] 他 (h) (口語)(人[4]をある目標まで)なんとかこぎつけさせる; (人[4]の)面倒をなんとかみる.

durch|schleu·sen [ドゥルヒ・シュロイゼン dúrç-ʃlɔ̀yzən] 他 (h) ① (海)(船[4]に)水門を通過させる. ② (人[4]・車など[4]を)誘導して通過させる.

durch|schlüp·fen [ドゥルヒ・シュリュプフェン dúrç-ʃlỳpfən] 圓 (s) くぐり(すり)抜ける.

durch|schnei·den[1]* [ドゥルヒ・シュナイデン dúrç-ʃnàidən]《分離》他 (h) 二つに切る, 切断する.

durch·schnei·den[2]* [ドゥルヒ・シュナイデン]《非分離》他 (h) ① =durch|schneiden[1] ② (川などが物[4]を)横断している.　Der Fluss *durchschneidet* das Land. 川がその土地を二分している.

der **Durch·schnitt** [ドゥルヒ・シュニット dúrç-ʃnit] 男 (単 2) -[e]s/(複) -e (3 格のみ -en) ① 平均, 並, 平凡;（数）平均値.（英 average). Jahres*durchschnitt* 年間平均 / **im** *Durchschnitt* 平均して, 概して［言えば］/ **über** (**unter**) dem *Durchschnitt* liegen 平均以上 (以下)である / Er ist nur *Durchschnitt*. 彼は月並みな人間だ / Seine Leistungen sind guter (unterer) *Durchschnitt*. 彼の成績は中の上(中の下)である. ② 断面[図].

*durch·schnitt·lich [ドゥルヒ・シュニットリヒ dúrç-ʃnɪtlɪç] 形 ① **平均の**, 標準的な. (英 average). das *durchschnittliche* Einkommen 平均収入 / *durchschnittlich* dreimal in der Woche 平均して週3回. ② 並の, 平凡な. eine *durchschnittliche* Begabung ありふれた才能.

Durch·schnitts·al·ter [ドゥルヒシュニッツ・アるタァ] 中 -s/- 平均年齢.

Durch·schnitts·bür·ger [ドゥルヒシュニッツ・ビュルガァ] 男 -s/- 平均的な(普通の)市民. (女性形: -in).

Durch·schnitts·ein·kom·men [ドゥルヒシュニッツ・アインコンメン] 中 -s/- 平均所得.

Durch·schnitts·ge·schwin·dig·keit [ドゥルヒシュニッツ・ゲシュヴィンディカイト] 女 -/-en 平均速度.

Durch·schnitts·mensch [ドゥルヒシュニッツ・メンシュ] 男 -en/-en 世間並みの人.

Durch·schrift [ドゥルヒ・シュリふト dúrç-ʃrɪft] 女 -/-en (文書の)カーボンコピー.

Durch·schuss [ドゥルヒ・シュス dúrç-ʃus] 男 -es/..schüsse ① 貫通銃創. ② (印) 行間 [の余白].

durch|schwit·zen [ドゥルヒ・シュヴィッツェン dúrç-ʃvìtsən] 他 (h) (衣類⁴を)汗びっしょりにする.

durch|se·hen* [ドゥルヒ・ゼーエン dúrç-zè:ən] du siehst ... durch, er sieht ... durch (sah ... durch, *hat* ... durchgesehen) (英 *look through*) I 自 (定了 haben) ① (双眼鏡・透き間などを)**通して見る**, のぞき見る. **durch** das Fernglas *durchsehen* 双眼鏡をのぞく / Lass mich mal *durchsehen*! ぼくにものぞかせてくれよ. ② (口語) 状況が読める, 察しがつく. II 他 (定了 haben) ① (書類・在庫など⁴を)**点検する**, 調べる, 校閲する. Papiere⁴ *durchsehen* 書類に目を通す / einen Text **auf** Druckfehler *durchsehen* テキストに誤植があるか調べる. ② (雑誌など⁴に)ざっと目を通す.

durch|sei·hen [ドゥルヒ・ザイエン dúrç-zàiən] 他 (h) (牛乳・果汁など⁴を)こす.

durch sein* ☞ durch

durch|set·zen¹ [ドゥルヒ・ゼッツェン dúrç-zètsən] 《分離》 du setzt ... durch (setzte ... durch, *hat* ... durchgesetzt) I 他 (定了 haben) (意志・要求など⁴を)**押し通す**, (法案など⁴を)通過させる, (計画・仕事など⁴を)やり遂げる. Er *hat* seinen Standpunkt *durchgesetzt*. 彼は自分の立場を貫き通した. II 再帰 (定了 haben) *sich*⁴ *durchsetzen* ① 自分の意志を貫き通す. Er *hat* sich **mit** seiner Meinung *durchgesetzt*. 彼は自分の考えを押し通した. ② (考えなどが)広く受け入れられる, (徐々に)普及する. Die Erkenntnis *hat sich* jetzt *durchgesetzt*. この認識は今やふつうになった.

durch·set·zen² [ドゥルヒ・ゼッツェン] 《非分離》 他 (h) 《A⁴ mit B³ ~》 (A⁴ に B³ を)混ぜる, 散りばめる. Das Gestein *ist* mit Erzen *durchsetzt*. 《状態受動・現在》その岩石には鉱石が混じっている.

Durch·sicht [ドゥルヒ・ズィヒト dúrç-zɪçt] 女 -/- 点検, 校閲, 調査.

durch·sich·tig [ドゥルヒ・ズィヒティヒ dúrç-zɪçtɪç] 形 ① **透明な**, 透けて見える; 《比》 抜けるように白い(顔色など). eine *durchsichtige* Fensterscheibe 透明な窓ガラス. ② 《比》 見えすいた(うそ・意図など); わかりやすい(定義など).

Durch·sich·tig·keit [ドゥルヒ・ズィヒティヒカイト] 女 -/- 透明[さ].

durch|si·ckern [ドゥルヒ・ズィッカァン dúrç-zìkərn] 自 (s) ① (水などが)しみ出る, にじみ出る. ② 《比》(秘密などが)だんだん知れ渡る.

durch|sie·ben [ドゥルヒ・ズィーベン dúrç-zì:bən] 他 (h) (小麦粉などを)ふるいにかける.

durch|spie·len [ドゥルヒ・シュピーれン dúrç-ʃpi:lən] 他 (h) ① (終わりまで)通して演奏する, 通して演じる; 演奏し(演じ)続ける. ② 《比》(計画など⁴の)全工程を頭の中で確認する.

durch|spre·chen* [ドゥルヒ・シュプレッヒェン dúrç-ʃprɛçən] 他 (h) (問題・計画など⁴を)子細に討議(論議)する.

durch|star·ten [ドゥルヒ・シュタルテン dúrç-ʃtàrtən] 自 (s) ① (空) (着陸態勢から)再上昇する. ② (自動車) (停車しかけて)再び急に速度を上げる; (始動の際に)強くアクセルを踏む.

durch|ste·chen¹* [ドゥルヒ・シュテッヒェン dúrç-ʃtèçən] 《分離》 自 (h) 刺し通す. mit der Nadel **durch** 物⁴ *durchstechen* 針を物⁴に突き刺す.

durch·ste·chen²* [ドゥルヒ・シュテッヒェン] 《非分離》 他 (h) (針などを刺して物⁴に)穴をあける.

durch|ste·hen* [ドゥルヒ・シュテーエン dúrç-ʃtè:ən] 他 (h) (苦難など⁴を)耐え抜く.

durch|stel·len [ドゥルヒ・シュテれン dúrç-ʃtèlən] 他 (h) (通話⁴を内線に)つなぐ.

Durch·stich [ドゥルヒ・シュティヒ dúrç-ʃtɪç] 男 -[e]s/-e (山・地峡などを)切り開くこと, 貫通; (行程を短縮する)連絡路(切り通し・トンネル・運河など).

durch·stö·bern [ドゥルヒ・シュテーバァン dúrç-ʃtǿ:bərn] 他 (h) 《口語》 (ある場所⁴を)くまなく捜す. das ganze Haus⁴ **nach** Waffen *durchstöbern* 武器を探して家中を調べる.

durch|sto·ßen¹* [ドゥルヒ・シュトーセン dúrç-ʃtò:sən] 《分離》 I 他 (h) ① (棒など⁴を)突き通す. ② (袖⁴などを)すり切らせる. II 自 (s) (軍) (...へ)突き進む, 進撃する.

durch·sto·ßen²* [ドゥルヒ・シュトーセン] 《非分離》 他 (h) 突き抜ける, 突き破る, (敵陣など⁴を)突破する.

durch|strei·chen* [ドゥルヒ・シュトライヒェン dúrç-ʃtràiçən] 他 (h) ① (文字など⁴に)線を引いて抹消する. ② (料理) 裏ごしする.

durch·strei·fen [ドゥルヒ・シュトライふェン dúrç-ʃtráifən] 他 (h) (ある場所⁴をあてもなく)

さすらう. Wälder[4] *durchstreifen* 森を歩き回る.

durch|strö·men[1] [ドゥルヒ・シュトレーメン] dúrç-ʃtrøːmən]《分離》自 (s) (水などが)流れて通る, 流れ出る.

durch·strö·men[2] [ドゥルヒ・シュトレーメン]《非分離》他 (h) ① (ある土地[4]を)貫流する. ② (比)(喜びなどが人[4]の心に)みなぎる. Freude *durchströmte* mich. 喜びが私の心を満たした.

durch·su·chen [ドゥルヒ・ズーヘン durçzúːxən]《非分離》他 (h) ① (ある場所[4]を)くまなく捜す. ② (人[4]を)ボディーチェックする. 人[4] nach Rauschgift *durchsuchen* 麻薬を持っていないか人[4]を調べる.

Durch·su·chung [ドゥルヒ・ズーフング] 女 -/-en〔家宅〕捜索; 検査, ボディチェック.

durch·trän·ken [ドゥルヒ・トレンケン durçtréŋkən] 他 (h)《雅》たっぷり湿らせる. Der Verband *ist* mit Blut *durchtränkt*.《状態受動・現在》包帯は血に染まっている.

durch·tren·nen [ドゥルヒ・トレンネン durçtrénən] 他 (h) 切断する.

durch|tre·ten* [ドゥルヒ・トレーテン durçtrɛ̀ːtən] I 他 (h) ① (ペダルなど[4]を)いっぱいに踏む. ② (靴など[4]を)はきつぶす. II 自 (s) ①《口語》(乗客が)奥へ詰める. ② (液体・ガスなどが)漏れる.

durch·trie·ben [ドゥルヒ・トリーベン durçtríːbən] 形 抜け目のない, 悪賢い.

durch·wa·chen [ドゥルヒ・ヴァッヘン durçváxən] 他 (h) (ある時間[4]を)眠らずに過ごす. die ganze Nacht[4] *durchwachen* 徹夜する.

durch·wach·sen [ドゥルヒ・ヴァクセン durçváksən] 形 ① 混じり合った. *durchwachsenes* Fleisch 脂身の混じった肉. ②《口語・戯》良かったり悪かったりの, (調子が)良くも悪くもない.

Durch⚟wahl [ドゥルヒ・ヴァール] 女 -/ (交換台を通さない)直通ダイヤル.

durch|wäh·len [ドゥルヒ・ヴェーレン durçvɛ̀ːlən] 自 (h) (…へ)直通ダイヤル通話をする.

durch·wan·dern [ドゥルヒ・ヴァンダァン durç-vándərn] 他 (h) (ある土地[4]を)歩いて横断する, 歩き回る.

durch|wär·men[1] [ドゥルヒ・ヴェルメン durçvèrmən]《分離》他 (h) (人[4]・部屋など[4]を)十分に暖める.

durch·wär·men[2] [ドゥルヒ・ヴェルメン]《非分離》= durch|wärmen[1]

durch·wa·ten[1] [ドゥルヒ・ヴァーテン durçvàːtən]《分離》自 (s) (川などを)歩いて渡る.

durch·wa·ten[2] [ドゥルヒ・ヴァーテン]《非分離》他 (h) (川など[4]を)歩いて渡る.

durch⚟weg [ドゥルヒ・ヴェック] 副 すべて, 例外なく, 〔終始〕一貫して.

durch⚟**wegs** [ドゥルヒ・ヴェークス] 副 (ぼっッチ・口語) = durchweg

durch|wei·chen[1] [ドゥルヒ・ヴァイヒェン dúrç-vàiçən]《分離》自 (s) ふやける, (ぬれて)緩む.

durch·wei·chen[2] [ドゥルヒ・ヴァイヒェン]《非分離》他 (h) ふやかす, (ぬらして)緩ませる.

durch|wüh·len[1] [ドゥルヒ・ヴューレン dúrçvỳːlən]《分離》I 他 (h) (物[4]の中を)かき回して捜す. II 再帰 (h) sich[4] *durchwühlen*《口語》(もぐらなどが)土を掘って進む.

durch·wüh·len[2] [ドゥルヒ・ヴューレン]《非分離》他 (h) ① (物[4]の中を)かき回して捜す. den Schrank nach Geld *durchwühlen* 戸棚をかき回してお金を探す. ② (地面など[4]に)穴をあける.

durch|zäh·len [ドゥルヒ・ツェーレン durçtsɛ̀ːlən] 他 (h) (物[4]の)総数を数える, 数えあげる.

durch|zie·hen[1]* [ドゥルヒ・ツィーエン durçtsìːən]《分離》I 他 (h) ① (糸など[4]を)通す. den Faden **durch** die Nadel *durchziehen* 糸を針に通す. ② (のこぎり・オールなど[4]を)いっぱいに引く. ③《口語》(困難なこと[4]を)やり遂げる. II 自 (s) ① (群れなどが)渡って行く, 通過する. ② (料理)(漬物などが)十分に味が染みる. III 再帰 (h)《*sich*[4] *durch* 物・事[4] ~》(物・事[4]の中を)貫いている.

durch·zie·hen[2]* [ドゥルヒ・ツィーエン]《非分離》他 (h) ① (ある土地[4]を)横断する, あちこちと移動する. ② (痛みなどが人[4]の)全身を走る. ③ (川などが土地[4]を)貫いて延びている; (思想などが作品など[4]を)貫いている.

durch·zu·cken [ドゥルヒ・ツッケン durçtsúkən] 他 (h) ① (稲妻が空など[4]を)ぱっと照らす, ひらめく. ② (考えが人[4]の頭に)ひらめく; (痛みなどが人[4]の体に)走る.

Durch·zug [ドゥルヒ・ツーク dúrç-tsuːk] 男 -[e]s/..züge ① 通過, (鳥の渡り). ②〔閉なし〕風通し. *Durchzug*[4] machen 風を通す.

durch|zwän·gen [ドゥルヒ・ツヴェンゲン dúrç-tsvɛ̀ŋən] I 他 (h) (無理やり)押し込める. II 再帰 (h) sich[4] *durchzwängen* (群衆・生け垣などを)押しのけて通る.

Dü·rer [デューラァ dýːrər] -s/《人名》デューラー(Albrecht *Dürer* 1471-1528; ドイツの画家・版画家).

***dür·fen**[1]* [デュルフェン dýrfən]

…してもよい
> *Darf* ich hier parken?
> ダルフ イヒ ヒーア パルケン
> ここに駐車してもいいですか.

人称	単	複
1	ich darf	wir dürfen
2	{ du **darfst** { Sie dürfen	{ ihr dürft { Sie dürfen
3	er **darf**	sie dürfen

助動《話法の助動詞》(完了 haben) **A)** (durfte, *hat*…dürfen)《zu のない不定詞とともに》① …してもよい, …してかまわない. (英 *may*). Du

darfst jetzt fernsehen. 君はもうテレビを見てもいいよ / Der Kranke *darf* schon aufstehen. その病人はもうベッドから起き上がってもよい / *Hast* du mitgehen *dürfen*?〖現在完了〗君はいっしょに行ってもよかったの? / Was *darf* es sein? (店員が客に:)何にいたしましょうか / *Darf* ich …? …してもいいですか ⇒ *Darf* ich eintreten? 入ってもいいですか / *Darf* ich bitten? (ダンスなどへの誘い:)お願いできますか, こちらへお越し願えますか / *Darf* ich Sie bitten, das Formular auszufüllen? この書類に記入していただけませんか.
◊〖wenn ich … *darf* の形で〗Ein bisschen rasch, wenn ich bitten *darf*! すみませんがちょっと急いでください / Was sind Sie von Beruf, wenn ich fragen *darf*? 失礼ですがご職業は何ですか.
② 〖否定を表す語句とともに〗《禁止》…してはいけない. Du *darfst* Tiere nicht quälen! 動物をいじめてはいけない / Hier *darf* man nicht parken. ここは駐車禁止です / Die Kinder *dürfen* keinen Alkohol trinken. 子供たちは酒を飲んではいけない.
③〖否定を表す語句とともに〗《強い願望》…であってほしくない, …してほしくない. Das *darf* nicht wahr sein. そんなこと本当であるはずがない / Ihm *darf* nichts geschehen. 彼の身に何も起こらなければよいのだが.
④ …して当然だ, …する理由(根拠)がある. Du *darfst* stolz auf deinen Sohn sein. 君は息子さんのことを自慢できるよ / Du *darfst* dich nicht wundern, wenn … もし…しても驚くにはあたらないよ.
⑤〖nur または bloß とともに〗《方》…しさえすればよい. Sie *dürfen* es nur sagen. あなたはそれをおっしゃりさえすればよいのです.
B) (durfte, *hat* … gedurft)〖独立動詞として; 不定詞なしで〗してもよい, 許されている. *Darfst* du das? それをしてもいいの? / So etwas *habe* ich früher nie *gedurft*. そんなことは私には以前は決して許されなかった. ◊方向を表す語句で〗(…へ)行ってもよい. Er ist krank und *darf* nicht in die Schule. 彼は病気なので学校へ行ってはいけない.

dür·fen[2] [デュルフェン] ＊dürfen[1] (…してもよい)の 過分

durf·te [ドゥルフテ] ＊dürfen[1] (…してもよい)の 過去

dürf·te [デュルフテ dýrftə] ＊dürfen[1] (…してもよい)の 接2 ① おそらく…でしょう. Das *dürfte* ein Irrtum sein. それは間違いでしょう / Es *dürfte* ratsam sein, jetzt zu gehen. 今行くのが得策でしょう. ②〖**Dürfte** ich …? の形で〗…してもよろしいでしょうか. *Dürfte* ich etwas fragen? ちょっとお尋ねしてもよろしいでしょうか.

dürf·tig [デュルフティヒ dýrftɪç] 形 ① みすぼらしい, 貧相な. eine *dürftige* Unterkunft みすぼらしい宿. ② 不十分な,〖内容が〗乏しい. *dürftige* Kenntnisse 乏しい知識.

dürr [デュル dýr] 形 ① 乾いた, 枯れた; 不毛の(土地など). (英 dry). ein *dürrer* Ast 枯れ枝 / *dürrer* Boden 不毛の地. ② やせ細った, やせた. ein *dürres* Pferd やせ馬. ③ 乏しい, わずかの; そっけない. Er antwortete mit *dürren* Worten. 彼はそっけない言葉で答えた.

Dür·re [デュレ dýrə] 女 -/-n ① 日照り, かんばつ;《比》(精神的な)不毛. ②〖圉なし〗乾燥.

＊*der* **Durst** [ドゥルスト dúrst]

| のどの渇き | Ich habe *Durst*.
イヒ ハーベ ドゥルスト
私はのどが渇いている. |

男 (単2) -es (まれに -s)/ ① のどの渇き. (英 thirst). *Durst*[4] bekommen のどが渇く / Wir haben großen *Durst*. 私たちはひどくのどが渇いている / den *Durst* löschen (または stillen) 渇きをいやす / Er hat *Durst* auf Bier. 彼はビールを飲みたがっている / einen **über** den *Durst* trinken《口語・戯》酒を飲みすぎる.
②《詩》渇望, 熱望. Wissensdurst 知識への渇望 / *Durst* nach Ehre 激しい名誉欲.

durs·ten [ドゥルステン dúrstən] I 自 (h)《雅》① のどの渇きに苦しむ. ② =dürsten II　II 非人称 (h)《雅》=dürsten I

dürs·ten [デュルステン dýrstən] I 非人称《詩》①〖**es** *dürstet* 人[4] の形で〗人[4]はのどが渇いている. ②〖**es** *dürstet* 人[4] **nach** 事物[3] の形で〗人[4]が事物[3]を渇望する. Es *dürstet* ihn nach Rache. 彼は復讐(ふくしゅう)心に燃えている. II 自 (h)〖**nach** 事物[3] ～〗《詩》事物[3]を渇望する.

durs·tig [ドゥルスティヒ dúrstɪç] 形 ① のどの渇いた. (英 thirsty). Ich bin sehr *durstig*. 私はとてものどが渇いている. ②《雅》渇望している. Er ist *durstig* **nach** Wissen. 彼は知識に飢えている.

durst·lö·schend [ドゥルスト・レッシェント] 形 のどの渇きをいやす.

durst·stil·lend [ドゥルスト・シュティレント] 形 =durstlöschend

Durst:stre·cke [ドゥルスト・シュトレッケ] 女 -/-n 窮乏の時代(時期).

＊*die* **Du·sche** [ドゥッシェ dúʃə または ドゥーシェ dúːʃə] 女 (単) -/(複) -n シャワー[装置]; シャワー[浴]. (英 shower). ein Zimmer **mit** *Dusche* シャワー付きの部屋 / eine *Dusche*[4] nehmen または **unter** die *Dusche* gehen シャワーを浴びる / eine kalte *Dusche*《口語》a) 冷たいシャワー, b)《比》失望, 幻滅.

du·schen [ドゥッシェン dúʃən または ドゥー.. dúː..] 自 (完了, *hat* … geduscht) I 自 (英 haben) シャワーを浴びる. kalt *duschen* 冷たいシャワーを浴びる.
II 再帰 (完了 haben) sich[4] *duschen* シャワーを浴びる.
III 他 (完了 haben) (人・物[4]に)シャワーを浴びせる. sich[3] den Rücken *duschen* 自分の背

Dusch・ka・bi・ne [ドゥッシュ・カビーネ] 囡 -/-n (小さな)シャワー室.

dusch・te [ドゥシュテ または ドゥーシュテ] duschen (シャワーを浴びる)の 過去

Dusch・vor・hang [ドゥッシュ・フォーアハング] 男 -[e]s/..hänge シャワーカーテン.

Dü・se [デューゼ dý:zə] 囡 -/-n (工) (液体・気体を噴射する)ノズル, 噴射口.

Du・sel [ドゥーゼル dú:zəl] 男 -s/ 《口語》① 思いがけない幸運. *Dusel*[4] haben ついている. ② 《方》めまい, 放心状態; ほろ酔い.

Dü・sen・an・trieb [デューゼン・アントリープ] 男 -[e]s/-e 《空》ジェット推進[装置].

Dü・sen・flug・zeug [デューゼン・ふるークツォイク] 囲 -[e]s/-e 《空》ジェット機.

Dü・sen・jä・ger [デューゼン・イェーガァ] 男 -s/- 《空》ジェット戦闘機.

Dus・sel [ドゥッセる dúsəl] 男 -s/- 《口語》まぬけ, ばか者.

Düs・sel・dorf [デュッセる・ドルふ dýsəl-dorf] 囲 -s/ 《都市名》デュッセルドルフ(ドイツ, ノルトライン・ヴェストファーレン州の州都. 北西ドイツのビジネスの中心地. 日本の商社などが多数進出している: ☞ 地図 C-3).

dus・se・lig [ドゥッセリヒ dúsəlɪç] 形 =dusslig

duss・lig [ドゥスリヒ dúslɪç] 形 《口語》① まぬけな. ② 《方》頭がもうろうとした.

düs・ter [デュースタァ dý:stər] 形 (比較 düst[e]rer, 最上 düsterst) (英 *gloomy*) ① 薄暗い, ほの暗い; 不気味な, 悲観的な(予測など). ein *düsterer* Gang 薄暗い廊下. (☞ 類語 dunkel). ② 陰うつな, 陰気な. ein *düsterer* Mensch 陰気な人. ③ (民) はっきりしない.

Düs・ter・heit [デュースタァハイト] 囡 -/ = Düsterkeit

Düs・ter・keit [デュースタァカイト] 囡 -/ ① 薄暗さ. ② (性格などの)暗さ.

Dutt [ドゥット dút] 男 -[e]s/-s (または -e) 《方》束ねて結った髪, シニョン.

Du・ty-free-Shop [デューティ・ふリー・ショップ djú:tɪ-frí:-ʃɔp] 《英》男 -[s]/-s 免税店.

***das* Dut・zend** [ドゥッツェント dútsənt] 囲 (単2) -s/(複) -e (3格のみ -en) 《数量単位としては: (複) -》ダース (略: Dtzd.). 《英 *dozen*》. Ein *Dutzend* Eier kostet (または kosten) 1, 20 Euro. 卵は1ダースで1ユーロ20セントだ / ein halbes *Dutzend* 半ダース / drei *Dutzend* Bleistifte 鉛筆3ダース / 例[4] **im** *Dutzend* kaufen 例[4]をダースで買う.
② 《軽》多数. *Dutzende* (または *dutzende*) von Menschen 何十人もの人々 / **in** (または **zu**) *Dutzenden* (または *dutzenden*) 大量に, 大勢で. ③ 《Mal》とともに》 *Dutzend[e]* (または *dutzend[e]*) Mal[e] 何度も, たびたび (=dutzendmal).

dut・zend≠mal [ドゥッツェント・マーる] 副 《口語》何度も, たびたび.

Dut・zend≠mensch [ドゥッツェント・メンシュ] 男 -en/-en 凡人, ごく普通の人.

Dut・zend≠wa・re [ドゥッツェント・ヴァーレ] 囡 -/-n (大量に売られる)安物.

dut・zend≠wei・se [ドゥッツェント・ヴァイゼ] 副 ① ダースで, ダースずつ. ② 《口語》大量に.

du・zen [ドゥーツェン dú:tsən] 他 (duzte, *hat*... geduzt) 他 (完了 haben) (相手[4]を **du** で呼ぶ, 君(おまえ・あなた)と呼ぶ. (☞「Sie で呼ぶ」は siezen). Er *hat* mich *geduzt*. 彼は私を du で呼んだ. ◇《再帰的に》Ich *duze mich* mit ihm. 私は彼と du で呼び合う仲だ. ◇《相互的に》Wollen wir *uns duzen*? お互い du で呼ぶことにしようか.

Duz≠freund [ドゥーツ・ふロイント] 男 -[e]s/-e (互いに du で呼び合う)親しい友人. (女性形: -in).

duz・te [ドゥーツテ] duzen (du で呼ぶ)の 過去

DVD [デー・ふァオ・デー] 囡 -/-s 《略》DVD, デジタル多用途ディスク (=digital versatile disc).

DVD-Play・er [デーふァオデー・プれーァァ] 《英》男 -s/- DVD プレーヤー.

Dvo・řák [ドヴォルジャク dvórʒak] -s/ 《人名》ドボルザーク (Antonin *Dvořák* 1841-1904; チェコの作曲家).

DW [デー・ヴェー] 囡 -/ 《略》ドイチェ・ヴェレ (= Deutsche Welle). (ドイツの海外向けラジオ放送).

Dy [デー・ユプスィろン] 《化・記号》ジスプロシウム (=Dysprosium).

Dy・na・mik [デュナーミク dyná:mɪk] 囡 -/ ① 《物》《動》力学. ② 活力, 原動力. ③ 《音楽》デュナーミク, 強弱法.

dy・na・misch [デュナーミッシュ dyná:mɪʃ] 形 ① ダイナミックな, 活力のある; 動的な. eine *dynamische* Sozialpolitik ダイナミックな社会福祉政策. ② 《物》《動》力学の. ③ 《音楽》デュナーミクの, 強弱法の.

Dy・na・mit [デュナミート dynamí:t] 囲 -s/ ダイナマイト.

Dy・na・mo [デュナーモ dyná:mo または デューナモ] 男 -s/-s ダイナモ, 発電機.

Dy・nas・tie [デュナスティー dynastí:] 囡 -/-n [..ティーエン] 王朝, 王家; 《比》(ある分野で勢力を持つ)一族, 名門.

dy・nas・tisch [デュナスティッシュ dynástɪʃ] 形 《付加語としてのみ》王朝の, 王家の.

Dys・pro・si・um [デュスプローズィウム dyspró:zium] 囲 -s/ 《化》ジスプロシウム (記号: Dy).

dz [ドッペる・ツェントナァ] 《略》200ポンド (= Doppelzentner).

D-Zug [デー・ツーク dé:-tsu:k] 囲 -[e]s/..-Züge 《略》《鉄道》(昔の)急行列車(片側に通路がある) (=Durchgangszug).

E e

e¹, E¹ [エー é:] 中 -/- エー(ドイツ語アルファベットの第5字).

e², E² [エー] 中 -/- 《音楽》ホ音. *E*-Dur ホ長調 / *e*-Moll ホ短調.

E³ [オイローパ・シュトラーセ] 《略》欧州自動車道 (=Europastraße).

€ [オイロ] 《記号》ユーロ (=Euro).

Eau de Co·lo·gne [オー デ コロニェ ó: də kolónjə] [ɔ̃] (まれ 囡) ---/Eaux - - - オーデコロン (=Kölnischwasser).

die **Eb·be** [エッベ ébə] 囡 (単) -/(複) -n 引き潮, 干潮; 《口語・比》金詰まり; 沈滞. 《注意「満ち潮」は Flut》. *Ebbe* und Flut 潮の干満 / Es ist *Ebbe*. 引き潮だ / In meinem Geldbeutel ist *Ebbe*. 私は懐が寂しい.

ebd. [エーベン・ダー] (指示的意味の強いときは:) エーベン・ダー] 《略》同所に (=ebenda).

***eben¹** [エーベン é:bən] 形 平らな, 平たんな; なめらかな; 一様な. (英 even). Die Straße ist *eben*. その道路は平たんだ / eine *ebene* Fläche 平面 / Sie wohnen zu *ebener* Erde. 彼らは1階に住んでいる / den Boden *eben* machen (または *eben*|machen) 地面をならす.

***eben²** [エーベン é:bən]

> ちょうど[今]　*Eben* kommt er.
> エーベン コムト エア
> ちょうど今彼が来るところだ.

副 **A**) ① ちょうど[今], たった今, 今しがた. (英 just). Was hast du *eben* gesagt? 今君はなんと言った / Er war *eben* noch hier. 彼はついさっきまでここにいた.

② 《方》ちょっと. Kommst du *eben* [mal] mit? ちょっといっしょに来てくれないか.

③ やっと, かろうじて. Mit dem Geld komme ich [so] *eben* [noch] aus. その金でどうにか足りるというところだ.

④ 《あいづちを打って》まさにそのとおりで. Ja, *eben*! そのとおりだ, まったく[そうなん]だ.

B) 《文中でのアクセントなし》① 《あきらめがちに》とにかく, 要するに. Das ist *eben* so. それはそういうことなんだ / Das ist *eben* ihre Schwäche. 要するにそれが彼女の弱点なんだよ.

② 《主張を強めて》まさに, ちょうど. *Eben* das wollte ich sagen. 私が言いたかったのはまさにそのことなんです / Das *eben* nicht! そういうことじゃないんだ.

③ 〖**nicht** *eben* の形で〗必ずしも…ではない. Diese Arbeit ist *nicht eben* leicht. この仕事はそうたやすいものではない.

Eben⸗bild [エーベン・ビルト] 中 -[e]s/-er 似姿, 生き写し[の人]. Er ist das *Ebenbild* seines Vaters. 彼は父親にそっくりだ.

eben⸗bür·tig [エーベン・ビュルティヒ] 形 ① (昔の:)同じ身分(家柄)の. ② (囡³と)対等な(同等の)能力のある; (囡³に)匹敵する.

eben⸗da [エーベン・ダー; (指示的意味の強いときは:) エーベン・ダー] 副 ちょうどそこに; 同所に(学術論文などですでに引用した箇所を示す; 略: ebd.).

die **Ebe·ne** [エーベネ é:bənə] 囡 (単) -/(複) -n ① 平地, 平野, 台地; 《数》平面. (英 plain). Hoch*ebene* 高原 / Wir wohnen in einer *Ebene*. 私たちは平地に住んでいる / eine schiefe *Ebene* 斜面 / **auf** die schiefe *Ebene* geraten (または kommen) 《比》人の道を踏みはずす, 落ちぶれる. ② レベル, 水準. (英 level). 囲⁴ **auf** höchster *Ebene* entscheiden 囲⁴をトップレベルで決める.

eben⸗er·dig [エーベン・エーアディヒ] 形 1階の, 地面と同じ高さの.

***eben⸗falls** [エーベン・ファルス é:bən-fals] 副 同様に, …もまた. (英 likewise). Er war *ebenfalls* anwesend. 彼もまた出席していた / Schönes Wochenende! — Danke, *ebenfalls*. よい週末をお過ごしください — ありがとう, あなたもね.

Eben⸗holz [エーベン・ホルツ] 中 -es/..hölzer 《植》コクタン(黒檀).

Eben⸗maß [エーベン・マース] 中 -es/ 釣り合い, 均斉.

eben⸗mä·ßig [エーベン・メースィヒ] 形 均整のとれた.

eben⸗so [エーベン・ゾー é:bən-zo:] 副 《同程度の比較》同じくらい, 同じように. Mir geht es *ebenso* gut. 私も元気です / Ich habe es *ebenso* sehr genossen. 私も同じくたいへん堪能しました / Er hat ein *ebenso* großes Zimmer. 彼はちょうど同じくらいの広さの部屋を持っている.

◇《後続の **wie** と呼応して》 Ich mache es *ebenso* wie Sie. 私はあなたと同じようにいたします / Er ist *ebenso* alt wie ich. 彼は私と同い年だ / Du hast *ebenso* oft gefehlt wie ich. 君はぼくと欠席回数が同じだ / Wir haben *ebenso* viel wie gut gegessen. 私たちはおいしいごちそうをたくさんいただいた / Er hat *ebenso* lange Haare wie sie. 彼は彼女と同じくらい髪が長い / Das Mädchen gefällt ihm *ebenso* wie dir. 君と同じくらい彼もその女の子が気に入っている / Das weiß ich *ebenso* wenig wie ich. そのことを彼は私と同じように知らない.

eben·so gut ⟹ ebenso
eben·so oft ⟹ ebenso

eben·so sehr ☞ ebenso
eben·so viel ☞ ebenso
eben·so we·nig ☞ ebenso
Eber [エーバァ é:bər] 男 -s/- 雄豚; 雄いのしし.
Eber·esche [エーバァ・エッシェ] 女 -/-n 〔植〕ナナカマド.
Eber·hard [エーバァ・ハルト é:bər-hart] -s/《男名》エーバーハルト.
Ebert [エーバァト é:bərt] -s/《人名》エーベルト (Friedrich *Ebert* 1871-1925; ドイツの政治家. 1919年ワイマール共和国初代大統領に就任).
eb·nen [エーブネン é:bnən] 他 (h) 平らにする. Boden⁴ *ebnen* 地面をならす / ⧈³ den Weg *ebnen*《比》⧈³ の障害を取り除く.
E-Bu·si·ness [イー・ビズィネス] 中 -/ ネットビジネス.
EC [エー・ツェー]《略》ヨーロッパ都市間特急[列車] (=Eurocityzug).
E-Cash [イー・ケッシュ] [英] 中 -/ 電子マネー (=Electronic Cash).
Echo [エヒョ éço] 中 -s/-s ① 反響, こだま, 山びこ;《比》反響. Das Stück fand kein *Echo* bei den Zuschauern. その劇は観衆に何の反響も呼ばなかった. ②〔工〕エコー.
Echo·lot [エヒョ・ロート] 中 -[e]s/-e〔工〕音響測深器.
Ech·se [エクセ éksə] 女 -/-n〔動〕トカゲ類.
***echt** [エヒト éçt]

> 本物の　Ist die Perle *echt*?
> イスト ディ ペルれ エヒト
> その真珠は本物ですか.

I 形 (比較 echter, 最上 echtest) ① **本物の**, 真の; 純粋な; 純血種の. (英 real). (英 「偽の」は falsch). *echtes* Gold 本物の金 / ein *echter* Picasso 本物のピカソの[絵] / Die Unterschrift ist *echt*. この署名は本物だ / ein *echter* Pudel 純血種のプードル. (☞ 類語 wahr).
② 生粋の, 典型的な. ein *echter* Münchner 生粋のミュンヒェンっ子 / Das ist *echt* Mozart. これはまさにモーツァルト[的]だ.
③《化・織》色落ちしない. ④《数》ein *echter* Bruch 真分数.
II 副《口語》本当に. Das ist *echt* klasse! それほんと最高なんだよ / *Echt*? ほんと?

..echt [..エヒト ..eçt]《形容詞をつくる 接尾》(…に耐える・…しても傷まない) 例: wasch*echt* 洗濯しても色落ちしない(縮まない).
Echt·heit [エヒトハイト] 女 -/ 真正さ; 純粋さ; 色落ちしないこと.
Eck [エック ék] 中 -[e]s/-e (方言: -en)《南ドイツ・オーストリア》 角(かど), 隅 (=Ecke ①).
..eck [..エック ..εk]《中性名詞をつくる 接尾》(…角形) 例: Dreieck 3 角形.
Eckard [エッカルト ékart] -s/《男名》エッカルト.
Eck·ball [エック・バる] 男 -[e]s/..bälle (球技で:) コーナーキック; コーナースロー.

****die* **Ecke** [エッケ ékə] 女 (単) -/(複) -n ① **角**(かど), 隅, コーナー; 曲がり角 (=Straßen*ecke*). (英 corner). das Haus an der *Ecke* 角の家 / an allen *Ecken* [und Enden]《口語》いたるところ, くまなく / den Besen in die *Ecke* stellen ほうきを隅に立てる / um die *Ecke* biegen 街角を曲がる / Ich wohne gleich um die *Ecke*.《口語》(角を曲がった)すぐ近くに私は住んでいます / die *Ecken* eines Dreiecks 3 角形の頂点 / ⧈⁴ um die *Ecke* bringen《俗》⧈⁴を片づける(殺す) / mit ⧈³ um (または über) sieben *Ecken* verwandt sein《口語》⧈³ の遠い親戚に当たる.
②《方》かけら. eine *Ecke* Käse ひとかけらのチーズ. ③《方》地域. ④《方》(一定の)道のり. ⑤ (球技で:) コーナーキック; コーナースロー. eine *Ecke*⁴ treten コーナーキックをする.

Eck·hart [エック・ハルト ékhart または エッカルト ékart] -s/《人名》エックハルト (Johannes *Eckhart* 1260?-1327; ドイツの神秘思想家. 通称マイスター・エックハルト).
Eck⇔haus [エック・ハオス] 中 -es/..häuser 角(かど)の家(建物).
eckig [エキヒ ékɪç] 形 ① 角(かど)のある, 角張った. (英 「丸い」は rund). ②《比》ぎこちない; 無愛想な(態度など).
Eck⇔lohn [エック・ローン] 男 -[e]s/..löhne 〔経〕基準賃金.
Eck·pfei·ler [エック・プふァイらァ] 男 -s/- 〔建〕隅柱(ぐうちゅう);《比》(理論などの)支柱, よりどころ.
Eck⇔stein [エック・シュタイン] 男 -[e]s/-e ① 隅石(ぐういし); (曲がり角の)縁石(ふちいし); 境界石; (学説などの)基礎. ②〔蘭〕 (なし; 冠詞なしで) (とらんぷ) ダイヤ.
Eck⇔stoß [エック・シュトース] 男 -es/..stöße (サッカーの)コーナーキック.
Eck⇔zahn [エック・ツァーン] 男 -[e]s/..zähne 〔医〕犬歯.
E-Com·mers [イー・コンマァス] 男 -/ E コマース, 電子商取引.
Ecu·a·dor [エクアドーァ ekuadó:r] 中 -s/《国名》エクアドル[共和国](南アメリカ大陸北西部, 首都はキト).
ed. [エーディディット または エディーァト]《略》…編[著] (=edidit).
Ed. [エディツィオーン]《略》(出版物の)…版 (=Edition).
Ed·da [エッダ éda] 女 -/Edden《文学》エッダ (古代アイスランドの神話・英雄伝説を内容とする歌謡集成. 9-13 世紀).
edel [エーデる é:dəl] 形 (比較 edler, 最上 edelst; 格変化語尾がつくときはふつう edl-) (英 noble) ① **高級な**, 極上の; 貴重な. *edle* Weine 極上のワイン / *edle* Metalle 貴金属. ②《雅》気高い, 上品な, 高邁(こうまい)な. ein *edler* Mann 気高い人. ③《雅》(姿・形が)美しい, 端整な. ④《古》貴族の, 名門の. (動植物が)純血種の.
Edel⇔frau [エーデる・ふラオ] 女 -/-en《史》(既

婚の)貴婦人,貴族の夫人.

Edel≈gas [エーデる・ガース] 中 -es/-e《化》希ガス,不活性気体.

Edel≈kas·ta·nie [エーデる・カスターニエ] 囡 -/-n ① 《植》クリ(栗). ②《圏 なし》栗材.

Edel≈mann [エーデる・マン] 男 -[e]s/..leute 《史》貴族[の男性].

Edel≈me·tall [エーデる・メタる] 中 -s/-e 貴金属.

Edel≈mut [エーデる・ムート] 男 -[e]s/《雅》気高い心, 高潔さ.

edel≈mü·tig [エーデる・ミューティヒ] 形《雅》気高い, 高潔な.

Edel≈stahl [エーデる・シュターる] 男 -[e]s/..stähle 特殊鋼.

Edel≈stein [エーデる・シュタイン] 男 -[e]s/-e 宝石.

Edel≈tan·ne [エーデる・タンネ] 囡 -/-n 《植》オウシュウモミ.

Edel≈weiß [エーデる・ヴァイス] 中 -[es]/-[e] 《植》エーデルワイス(アルプスなどに生える高山植物. スイスの国花).

Eden [エーデン é:dən] 中 -s/ ①《成句的に》der Garten *Eden* (聖)エデンの園. ②《雅》楽園(=Paradies).

edie·ren [エディーレン edí:rən] 他 (h) (書籍など[4]を)編集する, 編纂(さん)する.

Edikt [エディクト edíkt] 中 -[e]s/-e 《史》勅令, 布告.

Edith [エーディット é:dɪt] -s/《女名》エーディット.

Edi·ti·on [エディツィオーン editsióːn] 囡 -/-en (書籍) ① 編集; 出版. ② 版(略: Ed.)

Ed·mund [エトムント étmunt] -s/《男名》エトムント.

Edu·ard [エードゥアルト é:duart] -s/《男名》エードゥアルト.

E-Dur [エー・ドゥーァ] 中 -/《音楽》ホ長調(記号: E).

EDV [エー・デー・ファオ] 囡 /《略》(コンピュータを用いた)電子的情報処理(=elektronische Datenverarbeitung).

Efeu [エーフォイ é:fɔy] 男 -s/《植》アイビー.

Eff·eff [エふ・エふ éf-éf または エふ..] 中《成句的に》中[4] *aus dem Effeff* beherrschen (または können)《口語》中[4]を完璧(かん)にマスターしている.

Ef·fekt [エふェクト ɛfékt] 男 -[e]s/-e ① 効果; 作用; 成果. einen großen *Effekt* **auf** das Publikum machen 観衆に大きな感銘を与える. ② 演出効果.

Ef·fek·ten [エふェクテン ɛféktən] 複《経》有価証券.

Ef·fek·ten≈bör·se [エふェクテン・ベルゼ] 囡 -/-n《経》証券取引所.

Ef·fekt≈ha·sche·rei [エふェクト・ハッシェライ] 囡 -/-en 演出過剰, スタンドプレー.

ef·fek·tiv [エふェクティーふ ɛfektíːf] 形 ① 有効な, 実効ある; 利益をもたらす. ② 実際の, 実質的な. der *effektive* Gewinn 純益. ◇《否定文で副詞的に》Ich habe *effektiv* keine Zeit.《口語》私はまったく時間がない.

ef·fekt≈voll [エふェクト・ふォる] 形 効果的な.

ef·fi·zi·ent [エふィツィエント ɛfitsiént] 形 効率的な.

Ef·fi·zi·enz [エふィツィエンツ ɛfitsiénts] 囡 -/-en 効率, 能率.

EG [エー・ゲー] 囡 -/《略》ヨーロッパ共同体(= Europäische Gemeinschaft).《⇒》1973-1993; EUの前身. 英語では EC).

***egal** [エガーる egá:l] 形 ①《述語としてのみ》《口語》どうでもよい(=gleichgültig). Das ist mir ganz *egal*. それは私にはまったくどうでもよいことだ. ② 同じ, 一様な. Die Schuhe sind nicht *egal*. その靴は不ぞろいだ.

ega·li·sie·ren [エガリズィーレン egalizí:rən] 他 (h) ①《スポ》(中[4]の)タイ記録を出す; (敵のリードする)タイ[スコア]に持ち込む. den Weltrekord *egalisieren* 世界タイ記録を出す. ② 《工・織》(中[4]の強さ・厚さ・色などを)均等にする.

Egel [エーゲる é:gəl] 男 -s/《動》ヒル.

Eg·ge [エッゲ égə] 囡 -/-n《農》馬くわ.

eg·gen [エッゲン égən] 他 (h)《農》(畑[4]を)馬くわで耕す.

eGmbH, EGmbH [エー・ゲー・エム・ベー・ハー] 《略》登録有限責任共同組合(=eingetragene Genossenschaft mit beschränkter Haftpflicht).

Ego·is·mus [エゴイスムス egoísmus] 男 -/ 利己主義, エゴイズム.《⇒》「利他主義」は Altruismus).

Ego·ist [エゴイスト egoíst] 男 -en/-en 利己主義者, エゴイスト. (女性形: -in).

ego·is·tisch [エゴイスティッシュ egoístʃ] 形 利己的な, エゴイスティックな. *egoistisch* handeln 利己的に行動する.

ego·zen·trisch [エゴツェントリッシュ egotséntriʃ] 形 自己中心的な.

eh [エー é:] 副 ①《成句的に》seit *eh* und je ずっと以前から / wie *eh* und je 相変わらず. ②《南ド・オーストリ》《口語》どっちみち(=sowieso).

eh! [エー] 間 ① (呼びかけで:)ねえ, おい. ② (驚いて:)えっ, おや.

e. h., E. h. [エーレン・ハるパァ]《略》栄誉をたたえて(=ehrenhalber, Ehren halber). Dr. e. h. (または E. h.) 名誉博士.

***ehe** [エーエ é:ə] 接《従属接続詞; 動詞の人称変化形は文末》…する前に(=bevor).《英》*before*). *Ehe* ich weggehe, rufe ich dich an. 出かける前に君に電話するよ.
◇《nicht とともに》…しないうちは. *Ehe* ihr nicht still seid, kann ich nicht reden. 君たちが静かにしないうちは私は話ができないよ.

***die* Ehe** [エーエ é:ə] 囡 (単) -/(複) -n 結婚, 婚姻; 結婚生活, 夫婦関係.《英》*marriage*). eine glückliche *Ehe*[4] führen 幸福な結婚生活を送

る / die *Ehe*[4] mit 人[3] schließen (または ein|gehen) 人[3]と結婚する / die *Ehe*[4] auf|lösen (scheiden) 結婚を解消する(離婚する) / die *Ehe*[4] brechen 不義をはたらく / ein Kind **aus** erster Ehe 初婚のときの子供 / Er ist **in** zweiter *Ehe* verheiratet. 彼は再婚している.

Ehe⚡**be·ra·tung** [エーエ・ベラートゥング] 囡 -/-en ① (役所や教会などの)結婚生活に関する助言. ② 結婚生活相談室.

Ehe⚡**bre·cher** [エーエ・ブレッヒャァ] 男 -s/- 不義をはたらく者. (女性形: -in).

ehe⚡**bre·che·risch** [エーエ・ブレッヒェリッシュ] 形 不義の.

Ehe⚡**bruch** [エーエ・ブルフ] 男 -[e]s/..brüche 不義. *Ehebruch*[4] begehen 不義をはたらく.

ehe⚡**dem** [エーエ・デーム] 副 《雅》 以前に, かつて.

Ehe⚡**frau** [エーエ・フラオ] 囡 -/-en 妻, 夫人.

Ehe⚡**gat·te** [エーエ・ガッテ] 男 -n/-n ① 《雅》 夫 (=Ehemann). ② 〖覆〗 で《官庁》 夫婦.

Ehe⚡**gat·tin** [エーエ・ガッティン] 囡 -/..tinnen 《雅》 妻, 夫人 (=Ehefrau).

Ehe⚡**hälf·te** [エーエ・へるフテ] 囡 -/-n 《口語・戯》妻, 女房.

Ehe⚡**krach** [エーエ・クラッハ] 男 -[e]s/-e (または ..kräche または -s) 《口語》 夫婦げんか.

Ehe⚡**le·ben** [エーエ・れーベン] 中 -s/ 結婚生活.

Ehe⚡**leu·te** [エーエ・ろイテ] 覆 夫婦 (=Ehepaar).

ehe·lich [エーエリヒ] 形 ① 嫡出の. ② 結婚 (婚姻)による, 夫婦の. *eheliche* Rechte und Pflichten 婚姻上の権利と義務.

ehe·li·chen [エーエリヒェン éːəliçən] 他 (h) 《戯》 (人[4]と)結婚する.

ehe⚡**los** [エーエ・ろース] 形 未婚の, 独身の.

Ehe·lo·sig·keit [エーエ・ろーズィヒカイト] 囡 -/ 未婚, 独身.

Ehe⚡**ma·lig** [エーエ・マーりヒ] 形 《付加語としてのみ》以前の, かつての.

ehe⚡**mals** [エーエ・マーるス] 副 以前, かつて.

Ehe⚡**mann** [エーエ・マン] 男 -[e]s/..männer 夫.

Ehe⚡**paar** [エーエ・パール] 中 -[e]s/-e 夫婦, 夫妻.

Ehe⚡**part·ner** [エーエ・パルトナァ] 男 -s/- 配偶者. (女性形: -in).

eher [エーァ éːər] (‡bald の比較) 副 ① **より早く**, もっと前に. (英) *earlier*. Komm doch ein paar Minuten *eher*! もう数分早く来てくれ / Sie war *eher* da als er. 彼女は彼より早く来ていた / Je *eher*, desto besser. 早ければ早いほどよい.
② [...よりは]**むしろ**, どちらかというと. (英) *rather*). *eher* heute **als** morgen あすよりむしろきょう / Das ist *eher* eine Wildnis als ein Garten. これは庭というよりむしろ荒地だ / Das ist schon *eher* möglich. 確かにその可能性のほうが高い.

Ehe⚡**ring** [エーエ・リング] 男 -[e]s/-e 結婚指輪.

ehern [エーァァン éːarn] 形 ① 《詩》青銅の, ブロンズの. ② 《雅・比》 堅固な, 不動の. ein *ehernes* Gesetz 鉄則.

Ehe⚡**schei·dung** [エーエ・シャイドゥング] 囡 -/-en 《法》離婚.

Ehe⚡**schlie·ßung** [エーエ・シュリースング] 囡 -/-en 《法》婚姻締結, 結婚.

ehest [エーエスト éːəst] (‡bald の最上) 形 ① 最も早い. **am** *ehesten* 最も早く / **bei** *ehester* Gelegenheit できるだけ早い機会に. ② いちばん好きな. Am *ehesten* möchte ich nach Italien fahren. いちばん行ってみたい国はイタリアです. ③ いちばんありそうな.

Ehe⚡**stand** [エーエ・シュタント] 男 -[e]s/ 結婚生活. In den *Ehestand* treten 結婚する.

ehes·tens [エーエステンス éːəstəns] 副 ① 早くとも. ② 《オーストリア》 なるべく早く.

Ehe⚡**ver·mitt·lung** [エーエ・フェアミットるング] 囡 -/-en 結婚の仲介(斡旋(_{あっせん})) [所].

Ehr⚡**ab·schnei·der** [エーァ・アップシュナイダァ] 男 -s/- 誹謗(_{ひぼう})者, 中傷者. (女性形: -in).

ehr·bar [エーァバール] 形 《雅》 尊敬すべき, りっぱな.

Ehr·bar·keit [エーァバールカイト] 囡 -/ 高潔さ, 誠実さ.

Ehr⚡**be·griff** [エーァ・ベグリふ] 男 -[e]s/-e 名誉観.

*die **Eh·re** [エーレ éːrə] 囡 (単) -/(複) -n ① **名誉**, 光栄, 誉れ; 敬意. (英) *hono[u]r*). die *Ehre* einer Familie[2] 一家の誉れ.
◇〖動詞とともに〗 die *Ehre*[4] **ab**|**schneiden** 《比》人[3]の名誉を傷つける / Das **bringt** ihm keine *Ehre*. それは彼の名誉にはならないな / mit 軍[3] *Ehre*[4] **ein**|**legen** 軍[3]で称賛を得る / 人[3] die *Ehre*[4] **erweisen** 人[3]に敬意を表す / Mit wem **habe** ich die *Ehre*? どちら様でしょうか / Es **ist** eine große *Ehre* für mich. たいへん光栄に存じます / Er **macht** seinen Eltern *Ehre*[4]. 彼は両親の誇りとなる.
◇〖前置詞とともに〗 **Auf** *Ehre* und Gewissen! 名誉と良心にかけて / **Bei** meiner *Ehre*! 私の名誉にかけて, 誓って / 軍[4] **in** [allen] *Ehren* sagen 下心なしに 軍[4]を言う / **mit** *Ehren* みごとに, りっぱに / Er ist ein Mann **von** *Ehre*. 彼は名誉を重んじる人だ / 人[4] wieder **zu** *Ehren* bringen 人[4]の名誉を回復する / Zu seiner *Ehre* muss ich sagen, ... 彼の名誉のために言っておきますが, ...
② 〖覆 なし〗 自尊心, プライド. Das geht mir gegen die *Ehre*. それは私のプライドが許さない.

eh·ren [エーレン éːrən] (ehrte, *hat* ... geehrt) 他 (完了 haben) ① **尊敬する**, (人[4]に)敬意を払う, たたえる. (英) *honor*). Du *sollst* deine Eltern *ehren*. 君はご両親を敬うべきだ / 人[4] mit einem Orden *ehren* 人[4]を勲章でたたえる / Er *wurde* mit einer Feier *geehrt*.

【受動・過去】彼に敬意を表して祝典が行われた. 【過去分詞の形で】Sehr *geehrter* Herr Richter! (手紙の冒頭で)敬愛するリヒター様. ② (事柄が人⁴にとって)名誉(光栄)である. Ihr Vertrauen *ehrt* mich. ご信頼いただいて光栄に存じます. 【過去分詞の形で】Ich fühle mich sehr *geehrt*. たいへん光栄に存じます.
◊☞ geehrt

Eh·ren≠amt [エーレン・アムト] 中 -(e)s/ ..ämter 名誉職, ボランティア職.

eh·ren≠amt·lich [エーレン・アムトリヒ] 形 名誉職の, ボランティア[職]の. die *ehrenamtliche* Tätigkeit ボランティア活動.

Eh·ren≠be·zei·gung [エーレン・ベツァイグング] 女 -/-en 【軍】敬礼.

Eh·ren≠bür·ger [エーレン・ビュルガァ] 男 -s/- ① 名誉市民. (女性形: -in). ② 【複なし】《口語》名誉市民の称号.

Eh·ren≠dok·tor [エーレン・ドクトァ] 男 -s/-en [..トーレン] 名誉博士[号] (略: Dr. h. c.). (女性形: -in).

Eh·ren≠gast [エーレン・ガスト] 男 -es/..gäste 賓客, 来賓.

Eh·ren≠ge·leit [エーレン・ゲライト] 中 -(e)s/-e (高官などの)随員.

eh·ren≠haft [エーレンハフト] 形 尊敬すべき, 誠実な, りっぱな.

eh·ren≠hal·ber [エーレン・ハルバァ] 副 栄誉をたたえて, 敬意を表して. Doktor *ehrenhalber* 名誉博士(略: Dr. e. h., または Dr. E. h.).

Eh·ren≠mal [エーレン・マール] 中 -s/-e (または ..mäler) (偉人・戦没者などのための)記念碑.

Eh·ren≠mann [エーレン・マン] 男 -(e)s/ ..männer 誠実な人, 信頼のおける人.

Eh·ren≠mit·glied [エーレン・ミットグリート] 中 -(e)s/-er 名誉会員.

Eh·ren≠platz [エーレン・プラッツ] 男 -es/..plätze 上座, 貴賓席.

Eh·ren≠preis [エーレン・プライス] I 男 -es/-e 栄誉賞. II 中 -es/- 【植】クワガタソウ.

Eh·ren≠rech·te [エーレン・レヒテ] 複《成句的に》bürgerliche *Ehrenrechte* 公民権.

Eh·ren≠ret·tung [エーレン・レットゥング] 女 -/-en 名誉回復, 体面維持.

eh·ren≠rüh·rig [エーレン・リューリヒ] 形 名誉を傷つける, 不名誉な.

Eh·ren≠run·de [エーレン・ルンデ] 女 -/-n 《スポ》優勝者の場内一周, ビクトリーラン.

Eh·ren≠sa·che [エーレン・ザッヘ] 女 -/-n ①《法》名誉にかかわる案件. ② (名誉にかけて果たすべき)当然の義務. Kommst du? — *Ehrensache*! 《口語・戯》来る? — もちろん!

Eh·ren≠tag [エーレン・ターク] 男 -(e)s/-e 《雅》記念日(誕生日・結婚記念日など).

eh·ren≠voll [エーレン・フォる] 形 名誉ある, 光栄な.

eh·ren≠wert [エーレン・ヴェーァト] 形《雅》りっぱな, 尊敬すべき, 名誉ある.

Eh·ren≠wort [エーレン・ヴォルト] 中 -(e)s/-e (名誉をかけた)誓約. Ich gebe dir mein *Ehrenwort* darauf. それは請け合っていいよ.

Eh·ren≠zei·chen [エーレン・ツァイヒェン] 中 -s/- 名誉章, 勲章.

ehr·er·bie·tig [エーァ・エァビーティヒ] 形《雅》うやうやしい, 敬意をこめた.

Ehr·er·bie·tung [エーァ・エァビートゥング] 女 -/《雅》尊敬, 敬意.

Ehr·furcht [エーァ・フルヒト] 女 -/ 畏敬(いけい)[の念]. **vor** 人・物³ *Ehrfurcht*⁴ haben 人・物³に畏敬の念をいだく.

ehr·fürch·tig [エーァ・フュルヒティヒ] 形 畏敬(いけい)の念をもった, うやうやしい.

ehr·furchts·voll [エーァフルヒツ・フォる]《雅》畏敬(いけい)の念に満ちた, うやうやしい.

Ehr·ge·fühl [エーァ・ゲフュール] 中 -(e)s/ 自尊心, プライド.

Ehr·geiz [エーァ・ガイツ] 男 -es/-e【ふつう単】功名心, 名誉欲, 野心. **aus** *Ehrgeiz* 野心に駆られて.

ehr·gei·zig [エーァ・ガイツィヒ] 形 功名心の強い, 野心的な.

*** ehr·lich** [エーァりヒ é:rlıç] 形 ① **正直な**, 信頼できる; 誠実な. (＝ honest). ein *ehrlicher* Angestellter 信頼できる職員 / ein *ehrliches* Kind 正直な子供 / Sei *ehrlich*! 正直に言いなさい / *Ehrlich* währt am längsten.《諺》正直は最良の道だ.
② うそ偽りのない, 本当の, 率直な. meine *ehrliche* Meinung 私の率直な意見 / *ehrlich gesagt* 正直(率直)に言うと / Ich war krank, *ehrlich*! ぼくは病気だった, 本当だよ / Ich war *ehrlich* überrascht. ぼくは本当に驚いた. ③ ちゃんとした. ein *ehrliches* Handwerk まっとうな手仕事.

Ehr·lich·keit [エーァりヒカイト] 女 -/ 正直さ, 誠実さ, 率直さ.

ehr·los [エーァ・ろース] 形 不名誉な, 破廉恥な.

Ehr·lo·sig·keit [エーァ・ろーズィヒカイト] 女 -/ 不名誉, 不面目, 破廉恥.

ehr·te [エーァテ] ehren (尊敬する)の 過去

Eh·rung [エールング] 女 -/-en ① 表彰[式], 顕彰[式]. ② 表彰(顕彰)の贈り物.

ehr·wür·dig [エーァ・ヴュルディヒ] 形 畏敬(いけい)の念を起こさせる, 厳かな, 気品のある.

ei! [アイ áı] 間 ① (特に子供が不思議がって:)おや, あら. ② (幼児)(なでたり慰めたりしながら:)よしよし.

*** *das* Ei** [アイ áı]

> 卵　Ich hätte gern ein weiches *Ei*.
> イヒ ヘッテ ゲルン アイン ヴァイヒェス アイ
> 卵を半熟でいただきたいのですが.

中 (単2) -(e)s/(複) Eier (3格のみ Eiern) ① 卵. (＝ egg). *Spiegelei* 目玉焼き / ein rohes *Ei* 生卵 / ein hartes (weiches) *Ei* 堅ゆで(半熟)卵 / verlorene *Ei* 《料理》ポーチド・エッグ / ein *Ei*⁴ auf|schlagen 卵を割る / ein *Ei*⁴ braten (kochen) 卵を焼く(ゆでる) / ein *Ei*⁴

trennen 卵の黄身と白身を分ける / das *Ei* des Kolumbus コロンブスの卵 a) 卵を産む, b) 《比》(苦心して)考え出す, c) 《俗》糞をする / wie **auf** *Eiern* gehen 《口語》慎重に行動する(←卵の上を歩くように) / 人・物⁴ wie ein rohes *Ei*⁴ behandeln 卵を非常に慎重に扱う(←生卵を扱うように) / wie **aus** dem *Ei* gepellt sein 《口語》こざっぱりとした身なりをしている(←むきたての卵のように) / Die Zwillinge gleichen sich wie ein *Ei* dem anderen. その双子は瓜(ホ)二つだ / Das *Ei* will klüger sein als die Henne. 《ことわざ》青二才の知ったかぶり(←卵はめんどりより利口ぶる).
② 《生》卵子. ③ 〖囲〗《口語》お金. ④ 《ふつう 圏》《俗》きんたま.

..ei [..アイ..ái] 《女性名詞をつくる 接尾》; アクセントをもつ》① 《性質》例: Kinder*ei* 子供っぽいふるまい. ② 《産業》例: Fischer*ei* 漁業. ③ 《総称》例: Bücher*ei* 蔵書. ④ 《反復的動作》例: Raser*ei* 狂気のさた.

Ei·be [アイベ áibə] 囡 -/-n 〖植〗イチイ(水松).

Ei·bisch [アイビッシュ áibɪʃ] 男 -es/-e 〖植〗タチアオイ.

Eich ≠ amt [アイヒ・アムト] 囲 -[e]s/..ämter 計量検定局.

die **Ei·che** [アイヒェ áiçə] 囡 (単) -/(複) -n ① 〖植〗オーク(ナラ・カシの類). ② 〖囲 なし〗オーク材. Kork*eiche* コルク樫(ホ).

Eiche   Eichel

Ei·chel [アイヒェる áiçəl] 囡 -/-n ① オークの実, どんぐり. ② 《医》亀頭; 陰核亀頭. ③ 〖囲で; 冠詞なしで〗(ドイツ式トランプの)クラブ.

Ei·chel ≠ hä·her [アイヒェる・ヘーアァ] 男 -s/- 〖鳥〗カケス.

ei·chen¹ [アイヒェン áiçən] 形 《付加語としてのみ》オーク[材]の.

ei·chen² [アイヒェン áiçən] 他 (h) (計量器など⁴を)検定する.

◇🡪 **geeicht**

Ei·chen·dorff [アイヒェン・ドルふ áiçən-dɔrf] -s/ 《人名》アイヒェンドルフ (Joseph Freiherr von *Eichendorff* 1788–1857; ドイツ・ロマン派の作家).

Eich ≠ horn [アイヒ・ホルン] 男 -[e]s/..hörner =Eichhörnchen

Eich ≠ hörn·chen [アイヒ・ヘルンヒェン] 囲 -s/- 《動》リス.

Eich ≠ maß [アイヒ・マース] 囲 -es/-e (計量器検定の)基準器.

der **Eid** [アイト árt] 男 (単) -es (まれに -s)/(複) -e (3格のみ -en) 誓い, 宣誓, 誓約. 《英 *oath*》. einen *Eid* ab|legen (または leisten) 宣誓する / den *Eid* brechen 誓約を破る / 人³ einen *Eid* ab|nehmen 人³に宣誓させる / einen *Eid* **auf** die Bibel schwören 聖書にかけて誓う / Ich nehme es auf meinen *Eid*, dass er unschuldig ist. 誓って言うが, 彼は無実だ / 囲⁴ **unter** *Eid* aus|sagen 宣誓して囲⁴を証言する.

Eid ≠ bruch [アイト・ブルフ] 男 -[e]s/..brüche 誓約(宣誓)違反.

eid ≠ brü·chig [アイト・ブリュヒヒ] 形 誓約(宣誓)違反の, 誓いを破った.

Ei·dech·se [アイデクセ áidɛksə] 囡 -/-n 〖動〗トカゲ.

ei·des ≠ statt·lich [アイデス・シュタットりヒ] 形 宣誓の代わりとなる.

Eid ≠ ge·nos·se [アイト・ゲノッセ] 男 -n/-n スイス連邦の国民. (女性形: ..genössin).

Eid ≠ ge·nos·sen·schaft [アイト・ゲノッセンシャフト] 囡 〖成句的に〗die Schweizerische *Eidgenossenschaft* スイス連邦.

eid ≠ ge·nös·sisch [アイト・ゲネスィッシュ] 形 スイス連邦の.

eid·lich [アイトりヒ] 形 宣誓による.

Ei ≠ dot·ter [アイ・ドッタァ] 男 囲 -s/- 《生》卵黄, 卵の黄身.

Ei·er [アイアァ] ≠Ei (卵)の 圏

Ei·er ≠ be·cher [アイアァ・ベッヒァァ] 男 -s/- (ゆで卵をのせる)エッグスタンド.

Ei·er ≠ ku·chen [アイアァ・クーヘン] 男 -s/- 《料理》[卵入り]パンケーキ.

Ei·er ≠ löf·fel [アイアァ・れッふェる] 男 -s/- (ゆで卵をすくって食べる)エッグスプーン.

Ei·er ≠ scha·le [アイアァ・シャーれ] 囡 -/-n 卵の殻.

Ei·er ≠ stock [アイアァ・シュトック] 男 -[e]s/..stöcke 〖ふつう 圏〗《医》卵巣.

Ei·er ≠ tanz [アイアァ・タンツ] 男 -es/..tänze 《口語》微妙な状況における巧みなふるまい (元の意味は卵の間を縫って踊る「エッグダンス」). einen *Eiertanz* auf|führen 巧みなふるまいで難局を乗りきる.

Ei·er ≠ uhr [アイアァ・ウーァ] 囡 -/-en 卵ゆで用の(砂)時計.

die **Ei·fel** [アイふェる áifəl] 囡 -/ 〖定冠詞とともに〗《山名》アイフェル(ライン左岸の高原; 🡪 地図 C-3).

der **Ei·fer** [アイふァァ áifər] 男 (単) -s/ 熱意, 熱中. Sein *Eifer* erlahmte bald. 彼の熱意はすぐにさめた / **in** *Eifer* geraten 熱中する / 物・事⁴ **im** *Eifer* [des Gefechts] vergessen 物・事⁴を無我夢中になって忘れる / **mit** *Eifer* 熱心に / Blinder *Eifer* schadet nur. 《ことわざ》短気は損気(←盲目的な熱中は害になるだけ).

Ei·fe·rer [アイふェラァ áifərər] 男 -s/- (特に政治的・宗教的な)熱狂者, 狂信者. (女性形:

Eiferin).
ei·fern [アイふァン áifərn] 自(h) ① 熱中する. **für** (**gegen**) 人・事[4] eifern 人・事にやっきになって賛成する(反対する). ② 〖**nach** 物[3] ~〗(雅)(必死になって物[3]を)得ようとする.

die **Ei·fer⹀sucht** [アイふァ・ズフト áifɐzuxt] 囡(単) -/(複) ..süchte (3格のみ ..süchten) 〖ふつう 単〗嫉妬(`しっと`), やきもち.(英)jealousy). Eifersucht[4] empfinden 嫉妬する / **aus** Eifersucht 嫉妬にかられて.

Ei·fer⹀süch·te·lei [アイふァ・ズヒテライ] 囡 -/-en 〖ふつう 複〗やきもち(を焼くこと), 嫉妬(`しっと`)からのいさかい.

ei·fer⹀süch·tig [アイふァァ・ズュヒティヒ áifɐrzʏçtɪç] 形 嫉妬(`しっと`)深い, やきもちやきの. (英 jealous). Sie ist eifersüchtig **auf** ihre Schwester. 彼女は姉に嫉妬している.

der **Eif·fel⹀turm** [アイふェる・トゥルム] 男 -[e]s/ 〖定冠詞とともに〗(パリの)エッフェル塔.

ei·för·mig [アイ・フェルミヒ] 形 卵形の.

eif·rig [アイふリヒ áifrɪç] 形 熱心な, 熱中した. (英 keen). ein eifriger Schüler 熱心な生徒 / eifrig lernen 熱心に学ぶ. (⇨ 類語 fleißig).

Ei⹀gelb [アイ・ゲるプ] 中 -s/-e (単位: -/-) (料理)卵の黄身.

* **ei·gen** [アイゲン áigən] 形 ① 自分自身の, 自分の, 自己[所有]の. (英 own). eine eigene Meinung 自分自身の意見 / Er hat einen eigenen Wagen. 彼は自分の車を持っている / Ich habe es mit [meinen] eigenen Augen gesehen. 私はこの目で見た. ◊〖名詞的に〗Das ist mein Eigen.(雅)それは私が所有するものだ. ◊〖前置詞とともに〗**auf** eigene Gefahr (警告の表示などで:)万一の場合の責任は負いません(←危険は自分の負担で) / auf eigenen Füßen stehen (比)独立している / **auf** eigene Kosten 自費で / **aus** eigenem Entschluss (または Antrieb) 自発的に / aus eigener Erfahrung 自分の経験から / **in** eigener Person 自ら, 自分(その人)自身が / 人[3] **zu** eigen geben (雅)人[3]に物[4]を与える(ゆだねる) / sich[3] 物[4] **zu** eigen machen 物[4]を自分のものにする; 習得する.
② [人・物[3]に]特有の, 独特の, 固有の. der ihm eigene Gang 彼独特の歩き方 / eine eigene Ausdrucksweise 独特な表現法.
③ 奇妙な, 風変わりな. Er ist ein ganz eigener Mensch. 彼はまったく変わった人だ / Mir ist so eigen zumute (または zu Mute). 私はとても妙な気持ちだ. ④《方》せせこましい, 細かい.

Ei·gen [アイゲン] 中 -s/(雅)所有地(物). Das ist mein Eigen. それは私が所有するものだ / 物[4] sein Eigen nennen 物[4]を所有する.

..ei·gen [..アイゲン ..aɪɡən] 〖形容詞をつくる 接尾〗① (…所有の) 例: werkeigen 工場所属(所有)の. ② (…に特有の) 例: zeiteigen 時代特有の.

Ei·gen⹀art [アイゲン・アールト] 囡 -/-en ① 〖複 なし〗特性, 特徴. ② 特異性, 癖.

Ei·gen⹀ar·tig [アイゲン・アールティヒ] 形 独特な, 特異な; 変な, 奇妙な. Er ist ein eigenartiger Mensch. 彼は変わった人間だ.

Ei·gen⹀be·darf [アイゲン・ベダルふ] 男 -[e]s/ 当事者側の必要, 自己都合.

Ei·gen⹀bröt·ler [アイゲン・ブレートらァ] 男 -s/ 一匹おおかみ, 変人.

Ei·gen⹀ge·wicht [アイゲン・ゲヴィヒト] 中 -[e]s/-e 比重, (工)自重, (経)正味[重量].

ei·gen⹀hän·dig [アイゲン・ヘンディヒ] 形 自らの手による, 自筆の. eine eigenhändige Unterschrift 自筆のサイン.

Ei·gen⹀heim [アイゲン・ハイム] 中 -[e]s/-e (一戸建ての)持ち家, マイホーム.

Ei·gen·heit [アイゲンハイト] 囡 -/-en 特異性, 癖.

Ei·gen⹀le·ben [アイゲン・れーベン] 中 -s/ 自分なりの(独自の)生活.

Ei·gen⹀lie·be [アイゲン・りーべ] 囡 -/ 自己愛, うぬぼれ.

Ei·gen⹀lob [アイゲン・ろープ] 中 -[e]s/-e 自画自賛, 自慢. Eigenlob stinkt.《口語》自慢話は鼻持ちならない.

Ei·gen⹀mäch·tig [アイゲン・メヒティヒ] 形 独断的な, 自分勝手な(行動・決定など).

Ei·gen⹀na·me [アイゲン・ナーメ] 男 -ns (3格・4格 -n)/-n (言)固有名詞.

Ei·gen⹀nutz [アイゲン・ヌッツ] 男 -es/ 利己心, 私利私欲. **aus** Eigennutz 利己心から.

ei·gen⹀nüt·zig [アイゲン・ニュッツィヒ] 形 利己的な.

ei·gens [アイゲンス] 副 特に, ことさら; もっぱら, ただ. eigens zu diesem Zweck もっぱらこの目的のために.

die **Ei·gen·schaft** [アイゲンシャふト áɪɡənʃaft] 囡(単) -/(複) -en ① 性質, 特性, 特質. (英 quality). Er hat auch gute Eigenschaften. 彼にも長所がいくつかある / Wasser hat die Eigenschaft, bei 0°C (=null Grad Celsius) zu gefrieren. 水は0°Cで凍る性質がある. ② 資格. Er sprach in seiner Eigenschaft **als** Vorsitzender. 彼は議長としての資格において発言した.

Ei·gen·schafts⹀wort [アイゲンシャふツ・ヴォルト] 中 -[e]s/..wörter (言)形容詞 (=Adjektiv).

Ei·gen⹀sinn [アイゲン・ズィン] 男 -[e]s/ ひとりよがり, 強情, 頑固. Das ist nur Eigensinn von ihm. それは彼のわがままにすぎない.

ei·gen⹀sin·nig [アイゲン・ズィニヒ áigənzɪnɪç] 形 ひとりよがりな, 強情な, 頑固な. (英 stubborn). ein eigensinniges Kind わがままな子供.

ei·gen⹀stän·dig [アイゲン・シュテンディヒ] 形 自立した, 独自の. eine eigenständige Kultur 独自の文化.

ei·gent·lich [アイゲントりヒ áıgəntlıç] **I** 副 ① 《文全体にかかって》実際[は], 本当は. (英 really). Er heißt *eigentlich* Meyer. 彼は本当はマイアーという名前だ.
② 《文全体にかかって》本来. Eigentlich wollten wir nach München fahren. 本来は私たちはミュンヒェンに行くつもりでした / Eigentlich hat er recht (または Recht). 根本的には彼は正しい.
③ 《疑問文で;文中でのアクセントなし》《話し手の疑問・疑念を強めて》いったい, そもそも. Wann fahren Sie *eigentlich* nach Osaka? いったいいつ大阪にいらっしゃるのですか / Was willst du *eigentlich* hier? いったい君はここで何がしたいんだい.
II 形 《付加語としてのみ》本来の, もともとの; 実際の, 本当の. die *eigentliche* Bedeutung dieses Wortes この語の本来の意味 / Sein *eigentlicher* Name ist …. 彼の本当の名前は…です.

Ei·gen≠tor [アイゲン・トーァ] 田 -[e]s/-e (スポ) (サッカーなどの)オウンゴール, 自殺点(誤って自軍ゴールにボールを入れること);《比》自殺的行為.

das **Ei·gen·tum** [アイゲントゥーム áıgəntu:m] 田 (単2) -s/ 所有物, 財産; 所有権. (英 property). Privat*eigentum* 私有財産 / öffentliches *Eigentum* 公共財産 / Das Haus ist sein *Eigentum*. この家は彼の所有物である / geistiges *Eigentum*⁴ **an** 人・物³ haben 《法》人・物³の知的所有権(著作権)を持っている.

Ei·gen·tü·mer [アイゲンテューマァ áıgənty:mər] 男 -s/- 所有[権]者, 持ち主. (女性形: -in).

ei·gen·tüm·lich [アイゲンテューむりヒ áıgənty:mlıç または アイゲンテューム..] 形 (英 peculiar) ① 奇妙な, 風変わりな. ein *eigentümlicher* Geruch 妙なにおい. ② 《人・物³~》《人・物³に固有な, 特有の. Die Redeweise ist ihm *eigentümlich*. その話し方は彼独特のものだ.

Ei·gen·tüm·lich·keit [アイゲンテューむりヒカイト または アイゲンテューム..] 囡 -/-en ① 《複なし》特異性; 特質. ② 特異な点; 特徴.

Ei·gen·tums≠woh·nung [アイゲントゥームス・ヴォーヌング] 囡 -/-en 分譲マンション[の一戸分].

Ei·gen≠wil·lig [アイゲン・ヴィりヒ] 形 ① 個性の強い, 癖のある. ② ひとりよがりの, 強情な.

der **Ei·ger** [アイガァ áıgər] 男 -s 《定冠詞とともに》《山名》アイガー(スイス中部. アルプスの高峰: ⇨ 地図 D-5).

eig·nen [アイグネン áıgnən] du eignest, er eignet (eignete, *hat* … geeignet) **I** 再帰 (完了 haben)《*sich*⁴ **für** 人・物⁴ (または **zu** 人・物³) ~》(人・物⁴(または 人・物³)に)ふさわしい, 適している. Der Film *eignet sich* nicht für Kinder. この映画は子供向きではない / Er *eignet sich* zum Arzt. 彼は医者に向いている / Dieses Buch *eignet sich* zum (または als) Geschenk. この本は贈り物によい.
II 自 (完了 haben)《雅》《人・物³に》特有である. Ihm *eignet* eine gewisse Gutmütigkeit. 彼にはお人よしなところがある.
◇☞ geeignet

eig·ne·te [アイグネテ] eignen (再帰 で: ふさわしい)の 過去

Eig·ner [アイグナァ áıgnər] 男 -s/- ① 船主. (女性形: -in). ② 《古》所有者.

Eig·nung [アイグヌング] 囡 -/-en 《ふつう 単》適性, 能力.

Eig·nungs≠prü·fung [アイグヌングス・プリューふング] 囡 -/-en 適性検査.

Eig·nungs≠test [アイグヌングス・テスト] 男 -[e]s/-e (または -s) = Eignungsprüfung

eigtl. [アイゲントりヒ] 《略》本来[の] (= eigentlich).

Ei·land [アイらント áılant] 田 -[e]s/-e 《詩》島 (= Insel).

Eil≠bo·te [アイる・ボーテ] 男 -n/-n 速達配達人; 急使. (女性形: ..botin). durch *Eilboten* 《郵》(手紙の上書きで:)速達で.

Eil≠brief [アイる・ブリーふ] 男 -[e]s/-e 《郵》速達[便].

die **Ei·le** [アイれ áılə] 囡 (単) -/ 急ぎ; 急ぐこと. (英 hurry). Ich habe *Eile*. 私は急いでいる / Die Sache hat keine *Eile*. その件は急ぎません / **in** *Eile* 急いで / in aller *Eile* 大急ぎで / In der *Eile* habe ich das vergessen. あわてていたのでそれを忘れました.

Ei≠lei·ter [アイ・らイタァ] 男 -s/-《医》卵管.

ei·len [アイれン áılən] (eilte, *ist*/*hat* … geeilt) **I** 自 (完了 sein または haben) ① (s)《方向を表す語句とともに》(…へ)急いで行く. (英 hurry). Er *eilte* nach Hause. 彼は急いで帰宅した / zum Bahnhof *eilen* 駅へ急いで行く / 人³ zu Hilfe *eilen* 急いで 人³を助けに行く / *Eile* mit Weile! 《諺》急がば回れ.
② (h) 急を要する, 急ぐ. Der Brief *eilt*. その手紙は急を要する / *Eilt*! (手紙などの上書きで:)至急. 《非人称の **es** を主語として》Es *eilt* mir damit! それは急を要することだ.
II 再帰 (完了 haben) *sich*⁴ *eilen* 急ぐ.

ei·lends [アイれンツ áıləns] 副 急いで, 至急.

eil·fer·tig [アイる・フェルティヒ] 形 《雅》① あわてた, 焦った. ② かいがいしい, まめまめしい.

Eil≠gut [アイる・グート] 田 -[e]s/..güter 《鉄道》急行便貨物.

ei·lig [アイりヒ áılıç] 形 ① 急いでいる, 急ぎの. (英 hasty). *eilige* Schritte 急ぎ足 / Nur nicht so *eilig*! そんなにせかすなよ. ② 急を要する, 緊急の. ein *eiliger* Bericht 緊急の報告 / Dieser Brief ist *eilig*. この手紙は急ぐ. ◇《成句的に》es⁴ [mit 物³] *eilig* haben [物³を]急いでいる ⇨ Er *hat es* mit der Sache *eilig*. 彼はその件を急いでいる. (ス モ) es は形式目的語).

|類語| **eilig**: (時間がないので)急いで, 足早に. **has·tig**: (気ぜくのて)せかせかと, あわただしく. Sie

sprach *hastig*. 彼女はせきこんでしゃべった.
schnell: (速いテンポ・スピードで)急いで.

Eil≈marsch [アイる・マルシュ] 男 -[e]s/..märsche 《軍》急行軍.

Eil≈post [アイる・ポスト] 女 -/《郵》速達[郵便].

eil·te [アイるテ] eilen (急いで行く)の過去

Eil≈zug [アイる・ツーク] 男 -[e]s/..züge 《鉄道》 (昔の:)準急[列車](略: E).

Eil≈zu·stel·lung [アイる・ツーシュテるング] 女 -/-en 《郵》速達便.

der **Ei·mer** [アイマァ áimər] 男 (単2) -s/(複) - (3格のみ -n) バケツ, 手桶(ᵗ桶). 《英 *bucket*》. *Müll*eimer ごみバケツ / ein *Eimer* [voll] Wasser バケツ一杯の水 / Es gießt wie *aus* (または *mit*) *Eimern*. 《口語》土砂降りだ (←バケツから注ぐように) / *im Eimer* sein 《俗》だめになっている, だいなしになっている ⇨ Die Uhr ist im *Eimer*. この時計は使いものにならない.

＊ein¹ [(I では:) アイン ain; (II では:) アイン áin]

> ある, 一つ[の]
> Wo ist hier *eine* Bank?
> ヴォー イスト ヒーァ アイネ バンク
> この辺りで銀行はどこにありますか.

格	男	女	中	複
1	ein	eine	ein	
2	eines	einer	eines	(なし)
3	einem	einer	einem	
4	einen	eine	ein	

I 冠《不定冠詞; アクセントをもたず, 複数はない》 ① 《初めて話題にのぼる単数名詞につけて》ある, 一つの, 一人の. 《英 *a, an*》. *Ein* Mann sucht dich. [ある]男の人が君を探しているよ / *eine* Frau ある女性 / Es war einmal *ein* König. Der König … 昔々一人の王様がおりました. その王様は… ◇《副詞的 2格で》 *eines* Tages ある日.

② 《種類を表して》一種の…, …の一種. Der Wal ist *ein* Säugetier. 鯨は哺乳(ほにゅう)動物[の一種]である / Sie ist noch *ein* Kind. 彼女はまだ子供だ.

> (☞) 職業・身分・国籍などを表す名詞が述語になるときはふつう無冠詞. 例: Sie ist Studentin. 彼女は大学生です.

③ 《種類全体を表して》…というものは, どんな…でも. *Ein* Kind will spielen. 子供というものは遊びたがる / *Ein* Gletscher besteht aus Eis. 氷河は氷でできている.

④ 《人名とともに》…と[か]いう; …のような; …の作品. *ein* Herr Meyer マイアーさんとかいう人 / *ein* Goethe ゲーテのような人 / Er besitzt *einen* Rubens. 彼はルーベンスの絵を1枚持っている.

⑤ 《物質名詞につけて》一杯の; …のたぐいの. Hallo, *einen* Kaffee bitte! すみません, コーヒーを1杯ください / *ein* trockener Wein 辛口に属するワイン.

⑥ 《*ander* と呼応して》一方の. *ein* Bein⁴ über das andere schlagen 足を組む(←一方の足を他方の足に重ねる) / *einen* Brief nach dem anderen schreiben 次々に何通も手紙を書く.

⑦ 《成句的に》*ein* paar 二三の / *ein* bisschen または *ein* wenig 少しばかりの / *ein* jeder 各々が.

II 数《アクセントをもつ; 語尾変化は前に定冠詞などがあれば形容詞と同じ, なければ不定冠詞と同じ》 ① 一つの, 一人の. 《英 *one*》. *Ein* Mann und zwei Frauen saßen auf der Bank. 一人の男と二人の女がベンチに腰掛けていた / Das dauerte *eine* Stunde. それは1時間続いた / *ein* Jahr später それから1年後に / mit *einem* Wort 一言で言えば / der *eine* Gott 唯一神 / unser *einer* Sohn 私たちの一人息子 / *ein* Viertel 4分の1 / um *ein* Uhr 1時に. 《☞ 時刻を表す Uhr の前では無語尾》.

◇《名詞的に: 語尾変化は不定代名詞 einer と同じ; ☞ einer²》 一つ, 一人. *einer* von ihnen 彼らのうちの一人 / *eine* meiner Töchter² 私の娘の一人.

◇《成句的に》*ein für alle Mal* これを最後に, きっぱりと / in *einem* fort 続けざまに.

② 同じ, 一つの. Sie sind in *einer* Klasse. 彼らは同級生だ / Wir waren alle *einer* Meinung². われわれはみんな同じ意見だった.

ein² [アイン] 副 《成句的に》 bei 人³ *ein* und aus gehen 人³の所に出入りしている / Ich weiß weder *ein* noch aus. 私は途方に暮れている(← 入り方も出方もわからない).

ein.. [アイン.. áin..] 《分離動詞の[前つづり]; つねにアクセントをもつ》 ① 《内へ》 例: *ein*|führen 輸入する. ② 《包囲》 例: *ein*|fassen (縁で)囲む. ③ 《状態の変化》 例: *ein*|frieren 凍る. ④ 《崩壊》 例: *ein*|schlagen 打ち砕く. ⑤ 《開始》 例: *ein*|läuten 鐘で開始を知らせる.

Ein≈ak·ter [アイン・アクタァ] 男 -s/- 《劇》1幕物.

ein≈ak·tig [アイン・アクティヒ] 形 《劇》1幕物の.

＊ein·an·der [アイナンダァ ainándər] 代《相互代名詞; 無変化》《雅》互いに, 相互に. 《英 *one another*》. Sie helfen *einander*. 彼らは互いに助け合っている / Sie lieben *einander*. 彼らは愛し合っている. 《☞ ふつうは einander の代わりに再帰代名詞を用いる. 例: Sie helfen sich³.「彼らは互いに助け合っている」. また前置詞といっしょに用いられるときは融合して auf*einander*, mit*einander* のようになる》.

ein|ar·bei·ten [アイン・アルバイテン áin-àrbaitən] 他 (h) ① 《人⁴に》仕事を教え込む. Er *arbeitete* seinen Nachfolger *ein*. 彼は後継者に仕事を仕込んだ. 《再帰的に》 *sich*⁴ *in* die neuen Aufgaben *einarbeiten* 新しい任務に慣れる. ② 《A⁴ *in* B⁴ ～》 (A⁴ を B⁴ に)組み込む, 加える. ③ (余分に働いて遅れなど⁴を)とり戻す.

ein≈ar·mig [アイン・アルミヒ] 形 片腕の; 一本

のアームを持つ.

ein|äschern [アイン・エッシャァン áɪn-ɛʃərn] 他(h) ① (建物など⁴を)焼き尽くす. ② (遺体⁴を)火葬にする.

Ein·äsche·rung [アイン・エッシェルング] 囡 -/-en 火葬.

ein|at·men [アイン・アートメン áɪn-àːtmən] I 自(h) 息を吸う.(☞「息を吐く」は aus|atmen). II 他(h) (空気など⁴を)吸い込む. Staub⁴ *einatmen* ほこりを吸う.

ein=äu·gig [アイン・オイギヒ] 形 片目の, 一つ目の.

Ein·bahn=stra·ße [アインバーン・シュトラーセ] 囡 -/-n (交通)一方通行路.

ein|bal·sa·mie·ren [アイン・バるザミーレン áɪn-balzamìːrən] 他(h) (死体など⁴を)防腐処理する.

Ein·band [アイン・バント áɪn-bant] 男 -[e]s/..bände (本の)装丁.

ein=bän·dig [アイン・ベンディヒ] 形 (全)1巻の.

Ein·bau [アイン・バオ áɪn-bau] 男 -[e]s/-ten ①〖複 なし〗(家具などの)作り付け, (機器などの)組み付け. ②〖複 なし〗組み込み, 挿入. ③ 作り付け部分, 内蔵装置.

ein|bau·en [アインバオエン áɪn-bàʊən] 他(h) ① (室内に家具など⁴を)作り付ける, (機器など⁴を)取り付ける, 内蔵する. ② (補足など⁴を)組み込む, 挿入する. Zitate⁴ *in* einen Vortrag *einbauen* 引用文を講演の中に織り込む(挿入する).

Ein·bau=kü·che [アインバオ・キュッヒェ] 囡 -/-n システムキッチン.

Ein·baum [アイン・バオム] 男 -[e]s/..bäume 丸木舟, くり舟.

Ein·bau=mö·bel [アインバオ・メーベる] 中 -s/- 〖ふつう複〗作り付け家具.

ein·be·grif·fen [アイン・ベグリッフェン] 形 含まれた, 算入された. Die Bedienung ist im Preis [mit] *einbegriffen*. サービス料は料金に含まれています.

ein|be·hal·ten* [アイン・ベハるテン áɪn-bəhàltən] (過分 einbehalten) 他(h) ① 渡さずにおく, (税など⁴を)天引きする. ②《官庁》拘留する.

ein=bei·nig [アイン・バイニヒ] 形 片足の; 1本足の.

ein|be·ru·fen* [アイン・ベルーフェン áɪn-bərùːfən] (過分 einberufen) 他(h) ① (会議など⁴を)召集する. ② (兵役などに人員⁴を)召集する.

Ein·be·ru·fung [アイン・ベルーフング] 囡 -/-en ① (会議などの)召集. ② 徴兵.

ein|bet·ten [アイン・ベッテン áɪn-bètən] 他(h)〖A⁴ **in** B⁴ ~〗(A⁴を B⁴に)埋め込む; 挿入する. ein Rohr⁴ in die Erde *einbetten* パイプを地中に埋める.

Ein·bett=zim·mer [アインベット・ツィンマァ] 中 -s/- (ホテル・病院などの)1人部屋.

ein|be·zie·hen* [アイン・ベツィーエン áɪn-bətsìːən] (過分 einbezogen) 他(h) ①〖A⁴ **in** B⁴ ~〗(A⁴を B⁴に)取り込む, 引き入れる, 数え入れる. ② 考慮に入れる.

ein|bie·gen* [アイン・ビーゲン áɪn-bìːgən] I 自(s) (人・車が[わき道へ])曲がる. II 他(h) 内側へ曲げる(たわめる). III 再帰(h) *sich*⁴ *einbiegen* 内側へ曲がる(たわむ).

ein|bil·den [アイン・ビるデン áɪn-bìldən] du bildest ... ein, er bildet ... ein (bildete ... ein, *hat* ... eingebildet) 再帰 (定了 haben)〖*sich*³ 物・事⁴ *einbilden*〗① (誤って 事⁴だと)思い込む. Du *bildest* dir nur *ein*, krank zu sein. 君は自分で病気だと思い込んでいるだけだよ / Was *bildest* du dir eigentlich *ein*? 《口語》君はいったい何を考えているのか.

②〖**viel**⁴, **nichts**⁴ などとともに; *sich*³ **auf** 事⁴ ~〗(事⁴を…に)自慢する. Er *bildet sich* viel (nichts) auf seinen Erfolg *ein*. 彼は自分の成功を大いに自慢する(少しも鼻にかけない). ③《方》(物⁴を)ひどく欲しがる.
◇☞ **eingebildet**

Ein·bil·dung [アイン・ビるドゥング] 囡 -/-en ①〖複 なし〗想像, 空想; 思い込み, 妄想. ②〖複 なし〗高慢, うぬぼれ.

Ein·bil·dungs=kraft [アインビるドゥングス・クラフト] 囡 -/ 想像力.

ein|bin·den* [アイン・ビンデン áɪn-bìndən] 他(h) ① 装丁(製本)する. ein Buch⁴ *in* Leinen *einbinden* 本を布で装丁する. ② 包む, くるむ.

ein|bla·sen* [アイン・ブらーゼン áɪn-blàːzən] 他(h) ① (空気など⁴を)吹き込む; 《比》(考えなど⁴を)吹き込む. ② (管楽器⁴を)吹いて慣らす. ③《口語》(人³に答え⁴を)こっそり教える.

ein·blät·te·rig [アイン・ブれッテリヒ] 形 (植) 単葉の.

ein=blätt·rig [アイン・ブれットリヒ] 形 = einblätterig

ein|bläu·en [アイン・ブろイエン áɪn-blɔ̀ʏən] 他(h) (人³に 事⁴を)覚え込ませる, たたき込む.

ein|blen·den [アイン・ブれンデン áɪn-blèndən] I 他(h) (映・放送)(別の音・映像など⁴を)挿入する. einen Werbespot *in* eine Sendung *einblenden* 放送にコマーシャルをはさむ. II 再帰〖*sich*⁴ *einblenden*《放送》(実況放送などに)割り込む. Wir *blenden uns* in wenigen Minuten wieder *ein*. 数分後に再び放送席(スタジオ)からお伝えいたします.

ein|bleu·en [アイン・ブろイエン] ein|bläuen の古い形.

Ein·blick [アイン・ブリック áɪn-blɪk] 男 -[e]s/-e ① (内側への)眺め; (書類などの)閲覧. ② 理解, 洞察. einen *Einblick* in 事⁴ bekommen (または gewinnen) 事⁴を理解する, 見抜く /〖人³ einen *Einblick* in 事⁴ geben〗人³に 事⁴を理解させる.

ein|bre·chen* [アイン・ブレッヒェン áɪn-brèçən] du brichst ... ein, er bricht ... ein

(brach…ein, ist/hat…eingebrochen) **I** 自 (完了 sein または haben) ① (s, h)(泥棒などが)侵入する，盗みに入る．Die Täter *sind* nachts in die Schule *eingebrochen*. 現在完了 犯人たちは夜中に学校に侵入した / Gestern hat jemand in die Schule *eingebrochen*. きのうだれかが学校に盗みに入った．② (s)(軍隊などが)侵入する；襲う．③ (s)(夜・冬などが)急に訪れる．Der Winter *brach ein*. 急に冬になった．◇現在分詞の形で bei *einbrechender* Dunkelheit 日暮れに．④ (s)(足もとの氷などが割れて)落ち込む，(屋根などが)崩れ落ちる．⑤ 挫折する，敗北する．
II 他 (完了 haben)(ドアなど⁴を)打ち破る，壊して開ける．

Ein·bre·cher [アイン・ブレッヒャァ áin-brɛçər] 男 -s/- 侵入者，[押し込み]強盗．(女性形: -in).

ein|bren·nen* [アイン・ブレンネン áin-brɛnən] **I** 他 (h)(家畜など³に印(い)⁴を)焼き付ける．**II** 再帰 *sich⁴ einbrennen*(印象などが心に)焼き付く．

ein|brin·gen* [アイン・ブリンゲン áin-briŋən] **I** 他 (h) ①(収穫物⁴を倉などに)運び入れる；(船⁴を港へ)入れる．②(議案⁴を)提出する．③(財産など⁴を)持参する，(資本など⁴を)持ち込む．④(利益など⁴を)もたらす．Diese Arbeit *bringt* nichts *ein*. この仕事はもうけにならない．⑤(損失・遅れなど⁴を)取り戻す．den Verlust [wieder] *einbringen* 損失を埋め合わせる．**II** 再帰 (h)《*sich⁴* in 物³(または in 事⁴) ~》積極的に 物³(または 事⁴)にかかわる(参加する).

ein·bring·lich [アイン・ブリングリヒ áin-brɪŋlɪç] 形 収益(利益)の多い．

ein|bro·cken [アイン・ブロッケン áin-brɔkən] 他 (h) ①砕いて入れる．Brot⁴ in die Suppe *einbrocken* パンをちぎってスープに入れる．②《口語》《人³にひどいこと⁴を》しでかす．◇再帰的に Diese Sache *hast* du *dir* selbst *eingebrockt*. それは君の自業自得だ．

Ein·bruch [アイン・ブルフ áin-brux] 男 -[e]s/..brüche ①侵入，押し入り；侵略．*Einbruch* in eine[r] Bank 銀行への押し入り．②《冠なし》(雅)(不意の)始まり，(季節などの)訪れ．bei *Einbruch* der Nacht² 夜のとばりが下りるころに．③崩落；《経》(相場の)急落；《地学》陥没．④挫折，敗北．

ein·bruch[s]·si·cher [アインブルフ[ス]・ズィッヒャァ] 形 侵入(盗難)防止装置付きの (錠・家など).

Ein·buch·tung [アイン・ブフトゥング] 女 -/-en ①くぼみ，へこみ；入江．②《俗》投獄．

ein|bür·gern [アイン・ビュルガァン áin-bỳrgərn] **I** 他 (h) ①(人⁴に)国籍(市民権)を与える．②(外来の動植物⁴を)帰化させる．③(よその言葉・風習など⁴を)定着させる．**II** 再帰 (h) *sich⁴ einbürgern* ①(よその言葉・風習などが)定着する．②(外来の動植物が)帰化する．

Ein·bür·ge·rung [アイン・ビュルゲルング] 女 -/-en 国籍(市民権)の獲得；(外来の動植物の)帰化；(外来の言葉・風習の)定着．

Ein·bu·ße [アイン・ブーセ áin-bu:sə] 女 -/-n 損失，損害．*Einbuße⁴* erleiden 損害を被る．

ein|bü·ßen [アイン・ビューセン áin-bỳ:sən] **I** 他 (h)(被害に遭って)失う．Er *hat* bei dem Unfall ein Auge *eingebüßt*. 彼はその事故で片目を失った．**II** 自 (h)《事³ ~》《事³の一部を》失う．an Autorität *einbüßen* 威信を落とす．

ein|che·cken [アイン・チェッケン áin-tʃɛkən] **I** 自 (空)(乗客が)搭乗手続きをする．**II** 他 (空)(乗客・貨物など⁴の)搭乗手続きをする．

ein|cre·men [アイン・クレーメン áin-krè:mən または ..krè:mən] 他 (h)(人³(または 自分³)の顔など⁴に)クリームを塗り込む．◇再帰的に *sich⁴ eincremen*(自分の体に)クリームを塗る．

ein|däm·men [アイン・デンメン áin-dɛ̀mən] 他 (h) ①(堤防で水流⁴を)せき止める．den Fluss *eindämmen* 川に堤防を築く．②《比》(伝染病・山火事など⁴を)食いとめる，抑える．

ein|de·cken [アイン・デッケン áin-dɛkən] **I** 再帰 (h)《*sich⁴* mit 物³ ~》 物³を十分買い備えておく．**II** 他 (h)《人⁴ mit 物³ ~》《口語》《人⁴に 物³を》どっさり与える．Ich *bin* mit Arbeit *eingedeckt*. 《状態受動・現在》私は仕事が山ほどある．②(保護するために)覆う．

Ein·de·cker [アイン・デッカァ áin-dɛkər] 男 -s/- (空)単葉機．(海)単層甲板の船．

ein|dei·chen [アイン・ダイヒェン áin-dàiçən] 他 (h)(物⁴を)堤防で囲む．

ein∍deu·tig [アイン・ドイティヒ áin-dɔ̀ytɪç] 形 ①明らかな，明白な；疑う余地のない．(≈ obvious). *eindeutige* Beweise 動かぬ証拠．(☞ 類語 deutlich). ②一義的な，他の解釈を許さない(概念など).

Ein·deu·tig·keit [アイン・ドイティヒカイト] 女 -/-en ①《冠 なし》明白であること，明快さ；一義性．②露骨な言葉(行動).

ein|deut·schen [アイン・ドイチェン áin-dɔ̀ytʃən] 他 (h) ①(外来語⁴を)ドイツ語化する．②(人⁴をドイツに帰化させる；(地域⁴を)ドイツに帰属させる．

ein|di·cken [アイン・ディッケン áin-dìkən] **I** 他 (h)(ソースなど⁴を煮て)濃縮する，とろみを付ける．**II** 自 (s)(ソースなどの)とろみ(粘り気)が出る．

ein∍di·men·sio·nal [アイン・ディメンズィオナーる] 形 一次元の．

ein|drän·gen [アイン・ドレンゲン áin-drɛ̀ŋən] **I** 自 (h)《auf 人⁴ ~》《人⁴に向かって》殺到する．**II** 再帰 (h)《*sich⁴* in 物・事⁴ ~》 物⁴の中へ割り込む，《比》(事⁴に)介入する．

ein|dril·len [アイン・ドリれン áin-drìlən] 他 《口語》《人³に知識など⁴を》たたき込む．

ein|drin·gen* [アイン・ドリンゲン áin-drìŋən] 自 (s) ①《in 物⁴ ~》《物⁴に》入り込む，侵入する．Das Wasser *drang* in den Keller *ein*. 水が地下室に染み出てきた / Die Salbe *dringt* schnell in die Haut *ein*. その塗り薬はすぐに皮

膚に染み込む / in ein Fachgebiet *eindringen* 《比》ある専門領域に精通する. ② 〖**in** 人⁴ ~〗(囚⁴に泥棒などが)押し入る. ③ 〖**auf** 人⁴ ~〗(人⁴に)強く迫る, 強要する. Sie *drang* mit Fragen auf ihn *ein*. 彼女は彼を質問攻めにした.

ein·dring·lich [アイン・ドリングリヒ] 形 心に強く訴える, 迫力のある, 強い調子の. Seine Rede war klar und *eindringlich*. 彼の演説は明快で心に訴えるものがあった.

Ein·dring·lich·keit [アイン・ドリングリヒカイト] 女 -/ 迫力, 切実さ.

Ein·dring·ling [アイン・ドリングリング áɪndrɪŋlɪŋ] 男 -s/-e 侵入者, 闖入(ちんにゅう)者.

* *der* **Ein·druck** [アイン・ドルック áɪn-drʊk] 男 (単2) -[e]s/(複) ..drücke [..ドリュッケ] (3格のみ ..drücken) ① 印象, 感銘. 《寒 *impression*). ein guter *Eindruck* 好印象 / der erste *Eindruck* 第一印象 / Ich habe den *Eindruck*, dass... 私は…という印象を持っている / den *Eindruck* erwecken, als ob... まるで…のような印象をいだかせる / einen großen *Eindruck*⁴ **auf** 人⁴ machen 人⁴に強い印象を与える / Welchen *Eindruck* hast du von ihm? 彼の印象はどうですか.

② (押してできた)跡. der *Eindruck* des Fußes im Schnee 雪の中の足跡.

Ein·drü·cke [アイン・ドリュッケ] ＊Eindruck (印象)の.

ein|drü·cken [アイン・ドリュッケン áɪn-drʏkən] I 他 (h) ① 押してへこませる, (ドアなど⁴を)押し破る. ② (足跡など⁴を)押しつける. eine Spur⁴ in den Boden *eindrücken* 地面に跡を残す. II 再帰 (h) 〘*sich*⁴ **in** 物³ ~〙(物⁴に)跡形が残る; 《比》印象として残る.

ein·drucks≠voll [アイントルックス・ふぉる] 形 印象的な, 感銘深い.

ei·ne [(I では:) アイネ aɪnə; (II, III では:) アイネ áɪnə] I 冠 〖不定冠詞; 女性単数の1格・4格; ☞ ein¹ I〗 Ich habe *eine* Schwester. 私には姉(妹)がいます.

II 数 ☞ ein¹ II. *eine* Stunde 1 時間.

III 代 〖不定代名詞; 女性単数の1格・4格; ☞ einer²〗 Gibt es hier eine Kneipe? — Ja, es gibt *eine*. うん, あるよ / *eine* der Frauen² その女性たちの一人.

ein|eb·nen [アイン・エーブネン áɪn-è:bnən] 他 (h) 平らにする, ならす; 擦り合わせる.

ein≠ei·ig [アイン・アイイヒ] 形 《生》一卵性の.

ein≠ein·halb [アイン・アインハるプ] 数 〖分数; 無語尾で〗 1 と 2 分の 1 (1¹/₂)[の] (=anderthalb). *eineinhalb* Jahre 1 年半.

ei·nem [(I では:) アイネム aɪnəm; (II, III では:) アイネム áɪnəm] I 冠 〖不定冠詞; 男性・中性単数の3格; ☞ ein¹ I〗 mit *einem* Mann ある男と.

II 数 ☞ ein¹ II. vor *einem* Jahr 1 年前に.

III 代 〖不定代名詞〗 ①〖男性・中性単数の 3 格; ☞ einer²〗 mit *einem* der Männer² その男たちの一人と. ②〖man の 3 格として; ☞ man〗 Was man gern tut, das fällt *einem* nicht schwer. 《諺》好きこそものの上手なれ(←人が喜んでいることはつらくはない).

ei·nen¹ [(I では:) アイネン aɪnən; (II, III では:) アイネン áɪnən] I 冠 〖不定冠詞; 男性単数の4格; ☞ ein¹ I〗 Ich habe *einen* Bruder. 私には兄(弟)がいます.

II 数 ☞ ein¹ II. *einen* Tag später 1 日遅く.

III 代 〖不定代名詞〗 ①〖男性単数の4格; ☞ einer²〗 Haben Sie einen Wagen? — Ja, ich habe *einen*. 車をお持ちですか — ええ, 持ってます. ②〖man の 4 格として; ☞ man〗 Was man nicht weiß, macht *einen* nicht heiß. 《諺》知らぬが仏(←知らないことは人を熱くしない).

ei·nen² [アイネン] 他 (h) 《雅》一つにまとめる.

ein|en·gen [アイン・エンゲン áɪn-ɛŋən] 他 (h) ① (人⁴にとって)窮屈である. Dieses Kleid *engt* mich *ein*. この服は私にはきつい. ② 狭める, 限定(制限)する.

ei·ner¹ [(I では:) アイナァ aɪnɐ; (II, III では:) アイナァ áɪnɐ] I 冠 〖不定冠詞; 女性単数の2格・3格; ☞ ein¹ I〗 *einer* Frau ある女性と.

II 数 ☞ ein¹ II. vor *einer* Woche 1 週間前に.

III 代 〖不定代名詞; 男性単数の 1 格および女性単数の 2 格・3 格; ☞ einer²〗 mit *einer* der Frauen² その女性たちの一人と.

ei·ner² [アイナァ áɪnɐ]

だれか[一人], 何か一つ *Einer* von uns muss gehen. アイナァ ふォン ウンス ムス ゲーエン ぼくらのうちの一人が去らなければならない.

格	男	女	中	複
1	einer	eine	ein[e]s	
2	einer	einer	eines	
3	einem	einer	einem	(なし)
4	einen	eine	ein[e]s	

代 〖不定代名詞〗 ① だれか[一人], 何か一つ. 《寒 *one*). *einer* der Männer² その男たちの一人 / *eine* der Frauen² その女性たちの一人 / So *einer* bist du also! 君はそういうやつなのか / Ich will dir *ein*[*e*]*s* sagen. 君にひと言言いたいことがある / *einen* trinken 《口語》一杯ひっかける.

②〖既出の名詞を受けて〗一人, 一つ. Ist das ein Porsche? — Ja, das ist *einer*. あの車はポルシェですか — ええ, そうです / Hast du keinen Füller? — Doch, ich habe *einen*. 万年筆を持っていないの? — いや, 持っているよ.

③〖口〗(一般的に:)人 (=man). Und das soll *einer* glauben! そんな話を信じろというのか! / Das stört *einen*. それは[人の]じゃまになる.

④ 【ander と呼応して; 定冠詞のあとでは語尾変化は形容詞と同じ】一方の, 片方の. Die einen (または Die Einen) sagen dies, die anderen (または die Anderen) sagen das. こう言う者もあれば, ああ言う者もある / Sie kamen *einer* nach dem ander[e]n. 彼らは次々にやって来た / Sie helfen *einer* dem ander[e]n (または *Einer* dem Anderen). 彼らは互いに助け合う / **zum einen** …, **zum ander[e]n** ~ 一方では…他方では~.

Ei·ner [アイナァ] 男 -s/- ① 《ふつう 複》1の位の数(1から9まで). ② (漕艇の)シングルスカル.

ei·ner·lei [アイナァらイ áinərlai] 形【無語尾で】① 《述語としてのみ》どうでもよい, どちらでもかまわない. Das ist mir *einerlei*. それは私にはどうでもよい. ② 《付加語としてのみ》1種類の; 同種類の, 単調な.

Ei·ner·lei [アイナァらイ] 中 -s/ 単調[さ].

ei·ner·seits [アイナァ・ザイツ áinər-záits] 副 **一方では**. *einerseits* …, **ander[er]seits** ~ 一方では…, 他方では~.

**ei·nes [(I では:) アイネス aɪnəs; (II, III では:) アイネス áɪnəs] I 冠【不定冠詞: 男性・中性単数の2格; ☞ ein[1] I】der Sohn *eines* Arztes [ある]医者の息子.
II 代 ☞ ein[1] II. innerhalb *eines* Jahres 1年以内に.
III 代【不定代名詞; 男性・中性単数の2格および中性単数の1格・4格; eins という形になることが多い; ☞ einer[2]】*eines* der Kinder[2] 子供たちの一人.

ei·nes·teils [アイネス・タイるス] 副 一方では *einesteils* …, **ander[e]nteils** ~ 一方では…, 他方では~.

Ein·eu·ro·stück [アインオイロ・シュテュック] 中 -[e]s/-e 1ユーロ硬貨.

**ein·fach [アイン・ふァッハ áɪn-fax]

簡単な Das ist ganz *einfach*!
ダス イスト ガンツ アインふァッハ
それは実に簡単なことですよ.

I 形 ① **簡単な**, 容易な. (英 simple). eine *einfache* Aufgabe 易しい課題 / in *einfachen* Worten わかりやすい言葉で / Sie hat es nie *einfach* gehabt im Leben. 彼女は人生で楽をしたことは一度もなかった. (☞ 類語 leicht).
② 簡素な, 質素な; 単純な, 素朴な. ein *einfaches* Essen 質素な食事 / Er ist ein *einfacher* Mann. 彼は素朴な男だ.
③ 単一の, 一重の; (切符が)**片道の**. eine *einfache* Fahrkarte 片道乗車券 / Bonn *einfach*, bitte!(駅の切符売り場で:)ボンまで片道で / ein *einfacher* Knoten 一重結び / ein *einfacher* Bruch (数) 単分数 / *einfache* Zahlen (数) 素数.
II 副 ① まったく, とにかく. Das ist *einfach* unverschämt! それはまったく恥知らずだよ.
② さっさと, あっさりと. Er ging *einfach* weg. 彼は何の断りもなく出て行った.

Ein·fach·heit [アイン・ふァッハハイト] 囡 -/ ① 容易さ, 単純. der *Einfachheit*[2] halber 簡単にするために. ② 簡素さ, 質素, 素朴.

ein|fä·deln [アイン・ふェーデるン áɪn-fɛːdəln] I 他 (h) ① (糸[4]に)針に通す, (フィルムなど[4]を)装塡(そう)する; (針[4]に)糸を通す. ② 《口語》《計略などを》仕組む. II 再帰 (h) *sich*[4] *einfädeln* 《交通》車の流れに合流する. III 自 (h) (スキーで:)スキーを旗門に引っかける.

ein|fah·ren* [アイン・ふァーレン áɪn-fàːrən] I 自 (s) ① (乗り物が・人が乗り物で)入って来る. Das Schiff *fuhr* in den Hafen *ein*. 船が入港した. ② (坑)入坑する. II 他 (h) ① (収穫物[4]を倉に)運び入れる; (アンテナ・車輪などを)格納する. ② (壁など[4]に)車をぶつけて壊す. ③ (新車[4]を)慣らし運転する. III 再帰 (h) *sich*[4] *einfahren* ① (新車などの)運転に慣れる. ② (比)(事柄が)だんだん定着してくる, 慣例になる.
◇☞ **eingefahren**

*die **Ein·fahrt** [アイン・ふァールト áɪn-faːrt] 囡 (単) -/(複) -en ① (車庫・高速道路などの)**入口**, 入口ランプ, 進入口, 進入路. (⇔「出口」は Ausfahrt). *Einfahrt* frei|halten (または frei halten)!(車庫前の掲示で:)進入口につき駐車ご遠慮ください.
② 《複 なし》**乗り入れ**, (列車の)入線, 入構, (船の)入港; (坑)入坑. (英 entry). Der Zug hat noch keine *Einfahrt*. その列車にはまだ入線(入構)許可が出ていない / Vorsicht **bei** der *Einfahrt* des Zuges! 列車の進入にご注意ください.

der **Ein·fall** [アイン・ふァる áɪn-fal] 男 (単 2) -[e]s/(複) ..fälle [..ふェれ] (3格のみ ..fällen) ① 思いつき, 着想, アイディア. (英 idea). ein guter *Einfall* いい思いつき / Ihm kam der *Einfall* (または Er kam **auf** den *Einfall*), dass … 彼は…ということをふと思いついた / Das war nur so ein *Einfall* von mir. それは私の単なる思いつきでした. ② 《複 なし》(光の)差し込み, 入射. ③ (軍隊などの)侵入, 襲来. ④ 《雅》(冬などの)急な訪れ.

Ein·fäl·le [アイン・ふェれ] Einfall (思いつき)の複

ein|fal·len [アイン・ふァれン áɪn-fàlən] du *fällst* … *ein*, er *fällt* … *ein* (fiel … *ein*, *ist* … *eingefallen*) 自 (定了 sein) ① (八[3]の)**念頭に浮かぶ**, (八[3]が)思いつく. Sein Name *fällt* mir jetzt nicht *ein*. 彼の名前が今思い出せない / Plötzlich *fiel* ihm *ein*, dass … 彼の頭にふと…ということが思い浮かんだ / Was *fällt* dir denn *ein*! 君はなんてことをする(言う)のだ.
② (建物などが)倒壊(崩壊)する. ③ (光が)差し込む, 入射する. ④ **in** ~ 【4に】侵入(侵攻)する. Der Feind *fiel* in unser Land *ein*. 敵はわが国に侵入した. ⑤ (合奏・合唱・会話に)途中から加わる. Dann *fielen* die Geigen *ein*. それからバイオリンが加わった. ⑥ 《雅》(冬などが)急に訪れる.
◇☞ **eingefallen**

ein・falls≠reich [アインふァルス・ライヒ] 形 着想の豊かな, アイディアに富んだ.

Ein・falls≠win・kel [アインふァラス・ヴィンケる] 男 -s/- 《光》入射角.

Ein・falt [アイン・ふァるト áɪn-falt] 女 -/ 《雅》① うぶ, (頭の)単純さ. ② 純真さ.

ein・fäl・tig [アイン・ふェるティヒ áɪn-fɛltɪç] 形 うぶな; (頭の)単純な. (☞ 類語 naiv).

Ein・falts≠pin・sel [アインふァるツ・ピンぜる] 男 -s/-《口語》お人よし, 単純なやつ.

Ein・fa・mi・li・en≠haus [アインふァミーリエン・ハオス] 中 -es/..häuser 一世帯用(一戸建て)住宅.

ein・fan・gen* [アイン・ふァンゲン áɪn-faŋən] 他 (h) ① 捕らえる. sich³ einen Schnupfen⁴ *einfangen*《口語》鼻かぜを引く. ② 《雅》(物⁴の)特徴をとらえる, 描写する.

ein≠far・big [アイン・ふァルビヒ] 形 単色の, 一色の.

ein・fas・sen [アイン・ふァッセン áɪn-fàsən] 他 (h) (縁で)囲む, 縁取りをする; (枠などに)はめ込む. einen Garten *mit* einer Hecke *einfassen* 庭に垣根を巡らす / Edelsteine⁴ *in* Gold *einfassen* 宝石を金の台にはめ込む.

Ein・fas・sung [アイン・ふァッスング] 女 -/-en ①《複なし》(縁で)囲むこと, 縁取り, はめ込むこと. ② 囲い, 縁取り, 枠, 額縁, (宝石をはめる)台.

ein・fet・ten [アイン・ふェッテン áɪn-fɛtən] 他 (h) (物⁴に)油脂(グリース・クリーム)を塗る.

ein・fin・den* [アイン・ふィンデン áɪn-findən] 再帰 (h) *sich⁴ einfinden* (ある場所に)現れる, 姿を現す.

ein・flech・ten* [アイン・ふれヒテン áɪn-flɛçtən] 他 (h) ① (髪にリボンなど⁴を)編み込む; (髪など⁴を)編んで束ねる. ein Band⁴ *in* die Zöpfe *einflechten* お下げ髪にリボンを結ぶ. ②《比》(話に引用など⁴を)織り込む, 差しはさむ.

ein・flie・gen* [アイン・ふリーゲン áɪn-fliːɡən] I 他 (h) ① (人・物⁴を…へ)空輸する. ② (新しい飛行機⁴を)慣らし飛行する. II 自 (s) (…へ)飛んで入る; (領空などへ)侵入する.

ein・flie・ßen* [アイン・ふリーセン áɪn-fliːsən] 自 (s) 流れ込む. Abwässer *fließen in* den Kanal *ein*. 下水が下水道に流れ込む /(事)⁴ *einfließen lassen*《比》話の途中で(事)⁴にそれとなく言及する.

ein・flö・ßen [アイン・ふれーセン áɪn-fløːsən] 他 (h) ① (人³の口に物⁴を)[ゆっくり]流し込む. einem Kranken Arznei⁴ *einflößen* 病人の口に薬をそっと流し込む. ②《比》(人³に信頼感・恐怖など⁴を)いだかせる.

der **Ein・fluss** [アイン・ふるス áɪn-flʊs] 男 (単2) -es/(複) ..flüsse [..ふりュッセ] (3格の..flüssen) 影響, 感化; 影響力, 勢力. (英 *influence*). ein persönlicher *Einfluss* 個人的な影響[力] / *Einfluss*⁴ *auf*(人・事⁴を) ausüben (haben) (人・事⁴に)影響を及ぼす(影響力を持っている) / Er steht völlig *unter* ihrem *Einfluss*. 彼は完全に彼女の影響を受けている / ein Mann *von* großem *Einfluss* 実力者, 有力者.

Ein・fluss≠be・reich [アインふるス・ベライヒ] 男 -[e]s/-e 影響(勢力)範囲, 勢力圏.

Ein・flüs・se [アイン・ふりュッセ] Einfluss (影響)の複.

ein・fluss≠reich [アインふるス・ライヒ] 形 影響力の強い, 有力な.

ein・flüs・tern [アイン・ふりュスタァン áɪn-flỳstərn] 他 (h) ① (人³に物⁴を)耳打ちする, こっそり教える. ② (うわさなど⁴を)吹き込む.

ein・for・dern [アイン・ふォルダァン áɪn-fɔrdərn] 他 (h) 督促する, (貸した物⁴の返却を)強く求める.

ein≠för・mig [アイン・ふェルミヒ] 形 変化のない, 単調な(生活など).

Ein・för・mig・keit [アイン・ふェルミヒカイト] 女 -/-en 単調さ.

ein・frie・den [アイン・ふリーデン áɪn-friːdən] 他 (h)《雅》垣(塀・柵・(?))で囲む.

ein・frie・ren [アイン・ふリーレン áɪn-friːrən] I 自 (s) ① 凍る, 凍結する. Die Wasserleitung *ist eingefroren*.《現在完了》水道が凍った. ② (船が)氷に閉じ込められる. II 他 (h) ① 冷凍する. ②《比》(交渉・資産など⁴を)凍結する.

ein・fü・gen [アイン・ふューゲン áɪn-fỳːɡən] I 他 (h) はめ込む, (文章など⁴に)挿入する. ein Zitat⁴ *in* einen Text *einfügen* 本文に引用句を挿入する. II 再帰《*sich⁴ in* 物⁴ ~》(環境などに)順応する.

Ein・fü・gung [アイン・ふューグング] 女 -/-en ①《複なし》はめこみ, 挿入. ② 挿入物. ③ 順応.

ein・füh・len [アイン・ふューれン áɪn-fỳːlən] 再帰 (h)《*sich⁴ in* 人・物 ~》(人・物⁴に)感情移入する, (人・物⁴の)気持ちになってみる.

ein・fühl・sam [アイン・ふューるザーム] 形 感情移入の能力のある, 人の気持ちを思いやれる.

Ein・füh・lung [アイン・ふューるング] 女 -/ 感情移入, 心をくみ取ること.

Ein・füh・lungs≠ver・mö・gen [アインふューるングス・ふェアメーゲン] 中 -s/ 感情移入能力.

die **Ein・fuhr** [アイン・ふーア áɪn-fuːr] 女 (単) -/(複) -en 《経》①《複なし》輸入 (= Import), (米 *Ausfuhr*). die *Einfuhr von* Holz 木材の輸入. ② 輸入品 (= Import). die *Einfuhren aus* Japan 日本からの輸入品.

ein・füh・ren [アイン・ふューレン áɪn-fỳːrən] (führte…ein, hat…eingeführt) I 他 (完了 haben) ① 輸入する. (英 *import*). (米「輸出する」は *ausführen*). Getreide⁴ *aus* Übersee *einführen* 穀物を海外から輸入する. ② (風習・流行など⁴を)取り入れる, (新製品など⁴を)採用する. (英 *introduce*). die Sommerzeit⁴ *einführen* サマータイム制を導入する. ③ 引き合わせる, 紹介する. Er *hat* sie *bei* seinen Eltern *eingeführt*. 彼は彼女を両親に引き合わ

せた / 人⁴ **in** die Familie *einführen* 人⁴を家族に紹介する. ④ 【人⁴ **in** 事⁴ ~】(人⁴に事⁴の)手ほどきをする. 人⁴ **in** die Astronomie *einführen* 人⁴に天文学の初歩を教える. ⑤ 【A⁴ **in** B⁴ ~】(A⁴をB⁴に)差し込む. eine Sonde⁴ in den Magen *einführen* ゾンデを胃に挿入する.
II 再帰 (完了 haben) *sich*⁴ *einführen* (グループなどに)受け入れられる; (…の)第一印象を与える. *sich*⁴ gut *einführen* 第一印象を与える.

die **Ein·füh·rung** [アイン・フューるング áin-fy:ruŋ] 女 (単) -/(複) -en ① (新しい事物の)導入, 採用. (英 introduction). die *Einführung* einer neuen Maschine² ある新しい機械の導入. ② (学問などの)手ほどき, 入門, 序論. eine *Einführung* **in** die deutsche Grammatik ドイツ文法入門. ③ (人の)引き合わせ, (新入会員などの)紹介. ④ (ホースなどの)挿入.

Ein·fuhr=ver·bot [アインふーア・フェアボート] 中 -[e]s/-e 輸入禁止.

Ein·fuhr=zoll [アインふーア・ツォる] 男 -[e]s/..zölle (経) 輸入税.

ein|fül·len [アイン・ふュれン áin-fʏlən] 他 (h) 【A⁴ **in** B⁴ ~】(A⁴をB⁴(容器)に)注ぎ込む, 注入する; 詰め込む.

Ein·ga·be [アイン・ガーベ áin-ga:bə] 女 -/-n ① 請願[書]. eine *Eingabe*⁴ machen 請願(陳情)する. ② 【複 なし】(薬などの)投与. ③ 【複 なし】(コンピュ) インプット, 入力; 入力データ. (⇔「アウトプット」は Ausgabe).

‡der **Ein·gang** [アイン・ガング áin-gaŋ] 男 (単2)-[e]s/(複)..gänge[..ゲンゲ](3格のみ..gängen) ① 入口, 戸口. (英 *entrance*). (⇔「出口」は Ausgang). Das Haus hat zwei *Eingänge*. その家には二つの入口がある / der *Eingang* des Magens 胃の入口 / Er wohnt **am** *Eingang* des Dorfes. 彼は村の入口に住んでいる / **vor** dem *Eingang* warten 入口の前で待つ.
② 【複 なし】(雅) 入ること, 入場. *Eingang*⁴ **in** 物⁴ finden 物⁴(グループなど)の一員として受け入れられる.
③ 【複 なし】(郵便物などの)到着. nach *Eingang* des Geldes 入金後に. ④ (ふつう複)(郵便物などの)一日の受領分. die *Eingänge*⁴ sortieren (郵便物などの)その日の受領分を仕分けする. ⑤ 【複 なし】初め[の部分], 冒頭. **am** *Eingang* des Vortrags 講演の冒頭に.

Ein·gän·ge [アイン・ゲンゲ] ⇒Eingang (入口)の複.

ein·gän·gig [アイン・ゲンギヒ áin-gɛŋɪç] 形 わかりやすい, 覚えやすい.

ein·gangs [アイン・ガングス] I 副 初めに. II 前 【2格とともに】…の初めに. *eingangs* des dritten Kapitels 第3章の初めに.

ein|ge·ben* [アイン・ゲーベン áin-gè:bən] 他 (h) ① (人³に薬などを⁴)飲ませる, 投与する. ② (コンピュ)(データなど⁴を)入力する. ③ (雅)(人³に考えなど⁴を)いだかせる.

ein·ge·bil·det [アイン・ゲビるデット] I ein|bilden (再帰 で: 思い込む)の過分 II 形 ① 思いあがった, うぬぼれた. Er ist **auf** seine Stellung *eingebildet*. あいつは自分の地位を鼻にかけている. ② 思い込みの, 妄想の.

ein·ge·bo·ren [アイン・ゲボーレン áin-gəbo:rən] 形 ① (付加語としてのみ) その土地に生まれついた, 土着の. ② (雅) 持って生まれた, 生得の. ③ (付加語としてのみ)(宗教)(神の)ひとり子として生まれた. Gottes *eingeborener* Sohn 神のひとり子(キリスト).

Ein·ge·bo·re·ne[r] [アイン・ゲボーレネ(..ナァ) áin-gəbo:rənə (..nɐr)] 男 女 (語尾変化は形容詞と同じ) 土着の人; 原住民.

ein·ge·bro·chen [アイン・ゲブロッヘン] ein|brechen (侵入する)の過分

Ein·ge·bung [アイン・ゲーブング] 女 -/-en (雅) ひらめき, インスピレーション.

ein·ge·denk [アイン・ゲデンク áin-gədɛŋk] 形 【成句的に】事² *eingedenk* sein (または bleiben) (雅)(事²に)思いを致す, 心に留めている.

ein·ge·fah·ren [アイン・ゲふァーレン] I ein|fahren (乗り物が入って来る)の過分 II 形 運転に慣れた; (比) 決まりきった. *eingefahrene* Gewohnheiten その人に染みついた習慣.

ein·ge·fal·len [アイン・ゲふァれン] I *ein|fallen (念頭に浮かぶ)の過分 II 形 やつれた, こけた (頬など).

ein·ge·fleischt [アイン・ゲふらイシュト áin-gəflaɪʃt] 形 ① (付加語としてのみ) 根っからの. ein *eingefleischter* Optimist 根っからの楽天家. ② 習性となった, 身に染みついた.

ein·ge·führt [アイン・ゲふュート] ein|führen (輸入する)の過分

ein·ge·gan·gen [アイン・ゲガンゲン] ein|gehen (受け入れられる)の過分

ein|ge·hen* [アイン・ゲーエン áin-gè:ən] (ging…ein, ist…eingegangen) I 自 (完了 sein) ① (口語)(人³に) 受け入れられる, 理解される. Das *geht* mir nicht *ein*. それがどういうことか私にはわからない / Das Lob *ging* ihm glatt *ein*. 彼の賛辞を彼はいい気分で聞いた.
② (郵便物などが) 到着する, 届く. Der Brief *ist* nicht **bei** uns *eingegangen*. 【現在完了】その手紙はこちらに届いておりません. ③ (動物が) 死ぬ; (植物が) 枯れる; (口語)(会社などが)つぶれる, (新聞などが)廃刊になる. Der Baum *ist eingegangen*. 【現在完了】その木は枯れてしまった. ④ 【**auf** 事⁴ ~】(事⁴に)取り組む, 言及する; 同意する. **auf** einen Vorschlag *eingehen* 提案に同意する / Darauf *werde* ich nachher noch *eingehen*. その事のちほどまた述べることにします. ⑤ 【**auf** 人⁴ ~】(子供などの)言うことをよく聞いてやる. ⑥ 【**in** 事⁴ ~】(雅)(事⁴に)入る. Sein Name *ist* in die Geschichte *eingegangen*. 【現在完了】彼の名前は歴史に残った. ⑦ (衣類などが)縮む.
II 他 (完了 sein) (⇔ 他動詞であるが sein をと

ることに注意) (囲⁴(関係・状態など)に)入る. mit ⎣人⎦³ die Ehe⁴ *eingehen* ⎣人⎦³と結婚する / ein Risiko⁴ *eingehen* 危険を冒す / eine Wette⁴ *eingehen* 賭(ホ)をする.

ein·ge·hend [アイン・ゲーエント] **I** ein|gehen (受け入れられる)の 現分 **II** 形 詳細な, 立ち入った. eine *eingehende* Beschreibung 詳しい記述.

ein·ge·holt [アイン・ゲホールト] ein|holen (追いつく)の 過分

ein·ge·kauft [アイン・ゲカオふト] *ein|kaufen (買い物をする)の 過分

ein·ge·keilt [アイン・ゲカイルト áɪn-gəkaɪlt] 形 (人ごみ・渋滞の中で)身動きできない.

ein·ge·la·den [アイン・ゲらーデン] *ein|laden¹ (招待する)の 過分

Ein·ge·mach·te[s] [アイン・ゲマッハテ[ス] áɪn-gəmaxtə[s]] 中《語尾変化は形容詞と同じ》[びん詰めの]保存食品 (ジャム・ピクルスなど).

ein|ge·mein·den [アイン・ゲマインデン áɪn-gəmaɪndən] 他 (h) (町・村⁴を)編入する.

ein·ge·nom·men [アイン・ゲノンメン] **I** ein|nehmen (得る)の 過分 **II** 形 心を奪われた. von ⎣人・物⎦³ *eingenommen* sein ⎣人・物⎦³に魅せられている / von sich³ *eingenommen* sein うぬぼれている.

ein·ge·packt [アイン・ゲパックト] ein|packen (包装する)の 過分

ein·ge·pfercht [アイン・ゲプふェルヒト] **I** ein|pferchen (囲いの中へ追い込む)の 過分 **II** 形 すし詰めの. *eingepfercht* sein (または stehen) すし詰めになっている.

ein·ge·räumt [アイン・ゲロイムト] ein|räumen (配置する)の 過分

ein·ge·rich·tet [アイン・ゲリヒテット] *ein|richten (家具調度を備えつける)の 過分

ein·ge·schal·tet [アイン・ゲシャるテット] ein|schalten (スイッチを入れる)の 過分

ein·ge·schla·fen [アイン・ゲシュらーふェン] *ein|schlafen (眠り込む)の 過分

ein·ge·schlos·sen [アイン・ゲシュろッセン] ein|schließen (閉じ込める)の 過分. ◇《成句的に》Bedienung *eingeschlossen* サービス料込みで.

ein·ge·schränkt [アイン・ゲシュレンクト] **I** ein|schränken (制限する)の 過分 **II** 形 切り詰めた. *eingeschränkt* leben つましく生活する.

ein·ge·schrie·ben [アイン・ゲシュリーベン] **I** ein|schreiben (記入する)の 過分 **II** 形 ① (名簿に)登録された(参加者・会員など). ② (郵)書留の. ein *eingeschriebener* Brief 書留の手紙.

ein·ge·schwo·ren [アイン・ゲシュヴォーレン áɪn-gəʃvo:rən] 形 固く誓った, 頑固たる. auf ⎣人・物⎦⁴ *eingeschworen* sein ⎣人・物⎦⁴を信奉している.

ein·ge·ses·sen [アイン・ゲゼッセン áɪn-gəzɛsən] 形 古くから住みついている, 土着の.

ein·ge·setzt [アイン・ゲゼッツト] ein|setzen (はめ込む)の 過分

ein·ge·stan·de·ner·ma·ßen [アイング シュタンデナァ・マーセン] 副 自ら認めるように, 白状すれば.

Ein·ge·ständ·nis [アイン・ゲシュテントニス] 中 ..nisses/..nisse 自分の過ちを認めること, 告白, 白状.

ein|ge·ste·hen* [アイン・ゲシュテーエン áɪn-gəʃtɛ:ən] (過分 eingestanden) 他 (h) (自分の過ち⁴を)認める, (囲⁴を)白状する.

ein·ge·stellt [アイン・ゲシュテるト] **I** ein|stellen (しまう)の 過分 **II** 形 (…の)考え方をもった, (…の)立場にある. ein liberal *eingestellter* Mensch リベラルな考え方の人 / gegen ⎣人・物⎦⁴ *eingestellt* sein ⎣人・物⎦⁴に反感をもっている.

ein·ge·stie·gen [アイン・ゲシュティーゲン] *ein|steigen (乗り込む)の 過分

ein·ge·tra·gen [アイン・ゲトラーゲン] **I** ein|tragen (記入する)の 過分 **II** 形 (官庁)登記(登録)された. ein *eingetragenes* Warenzeichen 登録商標.

ein·ge·tre·ten [アイン・ゲトレーテン] *ein|treten (入る)の 過分

ein·ge·trof·fen [アイン・ゲトロッふェン] ein|treffen (着く)の 過分

ein·ge·wandt [アイン・ゲヴァント] ein|wenden (異議を唱える)の 過分

Ein·ge·wei·de [アイン・ゲヴァイデ áɪn-gəvaɪdə] 中 -s/- 《ふつう複》内臓, はらわた.

Ein·ge·weih·te[r] [アイン・ゲヴァイテ (..タァ) áɪn-gəvaɪtə (..tər)] 男 女《語尾変化は形容詞と同じ》事情(内情)に通じた人, 消息通.

ein·ge·wen·det [アイン・ゲヴェンデット] ein|wenden (異議を唱える)の 過分

ein|ge·wöh·nen [アイン・ゲヴェーネン áɪn-gəvø:nən] (過分 eingewöhnt) 再帰 (h) sich⁴ *eingewöhnen* (環境などに)慣れる, なじむ. Er hat sich in der neuen Stadt schnell *eingewöhnt*. 彼は新しい町にすぐに慣れた.

ein·ge·zahlt [アイン・ゲツァーるト] ein|zahlen (払い込む)の 過分

ein·ge·zo·gen [アイン・ゲツォーゲン] ein|ziehen (引っ込める)の 過分

ein|gie·ßen* [アイン・ギーセン áɪn-gì:sən] 他 (h) (⎣人⎦³に飲み物⁴を)つぐ. Darf ich Ihnen noch Kaffee *eingießen*? コーヒーをおつぎしましょうか.

ein=glei·sig [アイン・グらイズィヒ] 形 ① (鉄道)単線の. ② 偏狭な, 硬直した(考え方など).

ein|glie·dern [アイン・グリーダァン áɪn-glì:dərn] 他 (h) 組み入れる, 編入する. ◇《再帰的に》sich⁴ in ⎣物⎦⁴ *eingliedern* ⎣物⎦⁴に組み込まれる, 適応(順応)する.

Ein·glie·de·rung [アイン・グリーデルング] 女 -/-en 組み入れ, 編入; 適応.

ein|gra·ben* [アイン・グラーベン áɪn-grà:bən] **I** 他 (h) ① (土中などに⎣物⎦⁴を)埋める; (植物⁴を)植える. ② (銘などを⁴)刻み込む. eine Inschrift⁴ in den Grabstein *eingraben* 碑文を墓石に刻む. **II** 再帰 (h) sich⁴ *eingraben* ① (穴を掘って)もぐり込む. ② 刻み込まれる.

ein|gra・vie・ren [アイン・グラヴィーレン áin-gravìːrən] 他 彫り込む. ein Datum⁴ in den Ring *eingravieren* 日付を指輪に彫り込む.

ein|grei・fen* [アイン・グライフェン áin-gràifən] 自(h) ① 介入(干渉)する. in eine Diskussion *eingreifen* 討論に割って入る / Diese Maßnahme *greift* tief in unsere Rechte *ein*. この措置は私たちの権利を著しく侵害する. ② 〖in 物⁴ ~〗(工) (歯車などが物⁴と)かみ合う.

ein|gren・zen [アイン・グレンツェン áin-grèntsən] 他 (h) ① (垣根などが物⁴の)周りを囲んでいる. ② 限定する. ein Thema⁴ auf die wesentlichen Fragen *eingrenzen* テーマを本質的な問題に絞る.

Ein・griff [アイン・グリフ áin-grif] 男 -[e]s/-e ① (不当な)介入, 干渉, 侵害. ein *Eingriff* in ihre Rechte 彼らの権利の侵害. ② (医) 手術 (=Operation).

ein|ha・ken [アイン・ハーケン áin-hàːkən] I 他 (h) 留め金(フック)で留める. II 再帰 (h) 〖*sich*⁴ bei 人³ ~〗(人³と)腕を組む. ◇過去分詞の形で *eingehakt* gehen (だれかと)腕を組んで歩く. III 自 (h) (口語) (人の話に)口を差しはさむ.

Ein・halt [アイン・ハルト áin-halt] 男〖成句的に〗人・事³ *Einhalt*⁴ gebieten (または tun) (雅) 人・事³を制止する(食いとめる).

ein|hal・ten* [アイン・ハルテン áin-hàltən] I 他 (h) ① (約束・期限など⁴を)守る; (速度・コースなど⁴を)保つ. den Termin *einhalten* 期限を守る. ② (服飾) (袖口など⁴に)タックを付ける. II 自 (h) 〖in mit 物³ ~〗(雅) (物³を)中止(中断)する, やめる.

Ein・hal・tung [アイン・ハルトゥング] 女 -/-en (約束などを)守ること, 遵守; (速度などの)維持.

ein|häm・mern [アイン・ヘンマァン áin-hèmərn] I 他 (h) ① (石などに溝など⁴を)打665込む; (靴) (ハンマーで)打ち込む. ② (比) 〖人³に事⁴を〗たたき込む. II 自 (h) 〖auf 物⁴ ~〗(物⁴を)ハンマーで繰り返したたく.

ein|han・deln [アイン・ハンデルン áin-hàndəln] I 他 (h) 〖A⁴ gegen (または für) B⁴ ~〗(A⁴をB⁴と引き換えに)手に入れる. II 再帰 (h) *sich*³ 物⁴ *einhandeln* (口語) 物⁴(お目玉などを)くらう, 物⁴(病気など)をもらう.

ein=hän・dig [アイン・ヘンディヒ] 形 片手の; 片手による.

ein|hän・di・gen [アイン・ヘンディゲン áin-hèndɪgən] 他 (h) (人³に物⁴を)手渡す, ゆだねる.

ein|hän・gen [アイン・ヘンゲン áin-hèŋən] I 他 (h) (フックなどに)掛ける, つるす; (ドアなど⁴を)ちょうつがいに取り付ける. II 再帰 (h) 〖*sich*⁴ bei 人³ ~〗(人³と)腕を組む.

ein|hau・en(*) [アイン・ハオエン áin-hàʊən] I 他 (h) ① (石などに紋章など⁴を)打刻する; (くぎなど⁴を)打ち込む. ② たたき壊す. II 自 (h) ① 〖auf 人⁴ ~〗(人⁴を)さんざんなぐる. ② (口語) がつがつと食う.

ein|hef・ten [アイン・ヘフテン áin-hèftən] 他 (h) ① (書類など⁴を)とじ込む, ファイルする. ② (しつけ糸で)縫い付ける.

ein・hei・misch [アイン・ハイミッシュ áin-haɪmɪʃ] 形 その土地に生まれ育った; 自国の, 国内の. *einheimische* Produkte 国産品.

Ein・hei・mi・sche[r] [アイン・ハイミシェ(..シャァ) áin-haɪmɪʃə (..ʃər)] 男 女〖語尾変化は形容詞と同じ〗その土地の人, 地元の人.

ein|heim・sen [アイン・ハイムゼン áin-hàimzən] 他 (h) (口語) (ごっそり)手に入れる; (称賛など⁴を)受ける. Geld⁴ *einheimsen* お金をうんともうける.

ein|hei・ra・ten [アイン・ハイラーテン áin-hàiraːtən] 自 (h) 婿養子になる; 嫁入りする. in eine Familie (Firma) *einheiraten* (特に男性が)結婚してある家族(同族会社)の一員になる.

ドイツ・ミニ情報 6

ドイツ統一 Deutsche Einheit

米・ソ・英・仏の戦勝4か国は, 第二次世界大戦で敗戦したドイツを4つの占領地区に分けて共同管理したが, その過程でいわゆる冷戦が表面化した. 1949年に旧ソ連邦の占領地区からドイツ民主共和国が, 西側3か国の占領地区からドイツ連邦共和国(西ドイツ)が誕生して, ドイツは2つに分断された. その後, 資本主義の西ドイツと社会主義の東ドイツの間で経済格差が大きくなり, 豊かな生活を求めて西へ亡命する者が後をたたないため, 人口の流出を恐れた東ドイツ政府は1961年にベルリンの壁を築き, 東ドイツ国民の西側への旅行を禁止した.

1985年, 当時のソ連邦共産党書記長に就任したゴルバチョフは「鉄のカーテン」と呼ばれた共産圏の閉鎖性をペレストロイカ(改革)政策で打破しようと試み, 東ヨーロッパ諸国で自由を求める気運が一挙に高まった. 東ドイツでもデモが激化し, 1989年のベルリンの壁崩壊へと発展した. さらに翌年行われた東ドイツの議会選挙で, 早い統一を主張する政党が圧勝する. 早急に統一を推進するために, 東ドイツ議会が「ドイツ連邦共和国の基本法(憲法)を受け入れる」ことを承認し, 5つの新州として西ドイツに組み込まれるという形で統一が成立した. したがって, 統一ドイツの正式名称はドイツ連邦共和国, 国旗も黒・赤・金の三色旗で, 西ドイツのものをそのまま踏襲した.

ベルリンの壁崩壊

Einheit

die **Ein·heit** [アインハイト áınhaıt] 囡 (単) -/-(複)-en ① 統一, まとまり, 一体; 一致. (英 *unity*). (☞「ドイツ・ミニ情報 6」, 337 ページ). die politische *Einheit* eines Volkes 民族の政治的統一 / *Einheit* von Form und Inhalt 形式と内容の統一. ② (計量の)**単位**. Wärme*einheit* 熱量単位 / Der Meter ist die *Einheit* des Längenmaßes. メートルは長さの単位である. ③ 《軍》部隊.

ein·heit·lich [アインハイトりヒ áın-haıtlıç] 形 ① 統一のとれた, まとまりのある; 一貫した. ein *einheitliches* Werk まとまりのある作品. ② 一様な, 均一の. *einheitliche* Kleidung 制服.

Ein·heit·lich·keit [アインハイトりヒカイト] 囡 -/ 統一性, 一貫性; 一様さ, 均一性.

Ein·heits·preis [アインハイツ・プライス] 男 -es/-e 均一(統一)価格.

ein|hei·zen [アイン・ハイツェン áın-hàıtsən] I 他 (h)(ストーブなど⁴を)たく; (部屋⁴を)暖める. II 自 (h) ① ストーブをたく, 暖房する. ② 《口語》(囚³に)気合いを入れる, はっぱをかける. ③ 《口語》酒をしこたま飲む.

ein·hel·lig [アイン・へりヒ áın-hɛlıç] 形 全員(満場)一致の, 異口同音の.

Ein·hel·lig·keit [アイン・へりヒカイト] 囡 -/ 全員(満場)一致, 異口同音.

ein·her [アイン・ヘーァ aın-hé:r] 副 《雅》こちら[の中]へ (=herein).

ein·her|ge·hen* [アインヘーァ・ゲーエン aınhé:r-gè:ən] 自 (s)《雅》① (…の様子で)通って行く. ② (病気などが…を伴って)生じる. Masern *gehen* mit Fieber und Ausschlag *einher*. はしかは熱と発疹(ほっしん)を伴う.

ein|ho·len [アイン・ホーれン áın-hò:lən] (holte…ein, *hat*…eingeholt) 他 (完了 haben) ① (囚⁴に)**追いつく**; (遅れ・損失など⁴を)取り戻す. die verlorene Zeit⁴ *einholen* むだにした時間を取り戻す. ② (情報・許可など⁴を)もらう. Ich *habe* seinen Rat *eingeholt*. 私は彼の助言を得た. ③ (網など⁴を)引き上げる, (旗など⁴を)下ろす. ④ (賓客など⁴を)盛大に出迎える. ⑤ 《方》(食料品など⁴を)買って来る. ◇ 目的語なしでも》*einholen* gehen 買い物に行く.

Ein⸗horn [アイン・ホルン] 匣 -[e]s/..hörner 一角獣, ユニコーン (伝説上の動物. マリア伝説にかわり貞潔のシンボルとなっている).

ein|hül·len [アイン・ヒュれン áın-hỳlən] 他 (h) 包み込む, くるむ. das Kind⁴ in eine Decke *einhüllen* 子供を毛布にくるむ.

ein⸗hun·dert [アイン・フンダァト] 数 《基数; 無語尾で》100 [の].

ei·nig [アイニヒ áınıç] 形 ① 意見が一致した, 同意見の, 同じ考えの. (英 *agreed*). Sie sind wieder *einig*. 彼らは再び意気投合している / sich³ mit 囚³ **über** 围⁴(または **in** 围³) *einig* sein 围⁴(または 围³)について囚³と意見が一致している ⇒ Darüber sind wir uns³ *einig*. その件については私たちは意見が一致している / sich³ mit 囚³ über 围⁴ *einig* werden 围⁴について囚³と意見が一致する. ② 統一された, 一つにまとまった, 団結した. eine *einige* Nation 統一国家.

‡**ei·ni·ge** [アイニゲ áınıgə] 代 《不定代名詞; 語尾変化は dies*er* と同じ; 男性・中性単数 2 格と名詞に -[e]s が付く場合はふつう einigen となる》① 《複数名詞とともに》**いくつかの**, 二三の, 若干の. (英 *a few*). Ich war *einige* Mal[e] dort. 私はそこに何度か行ったことがある / *einige* Leute 何人かの人たち / vor *einigen* Tagen 数日前に / *einige* hundert (または Hundert) Menschen 数百人の人々. ◇ 《名詞的に》何人かの人たち. *einige* von ihnen 彼らのうちの数人. ② 《単数名詞とともに》**いくらかの**, 少しばかりの. Ich habe *einiges* Geld gespart. 私はいくらかお金を蓄えた / *einige* Hoffnung いくばくかの希望. ◇ 《名詞的に》いくつかのこと(もの). *Einiges* davon weiß ich schon. そのことなら多少はもう知っています. ③ 《10 位の数とともに》…よりいくらか多くの. Er ist *einige* vierzig Jahre alt. 彼は 40 歳を少し越えている. ④ (反語的に:)かなりの. Hierin hat er *einige* Erfahrung. この点では彼は相当の経験がある.

ein|igeln [アイン・イーゲるン áın-ì:gəln] 再帰 (h) sich⁴ *einigeln* ① (針ねずみのように)丸く縮こまる. ② 《比》引きこもる; 《軍》立てこもる.

ei·ni·gem [アイニゲム] 代 《不定代名詞》 ☞ einige

ei·ni·ge Mal ☞ einige ①

ei·ni·gen¹ [アイニゲン áınıgən] (einigte, *hat*…geeinigt) I 再帰 (完了 haben) 《*sich*⁴ **mit** 囚³】 ~》 ([囚³]と)**意見が一致する**, 合意する. (英 *agree*). *sich*⁴ **auf** einen Vergleich *einigen* (両者が)和解に合意する / Ich *habe* mich mit ihm endlich **über** den Preis *geeinigt*. 私はやっと値段について彼と折り合いがついた / Sie *einigten sich* dahin, dass… 彼らは…ということで合意した.

II 他 (完了 haben) (民族・党派など⁴を)統一する, 一つにまとめる.

ei·ni·gen² [アイニゲン], **ei·ni·ger** [アイニガァ] 代 《不定代名詞》 ☞ einige

ei·ni·ger·ma·ßen [アイニガァ・マーセン áınıgər-máːsən] 副 ① **ある程度**, まあまあ. Wie geht es dir? — *Einigermaßen*. 調子はどう? — まあまあだよ. ② 《口語》かなり, 相当に.

ei·ni·ges [アイニゲス] 代 《不定代名詞》 ☞ einige

Ei·nig·keit [アイニヒカイト] 囡 -/ (意見の)一致, 合意; 団結.

ei·ni·g·te [アイニヒテ] einigen¹ (再帰 で: 意見が一致する)の 過去

Ei·ni·gung [アイニグング] 囡 -/-en ① 統一, 統合. ② (意見の)一致, 合意.

ein|imp·fen [アイン・インプフェン áın-ımpfən] 他 (h) ① (人・動物³にワクチンなど⁴を)接種する,

② 《口語》(人³に)(感情⁴を)植え付ける; (人³に 物⁴を)言い含める.

ein|ja·gen [アイン・ヤーゲン áin-jà:gən] 他 (h) (人³に)恐怖心など⁴を)いだかせる. 人³ einen Schreck[en] *einjagen* 人³をぎょっとさせる.

ein·jäh·rig [アイン・イェーァリヒ] 形《付加語としてのみ》1 歳の; 1 年[間]の. ein *einjähriges* Kind 1 歳の子供. ②《植》1 年生の.

ein·jähr·lich [アイン・イェーァリヒ] 形 1 年ごとの.

ein|kal·ku·lie·ren [アイン・カルクリーレン áin-kalkulì:rən] 他 (h) ① 計算(勘定)に入れる. ②(あらかじめ)考慮に入れる, 見込む.

ein|kap·seln [アイン・カプセルン áin-kàpsəln] I 他 (薬剤など⁴を)カプセルに入れる. II 再帰 (h) sich⁴ *einkapseln* 自分の殻に閉じこもる.

ein|kas·sie·ren [アイン・カスィーレン áin-kasì:rən] 他 (h) ①(会費・貸し金など⁴を)徴収する. ②《口語》(他人のもの⁴を)勝手に持っていく.

der **Ein·kauf** [アイン・カオフ áin-kauf] 男(単 2) -[e]s/(複) ..käufe [..コイフェ](3 格のみ ..käufen) ①買い物, 買い入れ; 仕入れ; 買った品物, 購入品.(英) *purchase*).(☞「ドイツ・ミニ情報 21」, 721 ページ). *Einkäufe*⁴ machen 買い物をする / Der Mantel war ein guter *Einkauf*. そのコートはよい買い物だった. ②(対価を支払うことによる)加入, 入会. der *Einkauf* in eine Lebensversicherung 生命保険への加入. ③《複 なし》《商》(会社などの)仕入部.

Ein·käu·fe [アイン・コイフェ] Einkauf(買い物)の 複

**ein|kau·fen [アイン・カオフェン áin-kàufən] (kaufte … ein, hat … eingekauft) I 自 (完了) haben) (日用品などの)買い物をする. (英) *shop*). Er *kauft* immer im Supermarkt *ein*. 彼はいつもスーパーマーケットで買い物をする / Ich *gehe* jetzt *einkaufen*. 私は今から買い物に行きます.
II 他(完了) haben) ①(日用品など⁴を)買う, 買い入れる;(商品⁴を)仕入れる. Ich muss Milch und Eier *einkaufen*. 私は牛乳と卵を買わなければならない / 物⁴ billig *einkaufen* 物⁴を安く買う. ②(選手など⁴を)金銭で獲得する.
III 再帰(完了) haben) 《sich⁴ in 物 ~》お金を払って(物⁴へ)入る権利(資格)を得る. *sich*⁴ in ein Altenheim *einkaufen* (対価を支払って)老人ホームに入る.

Ein·käu·fer [アイン・コイファァ áin-kɔyfər] 男 -s/- (会社などの)仕入係; スカウト.(女性形: -in).

Ein·kaufs⸗bum·mel [アインカオフス・ブンメル] 男 -s/- 《口語》買い物をしながらぶらつくこと, (ぶらぶら歩きながらの)ショッピング.

Ein·kaufs⸗ge·nos·sen·schaft [アインカオフス・ゲノッセンシャフト] 女 -/-en (共同で仕入れをするために小売店などが作る)購買組合.

Ein·kaufs⸗netz [アインカオフス・ネッツ] 中 -es/-e (網状の)買い物袋.

Ein·kaufs⸗preis [アインカオフス・プライス] 男 -es/-e 《商》仕入値.

Ein·kaufs⸗ta·sche [アインカオフス・タッシェ] 女 -/-n ショッピングバッグ, 買い物袋.

Ein·kaufs⸗wa·gen [アインカオフス・ヴァーゲン] 男 -s/- ショッピングカート.

Ein·kaufs⸗zen·trum [アインカオフス・ツェントルム] 中 -s/..zentren ショッピングセンター.

Ein·kehr [アイン・ケーァ áin-ke:r] 女 -/ ① (飲食店などへの)立ち寄り, 休憩. ②《雅》内省, 沈思.

ein|keh·ren [アイン・ケーレン áin-kè:rən] 自 (s) ①《in 物³~》(物³(飲食店など)に)立ち寄る. in einem Gasthaus *einkehren* レストランに立ち寄る. ②《雅》(季節・喜びなどが)訪れる. Endlich *kehrte* wieder Friede *ein*. やっとまた平和が訪れた.

ein|kel·lern [アイン・ケラァン áin-kèlərn] 他 (h) (冬に備えて 物⁴を)地下室に貯蔵する.

ein|ker·ben [アイン・ケルベン áin-kèrbən] 他 (h) ①(物⁴に)刻み目を付ける. ②(印(じる)など⁴を)刻み込む.

ein|ker·kern [アイン・ケルカァン áin-kèrkərn] 他 (h)《雅》投獄する.

ein|kes·seln [アイン・ケッセルン áin-kèsəln] 他 (h)《軍》包囲する.

ein|kla·gen [アイン・クらーゲン áin-klà:gən] 他 (h)(物⁴の賠償を求めて)提訴する.

ein|klam·mern [アイン・クらンマァン áin-klàmərn] 他 (h)(語・文など⁴を)かっこに入れる.

Ein·klang [アイン・クらング áin-klaŋ] 男 -[e]s/..klänge [《ふつう 単》]①《音楽》同度, ユニゾン. ②《雅》一致, 調和. Pflicht⁴ und Neigung⁴ in *Einklang* bringen 義務と好みを一致(調和)させる / sich⁴ mit 物³ in *Einklang* über 物⁴ befinden 物³と 物⁴について意見が一致している.

ein|kle·ben [アイン・クれーベン áin-klè:bən] 他 (h) 《A⁴ in B⁴ ~》(A⁴ を B⁴ に)貼(は)り付ける.

ein|klei·den [アイン・クらイデン áin-klàidən] 他 (h) ①(人⁴に)[新しい]服を与える, 身支度をさせる;(人⁴に)制服を着せる. ◇《再帰的に》sich⁴ neu *einkleiden* 新しい装いをする. ②《A⁴ in B⁴ ~》《雅》(A⁴ を B⁴ の形で)表現する. Sie *kleidete* ihren Wunsch in eine Frage *ein*. 彼女は自分の希望を質問の形で表した.

ein|klem·men [アイン・クれンメン áin-klèmən] 他 (h) はさ[み込]む. *sich*³ den Finger in der Tür *einklemmen* ドアに指をはさむ.

ein|klin·ken [アイン・クりンケン áin-klìŋkən] I 他 (h)(ドアなど⁴を)かちっと閉める. II 自 (s) (ドアなどが)かちっと閉まる.

ein|kni·cken [アイン・クニッケン áin-knìkən] I 他 (h) 折り曲げる. II 自 (s) 折れ曲がる.

ein|ko·chen [アイン・コッヘン áin-kɔ̀xən] I 他 (h)(保存のために果物・野菜など⁴を)煮てびん詰にする. II 自 (s) 煮詰まる.

ein|kom·men* [アイン・コンメン áin-kɔ̀mən] 自 (h) ①(お金などが)入る. ②(とぐる)(ランナーなどが)ゴールインする;《海》入港する. ③《雅》

〖**um** 田⁴ ~〗（田⁴を）申請する，請願する．

das **Ein·kom·men** [アイン・コンメン áın-kɔmən] 田（単2）-s/（複）― **収入**，所得．（英 *income*）．ein geringes (hohes) *Einkommen* 低収入（高収入）/ Wie hoch ist Ihr monatliches (jährliches) *Einkommen*? あなたの月収（年収）はいくらですか．

ein·kom·mens=schwach [アインコンメンス・シュヴァッハ] 形 低所得の．

ein·kom·mens=stark [アインコンメンス・シュタルク] 形 高所得の．

Ein·kom·men[s]=steu·er [アインコンメン[ス]・シュトイアァ] 囡 -/（法）所得税．

ein│krat·zen [アイン・クラッツェン áın-kràtsən] I 他(h)（ひっかいて）刻みつける．eine Inschrift⁴ in Stein *einkratzen* 碑文を石に刻む．II 再帰 (h) 〖*sich*⁴ **bei** 人³ ~〗《俗》（人³にとり入る．

ein│krei·sen [アイン・クライゼン áın-kràızən] 他 (h) ① （日付・名前など⁴を）丸印で囲む．② （敵など⁴を）包囲する．③ （問題など⁴の）核心に迫る．

Ein·künf·te [アイン・キュンフテ áın-kʏnftə] 複 収入，所得．

*ein│la·den*¹* [アイン・らーデン áın-là:dən]

┌─────────────────┐
│ **招待する**   │
│ Darf ich Sie zum Essen *einladen*? │
│ ダルフ イヒ ズィー ツム エッセン アインらーデン │
│ あなたを食事にご招待したいのですが． │
└─────────────────┘

du lädst...ein, er lädt...ein (lud...ein, *hat* eingeladen) 他 (完了 haben) ① （人⁴を）**招待する**，（人⁴を食事などに）**招く**；（人⁴に）おごる．（英 *invite*）．人⁴ **ins** Konzert *einladen* 人⁴をコンサートに招待する / 人⁴ **zum** Geburtstag *einladen* 人⁴を誕生日に招待する / zu sich³ *einladen* 人⁴を自分の家に招く / Wir *sind* heute Abend *eingeladen*.〖状態受動・現在〗私たちは今晩招待されている / Komm, ich *lade* dich *ein*. さあ，ぼくがおごるよ．

② 〖人⁴ **zu** 事³ ~〗（人⁴に事³を）勧める．人⁴ zum Hereinkommen *einladen* 人⁴に入るように勧める．◇〖**zu** 不定詞(句)とともに〗Sie *lud* mich *ein*, Platz zu nehmen. 彼女は私に座るように勧めてくれた．

◇☞ **einladend**

ein│la·den²* [アイン・らーデン] 他 (h)（貨物など⁴を）積み込む．

ein·la·dend [アイン・らーデント] I*=ein│laden¹ (招待する) の 現分 II 形 魅惑的な，誘うような．

die **Ein·la·dung**¹ [アイン・らードゥング áın-la:dʊŋ] 囡（単）-/（複）-en ① **招待**，（食事などへの）招き; **招待状**．（英 *invitation*）．eine *Einladung*⁴ an│nehmen (ab│lehnen) 招待に応じる（招待を断る）/ eine *Einladung*⁴ bekommen 招待状をもらう / 人³ eine *Einladung*⁴ schicken 人³に招待状を送る / eine *Einladung*⁴ **zum** Tee bekommen お茶に招待される．② パーティー．

Ein·la·dung² [アイン・らードゥング] 囡 -/-en （荷物の）積み込み．

Ein·la·ge [アイン・らーゲ áın-la:gə] 囡 -/-n ① （郵便の）同封物．eine *Einlage*⁴ in den Brief legen 手紙に同封物を入れる．② （服飾）（衣服に入れる）しん，パッド，（靴の）中敷き．③ （料理）スープの実（=Suppe*einlage*）．④ （医）（虫歯の）充塡(じゅうてん)物，インレー．⑤ （催し物の）合間の出し物．⑥ （経）（銀行の）預金．

ein│la·gern [アイン・らーガァン áın-là:gərn] I 他 (h) ① （倉庫などに）貯蔵する．die Kartoffeln⁴ im Keller *einlagern* じゃがいもを地下室に貯蔵する．II 再帰 (h) 〖*sich*⁴ *einlagern* 〗（石灰分などが）沈積する．

Ein·lass [アイン・らス áın-las] 男 -es/..lässe 〖複 なし〗（劇場・映画館などへの）入場［許可］．*Einlass* ab 18 Uhr 18時開場．

ein│las·sen* [アイン・らッセン áın-làsən] I 他 (h) ① （人⁴を）中へ入れてやる．Er *wollte* niemanden *einlassen*. 彼はだれも中へ入れようとしなかった．② （水など⁴を）流し込む，（壁などに）はめ込む，埋め込む．Wasser⁴ in die Wanne *einlassen* 水を浴槽に入れる / eine Tafel⁴ in Stein *einlassen* 石に銘板をはめ込む．II 再帰 (h) *sich*⁴ *einlassen* ① 〖*sich*⁴ **auf** （または **in**）事⁴ ~〗（事⁴に）手を出す，加わる．② 〖*sich*⁴ **mit** 人³ ~〗（人³と）つき合う，かかわり合う．*Lass dich* nicht mit ihm *ein*! あいつなんかとつき合うんじゃないよ．

Ein·lauf [アイン・らオフ áın-lauf] 男 -[e]s/..läufe ① 〖複 なし〗(スポ)（競走・競馬などで:)ゴール[イン]; 順位；（競技場への）入場．② （郵便物などの）到着；到着した郵便物（商品）．③ （医）浣腸(かんちょう)．人³ einen *Einlauf* machen 人³に浣腸をする．④ （料理）（卵などを流し込んで作るスープの)浮き実．

ein│lau·fen* [アイン・らオフェン áın-làufən] I 自 (s) ① （液体が容器に）流れ込む．Das Wasser *läuft* in die Wanne *ein*. 水が浴槽に流れ込む．② （列車が駅に）入って来る，（船が）入港する，(スポ)（選手が競技場に）入場する，（ゴールなどに）駆け込む．Der Zug *läuft* gerade *auf* Gleis 6 *ein*. その列車はちょうど6番線に入って来るところだ．③ （郵便物などが）到着する；（寄付金・投書などが）届く．④ （布地が）縮む．II 他 (h) （新しい靴⁴を）はき慣らす．III 再帰 (h) *sich*⁴ *einlaufen* ① (スポ)（走って)ウォーミングアップをする．② （機械が）暖機運転をする．

ein│läu·ten [アイン・ろイテン áın-lɔ̀ʏtən] 他 (h)（事⁴の)始まりを鐘を鳴らして知らせる．Die Glocken *läuten* das neue Jahr *ein*. 鐘が新年の始まりを告げる．

ein│le·ben [アイン・れーベン áın-lè:bən] 再帰 (h) 〖*sich*⁴ **in** 物³ ~〗（物³(環境などに）慣れる，なじむ．Er *hat sich* in unserer Stadt gut *eingelebt*. 彼は私たちの町に慣れた．

ein│le·gen [アイン・れーゲン áın-lè:gən] 他 (h) ① 入れる，はめ込む．einen Film [in die Kamera] *einlegen* フィルムをカメラに装填(そう)する / Bilder⁴ in einen Brief *einlegen* 写真を手紙に同封する / den zweiten Gang *einlegen* ギアを2速に入れる. ②《料理》漬ける. Gurken⁴ *einlegen* きゅうりを酢漬けにする. ③([銀・象牙(ぞう)など⁴を]飾りとして)はめ込む, 象眼する. Elfendein⁴ **in** einen Tisch (または einen Tisch **mit** Elfenbein) *einlegen* 机に象牙の飾りをはめ込む. ④(追加として)差しはさむ, 挿入する. eine Pause⁴ *einlegen* 間に休憩をはさむ. ⑤《経》(銀行にお金⁴を)入金する, 預け入れる. ⑥(槍)など⁴を)構える. ⑦(軍⁴の)申し入れを行う, 申し立てる. Berufung⁴ (Revision⁴) *einlegen* 控訴(上告)する / Protest **gegen** 軍⁴ *einlegen* 軍⁴に対する抗議を申し入れる.

Ein·le·ge≠sohl·le [アインレーゲ・ゾーれ] 女 –/–n 靴の敷き革, 中敷き.

ein|lei·ten [アイン・らイテン áın-làıtən] 他 (h) ① (軍⁴の)手続きをとる; (軍⁴の)開始を促す. eine Untersuchung⁴ *einleiten* 調査に着手する / ein Verfahren⁴ **gegen** 人⁴ *einleiten* 人⁴に対する訴訟の手続きをとる / eine Geburt⁴ *einleiten* 陣痛を誘発する. ②(催しなど⁴を)始める, 開会する. ein Fest⁴ **mit** Musik *einleiten* 祭典を音楽で始める. ◇《現在分詞の形で》 *einleitende* Worte 開会のあいさつ. ③(雨水などを…へ)引き入れる.

Ein·lei·tung [アイン・らイトゥング] 女 –/–en ① 手続きの開始, 着手. ② 序文, 序論; 導入部, 序奏.

ein|len·ken [アイン・れンケン áın-lèŋkən] I 自 (s, h) ① (s) (乗り物が・人が乗り物で…へ)曲がって入る. Das Auto *lenkte* **in** eine Seitenstraße *ein*. その車はわき道へ曲がった. ②(h)《比》譲歩する, 折れる. II 他 (h) (乗り物など⁴を…へ)向ける.

ein|leuch·ten [アイン・ろイヒテン áın-lɔ̀yçtən] 自 (h) (人³に…ということが)理解できる, 納得がいく. Das *will* mir nicht *einleuchten*. それはどうも私には納得がいかない.

ein·leuch·tend [アイン・ろイヒテント] I *ein|leuchten* (すんなり理解できるの)現分 II 形 すんなり理解できる, 納得のいく(説明など).

ein|lie·fern [アイン・リーふァァン áın-lì:fərn] 他 (h) ①(病人⁴を)搬入する, (受刑者⁴を)送致する. 人⁴ **ins** Krankenhaus *einliefern* 人⁴を病院に入れる. ②(郵便物を)[さし]出す. Pakete⁴ **bei** der Post *einliefern* 小包を郵便局に出す.

Ein·lie·fe·rung [アイン・リーふェルング] 女 –/–en (病人の)搬入, (受刑者の)送致; (郵便物の)さし出し.

ein|lie·gend [アイン・リーゲント áın-li:gənt] 形《書》同封の.

ein|lo·chen [アイン・ろッヘン áın-lɔ̀xən] 他 (h) 《俗》刑務所にぶち込む.

ein|log·gen [アイン・ろッゲン áın-lɔ̀gən] 再動 (h) *sich*⁴ *einloggen* (コンピ) ログインする. (英 *log in*).

ein|lö·sen [アイン・れーゼン áın-lò:zən] 他 (h) ①(小切手など⁴を)現金に換える. ②(質ぐさ⁴を)請け出す. ③《雅》(約束など⁴を)果たす.

Ein·lö·sung [アイン・れーズング] 女 –/–en ①(小切手の)現金化. ②(質ぐさの)請け出し. ③《雅》(義務・約束の)履行.

ein|lul·len [アイン・るれン áın-lʊ̀lən] 他 (h) 《口語》① 子守歌で寝かしつける. ②《比》うまいことを言って安心させる(だます).

ein|ma·chen [アイン・マッヘン áın-màxən] 他 (h) (保存のために果物・野菜など⁴を)煮てびん詰めにする.

Ein·mach≠glas [アインマッハ・グらース] 中 –es/..gläser (煮た果物・野菜などを保存するための)密閉びん.

ein≠mal [アイン・マーる áın-ma:l]

―――
1度 Ich versuche es noch *einmal*.
イヒ フェァズーヘ エス ノッホ アインマーる
私はそれをもう1度やってみます.
―――

副 **A)** ① **1度**, 1回 (英 *once*). Er geht *einmal* in der Woche ins Kino. 彼は週に1回映画を見に行く / *Einmal* Bonn, bitte! (駅の切符売場で:)ボンまで1枚ください / *Einmal* fünf ist fünf. 1掛ける5は5 / *Einmal* ist keinmal. (ことわざ) 一度は数のうちに入らない / **noch** *einmal* もう一度 / **nur** *einmal* 一度だけ / *einmal* übers (または ums) andere 何回も.
◇《**auf** *einmal* の形で》一度(同時)に; 突然. Iss doch nicht alles auf *einmal*! 全部一度に食べてはいけないよ / Auf *einmal* brach der Ast. 突然枝が折れた.
② ある時は…; ひとつには…. *einmal* so, *einmal* anders ああだと思えば今度はこう.

B) [アイン・マーる または ..マーる] ① かつて, 昔, 以前. Waren Sie schon *einmal* in Köln? あなたはケルンにいらっしゃったことがありますか / Es war *einmal* ein König. 昔々一人の王様がいました.
② いつか, そのうちに, 将来. Kommen Sie doch *einmal* zu uns! いつか家に来てください / Er wird es *einmal* bereuen. 彼はいつかそれを悔やむだろう.

C) [文中でのアクセントなし] ①《他の副詞とともに》**erst** *einmal* まず初めに, まずもって / **nun** *einmal* とにかく, なんと言っても ⇒ Es ist nun *einmal* geschehen. 《現在完了》とにかくそれはもう起こってしまったことだ / **nicht** *einmal* ……すらない ⇒ Er hat nicht *einmal* „auf Wiedersehen" gesagt. 彼は「さようなら」すら言わなかった / **wieder** *einmal* またしても ⇒ Er hat wieder *einmal* recht (または Recht) gehabt. またしても彼の言うとおりだった.
②《命令文で》さあ, まあ, ちょっと. Denk nur *einmal*! まあ考えてもごらん / Lesen Sie das *einmal*! ちょっとそれを読んでみてください. (従 特にB), C)の意味では口語でしばしば *mal* となる; ☞

mal²)

Ein・mal・eins [アインマール・アインス] 中 -/ ① 九々[の表]. das kleine (große) *Einmaleins* 1から10(1から20)までの数に1から10の数を掛ける掛け算[表]. ② [比] (学問・商売などの)いろは.

ein≠ma・lig 形 ① [アイン・マーリヒ] 一回[かぎり]の; まれに見る. eine *einmalige* Zahlung 一回払い / eine *einmalige* Gelegenheit 二度とない機会. ② [アイン・マーリヒ または アイン・マ..] [比] 比類のない, 抜群の. eine *einmalige* Leistung 比類のない業績.

Ein・mark≠stück [アインマルク・シュテュック] 中 -[e]s/-e (昔の:) 1 マルク硬貨.

Ein・marsch [アイン・マルシュ áin-marʃ] 男 -es/..märsche (選手団の)入場行進; (軍隊の)進駐.

ein|mar・schie・ren [アイン・マルシーレン áin-marʃiːrən] 自 (s) 『in [物]⁴ ～』(選手団が[物]⁴に)行進して入場する; (軍隊が)進駐する.

ein|mau・ern [アイン・マオアァン áin-màuərn] 他 (h) ① ([人・物]⁴を)壁に塗り込める, 壁の中に閉じこめる, (記録の文書など⁴を)壁に埋め込む. ② (フックなど⁴を)壁に[埋め込んで]取り付ける.

ein|mei・ßeln [アイン・マイセルン áin-màisəln] 他 (h) 『A⁴ in B⁴ ～』(A⁴をB⁴に)のみで彫り込む.

ein|men・gen [アイン・メンゲン áin-mèŋən] 再帰 (h) =ein|mischen

ein|mie・ten [アイン・ミーテン áin-mìːtən] I 他 ([人]⁴に)部屋を借りて住まわせる. II 再帰 (h)『sich⁴ bei [人]³ ～』([人]³の所に)部屋を借りて住む.

ein|mi・schen [アイン・ミッシェン áin-mìʃən] 再帰 (h)『sich⁴ in [物]⁴ ～』([物]⁴に)口出しする, 介入する, 干渉する.

Ein・mi・schung [アイン・ミッシュング áin-mìʃuŋ] 女 -/-en 口出し, 介入, 干渉.

ein≠mo・na・tig [アイン・モーナティヒ] 形 『付加語としてのみ』生後1か月の; 1か月[間]の.

ein≠mo・nat・lich [アイン・モーナトリヒ] 形 [稀] 月1回の.

ein≠mo・to・rig [アイン・モートーリヒ] 形 単発の, エンジンが一つの.

ein|mot・ten [アイン・モッテン áin-mɔ̀tən] 他 (h) (衣類など⁴に)防虫剤を入れてしまっておく; [比] (自動車など⁴を)つかわずに保管する.

ein|mum・meln [アイン・ムンメルン áin-mùməln] 他 (h) =ein|mummen

ein|mum・men [アイン・ムンメン áin-mùmən] 他 (h)[口語] (毛布などで)暖かく包む, くるむ. ◊[再帰的に] *sich⁴ einmummen* 暖かくくるまる.

ein|mün・den [アイン・ミュンデン áin-mỳndən] 自 (h, s) (川が)流れ込む, 合流する; (道が通じる. ins Meer *einmünden* 海に注ぐ.

Ein・mün・dung [アイン・ミュンドゥング] 女 -/-en ① 流入. ② 流入(合流)地点, 河口.

ein≠mü・tig [アイン・ミューティヒ] 形 全員一致の, 意見の一致した.

Ein・mü・tig・keit [アイン・ミューティヒカイト] 女 -/ [全員の]意見の一致, 合意.

Ein・nah・me [アイン・ナーメ áin-naːmə] 女 -/-n ① 『ふつう 複』 収入, 所得. ([反義]「支出」は Ausgabe). ② 『複 なし』(薬の)服用; [雅] (食物の)摂取. ③ 『複 なし』(軍) 占領, 奪取.

Ein・nah・me≠quel・le [アインナーメ・クヴェれ] 女 -/-n 収入源.

ein|neh・men* [アイン・ネーメン áin-nèːmən] du nimmst ... ein, er nimmt ... ein (nahm ... ein, hat ... eingenommen) 他 (完了 haben) ① ([車]⁴(金額など)を収入として)得る, 受け取る; (税金など⁴を)徴収する. Er *hat* heute viel *eingenommen*. 彼はきょうはたくさん稼いだ. ② (薬⁴を)服用する, [雅] (飲食物⁴を)とる. *Nehmen* Sie die Medizin regelmäßig *ein*! 薬を規則的に飲んでください. ③ (軍) 占領(奪取)する. ④ (座席など⁴に)着く; [比] (地位など⁴を)占める; (ある立場・態度・姿勢⁴を)とる. *Nehmen* Sie bitte Ihre Plätze *ein*! (一同に:)ご着席ください / eine abwartende Haltung⁴ *einnehmen* 静観的な態度をとる. ⑤ (場所・空間⁴を)占める; [比] (考えなどが[人]⁴の頭を)占める. Der Schrank *nimmt* viel Platz *ein*. そのたんすはスペースをたくさんとる. ⑥ (船が荷物⁴を)積み込む. ⑦ 『[人] für (gegen) [人・物]⁴ ～』([人]⁴に[人・物]⁴に対する)好感(反感)をいだかせる. Seine aufrechte Gesinnung *nimmt* alle für ihn *ein*. 彼の正直な心根(こころね)はみんなに好印象を与える.

◊[☞] **eingenommen**

ein・neh・mend [アイン・ネーメント] I ein|nehmen (得る)の 現分 II 形 感じのよい, 好感の持てる, 魅力的な. Er hat (または besitzt) ein *einnehmendes* Wesen. 彼は好感の持てる人物だ.

ein|ni・cken [アイン・ニッケン áin-nìkən] 自 (s) [口語] (座ったまま)居眠りする, うとうとする.

ein|ni・sten [アイン・ニステン áin-nìstən] 再帰 (h) *sich⁴ einnisten* ① (他人の家に)居座る. ② [医] (受精卵が)着床する. ③ [稀] (鳥が…に)巣を作る.

Ein・öde [アイン・エーデ áin-ø:də] 女 -/-n 荒涼とした土地, 原野.

ein|ölen [アイン・エーレン áin-ö̀:lən] 他 (h) (肌などに)オイルを塗り込む; (機械など⁴に)油を差す.

ein|ord・nen [アイン・オルドネン áin-ɔ̀rdnən] I 他 (h) (一定の順序で)配列する, 整理する. die Bücher⁴ alphabetisch *einordnen* 本をアルファベット順に配列する. II 再帰 (h) *sich⁴ einordnen* ① 適応(順応)する. *sich⁴* in die Gemeinschaft *einordnen* 共同生活に適応する. ② (交差点などで)指定車線に入る.

ein|pa・cken [アイン・パッケン áin-pàkən] (packte ... ein, hat ... eingepackt) I 他 (完了 haben) ① 包装する, 包む; (荷物など⁴を…へ)詰める. ([反義]「取り出す」は ein|packen). ein Geschenk⁴ in Papier *einpacken* 贈り物を紙に包む / die Kleider⁴ in den Koffer *einpa-*

cken 衣服をスーツケースに詰める. ②《口語》⌊人⌋⁴を衣類などでくるむ. ein Kind⁴ in eine Decke *einpacken* 子供を毛布にくるむ. ◇《再帰的に》*sich*⁴ warm *einpacken* 暖かく着込む.
II 自 (定了 haben) ①(旅行の)荷作りをする. Ich *muss* jetzt *einpacken*. これから荷作りをしなくては / Pack ein!《口語》a) もうやめてくれよ, b) とっととうせろ. ②《成句的に》*einpacken* können《口語》どうにもならない, どうしようもない ⇒ Damit *kannst* du *einpacken*. そんなことを言っても(しても)むだだよ / sich⁴ *einpacken* lassen können《口語》やめなければならない ⇒ Du kannst dich *einpacken* lassen. もうやめろよ, くだらない.

ein|par·ken [アイン・パルケン áin-pàrkən] 他 (h)《狭いスペースに》駐車する.

ein|pas·sen [アイン・パッセン áin-pàsən] **I** 他 (h) (部品など⁴を)ぴったりとはめ込む, 差し込む. **II** 再帰 (h) sich⁴ *einpassen* 適応(順応)する.

ein|pau·ken [アイン・パオケン áin-pàukən] 他 (h)《口語》(人³に 事⁴を)無理やり覚えさせる. ◇《再帰的に》sich³ 事⁴ *einpauken* 事⁴を無理やり覚える.

ein|pen·deln [アイン・ペンデルン áin-pèndəln] 再帰 (h) sich⁴ *einpendeln*(価格などが)一定の水準に)落ち着く.

Ein·per·so·nen·haus·halt [アインペルゾーネン・ハオスハルト] 男 -[e]s/-e 単身者世帯.

ein|pfer·chen [アイン・プフェルヒェン áin-pfɛrçən] 他 (h) ①(家畜⁴を)囲いの中へ追い込む. ②人⁴を列車などに)詰め込む.
◇☞ **eingepferchet**

ein|pflan·zen [アイン・プふらンツェン áin-pflàntsən] 他 (h) ①(植物⁴を)植え付ける;《比》(人³の心に 事⁴を)植え付ける, 教え込む. ②《医》(人³に臓器⁴を)移植する.

ein|pla·nen [アイン・プラーネン áin-plà:nən] 他 (h) 計画に入れる(組み込む).

ein|pö·keln [アイン・ペーケルン áin-pø̀:kəln] 他 (h)《料理》(魚・肉など⁴を)塩漬けにする (= ein|salzen).

ein∮po·lig [アイン・ポーリヒ] 形《物・電》単極の.

ein|prä·gen [アイン・プレーゲン áin-prɛ̀:gən] **I** 他 (h) ①(人³に 事⁴を)しっかり教え込む. Ich *prägte* ihm ein, pünktlich zu sein. 私は彼に時間を守ることを教え込んだ. ◇《再帰的に》sich³ einen Namen *einprägen* 名前をしっかり記憶する. ②(銘文など⁴を)刻み込む. in einen Stein eine Inschrift⁴ *einprägen* 石に銘文を刻み込む. **II** 再帰 (h) sich⁴ (人³ ~》(人³の心に残る. Seine Worte *prägten* sich mir tief ein. 彼の言葉は私に深い印象を残した.

ein|präg·sam [アイン・プレークザーム] 形 記憶に残りやすい, 覚えやすい.

ein|pu·dern [アイン・プーダァン áin-pù:dərn] 他 (h) (人・物⁴に)パウダーをつける.

ein|quar·tie·ren [アイン・クヴァルティーレン áin-kvartì:rən] 他 (h) (人⁴を)宿泊させる;《軍》宿営させる. ◇《再帰的に》sich⁴ bei 人 *einquartieren* 人³の所に泊まる.

Ein·quar·tie·rung [アイン・クヴァルティールング] 女 -/-en ①宿泊(宿営)者の収容. ②《複 なし》宿泊(宿営)者.

ein|rah·men [アイン・ラーメン áin-rà:mən] 他 (h) 額縁(枠)に入れる. Das *kannst* du dir *einrahmen* lassen.《口語》それはたいしたものではないと思うよ(←額縁にでも入れてもらえよ). ②《比》囲む, 縁取る.

ein|ras·ten [アイン・ラステン áin-ràstən] 自 (s)《工》(ロックなどが)きちんと掛かる, (歯車が)かみ合う.

ein|räu·men [アイン・ロイメン áin-ròymən] (räumte … ein, hat … eingeräumt) 他 (定了 haben) ①(決まった並べ方で)配置する, しまう. die Möbel⁴ ins Wohnzimmer *einräumen* 家具を居間にセットする / Bücher⁴ in ein Regal *einräumen* 本を棚にきちんと並べる. ②(部屋など⁴に)家具を入れる, (戸棚など⁴に)物をしまう. Schubladen⁴ *einräumen* 引き出しにしまう. ③(人³に部屋・席など⁴を)明け渡す. Er *räumte* ihr seinen Platz ein. 彼は彼女に自分の席を譲った. ④ 認める, 容認する. 人³ Rechte⁴ *einräumen* 人³に権利を認める / Ich muss *einräumen*, dass … 私は…ということを認めざるをえない. ◇《現在分詞の形で》eine *einräumende* Konjunktion《言》容認(譲歩)の接続詞(例: obgleich).

Ein·räu·mung [アイン・ロイムング] 女 -/-en ①《複 なし》容認, 譲歩. ②容認(譲歩)の言葉(発言).

ein|rech·nen [アイン・レヒネン áin-rèçnən] 他 (h) 計算に入れる, 考慮に入れる. ◇《過去分詞の形で》fünf Personen, mich *eingerechnet* 私を含めて5人.

ein|re·den [アイン・レーデン áin-rè:dən] **I** 他 (h) (人³に 事⁴を)信じ込ませる, 吹き込む. Wer *hat* dir das *eingeredet*? だれが君にそんなことを吹き込んだのか / sich³ 事⁴ *einreden* lassen 事⁴を真に受ける. **II** 再帰 (h) sich³ 事⁴ *einreden* 事⁴を自分で勝手に)信じ込む. **III** 自 (h) 《auf 人⁴ ~》(人⁴に)こんこんと言い聞かせる.

ein|reg·nen [アイン・レーグネン áin-rè:gnən] **I** 自 (s) ①雨でずぶぬれになる. ②降り込められる. **II** 再帰 (h) 《es regnet sich⁴ ein の形で》(雨が)本降りになる.

ein|rei·ben* [アイン・ライベン áin-ràibən] 他 (h)(オイルなど⁴を肌などに)すり込む;(肌など⁴にオイルなどを)すり込む. Salbe⁴ in die Haut *einreiben* 軟膏(なんこう)を肌にすり込む / die Schuhe⁴ mit Schuhcreme *einreiben* 靴に靴クリームをすり込む.

ein|rei·chen [アイン・ライヒェン áin-ràiçən] 他 (h)(官庁などに書類⁴を)提出する; 申請する. ein Gesuch⁴ *einreichen* 申請書を提出する / Urlaub⁴ *einreichen* 休暇を申請する.

ein|rei·hen [アイン・ライエン áin-ràiən] **I**

再帰 (h)《sich⁴ in 物⁴ ～》(物⁴(行列など)に)加わる. **II** 自 (h) (囚を一員に)数える, 組み入れる.

Ein·rei·her [アイン・ライアァ áin-raiər] 男 -s/- (服飾) シングル(ボタンが一列)のスーツ.

ein·rei·hig [アイン・ライイヒ] 形 1列の;《服飾》シングルの, ボタンが一列の(スーツなど).

Ein·rei·se [アイン・ライゼ áin-raizə] 女 -/-n 入国. (←「出国」は Ausreise). 人³ die *Einreise*⁴ verweigern 人³の入国を拒否する.

Ein·rei·se⹀er·laub·nis [アインライゼ・エァらオプニス] 女 -/..nisse《ふつう単》入国許可.

ein·rei·sen [アイン・ライゼン áin-raizən] 自 (s) 入国する. (←「出国する」は aus|reisen). **in die Schweiz (nach Italien)** *einreisen* スイスへ(イタリアへ)入国する.

Ein·rei·se⹀ver·bot [アインライゼ・フェァボート] 中 -[e]s/-e 入国禁止.

ein|rei·ßen* [アイン・ライセン áin-raisən] **I** 他 (h) ① (物⁴に)裂け目を入れる, ひびを入れる. eine Eintrittskarte⁴ *einreißen* (使用済みとして)入場券に裂け目をつける. ② (家など⁴を)取り壊す. **II** 自 (s) ① 裂ける, ひびが入る. ② (悪習などが)広がる, はびこる. **III** 再帰 (h) sich³ 物⁴ *einreißen* (誤って)物⁴(とげ・破片など)を刺す.

ein|ren·ken [アイン・レンケン áin-rɛŋkən] 他 (h) ① (医) (脱臼した腕など⁴を)整復(整骨)する. ② 《口語》(問題など⁴を)収拾する, (事態⁴を)正常化する. ◇《再帰的に》sich⁴ *einrenken* (事態が)正常化する.

ein|ren·nen* [アイン・レンネン áin-rɛnən] 他 (h) ① (ドアなど⁴を)突き破る. ② 《口語》(頭・肩など⁴を)ぶつけて痛める. sich³ den Kopf **an der Glastür** *einrennen* ガラス戸にぶつかって頭をけがする.

***ein|rich·ten** [アイン・リヒテン áin-riçtən] du richtest ... ein, er richtet ... ein (richtete ... ein, hat ... eingerichtet) **I** 他 (完了 haben) ① (住居・部屋などに家具調度を)備えつける, (家具などで)整える. ein Zimmer⁴ **mit neuen Möbeln** *einrichten* 部屋に新しい家具を備えつける / Er *hat* das Wohnzimmer sehr modern *eingerichtet*. 彼は居間をとてもモダンにしつらえた.
② (事⁴の)都合をつける, 手はずを整える. *Können* Sie es *einrichten*, heute mit mir zu essen? きょう私と食事をするよう都合をつけてくれませんか. ③ (施設・支店など⁴を)設立する, 開設する. ④ (機械など⁴を)調整する. ⑤ 《医》(骨折した腕など⁴を)整復する. ⑥ (脚本・楽曲⁴を)アレンジする. ⑦ 《数》約分(通分)する.
II 再帰 (完了 haben) sich⁴ *einrichten* ① (家具調度を入れて)自分の住居を整える. Sie *hat sich* hübsch *eingerichtet*. 彼女は自分の家をきれいにしつらえた. ② なんとか状況に合わせる, やりくりする. ③《sich⁴ auf 人・事⁴ ～》(人・事⁴の)心積もりをする, 覚悟する. sich⁴ auf Gäste *einrichten* 客を迎える用意をする.

die **Ein·rich·tung** [アイン・リヒトゥング

áin-riçtuŋ] 女 (単) -/(複) -en ① 家具調度類. Die Wohnung hat eine geschmackvolle *Einrichtung*. その住居には趣味のいい家具が備えてある. ② 設備, 装置. ③ (公共の)施設. soziale *Einrichtungen* 社会施設. ④《複》なし》(部屋などの)しつらえ;《事務所・学校などの》設立, 開設;(脚本・楽曲の)アレンジ;《医》(骨折箇所などの)整復. ⑤ 慣行, 慣例行事.

ein|rol·len [アイン・ロれン áin-rɔlən] **I** 他 (h) ① (じゅうたんなど⁴を)円筒状に巻く. ②(ホッケーで:)(ボール⁴を)ロール・インする. **II** 自 (s) (ボールが)転がり込む;(列車などが)入って来る. **III** 再帰 (h) sich⁴ *einrollen* (猫などが)体を丸くする.

ein|ros·ten [アイン・ロステン áin-rɔstən] 自 (s) (錠などが)さびついて使えなくなる. Meine Knochen *rosten ein*.《口語》私は体が硬くなっている.

ein|rü·cken [アイン・リュッケン áin-rʏkən] **I** 自 (s) ①《隊列を組んで…へ》入る, 進駐する. ②《軍》入隊する. ③《**in** 物⁴ ～》(軍⁴に)昇格する. **II** 他 (h) ① (印)(行⁴の頭を引っ込める. ② (新聞に記事など⁴を)掲載する. ③《工》(ギアなど⁴を)つなぐ.

ein|rüh·ren [アイン・リューレン áin-rʏːrən] 他 (h) (物⁴を…へ)入れてかき混ぜる. 《口語》(人³に対して困ったこと⁴を)しでかす.

eins [アインス áins] **I** 数《基数: ☞ ein¹ **II** 1, 一つ. 《数 one》. *Eins* und zwei ist drei. 1足す2は3 / Es ist *eins*. 1時だ / *eins* a (=Ia) Pralinen 極上のチョコレート菓子 / *Eins*, zwei, drei war sie weg! 《口語》あっという間に彼女はいなくなった / *Eins* zu null für mich! 《口語》ぼくの言ったとおりだろう(←1対0でぼくの勝ちだ).

> ← 1 および 101 ([ein]hundert*eins*)のように最後に 1 を読む場合以外は ein とする. 例: 31 (*ein*unddreißig).

II 形《述語としてのみ》同一の, 同じ. Das ist doch *eins*. それは同じことじゃないか /《**mit** 人³ *eins* sein》人³と同じ考えである /《**mit** 人・物³ *eins* werden》人・物³と一体になる.

III 代《不定代名詞; 中性単数の1格・4格; ☞ **einer²**, **eines** III》一つのこと(もの), 何か一つ. noch *eins* もう一つ / *Eins* muss ich dir noch sagen. 君に一つ言っておきたい / Gibt es hier ein Hotel? — Ja, es gibt *eins*. この辺にホテルがありますか — ええ, ありますよ / Das kommt auf *eins* heraus. 帰るところは同じだ.

Eins [アインス] 女 -/-en (数字の)1; (トランプ・さいころの)1 (の目). 《口語》(バス・電車などの)1番[系統]; (成績評価の)1 (秀).

ein|sa·cken [アイン・ザッケン áin-zàkən] **I** 他 (h) ① (穀物など⁴を)袋に詰める. ②《口語》(他人のもの⁴を)失敬する. **II** 自 (s) 陥没する.

ein|sal·zen(*) [アイン・ざるツェン áin-zàltsən] 他 (h) (魚・肉など⁴を)塩漬けにする.

*ein·sam [アインザーム áinza:m] 形 ① 孤独な, ひとりぼっちの; ぽつんと離れた. (英 lonely). Sie lebt sehr *einsam*. 彼女はひとり寂しく暮らしている / Ohne dich fühle ich mich *einsam*. 君がいないとほくは寂しい / ein *einsames* Boot 一隻ぽつんと浮かんだ小船 / ein *einsamer* Entschluss 単独で行う決断 / Das ist *einsame* Spitze! 《口語》それ最高だよ. ② 人里離れた, 人気(ひとけ)のない. ein *einsamer* Strand 人気のない海岸.

die **Ein·sam·keit** [アインザームカイト áinza:mkaɪt] 女 (単) -/(複) -en 《ふつう 単》《雅》 ① 孤独, 寂寥(せきりょう). (英 loneliness). ② 人気のない(寂しい)所.

ein|sam·meln [アイン・ザンメルン áin-zàməln] 他 (h) ① 拾い集める, 収集する. ② (めいめいから寄付・答案などを)集める.

ein|sar·gen [アイン・ザルゲン áin-zàrgən] 他 (h) (死者⁴を)棺に納める.

der **Ein·satz** [アイン・ザッツ áin-zats] 男 (単 2) -es/(複) ..sätze [..ゼッツェ] ① (格のみ ..sätzen) 《複 なし》 (人員・機械などの)投入; 動員, 出動; 《軍》出撃; 職務[の遂行]. der *Einsatz* von Arbeitskräften 労働力の投入 / Diese Aufgabe verlangt den vollen *Einsatz* [der Person²]. この任務は全力の傾注を必要とする / Er rettete das Kind unter *Einsatz* seines Lebens. 彼は自分の命を賭(か)けてその子供を救った / **zum** *Einsatz* **kommen** 動員される. ② はめ込み[部分]; (容器などの)中仕切り. ③ 賭金(かけきん); 保証金. ④ 《音楽》(歌唱・演奏の)出だし[の合図], アインザッツ. den *Einsatz* geben 出だしの合図をする.

ein·satz⸗be·reit [アインザッツ・ベライト] 形 ① (機械などが)すぐ使える; 出動準備の整った. ② いつでも協力する用意のある.

Ein·satz⸗be·reit·schaft [アインザッツ・ベライトシャフト] 女 -/ (機械などが)すぐ使える状態; 出動準備[の整った状態]; いつでも協力できる準備(心構え).

Ein·sät·ze [アイン・ゼッツェ] Einsatz (はめ込み) の複.

ein|sau·gen⁽*⁾ [アイン・ザオゲン áin-zàʊgən] 他 (h) ① (液体などを)吸収する, 吸い取る. ② 《不規則変化》《雅》(香りなど⁴を)吸い込む.

ein|säu·men [アイン・ゾイメン áin-zɔ̀ʏmən] 他 (h) ① 《服飾》(布地⁴に)縁取りをする. ② (草木などが)取り囲む.

ein|schal·ten [アイン・シャルテン áin-ʃàltən] du schaltest ... ein, er schaltet ... ein (schaltete ... ein, *hat* ... eingeschaltet) I 他 (完了 haben) ① (器具など⁴の)スイッチを入れる; (車のギア⁴を)入れる. (英 turn on). (参照)「スイッチを切る」は aus|schalten). Er *schaltete* das Licht *ein*. 彼は電灯をつけた / den zweiten Gang *einschalten* ギアをセカンドに入れる. ② (言葉・休憩など⁴を)差しはさむ, 挿入する. eine Erklärung⁴ **in** die Rede *einschalten* 演説に説明を入れる. ③ (現下の案件に専門家など⁴を)関与させる, 投入する. II 再帰 (完了 haben) *sich*⁴ *einschalten* ① (自動的に)スイッチが入る. ② 関与(介入)する, 口をはさむ.

Ein·schalt⸗quo·te [アインシャルト・クヴォーテ] 女 -/-n 《放送》視聴率, 聴取率.

Ein·schal·tung [アイン・シャルトゥング] 女 -/-en ① スイッチ(ギア)を入れること. ② 挿入, 介入; 挿入されたもの, 挿話. ③ 《言》挿入文(語句).

ein|schär·fen [アイン・シェルフェン áin-ʃɛrfən] 他 (h) (人³に 事⁴を)強く言い聞かせる, 銘記させる.

ein|schät·zen [アイン・シェッツェン áin-ʃɛtsən] 他 (h) ① (人・物⁴を ... と)評価する, 判断する. Wie *schätzt* du die Lage *ein*? 君はこの状況をどう判断するか. ② (人⁴の)税額を査定する.

Ein·schät·zung [アイン・シェッツング] 女 -/-en 評価, 判断; (税額の)査定.

ein|schen·ken [アイン・シェンケン áin-ʃɛŋkən] 他 (h) (飲み物⁴を)つぐ; (コップなど⁴に)つぐ. Darf ich Ihnen noch ein Glas Wein *einschenken*? ワインをもう一杯おつぎしましょうか.

ein|sche·ren [アイン・シェーレン áin-ʃèːrən] 自 (s) 《交通》(自動車⁴で)車列に戻る, 入る.

ein|schi·cken [アイン・シッケン áin-ʃìkən] 他 (h) (機関など³に)文書など⁴を送付する.

ein|schie·ben* [アイン・シーベン áin-ʃìːbən] I 他 (h) ① 押し込む. das Brot⁴ in den Ofen *einschieben* パンをオーブンに入れる. ② (語句など⁴を)挿入する; 差しはさむ. II 再帰 *sich*⁴ *einschieben* 割り込む.

Ein·schie·nen⸗bahn [アインシーネン・バーン] 女 -/-en 《交通》モノレール, 単軌鉄道.

ein|schie·ßen* [アイン・シーセン áin-ʃìːsən] I 他 (h) ① (窓など⁴を)射撃して破壊する. ② (新しい銃⁴を)慣らし撃ちする. ③ (リベットなど⁴を)打ち込む. ④ 《サッカーなどで》(ボール⁴を)シュートしてゴールを決める. II 再帰 (h) *sich*⁴ *einschießen* 射撃練習をする. *sich*⁴ **auf** ein Ziel *einschießen* 試射して目標への射程を合わせる / *sich*⁴ **auf** 人⁴ *einschießen* 《比》人⁴をしつこく論難する. III 自 (s) 《水などが》流れ込む.

ein|schif·fen [アイン・シッフェン áin-ʃìfən] I 他 (h) (人⁴を)乗船させる, (荷物⁴を)船に積む. II 再帰 (h) *sich*⁴ *einschiffen* 乗船する.

Ein·schif·fung [アイン・シッフング] 女 -/-en 《ふつう 単》乗船; 船積み.

einschl. [アイン・シュリースリヒ] 《略》...を含めて (=einschließlich).

ein|schla·fen [アイン・シュラーフェン áin-ʃlàːfən] du schläfst ... ein, er schläft ... ein (schlief ... ein, *ist* ... eingeschlafen) 自 (完了 sein) ① 眠り込む, 寝つく. Ich *kann* nicht *einschlafen*. 私は寝つけない / Er *schlief* sofort *ein*. 彼はすぐに寝入った / **beim** Fernsehen *einschlafen* テレビを見ているうちに眠り込

einschläfern

む. (⇨ 類語 schlafen).
②《婉曲》(安らかに)永眠する. ③ (手足などが)しびれる. Mir *ist* der linke Fuß *eingeschlafen*.《現在完了》私は左足がしびれてしまった. ④《比》(交通・交友などが)しだいにとだえる.

ein|schlä·fern [アイン・シュれーふァァン áinʃlɛːfərn]他 (h) ① 眠り込ませる;《医》(囚⁴に)麻酔をかける;(動物⁴を薬で)安楽死させる. ②《比》(良心・疑心などを)鎮静させる, なだめる, まぎれさせる.

ein·schlä·fernd [アイン・シュれーふァァント] I ein|schläfern (眠り込ませる)の 現分 II 形 眠気を誘う, 催眠の. ein *einschläferndes* Mittel 催眠[麻酔]剤.

Ein·schlag [アイン・シュらーク áinʃlaːk] 男 –[e]s/..schläge ① 弾着[点], 弾痕(ミッヘ); 落雷[地点]. ②(特徴などの)混入; 気味. Er hat einen südlichen *Einschlag*. 彼は南方系の血を引いている. ③《林》伐採[した木]. ④《自動車》(前輪の)舵角. ⑤《服飾》折り返し, タック.

ein|schla·gen* [アイン・シュらーゲン áinʃlaːɡən] I 他 (h) ① (くぎなど⁴を)打ち込む. einen Nagel *in* die Wand *einschlagen* くぎを壁に打ち込む. ② (ドア・窓などを)打ち破る, 打ち割る. ③ (品物など⁴を)包む, 包装する. ein Geschenk⁴ *in* buntes Papier *einschlagen* プレゼントをカラフルな紙に包む. ④ (方向⁴を)取って進む. die Richtung⁴ zum Wald *einschlagen* 森の方向に進む. ⑤《服飾》縁(ミ)などを内側へ折り込んで縫う. ⑥《農》(苗などを)いける. II 自 (h) ① (砲弾・雷などが)落ちる. ②『auf 囚·物⁴ ~』(囚·物⁴を)さんざんなぐる. ③《承諾の印(ピ)に》握手する. *Schlag ein*! これで手を打とう. ④ (製品などが)当たる, 好評を博する,(人が)成功する, うまく行く. Dieser Film *hat* überall *eingeschlagen*. この映画はどこでも好評だった. ⑤《自動車》(…へ)ハンドルを切る.

ein·schlä·gig [アイン・シュれーギヒ áinʃlɛːɡɪç] 形《付加語としてのみ》当該の, 関連する. die *einschlägige* Literatur 関連文献.

ein|schlei·chen* [アイン・シュらイヒェン áinʃlaiçən] 再帰 (h) *sich*⁴ *einschleichen* ① (泥棒などが)忍び込む. ② (間違いなどが)まぎれ込む.

ein|schlep·pen [アイン・シュれッペン áinʃlɛpən] 他 (h) ①(船を港に)曳航(ヒョッ)する. ②(伝染病など⁴を)持ち込む.

ein|schleu·sen [アイン・シュろイゼン áinʃlɔyzən] 他 (h) (スパイなど⁴を)こっそり潜入させる;(麻薬など⁴をひそかに持ち込む. ◇《再帰的に》*sich*⁴ *einschleusen* こっそり潜入する.

ein|schlie·ßen* [アイン・シュりーセン áinʃliːsən] du schließt …ein (schloss…ein, hat…eingeschlossen) 他 (定了 haben) ① (鍵(ホ)をかけて)閉じ込める;(囚人⁴を)監房に入れる. (英 lock in). (←「閉め出す」は ausschließen) Sie *haben* die Kinder *in* der Wohnung (または in die Wohnung) *eingeschlossen*. 彼ら

は子供たちを家に残して鍵をした. ◇《再帰的に》*sich*⁴ *einschließen* (部屋などに)閉じ込もる. ②(鍵をかけて)しまい込む. ③(壁などが)取り囲む,(敵など⁴を)包囲する. Hohe Mauern *schließen* den Hof *ein*. 高い壁が中庭を取り囲んでいる.

④ 含める, 計算に入れる. Die Bedienung *ist im* Preis *eingeschlossen*.《状態受動・現在》サービス料は料金に含まれています.
◇⇨ **eingeschlossen**

ein·schließ·lich [アイン・シュリースリヒ]I 前《2 格とともに》…を含めて. (⇔「…を除いて」は ausschließlich). *einschließlich* Porto (または des Portos) 郵送料を含めて, 送料込みで. (⇨ 名詞に冠詞や付加語がない場合その名詞は無変化, 複数の場合, 格を明示するため3格). II 副 含めて,[数え]入れて. bis zum 31. (=einunddreißigsten) Juli *einschließlich* 7 月 31 日まで (31 日を含む).

ein|schlum·mern [アイン・シュるンマァン áinʃlʊmərn] 自 (s)《雅》うとうとと眠り込む.

Ein·schluss [アイン・シュるス áinʃlʊs] 男 –es/..schlüsse ①《地学》(鉱物の)含有物. ② 包含, 包括. **mit** (または **unter**) *Einschluss* von 物³ 物³を含めて. ③ (囚人などの)収監, 拘禁;(動物を閉じ込める)囲い.

ein|schmei·cheln [アイン・シュマイヒェるン áinʃmaiçəln] 再帰 (h)『*sich*⁴ *bei* 囚³ ~』(囚³に)とり入る.

ein|schmei·chelnd [アイン・シュマイヒェるント] I ein|schmeicheln (再帰 で: とり入る)の 現分 II 形 こびるような; 快い. mit einer *einschmeichelnden* Stimme 猫なで声で.

ein|schmel·zen* [アイン・シュメるツェン áinʃmɛltsən] 他 (h) (金属を再加工のために)溶かす,(金属製品⁴を)鋳つぶす.

ein|schmie·ren [アイン・シュミーレン áinʃmiːrən] (過分 eingeschmiert) 他 (h) 《口語》① (囚·物⁴に)油を塗る, 軟膏(ネホ)(クリーム)を塗る. ② (口などで)汚す.

ein|schmug·geln [アイン・シュムッゲるン áinʃmʊɡəln] 他 (h) ① 密輸入する. Alkohol⁴ *einschmuggeln* 酒類を密輸入する. ② (囚⁴などにこっそり中へ入れる, 潜り込ませる. ◇《再帰的に》*sich*⁴ *einschmuggeln* こっそり入る, 潜入する.

ein|schnap·pen [アイン・シュナッペン áinʃnapən] 自 (s) ① (錠などが)ぱちんとかかる, (ドアが)ちゃんと閉まる. ②《口語》(ちょっとしたことで)むくれる. ◇《過去分詞の形で》Sei nicht *eingeschnappt*! 気を悪くしないでくれ.

ein|schnei·den* [アイン・シュナイデン áinʃnaidən] I 自 (h) (ひもなどが皮膚などに)食い込む. tief *ins* Herz *einschneiden*《比》深く心に食い入る. II 他 (h) ① 刻み込む. Namen⁴ *in* die Baumrinde *einschneiden* 名前を樹皮に刻み付ける. ② (物⁴に)刻み目を入れる. ③ 刻んで(切って)入れる. Kartoffeln⁴ *in* die Suppe *einschneiden* じゃがいもを刻んでスープに入れる.

ein·schnei·dend [アイン・シュナイデント] I ein|schneiden（食い込む）の 現分 II 形 決定的な, 徹底的な, 影響の大きい. *einschneidende* Veränderungen 重大な変更.

ein|schnei·en [アイン・シュナイエン áınʃnàıən] 自 (s) 雪で覆われる; 雪に閉じ込められる.

Ein·schnitt [アイン・シュニット áın-ʃnɪt] 男 -[e]s/-e ① 切れ目を入れること; (医) 切開. ② 切れ目, 切り口; 切り通し. ③ (文章の)切れ目, 段落, (人生の)区切り. Die Heirat war ein *Einschnitt* in seinem Leben. 結婚は彼の人生にとって一つの区切りだった.

ein|schnü·ren [アイン・シュニューレン áın-ʃnỳ:rən] 他 (h) ① ひもで結ぶ（縛る）. ②（ベルトなどで）締めつける.

ein|schrän·ken [アイン・シュレンケン áın-ʃrɛ̀ŋkən] (schränkte...ein, hat...eingeschränkt) I 他 (完了 haben)（自由など[4]を)制限する, 縮小する, 減らす;（支出など[4]を)節減する. 〈⟩ limit). Er *hat* das Rauchen *eingeschränkt*. 彼はたばこを減らした / die Ausgaben[4] *auf* das Notwendigste *einschränken* 支出を必要最小限に抑える / 人[4] *in* seinen Rechten *einschränken* 人[4]の権利を制限する. II 再帰 (完了 haben) *sich[4] einschränken* 生活を切り詰める, つましく暮らす.

◇ 🗣 **eingeschränkt**

Ein·schrän·kung [アイン・シュレンクング] 女 -/-en 制限; 節約; 保留, 条件. **mit (ohne)** *Einschränkung* 条件付きで(無条件で).

Ein·schrei·be⸗brief [アインシュライベ・ブリーフ] 男 -[e]s/-e (郵) 書留[郵便].

Ein·schrei·be⸗ge·bühr [アインシュライベ・ゲビューァ] 女 -/-en ① (大学の)学籍登録料. ②《郵》書留料金.

ein|schrei·ben* [アイン・シュライベン áın-ʃràıbən] (schrieb...ein, *hat*...eingeschrieben) I 他 (完了 haben) ①（帳簿に出費など[4]を)記入する. Einnahmen[4] und Ausgaben[4] **in** ein Heft *einschreiben* 収支を帳簿に記入する.
② (名簿に参加者など[4]を)登録する. einen Schüler **ins** Klassenbuch *einschreiben* 生徒の名前をクラス名簿に登録する. ◇（再帰的に）*sich[4] an* einer Universität *einschreiben* 大学への入学手続きをする / *sich[4] für* eine Vorlesung *einschreiben* 講義の聴講手続きをする. ③ (郵) 書留にする. einen Brief *einschreiben lassen* 手紙を書留にしてもらう. ④（万年筆などを[4])書いて慣らす.
II 再帰 (完了 haben) *sich[4] einschreiben*（テーマの扱い方など[4]に)何度も書いて慣れる.

◇ 🗣 **eingeschrieben**

das **Ein·schrei·ben** [アイン・シュライベン áın-ʃràıbən] 中 (単2) -s/(複) -（郵）書留[郵便物]. einen Brief **als** *Einschreiben* schicken 手紙を書留で送る.

ein|schrei·ten* [アイン・シュライテン áın-ʃràıtən] 自 (s) 断固たる処置をとる, (権力を行使して)介入する. **gegen** die Demonstranten *einschreiten* デモ隊を規制する.

ein|schrump·fen [アイン・シュルンプフェン áın-ʃrùmpfən] 自 (s) (りんごなどが)干からびる, (花などが)しぼむ, 《比》(蓄えなどが)減る.

Ein·schub [アイン・シューブ áın-ʃu:p] 男 -[e]s/..schübe ① 挿入語句(文), 書き込み. ②（テーブルなどの)引き出し板; 天井の梁(ﾊﾘ)の間に入れた[防音]板.

ein|schüch·tern [アイン・シュヒタァン áın-ʃỳçtərn] 他 (h) 脅す, 威圧する. Ich *lasse* mich nicht *einschüchtern*! 脅してもだめだぞ.

Ein·schüch·te·rung [アイン・シュヒテルング] 女 -/-en 脅し, 威圧.

ein|schu·len [アイン・シューレン áın-ʃù:lən] 他 (h)（児童[4]を)就学させる, 小学校に入学させる.

Ein·schu·lung [アイン・シューるング] 女 -/-en（児童の)就学, 小学校に入学させること.

Ein·schuss [アイン・シュス áın-ʃʊs] 男 -es/..schüsse ①（弾丸の)命中[箇所], 射入口. ② 混入[物]. ③《宇宙》(ロケットなどを)軌道に乗せること. ④《織》横糸. ⑤（ｻｯｶｰなどの)シュート. ⑥《経》出資[金], 投資, 払込金.

ein|schwen·ken [アイン・シュヴェンケン áın-ʃvɛ̀ŋkən] 自 (s) 方向を変える, 旋回する. **links** *einschwenken* 左に曲がる.

ein|seg·nen [アイン・ゼーグネン áın-zè:gnən] 他 (h) ①（新郎新婦などを)祝福する. ②（ｷﾘｽﾄ教）(人[4]に)堅信礼を施す.

ein|se·hen* [アイン・ゼーエン áın-zè:ən] 他 (h) ① 理解する, (自分の誤りなど[4]に)気づく. *Siehst* du das nicht *ein*? そのことがわからないのか. (🗣 類語 verstehen). ②（ある場所[4]を)のぞき見る, 見渡す. ③（書類・記録など[4]を)調べる, 閲覧する. Rechnungen[4] *einsehen* 請求書を調べる.

Ein·se·hen [アイン・ゼーエン] 中《成句的に》ein (kein) *Einsehen* haben 理解がある(ない), ものわかりがいい(わるい).

ein|sei·fen [アイン・ザイフェン áın-zàıfən] 他 (h) ① (人・物[4]に)石けんを塗りつける. *sich[3]* das Gesicht[4] *einseifen* 顔に石けんをつける. ②《口語》口車に乗せる, だます.

ein⸗sei·tig [アイン・ザイティヒ áın-zaıtıç] 形 ① 片側の, 片面の;（当事者のうち）一方だけの. eine *einseitige* Lähmung 半身不随 / Papier[4] nur *einseitig* bedrucken 紙に片面だけ印刷する / eine *einseitige* Liebe 片思い. ② かたよった, 一面(一方)的な, 片手落ちの. eine *einseitige* Auffassung かたよった見解.

Ein·sei·tig·keit [アイン・ザイティヒカイト] 女 -/-en《ふつう 単》一面性, かたより; 不公平.

ein|sen·den* [アイン・ゼンデン áın-zɛ̀ndən] 他 (h)（資料・文書などを)送る, 送付する. 投書(寄稿)する. ein Gedicht[4] einer Zeitung[3]（または **an** eine Zeitung）*einsenden* 詩を新聞

に投稿する.

Ein·sen·der [アイン・ゼンダァ áinzendər] 男 -s/- (資料・文書などの)送り主, 送付者; 投書(寄稿)者. (女性形: -in).

Ein·sen·dung [アイン・ゼンドゥング] 女 -/-en ① 送付. ② 送付物; 投書, 寄稿.

Ein·ser [アインザァ áinzər] 男 -s/- 《口語》(数字の)1; (成績評価の)1(秀).

ein|set·zen [アイン・ゼッツェン áin-zètsən] du setzt … ein (setzte … ein, *hat* … eingesetzt) **I** 他 (完了 haben) ① (窓ガラス・宝石・義歯など^{4}を)はめ込む, (部品など^{4}を)組み込む, (語句など^{4}を)書き入れる; (若木など^{4}を)植えつける. Scheiben^4 in ein Fenster *einsetzen* ガラスを窓にはめる / 囚^3 einen künstlichen Zahn *einsetzen* 囚^{3}に義歯を入れる / Fische^4 [in einen Teich] *einsetzen* 魚を〔養魚池に〕放す. ② 任命する; 指定する; (委員会など^{4}を)設置する. 囚^4 als Richter *einsetzen* 囚^{4}を裁判官に任命する / 囚^4 in ein Amt *einsetzen* 囚^{4}をある職に任ずる / Sein Onkel *setzte* ihn **zu** seinem Erben (または **als seinen Erben**) *ein*. 彼のおじは彼を相続人に指定した. ③ (軍隊・武器・力など^{4}を)投入する. Er *setzte* alle Mittel *ein*, um sein Ziel zu erreichen. 彼は目的を果たすためにあらゆる手段を講じた / Polizei^4 *einsetzen* 警察をさし向ける / all seine Kräfte^4 für 物^4 *einsetzen* 物^{4}に全力を尽くす. ④ (お金・命など^{4}を)賭(か)ける.

II 再帰 (完了 haben) *sich^4 einsetzen* 力を尽くす, 努力する. *sich^4 **für** 人・事^4 einsetzen* 人・事^{4}のために力を尽くす, 肩入れする.

III 自 (完了 haben) 始まる, 生じる, 現れる; (楽器が)鳴りだす. Der Winter *hat* dieses Jahr früh *eingesetzt*. 冬が今年は早く始まった.

Ein·set·zung [アイン・ゼッツング] 女 -/-en ① はめ込み, 組み入れ, 挿入. ② (役職などへの)任命; 指定; (委員会などの)設置. ③ (軍隊などの)投入, 配置.

die **Ein·sicht** [アイン・ズィヒト áin-zɪçt] 女 (単)-/(複)-en ① 認識, 洞察. 《英 insight》. neue *Einsichten*^{4} gewinnen 新しい認識を得る. ② 〖複 なし〗理解, 分別. Haben Sie doch *Einsicht*! どうかわかってください / **zur** *Einsicht* kommen 納得がいく. ③ 〖複 なし〗 中を見ること; 閲覧; 閲読. *Einsicht* **in** 物^4 nehmen 物^{4}を閲読する.

ein·sich·tig [アイン・ズィヒティヒ áin-zɪçtɪç] 形 ① 分別のある, もののわかった, 見識のある. ② わかりやすい, 理解しやすい.

Ein·sicht=nah·me [アインズィヒト・ナーメ] 女 -/-n 《書》(文書などの)閲覧, 閲読.

ein·sichts=voll [アインズィヒツ・ふォル] 形 分別のある, ものわかりのよい.

ein|si·ckern [アイン・ズィッカァン áin-zìkərn] 自 (s) 染み込む; 〈比〉(スパイなどが)潜り込む.

Ein·sie·de·lei [アイン・ズィーデらイ ain-zi:dəlái] 女 -/-en 隠者の住み家, わび住まい.

Ein·sied·ler [アイン・ズィードらァ áin-zi:dlər]

男 -s/- 隠者, 仙人, 世捨て人. (女性形: -in).

ein·sil·big [アイン・ズィるビヒ] 形 ① 《言》単音節の, 1音節の. ② 無口な, そっけない.

Ein·sil·big·keit [アイン・ズィるビヒカイト] 女 -/ ① 《言》単音節(1音節)から成ること. ② 無口, 寡黙.

ein|sin·ken* [アイン・ズィンケン áin-zìŋkən] 自 (s) ① (足が雪などに)めり込む, はまる. ② (床などが)沈下する; (地盤などが)陥没する; (頬(ほお)などが)落ちくぼむ.

Ein·sit·zer [アイン・ズィッツァァ] 男 -s/- 一人乗りの乗り物(自動車・飛行機など).

ein·sit·zig [アイン・ズィツィヒ] 形 一人乗りの, 1座席の.

ein|span·nen [アイン・シュパンネン áin-ʃpànən] 他 (h) ① (枠に)はめ込む, はさみ込む. einen Film [in die Kamera] *einspannen* フィルムをカメラに入れる. ② (馬・牛^{4}を)車につなぐ. Pferde^4 *einspannen* 馬を馬車につなぐ. ③ 《口語》(人^{4}を)仕事に駆り出す(駆り立てる). ◆〚過去分詞の形で〛tüchtig *eingespannt* sein 仕事に追われている.

Ein·spän·ner [アイン・シュペンナァ] 男 -s/- ① 一頭立ての馬車. ② 交際嫌いな人; 《口語・戯》独り者, 独身男性. ③ (オーストリア)ウィンナコーヒー; (一本ずつばらになった)ウィンナソーセージ.

ein·spän·nig [アイン・シュペニヒ] 形 ① 一頭立ての(馬車). ② 《口語・戯》独身の. *einspännig* leben 独身生活をする.

ein|spa·ren [アイン・シュパーレン áin-ʃpà:rən] 他 (h) (時間・お金など^{4}を)節約する.

Ein·spa·rung [アイン・シュパールング] 女 -/-en 節約.

ein|spei·chern [アイン・シュパイヒャァン áin-ʃpàɪçərn] 他 (h) (コンピュータ)(データ^{4}をコンピュータに)読み込ませる.

ein|sper·ren [アイン・シュペレン áin-ʃpèrən] 他 (h) ① 閉じ込める; 監禁する. ② 《口語》投獄する.

ein|spie·len [アイン・シュピーれン áin-ʃpì:lən] **I** 他 (h) ① (楽器^{4}を)弾き慣らす, 吹き慣らす. eine Geige^4 *einspielen* バイオリンを弾き慣らす. ② (楽曲^{4}を) CD (テープ・レコード)に録音する; (音楽など^{4}を)放送の前に挿入する. ③ 《映・劇》(製作費^{4}を)興行によって取り戻す. **II** 再帰 (h) *sich^4 einspielen* ① (制度・規則などが)軌道に乗る, なじむ. ② (演奏の前に)準備練習をする, (競技の前に)ウォーミングアップする. ③ (共演者などが)息が合う.

Ein·spra·che [アイン・シュプラーヘ áin-ʃpra:xə] 女 -/-n (オーストリア・スイス) 異議, 抗議 (＝Einspruch).

ein=spra·chig [アイン・シュプラーヒヒ] 形 1言語による(辞典など).

ein|spre·chen* [アイン・シュプレッヒェン áin-ʃprèçən] 自 (h) **auf** 囚^4～] (囚^{4}に)しつこく説得する.

ein|spren·gen [アイン・シュプレンゲン áin-ʃprèŋən] 他 (h) ① (物^{4}に)水を振りかけてぬらす. Wäsche^4 *einsprengen* (アイロンをかける

前に)洗濯物に霧を吹く. ② (穴など⁴を)爆破して開ける.

ein|sprin·gen* [アイン・シュプリンゲン áın-ʃprıŋən] **I** 自 (s) 《für 人⁴ ～》(人⁴の)代役を務める. **II** 再帰 (h) sich⁴ einspringen 《ｽﾎﾟ》(ウォーミングアップの)跳躍をする.

ein|sprit·zen [アイン・シュプリッツェン áın-ʃprıtsən] (h) ① 《医》(人³に物⁴を)注射する. ② 《自動車》(燃料⁴を内燃機関へ)噴射する.

Ein·sprit·zung [アイン・シュプリッツング] 女 -/-en ① 《医》注射. ② 《自動車》(燃料の)噴射.

Ein·spruch [アイン・シュプルフ áın-ʃprʊx] 男 -[e]s/..sprüche 異議, 抗議; 《官庁・法》異議申立て. gegen 物⁴ *Einspruch*⁴ erheben 物⁴に異議を申したてる.

Ein·spruchs=recht [アインシュプルフス・レヒト] 中 -[e]s/-e 《法》異議申したての権利.

ein=spu·rig [アイン・シュプーリヒ] 形 ① 1 車線の. ② 《鉄道》単線の.

einst [アインスト áınst] 副 《雅》① かつて, 昔は, 以前は(に). 《英》once. *Einst* stand hier eine Burg. 昔ここに城があった.
② いつか, 将来. *Einst* wird er es bedauern. いつの日か彼はこのことを後悔するだろう.

ein|stamp·fen [アイン・シュタンプフェン áın-ʃtampfən] 他 (h) ① (踏みつけて野菜など⁴を)樽(な)に詰め込む. ② (古紙など⁴を)つぶしてパルプにする.

Ein·stand [アイン・シュタント áın-ʃtant] 男 -[e]s/..stände ① 《南ﾄﾞｲﾂ・ｵｰｽﾄﾘｱ》就任, 就職, 就学; 就任披露のパーティー, 入社祝い. ② 〚覆 なし〛《ｽﾎﾟ》(スポーツ選手)のデビュー戦. ③ 〚覆 なし〛(テニスの)ジュース.

ein|ste·chen* [アイン・シュテッヒェン áın-ʃtɛçən] **I** 他 (h) (針などで)突き刺す. **II** 自 (h) (針など⁴を)突き刺す.

ein|ste·cken [アイン・シュテッケン áın-ʃtɛkən] 他 (h) ① 差し込む. den Stecker [in die Steckdose] *einstecken* プラグを[コンセントに]差し込む. ② (口語)(手紙⁴を)投函(ミネ)する. ③ (財布・鍵(ೃ)など⁴を)ポケットに入れる. ④ 《口語》着服する, (もうけなど⁴を)ひとり占めする. ⑤ (侮辱・批判など⁴を)甘受する, 耐え忍ぶ.

ein|ste·hen* [アイン・シュテーエン áın-ʃtɛ:ən] 自 (s) ① 《für 人・事⁴ ～》(人・事⁴を)保証する, 請け合う, (物⁴(損害など)の)補償をする. ② 《南ﾄﾞｲﾂ・ｵｰｽﾄﾘｱ・口語》就職(入学)する.

ein|stei·gen [アイン・シュタイゲン áın-ʃtaıgən] (stieg ... ein, ist ... eingestiegen) 自 (完了 sein) ① (乗り物に)乗り込む, 乗る. 《英》get on. 《反ᅯ》「降りる」は aus|steigen). in den Bus *einsteigen* バスに乗る / Wir *sind* sofort in den Zug *eingestiegen*. (現在完了) 私たちはただちに列車に乗り込んだ / Bitte *einsteigen*! (駅のアナウンスなどで:)ご乗車願います. (類語 steigen).
② 〚in 物⁴ ～〛《口語》(物⁴(企画など)に)参加す

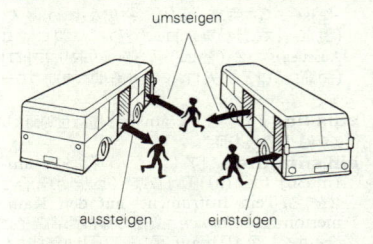

umsteigen

aussteigen   einsteigen

る; (物⁴(政治など)に)関与する. Willst du in unser Projekt *einsteigen*? 君もぼくらの企画に加わるかい. ③ (泥棒などが)忍び込む. ④ 〚in 物⁴ ～〛(壁などに)よじ登って取りつく. ⑤ 《ｽﾎﾟ》[アンフェアな]ラフプレーをする.

Ein·stei·ger [アイン・シュタイガァ áın-ʃtaıgɚ] 男 -s/- 《口語》初心者, 初学者, 新米 (=Anfänger). (女性形: -in).

Ein·stein [アイン・シュタイン áın-ʃtaın] -s/ (人名) アインシュタイン (Albert *Einstein* 1879-1955; 相対性理論 Relativitätstheorie をうちたてたドイツの理論物理学者. 1933 年ナチに追われアメリカに亡命).

ein·stell·bar [アイン・シュテルバール] 形 調節できる, 加減できる.

ein|stel·len [アイン・シュテレン áın-ʃtɛlən] (stellte ... ein, hat ... eingestellt) **I** 他 (完了 haben) ① (ある場所に)しまう, 入れる, 格納する. die Bücher⁴ in das Regal *einstellen* 本を書棚にしまう / das Auto⁴ in die Garage *einstellen* 車をガレージに入れる.
② (社員など⁴を)雇い入れる, 雇用する. neue Mitarbeiter⁴ *einstellen* 新しい従業員を雇う. ③ (一時的に)止める, 中止する. die Produktion⁴ *einstellen* 生産を中止する. ④ (ラジオ・望遠鏡など⁴を)調節する, セットする. die Kamera⁴ auf die richtige Entfernung *einstellen* カメラのピントを合わせる. ⑤ 《成句的に》den Weltrekord *einstellen* 《ｽﾎﾟ》(世界記録⁴と)タイ記録を出す.
II 再帰 (完了 haben) sich⁴ *einstellen* ① 姿を現す; (熱などが)出る; (季節が)到来する. Er *stellte sich* pünktlich bei uns *ein*. 彼は時間どおりに私たちのところへやって来た. ② 〚sich⁴ auf 物⁴ ～〛(物⁴に対して)心の準備をする, 順応する. ③ 〚sich⁴ auf 人⁴ ～〛(人⁴に)合わせる. Sie *stellt sich* ganz auf ihn *ein*. 彼女はすっかり彼に合わせている.
◇☞ eingestellt

ein=stel·lig [アイン・シュテリヒ] 形 (数が)一けたの.

Ein·stel·lung [アイン・シュテルング] 女 -/-en ① 収納, 格納. ② (従業員などの)雇用, 採用. ③ (仕事などの)中止, 休止. ④ (ラジオ・望遠鏡などの)調節, 調整. ⑤ 考え方, 立場, 態度. eine politische *Einstellung* ある政治的立場.

Ein·stieg [アイン・シュティーク áın-ʃti:k] 男

-[e]s/-e ① 乗車, 乗船; (家屋などへの)侵入; (電車・バスなどの)乗車口. (⇔「降車[口]は Ausstieg.) ② (登山で:)(岩壁への)取りつき[口] (洞窟(ﾄﾞｳ)などの)入口. ③ (難問への)アプローチ.

eins·tig [アインスティヒ áınstıç] 形《付加語としてのみ》昔の, 以前の.

ein|stim·men [アイン・シュティンメン áın-ʃtımən] I 他 (h) ① (音楽)(楽器4の)音合わせをする. ein Instrument4 **auf** den Kammerton *einstimmen* 楽器の音を標準調子に合わせる. ② 〖人4 **auf** 事4 ~〗〖人4の気持ちを事4に〗向かわせる. ◆《再帰的に》*sich*4 **auf** 事4 *einstimmen* 事4への心の準備をする. II 自 (h) ① (合唱・演奏に)加わる. **in** den Gesang [mit] *einstimmen* 歌声に加わる. ② 同意する.

ein≠stim·mig [アイン・シュティミヒ áın-ʃtımıç] 形 ① 満場一致の, 異口同音の. ② 《音楽》単声の, 単旋律の, ユニゾンの.

Ein·stim·mig·keit [アイン・シュティミヒカイト] 女 -/ ① 意見の一致, 満場一致. ② 《音楽》単声, 単旋律.

einst≠mals [アインスト・マールス] 副《雅》① かつて, 以前, 昔[は]. ② 《獨》将来, いつか.

ein≠stö·ckig [アイン・シュテキヒ] 形 2 階建ての.

ein|strei·chen* [アイン・シュトライヒェン áın-ʃtraɪçən] 他 (h) ① (物4に一面に)塗る. die Tapete4 **mit** Kleister *einstreichen* 壁紙に糊(ﾉﾘ)を塗る. ② 《口語》(利益など4を当然のことのように)受け取る, せしめる.

ein|streu·en [アイン・シュトロイエン áın-ʃtrɔʏən] 他 (h) ① (ばらばらと)まいて入れる. Stroh4 **in** den Stall *einstreuen* 家畜小屋にわらを敷く. ② (物4に)一面にまく. den Kuchen **mit** Zucker *einstreuen* ケーキに砂糖をまぶす. ③ (注釈・引用など4を)ちりばめる.

ein|strö·men [アイン・シュトレーメン áın-ʃtrøːmən] 自 (s) ① (水・ガスなどが)流れ込む. ② (群衆などが)なだれ込む.

ein|stu·die·ren [アイン・シュトゥディーレン áın-ʃtudìːrən] 他 (h) ① (役など4を)練習して覚え込む; (劇などの)けいこをする. *sich*3 ein Gedicht4 *einstudieren* 詩を暗唱する. ② (人4に事4を)教え込む.

ein|stu·fen [アイン・シュトゥーフェン áın-ʃtùːfən] 他 (h) 〖人・物4 **in** 事4 ~〗(人・物4を事4に) 等級付け(格付け)する.

ein≠stu·fig [アイン・シュトゥーふィヒ] 形 1 段の.

Ein·stu·fung [アイン・シュトゥーフング] 女 -/-en 等級付け, 格付け.

ein≠stün·dig [アイン・シュテュンディヒ] 形《付加語としてのみ》1 時間の.

ein|stür·men [アイン・シュテュルメン áın-ʃtʏrmən] 自 (s)〖**auf** 人4 ~〗(人4に)襲いかかる; (思い出などが)押し寄せる. **auf** den Feind *einstürmen* 敵に襲いかかる / Die Kinder *stürmten* **mit** Fragen **auf** die Mutter *ein*. 子供たちは母親を質問攻めにした.

Ein·sturz [アイン・シュトゥルツ áın-ʃtʊrts] 男 -es/..stürze 倒壊, 崩壊, 陥没.

ein|stür·zen [アイン・シュテュルツェン áın-ʃtʏrtsən] 自 (s) ① 倒壊(崩壊)する, 陥没する. ② 〖**auf** 人4 ~〗(記憶などが人4を)不意に襲う.

einst≠wei·len [アインスト・ヴァイレン] 副 ① さしあたり, 当分は. ② その間に.

einst≠wei·lig [アインスト・ヴァイリヒ] 形《付加語としてのみ》《官庁》仮の, 臨時の, 暫定の.

ein≠tä·gig [アイン・テーギヒ] 形《付加語としてのみ》1 日[間]の.

Ein·tags·flie·ge [アインターグス・ふリーゲ] 女 -/-n ① 〔昆〕カゲロウ. ② 《口語・比》はかないもの, 短命の人(もの).

ein|tau·chen [アイン・タオヘン áın-tàʊxən] I 他 (h) (液体に)浸す, 漬ける; 沈める. die Feder4 **in** die Tinte *eintauchen* ペンをインクに浸す. II 自 (s) (泳者・潜水艦などが)水中に潜る. **ins** Wasser *eintauchen* 潜水する.

ein|tau·schen [アイン・タオシェン áın-tàʊʃən] 他 (h) 交換する. A4 **gegen** (または **für**) B4 *eintauschen* A4 を B4 と交換する.

ein≠tau·send [アイン・タオゼント] 数〖基数; 無語尾で〗1,000 [の].

ein|tei·len [アイン・タイレン áın-tàılən] 他 (h) ① 分ける, 区分する; 分類する. ein Buch4 **in** 5 Kapitel *einteilen* 本を 5 章に分ける / Pflanzen4 **nach** Arten *einteilen* 植物を種類別に分類する. ② (お金・時間など4を)上手に配分する, 割り振る. Du *musst* [dir] deine Zeit [besser] *einteilen*! 君は時間の配分をもっと工夫しなくてはいけない. ③ 〖人4 **zu** 事4 (または **für** 事4) ~〗(人4に事3(または事4)を)割り当てる.

ein≠tei·lig [アイン・タイリヒ] 形 一つの部分から成る, ワンピースの(水着など).

Ein·tei·lung [アイン・タイルング] 女 -/-en 区分, 分割; 分類; 配分; (仕事などの)割り当て.

ein≠tö·nig [アイン・テーニヒ] 形 単調な, 退屈な.

Ein·tö·nig·keit [アイン・テーニヒカイト] 女 -/ 単調さ; 退屈さ.

Ein·topf [アイン・トプふ] 男 -[e]s/..töpfe 〔料理〕アイントプフ, ごった煮(一つの鍋で野菜や肉などを煮込んだ簡単な料理).

Ein·tracht [アイン・トラハト áın-traxt] 女 -/ (意見の)一致, 協調, 調和. die *Eintracht*4 stören 協調を乱す / Sie lebten **in** [Frieden und] *Eintracht* miteinander. 彼らはいっしょに仲よく暮らした.

ein≠träch·tig [アイン・トレヒティヒ áın-treçtıç] 形 打ち解けあった, 仲のよい.

Ein·trag [アイン・トラーク áın-traːk] 男 -[e]s/ ..träge ① 記入, 登録; (インターネットの掲示板などへの)書き込み. ② 《官庁》記入(登録)事項; メモ, 書き込み. einen *Eintrag* **ins** Klassenbuch bekommen えんま帳にマークされる. ③ 〖成句的に〗(物3 *Eintrag*4 tun 《雅》物3 に損害を与える.

ein|tra·gen* [アイン・トラーゲン áın-tràːɡən] 他 (h) ① 記入(記帳)する, 書き入れる; 《官庁》

登録(登記)する. die Namen⁴ der Teilnehmer² **in** eine Liste *eintragen* 参加者の名前をリストに載せる / Das Auto *ist* **auf** seinen Namen *eingetragen*.《状態受動・現在》その車は彼の名義で登録されている. ② (囚³に)利益・名声など⁴を)もたらす. Sein Verhalten *trug* ihm Sympathie *ein*. 彼はそのふるまいで共感を得た.
◇☞ eingetragen

ein·träg·lich [アイン・トレークリヒ] 形 もうかる, 有利な, 割のいい(仕事など).

Ein·tra·gung [アイン・トラーグング] 囡 –/-en ① 記入; 登録. ② 記入(登録)事項, 書き込み.

ein|trän·ken [アイン・トレンケン áin-trɛŋkən] 他 (h)《口語》(囚³に囲⁴の)仕返しをする.

ein|träu·feln [アイン・トロイふェルン áin-trɔ̀yfəln] 他 (囲⁴を)点滴注入する.

ein|tref·fen* [アイン・トレッふェン áin-trɛfən] du triffst ... ein, er trifft ... ein (traf ... ein, *ist* ... eingetroffen) 自 (定丁 sein) ① 着く, 到着する.〘英〙arrive). Er traf pünktlich *ein*. 彼は時間通りに着いた.(☞ 類語 an|kommen). ② (予想したことが)現実に起こる, (予言などが)的中する. Meine Ahnungen *sind* leider *eingetroffen*.〘現在完了〙私の予感は残念ながら当たった.

ein|trei·ben* [アイン・トライベン áin-tràibən] 他 (h) (囲⁴を)取りたてる, (税金⁴を)徴収する, (掛け金⁴を)回収する.

ein|tre·ten [アイン・トレーテン áin-trè:tən] du trittst ... ein, er tritt ... ein (trat ... ein, *ist/hat* ... eingetreten) I 自 (定丁 sein) ① (部屋などに)入る.〘英〙enter). Bitte, *treten* Sie *ein*! どうぞお入りください / Er trat leise **in** das Zimmer *ein*. 彼は静かにその部屋に入った. ②〘**in** 囲⁴〙(囲⁴に局面・段階などに)入る. **in** das 50. (=fünfzigste) Lebensjahr *eintreten* 50 歳になる / Wir *treten* jetzt in die Diskussion *ein*. 私たちはこれから討論に入ります. ③〘**in** 囲⁴ ~〙(囲⁴政党・協会などに)入る, 入会(加入)する.〘注〙「脱退する」は aus|treten). in einen Klub *eintreten* クラブに入会する. ④ (事件などが)起こる, (ある状態が)生じる, 始まる. Ein unerwartetes Ereignis *ist eingetreten*.〘現在完了〙思いがけない事件が起きた / Die Dunkelheit *trat ein*. 暗くなりはじめた. ⑤〘**für** 囚・囲〙(囚・囲⁴の)味方をする, (囚・囲⁴を)支持する, 擁護する. Er *trat* für mich *ein*. 彼は私の味方をしてくれた. II 他 (定丁 haben) ① (ドアなど⁴を)踏み破る, け破る. ② (靴など⁴を)はき慣らす. III 再他 (haben) *sich*³ 囲⁴ *eintreten* (踏みつけて)囲⁴を足の裏に刺す. Ich *habe* mir einen Nagel *eingetreten*. 私はくぎを踏み抜いた.

ein|trich·tern [アイン・トリヒタァン áin-trìçtərn] 他 (h)《口語》(囚³に囲⁴を)苦心して教え込む, たたき込む.

*der **Ein·tritt** [アイン・トリット áin-trɪt] 男 (単2) –[e]s/(複) –e (3格のみ –en) ① 入ること, 入場; 入会, 加入.〘英〙entry). Eintritt verboten! 立ち入り禁止 / *Eintritt* in einen Verein 協会への加入. ② (ある状態が)始まること, 開始, 発生. **bei** Eintritt der Dunkelheit² 薄暗くなってきたときに. ③ 入場料 (=*Eintritts*geld). Der *Eintritt* kostet drei Euro. 入場料は3ユーロだ / *Eintritt* frei! 入場無料.

Ein·tritts゠geld [アイントリッツ・ゲルト] 中 –[e]s/-er 入場料, 入会(入学)金.

die **Ein·tritts゠kar·te** [アイントリッツ・カルテ áintrits-kartə] 囡 (単) –/(複) –n 入場券, チケット.〘英〙ticket). eine Eintrittskarte⁴ lösen (または kaufen) 入場券を買う.

ein|trock·nen [アイン・トロックネン áin-trɔ̀knən] 自 (s) 乾いて硬くなる, 干からびる, しなびる.

ein|trü·ben [アイン・トリューベン áin-trỳ:bən] 再他 (h) *sich*⁴ *eintrüben* (空が)曇る, どんよりする. ◇〘非人称の **es** を主語として〙Es trübt [*sich*] *ein*. 空が曇る.

ein|tru·deln [アイン・トルーデルン áin-trù:dəln] 自 (s)《口語》(ゆうゆうと)遅れてやって来る.

ein|tun·ken [アイン・トゥンケン áin-tùŋkən] 他 (h)《方》(液体に)浸す (=ein|tauchen).

ein|üben [アイン・ユーベン áin-ỳ:bən] I 他 (h) ① (練習して)覚え込む, 習い覚える. ein Lied⁴ *einüben* 歌を覚える. ②〘囚³ (または **mit** 囚³) 囲⁴ ~〙(囚³に囲⁴を練習させて)教え込む. II 再他〘*sich*⁴ **in** 囲⁴ ~〙(囲⁴を)習得する.

ein゠und゠ein·halb [アイン・ウント・アインハるプ] 図〘分数; 無語尾で〙1 と 2 分の 1 (1½)[の].

ein|ver·lei·ben [アイン・ふェァらイベン áin-fɛrlàibən] (語法 einverleibt)〘注〙現在形・過去形では非分離動詞としても) I 他 (h) (A⁴ を B³ に)合併(併合)する, 編入する. II 再他 (h) *sich*⁴ 囲・囲⁴ *einverleiben* (戯)(飲食物を)平らげる; (比) 囲⁴(知識など)を自分のものにする.

Ein·ver·lei·bung [アイン・ふェァらイブング] 囡 –/-en 合併, 併合; (戯)(飲食物を)平らげること; (比)(知識を)吸収すること.

Ein·ver·nah·me [アイン・ふェァナーメ áinfɛrna:mə] 囡 –/-n (ｵｰｽﾄﾘｱ・ｽｲｽ)(法) 尋問, 審問.

Ein·ver·neh·men [アイン・ふェァネーメン áin-fɛrne:mən] 中 –s/– 一致, 協調; (官庁) 了解, 合意. **mit** 囚³ **in** gutem *Einvernehmen* stehen 囚³と仲がよい / *sich*⁴ mit 囚³ ins *Einvernehmen* setzen《書》囚³と了解し合う, 話をつける.

***ein·ver·stan·den** [アイン・ふェァシュタンデン áin-fɛrʃtandən] 形〘**mit** 囚・囲³ ~〙(囚・囲³に)同意した, 了解した, 合意の. *Einverstanden*! 承知した, オーケー! / Ich bin mit deinem Vorschlag *einverstanden*. 私は君の提案に同意します.

Ein·ver·ständ·nis [アイン・フェアシュテントニス] 匣 ..nisses/..nisse《ふつう 単》同意, 了解; 一致. *im Einverständnis mit* 人³ 人³の了承のもとで / *stillschweigendes Einverständnis* 暗黙の了解.

ein|wach·sen¹* [アイン・ヴァクセン áɪn-vàksən] 自 (s) ① (植物が…に)根づく. ② (爪(ã)などが伸びて指先の肉に)食い込む.

ein|wach·sen² [アイン・ヴァクセン] 他 (h) (物⁴に)ワックスを塗り込む.

der **Ein·wand** [アイン・ヴァント áɪn-vant] 男 (単 2) -[e]s/(複) ..wände [..ヴェンデ] (3 格のみ ..wänden) 異議, 異論, 抗議;《法》抗弁.（英 *objection*). *gegen* 人⁴ *einen Einwand machen* (または *erheben*) 人⁴に異議を唱える / *Ich habe keine Einwände.* 私には異存はありません.

Ein·wän·de [アイン・ヴェンデ] *Einwand* (異議)の 複

Ein·wan·de·rer [アイン・ヴァンデラァ áɪnvandərər] 男 -s/- (他国からの)移住者, 移民 (=*Immigrant*).（女性形: *Einwanderin*).

ein|wan·dern [アイン・ヴァンダァン áɪn-vàndərn] 自 (s) (他国から)移住する.（☞「(他国へ)移住する」は *auswandern*). *nach Kanada* (*in die USA*) *einwandern* カナダ(アメリカ合衆国)へ移住する.

Ein·wan·de·rung [アイン・ヴァンデルング] 囡 -/-en (他国からの)移住, 移民.

ein·wand·frei [アインヴァント・フライ] 形 ① 非の打ちどころのない, 申し分のない. ② 疑う余地のない, 明白な.

ein·wärts [アイン・ヴェルツ áɪn-vɛrts] 副 内へ[向かって], 中(奥)へ.

ein|wech·seln [アイン・ヴェクセルン áɪn-vèksəln] 他(h) ① 《スポ》(人⁴を)メンバーチェンジして試合に出す. ② 両替する. *Er wechselte 300 Euro in japanische Yen ein.* 彼は 300 ユーロを日本円に両替した.

ein|we·cken [アイン・ヴェッケン áɪn-vèkən] 他 (h) (果物など⁴を)びん詰めにする.

Ein·weg·fla·sche [アインヴェーク・フらッシェ] 囡 -/-n ワンウェーボトル.（☞「リターナブルびん」は *Mehrwegflasche*).

Ein·weg·ver·pa·ckung [アインヴェーク・フェアパックング] 囡 -/-en ワンウェー容器.

ein|wei·chen [アイン・ヴァイヒェン áɪn-vàɪçən] 他 (h) (液体に)浸して柔らかくする. *Wäsche*⁴ *einweichen* (汚れが落ちやすいようにあらかじめ)洗濯物を洗剤につける / *Erbsen*⁴ *einweichen* えんどう豆を水につけてふやかす.

ein|wei·hen [アイン・ヴァイエン áɪn-vàɪən] 他 (h) ① (物⁴の)落成式(除幕式・開通式)を行う. *ein Denkmal*⁴ *einweihen* 記念碑の除幕式を行う. ②《人 *in* 事⁴ ~》(人⁴に事⁴(計画など)を)打ち明ける.

Ein·wei·hung [アイン・ヴァイウング] 囡 -/-en ① 落成式, 開通式, 除幕式. ② 打ち明けること.

ein|wei·sen* [アイン・ヴァイゼン áɪn-vàɪzən] 他 (h) ①《人⁴ *in* 物⁴ ~》(人⁴に物⁴(病院など)に)入るように指示する. ② (人⁴に)手ほどきをする. 人⁴ *in eine neue Arbeit einweisen* 人⁴に新しい仕事の手ほどきをする. ③ (乗り物・運転手⁴を)誘導する.

Ein·wei·sung [アイン・ヴァイズング] 囡 -/-en ① (入院・入所などの)指示. ② (仕事などの)手ほどき. ③ (乗り物の)誘導.

ein|wen·den⁽*⁾ [アイン・ヴェンデン áɪnvèndən] *du wendest…ein, er wendet…ein* (*wandte…ein, hat…eingewandt* または *wendete…ein, hat…eingewendet*) 他 (h)《*viel, etwas, nichts* などとともに》異議(異論)を唱える. *viel*⁴ *gegen* 人・事⁴ *einwenden* 人・事⁴に対して大いに反対する / *Ich habe nichts* [*dagegen*] *einzuwenden.* これに異存はありません / *Er wandte* (または *wendete*) *ein, dass es zu spät sei.* 彼はもう遅すぎると言って反対した.

Ein·wen·dung [アイン・ヴェンドゥング] 囡 -/-en ① 異議, 異論 (=*Einwand*). *Einwendungen*⁴ *machen* 異議を唱える. ②《法》抗弁.

ein|wer·fen* [アイン・ヴェルフェン áɪn-vɛ̀rfən] I 他 (h) ① 投げ入れる, (手紙⁴を)投函(ã)する. *eine Münze*⁴ *in den Automaten einwerfen* 硬貨を自動販売機に入れる. ② (何かを投げて物⁴を)割る. *eine Fensterscheibe*⁴ *einwerfen* (石などを投げて)窓ガラスを割る. ③ (言葉など⁴を)差しはさむ. *eine kritische Bemerkung*⁴ *einwerfen* 批判的な意見を差しはさむ. ④ (球技で:)(ボール⁴を)スローインする; シュートする. II 自 (h) (球技で:)スローインする; シュートする.

ein·wer·tig [アイン・ヴェーァティヒ] 形《化・数・言》1 価の.

ein|wi·ckeln [アイン・ヴィッケルン áɪn-vìkəln] 他 (h) ① 包む, くるむ. *eine Ware*⁴ *in Papier einwickeln* 品物を包装紙に包む. ②《俗》言いくるめる, まるめ込む.

ein|wil·li·gen [アイン・ヴィリゲン áɪn-vìlɪgən] 自 (h)《*in* 事⁴ ~》(事⁴に)同意する, 承諾する. *in die Scheidung einwilligen* 離婚に同意する.

Ein·wil·li·gung [アイン・ヴィリグング] 囡 -/-en 同意, 承諾.

ein|wir·ken [アイン・ヴィルケン áɪn-vìrkən] I 自 (h)《*auf* 人・物 ~》(人・物⁴に)影響を及ぼす, 作用する. *erzieherisch auf* 人⁴ *einwirken* 人⁴に教育的な影響を与える. II 他 (h) (模様など⁴を)織り込む.

Ein·wir·kung [アイン・ヴィルクング] 囡 -/-en 影響, 作用, 効果.

ein·wö·chent·lich [アイン・ヴェッヒェントりヒ] 形 1 週間ごとの, 毎週の.

ein·wö·chig [アイン・ヴェヒヒ] 形《付加語としてのみ》1 週間の.

der **Ein·woh·ner** [アイン・ヴォーナァ áɪnvo:nər] 男 (単) -s/(複) - (3 格のみ -n) 住民,

居住者. (英 inhabitant). die *Einwohner* von Berlin ベルリンの住民 / Die Stadt hat zwei Millionen *Einwohner*. その都市は人口 200 万を擁する.

Ein·woh·ne·rin [アイン・ヴォーネリン áin-vo:-nərɪn] 囡 -/..rinnen (女性の)住民, 居住者.

Ein·woh·ner=mel·de·amt [アインヴォーナァ・メるデアムト] 匣 -[e]s/..ämter (市町村の)住民登録局(課).

Ein·woh·ner·schaft [アイン・ヴォーナァシャフト] 囡 -/-en 《ふつう 匣》 (総称として:)全住民, 全人口.

Ein·woh·ner=zahl [アインヴォーナァ・ツァーる] 囡 -/-en 人口, 居住者数.

Ein·wurf [アイン・ヴルふ áin-vurf] 男 -[e]s/..würfe ① 投入, 投函(とう); (郵便物などの)投入口, 差し入れ口. ② (相手の発言中に)差しはさむ意見(反論), 口出し. einen *Einwurf* machen 異議を差しはさむ. ③ (サッカーなどの)スローイン.

ein|wur·zeln [アイン・ヴルツェるン áin-vùrtsəln] 自 (s)《再帰》 (h) *sich*[4] *einwurzeln* 根づく, 根を下ろす.

Ein·zahl [アイン・ツァーる] 囡 -/-en 《ふつう 匣》《言》単数[形] (=Singular). (⇔「複数[形]」は Mehrzahl).

ein|zah·len [アイン・ツァーれン áin-tsà:lən] (zahlte...ein, hat...eingezahlt) 他《完了 haben》払い込む; 預金する. eine Summe[4] **auf** ein Konto *einzahlen* ある金額を銀行口座に払い込む / Geld[4] **bei** der Bank *einzahlen* 銀行に預金する.

Ein·zah·lung [アイン・ツァーるング] 囡 -/-en ① 払い込み. ② 払込金額; 預金.

Ein·zah·lungs=schein [アイン・ツァーるングス・シャイン] 男 -[e]s/-e ① 払い込み証明書. ② (ポスト・スイス)(郵便振替の)払込用紙 (=Zahlkarte).

ein|zäu·nen [アイン・ツォイネン áin-tsɔ̀ynən] 他 (h) 垣で囲む, (囲4に)垣根を巡らす.

Ein·zäu·nung [アイン・ツォイヌング] 囡 -/-en ① 囲いをすること. ② 垣, 囲い.

ein|zeich·nen [アイン・ツァイヒネン áin-tsàiçnən] 他 (h) 書き入れる, 記入する. die Campingplätze[4] **auf** (または in) der Karte (または in die Karte) *einzeichnen* キャンプ場を地図に書き入れる. ◇《再帰的に》*sich*[4] in die Liste (または in der Liste) *einzeichnen* 名簿に自分の名前を記入する.

ein|zei·lig [アイン・ツァイリヒ áintsəl] 形 1 行の, 1 行からなる.

Ein·zel [アインツェる áintsəl] 匣 -s/- (テニスなどの)シングルス (=*Einzel*spiel).

Ein·zel=fall [アインツェる・ふァる] 男 -[e]s/..fälle 個々の場合(ケース); (特殊な)事例.

Ein·zel=**fra·ge** [アインツェる・ふラーゲ] 囡 -/-n 《ふつう 匣》個別的な問題.

Ein·zel=**gän·ger** [アインツェる・ゲンガァ] 男 -s/- 一匹おおかみ; 一匹だけで行動する動物. (女性形: -in).

Ein·zel=haft [アインツェる・ハふト] 囡 -/-en 独房監禁.

Ein·zel=**han·del** [アインツェる・ハンデる] 男 -s/- 小売り, 小売業.

Ein·zel·han·dels=preis [アインツェるハンデるス・プライス] 男 -es/-e 小売価格.

Ein·zel=händ·ler [アインツェる・ヘンドらァ] 男 -s/- 小売業者. (女性形: -in).

die **Ein·zel·heit** [アインツェるハイト áintsəlhaɪt] 囡 -/(単)-(複)-en 詳細, 細目; 個々の事柄. (英 detail). **auf** *Einzelheiten* ein|gehen 個々の点に詳しく触れる / 匣[4] bis in die kleinsten *Einzelheiten* erklären 匣[4]を事細かに説明する.

Ein·zel=kampf [アインツェる・カンプふ] 男 -[e]s/..kämpfe ① 《軍》一騎打ち. ② 《スポ》個人戦.

Ein·zel=**kind** [アインツェる・キント] 匣 -[e]s/-er 一人っ子.

Ein·zel·ler [アインツェらァ] 男 -s/- 《生》単細胞生物.

ein·zel·lig [アイン・ツェリヒ] 形 《生》単細胞の.

***ein·zeln** [アインツェるン áintsəln] 形 ① 個々の, 一つ一つの; 単独の, 単一の. (英 individual). Der *einzelne* Mensch ist machtlos. 人間一人一人は無力である / ein *einzelner* Baum ぽつんと一本立っている木 / ein *einzelner* Schuh 靴の片方. ◇《副詞的に》 Die Gäste kamen *einzeln*. お客たちはばらばらにやって来た / Bitte *einzeln* eintreten! お一人ずつお入りください.

◇《名詞的に》 ein *Einzelner* 一人, 個人 / im *Einzelnen* 個々の点について, 詳細に / ins *Einzelne* gehen 細部にわたる / **vom** *Einzelnen* ins Ganze gehen 個々から全体へと至る.
② いくつかの, 二三の, 若干の. *Einzelne* Mitglieder waren dagegen. 二三の会員がそれに反対した / *einzelne* Regenschauer (天気予報で:)ときどき(所により)にわか雨.

◇《名詞的に》 *Einzelnes* will ich herausheben. 二三の点を私は強調したい / *Einzelne* sagen, dass... 二三の人々が…と言っている.

Ein·zel=teil [アインツェる・タイる] 匣 -[e]s/-e [個々の]部品.

Ein·zel=**we·sen** [アインツェる・ヴェーゼン] 匣 -s/- 個人, 個体, 個別的存在.

das **Ein·zel=zim·mer** [アインツェる・ツィンマァ áintsəl-tsɪmɐr] 匣 (単2)-s/(複)-(3 格のみ -n) (ホテルなどの)一人部屋, シングル[ルーム], 個室. (⇔「二人部屋」は Doppelzimmer). Haben Sie ein *Einzelzimmer* frei? (ホテルで:)シングルルームは空いていますか.

ein|zie·hen* [アイン・ツィーエン áin-tsi:ən] (zog...ein, hat/ist...eingezogen) **I** 他 《完了 haben》① 引っ込める, しまい込む. den Bauch *einziehen* 腹を引っ込める / Die Katze *zieht* die Krallen *ein*. 猫が爪(コ)を引

っ込める / den Schwanz *einziehen* (犬などが)しっぽを巻く / die Fahne⁴ *einziehen* 旗を下ろす / die Netze⁴ *einziehen* 網を引き上げる. ② (税金などを)徴収する, 取りたてる; (財産などを⁴)没収する; (通貨などを⁴)回収する. Der Staat *hat* ihren Besitz *eingezogen*. 国家は彼らの財産を没収した. ③ 召集する, 徴兵する. ④ (糸などを⁴)通す; (窓ガラスなどを⁴)はめ込む. einen Faden in die Nadel *einziehen* 糸を針に通す. ⑤ (情報などを⁴)収集する. ⑥ (空気などを⁴)吸い込む.

II 自 (定了 sein) ① 引っ越して来る, 入居する. (定了「引っ越して行く」は aus|ziehen). Wir *sind* gestern **in** das neue Haus *eingezogen*. 【現在完了】私たちはきのう新しい家に引っ越して来た. ② (選手団が競技場に)入場する; (勝って)進出する. **in** die Endrunde *einziehen* 決勝戦に進出する. ③ (水などが)染み込む. Die Creme *zieht* rasch [**in** die Haut] *ein*. そのクリームはすぐ肌に染み込む.

ein·zig* [アインツィヒ áıntsıç] **I 形 ① ただ一つの, ただ一人の, 唯一の. (英 *only*). nur ein *einziges* Mal ただ一度だけ / Inge ist unser *einziges* Kind. インゲは私たちの一人娘です / Ich habe nur einen *einzigen* Anzug. 私はスーツを一着しか持っていない. ◇《名詞的に》Das ist das *Einzige*, was wir tun können. これが私たちにできることです.
② 比類のない, 抜群の. Darin bist du wirklich *einzig*. その分野で君は実際第一人者だ.
II 副 ただ一つ(一人)だけ. *einzig* und allein ただただ, ひとえに / *Einzig* er ist daran schuld. 彼だけにその責任があるのです.

ein·zig⋄ar·tig [アインツィヒ・アールティヒ] 形 二つとない, 二人といない, 比類のない.

Ein·zim·mer⋄woh·nung [アインツィンマァ・ヴォーヌング] 女 -/-en ワンルームマンション, 1DK のアパート.

ein|zu·ckern [アイン・ツッカァン áin-tsʊkɐrn] 他 (h) (果物などを⁴)砂糖漬けにする.

Ein·zug [アイン・ツーク áin-tsu:k] 男 -[e]s/..züge ① 引っこめること. ② 入居, 転入. (定了「(住居)を引き払うこと」は Auszug). der *Einzug* **in** ein neues Haus 新しい家への引っ越し. ③ 入場[行進], (軍隊の)入城, 進駐. ④ (季節などの)到来, 訪れ. ⑤ (税金などの)徴収. ⑥ (印)(行頭の)字下げ.

Ein·zugs⋄be·reich [アインツークス・ベライヒ] 男 (まれに 中) -[e]s/-e 経済圏.

Ein·zugs⋄ge·biet [アインツークス・ゲビート] 中 -[e]s/-e ① =Einzugsbereich ② 《地理》(河川の)流域.

ein·zu·kau·fen [アイン・ツ・カオフェン] *ein|kaufen (買い物をする)の zu 不定詞.

ein·zu·la·den [アイン・ツ・らーデン] *ein|laden (招待する)の zu 不定詞.

ein·zu·schla·fen [アイン・ツ・シュらーフェン] *ein|schlafen (眠り込む)の zu 不定詞.

ein·zu·stei·gen [アイン・ツ・シュタイゲン] *ein|steigen (乗り込む)の zu 不定詞.

ein|zwän·gen [アイン・ツヴェンゲン áıntsvɛŋən] 他 (h) 押し込む, 無理に入れる.

eis, Eis¹ [エーイス é:ıs] 中 -/- 《音楽》嬰(ホ)音.

*das **Eis²** [アイス áıs]

氷; アイスクリーム

Möchten Sie den Whisky mit *Eis*?
メヒテン ズィー デン ヴィスキー ミット アイス
ウイスキーには氷を入れますか.

中 (単2) -es/ ① 氷. (英 *ice*). Glatt*eis* つるつるの氷 / Das *Eis* schmilzt. 氷が溶ける / Das *Eis* bricht. 氷が割れる / Das *Eis* trägt noch nicht. 氷はまだ[人が乗れるほど]厚くない / Sie ist kalt wie *Eis*. 彼女は氷のように冷たい / **auf** dem *Eis* Schlittschuh laufen スケートをする / aufs *Eis* gehen スケートに行く / 物·事⁴ **auf** *Eis* legen a) 物⁴を冷蔵する, b) 《比》問題⁴を当分棚上げにする, c) 物⁴(お金など)を使わずに取っておく / Das *Eis* ist gebrochen. 【現在完了】a) 氷が割れた, b) 《比》気分がほぐれた, わだかまりが解けた.
② アイスクリーム. Zwei *Eis* mit Sahne, bitte! 生クリームを添えたアイスクリームを二つください / *Eis* am Stiel アイススティック.
③ (アイスホッケーなどの)リンク.

Eis⋄bahn [アイス・バーン] 女 -/-en スケートリンク.

Eis⋄bär [アイス・ベーァ] 男 -en/-en 《動》シロクマ, ホッキョクグマ.

Eis⋄be·cher [アイス・ベッヒャァ] 男 -s/- ① アイスクリームカップ. ② パフェ, サンデー(果物·生クリームなどを添えたアイスクリーム).

Eis⋄bein [アイス・バイン] 中 -[e]s/-e ① 《料理》アイスバイン(塩漬けにした豚の脚をゆでた料理). ② 《圈で》《口語·戯》冷えた足. *Eisbeine*⁴ bekommen (または kriegen) 足が冷えきってしまう.

Eis⋄berg [アイス・ベルク] 男 -[e]s/-e 氷山.

Eis⋄beu·tel [アイス・ボイテる] 男 -s/- 氷嚢(のう), 氷枕(まくら).

Eis⋄blu·me [アイス・ブるーメ] 女 -/-n 《ふつう 圈》(窓ガラスなどにできた)氷の花模様.

Eis⋄bre·cher [アイス・ブレッヒャァ] 男 -s/- ① 《海》砕氷船. ② (橋脚の)流氷よけ.

Eis⋄creme [アイス・クレーム] 女 -/-s アイスクリーム.

Eis⋄die·le [アイス・ディーれ] 女 -/-n アイスクリームパーラー.

*das **Ei·sen** [アイゼン áızən] 中 (単2) -s/(複) -① 《圈 なし》鉄 (記号: Fe). (英 *iron*). *Eisen*⁴ schmieden 鉄を鍛える / fest wie *Eisen* 鉄のように頑丈な / **ein heißes** *Eisen* やっかいな問題(←熱い鉄) / noch ein *Eisen*⁴ im Feuer haben 《口語》他に打つ手がある / Das Tor ist **aus** *Eisen*. その門は鉄製だ / Er ist **von** *Eisen*. 彼は頑健だ / Not bricht *Eisen*.

《ぷ》窮すれば通ず(←困窮は鉄を砕く) / Man muss das *Eisen* schmieden, solange es heiß ist. 《ぷ》鉄は熱いうちに打て / 鉄**⁴ zum alten *Eisen* werfen《口語》國をお払い箱にする(←古鉄の所に投げる) / zum alten *Eisen* gehören《口語》(年をとって)役にたたなくなる(←古鉄の一部になる).
② (鉄製の器具:)アイロン(=Bügel*eisen*);(登山用の)アイゼン(=Steig*eisen*);(ゴルフの)アイアン;(フェンシングの)剣;蹄鉄(=Huf*eisen*);(狩)鉄製のわな.

Ei·sen·ach [アイゼナハ áɪzənax] 中 -s/《都市名》アイゼナハ(ドイツ、テューリンゲン州. 郊外に伝説や歌合戦、またルターが聖書を翻訳したことで知られるヴァルトブルク城がある. J.S. バッハの生地; ⇒《地区》E-3).

***die Ei·sen⸗bahn** [アイゼン・バーン áɪzənba:n] 囡 (単)-/(複)-en ① 鉄道. (英 *railroad*). **mit der *Eisenbahn* fahren** 列車で行く / **Er ist bei der *Eisenbahn*.** 彼は鉄道会社に勤めている / **Es ist [die] höchste *Eisenbahn*.**《口語》もうこれ以上ぐずぐずできない. ② (おもちゃの)鉄道模型.

Ei·sen·bah·ner [アイゼン・バーナァ áɪzənba:nər] 男 -s/- 鉄道[職]員.(女性形: -in).

Ei·sen·bahn⸗fäh·re [アイゼンバーン・フェーレ] 囡 -/-n 列車フェリー.

Ei·sen·bahn⸗**kno·ten·punkt** [アイゼンバーン・クノーテンプンクト] 男 -[e]s/-e 鉄道連絡(接続)駅.

Ei·sen·bahn⸗**netz** [アイゼンバーン・ネッツ] 中 -es/-e 鉄道網.

Ei·sen·bahn⸗**über·gang** [アイゼンバーン・ユーバァガング] 男 -[e]s/..gänge (鉄道の)踏切.

Ei·sen·bahn⸗**un·glück** [アイゼンバーン・ウングリュック] 中 -[e]s/-e 鉄道事故.

Ei·sen·bahn⸗**wa·gen** [アイゼンバーン・ヴァーゲン] 男 -s/- 鉄道車両.

Ei·sen⸗be·ton [アイゼン・ベトーン] 男 -s/-s (または -e) (ブリテ.ﾅｼ) 鉄筋コンクリート(=Stahlbeton).

Ei·sen⸗blech [アイゼン・ブれヒ] 中 -[e]s/-e 薄鋼板.

Ei·sen⸗**erz** [アイゼン・エーァツ] 中 -es/-e 鉄鉱[石].

ei·sen⸗hal·tig [アイゼン・ハるティヒ] 形 鉄[分]を含んだ.

ei·sen⸗**hart** [アイゼン・ハルト] 形 鉄のように堅い;《比》堅固な(意志など).

Ei·sen⸗hüt·te [アイゼン・ヒュッテ] 囡 -/-n 製鉄所.

Ei·sen·stadt [アイゼン・シュタット áɪzən-ʃtat] 中 -s/《都市名》アイゼンシュタット(オーストリア、ブルゲンラント州の州都; ⇒《地区》H-5).

Ei·sen⸗**wa·ren** [アイゼン・ヴァーレン] 複 鉄製品、金物.

Ei·sen⸗**werk** [アイゼン・ヴェルク] 中 -[e]s/-e ① 鉄製の装飾品. ② 精錬所、冶金工場.

Ei·sen⸗**zeit** [アイゼン・ツァイト] 囡 -/《考古》鉄器時代.

ei·sern [アイザァン áɪzərn] I 形 ①《付加語としてのみ》鉄の、鉄製の.(英 *iron*). **ein eisernes Geländer** 鉄製の手すり / **eine eiserne Kette** 鉄の鎖. ②《比》揺るぎない、強じんな;厳格な、仮借ない. ***eiserne* Nerven** 強じんな神経 / **ein *eiserner* Wille** 強固な意志 / **mit *eiserner* Faust** 情け容赦なく(←鉄のこぶしで).
II 副《比》断固として、頑として. ***eisern* schweigen** かたくなに黙り通す / [Aber] ***eisern*!**《口語》(返事として:)もちろんですとも.

Eis⸗feld [アイス・フェるト] 中 -[e]s/-er 氷原.

Eis⸗flä·che [アイス・ふれッヒェ] 囡 -/-n 氷[結]面.

eis⸗frei [アイス・フライ] 形 氷の張らない、不凍の(湖・港など).

Eis⸗gang [アイス・ガング] 男 -[e]s/(春になり)川の水が割れて流れること、解氷;流氷.

eis⸗ge·kühlt [アイス・ゲキュールト] 形 氷(冷蔵庫)で冷やした.

eis⸗grau [アイス・グラオ] 形 霜のように白い. ***eisgraues* Haar** 銀髪.

die **Eis·hei·li·gen** [アイス・ハイリゲン] 複《定冠詞とともに》5 月中旬の寒波[のころ](元の意味は「氷の聖人」. 5 月中旬の聖人たちの祝日ごろに寒さがぶり返すことがあることから).

Eis⸗**ho·ckey** [アイス・ホッケ] 中 -s/《ｽﾎﾟ》アイスホッケー.

ei·sig [アイズィヒ áɪzɪç] 形 ① 氷のように冷たい(寒い);《比》ぞっとする(恐怖など).(英 *icy*). **ein *eisiger* Wind** 肌を刺すような冷たい風 / **ein *eisiger* Schrecken** ぞっとするような恐怖. ② 冷ややかな、冷淡な. **eine *eisige* Antwort** 氷のように冷たい返事.

Eis⸗kaf·fee [アイス・カフェ] 男 -s/-s コーヒーフロート(アイスクリームを浮かせたアイスコーヒー).

eis⸗kalt [アイス・カるト] 形 ① 氷のように冷たい(飲み物など);《比》ぞっとする. ***eiskaltes* Wasser** 氷のように冷たい水. ② 冷ややかな、冷淡な;冷徹な.

Eis⸗kris·tall [アイス・クリスタる] 男 -s/-e 《ふつう 複》氷晶.

Eis⸗kunst·lauf [アイス・クンストらオふ] 男 -[e]s/《ｽﾎﾟ》フィギュアスケート.

Eis⸗lauf [アイス・らオふ] 男 -[e]s/ [アイス]スケート.

eis|lau·fen* [アイス・らオフェン áɪs-làʊfən] 自 (s) [アイス]スケートをする.

Eis⸗ma·schi·ne [アイス・マシーネ] 囡 -/-n アイスクリームメーカー.

Eis⸗meer [アイス・メーァ] 中 -[e]s/-e 極洋、氷海. **das nördliche (südliche) *Eismeer*** 北(南)氷洋.

Eis⸗**pi·ckel** [アイス・ピッケる] 男 -s/- (登山用の)[アイス]ピッケル.

Ei⸗sprung [アイ・シュプルング] 男 -[e]s/..sprünge《動・医》排卵.

Eis⸗re·gen [アイス・レーゲン] 男 -s/ 氷雨(ひさめ).

Eis⸗**re·vue** [アイス・レヴュー] 囡 -/-n [..ヴューエン] アイスレビュー.

Eis*schie*ßen [アイス・シーセン] 回 -s/ 《スポ》カーリング(取っ手付きの円盤を氷上に滑らせ、円形の的にできるだけ近くに寄せる競技).

Eis*schnell*lauf [アイス・シュネるラオふ] 男 -[e]s/ 《スポ》スピードスケート[競技].

Eis*schol*le [アイス・ショれ] 囡 -/-n (流氷・浮氷などの)氷塊.

Eis*schrank [アイス・シュランク] 男 -[e]s/ ..schränke 冷蔵庫(=Kühlschrank); アイスボックス.

Eis*tanz [アイス・タンツ] 男 -es/ 《スポ》アイスダンス.

Eis*vo*gel [アイス・ふォーゲる] 男 -s/..vögel ①《鳥》カワセミ. ②《昆》イチモンジチョウ.

Eis*wür*fel [アイス・ヴュルふェる] 男 -s/- (冷凍庫で作った)角氷, アイスキューブ.

Eis*zap*fen [アイス・ツァプふェン] 男 -s/- つらら.

Eis*zeit [アイス・ツァイト] 囡 -/-en 氷河期;《地学》氷河時代.

ei*tel [アイテる áɪtəl] 形《比較 eitler, 最上 eitelst; 格変化語尾がつくときは eitl-) ① うぬぼれ(虚栄心)の強い, 見えっぱりの.《寒》*vain*). ein *eitler* Mensch 虚栄心の強い人 / Er ist *eitel* wie ein Pfau. 彼はくじゃくのように虚栄心が強い / **auf** 囚⁴ *eitel* sein 囚⁴を鼻にかけている. ②《雅》むなしい, 空虚な. *eitle* Hoffnung むなしい希望. ③《付加語としてのみ; 無語尾で》《戯》純粋な, ただ…だけの. Die Figur ist *eitel* Gold. その彫像は純金製だ.

Ei*tel*keit [アイテるカイト] 囡 -/-en ①《ふつう単》うぬぼれ, 虚栄[心]. ②《雅》むなしさ, 空虚. die *Eitelkeit* der Welt² この世のむなしさ.

Ei*ter [アイタァ áɪtər] 男 -s/《医》膿(のう), うみ.

Ei*ter*beu*le [アイタァ・ボイれ] 囡 -/-n《医》膿瘍(のうよう), おでき(=Furunkel).

ei*te*rig [アイテリヒ áɪtərɪç] 形 =eitrig

ei*tern [アイタァン áɪtərn] 自 (h)《医》化膿(かのう)する.

Ei*te*rung [アイテルング] 囡 -/-en《医》化膿(かのう).

eit*rig [アイトリヒ áɪtrɪç] 形 化膿(かのう)した, 化膿性の; 膿状の.

Ei*weiß [アイ・ヴァイス] 回 -es/-e ①《ふつう単》(単位: -/-)(卵の)白身, 卵白. Dotter⁴ und *Eiweiß*⁴ trennen〔卵の〕黄身と白身を分ける / drei *Eiweiß* 卵3個分の白身. ②《生・化》蛋白(たんぱく)質.

ei*weiß*hal*tig [アイヴァイス・ハるティヒ] 形 蛋白(たんぱく)質を含む.

ei*weiß*reich [アイヴァイス・ライヒ] 形 蛋白(たんぱく)質に富んだ.

Ei*zel*le [アイ・ツェれ] 囡 -/-n《生》卵細胞.

EKD [エー・カー・デー]《略》ドイツ福音教会(=Evangelische Kirche in Deutschland).

Ekel [エーケる é:kəl] I 男 -s/ 吐き気, むかつき; 嫌悪[感], 不快[感]. einen *Ekel* vor 囚・物³ haben 囚・物³に対して吐き気を催す, 囚・物³がいやでたまらない / ein *Ekel* vor sich³ selbst 自己嫌悪. II 回 -s/-《口語》(胸がむかつくほど)いやなやつ.
► ekel*erregend

ekel*er*re*gend, Ekel er*re*gend [エーケる・エァレーゲント] 形 吐き気を催すような.

ekel*haft [エーケるハふト] I 形 吐き気を催すような, むかつくような; いやな, 不快な. ein *ekelhafter* Geruch 吐き気を催すようなにおい / ein *ekelhaftes* Wetter ひどい天気.
II 副《口語》非常に, とても, ひどく. Es ist *ekelhaft* kalt. とても寒い.

eke*lig [エーケりヒ é:kəlɪç] 形 =eklig

ekeln [エーケるン é:kəln] I 再帰 (h)〖*sich*⁴ vor 囚・物³〗(囚・物³に)吐き気を覚える, (囚・物³が)大嫌いである. Ich *ekle* mich vor Spinnen. 私はくもが大嫌いだ. II 非人称 (h)〖es *ekelt* 囚⁴ (または 囚³) vor 囚・物³〗(囚・物³の形で)囚⁴(または囚³)は囚・物³が大嫌いである. Es *ekelt* mich (または mir) vor ihm. 私は彼がいやでたまらない. III 他 (h)(囚⁴に)吐き気(嫌悪感)を催させる.

EKG [エー・カー・ゲー] 回 -[s]/-[s]《略》《医》心電図(=Elektrokardiogramm).

Eklat [エクらー eklá:] 男 -s/-s センセーション, スキャンダル.

ekla*tant [エクらタント eklatánt] 形 ① 明白な, 歴然とした. ② センセーショナルな.

ek*lig [エークりヒ é:klɪç] I 形 吐き気を催すような,《口語》感じの悪い, ひどくいやな. II 副《口語》ひどく, ものすごく.

Ek*sta*se [エクスターゼ ɛkstá:zə] 囡 -/-n 忘我, 恍惚(こうこつ); エクスタシー;《宗》法悦. in *Ekstase* geraten 恍惚となる.

ek*sta*tisch [エクスターティッシュ ɛkstá:tɪʃ] 形 忘我の, 恍惚(こうこつ)の.

Eku*a*dor [エクアドーァ ekuadó:r] 回 -s/《国名》エクアドル[共和国](=Ecuador).

Ek*zem [エクツェーム ɛktsé:m] 回 -s/-e《医》湿疹(しっしん).

Ela*bo*rat [エらボラート elaborá:t] 回 -[e]s/-e《雅》練り上げた文章, 労作; 駄文, 駄作.

Elan [エらーン elá:n または エらーン elǎ:] 男 -s/ 感情の高揚, 感激. mit [großen] *Elan* 大いに張り切って.

elas*tisch [エらスティッシュ elástɪʃ] 形 ① 弾力[性]のある, 伸縮性の(材料など). ② しなやかな, 弾むような. mit *elastischem* Schritt 軽やかな足取りで. ③《比》融通の利く, 順応性のある. eine *elastische* Politik 柔軟な政策.

Elas*ti*zi*tät [エらスティツィテート elastitsitɛ́:t] 囡 -/《ふつう単》① 弾力[性], 伸縮性. ② しなやかさ, 柔軟性;《比》融通性, 順応性.

die **El*be** [エるベ ɛ́lbə] 囡 -/《定冠詞とともに》《川名》エルベ川(チェコ北西部に発し, ドイツを貫流して北海に注ぐ. ☞《地図》F-3~E-2~D-2).

Elch [エるヒ ɛ́lç] 男 -[e]s/-e《動》ヘラジカ.

El*do*ra*do [エるドラード ɛldorá:do] 回 -s/-s 楽園, 理想郷(南米にあるとされた伝説上の黄金郷の名から).

Elec·tro·nic Cash [エレクトロニック ケッシュ ilεktrónik kέʃ] [英] 中 –/– 電子マネー.

der **Ele·fant** [エレふァント elefánt] 男 (単2·3·4) -en/(複) -en (動) ゾウ(象). (英 *elephant*). ein afrikanischer *Elefant* アフリカ象 / Er benimmt sich wie ein *Elefant* im Porzellanladen. (口語)あいつは傍若無人だよ(←陶磁器店に入った象のようにふるまう) / aus einer Mücke einen *Elefanten* machen (口語) 針小棒大に言う, 誇張する(←蚊から象を作る).

Ele·fan·tin [エレふァンティン elefántın] 囡 –/..tinnen (動) (雌の)ゾウ(象).

ele·gant [エレガント elegánt] 形 (比較 eleganter, 最上 elegantest) ① エレガントな(優雅)な, 上品な, 洗練された. (英 *elegant*). eine *elegante* Kleidung あか抜けした服装. ② 鮮やかな, 巧みな, スマートな(問題の解決など). ③ 精選された.

Ele·ganz [エレガンツ elegánts] 囡 –/ 優雅さ, 上品さ, 洗練; 如才なさ, 巧みさ.

Ele·gie [エレギー elegí:] 囡 –/-n [..ギーエン] エレジー, 悲歌, 哀歌.

ele·gisch [エレーギッシュ elé:gıʃ] 形 ① エレジーの, 悲歌(体)の. ② (比) 哀調を帯びた.

elek·tri·fi·zie·ren [エレクトリふィツィーレン elεktrifitsí:rən] 他 (h) (鉄道など4を)電化する.

Elek·tri·fi·zie·rung [エレクトリふィツィールング] 囡 –/-en 電化.

Elek·trik [エレクトリク elέktrık] 囡 –/-en ① (総称として:)電化設備. ② (複 なし)(口語) 電気工学 (=Elektrotechnik).

Elek·tri·ker [エレクトリカァ elέktrikər] 男 -s/- 電気技師, 電気工. (女性形: -in).

* **elek·trisch** [エレクトリッシュ elέktrıʃ] 形 (英 *electric*) ① 電気の, 電気に関する. *elektrischer* Strom 電流 / die *elektrische* Spannung 電圧 / ein *elektrischer* Widerstand 電気抵抗 / *elektrische* Energie 電気エネルギー. ② 電動(式)の, 電気による. ein *elektrisches* Gerät 電気器具 / ein *elektrischer* Rasierapparat 電気かみそり / Er bekam einen *elektrischen* Schlag. 彼は感電した / 動4 *elektrisch* betreiben 動4を電気で動かす(操作する) / Wir heizen *elektrisch*. 私たちの家は電気で暖房をしている.

elek·tri·sie·ren [エレクトリズィーレン elεktrizí:rən] I 他 (h) ① (動4に)電流を通す, 帯電させる; (医) (囚4· 動4*体の一部に)電気治療をする. ② (比) 感動(熱狂)させる, ぞくぞくさせる. II 再帰 (h) *sich*4 *elektrisieren* 感電する. Er *hat* sich **an** der Steckdose *elektrisiert*. 彼はコンセントで感電した.

die **Elek·tri·zi·tät** [エレクトリツィテート elεktritsité:t] 囡 (単) –/ ① (物) 電気 (英 *electricity*). statische *Elektrizität* 静電気. ② 電力, 電流. eine Stadt4 mit *Elektrizität* versorgen ある都市に電力を供給する.

Elek·tri·zi·täts⸗werk [エレクトリツィテーツ·ヴェルク] 中 -[e]s/-e 発電(変電·配電)所.

elek·tro.. [エレクトロ.. elektro.. または エレクトロ..] 《形容詞につける 腰頭》 《電気[の]》 例: *elektro*magnetisch 電磁気の.

Elek·tro.. [エレクトロ.. または エレクトロ..] 《名詞につける 腰頭》 《電気》 例: *Elektro*chemie 電気化学.

Elek·tro⸗au·to [エレクトロ·アオトー] 中 -s/-s 電気自動車.

Elek·tro⸗de [エレクトローデ elεktró:də] 囡 –/-n (電子) 電極.

Elek·tro⸗ge·rät [エレクトロ·ゲレート] 中 -[e]s/-e [家庭用]電気器具.

Elek·tro⸗herd [エレクトロ·ヘーァト] 男 -[e]s/-e 電気レンジ(上にこんろ, 下にオーブンのある電気調理器).

Elek·tro⸗in·dus·trie [エレクトロ·インドゥストリー] 囡 –/-n [..リーエン] 《ふつう 単》 電気機械(電機)産業.

Elek·tro⸗in·ge·ni·eur [エレクトロ·インジェニエーァ] 男 -s/-e 電気技師. (女性形: -in).

Elek·tro⸗kar·dio·gramm [エレクトロ·カルディオグラム] 中 -s/-e (医) 心電図 (略: EKG).

Elek·tro·ly·se [エレクトロリューゼ elεktrolý:-zə] 囡 –/-n (物·化) 電[気分]解.

Elek·tro⸗ma·gnet [エレクトロ·マグネート] 男 -en(または -[e]s)/-e[n] 電磁石.

Elek·tro⸗ma·gne·tisch [エレクトロ·マグネーティッシュ] 形 電磁気の. *elektromagnetische* Wellen 電磁波.

Elek·tro⸗me·cha·ni·ker [エレクトロ·メヒャーニカァ] 男 -s/- 電気機械工. (女性形: -in).

Elek·tro⸗mo·tor [エレクトロ·モートァ] 男 -s/-en [..トーレン] (工) 電動機, 電気モーター.

Elek·tron [エーレクトローン または エレク.. elék..] 中 -s/-en [エレクトローネン] (物) 電子, エレクトロン.

Elek·tro·nen⸗blitz·ge·rät [エレクトローネン·ブリッツゲレート] 中 -[e]s/-e (写) ストロボ.

Elek·tro·nen⸗mi·kro·skop [エレクトローネン·ミクロスコープ] 中 -s/-e 電子顕微鏡.

Elek·tro·nen⸗röh·re [エレクトローネン·レーレ] 囡 –/-n (電) 電子管.

Elek·tro·nik [エレクトローニク elεktró:nık] 囡 –/-en ① 《複 なし》 電子工学, エレクトロニクス. ② 電子機器.

elek·tro·nisch [エレクトローニッシュ elεktró:-nıʃ] 形 電子[工学]の.

Elek·tro⸗schock [エレクトロ·ショック] 男 -[e]s/-s (まれ -e) (医) 電気ショック.

Elek·tro⸗tech·nik [エレクトロ·テヒニク] 囡 –/ 電気工学.

Elek·tro⸗tech·ni·ker [エレクトロ·テヒニカァ] 男 -s/- 電気技術者. (女性形: -in).

elek·tro⸗tech·nisch [エレクトロ·テヒニッシュ] 形 電気工学の.

das **Ele·ment** [エレメント elemént] 中 (単2) -[e]s/(複) -e (3格のみ -en) 《英 *element*》 ① [構成]要素, 成分; (化) 元素; (コンピ) 素子, エレメント; (数) 要素, 元. ein wesentliches *Ele-*

ment 本質的要素 / Die Musik enthält einige *Elemente* des Jazz. この音楽にはジャズの要素がいくらか入っている / die radioaktiven *Elemente* 放射性元素 / Sauerstoff ist ein chemisches *Element*. 酸素は化学元素だ / die vier *Elemente* 四大元素(土・水・火・空気; 古代哲学者が万物を構成すると考えた).
② 《ふつう 複》自然力. das Toben der *Elemente*[2] 自然力の猛威(暴風雨). ③ 《複 で》(ある学問の)基礎, 初歩. die *Elemente* der Mathematik[2] 数学の基礎知識. ④ 《複 なし》本領. Hier ist er in seinem *Element*. ここでは彼は水を得た魚のように生き生きしている. ⑤ 《ふつう 複》(ろくでもない)連中. gefährliche *Elemente* 危険分子. ⑥ 《電》電池.

ele·men·tar [エれメンタール elemntá:r] 形 ① 基本的な, 初歩的な. (英 *elementary*). *elementare* Rechte 基本的な権利 / *elementare* Kenntnisse 初歩的な知識. ② 自然[力]の; 荒々しい, 激しい. mit *elementarer* Gewalt 猛烈な力で.

Ele·men·tar⁼teil·chen [エれメンタール・タイるヒェン] 中 -s/- 《理》素粒子.

elend [エーれント é:lɛnt] I 形 (比較 elender, 最上 elendest) ① 惨めな, 哀れな, 不幸な. (英 *miserable*). ein *elendes* Leben[4] führen 悲惨な生活を送る.
② みすぼらしい, 貧相な. eine *elende* Hütte みすぼらしい小屋. ③ 体の具合の悪い. Mir ist *elend*. 私は気分が悪い. ④ 卑劣な, 浅ましい. So ein *elender* Kerl! なんとも浅ましいやつだ. ⑤ 《付加語としてのみ》《口語》ひどい, すごい. Ich habe *elenden* Durst. 私はのどがカラカラだ.
II 副 《口語》ひどく, ものすごく. Es ist heute *elend* heiß. きょうはやけに暑い.

das **Elend** [エーれント é:lɛnt] 中 (単2) -[e]s/ 悲惨, 不幸, 惨めな境遇, (英 *misery*). im *Elend* leben 惨めな暮らしをする / ins *Elend* geraten 貧困に陥る, 落ちぶれる / das graue (または heulende) *Elend*[4] kriegen 《口語・戯》憂うつになる, 気がめいる / Es ist ein *Elend* mit ihm. 《口語》彼はどん底の状態だ.

Elends⁼vier·tel [エーれンツ・ふィアテる] 中 -s/- 貧民窟(^く), スラム街.

Ele·o·no·re [エれオノーレ eleonó:rə] -[n]s/ 《女名》エレオノーレ.

Ele·ve [エれーヴェ elé:və] 男 -n/-n (演劇学校などの)生徒; (農業・林業の)見習い. (女性形: Elevin).

*****elf** [エるふ ɛlf] 数 《基数; 無語尾で》**11** [の]. (英 *eleven*). *elf* Bücher 11 冊の本 / Es ist *elf* Uhr. 11 時だ.

Elf[1] [エるふ] 女 -/-en (数字の) 11; 《口語》(バス・電車などの) 11 番[系統]; (^{サッ}) (サッカーなどの) 11 人のチーム, イレブン.

Elf[2] [エるふ] 男 -en/-en =Elfe

El·fe [エるふェ ɛlfə] 女 -/-n エルフ(伝説・童話などに登場する超自然的な力を持つとされる小さな妖精).

El·fen·bein [エるふェン・バイン] 中 -[e]s/-e ① 《ふつう 単》象牙(^げ). ② 《ふつう 単》象牙(^げ)細工.

el·fen·bei·nern [エるふェン・バイナァン ɛlfənbainərn] 形 《付加語としてのみ》象牙(^げ)[製]の.

die **El·fen·bein⁼küs·te** [エるふェンバイン・キュステ] 女 -/ 《ふつう定冠詞とともに》《地名》象牙(^げ)海岸. 《ふつう定冠詞とともに》《国名》コートジボアール[共和国](西アフリカ, ギニア湾岸. 首都はアビジャン).

El·fen·bein⁼turm [エるふェンバイン・トゥるム] 男 -[e]s/..türme 《ふつう 単》《比》象牙(^げ)の塔(世間から孤立した学者などの世界).

El·fer [エるふァ ɛlfər] 男 -s/- ① (^{スポ}・隠語) (サッカーの)ペナルティーキック(=Elfmeter). ② 《方》(数字の) 11.

elf⁼jäh·rig [エるふ・イェーリヒ] 形 《付加語としてのみ》11 歳の; 11 年[間]の.

elf⁼mal [エるふ・マーる] 副 11 度, 11 回; 11 倍.

elf⁼ma·lig [エるふ・マーリヒ] 形 《付加語としてのみ》11 回の.

Elf·me·ter [エるふ・メータァ] 男 -s/- (サッカーの)ペナルティーキック. einen *Elfmeter* ausführen ペナルティーキックをする.

Elf·me·ter⁼schie·ßen [エるふメータァ・シーセン] 中 -s/- 《サッカー》PK 戦.

El·frie·de [エるふリーデ ɛlfrí:də] -[n]s/ 《女名》エルフリーデ.

elft [エるふト ɛlft] 数 《elf の序数; 語尾変化は形容詞と同じ》**第 11 [番目]の**. (英 *eleventh*). zu *elft* 11 人で / das *elfte* Gebot 《戯》第十一戒(^{x a}) モーセの十戒をもじった表現で, 「なんじとっつかまることなかれ」という意味).

elf⁼tau·send [エるふ・タオゼント] 数 《基数; 無語尾で》11,000 [の].

elf·tel [エるふテる ɛlftəl] 数 《分数; 無語尾で》11 分の 1 [の].

Elf·tel [エるふテる] 中 (^{スィ}: 男) -s/- 11 分の 1.

elf·tens [エるふテンス ɛlftəns] 副 第 11 に, 11 番目に.

Eli·as [エリーアス elí:as] ① 《男名》エリーアス. ② 《聖》《人名》エリヤ(旧約聖書の預言者).

eli·mi·nie·ren [エリミニーレン eliminí:rən] 他 (h) ① 《圏⁵を》取り除く, 削除する; 《数》消去する. ② (競争相手など[4]を)打ち負かす.

Eli·sa·beth [エリーザベット elí:zabɛt] -s/ 《女名》エリーザベト.

Eli·se [エリーゼ elí:zə] -[n]s/ 《女名》エリーゼ (Elisabeth の 短縮).

eli·tär [エリテーァ elité:r] 形 ① エリートに属する, エリートの. ② エリート的(ふう)な; エリートぶった. ein *elitäres* Bewusstsein エリート意識.

Eli·te [エリーテ elí:tə] 女 -/-n ① エリート[層], 選ばれた(えり抜きの)人々. ② 《複 なし》(タイプライターの)エリート活字.

Eli·xier [エリクスィーァ ɛlıksí:r] 中 -s/-e 《薬》エリキシル剤(甘味・芳香のある水薬); 《比》霊薬.

der **Ell·bo·gen** [エル・ボーゲン ɛl·bo:gən] 男 (単2) -s/(複) - ひじ; 《複 で》《比》強引さ. (英 *elbow*). (☞ Körper 図). die *Ellbogen*[4] auf den Tisch auf|stützen 机に両ひじをつく / 八⁴ mit dem *Ellbogen* stoßen 八⁴をひじで押す / seine *Ellbogen*⁴ gebrauchen 《比》(自分の意志などを)強引に押し通す / Er hat keine *Ellbogen*.《比》彼は押しがきかない.

Ell·bo·gen=frei·heit [エるボーゲン・フライハイト] 囡 -/ ① ひじを動かせるだけのゆとり. ② 《比》(他人を押しのけて行使する)活動の自由.

El·le [エれ éla] 囡 -/-n ① 〖医〗尺骨(ﾞﾂ). ② エレ(尺骨の長さによる昔の尺度. 約55〜85 cm). alles⁴ mit der gleichen *Elle* messen《比》なんでも同じ基準で判断する, 十把ひとからげにする.

El·len=bo·gen [エれン・ボーゲン] 男 -s/- ひじ (=Ellbogen).

el·len=lang [エれン・らング] 形 《口語》ひどく長い, 長たらしい (元の意味は「1 エレの長さの」).

El·lip·se [エリプセ elípsə] 囡 -/-n ① 〖数〗楕円(ﾞﾂ). ② 〖言〗省略〖法〗; 省略文.

el·lip·tisch [エリプティッシュ elíptɪʃ] 形 ① 〖数〗楕円(ﾞﾂ)の. ② 〖言〗省略した, 不完全な.

Elo·quenz [エろクヴェンツ elokvénts] 囡 -/ 雄弁, 能弁.

El·sa [エるザ élza] -s/《女名》エルザ (Elisabeth の 縮).

das **El·sass** [エるザス élzas] 田 -[es] 〖定冠詞とともに〗(地名)エルザス, アルザス(フランス北東部, ライン左岸地方. フランス名アルザス).

El·säs·ser [エるゼサァ élzɛsər] 男 -s/- **I** ① エルザス(アルザス)の住民(出身者). (女性形: -in). ② エルザス(アルザス)産のワイン. **II** 形《無語尾で》エルザス(アルザス)の.

el·säs·sisch [エるゼスィッシュ élzɛsɪʃ] 形 エルザス(アルザス)の.

El·sass-Loth·rin·gen [エるザス・ろートリンゲン élzas-lótrɪŋən] 田 -s/ (地名)エルザス・ロートリンゲン, アルザス・ロレーヌ(フランス北東部地方).

El·se [エるゼ élzə] -[n]s/《女名》エルゼ (Elisabeth の 縮).

Els·ter [エるスタァ élstər] 囡 -/-n 《鳥》カササギ.

eine diebische *Elster*《比》手くせの悪いやつ.

el·ter·lich [エるタァリヒ] 形 《付加語としてのみ》両親の, 父母の. *elterliche* Liebe 父母の愛.

※※※ *die* **El·tern** [エるタァン éltərn]

両親 | Wo wohnen Ihre *Eltern*?
ヴォー ヴォーネン イーレ エるタァン
ご両親はどちらにお住まいですか.

囲 両親, 父母 (=Vater und Mutter). (英 parents). Großeltern 祖父母 / *Eltern* und Kinder 両親と子供 / strenge *Eltern* 厳しい両親 / Meine *Eltern* sind beide sehr gesund. 私の両親は二人ともたいへん健康です / Er lebt noch bei seinen *Eltern*. 彼はまだ両親のもとで暮らしている / Das war nicht von schlechten *Eltern*.《口語》それはなかなかのもの(みごとなもの)だった.

El·tern=abend [エるタァン・アーベント] 男 -s/-e 父母教師会 (PTA)の[夕方の]集まり.

El·tern=haus [エるタァン・ハオス] 田 -es/..häuser 生家, 実家. Er stammt aus einem guten *Elternhaus*. 彼は良家の出である.

el·tern·los [エるタァン・ろース] 形 両親のない.

El·tern·schaft [エるタァンシャフト] 囡 -/-en ① 《ふつう 集》(総称で:)(生徒などの)親たち. ② 《複 なし》親であること.

El·tern=zeit [エるタァン・ツァイト] 囡 -/-en 《官庁》(3年間を限定とする)育児休業[期間], 両親の就業免除期間(2001年の法改正により従来のErziehungsurlaub の呼称を改めた. 育児も社会活動の一環であり「休暇」ではないとの考えから). (ロ゛「ドイツ・ミニ情報 7」, 下段).

Ely·si·um [エリューズィウム elýːzium] 田 -s/..sien [..ツィエン] ① 《複 なし》《ｷﾞﾘｼｬ神》エリュシオン, 至福の園(神々に愛された英雄や人間が死後至福の生活を送るといわれる楽園). ② 《詩》至福の地, パラダイス.

—— ドイツ・ミニ情報 7 ——

育児休業[期間] Elternzeit

年金などの社会保障制度を維持するために必要な出生率は 2.1 人と言われている. 現在ドイツの出生率は約 1.4 人, 少子高齢化は深刻な問題だ. 女性の高学歴化にともない職業婦人の増加がその一因であるが, 働く女性が安心して子どもを産み育てられる環境を作らなければ, 出生率の低下には歯止めがかけられないであろう.

政府がまず打ち出した政策は, 最長 3 年におよぶ育児休業だ. 会社側は臨時雇いや同僚の肩代わりなどでこの間をしのぎ, 産婦が職場復帰するまで元のポストを空けておかなくてはならない. さらに休職中の生活を保障するため, 出産後一年間, 手取り給与の 67% を支給する「両親手当」が 2007 年に導入された. この手当は, 夫婦が協力して育児にあたることを促すために, 配偶者が育児目的で休職した場合は 2 か月延長される. 政府はまた, 0〜3 歳児を預かる保育園の数を 2013 年までに 3 倍に増やす方針で, 育児と仕事の両立を支援しようとしている.

一方, そもそも結婚率の低下こそが少子化の最大の原因だとする見方もある. ドイツでは 1968 年の学生運動を契機として旧来の結婚形態が変化し, 結婚せずに一緒に暮らす男女が著しく増えたうえ, 離婚率も高い. ヨーロッパで唯一出生率の向上に成功したのはフランスであるが, ドイツでもみんなで協力して子どもを育てようという意識を社会に浸透させることが求められているのかもしれない.

Email [エマイ emái] [発音] 田 -s/-s エナメル, ほうろう.

‡*die(das)* **E-Mail** [イー・メーる í:-me:l] [英] [名] (単2) -/(複) -s または 田 (単2) -s/(複) -s (コンピュ) Eメール, 電子メール. eine *E-Mail*⁴ empfangen 1通のEメールを受け取る.

emai·len, e-mai·len [イー・メーれン í:me:lən] I 他 (h) (コンピュ) (知らせなど⁴を)Eメールで伝える. II 自 (h) (コンピュ) Eメールする.

Email·le [エマイ emáljə または エマイ emái] [名] -/-n [エマリエン または エマーイエン] =Email

email·lie·ren [エマイイーレン emají:rən または エマイリーレン] 他 (物⁴に)エナメルを塗る, (物⁴を)ほうろう引きにする.

Ema·nu·el [エマーヌエーる emá:nue:l または ..ヌエる ..nuɛl] -s/《男名》エマーヌエール.

Eman·zi·pa·ti·on [エマンツィパツィオーン emantsipatsió:n] [名] -/-en 解放, 同権化. die *Emanzipation* der Frau² 女性解放.

eman·zi·pa·to·risch [エマンツィパトーリッシュ emantsipató:rɪʃ] 形 解放(同権化)を目指した.

eman·zi·pie·ren [エマンツィピーレン emantsipí:rən] I 再帰 (h) *sich*⁴ *emanzipieren* 解放される, 自立する. II 他 (h) (人) (人⁴を)解放する.

eman·zi·piert [エマンツィピーアト emantsipí:ɐt] I emanzipieren (再帰 で: 解放される)の 過分 II 形 解放された, 自立した.

Em·bar·go [エンバルゴ ɛmbárgo] 田 -s/-s 《法》① 輸出入禁止. ② (商船の)抑留.

Em·blem [エンブれーム ɛmbléːm または アン..ã..] -s/-e 象徴, シンボル, 紋章; エンブレム.

Em·bo·lie [エンボリー embolí:] [名] -/-n [..リーエン] 《医》塞栓(そく)症.

Em·bryo [エンブリュオ émbryo] 男 (エンブリュオース: 田 も) -s/-s (または -nen [..オーネン]) ① (動·医) 胎児. ② (植) 胚(はい).

em·bryo·nal [エンブリュオナーる ɛmbryoná:l] 形 ① (動·医) 胎児の; (植) 胚(はい)の; 未成熟の. ② 初期(段階)の.

eme·ri·tie·ren [エメリティーレン emeriti:rən] 他 (h) (聖職者·大学教授など⁴を)定年退職させる. ◇[過去分詞の形で] ein *emeritierter* Professor 退職教授.

Emi·grant [エミグラント emigránt] 男 -en/-en (国外への)移住者, [国外]亡命者. (女性形: -in). (戀)「国外からの移民」は Immigrant).

Emi·gra·ti·on [エミグラツィオーン emigratsió:n] [名] -/-en ① (国外への)移住; 亡命. in der *Emigration* leben 亡命生活をする. ② 《園なし》移住(亡命)地. ③ 《園なし》《総称として》移住(亡命)者.

emi·grie·ren [エミグリーレン emigrí:rən] 自 (s) (国外へ)移住する; 亡命する. ins Ausland (nach Kanada) *emigrieren* 外国へ(カナダへ)移住(亡命)する.

Emil [エーミーる é:mi:l] -s/《男名》エーミール.

Emi·lia [エミーリア emí:lia] -s/《女名》エミーリア.

Emi·lie [エミーりエ emí:liə] -[n]s/《女名》エミーリエ.

emi·nent [エミネント eminént] I 形 優れた, 卓越した; きわめて重要な. eine *eminente* Begabung 卓越した才能. II 副 著しく, 大いに. Das ist *eminent* wichtig. それは非常に重要だ.

Emi·nenz [エミネンツ emináns] [名] -/-en 《カトリ》① 《園なし》閣下(枢機卿に対する尊称). ② 枢機卿(けい).

Emis·si·on [エミスィオーン emɪsió:n] [名] -/-en ① 《経》(有価証券·切手などの)発行. ② (汚染物質の)排出. ③ 《物》(電磁波などの)放射, 放出. ④ (ラジ) ラジオ放送.

emit·tie·ren [エミティーレン emɪtí:rən] 他 (h) ① 《経》(有価証券·切手など⁴を)発行する. ② (汚染物質⁴を)排出する. ③ 《物》(電磁波など⁴を)放出する.

Em·ma [エンマ éma] -s/《女名》エマ (Erm[en]gart, Irm[en]gart の 短縮).

Em·men·ta·ler [エンメン・ターらァ éməntaːlɐ] I 男 -s/- ① エメンタールの住民(出身者). (女性形: -in). ② エメンタール·チーズ (*Emmental* はスイス, ベルン州の一地方). II 形 《無語尾で》エメンタールの.

e-Moll [エー・モる] 田 -/ 《音楽》ホ短調 (記号: e).

Emo·ti·con [エモーティコン emó:tikɔn] [英] 田 -s/-s (コンピュ) (電子メールの)顔文字, 絵文字 (=Smiley).

Emo·ti·on [エモツィオーン emotsió:n] [名] -/-en 心の動き, 感情.

emo·tio·nal [エモツィオナーる emotsioná:l] 形 感情的な, 情緒的な.

emp.. [エンプ.. ɛmp..] 《非分離動詞の [前つづり]; アクセントをもたない》=ent.. (f の前では emp.. になる). 例: *emp*fangen 受け取る.

Empf. [エンプふエンガァ] 《略》受取人, 受信者 (=**Empfänger**).

emp·fahl [エンプふァーる] ※empfehlen (勧める)の 過去

emp·fäh·le [エンプふェーれ] ※empfehlen (勧める)の 接2

emp·fand [エンプふァント] ※empfinden (感じる)の 過去

emp·fän·de [エンプふェンデ] ※empfinden (感じる)の 接2

der **Emp·fang** [エンプふァング ɛmpfáŋ] 男 (単2) -[e]s/(複) ..fänge [..ふェンゲ] (3格のみ ..fängen) ① 《園なし》受け取り, 受領; 出迎え. (英 *receipt*). den *Empfang* einer Ware² bestätigen 品物の受領を通知する / in *Empfang* nehmen (物⁴を受け取る / 人⁴を *Empfang* nehmen 《口語》人⁴を出迎える. ② 《園なし》《放送》(ラジオなどの)受信, (テレビの)受像. Heute habe ich einen guten *Empfang*. きょうは受信状態がいい. ③ 《園なし》《雅》(公式の)歓迎, 接待. 人³ einen herzlichen *Empfang* bereiten 人³を心から歓迎する. ④ 歓迎会, レセプション. einen *Empfang* geben レセプションを催す. ⑤ (ホテルの)フロント, 受付.

Emp·fän·ge [エンプフェンゲ] Empfang (歓迎会)の圈.

emp·fan·gen¹ [エンプファンゲン] ɛmpfáŋən] du empfängst, er empfängt (empfing, *hat* …empfangen) 他 (完了 haben) ① 《雅》受け取る, 受領する; (印象など⁴を)受ける. (反 *receive*). Geschenke⁴ *empfangen* 贈り物を受け取る / Ich *habe* Ihren Brief *empfangen*. お手紙を拝受しました / die Taufe⁴ *empfangen* 洗礼を受ける / neue Eindrücke⁴ *empfangen* 新たな印象を受ける.
② 《放送》受信する. einen Sender *auf* Kanal 12 *empfangen* 12 チャンネルの放送を受信する.
③ 《雅》迎える, 歓迎する. 人⁴ herzlich *empfangen* 人⁴を心から歓迎する / Gäste⁴ bei sich³ *empfangen* 客を迎える. ④ 《雅》懐妊する. Sie *hat* [ein Kind von ihm] *empfangen*. 彼女は[彼の子]身ごもった.

類語 **empfangen**: (お客として)迎える, 歓迎(歓待)する. **ab|holen**: (人を迎えに行って)連れてくる, 出迎える. Er *hat* uns am (または vom) Bahnhof *abgeholt*. 彼はわれわれを駅に出迎えてくれた.

emp·fan·gen² [エンプファンゲン] *empfangen¹ (受け取る)の過分

***der* Emp·fän·ger** [エンプフェンガァ ɛmp-féŋər] 男 (単2) -s/(複) - (3格のみ -n) ① 受取人, 受信者. (反 「差出人」は Absender). der *Empfänger* des Briefes 手紙の受取人.
② 受信機, 受像機. Radio*empfänger* ラジオ受信機.

Emp·fän·ge·rin [エンプフェンゲリン ɛmp-féŋərɪn] 女 -/..rinnen (女性の)受取人, 受信者.

emp·fäng·lich [エンプフェングリヒ] 形 感じやすい, 敏感な; (病気に)かかりやすい. Er ist *für* Komplimente (Erkältungen) *empfänglich*. 彼はお世辞に乗りやすい(風邪をひきやすい).

Emp·fäng·lich·keit [エンプフェングリヒカイト] 女 -/ 感受性, 感じやすさ; (特定の病気への)かかりやすさ.

Emp·fäng·nis [エンプフェングニス] 女 -/..nisse 《ふつう 単》妊娠, 受胎. eine *Empfängnis*⁴ verhüten 避妊する.

emp·fäng·nis·ver·hü·tend [エンプフェングニス・フェアヒュートェント] 形 避妊用の. ein *empfängnisverhütendes* Mittel 避妊薬.

Emp·fäng·nis·ver·hü·tung [エンプフェングニス・フェアヒュートゥング] 女 -/-en 避妊.

Emp·fangs·be·schei·ni·gung [エンプファングス・ベシャイニーグング] 女 -/-en 受領(領収)証.

Emp·fangs·chef [エンプファングス・シェふ] 男 -s/-s (デパート・ホテルなどの)受付(案内)主任. (女性形: -in).

Emp·fangs·da·me [エンプファングス・ダーメ] 女 -/-n (デパート・ホテルなどの女性の)受付(案内)係.

Emp·fangs·stö·rung [エンプファングス・シュテールング] 女 -/-en 受信(受像)障害.

emp·fängst [エンプフェングスト] *empfangen¹ (受け取る)の2人称親称単数 現在

Emp·fangs·zim·mer [エンプファングス・ツィンマァ] 中 -s/- 応接室.

emp·fängt [エンプフェングト] *empfangen¹ (受け取る)の3人称単数 現在

emp·feh·len [エンプフェーレン ɛmpfé:-lən] du empfiehlst, er empfiehlt (empfahl, *hat* …empfohlen) I 他 (完了 haben) ① 人³に人・物⁴を勧める, 推挙(推薦)する; (人³に人⁴のことを)よろしく伝える. (反 *recommend*). Was können Sie uns *empfehlen*? 何を私たちにお勧めくださいますか / Der Arzt *hat* mir eine Kur *empfohlen*. 医者は私に療養を勧めた / Er *empfahl* mir seinen Hausarzt. 彼は私にかかりつけの医者を紹介してくれた / *Empfehlen* Sie mich bitte Ihren Eltern! ご両親によろしくお伝えください / Es *wird empfohlen*, sofort Zimmer zu bestellen. 《受動・現在》すぐに部屋を予約するほうがいい.
② 《雅》(人・物⁴を人³に)ゆだねる.
II 再帰 (完了 haben) *sich⁴ empfehlen* ① 自薦する. Er *empfahl sich als* geeigneter Mann. 彼は自分を適任者だと売り込んだ / Gute Produkte *empfehlen sich* selbst. いい製品は[宣伝しなくても]おのずと売れる.
② 《非人称の *es* を主語として》得策である. Es *empfiehlt sich*, einen Regenschirm mitzunehmen. 傘を持って行くほうがいい. ③ 《雅》いとまを告げる, 立ち去る. Ich *empfehle mich*! おいとまします / *sich⁴* französisch *empfehlen* 《比》フランス流に(あいさつしないで)こっそり立ち去る.

emp·feh·lens·wert [エンプフェーレンス・ヴェーァト] 形 推奨に値する, お勧めの; 得策の. Es wäre *empfehlenswert*, rechtzeitig dort zu sein. 《接2・現在》そこには遅れずに行くほうがいいでしょう.

***die* Emp·feh·lung** [エンプフェールング ɛmpfé:luŋ] 女 (単) -/(複) -en ① 勧め; 推薦, 推挙. (反 *recommendation*). auf *Empfehlung* des Arztes 医者の勧めにより. ② 推薦状, 紹介状. Haben Sie eine *Empfehlung*? 紹介状をお持ちですか. ③ 《雅》(よろしくとの)丁重なあいさつ. mit freundlichen (または mit den besten) *Empfehlungen* (手紙の結びで:)敬具.

Emp·feh·lungs·schrei·ben [エンプフェーるングス・シュライベン] 中 -s/- 推薦状, 紹介状.

emp·fiehl [エンプフィーる] *empfehlen (勧める)の du に対する 命令

emp·fiehlst [エンプフィーるスト] *empfehlen (勧める)の2人称親称単数 現在

emp·fiehlt [エンプフィーると] *empfehlen (勧

める)の3人称単数 現在

__emp·fin·den__ [エンプフィンデン ɛmpfíndən] du empfindest, er empfindest (empfand, hat ...empfunden) 他 (完了 haben) (肉体的・精神的に)感じる, 知覚する. (英 feel). Hunger[4] *empfinden* 空腹を覚える / Freude[4] an Musik *empfinden* 音楽に喜びを感じる / Er *empfindet* nichts **für** sie. 彼は彼女には愛情を感じない / Achtung[4] **vor** 人[3] *empfinden* 人[3]に尊敬の念をいだく / Ich *empfand* seine Worte **als** Ironie. 私は彼の言葉を皮肉だと感じた / 事[4] **als** ungerecht *empfinden* 事[4]を不当だと感じる. (☞ 類語 fühlen).

__Emp·fin·den__ [エンプフィンデン] 中 -s/ (雅) 感情; 感覚, センス. ein feines *Empfinden*[4] **für** 事[4] haben 事[4]に対して繊細な感覚を持っている.

__emp·find·lich__ [エンプフィントリヒ ɛmpfíntlɪç] I 形 ① (刺激に)敏感な; (体質が)虚弱な; (計器などの)感度が高い. (英 sensitive). eine *empfindliche* Haut (刺激に)敏感な皮膚 / ein *empfindliches* Kind 虚弱な子供. ② (心理的に)傷つきやすい, 感受性の強い, 神経質な; いらい(ぴりぴり)した. Sie ist **gegen** Kritik sehr *empfindlich*. 彼女は批判をとても気にする. ③ (品物が)傷みやすい, 汚れやすい. ④ 手痛い, 痛烈な. *empfindliche* Verluste 手痛い損失.
II 副 ひどく, 激しく. Es ist *empfindlich* kalt. ひどく寒い.

__Emp·find·lich·keit__ [エンプフィントリヒカイト] 女 -/-en ① 《ふつう 単》感覚, 感じやすさ, 敏感さ; 《比》(計器などの)感度. ② 《ふつう 単》(心理的に)傷つきやすさ. ③ 《ふつう 複》敏感な反応, かっとなってする言動. ④ 《 複なし》病気にかかりやすいこと; (品物が)傷みやすいこと.

__emp·find·sam__ [エンプフィントザーム] 形 ① 感じやすい, 感情のこまやかな. ② 感傷的な, センチメンタルな(小説など).

__Emp·find·sam·keit__ [エンプフィントザームカイト] 女 -/ ① 敏感さ, 感じやすさ; 感傷, 多感. ② 《文学》(18世紀後半の)感傷主義.

die __Emp·fin·dung__ [エンプフィンドゥング ɛmpfíndʊŋ] 女 (単) -/(複) -en (英 feeling). ① 感覚, 知覚, 感じること. die *Empfindung* von Kälte 冷たさを感じること. ② 感情, 気分, 気持ち.

__emp·fin·dungs⹀los__ [エンプフィンドゥングス・ろース] 形 感覚の麻痺(ひ)した; 無感情の.

__emp·fing__ [エンプフィング] *empfangen[1] (受け取る)の 過去

__emp·fin·ge__ [エンプフィンゲ] *empfangen[1] (受け取る)の 接2

__emp·föh·le__ [エンプフェーれ] *empfehlen (勧める)の 接2

__emp·foh·len__ [エンプフォーれン] *empfehlen (勧める)の 過分

__emp·fun·den__ [エンプフンデン] *empfinden (感じる)の 過分

__Em·pha·se__ [エムふァーゼ ɛmfá:zə] 女 -/-n 《つう 単》(修)強調[すること]. mit *Emphase* 強調して.

__em·pha·tisch__ [エムふァーティッシュ ɛmfá:tɪʃ] 形 強調した, 力をこめた.

__Em·pire__ [アンピーァ ãpí:r] [況] 中 -[s]/ ① (ナポレオン1世・ナポレオン3世治下の)フランス帝国. '② (美)アンピール様式(ナポレオン1世時代の美術・装飾・服装などの様式).

__Em·pi·rie__ [エンピリー ɛmpirí:] 女 -/ 経験に基づく方法; 経験上の知識.

__Em·pi·ri·ker__ [エンピーリカァ ɛmpí:rikər] 男 -s/- 経験主義者. (女性形: -in).

__em·pi·risch__ [エンピーリッシュ ɛmpí:rɪʃ] 形 経験的な, 経験に基づく.

__em·por__ [エンポーァ ɛmpó:r] 副 (雅) 上方へ, 高いところへ.

__em·por..__ [エンポーァ.. ɛmpó:r..] 《分離動詞の 前つづり》つねにアクセントをもつ《上へ・高く》例: *empor*|heben 高くあげる.

__em·por|ar·bei·ten__ [エンポーァ・アルバイテン ɛmpó:r·àrbaɪtən] 再帰 (h) *sich*[4] *emporarbeiten* (雅)(努力して)出世(昇進)する.

__Em·po·re__ [エンポーレ ɛmpó:rə] 女 -/-n (建) (教会などの回廊風の)2階席.

__em·pö·ren__ [エンペーレン ɛmpǿ:rən] (empörte, *hat* ...empört) I 再帰 (完了 haben) *sich*[4] *empören* ① 《*sich*[4] **über** 人・事[4] ~》(人・事[4]に)憤慨する, 腹を立てる. Ich *empörte mich* über sein Benehmen. 私は彼の態度に憤慨した. ② 《*sich*[4] **gegen** 人・事[4] ~》(人・事[4]に)反抗(抵抗)する.
II 他 (完了 haben) 憤慨させる, 怒らせる. Seine Worte *empörten* sie aufs Äußerste. 彼の言葉は彼女をひどく怒らせてしまった.

__em·pö·rend__ [エンペーレント] I empören (再帰 で: 憤慨する)の 現分 II 形 腹立たしい, けしからぬ. ein *empörendes* Benehmen けしからぬふるまい.

__Em·pö·rer__ [エンペーラァ ɛmpǿ:rər] 男 -s/- (雅)反逆者. (女性形: -in).

__em·por|kom·men__ [エンポーァ・コンメン ɛmpó:r·kɔ̀mən] 自 (s) (雅) ① 上がって来る. ② 昇進(出世)する; 成り上がる. ③ 起こる, 現れる.

__Em·por⹀kömm·ling__ [エンポーァ・ケムリング] 男 -s/-e 成り上がり者, 成金.

__em·por|ra·gen__ [エンポーァ・ラーゲン ɛmpó:r·rà:gən] 自 (h) (雅)(山・塔などが)そびえる, そそり立つ.

__em·por|stei·gen__* [エンポーァ・シュタイゲン ɛmpó:r·ʃtàɪgən] 自 (s) ① 上がる, 昇る; (霧などが)立ちのぼる. ◇[4 格とともに] einen Berg *emporsteigen* 山を高く登っていく. ② 昇進(出世)する.

__em·pört__ [エンペーァト] empören (再帰 で: 憤慨する)の 過分, 3人称単数・2人称親称複数 現在

__em·pör·te__ [エンペーァテ] empören (再帰 で: 憤慨する)の 過去

Em·pö·rung [エンペールング] 囡 -/-en ① 《複 なし》憤慨, 憤激. ② 謀反, 反乱.

die **Ems** [エムス éms] 囡 -/ 《定冠詞とともに》《川名》エムス川(ドイツ・オランダの国境近くを流れる).

em·sig [エムスィヒ émzɪç] 形 せっせと働く, 勤勉な. *emsige* Bienen 休みなく働く蜜蜂(はち) / 動⁴ *emsig* sammeln 動⁴をこつこつ集める. (☞ 類語 fleißig).

Emu [エームー é:mu] 男 -s/-s 《鳥》エミュー(オーストラリアに生息するダチョウに似た鳥).

Emul·si·on [エムるズィオーン emulzió:n] 囡 -/-en 《化》乳濁液, エマルジョン; 《写》感光乳剤.

End≠bahn·hof [エント・バーンホーふ] 男 -[e]s/..höfe 《鉄道》終着駅, ターミナルステーション.

¦¦*das* En·de¹ [エンデ éndə]

終わり; 端 *Ende* gut, alles gut.
エンデ グート アれス グート
終わり良ければ、すべて良し.

囲 (単2) -s/(複) -n ① 《ふつう 単》終わり, 最後; 端, 末端. (英 end). (⇔「初め」は Anfang). Krieg*ende* 戦争の終結 / das *Ende* des Zuges 列車の最後部 / *Ende* April 4月の末に / Er ist *Ende* fünfzig. 彼は50歳代の終わりだ / Er kommt *Ende* der Woche. 彼は週末に来る / letzten *Endes* 結局は、つまるところ / ein *Ende*⁴ finden (または nehmen) 終わる ⇨ Er findet kein *Ende* mit Erzählen. 彼は話しだすとなかなか終わらない / ein böses (または kein gutes) *Ende*⁴ nehmen 悪い結果に終わる / einem Streit ein *Ende*⁴ machen (または setzen) 争いにけりをつける / das dicke *Ende* 《口語》(予想外の)難事 / Das *Ende* vom Lied war, dass...《口語》がっかりしたことに、結局は…だった(民謡がしばしば悲しい結末で終ることから).

◊《前置詞とともに》 am *Ende* des Jahres 1年の終わりに / Wir wohnen am *Ende* der Stadt. 私たちは町のはずれに住んでいる / Sie ist mit ihrer Kraft am *Ende*. 彼女は力尽きた / **am *Ende*** 結局は, とどのつまりは (☞ 類語 endlich) / 人³ bis ans *Ende* der Welt² folgen 人³にどこへでもついて行く / **bis *Ende* der** Woche² 週末まで / von Anfang bis *Ende* 初めから終わりまで / **gegen *Ende*** des Jahres その年の終わりごろ / Das ist eine Schraube ohne *Ende*. それは果てしがない(←末端のないねじだ) / **von einem *Ende* zum andern** laufen 端から端まで走る / **zu *Ende* gehen** 終わる ⇨ Der Tag geht zu *Ende*. 一日が終わる / eine Arbeit⁴ zu *Ende* bringen (または führen) 仕事を終わらせる / **mit 動³ zu *Ende* kommen** 動³(仕事など)を済ます / Meine Geduld ist zu *Ende*. もう我慢できない / Es geht mit ihm zu *Ende*. 彼はいよいよ終わりだ(死にかかっている).

② 末端部, 切れ端. das *Ende* der Wurst² ソーセージの切れ端. ③ 《複 なし》《口語》(かなりの)道のり. Es ist noch ein gutes *Ende* bis zum Bahnhof. 駅まではまだかなりの道のりがある.

En·de² [エンデ] -s/ 《人名》エンデ (Michael *Ende* 1929-1995; ドイツの作家).

en·den [エンデン éndən] du endest, er endet (endete, *hat*...geendet) 自 (完了 haben) ① 終わる, 終了する; 話(演奏)を終える. (英 end). (⇔「始まる」は anfangen, beginnen). Der Roman *endet* glücklich. この小説はハッピーエンドだ / Die Sitzung *hat* um 18 Uhr ge*endet*. 会議は18時に終わった / Diese Eisenbahnlinie *endet* an der Grenze. この鉄道は国境まで延びている / Der Streit *endete* mit einer Prügelei. そのけんかはついになぐり合いになった.

② (まれに 完了 sein) 生涯を終える, 死ぬ.

類語 **enden**: 「終わる」という意味で最も一般的な語.
schließen: (あるやり方で)しめくくられる, 終わる. Seine Rede *schloss* mit folgenden Bemerkungen: „..." 彼の話は「…」という言葉で終わった.
auf|hören: (それ以上続かずに)やむ, 中断する. Der Regen *hörte* endlich *auf*. やっと雨があがった.

End≠er·geb·nis [エント・エァゲープニス] 囲 ..nisses/..nisse 最終結果.

en dé·tail [アーン デタイユ ɑ̃: detáj] [フラ] ① 《商》小売で. ② 個々に, 詳細にわたって.

en·de·te [エンデテ] enden (終わる)の 過去

end≠gül·tig [エント・ギュるティヒ éntgʏltɪç] 形 最終的な, 決定的な. (英 final). ein *endgültiges* Urteil 最終判決 / 動⁴ *endgültig* entscheiden 動⁴を最終的に決定する.

End≠gül·tig·keit [エント・ギュるティヒカイト] 囡 -/ 最終的(決定的)であること.

End≠hal·te·stel·le [エント・ハるテシュテれ] 囡 -/-n (バス・路面電車の)終点.

En·di·vie [エンディーヴィエ endí:viə] 囡 -/-n 《植》エンダイブ, キクヂシャ. (☞ Gemüse 図).

End≠kampf [エント・カンプふ] 男 -[e]s/..kämpfe (スポ)決勝戦, 《軍》決戦.

End≠la·ger [エント・らーガァ] 囲 -s/- (核廃棄物などの)最終貯蔵施設.

End≠la·ge·rung [エント・らーゲルング] 囡 -/-en (核廃棄物などの)最終貯蔵.

¦¦end·lich [エントりヒ éntlɪç]

やっと Sie ist *endlich* gekommen.
ズィー イスト エントりヒ ゲコンメン
彼女はやっとやって来た.

I 副 ① (待ちに待って)やっと, ついに, ようやく; (いらいらした気持ちで:)いいかげんに, もうそろそろ. (英 finally). *Endlich* habe ich die Stelle gefunden. やっと私はその場所を見つけた / Komm doch *endlich*! もういいかげんに来いよ / Na *endlich*!《口語》やれやれ.

② 最後に[は], 結局[は]. *Endlich* musste er

doch nachgeben. 結局彼は譲歩せざるをえなかった.

II 形 ① 《数》有限の; 《哲》限りある. eine *endliche* Zahl 有限数 / unser *endliches* Leben 私たちの無常の生.

② 《口語》待ち望んだ. seine *endliche* Zustimmung 待ち望んでいた彼の賛成.

③ 最後の. das *endliche* Ergebnis 最終結果.

> 類語 **endlich**: (待望の気持ちを表して)やっと. Da bist du *endlich*! やっと来てくれたね. **schließlich**: (経過はどうであれ最後の段階では)ついに, とのつまりは. Er ist *schließlich* doch noch gekommen. 彼は結局のところやはりやって来た. **am Ende**: (時間的に)終わりに, 結局は. Das ist *am Ende* dasselbe. それは結局は同じことだ.

End·lich·keit [エントりヒカイト] 女 -/ 有限[性]; 《雅》(現世の)無常さ.

end·los [エント・ロース] 形 終わりのない, 無限の; 《工》エンドレスの, 継ぎ目のない. ein *endloser* Streit 果てしない争い.

End·lo·sig·keit [エント・ローズィヒカイト] 女 -/ 無限[であること], 無際限.

en·do·gen [エンドゲーン endogé:n] 形《医·心》内因性の. (⇔ 「外因性の」は exogen).

End·punkt [エント・プンクト] 男 -[e]s/-e 終[着]点, 終極点; (旅の)目的地.

End·reim [エント・ライム] 男 -[e]s/-e 《詩学》脚韻. (⇔「頭韻」は Stabreim).

End·run·de [エント・ルンデ] 女 -/-n 《スポ》決勝戦, (ボクシングの)最終ラウンド.

End·sil·be [エント・ズィるベ] 女 -/-n 《言》(単語の)語末音節.

End·spiel [エント・シュピーる] 中 -[e]s/-e 《スポ》決勝戦, (チェスの)終盤[戦].

End·spurt [エント・シュプルト] 男 -[e]s/-s (まれに -e) (特に陸上競技で:)ラストスパート.

End·sta·ti·on [エント・シュタツィオーン] 女 -/-en 終着駅, 終点.

End·sum·me [エント・ズンメ] 女 -/-n 総和, 総計.

En·dung [エンドゥング] 女 -/-en 《言》語尾; 接尾辞, 後つづり.

End·ver·brau·cher [エント・フェァブラオハァ] 男 -s/- 《経》末端消費者. (女性形: -in).

End·ziel [エント・ツィーる] 中 -[e]s/-e 最終目標(目的地).

die **Ener·gie** [エネルギー energí:] 女 (単) -/(複) -n [..ギーエン] ①《複なし》活力, 精力, 活動力, エネルギー. (英 *energy*). ein Mensch voller *Energie*² 活力にあふれた人 / alle *Energie*⁴ für 男⁴ auf|bieten 男⁴のために全精力を傾注する / mit aller *Energie* 全精力を傾けて.

②《物》エネルギー. Sonnen*energie* 太陽エネルギー / *Energien*⁴ speichern エネルギーを蓄える.

▶ **energie·sparend**

Ener·gie·be·darf [エネルギー・ベダルふ] 男 -[e]s/- エネルギー需要.

Ener·gie·ein·spa·rung [エネルギー・アインシュパールング] 女 -/-en エネルギー節減.

Ener·gie·kri·se [エネルギー・クリーゼ] 女 -/-n エネルギー危機.

ener·gie·los [エネルギー・ろース] 形 元気(活力)のない.

Ener·gie·po·li·tik [エネルギー・ポりティーク] 女 -/ エネルギー政策.

Ener·gie·quel·le [エネルギー・クヴェれ] 女 -/-n エネルギー[供給]源.

Ener·gie·spa·ren [エネルギー・シュパーレン] 中 -s/ エネルギーの節約, 省エネ.

ener·gie·spa·rend, Ener·gie spa·rend [エネルギー・シュパーレント] 形 エネルギー節約の, 省エネの.

Ener·gie·spar·lam·pe [エネルギーシュパール・らンペ] 女 -/-n 省エネ電球.

Ener·gie·ver·brauch [エネルギー・フェァブラオホ] 男 -[e]s/ エネルギー消費[量].

Ener·gie·ver·sor·gung [エネルギー・フェァゾルグング] 女 -/-en エネルギーの供給.

Ener·gie·wen·de [エネルギー・ヴェンデ] 女 -/-n エネルギー革命, エネルギー政策の転換.

Ener·gie·wirt·schaft [エネルギー・ヴィルトシャふト] 女 -/ (電力・ガスなどの)エネルギー産業, エネルギー管理(経済).

ener·gisch [エネルギッシュ enɛrgíʃ] **I** 形 ① 精力的な, エネルギッシュな. (英 *energetic*). ein *energischer* Mann エネルギッシュな男. ② 断固とした, 決然とした. *energische* Maßnahmen 断固たる処置.

II 副 力をこめて, 断固として. 男⁴ *energisch* betonen 男⁴を特に強調する.

En·fant ter·ri·ble [アンふァン テリーブる ɑ̃fɑ̃ terí:bl] 《フランス》中 --/-s-s はた迷惑な人, 異端児(社会的ルールを破って周囲の人を当惑させる無思慮な人. 元の意味は「恐るべき子供」).

***eng** [エング έŋ]

> 狭い
>
> Meine Wohnung ist sehr *eng*.
> マイネ ヴォーヌング イスト ゼーァ エング
> 私のアパートはとても狭い.

形 ((比較) enger, (最上) engst) ① (空間が)狭い. (英 *narrow*). (⇔「広い」は weit). ein *enges* Zimmer 狭い部屋 / Die Gassen hier sind sehr *eng*. この辺りの路地は非常に狭い.

② (衣服などが)細身の, きつめの. ein *enger* Rock タイトスカート / Das Kleid ist mir zu *eng* geworden. 【現在完了】このワンピースは私には窮屈になった / ein *eng* anliegender (または *enganliegender*) Pullover ぴちぴちのセーター.

③ (間隔が)びっしり詰まった, 密集した. *eng* schreiben びっしり詰めて書く / Die Schüler sitzen zu *eng*. 生徒たちはぎゅうぎゅう詰めに座っている.

④ 《比》偏狭な; 限定された. ein *enger* Gesichtskreis 狭い視野 / im *engeren* Sinne 狭義では / in die *engere* Wahl kommen 最終

選考に残る / ～⁴ eng aus|legen (sehen) 動⁴(規則など)を厳密に解釈する(見る).
⑤《比》(関係が)緊密な, 親しい, 親密な. eine *enge* Freundschaft 親密な友情 / im *engsten* Familienkreis ごく内輪で / Wir sind *eng* befreundet (または *eng*befreundet). 私たちはとても仲がよい.

> 類語 eng: (左右が迫っていたり, 空間の広がりの余地がなく)狭い. **schmal**: (幅がなく)狭い. eine *schmale* Treppe 狭い階段.

das **En·ga·din** [エンガディーン éŋgadi:n または ..ディーン] 中 -s/《定冠詞とともに》《地名》エンガディーン(スイス, グラウビュンデン州. イン川上流にあるウインタースポーツの中心地の一つ).

En·ga·ge·ment [アンガジェマーン ãgaʒəmã:] 《フランス》 中 -s/-s ① 《圏なし》政治·社会問題への関与, 参加, アンガージュマン. ein politisches *Engagement* 政治参加. ② (芸能人などの)雇用, [雇用]契約. ③ 《経》証券売買契約[履行の義務].

en·ga·gie·ren [アンガジーレン ãgaʒí:rən] **I** 再帰 (h) *sich*⁴ *engagieren* (責任をもって)関与(参加)する, かかわり合う. *sich*⁴ **für** 物⁴ *engagieren* のために尽力する / *sich*⁴ **in** 物³ *engagieren* 物³に関与する. **II** 他 (h) (芸能人など⁴と)[雇用]契約を結ぶ; (家庭教師など⁴を)雇用する.

en·ga·giert [アンガジーァト] **I** engagieren (再帰 で: 関与する)の 過分 **II** 形 (政治·社会問題に)積極的に参加した, 社会参加の(作家·映画など).

En·ge [エンゲ éŋə] 女 -/-n ① 《圏なし》狭いこと, 狭さ; 《比》(心の)狭さ. ② 狭い場所, 狭い道. Meer*enge* 海峡 / 人⁴ **in die** *Enge* treiben《比》人⁴を窮地に追い込む.

der **En·gel** [エンゲル éŋəl] 男 (単2) -s/(複) - (3格のみ -n) ① 《宗》天使. (英 *angel*). Schutz*engel* 守護天使 / ein gefallener *Engel* 堕落天使(悪魔のこと) / Sie ist schön wie ein *Engel*. 彼女は天使のように美しい / Ein *Engel* fliegt (または geht) durchs Zimmer. 《比》ふいに会話がとぎれる(←天使が部屋を通る) / Er hörte die *Engel*⁴ im Himmel singen. 《口語》彼は苦痛のあまりに気が遠くなった(←天国で天使が歌うのを聞いた).
② 救い主, 救いの神; 《口語》(ふつう皮肉って:)純真(無邪気)な人.

en·gel·haft [エンゲルハフト] 形 天使のようにかわいい(優しい).

En·gels [エンゲルス éŋəls] 《人名》エンゲルス (Friedrich *Engels* 1820-1895; ドイツの社会主義者でマルクスの協力者).

En·gels⸗ge·duld [エンゲルス·ゲドゥルト] 女 -/ (天使のような)大きな忍耐(寛容).

En·ger·ling [エンガァリング éŋərlɪŋ] 男 -s/-e 《昆》ジムシ(コガネムシなどの幼虫).

eng⸗her·zig [エング·ヘルツィヒ] 形 心の狭い, 狭量な, こせこせした.

engl. [エングリッシュ] 《略》イギリス[人]の, 英語の (=**englisch**).

*Eng·land [エングラント éŋlant] 中 (単2) -s/ ① イギリス, 英国 (ドイツ語の正式名称は Vereinigtes Königreich Großbritannien und Nordirland. 首都はロンドン). ② 《地名》イングランド(グレートブリテン島の南半分で, ウェールズを除いた地方).

**der Eng·län·der [エングレンダァ éŋlɛndər] 男 (単2) -s/(複) - (3格のみ -n) ① イギリス人. ② 《オーストリア》エングレンダー(アーモンドやピーナッツの入ったクッキー).

Eng·län·de·rin [エングレンデリン éŋlɛndərɪn] 女 -/..rinnen イギリス人[女性].

eng·lisch [エングリッシュ éŋlɪʃ] 形 (英 *English*), ① イギリスの, イギリス人の, 英語の. die *englische* Sprache 英語 / Wir haben *englische* Freunde. 私たちにはイギリス人の友だちがいる / der *Englische* Garten in München ミュンヒェンのイギリス式庭園(自然の景観を生かした庭園).
② 英語の, 英語による. *englisch* sprechen 英語で話す / *englische* Literatur 英文学.

*Eng·lisch [エングリッシュ éŋlɪʃ] 中 (単2) -[e]s/ 《冠詞なして》① (一般的に:)英語. (英 *English*). (ドイツ 用法については Deutsch の項参照 / ☞「Denglisch 100」, 366 ページ). *Englisch*⁴ sprechen 英語を話す / Ich lerne *Englisch*. 私は英語を学んでいます / 物⁴ **auf** *Englisch* sagen 物⁴を英語で言う. ② (特定の)英語. Sein *Englisch* ist einwandfrei. 彼の英語は非の打ちどころがない.

Eng·li·sche [エングリッシェ éŋlɪʃə] 中 《冠なし; 定冠詞とともに; 語尾変化は形容詞と同じ》 ① 英語. (ドイツ 用法については Deutsche の項参照). **ins** *Englische* 英語で / Ich übersetze den Roman ins *Englische*. 私はその小説を英語に翻訳する. ② イギリス的なもの(こと).

Eng·lisch⸗horn [エングリッシュ·ホルン] 中 -[e]s/..hörner 《音楽》イングリッシュホルン.

eng⸗ma·schig [エング·マシヒ] 形 編み目の細かい, 目の詰んだ.

Eng⸗pass [エング·パス] 男 -es/..pässe ① (山間などの)峡道, 隘路(あいろ); 《比》ネック. ② (物資不足などによる)窮境, 供給不足.

en gros [アーン グロー ã: gró:] 《フランス》《商》卸で.

eng⸗stir·nig [エング·シュティルニヒ] 形 視野の狭い, 偏狭な, 頑迷な.

**der En·kel [エンケル éŋkəl] 男 (単2) -s/(複) - (3格のみ -n) ① 孫. (英 *grandchild*). Sie hat schon vier *Enkel*. 彼女にはもう4人の孫がいる. ② 《圏で》子孫.

En·ke·lin [エンケリン éŋkəlɪn] 女 -/..linnen 孫娘.

En·kel⸗kind [エンケル·キント] 中 -[e]s/-er (幼い)孫.

En·kla·ve [エンクラーヴェ ɛnklá:və] 女 -/-n (自国内にある他国の)飛び領土.

en masse [アーン マス ã: más] 《フランス》《口語》大量に, 多量に.

en mi·ni·a·ture [アーン ミニアテューァ ã: mi-

njatý:r] 〖発〗ミニチュアで, 縮尺で.
enorm [エノルム enɔ́rm] **I** 〖形〗① 巨大な. ② 《口語・比》驚くべき, すばらしい. **II** 〖副〗《口語》非常に, とてつもなく.
en pas·sant [アーン パサーン ɑ̃ pɑsɑ̃ː] 〖発〗ついでに; 通りすがりに.
En·quete [アンケート ɑ̃kέːt または ..ˌテ ..ˈtə] 〖女〗 -/-n ① (公的な)アンケート(＝Rundfrage, Umfrage). ② 〖ﾌﾗﾝｽ〗研究集会.
En·sem·ble [アンサーンブる ɑ̃sɑ̃́ːbl] 〖発〗 〖中〗 -s [..ブる(ス)]/-s ..ブる(ス) ① 劇団, アンサンブル; 《音楽》アンサンブル(室内楽などの小編成での合奏など). ② 《服飾》(上衣・コートなどの)アンサンブル. ③ (各部分が調和した)全体, まとまり.
ent.. [エント.. ɛnt..] 《非分離動詞の前つづり》; アクセントをもたない ①《対応》例: *ent*sprechen 相応する. ②《除去》例: *ent*giften 解毒する. ③《離脱》例: *ent*laufen 逃げ去る. ④《開始》例: *ent*brennen 燃え上がる. ⑤《悪化》例: *ent*arten 堕落する. ⑥《起源・生成》例: *ent*springen 由来する.
ent·ar·ten [エント・アールテン ɛnt-áːrtən] 〖自〗(s) 堕落する; 退化する. ◇《過去分詞の形で》*entartete* Kunst (ナチス用語で:)退廃芸術(ナチスの芸術観に合致しない芸術の総称).
Ent·ar·tung [エント・アールトゥング] 〖女〗 -/-en ①《複 なし》堕落; 悪化, 退化. ② 堕落現象, 退化形態.
ent·äu·ßern [エント・オイサァン ɛnt-ɔ́ysərn] 〖再帰〗(h) *sich*⁴ 〖物〗² *entäußern* 《雅》〖物〗²を放棄(断念)する; 手放す.
ent·band [エント・バント] entbinden (解放する)の 過去
ent·beh·ren [エント・ベーレン ɛnt-béːrən] (entbehrte, *hat* ... entbehrt) **I** 〖他〗 (定了 haben) ①《雅》(人・物⁴が)[い]ないのが寂しい(不自由である). Sie *entbehrt* schmerzlich ihren Freund. 彼女はボーイフレンドと離れていてひどく寂しい. ②《ふつう **können, müssen** などとともに》(人・物⁴)なしで済ます. Ich *kann* das Buch nicht *entbehren*. 私はその本がなくては困る. **II** 〖自〗 (定了 haben) 《雅》(物²を)欠いている. Diese Behauptung *entbehrt* jeder Grundlage. この主張にはなんら根拠がない.
ent·behr·lich [エント・ベーァリヒ] 〖形〗なくても済む, 不必要な, 余計な.
ent·behrt [エント・ベーァト] entbehren (ないのが寂しい)の 過分, 3人称単数・2人称親称複数 現在
ent·behr·te [エント・ベーァテ] entbehren (ないのが寂しい)の 過去
Ent·beh·rung [エント・ベールング] 〖女〗-/-en 欠乏, 不自由[を忍ぶこと].
ent·bie·ten* [エント・ビーテン ɛnt-bíːtən] 〖他〗

Denglisch 100

ドイツ語に採り入れられた英語系の語彙は, 俗に Denglisch (＝Deutsch＋Englisch) と呼ばれている. それらはドイツ語化すると名詞の場合は性が与えられ, 動詞では語尾が付けられる.

A
das **Aftershave** アフターシェーブ
die **Aircondition** エアコン
die **Airline** エアライン
der **Analyst** アナリスト
an|**surfen** ネットサーフィンする
das **Antiaging** アンチ・エイジング
das **Assessmentcenter** アセスメント・センター
das **Audio-Book** オーディオブック

B
das **Bashing** バッシング
der **Beamer** プロジェクター
die **Beautyfarm** コスメティック・サロン
der **Bestseller** ベストセラー
das **Blackout** ブラックアウト
bloggen ブログに書く
die **Bodylotion** ボディーローション
boomen ブームになる
der **Boss** ボス
das **Brainstorming** ブレーンストーミング
browsen ブラウズする
der **Brunch** ブランチ
das **Burnout** バーンアウト
das **Business** ビジネス

C
das **Callcenter** コールセンター
canceln キャンセルする
das **Cash** キャッシュ
das **Catering** ケータリング
die **Charts** ヒットチャート
chatten チャットする
die **Checkliste** チェックリスト
chillen リラックスする
das **Cocooning** ひきこもり
das **Consulting** コンサルティング
das **Copyshop** コピーショップ
die **Couch** カウチ
der **Countdown** カウントダウン
der **Cyberspace** サイバースペース

D
die **Deadline** デッドライン
der **Dealer** ディーラー
das **Design** デザイン
der **Dimmer** ライトコントローラー
der **Discounter** ディスカウントショップ
das **Doping** ドーピング
der **Download** ダウンロード
der **Dressman** 男性モデル

E
das **Edutainment** 遊びながら学ぶPC教材
das **Event** イベント

F
das **Facelifting** フェイスリフティング
fair フェアな
der **Fan** ファン

(h)《雅》① 《人を介して人³にあいさつなど⁴を》伝える. 人³ ein Willkommen⁴ *entbieten* 人³に歓迎の意を伝える. ② 《成句的に》人⁴ **zu** sich³ *entbieten* 人⁴を呼び寄せる.

ent·bin·den* [エント・ビンデン ɛnt-bín-dən] du entbindest, er entbindet (entband, *hat* …entbunden) **I** 他 《完了 haben》 ① 《人⁴ **von** 事³ ~》《人⁴を事³（義務など）から》解放する. 人⁴ von seinen Ämtern《雅：人⁴ seiner Ämter²》*entbinden* 人⁴を職責から解放する. ② 《人⁴(妊婦)の》分娩(ﾍﾞﾝ)を介助する, 赤ちゃんを取り上げる. Sie *wurde* **von** einem gesunden Jungen *entbunden*.《受動・過去》彼女は元気な男の子を出産した. **II** 自 《完了 haben》 分娩(ﾍﾞﾝ)する, 出産する. Sie *hat* gestern *entbunden*. 彼女はきのうお産をした.

Ent·bin·dung [エント・ビンドゥング] 女 −/-en ① 解放, 免除. ② 分娩(ﾍﾞﾝ), お産, 出産.

ent·blät·tern [エント・ブレッタァン ɛnt-blɛ́-tərn] **I** 他 (h)《風などが樹木⁴の》葉を落とす. **II** 再帰 (h) *sich*⁴ *entblättern*《樹木が》落葉する;《口語・戯》服を脱ぐ.

ent·blö·den [エント・ブレーデン ɛnt-blǿː-dən] 再帰 (h)《成句的に》*sich*⁴ nicht *entblöden*, **zu** 不定詞[句]《雅》臆面(ｵｸﾒﾝ)もなく…する.

ent·blö·ßen [エント・ブレーセン ɛnt-blǿː-sən] 他 (h) ① 《胸・腕など⁴を》露出する, むき出しにする;《刀⁴を》抜く. die Brust⁴ *entblößen* 胸をはだける. ◇《再帰的に》*sich*⁴ *entblößen* 裸になる;《比》心中を打ち明ける. ◇《過去分詞の形で》mit *entblößtem* Kopf 帽子を脱いで. ②《雅》⁴ **von** 物³ ~》《人・物⁴から物³を》奪う, 取り上げる.

ent·bren·nen* [エント・ブレンネン ɛnt-brɛ́-nən] 自 (s)《雅》① 《戦争などが》突発する, 勃発(ﾎﾞﾂ)する. ② 《感情が》燃え上がる. Sein Herz *entbrannte* **in** Liebe zu ihr. 彼の心は彼女への思いに燃えた.

ent·bun·den [エント・ブンデン] entbinden (解放する)の過分

***ent·de·cken** [エント・デッケン ɛnt-dékən] (entdeckte, *hat* …entdeckt) 他 《完了 haben》 ① 発見する. 《英 *discover*). einen neuen Stern *entdecken* 新しい星を発見する / Wer *hat* das Aidsvirus *entdeckt*? だれがエイズウイルスを発見したのですか.

② 見つける. 見つけだす. einen Fehler *entdecken* 誤りを見つける / Ich *entdeckte* ihn zufällig unter den Gästen. 偶然に私は客の中に彼がいるのに気づいた.

③《雅》《人³に事⁴を》打ち明ける. Er *hat* ihr sein Herz *entdeckt*. 彼は彼女に愛を打ち明けた. ◇《再帰的に》*sich*⁴ 人³ *entdecken* 人³に

---

das **Fastfood** ファストフード
das **Feeling** フィーリング
die **Fitness** フィットネス
die **Flatrate** 定額料金
der **Flop** 失敗
das **Franchising** フランチャイズ

G
der **Gamer** PC ゲームをする人
das **Genfood** 遺伝子組み換え食品
der **Global Player** 世界的大企業
das **Goal** 目標
googeln グーグルで検索する

H
der **Hacker** ハッカー
das **Hand-out** ハンドアウト
das **Handy** 携帯電話
die **Human-Resources** 人事部(課)
das **Highlight** クライマックス

I
das **Image** イメージ

J
jobben アルバイトをする
das **Jogging** ジョギング
die **Jury** 審査員

K
die **Kids** 子供たち

L
das **Label** ラベル
das **Leasing** リース
der **Lifestyle** ライフスタイル
der **Location** ロケーション

M
mailen メールする
der **MacJob** 低賃金労働
das **Management** マネジメント
das **Meeting** ミーティング
das **Mobbing** いじめ

P
das **Park-and-ride-System** パーク・アンド・ライド方式
die **Party** パーティー
das **Peeling** ピーリング
das **Piercing** ピアシング
die **PIN** 個人認証番号, 暗証番号

R
recyceln リサイクルする

S
der **Sale** セール
das **Sample** サンプル
das **Servicecenter** サービスセンター
shoppen 買い物をする
der **Single** シングル
der **Stress** ストレス

T
der **Talk** トーク
das **Tatoo** タトゥー
das **Training** トレーニング

U
unfair アンフェアな
der **User** ユーザー

W
das **Walking** ウォーキング
die **Wellness** ウェルネス

Z
zappen (リモコンで)テレビのチャンネルを変える
das **Zoom** ズーム

心中を打ち明ける.

Ent·de·cker [エント・デッカァ ɛnt-dékər] 男 -s/- 発見者. (女性形: -in).

ent·deckt [エント・デックト] *entdecken (発見する)の過分, 3人称単数・2人称親称複数現在

ent·deck·te [エント・デックテ] *entdecken (発見する)の過去

die **Ent·de·ckung** [エント・デックング ɛnt-dékuŋ] 女 (単) -/(複) -en ① 発見; 発覚. (英 discovery). die *Entdeckung* eines neuen Sterns 新しい星の発見 / eine große *Entdeckung*⁴ machen 一大発見をする. ② 発見されたもの.

Ent·de·ckungs=rei·se [エントデックングス・ライゼ] 女 -/-n 探検旅行.

die **En·te** [エンテ ɛ́ntə] 女 (単) -/(複) -n ① 《鳥》カモ(鴨); アヒル. (英 duck). Die Enten schnattern. 鴨ががあがあ鳴く / lahme Ente 《口語》a) のろま[なやつ], b) おんぼろ車(船・飛行機) / Er schwimmt wie eine bleierne Ente. 《口語》 彼は泳ぎが下手だ(←鉛でできた鴨のように泳ぐ). ② 雌の鴨(ガ)(あひる). ③ 《隠語》新聞などの虚報, でっちあげの記事. ④ 《口語》(あひるの形をした)男子用の尿(ピ)びん. ⑤ 《成句的》 kalte (または Kalte) Ente コブラー(ワイン・シャンパン・レモンをミックスしたカクテル).

ent·eh·ren [エント・エーレン ɛnt-é:rən] 他 (h) ① (人⁴の)名誉を傷つける; (名前など⁴を)けがす. ② 《古》(女性⁴を)辱める.

ent·eig·nen [エント・アイグネン ɛnt-áignən] 他 (h) 《法》(人⁴の)財産を没収する, (土地など⁴を)接収(収用)する.

Ent·eig·nung [エント・アイグヌング] 女 -/-en 《法》(法規による)土地接収, 収用, 公用徴収.

ent·ei·len [エント・アイレン ɛnt-áilən] 自 (s) 《雅》急いで立ち去る; 《比》(時間が)早く過ぎ去る.

ent·ei·sen [エント・アイゼン ɛnt-áizən] 他 (h) (物⁴の)氷を除去する.

En·ten=bra·ten [エンテン・ブラーテン] 男 -s/- 鴨(ガ)の焼き肉, ローストダック.

En·tente [アンターント ɑ̃tɑ̃:t または ..テ ..tə] [仏] 女 -/-n [..テン] 《政》協約, 協定.

ent·er·ben [エント・エルベン ɛnt-érbən] 他 (h) (人⁴の)相続権を奪う.

Ent·er·bung [エント・エルブング] 女 -/-en 相続権剥奪(ボウ).

En·te·rich [エンテリヒ ɛ́ntəriç] 男 -s/-e 雄の鴨(ガ)(あひる).

en·tern [エンタァン ɛ́ntərn] I 自 (s) 《海》よじ登る. in die Masten *entern* マストによじ登る. II 他 (h) ① 《海》 (敵船⁴を)乗っ取る. ② 《口語》(塀など⁴に)よじ登る.

En·ter·tai·ner [エンタァテーナァ ɛ́ntərte:nər または ..テーナァ) [英] 男 -s/- エンターテイナー, 芸能人. (女性形: -in).

ent·fa·chen [エント・ファッヘン ɛnt-fáxən] 他 (h) 《雅》(火⁴を燃え上がらせる; 《比》(憎しみ・欲情など⁴を)あおる, かき立てる.

ent·fah·ren* [エント・ファーレン ɛnt-fá:rən] 自 (s) (人³の)口から思わず漏れる; 《雅》(音・光などが物³から)突然湧出てくる.

ent·fal·len* [エント・ファレン ɛnt-fálən] 自 (s) ① 《雅》(人³の手から・手など³から)滑り落ちる. Das Buch *entfiel* ihm (または seinen Händen). その本が彼の手から落ちた. ② (人³の)記憶から消える. Der Name *ist* mir *entfallen*. 『現在完了』私はその名前をど忘れした. ③ 《書》もはや行われない, とりやめになる. ④ 『**auf** 人⁴~』(人⁴の)取り分となる. Auf jeden Teilnehmer *entfallen* 100 Euro. 各参加者の取り分は 100ユーロとなる.

ent·fal·ten [エント・ファるテン ɛnt-fáltən] du *entfaltest*, er *entfaltet* (entfaltete, *hat*... *entfaltet*) I 他 (完了) haben) ① (包みなど⁴を)開ける, (地図など⁴を)広げる; (草木が花・葉⁴を)広げる. eine Serviette⁴ *entfalten* ナプキンを広げる.
② (能力・才能⁴を)伸ばす; 発揮する. sein ganzes Können⁴ *entfalten* 全能力を発揮する. ③ (意見など⁴を)述べる, 開陳する. Er *entfaltete* vor uns seine Gedanken. 彼は私たちに自分の考えを披露した. ④ (活動など⁴を)繰り広げる, 展開する.
II 再帰 (完了) haben) *sich*⁴ *entfalten* ① (落下傘などが)開く, 広がる; (花が)開く. ② (能力などが)伸びる; 発展する; 展開する.

ent·fal·tet [エント・ファるテット] entfalten (開ける)の過分, 3人称単数・2人称親称複数現在

ent·fal·te·te [エント・ファるテテ] entfalten (開ける)の過去

Ent·fal·tung [エント・ファるトゥング] 女 -/-en 開ける(広げる)こと; (意見の)開陳; 展開, 発展.

ent·fer·nen [エント・フェルネン ɛnt-férnən] (entfernte, *hat*... entfernt) I 他 (完了) haben) ① 取り除く, 取り去る. (英 remove). einen Flecken **aus** dem Kleid *entfernen* ワンピースの染みを抜く / Sie *hat* das Bild **von** der Wand *entfernt*. 彼女はその絵を壁から取りはずした.
② 遠ざける; 退学(退職)させる. einen Schüler **aus** der Schule *entfernen* 生徒を退学させる / Diese Frage *entfernt* uns zu weit **vom** Thema. この問題を論じると私たちは本論から遠くされてしまう.
II 再帰 (完了) haben) *sich*⁴ *entfernen* 遠ざかる, 離れる; (話題が)それる. Er *entfernte sich* heimlich **aus** der Stadt. 彼はひそかに町を立ち去った / *sich*⁴ **von** der Wahrheit *entfernen* 真相から離れる.

***ent·fernt** [エント・フェルント ɛnt-férnt] I entfernen (取り除く)の過分, 3人称単数・2人称親称複数現在
II 形 (比較 entfernter, 最上 entferntest) ① [遠く]離れた, へんぴな. (英 distant). ein *entfernter* Ort へんぴな場所 / Der Hof liegt weit *entfernt* **von** der Straße. その農場は道路からずっと離れている / weit davon *entfernt* sein,

zu 不定詞[句]《比》…するつもりは全然ない ⇨ Ich bin weit davon *entfernt*, ihm zu glauben. 私は彼の言うことを信じる気はさらさらない. (☞ 類語 fern).
② 《数量を表す 4 格とともに》(…の)距離のある. Unser Haus liegt 50 m *von* der Straße *entfernt*. 私たちの家は通りから 50 メートル離れている / Der Strand ist zehn Autominuten *entfernt*. その海岸へ車で 10 分の所にある.
③ (血縁などが)遠い. *entfernte* Verwandte 遠縁の人たち. ④ かすかな. 弱い. Er hat nur eine *entfernte* Ähnlichkeit mit dir. 彼は君とほんの少ししか似ていない／人3 物4 *entfernt* an|deuten 人3に物4をそれとなくほのめかす. ◊《名詞的に》nicht im *Entferntesten* 全然…ない.

ent·fern·te [エント・フェルンテ] entfernen (取り除く)の 過去

die **Ent·fer·nung** [エント・フェルヌング ɛnt-férnʊŋ] 女 (単) -/(複) -en ① (2 点間の)距離, 間隔.《英 *distance*》. die *Entfernung*4 messen 距離を測る / Die *Entfernung* beträgt 100 Meter. その距離は 100 メートルある / aus (in) einiger *Entfernung* 少し離れた所から(少し離れて). ② 取り除く(遠ざける)こと, 除去; (腫瘍などの)切除, 解任. die *Entfernung* der Trümmer2 がれきの除去 / die *Entfernung* aus dem Amt 免職.

Ent·fer·nungs·mes·ser [エント・フェルヌングス・メッサァ] 男 -s/-《写》距離計.

ent·fes·seln [エント・フェッセルン ɛnt-fésəln] 他 (h) (反乱・戦争など4を)引き起こす, 巻き起こす;(感情など4を)爆発させる.

ent·fes·selt [エント・フェッセルト] Ⅰ entfesseln (引き起こす)の 過分 Ⅱ 形 解き放たれた. *entfesselte* Leidenschaften 奔放な情熱.

ent·fet·ten [エント・フェッテン ɛnt-fétən] 他 (h) (物4を)脱脂する.

ent·flam·men [エント・ふらンメン ɛnt-flámən] Ⅰ 他 (h)《雅》(感情・人4の気持ちを)燃え上がらせる. Sie *hat* sofort seine Liebe *entflammt*. 彼女はたちまち彼の恋心を燃え上がらせた. ◊《過去分詞の形で》 für 人4 *entflammt* sein 人4に熱を上げている. Ⅱ 再帰 (h) *sich*4 *entflammen* 発火する;(感情などが)燃え上がる. Ⅲ 自 (s)《稀》発火する;《比》(争いなどが)突発する.

ent·flech·ten(*) [エント・ふれヒテン ɛnt-fléçtən] 他 (h) ① 《経》(大企業など4を)解体する. ② (編まれたもの4を)解く, ほどく;(複雑な関係など4を)すっきりさせる.

Ent·flech·tung [エント・ふれヒトゥング] 女 -/-en《経》(大企業などの)解体;(編まれたものを)解くほどくこと.

ent·flie·hen* [エント・ふリーエン ɛnt-flí:ən] 自 (s) ① 逃げ去る, 逃走する;(人・物3から)逃れる. aus dem Gefängnis *entfliehen* 脱獄する / dem Lärm *entfliehen* 騒音から逃れる. ②《雅》(時間・幸福が)矢のように過ぎ去る.

ent·frem·den [エント・フレムデン ɛnt-frémdən] Ⅰ 他 (h) ① (人3から人・物4を)遠ざける, 疎外する. Die Arbeit *hat* ihn mir *entfremdet*. 仕事が彼の気持ちを私から遠ざけた. ②《成句的に》物4 seinem Zweck *entfremden* 物4を本来の目的(用途)以外のことに使う. Ⅱ 再帰 (h) *sich*4 人・事3 *entfremden* 人・事3と疎遠になる.

Ent·frem·dung [エント・フレムドゥング] 女 -/-en ① 疎遠, (関係の)冷却. ②《哲》(特にマルクス主義用語で):疎外.

ent·füh·ren [エント・フューレン ɛnt-fý:rən] 他 (h) ① (人4を)誘拐する;(飛行機4を)ハイジャックする. ②《戯》(人3から物4を)拝借する.

Ent·füh·rer [エント・フューラァ ɛnt-fý:rər] 男 -s/- 誘拐犯人; ハイジャッカー. (女性形: -in).

Ent·füh·rung [エント・フュールング] 女 -/-en 誘拐; ハイジャック.

ent·gan·gen [エント・ガンゲン ɛnt-gáŋən] entgehen (逃れる)の 過分

ent·ge·gen [エント・ゲーゲン ɛnt-gé:gən] Ⅰ 前《3 格とともに; 名詞のあとに置かれることもある》…に反して, …とは逆に. *entgegen* allen Erwartungen あらゆる期待に反して / *Entgegen* meinem Wunsch (または Meinem Wunsch *entgegen*) ist er nicht gekommen.《現在完了》私の望みに反して彼は来なかった.
Ⅱ 副 ① (人・物3の方へ)向かって. dem Wind *entgegen* 風に向かって.
② (…に)反して, 逆らって. Dieser Beschluss ist meinen Wünschen völlig *entgegen*. この決定は私の希望にまっこうから対立するものだ.

ent·ge·gen.. [エントゲーゲン.. ɛntgé:gən..]《分離動詞の 前つづり; つねにアクセントをもつ》①《接近・歓迎》例: *entgegen*|kommen 出迎える. ②《対立・敵対》例: *entgegen*|stehen 対立する.

ent·ge·gen|brin·gen* [エントゲーゲン・ブリンゲン ɛntgé:gən-brɪŋən] 他 (h) (人3に信頼・好意など4を)寄せる;(事3に関心など4を)示す.

ent·ge·gen|ge·hen* [エントゲーゲン・ゲーエン ɛntgé:gən-gè:ən] 自 (s) (人・物3の方に)進む, 近寄る.

ent·ge·gen⌇ge·kom·men [エントゲーゲン・ゲコンメン] entgegen|kommen (…の方にやって来る)の 過分

ent·ge·gen⌇ge·setzt [エントゲーゲン・ゲゼッツト ɛntgé:gən-gəzɛtst] Ⅰ entgegen|setzen (対置させる)の 過分
Ⅱ 形 ① (位置的に)反対側の; 逆の(方向など).《英 *opposite*》. Er wohnt am *entgegengesetzten* Ende der Stadt. 彼はこの町の反対側のはずれに住んでいる / in die *entgegengesetzte* Richtung gehen 逆方向へ行く. ② (意見などが)対立した. In diesem Punkt sind wir *entgegengesetzter* Meinung2. この点では私たちの意見は対立している.

ent·ge·gen|hal·ten* [エントゲーゲン・ハるテン ɛntgé:gən-hàltən] 他 (h) ① (人3に手など4を)

さし出す. ② (人³に物⁴を持ち出して)反論する, 異議を唱える.

ent·ge·gen|kom·men* [エントゲーゲン・コンメン εntgé:gən-kòmən] (kam…entgegen, *ist*…entgegenkommen) 自 (完了 sein) ① (人・物³の方に)やって来る; (人³を)出迎える. Sie *kam* mir auf der Treppe *entgegen*. 彼女は私を階段の途中まで出迎えてくれた. ② (人³の)意にそう, (希望など³に)応じる. Im Preis *kommen* wir Ihnen gerne *entgegen*. 値段については喜んでご意向に応じます.

◇☞ **entgegenkommend**

Ent·ge·gen⸗kom·men [エントゲーゲン・コンメン] 中 -s/ ① 好意, 親切. ② 歩み寄り, 譲歩.

ent·ge·gen|kom·mend [エントゲーゲン・コンメント] I *entgegenkommen* (…の方にやって来る)の現分 II 形 好意的な, 親切な.

ent·ge·gen|lau·fen* [エントゲーゲン・らオふェン εntgé:gən-làufən] 自 (s) ① (人³の方に)駆け寄る. ② (物³に)反する, 対立する.

ent·ge·gen|neh·men* [エントゲーゲン・ネーメン εntgé:gən-nè:mən] 他 (h) (贈り物など⁴を)受け取る, (注文など⁴を)受ける, (願い・苦情など⁴を)受け入れる.

ent·ge·gen|se·hen* [エントゲーゲン・ゼーエン εntgé:gən-zè:ən] 自 (h) ① (物³を)待ち受ける. ② (人・物³が来るのを)見つめる.

ent·ge·gen|set·zen* [エントゲーゲン・ゼッツェン εntgé:gən-zètsən] I 他 (h) (人・事³に対して物⁴を)対置させる, 持ち出す. Er *setzte* mir Widerstand *entgegen*. 彼は私に抵抗した. II 再帰 (h) *sich*⁴ 人・事³ *entgegensetzen* 人・事³に対抗(反対)する.

◇☞ **entgegengesetzt**

ent·ge·gen|ste·hen* [エントゲーゲン・シュテーエン εntgé:gən-ʃtè:ən] 自 (h) ① (人・事³の)妨げになっている. ② (物³と)対立している.

ent·ge·gen|stel·len [エントゲーゲン・シュテれン εntgé:gən-ʃtèlən] I 他 (h) (人³に B⁴ を)対置する, 対抗して持ち出す. II 再帰 (h) *sich*⁴ 人・事³ *entgegenstellen* 人・事³を妨げる.

ent·ge·gen|stre·cken [エントゲーゲン・シュトレッケン εntgé:gən-ʃtrèkən] 他 (h) (人³に両腕など⁴を)差し伸べる.

ent·ge·gen|tre·ten* [エントゲーゲン・トレーテン εntgé:gən-trè:tən] 自 (s) ① (人・事³に)立ち向かう. ② (物³に)反対する.

ent·ge·gen|wir·ken [エントゲーゲン・ヴィルケン εntgé:gən-vìrkən] 自 (h) (人³の)じゃまをする, (物³を)阻止しようとする.

ent·geg·nen [エント・ゲーグネン εnt-gé:gnən] 自 (h) 答える, 言い返す. „Ja", *entgegnete* er. 「はい」と彼は答えた / **auf** 事⁴ *entgegnen* 事⁴に対して言い返す. (☞ 類語 antworten).

Ent·geg·nung [エント・ゲーグヌング] 女 -/-en 応答, 返答; 反論, 口答え.

ent·ge·hen* [エント・ゲーエン εnt-gé:ən] (entging, *ist*…entgangen) 自 (完了 sein) ① (物³を)逃れる, 免れる. einer Gefahr³ *entgehen* 危険を逃れる / der Strafe³ *entgehen* 処罰を免れる. ② (人³に)見落とされる, 見逃される. Dieser Fehler *ist* mir *entgangen*.〘現在完了〙私はこの誤りを見落としてしまった / sich³ 物⁴ *entgehen lassen* 物⁴を見逃す, 見落とす ⇒ Er *lässt* sich keinen Vorteil *entgehen*. 彼はどんな利益も見逃さない.

ent·geis·tert [エント・ガイスタァト εnt-gáɪstərt] 形 ぼうぜんとした, あっけにとられた.

Ent·gelt [エント・ゲるト εnt-gélt] 中 -[e]s/-e 代償, 報酬. Er arbeitet **gegen** (まれに **für**) ein geringes *Entgelt*. 彼はわずかな代償で働いている / **als** (または **zum**) *Entgelt* für meine Mühe 私の苦労の代償として.

ent·gel·ten* [エント・ゲるテン εnt-géltən] 他 (h)《雅》① (人³に物⁴に)報いる; 報復(仕返し)する. ② (過失など⁴の)償い(補償)をする. 人³ 物⁴ *entgelten lassen* 人³に物⁴の償いをさせる(仕返しをする).

ent·gif·ten [エント・ギふテン εnt-gíftən] 他 (h) (物⁴の)毒を取り除く, (物⁴を)解毒する;《比》(雰囲気など⁴を)和らげる.

ent·ging [エント・ギング] entgehen (逃れる)の過去

ent·glei·sen [エント・グらイゼン εnt-gláɪzən] 自 (s) ① 〘鉄道〙脱線する. ②《比》(話などが)脱線する; 不穏当な発言(行為)をする.

Ent·glei·sung [エント・グらイズング] 女 -/-en ① 〘鉄道〙脱線. ②《比》(話などの)脱線, 逸脱; 不穏当な発言(行為).

ent·glei·ten* [エント・グらイテン εnt-gláɪtən] 自 (s)《雅》① (人³の手などから)滑り落ちる. ②《比》(人³の)手に負えなくなる.

ent·grä·ten [エント・グレーテン εnt-grɛ́:tən] 他 (h) (魚⁴の)骨を抜く(取る).

ent·haa·ren [エント・ハーレン εnt-há:rən] 他 (h) (足など⁴を)脱毛する. sich³ die Achseln *enthaaren* わきの下を脱毛する.

Ent·haa·rungs⸗mit·tel [エントハールングス・ミッテる] 中 -s/- 脱毛剤.

ent·hält [エント・へるト] *enthalten¹ (含んでいる)の 3 人称単数 現在

***ent·hal·ten**¹* [エント・ハるテン εnt-háltən] du enthältst, er enthält (enthielt, *hat*…enthalten) I 他 (完了 haben) 含んでいる, 含有している. (英 *contain*). Dieser Wein *enthält* 8%(=Prozent) Alkohol. このワインは 8 パーセントのアルコールを含んでいる / Die Flasche *enthält* bloß Wasser. そのびんには水しか入っていない. II 再帰 (完了 haben) *sich*⁴ 物² *enthalten*《雅》物²を断念する, さし控える. *sich*⁴ des Alkohols *enthalten* 酒をやめる / *sich*⁴ der Stimme² *enthalten* 投票を棄権する / Ich konnte mich des Lachens nicht *enthalten*. 私は笑わずにはいられなかった.

ent·hal·ten² [エント・ハるテン] I *enthalten¹ (含んでいる)の 過分 II 形 含まれている. Im Gemüse sind Vitamine *enthalten*. 野菜には

ビタミンが含まれている.

ent·halt·sam [エント・ハルトザーム] 形 《享楽に関して》控えめな, 節度のある, 禁欲的な. *enthaltsam* leben 節制した生活を送る.

Ent·halt·sam·keit [エント・ハルトザームカイト] 女 -/ 控えめ, 節制, 禁欲.

ent·hältst [エントヘるツト] *enthalten¹ (含んでいる)の2人称親称単数 現在

Ent·hal·tung [エント・ハるトゥング] 女 -/-en ① 〔複なし〕節制, 禁欲. ② (投票の)棄権.

ent·här·ten [エント・ヘルテン ɛnt-hértən] 他 (h) (物⁴を)軟化する. Wasser⁴ *enthärten* 水を軟化する.

ent·haup·ten [エント・ハオプテン ɛnt-háuptən] 他 (h) (人⁴の)首をはねる.

Ent·haup·tung [エント・ハオプトゥング] 女 -/-en 打ち首, 斬首(ざんしゅ).

ent·he·ben* [エント・ヘーベン ɛnt-hé:bən] 他 (h) 《雅》(人⁴を(罰³から))解放する, 免除(放免)する; 退任させる. 人⁴ seines Amtes *entheben* 人⁴を罷免する.

Ent·he·bung [エント・ヘーブング] 女 -/-en 《雅》(義務などからの)解放, 放免; 罷免.

ent·hei·li·gen [エント・ハイリゲン ɛnt-háilɪɡən] 他 (h) (物⁴の)神聖を汚す, (物⁴を)冒涜(ぼうとく)する.

ent·hem·men [エント・ヘンメン ɛnt-hémən] 他 (h) ① 《心》(人⁴を)抑制(抑圧)から解放する. ◇〔過去分詞の形で〕völlig *enthemmt* sein すっかり自制心を失っている. ② (機械などの⁴の)制動装置(ロック)をはずす.

ent·hielt [エント・ヒーるト] *enthalten¹ (含んでいる)の 過去

ent·hiel·te [エント・ヒーるテ] *enthalten¹ (含んでいる)の 接2

ent·hül·len [エント・ヒュれン ɛnt-hýlən] 他 (h) ① 《雅》(物⁴の)覆いを取る. ein Denkmal⁴ *enthüllen* 記念碑の除幕式を行う. ② 《雅》暴露する; (秘密など⁴を)明かす, 打ち明ける. ◇〔再帰的に〕sich⁴ *enthüllen* 露呈する, 明らかになる ⇒ sich⁴ als Lügner *enthüllen* うそつきの正体を現す.

Ent·hül·lung [エント・ヒュるング] 女 -/-en ① 覆いを取ること, 除幕[式]; 暴露; 露呈. ② 〔ふつう 複〕暴露された事実(秘密).

En·thu·si·as·mus [エントゥズィアスムス ɛntuziásmʊs] 男 -/ 熱中, 熱狂, 感激.

En·thu·si·ast [エントゥズィアスト ɛntuziást] 男 -en/-en 熱狂的な信奉者(ファン). (女性形 -in).

en·thu·si·as·tisch [エントゥズィアスティッシュ ɛntuziástɪʃ] 形 熱狂的な, 熱中した.

ent·jung·fern [エント・ユングふァァン ɛnt-júŋfɐn] 他 (女性⁴の)処女を奪う.

ent·kal·ken [エント・カるケン ɛnt-kálkən] 他 (h) (物⁴から)石灰分を取り除く.

ent·kei·men [エント・カイメン ɛnt-káimən] I 他 殺菌する. II 自 (s) 《詩》(物³から)芽生える.

ent·ker·nen [エント・ケルネン ɛnt-kérnən] 他 (h) (果物⁴の)種(しん)を取り除く.

ent·klei·den [エント・クらイデン ɛnt-kláidən] 他 (h) 《雅》① (人⁴の)服を脱がせる. das Kind⁴ *entkleiden* 子供の服を脱がせる. ◇〔再帰的に〕sich⁴ *entkleiden* 服を脱ぐ. ② (人⁴から官位を²を)奪う, 剥奪(はくだつ)する.

ent·kom·men* [エント・コンメン ɛnt-kómən] 自 (s) (人・物³から)逃れる, 免れる. der Polizei³ *entkommen* 警察の手を逃れる / der Gefahr³ *entkommen* 危険を免れる / aus dem Gefängnis *entkommen* 脱獄する / ins Ausland *entkommen* 外国へ逃亡する.

ent·kor·ken [エント・コルケン ɛnt-kórkən] 他 (h) (びんなど⁴の)コルク栓を抜く.

ent·kräf·ten [エント・クレふテン ɛnt-kréftən] 他 (h) ① (人⁴を)弱らせる, 消耗させる. ② (主張・論拠など⁴を)論破する, 覆す.

Ent·kräf·tung [エント・クレふトゥング] 女 -/-en ① 衰弱, 消耗. ② 論破.

ent·la·den* [エント・らーデン ɛnt-lá:dən] I 他 (h) (物⁴から)荷を降ろす. ein Schiff⁴ *entladen* 船の荷を降ろす / ein Gewehr⁴ *entladen* 銃から弾丸(装塡)を抜く ② 《物》(電池など⁴を)放電させる. II 再帰 sich⁴ *entladen* ① (雷雨などが)不意に襲う; (感情が)爆発する. ② 《物》(電池などが)放電する.

***ent·lang** [エント・らング ɛnt-láŋ] I 前 〖〔名詞のあとに置かれて〕3格(まれに3格)とともに, 〔名詞の前に置かれて〕3格(まれに2格)とともに〗…に沿って. (英 along). die Straße *entlang* 通りに沿って / Das Ufer *entlang* ging sie. 岸に沿って彼女は歩いた / *entlang* dem Fluss 川に沿って.

II 副 …に沿って. am Ufer *entlang* 岸に沿って / Hier *entlang*! こちらへお進みください.

ent·lang.. [エントらング・. *entlang*..] 〖分離動詞の 前つづり〗つねにアクセントをもつ 〖(…に沿って)〗例: den Fluss *entlang*|gehen 川に沿って行く.

ent·lang|ge·hen [エントらング・ゲーエン ɛnt-láŋ-ɡe:ən] 自 (s) …に沿って歩く. eine Allee⁴ *entlanggehen* 並木道に沿って歩く.

ent·lar·ven [エント・らルふェン ɛnt-lárfən] 他 (h) (人⁴の)仮面をはく, (囲⁴の)正体を暴く. 人⁴ als Betrüger *entlarven* 人⁴が詐欺師であることを暴く.

ent·las·sen¹* [エント・らッセン ɛnt-lásən] du entlässt, er entlässt (entließ, hat ....entlassen) 他 (haben) ① 立ち去らせる, 釈放(放免)する; 除隊させる. Sie *entließ* ihn mit einer Handbewegung. 彼女は手ぶりで彼を立ち去らせた / 人⁴ aus dem Krankenhaus *entlassen* 人⁴を退院させる / 人⁴ aus einer Verantwortung *entlassen* 〈比〉人⁴を責任から免れさせる.

② 解雇する, 退職させる. 人⁴ aus dem Amt *entlassen* 人⁴を罷免する.

ent·las·sen² [エント・らッセン] *entlassen¹ (去らせる)の 過分

ent・lässt [エント・れスト] entlassen¹ (去らせる)の2人称親称単数・3人称単数 現在

Ent・las・sung [エント・らッスング] 囡 -/-en ① 釈放; 卒業; 退院; 除隊. nach seiner *Entlassung* aus dem Krankenhaus 彼の退院後に. ② 解雇, 罷免; 解雇状.

ent・las・ten [エント・らステン ɛnt-lástən] 他 (h) ① (人・物⁴の)負担を軽くする. den Chef [bei der Arbeit] *entlasten* 所長の仕事を軽減する / den Verkehr *entlasten* 交通量を緩和する. ②《法》(証言によって人⁴の)嫌疑を晴らす.

Ent・las・tung [エント・らストゥング] 囡 -/-en ① (負担などの)軽減, (交通量の)緩和. ②《法》免責.

Ent・las・tungs゠zeu・ge [エントらストゥングス・ツォイゲ] 男 -n/-n《法》被告に有利な証言をする証人.

ent・lau・ben [エント・らオベン ɛnt-láubən] I 他 (h) (樹木⁴の)葉を落とす. II 再帰 (h) sich⁴ *entlauben* (樹木が)落葉する.

ent・lau・fen* [エント・らオフェン ɛnt-láufən] 自 (s) 逃げ去る, 脱走する. aus dem Gefängnis *entlaufen* 脱獄する.

ent・le・di・gen [エント・れーディゲン ɛnt-lé:dɪgən] 再帰 (h) sich⁴ 人・物² *entledigen*《雅》人²(敵などを)片づける, 物²(借金などの)片をつける; 物²(コートなどを)脱ぐ, 事²(任務などを)果たす.

ent・lee・ren [エント・れーレン ɛnt-lé:rən] 他 (h) (容器など⁴を)空にする. einen Eimer *entleeren* バケツを空にする / die Blase⁴ (den Darm) *entleeren* 小便(大便)をする(←膀胱(腸)を空にする). ◇《再帰的に》sich⁴ *entleeren* 空になる.

Ent・lee・rung [エント・れールング] 囡 -/-en 空にすること; 排泄.

ent・le・gen [エント・れーゲン ɛnt-lé:gən] 形 ① 人里離れた, へんぴな. ② とっぴな.

ent・leh・nen [エント・れーネン ɛnt-lé:nən] 他 (h) (言葉など⁴を)借用する. Das Wort ist aus dem Lateinischen *entlehnt*.《状態受動・現在》その単語はラテン語からの借用である.

Ent・leh・nung [エント・れーヌング] 囡 -/-en ① (言葉などの)借用. ② 借用語.

ent・lei・hen* [エント・らイエン ɛnt-láɪən] 他 (h) (物⁴を)借りる. Ich *habe* mir das Buch aus der Bibliothek (von ihm) *entliehen*. 私はその本を図書館から借り出した(彼から借りた).

ent・ließ [エント・リース] entlassen¹ (去らせる)の 過去

ent・lo・ben [エント・ろーベン ɛnt-ló:bən] 再帰 (h) sich⁴ *entloben* 婚約を解消する.

Ent・lo・bung [エント・ろーブング] 囡 -/-en 婚約の破棄(解消). (⟨⟩「婚約」は Verlobung).

ent・lo・cken [エント・ろッケン ɛnt-lɔ́kən] 他 (h) (人・物³から物⁴を)巧みに引き出す, 誘い出す. 人³ ein Geheimnis⁴ *entlocken* 人³から秘密を聞き出す / 人³ Tränen⁴ *entlocken* 人³の涙を誘う / Er *entlockte* seiner Flöte herrliche Weisen. 彼はフルートですばらしいメロディーをかなでた.

ent・loh・nen [エント・ろーネン ɛnt-ló:nən] 他 (h) (人⁴に)賃金を支払う.

Ent・loh・nung [エント・ろーヌング] 囡 -/-en 賃金の支払い; 賃金.

ent・lüf・ten [エント・リュふテン ɛnt-lýftən] 他 (h) (部屋など⁴の)換気をする; (物⁴の)空気を抜く.

Ent・lüf・tung [エント・リュふトゥング] 囡 -/-en 換気, 排気; 換気装置.

ent・mach・ten [エント・マハテン ɛnt-máxtən] 他 (h) (人⁴から)権力を奪う, (人⁴を)無力にする.

Ent・mach・tung [エント・マハトゥング] 囡 -/-en 権力を奪うこと, 無力にすること.

ent・man・nen [エント・マンネン ɛnt-mánən] 他 (h) (人⁴を)去勢する.

ent・men・schen [エント・メンシェン ɛnt-ménʃən] 他 (h) (人⁴の)人間性を失わせる.

ent・mi・li・ta・ri・sie・ren [エント・ミリタリズィーレン ɛnt-militarizí:rən] 他 (h) (ある地域⁴を)非武装化する.

Ent・mi・li・ta・ri・sie・rung [エント・ミリタリズィーるング] 囡 -/-en (ある地域の)非武装化.

ent・mün・di・gen [エント・ミュンディゲン ɛnt-mýndɪgən] 他 (h)《法》(人⁴に)禁治産の宣告を下す.

Ent・mün・di・gung [エント・ミュンディグング] 囡 -/-en《法》禁治産の宣告.

ent・mu・ti・gen [エント・ムーティゲン ɛnt-mú:tɪgən] 他 (h) (人⁴の)意欲を失わせる, 落胆(がっかり)させる. sich⁴ nicht *entmutigen lassen* くじけない, 落ち込まない.

Ent・nah・me [エント・ナーメ ɛnt-ná:mə] 囡 -/-n 取り出すこと; 採択. Blut*entnahme* 採血.

ent・na・zi・fi・zie・ren [エント・ナツィふィツィーレン ɛnt-natsifitsí:rən] 他 (h) 非ナチ化する.

ent・neh・men* [エント・ネーメン ɛnt-né:mən] 他 (h) ① (人・物³から物⁴を)取り出す. [aus] der Kasse³ 500 Euro *entnehmen* 金庫から500ユーロ取り出す / Er *entnahm* dem Etui eine Brille. 彼は眼鏡ケースから眼鏡を取り出した / 人³ eine Blutprobe⁴ *entnehmen* 人³から採血する. ② (物³から事⁴を)推察する, 察知する. [Aus] Ihrem Schreiben *haben* wir *entnommen*, dass … お手紙から…と拝察いたしました.

ent・ner・ven [エント・ネルふェン ɛnt-nérfən] 他 (h) (人⁴の)神経をへとへとに疲れさせる.

ent・pflich・ten [エント・プふりヒテン ɛnt-pflíçtən] 他 (h) 退官(退職)させる.

ent・pup・pen [エント・プッペン ɛnt-púpən] 再帰 (h) sich⁴ *entpuppen* 正体を現す, 判明する. Er *entpuppte* sich als Betrüger. 彼は詐欺師であることが明らかになった.

ent・rah・men [エント・ラーメン ɛnt-rá:mən] 他 (h) (牛乳⁴を)脱脂する. ◇《過去分詞の形で》*entrahmte* Frischmilch 脱脂乳.

ent・rät・seln [エント・レーツるン ɛnt-ré:tsəln] 他 (h) (秘密など⁴の)なぞを解く, (秘密・古文書など⁴を)解明(解読)する.

ent·rech·ten [エント・レヒテン ɛnt-réçtən] 他 (h) (人⁴の)権利を奪う。

En·tree [アントレー ātré:] [フランス] 中 -s/-s ① 入口, 玄関; 玄関の間. ② 入場, 入ること; (スポーツ)入場料. ③ (料理)前菜, アントレ. ④ (バレエ・オペレッタなどで:)登場の曲.

ent·rei·ßen* [エント・ライセン ɛnt-ráɪsən] 他 (h) ① (人³から物⁴を)奪い取る, もぎ取る. 人³ die Handtasche⁴ *entreißen* 人³のハンドバッグをひったくる. ② (雅)(人⁴を物³から)救い出す; 引き戻す. 人⁴ seinen Träumen *entreißen* 人⁴を夢から現実に引き戻す.

ent·rich·ten [エント・リヒテン ɛnt-ríçtən] 他 (h) (官庁)(料金・税金など⁴を)支払う, 納める. (☞類語 zahlen).

Ent·rich·tung [エント・リヒトゥング] 女 -/-en (官庁)支払い, 納付.

ent·rin·gen* [エント・リンゲン ɛnt-ríŋən] I 他 (h) (雅)(人³から物⁴を)奪い取る, (秘密など⁴を)聞き出す. II 再帰 (h) *sich*⁴ 人·物³ *entringen* (雅) ①(人·物³から)身を振りほどく. ②(ため息などが人·物³から)漏れる.

ent·rin·nen* [エント・リンネン ɛnt-rínən] 自 (s) ①(雅)(人·物³から)逃れる. einer Gefahr³ (dem Tod) *entrinnen* 危険から逃れる(死を免れる). ②(詩) (目³から涙などが)流れ出る; (時が)流れ去る.

ent·rol·len [エント・ロレン ɛnt-rólən] I 他 (h) (雅)(巻いた物⁴を)広げる. II 再帰 (h) *sich*⁴ *entrollen* (雅) (光景などが)繰り広げられる. III 自 (s)(雅)(物³から)転がり落ちる.

ent·ros·ten [エント・ロステン ɛnt-róstən] 他 (h) (物⁴の)さびを落とす.

ent·rü·cken [エント・リュッケン ɛnt-rýkən] 他 (h) (雅)(人⁴を物³から)遠ざける, 引き離す; (人⁴を)恍惚(こうこつ)とさせる, うっとりさせる. Sie *war* der Wirklichkeit *entrückt*. 〔状態受動・過去〕彼女は現実を忘れ去っていた. ◇〔過去分詞の形で〕ein *entrückter* Ausdruck 恍惚とした表情.

ent·rüm·peln [エント・リュンペルン ɛnt-rýmpəln] 他 (h) (物置など⁴の)がらくたを片づける.

ent·rüs·ten [エント・リュステン ɛnt-rýstən] I 他 (h) 怒らせる, 憤慨させる. ◇〔過去分詞の形で〕**über** 囲⁴ *entrüstet* sein 囲⁴に憤慨している. II 再帰 (h) *sich*⁴ *entrüsten* 怒る, 憤慨(憤激)する. Er *hat sich* **über** diese Zustände *entrüstet*. 彼はこの状況に憤慨した.

Ent·rüs·tung [エント・リュストゥング] 女 -/-en 憤慨, 憤激.

ent·saf·ten [エント・ザフテン ɛnt-záftən] 他 (h) (物⁴の)果汁を搾る.

Ent·saf·ter [エント・ザフタァ ɛnt-záftər] 男 -s/- ジューサー.

ent·sa·gen [エント・ザーゲン ɛnt-zá:gən] 自 (h) (雅)(物³を)放棄する, 断念する. dem Rauchen *entsagen* たばこをやめる / dem Thron (der Welt³) *entsagen* 退位する(世を捨てる).

Ent·sa·gung [エント・ザーグング] 女 -/-en (雅)放棄, 断念.

ent·schä·di·gen [エント・シェーディゲン ɛnt-ʃέ:dɪɡən] 他 (h) (人⁴に)償いをする. 人⁴ **für** einen Verlust *entschädigen* 人⁴に損害の補償をする.

Ent·schä·di·gung [エント・シェーディグング] 女 -/-en 賠償, 補償; 賠償(弁償)金.

ent·schär·fen [エント・シェルフェン ɛnt-ʃέrfən] 他 (h) ①(爆弾など⁴の)信管をはずす. ②(危険・激論など⁴を)和らげる; (本・映画など⁴の政治的・性的に)きわどい箇所を削る.

Ent·scheid [エント・シャイト ɛnt-ʃáɪt] 男 -[e]s/-e (裁判による)決定, (医師の)判断, (審判員の)判定; (一般に)決定 (= Entscheidung).

ent·schei·den [エント・シャイデン ɛnt-ʃáɪdən] du entscheidest, er entscheidet (entschied, hat ... entschieden) I 他 (h) (完了 haben) (囲⁴を)決定する; (囲⁴に)決着をつける; (囲⁴に)判定(判決)を下す. (英 decide). Das *kann* ich nicht *entscheiden*. それは私には決められません / Dieses Tor *entschied* das Spiel. このゴールが試合を決めた. ◇〔目的語なしでも〕Das Los *soll entscheiden*. くじ(抽選)で決めることにしよう.

II 再帰 (完了 haben) *sich*⁴ *entscheiden* ①(選択して)決める, 決心する. Ich *kann mich* heute noch nicht *entscheiden*. 私はきょうはまだ決心がつかない / *sich*⁴ **für** (**gegen**) 人·物⁴ *entscheiden* 人·物⁴の方を採る(採らない)ことに決める ⇒ Der Kunde *entschied sich* für die blaue Krawatte. 買い物客は青いネクタイのほうに決めた.

②(最終的に)決まる, 決着がつく. Morgen *wird* es *sich entscheiden*, ob ... ... かどうか, あしたになればはっきりするだろう.

III 自 (完了 haben) 〖**über** 囲⁴ ~〛(囲⁴について)決定を下す. über den Einsatz von Truppen *entscheiden* 軍隊の投入について決定する.
◇☞ **entschieden**

ent·schei·dend [エント・シャイデント ɛnt-ʃáɪdənt] I *entscheiden (決定する)の現分 II 形 **決定的な**, 重大な. (英 *decisive*). der *entscheidende* Faktor 決定的要因 / im *entscheidenden* Augenblick 決定的な瞬間に / Dieses Ereignis war *entscheidend* **für** ihn. この出来事は彼にとって決定的なものだった.

die **Ent·schei·dung** [エント・シャイドゥング ɛnt-ʃáɪdʊŋ] 女 (単) -/(複) -en (英 *decision*) ① **決定**, 裁定, 判定. eine gerichtliche *Entscheidung* 判決 / eine *Entscheidung*⁴ treffen 決定を下す. ② 決心, 決意. einer *Entscheidung*³ aus|weichen 決断を避ける / **zu** einer *Entscheidung* kommen 決心する.

Ent·schei·dungs=spiel [エントシャイドゥングス・シュピール] 中 -[e]s/-e [同点]決勝戦, 優勝決定戦.

ent·schied [エント・シート] *entschieden (決定する)の過去

ent·schie·de [エント・シーデ] *entscheiden

ent·schie·den [エント・シーデン ɛnt-ʃíːdən] I＊entscheiden(決定する)の過分
II 形 ① 決定済みの. Die Sache ist bereits *entschieden.* その件はもう決定済みだ.
② 断固とした、きっぱりした. eine *entschiedene* Haltung 決然とした態度 / ein *entschiedener* Gegner der Todesstrafe² 断固たる死刑反対論者 / Sie lehnte den Heiratsantrag *entschieden* ab. 彼女はプロポーズをきっぱり断わった. ③ 明らかな，明白な. ein *entschiedener* Vorteil 明らかな利点 / Das geht *entschieden* zu weit. それは明らかに行き過ぎだ.

Ent·schie·den·heit [エント・シーデンハイト] 囡 -/ -en 決然(断固)たる態度. mit aller *Entschiedenheit* 断固として.

ent·schla·fen＊ [エント・シュらーフェン ɛnt-ʃláːfən] 自 (s)《雅》眠り込む;《比》永眠する. ◇《過去分詞の形で; 名詞的に》der (die) *Entschlafene* 故人.

ent·schlei·ern [エント・シュらイアァン ɛnt-ʃláiərn] 他 (h)《雅》(人・物⁴の)ベールを取る;《比》(秘密など⁴を)暴く. ◇《再帰的に》*sich⁴ entschleiern* ベールを脱ぐ;《比》(秘密などが)露見する，明らかになる.

＊**ent·schlie·ßen**＊ [エント・シュリーセン ɛnt-ʃlíːsən] du entschließt (entschloss, hat…entschlossen) 再帰 (完了 haben) *sich⁴ entschließen* 決心する，心を決める.《英 make up one's mind》. *sich⁴ zu* 事³ *entschließen* 事³をしようと決心する ⇒ Sie *entschloss* sich zur Scheidung. 彼女は離婚しようと決心した. ◇《zu 不定詞[句]とともに》Ich *habe mich entschlossen,* das Haus zu verkaufen. 私はその家を売ることにした.
◇☞ **entschlossen**

Ent·schlie·ßung [エント・シュリースンゲ] 囡 -/ -en ① 決心. ② (公的な)決定，決議.

ent·schloss [エント・シュろス] ＊entschließen (再帰 で; 決心する)の過去

ent·schlös·se [エント・シュれッセ] ＊entschließen (再帰 で; 決心する)の接２

ent·schlos·sen [エント・シュろッセン ɛnt-ʃlɔ́sən] I ＊entschließen (再帰 で; 決心する)の過分. ◇《成句的に》kurz *entschlossen* 思いたつとすぐに，ためらわずに.
II 形 ① 決心した. Er ist fest *entschlossen,* morgen abzureisen. 彼はあす旅立とうと固く心に決めている. ② 決然とした，断固とした. Hier ist ein *entschlossenes* Handeln nötig. 今や断固たる行動が必要だ.

Ent·schlos·sen·heit [エント・シュろッセンハイト] 囡 -/ 決意，覚悟，決然とした態度.

ent·schlüp·fen [エント・シュリュプフェン ɛnt-ʃlýpfən] 自 (s) ① (([人³から])すり抜けて)逃げ去る. ② (人³の口から言葉が)うっかり漏れる. Ihm *entschlüpfte* eine unvorsichtige Bemerkung. 彼の口から不用意な発言が漏れた.

der **Ent·schluss** [エント・シュるス ɛnt-ʃlús] 男 (単2) -es/(複) ..schlüsse [..シュリュッセ] (3格のみ ..schlüssen) 決心, 決断,《英 decision》. ein kühner *Entschluss* 大胆な決心 / Es ist sein fester *Entschluss,* das zu tun. 彼はそれをしようと固く決心している / einen *Entschluss* fassen 決心する / **zu** keinem *Entschluss* kommen 決心がつかない.

Ent·schlüs·se [エント・シュリュッセ] Entschluss (決心)の複

ent·schlüs·seln [エント・シュリュッセるン ɛnt-ʃlýsəln] 他 (h)(暗号など⁴を)解読する, (秘密など⁴を)解き明かす.

ent·schluss⹀fä·hig [エントシュるス・フェーイヒ] 形 決断能力のある.

ent·schuld·bar [エント・シュるトバール] 形 許すことのできる(過失など)，申しわけのたつ.

:ent·schul·di·gen
[エント・シュるディゲン ɛnt-ʃúldɪɡən]

許す *Entschuldigen* Sie bitte!
エントシュるディゲン ズィー ビッテ
失礼ですが(ごめんなさい).

(entschuldigte, hat…entschuldigt) I 他 (完了 haben) ① 許す，容赦する.《英 excuse》. *Entschuldigen* Sie bitte die Störung! おじゃましてすみません / *Entschuldige* bitte, dass ich zu spät komme! 遅れて来てごめんね. ◇《目的語なしでも》*Entschuldigen* Sie bitte! a)(謝って:)すみません，ごめんなさい, b)(人に呼びかけて:)すみません, 失礼ですが, c)(中座するときに:)失礼します.
② (事⁴の)弁解をする，言い訳をする. Er *entschuldigte* sein Verhalten **mit** Nervosität. 彼はそんな態度をとったのはいらいらしていたからだと弁解した / Seine Krankheit *entschuldigt* seinen Missmut. 彼は病気なのだから不機嫌なのはしかたがない.
③ (人⁴の)欠席を届け出る. Sie *hat* ihr Kind **beim** Lehrer *entschuldigt.* 彼女は先生に子供の欠席を届けた / *sich⁴ entschuldigen lassen* (ほかの人を通じて)欠席の通知をする.
II 再帰 (完了 haben) *sich⁴ entschuldigen* 謝る，わびる，弁解する. Ich *möchte mich* **bei** dir *entschuldigen.* ぼくは君に謝りたい / Er *hat sich* **für** seine Faulheit *entschuldigt.* 彼は自分の怠惰をわびた / Er *entschuldigt sich* **mit** Krankheit. 彼は病気で行けないと言いわけする.

類語 **entschuldigen**:(間違ってしたことなどを見逃してやるという意味で)許す，容赦する. **verzeihen**: 許す(entschuldigen より改まった表現). **vergeben**:《雅》(相手の過失に)許しを与える.

ent·schul·digt [エント・シュるディヒト] ：entschuldigen (許す)の過分, 3人称単数・2人称親称複数 現在

ent·schul·dig·te [エント・シュるディヒテ] ：entschuldigen (許す)の過去

die Ent·schul·di·gung [エント・シュるディグング ɛnt-ʃúldɪɡʊŋ] 女 (単) -/(複) -en ① 許し. *Entschuldigung* [,bitte]! a) (謝って:)すみません，ごめんなさい，b) (人に呼びかけて:)すみません，失礼ですが，c) (中座するときに:)失礼します / Ich bitte Sie um *Entschuldigung* für die Störung. おじゃましてすみません / *Entschuldigung*, wie komme ich zum Bahnhof? すみませんが，駅へはどう行けばよいのでしょうか.
② 言いわけ，弁解，口実; 学校への欠席届. nach einer *Entschuldigung* suchen 口実を探す / ohne *Entschuldigung* fehlen 無届けで欠席する.

ent·schwin·den[*] [エント・シュヴィンデン ɛnt-ʃvíndən] 自 (s) 《雅》① 消え去る; (視界など[3]から)消える; 《比》(人[3]の記憶から)消える. ② (時が)過ぎ去る.

ent·seelt [エント・ゼーるト ɛnt-zéːlt] 形 《雅》魂の抜けた，死んだ.

ent·sen·den[(*)] [エント・ゼンデン ɛnt-zɛ́ndən] 他 (h) 《雅》(使者など[4]を…へ)派遣する.

ent·set·zen [エント・ゼッツェン ɛnt-zɛ́tsən] I 再他 (h) *sich*[4] *entsetzen* びっくり仰天する，ぎょっとする. Er *entsetzte* sich **bei** (または **vor**) diesem Anblick. 彼はこの光景にぎょっとした.
II 他 (h) ① びっくり仰天させる，ぎょっとさせる. Die Nachricht *hat* mich *entsetzt*. そのニュースを聞いて私はびっくり仰天した. ② 《軍》(包囲された要塞など[4]を)解放する.
◇☞ **entsetzt**

Ent·set·zen [エント・ゼッツェン] 中 -s / 驚がく，ぎょっとすること. Ich habe **mit** *Entsetzen* davon gehört. 私はそれを聞いてぎょっとした.

ent·setz·lich [エント・ゼッツリヒ ɛnt-zɛ́tslɪç] I 形 ① 恐ろしい，ぎょっとするような. ein *entsetzliches* Unglück 恐ろしい事故. ②《口語》ものすごい，ひどい. *entsetzlichen* Hunger[4] haben すごく腹がへっている.
II 副 《口語》ものすごく，ひどく. Ich war *entsetzlich* müde. 私はひどく疲れていた.

ent·setzt [エント・ゼッツト] I entsetzen (再他で: びっくり仰天する)の 過分 II 形 ぎょっとした. ein *entsetzter* Blick びっくり仰天したまなざし.

ent·seu·chen [エント・ゾイヒェン ɛnt-zɔ́yçən] 他 (h) ① (ある地域[4]の放射能などによる)汚染を除去する. ② 消毒する，殺菌する.

Ent·seu·chung [エント・ゾイヒュング] 女 -/-en ① (放射能・生物兵器などによる)汚染の除去. ② 消毒，殺菌.

ent·si·chern [エント・ズィッヒャァン ɛnt-zíçərn] 他 (h) (ピストルなど[4]の)安全装置をはずす.

ent·sin·nen[*] [エント・ズィンネン ɛnt-zínən] 再他 (h) 《*sich*[4] 人・物[2] (または **an** 人・物[4]) ~》 (人・物[2]または人・物[4]を)思い出す，記憶している.

ent·sor·gen [エント・ゾルゲン ɛnt-zɔ́rɡən] 他 (h) (官庁) (工場など[4]のごみ(廃棄物)を処分する. ② (ごみ・廃棄物など[4]を)処分する.

Ent·sor·gung [エント・ゾルグング] 女 -/-en (工場などの)ごみ処分，廃棄物処分.

ent·span·nen [エント・シュパンネン ɛnt-ʃpánən] 他 (h) (筋肉[4]などを緩める，(手足[4]を)弛緩(しかん)させる; (事態など[4]の)緊張を和らげる. ◇《再帰的に》*sich*[4] *entspannen* 緊張がほぐれる(和らぐ); リラックスする. *sich*[4] im Urlaub *entspannen* 休暇中にストレス解消する / Die Lage *hat* sich *entspannt*. 緊張状態は和らいだ.

Ent·span·nung [エント・シュパヌング] 女 -/-en ① (疲れた体を)ほぐすこと，息抜き; リラックス! ストレスの解消. ② (事態の)緊張緩和; (軍事的・政治的な)デタント.

Ent·span·nungs-po·li·tik [エント・シュパヌングス・ポリティーク] 女 -/ (政) 緊張緩和(デタント)政策.

ent·spin·nen[*] [エント・シュピンネン ɛnt-ʃpínən] 再帰 (h) *sich*[4] *entspinnen* (会話などが)始まる，(友情・恋などが)芽生える，生じる.

ent·sprach [エント・シュプラーハ] *entsprechen (一致する)の 過去

***ent·spre·chen**[*] [エント・シュプレッヒェン ɛnt-ʃpréçən] du entsprichst, er entspricht (entsprach, hat ... entsprochen) 自 (克ア) haben) ① (事実・希望など[3]に)一致する，合致する. 《英 correspond》. Das Zimmer *entspricht* nicht meinen Erwartungen. その部屋は私の期待に合わない. ② (要望など[3]に)応じる，添う. Ich *kann* Ihrer Bitte leider nicht *entsprechen*. 残念ながらご依頼には応じかねます.

***ent·spre·chend** [エント・シュプレッヒェント ɛnt-ʃpréçənt] I *entsprechen (一致する)の 現分
II 形 ① 相応の，ふさわしい. eine *entsprechende* Belohnung 相応の報酬 / eine der Tat[3] *entsprechende* Strafe 犯行に見合う罰 / Bei der Kälte musst du dich *entsprechend* warm anziehen. 寒いときにはそれに合わせて暖かい服装をしないといけないよ.
② 《付加語としてのみ》当該の，担当の(役所など).
III 前 《3 格とともに; 名詞のあとに置かれることもある》…に応じて. *entsprechend* Ihrem Vorschlag または Ihrem Vorschlag *entsprechend* ご提案どおりに.

Ent·spre·chung [エント・シュプレッヒュング] 女 -/-en ① 対応[関係]. ② 対応するもの; (言) 相当語，同意表現. Für dieses Wort gibt es im Japanischen keine *Entsprechung*. この言葉に相当する語は日本語にはない.

ent·sprichst [エント・シュプリヒスト] *entsprechen (一致する)の 2 人称親称単数 現在

ent·spricht [エント・シュプリヒト] *entsprechen (一致する)の 3 人称単数 現在

ent·sprie·ßen[*] [エント・シュプリーセン ɛnt-ʃpríːsən] 自 (s) 《雅》① (植物が大地など[3]から)芽を出す. ② (副[3]から)生まれる.

ent·sprin·gen[*] [エント・シュプリンゲン ɛnt-ʃpríŋən] 自 (s) ① (川などが…に)源を発する. Der Rhein *entspringt* **in** der Schweiz. ライン川はスイスに源を発している. ②《副[3] (または

aus 国³)〜》(国³から)生じる;(考えなどが国³に)由来する. Sein Verhalten *entspringt* [aus] einer bloßen Laune. 彼は単なる気まぐれから行動する. ③ (刑務所など³から)脱走する.

ent·spro·chen [エント・シュプロッヘン] *entsprechen (一致する)の 過分

ent·stam·men [エント・シュタンメン ɛnt-ʃtámən] 自 (s) (家系など³の)出身である;(物³に)由来する.

ent·stand [エント・シュタント] *entstehen (生じる)の 過去

ent·stän·de [エント・シュテンデ] *entstehen (生じる)の 接2

ent·stan·den [エント・シュタンデン] *entstehen (生じる)の 過分

ent·ste·hen [エント・シュテーエン ɛnt-ʃté:ən] (entstand, *ist*...entstanden) 自 (完了 sein) 生じる, 発生する, 起こる. Hier *entsteht* eine neue Siedlung. ここに新しい団地ができる / Wie *ist* das Leben *entstanden*?《現在完了》生命はどのようにして発生したのだろうか / Aus Vorurteilen *können* Kriege *entstehen*. 偏見から戦争が起こることがある / Daraus *entstehen* Ihnen keine Unkosten. そのことであなたには何も費用はかかりません.

Ent·ste·hung [エント・シュテーウング] 女 -/-en 発生, 由来;(作品などの)成立.

Ent·ste·hungs⸗ge·schich·te [エントシュテーウングス・ゲシヒテ] 女 -/-n ① 発生史, 成立史. ②《聖》創世記.

ent·stei·gen* [エント・シュタイゲン ɛnt-ʃtáɪɡən] 自 (s)《雅》(車など³から)降りる;(ふろなど³から)上がる.

ent·stei·nen [エント・シュタイネン ɛnt-ʃtáɪnən] 他 (h) (果物⁴の)種を取り除く.

ent·stel·len [エント・シュテレン ɛnt-ʃtélən] 他 (h) ①〈人·物⁴を〉醜くする, そこなう, ゆがめる. ②(事実など⁴を)ゆがめる, 歪曲(ホ;ょヒ)する. ◇《過去分詞の形で》einen Vorfall *entstellt* wieder|geben 出来事を歪曲して伝える.

Ent·stel·lung [エント・シュテルング] 女 -/-en ① 形がゆがめられていること, 不格好になっていること. ② 歪曲(ホ;ょヒ), 曲解.

ent·stö·ren [エント・シュテーレン ɛnt-ʃtǿ:rən] 他 (h)《電》(ラジオ・電話など⁴の)雑音(電波障害)を取り除く.

ent·strö·men [エント・シュトレーメン ɛnt-ʃtrǿ:mən] 自 (s)《雅》(物³から)流れ(漏れ)出る.

ent·stün·de [エント・シュテュンデ] *entstehen (生じる)の 接2

ent·täu·schen [エント・トイシェン ɛnt-tɔ́ʏʃən] (enttäuschte, *hat*...enttäuscht) 他 (完了 haben) 〈人⁴を〉失望させる, がっかりさせる, (期待・信頼など⁴を)裏切る.《英 *disappoint*》. Er *hat* mich sehr *enttäuscht*. 彼は私をひどくがっかりさせた / Ich *will* dein Vertrauen nicht *enttäuschen*. ぼくは君の信頼を裏切らないつもりだ. ◇《目的語なしでも》Das Fußballspiel *enttäuschte*. そのサッカーの試合は期待はずれだった. ◇《現在分詞の形で》ein *enttäuschendes* Spiel 期待はずれの試合(演奏).

ent·täuscht [エント・トイシュト ɛnt-tɔ́ʏʃt] I enttäuschen (失望させる)の 過分, 3人称単数·2人称親称複数 現在

II 形 失望した, がっかりした.《英 *disappointed*》. ein *enttäuschtes* Gesicht⁴ machen がっかりした顔をする / Ich bin *enttäuscht* über ihr Verhalten (または von ihrem Verhalten). 私は彼女の態度に失望している / Ich bin angenehm *enttäuscht*.《口語・戯》私にとってはうれしい誤算だった.

ent·täusch·te [エント・トイシュテ] enttäuschen (失望させる)の 過去

die **Ent·täu·schung** [エント・トイシュング ɛnt-tɔ́ʏʃʊŋ] 女 -/(複) -en 失望, 幻滅, 期待はずれ.《英 *disappointment*》. Das war für mich eine *Enttäuschung*. それは私にとって期待はずれだった / mit 人·物³ eine *Enttäuschung*⁴ erleben 人·物³に期待を裏切られる / 人³ eine *Enttäuschung*⁴ bereiten 人³を失望させる.

ent·thro·nen [エント・トローネン ɛnt-tró:nən] 他 (h)《雅》(王など⁴を)退位させる.

ent·völ·kern [エント・フェるカァン ɛnt-fǿlkərn] 他 (h) (戦争・伝染病などがある地域⁴の)人口を減少させる. ◇《再帰的に》sich⁴ *entvölkern* (ある地域の)人口が減少する.

Ent·völ·ke·rung [エント・フェるケルング] 女 -/ 人口の減少.

ent·wach·sen* [エント・ヴァクセン ɛnt-váksən] 自 (s) ① (成長して人·物³から)離れる. der Mutter³ *entwachsen* 母親の手を離れる / Er *ist* den Kinderschuhen *entwachsen*.《現在完了》《比》私はもう子供ではない(←子供靴から離れた). ②《雅》(地面など³から)生え出る.

ent·waff·nen [エント・ヴァふネン ɛnt-váfnən] 他 (h) ① (人⁴・部隊⁴の)武器を取り上げる, 武装を解く. ②《比》(人⁴の)敵意を失わせる, 心を和らげる.

Ent·waff·nung [エント・ヴァふヌング] 女 -/-en 武装解除; 敵意を失わせること.

ent·warf [エント・ヴァるふ] entwerfen (下絵を書く)の 過去

ent·war·nen [エント・ヴァるネン ɛnt-várnən] 自 (h) [空襲]警報を解除する.

Ent·war·nung [エント・ヴァるヌング] 女 -/-en [空襲]警報解除.

ent·wäs·sern [エント・ヴェッサァン ɛnt-vésərn] I 他 (h) (湿地など⁴の)排水をする;《医》(組織など⁴の)水を抜く. II 自 (h) 流れ出る.

Ent·wäs·se·rung [エント・ヴェッセルング] 女 -/-en ① 水抜き; 排水[工事]; 脱水. ② 下水道, 排水網.

ent·we·der [エント・ヴェーダァ ɛnt-ve:dər または ..ヴェーダァ] 接《並列接続詞》《*entweder* A **oder** B の形で》**A か B か**〔どちらか一方〕.《英 *either A or B*》. Er kommt *entweder* heute oder morgen. 彼はきょうあすやってくる / *entweder* alles oder nichts オール・オア・ナッシング / *Entweder*, oder! どちらか決めなさい / *Entweder* komme ich (または行く), oder ich schreibe. 私は出かけて行くか, それとも手紙を書くかしましょう / *Entweder* du oder ich spreche mit ihm. 君かぼくかのどちらかが彼と話すとしよう (<✍> 主語を結ぶ場合, 動詞の人称変化は近いほうの主語に合わせる).

Ent·we·der-oder· [エントヴェーダァ・オーダァ] 田 -/- 二者択一, あれかこれか. Hier gibt es nur ein *Entweder-oder*. この場合はもうどちらかに決めるしかない.

ent·wei·chen* [エント・ヴァイヒェン ɛnt-váiçən] 自 (s) ① (ガスなどが)漏れる; (比) (ある感情・状態などが)うすけていく. Die Luft *entweicht* aus dem Ballon. 空気が風船から抜けた. ② (こっそり)逃亡する.

ent·wei·hen [エント・ヴァイエン ɛnt-váiən] 他 (h) (瞬4の)神聖さをけがす, 冒瀆(ぼうとく)する.

Ent·wei·hung [エント・ヴァイウング] 囡 -/-en (神聖さを)けがす(けがされる)こと, 神聖冒瀆(ぼうとく).

ent·wen·den [エント・ヴェンデン ɛnt-vɛ́ndən] 他 (h) (雅) ([人3から] [物4を]) かすめ取る, (こっそり)盗む.

ent·wer·fen* [エント・ヴェルフェン ɛnt-vɛ́rfən] du entwirfst, er entwirft (entwarf, hat ...entworfen) 他 (定了 haben) ① (物4の)下絵を書く, 設計図を書く. ein neues Modell4 *entwerfen* 新型をデザインする / ein Bild4 von 人・物3 *entwerfen* 人・物3の特徴(特性)を描く. ② (講演など4の)草稿を作る, (計画など4を)構想(立案)する. eine Rede4 *entwerfen* 演説の草稿を書く.

ent·wer·ten [エント・ヴェーァテン ɛnt-vé:rtən] 他 (h) ① (物4の)効力をなくす; (切符など4に)パンチを入れる, (切手4に)消印を押す. eine Fahrkarte4 *entwerten* 乗車券にパンチを入れる. ② (物4の)価値を下げる.

Ent·wer·ter [エント・ヴェーァタァ ɛnt-vé:rtər] 男 -s/- 自動改札機. die Fahrkarte4 in den *Entwerter* stecken 乗車券を自動改札機に入れる.

***ent·wi·ckeln** [エント・ヴィッケルン ɛnt-víkəln] ich entwickle (entwickelte, *hat*...entwickelt) (英 *develop*) I 再他 (定了 haben) *sich*4 *entwickeln* ① (…に)成長する, 発展する, 進歩する. Das Kind *hat* sich gut *entwickelt*. その子はすくすくと育った / Die Verhandlungen *entwickeln* sich gut. 交渉は順調に進んでいる / Japan *hat* sich **zu** einer Industriemacht *entwickelt*. 日本は産業大国に発展した.
② (しだいに)生じる, 発生する. Gase *ent*-

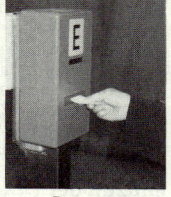

wickeln sich. ガスが発生する / Aus der Raupe *entwickelte* sich der Schmetterling. 毛虫がちょうになった / Aus dem Gespräch *entwickelte* sich ein Streit. 話をしているうちにけんかになった.
II 他 (定了 haben) ① 生じさせる, 発生させる. Der Brand *entwickelte* eine heftige Hitze. その火事は猛烈な熱を出した.
② (新しい製品・方法など4を)開発する. ein neues Heilmittel4 *entwickeln* 新薬を開発する.
③ [A4 **zu** B3 ~] (A4 を B3 に)育て上げる, 発展させる. 人4 zum großen Schauspieler *entwickeln* 人4 をりっぱな俳優に育て上げる.
④ (計画・考えなど4を)詳細に説明する. eine Theorie4 *entwickeln* 理論をこと細かに説明する. ⑤ (能力など4を)発揮する, 示す. Fantasie4 *entwickeln* 想像力を発揮する / eine ungeheure Kraft4 *entwickeln* すごい力を出す.
⑥ 《写》(フィルム4を)現像する. ⑦ 《数》(数式などを)展開する.

ent·wi·ckelt [エント・ヴィッケるト] *entwickeln (再他 で: 成長する)の 過分, 3 人称単数・2 人称親称複数 現在.

ent·wi·ckel·te [エント・ヴィッケるテ] *entwickeln (再他 で: 成長する)の 過去.

ent·wick·le [エント・ヴィックれ] *entwickeln (再他で: 成長する)の 1 人称単数 現在.

Ent·wick·ler [エント・ヴィックらァ ɛnt-víklər] 男 -s/- ① 《写》現像液. ② (新製品などの)開発者. (女性形: -in).

***die* Ent·wick·lung** [エント・ヴィックるング ɛnt-víklʊŋ] 囡 (単) -/-en (英 *development*) ① 発展, 発達, 成長, 進歩; (新製品などの)開発. die wirtschaftliche *Entwicklung* 経済的発展 / Sie ist jetzt **in** der *Entwicklung*. 彼女は今成長期だ. ② 発生, 生成. Gas*entwicklung* ガスの発生. ③ (能力などの)発揮; (計画・考えなどの)詳細な説明. ④ 《写》(フィルムの)現像. ⑤ 《数》(数式の)展開.

Ent·wick·lungs-fä·hig [エント・ヴィックるングス・フェーイヒ] 形 成長の可能性のある, 発展性(将来性)のある.

Ent·wick·lungs-ge·schich·te [エントヴィックるングス・ゲシヒテ] 囡 -/-n 発達史, 発展史;《生》発生学.

Ent·wick·lungs-hil·fe [エントヴィックるングス・ヒるフェ] 囡 -/ (発展途上国への)開発援助[資金].

Ent·wick·lungs-jah·re [エントヴィックるングス・ヤーレ] 複 思春期, 発達期.

Ent·wick·lungs-land [エント·ヴィックるングス・らント] 田 -[e]s/..länder 発展(開発)途上国.

Ent·wick·lungs-ro·man [エントヴィックるングス・ロマーン] 男 -s/-e 《文学》発展小説(主人公の精神的発展過程を描いた長編小説).

Ent·wick·lungs-stu·fe [エントヴィックるングス・シュトゥーフェ] 囡 -/-n 発展(発達)段階.

ent·win·den* [エント・ヴィンデン ɛnt-víndən] I 他 (h) 《雅》([人3から] [物4を])もぎ取る, 力ずくで

奪う. II 再帰 (h) sich⁴ 人·物³ entwinden 《雅》人·物³から身を振りほどく.

ent·wirf [エント・ヴィルフ] entwerfen (下絵を書く)の du に対する 命令

ent·wirfst [エント・ヴィルフスト] entwerfen (下絵を書く)の 2 人称親称単数 現在

ent·wirft [エント・ヴィルフト] entwerfen (下絵を書く)の 3 人称単数 現在

ent·wir·ren [エント・ヴィレン ɛnt-vírən] 他 (h) 《雅》① (結び目・もつれ⁴を)解きほぐす. ② (比)(混乱した事態⁴を)収拾する, 打開する.

ent·wi·schen [エント・ヴィッシェン ɛnt-víʃən] 自 (s) 《口語》すばやく(こっそり)逃げる. der Polizei³ (aus dem Gefängnis) entwischen 警察の手を逃れる(脱獄する).

ent·wöh·nen [エント・ヴェーネン ɛnt-vǿ:nən] 他 (h) ① (乳児⁴を)離乳させる. ② 《雅》(人⁴に)習慣をやめさせる. ◇《再帰的に》sich⁴ des Rauchens entwöhnen たばこをやめる.

ent·wor·fen [エント・ヴォルフェン] entwerfen (下絵を書く)の 過分

ent·wür·di·gen [エント・ヴュルディゲン ɛnt-výrdɪɡən] 他 (h) (人⁴の)尊厳を傷つける, (人⁴を)辱める.

ent·wür·di·gend [エント・ヴュルディゲント] I entwürdigen (尊厳を傷つける)の 現分 II 形 屈辱的な(扱いなど).

Ent·wür·di·gung [エント・ヴュルディグング] 女 -/-en 面目を失わせること, 辱めること.

der **Ent·wurf** [エント・ヴルフ ɛnt-vúrf] 男 (単 2) -[e]s/(複) ..würfe [..ヴュルフェ] (3 格のみ ..würfen) ① 設計[図], 下絵, スケッチ. einen Entwurf eines Hauses anfertigen 家の設計図を作成する. ② 草案, 下書き; 構想. der Entwurf zu einem Roman 長編小説の構想.

Ent·wür·fe [エント・ヴュルフェ] Entwurf (設計[図])の 複

ent·wur·zeln [エント・ヴルツェルン ɛnt-vúrtsəln] 他 (h) ① (草木⁴を)根こそぎにする. ② 《比》(人⁴を)根無し草にする.

ent·zau·bern [エント・ツァオバァン ɛnt-tsáubərn] 他 (h) 《雅》① (人·物⁴を)魔法から解いてやる. ② (人·物⁴の)魔力(魅力)を失わせる.

ent·zer·ren [エント・ツェレン ɛnt-tsérən] 他 (h) 《写》(映像など⁴の)ひずみを補正する.

ent·zie·hen* [エント・ツィーエン ɛnt-tsí:ən] I 他 (h) (人·物³から物⁴を)取り去る; 取り上げる, 奪う. Dem Fahrer wurde der Führerschein entzogen. 運転手は運転免許証を取り上げられた / j³ die Hand⁴ entziehen 人³から手を引っ込める / Die Pflanze entzieht dem Boden Wasser. 植物は地面から水を吸い上げる. /(人³に)(物⁴を与えるのを)やめる. j³ die Unterstützung⁴ entziehen 人³への援助を打ち切る / j³ den Alkohol entziehen 人³にアルコールを断たせる. ③ (人⁴を物³から)遠ざける. II 再帰 (h) sich⁴ 人·事³ entziehen ① 《雅》(人·事³を)避ける. sich⁴ der Welt³ entziehen 世間から身を引く. ② (人·事³を)逃れる, 免れる. sich⁴ der Verantwortung³ entziehen 責任を逃れる / Das entzieht sich meiner Kenntnis. それは私にはわからない.

Ent·zie·hung [エント・ツィーウング] 女 -/-en ① 取り上げること, (免許証などの)とり消し, 停止. ② 《医》禁断療法 (=Entziehungskur).

Ent·zie·hungs·kur [エント・ツィーウングス・クーア] 女 -/-en 《医》禁断療法.

ent·zif·fern [エント・ツィッファァン ɛnt-tsífərn] 他 (h) (手稿・暗号など⁴を)解読(判読)する.

Ent·zif·fe·rung [エント・ツィッフェルング] 女 -/-en (手稿・暗号などの)解読, 判読.

ent·zü·cken [エント・ツュッケン ɛnt-tsýkən] 他 (h) うっとりさせる, 魅了する. Der Anblick entzückte mich. その光景に私はうっとりした / Er war ganz von ihr entzückt. 《状態受動・過去》彼は彼女にすっかり魅せられていた. ◇《再帰的に》sich⁴ an 物³ entzücken 物³にうっとりする.
◇☞ entzückend

Ent·zü·cken [エント・ツュッケン] 中 -s/ 《雅》恍惚(こうこつ), 歓喜. 例 mit Entzücken betrachten 物⁴をうっとり眺める.

ent·zü·ckend [エント・ツュッケント ɛnt-tsýkənt] I entzücken (うっとりさせる)の 現分 II 形 魅力的な, 愛らしい, うっとりさせるような. (≈ charming). ein entzückendes Kleid すてきなドレス.

Ent·zug [エント・ツーク ɛnt-tsú:k] 男 -[e]s/ (免許証などの)とり消し, 停止.

Ent·zugs·er·schei·nung [エント・ツークス・エァシャイヌング] 女 -/-en 禁断症状.

ent·zünd·bar [エント・ツュントバール] 形 燃えやすい, 可燃性の; 《比》興奮しやすい, 怒りっぽい.

ent·zün·den [エント・ツュンデン ɛnt-tsýndən] du entzündest, er entzündet (entzündete, hat...entzündet) I 再帰 (完了 haben) sich⁴ entzünden ① 発火する, 燃え始める. Das Heu hat sich entzündet. 干し草が燃え始めた. ② (傷などが)炎症を起こす. ③ (争いなどが)起こる. An diesem Thema entzündete sich unser Streit. このテーマでわれわれの論争に火がついた.
II 他 (完了 haben) 《雅》① (物⁴に)火をつける. ein Streichholz⁴ entzünden マッチに火をつける / ein Feuer⁴ entzünden 火をおこす / sich³ eine Zigarette⁴ entzünden たばこに火をつける. ② (比) (愛・憎しみなど⁴を)燃え立たせる. Ihre Schönheit entzündete seine Leidenschaft. 彼女の美しさが彼の情熱をかきたてた.

ent·zün·det [エント・ツュンデット] entzünden (再帰 で: 発火する)の 過分, 3 人称単数・2 人称親称複数

ent·zün·de·te [エント・ツュンデテ] entzünden (再帰 で: 発火する)の 過去

ent·zünd·lich [エント・ツュントリヒ] 形 ① 燃えやすい, 可燃性の; 《比》興奮しやすい, 怒りっぽい. ② 《医》炎症[性]の.

Ent·zün·dung [エント・ツュンドゥング] 女 -/-en ① 《医》炎症. eine chronische Entzündung 慢性の炎症. ② 発火, 点火.

ent·zün·dungs︲hem·mend [エントツュンドゥングス・ヘンメント] 形《医》炎症を抑える.

ent·zwei [エント・ツヴァイ ɛnt-tsváı] 形《述語としてのみ》二つ(こなごな)に割れた,壊れた. Das Glas ist *entzwei*. そのコップは割れてしまった.

ent·zwei│bre·chen* [エントツヴァイ・ブレヒェン ɛnt-tsvái-brɛçən] I 他 (h) 《物4を》二つに(こなごなに)割る(折る). II 自 (s) 二つに(こなごなに)割れる(折れる).

ent·zwei·en [エント・ツヴァイエン ɛnt-tsváıən] I 再帰 (h) 《*sich*4 *mit* [人3] ~》([人3]と)仲たがいする. II 他 (h) 《人4を》仲たがいさせる.

ent·zwei│ge·hen* [エントツヴァイ・ゲーエン ɛnt-tsvái-gè:ən] 自 (s) 二つに割れる,こなごなに壊れる.

en vogue [アーン ヴォーク ã: vó:k] 副《成句的に》*en vogue* sein はやっている.

En·zi·an [エンツィアーン ɛ́ntsia:n] 男 -s/-e ①《植》リンドウ. ② りんどうブランデー.

En·zy·kli·ka [エンツューク リカ ɛntsý:klika] 女 -/..liken 《カトリック》(ローマ教皇の)回勅.

En·zy·klo·pä·die [エンツュクロペディー ɛntsyklopɛdí:] 女 -/-n [..ディーエン] 百科事典,エンサイクロペディア.

en·zy·klo·pä·disch [エンツュクロペーディッシュ ɛntsyklopɛ́:dıʃ] 形 百科事典(全書)の;百科全書的な,博識な.

En·zym [エンツューム ɛntsý:m] 中 -s/-e《生化》酵素(＝Ferment).

Epen [エーペン] Epos (叙事詩)の 複

Epi·de·mie [エピデミー epidemí:] 女 -/-n [..ミーエン] 流行病,疫病.

epi·de·misch [エピデーミッシュ epidé:mıʃ] 形 流行性の,流行[病]の.

Epi·der·mis [エピデルミス epidérmıs] 女 -/..dermen《生・医》表皮.

Epi·go·ne [エピゴーネ epigó:nə] 男 -n/-n 亜流[芸術家],(独創性のない)模倣者,エピゴーネン. (女性形: Epigonin). Goethes *Epigone* ゲーテの亜流.

Epi·gramm [エピグラム epigrám] 中 -s/-e《文学》エピグラム,警句,風刺(格言)詩.

Epik [エーピク é:pık] 女 -/《文学》叙事詩,叙事文学.

Epi·ker [エーピカァ é:pikaɐ] 男 -s/- 叙事詩人;物語作家. (女性形: -in).

Epi·kur [エピクーァ epikú:ɐ] -s/《人名》エピクロス(前 341 頃–前 270 年; 古代ギリシアの哲学者).

Epi·ku·re·er [エピクレーァァ epikuré:əɐ] 男 -s/- ① エピクロス派の哲学者. ② エピキュリアン,快楽主義者. (女性形: -in).

Epi·lep·sie [エピれプスィー epilɛpsí:] 女 -/-n [..スィーエン]《医》てんかん.

Epi·lep·ti·ker [エピれプティカァ epiléptikaɐ] 男 -s/- てんかん患者. (女性形: -in).

epi·lep·tisch [エピれプティッシュ epiléptıʃ] 形 てんかん[性]の.

Epi·log [エピローク epiló:k] 男 -s/-e《劇》エピローグ;(文学作品などの結に,あと書き. 《参考》「プロローグ」は Prolog).

episch [エーピッシュ é:pıʃ] 形 叙事詩の,叙事的な. eine *epische* Dichtung 叙事文学.

epi·sko·pal [エピスコパーる epıskopá:l] 形 司教の.

Epi·sko·pat [エピスコパート epıskopá:t] 中《神学: 複》–[e]s/-e ①《複 なし》司教の職. ②(総称的として:)司教団.

die **Epi·so·de** [エピゾーデ epizó:də] 女 (単) –/(複) -n ① エピソード,挿話. eine lustige *Episode* 愉快なエピソード. ②《劇・文学》(本筋と関係のない)サブプロット. ③《音楽》エピソード,間奏.

epi·so·disch [エピゾーディッシュ epizó:dıʃ] 形 エピソード風の,挿話的な.

Epis·tel [エピステる epístəl] 女 -/-n ①《キリスト教》(新約聖書中の)使徒書簡;(ミサの際の)使徒書簡朗読. ②《古・戯》長たらしい手紙.

Epi·taph [エピターふ epitá:f] 中 -s/-e 墓碑銘,碑文;(教会内の壁にはめ込まれた死者のための)記念碑板.

Epi·zen·trum [エピツェントルム epitséntrum] 中 -s/..zentren《地学》震央(震源の真上の地表上の地点).

epo·chal [エポハーる epoxá:l] 形 画期的な,新時代を画する.

die **Epo·che** [エポヘ epóxə] 女 (単) –/(複) -n (歴史上の特徴的な)時代,時期,エポック. 《英》*epoch*). die *Epoche* der Weltraumfahrt[2] 宇宙飛行の時代 / der Beginn einer neuen *Epoche*[2] 新しい時代の始まり / *Epoche*[4] machen 新時代を画する.
► epoche‿machend

epo·che·ma·chend, Epo·che machend [エポッヘ・マッヘント] 形 画期的な,新時代を開く(発明など).

Epos [エーポス é:pɔs] 中 -/Epen《文学》叙事詩. Helden*epos* 英雄叙事詩.

:er [エーァ é:ɐ]

彼は; それは		1格	*er*
Er ist krank.		2格	seiner
エァ イスト クランク		3格	ihm
彼は病気です.		4格	ihn

代《人称代名詞; 3 人称男性単数の 1 格》(《参考》人だけでなく物・事でも男性名詞であれば er で受ける) 彼は(が); それは(が). 《英》*he, it*). *er* und sie 彼と彼女 / Wo ist der Vater? — *Er* ist im Zimmer. お父さんはどこにいるの — 彼は部屋にいます / Hier ist dein Hut, *er* lag auf dem Schrank. ほら君の帽子だよ,たんすの上にあったよ.

Er[1] [エーァ] 男 -/-s《口語》男;(動物の)雄. ein *Er* und eine Sie 男と女.

Er[2] [エー・エル]《化・記号》エルビウム (＝Erbium).

er.. [エァ.. ɛr..]《非分離動詞の 頭つづり》;アクセントをもたない》①《生成》例: *er*bauen 建てる. ②《開始》例: *er*tönen 鳴り出す. ③《結果》

例: *er*geben 生じる. ④《到達・獲得》例: *er*reichen 到達する. ⑤《形容詞・自動詞の他動詞化》例: *er*möglichen 可能にする / *er*leben 体験する.

..er [..ァ ..*ər*]《名詞・形容詞をつくる尾接》**I**《男性名詞をつくる》① 《動詞の語幹につけて「人」や「道具」を表す》例: Arbeiter 労働者 / Öffner 栓抜き. ② 《名詞につけて集団の構成員を表す》例: Gewerkschafter 労働組合員. ③《国・都市名につけて, そこの出身者を表す》例: Schweizer スイス人. **II**《無変化の付加語的の形容詞をつくる》《町名や地名につけて「その町(地方)の」を表す》例: die Berliner Bevölkerung ベルリンの人口.

er·ach·ten [エァ・アハテン ɛr-áxtən] 他 (h)《成句的に》動⁴ **für** (または **als**) … *erachten*《雅》囚⁴を…と見なす. Ich *erachte* das für (または als) eine Bosheit (falsch). 私はそれは悪意(間違い)だと思う. (✍ …には4格の名詞や形容詞がくる).

Er·ach·ten [エァ・アハテン] 田 《成句的に》 meinem *Erachtens* nach または nach meinem *Erachtens* または meines *Erachtens* (略: m. E.) 私の考えでは.

er·ar·bei·ten [エァ・アルバイテン ɛr-árbaɪtən] 他 (h) ① 《動⁴を》働いて手に入れる; 勉強(努力)して身につける. [sich³] eine Position *erarbeiten* 努力してある地位を得る. ② 《計画・報告書など⁴を》共同で作り上げる.

Eras·mus [エラスムス erásmus]《人名》エラスムス (Desiderius *Erasmus*, 通称 *Erasmus* von Rotterdam 1466?-1536; オランダの人文主義者).

Erb:adel [エルプ・アーデる] 男 -s/ 世襲貴族.

Erb:an·la·ge [エルプ・アンらーゲ] 囡 -/-n 《生》遺伝因子;《医》遺伝の素質.

Erb:an·spruch [エルプ・アンシュプルフ] 男 -[e]s/..sprüche 相続請求権.

er·bar·men [エァ・バルメン ɛr-bármən] **I** 再動 *sich*⁴ 囚²《雅》囚²を哀れむ, 気の毒に思う. Herr, *erbarme* dich meiner! 主よ, われを哀れみたまえ! **II** 他 (h) 《囚⁴に》哀れみの情を起こさせる. Sein Schicksal *erbarmt* mich. 彼の運命を私はかわいそうに思う.

Er·bar·men [エァ・バルメン] 囲 -s/ 哀れみ, 同情. mit 囚³ *Erbarmen*⁴ haben 囚³に同情する / Er kennt kein *Erbarmen*. 彼は情けを知らない / **zum** *Erbarmen* 哀れなほど[ひどく].

er·bar·mens:wert [エァバルメンス・ヴェーァト] 形 哀れな, かわいそうな.

er·bärm·lich [エァ・ベルムりヒ] **I** 形 ① 哀れな, かわいそうな. Er war in einem *erbärmlichen* Zustand. 彼は哀れむべき状態にあった. ② (内容が)貧弱な, お粗末な. eine *erbärmliche* Leistung お粗末な業績. ③ あさましい, 低劣な. ④ すごい, ひどい. *erbärmliche* Kälte ものすごい寒さ. **II** 副 ものすごく.

er·bar·mungs:los [エァバルムングス・ろース] 形 無慈悲な, 冷酷な, 情け容赦のない.

er·bau·en [エァ・バオエン ɛr-báʊən] (erbaute, *hat* ... erbaut) **I** 他 (定了 haben) ①

建てる, 建築する, 建設する. (英 build). eine Kirche⁴ *erbauen* 教会を建てる / Rom *ist* nicht an (または in) einem Tage *erbaut* worden.《受動・現在完了》《諺》ローマは一日にして成らず. (英 ✍ 類語 bauen). ② 《雅》《囚⁴を》感動させる. Ich *bin* von dieser Nachricht nicht sehr *erbaut*.《状態受動・現在》私はこの知らせをそれほど喜んではいない.

II 再動 (定了 haben) [*sich*⁴ **an** 事³ ~]《雅》(事³に)感動する, (事³に)感銘を受ける.

Er·bau·er [エァ・バオアァ ɛr-báʊər] 男 -s/- 建築者, 建設者; 創設(設立)者. (女性形: -in).

er·bau·lich [エァ・バオりヒ] 形 心を高める, 信仰心を起こさせる; (皮肉)ありがたい.

er·baut [エァ・バオト] erbauen (建てる)の過分, 3人称単数・2人称親称複数 現在

er·bau·te [エァ・バオテ] erbauen (建てる)の過去

Er·bau·ung [エァ・バオウング] 囡 -/-en 心が高められること, (知的な)啓発.

das **Er·be**¹ [エルベ érbə] 田 (単 2) -s/ 遺産, 相続財産; (精神的・文化的な)遺産. (英 inheritance). das väterliche *Erbe* 父方の遺産 / das kulturelle *Erbe* 文化遺産 / ein *Erbe*⁴ an|treten 遺産を相続する.

der **Er·be**² [エルベ érbə] 男 (単 2·3·4) -n/(複) -n 相続人, あと継ぎ. (英 heir). 囚⁴ **als** (または **zum**) *Erben* ein|setzen 囚⁴を相続人に指定する.

er·be·ben [エァ・ベーベン ɛr-bé:bən] 自 (s) ① 突然激しく揺れる, 震動する. ② 《雅》身を震わす. vor Angst *erbeben* 恐怖におののく.

er·ben [エルベン érbən] (erbte, *hat* ... geerbt) 他 (定了 haben) ① 《財産など⁴を》相続する; 《口語》(お下がり⁴を)もらう. (英 inherit). vom Großvater ein Haus⁴ *erben* 祖父から家を相続する. ② (遺伝的に才能など⁴を)受け継ぐ. Dieses Talent *hat* er von seinem Vater *geerbt*. この才能を彼は父親から受け継いだ.

er·bet·teln [エァ・ベッテるン ɛr-bétəln] 他 (h) (動⁴を)物ごいして(しきりにせがんで)手に入れる.

er·beu·ten [エァ・ボイテン ɛr-bóʏtən] 他 (h) (戦利品として)奪い取る, 分捕る.

Erb:feind [エルプ・ふァイント] 男 -[e]s/-e ① 宿敵. (女性形: -in). ② 《複なし》《婉曲》悪魔.

Erb:fol·ge [エルプ・ふォるゲ] 囡 -/-n 相続[順位]; 王位継承.

Erb:gut [エルプ・グート] 田 -[e]s/..güter ① 《生》(総称として:)遺伝素質, 遺伝子型. ② 相続財産, (特にナチスの用語として:)世襲領地.

er·bie·ten* [エァ・ビーテン ɛr-bí:tən] 再動 (h) *sich*⁴ *erbieten*, **zu** 不定詞[句]《雅》…しようと申し出る.

Er·bin [エルビン érbɪn] 囡 -/..binnen (女性の)相続人.

er·bit·ten* [エァ・ビッテン ɛr-bítən] 他 (h) 《雅》① 懇願する, 請い求める. Ich *erbitte* mir einen Rat von Ihnen. あなたに一つご助言を賜りたい. ② 《成句的に》 sich⁴ *erbitten* lassen [人の]願いを聞き入れる, 承諾する.

er·bit·tern [エァ・ビッタァン ɛr-bítərn] 他 (h) 憤慨(激怒)させる. ◊《再帰的に》*sich*[4] *erbittern* 怒る, 憤慨する.

er·bit·tert [エァ・ビッタァト] I erbittern (怒らせる)の 過分 II 形 ① 憤慨した, 激怒した. ② (戦い・抵抗などが)激烈な, 激しい.

Er·bit·te·rung [エァ・ビッテルング] 女 -/ 憤慨, 怒り.

Er·bi·um [エルビウム érbium] 中 -s/ 《化》エルビウム (記号: Er).

Erb⸗krank·heit [エルプ・クランクハイト] 女 /-en 《医》遺伝病, 遺伝性疾患.

er·blas·sen [エァ・ブらッセン ɛr-blásən] 自 (s) ① 《雅》蒼白(ξ♭)となる. ② 《詩》みまかる.

Erb⸗las·ser [エルプ・らッサァ] 男 -s/- 《法》被相続人. (女性形: -in).

er·blei·chen [エァ・ブらイヒェン ɛr-bláiçən] 自 (s) ① 《雅》蒼白(ξ♭)となる. ② (物が)色あせる.

erb·lich [エルプりヒ] 形 ① 相続される, 世襲の. ② 遺伝性の. eine *erbliche* Krankheit 遺伝性の病気.

er·bli·cken [エァ・ブリッケン ɛr-blíkən] 他 (erblickte, *hat*... erblickt) 《完了》haben) ① 《雅》(人・物[4]の姿を)見つける, 認める. Am Horizont *erblickten* sie die Berge. 地平線に彼らは山の姿を認めた. ② 〖in A[3] B[4] ~〗 (A[3] を B[4] と)見なす, 思う. Er *erblickte* in mir seinen Retter. 彼は私を救い主と見なした / Darin *kann* ich keinen Vorteil *erblicken*. その点を私はなんら長所とは思わない.

er·blickt [エァ・ブリックト] erblicken (見つける)の 過分, 3 人称単数・2 人称親称複数 直現.

er·blick·te [エァ・ブリックテ] erblicken (見つける)の 過去.

er·blin·den [エァ・ブリンデン ɛr-blíndən] 自 (s) ① 失明する. ② (ガラスなどが)曇る.

Er·blin·dung [エァ・ブリンドゥング] 女 -/-en 失明.

er·blü·hen [エァ・ブリューエン ɛr-blý:ən] 自 (s) 《雅》(花が)咲く, 開花する; 《比》(女の子が)美しく成長する, (文化などが)栄える, 花開く.

Erb⸗mas·se [エルプ・マッセ] 女 -/-n ① 《生》(総称として:)遺伝素質, 遺伝子型. ② 《法》相続財産.

er·bo·sen [エァ・ボーゼン ɛr-bó:zən] I 他 (h) (人[4]を)怒らせる. ◊《過去分詞の形で》*erbost* sein 単[4]に怒っている. II 再帰 (h) 〖*sich*[4] **über** 人·事[4] ~〗(〖人·事[4]に〗怒る.

er·bö·tig [エァ・ベーティヒ ɛr-bǿ:tıç] 形 〖成句的に〗*erbötig* sein, **zu** 不定詞[句] …する用意(気持ち)がある / *sich*[4] *erbötig* machen, **zu** 不定詞[句] …する気があると申し出る.

er·bre·chen* [エァ・ブレッヒェン ɛr-bréçən] I 他 (h) ① 《雅》(ドア・金庫など[4]を)こじ開ける. ② 吐く, 嘔吐(ξ♭)する. II 自 (h)・再帰 (h) *sich*[4] *erbrechen* 吐く, 嘔吐する.

Er·bre·chen [エァ・ブレッヒェン] 中 〖成句的に〗bis **zum** *Erbrechen* 《口語》へどが出るほど.

Erb⸗recht [エルプ・レヒト] 中 -[e]s/-e 《法》① 〖複なし〗(総称として:)相続法. ② 相続権.

er·brin·gen* [エァ・ブリンゲン ɛr-bríŋən] 他 (h) (結果・利益など[4]を)もたらす; (費用など[4]を)調達する. einen Nachweis *erbringen* 立証する.

Erb·schaft [エルプシャフト] 女 -/-en 相続財産, 遺産. eine *Erbschaft*[4] an|treten 遺産を相続する.

Erb⸗schafts⸗steu·er [エルプシャフツ・シュトイァァ] 女 -/-n 相続税.

Erb⸗schlei·cher [エルプ・シュらイヒァァ] 男 -s/- 遺産横領者. (女性形: -in).

die **Erb·se** [エルプ·ゼ érpsə] 女 -/-(単)/(複) 《植》エンドウ; えんどう豆, グリンピース. *Erbsen*[4] pflücken えんどうを摘む.

Erb·sen⸗sup·pe [エルプセン·ズッペ] 女 -/-n 《料理》えんどう豆スープ.

Erb⸗stück [エルプ・シュテュック] 中 -[e]s/-e [価値の高い]相続品, 形見.

Erb⸗sün·de [エルプ・ズュンデ] 女 -/ 《キリスト教》原罪.

erb·te [エルプテ] erben (相続する)の 過去.

Erb⸗teil [エルプ・タイる] 中 (法: 男) -[e]s/-e ① 《法》相続分. ② 遺伝的素質.

Erd⸗ach·se [エーァト・アクセ] 女 -/ 《地学》地軸.

Erd⸗an·zie·hung [エーァト・アンツィーウング] 女 -/ 地球の引力.

Erd⸗ap·fel [エーァト・アプふェる] 男 -s/..äpfel 《南ドイツ》じゃがいも (=Kartoffel).

Erd⸗ar·bei·ten [エーァト・アルバイテン] 複 《建》土木工事.

Erd⸗ball [エーァト・バる] 男 -[e]s/ 《雅》地球.

das **Erd⸗be·ben** [エーァト・ベーベン éːrtbeːbən] 中 (単2) -s/(複) 地震. (英 *earthquake*). ein heftiges *Erdbeben* 激しい地震.

Erd⸗bee·re [エーァト・ベーレ] 女 -/-n 《植》イチゴ[の実], ストロベリー. *Erdbeeren*[4] pflücken いちごを摘み取る.

Erd⸗bo·den [エーァト・ボーデン] 男 -s/ 地面, 大地. eine Stadt[4] dem *Erdboden* gleich|machen ある町を完全に破壊する(←地面と同じ高さにする) / Der Mann war wie vom *Erdboden* verschluckt. その男は突然姿を消した(←大地に飲み込まれたように).

die **Erd·e** [エーァデ éːrdə]

地球; 地面

Die *Erde* ist rund. 地球は丸い.
ディ エーァデ イスト ルント

女 (単) -/(複) -n (ふつう 無) (英 *earth*) ① 〖複なし〗地球. Die *Erde* kreist um die Sonne. 地球は太陽の周りを回る.
② 〖複なし〗大地, 地面. (⇔ 空は Himmel). Die *Erde* bebte. 大地が揺れた / **auf** die *Erde* (または **zur** Erde) fallen 地面に落ちる / auf der bloßen (または nackten) *Erde* schlafen 《口語》地べたに寝る / auf der *Erde* bleibe-

ben《口語》現実を見失わない / Sie steht mit beiden Beinen fest auf der *Erde*.《比》彼女は足が地についている(現実家だ) / 動⁴ **aus** der *Erde* stampfen〔魔法のように〕あっという間に動⁴を作りだす / 人⁴ **unter die** *Erde* bringen《口語》a) 人⁴の死期を早める, b) 人⁴を埋葬する.
③ 土, 土壌. fruchtbare *Erde* 肥沃(ひょく)な土壌. ④ (特定の)土地, 地域. in fremder *Erde* ruhen《雅》異国の土地に眠っている. ⑤ この世, 現世, 地上. **auf** *Erden*《雅》この世で, 地上で, 浮世で ⇨ Er hat den Himmel auf *Erden*. 彼は非常に幸福だ(←この中から天国を持っている). (語源 *Erden* は単数 3 格の古い形). ⑥《電》アース.

er·den [エーァデン é:rdən] 他 (h)《電》(動⁴を)接地(アース)する.

er·den·ken* [エァ・デンケン ɛr-déŋkən] 他 (h) 考え出す, 案出する. ◇〔過去分詞の形で〕eine *erdachte* Geschichte 作り話.

er·denk·lich [エァ・デンクリヒ] 形 考えられるかぎりの. sich³ alle *erdenkliche* Mühe⁴ geben あらんかぎりの手を尽くす.

Erd∘er·wär·mung [エーァト・エァヴェルムンク] 女 -/ 地球温暖化.

Erdg. [エーァト・ゲショス] (略) 1 階 (=**Erdgeschoss**).

Erd∘gas [エーァト・ガース] 中 -es/ 天然ガス.

Erd∘geist [エーァト・ガイスト] 男 -es/-er 地霊 (信仰・伝説などで大地に宿るとされる精霊).

das **Erd∘ge·schoss** [エーァト・ゲショス é:rt-gəʃɔs] 中(単 2) -es/(複) -e (3 格のみ -e) **1 階**, 階下(地面に接している階)（略：Erdg.).（語源「2 階」は der erste Stock.).（☞ Stock 図). Wir wohnen im *Erdgeschoss*. 私たちは 1 階に住んでいる.

er·dich·ten [エァ・ディヒテン ɛr-díçtən] 他 (h)《雅》(口実など⁴を)考え出す, (仮空の話⁴を)作り上げる, でっち上げる.

er·dig [エーァディヒ é:rdɪç] 形 ① 土の, 土を含んだ;《雅》土まみれの. eine *erdige* Masse 土のかたまり. ② 土のようなにおい(味)のする.

Erd∘in·ne·re[s] [エーァト・インネレ[ス]] 中 [語尾変化は形容詞と同じ] 地球の内部.

Erd∘ka·bel [エーァト・カーベる] 中 -s/- 地下ケーブル.

Erd∘kreis [エーァト・クライス] 男 -es/《詩》地球全体, 全世界.

Erd∘krus·te [エーァト・クルステ] 女 -/《地学》地殻.

Erd∘ku·gel [エーァト・クーゲる] 女 -/ 地球; 地球儀.

Erd∘kun·de [エーァト・クンデ] 女 -/ 地理学 (=Geografie).

erd∘kund·lich [エーァト・クントりヒ] 形 地理学[上]の.

Erd∘ma·gne·tis·mus [エーァト・マグネティスムス] 男 -/《物》地磁気.

Erd∘nuss [エーァト・ヌス] 女 -/..nüsse《植》ピーナッツ[の実], ラッカセイ(落花生).

Erd∘ober·flä·che [エーァト・オーバァふれッヒェ] 女 -/ 地球の表面, 地表.

Erd∘öl [エーァト・エーる] 中 -[e]s/ 石油. *Erdöl*⁴ fördern 石油を採掘する / **nach** *Erdöl* bohren 石油を試掘する.

er·dol·chen [エァ・ドるヒェン ɛr-dólçən] 他 (h)《雅》短刀で刺し殺す.

Erd∘reich [エーァト・ライヒ] 中 -[e]s/ 土, 土壌.

er·dreis·ten [エァ・ドライステン ɛr-dráɪstən] 再帰 (h) *sich*⁴ *erdreisten*, **zu** 不定詞[句]《雅》あつかましくも…する.

er·dröh·nen [エァ・ドレーネン ɛr-dró:nən] 自 (h)〔突然〕鳴り響く, とどろき(響き)渡る.

er·dros·seln [エァ・ドロッセるン ɛr-drósəln] 他 (h) (人⁴を)絞殺する.

er·drü·cken [エァ・ドリュッケン ɛr-drýkən] 他 (h) ①（人・物⁴を)押しつぶす, 圧殺する. ②《比》圧倒する; 打ちひしぐ. Die Arbeit *erdrückt* mich fast. 私は仕事に押しつぶされそうだ. ◇〔現在分詞の形で〕eine *erdrückende* Übermacht 圧倒的な優勢.

Erd∘rutsch [エーァト・ルッチュ] 男 -[e]s/-e 地滑り, 山崩れ;《比》地滑り的な現象(選挙での大敗北など).

Erd∘sa·tel·lit [エーァト・ザテりート] 男 -en/-en 地球を回る[人工]衛星.

Erd∘schol·le [エーァト・ショれ] 女 -/-n 土くれ, 土のかたまり.

Erd∘stoß [エーァト・シュトース] 男 -es/..stöße 突き上げるような地震動.

Erd∘teil [エーァト・タイる] 男 -[e]s/-e 大陸, 州. der Schwarze *Erdteil* アフリカ大陸 / die fünf *Erdteile* 五大州.

er·dul·den [エァ・ドゥるデン ɛr-dúldən] 他 (h) (苦痛など⁴を)耐え忍ぶ.

Erd∘um·dre·hung [エーァト・ウムドレーウンク] 女 -/-en 地球の自転.

Erd∘um·krei·sung [エーァト・ウムクライズンク] 女 -/-en (人工衛星などの)地球周回.

Er·dung [エーァドゥンク] 女 -/-en《電》①〖複なし〗接地, アース. ② 接地(アース)線.

Erd∘wär·me [エーァト・ヴェルメ] 女 -/《地学》地熱.

er·ei·fern [エァ・アイふァァン ɛr-áɪfərn] 再帰 (h) *sich*⁴ *eifern* 憤激する, いきりたつ. *sich*⁴ **über** jede Kleinigkeit *ereifern* ささいなことにもかっとなる.

***er·eig·nen** [エァ・アイグネン ɛr-áɪgnən] es ereignet (ereignete, *hat* ... ereignet) 再帰〖完了〗haben) *sich*⁴ *ereignen* (事件などが)**起こる**, 生じる, 発生する.《変》*happen*). Ein Unfall *ereignete sich* **an** der Kreuzung. 交差点で事故が起こった.（☞ 類義 geschehen).

er·eig·net [エァ・アイグネット] *ereignen (再帰 で: 起こる)の 過分, 3 人称単数・2 人称親称複数 現在

er·eig·ne·te [エァ・アイグネテ] * ereignen (再帰 で: 起こる)の 過去

*das **Er·eig·nis** [エァ・アイグニス ɛr-áıgnıs] 中 (単2) ..nisses/(複) ..nisse (3格のみ ..nissen) 出来事, 事件. (英 event). ein historisches Ereignis 歴史的な出来事 / Keine besonderen Ereignisse! 特に変わったことはありません / Das Konzert war ein Ereignis für unsere Stadt. そのコンサートはわが町にとっては特記すべきことだった / ein freudiges Ereignis 《婉曲》おめでた(＝喜ばしい出来事).

er·eig·nis≠los [エァアイグニス・ろース] 形 これといった事件もない, 平穏無事な.

er·eig·nis≠reich [エァアイグニス・ライヒ] 形 事件の多い, 多事多端な, 波乱万丈の.

er·ei·len [エァ・アイレン ɛr-áılən] 他 (h)《雅》(不幸などが人⁴を)不意に襲う.

Erek·ti·on [エレクツィオーン ɛrɛktsió:n] 女 -/-en (ペニスの)勃起(ʰʰ).

Ere·mit [エレミート eremí:t] 男 -en/-en 隠[遁]者, 世捨て人. (女性形: -in).

Ere·mi·ta·ge [エレミタージェ eremitá:ʒə] 女 -/-n ① (18世紀の庭園の)あずまや. ② 《愛なし》エルミタージュ美術館(ロシア, ペテルブルクにある).

er·erbt [エァ・エルプト ɛr-ɛ́rpt] 形 ① 相続によって得た. ererbtes Haus 相続した家屋. ② 遺伝性の, 生まれつきの.

****er·fah·ren**¹* [エァ・ふァーレン ɛr-fá:rən] du erfährst, er erfährt (erfuhr, hat ... erfahren) I 他 (完了 haben) ① [聞き]知る, [読んで]知る. Wann erfahre ich das Ergebnis? いつ結果を教えてもらえますか / Ich habe gestern durch Zufall erfahren, dass er krank ist. 私はきのう偶然に彼が病気だということを知った. (☞ 類語 hören).
② 《雅》(わが身に)経験する, (不幸など⁴に)遭う. Er hat in seinem Leben viel Böses erfahren. 彼はきのうの生涯に多くの不幸に遭った.
③《行為などを表す名詞を目的語として》(人⁴を)被る, 受ける. eine schlechte Behandlung⁴ erfahren ぞんざいな扱いを受ける / eine Verbesserung⁴ erfahren 改良される.
II 自 (完了 haben) 《von 人³ ～》(人³について)聞き知る.

er·fah·ren² [エァ・ふァーレン ɛr-fá:rən] I *erfahren¹(聞き知る)の
II 形 経験豊かな, ベテランの, 熟練した. ein erfahrener Arzt 経験豊かな医師 / Er ist auf diesem Gebiet sehr erfahren. 彼はこの分野ではベテランだ. (☞ 類語 geschickt).

er·fährst [エァ・ふェーァスト] *erfahren¹(聞き知る)の2人称親称単数 現在

er·fährt [エァ・ふェーァト] *erfahren¹(聞き知る)の3人称単数 現在

*die **Er·fah·rung** [エァ・ふァールング ɛr-fá:rʊŋ] 女 (単) -/(複) -en 経験[すること], [聞き]知ること. (英 experience). Lebenserfahrung 人生経験 / Erfahrungen⁴ sammeln 経験を積む / Er hat viel Erfahrung auf diesem Gebiet. 彼はこの分野では経験豊かだ / Ich habe bittere Erfahrungen mit ihm gemacht. 私は彼のことでにがい経験をした.
◇《前置詞とともに》Das weiß ich aus eigener Erfahrung. そのことは私は自分で経験しており / durch Erfahrung lernen 経験を通して学ぶ / in Erfahrung bringen 人⁴を調べて知る, 聞き出す / ein Mann mit (または von) Erfahrung 経験豊富な男.

Er·fah·rungs≠aus·tausch [エァふァールングス・アオスタオシュ] 男 -es/ (経験に基づく)情報の交換.

er·fah·rungs≠ge·mäß [エァふァールングス・ゲメース] 副 経験上, 経験によれば.

er·fah·rungs≠mä·ßig [エァふァールングス・メースィヒ] 形 経験上の, 経験による.

er·fand [エァ・ふァント] *erfinden (発明する)の 過去

er·fän·de [エァ・ふェンデ] *erfinden (発明する)の 接2

er·fas·sen [エァ・ふァッセン ɛr-fásən] 他 (h) ① つかむ, 捕らえる, (動きの中に)巻き込む. 人⁴ am Arm erfassen 人⁴の腕をつかむ / Der Wagen erfasste den Radfahrer. その車は自転車に乗っている人をはねた. ② 《比》(恐怖感などが人⁴を)襲う. ③ 理解する(把握する). Er erfasste die Lage mit einem Blick. 彼はその状況を一目で理解した. ④ (人数・名称など⁴を)把握する, リストアップする; 対象にする.

****er·fin·den*** [エァ・ふィンデン ɛr-fíndən] du erfindest, er erfindet (erfand, hat ... erfunden) 他 (完了 haben) ① 発明する, 考案する. (英 invent). eine neue Maschine⁴ erfinden 新しい機械を発明する / Gutenberg erfand die Buchdruckerkunst. グーテンベルクが印刷術を発明した.
② (作り話など⁴を)考え出す, でっち上げる. eine Ausrede⁴ erfinden 口実をでっち上げる.

*der **Er·fin·der** [エァ・ふィンダァ ɛr-fíndər] 男 (単2) -s/(複) - (3格のみ -n) 発明者, 考案者. (英 inventor). der Erfinder des Telefons 電話の発明者.

Er·fin·de·rin [エァ・ふィンデリン ɛr-fíndərın] 中 -/..rinnen (女性の)発明者, 考案者.

er·fin·de·risch [エァ・ふィンデリッシュ ɛr-fíndərıʃ] 形 発明の才のある, 創意に富む. Not macht erfinderisch. 《諺》必要は発明の母.

*die **Er·fin·dung** [エァ・ふィンドゥング ɛr-fíndʊŋ] 女 (単) -/(複) -en (英 invention) ① 《複なし》発明, 案出, 考案. eine praktische Erfindung 実用的な発明. ② 発明品. eine Erfindung⁴ machen 発明をする. ③ 作りごと, 虚構, でっち上げ. Es ist reine Erfindung, was er erzählt. 彼が言うことはまったくの作り話だ.

der **Er·folg [エァ・ふォるク ɛr-fɔ́lk]

成功　Viel Erfolg! ご成功を祈ります.
　　　ふィーる エァふォるク

男 (単2) -[e]s/(複) -e (3格のみ -en) **成功**, 好結果; 成果. (英 *success*). (⇔「失敗」は Misserfolg). Teil*erfolg* 部分的成功 / ein großer *Erfolg* 大成功 / mit 男³ *Erfolg*⁴ haben 男³に成功する, 成果を収める / Die Aufführung war ein voller *Erfolg*. その上演は大当たりだった / Er hat *Erfolg* bei Frauen. 彼は女性にもてる / mit *Erfolg* 首尾よく / Sein Versuch blieb leider ohne *Erfolg*. 彼の実験は残念ながら不成功に終った. (☞ 類語 Ergebnis).

▶ **erfolg‹versprechend**

er·fol·gen [エァ・ふォるゲン ɛr-fɔ́lgən] (erfolgte, *ist*…erfolgt) 自 (定了 sein) ① (結果として)**起こる**, 生じる. (英 *occur*). Kurz darauf *erfolgte* das Unglück. そのすぐあとで事故が起こった. ② (物事が)行われる, なされる. Auf meinen Brief hin *ist* keine Antwort *erfolgt*. 〖現在完了〗私の手紙には何の返事もなかった.

er·folg·los [エァふォるク・ろース] 形 成果のない, 不成功の, 徒労に終わった. *erfolgloses* Bemühen むだな骨折り.

er·folg‹reich [エァふォるク・ライヒ ɛrfɔ́lk-raɪç] 形 **成功した**, 上首尾の; 成果の上がった. (英 *successful*). ein erfolgreicher Forscher 成功した研究者 / ein *erfolgreiches* Theaterstück 大当たりの芝居 / eine *erfolgreiche* Politik 成果の上がった政策.

Er·folgs‹aus·sicht [エァふォるクス・アオスズィヒト] 女 -/-en 〖ふつう 単〗成功の見込み.

Er·folgs‹er·leb·nis [エァふォるクス・エァれープニス] 甲 ..nisses/..nisse 達成感, 満足感.

er·folgt [エァ・ふォるクト] *erfolgen (起こる)の 過分, 3人称単数・2人称親称複数 現在

er·folg·te [エァ・ふォるクテ] *erfolgen (起こる)の 過去

er·folg‹ver·spre·chend, Er·folg ver·spre·chend [エァふォるク・フェァシュプレッヒェント] 形 成功の見込みのある, 有望な.

er·for·der·lich [エァ・ふォるダァリヒ ɛrfɔ́rdərlɪç] 形 **必要な**, 欠くことのできない. (英 *neccessary*). Für diese Arbeit ist viel Erfahrung *erforderlich*. この仕事には豊富な経験が必要だ.

Er·for·der·nis [エァ・ふォルダァニス] 甲 ..nisses/..nisse 必要とされるもの; 必要(前提)条件.

er·for·dert [エァ・ふォルダァト] erfordern (必要とする)の 過分, 3人称単数・2人称親称複数 現在

er·for·der·te [エァ・ふォルダァテ] erfordern (必要とする)の 過去

er·for·schen [エァ・ふォルシェン ɛr-fɔ́rʃən] 他 (h) 〖学問的に〗**研究(調査)する**, 探究(究明)する; (秘密・真意など⁴を)探る.

Er·for·scher [エァ・ふォルシャァ ɛr-fɔ́rʃər] 男 -s/- 探検家; 研究者, 探究者. (女性形: -in). der *Erforscher* der Antarktis² 南極探検家.

Er·for·schung [エァ・ふォルシュング] 女 -/-en 探検; 研究, 探究.

er·fra·gen [エァ・ふラーゲン ɛr-frá:gən] 他 (h) (男⁴を)尋ねて[知]る, 聞き出す. den Weg zum Museum *erfragen* 美術館へ行く道を尋ねる.

er·freu·en [エァ・ふロイエン ɛr-frɔ́ʏən] I 他 (h) **喜ばせる, 楽しませる**. 人⁴ mit einem Geschenk *erfreuen* 贈り物をして人⁴を喜ばせる / Dein Brief hat uns sehr *erfreut*. 君の手紙が私たちにはとてもうれしかった. II 再帰 (h) *sich*⁴ *erfreuen* ① 〖*sich*⁴ **an** 男³ ~〗(男³を)楽しむ. Sie *erfreute sich* am Anblick der vielen Blumen. 彼女はたくさんの花を見て楽しんだ. ② (雅) (男²を)享受する, 受けている. *sich*⁴ eines guten Rufes *erfreuen* 評判が良い / Er *erfreut sich* bester Gesundheit. 彼はこの上もない健康に恵まれている.

◊☞ **erfreut**

er·freu·lich [エァ・ふロイりヒ] 形 喜ばしい, うれしい; 好ましい, 好都合な. eine *erfreuliche* Nachricht うれしい知らせ. (☞ 類語 froh).

er·freu·li·cher‹wei·se [エァ・ふロイりヒャァ・ヴァイゼ] 副 うれしいことには, 幸いにも.

er·freut [エァ・ふロイト] I erfreuen (喜ばせる)の 過分 II 形 うれしい, 喜んだ. **über** 男⁴ *erfreut* sein 男⁴を喜んでいる / Sehr *erfreut*! (人から紹介されたときのあいさつで:)初めまして, どうぞよろしく.

er·frie·ren* [エァ・ふリーレン ɛr-fríːrən] I 自 (s) ① **凍死する**; 冷害(霜害)にやられる; (手足が)凍傷にかかる. Ihm *sind* zwei Finger *erfroren*. 〖現在完了〗彼は指が2本凍傷にかかった. ② (寒さで)かじかむ; (表情などが)こわばる. II 他 (h) (体の一部⁴に)凍傷を負う. sich³ die Füße⁴ *erfrieren* 足が凍傷にかかる.

Er·frie·rung [エァ・ふリールング] 女 -/-en 凍死, 凍傷; 〖植物の〗冷害.

er·fri·schen [エァ・ふリッシェン ɛr-fríʃən] (erfrischte, *hat*…erfrischt) I 再帰 (定了 haben) *sich*⁴ *erfrischen* 元気を回復する, さわやかになる. *sich*⁴ mit einem Bad *erfrischen* ひとふろ浴びてさっぱりする. II 他 (定了 haben) (コーヒーなどが人・物⁴を)**元気づける**, さわやかにする. Der Kaffee hat uns *erfrischt*. コーヒーを飲んで私たちはしゃんとした気分になった. ◊〖目的語なしでも〗Dieses Obst *erfrischt* köstlich. この果実を食べるととても元気になる.

er·fri·schend [エァ・ふリッシェント] I erfrischen (再帰 で: 元気を回復する)の 現分 II 形 さわやかにする, すがすがしい. *erfrischende* Getränke 清涼飲料水.

er·frischt [エァ・ふリッシュト] erfrischen (再帰 で: 元気を回復する)の 過分, 3人称単数・2人称親称複数 現在

er·frisch·te [エァ・ふリッシュテ] erfrischen (再帰 で: 元気を回復する)の 過去

Ergbnis

die **Er·fri·schung** [エァ・フリッシュング ɛr-frí∫ʊŋ] 囡 (単) -/(複) -en ① [複 なし] 元気を回復させること, 気分をさわやかにすること. (英 refreshment). die Erfrischung durch ein Bad ひとふろ浴びてさっぱりすること. ② 清涼飲料水, (元気を回復させる)軽い飲み物(食べ物). 囚³ eine Erfrischung⁴ an|bieten 囚³に軽い飲み物(食べ物)をさし出す.

Er·fri·schungs≈ge·tränk [エァ・フリッシュングス・ゲトレンク] 圄 清涼飲料.

Er·fri·schungs≈tuch [エァ・フリッシュングス・トゥーフ] 田 -[e]s/..tücher リフレッシュ・ティッシュ, ウェット・ティッシュ, おしぼり.

er·fuhr [エァ・フーァ] *erfahren¹ (聞き知る)の 過去

er·füh·re [エァ・フューレ] *erfahren¹ (聞き知る)の 接2

er·fül·len [エァ・フュレン ɛr-fýlən] (erfüllte, hat...erfüllt) I 他 (完了 haben) ① 満たす, いっぱいにする. Lärm erfüllte den Saal. 騒音がホールを満たした / Die Blumen erfüllen das Zimmer mit ihrem Duft. 部屋は花の香りでいっぱいだ.

② ((囚⁴の)心を占める(いっぱいにする). Freude erfüllte ihn. 喜びで彼の胸はいっぱいだった. ③ ((囚³の)要求・願い⁴を)実現させる, かなえる. Die Großeltern erfüllten dem Enkel jeden Wunsch. 祖父母は孫の希望はなんでもかなえてやった. ④ (義務・責任など⁴を)果たす, (条件・期待など⁴を)満たす.

II 再帰 (完了 haben) sich⁴ erfüllen (要求・願いなどが)満たされる, かなえられる, (予言などが)実現する. Mein Wunsch hat sich erfüllt. 私の願いはかなえられた.

er·füllt [エァ・フュルト] erfüllen (満たす)の 過分, 3人称単数・2人称親称複数 現在

er·füll·te [エァ・フュるテ] erfüllen (満たす)の 過去

die **Er·fül·lung** [エァ・フュるング ɛr-fýlʊŋ] 囡 (単) -/(複) -en (願望などが)満たされること; 充実感; (期待などの)実現, 成就, (約束の)履行. Er findet Erfüllung in seiner Arbeit. 彼は仕事に充足感を味わっている / in Erfüllung gehen 実現する.

er·fun·den [エァ・フンデン] *erfinden (発明する)の 過分

Er·furt [エァフルト érfʊrt] 田 -s/ 《都市名》エァフルト, エルフルト(ドイツ, テューリンゲン州の州都: ☞ E-3).

Erg [エルク érk] 田 -s/ - 《物》エルグ(CGS系のエネルギー単位; 記号: erg).

erg. [エァ・ゲンツェ] 《略》補え, 補充せよ (= ergänze!).

er·gab [エァ・ガープ] ergeben¹ (生み出す)の 過去

er·gän·zen [エァ・ゲンツェン ɛr-géntsən] du ergänzt (ergänze, hat...ergänzt) I 他 (完了 haben) (不足分⁴を)補う, 補充する, (補充して)完全にする, (発言など⁴を)付け加える.

(英 complete). einen Bericht ergänzen 報告文を補足して完全にする / Bitte ergänzen Sie die fehlenden Wörter! 欠けている語を補ってください / Darf ich hierzu noch etwas ergänzen? これについてもう少し説明を加えてもいいですか.

II 再帰 (完了 haben) sich⁴ ergänzen 補われる; (互いに)補い合う. Mann und Frau ergänzen sich. 男と女は補い合う.

er·gänzt [エァ・ゲンツト] ergänzen (補う)の 過分, 3人称単数・2人称親称複数 現在

er·gänz·te [エァ・ゲンツテ] ergänzen (補う)の 過去

Er·gän·zung [エァ・ゲンツング] 囡 -/-en ① 補足, 補遺, 補充. ② 《言》補足語.

Er·gän·zungs≈band [エァゲンツングス・バント] 圄 -[e]s/..bände (書物の)補巻, 別巻.

Er·gän·zungs≈win·kel [エァゲンツングス・ヴィンケル] 圄 -s/- 《数》補角.

er·gat·tern [エァ・ガッタァン ɛr-gátərn] 他 (h) 《口語》(珍しいものなど⁴を)まんまと手に入れる.

er·gau·nern [エァ・ガオナァン ɛr-gáʊnərn] 他 (h) だまし取る, 詐取する.

er·ge·ben¹* [エァ・ゲーベン ɛr-géːbən] du ergibst, er ergibt (ergab, hat...ergeben) I 他 (完了 haben) (結果として)生み出す; (…であることを)明らかにする, (計算の結果…に)なる. Vier mal drei ergibt zwölf. 4掛ける3は12 / Die Untersuchung ergab seine Unschuld. 審理の結果彼の無罪が明らかになった.

II 再帰 (完了 haben) sich⁴ ergeben ① (結果として)生じる; 明らかになる, 判明する. (英 result). Aus diesen Bemerkungen ergab sich eine lebhafte Diskussion. こうした発言から活発な議論が起こった / Bei der Untersuchung ergab sich, dass... 調査の結果…ということが判明した.

② (人・事³に)身をゆだねる, (圄³に)ふける. sich⁴ dem Trunk ergeben 飲酒にふける. ③ 《sich⁴ in 圄⁴ ～》(圄⁴(運命など)に)従う. Er hat sich schließlich in sein Schicksal ergeben. 彼は結局は自分の運命に従った. ④ 降伏する, 屈服する.

er·ge·ben² [エァ・ゲーベン] I ergeben¹ (生み出す)の 過分 II 形 (人・事³に)服従(心服)した; 《雅》忠実な, 従順な. Ihr ergebener Paul Witte (手紙の結びで)パウル・ヴィッテ敬白.

Er·ge·ben·heit [エァ・ゲーベンハイト] 囡 -/ ① 献身, 心服. ② 服従, 忍従.

das **Er·geb·nis** [エァ・ゲープニス ɛr-géːpnɪs] 田 (単2) ..nisses/(複) ..nisse (3格のみ ..nissen) 結果, 成果; (計算などの)答え. (英 result). Endergebnis 最終結果 / ein günstiges Ergebnis 有利な結果 / das Ergebnis der Wahl² 選挙の結果 / das Ergebnis einer Multiplikation² 掛け算の答え / im Ergebnis 結局 / ohne Ergebnis 成果なく / Wir kamen zu folgendem Ergebnis:... われわれは次のような結論に達した, すなわち…

ergebnislos

類語 das **Ergebnis**: (一般的に研究・努力の)結果, 成果. der **Erfolg**: (努力して得た)良い結果, 成功. Er erntete großen *Erfolg*. 彼は大成功を収めた. die **Folge**: (行為・事件の良くない)結果, 成り行き. Die *Folgen* der Katastrophe sind unübersehbar. その災害の結果は見当もつかない. die **Wirkung**: 作用, 影響, 効果. Seine Worte hatten eine ungeahnte *Wirkung*. 彼の言葉は思いがけない反響を呼んだ.

er·geb·nis·los [エァゲープニス・ろース] 形 成果のない, 無益な, 得るところのない.

er·ge·hen* [エァ・ゲーエン εr-gé:ən] I 自 (s) ① 《雅》(命令・警告などが)発せられる;（規則・法律などが)公布される;（通知などが)出される. In wenigen Tagen *ergeht* eine Nachricht **an** Sie. 数日後にあなた宛てに通知が出されます. ② 〖成句的に〗 囲⁴ **über sich⁴** *ergehen lassen* 囲⁴を耐え忍ぶ. eine Rede⁴ über sich⁴ *ergehen lassen* 我慢して演説に耳を傾ける. ③ 非人称 (s)〖**es** *ergeht* 囲³...の形で〗囲³に…の状態が起こる(ふりかかる). Ihm *ist* es dort schlecht *ergangen*.〖現在完了〗彼はそこでひどい目に遭った. III 再囲 (h)〖*sich⁴* **in** 囲³ ~〗(囲³(賛辞・悪口など)を)長々と述べる.

er·gibst [エァ・ギープスト] ergeben¹ (生み出す)の2人称親称単数 現在.

er·gibt [エァ・ギープト] ergeben¹ (生み出す)の3人称単数 現在.

er·gie·big [エァ・ギービヒ εr-gí:bɪç] 形 収穫(収量)の多い, 収益の多い;《比》(議論などが)実りの多い, 生産的な.

er·gie·ßen* [エァ・ギーセン εr-gí:sən] 再囲 (h) *sich⁴* ergießen (大量に…へ)流れ出る, [降り]注ぐ. Der Fluss *ergießt sich* **ins** Meer. その川は海に注いでいる / Das Wasser *ergoss sich* **über** die Wiesen. 川の水が草原にあふれ出た / Eine Flut von Schimpfworten *ergoss sich* über ihn.《比》彼はさんざん罵言(ばげん)を浴びた.

er·glü·hen [エァ・グリューエン εr-glý:ən] 自 (s)《雅》赤々と輝き出す;（顔が)紅潮する. **vor** Scham *erglühen* 恥ずかしさに赤面する.

er·go [エルゴ érgo]〖ラテン〗副 それゆえに, したがって(=also, folglich).

Er·go·no·mie [エルゴノミー εrgonomí:] 女 -/人間工学.

er·göt·zen [エァ・ゲッツェン εr-gǿtsən] I 他 (h)《雅》楽しませる, 喜ばせる. II 再囲 (h)〖*sich⁴* **an** 囲³ ~〗《雅》(囲³を)楽しむ.

Er·göt·zen [エァ・ゲッツェン] 中 -s/《雅》楽しませること, 楽しみ, 喜び. **zum** *Ergötzen* der Kinder² 子供たちが喜んだことには.

er·götz·lich [エァ・ゲッツリヒ] 形《雅》愉快な, 楽しい, おもしろい.

er·grau·en [エァ・グラオエン εr-gráuən] 自 (s) 白髪になる;《比》年老いる.

er·grei·fen* [エァ・グライフェン εr-gráifən] (ergriff, *hat* ...ergriffen) 他 (完了 haben) ① つかむ, 握る;（犯人など⁴を)捕らえる.《英》*grasp*. Er *ergriff* ihren Arm. または Er *ergriff* sie beim Arm. 彼は彼女の腕をつかんだ. ② (病気・恐怖などが囲⁴を)襲う. Furcht *ergriff* alle Anwesenden. 居合わせた者は皆恐怖に襲われた. ③ (囲⁴を)感動させる. Diese Musik *hat* mich tief *ergriffen*. この音楽に私は大変感動した. ④〖特定の名詞を目的語として〗行う, …する. einen Beruf *ergreifen* 職業に就く / die Gelegenheit⁴ *ergreifen* 機会をとらえる / die Macht⁴ *ergreifen* 権力を掌握する / Maßnahmen⁴ *ergreifen* 方策を講じる. ◊☞ **ergriffen**

er·grei·fend [エァ・グライフェント] I ergreifen (つかむ)の 現分 II 形 感動的な, 心を打つ.

Er·grei·fung [エァ・グライふング] 女 -/-en〖ふつう 単〗① つかむこと,（権力などの)掌握. ② 逮捕.

er·griff [エァ・グリふ] ergreifen (つかむ)の 過去

er·grif·fen [エァ・グリふェン] I ergreifen (つかむ)の 過分 II 形 感動した, 心を打たれた.

Er·grif·fen·heit [エァ・グリッフェンハイト] 女 -/ 感動, 感激.

er·grim·men [エァ・グリンメン εr-grímən] I 自 (s)《雅》激怒する. II 他 (h)《雅》(囲⁴を)激怒させる.

er·grün·den [エァ・グリュンデン εr-grýndən] 他 (h)（原因など⁴を)究明する,（秘密など⁴を)解明する.

Er·guss [エァ・グス εr-gús] 男 -es/..güsse ① 〖医〗血腫(けっしゅ), 内出血; 射精. ② 〖地学〗(溶岩などの)噴出, 流出. ③《雅》(軽蔑的に:)長談義, くどくどしい心情の吐露.

er·ha·ben [エァ・ハーベン εr-há:bən] 形 ① 荘重な, 厳かな, 崇高な. ein *erhabener* Anblick 壮麗な景観. ②〖**über** 人・事⁴ ~〗(人・事⁴を)超えている, 超越している. Seine Leistung ist über jedes Lob *erhaben*. 彼の業績はいくらほめてもほめ足りない. ③（軽蔑的に:）お高くとまった, うぬぼれている. ④（平面から)突き出た, 盛り上がった. eine *erhabene* Arbeit 浮き彫り, レリーフ.

Er·ha·ben·heit [エァ・ハーベンハイト] 女 -/荘重さ, 厳かさ.

Er·halt [エァ・ハるト εr-hált] 男 -[e]s/《書》① 受領. ②（建造物・食物などの)保存, 維持.

er·hält [エァ・ヘるト] *erhalten¹ (受け取る)の3人称単数 現在.

er·hal·ten¹ [エァ・ハるテン εr-háltən] du erhältst, er erhält (erhielt, *hat* ...erhalten) I 他 (完了 haben) ①（手紙・報酬など⁴を)受け取る, もらう;（印象・非難・刑など⁴を)受ける.《英》*receive*. ein Paket⁴ *erhalten* 小包を受け取る / ein Geschenk⁴ *erhalten* プレゼントをもらう / Ich *habe* Ihren Brief *erhalten*. お手紙を受け取りました / Besuch⁴ *erhalten* 訪問を受ける / Sie *erhält* **für** einen Auftritt 2000 Euro. 彼女は 1 回の出演で 2,000 ユーロもらう / eine Erlaubnis⁴ *erhalten* 許可をもらう / eine gute Note⁴ *erhalten* いい点をもらう / eine Strafe⁴ *erhalten* 罰をもらう. ◊〖過去分詞とともに〗囲⁴

bestätigt *erhalten* 裏を証明してもらう.
② (人・物⁴を) **保つ**, 保存(維持)する. Gemüse⁴ frisch *erhalten* 野菜を新鮮に保つ / den Frieden *erhalten* 平和を維持する.
③ (家族などを⁴) 養う, 扶養する. Er hat eine große Familie zu *erhalten*. 彼は大家族を養わなければならない. ④ (産物として) 得る. Teer⁴ *erhält* man **aus** Kohle. タールは石炭から得られる.
II 再帰 (完了 haben) *sich⁴ erhalten* ① (自分を…に) 保つ. *sich⁴ gesund erhalten* 自分を健康に保つ. ② 保存(維持)される. Dieser Brauch *hat sich* bis heute *erhalten*. このしきたりは今日まで守られてきた.

er·hal·ten² [エァ・ハルテン] I *erhalten¹ (受け取る) の 過分 II 形 保たれた, 保存された. Das Bild ist noch gut *erhalten*. その絵はまだ保存状態がよい / ein gut *erhaltenes* Auto よく手入れされた車.

er·hält·lich [エァ・ヘルトリヒ] 形 手に入る, 入手できる, 購入できる.

er·hältst [エァ・ヘルツト] *erhalten¹ (受け取る) の 2 人称親称単数 現在

Er·hal·tung [エァ・ハルトゥング] 女 -/ ① 保存, 維持. der Satz von der *Erhaltung* der Energie² 〔理〕エネルギー保存の法則. ② 扶養.

er·hän·gen [エァ・ヘンゲン] εr-héŋən] I 再帰 (h) *sich⁴ erhängen* 首つり自殺をする. II 他 (h) (人⁴を) 絞首刑にする.

Er·hard [エァ・ハルト] é:r-hart] -s/《男名》エーアハルト.

er·här·ten [エァ・ヘルテン] εr-hértən] I 他 (h) ① (主張などを証拠などで) 裏づける, 確かなものにする. einen Verdacht *erhärten* 容疑を固める. ◇再帰代名詞 (4 格) とともに: 裏づけられる. ② 《雅》(物⁴を) 固める, 硬化させる. II 自 (s) 《雅》(コンクリートなどが) 固まる, 硬くなる.

Er·här·tung [エァ・ヘルトゥング] 女 -/-en (主張などの) 裏づけ, 補強;《雅》固まること, 硬化.

er·ha·schen [エァ・ハッシェン] εr-háʃən] 他 (h) ① (物⁴を) すばやくとらえる. ② 《比》[ちらっと] 見てとる, 聞き取る. einen Blick von 人³ *erhaschen* 人³ をちらっと見る.

er·he·ben* [エァ・ヘーベン] εr-hé:bən] (erhob, *hat* ... erhoben) I 他 (完了 haben) ① 持ち上げる, [上へ] 上げる, (人⁴の) 心を高揚させる. (英 raise). die Hand⁴ zum Schwur *erheben* 宣誓をするために手を上げる / Ich *erhebe* mein Glas auf dein Wohl. 私は君の健康を願ってグラスを上げよう. ☞ 類語 heben).
② (人・物⁴を) 昇格させる. eine Gemeinde⁴ **zur** Stadt *erheben* 町を市へ昇格させる. ③ (叫び声などを⁴) あげる. ④ (税金・料金などを⁴) 取りたてる, 徴収する. ⑤ (苦情・要求などを⁴) 申したてる. Anspruch⁴ **auf** 事⁴ *erheben* 事⁴を要求する / Einspruch⁴ **gegen** 事⁴ *erheben* 事⁴に対して異議を唱える. ⑥ (データなどを⁴) 集める.

II 再帰 (完了 haben) *sich⁴ erheben* ① 立ち上がる. Er *erhob sich* und grüßte höflich. 彼は立ち上がって, ていねいにあいさつした.
② (鳥・飛行機が) 飛び立つ. ③ (山などが) そびえ立つ. In der Ferne *erhob sich* ein Gebirge. 遠方に山脈がそびえていた. ④《*sich⁴* **über** 人・事⁴ ~》(人・事⁴を) 超えている;(人・事⁴を) 見下す. *sich⁴* **über** den Durchschnitt *erheben* 平均以上である / Du *erhebst dich zu* gern über die anderen. 君はとかく他人を見下しがちだね. ⑤ 蜂起(ほうき)する. Das Volk *erhob sich* **gegen** den Diktator. 民衆は独裁者に対して蜂起した. ⑥《雅》(嵐・争いなどが) 起こる, 生じる.

er·he·bend [エァ・ヘーベント] I erheben (持ち上げる) の 現分 II 形 心を高揚させる, 感動的な, 荘厳な.

er·heb·lich [エァ・ヘープリヒ εr-hé:plıç] I 形 **相当な**, かなりの, 少なからぬ. (英 considerable). ein *erheblicher* Schaden かなりの損害. II 副 相当, かなり. Er ist *erheblich* jünger als sein Bruder. 彼は兄よりもずっと若い.

Er·he·bung [エァ・ヘーブング] 女 -/-en ① 高み, 丘, 山[頂]. ② 昇格. ③ 感情の高揚, 幸福感. ④ (税金・料金などの) 徴収. ⑤ 蜂起(ほうき), 反乱. ⑥ (公的な) 調査. statistische *Erhebungen* 統計的調査 / *Erhebungen⁴* machen 調査をする.

er·hei·tern [エァ・ハイタァン] εr-háıtərn] I 他 (h) (人⁴を) 楽しい気分にさせる, 愉快にさせる. II 再帰 (h) *sich⁴ erheitern*《雅》(空が) 晴れる; (顔などが) 晴れる.

Er·hei·te·rung [エァ・ハイテルング] 女 -/-en 〔ふつう 単〕楽しい気分にさせること; 気晴らし.

er·hel·len [エァ・ヘレン εr-hélən] I 他 (h) ① (部屋などを⁴) 明るくする; (比) (顔などを⁴) 明るくする, 晴れやかにする. ◇《再帰的に》*sich⁴ erhellen* (部屋・顔などが) 明るくなる. ② (事態などを⁴) 明らかにする. II 自 (h) 《**aus** 事³ ~》(事³から) 明らかになる, 判明する.

er·hielt [エァ・ヒールト] *erhalten¹ (受け取る) の 過去

er·hiel·te [エァ・ヒールテ] *erhalten¹ (受け取る) の 接2

er·hit·zen [エァ・ヒッツェン εr-hítsən] I 他 (h) ① (液体・金属などを⁴) 熱する, 加熱する; (人⁴を) 上気させる. Wasser⁴ **auf** 100 Grad *erhitzen* 水を100度に熱する. ②《比》(人⁴を) 興奮させる, (空想などを⁴) かきたてる. ◇《過去分詞の形で》**mit** *erhitztem* Gesicht 興奮した顔で. II 再帰 (h) *sich⁴ erhitzen* ① 熱くなる; 体がほてる. ②《比》興奮する, 逆上する. Sie *erhitzten sich* **an** dieser Frage. 彼らはこの問題でかっかした.

er·hob [エァ・ホープ] erheben (持ち上げる) の 過去

er·ho·ben [エァ・ホーベン] erheben (持ち上げる) の 過分

er·hof·fen [エァ・ホッフェン εr-hófən] 他 (h) (物⁴を) 期待する. **von** 人³ Geschenke⁴ *erhoffen* 人³からプレゼントを期待する / Was *er-*

hoffst du dir davon? 君はそれに何を期待しているんだい. ◇《過去分詞の形で》die *erhoffte* Wirkung 期待した効果.

er·hö·hen [エァ・ヘーエン ɛr-hǿːən] (erhöhte, hat...erhöht) **I** 他 《完了》haben) ① (壁・堤防など⁴を)高くする. Er *will* das Haus um ein Stockwerk *erhöhen*. 彼は家を上に1階増築するつもりだ. (☞ 類語 heben).
② (速度・価格など⁴を)上げる; (効果など⁴を)高める; (数量など⁴を)増す. die Geschwindigkeit⁴ *erhöhen* 速度を上げる / Steuern⁴ um 3% (=Prozent) *erhöhen* 税金を3パーセント上げる. ◇《過去分詞の形で》erhöhte Temperatur 微熱. ③ ...⁴を昇進(昇格)させる. ④ 《音楽》(音⁴を)半音上げる.
II 再帰 《完了》haben) *sich*⁴ *erhöhen* (価格などが)上がる; (数量などが)増す. Die Preise *haben sich* um 10% (=Prozent) *erhöht*. 物価が10パーセント上がった.

er·höht [エァ・ヘート] erhöhen (高くする)の 過分, 3人称単数・2人称親称複数 現在

er·höh·te [エァ・ヘーテ] erhöhen (高くする)の 過去

Er·hö·hung [エァ・ヘーウング] 女 -/-en ① (堤防などを)高くすること; (速度・物価・賃金などの)引き上げ,上昇; 上昇. ② 《雅》(精神的な)高まり. ③ 《音楽》半音上げること.

*er·ho·len** [エァ・ホーレン ɛr-hǿːlən] (erholte, hat...erholt) 再帰 《完了》haben) *sich*⁴ *erholen* ① (休養して)元気を取り戻す, 休養する. (英 recover). Du *musst dich* einmal richtig *erholen*. 君は一度ちゃんと休養して元気にならないといけないよ / Ich *habe mich* im Urlaub gut *erholt*. 私は休暇中にすっかり元気を取り戻した.
② 《*sich*⁴ *von* 事³ ~》(事³から)立ち直る. *sich*⁴ *von* einer Krankheit *erholen* 病気から回復する / Ich *kann mich* von dem Schrecken noch gar nicht *erholen*. 私はショックからまだ全然立ち直れない. ③ 《経》(相場などが)持ち直す, 回復する.

er·hol·sam [エァ・ホールザーム] 形 元気を回復させる, 休養(保養)になる.

er·holt [エァ・ホールト] *erholen (再帰 で: 元気を取り戻す)の 過分, 3人称単数・2人称親称複数 現在

er·hol·te [エァ・ホールテ] *erholen (再帰 で: 元気を取り戻す)の 過去

*die **Er·ho·lung** [エァ・ホールング ɛr-hǿːluŋ] 女 (単) -/ 元気回復, 休養, 保養; レクリエーション. *Erholung*⁴ suchen 休養を求める / Er hat dringend *Erholung* nötig. 彼にはぜひ休養が必要だ / Gute *Erholung*! (保養地へ出かける人に)ゆっくり骨休めをしてください / zur *Erholung* an die See fahren 海へ保養に行く.

er·ho·lungs=be·dürf·tig [エァホーるングス・ベデュルふティヒ] 形 休養(保養)が必要な.

Er·ho·lungs=heim [エァホーるングス・ハイム] 中 -[e]s/-e 保養所, レクリエーションセンター.

Er·ho·lungs=rei·se [エァホーるングス・ライゼ] 女 -/-n 保養(レクリエーション)旅行.

er·hö·ren [エァ・ヘーレン ɛr-hǿːrən] 他 (h) 《雅》(願い⁴・...⁴の願いなどを)聞き入れる.

Erich [エーリヒ éːrɪç] -s/《男名》エーリヒ.

Eri·ka¹ [エーリカ éːrika] まれに エリーカ] 女 -/ Eriken (または -s) 《植》エリカ, ヒース.

Eri·ka² [エーリカ] -s/《女名》エーリカ.

er·in·ner·lich [エァ・インナァリヒ] 形 《人³にとって》思い出すことのできる. Das ist mir nicht *erinnerlich*. それは私には思い出せない.

*er·in·nern** [エァ・インナァン ɛr-ínɐrn]

(再帰 で:)思い出す, 覚えている
Ich *erinnere mich* noch gut an ihn.
イヒ エァイネレ ミヒ ノッホ グート アン イーン
私は彼のことをまだよく覚えている.

(erinnerte, hat...erinnert) **I** 再帰 《完了》haben) 《*sich*⁴ *an* 人・事⁴ ~》(人・事⁴に)思い出す, 覚えている. (英 remember). Ich *kann mich* an den Vorfall nicht mehr *erinnern*. 私はその事件をもう思い出せない / *Erinnerst* du *dich* noch an den Tag? 君はあの日のことをまだ覚えてる? / Wenn ich *mich* recht *erinnere*, ... 私の記憶が正しければ, ...
(⇨ オーストリア, スイスでは an の代わりに auf を用いる. また雅語では2格目的語をとる).
II 他 《完了》haben) 《人⁴ *an* 人・事⁴ ~》(人⁴に人・事⁴を)思い出させる; (忘れないように)注意する. Sie *erinnert mich* an meine erste Freundin. 彼女は私の最初のガールフレンドを思い起こさせる / Ich *erinnerte* ihn an sein Versprechen. 私は彼に約束を忘れないように注意した / Diese Geschichte *erinnert mich* an ein Erlebnis. この話は私にある体験を思い出させる.

er·in·nert [エァ・インナァト] *erinnern (再帰 で: 思い出す)の 過分, 3人称単数・2人称親称複数 現在

er·in·ner·te [エァ・インナァテ] *erinnern (再帰 で: 思い出す)の 過去

*die **Er·in·ne·rung** [エァ・インネルング ɛr-ínərʊŋ] 女 (単) -/(複) -en ① 記憶[力]; 思い出; 回想. (英 memory). Jugend*erinnerung* 青春時代の思い出 / Wenn mich meine *Erinnerung* nicht täuscht, ... 私の記憶に間違いがなければ, ... / Ich habe keine *Erinnerung* an meine Kindheit. 私は幼いころのことを覚えていない / 人³ 事⁴ *in Erinnerung* bringen 人³に事⁴を思い出させる / 人・事⁴ *in* [der] *Erinnerung* behalten 人・事⁴を記憶にとどめる, 覚えておく / 人・事⁴ *in guter Erinnerung* haben 人・事⁴についてよい思い出を持っている / *nach* meiner *Erinnerung* または meiner *Erinnerung nach* 私の記憶によれば.
② 記念, 思い出の品. *als* (または *zur*) *Erinnerung an* 事⁴ 事⁴の記念として. ③《複 で》回想録, 追想記. ④ (支払いなどの)督促, 催促. ⑤《法》異議[申したて].

Er·in·ne·rungs⹂ver·mö·gen [エァインネルングス・フェアメーゲン] 田 -s/ 記憶力.

Erin·nye [エリンニュエ erínyə] -/-n 《ふつう複》《ギリシャ神》エリニュス、エリニュエス(不正、特に殺人に対する復讐の女神. ローマ神話のフリア[エ]に当たる).

Erin·nys [エリンニュス erínys] -/Erinnyen 《ふつう複》=Erinnye

er·ja·gen [エァ・ヤーゲン ɛr-já:gən] 他 (h) 狩りをして捕らえる; 《比》努力して獲得する.

er·kal·ten [エァ・カるテン ɛr-káltən] 自 (s) 冷える, 冷たくなる; 《比》(愛情などが)冷める.

****er·käl·ten** [エァ・ケるテン ɛr-kɛ́ltən] du erkältest, er erkältet (erkältete, hat ... erkältet)
I 再帰 (完了 haben) sich⁴ erkälten 風邪をひく. (英 catch [a] cold). Ich habe mich erkältet. 私は風邪をひいた.
II (完了 haben) ① (胃など⁴を)冷やして悪くする. Ich habe mir den Magen erkältet. 私は冷えておなかをこわした. ② (雅) 冷やす; (比) (感情など⁴を)冷却させる. Der eisige Wind erkältete ihm Gesicht und Hände. 氷のように冷たい風で彼の顔と手は冷たくなった.

er·käl·tet [エァ・ケるテット] I ＊erkälten (再帰で; 風邪をひいたので), 3 人称単数・2 人称親称複数 現在 II 形 風邪をひいている. Ich bin stark erkältet. 私はひどい風邪をひいている.

er·käl·te·te [エァ・ケるテテ] ＊erkälten (再帰で; 風邪をひいたので).

die **Er·käl·tung** [エァ・ケるトゥング ɛr-kɛ́ltuŋ] 女 (単) -/(複) -en 風邪, 感冒. (英 cold). Er hat eine schwere (leichte) Erkältung. 彼はひどい(軽い)風邪をひいている / eine Erkältung⁴ bekommen 風邪をひく / Sie leidet **an** einer heftigen Erkältung. 彼女はひどい風邪にかかっている.

er·kämp·fen [エァ・ケンプフェン ɛr-kɛ́mpfən] 他 (h) 戦い取る, 勝ち取る. sich³ den ersten Preis erkämpfen 1 等賞を勝ち取る.

er·kannt [エァ・カント] ＊erkennen (見分ける)の 過去分詞

er·kann·te [エァ・カンテ] ＊erkennen (見分ける)の 過去

er·kau·fen [エァ・カオフェン ɛr-káufən] 他 (h) ① (代償を払って)獲得する, 手に入れる. ② (地位など⁴を)買収によって手に入れる.

er·kenn·bar [エァ・ケンバール] 形 識別のできる, 認識できる, 見分けのつく.

***er·ken·nen**＊ [エァ・ケンネン ɛr-kɛ́nən] (erkannte, hat...erkannt) I 他 (完了 haben) (英 recognize) ① (人・物⁴を)見分ける. Ich konnte die Schrift in der Dunkelheit kaum erkennen. 暗くて私はほとんど字が読めなかった / Hier sind noch Bremsspuren zu erkennen. ここにまだブレーキの跡が認められる.
② (特徴などから)わかる, 識別する. die Melodie⁴ erkennen そのメロディーがわかる / Ich erkenne ihn **an** der Stimme. 私は声を聞いて彼だとわかる / Der Arzt erkannte die Krankheit sofort. 医者はその病気[の種類]を即座に判定した / sich⁴ zu erkennen geben 自分の素性を明らかにする ⇨ Er gab sich **als** Deutscher zu erkennen. 彼は自分がドイツ人であることを明らかにした.
③ (雅⁴を)悟る, 気づく, 認識する. Er hat seinen Irrtum endlich erkannt. 彼は自分の思い違いにやっと気づいた / 用⁴ **als** falsch erkennen 用⁴が間違っていると悟る.
II 自 (完了 haben) 《**auf** 用⁴ ～》(法) (用⁴という)判決を下す. Das Gericht erkannte auf Freispruch. 裁判所は無罪の判決を下した.

er·kenn·te [エァ・ケンテ] ＊erkennen (見分けるの) 過去

er·kennt·lich [エァ・ケントリヒ] 形 ① 認識できる, 識別できる. ② 《成句的に》sich⁴ **für** 用⁴ erkenntlich zeigen 用⁴に謝意を表する.

Er·kennt·lich·keit [エァ・ケントリヒカイト] 女 -/-en ① (複 なし) 謝意. ② お礼の品(お金).

die **Er·kennt·nis** [エァ・ケントニス ɛr-kɛ́ntnis] 女 (単) -/(複) ..nisse (3 格のみ ..nissen) ① 認識, 理解; (複) Selbsterkenntnis 自己認識 / neue Erkenntnisse⁴ gewinnen 新しい知識を得る / **zu** der Erkenntnis kommen (または gelangen), dass... …ということを認識する[に至る]. ② (複 なし) 認識能力.

Er·kennt·nis⹂leh·re [エァケントニス・れーレ] 女 -/ =Erkenntnistheorie

Er·kennt·nis⹂the·o·rie [エァケントニス・テオリー] 女 -/ (哲) 認識論.

Er·ken·nungs⹂dienst [エァケンヌングス・ディーンスト] 男 -[e]s/-e (警察の)鑑識課.

Er·ken·nungs⹂mar·ke [エァケンヌングス・マルケ] 女 -/-n (兵士などが胸に下げる)認識票.

Er·ken·nungs⹂zei·chen [エァケンヌングス・ツァイヒェン] 田 -s/- 目印, 識別標.

Er·ker [エルカァ ɛ́rkər] 男 -s/- (建) (出窓のある)張り出し部.

Er·ker⹂fens·ter [エルカァ・フェンスタァ] 田 -s/- 張り出し窓, 出窓.

er·klär·bar [エァクれァーバール] 形 説明できる, 説明のつく.

****er·klä·ren** [エァ・クれーレン ɛr-klɛ́:rən]

Erker

説明する

Können Sie mir das *erklären*?
ケンネン ズィー ミァ ダス エァクれーレン
私にこれを説明していただけますか.

(erklärte, hat...erklärt) I 他 (完了 haben) ① 説明する, 解説する; 解釈する. (英 explain).

erklärlich

ein Wort⁴ *erklären* ある単語の説明をする / Der Lehrer *erklärte* den Schülern die Aufgabe. 先生は生徒たちに問題を解説した / 慣用⁴ an einem Beispiel *erklären* 慣用⁴を例をあげて説明する / Ich *kann* mir sein Verhalten nicht *erklären*. 私には彼の態度が分からない.
② 表明する, 宣言する. Der Minister *erklärte* seinen Rücktritt. 大臣は辞任を表明した / einem Land den Krieg *erklären* ある国に宣戦を布告する / Er *erklärte* dem Mädchen seine Liebe. 彼はその女の子に愛を打ち明けた / A⁴ **für** B⁴ *erklären* A⁴をB⁴と宣言(明言)する ⇒ eine Behauptung⁴ für eine Lüge *erklären* ある主張をうそだと断言する / Der Richter *erklärte* den Angeklagten für schuldig. 裁判官は被告に有罪を宣告した (⚠ B⁴の代わりに形容詞がくることもある).
Ⅱ 再帰 (完了 haben) *sich⁴ erklären* ① 自分の意志(態度)を表明する; 愛を打ち明ける. Er *erklärte sich* bereit mitzumachen. 彼は協力する用意があると言った / **sich⁴ für (gegen)** 人⁴ *erklären* 人⁴に賛成(反対)であると表明する.
② 説明がつく, 説明される. Das *erklärt sich* **aus** der Tatsache, dass … そのことは…という事実から説明がつく / Das *erklärt sich* einfach. それは簡単に説明できる.
◇☞ **erklärt**

er·klär·lich [エァ・クレーァリヒ] 形 説明のつく, 理解できる.

er·klärt [エァ・クレーァト] Ⅰ ＊erklären (説明する)の過分, 3人称単数・2人称親称複数 現在
Ⅱ 形【付加語としてのみ】① 断固とした. ein *erklärter* Gegner der Todesstrafe² 断固たる死刑反対論者. ② 明白な, はっきりとした.

er·klär·te [エァ・クレーァテ] ＊erklären (説明する)の過去.

＊**die Er·klä·rung** [エァ・クレールング ɛr-klɛ́ːrʊŋ] 囡 (単) -/(複) -en ① 説明, 解説; 解釈. (英 *explanation*). eine knappe *Erklärung* 簡潔な説明 / für 慣用⁴ eine *Erklärung* haben (または finden) 慣用⁴を説明する, 慣用⁴の理由を述べる / Das bedarf keiner *Erklärung²*. それには説明を要らない.
② (公的な)表明, 声明; 愛の)告白. eine *Erklärung⁴* ab|geben 声明を発表する.

er·kleck·lich [エァ・クレックリヒ] 形 (雅) 相当の, かなりの.

er·klet·tern [エァ・クレッタァン ɛr-klɛ́tərn] 他 (h) (物⁴の)頂上までよじ登る; (頂上⁴に)よじ登る.

er·klim·men＊ [エァ・クリンメン ɛr-klímən] 他 (h) (雅) (苦労して山など⁴の)頂上によじ登る; (比) (高い地位⁴に)登りつめる.

er·klin·gen＊ [エァ・クリンゲン ɛr-klíŋən] 自 (s) (鐘などが)鳴り出す, 響き始める. die Gläser⁴ *erklingen lassen* グラスを打ち合わせる.

er·kran·ken [エァ・クランケン ɛr-kráŋkən] 自 (s) 病気になる. **an** [einer] Grippe *erkranken* インフルエンザにかかる.

Er·kran·kung [エァ・クランクング] 囡 -/-en 発病, 罹病(ɾ̃ʔ̃ɯ̃); 病気.

er·küh·nen [エァ・キューネン ɛr-kýːnən] 再帰 (h) *sich⁴ erkühnen*, **zu** 不定詞[句] (雅) 大胆にも(敢然と)…する. Ich *erkühnte mich*, zu widersprechen. 私は敢然と反論した.

er·kun·den [エァ・クンデン ɛr-kúndən] 他 (h) 探り出す; (軍) (敵陣など⁴を)偵察する.

er·kun·di·gen [エァ・クンディゲン ɛr-kúndıgən] (erkundigte, *hat* … erkundigt) 再帰 (完了 haben) *sich⁴ erkundigen* 問い合わせる, 尋ねる. *sich⁴* **bei** 人³ **nach** dem Weg *erkundigen* 人³に道を尋ねる / Ich möchte *mich erkundigen*, ob … かどうかお尋ねしたいのですが.

er·kun·digt [エァ・クンディヒト] erkundigen (再帰 で: 問い合わせる)の過分, 3人称単数・2人称親称複数 現在

er·kun·dig·te [エァ・クンディヒテ] erkundigen (再帰 で: 問い合わせる)の過去

Er·kun·di·gung [エァ・クンディグング] 囡 -/-en 問い合わせ, 照会. **über** 人・事⁴ *Erkundigungen⁴* ein|ziehen 人・事⁴について照会する.

Er·kun·dung [エァ・クンドゥング] 囡 -/-en 探索; (軍) (敵陣などの)偵察.

er·lah·men [エァ・ラーメン ɛr-láːmən] 自 (s) ① (手足などが)麻痺(まひ)する. ② (雅) (力・興味などが)衰える, 弱まる.

er·lan·gen [エァ・ランゲン ɛr-láŋən] (erlangte, *hat* … erlangt) 他 (完了 haben) ① (努力して)手に入れる, 獲得する. (英 *attain*). die absolute Mehrheit⁴ *erlangen* 絶対多数を獲得する / die Erlaubnis⁴ *erlangen*, **zu** 不定詞[句] …する許しを得る / Er *erlangte* eine wichtige Position. 彼は重要な地位に就いた. ② (年齢・高度など⁴に)達する, 到達する. ein hohes Alter⁴ *erlangen* 高齢に達する.

Er·lan·gen [エァランゲン ɛ́rlaŋən] 中 -s/《市名》エアランゲン, エルランゲン(ドイツ, バイエルン州: ☞ 地図 E-4).

er·langt [エァ・ラングト] erlangen (手に入れる)の過分, 3人称単数・2人称親称複数 現在

er·lang·te [エァ・ラングテ] erlangen (手に入れる)の過去

Er·lass [エァ・ラス ɛr-lás] 男 -es/-e (ポェӳ …lässe) ① (法令の)発令, 発布, 公布; (公的な)命令, 条令, 布告. ② 免除, 赦免.

er·las·sen＊ [エァ・ラッセン ɛr-lásən] 他 (h) ① (法律⁴を)発布する, (命令・布告⁴を)公布する, 出す. ② (刑罰など⁴を)免ずる, 免除する.

＊**er·lau·ben** [エァ・ラオベン ɛr-láʊbən] (erlaubte, *hat* … erlaubt) Ⅰ 他 (完了 haben) ① (人³に 慣用⁴を)許可する, 許す. (英 *allow*). (⚠ 「禁じる」 の対義語). Meine Eltern *erlauben* mir die Reise nicht. 両親は私にその旅行を許してくれない / Ich *habe* [es] ihm *erlaubt*, mit ins Kino zu gehen. 私は彼にいっしょに映画に行ってもいいと言った / Erlauben Sie, dass ich rauche? たばこを吸ってもよろし

いですか. ◇『目的語なしでも』Wenn Sie *erlauben*, … もしよろしければ, … / *Erlaube* mal!《口語》どうしてそんなことを言うのか(するのか).
② (事情・条件などが)許す, 可能にする. Mein Gesundheitszustand *erlaubt* es mir nicht. 私の健康状態ではそれはできない / Wenn es die Umstände *erlauben*, … 事情が許せば, …
II 再帰 (完了 haben) *sich*³ 物・事⁴ *erlauben*
① (物⁴を)あえてする, 勝手にする. Ich *erlaube mir*, eine Stunde später zu kommen. 勝手ですが1時間遅れて参ります / Darf ich *mir* eine Bemerkung *erlauben*? 意見を申し上げてよろしいでしょうか / *sich*³ Freiheiten⁴ *erlauben* 勝手気ままなことをする / Was *erlauben* Sie *sich*! 何ということをおっしゃる(なさる)のですか.
② (物⁴を)手に入れる余裕がある. Ich *kann mir* kein eigenes Auto *erlauben*. 私にはマイカーを持つ余裕がない.

◇☞ **erlaubt**

類語 **erlauben**: (人がしたいと思っていることを)許可する. **gestatten**: (公式に)許可する. (erlauben に比べ, やや形式的に表現する場合に用いられる). Er *gestattete* mir, die Bibliothek zu benutzen. 彼は私が図書館を利用することを許可した. **zu|lassen**: (入場・参加などを)許す, 許可する. Er *wurde* zur Prüfung *zugelassen*. 彼は受験を許可された. **genehmigen**: (官庁が申請などを)許す, 許可する.

***die Er·laub·nis** [エァ・らオプニス ɛr-láupnɪs] 女 (単) -/(複) ..nisse (3格のみ ..nissen) 〖ふつう 単〗 許可. (英 *permission*). Einreise*erlaubnis* 入国許可 / eine polizeiliche *Erlaubnis* 警察の許可 / 人³ die *Erlaubnis*⁴ geben 人³に許可を与える / **mit** Ihrer *Erlaubnis* 許可を得て / mit Ihrer *Erlaubnis* おさし支えなければ / **ohne** *Erlaubnis* 許可なしに / 人⁴ **um** *Erlaubnis* bitten 人⁴に許可を求める.

er·laubt [エァ・らオプト] I *erlauben (許可する)の 過分, 3人称単数・2人親称複数 現在
II 形 許されている, さし支えない. Das ist nicht *erlaubt*. それをすることは許されていない.

er·laub·te [エァ・らオプテ] *erlauben (許可する)の 過去

er·läu·tern [エァ・ろイタァン ɛr-lóʏtərn] 他 (h) (文章など⁴を)詳しく説明する, 解説する, 注釈する.

Er·läu·te·rung [エァ・ろイテルング] 女 -/-en 解説, 注解, 注釈.

Er·le [エルれ ɛ́rlə] 女 -/-n 〖植〗ハンノキ.

er·le·ben [エァ・れーベン ɛr-lé:bən] 他 (完了 haben) ① 体験する, 経験する, 見聞する. (英 *experience*). So etwas *habe* ich noch nicht *erlebt*. そのようなことは私はまだ経験したことがない / eine Enttäuschung *erleben* 幻滅を味わう / eine Niederlage⁴ *erleben* 敗北を喫する / Das Buch *erlebt* schon die 5. (=fünfte) Auflage. この本はすでに5版を重ねている / Wenn du das tust, dann *kannst* du etwas *erleben*!《口語》そんなことをしたら, 思い知らせてやるぞ / So aufgeregt *habe* ich ihn noch nie *erlebt*. 彼があんなに興奮しているのは見たことがない. ◇〖過去分詞の形で〗die *erlebte* Rede《言》体験話法.
② (囲⁴を)存命中に経験する. Er *hat* seinen 70. (=siebzigsten) Geburtstag noch *erlebt*. 彼は70歳の誕生日を迎えることができた.

***das Er·leb·nis** [エァ・れープニス ɛr-lé:pnɪs] 中 (単) ..nisses/(複) ..nisse (3格のみ ..nissen) ① 体験, 経験. (英 *experience*). ein schönes *Erlebnis*⁴ haben すばらしい体験をする. ② 印象的な体験. Diese Reise war ein *Erlebnis*. この旅行は感銘深い体験でした.

er·lebt [エァ・れープト] *erleben* (体験する)の 過分, 3人称単数・2人称親称複数 現在

er·leb·te [エァ・れープテ] *erleben* (体験する)の 過去

***er·le·di·gen** [エァ・れーディゲン ɛr-lé:dɪgən] (erledigte, *hat* ... erledigt) I 他 (完了 haben) ① (仕事などを)済ます, 片づける; 仕上げる; 処理する. eine Arbeit⁴ *erledigen* 仕事を片づける / notwendige Einkäufe⁴ *erledigen* 必要な買物を済ます / einen Streit *erledigen* 争いを調停する / Die Sache ist *erledigt*. 〖状態受動・現在〗その件はもう済んだことだ. ②(相手⁴を)やっつける, 失脚させる. den Gegner *erledigen* 敵をやっつける.
II 再帰 (完了 haben) *sich*⁴ *erledigen* (事件などが)片がつく, 決着がつく. Die Angelegenheit *hat* sich von selbst *erledigt*. その件はおのずと決着がついた.

er·le·digt [エァ・れーディヒト] I *erledigen (済ます)の 過分, 3人称単数・2人称親称複数 現在
II 形 ① 処理済みの. ②《口語》くたくたの, 疲れ果てた.

er·le·dig·te [エァ・れーディヒテ] *erledigen (済ます)の 過去

Er·le·di·gung [エァ・れーディグング] 女 -/-en ① 〖複なし〗処理, 片づけ. ②〖ふつう 複〗用務, 用事, 買いもの.

er·le·gen¹ [エァ・れーゲン ɛr-lé:gən] 他 (h) ①《雅》(野獣⁴を)射とめる, 銃でしとめる. ②〖ﾋﾞｼﾞﾈｽ〗(お金⁴を)支払う, (担保⁴を)入れる.

er·le·gen² [エァ・れーゲン] *erliegen* (負ける)の 過分

er·leich·tern [エァ・らイヒタァン ɛr-láɪçtərn] I 他 (h) ① (負担など⁴を)軽くする, 軽減する. 人³ die Arbeit⁴ *erleichtern* 人³の仕事を軽減する. ② (苦痛・気持ち⁴を)和らげる, 楽にする; (人⁴の)気持ちを楽にする. einem Kranken seine Schmerzen⁴ *erleichtern* 病人の苦痛を和らげる / Die Nachricht *hat* mich sehr *erleichtert*. その知らせで私はとても気が楽になった. ③ (荷物などを)軽くする. ④〖人⁴ **um** 物⁴ ~〗《口語・戯》(人⁴から物⁴を)巻き上げる. **II** 再帰 (h) *sich*⁴ *erleichtern* 気持ちが楽になる, ほっとする. *sich*⁴ durch Tränen *erleichtern*

涙を流して気が楽になる.

er·leich·tert [エァ・らイヒタァト] I erleichtern (軽くする)の過分 II 形 安堵(あんど)した, ほっとした. *erleichtert* auf|atmen ほっと息をつく.

Er·leich·te·rung [エァ・らイヒテルング] 囡 -/-en ① 〖覆なし〗安堵, 安心. mit *Erleichterung* ほっとして. ② (苦痛の)軽減, 緩和.

er·lei·den* [エァ・らイデン ɛr-láidən] 他 (h) ①（苦しみなど⁴を)耐え忍ぶ, 我慢する. große Schmerzen⁴ *erleiden* ひどい苦しみに耐える. ②(損害など⁴を)被る, 受ける. eine Niederlage⁴ *erleiden* 敗北する / Verluste⁴ *erleiden* 損失を被る / den Tod *erleiden* 死ぬ / Schiffbruch⁴ *erleiden* a)難破する, b)《比》(企てなどが)失敗する.

er·lern·bar [エァ・れルンバール] 形 習得可能な, 覚えられる.

er·ler·nen [エァ・れルネン ɛr-lérnən] 他 (h) 習得する, 身につける, 覚え込む. ein Handwerk⁴ *erlernen* 手仕事を覚える.

er·le·sen [エァ・れーゼン ɛr-lé:zən] 形 えり抜きの, 精選された. ein *erlesener* Wein 極上のワイン.

er·leuch·ten [エァ・ろイヒテン ɛr-lɔ́yçtən] 他 (h) ① 明るくする, 照らす. ◇〖再帰的に〗*sich*⁴ *erleuchten* 明るくなる, 映える. ◇〖過去分詞の形で〗ein hell *erleuchteter* Saal 明るく照らされたホール. ②《雅》(人⁴に)ひらめき(啓示)を与える.

Er·leuch·tung [エァ・ろイヒトゥング] 囡 -/-en (突然の)ひらめき; (神の)啓示.

er·lie·gen* [エァ・リーゲン ɛr-lí:gən] 自 (s) ①(人・事³に)負ける, 屈する;（事³がもとで)死ぬ. dem Gegner *erliegen* 敵に敗れる / einer Versuchung³ *erliegen* 誘惑に負ける / einem Herzschlag *erliegen* 心臓麻痺(まひ)で死ぬ. ②〖ホウブ〗(金品などが)保管されている.

Er·lie·gen [エァ・リーゲン] 田 -s/ 停止, 中断. 物⁴ zum *Erliegen* bringen 物⁴を停止(中断)させる / zum *Erliegen* kommen 停止(中断)する,（交通などが)麻痺(まひ)する.

er·lischt [エァ・リッシュト] erlöschen (消える)の3人称単数 現在

Erl·kö·nig [エルる・ケーニヒ] 男 -s/-e ① 〖覆なし〗魔王(ゲーテの詩にシューベルトが作曲した歌曲で有名). ②《自動車・隠語》覆面試作車.

er·lo·gen [エァ・ろーゲン ɛr-lóːgən] 形 うその, でっちあげの.

Er·lös [エァ・れース ɛr-lóːs] 男 -es/-e 売上金, 収益金.

er·losch [エァ・ろッシュ] erlöschen (消える)の過去

er·lo·schen [エァ・ろッシェン] erlöschen (消える)の過分

er·lö·schen* [エァ・れッシェン ɛr-lǿʃən] es erlischt (erlosch, *ist*...erloschen) 自 (s) ①(火・文字などが)消える;（色が)あせる. Das Feuer *ist erloschen*. 〖現在完了〗火が消えてしまった. ②《比》(情熱・活気などが)弱まる, 静ま

る. Die Epidemie *ist erloschen*.〖現在完了〗伝染病が治まる. ◇〖現在分詞の形で〗mit *erloschender* Stimme 消え入るような声で. ③《比》(家系などが)絶える; 消滅する;（資格などが)失効する.

er·lö·sen [エァ・れーゼン ɛr-lǿːzən] 他 (h) ①（苦しみ・束縛などから)救い出す, 救済する. 人⁴ aus großer Not *erlösen* 人⁴をひどい窮状から救い出す / von seinen Leiden *erlöst werden* (婉曲)亡くなる, 死去する. ◇〖現在分詞の形で〗das *erlösende* Wort 救いになる(ほっとさせる)言葉. ②(物を売ってお金⁴を)得る, もうける.

Er·lö·ser [エァ・れーザァ ɛr-lǿːzər] 男 -s/- ① 救済者, 救い主.（女性形: -in）. ②〖覆なし〗《キリスト教》救世主(キリスト).

Er·lö·sung [エァ・れーズング] 囡 -/-en 〖ふつう単〗救済,（苦悩からの)解放;（キリスト教の)救い.

er·mäch·ti·gen [エァ・メヒティゲン ɛr-méçtıgən] 他 (h) 〖人⁴ zu 物³ ～〗（人⁴に物³をする)権限(全権)を与える. Dazu *bin* ich nicht *ermächtigt*. 〖状態受動・現在〗そうする権限は私にはありません. ◇〖人⁴ *ermächtigen*, zu 不定詞[句]〗人⁴に…する権限を与える.

Er·mäch·ti·gung [エァ・メヒティグング] 囡 -/-en 全権[委任]; 権限, 権能.

er·mah·nen [エァ・マーネン ɛr-má:nən] (ermahnte, *hat*...ermahnt) 他 (完了 haben)（人⁴に厳しく)注意する, 警告する, いさめる. 人⁴ zu 物³ *ermahnen* 人⁴に物³をするように注意する ⇒ ihn zur Pünktlichkeit. 私は彼に時間を守るように注意した. ◇〖zu 不定詞[句]とともに〗Sie *ermahnten* die Kinder, ruhig zu sein. 彼らは子供たちに静かにするように注意した.

er·mahnt [エァ・マーント] ermahnen (注意する)の過分, 3人称単数・2人称親称複数 現在

er·mahn·te [エァ・マーンテ] ermahnen (注意する)の過去

Er·mah·nung [エァ・マーヌング] 囡 -/-en 注意, 警告, 戒め.

er·man·geln [エァ・マンゲるン ɛr-máŋəln] 自 (h)《雅》(物²に)欠けている. Sein Vortrag *ermangelte* der Lebendigkeit. 彼の講演には迫力がなかった.

Er·man·ge·lung [エァ・マンゲるング] 囡 〖成句的に〗in *Ermangelung* 物² 物²がないので.

er·man·nen [エァ・マンネン ɛr-mánən] 再帰 (h) *sich*⁴ *ermannen*《雅》勇気を出す, 奮起する.

er·mä·ßi·gen [エァ・メースィゲン ɛr-mɛ́:sıgən] I 他 (h) (値段⁴を)下げる; 割り引きする. den Preis auf die Hälfte *ermäßigen* 値段を半額に値下げする. ◇〖過去分詞の形で〗zu *ermäßigter* Gebühr 割引料金で. II 再帰 (h) *sich*⁴ *ermäßigen* (値段が)安くなる, 割り引きされる. *sich*⁴ um 10% (=Prozent) *ermäßigen* 10パーセント割り引きされる.

Er·mä·ßi·gung [エァ・メースィグング] 囡 -/-en 値下げ; 割引. Eintrittskarten mit einer *Ermäßigung* von 30% (=Prozent) 30 パーセント値引きの入場券.

er·mat·ten [エァ・マッテン ɛr-mátən] I 自(s)《雅》ひどく疲れる, 衰弱する;《比》(気力などが)減退する. II 他(h)《雅》ひどく疲れさせる, 衰弱させる.

er·mat·tet [エァ・マッテット] I ermatten (ひどく疲れる)の過分 II 形 疲れ果てた.

er·mes·sen* [エァ・メッセン ɛr-mésən] 他(h) (価値・意義など⁴を)評価する, 判断する.

Er·mes·sen [エァ・メッセン] 中 -s/ 評価, 判断, 裁量. nach meinem *Ermessen* 私の判断では / nach menschlichem *Ermessen* 常識的には, 十中八九 / Das stelle ich in Ihr *Ermessen.* 私はそれをあなたのご判断にお任せします.

Er·mes·sens⸗fra·ge [エァメッセンス・フラーゲ] 因 -/ 個人の裁量(判断)に任された問題.

er·mit·teln [エァ・ミッテるン ɛr-mítəln] I 他(h) ① (犯人・真相など⁴を)つきとめる, 捜し出す. die Wahrheit⁴ *ermitteln* 真相を明らかにする. ② (数値など⁴を)算出する. II 自(h)《法》取り調べる, 捜査する. gegen 人⁴ *ermitteln* 人⁴の取り調べを行う, 捜査をする.

Er·mitt·lung [エァ・ミットるング] 因 -/-en 探索, 調査;《法》捜査. *Ermittlungen*⁴ an|stellen 捜査をする.

Er·mitt·lungs⸗ver·fah·ren [エァミットるングス・フェアふァーレン] 中 -s/-《法》捜査手続き.

er·mög·li·chen [エァ・メークりヒェン ɛr-mø:klɪçən] 他(h) ([人³に]中⁴を)可能にする. Der Onkel *hat* ihm sein Studium *ermöglicht.* おじは彼が大学で勉強できるようにしてくれた.

er·mor·den [エァ・モルデン ɛr-mɔ́rdən] 他(h) 殺害する, 暗殺(謀殺)する.

Er·mor·dung [エァ・モルドゥング] 因 -/-en 殺害, 暗殺, 謀殺.

er·mü·den [エァ・ミューデン ɛr-mýːdən] I 自(s) ① 疲れる, くたびれる; 眠くなる. ②《工》(金属が)疲労する. II 他(h) 疲れさせる, 眠くさせる. ◇《現在分詞の形で》eine *ermüdende* Beschäftigung 骨の折れる仕事.

Er·mü·dung [エァ・ミュードゥング] 因 -/ 疲れ, 疲労;(材質の)疲労.

er·mun·tern [エァ・ムンタァン ɛr-múntərn] 他(h) ① (人⁴ zu 中³ ~)(人⁴に中³をするように)励ます, 元気づける, 促す. 人⁴ zum Sprechen *ermuntern* 人⁴を励まして話をさせる. ② (人⁴の)眠気を覚ます. Der Kaffee *wird* dich wieder *ermuntern.* コーヒーを飲めば君は眠気が覚めるだろう. ◇《再帰的に》*sich*⁴ *ermuntern* 眠気が覚める.

Er·mun·te·rung [エァ・ムンテルング] 因 -/-en 励まし; 励ましの言葉.

er·mu·ti·gen [エァ・ムーティゲン ɛr-múːtɪgən] 他(h) 勇気づける, 激励する. ◇《現在分詞の形で》*ermutigende* Worte 励ましの言葉.

Er·mu·ti·gung [エァ・ムーティグング] 因 -/-en 勇気づけ, 激励; 励ましの言葉.

er·näh·ren [エァ・ネーレン ɛr-néːrən] (ernährte, *hat* ... *ernährt*) I 他(完了 haben) ① (人・家畜など⁴に) 栄養を与える.(英 feed). Der Kranke *wurde* künstlich *ernährt.*〖受動・過去〗患者には人工栄養が与えられた / Das Kind *ist* schlecht *ernährt.*〖状態受動・現在〗この子は栄養不良だ.

② (子供・家族³を)養う, 扶養する. Sie *muss* die ganze Familie allein *ernähren.* 彼女は家族全部をひとりで養わなければならない.

II 再帰 (完了 haben) *sich*⁴ *ernähren* 栄養を摂取する; 暮らしをたてる. *sich*⁴ vegetarisch *ernähren* 菜食をする / Von dem Gehalt *kann* ich *mich* kaum *ernähren.* この給料では私はほとんど暮らしていけない.

Er·näh·rer [エァ・ネーラァ ɛr-néːrər] 男 -s/- 扶養者, 養育者, (一家の)稼ぎ手, 養い手.(女性形: -in).

er·nährt [エァ・ネーァト] ernähren (栄養を与える)の過分, 3 人称単数・2 人称親称複数現在

er·nähr·te [エァ・ネーァテ] ernähren (栄養を与える)の過去

Er·näh·rung [エァ・ネールング] 因 -/ ① 栄養を与えること; 食べ物, 食品. mangelhafte *Ernährung* 栄養不良 / künstliche *Ernährung* 人工栄養 / tierische *Ernährung* 動物性食品. ② 扶養, 養育.

Er·näh·rungs⸗stö·rung [エァネールングス・シュテールング] 因 -/-en《医》栄養障害.

er·nen·nen* [エァ・ネンネン ɛr-nɛ́nən] 他(h) 任命する, 指名する. 人⁴ zum Vorsitzenden *ernennen* 人⁴を議長に任命する.

Er·nen·nung [エァ・ネンヌング] 因 -/-en 任命, 指名.

er·neu·er·bar [エァ・ノイアァバール] 形 再生可能な(エネルギーの).

er·neu·ern [エァ・ノイアァン ɛr-nɔ́yərn] I 他(h) ① (物⁴を)新しいものと取り替える. die Autoreifen⁴ *erneuern* 車のタイヤを取り替える. ② 修理する, 改築(改装)する. ③ 復活させる, 心によみがえらせる. eine alte Freundschaft⁴ *erneuern* 旧交を温める. ④ (契約など⁴を)更新する. II 再帰 (h) *sich*⁴ *erneuern* 新しくなる, 更新される, 復調する.

Er·neu·e·rung [エァ・ノイエルング] 因 -/-en ① (新しいものに)取り替えること. ② 修理, 改築. ③ 復活. ④ (契約などの)更新.

er·neut [エァ・ノイト ɛr-nɔ́yt] I 形 新たな, 更新された, 再度の. ein *erneuter* Versuch 新たな試み. II 副 改めて, 再度.

er·nied·ri·gen [エァ・ニードリゲン ɛr-níːdrɪgən] 他(h) ① (人⁴を)卑しめる, (人⁴の)自尊心を傷つける. ◇《再帰的に》*sich*⁴ *erniedrigen* 品位を落とす. ② (価格など⁴を)下げる, 低くする. ③《音楽》(音⁴を)半音下げる.

Er·nied·ri·gung [エァ・ニードリグング] 因 -/-en 辱めること; (品位の)低下;(価格などの)低減;《音楽》半音下げること.

***ernst** [エルンスト ɛrnst] 形 (比較 ernster, 最上 ernstest) ① **まじめな**, 真剣な; 本気の, 本心からの. (英 serious). ein ernster Mensch まじめな人間 / eine ernste Miene⁴ machen 真剣な顔つきをする / ernste Musik クラシック音楽 / Er nimmt die Sache nicht ernst. 彼はそのことをまじめに考えてはいない / Ich meine es ernst mit ihr. 私は本気で彼女のことを思っている (es は形式目的語).
② 重大な; 深刻な, 容易ならぬ. eine ernste Krankheit 重い病気 / Die internationale Lage ist ernst. 国際情勢は深刻である.
▶ ernst≠gemeint

der **Ernst**¹ [エルンスト ɛrnst] 男 (単2) -es (まれに -s)/ (英 seriousness) ① **まじめさ**, 真剣さ; 本気. (⇔ 「冗談」は Scherz). Ist das dein Ernst? 君は本気でそう思っているのか / Aus dem Spiel wird Ernst. 戯れが本気になる / im Ernst 本気で / allen Ernstes または in allem Ernst 大まじめに / mit Ernst 真剣に / mit tierischem Ernst 〔口語〕くそまじめに / mit 囲³ Ernst⁴ machen 囲³を本当にやる(実行に移す).
② 重大さ; 深刻さ, ゆゆしさ. der Ernst des Lebens 人生の厳しさ.

Ernst² [エルンスト] -s/ I 《男名》エルンスト. II -s/-s 《姓》エルンスト.

Ernst≠fall [エルンスト・ふァる] 男 -[e]s/ 緊急の場合, 深刻な事態. im Ernstfall 緊急の場合には, いざというときには.

ernst≠ge·meint, ernst ge·meint [エルンスト・ゲマイント] 形 本気の, 真剣な, まじめな.

ernst≠haft [エルンストハふト] 形 ① 真剣な, 本気の. ein ernsthaftes Angebot 真剣な申し出. ② 重大な, 深刻な; 重態の. ernsthafte Mängel 重大な欠陥.

Ernst≠haf·tig·keit [エルンストハふティヒカイト] 女 -/ まじめさ, 真剣さ, 本気.

ernst·lich [エルンストりヒ] 形 ① 重大な, 深刻な. eine ernstliche Krankheit 重病. ② まじめな, 本気の.

die **Ern·te** [エルンテ ɛrntə] 女 (単) -/(複) -n ① **収穫**, 取り入れ. (英 harvest). Aussaat und Ernte 種まきと取り入れ / Die Bauern sind bei (または in) der Ernte. 農夫たちは収穫作業をしている.
② 収穫物; 収穫高; (比) 成果. eine gute (schlechte) Ernte 豊作(凶作) / die Ernte an Obst 果物の収穫高 / die Ernte⁴ ein|bringen 収穫物を納屋にしまう / die Ernte deines Fleißes (比) 君の努力の成果 / Ihm ist die ganze Ernte verhagelt. 《口語》 彼は失敗して(敗れてしまって)いる(←全収穫物がひょうにやられた).

Ern·te≠dank·fest [エルンテ・ダンクふェスト] 中 -[e]s/-e 収穫感謝祭 (ふつう10月の第1日曜日に行われる).

ern·ten [エルンテン ɛrntən] du erntest, er erntet (erntete, hat ... geerntet) 他 (完了 haben) ① (農作物⁴を)**収穫する**, 取り(刈り)入れる. (英 harvest). Kartoffeln⁴ ernten じゃがいもを収穫する. ② 《比》(称賛など⁴を)得る, 受ける. großen Beifall ernten 拍手喝采(かっさい)を浴びる / Spott⁴ ernten 嘲笑(ちょうしょう)をかう.

ern·te·te [エルンテテ] ernten (収穫する)の 過去

er·nüch·tern [エァ・ニュヒタァン ɛr-ǻxtərn] 他 (h) ① (人⁴の)酔いをさます. Die frische Nachtluft ernüchterte ihn. さわやかな夜風が彼の酔いをさました. ② 《比》(人⁴を)冷静にさせる; (人⁴を)興ざめさせる.

Er·nüch·te·rung [エァ・ニュヒテルング] 女 -/-en 酔い(興奮)がさめること.

Er·obe·rer [エァ・オーベラァ ɛr-óːbərər] 男 -s/- 征服者, 侵略者. (女性形: Eroberin).

er·obern [エァ・オーバァン ɛr-óːbərn] (er·oberte, hat ... erobert) 他 (完了 haben) ① **征服する**, 占領する, 攻略する. (英 conquer). eine Festung⁴ erobern 要塞(ようさい)を攻略する. ◇〔過去分詞の形で〕 die eroberten Städte 占領された町々. ② 《比》(努力して 物⁴を)**獲得する**, (人⁴を)自分のものにする. [sich³] neue Märkte⁴ erobern 新しい市場を獲得する / eine Frau⁴ erobern 女性の心を射とめる.

er·obert [エァ・オーバァト] erobern (征服する)の 過去, 3人称単数・2人称親称複数 現在

er·ober·te [エァ・オーバァテ] erobern (征服する)の 過去

Er·obe·rung [エァ・オーベルング ɛr-óːbəruŋ] 女 -/-en ① 征服, 占有. die Eroberung einer Stadt² ある町の占領. ② 征服(獲得)したもの. eine Eroberung⁴ (または Eroberungen⁴) machen 女性(男性)をものにする.

*er·öff·nen [エァ・エふネン ɛr-ǿfnən] du eröffnest, er eröffnet (eröffnete, hat ... eröffnet) I 他 (完了 haben) ① (店など⁴を)**開業する**, オープンする, (展示会など⁴を)開催する. (英 open). ein Geschäft⁴ eröffnen 開店する / eine Ausstellung⁴ eröffnen 展示会を開催する / eine Straße⁴ eröffnen 道路を開通させる.
② **開始する**, 始める; 《商》(口座⁴を)開く. Er eröffnete die Sitzung. 彼は会議の開会を宣言した / eine Verhandlung⁴ eröffnen 交渉を開始する / ein Konto⁴ bei der Bank eröffnen 銀行に口座を開く. ③ 《雅》(人³に囲⁴を)打ち明ける, 知らせる. ④ (人³に可能性など⁴を)開く. ⑤ 《官庁》(遺言状など⁴を)開封する. ⑥ 《医》切開する.

II 再帰 (完了 haben) sich⁴ 人³ eröffnen ① (希望・可能性などが 人³に)開ける. Eine völlig neue Welt eröffnete sich ihm. まったく新しい世界が彼には開けた. ② 《雅》(人³に)心中を打ち明ける.

er·öff·net [エァ・エふネット] *eröffnen (開業する)の 過去, 3人称単数・2人称親称複数 現在

er·öff·ne·te [エァ・エふネテ] *eröffnen (開業する)の 過去

Er·öff·nung [エァ・エふヌング] 女 -/-en ① 開始, 開くこと; 開業, 開店; 開幕. ② 打ち明け話, (心中の)吐露. ③ 《医》切開.

er·ör·tern [エァ・エルタァン ɛr-ǿertərn] 他 (h) (問4を詳細に)論じる, 討議(論議)する, 検討する. ein Problem4 wissenschaftlich *erörtern* ある問題を学問的に論じる.

Er·ör·te·rung [エァ・エルテルング] 囡 -/-en 討議, 論議, 検討. gründliche *Erörterungen*4 über 事4 an|stellen 事4を徹底的に討議する.

Eros [エーロス éːrɔs] I 男 ① 愛, 恋愛; 性愛. ② 〖哲〗エロス(真・善・美に対する純粋愛). II [-]/ Eroten (エローテン) エロス(愛の神. ローマ神話のアモル, キューピッドに当たる).

Ero·si·on [エロズィオーン erozióːn] 囡 -/-en ① 〖地学〗(風・水などによる)浸食(作用). ② 〖医〗びらん, ただれ.

Ero·tik [エローティク eróːtɪk] 囡 -/ 性愛; 〖婉曲〗好色, エロチシズム.

ero·tisch [エローティッシュ eróːtɪʃ] 形 性愛の; 〖婉曲〗好色な, エロチックな.

Er·pel [エルぺる ɛ́rpəl] 男 -s/- 雄鴨(鳥).

er·picht [エァ・ピヒト ɛr-píçt] 形 〖成句的に〗auf 物4 *erpicht* sein 物4に執着している, 食欲(ど)である. Er ist aufs Geld *erpicht*. 彼はお金に意地汚い.

er·pres·sen [エァ・プレッセン ɛr-présən] 他 (h) (人4を)ゆする, ゆする. ② 脅し取る, 強要する. von 人3 Geld *erpressen* 人3からお金を脅し取る. ◇〖過去分詞の形で〗eine *erpresste* Zusage 強要された承諾.

Er·pres·ser [エァ・プレッサァ ɛr-présər] 男 -s/- ゆすり[をする人], 恐喝者. (女性形: -in).

Er·pres·sung [エァ・プレッスング] 囡 -/-en ゆすり, 恐喝, 強奪.

er·pro·ben [エァ・プローベン ɛr-próːbən] 他 (h) (人・物4を)試す, テストする, 試験(検査)する.

er·probt [エァ・プロープト] I erproben(試す)の過分 II 形 実証済みの; 信頼できる.

Er·pro·bung [エァ・プローブング] 囡 -/-en 試すこと, 試験, 検査.

er·qui·cken [エァ・クヴィッケン ɛr-kvíkən] 他 (h) 〖雅〗元気づける, さわやかにする, 爽快(そうかい)にする. Das Getränk *erquickte* ihn. 飲み物を飲んで彼は元気になった. ◇〖再帰的に〗sich4 *erquicken* 元気になる. ◇〖現在分詞の形で〗ein *erquickendes* Getränk 清涼飲料水.

er·quick·lich [エァ・クヴィックりヒ] 形 〖雅〗さわやかな, 快適な, すばらしい(景色など).

Er·qui·ckung [エァ・クヴィックング] 囡 -/-en 〖雅〗① 元気回復, 元気(活力)を与えること. ② 元気を回復させてくれるもの(美しい景色・清涼飲料水・軽い飲食物など).

er·rät [エァ・レート] erraten1 (言い当てる)の3人称単数 現在.

er·ra·ten1* [エァ・ラーテン ɛr-ráːtən] du errätst, er errät (erriet, *hat* … erraten) 他 (完了 haben) (推測して)言い当てる, 察知する. (英 *guess*). das Geheimnis4 *erraten* 秘密を言い当てる / Ich *habe* seine Absicht *erraten*. 私は彼の意図を当てた.

er·ra·ten2 [エァ・ラーテン] erraten1(言い当てる)の過分.

er·ra·tisch [エラーティッシュ ɛráːtɪʃ] 形 〖地学〗漂移性の. ein *erratischer* Block (氷河が残した)迷子石, 漂石.

er·rätst [エァ・レーツト] erraten1 (言い当てる)の2人称親称単数 現在.

er·rech·nen [エァ・レヒネン ɛr-réçnən] I 他 (h) (問4を)算出する, 算定する. sich3 事4 *errechnen* 事4を予測(期待)する. II 再帰 (h) sich4 *errechnen* 事4算出される.

er·reg·bar [エァ・レークバール] 形 (刺激に)敏感な, 神経過敏な, 興奮しやすい.

er·re·gen [エァ・レーゲン ɛr-réːgən] (erregte, *hat* … erregt) I 他 (完了 haben) ① (人4の感情を)興奮させる, 刺激する. 人4 sinnlich *erregen* 人4の官能を刺激する. ② (感情, 欲望など4を)呼び起こす, かきたてる. Mitleid4 *erregen* 同情を呼ぶ / Neid4 *erregen* 嫉妬(しっと)心をかきたてる / Sein Betragen *erregte* Anstoß. 彼のふるまいは不快感を起こさせた. II 再帰 (完了 haben) 〖sich4 über 人・事4 ~〗(人・事4のことで)興奮(憤慨)する.
◇☞ erregt

er·re·gend [エァ・レーゲント] I erregen(興奮させる)の現分 II 形 刺激的な, 興奮させる.

Er·re·ger [エァ・レーガァ ɛr-réːgər] 男 -s/- [刺激して]何かを引き起こすもの; 〖医〗病原体.

er·regt [エァ・レークト] I erregen(興奮させる)の過分, 3人称単数・2人称親称複数 現在. II 形 興奮した, 激しい. eine *erregte* Diskussion 激論.

er·reg·te [エァ・レークテ] erregen(興奮させる)の過去.

die **Er·re·gung** [エァ・レーグング ɛr-réːgʊŋ] 囡 (単) -/(複) -en ① 興奮. in *Erregung* geraten 興奮する. ② (感情などを)引き起こすこと; 刺激. *Erregung* öffentlichen Ärgernisses2 〖法〗公序良俗違反(公衆に不快感を起こさせること).

er·reich·bar [エァ・ライヒバール] 形 到達できる, 届きうる; 連絡のとれる. Er ist telefonisch *erreichbar*. 彼には電話で連絡がつく.

***er·rei·chen** [エァ・ライヒェン ɛr-ráɪçən] (erreichte, *hat* … erreicht) 他 (完了 haben) (英 *reach*) ① 〖4格とともに〗(物4に)手が届く. Das Kind *erreicht* mit der Hand gerade die Türklinke. その子はドアの取っ手にやっと手が届く.

② (人4に)連絡がつく(とれる). Wie *kann* ich Sie *erreichen*? どうすればあなたに連絡できますか / 人4 telefonisch *erreichen* 人4に電話で連絡がとれる.

③ (人・物4に)到達する, (列車など4に)間に合う. Der Brief *erreicht* ihn zu spät. 手紙が彼に届くのが遅すぎた / In wenigen Minuten *erreichen* wir Dresden. (列車のアナウンスで:)あと数分でドレスデンに到着いたします / eine Geschwindigkeit4 von 220 km/h (=Kilometer pro Stunde) *erreichen* 時速220キロに達する /

ein hohes Alter⁴ *erreichen* 高齢に達する / den Zug *erreichen* 列車に間に合う. (☞ 類語 an|kommen).

④ (目的など⁴を)**達成する**, (意図など⁴を)実現する. Sie *konnte* bei ihm alles *erreichen.* 彼女は彼になんでも望みをかなえてもらうことができた.

er·reicht [エア・ライヒト] *erreichen (手が届く)の 過分, 3人称単数・2人称親称複数 現在

er·reich·te [エア・ライヒテ] *erreichen (手が届く)の 過去

er·ret·ten [エア・レッテン ɛr-rétən] 他 (h)《雅》救う, 救出する. 人⁴ **aus der Gefahr** *erretten* 人⁴を危険から救い出す / 人⁴ **vom Tode** または **vor dem Tode**) *erretten* 人⁴を死の危険から救う.

Er·ret·tung [エア・レットゥング] 女 -/-en《雅》救助, 救済.

er·rich·ten [エア・リヒテン ɛr-ríçtən] 他 (h) ① 建てる, 建設する, 築く. ein Denkmal⁴ *errichten* 記念碑を建てる / ein Gebäude⁴ *errichten* 建物を建設する / auf einer Geraden die Senkrechte⁴ *errichten* 《数》直線上に垂線を引く. (☞ 類語 bauen). ② (会社・財団など⁴を)設立する; (制度など⁴を)創設する. eine neue Gesellschaft⁴ *errichten* 新しい会社を設立する. ③ 《成句的に》 ein Testament⁴ *errichten*《法》遺言状を作成する.

Er·rich·tung [エア・リヒトゥング] 女 -/-en 建設; 設立, 創設.

er·riet [エア・リート] *erraten¹ (言い当てる)の 過去

er·rin·gen* [エア・リンゲン ɛr-ríŋən] 他 (h) (勝利など⁴を)戦い(勝ち)取る, (信頼など⁴を)獲得する. einen Preis *erringen* 賞を得る.

er·rö·ten [エア・レーテン ɛr-rǿːtən] 自 (s)《雅》(顔が)赤くなる, 赤面する. **vor Scham** *erröten* 恥ずかしくて赤面する.

Er·rö·ten [エア・レーテン] 中 -s/ 赤面. 人⁴ **zum** *Erröten* **bringen** 人⁴を赤面させる.

Er·run·gen·schaft [エア・ルンゲンシャフト] 女 -/-en (苦労して)獲得されたもの; (研究などの)成果, 業績.

der **Er·satz** [エア・ザッツ ɛr-záts] 男 (単2) -es/ ① **代わりの人(物)**, 代役, 補欠; 代用品, スペア. (英 *substitute*). Zahnersatz 入れ歯 / **als** *Ersatz* **für** 人⁴ **ein|springen** 人⁴の代りを務める. ② 補償. **für einen Schaden** *Ersatz*⁴ **fordern** 損害の補償を要求する. ③《軍》補充部隊.

Er·satz⹀an·spruch [エアザッツ・アンシュプルフ] 男 -[e]s/..sprüche 賠償請求[権].

Er·satz⹀dienst [エアザッツ・ディーンスト] 男 -[e]s/《軍》(兵役拒否者に課せられる)非軍事役務.

Er·satz⹀hand·lung [エアザッツ・ハンドルング] 女 -/-en《心理》代償[的]行動.

Er·satz⹀mann [エアザッツ・マン] 男 -[e]s/..männer (または ..leute) 代役, (スポ)補欠. (女性形: ..frau).

Er·satz⹀mut·ter [エアザッツ・ムッタァ] 女 -/..mütter ① 母親代わり[の女性]. ② 代理母 (=Leihmutter).

Er·satz⹀rei·fen [エアザッツ・ライフェン] 男 -s/- スペアタイヤ.

Er·satz⹀spie·ler [エアザッツ・シュピーらァ] 男 -s/- (スポ)補欠. (女性形: -in).

das **Er·satz⹀teil** [エアザッツ・タイる ɛrzátstaɪ] 中 (まれに 男) (単2) -[e]s/(複) -e (3格のみ -en)《工》(補充用の)**交換(予備)部品**, スペア. (英 *spare*).

Er·satz⹀wei·se [エアザッツ・ヴァイゼ] 副 代償として, 代わりに.

er·sau·fen* [エア・ザオフェン ɛr-záʊfən] 自 (s)《俗》おぼれ死ぬ, 土佐衛門(どざえ)になる.

er·säu·fen [エア・ゾイフェン ɛr-zɔ́ʏfən] 他 (h) ① (動物など⁴を)溺死(できし)させる. ②《比》(悩みなど⁴を酒で)まぎらす. seinen Kummer im Alkohol *ersäufen* 酒で悩みをまぎらす.

er·schaf·fen* [エア・シャッふェン ɛr-ʃáfən] 他 (h)《雅》創造する; 作り出す.

Er·schaf·fung [エア・シャッふンヶ] 女 -/《雅》創造.

er·schal·len(*) [エア・シャレン ɛr-ʃálən] 自 (s)《雅》響き渡る, 鳴り響く.

er·schau·dern [エア・シャオダァン ɛr-ʃáʊdərn] 自 (s)《雅》身震いする. **vor Angst** *erschaudern* 不安におののく.

er·schau·ern [エア・シャオァァン ɛr-ʃáʊərn] 自 (s)《雅》身震いする. **vor Kälte** *erschauern* 寒さに震えあがる.

*⹁ **er·schei·nen*** [エア・シャイネン ɛr-ʃáɪnən] (erschien, *ist*...erschienen) 自 (完了 sein) (英 *appear*) ① **現れる**, 姿を見せる. **am Horizont** *erscheinen* 地平線(水平線)上に現れる / **auf einer Versammlung** *erscheinen* 会合に姿を見せる / Sie *erschien* **im Abendkleid.** 彼女はイブニングドレスを着て現れた / Ich **muss als Zeuge vor Gericht** *erscheinen.* 私は証人として法廷に出頭しなければならない.

② **出版される**, 発行される. **Die Zeitschrift** *erscheint* **monatlich.** その雑誌は毎月発行される.

③ (人³にとって…と)**思われる**, (人³にとって…に)見える. Alles *erschien* **mir wie ein Traum.** 何もかも私には夢のように思われた / **Das** *erscheint* **mir sonderbar.** それは私には変に思われる. (☞ 類語 scheinen).

Er·schei·nen [エア・シャイネン] 中 -s/ ① 出現, 出席, 登場. ② (本の)出版, 発行.

die **Er·schei·nung** [エア・シャイヌング ɛr-ʃáɪnʊŋ] 女 (単) -/(複) -en ① **現象**, 現れ; 出現. (英 *phenomenon*). Naturerscheinung 自然現象 / **Das ist eine typische** *Erscheinung* **unserer Zeit.** これは現代に典型的な現象だ / **in** *Erscheinung* **treten** 現れる / **das Fest der** *Erscheinung*² **des Herrn**《カト教》主の公現(こう)の祝日(1月6日).

② (人の)**外見**, 見かけ. (英 *appearance*). eine

stattliche *Erscheinung* 堂々たる風采(ﾌｳｻｲ)の人. ③ 幻影, 幽霊. Er hat *Erscheinungen*. 彼は幻影に悩まされている.

er·schien [エァ・シーン] ＊erscheinen (現れる)の過去

er·schie·ne [エァ・シーネ] ＊erscheinen (現れる)の接2

er·schie·nen [エァ・シーネン] ＊erscheinen (現れる)の過分

er·schie·ßen* [エァ・シーセン] ɛr-ʃíːsən] 他 (h) 射殺する, 銃殺する. 人⁴ hinterrücks *erschießen* 人⁴を背後から銃殺する. ◆《再帰的に》*sich*⁴ mit einer Pistole *erschießen* ピストルで自殺する. ◆《過去分詞の形で》*erschossen* sein《口語・比》くたびれ果てている.

Er·schie·ßung [エァ・シースング] 囡 -/-en 射殺, 銃殺.

er·schlaf·fen [エァ・シュラッフェン ɛr-ʃláfən] I 圓 (s) ① (手足・筋肉などが)ぐったりとなる. ② (皮膚が)たるむ. II 他 (h) ぐったりさせる.

er·schla·gen¹* [エァ・シュラーゲン ɛr-ʃláːɡən] 他 (h) なぐり(打ち)殺す, 打ちのめす;《比》圧倒する. Er wurde vom Blitz *erschlagen*.《受動・過去》彼は雷に打たれて死んだ.

er·schla·gen² [エァ・シュラーゲン] I erschlagen¹ (なぐり殺す)の過分 II 形《口語》① 疲れきった, へばばった. ② ぼうぜんとした.

er·schlei·chen* [エァ・シュライヒェン ɛr-ʃláiçən] 他 (h) こっそり(不正な手段で)手に入れる, 横領する. sich³ ein Erbe⁴ *erschleichen* 遺産をだまし取る.

er·schlie·ßen* [エァ・シュリーセン ɛr-ʃlíːsən] I 他 (h) ① (土地・資源⁴を)開発(開拓)する. eine Gegend⁴ als Reisegebiet *erschließen* ある地方を観光地として開発する. ② (人³に)心⁴を打ち明ける. ③ 推論する, 推定する. Daraus ist zu *erschließen*, dass... そのことから…ということが考えられる. II 再帰 (h) *sich*⁴ *erschließen* ① 《雅》(つぼみ・花が)開く. ② 明らかになる, わかる. ③《雅》(人³に)心を開く.

Er·schlie·ßung [エァ・シュリースング] 囡 -/-en ① 開発, 造成. ② 推論, 推定.

er·schöp·fen [エァ・シェプフェン ɛr-ʃǽpfən] I 他 (h) ① 使い果たす, 使い尽くす. Vorräte⁴ *erschöpfen* 蓄えを使い果たす. ② (問題など⁴を)論じ尽くす. ein Thema⁴ *erschöpfen* ある問題を徹底的に論じる. ③ 疲れ果てさせる. Diese Arbeit *erschöpft* mich. この仕事で私はくたくただ. ◆《再帰的に》*sich*⁴ *erschöpfen* 疲れ果てる, へとへとに疲れる.
II 再帰 (完了 haben) *sich*⁴ *erschöpfen* ① 尽きる, なくなる. Der Gesprächsstoff *erschöpfte sich* schnell. 話題はたちまち尽きた. ② (*sich*⁴ **in** 事³〜) (事³の)域を出ない. Die Diskussion *erschöpfte sich* in leerem Geschwätz. 議論は空虚なおしゃべりに終始した.

◇☞ *erschöpft*

er·schöp·fend [エァ・シェプフェント] I erschöpfen (使い果たす)の現分 II 形 余す所のない, 徹底的な.

er·schöpft [エァ・シェプフト] I erschöpfen (使い果たす)の過分 II 形 ① 使い尽くされた. Die Batterie ist *erschöpft*. 電池(バッテリー)が切れた. ② 疲れ果てた, へとへとの.

Er·schöp·fung [エァ・シェプフング] 囡 -/-en 《ふつう単》① 使い果たすこと; 論じ尽くすこと. ② 疲労困憊(ｺﾝﾊﾟｲ). bis **zur** *Erschöpfung* arbeiten くたくたになるまで働く.

er·schrak [エァ・シュラーク] erschrecken¹ (驚く)の過去

er·schre·cken¹* [エァ・シュレッケン ɛr-ʃrékən] du erschrickst, er erschrickt (erschrak, *ist*...erschrocken) 圓 (完了 sein) 驚く, びっくりする, どきっとする.《英》*get a fright*). Sie *erschrickt* **beim** leisesten Geräusch. 彼女はかすかな物音にもどきっとする / Wir *erschraken* **über** sein Aussehen. われわれは彼の様子に驚いた / **vor** dem Hund *erschrecken* 犬を見てどきっとする.

◇☞ *erschrocken*

er·schre·cken² [エァ・シュレッケン ɛr-ʃrékən] (erschreckte, *hat*...erschreckt) 他 (完了 haben) 驚かす, びっくりさせる, どきっとさせる.《英》*frighten*). Die Nachricht *hat* mich sehr *erschreckt*. 私はその知らせにとても驚いた.

◇☞ *erschreckend*

er·schre·cken³⁽*⁾ [エァ・シュレッケン] 再帰 (h) *sich*⁴ *erschrecken*《口語》驚く, びっくりする. Ich *habe* mich sehr *erschreckt* (または *erschrocken*)! 私はとても驚いた.

er·schre·ckend [エァ・シュレッケント] I erschrecken² (驚かす)の現分 II 形 驚くべき, 恐ろしい.

er·schreckt [エァ・シュレックト] erschrecken² (驚かす)の過分, 3人称単数・2人称親称複数現在

er·schreck·te [エァ・シュレックテ] erschrecken² (驚かす)の過去

er·schrickst [エァ・シュリックスト] erschrecken¹ (驚く)の2人称親称単数現在

er·schrickt [エァ・シュリックト] erschrecken¹ (驚く)の3人称単数現在

er·schro·cken [エァ・シュロッケン] I erschrecken¹ (驚く)の過分 II 形 驚いた, ぎょっとした. **über** 事⁴ *erschrocken* sein 事⁴に驚いている / ein *erschrockenes* Gesicht⁴ machen びっくりした顔をする.

er·schüt·tern [エァ・シュッタァン ɛr-ʃýtərn] 他 (h) ① 揺さぶる, 揺り動かす; (証拠・信頼など⁴を)ぐらつかせる. Ein Erdbeben *erschütterte* die Häuser. 地震で家々が揺れた. ② (人³に)ショックを与える. Diese Nachricht *hat* mich sehr *erschüttert*. この知らせは私に大変ショックを与えた / Wir *waren* **über** seinen Tod sehr *erschüttert*.《状態受動・過去》私たちは彼の死にたいへんショックを受けていた. ◆《現在分詞の形で》*erschütternde* Ereignisse ショッキングな出来事.

Er·schüt·te·rung [エァ・シュッテルング] 囡 -/
-en ① 揺れ動くこと，震動; (信念などの)動揺.
② (精神的な)衝撃，ショック.

er·schwe·ren [エァ・シュヴェーレン εr-ʃvéːrən] 他 (h) (物事が囲⁴を)困難にする，妨げる．Glatteis *erschwert* das Fahren. 路面が凍結していて運転しにくい．◇〖再帰的に〗*sich*⁴ *erschweren* さらに困難になる．

Er·schwer·nis [エァ・シュヴェーァニス] 囡 -/
..nisse 困難，障害, (さらなる)負担．

er·schwin·deln [エァ・シュヴィンデルン εr-ʃvíndəln] 他 (h) だまし取る．

er·schwing·lich [エァ・シュヴィングりヒ] 形 (費用などが)調達できる，都合のつく．

er·se·hen* [エァ・ゼーエン εr-zéːən] 他 (h) 〖A⁴ aus B³ ～〗(B³ から A⁴ を)見てとる，察知する，気づく．Ich *ersehe* aus Ihrem Brief, dass ... あなたの手紙から…ということがわかります．

er·seh·nen [エァ・ゼーネン εr-zéːnən] 他 (h) 《雅》(人・物⁴を)待ち望む，待ち焦がれる．

er·setz·bar [エァ・ゼッツバール] 形 取り替えのできる，補充の利く．

er·set·zen [エァ・ゼッツェン εr-zétsən] du ersetzt (ersetzte, *hat*...ersetzt) 他 (完了 haben) ① (人・物⁴を)**取り替える**，交換する; (選手など⁴を)交代させる．(英 *replace*). eine Glühbirne⁴ *ersetzen* 電球を取り替える / alte Reifen⁴ **durch** neue *ersetzen* 古いタイヤを新しいのと取り替える．
② (人・物⁴の)**代わりをしている**． Sie *ersetzt* ihm die Mutter. 彼女は彼の母親代わりをしている． ③ (〖人³に〗損害など⁴を)弁償する，返済する．(人)³ einen Schaden *ersetzen* (人)³に損害を賠償する．

er·setzt [エァ・ゼッツト] ersetzen（取り替える）の 過分，3 人称単数・2 人称親称複数 現在

er·setz·te [エァ・ゼッツテ] ersetzen（取り替える）の 過去

er·sicht·lich [エァ・ズィヒトりヒ] 形 はっきりわかる，明白な，明らかな．ohne *ersichtlichen* Grund これといった理由もなく．

er·sin·nen* [エァ・ズィンネン εr-zínən] 他 (h) 《雅》考え出す，案出する，でっち上げる．

er·spä·hen [エァ・シュペーエン εr-ʃpέːən] 他 (h) 《雅》見つけ(探し)出す; (比)(機会など⁴を)とらえる．

er·spa·ren [エァ・シュパーレン εr-ʃpáːrən] 他 (h) ① **蓄える**, (節約して)ためる; お金を蓄えて買う．sich³ 1000 Euro *ersparen* 1,000 ユーロ蓄える / Ich *habe* mir ein Haus *erspart*. 私は貯蓄して家を買った．◇〖過去分詞の形で〗*erspartes* Geld ためたお金, 貯金．
② (人³に労力・心配など⁴を)省いてやる，免れさせる．Ich *möchte* ihm den Ärger *ersparen*. 私は彼にいやな思いをさせたくない．◇〖再帰的に〗*sich*³ 囲⁴ *ersparen* 囲⁴をしないで済む ⇒ Die Mühe *kannst* du *dir ersparen*. 君はそんなに骨折ることはないよ．

Er·spar·nis [エァ・シュパールニス] 囡 -/..nisse

(鎖?): 田 ..nisses / ..nisse も) ① 〖ふつう 複〗貯金，貯蓄．② 〖囚〗節約，節減．

er·sprieß·lich [エァ・シュプリースりヒ] 形 《雅》有益な，役にたつ，効果的な．

::erst¹ [エァースト éːrst] 数〖eins の序数; 語尾変化は形容詞と同じ〗**第一[番目]**の, 最初の, 初めの; トップの, 第一級(等)の. (英 *first*). 〈反義〉「最後の」は letzt). die *erste* Liebe 初恋 / der *erste* Stock 2 階 (〈反義〉「1 階」は Erdgeschoss) / die *erste* Fassung (本の)初版 / Heute ist der *erste* Mai (=der 1. Mai). きょうは 5 月 1 日だ (〈反義〉der *Erste* Mai と書くと「メーデー」を意味する) / die *ersten* Symptome einer Krankheit² 病気の初期症状 / die *erste* Geige⁴ spielen a) 第一バイオリンを弾く, b) (比)指導的役割を果たす / *erster* Klasse² fahren (乗り物の) 1 等で旅行する / Strümpfe *erster* Wahl² 一級品のストッキング / das *erste* Mal 初めて / *erste* (または *Erste*) Hilfe 応急手当 / der *Erste* Weltkrieg 第一次世界大戦.

◇〖前置詞などとともに〗**als** *Erstes* まず[第一に] / Liebe **auf** den *ersten* Blick ひと目ぼれ / **aus** *erster* Hand a) (車を最初のオーナーから)中古で(買う), b) (当事者から)じかに(聞く) / **bei** der *ersten* Gelegenheit 機会があり次第 / **beim** *ersten* Mal[e] 最初の時は / **fürs** *Erste* さしあたり, 当分は / **in** *erster* Linie なによりもまず / **zum** *Ersten* 第一に, 何はさておき / **zum** *ersten* Mal[e] 初めて.

◇〖der (die, das) *erste* beste の形で〗手近の, 手当たりしだいの. bei der *ersten* besten Gelegenheit 機会がありしだい.

:erst² [エァースト éːrst]

> 最初に　*Erst* du, dann ich.
> 　　　　エァースト ドゥー　ダン　イヒ
> まず君に, それからぼくだ.

副 ① **最初に**, 初めに, まず; 前もって. (英 *at first*). Sprich *erst* mit deinem Arzt! まず医者に相談しなさい / *Erst* die Arbeit, und dann das Vergnügen. 〖ことわざ〗まず仕事, 楽しみはそれから.
② **ようやく, やっと; まだ; さっき…したばかり**. *Erst* jetzt verstehe ich! やっと今わかった / Sie ist *erst* neun Jahre alt. 彼女はやっと 9 歳になったばかりだ / *erst* jetzt a) 今になってようやく, b) たった今 / Ich bin eben *erst* zurückgekommen. 〖現在完了〗私はやっと今帰ってきたところだ / Es ist *erst* 6 Uhr. まだ 6 時だ.
③ **さらに, いっそう**. *erst* recht ますます, いよいよ, なおさら / Er ist schon frech, aber *erst* sein Bruder! 彼はなるほどあつかましいが, 彼の弟はそれ以上だ.
④ 《条件・願望を表して》…**しさえすれば**. Wenn er *erst* abgereist ist, dann ... 彼が旅に出さえすれば, その時は… / Hätten wir *erst* unsere eigene Wohnung! 〖接 2・現在〗私た

ちに自分の家さえあったらなあ.

er·star·ken [エァ・シュタルケン ɛr-ʃtárkən] 圓 (s)《雅》[再び]強くなる, 強まる.

er·star·ren [エァ・シュタレン ɛr-ʃtárən] 圓 (s) ① (液体が)凍る.② (比)硬直化する. **zu Eis** *erstarren* 氷結する. ② (寒さで手足が)こわばる, かじかむ. ③ (恐怖で)立ちすくむ.

er·starrt [エァ・シュタルト] I erstarren (固まる) の 過分 II 形 硬直した；(体が)こわばった.

Er·star·rung [エァ・シュタルング] 囡 -/ ① 硬直, 凝固. ② 硬直状態, こわばり.

er·stat·ten [エァ・シュタッテン ɛr-ʃtátən] 他 ① (会社などが経費等を)支払う, 弁償する. 人³ das Fahrgeld⁴ *erstatten* 人³に運賃を支給する / Unkosten⁴ *erstatten* 費用を弁償する. ②《特定の名詞を目的語として》行う, …する. Bericht⁴ *erstatten* 報告する / **gegen** 人⁴ Anzeige⁴ *erstatten* 人⁴を告発する.

Erstʑauf·füh·rung [エーァスト・アオフフュールング] 囡 -/-en《劇》初演／《映》封切り.

er·stau·nen [エァ・シュタオネン ɛr-ʃtáunən] (erstaunte, *hat* / *ist* … erstaunt) I 他 (完了) haben) 驚かす, びっくりさせる.《英 *astonish*》. Ihr Verhalten *hat* mich sehr *erstaunt*. 彼女の態度は私をとてもびっくりさせた. II 圓 (完了) sein)《**über** 事⁴ ~》(事⁴に)驚く, びっくりする. Sie *erstaunte* über diesen Bericht. 彼女はこの知らせを聞いてびっくりした.
◇⇨ **erstaunt**

das **Er·stau·nen** [エァ・シュタオネン ɛr-ʃtáunən] 伸 (単2) -s/ 驚き.《英 *astonishment*》. 人⁴ **in** *Erstaunen* versetzen 人⁴をびっくりさせる / **zu** meinem großen *Erstaunen* [私が]とても驚いたことには.

er·staun·lich [エァ・シュタオンリヒ ɛr-ʃtáunlɪç] I 形 ① 驚くべき, 驚嘆すべき.《英 *astonishing*》. eine *erstaunliche* Leistung 驚くべき業績. ② 驚くほど大きい(広い).
II 副 非常に, ものすごく. Seine Eltern sind *erstaunlich* jung. 彼の両親はびっくりするくらい若い.

er·staunt [エァ・シュタオント] I erstaunen (驚かす)の過分, 3人称単数・2人称親称現在
II 形 驚いた, びっくりした. *erstaunte* Blicke 驚いたまなざし / Sie war **über** die Ergebnisse sehr *erstaunt*. 彼女はその結果に非常に驚いた.

er·staun·te [エァ・シュタオンテ] erstaunen (驚かす)の過去

Erstʑaus·ga·be [エーァスト・アオスガーベ] 囡 -/-n ① 初版[本]. ② (切手の)初刷.

erstʑbest [エァスト・ベスト] 形《付加語としてのみ；定冠詞とともに》手近の, 手当たりしだいの. Wir gingen ins *erstbeste* Café. 私たちは手近な喫茶店に入った.

Erstʑbe·stei·gung [エーァスト・ベシュタイグング] 囡 -/-en 初登頂.

Erstʑdruck [エーァスト・ドルック] 男 -[e]s/-e ① 《印》初校. ② 初版[本].

er·ste·chen* [エァ・シュテッヒェン ɛr-ʃtéçən] 他 (h) 突き殺す, 刺し殺す.

er·ste·hen* [エァ・シュテーエン ɛr-ʃté:ən] I 圓《雅》① 生じる, 発生する, 現れる.② よみがえる；《宗》復活する. II 他 (h)《苦労して・運よく)購入する, 買い求める.

er·stei·gen* [エァ・シュタイゲン ɛr-ʃtáɪgən] 他 (h) (山・階段などの)頂上まで登る, 登りつめる. eine Treppe⁴ *ersteigen* 階段のいちばん上まで登る.

er·stei·gern [エァ・シュタイガァン ɛr-ʃtáɪgərn] 他 (h) (競売で)競り落とす.

Er·stei·gung [エァ・シュタイグング] 囡 -/-en 登頂.

er·stel·len [エァ・シュテレン ɛr-ʃtélən] 他 (h) ① 《書》建設(建造)する. ② (文書など⁴を)作成する.

ers·te Mal ⇨ **erst**¹

ers·tens [エーァステンス é:rstəns] 副 第一に, 最初に. *erstens* …, zweitens ~ 第一に…, 第二に~.

Ers·te[r] [エーァステ(..タァ) é:rste (..tər)] 男 女《語尾変化は形容詞と同じ》一番目の男(女). Wilhelm der *Erste* ヴィルヘルム 1 世 / der *Erste* von rechts 右から1番目の男 / Er ist der *Erste* (Sie ist die *Erste*) in der Klasse. 彼(彼女)はクラスでトップだ.

ers·ter [エーァスタァ é:rstɐr] 形 (⇔erst¹の比較) 《付加語としてのみ》(前で述べた二つのうち)前者の. in der *ersteren* Bedeutung 前者の意味では. ◇《名詞的に》der (die, das) *Erstere* …, der (die, das) Letztere~ 前者は…, 後者は~ / Von den beiden Kleidern hat mir *Ersteres* besser gefallen. その二つのワンピースのうちでは前者の方が気に入りました.

er·ster·ben* [エァ・シュテルベン ɛr-ʃtérbən] 圓 (s)《雅》(希望・微笑などが)しだいに消える.

Ers·te[s] [エーァステ[ス] é:rstə[s]] 伸《語尾変化は形容詞と同じ》一番目のもの, 最初のこと. **als** *Erstes* まず[第一に] / **fürs** *Erste* さしあたり / **zum** *Ersten* 第一に, 何はさておき.

erstʑge·bo·ren [エーァスト・ゲボーレン] 形 最初に生まれた, 長子の.

Erstʑge·burt [エーァスト・ゲブァト] 囡 -/-en ① 長子, 最初の子. ②《複 なし》《法》長子相続権.

er·sti·cken [エァ・シュティッケン ɛr-ʃtíkən] (erstickte, *ist* / *hat* … erstickt) I 圓 (完了) sein) 窒息[死]する, 息が詰まる.《英 *suffocate*》. Ich *bin* in dieser schlechten Luft fast *erstickt*.《現在完了》私はこの汚れた空気の中で息が詰まりそうだった / in Arbeit *ersticken*《比》仕事に忙殺されている.
II 他 (完了) haben) ① 窒息[死]させる, 息苦しくさせる. Die Tränen *erstickten* seine Stimme. 涙で彼の声は詰まった. ②《比》(感情・涙など⁴を)抑える；(反乱⁴を)鎮圧する. einen Wunsch *ersticken* 願望を抑える / eine Gefahr⁴ im Keim *ersticken* 危険を未然に防ぐ. ◇《過去分詞の形で》mit *erstickter*

Stimme 〈不安などのため〉押し殺した声で. ③ 〈火などを〉覆って消す.

Er·sti·cken [エァ・シュティッケン] 中 -s/ 窒息. Tod durch *Ersticken* 窒息死 / Es ist **zum** *Ersticken* heiß. 息苦しいほど暑い.

er·stickt [エァ・シュティックト] ersticken (窒息する)の過分, 3人称単数・2人称親称複数現在

er·stick·te [エァ・シュティックテ] ersticken (窒息する)の過去

Er·sti·ckung [エァ・シュティックング] 女 -/ 窒息[死];《比》(感情などの)抑圧.

erst≠klas·sig [エーァスト・クらスィヒ] 形 ① 第一級の, 一流の, 優秀な. ② 《こ》1部リーグの.

Erst≠kläss·ler [エーァスト・クれスらァ] 男 -s/- (南ドッス゚) (学校の) 1年生. (女性形: -in).

Erst·ling [エーァストリング ɛ·rstlɪŋ] 男 -s/-e (芸術家の)処女作, 第一作.

erst≠ma·lig [エーァスト・マーりヒ] 形 最初の, 初めての, 第一回の.

erst≠mals [エーァスト・マールス] 副 初めて, 最初に (=zum ersten Mal).

erst≠ran·gig [エーァスト・ランギヒ] 形 ① 最重要の(問題など). ② 第一級の, 一流の.

er·stre·ben [エァ・シュトレーベン ɛr-ʃtréːbən] 他《雅》《男4を》追求する, 得ようと努める.

er·stre·bens≠wert [エァシュトレーベンス・ヴェーァト] 形 追求する価値のある.

er·stre·cken [エァ・シュトレッケン ɛr-ʃtrékən] 再帰 (h) *sich*4 *erstrecken* ① …へ広がって(伸びて)いる. Der Wald *erstreckt* sich **bis ins Tal**. 森は谷まで広がっている. ② (時間的に…まで)およんでいる(わたっている). ③ 《*sich*4 *auf* 人・事4 ～》《人・事4に》適用される.

Erst≠stim·me [エーァスト・シュティンメ] 女 -/-n 第一票(ドイツの連邦議会選挙で, 政党ではなく選挙区の候補者に投じられる). (メモ)「第二票」は Zweitstimme).

er·stun·ken [エァ・シュトゥンケン ɛr-ʃtʊ́ŋkən] 形 《成句的に》Das ist doch *erstunken* und erlogen!《俗》それは真っ赤なうそだ.

er·stür·men [エァ・シュテュルメン ɛr-ʃtýrmən] 他 (h) (要塞(芸ù)・町などを4を)攻略する;《比》(山頂4を)制覇する.

er·su·chen [エァ・ズーヘン ɛr-zúːxən] 他 (h) 《人4 *um* 事4 ～》《雅》《人4に事4を》請願する, (いんぎんに)請う, 願う.

Er·su·chen [エァ・ズーヘン] 中 -s/- 《雅》請願, (いんぎんな)要請.

er·tap·pen [エァ・タッペン ɛr-tápən] **I** 他 (h) (不意を襲って)捕らえる. 人4 *auf* frischer *Tat ertappen* 人4を現行犯で逮捕する. **II** 再帰 (h)《*sich*4 *bei* 事3 ～》《事3をしている)自分にはっと気づく.

er·tei·len [エァ・タイれン ɛr-táɪlən] (erteilte, hat…erteilt) 他 (完了 haben) (《人3に》事4を) 与える, 授ける. 《英 *give*》. 人3 einen Befehl *erteilen* 人3に命令する / 人3 eine Vollmacht4 *erteilen* 人3に全権を与える / Er *erteilt* Unterricht in Deutsch. 彼はドイツ語の授業をする.

er·teilt [エァ・タイるト] erteilen (与える)の過分, 3人称単数・2人称親称複数現在

er·teil·te [エァ・タイるテ] erteilen (与える)の過去

er·tö·nen [エァ・テーネン ɛr-tǿːnən] 自 (s) ① (音楽・声などが突然)鳴り出す, 聞こえてくる, 響き渡る. Unerwartet *ertönte* ein Gong. 不意にゴングが響き渡った. ②《*von* 事3 ～》《雅》(事3 (響きなどで)満たされる.

Er·trag [エァ・トラーク ɛr-tráːk] 男 -[e]s/..träge ① (特に農産物の)収穫高, 収量. gute (または reiche) *Erträge* 豊かな収量. ② 収益, 利益. *Ertrag*4 bringen 収益をもたらす.

er·tra·gen¹* [エァ・トラーゲン ɛr-tráːgən] du erträgst, er erträgt (ertrug, hat…ertragen) 他 (完了 haben) (人・事4に)耐えられる, 我慢する.《英 *bear*》. Leiden4 *ertragen* 苦しみに耐える / Ich *kann* diesen Lärm nicht mehr *ertragen*. 私はこの騒音にもう我慢できない.

er·tra·gen² [エァ・トラーゲン] ertragen¹ (耐える)の過分

er·träg·lich [エァ・トレークりヒ ɛr-tréːklɪç] 形 ① 耐えられる, 我慢できる.《英 *bearable*》. Die Hitze ist noch *erträglich*. この暑さはまだ我慢できる. ②《口語》まあまあの, 特によくも悪くもない. ein *erträgliches* Leben まずまずの暮らし.

er·trag≠reich [エァトラーク・ライヒ] 形 収穫の多い, 豊作の; 収益の多い.

er·trägst [エァ・トレークスト] ertragen¹ (耐える)の2人称親称単数現在

er·trägt [エァ・トレークト] ertragen¹ (耐える)の3人称単数現在

er·trank [エァ・トランク] ertrinken (おぼれ死ぬ)の過去

er·trän·ken [エァ・トレンケン ɛr-tréŋkən] 他 (h) (人・動物4を)溺死(ヾき)させる. seine Sorgen4 in (または im) Alkohol *ertränken*《比》心配事を酒でまぎらせる.◇《再帰的に》*sich*4 *ertränken* 入水自殺する.

er·träu·men [エァ・トロイメン ɛr-trɔ́ymən] 他 (h) (人・物4を手に入れたいと)夢にまで見る, 夢想する. *sich*3 einen ruhigen Lebensabend *erträumen* 静かな晩年を送りたいと夢想する.

er·trin·ken* [エァ・トリンケン ɛr-tríŋkən] (ertrank, ist…ertrunken) 自 (完了 sein) おぼれ死ぬ, 溺死(ヾき)する.《英 *drown*》. Er *ist* beim Baden *ertrunken*.《現在完了》彼は泳いでいておぼれ死んだ / Wir *ertrinken* **in** einer Flut von Briefen.《比》私たちは手紙の洪水にあっぷあっぷしている.

Er·trin·ken [エァ・トリンケン] 中 -s/ 溺死(ヾき). 人4 **vor** dem *Ertrinken* retten 人4を溺死から救う.

er·trug [エァ・トルーク] ertragen¹ (耐える)の過去

er·trun·ken [エァ・トルンケン] ertrinken (おぼれ死ぬ)の過分

er·tüch·ti·gen [エァ・テュヒティゲン ɛr-týçtɪgən] 他 (h) (人4を)鍛える, 鍛練する.◇《再帰的に》*sich*4 *ertüchtigen* 体を鍛える.

er·üb·ri·gen [エァ・ユーブリゲン εr-ý:brɪgən] I 他 (h) (お金など⁴を節約して)残す; 取っておく, (時間⁴を)さく. II 再帰 (h) *sich⁴ erübrigen* 不必要である, 余計である. Jedes weitere Wort *erübrigt sich*. それ以上言う必要はない.

eru·ie·ren [エルイーレン eruí:rən] 他 (h) (調査して事実など⁴を)究明する, 割り出す; 《オストリア》(犯人など⁴を)つきとめる.

Erup·ti·on [エルプツィオーン eruptsió:n] 女 -/-en ① 〖地学〗(火山の)爆発, 噴火, (溶岩などの)噴出. ② 〖医〗発疹(ほっしん).

Erw. [エァ・ヴァクセネ (..ナァ)] 《略》大人, 成人 (=*Erwachsene[r]*).

er·wa·chen [エァ・ヴァッヘン εr-váxən] (erwachte, *ist* ...erwacht) 自 (完了 sein) 《雅》 ① **目を覚ます**, 意識が戻る. 《英》*awake*). **aus** dem Schlaf *erwachen* 眠りから覚める / aus der Narkose *erwachen* 麻酔から覚める / Ich *bin von* dem Lärm *erwacht*. 『現在完了』 私はその騒音で目が覚めた / Der Tag (Der Morgen) *erwacht*. 夜が(朝が)明ける.
② (感情が)目覚める, 呼び起こされる. Sein Gewissen *ist erwacht*. 『現在完了』 彼の良心が目覚めた.

Er·wa·chen [エァ・ヴァッヘン] 中 -s/ 目覚め. **beim** *Erwachen* 目が覚めたときに.

er·wach·sen¹* [エァ・ヴァクセン εr-váksən] du erwächst, er erwächst (erwuchs, *ist* ...erwachsen) 自 (完了 sein) (しだいに)**生じる**, 発生する. Tiefes Misstrauen *war* zwischen uns *erwachsen*. 『過去完了』 私たちの間に深い不信感が生まれていた / *aus* 中³ *erwachsen* 中³から生じる ⇒ Daraus *kann* kein Vorteil *erwachsen*. そこからは何も利益は生じない.

er·wach·sen² [エァ・ヴァクセン] I erwachsen¹ (生じる)の過分 II 形 成長(成人)した, 大人の.

Er·wach·se·nen·bil·dung [エァヴァクセネン・ビルドゥング] 女 -/ 成人教育, 生涯教育.

Er·wach·se·ne[r] [エァ・ヴァクセネ (..ナァ)] 男 女 〘語尾変化は形容詞と同じ ☞ *Alte[r]*〙(例: 男 1格 der Erwachsene, ein Erwachsener) **大人**, 成人 (略: Erw.). (《反》「子供」は Kind). Der Film ist nur für *Erwachsene*. この映画は成人向けだ.

er·wächst [エァ・ヴェクスト] erwachsen¹ (生じる)の 2 人称親称単数・3 人称単数 現在

er·wacht [エァ・ヴァッハト] erwachen (目を覚ます)の過分, 3 人称単数・2 人称親称複数 現在

er·wach·te [エァ・ヴァッハテ] erwachen (目を覚ます)の過去

er·wä·gen* [エァ・ヴェーゲン εr-vé:gən] 他 (h) ① (計画など⁴を)よく検討する. ② (…しようかと)考える. Er *erwog*, aufs Land zu ziehen. 彼は田舎に引っ越そうかと考えた.

Er·wä·gung [エァ・ヴェーグング] 女 -/-en 検討, 考慮, 吟味. 中⁴ **in** *Erwägung* ziehen 中⁴を熟考する / **nach** reiflicher *Erwägung* 十分吟味してから.

er·wäh·len [エァ・ヴェーレン εr-vé:lən] 他 (h) 《雅》 ① 選ぶ. [sich³] einen Beruf *erwählen* ある職業を選ぶ. ② 〖A⁴ **zu** B³ ~〗(A⁴を B³ に)選出する. 人⁴ zum Senator *erwählen* 人⁴を評議員に選出する.

er·wäh·nen [エァ・ヴェーネン εr-vé:nən] (erwähnte, *hat* ...erwähnt) 他 (完了 haben) (人・事⁴に)**言及する**, 触れる. (《英》 *mention*). einen Vorfall *erwähnen* ある事件について言及する / Davon *hat* er nichts *erwähnt*. そのことについては彼は何も触れなかった. ◇〖過去分詞の形で〗 wie oben *erwähnt* (または oben*erwähnt*) 上に述べたように.

er·wäh·nens·wert [エァヴェーネンス・ヴェート] 形 言及する価値のある.

er·wähnt [エァ・ヴェーント] erwähnen (言及する)の過分, 3 人称単数・2 人称親称複数 現在

er·wähn·te [エァ・ヴェーンテ] erwähnen (言及する)の過去

Er·wäh·nung [エァ・ヴェーヌング] 女 -/-en 言及, 述べること.

er·warb [エァ・ヴァルプ] erwerben (獲得する)の過去

er·wär·men [エァ・ヴェルメン εr-vérmən] I 他 (h) 暖める, 熱する. Wasser⁴ auf 40 Grad *erwärmen* 水を 40 度に熱する. ◇〖再帰的に〗 *sich⁴ erwärmen* (空気・水などが)暖まる. II 再帰 (h)〖*sich⁴* **für** 人・事⁴ ~〗人・事⁴に共感する, 共鳴する. Ich *kann mich* für diesen Plan nicht *erwärmen*. 私はこの計画には共鳴できない.

Er·wär·mung [エァ・ヴェルムング] 女 -/-en 暖める(暖まる)こと, 温暖化; 加熱.

***er·war·ten** [エァ・ヴァルテン εr-vártən] du erwartest, er erwartet (erwartete, *hat* ...erwartet) 他 (完了 haben) (《英》 *expect*) ① (人・物⁴を期待して)**待つ**, 待ち望む. Ich *erwarte* dich um acht Uhr. 君を 8 時に待っているよ / Die Kinder *können* Weihnachten nicht *erwarten*. 子供たちはクリスマスが待ちきれない / Wir *erwarten* heute Abend Gäste. うちに今晩お客さんが来ることになっている / ein Paket⁴ *erwarten* 小包が届くのを待ち受けている / Sie *erwartet* ein Kind. 彼女は妊娠している.
② (事⁴を)**予期する**, 当てにする, 期待する. Das *habe* ich nicht *erwartet*. 私はそんなことは予期していなかった / 中⁴ **von** 人³ *erwarten* 中⁴を人³に期待する ⇒ Ich *erwarte* von dir, dass du kommst. 君が来ることを当てにしているよ / Ich *erwarte* mir viel von ihm. 私は彼に大いに期待している.

Er·war·ten [エァ・ヴァルテン] 中 -s/ 予期, 予想. **über** *Erwarten* 予想以上に / **wider** *Erwarten* 予想に反して.

er·war·tet [エァ・ヴァルテット] *erwarten (期待して待つ)の過分, 3 人称単数・2 人称親称複数 現在

er·war·te·te [エァ・ヴァルテテ] *erwarten (期待して待つ)の過去

Erwartung

die **Er·war·tung** [エァ・ヴァルトゥング ɛr-vártuŋ] 囡 (単) -/(複) -en 裳 *expectation*. ① 〖囲 なし〗期待[感], 待望. Alle sind voller *Erwartung*². 皆が期待に胸をふくらませている. ② 〖ふつう 囲〗見込み, 予期. Das Buch hat unsere *Erwartungen* enttäuscht. その本は見込み違いだった / in der *Erwartung*, dass … …を見込んで(期待しながら).

er·war·tungs·voll [エァヴァルトゥングス・フォる] 厖 期待に満ちた.

er·we·cken [エァ・ヴェッケン ɛr-vékən] 他 (h) ① (感情・記憶などを)呼び起こす, 喚起する. in 人³ Zweifel⁴ *erwecken* 人³の心に疑念を呼び起こす / Sein Brief *erweckt* den Eindruck, als ob … 彼の手紙はあたかも…であるかのような印象を与える. ② 〔雅〕目覚めさせる; 蘇生(蘇)させる; 《比》(風習などを)復活させる. 人⁴ vom Tode *erwecken* 人⁴を蘇生させる.

er·weh·ren [エァ・ヴェーレン ɛr-véːrən] 再帰 (h) *sich*⁴ 人・事² *erwehren*《雅》人・事²から身を守る, 事²を抑える. Ich konnte mich des Lachens nicht *erwehren*. 私は笑いを抑えられなかった.

er·wei·chen [エァ・ヴァイヒェン ɛr-váiçən] I 他 (h) 柔らかくする, (アスファルトなどを)溶かす; 《比》(心など⁴を)和やかにする. *sich*⁴ *erweichen lassen* (心が)和やかになる. II 自 (s) 柔らかくなる; 《比》(心が)和やかになる.

Er·weis [エァ・ヴァイス ɛr-váis] 男 -es/-e 証明, 実証. den *Erweis* für 事⁴ erbringen 事⁴を立証する.

er·wei·sen* [エァ・ヴァイゼン ɛr-váizən] du erweist (erwies, *hat* … erwiesen) I 他 (完了 haben) ① 証明する, 立証する. 裳 *prove*. 事⁴ als falsch *erweisen* 事⁴が間違いであることを証明する / Der Prozess *hat* seine Unschuld *erwiesen*. 裁判によって彼の無罪が立証された / Es *ist* noch nicht *erwiesen*, ob … 〖状態受動・現在〗…かどうかはまだ証明されていない. ② (人³に事⁴を言動によって)示す, 表明する 人³ Achtung⁴ *erweisen* 人³に敬意を表す. II 再帰 (完了 haben) *sich*⁴ *erweisen* ① 〖成句的に〗*sich*⁴ als … *erweisen* …であることが判明する, はっきりする. Die Nachricht *erwies sich* als Irrtum. その知らせは間違いだったことが判明した / Er *hat sich* als sehr tüchtig *erwiesen*. 彼はとても有能であることがわかった. (ミミ …には1格の名詞や形容詞がくる).
② (…の)態度を示す. *sich*⁴ dankbar gegen 人³ *erweisen* 人⁴に感謝の気持ちを表す.

er·wei·tern [エァ・ヴァイタァン ɛr-váitərn] I 他 (h) 広げる, 拡大(拡張)する. eine Öffnung⁴ *erweitern* 穴を広げる / seinen Horizont *erweitern* 《比》視野を広げる / einen Bruch *erweitern* 《数》分子と分母に同じ数をかける. ◇〖過去分詞の形で〗*erweiterte* Auflage 増補版. II 再帰 (h) *sich*⁴ *erweitern* 広る, 拡大(拡張)される.

Er·wei·te·rung [エァ・ヴァイテルング] 囡 -/-en 拡大, 拡張.

Er·werb [エァ・ヴェルプ ɛr-vérp] 男 -[e]s/-e ① 獲得, 取得; 購入; (知識などの)習得. ② 職業. ③ 稼ぎ, 収入.

er·wer·ben* [エァ・ヴェルベン ɛr-vérbən] du erwirbst, er erwirbt (erwarb, *hat* … erworben) 他 (完了 haben) 獲得する, 手に入れる, 取得する. 裳 *acquire*. ein Grundstück⁴ [käuflich] *erwerben* 土地を購入する. ◇〖再帰代名詞(3格)とともに〗*sich*³ Kenntnisse⁴ *erwerben* 知識を身につける / *sich*³ Ruhm⁴ *erwerben* 《比》名声を得る.
◇☞ erworben

er·werbs·fä·hig [エァヴェルプス・フェーイヒ] 厖 生計をたてることができる, 就業能力のある.

er·werbs·los [エァヴェルプス・ろース] 厖 無職の, 失業中の; (官庁) 職がなくしかも失業保険を受ける資格もない.

Er·werbs·lo·se[r] [エァヴェルプス・ろーゼ (..ザァ)] 男囡 〖語尾変化は形容詞と同じ〗失業者.

er·werbs·tä·tig [エァヴェルプス・テーティヒ] 厖 職に就いている, 仕事を持っている.

Er·werbs·tä·ti·ge[r] [エァヴェルプス・テーティゲ (..ガァ)] 男囡 〖語尾変化は形容詞と同じ〗就労者.

er·werbs·un·fä·hig [エァヴェルプス・ウンフェーイヒ] 厖 生計(就業)能力のない.

Er·wer·bung [エァ・ヴェルブング] 囡 -/-en ① 〖囲 なし〗獲得, 購入; (知識などの)習得. ② 獲得した物; 購入品.

er·wi·dern [エァ・ヴィーダァン ɛr-víːdərn] (erwiderte, *hat* … erwidert) 他 (完了 haben) ① (…と)答える, 返答する. 裳 *reply*. „Ja", *erwiderte* er. 「はい」と彼は答えた / Darauf *konnte* ich nichts *erwidern*. それに対して私は何も答えられなかった. (☞ 類語 antworten).
② (あいさつなど⁴に)答える, (事⁴の)お返しをする. 裳 *return*. Sie *erwiderte* unsere Grüße. 彼女は私たちのあいさつに答えた / einen Besuch *erwidern* 答礼として訪問する / Böses⁴ mit Gutem *erwidern* 悪に報いるに善をもってする.

er·wi·dert [エァ・ヴィーダァト] erwidern (…と答える)の 過分, 3人称単数・2人称親称複数 現在

er·wi·der·te [エァ・ヴィーダァテ] erwidern (…と答える)の 過去

Er·wi·de·rung [エァ・ヴィーデルング] 囡 -/-en ① 返答, 返事. ② お返し, 返礼.

er·wies [エァ・ヴィース] erweisen (証明する)の 過去

er·wie·sen [エァ・ヴィーゼン] erweisen (証明する)の 過分

er·wie·se·ner·ma·ßen [エァヴィーゼナァ・マーセン] 副 証明されているとおり, 明らかに.

Er·win [エルヴィーン ɛrviːn] -s/ 《男名》エルヴィーン.

er·wirb [エァ・ヴィルプ] erwerben (獲得する)の du に対する 命令

er·wirbst [エァ・ヴィルプスト] erwerben (獲得する)の2人称親称単数 [現在]

er·wirbt [エァ・ヴィルプト] erwerben (獲得する)の3人称単数 [現在]

er·wir·ken [エァ・ヴィルケン εr-vírkən] [他] (h) (手を尽くして [囲]^{4}を)手に入れる, 勝ち取る. bei [人]^3 eine Erlaubnis^4 *erwirken* [人]^{3}に頼んで許可を得る.

er·wi·schen [エァ・ヴィッシェン εr-víʃən] I [他] (h) 《口語》① (泥棒など^{4}を)ひっ捕らえる, 取り押さえる. [人]^4 beim Stehlen *erwischen* [人]^{4}の盗みの現場をおさえる. ② (かろうじて)つかまえる; (列車など^{4}にかろうじて)間に合う. (たまたま)手に入れる. [人]^4 am Kragen *erwischen* [人]^{4}の襟首をつかむ / Er hat den letzten Zug noch *erwischt*. 彼はどうにか終列車に間に合った. II [非人称] (h) 《es *erwischt* [人]^{4}の形で》[人]^{4}にひどいことが起こる. Es hat ihn *erwischt*. a) 彼は病気になった(負傷した, 死んだ), b) 《戯》彼は突然恋のとりこになった.

er·wor·ben [エァ・ヴォルベン] I erwerben (獲得する)の [過分] II [形] ① 獲得した; 習得した. ② 《医》後天性の.

er·wuchs [エァ・ヴークス] erwachsen^1 (生じる)の [過分]

er·wünscht [エァ・ヴュンシュト εr-výnʃt] [形] 望みどおりの, 望ましい; 歓迎される. das *erwünschte* Ergebnis 期待したとおりの結果 / Du bist hier nicht *erwünscht*. 君にはここにいてもらいたくない.

er·wür·gen [エァ・ヴュルゲン εr-výrgən] [他] (h) ([人]^{4}を)絞殺する.

Erz [エーァツ é:rts または エルツ érts] [中] -es/-e ① 鉱石, 粗鉱. *Erz*^{4} waschen (gewinnen) 洗鉱(採鉱)する. ② (圏もし)《雅》青銅, ブロンズ(=Bronze). Er stand da wie aus (または in) *Erz* gegossen. 《比》彼はそこに不動の姿勢で立っていた(←青銅で造られたように).

erz.., **Erz..** [エルツ.. érts..] 〔形容詞・名詞につける [接頭]〕《最高(最悪)・第一・ひどい》例: *Erz*engel 大天使 / *erz*dumm 大ばかの.

Erz⸗ader [エーァツ・アーダァ] [女] -/-n 《地学・坑》鉱脈.

＊er·zäh·len [エァ・ツェーレン εr-tsɛ́:lən]

物語る *Erzähl* mal einen Witz!
[エァツェーる マーる アイネン ヴィッツ]
ジョークを一つ話してくれよ.

(erzählte, hat...erzählt) I [他] (定了) haben) (体験など^{4}を)生き生きと物語る, (物語など^{4}を)話して聞かせる; 伝える, 知らせる; 打ち明ける. (英 *tell*). Sie *erzählt* dem Kind ein Märchen. 彼女は子供に童話を話して聞かせる / Er hat mir *erzählt*, dass er morgen verreist. 彼は私にあす旅に出ると言った / den Hergang eines Unfalls *erzählen* 事故の経緯を話す / Man *erzählt* sich^3, dass... ...という[世間の]うわさだ / Mir kannst du viel *erzählen*! 《口語》何

とでも言え, 信じるものか. ◇《現在分詞の形で》die *erzählende* Dichtung《文学》叙事文学. II [自] (定了) haben) 物語る, 話して聞かせる. Sie kann gut *erzählen*. 彼女は話して聞かせるのがうまい / von einer Reise (または über eine Reise) *erzählen* 旅行の話をして聞かせる.

er·zäh·lens·wert [エァツェーレンス・ヴェーァト] [形] 語る値打ちのある.

Er·zäh·ler [エァ・ツェーらァ εr-tsɛ́:lər] [男] -s/- 語り手, 話し手; 物語作家, 小説家. (女性形: -in).

er·zäh·le·risch [エァ・ツェーれリッシュ εr-tsɛ́:lərɪʃ] [形] 語りの, 物語風の.

Er·zähl⸗kunst [エァツェーる・クンスト] [女] -/..künste 語りの技術.

er·zählt [エァ・ツェーるト] ＊erzählen (物語る)の [過分], 3人称単数・2人称親称複数 [現在]

er·zähl·te [エァ・ツェーるテ] ＊erzählen (物語る)の [過去]

＊*die* **Er·zäh·lung** [エァ・ツェーるング εr-tsɛ́:lʊŋ] [女] (単) -/(複) -en (英 *story*) ① 話; 物語ること. Sie hörte seiner *Erzählung* zu. 彼女は彼の話に耳を傾けた.
② 《文学》物語, 短編小説. eine historische *Erzählung* 歴史物語.

Erz⸗bi·schof [エルツ・ビショふ] [男] -s/..schöfe 《カトリック》大司教; 大主教.

Erz⸗bis·tum [エルツ・ビストゥーム] [中] -s/..tümer 《カトリック》大司教区.

er·zei·gen [エァ・ツァイゲン εr-tsáigən] I [他] (h)《雅》([人]^{3}に敬意・信頼など^{4}を)示す, 表す. II [再] sich^4 *erzeigen* (...の)気持ちを表す. sich^4 [人]^3 [gegenüber] dankbar *erzeigen* [人]^{3}に感謝の気持ちを表す.

Erz⸗en·gel [エルツ・エンゲる] [男] -s/- 《聖》大天使 (ミカエル, ガブリエル, ラファエル, ウリエルを指す).

er·zeu·gen [エァ・ツォイゲン εr-tsɔ́ygən] (erzeugte, hat...erzeugt) [他] (定了) haben) (英 *produce*) ① (物^{4}を)生み出す, 引き起こす; (子供^{4}を)つくる. Reibung *erzeugt* Wärme. 摩擦は熱を生む / Das *erzeugte* Misstrauen. それは不信の念を呼び起こした. ② (農作物・製品などを)生産する, 産出する, 《カトリック》(衣服・靴など^{4}を)製造する. Waren^4 *erzeugen* 商品を生産する.

Er·zeu·ger [エァ・ツォイガァ εr-tsɔ́ygər] [男] -s/- ① 《官庁》実父. ② 生産(製造)者. (女性形: -in).

Er·zeu·ger⸗preis [エァツォイガァ・プライス] [男] -es/-e 生産者価格.

das **Er·zeug·nis** [エァ・ツォイクニス εr-tsɔ́yknɪs] [中] -ses/(複) .nisse (3格のみ ..nissen) 生産物, 製品; 作品. (英 *product*). Industrie*erzeugnis* 工業生産物 / ein deutsches *Erzeugnis* ドイツ製品 / ein literarisches *Erzeugnis* 文学作品.

er·zeugt [エァ・ツォイクト] erzeugen (生み出す)の [過分]

er-zeug-te [エァ・ツオイクテ] erzeugen (生み出す)の過去

die **Er-zeu-gung** [エァ・ツオイグング ɛr-tsɔ́ygʊŋ] 囡 (単) -/(複) -en 《ふつう 単》 **生産**, 産出, 《ドイツ》製造, (熱などを)発生させること. (英 production). die *Erzeugung* von Lebensmitteln 食料の生産.

Erz≠feind [エルツ・ファイント] 男 -[e]s/-e ① 不倶戴天(ふぐたいてん)の敵. (女性形: -in). ② 《定冠詞とともに》《宗》悪魔, サタン.

das **Erz·ge·bir·ge** [エーァツ・ゲビルゲ é:rtsgəbɪrgə または エルツ.. érts..] 匣 -s/ 《定冠詞とともに》《山名》エールツ山地(ドイツ, ザクセン州とチェコのボヘミア地方にまたがる山地).

Erz≠her·zog [エルツ・ヘァツォーク] 男 -[e]s/..zöge 大公(旧オーストリア皇太子の称号. 1453–1918).

Erz≠her·zo·gin [エルツ・ヘァツォーギン] 囡 -/..ginnen (女性の)大公; 大公妃.

Erz≠her·zog·tum [エルツ・ヘァツォークトゥーム] 匣 -s/..tümer 大公領.

er-zieh-bar [エァ・ツィーバール] 形 教育できる, しつけることができる(子供など).

er-zie-hen [エァ・ツィーエン ɛr-tsí:ən] (erzog, *hat* ... erzogen) 他 (完了 haben) **教育する**, しつける. (英 educate). Sie *erziehen* ihr Kind sehr frei. 彼らは自分の子供をのびのびと教育している / einen Hund *erziehen* 犬をしつける / 人⁴ **zu** einem anständigen Menschen (zur Selbstständigkeit) *erziehen* 人⁴ をりっぱな人間に(自立心が身につくように)育てる. ◊《過去分詞の形で》ein wohl *erzogenes* (または wohl*erzogenes*) Kind しつけのよい子供.

Er-zie-her [エァ・ツィーァァ ɛr-tsí:ɐr] 男 -s/- 教育者; (幼稚園などの)教諭. (女性形: -in). (参考 Lehrer は Lehrer). der geborene *Erzieher* 生まれながらの教育者.

er-zie-he-risch [エァ・ツィーエリッシュ ɛr-tsí:ərɪʃ] 形 教育[上]の; 教育的な.

*die **Er-zie-hung** [エァ・ツィーウング ɛr-tsí:ʊŋ] 囡 (単) -/ ① **教育**. (英 education). die sittliche *Erziehung* 道徳教育 / 人³ eine gute *Erziehung*⁴ geben 人³ に良い教育を授ける / eine gute *Erziehung*⁴ haben (または genießen) 良い教育を受ける.
② しつけ, 作法. Ihm fehlt jede *Erziehung*. 彼はまるでしつけができていない.

> 《参考》**-erziehung** のいろいろ: Kinder*erziehung* 児童教育 / Kunst*erziehung* 芸術教育 / Musik*erziehung* 音楽教育 / Sexual*erziehung* 性教育 / Vorschul*erziehung* 就学前の教育

Er-zie-hungs≠bei·hil·fe [エァツィーウングス・バイヒるフェ] 囡 -/-n 教育助成金.

Er-zie-hungs≠be·rech·tig·te[r] [エァツィーウングス・ベレヒティヒテ (..タァ)] 男囡《語尾変化は形容詞と同じ》教育権(親権)者.

Er-zie-hungs≠geld [エァツィーウングス・ゲるト] 匣 -[e]s/ 育児手当(無職者または部分的就労者に新生児養育のため国家から支給される).

Er-zie-hungs≠ur·laub [エァツィーウングス・ウーァらオプ] 男 -[e]s/-e 《口語》育児休暇(2001年以降法律上は Elternzeit という).

Er-zie-hungs≠we·sen [エァツィーウングス・ヴェーゼン] 匣 -s/ 教育制度. (🖙「ドイツ連邦共和国の教育制度」, 1175 ページ).

Er-zie-hungs≠wis·sen·schaft [エァツィーウングス・ヴィッセンシャふト] 囡 -/ 教育学(= Pädagogik).

er-zie-len [エァ・ツィーれン ɛr-tsí:lən] 他 (h) 《事⁴ を》手に入れる, 達成する, (成果など⁴ を)収める. eine Einigung⁴ *erzielen* 合意に至る.

er-zit-tern [エァ・ツィッタァン ɛr-tsítɐrn] 自 (s) (地面・家屋などが)突然ぐらぐら揺れる, 震える.

er-zog [エァ・ツォーク] *erziehen* (教育する)の 過去

er-zö·ge [エァ・ツェーゲ] *erziehen* (教育する)の 接II

er-zo·gen [エァ・ツォーゲン] *erziehen* (教育する)の 過分

er-zür·nen [エァ・ツュルネン ɛr-tsýrnən] I 他 (h) 怒らせる, 立腹させる. II 再帰 (h) 《*sich*⁴ **über** 人・事⁴ ~》《人・事⁴に》腹を立てる III 自 (s) 怒る.

er-zwin·gen* [エァ・ツヴィングン ɛr-tsvíŋən] 他 (h) 《事⁴ を》強要する, 無理強いする. ein Versprechen⁴ **von** 人³ *erzwingen* 無理やり人³に約束させる. ◊《過去分詞の形で》ein *erzwungenes* Geständnis 強要された自白.

er-zwun·ge·ner·ma·ßen [エァツヴングナァ・マーセン] 副 強制されて.

*****es**¹ [エス ɛs] 囮《人称代名詞; 3人称中性単数の1格・4格, 2格 seiner, 3格 ihm; 短縮されて 's となることがある》① 《先行する語や文などを受けて》**それは**, それが; それを. (英 it). ㋐《中性単数の名詞を受けて》それ; (その名詞が人を表す場合:)彼, 彼女. Wo ist denn mein Buch? — Hier liegt *es* doch! ぼくの本はどこだろう — ここにそれはあるじゃないか. ㋑《性・数に関係なく前の名詞を受けて》それは, その人[たち]は. Ich kannte diesen Mann. *Es* war unser Nachbar. 私はこの男を知っていた. [この人は]私たちの近所に住んでいる男だった. ㋒《前文の全体または一部を受けて》それ, そのこと. Sie ist krank. — Ich weiß *es*. 彼女は病気だ — 私はそのことを知っている / Er sang, und wir taten *es* auch. 彼は歌った, 私たちもそうした(歌った) / Die Aufgabe scheint leicht zu sein, ist *es* aber nicht. その仕事は簡単に見えるが, そうではない. ㋓《状況や文脈からわかるものを指して》*Es* ist gut so. それでいいのだ / Jetzt ist *es* genug! [それは]もう十分だ.
② 《あとに続く **zu** 不定詞[句]・**dass** 文などを受けて》*Es* freut mich, Sie kennen zu lernen. あなたとお知り合いになれてうれしいです / *Es* ist gewiss, dass er kommt. 彼が来るのは確かだ / Ich weiß [*es*] nicht, ob ... …かどうか私にはわからない (参考 目的語としての es は省略されることが多い).

③ 〖あとに続く関係文を指して〗 *Es* war Hans (または Hans war *es*), der das sagte. それを言ったのはハンスだった。(⚠ 関係代名詞の性・数は *es* ではなく, sein と結ばれた名詞や代名詞と一致する).
④ 〖仮の主語として〗 *Es* war einmal ein König. 昔々一人の王様がいました / *Es* kamen viele Leute. 大勢の人が来た。(⚠ この *es* は必ず文頭に置かれ, あとに続く実際の主語が複数なら動詞の人称変化形もそれに従う).
⑤ 〖形式的な主語として〗㋐ 〖自然現象の表現で〗 *Es* regnet. 雨が降る / *Es* schneit. 雪が降る / *Es* dunkelt. 日が暮れる / *Es* ist kalt. 寒い. ㋑ 〖時間などを表す表現で〗 Wie spät ist *es*? — *Es* ist acht Uhr. 何時ですか — 8 時です / *Es* ist schon Mittagszeit. もうお昼だ / *Es* wird Frühling. 春になる. ㋒ 〖生理・心理状態の表現で〗 *Es* ist mir kalt. または *Es* friert mich. 私は寒い / *Es* graut mir vor der Prüfung. 私はこの試験がこわい. ㋓ 〖主語を明示しないで出来事に重点を置く表現で〗 *Es* brennt! 火事だ! / *Es* klopft. ノックの音がする / *Es* klingelt. ベルが鳴る. ㋔ 〖自動詞の受動文および再帰的表現で〗 *Es* wird heute Abend getanzt. 今晩ダンスがある / Hier wohnt *es* sich gut. ここは住み心地がよい.
⑥ 〖特定の動詞の主語として〗 Wie geht *es* Ihnen? — Danke, [*es* geht mir] gut. ご機嫌いかがですか — ありがとう、元気です / Wie gefällt *es* Ihnen in Japan? 日本はいかがですか / *Es* geht **um** meine Familie. 私の家族のことが問題だ / *Es* fehlt mir **an** Geld. 私はお金が不足している / *Es* kommt **auf** seinen Willen an. 彼の意志しだいだ / *Es* handelt sich **um** meine Arbeit. 私の仕事にかかわる話(問題)です.
◊ *es* gibt 〖人・物⁴の形で〗人・物⁴が**存在する**, ある, いる; **起こる**. *Es* gibt hier viele Schlangen. ここには蛇がたくさんいる / Was gibt *es* Neues? どんなニュースがありますか / Bald gibt *es* Regen. まもなく雨になるだろう.
⑦ 〖形式的な目的語として〗 Ich habe *es* eilig. 私は急いでいる / Sie hat *es* gut mit dir. 彼女は君に好意を持っているよ / Er hat *es* weit gebracht. 彼は出世(成功)した.

es² [エス] 中 -/ 《音楽》 変ホ音. *Es*-Dur 変ホ長調 / *es*-Moll 変ホ短調.

Es² [エス] 中 -/- 《心》 エス, イド(無意識の層にある人間の本能的衝動).

Esche [エッシェ éʃə] 女 -/-n ① 《植》 トネリコ. ② 《属なし》とねりこ材.

Es-Dur [エス・ドゥーァ] 中 -/ 《音楽》 変ホ長調 (記号: Es).

der **Esel** [エーゼル é:zəl] 男 (単2) -s/(複) -(3格のみ -n) ① 《動》 ロバ. 《裳》 *ass*). ein störrischer *Esel* 強情なろば / dumm wie ein *Esel* ろばのように愚かな / ein *Esel* in der Löwenhaut 虎の威を借るろば(←ライオンの皮をまとったろば) / Wenn es dem *Esel* zu wohl wird, geht er aufs Eis [tanzen]. (ことわざ) ばかは調子に乗るととんでもないことをする(←ろばはいい気

になると氷の上へ踊り出る). ② 《俗》 とんま, ばか, 愚か者. Du [alter] *Esel*! このばかめ.

Ese·lei [エーゼらイ e:zəlái] 女 -/-en 《口語》 愚かな行為, 愚行.

Ese·lin [エーゼリン é:zəlɪn] 女 -/-.linnen 雌のろば.

Esels̠brü·cke [エーゼルス・ブリュッケ] 女 -/-n ① 《口語》 ① 記憶(理解)の手がかりになるもの(言葉). ② (生徒言葉)訳本, 虎(の)の巻.

Esels̠ohr [エーゼルス・オーァ] 中 -[e]s/-en ① ろばの耳. ② 《口語》(本のページの端の)耳折れ.

Es·ka·la·ti·on [エスカらツィオーン ɛskalatsió:n] 女 -/-en (戦争などの)段階的拡大, エスカレーション.

es·ka·lie·ren [エスカリーレン ɛskalí:rən] I 他 (h)(戦争など⁴を)段階的に拡大させる, エスカレートさせる. II 自 (s, h) 段階的に拡大する, エスカレートする.

Es·ka·pa·de [エスカパーデ ɛskapá:də] 女 -/-n ① (馬術で:)(調教馬の誤った)横跳び. ② 《雅・比》 はめをはずすこと, 脱線, 奔放な行動.

Es·ki·mo [エスキモ éskimo] 男 -[s]/-[s] ① (差別的に:)エスキモー. (⚠ 差別語とみなされるため Inuit「イヌイット」を用いるほうが好ましい). ② 《属なし》《織》エスキモー織り(厚いコート地).

Es·kor·te [エスコルテ ɛskɔ́rtə] 女 -/-n 護衛(護送)隊(艦・機).

es·kor·tie·ren [エスコルティーレン ɛskɔrtí:rən] 他 (h) 護衛(護送)する.

es-Moll [エス・モる] 中 -/ 《音楽》 変ホ短調 (記号: es).

Eso·te·rik [エゾテーリク ezoté:rɪk] 女 -/-en 秘教; 秘儀.

eso·te·risch [エゾテーリッシュ ezoté:rɪʃ] 形 秘教の; 秘教的な, 秘儀的な.

Es·pe [エスペ éspə] 女 -/-n 《植》 ヤマナラシ, アスペン(ポプラの一種).

Es·pen̠laub [エスペン・らオプ] 中 -[e]s/ (総称として:)やまならしの葉. wie *Espenlaub* zittern 《口語》 ぶるぶる震える.

Es·pe·ran·to [エスペラント esperánto] 中 -[s]/ エスペラント語(1887年, ポーランド人ザメンホフ 1859-1917 によって創始された人造世界語).

Es·pres·so [エスプレッソ esspréso] [イタ] I 男 -[s]/-s (または ..pressi) エスプレッソ・コーヒー. II 中 -[s]/-s エスプレッソ・コーヒー店.

Es·prit [エスプリー esprí:] 《仏》 男 -s/ エスプリ, 才知, 機知.

Es·say [エッセ ése または エセー] 《英》 男 中 -s/-s エッセイ, 小論, 随筆.

Es·say·ist [エセイスト ɛseíst] 男 -en/-en エッセイスト, 随筆(評論)家. (女性形: -in).

ess·bar [エスバール] 形 食べられる, 食用の. *essbare* Pilze 食用きのこ.

Ess·bar·keit [エスバールカイト] 女 -/ 食用に適していること.

Ess̠be·steck [エス・ベシュテック] 中 -[e]s/-e カトラリー(ナイフ・フォーク・スプーンの1セット).

Es·se [エッセ ésə] 女 -/-n 《東中部ドツ》煙突(= Schornstein).

***es・sen* [エッセン ésən]

| 食べる | Wir *essen* oft Fisch.
ヴィァ エッセン オフト フィッシュ
私たちはよく魚を食べます。 |

人称	單	複
1	ich esse	wir essen
2	{du **isst** {Sie essen	{ihr esst {Sie essen
3	er **isst**	sie essen

(aß, *hat ... gegessen*) **I** 他 (完了 haben) (物⁴を)食べる, 食う. (英 *eat*). (◇⃝ 「飲む」は trinken). Ich *esse* gern Obst. 私は果物が好きだ / Er *isst* kein Fleisch. 彼は肉を食べない / Suppe⁴ *essen* スープを飲む (◇⃝ Suppe には trinken (飲む)ではなく *essen* を用いる) / den Teller leer *essen* (または leer|*essen*) 皿の料理を平らげる / Wir haben nichts zu *essen*. 私たちは何も食べるものがない. ◇[再帰的に] Das *isst sich*⁴ gut. または Das *lässt sich*⁴ gut *essen*. これはおいしい.
II 自 (完了 haben) 食事をする, 食べる. Wann *essen* wir **zu** Mittag (zu Abend)? いつ昼食(夕食)を食べましょうか (◇⃝ 「朝食を食べる」は frühstücken) / Wir *essen* mittags warm. 私たちは昼に温かい食事をとります / kalt *essen* (ハム・パンなどの)火を通さない食事をとる / zu viel *essen* 食べすぎる / In diesem Restaurant *kann* man gut *essen*. このレストランの料理はおいしい / auswärts *essen* 外食する / *essen gehen* 食事に行く / Was gibt es heute zu *essen*? きょうはどんな料理があるのですか.
III 再帰 (完了 haben) *sich*⁴ *essen* 食べて[その結果] ... になる. *sich*⁴ satt *essen* 満腹になる.
| 類語 *essen*:「食べる」という意味の最も一般的な語. *speisen*: *essen* の上品な語. (テーブルについて作法通りに食事をする場合に用いる). *fressen*: (動物が)食う; (人が)がつがつ食べる.

das **Es・sen¹ [エッセン ésən]

| 食事; 料理 | Das *Essen* ist fertig.
ダス エッセン イスト フェルティヒ
食事の用意ができました。|

中 (単2) -s/(複) – ① [複 なし] 食事[をすること]. (英 *eating*). (☞「ドイツ・ミニ情報 8」, 下段). beim *Essen* 食事中に / nach (vor) dem *Essen* 食後(食前)に / 人⁴ zum *Essen* ein|laden 人⁴を食事に招待する / Er kommt mittags zum *Essen* in die Mensa. 彼はお昼に学生食堂に食事に来る.
② 料理, 食べ物. (英 *meal, food*). Abend*essen* 夕食 / ein warmes (kaltes) *Essen* 温かい(冷たい)料理 / [das] *Essen*⁴ machen (または kochen) 料理を作る / Das *Essen* wird kalt. 料理が冷める.
③ 宴会. [für 人⁴] ein *Essen*⁴ geben [人⁴のために]宴会を催す.
| 類語 das **Essen**:(「食べること」から派生した最も一般的な意味での)食事. das **Mahl**:《雅》(祝宴のような)食事. ein behagliches *Mahl* くつろいだ会食. die **Mahlzeit**: (定時にとる)食事. Er nahm seine *Mahlzeit* immer in einem Lokal ein. 彼はいつも飲食店で食事をした. der **Imbiss**: 軽食, スナック. einen *Imbiss* nehmen 軽い食事をする. die **Speise**: (調理された)食べ物, 料理[上品な用語]. In diesem Lokal gibt es gute *Speisen*. このレストランではおいしい料理が出る. das **Gericht**: (正餐用の温かい一品の)料理.

Es・sen² [エッセン] 中 -s/《都市名》エッセン(ドイツ, ノルトライン・ヴェストファーレン州: ☞ 地図 C-3).
Es・sen[s]⸗mar・ke [エッセン[ス]・マルケ] 女 -/-n (学生・社員食堂などの)食券.
Es・sens⸗zeit [エッセンス・ツァイト] 女 -/-en 食事どき, 食事時間.

ドイツ・ミニ情報 8

ドイツ人の食事マナー Essen

正式な食事は, レストランでも一般家庭の招待でも, 前菜, メーンディッシュ, デザートの3品から成るのが一般的だ. おいしい食事には会話も欠かせない要素である. 誰かといっしょに食事をする場合, 遠慮して黙っているのではなく, 何かひと言でも言って, 会話を回転させることに意義がある. 大切なのは楽しい雰囲気をそこなわないよう心がけることであるが, 食卓での主な慣習も一とおり知っておくほうがいいだろう.

- 招待された場合, ナプキンはホストが広げてから広げる. ナプキンは口をぬぐうためのものなので, 飲み物を飲むときにはグラスに食べ物の脂が付かないように口をぬぐうために使ってもよい. 食事が済んだら, 汚れが目だたないように折りたたんで皿の左側に置く.
- ワイングラスは脚を持ち, 乾杯のときには相手の目をしっかり見る.
- スープを飲むときだけでなく, ナイフやフォークを使うときもなるべく音をたてないよう気をつける. サラダにはナイフは使わず, フォークだけで食べる. 添え物のじゃがいもはナイフで切らずにフォークで小さくし, 一口分ずつソースとからめて口に運ぶ.
- ナイフとフォークは食事中はハの字型に, 食事が終わったら平行に並べて皿の上に置く. 両手はつねに手首までテーブルに載せておく.

食事を始めるときのあいさつ „Guten Appetit!" は,「おいしく召しあがれ」という意味. (☞ Appetit).

© Pilgerhof am Bodensee

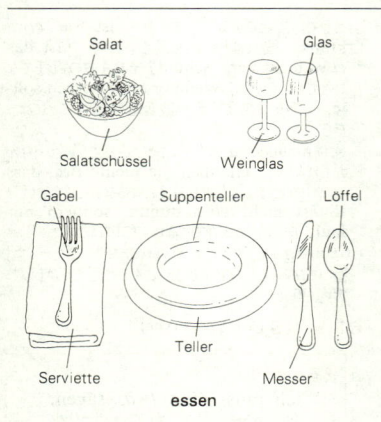

essen (図): Salat, Salatschüssel, Glas, Weinglas, Gabel, Suppenteller, Löffel, Serviette, Teller, Messer

es·sen·ti·ell [エセンツィエる ɛsɛntsiél] 形 =essenziell

Es·senz [エセンツ ɛsénts] 女 -/-en ① 〖複なし〗真髄，基本概念；〖哲〗本質．die Essenz einer Lehre² ある学説の基本概念．② (植物などの)エキス．

es·sen·zi·ell [エセンツィエる ɛsɛntsiél] 形 ① 本質的な，主要な．*essenzielle* Daten 重要なデータ．② 《化・生》必要な，不可欠の．③ 《医》特発性の．

Es·ser [エッサァ ésər] 男 -s/- 食べる人．(女性形：-in). ein guter (schlechter) Esser 大食漢 (少食の人).

Ess⸗ge·schirr [エス・ゲシル] 中 -[e]s/ (総称として:)食器．

der **Es·sig** [エスィヒ ésɪç] 男 (単2)-s/(種類を表すとき のみ:)-e 《料理》酢．ein milder (scharfer) Essig 弱い(強い)酢 / Essig⁴ an den Salat tun サラダに酢を加える / Gurken⁴ in Essig ein|legen きゅうりを酢漬けにする / Mit unserem Ausflug ist es Essig. 《口語》ぼくたちの遠足はおじゃんになった．

Es·sig⸗gur·ke [エスィヒ・グルケ] 女 -/-n きゅうりのピクルス．

Es·sig⸗säu·re [エスィヒ・ゾイレ] 女 -/ 《化》酢酸．

Ess⸗kas·ta·nie [エス・カスターニエ] 女 -/-n 《植》クリの実．

Ess⸗kul·tur [エス・クるトゥーァ] 女 -/ 食文化．

Ess⸗löf·fel [エス・れッふえる] 男 -s/- テーブルスプーン，スープスプーン，大さじ．

Ess⸗stäb·chen [エス・シュテープヒェン] 中 -s/- 〖ふつう 複〗はし(箸). mit Essstäbchen essen はしで食べる．

Ess⸗tisch [エス・ティッシュ] 男 -[e]s/-e 食卓．

Ess⸗wa·ren [エス・ヴァーレン] 複 食料品．

das **Ess⸗zim·mer** [エス・ツィンマァ éstsɪmər] 中 (単2)-s/(複)- (3格のみ -n) ① ダイニングルーム，食堂．《英》 dining room. Möchten Sie im *Esszimmer* frühstücken, oder im Bett? ダイニングルームで朝食を召し上がりますか，それともベッドで．② 食堂用家具セット．

Es·ta·blish·ment [イステブリッシュメント ɪstéblɪʃmənt] 〖英〗 中 -s/-s 支配層，支配階級；(軽蔑的に:)体制側．

Es·te [エーステ éːstə または エステ ésta] 男 -n/-n エストニア人．(女性形: Estin).

Es·ter [エスタァ éstər] 男 -s/- 《化》エステル．

Est·land [エースト・らント éːst-lant または エスト.. ést..] 中 -s/ 〖国名〗エストニア[共和国] (バルト海沿岸，旧ソ連邦に属していた．首都はタリン).

est·nisch [エースト二ッシュ éːstnɪʃ または エスト.. ést..] 形 エストニア[人・語]の．

Est·rich [エストリヒ éstrɪç] 男 -s/-e ① (コンクリートなどの)たたき，床．② 《スイス》屋根裏部屋．

eta·blie·ren [エタブリーレン etablíːrən] I 他 (h) (会社などを)設立する；(権力・学説など⁴を)確立する．II 再帰 (h) *sich*⁴ etablieren ① 店を開く，開業する；居を構える．② 地位を確立する；(文化などが)定着する，根づく．

eta·bliert [エタブリーァト] I etablieren (設立する)の 過分 II 形 確立された，安定した；地位を確立した；体制側の．

Eta·blis·se·ment [エタブリセマーン etablɪsəmãː] 〖汎〗 中 -s/-s 《雅》 ① 企業，会社，商店．② レストラン；ナイトクラブ；〖婉曲〗売春宿．

die **Eta·ge** [エタージェ etáːʒə] 〖汎〗 女 (単)-/(複)-n (建物の)階，フロア (= Stockwerk). (⚠ ふつう 1階を除いて数える;「1階」は Erdgeschoss または Parterre). Wir wohnen in (または auf) der dritten *Etage*. 私たちは4階に住んでいます．

Eta·gen⸗bett [エタージェン・ベット] 中 -[e]s/-en 2段ベッド．

Eta·gen⸗woh·nung [エタージェン・ヴォーヌング] 女 -/-en 単層住宅，フラット(同じ階の数室を一戸単位として使う住居).

Etap·pe [エタッペ etápə] 女 -/-n ① (旅行などの)一行程；一区間；〖発展〗段階．② 《軍》後方基地，兵站(たん)基地．

etap·pen⸗wei·se [エタッペン・ヴァイゼ] 副 段階的に，徐々に．

Etat [エター etá:] 〖汎〗 男 -s/-s 〖国家〗予算[案]；予算額．

Etat⸗jahr [エター・ヤール] 中 -[e]s/-e 会計年度．

etc. [エット ツェーテラ] 〖略〗など，等々，その他 (= et cetera).

ete·pe·te·te [エーテペテーテ eːtəpetéːtə または e:təpə..] 形 《口語》ひどく気取った；非常に難しい．

Ethik [エーティク éːtɪk] 女 -/-en ① 倫理学．② 〖複なし〗倫理，道徳．

ethisch [エーティッシュ éːtɪʃ] 形 ① 倫理学の．② 倫理的な，道徳〖上〗の，道徳的な．

eth·nisch [エトニッシュ étnɪʃ] 形 民族的な，民族に特有の，エスニックな．

Eth·no·gra·fie [エトノグラふィー ɛtnografíː] 囡 -/-n [..ふィーエン] 民族誌[学].

Eth·no·gra·phie [エトノグラふィー ɛtnografíː] 囡 -/-n [..ふィーエン] =Ethnografie

Eth·no·lo·ge [エトノローゲ ɛtnolóːgə] 男 -n/-n 民族学者. (女性形: Ethnologin).

Eth·no·lo·gie [エトノろギー ɛtnologíː] 囡 -/ 民族学; 文化人類学.

eth·no·lo·gisch [エトノろーギッシュ ɛtnolóːgɪʃ] 形 民族学の; 文化人類学の.

Ethos [エートス éːtɔs] 中 -/ 〖哲〗エートス; 道徳性, 倫理感.

Eti·kett [エティケット etikét] 中 -[e]s/-e[n] (または -s) ラベル, レッテル. ein *Etikett*⁴ auf|kleben ラベルを貼(は)る.

Eti·ket·te [エティケッテ etikétə] 囡 -/-n ① 〖ふつう単〗エチケット, 礼儀作法. die *Etikette*⁴ wahren エチケットを守る / ein Verstoß **gegen** die *Etikette* エチケット違反 / der *Etikette*³ entsprechend 礼儀作法にのっとって. ② 〖スィース・オース〗 =Etikett

Eti·ket·ten-schwin·del [エティケッテン・シュヴィンデる] 男 -s/ 偽ブランド[の使用].

eti·ket·tie·ren [エティケティーレン etikétíːran] 動 (h) 〖動⁴に〗レッテル(ラベル)を貼(は)る. einen Politiker **als** links *etikettieren* 〖比〗ある政治家に左翼のレッテルを貼る.

et·li·che [エトリヒェ étlɪçə] 代 〖不定代名詞; 語尾変化は *dieser* と同じ. ただし男性・中性単数の2格で名詞に -[e]s がつく場合はふつう etlich*en* となる〗〖雅〗いくらかの, いくつかの. *etliche* Mal[e] 何度か / *etliches* Geld いくらかの金.

◇〖名詞的に〗何人かの人たち; いくつかのこと. *etliche* von ihnen 彼らのうちの数人 / *etliches* いくつかのこと(もの).

Etü·de [エテューデ etýːdə] 囡 -/-n 〖音楽〗練習曲, エチュード.

Etui [エトヴィー etvíː または エテュイー etyíː] 〖フラ〗中 -s/-s 〈眼鏡・たばこなどの〉ケース.

***et·wa [エトヴァ étva]

およそ
Er ist *etwa* dreißig Jahre alt.
エア イスト エトヴァ ドライスィヒ ヤーレ アるト
彼は30歳くらいだ.

副 ① およそ, 約, ほぼ. (英 *about*). *etwa* 5 Meter 約5メートル / **in** *etwa* おおよそ, ほぼ, ある点で ⇒ Wir stimmen in *etwa* überein. 私たちの意見はほぼ一致している / *Etwa* an dieser Stelle geschah es. それはだいたいこの辺で起こった.
② 例えば. Wenn man Europa *etwa* mit Australien vergleicht, … ヨーロッパを例えばオーストラリアと比較すれば… / andere Dichter wie *etwa* Goethe 他の詩人たち, 例えばゲーテ(のような).
③ 〖疑問文・条件文で; 文全体にかかって〗ひょっとして, ことによると; まさか. Ist sie *etwa* krank? 彼女はもしや病気ではないか / Ist das *etwa* nicht seine Schuld? それは彼の責任でないとでもいうのか / Wenn er *etwa* sterben sollte, … 〖接2・現在〗万一彼が死ぬようなことになったら…
④ 〖**nicht etwa** の形で〗決して…でない, …なんかではない. Glauben Sie nicht *etwa*, dass … …などとは決してお考えにならないでください / Er ist nicht *etwa* dumm, sondern nur faul. 彼はばかなんかではない, 怠惰なだけだ.

et·wa·ig [エトヴァイヒ étvaɪç または ..ヴァーイヒ] 形 〖付加語としてのみ〗ひょっとすると起こるかもしれない, 万が一の.

:et·was [エトヴァス étvas]

あるもの; 少し
Ich muss dir *etwas* sagen.
イヒ ムス ディア エトヴァス ザーゲン
君に言っておかねばならないことがある.

代 〖不定代名詞; 無変化〗① あるもの, あること, 何か. (英 *something*). (英 「何も…ない」は nichts). Ist *etwas* passiert? 〖現在完了〗何かあった(起こった)のか / **so** *etwas* そんなもの(こと) / [so] *etwas* wie … …のようなもの / irgend*etwas* 何かあるもの / Noch *etwas*? まだほかに何か[ご用ですか] / So *etwas* von Unhöflichkeit! なんて失礼な[ことだ].
◇〖**zu** 不定詞句とともに〗Hast du *etwas* zu essen? 何か食べ物があるかい.
◇〖名詞化した形容詞とともに〗*etwas* Gutes よいもの / *etwas* Neues 新しいもの, ニュース / Das ist *etwas* [ganz] anderes (または Anderes). それは[まったく]別問題だ.
② 少し[のもの], いくらか (=ein wenig, ein bisschen). Er versteht *etwas* davon. 彼はそれについていくらかわかっている / Er hat *etwas* von einem Künstler. 彼には何か芸術家らしいところがある.
◇〖名詞の付加語として〗Kann ich bitte noch *etwas* Salat haben? もう少しサラダをいただけますか / *etwas* Geld 少しばかりのお金.
◇〖**haben** の漠然とした目的語として〗Der Plan hat *etwas* **für** sich. 《口語》その計画はなかなかいい / Er hat *etwas* **gegen** mich. 彼は私に反感をいだいている / Die beiden haben *etwas* **mit**einander. 《口語》その二人は恋仲だ.
◇〖副詞的に〗Ich bin *etwas* müde. 私はちょっと疲れた / Sie spricht *etwas* Deutsch. 彼女はいくらかドイツ語が話せる.
③ しかるべきもの(こと), 相当のもの(こと), 重要なもの(こと). Das ist doch *etwas*. それはたいしたものだ / Aus ihm wird einmal *etwas*. 彼はいつかひとかどの人物になるだろう.

⇒ 口語では etwas の代わりにしばしば was が用いられる. 例: Gibt's *was* Neues? 何かニュースはありますか.

Et·was [エトヴァス] 田 -/- 《戯: Etwasse》(不特定の)あるもの; 《哲》存在, 有. Er stieß an ein spitzes, hartes *Etwas*. 彼は何かとがった堅いものにぶつかった / das gewisse *Etwas* a) (男性を引きつける)言うに言われぬ魅力, b) (芸術的な)才能.

Ety·mo·lo·gie [エテュモロギー etymologí:] 囡 -/-n [..ギーエン] 《言》① 《圏 なし》語源学. ② 語源.

ety·mo·lo·gisch [エテュモローギッシュ etymoló:gɪʃ] 厖 《言》語源学[上]の; 語源の.

Eu [エー・ウー] 《化・記号》ユーロピウム (＝**Europium**).

die EU [エー・ウー e:-ú:] 囡 《単》-/《略》ヨーロッパ連合 (＝Europäische Union).
(☞「ヨーロッパ連合 (EU) 加盟国」, 1755 ページ;
☞「ドイツ・ミニ情報 9」, 下段)

euch [オイヒ ɔʏç] 囮 《人称代名詞; 2 人称親称・複数》ihr の 3 格・4 格》① 《3 格で》君たち(あなたたち)に; 君たち(あなたたち)にとって. Ich danke *euch*. 君たちに礼を言うよ / Wie geht's *euch*? 君たち元気? ◇《前置詞とともに》Ich gehe auch mit *euch*. ぼくも君たちといっしょに行くよ. ◇《再帰代名詞として》Macht *euch* keine Sorgen! 君たち心配するなよ.
② 《4 格で》君たち(あなたたち)を, おまえたちを. Wir möchten *euch* mal zu uns einladen. 君たちを一度家に招待したいのだが. ◇《前置詞とともに》Das ist für *euch*. これは君たちのものだ. ◇《再帰代名詞として》Beeilt *euch*! 君たち急ぎなさい.
(△ 手紙の場合, 文頭以外でも頭文字を大文字で書くことがある.)

Eu·cha·ris·tie [オイヒャリスティー ɔʏçaristí:] 囡 -/-n [..ティーエン] 《新教》聖餐(さん)式; 《圏 なし》《カトリック》聖体[の秘蹟].

eu·er [オイアァ ɔʏər]

| 君たちの | Ist das *euer* Wagen? |
| イスト ダス オイアァ ヴァーゲン |
| これは君たちの車なの? |

格	男	囡	囲	圈
1	euer	eu[e]re	euer	eu[e]re
2	eu[e]res	eu[e]rer	eu[e]res	eu[e]rer
3	eu[e]rem	eu[e]rer	eu[e]rem	eu[e]ren
4	eu[e]ren	eu[e]re	euer	eu[e]re

格語尾がつくとき r の前の e を省くのがふつう. また euerm (←euerem), euern (←eueren) という形もある.

I 岡《所有冠詞; 2 人称親称・複数》(ihr で呼びかける相手に対して:) 君たち(あなたたち)の, おまえたちの. (英 your). *euer* Vater 君たちのお父さん / *eure* Mutter 君たちのお母さん / *eure* Kinder 君たちの子供たち / Das ist *eure* Sache. それは君たち自身の問題だ / Ist das *euer* Bus? あれは君たちがいつも乗るバスなのか.
◇《高位の男性に対する尊称で》*Eure* (または *Euer*) Exzellenz 閣下.

II 囮 **A**)《所有代名詞》① 君たち(あなたたち)のもの, おまえたちのもの. (英 yours). Das ist nicht unser Schirm, sondern *eu[e]rer*. それはぼくちの傘ではなくて, 君たちのだ.
② 《定冠詞とともに》君たち(あなたたち)の…, おまえたちの…. Das ist nicht unser Verdienst, sondern der *eu[e]re*. 《雅》これはぼくらの功績ではなく, 君たちの功績だ. ◇《名詞的に》die *eu[e]ren* または die *Eu[e]ren* 君たちの家族 / das *eu[e]re* または das *Eu[e]re* a) 君たちの義務, b) 君たちの財産.
‖ △ 格変化は定冠詞がない場合は男性 1 格で

ドイツ・ミニ情報 9

ヨーロッパ連合 EU

「ヨーロッパ各国は国ごとに国民の繁栄を保証するにはあまりに小さすぎ, 経済共同体を盛り込んだ一種の連邦を形成すべきだ」, と提唱したフランスのジャン・モネの発案に基づき, 1952 年に欧州石炭鉄鋼共同体 (ECSC) が発足した. これが後に欧州共同体 (EC) に発展するが, 本来は包括的な連合体を目指していたにもかかわらず各国のナショナリズムが強すぎ, 経済上のみの協力関係という性格からなかなか脱却できなかった.

それを打破したのが, 第 7 代 EC 委員長のジャック・ドロールである. 「欧州内の国境を 1992 年までに全廃する」という EC 統合計画を発表し, 経済面のみならず政治面でも交流をはかるヨーロッパ連合 (EU) の設立を決めたマーストリヒト条約が調印された.

これに基づき, 共通通貨ユーロが導入され (1999 年), ユーロ紙幣・硬貨が流通開始された (2002 年). 2004 年には, 新たに中・東欧の 8 か国と地中海の 2 か国が, さらに 2007 年にはルーマニアとブルガリアが加盟し, その後クロアチアも加わり, 総人口約 5 億人の 28 か国体制になった.

EU の最高協議機関は欧州理事会で, 各国首脳と EU 委員長が出席して通常年 4 回開かれる. 理事会の決定を執行する欧州委員会は 5 年の任期で, 欧州委員 20 名により構成される. 毎月 1 週間ストラスブールで開かれる欧州議会には, 各国を一つの選挙区とする加盟国民の直接選挙で選ばれた欧州議員 (定数 625 名) が出席する.

なお, EU は第二次世界大戦後の欧州の平和安定・協調路線への取り組みが評価され, 2012 年度のノーベル平和賞が授与された. (☞「ヨーロッパ連合 (EU) 加盟国」, 1755 ページ).

eu[e]rer, 中性 1 格・4 格で eu[e]res または euers となるほかは上の表と同じ. 定冠詞がつく場合は男性 1 格と女性・中性 1 格・4 格で eu[e]re, 他は eu[e]ren または euern.

B) 〖人称代名詞; 2 人称親称・複数 ihr の 2 格〗 Wir gedenken *euer*. 《雅》 私たちは君たちのことを忘れないよ.

(⇨ 手紙の場合, I, II とも文頭以外でも頭文字を大文字で書くことがある.)

eu·e·re [オイエレ], **eu·e·rem** [オイエレム], **eu·e·ren** [オイエレン], **eu·e·rer** [オイエラァ], **eu·e·res** [オイエレス] 伲 〖所有冠詞〗 ☞ euer I

Eu·gen [オイゲーン ɔygé:n または ..ゲーン] -s/ 《男名》 オイゲーン.

Eu·ge·nik [オイゲーニク ɔygé:nɪk] 囡 -/ 《医》 優生学.

Eu·ka·lyp·tus [オイカリュプトゥス ɔykalýptus] 男 -/..lypten (または -) 《植》 ユーカリ.

Eu·klid [オイクリート ɔyklí:t] -s/ 《人名》 ユークリッド, エウクレイデス(紀元前 300 年頃のギリシアの数学者).

Eu·le [オイレ ɔylə] 囡 -/-n ① (鳥) フクロウ(知恵・醜悪の象徴). *Eulen*⁴ nach Athen tragen 《比》 余計なことをする(←知恵の神アテネの守る町に知恵の鳥を持って行く). ② (ののしって:)醜い女. ③ (北ドぃ) 羽ぼうき. ④ (昆) ヤガ(夜蛾)[科].

Eu·len·spie·gel [オイレン・シュピーゲる ɔylən-ʃpi:ɡəl] **I** -s/ 《人名》 ティル・オイレンシュピーゲル (Till *Eulenspiegel*; 14 世紀に実在したといわれている有名なひたずら者で, 15-16 世紀の民衆本の主人公). **II** 男 -s/- 《比》 いたずら者.

Eu·len·spie·ge·lei [オイレン・シュピーゲらイ ɔylən-ʃpi:ɡəlái] 囡 -/-en 悪ふざけ, いたずら.

Eu·nuch [オイヌーフ ɔynú:x] 男 -en/-en ① 去勢された男. ② 宦官(かん).

Eu·phe·mis·mus [オイフェミスムス ɔyfemísmus] 男 -/..mismen 《修》 婉曲[語]法.

eu·phe·mis·tisch [オイふェミスティッシュ ɔyfemístɪʃ] 厖 婉曲な, 遠回しの(表現など).

Eu·pho·rie [オイふォリー ɔyforí:] 囡 -/..rien [..リーエン] ① (一時的な)精神の高揚, 幸福感. ② 〖醫 なし〗《医・心》 多幸症, 多幸感.

eu·pho·risch [オイふォーリッシュ ɔyfó:rɪʃ] 厖 ① 精神の高揚した, 幸福感いっぱいの. ② 《医・心》 多幸症(感)の.

EUR [オイロ] 《略》 ユーロ (=**Euro**).

Eu·rail·pass [ユレーる・パス] 《英》 男 -es/..pässe 《鉄道》 ユーレイルパス.

Eu·ra·si·en [オイラーズィエン ɔyrá:ziən] 田 -s/ 《地名》 ユーラシア[大陸] (**Europa** と **Asien** の合成).

eu·ra·sisch [オイラーズィッシュ ɔyrá:zɪʃ] 厖 ユーラシアの, ユーラシア[大陸]の.

eu·re [オイレ], **eu·rem** [オイレム], **eu·ren** [オイレン], **eu·rer** [オイラァ] 伲 〖所有冠詞〗 ☞ euer I

eu·rer≈seits [オイラァ・ザイツ] 副 君たちの方(側)では.

eu·res [オイレス] 伲 〖所有冠詞〗 ☞ euer I

eu·res≈glei·chen [オイレス・グらイヒェン] 伲 〖指示代名詞; 無変化〗 君たちのような人[たち].

eu·ret≈hal·ben [オイレット・はるベン] 副 = euretwegen

eu·ret≈we·gen [オイレット・ヴェーゲン] 副 君たちのために.

eu·ret≈wil·len [オイレット・ヴィれン] 副 〖成句的に〗 **um** *euretwillen* 君たちのために.

eu·ri·ge [オイリゲ ɔyrɪɡə] 伲 〖所有代名詞; 定冠詞とともに; 語尾変化は形容詞と同じ〗《雅》 君たち(あなたたち)のもの, おまえたちのもの. Ist der Wagen der *eurige*? この車は君たちのものか. ◇《名詞的に》 die *eurigen* または die *Eurigen* 君たちの家族 / das *eurige* または das *Eurige* a) 君たちの義務, b) 君たちの財産.

Eu·ri·pi·des [オイリーピデス ɔyrí:pidɛs] 《人名》 エウリピデス(前 484 ?-前 406?; 古代ギリシアの悲劇詩人).

der **Eu·ro** [オイロ ɔ́yro] 男 (単 2) -[s]/(複) -[s] 〖数量単位としては: (複) -〗 ユーロ (欧州共通通貨の単位) (記号: €). Ein *Euro* hat 100 Cent. 1 ユーロは 100 セントである / in *Euro* zahlen ユーロで支払う / 4,25 *Euro* (= vier Euro fünfundzwanzig [Cent]) 4 ユーロ 25 セント / Kannst du mir fünfzig *Euro* wechseln? 50 ユーロ両替してくれないか. (☞「欧州共通通貨ユーロ」, 1756 ページ).

Eu·ro·cheque [オイロ・シェック] 男 -s/-s ユーロチェック(ヨーロッパの各国で換金できる小切手).

Eu·ro·cheque≈kar·te [オイロシェック・カルテ] 囡 -/-n ユーロチェック・カード.

Eu·ro·ci·ty [オイロ・スィッティ ɔ́yro-síti] 男 -s/-s = *Eurocity*zug

Eu·ro·ci·ty≈zug [オイロスィッティ・ツーク] 男 -[e]s/..züge ヨーロッパ都市間特急[列車](略: EC). (☞「欧州共通通貨ユーロ」).

Eu·ro·land [オイロ・らント] 田 -[e]s/..länder ユーロ圏(共通通貨 Euro を導入した地域); ユーロ参加国. (☞「欧州共通通貨ユーロ」, 1756 ページ).

Eu·ro·pa [オイローパ ɔyró:pa] **I** 田 -s/ 《地名》 ヨーロッパ, 欧州. 《英》 *Europe*). Mittel-*europa* 中部ヨーロッパ / eine Rundreise durch *Europa* ヨーロッパ周遊旅行. **II** -s/ 《ギ神》 エウロペ(ゼウスに誘拐されたフェニキアの王女).

der **Eu·ro·pä·er** [オイロペーアァ ɔyropé:ər] 男 (単 2) -s/(複) - (3 格のみ -n) ヨーロッパ人. 《英》 *Europian*). Er ist ein wahrer *Europäer*. 彼は真のヨーロッパ人だ.

Eu·ro·pä·e·rin [オイロペーエリン ɔyropé:ərɪn] 囡 -/..rinnen ヨーロッパ人[女性].

eu·ro·pä·isch [オイロペーイッシュ ɔyropé:ɪʃ] 厖 ヨーロッパの, 欧州の; ヨーロッパ連合に関する. 《英》 *European*). die *europäischen* Länder ヨーロッパ諸国 / die *Europäische* Gemeinschaft ヨーロッパ共同体 (略: EG; 《英》 EC) / die *Europäische* Union ヨーロッパ連合 (略: EU).

Eu·ro·pa≈rat [オイローパ・ラート] 男 -[e]s/ 欧

州評議会(ヨーロッパ統合をめざして, 1949年に設立された; 略: ER).

eu·ro·pa·weit [オイローパ・ヴァイト] 形 全ヨーロッパの.

Eu·ro·pi·um [オイローピウム ɔyró:pium] 匣 -s/ 《化》ユーロピウム(記号: Eu).

Eu·ro·scheck [オイロ・シェック] 男 -s/-s ユーロチェック(=Eurocheque).

Eu·ro·star [オイロ・スタール] 男 -s/-s ユーロスター(ロンドンとパリ・ブリュッセル間を走る高速列車).

Eu·ro·tun·nel [オイロ・トゥンネル] 男 -s/- ユーロトンネル, 英仏海峡トンネル(1994年開通).

Eu·ro·vi·si·on [オイロ・ヴィジォーン] 囡 -/ ユーロビジョン(ヨーロッパの国際テレビ中継網).

Eu·ter [オイタァ ɔ́ytər] 匣 -s/- (方: 男も) (哺乳(ほにゅう)動物の)乳房.

Eu·tha·na·sie [オイタナズィー ɔytanazí:] 囡 -/ 《医》安楽死, 安死術.

ev. [エヴァンゲーリッシュ] (略) プロテスタント(新教)の; 福音に基づく(=evangelisch).

eV [エレクトローネン・ヴォルト] (略)《物》電子ボルト(=Elektronenvolt).

e. V., E. V. [エー ふァオ] (略) 社団法人(= eingetragener Verein, Eingetragener Verein).

Eva [エーふァ é:fa または ..ヴァ ..va] I -s/ 《聖》《人名》エバ, イブ(アダムの妻;創世記 2-4 など). ② 《女名》エーファ, エーヴァ. II 囡 -s 《口語・戯》(妻・恋人として典型的な)女性.

eva·ku·ie·ren [エヴァクイーレン evakuí:rən] 他 (h) ① (住民を4)避難させる, 疎開させる; (町など4の)住民を避難(疎開)させる. ② 《工》(容器など4を)真空にする.

Eva·ku·ier·te[r] [エヴァクイーァテ (..タァ) evakuí:rtə (..tər)] 男囡《語尾変化は形容詞と同じ》避難民, 疎開者.

Eva·ku·ie·rung [エヴァクイールング] 囡 -/-en ① 避難, 疎開. ② 《工》真空化, 排気.

evan·ge·lisch [エヴァンゲーリッシュ evangé:lɪʃ] 形 (キリ教) ① プロテスタントの, 新教の. (英 Protestant). Mein Mann ist *evangelisch*. 私の夫はプロテスタントです. ② 福音に基づく. *evangelische* Räte (キリ教) 福音的勧告(キリストが説いた清貧・貞潔・従順の教え).

evan·ge·lisch-lu·the·risch [エヴァンゲーリッシュ・るッテリッシュ] 形 ルター派[教会]の(略: ev.-luth.).

evan·ge·lisch-re·for·miert [エヴァンゲーリッシュ・レふォルミーァト] 形 カルヴァン(改革)派[教会]の(略: ev.-ref.).

Evan·ge·list [エヴァンゲリスト evangelíst] 男 -en/-en ① (キリ教) [四]福音書の著者(マタイ, マルコ, ルカ, ヨハネ). ② (東方教会の)福音書を読みあげる助祭. ③ (新教)巡回牧師.

Evan·ge·li·um [エヴァンゲーリウム evangé:lium] 匣 -s/..lien (..リエン) (キリ教) ① 《複なし》(キリスト教の)福音. das *Evangelium*[4] verkünden 福音を伝える. ② (新約聖書中の)福音書(マタイ, マルコ, ルカ, ヨハネ).

Evas·kos·tüm [エーふァス・コスtューム] 匣 《成句的に》im *Evaskostüm*《口語・戯》(女性が)素っ裸で.

Event [イヴェント ivént] [英] 匣 -s/-s イベント, 行事.

Even·tu·a·li·tät [エヴェントゥアリテート eventualité:t] 囡 -/-en 万一の場合, 不測の事態.

*even·tu·ell [エヴェントゥエる eventuéll] I 副 ひょっとすると, 場合によっては. (英 *possibly*). *Eventuell* komme ich früher. ひょっとしたらもっと早く行くかもしれません.

II 形 場合によってはありうる, 万一の.

Ever·green [エヴァ・グリーン évər-gri:n] [英] 匣(男) -s/-s ① エバーグリーン(人気の衰えない流行歌). ② (ジャズの)スタンダードナンバー.

evi·dent [エヴィデント evidént] 形 明らかな, 明白な.

ev.-luth. [エヴァンゲーリッシュ・るッテリッシュ] (略) ルター派[教会]の(=evangelisch-lutherisch).

Evo·lu·ti·on [エヴォるツィオーン evolutsió:n] 囡 -/-en ① ゆるやかな進展(発展). ② 《生》進化.

ev.-ref. [エヴァンゲーリッシュ・レふォルミーァト] (略) カルバン(改革)派[教会]の(=evangelischreformiert).

evtl. [エヴェントゥエる] (略) 場合によっては[ありうる] (=eventuell).

Ewald [エーヴァるト é:valt] -s/ 《男名》エーヴァルト.

E-Werk [エー・ヴェルク] 匣 -[e]s/-e 発電所 (=Elektrizitätswerk).

EWG [エー・ヴェー・ゲー] 囡 -/ (略) ヨーロッパ経済共同体(=Europäische Wirtschaftsgemeinschaft) (1958–1972; EG の前身. 英語では EEC).

*ewig [エーヴィヒ é:vɪç] I 形 ① 永遠の, 永久の. (英 *eternal*). das *ewige* Leben 永遠の生命 / **auf** *ewig* 永遠に (=für immer) / das *ewige* (または *Ewige*) Licht (カトリック教会の)常明灯 / *ewiger* Schnee 万年雪 / die *Ewige* Stadt 永遠の都(ローマ). ◊《名詞的に》der *Ewige* 神.
② 《口語》 絶え間ない, やむことのない. Ich habe diese *ewigen* Klagen satt. 私はだらだら続くこの愚痴にはあきあきした.

II 副 《口語》 ① **非常に長い間**; 絶え間なく, 際限なく. Das dauert ja *ewig*! これはまたなんといつまで続くことか / *ewig* und drei Tage 《戯》いやになるほど長い間.
② 非常に, 実に. Es ist *ewig* schade. それは実に残念だ.

Ewig·keit [エーヴィヒカイト] 囡 -/-en ① 《複なし》永遠, 永久;《宗》神の永遠なる世界, (死後の)永遠の生. **in** [alle] *Ewigkeit* 永遠に, いつまでも. ② 《口語》長時間. **seit** *Ewigkeiten* または **seit einer** *Ewigkeit* ずいぶん長い間, ずっと前から.

ex [エクス éks] [ラテ] 副 ① 《成句的に》*ex* trinken《口語》グラスを一気に飲み干す / *Ex*! 乾杯! ②《口語》終わりで. Diese Freundschaft ist *ex*. この友情はおしまいだ. ③《俗》死んで, くたばって.

Ex. [エクセンプらール]《略》見本 (=Exemplar).

Ex.. 〖名詞などにつける 接頭〗① [エクス.. ɛks..]《前・先》*Ex*kanzler 前首相. ②〔エクス..〕《外へ》例: *Ex*port 輸出. ③〔エクス..〕《除外》例: *Ex*kommunikation 破門.

ex·akt [エクサクト ɛksákt] 形 精確な, 精密な, 厳密な. die *exakten* Wissenschaften 精密科学 / Er kam *exakt* um 12 Uhr an. 彼はきっかり 12 時に到着した. 〖☞ 類語 genau〗.

Ex·akt·heit [エクサクトハイト] 女 -/ 精確さ, 精密さ, 厳密さ.

ex·al·tiert [エクサるティーァト ɛksaltí:rt] 形 ① 心の高ぶった, 興奮した, ヒステリックな. ② 大げさな, とっぴな, 常識はずれの.

das **Ex·a·men** [エクサーメン ɛksá:mən] 中 (単 2) -s/(複) - (まれに Examina) 試験(特に大学修了時の). 〈英〉 *examination*). Staats*examen* 国家試験 / das mündliche (schriftliche) *Examen* 口頭(筆記)試験 / das *Examen*⁴ bestehen 試験に合格する / ein *Examen*⁴ machen (または ab|legen) 試験を受ける / sich⁴ auf (または für) das *Examen* vor|bereiten 試験の準備をする, 試験勉強をする / Er ist durchs *Examen* gefallen. 〖現在完了〗彼は試験に落第した.

Ex·a·mi·na [エクサーミナ] *Examen (試験) の 複.

ex·a·mi·nie·ren [エクサミニーレン ɛksaminí:rən] 他 (h) ① (人⁴を)試験する, (人⁴に)試問する. ② (機械などを⁴を)検査する.

Ex·e·ge·se [エクセゲーゼ ɛksegé:zə] 女 -/-n 解釈, 注解;《特に》聖書解釈.

ex·e·ku·tie·ren [エクセクティーレン ɛksekutí:rən] 他 (h) ① (人⁴を)処刑する. ②《オーストリア》《官庁》(人⁴の担保物件を)差し押さえる.

Ex·e·ku·ti·on [エクセクツィオーン ɛksekutsió:n] 女 -/-en ① 処刑. ② (命令などの)執行, 実施. ③《オーストリア》《官庁》差し押さえ.

Ex·e·ku·ti·ve [エクセクティーヴェ ɛksekutí:və] 女 -/-n ①《法・政》執行権, 行政権. ②《オーストリア》執行機関.

Ex·em·pel [エクセンぺる ɛksémpəl] 中 -s/- 例, 実例; 模範, 手本; 見せしめ. ein *Exempel*⁴ an 人³ statuieren 人³を見せしめにする / zum *Exempel* 例えば (=zum Beispiel) / 人・事⁴ zum *Exempel* nehmen 人・事⁴を例にとる.

das **Ex·em·plar** [エクセンプらール ɛksɛmplá:r] 中 (単 2) -s/(複) -e (3 格のみ -en) サンプル, (同種類のものの一つ, 見本;《本などの》冊, 部 (略: Ex., Expl.). Muster*exemplar* 商品見本 / ein seltenes *Exemplar* 珍しいサンプル / zehn *Exemplare* der ersten Auflage² 初版の 10 冊.

ex·em·pla·risch [エクセンプらーリッシュ ɛksɛmplá:rɪʃ] 形 模範的な, 見本の, 実例による; 見せしめの. eine *exemplarische* Lösung 模範解答.

ex·em·pli·fi·zie·ren [エクセンプりふィツィーレン ɛksɛmplifitsí:rən] 他 (h) 例をあげて説明する, 例証する.

ex·er·zie·ren [エクセルツィーレン ɛksɛrtsí:rən] I 他 (h) ① 《軍》(兵士などを⁴を)訓練する, 教練する. ②《口語》反復練習する;(手法などを⁴を)用いる, 実践する. II 自 (h) 《軍》教練を実施する.

Ex·er·zier*plats [エクセルツィーァ・ぷらッツ] 男 -es/..plätze《軍》練兵場.

Ex·hi·bi·ti·o·nis·mus [エクスヒビツィオニスムス ɛkshibitsionísmʊs] 男 -/《心》露出症(癖).

ex·hu·mie·ren [エクスフミーレン ɛkshumí:rən] 他 (h)《法》(検死などのために死体⁴を)掘り出す.

Exil [エクスィーる ɛksí:l] 中 -s/-e [国外]追放, 亡命; 亡命地. ins *Exil* gehen 亡命する.

Exil*re·gie·rung [エクスィーる・レギールング] 女 -/-en 亡命政府(政権).

exis·tent [エクスィステント ɛksɪstént] 形 存在する, 現存の, 実在の.

Exis·ten·ti·a·lis·mus [エクスィステンツィアりスムス ɛksɪstɛntsialísmʊs] 男 -/ =Existenzialismus

Exis·ten·ti·a·list [エクスィステンツィアりスト ɛksɪstɛntsialíst] 男 -en/-en =Existenzialist

exis·ten·ti·ell [エクスィステンツィエる ɛksɪstɛntsiél] 形 =existenziell

die **Exis·tenz** [エクスィステンツ ɛksɪsténts] 女 (単)(複) -en 〈英〉 *existence*) ①〖複 なし〗存在[すること], 生存;《哲》実存. die *Existenz* eines Staates 一国の存在. ② 生計, 生活[の基盤], 暮らし. eine sichere *Existenz*⁴ haben 生活が安定している / Ich habe mir eine neue *Existenz* aufgebaut. 私は暮らしを立て直した. ③ (怪しげな)人物, やつ, 連中. eine zweifelhafte *Existenz* いかがわしい人物.

Exis·tenz*be·rech·ti·gung [エクスィステンツ・ベレヒティグング] 女 -/-en〖ふつう 単〗生存(生活)権.

exis·tenz*fä·hig [エクスィステンツ・フェーイヒ] 形 生存可能な, 生きていける.

Exis·tenz*grund·la·ge [エクスィステンツ・グルントらーゲ] 女 -/-n 生活基盤.

Exis·ten·zi·a·lis·mus [エクスィステンツィアりスムス ɛksɪstɛntsialísmʊs] 男 -/《哲》実存主義, 実存哲学.

Exis·ten·zi·a·list [エクスィステンツィアりスト ɛksɪstɛntsialíst] 男 -en/-en 実存主義(哲学)者. (女性形: -in).

exis·ten·zi·ell [エクスィステンツィエる ɛksɪstɛntsiél] 形《哲》実存的な;〔人間〕存在にかかわる, きわめて重要な.

Exis·tenz*mi·ni·mum [エクスィステンツ・

ミーニムム] 田 -s/ (生きていくための)最低収入 (生活費).

Exis·tenz·phi·lo·so·phie [エクスィステンツ・ふぃろゾふィー] 因 -/ 実在哲学.

exis·tie·ren [エクスィスティーレン εksistí:rən] (existierte, *hat* ... existiert) 圓 (定了 haben) ① 存在する, ある, 実在する. (英 *exist*). Die Stadt *existiert* nicht mehr. その町はもう存在しない. ② 生きて(暮らして)いく. Von (または Mit) 400 Euro monatlich *kann* man kaum *existieren*. 月に400ユーロではほとんどやっていけない.

exis·tiert [エクスィスティーアト] existieren (存在する)の 過分, 3人称単数・2人称親称複数 現在

exis·tier·te [エクスィスティーアテ] existieren (存在する)の 過去

exkl. [エクスクるズィーヴェ]《略》…を除いて (= exklusive).

Ex·kla·ve [エクスクらーヴェ εksklá:və] 因 -/-n ① (他国の領域内にある)飛び領土. ② (生)飛び分布図.

ex·klu·siv [エクスクるズィーふ εkskluzí:f] 形 ① 特定の[階層の]人々だけに限られた, 会員制の; 高級な. eine *exklusive* Gesellschaft 上流社会 / ein *exklusives* Restaurant 高級レストラン. ② 独占的な. ein *exklusives* Interview 独占インタビュー.

ex·klu·si·ve [エクスクるズィーヴェ εkskluzí:və] I 前《2格とともに》…を除いて(略: exkl.). (←→ 「…を含めて」は inklusive). *exklusive* des Portos 郵送料を除いて. II 副《ふつう bis とともに》(最後のものを除いて)…まで. bis zum 1. (=ersten) Mai *exklusive* 5月1日まで.

ex·kom·mu·ni·zie·ren [エクスコミュンィーレン εkskɔmunitsí:rən] 他 (h)《カトリック》(教会から)破門(追放)する.

Ex·kre·ment [エクスクレメント εkskremént] 田 -[e]s/-e 《ふつう 複》排泄(はいせつ)物, (特に:)糞.

Ex·kurs [エクスクルス εkskúrs] 男 -es/-e (論文などの)余論, 付説, 補説.

Ex·kur·si·on [エクスクルズィオーン εkskurzió:n] 因 -/-en 団体研修(調査)旅行, 見学旅行. (☞ 類語 Reise).

Ex·ma·tri·ku·la·ti·on [エクス・マトリクらツィオーン εks-matrikulatsió:n] 因 -/-en (大学生の)除籍, 退学. (←→ 「大学生の入学」は Immatrikulation.

ex·ma·tri·ku·lie·ren [エクス・マトリクリーレン εks-matrikulí:rən] 他 (h) (大学生[4]を学籍簿から)除籍する, 退学させる. ◇《再帰的に》sich[4] exmatrikulieren または sich[4] exmatrikulieren lassen 退学の手続きをとる.

exo·gen [エクソゲーン εksogé:n] 形 ①《医・心》外因性の. (←→「内因性の」は endogen). ②《植》外生の. ③《地学》外成の.

Exot [エクソート εksó:t] 男 -en/-en ① (特に熱帯地方生まれの)異国人, 外来種. (女性形: -in). ②《ふつう 複》《経》外国有価証券.

exo·tisch [エクソーティッシュ εksó:tɪʃ] 形 異国の, 外来種の, (特に:)熱帯地方の(人・動植物), エキゾチックな, 異国情緒のある.

ex·pan·die·ren [エクスパンディーレン εkspandí:rən] I 他 (h) 拡大(膨張)させる. II 圓 (h) (都市・予算の規模などが)拡大(膨張)する; (経)(企業などの規模が)拡大する.

Ex·pan·si·on [エクスパンズィオーン εkspanzió:n] 因 -/-en ① 拡大, 拡張; (政・経)領土(勢力)拡大. ②(理)膨張.

ex·pan·siv [エクスパンズィーふ εkspanzí:f] 形 膨張する; 拡大(拡張)を目指した.

Ex·pe·di·ent [エクスペディエント εkspediént] 男 -en/-en (商品などの)発送係; 旅行社の社員. (女性形: -in).

ex·pe·die·ren [エクスペディーレン εkspedí:rən] 他 (h) (商品などを[4]を)発送する.

Ex·pe·di·ti·on [エクスペディツィオーン εkspedisió:n] 因 -/-en ① 探検(調査)旅行; 探検(調査)隊. ②(外国)派遣団. ③(会社などの)[商品]発送部.

das **Ex·pe·ri·ment** [エクスペリメント εksperimént] 田 (単2) -[e]s/(複) -e (3格のみ -en) ① 実験. (英 *experiment*). Experimente an (または mit) Tieren anstellen / chemische *Experimente*[4] machen (または an|stellen) 化学実験をする. ②(大胆な)試み. Mach keine *Experimente*! 危いことはやめろ.

ex·pe·ri·men·tell [エクスペリメンテル εksperimɛntél] 形 ① 実験に基づく. die *experimentelle* Physik 実験物理学. ②《芸術・文学・音楽》実験的な(作品など).

ex·pe·ri·men·tie·ren [エクスペリメンティーレン εksperimɛntí:rən] 圓 (h) 実験をする. mit Chemikalien *experimentieren* 化学製品の実験を行う.

Ex·per·te [エクスペルテ εkspέrtə] 男 -n/-n エキスパート, 専門家. (女性形: Expertin).

Ex·per·ti·se [エクスペルティーゼ εkspεrtí:zə] 因 -/-n (専門家の)鑑定[書].

Expl. [エクセンプらール]《略》サンプル; (本などの)部 (=Exemplar).

ex·plo·die·ren [エクスプろディーレン εksplodí:rən] (explodierte, *ist* ... explodiert) 圓 (定了 sein) ① 爆発する, 破裂する; (比)(人口・物価などが)急増(急騰)する. (英 *explode*). Eine Bombe *ist* explodiert. 現在完了 爆弾が爆発した. ②《比》感情を爆発させる. vor Wut *explodieren* 激怒する, かっとなる. ③《スラ・隠語》がぜん奮起する.

ex·plo·diert [エクスプろディーアト] explodieren (爆発するの) 過分, 3人称単数・2人称親称複数 現在

ex·plo·dier·te [エクスプろディーアテ] explodieren (爆発するの) 過去

die **Ex·plo·si·on** [エクスプろズィオーン εksplozió:n] 因 -/-en (英 *explosion*) ① 爆発; (比)感情の爆発. Gasexplosion ガス爆発 / eine Bombe[4] *zur* Explosion bringen 爆弾を爆発させる. ②《比》(人口・経費などの)爆発的な増加.

Ex·plo·si·ons=ge·fahr [エクスプロズィオーンス・ゲファール] 囡 -/-en 爆発の危険.

ex·plo·siv [エクスプロズィーふ εksplozí:f] 形 ① 爆発性の, 爆発しやすい, 《比》非常に危険な. *explosive* Stoffe 爆発物 / eine *explosive* Stimmung 一触即発の空気. ②《比》激しやすい, 怒りっぽい(性質など). ③《言》破裂音の.

Ex·po·nat [エクスポナート εksponá:t] 囲 -[e]s/-e (展覧会・博物館などの)展示品.

Ex·po·nent [エクスポネント εksponént] 囲 -en/-en ①(政党などの)代表者, 代表的人物. (女性形: -in). ②《数》冪(ベき)指数.

ex·po·nie·ren [エクスポニーレン εksponí:rən] 働 (h) ①(人・物⁴を)人目につくようにする, 目だたせる; 危険(攻撃)にさらす. ◇[再帰的に] *sich*⁴ *exponieren* 人目につく; 危険(攻撃)に身をさらす. ②[事⁴を]説明する.

ex·po·niert [エクスポニーァト] Ⅰ exponieren (人目につくようにする)の過分 Ⅱ 形 ① 危険にさらされた, 攻撃を受けやすい. ② 風当たりの強い(地位など).

der **Ex·port** [エクスポルト εkspórt] 囲 (単2) -[e]s/(複) -e (3格のみ -en) ①《複なし》輸出. (英 export). (※「輸入」は Import). den *Export* fördern 輸出を振興する. ② 輸出品.

Ex·por·teur [エクスポルテーァ εkspørtǿ:r] 囲 -s/-e 〈経〉輸出商, 輸出業者. (女性形: -in).

ex·por·tie·ren [エクスポルティーレン εkspørtí:rən] (exportierte, *hat*...exportiert) 働 (完了 haben) 輸出する. (英 export). (※「輸入する」は importieren). Deutschland *exportiert* sehr viele Industrieprodukte. ドイツはたいへん多くの工業製品を輸出している.

ex·por·tiert [エクスポルティーァト] exportieren (輸出する)の過分, 3 人称単数・2 人称親称複数現在

ex·por·tier·te [エクスポルティーァテ] exportieren (輸出する)の過去

Ex·port=kauf·mann [エクスポルト・カオフマン] 囲 -[e]s/..leute 輸出業者, 貿易商[人]. (女性形: ..kauffrau).

Ex·po·sé [エクスポゼー εkspozé:] [ラス] 囲 -s/-s ① 報告書, 説明書. ② 要旨, 概要. ③《文学・映》筋書き, あら筋.

Ex·po·see [エクスポゼー εkspozé:] 囲 -s/-s = Exposé

Ex·po·si·ti·on [エクスポズィツィオーン εkspozitsió:n] 囡 -/-en ①《文学》(劇の)導入部. ②《音楽》提示部.

ex·press [エクスプレス εksprés] 副 ① 急いで; 速達で. ②《方》特別に, わざわざ.

Ex·press [エクスプレス] 囲 -es/《ふつう》〈遠距離〉急行列車.

Ex·press=gut [エクスプレス・グート] 囲 -[e]s/..güter《鉄道》急行便貨物(小荷物).

Ex·pres·si·o·nis·mus [エクスプレスィオニスムス εkspresionísmus] 囲 -/ 表現主義(主観的表現を特徴とする 20 世紀初頭のドイツの芸術運動で, 美術・文学・音楽・演劇・映画の各分野に及んでいる).

Ex·pres·si·o·nis·tisch [エクスプレスィオニスティッシュ εkspresionístiʃ] 形 表現主義の.

ex·pres·siv [エクスプレスィーふ εkspresí:f] 形 表情豊かな, 表現力豊かな, 力強い表現の.

ex·qui·sit [エクスクヴィズィート εkskvizí:t] 形 精選した, えり抜きの, 極上の.

ex·ten·siv [エクステンズィーふ εkstεnzí:f] 形 ① 広範な, 包括的な. (※「集中的な」は intensiv). ②《法》拡大した(解釈など). ③《農》粗放的な.

ex·tern [エクステルン εkstérn] 形 外部の; 外来の, 外部からの; 〈言語〉外づけの(記憶装置など). (※「内部の」は intern). ein *externer* Schüler (寄宿生に対して:)通学生.

ex·ter·ri·to·ri·al [エクステリトリアーる εkstεritoriá:l] 形《法》治外法権の.

ex·tra [エクストラ εkstra] Ⅰ 副 ① 別に, 別個に. Legen Sie es *extra*! それだけは別に置いてください / Das⁴ *extra* ein|packen 物⁴を別に包む. ◇[付加語としても] ein *extra* Zimmer《口語》特別室, 個室.
② 余分に, 他に, 追加して. Der Vater gab ihm noch 20 Euro *extra*. 父親はその上別に 20 ユーロを彼に与えた. ③ わざわざ; わざと. Das habe ich *extra* für dich getan. 私はそれをわざわざ君のためにやったのだ. ④ 特に;《方》特に優れて. ein *extra* fein gemahlener Kaffee 極細びきのコーヒー / Es geht mir nicht *extra*. 私はそんなに調子はよくない.

Ⅱ 形《南ドィッ・オーストリ》気難しい, 注文の多い.

Ex·tra [エクストラ] 囲 -s/-s《ふつう複》特別付属品, (特に自動車の)オプショナルパーツ.

ex·tra.., **Ex·tra..** [エクストラ.. εkstra.. または エクストラー..]《形容詞・名詞などにつける接頭》《外部・余分・特別》例: *Extra*urlaub 特別休暇.

Ex·tra=blatt [エクストラ・ブらット] 囲 -[e]s/..blätter (新聞の)号外.

ex·tra=fein [エクストラ・ふァイン] 形《口語》極上の, 特別上等の.

ex·tra·hie·ren [エクストラヒーレン εkstrahí:rən] 働 (h) ①〈医〉摘出する; (歯⁴を)抜く; (胎児⁴を)娩出(ベンしゅっ)する. ②〈化・薬〉抽出する.

Ex·tra=klas·se [エクストラ・クらッセ] 囡 -/-n 極上品; 特にすぐれた人. ein Film der *Extraklasse*² 最優秀作の映画.

Ex·trakt [エクストラクト εkstrákt] 囲 -[e]s/-e ①《複 も》〈化〉抽出[物], エキス. ② (本からの)抜粋, 要約; 要点.

ex·tra·va·gant [エクストラヴァガント έkstravagant または ..ガント] [ラス] 形 奇抜な, とっぴな.

Ex·tra·va·ganz [エクストラヴァガンツ έkstravagants または ..ガンツ] 囡 -/-en ①《複なし》

奇抜さ. ② 〖ふつう 圏〗 奇抜(とっぴ)な言動.
Ex·tra∤wurst [エクストラ・ヴルスト] 囡 〖成句的に〗《口語》 囚³ eine *Extrawurst*⁴ braten 囚³を特別に優遇する / eine *Extrawurst*⁴ [gebraten] kriegen 自分だけ優遇してもらう.

ex·trem [エクストレーム ɛkstréːm] 形 極端な, 極度の; 過激な, 急進的な. *extreme* Kälte 極寒 / die *extreme* Linke 極左.

Ex·trem [エクストレーム ɛkstréːm] 囲 -s/-e 極端, 極度; 過激. von (または aus) einem *Extrem* ins andere fallen 極端から極端に走る.

Ex·tre·mis·mus [エクストレミスムス ɛkstremísmʊs] 男 -/..mismen 過激(急進)主義.

Ex·tre·mist [エクストレミスト ɛkstremíst] 男 -en/-en 急進主義者; 過激派の人. (女性形: -in).

Ex·tre·mi·tät [エクストレミテート ɛkstremitέːt] 囡 -/-en 〖ふつう 圏〗 手足, 四肢. die oberen (unteren) *Extremitäten* 上肢(下肢).

Exz. [エクスツェンツ]《略》閣下 (= **Exzellenz**).

ex·zel·lent [エクスツェレント ɛkstsɛlént] 形 優秀な, 優れた, すばらしい.

Ex·zel·lenz [エクスツェれンツ ɛkstsɛlénts] 囡 -/-en (大使などに対する敬称:)閣下 (略: Exz.). (⚠ 直接呼びかけるときは Eure (または Euer) *Exzellenz*; 間接には Seine *Exzellenz* という).

Ex·zen·trik [エクスツェントリク ɛkstséntrɪk] 囡 -/ ① 常軌を逸したふるまい. ② (サーカスなどの)おどけた曲芸.

ex·zen·trisch [エクスツェントリッシュ ɛkstséntrɪʃ] 形 ① 風変わりな, とっぴな, エキセントリックな. ② 《数・天》 離心(偏心)の. *exzentrische* Kreise 偏心円.

ex·zer·pie·ren [エクスツェルピーレン ɛkstsɛrpíːrən] 他 (h) 抜粋する, 抄録する.

Ex·zerpt [エクスツェルプト ɛkstsέrpt] 囲 -[e]s/-e 抜粋, 抄録 (= Auszug).

Ex·zess [エクスツェス ɛkstsέs] 男 -es/-e 過度, 極端; 乱行, 乱暴.

ex·zes·siv [エクスツェスィーふ ɛkstsɛsíːf] 形 過度の, 極端な. *exzessives* Klima (気温変化の激しい)大陸性気候.

EZB [エー・ツェット・ベー] 囡 -/《略》欧州中央銀行 (= **E**uropäische **Z**entral**b**ank).

F f

f¹, F¹ [エふ éf] 中 -/- エフ(ドイツ語アルファベットの第6字).

f², F² [エふ] 中 -/- 《音楽》ヘ音. *F-Dur* ヘ長調 / *f-Moll* ヘ短調.

f³ [ふォルテ] 《記号》《音楽》フォルテ, 強く (= forte).

F³ 《略》① [ふァーレンハイト] 《物》(温度計の)華氏 (=Fahrenheit). ② [エふ] 《化・記号》フッ素 (=Fluor). ③ [ふァラート] ファラド(電気容量の単位) (=Farad).

f. 《略》① [ふォるゲンデ ザイテ] および次のページ (=folgende [Seite]). S. 7 *f*. 7ページおよび8ページ. ② [ふユーァ] …のために, …にとって, …の代わりに (=für). ③ [ふェーミニーヌム] 《言》女性名詞 (=Femininum).

Fa. [ふァ] 《略》商社 (=Firma).

die **Fa·bel** [ふァーベる fá:bəl] 囡 (単) -/(複) -n ① 《文学》寓話(ぐう)(主に動物を主人公にした教訓的な話). (英 *fable*). äsopische *Fabeln* イソップ寓話. ② 作り話. Das gehört ins Reich der *Fabel*. そんなのは作り話だ. ③ 《文学》(小説などの)筋, プロット.

fa·bel·haft [ふァーべるハふト fá:bəlhaft] **I** 形 (比較 fabelhafter, 最上 fabelhaftest) ① **すばらしい**, すてきな. (英 *fabulous*). eine *fabelhafte* Leistung すばらしい成績 / Der Film war *fabelhaft*. その映画はすばらしかった. ② 《口語》ものすごい, 巨大な, ばくだいな. ein *fabelhafter* Reichtum 巨額の財産. **II** 副 《口語》ものすごく, 非常に. Er ist *fabelhaft* reich. 彼はものすごく金持ちだ.

fa·beln [ふァーべるン fá:bəln] **I** 自 (h) 作り話をする. **II** 他 (h) (空言・くだらないこと⁴を)話す.

Fa·bel‡tier [ふァーべる・ティーァ] 中 -[e]s/-e 想像上の動物(竜・一角獣など).

Fa·bel‡we·sen [ふァーべる・ヴェーゼン] 中 -s/- 想像上の生物(妖精など).

die **Fa·brik** [ふァブリーク fabrí:k] 囡 (単) -/(複) -en **工場**, 製造(製作)所. (英 *factory*). Papier*fabrik* 製紙工場 / eine chemische *Fabrik* 化学工場 / eine *Fabrik*⁴ auf|bauen 工場を建てる / Sie geht **in** die *Fabrik*. 《口語》彼女は工場に勤めている.

Fa·brik‡an·la·ge [ふァブリーク・アンらーゲ] 囡 -/-n 工場施設.

Fa·bri·kant [ふァブリカント fabrikánt] 男 -en/-en 工場主, メーカー. (女性形: -in).

Fa·brik‡ar·bei·ter [ふァブリーク・アルバイタァ] 男 -s/- 工場労働者, 工員. (女性形: -in).

Fa·bri·kat [ふァブリカート fabriká:t] 中 -[e]s/-e ① 工場製品. ② (製品の)型, モデル.

Fa·bri·ka·ti·on [ふァブリカツィオーン fabrikatsió:n] 囡 -/-en (工場での)生産, 製造.

Fa·bri·ka·ti·ons‡feh·ler [ふァブリカツィオーンス・ふェーらァ] 男 -s/- 製造上の欠陥.

Fa·brik‡be·sit·zer [ふァブリーク・ベズィッツァ] 男 -s/- 工場経営者, 工場主. (女性形: -in).

Fa·brik‡mä·ßig [ふァブリーク・メースィヒ] 形 工場生産の, 大量生産の.

fa·brik‡neu [ふァブリーク・ノイ] 形 新品の, まだ使ったことのない(自動車など).

fa·bri·zie·ren [ふァブリツィーレン fabritsí:rən] 他 (h) ① 《口語》(素人が)どうにか作りあげる; (ばかなこと⁴を)しでかす. ② (工場で)生産する.

fa·bu·lie·ren [ふァブリーレン fabulí:rən] **I** 自 (h) 作り話をする. **von** 事³ *fabulieren* 事³について作り話をする, 事³を脚色して話す. **II** 他 (h) (事⁴を)空想豊かに物語る.

Face·book [ふェイス・ブック féis-buk] 中 -s/-s 《冠詞なしで》《商標》フェイス・ブック.

Fa·cet·te [ふァセッテ fasétə] [沢] 囡 -/-n ① (宝石・カットグラスの)切り子面; (比) (物事の)側面. ② 《医》人工歯冠. ③ 《印》ファセット.

Fa·cet·ten‡au·ge [ふァセッテン・アオゲ] 中 -s/-n 《動》複眼.

das **Fach** [ふァッハ fáx] 中 (単2) -es (まれに -s)/(複) Fächer [ふェッヒァァ] (3格のみ Fächern) ① **仕切り**[棚]; (窓・戸棚などの)仕切り, (机の)引き出し. (英 *compartment*). ein *Fach* im Schrank たんすの仕切り[棚] / Die Handtasche hat mehrere *Fächer*. そのハンドバッグには仕切りがいくつかある / 物⁴ **in** einem *Fach* auf|bewahren 物⁴を引き出しにしまっておく / Die Post liegt im *Fach*. 郵便は私書箱に入っている / 物⁴ **unter** Dach und *Fach* bringen 《口語》a) 物⁴を安全な場所に置く, b) (比) 物⁴を仕上げる.
② **専門**[領域], 科目; 学科. (英 *subject*). Das ist nicht mein *Fach*. それは私の専門ではない / Welche *Fächer* studieren Sie? あなたはどんな科目を専攻しているのですか / Er ist **vom** *Fach*. 彼は専門家だ.

💡 ..*fach* のいろいろ: **Hauptfach** 主専攻 / **Lehrfach** 教科 / **Nebenfach** 副専攻 / **Postfach** 郵便私書箱 / **Schließfach** コインロッカー / **Schrankfach** 戸棚の仕切り / **Schubfach** 引き出し / **Studienfach** 専攻科目

..fach [..ふァッハ ..fax] 《形容詞をつくる 接尾》(…倍の・…重の). 例: drei*fach* 3倍の.

Fach‡ar·bei·ter [ふァッハ・アルバイタァ] 男 -s/- 専門工, (検定試験をパスした)熟練工. (女性形: -in).

Fach‡arzt [ふァッハ・アールツト] 男 -es/..ärzte

専門医.(女性形: ..ärztin). *Facharzt* für innere Krankheiten 内科医.

Fach⁀aus·bil·dung [ふァッハ・アオスビるドゥング] 因 –/–en (職業上の)専門教育.

Fach⁀aus·druck [ふァッハ・アオスドルック] 男 –[e]s/..drücke 専門用語, 術語.

Fach⁀be·reich [ふァッハ・ベライヒ] 男 –[e]s/–e ① 専攻領域. ② (大学の)学群, 専門群 (従来の学部をより緊密な専門別に細分した大学の研究教育組織. 現在のドイツの大学には専門区分として Fakultät と Fachbereich の二通りがある).

fä·cheln [ふェッヒェるン fέçəln] 他 (h) (扇で)あおぐ; (風が人·物⁴に)そよそよと吹き寄せる. ◇(再帰的に) *sich*⁴ mit dem Taschentuch *fächeln* ハンカチで自分をあおぐ.

Fä·cher¹ [ふェッヒャァ] *Fach (仕切り)の 複

Fä·cher² [ふェッヒャァ féçər] 男 –s/– 扇, 扇子; うちわ. den *Fächer* entfalten 扇を広げる.

fä·cher·för·mig [ふェッヒャァ・ふェルミヒ] 形 扇形の, 扇状の.

Fach⁀frau [ふァッハ・ふラオ] 因 –/–en (女性の)専門家, エキスパート.

Fach⁀ge·biet [ふァッハ・ゲビート] 中 –[e]s/–e 専門領域.

Fach⁀ge·lehr·te[r] [ふァッハ・ゲれーァテ (..タァ)] 男 因 《語尾変化は形容詞と同じ》専門学者.

Fach⁀ge·mäß [ふァッハ・ゲメース] 形 専門的な, 専門家らしい.

fach⁀ge·recht [ふァッハ・ゲレヒト] 形 =fachgemäß

Fach⁀ge·schäft [ふァッハ・ゲシェふト] 中 –[e]s/–e 専門店.

Fach⁀hoch·schu·le [ふァッハ・ホーホシューれ] 因 –/–n 専門単科大学.

Fach⁀idi·ot [ふァッハ・イディオート] 男 –en/–en 専門馬鹿. (女性形: -in).

Fach⁀kennt·nis [ふァッハ・ケントニス] 因 –/..nisse 《ふつう 複》専門知識.

Fach⁀kun·dig [ふァッハ・クンディヒ] 形 専門的知識を持った, 専門的知識に基づいた.

Fach⁀leu·te [ふァッハ・ろイテ] Fachmann (専門家)の 複

fach·lich [ふァッハリヒ] 形 専門の, 専門的な. *fachliche* Kenntnisse 専門知識.

Fach⁀li·te·ra·tur [ふァッハ・リテラトゥーァ] 因 –/–en 専門文献.

der **Fach⁀mann** [ふァッハ・マン fáx-man] 男 (単 2) –[e]s/(複) ..leute [..ろイテ] (3 格のみ ..leuten) まれに (複) ..männer [..メンァ] (3 格のみ ..männern) 専門家, エキスパート. (英 expert). (⇔「素人」は Laie). ein *Fachmann* für Straßenbau 道路建設の専門家 / Er ist *Fachmann* auf diesem Gebiet. 彼はこの分野の専門家だ.

fach⁀män·nisch [ふァッハ・メニッシュ] 形 専門家の, 専門家としての.

Fach⁀rich·tung [ふァッハ・リヒトゥング] 因 –/–en (大学の)専攻学科, 専門領域の部門.

Fach⁀schu·le [ふァッハ・シューれ] 因 –/–n 〖職業〗専門学校. (☞「ドイツ連邦共和国の教育制度」, 1175 ページ).

fach·sim·peln [ふァッハ・ズィンペるン fáxzimpəln] 自 (h) 《口語》 専門(仕事)のことばかり話す.

Fach⁀spra·che [ふァッハ・シュプラーヘ] 因 –/–n 専門[用]語, 術語 (= Terminologie).

Fach⁀werk [ふァッハ・ヴェルク] 中 –[e]s/–e 《建》① 〖複 なし〗木骨建築, ハーフティンバー (木骨を壁面に露出させた木造建築様式). ② (木組み家屋の)骨組み, トラス.

Fach·werk·haus [ふァッハヴェルク・ハオス] 中 –es/..häuser 《建》 木骨建築, ハーフティンバー造りの家.

Fachwerkhaus

Fach⁀wis·sen [ふァッハ・ヴィッセン] 中 –s/ 専門知識.

Fach⁀wör·ter·buch [ふァッハ・ヴェルタァ・ブーフ] 中 –[e]s/..bücher 専門[用]語辞典.

Fach⁀zeit·schrift [ふァッハ・ツァイトシュリふト] 因 –/–en 専門雑誌.

Fa·ckel [ふァッケる fákəl] 因 –/–n たいまつ, トーチ; 《比》光明. eine *Fackel*⁴ an|zünden たいまつに点火する.

fa·ckeln [ふァッケるン fákəln] 自 (h) 《口語》 ぐずぐずする, ためらう.

Fa·ckel⁀zug [ふァッケる・ツーク] 男 –[e]s/..züge たいまつ行列.

fad [ふァート fá:t] 形 《南ド·オースト》= fade

Fäd·chen [ふェーティヒェン fέ:tçən] 中 –s/– (Faden の 縮小) 細い糸.

fa·de [ふァーデ fá:də] 形 ① 気の抜けた(ビールなど), 風味のない(スープなど). ② 《南ド·オースト》おもしろみのない, 退屈な.

fä·deln [ふェーデるン fέ:dəln] 他 (h) (糸など⁴を)通す; (ひもに通して)つなげる. einen Faden durch das Nadelöhr *fädeln* 糸を針の穴に通す / Perlen⁴ auf eine Schnur *fädeln* 真珠を糸に通す.

der **Fa·den** [ふァーデン fá:dən] 男 (単 2) –s/ (複) Fäden [ふェーデン] (英 thread) ① 糸, 縫い糸; 糸状のもの. (⇔「針」は Nadel). Seiden*faden* 絹糸 / *Fäden* aus Baumwolle 木綿糸 / ein dünner (dicker) *Faden* 細い (太い)糸 / einen *Faden* ein|fädeln 糸を針に通す / Der *Faden* verknotet sich. 糸がもつれ

て結び目ができる / Der Käse zieht *Fäden*. チーズが糸を引く / der rote *Faden*《比》(一貫して流れる)主題, 中心思想 / den *Faden* verlieren《比》(話の)脈絡を失う / keinen guten *Faden* miteinander spinnen《口語・比》仲が悪い(←互いにいい糸をつむぎ合えない) / alle *Fäden*⁴ in der Hand haben (または halten)《口語・比》状況を完全に掌握している, すべてを操っている.

◊《前置詞とともに》Die Marionetten hängen **an** *Fäden*. 操り人形は糸につり下がっている / Sein Leben hängt an einem [seidenen] *Faden*.《比》彼の生命は風前のともしびだ(←[絹]糸にぶら下がっている) / 物⁴ **mit** Nadel und *Faden* an|nähen 物⁴を針と糸で縫い付ける.

② 《複 Faden》《海》(水深の単位:)ひろ(約 1.8 m).

Fä·den [ふェーデン] Faden (糸)の 複.

Fa·den⹁kreuz [ふァーデン・クロイツ] 中 -es/-e《光》(望遠鏡などの照準用)十字線.

Fa·den⹁nu·del [ふァーデン・ヌーデる] 女 -/-n《ふつう 複》《料理》バーミセリ(極細のパスタ. スープに入れることもある).

fa·den⹁schei·nig [ふァーデン・シャイニヒ] 形 ① (衣服などが)すり切れて糸目の見える. ②《比》見えすいた(口実・謝辞など).

Fa·gott [ふァゴット fagót] 中 -[e]s/-e《音楽》ファゴット(低音の木管楽器).

fä·hig [ふェーイヒ fέːɪç] 形《英 able》① 有能な. ein *fähiger* Arzt 有能な医者. ②《**zu** 事³ ~》(事³をする)能力のある, (事³が)できる. Er ist zu allem *fähig*. 彼は何だって(どんな悪いことでも)やってのける / *fähig* sein, **zu** 不定詞[句] …できる ⇒ Sie war nicht *fähig*, auch nur ein Wort zu sprechen. 彼女は一言もしゃべることができなかった. 彼女は一言もしゃべることができなかった. 事² *fähig* sein《雅》事²をする能力がある.

..fä·hig [..ふェーイヒ ..fέːɪç]《形容詞をつくる 疲尾》《能力がある》例: kritik*fähig* 批判力がある.

die **Fä·hig·keit** [ふェーイヒカイト fέːɪçkaɪt] 女《単》-/《複》-en《英 ability》①《ふつう 複》才能, 素質, 手腕. künstlerische *Fähigkeiten* 芸術的な素質 / ein Mensch **von** großen *Fähigkeiten* 優れた才能を持った人. ②《複 なし》(…する)能力. die *Fähigkeit* **zur** Anpassung 適応能力.

fahl [ふァーる fáːl] 形 淡い色の, 色のあせた; 青白い. das *fahle* Licht des Mondes 月の淡い光.

Fähn·chen [ふェーンヒェン fέːnçən] 中 -s/- (Fahne の 縮小) ① 小旗. ②《口語》(安物の)ぺらぺらした[婦人]服.

fahn·den [ふァーンデン fáːndən] 自 (h)《**nach** 人·物³ ~》(特に警察が人·物³を)捜査する, 捜索する.

Fahn·dung [ふァーンドゥング] 女 -/-en (警察の)捜索, 捜査.

die **Fah·ne** [ふァーネ fáːnə] 女《単》-/《複》-n ① 旗.《英 *flag*》. Wetter*fahne* 風見 / eine *Fahne*⁴ auf|ziehen (ein|holen) 旗を揚げる(降ろす) / die weiße *Fahne*《軍》白旗(降伏の印) / Die *Fahne* weht. 旗が風になびいている / die *Fahne*⁴ nach dem Wind drehen《比》のときどきの多数意見に同調する / die *Fahne*⁴ der Freiheit² hoch|halten《比・雅》毅然(きぜん)として自由を擁護する / **mit** fliegenden *Fahnen* zu 人·事³ über|gehen《比》突然 人·事³の側に寝返る.

② 《複 なし》《口語》酒臭い息. ③《印》棒組みゲラ刷り.

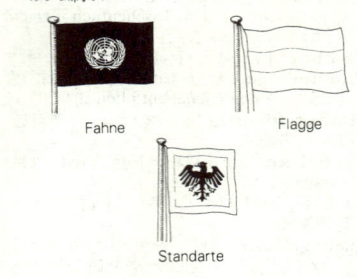

旗のいろいろ

Fah·nen⹁eid [ふァーネン・アイト] 男 -[e]s/-e《軍》(軍旗への忠誠を誓う)入隊時の宣誓.

Fah·nen⹁flucht [ふァーネン・ふるフト] 女 -/《軍》脱走, 逃亡.

fah·nen⹁flüch·tig [ふァーネン・ふりュヒティヒ] 形《軍》脱走(逃亡)した(兵士など).

Fah·nen⹁stan·ge [ふァーネン・シュタンゲ] 女 -/-n 旗ざお.

Fah·nen⹁trä·ger [ふァーネン・トレーガァ] 男 -s/- 旗手.（女性形: -in）.

Fähn·rich [ふェーンリヒ fέːnrɪç] 男 -s/-e ①《軍》幹部(士官)候補生. ②《史》(中世の)旗手; (プロイセン陸軍で):最年少士官.

Fahr⹁aus·weis [ふァール・アオスヴァイス] 男 -es/-e ① 乗車(乗船)券. ②《スイス》運転免許証 (=Führerschein).

Fahr⹁bahn [ふァール・バーン] 女 -/-en 車道, 車線.

fahr·bar [ふァールバール] 形 移動式の, キャスター付きの(机・ベッドなど).

fahr⹁be·reit [ふァール・ベライト] 形 発車(走行)準備のできた(車など); 出発準備のできた.

Fahr⹁damm [ふァール・ダム] 男 -[e]s/..dämme《やや古》車道, 車線 (=Fahrbahn).

Fahr·dienst≠lei·ter [ファールディーンスト・らイタァ] 圐 –s/– 〔鉄道〕運輸業務主任. (女性形: –in).

die **Fäh·re** [フェーレ fέːrə] 囡 (単) –/(複) –n ① フェリー[ボート], 渡し船. (㊞ *ferry*). Autofähre カーフェリー / Die *Fähre* legt am Ufer an. フェリーが岸に着く / 囚⁴ **mit** der *Fähre* über|setzen 囚⁴をフェリーで渡す. ② 《宇宙》[月]着陸船 (＝Lande*fähre*).

fah·ren* [ファーレン fάːrən]

> (乗り物で)行く
> Ich *fahre* heute mit dem Auto.
> イヒ ファーレ ホイテ ミット デム アオトー
> 私はきょうは車で行きます.

人称	単	複
1	ich fahre	wir fahren
2	{du **fährst** / Sie fahren	{ihr fahrt / Sie fahren
3	er **fährt**	sie fahren

(fuhr, *ist* / *hat* ... gefahren) **I** 圁 (完了 sein) ① (乗り物で)**行く**; 運転する. Gehen wir zu Fuß, oder *fahren* wir? 歩いて行きましょうか, それとも乗り物で行きましょうか / Er *fährt* gut (schlecht). 彼は運転がうまい(下手だ) / Sie *fährt* schon zehn Jahre lang unfallfrei. 彼女はもう10年間無事故運転だ / vorsichtig *fahren* 慎重に運転する / erster Klasse² *fahren* 1等車で行く / **spazieren** *fahren* (車などで)ドライブをする.

◇[前置詞とともに] **gegen** einen Baum *fahren* (乗り物で)木に衝突する / Ich **bin in** die Stadt *gefahren*.〖現在完了〗私は町へ出かけた / in (または **auf**) Urlaub *fahren* 休暇旅行に出かける / **mit** dem Zug *fahren* 列車で行く / Wir *fahren* morgen **nach** Wien. 私たちはあすウィーンへ行く / **per** Anhalter *fahren* ヒッチハイクをする / 囚³ **über** den Fuß *fahren* (車などで)囚³の足をひく / **zum** Bahnhof *fahren* 駅へ行く. ◇[乗り物などを表す無冠詞の名詞とともに] **Rad**⁴ *fahren* 自転車に乗る / **Auto**⁴ *fahren* 自動車に乗る / Karussell⁴ *fahren* メリーゴーラウンドに乗る / Ski⁴ *fahren* スキーをする.

◇[区間・距離などを表す4格とともに] Ich *fahre* diese Strecke täglich. 私はこの区間を毎日車で走っている / einen Umweg *fahren* 回り道をする. (㊟ 完了の助動詞に haben をとることもある).

② (乗り物が)**走る**, 動く; 運行する. Das Auto *fährt* schnell (langsam). その車は速い(遅い) / Wann *fährt* der nächste Bus? 次のバスは何時[発]ですか / Der Zug *fährt* **nach** München. その列車はミュンヒェン行きだ.

③ 〖方向を表す語句とともに〗(…へ/…から)急に(さっと)動く; さっとなでる, ふく. **aus** dem Bett *fahren* ベッドから飛び起きる / 囚³ mit der Hand **durchs** Haar *fahren* 囚³の髪をなでる / Ein Gedanke *fuhr* mir **durch** den Kopf. 《比》ある考えがぱっと頭に浮かんだ / **in** die Höhe *fahren* (びっくりして)飛び上がる / **in** die Kleider *fahren* さっと服を着る / Der Schreck *fuhr* mir **in** die Glieder. 《比》恐怖のおののきが私の全身に走った / Was *ist* denn in dich *gefahren*?〖現在完了〗《比》君はどうしたんだ / Er *fuhr* mit einem Tuch **über** den Tisch. 彼は布でテーブルの上をふいた / 囚³ **über** den Mund *fahren* 《比》囚³の言葉をさえぎる.

④ 〖成句的に〗gut (schlecht) *fahren* 《口語》うまくいく(いかない). **Mit** diesem Kauf *sind* wir gut *gefahren*.〖現在完了〗この買い物で私たちは得をした / Sie *fahren* besser, wenn ... あなたは…したほうが得策です.

II 他 (完了 haben または sein) ① (h) (乗り物⁴を)**運転する**. den Traktor⁴ *fahren* トラクターを運転する / Er *fährt* einen Mercedes. 彼はベンツに乗っている / den Wagen⁴ **in** die Garage *fahren* 車をガレージに入れる.

② (h) (乗り物で)**運ぶ**, 運搬する. Sand⁴ mit einem Lkw *fahren* 砂をトラックで運ぶ / Ich *fahre* dich **nach** Hause. 君を車で家に送って行くよ.

③ (h, s) (レース⁴に)出場する, (レースで記録⁴を)出す. ein Rennen⁴ *fahren* (自動車などの)レースに出る / die beste Zeit⁴ *fahren* 最高記録を出す. ④ (h) 〔工〕(機械などを⁴)操作する, 動かす. ⑤ (h)《隠語》(作業など⁴を)やり抜く.

III 再帰 (完了 haben) *sich*⁴ *fahren* (乗り物の)運転のぐあいが…である. Der Wagen *fährt sich* leicht. その車は運転しやすい. ◇[非人称の **es** を主語として] Auf dieser Straße *fährt* es *sich* gut. この道は[車が]走りやすい.

▶ **fahren|lassen**

類語 **fahren**: (車をある場所や方向に向けて)運転する, ドライブする. **steuern**: (乗り物をハンドル・舵で思いどおりに)操縦する. **lenken**: (乗り物や馬などをしかるべき方向へ)操る, 操縦する. Ich *lenkte* den Wagen in eine Nebenstraße. 私は車をうまく運転してわき道へ入った.

— 使ってみよう —
中央駅まで行きたいのですが.
　Ich möchte zum Hauptbahnhof.
このバスは大学に行きますか.
　Fährt dieser Bus zur Universität?
この路面電車はどこ行きですか.
　Wohin fährt diese Straßenbahn?
切符はどこで買うのですか.
　Wo bekommt man eine Fahrkarte?
ベルリンへの2等切符を1枚ください.
　Einmal nach Berlin, zweiter Klasse, bitte!

fah·rend [ファーレント] **I** ⇒fahren (乗り物で行く)の現分 **II** 形 ① 動いている(列車など). ② 《史》遍歴の. ein *fahrender* Sänger 吟遊詩

人. ③《法》動産の. *fahrendes* Gut 動産.

Fah·ren·heit [ふァーレンハイト fáːrənhaɪt]《物》(寒暖計の)華氏(ｶ)(記号: F). 32°F (= zweiunddreißig Grad *Fahrenheit*) 華氏 32 度 (ドイツの物理学者 Daniel Gabriel *Fahrenheit* 1686-1736 の名から. 32°F=0°C, 212°F=100°C).

fah·ren|las·sen*, fah·ren las·sen* [ふァーレン・ﾗｯｾﾝ fáːran-làsən] (過分 fahren[ge]lassen / fahren [ge]lassen) 他 (h) ① (手から)放す. ② (計画など⁴を)放棄する, (地位など⁴を)あきらめる. ③ 『成句的に』einen [Wind] *fahren lassen*《俗》おならをする.

der **Fah·rer** [ふァーらァ fáːrɚr] 男 (単 2) -s/(複) - (3 格のみ -n) (自動車などの)運転者, ドライバー; (職業として:)運転手. (英 *driver*). ein sicherer *Fahrer* 腕の確かなドライバー / Bitte nicht mit dem *Fahrer* sprechen! (バス・電車内の掲示で:)運転手に話しかけないでください.

Fah·rer﹅flucht [ふァーらァ・ふるフト] 女 -/ ひき逃げ.

Fah·re·rin [ふァーレリン fáːrərɪn] 女 -/-rin-nen (女性の)運転手, ドライバー.

Fahr﹅er·laub·nis [ふァール・エァらオプニス] 女 -/..nisse《官庁》(自動車の)運転免許[証].

Fahr﹅gast [ふァール・ガスト] 男 -[e]s/..gäste 乗客, 旅客.

Fahr﹅geld [ふァール・ゲルト] 中 -[e]s/-er 運賃. *Fahrgeld*⁴ abgezählt bereithalten! (掲示で:) 運賃はおつりのいらないように願います.

Fahr﹅ge·le·gen·heit [ふァール・ゲレーゲンハイト] 女 -/-en 乗り物の便, 交通手段.

Fahr﹅ge·stell [ふァール・ゲシュテる] 中 -[e]s/-e (自動車などの)車台, シャーシー.

fah·rig [ふァーリヒ fáːrɪç] 形 落ち着きのない;《比》そわそわ(せかせか)した, 注意散漫な.

die **Fahr﹅kar·te [ふァール・カルテ fáːr-kartə] 女 (単) -/(複) -n (特に列車の)乗車券, 切符; 乗船券. (英 *ticket*). Rückfahrkarte 往復乗車券 / eine *Fahrkarte*⁴ lösen 乗車券を買う / Die *Fahrkarten* bitte! (車掌のせりふ:)乗車券を拝見させていただきます.

Fahr·kar·ten﹅au·to·mat [ふァールカルテン・アオトマート] 男 -en/-en (乗り物)券売機.

Fahr·kar·ten﹅schal·ter [ふァールカルテン・シャるタァ] 男 -s/- 乗車券売場, 出札口.

Fahr﹅kos·ten [ふァール・コステン] 複 交通費, 旅費.

fahr﹅läs·sig [ふァール・れスィヒ] 形 不注意な, 軽率な, うかつな. *fahrlässige* Tötung《法》過失致死.

Fahr﹅läs·sig·keit [ふァール・れスィヒカイト] 女 -/-en 不注意, 軽率;《法》過失. aus *Fahrlässigkeit* 不注意から.

Fahr﹅leh·rer [ふァール・れーラァ] 男 -s/- (自動車学校の)指導員. (女性形: -in).

der **Fahr﹅plan** [ふァール・プラーン fáːrplaːn] 男 (単 2) -[e]s/(複) ..pläne [..プれーネ] (3 格のみ ..plänen) ① (列車などの)時刻表, ダイヤ. (英 *timetable*). Sommer*fahrplan* 夏のダイヤ. ②《口語》予定, 計画.

fahr﹅plan﹅mä·ßig [ふァールプラーン・メースィヒ] 形 ダイヤ(時刻表)どおりの, 定時の.

Fahr﹅pra·xis [ふァール・プラクスィス] 女 -/ 運転経験.

Fahr﹅preis [ふァール・プライス] 男 -es/-e 運賃.

Fahr﹅prü·fung [ふァール・プリューふング] 女 -/-en 運転免許試験.

‡*das* **Fahr﹅rad** [ふァール・ラート fáːr-raːt] 中 (単 2) -[e]s / (複) ..räder [..レーダァ] (3 格のみ ..rädern) 自転車. (英 *bicycle*). *Fahrrad*⁴ (または auf einem *Fahrrad*) fahren 自転車に乗る / Ich bin mit dem *Fahrrad* da. 私は自転車で来ました.

Fahr﹅rä·der [ふァール・レーダァ] ‡Fahrrad (自転車)の複.

Fahr﹅rin·ne [ふァール・リンネ] 女 -/-n (水深の浅い川や海に作られた)航路, 水路.

der **Fahr﹅schein** [ふァール・シャイン fáːr-ʃaɪn] 男 (単 2) -[e]s/(複) -e (3 格のみ -en) (特にバス・市電などの)乗車券, 切符 (=Fahrkarte). (英 *ticket*). die *Fahrscheine*⁴ entwerten 切符にパンチを入れる.

Fahr﹅schu·le [ふァール・シューれ] 女 -/-n 自動車学校(教習所).

Fahr﹅schü·ler [ふァール・シューらァ] 男 -s/- 自動車学校(教習所)の生徒, 運転教習生. (女性形: -in).

Fahr﹅spur [ふァール・シュプーァ] 女 -/-en 車線, レーン (白線で区切られた車道).

*****fährst** [ふェーァスト fέːrst] ‡fahren (乗り物で行く)の 2 人称親称単数 現在. *Fährst* du heute mit dem Auto? 君はきょうは車で行くの?

der **Fahr﹅stuhl** [ふァール・シュトゥーる fáːr-ʃtuːl] 男 (単 2) -[e]s/(複) ..stühle [..シュテューれ] (3 格のみ ..stühlen) ① エレベーター (=Aufzug). (英 *elevator*). Bitte benutzen Sie den *Fahrstuhl*! どうぞエレベーターをご利用ください / mit dem (または im) *Fahrstuhl* fahren エレベーターで行く. ② 車いす.

Fahr﹅stun·de [ふァール・シュトゥンデ] 女 -/-n (自動車教習所の)教習時間.

*die **Fahrt** [ふァールト fáːrt] 女 (単) -/(複) -en ① 《複 なし》(乗り物での)走行, 航行, (乗り物の)進行. (英 *drive*). Der Zug hat freie *Fahrt*. その列車には青信号が出ている / die *Fahrt*⁴ unterbrechen 途中下車する / nach drei Stunden *Fahrt* 3 時間走ったのちに / Während der *Fahrt* nicht aus dem Fenster lehnen! (車内の掲示で:)走行中は窓から身をのり出さないでください.

② (乗り物での)旅行, ドライブ. Auto*fahrt* ドライブ / Gute *Fahrt*! (乗り物で出かける人に:)気をつけて行ってらっしゃい / auf der *Fahrt* nach Berlin ベルリンへの旅の途中に / eine *Fahrt* ins Blaue あてどない旅. (☞ 類語 Reise).

③ (数日間にわたる)徒歩旅行. auf *Fahrt*

gehen （若者がテントを持って）徒歩旅行に出かける. ④ （乗り物の）走行速度. die *Fahrt*[4] beschleunigen (verlangsamen) 速度を上げる（落とす） / **in voller** *Fahrt* 全速力で / **in** *Fahrt* **kommen** (または **geraten**)《口語・比》a) （気分的に）勢いづく, b) 腹を立てる, 怒る. ⑤ （坑）（立て坑用の）はしご. ⑥《海》航行区域.

fährt [ふェーァト fέːrt] ＋fahren（乗り物で行く）の3人称単数 直在. Er *fährt* heute mit dem Bus in die Stadt. 彼はきょうバスで町へ行く.

Fähr·te [ふェーァテ fέːrtə] 囡 -/-n ①《狩》（獣の）足跡, 臭跡 (にぉぃ). **eine** *Fährte*[4] **verfolgen** 足跡を追う. ②《比》（追究の）手がかり. **auf der falschen** *Fährte* **sein** 見当違いをしている.

Fahr·ten·buch [ふァールテン・ブーフ] 中 -[e]s/..bücher ① 運転日誌. ② 旅行日誌.

Fahrt＝rich·tung [ふァールト・リヒトゥング] 囡 -/-en （乗り物の）進行方向.

fahr＝tüch·tig [ふァール・テュヒティヒ] 形 （人・乗り物が）運転可能な状態にある.

Fahr＝ver·bot [ふァール・フェァボート] 中 -[e]s/-e （自動車運転の）免許停止, 免停.

Fahr＝was·ser [ふァール・ヴァッサァ] 中 -s/ （水深の浅い川や海に作られた）航路, 水路. **in** [**ein**] **politisches** *Fahrwasser* **geraten**《比》（議論などが）政治色を帯びてくる / **in seinem** (または **im richtigen**) *Fahrwasser* **sein**《口語・比》得意な領域にある, 水を得た魚のようである.

Fahr·zeit [ふァール・ツァイト] 囡 -/-en 運転（走行）時間, 乗車時間, 飛行（航行）時間.

das **Fahr·zeug** [ふァール・ツォイク fáːrtsɔyk] 中 (単2) -[e]s/(複) -e （3格のみ -en）乗り物.《英》vehicle. **ein** *Fahrzeug* **mit Elektromotor** 電動機付きの乗り物.

Fahr·zeug·hal·ter [ふァールツォイク・ハルタァ] 男 -s/- 《法》（自動車などの）車両保有者.（女性形: -in）.

Fai·ble [ふェーブる fέːbl] 【仏】中 -s/-s 愛好, 偏愛; 弱味. **ein** *Faible*[4] **für** 人・物[4] **haben** 人・物[4]がたまらなく好きである.

fair [ふェーァ fέːr] [英] 形 フェアな, 公正な. **ein** *faires* **Spiel**《スポ》フェアプレー.

Fair·ness [ふェーァネス fέːrnɛs] [英] 囡 -/ 公正な態度, フェアなこと.《スポ》フェアプレー.

Fair＝play, Fair Play [ふェーァ・プれー] [英] 中 -/ フェアプレー.

fä·kal [ふェカーる fεkáːl]《医》排泄（はいせつ）物の.

Fä·ka·li·en [ふェカーリエン fεkáːliən] 複《医》排泄（はいせつ）物,（特に）糞尿（ふんにょう）.

Fa·kir [ふァーキーァ fáːkiːr] 男 -s/-e ①（イスラム教国・インドの）行者, 托鉢（たくはつ）僧. ②（行者の格好をした）奇術師.

Fak·si·mi·le [ふァクズィーミれ fakzíːmile] 中 -s/-s ファクシミリ, 写真技術による〔古〕文書の複写, 復刻.

Fak·ta [ふァクタ] Faktum（事実）の 複.

Fak·ten [ふァクテン] Faktum（事実）の 複.

fak·tisch [ふァクティッシュ fáktɪʃ] I 形 事実上の, 実際の. II 副 ① 本当に, 実際. **Es ist** *faktisch* **unmöglich.** それは本当に不可能だ. ②《はっ·口語》ほとんど.

der **Fak·tor** [ふァクトァ fáktɔr] 男 (単2) -s/(複) -en [..トーレン] ① ファクター, 要因;《生》遺伝[因]子;《数》因数;《化》因子, 力価.《英》factor. **ein entscheidender** *Faktor* 決定的な要因. ②（印刷所などの）職工長, 係長.

Fak·to·ren [ふァクトーレン] Faktor（ファクター）の 複.

Fak·to·tum [ふァクトートゥム faktóːtum] 中 -s/-s (または ..toten) 信頼がおけて何でもこなす執事, 家政婦, ベテラン社員.

Fak·tum [ふァクトゥム fáktum] 中 -s/Fakten (または Fakta) 事実, 現実.

Fak·tur [ふァクトゥーァ faktúːr] 囡 -/-en《商》送り状, 納品書, インボイス.

die **Fa·kul·tät** [ふァクるテート fakultέːt] 囡 (単) -/(複) -en ①（大学の）学部.《英》faculty. **die juristische** *Fakultät* 法学部 / **Er studiert an der philosophischen** *Fakultät*. 彼は哲学部（文学部）で学んでいる / **von der anderen** *Fakultät* **sein**《口語》a) 思想（主義）が異なる, b)（総称として:）学部構成員（教授と学生たち）. ③《数》階乗.

fa·kul·ta·tiv [ふァクるタティーふ fakultatiːf または ..ティーふ] 形 任意の, 自由選択の（科目など）.《スイス》「義務的な, 必修の」は obligatorisch.

falb [ふァるプ fálp] 形《雅》淡黄色の, 黄灰色の.

Fal·ke [ふァるケ fálkə] 男 -n/-n ①《鳥》ハヤブサ（隼）, タカ（鷹）. ②《ふつう 複》《政》タカ派［の政治家］.《反》「ハト派の政治家」は Taube.

Falk·ner [ふァるクナァ fálknər] 男 -s/- 《狩》鷹匠（たかじょう）.（女性形: -in）.

der **Fall**[1] [ふァる fál] 男 (単2) -es (まれに -s)/(複) Fälle [ふェれ] （3格のみ Fällen） ① 場合, 事例, ケース; 事情, 事態.《英》case. **Not**fall 緊急の場合 / **ein ungewöhnlicher** *Fall* 異常事態 / **Das ist nicht der** *Fall*. それは実情とは違う / **Sie ist nicht gerade mein** *Fall*. 彼女は必ずしも私の好みではない / **Klarer** *Fall*! もちろんだとも, 当然だよ / **Gesetzt den** *Fall*, **dass** ...…の場合には, ...と仮定すれば.

◇〖前置詞とともに〗**auf jeden** *Fall* どんなことがあっても / **auf alle** *Fälle* **a)** どんなことがあっても, **b)** 念（用心）のために / **auf keinen** *Fall* 決して…でない / **für alle** *Fälle* 万一の場合に備えて / **für diesen** *Fall* こういう場合に備えて / **in jedem** *Fall* いずれにしても / **im schlimmsten** *Fall* 最悪の場合には / **im** *Fall*, **dass** ... …の場合には / **von** *Fall* **zu** *Fall* ケースバイケースで. ②《法》〖訴訟〗事件, 判例. ③《医》症例［患者］. **ein schwerer** *Fall* 重度の症例. ④《言》格（＝Kasus）. **Das Deutsche hat vier** *Fälle*. ドイツ語には四つの格がある.

Fall[2] [ふァる] 男 -es (まれに -s)/ ① 落下, 降下, 墜落. **Wasser**fall 滝 / **der** *Fall* **des Wasser-**

stands 水位の低下 / der freie *Fall*《物》《物体の》自由落下. ② 転倒; 挫折(ホっ). beim *Fall* 転んだときに / zu *Fall* kommen a)《雅》転倒する, b) 挫折(失脚)する / 人⁴ zu *Fall* bringen a)《雅》人⁴を転倒させる, b) 人⁴を破滅させる.

Fall⋄beil [ふぁる・バイる] 田 -[e]s/-e 断頭台, ギロチン.

Fall⋄brü・cke [ふぁる・ブリュッケ] 囡 -/-n (城塞(;ミぃ)の堀などに架かる)はね橋, つり上げ橋.

Fal・le [ふぁれ fálə] 囡 -/-n ① わな, 落とし穴; 《比》策, 計略. ein Tier⁴ **in**（または **mit**）einer *Falle* fangen 獣をわなで捕える / 人³ eine *Falle* stellen 人³を陥れる / 人⁴ in eine *Falle* locken 人⁴を陥れようとする / 人³ in die *Falle* gehen 人³の計略にはまる. ②《俗》ベッド, 寝床. in die *Falle* gehen 就寝する. ③ (錠の)ばねかんぬき;（スィఇ）ドアノブ.

Fäl・le [ふぇれ] ＊Fall¹ (場合)の覆

＊**fal・len**＊ [ふぁれン fálən]

落ちる

Im Herbst *fallen* die Blätter.
イム ヘルプスト ふぁれン ディ ブれッタァ
秋には木の葉が落ちる.

人称	単	複
1	ich falle	wir fallen
2	｛du **fällst**	｛ihr fallt
	｛Sie fallen	｛Sie fallen
3	er **fällt**	sie fallen

(fiel, *ist* ... gefallen) 自 (完了 sein) ① 落ちる, 落下する; 倒れる, 転倒する. (英 *fall*). Der Vorhang *fällt*.（劇場の）幕が下りる / Regen (Schnee) *fällt*. 雨(雪)が降る / Vorsicht, *fall* nicht! 気をつけて, 転ぶなよ.

◇〖前置詞とともに〗Die Erbschaft *fiel* an seine Schwester. 遺産は彼の妹のものになった / Er *fiel* **auf** den Boden（または **zu** Boden）. 彼は地面に倒れた / Das Messer *fiel* mir **aus** der Hand. 私の手からナイフが落ちた / **durch** die Prüfung *fallen*《口語》試験に落ちる / Das Kind *fiel* **in** den Bach. 子供が小川に落ちた / **über** einen Stein *fallen* 石につまずいて転ぶ / Die Äpfel *fallen* **vom** Baum. りんごが木から落ちる.

◇〖lassen とともに〗Das Kind *ließ* die Tasse *fallen*. その子はカップを落とした / Erschöpft *ließ* ich mich aufs Bett *fallen*.《口語》疲れ果てて私はベッドに倒れこんだ.

② (温度・水位・価格などが)下がる, 低くなる. (メモ「上がる」は steigen). Die Temperatur *fällt*. 気温が下がる / Die Kurse *fallen*. 相場が下がる.

③〖方向を表す語句とともに〗(…へ)さっと動く, 飛びつく. Er *fiel* vor ihr **auf** die Knie. 彼は彼女の前にひざまずいた / 人³ **in** den Arm *fallen* 人³の腕をつかんで制止する / Die Tür *fiel* ins Schloss. ドアがばたんと閉まった / 人³ **um** den Hals *fallen* 人³の首に抱きつく / 人³ **zu** Füßen *fallen* 人³の足もとにひれ伏す.

④ 戦死する;《狩》（動物が）死ぬ;（都市などが）陥落する. Er *ist* im letzten Krieg *gefallen*. 〖現在完了〗彼はこの前の戦争で戦死した.

⑤（障害などが）なくなる,（制度などが）廃止になる. Das Tabu *ist* jetzt *gefallen*. 〖現在完了〗そのタブーは今は消滅した.

⑥（言葉などが）発せられる;（決定などが）下される,（発砲などが）なされる. In der Sitzung *fielen* scharfe Worte. 会議では激しい言葉が飛び交った / Plötzlich *fiel* ein Schuss. 突然1発の銃声がした.

⑦（髪・布などが）たれ下がっている. Das Haar *fällt* ihm bis **auf** die Schultern. 彼の髪は肩までたれている.

⑧〖方向を表す語句とともに〗（光などが…へ）差し込む, 当たる;（視線・疑いなどが…へ）向けられる. Ein Sonnenstrahl *fällt* **ins** Zimmer. 日光が部屋に差し込んでいる / Der Verdacht *fiel* auf ihn. 嫌疑が彼にかかった.

⑨〖**auf**（または **in**）単⁴ ～〗（日付などが単⁴(ある日・時期)に)当たる, かち合う. Weihnachten *fällt* dieses Jahr auf einen Freitag. クリスマスは今年は金曜日に当たる / In diese Zeit *fallen* die Hauptwerke des Dichters. この詩人の主要な作品はこの時期に書かれている.

⑩〖**in**（または **unter**）単⁴ ～〗（単⁴に)属する. Das *fällt* in（または unter）dieselbe Kategorie. それは同じ範疇(はんちゅう)に属する.

⑪〖**in** 単⁴ ～〗（単⁴(ある状態)に)なる, 陥る. in 単⁴ *fallen*《比》単⁴という状態に陥る ⇒ Er *fiel* in Ohnmacht. 彼は気を失った / in tiefen Schlaf *fallen* 深い眠りに落ちる.

◇☞ **gefallen**
▶ **fallen|lassen**

fäl・len [ふぇれン félən] 他 (h) ① (木⁴を)切り倒し, 伐採する. ② 《軍》（銃剣など⁴を)構える. die Lanze⁴ *fällen*（攻撃のために）槍(サラ)を構える. ③ (判断・判決⁴を)下す. ein Urteil⁴ *fällen* 判決を下す / eine Entscheidung⁴ *fällen* 決定する. ④《数》(垂線⁴を)下ろす;《化》沈殿させる.

fal・len|las・sen＊, **fal・len las・sen**＊ [ふぁれン・らッセン 過分 fallen|ge|las-sen / fallen [ge]lassen] 他 (h) ① (計画・意図など⁴を)放棄する, 断念する. ②（友人など⁴を)見捨てる. ③（言葉⁴を)もらす, 口走る.

Fall⋄ge・setz [ふぁる・ゲゼッツ] 田 -es/《物》落下の法則.

Fall⋄gru・be [ふぁる・グルーベ] 囡 -/-n《狩》落とし穴;《比》策略.

fäl・lig [ふぇりヒ féliç] 形 ① 支払期限に達した, 満期の. Die Miete ist am ersten Tag des Monats *fällig*. 家賃の支払いは月の第1日目です. ② 行われるはずの, [とっくに]行われるべき. ③ 到着予定の.

Fäl・lig・keit [ふぇりヒカイト] 囡 -/-en《経》支

払期日, (債務返済などの)満期.

Fall⹀obst [ふァる・オープスト] 中 -[e]s/ (風・虫などのために)落ちた果実.

Fall⹀out, Fall-out [ふォーる・アオト] [英] 男 -s/-s (物)(核爆発による)放射性降下物, 死の灰.

Fall⹀reep [ふァる・レープ] 中 -[e]s/-e (海)(船の)舷梯(げんてい), タラップ.

falls [ふァるス fáls] 接 (従属接続詞; 動詞の人称変化形は文末) ① …の場合には, もし…ならば (=wenn). *Falls* das Wetter schön ist, wollen wir einen Ausflug machen. 天気が良ければ遠足に行こう. ②(口語)…の場合に備えて. Nimm den Schirm mit, *falls* es regnet! 雨に備えて傘を持って行きなさい.

Fall⹀schirm [ふァる・シルム] 男 -[e]s/-e パラシュート, 落下傘. den *Fallschirm* öffnen パラシュートを開く / mit dem *Fallschirm* ab|springen パラシュートで降下する.

Fall·schirm⹀jä·ger [ふァるシルム・イェーガァ] 男 -s/- (軍)落下傘部隊員. (女性形: -in).

Fall·schirm⹀sprin·ger [ふァるシルム・シュプりンガァ] 男 -s/- ① (軍)落下傘部隊員.(女性形: -in). ② スカイダイバー.

Fall·schirm⹀trup·pe [ふァるシルム・トルッペ] 女 -/-n (軍)落下傘(空挺)部隊.

fällst [ふェるスト] ＊fallen (落ちる), fällen (切り倒す)の2人称親称単数 現在

Fall⹀strick [ふァる・シュトリック] 男 -[e]s/-e わな, 落とし穴. ein Examen voller *Fallstricke*² 落とし穴のいっぱいある試験 / 人³ *Fallstricke*⁴ legen (比)人³を陥れる.

Fall⹀stu·die [ふァる・シュトゥーディエ] 女 -/-n ケーススタディー, 事例研究.

fällt [ふェるト] ＊fallen (落ちる), fällen (切り倒す)の3人称単数 現在

Fall⹀tür [ふァる・テューァ] 女 -/-en ① (天井などのはね上げ戸, (床の)落とし戸, ハッチ. ② (落とし穴用の)落とし戸.

＊＊**falsch** [ふァるシュ fálʃ]

間違った
Die Rechnung ist *falsch*.
ディ レヒヌンク イスト ふァるシュ
勘定が間違っている.

形 ① 間違った, 誤りの. (英 wrong). (△「正しい」は richtig). *falsche* Lösung einer Aufgabe² ある問題の誤答 / einen *falschen* Weg ein|schlagen 間違った道を行く / Deine Antwort ist *falsch*. 君の答えは間違っている. ◇(副詞的に) Das hast du *falsch* verstanden. 君はそれを誤解した / *falsch* singen 調子はずれに歌う / ein Wort⁴ *falsch* schreiben ある単語のつづりを間違える / Seine Uhr geht *falsch*. 彼の時計は狂っている / Ich bin *falsch* verbunden. [状態受動・現在](電話で:)かけ間違えました. ◇(名詞的に) an den *Falschen* (または

an die *Falsche*) geraten (問題などを)お門違いのところへ持っていく.

② 不適当な, 見当違いの. *falsche* Bescheidenheit 場違いな遠慮.

③ 偽の, 模造の, 偽造の; 人工の. (△「本物の」は echt). *falsche* Zähne 義歯 / *falsche* Haare かつら / *falscher* (または *Falscher*) Hase (料理)ミートローフ / Dieser Ausweis ist *falsch*. この身分証明書は偽物だ.

④ 不誠実な, 不実な; ごまかしの. ein *falscher* Freund 不実な友人 / *falsch* lächeln 作り笑いを浮かべる. ⑤(方)怒った, 激怒した. 人⁴ *falsch* machen 怒らせる / auf 人⁴ *falsch* sein 人⁴に腹を立てている.

fäl·schen [ふェるシェン félʃən] 他 (h) (貨幣・文書など⁴を)偽造(模造)する; (事実など⁴を)ゆがめる. einen Pass *fälschen* パスポートを偽造する. ◇(過去分詞の形で) mit *gefälschtem* Scheck zahlen 偽造小切手で支払う.

Fäl·scher [ふェるシャァ félʃər] 男 -s/- 偽造(模造)者.(女性形: -in).

Falsch⹀geld [ふァるシュ・ゲるト] 中 -[e]s/-er 偽金, 偽造貨幣.

Falsch·heit [ふァるシュハイト] 女 -/ ① 偽り, 虚偽;(哲)誤謬. ② 不(誠)実, 悪意, 底意.

fälsch·lich [ふェるシュリヒ] 形 間違った, 誤った; 偽りの.

fälsch·li·cher·wei·se [ふェるシュリヒァァ・ヴァイゼ] 副 間違って, 誤って.

Falsch⹀mel·dung [ふァるシュ・メるドゥンク] 女 -/-en 誤報, 虚報.

Falsch⹀mün·zer [ふァるシュ・ミュンツァァ] 男 -s/- 偽金造り, 貨幣偽造者.(女性形: -in).

Falsch⹀spie·ler [ふァるシュ・シュピーらァ] 男 -s/- いかさまとばく師.(女性形: -in).

Fäl·schung [ふェるシュンク] 女 -/-en ①(ふつう 単)(貨幣・文書などの)偽造. ② 偽造(模造)品, 偽造文書, 偽物.

Fal·sett [ふァるゼット falzét] 中 -[e]s/-e (ふつう 単)(音楽)ファルセット, 裏声.

Fal·si·fi·kat [ふァるズィふィカート falzifikáːt] 中 -[e]s/-e 偽造品, 模造品.

Falt⹀boot [ふァるト・ボート] 中 -[e]s/-e 折りたたみ式ボート.

Fal·te [ふァるテ fáltə] 女 -/-n ①(布・紙などの)折り目, しわ, ひだ. die *Falten*⁴ aus|bügeln アイロンでしわを伸ばす / die *Falten*⁴ glätten しわを伸ばす / *Falten*⁴ schlagen (または werfen) しわになる / Stoff⁴ in *Falten* legen 布にひだをつける. ②(顔などの)しわ. die Stirn⁴ in *Falten* legen (または ziehen) 額にしわを寄せる. ③(地学)褶曲(しゅうきょく).

fäl·teln [ふェるテるン félteln] 他 (物⁴に)細かい折り目(ひだ)をつける.

fal·ten [ふァるテン fáltən] du faltest, er faltet (faltete, *hat* ... gefaltet) 他 (英 fold). ① 折りたたむ, 折る. (英 fold). einen Brief *falten* 手紙を折りたたむ. ②(手など⁴を)組み合わせる. die Hände⁴ *falten* 両手を組み合わせる.

◇《過去分詞の形で》mit *gefalteten* Händen beten 両手を組み合わせて祈る. ③ (額⁴に)しわを寄せる. die Stirn⁴ *falten* 額にしわを寄せる. ◇《再帰的に》*sich⁴ falten* しわが寄る.

fal·ten⇗los [ふァるテン・ロース] 形 ひだ(折り目)のない, しわのない.

Fal·ten⇗rock [ふァるテン・ロック] 男 -[e]s/..röcke プリーツスカート.

Fal·ten⇗wurf [ふァるテン・ヴルふ] 男 -[e]s/ (衣服・カーテンなどの)ひだ取り.

Fal·ter [ふァるタァ fáltər] 男 -s/- 《昆》鱗翅(º⁄ºˡ)類; ちょう類.

fal·te·te [ふァるテテ] falten (折りたたむ)の過去

fal·tig [ふァるティヒ fáltɪç] 形 ① ひだ(しわ・折り目)のある. ② しわの寄った(額・顔など).

..fäl·tig [..フェるティヒ ..fɛltɪç] 《形容詞をつくる 接尾》(…倍の・…重の. 例: dreißig*fältig* 30倍の / viel*fältig* 多様な.

Fal·tung [ふァるトゥング] 女- / - ひだ(折り目)をつけること.

Falz [ふァるツ fálts] 男 -es/-e ① 《製本》折り目; (表紙と背の間の)溝. ② 《建》(板と板との継ぎ目の)さねはぎ. ③ 《工》(金属板などの)折り目, 継ぎ目.

fal·zen [ふァるツェン fáltsən] 動 (h) ① 《製本》(紙⁴を)折る. ② (板⁴などに)さね継ぎの溝を彫る; (ブリキなど⁴をたたみ折りで継ぐ. ③ (皮⁴を)裏削りして平らにする.

Fam. [ふァミーリエ] 《略》家族, …家 (=Familie).

Fa·ma [ふァーマ fá:ma] I -/ 《ロ⁻神》ファーマ(うわさの女神). II 女- / うわさ, 評判.

fa·mi·li·är [ふァミリエーァ familiéːr] 形 ① 家族の, 家庭の. *familiäre* Angelegenheiten 家庭内の事情. ② 親しい, 打ち解けた; なれなれしい. Sie wurden ziemlich *familiär* miteinander. 彼らは互いにずいぶん親しくなった.

‡*die* **Fa·mi·lie** [ふァミーリエ famíːliə]

> 家族; 家庭
> Haben Sie *Familie*?
> ハーベン ズィー ファミーリエ
> ご家庭がおありですか.

因 (単) -/(複) -n ① **家族, 家庭, 一家; 一族, 家柄**. (英 *family*). (☞「ドイツ・ミニ情報 10」, 下段). *Familie* Schmidt シュミット家 / die Heilige *Familie* 聖家族(マリアとヨゼフと幼児イエス) / eine glückliche *Familie* 幸せな家庭 / eine alte *Familie* 古い家柄 / Wir sind eine große *Familie*. わが家は大家族だ / eine vierköpfige *Familie* 4人家族 / eine *Familie*⁴ gründen 家庭を築く, 結婚する / Meine *Familie* wohnt in der Schweiz. 私の家族はスイスに住んでいます (注意 所有冠詞をつけるとふつう配偶者と子供を意味する) / aus guter *Familie* sein 良家の出である / Dieses Talent liegt in der *Familie*. この才能は一家の血筋だ / Das bleibt in der *Familie*.《口語》これはうちうちのことだ(ここだけの話だ) / Das kommt in den besten *Familien* vor. それはだれにだって起こりうることだ, そんなに気にすることはない.

② 《生》(動物・植物の)科.

> 注意 家族を表す語のいろいろ: (圏:) die **Großeltern** 祖父母 / der **Großvater** 祖父 / die **Großmutter** 祖母 / (圏:) die **Eltern** 両親 / der **Vater** 父 / die **Mutter** 母 / das **Kind** 子供 / der **Sohn** 息子 / die **Tochter** 娘 / der **Bruder** 兄(弟) / die **Schwester** 姉(妹) / (ふつう圏で:) die **Geschwister** 兄弟姉妹 / der **Enkel** 孫

Fa·mi·li·en⇗an·ge·hö·ri·ge[r] [ふァミーリエン・アンゲヘーリゲ (..ガァ)] 男 女《語尾変化は形容詞と同じ》家族[の一員].

Fa·mi·li·en⇗an·ge·le·gen·heit [ふァミー

ドイツ・ミニ情報 10

家庭 Familie

1968年当時全盛であった学生運動において中心的な役割を果たした学生団体・議会外野党 (APO) は, 権威主義を否定し, 既成概念を打破しなければ社会を変えられないと主張した. それ以来ドイツでは結婚に対する意識も大きく変化し, 未婚の男女の同棲がかなり一般化した. 未婚のまま長年一緒に暮らし, そろそろ家庭を築こうかという気持ちになると, 児童福祉手当や税金面で結婚していたほうが有利なため, 婚姻届を出すケースがよく見られる.

パートナーは自分で探すのがふつうで, お見合いの習慣はない. 学歴や家柄にこだわらず, 自分がいいと思った人と暮らし始めるので, さまざまな組み合わせのカップルがいる. 青少年も10代後半ともなると, 社会的に成人と同じ扱いを受け, 子供の異性関係に親が介入することもなくなる. 異性と知り合う機会になかなか恵まれず, 自分を最大限にアピールした求婚広告を新聞に出す人もいるが, 広告が功を奏して結婚に至る確率はそれほど高くない.

結婚しない男女が増えた結果, 少子化にますます拍車がかかり, 一方で核家族も当たりまえになっている. 農家などの大家族を除けば結婚後も親と同居する人はまれで, 親は老いても老人養護施設や一人で暮らすことがほとんどである. しかし, 長期滞在をして互いに訪問し合ったり, 連絡を欠かさず取り合ったりしており, 別居のほうがお互いの生活を尊重しながらいい家族関係を保てると考える人が多いようだ.

リエン・アンゲれーゲンハイト] 囡 -/-en 家庭の事情, 私事.

Fa·mi·li·en⹀an·schluss [ふァミーリエン・アンシュるス] 男 -es/ (使用人・下宿人などの)家族同様の待遇.

Fa·mi·li·en⹀auf·ent·halt [ふァミーリエン・アオふエントはルト] 男 -[e]s/ ホームステイ.

Fa·mi·li·en⹀be·trieb [ふァミーリエン・ベトリープ] 男 -[e]s/-e 家族経営店(会社).

Fa·mi·li·en⹀kreis [ふァミーリエン・クライス] 男 -es/ 一家(の人々), 内輪(ゔち).

Fa·mi·li·en⹀le·ben [ふァミーリエン・れーベン] 中 -s/ 家庭生活.

*der **Fa·mi·li·en⹀na·me** [ふァミーリエン・ナーメ famí:liən-na:mə] 男 (単2) -ns; (単3·4) -n/(複) -n 姓, 名字, 家族名. (〈メモ「姓(に対する)名」は Vorname). Wie ist Ihr *Familienname*? あなたの姓はなんと言いますか.

Fa·mi·li·en⹀pla·nung [ふァミーリエン・プらーヌング] 囡 -/-en 家族計画.

Fa·mi·li·en⹀stand [ふァミーリエン・シュタント] 男 -[e]s/ 配偶状況(未婚・既婚・離婚などの区別).

Fa·mi·li·en⹀va·ter [ふァミーリエン・ふァータァ] 男 -s/..väter (家長としての)父親, 一家の長.

Fa·mi·li·en⹀zu·sam·men·füh·rung [ふァミーリエン・ツザンメンふューるング] 囡 -/-en (戦争などで離れ離れになった)家族の再会.

fa·mos [ふァモース famó:s] 形 《口語》すばらしい, すてきな.

Fan [ふェン fén] [英] 男 -s/-s ファン, 熱狂的愛好者. Sport*fan* スポーツファン / begeisterte *Fans* 熱狂したファンたち.

Fa·nal [ふァナーる faná:l] 中 -s/-e 《雅》(変革・変化などの)のろし, 先駆け, 指標.

Fa·na·ti·ker [ふァナーティカァ faná:tikɐ] 男 -s/- 狂信者, 熱狂的な愛好者. (女性形: -in).

fa·na·tisch [ふァナーティッシュ faná:tɪʃ] 形 狂信的な, 熱狂的な.

Fa·na·tis·mus [ふァナティスムス fanatísmus] 男 -/ 狂信, 熱狂.

fand [ふァント] ‡finden (見つける)の過去

fän·de [ふェンデ] ‡finden (見つける)の接2

Fan·fa·re [ふァンふァーレ fanfá:rə] 囡 -/-n 《音楽》① ファンファーレ[の演奏・曲]. ② ファンファーレ用トランペット.

Fang [ふァング fáŋ] 男 -[e]s/Fänge ① 〖複なし〗捕獲, 猟, 漁; 獲物; 《比》成果. einen guten *Fang* machen (または tun) 大猟(大漁)である / auf *Fang* aus|gehen 猟(漁)に出る. ② 〖複なし〗《狩》(獣・犬の)口; 〖ふつう複〗《狩》(獣・犬の)歯; (いのししなどのきば; 〖複〗《鷲》などの)爪(ゔめ)[のある足]. ③ 《狩》とどめの一発.

Fang⹀arm [ふァング・アルム] 男 -[e]s/-e 〈動〉(クラゲ・イカなどの)触手.

fan·gen* [ふァンゲン fáŋən] du fängst, er fängt (fing, hat ... gefangen) **I** 他 〈定了 haben〉① (人・動物などを捕まえる, 捕らえる, 捕獲する; 《比》魅了する. (英 catch). Die Katze *fängt* keine Mäuse mehr. この猫はもうねずみを捕まえない / Die Polizei *fing* den Dieb sehr schnell. 警察は泥棒をすぐに捕まえた / Fische⁴ *fangen* 魚をとる / Feuer⁴ *fangen* a) 引火する, 燃え出す, b) 《比》熱中する, ほれ込む.

② (ボールなど⁴を)受け止める. Der Torwart *fängt* den Ball. ゴールキーパーがボールをキャッチする / Gleich *fängst* du eine. 《南ドッ・ォスヮ》すぐに一発お見舞いするからな. ③ 《口語・比》策略にのせる, ひっかける. So leicht *lasse* ich mich nicht *fangen*! そう簡単にはひっかからないぞ.

II 再帰 〈定了 haben〉*sich*⁴ *fangen* ① 〖*sich*⁴ **in** 物³ ~〗(動物などが物³(わなど³)に)ひっかかる; 《比》(風が物³に)吹きたまる. Der Fisch *hat sich* im Netz *gefangen*. 魚が網にかかった.

② 体のバランスを取り戻す; 《比》心の落ち着きを取り戻す, 立ち直る.

◊☞ **gefangen**

| 類語 **fangen**: (いろいろな手段を用いて人・動物を)捕まえる. (捕まえたものを自分のものとして確保しておく意味が含まれる). **fassen**: (あるものをむんずと)つかむ. **packen**: (すばやく・激しく)つかむ. **greifen, ergreifen**: (手を伸ばして)つかまえる, 握る.

Fan·gen [ふァンゲン] 中 -s/ 鬼ごっこ. *Fangen*⁴ spielen 鬼ごっこをする.

Fang⹀fra·ge [ふァング・ふラーゲ] 囡 -/-n (相手にかまをかける)誘導尋問.

Fang⹀lei·ne [ふァング・らイネ] 囡 -/-n 《海》もやい綱, とも綱.

fängst [ふェングスト] fangen (捕まえる)の2人称親称単数 現在

fängt [ふェングト] fangen (捕まえる)の3人称単数 現在

die **Fan·ta·sie** [ふァンタズィー fantazí:] 囡 (単) -/(複) -n [..ズィーエン] 《英 fantasy》① 〖複なし〗想像力, 空想力. eine reiche *Fantasie* 豊かな想像力 / Er hat viel *Fantasie*. 彼は想像力が豊かだ. ② 想像[したこと], 空想の産物. Das ist reine *Fantasie*. それは絵空ごとにすぎない. ③ 〖複〗《心・医》幻覚, 幻想. ④ 《音楽》幻想曲, ファンタジア.

fan·ta·sie⹀los [ふァンタズィー・ろース] 形 想像(空想)力のない.

fan·ta·sie·ren [ふァンタズィーレン fantazí:rən] (fantasierte, hat ... fantasiert) 自 〈定了 haben〉① 空想する, 夢想する. Er *fantasiert* von einem neuen Haus. 彼は新しい家を夢みている. ② 《医》うわ言を言う. ③ 《音楽》即興演奏する.

fan·ta·siert [ふァンタズィーァト] fantasieren (空想する)の 過分, 3人称単数・2人称親称複数 現在

fan·ta·sier·te [ふァンタズィーァテ] fantasieren (空想する)の 過去

fan·ta·sie⹀voll [ふァンタズィー・ふォる] 形 (人が)想像力豊かな(作品などの).

Fan·tast [ふァンタスト fantást] 男 -en/-en (軽蔑的に:)空想家, ほら吹き. (女性形: -in).

fan·tas·tisch [ファンタスティッシュ fantástɪʃ] 形 (英 *fantastic*) ① 空想的な, 幻想的な, 想像[上]の. eine *fantastische* Geschichte 空想的な話. ②《口語》すばらしい, すごくすてきな; 信じられないほどの, とてつもない. *fantastisches* Wetter すばらしい天気 / Der Gedanke ist *fantastisch*. その考えはとてもすばらしい / eine *fantastische* Geschwindigkeit ものすごいスピード. (☞ 類語 **wunderbar**.

FAQ [エフ・エイ・キュー] [英] 複《コンピュ》FAQ, よくある質問.

Farb‐auf·nah·me [ファルプ・アオフナーメ] 女 -/-n《映・写》カラー撮影; カラー写真.

Farb‐band [ファルプ・バント] 中 -[e]s/..bänder (タイプライターの)インクリボン.

Farb‐bild‐schirm [ファルプビルト・シルム] 男 -[e]s/-e《コンピュ》カラーディスプレー.

Farb‐druck [ファルプ・ドルク] 男 -[e]s/-e カラー印刷, 色刷り.

die **Far·be** [ファルベ fárbə]

色 Sie liebt modische *Farben*.
ズィー リープト モーディッシェ ファルベン
彼女は流行色を好む.

女 (単) -/(複) -n ① 色, 色彩. (英 *color*). Haut*farbe* 肌の色 / eine dunkle (helle) *Farbe* 暗い(明るい)色 / grelle *Farben* けばけばしい色 / Welche *Farbe* hat dein neuer Mantel? 君の新しいコートは何色ですか / Haben Sie das **in** einer anderen *Farbe*? (店員に:)これの別の色のはありませんか.
② 顔色, 血色. Sein Gesicht hat eine gesunde *Farbe*. 彼の顔は健康な色をしている / *Farben*⁴ bekommen 血色を取り戻す, 元気になる / die *Farbe*⁴ verlieren 血の気がなくなる, 蒼白(そうはく)になる / die *Farbe*⁴ wechseln 顔色を変える.
③ 絵の具, 染料; 塗料. Öl*farbe* 油絵の具 / die *Farben*⁴ mischen 絵の具を混ぜる / Die *Farbe* blättert von der Wand ab. 塗料が壁からはげ落ちる / **in** den leuchtendsten (dunkelsten) *Farben* schildern《比》⁴を楽観的(悲観的)に描く.
④ シンボルカラー; 旗印, 主義. Rot ist die *Farbe* der Liebe. 赤は愛のシンボルカラーだ / Die deutschen *Farben* sind Schwarz, Rot und Gold. ドイツの旗の色は黒赤金だ / die *Farbe*⁴ wechseln 主義を変える.
⑤《ジョ》(トランプの)同一組の札. *Farbe*⁴ bekennen a)(台札と同じ組のカードを出す, b)《比》自分の考え(立場)を明らかにする.

| 色のいろいろ: **blau** 青い / **braun** 褐色の / **gelb** 黄色い / **golden** 金色の / **grau** グレーの / **grün** 緑の / **orange** オレンジ色の / **rosa** ピンクの / **rot** 赤い / **schwarz** 黒い / **silbern** 銀色の / **violett** 紫の / **weiß** 白い

farb‐echt [ファルプ・エヒト] 形 色のさめない, 色落ちしない.

Färbe‐mit·tel [フェルベ・ミッテル] 中 -s/- 染料, 着色料.

fär·ben [フェルベン férbən] **I** 他 (h) ① (布地など⁴を)染める, 着色する. einen Stoff *färben* 生地を染める / sich³ das Haar *färben* 髪を染める / ein Kleid⁴ blau *färben* (または blau *färben*) ワンピースをブルーに染める / Schamröte *färbte* ihre Wangen. 彼女の頬(ほお)は恥じらいのために赤くなった. ②《比》粉飾する, 潤色する. **II** 再帰 (h) *sich*⁴ *färben* 色づく, 染まる, 紅葉する. Die Blätter *färben sich* schon. 木の葉がもう色づいている. **III** 自 (h)《口語》色(染料)が落ちる.
◊☞ **gefärbt**

far·ben·blind [ファルベン・ブリント] 形 色盲の.

far·ben‐freu·dig [ファルベン・フロイディヒ] 形 カラフルな, 色鮮やかな; 鮮やかな色を好む.

Far·ben·leh·re [ファルベン・レーレ] 女 -/ 色彩論(学).

far·ben‐präch·tig [ファルベン・プレヒティヒ] 形 色の華やかな, 絢爛(けんらん)たる.

Fär·ber [フェルバァ férbər] 男 -s/- 染色工, 染物師. (女性形: -in).

Fär·be·rei [フェルベライ fɛrbəráɪ] 女 -/-en ①《複 なし》染色[技術]. ② 染色工場.

Farb‐fern·se·hen [ファルプ・フェルンゼーエン] 中 -s/ カラーテレビ[放送].

Farb‐film [ファルプ・フィルム] 男 -[e]s/-e ①《写》カラーフィルム. ② カラー映画.

far·big [ファルビヒ fárbɪç] 形 ① 色のついた, カラーの, 多色の; 色とりどりの. (英 *colorful*). *farbige* Postkarten カラーの絵はがき. ② 有色[人種]の. ③《比》生き生きとした, 生彩がある. eine *farbige* Schilderung 生き生きした描写.

..far·big [..ファルビヒ ..farbɪç]《形容詞をつくる 接尾》(…色の)例: mehr*farbig* 多色の.

Far·bi·ge[r] [ファルビゲ(..ガァ) fárbɪɡə (..ɡər)] 男 女《語尾変化は形容詞と同じ》有色人[種].

farb·lich [ファルプリヒ] 形 色彩の, 色調の.

farb‐los [ファルプ・ロース] 形 ① 無色の, 透明の;《比》青ざめた(顔色など). ② 特色のない.

Farb‐stift [ファルプ・シュティフト] 男 -[e]s/-e 色鉛筆.

Farb‐stoff [ファルプ・シュトフ] 男 -[e]s/-e 色素; 染料.

Farb‐ton [ファルプ・トーン] 男 -[e]s/..töne 色調, 色合い.

Fär·bung [フェルブング] 女 -/-en 染色, 着色; 彩色; 色彩, 色合い;《比》傾向, 色合い. die politische *Färbung* einer Zeitung² 新聞の政治色.

Far·ce [ファルセ fársə] [仏] 女 -/-n ①《文学・劇》笑劇, 茶番劇, ファルス. ② 茶番, ばかげた(こっけいな)こと. ③《料理》(肉料理などの)詰め物(刻んだ肉・魚・野菜・卵・香辛料など).

Farm [ファルム fárm] [英] 女 -/-en ① (英語圏の)農場, 農園. ② (鶏などの)飼育場, 養殖

場.

Far·mer [ふァルマァ fármər] [英] 男 -s/- (英語圏の)農園主. (女性形: -in).

Farn [ふァルン fárn] 男 -[e]s/-e 《植》シダ(羊歯).

Fär·se [ふェルゼ férzə] 女 -/-n (まだ子を産まない)若い雌牛.

Fa·san [ふァザーン fazá:n] 男 -[e]s/-e (または -en)《鳥》キジ(雉).

Fa·sching [ふァッシング fáʃɪŋ] 男 -s/-e (または -s)《南ド⸱オ⸱スり》カーニバル, 謝肉祭(=Fastnacht, Karneval). *Fasching*[4] feiern カーニバルを祝う.

Fa·schis·mus [ふァシスムス faʃísmus] 男 -/ ① 《史》(1922-1945 年のイタリアにおける)ファシズム. ② 《政》ファシズム.

Fa·schist [ふァシスト faʃíst] 男 -en/-en ファシスト. (女性形: -in).

fa·schis·tisch [ふァシスティッシュ faʃístɪʃ] 形 ファシズムの; ファッショ的な.

fa·schis·to·id [ふァシストイート faʃɪstoí:t] 形 ファシズム的傾向のある.

Fa·se·lei [ふァーゼらイ fa:zəláɪ] 女 -/-en 《口語》たわごと, むだ口, おしゃべり.

fa·se·lig [ふァーゼりヒ fá:zəlɪç] 形 《口語》そそっかしい, 軽率な, くだらないことを言う.

fa·seln [ふァーゼるン fá:zəln] 自 (h)⸱他 (h)《口語》くだくだ言う(書く).

Fa·ser [ふァーザァ fá:zər] 女 -/-n ① 繊維, 筋. Chemie*faser* 化学繊維. ② 繊維細胞. Muskel*faser* 筋[肉]繊維.

fa·se·rig [ふァーゼりヒ fá:zərɪç] 形 繊維質の, 糸状の; けば立ちやすい.

fa·sern [ふァーザァン fá:zərn] 自 (h) ほつれる, けば立つ.

*das **Fass** [ふァス fás] 中 (単2) -es/(複) Fässer [ふェッサァ] (3格のみ Fässern)《数量単位としては: (複)- も》① 樽(だる). 《英》*barrel*). Bier*fass* ビール樽 / drei *Fass* Wein ワイン 3 樽 / ein *Fass*[4] an|stechen (または an|zapfen) 樽の口を開ける / ein *Fass*[4] auf|machen《口語⸱比》にぎやかに酒盛りをする / Er ist ein richtiges *Fass*. 《口語》彼はビール樽のように太っている / ein *Fass* ohne Boden《比》むだな骨折り(←底なしの樽) / Bier vom *Fass* 生ビール / Das schlägt dem *Fass* den Boden aus!《比》そいつは堪忍袋の緒が切れる(←樽の底を打ち抜く).

② (若者言葉:)達人, 名人.

Faß [ふァス] Fass の古い形.

Fas·sa·de [ふァサーデ fasá:də] 女 -/-n ① (建物の)正面, 前面, ファサード. ② (ふつう軽蔑的に:)見かけ, 外観.

fass·bar [ふァスバール] 形 具体的な; 理解できる, 把握できる.

Fass·bier [ふァス⸱ビーァ] 中 -[e]s/-e 樽(だる)詰めのビール, 生ビール. (⚠「びんビール」は Flaschenbier).

Fass·bin·der [ふァス⸱ビンダァ fás·bɪndər] -s/- 《人名》ファスビンダー (Rainer Werner *Fassbinder* 1946-1982; ドイツの映画監督).

Fäss·chen [ふェスヒェン fésçən] 中 -s/- (Fass の 縮小)小さな樽(だる), 小樽.

*****fas·sen** [ふァッセン fásən] du fasst, er fasst (fasste, *hat* ... gefasst) **I** 他 《定了》haben) ① つかむ; 捕まえる. 《英》*grasp*). das Seil[4] mit beiden Händen *fassen* ロープを両手でつかむ / Das Kind *fasste* die Mutter **an**(または **bei**) der Hand. 子供は母親の手をつかんだ / Die Polizei *hat* den Täter schon *gefasst*. 警察は犯人をもう逮捕した. ◇《目的語なしで》*Fass*!(犬に対する命令:)かかれ!(☞類語 fangen). ②(ホール⸱容器などが)収容できる. Der Saal *fasst* tausend Menschen. そのホールは千人収容できる / Die Flasche *fasst* einen Liter. そのびんは 1 リットル入る.

③《雅》理解する, 把握する; (本当だと)信じる. Ich *kann* den Sinn dieser Worte nicht *fassen*. 私はこれらの言葉の意味が理解できない / einen Begriff weit (eng) *fassen* ある概念を広く(狭く)解釈する / Das ist nicht zu *fassen*! それは信じられないよ. (☞類語 verstehen).

④(枠などに)はめ込む, (柵などで)囲む. einen Edelstein in Gold *fassen* 宝石を金の台にはめ込む. ⑤《雅》(感情などが[人]4を)襲う. Entsetzen *fasste* uns bei diesem Anblick. この光景を見て私たちはぞっとした. ⑥(言葉4を…に)表現する. Wie *soll* ich das **in** Worte *fassen*? それは言葉でどう表せばいいのだろう. 『特定の名詞を目的語として』行う, …する. einen Entschluss *fassen* 決心する / Mut[4] *fassen* 勇気を出す / einen Plan *fassen* 計画を立てる / Vertrauen[4] zu [人]3 *fassen* [人]3に対して信頼の念をいだく. ⑧《軍》(食事⸱弾薬など[4]の)支給を受ける.

II 自《定了》haben) ①『方向を表す語句とともに』(…へ)手を伸ばしてつかむ(触る). Ich *fasste* **an** den heißen Ofen. 私は熱いストーブに触った / [人]3 **ins** Gesicht *fassen* [人]3の顔に触る / ins Leere *fassen* 空(くう)をつかむ / **nach** einem Glas *fassen* グラスに手を伸ばす. ② (ねじなどが)利いている, (歯車が)かみ合っている.

III 再帰《定了》haben) sich[4] *fassen* ① 気を落ち着ける, 冷静になる. Er *konnte* sich vor Freude kaum *fassen*. 彼はうれしくていても立ってもいられなかった / sich[4] **in** Geduld *fassen* じっと我慢する. ② 自分の考えを述べる. *Fass*[e] *dich* kurz! 手短に話しなさい.

◇☞ gefasst

Fäs·ser [ふェッサァ] *Fass (樽)の 複

Fas·set·te [ふァセッテ faséta] 女 -/-n (宝石などの)切り子面; (動)(複眼を構成する)個眼(= Facette).

fass·lich [ふァスりヒ] 形 理解できる, わかりやすい. Die Abhandlung ist leicht *fasslich*. その論文は容易に理解できる.

Fas·son [ふァソーン fasɔ̃:] [ゴコ] 女 -/-s (南ド⸱

fasst [ふァスト] -en) ① (衣服の)仕立て, 型. ein Mantel nach neuester *Fasson* 最新型のコート / seine *Fasson*[4] verlieren 型が崩れる. ② 仕方, 流儀. nach seiner *Fasson* 自分の流儀.

fasst [ふァスト] *fassen (つかむ)の2人称親称単数・3人称単数・2人称親称複数 [現在]

fass·te [ふァステ] *fassen (つかむ)の[過去]

Fas·sung [ふァッスング] 囡 -/-en ① 枠, フレーム, (宝石などの)台, (電球などの)ソケット. ② (作品などの)草案, 稿本, テキスト, 版. die zweite *Fassung* 第2稿 / die deutsche *Fassung* eines amerikanischen Films アメリカ映画のドイツ語版. ③ [複 なし] 落ち着き, 平静. die *Fassung*[4] bewahren 平静を保つ / die *Fassung*[4] verlieren とり乱す / [人]4 aus der *Fassung* bringen [人]4を狼狽(ろうばい)させる. ④ (美)(影像)の彩色.

Fas·sungs·kraft [ふァッスングス・クラふト] 囡 -/ 理解力. Das geht über meine *Fassungskraft*. それは私の理解力を越えることだ (私にはわからない).

fas·sungs·los [ふァッスングス・ろース] 厖 平静さを失った, とり乱した, うろたえた; あっけにとられた.

Fas·sungs·ver·mö·gen [ふァッスングス・ふェァメーゲン] 田 -s/ ① (容器の)容量, 容積; (ホールなどの)収容能力. ② 理解力.

****fast** [ふァスト fást]

> ほとんど Die Arbeit ist *fast* fertig.
> ディ アルバイト イストふァストふェルティヒ
> 仕事はほぼ終わりました.

副 ① ほとんど, ほぼ. (英 *nearly*). *fast* in allen Fällen または in *fast* allen Fällen ほとんどどんな場合にも / *fast* tausend Personen ほぼ千人 / *fast* wie ein Kind まるで子供のように.

② [接続法第2式の文で] 危うく, すんでのことで. Ich wäre *fast* gestürzt. [接2・過去] 私はもう少しで転ぶところだった.

fas·ten [ふァステン fástən] 自 (h) 断食(絶食)する. drei Tage *fasten* 3日間断食する.

Fas·ten [ふァステン] I 圈 (ガッシュ) 四旬節(復活祭前40日間の精進). II 田 -s/ (四旬節の)断食, 精進.

Fasten=zeit [ふァステン・ツァイト] 囡 -/-en (宗)断食期間; (ガッシュ) 四旬節.

Fast=food, Fast Food [ふァースト・ふート] [英] 田 -[s]/-s ファストフード.

Fast=nacht [ふァスト・ナハト] 囡 -/ (ガッシュ) 懺悔(ざんげ)の火曜日; 謝肉祭, カーニバル.

Fast=tag [ふァスト・ターク] 男 -[e]s/-e 断食日, 精進日.

Fas·zi·na·ti·on [ふァスツィナツィオーン fastsinatsió:n] 囡 -/-en 魅惑, 魅了.

fas·zi·nie·ren [ふァスツィニーレン fastsiní:rən] 他 (h) 魅惑する, 魅了する. Er *fas-*

zinierte seine Zuhörer. 彼は聴衆を魅了した. ◇[現在分詞の形で] ein *faszinierendes* Lächeln 魅惑的な微笑.

Fa·ta [ふァータ] Fatum (宿命)の[複]

fa·tal [ふァターる fatá:l] 厖 ① 具合の悪い, 困った, やっかいな. ② 宿命的な; 致命的な.

Fa·ta·lis·mus [ふァタリスムス fatalísmus] 男 -/ 宿命論.

fa·ta·lis·tisch [ふァタリスティッシュ fatalístiʃ] 厖 宿命論的な.

Fa·ta Mor·ga·na [ふァータ モルガーナ fá:ta mɔrgá:na] 囡 --/- ..ganen (または - -s) 蜃気楼(しんきろう).

Fa·tum [ふァートゥム fá:tum] 田 -s/Fata [ふつう複] 宿命, 運命 (=Schicksal).

Fatz·ke [ふァツケ fátskə] 男 -n/-n (または -s/-s) (口語) 気取り屋, うぬぼれ屋.

fau·chen [ふァオヘン fáuxən] I 自 (h) ① (動物が興奮して)ふーっとうなる. ② (比)(機関車などが)しゅっと蒸気を吐く; (風が)ひゅーひゅー吹く. II 他 (h) (…と)どなる.

****faul** [ふァオる fául] 厖 ① 怠惰な, 怠け者の. (英 *lazy*). (英 「勤勉な」は fleißig). ein *fauler* Kerl (Zahler) 怠け者(支払期限を守らない人) / Er ist zu *faul* zum Schreiben. 彼はひどく無精なので手紙など書かない. ◇[**nicht** *faul* の形で] さっと, すばやく. Er, nicht *faul*, antwortete schlagfertig. 彼はすぐさま当意即妙に答えた.

② 腐った, 腐敗した. (英 *rotten*). *faules* Obst 腐った果物 / ein *fauler* Geruch 腐臭 / Das Ei ist *faul*. その卵は腐っている.
③ (口語)疑わしい, いかがわしい, すっきりしない; おそまつな. eine *faule* Ausrede 信用できない言いわけ / ein *fauler* Kompromiss いいかげんな妥協 / Das ist alles *fauler* Zauber. それはすべてペテンだ / *faule* Witze[4] erzählen だじゃれを言う / ein *fauler* Wechsel 不渡り手形.

Fäu·le [ふォイれ fɔ́ylə] 囡 -/ (雅) =Fäulnis

fau·len [ふァオれン fáulən] 自 (s, h) (肉・果実などが)腐る; 腐朽する; 化膿(かのう)する.

fau·len·zen [ふァオれンツェン fáulentsən] 自 (h) ぶらぶら怠けている; のんびり過ごす.

Fau·len·zer [ふァオれンツァァ fáulentsər] 男 -s/- 怠け者, のらくら者. (女性形: -in).

Fau·len·ze·rei [ふァオれンツェライ faulentsərái] 囡 -/-en [ふつう単] 怠惰[な生活].

Faul·heit [ふァオるハイト] 囡 -/ 怠惰, 無精. (英 「勤勉」は Fleiß). Er stinkt vor *Faulheit*. (口語) 彼はひどく怠け者だ.

fau·lig [ふァオリヒ fáuliç] 厖 腐りかけの.

Fäul·nis [ふォイるニス] 囡 -/ 腐敗; (比)堕落.

Faul·pelz [ふァオる・ぺるツ] 男 -es/-e (口語) 怠け者.

Faul=tier [ふァオる・ティーァ] 田 -[e]s/-e ① (動)ナマケモノ. ② (口語) 怠け者.

Faun [ふァオン fáun] 男 -[e]s/-e ① (ロ神) ファウヌス(上半身は人間, 下半身はやぎの姿をした森の神. ギリシア神話のパンに当たる). ② (雅・比) 好

色漢.
Fau·na [ファオナ fáuna] 囡 -/Faunen (ある地域の)動物相, ファウナ (*Fauna* はローマの豊饒の女神). die *Fauna* Afrikas アフリカの動物相.

die **Faust**¹ [ファオスト fáust] 囡 (単) -/(複) Fäuste [フォイステ] (3格のみ Fäusten) 握りこぶし, げんこつ. (英 *fist*). die *Faust*⁴ ballen こぶしを握る / 囚³ eine *Faust* machen げんこつを振り上げて 囚³を脅す / **auf eigene** *Faust* 独力で, 自分の責任で / mit dem Messer **in der** *Faust* ナイフを握りしめて / **mit der** *Faust* **auf den Tisch schlagen** こぶしで机をたたく / die *Faust*⁴ im Nacken spüren (比) a) 抑えつけられていると感じる, b) 強制されている / [zu 囚·事³] passen wie die *Faust* aufs Auge (口語) a) [囚·事³に]まるっきりそぐわない(← 目にパンチをくらうようなもの), b) (よくない物同士が)ぴったり合う.

Faust² [ファオスト *Faust*, -s/ 《人名》ファウスト (Doktor Johann *Faust*; 15-16 世紀ドイツの伝説的な魔術師. 民衆本・人形劇やゲーテの戯曲などの素材となった).

Fäust·chen [フォイスティヒェン fɔ́ystçən] 田 -s/- (*Faust*¹ の 縮小) 小さなこぶし. sich³ **ins** *Fäustchen* **lachen** ひそかにほくそ笑む.

faust⁼dick [ファオスト・ディック] 肥 ① こぶし大の. ② 《口語・比》 ひどい. eine *faustdicke* Lüge 大うそ.

Fäus·te [フォイステ] *Faust*¹ (握りこぶしの) 複

Fäus·tel [フォイステる fɔ́ystəl] 男 -s/- ① (鉱夫などが用いる)ハンマー, つち. ② 《方》二また手袋 (=Fausthandschuh).

faus·ten [ファオステン fáustən] 他 (h) (ボール⁴を)こぶしで打つ, (サッカーで:)パンチングする.

Faust⁼hand·schuh [ファオスト・ハントシュー] 男 -[e]s/-e (親指だけ別に入れる)二また手袋, ミトン.

Faust⁼kampf [ファオスト・カンプふ] 男 -[e]s/..kämpfe 《雅》ボクシング[の試合].

Fäust·ling [フォイストリング fɔ́ystlɪŋ] 男 -s/-e 二また手袋 (=Fausthandschuh).

Faust⁼pfand [ファオスト・プふァント] 田 -[e]s/..pfänder 《法》占有質(ɛ).

Faust⁼recht [ファオスト・レヒト] 田 -[e]s/ 《史》自力救済権;(比)自衛権.

Faust⁼re·gel [ファオスト・レーゲる] 囡 -/-n 大まかな規則.

Faust⁼schlag [ファオスト・シュらーク] 男 -[e]s/..schläge こぶしで打つこと, パンチ.

Faux·pas [フォパ fopá] 《仏》男 -[フォパ(ス)]/-[フォパス] (社交上の)不作法, 醜態.

fa·vo·ri·sie·ren [ふァヴォリズィーレン favoɾizíːɾən] 他 (h) ① 優遇する, ひいきする. ② 《スポ》(チームなどを⁴)優勝候補にあげる.

Fa·vo·rit [ふァヴォリート favoɾíːt] 男 -en/-en ① お気に入り; (比) 人気商品. (女性形: -in). ② 《スポ》優勝候補, 本命; (比) (選挙の)本命候補者.

* *das* **Fax** [ふァクス fáks] 田 (単 2) -/(複) -[e] 7 ァクス, ファクシミリ (=Tele*fax*). 囚³ ein *Fax*⁴ schicken 囚³にファクスを送る.

Fa·xe [ふァクセ fáksə] 囡 -/-n ① 《ふつう 複》おどけた顔(身ぶり). *Faxen*⁴ **machen** おどける. ② 《複》でばかげたこと, ふざけ.

fa·xen [ふァクセン fáksən] I 他 (h) (文書など⁴を)ファクスで送る. II 自 (h) ファクスを送る.

Fa·xen⁼ma·cher [ふァクセン・マッハァ] 男 -s/- ひょうきん者. (女性形: -in).

Fax⁼ge·rät [ふァクス・ゲレート] 田 -[e]s/-e ファクス機.

Fax⁼num·mer [ふァクス・ヌンマァ] 囡 -/-n ファクス番号.

Fa·yence [ふァヤーンス fajáːs] 囡 -/-n [..セン] ファヤンス (彩色した白色陶器. イタリアの都市 Faenza の名から).

FAZ [エふ・アー・ツェット] 囡 -/ (略) (新聞名:) フランクフルター・アルゲマイネ・ツァイトゥング (=Frankfurter Allgemeine Zeitung).

Fa·zit [ふァーツィット fáːtsɪt] 田 -s/-e (または -s) ① 結論, 結果. das *Fazit*⁴ aus 事³ ziehen 事³の結論を出す. ② 《古》 総計.

FDJ [エふ・デー・ヨット] 囡 -/ (略) (旧東ドイツの)自由ドイツ青年団 (=Freie Deutsche Jugend).

FDP [エふ・デー・ペー] 囡 -/ (略) (ドイツの)自由民主党 (=Freie Demokratische Partei).

F-Dur [エふ・ドゥーァ] 田 -/ 《音楽》へ長調(記号: F).

Fe [エふ・エー] 《化・記号》鉄 (=Ferrum).

Fea·ture [ふィーチァ fiːtʃəɾ] 《英》田 -s/-s (または 囡 -/-s) ① 《放送》(ラジオ・テレビの)特集番組, ドキュメンタリー番組. ② (新聞・雑誌の)特集記事.

Febr. [ふェーブルアール] 《略》2 月 (=Februar).

der Fe·bru·ar [ふェーブルアール féːbruaːr] 男 (単 2) -[s]/(複) -e (3 格のみ -en) 《ふつう 単》 2 月 (略: Febr.). (英 *February*). (🛈 月名 ☞ Monat). Anfang (Ende) *Februar* 2 月初旬に(末に) / im *Februar* 2 月に.

fech·ten* [ふェヒテン féçtən] du fichtst, er ficht (focht, *hat* ... gefochten) I 自 (h) (刀剣で)戦う; フェンシングをする. Er *ficht* mit dem Degen. 彼は剣で戦う / Er *focht* für das Recht der Schwachen. (比) 彼は弱者の権利のために戦った. II 他 (フェンシングの試合・戦い⁴を)する. einen Gang *fechten* フェンシングを一試合戦う.

Fech·ter [ふェヒタァ féçtəɾ] 男 -s/- フェンシングの選手, 剣士. (女性形: -in).

die **Fe·der** [ふェーダァ féːdəɾ] 囡 (単) -/(複) -n (鳥の)羽毛, 羽. (英 *feather*). Gänse*feder* がちょうの羽毛 / Der Vogel sträubt die *Federn*. 鳥が羽を逆立てる / *Federn*⁴ lassen [müssen] (口語・比) 損害を被る / Er ist leicht wie eine *Feder*. 彼は体重が羽毛のように軽い / sich⁴ **mit fremden** *Federn* **schmücken** (比) 他人の手柄を横取りする(←

ほかの鳥の羽で身を飾る). ② **ペン**, ペン先; (万年筆) 万年筆, ペン軸; 《比》文筆, 文体. (英 *pen*). Füll*feder* 万年筆 / ein Mann der *Feder*² 文筆家 / eine spitze *Feder*⁴ schreiben 辛らつな文章を書く /《人³・物》⁴ **in die** *Feder* **diktieren**《人》に《物》⁴を口述筆記させる / **zur** *Feder* **greifen** ペンを執る. ③《口語》寝床, ベッド. **aus den** *Federn* **kriechen** 寝床からはい出す / **Er liegt noch in den** *Federn*. 彼はまだ寝ている. ④《工》ぜんまい, ばね, スプリング.

Fe·der⁼ball [ふェーダァ・バる] 男 -[e]s/..bälle ①《複 なし》バドミントン[競技]. ②(バドミントン用の)シャトルコック, 羽根.

Fe·der·ball⁼spiel [ふェーダァバる・シュピーる] 中 -[e]s/-e ①《複 なし》バドミントン[競技]. ② バドミントンの道具一式.

Fe·der⁼bett [ふェーダァ・ベット] 中 -[e]s/-en 羽布団.

Fe·der⁼busch [ふェーダァ・ブッシュ] 男 -es/..büsche ①(鶏などの)とさか. ②(帽子の)羽飾り.

Fe·der⁼fuch·ser [ふェーダァ・ふクサァ] 男 -s/- ① 杓子(しゃくし)定規な人. (女性形: -in). ② 三文文士.

fe·der⁼füh·rend [ふェーダァ・ふューレント] 形 管轄権のある, 所轄の(省庁など).

Fe·der⁼ge·wicht [ふェーダァ・ゲヴィヒト] 中 -[e]s/-e ①《複 なし》(ボクシングなどの)フェザー級. ② フェザー級の選手.

Fe·der⁼hal·ter [ふェーダァ・はるタァ] 男 -s/- ペン軸.

Fe·der⁼kiel [ふェーダァ・キーる] 男 -[e]s/-e 羽軸, 羽茎; (昔の:)羽根ペン.

Fe·der⁼kis·sen [ふェーダァ・キッセン] 中 -s/- 羽毛まくら(クッション).

Fe·der⁼kraft [ふェーダァ・クラふト] 女 -/ (ばねの)弾性; 弾性.

fe·der⁼leicht [ふェーダァ・らイヒト] 形 羽毛のように軽い; 軽やかな(動きなど).

Fe·der⁼le·sen [ふェーダァ・れーゼン] 中《成句的に》**nicht viel** *Federlesen*[s] **mit** 《人³・事》³ **machen**《人³》を遠慮会釈なく扱う, 《事》³をさっさと片づける / **ohne viel** *Federlesen*[s] 遠慮会釈なく, さっさと.

Fe·der⁼mäpp·chen [ふェーダァ・メップヒェン] 中 -s/- (生徒などの)筆入れ, ペンケース.

Fe·der⁼mes·ser [ふェーダァ・メッサァ] 中 -s/- ペンナイフ, 小型のポケットナイフ.

fe·dern [ふェーダァン fé:dərn] 自 (h) (ばね・板などが)弾む, 弾力性がある. **Das Polster** *federt* [**gut**]. そのクッションはスプリングがきいている.《現在分詞の形で》**mit** *federnden* **Schritten** はずむような足取りで. **II** 他 (h) 《物》⁴にばね(スプリング)を付ける. ◇《過去分詞の形で》**ein schlecht** *gefederter* **Wagen** スプリングの良くない車.

Fe·der⁼strich [ふェーダァ・シュトリヒ] 男 -[e]s/-e 一筆, 一字画(じかく). **mit einem** *Federstrich* または **durch einen** *Federstrich*

《比》あっさり, 有無を言わせず.

Fe·de·rung [ふェーデルング] 女 -/-en (自動車の)サスペンション, スプリング装置.

Fe·der⁼vieh [ふェーダァ・ふィー] 中 -[e]s/《口語》家禽(かきん).

Fe·der⁼waa·ge [ふェーダァ・ヴァーゲ] 女 -/-n ばね秤(ばかり).

Fe·der⁼wei·ße [ふェーダァ・ヴァイセ] 男《語尾変化は形容詞と同じ》(発酵中の白くにごった)新ワイン.

Fe·der⁼zeich·nung [ふェーダァ・ツァイヒヌング] 女 -/-en (美) ペン画.

Fee [ふェー fé:] 女 -/Feen (女の)妖精(ようせい), 妖魔.

Feed⁼back, Feed-Back [ふィート・ベック] 中 -s/-s ①《工》フィードバック, 帰還. ②(情報などの)受け手側からの反応.

Fee·ling [ふィーリング fí:lɪŋ] [英] 中 -s/-s ①(麻薬による)高揚感. ② フィーリング; 感じ.

fe·en·haft [ふェーエンハふト] 形 妖精(ようせい)のような, (妖精のように)優美な; おとぎ話のような.

Fe·ge⁼feu·er [ふェーゲ・ふォイアァ] 中 -s/《カトリック》煉獄(れんごく).

fe·gen [ふェーゲン fé:gən] (fegte, *hat gefegt*) **I** 他《完了 haben》①(ほうきで部屋など⁴を)**掃く**, 掃除する. (英 *sweep*). **Er hat die Straße** *gefegt*. 彼は街路を掃除した. ◇《目的語なしでも》*Hast du hier schon gefegt*? ここはもう掃除したの.

②《方向を表す語句とともに》(ごみなど⁴を…から/…へ)掃き出す, 掃き寄せる;《比》(人・物⁴を…から/…へ)追いたてる, 払いのける. **den Schmutz aus dem Zimmer** *fegen* ごみを部屋から掃き出す. ③《南ドイツ・スイス》(鍋(なべ)など⁴を)磨く. ④《狩》(鹿が角⁴を)研ぐ.

II 自《完了 sein》《方向を表す語句とともに》(…を)さっと走りすぎる, (風が…を)さっと吹き抜ける. **Die Jungen** *fegten* **über die Straße**. 少年たちが通りをさっと走って行った.

feg·te [ふェークテ] fegen (掃く)の 過去

Feh·de [ふェーデ fé:də] 女 -/-n ①《史》(中世のフェーデ, 実力による復讐(ふくしゅう)行為. ②《雅・比》(長年にわたる)争い, 不和.

Feh·de⁼hand·schuh [ふェーデ・ハントシュー] 男《成句的に》**人³ den** *Fehdehandschuh* **hin|werfen**《雅》《人³》に挑戦する / **den** *Fehdehandschuh* **auf|heben**《雅》挑戦に応じる.

fehl [ふェーる] 副《成句的に》*fehl* **am Ort** (または Platz[e]) **sein** 場違いである, 不適切である.

Fehl [ふェーる] 男《成句的に》**ohne** *Fehl* **und Tadel**《雅》欠点のない, 申し分がない.

fehl·bar [ふェーる・バール] 形 ①《スイス》罪(違反)を犯した; 病弱な. ②《古》誤りを犯しうる.

Fehl⁼be·trag [ふェーる・ベトラーク] 男 -[e]s/..träge 不足額, 欠損, 赤字.

Fehl⁼di·a·gno·se [ふェーる・ディアグノーゼ] 女 -/-n《医》誤診.

Fehl⁼ein·schät·zung [ふェーる・アインシェッツング] 女 -/-en 誤った評価(査定).

feh·len [フェーれン féːlən] (fehlte, *hat*...gefehlt) **I** 自 (完了) haben ① 欠席している, 来ていない. (英 *be absent*). Wer *fehlt* heute? きょうはだれが欠席していますか / Einer *fehlt* noch. まだ一人来ていません.
② ((人³に))欠けている, 足りない; なくなっている. In dem Buch *fehlen* zwei Seiten. その本は2ページ欠けている / Mir *fehlt* das Geld für die Reise. 私には旅行をするお金がない / Mir *fehlt* mein Kugelschreiber. 私のボールペンが見あたらない / Es *fehlte* nicht viel, und wir hätten Streit bekommen. もう少しのところで私たちはけんかになるところだった / Das *hat* mir gerade noch *gefehlt*! これは弱り目にたたり目だ(←これがまだ欠けていたとは).
③ ((比)) ((人³の))体の具合が悪い. *Fehlt* dir etwas? — Nein, mir *fehlt* nichts. 君はどこか具合が悪いの? — いや, ぼくはどこも悪くないよ.
④ ((人にとって)) 人・物¹がいなくて寂しい, なくて困る. Das Kind *fehlt* mir sehr. その子がいなくて私はとても寂しい / Sein Auto *fehlt* ihm sehr. 自分の車がなくて彼はたいへん困っている.
⑤ ((雅)) 過ちを犯す. ◊[過去分詞の形で] Weit *gefehlt*! とんでもない, 大間違いだ.
II 非人称 (完了) haben [*es fehlt* [人³] **an** 人・物³ の形で] ((人³にとって)) 人・物³が不足している. Es *fehlt* an Lehrern. 教師が不足している / Es *fehlt* ihm an Mut. 彼には勇気が欠けている / Wo *fehlt's* denn? ((口語)) どうかしたの / An mir *soll* es nicht *fehlen*. 私はできるだけ力になるつもりです. ◊[*lassen* とともに] Sie *lässt* es an nichts *fehlen*. 彼女のもてなしは申し分ない(←何も不足はない).

|類語| **fehlen**: (人に必要な能力・特性・手段などが)不足している. **mangeln**: (話し手から見て大切と思われるものが)欠けている. Dir *mangelt* der rechte Ernst. 君には真のまじめさがない.

***der Feh·ler** [フェーらァ féːlər]

誤り; 欠点
Du hast im Diktat drei *Fehler*.
ドゥ ハスト イム ディクタート ドライ フェーらァ
君は書き取りで三つ間違っている.

男 (単2) -s/(複) - (3格のみ -n) ① 誤り, 間違い; 過失, エラー. (英 *error*). Rechen*fehler* 計算間違い / ein grammatischer *Fehler* 文法上の誤り / ein grober (kleiner) *Fehler* ひどい(ちょっとした)間違い / Das ist nicht mein *Fehler*. それは私の落ち度ではない / einen *Fehler* korrigieren 誤りを訂正する / einen *Fehler* begehen (または machen) 過ちを犯す.
② 欠点, 短所, 欠所, (商品などの)傷. (英 *fault*). ein charakterlicher *Fehler* 性格上の欠点 / Jeder Mensch hat seine *Fehler*. だれにでも欠点はある / Porzellan mit kleinen *Fehlern* ちょっとした傷のある磁器.

feh·ler·frei [フェーらァ・フらイ] 形 誤りのない, 欠点(欠陥)のない, 完璧(かんぺき)な. *fehlerfreies* Deutsch⁴ sprechen 完璧なドイツ語を話す.

feh·ler·haft [フェーらァハフト] 形 誤りのある, 欠点(欠陥)のある.

feh·ler·los [フェーらァ・ろース] 形 誤り(欠点)のない (=fehlerfrei).

Fehl⸗ge·burt [フェーる・ゲブァト] 女 –/-en ① 死産, 流産. ② 流産した胎児.

fehl|ge·hen* [フェーる・ゲーエン féː1-geːən] 自 (s) ((雅)) ① 道を間違える, 道に迷う; (弾丸などが)的をはずれる. ② 間違う, 聞き違いをする.

Fehl⸗griff [フェーる・グリフ] 男 -[e]s/-e 誤った処置(選択), しくじり.

Fehl⸗leis·tung [フェーる・らイストゥング] 女 –/-en ((心)) 失錯行為 (言い違え・書きそこないなど).

Fehl⸗pass [フェーる・パス] 男 -es/..pässe (球技で:)パスミス.

Fehl⸗schlag [フェーる・シュらーク] 男 -[e]s/..schläge ① (企てなどの)失敗. ② (球技で:)打ち損じ.

fehl|schla·gen* [フェーる・シュらーゲン féː1-ʃlaːgən] 自 (s) (企てなどが)失敗する, 失敗に終わる. Das Projekt *ist* [mir] *fehlgeschlagen*. [現在完了] その計画は失敗した.

Fehl⸗schluss [フェーる・シュるス] 男 -es/..schlüsse 誤った推論.

Fehl⸗start [フェーる・シュタルト] 男 -[e]s/-s (まれに -e) ① ((スポ)) フライング. ② ((空・工)) (飛行機・ロケットの)離陸失敗.

fehl·te [フェーるテ] *fehlen (欠席している)の 過去.

fehl|tre·ten* [フェーる・トレーテン féː1-trèːtən] 自 (s) ① 足を踏みはずす. ② ((比)) 過ちを犯す.

Fehl⸗tritt [フェーる・トリット] 男 -[e]s/-e ① 踏みはずし. ② ((比)) (道徳的な)過ち, 過失.

Fehl⸗ur·teil [フェーる・ヴァタイる] 中 -[e]s/-e 誤審, 誤った判決; 誤った判断.

Fehl⸗zün·dung [フェーる・ツュンドゥング] 女 –/-en ((工)) (内燃機関の)点火時期のずれ. eine *Fehlzündung*⁴ haben ((口語)) のみ込みが悪い, 思い違いをする.

die **Fei·er** [ファイアァ fáiər] 女 (単) –/(複) -n 祝典, 式典, 祝賀会(パーティー). (英 *celebration*). Geburtstags*feier* 誕生日のパーティー / Eine würdige *Feier* findet statt. 荘厳な祝典が催される / eine *Feier*⁴ veranstalten 祝賀会を催す / **an** einer *Feier* teilnehmen 祝賀会に参加する / **auf** (または **bei**) einer *Feier* eine Rede⁴ halten 祝典で祝辞を述べる / **zur** *Feier* des Tages ((戯)) この日を祝って.

der **Fei·er⸗abend** [ファイアァ・アーベント fáiɐr-aːbənt] 男 (単2) -s/(複) -e (3格のみ -en) ① 仕事(店)じまい, 終業[時刻]. *Feierabend*⁴ machen [その日の]仕事を終わりにする / **nach** *Feierabend* 終業後 / Für heute ist *Feierabend*! きょうはこれで仕事じまい[閉店です] / Jetzt ist aber *Feierabend*! ((口語)) (その話は)もうおしまいにしろよ, もう我慢も限界だ. ② 終業後の余暇(自由時間). Er verbringt seinen *Feierabend* mit Lesen. 彼は仕事が終わってからの時間を読書で過ごす.

fei·er·lich [ふァイアァリヒ fáiɐrlɪç] **I** 形 壮重な, 厳粛な, 厳かな; 改まった, 儀式ばった. eine *feierliche* Zeremonie 厳かな儀式 / in *feierlicher* Stimmung 壮重な雰囲気の中で / Das ist ja [schon] nicht mehr *feierlich*. 《口語》それは我慢ならない.
II 副 強い調子で, 真剣に. 画[4] *feierlich* versprechen 画[4]を力をこめて約束する.

Fei·er·lich·keit [ふァイアァリヒカイト] 女 -/-en ① 〖複なし〗厳粛さ, 荘重さ; 形式ばった言葉. ② 〖ふつう複〗式典, 祭典.

* **fei·ern** [ふァイアァン fáiɐrn] (feierte, hat... gefeiert) **I** 他 〖定了 haben〗① (祝日・誕生日など[4]を)祝う; (祝典などを[4])催す. 《英 celebrate》. Weihnachten[4] *feiern* クリスマスを祝う / Wir *feierten* seinen Geburtstag. 私たちは彼の誕生日を祝った.
② (人[4]を)称賛する, ほめたたえる. Der Sieger *wurde* sehr *gefeiert*. 《受動・過去》勝利者は大いにたたえられた.
II 自 〖定了 haben〗① パーティーをする. Wir *haben* die ganze Nacht *gefeiert*. 私たちは一晩中パーティーをした. ② 《口語》(やむをえず)仕事を休む. Die Arbeiter *mussten* drei Tage *feiern*. 労働者たちは3日間仕事を休まざるをえなかった.

Fei·er≈stun·de [ふァイアァ・シュトゥンデ] 女 -/-n [記念]式典.

* *der* **Fei·er≈tag** [ふァイアァ・ターク fáiɐrta:k] 男 (単2) -[e]s/(複) -e (3格のみ -en) ① 祝日, 祭日; 休日. 《英 holiday》. (⇒「ウィークデー」は Werktag). (☞「ドイツ・ミニ情報11」下段). ein kirchlicher *Feiertag* 教会の祝祭日 / an Sonn- und *Feiertagen* geschlossen 日曜祭日閉店. (☞ 類語 Urlaub). ② (個人的な)記念[すべき]日.

fei·er·te [ふァイアァテ] * feiern (祝う)の 過去

feig [ふァイク fáɪk] 形 =feige

fei·ge [ふァイゲ fáɪgə] 形 (比較 feiger, 最上 feigst; 格変化語尾がつくときは feig-) (英 cowardly) ① 臆病(ぉくびょう)な, 小心な. ein *feiger* Kerl 臆病なやつ. ② ひきょうな, 卑劣な. ein *feiger* Verräter ひきょうな裏切者 / eine *feige* Tat 卑劣な行為.

Fei·ge [ふァイゲ] 女 -/-n 〖植〗イチジク[の実・木].

ドイツ・ミニ情報 11

ドイツの祝祭日 Feiertag

祝祭日は, キリスト教に関係しない祝祭日とキリスト教に基づく祝祭日(州によって差がある)に大別される. キリスト教に基づく祝祭日は, 日付けが固定している祝祭日と年によって変わる移動祝祭日がある.

1) キリスト教に関係のない法定祝祭日

1月1日	Neujahr	新年
5月1日	Tag der Arbeit	メーデー
10月3日	Tag der Deutschen Einheit	ドイツの統一の日

2) キリスト教に基づく法定祝祭日
a) 固定祝祭日

1月6日	Heilige Drei Könige	三王礼拝
8月15日	Mariä Himmelfahrt	聖母被昇天祭
11月1日	Allerheiligen	諸聖人の日, 万聖節
12月25日	Erster Weihnachtstag	キリスト降誕祭(クリスマス)第1日
12月26日	Zweiter Weihnachtstag	キリスト降誕祭(クリスマス)第2日

b) 移動祝祭日
「復活祭の日曜日=春分(3月21日)後最初の満月の後の日曜日」を基準に定められる.

3~4月	Karfreitag	聖金曜日(キリスト処刑の日)	復活祭日曜日の前の金曜日
	Ostermontag	復活祭月曜日(キリスト復活の2日目)	春分後の最初の満月の後の月曜日
5月	Christi Himmelfahrt	昇天祭	復活祭日曜日から39日目
5~6月	Pfingstenmontag	聖霊降臨祭の月曜日	復活祭日曜日から50日目
	Fronleichnam	聖体の祝日	復活祭日曜日から60日目

3) その他(法定ではない祝祭日)

2~3月	Rosenmontag	ばらの月曜日	灰の水曜日の前々日
	Fastnacht	懺悔(ざんげ)の火曜日	灰の水曜日の前日
	Aschermittwoch	灰の水曜日	四旬節の第一日

*四旬節=復活祭の日曜日を起点に, 日曜日を除いてさかのぼった40日間

10月31日	Reformationstag	宗教改革記念日
11月11日	Martinstag	聖マルティヌス祭
12月6日	Nikolaustag	聖ニコラウス祭
12月31日	Silvester	大晦日(おおみそか)

Fei·gen♢blatt [ふァイゲン・ブラット] 田 −[e]s/..blätter ① いちじくの葉. ② (彫像・絵画などにおける)陰部の覆い.

Feig·heit [ふァイクハイト] 囡 −/ 臆病(おくびょう), 小心.

Feig·ling [ふァイクリング fáıklıŋ] 男 −s/−e 臆病(おくびょう)者, 意気地なし.

feil [ふァイる fáıl] 形 ① 《雅》(軽蔑的に:)金で買える. eine *feile* Dirne 売春婦. ② 《古》売り物の, 売りに出されている.

feil|bie·ten* [ふァイる・ビーテン fáıl-bìːtən] 他 (h) 《雅》売りに出す.

Fei·le [ふァイれ fáıla] 囡 −/−n 〖工〗やすり. 物⁴ *mit* der *Feile* bearbeiten 物⁴にやすりをかける / die letzte *Feile*⁴ an 物⁴ legen 《雅・比》物⁴(作品など)に最後の仕上げをする.

fei·len [ふァイれン fáılən] I 他 (h) ① 物⁴にやすりをかける. ② 物⁴ glatt *feilen* 物⁴にやすりをかけてなめらかにする. II 自 (h) [**an** 物³ ～] (物³に)やすりをかける; (比) (物³ (文章・詩句など)を)推敲(すいこう)する. Er *hat* lange an seinem Aufsatz *gefeilt*. 彼は長時間かけて作文を推敲した.

feil·schen [ふァイるシェン fáılʃən] 自 (h) (しつこく)値切る. **um** den Preis *feilschen* 値段を値切る.

Feil♢span [ふァイる・シュパーン] 男 −[e]s/..späne 《ふつう複》やすりくず.

**fein [ふァイン fáın] I 形 《英》*fine*) ① 細かい, 細い, 小粒の, ほっそりした(手足など). *feines* Gewebe 細い糸で織った織物 / ein *feines* Sieb 目の細かいふるい(篩) / *feine* Hände きゃしゃな手 / Du *musst* den Kaffee *fein* mahlen. 君はコーヒーを細かくひかないといけない. (☞ 類語 dünn).

② 繊細な, 鋭敏な, デリケートな. Er hat eine *feine* Nase. 彼は鼻がよく利く / eine *feine* Bemerkung 鋭い論評 / 物⁴ *fein* ein|stellen 物⁴(楽器・計器など)を微調整する.

③ 良質の, 上等の, 純良な;味(香り)の良い. *feines* Gebäck 上等のクッキー / *feines* Gold 純金 / *feine* Weine 極上のワイン.

④ 洗練された, 上品な, エレガントな. ein *feines* Benehmen 上品な身のこなし / die *feine* Gesellschaft 上流社会 / Er ist ein *feiner* Mensch. 彼は品のいい紳士だ.

⑤ 綿密な(計画など); 巧妙な. ein *feiner* Schachzug 巧妙なチェスの指し手(駆け引き).

⑥ 《口語》すばらしい, すてきな. Das ist eine *feine* Sache! それはすごい.

II 副 《口語》ちゃんと, きちんと. Nun sei *fein* still! [ちゃんと]静かにするんだよ / 物⁴ *fein* säuberlich ab|schreiben 物⁴をとてもきれいに書き写す / er ist *fein* heraus. 彼は[難局を切り抜けて]うまくいっている.

► **fein|machen**

Fein♢ab·stim·mung [ふァイン・アップシュティムング] 囡 −/−en 〖工〗微調整.

feind [ふァイント fáınt] 形 (人・物³に)敵意を持っている.

***der* Feind** [ふァイント fáınt] 男 (単2) −es (まれに −s)/(複) −e (3格の −en) ① 敵, 敵対者. (英 *enemy*). (⇔ 「友人」は Freund). ein *Feind* des Volkes 民衆の敵 / Er hat viele *Feinde*. 彼には敵が多い / Er ist mein größter *Feind*. 彼は私の最大の敵だ / sich³ 人⁴ zum *Feind* machen 人⁴を敵に回す. ② 〖軍 なし〗敵軍. den *Feind* an|greifen 敵を攻撃する / Ran an den *Feind*! 《口語・戯》さあ, 仕事にかかろう(くずぐずするな).

Fein·din [ふァインディン fáındın] 囡 −/..dinnen 敵の女性, (女性の)敵対者.

feind·lich [ふァイントりヒ fáıntlıç] 形 敵意のある, 敵対的な; 反目し合っている. (英 *hostile*). *feindliche* Worte 敵意のこもった言葉 / Er ist mir *feindlich* gesinnt. 彼は私に敵意を持っている / zwei *feindliche* Brüder 仲の悪い二人の兄弟. ② 敵[軍]の. die *feindlichen* Truppen 敵の部隊.

..feind·lich [...ふァイントりヒ ..fáıntlıç] 〖形容詞をつくる 接尾〗(…に敵対的な) 例: ausländer*feindlich* 外国人に敵対的な.

Feind·schaft [ふァイントシャふト] 囡 −/−en ① 〖複 なし〗敵意, 憎しみ. ② 《ふつう複》敵対関係, 反目. (⇔ 「友情」は Freundschaft). mit 人³ **in** *Feindschaft* leben 人³と反目している.

feind·se·lig [ふァイント・ゼーりヒ] 形 敵意のある. *feindselige* Blicke 敵意に満ちた目つき.

Feind·se·lig·keit [ふァイント・ゼーりヒカイト] 囡 −/−en ① 〖複 なし〗敵意, 憎しみ. ② 〖複〗で〗戦闘行為. die *Feindseligkeiten*⁴ ein|stellen (eröffnen) 戦闘行為をやめる(始める).

Fein♢ein·stel·lung [ふァイン・アインシュテるング] 囡 −/−en 〖工〗微調整.

fein♢füh·lig [ふァイン・ふューりヒ] 形 感情のこまやかな, 敏感な; 〖工〗感度のよい.

Fein♢ge·fühl [ふァイン・ゲふュール] 田 −[e]s/ 繊細さ, 思いやり, 心づかい, デリカシー.

fein♢glied·rig [ふァイン・グリードりヒ] 形 きゃしゃな, ほっそりした.

Fein♢gold [ふァイン・ゴるト] 田 −[e]s/ 純金.

Fein·heit [ふァインハイト] 囡 −/−en ① 〖複 なし〗こまやかさ, 繊細さ, 精巧さ;優良, 上等, 純良. ② 《ふつう複》細かい点, 微妙なニュアンス. ③ 〖複 なし〗上品, 気品, 優雅さ.

fein♢kör·nig [ふァイン・ケルニヒ] 形 ① 粒の細かい. ② 〖写〗微粒子の(フィルム).

Fein♢kost [ふァイン・コスト] 囡 −/ 美味な食物, デリカテッセン, 特選食品.

fein|ma·chen, fein ma·chen [ふァイン・マッヘン fáın-màxən] 再他 (h) *sich*⁴ *feinmachen* おめかしする, 身だしなみを整える.

fein♢ma·schig [ふァイン・マシヒ] 形 (網・編み物などが)目の細かい.

Fein♢me·cha·nik [ふァイン・メヒャーニク] 囡 −/ 精密機械工学.

Fein♢me·cha·ni·ker [ふァイン・メヒャーニカァ] 男 −s/− 精密機械工. (女性形: −in).

Fein♢schme·cker [ふァイン・シュメッカァ] 男

-s/- 美食家, 食通, グルメ. (女性形: -in).

fein≠sin·nig [ふァイン・ズィニヒ] 形 感覚の繊細な, 美的センスのある.

feist [ふァイスト fáist] 形 でぶの, でっぷり太った.

fei·xen [ふァイクセン fáiksən] du feix[es]t (h) (口語)(意地悪く)にやにや(にたにた)笑う.

Fel·chen [ふェルヒェン félçən] 男 -s/- (魚)フェルヒェン(マス科の魚).

das **Feld** [ふェルト félt] 中 (単2) -es (まれに -s)/(複) -er (3格のみ -ern) (英 field) ① 畑, 耕地. Gemüse*feld* 野菜畑 / das *Feld*⁴ bebauen (または bestellen) 畑を耕す, 耕作する / Der Bauer geht aufs *Feld*. 農夫が野良仕事に出かける / Die *Felder* stehen gut. 《比》田畑の作柄が良い.

② 《雅》野, 野原. ein weites *Feld* 広々とした野原 / durch *Feld* und Wald schweifen 野や森をさまよい歩く.

③ (スポ) フィールド, 競技場. den Ball⁴ ins *Feld* werfen ボールをフィールドに投げ込む. ④ (スポ) (マラソンなどの)選手集団. ⑤ 《複なし》戦場. ins *Feld* ziehen 出陣する / im *Feld* stehen 戦地にいる / das *Feld*⁴ behaupten 《比》自分の地位を確保する / 人³ das *Feld*⁴ überlassen 《比》人³に譲歩する. ⑥ 《複なし》(活動・専門の)範囲, 領域, 分野. das *Feld* der Wissenschaft⁴ 学問の分野 / Das ist ein weites *Feld*. 《比》それは解決の見通しもつかない(広範な)問題だ. ⑦ (一定の)区画; (書式用紙の記入欄; (チェス盤の)目; (旗・紋章の)地(じ). ⑧ (物)場(ば), 界; (言)場.

Feld≠ar·beit [ふェルト・アルバイト] 女 -/-en ① 野良仕事. ② フィールドワーク, 現地調査 (研究・採集).

Feld≠bett [ふェルト・ベット] 中 -[e]s/-en (携帯用の)折りたたみ式ベッド.

Feld≠fla·sche [ふェルト・ふらッシェ] 女 -/-n (軍)水筒.

Feld≠frucht [ふェルト・ふルフト] 女 -/..früchte 《ふつう複》農作物.

feld≠grau [ふェルト・グラオ] 形 灰緑色の(旧ドイツ軍の制服の色).

Feld≠herr [ふェルト・ヘル] 男 -n/-en《古》総司令官, 将軍.

Feld≠kü·che [ふェルト・キュッヒェ] 女 -/-n (軍)野戦炊事場(車).

Feld≠la·za·rett [ふェルト・らツァレット] 中 -[e]s/-e (軍)野戦病院.

Feld≠mar·schall [ふェルト・マルシャル] 男 -[e]s/..schälle 《軍》(昔の)元帥.

Feld≠maus [ふェルト・マオス] 女 -/..mäuse (動)ノネズミ.

Feld≠post [ふェルト・ポスト] 女 -/ 軍事(野戦)郵便.

Feld≠sa·lat [ふェルト・ざらート] 男 -[e]s/-e (植)ノヂシャ. (☞ Gemüse 図).

Feld≠spat [ふェルト・シュパート] 男 -[e]s/-e (または ..späte) (鉱)長石.

Feld≠ste·cher [ふェルト・シュテッヒャァ] 男 -s/- 双眼鏡(=Fernglas).

Feld≠we·bel [ふェルト・ヴェーベる] 男 -s/- 《軍》(昔の:)軍曹; (ドイツ軍の)下士官. ② (方・戯)特に大輪の花. ③ 《口語》勝ち気でがさつな女.

Feld≠weg [ふェルト・ヴェーク] 男 -[e]s/-e 野道, 農道.

Feld≠zug [ふェルト・ツーク] 男 -[e]s/..züge ① 《軍》出兵, 出征. ② キャンペーン[活動].

Fel·ge [ふェるゲ félgə] 女 -/-n ① (自転車・自動車の車輪の)リム, ホイール. ② (鉄棒の)回転.

Fe·lix [ふェーリクス fé:lıks] (男名)フェーリクス.

das **Fell** [ふェる fél] 中 (単2) -[e]s/(複) -e (3格のみ -en) ① (動物の)皮, 毛皮; なめし皮. ein weiches *Fell* 柔らかい毛皮 / *Felle*⁴ gerben 獣皮をなめす / einem Hasen das *Fell*⁴ ab|ziehen うさぎの皮をはぐ.

② 《口語》(人間の)皮膚. ein dickes *Fell*⁴ haben 《口語》鈍感である(←分厚い皮をしている) / 人³ das *Fell*⁴ gerben 《俗・比》人³をさんざんぶんなぐる / Dich (または Dir) juckt wohl das *Fell*? 《俗》なぐられたいのか(←皮膚がかゆいのか) / 人³ das *Fell*⁴ über die Ohren ziehen 《俗・比》人³をペテンにかけて利益を得る.

der **Fels**¹ [ふェるス féls] 男 (単2) -/ 岩, 岩石. (英 *rock*). der nackte *Fels* 露出した岩石.

Fels² [ふェるス] 男 -ens (古: -en)/-en 《雅》= Felsen

Fels≠block [ふェるス・ブロック] 男 -[e]s/..blöcke 岩塊.

der **Fel·sen** [ふェるゼン félzən] 男 (単2) -s/(複) - 岩塊, 岩山, 岩壁. auf einen *Felsen* klettern 岩山に登る.

fel·sen·fest [ふェるゼン・ふェスト] 形 岩のように堅い, 堅固な. *felsenfest* an 事⁴ glauben 事⁴を固く信じている.

fel·sig [ふェるズィヒ félzıç] 形 岩できた; 岩の多い.

Fe·me [ふェーメ fé:mə] 女 -/-n ① (史)(ドイツ中世の)秘密裁判. ② (特に政敵の暗殺を決する)秘密会議.

fe·mi·nin [ふェーミニーン fé:mini:n または ふェミニーン] 形 ① 《雅》女性の; 女らしい; (男が)めめしい. ② 《言》女性の(=weiblich).

Fe·mi·ni·num [ふェーミニーヌム fé:mini:num] 中 -s/..nina 《言》女性名詞; 《複なし》(名詞の)女性 (略: f.).

Fe·mi·nis·mus [ふェミニスムス feminísmus] 男 -/..nismen ① 《複なし》フェミニズム, 女性解放論(運動). ② 《医》(男性の)女性化; (動)(雄の)雌性化.

Fe·mi·nist [ふェミニスト feminíst] 男 -en/-en (男性の)女性解放論者. (女性形: -in).

fe·mi·nis·tisch [ふェミニスティッシュ feminístıʃ] 形 ① フェミニズムの, 女性解放論(運動)の. ② 《医》女性化の; (動)雌性化の.

Fen·chel [ふェンヒェる fénçəl] 男 -s/ (植)ウイキョウ[の実](薬品・香辛料として用いる). (☞ Gemüse 図).

Fenn [ふェン fén] 甲 -[e]s/-e 《北ドツ》湿原.

**das Fens·ter [ふェンスタァ fénstər]

窓

Darf ich das *Fenster* aufmachen?
ダルふ イヒ ダス ふェンスタァ アオふマッヘン
窓を開けてもいいでしょうか.

甲 (単2) -s/(複) - (3格のみ -n) ① 窓; 窓ガラス. 《英 window》. Doppel*fenster* 二重窓 / ein vergittertes *Fenster* 格子窓 / Das Zimmer hat zwei *Fenster*. その部屋には窓が二つある / das *Fenster*⁴ öffnen (または auf|machen)窓を開ける / das *Fenster*⁴ schließen (または zu|machen)窓を閉める / die *Fenster*⁴ putzen 窓ガラスを磨く / Das *Fenster* ist blind geworden. 〖現在完了〗窓ガラスが曇った / Das *Fenster* geht auf die Straße [hinaus]. その窓は通りに面している / ein *Fenster*⁴ in die Welt (または zur Welt) öffnen 《比》世界に向かって門戸を開く.

◊《前置詞とともに》ans *Fenster* klopfen 窓[ガラス]をたたく / aus dem *Fenster* sehen 窓から外を眺める / ein Briefumschlag mit *Fenster* 《比》窓付き封筒 / Er ist weg vom *Fenster*. 《口語》彼は世間から忘れられている / zum *Fenster* hinaus|sehen 窓から外を眺める / sich⁴ zum *Fenster* hinaus|lehnen 窓から身を乗り出す / zum *Fenster* hinaus|reden 《比》a) 聞く耳を持たない人に向かって演説する, b) 大衆に政治演説をする / das Geld⁴ zum *Fenster* hinaus|werfen 《比》お金を浪費する.
② 《口語》ショーウインドー (=Schau*fenster*).

Fens·ter♦bank [ふェンスタァ・バンク] 女 -/..bänke ① 窓敷居. ② 窓際のベンチ.

Fens·ter♦brett [ふェンスタァ・ブレット] 甲 -[e]s/-er 窓敷居.

Fens·ter♦brief·um·schlag [ふェンスタァ・ブリーふウムシュラーク] 男 -[e]s/..schläge (中のあて名が見える)窓付き封筒.

Fens·ter♦flü·gel [ふェンスタァ・ふりューゲる] 男 -s/- 開き窓の戸.

Fens·ter♦glas [ふェンスタァ・グらース] 甲 -es/..gläser 窓用の[板]ガラス; 窓ガラス.

Fens·ter♦la·den [ふェンスタァ・らーデン] 男 -s/..läden (まれに-) 窓のよろい戸.

Fens·ter♦platz [ふェンスタァ・プらッツ] 男 -es/..plätze 窓際(窓側)の席.

Fens·ter♦rah·men [ふェンスタァ・ラーメン] 男 -s/- 窓枠.

***die* Fens·ter♦schei·be** [ふェンスタァ・シャイベ fénstər‑ʃaɪbə] 女 (単) -/(複) -n 窓ガラス. Die *Fensterscheibe* ist zerbrochen. 〖現在完了〗窓ガラスが割れた.

Fer·di·nand [ふェルディナント férdinant] -s/ 《男名》フェルディナント.

**die Fe·ri·en [ふェーリエン féːriən]

休暇 Wir haben jetzt *Ferien*.
ヴィア ハーベン イェッツ ふェーリエン
私たちは今休暇中です.

複 (《英 vacation》) ① (学校などの)休暇. Sommer*ferien* 夏休み / die großen *Ferien* (学校の)長い夏休み / Die *Ferien* dauern fünf Wochen. 休暇は5週間だ / Wohin fährst du in den *Ferien*? 休暇にはどこへ行くの. (☞ 類語 Urlaub).
② (個人的にとる)休暇. *Ferien*⁴ nehmen (または bekommen)休暇をとる / *Ferien*⁴ an der See machen 休暇を海辺で過ごす.

Fe·ri·en♦haus [ふェーリエン・ハオス] 甲 -es/..häuser 休暇用の別荘.

Fe·ri·en♦kurs [ふェーリエン・クルス] 男 -es/-e 休暇中の講習会(夏休みなどに大学で行われる外国語などの講習会).

Fe·ri·en♦rei·se [ふェーリエン・ライゼ] 女 -/-n 休暇旅行. Wir machen eine *Ferienreise* ans Meer. 私たちは海へ休暇旅行に出かける.

Fe·ri·en♦woh·nung [ふェーリエン・ヴォーヌング] 女 -/-en 休暇用の別荘マンション.

Fer·kel [ふェルケる férkəl] 甲 -s/- ① 子豚. ② 《俗》(ののしって:)不潔なやつ; 恥知らず.

fer·keln [ふェルケるン férkəln] 自 (h) ① (豚が)子を産む. ② 《口語》みだらなことをする(言う); (食事中に)周りを汚す.

Fer·ma·te [ふェルマーテ fɛrmáːtə] 女 -/-n 《音楽》フェルマータ, 延音記号(記号: ⌒).

Fer·ment [ふェルメント fɛrmént] 甲 -[e]s/-e 《生化》酵素 (=Enzym).

fer·men·tie·ren [ふェルメンティーレン fɛrmɛntíːrən] 他 (h) (茶など⁴を)発酵させる.

*fern [ふェルン férn] I 形 《英 far》 ① 《場所的に》遠い, はるかな, 隔たった. (☞「近い」は nahe). *ferne* Länder 遠い国々 / der *Ferne* Osten 極東 / Das Gewitter ist noch *fern*. 雷雨はまだ遠い / Er lebt *fern* von uns. 彼は私たちから遠く離れて暮らしている / 物⁴ von *fern* beobachten 物⁴を離れて見る / von *fern* betrachtet a) 遠くから見ると, b) 《比》冷静に考えると / Das sei *fern* von mir!《接1・現在》そんな事はまっぴらだ, とんでもない.
② (時間的に)遠い(過去・将来). in *ferner* Vergangenheit (Zukunft) ずっと昔(遠い将来)に / in nicht mehr *ferner* Zeit 間もなく / Der Tag ist nicht mehr *fern*. その日はもう遠からずやって来る.
II 前 《3格とともに》《雅》…から遠く離れて. *fern* der Stadt 都会から遠く離れて.

類語 *fern*: (ある立脚点から見て)遠い. *weit*: (主体から見て距離的に)遠い. Bis zum nächsten Dorf war es sehr *weit*. 隣りの村まではたいへん遠かった. *entfernt*: (ある人・物から隔っていて)遠い. (von と結びついて weit が添えられることが多い). Ziemlich weit *entfernt* von hier liegt ein altes Bauernhaus. ここからかなり遠く離れた所に古い農家がある.

fern♦ab [ふェルン・アップ] 副 《雅》遠く離れて,

遠く離れたところで.

Fern=amt [フェルン・アムト] 匣 -[e]s/..ämter (昔の:)長距離(市外)電話局.

Fern=be・die・nung [フェルン・ベディーヌング] 囡 -/-en リモートコントロール, 遠隔操作.

fern|blei・ben* [フェルン・ブらイベン férnblàɪbən] (s) 《雅》(授業・集会などに)出席(参加)しない. der Schule³ wegen Krankheit *fernbleiben* 病気で学校を休んでいる.

Fern=blick [フェルン・ブリック] 男 -[e]s/-e 見晴らし, 展望.

fer・ne [フェルネ férnə] 形 《雅》= fern

die **Fer・ne** [フェルネ férnə] 囡 (単) -/(複) -n ① 《複なし》遠方, 遠い所. (⇔ 「近い所」は Nähe). 形⁴ **aus der** *Ferne* betrachten ...³ を遠くから観察する / **in der** *Ferne* 遠くで / **in die** *Ferne* ziehen 遠くに引っ越す.

② 《ふつう 単》遠い過去; 遠い将来. Der Plan liegt noch **in weiter** *Ferne*. その計画はまだ遠い将来のことだ.

fer・ner [フェルナァ férnər] (*fern の 比較) **I** 形《付加語としてのみ》① より遠い. ② 《書》それ以上の, 将来にわたって続く.

II 副 ① 《接続詞的に》その上, さらに. *Ferner* erklärte er, dass ... さらに彼は…と説明した. ② 《雅》今後も, 引き続き. Das solltet ihr auch *ferner* so halten! これからも君たちにはこのままやってほしい.

fer・ner=hin [フェルナァ・ヒン] 副 = ferner II

Fern=fah・rer [フェルン・ふァーラァ] 男 -s/- 長距離トラックの運転手. (女性形: -in).

fern=ge・lenkt [フェルン・ゲレンクト] 形 リモートコントロールの, 遠隔操縦の, 無線誘導の.

fern=ge・se・hen [フェルン・ゲゼーエン] *fern|sehen (テレビを見る)の 過分

das **Fern=ge・spräch** [フェルン・ゲシュプレーヒ férn-gəʃprɛːç] 匣 (単2) -[e] s/(複) -e (3 格のみ -en) 市外通話, 長距離電話. (⇔「市内通話」は Ortsgespräch). ein *Ferngespräch*⁴ an|melden 長距離電話を申し込む.

fern=ge・steu・ert [フェルン・ゲシュトイアァト] 形 リモートコントロールの (= ferngelenkt).

Fern=glas [フェルン・グらース] 匣 -es/..gläser 双眼鏡.

fern|hal・ten* [フェルン・ハるテン férn-hàltən] **I** (h) 《雅》遠ざけておく, 離しておく. die Kinder⁴ **von** dem Kranken *fernhalten* 子供たちが病人に近づかないようにする. **II** 再帰 (h) 《*sich*⁴ **von** 人・物³ ~》(人・物³を)避ける.

Fern=hei・zung [フェルン・ハイツング] 囡 -/-en 地域暖房.

Fern=ko・pie・rer [フェルン・コピーラァ] 男 -s/- ファクス.

Fern=kurs [フェルン・クルス] 男 -es/-e 通信(放送)講座.

Fern=las・ter [フェルン・らスタァ] 男 -s/- 《口語》長距離[運送]トラック.

Fern=lei・he [フェルン・らイエ] 囡 -/-n (図書館どうしの)遠隔地貸し出し.

Fern=lei・tung [フェルン・らイトゥング] 囡 -/-en (ガス・水道などの)長距離パイプライン; (電話の)長距離ケーブル.

fern|len・ken [フェルン・れンケン férn-lènkən] 他 (h) 《ふつう不定詞・過去分詞で用いる》リモートコントロールする, 遠隔操作する.

Fern=len・kung [フェルン・れンクング] 囡 -/-en 《ふつう 単》リモートコントロール, 遠隔操作.

Fern=licht [フェルン・リヒト] 匣 -[e]s/ (ヘッドライトの)上向きライト, ハイビーム.

fern|lie・gen* [フェルン・リーゲン férn-lìːgən] 自 (h) (意図などが 人³の)念頭にない. Es *liegt* mir *fern*, das zu tun. 私にはそんなことするつもりは毛頭ない.

Fern=mel・de=amt [フェルンメるデ・アムト] 匣 -[e]s/..ämter 電信電話局.

fern=münd・lich [フェルン・ミュントりヒ] 形《古》電話による (= telefonisch).

Fern=ost [フェルン・オスト] 男《冠詞なし; 無変化で》極東.

fern=öst・lich [フェルン・エストりヒ] 形《付加語としてのみ》極東の.

Fern=rohr [フェルン・ローァ] 匣 -[e]s/-e 望遠鏡 (= Teleskop).

Fern=schrei・ber [フェルン・シュらイバァ] 男 -s/- テレックス, テレプリンター.

Fern・seh=an・sa・ger [フェルンゼー・アンザーガァ] 男 -s/- テレビのアナウンサー. (女性形: -in).

Fern・seh=an・ten・ne [フェルンゼー・アンテンネ] 囡 -/-n テレビアンテナ.

der **Fern=seh=ap・pa・rat** [フェルンゼー・アパラート férnzeː-aparaːt] 男 (単2) -[e]s/(複) -e (3 格のみ -en) テレビ[受像機]. Ich habe mir einen neuen *Fernsehapparat* gekauft. 私は新しいテレビを買いました.

fern|se・hen [フェルン・ゼーエン férnzèːən] du siehst ... fern, er sieht ... fern (sah ... fern, *hat* ... ferngesehen) 自 (完了 haben) テレビを見る. Wir *haben* gestern lange *ferngesehen*. 私たちはきのう長い間テレビを見ていた.

das* **Fern=se・hen [フェルン・ゼーエン férnzeːən] 匣 (単2) -s/- ① テレビ[放送]. (⇔ *television*). (⇔ 「ラジオ[放送]」は Rundfunk). Satelliten*fernsehen* 衛星テレビ放送 / Was bringt das *Fernsehen* heute Abend? または Was gibt es heute Abend im *Fernsehen*? 今夜はテレビで何があるの / Den Film haben wir im *Fernsehen* gesehen. その映画を私たちはテレビで見ました.

② テレビ局. Sie arbeitet beim *Fernsehen*. 彼女はテレビ局で働いている. ③ 《口語》テレビ受像機 (= Fernsehapparat).

der* **Fern=se・her [フェルン・ゼーァァ férnzeːər] 男 -s/-(複) -(3 格のみ -s) 《口語》① テレビ[受像機]. ein tragbarer *Fernseher* ポータブル(携帯)テレビ / den *Fernseher* ein|schalten テレビのスイッチを入れる. ② テレビの視聴者. (女性形: -in).

Fern・seh=film [フェルンゼー・ふィるム] 男

fertigbringen

-[e]s/-e テレビ映画.
Fern·seh≈ge·rät [フェルンゼー・ゲレート] 中 -[e]s/-e テレビ[受像機].
Fern-seh≈pro·gramm [フェルンゼー・プログラム] 中 -s/-e テレビ番組.
Fern·seh≈sen·der [フェルンゼー・ゼンダァ] 男 -s/- テレビ放送局.
Fern·seh≈sen·dung [フェルンゼー・ゼンドゥング] 女 -/-en テレビ放送.
Fern·seh≈spiel [フェルンゼー・シュピーる] 中 -[e]s/-e テレビドラマ.
Fern·seh≈über·tra·gung [フェルンゼー・ユーバァトラーグング] 女 -/-en テレビ中継.
Fern·seh≈zu·schau·er [フェルンゼー・ツーシャオァァ] 男 -s/- テレビ視聴者.(女性形: -in).
Fern·sicht [フェルン・ズィヒト] 女 -/ 遠望, 見晴らし.
Fern·sprech≈amt [フェルンシュプレヒ・アムト] 中 -[e]s/..ämter 電話[交換]局.
Fern·sprech≈an·sa·ge·dienst [フェルンシュプレヒ・アンザーゲディーンスト] 男 -[e]s/-e テレホンサービス.
Fern·sprech≈an·schluss [フェルンシュプレヒ・アンシュるス] 男 -es/..schlüsse 電話接続.
Fern≈spre·cher [フェルン・シュプレッヒァァ] 男 -s/- 《官庁》電話[機] (=Telefon).
Fern·sprech≈zel·le [フェルンシュプレヒ・ツェれ] 女 -/-n 《公衆》電話ボックス.
fern|ste·hen* [フェルン・シュテーエン fɛ́rn-ʃtèːən] 自 (h) 《雅》(人·事³に精神的に)距離を置いている, (人·事³と)かかわりがない.
fern|steu·ern [フェルン・シュトイアァン fɛ́rn-ʃtɔ̀yərn] 他 (h) (物⁴を)リモートコントロール(遠隔操作)する.
Fern≈steu·e·rung [フェルン・シュトイエルング] 女 -/-en リモートコントロール, 遠隔操作.
Fern≈stu·di·um [フェルン・シュトゥーディウム] 中 -s/..dien [..ディエン] 大学通信教育[の受講].
Fern≈uni·ver·si·tät [フェルン・ウニヴェルズィテート] 女 -/-en 通信制大学, 放送大学.
Fern≈un·ter·richt [フェルン・ウンタァリヒト] 男 -[e]s/ 《ふつう 単》通信教育[の受講].
Fern≈ver·kehr [フェルン・フェァケーァ] 男 -s/ ① 遠距離交通, 遠距離運輸. ② 市外通話.
Fern≈weh [フェルン・ヴェー] 中 -s/ 《雅》はるかなもの(遠い国々)へのあこがれ.
Fern≈wir·kung [フェルン・ヴィルクング] 女 -/-en 《物》遠隔作用; 《工》遠隔操作; 《心》テレパシー; 長期にわたる影響.
Fern≈ziel [フェルン・ツィーる] 中 -[e]s/-e (遠い)将来の目標.
Fer·rum [フェルム fɛ́rʊm] 中 -s/ 鉄 (=Eisen) (記号: Fe).
die **Fer·se** [フェルゼ fɛ́rzə] 女 (単)-/(複)-n ① (足の)かかと. (英 heel). (🔎 Körper 図). Die *Ferse* tut mir weh. 私はかかとが痛い / die *Ferse* des Achilles 《比》(強者の)弱点(←アキレスのかかと) / 人³ die *Fersen*⁴ zeigen 《雅》人³の所から逃げ出す / 人³ auf den *Fersen* sein 人³の跡をつけている / 人³ auf den *Fersen* folgen 人³のすぐあとからついて行く. ② (靴下の)かかと.
Fer·sen≈geld [フェルゼン・ゲルト] 中 《成句的に》*Fersengeld*⁴ geben 《口語·戯》ずらかる.

***fer·tig** [フェルティヒ fɛ́rtɪç]

> **出来上がった**
> Die Arbeit ist *fertig*.
> ディ アルバイト イスト フェルティヒ
> 仕事は終わった.

形 ① 出来上がった, 完成した; 既成の. (英 finished). ein *fertiges* Manuskript 完成原稿 / Der Neubau ist *fertig*. その新築家屋は完成した / Das Essen ist *fertig*. 食事はできている / ein halb *fertiges* Haus できかけの家 / *fertige* Speisen インスタント食品.
② 終えた, 済ませた. Ich bin mit der Arbeit *fertig*. 私はその仕事を終えた / mit 人³ *fertig* sein 《口語》人³とかかわりたくないと思っている, 縁を切っている ⇒ Ich bin mit ihm *fertig*. 私は彼とはもうかかわりがない / Ich habe das Buch *fertig*. 《口語》私はその本を読み終えた.
③ 用意(準備)ができた. (英 ready). Ich bin *fertig* zur Abreise. 私は旅に出かける支度ができました / Achtung, *fertig*, los! 《スポ》位置について, 用意, スタート!
④ 熟練した, 一人前の. ein *fertiger* Künstler 円熟した芸術家.
⑤ 《口語》疲れ果てた. Ich bin völlig *fertig*. 私はへとへとだ / Sie ist mit den Nerven *fertig*. 彼女は神経が参っている. ⑥ 《成句的に》fix und *fertig* sein 《口語》a) 完全に仕上がった, すっかり準備ができた, b) くたくたに疲れた.

► fertig|bekommen², fertig|bringen², fertig|machen², fertig|stellen, fertig|werden

..fer·tig [..フェルティヒ ..fɛrtɪç] 《形容詞をつくる 接尾》① 《出来上がった》例: koch*fertig* (食品が)インスタントの. ② 《支度のできた》例: reise*fertig* 旅支度のできた.

Fer·tig≈bau [フェルティヒ・バオ] 男 -[e]s/-ten ① プレハブ建築物. ② プレハブ建築工法.
Fer·tig≈bau·wei·se [フェルティヒ・バオヴァイゼ] 女 -/-n プレハブ建築工法.
fer·tig|be·kom·men¹* [フェルティヒ・ベコメン fɛ́rtɪç-bəkɔ̀mən] (過分 fertigbekommen) 他 (h) 《口語》=fertig|bringen¹
fer·tig|be·kom·men²*, **fer·tig be·kom·men*** [フェルティヒ・ベコメン] (過分 fertigbekommen / fertig bekommen) 他 (h) 《口語》=fertig|bringen²
fer·tig|brin·gen¹* [フェルティヒ・ブリンゲン fɛ́rtɪç-brɪŋən] 他 (h) やってのける, (…することが)できる. Ich *bringe* es nicht *fertig*, ihm das zu sagen. 私は彼にそんなことはとても言えない.
fer·tig|brin·gen²*, **fer·tig brin·gen*** [フェルティヒ・ブリンゲン] 他 (h) (仕事など⁴を)終える, 仕上げる.

fer·ti·gen [フェルティゲン fértigən] 他 (h)《雅》作る, 製作(製造)する. ◇《過去分詞の形で》mit der Hand *gefertigte* Waren 手作りの品物.

fer·tig·ge·macht fertig|machen¹ (けなす), fertig|machen² (仕上げる)の 過分

Fer·tig·ge·richt [フェルティヒ・ゲリヒト] 中 -[e]s/-e (食べる前に温めるだけの)調理済み食品, レトルト食品.

Fer·tig=haus [フェルティヒ・ハオス] 中 -es/..häuser プレハブ建築(住宅).

Fer·tig·keit [フェルティヒカイト] 女 -/-en 熟練, 熟達;《圏で》(専門的な)技能.

Fer·tig·klei·dung [フェルティヒ・クらイドゥング] 女 -/ 既製服.

fer·tig|ma·chen¹ [フェルティヒ・マッヘン fértiç-màxən] (machte ... fertig, hat ... feretiggemacht) 他 (定了 haben) ①《口語》❶ けなす. ② (心理的に)参らせる. Dieser Lärm *macht* mich ganz *fertig*. この騒音にはまったく参ってしまう. ③ ぶちのめす.

fer·tig|ma·chen², fer·tig ma·chen [フェルティヒ・マッヘン fértiç-màxən] (machte ... fertig, hat ...fertiggemacht) /fertig gemacht) 他 (定了 haben) ① (作品など4を)仕上げる, 完成する.《災 finish》das Referat⁴ *fertigmachen* レポートを仕上げる.
② 用意する, 支度する; (人⁴に)支度をさせる. Er *macht* das Reisegepäck *fertig*. 彼は旅行手荷物の用意をする / die Kinder⁴ **zum** Ausflug *fertigmachen* 子供たちに遠足の支度をさせる. ◇《再帰的に》sich⁴ **fürs** Theater *fertigmachen* 芝居を見に行く支度をする.

Fer·tig=pro·dukt [フェルティヒ・プロドゥクト] 中 -[e]s/-e 完成品, 既製品 (=Fertigware).

fer·tig|stel·len, fer·tig stel·len [フェルティヒ・シュテれン fértiç-ʃtèlən] 他 (h) (建物・書類など4を)仕上げる, 完成する.

Fer·tig·stel·lung [フェルティヒ・シュテるング] 女 -/-en 仕上げ, 完成.

Fer·tig=teil [フェルティヒ・タイる] 中 -[e]s/-e (プレハブ住宅などの)完成部品.

Fer·ti·gung [フェルティグング] 女 -/ 製造, 製作.

Fer·tig=wa·re [フェルティヒ・ヴァーレ] 女 -/-n 完成品, 既製品.

fer·tig|wer·den*, fer·tig wer·den* [フェルティヒ・ヴェーアデン fértiç-vè:rdən] 自 (s) ①《mit 物³ ~》(物³を)やり終える, 克服する. ②《mit 人³》《口語》(人³に)言い負かす.

fes, Fes¹ [フェス fɛ́s] 中 -/-《音楽》変ヘ音.

Fes² [フェス] 男 -[es]/-[e] トルコ帽.

fesch [フェッシュ fɛ́ʃ] 形《オーストリア・口語》粋(いき)な, あか抜けした, かっこいいスマートな, スポーティーな.

Fes·sel¹ [フェッセる fésəl] 女 -/-n 《ふつう 複》手かせ, 足かせ; 《比》束縛, 拘束. 人³ *Fesseln*⁴ an|legen または 人⁴ **in** *Fesseln* legen 人³(または 人⁴)に手かせ(足かせ)をはめる / die *Fesseln* der Liebe 愛のしがらみ.

Fes·sel² [フェッセる] 女 -/-n ① あくと(馬などのひずめとくるぶしの間の部分). ② (人間, 特に女性の)ふくらはぎとかかとの間, 足首.

Fes·sel=bal·lon [フェッセる・バろーン] 男 -s/-s (または -e) 係留気球.

fes·seln [フェッセるン féseln] ich fessle (fesselte, hat ... gefesselt) 他 (定了 haben) ① 縛る; 鎖につなぐ; 拘束する. 人⁴ **an** einen Baum *fesseln* 人⁴を木に縛りつける / Sie *ist* schon seit Wochen ans Bett *gefesselt*.《状態受動・現在》《比》彼女はすでに数週間前から寝たきりだ / Seine Zunge *war gefesselt*.《状態受動・過去》《比》彼は物が言えなかった.
②《比》(注意・関心など4を)ひく, (人⁴を)魅了する. seine Aufmerksamkeit⁴ *fesseln* 彼の注意をひく / Sie *fesselte* ihn durch ihre Reize. 彼女の魅力が彼をとりこにした.

fes·selnd [フェッセるント] I fesseln (縛る)の 現分 II 形 人の心をひきつける, 興味津々(しんしん)の. ein *fesselndes* Buch すごくおもしろい本.

fes·sel·te [フェッセるテ] fesseln (縛る)の 過去

fess·le [フェッスれ] fesseln (縛る)の 1 人称単数現在

***fest** [フェスト fést] 形 (比較級 fester, 最上 festest) ① 固体の, 固形の.《災 solid》*feste* Nahrung 固形食.
② 堅い, しっかりした, 丈夫な, 頑丈な; がっしりした.《災 firm》.《反対 「柔らかい」は weich》. *festes* Gestein 堅い岩石 / ein *festes* Gewebe 丈夫な布地 / *feste* Schuhe 丈夫な靴 / Er hat *feste* Beine. 彼はがっしりした脚をしている.
③ 固定した, ぐらつかない. ein *fester* Händedruck 固い握手 / eine *feste* Stellung⁴ haben 地位が安定している / Er hat einen *festen* Schlaf. 彼は熟睡する / 物⁴ *fest* halten 物⁴をしっかり持っている / die Tür⁴ *fest* schließen ドアをきちんと閉める.
④ 強固な, 不動の, 確固たる. *feste* Grundsätze⁴ haben 確固たる主義を持っている / Er ist der *festen* Überzeugung², dass... 彼は…ということを確信している / steif und *fest* 断固として / 事⁴ *fest* versprechen 事⁴をはっきり約束する.
⑤ 不変の, 一定の, 変わらない. *feste* Preise 定価 / ein *festes* Einkommen⁴ haben 定収入がある / Er ist *fest* angestellt.《状態受動・現在》彼は常勤である / Er hat eine *feste* Freundin.《口語》彼には決まった彼女がいる.
▶ **fest=angestellt**

..fest [..フェスト ..fɛst]《形容詞をつくる 接尾》① (…に対して強い) 例: feuer*fest* 耐火性の. ② (強固な) 例: charakter*fest* 性格のしっかりした.

*das **Fest** [フェスト fést] 中 (単 2) -es (まれに -s)/(複) -e (3 格のみ -en) ① 祭り; 祝宴, 祝賀パーティー. Sport*fest* 体育祭 / ein fröhliches *Fest* 楽しい祭り / das *Fest* der goldenen Hochzeit² 金婚式のお祝い / ein *Fest*⁴ feiern (または geben) 祝宴を開く / an einem *Fest* teil|nehmen 祝宴に参加する /

auf ein *Fest* (または zu einem *Fest*) gehen 祝宴に行く / Man muss die *Feste* feiern, wie sie fallen. 《諺》好機を逸するな, 善は急げ (←祭りはその当日に祝わなければならない) / Es war mir ein *Fest*.《口語》《戯》とても楽しかったよ. ② (教会の)祝祭日. ein bewegliches *Fest* (年によって日が変わる)移動祝祭日 / ein unbewegliches *Fest* (年によって日の変わらない)固定祝祭日 / Frohes *Fest*! (祝日のあいさつ:)おめでとう.

Fest⸗akt [フェスト・アクト] 男 -[e]s/-e 式典, 祝賀会.

fest|an·ge·stellt, fest an·ge·stellt [フェスト・アンゲシュテルト] 形 常勤の. Er ist noch nicht *festangestellt*. 彼はまだ常勤ではない.

fest|bei·ßen* [フェスト・バイセン] fést-bàisən] 再帰 (h) 《*sich*⁴ **an** (または **in**) 物³ ~》 (物³に)かみつく, 食らいつく.

fest|bin·den* [フェスト・ビンデン] fést-bìndən] 他 (h) 縛り(結び)付ける, つなぐ. ein Boot⁴ **am** Ufer *festbinden* ボートを岸につなぐ.

fest|blei·ben* [フェスト・ブライベン] fést-blàibən] 自 (s) 信念を貫く, 動じない.

Fest⸗es·sen [フェスト・エッセン] 中 -s/- 祝宴, 饗宴(*ミャ*), 宴会.

fest|fah·ren* [フェスト・ファーレン] fést-fà:rən] 自 (s)/再帰 (h) *sich*⁴ *festfahren* ① (乗り物が・人が乗り物で)立ち往生する. Der Wagen *ist* im Schnee *festgefahren*.《現在完了》車は雪にはまり込んで動けなくなった. ② (比)(交渉などが)行き詰まる. Ich *habe* mich **in** dieser Frage *festgefahren*. 私はこの問題ではとても行き詰まった.

fest·ge·hal·ten [フェスト・ゲハルテン] fest|halten (つかんでいる)の 過分

Fest⸗geld [フェスト・ゲルト] 中 -[e]s/-er 定期預金.

fest·ge·macht [フェスト・ゲマッハト] *fest|machen* (固定する)の 過分

fest·ge·stellt [フェスト・ゲシュテルト] fest|stellen (確かめる)の 過分

Fest·hal·le [フェスト・ハレ] 女 -/-n (祝典の)式場, 宴会場.

fest|hal·ten* [フェスト・ハルテン] fést-hàltən] 他 hältst …, er hält … fest (hielt … fest, hat … festgehalten) I 他 (完了 haben) ① つかんでいる, 捕まえておく; (比)(人⁴を)引き止める. Bitte *halten* Sie Ihren Hund *fest*! あなたの犬をつかまえていてください / Sie *hielt* das Kind **am** Arm *fest*. 彼女は子供の腕をつかんでいた / 人⁴ widerrechtlich *festhalten* 人⁴を不法に拘禁する.
《注意》fest halten は「しっかり持っている, つかんで離さない」の意味で使われる; ☞ fest ③, halten I ①).
② (人・事⁴を写真・記録などの形で)残しておく. ein Ereignis⁴ **im** Film *festhalten* ある事件をフィルムに収めておく.
II 再帰 (完了 haben) *sich*⁴ *festhalten* しっかりつかまる, しがみつく. Ich hielt mich **am**

Geländer *fest*. 私は手すりにしっかりつかまった.
III 自 (完了 haben)《**an** 人・事³ ~》(人・事³に)固執する. Er *hält* an seiner Meinung *fest*. 彼は自分の意見をあくまで主張する.

fes·ti·gen [フェスティゲン] fɛ́stɪɡən] I 他 (h) (関係・地位など⁴を)強化する, 安定させる; (人⁴をたくましくする. die Freundschaft⁴ *festigen* 友情を固める / die Währung⁴ *festigen* 通貨を安定させる. II 再帰 (h) *sich*⁴ *festigen* (関係・地位などが)強固になる, 安定する.

Fes·tig·keit [フェスティヒカイト] 女 -/ ① 堅さ;《工》強度; 耐性. ② (精神的な)強さ.

Fes·ti·gung [フェスティグング] 女 -/-en 強固にすること, 強化; (通貨の)安定.

Fes·ti·val [フェスティヴェる fɛ́stivəl または ..ヴァる ..val] [英] 中 (*スイス*:男 も) -s/-s フェスティバル (定期的な催し), …祭.

fest|klam·mern [フェスト・クラムマァン fést-klàmərn] 他 (h) (洗濯ばさみなどで)留める.

fest|kle·ben [フェスト・クレーベン fést-klè:bən] I 他 (h) (糊などで)くっつける, 貼(は)り付ける. II 自 (h) 《**an** 物³ ~》(物³に)付着する, くっつく.

fest|klem·men [フェスト・クレムメン fést-klèmən] I 自 (h) (ドア・引き出しなどが)動かない, 開かない. II 他 (h) (しっかりと)はさみ込む.

Fest·land [フェスト・らント] 中 -[e]s/..länder ① 大陸 (=Kontinent); (島に対して:)本土. ② 陸地 (海に対して:)陸地.

fest|le·gen [フェスト・れーゲン fést-lè:gən] I 他 (h) ① (計画など⁴を)定める, 確定する. die Tagesordnung⁴ *festlegen* 議事日程を定める. ②《人⁴ **auf** 事⁴》(人⁴に事⁴の)責任を負わせる. 人⁴ **auf** seine Äußerung *festlegen* 人⁴ の言質をとる. ③ (お金⁴を)長期投資する. II 再帰 (h) *sich*⁴ *festlegen* 拘束される; 自分の態度を明らかにする. Ich möchte mich noch nicht *festlegen*. 私はまだ明言をさし控えたい.

fest·lich [フェストりヒ fɛ́stlɪç] 形 祝祭の, お祝いの; (祭りのように)盛大な, 華やかな. ein *festlicher* Empfang 盛大な歓迎パーティー / ein *festliches* Kleid 晴れ着 / den Geburtstag *festlich* begehen 誕生日を盛大に祝う.

Fest·lich·keit [フェストりヒカイト] 女 -/-en ①《複 なし》お祭り気分, 華やかさ. ② 祭り(祝賀会)の行事, 盛大な催し物.

fest|lie·gen* [フェスト・リーゲン fést-li:gən] 自 (h) ① (日時などが)確定している. ② (資本が)固定している. ③ (車・船が)立ち往生している.

***fest|ma·chen** [フェスト・マッヘン fést-màxən] (machte … fest, hat … festgemacht) I 他 (完了 haben) ① 固定する, つなぐ. ein Brett⁴ **an** der Wand *festmachen* 板を壁に固定する / ein Boot⁴ **am** Ufer *festmachen* ボートを岸につなぐ. ② とり決める. ein Geschäft⁴ *festmachen* 取り引き契約を結ぶ. II 自 (完了 haben) (海) (船が)停泊する.

Fest·mahl [フェスト・マーる] 中 -[e]s/-e 〈古:..mähler〉《雅》祝宴.

Fest≠me·ter [フェスト・メータァ] 男 -s/- 《林》フェストメートル(木材の実体積を表す単位. 1 m³; 略: fm).

fest|na·geln [フェスト・ナーゲルン] fést-nà:-gəln] 他 (h) ① くぎ付けにする. ② 《口語》(人⁴)に責任を負わせる. 人⁴ **auf** 物⁴ *festnageln* 人⁴に物⁴の責任を取らせる.

Fest≠nah·me [フェスト・ナーメ] 女 -/-n 逮捕.

fest|neh·men* [フェスト・ネーメン] fést-nè:-mən] 他 (h) 逮捕する.

Fest≠plat·te [フェスト・プラッテ] 女 -/-n 《コンピュ》ハードディスク.

Fest≠preis [フェスト・プライス] 男 -es/-e 《経》公定価格, 定価.

fest|schnal·len [フェスト・シュナレン] fést-ʃnà-lən] 他 (h) (留め金などで)固定する(締める).

Fest≠schrift [フェスト・シュリふト] 女 -/-en 記念刊行物(論文集).

fest|set·zen [フェスト・ゼッツェン] fést-zètsən] I 他 (h) ① (期限・値段など⁴を)決める, とり決める. einen Termin *festsetzen* 期日を決める / den Preis auf 500 Euro *festsetzen* 価格を 500 ユーロに決める. ② (犯罪者など⁴を)拘留する. II 再帰 (h) *sich⁴ festsetzen* ① (汚れ・錆などが)付着する, たまる;《比》(考えなどが)取りつく. In den Ritzen *setzt* sich leicht Staub *fest*. すきまにはほこりがたまりやすい / Dieser Gedanke *hatte* sich **bei** (または **in**) ihm *festgesetzt*. この考えに彼は取りつかれていた. ② 《口語》住みつく, 定住する.

Fest≠set·zung [フェスト・ゼッツンヶ] 女 -/-en ① 確定, 決定, とり決め. ② 拘留.

fest|sit·zen* [フェスト・ズィッツェン] fést-zì-tsən] 自 (h) ① (汚れが)付着している. ② (ねじなどが)しっかり固定されている. ③ (車などが)立ち往生している.

Fest≠spiel [フェスト・シュピーる] 中 -[e]s/-e ① 祝典劇. ② 《複で》フェスティバル, 音楽(演劇・映画)祭. die Salzburger *Festspiele* ザルツブルク音楽祭.

fest|ste·hen* [フェスト・シュテーエン] fést-ʃtè:-ən] 自 (h) 確定している, 確実である. Der Termin *steht* noch nicht *fest*. 期日はまだ確定していない / Es *steht* fest, dass ... …ということは確実である. ◊《現在分詞の形で》eine *feststehende* Redensart 決まり文句.

fest|stel·len [フェスト・シュテれン] fést-ʃtèlən] (stellte ... fest, hat ... festgestellt) 他 《完了》haben) ① 確かめる, 確認する, つきとめる. die Herkunft⁴ eines Wortes *feststellen* ある単語の語源をつきとめる / Ich *habe* festgestellt, dass ... 私は…ということを確かめた. ② (…に)気づく. Fehler⁴ *feststellen* 間違いに気づく / Er *stellte* plötzlich *fest*, dass sein Hut nicht mehr da war. 彼は突然自分の帽子がなくなっていることに気づいた. ③ (…と)断言する. Ich muss leider *feststellen*, dass ... 残念ながら…であると断言せざるをえません. ④ 固定する, ロックする.

Fest≠stel·lung [フェスト・シュテるンヶ] 女 -/-en 確認, 確定; 断言, 確言.

Fest≠tag [フェスト・ターク] 男 -[e]s/-e ① 祝[祭]日, 記念日. ein kirchlicher *Festtag* キリスト教の祝日. ② 《複で》(定期的な)フェスティバルの期間.

Fes·tung [フェストゥンヶ] 女 -/-en 要塞(みぐ), 砦(シ꜀), 城塞. (ℹ️ 類語 Burg).

fest≠ver·zins·lich [フェスト・ふェアツィンスりヒ] 形 《経》確定利付きの.

Fest≠wo·che [フェスト・ヴォッヘ] 女 -/-n ① フェスティバル週間, 芸術週間. ② 《複で》(定期的な)フェスティバルの期間.

Fest≠zug [フェスト・ツーク] 男 -[e]s/..züge 祭り(祝祭)の行列.

Fe·te [フェーテ] féːtə] 《口》女 -/-n 《口語・戯》(仲間うちの)宴会, パーティー, お祭り騒ぎ, コンパ.

Fe·tisch [フェーティッシュ] féːtɪʃ] 男 -[e]s/-e 《民族》呪物(じゅ);(未開民族の宗教で礼拝される木・石・像など).

Fe·ti·schis·mus [フェティシスムス fetiʃismus] 男 -/ ① 《民族》呪物(じゅ)崇拝. ② 《心》フェティシズム, 淫物(いん)愛, 拝物愛.

*****fett** [フェット fét] 形 (比較 fetter, 最上 fettest) 《裏 fat》① 脂肪の多い, 油っこい(肉・料理など). (ℹ️ 「脂肪の少ない」は mager). *fettes* Fleisch 脂肪分の多い肉 / *fette* Speisen 油っこい料理.

② 太った, 肥えた. (ℹ️ 「やせた」は mager). ein *fettes* Schwein 太った豚 / Er ist dick und *fett*. 彼は肥満体だ. (ℹ️ 類語 dick).

③ 肥沃(ひょ)な, 実り豊かな;《比》実入りの多い, もうかる. *fetter* Boden 肥沃な土地 / Das macht den Kohl (または das Kraut) nicht *fett*. そんなことをしても役にたたない / Davon kann man nicht *fett* werden.《口語》それはもうけにはならない. ④ 《印》ボールド体の, 肉太の(活字).

▶ **fett≠gedruckt**

das **Fett** [フェット fét] 中 (単2) -es (まれに -s)/(複) -e (3格のみ -e)《裏 fat》① 油脂(ラード・ヘットなど). pflanzliche (tierische) *Fette* 植物性(動物性)油脂 / das *Fett*⁴ ab|schöpfen《口語》うまい汁を吸う (←肉汁の中のうまいところをすくい取る). ② (体内の)脂肪, (肉の)脂身. *Fett*⁴ an|setzen 太る / **im** eigenen *Fett* ersticken《口語》ぜいたくをして身を滅ぼす(←自分の脂肪の中で息がつまる).

fett≠arm [フェット・アルム] 形 脂肪の少ない.

Fett≠au·ge [フェット・アオゲ] 中 -s/-n (スープなどの表面に浮かぶ)脂肪の玉.

Fett≠druck [フェット・ドルック] 男 -[e]s/ 太字(ボールド体)印刷.

fet·ten [フェッテン fétən] I 他 (h) (物⁴に)脂を塗る(差す). II 自 (h) 脂が浮く; 脂がにじむ.

Fett≠fleck [フェット・ふれック] 男 -[e]s/-e 脂肪のしみ.

fett≠frei [フェット・ふライ] 形 脂肪を含まない.

fett≠ge·druckt, fett ge·druckt [フェッ

Fett≠ge・halt [フェット・ゲハるト] 男 -(e)s/ 脂肪の含有量.

Fett≠ge・we・be [フェット・ゲヴェーベ] 中 -s/- 《医》脂肪組織.

fet・tig [フェティヒ fétɪç] 形 ① 脂肪質の, 油脂性の; 脂っこい. ② 脂じみた, 脂で汚れた.

fett≠lei・big [フェット・らイビヒ] 形 《雅》肥満の.

fett≠lei・big・keit [フェット・らイビヒカイト] 女 -/ 《雅》肥満.

Fett≠näpf・chen [フェット・ネプフヒェン] 中 〘成句的に〙bei 人3 ins *Fettnäpfchen* treten 《口語・戯》うっかり人3の機嫌をそこねる.

Fett≠säu・re [フェット・ゾイレ] 女 -/-n 《化》脂肪酸.

Fett≠sucht [フェット・ズフト] 女 -/ 《医》脂肪過多[症], 肥満[症].

Fett≠wanst [フェット・ヴァンスト] 男 -(e)s/..wänste《俗》太鼓腹[の人], でぶ.

Fe・tus [フェートゥス fé:tus] 男 -(または Fetusses)/Fetusse (または Feten)《医》(妊娠3か月以後の)胎児.

fet・zen [フェッツェン fétsən] I 他 (h) ずたずたに引き裂く. II 自 (h) 〘成句的に〙Das *fetzt*. (若者言葉)これはすごい.

Fet・zen [フェッツェン] 男 -s/- ① 切れ端, 断片; 布切れ, ぼろ. 物4 in *Fetzen* zerreißen 物4をずたずたに引き裂く. ② (口語) ぼろ服; (ポラ) エプロン; ぞうきん.

feucht [フォイヒト fɔyçt] 形 (比較 feuchter, 最上 feuchtest) 湿った, 湿気のある, 湿っぽい; [涙に]ぬれた. (英) damp). *feuchte* Luft 湿っぽい空気 / *feuchte* Augen 涙ぐんだ目 / ein *feuchter* Abend 酒がたくさん飲める夜 / Die Wäsche ist noch *feucht*. 洗たく物はまだ湿っている / *feuchte* Umschläge4 machen 湿布する / eine *feuchte* Aussprache4 haben 唾(ぷ)を飛ばして話す / den Boden *feucht* auf|wischen ぬれぞうきんで床をふく.

feuch・ten [フォイヒテン fɔyçtən] I 他 (h) (詩)湿らせる, ぬらす. ◊《再帰的に》sich4 *feuchten* 湿る, (目が)うるむ. II 自 (h) ① (詩)湿っている. ② (狩)(犬などが)小便をする.

feucht≠fröh・lich [フォイヒト・ふレーりヒ] 形 (口語・戯)ほろ酔い機嫌の, 酔って浮かれた.

Feuch・tig・keit [フォイヒティヒカイト] 女 -/ 湿気; 湿度.

Feuch・tig・keits≠mes・ser [フォイヒティヒカイツ・メッサァ] 男 -s/- (工)湿度計.

feucht≠warm [フォイヒト・ヴァルム] 形 じめじめして暖かい, 蒸し暑い.

feu・dal [フォイダーる fɔydá:l] 形 ① 封建制の, 封建的な. die *feudale* Gesellschaftsordnung 封建的な社会秩序. ② 上流(貴族)社会の. ③ (口語)豪華な, 豪勢な. ein *feudales* Restaurant 豪勢なレストラン.

Feu・da・lis・mus [フォイダリスムス fɔydalísmus] 男 -/ 封建制[度], 封建主義.

feu・da・lis・tisch [フォイダリスティッシュ fɔydalístɪʃ] 形 封建制[度]の, 封建的な.

***das* Feu・er** [フォイアァ fɔ́yər]

火	Haben Sie *Feuer*?
	ハーベン ズィー フォイアァ
	[たばこの]火をお持ちですか.

中 (単2) -s/(複) - (3格のみ -n) ① 火. (英 fire). Lager*feuer* キャンプファイヤー / ein helles *Feuer* 赤々と燃える火 / das olympische *Feuer* オリンピックの聖火 / *Feuer*4 an|zünden (または an|machen) 火をつける / *Feuer*4 aus|löschen (または aus|machen) 火を消す / *Feuer*4 fangen a) 燃え始める, b) 《比》夢中になる / Das *Feuer* im Ofen brennt gut. ストーブの火はよく燃えている / Die Wunde brennt wie *Feuer*. 焼けるように傷が痛む / 人3 *Feuer*4 unter dem Hintern machen(俗)人3をさかんにせきたてる / Die beiden sind wie *Feuer* und Wasser. その二人は水と油のような仲だ(←火と水のような).

◊《前置詞とともに》sich4 **am** *Feuer* wärmen 火のそばで暖まる / die Pfanne4 **aufs** *Feuer* stellen フライパンを火にかける / für 人4 **durchs** *Feuer* gehen 人4のためなら水火(む)をも辞さない / 物4 **ins** *Feuer* werfen 物4を火にくべる / für 人4 die Hand4 **ins** *Feuer* legen 《比》人4のことを絶対に保証する(←火の中に手を入れる) / **mit** dem *Feuer* spielen 《比》火遊びをする. ② 火事 (= Brand). *Feuer*4 [an ein Haus] legen [家に]放火する / das *Feuer*4 löschen 火事を消しとめる / *Feuer*! 火事だ. ③ 〘複なし〙射撃, 砲火. *Feuer*4 geben 発砲する / *Feuer*! 撃て / zwischen zwei *Feuer* geraten はさみうちに会う. ④ 〘複なし〙(宝石・目などの)輝き. ⑤ 〘複なし〙激情, 情熱; (愛・憎悪の)炎; (酒類の)強さ. das *Feuer* der Jugend2 青春の血気 / *Feuer* und Flamme für 人・物4 sein 《口語》人・物4 にすっかり夢中になっている / Dieser Wein hat *Feuer*. このワインは強い / **in** *Feuer* geraten かっとなる. ⑥ (海) 灯台の光.
▶ **feuer≠speiend**

Feu・er≠alarm [フォイアァ・アらルム] 男 -(e)s/-e 火災警報.

Feu・er・bach [フォイアァ・バッハ fɔyər-bax] -s/ 《人名》フォイエルバッハ (Ludwig *Feuerbach* 1804-1872; ドイツの哲学者).

feu・er≠be・stän・dig [フォイアァ・ベシュテンディヒ] 形 耐火性の, 不燃性の.

Feu・er≠be・stat・tung [フォイアァ・ベシュタットゥング] 女 -/-en 火葬.

Feu・er≠ei・fer [フォイアァ・アイふァァ] 男 -s/ 熱中, 夢中. mit *Feuereifer* 夢中になって.

feu・er≠fest [フォイアァ・フェスト] 形 耐火性の, 不燃性の. *feuerfestes* Glas 耐火ガラス.

Feu・er≠ge・fahr [フォイアァ・ゲふァール] 女 -/ 火災(引火)の危険.

feu·er·ge·fähr·lich [フォイアァ・ゲフェーァリヒ] 形 火災の危険のある,引火しやすい.

Feu·er≈ha·ken [フォイアァ・ハーケン] 男 -s/- 火かき棒; (消火用の)とび口.

Feu·er·lei·ter [フォイアァ・ライタァ] 女 -/-n ① 避難はしご. ② 消火はしご.

Feu·er·lö·scher [フォイアァ・レッシャァ] 男 -s/- 消火器.

Feu·er≈mel·der [フォイアァ・メルダァ] 男 -s/- 火災報知器.

feu·ern [フォイアン fóyərn] I 自(h) ① 火をたく; 暖房する (=heizen). mit Holz *feuern* たきぎをたく(たいて暖房する). ② 《軍》射撃する,発砲する. **auf** 人·物[4] *feuern* 人·物[4] 目がけて撃つ. II 他 (h) ① (ストーブなど[4]を)たく. ②《口語》(物[4]を…へ)投げつける. das Buch[4] an die Wand *feuern* 本を壁に投げつける. ③《口語》首にする.

Feu·er·pro·be [フォイアァ・プローベ] 女 -/-n ① (金属などの)耐火試験. ②《史》(中世の)神明裁判(熱した鉄片を持たせ,やけどを負わなければ無罪とされた). ③《比》厳しい試練. die *Feuerprobe*[4] bestehen 試練に耐える.

feu·er≈rot [フォイアァ・ロート] 形 火のように赤い,真っ赤な.

Feu·ers≈brunst [フォイアス・ブルンスト] 女 -/..brünste 《雅》大火事,大火.

Feu·er≈schiff [フォイアァ・シフ] 中 -[e]s/-e 《海》灯台船.

Feu·er≈schutz [フォイアァ・シュッツ] 男 -es/ ① 防火[設備·対策]. ②《軍》援護射撃.

feu·er·si·cher [フォイアァ・ズィッヒャァ] 形 耐火性の,不燃性の; 火災に対して安全な.

feu·er≈spei·end, Feu·er spei·end [フォイアァ・シュパイエント] 形 火を吐いている. ein *feuerspeiender* Vulkan 噴火している火山.

Feu·er≈sprit·ze [フォイアァ・シュプリッツェ] 女 -/-n 消防ポンプ.

Feu·er·stein [フォイアァ・シュタイン] 男 -[e]s/-e ① 火打ち石. ② ライターの石.

Feu·er·stel·le [フォイアァ・シュテレ] 女 -/-n 炉,かまど (=Herd); (野外の)たき場.

Feu·er≈stuhl [フォイアァ・シュトゥール] 男 -[e]s/..stühle (若者言葉):(スポーツタイプの)オートバイ(←火のいす) (=Motorrad).

Feu·er·tau·fe [フォイアァ・タオフェ] 女 -/-n 初試練(←砲火による洗礼).

Feu·e·rung [フォイエルング] 女 -/-en ① 燃焼装置,炉,かまど. ②《複 なし》火をたくこと,燃焼. ③《複 なし》燃料.

Feu·er≈ver·si·che·rung [フォイアァ・フェアズィッヒェルング] 女 -/-en 火災保険.

Feu·er≈wa·che [フォイアァ・ヴァッヘ] 女 -/-n ① 消防署. ② 火災監視人.

Feu·er≈waf·fe [フォイアァ・ヴァッフェ] 女 -/-n 火器,銃砲.

die **Feu·er≈wehr** [フォイアァ・ヴェーァ fóyər-veːr] 女 (単) -/(複) -en 消防[隊]. die *Feuerwehr*[4] alarmieren 消防[隊]に急を知らせる / wie die *Feuerwehr* kommen《口語》またたく間にやって来る (消防隊のように).

Feu·er·wehr≈au·to [フォイアァヴェーァ・アオト-] 中 -s/-s 消防自動車.

Feu·er·wehr≈mann [フォイアァヴェーァ・マン] 男 -[e]s/..männer (または..leute) 消防士. (女性形: ..frau).

Feu·er≈werk [フォイアァ・ヴェルク] 中 -[e]s/-e 花火;《比》(才能などの)きらめき.

Feu·er≈wer·ker [フォイアァ・ヴェルカァ] 男 -s/- 花火製造者; 爆薬の専門家;《軍》火薬係下士官. (女性形: -in).

Feu·er·werks≈kör·per [フォイアァヴェルクス・ケルパァ] 男 -s/- [打ち上げ]花火の玉.

das **Feu·er·zeug** [フォイアァ・ツォイク fóyər-tsɔyk] 中 (単2) -[e]s/(複) -e (3格のみ -en) ライター.(英 lighter). Das *Feuerzeug* geht (または brennt) nicht. このライターは火がつかない.

Feuil·le·ton [フェイェトーン fœjətɔ̃: または フェイェトン] [仏] 中 -s/-s ① (新聞の)文芸欄,学芸欄. ② 文芸(学芸)欄の読み物.

Feuil·le·to·nist [フェイェトニスト fœjətɔnɪ́st] 男 -en/-en (新聞の)文芸欄の執筆者. (女性形: -in).

feu·rig [フォイリヒ fóyrɪç] 形 ① 激しい,情熱的な; 強い(酒). ein *feuriger* Charakter 激しい性格 / eine *feurige* Rede[4] halten 熱弁をふるう. ② 燃えている, 赤熱している;《雅》真っ赤な,きらきら輝く.

Fez [フェーツ féːts] 男 -es/《口語》悪ふざけ,冗談 (=Spaß). *Fez*[4] machen ふざける.

ff《記号》①[エフ·エフ]《商》極上[の] (=sehr fein). ②[フォルティッスィモ]《音楽》フォルティッシモ,きわめて強く (=fortissimo).

ff. [ウント ふォるゲンデ [ザイテン]]《略》次ページ以下 (=[und] folgende [Seiten]). 35 ff. 35 ページならびにそれに続くページ.

Fi·a·ker [フィアッカァ fiákər] 男 -s/-《おもに》(昔の:)(二頭立て)辻馬車; 辻馬車の御者.

Fi·as·ko [フィアスコ fiásko] [伊] 中 -s/-s [大]失敗; 惨めな結果. ein *Fiasko*[4] erleben [大]失敗に終わる.

Fi·bel[1] [フィーべル fíːbəl] 女 -/-n ① (学童が初年度に使う)絵入り読本. ② (専門知識の)入門書.

Fi·bel[2] [フィーべル] 女 -/-n 《美》(古代ゲルマン人の)留め金,ブローチ.

Fi·ber [フィーバァ fíːbər] 女 -/-n ①《医·生》繊維, (動植物の)筋. ②《複 なし》人造繊維,ファイバー.

Fiche [フィーシュ fíːʃ] [仏] 男中 -s/-s マイクロフィッシュ.

ficht [フィヒト] I fechten (刀剣で戦う)の3人称単数 現在 II fechten (刀剣で戦う)の du に対する 命令.

Fich·te[1] [フィヒテ fɪ́çtə] 女 -/-n ①《植》[ドイツ]トウヒ. ②《複 なし》[ドイツ]トウヒ材.

Fich·te[2] [フィヒテ] 男 -s/《人名》フィヒテ (Johann

Gottlieb *Fichte* 1762–1814; ドイツの哲学者).

fichtst [ふぃヒツト] fechten (刀剣で戦う)の 2 人称親称単数 現在

fi‧cken [ふィッケン fíkən] **I** 自 (h) 《俗》セックスする. **II** 他 (h) 《俗》(囚4と)セックスする.

fi‧del [ふィデーる fidé:l] 形 《口語》陽気な.

Fi‧di‧bus [ふィーディブス fí:dibus] 男 – (または ..busses)/– (または ..busse)《戯》(パイプなどに火をつける)紙より.

das **Fie‧ber [ふィーバァ fí:bər] 中 (単 2) –s/ (変) *fever*) ① (病気の)**熱**, 発熱; 熱病. Er hat *Fieber*. 彼は熱がある / hohes *Fieber*⁴ bekommen 高熱が出る / [das] *Fieber*⁴ messen 体温を計る / Das *Fieber* fällt (steigt). 熱が下がる(上がる) / Wie hoch ist das *Fieber*? 熱は何度ありますか / im *Fieber* sprechen 熱にうかされて独り言を言う / mit *Fieber* im Bett liegen 熱が出て床についている.
② 《雅》熱狂, 熱中. das *Fieber* des Ehrgeizes 激しい功名心.

Fie‧ber⸗fan‧ta‧sie [ふィーバァ・ふァンタズィー] 女 –/–n [..ズィーエン] 高熱に伴う幻覚.

fie‧ber⸗frei [ふィーバァ・ふライ] 形 熱のない.

fie‧ber‧haft [ふィーバァハふト] 形 ① 熱にうかされたような, 熱狂的な. ② 熱の出る, 熱性の(病気など).

fie‧be‧rig [ふィーベリヒ fí:bəriç] 形 =fiebrig

fie‧bern [ふィーバァン fí:bərn] (fieberte, *hat* ...gefiebert) 自 (定下 haben) ① **熱がある**, 熱を出す. Der Kranke *fiebert* hoch. その病人は高い熱がある. ② 非常に興奮している. Er *fiebert* vor Spannung. 彼は緊張のあまりひどく興奮している. ③ **[nach** 男³ **~]** (男³を)熱望している.

Fie‧ber⸗phan‧ta‧sie [ふィーバァ・ふァンタズィー] 女 –/–n [..ズィーエン] =Fieberfantasie

fie‧ber‧te [ふィーバァテ] fiebern (熱がある)の 過去

Fie‧ber⸗ther‧mo‧me‧ter [ふィーバァ・テルモメータァ] 中 –s/– 体温計.

fieb‧rig [ふィーブリヒ fí:briç] 形 ① 熱のある, 熱性の, 熱が出る(病気など). ② 《比》熱にうかされたような, 熱狂的な.

Fie‧del [ふィーデる fí:dəl] 女 –/–n (古・戯) バイオリン (=Geige).

fie‧deln [ふィーデるン fí:dəln] **I** 他 (h) 《戯》(曲など⁴を)下手にバイオリンで弾く. **II** 自 (h) 《戯》(下手に)バイオリンを弾く.

fiel [ふィーる] *fallen (落ちる)の 過去

fie‧le [ふィーれ] *fallen (落ちる)の 接2

fie‧pen [ふィーペン fi:pən] 自 (h) ① 《狩》(鹿などが)かぼそく高い声で鳴く. ② (小犬・小鳥などが)くんくん(ぴーぴー)鳴く.

fies [ふィース fi:s] 形 《口語》むかつくような, 気持ちの悪い(食物など); いやらしい(性格など).

Fi‧fa, FIFA [ふィーふァ fi:fa] 女 –/ 《略》《スヴ》国際サッカー連盟 (=Fédération Internationale de Football Association).

fif‧ty-fif‧ty [ふィふティ・ふィふティ] [英] 副 《口語》《成句的に》*fifty-fifty* machen 半分ずつ分ける / *fifty-fifty* stehen (五分五分で)どちらとも言えない.

Fig. [ふィーグーァ] 《略》図, 図解 (=Figur).

Fi‧ga‧ro [ふィーガロ fi:garo] –s/ 《人名》フィガロ(モーツァルトのオペラ『フィガロの結婚』の主人公).

figh‧ten [ふァイテン fártən] 自 (h) 《スヴ》果敢に戦う; (ボクシングで:)積極的に攻撃する.

die **Fi‧gur** [ふィグーァ figú:r] 女 (単) –/(複) –en (変 *figure*) ① 姿, 容姿, スタイル. Sie hat eine gute *Figur*. 彼女はスタイルがいい / Er ist von kleiner *Figur*. 彼は小柄だ / eine gute (schlechte) *Figur*⁴ machen 《口語》良い(悪い)印象を与える.
② (絵画・彫刻などの)像, 彫像; 人形. eine *Figur* aus Stein 石像.
③ 人物, (小説などの)登場人物; 《俗》やつ. Haupt*figur* 主人公 / Er ist eine wichtige *Figur* in der Politik. 彼は政界の重要人物だ / die *Figuren* eines Dramas ドラマの登場人物たち / eine komische *Figur* (劇中の)こっけいな役. ④ (チェスの)こま. ⑤ (スケートなどの)フィギュア. ⑥ (数)図形. ⑦ 《音楽》音型. ⑧ 《修》文彩.

fi‧gür‧lich [ふィギューァりヒ] 形 ① 《言》比喩的な. ② 容姿の, 姿格好の. ③ 《美》(人・動物などの)姿を描いた.

Fik‧ti‧on [ふィクツィオーン fıktsió:n] 女 –/–en ① 虚構, 作り話. ② 《哲》フィクション, 虚構.

fik‧tiv [ふィクティーふ fıktí:f] 形 虚構の, 架空の; 作為の.

File [ふァイる fáıl] [英] 中 –s/–s 《コンピ》ファイル.

Fi‧let [ふィーれー filé:] [仏] 中 –s/–s 《料理》(牛・豚などの)ヒレ肉; 《魚》魚の胸肉.

Fi‧li‧a‧le [ふィリアーれ filiá:lə] 女 –/–n ① (特に食料品店などの)支店, チェーン店. eine *Filiale*⁴ eröffnen 支店を開く. ② (銀行・保険会社などの)支店, 支店, 出張所.

Fi‧li‧gran [ふィりグラーン filigrá:n] 中 –s/–e (金銀の)線条細工, フィリグリー.

Fi‧li‧us [ふィーリウス fí:lius] 男 –/–Filii (または Filiusse)《戯》(少年期の)息子 (=Sohn).

der **Film [ふィるム fılm] 男 (単 2) –[e]s/(複) –e (3格のみ –en) ① 《写》フィルム. (変 *film*). Farb*film* カラーフィルム / einen neuen *Film* in die Kamera ein‖legen カメラに新しいフィルムを入れる / den *Film* entwickeln フィルムを現像する / den *Film* wechseln フィルムを取り替える.
② 映画. Fernseh*film* テレビ映画 / einen *Film* drehen 映画を撮影する / einen *Film* auf|führen (または vor|führen) 映画を上映する / sich³ einen *Film* an|sehen 映画を見る / Der *Film* läuft seit Freitag. その映画は金曜日から上映されている / [Bei] ihm ist der *Film* gerissen.《現在完了》《口語・比》彼は話の脈絡がわからなくなった(←フィルムがぷっつり切れた).
③ 《獨 なし》映画界. Er ist beim *Film*.《口語》彼は映画俳優だ. ④ 薄い皮膜.

Film=ar·chiv [ふぃるム・アルヒーふ] 中 -s/-e フィルムライブラリー.

Film=ate·lier [ふぃるム・アテリエー] 中 -s/-s 映画撮影スタジオ.

Film=auf·nah·me [ふぃるム・アオふナーメ] 女 -/-n 映画撮影；ショット.

Fil·me·ma·cher [ふぃるメ・マッハァ] 男 -s/- 《隠語》映画監督. (女性形: -in).

fil·men [ふぃるメン fílmən] **I** 他 (h) (人·物⁴ を)撮影する，映画に撮る. **II** 自 (h) ① 映画 を撮影する. ② 映画に出演する.

Film=fest·spie·le [ふぃるム・フェストシュピー れ] 複 映画祭.

Film=in·dus·trie [ふぃるム・インドゥストリー] 女 -/-n [..リーエン] 映画産業.

fil·misch [ふぃるミッシュ fílmɪʃ] 形 映画の, 映画による.

Film=ka·me·ra [ふぃるム・カンメラ] 女 -/-s (映画の)撮影機(カメラ).

Film=kunst [ふぃるム・クンスト] 女 -/ 映画芸術.

Film=mu·sik [ふぃるム・ムズィーク] 女 -/-en 映画音楽.

Film=re·gis·seur [ふぃるム・レジセーァ] 男 -s/ -e 映画監督. (女性形: -in).

Film=schau·spie·ler [ふぃるム・シャオシュ ピーらァ] 男 -s/- 映画俳優. (女性形: -in).

Film=star [ふぃるム・シュタール] 男 -s/-s 映画 スター.

Film=stu·dio [ふぃるム・シュトゥーディオ] 中 -s/-s 映画スタジオ.

Film=the·a·ter [ふぃるム・テアータァ] 中 -s/- (規模の大きな)映画館.

Film=ver·leih [ふぃるム・ふェァらイ] 男 -[e]s/ -e 映画配給[会社].

Film=vor·füh·rung [ふぃるム・ふォーァふュー ルング] 女 -/-en 映画の上映.

Fi·lou [ふぃるー filú:] 《仏》男 (方: 中 も) -s/-s (戯)ずるいやつ，いたずら者.

Fil·ter [ふぃるタァ fíltər] 男中 -s/- ① フィル ター, ろ過器(装置). ② (たばこの)フィルター.

Fil·ter=kaf·fee [ふぃるタァ・カふェ] 男 -s/ フィルター(ドリップ)コーヒー.

fil·tern [ふぃるタァン fíltərn] 他 (h) ① (液 体·気体⁴をフィルターで)こす, ろ過する. den Kaffee *filtern* コーヒーをこす. ②《写·光》 (光線⁴を)フィルターにかける.

Fil·ter=pa·pier [ふぃるタァ・パピーァ] 中 -s/-e ろ紙, フィルター.

Fil·ter=zi·ga·ret·te [ふぃるタァ・ツィガレッテ] 女 -/-n フィルター付きたばこ.

fil·trie·ren [ふぃるトリーレン filtrí:rən] 他 (h) (フィルターで)こす, ろ過する (=filtern).

Filz [ふぃるツ filts] 男 -es/-e ①《織》フェルト. ein Hut aus *Filz* フェルト帽. ② フェルト状 のもの；毛氈(もうせん). ③ フェルト帽. ④《口語》 ビールマット. ⑤《口語》けち.

fil·zen [ふぃるツェン fíltsən] **I** 自 (h, s) ① (h, s) フェルト状に縮む(固まる). ② (h)《口 語》ぐっすり眠る. **II** 他 (h)《口語》(徹底的に) 検査する, 調べる.

Filz=hut [ふぃるツ・フート] 男 -[e]s/..hüte フェ ルト帽.

fil·zig [ふぃるツィヒ filtsɪç] 形 ① フェルト[状] の；毛氈(もうせん)で覆われた. ②《口語》けちな.

Filz=laus [ふぃるツ・らオス] 女 -/..läuse《昆》 ケジラミ.

Filz=pan·tof·fel [ふぃるツ・パントっふぇる] 男 -s/-n フェルトのスリッパ.

Filz=schrei·ber [ふぃるツ・シュライバァ] 男 -s/- フェルトペン.

Filz=stift [ふぃるツ・シュティふト] 男 -[e]s/-e フェルトペン.

Fim·mel [ふぃンメる fíməl] 男 -s/-《口語》気 違いざた, 熱狂. Der hat ja einen *Fimmel*! やつは少々おかしい.

fi·nal [ふぃナーる finá:l] 形 ① 最後の, 最終の, 終局の. ②《哲·言》目的の, 目的に関する.

Fi·na·le [ふぃナーれ finá:lə] 中 -s/-[s] ①《音 楽》終楽章, フィナーレ, (オペラの)終曲. ② 大詰め, 大団円. ③《スポ》決勝戦, ファイナル; ラストスパート.

Fi·na·list [ふぃナリスト finalíst] 男 -en/-en 《スポ》決勝戦出場者. (女性形: -in).

Fi·nanz [ふぃナンツ finánts] 女 -/ ① 財政, 金融. ②(総称として:)金融資本家, 財界人.

Fi·nanz=amt [ふぃナンツ・アムト] 中 -[e]s/ ..ämter《法》税務署(財務局)[の建物].

Fi·nanz=be·am·te[r] [ふぃナンツ・ベアムテ (..タァ)]《語尾変化は形容詞と同じ》財務省官 吏；財務(税務)官吏. (女性形: ..beamtin).

Fi·nan·zen [ふぃナンツェン finántsən] 複 ① 金融[業界]. ②(国·自治体などの)財政, 財 源. ③《口語》(個人の)懐具合, 金回り.

Fi·nanz=ho·heit [ふぃナンツ・ホーハイト] 女 -/ (国家の)財政権.

*fi·nan·zi·ell** [ふぃナンツィエる finantsiéll] 形 財政上の, 経済上の, 資金面での.《英》 *financial*. eine *finanzielle* Krise 財政的な 危機 / 人⁴ *finanziell* unterstützen 人⁴を資 金面で援助する.

fi·nan·zie·ren [ふぃナンツィーレン finantsí:- rən] 他 (h) (人·物⁴に)資金を提供する, 融資す る. 人³ das Studium⁴ *finanzieren* 人³に学 費を出してやる.

Fi·nan·zie·rung [ふぃナンツィールング] 女 -/ -en 資金の調達；資金援助, 融資.

Fi·nanz=jahr [ふぃナンツ・ヤール] 中 -[e]s/-e 会計年度.

Fi·nanz=la·ge [ふぃナンツ・らーゲ] 女 -/ 財政 状態.

Fi·nanz=mi·nis·ter [ふぃナンツ・ミニスタァ] 男 -s/- 財務大臣. (女性形: -in).

Fi·nanz=mi·nis·te·ri·um [ふぃナンツ・ミニ ステーリウム] 中 -s/..rien [..リエン] 財務省.

Fi·nanz=po·li·tik [ふぃナンツ・ポリティーク] 女 -/ 財政政策.

Fin·del·kind [ふぃンデる・キント] 中 -[e]s/-er 捨て子, 拾い子.

fin·den* [ふィンデン fíndən]

> 見つける
> Ich *finde* meine Brille nicht.
> イヒ ふィンデ マイネ ブリれ ニヒト
> 私の眼鏡が見つからない.

人称	単	複
1	ich finde	wir finden
2	du findest / Sie finden	ihr findet / Sie finden
3	er findet	sie finden

(fand, hat...gefunden) **I** 他 (完了) haben) (来 *find*) ① **見つける**, 見つけ出す, 発見する. Pilze⁴ *finden* きのこを見つける / Ich *kann* ihn nirgends *finden*. 彼はどこにも見あたらない / Endlich *habe* ich meinen Schlüssel *gefunden*. やっと鍵(ﾆ)が見つかった / eine Arbeit⁴ *finden* 仕事を見つける / eine Lösung⁴ *finden* 解決策を見つける.

② (人・物⁴を…だと)**思う**, (…と)見なす. Ich *finde* die Jacke billig. 私はこのジャケットを安いと思う / Wie *finden* Sie dieses Bild? この絵をどう思いますか / Ich *finde*, er ist sehr nett. 私は彼はとても感じがいいと思う. ◊〖目的語なしでも〗*Finden* Sie? そうお思いですか.

③ (人・物⁴を)**得る**, 手に入れる, 受ける. Hilfe⁴ *finden* 助けを得る / einen Partner *finden* パートナーを見つける / Sein Vorschlag *fand* allgemeine Zustimmung. 彼の提案は大方の賛同を得た / Sie *kann* keinen Schlaf *finden*. 彼女は眠れない / Spaß⁴ **an** 与³ *finden* 与³を楽しむ / Was *findet* er nur an ihr? 彼はいったい彼女のどこをどう思っているのだろうか / Ich *habe* **in** ihm einen Freund *gefunden*. 私は彼という友を得た.

◊〖特定の名詞を目的語として〗…される. Beachtung⁴ *finden* 注目される / Verwendung⁴ *finden* 使用される.

④ (人・物⁴が…であるのを)見て知る. Er *fand* das Haus verschlossen. 彼はその家に鍵(ﾆ)がかかっているのに気づいた / Wir *fanden* ihn krank im Bett. 私たちが行ってみると彼は病気で寝ていた.

II 再帰 (完了) haben) sich⁴ *finden* ① 見つかる; いる, 存在する. Der Ring *hat sich* wieder *gefunden*. (なくした)指輪が見つかった / Für diese Arbeit *fand sich* niemand. この仕事をしてくれる人はだれもいなかった.

② 明らかになる. Das (または Es) *wird sich* alles *finden*. a) それはそのうちにはっきりするでしょう, b) 何もかもうまくいくでしょう.

③ [*sich*⁴ **in** 与⁴ ~] (雅) (与⁴に)順応する.

III 自 (完了) haben) 〖方向を表す語とともに〗(…へ)行き着く; (…から)出る. **nach** Hause *finden* 家にたどり着く / Du *findest* leicht **zu** uns. ぼくたちの家へ来る道はすぐわかるよ.

Fin·der [ふィンダァ fíndər] 男 -s/- 発見者, 拾得者. (女性形: -in).

Fin·der=lohn [ふィンダァ・ろーン] 男 -[e]s/..löhne 拾い主へのお礼.

fin·dig [ふィンディヒ fíndɪç] 形 アイディアに富んだ, 機転の利く, 抜け目のない.

Fin·dig·keit [ふィンディヒカイト] 女 -/ 機転, 抜け目のないこと, 明敏[なこと].

Find·ling [ふィントリング fíntlɪŋ] 男 -s/-e ① 《地学》捨て子石, 漂石. ② (旧)捨て子 (= Findelkind).

Fi·nes·se [ふィネッセ finésə] 女 -/-n ① 〖ふつう複〗技巧, こつ. ② 狡猾(ﾋ), 策略. ③ 〖ふつう複〗精巧さ, 技術の精華. ein Auto mit allen technischen *Finessen* 技術の粋をこらした自動車.

fing [ふィング] fangen (捕まえる)の過去

fin·ge [ふィンゲ] fangen (捕まえる)の接2

der **Fin·ger* [ふィンガァ fíŋər]

> 指
> Der *Finger* blutet.
> デァ ふィンガァ ブるーテット
> 指から血が出ている.

男 (単2) -s/(複) – (3格のみ -n) (手の)**指**. (英 *finger*). (☞ Körper 図; 「(足の)指」は Zehe). dicke (zarte) *Finger* 太い(細い)指 / geschickte *Finger* 器用な指 / *Finger* weg! 触るな. ◊(手の指の呼び名: Daumen 親指 / Zeige*finger* 人差し指 / Mittel*finger* 中指 / Ring*finger* 薬指 / der kleine *Finger* 小指).

◊〖動詞とともに〗einen schlimmen *Finger* **haben** 指を傷めている / **bei** 与³ die *Finger*⁴ **im Spiel haben**《口語・比》与³に一枚かんでいる / die *Finger*⁴ **krümmen** 指を曲げる / sich³ die *Finger*⁴ **nach** 与³ **lecken**《口語》与³が欲しくてたまらない / den *Finger* **auf** den Mund **legen** 人差し指を口に当てる (「黙れ」というしぐさ) / keinen *Finger* **rühren** または keinen *Finger* **krumm**|**machen** (**krumm machen**)《口語》何一つしようとしない / **lange** (または **krumme**) *Finger*⁴ **machen**《口語》盗みを働く / Der *Finger* **schmerzt**. 指が痛む / die *Finger*⁴ **strecken** 指を伸ばす.

◊〖前置詞とともに〗einen Ring **am** *Finger* **tragen** 指輪をしている / sich³ 与⁴ **an den [fünf]** *Fingern* **abzählen können**《口語》与⁴は一目瞭然(ﾘｮｳ)だ(←5 本の指で数えられる) / Er hat an jedem *Finger* eine. 《口語》彼にはたくさんの恋人(ﾌｧﾝ)がいる / 人³ **auf die** *Finger* **sehen**《口語》人³を[よく働くかどうか]監視する / 人³ **auf die** *Finger* **klopfen**《口語》人³をしかりつける / sich³ 与⁴ **aus den** *Fingern* **saugen**《口語》与⁴をでっち上げる / 人⁴ **durch die** *Finger* **sehen**《口語・比》人⁴を大目に見てやる / sich³ **in den** *Finger* **schneiden** a)(誤って)指を切る, b)《比》ひどい見込み違いをする / 物⁴ **in den** *Finger* **bekommen** (または **kriegen**)《口

Fingerabdruck

語) 𝄞⁴を偶然手に入れる / 𝄞⁴ im kleinen *Finger* haben 《口語・比》𝄞⁴に精通している / 囚³ in die *Finger* fallen (または geraten) 《口語》囚³の手中に陥る / **mit dem** *Finger* **auf** 𝄞⁴ zeigen 指で𝄞⁴を指し示す / 囚³ mit dem *Finger* drohen 指を立てて囚³を脅す / 𝄞⁴ mit dem kleinen *Finger* machen 《口語・比》𝄞⁴を苦もなくやってのける / 𝄞⁴ mit spitzen *Fingern* an|fassen 𝄞⁴をいやいや指先きでつまむ / 囚⁴ **um** den [kleinen] *Finger* wickeln 《口語・比》囚⁴を意のままに操る / Das Geld zerrinnt ihm **unter** (または **zwischen**) den *Fingern*. 彼は金にしまりがない.

▶ **Finger≠breit**

Fin·ger≠ab·druck [ふィンガァ・アップドルク] 男 -[e]s/..drücke 指紋.

fin·ger≠breit [ふィンガァ・ブライト] 形 指の幅ほどの.

Fin·ger≠breit, Finger breit [ふィンガァ・ブライト] 男 -/- 指の幅.

fin·ger≠dick [ふィンガァ・ディック] 形 指の太さ(厚さ)ほどの.

fin·ger≠fer·tig [ふィンガァ・フェルティヒ] 形 手先(指)の器用な.

Fin·ger≠fer·tig·keit [ふィンガァ・フェルティヒカイト] 女 -/ 手先(指)の器用さ.

Fin·ger≠glied [ふィンガァ・グリート] 中 -[e]s/-er 《医》指骨.

Fin·ger≠hand·schuh [ふィンガァ・ハントシュー] 男 -[e]s/-e (5本指の)手袋.

Fin·ger≠hut [ふィンガァ・フート] 男 -[e]s/..hüte ① (裁縫用の)指ぬき. ② 《植》ジギタリス.

Fin·ger·ling [ふィンガァリング fíŋərlɪŋ] 男 -s/-e ① 指サック. ② 手袋の指.

fin·gern [ふィンガァン fíŋərn] I 自 (h) 指でいじる, 手探りする. Er *fingert* immer **an** seiner Krawatte. 彼はいつもネクタイをいじっている. II 他 (h) ① 《A⁴ **aus** B³ ～》(A⁴ をB³から)指でつまみ出す. ② 《俗》(𝄞⁴を)うまくやってのける. ③ 《俗》くすねる.

Fin·ger≠na·gel [ふィンガァ・ナーゲる] 男 -s/..nägel 指の爪(⁸).

Fin·ger≠satz [ふィンガァ・ザッツ] 男 -es/..sätze 《音楽》運指法, フィンガリング.

Fin·ger≠spit·ze [ふィンガァ・シュピッツェ] 女 -/-n 指先. 𝄞⁴ **mit den** *Fingerspitzen* berühren 𝄞⁴に指先で触る / Er ist musikalisch bis **in die** *Fingerspitzen*. 彼はとことん音楽的だ(←指の先まで).

Fin·ger·spit·zen≠ge·fühl [ふィンガァシュピッツェン・ゲふューる] 中 -[e]s/ 鋭敏な感覚.

Fin·ger≠spra·che [ふィンガァ・シュプラーヘ] 女 -/-n 手話[法].

Fin·ger≠zeig [ふィンガァ・ツァイク] 男 -[e]s/-e ヒント, 示唆, 暗示. 囚³ einen *Fingerzeig* geben 囚³にヒントを与える.

fin·gie·ren [ふィンギーレン fɪŋgíːrən] 他 (h) でっち上げる, 偽る. ◇《過去分詞の形で》ein *fingierter* Name 偽名.

Fi·nish [ふィニッシュ fíniʃ] [英] 中 -s/-s ① 《スポ》ラストスパート, フィニッシュ; 決勝[戦]. ② (製造工程などの)仕上げ.

fi·nit [ふィニート finíːt] 形 《言》(動詞の)定形の.

Fink [ふィンク fɪŋk] 男 -en/-en 《鳥》アトリ科の鳥(アトリ・ヒワなど).

Fin·ne¹ [ふィンネ fínə] 男 -n/-n フィンランド人. (女性形: Finnin).

Fin·ne² [ふィンネ] I 女 -/-n ① 《動》(サナダ虫などの)条虫類の幼虫. ② 《医》丘疹(ːː), にきび, 吹き出物. II 女 -/-n ① 《動》(サメやクジラの)背びれ. ② (ハンマーの)とがった端.

fin·nisch [ふィニッシュ fínɪʃ] 形 フィンランド [人・語]の.

Finn·land [ふィンらント fín-lant] 中 (単2) -s/ 《国名》フィンランド[共和国](首都はヘルシンキ).

Finn≠wal [ふィン・ヴァーる] 男 -[e]s/-e 《動》ナガスクジラ.

fins·ter [ふィンスタァ fínstər] 形 (比較 finst[e]rer, 最上 finsterst) ① 真っ暗な, 暗い; 暗黒の. ein *finsterer* Raum 真っ暗な部屋 / Es wird *finster*. 暗くなる / das *finstere* Mittelalter 《比》暗黒の中世. ◇《名詞的に》im *Finstern* tappen 暗中模索する. (☞ *dunkel*). ② 不機嫌な, 陰気な. Er macht ein *finsteres* Gesicht. 彼は不機嫌な顔をしている. ③ 不気味な, 不吉な; いかがわしい, うさんくさい. eine *finstere* Ahnung 不吉な予感 / eine *finstere* Kneipe いかがわしい飲み屋.

die **Fins·ter·nis** [ふィンスタァニス fínstərnɪs] 女 (単) -/(複) ..nisse (3格のみ ..nissen) ① 暗闇(ːː), 暗黒. die *Finsternis* der Nacht² 夜の暗闇 / das Reich der *Finsternis*² 《聖》地獄 / eine ägyptische *Finsternis* 《比》真っ暗闇(出エジプト記 20, 21-23). ② 《天》食(ʳːʳ). Sonnen*finsternis* 日食 / eine partielle (totale) *Finsternis* 部分(皆既)食.

Fin·te [ふィンテ fíntə] 女 -/-n ① 策略, 術策; 口実. 囚⁴ **durch** eine *Finte* täuschen 術策を用いて囚⁴を欺く. ② (フェンシング・ボクシングなどの)フェイント.

Fir·le·fanz [ふィルれふァンツ fírləfants] 男 -es/-e 《口語》① がらくた, 安ぴか物. ② ばかげたこと, ナンセンスな行為.

firm [ふィルム firm] 形 《成句的に》**in** 事³ *firm* sein 事³に熟達(精通)している.

die Fir·ma [ふィルマ fírma] 女 (単) -/(複) Firmen ① 会社, 商社, 商会 (略: Fa.). (☞ *firm*). eine *Firma*⁴ leiten 会社を経営する / **in** (または **bei**) einer *Firma* arbeiten ある会社に勤めている / Die *Firma* dankt. 《戯》いや, 結構です.

② 《経》社名, 商号.

Fir·ma·ment [ふィルマメント firmamént] 中 -[e]s/ 《詩》天空, 蒼穹(ʳːʳ).

fir·men [ふィルメン fírmən] 他 (h) 《カック》(囚⁴ に)堅信を授ける.

Fir·men [ふィルメン] *Firma (会社)の 複

Fir·men·in·ha·ber [ふィルメン・インハーバァ] 男 -s/- 社主, 店主. (女性形: -in).

Fir·men*schild* [ふィルメン・シルト] 田 -[e]s/-er 会社(商会)の看板.

Fir·men*zei·chen* [ふィルメン・ツァイヒェン] 田 -s/- 商標, 社標.

fir·mie·ren [ふィルミーレン fırmíːrən] 自 (h) 《商》社名(商号)を名乗る, 社名のサインをする.

Firm·ling [ふィルムリング fírmlɪŋ] 男 -s/-e 《カッ》堅信を受ける人(子供), 受堅者.

Fir·mung [ふィルムング] 女 -/-en 《カッ》堅信.

Firn [ふィルン fírn] 男 -[e]s/-e[n] 万年雪; 《スィトェーデン》万年雪に覆われた雪嶺(ポェン); 氷河.

Fir·nis [ふィルニス fírnɪs] 男 ..nisses/..nisse ニス, ワニス.

fir·nis·sen [ふィルニッセン fírnɪsən] 他 (h) 《物⁴に》ニス(ワニス)を塗る.

First [ふィルスト fírst] 男 -[e]s/-e 〔屋根の〕棟. (⇒ Dach 図)

fis, Fis [ふィス fís] 田 -/- 《音楽》嬰(ェ)ヘ音. *Fis*-Dur 嬰ヘ長調 / *fis*-Moll 嬰ヘ短調.

⁎⁎der Fisch [ふィッシュ fíʃ]

> 魚
>
> Freitags gibt es immer *Fisch*.
> ふライタークス ギープト エス インマァ ふィッシュ
> 金曜日にはいつも魚の料理が出る.

男 (単 2) -es (まれに -s)/(複) -e (3 格のみ -en) ① 魚; 魚肉. 《英》*fish*. (◇メ 「〔鳥獣の〕肉」は Fleisch). Fluss*fisch* 川魚 / frische (geräucherte) *Fische* 新鮮な(くん製の)魚 / ein großer (または dicker) *Fisch* 《口語・戯》重要人物, 大物 / *Fische*⁴ angeln 魚を釣る / einen *Fisch* braten 魚をソテーにする / *Fische*⁴ mit dem Netz fangen 魚を網で捕らえる / Der Junge schwimmt wie ein *Fisch*. その少年は魚のように泳ぎがうまい / Er ist munter wie ein *Fisch* im Wasser. 《口語》彼は水を得た魚のように元気はつらつとしている / Er ist stumm wie ein *Fisch*. 《口語》彼は黙りこくっている / faule *Fische* 《口語》見えすいた言い逃れ (←腐った魚) / ein kalter *Fisch* 《口語・比》冷淡な人間 / kleine *Fische* 《口語》とるに足らないこと (←小さな魚) / [Der] *Fisch* will schwimmen. 《口語》魚料理には酒がつきものだ (←魚は泳ぎたがる) / Das sind ungefangene *Fische*. 《比》それは捕らぬたぬきの皮算用だ (←捕まえていない魚) / Das ist weder *Fisch* noch Fleisch. 《口語》それはどっちつかずだ (←魚でも肉でもない). ② 〔冠 なし〕魚座; 〔冠 で〕双魚宮. ③ 魚座生まれの人.

> ◇メ ドイツで見かける魚: der **Aal** うなぎ / der **Barsch** すずき / die **Forelle** にじます / der **Hecht** 川かます / der **Hering** にしん / der **Karpfen** 鯉 / der **Lachs** さけ / die **Makrele** 鯖 / die **Sardelle** アンチョビー / die **Sardine** いわし / die **Scholle** かれい / die **Seezunge** 舌びらめ / der **Steinbutt** ひらめ / der **Thunfisch** まぐろ

Fisch*bein* [ふィッシュ・バイン] 田 -[e]s/- 鯨ひげ(傘や骨組みやコルセットの芯に用いられた).

fi·schen [ふィッシェン fíʃən] (fischte, hat... gefischt) 《英》*fish* I 他 《完了》haben) ① 《魚⁴を》釣る, 捕る; 〔真珠など⁴を〕採る. Sie *fischen* Heringe mit dem Netz. 彼らは網でにしん漁をしている / Dabei ist nichts zu *fischen*. 《口語》それは何の得にもならない (←それでは何も釣れない).
② 〔人・物⁴ **aus** 〔物³ ～〕《口語》〔人・物⁴を物³から〕すくい上げる, 引き上げる, 取り出す. ein Kind⁴ aus dem Wasser *fischen* 子供を水中から引き上げる / die Fahrkarte⁴ aus der Tasche *fischen* 切符をポケットから取り出す.
II 自 《完了》haben) ① 釣りをする, 漁をする. Er geht *fischen*. 彼は釣りに行く / im Trüben *fischen* 《比》どさくさまぎれにうまいことをする (←にごった水のところで釣りをする). ② 〔**nach** 〔物³ ～〕《口語》〔物³を〕手探りで〕捜す. Sie *fischte* in ihrer Tasche nach dem Hausschlüssel. 彼女はバッグに手を入れて家の鍵(ポ)を捜した.

der Fi·scher¹ [ふィッシァァ fíʃər] 男 (単 2) -s/(複) - (3 格のみ -n) 漁師, 漁夫; 《口語》釣り人. 《英》*fisherman*. Der *Fischer* holt die Netze ein. その漁師は網をたぐり寄せる.

Fi·scher² [ふィッシァァ] -s/-s 〔姓〕フィッシャー.

Fischer*boot* [ふィッシァァ・ボート] 田 -[e]s/-e 漁船.

Fi·sche·rei [ふィッシェライ fíʃərái] 女 -/-en 漁業, 水産業.

Fi·sche·rin [ふィッシェリン fíʃərɪn] 女 -/..rinnen (女性の)漁師; 《口語》(女性の)釣り人.

Fisch*fang* [ふィッシュ・ふァング] 男 -[e]s/- 漁, 漁労.

Fisch*ge·richt* [ふィッシュ・ゲリヒト] 田 -[e]s/-e 魚料理.

Fisch*grä·te* [ふィッシュ・グレーテ] 女 -/-n 〔細くとがった〕魚の骨.

Fisch*händ·ler* [ふィッシュ・ヘンドらァ] 男 -s/- 魚屋, 魚売り. (女性形: -in).

Fisch*kon·ser·ve* [ふィッシュ・コンゼルヴェ] 女 -/-n 魚の缶詰(びん詰).

Fisch*kut·ter* [ふィッシュ・クッタァ] 男 -s/- 《漁》小型漁船.

Fisch*laich* [ふィッシュ・らイヒ] 男 -[e]s/-e 魚卵.

Fisch*mehl* [ふィッシュ・メーる] 田 -[e]s/-e 魚粉.

Fisch*ot·ter* [ふィッシュ・オッタァ] 男 -s/- 《動》カワウソ.

Fisch*ro·gen* [ふィッシュ・ローゲン] 男 -s/- 魚の腹子の.

fisch·te [ふィッシュテ] fischen (釣る)の 過去

Fisch*zucht* [ふィッシュ・ツフト] 女 -/-en 魚の養殖, 養魚.

Fisch*zug* [ふィッシュ・ツーク] 男 -[e]s/..züge ① 《漁》魚網を引くこと, 網引き. ② 《比》一獲千金の大仕事.

Fis-Dur [ふィス・ドゥーァ] 中 -/《音楽》嬰(だ)へ長調(記号: Fis).

Fi·si·ma·ten·ten [ふィズィマテンテン fizimaténtən] 複《口語》言い逃れ, ごまかし.

fis·ka·lisch [ふィスカーリッシュ fiskáːlɪʃ] 形 国庫の, 国家財政の, 国有の.

Fis·kus [ふィスクス fískus] 男 -/Fisken (または Fiskusse)《ふつう単》国庫; (国庫の所有者としての)国家.

fis-Moll [ふィス・モる] 中 -/《音楽》嬰(だ)へ短調(記号: fis).

Fi·so·le [ふィゾーれ fizóːlə] 女 -/-n《オース》《植》インゲンマメ.

Fis·tel [ふィステる fístəl] 女 -/-n ① 《医》ろう(瘻)[孔], フィステル. ② = Fistelstimme

Fis·tel=stim·me [ふィステる・シュティンメ] 女 -/-n ① 《音楽》裏声, ファルセット. ② (男性の)かん高い声.

*__fit__ [ふィット fit] [英] 形 コンディションがよい, 体調がよい. sich⁴ fit machen (または fit|machen) コンディション(体調)を整える / Er hält sich⁴ durch Gymnastik fit. 彼は体操をしてコンディションを保つ.

Fit·ness [ふィットネス fítnɛs] [英] 女 -/《スポ》良好な体調, フィットネス.

Fit·tich [ふィティヒ fítɪç] 男 -[e]s/-e《詩》翼 (=Flügel). Er nahm sie unter seine Fittiche.《口語・戯》彼は彼女の面倒を見た.

fix [ふィクス fíks] 形 (比較 fixer, 最上 fixest) ① 《口語》すばやい, 機敏な. Er ist ein fixer Junge. 彼はすばしこい少年だ / Mach fix! 急げ. ② 固定した, 決まった;《オース》永続的な. eine fixe Idee 固定観念 / ein fixes Gehalt⁴ bekommen 固定給をもらう. ③《成句的に》fix und fertig《口語》a) 完全に片ついた, すっかり準備できた, b) くたくたに疲れた.

fi·xen [ふィクセン fíksən] 自 (h) ① 《株取引きで》空売りする. ② 《隠語》麻薬を打つ.

Fi·xer [ふィクサァ fíksər] 男 -s/- ① 《経》空売りする人. (女性形: -in). ② 《隠語》麻薬の常習者.

Fi·xier=bad [ふィクスィーァ・バート] 中 -[e]s/..bäder《写》定着浴.

fi·xie·ren [ふィクスィーレン fiksíːrən] 他 (h) ① 書き留める, 記録する. Beschlüsse⁴ in einem Protokoll fixieren 決議を議事録に書き留める. ② (日時などを⁴)決める. ③ 固定する. einen Knochenbruch fixieren (ギプスなどで)骨折を固定する. ④《写》定着する. ⑤ じっと見すえる, 凝視する.

Fi·xie·rung [ふィクスィールング] 女 -/-en ① 記録. ② (日時などの)決定. ③ 固定. ④《写》定着. ⑤ 凝視.

Fix=stern [ふィクス・シュテルン] 男 -[e]s/-e《天》恒星.

Fi·xum [ふィクスム fíksum] 中 -s/Fixa 固定給, 定収入.

Fjord [ふィヨルト fjórt] 男 -es (まれに -s)/-e《地理》フィヨルド(ノルウェーなどの峡湾).

FKK [エふ・カー・カー] 女 -/《略》ヌーディズム, 裸体主義 (=Freikörperkultur).

*__flach__ [ふらッハ fláx] 形 ① 平らな, 平たんな.《英》flat). ein flaches Gelände 平たんな土地 / ein flaches Dach 平屋根 / auf der flachen Hand 手のひらの上で / Der Kranke muss sich⁴ flach legen. その病人は体を水平にして寝なければならない.
② 低い, 平べったい. eine flache Nase 低い鼻 / Sie trägt flache Absätze. 彼女はローヒールの靴をはいている.
③ 浅い. ein flacher Teller 平皿 / Der Teich ist flach. この池は浅い / flach atmen 浅く呼吸する. ④《比》浅薄な, 皮相な, つまらない. eine flache Unterhaltung つまらないおしゃべり / Er ist ein flacher Kopf. 彼は平凡な人間だ.

Flach=dach [ふらッハ・ダッハ] 中 -[e]s/..dächer《建》陸(ろ)屋根, 平屋根.

die **Flä·che** [ふれッヒェ fléçə] 女 (単) -/(複) -n ① 平地, 平面. Grünfläche 緑地 / eine Fläche von 100 km² (=Quadratkilometern) 100平方キロの平地. ② 平面, 表面;《数》面; 面積. Oberfläche 表面 / eine Fläche⁴ berechnen 面積を計算する.

Flä·chen=aus·deh·nung [ふれッヒェン・アオスデーヌング] 女 -/-en《平》面積, 平面の広がり.

flä·chen·haft [ふれッヒェンハふト] 形 平面の, 平面的な.

Flä·chen=in·halt [ふれッヒェン・インハるト] 男 -[e]s/-e《数》面積.

Flä·chen=maß [ふれッヒェン・マース] 中 -es/-e《数》面積[測定]の単位(ヘクタールなど).

flach|fal·len* [ふらッハ・ふァれン fláx-fàlən] 自 (s)《俗》(期待していたことが)中止になる, 起こらない.

Flach·heit [ふらッハハイト] 女 -/-en ① 《複なし》平たん, 平たいこと. ②《複なし》浅薄さ. ③ 浅薄な言動.

flä·chig [ふれヒヒ fléçɪç] 形 ① 平たい, 平べったい(顔など). ② 平たく広がった.

Flach=land [ふらッハ・らント] 中 -[e]s/《地理》平地, 平野, 低地.

Flachs [ふらクス fláks] 男 -es/ ① 《植》アマ (亜麻); 亜麻の繊維. Flachs⁴ spinnen 亜麻を紡ぐ. ② 《口語》からかい, 冗談, ふざけ. Mach keinen Flachs! 冗談はよせ, ふざけるな.

flachs=blond [ふらクス・ブろント] 形 淡いブロンドの, 亜麻色の(髪).

flach·sen [ふらクセン fláksən] 自 (h)《口語》からかう, 冗談を言う, mit 人³ flachsen 人³をからかう.

fla·ckern [ふらッカァン flákərn] 自 (h) ① (炎などが) ちらちらする; (火が)ゆらゆら燃える. ②《雅》(視線が)揺らぐ.

Fla·den [ふらーデン fláːdən] 男 -s/- ① 《料理》パンケーキ. ② (平べったい)どろどろしたかたまり; 牛の糞.

die **Flag·ge** [ふらッゲ flágə] 囡 (単) –/(複) –n 旗. (英 flag). (☞ Fahne 図). National-*flagge* 国旗 / die deutsche *Flagge* ドイツの国旗 / die *Flagge*⁴ auf|ziehen (または hissen) 旗を掲げる / die *Flagge*⁴ ein|ziehen (または ein|holen) 旗を下ろす / *Flagge*⁴ zeigen 《比》自分の考え(期待)をはっきり示す / unter falscher *Flagge* segeln 《比》素性を偽る, 偽名を使う (←偽りの旗を掲げて帆走する).

flag·gen [ふらッゲン flágən] 圓 (h) 旗を掲げる. halbmast *flaggen* 半旗を掲げる.

Flagg*schiff [ふらック・シふ] 匣 –[e]s/–e 《軍》旗艦.

fla·grant [ふらグラント flagránt] 形 明白な, 目に余る(違反など).

Flair [ふれーァ flέ:r] 匣 –s/ ① 雰囲気 (=Atmosphäre). ② 《2≦》《稀》鋭い勘.

Flak [ふらック flák] 囡 –/–s 《軍》① 高射砲 (= **Flug[zeug]abwehrkanone**). ② 高射砲部隊.

Fla·kon [ふらコーン flakɔ́:] 匣 匣 –s/–s (栓つきの)小びん; 香水びん.

flam·bie·ren [ふらンビーレン flambí:rən] 他 (h) 《料理》(匣⁴を)フランベにする.

Fla·me [ふらーメ flá:mə] 匣 –n/–n (ベルギーの)フラマン人. (女性形: Flamin または Flämin).

Fla·min·go [ふらミンゴ flamíŋgo] 匣 –s/–s 《鳥》フラミンゴ, ベニヅル.

flä·misch [ふれーミッシュ flέ:mɪʃ] 形 フラマン語・人の.

die **Flam·me** [ふらンメ flámə] 囡 (単) –/(複) –n ① 炎, 火炎. (英 flame). eine helle *Flamme* 明るい炎 / Die *Flamme* der Kerze brennt ruhig. ろうそくの炎が静かに燃えている / Die *Flammen* flackern (lodern). 炎がゆらめく(燃え上がる) / die *Flammen*⁴ löschen 炎を消す / auf kleiner *Flamme* kochen a) 《料理》弱火で煮る, b) 《比》つましい生活をする / in [Rauch und] *Flammen* auf|gehen 焼失する / ein Haus⁴ in *Flammen* setzen 家に放火する / in [hellen] *Flammen* stehen 赤々と燃えている.
② (ガスレンジの)火口. ③ 《詩》激情, 激しい情熱. die *Flammen* der Leidenschaft² 情熱の炎. ④ 《口語》恋人, 愛人.

flam·men [ふらンメン flámən] 圓 (h) 《雅》① (炎を上げて)燃える. ② (目などが)輝く, きらめく; (顔などが)紅潮する. Seine Augen *flammten* vor Zorn. 彼の目は怒りに燃えていた.

flam·mend [ふらンメント] **I** flammen (燃える)の現分 **II** 形 ① 燃えるような, 真っ赤な. ② 熱烈な, 情熱的な(演説など).

Flam·men*meer [ふらンメン・メーァ] 匣 –[e]s/–e 《雅》火の海.

Flam·men*wer·fer [ふらンメン・ヴェルふァァ] 匣 –s/– 《軍》火炎放射器.

Flam·me·ri [ふらンメリ flámərɪ] 匣 –[s]/–s 《料理》フラメリ(牛乳・卵・小麦粉・果実などで作ったプディング).

Flan·dern [ふらンダァン flándərn] 匣 –s/ 《地名》フランドル(ベルギー・フランスにまたがる北海沿岸地方).

Fla·nell [ふらネる flanέl] 匣 –s/–e 《織》フランネル, フラノ.

fla·nie·ren [ふらニーレン flaní:rən] 圓 (h, s) ぶらつく. im Park *flanieren* 公園をぶらつく.

Flan·ke [ふらンケ flánkə] 囡 –/–n ① 《スポ》(体操の)側面向き踏び越し; (球技の)センタリング, ウイング. ② 《軍》側面, 翼. den Feind in der *Flanke* an|greifen 敵の側面を突く. ③ (馬などの)わき腹.

flan·ken [ふらンケン fláŋkən] 圓 (h) ① (球技で:)センタリングする. ② (体操で:)側面向き跳びをする.

flan·kie·ren [ふらンキーレン flaŋkí:rən] 他 (h) (人・物⁴の)わき(両側)に立つ, (人・物⁴の)わき(両側)を歩く. Zwei Soldaten *flankierten* den Minister. 二人の兵士が[護衛のため]大臣の両わきに立っていた.

Flansch [ふらンシュ flánʃ] 匣 –[e]s/–e 《工》フランジ, (管などの)継ぎ手.

Flaps [ふらップス fláps] 匣 –es/–e 《口語》不作法な(礼儀知らずの)若者.

flap·sig [ふらプスィく flápsɪç] 形 《口語》不作法な, 礼儀知らずの.

die **Fla·sche** [ふらッシェ fláʃə]

びん Die *Flasche* ist leer.
ディ ふらッシェ イスト れーァ
そのびんは空だ.

囡 (単) –/(複) –n ① びん(瓶), ボトル. (英 bottle). Bier*flasche* ビールびん / eine dicke *Flasche* 太いびん / eine *Flasche* aus Plastik プラスチック[製の]びん / eine *Flasche* Wein ワイン 1 本 / zwei *Flaschen* Bier ビール 2 本 / eine *Flasche*⁴ öffnen びんを開ける / einer *Flasche*³ den Hals brechen 《口語・戯》(ワインなどの)ボトルの栓を抜く, 一杯やる / dem Baby die *Flasche*⁴ geben [哺乳(ほにゅう)びんで]赤ん坊にミルクを飲ませる / Wein⁴ auf *Flaschen* ziehen (または in *Flaschen* ab|füllen) ワインをボトルに詰める / Bier⁴ aus der *Flasche* trinken ビールをらっぱ飲みする / zur *Flasche* greifen 酒びたりになる (←びんをつかむ).
② (びん状のもの:)フラスコ, ボンベ. ③ 《口語》間抜け[なやつ], 能なし. So eine *Flasche*! 間抜けめ.

Fla·schen*bier [ふらッシェン・ビーァ] 匣 –[e]s/–e びん[詰めの]ビール. (英 「樽詰めのビール」 は Fassbier).

Fla·schen*gas [ふらッシェン・ガース] 匣 –es/–e ボンベ入りのガス.

fla·schen*grün [ふらッシェン・グリューン] 形 暗緑色の, 濃い緑色の.

Fla·schen*hals [ふらッシェン・ハるス] 匣 –es/..hälse ① びんの首. ② 《口語》(交通などの)ネック, 狭くなっている区間.

Fla·schen=öff·ner [ふらッシェン・エフナァ] 男 -s/- (びんの)栓抜き.

Fla·schen=pfand [ふらッシェン・プふァント] 中 -(e)s/..pfänder (飲料水などの)びんのデポジット.

Fla·schen=post [ふらッシェン・ポスト] 女 -/ びん入りの手紙(海難の際などに海へ投げられる).

Fla·schen=zug [ふらッシェン・ツーク] 男 -(e)s/..züge 《工》滑車[装置].

flat·ter·haft [ふらッタァハふト] 形 浮ついた, 浅薄な, 移り気な.

Flat·ter·haf·tig·keit [ふらッタァハふティヒカイト] 女 -/ 浮ついていること, 浅薄さ, 移り気.

flat·te·rig [ふらッテリヒ flátərıç] 形 浮ついた, 落ち着きのない; (脈がくなどが)不規則な.

flat·tern [ふらッタァン flátərn] (flatterte, *ist*/*hat*...geflattert) 自 《完了》sein または haben) ① 《失 flutter》① (s) 《方向を表す語句とともに》(鳥などが…へ) **ばたばたと飛んで行く**, (ちょう・紙片などが…へ)ひらひらと飛んで行く;《比》(手紙などが思いがけず)舞い込む. Der Vogel *flatterte* von einem Ast *zum* andern. その鳥は枝から枝へとせわしげに飛び移った / Ein Brief *ist* mir gestern **auf** den Tisch *geflattert*. 『現在完了』1通の手紙がきのう私の所へ舞い込んだ.
② (h) (鳥が)はばたく; (旗・髪などが)なびく, はためく. Die Fahne *flattert* im Wind. 旗が風にはためいている. ③ (h) (手などが)震える; (胸などが)どきまぎする; (まぶたなどが)びくびく動く. ④ (h) 《口語》(車輪などが)がたつく.

flat·ter·te [ふらッタァテ] flattern (ばたばたと飛んで行く)の過去

flau [ふらオ fláu] 形 ① 《口語》気分の悪い, ふらふらの. Mir ist *flau* vor Hunger. 私は空腹で気分が悪い. ② 退屈な, さえない; 味気ない, 気の抜けた(食べ物); ぼやけた(色); 《写》露出不足の. ③ 《商》不景気な. Das Geschäft geht *flau*. 商売が思わしくない.

Flau·heit [ふらオハイト] 女 -/ 衰弱, 疲労;《商》不振, 不況.

Flaum [ふらオム fláum] 男 -(e)s/ ① (鳥の)綿毛. ② 産毛; 産ひげ.

Flaum=fe·der [ふらオム・フェーダァ] 女 -/-n (鳥の)綿毛.

flau·mig [ふらオミヒ fláumıç] 形 ① 産毛(綿毛)のある. ② 《ｵｰｽﾄﾘｱ》綿毛のように柔らかい.

Flausch [ふらオシュ fláuʃ] 男 -(e)s/-e ① 《織》フリース・ウール(毛足の長いウール). ② フリース[ウールの]コート.

flau·schig [ふらオシヒ fláuʃıç] 形 フリース・ウールのように柔らかな, ふわふわした.

Flau·se [ふらオゼ fláuzə] 女 -/-n 『ふつう複』《口語》① くだらない考え, たわ言. ② 言い逃れ (=Ausrede). Mach keine *Flausen*! 言い逃れをするな.

Flau·te [ふらオテ fláutə] 女 -/-n ① 《海》凪(なぎ). ② 《商》不振, 不況. ③ (一時的な)不調, スランプ.

Flech·se [ふれクセ fléksə] 女 -/-n (特に動物の)腱(けん).

Flech·te [ふれヒテ fléçtə] 女 -/-n ① 《医》発疹(はっしん). ② 《植》地衣類. ③ 《雅》お下げ[髪].

flech·ten* [ふれヒテン fléçtən] du flichtst, er flicht (flocht, *hat*...geflochten) 他 (h) 編む; 編んで作る. einen Zopf *flechten* または die Haare⁴ **zu** einem Zopf *flechten* 髪をお下げに編む / Er hat einen Korb **aus** Weidenruten *geflochten* 柳の枝で小さく編む / Zitate⁴ **in** eine Rede *flechten* 演説に引用を織り混ぜる.

Flecht=werk [ふれヒト・ヴェルク] 中 -(e)s/ ① 編み[枝]細工. ② 《建》縄編み模様.

der **Fleck** [ふれック flék] 男 (単2) -(e)s/(複) -e (3格のみ -en) 《失 *spot*》① **染み**, 汚れ;《比》汚点. Das Tischtuch hat einen *Fleck*. そのテーブルクロスには染みがある / einen *Fleck* entfernen 染みを抜く / Er hat einen *Fleck* auf seiner weißen Weste. 《口語・比》彼は良心にやましいところがある(←白いベストに染みがある).
② 斑点(はんてん), あざ. Er hat einen blauen *Fleck* am Bein. 彼は脚に青あざがある / ein weißer *Fleck* a) 白いぶち(まだら), b) (地図上の)空白, 未調査地 / der blinde *Fleck* im Auge 《医》目の盲点.
③ 《口語》(特定の)場所, 地点. **am** falschen *Fleck* 《比》見当違いの箇所で / Ich stehe schon eine Stunde auf demselben *Fleck*. 私はもう1時間も同じ場所に立っている / Er hat das Herz auf dem rechten *Fleck*. 《口語・比》彼はまともな考え方の持ち主だ(←正しい場所に心臓を持っている) / Er kommt mit seiner Arbeit nicht **vom** *Fleck*. 《口語》彼は仕事が一向にはかどらない / vom *Fleck* weg 《口語》その場で, 即座に. ④ 《方》(衣服などの)継ぎ[布] (=Flicken). ⑤ 〖圏 で; ｻﾙ 複 なし〗臓物[料理].

fle·cken [ふれッケン flékən] 自 (h) 《方》① 染みがつく, 染みになる. ② 《口語》(仕事などが)はかどる.

◇☞ **gefleckt**

Fle·cken [ふれッケン] 男 -s/- ① 染み, 汚れ;《比》汚点; 斑点(はんてん), まだら; あざ; 《方》継ぎ[布] (=Flicken). ② (昔の:) (若干の都市権・市場のある)大きな村.

Fle·cken=ent·fer·ner [ふれッケン・エントふェルナァ] 男 -s/- 染み抜き剤.

fle·cken=los [ふれッケン・ロース] 形 染みのない, 汚れていない;《比》欠点のない, 潔白な.

Fle·cken=was·ser [ふれッケン・ヴァッサァ] 中 -s/- 染み抜き液(ベンジンなど).

Fleck=fie·ber [ふれック・フィーバァ] 中 -s/ 《医》発疹(はっしん)チフス.

fle·ckig [ふれキヒ flékıç] 形 染みの付いた; 斑点(はんてん)のある, あざのある.

Fleck=ty·phus [ふれック・テューふス] 男 -/ 《医》発疹(はっしん)チフス.

fled·dern [ふれッダァン flédərn] 他 (h) (死体・失神者など⁴を)身ぐるみはぐ.

Fle·der=maus [ふれーダァ・マオス] 女 -/

..mäuse 《動》コウモリ.

Fle·gel [ふれーゲる fléːgəl] 男 -s/ ① 不作法者, がさつなやつ(若者). ② (🈯)(脱穀用の)からざお.

Fle·ge·lei [ふれーゲらイ fleːgəláɪ] 安 -/-en 不作法, 粗野; 不作法(粗野)な言動.

fle·gel·haft [ふれーゲるハフト] 形 不作法な, 粗野な.

Fle·gel·jah·re [ふれーゲる・ヤーレ] 複 生意気盛り[の年頃]. Der Junge ist in den *Flegeljahren*. その男の子は生意気盛りだ.

fle·geln [ふれーゲるン fléːgəln] 再帰 (h) *sich*⁴ *flegeln* 《口語》腰を下ろす.

fle·hen [ふれーエン fléːən] 自 (h) 《雅》嘆願する, 哀願する; 祈願する. Sie *flehte* bei ihm **um** Hilfe. 彼女は彼に助けを請い求めた / **zu** Gott *flehen* 神に祈る. ◇《現在分詞の形で》ein *flehender* Blick 嘆願するようなまなざし.

fle·hent·lich [ふれーエントりヒ] 形 《雅》嘆願(哀願)するような, 切々とした. Sie blickte mich *flehentlich* an. 彼女は哀願するように私を見つめた.

‡*das* Fleisch [ふらイシュ flaɪʃ]

| 肉 | Er isst kein *Fleisch*.
エァ イスト カイン ふらイシュ
彼は肉は食べない. |

中 (単2) -es (まれに -s)/ ① (食用の)肉; (魚肉に対して:)鳥獣の肉. 《英》meat). 《注意》「魚肉」は Fisch). Rind*fleisch* 牛肉 / Schweine*fleisch* 豚肉 / gebratenes *Fleisch* 焼き肉 / gehacktes *Fleisch* ひき肉 / zähes (weiches) *Fleisch* 堅い(柔らかい)肉 / ein Kilo[gramm] *Fleisch*⁴ kaufen 1 キログラムの肉を買う.
② (骨・皮に対して:) Der Riemen schneidet **ins** *Fleisch*. 革ひもが肉に食い込む / Das ist mir in *Fleisch* und Blut übergegangen. 『現在完了』それはすっかり私の身についてしまった（←私の血肉になった）/ sich³ ins eigene *Fleisch* schneiden 《比》自ら不利を招く（←自分の肉を切る）/ Menschen **von** *Fleisch* und Blut 生身の人間 / vom *Fleisch* fallen 《口語》やせこける / mein eigen[es] *Fleisch* und Blut《雅》(血を分けた)わが子. ③ 《聖》(霊に対して:)肉[体], 人間. Der Geist ist willig, aber das *Fleisch* ist schwach. 心は熱しているが, 肉体は弱いのである(マタイによる福音書 26, 41). ④ (りんごなどの)果肉 (= Frucht*fleisch*).

▶ **fleisch⸗fressend**

Fleisch⸗be·schau [ふらイシュ・ベシャオ] 安 / 食肉検査.

Fleisch⸗brü·he [ふらイシュ・ブリューエ] 安 -/-n 《料理》肉スープ, ブイヨン.

der **Flei·scher** [ふらイシャァ fláɪʃər] 男 (単2) -s/(複) - (3格のみ -n) 肉屋[の主人], 食肉業者 (= Metzger). 《英》butcher). beim *Fleischer* ein|kaufen 肉屋で買い物をする / zum *Fleischer* gehen 肉屋に行く.

Flei·sche·rei [ふらイシェらイ flaɪʃəráɪ] 安 -/-en 肉屋[の店]; 食肉加工販売業.

Flei·sche·rin [ふらイシェリン fláɪʃərɪn] 安 -/..rinnen (女性の)肉屋.

Flei·sches·lust [ふらイシェス・るスト] 安 -/《雅》肉欲, 情欲.

Fleisch⸗ex·trakt [ふらイシュ・エクストラクト] 男 -[e]s/-e 肉エキス.

fleisch⸗far·ben [ふらイシュ・ふァルベン] 形 肉色の, 肌色の.

fleisch⸗fres·send, Fleisch fres·send [ふらイシュ・ふレッセント] 形 肉食の; 食虫性の(植物). *fleischfressende* Tiere 肉食動物.

Fleisch⸗fres·ser [ふらイシュ・ふレッサァ] 男 -s/- 《動》肉食動物.

Fleisch⸗ge·richt [ふらイシュ・ゲリヒト] 中 -[e]s/-e 肉料理.

Fleisch⸗hau·er [ふらイシュ・ハオアァ] 男 -s/- (🈯)肉屋 (= Fleischer). (女性形: -in).

flei·schig [ふらイシヒ fláɪʃɪç] 形 肉づきのよい, 太った; (果実が)多肉質の.

Fleisch⸗kloß [ふらイシュ・クろース] 男 -es/..klöße ① 《料理》肉団子, ミートボール. ② 大きな肉塊.

Fleisch⸗klöß·chen [ふらイシュ・クれースヒェン] 中 -s/- (Fleischkloß の 縮小) 《料理》(小形の)肉団子, ミートボール.

Fleisch⸗kon·ser·ve [ふらイシュ・コンゼルヴェ] 安 -/-n 肉の缶詰(びん詰).

fleisch·lich [ふらイシュりヒ] 形 ① 肉を使った(料理). ② 《雅》肉体の; 肉感的な. *fleischliche* Begierden 肉欲.

fleisch⸗los [ふらイシュ・ろース] 形 ① 肉を使わない(料理). ② やせこけた, 肉づきの悪い.

Fleisch⸗wa·ren [ふらイシュ・ヴァーレン] 複 食肉加工品, 肉製品.

Fleisch⸗wer·dung [ふらイシュ・ヴェーァドゥング] 安 -/ (🈯)受肉(神がイエスという人間として現れたこと), 託身.

Fleisch⸗wolf [ふらイシュ・ヴォるふ] 男 -[e]s/..wölfe 肉ひき器.

Fleisch⸗wun·de [ふらイシュ・ヴンデ] 安 -/-n 筋肉に達する傷.

der **Fleiß** [ふらイス flaɪs] 男 (単2) -es/ 勤勉, 精励, 熱心, 努力. 《英》diligence). 《注意》「怠惰」は Faulheit). viel *Fleiß*⁴ auf eine Arbeit verwenden 仕事に精を出す / **Durch** *Fleiß* hat er sein Ziel erreicht. 一生懸命に努力して彼は目的を達成した / **mit** unermüdlichem *Fleiß* たゆまず励んで / **mit** *Fleiß* 故意に / **Ohne** *Fleiß* kein Preis! 《諺》骨折らざれば利得なし（←努力なしには報償もない）.

‡**flei·ßig** [ふらイスィヒ fláɪsɪç]

| 勤勉な | Er ist sehr *fleißig*.
エァ イスト ゼーァ ふらイスィヒ
彼はとてもがんばり屋だ. |

形 (比較) fleißiger, (最上) fleißigst ① **勤勉な**, まじめな, 熱心な. (英 *diligent*). (⇔「怠惰な」は faul). Er ist ein *fleißiger* Schüler. 彼はまじめな生徒だ / Sie arbeitet *fleißig*. 彼女は一生懸命働く(熱心に勉強する).

② 入念な. eine *fleißige* Arbeit 念の入った仕事.

③ 《口語》頻繁な, 度々の. Er geht *fleißig* ins Theater. 彼は足しげく劇場に通っている.

類語 **fleißig**: (一般的な意味で)勤勉な. **eifrig**: (関心・興味を持って)熱心な. Er war *eifrig* dabei, sein Auto zu waschen. 彼は車を洗っていた. **emsig**: (一心に, こつこつ励む意味で)勤勉な. ein *emsiger* Sammler 熱心な収集家.

flek·tie·ren [フレクティーレン flɛktíːrən] **I** 他 (h) 《言》(単語⁴を)語形変化させる. **II** 自 (h) 《言》(単語が)語形変化をする.

flen·nen [フレンネン flénən] 自 (h) 《口語》泣きわめく.

flet·schen [フレッチェン flétʃən] 他 (h) 《成句的に》die Zähne⁴ *fletschen* (犬などが)歯をむき出す.

fle·xi·bel [フレクスィーベル flɛksíːbəl] 形 ① 曲げやすい, しなやかな. ② 《比》融通の利く, 柔軟な. eine *flexible* Haltung 柔軟な態度. ③ 《言》語形変化の可能な.

Fle·xi·bi·li·tät [フレクスィビリテート flɛksibilitɛ́ːt] 囡 −/ ① 曲げやすさ, しなやかさ. ② 融通性, 柔軟性, 順応性.

Fle·xi·on [フレクスィオーン flɛksióːn] 囡 −/-en 《言》語形変化. die starke (schwache) *Flexion* des Verbs 動詞の強(弱)変化.

flicht [フリヒト] **I** flechten (編む)の 3 人称単数 現在 **II** flechten (編む)の du に対する 命令

flichtst [フリヒツト] flechten (編む)の 2 人称親称単数 現在

fli·cken [フリッケン flíkən] (flickte, *hat* ... geflickt) 他 (完了 haben) (衣服など⁴を)**繕う**; 《口語》(破れ目など⁴を)ふさぐ, 《口語》修繕(修理)する. (英 *patch*). eine Hose⁴ *flicken* ズボンを繕う / Kannst du mir das Loch im Reifen *flicken*? ぼくのタイヤのパンクを直してくれないか?

Fli·cken [フリッケン flíkən] 男 −s/− (布・革などの)継ぎ. einen *Flicken* auf|setzen 継ぎを当てる.

Fli·cke·rei [フリッケライ flɪkəráɪ] 囡 −/-en (うんざりするような)繕い仕事.

flick·te [フリックテ] flicken (繕う)の 過去

Flick≈werk [フリック・ヴェルク] 中 −[e]s/ 継ぎはぎ細工; (軽蔑的に:)(寄せ集めの)駄作.

Flick≈wort [フリック・ヴォルト] 中 −[e]s/..wörter 《言・文学》虚辞, 助辞 (文中に挿入されるあまり意味のない語. nun, wohl など).

Flick≈zeug [フリック・ツォイク] 中 −[e]s/ (タイヤなどの)補修材料(道具).

Flie·der [フリーダァ flíːdər] 男 −s/− 《植》① ライラック, リラ. ② 《北ᵈ》ニワトコ (= Holunder).

flie·der·far·ben [フリーダァ・ファルベン] 形 ライラック色の, 薄紫色の.

die **Flie·ge** [フリーゲ flíːɡə] 囡 (単) −/(複) -n ① 《昆》**ハエ**. (英 *fly*). eine lästige *Fliege* うるさいはえ / *Fliegen*⁴ verjagen (または verscheuchen) はえを追い払う / Die *Fliegen* summen. はえがぶんぶんいう / zwei *Fliegen*⁴ mit einer Klappe schlagen《口語》一石二鳥だ (←一打ちで 2 匹のはえをたたく) / Er kann keiner *Fliege* etwas zuleide (または zu Leide) tun.《口語》彼は虫一匹も殺せない善人だ / Sie starben wie die *Fliegen*.《口語》彼らはばたばたと死んでいった. ② ちょうネクタイ. ③ ちょびひげ. (⇨ Bart 図).

:flie·gen* [フリーゲン flíːɡən]

> **飛ぶ** Ich *fliege* morgen nach Wien.
> イヒ フリーゲ モルゲン ナーハ ヴィーン
> 私はあした飛行機でウィーンに行きます.

(flog, *ist*/*hat* ... geflogen) **I** 自 (完了 sein または haben) ① (s) (鳥・飛行機などが)**飛ぶ**. (英 *fly*). Die Schwalben *fliegen* heute tief. つばめがきょうは低く飛んでいる / Die Maschine *fliegt* **nach** Berlin. その飛行機はベルリン行きだ / Das Raumschiff *fliegt* **zum** Mond. 宇宙船が月へ行く.

② (s) **飛行機で行く**, (飛行機などで)飛ぶ. *Fliegen* Sie, oder fahren Sie mit der Bahn? あなたは飛行機で行きますか, それとも鉄道で行きますか / Er *ist* gestern **nach** Deutschland geflogen. 《現在完了》彼はきのう飛行機でドイツへ行った.

◇《時間・区間などを表す 4 格とともに》Der Pilot *ist* (または *hat*) 10 000 Stunden geflogen. 《現在完了》そのパイロットは 1 万時間の飛行経験がある. (⇨ 完了の助動詞は「場所の移動」に重点が置かれるときは sein を, 「飛行する行為」に重点があれば haben を用いる.

③ (s) (石・ボールなどが飛ぶ, 風で吹き飛ぶ). Der Ball *flog* über die Mauer. ボールは壁を越えて飛んで行った / **in** die Luft *fliegen* (爆発で)空中に吹っ飛ぶ. ④ (s) (旗・髪などが)たなびく, なびく. Die Fahnen *fliegen* **im** Wind. 旗が風にはためく. ⑤ (s) 《方向を表す語句とともに》《雅》(…へ)飛ぶように飛ぶ(行く). Ich *flog* **nach** Hause. 私は家に飛んで帰った / Ein Lächeln *flog* über ihr Gesicht. 《比》彼女の顔に一瞬ほほえみが浮かんだ / 《囚³》**um** den Hals *fliegen* 《囚³》の首に抱きつく. ⑥ (s) 《口語》落ちる, 転倒する. **auf** die Nase *fliegen* うつぶせに倒れる (←鼻の上へ) / **durchs** Examen *fliegen* 《比》試験に落ちる / **von** der Leiter *fliegen* はしごから落ちる. ⑦ (s) 《口語》追い出される. **aus** der Stellung *fliegen* 勤め先を首になる / **von** der Schule *fliegen* 放校になる. ⑧ (s) 《**auf** 囚·物⁴ ~》《口語》《囚·物⁴に》夢中になっている. ⑨ (h) 《雅》(体などが)速く打つ.

II 他 (完了 haben) ① (飛行機など⁴を)操縦

する. Der Pilot *flog* die Maschine zum ersten Mal. そのパイロットはその飛行機を初めて操縦した. ② 〖方向を表す語句とともに〗(人・物⁴を…へ)飛行機で運ぶ, 空輸する. Medikamente⁴ in das Katastrophengebiet *fliegen* 医薬品を被災地へ空輸する.
III 再帰 (完了 haben) *sich⁴ fliegen* (飛行機などの)操縦のぐあい(乗り心地)が…である. Die Maschine *fliegt* sich leicht. この飛行機は操縦しやすい. ◇〖非人称のesを主語として〗Es *fliegt* sich herrlich in dieser Maschine. この飛行機は乗り心地がすばらしい.

flie·gend [ふリーゲント flíːɡənt] I ⁼fliegen (飛ぶ)の 現分
II 形 〖付加語としてのみ〗① 飛ぶ[ような]; (風に)はためく, なびく. *Fliegender* Fisch トビウオ / das *fliegende* Personal (総称として:)搭乗員 / in *fliegender* Eile 大急ぎで / mit *fliegenden* Haaren 髪をなびかせて. ② 移動する, 巡回の. ein *fliegender* Händler 行商人 / eine *fliegende* Ambulanz 巡回診療車. ③ 急性の; 一時的な. *fliegende* Hitze 《医》間欠熱.

Flie·gen⸗fän·ger [ふリーゲン・フェンガァ] 男 -s/- はえ取りテープ.

Flie·gen⸗ge·wicht [ふリーゲン・ゲヴィヒト] 中 -[e]s/-e ① (囲なし)(ボクシングなどの)フライ級. ② フライ級の選手.

Flie·gen⸗klat·sche [ふリーゲン・クラッチェ] 女 -/-n はえたたき.

Flie·gen⸗pilz [ふリーゲン・ピルツ] 男 -es/-e 《植》ベニテングタケ.

Flie·ger [ふリーガァ flíːɡɐr] 男 -s/- ① 飛行士, パイロット(=Pilot). (女性形: -in). ② 《口語》航空兵. ③ 《口語》飛行機 (=Flugzeug).

Flie·ger⸗ab·wehr [ふリーガァ・アップヴェーァ] 女 -/(ヘシ)《軍》対空防衛, 防空.

Flie·ger⸗alarm [ふリーガァ・アラルム] 男 -[e]s/-e 空襲警報.

Flie·ger⸗an⸗griff [ふリーガァ・アングリふ] 男 -[e]s/-e 空襲.

Flie·ger⸗horst [ふリーガァ・ホルスト] 男 -[e]s/-e 《軍》航空基地, 空軍基地.

flie·hen* [ふリーエン flíːən] (floh, *ist/hat*… geflohen) I 自 (完了 sein) ① 逃げる, 逃走する. (英 flee). aus der Stadt *fliehen* 街から逃げ出す / Er *ist* ins Ausland *geflohen*. 〖現在完了〗彼は外国へ逃亡した / Die Bevölkerung *floh* vor dem Feind. 住民は敵を避けて逃げた / zu 人³ *fliehen* 人³の所へ逃げ込む. ② 《詩》(時間が)飛ぶように過ぎ去る.
II 他 (完了 haben) 《雅》(敵・危険など⁴を)避ける, 遠ざける; 見捨てる. die Gesellschaft *fliehen* 交際を避ける / Der Schlaf *flieht* mich seit Tagen. 《比》ここ数日私は眠れない(←眠りが私を避ける).

| 類語 **fliehen**: (危険・苦境から)逃げ去る, 遠ざかる. **flüchten**: (安全な場所へ)逃げ込む, 逃げ出す. **davon|laufen**: 《口語》(ある場所から)走り去る, 逃げ去る. Er *ist* einfach *davongelaufen*. 彼はさっさと逃げ去った.

flie·hend [ふリーエント] I *fliehen* (逃げる)の 現分 II 形 〖付加語としてのみ〗引っ込んだ(あご・額など).

Flieh⸗kraft [ふリー・クラふト] 女 -/(物)遠心力.

Flie·se [ふリーゼ flíːzə] 女 -/-n タイル.

flie·sen [ふリーゼン flíːzən] 他 (h)(床・壁など⁴に)タイルを張る.

Fließ⸗ar·beit [ふリース・アルバイト] 女 -/(工)流れ作業.

Fließ⸗band [ふリース・バント] 中 -[e]s/..bänder (工)ベルトコンベヤー. am *Fließband* arbeiten 流れ作業に従事している.

flie·ßen [ふリーセン flíːsən] (floss, *ist*… geflossen) 自 (完了 sein) ① (水などが)流れる. (英 flow). Das Blut *fließt* aus der Wunde. 血が傷口から流れている / Der Rhein *fließt* in die Nordsee. ライン川は北海に注ぐ / Tränen *flossen* ihr über die Wangen. 涙が彼女の頬(ほお)を流れた / Der Wein *floss* in Strömen. 《比》大量のワインが飲まれた / Alles *fließt*. 《比》万物は流転する(ヘラクレイトスの言葉).
② (蛇口などが)水を流し出す. Die Quelle *fließt* reichlich. その泉はこんこんとわき出ている / Die Nase *fließt*. 鼻水がたれる.
③ 《比》(言葉などが)流れるように出る; (交通・仕事などが)よどみなく進む; (お金・情報などが)流れるように入って来る. Die Verse *fließen* ihm leicht aus der Feder. 詩句が彼のペンからすらすらと流れ出る / Der Verkehr *fließt* zügig. 車はスムーズに流れている. ④ (衣服・髪などが)さらりとたれ下っている.

| 類語 **fließen**: (川・液体などが)流れる. **strömen**: (川・大量の水が)勢いよく流れる. Still und mächtig *strömte* der Fluss. ゆったりと力強く川は流れていた. **rinnen**: (涙・汗などが)滴るように流れる. **rieseln**: (小川などが)さらさら(ちょろちょろ)流れる.

***flie·ßend** [ふリーセント flíːsənt] I *fließen* (流れる)の 現分
II 形 ① 流暢(りゅうちょう)な, よどみない. in *fließendem* Deutsch 流暢なドイツ語で / der *fließende* Verkehr スムーズな交通 / Er spricht *fließend* Deutsch. 彼は流暢にドイツ語を話す. ② 流れる(水など). ein Zimmer mit *fließendem* Wasser (ホテルなどの)洗面設備のある部屋. ③ (境界などが)定かでない, はっきりしない.

Fließ⸗pa·pier [ふリース・パピーァ] 中 -[e]s/-e 吸取紙.

Flim·mer⸗kis·te [ふリンマァ・キステ] 女 -/-n 《口語・戯》テレビ(受像機)(=Fernsehgerät).

flim·mern [ふリンマァン flímərn] I 自 (h) ちらちら(きらきら)輝く; (画面などが)ちらつく. Die Sterne *flimmerten* am Nachthimmel. 星が夜空にきらめいていた / Das Fernsehbild *flimmert*. テレビの画面がちらつく. ◇〖非人称のesを主語として〗Es *flimmert* mir vor den

Augen. 私は目の前がちらちらする.　**II** 他 (h)《方》(床など⁴を)ぴかぴかに磨く.

flink [ふリンク flíŋk] 形 (比較 flinker, 最上 flink[e]st) **敏捷**(びんしょう)**な**, すばしこい; 器用な. Er ist *flink* wie ein Wiesel. 彼はいたちのようにすばしこい / ein *flinkes* Mundwerk⁴ haben 能弁(口が達者)である / Sie arbeitet mit *flinken* Händen. 彼女はてきぱきと仕事をする.（☞ 類語 schnell）.

Flink·heit [フリンクハイト] 女 -/ 敏捷(びんしょう)さ, 機敏さ.

Flin·te [フリンテ flíntə] 女 -/-n (狩猟用の)散弾銃, 猟銃. die *Flinte*⁴ ins Korn werfen 《口語》さじを投げる, やる気をなくす(← 鉄砲を穀物畑に投げ捨てる).

Flip·per [フリッパァ flípər] 男 -s/- フリッパー(ゲーム場のピンボールマシン).

flir·ren [フリレン flírən] 自 (h)《雅》ちらちら(きらきら)輝く (=flimmern).

Flirt [フリルト flírt] 男 -s/-s (態度・言葉などによる)いちゃつき; 戯れの恋.

flir·ten [フリルテン flírtən] 自 (h) いちゃつく; 言い寄る. mit 人³ *flirten* 人³といちゃつく.

Flitt·chen [フリッティヒェン flítçən] 中 -s/-《口語》浮気娘.

Flit·ter [フリッタァ flítər] 男 -s/- ① (舞台衣装などの)金ぴかの飾り, スパンコール. ②《複なし》金ぴかの安物.

Flit·ter=wo·chen [フリッタァ・ヴォッヘン] 複 ハネムーン, 蜜月(みつげつ).

flit·zen [フリッツェン flítsən] 自 (s)《口語》(矢のように…へ)突っ走る.

Flit·zer [フリッツァァ flítsər] 男 -s/-《口語》高性能小型車, ランナバウト.

flocht [ふロホト] ‡ flechten (編む)の過去

flöch·te [ふレヒテ] flechten (編む)の接2

Flo·cke [ふロッケ flókə] 女 -/-n ① 薄片, (雪の)一ひら, 雪片 (=Schnee*flocke*); 毛くず, 綿くず; 泡. Dicke *Flocken* fielen vom Himmel. ぼたん雪が降った. ②《ふつう 複》フレーク.

flo·ckig [ふロキヒ flókıç] 形 ふわふわした, 綿くずのような, 薄片状の.

flog [ふローク] ‡ fliegen (飛ぶ)の過去

flö·ge [ふレーゲ] ‡ fliegen (飛ぶ)の接2

floh [ふロー] ‡ fliehen (逃げる)の過去

Floh [ふロー flóː] 男 -[e]s/Flöhe ①《昆》ノミ(蚤). *Flöhe*⁴ fangen のみを捕まえる / 人³ einen *Floh* ins Ohr setzen《口語・比》人³をわくわくさせる(←人³の耳にノミを入れて落ちつきをなくさせる) / Er hört die *Flöhe* husten.《口語》(軽蔑的に:)彼は自分が賢いと思い込んでいる(← のみがせきをするのまで聞こえる). ②《複で》《俗》お金.

flö·he [ふレーエ] fliehen (逃げる)の接2

flö·hen [ふレーエン flǿːən] 他 (h) ① (犬など⁴の)のみを取る. ②《口語》(人⁴から)お金を巻き上げる.

Floh=markt [ふロー・マルクト] 男 -[e]s/..märkte のみの市(いち), フリーマーケット.

Flop [ふロップ flóp] 男 -s/-s《口語》(特に商売上の)失敗.

Flop·py Disc [ふロッピー ディスク flópi dísk][英] 女 --/--s = Floppy Disk

Flop·py Disk [ふロッピー ディスク flópi dísk] 女 --/--s 《コンピュ》フロッピーディスク.

Flor¹ [ふローァ flóːr] 男 -s/-e《ふつう 単》《雅》繁栄, 花盛り;《比》盛り, 繁栄期. Der Park steht in vollem *Flor*. 公園は花盛りだ / ein *Flor* schöner Mädchen²《比》美しい盛りの乙女たち.

Flor² [ふローァ flóːr] 男 -s/-e ①《織》紗(しゃ). ② (ビロードなどの)けば.

Flo·ra [ふローラ flóːra] 女 -/Floren《植》(分布上の)植物相.

Flo·ren·ti·ner [ふロレンティーナァ florentíːnər] **I** 男 -s/- ① (イタリアの)フィレンツェの市民(女性形: -in). ②《服飾》つばの広い《婦人用》麦わら帽. ③ アーモンド入りクッキー. **II** 形 [無語尾定] フィレンツェの.

Flo·renz [ふロレンツ floréntsǝ] 中 《都市名》フィレンツェ(イタリア中部. ルネサンスの中心地).

Flo·rett [ふロレット florét] 中 -[e]s/-e ① フェンシング用の剣, フルーレ. ②《複なし》(フェンシングの)フルーレ競技.

Flo·ri·an [ふローリアーン flóːriaːn] -s/《男名》フローリアーン.

flo·rie·ren [ふロリーレン floríːrən] 自 (h) (商売などが)栄える, 繁栄する.

Flo·rist [ふロリスト florίst] 男 -en/-en ① フラワーデザイナー; 花屋. (女性形: -in). ② 植物学者.

Flos·kel [ふロスケル flóskəl] 女 -/-n [内容のない]決まり文句, 紋切り型の言い回し.

floss [ふロス] ＊fließen (流れる)の過去

Floß [ふロース flóːs] 中 -es/Flöße ① いかだ. ② (釣り糸などの)浮き.

Flos·se [ふロッセ flósə] 女 -/-n ①《魚》ひれ;《動》ひれ状の前肢. ② (スキンダイビング用の)フリッパー, 足ひれ. ③《口語・戯》手.

flös·se [ふレッセ] ＊fließen (流れる)の接2

flö·ßen [ふレーセン flǿːsən] 他 (h) ① (材木⁴を)いかだに組んで流す; いかだで運ぶ. ②《A⁴ in B⁴ ~》(A⁴を B⁴へ)流し込む. dem Kind Milch⁴ in den Mund *flößen* 子供にミルクを少しずつ飲ませる.

Flö·ßer [ふレーサァ flǿːsər] 男 -s/- いかだ乗り, いかだ師. (女性形: -in).

die **Flö·te** [ふレーテ flǿːtə] 女 (単) -/(複) -n ① 《楽》**フルート**, 笛, 笛 (英 flute). Block*flöte* リコーダー / [die] *Flöte*⁴ spielen または auf der *Flöte* blasen フルートを吹く. ②《音楽》(オルガンの)フルートストップ. ③ 細長い[シャンパン]グラス.

flö·ten [ふレーテン flǿːtən] 自 (h) ① (小鳥が)さえずる;《方》口笛を吹く. ② (女性などが)甘い声で言う. ③《戯》フルートを吹く. ④《成句的に》*flöten* gehen《口語》(お金・時間などがなくなる; (窓ガラス・皿などが)壊れる.

flö·ten ge·hen＊ ☞ flöten ④

Flö·tist [ふれティスト fløtíst] 男 -en/-en フルート奏者.(女性形: -in).

flott [ふろット flɔt] 形 《比較》 flotter, 《最上》 flottest) ① 《口語》**すばやい**, 機敏な, てきぱきした. eine *flotte* Bedienung てきぱきした客扱い / *flott* machen さっさとやる. ② 《口語》しゃれた, 粋(いき)な, スマートな; 魅力的な(女の子など). ein *flotter* Mantel しゃれたコート. ③ 気楽な, 浮わついた. ein *flottes* Leben[4] führen 気楽な生活をする. ④ 《海》航行可能の. Das Auto ist wieder *flott*. 《比》その車は[修理して]また走れるようになった.

Flot·te [ふろッテ flɔ́tə] 囡 -/-n (総称として:) 一国の全艦船; (個々の)艦隊; 船隊, 船団.

Flot·ten⸗stütz·punkt [ふろッテン・シュテュッツプンクト] 男 -[e]s/-e 《軍》[国外の]海軍基地.

Flot·til·le [ふろティれ fɹɔtíə または...ljə] 囡 -/-n ① 《軍》小艦隊. ② 《漁》漁船団.

flott|ma·chen [ふろット・マッヘン flɔ́t-màxən] 他 (h) ① 《海》(座礁した船[4])を浮揚させる, 離礁させる. ② 《口語》(故障した車など[4])を動くようにする.

flott⸗weg [ふろット・ヴェック] 副 《口語》てきぱきと, さっさと, 次から次へ.

Flöz [ふれーツ flǿːts] 中 -es/-e (坑)(石炭などの)層, 炭層.

Fluch [ふるーフ flúːx] 男 -[e]s/Flüche ① ののしり, 悪態. ② のろい, 呪咀(じゅそ). ③ 〖複なし〗天罰;《宗》破門. *Fluch* über dich! 罰当たりめ.

flu·chen [ふるーヘン flúːxən] (fluchte, *hat* …geflucht) 自 《完了》haben) ① **悪態をつく**, [口汚く]ののしる. laut *fluchen* 大声でののしる / Er *fluchte* **auf** (または **über**) seinen Vorgesetzten. 彼は上司をののしった. ② 《雅》(人・事[3])をのろう.

die **Flucht**[1] [ふるフト flúxt] 囡 《単》 -/《複》-en ①〖複なし〗**逃走**, 逃亡, 脱走. 《英 *flight*》. Fahrer*flucht* ひき逃げ / Er ist *auf* der *Flucht* vor der Polizei. 彼は警察の目から行方をくらましている / vor 人[3] die *Flucht*[4] ergreifen 人[3]から逃走する / den Feind in die *Flucht* schlagen 敵を敗走させる. ② 逃避, 回避. die *Flucht* aus der Wirklichkeit 現実からの逃避. ③ 《狩》(鹿などの)跳躍.

Flucht[2] [ふるフト flúxt] 囡 -/-en 《建》① (家・部屋の)並び, 列. Die Häuser stehen **in** einer *Flucht*. 家屋が1列に並んで立っている. ② 《雅》(ドアでつながれた)一続きの部屋.

flucht·ar·tig [ふるフト・アールティヒ] 形 逃げるような, 大急ぎの. *fluchtartig* den Raum verlassen 逃げるように部屋を出る.

fluch·te [ふるーフテ] fluchen (悪態をつく)の 過去

flüch·ten [ふりュヒテン flýçtən] du *flüchtest*, er *flüchtet* (flüchtete, *ist/hat* …geflüchtet)
I 自 《完了》sein) **逃げる**, 逃走する, 避難する. 《英 *flee*》. ins Ausland *flüchten* 国外へ逃亡する / Sie **vor** 人・物[3] vor dem Gewitter in ein nahes Gebäude *geflüchtet*.〖現在完了〗彼らは雷雨を避けて近くの建物に逃び込んだ. (☞ 類語 fliehen).
II 再帰 《完了》haben) *sich*[4] *flüchten* 〖方向を表す語句とともに〗(…へ)避難する; 逃避する. Das Kind *flüchtete sich* **in** meine Arme. その子供は[助けを求めて]私に抱きついた / Er *flüchtet sich* in die Arbeit. 彼は仕事に逃げ場を探す.

flüch·te·te [ふりュヒテテ] flüchten (逃げる)の 過去

Flucht⸗hel·fer [ふるフト・へるふァァ] 男 -s/- 逃亡幇助(ほうじょ)者.(女性形: -in).

flüch·tig [ふりュヒティヒ flýçtɪç] 形 ① **逃走中の**, 逃げている. ein *flüchtiger* Verbrecher 逃走中の犯人. ② ちょっと[の間]だけの, うわべだけの, おざなりな, そんざいな. ein *flüchtiger* Blick 一瞥(いちべつ) / Ich kenne ihn nur *flüchtig*. 私は彼とちょっとだけ面識がある / ein Buch[4] *flüchtig* lesen ある本をざっと読む / eine *flüchtige* Arbeit そんざいな仕事. ③ はかない, たちまち過ぎ去る, つかの間の. *flüchtige* Freuden はかない喜び. ④ 《化》揮発性の.

Flüch·tig·keit [ふりュヒティヒカイト] 囡 -/-en ①〖複なし〗おざなり, はかなさ;《化》揮発性. ② ケアレスミス.

Flüch·tig·keits⸗feh·ler [ふりュヒティヒカイツ・フェーらァ] 男 -s/- ケアレスミス, うっかりした誤り.

der **Flücht·ling** [ふりュヒトリング flýçtlɪŋ] 男 《単》-s/《複》-e (3格のみ -en) **避難民**, 逃亡者; 亡命者. 《英 *refugee*》. ein politischer *Flüchtling* 政治亡命者.

Flücht·lings⸗la·ger [ふりュヒトリングス・らーガァ] 中 -s/- 難民収容所.

Flucht⸗li·nie [ふるフト・リーニエ] 囡 -/-n ① 《建》建築(家並)線. ② (透視画の)消[尽]線.

Flucht⸗ver·such [ふるフト・フェアズーフ] 男 -[e]s/-e 逃亡の企て.

Flucht⸗weg [ふるフト・ヴェーク] 男 -[e]s/-e 逃げ道; (非常の際の)避難経路.

fluch⸗wür·dig [ふるーフ・ヴュルディヒ] 形 《雅》のろうべき, 忌まわしい.

*der **Flug** [ふるーク flúːk] 男 《単》-es (まれに -s)/《複》Flüge [ふりューゲ](3格のみ Flügen) 《英 *flight*》① **飛ぶこと**, 飛行. Blind*flug* 計器(盲目)飛行 / den *Flug* einer Rakete[2] beobachten ロケットの飛行を観察する / Die Zeit vergeht [wie] im *Flug*[e]. 月日は飛ぶように過ぎて行く / einen *Flug* im *Flug* schießen 飛んでいる鳥を撃ち落とす / der freie *Flug* der Gedanken[2] 《比》思想の自由な飛翔(ひしょう).
② **空の旅**, 飛行機の便, フライト. Wann geht der nächste *Flug* nach Rom? ローマ行きの次のフライトは何時ですか / der *Flug* von Berlin nach Wien ベルリンからウィーンへの飛行[機] / Wir sind **auf** dem *Flug* nach Berlin. 私たちはベルリンへ向けて飛行中です /

Guten (または Angenehmen) *Flug*! 快適な空の旅を祈ります. ③ 《狩》(飛ぶ鳥の)群れ. ein *Flug* Tauben 一群れの鳩(⁸⁴). ④ (スキーのジャンプ競技で:)飛行, フライト.

Flug⹂ab·wehr [ふるーク・アップヴェーァ] 囡 -/ 《軍》防空.

Flug⹂bahn [ふるーク・バーン] 囡 -/-en 弾道; (ロケット・投げたボールなどの)軌道.

flug⹂be·reit [ふるーク・ベライト] 形 離陸準備の整った.

Flug⹂blatt [ふるーク・ブらット] 伸 -[e]s/..blätter ビラ, ちらし.

Flug⹂boot [ふるーク・ボート] 伸 -[e]s/-e 飛行艇, 水上飛行機.

Flü·ge [ふりューゲ] *Flug (空の旅)の 複

der **Flü·gel** [ふりューゲる flýːɡəl] 男 (単2) -s/(複) - (3格のみ -n) ① (鳥の)翼, (昆虫の)羽 (☞図 A), 《空》(飛行機の)[主]翼, (風車・スクリューなどの)羽根. (英 *wing*). Der Vogel schlägt *mit den Flügeln*. 鳥が羽ばたく / Ach, hätte ich nur *Flügel*! 《接2·現在》ああ, 私に翼がありさえすれば / sich³ die *Flügel*⁴ verbrennen 《雅》[高望みをして]失敗する (←自分の翼を焼く) / 人³ die *Flügel*⁴ beschneiden (または stutzen) 《比》人³の自由を束縛する, 意欲をそぐ(←翼を切る) / die *Flügel*⁴ hängen lassen 《口語·比》意気消沈している (←翼をたらしている).

② (両開きの)扉, ドア, 窓. (☞図 B). ③ (建物の)翼部, そで. (☞図 C). ④ 《音楽》グランドピアノ. (☞図 D). ⑤ 《⁸⁴》(サッカーなどの)ウイング; 《軍》翼(⁴); 《政》(政党などの)派. der linke (rechte) *Flügel* der Partei² 政党の左派(右派).

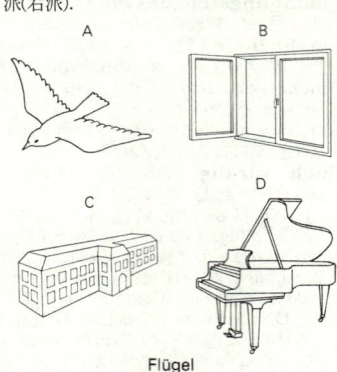

Flügel

Flü·gel⹂fens·ter [ふりューゲる・フェンスタァ] 伸 -s/- 両開き(観音開き)の窓.

flü·gel⹂lahm [ふりューゲる・らーム] 形 (鳥が)翼の利かない, 飛べなくなった; 《比》活気のない.

Flü·gel⹂mut·ter [ふりューゲる・ムッタァ] 囡 -/-n 《工》ちょうナット.

Flü·gel⹂schlag [ふりューゲる・シュらーク] 男 -[e]s/..schläge 羽ばたき.

Flü·gel⹂mer [ふりューゲる・シュテュるマァ] 男 -s/- 《⁸⁴》(サッカーなどの)ウイング. (女性形: -in).

Flü·gel⹂tür [ふりューゲる・テューァ] 囡 -/-en 両開き(観音開き)のドア.

Flug⹂gast [ふるーク・ガスト] 男 -[e]s/..gäste 飛行機の乗客.

flüg·ge [ふりュッゲ flýɡə] 形 (ひな鳥が)羽が生えそろって飛べるようになった; 《戯·比》(子供が)ひとり立ちできるようになった.

Flug⹂ge·schwin·dig·keit [ふるーク・ゲシュヴィンディヒカイト] 囡 -/-en 飛行速度.

Flug⹂ge·sell·schaft [ふるーク・ゲゼるシャフト] 囡 -/-en 航空会社.

der **Flug⹂ha·fen** [ふるーク・ハーフェン flúːkhaːfən] 男 (単2) -s/(複) ..häfen [..ヘーフェン] 空港, エアポート. (英 *airport*). ein internationaler *Flughafen* 国際空港 / auf dem *Flughafen* 空港で / 人⁴ zum *Flughafen* bringen 人⁴を空港に送って行く.

Flug⹂hö·he [ふるーク・ヘーエ] 囡 -/-n 飛行高度.

Flug⹂ka·pi·tän [ふるーク・カピテーン] 男 -s/-e 《空》機長. (女性形: -in).

Flug⹂kör·per [ふるーク・ケルパァ] 男 -s/- 飛行物体(ロケット・宇宙船など).

Flug⹂leh·rer [ふるーク・れーラァ] 男 -s/- (パイロット養成の)操縦教官. (女性形: -in).

Flug⹂li·nie [ふるーク・りーニエ] 囡 -/-n 《空》航空路, エアライン; 《口語》航空会社.

Flug⹂lot·se [ふるーク・ろーツェ] 男 -n/-n 航空管制官. (女性形: ..lotsin).

Flug⹂ob·jekt [ふるーク・オプイェクト] 伸 -[e]s/-e 飛行物体. ein unbekanntes *Flugobjekt* 未確認飛行物体.

Flug⹂plan [ふるーク・プらーン] 男 -[e]s/..pläne 航空時刻表, (飛行機の)タイムテーブル.

Flug⹂platz [ふるーク・プらッツ] 男 -es/..plätze [専用]飛行場.

Flug⹂post [ふるーク・ポスト] 囡 -/ 航空[郵]便 (=Luftpost).

Flug⹂rei·se [ふるーク・ライゼ] 囡 -/-n 空の旅.

Flug⹂rou·te [ふるーク・ルーテ] 囡 -/-n 飛行ルート.

flugs [ふるックス flúks] 副 大急ぎで, すぐに.

Flug⹂sand [ふるーク・ザント] 男 -[e]s/ (砂漠などの)風で吹き寄せられた砂.

Flug⹂schein [ふるーク・シャイン] 男 -[e]s/-e ① 航空券. ② 飛行士証[明書].

Flug⹂schrei·ber [ふるーク・シュライバァ] 男 -s/- フライトレコーダー.

Flug⹂schrift [ふるーク・シュリふト] 囡 -/-en パンフレット, 宣伝ビラ.

Flug⹂si·che·rung [ふるーク・ズィッヒェルング] 囡 -/ (航空管制などによる)飛行安全の確保.

Flug⹂steig [ふるーク・シュタイク] 男 -[e]s/-e (空港の)[搭乗]ゲート.

Flug⹂stre·cke [ふるーク・シュトレッケ] 囡 -/-n

Flug⋅ti⋅cket [ふるーク・ティケット] 田 -s/-s (飛行機の)搭乗券, 航空券.

Flug⋅ver⋅kehr [ふるーク・フェアケーァ] 男 -[e]s/ 航空交通, 空の便.

Flug⋅we⋅sen [ふるーク・ヴェーゼン] 田 -s/ 航空.

Flug⋅zeit [ふるーク・ツァイト] 囡 -/-en 飛行時間.

das **Flug⋅zeug [ふるーク・ツォイク flúː-ktsɔʏk] 田 (単2) -[e]s/(複) -e (3格のみ -en) 飛行機, 航空機. (英 airplane). Düsen*flugzeug* ジェット機 / ein einsitziges *Flugzeug* 単座機 / Das *Flugzeug* startet (landet). 飛行機が離陸する(着陸する) / ein *Flugzeug*⁴ führen (または steuern) 飛行機を操縦する / **mit dem** *Flugzeug* fliegen (reisen) 飛行機で行く(旅行する).

Flug⋅zeug⋅ent⋅füh⋅rer [ふるークツォイク・エントフューラァ] 男 -s/- ハイジャック犯人. (女性形: -in).

Flug⋅zeug⋅ent⋅füh⋅rung [ふるークツォイク・エントフュールング] 囡 -/-en ハイジャック.

Flug⋅zeug⋅füh⋅rer [ふるークツォイク・フューラァ] 男 -s/- パイロット, 操縦士 (=Pilot). (女性形: -in).

Flug⋅zeug⋅hal⋅le [ふるークツォイク・はれ] 囡 -/-n (飛行機の)格納庫.

Flug⋅zeug⋅trä⋅ger [ふるークツォイク・トレーガァ] 男 -s/- 航空母艦, 空母.

Flug⋅zeug⋅un⋅glück [ふるークツォイク・ウングリュック] 田 -[e]s/-e 航空機事故.

Flu⋅i⋅dum [ふるーイドゥム] 田 -s/ Fluida (人・物が持っている)雰囲気, ムード.

Fluk⋅tu⋅a⋅ti⋅on [ふるクトゥアツィオーン flukˌtuatsióːn] 囡 -/-en ① (人数などの)増減; (価格などの)変動. ② (医) 波動.

fluk⋅tu⋅ie⋅ren [ふるクトゥイーレン fluktuíːrən] 自 (h) (人数などが)増減する, (物価などが)変動する, 高下する.

Flun⋅der [ふるンダァ flúndər] 囡 -/-n 《魚》カレイ.

Flun⋅ke⋅rei [ふるンケライ fluŋkəráɪ] 囡 -/-en 《口語》① 〖複 なし〗ほら[を吹くこと]. ② うそ八百.

flun⋅kern [ふるンカァン flúŋkərn] 自 (h) 《口語》ほらを吹く, うそ八百を並べる.

Flunsch [ふるンシュ flúnʃ] 男 -[e]s/-e 《口語》(への字に)ゆがめた口. einen *Flunsch* ziehen (または machen) (不機嫌に・泣き出しそうに)口をゆがめる.

Flu⋅or [ふるーオァ flúːɔr] 田 -s/ 《化》フッ素(記号: F).

Flu⋅o⋅res⋅zenz [ふるオレスツェンツ fluorɛs-tsénts] 囡 -/ 《物・化》蛍光.

flu⋅o⋅res⋅zie⋅ren [ふるオレスツィーレン fluo-rɛstsíːrən] 自 (h) 蛍光を発する.

der **Flur**¹ [ふるーァ fluːr] 男 (単2) -[e]s/(複) -e (3格のみ -en) ① 廊下 (=Korridor).

(英 corridor). Er wartet **auf dem** (または **im**) *Flur*. 彼は廊下で待っている. ② 玄関の間(ホール) (=Haus*flur*). ③ 床(ゆか) (=Fußboden).

Flur² [ふるーァ] 囡 -/-en ① 《雅》野, 野原. ② (町村所属の)農地, 耕地.

Flur⋅be⋅rei⋅ni⋅gung [ふるーァ・ベライニグング] 囡 -/-en 耕地整理.

Flur⋅scha⋅den [ふるーァ・シャーデン] 男 -s/ ..schäden (獣・軍事演習などによる)農地(農作物)の被害.

der **Fluss [ふるス flús]

> 川 Unser Haus liegt am *Fluss*.
> ウンザァ ハオス リークト アム ふるス
> わが家は川のほとりにあります.

男 (単2) -es/(複) Flüsse [ふりゅッセ] (3格のみ Flüssen) ① 川, 河川. (英 river). Neben*fluss* 支流 / ein tiefer *Fluss* 深い川 / ein reißender *Fluss* 流れの急な川 / den *Fluss* abwärts|fahren (aufwärts|fahren) 川を下る(上る) / **am** *Fluss* 川辺に / **auf dem** *Fluss* fahren [船で]川を航行する / **im** *Fluss* baden 川で水浴びする / Die Brücke führt **über den** *Fluss*. 橋が川に架かっている.

② 〖複 なし〗(話・仕事などの)流れ, 進展. der *Fluss* des Verkehrs 交通の流れ / Die Verhandlungen sind noch **im** *Fluss*. 交渉はまだ進行中だ / etw⁴ in *Fluss* bringen 事⁴を軌道に乗せる / in *Fluss* kommen (または geraten) 動き(進み)始める ⇒ Endlich kam die Arbeit in *Fluss*. やっと仕事が軌道に乗ってきた. ③ 〖複 なし〗(工)(金属などの)溶融[状態].

類語 der **Fluss**: (最も一般的に用いられる語で, 中程度の)川. der **Strom**: (ゆるやかな流れの)大河. der **Bach**: (山野を流れる)小川. Der *Bach* rauscht. 小川がさらさらと音をたてている.

Fluß [ふるス] Fluss の古い形 (☞ daß 《注意》).

fluss⋅ab[⋅wärts] [ふるス・アップ[ヴェルツ]] 副 川を下って.

Fluss⋅arm [ふるス・アルム] 男 -[e]s/-e (川の)支流.

fluss⋅auf[⋅wärts] [ふるス・アオふ[ヴェルツ]] 副 川をさかのぼって.

Fluss⋅bett [ふるス・ベット] 田 -[e]s/-en (まれに -e) 河床.

Flüs⋅se [ふりゅッセ] ⁂Fluss (川)の 複

flüs⋅sig [ふりュスィヒ flýsɪç] 形 ① 液体の, 液状の, 溶けた, 流動体の. (英 liquid). *flüssige* Nahrung 流動食 / *flüssige* Luft 液体空気. ② よどみない, 流暢(ちょう)な. *flüssiger* Verkehr スムーズに流れる交通 / *flüssig* sprechen すらすら話す. ③ 手持ちの, 自由に使える(お金・資本など); (経) 換金できる, 流動性のある. *flüssige* Gelder 現金 / Ich bin nicht *flüssig*. 《口語》私はお金の持ち合わせがない.

▶ **flüssig|machen**²

Flüs·sig=gas [ふりユスィヒ・ガース] 田 -es/-e 《化》液化ガス.

die **Flüs·sig·keit** [ふりユスィヒカイト flýsıçkaıt] 因 (単) -/(複) -en ① **液体**; 溶液. eine farblose *Flüssigkeit* 透明な液体. ② 《(囲 なし)》(話し方・文体などの)なめらかさ, 流暢 (りゅうちょう)さ.

Flüs·sig·kris·tall [ふりユスィヒ・クリスタる] 男 -s/-e 《化》液晶.

flüs·sig ma·chen¹ [ふりユスィヒ・マッヘン flýsıç-màxən] 他 (h)(資金⁴を)調達する, 工面する, (財産など⁴を)換金する.

flüs·sig ma·chen², flüs·sig ma·chen [ふりユスィヒ・マッヘン] 他 (h) 溶かす, 溶解する.

Fluss=krebs [ふるス・クレープス] 男 -es/-e 《動》ザリガニ.

Fluss=lauf [ふるス・らおふ] 男 -[e]s/..läufe 川の流れ.

Fluss=mün·dung [ふるス・ミュンドゥング] 因 -/-en 河口.

Fluss=pferd [ふるス・プふェーアト] 田 -[e]s/-e 《動》カバ(河馬).

Fluss=schiff·fahrt [ふるス・シふふァールト] 因 -/ 河川航行.

Fluss=ufer [ふるス・ウーふァァ] 田 -s/- 川岸.

flüs·tern [ふりユスタァン flýstərn] (flüsterte, *hat* ... geflüstert) (寒) *whisper*) I 自 (定了) haben) **ささやく**, 小声で話す, ひそひそ話す. Sie *flüsterten* miteinander. 彼らはひそひそ話し合った / Die Blätter *flüstern* im Wind. (比) 風に吹かれて木の葉がさらさら音をたてている. II 他 (定了) haben) (囲⁴を)ささやく, 小声で言う. Er *flüsterte* mir ihren Namen ins Ohr. 彼は私に彼女の名前を耳打ちした / Dem *werde* ich was *flüstern*! (口語) あいつには文句を言ってやるから / Das *kann* ich dir *flüstern*! (口語) それは当てにしてもいいよ.

Flüs·ter=pro·pa·gan·da [ふりユスタァ・プロパガンダ] 因 -/ 口コミ宣伝.

flüs·ter·te [ふりユスタァテ] flüstern (ささやく)の 過去

Flüs·ter=ton [ふりユスタァ・トーン] 男 -[e]s/..töne ささやくような調子(声). im *Flüsterton* ひそひそ声で.

die **Flut** [ふるート flú:t] 因 (単) -/(複) -en (寒) *flood*) ① 《(囲 なし)》満ち潮, 満潮, 上げ潮. (⇔) 「干き潮」= Ebbe). Die *Flut* kommt (または steigt). 潮が満ちてくる / Die *Flut* geht (または fällt). 潮が引く. ② (雅) 滔々(とうとう)たる流れ; 洪水. die *Fluten* des Rheins ラインの滔滔たる流れ. ③ (比) 多量, (人・物の)波. eine *Flut* von Briefen 山ほどの手紙.

flu·ten [ふるーテン flú:tən] I 自 (h) (雅) (水・人・光などが)氾濫(はんらん)する, あふれる. Das Wasser *flutete* über die Dämme. 川の水が堤防を越えてあふれ出た / Die Besucher *fluteten* aus dem Saal. 見物客がホールからどっと出て来た. II 他 (h) (海) (ドックなど⁴に) 注水する.

Flut=ka·ta·stro·phe [ふるート・カタストローふェ] 因 -/-n 大水害.

Flut=licht [ふるート・りヒト] 田 -[e]s/-er (競技場, 劇場などの)投光照明, フラッドライト.

flut·schen [ふるッチェン flútʃən] 自 (s,h)(口語) ① (s) (北ドツ)(手・指の間から)つるりと抜け落ちる. ② (h)(仕事などが)はかどる.

Flut=wel·le [ふるート・ヴェれ] 因 -/-n 潮波, 高波.

Fly·er [ふらイアァ fláıər] (英) 男 -s/- 広告ちらし, びら.

fm [ふエスト・メータァ] 《記号》立方メートル (= Festmeter).

Fm [エふ・エム] 《化・記号》フェルミウム (=Fermium).

FM [エふ・エム] 《略》 FM 放送 (=Frequenzmodulation).

f-Moll [エふ・もる] 田 -/《音楽》ヘ短調(記号: f).

focht [ふオホト] fechten (刀剣で戦う)の過去

föch·te [ふエヒテ] fechten (刀剣で戦う)の接2

Fö·de·ra·lis·mus [ふエデラりスムス fœderalísmus] 男 -/ 《政》連邦主義, 連邦制.

fö·de·ra·lis·tisch [ふエデラりスティッシュ fœderalístıʃ] 形 《政》連邦主義の, 連邦制度の.

Fö·de·ra·ti·on [ふエデラツィオーン fœderatsió:n] 因 -/-en ① 《政》国家連合, 連邦. ② (組織の)連合, 連盟, 同盟.

fö·de·ra·tiv [ふエデラティーふ fœderatí:f] 形 連合の, 連盟の, 同盟の; 連邦の.

foh·len [ふオーれン fó:lən] 自 (h) (馬・ろばなどが)子を産む.

Foh·len [ふオーれン] 田 -s/- 子馬, 若ごま.

Föhn [ふエーン fø:n] 男 -[e]s/-e ① 《気象》フェーン(山岳, 特にアルプスから吹き降ろす乾いた熱風). ② ヘアドライヤー.

föh·nen [ふエーネン fǿ:nən] 他 (h) (髪など⁴を)ドライヤーで乾かす.

föh·nig [ふエーニヒ fǿ:nıç] 形 フェーン現象の.

Föh·re [ふエーレ fǿ:rə] 因 -/-n 《方》《植》マツ(松) (=Kiefer).

Fo·kus [ふオークス fó:kus] -/..kusse ① 《光》(レンズなどの)焦点. ② 《医》病巣.

die **Fol·ge** [ふオるゲ fólgə] 因 (単) -/(複) -n ① **結果**, 成り行き, 結論, 帰結. Grund und *Folge* 原因と結果 / Sein Leichtsinn hatte schlimme *Folgen*. 彼の軽率さが悪い結果を招いた / Du musst die *Folgen* selbst tragen. 君はその結果を自ら負わなければならない / nicht *ohne Folgen* bleiben 《婉曲》ただではすまない(情事の報いとして妊娠することなど) / (📖 **zur Folge** haben 結果として囲⁴を伴う. (☞ 類語 Ergebnis).

② **連続**, 継続; (刊行物などの)シリーズ, 続編; 順番. eine *Folge* von Unfällen 事故の連続 / die nächste *Folge* der Zeitschrift² その雑誌の次号 / in rascher *Folge* 矢継ぎ早に / in der *Folge* または für die *Folge* 今後[は], 引き続いて. ③ (成句的に) 囲³ *Folge*⁴ leisten 《書》囲³(命令など)に応じる, 服従する.

Fol·ge·er·schei·nung [ふォるゲ・エァシャイヌング] 囡 -/-en 結果としての現象, 後続現象;《医》後遺(併発)症状.

*folgen [ふォるゲン fɔ́lgən]

| ついて行く Bitte, *folgen* Sie mir!
| ビッテ　ふォるゲン　ズィー ミァ
| 私について来てください.

(folgte, *ist*/*hat*...gefolgt) 圓 (完了) sein または haben) ① (s) (人·物³に)**ついて行く**, (人·物³の)あとを追う. (英 *follow*). 人³ heimlich *folgen* 人³のあとをこっそりつける / Die Touristen *folgen* dem Führer durch das Schloss. 観光客たちが城の中をガイドについて行く / 人³ auf dem Fuß (または den Fersen) *folgen* 人³のあとにぴったりついて行く / Der Hund *folgte* uns auf Schritt und Tritt. その犬は私たちにどこまでもつきまとった / 人³ mit den Augen 人³を目で追う.

② (s) (話など³の)内容について行く. Sie *sind* aufmerksam seinem Vortrag *gefolgt*.《現在完了》彼らは熱心に彼の講演に聞き入った / *Kannst* du mir *folgen*?《戯》君は私の言っていることが本当にわかるの?

③ (s) (人·物³ (または auf 人·物⁴) ~)(人·物³ (または 人·物⁴)に)**続いて起こる**, あとに続く;(人³の)あとを継ぐ. Dem ersten Schuss *folgten* noch drei weitere. 最初の銃声のあとでさらに3発続いた / Auf Karl den Großen *folgte* Ludwig der Fromme. カール大帝のあとは敬虔(けい)王ルートヴィヒが王位を継承した / Auf Regen *folgt* Sonnenschein. (語)苦あれば楽あり (← 雨のあとには日が差す) / Fortsetzung *folgt*. (雑誌などの連載で:)以下次号 / Er schreibt wie *folgt*. 彼は次のように書いている.

④ (s) (命令など³に)**従う**, (手本など³に)ならう, (招待など³に)応じる. Sie *folgt* ihrem Gewissen. 彼女は自分の良心に従う / der Mode³ *folgen* 流行に従う.

⑤ (h) (人³の)言うことを聞く, 服従する. Das Kind *folgt* [der Mutter] nicht. その子供は[母親の]言うことを聞かない / 人³ aufs Wort *folgen* 人³の命令を聞く. ⑥ (s) 〔aus 物³ ~〕(物³から)推論される, 結果として生じる. Aus seinen Worten *folgt*, dass... 彼の言葉から...ということが推察できる / Was *folgt* daraus? その結果はどうなるだろうか.

類語 **folgen**:(模範などに)従う. **befolgen**:(命令·規則に)従う. eine Vorschrift⁴ *befolgen* 規則を守る. **nachkommen**:(願い·要求などを)聞き入れる. Ich *kam* dem Wunsch meiner Mutter *nach*. 私は母の願いを聞き入れた. **gehorchen**:(上位の人や権威に)従う.

*folgend [ふォるゲント fɔ́lgənt] I *folgen (ついて行く)の 現分
II 厖 次の, 以下の, あとに続く. (英 *following*). am *folgenden* Tag 次の日に / dieser und der darauf *folgende* Wagen これとそれに続く車 / Siehe Seite 16 und *folgende* Seiten! 16 ページ以下を参照のこと (略: s. S. 16 ff.) / ein Brief *folgenden* Inhalts 次のような内容の手紙. ◇《名詞的に》im *Folgenden* 次に, 以下に / Er sagte *Folgendes*. 彼は次のことを言った.

fol·gen·der·ma·ßen [ふォるゲンダ·マーセン] 副 次のように.

Fol·gen·de[s] [ふォるゲンデ[ス] fɔ́lgəndə[s]] 囲《語尾変化は形容詞と同じ》次の(以下の)こと. Ich möchte dir *Folgendes* (または das *Folgende*) berichten. 私は君に次のことを伝えたい / im *Folgenden* 次に, 以下に.

fol·gen·reich [ふォるゲン・ライヒ] 厖 影響(効果)の大きい.

fol·gen·schwer [ふォるゲン・シュヴェーァ] 厖 重大な結果を引き起こす, ゆゆしい.

fol·ge·rich·tig [ふォるゲ・リヒティヒ] 厖 首尾一貫した, 筋の通った.

Fol·ge·rich·tig·keit [ふォるゲ・リヒティヒカイト] 囡 -/ 首尾一貫していること, 一貫性.

fol·gern [ふォるガァン fɔ́lgərn] (folgerte, *hat*...gefolgert) 他 (完了 haben) 〔A⁴ aus B³ ~〕(A⁴ を B³ から)**推論する**, 推察する. Aus seinen Worten *folgerte* man, dass er zufrieden sei. 彼の言葉から彼が満足していることがうかがえる / Daraus *lässt* sich *folgern*, dass... そのことから...ということが推論される. ◇《目的語なしでも》richtig *folgern* 正しい推論をする.

fol·ger·te [ふォるガァテ] folgern (推論する)の 過去

Fol·ge·rung [ふォるゲルング] 囡 -/-en 推論, 結論. eine *Folgerung*⁴ aus 物³ ab|leiten (または ziehen) 物³からある結論を導き出す.

Fol·ge·satz [ふォるゲ・ザッツ] 男 -es/..sätze《言》(文)結果文.

fol·ge·wid·rig [ふォるゲ・ヴィードリヒ] 厖 首尾一貫しない, 筋の通らない, 矛盾した.

Fol·ge·zeit [ふォるゲ・ツァイト] 囡 -/-en 次の時期(時代), 後世.

folg·lich [ふォるクリヒ fɔ́lklɪç] 副 だから, したがって. (英 *consequently*). Es regnet, *folglich* müssen wir zu Hause bleiben. 雨が降っている, だからぼくたちは家にいるしかない.

folg·sam [ふォるクザーム] 厖 大人の言うことをよく聞く, 従順な, 素直な(子供など).

Folg·sam·keit [ふォるクザームカイト] 囡 -/ 従順さ, 素直さ.

folg·te [ふォるクテ] *folgen (ついて行く)の 過去

Fo·li·ant [ふォりアント foliánt] 男 -en/-en 全紙二つ折り判の[大型]本.

Fo·lie [ふォーりエ fóːli̯ə] 囡 -/-n ① (金属やプラスチックの)箔(はく), ホイル, ラップ, ビニールフィルム. Aluminium*folie* アルミホイル. ②《比》(事物を際だたせる)背景, 引きたて役. 人³ als *Folie* dienen 人³の引きたて役に回る.

Fo·lio [ふォーりオ fóːlio] 中 -s (または -s) ①《囲 なし》《書籍》全紙二つ折り判 (略: Fol.). ein Buch in *Folio* 二つ折り判の

Folk·lo·re [ふぉクローレ folkló:rə または ふぉるク..] [英] 囡 -/ ① 民間伝承(民謡・民俗舞踊など). ② 《音楽》民俗音楽.

folk·lo·ris·tisch [ふぉるクロリスティッシュ folklorístɪʃ] 形 ① 民間伝承の. ② 民俗学[上]の. ③ 民俗音楽の.

Folk≈sän·ger [ふォーク・ゼンガァ] 男 -s/- フォークシンガー, (女性形: -in).

Fol·ter [ふぉるタァ fóltər] 囡 -/-n ① 拷問. ② 拷問具, 拷問台. 人⁴ auf die *Folter* spannen 《比》人⁴をじらす (←拷問にかける). ③ 《雅》ひどい苦痛. Es war eine wahre *Folter* für mich. それは私にとってはひどい苦痛だった.

Fol·ter≈bank [ふぉるタァ・バンク] 囡 -/..bänke 拷問台.

Fol·ter≈kam·mer [ふぉるタァ・カンマァ] 囡 -/-n 拷問室.

fol·tern [ふぉるタァン fóltərn] 他 (h) ① 拷問にかける, 拷問する. Die Gefangenen *wurden gefoltert*. 《受動・過去》囚人たちは拷問にかけられた. ② 《雅》ひどく苦しめる(悩ます). Die Angst *folterte* mich. 私は不安にさいなまれた.

Fol·te·rung [ふぉるテルング] 囡 -/-en 拷問, 責め苦.

Fon [ふォーン fó:n] 中 -s/-s (単位: -/-) = Phon

Fön¹ [ふェーン fǿ:n] 男 -[e]s/-e 《商標》フェーン (ヘア・ドライヤーの商標).

Fön² [ふェーン] Föhn ② の古い形.

Fond [ふぉーン fɔ̃:] 男 -s/-s ① (自動車の)後部座席. ②(舞台・絵の)背景. ③《料理》(肉料理の)残り汁, 肉汁.

Fonds [ふぉーン fɔ̃:] [沃] 男 - [ふぉーン[ス]] /- [ふぉーンス] ① 基金, 準備金, 積立金. ②《雅》知識の蓄え. ③《圏で》《経》国債, 公債.

Fon·due [ふォンデュー fɔ̃dý:] [沃] 中 -s/-s (または 囡 -/-s) 《料理》フォンデュー(熱く溶けたチーズにパンを浸して食べるスイスの鍋料理. フランスでは熱した油に肉を浸して食べる).

fö·nen [ふェーネン] föhnen の古い形.

Fo·ne·tik [ふォネーティク foné:tɪk] 囡 -/ 音声学(=Phonetik).

fo·ne·tisch [ふォネーティッシュ foné:tɪʃ] 形 音声[学]の; 発音上の(=phonetisch).

Fo·no·lo·gie [ふォノろギー fonologí:] 囡 -/ 音韻論(=Phonologie).

Fon·ta·ne [ふォンターネ fontá:nə] -s/ 《人名》フォンターネ (Theodor *Fontane* 1819–1898; ドイツの作家).

Fon·tä·ne [ふォンテーネ fontɛ́:nə] 囡 -/-n 噴水.

Fon·ta·nel·le [ふォンタネれ fontanélə] 囡 -/-n 《医》泉門.

fop·pen [ふォッペン fɔ́pən] 他 (h) 《口語》(人⁴を)かつぐ, からかう.

Fop·pe·rei [ふォッペライ fɔpəráɪ] 囡 -/-en [人を]かつぐこと, からかい, 悪ふざけ.

for·cie·ren [ふぉるスィーレン forsí:rən] 他 (h) ① (速度・生産など⁴を)一段と速める, 高める; (計画など⁴を)強引に推し進める. Er *hat* das Tempo *forciert*. 彼は速度を上げた. ②(愛情など⁴を)強要する.

for·ciert [ふォルスィーァト] I forcieren (一段と速める)の 過分 II 形 わざとらしい, 不自然な.

För·de [ふェーァデ fǿ:rdə] 囡 -/-n 《地理》(バルト海沿岸の陸地に深く入り込んだ)入り江, 小湾, フィヨルド.

För·der≈an·la·ge [ふェルダァ・アンラーゲ] 囡 -/-n 《エ・坑》コンベヤー[システム].

För·der≈band [ふェルダァ・バント] 中 -[e]s/..bänder 《エ》コンベヤーベルト.

För·de·rer [ふェルデラァ fǿrdərər] 男 -s/- ①(芸術・学問などの)後援者(会), パトロン. (女性形: Förderin). ②《エ》コンベヤー.

För·der≈korb [ふェルダァ・コるプ] 男 -[e]s/..körbe 《坑》リフトケージ.

för·der·lich [ふェルデァリヒ] 形 (人・事³ の)役にたつ, 有効な. Sport ist deiner Gesundheit *förderlich*. スポーツは君の健康のためになるよ.

*****for·dern** [ふォルダァン fɔ́rdərn] (forderte, *hat ... gefordert*) 他 (完了 haben) ①(人が事⁴を)要求する; (事物が人・事⁴を)必要とする. 《英 demand》. Er *hat* 100 Euro *für* seine Arbeit *gefordert*. 彼は自分の仕事に対して100ユーロを請求した / Rechenschaft *von* 人³ *fordern* 人³に釈明を求める / Der Unfall *forderte* viele Opfer. 《比》その事故は多くの犠牲者を出した.

②(人⁴に)力の限りを出させる, 忙しい思いをさせる. Sein Beruf *fordert* ihn sehr. 彼は職務に追われててんてこまいしている. ③(人⁴に)挑む; (人⁴に)出頭を求める. 人⁴ *auf* Pistolen *fordern* 人⁴にピストルによる決闘を申し込む / 人⁴ *vor* Gericht *fordern* 人⁴を法廷に召喚する / 人⁴ *zum* Duell *fordern* 人⁴に決闘を挑む.

för·dern [ふェルダァン fǿrdərn] (förderte, *hat ... gefördert*) 他 (完了 haben) ①(人・事⁴を)援助する, 支援する, (事⁴の進展を)促進する, 振興する. 《英 support》. Er *hat* viele junge Künstler *gefördert*. 彼はたくさんの若い芸術家を援助した / den Handel *fördern* 貿易を振興する.

②《坑》(鉱石・石炭など⁴を地中から)採掘する, 搬出する, 《エ》(ベルトコンベヤーが)運ぶ. ③《成句的に》事⁴ zutage (または zu Tage) *fördern* 《比》事⁴を明るみに出す ⇒ Seine Forschungen *haben* viel Neues zutage (または zu Tage) *gefördert*. 彼の研究は多くの新しい事実を明らかにした.

För·der≈schu·le [ふェルダァ・シューれ] 囡 -/-n 特別支援学校(障害のある児童・生徒を対象とした学校).

for·der·te [ふォルダァテ] *fordern (要求する)の 過去

för·der·te [ふェルダァテ] fördern (援助する)の 過去

die **For·de·rung** [ふォルデルング fɔ́rdəruŋ] 囡 (単) -/(複) -en ① 要求, 要請. 《英

demand). eine gerechte *Forderung* 当然の要求 / eine soziale *Forderung* 社会的要請 / die *Forderung* des Tages 目下の急務 / eine *Forderung*⁴ erfüllen (ab|lehnen) 要求を満たす(はねつける) / an 人⁴ eine *Forderung*⁴ nach 物³ stellen 人⁴に物³を要求する.
② 《商》請求[額];《法》債権. eine *Forderung*⁴ an 人⁴ haben 人⁴に貸しがある. ③ (昔の:) (決闘の)挑戦.

die **För·de·rung** [ふェルデルング fœ́rdəruŋ] 囡 (単) -/(複) -en ① **援助**, 促進, 振興, 助成; (青少年の)育成. (英 *support*). die *Förderung* der Künste² 芸術の振興. ② (坑)(石炭などの)採掘, 産出[高]. ③ 《工》(コンベヤーなどによる)運搬.

die **Fo·rel·le** [ふォれレ forélə] 囡 (単) -/(複) -n 《魚》[ニジ]マス, [ブラウン]トラウト. (英 *trout*). *Forellen*⁴ angeln マスを釣る. ② 《料理》ます. *Forelle* blau (まるごと)ゆでたます / *Forelle* Müllerin (まるごと)油で揚げたます.

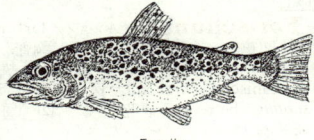

Forelle

Fo·ren [ふォーレン] Forum (フォーラム)の 複
fo·ren·sisch [ふォレンズィッシュ forénzɪʃ] 形 裁判の, 司法の. *forensische* Medizin 法医学 / *forensische* Psychologie 犯罪心理学.

For·ke [ふォルケ fɔ́rkə] 囡 -/-n 《北ドイツ》(干草用の)熊手, 三つまた.

die **Form** [ふォルム fɔrm] 囡 (単) -/(複) -en (英 *form*) ① **形**, 外形, 外観, 姿. Ei*form* 卵形 / Die Vase hat eine schöne *Form*. その花びんは美しい形だ / eine feste *Form*⁴ (または feste *Formen*⁴) an|nehmen (計画などが)はっきりした形をとってくる / aus der *Form* gehen《口語・戯》(太りすぎで)体の線が崩れる / ein Ornament in *Form* einer Blume² 花の形をした飾り / 物⁴ in *Form* bringen 物⁴をちゃんとした形に仕上げる.

② **形式**, 形態. eine Darstellung in der *Form* eines Dialogs 対話形式による描写.
③ (社交上の)**作法**, 行儀, 慣例. die *Form*⁴ wahren (verletzen) 作法を守る(作法に背く) / nur der *Form*² halber (または wegen) 単に儀礼的に / in aller *Form* 正式(本式)に / ein Mann ohne *Formen* 不作法な男. ④ 《複 なし》(体・心の)調子;《スポ》(選手の)コンディション. Ich bin heute nicht in *Form*. 私はきょうは調子がよくない. ⑤ (帽子・菓子などの)型, 型枠. flüssiges Metall⁴ in eine *Form* gießen 溶けた金属を鋳型(いがた)に流し込む.

for·mal [ふォルマール formá:l] 形 ① 形式[上]の, 外形の. die *formale* Struktur eines Dramas ドラマの形式上の構成 / *formale* Logik 《数》形式論理[学]. ② 形だけの, うわべの. Er ist nur noch *formal* der Vorsitzende. 彼は形ばかりの議長だ.

For·ma·lie [ふォルマーリエ formá:liə] 囡 -/-n 《ふつう 複》形式上の事柄, 手続き.
For·ma·lis·mus [ふォルマリスムス formalísmus] 男 -/..lismen ① 《複 なし》形式主義; 《文学》フォルマリズム. ② 形式的なこと.
For·ma·list [ふォルマリスト formalíst] 男 -en/-en 形式主義者;《文学》フォルマリスト. (女性形: -in).
for·ma·lis·tisch [ふォルマリスティッシュ formalístɪʃ] 形 形式主義の;《文学》フォルマリズムの.
For·ma·li·tät [ふォルマリテート formalitɛ́:t] 囡 -/-en (正式の)手続き; 形式的なこと. die *Formalitäten*⁴ erledigen 手続きを済ます.

For·mat [ふォルマート formá:t] 田 -(e)s/-e ① (紙・本などの)型, (A5判・B6判などの)判. ein Briefbogen im *Format* DIN A4 ドイツ工業規格 A4 判の便箋(びんせん). ② 《複 なし》《比》(人物・能力などの)大きさ, 風格. ein Mann von *Format* スケールの大きな人物.
for·ma·tie·ren [ふォルマティーレン formatí:rən] 他 (h)《コン》(ハードディスクなど⁴を)初期化する.
For·ma·ti·on [ふォルマツィオーン formatsió:n] 囡 -/-en ① 形成, 構成(構造). ② (団体・チームなどの)編成;《軍》隊形, 編隊. ③ (目的・利害などを共にする人々の)グループ. eine *Formation* innerhalb einer Partei 党内の一派. ④ 《地学》地層; (動植物相によって区分される)地質時代, 紀. ⑤ 《植》群系.

Form·blatt [ふォルム・ブらット fɔ́rm..blat] 田 -(e)s/..blätter (書式・記入欄の印刷してある)用紙.

die **For·mel** [ふォルメる fɔ́rməl] 囡 (単) -/(複) -n (英 *formula*) ① **決まり文句**. Zauberformel 呪文 / eine stereotype *Formel* 月並みな決まり文句. ② 簡潔な言い回し. 軍⁴ auf eine kurze (または einfache) *Formel* bringen 軍⁴を簡潔に言い表す. ③ 《理》定式, 公式. eine mathematische (chemische) *Formel* 数式(化学式). ④ (レーシングカーの)公式規格, フォーミュラ.

for·mell [ふォルメる formél] 形 ① 正式の, 決まりどおりの. ② 形式的な, うわべだけの. ③ 儀礼的な, 他人行儀な. ein *formeller* Besuch 儀礼的な訪問.

for·men [ふォルメン fɔ́rmən] (formte, *hat* ...geformt) I 他 (完了 haben) ① **作る**, 形作る; (一定の)形にする. (英 *form*). eine Figur⁴ aus (または in) Wachs *formen* ろうで像を作る / den Ton zu einer Vase *formen* 陶土を花びんの形にする / Sätze⁴ *formen* 文を作る / einen Laut *formen* 音を声に出す. ② (人⁴の)人格を形成する; (人格⁴を)形成する. Die Ereignisse haben ihn (または seinen Charakter) geformt. それらの出来事が彼の性格を形作った.

For·men·leh·re [ふォルメン・れーレ] 囡 -/-n
《言》形態論；《音楽》楽式論；《生》形態学.

Form·feh·ler [ふォルム・ふェーらァ] 男 -s/-
① 《法》形式(手続き)上の不備；非礼, 不作法.
② （特に家畜の）奇形.

Form≠ge·bung [ふォルム・ゲーブング] 囡 -/
-en 型づくり, 造形, 鋳造.

for·mie·ren [ふォミーレン fɔrmíːrən] I 他
(h) （グループなど⁴を）組織(編成)する；（隊列など⁴を）組む. II 再帰 (h) sich⁴ formieren 整列する；結集する. Sie formierten sich zu einem Zug. 彼らは行列を作った.

..för·mig [..ふェルミヒ ..fœrmɪç] 形容詞をつくる 接尾 《…の形の》 例: kugelförmig 球形の.

förm·lich [フェルミりヒ fœrmlɪç] I 形
正式の, 公式の, 形式にかなった. (英 formal).
eine förmliche Einladung 正式の招待. ②
形式ばった, 儀式ばった, 堅苦しい. ein förmliches Benehmen 堅苦しい態度. ③ まったくの, まぎれもない.
II 副 文字どおり, まったく. Er geriet förmlich in Panik. 彼は文字どおりパニックに陥った.

Förm·lich·keit [フェルムリヒカイト] 囡 -/
① 形式, 正式(正規)の手続き. eine juristische Förmlichkeit (正式の)法的手続き. ②
儀礼的態度.

form≠los [ふォルム・ろース] 形 ① 一定の形を成していない. ② 定形を守らない, 略式の（文書など）. ③ 形式(格式)ばらない, くだけた（態度など）.

Form≠lo·sig·keit [ふォルムローズィヒカイト] 囡 -/ ① 一定の形を成していないこと. ② 形式(格式)ばらないこと；不作法.

For·mo·sa [ふォルモーザ fɔrmóːza] 田 -s/《地名》台湾 (Taiwan の旧称).

Form≠sa·che [ふォルム・ザッヘ] 囡 -/-n 形式上の事柄.

form·te [ふォルムテ] formen （作る）の 過去

*das **For·mu·lar** [ふォルムらール formuláːr] 田 (単2) -s/(複) -e (3格のみ -en) 申込用紙, 願書, 届出(申請)用紙 (＝Anmeldeformular). ein Formular⁴ aus|füllen 用紙に記入する ⇨ Füllen Sie bitte dieses Formular aus! この申込用紙にご記入ください / ein Formular⁴ unterschreiben 申込用紙に署名する.

for·mu·lie·ren [ふォルムリーレン fɔrmuliːrən] 他 (h) ① （適切に）言葉で表す, 定式化する. ② （文書⁴を）作成する.

For·mu·lie·rung [ふォルムリールング] 囡 -/
-en ① 《複なし》言葉にすること, 定式化.
② （言葉による）表現；文書.

For·mung [ふォルング] 囡 -/-en ① 形成, 作成. ② 《複なし》教育, 陶冶(とうや).

form≠voll·en·det [ふォルム・ふぉるエンデット] 形 形式的完成された, 洗練された.

forsch [ふォルシュ fɔrʃ] 形 たくましい, エネルギッシュな；活動的な, はつらつとした.

for·schen [ふォルシェン fɔrʃən] (forschte, hat ... geforscht) 自《(完) haben》① 研究する, 調査する. (英 research). in den Quellen forschen 原典を調べる / Er hat jahrelang auf diesem Gebiet geforscht. 彼は数年間にこの分野の研究をした. (⇨ 類語 studieren).
② 〖nach (人・事)³ ～〗 (人・事)³を探し求める, 捜査する, 調査する. Er forschte nach den Ursachen des Unglücks. 彼はその事故の原因を調査した / nach dem Täter forschen 犯人を捜す. ◇《現在分詞の形で》forschende Blicke 探るようなまなざし.

*der **For·scher** [ふォルシャァ fɔrʃər] 男
(単2) -s/(複) - (3格のみ -n) 研究者(家), 学者；〔学術調査員. ein namhafter Forscher 著名な研究者.

For·sche·rin [ふォルシェリン fɔrʃərɪn] 囡 -/
..rinnen （女性の）研究者, 学者.

forsch·te [ふォルシュテ] forschen （研究する）の 過去

*die **For·schung** [ふォルシュング fɔrʃʊŋ] 囡
(単) -/(複) -en ① 研究, 探究；調査. (英 research). Kernforschung 核の研究 / die medzinische Forschung 医学研究 / Forschung⁴ betreiben 研究をする. ② 〖複なし〗研究者グループ.

For·schungs≠ge·biet [ふォルシュングス・ゲビート] 田 -[e]s/-e 研究領域.

For·schungs≠in·sti·tut [ふォルシュングス・インスティトゥート] 田 -[e]s/-e 研究所.

For·schungs≠rei·se [ふォルシュングス・ライゼ] 囡 -/-n 研究(調査)旅行, 学術探険.

For·schungs≠zen·trum [ふォルシュングス・ツェントルム] 田 -s/..zentren （特に自然科学の）研究センター.

Forst [ふォルスト fɔrst] 男 -es (まれに -s)/-e[n] （法的に管理されている）森林, 公有林, 営林地区.

Forst≠amt [ふォルスト・アムト] 田 -[e]s/
..ämter 営林署(局).

Förs·ter [ふォルスタァ fœrstər] 男 -s/- 営林署員, 林務官. （女性形: -in).

Förs·te·rei [フェルステライ fœrstəráɪ] 囡 -/
-en 営林署員(林務官)の執務所(官舎).

Forst≠haus [ふォルスト・ハオス] 田 -es/..häuser 営林署員(林務官)の官舎.

Forst≠we·sen [ふォルスト・ヴェーゼン] 田 -s/
（総称として:）林業, 営林.

Forst≠wirt·schaft [ふォルスト・ヴィルトシャふト] 囡 -/ 山林経営, 林業, 営林.

*fort [ふォルト fɔrt] 副 ① 去って, いなくなって；なくなって. (英 away). Fort mit dir! おまえなんかどこへ行ってしまえ / Fort damit! そんなもの捨てなさい / Die Kinder sind schon fort.《口語》子供たちはもう行ってしまった / Meine Brieftasche ist fort.《口語》私の財布がなくなった.
② さらに先(前方)へ, 続けて. Nur immer

so *fort*! さあどんどん先へ行きなさい(続けなさい) / in einem *fort* ぶっ続けで / und so *fort* 等々 (略: usf.) (=und so weiter) / *fort* und *fort* 絶えず.

Fort [フォーァト fóːr] [[男]] 田 -s/-s 砦(とりで), 要塞(ようさい).

fort.. [フォルト.. fórt..] 〖分離動詞の前つづり; つねにアクセントをもつ〗 ① (去って) 例: *fort*|gehen 立ち去る. ② (前へ) 例: *fort*|schreiten 前進する. ③ (継続) 例: *fort*|setzen 継続する.

fort≈an [フォルト・アン] 副 (雅) 今後は, その後.

Fort≈be·stand [フォルト・ベシュタント] 男 -[e]s/ 存続, 持続.

fort|be·ste·hen* [フォルト・ベシュテーエン fórt-bəʃtèːən] (過分 fortbestanden) 自 (h) (制度などが)存続(持続)する.

fort|be·we·gen [フォルト・ベヴェーゲン fórt-bəvèːgən] (過分 fortbewegt) I 他 (h) 動かす, 移動させる. II 再帰 (h) sich⁴ *fortbewegen* 動く, 進む, 移動する.

Fort≈be·we·gung [フォルト・ベヴェーグング] 女 -/-en 移動, 前進.

fort|bil·den [フォルト・ビルデン fórt-bìldən] 他 (h) (人⁴を)研修させる, 引き続き教育する. ◇〖再帰的に〗sich⁴ *fortbilden* 研修を受ける, 勉強を続ける.

Fort≈bil·dung [フォルト・ビルドゥング] 女 -/-en (職業上の)継続教育(研修).

fort|blei·ben* [フォルト・ブらイベン fórt-blàɪbən] 自 (s) 立ち去ったままでる, 帰って来ない.

fort|brin·gen* [フォルト・ブリンゲン fórt-brìŋən] I 他 (h) ① 運び(持ち)去る, 連れ去る. ② (重い物⁴を)動かす. ③ 《口語・比》(植物⁴を)栽培する, (動物⁴を)飼育する. II 再帰 (h) sich⁴ *fortbringen* 《口語》(なんとか)生計をたてていく.

Fort≈dau·er [フォルト・ダオァァ] 女 -/ 継続, 持続.

fort|dau·ern [フォルト・ダオアァン fórt-dàʊərn] 自 (h) 相変わらず続く, 持続する.

for·te [フォルテ fórtə] [[音]] 副 《音楽》フォルテ, 強く (記号: f).

fort|fah·ren [フォルト・ファーレン fórt-fàːrən] du *fährst* ... fort, er *fährt* ... fort (fuhr ... fort, *ist*/*hat* ... fortgefahren) I 自 (完了 sein または haben) ① (s) (乗り物で)立ち去る, 出発する. Er *ist* gestern Abend mit dem Auto *fortgefahren*. 〖現在完了〗彼は昨夜自動車で出発した.
② (h, s)〖**in** (または **mit**) 囲³ ~〗(囲³を)続ける, 続行する. Er *fuhr* in (または mit) seiner Arbeit *fort*. 彼は仕事を続けた. ◇〖**zu** 不定詞[句] とともに〗Sie *fuhr* fort, ihn zu necken. 彼女は彼をからかい続けた.
II 他 (完了 haben) (乗り物で)運び(連れ)去る.

Fort≈fall [フォルト・ふァる] 男 -[e]s/ なくなること, 脱落.

fort|fal·len* [フォルト・ふァれン fórt-fàlən] 自 (s) なくなる, 脱落する.

fort|flie·gen [フォルト・ふりーゲン fórt-flìːgən] 自 (s) 飛び去る.

fort|füh·ren [フォルト・ヒューレン fórt-fỳːrən] 他 (h) ① 連れ去る, 運び去る. ② 継続する, 引き継ぐ. das Geschäft⁴ des Vaters *fortführen* 父親の店を継ぐ.

Fort≈füh·rung [フォルト・ヒューるング] 女 -/-en 《ふつう単》連れ(運び)去ること; 継続, 続行.

Fort≈gang [フォルト・ガング] 男 -[e]s/ ① 立ち去ること, 退去. ② 発展, 進展; 進行, 継続. der *Fortgang* der Verhandlungen² 交渉の進展.

fort·ge·fah·ren [フォルト・ゲふァーレン] *fort|fahren (乗り物で立ち去る)の 過分

fort·ge·führt [フォルト・ゲヒューァト] fort|führen (連れ去る)の 過分

fort·ge·gan·gen [フォルト・ゲガンゲン] fort|gehen (立ち去る)の 過分

fort|ge·hen* [フォルト・ゲーエン fórt-gèːən] (ging ... fort, *ist* ... fortgegangen) 自 (完了 sein) ① 立ち去る. Er *ging* ohne Gruß *fort*. 彼はあいさつもしないで立ち去った. ② (事態などが)続く, 進行(進展)する.

fort·ge·schrit·ten [フォルト・ゲシュリッテン] I fort|schreiten (進捗する)の 過分 II 形 ① 進んだ, 進歩した, 上級の. ein industriell *fortgeschrittener* Staat 工業の進んだ国 / *fortgeschrittener* Schüler 初歩を終えた生徒. ② (時が)経過した. ein Mann im *fortgeschrittenen* Alter 初老の男.

Fort·ge·schrit·te·ne[r] [フォルト・ゲシュリッテネ(..ナァ) fórt-gəʃrìtənə (..nər)] 男女 〖語尾変化は形容詞と同じ〗中(上)級者, 初級修了者. Deutsch für *Fortgeschrittene* 上級者向きのドイツ語.

fort·ge·setzt [フォルト・ゲゼッツト] I fort|setzen (続ける)の 過分 II 形 連続した, 絶え間のない. ein *fortgesetzter* Lärm ひっきりなしの騒音.

for·tis·si·mo [フォルティッスィモ fortísimo] [[音]] 副 《音楽》フォルティッシモ, きわめて強く (記号: ff).

fort|ja·gen [フォルト・ヤーゲン fórt-jàːgən] I 他 (h) 追い払う, 追い出す. II 自 (s) 大急ぎで立ち去る.

fort|kom·men* [フォルト・コンメン fórt-kɔ̀mən] 自 (s) ① 立ち去る; 消えうせる, なくなる. Mach, dass du *fortkommst*! とっとと消えうせろ / Mein Geld *ist fortgekommen*. 〖現在完了〗私のお金がなくなった. ② 前進する; 進歩する, はかどる. mit der Arbeit *fortkommen* 仕事がうまくいく. ③ (植物などが)成長する.

Fort≈kom·men [フォルト・コンメン] 中 -s/ ① 前進; (仕事の)進展. ein rasches *Fortkommen*⁴ haben 上達が早い. ② 出世, 昇進; 生計, 暮らし.

fort|las·sen* [フォルト・らッセン fórt-làsən] 他 (h) ① 立ち去らせる, 行かせる, 釈放する. ② (語句など⁴を)省略する; 書き落とす. ein Wort⁴ *fortlassen* ある単語を書き落とす.

fort|lau·fen* [ふォルト・らオフェン fɔ́rt-làυfən] 自 (s) ① 走り去る, 逃げ去る. Die Kinder *sind* schnell *fortgelaufen*.《現在完了》子供たちはすばやく逃げ去った. ② (道が)延びている, 続いている. Der Weg *läuft* **am** Fluss *fort*. 道は川沿いに続いている.

fort·lau·fend [ふォルト・らオフェント] I fort|-laufen (走り去る)の現分 II 形 連続した, とぎれのない. 形⁴ *fortlaufend* nummerieren 形⁴に通し番号を付ける.

fort|le·ben [ふォルト・れーベン fɔ́rt-lè:bən] 自 (h) (名声などが死後も)生き続ける, (人々の)記憶に残る. Er *lebt* in seinen Werken *fort*. 彼は自分の作品の中に生き続けている.

fort|ma·chen [ふォルト・マッヘン fɔ́rt-màxən] I 再帰 (h) *sich*⁴ *fortmachen*《口語》(こっそり)立ち去る, ずらかる. II 自 (h, s) 《口語》続行する.

fort|pflan·zen [ふォルト・プふらンツェン fɔ́rt-pflàntsən] 再帰 (h) *sich*⁴ *fortpflanzen* ① 繁殖(増殖)する. ② (光・音などが)伝わる; (思想・信仰などが)伝播(でん)する.

Fort|pflan·zung [ふォルト・プふらンツング] 女 -/ ① 繁殖, 増殖. ② (光・音・思想などの)伝播(でん).

fort|rei·ßen* [ふォルト・ライセン fɔ́rt-ràιsən] 他 (h) ① (強引に)引きちぎる, もぎ取る; (波などが)さらって行く. Das Hochwasser *riss* alles mit sich *fort*. 洪水が何もかもさらって行った. ② (比)(人⁴の)心を奪う.

Forts. [ふォルト・ゼッツング]《略》続き, 以下次号 (=Fortsetzung).

fort|schaf·fen [ふォルト・シャッふェン fɔ́rt-ʃàfən] 他 (h) 運び(持ち)去る, 連れ去る.

fort|sche·ren [ふォルト・シェーレン fɔ́rt-ʃè:rən] 再帰 (h) *sich*⁴ *fortscheren*《口語》急いで立ち去る, 消えうせる.

fort|schi·cken [ふォルト・シッケン fɔ́rt-ʃìkən] 他 (h) ① 立ち去らせる, 追いやる. ② (郵便物⁴を)発送する.

fort|schlep·pen [ふォルト・シュれッペン fɔ́rt-ʃlèpən] I 他 (h)《口語》引きずって行く. II 再帰 (h) *sich*⁴ *fortschleppen*《口語》足を引きずるようにして歩く.

fort|schrei·ten* [ふォルト・シュライテン fɔ́rt-ʃràιtən] 自 (s) ① (仕事などが)進捗(しんちょく)する, はかどる; (技能が)上達する. Die Arbeit *schreitet* schnell *fort*. 仕事がどんどんはかどる. ② (病気・破壊などが)進行する. ◇《現在分詞の形で》ein *fortschreitendes* Waldsterben ますますひどくなる森林の枯死.

◇☞ **fortgeschritten**

der **Fort⸗schritt** [ふォルト・シュリット fɔ́rt-ʃrιt] 男 (単 2) -[e]s/(複) -e (3格のみ -en) 進歩, 前進, 発達.《英》*progress*.《こ*》「後退」= Rückschritt). der *Fortschritt* der Technik² 技術の進歩 / der *Fortschritt* in der Wissenschaft 学問の進歩 / *Fortschritte*⁴ machen 進歩(上達)する / Das ist schon ein *Fortschritt*! それでも前進は前進さ(ないよりはましだ).

fort·schritt·lich [ふォルト・シュリットりヒ fɔ́rt-ʃrιtlιç] 形 進歩的な, 進歩主義の; 先進的な.《英》*progressive*). ein *fortschrittlicher* Politiker 進歩的な政治家 / Er denkt *fortschrittlich*. 彼は進歩的な考え方をする.

fort|set·zen [ふォルト・ゼッツェン fɔ́rt-zɛ̀tsən] du setzt ... fort (setzte ... fort, *hat* ... fortgesetzt) I 他 (完了 haben) 続ける, 続行する.《英》*continue*). die Reise⁴ *fortsetzen* 旅行を続ける / Nach einer kurzen Pause *setzte* er seine Arbeit *fort*. 小休止のあと彼はまた仕事を続けた / den Weg *fortsetzen* その道を歩き続ける.

II 再帰 (完了 haben) *sich*⁴ *fortsetzen* (会話などが)続く, (森などが)連なる. Die Diskussion *hat sich* noch lange *fortgesetzt*. 討論はなお長い間続いた.

◇☞ **fortgesetzt**

die **Fort⸗set·zung** [ふォルト・ゼッツング fɔ́rt-zetsυŋ] 女 (単) -/(複) -en (《英》*continuation*) ① 継続, 続行. die *Fortsetzung* eines Gesprächs 対話の続行. ② (小説・番組などの)続編. *Fortsetzung* folgt. 以下次号 / ein Roman **in** *Fortsetzungen* 連載小説.

fort|ste·hlen* [ふォルト・シュテーれン fɔ́rt-ʃtè:lən] 再帰 (h) *sich*⁴ *fortstehlen* こっそり立ち去る.

fort|trei·ben* [ふォルト・トライベン fɔ́rt-tràιbən] I 他 (h) ① 追い出す(払う), (家畜⁴を)追い出さる. ② (流れがボートなど⁴を)押し流す. ③ (事⁴を)続ける. II 自 (s) (ボートなどが)流される, 漂流する.

For·tu·na [ふォルトゥーナ fɔrtú:na] I -/(《ロ⁻マ神》フォルトゥナ(豊穣多産の女神. のちに幸福と運命の女神とされた). II 女 -/《雅》幸運. ein Kind der *Fortuna*² 幸運児 / *Fortuna* war ihm hold. または *Fortuna* lächelte ihm.《雅》彼は幸運に恵まれた.

fort|wäh·ren [ふォルト・ヴェーレン fɔ́rt-vɛ̀:rən] 自 (h)《雅》持続する.

fort·wäh·rend [ふォルト・ヴェーレント] I fort|währen (持続する)の現分 II 形 絶えまない(妨害など); 持続する. eine *fortwährende* Störung ひっきりなしに続くじゃま / *fortwährend* rauchen ひっきりなしにたばこを吸う.

fort|zie·hen* [ふォルト・ツィーエン fɔ́rt-tsì:ən] I 他 (h) 引っぱって行く, 引っぱって除く, 引き離す. II 自 (s) 引っ越して行く.

Fo·rum [ふォールム fó:rυm] 中 -s/Foren ① フォーラム, [公開]討論会, 討論の場; 専門委員会. ②《古 Fora も》《史》古代ローマの広場(集会や裁判が行われた).

fos·sil [ふォスィーる fɔsí:l] 形 化石の, 化石化した. der *fossile* Brennstoff 化石燃料.

Fos·sil [ふォスィーる] 中 -s/Fossilien [..スィーりエン] 化石.

das Fo·to¹ [ふォートー fó:to] 匣 (単 2) -s/(複) -s (스ː: 囡 -/-s) 写真 (= *Foto*grafie). (米) photo.　ein verwackeltes *Foto* ぶれた写真 / *Fotos*⁴ in ein Album ein|kleben 写真をアルバムに貼(は)る / Ich mache ein *Foto*. 私は写真を撮ります.

Fo·to² [ふォートー] 男 -s/-s 《口語》カメラ, 写真機 (=*Foto*apparat).

der Fo·to·ap·pa·rat [ふォート・アパラート fó:to-apara:t] 男 (単 2) -[e]s/(複) -e (3 格のみ -en) カメラ, 写真機 (=Kamera).

fo·to·gen [ふォトゲーン fotogé:n] 形 写真写りのいい, 写真向きの.

der Fo·to·graf [ふォトグラーふ fotográ:f] 男 (単 2·3·4) -en/(複) -en カメラマン, 写真家.

Fo·to·gra·fie [ふォトグラふィー fotografí:] 囡 -/-n [..fí:ən] ① 《複 なし》写真撮影, 写真術.　② 写真.

fo·to·gra·fie·ren [ふォトグラふィーレン fotografí:rən] (fotografierte, hat...fotografiert) I 他 《完了 haben》, (人・物⁴の)写真を撮る, sich⁴ *fotografieren lassen* 写真を撮ってもらう.
II 圁 《完了 haben》写真を撮る.　Sie *fotografiert* gerne. 彼女は写真を撮るのが好きだ.
III 再帰 《完了 haben》 *sich⁴ fotografieren* 写真写りが…である.　Sie *fotografiert* sich gut. 彼女は写真写りがよい.

fo·to·gra·fiert [ふォトグラふィーアト] fotografieren (撮影する)の 過分, 3 人称単数·2 人称親称複数 現在.

fo·to·gra·fier·te [ふォトグラふィーアテ] fotografieren (撮影する)の 過去.

Fo·to·gra·fin [ふォトグラーふィン fotográ:fɪn] 囡 -/..finnen (女性の)カメラマン, 写真家.

fo·to·gra·fisch [ふォトグラーふィッシュ fotográ:fɪʃ] 形 写真[撮影]の; 写真による.

Fo·to≠han·dy [ふォート・ヘンディ] 匣 -s/-s カメラ付き携帯電話.

Fo·to≠ko·pie [ふォート・コピー] 囡 -/-n [..コピーエン] コピー, 写真複写.

fo·to·ko·pie·ren [ふォト・コピーレン foto-kopí:rən] 他 (h) コピーする, 写真複写する.

Fo·to·mo·dell [ふォート・モデる] 匣 -s/-e 写真モデル.

Fo·to≠mon·ta·ge [ふォート・モンタージェ] 囡 -/-n ① (写真による)モンタージュ[技法].　② モンタージュ写真.

Fo·to≠re·por·ter [ふォート・レポルタァ] 男 -s/- 報道カメラマン. (女性形: -in).

Fo·to≠satz [ふォート・ザッツ] 男 -es/ 《印》写真植字.

Fö·tus [ふェートゥス fő:tus] 男 -[ses]/Föten (または Fötusse) 《医》(妊娠 3 か月以上の)胎児 (=Fetus).

Foul [ふァオる fául] [英] 匣 -s/-s 《スポ》反則, ファウル.

fou·len [ふァオれン fáulən] I 他 (h) 《スポ》 (人⁴に対して)反則をする.　II 圁 (h) 《スポ》反則をする.

Fox·ter·ri·er [ふォクス・テリアァ fóks-tɛriər] 男 -s/- フォックステリア(愛玩犬の一種).

Fox·trott [ふォクス・トロット fóks-trɔt] 男 -[e]s/-e (または -s) フォックストロット(4/4 拍子の社交ダンス).

Fo·yer [ふォアイエー foajé:] [フラ] 匣 -s/-s フォアイエ(劇場・映画館などのロビー).

FPÖ [エふ・ペー・エー] 囡-/ 《略》オーストリア自由党 (=Freiheitliche Partei Österreichs).

fr [ふラーン] 《略》フラン(フランスなどの旧通貨単位) (=Franc).

Fr [エふ・エる] 《化·記号》フランシウム (=Francium).

Fr. 《略》① [ふラオ] …夫人, …さん (=Frau).　② [ふランケン] スイスフラン (=Franken).　③ [ふライ・ターク] 金曜日 (=Freitag).

Fracht [ふラハト fráxt] 囡 -/-en ① 貨物, 積み荷; 《比》心の重荷.　die *Fracht*⁴ ein|laden (aus|laden) 積み荷を積み込む(降ろす).　② 貨物運賃, 運送料.

Fracht≠brief [ふラハト・ブリーふ] 男 -[e]s/-e (貨物の)運送状, 送り状.

Frach·ter [ふラハタァ fráxtər] 男 -s/- 貨物船.

Fracht≠gut [ふラハト・グート] 匣 -[e]s/..güter [運送]貨物, 積み荷.

Fracht≠kos·ten [ふラハト・コステン] 複 貨物運送料.

Fracht≠schiff [ふラハト・シふ] 匣 -[e]s/-e 貨物船.

Fracht≠stück [ふラハト・シュテュック] 匣 -[e]s/-e (個々の)運送貨物.

Fracht≠ver·kehr [ふラハト・ふェアケーア] 男 -[e]s/ 貨物運輸.

Frack [ふラック frák] 男 -[e]s/Fräcke (または -s) 燕尾(えんび)服.

die Fra·ge [ふラーゲ frá:gə]

> 問い　Ich hätte eine *Frage*.
> 　　　イヒ　ヘッテ　アイネ　ふラーゲ
> 　　　お尋ねしたいことがあるのですが.

囡 (単) -/(複) -n ① 問い, 質問; 疑問. (英) question). (⇔ 《答事》Antwort). eine dumme *Frage* 愚問 / Hat jemand noch eine *Frage*? だれかまだ質問がありますか / 囚³ eine *Frage*⁴ stellen 囚³に質問する / eine *Frage*⁴ beantworten 質問に答える / eine *Frage*⁴ bejahen (verneinen) 質問に対してはい(いいえ)と答える / an 囚⁴ eine *Frage*⁴ richten 囚⁴に質問する / Das ist gar keine *Frage*! それはわかりきったことさ.
◇《前置詞とともに》Bitte antworte mir **auf** meine *Frage*! 私の質問に答えなさい / Das ist (または steht) **außer** *Frage* (または außer*frage*). それは疑問の余地がない / 圍⁴ **in** *Frage* (または in*frage*) stellen a) 圍⁴を疑問視する, b) 圍⁴を危うくする / **ohne** *Frage* 疑いもなく, 明らかに /

Er hat *Fragen* über *Fragen* gestellt. 彼は次から次に質問した.
② (解決すべき)問題[点]. (英 *problem*). eine politische *Frage* 政治上の問題 / eine brennende *Frage* 緊急の問題 / eine *Frage*⁴ an|schneiden (auf|werfen) 問題を提起する(投げかける) / eine *Frage*⁴ lösen 問題を解決する / Das ist eine andere *Frage.* それは別問題だ / Das ist nur eine *Frage* des Geldes. それはお金の問題にすぎない / **in *Frage* kommen** 考慮に値する ⇨ Das kommt nicht in *Frage* (または in*frage*)! それは問題にならない.
▶ **in*frage**
[類語] die **Frage**: (解決される必要のある, 一般的意味での)問題. das **Problem**: (論議の対象となり, 簡単には解けない知的努力を要する)問題. Das Ozonloch stellt ein ernstes *Problem* dar. オゾン層破壊は深刻な問題である. die **Aufgabe**: (宿題・試験などの)問題, 課題.

Fra·ge=bo·gen [フラーゲ・ボーゲン] 男 -s/-(南ドッチオストリア: ..bögen も) アンケート(質問)用紙.

fra·gen [フラーゲン frá:gən]

| 尋ねる Darf ich Sie etwas *fragen*? |
| ダルフ イヒ ズィー エトヴァス フラーゲン |
| ちょっとお尋ねしてよろしいでしょうか. |

人称	単	複
1	ich frage	wir fragen
2	{ du fragst { Sie fragen	{ ihr fragt { Sie fragen
	er fragt	sie fragen

(fragte, hat ... gefragt) **I** 他 (完了 haben) ① 【4格とともに】(人⁴に)尋ねる, 問う, 質問する. (英 ask). (⇔ 「答える」= antworten). Ich *frage* den Lehrer. 私は先生に尋ねる / Ich *fragte* mich, ob du morgen kommst. 彼は私に, 君があす来るのかどうか尋ねた / Sie *fragte* [mich]: „Was ist das?" 彼女は[私に]「これ何ですか」と尋ねた / 人⁴ **nach** 人・事³ *fragen* 人⁴に人・事³のことを尋ねる ⇨ Er *fragte* mich nach dem Weg. 彼は私に道を尋ねた / Ich *habe* ihn nach seinen Eltern *gefragt*. 私は彼に両親のことを尋ねた / 人⁴ **wegen** 事² *fragen* 人⁴に事²のことを問い合わせる / 人⁴ 事⁴ *fragen* 人⁴に事⁴を尋ねる ⇨ Was *hat* sie dich *gefragt*? 彼女は君に何を尋ねたの / Das *frage* ich dich. それはこっちがききたいことだ / Da *fragst* du mich zu viel. 《口語》私にわからないよ (←君は私に尋ねすぎる).

◇【目的語なしでも】*Frag* doch nicht so dumm! そんなばかな質問をするな / Wie alt sind Sie, wenn ich *fragen darf*? 失礼ですが, あなたは何歳ですか(←もしお尋ねしてよろしければ) / *Hat* jemand nach mir *gefragt*? だれかが私のことを尋ねて来ましたか.

② 【人⁴ **um** 事⁴ ～】(人⁴に事⁴(助言・許可など)を)求める.

③ 【受動態で】(商) 求められる, 需要がある. Dieser Artikel *ist* (まれに *wird*) stark *gefragt*. この商品はすごく売れ行きがよい.
II 自 (完了 haben) 【ふつう否定的な意味の文で】【**nach** 人・事³ ～】(人・事³のことを)気にかける. Kein Mensch *fragt* nach dem Kranken. だれもその病人のことなど気にかける者はいない.
III 再帰 (完了 haben) *sich*⁴ *fragen* ① (事⁴を)よく考えてみる, 疑問に思う. Das *frage* ich *mich* auch! 私もそれを疑問に思っています.
② 疑わしい, 不確かである. Das *fragt sich* noch. それはまだわからない / Es *fragt sich*, ob er kommt. 彼が来るかどうか疑わしい.

◇☞ **fragend**
◇☞ **gefragt**

Fra·gen [フラーゲン] 中 -s/ 尋ねること. *Fragen* kostet nichts. 《諺》質問して損することはない.

fra·gend [フラーゲント] **I** ⁑fragen (尋ねる)の現分 **II** 形 尋ねるような. *fragende* Blicke もの問いたげな(不審そうな)まなざし.

Fra·ge=satz [フラーゲ・ザッツ] 男 -es/..sätze 《言》疑問文.

Fra·ge=stel·ler [フラーゲ・シュテラァ] 男 -s/- 質問者, インタビューアー (=Interviewer). (女性形 -in).

Fra·ge=stel·lung [フラーゲ・シュテルング] 女 -/-en ① 質問[の仕方], 問題提起. ② (学問的・哲学的な)問題.

Fra·ge=wort [フラーゲ・ヴォルト] 中 -[e]s/..wörter 《言》疑問詞.

das **Fra·ge=zei·chen** [フラーゲ・ツァイヒェン frá:gə-tsaɪçən] 中 (単2) -s/(複) - 《言》疑問符(記号: ?). ein *Fragezeichen*⁴ setzen 疑問符をうつ / Es bleiben noch einige *Fragezeichen.* 《比》まだ不明確な点がある.

fra·gil [フラギール fragí:l] 形 《雅》もろい, きゃしゃな.

frag·lich [フラークリヒ] 形 ① 不確かな, 疑わしい. Es ist noch sehr *fraglich*, ob er kommt. 彼が来るかどうかまだ非常に不確かだ. ② 【付加語としてのみ】問題の, 当該の. die *fragliche* Angelegenheit 問題になっている要件.

frag=los [フラーク・ロース] 副 疑いもなく, 確かに.

Frag·ment [フラグメント fragmént] 中 -[e]s/-e 断片; 断章, 未完の作品.

frag·men·ta·risch [フラグメンターリッシュ fragmentá:rɪʃ] 形 断片の; 断章の, 未完の.

frag·te [フラークテ] ⁑fragen (尋ねる)の過去

frag·wür·dig [フラーク・ヴュルディヒ] 形 疑わしい; 怪しげな, いかがわしい.

Frak·ti·on [フラクツィオーン fraktsió:n] 女 -/-en (国会内の)議員団; (ある党内部の)会派, 党派, 派閥.

Frak·tur [フラクトゥーァ fraktú:r] 女 -/-en ① 【印なし】(印) ドイツ文字. (☞ 「アルファベット」, 巻頭 xvi ページ). 男⁴ **in** *Fraktur* drucken 男⁴をドイツ文字で印刷する / [mit 人³] *Fraktur*⁴ reden 《口語》[人³に]ずけずけものを言う. ② 《医》骨折 (=Knochenbruch).

Franc [ふラーン frã:] [[22]] 男 -/-s (単位: -/-) フラン(フランス・ベルギー・ルクセンブルクなどの旧貨幣[単位]; 略: fr, 履 frs; フランスで F または FF; ベルギーで bfr, 履 bfrs; ルクセンブルクで lfr, 履 lfrs).

Fran·ci·um [ふランツィウム frántsium] 田 -s/ 《化》 フランシウム(アルカリ金属群の放射性元素; 記号: Fr).

frank [ふランク fráŋk] 形《成句的に》 *frank und frei* 率直に, 腹蔵なく.

Frank [ふランク] -s/ 《男名》 フランク.

Fran·ke [ふランケ fráŋkə] 男 -n/-n ① フランク人(ライン川流域に住んでいたゲルマン民族). (女性形: Fränkin). ② フランケン地方の住民(出身者).

der **Fran·ken**¹ [ふランケン fráŋkən] 男 (単2) -s/(複) - スイスフラン(スイスの貨幣[単位]; 略: スイスで Fr または sFr; ドイツの銀行で sfr, 履 sfrs). Ein *Franken* hat hundert Rappen. 1 スイスフランは 100 ラッペンだ.

Fran·ken² [ふランケン] 田 -s/ 《地名》 フランケン地方(ドイツのマイン川の中・上流地方).

Frank·furt [ふランク・ふルト fráŋk-furt] 田 -s/ 《都市名》 ① フランクフルト・アム・マイン (= *Frankfurt am Main*) (ドイツ, ヘッセン州. マイン川沿いにあり, ドイツ経済の中心都市. ゲーテの生地; 略: *Frankfurt* a. M.: ☞地図 D-3). ② フランクフルト・アン・デァ・オーダー (=*Frankfurt an der Oder*) (ドイツ, ブランデンブルク州. オーダー川沿いの都市; 略: *Frankfurt* a. d. O.: ☞地図 G-2).

Frank·fur·ter [ふランク・ふルタァ fráŋk-furtər] I 男 -s/- フランクフルトの市民(出身者). (女性形: -in). II 女 -/- フランクフルト・ソーセージ. III 形《無語尾で》 フランクフルトの.

fran·kie·ren [ふランキーレン fraŋkí:rən] 他 (h) 《郵》 (郵便物⁴に)切手を貼(は)る, (郵便物⁴の料金を前納する.

frän·kisch [ふレンキッシュ fréŋkɪʃ] 形 フランク族の; フランケン地方の.

fran·ko [ふランコ fráŋko] [[17]] 副《商》 送料(運賃)無料して. Die Ware wird *franko* geliefert. 《受動・現在》その商品は無料で配達される.

*⁂**Frank·reich** [ふランク・ライヒ fráŋk-raɪç] 田 (単2) -s/ 《国名》 フランス[共和国](首都はパリ). nach *Frankreich* reisen フランスへ旅行する / Er lebt wie Gott in *Frankreich*. 《俗》彼はぜいたくな暮らしをしている.

Fran·se [ふランゼ fránzə] 女 -/-n フリンジ, 房になった縁飾り. (比)たれ下がった髪の毛.

fran·sig [ふランズィヒ fránzɪç] 形 房状の, (ほつれて)房状になった.

Franz [ふランツ fránts] 《男名》 フランツ (*Franziskus* の 短縮).

Franz=brannt·wein [ふランツ・ブラントヴァイン] 男 -[e]s/ フランス・ブランデー(薄めたアルコールと芳香物質とを混合したリューマチ用塗り薬).

Fran·zis·ka [ふランツィスカ frantsíska] -s/ 《女名》 フランツィスカ.

Fran·zis·ka·ner [ふランツィスカーナァ frantsɪská:nər] 男 -s/- 《カッシック》 フランシスコ会[修道]士. (女性形: -in).

Fran·zis·kus [ふランツィスクス frantsískʊs] 《男名》 フランツィスクス.

der **Fran·zo·se** [ふランツォーゼ frantsó:zə] 男 (単 2·3·4) -n/(複) -n ① **フランス人**. Das Geschäft⁴ leitet ein *Franzose*. その店はフランス人が経営している. ② 自在スパナ. ③《方》ゴキブリ.

Fran·zö·sin [ふランツェーズィン frantsǿ:zɪn] 女 -/..sinnen フランス人[女性].

fran·zö·sisch [ふランツェーズィッシュ frantsǿ:zɪʃ] 形 (英 French) ① **フランスの**, フランス人の. die *französische* Sprache フランス語 / *französische* Weine フランスワイン / die *Französische* Revolution フランス革命 / sich⁴ *französisch* empfehlen (または verabschieden) 《口語》 [フランス流に]さようならも言わずに帰る, こっそり立ち去る. ② **フランス語の**, フランス語による. die *französische* Schweiz フランス語圏スイス. ◇《名詞的に》 auf *Französisch* フランス語で.

*⁂**Fran·zö·sisch** [ふランツェーズィッシュ frantsǿ:zɪʃ] 田 (単2) -[s]/ **フランス語**. (英 *French*). 《☞ 用法については Deutsch の項参照》. Er spricht *Französisch*. 彼はフランス語を話す / 團⁴ *auf Französisch* sagen 團⁴をフランス語で言う/ Das Buch ist *in Französisch* geschrieben. 《状態受動・現在》その本はフランス語で書かれている.

Fran·zö·si·sche [ふランツェーズィシェ frantsǿ:zɪʃə] 田 《履なし; 定冠詞とともに; 語尾変化は形容詞と同じ》 ① **フランス語**. 《☞ 用法については Deutsche の項参照》. aus dem *Französischen* ins Japanische übersetzen フランス語から日本語に翻訳する. ② フランス的なもの(こと).

frap·pant [ふラパント frapánt] [[22]] 形 目をみはるような, あきれるばかりの(類似性など).

frap·pie·ren [ふラピーレン frapí:rən] 他 (h) 驚かす, (人⁴の)目をみはらせる.

Frä·se [ふレーゼ frɛ́:zə] 女 -/-n ① 《工》 フライス盤; ロータリー式耕運機. ② フレーズひげ. (☞ Bart 図).

frä·sen [ふレーゼン frɛ́:zən] 他 (h) ① 《工》 フライス加工する, フライス削りする. ②《農》 ロータリー式耕運機で耕す.

Fräs=ma·schi·ne [ふレース・マシーネ] 女 -/-n 《工》 フライス盤.

fraß [ふラース] *fressen* (動物が食べる)の 過去

Fraß [ふラース frá:s] 男 -es/-e 《ふつう 単》① (動物, 特に猛獣の)餌(えさ); 《俗》 まずい食い物. ② (植物が虫などに)食われること, 食害.

frä·ße [ふレーセ] *fressen* (動物が食べる)の 接2

Fratz [ふラッツ fráts] 男 -es/-e (オーストリア: -en/-s) かわいい子; 《南ドイツ・オーストリア》 わんぱく, (特に:)おてんば.

Frat·ze [ふラッツェ frátsə] 女 -/-n ① 醜い顔; 《口語》 しかめっ面. eine *Fratze* schneiden しかめっ面をする. ②《俗》 つら; 人.

frat·zen·haft [ふラッツェンハふト] 形 顔をゆが

めた，しかめっ面の．

die **Frau** [ふラオ fráu]

> **女性；妻** Sie ist eine aktive *Frau*.
> ズィー イスト アイネ アクティーヴェ ふラオ
> 彼女は活動的な女性だ．

> **…さん** Guten Tag, *Frau* Lang!
> グーテン ターク ふラオ ラング
> ラングさん，こんにちは．

囡(単)-/(複)-en ① (成人の)女性，婦人，女子，女. (奥 *woman*). (⇔「男性」は Mann). Haus*frau* 主婦 / eine junge (schöne) *Frau* 若い(美しい)女性 / eine berufstätige *Frau* 職についている婦人 / eine verheiratete *Frau* 既婚の女性 / Er heiratete eine reiche *Frau*. 彼は金持ちの女性と結婚した / Er hat viele *Frauen* gehabt. 彼にはたくさんの女性がいた(女性関係はでだった). (⇨ 類語).
② 妻，女房，夫人 (= Ehe*frau*). (奥 *wife*). (⇔「夫」は Mann). meine *Frau* 私の妻 / Er hat noch keine *Frau*. 彼にはまだ奥さんがいない / Sie lebten wie Mann und *Frau* zusammen. 彼らはまるで夫婦のようにいっしょに暮らしていた / Er hat eine Japanerin zur *Frau*. 彼は日本女性と結婚している / 囚⁴ zur *Frau* nehmen 囚⁴を妻にする．
③ (女性の姓や称号の前につけて:) …さん(夫人・様)(略: Fr.). (奥 *Mrs*.). (⇔ 今日では16歳くらい以上の女性に既婚・未婚の区別なくつける). *Frau* Müller ミュラーさん / Herr und *Frau* Müller ミュラー夫妻 / *Frau* Professor a) (女性の)教授, b) 教授夫人 / Ihre *Frau* Gemahlin (雅) あなたの奥様 / Ihre *Frau* Mutter (雅) あなたのお母様 / Gnädige *Frau*! (丁重な呼びかけで:) 奥様 / Liebe (Sehr geehrte) *Frau* Müller! (手紙の冒頭で:) 親愛なるミュラーさん(敬愛するミュラー様)．
④ 女主人. ⑤ 〖成句的に〗 Unsere Liebe *Frau* 《カック》 聖母マリア．

> **類語** die **Frau**: 女性. (既婚または未婚の女性も含めて「成年女子」一般を意味する. また, 名前とともに敬称・呼びかけにも用いる). die **Dame**: 元来は「貴族婦人」の意味. 現在では既婚・未婚の別なく「淑女，ご婦人」を意味する上品な言い回し. Meine *Damen* und Herren! (聴衆に向かって:) みなさん! das **Weib**: 女. (今日では軽蔑のニュアンスを持つ卑語). So ein blödes *Weib*! なんてばかな女だ. das **Fräulein**: a) 未婚の成年女性. 年齢に関係ないが, たいてい若い人を指す. b) 名前とともに用いると, 未婚女性に対する敬称・呼びかけ. (今日では女性に対する敬称・呼びかけとしては Frau がふつう). das **Mädchen**: (未婚の)女の子, 若い女性.

Frau·chen [ふラオヒェン fráuçən] 囲 -s/- (Frau の 縮小) ① 小柄な女性. ② 女房. ③ (飼犬の)女主人.

Frau·en⸗arzt [ふラオエン・アールツト] 男 -es/..ärzte 婦人科医. (女性形: ..ärztin).

Frau·en⸗be·we·gung [ふラオエン・ベヴェーグング] 囡 -/ 女性[解放]運動．

Frau·en⸗eman·zi·pa·ti·on [ふラオエン・エマンツィパツィオーン] 囡 -/ 女性解放．

frau·en⸗feind·lich [ふラオエン・ふァイントりヒ] 形 女性の権利を損う，女性差別の．

frau·en⸗haft [ふラオエンハふト] 形 女らしい，女性的な．

Frau·en⸗haus [ふラオエン・ハオス] 囲 -es/..häuser 女性の家，シェルター(夫の暴力から逃れてきた妻たちを収容する駆け込み寺のような施設)．

Frau·en⸗kli·nik [ふラオエン・クリーニク] 囡 -/-en 婦人科病院．

Frau·en⸗lei·den [ふラオエン・らイデン] 囲 -s/-〖ふつう 複〗 婦人病．

Frau·en⸗recht·le·rin [ふラオエン・レヒトりリン] 囡 -/..rinnen 女権(男女同権)を主張する女性，女権論者．

Frau·en⸗sa·che [ふラオエン・ザッヘ] 囡 -/-n 女[だけ]の問題．

Frau·en⸗stimm·recht [ふラオエン・シュティムレヒト] 囲 -[e]s/ 婦人参政権．

Frau·en⸗zim·mer [ふラオエン・ツィンマァ] 囲 -s/- (俗) 女, あま; (方) 女性．

Fräu·lein [ふロイらイン fróylaɪn] 囲 -s/- (口語: -s) ① (雅) (未婚の)女性. (⇨ 類語 Frau). ② (未婚女性の姓の前につけて:) …さん, …嬢 (略: Frl.). (奥 *Miss*). Guten Tag, *Fräulein* Müller! こんにちは, ミュラーさん. (⇔ 近年未婚女性にも一般に Frau をつけて呼びかけるようになった. ⇨ Frau ③). ③ 《口語》(ウェートレスなどへの呼びかけとして:) おねえさん. (⇔ 近年この意味ではほとんど用いられない). *Fräulein*, bitte zahlen! (ウェートレスに:) お勘定お願いします．

frau·lich [ふラオりヒ] 形 (成熟した)女性にふさわしい，女らしい．

Freak [ふリーク fríːk] 囲 [英] -s/-s ① (市民社会からの)逸脱者; 変人. ② マニア, …狂. Computer*freak* コンピュータ・フリーク．

frech [ふレヒ fréç] 形 ① あつかましい, 生意気な, ずうずうしい. (奥 *cheeky*). ein *frecher* Junge 生意気な男の子 / zu 囚³ *frech* sein 囚³ に対して不遜(ぷ)な態度をとる. ② 人目をひく, 思いきった. ein *freches* Hütchen 大胆な[デザインの]帽子．

Frech⸗dachs [ふレヒ・ダクス] 男 -es/-e (戯) 生意気な子(若者)．

Frech·heit [ふレヒハイト] 囡 -/-en ① 〖複 なし〗あつかましさ, 生意気, ずうずうしさ. ② あつかましい(生意気な)言動．

Fre·gat·te [ふレガッテ fregátə] 囡 -/-n (軍) フリゲート艦．

frei [ふライ fráɪ]

> **自由な；空いている**
> Ist hier noch *frei*?
> イスト ヒーァ ノッホ ふライ
> この席はまだ空いていますか．

形 《比較》 freier, 《最上》 frei[e]st) ① 自由な, 拘束(制限)されていない; 捕らわれていない, 自由の身の. (英 free). aus freiem Willen 自由意志で / Freie Hansestadt Bremen 自由ハンザ同盟都市ブレーメン / 《比》意訳 / Der Räuber läuft noch frei herum. その強盗はまだ逃走中だ.
② 自由《奔放》な, 遠慮のない, 率直な. Sie führt ein freies Leben. 彼女は気ままな生活をしている / Ich bin so frei! (勧められて):では遠慮なく / sich⁴ frei aus|drücken 率直に表現する.
③ 《付加語としてのみ》(職業的に)フリーな. ein freier Fotograf フリーのカメラマン.
④ (席などが)空いている, ふさがっていない. (⇔「ふさがっている」は besetzt). Haben Sie noch ein Zimmer frei? (ホテルで):部屋はまだ空いていますか / Sind Sie frei? (タクシーの運転手に):車は空いていますか / Sie ist noch frei. 彼女にはまだ決まった相手がいない / Die Wohnung steht schon lange frei. その住まいはもう長らく空家になっている.
⑤ (時間などが)空いている, (仕事などが)休みの. Ich bin frei. 私は今暇です / in meiner freien Zeit 私の暇なときに / Morgen ist frei. あすは(仕事は・学校は)休みだ.
⑥ 《von 物·事³ ～》(物·事³から)免れている. Er ist frei von Sorgen. 彼には何の心配ごともない / frei von chemischen Zusätzen 化学添加物を含まない.
⑦ さえぎるもののない; 覆い隠されていない, 裸の. ein freier Blick 広々とした眺望 / unter freiem Himmel 露天で.
⑧ 補助手段なしの. aus freier Hand フリーハンドで / Er kann keine freie Rede halten. 彼は原稿なしではスピーチができない.
⑨ 無料の, ただの. Eintritt frei! 入場無料 / Jeder Fluggast hat 20 Kilogramm Gepäck frei. 搭乗客は 20 キログラムの荷物までは無料です / Wir liefern die Ware frei Haus. 当店では品物を無料配達します.
⑩ 《競》(特にサッカーで:)ノーマークの. ⑪ 《化·物》化合(融合)していない.
▶ frei|bekommen, frei|geben², frei|haben, frei|halten², frei|lassen, frei|lebend, frei|legen, frei|machen

..frei [..ふらイ ..frai]《形容詞をつくる 接尾》 ① (免れている) 例: steuerfrei 免税の. ② (含んでいない) 例: alkoholfrei アルコールを含まない. ③ (必要でない) 例: bügelfrei アイロンのいらない, ノーアイロンの.

Frei·bad [ふらイ・バート] 中 -[e]s/..bäder 屋外プール.

frei|be·kom·men*, frei be·kom·men* [ふらイ・ベコンメン frái-bəkɔ́mən] (過分 freibekommen / frei bekommen) 他 (h) ① 《口語》(一定の時間⁴を)休みにしてもらう. eine Stunde⁴ freibekommen 1時間の休みをもらう. ② (保釈金などによって 人⁴を)釈放してもらう; (物⁴を)返還してもらう.

frei≈be·ruf·lich [ふらイ・ベルーふりヒ] 形 自由業の.

Frei≈be·trag [ふらイ・ベトラーク] 男 -[e]s/..träge 《法》非課税額, 控除額.

Frei≈beu·ter [ふらイ・ボイタァ] 男 -s/- (昔の)海賊; 利益をむさぼる者, がりがり亡者. (女性形: -in).

Frei≈bier [ふらイ・ビーァ] 中 -[e]s/ (祭り・開店祝い時の)ふるまいのビール, 無料ビール.

frei≈blei·bend [ふらイ・ブらイベント] 形 《商》無拘束の, 価格契約のない.

Frei≈brief [ふらイ・ブリーふ] 男 -[e]s/-e 《史》① (中世の国王・領主による)認可状, 特許状; 《比》公認, めこぼし. ② (農奴の)解放状.

Frei≈burg [ふらイ・ブルク frái-burk] 中 -s/ 《都市名》① フライブルク[·イム・ブライスガウ] (=Freiburg im Breisgau) (ドイツ, バーデン・ヴュルテンベルク州の大学都市; 略: Freiburg i. Br.: [参照 地図 C-4). ② フライブルク[·イン・デア・シュヴァイツ] (=Freiburg in der Schweiz), フリブール (=Fribourg) (スイス 26 州の一つ, およびその州都; 略: Freiburg i. d. S.: [参照 地図 C-5).

Frei≈den·ker [ふらイ・デンカァ] 男 -s/- (特に宗教上の)自由思想家. (女性形: -in).

das **Freie** [ふらイエ fráíə] 《語尾変化は形容詞と同じ》[参照 Alte[s]] 戸外, 野外. im Freien 戸外(野外)で / ins Freie gehen 戸外(野外)へ出る.

Frei·er [ふらイァァ fráíər] 男 -s/- ① 求婚者. ② 《婉曲》(売春婦などの)客.

Frei·ers·fü·ße [ふらイアァス・ふューセ] 複 《成句的に》 auf Freiersfüßen gehen 《戯》嫁探しをする, (男が)結婚したいと思っている.

Frei≈ex·em·plar [ふらイ・エクセンプるール] 中 -s/-e 《書籍》献本, 贈呈本.

Frei≈frau [ふらイ・ふらオ] 女 -/-en 男爵夫人.

Frei≈ga·be [ふらイ・ガーベ] 女 -/-n 解放, 釈放; (制限・管理状態からの)解除.

frei|ge·ben*¹ [ふらイ・ゲーベン frái-gèːbən] 他 (h) (制限・管理状態から)解除する; (物⁴の)公開(利用)を許可する. 物⁴ zum Verkauf freigeben 物⁴の販売を許可する.

frei|ge·ben*², frei ge·ben* [ふらイ・ゲーベン] I 他(h) (捕虜など⁴を)自由の身にする, 解放(釈放)する. Sie *hat* ihren Verlobten freigegeben. 彼女は婚約を解消した / 人³ den Weg freigeben 人³に道を空ける. II 自 (h) (人³に)休暇を与える.

frei≈ge·big [ふらイ・ゲービヒ] 形 気前のいい, 物惜しみしない. Sie ist sehr freigebig. 彼女はとても気前がいい.

Frei≈ge·big·keit [ふらイ・ゲービヒカイト] 女 -/ 気前のよさ.

Frei≈geist [ふらイ・ガイスト] 男 -[e]s/-er (特に宗教上の)自由思想家 (=Freidenker).

Frei≈ge·päck [ふらイ・ゲペック] 中 -[e]s/ 《航空旅客などの)無料手荷物.

frei|ha·ben*, frei ha·ben* [ふらイ・ハーベン frái-hàːbən] 自 (h) 《口語》(人が)休みであ

る. Ich *habe* morgen *frei*. 私はあすは休みです.

Frei≈ha·fen [フライ・ハーフェン] 男 -s/..häfen 《商》自由港(輸出入とも無関税の港).

frei|hal·ten¹ [フライ・ハるテン frái-hàltən] 他 (h) (囚⁴の)勘定を代わって支払う, (囚⁴に)おごる.

frei|hal·ten², **frei hal·ten*** [フライ・ハるテン] 他 (場所などを)空けておく, とっておく. 囚³ einen Platz *freihalten* 囚³に席をとっておく / Einfahrt bitte *freihalten*! (車庫の前などの掲示:)入口をふさがないでください.

Frei≈han·del [フライ・ハンデる] 男 -s/ 《商》自由貿易, 自由通商.

Frei·han·dels≈zo·ne [フライハンデるス・ツォーネ] 囡 -/-n 自由貿易地域.

frei≈hän·dig [フライ・ヘンディヒ] 形 ① (道具を使わず)手だけによる. *freihändig* zeichnen フリーハンドで描く. ② (支えを使わずに;)手で支えない. *freihändig* Rad fahren 手放しで自転車に乗る.

***die Frei·heit** [フライハイト fráɪhaɪt] 囡 (単) -/(複) -en ① [(複)なし] 自由; (拘束などからの)解放; (義務などの)免除. (英 freedom). Meinungs*freiheit* 言論の自由 / die *Freiheit* der Presse² 報道(出版)の自由 / 囚³ die *Freiheit*⁴ geben (または schenken) 囚³に自由を与える, 囚³を自由の身にしてやる / **für** die *Freiheit* kämpfen 自由のために戦う / **in** voller *Freiheit* まったく自由に / *Freiheit* **von** Not und Furcht 窮乏と恐怖からの解放.
② (自由な)特権, 気まま, 勝手. Er genießt als Künstler viele *Freiheiten*. 彼は芸術家だからずいぶん気ままに暮らしている / Ich nehme mir die *Freiheit*, das zu sagen. 勝手ながらそれを言わせていただきます.

frei·heit·lich [フライハイトリヒ] 形 自由を求める, 自由主義的な, リベラルな.

Frei·heits≈be·rau·bung [フライハイツ・ベラオブング] 囡 -/ 《法》不法監禁.

Frei·heits≈drang [フライハイツ・ドラング] 男 -(e)s/ 自由への熱望.

Frei·heits≈krieg [フライハイツ・クリーク] 男 -(e)s/-e 独立(解放)戦争; [(複)で] 《史》(ナポレオンに対するドイツの)解放戦争 (1813–1815).

Frei·heits≈stra·fe [フライハイツ・シュトラーフェ] 囡 -/-n 《法》自由刑(個人の自由を取り上げる刑. 懲役・禁固・拘留など).

frei≈her·aus [フライ・ヘラオス] 副 率直に, 腹蔵なく. *freiheraus* gesagt 率直に言えば.

Frei≈herr [フライ・ヘル] 男 -n/-en 男爵(略: Frhr.) (Graf「伯爵」と Ritter「騎士」の中間の爵位).

Frei≈kar·te [フライ・カルテ] 囡 -/-n 無料入場券.

frei≈kau·fen [フライ・カオフェン frái-kàufən] 他 (h) 身代金を払って自由の身にする.

frei|kom·men [フライ・コンメン frái-kɔ̀mən] 自 (s) (囚人などが)釈放される.

Frei≈kör·per≈kul·tur [フライケルパァ・クるトゥーァ] 囡 -/ 裸体主義, ヌーディズム (略: FKK).

Frei≈land [フライ・らント] 中 -(e)s/ 《農・園芸》露地(ビニールハウスなどでなく, 露天の栽培地).

frei|las·sen*, frei las·sen* [フライ・らッセン frár-làssən] 他 (h) (囚人など⁴を)釈放する; (鳥など⁴を)放してやる.

Frei≈las·sung [フライ・らッスング] 囡 -/-en 釈放, 解放; (鳥などを)放すこと.

Frei≈lauf [フライ・らオフ] 男 -(e)s/..läufe 《工》(自転車・自動車の)フリーホイール装置.

frei·le·bend, frei le·bend [フライ・れーベント] 形 (動物が)野生の.

frei|le·gen, frei le·gen [フライ・れーゲン frá-lè:gən] 他 (h) (覆いを除いて)露出させる; (埋もれたものを⁴)発掘する.

frei·lich [フライリヒ fráɪlɪç] 副 ① (南ドツ)もちろん, 言うまでもなく (= natürlich). Kommst du mit?—Ja, *freilich*. いっしょに来る?—ええ, もちろん. ② もっとも[…ではあるが], ただし. Sie arbeitet schnell, *freilich* nicht sehr gründlich. 彼女は仕事が速い, もっともあまり綿密ではないが.

Frei·licht≈büh·ne [フライリヒト・ビューネ] 囡 -/-n 野外劇場.

Frei·licht≈ki·no [フライリヒト・キーノ] 中 -s/-s 野外映画館.

Frei·licht≈mu·se·um [フライリヒト・ムゼーウム] 中 -s/..museen [..ムゼーエン] (古い農家などを展示する)野外[民俗]博物館.

Frei·licht≈the·a·ter [フライリヒト・テアータァ] 中 -s/- 野外劇場.

frei|ma·chen¹ [フライ・マッヘン frái-màxən] 他 (h) (郵便物⁴に)切手を貼(は)る.

frei|ma·chen², frei ma·chen [フライ・マッヘン] I 再帰 (h) *sich*⁴ *freimachen* (口語)時間を空ける. Kannst du *dich* heute *freimachen*? きょう時間を空けてくれないか. II 自 (h) 《口語》休みをとる, 仕事を休む.

Frei≈mar·ke [フライ・マルケ] 囡 -/-n 郵便切手 (= Briefmarke).

Frei≈mau·rer [フライ・マオラァ] 男 -s/- フリーメーソンの会員.

Frei≈mau·re·rei [フライ・マオレライ] 囡 -/ フリーメーソン[運動].

Frei≈mut [フライ・ムート] 男 -(e)s/ 率直さ, 正直さ, 公明正大. 男⁴ mit *Freimut* bekennen 男⁴を正直に白状する.

frei≈mü·tig [フライ・ミューティヒ] 形 率直な, あけすけな, 臆面(ξ)もない.

Frei·mü·tig·keit [フライ・ミューティヒカイト] 囡 -/ 率直さ, 正直さ (= Freimut).

frei|pres·sen [フライ・プレッセン frái-prèsən] 他 (h) 強迫手段を使って釈放させる.

frei≈schaf·fend [フライ・シャッフェント] 形 フリーで仕事をしている. ein *freischaffender* Schriftsteller フリーのライター(著述家).

Frei≈schär·ler [フライ・シェーァらァ] 男 -s/-

Frei·schütz [ふライ・シュッツ] 男 -en/-en 魔弾の射手(伝説上の人物. ヴェーバーのオペラ『魔弾の射手』の題名).

frei|schwim·men* [ふライ・シュヴィンメン frái-ʃvimən] 再帰 (h) sich⁴ freischwimmen (15分間泳ぐ)水泳の基本試験に合格する.

frei|set·zen [ふライ・ゼッツェン frái-zɛ̀tsən] 他 (h) ①(元素など⁴を)遊離させる; (エネルギーなど⁴を)発生させる. ②(化) 配置転換する; 解雇する.

frei·sin·nig [ふライ・ズィニヒ] 形《古》自由思想の.

frei|spre·chen* [ふライ・シュプレッヒェン frái-ʃprɛ̀çən] 他 (h) ①(法) (人⁴に)無罪を言い渡す. ②〖人⁴ von 事³ ~〗(比)(人⁴に)(事³の(責任・非難などの))いわれがないとする. ③(徒弟⁴に)職人の資格を与える.

Frei·spre·chung [ふライ・シュプレッヒュング] 中 -/-en ①(法)無罪判決. ②職人資格の認定.

Frei·spruch [ふライ・シュプルフ] 男 -(e)s/..sprüche《法》無罪判決.

Frei·staat [ふライ・シュタート] 男 -(e)s/-en 共和国(=Republik).

Frei·statt [ふライ・シュタット] 女 -/..stätten《雅》避難所, 隠れ家.

frei|ste·hen* [ふライ・シュテーエン frái-ʃtɛ̀:ən] 自 (h)(人³の)自由である. Es *steht* Ihnen völlig *frei*, zu gehen oder zu bleiben. 行こうがとどまろうが、それはまったくあなたの自由です.
▶ frei ④

frei|stel·len [ふライ・シュテレン frái-ʃtɛ̀lən] 他 (h) ①(人³に)(物⁴の選択を)任せる, ゆだねる. ②〖人⁴ von 事³ ~〗(人⁴を事³から)解放(免除)する.

Frei·stil [ふライ・シュティーる] 男 -(e)s/《英》(レスリング・水泳の)フリースタイル, 自由型.

Frei·stoß [ふライ・シュトース] 男 -es/..stöße (サッカーの)フリーキック.

Frei·stun·de [ふライ・シュトゥンデ] 女 -/-n (学校・職場などの)休み時間, 休憩時間.

der **Frei·tag [ふライ・ターク frái-ta:k] 男 (単2) -(e)s/(複) -e (3格のみ -en) 金曜日(略: Fr.).《英》*Friday*.《参考》曜日名☞ Woche). **am** *Freitag* 金曜日に / [am] nächsten *Freitag* 今度の金曜日に / der Stille *Freitag*《カット》聖金曜日.

Frei·tag·abend [ふライターク・アーベント] 男 -s/-e 金曜日の晩. [am] *Freitagabend* 金曜日の晩に.

frei·tag·abends [ふライターク・アーベンツ] 副 [毎週]金曜日の晩に.

Frei·tags [ふライ・タークス] 副 [毎週]金曜日に, 金曜日ごとに.

Frei·tisch [ふライ・ティッシュ] 男 -(e)s/-e (特に苦学生のための)無料給食.

Frei·tod [ふライ・トート] 男 -(e)s/-e《雅・婉曲》自殺(=Selbstmord).

frei·tra·gend [ふライ・トラーゲント] 形《建》支柱のない(橋など).

Frei·trep·pe [ふライ・トレッペ] 女 -/-n 屋外階段.

Frei·übung [ふライ・ユーブング] 女 -/-en《ふつう複》徒手体操.

Frei·um·schlag [ふライ・ウムシュラーク] 男 -(e)s/..schläge [返信用]切手を貼(は)った封筒.

Frei·wild [ふライ・ヴィると] 中 -(e)s/ 他人の意のままにならいやすい人.

frei·wil·lig [ふライ・ヴィりヒ frái-vɪlɪç] 形 自由意志による, 自発的な, 志願の.《英》*voluntary*. eine *freiwillige* Versicherung 任意保険 / Er ist *freiwillig* mitgekommen.《現在完了》彼は自ら進んでついて来た.

Frei·wil·li·ge[r] [ふライ・ヴィりゲ (..ガァ)] 男 女《語尾変化は形容詞と同じ》①ボランティア. ②志願者(義勇)兵.

Frei·wil·lig·keit [ふライ・ヴィりヒカイト] 女 -/ 自由意志, 自発性.

Frei·wurf [ふライ・ヴルふ] 男 -(e)s/..würfe (バスケットボールなどの)フリースロー.

Frei·zei·chen [ふライ・ツァイヒェン] 中 -s/ (電話の)呼び出し音.

die **Frei·zeit** [ふライ・ツァイト frái-tsaɪt] 女 (単) -/(複) -en《ふつう単》(仕事のない)自由な時間, 余暇.《英》*leisure*). In meiner *Freizeit* lese ich viel. 暇なとき私はよく読書します.

Frei·zeit·ge·stal·tung [ふライツァイト・ゲシュタるトゥング] 女 -/-en 余暇利用, レジャー活動.

Frei·zeit·in·dus·trie [ふライツァイト・インドゥストリー] 女 -/ レジャー産業.

frei·zü·gig [ふライ・ツューギヒ] 形 ①移住(住所選択)の自由のある. ②おうような, 太っ腹の; (既成のモラルなどに)とらわれない.

Frei·zü·gig·keit [ふライ・ツューギヒカイト] 女 -/-en 移住(移転)の自由; (既成のモラルなどに)とらわれないふるまい.

****fremd** [ふレムト frémt]

> よその; 見知らぬ
> Ich bin hier *fremd*.
> イヒ ビン ヒーア ふレムト
> 私はこの土地は不案内だ.

形《比較 fremder, 最上 fremdest》 ① よその[国・土地の], 外国の, 異国の.《英》*foreign*). *fremde* Länder 諸外国 / eine *fremde* Sprache 外国語 / *fremde* Sitten よその国の風習.
② 他人の, よその人の. *fremdes* Eigentum 他人の財産 / Das Haus kam in *fremde* Hände. その家は人手に渡った / unter *fremdem* Namen schreiben 匿名(偽名)で書く.
③ 見知らぬ, なじみのない; よそよそしい.《英》*strange*). Ein *fremder* Mann sprach ihn an. 見知らぬ男が彼に話しかけた / Diese Sache ist mir *fremd*. こういうことは私にはなじみがない / Warum tust du so *fremd*? どうし

てそんなによそよそしくするの.
④ いつもと違った. In der neuen Frisur sah sie ganz *fremd* aus. 新しい髪型にすると彼女は別人のように見えた.

fremd・ar・tig [フレムト・アールティヒ] 形 見慣れない, 風変わりな, 異様な; 異国風の.

Frem・de [フレムデ frémdə] 女 -/《雅》他国, 外国, 異郷. in der *Fremde* leben 外国で暮らす / in die *Fremde* ziehen 外国へ行く.

frem・deln [フレムデルン frémdəln] 自 (h) (子供などが)人見知りする.

Frem・den≠buch [フレムデン・ブーフ] 中 -[e]s/..bücher 宿泊人名簿, 宿帳.

Frem・den≠feind・lich [フレムデン・ファイントリヒ] 形 よそ者(外国人)に対して敵意をもった(発言・態度など).

Frem・den≠füh・rer [フレムデン・フューラァ] 男 -s/- 観光ガイド.(女性形: -in).

Frem・den≠hass [フレムデン・ハス] 男 -es/ 外国人憎悪.

Frem・den≠le・gi・on [フレムデン・レギオーン] 女 -/ (フランスの)外人部隊.

Frem・den≠ver・kehr [フレムデン・フェアケーア] 男 -s/ 観光[客の往来]; 観光[事業].

Frem・den≠zim・mer [フレムデン・ツィンマァ] 中 -s/- 客用寝室, 客室.

Frem・de[r] [フレムデ (..ダァ) frémdə (..dər)] 男 女《語尾変化は形容詞と同じ ☞ Alte[r]》(例: 男 1格 der Fremde, ein *Fremder*) よその人, 外国人; 見知らぬ人. Ein *Fremder* fragte mich nach dem Weg. 一人の外国人(見知らぬ男性)が私に道を尋ねた.

fremd|ge・hen* [フレムト・ゲーエン frémtgèːən] 自 (s)《口語》浮気をする.

Fremd≠herr・schaft [フレムト・ヘルシャフト] 女 -/-en《ふつう複》《政》外国による支配(統治).

Fremd≠kör・per [フレムト・ケルパァ] 男 -s/- ① 《医・生》異物. ② 《比》周囲(環境)に溶け込めない人(物).

fremd≠län・disch [フレムト・レンディッシュ] 形 外国の, 外来の種の; 異国風の.

Fremd・ling [フレムトリング frémtlɪŋ] 男 -s/-e 《詩》よその人, よそ者.

***die Fremd≠spra・che** [フレムト・シュプラーヘ frémt-ʃpraːxə] 女 (単) -/(複) -n 外国語.《英》*foreign language*).(☞「母[国]語」は Muttersprache). eine *Fremdsprache*⁴ erlernen 外国語を習得する / Er spricht (beherrscht) drei *Fremdsprachen*. 彼は三つの外国語を話す(マスターしている).

fremd≠spra・chig [フレムト・シュプラーヒヒ] 形 外国語を話す; 外国語で書かれた; 外国語でなされる. *fremdsprachiger* Unterricht 外国語で行われる授業.

fremd≠sprach・lich [フレムト・シュプラーハリヒ] 形 外国語の, 外国語に関する. *fremdsprachlicher* Unterricht 外国語の授業.

Fremd≠wort [フレムト・ヴォルト] 中 -[e]s/..wörter 《言》外来語.

Fremd・wör・ter≠buch [フレムトヴェルタァ・ブーフ] 中 -[e]s/..bücher 外来語辞典.

fre・ne・tisch [フレネーティッシュ frenéːtɪʃ] 形 熱狂的な, 熱烈な(喝采(かっさい)など).

fre・quen・tie・ren [フレクヴェンティーレン frekventíːrən] 他 (h)《雅》(ある場所⁴を)しばしば訪れる, よく利用する.

Fre・quenz [フレクヴェンツ frekvénts] 女 -/-en ① 来訪者数, 出席者数; (統計の)頻度. ② 《物》振動数, 周波数, サイクル; 《医》脈はく数. Hoch*frequenz* 高周波.

Fres・ko [フレスコ frésko] 中 -s/Fresken 《美》フレスコ壁画.

Fres・sa・li・en [フレサーリエン frεsáːliən] 複 《口語・戯》食い物.

Fres・se [フレッセ frésə] 女 -/-n 《俗》① 口 (=Mund). eine große *Fresse* haben 大口をたたく / Halt die *Fresse*! 黙れ. ② 顔, 面. 人³ die *Fresse*⁴ polieren 人³の顔に一発くらわす.

fres・sen [フレッセン frésən] du frisst, er frisst (fraß, hat...gefressen) I 他 (定了 haben) ① (動物が餌など⁴を)食べる;《俗》(人が)がつがつ食う, むさぼり食う.(☞「人が食べる」は essen). Die Pferde *fressen* Gras. 牛が草をはんでいる / Gib dem Hund etwas zu *fressen*! 犬に何か食べものをやりなさい / Keine Angst, ich *will* dich nicht *fressen*. 《口語・戯》心配するな, 君を取って食ったりしないから / Den *habe* ich *gefressen*.《口語》あいつにはうんざりだ / Jetzt *hat* er es endlich *gefressen*.《口語》今やっと彼にはそのことがのみ込めた.(☞ 熟語 begreifen).

② 《比》(燃料・お金など⁴を)くう, 消費する. Dieser Wagen *frisst* viel Benzin. この車はたくさんガソリンをくう / Sein Hobby *frisst* Zeit und Geld. 彼の趣味は時間とお金がかかる. ③ 《雅》侵食する. Die Sonne *frisst* den Schnee. 太陽が雪を解かす. ④ 《A⁴ in B⁴ ~》(A⁴(穴)を B⁴に)あける. Die Motten *haben* Löcher in den Anzug *gefressen*. 虫がスーツに穴をあけた.

II 自 (定了 haben) ① (動物が)食べる, 餌(えさ)を食う;《俗》(人が)がつがつ食う. Er isst nicht, er *frisst*. 彼の食べ方は人間というよりまるで動物だ / 人³ *aus* der Hand *fressen* a) (動物などが)人³の手から餌を食べる, b) 《比》人³の言いなりになる.

② 侵食する, むしばむ. Rost *frisst am* Eisen. さびが鉄を腐食する / Die Sorge *frisst* an ihr. 《比》心配が彼女の心をさいなむ.

III 再帰 (定了 haben) *sich*⁴ *fressen* ①《口語》食べて[その結果]...になる. *sich*⁴ dick und rund *fressen* たくさん食べて丸々太る.

② 《*sich*⁴ *in* (または *durch*) 物⁴ ~》(物⁴へ)食い込む. Der Wurm *frisst sich* ins Holz. 虫が材木を食って中へ入り込む.

Fres・sen [フレッセン] 中 -s/ ① 食べること. 人⁴ *zum Fressen* gern haben 《口語・戯》食

べてしまいたいほど囚⁴が好きである / zum *Fressen* sein (または aus|sehen) (子供の話)(少女・幼児などが)食べてしまいたいほど可愛い. ③(動物の餌(⅔));(俗)(人間の)食い物.

Fres·ser [ふレッサァ frέsər] 男 -s/- ①(農)餌(⅔)を食う動物. ②(俗)大食漢. (女性形: -in).

Fres·se·rei [ふレッセライ frεsərái] 女 -/-en《俗》大ごちそう; 大食い;《圏なし》行儀の悪い食べ方.

Fress≈sack [ふレス・ザック] 男 -[e]s/..säcke《俗》大食漢.

Frett·chen [ふレッティヒェン frétçən] 中 -s/-(動)フェレット(ケナガイタチの一種. うさぎ狩りなどに使われた).

Freud [ふロイト frɔ́yt] -s/《人名》フロイト (Sigmund *Freud* 1856-1939; オーストリアの精神科医. 精神分析の創始者).

*die **Freu·de** [ふロイデ frɔ́ydə] 女(単) -/(複)-n 喜び, うれしさ, 歓喜; 楽しみ; 喜びの種. (英 joy). (⇔「悲しみ」は Leid). eine große *Freude* 大きな喜び / Das ist aber eine *Freude*! こいつはうれしいや / Das ist keine reine *Freude*. これはあまりうれしいことではない / Er hat an der Arbeit viel *Freude*. 彼は仕事が大好きだ / 囚³ mit 物³ *Freude*⁴ machen (または bereiten) 囚³を物³で喜ばす / 囚³ die *Freude*⁴ verderben (または versalzen) 囚³の楽しみをだいなしにする / Es wird mir eine *Freude* sein, Sie zu begleiten. 喜んでお伴をさせていただきます / Geteilte *Freude* ist doppelte *Freude*. (諺)人と分け合う喜びは二倍の喜びだ.

◇《前置詞とともに》in *Freud* und Leid《雅》喜びにつけ, 悲しみにつけ / Begleiten Sie mich? — Mit *Freuden*! 私についていらっしゃいますか — 喜んで / Sie weinte vor *Freude*. 彼女はうれし泣きした / zu meiner größten *Freude* 私にとってとてもうれしかったことには.

[類語] die **Freude**: (一般的な意味での)喜び. das **Vergnügen**: (感覚的な)喜び, 満足. (Freude に比べて受動的). der **Spaß** = (娯楽などの表面的な)楽しみ, 喜び. (Vergnügen よりは能動的な喜び). die **Lust**: (感覚的に快い)喜び, 楽しみ. die *Lust* am Musizieren 音楽をやる楽しみ.

Freu·den≈feu·er [ふロイデン・フォイアァ] 中 -s/- 祝いのかがり火.

Freu·den≈haus [ふロイデン・ハオス] 中 -es/..häuser《婉曲》売春宿, 娼家(しょう).

Freu·den≈mäd·chen [ふロイデン・メーティヒェン] 中 -s/-《婉曲》売春婦.

Freu·den≈tau·mel [ふロイデン・タオメる] 男 -s/- 有頂天, 狂喜.

Freu·den≈trä·ne [ふロイデン・トレーネ] 女 -/-n《ふつう複》うれし涙.

freu·de≈strah·lend [ふロイデ・シュトラーれント] 形 喜びに輝いた, 喜色満面の.

***freu·dig** [ふロイディヒ frɔ́ydiç] 形 うれしい, 楽しげな; 喜ばしい, 喜びをもたらす. (英 joyful). ein *freudiges* Gesicht⁴ machen うれしそうな顔をする / eine *freudige* Nachricht うれしい知らせ / ein *freudiges* Ereignis《婉曲》おめでた(子供の誕生). (☞ [類語] froh).

freud≈los [ふロイト・ろース] 形 喜び(楽しみ)のない.

****freu·en** [ふロイエン frɔ́yən]

(再帰で:)喜ぶ

Ich *freue mich* auf die Ferien.
イヒ ふロイエ ミヒ アオふ ディ フェーリエン
私は休暇を楽しみにしています.

(freute, hat...gefreut) I 再帰 (完了 haben) *sich*⁴ *freuen* 喜ぶ, うれしく思う.(英 be glad). *sich*⁴ wie ein Kind *freuen* 子供のように喜ぶ / Ich *freue mich* sehr, wenn du mir hilfst. 君が手伝ってくれたらとてもうれしいんだが / Wir *freuen uns*, dass Sie gekommen sind. あなたに来ていただいて私たちはうれしいです / *sich*⁴ 国² *freuen*《雅》国²を喜ぶ(楽しむ) ⇒ Ich *freue mich deines* Glückes. 君が幸せで私はうれしい.

◇《*sich*⁴ **an** 囚・物³ ~》(囚・物³を見て)楽しむ, 喜ぶ, 喜んで味わう. Er *freute sich* an den Blumen. 彼は花を眺めて楽しんだ.

◇《*sich*⁴ **auf** 囚・物⁴ ~》(囚・物⁴を)楽しみにして[待って]いる. Wir *freuen uns* auf Weihnachten. 私たちはクリスマスが待ち遠しい / Die Kinder *freuen sich* [darauf], die Tante bald zu sehen. 子供たちはもうすぐおばさんに会うのを楽しみにしている.

◇《*sich*⁴ **über** 囚・物⁴ ~》(囚・物⁴のことを)喜ぶ, うれしく思う. Er *hat sich* sehr *über* das Geschenk *gefreut*. 彼はそのプレゼントをもらってとても喜んだ / Ich *freue mich* [darüber], dass sie das Spiel gewonnen hat. 私は彼女が試合に勝ったことがうれしい.

II 他 (完了 haben) 喜ばせる, うれしがらせる. Das *freut* mich sehr. それはとてもうれしいです / Dein Brief *hat* ihn *gefreut*. 君の手紙は彼を喜ばせた / Es *freut* mich, Sie hier zu treffen. ここであなたに出会えてうれしいです.

◇(主語を省略して)*Freut* mich [sehr]! (紹介されて:)はじめまして.

freund [ふロイント frɔ́ynt] 形 (囚³に)好意を持っている.

der **Freund [ふロイント frɔ́ynt]

友人 Das ist mein *Freund* Peter.
ダス イスト マイン ふロイント ペータァ
こちらは私の友人のペーターです.

男 (単2) -es (まれに -s)/(複) -e (3格のみ -en) ① 友人, 友だち; 味方. (英 friend). (⇔「敵」は Feind). mein bester *Freund* 私のいちばんの親友 / Er ist ein guter *Freund* von mir. 彼は私の親友です / Er hat viele *Freunde*. 彼にはたくさん友だちがいる / Sie sind dicke *Freunde*.《口語》彼らは大の仲良しだ / **Als** *Freund* möchte ich dir sagen, … 友人として私は君に言いたいのだが, … / Er wird von *Freund* und Feind geachtet. 〖受動・現在〗彼はだれからも尊敬される(←味方からも敵からも) / Du bist mir ein schöner *Freund*! (反語的に:)君は実にいい友だちだよ / **unter** *Freunden* 仲間内で / sich³ 人⁴ **zum** *Freund* machen 人⁴を友人にする.

② ボーイフレンド, (男性の)恋人.(〈参考〉「ガールフレンド」は Freundin). Sie hat einen neuen *Freund*. 彼女には新しいボーイフレンドがいる. (〈参考〉女性の立場からこの語が使われる場合「深い仲の男友だち」を表すことが多い.「ふつうの男友だち」なら ein Bekannter と表す方が無難).

③ 愛好家, ファン; 支持者. Er ist ein *Freund* der Oper. 彼はオペラの愛好家だ / Ich bin kein *Freund* von vielen Worten. 多言は私の好むところではない.

④《呼びかけ》Lieber *Freund*!(手紙の冒頭で:)友よ / Mein lieber *Freund*![いやみな]君!

〈参考〉..freund のいろいろ: **Brieffreund** ペンフレンド / **Duzfreund**「du」で呼び合う友 / **Geschäftsfreund**（商売の取引相手）/ **Herzensfreund** 親友 / **Jugendfreund** 若いころの友人 / **Naturfreund** 自然愛好家 / **Schulfreund** 学校の友だち / **Sportfreund** スポーツ愛好家 / **Studienfreund** 大学時代の友だち

〖類語〗**der Freund**:（気の合った）友人, 友だち. **der Kamerad**:(仕事・学校・軍隊などの)仲間, 戦友. **der Kollege**:(職場での)同僚, 仕事仲間. **der Kommilitone**:(大学での)学友, 同級生.

Freund·chen [フロインティヒェン fróyntçən] 中 -s/- (Freund の縮小)（威嚇的な呼びかけとして:)君, あんた. Na warte, *Freundchen*! おいお前, ちょっと待て.

Freun·des·kreis [フロインデス・クライス] 男 -es/-e 交友範囲. einen großen *Freundeskreis* haben 交友範囲が広い.

*die **Freun·din** [フロインディン fróyndin] 囡 (単) -/(複) ..dinnen ① (女性の)友人. Sie ist die *Freundin* meiner Tochter. 彼女は私の娘の友だちです. ② ガールフレンド, (女性の)恋人.(〈参考〉「ボーイフレンド」は Freund). Er hat eine feste *Freundin*. 彼にはステディーな仲の彼女がいる. (〈参考〉男性の立場からこの語が使われる場合「深い仲の女友だち」を表すことが多い.「ふつうの女友だち」なら eine Bekannte と表す方が無難).

***freund·lich** [フロイントリヒ fróyntlıç] 形 ① 親切な, 好意的な; 友好的な.(〈参考〉friendly).(⇔「敵意のある」は feindlich). eine *freundliche* Verkäuferin 親切な女店員 / ein *freundliches* Gesicht⁴ machen 愛想のいい顔をする / Das ist sehr *freundlich* **von** Ihnen. ご親切にありがとうございます / Würden Sie so *freundlich* sein, mir zu helfen?〖接2・現在〗すみませんが手伝ってくださいませんか / Mit *freundlichen* Grüßen (手紙の結びで:)敬具 / Bitte recht *freundlich*!（写真を撮るときに:)にっこり笑って! / Sie war immer *freundlich* **zu** mir. 彼女はいつも私に親切だった / 人⁴ *freundlich* an|sehen 人⁴をやさしく見つめる.

② 好ましい, 快適な;（色などが）明るい感じの. *freundliches* Wetter 好天 / eine *freundliche* Wohnung 快適な住居.

〖類語〗**freundlich**:（友好的・協力的で）親切な. **gut**:（好意的で）やさしい. Er ist sehr *gut* zu seiner Mutter. 彼は母親にとてもやさしい. **liebenswürdig**: 親切でていねいな.（freundlich よりも好意的な感情が込められている). **nett**:（見た感じ・接した感じが）親切で感じのいい.

..freund·lich [..フロイントリヒ ..frɔyntlıç]《形容詞をつくる 接尾》① 《友好的な》例: hunde*freundlich* 犬好きな. ②《…になじむ》例: haut*freundlich* 皮膚になじみやすい.

die **Freund·lich·keit** [フロイントリヒカイト fróyntlıçkaɪt] 囡 (単) -/(複) -en ①〖複なし〗親切, 好意. Ich danke Ihnen für Ihre *Freundlichkeit*. ご親切に感謝します / Hätten Sie die *Freundlichkeit*, mir zu helfen?〖接2・現在〗手伝っていただけませんでしょうか. ② 親切(好意的)な言動. 人³ *Freundlichkeiten*⁴ sagen 人³に親切な言葉をかける.

die **Freund·schaft** [フロイントシャフト frɔynt-ʃaft] 囡 (単) -/(複) -en ① 友情, 友好関係.(〈参考〉friendship).(〈参考〉「敵意」は Feindschaft). eine treue *Freundschaft* 変わらぬ友情 / mit 人³ *Freundschaft*⁴ schließen 人³と友情を結ぶ / Das nennt sich nun *Freundschaft*! (反語的に:)これが友情というものか / 人⁴ **aus** *Freundschaft* tun 友情から人⁴をする / Ich sage es dir **in** aller *Freundschaft*. 私は君のためを思えばこそ言ってやるのだよ. ②〖複〗つき合い仲間. ③〖複なし〗(方)親類.

freund·schaft·lich [フロイントシャフトリヒ fróynt-ʃaftlıç] 形 友好的な, 友情ある, 親しい. ein *freundschaftlicher* Rat 友情の込もった忠告 / *freundschaftliche* Beziehungen⁴ unterhalten 友好関係を保っている.

Freund·schafts⸗be·such [フロイントシャフツ・ベズーフ] 男 -[e]s/-e 親善訪問.

Freund·schafts⸗dienst [フロイントシャフツ・ディーンスト] 男 -[e]s/-e 友情からの助力.

Freund·schafts⸗spiel [フロイントシャフツ・シュピーる] 中 -[e]s/-e 〖スポ〗親善試合.

freu·te [フロイテ] *freuen (再帰で: 喜ぶ)の過去

Fre·vel [フれーふぇる] 男 -s/- (雅)(秩序・法律などへの)違反, 不法[行為]; 冒瀆(ぼうとく)[的行為].

fre·vel·haft [フれーふぇるハフト] 形 (雅) 破廉恥な, 冒瀆(ぼうとく)的な, 不法な.

fre·veln [フれーふぇるン] 自 (h)(雅) 違反(不法)行為を行う, 悪事を働く. **gegen** das Gesetz *freveln* 法を犯す.

Frev·ler [フれーふらァ fré:flɐr] 男 -s/- (雅) 犯罪者; 無法者.（女性形: -in).

Frey·tag [フライ・ターク fráɪ-ta:k] -s/ (人名) フライターク (Gustav *Freytag* 1816–1895; ドイツの

作家).

Frhr. [フライ・ヘル]《略》男爵(=Freiherr).

Frie·da [フリーダ frí:da] -s/《女名》フリーダ. (Friede.., ..friede の縮小).

Frie·de [フリーデ frí:də] 男 -ns (3格・4格 -n)/(雅)=Frieden

*der **Frie·den** [フリーデン frí:dən] 男 (単2) -s/(複) - ① [複 なし] 平和. (英 peace). (対義「戦争」は Krieg). Weltfrieden 世界平和 / ein ewiger Frieden 永遠の平和 / Krieg und Frieden 戦争と平和 / den Frieden erhalten (brechen) 平和を維持する(破る) / mit dem Feind Frieden[4] schließen 敵と講和を結ぶ / für den Frieden kämpfen 平和のために戦う / im Frieden 平時に / in Frieden und Freiheit leben 平和と自由の中に生きる.

② 講和条約[締結]. der Westfälische Frieden von 1648 1648年のウェストファリア講和条約 (30年戦争の終結時).

③ [複 なし] 安らぎ, 平穏; 和合. der häusliche Frieden 家庭の安らぎ / der Frieden des Herzens 心の安らぎ / in Ruhe und Frieden 平穏に / Lass mich in Frieden! ほっといてくれ / Ruhe in Frieden! (死者に対する弔辞) 安らかに眠りたまえ / um des lieben Friedens willen zu|stimmen ことを荒だてないために同意する.

Frie·dens⇒be·we·gung [フリーデンス・ベヴェーグング] 女 -/-en 平和運動.

Frie·dens⇒bruch [フリーデンス・ブルフ] 男 -[e]s/..brüche 平和(講和)条約違反.

Frie·dens⇒kon·fe·renz [フリーデンス・コンフェレンツ] 女 -/-en 平和(講和)会議.

Frie·dens⇒no·bel·preis [フリーデンス・ノーベルプライス] 男 -es/-e ノーベル平和賞.

Frie·dens⇒pfei·fe [フリーデンス・プファイフェ] 女 -/-n 平和のパイプ(アメリカインディアンが和解の儀式でパイプを回し飲みしたことから).

Frie·dens⇒rich·ter [フリーデンス・リヒタァ] 男 -s/- ① (法) (特にアメリカ・イギリスの)治安判事. (女性形: -in). ② (昔の)仲裁官(調停)者.

Frie·dens⇒schluss [フリーデンス・シュルス] 男 -es/..schlüsse 平和(講和)条約締結.

Frie·dens⇒stif·ter [フリーデンス・シュティフタァ] 男 -s/- 調停者, 仲裁者. (女性形: -in).

Frie·dens⇒tau·be [フリーデンス・タオベ] 女 -/-n 平和の[シンボルとしての]鳩.

Frie·dens⇒trup·pe [フリーデンス・トルッペ] 女 -/-n (国際連合の)平和維持部隊.

Frie·dens⇒ver·hand·lun·gen [フリーデンス・フェアハンドるンゲン] 複 和平交渉.

Frie·dens⇒ver·trag [フリーデンス・フェアトラーク] 男 -[e]s/..träge 平和(講和)条約.

Frie·de·ri·ke [フリーデリーケ fri:dəríːkə] -[n]s/《女名》フリーデリーケ.

fried⇒fer·tig [フリート・フェルティヒ] 形 平和を好む, 穏やかな, 温厚な.

Fried⇒fer·tig·keit [フリート・フェルティヒカイト] 女 -/ 平和, 温和[な性格].

der **Fried·hof** [フリート・ホーフ frí:t-ho:f] 男 (単2) -[e]s/(複) ..höfe [..ヘーフェ] (3格のみ ..höfen) 墓地, 霊園. den Friedhof besuchen 墓参りをする.

fried·lich [フリートりヒ frí:tlɪç] 形 ① 平和な, 平和を好む; 平和に役だつ. (英 peaceful). die friedliche Nutzung der Kernenergie[2] 核エネルギーの平和的利用 / eine friedliche Koexistenz 平和共存. ② 穏やかな, 和やかな; (雅) 安らぎに満ちた, 平安な. eine friedliche Atmosphäre 和やかな雰囲気 / friedlich ein|schlafen 《雅》永眠する. (☞ 類語 still).

fried·lie·bend [フリート・リーベント] 形 平和を愛する, 争いを好まない.

fried⇒los [フリート・ろース] 形 ① 《雅》平和(安らぎ)のない, 不安な. ② (史) 追放された, 法的な保護を奪われた.

Fried·rich [フリードリヒ frí:drɪç] -s/ I 《男名》フリードリヒ. II -s/-s 《姓》フリードリヒ. III -s/ 《人名》Friedrich der Große フリードリヒ大王(1712-1786; 在位 1740-1786; プロイセン王フリードリヒ2世の通称).

frie·ren [フリーレン frí:rən] (fror, hat/ist ... gefroren) I 自 (完了 haben または sein) ① (h) (人が)寒がる, 寒けを感じる; (手・足などが)凍える. (英 freeze). Ich friere. 私は寒い / Sie friert sehr leicht. 彼女はとても寒がりだ / Ich friere an den Füßen. または Die Füße frieren mir. 私は足が冷える.

② (s) 凍る, 氷結する. Das Fenster ist gefroren. [現在完了] 窓が凍りついた.

II 非人称 (完了 haben) ① «es friert 人[4] の形で» 人[4] が寒がる. Es friert mich. または Mich friert. 私は寒い / Mich friert an den Händen. 私は手が冷える. (対義 es は文頭以外ではふつう省かれる).

② Es friert. (気温が)氷点下になる, 凍るように寒い. Draußen friert es. 外は凍(い)てつくほど寒い.

Fries [フリース frí:s] 男 -es/-e ① (建) フリーズ, (壁面上部などの)帯状装飾. (☞ Säule 図 / ☞「建築様式 (1)」, 1744ページ). ② (織) フリーズ (粗ラシャの一種).

Frie·se [フリーゼ frí:zə] 男 -n/-n フリース人.

frie·sisch [フリーズィッシュ frí:zɪʃ] 形 フリース[人・語]の.

Fries·land [フリースらント frí:s-lant] 中 -s/ 《地名》フリースラント(ドイツ, ニーダーザクセン州の東フリースラントとオランダ北部の西フリースラントにまたがる地域).

fri·gid [フリギート frigí:t] 形 (医)(女性について:) 不感症の.

fri·gi·de [フリギーデ frigí:də] 形 =frigid

Fri·gi·di·tät [フリギディテート frigidité:t] 女 -/ (医) (女性の)不感症.

Fri·ka·del·le [フリカデれ frikadélə] 女 -/-n (料理) フリカデレ(ミンチを丸めて焼いたもの).

Fri·kas·see [フリカセー frikasé:] 中 -s/-s (料

理)フリカッセ(細切り肉をソースで煮込んだ料理).

fri·kas·sie·ren [ふリカスィーレン frikasi:rən] 他 (h) ① 《料理》(肉⁴を)フリカッセにする. ② 《口語·戯》(人⁴を)さんざんなぐる.

Frik·ti·on [ふリクツィオーン frktsió:n] 囡 -/-en ① (工) 摩擦. ② (経) 『経済』摩擦. ③ 《雅》《旧》不和, 軋轢(勢). ④ (医) (軟膏(勢)の)塗擦; マッサージ.

frisch [ふリッシュ frɪʃ] 形 (比較 frischer, 最上 frischest) ① 新鮮な, 真新しい, 出来たての, …したての. (英 fresh). (⇔「古くなった」は alt). *frisches* Brot 焼きたてのパン / *frisches* Gemüse 新鮮な野菜 / eine *frische* Wunde 生傷(袋) / 人⁴ auf *frischer* Tat ertappen 人⁴を現行犯で捕える / Das Obst ist noch *frisch*. その果物はまだ新鮮だ / Vorsicht, *frisch* gestrichen (または *frisch*gestrichen)! (掲示などで:)注意, ペンキ塗りたて / *Frisch* gewagt ist halb gewonnen.《謌》断じて行えば半ば成功.
② 清潔な, 洗いたての. Das Handtuch ist *frisch*. そのタオルは洗いたてです / ein *frisches* Hemd⁴ an|ziehen 洗いたてのシャツを着る.
③ 元気な, はつらつとした, 生き生きとした. ein *frisches* Mädchen ぴちぴちした少女 / Er ist wieder *frisch* und munter. 彼はまた元気はつらつとなった. ④ (色·記憶などが)鮮明な. *frische* Farben 鮮やかな色. ⑤ 冷え冷えとする, うすら寒い[ほどの]. ein *frischer* Morgen 冷え冷えとした朝 / Es ist *frisch* draußen. 外はひんやりしている.

▶ frisch⸗gebacken²

frisch⸗ba·cken [ふリッシュ·バッケン] 形 焼きたての(パンなど).

Fri·sche [ふリッシェ frɪ́ʃə] 囡 -/ ① 元気, はつらつ, 活発. in körperlicher und geistiger *Frische* 身心ともにはつらつとして. ② 新鮮さ; 爽快(勢), 清涼[感]. die *Frische* des Morgens 朝の爽快さ.

frisch⸗ge·ba·cken¹ [ふリッシュ·ゲバッケン] 形 《口語》なりたての, 新米の. ein *frischgebackener* Ehemann 新婚ほやほやの夫.

frisch⸗ge·ba·cken², **frisch ge·ba·cken** [ふリッシュ·ゲバッケン] 形 焼きたての(パンなど).

Frisch⸗ge·mü·se [ふリッシュ·ゲミューゼ] 匣 -s/- 新鮮な野菜, 生野菜.

Frisch·hal·te⸗beu·tel [ふリッシュハるテ·ボイテる] 男 -s/- (食品保存用のビニール袋.

Frisch·hal·te⸗fo·lie [ふリッシュハるテ·フォーりエ] 囡 -/-n (食品保存用の)ラップ.

Frisch·hal·te⸗pa·ckung [ふリッシュハるテ·パックング] 囡 -/-en (食品保存用の)真空パック.

Frisch·ling [ふリッシュりング frɪ́ʃlɪŋ] 男 -s/-e 《狩》いのししの1歳子.

frisch⸗weg [ふリッシュ·ヴェック] 副 さっさと, ためらわずに, あっさりと.

* der Fri·seur [ふリゼーァ frizǿ:r] 男 (単2) -s/(複) -e (3格のみ -en) 理容師, 美容師.
(英 *hairdresser*). Herren*friseur* (男性のための)理容師 / sich³ **beim** *or* **vom** *Friseur* die Haare⁴ schneiden lassen 床屋(美容院)で髪を切ってもらう / **zum** *Friseur* gehen 床屋へ行く.

Fri·seu·rin [ふリゼーリン frizǿ:rɪn] 囡 -/..rinnen (女性の)理容師, 美容師.

Fri·seur⸗sa·lon [ふリゼーァ·ザろーン] 男 -s/-s 理容店, 美容院, ヘアーサロン.

fri·sie·ren [ふリズィーレン frizí:rən] (frisierte, *hat*…frisiert) 他 《定了》haben) ① (人⁴の)髪型を整える(セットする); (髪⁴を)整える. Der Friseur *hat* dich sehr schön *frisiert*. 美容師は君の髪をとてもきれいにセットしてくれたね / sich⁴ *frisieren lassen* 髪をセットしてもらう / (人³ (sich³)) das Haar⁴ *frisieren* 人³(自分)の髪を整える. ◊《再帰的に》*sich*⁴ *frisieren* 自分の髪を整える, 整髪する.
② 《口語》ごまかす, 粉飾する. eine Statistik⁴ *frisieren* 統計をごまかす. ③ 《自動車》(性能を高めるために)改造する. einen Motor *frisieren* エンジンを改造して性能を高める.

fri·siert [ふリズィーァト] frisieren (髪型を整える)の 過分, 3人称単数·2人称親称複数 現在

fri·sier·te [ふリズィーァテ] frisieren (髪型を整える)の 過去

Fri·sier⸗tisch [ふリズィーァ·ティッシュ] 男 -[e]s/-e 化粧台.

Fri·sör [ふリゼーァ frizǿ:r] 男 -s/-e 理容師 (=Friseur). (女性形: -in).

friss [ふリス] *fressen (動物が食べる)の du に対する 命令

frisst [ふリスト] *fressen (動物が食べる)の 2人称親称単数·3人称単数 現在

***die* Frist** [ふリスト frɪst] 囡 (単) -/(複) -en ① 期限, 期間. (英 *period*). Zahlungs*frist* 支払い期限 / eine kurze *Frist* 短期間 / eine *Frist* von drei Jahren 3年の期限 / Die *Frist* ist abgelaufen. 『現在完了』期限が切れた / eine *Frist*⁴ verlängern 期限を延ばす. ② 期日, タイムリミット. eine *Frist*⁴ bestimmen (または fest|setzen) 期日を定める / bis zu dieser *Frist* この期日までに. ③ (一定の)猶予期間.

fris·ten [ふリステン frɪ́stən] 他 (h) (生活など⁴を)かろうじて維持していく.

frist⸗ge·recht [ふリスト·ゲレヒト] 形 期限どおりの.

frist⸗los [ふリスト·ろース] 形 猶予のない, 即時の. eine *fristlose* Entlassung 即時解雇.

***die* Fri·sur** [ふリズーァ frizú:r] 囡 (単) -/(複) -en ヘアスタイル, 髪型. die *Frisur*⁴ ändern 髪型を変える.

fri·tie·ren [ふリティーレン] frittieren の古い形.

Frit·ta·te [ふリターテ frɪtá:tə] 囡 -/-n (郏芝)《料理》(スープに入れる細切りにした)パンケーキ.

frit·tie·ren [ふリティーレン frɪtí:rən] 他 (h) 《料理》(肉·魚など⁴を)油で揚げる, フライにする.

Fritz [ふリッツ frɪts] I 《男名》フリッツ (Friedrich の 短縮). II 男 -en/-en (軽蔑的に:)ドイツ

人、ドイツ野郎(外国人、特にイギリス人がドイツ人を指して言う).

fri・vol [ふリヴォーる frivóːl] 形 ① 軽薄な, 浮薄な. ② 下品な, 卑猥(ﾋﾞﾜｲ)な(冗談など).

Fri・vo・li・tät [ふリヴォリテート frivolitέːt] 女 /-en ① 《圏 なし》軽薄さ, 浮薄さ. ② 軽はずみな(いかがわしい)言動.

Frl. [ふロイらイン] 《略》…嬢, …さん (=**Fräulein**).

Frö・bel [ふレーべる frǿːbəl] -s/ 《人名》フレーベル (Friedrich W. A. *Fröbel* 1782–1852; ドイツの教育家・幼稚園の創始者).

***froh** [ふロー fróː]

> 楽しい　*Frohe* Weihnachten!
> ふローエ　ヴァイナハテン
> メリー・クリスマス!

形 《比較》froher, 《最上》froh[e]st ① **楽しい**[気分の], 朗らかな. 《英》*glad*). ein *froher* Mensch 朗らかな人 / ein *frohes* Gesicht うれしそうな顔 / Er hat ein *frohes* Gemüt. 彼は明るい心の持ち主だ. (☞ 類語 lustig).
② 《口語》(満足して・ほっとして)**喜んでいる**, うれしい. Ich bin *froh* über diese Lösung. 私はこの解決を喜んでいる / Ich bin *froh*, dass du gekommen bist. 私は君が来てくれてうれしい / 物・事² *froh* sein 《雅》物・事²を喜んでいる.
③ 《付加語としてのみ》 喜ばしい. eine *frohe* Nachricht うれしいニュース / ein *frohes* Ereignis⁴ feiern めでたい出来事を祝う / Frohes Fest! (祝日のあいさつで)おめでとう / die Frohe Botschaft (ｷﾘｽﾄ教) 福音.

> 類語 **froh**: (満足して・ほっとして)うれしい. **freudig** 喜びに満ちた. **fröhlich**: (うきうきとして)楽しげな; 楽しい. **erfreulich**: 満足すべき, 喜ばしい. Das Ergebnis ist *erfreulich*. その結果は喜ばしいものだ.

froh≈ge・mut [ふロー・ゲムート] 形 朗らかな, 快活な.

***fröh・lich** [ふレーリヒ fröːlɪç] I 形 ① **快活な**, 陽気な. 《英》*merry*). Sie ist immer *fröhlich*. 彼女はいつも陽気だ. (☞ 類語 lustig).
② (雰囲気が)**楽しい**, 愉快な. eine *fröhliche* Gesellschaft 楽しい集い / Fröhliche Weihnachten! メリー・クリスマス! (☞ 類語 froh).
II 副 《口語》気にせずに. Er parkt immer *fröhlich* im Halteverbot. 彼はいつも駐車禁止地区に駐車する.

Fröh・lich・keit [ふレーリヒカイト] 女 -/ 快活さ, 陽気さ; 楽しさ, 愉快さ.

froh・lo・cken [ふロろッケン froló̲kən] 《過分》 frohlockt) (他) 《雅》歓声をあげて喜ぶ; 他人の不幸を喜ぶ. Er *frohlockte* über die Niederlage seines Gegners. 彼は敵の敗北に歓声をあげて喜んだ.

Froh・na・tur [ふロー・ナトゥーア] 女 -/-en ① 《圏 なし》快活(陽気)な性格. ② 快活(陽気)な人.

Froh≈sinn [ふロー・ズィン] 男 -[e]s/ 快活さ, 陽気さ, 愉快な気分.

fromm [ふロム fróm] 形 《比較》 frommer, 《最上》 frommst または 《比較》 frömmer, 《最上》 frömmst) ① **信心深い**, 敬虔(ｹｲｹﾝ)な; 信心深った. 《英》 *religious*). ein *frommer* Christ 敬虔なキリスト教徒. ② 誠実な, 善意の; 《古》実直な, 勤勉な. eine *fromme* Lüge 善意から出たうそ / ein *frommer* Wunsch 〔殊勝な, しかし〕かなうことのない望み. ③ 従順な, おとなしい(動物).

Fröm・me・lei [ふレメらイ frœməláɪ] 女 -/-en ① 《圏 なし》信心ぶること, 偽信. ② 信心ぶった言動.

fröm・meln [ふレンメるン frœməln] 自 (h) 信心ぶる.

from・men [ふロンメン frómən] 自 (h) (人・物³の)役にたつ.

fröm・mer [ふレンマァ] fromm (信心深い)の 《比較》.

Fröm・mig・keit [ふレミヒカイト] 女 -/ 敬虔(ｹｲｹﾝ)さ, 信心深いこと.

Frömm・ler [ふレムらァ frœmlər] 男 -s/- 信心家ぶる人, 偽信者. (女性形 -in).

frömmst [ふレムスト] fromm (信心深い)の 《最上》.

Fron [ふローン fróːn] 女 -/-en 《ふつう 圏》 ① 《史》賦役. ② 《雅》つらい仕事.

Fron≈ar・beit [ふローン・アルバイト] 女 -/-en ① =Fron ② (ｿｼｷ) (自治体などへの)無料奉仕活動.

frö・nen [ふレーネン fröːnən] 自 (h) 《雅》(悪習・趣味などに)ふける, おぼれる.

Fron≈leich・nam [ふローン・らイヒナーム] 男 -[e]s/ 《ふつう冠詞なしで》(ｶﾄﾘｯｸ) 聖体の祝日.

die **Front** [ふロント frónt] 女 (単) -/(複) -en 《英》 *front*) ① (建物の)**正面**, 前面, (軍)(隊列の)前列. die prächtige *Front* des Rathauses 市庁舎の壮麗な正面 / gegen 人⁴ (または **vor** 人³) *Front*⁴ machen 人⁴(または人³)の方に顔を向けて整列する / gegen 人・事⁴ *Front*⁴ machen 《比》人・事⁴に反抗する.
② (軍)戦線, 前線. **an** die *Front* gehen 戦線に赴く. ③ 統一戦線. die *Front* der Kriegsgegner² 反戦者同盟. ④ 《成句的に》**in** *Front* (ｽﾎﾟｰﾂ) 先頭をきって, トップに立って. ⑤ (気象)前線. Kalt*front* 寒冷前線.

fron・tal [ふロンターる frontáːl] 形 前面の, 正面(から)の.

Front≈an・trieb [ふロント・アントリープ] 男 -[e]s/-e (自動車) 前輪駆動.

fror [ふローア] *frieren (寒がる)の 過去.

frö・re [ふレーレ] *frieren (寒がる)の 接²

der **Frosch** [ふロッシュ frɔ́ʃ] 男 (単) -[e]s/(複) Frösche [ふレッシェ] (3格のみ Fröschen) ① (動) **カエル**(蛙). 《英》 *frog*). Die *Frösche* quaken im Teich. 蛙が池でげろげろ鳴いている / Er bläst sich auf wie ein *Frosch*. 彼はいばってそっくりかえっている (←蛙のように体をふくらます) / Sei kein *Frosch*! 《口語》そう気取るなよ,

仲間に入れよ / Ich habe einen *Frosch* im Hals. 《口語》私の声はしゃがれている (←のどの中に蛙を持っている). ② ねずみ花火(点火すると地上を跳び回る). ③ 《音楽》(弦楽器の弓の)元どめ, ナット.

Frö·sche [ふレッシェ] Frosch (カエル)の 複

Frosch=mann [ふロッシュ・マン] 男 -[e]s/..männer 潜水工作員, ダイバー.

Frosch=per·spek·ti·ve [ふロッシュ・ペルスペクティーヴェ] 女 -/-n 地面(低い所)からの視点, ローアングル; 《比》狭い視野. 圏4 aus der *Froschperspektive* betrachten (または sehen) 《比》狭い視野で 圏4 を見る.

Frosch=schen·kel [ふロッシュ・シェンケる] 男 -s/- 《料理》蛙のもも(後脚).

der Frost [ふロスト frɔ́st] 男 (単2) -es (まれに -s)/(複) Fröste [ふレステ] (3格のみ Frösten) ① (氷点下の)寒気, 厳寒; 霜. 《英 frost》. strenger *Frost* 厳しい寒気 / Dieser Baum hat *Frost* bekommen. この木は霜にやられた. ② 悪寒(おかん), 寒け.

Frost=beu·le [ふロスト・ボイれ] 女 -/-n 《医》霜焼け, 凍瘡(そうそう).

Frös·te [ふレステ] Frost (寒気)の 複

frös·teln [ふレステるン fröstəln] Ⅰ 自 (h) 寒けがする, 震える. vor Angst *frösteln* 恐怖で震える. Ⅱ 非人称 (h) 《es fröstelt 囚4の形で》 囚4 が寒さを感じる. Es *fröstelt* mich. または Mich *fröstelt*. 私は寒けがする.

fros·ten [ふロステン frɔ́stən] Ⅰ 他 (h) (野菜・肉など4を)冷凍する. Ⅱ 非人称 (h) Es frostet. 《雅》(気温が)氷点下になる, 凍るように寒い.

Fros·ter [ふロスタァ frɔ́stɐ] 男 -s/- フリーザー, 冷凍室(庫).

fros·tig [ふロスティヒ frɔ́stɪç] 形 ① 非常に寒い, 凍りつくような. eine *frostige* Nacht 寒さの厳しい夜. ② 《比》冷淡な, 冷ややかな. ein *frostiger* Empfang 冷ややかな出迎え.

Frost=scha·den [ふロスト・シャーデン] 男 -s/..schäden (植物・道路などの)霜害, 凍害.

Frost=schutz=mit·tel [ふロストシュッツ・ミッテる] 中 -s/- 凍結(霜害)防止剤.

Frot·té [ふロテー froté:] 《フ》 中 男 -[s]/-s 《フランス》=Frottee

Frot·tee [ふロテー froté:] 中 男 -[s]/-s 《織》パイル織りの布; 《口語》タオル地.

frot·tie·ren [ふロティーレン frotí:rən] 他 (h) (タオルなどで囚4の)体を摩擦する.

Frot·tier=tuch [ふロティーァ・トゥーフ] 中 -[e]s/..tücher タオル.

frot·zeln [ふロッツェるン frɔ́tsəln] Ⅰ 自 (h) 《口語》からかう, ひやかす. Ⅱ 他 《über 人・物4 ~》《口語》(人・物4を)からかう, ひやかす.

die Frucht [ふルフト frúxt] 女 (単) -/(複) Früchte [ふリュヒテ] (3格のみ Früchten) ① 果実, 果物, (植物の)実 (=Obst). 《英 fruit》. eine reife (süße) *Frucht* 熟した(甘い)果実 / die *Früchte*4 pflücken 果実をもぐ / verbotene *Früchte* 《比》禁断の木の実(創世記 3, 2-6) / Der Baum trägt reiche *Früchte*. その木はいっぱい実をつけている. ② 《圏 なし》《方》穀物 (=Getreide). Die *Frucht* steht dieses Jahr gut. 今年は穀物の出来くあいがよい. ③ 胎児 ④ 《比》成果, 所産. Das Buch ist die *Frucht* langer Arbeit. この本は長年の研究の成果である.

► frucht=bringend

frucht·bar [ふルフトバール frúxtbaːr] 形 ① 実り豊かな, (土地が)肥えた, 肥沃(ひょく)な. 《英 fertile》. Dieser Boden ist sehr *fruchtbar*. この土地はたいへん肥えている. ② 多産な, 繁殖力旺盛(おうせい)な. Kaninchen sind sehr *fruchtbar*. うさぎはとても繁殖力が強い / ein *fruchtbarer* Schriftsteller 《比》多作の作家. ③ 有益な, 有用な. ein *fruchtbares* Gespräch 有益な話し合い.

Frucht·bar·keit [ふルフトバールカイト] 女 -/ 肥沃(ひょく), 実り豊かなこと, 多産; 有益性.

Frucht=bon·bon [ふルフト・ボンボーン] 男 中 -s/-s フルーツドロップ, フルーツキャンデー.

frucht=brin·gend, Frucht brin·gend [ふルフト・ブリンゲント] 形 実り豊かな, 生産的な; 有益な.

Frücht·chen [ふリュヒトヒェン frýçtçən] 中 -s/- (Frucht の 縮小) ① 小さな実. ② 《口語》ろくでなし, ごくつぶし.

Früch·te [ふリュヒテ] Frucht (果実)の 複

fruch·ten [ふルフテン frúxtən] 自 (h) (忠告などが)効果がある, 役にたつ.

Frucht=fleisch [ふルフト・ふらイシュ] 中 -[e]s/ 果肉.

Frucht=fol·ge [ふルフト・ふォるゲ] 女 -/-n 《農》輪作.

fruch·tig [ふルフティヒ frúxtɪç] 形 果実の風味(芳香)のある, フルーティーな.

Frucht=kno·ten [ふルフト・クノーテン] 男 -s/- 《植》子房.

frucht=los [ふルフト・ろース] 形 実りのない, 効果のない, 無益な.

Frucht=lo·sig·keit [ふルフト・ろーズィヒカイト] 女 -/ 実り(効果)のないこと, 無益.

Frucht=saft [ふルフト・ザふト] 男 -[e]s/..säfte 果汁, フルーツジュース.

Frucht=was·ser [ふルフト・ヴァッサァ] 中 -s/ 《医》羊水.

Frucht=wech·sel [ふルフト・ヴェクセる] 男 -s/- 《農》輪作.

Frucht=zu·cker [ふルフト・ツッカァ] 男 -s/- 《化》果糖.

fru·gal [ふルガール frugáːl] 形 質素な, つましい. ein *frugales* Mahl 質素な食事.

*****früh** [ふリュー frýː]

> 早い Ich stehe immer *früh* auf.
> イヒ シュテーエ インマァ ふリュー アオふ
> 私はいつも早く起きる.

Ⅰ 形 (比較 früher, 最上 früh[e]st) ① 《時刻など

が) 早い; 初期の. (英 *early*). (対語「時刻などが遅い」は spät;「速度が速い」は schnell. am *frühen* Morgen 早朝に / in *früher* Kindheit ごく幼いころに / der *frühe* Beethoven《比》初期のベートーヴェン / Es ist noch *früh* am Tag[e]. まだ朝のうちだ.

② (予定・基準より)早い, 早めの. ein *früher* Winter 例年より早く訪れた冬 / eine *frühe* Apfelsorte 早生(ワセ)りんご / *früh* sterben 夭逝(ヨウセイ)(早死に)する.

II 副 ① 早く. *früh* auf|stehen 早く起きる / Komm möglichst *früh*! できるだけ早く来てくれ / Ich habe es von *früh* an gelernt. 私は子供のころからそれを学んだ.

② 朝に. heute *früh* (または *Früh*) 今朝 / morgen *früh* (または *Früh*) 明朝 / [am] Montag *früh* 月曜の朝に / um vier Uhr *früh* 朝の4時に / Er arbeitet von *früh* bis spät. 彼は朝から晩まで働く.

Früh⸗auf·ste·her [フリュー・アオフシュテーアァ] 男 -s/- 早起きの人.

Früh⸗beet [フリュー・ベート] 田 -[e]s/-e 温床.

Frü·he [フリューエ frý:ə] 女 -/ 《雅》早朝. in aller *Frühe* 朝早く, 朝まだきに.

***frü·her** [フリューア frý:ər] (⇔ früh の比較) I 形 ① より早い. Wir nehmen einen *früheren* Zug. 私たちはもっと早く出る列車に乗ります. ②《付加語としてのみ》以前の, かつての, 昔の. der *frühere* Minister 前(元)大臣 / in *früheren* Zeiten 昔.

II 副 ① より早く. Wir essen heute eine Stunde *früher*. 私たちはきょうは[いつもより] 1時間早く食事をします / *früher* oder später 遅かれ早かれ / Je *früher*, desto besser. 早ければ早いほどよい. ② 以前, かつては, 昔は. Sie war *früher* Verkäuferin. 彼女はかつて店員をしていた / Wir kennen uns von *früher* [her]. 私たちは昔からの知り合いです.

Früh⸗er·ken·nung [フリュー・エアケンヌング] 女 -/《医》(癌(ガン)などの)早期発見.

frü·hest [フリューエスト frý:əst] (⇔ früh の最上) 最も早い; 初期の. am *frühesten* いちばん早く / in *frühester* Kindheit ごく幼いころに / die *frühesten* Kulturen 最古の文化.

frü·hes·tens [フリューエステンス frý:əstəns] 副 早くとも. (対語「遅くとも」は spätestens). *frühestens* morgen 早くてもあす.

Früh⸗ge·burt [フリュー・ゲブアト] 女 -/-en 早産; 早産児.

Früh⸗ge·schich·te [フリュー・ゲシヒテ] 女 -/ ①《史》原史[期] (先史時代に続く時期). ②《思想・運動などの》初期段階.

Früh⸗jahr [フリュー・ヤール] 田 -[e]s/-e (農業暦などの)春 (1月から5月まで).

***der* Früh·ling** [フリューリング frý:lɪŋ]

春 Der *Frühling* ist da! 春が来た.
デァ フリューリング イスト ダー

男 (単2) -s/(複) -e (3格のみ -en)《ふつう 単》春. (英 *spring*). (対語「夏」は Sommer,「秋」は Herbst,「冬」は Winter). ein warmer *Frühling* 暖かい春 / Es wird *Frühling*. 春になる / Im *Frühling* blühen die Bäume. 春になると木々に花が咲く / der *Frühling* des Lebens《比》人生の春.

früh·lings·haft [フリューリングスハフト] 形 春のような, 春めいた.

früh⸗mor·gens [フリュー・モルゲンス] 副 早朝に.

früh⸗reif [フリュー・ライフ] 形 ① 早熟の, ませた. ② (果物・穀物などが)早生(ワセ)の.

Früh⸗rei·fe [フリュー・ライフェ] 女 -/ ① 早熟. ② (果物・穀物などの)早生(ワセ).

Früh⸗schop·pen [フリュー・ショッペン] 男 -s/- 仲間と昼間を一杯やること.

***das* Früh⸗stück** [フリュー・シュテュック frý:-ʃtyk] 田 (単2) -s/(複) -e (3格のみ -en) 朝食;《口語》朝食を食べるための休憩. (英 *breakfast*). Um acht Uhr ist *Frühstück*. 8時に朝食です / das *Frühstück*⁴ nehmen 朝食をとる / zum *Frühstück* ein Ei⁴ essen 朝食に卵を食べる / das zweite *Frühstück* 小昼(コビル)と昼の間にとる軽い食事(「昼食」は Mittagessen,「夕食」は Abendessen).

***früh·stü·cken** [フリュー・シュテュッケン frý:-ʃtykən] (frühstückte, hat... gefrühstückt) I 自 (完了 haben) 朝食をとる. Hast du schon *gefrühstückt*? もう朝食は済んだの? (対語「昼食を食べる」は zu Mittag essen,「夕食を食べる」は zu Abend essen).

II 他 (完了 haben) (物⁴を)朝食に食べる. Spiegeleier⁴ *frühstücken* 目玉焼きを朝食に食べる.

früh·stück·te [フリューシュテュックテ] ⁎frühstücken (朝食を食べる)の過去.

früh⸗zei·tig [フリュー・ツァイティヒ] I 形 早い, 早期の; (予定・基準より)早い. das *frühzeitige* Erkennen der Krankheit² 病気の早期発見 / ein *frühzeitiger* Winter 例年より早く訪れた冬. II 副 早く, 早期に. *frühzeitig* auf|stehen 早起きする.

Frust [フルスト frúst] 男 -[e]s/《口語》= Frustration

Frus·tra·ti·on [フルストラツィオーン frustratsió:n] 女 -/-en《心》フラストレーション, 欲求不満.

frus·trie·ren [フルストリーレン frustrí:rən] 他 (h) ①《心》(人⁴に)フラストレーション(欲求不満)を起こさせる. ②《口語》(人⁴を)失望させる.

F-Schlüs·sel [エフ・シュリュッセル] 男 -s/- 《音楽》ヘ音記号, 低音部記号.

***der* Fuchs** [フクス fúks] 男 (単2) -es/(複) Füchse [フュクセ] (3格のみ Füchsen) ①《動》キツネ(狐). (英 *fox*). Rot*fuchs* 赤ぎつね / dort, wo sich die *Füchse* gute Nacht sagen《戯》人里離れた所(←きつねが「おやすみ」と言いし合う所). ② きつねの毛皮. Sie trägt einen

Fuchs. 彼女はきつねの襟巻をしている. ③《口語》ずる賢い人. ④ 赤毛の人; 栗毛の馬. ⑤ (学生言葉)(学生組合の)新入生. ⑥《昆》ヒオドシチョウ.

Fuchs·bau [ふクス・バオ] 男 -[e]s/-e《狩》きつねの巣穴.

Füch·se [ふュクセ] Fuchs (キツネ)の 複

fuch·sen [ふクセン fúksən] I 他 (h)《口語》すごく怒らせる. Das *fuchst* mich. これには腹が立つ. II 再帰 (h)〘*sich*⁴ **über** 人・事⁴ ~〙《口語》(人・事⁴に)すごく腹が立つ.

Fuch·sie [ふクスィエ fúksiə] 女 -/-n《植》フクシア, ツリウキソウ.

fuch·sig [ふクスィヒ fúksıç] 形 ① きつね色の. ② 性急な, 短気な;《口語》ひどく腹を立てた.

Füch·sin [ふュクスィン fýksın] 女 -/..sinnen《動》(雌の)キツネ(狐).

Fuchs≠jagd [ふクス・ヤークト] 女 -/-en [..ヤークデン]《狩》きつね狩り;《スポ》きつね狩りゲーム.

fuchs≠rot [ふクス・ロート] 形 (髪などが)きつね色の, 赤茶色の.

Fuchs≠schwanz [ふクス・シュヴァンツ] 男 -es/..schwänze ① きつねの尾. ②《工》片刃の小型のこ.

fuchs·teu·fels≠wild [ふクストイふェるス・ヴィらト] 形《口語》怒り狂った.

Fuch·tel [ふフテる fúxtəl] 女 -/-n ①《史》(刑罰用の)広刃の軍刀. ②《複 なし》《口語》厳格な監督(規律). **unter** der *Fuchtel* des Lehrers stehen 先生の厳しい監督下にある. ③《ぱヒ》口やかましい女房.

fuch·teln [ふフテるン fúxtəln] 自 (h)〘**mit** 物³ ~〙《口語》(物³を)振り回す.

fuch·tig [ふフティヒ fúxtıç] 形 怒り狂った.

Fu·der [ふーダァ fúːdər] 中 -s/- ① 荷馬車 1 台分の荷(積載量). ein *Fuder* Heu 荷馬車 1 台分の干し草. ②《口語》多量. ③ (特に酒類の)容量単位(おおよそ1,000-1,800 リットル).

Fug [ふーク fúːk] 男〘成句的に〙**mit** *Fug* [**und** Recht] まったく当然のこととして.

Fu·ge¹ [ふーゲ fúːɡə] 女 -/-n ① (れんが・角材などの)継ぎ目, 合わせ目; 裂け目. **aus** den *Fugen* gehen (または geraten) a) 継ぎ目が離れてばらばらになる, b)《比》収拾がつかなくなる. ②《言》(複合語における)接合部.

Fu·ge² [ふーゲ] 女 -/-n (音楽) フーガ, 遁走(とんそう)曲.

fu·gen [ふーゲン fúːɡən] 他 (h)《建》① (建材⁴を)継ぎ合わせる. ② (壁⁴の)目地仕上げをする.

fü·gen [ふューゲン fýːɡən] (fügte, *hat*... gefügt) I 他 (完了 haben) ①〘方向を表す語句〙(物⁴を…へ)つなぎ合わせる, 組み合わせる; はめ込む. A⁴ **an** B⁴ *fügen* A⁴ を B⁴ につなぎ合わせる ⇒ ein Wort⁴ an ein anderes *fügen* 単語と単語をつなぎ合わせる / den Stein **in** die Mauer *fügen* 石を壁にはめ込む. ◇〘再帰的に〙Das Brett *fügt sich* in die Lücke. この板はすきまにうまく合う.
② 《雅》組み立てる. eine Mauer⁴ *fügen* 塀を組み立てる. ③〘A⁴ **zu** B³ ~〙(A⁴ を B³ に)つけ加える, 追加する. ④《雅》(運命が)定める, 仕組む. Der Zufall *fügte* es, dass er sie wieder sah. 偶然にも彼は彼女に再会した.
II 再帰 (完了 haben) *sich*⁴ *fügen* ①〘*sich*⁴ **in** 事⁴ ~〙(事⁴に)順応する. Er *fügte sich* in sein Schicksal. 彼は自分の運命に甘んじた.
② (人・事³に)従う, 応じる. Schließlich *fügte* er *sich* dem Wunsch seines Vaters. 彼は結局父の望みに従った. ③《雅》(偶然にも…と)なる. Es *fügte sich*, dass... 偶然にも…となった.

Fug·ger [ふッガァ fúɡər] I 複〘定冠詞とともに〙フッガー家(の人々)(14-16 世紀ドイツの大商業資本家一族). II -s/《人名》フッガー (Jakob *Fugger* 1459-1525; フッガー家の全盛期を築いた).

füg·lich [ふュークリヒ] 副 正当に, 当然.

füg·sam [ふュークザーム] 形 従順な, 素直な, 扱いやすい.

Füg·sam·keit [ふュークザームカイト] 女 -/ 従順さ, 素直さ, 扱いやすさ.

füg·te [ふュークテ] fügen (つなぎ合わせる)の 過去

Fü·gung [ふューグンク] 女 -/-en ① (神の)摂理, 定め. ②《言》(文・語句の)接続, 結合.

fühl·bar [ふューるバール] 形 (はっきり)それと感じられる, 著しい. ein *fühlbarer* Unterschied 歴然たる相違.

***füh·len** [ふューれン fýːlən]

感じる Wie *fühlen* Sie sich?
ヴィー ふューれン ズィー ズィヒ
気分はいかがですか.

(fühlte, *hat*... gefühlt) I 他 (完了 haben) ① (肉体的に)**感じる**, 知覚する. (例 feel). einen Schmerz *fühlen* 痛みを感じる / Hunger⁴ *fühlen* 空腹を感じる / Sie *fühlte* seine Hand auf ihrem Arm. 彼女は自分の腕に彼の手が触れるのを感じた. ◇〘**zu** のない不定詞とともに〙Ich *fühlte* mein Herz schlagen. 私は心臓の鼓動を感じた.
② (精神的に)感じる, (…という)気がする. Liebe⁴ (Hass⁴) *fühlen* 愛情(憎しみ)を覚える / Sie *fühlte* Mitleid mit ihm. 彼女は彼に同情した / Ich *fühle*, dass er nicht die Wahrheit sagt. どうも彼は本当のことを言っていないような気がする. ◇〘現在分詞の形で〙ein *fühlendes* Herz 情け深い人 / ein zart *fühlendes* Kind 思いやりのある子供.
③ 触って調べる, 触って確かめる. Der Arzt *fühlte* ihm den Puls. 医者は彼の脈をとった. ◇〘目的語なしでも〙*Fühlen* Sie mal hier! ここを触ってごらんなさい.
II 再帰 (完了 haben) *sich*⁴ *fühlen* (自分が…であると)感じる. Ich *fühle mich* nicht wohl. 私は気分が良くない / *sich*⁴ **als** Held *fühlen* 英雄になった気になる / *sich*⁴ betrogen *fühlen* だまされたと思う / *sich*⁴ **wie** zu Hause *fühlen* 自分の家にいるように感じる, くつろぐ / Der *fühlt sich* aber!《口語》あいつはなんてうぬぼれ

III 🈁 (完了 haben) ① 〖**nach** 物³ ～〗(物³を)手探りで探す. Er *fühlte* im Dunkeln nach dem Lichtschalter. 彼は暗闇(ﾔﾐ)の中で電灯のスイッチを手探りで探した.
② 〖**mit** 人³ ～〗(人³に)共感(同情)する.

〖類語〗**fühlen**:「感じる」の意味で最も一般的な語.
empfinden:(ある感情の元となっているものをはっきりと意識して)感じる. Er *empfand* Freude über unser Geschenk. 彼は私たちの贈り物を喜んだ.
spüren:(ある感情が突然に起こるのを)感じる. **verspüren**:(快・不快の感情などを強く)感じる.

Füh·ler [ﾌｭｰﾗｧ fýːlər] 男 -s/- ① 〘動〙(昆虫・カニなどの)触角, 触手. die *Fühler*⁴ aus|strecken a) 触角(触手)を伸ばす, b) 〘比〙慎重に探りを入れる. ② 〘工〙センサー, 感知器.

fühl·te [ﾌｭｰﾙﾃ] ‡fühlen (感じる)の過去

Füh·lung [ﾌｭｰﾙﾝｸﾞ] 囡 -/ 接触, 交渉, 関係. mit 人³ *Fühlung*⁴ nehmen (または auf|nehmen) 人³と接触する / mit 人³ **in** *Fühlung* bleiben 人³と交渉を持ち続ける.

Füh·lung⹀nah·me [ﾌｭｰﾙﾝｸﾞ・ﾅｰﾒ] 囡 -/-n 接触[すること], 関係をつけること.

fuhr [ﾌｰｱ] ‡fahren (乗り物で行く)の過去

Fuh·re [ﾌｰﾚ fúːrə] 囡 -/-n ① 荷車; (1台分の)積み荷. eine *Fuhre* Heu 荷馬車1台分の干し草. ② (車での)運送, 運搬.

füh·re [ﾌｭｰﾚ] **I** ‡führen (導く)の1人称単数 現在 **II** ‡fahren (乗り物で行く)の 接続2

‡‡füh·ren [ﾌｭｰﾚﾝ fýːrən]

> 導く, 案内する
>
> Ich *führe* dich durch die Stadt.
> ｲﾋ ﾌｭｰﾚ ﾃﾞｨﾋ ﾄﾞｩﾙﾋ ﾃﾞｨ ｼｭﾀｯﾄ
> 君に町を案内しよう.
>
> 通じている
>
> Die Straße *führt* zum Rathaus.
> ﾃﾞｨ ｼｭﾄﾗｰｾ ﾌｭｰｱﾄ ﾂﾑ ﾗｰﾄﾊｳｽ
> その道は市庁舎へ通じている.

(führte, hat … geführt) **I** 他 (完了 haben) ① 導く, 案内する, 連れて行く. (英 lead). das Kind⁴ **an** der Hand *führen* 子供の手を引いて行く / Er *führte* seinen Hund an der Leine. 彼は犬をひもにつないで歩いた / die Wirtschaft⁴ **aus** der Krise *führen* 経済を危機から救う / ein Land⁴ **ins** Chaos *führen* ある国を混乱に陥れる / eine Dame⁴ **zu** Tisch *führen* ご婦人をテーブルに案内する / Was *führt* Sie zu mir? 何のご用で私のところへ来られたのですか / Beim Tanzen soll der Herr [die Dame] *führen*. ダンスでは男性が[女性を]リードするものだ.

② 指導する; 率いる, 経営(管理)する. Schüler⁴ streng *führen* 生徒たちを厳しく指導する / eine Delegation⁴ *führen* 代表団を率いる / Meine Eltern *führen* ein Restaurant. 私の両親はレストランを経営しています.

③ (道具など⁴を…のくあいに)操る, 扱う. den Bogen weich *führen* (バイオリンの)弓をしなやかに操る.

④ 〘官庁〙(乗り物⁴を)操縦する, 運転する. ein Flugzeug⁴ *führen* 飛行機を操縦する.

⑤ 〖方向を表す語句とともに〗(物⁴を…へ手で)運ぶ, 動かす. Er *führte* das Glas langsam **zum** Mund. 彼はグラスをゆっくりと口へ運んだ.

⑥ 携帯する; (車両など⁴を)引っぱっている; (川・船などが)運ぶ. Dieser Zug *führt* keinen Speisewagen. この列車は食堂車を連結していない / einen Pass **bei** sich³ *führen* パスポートを携帯する / Das Schiff *führt* Kohle. その船は石炭を運ぶ.

⑦ (標識など⁴を)付けている; (称号など⁴を)持っている. Die Stadt *führt* einen Löwen in ihrem Wappen. この町はライオンを紋章にしている / Er *führt* den Doktortitel. 彼は博士号を持っている.

⑧ (商品⁴を)扱う, 売っている. Diesen Artikel *führen* wir nicht. この商品は私どもでは扱っておりません.

⑨ 〖方向を表す語句とともに〗(道路など⁴を…へ)通す, 敷く. eine Straße⁴ **um** einen See *führen* 湖の周りに道を通す.

⑩ 〖特定の名詞を目的語として〗行う, …する. den Beweis *führen* 立証する / einen Briefwechsel *führen* 文通をする / eine glückliche Ehe⁴ *führen* 幸せな結婚生活を送る / ein Gespräch⁴ mit 人³ *führen* 人³と話をする / einen Prozess *führen* 訴訟を起こす / Verhandlungen⁴ *führen* 交渉をする.

⑪ (帳簿など⁴を)つける, (リストなど⁴を)作成する; (人・物⁴をリストなどに)載せてある / ein Tagebuch⁴ *führen* 日記をつける.

II 🈁 (完了 haben) ① 〖方向を表す語句とともに〗(道などが…へ)通じている. Die Tür *führt* **in** den Garten. このドアは庭へ通じている / Alle Wege *führen* nach Rom. 〘諺〙すべての道はローマへ通じる / Eine Brücke *führt* **über** die Bucht. 橋が入り江に架かっている.

② 〖**zu** 物³ ～〗(結果として物³に)なる. Das *führt* sicher zum Erfolg. それはきっと成功します / Alle Bemühungen *führten* zu nichts. あらゆる努力が無に帰した / Wohin soll das *führen*? それはどういう結果になるのだろうか.

③ 先頭に立つ, リードする. Das Land *führt* **in** der Gentechnologie. その国は遺伝子工学では先端を行っている / Diese Mannschaft *führt* [**mit**] 4:2 (= vier zu zwei). このチームが4対2でリードしている.

III 再帰 (完了 haben) *sich*⁴ *führen* 行状が…である. Der Schüler *hat sich* gut *geführt*. その生徒の態度はよかった

füh·rend [ﾌｭｰﾚﾝﾄ] **I** ‡führen (導く)の 現分 **II** 形 指導的な, 一流の. eine *führende* Persönlichkeit 指導的人物 / eine *führende* Rolle⁴ spielen 主導的役割を演じる / Diese Firma ist *führend* auf ihrem Gebiet. この会社はその分野では一流だ.

der **Füh·rer** [フューラァ fýːrər] 男 (単2) -s/(複) - (3格のみ -n) ① 指導者, リーダー, (隊の)指揮者. (英) leader). Geschäfts*führer* 会社の経営者 / der *Führer* einer Partei² ある党派の党首. ② 案内人, ガイド. (英) guide). Berg*führer* 山の案内人. ③ 案内書, ガイドブック. ein handlicher *Führer* durch München ハンディーなミュンヒェンのガイドブック. ④ 《史》(ナチス・ドイツの)総統 (アードルフ・ヒトラーの称号). ⑤ 《^1》(自動車などの)運転者.

Füh·rer≠haus [フューラァ・ハオス] 中 -es/..häuser (トラック・クレーンなどの)運転台.

Füh·re·rin [フューレリン fýːrərɪn] 女 -/..rinnen ① (女性の)指導者, リーダー. ② (女性の)案内人, ガイド.

füh·rer≠los [フューラァ・ロース] 形 指導者(リーダー)のいない; 案内人なしの; 運転者なしの.

der **Füh·rer≠schein** [フューラァ・シャイン] 男 (単2) -[e]s/(複) -e (3格のみ -en) 運転免許証. den *Führerschein* machen 運転免許を取る / j³ den *Führerschein* entziehen j³から運転免許証を取り上げる.

Füh·rer≠sitz [フューラァ・ズィッツ] 男 -es/-e 運転者(操縦者)席.

Fuhr≠park [フーァ・パルク] 男 -s/-s (まれに-e) (運送会社・軍隊などの)車両保有数.

führ·te [フューァテ] *führen (導く)の 過去

die **Füh·rung** [フュールング fýːrʊŋ] 女 (単) -/(複) -en ① 《複なし》指導, 指揮, 管理; 指導部. die *Führung* eines Betriebes 会社の経営 / die *Führung*⁴ haben 指揮する / unter [der] *Führung* von Herrn Kohl コール氏の指導(指揮)のもとに. ② 案内, 案内人付きの見物. eine *Führung*⁴ durch ein Museum mit|machen 美術館の案内付きの見学に加わる. ③ 《複なし》リード, 優位. in *Führung* gehen (スポーツで)リードする. ④ 《複なし》ふるまい, 行状. ⑤ 《複なし》(器具などの)操作; (官庁)(自動車の)運転. ⑥ (帳簿などの)記入, 記録.

Füh·rungs≠schicht [フュールングス・シヒト] 女 -/-en 指導者層.

Füh·rungs≠spit·ze [フュールングス・シュピッツェ] 女 -/-n (企業・組織などの)主脳部, 指導層.

Füh·rungs≠stab [フュールングス・シュタープ] 男 -[e]s/..stäbe ① (軍隊の)総合幕僚本部. ② (大企業などの)首脳部, オペレーションスタッフ.

Füh·rungs≠zeug·nis [フュールングス・ツォイクニス] 中 -nisses/-nisse ① (警察発行の)無犯罪証明書. ② (雇用主による)勤務評定書.

Fuhr≠un·ter·neh·mer [フーァ・ウンタァネーマァ] 男 -s/- 運送業者. (女性形: -in).

Fuhr≠werk [フーァ・ヴェルク] 中 -[e]s/-e [荷]馬車.

Ful·da [フルダ fúlda] I 中 -s/ 《都市名》フルダ (ドイツ, ヘッセン州: ☞ 地図 D-3). II 女 -/ 《定冠詞とともに》《川名》フルダ川 (フルダ市の近くを流れヴェーザー川となる).

die **Fül·le** [フュレ fýlə] 女 (単) -/(複) -n ① 《複なし》豊富, たくさん, 大量. (英) plenty). eine *Fülle* von Arbeit (Waren) たくさんの仕事(大量の商品) / in [Hülle und] *Fülle* たっぷり, 豊富に ⇒ Wein war in *Fülle* vorhanden. ワインはたっぷりあった. ② 《複なし》《雅》充満, 充実. Er steht in der *Fülle* seiner Kraft. 彼は精力に満ちている. ③ 《複なし》肥満. Er neigt zur *Fülle*. 彼は太る体質だ. ④ 《ふつう 単》《南ドﾂ・ｵｽﾄﾘｱ》(料理の)詰め物.

***fül·len** [フュレン fýlən] (füllte, hat ... gefüllt) I 他 (完了 haben) ① (容器など⁴を)満たす, いっぱいにする. (英) fill). ein Glas⁴ mit Wein *füllen* グラスにワインを満たす / Ich habe den Eimer voll *gefüllt*. 私はバケツをいっぱいに満たした / Ein zahlreiches Publikum *füllte* den Saal. 多数の観客がホールを満たした / eine Gans⁴ *füllen* (料理で:)がちょうに詰め物をする / einen Zahn *füllen* 歯を充塡(ｼﾞｭｳﾃﾝ)する. ② 《A⁴ in B⁴ ～》(A⁴をB⁴に)いっぱい入れる, 詰める. Wasser⁴ in den Eimer *füllen* バケツに水をいっぱい入れる / die Kartoffeln⁴ in Säcke *füllen* じゃがいもを袋に詰める. ③ (場所など⁴を)占める. Die Bücher *füllen* zwei Schränke. 本が書棚を二つ占めている.
II 再帰 (完了 haben) *sich*⁴ *füllen* いっぱいになる, 満ちる. Der Saal *füllt* sich langsam. ホールはしだいにいっぱいになる / Seine Augen *füllten* sich mit Tränen. 《雅》彼の目は涙でいっぱいになった.
◊☞ gefüllt

Fül·len [フュレン] 中 -s/- 《雅》子馬 (=Fohlen).

*der **Fül·ler** [フュラァ fýlər] 男 (単2) -s/(複) - (3格のみ -n) ①《口語》万年筆 (=Füllfederhalter). (英) fountain pen). Der *Füller* schmiert. この万年筆はインクが出すぎる. ②《隠語》(新聞などの)埋め草[記事].

Füll≠fe·der·hal·ter [フュル・フェーダァハルタァ] 男 -s/- 万年筆 (=Füller).

Füll≠horn [フュル・ホルン] 中 -[e]s/..hörner 宝角(ﾎｳｶｸ)(果物・穀物・花のあふれたやぎの角の装飾品. 豊穣・幸運の女神の象徴).

fül·lig [フュリヒ fýlɪç] 形 ① ふくよかな, ふっくらした. ② ふさふさした(髪など).

Füll≠sel [フュルゼル fýlzəl] 中 -s/- ① (すき間を埋める物; (新聞などの)埋め草[記事]. ② (料理)(肉料理の)詰め物.

füll·te [フュルテ] *füllen (満たす)の 過去

Fül·lung [フュルング] 女 -/-en ① (料理・寝具などの)詰め物; (歯などの)充塡(ｼﾞｭｳﾃﾝ)材. ② 《ふつう 単》《集》詰める(満たす)こと.

ful·mi·nant [フルミナント fulminánt] 形 輝かしい, 卓越した, みごとな.

fum·meln [フンメルン fúməln] 自 (h) 《口語》① 《an 人³ ～》(人³を)いじり回す. ② 《in 人³ ～》(人³の中をあちこち探る. ③ 《mit 人³ ～》([人³を)愛撫(ｱｲﾌﾞ)する. ④ (サッカーで)いつまでもドリブルをする, ボールをもてあそぶ.

Fund [フント fúnt] 男 -es (まれに-s)/-e ① 発見, 発掘. ② 発見(発掘)物; 拾得物. archäologische *Funde* 考古学上の発掘物.

Fun·da·ment [フンダメント fundamént] 中 -(e)s/-e 基礎, 土台. die Maschine⁴ auf die *Fundamente* setzen 機械を土台の上に据える. ② (精神的な)基盤, 基礎. das *Fundament*⁴ zu 男³ legen 男³の基礎を置く.

fun·da·men·tal [フンダメンターる fundamentá:l] 形 基礎の, 根本の, 非常に重要な.

Fun·da·men·ta·lís·mus [フンダメンタリスムス fundamentalísmus] 男 -/ (政治・宗教上の)原理主義, ファンダメンタリズム.

Fund=bü·ro [フント・ビューロー] 中 -s/-s 遺失物(拾得物)取扱所.

Fund=gru·be [フント・グルーベ] 女 -/-n (収集物などの)宝庫 (元の意味は「豊かな鉱脈」).

fun·die·ren [フンディーレン fundí:rən] 他 (h) ① 基礎(根拠)づける, (理論などを⁴)確立する. ② (男⁴を)財政的に保証する.

fun·diert [フンディーアト] I fundieren (基礎づける)の 過分 II 形 ① 基礎づけられた, 根拠のある. ein *fundiertes* Wissen しっかりした知識. ② 財政的に保証された, 確かな.

fün·dig [フンディヒ fýndɪç] 形 (坑・地学) (鉱脈などが)有望な. *fündig* werden a) 鉱脈を掘り当てる. b) (比) (長い間探して)見つける.

Fund=sa·che [フント・ザッヘ] 女 -/-n 拾得物, 遺失物.

Fun·dus [フンドゥス fúndus] 男 -/- ① (劇場の)装置・衣装一式. ② (知識などの)蓄え, 土台.

***fünf** [フュンフ fýnf] 数 『基数; 無語尾で』 5 [の]. (英) five). *fünf* Personen 5人 / Es ist *fünf* [Uhr]. 5時です / Mein Onkel hat *fünf* Kinder. 私のおじには5人の子供がいる / die *fünf* Sinne 五感 / *fünf* gerade sein lassen 《口語》大目に見る, やかましく言わない (←5を偶数という こじつけから) / sich³ 男⁴ an den *fünf* Fingern abzählen können《口語》男⁴を理解するのは容易である (←5本の指で数えられる).

Fünf [フュンフ] 女 -/-en (数字の)5; (トランプ・さいころの)5[の目]; (電車・バスなどの)5番[系統]; (成績評価の)5 (不可).

Fünf=eck [フュンフ・エック] 中 -(e)s/-e 5角形.

fünf=eckig [フュンフ・エキヒ] 形 5角形の.

Fün·fer [フュンファァ fýnfər] 男 -s/- ① 《口語》5ユーロ硬貨. ② (当たりくじの)5つの数字. ③ (数字の)5; (トランプ・さいころの)5[の目]; (成績評価の)5; (口語)(電車・バスなどの)5番[系統].

fün·fer·lei [フュンファァらイ fýnfərlái] 形 『無語尾で』5種[類]の, 5通りの.

Fünf=eu·ro=schein [フュンフオイロ・シャイン] 男 -(e)s/-e 5ユーロ紙幣.

fünf=fach [フュンフ・ファッハ] 形 5倍の, 5重の.

fünf=fäl·tig [フュンフ・フェるティヒ] 形 =fünffach

fünf=hun·dert [フュンフ・フンダァト] 数 『基数; 無語尾で』500[の].

Fünf=jah·res=plan [フュンフヤーレス・プらーン] 男 -(e)s/..pläne 5か年計画.

fünf=jäh·rig [フュンフ・イェーリヒ] 形 『付加語としてのみ』5歳の; 5年[間]の.

fünf=jähr·lich [フュンフ・イェーァリヒ] 形 5年ごとの.

Fünf=jahr=plan [フュンフヤール・プらーン] 男 -(e)s/..pläne =Fünfjahresplan

Fünf=kampf [フュンフ・カンプフ] 男 -(e)s/(スポ)五種競技.

Fünf·ling [フュンフりング fýnflɪŋ] 男 -s/-e 五つ子[の一人]; 『園』五つ子.

fünf=mal [フュンフ・マーる] 副 5度, 5回; 5倍に.

fünf=ma·lig [フュンフ・マーリヒ] 形 『付加語としてのみ』5回の.

Fünf=mark=stück [フュンフマルク・シュテュック] 中 -(e)s/-e 旧5マルク硬貨.

fünf=mo·na·tig [フュンフ・モーナティヒ] 形 『付加語としてのみ』生後5か月の; 5か月[間]の.

fünf=mo·nat·lich [フュンフ・モーナトリヒ] 形 5か月ごとの.

Fünf=pro·zent=klau·sel [フュンフプロツェント・クらオゼる] 女 -/ 5パーセント条項 (ドイツの連邦議会選挙で, 得票率5パーセント未満の政党には議席が与えられないという規定).

fünf=sai·tig [フュンフ・ザイティヒ] 形 5弦の(弦楽器など).

fünf=sei·tig [フュンフ・ザイティヒ] 形 『付加語としてのみ』5面の, 5辺の, 5角[形]の; 5ページある.

fünf=stö·ckig [フュンフ・シュテキヒ] 形 6階建ての; (方)5階建ての.

fünft [フュンフト fýnft] 数 『*fünf* の序数; 語尾変化は形容詞と同じ』第5[番目]の. (英) fifth). Karl der *Fünfte* カール5世 / der *fünfte* März 3月5日 / am *fünften* jedes Monats 毎月5日に / zu *fünft* 5人で. ◇『名詞的に』Beethovens *Fünfte* ベートーヴェンの交響曲第5番「運命」.

Fünf=ta·ge=wo·che [フュンフターゲ・ヴォッヘ] 女 -/-n 週5日[労働]制, 週休2日[制].

fünf=tä·gig [フュンフ・テーギヒ] 形 『付加語としてのみ』5日[間]の.

fünf=tau·send [フュンフ・タオゼント] 数 『基数; 無語尾で』5,000[の].

fünf=tei·lig [フュンフ・タイリヒ] 形 五つの部分から成る.

fünf·tel [フュンフテる fýnftəl] 数 『分数; 無語尾で』5分の1[の].

Fünf·tel [フュンフテる] 中 (スイ: 男) -s/- 5分の1. drei *Fünftel* 5分の3.

fünf·tens [フュンフテンス fýnftəns] 副 第5に, 5番目に.

***fünf=zehn** [フュンフ・ツェーン fýnftse:n] 数 『基数; 無語尾で』15[の]. (英) fifteen). Es ist *fünfzehn* [Uhr]. 15時です.

fünf·zehnt [フュンフ・ツェーント fýnf-tse:nt] 数 『序数』第15[番目]の.

fünf=zei·lig [ふユンふ・ツァイりヒ] 形 5行の, 5行から成る.

fünf·zig [ふユンふツィヒ fýnftsɪç] 数 [基数; 無語尾で] **50 [の]. (英 *fifty*). Er ist *fünfzig* [Jahre alt]. 彼は50歳だ.

Fünf·zig [ふユンふツィヒ] 女 –/-en ① (数字の)50. ② 50歳[代].

fünf·zi·ger [ふユンふツィガァ fýnftsɪgər] 形 [無語尾で] 50歳[代]の, 50年[代]の. in den *fünfziger* Jahren (または *Fünfziger*jahren) des 20. (=zwanzigsten) Jahrhunderts 20世紀の50年代に.

Fünf·zi·ger [ふユンふツィガァ] 男 –s/– ① 50歳[代]の男性. (女性形: -in). ② [醸] で 50[歳]代; (ある世紀の)50年代. ③ [19]50年産のワイン. ④ 《口語》50ユーロ札.

fünf·zig·jäh·rig [ふユンふツィヒ・イェーりヒ] 形 《付加語としてのみ》50歳の; 50年[間]の.

fünf·zigst [ふユンふツィヒスト fýnftsɪçst] 数 《序数》第50[番目]の.

fünf·zigs·tel [ふユンふツィヒステる fýnftsɪçstəl] 数 《分数; 無語尾で》50分の1[の].

fun·gie·ren [ふンギーレン fuŋgíːrən] 自 (h) 《als 人・物¹～》〔人・物〕として〕役割(任務)を果す. Er *fungierte* als mein Vertreter. 彼は私の代理役を務めた.

der **Funk** [ふンク fúŋk] 男 (単2) –s/ ① ラジオ[放送] (=Rund*funk*). durch *Funk* und Fernsehen ラジオとテレビを通じて. ② 《ふつう冠詞なしで》無線電信; 無線機. eine Nachricht⁴ durch *Funk* übermitteln ニュースを無線電信で送る.

Funk=ama·teur [ふンク・アマテーァ] 男 –s/-e アマチュア無線家, ハム. (女性形: -in).

Funk=bild [ふンク・ビるト] 中 –[e]s/-er [無線]電送写真.

der **Fun·ke** [ふンケ fúŋkə] 男 (単2) –ns; (単3·4) –n/(複) –n ① 火花, 火の粉, 閃光(せんこう); 《比》(才知などの)ひらめき. (英 *spark*). ein elektrischer *Funke* 電気火花, スパーク / Die *Funken* sprühen aus dem Ofen. 炉から火花が飛び散る / *Funken*⁴ aus dem Stein schlagen 石を打って火花を出す / Ihre Augen sprühten *Funken*. (興奮のあまり)彼女の目はきらきら光った. ② ごく少量. Er hat keinen *Funken* [von] Ehrgefühl. 彼にはプライドのかけらもない.

fun·keln [ふンケるン fúŋkəln] 自 (h) (星などが)きらきら輝く, きらめく. Die Sterne *funkeln* in der Nacht. 星が夜空にきらめく / Seine Augen *funkelten* vor Freude. 彼の目は喜びに輝いた.

fun·kel·na·gel=neu [ふンケるナーゲる・ノイ] 形 《口語》真新しい, 出来たての, ぴかぴかの.

fun·ken [ふンケン fúŋkən] Ⅰ 他 (h) (SOSなど⁴を)無線で発信する. Ⅱ 自 (h) ① 火花を発する. ② 《口語》(器械などが)機能する, 作動する. Ⅲ 非人称 (h) 《口語》① なぐられる. Wenn du nicht hörst, *funkt* es! ちゃんと聞かないと, ぶんなぐられるぞ. ② (事情が)わかる. Es *funkte* bei ihm. 彼は事態をのみ込んだ. ③ ごたごたが起こる. Zwischen ihnen *hat's* (=*hat* es) *gefunkt*. 彼らの間にもめ事があった. ④ 恋愛関係が生まれる. Bei den beiden *hat* es *gefunkt*. その二人は熱い仲になった.

Fun·ken [ふンケン] 男 –s/– =Funke

Fun·ker [ふンカァ fúŋkər] 男 –s/– 無線技師, オペレーター. (女性形: -in).

Funk=ge·rät [ふンク・ゲレート] 中 –[e]s/-e 無線機.

Funk=kol·leg [ふンク・コれーク] 中 –s/-s (または ..kollegien [..コれーギエン]) ラジオ講座.

Funk=spruch [ふンク・シュプルフ] 男 –[e]s/..sprüche 無線通信.

Funk=sta·ti·on [ふンク・シュタツィオーン] 女 –/-en ラジオ放送局, 無線局.

Funk=stil·le [ふンク・シュティれ] 女 –/ 無線交信のない時間; 放送のない時間; 《比》沈黙.

Funk=strei·fe [ふンク・シュトライふェ] 女 –/-n (警察の無線パト[ロール]カーによる)パトロール.

Funk=ta·xi [ふンク・タクスィ] 中 –s/-s 無線タクシー.

Funk=tech·nik [ふンク・テヒニク] 女 –/ 無線通信工学, ラジオ工学.

die **Funk·ti·on** [ふンクツィオーン fuŋktsióːn] 女 (単) –/(複) –en (英 *function*) ① 機能, 働き, 作用. die *Funktion* des Herzens 心臓の機能 / Die Anlage ist außer *Funktion*. その装置は働いていない / in *Funktion* treten 作動する, 活動を始める. ② 職務, 職分; 役割. eine wichtige *Funktion*⁴ haben 重要な職務に就いている / Er erfüllt seine *Funktion* gut. 彼は職責をしっかり果たしている. ③ 《数》関数.

funk·ti·o·nal [ふンクツィオナーる fuŋktsionáːl] 形 機能に関する, 機能[上]の.

Funk·ti·o·när [ふンクツィオネーァ fuŋktsionéːr] 男 –s/-e (政党・組合などの)幹部, 役員. (女性形: -in).

funk·ti·o·nell [ふンクツィオネる fuŋktsionél] 形 機能的な, 機能上の; 実用的な; 《医》機能性の. *funktionelle* Störungen 《医》(器官の)機能障害.

funk·ti·o·nie·ren [ふンクツィオニーレン fuŋktsioníːrən] (funktionierte, hat ...funktioniert) 自 (定了 haben) (機械・装置などが) 作動する, (正常に)動く, 機能する. (英 *function*). Das Gerät *funktioniert* nicht. この器械は動かない / Sein Gedächtnis *funktioniert* noch gut. 彼の記憶はまだはっきりしている.

funk·ti·o·niert [ふンクツィオニーァト] funktionieren (作動する)の 過分, 3 人称単数・2 人称親称複数 現在

funk·ti·o·nier·te [ふンクツィオニーァテ] funktionieren (作動する)の 過去

funk·ti·ons=tüch·tig [ふンクツィオーンス・テュヒティヒ] 形 よく機能する.

Funk=turm [ふンク・トゥルム] 男 –[e]s/..tür-

Funk・ver・kehr [フンク・フェアケーア] 男 -s/ 無線交信(連絡).

Fun・zel [フンツェる fúntsəl] 囡 -/-n《口語》薄暗いランプ.

*für [ふューア fýːr]

…のために	Ist das *für* mich?
イスト ダス ふューア ミヒ	
これを私にくださるのですか.	

前《4格とともに》(定冠詞 das と融合して fürs となることがある)(英) for) ① 《目的・目標》…のために. Er arbeitet *für* sein Examen. 彼は試験のために勉強している / *für* die Olympiade trainieren オリンピックに備えてトレーニングする / *für* alle Fälle あらゆる場合に備えて, 念のために.

② 《利益・用途》…のために, …向けの. Ich tue alles *für* dich. ぼくは君のためならなんでもするよ / *für* die Familie arbeiten 家族のために働く / eine Sendung *für* Kinder 子供向けの放送番組 / ein Mittel *für* den Husten せき止めの薬 / Institut *für* Ökologie 生態学研究所.

③ 《賛成》…に賛成して. (✍「…に反対して」は gegen). *für* den Vorschlag stimmen 提案に賛成の投票をする / Ich bin da*für*. 私はそれに賛成です. (✍「私はそれに反対です」は Ich bin dagegen.) ◇《名詞的に》das *Für* und Wider 賛成と反対.

④ 《代理》…の代わりに. *für* 人⁴ unterschreiben 人⁴の代わりに署名する / Er isst *für* drei. 彼は3人分食べる.

⑤ 《交換・代償》…と引き換えに. Er hat ein Haus *für* viel Geld gekauft. 彼は大金をはたいて家を買った / Er bekam 50 Euro *für* seine Arbeit. 彼はその仕事の代償に50ユーロもらった / *für* nichts und wieder nichts いたずらに, むだに.

⑥ 《関連・判断の基準》…にとって, …の割に, …にしては. Die Prüfung war *für* mich zu schwer. 試験は私には難しすぎた / *Für* den Preis ist der Stoff zu schlecht. 値段の割にはこの布地は質が悪すぎる / *für* meine Person 私としては.

⑦ 《理由》…のことで, …のゆえに. Ich danke Ihnen *für* Ihre Freundlichkeit. あなたのご親切に感謝します / *für* seine Frechheit ist er bekannt. 彼はあつかましいことで有名だ.

⑧ 《予定の期間》…の間. Er geht *für* zwei Jahre nach Amerika. 彼は2年の予定でアメリカへ行く / *für* immer 永久に / *fürs* Erste さしあたり.

⑨ 《予定の日時》…日(時)に. Ich bin *für* vier Uhr zum Arzt bestellt. 私は4時に医者の予約を取っている / *für* alle Mal 今回かぎり, きっぱり.

⑩ 《*für sich* の形で》一人で, それだけで. Er ist gern *für* sich. 彼は一人でいるのが好きだ / an und *für* sich それ自体としては / Das ist eine Sache *für* sich. それは別個の事柄だ.

⑪ 《前後に同じ名詞をともなって》Schritt *für* Schritt 一歩一歩 / Stück *für* Stück 1個ずつ / Tag *für* Tag 来る日も来る日も / Wort *für* Wort übersetzen 一語一語(逐語的に)訳す.

⑫ 《*was für* [*ein*]…の形で》どんな…; なんという… Was *für* ein Kleid möchten Sie? どんなワンピースをお望みですか / Was ist er *für* ein Mensch? 彼はどういう人間だろう / Was *für* eine Überraschung! なんという驚きだ! / aus was *für* Gründen auch immer どんな理由であれ. (✍ *für* に続く名詞は4格とは限らず文中の役割によって決まる. また, *für* [*ein*]…を離して文末に置くこともある.)

⑬ 《特定の動詞・形容詞とともに》Ich halte ihn *für* meinen Freund. 私は彼を私の友人と思っている / 囲⁴ *für* ungültig erklären 囲⁴を無効だと宣言する / sich⁴ *für* 人・物⁴ entscheiden 人・物⁴に決める / sich⁴ *für* 人・物⁴ interessieren 人・物⁴に興味がある / *für* 囲⁴ verantwortlich sein 囲⁴に対して責任がある.

Für≈bit・te [ふューア・ビッテ] 囡 -/-n とりなし. bei A³ *für* B⁴ *Fürbitte*⁴ ein|legen A³にB⁴のためのとりなしをする.

Fur・che [ふルヒェ fúrçə] 囡 -/-n ① (畑の)畝間(³²). ② (顔などの)深いしわ; 溝[状の部分].

fur・chen [ふルヒェン fúrçən] 他 (h)《雅》① (土地⁴に)溝(わだち)をつける, 畝を作る. ② (物⁴に)しわを寄せる. die Stirn⁴ *furchen* 額にしわを寄せる / Das Schiff *furcht* die See. 《比》船が航跡を残して進む.

die **Furcht** [ふルヒト fúrçt] 囡《単》-/ ① 恐怖, 恐れ; 不安. (英 fear). die *Furcht* vor dem Tod 死への恐怖 / *Furcht*⁴ vor 人³ haben (または empfinden) 人³に恐れをいだく / *Furcht* ergreift ihn. 恐怖が彼をとらえる / aus *Furcht* vor Strafe lügen 処罰を恐れてうそをつく / 人⁴ in *Furcht* versetzen 人⁴をこわがらせる / vor *Furcht* zittern 恐怖のあまり震える. (☞類語 Sorge). ② (神への)畏敬(ぶ).

furcht・bar [ふルヒトバール fúrçtbaːr] I 形 (英 *terrible*) ① 恐ろしい, ぞっとするような, いやな. eine *furchtbare* Krankheit 恐ろしい病気 / Es war ein *furchtbarer* Anblick. それはぞっとするような光景だった / Sie ist *furchtbar* in ihrer Wut. 彼女は怒るとこわい.

② 《口語》ひどい, ものすごい. eine *furchtbare* Kälte ひどい寒さ.

II 副《口語》ひどく, ものすごく. Das ist *furchtbar* teuer. それはとてつもなく高価だ.

*fürch・ten [ふュルヒテン fýrçtən] du *fürchtest*, er *fürchtet* (*fürchtete*, *hat*…*gefürchtet*) I 他 (完了 haben) ① (人・事⁴を)恐れる, こわがる; (神への)畏怖(⁴⁶)する. Alle *fürchten* ihn. みんなが彼を恐れている / Kritik⁴ *fürchten* 批判を恐れる. ◇《過去分詞の形で》ein *gefürchte-*

ter Kritiker 恐れられている批評家.
② (…ではないかと)**心配する**, 懸念する. Ich *fürchte*, es ist bereits zu spät. もう遅すぎるのではないかと心配だ / Er *fürchtet*, seinen Arbeitsplatz zu verlieren. 彼は職を失うのではないかと心配している.
II 再帰 (完了 haben) *sich*[4] *fürchten* 恐れる, こわがる. Er *fürchtet sich* **vor** nichts. 彼は何事も恐れない / Sie *fürchtet sich*, allein zu gehen. 彼女は一人で行くのをこわがっている.
III 自 (完了 haben) 〚**für** (または **um**) 人・事[4]〛(人・事[4]を)気づかう. Ich *fürchte* für (または um) seine Gesundheit. 私は彼の健康が心配だ.

fürch·ter·lich [フュルヒタァリヒ fýrçtər-lɪç] **I** 形 ① **恐ろしい**, 恐るべき, ぞっとするような. ein *fürchterliches* Unglück 恐ろしい事故. ② 《口語》ひどい, すごい. eine *fürchterliche* Hitze 猛暑.
II 副 《口語》**ひどく**, ものすごく. Es war *fürchterlich* komisch. それはひどくおかしかった.

fürch·te·te [フュルヒテテ] ＊*fürchten* (恐れる)の過去.

furcht=los [フルヒト・ロース] 形 恐れを知らない, 大胆な.

Furcht·lo·sig·keit [フルヒト・ローズィヒカイト] 女 -/ 恐れを知らないこと, 大胆不敵.

furcht·sam [フルヒトザーム] 形 こわがりの, 臆病(おく)な, びくびくしている.

Furcht·sam·keit [フルヒトザームカイト] 女 -/ 小心, 臆病さ.

für·ein·an·der [フューァ・アイナンダァ] 副 お互いのために, 互いに[対して].

Fu·rie [フーリエ fúːriə] **I** -/-n 〚ふつう 複〛《ロマ神》フリア[エ] (復讐の三女神. ギリシア神話のエリニュ[エ]スに当たる). **II** 女 -/-n ① 《比》狂暴な女. ② 〚複 なし〛狂暴, 激怒.

fu·ri·os [フリオース furióːs] 形 激しい, 熱気を帯びた(論争など); 〖人を〗熱狂させるような.

Fur·nier [フルニーァ furníːr] 中 -s/-e 《工》張り板, 化粧張り.

fur·nie·ren [フルニーレン furníːrən] 他 (h) (家具など[4]に)化粧板を張る, 化粧張りをする.

Fu·ro·re [フローレ furóːrə] 女 (または 中) 〚成句的に〛*Furore*[4] machen 大当たりする, 大喝采(かっさい)を博する.

fürs [フュース] 〚前置詞 für と定冠詞 das の融合形〛*fürs* Erste さしあたり.

Für=sor·ge [フューァ・ゾルゲ] 女 -/ ① 世話, 保護, 配慮. ② 社会福祉施設(事業); 福祉事務所; 《口語》福祉手当.

Für·sor·ge=er·zie·hung [フューァゾルゲ・エァツィーウング] 女 -/ (少年院などにおける)矯正教育, 補導.

Für·sor·ger [フューァ・ゾルガァ fýːr-zɔrgər] 男 -s/- 福祉事業にたずさわる人, ケースワーカー. (女性形: -in).

für·sorg·lich [フューァ・ゾルクリヒ] 形 思いやりのある, 配慮の行き届いた.

Für=spra·che [フューァ・シュプラーヘ] 女 -/-n とりなし, 仲介. **bei** A[3] **für** B[4] *Fürsprache*[4] ein|legen A[3]に B[4]のためのとりなしをする.

Für=spre·cher [フューァ・シュプレッヒャァ] 男 -s/- ① とりなす人, 調停者. (女性形: -in). ② 《スイス》弁護士.

der **Fürst** [フュルスト fýrst] 男 (単 2·3·4) -en/(複) -en ① **侯爵** (Herzog「公爵」と Graf「伯爵」の中間の爵位). ② **君主**, 領主, 王侯; 《史》侯 (中世ドイツで Kaiser「皇帝」, König「国王」に次ぐ領主の称号). Kur*fürst* 選帝侯 / geistliche *Fürsten* 聖職にある諸侯 / Er lebt wie ein *Fürst*. 彼は大名暮らしをしている / der *Fürst* dieser Welt[2] 《比》悪魔. ③ 《雅》(ある分野の)第一人者.

Fürs·ten·tum [フュルステントゥーム] 中 -s/..tümer 侯爵領, 侯国.

Fürs·tin [フュルスティン fýrstɪn] 女 -/..tinnen 侯爵夫人; (女性の)侯爵.

fürst·lich [フュルストリヒ] 形 ① 〚付加語としてのみ〛侯爵の, 領主の. ② 《比》(王侯のように)豪勢な, 豪華な. ein *fürstliches* Essen 豪勢な食事.

Furt [フルト fúrt] 女 -/-en (歩いて渡れる)浅瀬.

Furt·wäng·ler [フルト・ヴェングラァ fúrt-vɛŋ-lər] -s/ 《人名》フルトヴェングラー (Wilhelm *Furtwängler* 1886-1954; ドイツの指揮者).

Fu·run·kel [フルンケル furúŋkəl] 男 中 -s/- 《医》フルンケル, 癤(せつ).

für=wahr [フューァ・ヴァール] 副 《雅》確かに, まことに.

Für=wort [フューァ・ヴォルト] 中 -[e]s/..wörter 《言》代名詞 (=Pronomen).

Furz [フルツ fúrts] 男 -es/Fürze 《俗》屁, おなら; 《比》ささいな(つまらぬ)こと.

fur·zen [フルツェン fúrtsən] 自 (h) 《俗》おならをする.

Fu·sel [フーゼル fúːzəl] 男 -s/- 〚ふつう 単〛《口語》安ブランデー.

fu·si·lie·ren [フュズィリーレン fyzilíːrən] 他 (h) 銃殺刑に処する.

Fu·si·on [フズィオーン fuzióːn] 女 -/-en ① (会社・政党などの)合併, 合同. ② 《生》(細胞の)融合. ③ 《光》(左右の目に生じた像の単一像への)融合. ④ 《物》核融合.

fu·si·o·nie·ren [フュズィオニーレン fuzioníːrən] 自 (h) (会社・政党などが)合併する. **mit** einer Firma *fusionieren* ある会社と合併する.

der **Fuß** [フース fúːs]

足	Gehen wir zu *Fuß*?
	ゲーエン ヴィァ ツー フース
	歩いて行きましょうか.

格	単	複
1	der Fuß	die Füße
2	des Fußes	der Füße
3	dem Fuß	den Füßen
4	den Fuß	die Füße

男 (単2) -es/(複) Füße [フューセ] (3格のみ Füßen) ① 足. (英) foot. (☞ Körper 図; ⚠ くるぶしから下を指す. 「脚」は Bein; 「手」は Hand). der linke (rechte) *Fuß* 左足(右足) / ein schmaler *Fuß* 細い足 / Meine *Füße* tun weh. 私は足が痛い / trockenen *Fußes* 足をぬらさずに / leichten *Fußes* 《雅》足取り軽く.

◆《動詞の目的語として》 kalte *Füße*⁴ bekommen 《口語》しり込みする / Das Buch hat *Füße* bekommen. 《口語》その本は消えてなくなった (←足が生えた) / sich³ den *Fuß* brechen 足を骨折する / [festen] *Fuß* fassen《た》地歩を固める, 根をおろす / sich³ den *Fuß* vertreten 足をくじく / einen *Fuß* vor|setzen 一方の足を前へ出す

◆《前置詞とともに》 人・事³ auf dem *Fuß* folgen a) 人³のあとにぴったりついて行く, b) 事³のすぐあとに起こる / auf großem *Fuße* leben ぜいたくに暮らす b) 《戯》足がでかい / auf freiem *Fuß* sein (犯人などが)逃走中である / mit 人³ auf gutem *Fuß* stehen 《比》人³と仲が良い / auf eigenen *Füßen* stehen 《比》独立している / 人³ auf den *Fuß* (または die *Füße*) treten a) 人³の足を踏む, b) 《比》人³をしかる, せきたてる / immer [wieder] auf die *Füße* fallen 《比》(難関などを)いつもうまく切り抜ける / auf festen *Füßen* stehen 《比》足もと(基盤)がしっかりしている / Das Unternehmen steht auf schwachen *Füßen*. 《比》その事業は基盤が弱い / Bei *Fuß*! (犬に対して):[私の足もとに]じっとしていろ / mit beiden *Füßen* im Leben stehen 足が地についている, 現実的に生きている / mit dem *Fuß* stampfen (怒って)じだんだを踏む / 人・物⁴ mit *Füßen* treten 人・物⁴を踏みつけにする / Er steht schon mit einem *Fuß* im Grabe. 彼は死にかけている(←片足を墓穴に入れている) / den Boden unter den *Füßen* verlieren 基盤(よりどころ)を失う / von einem *Fuß* auf den anderen treten (いらいらして)足踏みする / 人³ vor die *Füße* werfen (怒って) 物⁴を人³の足もとに投げつける / zu *Fuß* gehen 歩いて行く ⇨ Wir gingen zu *Fuß* nach Hause. 私たちは歩いて帰宅した / 人³ zu *Füßen* fallen a) 人³の足元にひれ伏す, b) 《比》人³に嘆願する / 人³ zu *Füßen* liegen 《雅》人³にあがめる / 人³ zu *Füßen* legen 《雅》人³に物⁴をささげる.

② (柱などの)基底部; (家具・容器などの)脚部; (山などの)ふもと, すそ. am *Fuß* des Berges 山のふもとに. ③《詩学》詩脚. ④ (靴下などの)足部. ⑤《数量単位としては: 複 -》フィート(昔の長さの単位. 25-40 cm). drei *Fuß* lang 長さ3フィート.

► **Fuß≈breit**

Fuß≈ab·strei·fer [フース・アップシュトライファァ] 男 -s/- (⁀ ⁀) =Fußabtreter

Fuß≈ab·tre·ter [フース・アップトレータァ] 男 -s/- (玄関の)靴ぬぐい, ドアマット.

Fuß≈an·gel [フース・アンゲる] 男 -/-n 鉄菱(ひし) (泥棒よけに地面に埋めるとがった鉄具).

Fuß≈bad [フース・バート] 中 -[e]s/..bäder 《医》足浴(よく); 足湯.

*** *der* **Fuß≈ball** [フース・バる fúːs-bal] 男 (単2) -[e]s/(複) ..bälle [..べれ] (3格のみ ..bällen) ①《複 なし》(競技名として:)サッカー. (英) soccer, football. (☞「ドイツ・ミニ情報 12」, 下段). Wir spielen gern *Fußball*. 私たちはよくサッカーをします. ②(サッカー用の)ボール. mit dem *Fußball* spielen サッカーボールで遊ぶ.

Fuß≈bäl·le [フース・べれ] ⁑Fußball ((サッカー用の)ボール)の 複

Fuß·bal·ler [フース・バらァ fúːs-balər] 男 -s/- 《口語》サッカー選手 (=Fußballspieler). (女性形: -in).

Fuß·ball·mann·schaft [フースバる・マン

ドイツ・ミニ情報 12

サッカー Fußball

ドイツで最も人気の高いスポーツは, 国技とも言われるサッカーである. ドイツサッカー連盟 (DFB) に登録している会員数だけでも 620 万人のサッカー人口を誇る. ドイツでは学校単位の部活動はほとんど行われておらず, 居住地域ごとのクラブ制が主である. 一つのクラブの中に, 6〜18 歳までを 2 歳ずつの区分で分けた青少年チーム, 成人チーム(場合によっては女子チーム)があり, 子どもの頃から年間を通じてリーグ戦に参加し, 毎週末に試合を楽しむ.

620 万人が毎週試合をすれば, おびただしい試合数になるが, DFB の下部組織である 21 の州協会が試合運営を管理し, 広くサッカーに親しめる環境を提供している. 町村レベルから全国レベルまでさまざまなクラスのリーグがあり, その頂点がプロのブンデスリーガ(連邦リーグ)である. このリーグは 1 部と 2 部から成り, それぞれ 18 チームで年間成績を競い, 1 部下位 3 チームと 2 部上位 3 チームが翌シーズンに入れ替わる.

ブンデスリーガでの中での際だった選手が, ナショナルチームを組んで, 国別対抗の国際試合に出場する. ドイツ代表チームは, これまで数多くの世界的名プレーヤーを輩出し, ワールドカップで過去 3 回優勝した. このような輝かしい成果を収めてきた裏には, 底辺からトップまで, 選手, 指導者, 審判を一貫して養成できるドイツの完璧なサッカー組織の存在を忘れることができない.

なお, 2006 年にはドイツでワールドカップが開催された.

Fuß・ball・platz [フース・バル・プらッツ] 男 -es/..plätze サッカー競技場.

Fuß・ball・spiel [フース・バル・シュピーる] 中 -[e]s/-e サッカーの試合(競技).

Fuß・ball・spie・ler [フース・バル・シュピーらァ] 男 -s/- サッカー選手. (女性形: -in).

Fuß・ball・to・to [フース・バル・トート－] 中 男 -s/-s サッカー・トトカルチョ.

Fuß・ball・welt・meis・ter・schaft [フースバる・ヴェるトマイスタァシャフト] 女 -/-en サッカーのワールドカップ[の試合].

Fuß・bank [フース・バンク] 女 -/..bänke 足[のせ]台.

der **Fuß・bo・den** [フース・ボーデン fúːsboːdən] 男 (単2) -s/(複) ..böden [..ベーデン] 床($\overset{ゆ}{ゆか}$). (愛 *floor*). den *Fußboden* auf|wischen (scheuern) 床をふく(ごしごし洗う).

Fuß・bo・den・hei・zung [フースボーデン・ハイツング] 女 -/-en 床暖房.

Fuß・breit, Fuß breit [フース・ブライト] 男 -[e]s/- 足幅;《比》わずかの幅. keinen *Fußbreit* von 動³ ab|weichen《比》動³から一歩も引かない.

Fuß・brem・se [フース・ブレムゼ] 女 -/-n フットブレーキ.

Fü・ße [ふューセ] ‡Fuß (足)の複

Fus・sel [ふッセる fúsəl] 女 -/-n (または 男 -s/-) 綿くず, 糸くず.

fus・se・lig [ふッセりヒ fúsəlɪç] 形 けば立った, ほつれた; 毛玉のできた. sich³ den Mund *fusselig* reden《口語》口を酸っぱくして言う.

fus・seln [ふッセるン fúsəln] 自 (h) けば立つ.

fu・ßen [ふーセン fúːsən] 自 (h) 【auf 動³ ~】(動³に)基づいている,立脚している.

Füs・sen [ふュッセン fýsən] 中 -s/ (都市名) フュッセン(ドイツ, バイエルン州; ⇨ 地図 E-5).

Fuß・en・de [フース・エンデ] 中 -s/-n (ベッドなどの)足を置く側.

Fuß・fall [フース・ふァる] 男 -[e]s/ ひざまずくこと,平伏. einen *Fußfall* vor 人³ machen《雅・比》人³の前にひざまずく.

der **Fuß・gän・ger** [フース・ゲンガァ fúːsɡɛŋər] 男 (単2) -s/(複) - (3 格のみ -n) 歩行者. (愛 *pedestrian*). Neben der Straße ist ein Weg für *Fußgänger*. 大通りと並んで歩行者用の道がある.

Fuß・gän・ger・brü・cke [フースゲンガァ・ブりュッケ] 女 -/-n 歩道橋.

Fuß・gän・ge・rin [フース・ゲンゲりン fúːsɡɛŋərɪn] 女 -/..rinnen (女性の)歩行者.

Fuß・gän・ger・über・weg [フースゲンガァ・ユーバァヴェーク] 男 -[e]s/-e 横断歩道.

die **Fuß・gän・ger・zo・ne** [フースゲンガァ・ツォーネ fúːsɡɛŋərtsoːnə] 女 (単) -/(複) -n 歩行者専用区域, 歩行者天国. Die Stadt hat eine breite *Fußgängerzone*. その町には広い歩行者専用区域がある.

Fuß・ge・lenk [フース・ゲれンク] 中 -[e]s/-e 足首の関節;《医》足関節.

fuß・ge・recht [フース・ゲレヒト] 形 (靴などが)足にぴったり合った.

..**fü・ßig** [..ふュースィヒ ..fyːsɪç]《形容詞をつくる 後綴》(…脚の) 例: drei*füßig* 3 脚の.

Fuß・knö・chel [フース・クネッヒェる] 男 -s/- くるぶし.

fuß・krank [フース・クランク] 形 (行軍などで)足を傷めた.

Fuß・mat・te [フース・マッテ] 女 -/-n (玄関などの)足ふきマット, 靴ぬぐい.

Fuß・no・te [フース・ノーテ] 女 -/-n 脚注.

Fuß・pfad [フース・プふァート] 男 -[e]s/-e (車の通れない)小道.

Fuß・pfle・ge [フース・プふれーゲ] 女 -/ 足の手入れ, ペディキュア(足の爪の美容術).

Fuß・pfle・ger [フース・プふれーガァ] 男 -s/- ペディキュアをする美容師. (女性形: -in).

Fuß・pilz [フース・ピるツ] 男 -es/-e《医》(水虫などを起こす)白癬($\overset{はく}{はく}$せん)菌.

Fuß・soh・le [フース・ソーれ] 女 -/-n 足の裏.

Fuß・spit・ze [フース・シュピッツェ] 女 -/-n 足のつま先. auf den *Fußspitzen* gehen つま先立って歩く.

Fuß・spur [フース・シュプーァ] 女 -/-en 足跡.

Fuß・stap・fen [フース・シュタプふェン] 男 -s/- 足跡. Er trat **in** seines Vaters *Fußstapfen*.《比》彼は父親を範とした.

Fuß・tritt [フース・トリット] 男 -[e]s/-e 足げ,けとばすこと;《比》侮辱. dem Hund einen *Fußtritt* geben (または versetzen) 犬をけとばす.

Fuß・volk [フース・ふォるク] 中 -[e]s/..völker《古》歩兵隊(=Infanterie);《比》下っ端.

Fuß・weg [フース・ヴェーク] 男 -[e]s/-e 歩道, (車の通れない)小道; 徒歩での行程. Das ist ein *Fußweg* von etwa zehn Minuten. 歩いて約 10 分の距離だ.

futsch [ふッチュ fʊtʃ] 形《述語としてのみ》《俗》消え失せた, なくなった; 壊れた, だめになった.

das **Fut・ter**¹ [ふッタァ fútər] 中 (単2) -s/ ① (家畜の)飼料, 餌($\overset{え}{え}$). (愛 *feed*). dem Vieh *Futter*⁴ geben 家畜に飼料をやる. ②《俗》(人間の)食い物. Er ist gut im *Futter*. 彼は栄養がしっかりいきわたっている(太っている).

Fut・ter² [ふッタァ] 中 -s/- ①(服・封筒などの)裏地. ②(窓などの)枠張り; 裏張り, 内張り. ③《工》(旋盤などの)チャック, つかみ.

Fut・te・ral [ふッテラーる futəráːl] 中 -s/-e (眼鏡・楽器などの)ケース, サック.

Fut・ter・krip・pe [ふッタァ・クリッペ] 女 -/-n かいば桶($\overset{おけ}{おけ}$). **an** die *Futterkrippe* kommen《俗》(甘い汁の吸える)ポストにありつく.

fut・tern [ふッタァン fútərn] 自 (h)・他 (h)《口語》ぱくぱく(もりもり)食べる.

füt・tern¹ [ふュッタァン fýtərn] (fütterte, hat ...gefüttert) 他 (完了 haben) ①(動物⁴に)餌($\overset{え}{え}$)をやる, 飼料をやる. (愛 *feed*). die Pferde⁴ *füttern* 馬に餌をやる / Er *füttert* die Schweine **mit** Kartoffeln. 彼は豚にじゃが

いもを与える. ② (餌(ﾖｻ)として⑩⁴を)与える. Hafer⁴ *füttern* 燕麦(ﾊﾞｸ)を餌として与える. ③ (子供・病人など⁴に)食べ物を食べさせてやる. einen Kranken *füttern* 病人に食べ物を食べさせてやる. (⟨⇐⟩ 最近では Essen reichen と言うことが多い). ④ 〚囚⁴ **mit** ⑩³ ~〛(囚⁴に⑩³を)食べさせすぎる. ein Kind⁴ mit Schokolade *füttern* 子供にチョコレートを食べさせすぎる. ⑤ (ｺﾝﾋﾟｭ)(データ⁴を)入れる; (コンピュータ⁴に)インプットする. Daten⁴ in einen Computer *füttern* データをコンピュータに入れる / einen Computer mit einem Programm *füttern* コンピュータにプログラムをインプットする. ⑥ 《口語》(自動販売機など⁴に)投入する. einen Automaten mit Münzen *füttern* 自動販売機にコインを入れる.

füt·tern² [ﾌｭｯﾀｱﾝ] 他 (h) (衣服⁴に)裏地をつける, 内張りを施す. ein Kleid⁴ mit Seide *füttern* 服に絹の裏地を付ける.

Füt·tern [ﾌｭｯﾀｱﾝ] 中 -s/ 餌(ﾖｻ)をやること. *Füttern* verboten! (動物園の掲示で:) 餌(ﾖｻ)はやらないでください.

Fut·ter⸗neid [ﾌｯﾀｧ・ﾅｲﾄ] 男 -[e]s/ (家畜どうしの)餌(ﾖｻ)についてのねたみ; 《俗》(他人の)利得(食べ物)に対するねたみ.

Fut·ter⸗stoff [ﾌｯﾀｧ・ｼｭﾄﾌ] 男 -[e]s/-e (服の)裏地.

füt·ter·te [ﾌｭｯﾀｱﾃ] füttern¹ (餌をやる)の 過去

Fut·ter⸗trog [ﾌｯﾀｧ・ﾄﾛｰｸ] 男 -[e]s/ ...tröge (特に豚のための)飼料桶(ｵｹ).

Füt·te·rung¹ [ﾌｭｯﾃﾙﾝｸ] 女 -/-en 飼料を与えること; (動物用の)餌台(ｴｻﾀﾞｲ).

Füt·te·rung² [ﾌｭｯﾃﾙﾝｸ] 女 -/-en ① 〚ふつう囲〛(服などに)裏地をつけること. ② 裏地.

Fu·tur [ﾌﾄｩｰｧ futú:r] 中 -s/-e 〚言〛未来[時称]. erstes (zweites) *Futur* 未来(未来完了).

Fu·tu·ris·mus [ﾌﾄｩﾘｽﾑｽ futurísmus] 男 -/ 未来派(20 世紀初頭イタリアに起こった急進的な反伝統主義的芸術運動).

Fu·tu·ro·lo·gie [ﾌﾄｩﾛﾛｷﾞｰ futurologí:] 女 -/ 未来学.

G g

g¹, G¹ [ゲー gé:] 囲 -/- ゲー(ドイツ語アルファベットの第7字).

g², G² [ゲー] 囲 -/- 《音楽》ト音. *G-Dur* ト長調 / *g-Moll* ト短調.

g ① [グラム] 《記号》グラム (=Gramm). ②《グロッシェン》 [グロッシェン] 《略》グロッシェン (=Groschen).

G-8-Staat [ゲー・アハト・シュタート] 囲 -[e]s/-en 【ふつう圈】G8 参加国, 主要 8 か国.

Ga [ゲー・アー] 《化·記号》ガリウム (=Gallium).

gab [ガープ] ‡geben (与える)の 過去

die **Ga·be** [ガーベ gá:bə] 囡 (単) -/(複) -n ① 《雅》贈り物 (=Geschenk). (奨 *gift*). ② 《雅》施し物 (=Spende). eine milde *Gabe* (貧者への慈善の)施し. ③ **天分**, 才能. ein Mensch mit glänzenden *Gaben* すばらしい天分の持ち主 / die *Gabe* der Rede² 弁舌の才. ④【圈なし】(薬の)投与. ⑤(1回分の薬の)服用量.

gä·be [ゲーベ] ‡geben (与える)の 接2

‡*die* **Ga·bel** [ガーベる gá:bəl] 囡 (単) -/(複) -n ① **フォーク**. (奨 *fork*). mit Messer und *Gabel* essen ナイフとフォークで食事をする / mit der fünfzinkigen *Gabel* essen 《口語·戯》手づかみで食べる(←五股のフォークで).
② (農作業用の)フォーク. Heu*gabel* 干し草用フォーク. ③ (股状のもの)木の股 (=Ast*gabel*); (道の)二股; (自転車のフォーク; 鹿などの)枝角(えだづの); 股状の受話器掛け.

Ga·bel⋷för·mig [ガーベる・フェルミヒ] 形 フォーク状の, 股状の, 二股の.

Ga·bel⋷früh·stück [ガーベる・フリューシュテュック] 囲 -[e]s/-e 小昼(こひる)(祝祭日などにとる朝食と昼食の間の軽い食事).

ga·beln [ガーベるン gá:bəln] I 再帰 (h) *sich⁴ gabeln* (道などが)二股に分かれる, 分岐する. Der Weg *gabelt* sich hinter der Brücke. 道は橋の向こうで二つに分かれる. II 他 (h) (干し草などを)フォークで積む(下ろす).

Ga·bel⋷stap·ler [ガーベる・シュタープらァ] 囲 -s/- 《工》フォークリフト.

Ga·be·lung [ガーべルング] 囡 -/-en 分岐; 分岐点.

Ga·ben⋷tisch [ガーベン・ティッシュ] 囲 -[e]s/-e 贈り物を載せたテーブル(誕生日やクリスマスでの).

Ga·bi [ガービ gá:bi] -s/ 《女名》ガービ (Gabriele の 短縮).

Ga·bri·el [ガーブリエーる gá:brie:l または ..エる ..εl] I -s/ 《男名》ガーブリエ[ー]ル. II -s/ 《聖》ガブリエル(主座天使の一人).

Ga·bri·e·le [ガブリエーれ gabrié:lə] -s/ 《女名》ガブリエーレ.

ga·ckern [ガッカァン gákərn] 自 (h) ① (鶏などが)こっこっ(があがあ)と鳴く. ② 《口語》(少女たちが)きゃっきゃっと笑いながらおしゃべりする.

gaf·fen [ガッふェン gáfən] 自 (h) ぽかんと見つめる.

Gaf·fer [ガッふァァ gáfər] 囲 -s/- (軽蔑的に:)ぽかんと見つめ[てい]る人. (女性形: -in).

Gag [ゲック gék] 【英】囲 -s/-s ① 《劇·映·放送》ギャグ, 笑わせる仕掛け. ② 《口語》傑作(こっけい)なこと.

Ga·ge [ガージェ gá:ʒə] 【ふ】 囡 -/-n (特に俳優·演奏家などへの)報酬, ギャラ.

gäh·nen [ゲーネン gé:nən] (gähnte, hat... gegähnt) 自 (h) ① **あくびをする**. (奨 *yawn*). herzhaft *gähnen* 大あくびをする. ◇《名詞的に》ein *Gähnen*⁴ unterdrücken あくびをかみ殺す. ② 《雅·比》(深淵(しんえん)などが)ぽっかりと口を開けている. Vor uns *gähnte* eine tiefe Schlucht. われわれの前には深い谷間が口を開けていた. ◇《現在分詞の形で》Im Stadion herrschte (または war) *gähnende* Leere. スタジアムはがら空きだった.

gähn·te [ゲーンテ] gähnen (あくびをする)の 過去

Ga·la [ガら gála または ガーら] 囡 -/ ① 正装, 礼装, 晴れ着. in *Gala* erscheinen 正装で現れる / sich⁴ in *Gala* werfen 《口語·戯》晴れ着でめかしこむ. ② 祝賀公演 (=*Gala*vorstellung).

Ga·la·kon·zert [ガら·コンツェるト] 囲 -[e]s/-e (式典などでの)祝賀コンサート, ガラコンサート.

ga·lak·tisch [ガらクティッシュ galáktɪʃ] 形 《天》銀河系の.

Ga·lan [ガらーン galá:n] 囲 -s/-e 《口語》(軽蔑的に:)情夫, 男の愛人.

ga·lant [ガらント galánt] 形 ① (女性に対して)丁重で親切な, いんぎんな. ② 【付加語としてのみ】色恋の, 情事の.

Ga·lan·te·rie [ガらンテリー galantərí:] 囡 -/-n [..リーエン] (女性に対して)丁重で親切なこと; お世辞.

Ga·la⋷vor·stel·lung [ガら·フォーァシュテるング] 囡 -/-en (式典などでの劇·オペラなどの)祝賀上演(公演), ガラ公演.

Ga·la·xie [ガらクスィー galaksí:] 囡 -/-n [..スィーエン] 《天》銀河系外星雲, 恒星系.

Ga·lee·re [ガれーレ galé:rə] 囡 -/-n (中世の)ガレー船(奴隷などにこがせた櫂のある帆船).

Ga·lee·ren⋷skla·ve [ガれーレン·スクらーヴェ] 囲 -n/-n (中世の:)ガレー船奴隷.

die **Ga·le·rie** [ガれリー galərí:] 囡 (単) -/(複) -n [..リーエン] ① **ギャラリー**, 画廊, 美術館; 絵画コレクション. (奨 *gallery*). ② 《建》

(教会・宮殿などの)回廊, 歩廊. ③ 《戯》たくさん, 多数. eine *Galerie* schöner Mädchen² 居並ぶ美少女たち. ④ (劇場などの)天井桟敷. (☞ Theater 図).

Ga·le·rist [ガれリスト galəríst] 男 -en/-en ① 画廊主宰者; 画商. (女性形: -in). ② 《ネッ゚》犯罪者.

Gal·gen [がるゲン gálgən] 男 -s/- ① 絞首台. 凡⁴ **an den** *Galgen* **bringen** 凡⁴を絞首台に送る. ② 《工》つり下げ装置.

Gal·gen⹀frist [がるゲン・フリスト] 囡 -/-en 《ふつう 単》(締め切りまでの)最後の猶予期間 (元の意味は"死刑執行までの期間").

Gal·gen⹀**hu·mor** [がるゲン・フモーァ] 男 -s/ 引かれる者の小唄, 強がりのざれ言.

Gal·gen⹀**vo·gel** [がるゲン・フォーゲる] 男 -s/ ..vögel (口語) ならず者, ごろつき.

Ga·li·lei [がりれーイ galiléːi] -s/ 《人名》ガリレイ (Galileo *Galilei* 1564-1642; イタリアの物理学者・天文学者).

Ga·li·ons⹀fi·gur [がリオーンス・フィグーァ] 囡 -/-en (海) 船首像(船首の飾り. ふつう婦人像); 《比》人寄せのための有名人.

gä·lisch [ゲーりッシュ géːlɪʃ] 形 ゲール人(語)の.

Ga·li·zi·en [がリーツィエン galíːtsiən] 田 -s/ 《地名》ガリシア(ポーランド南東部とウクライナ共和国西部にまたがる地方).

Gal·le [がれ gálə] 囡 -/-n ① 《複なし》(医) 胆汁. ② 《口語》胆囊(たんのう) (=*Gallen*blase). ③ 《比》不機嫌, 立腹. Gift⁴ und *Galle*⁴ speien 激怒する / Mir läuft die *Galle* über. 私は腹が煮えくりかえっている.

gal·le[n]⹀bit·ter [がれ〔ン〕・ビッタァ] 形 (胆汁のように)ひどくにがい.

Gal·len⹀bla·se [がれン・ブらーゼ] 囡 -/-n (医) 胆囊(たんのう).

Gal·len⹀stein [がれン・シュタイン] 男 -[e]s/-e 《医》胆石.

Gal·lert [がらァト gálərt または ガれルト galért] 田 -[e]s/(種類:) -e ① 《化》ゼラチン, ゲル. ② 《料理》煮こごり, ゼリー.

gal·lert⹀ar·tig [がらァト・アールティヒ] 形 ゲル(ゼリー)状の.

Gal·li·en [がリエン gálien] 田 -s/ 《地名》ガリア(古代ケルト民族の居住地. 今日のフランス・ベルギー・北イタリアの地方).

gal·lig [がリヒ gáliç] 形 ① (胆汁のように)ひどくにがい. ② 怒気を含んだ; 辛らつな(批評など).

gal·lisch [がッリシュ gálɪʃ] 形 ガリア[人・語]の.

Gal·li·um [がリウム gáliʊm] 田 -s/ 《化》ガリウム (記号: Ga).

Gal·lo·ne [がローネ galóːnə] 囡 -/-n ガロン (英・米の液量単位. 英ガロンは 4.546 リットル, 米ガロンは 3.785 リットル).

Ga·lopp [がロップ galóp] 男 -s/-e (または -s) ① (馬術の)ギャロップ. **im** *Galopp* **reiten** ギャロップで馬を走らせる / im *Galopp* 《口語》大急ぎで. ② ギャロップ(4分の2拍子の輪舞曲).

ga·lop·pie·ren [がロピーレン galopíːrən] 自 (h, s) (馬が・人が馬で)ギャロップで駆けて行く.

Ga·lo·sche [がロッシェ galóʃə] 囡 -/-n (ゴム製の)オーバーシューズ.

galt [がルト] ⹅gelten (有効である)の 過去

gäl·te [ゲるテ] ⹅gelten (有効である)の 接2

gal·va·nisch [がるヴァーニッシュ galváːnɪʃ] 形 《理》ガルバーニ電気の. *galvanisches* Element ガルバーニ電池.

gal·va·ni·sie·ren [がるヴァニズィーレン galvanizíːrən] 他 (h) (工) 《物⁴に》電気メッキをする.

Gal·va·no [がるヴァーノ galváːno] 田 -s/-s 《印》電気版.

Ga·ma·sche [ガマッシェ gamáʃə] 囡 -/-n 《ふつう 複》ゲートル.

Gam·be [ガンベ gámbə] 囡 -/-n 《音楽》ビオラ・ダ・ガンバ(16-18 世紀に使われた弦楽器).

Game⹀show [ゲーム・ショー] 《英》囡 -/-s (テレビの)ゲーム(クイズ)番組.

Gam·ma⹀strah·len [ガンマ・シュトラーれン] 複 《物・医》ガンマ線.

gam·me·lig [ガンメリヒ gáməlɪç] 形 《口語》① (食べ物が)傷んだ, 悪くなった. ② (服装などが)だらしない, きたならしい.

gam·meln [ガンメるン gáməln] 自 (h) ① 《口語》(特に若者が)ぶらぶらして過ごす. ② (食べ物が)傷む, 悪くなる.

Gamm·ler [ガムらァ gámlər] 男 -s/- (口語) (軽蔑的に:)ヒッピー, ふうてん. (女性形: -in).

Gams⹀bart [ガムス・バールト] 男 -[e]s/..bärte アルプスかもしかのひげたがみ(帽子の飾り).

Gäm·se [ゲムゼ gémzə] 囡 -/-n 《動》アルプスカモシカ.

Gan·dhi [ガンディ gándi] -s/ 《人名》ガンジー (Mahatma *Gandhi* 1869-1948; インドの政治家・思想家).

gang [ガング gáŋ] 形 《成句的に》*gang* und gäbe sein 広く行われている, 普通[のこと]になっている.

der **Gang¹** [ガング gáŋ] 男 (単2) -es (まれに -s)/(複) Gänge [ゲンゲ] (3格のみ Gängen) ① 〖複なし〗**歩き方**, 足取り; (人・馬などの)歩調. (愛 walk). Er hat einen leichten *Gang*. 彼は足取りが軽い / Ich erkannte ihn **an seinem** *Gang.* 歩き方で彼だとわかった.

② **歩くこと**, (ある場所へ)行くこと; 用足し[に行くこと]; 巡回. Spazier*gang* 散歩 / Ich machte einen *Gang* durch die Stadt. 私は町を一巡り歩いた / Ich muss noch einen *Gang* machen. 私はこれからまだ用足しに出かけなければならない / Ich will **auf seinem letzten** *Gang* begleiten《雅・婉曲》凡⁴の野辺の送りをする.

③ (機械などの)動き, 作動; (事の)進行, 経過. Die Maschine ist **in** *Gang.* 機械は作動している / 〖物・事〗⁴ **in** *Gang* **bringen** (または setzen) a) 〖物⁴(機械など)を始動させる, b) 《比》囲⁴を始める / 〖物・事〗⁴ **in** *Gang* **halten** a) 〖物⁴(機械など)を動かし続ける, b) 《比》囲⁴を持続させる / **in** *Gang* **kommen** a) (機械などが)動き始める,

b) 《比》(事柄が)始まる / Die Sache geht ihren *Gang*. 事はしかるべく進んでいる / Hier ist etwas im *Gange*. ここは何か臭いぞ(←ここでは何かが進行している).
④ **通路**, 廊下.
⑤ 《工》ギヤ(の段), …速. den ersten *Gang* ein|legen (または ein|kuppeln) ファースト[ギア]に入れる / im dritten *Gang* fahren サード[ギア]で走る.
⑥ 《スポ》ラウンド, セット, 回. ⑦ 《料理》(コースの)一品, 一皿. Das Festessen hatte fünf *Gänge*. その宴会の料理は5品だった. ⑧ 《坑》岩脈, 鉱脈.

Gang[2] [ゲング géŋ] [英] 中 -/-s 犯罪組織, (悪党・不良などの)一味, 暴力団.

Gang‧art [ガング・アールト] 女 -/-en ① 歩き方, 歩調; (相手に対する)出方. ② 《坑》脈石.

gang‧bar [ガングバール] 形 ① 通行できる. 《比》実行可能な. ② [一般に]通用している.

Gän‧ge [ゲンゲ] Gang[1] (歩くこと)の 複

Gän‧gel‧band [ゲンゲる・バント] 中 -[e]s/..bänder 《古》 (幼児をつなぐ)引き綱. 囚[4] am *Gängelband* führen 囚[4]を意のままに操る.

gän‧geln [ゲンゲるン géŋəln] 他 (h) 《口語》囚[4]を意のままに操る.

der **Gan‧ges** [ガンゲス gáŋges または gáŋəs] 男 《定冠詞とともに》(川名) ガンジス川(インドの大河).

gän‧gig [ゲンギヒ géŋɪç] 形 ① 一般に行われている, 普及している. ② よく売れている(商品など). ③ (貨幣が)通用している.

Gang‧schal‧tung [ガング・シャるトゥング] 女 -/-en 《工》変速機[構].

Gangs‧ter [ゲングスタァ géŋstɐr] [英] 男 -s/- ギャング, 暴力団員.

Gang‧way [ゲング・ヴェ] [英] 女 -/-s (船・飛行機の)タラップ.

Ga‧no‧ve [ガノーヴェ ganóːvə] 男 -n/-n 《口語》ペテン師, 泥棒, やくざ. (女性形: Ganovin).

die **Gans** [ガンス gáns] 女 (単) -/(複) Gänse [ゲンゼ] (3格のみ Gänsen) ①《鳥》ガチョウ; 雌のがちょう. 《英》 goose). Die *Gänse* schnattern. がちょうががあがあ鳴いている / *Gänse*[4] mästen. がちょうを肥育する. ② がちょうのロースト (=*Gänse*braten). ③ 《口語》小娘. Dumme *Gans*! ばかな女め.

Gän‧se [ゲンゼ] Gans (ガチョウ)の 複

Gän‧se‧blüm‧chen [ゲンゼ・ブリュームヒェン] 中 -s/- 《植》 デージー, ヒナギク.

Gän‧se‧bra‧ten [ゲンゼ・ブラーテン] 男 -s/- 《料理》がちょうのロースト.

Gän‧se‧füß‧chen [ゲンゼ・フュースヒェン] 中 -s/- 《口語》引用符(記号: „ … ") (=Anführungszeichen).

Gän‧se‧haut [ゲンゼ・ハオト] 女 -/ 鳥肌. eine *Gänsehaut*[4] bekommen 鳥肌が立つ.

Gän‧se‧klein [ゲンゼ・クらイン] 中 -s/ がちょうの内臓・頭・首・手羽の料理.

Gän‧se‧le‧ber [ゲンゼ・れーバァ] 女 -/-n がちょうのレバー[料理].

Gän‧se‧le‧ber‧pas‧te‧te [ゲンゼれーバァ・パステーテ] 女 -/-n 《料理》フォアグラ(がちょうのレバー)のパテ, フォアグラ料理.

Gän‧se‧marsch [ゲンゼ・マルシュ] 男 《成句的に》im *Gänsemarsch* 一列縦隊で.

Gän‧se‧rich [ゲンゼリヒ génzərıç] 男 -s/-e 雄のがちょう.

Gän‧se‧schmalz [ゲンゼ・シュマるツ] 中 -es/ がちょうの脂(パンに塗って食べる).

:ganz [ガンツ gánts]

> まったく; 全部の
> *Ganz* richtig! まったくそのとおりだ.
> ガンツ　リヒティヒ

I 副 ① **まったく**, 完全に, すっかり. (英 *completely*). Du hast *ganz* Recht. まったく君の言うとおりだ / Das ist mir *ganz* egal (または gleich). それは私にはまったくどうでもいいことだ / Er ist wieder *ganz* gesund. 彼は元どおりすっかり元気になった / Das habe ich nicht *ganz* verstanden. それを私は完全に理解したわけではない / Er war *ganz* Ohr. 彼は全身を耳にしていた.
◇《成句的に》*ganz und gar* まったく, 完全に ⇒ Das ist *ganz* und gar falsch. それは完全に間違っている / Das gefällt mir *ganz* und gar nicht. 私はそれが全然気に入りません.

② 《gut, nett, schön などとともに; 文中でのアクセントなし》かなり, まあまあ. Er hat *ganz* gut gesprochen. 彼はかなり上手に話した / Na ja, das war *ganz* nett. まあね, まずまずだったな / Es geht mir *ganz* gut. 私はまあまあ元気です.

③ 非常に, たいへん. Er war *ganz* glücklich. 彼はとても幸せだった.

> 注意. ② の場合あまり積極的な評価ではないことに注意. アクセントがある場合は ③ の「非常に」の意味になるが, まぎらわしいので ③ の意味ではふつう sehr を使う.

II 形 ① 《付加語としてのみ》**全部の**, 全体の; …中. (英 *whole*). die *ganze* Familie 家族全員 / in der *ganzen* Welt 世界中で / **den ganzen Tag** 一日中 / die *ganze* Zeit [über] その間中ずっと / ein *ganzes* Jahr まる一年 / ein *ganzes* Brot パン1個まるごと / Das ist mein *ganzes* Geld. これが私の持っているお金全部です / Ich wünsche es [mir] von *ganzem* Herzen. 私は心の底からそれを望んでいます. (☞ 類語 all).
◇《冠詞のない地名の前で; 無語尾で》全… in *ganz* Berlin ベルリン中で / Er kennt *ganz* Europa. 彼はヨーロッパ中を知っている.
◇《名詞的に》**im** *Ganzen* a) 全部で, ひっくるめて, b) 全体としては, 総体的には / im Großen und *Ganzen* 大体においては.

② 《付加語としてのみ》完全な. ein *ganzer* Mann 仕事のできる男 / Er ist der *ganze* Vater. 《口語》彼はどこからどこまで父親そっくりだ / *ganze* Zahl 《数》整数 / *ganze* Note 《音

楽)全音符 / *ganze* zwei Stunden まる２時間.
③ 〖付加語としてのみ〗《口語》相当の, かなりの. eine *ganze* Menge 相当な量 / Es dauerte eine *ganze* Weile. それはかなり長い間続いた.
④ 〖数詞とともに〗《口語》…だけの, わずか…の. Das Buch kostet *ganze* fünf Euro. その本はたった5ユーロだ.
⑤ 《口語》(品物が)無傷の, 壊れていない. Ist das Spielzeug noch *ganz*? そのおもちゃはまだちゃんとしているの?

Gän·ze [ゲンツェ géntsə] 囡 〖成句的に〗 **in seiner (ihrer)** *Gänze*《雅》全体として / **zur** *Gänze* 完全に.

Gan·ze[s] [ガンツェ[ス] gántsə[s]] 囲 〖語尾変化は形容詞と同じ〗全体, 総体, すべて. Das *Ganze* hat keinen Sinn. これはすべて無意味だ / **aufs** *Ganze* **gehen**《口語》とことんやる / **im** *Ganzen* a) 全部で, b) 総体的には / **im Großen und** *Ganzen* 大体においては / Es geht **ums** *Ganze*. のるかそるかだ.

Ganz·heit [ガンツハイト] 囡 -/-en 〖ふつう 囲〗全体, 総体. 囲⁴ **in seiner** *Ganzheit* **erfassen** 囲⁴を全体的に把握する.

ganz·heit·lich [ガンツハイトリヒ] 形 総体的な.

Ganz·heits≠me·tho·de [ガンツハイツ・メトーデ] 囡 -/ 《教》全習法(読み方教育で, 一文字ずつではなく, 語を一つのまとまりとして読みとらせる授業法).

ganz·jäh·rig [ガンツ・イェーリヒ] 形 一年中の, 通年の.

Ganz·le·der [ガンツ・レーダァ] 囲 -s/ 《製本》総革. in *Ganzleder* 総革装の.

gänz·lich [ゲンツリヒ géntslıç] **I** 副 完全に, まったく, 全く. (英 *completely*). Ich habe es *gänzlich* vergessen. 私はそれをすっかり忘れてしまった.
II 形 完全な, まったくの.

ganz·tä·gig [ガンツ・テーギヒ] 形 一日中の, 全日の. Das Geschäft ist *ganztägig* geöffnet. 〖状態受動・現在〗その店は終日開いている.

Ganz·tags≠schu·le [ガンツタークス・シューレ] 囡 -/-n (午後も授業を行う)全日制の学校.

gar¹ [ガール gá:r] 副 **A) ① 〖否定を強調して〗 全然 […でない], 決して[…でない]. Er war *gar* nicht böse. 彼は全然怒ってなんかいなかったよ / Er hat *gar* nichts gesagt. 彼はまったく一言も言わなかった / **ganz und** *gar* まったく ⇒ Das ist ganz und *gar* nicht richtig. それはまったく正しくありません.
② それどころか (=sogar). Zuletzt bedrohte er mich *gar*. それどころか最後には彼は私を脅しにかかったのです. ③ 〖南ド・オッス・スイス〗非常に, たいへん. Das schmeckt *gar* gut. それはとてもおいしい.
B) 〖文中でのアクセントあり〗〖**zu, so** を強調して〗 あまりに, 実に. Sie ist *gar* zu ängstlich. 彼女はあまりにも臆病(ぉびぃ)すぎる / Das ist *gar* so schwierig. それは実に難しい.
C) 〖文中でのアクセントなし〗 ① 〖特に[反語的]疑問文で〗 ひょっとして, まさか, よもや. Ist sie *gar* schon verlobt? 彼女はまさか婚約しているんじゃないだろうね. ② 〖ふつう **und** とともに〗 それにもまして. Der Schmutz im Hotel war schon schlimm, und *gar* das Ungeziefer. ホテルの汚れもひどかったが, それにもまして, あの虫だ. ③ 本当に, 実際. Er ist *gar* zu allem fähig. 彼は実際なんでもよくできる.

gar² [ガール] 形 ① 煮えた, 焼けた. *gares* Fleisch よく焼けた肉 / Die Kartoffeln sind noch nicht *gar*. じゃがいもはまだ煮えていない.
② 《農》耕してある, 作付けを待つばかりの. ③ 〖南ド・オッス・スイス〗使い果たされた, なくなった.

*die Ga·ra·ge [ガラージェ gará:ʒə] 〖フランス〗 囡 (単) -/(複) -n ガレージ, 車庫. (英 *garage*). das Auto⁴ **aus** der *Garage* **holen** 車を車庫から出してくる / das Auto⁴ **in** die *Garage* **fahren** (または **bringen**) 車を車庫に入れる.

Ga·rant [ガラント garánt] 男 -en/-en 保証人. (女性形: -in).

die **Ga·ran·tie** [ガランティー garantí:] 囡 (単) -/(複) -n [..ティーエン] 保証. (英 *guarantee*). Das Gerät hat ein Jahr *Garantie*. この器具は1年間の保証つきだ / Die Firma leistet für das Gerät ein Jahr *Garantie*. この会社はその器具に1年間の保証をつけてくれる / die *Garantie*⁴ **für** 囲⁴ **übernehmen** 囲⁴に対する保証を引き受ける / Darauf gebe ich dir meine *Garantie*. 《口語》それはぼくが保証するよ / …, aber ohne *Garantie*《口語》…, でも保証の限りじゃないよ / **unter** *Garantie*《口語》確実に, きっと.

ga·ran·tie·ren [ガランティーレン garantí:rən] (garantierte, *hat* ... garantiert) **I** 他 (完了 haben) ([囚³に](囲⁴を)保証する, 請け合う. (英 *guarantee*). 囚³ **ein festes Einkommen**⁴ *garantieren* 囚³に定収入を保証する.
II 自 (完了 haben) 〖**für** 囲⁴ **~**〗(囲⁴を)保証する. Wir *garantieren* für die Qualität der Ware. 私どもはこの製品の品質を保証します.

ga·ran·tiert [ガランティーァト] **I** garantieren (保証する)の 過分, 3人称単数・2人称親称複数 現在 **II** 保証された, 折り紙付きの. **III** 副《口語》確実に, きっと. Er kommt *garantiert*. 彼は間違いなく来る.

ga·ran·tier·te [ガランティーァテ] garantieren (保証する)の 過去

Ga·ran·tie≠schein [ガランティー・シャイン] 男 -[e]s/-e 保証書.

Ga·ran·tie≠zeit [ガランティー・ツァイト] 囡 -/-en 保証期間.

Gar≠aus [ガール・アオス] 男 〖成句的に〗 人・囲³ **den** *Garaus* **machen** 《口語・戯》 a) 囚³の息の根を止める, b) 囲³に終止符を打つ.

Gar·be [ガルベ gárbə] 囡 -/-n (収穫の後に残る)わら束; 《軍》(機関銃などの)集束弾道.

Gar·de [ガルデ gárdə] 囡 -/-n ① 近衛隊, 護衛隊. ② 同志(のグループ).

die **Gar·de·ro·be** [ガルデローベ gardaró:bə] [架] 囡 (単) -/(複) -n ① (劇場などの)クローク, 携帯品預かり所. (英 checkroom). den Mantel **an der** *Garderobe* ab|geben コートをクロークに預ける. ② (玄関などの)コート掛け. ③ 楽屋, 衣装部屋. ④ 〖複なし〗(ある人の)[すべての]衣装.

Gar·de·ro·ben⹀**frau** [ガルデローベン・フラオ] 囡 -/-en クローク係の女性.

Gar·de·ro·ben⹀**mar·ke** [ガルデローベン・マルケ] 囡 -/-n クロークの[携帯品預かり札.

Gar·de·ro·ben⹀**stän·der** [ガルデローベン・シュテンダァ] 男 -s/- スタンド式コート掛け.

Gar·de·ro·bi·e·re [ガルデロビエーレ gardəɾobiéːrə] 囡 -/-n (劇) (劇場の)衣装方(の女性).

die **Gar·di·ne** [ガルディーネ gardíːnə] 囡 (単) -/(複) -n (薄地の)カーテン. (参)「厚地のカーテン」は Vorhang). die *Gardinen* auf|ziehen (zu|ziehen) カーテンを引いて開ける(閉める) / **hinter** schwedischen *Gardinen* sitzen 《口語・戯》刑務所に入っている.

Gar·di·nen⹀**pre·digt** [ガルディーネン・プレーディヒト] 囡 -/-en 《口語・戯》小言, お説教 (元の意味は「(酔って遅く帰宅した夫に女房が)ベッドカーテンの中から言う小言」).

Gar·di·nen⹀**stan·ge** [ガルディーネン・シュタンゲ] 囡 -/-n カーテンロッド, カーテンレール; カーテンの引き棒.

Gar·dist [ガルディスト gardíst] 男 -en/-en 近衛兵, 護衛兵. (女性形: -in).

ga·ren [ガーレン gáːrən] I 他 (h) 《料理》十分に火を通す. II 自 (h) 《料理》十分に火が通る.

gä·ren(*) [ゲーレン gέːrən] (gor, *hat/ist* … gegoren または gärte, *hat/ist* … gegärt) I 自 〖定了〗 haben または sein) ① (ビール・果汁などが)**発酵**する. Das Bier *gärt*. ビールが発酵する.
② (s) 〖**zu** 物³ ~〗 発酵して(物³ 3)になる. Der Wein *ist* zu Essig *gegoren*. 〖現在完了〗ワインが発酵して酢になった. ③ (h) 《ふつう規則変化》〖**in** 人³ ~〗 (怒りなどが人³ の心中に)煮えくりかえる. Die Wut *gärt* in ihm. 彼の心は怒りに煮えくりかえっている. ◇〖非人称の **es** を主語として〗Im Volk *gärt* es. 民衆の間に不穏な空気が渦巻いている.
II 他 〖定了〗 haben) 発酵させる. Bier⁴ *gären* ビールを発酵させる.

Gar·misch-Par·ten·kir·chen [ガルミッシュ・パルテンキルヒェン gármɪʃ-pártənkɪrçən] 田 -s/ 〖地名〗 ガルミッシュ・パルテンキルヒェン(ドイツ, バイエルン州. ツークシュピッツェのふもとの保養地, ウインタースポーツの中心地: 〖地図〗 E-5).

Garn [ガルン gárn] 田 -[e]s/-e ① (紡ぎ)糸. *Garn* spinnen 糸を紡ぐ / Flachs⁴ **zu** *Garn* spinnen 亜麻を紡いで糸にする / ein (または sein) *Garn*⁴ spinnen 《比》作り話をする. ② (狩・漁)(狩猟・漁業用の)網; (比) わな. 人³ **ins** *Garn* gehen 人³ のわなにはまる.

Gar·ne·le [ガルネーレ garnéːlə] 囡 -/-n 〖動〗コエビ, シュリンプ(シバエビなど).

gar·nie·ren [ガルニーレン garníːrən] 他 (h) (衣服・料理など⁴に)飾りを付ける. einen Hut **mit** einem Band *garnieren* 帽子にリボンの飾りを付ける / den Kartoffelsalat mit Petersilie *garnieren* ポテトサラダにパセリをあしらう.

Gar·nie·rung [ガルニールング] 囡 -/-en ① (衣服・料理などの)飾り付け, 装飾. ② 飾り; 添え物, つま.

Gar·ni·son [ガルニゾーン garnizóːn] [架] 囡 -/-en (軍) ① 駐留(駐屯)地. ② 駐留軍, 駐屯部隊.

Gar·ni·tur [ガルニトゥァ garnitúːr] 囡 -/-en ① (家具・衣服などの)一式, セット, 組. eine *Garnitur* Geschirr 一そろいの食器. ② 《口語》(能力によってわけられた)集団. die erste *Garnitur* 一軍(一線級のメンバーをそろえた集団). ③ (衣服・料理などの)飾り; 添え物, つま.

Garn⹀**knäu·el** [ガルン・クノイエる] 田 男 -s/- (巻いた)糸[の]玉.

Garn⹀**rol·le** [ガルン・ロれ] 囡 -/-n 糸巻き.

gars·tig [ガルスティヒ gárstɪç] 形 ぞっとするような(容姿など), 憎たらしい(子供); (気) 不快な(におい・天気など).

gär·te [ゲーァテ] *gären* (発酵する)の 過去

‡*der* **Gar·ten** [ガルテン gártən]

> 庭 Die Kinder spielen im *Garten*.
> ディ キンダァ シュピーれン イム ガルテン
> 子供たちは庭で遊んでいる.

男 (単 2) -s/(複) Gärten [ゲルテン] 庭, 庭園. (英 garden). ein gepflegter *Garten* 手入れの行き届いた庭 / einen *Garten* an|legen 庭を造る / **im** *Garten* arbeiten 庭仕事をする / Gemüse⁴ **im** *Garten* an|bauen 野菜を庭に植える / ein Haus **mit** *Garten* 庭付きの家 / ein botanischer *Garten* 植物園 / ein zoologischer *Garten* 動物園 / ein englischer *Garten* イギリス式庭園(フランス式庭園の幾何学的構成に対して, 自然の景観を生かした庭園. ミュンヒェンのものが有名).

> (参) ..**garten** のいろいろ: **Blumengarten** 花園 / **Gemüsegarten** 菜園 / **Kindergarten** 幼稚園 / **Kleingarten** (郊外の)レジャー用小菜園 / **Obstgarten** 果樹園 / **Schlossgarten** 宮殿の庭園 / **Schrebergarten** (郊外の)レジャー用小菜園 / **Weingarten** ぶどう畑

Gär·ten [ゲルテン] ‡Garten (庭)の 複

Gar·ten⹀**ar·beit** [ガルテン・アルバイト] 囡 -/-en 庭仕事, 庭いじり, 園芸.

Gar·ten⹀**ar·chi·tekt** [ガルテン・アルヒテクト] 男 -en/-en 造園家, 造園設計士. (女性形: -in).

Gar·ten⹀**bau** [ガルテン・バオ] 男 -[e]s/ 園芸.

Gar·ten⹀**fest** [ガルテン・ふェスト] 田 -[e]s/-e 園遊会, ガーデンパーティー.

Gar·ten⹀**ge·rät** [ガルテン・ゲレート] 田 -[e]s/-e 園芸用具.

Gar·ten≠haus [ガルテン・ハオス] 田 –es/..häuser ① 園亭, あずまや. ② 《口語》裏庭の離れ.

Gar·ten≠lau·be [ガルテン・らオベ] 女 –/–n 園亭, あずまや.

Gar·ten≠par·ty [ガルテン・パールティ] 女 –/–s 園遊会, ガーデンパーティー.

Gar·ten≠schau [ガルテン・シャオ] 女 –/–en 園芸博覧会.

Gar·ten≠sche·re [ガルテン・シェーレ] 女 –/–n 植木ばさみ, 花ばさみ.

Gar·ten≠stadt [ガルテン・シュタット] 女 –/..städte [..シュテーテ] 田園都市.

Gar·ten≠zaun [ガルテン・ツァオン] 男 –[e]s/..zäune 庭の柵.

Gar·ten≠zwerg [ガルテン・ツヴェルク] 男 –[e]s/– ①（庭園に飾る彩色した）こびと人形. ②《口語》(軽蔑的に:) 小物, ろくでなし.

Gärt·ner [ゲルトナァ gértnɐr] 男 –s/– 造園士, 庭師, 園芸家. (女性形: –in).

Gärt·ne·rei [ゲルトネライ gɛrtnərái] 女 –/–en ① 造園業, 植木商. ②《覆 なし》《口語》造園, 園芸.

gärt·ne·risch [ゲルトネリッシュ gértnərɪʃ] 形 造園の, 園芸の.

gärt·nern [ゲルトナァン gértnɐrn] 自 (h) 庭仕事をする, 庭いじりをする.

Gä·rung [ゲールング] 女 –/–en ① 発酵. ②《比》(社会的な)不満, 不穏な空気.

***das Gas** [ガース gá:s] 田 (単2) –es/(複) –e (3格のみ –en) (英 gas) ① 気体, ガス. ein brennbares Gas 可燃性ガス / einen Ballon mit Gas füllen 気球にガスを入れる.
② (燃料用・灯火用の)ガス. Stadtgas 都市ガス / das Gas⁴ an|zünden (ab|stellen) ガスに点火する(ガスを切る) / das Gas⁴ ab|drehen (コックをひねって)ガスを止める / mit Gas kochen ガスで調理する / 人³ das Gas⁴ ab|drehen《俗》人³の息の根を止める.
③ 《覆 なし》《口語》ガスこんろ. ④ 《覆 なし》(エンジンに供給する)混合気;《口語》アクセルペダル. Gas⁴ geben (weg|nehmen)《口語》スピードを上げる(落とす) / aufs Gas treten アクセルを踏む.

Gas≠an·stalt [ガース・アンシュタるト] 女 –/–en ガス事業所, 都市ガス製造供給施設.

Gas≠bren·ner [ガース・ブレンナァ] 男 –s/– ガスバーナー, (ガスこんろなどの)炎口.

Gas≠feu·er·zeug [ガース・フォイアァツオイク] 田 –[e]s/–e ガスライター.

Gas≠fla·sche [ガース・ふらッシェ] 女 –/–n ガスボンベ.

gas≠för·mig [ガース・フェルミヒ] 形 ガス状の, 気体の.

Gas≠hahn [ガース・ハーン] 男 –[e]s/..hähne ガス栓. den Gashahn auf|drehen a) ガスの栓を開ける, b)《婉曲》ガス自殺する.

Gas≠he·bel [ガース・ヘーベる] 男 –s/– (自動車の)アクセルペダル, (飛行機の)スラストレバー.

Gas≠hei·zung [ガース・ハイツング] 女 –/–en ガス暖房.

Gas≠herd [ガース・ヘーアト] 男 –[e]s/–e ガスレンジ, ガスこんろ.

Gas≠kam·mer [ガース・カンマァ] 女 –/–n (ナチの強制収容所の)ガス室.

Gas≠ko·cher [ガース・コッハァ] 男 –s/– ガスこんろ.

Gas≠lei·tung [ガース・らイトゥング] 女 –/–en ガス管.

Gas≠mann [ガース・マン] 男 –[e]s/..männer《口語》ガス会社の検針員.

Gas≠mas·ke [ガース・マスケ] 女 –/–n ガスマスク, 防毒マスク.

Gas≠ofen [ガース・オーふェン] 男 –s/..öfen ガスストーブ.

Gas≠pe·dal [ガース・ペダーる] 田 –s/–e (自動車の)アクセルペダル. aufs Gaspedal treten アクセルを踏む.

die **Gas·se** [ガッセ gásə] 女 (単) –/(複) –n ① 路地, 小路; 通り道. (英 lane). Sackgasse 袋小路 / eine krumme Gasse 曲がりくねった路地 / für 人⁴ eine Gasse⁴ bilden《比》(人ごみの中で)人⁴のために道を空ける / auf der Gasse spielen 路地で遊ぶ / auf allen Gassen いたるところで. (☞ 願綴 Weg). ② 路地の住民たち. ③ 《オッ》街路, 通り(＝Straße). ④ (サッカーの)ディフェンスの間隙; (ラグビーの)ラインアウト.

Gas·sen≠hau·er [ガッセン・ハオアァ] 男 –s/–《口語》流行歌, はやり歌.

Gas·sen≠jun·ge [ガッセン・ユンゲ] 男 –n/–n 不良少年, 悪童.

der **Gast [ガスト gást] 男 (単2) –es (まれに –s)/(複) Gäste [ゲステ] (3格のみ Gästen) ① 客, 来客, 訪問客. (英 guest). ein willkommener Gast 歓迎される客 / Gäste⁴ zum Essen ein|laden お客を食事に招く / Wir haben heute Abend Gäste. 私たちは今晩来客がある / Sie sind mein Gast. (レストランなどで:)支払いは私にさせてください(←あなたは私が招いたお客) / 人⁴ zu Gast haben 人⁴を客として招いている / 人⁴ zu Gast[e] bitten (または laden)《雅》人⁴を招待する / bei 人³ zu Gast sein 人³のところに客としておじゃましている.
② (ホテル・レストランなどの)客; 旅客; 顧客. einen Gast bedienen お客に給仕する. ③ 客演者, ゲスト[出演者]; 《スポ》ビジター[チーム]. als Gast auf|treten (俳優などが)ゲストとして出演する.

> 〈メモ〉..gast のいろいろ: Badegast 湯治客 / Ehrengast 来賓 / Fahrgast 乗客 / Fluggast 飛行機の乗客 / Kurgast 療養客 / Stammgast (飲食店などの)常連 / Tischgast 食事への招待客 / Zaungast (柵の外から見る)見物客

Gast≠ar·bei·ter [ガスト・アルバイタァ] 男 –s/– 外国人労働者. (女性形: –in). (☞「ドイツ・ミニ情報 13」, 496 ページ).

Gäs·te [ゲステ] ‡Gast (客)の 複

Gäs·te≠buch [ゲステ・ブーフ] 田 –[e]s/..bücher 来客記帳アルバム; (ホテルなどの)宿帳.

Gäs·te·haus [ゲステ・ハオス] 田 -es/..häuser ゲストハウス, (来客用の)宿泊施設.

Gäs·te⸗zim·mer [ゲステ・ツィンマァ] 田 -s/- 客間, 客室.

Gast⸗fa·mi·lie [ガスト・ファミーリエ] 囡 -/-n (ホームステイの)ホストファミリー.

gast⸗frei [ガスト・フライ] 形 客を歓待する, 客好きな.

Gast⸗frei·heit [ガスト・フライハイト] 囡 -/ 客の歓待, 客を歓迎すること.

gast⸗freund·lich [ガスト・フロイントリヒ] 形 客を歓待する, もてなしのよい.

Gast⸗freund·schaft [ガスト・フロイントシャフト] 囡 -/ 客の歓待.

Gast⸗ge·ber [ガスト・ゲーバァ] 男 -s/- ① (客を迎える側の)主人, ホスト. (女性形: -in). ② 《スポ》(ビジター[チーム]に対して:)ホスト[チーム], ホームチーム.

Gast⸗haus [ガスト・ハオス] 田 -es/..häuser レストラン兼ホテル, 宿屋. (☞ 類語 Restaurant, Hotel).

Gast⸗hof [ガスト・ホーフ] 男 -[e]s/..höfe (おもに田舎の)レストラン兼ホテル, 宿屋. (☞ 類語 Hotel).

Gast⸗hö·rer [ガスト・ヘーラァ] 男 -s/- (大学の)聴講生. (女性形: -in).

gas·tie·ren [ガスティーレン gastíːrən] 自 (h) ① (他の劇場で)客演する. ② 《スポ》アウェー(相手チームのホームグラウンド)で試合をする.

Gast⸗land [ガスト・らント] 田 -[e]s/..länder 受け入れ国, 招待国.

gast·lich [ガストリヒ] 形 もてなしのよい.

Gast·lich·keit [ガストリヒカイト] 囡 -/ もてなしのよさ.

Gast⸗mahl [ガスト・マール] 田 -[e]s/..mähler (または -e) 《雅》饗宴(ᵏょぅぇん), 宴会.

Gast⸗mann·schaft [ガスト・マンシャフト] 囡 -/-en 《スポ》ビジターチーム.

Gast⸗recht [ガスト・レヒト] 田 -[e]s/ 客としての待遇(保護)を受ける権利. *Gastrecht*⁴ genießen 歓待を受ける.

Gas·tri·tis [ガストリーティス gastríːtɪs] 囡 -/..tiden [..リティーデン] 《医》胃炎.

Gas·tro·nom [ガストロノーム gastronóːm] 男 -en/-en (料理の腕の立つ)レストランの主人. (女性形: -in).

Gas·tro·no·mie [ガストロノミー gastronomíː] 囡 -/ ① 飲食店業. ② (美食の)調理法.

gas·tro·no·misch [ガストロノーミッシュ gastronóːmɪʃ] 形 ① 飲食店業の. ② (美食の)調理法の.

Gast⸗spiel [ガスト・シュピーる] 田 -[e]s/-e ① (劇・音楽の)客演. ② 《スポ》遠征試合.

Gast⸗stät·te [ガスト・シュテッテ] 囡 -/-n 飲食店, レストラン. (☞ 類語 Restaurant).

Gast⸗stu·be [ガスト・シュトゥーベ] 囡 -/-n (旅館などの)食堂.

Gast⸗wirt [ガスト・ヴィルト] 男 -[e]s/-e 飲食店の主人. (女性形: -in).

Gast⸗wirt·schaft [ガスト・ヴィルトシャフト] 囡 -/-en (簡素な)飲食店.

Gas⸗uhr [ガース・ウーァ] 囡 -/-en ガスメーター (=Gaszähler).

Gas⸗ver·gif·tung [ガース・フェァギふトゥング] 囡 -/-en ガス中毒.

Gas⸗werk [ガース・ヴェルク] 田 -[e]s/-e ガス事業所, 都市ガス製造供給施設.

Gas⸗zäh·ler [ガース・ツェーらァ] 男 -s/- ガスメーター.

GATT [ガット gát] 田 -s/ 《略》ガット(関税と貿易に関する一般協定) (=General Agreement on Tariffs and Trade).

Gat·te [ガッテ gátə] 男 -n/-n ① 《雅》ご主人.

― ドイツ・ミニ情報 13 ―

外国人労働者 Gastarbeiter

第二次世界大戦後の復興期に, ドイツは外国からの労働者を歓迎し, 人手不足を解消した. いわゆる Gastarbeiter「外国人労働者」である. イタリア人, ギリシア人, トルコ人などの外国人労働者たちは, 安く, きつく, 汚い仕事を引き受け, ドイツにおける高度経済成長を支えた. Gastarbeiter は 1970 年代までドイツで働いていた外国人の働き手のことを指す名称で, 今日では歴史的用語になっている. ドイツで生まれ育った彼らの第 2・第 3 世代は, 1999 年の国籍法改正により, 一定の条件を満たせば両親ともに外国人であってもドイツ国籍を取得できるようになっている.

現在ドイツで働く外国人は, ausländischer Arbeitnehmer「外国人被雇用者」と表現される. 少子高齢化がこのまま進めば 2015 年には約 600 万人分の労働力が不足するという試算があるが, 現在でも特に数学, 科学, IT 技術, 工学の分野での専門職業人が不足がちである. そのため連邦政府は, 高度な能力を有する外国の人材を引き寄せようと, ドイツでの就労を容易にするような新制度を打ち出し始めた.

そのひとつに, 2012 年 8 月 1 日に発効した「EU ブルーカード (Blaue Karte EU Deutschland)」制度がある. これは EU 域内で働くための滞在許可証であり, 大学卒業資格もしくは 5 年以上の専門経験を有する EU 域外出身の外国人を対象としている. EU ブルーカードを取得した外国人は職探しのために 6 か月の一時滞在が認められ, 3 年間の就業継続後には永住許可証の申請も可能になる. ドイツ国内の企業と雇用契約を結び, 定められた年収を満たすなどの条件はあるものの, この制度によって高い能力を持つ外国人のドイツでの就労に関する規定が緩和された.

(⁽ᵉ⁾ オーストリアでは自分の「夫」の意味でも用いる). ②《圏で》夫婦（＝Ehepaar）.

Gat・ter [ガッタァ gátɐr] 田 -s/- ① 格子; 柵(ﾂ), 木戸; （馬術の障害の）垣根. ②《ﾖﾝﾋﾟｭ》論理ゲート.

Gat・tin [ガッティン gátin] 囡 -/..tinnen《雅》奥様. (⁽ᵉ⁾ オーストリアでは自分の「妻」の意味でも用いる).

Gat・tung [ガットゥング] 囡 -/-en ① 種類; （芸術作品などの）ジャンル. ②《生》（動植物の）属.

Gat・tungs⸗na・me [ガットゥングス・ナーメ] 男 -ns (3格・4格 -n)/-n ①《動・植》属名. ②《言》普通名詞.

Gau [ガオ gáu] 男《方:》-[e]s/-e ①《史》（ゲルマン部族の）定住地 (元の意味は「森や水の多い地域」). ②（ナチス用語で:）大管区.

GAU [ガオ] 男 -s/-[s] 《略》（原子炉の）最大仮想事故（＝größter anzunehmender Unfall）.

Gau・di [ガオディ gáudi] 田 -s/《南ド・ｵｰｽﾄﾘｱ:》-/) (ごく口語) 楽しみ. Wir haben viel *Gaudi* gehabt. とても愉快でした.

Gau・di・um [ガオディウム gáudium] 田 -s/ 楽しみ, 愉悦 (＝Spaß).

Gau・guin [ゴギャン gogɛ́] -s/《人名》ゴーギャン (Paul *Gauguin* 1848–1903; フランスの画家).

Gau・ke・lei [ガオケらイ gaukəlái] 囡 -/-en《雅》まやかし, 幻惑; 悪ふざけ.

gau・keln [ガオケルン gáukəln] 自 (s, h) ①(s)《詩》（ちょうなどが…へ）ひらひら舞う. ②(h) 《雅》幻惑する; 奇術を使う.

Gau・kel⸗spiel [ガオケる・シュピーる] 田 -[e]s/-e《雅》まやかし, 幻惑.

Gauk・ler [ガオクらァ gáuklɐr] 男 -s/《雅》曲芸師, 奇術師; ペテン師. (女性形: -in).

Gaul [ガオる gául] 男 -[e]s/Gäule ① 駄馬. ②《方》馬.

Gau・men [ガオメン gáumən] 男 -s/- ① 口蓋(ｶﾞｲ), 上あご. der harte (weiche) *Gaumen* 硬口蓋（軟口蓋） / Mir klebt [vor Durst] die Zunge am *Gaumen*. 私はのどがからからだ（←舌が上あごにくっついている）. ②《比》味覚; （味を感じる場所としての）口. einen feinen *Gaumen* haben 舌が肥えている.

Gau・men⸗laut [ガオメン・らオト] 男 -[e]s/-e《言》口蓋(ｶﾞｲ)音 [g, k, ŋ など].

Gau・ner [ガオナァ gáunɐr] 男 -s/- ① 詐欺師, 泥棒, ならず者. (女性形: -in). ②《口語》悪賢いやつ.

Gau・ne・rei [ガオネライ gaunərái] 囡 -/-en 詐欺, 悪事, いかさま.

gau・nern [ガオナァン gáunɐrn] 自 (h) 詐欺 (悪事)を働く, 人をだます.

Gau・ner⸗spra・che [ガオナァ・シュプラーヘ] 囡 -/-n 泥棒仲間（ならず者たち）の隠語.

Gauß [ガオス gáus] 田 -/-《物》ガウス（磁束密度の単位; G; ドイツの数学者 C. F. *Gauß* 1777–1855 の名から）.

Ga・ze [ガーゼ gá:zə] 囡 -/-n《織》ガーゼ; 紗(ｼｬ).

Ga・zel・le [ガツェれ gatsélə] 囡 -/-n《動》ガゼル (シカに似た動物).

Gd [ゲー・デー]《化・記号》ガドリニウム（＝Gadolinium）.

G-Dur [ゲー・ドゥーァ] 田 -/《音楽》ト長調（記号: G）.

Ge [ゲー・エー]《化・記号》ゲルマニウム（＝Germanium）.

ge.. [ゲ.. gə..]《アクセントをもたない》 I《非分離動詞の前つづり》①《集合》例: ge**rinnen** 凝結する. ②《完了・結果》例: *ge*bären 産む. ③《強意》例: *ge*denken 思い出す. II《名詞・形容詞・動詞の語幹と結合して》①《集合・共同》例: *ge*mein 共同の. ②《動作の反復》例: *Ge*kicher くすくす笑い. ③《動作の結果》例: *Ge*schenk 贈り物. III《過去分詞の前つづり として》*ge*gangen.

ge・ach・tet [ゲ・アハテト] I ＊achten (注意を払う)の過分 II 形 尊敬された.

Ge・äch・te・te[r] [ゲ・エヒテテ (..タァ) gə-ɛ́çtətə (..tɐr)] 男《形容詞と同じ》法律の保護を奪われた者;《史》被追放者.

Ge・äch・ze [ゲ・エヒツェ gə-ɛ́çtsə] 田 -s/《絶え間ない》うめき[声].

ge・ädert [ゲ・エーダァト gə-ɛ́:dərt] 形 脈管(葉脈)のある, 網目模様のついた.

ge・ahnt [ゲ・アーント] ahnen (予感する)の過分

ge・än・dert [ゲ・エンダァト] ＊ändern (変える)の過分

ge・an・gelt [ゲ・アンゲるト] angeln (魚釣りをする)の過分

ge・ant・wor・tet [ゲ・アントヴォルテット] ＊antworten の過分

ge・ar・bei・tet [ゲ・アルバイテト] ＊arbeiten (働く)の過分

ge・är・gert [ゲ・エルガァト] ＊ärgern (怒らせる)の過分

ge・ar・tet [ゲ・アールテット] I arten (似てくる)の過分 II 形 (…の)性質の. Seine Kinder sind gut *geartet*. 彼の子供たちは素質がある.

Ge・äst [ゲ・エスト gə-ɛ́st] 田 -es/《総称として:》（木の）枝葉.

ge・at・met [ゲ・アートメット] ＊atmen (呼吸する)の過分

ge・äu・ßert [ゲ・オイサァト] äußern (述べる)の過分

geb. 《略》①[ゲ・ボーレン または ゲ・ボーレネ (..ナァ)] …生まれの（＝geboren）; 旧姓… (**geborene[r]**). ②[ゲ・ブンデン] 製本された（＝gebunden）.

das **Ge・bäck** [ゲ・ベック gə-bɛ́k] 田 (単2) -[e]s/(種類を表すときのみ: 複) -e クッキー, ビスケット. zum Kaffee *Gebäck*⁴ an|bieten コーヒーにクッキーを添えて出す.

ge・ba・cken [ゲ・バッケン] I ＊backen¹ (パンなどを焼く)の過分 II 形 焼けた. frisch *gebackenes* (または frisch*gebackenes*) Brot 焼きたてのパン / selbst *gebackener* (または selbst*gebackener*) Kuchen 自分で焼いたケーキ.

ge･ba･det [ゲ・バーデット] ＊baden (入浴する)の 過分

Ge･bälk [ゲ・ベるク gə-bélk] 中 -[e]s/-e《ふつう 単》① (総称として:)(建物の)梁(はり), 木組み. ② 《建》(古代[ギリシア]建築の柱上部の)梁(はり)[構造]. [☞「建築様式 (6)」, 1745 ページ].

ge･ballt [ゲ・バるト] **I** ballen (丸く固める)の 過分 **II** 形 丸く固めた(雪・こぶしなど); 集中 (密集)した. mit geballter Kraft 力を集中して.

ge･bannt [ゲ・バント] **I** bannen ((魔力で)呪縛 (じゅばく)する)の 過分 **II** 形 魅了されている.

ge･bar [ゲ・バール] ＊gebären (産む)の 過去

die **Ge･bär･de** [ゲ・ベーァデ gə-bé:rdə] 囡 (単) -/(複) -n ① 身ぶり, 手ぶり, ジェスチャー. (英) gesture). Er machte eine drohende Gebärde. 彼は威嚇的な身ぶりをした / sich⁴ durch Gebärden verständigen 身ぶり手ぶりで意志を疎通する. ②《雅》態度, 物腰.

ge･bär･den [ゲ・ベーァデン gə-bé:rdən] 再帰 (h) sich⁴ gebärden (…のようにふるまう. Er gebärdete sich wie ein Verrückter. 彼は狂人のようにふるまった.

ge･bä･re [ゲ・ベーレ] ＊gebären (産む)の 接2

Ge･ba･ren [ゲ・バーレン gə-bá:rən] 中 -s/ (目だった)ふるまい, 挙動, 態度.

＊**ge･bä･ren*** [ゲ・ベーレン gə-bé:rən] du gebärst, sie gebärt (雅: du gebierst, sie gebiert) (gebar, hat…geboren) 他 (英了 haben) ① (子供⁴を)産む, 出産する (英) bear). ein Kind⁴ gebären 子供を産む / Sie hat Zwillinge geboren. 彼女は双子を産んだ. ◇[受動態で] Sie wurde 1970 in Berlin geboren.[受動・過去] 彼女は 1970 年にベルリンで生まれた / Wann *sind* Sie geboren? — Ich *bin* im Mai 1995 geboren.[状態受動・現在] いつお生まれになりましたか — 1995 年の 5 月です. (☞ ふつう, 故人や経歴について述べるときは, wurde…geboren が用いられ, 日常会話などは ist…geboren が用いられる). ◇[目的語なしでも] unter Schmerzen gebären 難産で出産する.
②《雅》(考え・事態などを⁴)生む, 生み出す. Hass gebiert neuen Hass. 憎しみはまた新たな憎しみを生む.
◇**geboren**

Ge･bär=mut･ter [ゲベーァ・ムッタァ] 囡 -/..mütter 《医》子宮.

ge･ba･stelt [ゲ・バステるト] basteln (工作をする)の 過分

ge･bauch･pin･selt [ゲ・バオホピンゼるト gə-báuxpɪnzəlt] 形《成句的に》sich⁴ gebauchpinselt fühlen (《口語・戯》(お世辞を言われて)くすぐったい思いをする.

＊*das* **Ge･bäu･de** [ゲ・ボイデ gə-bóydə] 中 (単 2) -s/(複) - (3 格のみ -n) ① 建物, 建造(建築)物. (英) building). Schul*gebäude* 校舎 / ein öffentliches *Gebäude* 公共建築物. (☞ 類語 Haus).
② 構造, 構築, 体系. das *Gebäude* einer Wissenschaft² ある学問の体系.

ge･baut [ゲ・バオト] **I** ＊bauen (建てる)の 過分 **II** 形 (…の)体つきの. Er ist stark *gebaut* (または stark*gebaut*). 彼はがっしりした体格をしている.

ge･bebt [ゲ・ベープト] beben (揺れる)の 過分

Ge･bein [ゲ・バイン gə-báɪn] 中 -[e]s/-e《雅》① (人体の)四肢. ②《複で》骸骨(がいこつ), 遺骨.

Ge･bell [ゲ・ベる gə-bél] 中 -[e]s/ (犬などの)鳴きわめく声.

ge･bellt [ゲ・ベるト] bellen (ほえる)の 過分

＊**ge･ben*** [ゲーベン gé:bən]

I 与える

 Geben Sie mir bitte ein Bier!
 ゲーベン ズィー ミァ ビッテ アイン ビーァ
 ビールを 1 杯ください.

II 〖es gibt 人・物⁴の形で〗…がある, いる
 Gibt es hier ein Hotel?
 ギープト エス ヒーァ アイン ホテる
 この辺りにホテルがありますか.

人称	単	複
1	ich gebe	wir geben
2	{ du **gibst** / Sie geben	{ ihr gebt / Sie geben
3	er **gibt**	sie geben

(gab, hat…gegeben) **I** 他 (英了 haben) ① (人³に物⁴を)与える, やる; (人³に物⁴を)手渡す, さし出す; 授ける, 供与する. (英) give). Er *gibt* seinem Sohn zu viel Taschengeld. 彼は息子に小遣いをあげすぎる / dem Portier den Autoschlüssel *geben* ドアマンに車のキーを渡す / Ich *gebe* dir noch eine Chance. 君にもう一度チャンスをあげよう / *Gib* mir bitte mal das Salz! (食卓で:)塩を取っておくれ / sich³ eine Quittung⁴ *geben* lassen 領収証をもらう / 人³ Feuer⁴ *geben* 人³にたばこの火を貸す / 人³ die Hand⁴ *geben* (握手を求めて)人³に手をさし出す / 人³ Mut⁴ *geben* 人³に勇気を与える / dem Kind einen Namen *geben* 子供に名前をつける / *Geben* Sie mir bitte Herrn Meyer!《比》(電話で:) マイアーさんをお願いします / Der Lehrer *gibt* Biologie und Chemie. その先生は生物と化学を教えている / Was *hast* du für den Mantel *gegeben*? 君はコートを買うのにいくら払ったの / Ich *gäbe* viel darum, wenn ich das wüsste.〖接 2・現在〗なんとしてもそれを知りたいものだ(←そのことを知ることができるなら, たくさん払うのだが).
◇〖行為などを表す名詞を目的語として〗行う, …する. auf 人・物⁴ Acht *geben* (または acht*geben*) 人・物⁴に注意を払う / 人³ eine Antwort⁴ *geben* 人³に返答する / 人³ einen Befehl *geben* 人³に命令する / 人³ einen Kuss *geben* 人³にキスする / 人³ eine Nachricht⁴ *geben* 人³

に報告する / 囚³ einen Rat *geben* 囚³に助言する / 囚³ einen Stoß *geben* 囚³を突く / das Versprechen⁴ *geben* 囚³に約束する.

◊《**zu** 不定詞[句]とともに》Die Mutter *gab* dem Jungen zu essen. 母親は男の子に食べ物を与えた / 囚³ 物⁴ zu verstehen *geben* 囚³に 物⁴をわからせる, ほのめかす / Die Sache *gibt* mir zu denken. 私はその件が気がかりで《私に考えさせる》.

◊《目的語なしでも》Sie *gibt* gern. 彼女は気前がいい / Wer *gibt*? a) (トランプ) だれがカードを配る番ですか. b) (スポーツ) だれがサーブをする番ですか.
② 《方向を表す語句とともに》(人·物⁴を…へ)ゆだねる, 預ける. Er *gab* den Koffer **in** die Gepäckaufbewahrung. 彼はトランクを手荷物預り所に預けた / ein Kind⁴ **in** Pflege *geben* 子供を里子に出す / ein Paket⁴ **zur** Post (または **auf** die Post) *geben* 小包を郵便局に出す.
③ 催す, 開催する; (劇など⁴を)上演する; (ある役⁴を)演じる. ein Konzert⁴ *geben* コンサートを開く / eine Party⁴ *geben* パーティーを催す / Was *wird* heute im Theater *gegeben*? 〘受動·現在〙きょうは劇場で何が上演されますか.
④ (光·熱など⁴を)発する, 出す, 放つ. Die Birne *gab* nur ein schwaches Licht. その電球は弱い光しか放たなかった / Die Kuh *gibt* täglich 10 Liter Milch. この雌牛は毎日 10 リットルの乳を出す.
⑤ (結果として)もたらす, (人·物⁴に)なる. Drei mal drei *gibt* neun. 3掛ける3は9 / Der Junge *wird* einen guten Techniker *geben*. その少年はりっぱな技術者になるだろう / Was *wird* das *geben*? それはどうなるのだろう.
⑥ 〘成句的に〙物⁴ **von** sich³ *geben* a) 物⁴(言葉·声など)を発する, b) (口語) 物⁴を吐き出す, 戻す. Er *gibt* keinen Laut von sich. 彼はうんともすんとも言わない.
⑦ 〘 **viel**(**nichts**⁴) **auf** 人·物⁴ ～〙(人·物⁴に)重きを置く(置かない). Auf solche Äußerungen *gebe* ich nichts. そんな発言を私は問題にしない.

II 非人称 (完了 haben) 〘**es gibt** 人·物⁴ の形〙人·物⁴が**ある**, いる, 存在する; 事⁴が**起こる**. Es *gibt* einen Gott. 神は存在する / In Japan *gibt* es viele Vulkane. 日本には火山がたくさんある / Was *gibt* es heute zu Mittag? きょうの昼食は何ですか / Im Fernsehen *gibt* es heute Abend „Momo". テレビで今晩『モモ』が放映される / Du hast es fein gemacht, da *gibt*'s nichts! じょうずにできたね, 文句なしだ / Es *gibt* bald Regen. まもなく雨になる / Nach dem Fest *gab* es Streit. 祭りのあとでけんかが起きた. 〘慣用語〙 sein).

III 再帰 (完了 haben) sich⁴ *geben* ① (…に)ふるまう, (…の)ふりをする. Er *gibt* sich ganz natürlich. 彼はごく自然にふるまう / Sie *gibt* sich, wie sie ist. 彼女はありのままにふるまう / sich⁴ **als** Experte *geben* 専門家のふりをする.
② (痛みなどが)治まる, 和らぐ. Die Schmer-zen *werden* sich bald *geben*. 痛みはじきに治まるでしょう.
③ (自分が…だと)観念する. sich⁴ besiegt *geben* 負けたと認める / sich⁴ gefangen *geben* 捕えられる. ④ (雅) (機会などが)訪れる.

◊ **gegeben**

Ge·ber [ゲーバァ gé:bər] 男 -s/- ① 寄贈者, 与える人. (女性形: -in). ② (電)電信機. ③ (工)検出器.

Ge·ber⋅lau·ne [ゲーバァ·らオネ] 女 -/ おごりたい気分. **in** Geberlaune 気前よく.

ge·bes·sert [ゲ·ベッサァト] besseren (再帰)で: 良くなる) 過分

das **Ge·bet** [ゲ·ベート gə·bé:t] 中 (単2)-[e]s/(複) -e (3格のみ -en) 祈り, 祈禱; 祈りの言葉. (英 prayer). das Gebet des Herrn (雅) 主の祈り(マタイによる福音書 6, 9-13) / ein Gebet⁴ sprechen 祈りを唱える / 囚⁴ ins Gebet nehmen 《口語》囚⁴に厳しく注意(意見)する.

Ge·bet·buch [ゲベート·ブーフ] 中 -[e]s/..bücher 祈禱書.

ge·be·ten [ゲ·ベーテン] *bitten (頼む)の 過分

ge·be·tet [ゲ·ベーテット] *beten (祈る)の 過分

ge·bet·telt [ゲ·ベッテるト] bettelln (物ごいをする)の 過分

ge·beugt [ゲ·ボイクト] **I** beugen (曲げる)の 過分 **II** 形 身のかがんだ.

ge·bier [ゲ·ビーァ] *gebären (産む)の du に対する 命令 (雅)

ge·bierst [ゲ·ビーァスト] *gebären (産む)の 2人称親称単数 現在 (雅)

ge·biert [ゲ·ビーァト] *gebären (産む)の 3人称単数 現在 (雅)

das **Ge·biet** [ゲ·ビート gə·bí:t] 中 (単2)-[e]s/(複) -e (3格のみ -en) ① **地域**, 地帯; 領土, 領地. (英 area). Grenzgebiet 国境地帯 / ein besetztes Gebiet 占領地域 / ein fruchtbares Gebiet 肥沃(ひよく)な地帯 / das Gebiet der Schweiz² スイスの領土. ② (学問などの)**分野**, 領域. (英 field). Fachgebiet 専門領域 / Er ist **auf** diesem Gebiet führend. 彼はこの分野では一流だ.

ge·bie·ten* [ゲ·ビーテン gə·bí:tən] **I** 他 (h) (雅) 命令する, 命ずる; 強く求める. 囚³ Schweigen⁴ *gebieten* 囚³に沈黙を命ずる / Die Lage *gebietet* Vorsicht. 状況は慎重を要する. **II** 自 (h) 〘**über** 物⁴ ～〙(雅)(物⁴を)支配する; 意のままにする. über ein Land *gebieten* ある国を統治する.

◊ **geboten**

Ge·bie·ter [ゲ·ビータァ gə·bí:tər] 男 -s/- 命令者; 支配者. (女性形: -in).

ge·bie·te·risch [ゲ·ビーテリッシュ gə·bí:tə·rɪʃ] 形 (雅)命令的な, 尊大な, 有無を言わせぬ.

ge·biets⋅wei·se [ゲビーツ·ヴァイぜ] 副 地域ごとに, 地域によっては.

Ge·bil·de [ゲ·ビるデ gə·bíldə] 中 -s/- 構成体, 形成物; 形象. ein Gebilde der Fantasie² 空想の産物.

ge·bil·det [ゲ・ビるデット gə-bíldət] I ＊bilden (形づくる) の 過分
II 形 教養のある, (高い)教育を受けた. (英 educated). ein *gebildeter* Mensch 教養のある人 / Sie ist akademisch *gebildet*. 彼女は大学教育を受けている.

Ge·bil·de·te[r] [ゲ・ビるデテ (..タァ) gə-bíldətə (..tər)] 男 女 《語尾変化は形容詞と同じ》教養のある人, (高い)教育を受けた人, 知識人.

Ge·bim·mel [ゲ・ビンメる gə-bíməl] 中 -s/ 《口語》(鳴り続く)ベル(鈴・鐘)の音.

Ge·bin·de [ゲ・ビンデ gə-bíndə] 中 -s/- ① 束ねたもの; 花束, 枝の束, 穀物の束. ②《建》(屋根の)小屋組み. ③ 《たる》 [大きな]樽(たる).

＊das **Ge·bir·ge** [ゲ・ビルゲ gə-bírgə] 中 (単2) -s/(複) - (3格のみ -n) ① 山岳[地帯], 山塊, 山脈. (英 mountains). ein vulkanisches *Gebirge* 火山帯 / Wir fahren zur Erholung ins *Gebirge*. 私たちは山地へ保養に出かける / den Urlaub im *Gebirge* verbringen 休暇を山で過ごす (類語 Berg). ② (坑)岩盤.

ge·bir·gig [ゲ・ビルギヒ gə-bírgıç] 形 山地の; 山の多い, 山のある.

Ge·birgs≠kamm [ゲビルクス・カム] 男 -[e]s/..kämme 山の背, 尾根.

Ge·birgs≠ket·te [ゲビルクス・ケッテ] 女 -/-n 連山, 連峰, 山脈.

Ge·birgs≠zug [ゲビルクス・ツーク] 男 -[e]s/..züge 山脈.

Ge·biss [ゲ・ビス gə-bís] 中 -es/-e ① (総称として:)歯, 歯列, (全部の)歯. (注「(個々の)歯」は Zahn). Er hat ein gutes *Gebiss*. 彼は歯がいい / das bleibende *Gebiss* 永久歯. ② 入れ歯(の全体), ein [künstliches] *Gebiss*[4] tragen 入れ歯をしている. ③ (馬のくつわの)はみ.

ge·bis·sen [ゲ・ビッセン] ＊beißen (かむ) の 過分

Ge·blä·se [ゲ・ブれーゼ gə-blɛ́:zə] 中 -s/- (工)送風機, 送風装置.

ge·bla·sen [ゲ・ブらーゼン] blasen (息を吹きかける) の 過分

ge·blät·tert [ゲ・ブれッタァト] blättern (ページをめくる) の 過分

ge·blen·det [ゲ・ブれンデット] blenden (まぶしがらせる) の 過分

ge·bli·chen [ゲ・ブリッヒェン] bleichen[2] (色あせる) の 過分

ge·blickt [ゲ・ブリックト] ＊blicken (目を向ける) の 過分

ge·blie·ben [ゲ・ブリーベン] ＊bleiben (とどまる) の 過分

ge·blitzt [ゲ・ブリッツト] blitzen (非人称で: 稲光がする) の 過分

Ge·blök [ゲ・ブれーク gə-blǿːk] 中 -s/《口語》(牛・羊などの)鳴きわめく声.

ge·blüht [ゲ・ブリュート] ＊blühen (咲いている) の 過分

ge·blümt [ゲ・ブリュームト gə-blýːmt] 形 ① 花模様のある, 花飾りのある. ein *geblümtes* Kleid 花柄のワンピース. ② 美辞麗句で飾り立てた(文体).

Ge·blüt [ゲ・ブリュート gə-blýːt] 中 -[e]s/《雅》血筋, 家柄; (天性の)資質.

ge·blu·tet [ゲ・ブるーテット] bluten (出血する) の 過分

ge·bo·gen [ゲ・ボーゲン] I ＊biegen (曲げる) の 過分 II 形 曲がった, 屈曲した.

ge·bohrt [ゲ・ボーァト] bohren (穴などをあける) の 過分

＊ge·bo·ren [ゲ・ボーレン gə-bóːrən] I ＊gebären (産む) の 過分
II 形 (英 born) ① 《時・場所を表す語句とともに》(…に)生まれた. Wann bist du *geboren*? 君はいつ生まれたの / Ich bin am 6. (=sechsten) Juli 1992 *geboren*. 私は1992年7月6日生まれです / Fritz Keller, *geboren* (略: geb.) 1975 フリッツ・ケラー, 1975年生まれ / ein tot *geborenes* (または tot*geborenes*) Kind a) 死産児, b)《比》最初から成功の見込みのない計画.
② 生まれながらの, 天性の. ein *geborener* Wiener 生粋のウィーンっ子 / Er ist der *geborene* (または ein *geborener*) Erzähler. 彼は生まれながらの作家だ / Er ist zum Schauspieler *geboren*. 彼は俳優になるために生まれてきたようなものだ.
③ 旧姓:…(略: geb.). Frau Maria Müller, geb. (=*geborene*) Schulze マリーア・ミュラー夫人, 旧姓シュルツェ.

ge·bor·gen [ゲ・ボルゲン] I bergen (救出する) の 過分 II 形 保護された, 安全な. sich[4] *geborgen* fühlen 安心な気持でいる.

Ge·bor·gen·heit [ゲ・ボルゲンハイト] 女 -/ 保護されていること, 安全.

ge·borgt [ゲ・ボルクト] borgen (貸す) の 過分

ge·bors·ten [ゲ・ボルステン] bersten (破裂する) の 過分

＊das **Ge·bot** [ゲ・ボート gə-bóːt] 中 (単2) -[e]s/(複) -e (3格のみ -en) ① (道徳的・宗教的な)律法, 戒律, おきて. die Zehn *Gebote* (聖)モーセの十戒 / ein *Gebot*[4] beachten (または befolgen) おきてを守る. ② 命令, 指示. ein *Gebot*[4] missachten 指示を無視する / 人[3] zu *Gebot*[e] stehen 人[3]の意のままである. ③ 要請, 要求. das *Gebot* der Stunde[2] 目下の急務. ④ (商)(競売の)付け値.

ge·bo·ten [ゲ・ボーテン] I ＊bieten (提供しようと申し出る), gebieten (命令する) の 過分 II 形 《雅》必要な, 望ましい. Hier ist Vorsicht *geboten*. ここは注意が必要だ.

Gebr. [ゲ・ブリューダァ]《略》《商》兄弟商会 (= Gebrüder).

ge·bracht [ゲ・ブラッハト] ＊bringen (持って来る) の 過分

ge·brannt [ゲ・ブラントト] I ＊brennen (燃える) の 過分 II 形 (日に)焼けた; やけどをした; ローストした. braun *gebrannt* (または braun*gebrannt*) 褐色に日焼けした / [Ein] *gebranntes* Kind scheut das Feuer.《諺》あつものにこりて

なまずを吹く (←やけどをした子は火をこわがる).

ge·bra·ten [ゲ・ブラーテン] I ‡braten (焼く)の 過分 II 形 いためた, フライにした(肉など).

Ge·bräu [ゲ・ブロイ gə-bróy] 中 -[e]s/-e 妙な飲み物, (特に:)(安物の)混成酒.

der **Ge·brauch** [ゲ・ブラオホ gə-bráux] 男 (単) -[e]s/(複) Gebräuche [ゲ・ブロイヒェ] (3格のみ Gebräuchen) ① 〖複 なし〗使用, 利用; 使用法. (英 *use*). von 〖複〗³ *Gebrauch*⁴ machen 物³を使用(利用)する, 行使する / Bitte machen Sie keinen *Gebrauch* von unserem Gespräch. どうぞ私たちの会談については他言しないでください.
◊〖前置詞とともに〗**außer** *Gebrauch* kommen 使われなくなる / **in** *Gebrauch* kommen (ふつうに)使われるようになる / 〖物〗⁴ **in** (または **im**) *Gebrauch* haben 物⁴を使っている / 〖物〗⁴ **in** *Gebrauch* **nehmen** 物⁴を使い始める / Die neue Anlage ist bereits in *Gebrauch*. その新しい施設はすでに使用中である / **nach** *Gebrauch* 使用後に / **Vor** *Gebrauch* schütteln! (薬びんなどの注意書き:) 使用前によく振ること.
② 〖ふつう 複〗風習, 慣習, しきたり. Sitten und *Gebräuche* 風俗習慣.

Ge·bräu·che [ゲ・ブロイヒェ] Gebrauch (風習)の 複

***ge·brau·chen** [ゲ・ブラオヘン gə-bráuxən] 他 (完了 haben) 使う, 使用(利用)する, 行使する. (英 *use*). ein Werkzeug⁴ *gebrauchen* ある道具を使う / Das alte Fahrrad kann ich noch gut *gebrauchen*. その古い自転車はまだ十分使える / derbe Worte⁴ *gebrauchen* 下品な言葉使いをする / Er ist **zu** nichts zu *gebrauchen*. 《口語》彼は何の役にもたたない.
② (北ドッ・口語) (物⁴を)必要とする (=brauchen).
◊☞ gebraucht
類語 **gebrauchen**: (ある物をその目的・機能に応じて)使う. **benutzen**: (自分の有利になるように)使う, 利用する. Er *benutzte* sie als Alibi. 彼は彼女をアリバイとして利用した. **verwenden**: (ある特別の目的のために)活用する. Er *verwendet* das Buch im Unterricht. 彼はその本を授業で使う.

ge·bräuch·lich [ゲ・ブロイヒリヒ] 形 一般に行われている, 慣例の, 通用している. eine *gebräuchliche* Redensart 慣用句.

Ge·brauchs·an·wei·sung [ゲブラオホス・アンヴァイズング] 女 -/-en (薬・器具などの)使用説明書.

Ge·brauchs·ar·ti·kel [ゲブラオホス・アルティーケル] 男 -s/- 日用[製]品.

Ge·brauchs·fer·tig [ゲブラオホス・フェルティヒ] 形 すぐ(そのまま)使える.

Ge·brauchs·ge·gen·stand [ゲブラオホス・ゲーゲンシュタント] 男 -[e]s/..stände 日用品.

Ge·brauchs·gra·fik [ゲブラオホス・グラーフィク] 女 -/ (ポスターなどの)商業デザイン.

Ge·brauchs·gra·phik [ゲブラオホス・グラーフィク] 女 -/ =Gebrauchsgrafik

Ge·brauchs·gut [ゲブラオホス・グート] 中 -[e]s/..güter 〖ふつう 複〗耐久消費財.

ge·braucht [ゲ・ブラオホト gə-bráuxt] I *gebrauchen (使う)の3人称単数・2人称親称複数 過去
II ‡brauchen (必要とする), *gebrauchen (使う)の 過分
III 形 使用済みの, 使い古しの; 中古の. *gebrauchte* Kleidung 古着 / einen Wagen *gebraucht* kaufen 車を中古で買う.

ge·brauch·te [ゲ・ブラオホテ] *gebrauchen (使う)の 過去

Ge·braucht·wa·gen [ゲブラオホト・ヴァーゲン] 男 -s/- 中古[自動]車.(☞「新車」は Neuwagen)

Ge·braucht·wa·ren [ゲブラオホト・ヴァーレン] 複 中古品.

ge·bräunt [ゲ・ブロイント] I bräunen (褐色にする)の 過分 II 形 褐色に焼けた, 日焼けした.

ge·bre·chen* [ゲ・ブレッヒェン] 自 非人称 (h) 『**es** *gebricht* 人³ **an** 物³ の形で』《雅》人³に物³が欠けている. Es *gebricht* ihm an Mut. 彼には勇気が欠けている.

Ge·bre·chen [ゲ・ブレッヒェン] 中 -s/- 《雅》(身体的・精神的な)疾患, 障害, 欠陥.

ge·brech·lich [ゲ・ブレヒリヒ] 形 (年をとって)弱った, 老衰した; 虚弱な.

Ge·brech·lich·keit [ゲ・ブレヒリヒカイト] 女 -/ 老衰; 虚弱.

ge·bremst [ゲ・ブレムスト] *bremsen (ブレーキをかける)の 過分

ge·bro·chen [ゲ・ブロッヘン] I ‡brechen (折る), gebrechen (非人称で: 欠けている)の 過分 II 形 ① 折れた, 割れた. eine *gebrochene* Linie 折れ線 / ein *gebrochener* Lichtstrahl 屈折した光線. ② (言葉が)ブロークンな. Er spricht nur *gebrochenes* Deutsch. 彼はブロークンなドイツ語しか話さない. ③ 打ちひしがれた. ein *gebrochener* Mensch 失意の人. ④ 分散した. *gebrochener* Akkord 分散和音 / *gebrochene* Farben くすんだ色.

Ge·brü·der [ゲ・ブリューダァ gə-brý:dər] 複 ① 《商》兄弟商会 (略: Gebr.). *Gebrüder* Meier マイヤー兄弟商会. ② 《古》(ある家族の)男兄弟[全部].

Ge·brüll [ゲ・ブリュル gə-brýl] 中 -[e]s/ (虎などの)咆哮, (牛などの)鳴きわめく声; どなり散らす声.

ge·brüllt [ゲ・ブリュルト] brüllen (ほえる)の 過分

ge·bucht [ゲ・ブーフト] buchen (記帳する)の 過分

ge·bückt [ゲ・ビュクト] I bücken (再帰で 身をかがめる)の 過分 II 形 身をかがめた(姿勢など).

ge·bü·gelt [ゲ・ビューゲルト] bügeln (アイロンをかける)の 過分

die **Ge·bühr** [ゲ・ビューァ gə-bý:r] 女 (単) -/(複) -en ① (主として公共の)料金, 手数料, 使用料. (英 *charge*). Park*gebühr* 駐車料金 / eine *Gebühr*⁴ entrichten (または bezahlen) 料金を支払う / **gegen** *Gebühr* 〔物〕⁴ leihen 料金と引き換えに〔物〕⁴を貸す. ② (弁護士などへの)報酬. ③ 分相応, 応分. **nach** *Gebühr* 相応に / **über** *Gebühr* 過分に.

ge·büh·ren [ゲ・ビューレン *gə-bý:rən*] **I** 団 (h) 《雅》(人・事³に)ふさわしい, 与えられて当然である. Ihm *gebührt* hohes Lob. 彼は称賛されてしかるべきだ. **II** 再帰 (h) ◇《非人称の **es** を主語として成句的に》wie es sich *gebührt* 《雅》しかるべく, 適切に.

ge·büh·rend [ゲ・ビューレント] **I** gebühren (ふさわしい)の 現分 **II** 形 《雅》ふさわしい, それ相応の.

ge·büh·ren≠frei [ゲビューレン・フライ] 形 無料の.

Ge·büh·ren≠ord·nung [ゲビューレン・オルドヌング] 囡 -/-en 料金(報酬)規定.

ge·büh·ren≠pflich·tig [ゲビューレン・プふりヒティヒ] 形 有料の.

ge·bum·melt [ゲ・ブンメルト] bummeln (ぶらつく)の 過分.

ge·bun·den [ゲ・ブンデン] **I** *binden (結ぶ)の 過分 **II** 形 ① 結ばれた, 縛られた. Er ist **an** Vorschriften *gebunden*. 彼は規則にしばられている. ②《詩》韻律を施した;《音楽》レガートの. *gebundene* Rede 韻文. ③《書籍》製本(装丁)された. ④《料理》とろみをつけた(スープなど).

Ge·bun·den·heit [ゲ・ブンデンハイト] 囡 -/ 束縛, 拘束.

ge·bürs·tet [ゲ・ビュルステット] bürsten (ブラシをかける)の 過分.

*die **Ge·burt** [ゲ・ブーアト *gə-bú:rt*] 囡 (単) -/(複) -en ① 誕生, 出生; 出産, 分娩(ぶん). 《英》birth). 《⇔》「死亡」は Tod). eine leichte (schwere) *Geburt* 安産(難産) / die Zahl der *Geburten*² 出生数 / **von** *Geburt* [an] 生まれたときから / **im** 5. (=fünften) Jahrhundert vor Christi² *Geburt* 西暦紀元前 5 世紀に / Das war eine schwere *Geburt*. 《口語・比》それは骨の折れる仕事だった.
② 生まれ, 家柄, 血統. Sie ist **von** hoher *Geburt*. 彼女は高貴の出だ / Er ist **von** *Geburt* Deutscher. 彼は生まれはドイツ人だ.
③ (事物の)成立, 発生; 産物, 所産. die *Geburt* eines neuen Zeitalters 新時代の幕開け.

Ge·bur·ten·kon·trol·le [ゲブーアテン・コントロれ] 囡 -/ 産児制限.

Ge·bur·ten≠re·ge·lung [ゲブーアテン・レーゲるング] 囡 -/ 受胎調節.

Ge·bur·ten≠rück·gang [ゲブーアテン・リュックガング] 男 -[e]s/..gänge 出生数の減少.

ge·bur·ten≠schwach [ゲブーアテン・シュヴァッハ] 形 出生数の少ない(年度など).

ge·bur·ten≠stark [ゲブーアテン・シュタルク] 形 出生数の多い(年度など).

Ge·bur·ten≠zif·fer [ゲブーアテン・ツィッふァァ] 囡 -/-n 出生率.

ge·bür·tig [ゲ・ビュルティヒ *gə-býrtɪç*] 形 …生まれの. ein *gebürtiger* Schweizer スイス生まれの人 / Ich bin **aus** Berlin *gebürtig*. 私はベルリン生まれです.

Ge·burts≠an·zei·ge [ゲブーアツ・アンツァイゲ] 囡 -/-n ① (新聞などに出す)出生広告. ② (役所への)出生届.

Ge·burts≠da·tum [ゲブーアツ・ダートゥム] 中 -s/..daten 生年月日.

Ge·burts≠feh·ler [ゲブーアツ・フェーらァ] 男 -s/- 先天的欠陥(障害).

das **Ge·burts≠haus** [ゲブーアツ・ハオス *gəbú:rts-haus*] 中 (単) -es/(複) ..häuser [..ホイザァ] (3格のみ ..häusern) 生家. Goethes *Geburtshaus* ゲーテの生家.

Ge·burts≠hel·fer [ゲブーアツ・へるふァァ] 男 -s/- 産科医, 助産師. (女性形: -in).

Ge·burts≠hil·fe [ゲブーアツ・ヒるふェ] 囡 -/ ① 助産[術]. ② 産科学.

Ge·burts≠jahr [ゲブーアツ・ヤール] 中 -[e]s/-e 生年, 生まれた年.

Ge·burts≠na·me [ゲブーアツ・ナーメ] 男 -ns (3格・4格 -n)/-n 出生時の姓, 旧姓.

der **Ge·burts≠ort** [ゲブーアツ・オルト *gəbú:rts-ɔrt*] 男 (単) -[e]s/(複) -e (3格のみ -en) 出生地. Wo ist Ihr *Geburtsort*? あなたの出生地はどこですか.

Ge·burts≠schein [ゲブーアツ・シャイン] 男 -[e]s/-e 出生証明書.

*der **Ge·burts≠tag** [ゲブーアツ・ターク *gəbú:rts-ta:k*]

| 誕生日 | Er hat heute *Geburtstag*. エァ ハット ホイテ ゲブーアツターク 彼はきょう誕生日だ. |

男 (単) -[e]s/(複) -e (3格のみ -en) ① 誕生日. 《英》birthday). (☞「ドイツ・ミニ情報 14」, 503 ページ). Er feiert heute seinen 50. (=fünfzigsten) *Geburtstag*. 彼はきょう 50歳の誕生日を祝う / Herzlichen Glückwunsch **zum** *Geburtstag*! お誕生日おめでとう / 〔人〕³ **zum** *Geburtstag* gratulieren 〔人〕³に誕生日のお祝いを言う / 〔人〕³ **zum** *Geburtstag* 〔物〕⁴ schenken 〔人〕³の誕生日に〔物〕⁴をプレゼントする. ②《官庁》生年月日.

Ge·burts≠tags≠fei·er [ゲブーアツタークス・ふァイァァ] 囡 -/-n 誕生日の祝い.

Ge·burts≠tags≠kind [ゲブーアツタークス・キント] 中 -[e]s/-er《戯》誕生日を迎えた人.

Ge·burts≠ur·kun·de [ゲブーアツ・ウーアクンデ] 囡 -/-n 出生証明書.

Ge·burts≠we·hen [ゲブーアツ・ヴェーエン] 複 陣痛;《比》産みの苦しみ.

Ge·büsch [ゲ・ビュッシュ *gə-bý∫*] 中 -[e]s/-e 茂み, やぶ, 灌木(かん)林.

Geck [ゲック *gék*] 男 -en/-en ①《軽蔑的に》(はで好みの)めかし屋, 気取り屋. ②《方》ばか.

ge·cken·haft [ゲッケンハふト] 形《軽蔑的に》めかし屋のような, 気取った.

ge·dacht [ゲ・ダッハト] **I** *denken (考える), gedenken (思い起こす)の 過分 **II** 形 (…と)

考えられた, (…の)つもり(ためのもの)である. So war es nicht *gedacht*. そういうつもりではありませんでした.

ge·dach·te [ゲ・ダッハテ] gedenken (思い起こす)の過去

das **Ge·däch·nis** [ゲ・デヒトニス gə-déçtnɪs] 匣 (単2) ..nisses/(複) ..nisse (3格のみ ..nissen) ① 記憶[力]. (英 memory). Ich habe ein schlechtes *Gedächtnis* **für** Namen. 私は人の名前がなかなか覚えられない / Mein *Gedächtnis* lässt nach. 私の記憶力は衰えている / Wenn mich mein *Gedächtnis* nicht täuscht, … 私の記憶違いでなければ, … / Ich habe ein *Gedächtnis* wie ein Sieb.《口語》私は非常に忘れっぽい(←ざるのような記憶力). ◇〖前置詞とともに〗ein Gedicht[4] **aus** dem *Gedächtnis* her|sagen 詩を暗唱する / 匣 **im** *Gedächtnis* be|halten (または bewahren) 匣[4]を記憶している / sich[3] 人・事[4] **ins** *Gedächtnis* zurück|rufen 人・事[4]を思い出す.
② 記念, 思い出, 追憶. **zum** *Gedächtnis* **an** 人[4] 人[4]をしのんで. ③ ((ス)) 追悼式, 記念祭.

Ge·däch·nis≠fei·er [ゲデヒトニス・ファイアァ] 囡 -/-n 追悼式, 記念祭.

Ge·däch·nis≠schwund [ゲデヒトニス・シュヴント] 男 -[e]s/ 記憶喪失.

ge·däm·mert [ゲ・デンマァト] dämmern (しだいに明るくなる)の過分

ge·dämpft [ゲ・デンプフト] I dämpfen (和らげる)の過分 II 形 ① (料理) 蒸した, ふかした. ② 和らげられた, 抑えられた(色・声・光など). mit *gedämpfter* Stimme 声をひそめて.

***der* Ge·dan·ke** [ゲ・ダンケ gə-dáŋkə] 男 (単2) -ns; (単3・4) -n/(複) -n ① 考え, 思考, 思想; 思いつき. (英 thought). Grund*gedanke* 根本思想 / Da kam mir ein *Gedanke*. そこで私はある考えが浮かんだ / Ein *Gedanke* fuhr mir durch den Kopf. ある考えが私の頭にひらめいた / Dieser *Gedanke* liegt mir fern. そんなことは考えたこともない(←私から遠く離れている) / keinen *Gedanken* fassen können 考えがまとまらない / einem *Gedanken* nach|gehen 考えにふける / Kein *Gedanke*!《口語》とんでもない. ◇〖前置詞とともに〗**auf** einen *Gedanken* kommen ある考えを思いつく / 人・物[4] **auf** einen *Gedanken* bringen 人・物[4]にある考えをいだかせる / **in** *Gedanken* verloren (または versunken) sein 物思いに沈んでいる / Das habe ich **in** *Gedanken* getan. 私はそれを知らず知らず(うっかり)してしまった / sich[3] **über** 人・物[4] *Gedanken* machen 人・物[4]について心配する(気をもむ) / *Gedanken* sind [zoll]frei.《諺》考えるのは勝手だ (←考えることに関税はかからない) / Schon der *Gedanke* daran lässt mich schaudern. それを考えただけで私はぞっとする.
② 〖圏で〗意見, 見解. *Gedanken*[4] aus|tauschen 意見を交換する / Darüber habe ich meine eigenen *Gedanken*. それについては私は自分なりの意見を持っている.
③ 計画, 意図. mit dem *Gedanken* spielen (…してみようかと)考える / Er kam mit dem *Gedanken*, uns zu helfen. 彼は私たちを助けるつもりでやって来た. ④ 概念, 観念. der *Gedanke* der Freiheit[2] 自由という概念.

Ge·dan·ken≠aus·tausch [ゲダンケン・アオスタオシュ] 男 -[e]s/ 意見の交換.

Ge·dan·ken≠blitz [ゲダンケン・ブリッツ] 男 -es/-e《口語・戯》とっさの思いつき, ひらめき.

Ge·dan·ken≠frei·heit [ゲダンケン・フライハイト] 囡 -/ 思想の自由.

Ge·dan·ken≠gang [ゲダンケン・ガング] 男 -[e]s/..gänge 思考の筋道, 思考過程.

Ge·dan·ken≠gut [ゲダンケン・グート] 匣 -[e]s/ (ある時代・民族などの)思想[の所産].

ドイツ・ミニ情報 14

誕生日 Geburtstag

ドイツでは, 子供も大人も必ず誕生日を祝う. 誕生日は, 人が集う格好の機会になる. 小さな子供の場合は親が演出するが, 大人の場合は誕生日を迎えた人が勘定を持ち, パーティーを開いてみんなを接待する. 一方, 招かれた客は何かプレゼントを持参するのが礼儀だ. 高価なものである必要はなく, 手作りの品でもよいし, 女性ならたとえば花やチョコレート, 男性なら酒類などを贈ることが多いようだ.

30歳, 40歳など, 切りのいい数字の誕生日を Rundgeburtstag (切りのいい誕生日) といい, 普段よりもいっそう盛大に祝う. 特に50歳の誕生日は, 大勢の親類や知人を招待し, ケータリングサービスを頼んだり, 庭で食事を楽しんだりする.

大人の誕生パーティーは会話が中心で, おしゃべりを楽しむために開かれるが, 若者たちの場合は自宅でディスコが定番だ. 音が外に漏れない地下室や屋根裏部屋の娯楽室などで音楽をがんがん鳴らし, 踊りまくる. Eintopf (大鍋に煮込んだスープ), チーズやパン, 飲み物をふんだんに用意し, あまり金をかけずに楽しむ. 普段よりちょっとおしゃれをしたり仮装したりして, パーティーの雰囲気を盛り上げることも少なくない.

ところで, 「お誕生日おめでとう」は Herzlichen Glückwunsch zum Geburtstag! だが, 誕生日を迎える前に, 先取りしてお祝いを言うのはドイツではタブーである. もしかしたらその前に何か悪いことが起きて, 無事に誕生日を迎えられないかもしれないという不吉な感じがするそうだ.

ge·dan·ken≠los [ゲダンケン・ろース] 形 ① 思慮のない, 軽率な. ② 放心した, ぼんやりした.

Ge·dan·ken≠lo·sig·keit [ゲダンケン・ろーズィヒカイト] 女 -/-en ① 〖複なし〗思慮のなさ, 軽率さ; 放心状態. *aus Gedankenlosigkeit* 軽率にも. ② 軽はずみな(放心状態の)言動.

Ge·dan·ken≠sprung [ゲダンケン・シュプルング] 男 -[e]s/..sprünge 思考の飛躍.

Ge·dan·ken≠strich [ゲダンケン・シュトリヒ] 男 -[e]s/-e 〘言〙ダッシュ(記号: —).

Ge·dan·ken≠über·tra·gung [ゲダンケン・ユーバァトラーグング] 女 -/-en テレパシー, 以心伝心.

ge·dan·ken≠ver·lo·ren [ゲダンケン・フェァろーレン] 形 もの思いに沈んだ.

ge·dan·ken≠voll [ゲダンケン・ふォる] 形 ① もの思いに沈んだ. ② 《稀》思想の豊かな.

ge·dank·lich [ゲ・ダンクりヒ] 形 思想(思考)の, 思想上の; 観念的な.

ge·dankt [ゲ・ダンクト] ‡danken (感謝する)の 過分

Ge·därm [ゲ・デルム gə-dérm] 中 -[e]s/-e 内臓, はらわた (=Eingeweide).

ge·dau·ert [ゲ・ダオアァト] ‡dauern (続く)の 過分

Ge·deck [ゲ・デック gə-dék] 中 -[e]s/-e ① (一人分の)食器(ナイフ・フォーク・皿などの1セット). *zwei Gedecke⁴ auf|legen* 二人分の食器を並べる. ② (レストランなどの)定食.

ge·deckt [ゲ・デックト] I ‡decken (覆う)の 過分 II 形 くすんだ(色など).

ge·dehnt [ゲ・デーント] dehnen (伸ばす)の 過分

Ge·deih [ゲ・ダイ gə-dái] 男 〖成句的に〗*auf Gedeih und Verderb* どんなことになろうとも, 無条件に.

ge·dei·hen* [ゲ・ダイエン gə-dáiən] (gedieh, *ist*... gediehen) 自 (完了 sein) ① **成長する**, すくすくと育つ, 繁る. *Diese Pflanze gedeiht nur bei viel Sonne.* この植物は日当たりのよい所でしか育たない. ② 進捗(しんちょく)する, はかどる. *Wie weit ist deine Doktorarbeit inzwischen gediehen?* 〚現在完了〛君の博士論文はその後どこまでできたのかね.

ge·deih·lich [ゲ・ダイりヒ] 形 〚雅〛有益な, 実りのある.

ge·den·ken* [ゲ・デンケン gə-déŋkən] (gedachte, *hat*... gedacht) I 自 (完了 haben) 〚2格とともに〛《雅》 (人・事²を)思い起こす, しのぶ; (人・事²を)しのぶ気持ちを表す. *Wir gedenken des Toten in Dankbarkeit.* 私たちは感謝の気持ちを持ってその故人をしのぶ.

II 他 (完了 haben) 〚*zu* 不定詞[句]とともに〛《雅》(…する)つもりである, (…しようと)思う. *Wir gedenken, länger zu bleiben.* 私たちはもっと長く滞在するつもりです.

Ge·den·ken [ゲ・デンケン] 中 -s/ 思い出, 追憶, 記念.

Ge·denk≠fei·er [ゲデンク・ふァイアァ] 女 -/-n 記念祭, 追悼式.

Ge·denk≠stät·te [ゲデンク・シュテッテ] 女 -/-n 記念(追悼)の場, 記念施設.

Ge·denk≠ta·fel [ゲデンク・ターふぇる] 女 -/-n (壁などにはめ込む)記念牌(はい), 記念銘板.

Ge·denk≠tag [ゲデンク・ターク] 男 -[e]s/-e 記念日.

ge·deucht [ゲ・ドイヒト] dünken (…と思われる)の 過分 《古》

ge·deu·tet [ゲ・ドイテット] deuten (指し示す)の 過分

das **Ge·dicht** [ゲ・ディヒト gə-díçt] 中 (単2) -es (まれに -s)/(複) -e (3格のみ -en) 詩. (英 *poem*). *ein Gedicht von Goethe* ゲーテの詩 / *ein lyrisches (episches) Gedicht* 抒情(叙事)詩 / *ein Gedicht⁴ auf|sagen* (auswendig lernen) 詩を暗唱(暗記)する / *Die Torte ist ein Gedicht!* 〘口語〙このケーキは絶品だ.

ge·dich·tet [ゲ・ディヒテット] dichten¹ (創作する)の 過分

Ge·dicht≠samm·lung [ゲディヒト・ザムるング] 女 -/-en 詩集.

ge·die·gen [ゲ・ディーゲン gə-díːɡən] 形 ① しっかりした, 堅固な; 信頼できる, 堅実な. *gediegene Möbel* 造りのしっかりした家具. ② (金属が)純粋な. *gediegenes Gold* 純金. ③ 〘口語〙おかしな; 奇妙な.

Ge·die·gen·heit [ゲ・ディーゲンハイト] 女 -/ 堅固さ; 信頼性; 純粋さ.

ge·dieh [ゲ・ディー] gedeihen (成長する)の 過去

ge·die·he [ゲ・ディーエ] gedeihen (成長する)の 接2

ge·die·hen [ゲ・ディーエン] gedeihen (成長する)の 過分

ge·dient [ゲ・ディーント] I ＊dienen (仕える)の 過分 II 形 兵役を終えた.

ge·don·nert [ゲ・ドンナァト] donnern (非人称で: 雷が鳴る)の 過分

Ge·drän·ge [ゲ・ドレンゲ gə-dréŋə] 中 -s/- ① 〖複なし〗混雑, ラッシュ; 雑踏, 人ごみ. *im Gedränge* 人ごみの中で / *ins Gedränge kommen* (または geraten) 〘比〙(時間的な制約で)窮地に陥る. ② (ラグビーの)スクラム.

ge·drängt [ゲ・ドレングト] I drängen (押しやる)の 過分 II 形 ① 混雑した; せきたてられた. ② 簡潔な. *ein gedrängter Stil* 簡潔な文体.

Ge·drängt·heit [ゲ・ドレングトハイト] 女 -/ 簡潔さ.

ge·dreht [ゲ・ドレート] ‡drehen (回す)の 過分

ge·droht [ゲ・ドロート] ＊drohen (脅す)の 過分

ge·dro·schen [ゲ・ドロッシェン] dreschen (脱穀する)の 過分

ge·druckt [ゲ・ドルックト] drucken (印刷する)の 過分. 〘成句的に〙wie *gedruckt* lügen 〘口語〙もっともらしいうそをつく(←印刷されたように).

ge·drückt [ゲ・ドリュックト] I ‡drücken (押す)の 過分 II 形 意気消沈した, 憂うつな.

ge·drun·gen [ゲ・ドルンゲン] I dringen (押し進む)の 過分 II 形 ずんぐりした.

ge·duf·tet [ゲ・ドゥふテット] duften (香る)の

die Ge·duld [ゲ・ドゥるト gə-dúlt] 囡(単) -/ 忍耐, 辛抱, 根気. (英 *patience*). (⇔「短気」は Ungeduld). Engels*geduld* 天使のような忍耐力 / viel (wenig) *Geduld*⁴ haben 辛抱(我慢)ができなくなる / Bitte haben Sie noch etwas *Geduld*! どうかもう少しご辛抱ください / Nur *Geduld*! 我慢が大事だ / die *Geduld*⁴ verlieren 我慢ができなくなる / Mir geht die *Geduld* aus! 私はもう我慢できない / mit 人³ *Geduld*⁴ haben 人³に寛容である / Dazu habe ich keine *Geduld*. 私にはそれをする根気がない / sich⁴ in *Geduld* fassen じっと我慢する / mit [viel] *Geduld* 辛抱強く / 人⁴ um [ein wenig] *Geduld* bitten 人⁴に[しばらく]ご辛抱をお願いする.

ge·dul·den [ゲ・ドゥるデン gə-dúldən] 再帰 (h) *sich*⁴ *gedulden* 我慢(辛抱)する; 辛抱して待つ. Bitte, *gedulden* Sie *sich* noch einen Augenblick! どうか, 今しばらくご辛抱ください.

ge·dul·det [ゲ・ドゥるデット](大目に見る), geduldet (再帰で: 我慢する)の 過分

ge·dul·dig [ゲ・ドゥるディヒ gə-dúldıç] 形 忍耐強い, 辛抱強い; 根気のよい. (英 *patient*). ein *geduldiger* Lehrer 忍耐強い先生 / *geduldig* warten 辛抱強く待つ.

Ge·dulds=fa·den [ゲドゥるツ・ふァーデン] 男 -s/ 《口語》堪忍袋の緒. Jetzt reißt mir der *Geduldsfaden*. もう堪忍袋の緒が切れた.

Ge·dulds=pro·be [ゲドゥるツ・プローベ] 囡 -/-n 忍耐力を試す試練, 根気試し.

Ge·dulds=spiel [ゲドゥるツ・シュピーる] 中 -[e]s/-e 忍耐力を要するゲーム(ジグソーパズルなど); (比)根気仕事.

ge·dun·gen [ゲ・ドゥンゲン] I dingen (金で雇う)の 過分 II 形 金(訟)で雇われた(殺し屋など)

ge·dun·sen [ゲ・ドゥンゼン gə-dúnzən] 形 むくんだ, はれぼったい.

ge·durft [ゲ・ドゥるふト] ※dürfen¹ (…してもよい)の 過分

ge·duscht [ゲ・ドゥッシュト または ゲ・ドゥーシュト] duschen (シャワーを浴びる)の 過分

ge·duzt [ゲ・ドゥーツト] duzen (du で呼ぶ)の 過分

ge·ehrt [ゲ・エーアト gə-é:rt] I ehren (尊敬する)の 過分 II 形 尊敬された. (英 *dear*). Sehr *geehrter* Herr (*geehrte* Frau) Kohl! (手紙の冒頭で:)拝啓コール様.

ge·eicht [ゲ・アイヒト] I eichen² (検定する)の 過分 II 形 検定済みの(計量器など). ◇成句的に] **auf** 物⁴ *geeicht* sein 《口語》物⁴に熟練している.

ge·eig·net [ゲ・アイグネット gə-áıgnət] I eignen (再帰 で: ふさわしい)の 過分 II 形 適した, 向いている, ふさわしい. (英 *suitable*). geeignete Maßnahmen 適切な対策 / Er ist **für** diese Arbeit (**zum** Lehrer) *geeignet*. 彼はこの仕事(教師)に向いている / 物¹ ist **als** Geschenk *geeignet*. 物¹は贈り物に適している.

ge·eilt [ゲ・アイるト] eilen (急いで行く)の 過分

ge·ei·nigt [ゲ・アイニヒト] einigen¹ (再帰で: 意見が一致する)の 過分

ge·en·det [ゲ・エンデット] enden (終わる)の 過分

ge·erbt [ゲ・エルプト] erben (相続する)の 過分

ge·ern·tet [ゲ・エルンテット] ernten (収穫する)の 過分

Geest [ゲースト gé:st] 囡 -/-en 《地理》(ドイツ北西沿海地方の)沿岸砂丘.

__die__ **Ge·fahr** [ゲ・ふァール gə-fá:r] 囡(単) -/(複) -en 危険, 危機. (英 *danger*). (⇔「安全」は Sicherheit). Lebens*gefahr* 生命の危険 / eine akute *Gefahr* さし迫った危険 / Eine *Gefahr* droht. 危険が迫っている / *Gefahr*⁴ laufen, zu 不定詞[句] …する危険を冒す / Es besteht die *Gefahr*, dass … …の危険がある / eine *Gefahr*⁴ ab|wehren 危険を払いのける.

◇《前置詞とともに》 **auf** die *Gefahr* hin, dass … …という危険を冒して[も] / **auf eigene** *Gefahr* 自己責任において(事故が起きても管理者は責任を負わない) / Der Kranke ist **außer** *Gefahr*. 病人は危機を脱した / **in** *Gefahr* geraten (または kommen) 危険に陥る / 人·物⁴ in *Gefahr* bringen 人·物⁴を危険にさらす / **in** *Gefahr* sein 危機にある / Wer sich **in** *Gefahr* begibt, kommt darin um. 《諺》君子危きに近寄らず(←危険に赴く者はそこで死ぬ) / Er rettete sie **mit** (または **unter**) *Gefahr* seines Lebens. 彼は生命の危険を冒して彼女を救った.

ge·fähr·den [ゲ・ふェーァデン gə-fé:rdən] 他 (h) *gefährden* 危険にさらす, (健康・平和などを)危うくする. ◇《過去分詞の形で》 *gefährdete* Jugendliche 非行の恐れのある青少年 / Seine Position ist *gefährdet*. [状態受動·現在] 彼の地位は脅かされている.

Ge·fähr·dung [ゲ・ふェーァドゥング] 囡 -/-en 危険にさらす(さらされる)こと.

ge·fah·ren [ゲ・ふァーレン] ※fahren (乗り物で行く)の 過分

Ge·fah·ren=zo·ne [ゲふァーレン・ツォーネ] 囡 -/-n 危険地帯(区域).

__ge·fähr·lich__ [ゲ・ふェーァりヒ gə-fé:rlıç] 形 危険な, 危ない; 物騒な. (英 *dangerous*). eine *gefährliche* Kurve 危険なカーブ / eine *gefährliche* Krankheit 危険な病気 / ein *gefährliches* Alter (健康上·社会生活上)注意を要する年ごろ(年代) / ein *gefährlicher* Plan リスクを伴う計画 / Das ist nicht so *gefährlich*. 《口語》だいじょうぶ, 平気です / Der sieht in diesem Anzug ja *gefährlich* aus. 《戯》あいつ, あんな背広を着込んでみっともない / Er könnte mir *gefährlich* werden. 《接2·現在》《戯》彼, やばいかも(彼にほれてしまいそう).

Ge·fähr·lich·keit [ゲ・ふェーァりヒカイト] 囡 -/ 危険[性].

ge·fahr=los [ゲふァール・ろース] 形 危険のない.

Ge·fährt [ゲ・ふェーァト gə-fé:rt] 中 -[e]s/-e

Gefährte

《雅》乗り物(荷車・馬車・自動車など).

der Ge·fähr·te [ゲ・フェーァテ gə-fέːrtə] 男 (単2·3·4)-n/(複)-n 《雅》連れ, 伴侶, 同行者; 仲間. Lebens*gefährte* 人生の伴侶(はんりょ) / Sie waren *Gefährten* auf einer Reise. 彼らは旅の道連れだった.

Ge·fähr·tin [ゲ・フェーァティン gə-fέːrtɪn] 囡 -/..tinnen 《雅》(女性の)連れ, 伴侶.

ge·fahr=voll [ゲふァール・ふォる] 形 危険に満ちた.

Ge·fäl·le [ゲ・ふェれ gə-fέlə] 匣-s/- ① [下り]勾配(こうばい). Die Straße hat ein *Gefälle* von 5%. この道路は5%の勾配がある. ② 落差, 格差.

ge·fal·len[1]* [ゲ・ふァれン gə-fálən]

> 気に入る Das *gefällt* mir gut.
> ダス ゲふェるト ミァ グート
> これが私は気に入っています.

du gefällst, er gefällt (gefiel, *hat* ... gefallen) **I** 自 (完了 haben)《**3格**とともに》(人[³]の)気に入る, 気に入っている. (英 find favour). Dieses Bild *gefällt* mir nicht. 私はこの絵が気に入らない / Sie *gefiel* ihm gleich. 彼女のことを彼はすぐに気に入った / Du *gefällst* mir heute gar nicht. (口語) きょうの君は顔色が悪いよ.
◊《非人称の **es** を主語として》Wie *gefällt* es Ihnen in Japan? 日本は気に入りましたか.
◊《**lassen** とともに》sich³ 囲⁴ *gefallen* lassen 《口語》a) 囲⁴を甘受する, (我慢して)黙っている, b) 囲⁴を歓迎する ⇒ Das *lasse* ich mir nicht *gefallen*! そんなことは承知しないぞ.
II 再帰 (完了 haben)〚*sich*³ **in** 囲³ ~〛(囲³で)いい気になっている; (囲³をして)おもしろっている. er *gefällt* sich in der Rolle des Intellektuellen. 彼はインテリぶって得意になっている.

ge·fal·len[2] [ゲ・ふァれン] **I** ‡fallen (落ちる), ‡gefallen[1] (気に入る) の 過分 **II** 形 戦死した; 堕落した.

Ge·fal·len [ゲ・ふァれン] **I** 匣 -s/ 気に入ること, 好み, 楽しみ. an 人·物³ *Gefallen*⁴ finden 人·物³が気に入る, 好む / 人³ 囲⁴ zu *Gefallen* tun 人³の気に入るようにして 囲⁴をする.
II 男 -s/- 好意, 親切. 人³ einen *Gefallen* tun 人³にとってありがたいことをする ⇒ Kannst du mir einen *Gefallen* tun? 一つお願いしたいことがあるんだけど.

Ge·fal·le·ne[r] [ゲ・ふァれネ (..ナァ) gə-fálənə (..nər)] 男 囡 〚語尾変化は形容詞と同じ〛戦死(戦没)者.

ge·fäl·lig [ゲ・ふェりヒ gə-fέlɪç] 形 ① 親切な, 世話好きの. ein *gefälliger* Nachbar 世話好きな隣人 / 人³ *gefällig* sein 人³に親切である / sich⁴ 人³ *gefällig* erweisen 人³に親切にする. ② 好ましい, 快い, 感じのよい. ein *gefälliges* Äußeres 感じのよい身なり / *gefällige* Musik 耳に快い音楽. ③ 望ましい. Ist sonst noch etwas *gefällig*? ほかに何かお望みですか.

Ge·fäl·lig·keit [ゲ・ふェりヒカイト] 囡 -/-en ① 好意, 親切. 人³ eine *Gefälligkeit*⁴ erweisen 人³に親切な行いをする / aus reiner *Gefälligkeit* まったくのご好意から. ② 〚複 なし〛(身なりなどの)感じのよさ.

ge·fäl·ligst [ゲ・ふェりヒスト gə-fέlɪçst] 副 (命令などでていねいさを示して): お願いですから. Hör *gefälligst* zu! 頼むからちゃんと聞いてくれ.

ge·fällst [ゲ・ふェるスト] ‡gefallen[1] (気に入る) の2人称親称単数 現在

Ge·fall=sucht [ゲふァる・ズフト] 囡 -/ ご機嫌とり, 媚(こび).

ge·fall=süch·tig [ゲふァる・ズュヒティヒ] 形 ご機嫌とりの, 媚(こび)びた.

ge·fällt [ゲ・ふェるト gə-fέlt] **I** ‡gefallen[1] (気に入る) の3人称単数 現在. Das Bild *gefällt* mir gut. この絵はとても私の気に入っています. **II** fällen (切り倒す) の 過分

ge·fal·tet [ゲ・ふァるテット] falten (折りたたむ) の 過分

ge·fan·gen [ゲ・ふァンゲン] **I** fangen (捕まえる) の 過分. *gefangen* halten 捕えて(拘留して)おく / 人⁴ *gefangen* nehmen 捕虜にする. **II** 形 捕らえられた; 捕虜になった.

Ge·fan·ge·nen=la·ger [ゲふァンゲネン・らーガァ] 匣 -s/- 捕虜収容所.

Ge·fan·ge·ne[r] [ゲ・ふァンゲネ (..ナァ) gə-fánənə (..nər)] 男 〚語尾変化は形容詞と同じ ☞ Alte[r]〛(例: 男 1格 der Gefangen*e*, ein Gefangen*er*) (英 prisoner) ① 捕虜. die *Gefangenen* aus|tauschen 捕虜を交換する. ② 囚人. ein politischer *Gefangener* 政治囚.

ge·fan·gen hal·ten* ☞ gefangen I

Ge·fan·gen·nah·me [ゲふァンゲン・ナーメ] 囡 -/ 逮捕, 監禁; 捕虜にすること.

ge·fan·gen|neh·men* [ゲふァンゲン・ネーメン gəfánən-nὲːmən] 他 (h) とりこにする, 魅了する. Die Musik *nimmt* mich ganz *gefangen*. 私はその音楽にまったく魅せられている.
► gefangen I

Ge·fan·gen·schaft [ゲ・ふァンゲンシャふト] 囡 -/〚ふつう 単〛(捕虜などの)捕らわれの身; 監禁状態. in *Gefangenschaft* geraten 捕虜になる.

das Ge·fäng·nis [ゲ・ふェングニス gə-fέŋnɪs] 匣 (単2)-nisses/(複)..nisse (3格のみ..nissen) ① 刑務所, 監獄, 牢獄. (英 prison). aus dem *Gefängnis* aus|brechen 脱獄する / 人⁴ ins *Gefängnis* bringen 人⁴を刑務所に入れる / im *Gefängnis* sitzen 刑務所に入っている. ② 〚複 なし〛自由刑(禁固[刑]・懲役[刑]など). drei Jahre *Gefängnis*⁴ bekommen 3年の懲役刑を受ける.

Ge·fäng·nis=auf·se·her [ゲふェングニス・アオふゼーァァ] 男 -s/- 看守. (女性形: -in).

Ge·fäng·nis=stra·fe [ゲふェングニス・シュトラ

—ふェ] 因 -/-n 自由刑(禁固刑・懲役刑など).

Ge·fäng·nis≠wär·ter [ゲফエングニス・ヴェルタァ] 男 -s/- 看守. (女性形: –in).

ge·färbt [ゲ・ふエルプト] I färben (染める)の過分 II 形 染めた(髪・布など); 色の付いた.

Ge·fäß [ゲ・ふエース gə-fέ:s] 田 -es/-e ① 容器, 入れもの(つぼ・コップなど), 器(うつわ). ein *Gefäß für* Salz 塩の容器 / 物⁴ in ein *Gefäß* füllen 物⁴を容器に満たす. ②(医)脈管, 血管;(植)導管. Blut*gefäß* 血管.

ge·fasst [ゲ・ふアスト gə-fást] I *fassen (つかむ)の過分 II 形 (比較 gefasster, 最上 gefasstest) ① **冷静な**, 落ち着いた. (英 composed). Sie war ganz *gefasst*. 彼女はまったく落ち着いていた / die Todesnachricht⁴ *gefasst* auf|nehmen 死の知らせを冷静に受けとめる. ②《auf 事⁴ ~》(事⁴を)覚悟した. Ich bin auf das Schlimmste *gefasst*. 私は最悪の事態を覚悟している / sich⁴ auf 事⁴ *gefasst* machen 事⁴を覚悟する.

Ge·fecht [ゲ・ふエヒト gə-féçt] 田 -[e]s/-e ①(小規模な)戦闘; 小競り合い;(比)論戦. 人⁴ außer *Gefecht* setzen 人⁴の[戦闘]力を失わせる / 事⁴ ins *Gefecht* führen《雅》事⁴を論拠としてあげる. ②(フェンシングの一回の)勝負, セット.

ge·fechts≠klar [ゲふエヒツ・クらール] 形《海》戦闘準備のできた.

Ge·fechts≠stand [ゲふエヒツ・シュタント] 男 -[e]s/..stände《軍》前線司令部.

ge·fegt [ゲ・ふエークト] fegen (掃く)の過分

ge·fehlt [ゲ・ふエーるト] *fehlen (欠席している)の過分

ge·fei·ert [ゲ・ふァイアァト] *feiern (祝う)の過分

ge·feit [ゲ・ふァイト gə-fáit] 形《雅》抵抗力のある, (…から)守られている. **gegen** 物⁴ *gefeit* sein 物⁴に対して抵抗力がある.

ge·fes·selt [ゲ・ふエッセるト] fesseln (縛る)の過分

ge·fie·bert [ゲ・ふィーバァト] fiebern (熱がある)の過分

Ge·fie·der [ゲ・ふィーダァ gə-fí:dər] 田 -s/- (鳥の体全体の)羽毛, 羽.

ge·fie·dert [ゲ・ふィーダァト gə-fí:dərt] 形 ① 羽[毛]のある, 羽[毛]を付けた. ②(植)(葉の形が)羽状の.

ge·fiel [ゲ・ふィーる] ‡gefallen¹ (気に入る)の過去

ge·fie·le [ゲ・ふィーれ] ‡gefallen¹ (気に入る)の接²

Ge·fil·de [ゲ・ふィるデ gə-fíldə] 田 -s/-《雅》野, 地; 地方. die *Gefilde* der Seligen²(ぜーりゲン) 至福の園.

ge·fischt [ゲ・ふィッシュト] fischen (釣る)の過分

ge·flat·tert [ゲ・ふらッタァト] flattern (ぱたぱたと飛んで行く)の過分

Ge·flecht [ゲ・ふれヒト gə-fléçt] 田 -[e]s/-e ① 編み細工. ②(小枝などの)叢(むら)り;(医)叢(そう);(臓器などを包む網目状のもの). das *Geflecht* der Adern² 血管叢.

ge·fleckt [ゲ・ふれックト] I flecken (染みがつく)の過分 II 形 斑点(はんてん)模様のある.

ge·flickt [ゲ・ふりックト] flicken (繕う)の過分

ge·flis·sent·lich [ゲ・ふりッセントりヒ] 形 故意の, ことさらな. 人·事⁴ *geflissentlich* übersehen 人·事⁴をわざと見逃す.

ge·floch·ten [ゲ・ふろホテン] flechten (編む)の過分

ge·flo·gen [ゲ・ふろーゲン] ‡fliegen (飛ぶ)の過分

ge·flo·hen [ゲ・ふろーエン] fliehen (逃げる)の過分

ge·flos·sen [ゲ・ふろッセン] *fließen (流れる)の過分

ge·flucht [ゲ・ふるーフト] fluchen (悪態をつく)の過分

ge·flüch·tet [ゲ・ふりュヒテット] flüchten (逃げる)の過分

Ge·flü·gel [ゲ・ふりューゲる gə-flý:gəl] 田 -s/ ① 家禽(かきん)(鶏・あひるなど). ② 鳥肉.

Ge·flü·gel≠farm [ゲ・ふりューゲる・ふァルム] 因 -/-en 家禽(かきん)飼育場; 養鶏場.

ge·flü·gelt [ゲ・ふりューゲるト gə-flý:gəlt] 形 ① 翼のある. ein *geflügeltes* Wort《比》名言(←翼の生えた言葉). ②《狩》翼を打ち抜かれた.

Ge·flüs·ter [ゲ・ふりュスタァ gə-flýstər] 田 -s/ (絶え間ない)ささやき声, ひそひそ話.

ge·flüs·tert [ゲ・ふりュスタァト] flüstern (ささやく)の過分

ge·foch·ten [ゲ・ふォホテン] fechten (刀剣で戦う)の過分

Ge·fol·ge [ゲ・ふォるゲ gə-fólgə] 田 -s/- ① 随員, お供; 葬列. ②《書》結果, 成果. im *Gefolge* 結果として ⇒ Kriege haben oft Hungersnöte im *Gefolge*. 戦争はしばしば飢饉(ききん)を結果としてもたらす.

ge·fol·gert [ゲ・ふォるゲァト] folgern (推論する)の過分

Ge·folg·schaft [ゲ・ふォるクシャふト] 因 -/-en ①〖複 なし〗服従; 臣従. 人³ *Gefolgschaft*⁴ leisten 人³に忠実に従う. ②《史》〖複 なし〗(古代ゲルマンの)従士[団]. ③《比》(一群の)信奉者.

Ge·folgs≠mann [ゲ・ふォるクス・マン] 男 -[e]s/ ..männer (または ..leute)《史》(ゲルマンの)従士;《比》信奉者. (女性形: ..frau).

ge·folgt [ゲ・ふォるクト] ‡folgen (ついて行く)の過分

ge·for·dert [ゲ・ふォルダァト] *fordern (要求する)の過分

ge·för·dert [ゲ・ふエルダァト] fördern (援助する)の過分

ge·formt [ゲ・ふォルムト] formen (作る)の過分

ge·forscht [ゲ・ふォルシュト] forschen (研究する)の過分

ge·fragt [ゲ・ふラークト] I ‡fragen (尋ねる)の過分 II 形 需要のある, 人気のある. Das

Buch ist sehr *gefragt*. この本はよく売れている。

ge·frä·ßig [ゲ・フレースィヒ gə-fré:sɪç] 形 大食の, 食い意地の張った, がつがつした.

Ge·frä·ßig·keit [ゲ・フレースィヒカイト] 女 -/ 大食, 食い意地が張っていること.

Ge·frei·te[r] [ゲ・ふライテ (..ター) gə-fráɪtə (..tər)] 男《語尾変化は形容詞と同じ》《軍》一等[水]兵.

ge·fres·sen [ゲ・ふレッセン] *fressen (動物が食べる)の過分

ge·freut [ゲ・ふロイト] *freuen (再帰で: 喜ぶ)の過分

ge·frie·ren* [ゲ・ふリーレン gə-frí:rən] 自 (s) 凍る, 凍結 (氷結)する.

Ge·frier·fach [ゲふリーア・ふァッハ] 中 -(e)s/ ..fächer (冷蔵庫の)冷凍室.

Ge·frier·fleisch [ゲふリーア・ふらイシュ] 中 -(e)s/ 冷凍肉.

ge·frier·ge·trock·net [ゲふリーア・ゲトロックネット] 形 凍結乾燥した(食品など).

Ge·frier·punkt [ゲふリーア・プンクト] 男 -(e)s/-e 氷点; 凝固点.

Ge·frier·schrank [ゲふリーア・シュランク] 男 -(e)s/..schränke 冷凍庫.

Ge·frier·tru·he [ゲふリーア・トルーエ] 女 -/-n (チェスト型の)冷凍庫.

ge·fro·ren [ゲ・ふローレン] *frieren (寒がる), gefrieren (凍る)の過分

Ge·fro·re·ne[s] [ゲ・ふローレネ[ス] gə-fró:rənə[s]] 中《語尾変化は形容詞と同じ》《南ドイツ・オーストリア》《古》アイスクリーム (=Speiseeis).

ge·früh·stückt [ゲ・ふリューシュテュックト] *frühstücken (朝食を食べる)の過分

Ge·fü·ge [ゲ・ふューゲ gə-fý:gə] 中 -s/ ① 組み立て. ein *Gefüge* aus Balken けた組み. ② (内部の)構造, 組織. das *Gefüge* eines Staates ある国家の組織.

ge·fü·gig [ゲ・ふューギヒ gə-fý:gɪç] 形 言いなりになる, (過度に)従順な.

Ge·fü·gig·keit [ゲ・ふューギヒカイト] 女 -/ 言いなりになること, (過度な)従順.

ge·fügt [ゲ・ふュークト] fügen (つなぎ合わせる)の過分

***das* Ge·fühl** [ゲ・ふュール gə-fý:l] 中 (単 2) -s (まれに -es)/(複) -e (3 格のみ -en) 《英》*feeling*》
① **感覚**. ein prickelndes *Gefühl* ちくちくする感覚 / das *Gefühl* für warm und kalt 温冷感覚 / kein *Gefühl*[4] in den Fingern haben 指の感覚がない / Dem *Gefühl* nach ist es Holz. 感触から判断すると, それは木材だ.

② **感情**, 気持ち. ein beglückendes *Gefühl* 幸福感 / ein *Gefühl* der Dankbarkeit[2] 感謝の念 / kein *Gefühl*[4] haben 思いやりがない / Er verletzte ihre *Gefühle*. 彼は彼女の感情を傷つけた / seine *Gefühle*[4] unterdrücken 自分の感情を押し殺す / Er hegt zärtliche *Gefühle* für sie. 《雅》彼は彼女に愛情をいだいている / mit gemischten *Gefühlen* 複雑な気持ちで / mit *Gefühl* 感情を込めて / Das ist das höchste der *Gefühle*[2]. 《口語》それが限度だ.

③ 《複 なし》予感. Ich habe das *Gefühl*, dass er nicht wiederkommt. 彼は戻って来るような気がする / 《俚》**im *Gefühl* haben** 《俚》[4]を何となく感じる. ④ 《複 なし》感受性, センス. Er hat ein *Gefühl* für Musik. 彼は音楽に対するセンスがある.

> ..**gefühl** のいろいろ: **Ehrgefühl** 自尊心 / **Feingefühl** 繊細な感覚 / **Mitgefühl** 同情 / **Nationalgefühl** 国民意識 / **Pflichtgefühl** 義務感 / **Schamgefühl** 羞恥心 / **Schuldgefühl** 罪悪感 / **Sprachgefühl** 語感 / **Taktgefühl** 思いやり

ge·fühl·los [ゲふューる・ろース] 形 ① (手足などの)感覚のない, 冷血な. ② 冷酷感のない, 冷血な.

Ge·fühl·lo·sig·keit [ゲふューる・ろースィヒカイト] 女 -/-en ① 《複 なし》無感覚, 感覚の麻痺(ひ); 冷酷さ. ② 冷酷な行為.

Ge·fühls·du·se·lei [ゲふューるス・ドゥーゼらイ] 女 -/-en 《口語》感傷; 感傷的な言動.

ge·fühls·mä·ßig [ゲふューるス・メースィヒ] 形 感情の, 感情的な; 感覚的な.

Ge·fühls·mensch [ゲふューるス・メンシュ] 男 -en/-en 感情的な人間.

ge·fühlt [ゲ・ふューるト] *fühlen (感じる)の過分

ge·fühl·voll [ゲふューる・ふォる] 形 感情豊かな; 感情を込めた, 感傷的な.

ge·führt [ゲ・ふューアト] *führen (導く)の過分

ge·füllt [ゲ・ふュるト] I *füllen (満たす)の過分 II 形 いっぱいの, 詰まった, 満員の.

ge·fun·den [ゲ・ふンデン] *finden (見つける)の過分

ge·fürch·tet [ゲ・ふュルヒテット] *fürchten (恐れる)の過分

ge·füt·tert [ゲ・ふュッタァト] füttern[1] (餌をやる)の過分

ge·gähnt [ゲ・ゲーント] *gähnen (あくびをする)の過分

ge·gan·gen [ゲ・ガンゲン] *gehen (行く)の過分

ge·gärt [ゲ・ゲーアト] gären (発酵する)の過分

ge·ge·ben [ゲ・ゲーベン] I *geben (与える)の過分 II 形 ① 与えられた, 所与の, 現にある; 仮定される. im *gegebenen* Fall a) この場合には, b) 場合によっては / unter den *gegebenen* Umständen 目下の状況では / eine *gegebene* Zahl 《数》既知の数. ② 《付加語としてのみ》適切な. zu *gegebener* Zeit 適当なときに.

ge·ge·be·nen·falls [ゲゲーベネン・ふァるス] 副 場合によっては, 必要な場合は (略: ggf.).

Ge·ge·ben·heit [ゲ・ゲーベンハイト] 女 -/-en ① 《ふつう複》実状, 実態, 現状. ② 《哲》所与性.

ːge·gen [ゲーゲン gé:gən]

> **…に反対して**
> Ich bin *gegen* diesen Plan.
> イヒ ビン ゲーゲン ディーゼン プらーン
> 私はこの計画には反対だ.

I 前 《4 格とともに》 ① 《反対・対抗》…に反対

して，…に対抗して．(英 against). (⇔「…に賛成に」は für). *gegen* meinen Willen 私の意志に反して / Ich bin da*gegen*. 私はそれに反対だ．(⇔「私はそれに賛成だ」は Ich bin dafür.) / Wir haben *gegen* die ungerechte Behandlung protestiert. 私たちは不当な扱いに対して抗議した / Das ist *gegen* die Abmachung. それはとり決めに反する / *gegen* 囚⁴ spielen 囚⁴と対戦する / ein Mittel *gegen* Husten せき止めの薬．

② 《逆方向》…に逆らって．*gegen* die Strömung schwimmen 流れに逆らって泳ぐ．

③ 《方向》…に[向かって]，…の方へ．*gegen* Osten 東の方へ / sich⁴ *gegen* die Wand drehen （くるりと）壁の方を向く / 囲⁴ *gegen* das Licht halten 囲⁴を光にかざす / Er fuhr *gegen* einen Baum. 彼は車で木に衝突した / Die Wellen schlagen *gegen* die Felsen. 波が岩に打ち寄せる．

④ 《関係・対象》…に対して．*gegen* 囚⁴ freundlich (streng) sein 囚⁴に対して親切である（厳しい）/ Er ist *gegen* Hitze sehr empfindlich. 彼は暑さに対してとても敏感だ（暑さに弱い）/ Er war taub *gegen* meine Bitten. 彼は私の願いに対して聞く耳を持たなかった．

⑤ 《おおよその時間》…のころに，…近くに．Ich komme dann *gegen* 8 Uhr. それは8時ごろ参ります / *gegen* Mittag お昼近くに / *gegen* Ende der Ferien² 休暇の終わりごろに．

⑥ 《比較・対比》…と比べて，…と比較して．*Gegen* dich bin ich noch ein Anfänger. 君に比べればぼくはまだ駆け出しだよ．

⑦ 《交換》…と引き換えに．*gegen* Bezahlung 支払いと引き換えに / Dieses Medikament gibt es nur *gegen* Rezept. この薬は処方箋(%)と引き換えにしか出せません．

II 副 ほぼ，約（=ungefähr）．Es waren *gegen* 30 Personen anwesend. 約30人が出席していた．

Ge·gen.. [ゲーゲン.. gé:gən..] 《主に名詞につける接頭》 ① 《対立・反対》例: *Gegen*beweis 反証． ② 《対応》例: *Gegen*geschenk 返礼の贈り物． ③ 《対・重複》例: *Gegen*rechnung 検算．

Ge·gen⹀an·griff [ゲーゲン・アングリふ] 男 -[e]s/-e 反撃，反攻，逆襲．

Ge·gen⹀**an·trag** [ゲーゲン・アントラーク] 男 -[e]s/..träge 反対提案(動議)．

Ge·gen⹀**bei·spiel** [ゲーゲン・バイシュピーる] 中 -[e]s/-e 反対例，反証．

Ge·gen⹀**be·such** [ゲーゲン・ベズーフ] 男 -[e]s/-e 答礼訪問．

Ge·gen⹀**be·weis** [ゲーゲン・ベヴァイス] 男 -es/-e 《法》反証．

*die **Ge·gend** [ゲーゲント gé:gənt] 囡 (単) -/(複) -en ① 地方，地帯，地域．(英 region). eine einsame *Gegend* 寂しい地域 / In dieser *Gegend* bin ich noch nie gewesen. 《現在完了》これまでのこの土地を訪れたことはありません

した / Er wohnt **in** einer vornehmen *Gegend*. 彼は高級住宅街に住んでいる．

② （ある場所の）周辺，近辺，辺り; 方面．**durch** die *Gegend* spazieren 付近を散歩する / Er lebt jetzt **in** der *Gegend* von（または um）Hamburg. 彼は今ハンブルクの近辺に住んでいる / Schmerzen in der *Gegend* des Magens 胃の辺りの痛み．

③ 付近の住民．Die ganze *Gegend* kam zum Fest. 近辺の人がみんなお祭りにやってきた．

Ge·gen⹀dienst [ゲーゲン・ディーンスト] 男 -[e]s/-e （好意に対する）お返し，返礼．

Ge·gen⹀**druck** [ゲーゲン・ドルック] 男 -[e]s/ ① （握手の際の）握り返し; 《比》抵抗． ② 《化》逆圧; 《工》圧力抵抗，反力．

ge·gen⹀ein·an·der [ゲーゲン・アイナンダァ ge:gən-aınándər] 副 相対して，互いに向かい合って，相互に．*gegeneinander* kämpfen 戦いを交える / Gefangene⁴ *gegeneinander* aus|tauschen 捕虜を交換する．

Ge·gen⹀**fahr·bahn** [ゲーゲン・ふァールバーン] 囡 -/-en 対向車線．

Ge·gen⹀**for·de·rung** [ゲーゲン・ふォルデルング] 囡 -/-en 反対要求; 《経》反対債権．

Ge·gen⹀**fra·ge** [ゲーゲン・ふラーゲ] 囡 -/-n 反問．eine *Gegenfrage⁴* stellen 反問する．

Ge·gen⹀**ge·schenk** [ゲーゲン・ゲシェンク] 中 -[e]s/-e 返礼の贈り物，お返し．

Ge·gen⹀**ge·wicht** [ゲーゲン・ゲヴィヒト] 中 -[e]s/-e （はかりなどの）釣り合いおもり，バランスウェイト; 《比》（欠点などを）補完するもの．

Ge·gen⹀**gift** [ゲーゲン・ギふト] 中 -[e]s/-e 解毒剤．

Ge·gen⹀**kan·di·dat** [ゲーゲン・カンディダート] 男 -en/-en 対立候補[者]．(女性形: -in).

ge·gen⹀**läu·fig** [ゲーゲン・ろイふィヒ] 形 逆方向の，逆方向に進む．

Ge·gen⹀**leis·tung** [ゲーゲン・らイストゥング] 囡 -/-en （好意に対する）お返し，返礼; 《法》反対給付．

Ge·gen⹀**licht** [ゲーゲン・りヒト] 中 -[e]s/ 《写》（撮影などの際の）逆光．

Ge·gen⹀**licht⹀auf·nah·me** [ゲーゲンりヒト・アオふナーメ] 囡 -/-n 《写》逆光での撮影．

Ge·gen⹀**lie·be** [ゲーゲン・リーべ] 囡 -/ 《比》（よい）反響，賛同．Der Plan fand keine *Gegenliebe*. その計画は支持されなかった．

Ge·gen⹀**maß·nah·me** [ゲーゲン・マースナーメ] 囡 -/-n 対抗措置，対策．

Ge·gen⹀**mit·tel** [ゲーゲン・ミッテる] 中 -s/- 拮抗薬，解毒剤，治療薬．

Ge·gen⹀**par·tei** [ゲーゲン・パルタイ] 囡 -/-en 反対党(派); 敵方，相手方．

Ge·gen⹀**pol** [ゲーゲン・ポーる] 男 -s/-e 対極; （性格などが）対極的な人．

Ge·gen⹀**pro·be** [ゲーゲン・プローべ] 囡 -/-n ① （計算の際の）検算，再吟味． ② （採決の結果を検証するための）反対票の集計．

Ge·gen⹀**rech·nung** [ゲーゲン・レヒヌング] 囡

-/-en 検算; (対比するための)再計算書.

Ge·gen≠re·de [ゲーゲン・レーデ] 囡 -/-n ① 反論, 抗弁. ② (雅) 返答.

Ge·gen≠re·for·ma·ti·on [ゲーゲン・レふォルマツィオーン] 囡 -/《史》反宗教改革 (1555–1648).

der **Ge·gen≠satz** [ゲーゲン・ザッツ] gé:gən-zats] 男 (単2) -es/(複) ..sätze [..ゼッツェ] (3格のみ ..sätzen) ① **対立**[関係]; 反対; 矛盾. (裘 *contrast*). der *Gegensatz* der Interessen² 利害の対立 / Der *Gegensatz* von „weiß" ist „schwarz". 「黒」の反対は「白」だ / im *Gegensatz* zu 人·物³ 人·物³とは逆に, 反対に ⇨ Im *Gegensatz* zu ihm ist sie sehr großputzig. 彼とは対照的に彼女はたいへん太っ腹だ / Seine Worte stehen in einem krassen *Gegensatz* zu seinen Taten. 彼の発言はその行動とひどく矛盾している.

② 〘圏 で〙意見の相違(対立). *Gegensätze*⁴ überbrücken 意見の相違を調停する.

ge·gen·sätz·lich [ゲーゲン・ゼッツリヒ] 形 対立関係にある; 反対の; 矛盾する; (相互に)非常に異なった. *gegensätzliche* Meinungen 対立する意見.

Ge·gen≠schlag [ゲーゲン・シュらーク] 男 -[e]s/..schläge ① 打ち返し. ② 反撃, 逆襲.

Ge·gen≠sei·te [ゲーゲン・ザイテ] 囡 -/-n ① 反対側, 向こう側. ② 反対党, 相手方.

ge·gen≠sei·tig [ゲーゲン・ザイティヒ gé:-gən-zaɪtɪç] 形 **相互の**, お互いの; 双方の. (裘 *mutual*). *gegenseitiges* Vertrauen 相互の信頼 / im *gegenseitigen* Einvernehmen 双方の合意のもとに / Sie helfen sich³ *gegenseitig* bei den Schulaufgaben. 彼らは互いに助け合って宿題をする.

Ge·gen·sei·tig·keit [ゲーゲン・ザイティヒカイト] 囡 -/ 相互性. Vertrag auf *Gegenseitigkeit* 相互協定 / Ihre Feindschaft beruht auf *Gegenseitigkeit*. 彼らの敵対関係は双方に原因がある.

Ge·gen·spie·ler [ゲーゲン・シュピーらァ] 男 -s/- 反対者, 敵方; 〖スポ〙[対戦]相手; 〘劇〙(主役の)敵役. (女性形: -in).

Ge·gen·sprech·an·la·ge [ゲーゲンシュプレヒ・アンらーゲ] 囡 -/-n (ドアのインターホン.

der **Ge·gen≠stand** [ゲーゲン・シュタント gé:gən-ʃtant] 男 (単2) -es (まれに -s)/(複) ..stände [..シュテンデ] (3格のみ ..ständen) ① **物**, 物体. (裘 *object*). ein schwerer (runder) *Gegenstand* 重い(丸い)物 / *Gegenstände* des täglichen Bedarfs 日用品.

② 〘ふつう 単〙**主題**, テーマ. der *Gegenstand* eines Gesprächs 話題 / der *Gegenstand* einer Abhandlung² 論文のテーマ / vom *Gegenstand* ab|kommen テーマからそれる.

③ **対象**, 目的[物]. Der Vorfall wurde zum *Gegenstand* heftiger Diskussionen. この一件は激しい議論の的となった. ④ 〘オストリ〙(学校の)科目.

ge·gen≠ständ·lich [ゲーゲン・シュテントりヒ] 形 具体(具象)的な, 対象の; 即物的な. *gegenständliche* Kunst 具象芸術.

ge·gen·stands≠los [ゲーゲンシュタンツ・ろース] 形 ① 無用な; 根拠のない, いわれのない. ② 抽象的な(芸術作品など).

Ge·gen≠stim·me [ゲーゲン・シュティンメ] 囡 -/-n ① 反対票; 反対意見. ② 《音楽》対声[部].

Ge·gen≠stoß [ゲーゲン・シュトース] 男 -es/..stöße ① 突き返し; 逆襲. ② 《軍》反撃.

Ge·gen≠strö·mung [ゲーゲン・シュトレームング] 囡 -/-en ① 逆流. ② 《比》反対の気運.

Ge·gen≠stück [ゲーゲン・シュテュック] 中 -[e]s/-e ① 対応する人, 対応物; 片方. ② 反対(逆)[のもの].

das **Ge·gen≠teil** [ゲーゲン・タイる gé:gən-taɪl] 中 (単2) -[e]s/ (複) -e (3格のみ -en) **反対**, 逆; 反対(逆)のもの. (裘 *opposite*). das *Gegenteil*⁴ behaupten 反対のことを主張する / Er ist genau das *Gegenteil* seines Bruders. 彼は兄とは正反対だ / im *Gegenteil* 反対に, 逆に, それどころか / eine Behauptung⁴ ins *Gegenteil* verkehren 主張を翻す.

ge·gen≠tei·lig [ゲーゲン・タイりヒ] 形 反対の, 逆の. Er ist *gegenteiliger* Meinung². 彼は逆の意見だ.

***ge·gen≠über** [ゲーゲン・ユーバァ ge:gən-ý:bər] **I** 前 〖3格とともに; 名詞のあとに置かれることもある〙① **…の向かい側に**. (裘 *opposite*). Das Warenhaus steht *gegenüber* dem Bahnhof (または dem Bahnhof *gegenüber*). デパートは駅の向かい側にある / Er wohnt mir *gegenüber*. 彼は私の家の向かい側に住んでいる (〖こと〗代名詞とともに用いられるときはつねにそのあとに置かれる).

② **…に対して**. Mir *gegenüber* ist er immer sehr höflich. 私に対しては彼はいつも非常に丁重だ / *Gegenüber* diesen Tatsachen war ich machtlos. このような事実に対して私は無力だった.

③ **…に比べて**. Er ist dir *gegenüber* im Vorteil. 彼は君に比べれば有利な立場にいる.

II 副 **向かい合って**, 向かい側に. Meine Eltern wohnen schräg *gegenüber*. 私の両親は斜め向かいに住んでいます / die Leute von *gegenüber* 向かいの家の人たち. ◇〖von とともに〗Ludwigshafen liegt *gegenüber* von Mannheim. ルートヴィヒスハーフェンはマンハイムの対岸にある.

Ge·gen·über [ゲーゲン・ユーバァ] 中 -s/- 〘ふつう 単〙向かい側にいる(住んでいる)人.

ge·gen·über≠ge·stan·den [ゲーゲンユーバァ・ゲシュタンデン] gegenüber|stehen (向かい合って立っている)の 過分.

ge·gen·über|lie·gen* [ゲーゲンユーバァ・リーゲン ge:gený:bər-lì:gən] 自 (h) (人·物³に)向かい合っている.

ge·gen·über|sit·zen* [ゲーゲンユーバァ・

Gehaben

ズィッツェン ge:gəný/bər-zìtsən] 自 (h) (人³と)向かい合わせに座っている.

ge·gen·über|ste·hen* [ゲーゲンユーバァ・シュテーエン ge:gəný/bər-ʃtè:ən] (stand ... gegenüber, hat ... gegenübergestanden) 自 (完了 haben) ① (人・物³に)向かい合って立っている. Unser Haus *steht* dem Park *gegenüber*. 私たちの家は公園の向かい側にある. ◊(相互的に) *sich*³ *gegenüberstehen* [互いに]対立している; (ｽﾎﾟ) 対戦する ⇒ Hier *stehen sich* zwei Auffassungen *gegenüber*. ここでは二つの見解が相対立している. ② (事³に)直面している. einer Gefahr³ *gegenüberstehen* 危機に直面している. ③ (事に対して…の)態度をとる. Er *steht* dem Plan skeptisch *gegenüber*. 彼はその計画に懐疑的だ.

ge·gen·über|stel·len [ゲーゲンユーバァ・シュテレン ge:gəný/bər-ʃtèlən] 他 (h) ① (A⁴ を B³と)向かい合わせ, 対決させる. ② 対比(対照)する. die Bewerber⁴ einander *gegenüberstellen* 応募者を互いに比較する.

Ge·gen·über·stel·lung [ゲーゲンユーバァ・シュテルング] 女 -/-en 対面, 対決; 比較, 対照.

ge·gen·über|tre·ten* [ゲーゲンユーバァ・トレーテン ge:gəný/bər-trè:tən] 自 (s) (人³の)前に出る, 顔を合わせる; (問題など³に)立ち向かう.

Ge·gen·ver·kehr [ゲーゲン・フェアケーァ] 男 -[e]s/ 対向車(の流れ); 対面交通.

Ge·gen·vor·schlag [ゲーゲン・フォーァシュラーク] 男 -[e]s/..schläge 逆提案, 対案.

die **Ge·gen·wart** [ゲーゲン・ヴァルト gé:-gən-vart] 女 -/ ① 現在; 現代; (文法) *present*). (用法)「過去」は Vergangenheit, 「未来」は Zukunft). in der *Gegenwart* 現代に[おいて]. ② (その場に)居合わせること, 出席. (英 *presence*). Er sagte es in meiner *Gegenwart*. 彼はそれを私の面前で言った. ③ (言) 現在[時称] (=Präsens).

ge·gen·wär·tig [ゲーゲン・ヴェルティヒ または ..ヴェルティヒ] 形 ① 現在の, 目下の; 現代の. (英 *present*). die *gegenwärtige* Regierung 現政権 / Er wohnt *gegenwärtig* in Bonn. 彼は今ボンに住んでいる. ② 出席して(居合わせて)いる, 残存している. Er war bei der Sitzung nicht *gegenwärtig*. 彼はその会議に出席していなかった / 人³ *gegenwärtig* sein 人³の記憶に残っている / 事⁴ *gegenwärtig* haben (雅) 事⁴を思い浮かべる[ことができる].

ge·gen·warts=nah [ゲーゲンヴァルツ・ナー] 形 時代(現代)に密着した, アクチュアルな.

Ge·gen·wehr [ゲーゲン・ヴェーァ] 女 -/ 防御, 抵抗.

Ge·gen·wind [ゲーゲン・ヴィント] 男 -[e]s/-e 向かい風, 逆風.

Ge·gen·wir·kung [ゲーゲン・ヴィルクング] 女 -/-en 反作用, 反動.

ge·gen|zeich·nen [ゲーゲン・ツァイヒネン gé:gən-tsàiçnən] 他 (h) (書類など⁴に)連署する, 副署する.

Gegen=zug [ゲーゲン・ツーク] 男 -[e]s/..züge ① (チェスなどの)応じ手; (比) 対抗措置. ② (鉄道) 対向列車. ③ (ｽﾎﾟ) 反撃.

ge·ges·sen [ゲ・ゲッセン] ‡essen (食べる)の 過分

ge·glänzt [ゲ・グレンツト] glänzen (輝く)の 過分

ge·glaubt [ゲ・グらオプト] ‡glauben (…と思う)の 過分

ge·gli·chen [ゲ・グリッヒェン] gleichen (よく似ている)の 過分

ge·glie·dert [ゲ・グリーダァト] I gliedern (区分する)の 過分 II 分けられた, 構成された.

ge·glit·ten [ゲ・グリッテン] gleiten (滑る)の 過分

ge·glom·men [ゲ・グロンメン] glimmen (かすかに燃える)の 過分

ge·glüht [ゲ・グリュート] glühen (真っ赤に燃える)の 過分

der **Geg·ner** gé:gnər] 男 (単2) -s/(複) - (3格のみ -n) 敵[対者], 反対者; 敵軍; (ｽﾎﾟ) 対戦相手, 相手チーム. (英 *opponent*). ein politischer *Gegner* 政敵 / den *Gegner* besiegen 敵に打ち勝つ.

Geg·ne·rin [ゲーゲネリン gé:gnərɪn] 女 -/..rinnen (女性の)敵[対者], 反対者; 対戦相手.

geg·ne·risch [ゲーゲネリッシュ gé:gnərɪʃ] 形 〖付加語としてのみ〗敵の, 敵対的な, 反対の; (ｽﾎﾟ) 相手方の.

Geg·ner·schaft [ゲーゲナァシャフト] 女 -/-en ① 敵意, 反対の態度; 敵対関係. ② 〖 醜 なし〗(獣) (総称として:)敵.

ge·gol·ten [ゲ・ゴるテン] ‡gelten (有効である)の 過分

ge·gönnt [ゲ・ゲント] gönnen (快く認める)の 過分

ge·go·ren [ゲ・ゴーレン] gären (発酵する)の 過分

ge·gos·sen [ゲ・ゴッセン] *gießen (注ぐ)の 過分

gegr. [ゲ・グリュンデット] (略) 創設(設立)された (=gegründet).

ge·gra·ben [ゲ・グラーベン] graben (掘る)の 過分

ge·grenzt [ゲ・グレンツト] grenzen (境を接している)の 過分

ge·grif·fen [ゲ・グリッフェン] *greifen (つかむ)の 過分

ge·grün·det [ゲ・グリュンデット] gründen (創設する)の 過分

ge·grüßt [ゲ・グリュースト] ‡grüßen (あいさつする)の 過分

ge·guckt [ゲ・グックト] gucken (見る)の 過分

Ge·ha·be [ゲ・ハーベ gə-há:bə] 中 -s/ 気取った態度, わざとらしいふるまい.

ge·ha·ben [ゲ・ハーベン gə-há:bən] 再帰 (h) 〖成句的に〗*Gehab dich* wohl! (古・戯) ではお達者で, ご機嫌よう.

Ge·ha·ben [ゲ・ハーベン] 中 -s/ 態度, ふるまい.

ge·habt [ゲ・ハープト] I ＊haben(持っている)の過分 II 形《口語》いつもの, 通例の. wie *gehabt* 相も変わらず.

ge·hackt [ゲ・ハックト] hacken(くわで耕す)の過分

Ge·hack·te[s] [ゲ・ハックテ[ス] gə-háktə[s]] 中《語尾変化は形容詞と同じ》ひき肉(＝Hackfleisch).

ge·haf·tet [ゲ・ハふテット] haften(くっつく)の過分

* *das* **Ge·halt**[1] [ゲ・ハルト gə-hált] 中(オラッ男)(単2) -[e]s/(複) ..hälter [ゲ・ヘルタァ](3格のみ ..hältern)報酬, 俸給. (英) salary). Monats*gehalt* 月給 / ein hohes (festes) *Gehalt* 高い(決まった額の)給料 / Er hat (または bezieht) ein *Gehalt* von 3 000 Euro. 彼は3,000 ユーロの給料をもらっている / Wie hoch ist Ihr *Gehalt*? あなたの給料はいくらですか.

|類語| das Gehalt: (サラリーマンなどの固定した)給料. der Lohn: (労働者に対して支払われる)賃金. Der wöchentliche *Lohn* beträgt 500 Euro. 週給は500ユーロになる. die Bezahlung: (労働の代償として支払われる)報酬. ohne *Bezahlung* arbeiten 報酬なしで働く. das Honorar: (作家などの自由業の人に対する)謝礼, 原稿料. das Autorenhonorar 印税.

der **Ge·halt**[2] [ゲ・ハルト gə-hált] 男(単2) -[e]s/(複) -e (3格のみ -en) ① (芸術作品などの)内容, 中味. (英 content). der gedankliche *Gehalt* eines Werkes 作品の思想的な内容.
② (成分の)含有量, 濃度; 養分. Alkohol*gehalt* アルコール含有量 / der *Gehalt* **an** Gold 金含有量.

ge·hal·ten [ゲ・ハルテン] I ＊halten(しっかり持っている)の過分 II 形《雅》①《zu 不定詞[句]とともに》《雅》…の義務を負っている. Sie sind *gehalten*, Stillschweigen zu bewahren. 彼らは沈黙を守るよう言い渡されている. ② 節度ある, 控えめな.

Ge·häl·ter [ゲ・ヘるタァ] ＊Gehalt[1](給料)の複

ge·halt·los [ゲハルト・ロース] 形 ① 内容のない(作品など). ② 栄養のない.

Ge·halts⸗emp·fän·ger [ゲハるツ・エンプふェンガァ] 男 -s/- サラリーマン, 給与受給者. (女性形: -in).

Ge·halts⸗er·hö·hung [ゲハるツ・エァヘーウング] 女 -/-en 昇給, 増俸.

Ge·halts⸗zu·la·ge [ゲハるツ・ツーらーゲ] 女 -/-n (本俸に追加される)手当, 加俸.

Ge·halt⸗voll [ゲハるト・ふォる] 形 ① 内容豊かな(作品など). ② 栄養のある.

ge·han·delt [ゲ・ハンデるト] ＊handeln(行動する)の過分

ge·han·di·kapt [ゲ・ヘンディケプト gə-héndikəpt] 形 ハンディキャップを負った.

Ge·hän·ge [ゲ・ヘンゲ gə-héŋə] 中 -s/- ① 下げ飾り(ペンダント, ドロップイヤリングなど); 剣帯. ② 《俗》(男の)一物. ③ 《オラッ》(山の)斜面.

ge·han·gen [ゲ・ハンゲン] ＊hängen[1](掛かっている)の過分

ge·hängt [ゲ・ヘングト] ＊hängen[2](掛ける)の過分

ge·har·nischt [ゲ・ハルニッシュト gə-hárnɪʃt] 形 ① 厳しい調子の. ② よろいで身を固めた.

ge·häs·sig [ゲ・ヘスィヒ gə-hésɪç] 形 悪意のある, 憎しみに満ちた, 意地の悪い.

Ge·häs·sig·keit [ゲ・ヘスィヒカイト] 女 -/-en ① 《複なし》悪意. ② 悪意のある言動.

ge·hasst [ゲ・ハスト] hassen(憎む)の過分

ge·hau·en [ゲ・ハオエン] hauen(たたく)の過分

Ge·häu·se [ゲ・ホイゼ gə-hɔ́yzə] 中 -s/- ① 外被, ケーシング, (かたつむりなどの)殻. das Ge*häuse* einer Uhr[2] 時計の側(ᡠがわ). ② (りんごなどの)果心(＝Kern*gehäuse*). ③ 《スポ·隠語》(サッカーなどの)ゴール.

ge·haut [ゲ・ハオト] hauen(たたく)の過分《方》

geh·be·hin·dert [ゲー・ベヒンダァト] 形 歩行障害のある.

ge·hef·tet [ゲ・ヘふテット] I heften(留める)の過分 II 形 仮とじの, 仮綴りの.

Ge·he·ge [ゲ・ヘーゲ gə-hé:gə] 中 -s/- ① 《狩》猟場. [人]3 ins *Gehege* kommen 《比》[人]3の領分を侵す, じゃまをする. ② (動物園の)囲い場.

ge·heilt [ゲ・ハイるト] heilen(治す)の過分

ge·heim [ゲ・ハイム gə-hárm] 形 ① 秘密の, 隠された. (英 secret). eine *geheime* Sitzung 秘密会議 / ein *geheimer* Wunsch ひそかな願い / *Geheime* Staatspolizei ゲシュタポ (ナチスの秘密国家警察, 略: Gestapo) / streng *geheim* 極秘の / [用]4 **vor** [人]3 *geheim* halten [用]4を[人]3に秘密にしておく. ◇《名詞的に》**im** *Geheimen* a) こっそりと, b) 心中ひそかに. ② 不思議な, 神秘的な. eine *geheime* Anziehungskraft 不思議な魅力.

Ge·heim⸗agent [ゲハイム・アゲント] 男 -en/-en 秘密諜報(ﾁﾖｳﾎｳ)部員. (女性形: -in).

Ge·heim⸗dienst [ゲハイム・ディーンスト] 男 -[e]s/-e (政府の)諜報(ﾁﾖｳﾎｳ)部, 秘密情報機関.

Ge·heim⸗fach [ゲハイム・ふァッハ] 中 -[e]s/..fächer (机などの中の)秘密の収納庫.

ge·heim hal·ten* ☞ geheim ①

Ge·heim⸗hal·tung [ゲハイム・ハるトゥング] 女 -/ 秘密保持.

das **Ge·heim·nis** [ゲ・ハイムニス gə-hármnɪs] 中 (単2) ..nisses/(複) ..nisse (3格のみ ..nissen) ① 秘密; 機密; 隠しごと. (英 secret). Staats*geheimnis* 国家機密 / militärische *Geheimnisse* 軍の機密 / ein offenes *Geheimnis* 公然の秘密 / ein *Geheimnis*[4] bewahren 秘密を守る / ein *Geheimnis*[4] verraten 秘密を漏らす / [人]3 ein *Geheimnis* an|vertrauen [人]3に秘密を打ち明ける / Sie macht kein *Geheimnis* **aus** ihren Plänen. 彼女は包み隠さず自分の計画を語る / Ich habe ein *Geheimnis* **vor** ihm. 私は彼にないしょにしていることがある / ein süßes *Geheimnis*[4] haben 《戯》おめでたである.

② 秘訣(ﾋｹﾂ), 極意. ③ 不可思議, 神秘. das *Geheimnis* der Natur² 自然の神秘.

Ge·heim·nis⹀krä·mer [ゲハイムニス・クレーマァ] 男 -s/- 《口語》隠しごとを好む人; なんでも秘密めかしたがる人. (女性形: -in).

Ge·heim·nis⹀trä·ger [ゲハイムニス・トレーガァ] 男 -s/- 機密情報の保有者. (女性形: -in).

Ge·heim·nis⹀tu·e·rei [ゲハイムニス・トゥーエライ] 女 -/ 《口語》秘密めかすこと.

ge·heim·nis⹀voll [ゲハイムニス・ふォる] 形 ① 秘密に満ちた, 神秘的な. ② 意味ありげな. ein *geheimnisvolles* Gesicht⁴ machen 意味ありげな顔をする.

Ge·heim⹀num·mer [ゲハイム・ヌンマァ] 女 -/-n ①（銀行口座などの）暗証番号. ②（電話の）非公開番号.

Ge·heim⹀po·li·zei [ゲハイム・ポリツァイ] 女 -/-en 《ふつう 単》秘密警察.

Ge·heim⹀rat [ゲハイム・ラート] 男 -[e]s/..räte 枢密顧問官. (女性形: ..rätin).

Ge·heim⹀schrift [ゲハイム・シュリふト] 女 -/-en 暗号.

Ge·heim⹀tip [ゲハイム・ティップ] Geheimtipp の古い形.

Ge·heim⹀tipp [ゲハイム・ティップ] 男 -s/-s ① 隠れた逸材. ② 内々の有益な情報.

ge·hei·ra·tet [ゲ・ハイラーテット] ＊heiraten（結婚する）の 過分

Ge·heiß [ゲ・ハイス gə-háɪs] 中 -es/ 《雅》（口頭による）命令, 言いつけ. auf sein *Geheiß* 彼の指図で.

ge·hei·ßen [ゲ・ハイセン] ＊heißen（…という名前である）の 過分

ge·heizt [ゲ・ハイツト] heizen（暖める）の 過分

ge·hemmt [ゲ・ヘムト] I hemmen（妨げる）の 過分 II 形 抑制された; 内気な.

ge·hen* [ゲーエン gé:ən]

行く; 歩く	Ich *gehe* in die Stadt. イヒ ゲーエ インディ シュタット 私は町へ行きます.

人称		
1	ich gehe	wir gehen
2	du gehst Sie gehen	ihr geht Sie gehen
3	er geht	sie gehen

(ging, *ist*/*hat*...gegangen) I 自 （完了 sein）（英 go）①〖方向を表す語句とともに〗（…へ）行く, 出かける;（学校などに）通う;（仕事などの世界へ）行く.（◆「来る」,「〔聞き手の所へ〕行く」は kommen）. Wohin *gehst* du? 君はどこに行くの.

◇〖前置詞とともに〗 an die Arbeit *gehen* 仕事にとりかかる / auf Reisen *gehen* 旅に出る / auf die Universität *gehen* 大学に通う / Das *geht* gegen mein Gewissen. そんなことは私の良心に反する / Dieser Vorwurf *geht* gegen dich. この非難は君に向けられたものだ / ins Kino *gehen* 映画を見に行く / in die Politik *gehen* 政界に入る / in Pension *gehen* 年金生活に入る / in Druck *gehen*（原稿などが）印刷[工程]に入る / in sich⁴ *gehen* 反省する / Wir *gehen* jetzt nach Hause. 私たちはもうこの辺で家に帰ります / Sie *ging* nach Wien, um Musik zu studieren. 彼女は大学で音楽を学ぶためにウィーンへ行った / Seine Familie *geht* ihm über alles. 彼には家族が何よりも大切だ / Das *geht* über meine Kräfte. それは私の力に余ることだ / unter die Leute *gehen* 人と交わる / Was *geht* hier vor sich? ここで何が起きているのですか / Er *geht* noch zur Schule. 彼はまだ学校に通っている / zum Arzt *gehen* 医者に行く / zum（または auf den）Bahnhof *gehen* 駅へ行く / zu（または ins）Bett *gehen* 床につく / zum Film *gehen* 映画界に入る / zu Ende *gehen* 終わりになる.

◇〖zu のない不定詞とともに〗 Wir *gehen* jetzt einkaufen. 私たちは今から買い物に行きます / schwimmen *gehen* 泳ぎに行く / spazieren *gehen* 散歩する / tanzen *gehen* ダンスをしに行く.

② 歩く, 歩いて行く.（英 walk）.（◆「走る」は laufen）. *Gehen* wir zu Fuß, oder nehmen wir ein Taxi? 歩いて行きましょうか, それともタクシーに乗りましょうか / langsam (schnell) *gehen* ゆっくり（急いで）歩く / hin und her *gehen* 行ったり来たりする / Das Kind *kann* noch nicht *gehen*. その子供はまだ歩けない.

◇〖距離・時間などを表す 4 格とともに〗 einen Kilometer *gehen* 1 キロ歩く / zwei Stunden⁴ *gehen* 2 時間歩く.

③ 去る; 退職する;（列車・バスなどが）出発する. Ich *muss* jetzt *gehen*. 私はもう行かねばなりません / Der Minister *musste gehen*. 大臣は辞職しなければならなかった / Wann *geht* der nächste Zug nach Hamburg? ハンブルク行きの次の列車は何時発ですか / Er *ist* von uns *gegangen*.〖現在完了〗《婉曲》彼は私たちを残して逝った.

④ 動いている, 作動する;（パン生地などが）ふくらむ. Die Uhr *geht* richtig. 時計が正確に動いている / Die Bremse *geht* nicht. ブレーキが効かない / Es *geht* das Gerücht, dass …《比》…といううわさが広まっている.

⑤（事が…に）進行する, 運ぶ. Das Geschäft *geht* gut. 商売がうまくいく / Alles *geht* nach Wunsch. すべてが望みどおりにいく.

⑥（事が）可能である, うまくいく;《口語》まあまあだ, 何とか我慢できる. Das *geht* nicht. それはだめです / Der Mantel *geht* noch. そのコートはまだ何とか着られる / *Geht* das so, oder soll ich mich umziehen? このままでいいかしら, 服を着替えたほうがいいかしら / Das *geht* zu weit! それは行き過ぎだ. ◇〖非人称の es を主語として〗 So *geht* es nicht. そうはいきませんよ / Gefällt es dir? — Es *geht*. 気に入った？ — まあね. ⑦ (商品が)売れる. Dieser Artikel *geht* sehr gut. この商品はとてもよく売れる. ⑧ (長さ・数量などが…に)達する, 届く. Der Rock *geht* bis **an** die Knie. そのスカートの丈はひざまである / Er *geht* **auf** die 60. 彼はまもなく60歳になる. ◇[非人称の **es** を主語として] Es *geht* **auf** (**gegen**) Mittag. もうすぐお昼だ. ⑨ [方向を表す語句とともに] (道路などが…へ)通じている; (窓・視線などが…に)向いている. Der Weg *geht* **zum** See. その道は湖に通じている / Wohin *geht* die Reise? どちらへご旅行ですか / Das Fenster *geht* **auf** den Garten. 窓は庭に面している. ⑩ [方向を表す語句とともに] (…に)収まる, 入る; (ある数が…に)含まれる. Der Schrank *geht* nicht **durch** die Tür. たんすが戸口を通らない / In diesen Eimer *gehen* zehn Liter. このバケツには10リットル入る / In zwölf *geht* vier dreimal. 12を4で割ると3になる. ⑪ 《口語》(…の)身なりをしている. Sie *geht* **in** Schwarz. 彼女は喪服を着ている / Er *geht* immer gut gekleidet (または *gut*gekleidet). 彼はいつもりっぱな服装をしている. ⑫ 〖**mit** 人³〗《口語》(人³と)親密である. Er *geht* **mit** meiner Schwester. 彼は私の姉(妹)とつき合っている. ⑬ 〖**an** 物⁴ ～〗《口語》(物⁴を)いじる; (物⁴を)くすねる. ⑭ 〖**nach** 人・事³ ～〗(人・事³を)基準にして判断する; (人³の)思いどおりになる, (事³(計画など)の)とおりになる. Er *geht* nur nach dem Äußeren. 彼は外見だけで判断する / Es *geht* nicht nach dir. 君の思いどおりにはならないよ. **II** [非人称](必要) ① 〖**es geht** 人³…の形で〗人³の調子(具合い)が…である. Wie *geht* es Ihnen? — Danke, [es *geht* mir] gut. ご機嫌いかがですか — ありがとう, 元気です. ② 〖**es geht mit** 人・事³…の形で〗人・事³の状態(状況)が…である. Es *geht* bergauf (bergab) mit ihm. 彼の調子は上り坂(下り坂)だ. ③ 〖**es geht um** 人・事⁴ の形で〗人・事⁴が問題である, 人・事⁴が大事である. Es *geht* um meine Ehre. 私の名誉がかかっているのです / Es *geht* ihm nur ums Geld. 彼にとって重要なのはお金だけさ. **III** [再帰](完了) haben) 〖**es geht sich**⁴… の形で〗歩きぐあいが…である. Es *geht sich* gut in diesen Schuhen. この靴は歩きやすい.

▶ **gehen|lassen, gut|gehen, schlecht|gehen**
[類語] **gehen**:「歩く」という意味の最も一般的な語. **laufen**: (乗り物に乗らずに)歩いて行く; (幼児などが)よちよち歩く. **wandern**: 徒歩旅行する, ハイキングをする. **marschieren**: (歩調を整え隊列を組んで)行進する; (長距離を早足で)歩く.

Ge·hen [ゲーエン] 中 -s/ ① 歩くこと, 行くこと. ② (陸上競技の)競歩.

ge·hen|las·sen, ge·hen las·sen* [ゲーエン・ラッセン géːən-làsən] (過分 gehen[ge]lassen / gehen [ge]lassen) **I** 他 (h) 《口語》① ほっ

ておく, そっとしておく. ② (綱など⁴を)放す, ゆるめる. **II** [再帰](h) *sich*⁴ *gehenlassen* 好き勝手なことをする, だらしなくふるまう.

Ge·her [ゲーァァ géːər] 男 -s/- (陸上競技の)競歩選手; 山歩きのベテラン. (女性形: -in).

ge·herrscht [ゲ・ヘルシュト] herrschen (支配する)の 過分

ge·hetzt [ゲヘッツト] **I** hetzen (追いたてる)の 過分 **II** 形 追いたてられた.

ge·heu·er [ゲ・ホイァァ gə-hɔ́yər] 形 [成句的に] nicht [ganz] *geheuer* a) 気味悪い; 気色の悪い, b) 怪しい. Es ist hier nicht *geheuer*. このあたりは薄気味悪い / Mir ist das nicht *geheuer*. 私にはそのことがどうも疑わしく思われる.

Ge·heul [ゲ・ホイる gə-hɔ́yl] 中 -[e]s/ ① (犬などの)絶え間ない遠ぼえ. ② 《口語》泣きわめく声.

ge·heult [ゲ・ホイるト] heulen (遠ぼえする)の 過分

Ge·hil·fe [ゲ・ヒるフェ gə-hílfə] 男 -n/-n ① (見習い期間を修了した)職人(店員)助手. (女性形: Gehilfin). ② 《雅》手伝いの人, 助手. ③ 《法》(犯罪の)幇助(ほうじょ)者.

ge·hin·dert [ゲ・ヒンダァト] hindern (妨げる)の 過分

ge·hinkt [ゲ・ヒンクト] hinken (足を引きずって歩く)の 過分

das **Ge·hirn** [ゲ・ヒルン gə-hírn] 中 (単2) -[e]s/(複) -e (3格のみ -en) (英 **brain**) ① (医) 脳, 脳髄. ② 《口語》頭脳, 知力. Sein *Gehirn* arbeitet schnell. 彼は頭の回転が速い.

Ge·hirn⸗blu·tung [ゲヒルン・ブるートゥング] 女 -/-en (医) 脳溢血(いっけつ), 脳出血.

Ge·hirn⸗er·schüt·te·rung [ゲヒルン・エァシュッテルング] 女 -/-en (医) 脳震盪(とう).

Ge·hirn·haut⸗ent·zün·dung [ゲヒルンハオト・エントツュンドゥング] 女 -/-en (医) 脳膜炎.

Ge·hirn⸗schlag [ゲヒルン・シュらーク] 男 -[e]s/..schläge (医) 脳卒中.

Ge·hirn⸗tod [ゲヒルン・トート] 男 -es/-e (医) 脳死.

Ge·hirn⸗wä·sche [ゲヒルン・ヴェッシェ] 女 -/ 洗脳.

gehn [ゲーン géːn] =gehen

ge·ho·ben [ゲ・ホーベン] **I** *heben (上げる)の 過分 **II** 形 ① (社会的に)身分の高い. Er ist Beamter des *gehobenen* Dienstes. 彼は上級職の公務員だ. ② (趣味が)高尚な; (言葉・文章が)格調高い. ③ 高揚した, 晴れがましい. in *gehobener* Stimmung sein 高揚した気分である.

ge·hockt [ゲ・ホックト] hocken (しゃがんでいる)の 過分

ge·hofft [ゲ・ホふト] *hoffen (望む)の 過分

Ge·höft [ゲ・ヘーふト gə-hǿːft] 中 -[e]s/-e 農家(納屋・家畜舎などを含む).

ge·hol·fen [ゲ・ホるフェン] *helfen (助ける)の 過分

ge·holt [ゲ・ホーるト] *holen (取って来る)の 過分

Ge·hölz [ゲ・ヘるツ gə-héəlts] 田 -es/-e ① 茂み, やぶ. ②〘園〙〘植〙(草木植物に対して:)木本(ほん)植物, 樹木.

das **Ge·hör** [ゲ・ヘーァ gə-hǿ:r] 田 (単2) -[e]s/ ① **聴覚**, 聴力.〘英〙*hearing*). Er hat ein gutes (feines) *Gehör*. 彼は耳がいい(繊細だ) / das *Gehör*⁴ verlieren 聴力を失う / **nach** dem *Gehör* singen 聞き覚えで歌う. ② 傾聴. *Gehör*⁴ finden 聞いてもらえる / ﾝ³ *Gehör*⁴ schenken ﾝ³に耳を貸す, 傾聴する / ﾝ⁴ **um** *Gehör* bitten ﾝ³に傾聴を求める / ein Musikstück⁴ **zu** *Gehör* bringen《雅》曲を演奏する.

ge·hor·chen [ゲ・ホルヒェン gə-hórçən] (gehorchte, hat ... gehorcht) 自 (完了) haben)〘英〙*obey*) ① (人・事³に)従う, (人³の)言うことを聞く. ﾝ³ blind *gehorchen* ﾝ³に盲従する / Das Kind *gehorcht* nur der Mutter. その子は母親の言うことしか聞かない. (☞ 類語 folgen). ② (人・事³の)意のままになる. Das Auto *gehorcht* mir. その車は思いどおりに動く / einer inneren Stimme *gehorchen* 内なる声に従う.

ge·horcht [ゲ・ホルヒト] Ⅰ gehorchen (従う), horchen (聞き耳をたてる)の 過分

ge·horch·te [ゲ・ホルヒテ] gehorchen (従う)の 過去

***ge·hö·ren** [ゲ・ヘーレン gə-hǿ:rən]

> …のものである　Wem *gehört* das?
> ヴェーム ゲヘーァト ダス
> これはだれのものですか.

(gehörte, hat ... gehört) Ⅰ 自 (完了) haben) ①〚3格とともに〛(人³のものである.〘英〙*belong*). Das Auto *gehört* mir. その車は私のものです / Meine Freizeit *gehört* meiner Familie. 私の余暇は家族のためにあります.
②〚**zu** 人・物³ ~〛(人・物³の)**一員(一部)である**, (人・物³に)**属している**. Ich *gehöre* zum Judoklub. 私は柔道部に所属しています / Die Insel *gehört* zu Japan. その島は日本の一部を成している.
③〚方向を表す語句とともに〛(…に)ある(いる)べきである. Wohin *gehört* dieses Buch? この本はどこに置いたらいいですか / Die Kinder *gehören* um sieben Uhr **ins** Bett. 子供たちは7時に床に入ることになっている / Das Thema *gehört* nicht hierher. そのテーマはここでは関係ない.
④〚**zu** 事³ ~〛(事³に)必要である, 欠かせない. Zu dieser Arbeit *gehört* viel Mut. この仕事をするには大変な勇気がいる.
Ⅱ 再帰 (完了) haben) *sich*⁴ *gehören* 礼儀作法にかなっている, ふさわしい. Das *gehört sich* nicht! そんなことをしては無作法だ / wie es *sich gehört* ふさわしく.

Ge·hör⸗gang [ゲ・ヘーァ・ガング] 男 -[e]s/ ..gänge〘医〙耳道.

ge·hö·rig [ゲ・ヘーリヒ gə-hǿ:rɪç] Ⅰ 形 ① ふさわしい, 適当な. der *gehörige* Respekt しかるべき(相応の)敬意. ② 相当な, ひどい, したたかな. ③ (人・物³に)所属の. die ihm *gehörigen* Bücher 彼の蔵書. ④〚**zu** 物³ ~〛(物³に)属する. die zu unserer Gruppe *gehörigen* Teilnehmer われわれのグループに属する参加者. Ⅱ 副 したたかに, 大いに, 非常に.

ge·hör⸗los [ゲヘーァ・ロース] 形 耳の聞こえない.

Ge·hörn [ゲ・ヘルン gə-hœ́rn] 田 -[e]s/-e ①〘動〙角(の). ②〘狩〙(のろ鹿の雄の)枝角(えだつの).

ge·hörnt [ゲ・ヘルント gə-hœ́rnt] 形 ① 角(の)のある. ②〘口語〙妻を寝取られた.

ge·hor·sam [ゲ・ホーァザーム gə-hó:rza:m] 形 **従順な**; 素直な.〘英〙*obedient*). ein *gehorsamer* Untertan 従順な家臣 / ﾝ³ *gehorsam* sein《雅》ﾝ³の言うことをよく聞く, ﾝ³に従順である. (☞ 類語 brav).

Ge·hor·sam [ゲ・ホーァザーム] 男 -s/ 従順, 服従. blinder *Gehorsam* 盲従 / ﾝ³ den *Gehorsam* verweigern ﾝ³に服従を拒否する.

Ge·hör⸗sinn [ゲヘーァ・ズィン] 男 -[e]s/ 聴覚 (=Gehör).

ge·hört [ゲ・ヘーァト] Ⅰ ‡gehören (…のものである)の 3人称単数・2人称親称複数 現在　Ⅱ ‡hören (聞こえる), ‡gehören (…のものである)の 過分

ge·hör·te [ゲ・ヘーァテ] ‡gehören (…のものである)の 過去

Geh⸗rock [ゲー・ロック] 男 -[e]s/..röcke フロックコート.

Geh⸗steig [ゲー・シュタイク] 男 -[e]s/-e 歩道.

ge·hüllt [ゲ・ヒュるト] hüllen (包む)の 過分

ge·hun·gert [ゲ・フンガァト] hungern (空腹である)の 過分

ge·hüpft [ゲ・ヒュプふト] hüpfen (ぴょんぴょん跳ぶ)の 過分

ge·hupt [ゲ・フープト] hupen (クラクションを鳴らす)の 過分

ge·hus·tet [ゲ・フーステット] husten (せきをする)の 過分

ge·hü·tet [ゲ・ヒューテット] hüten (番をする)の 過分

Geh⸗weg [ゲー・ヴェーク] 男 -[e]s/-e ① 歩道. ② (歩いてしか通れない)小道, 小径.

Gei·er [ガイアァ gáɪər] 男 -s/-〘鳥〙ハゲタカ, ハゲワシ;《口語・比》貪欲な人. Hol dich der *Geier*! くたばれ, こんちくしょう.

Gei·fer [ガイふァ gáɪfər] 男 -s/ ① よだれ, (口から出る)泡. ②《雅》ののしり(怒り)の言葉.

gei·fern [ガイふァァン gáɪfərn] 自 (h) ① よだれをたらす. ②《雅》ののしる. **gegen** ﾝ⁴ *geifern* ﾝ⁴をののしる.

***die* **Gei·ge** [ガイゲ gáɪgə] 囡 (単) -/(複) -n〘音楽〙**バイオリン** (=Violine).〘英〙*violin*). *Geige*⁴ spielen バイオリンを弾く / die erste *Geige*⁴ spielen a) 第一バイオリンを弾く, b)《口語・比》指導的役割を演じる / ein Stück⁴ **auf**

der *Geige* spielen ある曲をバイオリンで弾く / **nach** seiner *Geige* tanzen《口語》彼の思いのままになる (← 彼のバイオリンに合わせて踊る).

gei·gen [ガイゲン gáɪgən] **I** 自 (h)《口語》バイオリンを弾く. **II** 他 (h)《口語》① (曲⁴を)バイオリンで弾く. ② (人³に意見など⁴を)よく言い聞かせる.

Gei·gen=bo·gen [ガイゲン・ボーゲン] 男 -s/- (南ドィッ・ネーストリア:..bögen も) バイオリンの弓.

Gei·gen=kas·ten [ガイゲン・カステン] 男 -s/..kästen ① バイオリンケース. ② 《ふつう 複》《俗・戯》どた靴, ばかでかい靴.

Gei·ger [ガイガァ gáɪɡər] 男 -s/- バイオリン奏者. (女性形: -in).

Gei·ger=zäh·ler [ガイガァ・ツェーらァ] 男 -s/- ガイガーカウンター, 放射能測定器(ドイツの物理学者 H. Geiger 1882-1945 の名から).

geil [ガイる gáɪl] 形 ① 好色な, みだらな. **auf** 人·事⁴ *geil* sein 人·事⁴が欲しくてしょうがない. ② (俗)(若者言葉:)いけてる. *geile* Musik めちゃくちゃいい音楽. ③ (農)(植物が)徒長した, むだに繁茂した; 肥え過ぎた(土).

Geil·heit [ガイるハイト] 女 -/-en ① 《複 なし》好色, 色情. ② みだらな言動. ③ 《複 なし》(農)(植物の)徒長, むだな繁茂.

ge·impft [ゲ・インプフト] impfen (予防接種をする)の 過分

ge·irrt [ゲ・イルト] irren (再帰 で: 思い違いをする)の 過分

Gei·sel [ガイぜる gáɪzəl] 女 -/-n 人質. 人⁴ **als** (または **zur**) *Geisel* nehmen 人⁴を人質に取る.

Gei·sel·nah·me [ガイぜる・ナーメ] 女 -/-n 人質を取ること.

Gei·ser [ガイザァ gáɪzər] 男 -s/- (地学) 間欠泉.

Gei·sha [ゲーシャ géːʃa または ガイシャ gáɪʃa] 女 -/-s 芸者.

Geiß [ガイス gáɪs] 女 -/-en ①《南ドィッ・ネーストリア・スイス》雌やぎ. ②(狩)(かもしか·鹿などの)雌.

Geiß=blatt [ガイス・ブらット] 中 -[e]s/ (植) スイカズラ.

Geiß=bock [ガイス・ボック] 男 -[e]s/..böcke 《南ドィッ・ネーストリア・スイス》雄やぎ.

Gei·ßel [ガイぜる gáɪsəl] 女 -/-n ①(昔の:)むち. ②(比)災厄, 災い, こらしめ. Der Krieg ist eine *Geißel* der Menschheit. 戦争は人類の災厄だ. ③(生)鞭毛(ﾍﾞﾝﾓｳ).

gei·ßeln [ガイぜるン gáɪsəln] 他 (h) ① (事⁴を)弾劾する, 糾弾する. ②(苦行·罰として人⁴を)むち打つ; (比)(災厄などが人⁴を)襲う.

Gei·ße·lung [ガイぜるング] 女 -/-en 弾劾, 糾弾; (人⁴を)むち打ち, 笞刑(ﾁｹｲ).

＊**der Geist** [ガイスト gáɪst] 男 (単2) -es (まれに -s)/(複) -er (3格のみ -ern) ①《複 なし》(肉体に対する)精神, 心. (英 *mind*). (《複》「体」は Körper). der menschliche *Geist* 人間の精神 / die Freiheit des *Geistes* 精神の自由 / Der *Geist* ist willig, aber das Fleisch ist schwach. 心は熱しているが, 肉体は弱いのである (マタイによる福音書 26, 41) / **Im** *Geist*[e] bin ich immer bei dir. 心の中で私はいつも君のそばにいるよ.

②《複 なし》知力, 頭脳, 才気. Er hat viel *Geist*. 彼は才気に富んでいる / ein Mann **von** *Geist* 聡明な男.

③《複 なし》(ある時代·事柄などの)精神, 根本思想, 思潮. der *Geist* der Zeit² 時代精神 / der olympische *Geist* オリンピックの精神 / Wir handeln **im** *Geist*[e] des Verstorbenen. 私たちは故人の精神にのっとって行動します.

④(…の)精神の持ち主. Er ist ein großer *Geist*. 彼は偉大な人物だ / die führenden *Geister* unserer Zeit² われわれの時代の指導的人物たち.

⑤ 霊, 精霊; 魔物; 亡霊. der Heilige *Geist*(ｷﾘｽﾄ教) 聖霊 / der *Geist* des Toten 死者の亡霊. ⑥《種類を表すときのみ:《複》-e》(化)アルコール, 酒精.

Geis·ter [ガイスタァ] * Geist (…の精神の持ち主, 霊)の 複

Geis·ter=bahn [ガイスタァ・バーン] 女 -/-en (遊園地などの)お化けコースター.

Geis·ter=be·schwö·rer [ガイスタァ・ベシュヴェーラァ] 男 -s/- 霊を呼び出す人, 降霊術者. (女性形: -in).

Geis·ter=fah·rer [ガイスタァ・ファーラァ] 男 -s/- 《口語》(高速道路などの)逆走者. (女性形: -in).

geis·ter·haft [ガイスタァハフト] 形 幽霊のような, 気味の悪い.

geis·tern [ガイスタァン gáɪstərn] 自 (s) ①(…へ)幽霊のようにさまよう. ②(比)(考えなどが脳裏に)浮かんでは消える.

Geis·ter·stun·de [ガイスタァ・シュトゥンデ] 女 -/ (戯) 真夜中, うし三つ時(← 幽霊の出る時間)(ドイツでは午前 0 時から 1 時まで).

geis·tes=ab·we·send [ガイステス・アップヴェーゼント] 形 放心した, ぼんやりした, うわの空の.

Geis·tes=ab·we·sen·heit [ガイステス・アップヴェーゼンハイト] 女 -/ 放心[状態].

Geis·tes=ar·bei·ter [ガイステス・アルバイタァ] 男 -s/- 頭脳労働者. (女性形: -in).

Geis·tes=blitz [ガイステス・ブリッツ] 男 -es/-e 《口語》突然のひらめき.

Geis·tes=ge·gen·wart [ガイステス・ゲーゲンヴァルト] 女 -/ 沈着, 機転, 当意即妙.

geis·tes=ge·gen·wär·tig [ガイステス・ゲーゲンヴェルティヒ] 形 沈着な, 機転の利いた.

geis·tes=ge·stört [ガイステス・ゲシュテールト] 精神病の, 精神障害のある.

Geis·tes=ge·stört·heit [ガイステス・ゲシュテールトハイト] 女 -/ 精神病, 精神障害.

Geis·tes=grö·ße [ガイステス・グレーセ] 女 -/ 精神の偉大さ.

geis·tes=krank [ガイステス・クランク] 形 精神病の, 精神障害のある.

Geis·tes=kran·ke[r] [ガイステス・クランケ(..カァ)] 男 女 《語尾変化は形容詞と同じ》精神病

患者, 精神障害者.

Geis·tes=krank·heit [ガイステス・クランクハイト] 囡 -/-en 精神病, 精神障害.

geis·tes=schwach [ガイステス・シュヴァッハ] 形 精神薄弱の.

Geis·tes=schwä·che [ガイステス・シュヴェッヒェ] 囡 -/ 精神薄弱.

Geis·tes**=ver·fas·sung** [ガイステス・フェアファッスング] 囡 -/ 精神状態, 心理状態.

geis·tes=ver·wandt [ガイステス・フェアヴァント] 形 精神(気質)の似通った.

Geis·tes=wis·sen·schaft [ガイステス・ヴィッセンシャフト] 囡 -/-en 《ふつう 複》 精神科学, 人文科学. (△「自然科学」は Naturwissenschaft).

geis·tes=wis·sen·schaft·lich [ガイステス・ヴィッセンシャフトリヒ] 形 精神(人文)科学の.

Geis·tes=zu·stand [ガイステス・ツーシュタント] 男 -[e]s 精神状態, 心理状態.

geis·tig [ガイスティヒ gáistɪç] 形 ① 精神的な, 精神の; 知的な. (英 spiritual). (△「肉体的な」は körperlich). *geistige* Entwicklung 精神的な発達 / *geistiges* Eigentum 知的所有権 / Er ist *geistig* träge. 彼は頭の働きが鈍い. ② 想像上の, 心的な. ③ 《付加語としてのみ》アルコールを含む. *geistige* Getränke アルコール飲料.

geist·lich [ガイストリヒ gáistlɪç] 形 宗教上の; 教会の; 聖職の. (△「世俗の」は weltlich). *geistliche* Lieder 賛美歌 / ein *geistlicher* Herr 聖職者 / der *geistliche* Stand 聖職者(僧侶)階級.

Geist·li·che[r] [ガイストリヒェ (..ヒャァ) gáistlɪçə (..çər)] 男《語尾変化は形容詞と同じ》聖職者, 牧師, 司祭.

Geist·lich·keit [ガイストリヒカイト] 囡 -/ (総称として:)聖職[階級].

geist=los [ガイスト・ロース] 形 才気に欠けた, 独自の考えのない; 内容のない, つまらない.

geist=reich [ガイスト・ライヒ] 形 才気あふれる, 機知に富んだ.

geist=tö·tend [ガイスト・テーテント] 形 退屈極まりない, 飽き飽きする.

geist=voll [ガイスト・フォル] 形 才気あふれる, 独創に満ちた (＝geistreich).

Geiz [ガイツ gáits] 男 -es/-e ①《複なし》けち, 吝嗇(りんしょく). ②《農》(幹の養分を吸い取る)側枝, 側芽.

gei·zen [ガイツェン gáitsən] 自 (h) ①《mit 物³〜》(物³を)惜しむ, けちる. mit der Zeit *geizen* 時間を惜しむ. ②(果樹など⁴の)側枝を落とす, せんていする.

Geiz=hals [ガイツ・ハルス] 男 -es/..hälse けちん坊.

gei·zig [ガイツィヒ gáitsɪç] 形 けちな, しみったれた. (英 stingy). Sei nicht so *geizig*! そんなにけちるな.

Geiz=kra·gen [ガイツ・クラーゲン] 男 -s/- 《口語》けちん坊.

ge·jagt [ゲ・ヤークト] *jagen (狩る)の 過分

Ge·jam·mer [ゲ・ヤンマァ gə·jámər] 中 -s/《口語》いつまでも嘆き悲しむこと(声).

ge·jam·mert [ゲ・ヤンマァト] jammern (嘆き悲しむ)の 過分

ge·jauchzt [ゲ・ヤオホツト] jauchzen (歓声をあげる)の 過分

Ge·joh·le [ゲ・ヨーれ gə·jóːlə] 中 -s/《口語》しきりにわめくこと(声), 叫喚(きょうかん).

ge·ju·belt [ゲ・ユーベルト] jubeln (歓声をあげる)の 過分

ge·juckt [ゲ・ユックト] jucken (かゆい)の 過分

ge·kämmt [ゲ・ケムト] kämmen (櫛でとかす)の 過分

ge·kämpft [ゲ・ケンプフト] kämpfen (戦う)の 過分

ge·kannt [ゲ・カント] ‡kennen (知っている)の 過分

ge·kauft [ゲ・カオフト] ‡kaufen (買う)の 過分

ge·kaut [ゲ・カオト] kauen (かむ)の 過分

ge·kehrt [ゲ・ケーァト] kehren¹ (向ける)の 過分

Ge·kei·fe [ゲ・カイふェ gə·káifə] 中 -s/《口語》しきりにがみがみ言うこと(声), ののしり.

ge·keimt [ゲ・カイムト] keimen (芽を出す)の 過分

ge·keucht [ゲ・コイヒト] keuchen (あえぐ)の 過分

Ge·ki·cher [ゲ・キッヒャァ gə·kíçər] 中 -s/《口語》しきりにくすくす笑うこと(声).

ge·ki·chert [ゲ・キッヒャァト] kichern (くすくす笑う)の 過分

ge·kippt [ゲ・キップト] kippen (傾く)の 過分

Ge·kläff [ゲ・クれふ gə·kléf] 中 -[e]s/《口語》(犬などの)きゃんきゃんと鳴きわめく声.

ge·klagt [ゲ・クらークト] *klagen (苦情を言う)の 過分

Ge·klap·per [ゲ・クらッパァ gə·klápər] 中 -s/《口語》しきりにがらがら鳴ること(音).

ge·klap·pert [ゲ・クらッパァト] klappern (がたがた音をたてる)の 過分

ge·klappt [ゲ・クらップト] *klappen (ばたんと上げる)の 過分

ge·klärt [ゲ・クれーァト] klären (澄ます)の 過分

ge·klatscht [ゲ・クらッチュト] klatschen (ぱちっと音をたてる)の 過分

ge·klebt [ゲ・クれープト] *kleben (貼り付ける)の 過分

ge·klei·det [ゲ・クらイデット] Ⅰ kleiden (衣服を着せる)の 過分 Ⅱ 形 (…な)服装をした. Er ist immer gut *gekleidet* (または gut*gekleidet*). 彼はいつもよい身なりをしている.

ge·klemmt [ゲ・クれムト] klemmen (はさむ)の 過分

ge·klet·tert [ゲ・クれッタァト] klettern (よじ登る)の 過分

ge·klickt [ゲ・クリックト] klicken (かしゃっと音をたてる)の 過分

Ge·klim·per [ゲ・クリンパァ gə·klímpər] 中 -s/《口語》しきりにちゃりんちゃりん音をたてること(ちゃりんちゃりんいう音).

Ge·klin·gel [ゲ・クリンゲる gə-klíŋəl] 田 -s/ 《口語》しきりにベルが鳴ること(音).

ge·klin·gelt [ゲ・クリンゲるト] *klingeln (鳴る)の過分

Ge·klirr [ゲ・クリル gə-klír] 田 -[e]s/ しきりにかちゃかちゃ鳴ること(音).

ge·klom·men [ゲ・クロзメン] klimmen (よじ登る)の過分

ge·klopft [ゲ・クロプフト] ‡klopfen (とんとんたたく)の過分

ge·klun·gen [ゲ・クるンゲン] *klingen (鳴る)の過分

ge·knallt [ゲ・クナるト] knallen (どんと音をたてる)の過分

Ge·knat·ter [ゲ・クナッタァ gə-knátər] 田 -s/ 《口語》(エンジンなどが)ばたばたと鳴り続けること(音).

ge·knickt [ゲ・クニックト] I knicken (折り曲げる)の過分 II 形 がっくりした, 意気消沈した.

ge·kniet [ゲ・クニート] knien (ひざまずいている)の過分

ge·knif·fen [ゲ・クニッふェン] kneifen (つねる)の過分

ge·knirscht [ゲ・クニルシュト] knirschen (ぎしぎしいう)の過分

ge·knis·tert [ゲ・クニスタァト] knistern (ぱちぱち音をたてる)の過分

ge·knüpft [ゲ・クニュプフト] knüpfen (結ぶ)の過分

ge·knurrt [ゲ・クヌルト] knurren (うなる)の過分

ge·kocht [ゲ・コッホト] I ‡kochen (煮る)の過分 II 形 煮られた, ゆでられた. *weichgekochte* (または *weich gekochte*) *Eier* 半熟の卵.

ge·kom·men [ゲ・コンメン] ‡kommen (来る)の過分

ge·konnt [ゲ・コント] I ‡können¹ (できる)の過分 II 形 できばえのよい, みごとな.

ge·ko·ren [ゲ・コーレン] küren (選ぶ)の過分

ge·kos·tet [ゲ・コステット] ‡kosten (…の値段である)の過分

ge·kracht [ゲ・クラハト] krachen (すさまじい音をたてる)の過分

ge·kräf·tigt [ゲ・クレふティヒト] kräftigen (強くする)の過分

ge·kränkt [ゲ・クレンクト] kränken (気持ちを傷つける)の過分

ge·kratzt [ゲ・クラッツト] kratzen (引っかく)の過分

Ge·kreisch [ゲ・クライシュ gə-kráıʃ] 田 -[e]s/ しきりに甲高い声をあげること, 金切り声; (ブレーキなどの)きしみ音.

Ge·krei·sche [ゲ・クライシェ] 田 -s/ =Gekreisch

ge·kreist [ゲ・クライスト] kreisen (回る)の過分

ge·kreuzt [ゲ・クロイツト] kreuzen (交差させる)の過分

ge·kriegt [ゲ・クリークト] *kriegen (もらう)の過分

ge·kri·schen [ゲ・クリッシェン] kreischen (金切り声をあげる)の過分

Ge·krit·zel [ゲ・クリッツェる gə-krítsəl] 田 -s/ (細かい字で)くしゃくしゃ書いたもの; なぐり書き.

ge·kro·chen [ゲ・クロッヘン] kriechen (はう)の過分

ge·krönt [ゲ・クレーント] krönen (冠を授ける)の過分

Ge·krö·se [ゲ・クレーゼ gə-krǿːzə] 田 -s/- ① 《医》腸間膜; はらわた. ② 《料理》(小牛などの)臓物(ぞう), もつ.

ge·krümmt [ゲ・クリュムト] krümmen (曲げる)の過分

ge·kühlt [ゲ・キューるト] kühlen (冷やす)の過分

ge·küm·mert [ゲ・キュンマァト] kümmern (再帰で: 面倒を見る)の過分

ge·kün·digt [ゲ・キュンディヒト] kündigen (解約を通知する)の過分

ge·künst·telt [ゲ・キュンステるト gə-kýnstəlt] 形 わざとらしい, 不自然な.

ge·kürzt [ゲ・キュルツト] kürzen (短くする)の過分

ge·küsst [ゲ・キュスト] *küssen (キスする)の過分

Gel [ゲーる géːl] 田 -s/-e 《化》ゲル(コロイド溶液がゼリー状に固まったもの); (整髪用の)ジェル.

Ge·la·ber [ゲ・らーバァ gə-láːbər] 田 -s/ 《口語》くだらないおしゃべり.

ge·lä·chelt [ゲ・れッヒェるト] *lächeln (ほほえむ)の過分

ge·lacht [ゲ・らッハト] ‡lachen (笑う)の過分

Ge·läch·ter [ゲ・れヒタァ gə-léçtər] 田 -s/- 《ふつう 単》① 大笑い; 笑い声. *in Gelächter aus|brechen* 爆笑する. ② 〔複なし〕物笑いの種. *zum Gelächter werden* 笑い者になる.

ge·lack·mei·ert [ゲ・らックマイアァト gə-lákmaıərt] 形 《俗・戯》一杯くわされた, ぺてんにかけられた.

ge·la·den [ゲ・らーデン] I laden¹ (積み込む)の過分 II 形 ① 《俗》激怒した. *auf* 人·事⁴ *geladen sein* 人·事⁴にかんかんになっている. ② 充電(帯電)した; (銃を)装填(そ)した.

Ge·la·ge [ゲ・らーゲ gə-láːgə] 田 -s/- 豪勢な宴会, 酒宴.

ge·la·gert [ゲ・らーガァト] I lagern (貯蔵する)の過分 II 形 (…の)状態(性質)である. *Der Fall ist anders gelagert* (または *andersgelagert*). この件は事情が違う.

ge·lähmt [ゲ・れームト gə-léːmt] I lähmen (麻痺させる)の過分 II 形 (手足が)麻痺(ひ)した.

das **Ge·län·de** [ゲ・れンデ gə-léndə] 田 (単2) -s/(複) -(3格のまま -n) ① (自然のままの)土地, 地形. *ein hügeliges Gelände* 丘陵地 / *Das Gelände steigt an.* その土地は登り斜面になっている. ② (建築などの)用地, 敷地; (スキーの)ゲレンデ. *Baugelände* 建築用地 / *auf dem Gelände der Ausstellung*² 展示会の用地で.

Ge·län·de·fahr·zeug [ゲれンデ・ふァールツォイク] 田 -[e]s/-e オフロードカー.

ge·län·de·gän·gig [ゲれンデ・ゲンギヒ] 形 オ

フロード走行に適した(車・バイクなど).

Ge·län·de·lauf [ゲレンデ・らォふ] 男 -[e]s/..läufe (陸上競技の)クロスカントリー.

Ge·län·der [ゲ・れンダァ gə-léndər] 中 -s/- (階段・バルコニーなどの)手すり, 欄干(らん).

Ge·län·de·sport [ゲレンデ・シュポルト] 男 -[e]s/-arten (まれに -e) 野外スポーツ.

ge·lan·det [ゲ・らンデット] landen (着陸する)の 過分

Ge·län·de·wa·gen [ゲレンデ・ヴァーゲン] 男 -s/- オフロードカー.

ge·lang [ゲ・らング] *gelingen (うまくいく)の 過去

ge·lan·ge [ゲ・れンゲ] *gelingen (うまくいく)の 接2

ge·lan·gen [ゲ・らンゲン gə-láŋən] (gelangte, *ist* ... gelangt) 自 (完了 sein) ① 〖方向を表す語句とともに〗…に**到達する**, 達する, 届く. (英 reach). ans Ziel *gelangen* 目的地に到達する, 目標に達する / Der Brief *gelangte* nicht **in** seine Hände. 手紙は彼のもとには届かなかった / **zum** Bahnhof *gelangen* 駅に着く. ② 〖**zu** 男³ ~〗(男³の)状態に至る, 男³を得る. zur Reife *gelangen* 成熟する / zu einer Ansicht *gelangen*, dass... …の見解に達する / zu Ansehen *gelangen* 名望を得る. ③ 〖**zu** 男³ ~〗(男³が)なされる. zur Ausführung *gelangen* 実行(実施)される / zum Druck *gelangen* 印刷される.

ge·langt [ゲ・らングト] I gelangen (到達する)の 過分, 3人称単数・2人称親称複数 現在 II langen (十分である)の 過分

ge·lang·te [ゲ・らングテ] gelangen (到達する)の 過去

ge·lang·weilt [ゲ・らングヴァイるト] I *langweilen (退屈させる)の 過分 II 形 退屈した.

ge·lärmt [ゲ・れルムト] lärmen (騒ぐ)の 過分

ge·las·sen [ゲ・らッセン gə-lásən] I *lassen¹ (やめる)の 過分 II 形 平静な, 沈着な, 落ち着いた. ein *gelassener* Mensch 冷静な人 / mit *gelassener* Stimme 落ち着いた声で.

Ge·las·sen·heit [ゲ・らッセンハイト] 女 -/- 平静, 沈着. mit *Gelassenheit* 落ち着いて.

Ge·la·ti·ne [ジェらティーネ ʒelatíːnə] 女 -/- ゼラチン.

ge·lau·fen [ゲ・らォふェン] *laufen (走る)の 過分

ge·läu·fig [ゲ・ろィふィヒ gə-lɔ́yfɪç] 形 ① よく知られた, 周知の. ein *geläufiger* Ausdruck よく用いられる表現. ② 流暢(りゅう)な, よどみない. in *geläufigem* Englisch 達者な英語で / *geläufig* Klavier⁴ spielen 流れるようにピアノを弾く.

Ge·läu·fig·keit [ゲ・ろィふィヒカイト] 女 -/- よく知られていること, 周知. ② 流暢(りゅう)さ, 熟達[度].

ge·launt [ゲ・らォント gə-láunt] 形 ① (…の)気分である. Er ist gut *gelaunt* (または gut*gelaunt*). 彼は機嫌がいい. ② (…)する気がある. Ich bin nicht *gelaunt*, dorthin zu gehen. 私はそこへ行く気にならない.
▶ **gut**=**gelaunt, schlecht**=**gelaunt**

ge·lauscht [ゲ・らォシュト] lauschen (耳を傾ける)の 過分

Ge·läut [ゲ・ろィト gə-lɔ́yt] 中 -[e]s/-e ① (教会などの)組み鐘. ② 〖複 なし〗鐘の音.

Ge·läu·te [ゲ・ろィテ gə-lɔ́ytə] 中 -/- ① 鐘の音. ② 《狩》(猟犬の)ほえ声.

ge·lau·tet [ゲ・らォテット] lauten (…という文面である)の 過分

ge·läu·tet [ゲ・ろィテット] läuten (鳴る)の 過分

gelb [ゲるプ gélp]

> 黄色の
> Die Blätter werden schon *gelb*.
> ディ ブれッタァ ヴェァデン ショーン ゲるプ
> 木々の葉はもう黄色く色づき始めている.

形 黄色の, 黄の. (英 yellow). eine *gelbe* Bluse 黄色のブラウス / das *Gelbe* Meer 黄海 / die *gelbe* Rasse 黄色人種 / die *gelbe* (または *Gelbe*) Karte (サッカーの)イエローカード / *Gelbe* Rübe《南ドツ》にんじん / Sie wurde *gelb* vor Neid. (比) 彼女は嫉妬(しっ)のあまり顔色を変えた(黄色は嫉妬の色とされている).

Gelb [ゲるプ] 中 -s/- (口語: -s) 黄色.

Gel·be[s] [ゲるべス gélbəs(s)] 〖語尾変化は形容詞と同じ〗黄色のもの. das *Gelbe* vom Ei a) 卵の黄身, b) 《口語》最良のもの, 最善策.

Gelb·fie·ber [ゲるプ・ふィーバァ] 中 -s/ 《医》黄熱病.

Gelb·fil·ter [ゲるプ・ふィるタァ] 男 中 -s/- 《写》イエローフィルター.

gelb·grün [ゲるプ・グリューン] 形 黄緑色の.

gelb·lich [ゲるプりヒ] 形 黄みがかった.

Gelb·sucht [ゲるプ・ズフト] 女 -/- 《医》黄疸(だん).

***das* Geld** [ゲるト gélt]

> お金 Ich habe kein *Geld* bei mir.
> イヒ ハーベ カイン ゲるト バイ ミァ
> 私はお金の持ち合わせがない.

中 (単2) -es (まれに -s)/(複) -er (3格のみ -ern) ① 〖複 なし〗お金, 金銭, 通貨, 貨幣. (英 money). bares *Geld* 現金 / falsches *Geld* 偽金 / kleines (großes) *Geld* 小銭(お札) / leichtes *Geld* 楽に稼いだお金 / schmutziges *Geld* 不正に稼いだ金, 悪銭 / *Geld* und Gut 《雅》全財産 / Der Mantel ist sein *Geld* wert. このコートはその代価だけの値うちはある.
◆〖動詞の目的語として〗*Geld*⁴ von der Bank ab|heben お金を銀行からおろす / *Geld*⁴ arbeiten lassen 資金を運用して利子を稼ぐ / *Geld*⁴ aus|geben お金を支出する / *Geld*⁴ für 男⁴ be·zahlen 男⁴のお金を払う / Er hat *Geld* auf der

Bank. 彼は銀行に預金している / Er hat *Geld* wie Heu. 《口語》彼はあり余るほどお金を持っている(←干し草のように) / *Geld*⁴ verschwenden お金を浪費する / Das kostet viel *Geld*. それには大金がかかる / 人³ (sich³) *Geld*⁴ leihen 人³ にお金を貸す(お金を借りる) / [das große] *Geld*⁴ machen 《口語》[大]金をもうける / *Geld* regiert die Welt. (諺) 地獄のさたも金しだい(←お金は世の中を支配する) / *Geld*⁴ sparen お金をためる / *Geld*⁴ auf die Bank tragen お金を銀行に預ける / *Geld*⁴ verdienen お金を稼ぐ / Können Sie mir *Geld* wechseln? 両替していただけませんか.
◇[前置詞とともに] Es fehlt an *Geld*. お金が足りない / 人¹ sitzt auf seinem *Geld*. 《口語》人¹ は自分の金に執着する / 物⁴ für teures *Geld* kaufen 物⁴ を高い金を払って買う / nicht für *Geld* und gute Worte 決して…しない(←金にもおだてにも乗らない) / Er schwimmt im *Geld*. 《口語》彼はお金をあり余るほど持っている(←お金の中を泳いでいる) / Das geht (または läuft) ins *Geld*. 《口語》それは金がかかる / nach *Geld* stinken 《口語》お金をたんまりありそうだ(←お金のにおいがする) / um *Geld* spielen 金を賭(か)けてゲームをする / Schade ums *Geld*! 《口語》(そんなことに使って)お金がもったいない / zu *Geld* kommen 金持ちになる / 物⁴ zu *Geld* machen 物⁴ を金(か)に換える.
② 《ふつう 複》資金, 基金. öffentliche *Gelder* 公金 / staatliche *Gelder* 国庫金.

> ..geld のいろいろ: **Bargeld** 現金 / **Bedienungsgeld** サービス料 / **Eintrittsgeld** 入場料, 入会金 / **Fahrgeld** 運賃 / **Hartgeld** 硬貨 / **Kleingeld** 小銭 / **Papiergeld** 紙幣 / **Schulgeld** 授業料 / **Taschengeld** 小遣い銭 / **Trinkgeld** チップ

―使ってみよう―
ここで円の両替はできますか.
Kann ich hier Yen wechseln?
200ドルをユーロに両替してください.
Wechseln Sie mir bitte 200 Dollar in Euro!
硬貨も混ぜてもらえますか.
Können Sie mir auch Münzen geben?
小銭が要ります.
Ich brauche Kleingeld.
トラベラーズチェックを換金できますか.
Kann ich hier Reiseschecks einlösen?

Geld⸗an·la·ge [ゲるト・アンらーゲ] 囡 -/-n 投資; 投資の対象.

Geld⸗au·to·mat [ゲるト・アオトマート] 男 -en/-en 現金自動預入払出機, ATM.

Geld⸗beu·tel [ゲるト・ボイテる] 男 -s/- 財布; 《比》財力. auf dem *Geldbeutel* sitzen 《口語》けちである(←財布の上に座っている).

Geld⸗bör·se [ゲるト・ベルゼ] 囡 -/-n 《雅》財布.

Geld⸗bu·ße [ゲるト・ブーセ] 囡 -/-n 罰金, 科料.

Geld⸗ein·wurf [ゲるト・アインヴゥるふ] 男 -[e]s/..würfe (自動販売機などの)硬貨投入口.

Geld⸗ent·wer·tung [ゲるト・エントヴェーァトゥング] 囡 -/-en 《経》通貨価値の下落, インフレーション(=Inflation).

Gel·der [ゲるダァ] ‡ *Geld* (資金)の 複.

Geld⸗ge·ber [ゲるト・ゲーバァ] 男 -s/- 出資者, 資金提供者. (女性形: -in).

Geld⸗ge·schäft [ゲるト・ゲシェフト] 田 -[e]s/-e 《ふつう 複》金融業, 金融取引.

Geld⸗gier [ゲるト・ギーァ] 囡 -/ 金銭欲.

geld⸗gie·rig [ゲるト・ギーリヒ] 形 金銭欲の強い.

Geld⸗hei·rat [ゲるト・ハイラート] 囡 -/-en 金(財産)目当ての結婚.

Geld⸗knapp·heit [ゲるト・クナップハイト] 囡 -/-en 金融逼迫(ひっぱく), 金詰まり.

geld·lich [ゲるトりヒ] 形 金銭上の.

Geld⸗man·gel [ゲるト・マンゲる] 男 -s/ 資金不足, お金の欠乏.

Geld⸗markt [ゲるト・マルクト] 男 -[e]s/ 《経》金融市場, 貨幣市場.

Geld⸗mit·tel [ゲるト・ミッテる] 複 資金, 原資.

Geld⸗quel·le [ゲるト・クヴェれ] 囡 -/-n 財源, 資金源.

Geld⸗sa·che [ゲるト・ザッヘ] 囡 -/-n 《ふつう 複》《口語》金銭問題, お金のこと.

Geld⸗schein [ゲるト・シャイン] 男 -[e]s/-e 紙幣, 銀行券.

Geld⸗schrank [ゲるト・シュランク] 男 -[e]s/..schränke 金庫.

Geld⸗sen·dung [ゲるト・ゼンドゥング] 囡 -/-en (郵便による)送金.

Geld⸗spen·de [ゲるト・シュペンデ] 囡 -/-n 金銭の寄付, 寄金.

Geld⸗stra·fe [ゲるト・シュトラーふェ] 囡 -/-n 《法》罰金刑.

Geld⸗stück [ゲるト・シュテュック] 田 -[e]s/-e 硬貨(=Münze).

Geld⸗sum·me [ゲるト・ズンメ] 囡 -/-n 金額, (一定の額の)お金.

Geld⸗um·lauf [ゲるト・ウムらオふ] 男 -[e]s/..läufe 《経》貨幣流通; 通貨量.

Geld⸗ver·le·gen·heit [ゲるト・ふェァれーゲンハイト] 囡 -/-en 《婉曲》(一時的な)現金不足.

Geld⸗wä·sche [ゲるト・ヴェッシェ] 囡 -/ 《隠語》マネー・ロンダリング.

Geld⸗wech·sel [ゲるト・ヴェクセる] 男 -s/- 両替.

Geld⸗wert [ゲるト・ヴェーァト] 男 -[e]s/-e 金銭的価値; 貨幣価値.

ge·lebt [ゲ・れープト] ‡ leben (生きている)の 過分.

ge·leckt [ゲ・れックト] 過分 II 形 I lecken (なめる)の 過分. wie *geleckt* aus|sehen 《口語・戯》a) とても清潔に見える, b) ぴかぴかの身なりをしている.

Ge·lee [ジェレー ʒelé: または ʒə..] 中 -s/-s 《料理》(果汁などの)ゼリー; (魚や肉の)煮こごり.

ge·leert [ゲ・れーァト] *leeren (空にする)の過分

Ge·le·ge [ゲ・れーゲ gə-lé:gə] 中 -s/- (一度の産卵で産み落とされる全部の)卵.

ge·le·gen [ゲ・れーゲン] I ‡liegen (横たわっている)の過分 II 形 ① (…の場所・状態に)ある. Das Haus ist einsam *gelegen*. その家はぽつんと立っている. ② 適当な, 都合のいい. Ihr Angebot kommt mir sehr *gelegen*. あなたの申し出は私にとってたいへん好都合です / zu *gelegener* Zeit 適当な時に. ③ 重要な. Mir ist viel (nicht) daran *gelegen*. それは私にとって大切なことだ(大切ではない).

*die **Ge·le·gen·heit** [ゲ・れーゲンハイト gə-lé:gənhaɪt] 囡 (単) -/(複) -en ① **機会**, 好機, チャンス; きっかけ. (英 *opportunity*). eine einmalige *Gelegenheit* 二度とないチャンス / Ich habe wenig *Gelegenheit*, Deutsch zu sprechen. 私はドイツ語を話す機会がほとんどない / eine (günstige) *Gelegenheit*⁴ abwarten 好機をじっと待つ / eine *Gelegenheit*⁴ ergreifen (nützen) チャンスをとらえる(利用する) / eine *Gelegenheit*⁴ verpassen (または versäumen) 好機を逃す / die *Gelegenheit*⁴ beim Schopf[e] fassen 好機を逃さずつかむ / Wenn sich eine *Gelegenheit* bietet, … 機会があれば… / bei *Gelegenheit* 機会を見て, 何かの折りに / bei dieser *Gelegenheit* この機会に / bei der ersten (besten) *Gelegenheit* 機会がありしだい / ein Anzug für alle *Gelegenheiten* どんな場にも合うスーツ / *Gelegenheit* macht Diebe. (諺)盗み心は出来心(←チャンスが泥棒をつくる).
② (一定の目的のために使用する)場所, 設備, (婉曲)トイレ. Schlaf*gelegenheit* 宿泊の設備, 寝場所. ③ 《商》特別奉仕品, バーゲン品.

Ge·le·gen·heits⸗ar·beit [ゲれーゲンハイツ・アルバイト] 囡 -/-en 臨時の仕事.

Ge·le·gen·heits**ar·bei·ter** [ゲれーゲンハイツ・アルバイタァ] 男 -s/- 臨時雇い. (女性形: -in).

Ge·le·gen·heits**kauf** [ゲれーゲンハイツ・カオフ] 男 -[e]s/..käufe バーゲン品の購入; 購入したバーゲン品.

ge·le·gent·lich [ゲ・れーゲントりヒ gə-lé:gəntlɪç] I 形 折にふれての, ついての, 偶然の; ときどきの. (英 *occasional*). ein *gelegentliches* Wiedersehen 折にふれての再会 / *gelegentliche* Niederschläge (天気予報で:)ときどき雨(雪).
II 副 折にふれて, ついでの折; ときどき. (英 *occasionaly*). Ich werde dich *gelegentlich* besuchen. 折を見て君を訪ねていくよ / Sie trinkt *gelegentlich* Wein. 彼女はワインを飲むこともある. (☞ manchmal).
III 前 《2格とともに》(書)…の折に, …のついでに. *gelegentlich* einer Reise 旅行のついでに.

ge·legt [ゲ・れークト] ‡legen (横たえる)の過分

ge·lehnt [ゲ・れーント] lehnen (立て掛ける)の過分

ge·leh·rig [ゲ・れーリヒ gə-lé:rɪç] 形 物覚えのよい, のみ込みの早い.

Ge·leh·rig·keit [ゲ・れーリヒカイト] 囡 -/ 物覚えのよさ, のみ込みの早さ, 利口さ.

ge·lehr·sam [ゲ・れーァザーム] 形 ① 物覚えのよい. ② (古)博識な.

Ge·lehr·sam·keit [ゲ・れーァザームカイト] 囡 -/ (雅)博識, 博学.

ge·lehrt [ゲ・れーァト gə-lé:rt] I ‡lehren (教える)の過分
II 形 (比較) gelehrter, (最上) gelehrtest (英 *learned*) ① 学識のある, 博学の; 学術[上]の. ein *gelehrter* Mann 学者, 学識のある男性 / eine *gelehrte* Abhandlung 学術論文. ② 《口語》難解な, わかりにくい.

Ge·lehr·te[r] [ゲ・れーァテ (..タァ) gə-lé:rtə (..tɐr)] 男 囡 《語尾変化は形容詞と同じ ☞ Alte[r]》(例: 男 1格 der Gelehrte, ein Gelehrter) **学者**. ein bedeutender *Gelehrter* 著名な学者.

Ge·lei·se [ゲ・らイゼ gə-láɪzə] 中 -s/- (ガラィス・スィ) (古)線路, 軌道 (=Gleis).

ge·leis·tet [ゲ・らイステット] *leisten (成し遂げる)の過分

Ge·leit [ゲ・らイト gə-láɪt] 中 -[e]s/-e ① (雅)同行, 随行, 護衛. ☞³ das *Geleit*⁴ geben (雅) 囡³に随行(同行)する / freies (sicheres) *Geleit* 領内自由通行の保障 / zum *Geleit* (本の巻頭で:)緒言, 初めに. ② 随行団, 護衛団.

Ge·lei·ten [ゲ・らイテン gə-láɪtən] 他 (h)伴う (…の囡4に)付き添って行く, 同行する, 囡4を…へ)送って行く. Er *geleitete* den Gast ins Zimmer. 彼は客を部屋へ案内した.

ge·lei·tet [ゲ・らイテット] leiten (率いる)の過分, geleiten (付き添って行く)の過分

Ge·leit⸗wort [ゲらイト・ヴォルト] 中 -[e]s/-e 序文, 巻頭言.

Ge·leit⸗zug [ゲらイト・ツーク] 男 -[e]s/..züge 《軍》護送船団.

das **Ge·lenk** [ゲ・れンク gə-léŋk] 中 (単2) -[e]s/(複) -e (3格のみ -en) ① 《医》**関節**. (英 *joint*). Hand*gelenk* 手の関節. ② 《植》(葉柄の)節. ③ 《工》継ぎ手, ジョイント.

Ge·lenk⸗ent·zün·dung [ゲれンク・エントツュンドゥング] 囡 -/-en 《医》関節炎.

ge·len·kig [ゲ・れンキヒ gə-léŋkɪç] 形 ① しなやかな, 柔軟な; 自在に動く. ② 《工》継ぎ手(ジョイント)を介した.

Ge·len·kig·keit [ゲ・れンキヒカイト] 囡 -/ しなやかさ, 柔軟[さ]; 自在な動き.

Ge·lenk⸗rheu·ma·tis·mus [ゲれンク・ロイマティスムス] 男 -/..tismen 《医》関節リューマチ.

ge·lenkt [ゲ・れンクト] lenken (舵(かじ)を切る)の過分

Ge·lenk⸗wel·le [ゲれンク・ヴェれ] 囡 -/-n

《工》カルダン軸, ジョイント軸.

ge·lernt [ゲ・れルント] I ːlernen (学ぶ) の 過分 II 形 職業訓練を修了した.

ge·le·sen [ゲ・れーゼン] ːlesen (読む) の 過分

ge·leuch·tet [ゲ・ろイヒテット] leuchten (輝く) の 過分

ge·leug·net [ゲ・ろイグネット] leugnen (否認する) の 過分

Ge·lich·ter [ゲ・リヒタァ gə-líçtər] 中 -s/- ならず者, 無法者.

ge·liebt [ゲ・リープト] I ːlieben (愛する) の 過分 II 形 いとしい, 愛する.

Ge·lieb·te[r] [ゲ・リープテ (..タァ) gə-lí:ptə (..tər)] 男女 [語尾変化は形容詞と同じ] ① 愛人, 情婦, 情夫; 恋人. ② 《雅》(恋人への呼びかけに:) いとしい人.

ge·lie·fert [ゲ・リーふァァト] I ːliefern (配達する)の 過分 II 形 《俗》一巻の終わりの.

ge·lie·hen [ゲ・リーエン] ∗leihen (貸す) の 過分

ge·lie·ren [ジェリーレン ʒeli:rən または ʒə-..] 自 (h) ゼリーになる, ゼリー状に凝固する.

ge·lind [ゲ・リント gə-línt] 形 =gelinde ①

ge·lin·de [ゲ・リンデ gə-líndə] 形 ① 《雅》穏やかな, 温和な, 軽微な; ほどよい. *gelindes* Klima 穏やかな気候 / ein *gelinder* Schmerz 軽い痛み. ② 控えめな, 婉曲な (表現など). *gelinde gesagt* 婉曲に言えば. ③ 《口語》抑えきれない (怒りなど).

∗**ge·lin·gen**∗ [ゲ・リンゲン gə-líŋən] (gelang, *ist*... gelungen) 自 (完了 sein) (仕事・試みなどが[人³にとって])うまくいく, 成功する. (英 succeed). (対 「失敗する」は misslingen). Die Arbeit *ist* [mir] nicht *gelungen*. 〘現在完了〙[私の]仕事はうまくいかなかった / Der Kuchen *ist* mir gut *gelungen*. 〘現在完了〙私のケーキはよくできた / Es *gelang* mir nicht, ihn zu überzeugen. 私は彼を説得することができなかった. ◇☞ **gelungen**

Ge·lin·gen [ゲ・リンゲン] 中 -s/ 成功, 成就. auf gutes *Gelingen* 成功を祈って.

ge·lit·ten [ゲ・リッテン] ∗leiden (苦しむ) の 過分

gell [ゲる gél] 間 《南ドˁ・オーストˁ》 ねえ, そうでしょう (=gelt).

gell? [ゲる] 間 《南ドˁ》 ねえ, そうでしょう (=gelt).

gel·len [ゲれン gélən] 自 (h) ① (音・声が) かん高く響く. Ein Schrei *gellte* durch die Stille. かん高い叫び声が静けさを破って響き渡った. ② (建物・耳などが) がんがん響く. Von dem Lärm *gellten* ihm die Ohren. 騒音で彼は耳ががんがんしていた.

ge·lo·ben [ゲ・ろーベン gə-ló:bən] 他 (h) 《雅》 ([人³に]⁴を) 誓う, 誓約する. Ich *habe* ge*lobt*, es nie zu verraten. 私はそれを決して人に漏らさないと誓った. ◇〖再帰的に〗 *sich*³ 事⁴ *geloben* 事⁴を固く心に誓う.

Ge·löb·nis [ゲ・ねープニス] 中 ..nisses/..nisse 《雅》誓い, 誓約.

ge·lobt [ゲ・ろープト] ∗loben (ほめる), geloben (誓う) の 過分

ge·lockt [ゲ・ろックト] locken¹ (おびき寄せる) の 過分

ge·lo·gen [ゲ・ろーゲン] ∗lügen (うそをつく) の 過分

ge·lohnt [ゲ・ろーント] ∗lohnen (再帰で:…する に値する) の 過分

ge·löscht [ゲ・れッシュト] löschen¹ (消す) の 過分

ge·löst [ゲ・れースト] I ∗lösen (はがす) の 過分 II 形 ほっとした, リラックスした.

gelt? [ゲるト gélt] 間 《南ドˁ・オーストˁ》《口語》 ねえ, そうでしょう (=nicht wahr?).

∗**gel·ten**∗ [ゲるテン géltən]

有効である

Die Fahrkarte *gilt* vier Tage.
ディ　ふァールカルテ　ぎルト　ふィーァ　ターゲ
この乗車券は4日間有効です.

---

du giltst, er gilt (galt, *hat*... gegolten) I 自 (完了 haben) ① (乗車券・法律などが) 有効である, 通用する. Ihr Pass *gilt* nicht mehr. あなたのパスポートはもう期限が切れています / Diese Bestimmung *gilt* **für** alle. この規則はすべての人に適用される / Dasselbe *gilt* auch für dich (または **von** dir). 同じことが君にも当てはまるよ / Das *gilt* nicht! (ゲームなどで:) それは反則だ! ◇〖**lassen** とともに〗人・事⁴ *gelten lassen* 人・事⁴を承認する ⇒ Diese Antwort *lasse* ich nicht *gelten*. 私はこの回答に承服しない.

② 〖成句的に〗**als** (または **für**)... *gelten* …と思われている, 見なされている. Er *gilt* als der Klügste der Schule. 彼は学校でいちばん頭のいい生徒として通っている / Die Nachricht *gilt* für sicher. そのニュースは確かなものと思われる. (対 als のあとの…には1格の名詞や形容詞, für のあとの…には4格の名詞や形容詞がくる).

③ (非難・愛情などが人・物³に) 向けられている. Seine Liebe *gilt* den Kindern. 彼の愛情は子供たちに向けられている.

II 他 (完了 haben) 〖ふつう **viel**⁴, **wenig**⁴ などとともに〗 (…の) 価値がある, (…に) 値する. Er *gilt* **bei** ihnen viel (wenig). 彼は彼らに重んじられている (軽んじられている) / Was *gilt* die Wette? 何を (いくら) 賭けようか / Das *gilt* mir gleich. それは私にはどうでもよいことだ.

III 非人称 (完了 haben) ① 〖**es gilt, zu** 不定詞[句]の形で〗…することが肝要である. Jetzt *gilt* es, Zeit zu gewinnen. 今は時間を稼ぐことが肝心だ.

② 〖**es gilt** 事⁴の形で〗《雅》事⁴にかかわることだ. Es *gilt* sein Leben. 彼の命がかかっている.

gel·tend [ゲるテント] I ːgelten (有効である) の 現分 II 形 有効な, 通用する; 現行の. die *geltende* Meinung 支配的な意見 / nach *geltendem* Recht 現行法によれば. ◇〖成句的に〗事⁴ *geltend* **machen** 事⁴ (権利・要求など) を主張する, 貫こうとする / sich⁴ *geltend* machen (影響などが) 現れる, 顕在化する.

Gel·tung [ゲるトゥング] 女 -/ (法律などの) 効力, 有効性, (貨幣などの) 通用; 影響力, 効果, 重

要性, 価値, 威信. **in** *Geltung* sein 有効である / Dieses Gesetz hat immer noch *Geltung*. この法律はいまだに有効だ / 物⁴ **zur** *Geltung* **bringen** 物⁴を引きたたせる / zur *Geltung* **kommen** 引きたつ ⇨ Das Bild kommt an dieser Stelle besser zur *Geltung*. この絵はここに置いたほうが引きたつ / sich³ *Geltung*⁴ verschaffen 一目置かれる存在になる.

Gel·tungs=be·dürf·nis [ゲルトゥングス・ベデュルフニス] 中 -nisses/ 名声欲, 自己顕示欲.

Gel·tungs=dau·er [ゲルトゥングス・ダオアァ] 女 -/ 有効(通用)期間.

Ge·lüb·de [ゲ・リュプデ gə-lýpdə] 中 -s/- 《雅》(神に対する)誓い, 誓約.

Ge·lum·pe [ゲ・るンペ gə-lúmpə] 中 -s/ ① 《口語》がらくた. ② 人間のくずども.

ge·lun·gen [ゲ・るンゲン] I *gelingen (うまくいく)の過分 II 形 ① 成功した, うまくいった. ② 《方》おかしな, おもしろい. Das ist wirklich eine *gelungene* Idee! それは実におもしろい考えだ.

Ge·lüst [ゲ・リュスト gə-lýst] 中 -[e]s/-e 《雅》(突然の)欲望, 欲求.

Ge·lüs·te [ゲ・リュステ gə-lýstə] 中 -s/- = Gelüst

ge·lüs·ten [ゲ・リュステン gə-lýstən] 非人称 (h) 『**es** *gelüstet* 人⁴ **nach** 物³ の形で》《雅》人⁴物³が欲しくてたまらない. Mich *gelüstet* [es] nach Kuchen. 私はケーキを食べたい. (会話 es は文頭以外ではふつう省かれる).

ge·lutscht [ゲ・るッチュト] lutschen (しゃぶる)の過分

ge·mach [ゲ・マーハ gə-má:x] 副 落ち着いて, ゆっくり. Nur *gemach*! まあまあ, あわてるな.

Ge·mach [ゲ・マーハ] 中 -[e]s/..mächer (古: -e) 《雅》(宮殿などのりっぱな)部屋, 広間.

ge·mäch·lich [ゲ・メーヒりヒ または ゲ・メヒ..] 形 ゆったりとした; くつろいだ, のんびりした.

ge·macht [ゲ・マハト] I machen (する)の過分 II 形 ① 財を成した. ein *gemachter* Mann 成功した人物(男性). ② 『**zu** 物³ (または **für** 物⁴) ~ **sein**』物³ (または物⁴)にうってつけである. 人為的な, わざとらしい. eine *gemachte* Freundlichkeit 見せかけの親切.

Ge·mahl [ゲ・マーる gə-má:l] 男 -s/-e 《ふつう 単》《雅》ご主人. (会話 他人の夫に敬意を表す言い方). Grüßen Sie bitte Ihren Herrn *Gemahl*! ご主人様にどうぞよろしく.

ge·mah·len [ゲ・マーれン] mahlen (穀物などをひく)の過分

Ge·mah·lin [ゲ・マーリン gə-má:lɪn] 女 -/..linnen 《ふつう 単》《雅》奥様. (会話 他人の妻に敬意を表す言い方). Empfehlen Sie mich bitte Ihrer Frau *Gemahlin*! 奥様にどうぞよろしくお伝えください.

ge·mah·nen [ゲ・マーネン gə-má:nən] 他 (h) 『人⁴ **an** 人・事⁴ ~』《雅》(『人⁴に』人・事⁴を)思い出させる.

ge·mahnt [ゲ・マーント] mahnen (強く促す), gemahnen (思い出させる)の過分

ge·mäht [ゲ・メート] mähen¹ (刈る)の過分

das **Ge·mäl·de** [ゲ・メーるデ gə-méːldə] 中 (単 2) -s/(複) -(3 格のみ -n) ① 絵画, 絵. (英 painting). Ölgemälde 油絵 / ein *Gemälde*⁴ anfertigen 絵画を制作する. ② 《比》(生き生きとした)描写, 記述. Das Buch ist ein *Gemälde* des bürgerlichen Lebens. この本は市民の生活を生き生きと描き出している.

Ge·mäl·de=aus·stel·lung [ゲメーるデ・アオスシュテるング] 女 -/-en 絵画展.

Ge·mäl·de=ga·le·rie [ゲメーるデ・ガれリー] 女 -/-n [..リーエン] 画廊, ギャラリー.

ge·malt [ゲ・マーると] ‡malen (描く)の過分

ge·man·gelt [ゲ・マンゲると] mangeln¹ (欠けている)の過分

Ge·mar·kung [ゲ・マルクング] 女 -/-en ① 町有(村有)地; 入会(いりあい)地(町村に属する森や牧草地). ② 境界.

ge·ma·sert [ゲ・マーザァト] I masern (木目[模様]をつける)の過分 II 形 木目模様のある.

ge·mäß [ゲ・メース gə-méːs] I 前 『3 格とともに; 名詞のあとに置かれることが多い』…に従って, …に従うと. *gemäß* den Anordnungen 指示に従って / Ihrem Wunsch *gemäß* あなたのご希望どおりに / 物³ は 人・事³に適した, ふさわしい. Diese Arbeit ist seiner Bildung nicht *gemäß*. この仕事は彼の学歴にふさわしくない.

..ge·mäß [..ゲメース ..gəmɛːs] 『形容詞をつくる接尾』(…に従って; …にふさわしい) 例: plan*gemäß* 計画に従った.

ge·mä·ßigt [ゲ・メースィヒト] I mäßigen (適度にする)の過分 II 形 穏やかな, 穏健な; 適度な, 温暖な. die *gemäßigten* Kräfte 穏健勢力 / die *gemäßigte* Zone 温帯.

Ge·mäu·er [ゲ・モイアァ gə-móyər] 中 -s/- 《雅》古い石垣(石壁) / (壁の崩れかけた)廃墟(はいきょ).

Ge·me·cker [ゲ・メッカァ gə-mékər] 中 -s/ ① (羊などの)鳴き声. ② 《軽蔑的に》げらげら笑い. ③ 《口語》くどい小言(文句).

ge·mein [ゲ・マイン gə-máin] I 形 ① 卑しい, 卑劣な, 下劣な, 低俗な. 《⑤ mean》. ein *gemeiner* Betrüger 卑劣な詐欺師 / *gemeine* Witze 下品なジョーク.

② 《口語》ひどい, 腹立たしい. Das ist ja *gemein*! それはあんまりだ. ③ 《付加語としてのみ》普通の, 並の; 《生》通常種の. ein *gemeines* Jahr (うるう年に対して:)平年 / der *gemeine* Mann 平凡な男. ④ 公共の, 一般の; 共通の. das *gemeine* Wohl 公共の福祉 / das *gemeine* Recht 《法》普通法 / 物⁴ **mit** 人³ *gemein* **haben** 物⁴(特質・利害など)を人³と共有する / Allen³ war die Liebe zur Musik *gemein*. 音楽を愛する気持ちは皆に共通していた.

II 副 《口語》ひどく. Es ist *gemein* kalt. ひどく寒い.

die **Ge·mein·de** [ゲ・マインデ gə-máɪndə] 女 (単) -/(複) -n ① (市·町·村などの)地方自治体, 市町村; (総称として:)市町村民. **auf** die *Gemeinde* (または **zur** *Gemeinde*) gehen《比》町(村)役場に行く. ② 《ﾄﾞｲﾂ教》教区; (総称として:)教区民; 礼拝の会衆. ③ 同好の集まり, 支持者(信奉者)団体. ④ 《ｽｲｽ》(地方自治体の)有権者集合.

Ge·mein·de·haus [ゲマインデ・ハオス] 田 -es/..häuser 教区公会堂; 市町村役場.

Ge·mein·de·rat [ゲマインデ・ラート] 男 -es/..räte 市(町・村)議会[議員]. (女性形: ..rätin).

Ge·mein·de·schwes·ter [ゲマインデ・シュヴェスタァ] 女 -/-n (昔の:)訪問看護師(患者の自宅を訪問し医師の指示を受け医療に従事した).

Ge·mein·de·ver·wal·tung [ゲマインデ・フェアヴァるトゥング] 女 -/-en 市(町・村)行政[機関].

Ge·mein·ei·gen·tum [ゲマイン・アイゲントゥーム] 田 -s/ (政・経) 公共用財産.

ge·mein·ge·fähr·lich [ゲマイン・ゲフェーアりヒ] 形 社会(公共の安全)を脅かす.

ge·mein·gül·tig [ゲマイン・ギュるティヒ] 形 一般に適用される.

Ge·mein·gut [ゲマイン・グート] 田 -[e]s/ 《雅》公共物; 《比》(精神的な)共有財産.

Ge·mein·heit [ゲ・マインハイト] 女 -/-en ① 《覆 なし》卑劣さ, 下劣さ. ② 下劣(下品)な言動. ③ 《口語》腹立たしいこと.

ge·mein·hin [ゲマイン・ヒン] 副 通常, 一般に.

ge·mein|ma·chen [ゲマイン・マッヘン gəmáin-màxən] 再動 (h) *sich*[4] mit 人[3] *gemeinmachen* 人[3]と(不品行な人の)仲間になる.

Ge·mein·nutz [ゲマイン・ヌッツ] 男 -es/ 公共の利益, 公益. *Gemeinnutz* geht vor Eigennutz. 公益は私益に優先する.

ge·mein·nüt·zig [ゲマイン・ニュツィヒ] 形 公共の利益になる, 公益の.

Ge·mein·platz [ゲマイン・プらッツ] 男 -es/..plätze 陳腐な言い回し, 常套句.

***ge·mein·sam** [ゲ・マインザーム gəmáinza:m] 形 ① 共通の, 共有の. (英 common). unser *gemeinsamer* Freund 私たちの共通の友人 / der *Gemeinsame* Markt 《口語》(ヨーロッパ)共同市場 / Das blonde Haar ist ihnen *gemeinsam*. 彼らはともにブロンドの髪をしている / 動[4] **mit** 人・事[3] *gemeinsam* haben 動[4]の点で人・事[3]と共通している.
② 共同の, いっしょの. ein *gemeinsames* Leben 共同生活 / eine *gemeinsame* Erklärung[4] ab|geben 共同宣言を出す / Wir gehen *gemeinsam* ins Kino. 私たちはいっしょに映画に出かける / **mit** 人[3] *gemeinsame* Sache[4] machen 人[3]と手を組む.

Ge·mein·sam·keit [ゲ・マインザームカイト] 女 -/-en ① 共通性, 共通点. ② 《覆 なし》共同, 連帯[性].

die **Ge·mein·schaft** [ゲ・マインシャフト gə-máinʃaft] 女 (単) -/(複) -en ① 共同, 共通, 結びつき. die eheliche *Gemeinschaft* 夫婦の結びつき, 婚姻関係 / in *Gemeinschaft* **mit** 人[3] 人[3]と共同して.
② (共通の信仰, 理念などに基づく)共同体, 共同社会, ゲマインシャフト. (英 community). (ﾂﾃﾞ「利益社会」は Gesellschaft). Arbeits*gemeinschaft* 研究グループ / die Europäische *Gemeinschaft* ヨーロッパ共同体 (略: EG)(ヨーロッパ連合 (EU)の前身).

ge·mein·schaft·lich [ゲ・マインシャフトりヒ] 形 共同の, 連帯の; 協力による; 共通の. einen Betrieb *gemeinschaftlich* verwalten 会社を共同管理する.

Ge·mein·schafts·an·ten·ne [ゲマインシャフツ・アンテンネ] 女 -/-n 共同アンテナ.

Ge·mein·schafts·ar·beit [ゲマインシャフツ・アルバイト] 女 -/-en ① 《覆 なし》共同作業. ② 共同作品.

Ge·mein·schafts·ge·fühl [ゲマインシャフツ・ゲフュール] 田 -[e]s/ 連帯感[情].

Ge·mein·schafts·geist [ゲマインシャフツ・ガイスト] 男 -es/ 連帯精神, 公共心.

Ge·mein·schafts·kun·de [ゲマインシャフツ・クンデ] 女 -/ (教科の)社会科.

Ge·mein·schafts·ver·pfle·gung [ゲマインシャフツ・フェアプふれーグング] 女 -/-en [集団]給食.

Ge·mein·sinn [ゲマイン・ズィン] 男 -[e]s/ 公共心.

ge·meint [ゲ・マイント] I *meinen[1] (思う)の過分 II 形 …の意図の. Es war gut (böse) *gemeint*. それは善意(悪意)だった.
► **gut=gemeint**

ge·mein·ver·ständ·lich [ゲマイン・フェアシュテントりヒ] 形 だれにでも理解できる, 平易な.

Ge·mein·we·sen [ゲマイン・ヴェーゼン] 田 -s/- 地方自治体[連合], (公法上の組織としての)国家.

Ge·mein·wohl [ゲマイン・ヴォーる] 田 -[e]s/ 公益, 公共の福祉.

ge·mel·det [ゲ・めるデット] *melden (届け出る)の過分

ge·melkt [ゲ・めるクト] *melken* (乳を搾る)の過分

Ge·men·ge [ゲ・メング gə-ménə] 田 -s/- ① (粗い粒子の)混合物. ein *Gemenge* aus Sand und Steinen 砂と石の混合物. ② 入り交じり; 雑踏. ③ 《農》混作[作物].

Ge·meng·sel [ゲ・メングぜる gə-ménzəl] 田 -s/- ごた混ぜ, 混ぜ合わせ.

ge·merkt [ゲ・メルクト] *merken (気づく)の過分

ge·mes·sen [ゲ・メッセン] I *messen* (測る)の過分 II 形 ① 落ち着いた, 悠然とした; 控えめな. in *gemessener* Haltung 落ち着いた態度で. ② 適切な, しかるべき. in *gemessenem* Abstand 適当な間隔をおいて.

Ge·met·zel [ゲ・メッツェる gə-métsəl] 田 -s/- 大虐殺, 殺りく.

ge·mie·den [ゲ・ミーデン] *meiden* (避ける)の過分

Gemüt

ge·mie·tet [ゲ・ミーテット] *mieten (賃借する) の過分

Ge·misch [ゲ・ミッシュ gəmíʃ] 中 -(e)s/-e ① (細かい粒子の)混合物;(比)入り交じったもの(気持ちなど). ein *Gemisch* aus Gips, Sand und Kalk 石膏(こう)と砂と石灰の混合物. ② 《自動車》(ガソリンと空気の)混合気;(潤滑油を配合した)混合ガソリン.

ge·mischt [ゲ・ミッシュト] I mischen (混ぜる) の過分 II 形 ① 混合した,混じった. ein *gemischtes* Doppel (テニスなどの混合ダブルス / *gemischter* Salat ミックスサラダ. ② いかがわしい,低俗な.

Ge·mischt·wa·ren·hand·lung [ゲミシュトヴァーレン・ハンドルング] 女 -/-en 食料雑貨品店.

Gem·me [ゲンメ gémə] 女 -/-n ① 像を彫りつけた[準]宝石.(×ミ 「像を浮き彫りにした[準]宝石」は Kamee). ② 〖ふつう 圈〗(植)無性芽.

ge·mocht [ゲ・モッホト] *mögen¹ (好む)の過分

ge·mol·ken [ゲ・モるケン] melken (乳を搾る)の過分

Gem·se [ゲムゼ] Gämse の古い形.

ge·mün·det [ゲ・ミュンデット] münden (流れ込む)の過分

Ge·mun·kel [ゲ・ムンケる gəmúŋkəl] 中 -s/ 《口語》(とめどない)うわさ話,陰口.

Ge·mur·mel [ゲ・ムルメる gəmúrməl] 中 -s/ (とめどない)つぶやき;ざわめき.

ge·mur·melt [ゲ・ムルメるト] murmeln (つぶやく)の過分

das **Ge·mü·se [ゲ・ミューゼ gəmýːzə]

> 野菜 *Gemüse* ist gesund.
> ゲミューゼ イスト ゲズント
> 野菜は健康によい.

中 (単2) -s/(複) - (3格のみ -n) 野菜; 野菜料理. (英 *vegetable*). frisches *Gemüse* 新鮮な野菜 / rohes *Gemüse* 生野菜 / *Gemüse*⁴ an|bauen 野菜を栽培する / *Gemüse*⁴ kochen 野菜を料理する / junges *Gemüse* 《口語・戯》青二才(←若い野菜).

×ミ ドイツでよく見かける野菜: die Artischoke アーティチョーク / der Blumenkohl カリフラワー / die Bohne 豆 / der Chicorée チコリ / die Endivie エンダイブ / der Fenchel ういきょう / die Erbse えんどう豆 / der Feldsalat 野ぢしゃ / die Gurke きゅうり / die Karotte, die Möhre にんじん / der Knoblauch にんにく / der Kohl キャベツ / der Kohlrabi かぶキャベツ / der Kopfsalat レタス / der Lauch ねぎ / die Linse レンズ豆 / der Paprika ピーマン / die Petersilie パセリ / der Pilz きのこ / der Porree 西洋ねぎ / das Radieschen ラディシュ / der Rettich 大根 / der Rosenkohl 芽キャベツ / der Sellerie セロリ / der Spargel アスパラガス / der Spinat ほうれん草 / die Tomate トマト / die Zwiebel 玉ねぎ / der Wirsing ちりめん玉菜

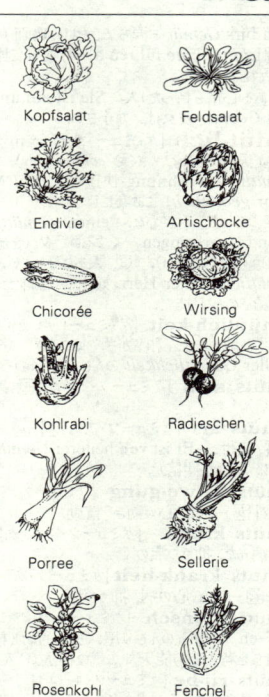

Kopfsalat Feldsalat
Endivie Artischocke
Chicorée Wirsing
Kohlrabi Radieschen
Porree Sellerie
Rosenkohl Fenchel

Gemüse

Ge·mü·se·an·bau [ゲミューゼ・アンバオ] 男 -(e)s/ 野菜栽培.

Ge·mü·se≠bau [ゲミューゼ・バオ] 男 -(e)s/ = Gemüseanbau

Ge·mü·se≠gar·ten [ゲミューゼ・ガルテン] 男 -s/..gärten 菜園. quer durch den *Gemüsegarten* 《比》あれこれ取り混ぜて,種々雑多の.

Ge·mü·se≠händ·ler [ゲミューゼ・ヘンドらァ] 男 -s/- 八百屋,青物商. (女性形: -in).

Ge·mü·se≠la·den [ゲミューゼ・らーデン] 男 -s/ ..läden 八百屋,青物店.

ge·musst [ゲ・ムスト] *müssen¹ (しなければならない)の過分

ge·mus·tert [ゲ・ムスタァト] I mustern (じろじろ見る)の過分 II 形 模様の付いた,柄物の.

das **Ge·müt** [ゲ・ミュート gəmýːt] 中 (単2) -(e)s/(複) -er (3格のみ -ern) ① 〖複なし〗心情,情緒,心; 気質,気立て. ein heiteres *Gemüt* 明るい気性 / Er hat kein *Gemüt*. 彼は情け知らずだ / Meine Frau hat viel *Gemüt*. 私の妻は情感が豊かだ / ein *Gemüt*⁴ haben wie ein Fleischerhund 《口語》情け容赦がない(←猛犬のような気質を持っている) / 人³ aufs *Gemüt* schlagen 人³を意気消沈させる / ein

Film **fürs** *Gemüt* お涙ちょうだいの映画 / sich³ 事・物⁴ **zu** *Gemüte* führen a) 事⁴を肝に銘じる，b) 物⁴を賞味する．
② (ある心情を持った)人．Sie ist ein ängstliches *Gemüt*. 彼女は気が小さい．

***ge·müt·lich** [ゲ・ミュートリヒ gə-mýːtlıç] 形 ① 居心地のよい．(英 *comfortable*). eine *gemütliche* Wohnung 快適な住まい / Mach es dir *gemütlich*! まあ楽にしてくれ．
② くつろいだ，和やかな．einen *gemütlichen* Abend verbringen くつろいだタベを過ごす．(☞ 類語 bequem). ③ 人あたりのよい．ein *gemütlicher* alter Herr 気のいい老紳士．④ 悠長な，のんびりした．

Ge·müt·lich·keit [ゲ・ミュートリヒカイト] 女 -/ 居心地のよさ；和やかさ，くつろぎ，悠長さ．**in aller** *Gemütlichkeit* のんびりと，くつろいで．

ge·müts⸗arm [ゲミューツ・アルム] 形 感情に乏しい．

Ge·müts⸗art [ゲミューツ・アールト] 女 -/-en 気質，気性．Er ist **von heiterer** *Gemütsart*. 彼はほがらかな性格だ．

Ge·müts⸗be·we·gung [ゲミューツ・ベヴェーグング] 女 -/-en 心の動き，情動．

ge·müts⸗krank [ゲミューツ・クランク] 形 心を病んだ，抑うつ症の．

Ge·müts⸗krank·heit [ゲミューツ・クランクハイト] 女 -/-en 心の病，抑うつ症．

Ge·müts⸗mensch [ゲミューツ・メンシュ] 男 -en/-en 《口語》のんびり屋；(反語的に:)(相手の気持ちを考えない)能天気，気の利かない人．

Ge·müts⸗ru·he [ゲミューツ・ルーエ] 女 -/ 心の平静，落ち着き．**in aller** *Gemütsruhe* 悠然と．

Ge·müts⸗ver·fas·sung [ゲミューツ・フェァファッスング] 女 -/-en 気分，心の状態．

Ge·müts⸗zu·stand [ゲミューツ・ツーシュタント] 男 -[e]s/..stände 気分，心の状態．

ge·müt⸗voll [ゲミュート・ふォる] 形 情のある，心のこもった．

gen [ゲン gén] 前 《4 格とともに》《詩》…に向かって (= gegen). *gen* Süden 南に向かって．

gen. [ゲナント] 《略》…と名づけられた，通称 (= genannt).

Gen [ゲーン géːn] 中 -s/-e 《生》遺伝子．

Gen. [ゲーニティーふ] 《略》《言》2 格，属格 (= Genitiv).

ge·nagt [ゲ・ナークト] nagen (かじる)の 過分

ge·nä·hert [ゲ・ネーァァト] nähern (再帰 で: 近づく)の 過分

ge·nährt [ゲ・ネート] nähren (栄養を与える)の 過分

ge·näht [ゲ・ネート] nähen (縫う)の 過分

ge·nannt [ゲ・ナント] **I** *nennen (名づける)の 過分 **II** 形 ① …と名づけられた，通称(略: gen.). Otto der Erste, *genannt* der Große オットー1世，通称は大帝 / **so** *genannt* (または **sogenannt**) いわゆる (略: sog.). ② 上述の，先述の．

ge·nas [ゲ・ナース] genesen¹ (回復する)の 過去

ge·nä·se [ゲ・ネーゼ] genesen¹ (回復する)の

接2

****ge·nau** [ゲ・ナオ gə-náu]

正確な；ちょうど

Es ist *genau* drei Uhr.
エス イスト ゲナオ ドライ ウーァ
ちょうど 3 時です．

I (比較 genauer, 最上 genau[e]st) 形 ① 正確な，ぴったりの．(英 *exact*). eine *genaue* Waage 正確なはかり / die *genaue* Bedeutung des Wortes 言葉の正確な意味 / Das ist *genau* das Gleiche. それはまったく同じことだ / Meine Uhr geht [auf die Minute] *genau*. 私の時計は[1分まで]ぴったり合っている．◊《名詞的に》*Genaues* weiß ich nicht. [それについて]正確なところを私は知りません．
② 厳密な，精密な；詳しい．ein *genauer* Bericht 詳しい報告 / Sie ist in allem sehr *genau*. 彼女は何事にも非常にきちょうめんだ / *genau* prüfen 詳細に調べる / es mit 事³ *genau* nehmen 事³について厳格である / *genau* genommen 厳密に言えば．
③ 《成句的に》**mit** *genauer* **Not** かろうじて．④ 《方》つましい，金銭に細かい．
II 副 ちょうど，まさに．(英 *exactly*). **Genau!** (同意を強めて:)そのとおり / *Genau* das ist nötig! まさにそれが必要なんだ / Es sind *genau* zwei Meter. ちょうど 2 メートルだ / Er ist *genau* der Mann für diese Aufgabe. 彼はまさにこの任務にうってつけの人だ．

類語 **genau**: (実際のものとかけはなれていないという意味で)正確な．**richtig**: (間違いがないという意味で)正確な．eine *richtige* Auffassung 正しい見解．**exakt**: 正確で精密な．die *exakten* Wissenschaften 精密科学．**präzis[e]**: (細かい点に至るまで)厳密な，精密な．Die Definitionen waren sehr *präzis[e]*. それらの定義はたいへん厳密だった．**klar**: (だれにでもわかり)明確な．

ge·nau ge·nom·men ☞ genau I ②

Ge·nau·ig·keit [ゲナオイヒカイト] 女 -/ ① 正確さ，精度．② 厳密さ，きちょうめん．

ge·nau⸗so [ゲナオ・ゾー gənáuzoː] 副 まったく同じように．Er ist *genauso* klug wie sein Bruder. 彼は彼の兄(弟)とまったく同じくらい賢い / Mach es doch *genauso* [wie ich]! [私と]同じようにやってごらんよ．

Gen⸗bank [ゲーン・バンク] 女 -/-en 《植・農》遺伝子銀行，ジーン バンク．

Gen·darm [ジャンダルム ʒandárm または ジャン..ʒãː..] 男 -en/-en (ﾌﾗﾝｽ) (地方の)警察官．

Gen·dar·me·rie [ジャンダルメリー ʒandarməríː または ジャン.. ʒã..] 女 -/-n [..リーエン] (ﾌﾗﾝｽ) (地方の)警察隊；警察署．

Ge·ne·a·lo·gie [ゲネアろギー genealogíː] 女 -/-n [..ギーエン] ① 《複 なし》系譜学．② 系譜，系図．

ge·neckt [ゲ・ネックト] necken (からかう)の 過分

ge·nehm [ゲ・ネーム gə-néːm] 形 《雅》《人³に

とって)好ましい，都合のよい．Dieser Termin ist mir sehr *genehm*. この日取りは私にはたいへん好都合です．

ge·neh·mi·gen [ゲ・ネーミゲン gə-néː-mɪgṇ] (genehmigte, *hat* ... genehmigt) **I** (完了) haben) (官庁などが)認可する, 許可する. (英 *approve*). einen Antrag *genehmigen* 申請を認可する / 人³ Urlaub⁴ *genehmigen* 人³ に休暇を許可する. (☞ 類語 erlauben).
II (再帰) (完了) haben) *sich³ etw⁴ genehmigen* 《口語・戯》物⁴を賞味する，いただく. *sich³ einen genehmigen* (酒を)一杯やる．
ge·neh·migt [ゲ・ネーミヒト] genehmigen (認可する)の(過分)
ge·neh·mig·te [ゲ・ネーミヒテ] genehmigen (認可する)の(過去)
die **Ge·neh·mi·gung** [ゲ・ネーミグング gə-néː-mɪgʊŋ] (女) -/(複) -en ① (官庁による)認可, 許可. (英 *approval*). eine *Genehmigung*⁴ ein|holen (または erhalten) 認可(許可)を受ける. ② 認可(許可)証．
ge·neigt [ゲ・ナイクト] **I** neigen (傾ける)の(過分)
II (形) ① …の傾向がある，…する気もの. **zur** Versöhnung *geneigt* sein 和解する気になっている / Ich bin nicht *geneigt*, das zu tun. 私はそれをする気はない． ② 《雅》好意のある, 親切な. 人³ *geneigt* sein 人³に好意的である / Leihen Sie mir Ihr *geneigtes* Ohr! 私の話にどうか耳を貸してください．
Ge·neigt·heit [ゲ・ナイクトハイト] (女) -/ ① 傾向, (…する)気持ち． ② 《雅》好意, 愛着, 親切.
Ge·ne·ral [ゲネラーる genəráːl] (男) -s/-e (または ..räle) ① 《軍》大将, 将軍. (女性形: -in). ② 《カッリク》(修道会の)総長; (救世軍の)総司令官.
Ge·ne·ral.. [ゲネラーる.. genəráːl..] 〖名詞などにつける (腰興) 《一般・普遍・総合・主要・頭) 例: *General*streik ゼネスト / *General*direktor 総支配人.
Ge·ne·ral⁼bass [ゲネラーる・バス] (男) -es/..bässe 《音楽》通奏低音, ゲネラルバス.
Ge·ne·ral⁼di·rek·tor [ゲネラーる・ディレクトァ] (男) -s/-en [..トーレン] 総支配人, 代表取締役, CEO. (女性形: -in).
Ge·ne·ral⁼feld·mar·schall [ゲネラーる・ふェるトマルシャる] (男) -[e]s/..schälle 《軍》元帥.
Ge·ne·ral⁼in·ten·dant [ゲネラーる・インテンダント] (男) -en/-en 《劇》(大劇場の)総監督. (女性形: -in).
ge·ne·ra·li·sie·ren [ゲネラリズィーレン genəralizíːrən] (他) (h) 一般化(普遍化)する.
Ge·ne·ral⁼kon·sul [ゲネラーる・コンズる] (男) -s/-n 総領事. (女性形: -in).
Ge·ne·ral⁼kon·su·lat [ゲネラーる・コンズらート] (中) -[e]s/-e 総領事の職; 総領事館.
Ge·ne·ral⁼leut·nant [ゲネラーる・ろイトナント] (男) -s/-s (まれに -e) 《軍》中将.
Ge·ne·ral⁼ma·jor [ゲネラーる・マヨーァ] (男) -s/-e 《軍》少将.
Ge·ne·ral⁼pro·be [ゲネラーる・プローベ] (女) -/-n 《劇・音楽》(初演直前の)総げいこ, ゲネプロ.
Ge·ne·ral⁼se·kre·tär [ゲネラーる・ゼクレテーァ] (男) -s/-e 事務総長, (政党などの)書記長. (女性形: -in).
Ge·ne·ral⁼stab [ゲネラーる・シュタープ] (男) -[e]s/-e ..stäbe 《軍》参謀本部.
Ge·ne·ral⁼streik [ゲネラーる・シュトライク] (男) -[e]s/-e ゼネスト(全国規模のいっせいストライキ).
ge·ne·ral⁼über·ho·len [ゲネラーる・ユーバァホーれン genəráːl-yːbərhoːlən] (腰分) general- überholt (他) (h) 《不定詞・分詞でのみ用いる》《工》(車・エンジンを)オーバーホールする.
Ge·ne·ral⁼ver·samm·lung [ゲネラーる・ふェァザムるンク] (女) -/-en 総会.
die **Ge·ne·ra·ti·on** [ゲネラツィオーン genəratsióːn] (女) -/-en ① 世代, ジェネレーション; 同じ世代の人々. (英 *generation*). die junge *Generation*² 若い世代 / die *Generation* unserer Eltern² 私たちの両親の世代 / ein Computer der fünften *Generation*² 第 5 世代のコンピュータ / In diesem Haus wohnen drei *Generationen*. この家には 3 世代が住んでいる / 物⁴ **von** einer *Generation* **auf** die andere vererben 物⁴ (遺伝的特徴などを)をある世代から次の世代へ伝える / **von** *Generation* **zu** *Generation* 世代から世代へ, 代々.
② 一世代(約 30 年). Er ist eine *Generation* jünger als ich. 彼は私より一世代若い.
Ge·ne·ra·ti·ons⁼kon·flikt [ゲネラツィオーンス・コンふりクト] (男) -[e]s/-e 世代間の軋轢(あつれき).
Ge·ne·ra·tor [ゲネラートァ genəráːtɔr] (男) -s/-en [..ラトーレン] 発電機, ガス発生炉.
ge·ne·rell [ゲネれる genərél] (形) 一般的な, 全般の, 包括的な. (英 "特別な" は speziell).
Ge·ne·ri·kum [ゲネーリクム genéːrikum] (中) -s/..rika 《薬》ジェネリック医薬品, 後発医薬品.
ge·ne·rös [ゲネレース genərøːs または ジェ..ze..] (形) 気前のいい, 度量の大きい.
Ge·ne·ro·si·tät [ゲネロズィテート genəroziˈtɛːt または ジェ.. ze..] (女) -/-en 《ふつう (単) 》気前のよさ, 度量が大きいこと.
Ge·ne·se [ゲネーゼ genéːzə] (女) -/ 発生, 生成, (作品などの)成立.
ge·ne·sen¹* [ゲ・ネーゼン gə-néːzən] (genas, *ist* ... genesen) (自) (s) 《雅》(病人などが)回復する, 再び健康になる. **von** einer Krankheit *genesen* 病気が治る.
ge·ne·sen² [ゲ・ネーゼン] genesen¹ (回復する)の (過分)
Ge·ne·sen·de[r] [ゲ・ネーゼンデ (..ダァ) gə-néːzəndə (..dər)] (男) (女) 〖語尾変化は形容詞と同じ〗回復期の患者(病人).
Ge·ne·sis [ゲーネズィス géːnezis または ゲンネ..génɛ..] (女) -/ ① (聖書の)創世記. ② 発生.
Ge·ne·sung [ゲ・ネーズンク] (女) -/ 《雅》(病気

Ge·ne·tik [ゲネーティク gené:tɪk] 囡 -/ 《生》遺伝学.

ge·ne·tisch [ゲネーティッシュ gené:tɪʃ] 形 《生》遺伝の, 発生の; 遺伝学の. *genetische* Information 遺伝情報.

Genf [ゲンふ gɛ́nf] 甲 -s/《地名・都市名》ジュネーブ(スイス26州の一つ, またその州都. モン・ブラン山を眺望できるレマン湖畔の都市. ☞《地図》C-5).

Gen·fer [ゲンふァァ gɛ́nfər] I 男 -s/- ジュネーブの住民(出身者). (女性形：-in). II 形《無語尾で》ジュネーブの. die *Genfer* Konvention ジュネーブ(赤十字)条約 / der *Genfer* See レマン湖.

Gen≠food [ゲーン・ふード] 甲 -[s]/ 遺伝子組み換え食品.

ge·ni·al [ゲニアーる geniá:l] 形 天才的な, 独創的な.

Ge·ni·a·li·tät [ゲニアリテート genialitɛ́:t] 囡 -/ 天才[的な才能], 独創性.

Ge·nick [ゲ·ニック gə-ník] 田 -s (まれに -es)/-e うなじ, 首, 首筋. 囚³ das *Genick*⁴ brechen 《口語》囚³をくじけさせる, 破滅させる.

Ge·nick≠star·re [ゲニック・シュタレ] 囡 -/-n 首筋の張り;《医》項部強直(髄膜炎は).

ge·nickt [ゲ・ニックト] * nicken (うなずく)の過分

das **Ge·nie** [ジェニー ʒení:] 田 (単2) -s/(複) -s (英 *genius*) ①《闇なし》天賦の才, 優れた才能. *Genie*⁴ haben 才能がある. ② 天才. Er ist ein musikalisches *Genie*. 彼は音楽の天才だ.

ge·nie·ren [ジェニーレン ʒení:rən] I 再帰 (h) *sich*⁴ *genieren* 恥ずかしがる, 気後れする. *Genieren* Sie *sich* nicht! どうぞご遠慮なく[召し上がってください]. II 他 (h) 困らせる, わずらわせる.

ge·nieß·bar [ゲ・ニースバール] 形 (おいしく)食べられる, 飲める;《比》機嫌のよい.

ge·nie·ßen [ゲ・ニーセン gə-ní:sən] du genießt (genoss, *hat*...genossen) 他 (完了 haben) ① 食べる, 飲む. Ich habe heute noch nichts *genossen*. 私はきょうはまだ何も食べていない.
② 楽しむ, 味わう.《英 *enjoy*》. Ich *habe* meinen Urlaub sehr *genossen*. 私は休暇を大いに楽しんだ.
③ (教育・信頼など⁴を)受ける, 享受する. eine gute Erziehung⁴ *genießen* 良い教育を受ける / Er *genießt* unser Vertrauen. 彼は私たちの信頼を受けている.

Ge·nie·ßer [ゲ・ニーサァ gə-ní:sər] 男 -s/- 享楽家, 美食家; (酒・音楽などの)通. (女性形：-in).

ge·nie·ße·risch [ゲ・ニーセリッシュ gə-ní:sə-rɪʃ] 形 (ある感覚を楽しんで)気持ちのよさそうな, おいしそうな, 通人らしい.

ge·niest [ゲ・ニースト] niesen (くしゃみをする)の過分

ge·ni·tal [ゲニタール genitá:l] 形《医》生殖器の, 性器の.

Ge·ni·ta·li·en [ゲニターリエン genitá:liən] 複《医》生殖器, 性器.

Ge·ni·tiv [ゲーニティーふ gé:niti:f] 男 -s/-[..ヴェ]《言》2格, 属格, 所有格 (略：Gen.).

Ge·ni·us [ゲーニウス gé:nius] 男 -/Genien [..ニエン] ① (特に古代ローマの)守護神, 守り神. ②《閣なし》《雅》独創的精神, 創造力; 天才.

Gen≠ma·ni·pu·la·ti·on [ゲーン・マニプラツィオーン] 囡 -/-en 《生》遺伝子操作.

Ge·nom [ゲノーム genó:m] 甲 -s/-e 《生》ゲノム.

ge·nom·men [ゲ・ノンメン] * nehmen (取る) の過分. ◆《成句的に》 genau *genommen* 厳密に言えば / im Grunde *genommen* a) 根本的には, b) 詰まるところ.

ge·noss [ゲ・ノス] * genießen (楽しむ)の過去

Ge·nos·se [ゲ・ノッセ gə-nɔ́sə] 男 -n/-n ① (左翼政党などで:)党友, 党員; (呼びかけとして:)同志. (女性形：Genossin). ② 仲間, 友. ③《経》協同組合員.

ge·nös·se [ゲ・ネッセ] * genießen (楽しむ)の接2

ge·nos·sen [ゲ・ノッセン] * genießen (楽しむ)の過分

Ge·nos·sen·schaft [ゲ・ノッセンシャふト] 囡 -/-en 協同組合.

ge·nos·sen·schaft·lich [ゲ・ノッセンシャふトリヒト] 形 協同組合の.

ge·nö·tigt [ゲ・ネーティヒト] nötigen (強要する)の過分

Ge·no·zid [ゲノツィート genotsí:t] 男 田 -[e]s/-e (または ..zidien [..ツィーディエン])(特定の民族などに対する)集団虐殺, ジェノサイド.

Gen·re [ジャンレ ʒã:rə または ジャーンル ʒã:rl] [ジャ] 田 -s/-s (文学などの)ジャンル, 種別.

Gen·re≠bild [ジャーンレ・ビるト] 甲 -[e]s/-er 《美》風俗画.

Gen≠tech·nik [ゲーン・テヒニク] 囡 -/ 遺伝子操作技術.

Gen≠tech·no·lo·gie [ゲーン・テヒノろギー] 囡 -/《生》遺伝子工学.

Ge·nua [ゲーヌア gé:nua] 田 -s/《都市名》ジェノバ(イタリア北西部の港湾都市).

ge·nug [ゲ・ヌーク gə-nú:k]

十分に　Ich habe *genug* Geld.
　イヒ　ハーベ　ゲヌーク　ゲるト
　私はお金は十分に持っている.

副 十分に, たっぷり.《英 *enough*》. Haben Sie *genug* gegessen? 十分召し上がりましたか / von 囚·物³ *genug* haben 囚·物³はもうたくさんだ / Jetzt habe ich (または ist es) aber *genug*! もううんざりだ, いい加減にしろ / Er ist sich³ selbst *genug*. 彼は[他人が口出ししなくても]自分ひとっでいける / Er kann nie *genug* bekommen. 彼は決して満足することがない / Ich kann ihn nicht *genug* bewundern. 私は彼をいくらほめてもほめ足りない.

◇『形容詞・副詞を修飾して；この場合は形容詞・副詞のあとに置かれる』Der Schrank ist groß *genug*. 戸棚は十分に大きい / Sie ist alt *genug*, [um] das zu verstehen. 彼女はそれを十分理解できるだけの年になっている / Das ist schlimm *genug*. それはとんでもない話だ.

Ge·nü·ge [ゲ・ニューゲ gə-ný:gə] 囡 『成句的に』zur *Genüge* 十分に /『人・事3』*Genüge*4 tun (または leisten)(雅)『人・事3を満足させる, 囲3を満たす /『人・事3』geschieht *Genüge*. 囚3に十分配慮が『人・事3』が満たされる.

ge·nü·gen [ゲ・ニューゲン gə-ný:gən] (genügte, hat ... genügt) 自 (完了) haben) ① **十分である**, 足りる. Zwei Zimmer *genügen* mir. 私は二部屋で十分だ / Danke, das *genügt* [mir]. ありがとう, それで十分です / sich3 an 事3 *genügen* lassen 事3に満足する / Das *genügt* für 10 Personen. 10 人ならそれで十分だ.
② (要求・願望など3を)満たす, かなえる, 〈義務など3を〉果たす. den Anforderungen *genügen* 要件を満たす.

ge·nü·gend [ゲ・ニューゲント] I genügen (十分である)の 現分 II 形 十分な, 申し分のない；(ッ)〈学校の成績が〉可の. (☞ 成績評価については ☞ gut ⑪).

ge·nüg·sam [ゲ・ニュークザーム] 形 欲のない, つつましい, 節度のある.

Ge·nüg·sam·keit [ゲ・ニュークザームカイト] 囡 -/ 欲のなさ, つつましさ, 節度.

ge·nügt [ゲ・ニュークト] genügen (十分である) の 過分, 3 人称単数・2 人称親称複数 現在.

ge·nüg·te [ゲ・ニュークテ] genügen (十分である) の 過去.

ge·nug|tun* [ゲヌーク・トゥーン gənú:k-tù:n] 自 (h) (人3を)満足させる；(要求など3に)応ずる.
◇『成句的に』sich3 nicht *genugtun* können, zu 不定詞[句] ...してやまない ⇒ Er konnte sich nicht *genugtun*, sie zu loben. 彼は彼女をほめたたえてやまなかった.

Ge·nug·tu·ung [ゲヌーク・トゥーウング] 囡 -/-en (ふつう 単) ① 満足. mit *Genugtuung* 満足して. ② 〈罪〉償い, 補償；名誉の回復. *Genugtuung*4 fordern 補償を要求する / 囚3 *Genugtuung*4 geben 囚3に償いをする.

Ge·nus [ゲーヌス gé:nυs] 中 -/ Genera ① 種類, 類；(動・植) 属. ② 《言》(名詞などの)性；(動詞の)態.

der **Ge·nuss** [ゲ・ヌス gə-nús] 男 (単2) -es/ (複) ..nüsse [ゲ・ニュッセ] (3格のみ ..nüssen) ① 『複 なし』**飲食**[すること]. Übermäßiger *Genuss* von Alkohol ist schädlich. アルコールの飲み過ぎは体によくない.

② **楽しみ**, 享楽. Dieses Konzert war ein besonderer *Genuss*. この音楽会はことのほか楽しかった / ein Buch4 mit *Genuss* lesen 本を楽しく読む. ③『成句的に』in den *Genuss* von 物3 kommen 物3〈助成金など〉を受ける(もらう).

Ge·nüs·se [ゲ・ニュッセ] Genuss (楽しみ) の 複.

ge·nüss·lich [ゲ・ニュスリヒ] 形 (ある感覚を楽しんで)気持ちのよさそうな, おいしそうな. *Genüsslich* schlürfte er den Wein. 彼はうまそうにワインをちびちび飲んだ.

Ge·nuss⹀mit·tel [ゲヌス・ミッテる] 中 -s/- 嗜好(ミ゙゙)品.

ge·nuss⹀reich [ゲヌス・ライヒ] 形 楽しい, 楽しみの多い.

Ge·nuss⹀sucht [ゲヌス・ズフト] 囡 -/ 享楽(快楽)欲.

ge·nuss⹀süch·tig [ゲヌス・ズュヒティヒ] 形 享楽(快楽)を追い求める.

ge·nutzt [ゲ・ヌッツト] nutzen (役にたつ) の 過分.

ge·nützt [ゲ・ニュッツト] nützen (役にたつ) の 過分.

ge·öff·net [ゲ・エふネット] *öffnen (開ける) の 過分.

Ge·o·graf [ゲオグラーふ geográ:f] 男 -en/-en 地理学者. (女性形: -in).

die **Ge·o·gra·fie** [ゲオグラふィー geografí:] 囡 (単) -/ **地理学**. (英) *geography*).

ge·o·gra·fisch [ゲオグラーふィッシュ geográ:fɪʃ] 形 地理学[上]の；地理的な. die *geografische* Breite (Länge) 緯度(経度).

Ge·o·graph [ゲオグラーふ geográ:f] 男 -en/-en =Geograf

Ge·o·gra·phie [ゲオグラふィー geografí:] 囡 -/ =Geografie

ge·o·gra·phisch [ゲオグラーふィッシュ geográ:fɪʃ] 形 =geografisch

Ge·o·lo·ge [ゲオローゲ geoló:gə] 男 -n/-n 地質学者. (女性形: Geologin).

Ge·o·lo·gie [ゲオろギー geologí:] 囡 -/ 地質学.

ge·o·lo·gisch [ゲオローギッシュ geoló:gɪʃ] 形 地質学[上]の.

Ge·o·me·ter [ゲオメータァ geomé:tər] 男 -s/- 測量技師. (女性形: -in).

Ge·o·me·trie [ゲオメトリー geometrí:] 囡 -/ 幾何学.

ge·o·me·trisch [ゲオメートリッシュ geomé:trɪʃ] 形 ① 幾何学[上]の. ② 幾何学的な. ein *geometrisches* Muster 幾何学模様.

ge·op·fert [ゲ・オプふァァト] opfern (ささげる) の 過分.

Ge·o·phy·sik [ゲーオ・ふュズィーク gé:o-fyzi:k または ゲオ・ふュズィーク] 囡 -/ 地球物理学.

Ge·o·po·li·tik [ゲーオ・ポリティーク gé:o-politi:k または ゲオ・ポリ**ティーク**] 囡 -/ 地政学.

ge·ord·net [ゲ・オルドネット] I ordnen (順序よく並べる)の 過分 II 形 きちんとした, 整然とした.

Ge·org [ゲーオルク gé:ɔrk または ゲオルク] -s/ 《男名》ゲオルク.

Ge·or·ge [ゲオルゲ geórgə] -s/ 《人名》ゲオルゲ (Stefan *George* 1868-1933; ドイツの詩人).

*das **Ge·päck** [ゲ·ペック gə-pék] 中 (単2) -[e]s/ (旅行の)荷物, 手荷物. (英 *baggage*). Hand*gepäck* [携帯]手荷物 / kleines (großes) *Gepäck* 小さい(大きい)手荷物 / drei Stück *Gepäck* 手荷物 3 個 / viel *Gepäck*⁴ haben 手荷物がたくさんある / das *Gepäck*⁴ aufgeben (託送するために)手荷物を預ける.

Ge·päck⸗ab·fer·ti·gung [ゲペック·アップフェルティグング] 女 -/-en ① 〖圏 なし〗(空港などの)手荷物の受け付け(発送手続き). ② 手荷物受付カウンター.

Ge·päck⸗**an·nah·me** [ゲペック·アンナーメ] 女 -/-n ① 〖圏 なし〗手荷物の受け付け. ② 手荷物受付所(カウンター).

Ge·päck⸗**auf·be·wah·rung** [ゲペック·アオフベヴァールング] 女 -/-en ① 〖圏 なし〗手荷物[一時]預かり. ② 手荷物[一時]預かり所.

Ge·päck⸗**aus·ga·be** [ゲペック·アオスガーベ] 女 -/-n ① 〖圏 なし〗手荷物引き渡し. ② 手荷物引き渡所(カウンター).

Ge·päck⸗**netz** [ゲペック·ネッツ] 中 -es/-e (列車などの)網棚.

Ge·päck⸗**schein** [ゲペック·シャイン] 男 -[e]s/-e 手荷物預かり証.

Ge·päck⸗**stück** [ゲペック·シュテュック] 中 -[e]s/-e (個々の)手荷物.

ge·packt [ゲ·パックト] ✻packen (荷物を詰める)の 過分

Ge·päck⸗trä·ger [ゲペック·トレーガァ] 男 -s/- ① (駅などの)ポーター, 赤帽. (女性形: -in). ② (二輪車などの)荷台.

Ge·päck⸗wa·gen [ゲペック·ヴァーゲン] 男 -s/- (鉄道)[列車の][手]荷物車.

Ge·pard [ゲーパルト gé:part] 男 -[e]s/-e 動 チータ.

ge·parkt [ゲ·パルクト] ✻parken (駐車する)の 過分

ge·passt [ゲ·パスト] ✻passen (ぴったり合う)の 過分

ge·pfef·fert [ゲ·プふェッファァト] I pfeffern (こしょうを振りかける)の 過分 II 形 (口語) ① (金額を)吹っかけた. *gepfefferte* Preise べらぼうな値段. ② 辛らつな(批判など); 際どい(冗談など).

ge·pfif·fen [ゲ·プふィッふェン] pfeifen (口笛を吹く)の 過分

ge·pflanzt [ゲ·プふらンツト] pflanzen (植える)の 過分

ge·pflegt [ゲ·プふれークト] I ✻pflegen (世話をする)の 過分 II 形 手入れの行き届いた(庭など); 品質のよい(ワインなど); 洗練された, 上品な(会話など); 身だしなみのよい.

ge·pflo·gen [ゲ·プふろーゲン] ✻pflegen (はぐくむ)の 過分 (雅).

Ge·pflo·gen·heit [ゲ·プふろーゲンハイト] 女 -/-en (雅) 慣習, ならわし.

ge·pflückt [ゲ·プふりュックト] pflücken (摘む)の 過分

ge·pflügt [ゲ·プふりュークト] pflügen (耕す)の 過分

ge·plagt [ゲ·プらークト] plagen (困らせる)の 過分

Ge·plän·kel [ゲ·プれンケる gə-pléŋkəl] 中 -s/- ① (冷やかし半分の)言い合い. ② (軍) (軽微な)撃ち合い.

ge·plant [ゲ·プらーント] ✻planen (計画する)の 過分

Ge·plap·per [ゲ·プらッパァ gə-plápər] 中 -s/ (口語) (幼児などが)しきりにしゃべること(声); むだ話, 長談義.

Ge·plät·scher [ゲ·プれッチャァ gə-plétʃər] 中 -s/ (水などが)ぴちゃぴちゃはねること; (比) おしゃべり.

ge·platzt [ゲ·プらッツト] platzen (破裂する)の 過分

Ge·plau·der [ゲ·プらオダァ gə-pláudər] 中 -s/ おしゃべり, 談笑.

ge·plau·dert [ゲ·プらオダァト] plaudern (おしゃべりする)の 過分

ge·pocht [ゲ·ポッホト] pochen (とんとんたたく)の 過分

Ge·pol·ter [ゲ·ポるタァ gə-póltər] 中 -s/ ① しきりにがたごと(どたばた)いうこと(音). ② がみがみしかること(声).

Ge·prä·ge [ゲ·プレーゲ gə-pré:gə] 中 -s/- ① (貨幣·メダルなどの)刻印. ② 〖圏 なし〗(雅) 特徴, 特色. 物³ das *Gepräge*⁴ geben 物³に特色を与える.

ge·prägt [ゲ·プレークト] prägen (型押し加工をする)の 過分

ge·prahlt [ゲ·プラーるト] prahlen (自慢する)の 過分

Ge·prän·ge [ゲ·プレンゲ gə-préŋə] 中 -s/ (雅) 華やかさ, 壮麗, 華美.

ge·pre·digt [ゲ·プレーディヒト] predigen (説教をする)の 過分

ge·presst [ゲ·プレスト] I pressen (加圧する)の 過分 II 形 押し殺した(声など). mit *gepresster* Stimme 押し殺した声で.

ge·prie·sen [ゲ·プリーゼン] preisen (称賛する)の 過分

ge·probt [ゲ·プロープト] proben (リハーサルをする)の 過分

ge·prüft [ゲ·プリューふト] ✻prüfen (検査する)の 過分

ge·prü·gelt [ゲ·プリューゲるト] prügeln (なぐる)の 過分

ge·punk·tet [ゲ·プンクテット] I punkten (採点する)の 過分 II 形 水玉模様の; 点から成る. eine *gepunktete* Linie 点線.

ge·putzt [ゲ·プッツト] putzen (きれいにする)の 過分

ge·qualmt [ゲ·クヴァるムト] qualmen (煙を出す)の 過分

ge·quält [ゲ·クヴェーるト] I quälen (苦しめる)の 過分 II 形 苦しまぎれの, ぎごちない(表情·表現など).

ge·quetscht [ゲ·クヴェッチュト] quetschen (押しつける)の 過分

ge·quol·len [ゲ・クヴォれン] quellen¹ (わき出る)の過分

Ge·ra [ゲーラ gé:ra] 田 -s/《都市名》ゲーラ(ドイツ, テューリンゲン州.（☞地図 F-3).

ge·rächt [ゲ・レヒト] rächen (復讐をする)の過分

****ge·ra·de**¹ [ゲラーデ gərá:də]

> ちょうど　Ich bin *gerade* fertig.
> イヒ　ビン　グラーデ　ふェルティヒ
> 私はちょうど終わったところだ.

副 ① (時間的に) ちょうど, 今しがた. Es war *gerade* 2 Uhr. ちょうど2時だった / Er ist *gerade* gekommen. 『現在完了』彼はたった今来たところだ.

② (場所的に) ちょうど, まさに. *gerade* vor der Tür ドアの真ん前で / Er wohnt *gerade* um die Ecke. 彼はちょうどその角を曲がったところに住んでいる.

③ 《口語》ちょっと. Kannst du mir *gerade* [mal] das Buch geben? ちょっとその本を貸してくれないか.

④ やっと, どうにか, ぎりぎり. Er kam *gerade* [noch] zur rechten Zeit. 彼はぎりぎり間に合った / Mit diesem Geld kann man *gerade* noch leben. これだけのお金があればなんとか生きていける.

⑤ まさに, まったく. *gerade* deshalb それだからこそ / *Gerade* das wollte ich ja. まさにそれをぼくはしたかったんだ / Das kommt mir *gerade* recht! それは私にとってまさに好都合だ.

⑥ 《不満・怒り》よりによって. Warum muss *gerade* ich gehen? どうしてよりによってこの私が行かねばならない

⑦ 〖**nicht *gerade*** の形で〗《口語》とりわけ(必ずしも)…ではない. Er ist nicht *gerade* fleißig. 彼はそれほど勤勉というわけではない.

⑧ 〖間投詞的に〗《口語》いよいよって. Nun [aber] *gerade*! せずにおくものか (←ますますやってやる).

ge·ra·de² [ゲラーデ gərá:də] 形 (格変化語尾がつくときは gerad-) ① まっすぐな, 直線の, 直立した. (英)straight). eine *gerade* Linie 直線 / eine *gerade* Haltung 背筋を伸ばしたよい姿勢 / *gerade* stehen まっすぐに立っている / Das Bild hängt nicht *gerade*. その絵はまっすぐに掛かっていない.

② 《比》正直な, 忌たんない. ein *gerader* Mensch 率直な人. ③ 《比》ちょうど, まったくの. das *gerade* Gegenteil 正反対.

► **gerade|biegen**²

ge·ra·de³ [ゲラーデ] 形 (格変化語尾がつくときは gerad-) 《数》偶数の. eine *gerade* Zahl 偶数.

Ge·ra·de [ゲラーデ] 女 〖語尾変化は形容詞と同じ〗 (または -/-n) ① 《数》直線. ② (陸上)(競走路の)直線部分. ③ (ボクシングの)ストレート.

****ge·ra·de⹀aus** [ゲラーデ・アオス gəra:dəáus] 副 まっすぐに. (英)straight ahead). Wie komme ich zum Museum? — Immer *geradeaus*. 博物館へはどう行けばいいですか ― ずっとまっすぐです / Sie ist immer sehr *geradeaus*. 《比》彼女はいつも真っ正直だ.

ge·ra·de⹀bie·gen¹* [ゲラーデ・ビーゲン gərá:-də-bì:gən] 他 (h) 《口語》(こじれた状態など⁴を)もとどおりにきちんとする.

ge·ra·de⹀bie·gen²*, **ge·ra·de bie·gen*** [ゲラーデ・ビーゲン] 他 (h) (曲がったもの⁴を)まっすぐに伸ばす.

ge·ra·de⹀he·raus [ゲラーデ・ヘラオス] 副 《口語》率直に, 忌たんなく. *geradeheraus* gesagt 率直に言えば.

ge·rä·dert [ゲ・レーダァト] Ⅰ rädern (車裂きの刑に処する)の過分 Ⅱ 形 《口語》疲れ果てた.

ge·ra·de⹀so [ゲラーデ・ゾー] 副 まったく同様に, 同じ程度に (=ebenso).

ge·ra·de⹀ste·hen* [ゲラーデ・シュテーエン gərá:de-ʃtè:ən] 自 (h) 〖**für** 人・事⁴ **~**〗(人・事⁴に対して)責任を負う.

► **gerade**² ①

ge·ra·de⹀wegs [ゲラーデ・ヴェークス] 副 ① (回り道をせず)まっすぐに. ② 単刀直入に, ためらいもなく.

ge·ra·de⹀zu 副 ① [ゲラーデ・ツー] まさに, まったく, …とさえ言えるほど. Das ist *geradezu* ein Wunder. それはまさに奇跡だ. ② [ゲラーデ・ツー] 《方》ずけずけと, 率直に.

Ge·rad·heit [ゲラートハイト] 女 -/ 率直さ, 正直さ.

ge·rad·li·nig [ゲラート・リーニヒ] 形 直線の, 直線的な; 直系の; 正直な.

ge·ragt [ゲ・ラークト] ragen (そびえている)の過分

ge·ram·melt [ゲ・ランメるト] Ⅰ rammeln (激しく揺さぶる)の過分 Ⅱ 形 〖成句的に〗 *gerammelt* voll 《口語》超満員の, すし詰めの.

Ge·ra·nie [ゲラーニエ gerá:niə] 女 -/-n 《植》ペラルゴニウム, テンジクアオイ（ゼラニウム）.

ge·rannt [ゲ・ラント] *rennen (走る)の過分

Ge·ras·sel [ゲ・ラッセる gə-rásəl] 中 -s/ 《口語》しきりにがちゃがちゃ(がらがら)いうこと(音).

ge·rast [ゲ・ラースト] rasen (疾走する)の過分

ge·ras·tet [ゲ・ラステット] rasten (休息する)の過分

ge·rät [ゲ・レート] geraten¹ (…へ行き着く)の3人称単数 現在

das **Ge·rät** [ゲ・レート gə-ré:t] 中 (単2) -[e]s/(複) -e (3格のみ -en) ① 器具, 用具, 器械; ラジオ (=Radiogerät); テレビ (=Fernsehgerät). Kopier*gerät* コピー機 / Das *Gerät* funktioniert nicht. この器具はちゃんと作動しない / das *Gerät*⁴ ab|stellen ラジオ(テレビ)を消す / **an** den *Geräten* turnen 器械体操をする. (☞熟語) Werkzeug.

② 〖複 なし〗(総称として:)道具[一式].

ge·ra·ten¹* [ゲ・ラーテン gə-rá:tən] du gerätst, er gerät (geriet, *ist* …geraten) 自 (空で sein) ① 〖方向を表す語句とともに〗 (偶然…へ)行き着く, 入り(迷い)込む. **an** 人⁴ *geraten* (人⁴に)(怪しげな人物などと)偶然出会う(知り合う) / Sie

gerieten immer tiefer in den Wald. 彼らはますます森の奥深く迷い込んだ / Wohin *sind* wir denn *geraten*? 〖現在完了〗私たちはどこへ来てしまったのだろう.
② (…の状態・気分に) 陥る, なる. Er geriet außer sich³ vor Freude. 彼は喜びのあまりわれを忘れた / in 中⁴ *geraten* 中⁴[の状態]に陥る ⇒ in Angst *geraten* 不安になる / in Armut *geraten* 貧困に陥る / in Streit *geraten* けんかになる / in Vergessenheit *geraten* 忘れ去られる / in Wut *geraten* 激怒する.
③ (仕事などが) うまくいく, 成功する; (子供・植物などが) 育つ. Ihm *gerät* alles gut. 彼は何をしてもうまくいく / Der Kuchen ist heute nicht *geraten*. 〖現在完了〗ケーキ作りはきょうは失敗だった / Seine Kinder *sind* gut *geraten*. 〖現在完了〗彼の子供たちはすくすくと成長した.
④ 〖**nach** 人³ ～〗(人³に) 似てくる. Er *ist* ganz nach seinem Vater *geraten*. 〖現在完了〗彼はすっかり父親に似てきた.

ge·ra·ten² [ゲ・ラーテン] I ‡raten (忠告する), geraten¹ (…へ行き着く) の 過分 II 形 当を得た, 適切な. Ich halte es für *geraten*, zunächst einmal zu warten. 私はまずは待ってみるほうがよいと思う.

Ge·rä·te≈tur·nen [ゲレーテ・トゥルネン] 中 -s/ 器械体操.

Ge·ra·te≈wohl [グラーテ・ヴォール] 中 〖成句的に〗 **aufs** *Geratewohl* 《口語》運を天にまかせて, 行き当りばったりに.

Ge·rät·schaft [ゲ・レートシャフト] 女 -/-en 〖ふつう 複〗① 道具類. ② 道具一式, 装備.

ge·rätst [ゲ・レーツト] geraten¹ (…へ行き着く) の 2 人称親称単数 現在

ge·raubt [ゲ・ラオプト] rauben (奪う) の 過分

ge·räu·chert [ゲ・ロイヒャァト] räuchern (くん製にする) の 過分

Ge·räu·cher·te[s] [ゲ・ロイヒャァテ[ス] gəróyçərtə[s]] 中 〖語尾変化は形容詞と同じ〗 くん製肉.

ge·raucht [ゲ・ラオホト] ‡rauchen (たばこを吸う) の 過分

ge·raum [グラオム gəráum] 形 《雅》かなり長い (時間). seit *geraumer* Zeit ずいぶん前から.

ge·räu·mig [グロイミヒ gəróymɪç] 形 (部屋などが) 広々とした, たっぷりのスペースある.

Ge·räu·mig·keit [グロイミヒカイト] 女 -/ (部屋などが) 広々としていること, (広々とした) 大きさ.

ge·räumt [ゲ・ロイムト] räumen (片づける) の 過分

das **Ge·räusch** [ゲ・ロイシュ gəróyʃ] 中 (単2) -[e]s/(複) -e (3格のみ -en) 雑音, 騒音; 物音. (Ⓔ *noise*). ein lautes *Geräusch*⁴ machen (または verursachen) 大きな物音をたてる / mit viel *Geräusch* 《比》大騒ぎで.

Ge·räusch≈ku·lis·se [グロイシュ・クリッセ] 女 -/-n ① 暗騒音 (意識に上らない背景の騒音). ② 〖劇・放送〗効果音, 擬音.

ge·räusch≈los [グロイシュ・ロース] 形 ① 音を立てない, 静かな. ② (口語) こっそり.

ge·rauscht [ゲ・ラオシュト] rauschen (ざわざわと音をたてる) の 過分

ge·räusch≈voll [グロイシュ・ふォる] 形 騒々しい, やかましい.

ge·räus·pert [ゲ・ロイスパァト] räuspern (再帰で: せき払いをする) の 過分

ger·ben [ゲルベン gérbən] 他 (h) (皮⁴を) なめす. 人³ das Fell⁴ *gerben* 《口語》人³をさんざんなぐる.

Ger·ber [ゲルバァ gérbar] 男 -s/- 皮なめし工, 製革工. (女性形: -in).

Ger·be·rei [ゲルベライ gɛrbəráı] 女 -/-en ① 製革工場. ② 〖複 なし〗皮なめし, 製革[法].

Gerb≈säu·re [ゲルプ・ゾイレ] 女 -/-n 〖化〗タンニン酸.

Gerb≈stoff [ゲルプ・シュトふ] 男 -[e]s/-e 皮なめし剤 (タンニンなど).

Ger·da [ゲルダ gérda] -s/ 《女名》ゲルダ (Hildegard, Gerdrud の 短縮).

ge·rech·net [ゲ・レヒネット] ‡rechnen (計算する) の 過分

ge·recht [ゲレヒト gəréçt] 形 (比較) gerechter, (最上) gerechtest ① 公正な, 公平な. (Ⓔ *just*). ein *gerechter* Richter 公正な裁判官 / Er ist *gerecht* gegen alle. 彼はみんなに対しても公正だ.
② (社会通念から言って) 正当な, 当然の. eine *gerechte* Forderung 正当な (もっともな) 要求 / 人・物³ *gerecht* werden 人・物³を正当に評価する. (☞ 類語 richtig). ③ (条件など³に) 適した, ふさわしい. eine jeder Witterung³ *gerechte* Kleidung どんな天候にも向く服装 / 中³ *gerecht* werden 中³に応じる, 中³を満たす ⇒ Er ist der Aufgabe nicht *gerecht* geworden. 〖現在完了〗彼はその任務を果たすことができなかった. ④ 《聖》(神によって) 義とされた.

..ge·recht [..ゲレヒト ..gərɛçt] 〖形容詞をつくる 接尾〗《…の要求にかなった, …に適した》例: familien*gerecht* 家族に適した (住居など).

ge·recht·fer·tigt [ゲ・レヒトふェルティヒト] I rechtfertigen (正当化する) の 過分 II 形 正当な, 当然の.

die **Ge·rech·tig·keit** [ゲレヒティヒカイト gəréçtɪçkaɪt] 女 -/ ① 公正, 公平; 正義; 正当[性]. (Ⓔ *justice*). die *Gerechtigkeit* eines Urteils 判決の公正さ / 人³ *Gerechtigkeit*⁴ widerfahren lassen 人³を公正に扱う. ② 《雅》司法, 司直. ③ 《古》(認められた) 権利, 権限.

das **Ge·re·de** [ゲ・レーデ gə·réːdə] 中 (単2) -s/ ① (口語) おしゃべり, むだ話. dummes *Gerede* ばかげたおしゃべり. ② (悪い) うわさ, 陰口. 人⁴ ins *Gerede* bringen 人⁴のうわさをたてる / ins *Gerede* kommen うわさの種になる.

ge·re·det [ゲ・レーデット] ‡reden (話す) の 過分

ge·re·gelt [ゲ・レーグるト] I regeln (規制する) の 過分 II 形 規則正しい (食事など); きちんと

ge·reg·net [ゲ・レーグネット] ¦regnen (非人称で: 雨が降る)の過分

ge·regt [ゲ・レークト] regen (再帰で: 動く)の過分

ge·rei·chen [ゲ・ライヒェン gə-ráiçən] 圓 (h) 〖囚³ **zu** 囲³ ～〗(雅)(囚³にとって囲³になる. 囚³ zum Vorteil *gereichen* 囚³にとって得になる.

ge·reicht [ゲ・ライヒト] reichen (さし出す), gereichen (囚³にとって…になる)の過分

ge·reift [ゲ・ライフト] I reifen¹ (熟す)の過分 II 厖 円熟(成熟)した(人格など).

ge·rei·nigt [ゲ・ライニヒト] reinigen (きれいにする)の過分

ge·reist [ゲ・ライスト] ¦reisen (旅行する)の過分

ge·reizt [ゲ・ライツト] I *reizen (刺激する)の過分 II 厖 怒った, 興奮した, いらいらした. in *gereiztem* Ton 怒った口調で.

Ge·reizt·heit [ゲ・ライツトハイト] 囡 -/ いらだち, 立腹.

ge·ret·tet [ゲ・レッテット] *retten (救う)の過分

ge·reu·en [ゲ・ロイエン gə-rɔ́yən] 他 (h)(雅) 後悔させる. Es *gereut* mich, dass... 私は…ということを後悔している.

ge·reut [ゲ・ロイト] reuen (後悔させる), gereuen (後悔させる)の過分

Ger·hard [ゲーア・ハルト gé:r-hart] -s/ 《男名》 ゲールハルト.

Ger·i·a·trie [ゲリアトリー geriatrí:] 囡 -/ 老人医学.

*das **Ge·richt**¹ [ゲ・リヒト gə-ríçt] 囲 (単2) -[e]s/(複) -e (3格のみ -en) 料理. (英) *dish*). (☞「ドイツ・ミニ情報 15」, 下段). Haupt*gericht* (料理の)メーンディッシュ / ein *Gericht* aus Fleisch und Gemüse 肉と野菜の料理 / ein *Gericht*⁴ bestellen (zu|bereiten) 料理を注文する(作る). (☞類語 Essen).

*das **Ge·richt**² [ゲ・リヒト gə-ríçt] 囲 (単2) -[e]s/(複) -e (3格のみ -en) ① 裁判所; 法廷.
(英 *court*). Schieds*gericht* 仲裁裁判所 / das zuständige *Gericht* 所轄の裁判所 / das *Gericht*⁴ an|rufen 裁判に訴える / 囚⁴ **bei** *Gericht* verklagen 囚⁴を告訴する / 囚⁴ **vor** *Gericht* bringen 囚⁴を法廷に引き出す / vor *Gericht* stehen 裁判を受けている.
② 〖複 なし〗裁判, 裁き. (英 *judg[e]ment*). das Jüngste *Gericht* (ƒᵗ教) 最後の審判 / über 囚⁴ *Gericht*⁴ halten (雅) a) 囚⁴を裁く, b) 囚⁴の考え(行動)を糾弾する / mit 囚³ scharf **ins** *Gericht* gehen 囚³を厳しく非難(罰)する / über 囚⁴ **zu** *Gericht* sitzen (雅) a) 囚⁴を裁く, b) 囚⁴の考え(行動)を糾弾する.
③ (総称として:)裁判官. Hohes *Gericht*! (法廷内での呼びかけ:)裁判官殿!

ge·rich·tet [ゲ・リヒテット] *richten (向ける)の過分

ge·richt·lich [ゲ・リヒトリヒ gə-ríçtlıç] 厖 裁判[上]の, 裁判所の, 法廷の, 司法の; 裁判所による. (英 *judicial*). *gerichtliche* Medizin 法医学 / ein *gerichtliches* Verfahren 訴訟手続き / 囚⁴ *gerichtlich* belangen または **gegen** 囚⁴ *gerichtlich* vor|gehen 囚⁴を告訴する.

Ge·richts⹀ak·te [ゲリヒツ・アクテ] 囡 -/-n 裁判記録.

Ge·richts·bar·keit [ゲ・リヒツバールカイト] 囡 -/-en ① 〖複 なし〗裁判権. ② 裁判権(司法権)の行使.

Ge·richts⹀hof [ゲリヒツ・ホーフ] 囲 -[e]s/ ..höfe (上級審の)裁判所.

Ge·richts⹀kos·ten [ゲリヒツ・コステン] 複 裁判費用.

Ge·richts⹀me·di·zin [ゲリヒツ・メディツィーン] 囡 -/ 法医学.

Ge·richts⹀saal [ゲリヒツ・ザール] 囲 -[e]s/..säle 法廷.

Ge·richts⹀schrei·ber [ゲリヒツ・シュライバァ] 囲 -s/- (ᴬᵘˢ) 裁判所書記. (女性形: -in).

― ドイツ・ミニ情報 15 ―

料理 Gerichte

一言でドイツ料理と言っても, 地方色豊かなお国柄で, 土地それぞれの名物料理がある. なかでも豚肉料理は数多く, ソーセージの種類もいろ種多様だ. 腸詰製法で作られたものはすべて Wurst といい, 大きな形の Wurst は薄切りにして食べ, 小さな Würstchen はそのままゆでたり焼いたりして食べる. 町なかの売店では焼いたソーセージを売っており, これに Senf (からし) を付けて軽食とすることが多い.

豚のすね肉を塩漬けにしてゆでた Eisbein はドイツを代表する料理といえるが, それをバイエルン地方ではグリルして皮をぱりぱりに焼く. 名前も Schweinshaxe に変わる. じゃがいも団子の Knödel と, 甘酸っぱいビートサラダ Rote Bete をつけ合せ, ソースをかけて食べるが, かなりのボリュームだ. 肉の切り身を調理したものを Schnitzel と言い, たとえばきのこソースをかけた Jägerschnitzel, 衣をつけて揚げ, レモンを添えた Wiener Schnitzel などのバリエーションがある.

ドイツの町ではふつう毎週一回市(ᵗᶜʰ)が立ち, 新鮮な食材を求める買い物客でにぎわうが, 6月の白アスパラの時期になるとどこもかしこも白アスパラが並ぶ. 軽く皮をむいて塩ゆでし, パセリを散らしたゆでじゃがいもを添え, いろいろなのソースをかけて食べる. この時期にしか味わえない白アスパラのスープも美味だ.

Ge·richts=stand [ゲリヒツ・シュタント] 男 -[e]s/..stände 《法》裁判管轄地, 裁判籍.

Ge·richts=ver·fah·ren [ゲリヒツ・フェアファーレン] 中 -s/- 裁判(訴訟)手続き.

Ge·richts=ver·hand·lung [ゲリヒツ・フェアハンドルング] 女 -/-en (裁判所の)審理, 公判.

Ge·richts=voll·zie·her [ゲリヒツ・ふォるツィーァァ] 男 -s/- 《法》執行官, 執行吏. (女性形: -in).

ge·rie·ben [ゲ・リーベン] I reiben (こする)の 過分 II 形 《口語》抜け目のない, ずるい. ein *geriebener* Kerl ずる賢いやつ.

ge·riet [ゲ・リート] geraten¹ (…へ行き着く)の 過去

ge·rie·te [ゲ・リーテ] geraten¹ (…へ行き着く)の 接2

ge·ring [ゲリング gərín] 形 ① (数量・程度などが)わずかな, 小さい, 少しの. eine *geringe* Menge 少量 / eine *geringe* Begabung 乏しい才能 / Er hatte nur ein *geringes* Einkommen. 彼はほんのわずかの収入しかなかった / Er war in nicht *geringer* Verlegenheit. 彼はかなり当惑していた / *Gering* gerechnet, wird das hundert Euro kosten. 少なく見積もってもそれは100ユーロするだろう / von 人³ *gering* denken 人³を軽視する. (☞ 類語 wenig).

② 《雅》身分の低い; 《旧》(品質などが)劣った. von *geringer* Herkunft sein 下層階級の出身である / eine *geringe* Qualität 低い品質.

▶ **gering|achten, gering|schätzen**

ge·ring|ach·ten, ge·ring ach·ten [ゲリング・アハテン gərín-àxtən] 他 (h) 軽視する; 侮る.

ge·rin·ger [グリンガァ gəríŋər] (gering の 比較) 形 より少ない, よりわずかな, より劣った. Unsere Vorräte werden immer *geringer*. 私たちの蓄えはますます少なくなる. ◇《名詞的に》kein *Geringerer* als … ほかならぬ…が ⇒ Das hat kein *Geringerer* als Einstein gesagt. これはほかでもないあのアインシュタインが言ったことだ.

ge·ring=fü·gig [ゲリング・フューギヒ] 形 微々たる, ささいな, つまらない.

Ge·ring=fü·gig·keit [ゲリング・フューギヒカイト] 女 -/-en ①《覆なし》微少, 軽微. ② 微少なこと, ささいなこと.

ge·ring|schät·zen, ge·ring schät·zen [ゲリング・シェッツェン gəríŋ-ʃètsən] 他 軽視する, 侮る.

ge·ring=schät·zig [ゲリング・シェツィヒ] 形 軽視するような, 軽蔑的な, 見下すような.

Ge·ring·schät·zung [ゲリング・シェッツング] 女 -/-en 軽視, 軽蔑, 侮り.

ge·ringst [ゲリングスト gəríŋst] (gering の 最上) 形 最も少ない, 最もわずかな, 最も劣った. Das ist meine *geringste* Sorge. そのことを私はあまり心配していない(←私の最も小さい心配だ). ◇《否定を表す語句とともに》まったく…ない. Ich habe nicht die *geringste* Lust. 私は全

然その気がない. ◇《名詞的に》nicht das *Geringste* または nicht im *Geringsten* まったく…ない ⇒ Das interessiert mich nicht im *Geringsten*. 私はそれにはまったく関心がない.

ge·rin·nen* [ゲ・リンネン gə-rínən] 自 (s) (血液などが)固まる, 凝固(凝結)する.

Ge·rinn·sel [ゲ・リンゼる gə-rínzəl] 中 -s/- 凝固物;《医》凝血塊, 血栓.

Ge·rip·pe [ゲ・リッペ gə-rípə] 中 -s/- 骨組み, 骨格; 骸骨;《比》骸骨のようにやせた人.

ge·rippt [ゲ・リップト gə-rípt] 形 畝織(うね)の. ein *gerippter* Stoff 畝織の生地.

ge·ris·sen [ゲ・リッセン] I *reißen (引き裂く)の 過分 II 形 《口語》ずる賢い, 抜け目のない.

ge·rit·ten [ゲ・リッテン] *reiten (馬などに乗る)の 過分

Ger·ma·ne [ゲルマーネ gɛrmáːnə] 男 -n/-n ゲルマン人(インド・ヨーロッパ語族の中で, ゲルマン系の言語を話した民族. 北部・中部ヨーロッパに住み, 今日のドイツ人, イギリス人, デンマーク人などの先祖). (女性形: Germanin).

Ger·ma·ni·en [ゲルマーニエン gɛrmáːniən] 中 -s/《地名》ゲルマニア(古代ゲルマン人の居住地域. ドナウ川の北, ライン川の東).

ger·ma·nisch [ゲルマーニッシュ gɛrmáːnɪʃ] 形 ゲルマン[人・語]の. die *germanischen* Völker ゲルマン民族 / die *germanischen* Sprachen ゲルマン諸語.

Ger·ma·nist [ゲルマニスト gɛrmanfst] 男 -en/-en ドイツ語学・文学研究者, ゲルマニスト. (女性形: -in).

Ger·ma·nis·tik [ゲルマニスティク gɛrmanístɪk] 女 -/ ドイツ語学・文学.

ger·ma·nis·tisch [ゲルマニスティッシュ gɛrmanístɪʃ] 形 ドイツ語学・文学の.

Ger·ma·ni·um [ゲルマーニウム gɛrmáːnium] 中 -s/《化》ゲルマニウム(記号: Ge).

gern [ゲルン gɛrn]

> 好んで Ich trinke *gern* Bier.
> イヒ トリンケ ゲルン ビーァ
> 私はビールが好きです.

副 (比較 lieber, 最上 am liebsten) ① 喜んで, 好んで. (英 gladly). Sie spielt *gern* Klavier. 彼女はピアノを弾くのが好きだ / Kommst du mit? ― [Ja,] *gern*! いっしょに来るかい ― [はい,] 喜んで / Aber (または Sehr) *gern*! (頼みに対して)承知しました, 喜んで / Ich helfe Ihnen doch *gern*. 喜んでお手伝いしますとも / Danke schön! ― *Gern* geschehen! どうもありがとう ― どういたしまして / Das habe ich nicht *gern* gemacht. 《口語》私はそれをわざとやったんじゃないんですよ / Das glaube ich *gern*. そうなんだろうね.

② 《同意・承認》…してもいい. Du kannst *gern* mitkommen. 君もいっしょに来てかまわないよ.

③〖接続法2式とともに〗《控えめな願い》…したいのですが、…を欲しい. Ich hätte *gern* ein Kilo Äpfel. りんごを1キロください / Ich möchte *gern* kommen, aber… おうかがいしたいのですが、しかし….
④〖口語〗とかく[…しがち]、よく[…する]. Weiden wachsen *gern* am Wasser. 柳はよく水辺に生える.
⑤〖成句的に〗gut und *gern* 優に、たっぷり. Das dauert gut und *gern* drei Tage. それはたっぷり3日間は続く.
► **gern゠gesehen, gern|haben**

ger·ne [ゲルネ gérnə] 副 =gern. „Kommst du mit?" —„[Ja,] *gerne*!" いっしょに来る?—[はい,]喜んで.

gern゠ge·se·hen, gern ge·se·hen [ゲルン・ゲゼーエン] 形 歓迎される(客など). Er ist bei uns *gerngesehen*. 彼の来訪は私たちのところでは歓迎される.

gern|ha·ben* [ゲルン・ハーベン gérn-hà:bən] 他 (h) 〖人・物⁴〗を好む. Er *hat* sie *gern*. 彼は彼女に好意をもっている / Der kann mich *gernhaben*!《口語》(反語的に:)あいつのことなんか知るものか.

ge·ro·chen [ゲ・ロッヘン] *riechen (におう) 過分

Ge·röll [ゲ・レる gə·rœ́l] 中 -[e]s/-e 川原石、岩屑(片)/(山の斜面などの)がれ.

ge·rollt [ゲ・ロるト] *rollen (転がる) 過分

ge·ron·nen [ゲ・ロンネン] rinnen (流れる)、gerinnen (固まる)の過分

Ge·ron·to·lo·gie [ゲロントろギー gerɔntoloɡí:] 女 -/ 老人医学.

ge·ros·tet [ゲ・ロステット] rosten (さびる)の過分

ge·rös·tet [ゲ・レーステット または ゲ・レス..] rösten (あぶる)の過分

Gers·te [ゲルステ gérstə] 女 -/(種類:) -n《植》オオムギ(大麦).

Gers·ten゠korn [ゲルステン・コルン] 中 -[e]s/ ..körner ① 大麦の粒. ②《医》麦粒腫(⸺)、ものもらい.

Gers·ten゠saft [ゲルステン・ザふト] 男 -[e]s/《戯》ビール(←大麦のジュース).

Ger·te [ゲルテ gértə] 女 -/-n しなやかな小枝; 笞(⸺).

Ger·trud [ゲルトルート gértru:t] -s/《女名》ゲルトルート.

der **Ge·ruch** [ゲ・ルふ gə·rúx] 男 (単2) -[e]s/(複) ..rüche [ゲ・リュッヒェ] (3格のみ ..rüchen) ① におい、香り. (英 *smell*). Mund*geruch* 口臭 / ein süßlicher (stechender) *Geruch* 甘ったるい香り(つーんとくるにおい) / ein *Geruch nach* (または *von*) Kaffee コーヒーの香り.
② 〖複なし〗嗅覚(⸺). Er hat einen feinen *Geruch*. 彼は鼻が利く. ③〖複なし〗《雅》評判. in üblem *Geruch* stehen 評判が悪い.

Ge·rü·che [ゲ・リュッヒェ] Geruch (におい)の複

ge·ruch゠los [ゲルフ・ろース] 形 においのない、無臭の.

ge·ruchs゠frei [ゲルフス・ふライ] 形 =geruchlos

Ge·ruchs゠sinn [ゲルフス・ズィン] 男 -[e]s/ 嗅覚(⸺).

das **Ge·rücht** [ゲ・リュヒト gə·rýçt] 中 (単2) -[e]s/(複) -e (3格のみ -en) うわさ、評判、風評. (英 *rumor*). Ein *Gerücht* entsteht (verbreitet sich). うわさがたつ(広まる) / Das ist nur ein *Gerücht*. それは単なるうわさに過ぎない / Es geht ein *Gerücht*, dass… …といううわさが流れている.

ge·rücht゠wei·se [ゲ・リュヒト・ヴァイゼ] 副 うわさで、うわさによると.

ge·rückt [ゲ・リュックト] rücken (動かす) 過分

ge·ru·dert [ゲ・ルーダっト] rudern (こぐ)の過分

ge·ru·fen [ゲ・ルーふェン] *rufen (叫ぶ) 過分

ge·ru·hen [ゲ・ルーエン gə·rú:ən] 自 (h)《雅》〖zu 不定詞[句]とともに〗〖おそれおおくも〗…してくださる.

ge·rühmt [ゲ・リュームト] rühmen (ほめたたえる)の過分

ge·rührt [ゲ・リューァト] I rühren (かき混ぜる)の過分. II 形 感動した. über 物⁴ *gerührt* sein 物⁴に感動している.

ge·ruh·sam [ゲ・ルーザーム] 形 のんびりした、落ち着いた、ゆったりした.

ge·ruht [ゲ・ルート] ruhen (休息する)、geruhen (おそれおおくも…してくださる)の過分

Ge·rüm·pel [ゲ・リュンぺる gə·rýmpəl] 中 -s/ (家具などの)がらくた、古道具.

Ge·run·di·um [ゲ・ルンディウム gə·rúndium] 中 -s/..dien [..ディエン]《言》動詞の不定形を名詞化したもの、動名詞 (例: das Werden).

ge·run·gen [ゲ・ルンゲン] ringen (格闘する)の過分

ge·run·zelt [ゲ・ルンツェるト] runzeln (しわを寄せる)の過分

Ge·rüst [ゲ・リュスト gə·rýst] 中 -[e]s/-e ① (建築)足場; 台架、台, (仮設の)桟敷. ②《比》構想、輪郭.

ge·rüs·tet [ゲ・リュステット] rüsten (軍備を整える)の過分

ge·rutscht [ゲ・ルッチュト] rutschen (つるりと滑る)の過分

ge·rüt·telt [ゲ・リュッテるト] I rütteln (揺する)の過分 II 副〖成句的に〗*gerüttelt* voll いっぱい詰まった.

ges, Ges [ゲス gés] 中 -/-《音楽》変ト音. *Ges*-Dur 変ト長調.

ge·sagt [ゲ・ザークト] ⁑sagen (言う)の過分. ◆〖成句的に〗besser *gesagt* もっと適切に言えば / kurz *gesagt* 簡単に言えば / nebenbei *gesagt* ついでに言えば / offen *gesagt* 実を言うと / unter uns *gesagt* ここだけの話だが / wie *gesagt* すでに言ったように / *Gesagt*, getan. 言うが早いか実行した.

ge·sägt [ゲ・ゼークト] sägen (のこぎりでひく)の過分

ge·sal·zen [ゲ・ザるツェン] I salzen (塩味をつける)の过去 II 形 ① 塩で味をつけた(スープ・肉など). ② (俗) 法外な(値段など). ③ ぶっきらぼうな, 無愛想な(手紙など).

ge·salzt [ゲ・ザるツト] salzen (塩味をつける)の過分(独).

ge·sam·melt [ゲ・ザンメるト] I *sammeln (集める)の过去 II 形 ① 集められた, 収集された. Kafkas *gesammelte* Werke カフカ作品集(全集). ② 精神を集中した, 落ち着いた.

ge·samt [ゲザムト gəzámt] 形《付加語としてのみ》全体の, 総体の, すべての. (英 whole). die *gesamte* Bevölkerung 全住民, 総人口 / das *gesamte* Einkommen 総収入. (⇨ 類語 all).

Ge·samt≠aus·ga·be [ゲザムト・アオスガーベ] 女 -/-n (印) (作家・思想家などの)全集[版].

ge·samt≠deutsch [ゲザムト・ドイチュ] 形 ① 全ドイツの, 全ドイツに関する. ② (史) (統一以前の)東西両ドイツに関する.

Ge·samt≠ein·druck [ゲザムト・アインドルク] 男 -[e]s/..drücke 全体の印象.

Ge·samt·heit [ゲザムトハイト] 女 -/-en《ふつう 単》① 全体, 総体. das Volk in seiner *Gesamtheit* 全体としての国民. ② 公共, 全住民.

Ge·samt≠hoch·schu·le [ゲザムト・ホーホシューれ] 女 -/-n 統合大学(ドイツで同地域のいくつかの単科大学を一つの総合大学と連係させたもの. 1972年以降に発足).

Ge·samt≠schu·le [ゲザムト・シューれ] 女 -/-n 総合学校(ドイツの伝統的な三つの学校形態 Hauptschule, Realschule, Gymnasium を単一の組織にまとめたもの).

ge·sandt [ゲ・ザント] *senden (送る)の過分

Ge·sand·te[r] [ゲ・ザンテ (..タァ) gə-zántə (..tər)] 男女《語尾変化は形容詞と同じ》外交使節; [特命全権]公使. (女性形: Gesandtin).

Ge·sandt·schaft [ゲ・ザントシャフト] 女 -/-en ① 公使館員. ② 公使(大使)館.

der **Ge·sang** [ゲ・ザング gə-záŋ] 男 (単2) -[e]s/..sänge [ゲ・ゼンゲ] (3格のみ ..sängen) ① 《複 なし》歌うこと, 歌声; 歌唱, 声楽. (英 singing). *Gesang*⁴ studieren 声楽を勉強する / der *Gesang* der Vögel² 鳥のさえずり. ② 歌, 歌曲 (=Lied). (英 song). geistliche *Gesänge* 賛美歌.

Ge·sang≠buch [ゲザング・ブーフ] 中 -[e]s/..bücher 賛美歌集, 聖歌集.

Ge·sän·ge [ゲ・ゼンゲ] Gesang (歌)の複

ge·sang·lich [ゲ・ザングりヒ] 形 歌の, 声楽の; 歌うような(弾き方など).

Ge·sang≠ver·ein [ゲザング・フェァアイン] 男 -[e]s/-e 合唱団, コーラスグループ.

Ge·säß [ゲ・ゼース gə-zέ:s] 中 -es/-e 尻(½), 臀部(笠). (⇨ Körper 図).

ge·sät [ゲ・ゼート] säen (種をまく)の過分

ge·sät·tigt [ゲ・ゼッティヒト] I sättigen (満腹させる)の過分 II 形《化》飽和状態の;《商》供給過剰の.

ge·säu·bert [ゲ・ゾイバァト] säubern (きれいにする)の過分

ge·saugt [ゲ・ザオクト] saugen (吸う)の過分

ge·saust [ゲ・ザオスト] sausen (ざわざわと音をたてる)の過分

ge·scha·det [ゲ・シャーデット] schaden (害する)の過分

Ge·schä·dig·te[r] [ゲ・シェーディヒテ (..タァ) gə-ʃέ:diçtə (..tər)] 男女《語尾変化は形容詞と同じ》被災者, 被害者;《法》負傷者.

ge·schaf·fen [ゲ・シャッフェン] *schaffen² (創造する)の過分

ge·schafft [ゲ・シャふト] *schaffen¹ (やり遂げる), *schaffen² (創造する)の過分

das **Ge·schäft** [ゲ・シェふト gə-ʃέft]

> 商店; 商売
>
> Das *Geschäft* ist geschlossen.
> ダス　ゲシェふト　イスト　ゲシュろッセン
> その店は閉まっている.

中 (単2) -[e]s/(複) -e (3格のみ -en) ① 商店, 店; 会社; 事務所, 営業所. (英 shop). Blumengeschäft 花屋 / ein *Geschäft*⁴ eröffnen (führen) 店を開業する(経営する) / Die *Geschäfte* schließen um 18 Uhr. 店は18時に閉まる / ins *Geschäft* gehen《口語》会社へ出勤する.
② 商売, 取り引き, ビジネス. (英 business). ein solides *Geschäft* 手堅い商売 / Das *Geschäft* geht gut. 商売はうまくいっている / *Geschäft* ist *Geschäft*. 商売に情は禁物 (←商売は商売だ) / mit 人³ *Geschäfte*⁴ machen 人³と取り引きをする / mit 人³ ins *Geschäft* kommen 人³と取り引きを始める.
③《複 なし》もうけ, 利益. Das war für uns kein *Geschäft*. それは私たちにはもうけにならなかった / mit 物³ ein gutes *Geschäft*⁴ machen 物³でたっぷり利益を上げる. ④ 用事, 仕事. wichtige *Geschäfte*⁴ erledigen 重要な用件を片づける / Er versteht sein *Geschäft*. 彼は仕事がよくできる. ⑤《成句的に》ein großes (kleines) *Geschäft*⁴ machen《婉曲》大便(小便)をする.

> メモ 店のいろいろ: die **Bäckerei** パン屋 / das **Blumengeschäft** 花屋 / das **Fachgeschäft** 専門店 / das **Kaufhaus** デパート / das **Lebensmittelgeschäft** 食料品店 / das **Schuhgeschäft** 靴屋 / das **Spielwarengeschäft** おもちゃ屋 / das **Sportgeschäft** スポーツ用品店 / der **Supermarkt** スーパーマーケット

Ge·schäf·te≠ma·cher [ゲシェふテ・マッハァ] 男 -s/- 何でも商売にする人, あくどい商人. (女性形: -in).

ge·schäf·tig [ゲ・シェふティヒ gə-ʃέftiç] 形 多忙な, 忙しく働く, 活気のある, 活動的な. Sie ist immer sehr *geschäftig*. 彼女はいつも忙しくしている.

Ge·schäf·tig·keit [ゲ・シェふティヒカイト] 女

-/ 多忙, 活気, 活動.

ge·schäfts·lich [ゲ・シェふトリヒ gə-ʃéft-lɪç] 形 ① 商売[上]の, 仕事[上]の, ビジネス[上]の. *geschäftliche* Dinge⁴ besprechen 業務上のことがらを相談する, 商談をする / Er ist *geschäftlich* nach London unterwegs. 彼は仕事でロンドンに向かっている. ② 事務的な, そっけない. in *geschäftlichem* Ton 事務的な口調で.

Ge·schäfts=be·reich [ゲシェふツ・ベライヒ] 男 -(e)s/- (大臣などの)職域, 所轄範囲.

ge·schäfts=fä·hig [ゲシェふツ・フェーイヒ] 形 《法》行為能力のある.

Ge·schäfts=frau [ゲシェふツ・フラオ] 女 -/-en 女性実業家, ビジネスウーマン.

Ge·schäfts=freund [ゲシェふツ・フロイント] 男 -(e)s/-e 得意先, 取引先. (女性形: -in).

ge·schäfts=füh·rend [ゲシェふツ・フューレント] 形 業務を執行(管理)する.

Ge·schäfts=füh·rer [ゲシェふツ・フューラァ] 男 -s/- ① 会社の経営者, 支配人. (女性形: -in). ② (会社などの)首脳陣; (政) (政党の)幹事長.

Ge·schäfts=füh·rung [ゲシェふツ・フュールング] 女 -/-en ① (複 なし) マネージメント, 業務管理, 経営. ② 経営者陣, マネージャー.

Ge·schäfts=gang [ゲシェふツ・ガング] 男 -s/..gänge ① (複 なし) 営業状態. ② (複 なし) 事務手続き. ③ 用務, 用件.

Ge·schäfts=in·ha·ber [ゲシェふツ・インハーバァ] 男 -s/- 商店主, 店主. (女性形: -in).

Ge·schäfts=jahr [ゲシェふツ・ヤール] 中 -(e)s/-e 営業(事業)年度.

Ge·schäfts=kos·ten [ゲシェふツ・コステン] 複 〔成句的に〕 auf *Geschäftskosten* 会社の費用で, 社費で.

Ge·schäfts=la·ge [ゲシェふツ・らーゲ] 女 -/-n ① 経営状態. ② 店(事務所)の立地条件.

Ge·schäfts=leu·te [ゲシェふツ・ろイテ] *Geschäftsmann (ビジネスマン) の 複.

der **Ge·schäfts=mann** [ゲシェふツ・マン gəʃéfts-man] (単2) -(e)s/(複) ..leute (3格のみ ..leuten) 実業家, ビジネスマン. ein versierter *Geschäftsmann* 経験豊かな実業家.

ge·schäfts=mä·ßig [ゲシェふツ・メースィヒ] 形 営業上の, 商売上の; 事務的な, そっけない (口調など).

Ge·schäfts=ord·nung [ゲシェふツ・オルドヌング] 女 -/-en 職務規定; 《法》議院規則.

Ge·schäfts=rei·se [ゲシェふツ・ライゼ] 女 -/-n 商用旅行, 出張.

Ge·schäfts=schluss [ゲシェふツ・シュるス] 男 -es/..schlüsse 閉店, 店じまい, 終業.

Ge·schäfts=stel·le [ゲシェふツ・シュテれ] 女 -/-n 事務(営業)所, [支]店.

Ge·schäfts=trä·ger [ゲシェふツ・トレーガァ] 男 -s/- 代理公使. (女性形: -in).

ge·schäfts=tüch·tig [ゲシェふツ・テュヒティ

ヒ] 形 商売(取引)上手の; 抜け目のない.

Ge·schäfts=ver·bin·dung [ゲシェふツ・フェァビンドゥング] 女 -/-en 取引関係.

Ge·schäfts=ver·kehr [ゲシェふツ・フェァケーァ] 男 -(e)s/ 商取引, 営業(商業)活動.

Ge·schäfts=vier·tel [ゲシェふツ・フィァテる] 中 -s/- 商業地域, 商店街.

Ge·schäfts=zeit [ゲシェふツ・ツァイト] 女 -/-en 営業(執務)時間.

Ge·schäfts=zweig [ゲシェふツ・ツヴァイク] 男 -(e)s/-e 営業部門.

ge·schah [ゲ・シャー] *geschehen¹ (起こる) の 過去.

ge·schä·he [ゲ・シェーエ] *geschehen¹ (起こる) の 接2.

ge·schallt [ゲ・シャるト] schallen (響く) の 過分.

ge·schält [ゲ・シェーるト] schälen (皮をむく) の 過分.

ge·schal·tet [ゲ・シャるテット] schalten (切り替える) の 過分.

ge·schämt [ゲ・シェームト] schämen (再帰 で: 恥じる) の 過分.

ge·schärft [ゲ・シェルふト] schärfen (鋭くする) の 過分.

ge·schätzt [ゲ・シェッツト] schätzen (見積もる) の 過分.

ge·schau·kelt [ゲ・シャオケるト] schaukeln (揺れる) の 過分.

ge·schaut [ゲ・シャオト] *schauen (見る) の 過分.

ge·scheckt [ゲ・シェックト gə-ʃékt] 形 斑点(はん)のある, まだらの, ぶちの.

＊＊ge·sche·hen¹＊ [ゲ・シェーエン gə-ʃé:ən]

> 起こる Hier *geschehen* oft Unfälle.
> ヒーァ ゲシェーエン オふト ウンふェれ
> ここではよく事故が起こる.

es geschieht (geschah, *ist* ... geschehen) 自 (完了 sein) ① (事件などが)起こる, 生じる. (英 *happen*). Im Bergwerk ist ein Unglück *geschehen*. (現在完了) 鉱山で惨事が起きた / Es *geschah* eines Tages, dass ... ある日…ということが起こった. ◇(過去分詞の形で) *Geschehen* ist *geschehen*. (諺) 起きたことは起きたことだ(しかたがない).

② (人³の)身に降りかかる. Ihm *ist* Unrecht *geschehen*. (現在完了) 彼は不当な扱いを受けた / Dem Kind *ist* bei dem Unfall nichts *geschehen*. (現在完了) その子供は事故の際に無事だった / Das *geschieht* ihm recht! 彼がそんな目に遭うのは当然だ(いい気味だ).

③ なされる, 行われる. Zu seiner Rettung *muss* etwas *geschehen*. 彼を救うために何かしなくてはならない / Was *soll* mit den alten Zeitungen *geschehen*? この古新聞はどうしたらいいんだ. ◇**lassen** とともに 動⁴ *geschehen* lassen 動⁴をほうっておく, 起こるがままにしておく ⇒ Du *lässt* alles mit dir *geschehen*. 君は何

もかもされるがままじゃないか. ◊〚過去分詞の形で〛 Danke schön! — Gern *geschehen*! ありがとう — どういたしまして (←喜んでなされた).

④ 〚*es ist um* 人・事⁴ *geschehen* の形で〛人・事⁴はもうだめである. Es *ist* um seine Ruhe *geschehen.* 彼は冷静さを失った.

|類語| **geschehen**: 「起こる」の意味で最も一般的な語. **sich**⁴ **ereignen**: (目をひく出来事が)突発する. **passieren**: (ありがたくないこと・不快なことが)起こる. **vor|fallen**: (思いがけなく, いやなことが)起こる.

ge·sche·hen² [ゲ・シェーエン] ‡geschehen¹ (起こる)の 過分

Ge·sche·hen [ゲ・シェーエン] 中 -s/- 〚ふつう 単〛《雅》出来事, 事件; (出来事の)経過.

Ge·scheh·nis [ゲ・シェーニス] 中 ..nisses/..nisse《雅》出来事, 事件.

ge·scheit [ゲシャイト gəʃáıt] 形 (比較 ge-scheiter, 最上 gescheitest) ① 利口な, 才気のある, 気の利いた. ein *gescheiter* Einfall 気の利いたアイディア / Ich werde daraus nicht *gescheit*. 私はそれには合点がいかない. (☞ 類語 klug). ② 《口語》分別のある, まともな. Es wäre *gescheiter*, nach Hause zu gehen. 〚接 2・現在〛家に帰ったほうがいいと思うよ / Du bist wohl nicht ganz *gescheit*. 君は[頭が]どうかしてるんじゃないか.

ge·schei·tert [ゲ・シャイタァト] scheitern (失敗する)の 過分

Ge·scheit·heit [ゲシャイトハイト] 女 -/-en〚ふつう 単〛才気, 利口[なこと].

‡*das* **Ge·schenk** [ゲ・シェンク gə-ʃέŋk]

贈り物
Das ist ein Geschenk für dich.
ダス イスト アイン ゲシェンク フューァ ディヒ
これは君へのプレゼントだ.

中 (単2) -[e]s/(複) -e (3格のみ -en) 贈り物, プレゼント. (英 *gift*). Weihnachts*geschenk* クリスマスプレゼント / ein schönes *Geschenk* すばらしいプレゼント / ein *Geschenk* von meiner Mutter 私の母からのプレゼント / 人³ ein *Geschenk*⁴ mit|bringen 人³にプレゼントを持って来る / ein *Geschenk*⁴ an|nehmen (erhalten)プレゼントを受け取る(もらう) / 人³ ein *Geschenk*⁴ zum Geburtstag kaufen 人³の誕生日のプレゼントを買う / 人³ ein *Geschenk*⁴ machen 人³に贈り物をする / Sie machte ihm ein Buch **zum** *Geschenk*. 彼女は彼に本をプレゼントした / ein *Geschenk* des Himmels《比》思いがけない喜び (←天からの賜り物) / Kleine *Geschenke* erhalten die Freundschaft. 《諺》寸志交わりを温む (←ささやかな贈り物は友情を長持ちさせる).

ge·schenkt [ゲ・シェンクト] ‡schenken (贈る)の 過分

ge·scherzt [ゲ・シェルツト] scherzen (冗談を言う)の 過分

ge·scheut [ゲ・ショイト] scheuen (しり込みする)の 過分

‡*die* **Ge·schich·te** [ゲ・シヒテ gə-ʃíçtə] 女 (単) -/(複) -n ① 〚複 なし〛 歴史; 歴史学. (英 *history*). Welt*geschichte* 世界史 / die deutsche *Geschichte* ドイツ史 / die *Geschichte* der Menschheit 人類の歴史 / Er studiert *Geschichte*. 彼は歴史学を専攻している / *Geschichte*⁴ machen《比》画期的な意義を持つ / **in** die *Geschichte* ein|gehen《雅》歴史に名をとどめる.

② 物語, 話. eine spannende *Geschichte* 手に汗握る物語 / eine *Geschichte*⁴ erzählen (vor|lesen) 物語を話して聞かせる(読んで聞かせる) / Kinder hören gern *Geschichten*. 子供たちは物語を聞くのが好きだ.

③ 《口語》出来事; 事柄; ごたごた. Mach keine *Geschichten*! a) ばかなまねはよせ, b) もったいぶるなよ / Das sind doch alte *Geschichten*. それはとっくに知られたことさ / Die ganze *Geschichte* kostet 200 Euro. 全部ひっくるめて 200 ユーロだ.

Ge·schich·ten⹀er·zäh·ler [ゲシヒテン・エァツェーらァ] 男 -s/- 物語の語り手. (女性形: -in).

ge·schicht·lich [ゲ・シヒトりヒ gə-ʃíçt-lıç] 形 歴史の, 歴史的な; 歴史上実在する, 歴史に残る. (英 *historical*). die *geschichtliche* Entwicklung 歴史的発展 / *geschichtliche* Tatsachen 史実 / eine *geschichtliche* Leistung 歴史に残る偉業.

Ge·schichts⹀buch [ゲ・シヒツ・ブーフ] 中 -[e]s/..bücher 歴史の教科書.

Ge·schichts⹀for·scher [ゲ・シヒツ・フォルシャァ] 男 -s/- 歴史家, 歴史学者. (女性形: -in).

Ge·schichts⹀for·schung [ゲシヒツ・フォルシュング] 女 -/-en 歴史研究.

das **Ge·schick**¹ [ゲ・シック gə-ʃík] 中 (単2) -[e]s/ ① 器用さ, 熟練, 巧みさ, 手腕. (英 *skill*). diplomatisches *Geschick* 外交的手腕 / Sie hat *Geschick* **zu** Handarbeiten (また は **für** Handarbeiten). 彼女は手芸が上手だ. ② 《方》秩序, 整頓(ば).

Ge·schick² [ゲ・シック] 中 -[e]s/-e《雅》運命 (=Schicksal).

Ge·schick·lich·keit [ゲ・シックりヒカイト] 女 -/ 器用さ, 熟練; 腕前.

ge·schickt [ゲ・シックト gə-ʃíkt] **I** ‡schicken (送る)の 過分 **II** 形 (比較 geschickter, 最上 geschicktest) ① 器用な, 熟練した, 巧みな. (英 *skillful*). ein *geschickter* Arbeiter 熟練労働者 / Er hat *geschickte* Finger. 彼は手先が器用だ. ② 如才ない, 抜け目のない. *geschickte* Fragen stellen 巧妙な質問をする. ③ 《南ド》便利な, 役にたつ; 都合のよい.

|類語| **geschickt**: (手仕事・人の扱いなどが)器用な, 手慣れた. **gewandt**: (すぐれた才能の表れとして)老練な. ein *gewandter* Diplomat 老練な外交官.

erfahren:（豊かな経験によって才能が磨かれて）練達の，ベテランの. ein *erfahrener* Pilot 経験豊かなパイロット.

Ge·schie·be [ゲ・シーベ gə-ʃiːbə] 田 -s/- ① 《腹 なし》(口語) 押し合いへし合い, 雑路. ② (地学)（氷河などが運んだ）岩塊.

ge·schie·den [ゲ・シーデン] scheiden（離婚させる）の 過分 II 形 離婚した（略: gesch.；記号: ⊕).

ge·schieht [ゲ・シート] *geschehen¹（起こる）の3人称単数 現在

ge·schie·nen [ゲ・シーネン] *scheinen（輝く）の 過分

ge·schil·dert [ゲ・シるダァト] schildern（描写する）の 過分

ge·schimpft [ゲ・シンプふト] schimpfen（ののしる）の 過分

das **Ge·schirr** [ゲ・シル gə-ʃɪr] 田 (単2) -[e]s/(複) -e (3格のみ -en) ① 《腹 なし》**食器** [類]；食器セット；台所用具. Silber*geschirr* 銀食器 / das *Geschirr*⁴ spülen 食器を洗う. ② 馬具, 引き具.

Ge·schirr⸗spü·ler [ゲシル・シュピューらァ] 男 -s/-《口語》食器洗い機, 食洗機.

Ge·schirr⸗spül·ma·schi·ne [ゲシル・シュピューるマシーネ] 囡 -/-n ＝Geschirrspüler

Ge·schirr⸗tuch [ゲシル・トゥーフ] 田 -[e]s/..tücher ふきん.

ge·schis·sen [ゲ・シッセン] scheißen（くそをする）の 過分

ge·schlach·tet [ゲ・シュラハテト] schlachten（屠殺する）の 過分

ge·schla·fen [ゲ・シュらーフェン] *schlafen（眠る）の 過分

ge·schla·gen [ゲ・シュらーゲン] I *schlagen（打つ）の 過分 II 形 ① 敗北した. ②《口語》（時間について：）まるまる… zwei *geschlagene* Stunden まるまる 2 時間.

das **Ge·schlecht** [ゲ・シュれヒト gə-ʃlɛçt] 田 (単2) -[e]s/(複) -er (3格のみ -ern) ①（男女・雌雄の）**性**.（英 *sex*). das andere *Geschlecht* 異性 / das männliche (weibliche) *Geschlecht* 男性(女性), 雄(雌) / das starke (schwache) *Geschlecht*《口語・戯》男(女).
② 種属, 類. das menschliche *Geschlecht* 人類.
③ 世代（＝Generation）. die kommenden *Geschlechter* 後代の人々 / von *Geschlecht* zu *Geschlecht* 世代から世代へと, 代々. ④ 一族, 家系. Er ist aus altem *Geschlecht*. 彼は古い家柄の出だ. ⑤《腹 なし》性器. ⑥〔言〕（名詞の）性（＝Genus）. männliches (weibliches, sächliches) *Geschlecht* 男性(女性, 中性).

ge·schlecht·lich [ゲ・シュれヒトりヒ] 形 性の；性的な, 性殖の. *geschlechtliche* Fortpflanzung 有性生殖 / mit 囚³ *geschlechtlich* verkehren 囚³と性的関係を持つ.

Ge·schlechts⸗akt [ゲシュれヒツ・アクト] 男 -[e]s/-e 性行為.

Ge·schlechts⸗krank [ゲシュれヒツ・クランク] 形 性病にかかった.

Ge·schlechts⸗krank·heit [ゲシュれヒツ・クランクハイト] 囡 -/-en 性病.

Ge·schlechts⸗los [ゲシュれヒツ・ろース] 形 性のない, 無性の. *geschlechtslose* Fortpflanzung 無性生殖.

Ge·schlechts⸗merk·mal [ゲシュれヒツ・メルクマーる] 田 -[e]s/-e〔生〕性徴. primäre *Geschlechtsmerkmale* 第一次性徴.

Ge·schlechts⸗or·gan [ゲシュれヒツ・オルガーン] 田 -s/-e〔生〕生殖器, 性器.

Ge·schlechts⸗reif [ゲシュれヒツ・ライふ] 形 性的に成熟した, 生殖機能のある.

Ge·schlechts⸗teil [ゲシュれヒツ・タイる] 男 -[e]s/-e 性器, 外陰部.

Ge·schlechts⸗trieb [ゲシュれヒツ・トリープ] 男 -[e]s/-e 性衝動, 性欲.

Ge·schlechts⸗um·wand·lung [ゲシュれヒツ・ウムヴァンドるング] 囡 -/-en 性転換.

Ge·schlechts⸗ver·kehr [ゲシュれヒツ・ふェアケーァ] 男 -s/- 性交.

Ge·schlechts⸗wort [ゲシュれヒツ・ヴォルト] 田 -[e]s/..wörter〔言〕冠詞（＝Artikel）.

ge·schleppt [ゲ・シュれップト] schleppen（引きずるようにして運ぶ）の 過分

ge·schleu·dert [ゲ・シュろイダァト] schleudern（投げる）の 過分

ge·schli·chen [ゲ・シュリッヒェン] schleichen（忍び足で歩く）の 過分

ge·schlif·fen [ゲ・シュリッふェン] I schleifen¹（研ぐ）の 過分 II 形 ① 洗練された, あか抜けした. ein *geschliffener* Stil 洗練された文体. ② 鋭い, 辛らつな（言葉など）.

Ge·schlin·ge [ゲ・シュリンゲ gə-ʃlɪŋə] 田 -s/-（屠畜の）内臓, 臓腑.

ge·schlos·sen [ゲ・シュろッセン] I *schließen（閉める）の 過分 II 形 ① 閉じられた；非公開の, 閉鎖的な. eine *geschlossene* Gesellschaft 会員だけのパーティー. ② まとまった；一致した；統一のとれた. Die Regierung ist *geschlossen* zurückgetreten.《現在完了》内閣は総辞職した. ③〔言〕（母音が）閉音の；（音節が）子音で終わる, 閉音節の.

Ge·schlos·sen·heit [ゲ・シュろッセンハイト] 囡 -/- ① 一致, 団結. die *Geschlossenheit* der streikenden Arbeiter² ストライキ中の労働者たちの団結. ②（作品などの）緊密な構成；完結性. ③ 密集した(緊密な)状態.

ge·schluchzt [ゲ・シュるフツト] schluchzen（すすり泣く）の 過分

ge·schluckt [ゲ・シュるックト] schlucken（飲み込む）の 過分

ge·schlum·mert [ゲ・シュるンマァト] schlummern（まどろむ）の 過分

ge·schlun·gen [ゲ・シュるンゲン] schlingen¹（巻きつける）の 過分

ge·schlüpft [ゲ・シュリュプふト] schlüpfen（するりと抜け出す）の 過分

*der **Ge·schmack** [ゲ・シュマック gə-ʃmák] 男 (単2) -[e]s/(複) ..schmäcke [ゲ・シュメッケ] (3格のみ ..schmäcken) まれに (複) Geschmäcker (3格のみ Geschmäckern) (英 taste) ① 味, 風味. Nach*geschmack* あと味 / ein bitterer (süßer) *Geschmack* にがい(甘い)味 / Die Suppe hat einen kräftigen *Geschmack*. このスープはこってりしている. ② 〖複 なし〗 味覚. Er hat wegen seines Schnupfens keinen *Geschmack*. 彼は鼻風邪をひいていて味覚がない. ③ 好み, 趣味; 審美眼, (美的な)センス. Sie hat einen guten *Geschmack*. 彼女は趣味がいい / **an** 動³ *Geschmack*⁴ **finden** 動³ が好きになる / **auf** den *Geschmack* **kommen** 味を覚える, (徐々に)いいところがわかってくる / Das ist nicht mein *Geschmack* (または **nach** meinem *Geschmack*). それは私の好みではない / Die *Geschmäcker* sind verschieden. 《口語・戯》好みは各人各様 / Über [den] *Geschmack* lässt sich nicht streiten. 《諺》たで食う虫も好き好き (← 人の好みについては議論しても始まらない). ④ 《雅》礼節.

Ge·schmä·cke [ゲ・シュメッケ] ✻Geschmack (味)の複.

ge·schmack·lich [ゲ・シュマックりヒ] 形 味に関する; 美的感覚についての.

ge·schmack⹂los [ゲシュマック・ろース] 形 ① 味のない, 無味の(食物など). ② 悪趣味な, 不格好な, 不作法な, 粗野な(態度など).

Ge·schmack⹂lo·sig·keit [ゲシュマック・ろーズィヒカイト] 女 -/-en ① 〖複 なし〗 悪趣味; 俗悪; 不作法, 粗野. ② 不粋な言動.

Ge·schmacks⹂sa·che [ゲシュマックス・ザッヘ] 女 -/ 好みの問題.

Ge·schmacks⹂rich·tung [ゲシュマックス・リヒトゥング] 女 -/-en 味付け; 好み, 好尚.

Ge·schmacks⹂sa·che [ゲシュマックス・ザッヘ] 女 -/ 好みの問題.

Ge·schmacks⹂sinn [ゲシュマックス・ズィン] 男 -[e]s/ 味覚.

Ge·schmacks⹂ver·ir·rung [ゲシュマックス・ふェアイルング] 女 -/-en 悪趣味[なとり合わせ].

ge·schmack⹂voll [ゲシュマック・ふォる] 形 趣味のよい, センスのよい.

ge·schmeckt [ゲ・シュメックト] ‡schmecken (…の味がする)の 過分

ge·schmei·chelt [ゲ・シュマイヒェるト] schmeicheln (お世辞を言う)の 過分

Ge·schmei·de [ゲ・シュマイデ gə-ʃmáɪdə] 中 -s/- 《雅》(高価な)装身具, アクセサリー.

ge·schmei·dig [ゲ・シュマイディヒ gə-ʃmáɪdɪç] 形 ① 曲げやすい, しなやかな; 弾力性のある. ein *geschmeidiges* Leder しなやかな革. ② 敏捷(びんしょう)な, すばしこい. ③ 柔軟な.

Ge·schmei·dig·keit [ゲ・シュマイディヒカイト] 女 -/ しなやか[さ]; 弾力[性]; 柔軟性.

Ge·schmeiß [ゲ・シュマイス gə-ʃmáɪs] 中 -es/ ① うじ虫, 虫けら. ② 人間のくず. ③ 《狩》猛禽(もうきん)の糞.

ge·schmerzt [ゲ・シュメルツト] schmerzen (痛む)の 過分

ge·schmie·det [ゲ・シュミーデット] schmieden (鉄などを鍛える)の 過分

Ge·schmie·re [ゲ・シュミーア gə-ʃmíːr] 中 -[e]s/ 《口語》べとべとしたもの; なぐり書き, 乱筆; 駄作, へたな文(絵).

Ge·schmie·re [ゲ・シュミーレ gə-ʃmíːrə] 中 -s/ 《口語》=Geschmier

ge·schmiert [ゲ・シュミーァト] schmieren (油をさす)の 過分

ge·schminkt [ゲ・シュミンクト] schminken (化粧する)の 過分

ge·schmis·sen [ゲ・シュミッセン] schmeißen (投げる)の 過分

ge·schmol·zen [ゲ・シュモるツェン] schmelzen (溶ける)の 過分

ge·schmückt [ゲ・シュミュックト] schmücken (飾る)の 過分

ge·schnallt [ゲ・シュナるト] schnallen (締める)の 過分

ge·schnappt [ゲ・シュナップト] schnappen (ぱくっと食いつこうとする)の 過分

ge·schnarcht [ゲ・シュナルヒト] schnarchen (いびきをかく)の 過分

ge·schneit [ゲ・シュナイト] ‡schneien (非人称 で: 雪が降る)の 過分

ge·schnie·gelt [ゲ・シュニーゲるト] I schniegeln (飾りたてる)の 過分 II 形 《口語》(特に男性が)めかしこんだ, 着飾った.

ge·schnit·ten [ゲ・シュニッテン] I ‡schneiden (切る)の 過分 II 形 刻まれた, 裁断された.

ge·schnitzt [ゲ・シュニッツト] schnitzen (彫る)の 過分

ge·schno·ben [ゲ・シュノーベン] schnauben (荒い鼻息をする)の 過分

ge·schnürt [ゲ・シュニューァト] schnüren (ひもをかける)の 過分

ge·scho·ben [ゲ・ショーベン] ✻schieben (押す)の 過分

ge·schol·ten [ゲ・ショるテン] schelten (しかる)の 過分

ge·schont [ゲ・ショーント] schonen (いたわる)の 過分

Ge·schöpf [ゲ・シェプふ gə-ʃœpf] 中 -[e]s/-e ① 被造物, 神の創造物; 生き物. Wir sind alle Gottes *Geschöpfe*. われわれはすべて神の被造物である. ② 人間; やつ. Das arme *Geschöpf*! あわれなやつだ. ③ (創作上の)人物; (想像上の)産物.

ge·schöpft [ゲ・シェプふト] schöpfen (くむ)の 過分

ge·scho·ren [ゲ・ショーレン] scheren¹ (刈る)の 過分

Ge·schoss [ゲ・ショス gə-ʃɔs] 中 -es/-e (オーストリア: Geschoß [ゲ・ショース] ともつづる) ① 弾丸, 弾; (比) (サッカーの)強力なシュート. ② 《建》階, [階]層. Erd*geschoss* 1 階 / Er wohnt im ersten *Geschoss*. 彼は 2 階に住んでいる.

Ge·schoss‹bahn [ゲショス・バーン] 囡 –/–en 弾道.

ge·schos·sen [ゲ・ショッセン] schießen (撃つ)の 過分

ge·schraubt [ゲ・シュラオプト] I schrauben (ねじで留める)の 過分 II 形《口語》気取った, わざとらしい, 不自然な.

ge·schreckt [ゲ・シュレックト] schrecken¹ (驚かす)の 過分

Ge·schrei [ゲ・シュライ gə-ʃráɪ] 匣 –s/ ① 叫び声, わめき声;《口語》(つまらぬことでの)大騒ぎ. ein kläglisches *Geschrei* 悲痛な叫び / Mach doch kein solches *Geschrei*! そんなに大騒ぎするな.

Ge·schreib·sel [ゲ・シュライプセる gə-ʃráɪp-səl] 匣 –s/《口語》なぐり書き; 駄文, 駄作.

ge·schrie·ben [ゲ・シュリーベン] schreiben (書く)の 過分

ge·schrien [ゲ・シュリーン] *schreien (叫ぶ)の 過分

ge·schrit·ten [ゲ・シュリッテン] schreiten (歩く)の 過分

ge·schun·den [ゲ・シュンデン] schinden (酷使する)の 過分

ge·schüt·telt [ゲ・シュッテるト] schütteln (振る)の 過分

ge·schüt·tet [ゲ・シュッテット] schütten (つぐ)の 過分

Ge·schütz [ゲ・シュッツ gə-ʃýts] 匣 –es/–e《軍》大砲, 火砲. ein schweres *Geschütz* 重砲 / grobes *Geschütz*⁴ auf|fahren《口語》激しく反論する.

Ge·schütz‹feu·er [ゲシュッツ・ふォイァァ] 匣 –s/– 砲火.

ge·schützt [ゲ・シュッット] I ‡schützen (守る)の 過分 II 形 保護された.

Ge·schwa·der [ゲ・シュヴァーダァ gə-ʃvá:-dər] 匣 –s/–《軍》(軍用機の)編隊; 艦隊.

ge·schwankt [ゲ・シュヴァンクト] schwanken (揺れる)の 過分

ge·schwärmt [ゲ・シュヴェルムト] schwärmen (群がる)の 過分

Ge·schwätz [ゲ・シュヴェッツ gə-ʃvɛ́ts] 匣 –es/《口語》むだ話, おしゃべり; うわさ.

ge·schwät·zig [ゲ・シュヴェツィヒ gə-ʃvɛ́-tsɪç] 形 おしゃべりな, 口数の多い, 多弁な.

ge·schwatzt [ゲ・シュヴァッツト] schwatzen (おしゃべりをする)の 過分

ge·schwebt [ゲ・シュヴェープト] schweben (漂っている)の 過分

ge·schweift [ゲ・シュヴァイふト] I schweifen (さまよい歩く)の 過分 II 形 ① 尾のある. ein *geschweifter* Stern 彗星(ホュェ). ② 湾曲した.

ge·schwei·ge [ゲ・シュヴァイゲ gə-ʃváɪgə] 接《ふつう **denn** とともに》いわんや(まして)…でない. Ich habe sie nicht gesehen, *geschweige* [denn] gesprochen. 私は彼女に会ったことはないし, まして話をしたことなどありません.

ge·schwenkt [ゲ・シュヴェンクト] schwenken (振る)の 過分

ge·schwie·gen [ゲ・シュヴィーゲン] *schweigen (黙っている)の 過分

ge·schwind [ゲ・シュヴィント gə-ʃvínt] 形 (比較 geschwinder, 最上 geschwindest)《方》速い, 迅速な, すばやい (=schnell). Mach *geschwind*! さっさとやれ.

ge·schwin·delt [ゲ・シュヴィンデるト] schwindeln (非人称で: 目まいがする)の 過分

die **Ge·schwin·dig·keit** [ゲ・シュヴィンディヒカイト gə-ʃvíndɪçkaɪt] 囡 (単) –/(複) –en **速度**, 速さ, スピード. (英 speed). Lichtgeschwindigkeit 光速 / eine große (または hohe) *Geschwindigkeit* ハイスピード / die *Geschwindigkeit*⁴ steigern (herab|setzen) スピードを上げる(落とす) / Wir fahren mit einer *Geschwindigkeit* von 100 Kilometern in der Stunde. われわれは時速100キロで走る / Der Computer verarbeitet die Daten mit rasender *Geschwindigkeit*. そのコンピュータはものすごい速さでデータを処理する.

Ge·schwin·dig·keits‹be·gren·zung [ゲシュヴィンディヒカイツ・ベグレンツンク] 囡 –/–en (交通機関の)速度制限.

Ge·schwin·dig·keits‹be·schrän·kung [ゲシュヴィンディヒカイツ・ベシュレンクング] 囡 –/–en (交通機関の)速度制限.

Ge·schwin·dig·keits‹mes·ser [ゲシュヴィンディヒカイツ・メッサァ] 男 –s/– スピードメーター, 速度計.

‡*die* **Ge·schwis·ter** [ゲ・シュヴィスタァ gə-ʃvístər] 複 (3格のみ –n)(男女含めての)**きょうだい**, 兄弟姉妹. (英 brothers and sisters). (注「兄弟」は Bruder, 「姉妹」は Schwester). Haben Sie *Geschwister*? ごきょうだいはいらっしゃいますか / Ich habe drei Brüder und zwei Schwestern, zusammen sind wir sechs *Geschwister*. 私は兄弟が3人, 姉妹が2人で, 合わせて6人きょうだいです.

(注意)専門用語としては中性単数で「きょうだいの一人」の意味で用いられることもある.

ge·schwis·ter·lich [ゲ・シュヴィスタァリヒ] 形 兄弟姉妹の, きょうだいのような.

ge·schwitzt [ゲ・シュヴィッツト] schwitzen (汗をかく)の 過分

ge·schwol·len [ゲ・シュヴォれン] I schwellen¹ (ふくれる)の 過分 II 形 ① ふくらんだ, はれた. ② 誇張した, もったいぶった. eine *geschwollene* Ausdrucksweise 大げさな言い方.

ge·schwom·men [ゲ・シュヴォンメン] ‡schwimmen (泳ぐ)の 過分

ge·schwo·ren [ゲ・シュヴォーレン] I schwören (誓う)の 過分 II 形《成句的に》ein *geschworener* Feind (または Gegner) von 匣³ sein 匣³に対する断固たる反対者である.

Ge·schwo·re·ne[**r**] [ゲ・シュヴォーレネ(..ナァ) gə-ʃvó:rənə (..nər)] 男 囡《語尾変化は形容詞と同じ》《法》陪審員, 裁判員.

Ge·schwulst [ゲ・シュヴるスト gə-ʃvúlst] 囡 –/..schwülste《医》腫瘍(ょぅ); できもの. eine bösartige *Geschwulst* 悪性腫瘍.

ge·schwun·den [ゲ・シュヴンデン] schwinden (減る)の 過分

ge·schwun·gen [ゲ・シュヴンゲン] **I** schwingen (揺れる)の 過分 **II** 形 アーチ形の, 弓形の.

Ge·schwür [ゲ・シュヴューァ] ge-∫vý:r] 中 -[e]s/-e 《医》潰瘍(かいよう); 《比》(社会の)病弊. Magen*geschwür* 胃潰瘍 / ein *Geschwür*⁴ auf|schneiden 潰瘍を切開する.

Ges-Dur [ゲス・ドゥーァ] 中 -/《音楽》変ト長調 (記号: Ges).

ge·se·gelt [ゲ・ゼーゲるト] segeln (帆走する)の 過分

ge·seg·net [ゲ・ゼーグネット] **I** *segnen (祝福する)の 過分 **II** 形 ① 祝福された, 幸福な. *Gesegnete* Weihnachten! よいクリスマスを. ② ~な, 豊かな. einen *gesegneten* Schlaf haben ぐっすり眠る / mit 人・物³ *gesegnet* sein 《雅》(ふつう皮肉って:) 人・物³(子供・富など)に恵まれている.

ge·se·hen [ゲ・ゼーエン] ‡sehen (見える)の 過分

ge·sehnt [ゲ・ゼーント] sehnen (再帰で: あこがれる)の 過分

Ge·selch·te[s] [ゲ・ぜるヒテ[ス] gə-zélçtə[s]] 中 -/(語尾変化は形容詞と同じ) 《南ドイ・オーストリア》くん製の肉.

der **Ge·sel·le** [ゲ・ぜれ gə-zélə] 男 (単 2·3·4) -n/(複) -n ① (手工業の)職人 (Lehrling「見習い」と Meister「親方」の中間段階). ② 若者, やつ. ein lustiger *Geselle* 愉快なやつ. ③ 《話》仲間, 同僚.

ge·sel·len [ゲ・ぜれン gə-zélən] 再帰 (h) *sich*⁴ gesellen ① 《*sich*⁴ **zu** 人³ ~》人³の仲間になる. Auf dem Heimweg *gesellte* er *sich* zu ihr. 帰りがけに, 彼は彼女と一緒になった. ② 《*sich*⁴ **zu** 事³ ~》(事³)に付け加わる. Zu meiner Erkältung *gesellten sich* auch noch Ohrenschmerzen. 風邪に加えて耳も痛くなった.

Ge·sel·len·stück [ゲ・ぜれン・シュテュック] 中 -[e]s/-e (徒弟が)職人検定試験に提出する作品.

ge·sel·lig [ゲ・ぜりヒ gə-zéliç] 形 ① 社交的な, 人づき合いのいい; 《生》群居性の, 群棲(ぐんせい)の. Sie ist sehr *gesellig*. 彼女はとても社交的だ. ② (会合などが)気楽な, くつろいだ. ein *geselliges* Beisammensein 懇親会.

Ge·sel·lig·keit [ゲ・ぜりヒカイト] 女 -/-en ① 《複なし》社交, 交際, 人づき合い. ② 懇親会, 社交上の集まり.

Ge·sel·lin [ゲ・ぜりン gə-zélɪn] 女 -/..sellinnen (女性の)職人.

die **Ge·sell·schaft** [ゲ・ぜるシャふト gə-zél∫aft] 女 (単) -/(複) -en ① 社会; 利益社会. 《英》society). 《反》「共同社会」は Gemeinschaft). die bürgerliche *Gesellschaft* 市民社会 / die Rolle der Frau² in der *Gesellschaft* 社会における女性の役割 / die vornehme (または feine) *Gesellschaft* 上流社会.

② (社交的な)会合, 集い, パーティー; サークル. Abend*gesellschaft* 夜のパーティー / eine geschlossene *Gesellschaft* 会員制のパーティー / eine *Gesellschaft*⁴ geben パーティーを催す.

③ 交際, つき合い; [交際]仲間. Er sucht ihre *Gesellschaft*. 彼は彼女との交際を求めている / 人³ *Gesellschaft*⁴ leisten 人³のお相手をする / **in** schlechte *Gesellschaft* geraten 悪い仲間に入る / Er trank **zur** *Gesellschaft* ein Glas Wein mit. 彼はつき合いでワインを一杯飲んだ.

④ 団体, 協会; 組合. eine wissenschaftliche *Gesellschaft* 学術団体 / **in** eine *Gesellschaft* ein|treten ある団体に入会する.

⑤ 《経》会社. Aktien*gesellschaft* 株式会社 / eine *Gesellschaft* mit beschränkter Haftung 有限会社 (略: GmbH).

Ge·sell·schaf·ter [ゲ・ぜるシャふタァ gə-zél∫aftər] 男 -s/- ① (パーティーなどの)ホスト役, [話し]相手; 社交家, 人づき合いのうまい人. (女性形: -in). ② 《商》(合資会社などの)社員, 共同出資者.

ge·sell·schaft·lich [ゲ・ぜるシャふトりヒ gə-zél∫aftlıç] 形 ① 社会の, 社会的な; 公共の. 《英》social). die *gesellschaftliche* Entwicklung 社会の発展 / die *gesellschaftliche* Tätigkeit 社会的活動. ② 上流社会の, 社交界の. *gesellschaftliche* Formen 社交上の作法.

Ge·sell·schafts·an·zug [ゲぜるシャふツ・アンツーク] 男 -[e]s/..züge 礼服, 夜会服.

Ge·sell·schafts·fä·hig [ゲぜるシャふツ・フェーイヒ] 形 [上流]社会に出入りできる, 社交界に受け入れられる.

ge·sell·schafts·kri·tisch [ゲぜるシャふツ・クリーティッシュ] 形 社会批判の; 社会に対して批判的な.

Ge·sell·schafts·ord·nung [ゲぜるシャふツ・オルドヌング] 女 -/-en 社会体制; 社会秩序.

Ge·sell·schafts·rei·se [ゲぜるシャふツ・ライゼ] 女 -/-n 団体旅行.

Ge·sell·schafts·schicht [ゲぜるシャふツ・シヒト] 女 -/-en 社会階層.

Ge·sell·schafts·spiel [ゲぜるシャふツ・シュピーる] 中 -[e]s/-e 仲間数人で楽しむゲーム (トランプ・さいころ遊びなど).

Ge·sell·schafts·tanz [ゲぜるシャふツ・タンツ] 男 -es/..tänze 社交ダンス.

ge·sen·det [ゲ・ゼンデット] *senden (送る)の 過分

ge·senkt [ゲ・ゼンクト] senken (下ろす)の 過分

ge·ses·sen [ゲ・ゼッセン] ‡sitzen (座っている)の 過分

das **Ge·setz** [ゲ・ゼッツ gə-zéts] 中 (単 2) -es/(複) -e (3格のみ -en) ① 法律, 法規, おきて. 《英》law). Straf*gesetz* 刑法 / ein strenges *Gesetz* 厳しい法律 / Das *Gesetz* tritt sofort in Kraft. その法律はただちに発効する / ein *Gesetz*⁴ ein|bringen 法案を提出する /

ein *Gesetz*⁴ beraten 法案を審議する / ein *Gesetz*⁴ erlassen 法律を公布する / die *Gesetze*⁴ ein|halten (brechen) 法律を守る(破る) / im Namen des *Gesetzes* 法の名において. ◇〖前置詞とともに〗sich⁴ **an** das *Gesetz* halten 法を守る / **gegen** die *Gesetze* verstoßen 法律に違反する / **im** *Gesetz* nach|schlagen 法典を参照する / eine Lücke im *Gesetz* 法の抜け道 / **mit** dem *Gesetz* in Konflikt geraten 法に抵触する / **nach** dem *Gesetz* 法に従って / **Vor** dem *Gesetz* sind alle gleich. 法の前ではみんな平等だ.
② 法則, 原理. Natur*gesetz* 自然法則 / das *Gesetz* von Angebot und Nachfrage 需要と供給の法則 / nach dem *Gesetz* der Serie² 連続の法則によって, 二度あることは三度あるというわけで. ③ 規ది, 決まり, (行動など の)原則. ein ungeschriebenes *Gesetz* 不文律 / die *Gesetze* der Dichtung² 作詩上の決まり.

Ge·setz≠blatt [ゲゼッツ・ブラット] 中 –[e]s/..blätter 法律広報, 官報.

Ge·setz≠buch [ゲゼッツ・ブーフ] 中 –[e]s/..bücher 法典.

Ge·setz≠ent·wurf [ゲゼッツ・エントヴルふ] 男 –[e]s/..würfe 法案.

Ge·set·zes≠kraft [ゲゼッツェス・クラふト] 女 –/ 法的効力.

Ge·set·zes≠vor·la·ge [ゲゼッツェス・フォーアらーゲ] 女 –/-n 法案.

ge·setz≠ge·bend [ゲゼッツ・ゲーベント] 形 立法の. die *gesetzgebende* Gewalt 立法権.

Ge·setz≠ge·ber [ゲゼッツ・ゲーバァ] 男 –s/– 立法機関, 立法者(府).

Ge·setz≠ge·bung [ゲゼッツ・ゲーブング] 女 –/-en 立法.

ge·setz·lich [ゲ・ゼッツりヒ gə-zétsliç] 形 法律[上]の, 法定の; 合法の. (英 *legal*). *gesetzliche* Bestimmungen 法規 / ein *gesetzlicher* Feiertag 法定祝日 / Das ist *gesetzlich* verboten. それは法律で禁じられている.

Ge·setz·lich·keit [ゲ・ゼッツりヒカイト] 女 –/ ① 合法(適法)性. ② 合法(適法)状態.

ge·setz≠los [ゲゼッツ・ろース] 形 法律のない, 無法の.

Ge·setz≠lo·sig·keit [ゲゼッツ・ろーズィヒカイト] 女 –/-en ① 〖複なし〗無法[状態]. ② 法律の無視.

ge·setz≠mä·ßig [ゲゼッツ・メースィヒ] 形 ① 規則的な, 法則どおりの. ② 合法的な, 適法の.

Ge·setz≠mä·ßig·keit [ゲゼッツ・メースィヒカイト] 女 –/ ① 規則性, 法則性. ② 合法(適法)性.

ge·setzt [ゲ・ゼッツト] **I** ＊setzen (再帰で: 座る) の 過分. ◇〖成句的に〗*gesetzt* [den Fall], dass… …と仮定すれば. **II** 形 落ち着いた, 思慮深い, 分別のある. ein *gesetzter* Herr 老成した紳士.

ge·setz·ten≠falls [ゲ・ゼッツテン・ふァるス] 副 〖成句的に〗*gesetztenfalls*, dass… …と仮定すれば.

Ge·setzt·heit [ゲ・ゼッツトハイト] 女 –/ 落ち着き, 思慮深さ, 分別.

ge·setz≠wid·rig [ゲゼッツ・ヴィードリヒ] 形 〖法〗違法の, 非合法の. eine *gesetzwidrige* Handlung 違法行為.

Ge·setz·wid·rig·keit [ゲゼッツ・ヴィードリヒカイト] 女 –/ 法律違反, 違法[性].

ge·seufzt [ゲ・ゾイふツト] seufzen (ため息をつく) の 過分

ge·si·chert [ゲ・ズィッヒァァト] sichern (安全にする)の 過分

＊das **Ge·sicht**¹ [ゲ・ズィヒト gə-zíçt]

> 顔 Er hat ein blasses *Gesicht*.
> エァ ハット アイン ブラッセス ゲズィヒト
> 彼は青白い顔をしている.

中 (単 2) –[e]s/(複) –er (3 格のみ –ern) ① 顔. (英 *face*). (☞ Körper 図). Poker*gesicht* ポーカーフェース / ein rundes (schmales) *Gesicht* 丸顔(細面(ほそおもて)) / ein bekanntes *Gesicht* 〖比〗顔見知り / ein neues *Gesicht* 〖比〗新顔 / Ihr *Gesicht* strahlte. 彼女の顔は[喜びに]輝いた / Sein *Gesicht* verzerrte sich. 彼の顔は[怒りに]ゆがんだ / das *Gesicht*⁴ ab|wenden 顔を背ける / das *Gesicht*⁴ verzerren 顔をしかめる / Er zeigte sein wahres *Gesicht*. 彼は正体を現した(←本当の顔を).

◇〖前置詞とともに〗Er ist seinem Vater wie **aus** dem *Gesicht* geschnitten. 彼は父親に瓜(ふり)二つだ (←父の顔から切り取ったようだ) / 人³ **ins** *Gesicht* sehen 人³の顔を直視する / den Tatsachen³ **ins** *Gesicht* sehen 事実を直視する / 人³ **ins** *Gesicht* schlagen 人³の顔をなぐる / 人³ **ins** *Gesicht* lachen 人³をあざけり笑う / 人³ 事⁴ **ins** *Gesicht* sagen 人³に事⁴をあからさまに言う / 人³ **ins** *Gesicht* springen 〖口語〗(怒って) 人³につかみかかる / Er lachte **über** das ganze *Gesicht*. 〖口語〗彼は相好を崩して笑った / Der Hut steht ihr gut **zu** *Gesicht*. その帽子は彼女の顔によく似合う.

☞ 顔の部分: die **Stirn** 額 / die **Braue** 眉 / das **Auge** 目 / das **Ohr** 耳 / die **Nase** 鼻 / die **Wange** 頬 / der **Mund** 口 / die **Lippe** 唇 / der **Zahn** 歯 / das **Kinn** あご

② 顔つき, 表情; 外見, 様子. ein freundliches (böses) *Gesicht* 愛想のいい(怒った)顔 / das *Gesicht* der Stadt 町の様子 / ein langes *Gesicht*⁴ machen がっかりした表情をする (←長い顔をする) / ein anderes *Gesicht*⁴ auf|setzen (または machen) (一変して)愛想のいい顔をする / ein anderes *Gesicht*⁴ bekommen 様子が変わる / ein offizielles *Gesicht*⁴ an|nehmen よそよそしい顔つきをする / Die Lüge steht ihm **im** *Gesicht* geschrieben. うそだということが彼の顔に書いてある / 人³ 事⁴ **vom** *Gesicht* ab|lesen 人³の顔つきから事⁴を読み取る.

③《比》面目, 体面. das *Gesicht*⁴ wahren (verlieren) 面目を保つ(失う).
④〚圏 なし〛視力; 視界. Sein *Gesicht* lässt nach. 彼の視力は衰えつつある / das zweite (または Zweite) *Gesicht* 予知能力 / 人·物⁴ aus dem *Gesicht* verlieren 人·物⁴を見失う / 人·物⁴ zu *Gesicht* bekommen 人·物⁴を目にする / 人³ zu *Gesicht* kommen 人³の目に触れる.

Ge·sicht² [ゲ·ズィヒト] 中 -[e]s/-e 幻, 幻影.
Ge·sich·ter [ゲ·ズィヒタァ] *Gesicht¹ (顔)の 複

Ge·sichts≈aus·druck [ゲズィヒツ·アオスドルック] 男 -[e]s/..drücke 顔の表情, 顔つき. ein ernster *Gesichtsausdruck* 真剣な顔つき.

Ge·sichts≈**far·be** [ゲズィヒツ·ふァルベ] 女 -/ 顔色, 血色. Er hat eine blasse *Gesichtsfarbe*. 彼は青白い顔をしている.

Ge·sichts≈**feld** [ゲズィヒツ·ふェるト] 中 -[e]s/-er 視野, 視界.

Ge·sichts≈**kreis** [ゲズィヒツ·クライス] 男 -es/-e 視野;(比)(精神的な)視野. seinen *Gesichtskreis* erweitern 視野を広める / einen weiten (beschränkten) *Gesichtskreis* haben 視野が広い(狭い).

Ge·sichts≈**punkt** [ゲズィヒツ·プンクト] 男 -[e]s/-e 視点, 観点, 見地. von diesem *Gesichtspunkt* aus betrachtet この観点から見ると.

Ge·sichts≈**was·ser** [ゲズィヒツ·ヴァッサァ] 中 -s/(種類:)..wässer 化粧水, ローション.

Ge·sichts≈**win·kel** [ゲズィヒツ·ヴィンケる] 男 -s/- ①(理)視角. ② 視点. unter diesem *Gesichtswinkel* この視点から見れば.

Ge·sichts≈**zug** [ゲズィヒツ·ツーク] 男 -[e]s/..züge 〚ふつう 複〛顔だち, 容貌(ょぅ).

ge·siegt [ゲ·ズィークト] siegen (勝つ)の 過分

Ge·sims [ゲ·ズィムス gə-zíms] 中 -es/-e (建) コーニス, 蛇腹(壁·柱の上部の張り出し装飾). (☞ Säule 図).

Ge·sin·de [ゲ·ズィンデ gə-zíndə] 中 -s/- (古) (総称として:)(特に農家の)召使, 使用人.

Ge·sin·del [ゲ·ズィンデる gə-zíndəl] 中 -s/ ならず者たち.

ge·sinnt [ゲ·ズィント gə-zínt] 形 (…な)考え方をする, (…の)心を有する. ein fortschrittlich *gesinnter* Politiker 進歩的な考えを持つ政治家 / Er ist mir freundlich *gesinnt*. 彼は私に好意を持っている.

die **Ge·sin·nung** [ゲ·ズィンヌング gə-zínuŋ] 女 (単) -/(複) -en 考え方, (心的)態度; 信念, 思想的立場. politische *Gesinnung* 政治的信念 / Er hat mehrmals seine *Gesinnung* gewechselt. 彼は何度か自分の考えを変えた / Sie hat eine fortschrittliche *Gesinnung*. 彼女は進歩的な考え方をしている / Er zeigte seine wahre *Gesinnung*. 彼は本心を明かした.

Ge·sin·nungs≈**ge·nos·se** [ゲズィンヌングス·ゲノッセ] 男 -n/-n (特に政治上の)同志. (女性形: ..genossin).

ge·sin·nungs≈los [ゲズィンヌングス·ろース] 形 定見のない, 無節操な.

ge·sin·nungs≈treu [ゲズィンヌングス·トロイ] 形 節操のある, 信念を貫く.

ge·sit·tet [ゲ·ズィッテット gə-zítət] 形 ① しつけ(行儀)のよい, 礼儀正しい. ② 文明化した(国など).

Ge·sit·tung [ゲ·ズィットゥング] 女 -/(雅)礼儀正しさ, 礼節, 上品さ.

Ge·socks [ゲ·ゾックス gə-zɔ́ks] 中 -[es]/ (俗) ならず者たち.

Ge·söff [ゲ·ぜふ gə-zǽf] 中 -[e]s/-e (俗)まずい飲み物, 安酒.

ge·sof·fen [ゲ·ゾッふェン] saufen (飲む)の 過分

ge·so·gen [ゲ·ゾーゲン] saugen (吸う)の 過分

ge·sollt [ゲ·ゾるト] *sollen¹ (するべきだ)の 過分

ge·son·dert [ゲ·ゾンダァト] I sondern² (より分ける)の 過分 II 形 別々の, 個別の.

ge·son·nen [ゲ·ゾンネン] I sinnen (思案する) の 過分 II 形 ① [zu 不定詞[句]とともに; 述語としてのみ〕(…の)つもりである. Ich bin nicht *gesonnen*, meinen Plan aufzugeben. 私は計画を中止するつもりはない. ②(…な)考え方をする, (…の)心を有する (=gesinnt).

ge·sorgt [ゲ·ゾルクト] *sorgen (世話をする)の 過分

ge·spal·ten [ゲ·シュパるテン] I spalten (割る) の 過分 II 形 割れた, 裂けた; 分裂した.

ge·spal·tet [ゲ·シュパるテット] spalten (割る)の 過分

Ge·spann [ゲ·シュパン gə-ʃpán] 中 -[e]s/-e ①(車につながれた)一連の牛馬;(一連の牛馬のひく)車. ②(人間の)カップル, ペア. Die beiden geben ein gutes *Gespann* ab. その二人はぴったり息が合っている.

ge·spannt [ゲ·シュパント gə-ʃpánt] I spannen (ぴんと張る)の 過分 II 形 (比較) gespannter, (最上) gespanntest) ① 期待に満ちた, (好奇心などで)わくわくした. in *gespannter* Erwartung 期待にわくわくして / auf 人·事⁴ *gespannt* sein 人·事⁴を心待ちにしている / Ich bin *gespannt*, wie sie darauf reagiert. 彼女がそれにどんな反応を示すか私は興味津々(じん)だ. ② 緊張した, 緊迫した. eine *gespannte* Lage 緊迫した局面.

Ge·spannt·heit [ゲ·シュパントハイト] 女 -/ ① 期待感, 好奇心. ② 緊張, 緊迫.

ge·spart [ゲ·シュパールト] *sparen (蓄える)の 過分

ge·spei·chert [ゲ·シュパイヒャァト] speichern (蓄える)の 過分

ge·spen·det [ゲ·シュペンデット] spenden (寄付する)の 過分

das **Ge·spenst** [ゲ·シュペンスト gə-ʃpénst] 中 (単 2) -es (まれに -s)/-en (3格のみ -ern) 幽霊, 亡霊, お化け. (英 ghost). Hier geht ein *Gespenst* um. ここは幽霊が出る / Du siehst aus wie ein *Gespenst*. 君は青ざめているよ(←幽霊のように見える) / *Gespenster*[4] sehen 《比》ありもしないことを心配する, いらない心配をする / das *Gespenst* des Krieges 《比》(迫り来る)戦争の脅威.

ge·spens·ter·haft [ゲ・シュペンスタァハフト] 形 幽霊のような, 薄気味悪い.

ge·spens·tig [ゲ・シュペンスティヒ gə-ʃpénstıç] 形 =gespenstisch

ge·spens·tisch [ゲ・シュペンスティッシュ gə-ʃpénstıʃ] 形 幽霊のような, 不気味な.

ge·sperrt [ゲ・シュペルト] sperren (遮断する)の 過分

ge·spie·gelt [ゲシュピーゲルト] spiegeln (再帰 で: 映っている)の 過分

Ge·spie·le [ゲ・シュピーれ gə-ʃpí:lə] 男 -n/-n ① 遊び友だち, 幼なじみ. (女性形: Gespielin). ② 《戯》恋人(男性).

ge·spielt [ゲ・シュピーるト] ⁝spielen (遊ぶ)の 過分

ge·spien [ゲ・シュピーン] speien (唾を吐く)の 過分

Ge·spinst [ゲ・シュピンスト gə-ʃpínst] 中 -es/-e より糸, つむぎ糸; (くもなどの)巣;《織》目の粗い織物 / ein *Gespinst* von Lügen《比》うそのかたまり(→その織り物).

ge·spitzt [ゲ・シュピッツト] spitzen (とがらす)の 過分

ge·spon·nen [ゲ・シュポンネン] spinnen (紡ぐ)の 過分

Ge·spött [ゲ・シュペット gə-ʃpǽt] 中 -[e]s/ あざけり[の的], 物笑い[の種]. 人[4] *zum Gespött* machen 人[4]を笑い草にする / *zum Gespött* werden 嘲笑(ちょうしょう)の的になる.

ge·spot·tet [ゲ・シュポッテット] spotten (あざ笑う)の 過分

*das **Ge·spräch** [ゲ・シュプレーヒ gə-ʃprɛ́:ç] 中 (単2) -[e]s/(複) -e (3格のみ -en) ① 会話, 話し合い, 対話, 会談. (英) *conversation*). ein offenes *Gespräch* 率直な話し合い / ein politisches *Gespräch* 政治会談 / das *Gespräch*[4] ab|brechen 談話を中断する / mit 人[3] ein *Gespräch*[4] führen 人[3]と話し合う / das *Gespräch*[4] auf 事[4] bringen 話を事[4]の方へ持っていく / *Gespräch* zwischen Lehrern und Schülern 教師と生徒たちとの話し合い / *Gespräch* unter vier Augen 二人だけの話し合い / mit 人[3] ins *Gespräch* kommen 人[3]と話し合いを始める / mit 人[3] im *Gespräch* bleiben 人[3]との話し合い(折衝)を継続する.
② (電話の)通話. (英) *call*). Ferngespräch 市外通話 / ein dringendes *Gespräch* 緊急通話 / Legen Sie das *Gespräch* bitte auf mein Zimmer! この通話を私の部屋へつないでください.
③ (世間の)話題. Tages*gespräch* 時の話題 / das *Gespräch* der ganzen Stadt[2] 町中の話の種 / im *Gespräch* sein 話題になっている.
類語 das **Gespräch**: (一般的な意味での)会話.

der **Dialog**: 対話. die **Rede**: (ある考えを系統的に説明する)話, 演説. der **Vortrag**: (公の場で行う)講演. die **Unterhaltung**: (日常のことを話題にした)歓談, 談笑. die **Plauderei**: おしゃべり.

ge·sprä·chig [ゲ・シュプレーヒヒ gə-ʃprɛ́:çıç] 形 話し好きな, おしゃべりな.

Ge·sprä·chig·keit [ゲ・シュプレーヒヒカイト] 女 -/ 話し好き.

Ge·sprächs·part·ner [ゲ・シュプレーヒス・パルトナァ] 男 -s/- 話し相手. (女性形: -in).

Ge·sprächs·stoff [ゲシュプレーヒス・シュトフ] 男 -[e]s/-e 話題.

Ge·sprächs·wei·se [ゲシュプレーヒス・ヴァイゼ] 副 会話の中で, 話しているうちに.

ge·spreizt [ゲ・シュプライツト] I spreizen (広げる)の 過分 II 形 大げさな, わざとらしい.

Ge·spreizt·heit [ゲ・シュプライツトハイト] 女 -/ 大げさ, わざとらしさ, 不自然さ.

ge·sprengt [ゲ・シュプレングト] sprengen (爆破する)の 過分

ge·spren·kelt [ゲ・シュプレンケるト] I sprenkeln (斑点をつける)の 過分 II 形 斑点(はん)のある, まだらな.

ge·spritzt [ゲ・シュプリッツト] spritzen (水などをまく)の 過分

ge·spro·chen [ゲ・シュプロッヘン] ⁝sprechen (話す)の 過分

ge·spros·sen [ゲ・シュプロッセン] sprießen (発芽する)の 過分

ge·spru·delt [ゲ・シュプルーデるト] sprudeln (わき出る)の 過分

ge·sprüht [ゲ・シュプリュート] sprühen (吹き付ける)の 過分

ge·sprun·gen [ゲ・シュプルンゲン] *springen (跳ぶ)の 過分

ge·spuckt [ゲ・シュプックト] spucken (唾を吐く)の 過分

ge·spült [ゲ・シュピューるト] spülen (すすぐ)の 過分

Ge·spür [ゲ・シュピューァ gə-ʃpýːr] 中 -s/ 勘, 感覚, センス. ein feines *Gespür*[4] für 事[4] haben 事[4]に対する繊細な感覚をもつ.

ge·spürt [ゲ・シュピュールト] spüren (感じる)の 過分

gest. [ゲシュトルベン] 《略》死去した, 没 (=gestorben).

Ge·sta·de [ゲ・シュターデ gə-ʃtáːdə] 中 -s/- 《詩》(海·湖·川などの)岸辺 (=Küste, Ufer).

die **Ge·stalt** [ゲ・シュタるト gə-ʃtált] 女 (単)-/(複) -en ① 《ふつう 単》形, 形状; (人間の)体つき, 姿. (英) *form*). eine runde *Gestalt* 丸い形 / eine schlanke *Gestalt* すらりとした体つき / Er hat eine kräftige *Gestalt*. 彼はがっしりした体つきをしている / *Gestalt*[4] an|nehmen (計画などが)具体的になる / 事[3] *Gestalt*[4] geben 事[3]を具体化する / der Teufel *in Gestalt* einer Schlange[2] 蛇の姿をした悪魔 / ein Mann von hagerer *Gestalt* やせ細った男 / Sie ist zierlich von *Gestalt*. 彼女の容姿はきゃしゃだ.

② (だれとははっきりしない)人影, 物影. Eine dunkle *Gestalt* kam näher. 黒い人影が近寄って来た.

③ (歴史上の)人物; (文学作品などの)登場人物. die zentrale *Gestalt* eines Romans 小説の中心人物 / die großen *Gestalten* der Geschichte² 歴史上の偉人たち.

ge·stal·ten [ゲ・シュタるテン gə-ʃtáltən] du gestaltest, er gestaltet (gestaltete, hat…gestaltet) I 他 (完了 haben) 形作る, 形成する. (英 form). eine Vase⁴ aus Ton *gestalten* 陶土で花びんを形作る / den Abend gemütlich *gestalten* 夜の集まりをくつろげるものにする / 匣⁴ zu einem Drama *gestalten* 匣⁴をドラマに仕立てる / Der Park *wurde* völlig neu *gestaltet*. 《受動・過去》公園はまったく新しく作り変えられた.

II 再帰 (完了 haben) *sich⁴ gestalten* 《事柄が…に》展開する, (…の)状態になる. *sich⁴* günstig *gestalten* 有利に展開する / Die Sache *gestaltete sich* anders als erwartet. その事件は予想外の展開をした / *sich⁴* zu einem Erfolg *gestalten* (ある事柄が)成功する.

ge·stal·te·risch [ゲ・シュタるテリッシュ gə-ʃtáltərɪʃ] 形 創造的な, 造形的な.

ge·stal·tet [ゲ・シュタるテット] gestalten (形作る)の過分, 3人称単数・2人称親称複数現在

ge·stal·te·te [ゲ・シュタるテテ] gestalten (形作る)の過去

ge·stalt*los [ゲシュタるト・ろース] 形 形のない, 実体のない; 抽象的な.

Ge·stal·tung [ゲ・シュタるトゥング] 囡 -/-en ① 《ふつう 単》形成, 構成, 造形, デザイン. Freizeit*gestaltung* 余暇の利用 / die äußere *Gestaltung* eines Zeitschrift² 雑誌の外面のレイアウト. ② (複) 造形物, 作られたもの.

Ge·stam·mel [ゲ・シュタンメる gə-ʃtáməl] 中 -s/ しきりにどもること; つかえつかえの話.

ge·stam·melt [ゲ・シュタンメるト] stammeln (どもりながら言う)の過分

ge·stammt [ゲ・シュタムト] stammen (…の出身である)の過分

ge·stampft [ゲ・シュタンプフト] stampfen (足を踏み鳴らす)の過分

ge·stand [ゲ・シュタント] gestehen (白状する)の過去

ge·stan·den [ゲ・シュタンデン] I ːstehen (立っている), gestehen (白状する)の過分 II 形 経験豊かな, 老練な, ベテランの.

ge·stän·dig [ゲ・シュテンディヒ gə-ʃténdıç] 形 白状(自白)した.

das **Ge·ständ·nis** [ゲ・シュテントニス gə-ʃténtnɪs] 中 (単2) ..nisses/(複) ..nisse (3格のみ ..nissen) 自白, 白状; 告白. (英 confession). ein erzwungenes *Geständnis* 強制自白 / ein *Geständnis*⁴ ab|legen 自白する / 入³ ein *Geständnis*⁴ machen 入³に告白する.

Ge·stän·ge [ゲ・シュテンゲ gə-ʃtéŋə] 中 -s/- ① (組み合わされた)支柱. ② 《工》リンク装置, 連動桿(%).

Ge·stank [ゲ・シュタンク gə-ʃtáŋk] 男 -[e]s/ 悪臭.

Ge·sta·po [ゲスターポ gestá:po または ゲシュターポ gəʃtá:po] 囡 -/ 《略》ゲシュタポ (ナチスの秘密国家警察) (=Geheime Staatspolizei).

ge·starrt [ゲ・シュタルト] starren (じっと見つめる)の過分

ge·star·tet [ゲ・シュタルテット] *starten (スタートする)の過分

ge·stat·ten [ゲ・シュタッテン gə-ʃtátən] du gestattest, er gestattet (gestattete, hat…gestattet) I 他 (完了 haben) 許す, 許可する, 容認する. (英 allow, permit). *Gestatten* Sie eine Frage? お尋ねしてもよろしいでしょうか / *Gestatten* Sie, dass ich rauche? たばこを吸ってもよろしいでしょうか / Ich komme, wenn es die Umstände *gestatten*. 事情が許せば参ります. ◆《目的語なしでも》*Gestatten* Sie? (他人の前を通るときなどに:)ちょっと失礼します. (☞ 類語 erlauben).

II 再帰 (完了 haben) *sich³* 匣⁴ *gestatten* 《雅》匣⁴をあえてする. *Darf* ich *mir gestatten*, Sie morgen anzurufen? あすお電話してもよろしいでしょうか / Wenn ich *mir* eine Bemerkung *gestatten darf*,… 一言申し上げてよければ…

ge·stat·tet [ゲ・シュタッテット] gestatten (許す)の過分, 3人称単数・2人称親称複数現在

ge·stat·te·te [ゲ・シュタッテテ] gestatten (許す)の過去

ge·staunt [ゲ・シュタオント] staunen (驚く)の過分

ge·staut [ゲ・シュタオト] stauen (せき止める)の過分

Ges·te [ゲステ gésta または ゲーステ gé:stə] 囡 -/-n ① 身ぶり, ジェスチャー. mit großer *Geste* 大げさな身ぶりで. ② (間接的な)意志表示; 見せかけ, ポーズ. Diese Einladung ist nur eine höfliche *Geste*. この招待は単に儀礼的なジェスチャーにすぎない.

Ge·steck [ゲ・シュテック gə-ʃték] 中 -[e]s/-e ① フラワーデザイン, 生け花. ② 《南ドィッ・オーストリ》帽子の飾り(羽根など).

ge·steckt [ゲ・シュテックト] *stecken (差し込む)の過分

ge·ste·hen* [ゲ・シュテーエン gə-ʃté:ən] (gestand, hat…gestanden) (完了 haben) ① 白状する, (犯行など⁴を)認める. (英 confess). das Verbrechen⁴ *gestehen* 犯行を白状する.

② (感情など⁴を)打ち明ける, 告白する. Er *gestand* ihr seine Liebe. 彼は彼女に愛を告白した / [um] die Wahrheit⁴ zu *gestehen* 本当のことを言うと / Ich *muss* zu meiner Schande *gestehen*, dass… 恥ずかしいことではあるが, 私は…だと認めざるをえない. ◆《過去分詞の形で》Offen *gestanden*, ich… 実を言うと, 私は…

Ge·ste·hungs≠kos·ten [ゲシュテーウングス・コステン] 複 (経)生産費, 原価.

ge·stei·gert [ゲ・シュタイガァト] steigern (上げる)の過分

Ge·stein [ゲ・シュタイン gə-ʃtáin] 中 -[e]s/-e ① 岩石. ② 岩塊 (=Fels).

Ge·stell [ゲ・シュテる gə-ʃtɛ́l] 中 -[e]s/-e ① 台, 足場, 骨組; 書架, 棚; (家具・ミシン・いすなどの)脚部; (眼鏡・ベッドなどの)フレーム. ② (機械などの)台[座], 足台; 《俗》(人間の)脚. ③《俗》ひょろっとした人.

ge·stellt [ゲ・シュテるト] I ⸸stellen (立てる)の過分 II 形 ① ポーズをつけた, わざとらしい. ② 〖成句的に〗 gut (schlecht) *gestellt* sein 経済状態が良い(悪い) / auf sich⁴ [selbst] *gestellt* sein 自活しなければならない.

ge·stem·pelt [ゲ・シュテンぺるト] stempeln (スタンプを押す)の過分

＊ges·tern [ゲスタァン géstərn]

> きのう *Gestern* war ich bei ihm.
> ゲスタァン ヴァール イヒ バイ イーム
> きのう私は彼の所にいた.

副 ① きのう, 昨日. (英 yesterday). (メモ「きょう」は heute, 「あす」は morgen). *gestern* Abend 昨晩 / *gestern* Morgen きのうの朝 / *gestern* Nachmittag きのうの午後 / Ich habe ihn *gestern* gesehen. 私はきのう彼に会った / **bis** (**seit**) *gestern* 昨日まで(昨日から) / Die Zeitung ist **von** *gestern*. この新聞はきのうのだ / Er ist doch nicht von *gestern*. 《口語》彼は無知(未熟)ではないよ(←きのう生まれたわけではない).
② 過去に. die Welt von *gestern* 過去の世界 / Seine Idee ist einfach von *gestern*. 《口語》彼のアイディアはもう時代遅れだ.

ge·steu·ert [ゲ・シュトイアァト] steuern (運転する)の過分

ge·stickt [ゲ・シュティックト] sticken (刺しゅうする)の過分

ge·stie·felt [ゲ・シュティーふェるト] I stiefeln (大股でのっしのっしと歩いて行く)の過分 II 形 長靴をはいた. der *Gestiefelte* Kater 長靴をはいた[雄]猫(ペローの童話の主人公).

ge·stie·gen [ゲ・シュティーゲン] ⸸steigen (登る)の過分

ge·stif·tet [ゲ・シュティふテット] stiften (設立基金を出す)の過分

Ges·tik [ゲスティク géstɪk または ゲース.. géːs..] 女 -/ 身ぶり, 手まね, ジェスチャー.

ges·ti·ku·lie·ren [ゲスティクリーレン gɛstikuliːrən] 自 (h) (…の)身ぶり手ぶりをする.

ge·stimmt [ゲ・シュティムト] ⸸stimmen (事実に合っている)の過分

Ge·stirn [ゲ・シュティルン gə-ʃtírn] 中 -[e]s/-e 《雅》天体(太陽・月・星など); (総称として:)星.

ge·stirnt [ゲ・シュティルント] 形 《雅》星でいっぱいの, 星のまたたく(空など).

ge·sto·ben [ゲ・シュトーベン] stieben (飛び散る)の過分

Ge·stö·ber [ゲ・シュテーバァ gə-ʃtǿːbər] 中 -s/- (強風による雨・ほこりなどの)吹きつけ; 吹雪.

ge·sto·chen [ゲ・シュトッヘン] I ⸸stechen (刺す)の過分 II 形 細心な, 念入りな(筆跡など); 正確な(パンチなど).

ge·stockt [ゲ・シュトックト] stocken (止まる)の過分

ge·stoh·len [ゲ・シュトーれン] ⸸stehlen (盗む)の過分

ge·stöhnt [ゲ・シュテーント] stöhnen (うめく)の過分

ge·stol·pert [ゲ・シュトるパァト] stolpern (つまずく)の過分

ge·stopft [ゲ・シュトプふト] stopfen (繕う)の過分

ge·stoppt [ゲ・シュトップト] stoppen (止める)の過分

ge·stor·ben [ゲ・シュトルベン] ⸸sterben (死ぬ)の過分

ge·stört [ゲ・シュテーァト] I ⸸stören (じゃまをする)の過分 II 形 障害のある; 故障した. geistig *gestört* sein 精神に障害がある.

ge·sto·ßen [ゲ・シュトーセン] ⸸stoßen (突く)の過分

Ge·stot·ter [ゲ・シュトッタァ gə-ʃtɔ́tər] 中 -s/ 《口語》しきりにどもること, つかえつかえ話すこと.

ge·stot·tert [ゲ・シュトッタァト] stottern (どもる)の過分

ge·straft [ゲ・シュトラーふト] strafen (罰する)の過分

ge·strahlt [ゲ・シュトラーるト] strahlen (光を発する)の過分

Ge·sträuch [ゲ・シュトロイヒ gə-ʃtrɔ́yç] 中 -[e]s/ 低木の茂み, やぶ; 灌木(かんぼく)林, 叢林(そうりん).

ge·strebt [ゲ・シュトレーブト] streben (得ようと努力する)の過分

ge·streckt [ゲ・シュトレックト] strecken (伸ばす)の過分

ge·strei·chelt [ゲ・シュトライヒェるト] streicheln (なでる)の過分

ge·streift [ゲ・シュトライふト] I streifen (軽く触れる)の過分 II 形 縞(しま)のある, ストライプの. ein *gestreiftes* Kleid 縞模様のワンピース.

ge·streikt [ゲ・シュトライクト] streiken (ストライキをする)の過分

ge·streut [ゲ・シュトロイト] streuen (まく)の過分

ge·stri·chelt [ゲ・シュトリッヒェるト] I stricheln (細かい破線で描く)の過分 II 形 破線(点線)で書かれた.

ge·stri·chen [ゲ・シュトリッヒェン] I ⸸streichen (塗る)の過分. ◆〖成句的に〗 Frisch *gestrichen*! (掲示などで:)ペンキ塗りたて. II 形 ① 縁(ふち)まで(すりきり)いっぱいの. ein *gestrichener* Teelöffel Zucker 小さじすりきり 1 杯の砂糖. ② 線を引いて消した.

ge·strickt [ゲ・シュトリックト] stricken (編む)の過分

gest·rig [ゲストリヒ géstrɪç] 形 ①《付加語としてのみ》昨日の, きのうの. die gestrige Zeitung 昨日の新聞 / am gestrigen Tag 昨日. ② 古くさい, 時代遅れの.

ge·strit·ten [ゲ・シュトリッテン] ＊streiten (争う)の 過分

ge·strömt [ゲ・シュトレームト] strömen (どっと流れ出る)の 過分

Ge·strüpp [ゲ・シュトリュップ gə-ʃtrýp] 中 -[e]s/-e やぶ, 茂み.

Ge·stühl [ゲ・シュテューる gə-ʃtýːl] 中 -[e]s/-e (総称として:) (教会・劇場などの)いす席, 座席.

ge·stun·ken [ゲ・シュトゥンケン] stinken (臭いにおいがする)の 過分

ge·stürmt [ゲ・シュテュルムト] stürmen (非人称で: 嵐が吹き荒れる)の 過分

ge·stürzt [ゲ・シュテュルツト] stürzen (転落する)の 過分

Ge·stüt [ゲ・シュテュート gə-ʃtýːt] 中 -[e]s/-e ① 馬の飼育場. ② 飼育場にいる一群の馬.

ge·stützt [ゲ・シュテュッツト] stützen (支える)の 過分

Ge·such [ゲ・ズーフ gə-zúːx] 中 -[e]s/-e (役所などへ出す)申請[書]; 申し込み[用紙]. ein Gesuch⁴ ein|reichen 申請書を出す.

ge·sucht [ゲ・ズーフト] I ＊suchen (さがす)の 過分 II 形 ① わざとらしい, 気取った (言い回しなど). ② 需要の多い, (人から)求められる. ein gesuchter Anwalt 売れっ子弁護士.

＊＊ge·sund [ゲ・ズント gə-zúnt]

> 健康な Sie ist wieder gesund.
> ズィー イスト ヴィーダァ ゲズント
> 彼女はまた元気になった.

形 (比較) gesünder, (最上) gesündest まれに (比較) gesunder, (最上) gesundest ① 健康な, 元気な; 丈夫な. (英) healthy).(←「病気の」は krank). ein gesundes Kind 健康な子供 / ein gesunder Magen 丈夫な胃 / Er hat einen gesunden Appetit. 彼は食欲旺盛(撚)だ / Bleiben Sie gesund! 体に気をつけてください / Diese Firma ist gesund.《比》この企業の経営は順調です.(☞ 類語 lebhaft).
② 健康によい, 体によい. eine gesunde Lebensweise 健康的な生活法 / Obst ist gesund. 果物は体によい.
③ 正常な, まともな. der gesunde Menschenverstand 良識 / Aber sonst bist du gesund?《口語》おまえ, どこかおかしいんじゃないのか.
▶ gesund|schreiben

ge·sun·den [ゲ・ズンデン gə-zúndən] 自 (s)《雅》病気が直る, 回復する;《比》正常に復する, (景気などが)元の状態にもどる.

ge·sün·der [ゲ・ズュンダァ] ＊gesund (健康な)の 比較

ge·sün·dest [ゲ・ズュンデスト] ＊gesund (健康な)の 最上

＊die Ge·sund·heit [ゲ・ズントハイト gə-zúnthaɪt] 女 (単) -/ 健康;《比》健全さ.(英) health).(←「病気」は Krankheit). Er ist die Gesundheit selbst. 彼は健康そのものだ / Er hat eine eiserne Gesundheit. 彼は頑健そのものである (←鉄のような健康を持つ) / bei guter Gesundheit sein 健康である / Gesundheit! (くしゃみをした人に:)お大事に / Das schadet der Gesundheit³. それは健康に悪い / Auf Ihre Gesundheit! (乾杯の際に:)あなたのご健康を祈って.

ge·sund·heit·lich [ゲ・ズントハイトリヒ] 形 健康上の, 衛生上の; 健康によい. Wie geht's gesundheitlich? 体の具合はどう?

Ge·sund·heits=amt [ゲズントハイツ・アムト] 中 -[e]s/..ämter 保健衛生局.

Ge·sund·heits=be·wusst [ゲズントハイツ・ベヴスト] 形 健康を意識した, 健康に留意した.

Ge·sund·heits=pfle·ge [ゲズントハイツ・プふれーゲ] 女 -/ 健康(衛生)管理.

Ge·sund·heits=schäd·lich [ゲズントハイツ・シェートリヒ] 形 健康に害のある, 非衛生的な.

Ge·sund·heits=we·sen [ゲズントハイツ・ヴェーゼン] 中 -s/ (総称として:)保健衛生機関.

Ge·sund·heits=zeug·nis [ゲズントハイツ・ツォイクニス] 中 ..nisses/..nisse 健康診断書.

Ge·sund·heits=zu·stand [ゲズントハイツ・ツーシュタント] 男 -[e]s/ 健康状態.

ge·sund|schrei·ben* [ゲズント・シュライベン gəzúnt-ʃràɪbən] 他 (h)《口語》(人⁴の)健康証明書を書く.

ge·sund|schrumpfen [ゲズント・シュルンプふェン gəzúnt-ʃrùmpfən] I 自 (h)《口語》(企業など⁴の)規模を縮小して経営を健全化する. II 再帰 (h) sich⁴ gesundschrumpfen 規模を縮小して経営を健全化する.

ge·sund|sto·ßen* [ゲズント・シュトーセン gəzúnt-ʃtòːsən] 再帰 (h) sich⁴ gesundstoßen《口語》(巧みな商売で)私腹を肥やす.

Ge·sun·dung [ゲ・ズンドゥング] 女 -/《雅》健康になること, 病気の回復.

ge·sun·gen [ゲ・ズンゲン] ＊singen (歌う)の 過分

ge·sun·ken [ゲ・ズンケン] ＊sinken (沈む)の 過分

ge·ta·delt [ゲ・ターデるト] tadeln (非難する)の 過分

ge·tan [ゲ・ターン] ＊tun (する)の 過分

ge·tankt [ゲ・タンクト] ＊tanken (タンクに入れる)の 過分

ge·tanzt [ゲ・タンツト] ＊tanzen (踊る)の 過分

ge·tas·tet [ゲ・タステット] tasten (手探りする)の 過分

ge·taucht [ゲ・タオホト] tauchen (潜る)の 過分

ge·tauft [ゲ・タオふト] taufen (洗礼を施す)の 過分

ge·tauscht [ゲ・タオシュト] tauschen (交換する)の 過分

ge·täuscht [ゲ・トイシュト] täuschen (だます)の 過分

ge·taut [ゲ・タオト] tauen¹ (解ける) の 過分

ge·teilt [ゲ・タイルト] I *teilen (分ける)の 過分 II 形 ① 分かれた(意見など); 分割された; 分かち合った(悲しみなど). 《数》割った. 15 geteilt durch 3 ist 5. 15割る3は5.

Ge·tier [ゲ・ティーァ gə-tíːɐ] 田 -[e]s/ (総称として):[小]動物; 虫けら.

ge·ti·gert [ゲ・ティーガァト] I tigern (歩いて出かける)の 過分 II 形 虎(とら)のような縞(しま)のある(猫など).

ge·tippt [ゲ・ティップト] tippen¹ (軽くたたく)の 過分

ge·tobt [ゲ・トープト] toben (荒れ狂う)の 過分

Ge·tö·se [ゲ・テーゼ gə-tǿːzə] 田 -s/ (絶え間ない)轟音(ごうおん).

ge·tö·tet [ゲ・テーテット] *töten (殺す)の 過分

ge·tra·gen [ゲ・トラーゲン] I ‡tragen (持ち運ぶ)の 過分 II 形 ① 着(はき)古した. ② 荘重な, 厳かな(音楽・話し方など).

Ge·tram·pel [ゲ・トランペる gə-trámpəl] 田 -s/ (口語)しきりに足を踏み鳴らすこと(音).

**das Ge·tränk [ゲ・トレンク gə-trέŋk] 田 (単2)-[e]s/(複)-e (3格のみ -en) 飲み物. (英 drink). Erfrischungsgetränk 清涼飲料 / ein kaltes (warmes) Getränk 冷たい(温かい)飲み物 / alkoholische (alkoholfreie) Getränke アルコール飲料(ソフトドリンク) / den Gästen³ Getränke⁴ an|bieten 客たちに飲み物を出す.

> 飲み物のいろいろ: der **Apfelsaft** りんごジュース / das (die) **Cola** コーラ / der **Kaffee** コーヒー / der **Kakao** ココア / der **Kräutertee** ハーブティー / die **Limonade** レモネード / die **Milch** ミルク / das **Mineralwasser** ミネラルウォーター / der **Orangensaft** オレンジジュース / der **Tee** 紅茶 / der **Traubensaft** グレープジュース

> der **Apfelwein** りんご酒 / das **Bier** ビール / der **Glühwein** グリューワイン / der **Korn** 穀物焼酎 / der **Schnaps** シュナップス / der **Sekt** 発泡ワイン / der **Wein** ワイン

Ge·trän·ke≈au·to·mat [ゲトレンケ・アオトマート] 男 -en/-en 飲み物の自動販売機.

ge·trau·en [ゲ・トラオエン gə-tráʊən] 再帰 (h) sich⁴ (または sich³) 動⁴ getrauen 動⁴を思い切ってする, 動⁴をする勇気がある. Ich getraute mich nicht, ihn anzureden. 私は彼に話しかける勇気がなかった.

ge·trau·ert [ゲ・トラオアァト] trauern (悲しむ)の 過分

ge·träumt [ゲ・トロイムト] *träumen (夢を見る)の 過分

ge·traut [ゲ・トラオト] trauen (信用する), getrauen (再帰で: あえてする)の 過分

das Ge·trei·de [ゲ・トライデ gə-tráɪdə] 田 (単2)-s/(複) - (3格のみ -n) (総称として:) 穀物, 穀類. Getreide⁴ an|bauen (ernten) 穀物を栽培する(収穫する) / Das Getreide steht dieses Jahr gut. 今年は穀物の作柄がよい.

> 穀物のいろいろ: der **Dinkel** スペルト小麦 / die **Gerste** 大麦 / der **Hafer** カラス麦 / der **Mais** トウモロコシ / der **Reis** 米 / der **Roggen** ライ麦 / der **Weizen** 小麦

*ge·trennt [ゲ・トレント gə-trέnt] I *trennen (切り離す)の 過分 II 形 分けられた, 別[々]の. getrennte Kasse⁴ machen 別々に清算する / mit getrennter Post 別便で / getrennt leben 別居する / Zusammen oder getrennt? (レストランなどで:)お支払いはごいっしょですか, それとも別々になさいますか.

ge·tre·ten [ゲ・トレーテン] ‡treten (歩む)の 過分

ge·treu [ゲ・トロイ gə-trɔ́ʏ] 形 ① (雅)忠実な, 誠実な, 信頼できる. ein getreuer Freund 誠実な友人 / seinem Versprechen getreu handeln 約束に忠実に行動する. ② (実物に)忠実な, 実物どおりの. eine getreue Übersetzung 原文に忠実な翻訳.

ge·treu·lich [ゲ・トロイりヒ] 形 (雅) ① 忠実な. ② 正確な, ありのままの.

Ge·trie·be [ゲ・トリーベ gə-tríːbə] 田 -s/- ① 《工》(自動車の)変速機, 歯車装置; (比)機構, 仕組み, メカニズム. ② 活発な活動; 雑踏, 混雑. im Getriebe einer Großstadt² 大都会のあわただしさの中で.

ge·trie·ben [ゲ・トリーベン] *treiben (追いたてる)の 過分

ge·trock·net [ゲ・トロックネット] trocknen (乾かす)の 過分

ge·trof·fen [ゲ・トロッフェン] ‡treffen (会う), triefen (ぽたぽた落ちる)の 過分

ge·tro·gen [ゲ・トローゲン] trügen (欺く)の 過分

ge·trom·melt [ゲ・トロンメルト] trommeln (太鼓をたたく)の 過分

ge·tropft [ゲ・トロプフト] tropfen (滴り落ちる)の 過分

ge·trost [ゲ・トロースト gə-tróːst] I 副 安心して(…してよい). Du kannst getrost nach Hause gehen. 君は遠慮せずに家へ帰っていいんだよ. II 形 安心した. Sei getrost! 安心しなさい.

ge·trös·tet [ゲ・トレーステット] trösten (慰める)の 過分

ge·trotzt [ゲ・トロッツト] trotzen (抵抗する)の 過分

ge·trübt [ゲ・トリュープト] trüben (にごらせる)の 過分

ge·trun·ken [ゲ・トルンケン] ‡trinken (飲む)の 過分

Get·to [ゲット- géto] 田 -s/-s ① (音の:)ゲット-(ユダヤ人を隔離して居住させた地区). ② (少数民族・集団の)居住地区.

Ge·tue [ゲ・トゥ-エ gə-túːə] 田 -s/ (口語)大げさな(もったいぶった)ふるまい; 空騒ぎ.

Ge·tüm·mel [ゲ・テュンメる gə-týməl] 田 -s/-《ふつう 単》雑踏, 人ごみ; 混乱. das Getümmel eines Festes お祭りの人ごみ.

ge·türmt [ゲ・テュルムト] türmen¹ (積み上げる)の過分

ge·turnt [ゲ・トゥルント] turnen (体操をする)の過分

ge·übt [ゲ・ユープト] **I** *üben (練習する)の過分 **II** 形 よく訓練された；熟練(熟達)した．*in* 事³ *geübt sein* 事³に熟達している．

ge·ur·teilt [ゲ・ウァタイルト] urteilen (判断する)の過分

Ge·viert [ゲ・フィーァト] 申 -[e]s/-e 正方形，四辺形；正方形の広場(空地)．*zwölf Meter im Geviert* 12 メートル平方．

das **Ge·wächs** [ゲ・ヴェクス gə-véks] 申 (単2) -es/(複) -e (3格のみ -en) ① 植物．tropische *Gewächse* 熱帯植物．② (農作物，特にワインについて：)…産[のもの]．ein 90er (= neunziger) *Gewächs* [19]90年産のワイン / eigenes *Gewächs* 自家製のワイン．③ はれ物，でき物；腫瘍(ﾖｳ)．④ 《俗》(あるタイプの)人間，やつ．ein eigenartiges *Gewächs* 一風変わったやつ．

ge·wach·sen [ゲ・ヴァクセン] **I** *wachsen¹ (成長する)の過分 **II** 形 ① [成句的に] 人・事³ *gewachsen* sein a) 人³に太刀打ちできる，人³と比べて遜色(ｿﾝｼｮｸ)がない，b) 事³を克服できる，事³に堪えられる．② 成長した．

Ge·wächs=haus [ゲヴェクス・ハオス] 申 -es/..häuser 温室．

ge·wacht [ゲ・ヴァッハト] wachen (目を覚ましている)の過分

ge·wa·ckelt [ゲ・ヴァッケルト] wackeln (ぐらくらする)の過分

ge·wagt [ゲ・ヴァークト] **I** wagen (思いきってする)の過分 **II** 形 ① 思いきった，大胆な；危険な．eine *gewagte* Behauptung 大胆な主張．② きわどい，ひんしゅくを買うような．

ge·wählt [ゲ・ヴェールト] **I** *wählen (選ぶ)の過分 **II** 形 選ばれた，えり抜きの；洗練された，上品な．eine *gewählte* Ausdrucksweise 洗練された表現．

ge·wahr [ゲ・ヴァール gə-vá:r] 形 《雅》[成句的に] 人・物⁴ (または 人・物²) *gewahr* werden 人・物⁴ (または 人・物²)に気づく，目を留める / 事⁴ (または 事²) *gewahr* werden あとになって事⁴(または 事²)に気づく．

Ge·währ [ゲ・ヴェーァ gə-vé:r] 因 -/ 保証，担保．ohne *Gewähr* 保証なしで / **für** 事⁴ *Gewähr* leisten 事⁴を保証する．

ge·wah·ren [ゲ・ヴァーレン gə-vá:rən] 他 (h)《雅》(思いがけなく)認める，気づく．

ge·wäh·ren [ゲ・ヴェーレン gə-vé:rən] **I** 他 ① (人³に希望するもの⁴を)与える，認める，許可する．人³ Asyl⁴ *gewähren* 人³の亡命を許す．② (人³の願いなど⁴を)かなえてやる．人³ einen Wunsch *gewähren* 人³の望みをかなえてやる．**II** 自 (完了 haben) [成句的に] 人⁴ *gewähren* lassen 人⁴の好きなように(思いどおりに)させる．

ge·währ·leis·ten [ゲ・ヴェーァ・ライステン gə-vé:r-laistən] (過分 gewährleistet) 他 (h) 保証する．die Sicherheit⁴ *gewährleisten* 安全を保証する．

Ge·währ·leis·tung [ゲ・ヴェーァ・ライストゥング] 因 -/-en ① 保証．② 《法》担保．

Ge·wahr·sam [ゲ・ヴァールザーム] 男 -s/ ① 保管，保護．物⁴ in *Gewahrsam* bringen 物⁴を保管(保護)する．② 拘留，監禁．人⁴ in *Gewahrsam* nehmen 人⁴を拘置する．

Ge·währs·mann [ゲヴェーァス・マン] 男 -[e]s/..männer (または ..leute) (支持してくれる)証人；(信頼できる)情報提供者．(女性形：..frau).

Ge·wäh·rung [ゲ・ヴェールング] 因 -/-en 《ふつう 単》承認，許可；願いをかなえること．

die **Ge·walt** [ゲ・ヴァルト gə-vált] 因 (単) -/ (複) -en ① 権力；支配力．(英 power). Befehls*gewalt* 命令権 / die staatliche (richterliche) *Gewalt* 国家権力(司法権) / die elterliche *Gewalt* 《法》親権 / 人・物⁴ in seiner *Gewalt* haben 人・物⁴を意のままにできる / sich⁴ in der *Gewalt* haben 自制する / Sie stehen völlig in (または unter) seiner *Gewalt*. 彼らは完全に彼の支配下にある / Er verlor plötzlich die *Gewalt* über seinen Wagen. 《比》彼は突然車をコントロールできなくなった．(☞ 類語 Kraft).

② [複 なし] 暴力，力ずく；(不法な)強制．(英 force). **mit** *Gewalt* 力ずくで，無理やりに；急激に / 人³ *Gewalt* an|tun 《雅・婉曲》人³(女性)に暴行を加える / der Wahrheit³ *Gewalt* an|tun 真実をねじ曲げる / *Gewalt* geht vor Recht. 《諺》無理が通れば道理がひっこむ(←力が正義に先行する)．

③ 《雅》(自然界の)猛威，激しい力．die *Gewalt* des Sturmes 嵐の猛威 / höhere *Gewalt* 不可抗力．

Ge·wal·ten=tei·lung [ゲヴァルテン・タイルング] 因 -/-en 《ふつう 単》《政》三権分立．

ge·walt=frei [ゲヴァルト・フライ] 形 暴力を用いない，平和的な．

Ge·walt=herr·schaft [ゲヴァルト・ヘルシャフト] 因 -/ 独裁(専制)[政治]．

ge·wal·tig [ゲ・ヴァルティヒ gə-váltiç] **I** 形 ① 巨大な．(英 huge). ein *gewaltiges* Bauwerk 巨大な建造物．② ものすごい，とてつもない．(英 tremendous). ein *gewaltiger* Eindruck 強烈な印象 / ein *gewaltiger* Irrtum とんでもない間違い．③ 強力な，権力を有する．ein *gewaltiger* Herrscher 強力な権限を有する支配者．

II 副《口語》激しく，ひどく，大いに．Es hat *gewaltig* geschneit. ひどく雪が降った．

ge·walt=los [ゲヴァルト・ロース] 形 暴力を用いない，非暴力の．

ge·walt·sam [ゲ・ヴァルトザーム] 形 暴力的な，強制的な，力ずくの．Er öffnete *gewaltsam* die Tür. 彼は無理やりドアを開けた．

Ge·walt=tat [ゲヴァルト・タート] 因 -/-en 暴力[行為]．

Ge·walt·tä·ter [ゲヴァると・テータァ] 男 -s/- 暴力を振るう人. (女性形: -in).

ge·walt·tä·tig [ゲヴァると・テーティヒ] 形 暴力的な, 乱暴な.

Ge·walt·tä·tig·keit [ゲヴァるト・テーティヒカイト] 女 -/-en 暴行[行為].

ge·wälzt [ゲ・ヴェるツト] wälzen (転がす)の 過分

Ge·wand [ゲ・ヴァント] gə-vánt] 中 -[e]s/..wänder (詩: -e) (雅) 衣裳, 式服;《比》装い, 外観. in neuem *Gewand* 装いを新たにして.

ge·wan·delt [ゲ・ヴァンデるト] wandeln (再帰 で: 変わる)の 過分

ge·wan·dert [ゲ・ヴァンダァト] *wandern (ハイキングをする)の 過分

ge·wandt [ゲ・ヴァント] gə-vánt] I wenden (向ける)の 過分
II 形 (比較) gewandter, (最上) gewandtest) 熟練した, 上手な, 器用な; 機敏な; 如才ない. eine *gewandte* Redeweise そつのない話し方. (☞ 類語 geschickt).

Ge·wandt·heit [ゲ・ヴァントハイト] 女 -/ 熟練, 巧妙さ, 器用さ; 機敏さ, 如才なさ.

ge·wankt [ゲ・ヴァンクト] wanken (ぐらぐらする)の 過分

ge·wann [ゲ・ヴァン] *gewinnen (勝つ)の 過去

ge·wän·ne [ゲ・ヴェンネ] *gewinnen (勝つ)の 接2

ge·wärmt [ゲ・ヴェルムト] wärmen (温める)の 過分

ge·warnt [ゲ・ヴァルント] *warnen (警告する)の 過分

ge·war·tet [ゲ・ヴァルテット] ⁑warten (待つ)の 過分

ge·wär·tig [ゲ・ヴェルティヒ gə-vértiç] 形 〖成句的に〗 動² *gewärtig* sein 動²を予期(覚悟)している.

ge·wär·ti·gen [ゲ・ヴェルティゲン gə-vértigən] 他 (h) (雅) ① 期待する. ② (不快なこと⁴を)覚悟する.

Ge·wäsch [ゲ・ヴェッシュ gə-véʃ] 中 -[e]s/ 《口語》くだらない話, むだ話.

ge·wa·schen [ゲ・ヴァッシェン] ⁑waschen (洗う)の 過分

Ge·wäs·ser [ゲ・ヴェッサァ gə-vésər] 中 -s/- (総称として:) (河川・湖沼などの)水; 海洋, 河川, 湖沼. ein fließendes (stehendes) *Gewässer* 河川(湖沼).

das **Ge·we·be** [ゲ・ヴェーベ gə-vé:bə] 中 (単2) -s/(複) - (3格のみ -n) ① 織物, 布地. (英 *fabric*). ein wollenes *Gewebe* 毛織物 / ein dünnes *Gewebe* 薄い布地 / ein *Gewebe* von Lügen《比》張りめぐらされたうそ. ② 〖医・生〗組織. Bindegewebe 結合組織 / das *Gewebe* der Nerven² 神経の組織.

ge·webt [ゲ・ヴェープト] weben (織る)の 過分

ge·wech·selt [ゲ・ヴェクセるト] *wechseln (取り替える)の 過分

ge·weckt [ゲ・ヴェックト] I wecken (起こす)の 過分 II 形 利発な, 賢い.

das **Ge·wehr** [ゲ・ヴェーァ gə-vé:r] 中 (単2) -[e]s/(複) -e (3格のみ -en) ① 銃, 小銃, 鉄砲. (英 *rifle*). Maschinen*gewehr* 機関銃 / das *Gewehr*⁴ an|legen 銃を構える / das *Gewehr*⁴ laden 銃に弾丸を込める / das *Gewehr*⁴ schultern 銃を担う / **mit dem Gewehr** auf 人⁴ zielen 銃で人⁴をねらう / *Gewehr* bei Fuß stehen a) 立て銃(³)の姿勢でいる, b) 《比》身構えている / Das *Gewehr* über! (軍) 担え銃 / Präsentiert das *Gewehr*! (軍) ささげ銃. ② (狩) 雄のいのししのきば.

Ge·wehr·kol·ben [ゲヴェーァ・コるベン] 男 -s/- (小銃の)床尾, 銃床.

Ge·wehr·lauf [ゲヴェーァ・らオふ] 男 -[e]s/..läufe 銃身.

ge·wehrt [ゲ・ヴェーァト] wehren (再帰 で: 抵抗する)の 過分

ge·weht [ゲ・ヴェート] wehen (風が吹く)の 過分

ge·wei·gert [ゲ・ヴァイガァト] weigern (再帰 で: 拒む)の 過分

Ge·weih [ゲ・ヴァイ gə-vái] 中 -[e]s/-e (狩) (鹿などの)[枝]角.

ge·weiht [ゲ・ヴァイト] weihen (神聖にする)の 過分

ge·weint [ゲ・ヴァイント] ⁑weinen (泣く)の 過分

ge·wen·det [ゲ・ヴェンデット] wenden (裏返す)の 過分

das **Ge·wer·be** [ゲ・ヴェルベ gə-vérbə] 中 (単2) -s/(複) - (3格のみ -n) ① 生業, (商工業・サービス業などの)職業; 商売, 営業. (英 *trade*). Bau*gewerbe* 建築業 / ein ehrliches *Gewerbe* まともな職業 / ein einträgliches *Gewerbe* もうかる商売 / das älteste *Gewerbe* der Welt² (戯) 売春 (←世界で最も古い商売) / ein *Gewerbe*⁴ aus|üben (または betreiben) 生業を営む. ② 〖複 なし〗中小企業.

Ge·wer·be·frei·heit [ゲヴェルベ・ふライハイト] 女 -/ 営業(職業)の自由.

Ge·wer·be·schein [ゲヴェルベ・シャイン] 男 -[e]s/-e 営業許可証.

Ge·wer·be·steu·er [ゲヴェルベ・シュトイアァ] 女 -/-n 営業税.

Ge·wer·be·trei·ben·de[r] [ゲヴェルベ・トライベンデ (..ダァ)] 男 女〖語尾変化は形容詞と同じ〗商売を営む人, 自営業者.

ge·werb·lich [ゲ・ヴェルプりヒ] 形 職業の, 産業の; 営業の. *gewerbliche* Tätigkeit 営業行為.

ge·werbs·mä·ßig [ゲヴェルプス・メースィヒ] 形 営業[上]の; 職業[上]の.

die **Ge·werk·schaft** [ゲ・ヴェルクシャふト gə-vérkʃaft] 女 (単) -/(複) -en 労働組合. in eine *Gewerkschaft* ein|treten 労働組合に加入する.

Ge·werk·schaf·ter [ゲ・ヴェルクシャふタァ gə-vérkʃaftər] 男 -s/- 労働組合員(幹部). (女性形: -in).

Ge·werk·schaft·ler [ゲ・ヴェルクシャふトらァ gə-vérkʃaftlər] 男 -s/- =Gewerkschafter

ge·werk·schaft·lich [ゲ・ヴェルクシャふトリヒ] 形 労働組合の.

Ge·werk·schafts=bund [ゲヴェルクシャふツ・ブント] 男 -[e]s/ 労働組合同盟. Deutscher *Gewerkschaftsbund* ドイツ労働組合総同盟(略: DGB).

Ge·werk·schafts=mit·glied [ゲヴェルクシャふツ・ミットグリート] 中 -[e]s/-er 労働組合員.

ge·we·sen [ゲ・ヴェーゼン] I ≒sein¹ (…である)の 過分 II 形《付加語としてのみ》(⌒) かつての, 元の. die *gewesene* Schauspielerin 元女優.

ge·wet·tet [ゲ・ヴェッテット] wetten (賭をする)の 過分.

ge·wi·chen [ゲ・ヴィッヒェン] weichen¹ (退く)の 過分.

ge·wichst [ゲ・ヴィクスト] I wichsen (つや出しワックスで磨く)の 過分 II 形《口語》ずる賢い.

das **Ge·wicht** [ゲ・ヴィヒト gə-víçt] 中 (単 2) -[e]s/(複) -e (3格のみ -en) ① 《複なし》**重さ**, 重量. 《英 weight》. Körper*gewicht* 体重 / das spezifische *Gewicht*《物》比重 / ein *Gewicht* von 45 kg 45 キログラムの重さ / Der Koffer hat sein *Gewicht*. そのトランクはかなり重い / 物⁴ nach *Gewicht* verkaufen 物⁴を重さで量り売りする.

② 《複なし》**重要性**. auf 事⁴ Gewicht⁴ legen 事⁴を重要視する / Dieser Umstand fällt besonders ins *Gewicht*. この情況は特に重大である / eine Meinung von *Gewicht* 重みのある意見. ③ (はかりの)分銅, おもり;《スポ》(重量挙げの)バーベル.

Ge·wicht=he·ber [ゲヴィヒト・ヘーバァ] 男 -s/- 重量挙げ(ウエートリフティング)の選手. (女性形: -in).

ge·wich·tig [ゲ・ヴィヒティヒ gə-víçtiç] 形 ① 重要な, 重大な. ein *gewichtiger* Grund 重大な理由. ② ずっしり重い.

Ge·wichts=klas·se [ゲヴィヒツ・クらッセ] 女 -/-n 《スポ》(ボクシングなどの)体重別の階級.

Ge·wichts=ver·lust [ゲヴィヒツ・フェアるスト] 男 -[e]s/-e 体重減少; 体重の目減り.

ge·wi·ckelt [ゲ・ヴィッケるト] wickeln (巻く)の 過分.

ge·wid·met [ゲ・ヴィトメット] widmen (ささげる)の 過分.

ge·wieft [ゲ・ヴィーふト gə-víːft] 形《口語》ずるい, 抜け目のない.

ge·wiegt [ゲ・ヴィークト] I *wiegen² (揺り動かす)の 過分 II 形《口語》経験に富んだ, 老練な.

Ge·wie·her [ゲ・ヴィーアァ gə-víːər] 中 -s/ (馬の)いななき;《俗》高笑い.

ge·wie·sen [ゲ・ヴィーゼン] weisen (指し示す)の 過分.

ge·willt [ゲ・ヴィるト gə-vílt] 形《成句的に》*gewillt* sein, **zu** 不定詞[句] …するつもり(気)がある. Bist du *gewillt*, uns zu helfen? 君は私たちを助けてくれるかね?

Ge·wim·mel [ゲ・ヴィンメる gə-víməl] 中 -s/ 人ごみ, 雑踏, 混雑.

Ge·wim·mer [ゲ・ヴィンマァ gə-vímər] 中 -s/ めそめそ泣き続けること(声).

Ge·win·de [ゲ・ヴィンデ gə-víndə] 中 -s/- 《工》ねじ[山]. ein *Gewinde*⁴ schneiden ねじ切りをする.

Ge·win·de=boh·rer [ゲヴィンデ・ボーラァ] 男 -s/- 《工》ねじタップ.

ge·winkt [ゲ・ヴィンクト] winken (合図する)の 過分

der **Ge·winn** [ゲ・ヴィン gə-vín] 男 (単 2) -[e]s/(複) -e (3格のみ -en) ① **利益**, もうけ, 利潤; 成果. 《英 profit》. ein großer *Gewinn* 多額の利益 / *Gewinn* und Verlust 利益と損失 / *Gewinn*⁴ ab|werfen (または ein|bringen) 利益をもたらす / aus einem Geschäft *Gewinn*⁴ schlagen (または ziehen) 商売をして利益を得る / Er konnte sein Haus mit *Gewinn* verkaufen. 彼は家を売ってもうけた.

② 《複なし》《比》効用, 有益. ein Buch⁴ mit großem *Gewinn* lesen 本を読んで大いに得るところがある / einen *Gewinn* von 人³ haben 人³から得るところがある(有益なことを学ぶ). ③ 当たりくじ; (くじの)賞金, 賞品. Jedes Los ist *Gewinn*. 空くじなし (←どのくじも当たりくじ).

▶ gewinn=bringend

Ge·winn=an·teil [ゲヴィン・アンタイる] 男 -[e]s/-e 《経》利益配当.

Ge·winn=be·tei·li·gung [ゲヴィン・ベタイリグング] 女 -/-en 《経》利益分配[制度].

ge·winn=brin·gend, Ge·winn brin·gend [ゲヴィン・ブリンゲント] 形 利益をもたらす, もうかる; 有意義な.

ge·win·nen [ゲ・ヴィンネン gə-vínən] (gewann, hat...gewonnen) I 他 《完了 haben》① (試合などに)**勝つ**. 《英 win》. (⇔《負ける》den Krieg (einen Prozess) *gewinnen* 戦争(訴訟)に勝つ / Sie haben das Spiel [mit] 2:1 (= zwei zu eins) *gewonnen*. 彼らはその試合に 2 対 1 で勝った.

② (賞金など⁴を)**獲得する**. Er *hat* im Lotto 5000 Euro *gewonnen*. 彼はナンバーくじ(宝くじ)で 5,000 ユーロもうけた / einen Pokal *gewinnen* 優勝カップを獲得する.

③ (信頼など⁴を)**得る**, (確信など⁴を)**持つようになる**. großes Ansehen⁴ *gewinnen* 大きな信望を得る / Macht⁴ *gewinnen* 権力を握る / Ich *habe* sein Vertrauen *gewonnen*. 私は彼の信頼を得た / einen Vorsprung *gewinnen* 優位に立つ / Zeit⁴ *gewinnen* 時間を稼ぎだす / Klarheit⁴ über 事⁴ *gewinnen* 事⁴がはっきりわかってくる / Ich *gewann* den Eindruck, dass … 私は…という印象を受けた / 人⁴ lieb *gewinnen* 人⁴を好きになる.

④ (説得して人⁴に参加してもらう, (味方などに)なってもらう. 人⁴ **als** Mitglied *gewinnen* 人⁴にメンバーになってもらう / Er *hat* sie **für** seinen Plan *gewonnen*. 彼は彼女を自分の計画に引き入れた / 人⁴ **zum** Freund *gewinnen*

囚⁴を友だちにする. ⑤ (石炭など⁴を)採掘する. ⑥ 【A⁴ aus B³ ～】 (A⁴をB³から)製造する. Saft⁴ aus Äpfeln *gewinnen* ジュースをりんごから作る. ⑦ (雅)(ある場所⁴に)たどり着く.
II 自 (完了 haben) ① (試合などで)**勝つ**, 優勝する; (くじで)当たる; (くじが)当たる. Er hat [in diesem Spiel] klar *gewonnen*. 彼は[この試合で]圧勝した / in der Lotterie *gewinnen* 宝くじに当たる / Jedes Los *gewinnt*. 空くじなし (「中のくじも当たる).
② 引きたつ, よくなる. Das Gedicht *gewinnt* durch diese Änderung sehr. その詩はこのように変えるとぐんとよくなる.
③ 【an 囲³ ～】 (囲³を)増す. Das Flugzeug *gewann* an Höhe. 飛行機は高度を上げた / an Reiz *gewinnen* 魅力を増す.

ge‧win‧nend [ゲ‧ヴィンネント] **I** *gewinnen (勝つ)の現分 **II** 形 感じのよい, 魅力的な. ein *gewinnendes* Lächeln 魅力的なほほえみ.

Ge‧win‧ner [ゲ‧ヴィンナァ gə-vínər] 男 -s/- 勝者, 受賞者; (宝くじの)当選者. (女性形: -in).

Ge‧winn‧span‧ne [ゲヴィン‧シュパンネ] 女 -/-n (経) 利ざや, マージン.

Ge‧winn=sucht [ゲヴィン‧ズフト] 女 -/..süchte (ふつう単) 利欲, 利益追求の欲望.

ge‧winn=süch‧tig [ゲヴィン‧ズュヒティヒ] 形 利欲に駆られた, 強欲な.

Ge‧win‧nung [ゲ‧ヴィンヌング] 女 -/-en (ふつう単) (鉱物の)採掘; (材木の)伐採; 生産, 産出. die *Gewinnung* von Erdöl 石油の産出.

Ge‧winn=zahl [ゲヴィン‧ツァール] 女 -/-en (ふつう複) (くじの)当選番号.

Ge‧win‧sel [ゲ‧ヴィンゼル gə-vínzəl] 中 -s/ ① (犬が)くんくん泣くこと(声); めそめそ泣き続けること(声). ② 哀願, 哀訴.

ge‧wir‧belt [ゲ‧ヴィルベルト] wirbeln (渦を巻く)の過分

ge‧wirkt [ゲ‧ヴィルクト] *wirken (作用する)の過分

Ge‧wirr [ゲ‧ヴィル gə-vír] 中 -[e]s/-e ① (糸などの)もつれ. ② 混乱, ごちゃごちゃ.

ge‧wischt [ゲ‧ヴィッシュト] wischen (ふき取る)の過分

*****ge‧wiss** [ゲ‧ヴィス gə-vís] **I** 形 (比較 gewisser, 最上 gewissest) ① **確かな**, 確実な. (英 *certain*). Ist das schon *gewiss*? それはもう確かですか / die *gewisse* Hoffnung⁴ haben, dass… …という確かな希望を持っている / Eine Strafe ist ihm *gewiss*. 彼が罰を受けるのは確実だ. (⇨ 類語 sicher).
◇【2格とともに】 [sich³] 囲² *gewiss* sein 囲²を確信している. Er war sich³ seines Erfolges *gewiss*. 彼は自分の成功を確信していた.
② 【付加語としてのみ】 **ある**, ある種の. aus einem *gewissen* Grunde ある理由で / ein *gewisser* Herr Meyer マイアーとかいう人 / in *gewisser* Beziehung (または Hinsicht) ある点で / Über *gewisse* Dinge spricht man nicht gern. ある種の事柄については人は話した

がらぬものだ / einen *gewissen* Ort auf|suchen (口語) トイレに行く.
③ 【付加語としてのみ】 ある程度の. eine *gewisse* Ähnlichkeit ある程度の類似性.
II 副 ①【文全体にかかって】 **きっと**, 確かに, 必ず. Er kommt *gewiss*. 彼はきっと来る.
②【返事として】 [*Ganz*] *gewiss*! まったくそのとおり / Aber *gewiss* [doch]! もちろん.

ge‧wiß [ゲ‧ヴィス] gewiss の古い形 (⇨ daß)

das Ge‧wis‧sen [ゲ‧ヴィッセン gə-vísən] 中 (単2) -s/(複) - **良心**. (英 *conscience*). das menschliche *Gewissen* 人間の良心 / das ärztliche *Gewissen* 医者としての良心 / ein reines *Gewissen*⁴ haben 心にやましいところがない / ein schlechtes *Gewissen*⁴ haben 心にやましいところがある / Er hat kein *Gewissen*. 彼には良心がない / sich³ kein *Gewissen*⁴ aus 囲³ machen 囲³(愚行などに)やましさを感じない / 囚⁴ auf dem *Gewissen* haben 囚⁴のこと(不幸など)に責任がある / 囲⁴ auf dem *Gewissen* haben 囲⁴(不幸など)に責任がある / Auf Ehre und *Gewissen*! (誓うときの言葉:) 名誉と良心にかけて / 囚³ ins *Gewissen* reden 囚³の良心に訴える / mit gutem *Gewissen* 良心に恥じることなく / Ein gutes *Gewissen* ist ein sanftes Ruhekissen. (諺) 心やましからざれば眠りもまた安らかなり (←良心は柔らかい安眠のまくら).

ge‧wis‧sen‧haft [ゲ‧ヴィッセンハフト] 形 入念な, 精密な, 良心的な. eine *gewissenhafte* Untersuchung 綿密な調査 / Sie arbeitet sehr *gewissenhaft*. 彼女はとても入念に仕事をする.

Ge‧wis‧sen‧haf‧tig‧keit [ゲ‧ヴィッセンハフティヒカイト] 女 -/ 入念さ, 良心的なこと.

ge‧wis‧sen=los [ゲ‧ヴィッセン‧ロース] 形 良心のない, 不誠実な, 無責任な.

Ge‧wis‧sen‧lo‧sig‧keit [ゲ‧ヴィッセン‧ロージヒカイト] 女 -/-en ① (複 なし) 良心のなさ, 不誠実, 無責任. ② 不誠実(背信的)な行為.

Ge‧wis‧sens=biss [ゲ‧ヴィッセンス‧ビス] 男 -es/-e 【ふつう複】 良心の苛責(ヒルヤ), 罪悪感. *Gewissensbisse*⁴ bekommen 良心の苛責を感じる.

Ge‧wis‧sens=frei‧heit [ゲヴィッセンス‧フライハイト] 女 -/ 良心の自由.

Ge‧wis‧sens=kon‧flikt [ゲヴィッセンス‧コンフリクト] 男 -[e]s/-e 良心の葛藤(ヒシ).

ge‧wis‧ser‧ma‧ßen [ゲ‧ヴィッサァ‧マーセン gəvísər-má:sən] 副 **いわば**, ある意味で, ある程度まで. Er ist *gewissermaßen* ihr Freund. 彼はいわば彼女の恋人だ.

Ge‧wiss‧heit [ゲ‧ヴィスハイト] 女 -/-en 【ふつう単】 確実[性]; 確信; 確証, 確実なこと(もの). mit *Gewissheit* はっきりと, 確実に / zur *Gewissheit* werden 確実なものとなる.

*****das Ge‧wit‧ter** [ゲ‧ヴィッタァ gə-vítər] 中 (単2) -s/(複) - (3格のみ -n) ① **雷雨**, 夕立. (英 *thunderstorm*). ein heftiges *Gewitter* 激

しい雷雨 / Ein *Gewitter* droht (または zieht auf). 雷雨が近づいている. ② 《比》激しいいさかい.

ge·wit·tern [ゲ・ヴィッタァン gə-vítərn] 非人称 (h) Es *gewittert*. 雷雨になる.

Ge·wit·ter≠re·gen [ゲ・ヴィッタァ・レーゲン] 男 -s/- 雷雨, 夕立. **in** einen *Gewitterregen* geraten 夕立に遭う.

ge·witt·rig [ゲ・ヴィットリヒ gə-vítriç] 形 雷雨(夕立)が来そうな; 雷雨の.

ge·witzt [ゲ・ヴィッツト gə-vítst] 形 抜け目のない, 利口な.

ge·wo·ben [ゲ・ヴォーベン] weben (織る)の 過分《雅》

ge·wo·gen [ゲ・ヴォーゲン] I *wiegen¹ (重さを量る), wägen (重さがある)の 過分 II 形《雅》好意的な, 親切な. 人・事³ *gewogen* sein 人・事³に好意を持っている.

*****ge·wöh·nen** [ゲ・ヴェーネン gə-vǿːnən] (gewöhnte, hat … gewöhnt) I 他 《完了》haben)《人⁴ **an** 人・物⁴ ~》《人⁴を人・物⁴に》慣れさせる, 習慣づける.《英》*accustom*). Die Mutter *gewöhnt* die Kinder an Ordnung. 母親は子供たちにきちんと整理する習慣をつけさせる.
II 再帰 《完了》haben)《sich⁴ **an** 人・物⁴ ~》《人・物⁴に》慣れる. Wir *haben uns* an die neue Wohnung schon *gewöhnt*. 私たちは新しい住まいにもう慣れました / Er *gewöhnte sich* [daran], früh aufzustehen. 彼は早起きすることに慣れた.
◇☞ gewöhnt

die **Ge·wohn·heit** [ゲ・ヴォーンハイト gə-vóːnhaɪt] 女 (単) -/(複) -en 習慣, 習性, 癖; 慣習.《英》*habit*). eine gute *Gewohnheit*⁴ an|nehmen 良い習慣を身につける / eine schlechte *Gewohnheit*⁴ ab|legen 悪い習慣をやめる /《副》⁴ **aus** *Gewohnheit* tun 《副》⁴を習慣でする / Das geht **gegen** meine *Gewohnheit*. それは私の習慣に反する / Das ist mir **zur** *Gewohnheit* geworden. 《現在完了》それはもう私の癖になっている.

ge·wohn·heits≠mä·ßig [ゲヴォーンハイツ・メースィヒ] 形 習慣的な, 癖となった.

Ge·wohn·heits≠mensch [ゲヴォーンハイツ・メンシュ] 男 -en/-en 習慣に従って生活する人, 習慣どおりにしないと気の済まない人.

Ge·wohn·heits≠recht [ゲヴォーンハイツ・レヒト] 中 -[e]s/-e 《ふつう 単》《法》慣習法.

Ge·wohn·heits≠tier [ゲヴォーンハイツ・ティーァ] 中 -[e]s/-e 《戯》＝Gewohnheitsmensch.

Ge·wohn·heits≠ver·bre·cher [ゲヴォーンハイツ・フェアブレッヒャァ] 男 -s/- 《法》常習犯[人]. (女性形: -in).

*****ge·wöhn·lich** [ゲ・ヴェーンリヒ gə-vǿːnlɪç] 形 ① ふつうの, いつもの, 日常の.《英》*usual*). im *gewöhnlichen* Leben 日常生活では / unter *gewöhnlichen* Umständen ふつうの場合には / zur *gewöhnlichen* Zeit いつもの時間に / **für** *gewöhnlich* たいてい, ふつう / **wie** *gewöhnlich* いつものように / Ich stehe *gewöhnlich* um 7 Uhr auf. 私はふつう7時に起床する.
② 低俗な, 卑しい, 下品な.

ge·wohnt [ゲ・ヴォーント gə-vóːnt] I wohnen (住む)の 過分
II 形 ① いつもの, ふだんの, 通常の.《英》*usual*). zur *gewohnten* Stunde いつもの時間に / in *gewohnter* Weise いつものやり方で / mit *gewohnter* Sorgfalt 例のごとく慎重に.
② (事⁴に)慣れている. Sie ist harte Arbeit *gewohnt*. 彼女はつらい仕事に慣れている / Ich bin [es] *gewohnt*, früh ins Bett zu gehen. 私は早く就寝するのに慣れている.

ge·wöhnt [ゲ・ヴェーント] I *gewöhnen (慣れさせる)の 過分, 3人称単数・2人称親称複数 現在 II 形 《**an** ~》(事⁴に)慣れている. Ich bin an diese Arbeit *gewöhnt*. 私はこの仕事に慣れている.

ge·wöhn·te [ゲ・ヴェーンテ] *gewöhnen (慣れさせる)の 過去

Ge·wöh·nung [ゲ・ヴェーヌング] 女 -/ 慣らすこと(慣れること), 習慣づけ; 順応. die *Gewöhnung* **an** eine neue Umgebung 新しい環境への順応.

Ge·wöl·be [ゲ・ヴェルベ gə-vǿlbə] 中 -s/- ① アーチ形天井, 丸天井; ドーム, 丸屋根.(☞「建築様式 (1)・(2)」, 1744 ページ). ② (地下室などの)丸天井の部屋.

ge·wölbt [ゲ・ヴェルプト] I wölben (再帰で: アーチ形にな[つてい]る)の 過分
II 形 アーチ形の, 丸天井の, 反った; 丸く突き出た(額など).

ge·wollt [ゲ・ヴォルト] I *wollen¹ (欲する)の 過分 II 形 わざとらしい, 不自然な. *gewollt* wirken わざとらしい感じがする.

ge·wön·ne [ゲ・ヴェンネ] *gewinnen (勝つ)の 接 2

ge·won·nen [ゲ・ヴォンネン] *gewinnen (勝つ)の 過分

ge·wor·ben [ゲ・ヴォルベン] werben (宣伝をする)の 過分

ge·wor·den [ゲ・ヴォルデン] ːwerden (…になる)の 過分

ge·wor·fen [ゲ・ヴォルフェン] werfen (投げる)の 過分

ge·wrun·gen [ゲ・ヴルンゲン] wringen (絞る)の 過分

Ge·wühl [ゲ・ヴューる gə-výːl] 中 -[e]s/ ① ひっかき回すこと. ② 雑踏, 混雑. Er verschwand im *Gewühl*. 彼は雑踏の中に消えていった.

ge·wühlt [ゲ・ヴューるト] wühlen (穴を掘る)の 過分

ge·wun·den [ゲ・ヴンデン] I winden (再帰で: 身をくねらせる)の 過分 II 形 曲がりくねった (道・川など); 持って回った. sich⁴ *gewunden* aus|drücken 持って回った言い方をする.

ge·wun·dert [ゲ・ヴンダァト] *wundern (驚かす)の 過分

ge·wun·ken [ゲ・ヴンケン] winken (合図する)の 過分

ge·wünscht [ゲ・ヴュンシュト] ‡wünschen (望む)の 過分

ge·wür·digt [ゲ・ヴュルディヒト] würdigen (正当に評価する)の 過分

ge·wür·felt [ゲ・ヴュルフェルト] I würfeln (さいころを振る)の 過分 II 形 市松模様の, チェックの, 格子縞(じ)の.

Ge·würm [ゲ・ヴュルム gə-výrm] 田 -[e]s/-e 《ふつう 単》(総称として:) 多数の虫; 虫けら.

das Ge·würz [ゲ・ヴュルツ gə-výrts] 田 (単2) -es/(複) -e (3格のみ -en) **スパイス**, 香辛料, 薬味. (英 spice). ein scharfes (mildes) *Gewürz* 舌にぴりっとくる(マイルドな)スパイス / die Soße⁴ mit *Gewürzen* ab|schmecken ソースに香辛料で味つけをする.

Ge·würz⹀gur·ke [ゲヴュルツ・グルケ] 囡 -/-n きゅうりのピクルス.

Ge·würz⹀mi·schung [ゲヴュルツ・ミッシュング] 囡 -/-en ミックススパイス.

Ge·würz⹀nel·ke [ゲヴュルツ・ネルケ] 囡 -/-n (植) チョウジ(丁子), クローブ.

ge·würzt [ゲ・ヴュルツト] würzen (味付けする)の 過分

ge·wusst [ゲ・ヴスト] ‡wissen (知っている)の 過分

ge·wü·tet [ゲ・ヴューテット] wüten (暴れる)の 過分

Gey·sir [ガイズィァ gáɪzɪr] 男 -s/-e 《地学》間欠泉.

gez. [ゲ・ツァイヒネット] 《略》 署名のある; 記号のある (=gezeichnet).

ge·zackt [ゲ・ツァックト] I zacken (ぎざぎざを付ける)の 過分 II 形 のこぎり歯状の, ぎざぎざの.

ge·zahlt [ゲ・ツァールト] ‡zahlen (支払う)の 過分

ge·zählt [ゲ・ツェールト] ‡zählen (数を数える)の 過分

ge·zähmt [ゲ・ツェームト] zähmen (飼いならす)の 過分

ge·zähnt [ゲ・ツェーント] I zähnen (歯を付ける)の 過分 II 形 のこぎり歯状の, ぎざぎざのある.

Ge·zänk [ゲ・ツェンク gə-tsɛ́ŋk] 田 -[e]s/ (絶え間のない)けんか, 口論.

ge·zankt [ゲ・ツァンクト] zanken (再帰 で: 口げんかをする)の 過分

ge·zau·bert [ゲ・ツァオバァト] zaubern (魔法を使う)の 過分

ge·zeich·net [ゲ・ツァイヒネット] I *zeichnen (描く)の 過分 II 形 ① 模様のある(動植物など). ② (雅)(…の)模様を呈した, 刻印された. Sie war vom Tode *gezeichnet*. 彼女[の顔]には死相が出ていた. ③ 署名のある (コピーに記し, 原本に本人の署名があることを示す. 省略: gez.).

ge·zeigt [ゲ・ツァイクト] ‡zeigen (見せる)の 過分

Ge·zei·ten [ゲ・ツァイテン gə-tsáɪtən] 複 潮の満干(ホム), 干満.

Ge·zei·ten⹀kraft·werk [ゲツァイテン・クラフトヴェルク] 田 -[e]s/-e 潮力発電所.

ge·zerrt [ゲ・ツェルト] zerren (引っぱる)の 過分

Ge·ze·ter [ゲ・ツェータァ gə-tsé:tər] 田 -s/ しきりに泣きわめくこと, 泣き叫び.

ge·zie·hen [ゲ・ツィーエン] zeihen (責める)の 過分

ge·zielt [ゲ・ツィールト] I zielen (ねらう)の 過分 II 形 目標(ねらい)を定めた, 的確な.

ge·zie·men [ゲ・ツィーメン gə-tsí:mən] I 自 (h) (雅) (人³に)ふさわしい, 似つかわしい. II 再帰 (h) (雅) *sich*⁴ *geziemen* 礼儀作法にかなっている, ふさわしい.

ge·ziert [ゲ・ツィーァト] I zieren (飾る)の 過分 II 形 気取った, すました, わざとらしい(話し方・身ぶりなど).

ge·zischt [ゲ・ツィッシュト] zischen (しゅっしゅっと音をたてる)の 過分

ge·zit·tert [ゲ・ツィッタァト] zittern (震える)の 過分

ge·zo·gen [ゲ・ツォーゲン] ‡ziehen (引く)の 過分

ge·zö·gert [ゲ・ツェーガァト] zögern (ためらう)の 過分

ge·züch·tet [ゲ・ツュヒテット] züchten (飼育する)の 過分

ge·zuckt [ゲ・ツックト] zucken (ぴくぴく動く)の 過分

ge·zün·det [ゲ・ツュンデット] zünden (点火する)の 過分

ge·zwei·felt [ゲ・ツヴァイふェルト] *zweifeln (疑う)の 過分

Ge·zweig [ゲ・ツヴァイク gə-tsváɪk] 田 -[e]s/ (雅)(総称として:) 枝.

Ge·zwit·scher [ゲ・ツヴィッチャァ gə-tsvítʃər] 田 -s/ (小鳥の絶え間ない)さえずり[声].

ge·zwit·schert [ゲ・ツヴィッチャァト] zwitschern (さえずる)の 過分

ge·zwun·gen [ゲ・ツヴンゲン] I zwingen (強いる)の 過分 II 形 ① 強いられた, 無理やりの. ② 不自然な, わざとらしい. ein *gezwungenes* Benehmen ぎこちない態度.

ge·zwun·ge·ner⹀ma·ßen [ゲツヴンゲナァ・マーセン] 副 いやおうなしに, やむをえず.

GG [ゲー・ゲー] 《略》 基本法 (=Grundgesetz).

ggf. [ゲゲーベネン・ふァるス] 《略》 場合によっては, 必要な場合は (=gegebenenfalls).

Gha·na [ガーナ gáːna] 田 -s/ 《国名》 ガーナ[共和国] (アフリカ西部ギニア湾岸. 首都はアクラ).

Ghet·to [ゲットー géto] 田 -s/-s ① (昔の:) ゲットー (ユダヤ人を隔離して居住させた地区). ② (少数民族・集団の) 居住地区. (=Getto).

Ghost⹀wri·ter [ゴースト・ライタァ] [英] 男 -s/- ゴーストライター. (女性形: -in).

gib [ギープ] ‡geben (与える)の du に対する 命令

gibst [ギープスト gíːpst] ‡geben (与える)の 2人称親称単数 現在. *Gibst* du ihr etwas zum Geburtstag? 君は彼女の誕生日に何かあげるの?

***gibt** [ギープト gí:pt] ‡geben (与える)の3人称単数 現在. Er *gibt* dem Kellner Trinkgeld. 彼はウエーターにチップをやる / *Gibt* es hier ein Hotel? この辺りにホテルはありますか.

Gicht [ギヒト gíçt] 女 -/ 《医》痛風.

gich·tisch [ギヒティッシュ gíçtɪʃ] 形 痛風の.

gicks [ギックス gíks] 間 《成句的に》weder *gicks* noch gacks sagen (wissen) 《口語》うんともすんとも言わない(まるっきり知らない).

der **Gie·bel**¹ [ギーベル gí:bəl] 男 (単2) -s/(複) – (3格のみ -n) 《建》切妻, 破風(はふ); 切妻壁. (英 gable). ein Haus mit einem spitzen *Giebel* とがった切妻のある家.

Gotik　　　Renaissance

Gie·bel² [ギーベル gí:bəl] 男 -s/- 《魚》フナ(鮒).

Gier [ギーァ gí:r] 女 -/ 激しい欲望, 渇望. *Gier* **nach** Macht 権勢欲.

Barock

gie·ren [ギーレン gí:rən] 自 (h) 【**nach** 物³~】《雅》《物³を熱望(渇望)する.

Giebel¹

gie·rig [ギーリヒ gí:rɪç] 形 貪欲(どんよく)な, むさぼるような. (英 greedy). *gierige* Blicke 貪欲な目つき / **nach** 物³ *gierig* sein 物³が欲しくてたまらない / 物⁴ *gierig* essen 物⁴をがつがつ(むさぼるように)食べる.

Gieß·bach [ギース·バッハ] 男 –[e]s/..bäche 急流, 激流.

gie·ßen* [ギーセン gí:sən] du gießt (goss, *hat* ... gegossen) I 他 (完了 haben) ①《方向を表す語句とともに》(液体⁴を…に)注ぐ, つぐ; (誤って)こぼす. *Gießen* Sie mir Wein **ins** Glas! 私のグラスにワインをついでください / Öl⁴ **ins** Feuer *gießen* 《比》火に油を注ぐ / Er *hat* die Tinte **über** das Heft *gegossen*. 彼はノートにインクをこぼした.

② (花など⁴に)水をやる, (庭など⁴に)水をまく. die Blumen⁴ *gießen* 花に水をやる. ◇《目的語なしでも》Er muss fast jeden Abend *gießen*. 彼はほとんど毎晩水をやらなければならない.

③ 《冶》(鋳型に)流し込む; 鋳造する. Eisen **in** eine Form *gießen* 鉄を鋳型に流し込む / Glocken⁴ *gießen* 鐘を鋳造する.

II 非人称 (完了 haben)《口語》Es *gießt*. 雨が激しく降る. Es goss **in** Strömen. 土砂降りの雨だった.

III 再帰 (完了 haben) 【es gießt sich⁴ ... の形で】(ポットなどの)つぎぐあいが…である. Aus dieser Kanne *gießt* es *sich* nicht gut. このポットはつぎにくい.

Gie·ßen [ギーセン] 田 -s/《都市名》ギーセン(ドイツ, ヘッセン州: 🗺地図 D-3).

Gie·ßer [ギーサァ gí:sər] 男 -s/- 鋳物職人. (女性形: -in).

Gie·ße·rei [ギーセライ gi:sərái] 女 -/-en ①《複 なし》鋳造[術]. ② 鋳造所, 鋳物工場.

Gieß·kan·ne [ギース·カンネ] 女 -/-n じょうろ.

das **Gift** [ギフト gíft] 田 (単2) -es (まれに -s) / (複) -e (3格のみ -en) ① 毒, 毒物, 毒薬. (英 poison). Rausch*gift* 麻薬 / ein gefährliches *Gift* 危険な毒物 / 囚³ *Gift*⁴ geben 囚³に毒を盛る / *Gift*⁴ nehmen 毒を飲む ⇒ Darauf kannst du *Gift* nehmen! 《口語·比》それは絶対に間違いないよ(当てにしていいよ) / Dieses Buch ist *Gift* für ihn. この本は彼には有害だ / Das Messer schneidet wie *Gift*. このナイフはすごくよく切れる.

②《複 なし》《比》悪意; 憎しみ. *Gift*⁴ und Galle⁴ speien 怒りをぶちまける.

gif·ten [ギフテン gíftən] I 他 (h) 《口語》怒らせる. ◇《再帰的に》*sich*⁴ *giften* 怒る, 腹を立てる. II 自 (h) 《口語》毒づく, くそみそに言う.

Gift:gas [ギフト·ガース] 田 -es/-e 毒ガス.

gif·tig [ギフティヒ gíftɪç] 形 ① 有毒の, 毒性のある. (英 poisonous). ein *giftiger* Pilz 毒きのこ / *giftige* Chemikalien 有害化学物質. ②《口語·比》悪意の, 意地の悪い. ein *giftiger* Blick 意地悪い目つき. ③ (色が)毒々しい, 毒どい.

Gif·tig·keit [ギフティヒカイト] 女 -/- 毒性; 毒々しさ, とげとげしさ; (色の)どぎつさ.

Gift:müll [ギフト·ミュル] 男 –[e]s/- 有毒産業廃棄物.

Gift:pflan·ze [ギフト·プフランツェ] 女 -/-n 《生》有毒植物.

Gift:pilz [ギフト·ピルツ] 男 -es/-e 毒きのこ.

Gift:schlan·ge [ギフト·シュランゲ] 女 -/-n 毒蛇.

Gift:zahn [ギフト·ツァーン] 男 -s/..zähne 《動》毒牙(どくが); 《比》悪意.

Gi·ga·byte [ギーガ·バイト] 田 –[s]/–[s] (ニギガ) ギガバイト (記号: GByte).

Gi·gant [ギガント gigánt] 男 –en/-en ①《雅》巨人, 巨漢. (女性形: -in). ②《比》傑出した人(物), 巨匠; スーパースター.

gi·gan·tisch [ギガンティッシュ gigántɪʃ] 形 巨大な, 巨人のような; ものすごい, 法外な. ein *gigantisches* Projekt 巨大プロジェクト.

Gil·de [ギルデ gíldə] 女 -/-n 《史》ギルド(中世の商人·手工業者などの同業組合).

***gilt** [ギルト gílt] ‡gelten (有効である)の3人称単数 現在. Die Fahrkarte *gilt* noch. その乗車券はまだ有効だ.

giltst [ギルツト] ‡gelten (有効である)の2人称親称単数 現在.

Gim·pel [ギンペル gímpəl] 男 -s/- ①《鳥》ウソ. ②《口語·比》お人よし.

Gin [ジン dʒín] 【英】男《種類:》-s ジン.

ging [ギング] ‡gehen (行く)の 過去.

gin·ge [ギンゲ] ‖gehen (行く)の接2

Gink·go [ギンコ gínko] 男 -s/-s 《植》イチョウ (日本語の「銀杏」に由来).

Gin·ko [ギンコ gínko] 男 -s/-s =Ginkgo

Gins·ter [ギンスタァ gínstər] 男 -s/- 《植》エニシダ.

der **Gip·fel** [ギプふェる gípfəl] 男 (単2) -s/(複) - (3格のみ -n) ① 山頂, 頂上. (英 summit). steile *Gipfel* 傾斜の急な山頂 / einen *Gipfel* besteigen 山頂に登る / **auf dem** *Gipfel* des Berges 山の頂上で.
② 《比》頂点, 絶頂[点], 極致. der *Gipfel* des Glücks 幸福の絶頂 / Das ist [doch] der *Gipfel*! 口語 それはひどいよ. ③ 《政》首脳会談, サミット (=*Gipfel*konferenz). ④ 《ス》クロワッサン (=Kipfel).

Gip·fel-kon·fe·renz [ギプふェる・コンふェレンツ] 女 -/-en 首脳会談, サミット.

gip·feln [ギプふェるン gípfəln] 自 (h) 《**in** 男3~》(男3において)頂点(クライマックス)に達する.

Gip·fel-punkt [ギプふェる・プンクト] 男 -[e]s/-e 最高点, 頂点.

Gip·fel-tref·fen [ギプふェる・トレッふェン] 中 -s/- サミット, 首脳会談 (=Gipfelkonferenz).

der **Gips** [ギプス gíps] 男 (単2) -es/(種類を表すときのみ: 複) -e ① 石膏(セッコウ). eine Büste **aus** *Gips* 石膏の胸像. ② 《医》ギプス. das Bein⁴ **in** *Gips* legen 脚にギプスをはめる.

gip·sen [ギプセン gípsən] 他 (h) ① (男³に)石膏(シックイ)を塗って修理する. ② 《口語》(腕などに)ギプスを施す. ③ (ワイン⁴に)石膏(セッコウ)を添加する.

Gips-ver·band [ギプス・ふェアバント] 男 -[e]s/..bände 《医》ギプス, 石膏(セッコウ)包帯.

Gi·raf·fe [ギラッふェ giráfə] 女 -/-n 《動》キリン.

Girl [ゲーァる gó:rl または ゲルる gœrl] 《英》中 -s/-s ① 《俗·戯》女の子, ガール, ギャル. ② (ダンシングチームなどの)踊り子.

Gir·lan·de [ギルらンデ girlándə] 女 -/-n 花綵(ハナツナ)(花·葉などを編んでつくった長い飾り); 《建》(建物·彫刻などの)花飾り.

Gi·ro [ジーロ ʒí:ro] 《経》中 -s/-s (複2: Giri も) 《経》① 振替決済, 信用取引, (口座から口座への)振替. ② (手形·小切手などの)裏書き.

Gi·ro-kon·to [ジーロ・コントー] 中 -s/..konten (または -s, ..konti) 振替口座, 当座預金口座. (《小》「貯蓄口座」は Sparkonto).

Gi·ro-ver·kehr [ジーロ・ふェアケーァ] 男 -s/- 振替取引(制度).

gir·ren [ギレン gírən] 自 (h) ① (鳩(ハト)などが)くっくっと鳴く. ② 《比》コケティッシュに笑う(話す).

gis, Gis [ギス gís] 中 -/- 《音楽》嬰(エイ)ト音. *gis*-Moll 嬰ト短調.

Gischt [ギシュト gíʃt] 男 -[e]s/-e (または 女 -/-en) 《ふつう単》沸き立つ波, しぶき; 泡立つ水.

Gi·se·la [ギーゼら gí:zəla] -s/- 《女名》ギーゼラ.

die **Gi·tar·re** [ギタレ gitárə] 女 (単) -/(複) -n 《音楽》ギター. (英 guitar). *Gitarre*⁴ spielen ギターを弾く / **zur** *Gitarre* singen ギターの伴奏で歌う.

Gi·ta·rist [ギタリスト gitaríst] 男 -en/-en ギター奏者. (女性形: -in).

das **Git·ter** [ギッタァ gítər] 中 (単2) -s/(複) - (3格のみ -n) ① 格子; 格子囲い. **hin·ter** *Gittern* sitzen 《口語》入獄している. ② (地図などの)碁盤目.

Git·ter-bett [ギッタァ・ベット] 中 -[e]s/-en (柵(サク)の付いた)小児用ベッド.

Git·ter-fens·ter [ギッタァ・ふェンスタァ] 中 -s/- 格子窓.

Gla·cé [グらセー glasé:] [ス] 中 -[s]/-s ① 光沢のある織物(絹·レーヨンなど). ② キッド革.

Gla·cee [グらセー glasé:] 中 -[s]/-s =Glacé

Gla·cee-hand·schuh [グらセー・ハントシュー] 男 -[e]s/-e =Glacéhandschuh

Gla·cé-hand·schuh [グらセー・ハントシュー] 男 -[e]s/-e キッド革の手袋.

Gla·di·a·tor [グらディアートァ gladiá:tɔr] 男 -s/-en [..アトーレン] (古代ローマの)剣士.

Gla·di·o·le [グらディオーれ gladió:lə] 女 -/-n 《植》グラジオラス.

der **Glanz** [グらンツ gláns] 男 (単2) -es/- ① 輝き, きらめき; 光沢, つや. (英 shine). der *Glanz* von Gold 金の輝き / der *Glanz* der Sterne² 星のきらめき / Der Spiegel hat seinen *Glanz* verloren. その鏡は光沢を失った.
② 輝かしさ, 栄光, 壮麗さ. der *Glanz* der Jugend² 青春の輝き / ein Fest⁴ **mit** großem *Glanz* feiern 祭を盛大に祝う / ein Examen⁴ mit *Glanz* bestehen 試験にみごとに合格する / mit *Glanz* und Gloria 《口語》a) みごとに, b) (皮肉って:)もののみごとに.

glän·zen [グれンツェン gléntsən] du glänzt (glänzte, hat...geglänzt) (完了 haben) ① 輝く, 光る, きらめく. (英 shine). Die Wasserfläche *glänzt* in der Sonne. 水面が陽の光にきらめいている / Seine Augen *glänzten* vor Freude. 彼の目は喜び輝いていた / Es ist nicht alles Gold, was *glänzt*. (諺) 輝くもの必ずしも金ならず.
② 《比》際だつ, 抜きんでている; 目だつ. Er *glänzt* durch sein Wissen. 彼は知識の点で際だっている.

glän·zend [グれンツェント gléntsənt] Ⅰ glänzen (輝く)の現分 Ⅱ 形 ① 輝きのある, 輝かしい. mit *glänzenden* Augen 目を輝かせて. ② 《口語》すばらしい, みごとな. eine *glänzende* Idee すばらしいアイディア / ein *glänzender* Tennisspieler すばらしいテニスプレーヤー / Es geht ihm *glänzend*. 彼の調子は最高だ.

Glanz-le·der [グらンツ·れーダァ] 中 -s/- 光沢革, エナメル革.

Glanz-leis·tung [グらンツ·らイストゥング] 女 -/-en 優秀な成績(業績).

glanz-los [グらンツ·ろース] 形 光沢のない;

Glanz-num·mer [グランツ・ヌンマァ] 囡 -/-n (サーカスなどの)当たり芸, ハイライト.

Glanz-pa·pier [グランツ・パピーァ] 田 -s/-e 光沢紙, コート紙.

Glanz-punkt [グランツ・プンクト] 男 -[e]s/-e 頂点, 全盛, クライマックス.

glänz·te [グレンツテ] glänzen (輝く)の 過去

glanz-voll [グランツ・ふォる] 形 輝かしい, 華華しい; すばらしい, 卓越した.

Glanz-zeit [グランツ・ツァイト] 囡 -/-en 全盛期, 全盛(黄金)時代.

Gla·rus [グラールス glá:rus] 田 (地名)グラールス (スイス26州の一つ, またその州都).

‡*das* **Glas** [グラース glá:s] 田 (単2) -es/(複) Gläser [グレーザァ] (3格のみ Gläsern)[数量単位では:(複)-] ① [複 なし] ガラス. (英 glass). feuerfestes Glas 耐火ガラス / kugelsicheres Glas 防弾ガラス / Glas⁴ blasen ガラスを吹く / Glas zerbricht leicht. ガラスは割れやすい / Vorsicht Glas! 割れ物注意 / Die Schale ist aus Glas. この皿はガラス製です / Du bist doch nicht aus Glas! (口語)君がそこにいて向こうが見えないよ(← 君はガラスでできているのではないぞ) / ein Bild unter Glas ガラス付き額縁に入った絵.
② グラス, コップ; ガラス容器. ein leeres Glas 空のコップ / Kann ich bitte ein Glas Wasser haben? 水を1杯いただけませんか / zwei Glas Wein グラス2杯のワイン / mit den Gläsern an|stoßen (乾杯の際に)グラスを打ち合わせる / Er hat ein bisschen zu tief ins Glas geguckt. (口語・戯)彼はちょっと飲みすぎた(←グラスを深くのぞき過ぎた).
③ 眼鏡[のレンズ]; オペラグラス (=Opernglas); 双眼鏡 (=Fernglas).

Glas-au·ge [グラース・アオゲ] 田 -s/-n 義眼.

Glas-blä·ser [グラース・ブレーザァ] 男 -s/- ガラス[吹き]工. (女性形: -in).

Gläs·chen [グレースヒェン glé:sçən] 田 -s/- (Glas の 縮小)(雅)小さいコップ(グラス). ein Gläschen Wein グラス1杯のワイン.

Gla·ser [グラーザァ glá:zɐr] 男 -s/- ガラス屋. (女性形: -in).

Glä·ser [グレーザァ] ‡Glas (グラス)の 複

Gla·se·rei [グラーゼライ gla:zəráI] 囡 -/-en ① [複 なし] ガラス職. ② ガラス工場.

glä·sern [グレーザァン glé:zɐrn] 形 ① [付加語としてのみ] ガラスの, ガラス製の. ② ガラスのような;(比)透明な; 無表情な.

Glas-fa·ser [グラース・ふァーザァ] 囡 -/-n[ふつう 複] グラスファイバー, ガラス繊維.

Glas-glo·cke [グラース・グロッケ] 囡 -/-n ガラス製の鐘; ガラス製の鐘形のおおい(ふた).

Glas-haus [グラース・ハオス] 田 -es/..häuser (ガラス張りの)温室; ガラス張りの建物.

Glas-hüt·te [グラース・ヒュッテ] 囡 -/-n ガラス工場.

gla·sie·ren [グラズィーレン glazí:rən] 他 (h) ① (陶器など⁴に)うわ薬を塗る. ② (ケーキなど⁴に)アイシングをかける(糖衣をつける).

gla·sig [グラーズィヒ glá:zɪç] 形 ① [半]透明の, ガラスのような. ② 生気のない, うつろな(目つきなど).

Glas-kas·ten [グラース・カステン] 男 -s/..kästen (口語)(守衛などが座っている)ガラス張りの小部屋.

glas-klar 形 ① [グラース・クラール] ガラスのように澄んだ. ② [グラース・クラール] 明白な, 明らかな.

Glas-ma·le·rei [グラース・マーれライ] 囡 -/-en ① [複 なし] (美)ステンドグラスの技法. ② ステンドグラス.

Glas·nost [グラスノスト glásnɔst] 囡 -/ (旧ソ連邦の)グラスノスチ, 情報公開.

Glas-pa·last [グラース・パラスト] 男 -[e]s/..paläste ガラス窓のたくさんあるビル.

Glas-per·le [グラース・ペルれ] 囡 -/-n ガラス玉, ビーズ; 模造真珠.

Glas-röh·re [グラース・レーレ] 囡 -/-n ガラス管.

Glas-schei·be [グラース・シャイベ] 囡 -/-n 窓ガラス; ガラス板.

Glas-scher·be [グラース・シェルベ] 囡 -/-n ガラスの破片.

Glas-schrank [グラース・シュランク] 男 -[e]s/..schränke ガラス戸棚; ガラス製のショーケース.

Glas-split·ter [グラース・シュプリッタァ] 男 -s/- ガラスの細片.

Glas-tür [グラース・テューァ] 囡 -/-en ガラス製のドア.

Gla·sur [グラズーァ glazú:r] 囡 -/-en ① (陶磁器の)うわ薬. ② (料理)(ケーキの)アイシング.

*glatt [グラット glát] I 形 (比較) glatter, (最上) glattest または (比較) glätter, (最上) glättest) ① なめらかな, つるつるした. (英 smooth). ein glattes Gesicht すべすべした顔 / glattes Haar (カールしていない)まっすぐな髪 / Die Straße ist heute sehr glatt. 通りはきょうはとても滑りやすい / 物⁴ glatt machen (または glatt|machen) 物⁴を平らに(なめらかに)する.
② 円滑な, 順調な, スムーズな. ein glattes Geschäft 円滑な取り引き / eine glatte Landung スムーズな着陸.
③ (口語) 明白な, まったくの, あからさまの. Das ist eine glatte Lüge. それは真っ赤なうそだ. ④ 如才ない, つかまえ所のない. ein glatter Diplomat 如才ない外交官.
II 副 きっぱりと, (口語)すっかり. Er hat meine Bitte glatt abgelehnt. 彼は私の頼みをきっぱりと断った / Das habe ich glatt vergessen! 私はそれをすっかり忘れていた.
▶ **glatt|streichen**

Glät·te [グレッテ glétə] 囡 -/ ① 平ら[なこと], 平たん; つるつるしていること; なめらかさ. Straßenglätte 路面凍結. ② (軽蔑的に:)如才ないこと, 要領のよさ.

Glatt-eis [グラット・アイス] 田 -es/ (路面に張った)氷. Vorsicht, Glatteis! (交通標識で:)

Gläubiger

[路面]氷結によるスリップに注意 / 人⁴ **aufs Glatteis** führen 《比》人⁴をまんまと乗せる(わなにかける).

glät·ten [グлㇾッテン glέtən] I 他 (h) ① 平らにする, なめらかにする, (物⁴)のしわを伸ばす. sich³ das Haar⁴ glätten 髪をなでつける. ② 《比》(感情⁴を)静める. ③ (ス¹) (物⁴)にアイロンをかける. II 再帰 (h) sich⁴ glätten (海が)静まる; 《比》(感情⁴が)静まる; しわが伸びる.

glät·ter [グレッタァ] *glatt (なめらかな)の 比較

glät·test [グレッテスト] *glatt (なめらかな)の 最上

glatt|ge·hen* [グлㇾット・ゲーエン glát-gè:ən] 自 (s) (事が)うまくいく. *Ist alles glattgegangen?* 『現在完了』万事うまくいったかい.

glatt|ma·chen [グлㇾット・マッヘン glát-màxən] 他 (h) 《口語》清算する, 支払う.

glatt|strei·chen*, **glatt strei·chen*** [グлㇾット・シュトライヒェン glát-ʃtràiçən] 他 (h) (しわになった布・紙など⁴を)なでて平らにする, なでてしわを伸ばす.

glatt·weg [グлㇾット・ヴェック] 副 《口語》あっさりと, 無造作に; きっぱりと.

Glat·ze [グлㇾッツェ glátsə] 女 -/-n はげ, はげ頭. eine *Glatze⁴* bekommen はげになる.

Glatz≠kopf [グлㇾッツ・コプふ] 男 -[e]s/..köpfe はげ頭;《口語》はげ頭の人.

glatz≠köp·fig [グлㇾッツ・ケプふィヒ] 形 はげ頭の, 頭のはげた.

der **Glau·be** [グлㇾオベ gláubə] 男 (単2) -ns; (単3.4) -n/(複) -n 『ふつう 単』① 信念, 確信, 信頼. 《英》*belief*). ein fester *Glaube* 確たる信念 / ein blinder *Glaube* 盲信 / der *Glaube* **an** die Vernunft 理性への信頼 / den *Glauben* an 人⁴ verlieren 人⁴への信頼を失う / in gutem (または im guten) *Glauben* 信用しきって / Er lebt in dem *Glauben*, dass... 彼は…と信じて生きている / Der *Glaube* versetzt Berge. 《諺》信念は山を動かすか.

② (宗教上の)信仰, 信心. der christliche *Glaube* キリスト教の信仰 / der *Glaube* **an** Gott 神への信仰.

*****glau·ben** [グлㇾオベン gláubən]

| 思う; 信じる | Das *glaube* ich nicht! ダス グлㇾオベ イヒ ニヒト 私はそう思いません. |

(glaubte, *hat* ... geglaubt) 《英》*believe*) I 他 (完了 haben) ① (…と)思う. Ich *glaube*, dass er kommen wird. 私は彼は来るだろうと思う / Sie *glaubt*, er sei tot. 彼女は彼が死んだと思っている / Kommt sie? — Ich *glaube*, ja (nein)! 彼女は来ますか — そう思います(そうは思いません) / Er *glaubte*, sie gesehen zu haben. 彼は彼女に会ったことがあると思った / Was *glaubst* du, wie viel das kostet? 君はこれがいくらすると思うかい. ◇『目的語なしでも』Sie wollen mehr Gehalt? Ich *glaube* gar! 《口語》もっと給料が欲しいって? とんでもない. (☞ 類語 denken).

② (人・物⁴を…にいると/…であると)思う. Ich *glaubte* dich längst **in** Berlin. 君はとっくにベルリンにいるものと思っていた / Sie *glaubte* sich⁴ unbeobachtet. 彼女はだれにも見られていないと思った.

③ (本当だと)信じる, 信用する. Ich *glaube* die Geschichte. 私はその話を信じる / Er *glaubt* alles, was sie sagt. 彼は彼女が言うことなら何でも信じる / 人³ 事⁴ *glauben* 人³の 事⁴ を信じる ⇒ Ich *glaube* ihm kein Wort. 私は彼の言葉を信じない / Das ist doch kaum zu *glauben*. 《口語》それはとても信じられない / Er will mich *glauben machen*, dass... 彼は私に…だと信じこませようとする.

II 自 (完了 haben) ① 〖**an** 人・事⁴ ~〗 (人・事⁴の存在を信じる; (人⁴を)信頼する, (事⁴を)確信する. Ich *glaube* an Gott. 私は神の存在を信じる / Der Schüler *glaubt* an seinen Lehrer. その生徒は先生を信頼している / Er *glaubt* an seine Zukunft. 彼は自分の将来を固く信じている / dran *glauben müssen* a) 《俗》死ぬはめになる, b) 《口語》不運なめぐり合わせになる.

② (人・事³を)信用する, (人³の)言うことを信じる. Ich *glaube* dir. 君の言うことを信じるよ.

③ 信仰を持っている. Sie *glaubt* fest. 彼女は確固たる信仰心を持っている.

> 類語 **glauben**: (主観的に)信じるに足ると思う. **trauen**: 信頼する. (人・物の性格について信頼できる, できない, という判断を示す). Ich *traue* seinem Talent nicht. 彼の才能は当てにならない. **vertrauen**: (人・事柄についてその美点・長所を期待して)信頼する. Ich *vertraue* seinem gesunden Menschenverstand. 私は彼の健全な理性を信頼する.

Glau·ben [グлㇾオベン] 男 -s/- =Glaube

Glau·bens≠be·kennt·nis [グлㇾオベンス・ベケントニス] 中 ..nisses/..nisse ① 〈宗〉信仰告白. ② 《冠詞なし》〈宗教〉信仰箇条. ③《比》信条, 信念. Das ist sein politisches *Glaubensbekenntnis*. これが彼の政治的信念だ.

Glau·bens≠frei·heit [グлㇾオベンス・ふライハイト] 女 -/ 信教(信仰)の自由.

Glau·bens≠satz [グлㇾオベンス・ザッツ] 男 -es/..sätze 教義, 信仰箇条.

glaub·haft [グлㇾオプハふト] 形 信じられる, 信用(信頼)できる. ein *glaubhafter* Bericht 信用できる報告.

Glaub·haf·tig·keit [グлㇾオプハふティヒカイト] 女 -/ 信憑(びょう)性, 信頼性.

gläu·big [グлㇾオビヒ glɔ́ybɪç] 形 信心深い, 信仰心のある; 信頼に満ちた, 信じて疑わない.

Gläu·bi·ge[r] [グлㇾオビゲ (..ガァ) glɔ́ybɪgə (..gər)] 男 女 『語尾変化は形容詞と同じ』 信者.

Gläu·bi·ger [グлㇾオビガァ glɔ́ybɪgər] 男 -s/- 債権者. (女性形: -in). (←注意)「債務者」は Schuldner).

Gläu·big·keit [グロイビヒカイト] 囡 -/ 信心[深いこと]; 信じやすさ, 信頼.

glaub·lich [グラオプリヒ] 形 《成句的に》Das ist kaum *glaublich*. それはとても考えられない.

glaub·te [グラオプテ] ‡glauben (…と思う)の過去

glaub#wür·dig [グラオプ・ヴュルディヒ] 形 信じるに値する, 信用(信頼)できる.

Glaub#wür·dig·keit [グラオプ・ヴュルディヒト] 囡 -/ 信憑(ぴょう)性, 信用できること.

gla·zi·al [グラツィアール glatsiá:l] 形 (地学)氷河[時代]の. *glaziale* Ablagerungen 氷河時代の堆積(たいせき)物.

‡**gleich** [グライヒ gláiç]

> **I** すぐに Ich komme *gleich*.
> イヒ コンメ グライヒ
> 私はすぐに参ります.
>
> ---
>
> **II** 同じ Seid ihr *gleich* alt?
> ザイト イーァ グライヒ アルト
> 君たちは同い年?

I 副 ① すぐに, 間もなく. (英 *right away*). *gleich* nach dem Essen 食後すぐに / *gleich* heute きょうすぐにでも / **Bis** *gleich*! じゃあまたあとで. (⇨類語 sofort).

② すぐそばに. Sein Zimmer ist *gleich* neben dem Eingang. 彼の部屋は入口のすぐ隣りにあります.

③ 同じく, 同様に, 等しく. *gleich* alt sein 同じ年である / Sie spricht Englisch und Französisch *gleich* gut. 彼女は英語とフランス語を同じように上手に話す.

④ 《ふつう数詞とともに》いっぺんに, 一度に. *gleich* zwei Paar Schuhe⁴ kaufen いっぺんに2足も靴を買う.

⑤ 《疑問文で; 文中でのアクセントなし》(忘れたことを思い出そうとして:) …っけ. Wie hieß er doch *gleich*? 彼の名前は何といったっけ.

⑥ 《文中でのアクセントあり》(不快・あきらめを表して:)[どうせ] …でいいんだ. Wenn er nicht mitspielt, können wir *gleich* zu Hause bleiben. 彼がいっしょにやらないなら, ぼくたちも家にいればいいさ.

⑦ 《wenn または ob とともに》《雅》…ではあるが. Wenn ich *gleich* noch sehr jung bin, … 私はまだとても若いが, …. (⇨ ふつうは obgleich, wenngleich を用いる).

II 形 ① 同じ, 等しい; 同様の. (英 *same*). die *gleiche* Farbe 同じ色 / Er hat das *gleiche* Fahrrad wie du. 彼は君と同じ自転車を持っている / auf die *gleiche* Weise 同じやり方で / im *gleichen* Alter 同年齢の / zur *gleichen* Zeit 同時に / Zwei und drei *gleich* fünf. 2足す3は5.

◊《名詞的に》 Das kommt **auf** das *Gleiche* hinaus. それは結局同じことだ / 物⁴ **ins** *Gleiche* bringen 物⁴を修復する, 整理する / *Gleiches*⁴ **mit** *Gleichem*³ vergelten しっぺ返しをする / *Gleich* und *Gleich* gesellt sich gern. 《ことわざ》類は友を呼ぶ / Er ist immer noch der *Gleiche*. 彼は今でも昔のままだ.

② 変わらない, 不変の, いつもの. *gleich* bleiben 同じままである, 一定(安定)している / mit immer *gleicher* Freundlichkeit いつも変わらぬ親切さで.

③ 《口語》(囚³にとって)どうでもよい, どちらでもよい. Das ist mir ganz *gleich*. それは私にとってはどうでもよい.

III 前 《3格とともに》《雅》 …のように. *gleich* einem Sturm あらしのように.

► **gleich#gesinnt, gleich#gestimmt, gleich#lautend, gleich|machen²**

gleich#al·te·rig [グライヒ・アルテリヒ] 形 = gleichaltrig

gleich#alt·rig [グライヒ・アルトリヒ] 形 同じ年齢の.

gleich#ar·tig [グライヒ・アールティヒ] 形 同種の, 同質の.

gleich#be·deu·tend [グライヒ・ベドイテント] 形 同じ意味の, 同等の. Das ist *gleichbedeutend* mit einer Annahme. それは承認したと言うに等しい.

gleich#be·rech·tigt [グライヒ・ベレヒティヒト] 形 同権の, 同等の権利を持った.

Gleich#be·rech·ti·gung [グライヒ・ベレヒティグング] 囡 -/ 同権, 平等. die *Gleichberechtigung* der Geschlechter² 男女同権.

gleich blei·ben ⇨ gleich II ②

glei·chen* [グライヒェン gláiçən] (glich, hat … geglichen) 自 (完了 haben) (囚・物³に)よく似ている, 同様である. Sie *gleicht* ihrer Mutter. 彼女は母親に似ている / 囚³ im Aussehen *gleichen* 囚³に容貌(ようぼう)が似ている. ◊《相互的に》 Die Zwillinge *gleichen sich*³ wie ein Ei dem anderen. その双子はそっくりだ (←一つの卵のように).

Glei·che[r] [グライヒェ(..ヒャァ) gláiçə(..çər)] 男 囡 《語尾変化は形容詞と同じ》 同じ人. Er ist immer noch der *Gleiche*. 彼は今でも昔のままだ.

glei·cher·ma·ßen [グライヒャァ・マーセン] 副 同じように, 同等に, 同じ程度に.

glei·cher#wei·se [グライヒャァ・ヴァイゼ] 副 = gleichermaßen

Glei·che[s] [グライヒェ[ス] gláiçə[s]] 中 《語尾変化は形容詞と同じ》 同じ[ような]もの. Das kommt **auf** das *Gleiche* hinaus. それは結局同じことになる / 物⁴ **ins** *Gleiche* bringen 物⁴を修復する, 整理する / *Gleiches*⁴ **mit** *Gleichem*³ vergelten しっぺ返しをする.

*__gleich#falls__ [グライヒ・ふァるス gláiç-fals] 副 同様に, 同じく, …もまた. (英 *likewise*). Schönes Wochenende! — Danke, *gleichfalls*! よい週末をお過ごしください! — ありがとう, [あなたも]ご同様に!

gleich⹀för·mig [グライヒ・フェルミヒ] 形 同じ形(姿)の, 同様な; 単調な.

Gleich⹀för·mig·keit [グライヒ・フェルミヒカイト] 女 -/ 同形性, 同様であること; 単調さ.

Gleich⹀ge·schlecht·lich [グライヒ・ゲシュレヒトリヒ] 形 同性の; 同性愛の.

gleich⹀ge·sinnt, gleich ge·sinnt [グライヒ・ゲズィント] 形 同じ意見(考え)をもっている, 志を同じくする.

gleich⹀ge·stimmt, gleich ge·stimmt [グライヒ・ゲシュティムト] 形 同じ気持の.

das **Gleich⹀ge·wicht** [グライヒ・ゲヴィヒト] gláiç-gəviçt] 中 (単2) -[e]s/ ① バランス, 釣り合い, 均衡. (英) *balance*). stabiles *Gleichgewicht* 安定した釣り合い / das politische (ökologische) *Gleichgewicht* 政治的な(生態系の)バランス / das *Gleichgewicht*⁴ halten (verlieren) バランスを保つ(失う) / aus dem *Gleichgewicht* kommen バランスを失う / Die Waage ist *im Gleichgewicht*. はかりは均衡を保つ.

② (心の)落ち着き, 平静. das innere *Gleichgewicht*⁴ bewahren 平静を保つ / Er verliert niemals sein *Gleichgewicht*. 彼は決して平静を失わない / aus dem *Gleichgewicht* geraten 度を失う.

gleich⹀gül·tig [グライヒ・ギュルティヒ gláiç-gyltiç] 形 ① 無関心な, 冷淡な. (英 *indifferent*). ein *gleichgültiges* Gesicht⁴ machen 無関心な表情をする / gegen 人・事⁴ *gleichgültig* sein 人・事⁴に対して無関心である. ② (人³にとって)どうでもよい, 重要でない. Willst du Kaffee oder Tee? — Das ist mir *gleichgültig*. コーヒーがいい, それとも紅茶がいい? — どちらでも.

Gleich⹀gül·tig·keit [グライヒ・ギュルティヒカイト] 女 -/ 無関心, むとんじゃく, 冷淡.

Gleich·heit [グライヒハイト] 女 -/-en 同一; (意見の)一致; [図 なし] 同等, 平等.

Gleich·heits⹀zei·chen [グライヒハイツ・ツァイヒェン] 中 -s/- (数) 等号(記号: =).

Gleich·klang [グライヒ・クラング] 男 -[e]s/ ..klänge (音の)協和; (比)調和, 一致.

gleich|kom·men* [グライヒ・コンメン gláiç-kòmən] 自 (s) (人・物³に)等しい, 匹敵する. Niemand *kommt* ihm **an** Fleiß *gleich*. 勤勉さではだれも彼にはかなわない.

gleich⹀lau·tend, gleich lau·tend [グライヒ・らオテント] 形 同じ文面の; 同音の. *gleichlautende* Namen 同音の名前.

gleich|ma·chen¹ [グライヒ・マッヘン gláiç-màxən] 他 (h) 平らにする. 物⁴ dem Erdboden *gleichmachen* 物⁴を完全に破壊する(←地面と同じ高さにする).

gleich|ma·chen², gleich ma·chen [グライヒ・マッヘン] 他 (h) 同じにする, 同等に扱う.

Gleich⹀ma·che·rei [グライヒ・マッヘライ] 女 -/-en 悪平等.

Gleich⹀maß [グライヒ・マース] 中 -es/ 釣り合い, 均整; 落ち着き, 平静.

gleich⹀mä·ßig [グライヒ・メースィヒ gláiç-me:sɪç] 形 (英 *even*) ① 一様な, 一定の. ein *gleichmäßiger* Puls 一定した脈拍 / *gleichmäßig* atmen 規則正しく呼吸する. ② 均等な, 平等な. die Geschenke⁴ *gleichmäßig* verteilen プレゼントを平等に分ける.

Gleich⹀mä·ßig·keit [グライヒ・メースィヒカイト] 女 -/ 一様(一定)[性]; 均等, 平等.

Gleich⹀mut [グライヒ・ムート] 男 -[e]s/ (方: 女 -/ も) 落ち着き, 平静, 冷静. mit *Gleichmut* 落着いて, 冷静に.

gleich⹀mü·tig [グライヒ・ミューティヒ] 形 落ち着いた, 冷静な.

gleich⹀na·mig [グライヒ・ナーミヒ] 形 同名の; (数) 公分母の; (物) 同極の. *gleichnamige* Brüche 公分母の分数.

Gleich·nis [グライヒニス] 中 ..nisses/..nisse 比喩; たとえ話, 寓話. 事⁴ **in** einem *Gleichnis* aus|drücken 事⁴を比喩で表現する.

gleich⹀ran·gig [グライヒ・ランギヒ] 形 同じ等級(地位)の, 同格の.

gleich·sam [グライヒザーム] 副 (雅) いわば, あたかも.

gleich|schal·ten [グライヒ・シャルテン gláiç-ʃaltən] 他 (h) (思想など⁴を)統制する, 画一化する.

Gleich⹀schal·tung [グライヒ・シャルトゥング] 女 -/-en (言論・思想などの)統制, 画一化.

gleich⹀schenk·lig [グライヒ・シェンクリヒ] 形 (数) 二等辺の. ein *gleichschenkliges* Dreieck 二等辺三角形.

Gleich⹀schritt [グライヒ・シュリット] 男 -[e]s/ 同じ歩調. im *Gleichschritt* 歩調をそろえて.

gleich|se·hen* [グライヒ・ゼーエン gláiç-zè:ən] 自 (h) ① (人・物³に)似ている. Er *sieht* seinem Vater *gleich*. 彼は父親に似ている. ② 《口語》(人³に)似つかわしい. Das *sieht* ihm *gleich*. それはいかにも彼のやりそうなことだ.

gleich⹀sei·tig [グライヒ・ザイティヒ] 形 (数) 等辺の. ein *gleichseitiges* Dreieck 正三角形.

gleich|set·zen [グライヒ・ゼッツェン gláiç-zètsən] 他 (h) ① 《A⁴ mit B³ ~》(A⁴ を B³ と)同一視する. ② (A⁴ と B³ を)同等に取り扱う.

Gleich⹀stand [グライヒ・シュタント] 男 -[e]s/ (スポ) 同点, タイ[スコア]; (政) 勢力の均衡.

Gleich|stel·len [グライヒ・シュテレン gláiç-ʃtèlən] 他 (h) (A⁴ を B³ と)同等(対等)にする, 同列(同格)に置く.

Gleich⹀strom [グライヒ・シュトローム] 男 -[e]s/..ströme (電) 直流. (⇔ 「交流」は Wechselstrom).

gleich|tun* [グライヒ・トゥーン gláiç-tù:n] 他 (h) 《**es** を目的語として成句的に》es⁴ 人³ **in** 事³ *gleichtun* a) 事³で人³をまねる, b) 事³で

Gleichung

(人³にひけをとらない. Er *wollte* es ihr in allem *gleichtun*. 彼は何から何まで彼女と張り合おうとした.

Glei·chung [グライヒュング] 囡 -/-en 《数・化》方程式. eine chemische *Gleichung* 化学方程式 / eine einfache (quadratische) *Gleichung* 一次(二次)方程式.

gleich⁼viel [グライヒ・フィーる] 副 どちらであろうとも、どうでもよく. Ich tu's, *gleichviel* ob es Sinn hat oder nicht. それをすることに意味があろうとなかろうと, 私はそれをやるよ.

gleich⁼wer·tig [グライヒ・ヴェーァティヒ] 形 等価値の, 対等の;《理》等価の, 同值の.

gleich⁼wie [グライヒ・ヴィー] 接《従属接続詞;動詞の人称変化形は文末》《雅》ちょうど…のように.

gleich⁼wink·lig [グライヒ・ヴィンクリヒ] 形 《数》等角の.

gleich⁼wohl [グライヒ・ヴォーる] 副 それにもかかわらず, それでもやはり.

gleich⁼zei·tig [グライヒ・ツァイティヒ glá**i**ç-tsa**i**tiç] I 副 同時に, いっせいに.《英》*at the same time*). Alle rannten *gleichzeitig* los. みんながいっせいに走り出した / Ich kann doch nicht fünf Dinge *gleichzeitig* machen! 私は五つのことを同時になんかできないよ. II 形 同時に行われる(催しなど).

gleich|zie·hen* [グライヒ・ツィーエン gláiç-tsi:ən] 自 (h) 《*mit* 人³ ~》(人³と)同じレベルに達する 《熟》(人³)に追いつく, 同点になる.

*das **Gleis** [グライス gláis] 匣《単 2》-es/《複》-e (3格のみ -en) (鉄道)(電車などの)レール, 線路; …番線.《英》*track, line*). Neben*gleis* (鉄道の)側線 / Überschreiten der *Gleise* verboten! (掲示で)線路の横断を禁ず / Der Zug fährt **auf** *Gleis* 6 ein. その列車は 6番線に入る / 囲⁴ **auf** ein totes *Gleis* schieben《比》囲⁴を棚上げにする (←行き止まりの待避線へ押しやる) / auf (または in) ein falsches *Gleis* geraten《比》道を誤る / **aus** dem *Gleis* kommen《比》平静を失う, ふつうではなくなる / im *Gleis* sein《比》正常(順調)である / 囲⁴ wieder ins [rechte] *Gleis* bringen《比》囲⁴を常態に戻す.

Gleis⁼an·schluss [グライス・アンシュるス] 男 -es/..schlüsse (鉄道の)本線への接続; 引込線.

glei·ßend [グライセント gláisənt] 形《詩》きらきらと光る, 明るく輝く(明かりなど).

Gleit⁼boot [グらイト・ボート] 匣 -[e]s/-e 滑走艇; 水中翼船.

glei·ten* [グらイテン gláitən] du gleitest, er gleitet (glitt, *ist*/*hat* … geglitten) 自 《完了》sein または haben) ① (s) 滑る, 滑って行く; 滑るように動く, 滑走(滑空)する.《英》*glide*). Das Tuch *glitt* ihm **aus** der Hand. ハンカチが彼女の手から滑り落ちた / Sie *glitt* aus dem Zimmer. 彼女は部屋から滑るように出て行った / **durch** die Luft *gleiten* 滑空する / Der Schlitten *gleitet* **über** den Schnee. そりが雪の上を滑って行く. ② (h)《口語》(フレックスタイム制で:)勤務時間を自由にずらす.

glei·tend [グらイテント] I gleiten (滑る)の 現在分 II 形 スライド制の; 変更可能な. *gleitende* Arbeitszeit フレックスタイム制(出退勤時間を自由に定めてよい制度).

Gleit⁼flug [グらイト・ふるーク] 男 -[e]s/..flüge《空》滑空. im *Gleitflug* landen 滑空して着陸する.

Gleit⁼schutz [グらイト・シュッツ] 男 -es/《自動車》(タイヤの)すべり止め, スリップ防止装置(スノータイヤ・スノーチェーンなど).

Gleit⁼zeit [グらイト・ツァイト] 囡 -/-en《口語》フレックスタイム[制].

Glet·scher [グれッチャァ glétʃər] 男 -s/- 氷河.

Glet·scher⁼brand [グれッチャァ・ブラント] 男 -[e]s/(日ざしと氷雪からの反射による)雪焼け.

Glet·scher⁼spal·te [グれッチャァ・シュパるテ] 囡 -/-n 氷河の裂け目, クレバス.

glich [グリヒ] gleichen (よく似ている)の 過去

gli·che [グリッヒェ] gleichen (よく似ている)の 接2

das **Glied** [グリート glí:t] 匣《単 2》-es (まれに -s)/《複》-er (3格のみ -ern) ① 手足; 四肢, (手・足の)関節と関節の間の部分.《英》*limb*). ein künstliches *Glied* 義肢 / die *Glieder*⁴ recken (または strecken) 手足を伸ばす / **vor** Kälte kein *Glied*⁴ rühren können 寒くて身動きできない / das männliche *Glied* ペニス / Sie zitterte **an** allen *Gliedern*. 彼女は全身を震わせていた.
② (家族・団体などの)一員, メンバー; 構成要素.《英》*member*). Mit*glied* 構成員 / die *Glieder* eines Satzes 文の成分 / ein nützliches *Glied* der Gesellschaft² 社会の有用な一員. ③ 隊列, 横列. das erste *Glied* 最前列 / **aus** dem *Glied* treten 列を離れる / **im** *Glied* stehen 隊列を組んでいる. ④ (鎖の)輪 (*略*) (=Kettenglied). die *Glieder* eines Armbands ブレスレットの環.

Glie·der [グりーダァ] Glied (手足)の 複

Glie·der⁼fü·ßer [グりーダァ・ふューサァ] 男 -s/-《動》節足動物.

glie·dern [グりーダァン glí:dərn] I 他 (h) ①《A⁴ in B⁴ ~》(A⁴をB⁴に)区分する. ein Buch⁴ in 20 Kapitel *gliedern* 本を20章に分ける. ②(論文など⁴を)構成する. II 再帰 (h) *sich*⁴ *gliedern* 区分される, 分けられる.

◇☞ **gegliedert**

Glie·der⁼pup·pe [グりーダァ・プッペ] 囡 -/-n (手足の動く)人形, 模型人形(マネキンなど).

Glie·de·rung [グりーデルング] 囡 -/-en ① 区分, 分割. ② 構成, 組織.

Glied⁼ma·ße [グりート・マーセ] 囡 -/-n《ふつう複》四肢.

glim·men⁽*⁾ [グりンメン glímən] (glomm, *hat* … geglommen または glimmte, *hat* … geglimmt) 自 (h) (炎を出さずに)かすかに燃える, ほのかに光る. Die Zigaretten *glimmten* (雅: *glommen*) in der Dunkelheit. たばこの火が暗闇

(ひたい)の中で光っていた.

Glim·mer [グリンマァ glímər] 男 -s/- ① 《鉱》雲母(うんも). ② 《表》ほのかな輝き, 微光.

glim·mern [グリンマァン glímərn] 自 (h) ちらちら光る, ほのかに輝く.

glimpf·lich [グリンプふリヒ] 形 ① どうにか無事の, 大きな損害のない. Er ist noch *glimpflich* davongekommen. 《現在完了》彼はなんとか無事に切り抜けた. ② 寛大な, おだやかな(判決など).

glit·schen [グリッチェン glítʃən] 自 (s, h) (s)《口語》つるりと滑り落ち]る.

glit·schig [グリチヒ glítʃɪç] 形《口語》(ぬれて)なめらかな, つるつるする, ぬるぬるする.

glitt [グリット] gleiten (滑る)の過去

glit·te [グリッテ] gleiten (滑る)の接2

glit·zern [グリッツァァン glítsərn] 自 (h) きらめく, きらきら光る. Die Sterne *glitzern* am Himmel. 空に星がきらめいている.

*__glo·bal__ [グローバル globá:l] 形 ① グローバルな, [全]世界的な.《表》global). *globale* Probleme グローバルな問題. ② 包括的な; 《比》大ざっぱな.

Glo·ba·li·sie·rung [グろバリズィールング] 女 -/-en グローバル化, 国際化.

Glo·be·trot·ter [グローベ・トロッタァ] 男 -s/- 世界漫遊旅行者.(女性形: -in).

Glo·bus [グローブス gló:bus] 男 -(または Globusses)/Globusse (または Globen) ① 地球儀; 天球儀. ②《雅》地球.

die **Glo·cke** [グロッケ glókə] 女 (単) -/(複) -n ① 鐘,《方》呼び鈴, ベル.《表》bell). Alarm*glocke* 警鐘 / eine bronzene *Glocke* ブロンズの鐘 / eine *Glocke*⁴ gießen 鐘を鋳造する / Die *Glocke* tönt. 鐘が鳴る / Die *Glocke* läutet (klingelt). 鐘が鳴る(ベルが鳴る) / Die *Glocke* schlägt zehn Uhr. 鐘が10時を告げる / *Glocke*⁴ an die große *Glocke* hängen《口語・比》鐘⁴を世間に言いふらす(←大きな鐘につるす)/ Er weiß, was die *Glocke* geschlagen hat.《口語・比》どんな事態になるか彼にはよくわかっている.
② (鐘状のもの:) 鐘形のチーズケース; 鐘形のランプシェード; 鐘形の帽子(スカート); 鐘状の花.

Glo·cken⇒blu·me [グロッケン・ブルーメ] 女 -/-n《植》ホタルブクロ属(チシマギキョウなど).

glo·cken⇒för·mig [グロッケン・フェルミヒ] 形 鐘型の, つり鐘状の.

Glo·cken⇒ge·läut [グロッケン・ゲロイト] 中 -[e]s/ 鐘(鈴)の音.

Glo·cken⇒hell [グロッケン・ヘル] 形 鐘の音のように高くさえた(声など).

Glo·cken⇒klang [グロッケン・クらング] 男 -[e]s/..klänge 鐘(鈴)の音.

Glo·cken⇒rein [グロッケン・ライン] 形 鐘の音のように澄んだ(声など).

Glo·cken⇒rock [グロッケン・ロック] 男 -[e]s/..röcke《服飾》ベルスカート, 釣り鐘形スカート.

Glo·cken⇒schlag [グロッケン・シュらーク] 男 -[e]s/..schläge 時鐘を打つ音. auf den *Glockenschlag* または mit dem *Glockenschlag* きっかり時間どおりに.

Glo·cken⇒spiel [グロッケン・シュピーる] 中 -[e]s/-e ① カリヨン(教会・市庁舎の塔などにある組み鐘. しばしば仕掛けで動かされる). ②《音楽》グロッケンシュピール, 鉄琴.

Glo·cken⇒stuhl [グロッケン・シュトゥール] 男 -[e]s/..stühle 鐘架, 鐘をつるす枠組.

Glo·cken⇒turm [グロッケン・トゥルム] 男 -[e]s/..türme 鐘楼, 鐘塔.

Glo·cken⇒zei·chen [グロッケン・ツァイヒェン] 中 -s/- 鐘の合図.

Glöck·ner [グりョックナァ glǽknər] 男 -s/-《古》(教会の)鐘を鳴らす人, 鐘楼守. (女性形: -in).

glomm [グロム] glimmen (かすかに燃える)の過去

glöm·me [グりョメ] glimmen (かすかに燃える)の接2

Glo·ria [グローリア gló:ria] I 中 -s/ (または 女 -/)(ふつう反語的に:)栄光. in der Erinnerung an Preußens *Gloria* プロイセンの栄光を思い出して. II 中 -s/-s《カっぅ》グロリア (神の栄光をたたえる賛歌).

Glo·rie [グローリエ gló:riə] 女 -/-n《雅》① 栄光, 栄誉. ② = *Glorienschein*

Glo·ri·en⇒schein [グローリエン・シャイン] 男 -[e]s/-e (聖像[画]などの)後光, 光輪, 輪光.

glo·ri·fi·zie·ren [グローリふィツィーレン glorifitsí:rən] 他 (h) 賛美する.

Glo·ri·o·le [グローリオーれ glorió:lə] 女 -/-n (聖像[画]などの)後光, 光輪, 輪光.

glo·ri·os [グローリオース gloriós] 形 = *glorreich*

glor·reich [グローァ・ライヒ] 形 (ふつう皮肉って:)栄光ある, ごりっぱな.

Glos·sar [グロサール glosáːr] 中 -s/-e ① 語彙(い)集, 単語集. ②(古写本などの)注解[集].

Glos·se [グロッセ glósə] 女 -/-n ①(新聞・雑誌の)辛らつな寸評. ②《言・文学》(古写本などの)注釈, 注解; 傍注.

glos·sie·ren [グロスィーレン glosíːrən] 他 (h) ①《*Glosse*⁴に)注釈をつける. einen Text *glossieren* テキストに注釈をつける. ②(人・事⁴を)酷評する; (新聞などで)寸評する.

Glot·ze [グロッツェ glótsə] 女 -/-n《俗》テレビ[受像機].

glot·zen [グロッツェン glótsən] 自 (h) ①《口語》(目を丸くしてぽかんと)見つめる. ②《俗》テレビを見る.

das **Glück** [グりュック glýk]

| 幸運; 幸福 | Viel *Glück*! ふぃーる グりュック 幸運を祈ります. |

中 (単) -[e]s/(複) -e (3格のみ -en)《ふつう 単》① 幸運.《表》luck).《反》「不運」は Pech). *Glück*⁴ haben 運がよい, ついている / [Es ist] ein *Glück*, dass du da bist. 君が来てくれてあ

りがたい / Das war *Glück* im Unglück. それは不幸中の幸いだった / Er hat viel *Glück* bei Frauen. 彼は女性にもてる / 囚³ zum Geburtstag *Glück*⁴ wünschen 囚³に誕生日のお祝いを言う / 囚³ für ein Vorhaben *Glück*⁴ wünschen 囚³に計画の成功を祈る / Er hat mehr *Glück* als Verstand. 彼は強運の持ち主だ (←頭がいいというより運がいい) / Damit hast du bei mir kein *Glück*. 私はそんな手には乗らないぞ / **auf gut** *Glück* 運を天にまかせて / **von** *Glück* sagen (または reden) können たいへん運がよいと言わなければならない / **zum** *Glück* 運よく / *Glück* **ab**! (離陸する搭乗員に向かって:)無事を祈る / *Glück* **auf**! (入坑する鉱員に向かって:)無事を祈る.

② **幸福**, 幸せ. (爽 *happiness*). (爽「不幸」は Unglück). das höchste *Glück* 最高の幸い / das *Glück* des jungen Paares 若いカップルの幸せ / Das Kind ist ihr ganzes *Glück*. その子供は彼女の幸せのすべてだ / **in** *Glück* **und Unglück** 良いときも悪いときも / *Glück* und Glas, wie leicht bricht das! (諺) 幸せとガラスはなんともろいことか / Jeder ist seines *Glückes* Schmied. 幸せは自分で作るもの (←各人が自分の幸せの鍛冶屋).

③ **幸運の女神**. Das *Glück* ist launisch. 幸運の女神は移り気だ.

▶ **glück⸗bringend, glück⸗verheißend**

glück⸗brin·gend, Glück brin·gend [グリュック・ブリンゲント] 形 幸運(幸せ)をもたらす. ein *glückbringender* Anhänger 縁起のいいペンダント.

Glu·cke [グルッケ glúka] 囡 –/–n 卵を抱いている(ひよ子を連れた)めんどり.

glü·cken [グリュッケン glýkən] 自 (s) 成功する, うまく行く. Alles *ist* ihm *geglückt*.『現在完了』彼は万事うまくいった.

glu·ckern [グルッカァン glúkərn] 自 (h, s) ① (h) (液体が)ごぼごぼ音をたてる. ② (s) (…へ)ごぼごぼ音をたてて流れる.

****glück·lich** [グリュックりヒ glýklɪç]

幸運な; 幸福な Ich bin *glücklich*.
イヒ ビン グリュックりヒ
私は幸せです.

I 形 ① **幸運な**, 運のいい, ついている. (爽 *lucky*). der *glückliche* Gewinner (宝くじなどで:)幸運な当せん者 / Die Mannschaft kam zu einem *glücklichen* Sieg. そのチームは運よく勝った / Der Film endet *glücklich*. この映画はハッピーエンドに終わる / *Glückliche* Reise! (旅に出る人に:)楽しいご旅行を, 行ってらっしゃい.
② **幸福な**, 幸せな. (爽 *happy*). eine *glückliche* Familie 幸福な家庭 / Ein *glückliches* neues Jahr! よいお年(一年)を / 囚⁴ *glücklich* machen 囚⁴を幸せにする / **über** 囚⁴ *glücklich* sein 囚⁴を喜んでる.
③ 都合のよい, うまい. ein *glücklicher* Ein-

fall うまい考え / Das Thema war nicht *glücklich* gewählt. 『状態受動・過去』そのテーマの選び方はまずかった.

II 副 (《口語》) ついに, とうとう, ようやく. Jetzt habe ich es *glücklich* doch noch geschafft. 今とうとう私はこれをやり遂げた.

glück·li·cher⸗wei·se [グリュックりッヒァ・ヴァイゼ glýklɪçər-váɪzə] 副 運よく, 幸運にも, 幸い. *Glücklicherweise* gab es keine Verletzten. 幸いにけが人はいなかった.

glück⸗se·lig [グリュック・ゼーリヒ] 形 とても幸せな, 至福の.

Glück⸗se·lig·keit [グリュック・ゼーリヒカイト] 囡 –/–en ① 〔複 なし〕 とても幸せな(至福の)状態. ② 幸せ(幸福)な体験(出来事).

gluck·sen [グルクセン glúksən] 自 (h) ① (液体が)ごぼごぼ音をたてる(流れる). ② (比) (声を押し殺して)くっくっと笑う.

Glücks⸗fall [グリュックス・ふァる] 男 –[e]s/ ..fälle 幸運, 僥倖(ぎょうこう), 思わぬチャンス. im *Glücksfall* 運がよければ.

Glücks⸗göt·tin [グリュックス・ゲッティン] 囡 –/..tinnen 幸運の女神.

Glücks⸗gü·ter [グリュックス・ギュータァ] 複 《雅》富, 財産.

Glücks⸗kind [グリュックス・キント] 电 –[e]s/ –er 幸運児, 果報者.

Glücks⸗klee [グリュックス・クれー] 男 –s/ 四つ葉のクローバー.

Glücks⸗pfen·nig [グリュックス・プふェニヒ] 男 –s/–e (お守りとして持ち歩く)幸運のペニヒ硬貨 (縁起ものの小銭).

Glücks⸗pilz [グリュックス・ピるツ] 男 –es/–e 《口語》幸運児, 果報者.

Glücks⸗rad [グリュックス・ラート] 电 –[e]s/ ..räder ① (年の市(½)などの)回転式抽選器. ② 幸運の女神(フォルトゥナ)の輪(有為転変のシンボル).

Glücks⸗rit·ter [グリュックス・リッタァ] 男 –s/– 運任せの冒険家, 勝負師. (女性形: –in).

Glücks⸗sa·che [グリュックス・ザッヘ] 囡 –/ 運しだいのこと. Das ist [reine] *Glückssache*. それは[まったく]運しだいだ.

Glücks⸗spiel [グリュックス・シュピーる] 电 –[e]s/–e ① 運で勝負がつくゲーム. ② 賭(ゕ)けごと.

Glücks⸗stern [グリュックス・シュテルン] 男 –[e]s/–e 幸運の星.

Glücks⸗sträh·ne [グリュックス・シュトレーネ] 囡 –/–n 幸運続き, 運がついている時.

glück⸗strah·lend [グリュック・シュトラーれント] 形 幸福(喜び)に輝いている.

glück⸗ver·hei·ßend, Glück ver·hei·ßend [グリュック・ふェァハイセント] 形 幸運を約束する, さい先のよい.

*der **Glück⸗wunsch** [グリュック・ヴンシュ glýk-vʊn] 男 (単2) –[e]s/(複) ..wünsche [..ヴュンシェ] (3格の ..wünschen) お祝い[の言葉], 祝辞. (爽 *congratulation*). Herz-

lichen *Glückwunsch* zum Geburtstag! 誕生日おめでとう / *Glückwünsche* zum neuen Jahr! 新年おめでとう / 人³ die herzlichsten *Glückwünsche*⁴ aus|sprechen 人³に心からお祝いの言葉を述べる.

Glück·wunsch⸗kar·te [グリュックヴンシュ・カルテ] 囡 -/-n お祝いのカード(はがき).

Glüh⸗bir·ne [グリュー・ビルネ] 囡 -/-n (西洋梨の形の)電球.

glü·hen [グリューエン glýːən] (glühte, *hat* geglüht) **I** 圓 (完了 haben) ① (炎をあげずに)真っ赤に燃える; (コイルなどが)赤熱する, 白熱する. (英 *glow*). Die Kohlen *glühen* noch. 石炭はまだ赤々と燃えている.
② 《比》 赤々と輝く; (顔・体が)ほてっている. Die Berge *glühen* in der Abendsonne. 山々が夕日に赤く映えている / Ihr Gesicht *glüht* vor Hitze. 彼女の顔は暑さにほてっている. ③ 《雅》(感情が)燃えている, 熱中している. **für** 人・物 *glühen* 人・物に夢中である / Sie *glühte* **in** Liebe. 彼女は恋に燃えていた / Er *glüht* danach, sich zu rächen. 彼は復讐(ふくしゅう)心に燃えている / Er *glühte* **vor** Begeisterung. 彼は感激のあまり体が熱くなっていた.
II 他 (完了 haben) (金属など⁴を)真っ赤に焼く.

glü·hend [グリューエント] **I** glühen (真っ赤に燃える)の現分 **II** 形 ① 赤く燃えている, 灼熱(しゃくねつ)の(鉄・石炭など). ② 《比》 熱烈な, 熱狂的な, 燃えるような(まなざし・憎しみなど). die *glühenden* Wangen 真っ赤な頬(ほお) / *glühende* Liebe 熱烈な恋.

Glüh⸗fa·den [グリュー・ファーデン] 男 -s/..fäden (電球の)フィラメント.

Glüh⸗lam·pe [グリュー・らンペ] 囡 -/-n [白熱]電球.

glüh·te [グリューテ] glühen (真っ赤に燃える)の過去

Glüh⸗wein [グリュー・ヴァイン] 男 -[e]s/- グリューワイン(香辛料を入れて温めた赤ワイン).

Glüh⸗würm·chen [グリュー・ヴェルムヒェン] 中 -s/- 《昆》ホタル(蛍) (=Leuchtkäfer).

Glu·ko·se [グるコーゼ glukóːzə] 囡 -/ 《化》グルコース, ぶどう糖(=Glucose).

Glut [グるート glúːt] 囡 -/-en ① 赤くおこった火, 赤熱; 残り火; 《比》真っ赤な輝き; 炎暑, ほてり. Unter der Asche war noch *Glut*. 灰の下にまだ残り火があった. ② 《雅》 情熱, 熱情, 激情. die *Glut* des Hasses 憎しみの炎.

Glut·a·min [グるタミーン glutamíːn] 中 -s/-e 《化》 グルタミン.

Glut·a·min⸗säu·re [グるタミーン・ゾイレ] 囡 -/-n 《化》 グルタミン酸.

Glut⸗hit·ze [グるート・ヒッツェ] 囡 -/ 灼熱(しゃくねつ), 炎暑, 熱暑.

glut⸗rot [グるート・ロート] 形 燃えるように赤い, 真っ赤な.

Gly·ko·gen [グりュコゲーン glykogéːn] 中 -s/- 《医・生》 グリコーゲン, 糖原質.

Gly·ze·rin [グりュツェリーン glytserínː] 中 -s/- 《化》 グリセリン.

GmbH [ゲー・エム・ベー・ハー] 《略》 有限会社 (=Gesellschaft mit beschränkter Haftung).

g-Moll [ゲー・モる] 中 -/ 《音楽》ト短調(記号: g).

***die* Gna·de** [グナーデ gnáːdə] 囡 (単) -/(複) -n 《ふつう単》① **好意**, 恩恵, 寵愛(ちょうあい); 《宗》 (神の)恩寵(おんちょう). (英 *mercy*). 人³ eine *Gnade*⁴ erweisen (または gewähren) 人³に好意を示す / Jetzt findet niemand mehr *Gnade* vor seinen Augen. 今やだれ一人として彼のお眼鏡にかなう者はいなかった / **auf** *Gnade* und (または oder) Ungnade 無条件で / 中⁴ **aus** *Gnade* [und Barmherzigkeit] tun 中⁴を慈悲心から行う.
② 恩赦, 赦免. *Gnade*⁴ vor Recht (または für Recht) ergehen lassen 寛大な処置をとる / um *Gnade* bitten 恩赦を請う. ③ 《成句的に》 Euer (または Ihro, Ihre) *Gnaden* 《古》 (呼びかけて)閣下, 殿下.

Gna·den⸗brot [グナーデン・ブロート] 中 -[e]s/- (老いた使用人・役畜などへの)施しの食べ物.

Gna·den⸗frist [グナーデン・ふリスト] 囡 -/-en (お情けによる)猶予[期間], (刑)の執行猶予.

Gna·den⸗ge·such [グナーデン・ゲズーフ] 中 -[e]s/-e 恩赦の請願[書], 減刑嘆願[書].

gna·den⸗los [グナーデン・ろース] 形 無慈悲な, 容赦ない.

Gna·den⸗stoß [グナーデン・シュトース] 男 -es/ ..stöße とどめの一突き(一撃) (断末魔の苦しみから救うための).

Gna·den⸗weg [グナーデン・ヴェーク] 男 -[e]s/- 《法》 減刑の道, 減刑の手続き.

gnä·dig [グネーディヒ gnɛ́ːdɪç] 形 ① **情け深い**; (しばしば反語的に:)ご親切な. Sei doch so *gnädig* und hilf mir! 頼むから手伝ってよ / Er war so *gnädig*, mich nach Hause zu begleiten. 彼はご親切にも私を家まで送ってくれた / *gnädig* nicken おうようにうなづく / *Gnädige* Frau! 奥様 / *Gnädiger* Herr! 《古》だんな様. ② 寛大な, 温情のある. ein *gnädiges* Urteil 寛大な判決. ③ 《宗》 恵み(慈悲)深い.

Gneis [グナイス gnáɪs] 男 -es/-e 《地学》片麻岩.

Gnom [グノーム gnóːm] 男 -en/-en (地下の宝を守る)地の精, 小鬼.

gno·men·haft [グノーメンハふト] 形 地の精(小人)のような.

Gnu [グヌー gnúː] 中 -s/-s 《動》ヌー(カモシカの一種).

Goal [ゴーる góːl] 《英》 中 -s/-s (サッカーなどの)ゴール, 得点.

Go·be·lin [ゴベれーン gobəlɛ̃ː] 男 -s/-s ゴブラン織り[の壁掛け].

Go·ckel [ゴッケる gɔ́kəl] 男 -s/- 《南ドミ・口語》 おんどり(=Hahn).

Goe·the [ゲーテ gớːtə] -s/ 《人名》 ゲーテ(Johann Wolfgang von *Goethe* 1749-1832; ドイツの詩人・作家. 小説『若きヴェルテルの悩み』, 戯曲『フ

Goe·the-In·sti·tut [ゲーテ・インスティトゥート] 田 -[e]s/-e ゲーテ・インスティトゥート, ドイツ文化センター(ドイツ語・ドイツ文化を外国に普及させることを目的とするドイツの国際交流機関).

goe·thesch [ゲーテッシュ gǿːtəʃ] 形 ゲーテ風の, ゲーテ的な.

goe·thisch [ゲーティッシュ gǿːtɪʃ] 形 =goethesch

Gogh [ゴーク góːk または ゴッホ góx] -s/ 《人名》ゴッホ (Vincent van *Gogh* 1853–1890; オランダの画家).

Go♢kart [ゴー・カルト] [英] 男 -[s]/-s ① 《スポ》レーシングカート. ② (子供用の)ゴーカート.

*das **Gold** [ゴるト gɔlt] 田 (単2) -es (まれに -s)/ ① 金, 黄金 (記号: Au). (英 *gold*). reines *Gold* 純金 / 24-karätiges *Gold* 24金 / Der Ring ist aus *Gold*. その指環は金製だ / Er ist treu wie *Gold*. 《比》彼はたいへん誠実だ / das schwarze *Gold* 石炭 (←黒い金) / das flüssige *Gold* 石油 (←液体の金) / Es ist nicht alles *Gold*, was glänzt. 《諺》光るもの必ずしも金ならず.

② 金貨; お金; 金製品; 《比》富. Sie hat *Gold* in der Kehle. 彼女はすばらしい声をしている (←のどの中に金貨を持っている) / im *Gold* schwimmen 《比》大金持ちである (←お金の中で泳いでいる) / Das ist nicht mit *Gold* zu bezahlen. それはお金で買えるものではない / Morgenstunde hat *Gold* im Munde. 《諺》早起きは三文の得 (←朝の時間は口に金貨を持つ). ③ 金メダル (=*Gold*medaille). ④ 金色[の輝き].

Gold♢bar·ren [ゴるト・バレン] 男 -s/- 金の延べ棒.

gol·den [ゴるデン gɔ́ldən] 形 ① 《付加語としてのみ》金[製]の, 金で作った. (英 *golden*). eine *goldene* Münze 金貨 / ein *goldener* Ring 金の指環.

② 《詩》黄金(おうごん)色の, 金色の. *goldenes* Haar 黄金色の髪. ③ 《比》この上なく貴重な, すばらしい. Er hat einen *goldenen* Humor. 彼はすばらしいユーモアの持ち主だ / die *goldene* Mitte 中庸 / *goldene* Worte 金言, 格言 / der *goldene* (または *Goldene*) Schnitt 《数》黄金分割 / das *goldene* (または *Goldene*) Zeitalter 黄金時代.

gold♢far·ben [ゴるト・ファるベン] 形 金色の.

Gold♢fa·san [ゴるト・ファザーン] 男 -[e]s/-e[n] 《鳥》キンケイ(金鶏); 《戯》お気に入り[の人].

Gold♢fisch [ゴるト・フィッシュ] 男 -[e]s/-e ① 金魚. ② 《口語・戯》(結婚相手としての)金持ちの娘(息子).

Gold♢ge·halt [ゴるト・ゲハるト] 男 -[e]s/ 金含有量.

gold♢gelb [ゴるト・ゲるプ] 形 黄金(おうごん)色の.

Gold♢ge·wicht [ゴるト・ゲヴィヒト] 田 -[e]s/ 金衡(きんこう), カラット(貴金属・宝石に使われる質量単位).

Gold♢grä·ber [ゴるト・グレーバァ] 男 -s/- 金採掘者. (女性形: -in).

Gold♢gru·be [ゴるト・グルーベ] 女 -/-n ① 金坑, 金山. ② 《口語》大いにもうかる企業(店), ドル箱.

gol·dig [ゴるディヒ gɔ́ldɪç] 形 ① 《口語》(子供や小動物などが)かわいい, 愛らしい; 《方》気だてのいい, 親切な. ② 《詩》金色に輝く.

Gold♢kind [ゴるト・キント] 田 -[e]s/-er ① (生徒言葉:)クラスで一番の子. ② 《口語》愛児, 大事な坊や, 愛娘(まなむすめ).

Gold♢lack [ゴるト・らック] 男 -[e]s/ 《植》ニオイアラセイトウ.

Gold♢me·dail·le [ゴるト・メダりエ] 女 -/-n 金メダル.

Gold♢mün·ze [ゴるト・ミュンツェ] 女 -/-n 金貨.

Gold♢re·gen [ゴるト・レーゲン] 男 -s/- ① 《植》キングサリ(フジ属). ② 《比》火花の雨を降らせる花火; 降って湧いたような富.

gold♢rich·tig [ゴるト・リヒティヒ] 形 《口語》まったく正しい.

Gold♢schmied [ゴるト・シュミート] 男 -[e]s/-e ① 金細工師. (女性形: -in). ② 《昆》キンイロオサムシ.

Gold♢schnitt [ゴるト・シュニット] 男 -[e]s/-e 金張りの小口 (金箔を貼った本の天など).

Gold♢stück [ゴるト・シュテュック] 田 -[e]s/-e (昔の:)金貨; 《比》愛すべき有用な人(部下).

Gold♢waa·ge [ゴるト・ヴァーゲ] 女 -/-n (貴金属を量る)精巧なはかり. jedes Wort[4] auf die *Goldwaage* legen 《口語》a) 一言一句真に受ける, b) 言葉を慎重に選ぶ.

Gold♢wäh·rung [ゴるト・ヴェールング] 女 -/-en 《経》金本位[制].

Go·lem [ゴーれム góːlɛm] 男 -s/ ゴーレム (ユダヤの民間信仰で神秘的な力を持つとされる粘土人形).

Golf[1] [ゴるふ gɔlf] 男 -[e]s/-e (比較的大きい)湾, (奥行きの深い)入江. der Persische *Golf* ペルシア湾.

Golf[2] [ゴるふ] [英] 田 -s/ 《スポ》ゴルフ. *Golf*[4] spielen ゴルフをする.

Golf♢krieg [ゴるふ・クリーク] 男 -[e]s/ 湾岸戦争 (1991年).

Golf♢platz [ゴるふ・プらッツ] 男 -es/..plätze ゴルフ場.

Golf♢schlä·ger [ゴるふ・シュれーガァ] 男 -s/- (ゴルフの)クラブ.

Golf♢spie·ler [ゴるふ・シュピーらァ] 男 -s/- ゴルファー. (女性形: -in).

der **Golf♢strom** [ゴるふ・シュトローム] 男 -[e]s/ 《定冠詞とともに》メキシコ湾流.

Gol·ga·tha [ゴるガタ gɔ́lgata] **I** 田 -[s]/ 《聖》《地名》ゴルガタ (キリストが十字架にかけられたエルサレム近郊の丘). **II** — -[s]/ 《比》最大の苦難[の地].

Go·li·ath [ゴーりアット góːliat] **I** -s/ 《聖》《人名》ゴリアテ (ダビデに殺されたペリシテ族の巨人). **II** 男 -s/-s 《比》大男, 巨人.

göl·te [ゲ ル テ] ＊gelten (有効である)の 過2
Gon·del [ゴ ン デ ル ɡóndəl] 囡 -/-n ① (ベネチアの)ゴンドラ. ② (ロープウェー・気球などの)つりかご; (飛行船の)つり舟. ③ (観葉植物用の)つり鉢. ④ (売り場の中に置かれた両側の)商品棚.
gon·deln [ゴ ン デ ル ン ɡóndəln] 自 (s)《口語》① のんびりと舟で行く. ② ぶらぶらと(あてもなく)歩き回る, のんびりと旅をする.
Gon·do·li·e·re [ゴ ン ド リ エ ー レ ɡondoliéːrə] 男 -/..lieri (ベネチアのゴンドラの船頭.
Gong [ゴ ン グ ɡóŋ] 男 (まれに 中) -s/-s《音楽》どら, ゴング; (合図の)ゴング[の音].
gon·gen [ゴ ン ゲ ン ɡóŋən] I 自 (h) どら(ゴング)を鳴らす. II 非人称 (h) Es *gongt*. どら(ゴング)が鳴る. Es *gongte* zum Abendessen. 夕食の知らせのゴングが鳴った.
gön·nen [ゲ ネ ン ɡǽnən] (gönnte, *hat...* gegönnt) 他 (定て haben) ① (人³の 事⁴を)快く認める, 喜ぶ. Ich *gönne* ihm seinen Erfolg von Herzen. 私は彼の成功を心から喜んでいる / 人³ alles Gute⁴ *gönnen* 人³の幸運を祈る / Diesen Reinfall *gönne* ich ihm. (皮肉って:)あいつがうっかりしていい気味だ.
② (人³に 物⁴を)快く与える / 人³ keinen Blick *gönnen* 人³に目もくれない / Sie *gönnte* ihm kein gutes Wort. 彼女は彼に優しい言葉の一つもかけてやらなかった. ◇《再帰的に》Er *gönnt sich*³ kaum eine Pause. 彼はほとんど休憩もとらない.
Gön·ner [ゲ ナ ァ ɡǽnər] 男 -s/- パトロン, 後援者. (女性形: -in).
gön·ner·haft [ゲ ナ ァ ハ フ ト] 形 パトロン(後援者)ぶった, 恩着せがましい.
Gön·ner•mie·ne [ゲ ナ ァ ・ ミ ー ネ] 囡 -/-n パトロンぶった(恩着せがましい)顔.
Gön·ner·schaft [ゲ ナ ァ シ ャ フ ト] 囡 -/ ① (財政的)後援, 支援, 保護. ② (総称として:)パトロン, 後援者.
gönn·te [ゲ ン テ] gönnen (快く認める)の 過去
Go·nor·rhö [ゴ ノ ロ ː gonorǿ:] 囡 -/..rhöen [..レーエン] 《医》淋疾(髪), 淋病.
gor [ゴ ー ア] gären (発酵する)の 過去
Gör [ゲ ー ア ɡǿːr] 中 -[e]s/-en =Göre
gor·disch [ゴ ル デ ィ ッ シ ュ ɡórdɪʃ] 形 《成句的に》den *gordischen* Knoten durchhauen (または durch|hauen) ゴルディオスの結び目を断ち切る, 難問題を一気に解決する (古代アジアのフリギア王ゴルディオス Gordios が結んだ堅い結び目をアレクサンドロス大王が一刀のもとに両断した故事による).
gö·re [ゲ ー レ] gären (発酵する)の 過2
Gö·re [ゲ ー レ ɡǿːrə] 囡 -/-n《北ドイツ》① 《ふつう 軽》ちびっ子, 腕白小僧. ② おてんば《娘》.
Go·ril·la [ゴ リ ラ ɡorílla] 男 -s/-s ① 《動》ゴリラ. ② 《口語》(ごつい体格の)ボディーガード.
Go·sche [ゴ ッ シ ェ ɡóʃə] 囡 -/-n《南ドイツ・オーストリア》《俗》(憎しみ軽蔑的に:) [=Mund, Maul].
Gos·lar [ゴ ス ラ ァ ɡóslar] 中 -s/《都市名》ゴスラル(ドイツ, ニーダーザクセン州の古都: ☞ 地図 E-3).

goss [ゴ ス] ＊gießen (注ぐ)の 過去
Gos·se [ゴ ッ セ ɡósə] 囡 -/-n ① 下水溝, どぶ. ② (比)どん底[社会], 荒廃(零落)の淵(縁). 人⁴ aus der *Gosse* auflesen《口語》人⁴をどん底から救い出す / 人⁴ durch die *Gosse* ziehen 人⁴の悪評を流す / in der *Gosse* enden 落ちぶれ果てる.
gös·se [ゲ ッ セ] ＊gießen (注ぐ)の 接2
Gös·sel [ゲ ッ セ ル ɡǽsəl] 中 -s/-[n]《北ドイツ》がちょうの子 [=Gänseküken].
Go·te [ゴ ー テ ɡóːta] 男 -n/-n ゴート人(ゲルマン民族の一種族). (女性形: Gotin).
Go·tha [ゴ ー タ ɡóːta] 中 -s/《都市名》ゴータ(ドイツ, テューリンゲン州: ☞ 地図 E-3).
Go·tik [ゴ ー テ ィ ク ɡóːtɪk] 囡 -/《建》ゴシック[期], ゴシック様式(教会建築を中心にしたヨーロッパの中世後半 12-15 世紀の芸術様式で, 高い尖塔, 豊富な彫刻による外面装飾やステンドグラスが特徴; ☞「建築様式 (2)」, 1744 ページ).
go·tisch [ゴ ー テ ィ ッ シ ュ ɡóːtɪʃ] 形 ① ゴート[人·語]の. die *gotische* Sprache ゴート語. ② ゴシック[期·様式]の. die *gotische* Baukunst ゴシック建築 / die *gotische* Schrift 《印》ゴシック体.

＊＊*der* **Gott** [ゴ ッ ト ɡɔ́t]

> 神　Glauben Sie an *Gott*?
> グラオベン　ズィー アン　ゴット
> あなたは神を信じますか.

男 (単 2) -es/(複) Götter [ゲ ッ タ ァ] (3 格のみ Göttern)《愛》god) ① 《複 なし; 形容詞などの規定を伴わないときは冠詞なしで》(キリスト教の)神. der liebe *Gott* 神様 / *Gott*, der Allmächtige 全能の神 / *Gottes* Sohn 神の御子(?)(イェス·キリスト) / *Gott*⁴ an|beten 神を礼拝する / *Gott*⁴ loben (または preisen) 神をたたえる / wie es *Gott*³ gefällt 神の御心(祭)のままに / Der Mensch denkt, *Gott* lenkt. 《諺》企てるのは人間だが, 成り行きは神のおぼし召による / an *Gott* glauben 神を信じる / auf *Gott* vertrauen 神を信頼する / bei *Gott* schwören 神にかけて誓う / Du bist wohl ganz [und gar] von *Gott* verlassen.《状態受動·現在》《口語》君はまったくどうかしているよ(← 神から見放されている).

◇《成句的に》*Gott*³ sei Dank¹!(ほっとして:)やれやれ, ありがたいことに / Großer *Gott*!《驚いて:》おやまあ, これはたいへん / Grüß *Gott*!《南ドイツ·オーストリア》おはよう, こんにちは, こんばんは / leider *Gottes*《口語》残念ながら, あいにく / [Ach,] du lieber *Gott*! または Mein *Gott*!《驚いて:》おやまあ, これはたいへん / In *Gottes* Namen!《口語》しかたがない, 好きにしなさい / *Gott* segne dich!《接 1·現在》神の祝福があなたにありますように / so *Gott* will《口語》うまくいけば / um *Gottes* willen《口語》a) うへー, とんでもない, b) 後生だから / weiß *Gott* 本当に, たしかに / *Gott* weiß, ...《口語》…か, だれにもわからないよ

(←神が知っている) / *Gott* und die Welt ありとあらゆるもの(人)/(←神とこの世と) / leben wie *Gott* in Frankreich 《口語》ぜいたくに暮らす / Sie stand da, wie *Gott* sie geschaffen hatte. 《戯》彼女はすっ裸でそこに立っていた(←神が造りたもうたままに). ② (キリスト教以外の)神. die griechischen *Götter* ギリシアの神々 / Das wissen die *Götter!* 《口語》そんなことはわかりませんよ(←神の知ることだ) / wie ein junger *Gott* (この世のわざとは思われないくらい)絶妙に, すばらしく.

Göt·ter [ゲッタァ] ‡Gott (神)の複.

Gott∉er·bar·men [ゴット・エァバルメン] 中 『成句的に』**zum** *Gotterbarmen* 《口語》a) 見るも哀れに, 痛々しいばかりに, b) 情けないほど[下手]に.

Göt·ter∉däm·me·rung [ゲッタァ・デンメルング] 女 -/ ① 『北欧神』神々のたそがれ. ② 『神々のたそがれ』(ヴァーグナーの楽劇の題名).

gott∉er·ge·ben [ゴット・エァゲーベン] 形 神に帰依した, 運命を天にまかせた, 恭順な.

Göt·ter∉spei·se [ゲッタァ・シュパイゼ] 女 -/-n ① 『複なし』『ギ神』神々の不老不死の食べ物. ② 《戯》とてもおいしい食べ物. ③ フルーツゼリー.

Göt·ter∉trank [ゲッタァ・トランク] 男 -[e]s/..tränke ① 『複なし』『ギ神』神々の不老不死の飲み物. ② 《戯》おいしい飲み物, 美酒.

Got·tes∉acker [ゴッテス・アッカァ] 男 -s/..äcker 《方・雅》墓地(=Friedhof).

Got·tes∉an·be·te·rin [ゴッテス・アンベーテリン] 女 -/-.rinnen 『昆』カマキリ.

Got·tes∉dienst [ゴッテス・ディーンスト] 男 -[e]s/-e (教会の)礼拝[式]; 『カトリック』ミサ.

got·tes∉fürch·tig [ゴッテス・フュルヒティヒ] 形 敬神の念にあつい, 敬虔(*けい*)な.

Got·tes∉ge·richt [ゴッテス・ゲリヒト] 中 -[e]s/-e ① 神の裁き. ② 《史》(特に中世の)神明裁判(=Gottesurteil).

Got·tes∉haus [ゴッテス・ハオス] 中 -es/..häuser 《雅》神の家, 礼拝堂.

got·tes∉läs·ter·lich [ゴッテス・れスタァリヒ] 形 瀆神(*とくしん*)の, 神を冒瀆(*ぼうとく*)する.

Got·tes∉läs·te·rung [ゴッテス・れステルング] 女 -/-en 瀆神(*とくしん*), 神への冒瀆(*ぼうとく*).

Got·tes∉ur·teil [ゴッテス・ウァタイる] 中 -s/-e 《史》(特に中世の)神明裁判.

Gott·fried [ゴット・ふりート gót-fri:t] -s/《男名》ゴットフリート.

gott∉ge·fäl·lig [ゴット・ゲふェリヒ] 形 《雅》神の御心(*こころ*)にかなった.

Gott·heit [ゴットハイト] 女 -/-en ① 『複なし; 定冠詞とともに』(キリスト教の)神. ② (キリスト教以外の)神, 女神. ③ 『複なし』《雅》神性.

die **Göt·tin** [ゲッティン gǽtın] 女 (単) -/(複) ..tinnen 女神. die *Göttin* der Freiheit[2] 自由の女神.

Göt·tin·gen [ゲッティンゲン gǽtıŋən] 中 -s/《都市名》ゲッティンゲン(ドイツ, ニーダーザクセン州: 〖地図〗 D-3).

gött·lich [ゲットリヒ gǽtlıç] 形 《英》divine) ① 神の, 神による; 神についての. die *göttliche* Allmacht 神の全能. ② 神のような, 神々しい; 《比》この世のものならぬ, 驚くほどすばらしい; 《戯》とんでもなく 《俗》とてもすばらしく. eine *göttliche* Stimme この世のものとも思えない美声.

Gött·lich·keit [ゲットリヒカイト] 女 -/ 神性.

gott∉lob [ゴット・ローブ] 副 ありがたいことに.

gott∉los [ゴット・ろース] 形 ① 神を畏(*おそ*)れない, ふらちな. ② 神を信じない, 無神論の.

Gott·lo·sig·keit [ゴット・ろーズィヒカイト] 女 -/ ① 神への不敬. ② 不信心, 無神論.

Gott·sched [ゴット・シェート gɔ́t-ʃe:t] 《人名》ゴットシェート (Johann Christoph *Gottsched* 1700-1766; ドイツの文学史家・作家).

Gott∉sei·bei·uns [ゴット・ザイ・バイ・ウンス] 男 -/ 《婉曲》悪魔(=Teufel).

gotts∉er·bärm·lich [ゴッツ・エァベルムリヒ] I 形《俗》① ひどく哀れな, 惨めな. ② [いやになるほど]ひどい. II 副《俗》ひどく, ものすごく.

Gott·va·ter [ゴット・ふァータァ] 男 -s/ 《ふつう冠詞なしで》『キ教』父なる神.

gott∉ver·las·sen [ゴット・フェァらッセン] 形 ① 《口語》荒涼とした, 人里離れた. ② 神に見捨てられた, 惨めな.

Gott∉ver·trau·en [ゴット・フェァトラオエン] 中 -s/ 神に対する信頼.

gott∉voll [ゴット・ふォる] 形《口語》① ひどくこっけいな. ② すばらしい.

Götz [ゲッツ gǽts] 《男名》ゲッツ (Gottfried など Gott.. の 短縮).

Göt·ze [ゲッツェ gǽtsə] 男 -n/-n ① 偶像, 神像. ② 《雅》(軽蔑的に:)崇拝の的.

Göt·zen∉bild [ゲッツェン・ビるト] 中 -[e]s/-er 偶像.

Göt·zen∉dienst [ゲッツェン・ディーンスト] 男 -[e]s/ ① 偶像崇拝. ② 《雅》(軽蔑的に:)盲目的崇拝, 心酔.

Gou·da∉kä·se [ガオダ・ケーゼ] 男 -s/- ゴーダチーズ(オランダの地名による).

Gour·mand [グルマーン gurmã:] 《フ》男 -s/-s 健啖(*けんたん*)な(よく食べる)美食家.

Gour·met [グルメー gurmé: または ..m ..mé] 《フ》男 -s/-s 食通, グルメ; ワイン通.

Gou·ver·nan·te [グヴェルナンテ guvernántə] 《フ》女 -/-n 《古》女性家庭教師;《比》おせっかいな小姑(*こじゅうとめ*)じみた女.

Gou·ver·neur [グヴェルネーァ guvernö:r] 《フ》男 -s/-e (州などの)知事, (駐屯地などの)司令官; (植民地などの)総督.

das **Grab** [グラープ grá:p] 中 (単) -es (まれに -s)/(複) Gräber [グレーバァ] (3 格のみ Gräbern) 墓, 墓穴; 墓地. 《英》grave). ein tiefes *Grab* 深い墓穴 / das *Grab* des Unbekannten Soldaten 無名戦士の墓 / ein *Grab*[4] besuchen 墓参りをする / ein *Grab*[4] pflegen 墓地の手入れをする / ein feuchtes *Grab*[4] finden 《雅》溺死(*できし*)する / ein frühes *Grab*[4]

Graduierte[r]

finden 《雅》若死にする / sich³ selbst sein *Grab*⁴ schaufeln (または graben) 《比》自ら墓穴を掘る / am Rande des *Grabes* stehen 《雅》死に瀕(ﾋﾝ)している / bis ans (または ins) *Grab* hinaus über das *Grab* hinaus 《雅》死ぬまで(死んでも)ずっと / im *Grab* liegen 《雅》は ruhen) 墓に眠る / mit einem Bein (または Fuß) im Grabe stehen 棺桶(ｶﾝｵｹ)に片足を突っ込んでいる / ins *Grab* sinken 《雅》死ぬ / 囚⁴を ins *Grab* bringen a) 囚⁴を死に追いやる, b) 《比》囚⁴を絶望させる / 慣⁴ mit ins *Grab* nehmen 《雅》慣⁴(秘密など)を明かさぬまま死ぬ / 人・事⁴ zu Grabe tragen 《雅》a) 囚⁴を埋葬する, b) 《比》慣⁴を断念(放棄)する.

gra·ben* [グラーベン grá:bən] du gräbst, er gräbt (grub, *hat*....gegraben) **I** 他 (完了 haben) ①(井戸・地下道など⁴を)掘る. 《英 dig》. einen Brunnen *graben* 井戸を掘る / ein Loch⁴ *graben* 穴を掘る / Wer andern eine Grube *gräbt*, fällt selbst hinein. (諺) 人をのろわば穴二つ (←他人に落とし穴を掘る者は自らその穴に落ち込む).
② (石炭など⁴を)掘り出す, 採掘する. ③ 《A⁴ in B⁴ ~》(A⁴をB⁴に)刻み込む, 彫り込む; 《比》(頭・心に)刻み込む. Namen⁴ in die Rinde eines Baumes *graben* 樹皮に名前を彫り込む / Ich habe es mir tief ins Gedächtnis gegraben. 《比》私はそれを深く記憶の中に刻み込んだ.
II 自 (完了 haben) 掘る. **im** Garten *graben* 庭の土を掘る / **nach** 物³ *graben* 掘って物³を探す.
III 再帰 (完了 haben) 《sich⁴ in 物⁴ ~》(物⁴に)食い込む, 刻み込まれる. Die Räder gruben sich tief in den Schlamm. 車輪がぬかるみに深くめり込んだ.

der **Gra·ben** [グラーベン grá:bən] 男 (単 2) -s/複 Gräben [グレーベン] ① 溝, 下水溝; 堀. 《英 ditch》. Straßen*graben* (道路の)側溝 / einen *Graben* aus|heben 溝を掘る / einen *Graben* nehmen (馬術などで)溝を跳び越える / Der Wagen fuhr **in** den *Graben*. 自動車が側溝に突っ込んだ. ② 《軍》塹壕(ｻﾞﾝｺﾞｳ). im *Graben* liegen 最前線にいる. ③ 《地学》地溝. ④ オーケストラピット (=Orchester*graben*).

Grä·ben [グレーベン] Graben (溝)の 複
Grä·ber [グレーバァ] Grab (墓)の 複
Gra·bes=stil·le [グラーベス・シュティレ] 女 -/ (墓の中のような)静けさ.
Gra·bes=stim·me [グラーベス・シュティンメ] 女 -/ 《口語》陰にこもった声.
Grab=ge·sang [グラープ・ゲザング] 男 -[e]s/-..sänge 葬送歌, 哀悼の歌, 挽歌(ﾊﾞﾝｶ).
Grab=hü·gel [グラープ・ヒューゲる] 男 -s/- (土まんじゅう形の)塚, 墳墓.
Grab=in·schrift [グラープ・インシュりフト] 女 -/-en 墓碑銘.
Grab=le·gung [グラープ・れーグング] 女 -/-en ① キリスト埋葬図. ② 《民》埋葬.
Grab=mal [グラープ・マーる] 中 -[e]s/..mäler 《雅: -e》墓標, 墓碑; (死者のための)記念碑.
Grab=re·de [グラープ・レーデ] 女 -/-n (埋葬の際の)弔辞.
gräbst [グレープスト] graben (掘る)の 2 人称親称単数 現在
Grab=stät·te [グラープ・シュテッテ] 女 -/-n 埋葬地, 墓所, 墓地.
Grab=stein [グラープ・シュタイン] 男 -[e]s/-e 墓石, 墓碑.
gräbt [グレープト] graben (掘る)の 3 人称単数 現在
Gra·bung [グラーブング] 女 -/-en (特に考古学上の)発掘, 採掘.

***der* Grad** [グラート grá:t] 男 (単 2) -es (まれに -s)/複 -e (3格のみ -en) 《数量単位としては: 複 -) ① (温度・体温の)度 (記号: °). 《英 degree》. 20 *Grad* Celsius 摂氏 20 度 / Das Thermometer zeigt minus 5 *Grad*. 温度計はマイナス 5 度を示している / Er hat vierzig *Grad* Fieber. 彼は 40 度の熱がある.
② (角度の)度; 《天・地理》(緯度・経度の)度 (記号: °). ein Winkel von 90 *Grad* 90 度の角 / 34 *Grad* nördlicher Breite² 北緯 34 度.
③ 度[合い], 程度. der *Grad* der Reife² (ワインなどの)熟成度 / einen hohen *Grad* von Verschmutzung auf|weisen 高い汚染度を示す / **in** gewissem *Grad[e]* 幾分か, ある程度 / in höchstem (または im höchsten) *Grad[e]* 極度に / [**um**] einen *Grad* または um einige *Grade* 多少 / ein Künstler **von** hohen *Grade* 第一級の芸術家 / bis **zu** einem gewissen *Grad[e]* ある程度まで.
④ 等級, 位階, 学位, (軍隊の)階級. einen akademischen *Grad* erwerben 学位を取る. ⑤ 《法》親等. ein Verwandter dritten *Grades*² 3 親等の親族. ⑥ 《数》次. eine Gleichung zweiten *Grades*² 2 次方程式.

gra·de [グラーデ grá:də] 副 形 《口語》ちょうど (=gerade).
Grad=ein·tei·lung [グラート・アインタイるング] 女 -/-en (物差などの)目盛り.
gra·die·ren [グラディーレン gradí:rən] 他 (h) ① (物⁴に)度数の目盛りをつける; (物⁴に)段階(濃淡)をつける. ② 強化する, 高める; (塩水など⁴を)濃縮する.
Grad=mes·ser [グラート・メッサァ] 男 -s/- 指標, 目安, バロメーター.
Grad=netz [グラート・ネッツ] 中 -es/-e (地図の)経緯度線.
gra·du·ell [グラドゥエる graduéll] 形 ① 程度の(差異な ど). ② 段階的な, 漸進的な.
gra·du·ie·ren [グラドゥイーレン gradúi:rən] 他 (h) ① (囚⁴に)学位を授ける. ② (物⁴に)目盛りをつける; ランクをつける.
Gra·du·ier·te[r] [グラドゥイーァテ (..タァ) graduí:rtə (..tər)] 男 女 《語尾変化は形容詞と同

grad・wei・se [グラート・ヴァイゼ] 副 しだいに, 徐々に, だんだん.

Graf [グラーふ grá:f] 男 -en/-en ① 伯爵 (Fürst「侯爵」と Freiherr「男爵」の間の爵位). (女性形: Gräfin).

..graf [..グラーふ ..grá:f] 名詞をつくる 接尾《書く人・書かれたもの》例: Geograf 地理学者.

..gra・fie [..グラふィー ..grafí:] 女性名詞をつくる 接尾《記述・学》例: Geografie 地理学.

Gra・fik [グラーふィク grá:fɪk] 女 -/-en ①《複なし》グラフィック[アート]. ② グラフィック[アート]の作品, 版画. ③ 図版.

Gra・fi・ker [グラーふィカァ grá:fikər] 男 -s/- グラフィックアーティスト, グラフィックデザイナー. (女性形: -in).

gra・fisch [グラーふィッシュ grá:fɪʃ] 形 ① グラフィック[アート]の, グラフィックデザインの. die *grafische* Kunst グラフィックアート. ② 図[表]を用いた, グラフ[式]の. ③《言》文字記号の.

Gra・fit [グラふィート grafí:t または ..ふィット ..fít] 男 -s/《種類:》-e (鉱) 黒鉛, 石墨.

gräf・lich [グレーふりヒ] 形 伯爵の; 伯爵のような.

Gra・fo・lo・gie [グラふォろギー grafologí:] 女 -/ 筆跡学, 筆跡鑑定法(学).

Graf・schaft [グラーふシャふト] 女 -/-en ① 伯爵領. ②（特にイギリスの）州.

Gral [グラーる grá:l] 男 -s/（中世文学で:）聖杯, 聖石. der [Heilige] *Gral* 聖杯.

Grals=rit・ter [グラーるス・リッタァ] 男 -s/-（中世文学で:）聖杯を守る騎士.

gram [グラーム grá:m] 形《成句的に》人³ *gram* sein (雅) 人³に恨み(憎しみ)をいだいている.

Gram [グラーム] 男 -s (まれに -es)/ (雅) 悲嘆, 心痛, 断腸の思い. Er ist von *Gram* erfüllt. 《状態受動・現在》彼は悲嘆に暮れている / sich⁴ **vor Gram** verzehren 悲しみにやつれる.

grä・men [グレーメン gré:mən] I 再帰 (h) *sich*⁴ [**über**（または **um**）人・事¹ ~]《雅》[(人・事⁴のことを)深く悲しむ. II 他 (h)《雅》(人⁴を)深く悲しませる.

gräm・lich [グレームりヒ] 形 むっつりした, 不機嫌な.

***das* Gramm** [グラム grám] 中《単₂》-s/《複》-e (3格のみ -en)《数量単位としては:《複》-》グラム (記号: g).《美》gram). Das Päckchen wiegt 500 *Gramm.* その小包は 500 グラムだ / Ich hätte gern 200 *Gramm* Schinken.《接2・現在》ハムを 200 グラム欲しいのですが.

die **Gram・ma・tik** [グラマティク gramátɪk] 女《単》-/《複》-en (英 grammar) ① 文法. die deutsche *Grammatik* ドイツ[語]文法. ② 文法書, 文典.

gram・ma・ti・ka・lisch [グラマティカーりッシュ gramatikáːlɪʃ] 形 文法[上]の (=grammatisch).

Gram・ma・ti・ker [グラマティカァ gramáti-

kər] 男 -s/- 文法学者. (女性形: -in).

gram・ma・tisch [グラマティッシュ gramátɪʃ] 形《言》文法[上]の; 文法にかなった. (英 grammatical). ein *grammatischer* Fehler 文法上の間違い / *grammatisches* Geschlecht 文法上の性 / *grammatisch* richtig schreiben 文法的に正しい書き方をする.

Gram・mo・fon [グラモふォーン gramofó:n] 中（ᴬᶜ: 男 も）-s/-e（昔の）蓄音機.

Gram・mo・phon [グラモふォーン gramofó:n] 中（ᴬᶜ: 男 も）-s/-e《商標》グラモフォン(昔の蓄音機の商標名).

gram=voll [グラーム・ふォる] 形 悲嘆に満ちた.

Gran [グラーン grá:n] 中 -[e]s/-e グラーン(昔の薬剤用重量単位. 約 65 mg);《比》ごくわずか.

Gra・nat [グラナート graná:t] 男 -[e]s/-e（ᵏʳʸ: -en/-en) ① (鉱) ガーネット, ざくろ石. ②（ᵏʳʸ）いかさま賭博(ᵏᵏ)師.

Gra・na・te [グラナーテ graná:tə] 女 -/-n ①《軍》[手]榴弾(ᵏᵏᵏ). ②《ᴺᵇᵏ・隠語》（サッカーなどの）強烈なシュート.

Gra・nat=split・ter [グラナート・シュプりッタァ] 男 -s/- [手]榴弾(ᵏᵏᵏ)の破片.

Gra・nat=trich・ter [グラナート・トリヒタァ] 男 -s/- [手]榴弾(ᵏᵏᵏ)によるすりばち状の穴.

Gra・nat=wer・fer [グラナート・ヴェルふァァ] 男 -s/- [軍]擲弾(ᵏᵏ)筒;（小型の）迫撃砲.

Gran・dez・za [グランデッツァ grandétsa] 女 -/（特に男性の）威厳, 品格.

gran・di・os [グランディオース grandió:s] 形 壮大な, 雄大な; すばらしい, みごとな.

Gra・nit [グラニート graní:t または ..ニット ..nít] 男 -s/《種類:》-e 花崗(ᵏᵏ)岩, みかげ石. hart wie *Granit* 非常に頑固な / bei 人³ **auf Granit** beißen《比》(人³の)頑強に抵抗にあう.

gra・ni・ten [グラニーテン graníːtən] 形 ① 花崗(ᵏᵏ)岩でできた(柱など). ②《雅》堅固な, 頑強な, 揺るぎない.

Gran・ne [グランネ gránə] 女 -/-n (植)（麦などの）のぎ.

gran・tig [グランティヒ grántɪç] 形《南ド・ｵｰｽﾄ・口語》不機嫌な, 気難しい.

gra・nu・lie・ren [グラヌリーレン granulí:rən] I 他 (h) （砕いて）粒状にする. II 自 (s, h)《医》(組織が)肉芽を形成する.

Grape・fruit [グレープ・ふルート gré:p-fru:t]《英》女 -/-s《植》グレープフルーツ.

..graph [..グラーふ ..grá:f] 名詞をつくる 接尾 =..graf

..gra・phie [..グラふィー ..grafí:] 女性名詞をつくる 接尾 =..grafie

Gra・phik [グラーふィク grá:fɪk] 女 -/-en = Grafik

Gra・phi・ker [グラーふィカァ grá:fikər] 男 -s/- = Grafiker

gra・phisch [グラーふィッシュ grá:fɪʃ] 形 = grafisch

Gra·phit [グラふィート grafíːt または ..ふィット ..fɪt] 男 -s/ =Grafit

Gra·pho·lo·gie [グラふォろギー grafologíː] 女 -/ =Grafologie

grap·schen [グラプシェン grápʃən] I 他 (h)《口語》ひっつかむ. [人]⁴ am Ärmel *grapschen* [人]⁴の袖(を)をつかむ. II 自 (h)《**nach** [物]³ ~》([物]³に)手を伸ばす.

Grap·scher [グラプシャァ grápʃər] 男 -s/- 痴漢.

das **Gras** [グラース gráːs] 田 (単 2) -es/(複) Gräser [グレーザァ] (3 格のみ Gräsern) ① (個個の)草. 《荬 grass》. seltene *Gräser*⁴ sammeln 珍しい草を収集する.
② 〖複 なし〗(総称として:)草, 牧草; 草地, 牧草地, 草むら. grünes *Gras* 青草 / üppiges *Gras* 生い茂った草 / *Gras*⁴ mähen 草を刈る / Die Kühe fressen *Gras*. 雌牛たちが草を食べている / **im** *Gras* liegen 草むらに横たわっている / ins *Gras* beißen《俗》死ぬ(←地べたの草をかむ) / Über diese Sache ist längst *Gras* gewachsen.『現在完了』《口語》この件はとっくに忘れられてしまった(←草に覆われた) / Er hört das *Gras* wachsen.《口語》彼は自分が賢いとうぬぼれている(←草が生える音でも聞こえると言う). ③ 〖隠語〗マリファナ.

gra·sen [グラーゼン gráːzən] 自 (h) ① (動物が)草を食べる. ②《**nach** [物]³ ~》《口語》([物]³を)あちこち捜す.

Grä·ser [グレーザァ] *Gras (草)の 複

gras≈grün [グラース・グリューン] 形 草色の.

Gras≈halm [グラース・ハるム] 男 -[e]s/-e 草の茎.

Gras≈hüp·fer [グラース・ヒュプふァァ] 男 -s/-《昆》《口語》バッタ(イナゴ・キリギリス)[の類].

gra·sig [グラーズィヒ gráːzɪç] 形 ① 草のような. ② 草の生えた, 草の生い茂った.

Gras≈land [グラース・らント] 田 -[e]s/ 草地, 草原[地帯], ステップ.

Gras≈mü·cke [グラース・ミュッケ] 女 -/-n《鳥》ノドジロシクイ.

Gras≈nar·be [グラース・ナルベ] 女 -/-n 草のはびこった地面.

Grass [グラス grás]《人名》グラス (Günter *Grass* 1927-; ドイツの作家. 1999 年ノーベル文学賞受賞).

gras·sie·ren [グラスィーレン grasíːrən] 自 (h) (病気が)蔓延(まんえん)する; (うわさなどが)広がる.

gräss·lich [グレスリヒ gréslɪç] I 形 ① 恐ろしい, 身の毛もよだつ, ぞっとするような.《荬 horrible》. ein *grässlicher* Anblick ぞっとする光景. ②《口語》いやな; ひどい. ein *grässliches* Wetter いやな天気.
II 副《口語》ものすごく. Es war *grässlich* langweilig. それはひどく退屈だった.

Grat [グラート gráːt] 男 -[e]s/-e ① (山の)尾根, 稜線(りょうせん). ②《建》(屋根の)隅棟(すみむね). ⇒ Dach 図.

Grä·te [グレーテ gréːtə] 女 -/-n 魚の骨.

Gra·ti·fi·ka·ti·on [グラティふィカツィオーン gratifikatsióːn] 女 -/-en 特別手当, 賞与.

gra·ti·nie·ren [グラティニーレン gratiníːrən] 他 (h)《料理》《[物]⁴を》グラタンにする.

gra·tis [グラーティス gráːtɪs] 副 無料で, 無償で. Eintritt *gratis*! 入場無料.

Grät·sche [グレーチェ gréːtʃə] 女 -/-n ① (体操の)開脚跳び(姿勢). ② (サッカーの)スライディング・タックル(相手のボールをスライディングして奪うこと).

grät·schen [グレーチェン gréːtʃən] I 他 (h) (体操で:)(跳ぶときに両脚⁴を)広げる, 開脚する. II 自 (s) ①《**über** [物]⁴ ~》(体操で:)(跳馬など⁴を)開脚で跳ぶ. ② (サッカーで:)スライディング・タックルをする.

Gra·tu·lant [グラトゥらント gratulánt] 男 -en/-en 祝賀者(客).(女性形: -in).

Gra·tu·la·ti·on [グラトゥらツィオーン gratulatsióːn] 女 -/-en ① お祝い. ② 祝辞, 祝賀.

***gra·tu·lie·ren** [グラトゥリーレン gratulíːrən] (gratulierte, *hat* ... gratuliert) 自 (定下 haben) (([人]³に)お祝いを言う, おめでとうと言う.《荬 congratulate》. [Ich] *gratuliere*! おめでとう / [人]³ **zu** [物]³ gratulieren [人]³に[物]³のお祝いを言う ⇒ Ich *gratuliere* dir zum Geburtstag! お誕生日おめでとう / *Darf* man schon *gratulieren*? (試験などについて:)うまくいったかね. ◇〖再帰的に〗*sich*³ gratulieren können 喜んでいられる ⇒ Zu diesem Sohn *kannst* du *dir* gratulieren. こんな息子さんを持って君は幸せだよ.

gra·tu·liert [グラトゥリーァト] *gratulieren (お祝いを言う)の 過分, 3 人称単数・2 人称親称複数 現在

gra·tu·lier·te [グラトゥリーァテ] *gratulieren (お祝いを言う)の 過去

Grat≈wan·de·rung [グラート・ヴァンデルング] 女 -/-en 尾根歩き; 《比》危険度の高い事業.

***grau** [グラオ gráu] 形 ① 灰色の, グレーの, ねずみ色の.《荬 gray》. ein *grauer* Anzug グレーのスーツ / Sie hat *graue* Augen. 彼女は灰色の目をしている / Er ist *grau* geworden.『現在完了』彼は白髪が増えた / ein *graues* Gesicht 血の気のうせた顔 / der *graue* Star《医》白内障.
② (気分的に)味気ない, 単調な. der *graue* Alltag 味気ない毎日 / Er sieht (または malt) alles *grau* **in** *grau*. 彼はすべてを悲観的に見る. ③ おぼろげな, はっきりしない; (時間的・空間的に)はるかに遠い. im *grauen* Altertum はるかな古代に / Ich habe nur eine *graue* Vorstellung davon. それについては私は漠然としたイメージしか持っていない. ④《口語》(商取り引きなどが)非合法すれすれの. der *graue* Markt 非合法すれすれの市場.
▶ *grau≈meliert*

Grau [グラオ] 田 -s/- (口語: -s) ① 灰色, グレー. Sie kleidet sich gern **in** *Grau*. 彼女は好んでグレーの服を着る. ② (生活の)単調さ, 味気なさ. ③ (過去・未来の)不確かさ.

grau=blau [グラオ・ブらオ] 形 灰青色の.
Grau=brot [グラオ・ブロート] 中 –(e)s/-e ライ麦パン(ライ麦と小麦の混合粗びき粉で作ったパンで, 黒ずんだ色をしている).
Grau·bün·den [グラオ・ビュンデン grau-býndən] 中 –s/ (地名) グラウビュンデン(スイス 26 州の一つ. 州都はクール).
Gräu·el [グロイエる gróvəl] 男 –s/- ① 〖ふつう 複〗(雅)残虐行為. ② 嫌悪の対象, いやでたまらない物(人).
Gräu·el=mär·chen [グロイエる・メーァヒェン] 中 –s/- ぞっとするような話, 残酷物語.
Gräu·el·tat [グロイエる・タート] 女 –/-en (身の毛もよだつ)残虐行為.
grau·en[1] [グラオエン gráuən] 自 (h) (雅) 薄明るくなる. Der Morgen (Der Abend) graut. 夜が明ける(日が暮れかける).
grau·en[2] [グラオエン] I 非人称 (h) 〖es graut 人[3] (または 人[4])の形で〗人[3](または 人[4])がこわがる, 恐怖を感じる. Es graute mir (または mich) vor diesem Kerl. 私はこの男がこわかった / Mir graut vor der Prüfung. 私は試験がこわい. (⇨ es は文頭以外ではふつう省かれる). II 再帰 (h) sich[4] grauen 恐れる, こわがる.
Grau·en [グラオエン] 中 –s/- ① 〖複 なし〗恐怖, 戦慄(せんりつ). Ein Grauen erfasste (または überkam) mich. 私は恐怖感に襲われた. ② ぞっとする事件, 惨事.
grau·en·haft [グラオエンハふト] 形 I ① ぞっとするような, 恐ろしい. ② (口語) ひどく不快な, ひどい. II 副 (口語) ひどく, ものすごく.
grau·en·voll [グラオエン・ふォる] 形 =grauenhaft
grau=haa·rig [グラオ・ハーりヒ] 形 灰色(グレー)の髪の, 白髪頭の.
grau·len [グラオれン gráulən] I 再帰 (h) 〖sich[4] vor 人・物[3] ~〗(口語) 人・物[3]をこわがる. II 非人称 (h) 〖es grault 人[3] (または 人[4])の形で〗(口語) 人[3](または 人[4])がこわがる. Es graulte ihm vor der Prüfung. 彼は試験がこわかった. (⇨ es は文頭以外ではふつう省かれる). III 他 (h)《口語》邪険(じゃけん)に追い出す.
grau·lich [グラオりヒ] 形 恐ろしい, 身の毛もよだつ; こわがっている.
gräu·lich[1] [グロイりヒ] 形 灰色(グレー)がかった.
gräu·lich[2] [グロイりヒ] 形 ① ぞっとする, 身の毛もよだつような. ② (口語) ひどくいやな; 我慢できないほどの.
grau=me·liert, grau me·liert [グラオ・メリーァト] 形 白髪混じりの; グレーの縞(しま)の入った(服地).
Grau·pe [グラオペ gráupə] 女 –/-n ① 〖ふつう 複〗精麦; 〖複 で〗精麦のかゆ. ② (坑) グレーン, 粒(つぶ).
Grau·pel [グラオペる gráupəl] 女 –/-n 〖ふつう 複〗あられ(霰).
grau·peln [グラオペるン gráupəln] 非人称 (h) Es graupelt. あられが降る.
Graus [グラオス gráus] 男 〖成句的に〗es ist ein Graus [mit 人・事[3]] (口語) [人・事[3]は]まったくひどいものである / O Graus! (口語・戯) おお, 恐ろしい.

grau·sam [グラオザーム gráuzaːm] I 形 ① 残酷な, 残忍な. (英 cruel). ein grausamer Herrscher 残酷な支配者. ② 過酷な; (口語)ひどい, ものすごい. eine grausame Kälte 厳寒. II 副(口語)ひどく, ものすごく. Ich bin grausam müde. 私はひどく疲れている.
Grau·sam·keit [グラオザームカイト] 女 –/-en ① 〖複 なし〗残酷(さ), 残忍. ② 残酷(残忍)な行為.
grau·sen [グラオゼン gráuzən] I 非人称 (h) 〖es graust 人[3] (または 人[4])の形で〗Mir (または Mich) graust [es] vor Schlangen. 私は蛇を見るとぞっとする. (⇨ es は文頭以外では省かれることがある). II 再帰 (h) 〖sich[4] vor 物[3] ~〗物[3]にぞっとする. Sie graust sich vor Spinnen. 彼女はくもが大嫌いだ.
Grau·sen [グラオゼン] 中 –s/ 恐怖, 戦慄(せんりつ). mit Grausen ぞっとして.
grau·sig [グラオズィヒ gráuzıç] I 形 ① ぞっとするような, 身の毛もよだつような. ② (口語)ひどい, たまらない(寒さなど). II 副 (口語) ひどく.
Grau·tier [グラオ・ティーァ] 中 –(e)s/-e《口語・戯》ろば(=Esel); らば(=Maultier).
Grau=zo·ne [グラオ・ツォーネ] 女 –/-n グレーゾーン(合法と非合法の境界領域).
Gra·veur [グラヴェーァ gravóːr] 男 –s/-e (ガラス・金属などの)彫刻師, 彫版工. (女性形: -in).
gra·vie·ren [グラヴィーレン graví:rən] 他 (h) ① (文字・模様などを[4])彫る, 彫刻する. eine Schrift[4] in Glas gravieren 文字をガラスに刻み込む. ② (指輪などに[4])彫刻を施す.
gra·vie·rend [グラヴィーレント] 形 重大な, 容易ならぬ(誤り・損失など).
Gra·vie·rung [グラヴィールング] 女 –/-en ① 〖複 なし〗彫刻[すること]. ② 彫り込んだ模様(文字).
Gra·vi·ta·ti·on [グラヴィタツィオーン gravitatsióːn] 女 –/ (物) 重力, [万有]引力.
gra·vi·tä·tisch [グラヴィテーティッシュ gravitéːtıʃ] 形 荘重な, 威厳のある; もったいぶった.
Graz [グラーツ gráːts] 中 (都市名) グラーツ(オーストリア, シュタイアーマルク州の州都: ⇨ (地図) G-5).
Gra·zie [グラーツィエ gráːtsiə] I 女 –/ 優美, 優雅, 上品. II –/-n 〖ふつう 複〗《(ʔ)神》 グラツィア(優美の三女神). III 女 –/-n (戯) きれいな女の子.
gra·zil [グラツィーる gratsíːl] 形 ほっそりした, きゃしゃな, しなやかな; 愛らしい.
gra·zi·ös [グラツィエース gratsióːs] 形 優美(優雅)な, 品のいい, 愛らしい.
Green=card, Green Card [グリーン・カールト] (英) 女 –/-s グリーン・カード(EU 非加盟国出身の IT 技術を有する外国人に交付される期限付の滞在・就労許可証).

Green=peace [グリーン・ピース] [英] 男 -s/ グリーンピース(国際環境保護団体。1971年結成).

Gre·gor [グレーゴァ gré:gɔr] -s/《男名》グレーゴル.

Greif [グライフ gráif] 男 -[e]s (または -en)/-e[n] (《ギ神》グリフォン,グリフィン(ライオンの胴体に鷲の頭と翼を持つ怪獣). ② 《鳥》猛禽[類] (= *Greif*vogel).

greif·bar [グライフバール] 形 ① 手の届く(ところにある). in *greifbarer* Nähe 手近に. ② 〚述語としてのみ〛(商品などが)手持ちの,すぐに入手(供給)可能な;《口語》(人が)連絡のつく. Er ist nie *greifbar*. 彼はなかなかつかまらない(連絡がつかない). ③ 明白な,具体的な. *greifbare* Ergebnisse 具体的な(目に見える)成果.

grei·fen [グライフェン gráifən] (griff, *hat* ... gegriffen) I 他 (定了) ① つかむ,手に取る.《英》grasp. einen Stein *greifen* 石をつかむ / Ich kann den Ast mit der Hand *greifen*. 私はその枝を手でつかむことができる. ② 捕まえる. einen Dieb *greifen* 泥棒を捕まえる / Ich werde ihn mir schon *greifen*!《口語》彼をとっちめてやろう.

③ (楽器の鍵盤・弦を手で押さえて和音など⁴を)鳴らす. einen Akkord auf dem Klavier *greifen* ピアノで和音を鳴らす. ④ 見積もる,評価する. Das *ist* viel zu hoch (niedrig) *gegriffen*!〚状態受動・現在〛それは過大(過小)評価もいいところだ.

II 自 (定了 haben) ① 〚方向を表す語句とともに〛(つかもうとして...へ)手を伸ばす, (...に)手をやる. Er griff sich³ an die Stirn. 彼は額に手をやった(困ったときの身ぶり) /《比》³ an die Ehre *greifen*《比》³の名誉を傷つける / Diese Melodie *greift* mir ans Herz.《比》このメロディーは私の心を打つ / in die Tasche *greifen* (取り出そうとして)ポケットに手を突っ込む / ins Leere *greifen* 空をつかむ / in die Saiten *greifen* 弦をかき鳴らす / nach dem Glas *greifen* グラスに手を伸ばす / nach den Sternen *greifen*《比》高望みをする (←星へ手を伸ばす) / um sich⁴ *greifen* (火事・疫病などが)広がる ⇒ Das Gerücht griff rasch um sich. そのうわさはすぐに広まった / ³ unter die Arme *greifen* a)³ を抱き起こす, b)《比》³に援助の手をさし伸べる / Abends *greift* er gern zu einem Buch.《雅》夜には彼は好んで本を手にする(読書する) / zur Zigarette *greifen*《雅》たばこを手にする(吸う) / zur Feder *greifen*《雅》筆を執る.

② 《工》(タイヤが)路面をとらえる(滑らない); (ねじなどが)利く,効果がある.

Grei·fen [グライフェン] 中 〚成句的に〛 *Greifen* spielen 鬼ごっこをする / zum *Greifen* nah[e] sein 手が届くほど近くにある.

Grei·fer [グライファァ gráifər] 男 -s/-《工》つかむ道具,つかみ機,(クレーンの)グラブ.

Greif=vo·gel [グライフ・フォーゲる] 男 -s/..vögel《鳥》猛禽(鳥).

grei·nen [グライネン gráinən] 自 (h)《口語》① 泣きべそをかく. ② 泣きごとを言う.

greis [グライス gráis] 形 《雅》老齢の;白髪の. (☞ 類語 alt).

Greis [グライス] 男 -es/-e (男性の)老人.(女性形: -in).

Grei·sen·al·ter [グライゼン・アるタァ] 中 -s/老齢,高齢,老年.

grei·sen·haft [グライゼンハフト] 形 老齢の,老衰した;年寄りめいた.

grell [グレる grél] 形 ① ぎらぎらする,まばゆい(光など);けばけばしい,はでな(色). die *grelle* Sonne ぎらぎら輝く太陽 / Die Farbe ist mir zu *grell*. その色は私にははではすぎる. ② 鋭い,かん高い(声など). eine *grelle* Stimme 金切り声.

Gre·mi·um [グレーミウム gré:mium] 中 -s/..mien [..ミエン] 〚専門〛委員会,審議(諮問)委員会.

Grenz=be·woh·ner [グレンツ・ベヴォーナァ] 男 -s/- 国境地域の住民.(女性形: -in).

***die Gren·ze** [グレンツェ gréntsə] 女 (単) -/(複) -n ① 境界[線],境;国境;国境地帯.《英》border). eine natürliche *Grenze* 自然の国境 / die *Grenze* Deutschlands ドイツの国境 / die *Grenze* zwischen Frankreich und Deutschland フランスとドイツの国境 / eine *Grenze*⁴ ziehen 境界線を引く / die *Grenze*⁴ passieren (überschreiten) 国境を通過する(越える) / Sie wohnen an der *Grenze*. 彼らは国境地帯に住んでいる / Sie sind schon längst über die *Grenze* (または der *Grenze*).《口語》彼らはもうとっくに国外に出ている / über die grüne (または Grüne) *Grenze* gehen《口語》ひそかに(不法に)国境を越える.

② 〚ふつう 複〛限度,限界;制限.《英》limit). Alles hat seine *Grenzen*. すべて物事には限度がある / die *Grenzen*⁴ des Erlaubten überschreiten 許容の限度を越える / Er kennt seine *Grenzen*. 彼は分(ぶん)をわきまえている(自分の能力の限界を知っている) / sich⁴ in *Grenzen* halten 度を越さない,ほどほどである / Sein Stolz war ohne *Grenzen*. 彼の自慢はとどまるところを知らなかった / bis zur äußersten *Grenze* gehen 極端に走る.

gren·zen [グレンツェン gréntsən] (grenzte, *hat* ... gegrenzt) 自 (定了 haben) 〚an 物・事⁴〜〛(物⁴に)境を接している;《比》(圏⁴に)ほとんど等しい.《英》border). Unser Garten *grenzt* an den Wald. わが家の庭は森に隣接している / Sein Verhalten *grenzt* an Unverschämtheit. 彼の態度はほとんど破廉恥と言ってもいいほどだ. ◊〚現在分詞の形で〛ein Freccheit *grenzendes* Benehmen ずうずうしいと言っていい態度.

gren·zen=los [グレンツェン・ろース] I 形 ① 限りない,果てしない;無制限の,無条件の. *grenzenloses* Vertrauen 限りない信頼. ② 途方もない,法外な. II 副 非常に,ひどく. Er war *grenzenlos* enttäuscht. 彼はひどく失望した.

Gren·zen⁼lo·sig·keit [グレンツェン・ローズィヒカイト] 囡 -/ 無[制]限; 過度.

Grenz⁼fall [グレンツ・ふァる] 男 -[e]s/..fälle ① どっちつかず[の場合], ボーダーライン上のケース. ② 特殊ケース.

Grenz⁼gän·ger [グレンツ・ゲンガァ] 男 -s/- 国境を越えて通勤する勤労者(通学する生徒). (女性形: -in).

Grenz⁼ge·biet [グレンツ・ゲビート] 匣 -[e]s/-e ① 国境地帯. ② 学際領域.

Grenz⁼kon·flikt [グレンツ・コンふリクト] 男 -[e]s/-e 国境紛争.

Grenz⁼li·nie [グレンツ・リーニエ] 囡 -/-n 境界(国境)線, ボーダーライン.

Grenz⁼schutz [グレンツ・シュッツ] 男 -es/ ① 国境警備[隊]. ②《口語》(ドイツの)連邦国境警備隊.

Grenz⁼stadt [グレンツ・シュタット] 囡 -/..städte [..シュテーテ] 国境の町.

Grenz⁼stein [グレンツ・シュタイン] 男 -[e]s/-e 境界石.

grenz·te [グレンツテ] grenzen (境を接している)の過去.

Grenz⁼über·gang [グレンツ・ユーバァガング] 男 -[e]s/..gänge ① 国境通過, 越境. ② 国境通過所, チェックポイント.

Grenz⁼ver·kehr [グレンツ・ふェアケーァ] 男 -[e]s/ 国境の往来. kleiner *Grenzverkehr* (国境地帯居住者のための)簡易出入国[制度].

Grenz⁼wert [グレンツ・ヴェーァト] 男 -[e]s/-e ① 限界値. ②《数》極限[値].

Grenz⁼wis·sen·schaft [グレンツ・ヴィッセンシャふト] 囡 -/-en 学際(境界)学問(複数の分野にまたがる学問).

Grenz⁼zwi·schen·fall [グレンツ・ツヴィッシェンふァる] 男 -[e]s/..fälle 国境での突発事件.

Gret·chen [グレートヒェン gréːtçən] -s/《女名》グレートヒェン (Margarete の愛称).

Gret·chen·fra·ge [グレートヒェン・ふラーゲ] 囡 -/ (良心にかかわる)決定的問題(宗教上・政治上の信念に関する決定的問いかけ. ゲーテの『ファウスト』第1部におけるグレートヒェンのファウストに対する問いに由来する).

Gre·te [グレーテ gréːtə] -[n]s/《女名》グレーテ (Margarete の短縮).

Gre·tel [グレーテる gréːtəl] -s/《女名》グレーテル (Margarete の愛称).

Greu·el [グロイェる] Gräuel の古い形.

Greu·el⁼mär·chen [グロイェる・メーァヒェン] Gräuelmärchen の古い形.

Greu·el⁼tat [グロイェる・タート] Gräueltat の古い形.

greu·lich [グロイリヒ] gräulich² の古い形.

Grie·be [グリーベ gríːbə] 囡 -/-n 《ふつう複》肉かす(脂身の脂を溶かし出した残り);(ソーセージなどの中の)粒状の脂.

Grie·che [グリーヒェ gríːçə] 男 -n/-n ギリシア人. (女性形: Griechin).

Grie·chen·land [グリーヒェン・ラント gríːçən-lant] 匣 -s/《国名》ギリシア[共和国] (首都はアテネ).

Grie·chen·tum [グリーヒェントゥーム] 匣 -s/ ギリシア精神(文化), ヘレニズム.

grie·chisch [グリーヒッシュ gríːçɪʃ] 形 ギリシア[人・語]の. die *griechische* Sprache ギリシア語.

Grie·chisch [グリーヒッシュ] 匣 -[s]/ ギリシア語. (⚠ 用法については Deutsch の項参照).

Grie·chi·sche [グリーヒッシェ] 匣《複なし; 定冠詞とともに; 語尾変化は形容詞と同じ》① ギリシア語. (⚠ 用法については Deutsche の項参照). ② ギリシア的なもの(こと).

grie·chisch-ka·tho·lisch [グリーヒッシュ・カトーリッシュ] 形 ギリシア・カトリックの(略: gr.-kath.).

grie·nen [グリーネン gríːnən] 自 (h)《北ドツ》にやにや笑う.

Gries⁼gram [グリース・グラーム] 男 -[e]s/-e ぶすっとした人, 気難し屋.

gries⁼grä·mig [グリース・グレーミヒ] 形 ぶすっとした, 気難しい.

Grieß [グリース gríːs] 男 -es/(種類:) -e ① 粗びきの穀粉; 粗砂; 粗炭. ②《医》結石.

griff [グリふ] *greifen (つかむ)の過去.

der **Griff** [グリふ gríf] 男 (単2) -[e]s/(複) -e (3格のみ -en) ① (ドアなどの)取っ手, 引き手, (ナイフなどの)柄, 握り, (器具のレバー, グリップ, (バイオリンなどの)さお. (⚠ *grip*). der *Griff* des Schirmes 傘の柄 / Der *Griff* des Messers ist lose. ナイフの柄がゆるんでいる.

② つかむこと, 握ること; つかみ(握り)方, 扱い方; (楽器の)指使い, 運指法; こつ. ein sicherer *Griff* 安全な握り方 / 物⁴ im *Griff* haben 《比》a) 物⁴の扱いを心得ている, b) 物⁴をコントロールしている / 物⁴ in den *Griff* bekommen 《口語》物⁴のこつを心得る / einen *Griff* in die Kasse tun (婉曲) 金庫のお金に手を出す / mit einem *Griff* いっぺんに, 容易に / Mit diesem Kauf hast du einen guten *Griff* getan. この買い物をしたのは君にとって成功だった / der *Griff* zur Flasche 飲酒癖.

③《織》(織物の)手触り. ④《狩》(猛禽(もうきん)などの)爪(つめ).

griff⁼be·reit [グリふ・ベライト] 形 すぐ手に取れる, すぐに使える.

grif·fe [グリッふェ] *greifen (つかむ)の接2.

Grif·fel [グリッふェる gríf(ə)l] 男 -s/- ① 石筆. ②《植》花柱. ③《ふつう複》《俗》指.

grif·fig [グリふィヒ gríficɪ] 形 ① 扱いやすい(道具など), 使いやすい(言い回しなど). ② 滑らない(タイヤ・路面など). ③ 手触りのいい(布など). ④《南ドツ》粒の粗い(小麦粉など).

Grill [グリる grɪl] [英] 男 -s/-s (肉などを焼く)グリル, ロースター; 焼き網.

Gril·le [グリれ grɪlə] 囡 -/-n ①《昆》コオロギ. Die *Grillen* zirpen im Garten. こおろぎが庭

でりりりりと鳴いている. ② 《ふつう圏》突拍子もない考え; ふさぎの虫. **Grillen**[4] **fangen** ふさぎ込む / **Grillen**[4] **im Kopf haben** 《口語》突拍子もないことを考える.

gril·len [グリレン grílən] 他 (h) (肉など[4]を)グリル(焼き網)で焼く. **sich**[4] **in der Sonne grillen** [**lassen**] 《比》日光浴をして十分肌を焼く. (☞類語 backen).

Grill·par·zer [グリる・パルツァァ grílpartsər] -s/《人名》グリルパルツァー (Franz *Grillparzer* 1791–1872; オーストリアの劇作家).

Gri·mas·se [グリマッセ grimásə] 囡 -/-n しかめっ面, 渋面(ピタタ). **Grimassen**[4] **schneiden** (または **machen**) しかめっ面をする.

Grimm[1] [グリム grím] 男 -[e]s/《雅》激怒.

Grimm[2] [グリム -[e]s/《人名》グリム. **die Brüder Grimm** グリム兄弟(兄 Jacob *Grimm* 1785–1863; 弟 Wilhelm *Grimm* 1786–1859; ともにドイツの言語学者・童話集成家).

Grim·mels·hau·sen [グリンメルス・ハオゼン grímǝls-hauzǝn] 《人名》グリンメルスハウゼン (Hans Jakob Christoffel von *Grimmelshausen* 1622?–1676; ドイツの作家).

grim·mig [グリミヒ grímɪç] 形 ① 激怒した, ひどく怒った. ② 激しい, 猛烈な.

Grind [グリント grínt] 男 -[e]s/-e 《医》痂皮(**), 結痂性(****)湿疹; 《口語》かさぶた. ② 《植》(じゃがいもなどの)そうか病.

grin·dig [グリンディヒ gríndɪç] 形 かさぶたのある, かさぶただらけの.

grin·sen [グリンゼン grínzən] 自 (h) にやにや(にやりと)笑う. **Er** *grinste* **spöttisch.** 彼はあざけるようににやにや笑った. (☞類語 lachen).

grip·pal [グリパーる grɪpá:l] 形 《医》インフルエンザの, 流行性感冒の.

die ***Grip·pe*** [グリッペ grípə] 《医》囡 (単) -/(複) -n 《医》インフルエンザ, 流行性感冒. (英 *influenza*). **die** *Grippe*[4] **haben** 流感にかかっている.

Grips [グリプス gríps] 男 -es/-e 《ふつう 単》《口語》知力, 理解力. **Nimm doch deinen** *Grips* **zusammen!** 知恵を絞れよ.

gr.-kath. [グリーヒッシュ・カトーリッシュ] 《略》《宗》ギリシア・カトリックの (= *griechisch-katholisch*).

grob [グローブ gró:p; (または無語尾のとき短音で:) グロップ gróp] 形 《比較》 **gröber**, 《最上》 **gröbst** ① (きめの)粗い, ざらざらした(布・紙など); ごつい(顔・手など). (英 *coarse, rough*). *grober* **Sand** 粒の粗い砂 / *grobes* **Papier** ざら紙. ② 大ざっぱな, 大まかな(輪郭など). **eine** *grobe* **Skizze** 大まかな見取図 / *grob* **gerechnet** 大まかに見積もって. ③ ひどい, はなはだしい(間違いなど). **Das ist eine** *grobe* **Lüge.** それは真っ赤なうそだ. ④ 粗野な, 荒っぽい. **ein** *grober* **Mensch** がさつな人 / **eine** *grobe* **Antwort** そんざいな返事 / [人]³ *grob* **kommen** 《口語》[人]³に失礼なことをする. ⑤ 荒れた(海).

grö·ber [グレーバァ] *grob* (粗い)の 比較.

Grob·heit [グロープハイト] 囡 -/-en ① 《複 なし》粗野, 無神経. ② 粗野な言動.

Gro·bi·an [グロービアーン gró:bia:n] 男 -[e]s/-e がさつな人.

grob≠kör·nig [グローブ・ケルニヒ] 形 ① 粒の粗い. ② 《写》粒子の粗い.

gröb·lich [グレープリヒ] 形 《雅》粗野な; ひどい, はなはだしい.

grob·schläch·tig [グローブ・シュレヒティヒ] 形 ごつくて不格好な, 武骨な.

gröbst [グレープスト] (*grob* の 最上) 形 最も粗い. ◇《名詞的に》 **Er ist endlich aus dem** *Gröbsten* **heraus.** 《口語》彼は最大の困難をやっと切り抜けた.

Grog [グロック grɔ́k] 男 -s/-s グロッグ酒(ラム酒などを砂糖湯で割った飲み物).

grog·gy [グロッギ grɔ́gi] 《英》形 ① (ボクシングで:)打ちのめされた, グロッキーの. ② 《口語》くたくたに疲れた, くたびれ果てた.

grö·len [グレーレン grǿ:lən] 自 (h)・他 (h) 《口語》わめく, どら声で歌う.

Groll [グロる grɔ́l] 男 -[e]s/ 《雅》(根深い)恨み, 怨恨(**). **gegen** [人]⁴ *Groll* **hegen** [人]⁴に恨みをいだいている.

grol·len [グロれン grɔ́lən] 自 (h) 《雅》 ① 恨みをいだいている. [**mit**] [人]³ *grollen* [人]³を恨んでいる. ② (雷などが)鈍くとどろく.

Grön·land [グレーン・らント grǿ:n-lant] 中 -s/《島名》グリーンランド.

Gros[1] [グロー gró:] [複] 中 -[グロース]/-[グロース] (集団の)大部分, 主要部分, 本隊.

Gros[2] [グロス grɔ́s] 中 **Grosses/Grosse** グロス (12 ダース) (略: Gr.).

der **Gro·schen** [グロッシェン grɔ́ʃən] 男 (単²) -s/(複) - ① グロッシェン(オーストリアの旧通貨単位. 100分の 1 シリング; 略: g). ② 《口語》(ドイツの)[旧] 10 ペニヒ硬貨; [固 て]小銭. **Dafür zahle ich keinen** *Groschen.* それには私はびた一文払わない / **Endlich ist der** *Groschen* **bei ihm gefallen.** 《現在完了》《口語》やっと彼にはそれがわかった (← 硬貨が落ちた; 自動販売機から来る連想). ③ (昔の:)グロッシェン銀貨.

groß [グロース gró:s]

大きい　**Köln ist eine** *große* **Stadt.**
ケルン イスト アイネ グローセ シュタット
ケルンは大都市だ.

I 形 《比較》 **größer**, 《最上》 **größt** ① (容積が)大きい, (面積が)広い, (背が)高い. (英 *big*), 「小さい」は *klein*). **ein** *großes* **Haus** 大きい家 / *große* **Augen**[4] **machen** (びっくりして)目を丸くする / **Kleider in** *großen* **Größen** 大きいサイズの洋服 / **der** *große* **Zeiger der Uhr**[2] 時計の長針 / **Diese Schuhe sind mir zu** *groß.* この靴は私には大きすぎる / **Der Junge ist**

groß für sein Alter. その少年は年の割には背が高い / 囚⁴ *groß* an|sehen 囚⁴を目を丸くして見る / *groß* machen うんこをする / ***groß* und breit** 非常に詳しく.

② 〖数量を表す4格とともに〗…の大きさの, …の背丈の. Wie *groß* bist du? — Ich bin 1,70 m (=einen Meter siebzig または eins Komma siebzig Meter) *groß*. 君の身長はどれくらいあるの — 170 センチだよ / ein 600 m² (= Quadratmeter) *großes* Grundstück 600 平方メートルの土地.

③ (時間的に)長い, 長期間(時間)の. in der *großen* Pause 長い休憩時間に.

④ 成長した, 大人になった; 年長の; mein *großer* Bruder 私の兄 / Sie hat schon *große* Kinder. 彼女にはもう大きな子供たちがいる. ◇〖名詞的に〗*Groß* und Klein 大人も子供も. (⚠ この表現は単数としても複数としても用いられる).

⑤ 多数の, 多量の. eine *große* Familie 大家族 / ein *großes* Vermögen ばくだいな財産 / *große* Kosten 多額の費用.

⑥ (程度が)大きい, かなりの; 激しい. ein *großer* Irrtum 大きな間違い / *große* Hitze 猛暑 / Wir haben *großen* Hunger. 私たちはものすごくおなかがすいている / Sie ist eine *große* Schönheit. 彼女はものすごい美人だ.

⑦ 重大な, 重要な; 偉い, 優れた. eine *große* Aufgabe 重大な任務 / ein *großer* Dichter 偉大な詩人.

⑧ 大がかりな, 大げさな. ein *großes* Fest 盛大な祭典 / eine *große* Geste⁴ machen 大げさなジェスチャーをする. ⑨ 主要な, 大まかな. **in *großen* Zügen** 大まかに, おおざっぱに. ◇〖名詞的に〗**im *Großen* und Ganzen** 大体においては. ⑩〘雅〙気高い, 高貴な. Sie ist eine *große* Seele. 彼女は高潔な魂の持ち主だ.

II 副〘口語〙〖否定詞とともに〗たいして(…でない), ほとんど(…でない). Niemand freute sich *groß*. だれもこれして喜ばなかった.

► **groß*angelegt, groß|schreiben**

Groß*an·ge·legt, groß an·ge·legt [グロース・アンゲレークト] 形 大規模な(調査・捜査など).

groß*ar·tig [グロース・アールティヒ grṓ:s-a:rtɪç] 形 ① すばらしい, みごとな, 卓越した. (英 *wonderful*). eine *großartige* Idee すばらしい思いつき / Dieser Wein ist *großartig*. このワインはすばらしい / Sie hat *großartig* gesungen. 彼女はみごとに歌った. (☞ 類語 wunderbar). ② もったいぶった, 横柄な.

Groß*auf·nah·me [グロース・アオフナーメ] 女 -/-n (写·映) クローズアップ, 大写し.

Groß*be·trieb [グロース・ベトリープ] 男 -[e]s/-e 大企業, 大工場.

Groß*bri·tan·ni·en [グロース・ブリタンニエン gro:s-britániən または グロース..] 中 -s/ ①〘島名〙グレートブリテン島. ②〘国名〙グレートブリテン・北アイルランド連合王国, (通称:)イギリス. (⚠ ドイツ語の正式名称は Vereinigtes Königreich *Großbritannien* und Nordirland).

Groß*buch·sta·be [グロース・ブーフシュターベ] 男 -ns (まれに -n) (3格·4格 -n)/-n 大文字.

*die **Grö·ße** [グレーセ grṓ:sə] 女 (単) -/(複) -n ① 〘ふつう 単〙**大きさ**, サイズ, 容積, 面積; 身長; (数量の)多さ. (英 *size*). Schuhgröße 靴のサイズ / die *Größe* eines Hauses 家の大きさ / die *Größe* eines Grundstücks 土地の広さ / ein Mann mittlerer *Größe*² (= von mittlerer *Größe*) 中背の男 / Sie trägt *Größe* 38. 彼女の服(靴)のサイズは 38 です / 囮⁴ **nach der *Größe* ordnen** 囮⁴を大きさの順に並べる.

②〖複 なし〗**偉大さ**, 重要性. die innere *Größe* eines Menschen ある人間の精神的偉大さ. ③〘数·物〙量, 値;〘天〙等級. eine unbekannte *Größe* 未知量 / ein Stern erster *Größe*² 1 等星. ④ 大物(おおもの), 大家(たいか). Er ist eine *Größe* in seinem Fach. 彼はその専門分野では大家だ.

Groß*ein·kauf [グロース・アインカオフ] 男 -[e]s/..käufe たくさんの買い物.

die **Groß*el·tern** [グロース・エルタァン grṓ:s-ɛltərn] 複 **祖父母**. (英 *grandparents*). Meine *Großeltern* sind noch rüstig. 私の祖父母はまだかくしゃくたるものです.

Groß*en·kel [グロース・エンケル] 男 -s/- ひ孫. (女性形: -in).

Grö·ßen*ord·nung [グレーセン・オルドヌング] 女 -/-en ① (大きさの)規模. ②〘数·物〙[数の]オーダー, 桁(けた)数.

gro·ßen*teils [グローセン・タイルス] 副 大部分, 大半は, たいてい.

Grö·ßen*ver·hält·nis [グレーセン・フェアヘルトニス] 中 ..nisses/..nisse 大きさの割合(比率).

Grö·ßen*wahn [グレーセン・ヴァーン] 男 -[e]s/ 誇大妄想.

grö·ßen*wahn·sin·nig [グレーセン・ヴァーンズィニヒ] 形 誇大妄想の.

Gro·ße[r] [グローセ[ル] grṓ:sə (..sər)] 男 女〖語尾変化は形容詞と同じ〗① 長男, 長女. unser *Großer* うちの長男 / Unsere *Große* studiert jetzt. うちの上の娘は今大学に通っています. ② (小人に対して:)大人. ③ 偉大な人, 要人. Karl der *Große* カール大帝.

grö·ßer [グレーサァ grṓ:sər] (∥groß の 比較) 形 **より大きい**; 年長の; 比較的大きい. Sie ist *größer* als er. 彼女は彼よりも大きい / ihre *größere* Schwester 彼女のお姉さん.

Gro·ße[s] [グローセ[ス] grṓ:sə[s]] 中〖語尾変化は形容詞と同じ〗大きなこと(もの); 偉業. **im *Großen* und Ganzen** 大体においては.

Groß*fa·mi·lie [グロース・ファミーリエ] 女 -/-n〘社〙大家族.

der **Groß*glock·ner** [グロース・グロックナァ grṓ:s-glɔknər] 男 -s /〖定冠詞とともに〗〘山名〙グロースグロックナー(オーストリア西部にある同国の最高峰. 3797 m: ☞ 地図 F-5).

Groß∗grund·be·sitz [グロース・グルントベズィッツ] 男 -es/ 大土地所有[者層].

Groß∗**grund·be·sit·zer** [グロース・グルントベズィッツァァ] 男 -s/- 大地主. (女性形: -in).

Groß∗**han·del** [グロース・ハンデる] 男 -s/ 卸商, 卸売業.

Groß∗**händ·ler** [グロース・ヘンドらァ] 男 -s/- 卸商人, 卸売業者. (女性形: -in).

groß∗her·zig [グロース・ヘルツィヒ] 形 《雅》寛大な, 心の広い, 度量の大きい, 高潔な.

Groß∗her·zig·keit [グロース・ヘルツィヒカイト] 女 /《雅》寛大さ, 度量の大きさ, 高潔さ.

Groß∗**her·zog** [グロース・ヘアツォーク] 男 -(e)s/..zöge 大公 (König「国王」と Herzog「公爵」の間の身分). (女性形: -in).

Groß∗**hirn** [グロース・ヒルン] 中 -(e)s/-e 《医》大脳.

Groß∗**in·dus·trie** [グロース・インドゥストリー] 女 /-n [..リーエン] 大企業, 巨大産業.

Groß∗**in·dus·tri·el·le[r]** [グロース・インドゥストリエル (..ら7)] 男 女 《語尾変化は形容詞と同じ》大企業家, 巨大産業経営者.

Gros·sist [グロスィスト grɔsíst] 男 -en/-en 卸商人 (=Großhändler). (女性形: -in).

groß∗jäh·rig [グロース・イェーリヒ] 形 成年の.

Groß∗kauf·mann [グロース・カオフマン] 男 -(e)s/..kaufleute ① 卸商人, 問屋 (= Großhändler). (女性形: ..kauffrau). ② 大商人.

groß∗kot·zig [グロース・コツィヒ] 形 《俗》いばった, 思いあがった, ほら吹きの.

Groß∗macht [グロース・マハト] 女 /..mächte 強国, 大国.

groß∗mäch·tig [グロース・メヒティヒ] 形 《雅》強大な, 強力な.

Groß∗manns∗sucht [グロースマンス・ズフト] 女 / いばり癖, 権勢欲, 自己顕示欲.

Groß∗maul [グロース・マオる] 中 -(e)s/..mäuler 《口語》大口, 大ぶろしきを広げる人.

groß∗mäu·lig [グロース・モイりヒ] 形 《口語》大ぼら吹きの.

Groß∗mut [グロース・ムート] 女 / 寛大さ, 気前のよさ, 太っ腹, おおらか さ.

groß∗mü·tig [グロース・ミューティヒ] 形 寛大な, 気前のよい, 太っ腹な, おおらかな.

∗die **Groß∗mut·ter** [グロース・ムッタァ gróːsmutər] 女 (単) -/(複) mütter [..ミュッタァ] (3格のみ ..müttern) ① 祖母, おばあさん. 《英》grandmother). 《略》子供言葉としては Oma;「祖」は Großvater). meine *Großmutter* väterlicherseits 私の父方の祖母 / Das kannst du deiner *Großmutter* erzählen. 《口語》そんなことは信じられないね (←それはおばあさんに話すがいい). ② 《口語》(血縁とは無関係に:)おばあさん.

Groß∗on·kel [グロース・オンケる] 男 -s/- 大おじ.

Groß∗raum·bü·ro [グロースラオム・ビュロー] 中 -s/-s オープンプラン・オフィス (間仕切りで小さく区切らないオフィス).

groß∗räu·mig [グロース・ロイミヒ] 形 ① 広域の. ② 容積の大きい, 広い部屋のある.

Groß∗rei·ne·ma·chen [グロース・ライネマッヘン] 中 -s/《口語》大掃除.

groß∗schnau·zig [グロース・シュナオツィヒ] 形《俗》=großsprecherisch

groß|schrei·ben∗ [グロース・シュライベン gróːsʃràibən] 他 (h) ① (単語などを⁴の)頭文字を大文字で書く. ② 《口語》重要視する. ◇《おもに受動態で》Bei uns *wird* Kundendienst *großgeschrieben*.《受動・現在》当店では顧客サービスが重視されます.

Groß∗schrei·bung [グロース・シュライブング] 女 -/ (頭文字の)大文字書き.

Groß∗**spre·cher** [グロース・シュプレッヒャァ] 男 -s/- ほら吹き, 自慢屋. (女性形: -in).

groß∗spre·che·risch [グロース・シュプレヒェリッシュ] 形 ほら吹きの.

groß∗spu·rig [グロース・シュプーリヒ] 形 尊大な, 思いあがった.

∗die **Groß∗stadt** [グロース・シュタット gróːsʃtat] 女 (単) -/(複) ..städte [..シュテーテ または ..シュテッテ] (3格のみ ..städten) 大都市 (ドイツでは公式には人口10万以上の都市をいう). 《英》*large city*). Wir wohnen in einer *Großstadt*. 私たちは大都市に住んでいます.

Groß∗städ·ter [グロース・シュテータァ] 男 -s/- 大都会(大都市)の住民. (女性形: -in).

groß∗städ·tisch [グロース・シュテーティッシュ] 形 大都会(大都市)の, 都会風の.

∗**größt** [グレースト gróːst] (: groß の 最上) 形 最も大きい; 最年長の. die *größte* Chance seines Lebens 彼の人生で最大のチャンス. ◇ 《名詞的に》mein *Größter* 私の長男

Groß∗tan·te [グロース・タンテ] 女 -/-n 大おば.

Groß∗**teil** [グロース・タイる] 男 -(e)s/-e 主要部分; 大多数, 大部分. zum *Großteil* 大多数(大部分)は.

größ·ten∗teils [グレーステン・タイるス] 副 大部分は, たいてい. Ich übernachte *größtenteils* in Jugendherbergen. 私はたいていユースホステルに泊まります.

größt∗mög·lich [グレースト・メークりヒ] 形 できる限り大きな(多量の), 最大の.

groß∗tu·e·risch [グロース・トゥーエリッシュ] 形 自慢屋の, ほら吹きの.

groß|tun∗ [グロース・トゥーン gróːstùːn] I 自 (h) いばる, 偉そうにする. II 再帰 (h) 《sich⁴ mit 男³ ~》 (男³を)自慢する.

Groß∗un·ter·neh·men [グロース・ウンタァネーメン] 中 -s/- 《経》大企業.

∗der **Groß∗va·ter** [グロース・ふァータァ gróːsfaːtər] 男 (単 2) -s/(複) ..väter [..ふェータァ] (3格のみ ..vätern) ① 祖父, おじいさん. 《英》*grandfather*). 《略》子供言葉としては Opa;「祖」は Großmutter). mein *Großvater* mütterlicherseits 私の母方の祖父 / als der *Großvater* die Großmutter⁴ nahm 《戯》昔

昔には (←祖父が祖母を嫁に迎えたころは). ② 《口語》《血縁とは無関係に:》おじさん.
Groß｜vieh [グロース・フィー] 回 -[e]s/ (総称として) 大型家畜 (牛・馬など).
Groß｜wet・ter・la・ge [グロース・ヴェッタァラーゲ] 囡 -/ 《気象》広域気象 [状況].
groß｜zie・hen* [グロース・ツィーエン gróːstsìːən] 他 (h) (子供・動物など⁴を) 育てる, 育てあげる.
groß｜zü・gig [グロース・ツューギヒ gróːstsyːɡɪç] 形 ① 寛大な, 度量の大きい, 心の広い. (英 tolerant). (⇔) 「こせこせした」は kleinlich). ein *großzügiger* Mensch おおらかな人. ② 気前のよい, 金離れのいい. ein *großzügiges* Trinkgeld 気前のよいチップ. ③ 大規模な, 広大な. *großzügige* Bauten 壮大な建造物.
Groß｜zü・gig・keit [グロース・ツューギヒカイト] 囡 -/ 寛大さ, 気前のよさ, 太っ腹.
gro・tesk [グロテスク grotésk] 形 グロテスクな, 奇怪な; ばけげた, おかしな.
Gro・tes・ke [グロテスケ grotéskə] 囡 -/-n ① 《美》グロテスク模様. ② 《文学》グロテスク文学. ③ グロテスクダンス.
Grot・te [グロッテ grótə] 囡 -/-n (庭園などの) 人工洞窟, (自然の) 洞窟.
Grou・pie [グルービー gruːpi] [英] 回 -s/-s (スターなどの) 親衛隊の女の子, グルーピー.
grub [グループ] graben (掘る) の 過去
Grüb・chen [グリュープヒェン gryːpçən] 回 -s/- (Grube の 縮小) えくぼ.
Gru・be [グルーベ grúːbə] 囡 -/-n ① (地中に掘られた) 穴; くぼみ; 《狩》落とし穴 (=Fall*grube*). eine *Grube*⁴ aus|heben (または graben) 穴を掘る / Wer andern eine *Grube* gräbt, fällt selbst hinein. 《諺》 人をのろわば穴二つ (←他人に落とし穴を掘る者は自らその穴に落ち込む). ② (坑) 坑.
grü・be [グリューベ] graben (掘る) の 接2
Grü・be・lei [グリューベライ gryːbəláɪ] 囡 -/-en くよくよ思いわずらうこと, 思案[すること].
grü・beln [グリューベルン gryːbəln] 圁 (h) くよくよ考える, 思い悩む. **über** 動⁴ *grübeln* 動⁴をくよくよ考える.
Gru・ben≠ar・bei・ter [グルーベン・アルバイタァ] 男 -s/- 坑夫, 鉱山労働者. (女性形: -in).
Gru・ben≠brand [グルーベン・ブラント] 男 -[e]s/..brände 坑内火災.
Gru・ben≠gas [グルーベン・ガース] 回 -es/-e 坑内瓦, メタンガス.
Gru・ben≠lam・pe [グルーベン・ランペ] 囡 -/-n (坑夫が携帯する) 安全灯.
Gru・ben≠un・glück [グルーベン・ウングリュック] 回 -[e]s/-e 坑内事故.
Grüb・ler [グリュープラァ gryːblər] 男 -s/- くよくよ思い悩む人. (女性形: -in).
grüb・le・risch [グリュープルリッシュ gryːblərɪʃ] 形 くよくよ思い悩む, 物思いにふけりがちな.
Gruft [グルふト grúft] 囡 -/Grüfte 《雅》 [地下] 納骨所; 墓[穴].

ːgrün [グリューン grýːn]

緑の Die Bäume sind schon *grün*.
ディ ボイメ ズィント ショーン グリューン
木々はもう緑だ.

形 ① 緑[色]の, グリーンの. (英 green). *grüne* Wiesen (Wälder) 緑の草原 (森) / *grüner* Tee 緑茶 / *grüner* Salat グリーンサラダ / *grüne* Weihnachten 雪のないクリスマス / *grüne* (または *Grüne*) Lungen einer Großstadt² 大都市の緑地帯 (←緑の肺) / *grüner* Star 《医》 緑内障 / über die *grüne* (または *Grüne*) Grenze gehen 《口語》 ひそかに (不法に) 国境を越える / Ach, du *grüne* Neune! 《口語》 こいつはたまげた / Mir wurde es *grün* und blau (または *grün* und gelb) vor den Augen. 《口語》 私は気分が悪くなった / sich⁴ *grün* und blau (または *grün* und gelb) ärgern 《口語》 血相を変えて怒る / auf keinen *grünen* Zweig kommen 《口語》 成功しない, うまくいかない.
② (交通信号が) 青の. Die Ampel ist jetzt *grün*. [交通] 信号は今青だ / *grüne* Welle (中央制御式の) 連続青信号 / *grünes* Licht⁴ haben 青信号である ⇒ Wir haben *grünes* Licht für unser Vorhaben. 《比》 われわれの計画にはゴーサインをもらっている.
③ 熟していない, 生の; 新鮮な; 《比》 未熟な, 経験の浅い. *grünes* Obst 熟れていない果物 / *grüne* Heringe 生にしん / Der Apfel ist noch *grün*. りんごはまだ熟していない / *grüne* Ware 新鮮野菜 (←緑の商品) / ein *grüner* Junge 青二才.
④ 《政》 環境保護を標榜 (ぼう) する. die Partei der *Grünen*² 緑の党 (反核・環境保護をとなえるドイツの政党) / der *grüne* (または *Grüne*) Punkt グリーンポイント (リサイクル容器のマーク).
⑤ 《成句的に》 囚³ nicht *grün* sein 《口語》 囚³に好意を持っていない. Sie ist ihm nicht *grün*. 彼女は彼を嫌っている.
Grün [グリューン] 回 -s/- (口語: -s) ① 緑色, グリーン; 緑色の服; (交通信号の) 青. ein tiefes *Grün* 深緑 / Die Ampel zeigt *Grün* (または steht auf *Grün*). 交通信号が青だ / eine Dame in *Grün* グリーンの服を着ている婦人 / Das ist dasselbe in *Grün*. 《口語》 結局は同じことだ. ② 〖圈 なし〗 若葉, 青草. das erste *Grün* 新緑 / eine Stadt mit viel *Grün* 緑樹の多い街. ③ (ゴルフの) グリーン. ④ 〖冠詞なし〗 (トランプ) 緑のカード (ドイツ式トランプでスペードに相当).
Grün≠an・la・ge [グリューン・アンラーゲ] 囡 -/-n 緑地帯, [緑地] 公園.
grün≠äu・gig [グリューン・オイギヒ] 形 緑色の目の.
*der **Grund** [グルント grúnt] 男 (単2) -es (まれに -s)/(複) Gründe [グリュンデ] (3格のみ Gründen) ① **理由**, 根拠; 動機, 原因. (英 reason). 動⁴ als *Grund* an|geben 動⁴を理由としてあげる / Dafür habe ich meine *Gründe*.

それについては私なりの理由があります / Ich habe keinen *Grund* zum Klagen. 私には不平を言う理由はない / **auf** *Grund* einer Aussage² 証言に基づいて / Schon **aus** diesem *Grund* ist es unmöglich. この理由からしてもそれはあり得ない / aus persönlichen *Gründen* 個人的な理由で / aus (または **mit**) gutem *Grund* 十分な根拠があって / **ohne** *Grund* 理由(根拠)もなく, 〘類語〙Ursache.
② 〘複 なし〙土地, 地面; 地所. 《英 ground》. sandiger *Grund* 砂地 / *Grund* und Boden 地所, 土地 / Er wohnt **auf** eigenem *Grund*. 彼は自分の土地に住んでいる.
③ 〘複 なし〙基礎, 土台. 《英 foundation》. den *Grund* zu 囲³ legen 囲³の基礎を築く / 囲³ **auf** den *Grund* gehen (または kommen) 囲³の真相を究める / 囲⁴ bis auf den *Grund* zerstören 囲⁴を徹底的に破壊する / in *Grund* und Boden 徹底的に / im *Grunde* [genommen] 根本において, 結局のところ / **von** *Grund* auf (または aus) 根底から, 徹底的に.
④ 〘複 なし〙(川・湖などの)底, 水底;《雅》(容器の)底. 《英 bottom》. bis **auf** den *Grund* tauchen 水底まで潜る / ein Glas⁴ bis auf den *Grund* leeren 杯を飲み干す / **im** *Grunde* seines Herzens 《比》彼の心の奥底では / **zu** *Grunde* gehen a) 破滅する, b) 死ぬ. ⑤ (織物などの)地; 背景. rote Rosen auf weißem *Grund* 白地に赤いばら.《雅》くぼ地.
▶ **auf≠grund, zu≠grunde**

grund.., Grund.. [グルント.. grúnt..] 〘形容詞・名詞などにつける 接頭〙(基本的な・まったく・非常に) 例: *Grund*falsch まったく間違っている / *Grund*kenntnis 基礎知識.

Grund≠be·din·gung [グルント・ベディングング] 囡 -/-en 基本条件, 根本条件.

Grund≠be·griff [グルント・ベグりフ] 男 -[e]s/-e 基礎概念, 根本概念;〘ふつう複〙(学問の)初歩.

Grund≠be·sitz [グルント・ベズィッツ] 男 -es 土地所有; 所有地;《法》土地所有者層.

Grund≠be·sit·zer [グルント・ベズィッツァァ] 男 -s/- 土地所有者, 地主. (女性形: -in).

Grund≠buch [グルント・ブーフ] 匣 -[e]s/..bücher (土地不動産)登記簿, 土地台帳.

Grün·de [グリュンデ] *Grund (理由)の 複

grund≠ehr·lich [グルント・エーァりヒ] 形 心から正直な.

grün·deln [グリュンデるン grýndəln] 自 (h) (あひるなどが)水底の餌(愛)をあさる.

grün·den [グリュンデン grýndən] du gründest, er gründet (gründete, *hat*...gegründet) **I** 他 (変了 haben) ① (会社・団体などを)創設する, 設立する. 《英 found》. eine Firma⁴ *gründen* 会社を設立する / Die Stadt *wurde* um 1500 (=fünfzehnhundert) *gegründet*. 〘受動・過去〙その町は1500年ごろに建設された / eine neue Partei *gründen* 新党を結成する. ② 〘A⁴ **auf** B⁴ ~〙(A⁴(考えなど)をB⁴に)置く, (B⁴をA⁴の)根拠とする. Er *gründete* seine Hoffnung auf ihre Aussage. 彼がその希望をいだいたのは彼女の発言のせいだった.
II 再帰 (変了 haben) 〘*sich*⁴ **auf** 囲⁴ ~〙(囲⁴に)基づいている. Mein Verdacht *gründet sich* auf eigene Beobachtungen. 私の疑惑は自らの観察に基づくものだ.
III 自 (変了 haben) 〘**auf** (または **in**) 囲³ ~〙(囲³に)基づいている.

Grün·der [グリュンダァ gründər] 男 -s/- 創設者, 創立者. (女性形: -in).

Grün·der≠jah·re [グリュンダァ・ヤーレ] 複 《史》(普仏戦争直後の)泡沫(ほう)会社乱立時代(1871-1873).

Grün·der≠zeit [グリュンダァ・ツァイト] 囡 -/ =Gründerjahre

grün·de·te [グリュンデテ] gründen (創設する)の 過去

grund≠falsch [グルント・ふァるシュ] 形 根本的に間違った.

Grund≠far·be [グルント・ふァルベ] 囡 -/-n 《美・印》原色(赤・黄・青の三原色のうちの1つ); 地色.

Grund≠fes·ten [グルント・ふェステン] 複 土台. ◊〘成句的に〙an den *Grundfesten* von 物³ rütteln 物³の根底を揺るがす.

Grund≠flä·che [グルント・ふれッヒェ] 囡 -/-n 《数》底面[積]; 床面積.

Grund≠form [グルント・ふォルム] 囡 -/-en ① 基本形, 原型. ② 《言》基本文型. ③ 《言》不定詞, 不定形.

Grund≠ge·bühr [グルント・ゲビューァ] 囡 -/-en 基本料金.

Grund≠ge·dan·ke [グルント・ゲダンケ] 男 -ns (3格・4格 -n)/-n 根本思想(理念).

Grund≠ge·setz [グルント・ゲゼッツ] 匣 -es/-e ① 基本法則. ② 《法》基本法 (特に1949年制定の旧西ドイツ憲法. 統一後もそれがドイツ憲法として引き継がれている. 略: GG). (☞「ドイツ・ミニ情報16」, 580ページ).

Grund≠herr [グルント・ヘル] 男 -[e]n/-en 《史》(中世の)荘園領主, 大地主. (女性形: -in).

grun·die·ren [グルンディーレン grundí:rən] 他 (h) (壁など⁴に)下塗りをする.

Grund≠kurs [グルント・クルス] 男 -es/-e (学校・講習会の)基礎コース.

die **Grund≠la·ge** [グルント・らーゲ grúntla:gə] 囡 (単) -/(複) -n 基礎, 土台; 根拠. 《英 basis》. die *Grundlagen*⁴ **für** 囲⁴ schaffen 囲⁴のための基礎をつくる / Ihre Behauptung entbehrt jeder *Grundlage*²! あなたの主張にはなんら根拠がない.

Grund·la·gen≠for·schung [グルントらーゲン・ふォルシュング] 囡 -/-en 基礎研究.

grund≠le·gend [グルント・れーゲント] **I** 形 基礎的な, 根本的な. **II** 副 完全に, まったく.

gründ·lich [グリュントりヒ gründlıç] **I** 形 徹底的な, 入念な, 周到な. 《英 thorough》. eine *gründliche* Untersuchung 徹底的な調

査 / Er arbeitet sehr *gründlich.* 彼はとても入念に仕事をする.
II 副《口語》ひどく. Du hast dich *gründlich* geirrt. 君はひどい思い違いをしている.

Gründ·lich·keit [グリュントリヒカイト] 囡 -/ 徹底性.

Grund·li·nie [グルント・リーニエ] 囡 -/-n ① 《数》(多角形の)底辺. ②《スポ》(コートの)ベースライン, バックライン. ③ 基本方針(路線).

Grund=**lohn** [グルント・ローン] 男 -(e)s/..löhne 基本賃金.

grund·los [グルント・ロース] 形 ① 根拠のない, 理由のない. ein *grundloser* Verdacht いわれのない嫌疑. ②《雅》底なしの, 非常に深い; ぬかるんだ(道など).

Grund·mau·er [グルント・マオアァ] 囡 -/-n 《建》(建物の)基礎, 土台.

Grund·nah·rungs·mit·tel [グルント・ナールングスミッテる] 田 -s/- 主要食糧(パン・じゃがいもなど).

Grün·don·ners·tag [グリューン・ドンナァスターク] 男 -(e)s/-e 《キリ教》聖木曜日(復活祭前の木曜日).

Grund·pfei·ler [グルント・プファイらァ] 男 -s/- 《建》礎柱; 《比》礎(いしずえ), よりどころ.

Grund·recht [グルント・レヒト] 田 -(e)s/-e 《ふつう 複》《法》基本的権利, 基本的人権.

Grund=**re·gel** [グルント・レーゲる] 囡 -/-n 基本法則(ルール), 原則.

Grund=**riss** [グルント・リス] 男 -es/-e ① 《数》水平投影図; 《建》平面図. ② 概要, アウトライン, 概説. ein *Grundriss* der deutschen Grammatik² ドイツ文法概説.

der **Grund=satz** [グルント・ザッツ grúnt-zats] 男 (単2) -es/(複) ..sätze [..ゼッツェ] (3格のみ ..sätzen) 原則, 主義, 信条. (英 *principle*). ein demokratischer *Grundsatz* 民主主義の原則 / Er ist ein Mensch **mit** (または **von**) *Grundsätzen*. 彼は信念の人だ.

grund·sätz·lich [グルント・ゼッツリヒ grúnt-zɛtsliç] 形 原則的な, 基本的な, 根本的な. (英 *basic*). eine *grundsätzliche* Frage 基本的な問題 / *Grundsätzlich* bin ich für den Vorschlag. 原則的には私はその提案に賛成だ.

Grund=schu·le [グルント・シューれ] 囡 -/-n 《義務教育の》基礎学校, 小学校 (日本の小学校に相当する. ドイツとオーストリアでは4年間; ☞「ドイツ連邦共和国の教育制度」, 1175 ページ).

Grund=**schü·ler** [グルント・シューらァ] 男 -s/- 基礎学校の生徒, 小学生. (女性形: -in).

Grund=**stein** [グルント・シュタイン] 男 -(e)s/-e 《建》礎石, 土台石; 《比》基礎. den *Grundstein* **zu** 《物·事》³ **legen** a) 《物》³の礎石を据える, b) 《比》《事》³の基礎を築く.

Grund·stein·le·gung [グルントシュタイン・れーグング] 囡 -/-en 《建》定礎, 起工式.

Grund·steu·er [グルント・シュトイアァ] 囡 -/-n 固定資産税, 地租, 土地税.

Grund=**stock** [グルント・シュトック] 男 -(e)s/..stöcke 基礎[となるもの]; 基[本]金.

Grund=**stoff** [グルント・シュトふ] 男 -(e)s/-e ①《化》元素. ② 原料.

das **Grund=stück** [グルント・シュテュック grúnt-ʃtyk] 田 (単2) -(e)s/(複) -e (3格のみ -en) (一定区画の)土地, 地所. **mit** *Grundstücken* spekulieren 土地投機をする.

Grund·stücks·mak·ler [グルントシュテュックス・マークらァ] 男 -s/- 土地取引仲介業者. (女性形: -in).

Grund=stu·fe [グルント・シュトゥーふェ] 囡 -/-n ① 初級; (基礎学校 3・4 学年の)基礎段階. ②《言》(形容詞・副詞の)原級 (＝Positiv).

Grund=**ton** [グルント・トーン] 男 -(e)s/..töne ①《音楽》(音階の)主音; (和音の)根音. ②

―― ドイツ・ミニ情報 16 ――

基本法 Grundgesetz

　憲法はドイツ語では Verfassung というが, ドイツ連邦共和国の憲法は, あえて Verfassung という言葉を使わずに, 基本法 (Grundgesetz) と呼ばれている. これは, 1949 年の建国時の経緯に由来する. 戦勝 4 か国のうち, 旧ソ連は戦後ドイツを中央集権国家に, 米・英・仏は地方分権国家にすべきだと主張して譲らず, 終戦から数年が過ぎた. 対立は冷戦に発展して和解の見込みはまったくなく, かといって 4 か国による共同占領統治をいつまでも続けるわけにもいかない. そこで西側 3 か国は, 自分たちの占領地区を合わせて新しい国を作らせようと, 地区内 11 州の代表を集めて憲法の制定にあたらせた.
　しかし州代表たちは, 再建を進めるためにとりあえず西側だけで国を作らざるをえないが, ドイツはあくまで一つであり, 憲法は全ドイツが完全に主権を回復した時に初めて制定されるべきものと考えた. その後冷戦が長引き, 40 年もの分断の歴史が続くとは, 当時誰もが予想しなかったからである. こうしてドイツが統一されるまでの暫定的な国の基本方針を定めた法律という意味で, 憲法ではなく基本法という名称が選ばれた. その 146 条には「この基本法は, ドイツ国民の自由な決定によって議決された憲法が施行される日にその効力を失う」と明記されている. 1990 年, ドイツは再び一つとなった. 基本法が憲法に代わる日も近いのかもしれない.

ドイツ連邦共和国の紋章

(色の)基調, 下地の色調. ③ (気分・考え方などの)基調.

Grund=um·satz [グルント・ウムザッツ] 男 -es/ ..sätze 《生》基礎代謝.

Grün·dung [グリュンドゥング] 囡 -/-en ① 基礎を置くこと; 創立, 設立. ②《建》(建物の)基礎[部].

grund=ver·schie·den [グルント・フェアシーデン] 形 根本的に違った, まったく異なる.

Grund=was·ser [グルント・ヴァッサァ] 中 -s/ 地下水.

Grund·was·ser=spie·gel [グルントヴァッサァ・シュピーゲる] 男 -s/- 地下水の水位.

Grund=wort·schatz [グルント・ヴォルトシャッツ] 男 -es/..schätze 《言》基本語彙(ごい).

Grund=zahl [グルント・ツァーる] 囡 -/-en 基数. (参考「序数」は Ordnungszahl).

Grund=zug [グルント・ツーク] 男 -[e]s/..züge [根本的]特徴, [基本的]特色; 概要.

Grü·ne [グリューネ grýːnə] 囡 -/《雅》緑色[であること], 青々とした様子.

grü·nen [グリューネン grýːnən] 自 (h)《雅》(草木が)緑色になる, 芽生える; 《比》よみがえる.

Grü·ne[r] [グリューネ(..ナァ) grýːnə(..nər)] I 男[語尾変化は形容詞と同じ]《ふつう複》緑の党の党員(反戦・環境保護などを旗印とする). die Grünen 緑の党[の党員たち]. II 男[語尾変化は形容詞と同じ]《口語》警官(制服の色から).

Grü·ne[s] [グリューネ(ス) grýːnə(s)]《語尾変化は形容詞と同じ》① 緑色[であること]. ②《ふつう冠詞なしで》《口語》緑の植物, 緑草; 青野菜. ③ 緑野, 緑豊かな自然(郊外). im Grünen wohnen 緑の多い郊外に住んでいる / ins Grüne fahren 緑豊かな郊外へドライブする.

Grü·ne·wald [グリューネ・ヴァるト grýːnəvalt] -s/《人名》グリューネヴァルト (Matthias Grünewald 1470～80頃-1528, ドイツの画家).

Grün=fink [グリューン・フィンク] 男 -en/-en 《鳥》カワラヒワ.

Grün=flä·che [グリューン・ふれッヒェ] 囡 -/-n (町の中の)緑地; 《ふつう複》(自治体に属する)緑地公園.

Grün=fut·ter [グリューン・ふッタァ] 中 -s/《農》青刈(あおがり)飼料.

Grün=glas [グリューン・グらース] 中 -es/..gläser (分別回収される)緑色のびん.

Grün=gür·tel [グリューン・ギュルテる] 男 -s/- (町を囲む)緑地帯, グリーンベルト.

Grün=kern [グリューン・ケルン] 男 -[e]s/ (スープ用の)未熟な小麦類の粒.

Grün=kohl [グリューン・コーる] 男 -[e]s/《植》チリメンキャベツ.

grün·lich [グリューンりヒ] 形 緑がかった, 緑色を帯びた.

Grün=schna·bel [グリューン・シュナーべる] 男 -s/..schnäbel《口語》(生意気な)青二才, 若造; 新米, 初心者.

Grün=span [グリューン・シュパーン] 男 -[e]s/《化》緑青(ろくしょう).

Grün=strei·fen [グリューン・シュトライふェン] 男 -s/- ([高速]道路の)グリーンベルト.

grun·zen [グルンツェン grúntsən] I 自 (h) (豚などが)ぶうぶう鳴く. II 他 (h)《口語》《4格 を不満げに》ぶつぶつ言う.

Grün=zeug [グリューン・ツォイク] 中 -[e]s/《口語》① 青物, 野菜. ② 青二才, 若造.

die **Grup·pe** [グルッペ grúpə]

> グループ
>
> Wir reisen in einer *Gruppe*.
> ヴィァ ライゼン イン アイナァ グルッペ
> 私たちはグループで旅行しています.

囡《単》-/《複》-n ① グループ, 群れ, 集団. (英 group). Blut*gruppe* 血液型 / eine radikale *Gruppe* 過激派グループ / eine *Gruppe* von Studenten 一群の学生たち / In der Schule haben wir oft Unterricht in *Gruppen*. 学校では私たちはしばしばグループ別に授業を受けます. ②《スポ》チーム; 《軍》分隊. ③《数》群.

Grup·pen=ar·beit [グルッペン・アルバイト] 囡 -/ グループ作業; 《教》グループワーク.

Grup·pen=bild [グルッペン・ビるト] 中 -[e]s/-er《美》群像[画]; グループ写真.

Grup·pen=dy·na·mik [グルッペン・デュナーミク] 囡 -/《社》グループ・ダイナミックス, 集団力学.

Grup·pen=rei·se [グルッペン・ライゼ] 囡 -/-n グループ旅行.

Grup·pen=sex [グルッペン・ゼクス] 男 -[es]/ グループセックス, 乱交.

Grup·pen=the·ra·pie [グルッペン・テラピー] 囡 -/-n [..ピーエン]《医・心》集団療法.

grup·pen=wei·se [グルッペン・ヴァイゼ] 副 群れをなして, 集団的に, グループごとに.

grup·pie·ren [グルピーレン grupíːrən] I 他 (h) グループ分けする, [寄せ]集める; 配列する. II 再帰 (h) *sich*[4] *gruppieren* グループをつくる, 集まる; 整列する. Wir gruppierten uns um den Tisch. 私たちはテーブルの周りに集まった.

Grup·pie·rung [グルピールング] 囡 -/-en ① 群れ(集団)の形成, グループ化. ② グループ, 班.

Grus [グルース grúːs] 男 -es/《種類》-e ①《地学》岩屑(がんせつ), 砂礫(されき). ② 粉炭.

gru·se·lig [グルーゼりヒ grúːzəliç] 形 不気味な, ぞっとする, 身の毛もよだつ.

gru·seln [グルーゼるン grúːzəln] I 非人称 (h) [es gruselt 人[3] (または 人[4]) の形で]人[3] (または 人[4])がぞっとする. Vor diesem Anblick gruselte [es] ihr (または sie). この光景に彼女は身の毛がよだった. (参考 es は文頭以外では省かれることがある). II 再帰 (h) *sich*[4] *gruseln* ぞっとする, 身の毛がよだつ.

grus·lig [グルースりヒ grúːslɪç] 形 = gruselig

der **Gruß** [グルース grúːs] 男《単》-es/《複》Grüße [グリューセ] (3格 の Grüßen) あいさつ, あいさつの言葉. (英 greeting). (参考「ドイツ・ミニ情報 17」, 582 ページ). ein förmlicher *Gruß* 型

どおりのあいさつ / ein höflicher *Gruß* 丁重なあいさつ / *Grüße*4 wechseln (または tauschen) あいさつを交わす / Herzliche *Grüße* aus Japan! (手紙の結びで:)日本より心からのあいさつを / Ich soll Ihnen *Grüße* von Herrn Müller bestellen. ミュラーさんからよろしくとのことでした / Sagen Sie ihm herzliche *Grüße* von mir! 彼にどうぞよろしくお伝え下さい / Mit herzlichen (freundlichen) *Grüßen* (手紙の結びで:)心からなる(親愛なる)あいさつをこめて / 人³ die Hand⁴ **zum** *Gruß* reichen (または bieten) 人³にあいさつのため握手を求める.

*die **Grü・ße** [グリューセ grýːsə] *Gruß(あいさつ)の 複. Herzliche *Grüße*! (手紙の結びで:)敬具, かしこ (←心からのあいさつを).

***grü・ßen** [グリューセン grýːsən]

あいさつする
Grüßen Sie Ihre Frau von mir!
グリューセン ズィー イーレ フラオ フォン ミァ
奥様によろしく!

du grüßt (grüßte, hat ... gegrüßt) 他 (完了) haben) ① 《**4格とともに**》(人⁴に)**あいさつする**. (英 greet). Er *grüßt* uns immer höflich. 彼は私たちにいつもていねいにあいさつする / 人⁴ mit einem Nicken *grüßen* 人⁴に会釈する / *Grüß* **Gott**! 《南ド・オストリ》おはよう, こんにちは, こんばんは / *Grüß* **dich**! (口語)やあ. 《相互的に》Sie *grüßen sich*⁴ nicht mehr. 彼らはもうお互いにあいさつを交わさない. ◇《目的語なしでも》Er *hat* von ferne *gegrüßt*. 彼は遠くからあいさつをした.
② (人⁴に)**よろしくと伝える**. *Grüßen* Sie Ihre Eltern herzlich **von** mir! ご両親にどうぞよろしくお伝えください / Ich *soll* dich von ihm *grüßen*. または Er *lässt* dich *grüßen*. 彼から君によろしくとのことだ.
③ 《雅》(人⁴に)見えてくる, 聞こえてくる. Die Berge *grüßten* [ihn] aus der Ferne. [彼の目に]山々がはるかかなたに見えてきた.

—使ってみよう—
おはようございます.
  Guten Morgen!
こんにちは.
  Guten Tag! / 《南ド・オストリ》Grüß Gott!
やあ.
  Hallo!
こんばんは.
  Guten Abend!
おやすみなさい.
  Gute Nacht!
さようなら.
  Auf Wiedersehen!
じゃあね.
  Tschüs!
また近いうちに.
  Bis dann! / Bis bald!
どうもありがとう.
  Danke schön! / Vielen Dank!
どういたしまして.
  Bitte schön!
すみません.
  Entschuldigung!
いいえ, いいんですよ.
  Das macht nichts!

---

grüß・te [グリューステ] *grüßen (あいさつする)の 過去

Grüt・ze [グリュッツェ grýtsə] 女 -/(種類:) -n ① ひき割り麦; オートミール. ② (赤い色のベリ

ドイツ・ミニ情報 17

日常のあいさつ Gruß

だれにでも you と言える英語と違い, ドイツでは親しい間柄であれば du で, そうでなければ Sie で呼び合う. Sie で話す相手に対しては, 朝は Guten Morgen!, 昼は Guten Tag!, 夜は Guten Abend! であいさつするのが普通だが, du で話す間柄では, 朝の Morgen!, 「おやすみ」の Gute Nacht! を除けば, あとはすべて Hallo! で済んでしまうのが現状だ. 家に帰ってきたときも,「ただいま」「お帰り」に相当する表現がないので, お互いに Hallo! と言い合う. 客人を迎えるときは, Sie の相手ならば Herzlich willkommen!「ようこそいらっしゃいました」を使うが, 親しい間柄ではちょっと堅苦しい. むしろ Schön, dass du da bist!「来てくれてうれしいよ」と言う. 初対面の人には, 握手をしながら Angenehm!「はじめまして」や Schön, Sie kennenzulernen!「お知り合いになれてうれしいです」のように言う.

標準的な別れのあいさつは Auf Wiedersehen! で, これは「再会を期して」を意味する. 親しい者同士なら Tschüs!「じゃあね」をよく使う.

感謝の気持ちは Vielen Dank!「どうもありがとう」や, もう少し心を込めて Herzlichen Dank!「本当にありがとう」などで表し, それに対しては Bitte! や Gern geschehen!「どういたしまして」と答える. 謝罪の気持ちは Entschuldigung!「すみません」で表し, Das macht nichts!「いいんですよ」と答える. Entschuldigung! は, レストランでウェーターを呼ぶときにも使える.

一類を煮て作った)デザート[用のソース]. ③ 《圏なし》《口語》知力, 理解力.

G-Schlüs·sel [ゲー・シュリュッセる] 男 -s/-《音楽》ト音記号.

gu·cken [グッケン gúkən] (guckte, hat ... geguckt) I 自 《完了 haben》《口語》① 見る, のぞく, うかがう. (英 look). Guck mal! 見てごらん / Lass mich doch mal gucken! どれ見せてごらん / aus dem Fenster gucken 窓から外を見る / durch ein Fernglas gucken 望遠鏡でのぞく / in den Spiegel gucken 鏡をのぞく. (☞ 類語 sehen).
② (…の顔・目で)見る. freundlich gucken 愛想のいい顔で見る. ③ (ちらりと)見えている. Das Taschentuch guckt aus der Tasche. ポケットからハンカチがのぞいているよ / Der Schelm guckt ihm aus den Augen. 彼はいかにもいたずらっ子の目つきをしている.
II 他 《完了 haben》《口語》(絵・テレビなど⁴を)見る. ◇《目的語なしでも》Sie haben bis zwölf Uhr geguckt. 彼らは 12 時までテレビを見ていた.

Guck-loch [グック・ろッホ] 中 -[e]s/..löcher (ドア・壁などの)のぞき穴.

guck·te [グックテ] gucken (見る)の 過去.

Gue·ril·la [ゲリりヤ gerílja] [スペ] I 女 -/-s ゲリラ戦; ゲリラ隊. II 男 -[s]/-s 《ふつう 圏》 ゲリラ[隊員].

Gu·gel·hupf [グーゲる・フプふ] 男 -[e]s/-e 《南ドッ・オーストリア》(クグロフ型の)パウンドケーキ. (☞ Kuchen 図).

Guil·lo·ti·ne [ギリヨティーネ gɪljotí:nə または ギヨ.. gijo..] 女 -/-n ギロチン, 断頭台.

Gu·lasch [グーらッシュ gúlaʃ または グらッシュ gúlaʃ] 中 男 -[e]s/-e (または -s) 《料理》グーラシュ(ハンガリー産パプリカ入りの肉シチュー).

Gu·lasch·ka·no·ne [グーらッシュ・カノーネ] 女 -/-n 《軍・戯》野戦用炊事車.

Gu·lasch·sup·pe [グーらッシュ・ズッペ] 女 -/-n 《料理》グーラシュスープ.

Gul·den [グるデン] 男 -s/- ① 《史》グルデン(14-19 世紀に使われたオランダ・ドイツ・オーストリアの旧金(銀)貨). ② ギルダー(オランダの旧貨幣[単位], 略: hfl).

gül·den [ギュるデン gýldən] 形 《詩》金[製]の (=golden).

Gül·le [ギュれ gýlə] 女 -/-n 《南西部ドイッ・スイス》水肥, 下肥; 汚水.

Gul·ly [グり gúli] [英] 男 中 -s/-s (道路の)排水孔.

gül·tig [ギュるティヒ gýltɪç] 形 有効な, 法的効力を有する; 一般に通用している. (英 valid). ein gültiger Pass 有効なパスポート / Dieser Ausweis ist fünf Jahre gültig. この身分証明書は 5 年間有効です / Diese Regel ist für alle gültig. この規則はだれにでも当てはまる.

Gül·tig·keit [ギュるティヒカイト] 女 -/ 有効性, 通用, 効力; 《法》合法[性], 妥当[性].

Gül·tig·keits·dau·er [ギュるティヒカイツ・ダオアァ] 女 -/ 有効(通用)期間.

der Gum·mi¹ [グンミ gúmi] I 男 中 《単 2》 -s/(種類を表すときのみ: 複) -[s] ゴム. (英 gum). eine Schürze aus Gummi ゴム製のエプロン.
II 男 《単 2》 -s/《複》 -s ① 消しゴム (=Radiergummi); 《物》 mit dem Gummi weg|radieren 物⁴を消しゴムで消す. ② 《俗》コンドーム.

Gum·mi² [グンミ] 中 -s/-s 《口語》ゴムバンド (=Gummiband).

Gum·mi·ara·bi·kum [グンミ・アラービクム] 中 -s/ アラビアゴム.

Gum·mi·band [グンミ・バント] 中 -[e]s/..bänder ゴムバンド, ゴムひも.

Gum·mi·bär·chen [グンミ・ベーァヒェン] 中 -s/- 《ふつう 圏》 熊形のグミキャンデー.

Gum·mi·baum [グンミ・バオム] 男 -[e]s/..bäume 《植》ゴムの木.

gum·mie·ren [グミーレン gumí:ran] 他 (h) ① (製造過程で切手など⁴に)糊(の)(接着剤)を塗る. ② 《織》(布地など⁴に)ゴムで防水加工をする.

Gum·mi·hand·schuh [グンミ・ハントシュー] 男 -[e]s/-e ゴム手袋.

Gum·mi·knüp·pel [グンミ・クニュッペる] 男 -s/- ゴム製の警棒.

Gum·mi·pa·ra·graf [グンミ・パラグラーふ] 男 -en/-en 《口語》いろいろに解釈できる条項.

Gum·mi·ring [グンミ・リング] 男 -[e]s/-e 輪ゴム; パッキングなどのゴム輪.

Gum·mi·schlauch [グンミ・シュらオホ] 男 -[e]s/..schläuche ゴムホース; (タイヤの)チューブ.

Gum·mi·stie·fel [グンミ・シュティーふェる] 男 -s/- ゴム長靴.

Gum·mi·zel·le [グンミ・ツェれ] 女 -/-n (精神病患者用の)ゴム張りの小部屋.

die Gunst [グンスト gúnst] 女 《単》 -/《複》 -en ① 《単》 好意, 親切; ひいき. (英 favor). 人³ seine Gunst schenken 人³に目をかける / bei 人³ in Gunst stehen 人³に気に入られて(便宜を図ってもらって)いる / Sie bemüht sich um seine Gunst. 彼女は彼に気に入られようと努めている. ② 《圏で》有利, 好都合. zu meinen Gunsten 私のために, 私にとって有利になるように.

▶ **zu·gunsten**

***güns·tig** [ギュンスティヒ gýnstɪç] 形 ① 有利な, 好都合の. (英 favorable). Das ist eine günstige Gelegenheit. これは絶好のチャンスだ / Das war ein günstiger Kauf. これはよい買い物だった / bei günstigem Wetter 天候に恵まれれば / 物⁴ in einem günstigen Licht dar|stellen 物⁴を良く見せる / unter günstigen Bedingungen 有利な条件で.
② 《古》[人³に]好意的な, [人³を]目にかけている. Das Glück war uns günstig. 運命はわれわれに好意的だった.

..güns·tig [..ギュンスティヒ ..gynstɪç] 《形容詞をつくる 圏尾》《有利な・恵まれた》例: preisgünstig 割安な, 買い得な.

Günst·ling [ギュンストリング gýnstlɪŋ] 男 -s/-e (軽蔑的に:)お気に入り, 寵児(ちょうじ).

Günst·lings⹊wirt·schaft [ギュンストリングス・ヴィルトシャフト] 女 -/ 情実(えこひいき)人事.

Gün·t[h]er [ギュンタァ gýntɐ] I -s/《男名》ギュンター. II 《姓》-s/-s ギュンター. [die] *Günt[h]ers* ギュンター家[の人々].

Gur·gel [グルゲる gúrgəl] 女 -/-n のど, 咽喉(いんこう). /人4 **an der** *Gurgel* **packen** 人4ののど元をつかむ / 人3 **an die** *Gurgel* **springen** 人3ののど首に飛びかかる / 人3 **die** *Gurgel*4 **zu|drücken a)** 人3ののどを絞める, **b)** 《俗》人3を破滅させる.

gur·geln [グルゲるン gúrgəln] I 自 (h) ① うがいをする. ② (小川などが)ごぼごぼ音をたてる. II 他 (車4を)がらがら声で話す.

die **Gur·ke** [グルケ gúrkə] 女 (単) -/(複) -n ① 《植》キュウリ. (英 *cucumber*). **saure** *Gurken* きゅうりのピクルス. ② 《俗・戯》不格好で大きな鼻;《俗》ペニス. ③ 《俗》ぼろ車, ぼろ靴. ④ 《俗・戯》変わり者.

Gur·ken⹊sa·lat [グルケン・ザらート] 男 -[e]s/-e 《料理》きゅうりのサラダ.

gur·ren [グレン gúrən] 自 (h) ① (鳩(はと)が)くうくうと鳴く. ② (比)(甘えた声で)笑う, こびるように話す.

Gurt [グルト gúrt] 男 -[e]s/-e (方: -en も) (幅の広い)帯, (丈夫な)ベルト, 革帯, つり革, (馬具の)腹帯, (乗り物の)安全ベルト. **die Pistole**4 **aus dem** *Gurt* **ziehen** ピストルを腰[帯]から抜く / **sich**4 **mit dem** *Gurt* **an|schnallen** 安全ベルトを締める.

der **Gür·tel** [ギュルテる gýrtəl] 男 (単2) -s/(複) - (3格のみ -n) ① ベルト, バンド, 帯. (英 *belt*). **ein schmaler** *Gürtel* 細いベルト / **sich**3 **einen** *Gürtel* **um|binden** (または **um|schnallen**) ベルトを締める / **den** *Gürtel* **ab|legen** (または **ab|nehmen**) ベルトをはずす / **den** *Gürtel* **enger schnallen a)** ベルトをもっときつく締める, **b)**《口語》生活費を切り詰める. ② 帯状の地帯. **Grün***gürtel* 緑地帯, グリーンベルト.

Gür·tel⹊li·nie [ギュルテる・リーニエ] 女 -/《服飾》ウエストライン; (ボクシングで:)ベルトライン. **ein Schlag unter die** *Gürtellinie* 《口語》アンフェアなやり方 (←ロ―ブロー).

Gür·tel⹊rei·fen [ギュルテる・ライふェン] 男 -s/- ラジアルタイヤ.

Gür·tel⹊ro·se [ギュルテる・ローゼ] 女 -/《医》帯状疱疹(ほうしん), 帯状ヘルペス.

Gür·tel⹊tier [ギュルテる・ティーァ] 中 -[e]s/-e 《動》アルマジロ.

gur·ten [グルテン gúrtən] 自 (h) 安全ベルトを締める; 馬に鞍(くら)をつける.

gür·ten [ギュルテン gýrtən] 他 (h) (人4に)ベルト(帯)を巻きつける, (人3に 物4を)巻きつける. ◊《再帰的に》*sich*4 *gürten* ベルトを締める / *sich*4 **mit dem Schwert** *gürten* 剣を帯びる.

Gu·ru [グールー gú:ru] 男 -s/-s 《ヒンズー教の》導師;《比》(政治・宗教グループなどの)指導者.

GUS [グス または ゲー・ウー・エス] 女 -/《略》独立国家共同体(旧ソ連邦) (= **G**emeinschaft **U**nabhängiger **S**taaten).

Guss [グス gús] 男 -es/Güsse ① 鋳込み, 鋳造, 鋳物. **der** *Guss* **einer Glocke**2 鐘の鋳造 / **ein** *Guss* **aus Bronze** 青銅の鋳物 / **[wie] aus einem** *Guss* (建築物・芸術作品などが)統一のとれた, 渾然(こんぜん)一体の(←一度に鋳造されたように). ② ひと注ぎ; 注入物. ③《口語》(短時間の)土砂降り. **Ich bin in einen** *Guss* **gekommen.**《現在完了》私は土砂降りに遭った. ④《料理》コーティング(ケーキなどにかける糖衣).

Guss⹊ei·sen [グス・アイゼン] 中 -s/ 鋳鉄.

guss⹊ei·sern [グス・アイザァン] 形 鋳鉄[製]の.

Guss·form [グス・ふォルム] 女 -/-en 鋳型.

Gus·tav [グスタふ gústaf] -s/《男名》グスタフ.

Gus·to [グストー gústo] [語] 男 -s/-s 《ふつう 中》《南ドイツ・オーストリア》① 好み, 趣味. ② 食欲.

⎢gut [グート gú:t]

> 良い **Dein Vorschlag ist sehr** *gut*.
> ダイン　フォーァシュらーク　イスト　ゼーァ　グート
> 君の提案はとてもいい.

形 (比較 **besser**, 最上 **best**) ① (質的に)良い, 上等の, 上手な. (英 *good*). (対義「悪い」は **schlecht**). **ein** *gutes* **Buch** 良い本 / **ein** *guter* **Wein** 上等のワイン / **eine** *gute* **Leistung** りっぱな業績 / **Sie hat noch** *gute* **Augen (Ohren).** 彼女はまだ視力(聴力)がいい / **die** *gute* **alte Zeit** 古き良き時代 / **Er hat einen** *guten* **Geschmack.** 彼は趣味がいい / **Sie kann sehr** *gut* **Klavier spielen.** 彼女はたいへん上手にピアノが弾ける / **eine** *gut* **angezogene** (または *gut***angezogene**) **Frau** 良い身なりをした婦人.

② (薬などが)効き目のある. **Dieser Tee ist** *gut* **gegen** (口語: **für**) **den Husten.** このお茶はせきに効きます.

③ 善良な; 気立ての良い, 上品な. **ein** *guter* **Mensch** 善人 / **Sie ist eine** *gute* **Seele.**《口語》彼女はよい人だ / **ein** *gutes* **Kind** しつけの良い子供 / **ein Mädchen aus** *gutem* **Hause** 良家の娘 / **ein** *gutes* **Benehmen** 礼儀正しいふるまい.

④ 好都合な. **eine** *gute* **Gelegenheit** 好機 / **Es trifft sich** *gut*, **dass er kommt.** 彼が来てくれるのは好都合だ / *gut* **daran tun, zu** 不定詞[句] …した方が良い ⇒ **Du tust** *gut* **daran, dich zu entschuldigen.** 君は謝ったほうがいい.

⑤ 好ましい, 喜ばしい; 元気な; 調子のよい. **eine** *gute* **Nachricht** 喜ばしい知らせ / **Guten Morgen!** おはよう / **Guten Tag!** こんにちは / **Guten Abend!** こんばんは / **Gute Nacht!** おやすみなさい / **Er hat es** *gut*. 彼はうまくやっている (英 は形式目的格).

⑥ 親切な, 好意的な; 仲のいい, 親しい. **ein** *guter* **Freund** 親友 / 人3 *gute* **Worte**4 geben 人³に親切な言葉をかける / gut sein 人³に好意を寄せている / Seien Sie so *gut* und warten Sie einen Augenblick! すみませんがちょっと待ってください / im *Guten* 穏やかに，好意的に / es⁴ *gut* mit 人³ meinen 人³に対して好意的である / mit 人³ *gut* stehen 人³と仲よくしている．(☞ 類語 freundlich).

⑦ とっておきの，特別な[ときの]．der *gute* Anzug よそ行きのスーツ / die *gute* Stube 客間．

⑧ 《数・量の》十分な，たっぷりの．eine *gute* Ernte 豊作 / Er hat einen *guten* Appetit. 彼は大いに食欲がある / Ich wartete eine *gute* Stunde auf ihn. 私はたっぷり 1 時間彼を待った / Das hat noch *gute* Weile. それにはまだたっぷり時間がある / Das sind *gut* vier Kilometer. それはたっぷり 4 キロメートルはある / *gut* und gern《口語》たっぷり，少なくとも．

⑨ 《…するのは》容易である．Das kann ich *gut*. それなら簡単にできるよ / Das Buch liest sich *gut*. その本は読みやすい / Hinterher hat (または kann) man *gut* reden. あとからならなんとでも言えるさ / Du hast *gut* lachen. 君は[局外者だから]笑っていられるからいいよ．

⑩ 《間投詞的に》《同意・承認を表して:》*Gut*! わかりました，オーケー! / *Also gut*! よし，いいだろう / Na *gut*! まあいいけど / Und damit *gut*! それで十分だ / Schon *gut*!《礼・わびを言われて》もういいよ．

⑪ 《学校の成績で》優．(☞ 〈ﾒﾓ〉).

⑫ 《成句的に》so *gut* wie …《口語》…も同然の．Das ist so *gut* wie sicher. それは確実と言っていい．

▶ gut≠aussehend, gut≠bezahlt, gut|gehen, gut≠gehend, gut≠gelaunt, gut≠gemeint, gut≠situiert

〈ﾒﾓ〉 成績評価（数が小さいほどよい）

	6 段階評価	(ｵﾘﾝﾋﾟｯｸ) 5 段階評価
1	sehr gut	sehr gut
2	gut	gut
3	befriedigend	befriedigend
4	ausreichend	genügend
5	mangelhaft	nicht genügend
6	ungenügend	

類語 **gut**: （あるものの性質・状態などが）良い．**hervorragend**: （才能・能力・品質などが群を抜いて）優れた，抜群の．**ausgezeichnet**: （一般水準をはるかに越えていて）優秀な，すばらしい．**vortrefflich**: （特定の領域で技術・知識などが）優れた．**vorzüglich**: （他と比べて）特に良い．

das **Gut** [グート gúːt] 甲 《単 2》-es（まれに -s）/《複》Güter [ギュータァ]《3 格のみ Gütern》① 財産，財宝．(英 goods). Geld und *Gut* 全財産 / ererbtes *Gut* 相続した財産 / liegende (または unbewegliche) *Güter* 不動産 / bewegliche *Güter* 動産 / geistige *Güter* 精神的財産 / Gesundheit ist das höchste *Gut*. 健康は最高の財産だ / Unrecht *Gut* gedeih[e]t nicht.〈ﾗﾊﾟ〉 悪銭身につかず．

② 所有地; [大]農場．ein *Gut*⁴ erwerben 農地を手に入れる．③ 貨物，積荷．*Güter*⁴ auf|geben 貨物発送を託す．④ 《海》索具一式．

Gut≠ach·ten [グート・アハテン] 甲 -s/-《専門家の》所見，鑑定[書]，専門的意見（判断）．über 物⁴ ein *Gutachten*⁴ ab|geben 物⁴について鑑定する，所見を述べる / von 人³ ein *Gutachten*⁴ ein|holen 人³に鑑定書をもらう．

Gut≠ach·ter [グート・アハタァ] 男 -s/- 鑑定人．（女性形: -in).

gut≠ar·tig [グート・アールティヒ] 形 ① おとなしい，従順な（子供・犬など）．②《医》良性の．

gut≠aus·se·hend, gut aus·se·hend [グート・アオスゼーエント] 形 器量のよい．eine *gutaussehende* Frau 器量よし，美人．

gut≠be·zahlt, gut be·zahlt [グート・ベツァールト] 形 高い報酬の（仕事・ポストなど），稼ぎのいい（会社員など）．

gut≠bür·ger·lich [グート・ビュルガァリヒ] 形 いかにも中流階級の市民らしい，堅実な．

Gut≠dün·ken [グート・デュンケン] 甲 -s/ 意見，判断．nach [eigenem] *Gutdünken* 自分の判断で．

die **Gü·te** [ギューテ gýːtə] 囡《単》-/ ① 親切，好意，善意，思いやり．(英 kindness). die *Güte* Gottes 神の慈しみ / Hätten Sie die *Güte*, mir zu helfen?《接 2・現在》《雅》恐れ入りますが，手を貸していただけませんか / Ich danke Ihnen für Ihre *Güte*. ご親切ありがとうございます / sich⁴ in *Güte* einigen 穏便に折り合いをつける / [Ach] du liebe （または meine） *Güte*!《俗》おやおや，これは驚いた．

② [品]質; 品質の良さ; （品質の）等級．eine Ware erster *Güte*² 一級品．

Gu·ten·berg [グーテン・ベルク gúːtənbɛrk] -s/《人名》グーテンベルク（Johannes *Gutenberg* 1397～1400 頃-1468; ドイツの活版印刷術発明者）．

Gu·te[r] [グーテ[ァ] gúːtə (..tɐr)] 男 囡《語尾変化は形容詞と同じ》善人，善良な人．Mein *Guter*! （親しみを込めて:）ねえあんた!

Gü·ter [ギュータァ] Gut（財産）の複．

Gü·ter≠ab·fer·ti·gung [ギュータァ・アップフェルティグンク] 囡 -/-en《鉄道》貨物取扱[所]．

Gü·ter≠bahn·hof [ギュータァ・バーンホーフ] 男 -[e]s/..höfe《鉄道》貨物駅．

Gü·ter≠ge·mein·schaft [ギュータァ・ゲマインシャフト] 囡 -/《法》（夫婦間の）財産共有[制]．

Gü·ter≠tren·nung [ギュータァ・トレンヌング] 囡 -/-en《法》（夫婦間の）別財産制．

Gü·ter≠wa·gen [ギュータァ・ヴァーゲン] 男 -s/-《鉄道》貨車，貨物車両．

Gü·ter≠zug [ギュータァ・ツーク] 男 -[e]s/..züge 貨物列車．

Gu·te[s] [グーテ[ス] gúːtə[s]] 甲《複》なし; 語尾変化は形容詞と同じ ☞ Alte[s] 良いもの（こと），善行．Alles *Gute*! a)（別れる際に:）お元気で，b) ご多幸を祈ります / Was gibt es heute Mittag *Gutes*? きょうの昼はどんなおいしいものが出るのかな / Er hat viel *Gutes* getan. 彼は

良いことをたくさんした / Es hat alles sein *Gutes*. 何にだっていい所はある / Das ist des *Guten* zu viel! それはやり過ぎだ(行き過ぎだ) / **im** *Guten* 穏やかに, 好意的に.

Gü·te·zei·chen [ギューテ・ツァイヒェン] 田 -s/- (商品の)品質保証マーク.

gut|ge·hen*, gut ge·hen* [グート・ゲーエン gúːt-gèːən] I 非人称 (s) 『**es** *geht* 囚³ *gut* の形で』囚³の体調(調子)が. *Es geht uns gut.* 私たちは元気だ. ◇『**mit** 囚³ *geht es gut* の形で』囚³との仲がうまくいっている. II 自 (仕事などが)うまくいく.

gut=ge·hend, gut ge·hend [グート・ゲーエント] I gut|gehen (非人称で: 体調がよい)の 現分 II 形 繁栄している, 売れ行きのよい.

gut=ge·launt, gut ge·launt [グート・ぐらオント] 形 上機嫌の.

gut=ge·meint, gut ge·meint [グート・ゲマイント] 形 好意的な, 善意の(忠告・提案など), よかれと思ってした(忠告など).

gut=gläu·big [グート・グロイビヒ] 形 (他人の言葉を)信じやすい, 人のいい.

gut|ha·ben* [グート・ハーベン gúːt-hàːbən] 他 (h) 『囲⁴ **bei** 囚³ ~』(囚³に)圀⁴の貸しがある.

Gut=ha·ben [グート・ハーベン] 田 -s/- (銀行の)預金[残高]; 貸し, 売掛金.

gut|hei·ßen* [グート・ハイセン gúːt-hàɪsən] 他 (h) 承認する, 是認する.

gut=her·zig [グート・ヘルツィヒ] 形 善良な, 気だての良い, 思いやりのある.

gü·tig [ギューティヒ gýːtɪç] 形 優しい, 情け深い, 親切な. (段 *kind*). Sie hat ein *gütiges* Herz. 彼女は心の優しい人だ / Zu *gütig*! (反語的に:)これはこれはご親切に / Würden Sie so *gütig* sein, mir zu helfen?『接2・現在』すみませんがちょっと手伝っていただけませんか.

güt·lich [ギュートリヒ] 形 平和的な, 穏便な. eine *gütliche* Einigung 和解 / sich⁴ **mit** 囚³ *gütlich* einigen 囚³と和解する / sich⁴ **an** 囮³ *gütlich* tun 囮³(飲食物)を楽しみ味わう.

gut|ma·chen [グート・マッヘン gúːt-màxən] 他 (h) ① 償う, 補償する; (遅れ⁴を)取り戻す; (園⁴の)お返しをする. Das ist nicht wieder *gutzumachen*. それは取り返しがつかない. ② (ある金額⁴を)もうける.

gut=mü·tig [グート・ミューティヒ] 形 気のいい, 優しい, お人よしな. ein *gutmütiger* Mensch 気のいい人.

Gut=mü·tig·keit [グート・ミューティヒカイト] 囡 -/ 気だてのよさ, 人のよさ.

gut=nach·bar·lich [グート・ナッハバールリヒ] 形 善隣の(国家関係など).

gut|sa·gen [グート・ザーゲン gúːt-zàːgən] 自 (h) 『**für** 人・囲⁴ ~』(人・囲⁴を)保証する.

Guts=be·sit·zer [グーツ・ベズィッツァァ] 男 -s/- 農場主, 大地主. (女性形: -in).

Gut=schein [グート・シャイン] 男 -[e]s/-e (現金・商品との)引換券, 商品券.

gut|schrei·ben* [グート・シュライベン gúːt-ʃràɪbən] 他 (h) (商) (金額⁴を人・囲³の)貸方に記入する. 囚³ einen Betrag *gutschreiben* ある金額を囚³の貸方に記入する.

Gut=schrift [グート・シュリフト] 囡 -/-en (商) 貸し, 貸方[への記入・の通知].

Guts=herr [グーツ・ヘル] 男 -[e]n/-[e]n (小作人・農民に対して)農場主, 地主. (女性形: -in).

Guts=hof [グーツ・ホーフ] 男 -[e]s/..höfe 農園; (農場主の)家屋敷.

gut=si·tu·iert, gut si·tu·iert [グート・ズィトゥィーァト] 形 裕福な, 恵まれた地位(境遇)にある.

Guts=ver·wal·ter [グーツ・フェアヴァるタァ] 男 -s/- 農場(領地)管理人. (女性形: -in).

gut|tun* [グート・トゥーン gúːt-tùːn] 自 (h) (囚³の)気分をよくする; (薬などが囚³に)効く. Die frische Luft *tat* mir *gut*. 新鮮な空気のおかげで気分がよくなった.

gut·tu·ral [グトゥラーる guturáːl] 形 のどから出る(声); (言)喉頭(²³³)音の.

gut=wil·lig [グート・ヴィリヒ] 形 ① 気のいい, 素直な. ② 自発的な, やる気のある, 進んでする.

Gut=wil·lig·keit [グート・ヴィリヒカイト] 囡 -/ 素直さで(喜んで)すること.

Gym·na·si·ast [ギュムナズィアスト gymnaziást] 男 -en/-en ギムナジウム(ドイツの中・高等学校)の生徒. (女性形: -in).

Gym·na·si·en [ギュムナーズィエン] *Gymnasium (ギムナジウム)の 覆

das **Gym·na·si·um** [ギュムナーズィウム gymnáːziʊm] 田 (単2) -s/(複) ..sien [..ズィエン] ギムナジウム(ドイツの中・高等学校; Grundschule に続く5学年から13学年までの9年制. オーストリアでは8年制. 卒業者は大学入学資格を得る). ein humanistisches *Gymnasium* 文科系ギムナジウム(古典語教育を中心とする) / ein neusprachliches *Gymnasium* 近代語ギムナジウム / ein naturwissenschaftliches *Gymnasium* 理科系ギムナジウム.

Gymnasium の学年

学年	ドイツ	オーストリア	日本
9	Oberprima		大1
8	Unterprima	Oktava	高3
7	Obersekunda	Septima	高2
6	Untersekunda	Sexta	高1
5	Obertertia	Quinta	中3
4	Untertertia	Quarta	中2
3	Quarta	Tertia	中1
2	Quinta	Sekunda	小6
1	Sexta	Prima	小5

Gym·nas·tik [ギュムナスティク gymnástɪk] 囡 -/ 体操, 体育. Heil*gymnastik* リハビリ体操 / *Gymnastik*⁴ treiben 体操をする.

gym·nas·tisch [ギュムナスティッシュ gymnástɪʃ] 形 体操の, 体育の. *gymnastische* Übungen 体操.

Gy·nä·ko·lo·ge [ギュネコローゲ gynεkolóːgə] 男 -n/-n 産婦人科医. (女性形: Gynäkologin).

Gy·nä·ko·lo·gie [ギュネコろギー gynεkologíː] 囡 -/ 産婦人科学.

H h

h¹, H¹ [ハー há:] 中 -/- ハー(ドイツ語アルファベットの第8字).

h², H² [ハー] 中 -/- 《音楽》ハ音.(⇔英語のb). *H-Dur* ロ長調 / *h-Moll* ロ短調.

H³ ① [ハーテ・シュテレ] 《略》(バスなどの)停留所(=**Haltestelle**). ② [ヘレン] 《略》(トイレの表示で;)男子(殿方)用(=**Herren**). ③ [ハー]《化・記号》水素(=**Hydrogenium**).

ha [ヘクタール または ..タール]《略》ヘクタール(=**Hektar**).

ha! [ハー há:] 間 ① ([うれしい]驚きを表して;)おや、まあ、へえ. ② (勝利・優越を表して;)それみろ、ほら.

der Haag [ハーク há:k] 男 -s/《定冠詞とともに》《都市名》ハーグ(オランダ語では Den *Haag*: ☞ 地図 B-2). im(または in) *Haag* ハーグ市で.

das Haar [ハール há:r]

髪 Sie hat blondes *Haar*.
ズィー ハット ブロンデス ハール
彼女はブロンドの髪をしている.

中 (単) -[e]s/(複) -e (3格のみ -en) ① 髪[の毛]、頭髪; 毛、体毛.（英 *hair*）.（注）頭髪全体を指すときは単数; ☞ **Körper** 図). *kurzes (langes) Haar* 短い(長い)髪 / *dunkles Haar* 黒っぽい髪 / *glattes Haar* なめらかな髪 / *künstliches Haar* かつら / *lockiges Haar* カールした髪.
◇《動詞とともに》⑦《主語として》Die *Haare* **hängen** in die Stirn. 髪が額にたれている / Ihre *Haare* **sitzen** gut. 彼女の髪型はよく似合っている / 人³ **stehen** die *Haare* zu Berge または 人³ **sträuben** sich⁴ die *Haare*《口語》人³は髪が逆立つほど驚く / Seine *Haare* **wachsen** schnell. 彼の髪は伸びるのが早い.
④《目的語として》das *Haar*⁴（または die *Haare*⁴）**bürsten** 髪にブラシをかける / sich³ das *Haar*⁴ **färben** (自分の)髪を染める / ein *Haar*⁴ in der Suppe **finden**《口語》あら探しをする(←スープの中に髪の毛を見つける)/ das *Haar*⁴（または die *Haare*⁴）**föhnen** 髪をドライヤーで乾かす / *Haare*⁴ auf den Zähnen **haben**《口語》(特に女性が)すぐくってかかる(←歯にまで体毛が生えている) / das *Haar*⁴（または die *Haare*⁴）**kämmen** 髪を櫛(し)でとかす / 人³ kein *Haar*⁴ **krümmen** 人³を決して傷つけない / ein gutes *Haar*⁴ an 人・物³ **lassen**《口語》人・物³のすべてにけちをつける / sich³ das *Haar*⁴ **machen** 髪を整える(セットする) / sich³ die *Haare*⁴ **raufen** (怒って・絶望して)自分の髪をかきむしる / sich³ das *Haar*⁴ **schneiden lassen** 散髪してもらう / Sie **trägt** das *Haar* kurz. 彼女は髪を短くしている / sich³ über 物⁴ keine grauen *Haare*⁴ **wachsen lassen**《口語》物⁴のことで余計な心配をしない(←[心配して]白髪を生えさせない) / sich³ das *Haar*⁴ **waschen** 髪を洗う.
◇《前置詞とともに》**an einem** *Haar* **hängen**《口語》風前のともしびである(←髪1本にぶら下がっている) / **auf ein** *Haar* または **aufs** *Haar*《口語》寸分たがわず ⇒ Sie gleichen sich aufs *Haar*. 彼らは互いにそっくりだ / **in die** *Haare* **geraten**《口語・比》(つかみ合いの)けんかになる / sich³ **in den** *Haaren* **liegen**《口語》派手にけんかをしている / **mit Haut und** *Haar[en]*《比》丸ごと、すっかり(←皮も毛もいっしょに) / 人³ **übers** *Haar* **streichen** 人³の髪をなでる / **um ein** *Haar*（または **ums** *Haar*）《口語・比》a）間一髪のところで、危うく、b）ほんの少しだけ ⇒ Das Kind wäre um ein *Haar* überfahren worden.《受動・接2・過去》その子供はあわや車にひかれるところだった / nicht um ein *Haar* または um kein *Haar* 少しも…でない.
② 《ふつう 複》(動植物の)毛、綿毛;《織》けば.
► **Haar⸗breit**

Pferdeschwanz　Pagenkopf　Locke[n]

Schnecke[n]　Chignon　Kranz

Haar

Haar⸗an·satz [ハール・アンザッツ] 男 -es/..sätze 髪の生え際.

Haar⸗aus·fall [ハール・アオスファる] 男 -[e]s/..fälle 抜け毛;《医》(病的な)脱毛[症].

Haar⸗band [ハール・バント] 中 -[e]s/..bänder ヘアバンド.

Haar⸗breit, Haar breit [ハール・ブライト] 中《成句的に》**nicht** [um] kein *Haarbreit* または [um] kein *Haarbreit* 少しも…でない、まったく…ない(←毛1本分の幅も…ない).

Haar⸗bürs·te [ハール・ビュルステ] 女 -/-n ヘアブラシ.

haa·ren [ハーレン há:rən] 自 (h)·再帰 (h) sich⁴ *haaren* (毛皮・犬などの)毛が抜け落ちる.

Haa・res≠brei・te [ハーレス・ブライテ] 囡《成句的に》**um** *Haaresbreite* a) 間一髪のところで, b) ほんの少しだけ.

Haar≠far・be [ハール・ファルベ] 囡 -/-n 髪の色.

Haar≠fär・be・mit・tel [ハール・フェルベミッテる] 由 -s/- 染毛剤.

haar≠fein [ハール・ファイン] 形 髪の毛のように細い; きわめて微妙な(違いなど).

haar≠ge・nau [ハール・ゲナウ] 形《口語》非常に正確な, 寸分の狂いもない.

haa・rig [ハーリヒ há:rɪç] 形 ① 毛深い, 毛むくじゃらの. ②《比》やっかいな, 困難な.

Haar≠klam・mer [ハール・クランマァ] 囡 -/-n ヘアクリップ.

haar≠klein [ハール・クライン] 形 きわめて詳細な.

haar≠los [ハール・ろース] 形 毛のない, はげの.

Haar・na・del [ハール・ナーデる] 囡 -/-n ヘアピン.

Haar・na・del・kur・ve [ハールナーデる・クルヴェ] 囡 -/-n (道路の)ヘアピンカーブ.

Haar≠netz [ハール・ネッツ] 由 -es/-e ヘアネット.

Haar≠riss [ハール・リス] 男 -es/-e (毛筋ほどの)かすかなひび割れ.

haar≠scharf [ハール・シャルふ] I 副 すれすれに, 間一髪のところで. Das Auto fuhr *haarscharf* **an** mir vorbei. その車は私の脇をすれすれを通って行った. II 形 きわめて精確な.

Haar≠schnitt [ハール・シュニット] 男 -[e]s/-e ヘアカット, 理髪, 調髪.

Haar≠sieb [ハール・ズィープ] 由 -[e]s/-e 目のごく細かいふるい.

Haar≠spal・te・rei [ハール・シュぱるテライ] 囡 -/-en 小さい事をやかましく言うこと.

Haar≠spray [ハール・シュプレー] 男 由 -s/-s ヘアスプレー.

haar≠sträu・bend [ハール・シュトロイベント] 形 身の毛もよだつような; あまりにもひどい.

Haar≠teil [ハール・タイる] 由 -[e]s/-e ヘアピース.

Haar≠trock・ner [ハール・トロックナァ] 男 -s/- ヘアドライヤー.

Haar・wasch≠mit・tel [ハールヴァッシュ・ミッテる] 由 -s/- シャンプー(=Shampoo).

Haar≠was・ser [ハール・ヴァッサァ] 由 -s/..wässer ヘアトニック, ヘアローション.

Haar≠wuchs [ハール・ヴークス] 男 -es/ ① 髪の伸び. ② 髪の量.

Haar・wuchs≠mit・tel [ハールヴクス・ミッテる] 由 -s/- 養毛剤.

Hab [ハープ há:p] 由《成句的に》*Hab* und *Gut*《雅》全財産.

ha・be [ハーベ há:bə] I ≠haben (持っている)の1人称単数 現在. Ich *habe* Hunger. 私はおなかがすいている.
II ≠haben (持っている)の 接 I. (⇒ 完了の助動詞 ☞ haben III).

Ha・be [ハーベ] 囡 -/《雅》所有物, 財産 (= Gut). bewegliche *Habe* 動産.

:ha・ben* [ハーベン há:bən]

持っている	*Haben* Sie Kinder?
	ハーベン ズィー キンダァ
	お子さんはいらっしゃいますか.

現在人称変化
人称	単	複
1	ich habe	wir haben
2	{du **hast**	{ihr habt
	{Sie haben	{Sie haben
3	er **hat**	sie haben

過去人称変化
人称	単	複
1	ich hatte	wir hatten
2	{du hattest	{ihr hattet
	{Sie hatten	{Sie hatten
3	er hatte	sie hatten

(hatte, *hat*...gehabt) (英 *have*) I 他 (完了 haben) ① **持っている**, 所有している, 備えている. Er *hat* ein Haus. 彼は家を1軒持っている / Ich *habe* einen Sohn. 私には息子が一人います / *Hast* du Zeit? — Nein, ich *habe* leider keine Zeit mehr. 暇があるかい — いや, 残念ながらもう暇はないよ / Sie *hat* langes Haar. 彼女は長い髪をしている / *Haben* Sie auch Ansichtskarten? (客が店員に:)絵はがきもありますか / Diese Größe *haben* wir leider nicht auf Lager. このサイズはあいにく在庫がございません / Unser Auto *hat* ein Schiebedach. うちの車にはサンルーフが付いている.

◇《性質・状態などを表す名詞とともに成句的に》**Erfolg**[4] *haben* 成功する / **Glück**[4] *haben* 運がいい / Er *hat* wirklich **Mut**. 彼は本当に勇気がある / Du *hast* recht (または **Recht**). 君の言っていることは正しい.

◇《天候・日時などを表す名詞とともに》Wir *haben* heute schönes Wetter. きょうはいい天気だ / Heute *haben* wir den 10. (=zehnten) Mai. きょうは5月10日です.

◇《感情・体の状態などを表す名詞とともに》Ich *habe* Hunger (Durst). 私はおなかがすいている(のどが渇いている) / Fieber[4] *haben* 熱がある / Er *hat* Angst. 彼はこわがっている / Ich *habe* keine Lust mehr zu arbeiten. 私はもう仕事をする気はない / Was *hast* du? 君どうしたの.

◇《数量などを表す4格とともに》Eine Stunde *hat* 60 Minuten. 1時間は60分だ / Die Stadt *hat* 50 000 Einwohner. その町は人口5万人だ.

◇《学科目などを表す語句とともに》Wir *haben* heute Deutsch.《口語》きょうはドイツ語[の授業]がある / Morgen *haben* wir keine Schule. あしたは学校がない.

◇《副詞・形容詞とともに成句的に》單[4] **fertig** *haben* 單[4]を終えている / 形[4] **frei** *haben* 形[4]が空いている ⇒ *Haben* Sie ein Zimmer frei?

部屋は空いていますか / 人⁴ **lieb haben**（または **lieb|haben**）人⁴を愛している，人⁴が好きである / 物⁴ **nötig haben** 物⁴を必要とする．

◇〖前置詞とともに〗Das *hat* er so **an** sich³.《口語》彼が彼の癖(やり方)だ / Das *hat* nichts **auf** sich³. それはたいしたことがない / Ich *habe* leider kein Geld **bei** mir. 残念ながら私はお金の持ち合わせがない / Dieser Vorschlag *hat* viel **für** sich⁴. この提案には良い点がたくさんある / etwas⁴ **gegen** 人⁴ **haben** 人⁴が気にくわない / 事⁴ **hinter** sich³ **haben** 事⁴を済ませている / Er *hat* etwas **mit** der Frau.《口語》彼はその女性といい仲だ(できている) / Er *hat* viel **von** seiner Mutter. 彼はいろんな特徴を母親から受け継いでいる / Ich *habe* es von ihr. 私はそのことを彼女から聞いて知っている / Davon *habe* ich nichts. それは私には役にたたない / Er *hat* eine schwere Prüfung **vor** sich³. 彼は難しい試験を目前にしている / 人⁴ **zum** Besten **haben** 人⁴をからかう．

② **手に入れる**，得る，もらう．Mama, *kann* ich einen Apfel **haben**? お母さん，りんごを一つちょうだい / In diesem Kaufhaus *kann* man beinahe alles *haben*. このデパートではほとんどすべてのものが手に入る / **zu haben** sein 入手できる，買える ⇒ Das Buch ist leider nicht mehr zu *haben*. この本は残念ながらもう入手できない / Sie ist noch zu *haben*.《口語》彼女にはまだ決まった相手がいない．

③〖**zu** 不定詞[句]とともに〗⑦ …するもの(こと)がある．Er *hat* nichts zu essen. 彼には食べるものが何もない / Ich *habe* heute viel zu tun. 私はきょうはすることがたくさんある / **mit** 人・物³ etwas⁴ (nichts⁴) **zu tun haben** 人・物³ と関係がある(ない) ⇒ Er *hat* mit dem Mord etwas zu tun. 彼はその殺人事件と関係がある．④ …しなければならない．Ich *habe* noch zu arbeiten. 私はまだ仕事をしなければならない．

④〖場 のない不定詞句とともに〗⑦〖**liegen, hängen, sitzen, stehen** などとともに〗（ある場所で）物⁴を…の状態にしている．Er *hat* ein Fass Wein **im** Keller liegen. 彼はワインを１たる(樽)地下室に寝かせている / Sie *hat* ihre Kleider **im** Schrank hängen. 彼女は自分の服を洋服だんすに掛けている．④〖**gut** または **leicht** とともに〗…していられる．Du *hast* gut reden. 君の立場なら何とでも言えるよ．

⑤〖**es** を目的語として成句的に〗Ich *hab*'s (=*habe* es)!《口語》（答えが）わかったぞ / Da *hast* du's (=du es)! a) そら，やるよ，b)《口語》それ，言わんこっちゃない / Er *hat* es **an** der Leber.《口語》彼は肝臓が悪い / es⁴ **in** sich³ **haben**《口語》a) 侮れぬものを持っている，b)（仕事などが）手ごわい，c)（酒などが）効く ⇒ Dieser Wein *hat* es in sich. このワインは強い．

◇〖形容詞とともに〗Ich *habe* es **eilig**.《口語》私は急いでいます / Er *hat* es **gut**. 彼はうまくいっている（幸せだ）/ Sie *hat* es **schwer**. 彼女は苦しくしている / Wir *haben* es **warm** in der Wohnung. 私たちの住居は暖かい．

|類語| **haben**:（一般的な意味であるものを）持つ，持っている．**besitzen**:（価値あるものの所有権・処分権があるという意味で）持っている，所有している．

II 〖再帰〗〖定了〗haben) *sich*⁴ *haben* ①《口語》芝居じみたことをする．*Hab* dich nicht so! そんなにもったいをつけるなよ．
②〖**es** *hat* **sich**⁴ の形で〗《俗》けりがつく．Damit *hat* es sich. それでおしまいだ．③《口語》けんかする．

III 〖助動〗〖完了の助動詞〗

…した *Hast* du schon gegessen?
ハスト ドゥ ショーン ゲゲッセン
もう食事はしたの？

〖動詞の過去分詞とともに完了形を作る〗①〖現在完了形で〗⑦〖現在と関連のある過去〗Gestern *habe* ich zu viel getrunken. きのう私は飲みすぎた．（注意 過去の事柄を表す場合に，日常会話では現在完了形が好んで用いられる）．④〖完了〗Ich *habe* das Buch eben durchgelesen. 私はこの本をたった今読み終えたところだ．⑨〖経験〗Ich *habe* ihn nur einmal gesehen. 私は彼に1度だけ会ったことがある．④〖未来完了の代用〗Morgen Abend *habe* ich die Arbeit beendet. =Morgen Abend *werde* ich die Arbeit beendet *haben*. あしたの夕方には私はこの仕事を終えているだろう．

②〖過去完了形で〗（注意 過去のある時点よりも以前に起きた事柄を表す時に用いられる）．Nachdem er gegessen *hatte*, ging er ins Kino. 彼は食事を済ませたあと映画を見に行った．

◇☞ **gehabt**

|場所の移動を表す自動詞（gehen など），状態の変化を表す自動詞（werden など），および sein, bleiben などでは完了の助動詞に sein を用いる．

Ha·ben [ハーベン] 中 -s/（商）貸方．Soll und *Haben* 借方と貸方，支出と収入．

Ha·be·nichts [ハーベ・ニヒツ há:bə-nıçts] 男 -(es)/- 持たざる者，無産者，一文無し．

Hab·gier [ハープ・ギーァ] 女 -/ 貪欲（どん），欲張り，強欲．

hab·gie·rig [ハープ・ギーリヒ] 形 貪欲（どん）な．

hab·haft [ハープハフト] 形〖成句的に〗人⁴ *habhaft* werden《雅》人⁴を捕らえる．

Ha·bicht [ハービヒト há:bıçt] 男 -s/-e（鳥）オオタカ．

ha·bil. [ハビリタートゥス]《略》大学教授資格を持つ（=**habilitatus**）．

Ha·bi·li·ta·ti·on [ハビリタツィオーン habilitatsió:n] 女 -/-en 大学教授資格の取得．

ha·bi·li·tie·ren [ハビリティーレン habilití:rən] I 他 (h)（人⁴に）大学教授資格を与える．II 自 (h)・再帰 (h) *sich*⁴ *habilitieren* 大学教授の資格を得る．

Ha·bi·tus [ハービトゥス há:bitus] 男 -/ 風采（ふう），（比）（精神的・道徳的）態度．

die **Habs·burg** [ハープス・ブルク há:ps-burk] 女 -/〖定冠詞とともに〗ハープスブルク城（スイス，ア

ールガウ州にあるハープスブルク一族のかつての居城).

Habs・bur・ger [ハープス・ブルガァ há:ps-burgər] 男 -s/- ハープスブルク家[の人] (13 世紀よりドイツ王家, 1483-1806 年神聖ローマ皇帝位を継承, 1918 年オーストリア皇帝カール 1 世の退位によって消滅). (女性形: -in). die *Habsburger* ハープスブルク家[の人々].

Habˀse・lig・keit [ハープ・ゼーリヒカイト] 囡 -/-en 《ふつう 複》こまごました家財道具, がらくた.

Habˀsucht [ハープ・ズフト] 囡 -/ 貪欲(どんよく) (= Habgier).

habˀsüch・tig [ハープ・ズュヒティヒ] 形 貪欲(どんよく)な (=habgierig).

habt [ハープト há:pt] ‡haben (持っている)の 2 人称親称複数匯在. *Habt* ihr Geld? 君たちはお金を持っているかい. (←完了の助動詞 ☞ haben III).

Hach・se [ハクセ háksə] 囡 -/-n 《料理》(子牛・豚などの)すね[肉]; 《口語・戯》(人間の)脚.

Hackˀbra・ten [ハック・ブラーテン] 男 -s/- 《料理》ミートローフ.

Hackˀbrett [ハック・ブレット] 田 -[e]s/-er ① まな板. ② 《音楽》ダルシマー, チンバロム (ばちで打ち鳴らす中世の打弦楽器).

Ha・cke[1] [ハッケ háke] 囡 -/-n ① くわ(鍬), つるはし. ② 《雅》斧(おの).

Ha・cke[2] [ハッケ] 囡 -/-n 《方》(人の)かかと (= Ferse); (靴・靴下の)かかと. sich[3] die *Hacken*[4] nach 物[3] ab|laufen 物[3]を得ようと駆けずり回る / die *Hacken*[4] zusammen|schlagen 直立不動の姿勢をとる(←靴のかかとを打ち合わせる).

ha・cken [ハッケン hákən] (hackte, hat ...gehackt) I 他 ① (花壇などを)くわで耕す. den Boden *hacken* 土地を耕す. ② (まきなど[4]を斧(おの)で)たたき割る; (肉・野菜など[4]を)細かく刻む. Holz[4] *hacken* まきを割る / Zwiebeln[4] *hacken* たまねぎを刻む. ◇(過去分詞の形で) *gehacktes* Fleisch ひき肉. ③ (穴[4]を)うがつ. ein Loch[4] ins Eis *hacken* 氷に穴をあける.
II 自 (運了 haben) ① くわで耕す. aufs Klavier *hacken* 《比》ピアノをがんがんたたく. ② 《nach 物[3] ~》(鳥などが物[3]を)つつく, ついばむ. ③ 《スポ・隠語》ラフプレーをする.

Ha・cken [ハッケン] 男 -s/- =Hacke[2]

Ha・ckeˀpe・ter [ハッケ・ペータァ] 男 -s/- 《北ド》ひき肉, ミンチ; 《料理》タルタルステーキ (刻んだ生の牛肉を玉ねぎ・生卵・しょうなどで味付けしたもの).

Ha・cker [ハッカァ hákər] 男 -s/- ① 《コンピ》ハッカー. (女性形: -in). ② 《スポ・隠語》ラフプレーヤー.

Hackˀfleisch [ハック・ふらイシュ] 田 -[e]s ひき肉, ミンチ. aus 囚[3] *Hackfleisch*[4] machen 《口語》囚[3]をぶちのめす.

Hackˀfrucht [ハック・ふルフト] 囡 -/-früchte 《ふつう 複》《農》畑野菜 (元の意味は「くわ入れを必要とする農作物」. にんじん, じゃがいも, キャベツなど).

Häck・sel [ヘックセる héksəl] 男 田 -s/ 《農》 (飼料用の)切りわら.

Hackˀsteak [ハック・ステーク] 田 -s/-s ハンバーグステーキ.

hack・te [ハックテ] hacken (くわで耕す)の過去.

Ha・der [ハーダァ há:dər] 男 -s/ 《雅》争い, 口げんか, けんか; 不満.

ha・dern [ハーダァン há:dərn] 自 (h) 《雅》① 《mit 囚[3] ~》(囚[3]と)言い争う, 口論する. ② 《mit 物[3] ~》(物[3]に)不満をいだく.

Ha・des [ハーデス há:dɛs] I 《ギ神》ハデス (死者の国の神). II 男 死者の国, 冥府(めいふ), よみの国.

der **Ha・fen**[1] [ハーふェン há:fən] 男 (単 2) -s/(複) Häfen [ヘーふェン] ① 港. 《英》harbor). Flug*hafen* 空港 / der Hamburger *Hafen* ハンブルク港 / einen *Hafen* an|laufen 港に向かう / aus dem *Hafen* aus|laufen 出港する / Das Schiff läuft in den *Hafen* ein. 船が入港する.
② 《比》避難所, 休息所. Wir sind im [sicheren] *Hafen*. われわれは安全だ(かくまわれている) / in den *Hafen* der Ehe[2] ein|laufen 《戯》身を固める, [やっと]結婚する.

Ha・fen[2] [ハーふェン] 男 -s/Häfen 《南ド・スイ・オスト》陶製の鍋(なべ), つぼ.

Hä・fen [ヘーふェン] Hafen[1] (港), Hafen[2] (陶の鍋)の複.

Ha・fenˀan・la・gen [ハーふェン・アンらーゲン] 複 港湾施設.

Ha・fenˀar・bei・ter [ハーふェン・アルバイタァ] 男 -s/- 港湾労働者. (女性形: -in).

Ha・fenˀstadt [ハーふェン・シュタット] 囡 -/...städte [...シュテーテ] 港町, 港湾都市.

Ha・fer [ハーふァァ há:fər] 男 -s/- 《植・農》オートムギ, からすムギ. Ihn sticht der *Hafer*. 《口語》彼はいい気になりすぎている.

Ha・ferˀbrei [ハーふァァ・ブライ] 男 -[e]s/- オートミール.

Ha・ferˀflo・cken [ハーふァァ・ふろッケン] 複 オート麦のフレーク.

Ha・ferˀschleim [ハーふァァ・シュらイム] 男 -[e]s/-e (病人用の)オートミールのかゆ.

Haff [ハふ háf] 田 -[e]s/-s (または -e) (砂洲で外海から隔てられた)海岸湖, 潟(かた).

Haf・ner [ハふナァ háfnər] 男 -s/- 《南ド・オスト・スイ》陶工. (女性形: -in).

Haf・ni・um [ハーふニウム há:fnium または ハふ..] 男 -s/ 《化》ハフニウム (記号: Hf).

Haft [ハふト háft] 囡 -/ 《法》拘留; 禁固刑. 囚[4] aus der *Haft* entlassen 囚[4]を釈放する / 囚[4] in *Haft* nehmen 囚[4]を拘留する.

..haft [..ハふト ..haft] 《形容詞をつくる 腰尾》① 《...の性質の》例: krank*haft* 病的な. ② 《...のような》例: helden*haft* 英雄らしい.

haft・bar [ハふトバール] 形 《成句的に》 für 物[4] *haftbar* sein 《法》物[4]に対して責任がある / 囚[4] für 物[4] *haftbar* machen 《法》囚[4]に物[4]の責任を負わせる.

Haftˀbe・fehl [ハふト・ベふェーる] 男 -[e]s/-e

《法》拘留命令[書], 拘留状.

haf·ten [ハフテン háftən] du haftest, er haftet (haftete, hat...gehaftet) 自 (完了 haben) ① くっつく, 付着する. (英 stick). Die neuen Etiketten bleiben gut *haften*. この新しいラベルははがれにくい.
② 『**an** (または **auf** または **in**) 物³ ~』 (物³に)くっついている, 付着している. An den Schuhen *haftet* Schmutz. 靴に泥がくっついている / im Gedächtnis *haften* 記憶に残っている.
③ 『**für** 人·事³ ~』(法) (人·事³に対して)責任がある, (物⁴を)保証する. für einen Schaden *haften* 損害を保証する / Eltern *haften* für ihre Kinder. 親は子供の起こしたことに責任がある / Er *haftet* mir dafür, dass ... 彼は私に...ということを保証する.
▶ haften|bleiben

haf·ten|blei·ben*, **haf·ten blei·ben*** [ハフテン・ブライベン háftən-blàibən] 自 (s) 記憶から離れない. **bei** 人³ (または 人³ **im** Gedächtnis) *haftenbleiben* 《比》人³の記憶に焼きついて離れない.
▶ haften ①

haf·te·te [ハフテテ] haften (くっつく)の過去

Häft·ling [ヘフトリング héftlıŋ] 男 -s/-e 被拘留者, 囚人.

Haft·pflicht [ハフト・プフリヒト] 女 -/-en 《法》賠償義務.

haft·pflich·tig [ハフトプフリヒティヒ] 形 《法》賠償義務のある.

Haft·pflicht⸗ver·si·che·rung [ハフトプフリヒト・フェアズィッヒェルング] 女 -/-en 《法》賠償責任保険.

Haft·scha·le [ハフト・シャーレ] 女 -/-n 《ふつう 複》コンタクトレンズ (=Kontaktlinse).

Haf·tung [ハフトゥング] 女 -/-en ① 《複 なし》付着, 粘着. ② 《ふつう 複》(損害を賠償する)責任. *Haftung*⁴ **für** 事⁴ übernehmen 事⁴に対して責任を負う / Dafür wird keine *Haftung* übernommen. 《受動·現在》それについて責任は負いかねます.

Hag [ハーク há:k] 男 -[e]s/-e (スイス: Häge) 《詩》生け垣; 垣で囲んだ小さな森.

Ha·ge⸗but·te [ハーゲ・ブッテ] 女 -/-n 野いばらの実.

Ha·ge⸗dorn [ハーゲ・ドルン] 男 -[e]s/-e 《植》サンザシ (=Weißdorn).

der **Ha·gel** [ハーゲる há:gəl] 男 《単 2》-s/ あられ(霰), ひょう(雹). (英 hail). Der *Hagel* zerstörte die Saat. ひょうが苗を台なしにした / ein *Hagel* von Geschossen 《比》雨あられと飛んで来る弾丸.

Ha·gel⸗korn [ハーゲ・コルン] 中 -[e]s/..körner ① あられの粒. ② 《医》(まぶたの)霰粒腫(さんりゅうしゅ), ものもらい.

ha·geln [ハーゲるン há:gəln] I 非人称 (h) ① Es *hagelt*. あられ(ひょう)が降る. ② 『**es** *hagelt* 物⁴ の形で』《比》物⁴が雨あられと降る. Es *hagelte* Vorwürfe. 雨あられのように非難が

浴びせられた. II 自 (h) (爆弾などが)雨あられと降りかかる.

Ha·gel⸗schau·er [ハーゲる・シャオアァ] 男 -s/- 降ひょう.

Ha·gel⸗schlag [ハーゲる・シュらーク] 男 -[e]s/ ..schläge 激しい降ひょう.

Ha·gen¹ [ハーゲン há:gən] 中 -s/《都市名》ハーゲン(ドイツ, ノルトライン·ヴェストファーレン州; ☞ 地図 C-3).

Ha·gen² [ハーゲン] -s/《北欧神》ハーゲン(ニーベルンゲン伝説に登場する勇士).

ha·ger [ハーガァ há:gər] 形 やせて骨ばった.

Ha·ger·keit [ハーガァカイト] 女 -/ やせぎす.

ha·ha! [ハハー hahá: または ハハ] 間 (笑い声:)はつは.

Hä·her [ヘーアァ hé:ər] 男 -s/- 《鳥》カケス.

der **Hahn** [ハーン há:n] 男 《単 2》-[e]s/《複》Hähne [ヘーネ] ① (3格のみ Hähnen) ① おんどり(雄鶏). (英 cock). (対 「めんどり」は Henne; 雌雄の区別なく言うときの「鶏」は Huhn). Die *Hähne* krähen. おんどりが鳴く / Hahn im Korb sein 《口語》大勢の女性に男一人囲まれている, ちやほやされている (←かごの中のおんどり) / Er stolziert umher wie ein *Hahn* [auf dem Mist]. 彼はふんぞり返って歩き回る(←堆肥の上のおんどりのように) / Danach kräht kein *Hahn*. 《口語》そんなことを気にかける者はいない.
② (おんどり形の)風見鶏(かざみどり). ③ 『複 Hähne または 工·方: -en』(ガス·水道の)栓, コック. den *Hahn* auf|drehen (zu|drehen) (水道の栓を開ける(締める). ④ (銃の)撃鉄. den *Hahn* spannen 撃鉄を引く. ⑤ 『複 -en』《狩》雄鳥.

das **Hähn·chen** [ヘーンヒェン hé:nçən] 中 《単 2》-s/《複》- (Hahn の 縮小) 若鶏(わかどり); 《料理》ブロイラー. gebratenes *Hähnchen* ローストチキン.

Häh·ne [ヘーネ] Hahn (おんどり)の 複

Hah·nen⸗fuß [ハーネン・フース] 男 -es/-e 《植》キンポウゲ[属].

Hah·nen⸗kamm [ハーネン・カム] 男 -[e]s/ ..kämme ① とさか(鶏冠). ② 《植》ケイトウ.

Hah·nen⸗schrei [ハーネン・シュライ] 男 -[e]s/-e (特に朝の)鶏の鳴き声.

Hah·nen⸗tritt [ハーネン・トリット] 男 -[e]s/-e ① (卵黄の)胚盤. ② 《複 なし》《織》千鳥格子柄. ③ (馬の)跛行(はこう)症.

Hai [ハイ hái] 男 -[e]s/-e 《魚》サメ.

Hai⸗fisch [ハイ・フィッシュ] 男 -[e]s/-e 《魚》サメ (=Hai).

Hain [ハイン háin] 男 -[e]s/-e 《詩》小さな森; 神苑, 鎮守の森.

Ha·i·ti [ハイーティ haí:ti] 中 -s/《国名》ハイチ[共和国](首都はポルトープランス).

Häk·chen [ヘークヒェン hé:kçən] 中 -s/- (Haken の 縮小) ① 小さな鉤(かぎ). ② 《言》省略記号, アポストロフィー(記号: '); 綴字補助記号(どの上の～など).

Hä·ke·lei [ヘーケらイ hε:kəláı] 女 -/-en 鉤針

häkeln

(かぎばり)編み.

hä·keln [ヘーケルン hέːkəln] **I** 他 (h) (獲物4を)鉤針(かぎばり)で編む. **II** 自 (h) 鉤針(かぎばり)編みをする.

Hä·kel=na·del [ヘーケル・ナーデる] 女 -/-n (編み物用の)鉤針(かぎばり).

ha·ken [ハーケン háːkən] **I** 他 (h) (鉤(かぎ)などに)引っかける(留める・つるす). **II** 自 (h) ① (鉤(かぎ)などに)引っかかっている. ② (アイスホッケーなどで:)スティックで引っかける; (サッカーで:)トリッピングをする.

der **Ha·ken** [ハーケン háːkən] 男 (単2) -s/ (複) – ① **鉤**(かぎ), 掛けくぎ, ホック; 洋服掛け (=Kleider*haken*); 釣り針. (英 *hook*). einen *Haken* in die Wand schlagen 掛けくぎを壁に打ち付ける / *Haken* und Öse 《服飾》フックと留め金 / den Mantel **an** (また **auf**) einen *Haken* hängen コートを洋服掛けに掛ける / **mit** *Haken* und Ösen 《口語》あらゆる手口で, 手段を選ばずに.
② (口語)(思わぬ)障害, 難点. Die Sache hat einen *Haken*. そのことには一つ難点がある.
③ 鉤形(かぎがた)の動き. einen *Haken* schlagen 《狩》(うさぎなどが逃げるときに)急に方向を変える.
④ 鉤状(かぎじょう)の)チェック印. ⑤ (ボクシングの)フック.

Ha·ken=kreuz [ハーケン・クロイツ] 中 -es/-e 鉤(かぎ)十字 (ナチスの記章: 卐).

Ha·ken=na·se [ハーケン・ナーゼ] 女 -/-n 鉤鼻(かぎばな).

** **halb** [ハるプ hálp]

半分の Das Fenster ist *halb* offen.
ダス　ふェンスタァ　イスト　ハるプ　オッふェン
その窓は半開きになっている。

形 (英 *half*) ① 半分の, 2分の1の. ein *halbes* Dutzend 半ダース / ein *halbes* Jahr 半年 / ein *halber* Liter 0.5 リットル / eine *halbe* Stunde 半時間, 30 分 / alle *halbe* Stunde 30 分ごとに / drei und eine *halbe* Stunde 3 時間半 / **auf** *halbem* Wege 半ばで / ein Kleid **mit** *halbem* Arm 半袖(はんそで)のワンピース / **zum** *halben* Preis 半値で / *halbe* Note《音楽》2 分音符 / *halber* Ton《音楽》半音 /, *halb*…, *halb*… 半分は…, 半分は～ ⇨ *halb* weinend, *halb* lachend 半ば泣き, 半ば笑いながら / [mit 人³] *halb* **und** *halb* (または *halbe-halbe*) machen《口語》[人³と]もうけを半々に分ける(損を半々にかぶる).《無冠詞で》*Halb* Europa war besetzt.《状態受動・過去》ヨーロッパの半分が占領されていた. (注 中性の地名の前では冠詞なしで無語尾).
② (時刻)…半, 30 分. Es ist *halb* fünf. 4時半です(←5 時に向かって半分) / Es ist fünf nach (vor) *halb* fünf. 4 時 35 分 (4 時 25 分)です.
③ 不十分な, 不完全な, 中途半端な; 部分的な, 弱められた. eine *halbe* Maßnahme 不十分な処置 / Er hat nur eine *halbe* Arbeit getan. 彼は中途半端な仕事をした / Das ist nur die *halbe* Wahrheit. それは事の真相の一部でしかない / **mit** *halber* Geschwindigkeit 減速して / Er spricht mit *halber* Stimme. 彼は声を抑えて話す / nur mit *halbem* Ohr zuhören (人の言うことを)生半可にしか聞いていない / Das ist *halb* so schlimm. それはそんなにひどいことではない / Das Fleisch ist noch *halb* roh.　その肉はまだ半生(はんなま)だ.◇《名詞的に》nichts *Halbes* und nichts Ganzes sein 不十分でも十分でもない.

④ 半分の, 半分の, かなりの. Er ist ja noch ein *halbes* Kind. 彼はまだほとんど子供だよ / Die *halbe* Stadt weiß es. 町の大半の人がそれを知っている / eine *halbe* Ewigkeit《口語》非常に長い間(←ほとんど永遠に) / sich⁴ *halb* tot|lachen 死ぬほど笑う / *halb* und *halb*《口語》まあまあ, だいたい.

▶ **halb=fertig, halb=gar, halb=links, halb=nackt, halb=offen, halb=rechts, halb=tot, halb=voll**

halb=amt·lich [ハるプ・アムトりヒ] 形 半ば公式の(報道など), 半官半民の(新聞など).

Halb=blut [ハるプ・ブるート] 中 -[e]s/ (動植物の)混血種; 混血の人, ハーフ (=Mischling).

Halb=bru·der [ハるプ・ブルーダァ] 男 -s/..brüder 異父(異母)兄弟.

Halb=dun·kel [ハるプ・ドゥンケる] 中 -s/ 薄暗がり, 薄明.

Halb=edel·stein [ハるプ・エーデるシュタイン] 男 -[e]s/-e《古》準宝石.

hal·be-hal·be [ハるべ・ハるべ] 副《成句的に》[mit 人³] *halbe-halbe* machen《口語》[人³と]もうけを半々に分ける(損を半々にかぶる).

..hal·ben [..ハるべン ..hálbən] 副《副詞をつくる接尾》《古》(…のために) 例: meinet*halben* 私のために, 私としては.

Hal·be[r] [ハるバァ hálbər] 男 女 中《語尾変化は形容詞と同じ》《口語》(ビールなどの)半リットル.

hal·ber [ハるバァ] 前《2 格とともに; 名詞のあとに置かれる》《雅》…のために.　Geschäfte *halber* 仕事のために / der Ordnung *halber* 秩序のために.

..hal·ber [..ハるバァ ..hálbər] 副《副詞をつくる接尾》(…のために) 例: krankheits*halber* 病気のために / sicherheits*halber* 安全のために, 念のために.

Halb=fa·bri·kat [ハるプ・ふァブリカート] 中 -[e]s/-e《経》半[加工]製品.

halb=fer·tig, halb fer·tig [ハるプ・ふェルティヒ] 形 半ば完成した, できかけの, 半製品の.

Halb=fi·na·le [ハるプ・ふィナーれ] 中 -s/-《スポ》準決勝[戦], セミファイナル.

halb=gar, halb gar [ハるプ・ガール] 形 半生(はんなま)の.

Halb=gott [ハるプ・ゴット] 男 -es/..götter《神》(古代神話の)半神半人, (皮肉で:)お偉方. (女性形: ..göttin). *Halbgötter* in Weiß《口語》病院のお偉方たち, 医長たち(←白衣のお偉方たち).

Halb·heit [ハルプハイト] 囡 -/-en 中途半端 [な行為・処置].

hal·bie·ren [ハルビーレン] halbíːrən] 他 (h) 2等分する, 半分にする, 折半する.

die **Halb·in·sel** [ハルプ・インゼる hálpɪnzəl] 囡 (単) (複) -n 半島. (英 peninsula). die Iberische *Halbinsel* イベリア半島.

Halb·jahr [ハルプ・ヤール] 囲 -[e]s/-e 半年, 6 か月. im ersten *Halbjahr* 2000 (=zweitausend) 2000 年の前半に.

halb·jäh·rig [ハルプ・イェーリヒ] 形《付加語としてのみ》生後 6 か月の; 半年[間]の.

halb·jähr·lich [ハルプ・イェーアりヒ] 形 半年ごとの.

Halb·kan·ton [ハルプ・カントーン] 男 -s/-e (スイスの)準州, 半州 (一つの州でありながら行政的には二分されており, それぞれ独自の州名を持つ).

Halb·**kreis** [ハルプ・クライス] 囲 -es/-e 半円. im *Halbkreis* um 人⁴ herum|stehen 人⁴を半円形に囲んで立つ.

halb·kreis·för·mig [ハルプクライス・フェルミヒ] 形 半円形の.

Halb·ku·gel [ハルプ・クーゲる] 囡 -/-n 半球. die nördliche (südliche) *Halbkugel* 北半球 (南半球).

halb·lang [ハルプ・らング] 形 半分(中くらい)の長さの. ein *halblanger* Ärmel 半袖(₅) / [Nun] mach [aber] mal *halblang*!《口語》そんなにいばるな, 大口をたたくな.

halb·**laut** [ハルプ・らオト] 形 小声の.

Halb·le·der [ハルプ・れーダァ] 囲 -s/《書籍》(本の)背革とじ.

Halb·**lei·nen** [ハルプ・らイネン] 囲 -s/ ① 混紡麻布. ②《書籍》(本の)背クロスとじ.

Halb·**lei·ter** [ハルプ・らイタァ] 男 -s/《電》半導体.

halb·links, halb links [ハルプ・リンクス] 形 (サッカーで:)レフト・インナー(左ハーフ)で.

Halb·**mast** [ハルプ・マスト] 副 半旗の位置に. die Flagge⁴ **auf** *halbmast* setzen または *halbmast* flaggen 半旗を掲げる.

Halb·mes·ser [ハルプ・メッサァ] 男 -s/《数》半径 (記号: r, R) (=Radius).

Halb·**mond** [ハルプ・モーント] 男 -[e]s/-e ①《冠なし》《天》半月. ② 半円形のもの.

halb·nackt, halb nackt [ハルプ・ナックト] 形 半裸の.

halb·of·fen, halb of·fen [ハルプ・オッフェン] 形 ① 半ば開いた, 半開きの(花・ドアなど). ② フルタイムでない(看護など).

halb·**part** [ハルプ・パルト] 副《成句的に》mit 人³ *halbpart* machen《口語》人³と山分けする, 折半する.

Halb·pen·si·on [ハルプ・パンズィオーン] 囡 -/ 《ふつう冠詞なして》2 食付き宿泊 (朝食と温かい昼食または夕食付きの宿泊). (△ᐦ 「3 食付き宿泊」は Vollpension).

halb·rechts, halb rechts [ハルプ・レヒツ] 形 (サッカーで:)ライト・インナー(右ハーフ)で.

halb·rund [ハルプ・ルント] 形 半円[形]の.

Halb·schat·ten [ハルプ・シャッテン] 男 -s/-《天・光》半影, 薄暗がり.

Halb·**schlaf** [ハルプ・シュらーふ] 男 -[e]s/ 浅い眠り, うたた寝, まどろみ. 囲⁴ **im** *Halbschlaf* hören うとうとしながら囲⁴を聞く.

Halb·**schuh** [ハルプ・シュー] 男 -[e]s/-e 短靴. (☞ Schuh 図).

Halb·schwer·ge·wicht [ハルプシュヴェァ・ゲヴィヒト] 囲 -[e]s/-e ①《圉 なし》(ボクシングなどの)ライトヘビー級. ② ライトヘビー級の選手.

Halb·schwes·ter [ハルプ・シュヴェスタァ] 囡 -/-n 異父(異母)姉妹.

halb·sei·tig [ハルプ・ザイティヒ] 形 ① 半ページの(記事など). ② 片側だけの(頭痛・麻痺(₅)など). Er ist *halbseitig* gelähmt. 彼は半身不随だ.

Halb·star·ke[r] [ハルプ・シュタルケ(..カァ)] 男 《語尾変化は形容詞と同じ》《口語》ちんぴら, 非行少年.

halb·stün·dig [ハルプ・シュテュンディヒ] 形 《付加語としてのみ》半時間(30 分)の.

halb·stünd·lich [ハルプ・シュテュントりヒ] 形 半時間(30 分)ごとの.

halb·**tä·gig** [ハルプ・テーギヒ] 形《付加語としてのみ》半日[間]の.

halb·**tags** [ハルプ・タークス] 副 半日[間].

Halb·tags·ar·beit [ハルプタークス・アルバイト] 囡 -/-en 半日勤務の仕事.

Halb·**ton** [ハルプ・トーン] 男 -[e]s/..töne ①《音楽》半音. ②《美》中間色調, ハーフトーン.

halb·tot, halb tot [ハルプ・トート] 形 半死半生の, 死にかけた.

halb·**tro·cken** [ハルプ・トロッケン] 形 やや辛口の(ワイン).

halb·voll, halb voll [ハルプ・ふォる] 形 半分ほど入れた(グラスなど), 半盛りの(皿など).

Halb·wai·se [ハルプ・ヴァイゼ] 囡 -/-n 片親を失った子.

halb·wegs [ハルプ・ヴェークス] 副 ① ある程度, 幾分, まあまあ. ② 中途で.

Halb·welt [ハルプ・ヴェると] 囡 -/ 怪しげな社交界, 花町, 花柳界.

Halb·werts·zeit [ハルプヴェーァツ・ツァイト] 囡 -/-en《物》(放射性元素の)半減期.

halb·wüch·sig [ハルプ・ヴュークスィヒ] 形 未成年の, 未成熟の.

Halb·wüch·si·ge[r] [ハルプ・ヴュークスィゲ(..ガァ)] 男 囡《語尾変化は形容詞と同じ》未成年者.

Halb·**zeit** [ハルプ・ツァイト] 囡 -/-en (₅スポ) 試合の前半(後半), ハーフタイム.

Hal·de [ハるデ háldə] 囡 -/-n《雅・坑》ぼた山.

half [ハるふ] ᴴhelfen (助ける)の 過去

häl·fe [へるフェ] ᴴhelfen (助ける)の 接 2 (₅稀)

die **Hälf·te** [へるフテ hélftə] 囡 -/《複》-n ① 半分, 2 分の 1, 半ば. (英 *half*). die erste (zweite) *Hälfte* des Jahres その年の前

半(後半) / die obere (untere) *Hälfte* 上半分(下半分) / Die *Hälfte* der Schüler ist krank. 生徒の半数は病気だ / einen Apfel **in** zwei *Hälften* zerschneiden りんごを二つに切る / **zur** *Hälfte* 半分だけ / meine bessere *Hälfte* 《口語・戯》ベターハーフ, うちの女房(まれに: 亭主).
② (ﾅﾊﾟ)(コートの)半分, サイド. in der gegnerischen *Hälfte* 敵陣内で.

Half·ter [ハるフタァ hálftər] 男 甲 –s/– 《古: 囡 –/–n》(馬などの)端綱(ﾂﾅ).

Hall [ハる hál] 男 –[e]s/–e 《ふつう 単》① 《雅》(しだいに小さくなっていく)音, 響き (=Schall). ② 反響, こだま.

die **Hal·le**[1] [ハれ hálə] 囡 (単) –/(複) –n ① ホール, 大広間, 会堂; 会館. 《英 hall》. Tennis **in** *Halle* 室内テニス.
② (ホテルなどの)ロビー, ラウンジ. Bitte warten Sie in der *Halle*! どうぞロビーでお待ちください.

| メモ ..halle のいろいろ: **Bahnhofshalle** 駅のホール, コンコース / **Eingangshalle** 玄関ホール / **Festhalle** 祝賀会場 / **Hotelhalle** ホテルのロビー / **Markthalle** (ホール型の)屋内市場 / **Sporthalle**, **Turnhalle** 体育館 / **Vorhalle** 玄関ホール

Hal·le[2] [ハれ] 囡 –s/– 《都市名》ハレ(ドイツ, ザクセン・アンハルト州: 〔地図〕 E–3).

hal·le·lu·ja! [ハれるーヤ halelú:ja] 間 《聖歌などで:》ハレルヤ「主をたたえよ」の意味. 祈りや聖歌などで喜びの表現として用いる).

Hal·le·lu·ja [ハれるーヤ] 中 –s/–s ハレルヤ聖歌.

hal·len [ハれン hálən] 自 (h) (声などが)響きわたる; (足音・部屋などが)反響する.

Hal·len⁓bad [ハれン・バート] 中 –[e]s/..bäder 室内(屋内)プール

Hal·len⁓sport [ハれン・シュポルト] 男 –[e]s/ 室内スポーツ(競技).

Hal·lig [ハりヒ hálıç] 囡 –/–en 北海沿岸の小島(堤防がなく平たんなために高潮に没すことがある). die *Halligen* ハリゲン諸島(北海沿岸の群島).

hal·lo! ① [ハろ hálo] 《呼びかけで:》もし もし, ちょっとそこの人; (電話で:)もしもし(特に声がとだえたときなどに). *Hallo*, wer ist am Apparat? (電話で:)もしもし, どちら様ですか. ② [ハろー] (うれしい驚きを表して:)やあ. *Hallo*, da seid ihr ja! やあ, 君たちよく来てくれた. ③ [ハろ] (若者言葉; あいさつで:) 《口語》やあ. *Hallo*, Leute! やあ, みんな.

Hal·lu·zi·na·ti·on [ハるツィナツィオーン halutsinatsió:n] 囡 –/–en (心) 幻覚. optische (akustische) *Halluzinationen* 幻視(幻聴).

der **Halm** [ハるム hálm] 男 (単 2) –[e]s/(複) –e (3 格のみ –en) (草·麦などの)茎. 《英 stem》. Stroh*halm* 麦わら, ストロー / das Getreide[4] **auf** dem *Halm* kaufen 穀物を収穫前に買う / Das Getreide steht gut auf dem *Halm*. 穀物の作柄が良い.

Ha·lo·gen [ハろゲーン halogé:n] 中 –s/–e 《化》ハロゲン[族元素].

Ha·lo·gen⁓schein·wer·fer [ハろゲーン・シャインヴェルふァァ] 男 –s/– 《自動車》(自動車の)ハロゲン前照灯.

‡*der* **Hals** [ハるス háls]

| 首 | Sie hat einen schlanken *Hals*. ズィー ハット アイネン シュらンケン ハるス 彼女はほっそりとした首をしている.

男 (単 2) –es/(複) Hälse [へるゼ] (3 格のみ Hälsen) ① 首, 首すじ; 《医》頚部(ｹｲﾌﾞ). 《英 neck》. (☞ Körper 図). ein kurzer (langer) *Hals* 短い(長い) 首 / ein gedrungener *Hals* ずんぐりした首 / *Hals*- und Beinbruch! 《口語》(激励の言葉として:)がんばれよ / *Hals* **über** Kopf 大あわて(大急ぎ)で.
◆《動詞の目的語として》 人3 den *Hals* **ab·schneiden** (**brechen**, **um|drehen**) 《口語》 a) 人3の首をはねる(折る, ひねって殺す), b)《比》人3を破滅させる / Es **kostet** ihm den *Hals*. それは彼の命取りになりかねない / einen langen *Hals* **machen** 《口語》(よく見ようと)首を伸ばす / sich[3] nach 人·物[3] den *Hals* **verrenken** 《口語》首を伸ばして 人·物[3] を探す(見ようとする).
◆《前置詞とともに》 sich[4] [3] **an** den *Hals* werfen 《口語》 a)人[3]の首に抱きつく, b) 《比》人[3] にしつこく言い寄る / **bis an** den *Hals* (または bis **zum** *Hals*) im Wasser stehen 首まで水につかっている / Das Wasser reicht (または steht) ihm bis an den *Hals*. 《比》 彼は破滅寸前だ / 人·物[4] **am** (または **auf** dem) *Hals* haben 《口語・比》人·物[4]のことでわずらわされている / sich[3] 物[4] **auf** den *Hals* laden 《口語・比》物[4]を背負い込んでしまう / Ich **stecke** bis **über** den *Hals* in Schulden. 《口語・比》私は首まで借金につかっている / 人[3] **um** den *Hals* fallen 人[3]の首に抱きつく / sich[4] **um** den *Hals* reden 《口語・比》うっかり口をすべらせて身の破滅を招く / 人[3] **mit** 物[3] **vom** *Hals* bleiben 《口語》物[3]で人[3]をわずらわせない / sich[3] 人·物[4] **vom** *Hals*[e] schaffen 《口語》人·物[4](やっかいな人·物など)を振り払う.

② のど. 《英 throat》. ein entzündeter *Hals* 炎症を起こしたのど / ein trockener *Hals* からからのど / Mein *Hals* tut weh. 私はのどが痛い / Er kann den *Hals* nicht voll genug kriegen. 《口語》 彼はいくらもらっても満足しない / **aus** vollem *Hals*[e] 大声で / Die Gräte bleibt mir **im** *Hals* stecken. 魚の小骨は私ののどにひっかかったままだ / Ich habe es im *Hals*. 《口語》私はのどが痛い / 物[4] **in** den falschen *Hals* bekommen 《口語》物[4]を誤解して憤慨する / Es hängt (または wächst) mir **zum** *Hals*[e] heraus. 《口語》もうたくさんだ(うんざりだ).

③ (首状のもの:)びんの首, (弦楽器などの)頸部(ｹｲﾌﾞ). einer Flasche[3] den *Hals* brechen (酒の)びんを開ける.

Hals⁓ab·schnei·der [ハるス・アップシュナイダァ] 男 –s/– 《口語》高利貸し, 暴利をむさぼる

人. (女性形: -in).

Hals·band [ハルス・バント] 中 -[e]s/..bänder ① (特に犬の)首輪. ② ネックバンド, 首飾り.

hals·bre·che·risch [ハルス・ブレッヒェリッシュ] 形 命がけの, 危険極まりない.

Häl·se [ハルゼ] ‡Hals (首)の複

Hals·ent·zün·dung [ハルス・エントツュンドゥング] 女 -/-en (医) 咽頭炎, 扁桃(^とう)腺.

Hals⇔ket·te [ハルス・ケッテ] 女 -/-n ネックレス.

Hals⇔krau·se [ハルス・クラオゼ] 女 -/-n ひだのある襟飾り, ひだ襟.

Hals-Na·sen-Oh·ren-Arzt [ハルス・ナーゼン・オーレン・アールツト] 男 -es/..-Ärzte 耳鼻咽喉(^いんこう)科医(略: HNO-Arzt). (女性形: ..-Ärztin).

Hals⇔schlag·ader [ハルス・シュラークアーダァ] 女 -/-n (医) 頸(^けい)動脈.

Hals⇔schmerz [ハルス・シュメルツ] 男 -es/-en (ふつう複) のどの痛み.

hals⇔star·rig [ハルス・シュタリヒ] 形 頑固な, 強情な.

Hals⇔tuch [ハルス・トゥーフ] 中 -[e]s/..tücher スカーフ, ネッカチーフ.

Hals⇔weh [ハルス・ヴェー] 中 -[e]s/ 《口語》のどの痛み (=Halsschmerz).

Hals⇔wir·bel [ハルス・ヴィルベる] 男 -s/- (医) 頸椎(^けいつい).

halt! [ハルト hált] I ‡halten (しっかり持っている) の du に対する命令 II 間 止まれ, やめろ, ストップ. *Halt*! Von rechts kommt ein Auto. ストップ! 右から車が来るよ / *Halt* [mal], das stimmt nicht. 《口語》待ってくれ, それは違うよ.

halt [ハルト] 副 《南ド, オーストリ, スイス》(あきらめを表して) なんといったって, とにかく [⋯のだからしかたがない]. Das ist *halt* so. とにかくそういうことさ.

der **Halt** [ハルト hált] 男 (単2) -[e]s/(複) -e (3格のみ -en) または (複) -s ① (複 なし) 支え, よりどころ, 手(足)がかり. 《英 support》, einen *Halt* finden 手がかりを見つける / den *Halt* verlieren 足がかり(安定)を失う / Er suchte *Halt* an der Felswand. 彼は岩壁に足がかりを探した / Sie hat an ihm einen *Halt*. 《比》彼女は彼を頼りにしている.
② 停止, 休止, 停車. Der Zug fährt ohne *Halt* durch. その列車は止まらずに通過する / 〔人・物〕³ *Halt*⁴ gebieten 《雅》〔人・物〕³の進行を食い止める. ③ (^スイス) 面積.
▶ halt|machen

hält [ヘルト hélt] ‡halten (しっかり持っている; 乗り物が止まる)の3人称単数 現在. Sie *hält* das Baby im Arm. 彼女は赤ちゃんを腕に抱いている / Der Bus *hält* hier nicht. そのバスはここに止まらない.

halt·bar [ハルトバール háltba:r] 形 ① もちのよい(食べ物); 長く使える, 丈夫な(衣服など). *haltbare* Lebensmittel もちのよい(腐りにくい)食料品 / *haltbare* Tuche 丈夫な布. ② 支持できる, 根拠のしっかりした(主張・理論など). 《英》ふつう否定詞とともに用いられる. Diese Behauptung ist nicht *haltbar*. この主張は根拠が弱い. ③ (^スポ) 止められる(シュートなど), (^軍) (攻撃に)耐えうる.

Halt·bar·keit [ハるトバールカイト] 女 -/ 長持ちすること, 耐久性, 持続性.

Halt·bar·keits·da·tum [ハるトバールカイツ・ダートゥム] 中 -s/..daten (食品類の)賞味期限, 品質保証期限.

hal·ten* [ハるテン hálten]

(しっかり)持っている

Keine Angst, ich *halte* die Leiter.
カイネ アングスト イヒ ハるテ ディ ライタァ
だいじょうぶ, ぼくがはしごを支えているから.

- - - - - - - - - - - - - - - - - - -

(乗り物が)止まる

Hält dieser Zug in Hameln?
へるト ディーザァ ツーク イン ハーメるン
この列車はハーメルンに止まりますか.

人称	単	複
1	ich halte	wir halten
2	du **hältst** / Sie halten	ihr haltet / Sie halten
3	er **hält**	sie halten

(hielt, *hat*...gehalten) I 他 (完了) haben) ① (しっかり)持っている, つかんでいる; 支えている. 《英 hold》. eine Stange⁴ *halten* 棒を握っている / Ich *halte* dir die Tasche. 君のバッグを持っていてあげるよ / Er *hielt* ihr den Mantel. 彼は彼女にコートを着せかけてやった / *Haltet* den Dieb! その, 泥棒をつかまえろ / Das Regal *wird* von zwei Haken *gehalten*. 《受動・現在》その棚は 2 本の鉤(^かぎ)で固定されている / ein Kind⁴ **an** (または **bei**) der Hand *halten* 子供の手を取っている / Die Mutter *hält* das Baby **im** Arm. 母親は赤ちゃんを腕に抱いている / 〔物〕⁴ **mit** der Zange fest *halten* 〔物〕⁴をペンチでしっかりはさんでいる.

② 保つ, 守る, 維持する. Die Soldaten *halten* die Stellung. (軍) 兵隊たちが陣地を守っている / den Rekord *halten* 記録を保持している / Er *hat* sein Versprechen (または sein Wort) *gehalten*. 彼は約束を守った / Freundschaft⁴ mit 〔人〕³ *halten* 〔人〕³との親交を保つ / Ordnung⁴ *halten* 秩序を保つ / den Kurs *halten* 針路を変えずに進む / das Tempo⁴ *halten* テンポを保っている / mit 〔人〕³ Schritt⁴ *halten* 〔人〕³と歩調を合わせる / mit 〔物〕³ Haus⁴ *halten* (または haus|halten) 〔物〕³(お金・時間など)を倹約する.

③ (〔人・物〕⁴を...に)しておく, 保つ. Sie *hält* das Essen warm. 彼女は料理を冷めないようにしている / die Wagentür⁴ offen *halten* 車のドアを開けておく / das Zimmer⁴ sauber *halten* 部屋をきれいにしておく / Hunde⁴ bitte **an der** Leine *halten*! (公園などの掲示:)犬は引き綱につないでく

ださい / 物⁴ in Ordnung halten 物⁴をきちんとしておく / 物⁴ vor 人³ geheim halten 囲⁴を人³に秘密にしておく.
④ (会議など⁴を)行う, 催す; (スピーチなど⁴を)する. einen Gottesdienst halten ミサ(礼拝)を行う / einen Mittagsschlaf halten 昼寝をする / Wann wollt ihr Hochzeit halten? 君たちはいつ結婚式をあげるつもりなの / Wache⁴ halten 見張りをする.
⑤ 引き止める, 抑える; 《スポ》(シュート⁴を)止める, セーブする; (水など⁴を)漏らさない. Ich halte Sie nicht. あなたを引き止めはしません.
⑥ 〖成句的に〗人・物⁴ für... halten 〈人・物⁴を…と見なす〉, 思う. Er hält dich für seinen Freund. 彼は君のことを友達だと思っている / Ich halte es für gefährlich. 私はそれは危険だと思う. (⟨文法⟩…には4格の名詞や形容詞がくる).
⑦ 〖方向を表す語句とともに〗(人・物⁴を…へ)動かしてそのままにしておく, かざす, 当てがう. die Hand⁴ an den Ofen halten 手をストーブにかざす / das Negativ⁴ gegen das Licht halten ネガを光にかざす / 物⁴ in die Höhe halten 物⁴を高く掲げる / die Hand⁴ vor den Mund halten 手を口に当てる / den Arm ausgestreckt halten 腕をまっすぐに伸ばしている.
⑧ (犬など⁴を)飼っている; (使用人など⁴を)雇っている; (新聞など⁴を)取っている. Ich halte [mir] Katzen. 私は猫を飼っている / Er hält mehrere Zeitungen. 彼はいくつも新聞を取っている.
⑨ (人・物⁴を…に)扱う. Er hält seine Kinder sehr streng. 彼は子供たちに対してたいへん厳格だ.
⑩ 〖viel⁴, nichts⁴ などとともに; von 人・物³ ~〗(人・物³を…に)評価する. Von ihm halte ich nicht viel. 彼のことを私はあまり買っていない / Was halten Sie von diesem Plan? この計画をどう思いますか.
⑪ 〖es を目的語として成句的に〗es⁴ mit 人・事³ halten a) 人・事³に味方する, 人・事³が好きである, b) 人・事³に対して…の態度をとる. Er hält es immer mit seinem Vater. 彼はいつも父親の肩を持つ / Wie hältst du es mit der Religion? 君は宗教についてどう思う?
II 自 (完了 haben) ① (乗り物などが)止まる, 停車する. (英 stop). Der Bus hält hier nicht. そのバスはここに止まらない / Der Wagen hielt vor dem Haus. 車はその家の前に止まった.
② (食物・天気などが)もつ, 長持ち(持続)する; しっかりしている. Die Rosen halten sicher noch zwei Tage. このばらはきっとあと二日はもちます.
③ 〖成句的に〗an sich⁴ halten 自分の感情を抑える, 自制する. Sie konnte vor Wut nicht mehr an sich halten. 彼女は怒りのあまりもはや自分の感情を抑えることができなかった.
④ 〖auf 囲⁴ ~〗(囲⁴を)重んじる, 気にかける. sehr auf Ordnung halten 秩序を非常に重視する / Sie hält auf sich. 彼女は体面を重んじ

る. ⑤ 〖zu 人³ ~〗(人³に)味方する. Ich halte zu dir. ぼくは君の味方だよ.
III 再帰 (完了 haben) sich⁴ halten ① 持ちこたえる; (食物・天気などが)もつ. Du hast dich in der Prüfung gut gehalten. 君は試験でよくがんばった / Die Milch hält sich bis morgen. この牛乳はあすまでもちます.
② (…の)姿勢をしている; (…の状態に)自分を保つ. Er hält sich aufrecht. 彼は背筋を伸ばしている / sich⁴ ruhig halten じっと落ち着いている. ③ 体を支える. Ich konnte mich nicht mehr halten und fiel. 私はもうバランスを保てなくなって倒れた. ④ 〖方向を表す語句とともに〗(…へ)進み続ける. Halten Sie sich immer nach Norden! ずっと北へ向かって進みなさい.
⑤ 〖場所を表す語句とともに〗(…の)位置にいる. Er hielt sich immer an ihrer Seite. 彼はいつも彼女のそばにいた. ⑥ 〖sich⁴ an 囲⁴ ~〗(囲⁴を)守る, 尊重する; (囲⁴に)依拠する. Man muss sich an die Spielregeln halten. 試合のルールを守らないといけない. ⑦ 〖sich⁴ an 人⁴ ~〗(人⁴に)頼る. In diesem Punkt halte ich mich an ihn. この点については私は彼を頼りにしている.
◇☞ gehalten

Hal·te⹀punkt [ハるテ・プンクト] 男 -[e]s/-e [臨時]停車場.

Hal·ter [ハるタァ háltɐr] 男 -s/- ① 留め具; 取っ手, グリップ, ハンドル. ②《口語》万年筆 (=Füllfederhalter); (ストッキングの)ガーター (=Strumpfhalter); ブラジャー (=Büstenhalter). ③ 乗り物の持ち主 (=Fahrzeughalter); 動物の飼い主 (=Tierhalter). (女性形: -in). ④ 《牧畜》牧人, 牛(羊)飼.

Hal·te·rung [ハるテルング] 女 -/-en 取り付け具, 留め具.

Hal·te⹀sig·nal [ハるテ・ズィグナーる] 中 -s/-e 停止信号.

*die Hal·te⹀stel·le [ハるテ・シュテれ háltə-ʃtɛlə] 女 (単) -/ (複) -n (バス・市街電車などの) 停留所. (英 stop). Bushaltestelle バス停 / An der nächsten Haltestelle müssen Sie aussteigen. 次の停留所であなたは降りなければいけません / zur Haltestelle gehen 停留所へ行く. (☞ 類語) Bahnhof).

Hal·te·ver·bot [ハるテ・フェァボート] 中 -[e]s/-e《交通》停車禁止; 停車禁止区域.

Haltestelle

..hal·tig [..ハるティヒ ..haltıç]《形容詞をつくる接尾》(…を含んだ) 例: alkoholhaltig アルコールを含んだ.

halt⹀los [ハるト・ろース] 形 ① (精神的に)不安

定な, 無定見な, 無節操な. ② 根拠のない(主張・うわさなど).

Halt·lo·sig·keit [ハルト・ローズィヒカイト] 囡 -/ ① (精神的な)不安定, 無定見, 無節操. ② 根拠のないこと, 事実無根.

halt|ma·chen, Halt ma·chen [ハルト・マッヘン, hált-màxən] 圓 (h) 休憩する; [立ち]止まる. **vor** 人・物³ nicht *haltmachen* 人・物³を容赦しない / vor nichts [und niemandem] *haltmachen* 何事にもひるまない.

hältst [ヘルツト héltst] ⇨halten (しっかり持っている; 乗り物が止まる)の2人称親称単数現在. *Hältst* du dein Versprechen? 君は約束を守れる?

die **Hal·tung** [ハルトゥング háltuŋ] 囡 (単) -/(複) -en ① 《ふつう 圏》 姿勢, ポーズ. 《英 *posture*》. eine aufrechte *Haltung*⁴ haben 姿勢がしゃんとしている / *Haltung* an|nehmen 《軍》 直立不動の姿勢をとる / **in** gebückter *Haltung* 身をかがめて.
② 《ふつう 圏》 (精神的な) 態度, 姿勢, 心構え, 考え方, (思想的な)立場. 《英 *attitude*》. eine politische *Haltung* 政治姿勢 / eine progressive (konservative) *Haltung* 進歩的な(保守的な)態度 / eine ablehnende *Haltung*⁴ in (または zu) einer Frage ein|nehmen ある問題に対して拒否的な態度をとる. ③ 〖圏 なし〗 落ち着き, 平静; 自制. die *Haltung*⁴ verlieren 平静を失う. ④ (家畜の)飼育.

> 類語 die **Haltung**: (内面的心構えとしての)態度. das **Verhalten**: (周囲に対する反応としての)態度. (Haltung)より能動的な意味を持つ). vor-bildliches *Verhalten* 模範的な態度. die **Ein-stellung**: (考え方を示す意味での知的)態度. Man bekommt mit der Zeit eine andere *Ein-stellung*. 時代とともに人の態度(考え方)も変わるのだ.

Ha·lun·ke [ハルンケ halúŋkə] 男 -n/-n ならず者; 《戯》いたずら小僧.

Ham·burg [ハン・ブルク hám-bʊrk] 囲 -s/ 《地名・都市名》 ハンブルク(ドイツ 16 州の一つ, およびその州都. エルベ川下流の河港都市. 旧ハンザ同盟の中心地. ドイツ最大の貿易港: ⇨ 地図 E-2).

Ham·bur·ger¹ [ハン・ブルガァ hám-bʊrgər] I 男 -s/- ハンブルクの市民(出身者). (女性形: -in). II 形 〖無語尾で〗 ハンブルクの.

Ham·bur·ger² [ハンブルガァ hámburgər または ヘンベーァガァ hémbə·rgər] [英] 男 -s/- (英語式発音のとき:) -s 《料理》 ① ハンバーグ[ステーキ]. ② ハンバーガー.

Ha·meln [ハーメルン há:məln] 囲 -s/ 《都市名》 ハーメルン(ドイツ, ニーダーザクセン州. 笛吹き男の伝説で知られる: ⇨ 地図 D-2).

hä·misch [ヘーミッシュ hέ:mɪʃ] 形 悪意のある, 意地の悪い, 陰険な.

Ham·mel [ハンメル háməl] 男 -s/- (または Hämmel) ① 去勢された雄羊. ② 〖圏 なし〗 《料理》 羊肉, マトン. ③ 《俗》 間抜け, とんま.

Ham·mel≈bein [ハンメル・バイン] 囲 〖成句的に〗 人³ die *Hammelbeine*⁴ lang ziehen 《口語》 人³をしかりつける / 人⁴ **bei** den *Hammelbeinen* nehmen (または kriegen) 《口語》 a) 人⁴の足をつかむ, b) 《比》 人⁴の責任を追求する.

Ham·mel≈bra·ten [ハンメル・ブラーテン] 男 -s/- 《料理》 羊の焼き肉, ローストマトン.

Ham·mel≈fleisch [ハンメル・ふらイシュ] 囲 -[e]s/ 羊肉, マトン.

Ham·mel≈keu·le [ハンメル・コイれ] 囡 -/-n 羊のもも肉.

Ham·mel≈sprung [ハンメル・シュプルング] 男 -[e]s/ 《政》 再入場採決方式(全議員が一度退場し, 賛成・反対・保留の 3 箇所の入口から入ってその人数を数える採決方法. 元の意味は「羊の跳躍」. 1870年代, 党首のあとに議員が羊のように従ったことから).

der **Ham·mer** [ハンマァ hámər] 男 (単 2) -s/(複) Hämmer [ヘンマァ] (3 格のみ Hämmern) ① ハンマー, つち(槌), 金づち; (陸上競技の)ハンマー. 《英 *hammer*》. Holzhammer 木づち / ein kleiner *Hammer* 小づち / Er schlägt mit dem *Hammer* einen Nagel in die Wand. 彼はハンマーでくぎを壁に打ち込む / Das Haus kommt **unter** den *Hammer*. 《比》 その家は競売に付される / 物⁴ unter den *Hammer* bringen 《比》 物⁴を競売に付す / **zwischen** *Hammer* und Amboss geraten 《比》 窮地に陥る(←ハンマーと鉄床(ヘホ)の間に).
② 《医》 (中耳の)槌骨(タタ); (音楽) (ピアノの)ハンマー. ③ 《サ》 《隠語》 (サッカーなどで:)強いシュート[力]. ④ 《口語》 ひどい間違い; とんでもないこと; すばらしいこと. einen *Hammer* haben 《口語》 頭がおかしい / Das ist ja ein *Hammer*! 《俗》 a) それはとんでもないことだ, b) そいつはすごいや.

Häm·mer [ヘンマァ] Hammer (ハンマー)の 複.

häm·mern [ヘンマァン hémərn] I 圓 (h) ① ハンマーでたたく(打つ), ハンマーを使って仕事をする. ② とんとんと(どんどんと)たたく. **an** die Tür *hämmern* ドアをどんどんたたく. ③ 《口語》 (心臓が)どきんどきんと脈打つ. ④ (ピアノ・タイプライターなどが)ぼつぼつと音をたてる. II 他 (h) ハンマーで加工する(延ばす). ◊ 〖過去分詞の形で〗 *gehämmertes* Gold 圧延金.

Ham·mer≈wer·fen [ハンマァ・ヴェルふェン] 囲 -s/- (2⁵) (陸上競技の)ハンマー投げ.

Hä·mo·glo·bin [ヘモグろビーン hεmoglobí:n] 囲 -s/ 《生・医》 ヘモグロビン, 血色素 (略: Hb).

Hä·mor·rho·i·de [ヘモロイーデ hεmoroí:-də] 囡 -/-n 《ふつう 圏》 《医》 痔(ピ), 痔核.

Hä·mor·ri·de [ヘモリーデ] 囡 -/-n 《ふつう 圏》 =Hämorrhoide

Ham·pel·mann [ハンペる・マン] 男 -[e]s/ ..männer 踊り人形(ひもを引くと手足を動かす); 《口語・比》 (他人の意のままになる)お人よし, ロボット. 人⁴ **zum** *Hampelmann* machen 人⁴を意のままに操る.

Hams·ter [ハムスタァ hámstər] 男 -s/- 《動》 ハムスター.

Hams·te·rer [ハムステラァ hámstərər] 男 -s/- 《口語》 買いだめする(ためこむ)人(ハムスターの

習性から). (女性形: Hamsterin).
Hams·ter·kauf [ハムスタァ・カオフ] 男 -[e]s/..käufe (特に食料品の)買いだめ.
hams·tern [ハムスタァン hámstərn] 自 (h)・他 (h) 買いだめする; (田舎へ)買い出しに行く.
Ha·nau [ハーナオ há:nau] 中 -s/《都市名》ハーナウ(ドイツ, ヘッセン州の都市).

⁂die **Hand** [ハント hánt]

手

Ich habe jetzt keine *Hand* frei.
イヒ　ハーベ　イェッツト　カイネ　ハント　フライ
私は今手が空いていない.

格	単	複
1	die Hand	die Hände
2	der Hand	der Hände
3	der Hand	den Händen
4	die Hand	die Hände

女 (単) -/(複) Hände [ヘンデ] (3格のみ Händen) ① **手**. (英 hand). (⟹「腕」は Arm;「足」は Fuß; ☞ Körper 図). die rechte (linke) *Hand* 右手(左手) / schmale *Hände* ほっそりした手 / die öffentliche *Hand* または die öffentlichen *Hände* 当局, 国家[機関] / *Hände* hoch! 手をあげろ / *Hand* aufs Herz! 誓ってそのとおりです(←手を心臓の上に) / Eine *Hand* wäscht die andere. 《諺》持ちつ持たれつ(←一方の手は他方の手を洗う).
◆《動詞の目的語として》*Hand*⁴ **an**|**legen** 手を貸す, 手伝う / 囚³ die *Hand*⁴ **bieten** 囚³に手をさし出す(和解・あいさつなどの印として) / 囚³ die *Hand*⁴ **drücken** 囚³と握手する / die *Hände*⁴ **falten** (祈るときなどに:)手を[組み]合わせる / 囚³ die *Hand*⁴ **geben** 囚³に握手の手をさし出す / Ich gebe dir die *Hand* darauf. そのことは請け合うよ / schmutzige *Hände*⁴ **haben** a) 手が汚れている, b)《雅》不法行為に関与している / eine milde (または offene) *Hand*⁴ haben 気前がいい / zwei linke *Hände*⁴ haben《口語・比》無器用である / *Hand* und Fuß⁴ haben《比》(計画などが)よく考え抜かれている / bei 囲³ die *Hand*⁴ im Spiel haben 囲³にひそかに関係している / in 囲³ freie *Hand*⁴ haben《比》囲³を意のままにできる / beide *Hände*⁴ voll zu tun haben 仕事を手いっぱいかかえている / die *Hand*⁴ auf die Tasche **halten**《口語》お金を出ししぶる / *Hand*⁴ **heben** (採決のときなどに:)挙手する / 囚³ die *Hand*⁴ **küssen** 囚³の手にキスする/[die] letzte *Hand*⁴ an 物⁴ **legen** 物⁴に最後の仕上げをする / sich³ die *Hände*⁴ **reiben** 手をこすり合わせる / 囚³ die *Hand*⁴ **reichen** 囚³に手をさし出す(握手・キスなどのために) / die *Hände*⁴ **ringen** (絶望して)手をもむ / keine *Hand*⁴ **rühren**《口語》(困っている人を見ても)手をこまねいている / 囚³ die *Hand*⁴ **schütteln** 囚³と握手する / sich³ die *Hände*⁴ **waschen** (自分の)手を洗う.

◆《前置詞とともに》囚³ **an** die *Hand* gehen 囚³を援助する / 囚³ 物⁴ **an** die *Hand* geben 囚³に物⁴を任せる, 用だてる / 物⁴ **an** der *Hand* haben 物⁴を手元に持っている / 囚⁴ **an** der *Hand* haben 囚⁴にコネがある / ein Kind⁴ an der *Hand* führen 子供の手を引く / Das liegt [klar] **auf** der *Hand*. それは明白だ / 囚⁴ **auf** *Händen* tragen 囚⁴を溺愛(㍂)する(←両手にのせて運ぶ) / 物⁴ **aus** der *Hand* geben 物⁴を手放す / 囚³ 物⁴ **aus** der *Hand* nehmen 囚³の手から物⁴を取り上げる / aus der *Hand* (確かな)資料なしに, 詳しく調べないで / aus erster *Hand* a) (車を最初のオーナーから)中古で(買う), b) (当事者から)じかに(聞く) / aus freier *Hand* フリーハンドで / aus zweiter *Hand* a) (車をセカンドオーナーから)中古で, b) (当事者以外の人から)間接的に(聞く) / 物⁴ **bei** der *Hand* haben 物⁴を手元に用意している / 囚⁴ **bei** der *Hand* nehmen 囚⁴の手を取る(案内する) / Er ist mit einer Ausrede schnell bei der *Hand*. 彼はいつでもすぐに口実を見つける / **durch** viele *Hände* gehen 持ち主が何度も変わる / **hinter** vorgehaltener *Hand* a) 口に手を当てて, b)《比》ひそかに / *Hand* **in** *Hand* 手に手を取って, いっしょに / 囚³ **in** die *Hände* fallen 囚³の手中に陥る / 囚・物⁴ **in** die *Hand* (または die *Hände*) bekommen 囚・物⁴をたまたま入手する / 囚・物⁴ **in** der *Hand* haben a) 物⁴を手に持って(手中に収めて)いる, b)《比》囚⁴を意のままにできる / **in** die *Hände* klatschen 拍手する / 物・事⁴ **in** die *Hand* nehmen a) 物⁴を手に取る, b)《比》物・事⁴に取り組む / 囚³ 物⁴ **in** die *Hand* (または die *Hände*) spielen 囚³に物⁴(情報など)をそっと / Das Geld ist bei ihm in guten *Händen*. そのお金は彼のところで大事に保管されている / **mit** der *Hand* schreiben (ワープロなどを使わずに)手で書く / mit beiden *Händen* 両手で / mit bloßen *Händen* 素手で / mit leeren *Händen* a) 手ぶらで, b) 何の成果もなく / mit vollen *Händen* 気前よく, たっぷりと(←両手いっぱいに) / mit der linken *Hand* または mit leichter *Hand*《口語》片手間に, やすやすと / sich⁴ mit *Händen* und Füßen gegen 事⁴ **sträuben** (または **wehren**)《口語》事⁴に必死で抵抗する / **unter** der *Hand* ひそかに, こっそりと /事⁴ **unter** den *Händen* haben 事⁴(仕事など)に取りかかっている / Die Sache geht ihm leicht **von** der *Hand*. これを彼は楽にやってのける / 事⁴ **von** der *Hand* weisen 事⁴を退ける / von der *Hand* in den Mund leben その日暮らしをする / **von** *Hand* **zu** *Hand* gehen 手から手へ渡る, 持ち主が次々に変わる / 物⁴ **zur** *Hand* haben 物⁴を手元に持っている ⇨ Ich habe das Buch gerade nicht zur *Hand*. その本は今私の手元にない / 囚³ **zur** *Hand* gehen 囚³を手伝う(援助する) / 囚³ 物⁴ **zu** treuen *Händen* übergeben 囚³を信頼して任せる / **zur** linken (rechten) *Hand* 左側(右側)に / Firma Meyer, zu *Händen* [von] Herrn

Müller マイアー社気付, ミュラー様. ② 〖複 なし〗 ふつう冠詞なしで〗(サッカーで:)ハンド[リング]. ③ 〖複 なし〗筆跡.
► **Hand╱breit, Hand╱voll**

Hand╱ar·beit [ハント・アルバイト] 囡 –/-en ① 〖複 なし〗手仕事. ② 手作り[の品], 手芸[品].

Hand╱**ball** [ハント・バル] 男 –[e]s/..bälle ① 〖複 なし〗ハンドボール[競技]. ② ハンドボール用のボール.

Hand╱**be·we·gung** [ハント・ベヴェーグンク] 囡 –/-en 手ぶり, 手まね, 手の動き.

Hand╱**bi·blio·thek** [ハント・ビブリオテーク] 囡 –/-en ① 参考図書. ② レファレンスライブラリー(図書館などでひとつのコーナーにまとめられた館内閲覧用図書).

hand╱breit [ハント・ブライト] 形 手の幅ほどの.

Hand╱**breit, Hand breit** [ハント・ブライト] 囡 –/- 手の幅[ほどの長さ], 約10cm.

Hand╱**brem·se** [ハント・ブレムゼ] 囡 –/-n ハンドブレーキ.

Hand╱**buch** [ハント・ブーフ] 中 –[e]s/..bücher ハンドブック, 手引き書.

Händ·chen [ヘントヒェン héntçən] 中 –s/– (Hand の 縮小) 小さな手, おてて. mit 人³ *Händchen*⁴ halten 《口語》人³と手を取り合っている.

※*die* **Hän·de** [ヘンデ] **:** Hand (手)の 複. Er wäscht sich die *Hände.* 彼は手を洗う.

Hän·de╱druck [ヘンデ・ドルック] 男 –[e]s/..drücke 握手.

der **Han·del**¹ [ハンデル hándəl] 男 (単2) –s/– ① 商取引, 商業, 貿易. (英 trade). ein blühender *Handel* 景気のいい商売 / der internationale (überseeische) *Handel* 国際(海外)貿易 / *Handel* und Gewerbe 商工業 / *Handel* mit Rohstoffen 原料の取り引き / *Handel*⁴ treiben 商売をする ⇒ Wir treiben mit diesen Ländern keinen *Handel.* 私たちはこれらの国々とは貿易をしていない / ein neues Produkt⁴ in den *Handel* bringen 新製品を市場に出す.
② 売買契約, 商談. ein günstiger *Handel* 有利な商談 / einen *Handel* mit 人³ ab╱schließen 人³と売買契約を結ぶ / mit 人³ in den *Handel* kommen 人³と商取引を始める.
► **handel╱treibend**

| ..handel の いろいろ: Außenhandel 外国貿易 / Buchhandel 書籍販売業 / Einzelhandel 小売[業] / Freihandel 自由貿易 / Großhandel 卸売商 / Kleinhandel 小売業 / Schwarzhandel 闇取り引き / Straßenhandel 街頭販売 / Tauschhandel バーター取引 / Versandhandel 通信販売 / Welthandel 世界貿易.

Han·del² [ハンデル] 男 –s/Händel 〖ふつう 複〗《雅》(つかみ合いの)けんか, 不和. mit 人³ *Händel*⁴ haben 人³とけんかをしている / mit 人³ *Händel*⁴ suchen 人³にけんかを売る.

Hän·del [ヘンデル hɛ́ndəl] –s/– 《人名》ヘンデル (Georg Friedrich *Händel* 1685–1759)ドイツ生まれのイギリスの作曲家).

***han·deln** [ハンデルン hándəln] ich handle (handelte, *hat* ... gehandelt) Ⅰ 自 (完了) haben) ① 行動する, ふるまう. (英 act). Er *handelt* rasch. 彼はてきぱきと行動する / Wir müssen jetzt *handeln.* 私たちは今行動しなければならない / mutig *handeln* 勇敢にふるまう / Nicht reden, sondern *handeln*! 口で言うより実行だ / **an** 人³ gut (schlecht) *handeln* 人³に親切にする(つらくあたる) / **gegen** 人³ *handeln* 人³に対して友人らしくふるまう. ◇〖現在分詞の形で〗die *handelnden* Personen (ドラマの)登場人物.
② **[mit** 物³ ~**]** (物³の)商売をする, (物³を)商う. Er *handelt* mit Lebensmitteln. 彼は食料品を商っている.
③ **[mit** 人³ ~**]** (人³と)取り引きする, 取り引きがある. Die Firma *handelt* mit vielen Ländern. その商社は多くの国々と取り引きがある.
④ 値切る; 値引きの交渉をする. Er versucht immer zu *handeln.* 彼はいつも値切ろうとする / **um** den Preis von 物³ *handeln* 物³の値段を負けさせる, 物³を値切る. ◇**lassen** とともに〗Er *lässt* sich nicht **mit** sich³ *handeln.* 彼は値引きしてくれない(取り引きに応じない).
⑤ **[von** 人・物³ (または **über** 人・物³) ~**]** (人・物³(または 人・物³)⁴)を扱う, 論じる. Das Buch *handelt* von Napoleon. この本はナポレオンのことを扱っている.
Ⅱ 再帰 (完了) haben) **〖es** *handelt* **sich**⁴ **um** 人・事⁴ の形で〗人・事⁴が問題(話題)となっている, 人・事⁴のことである. Worum *handelt* es sich? — Es *handelt* sich um meine Arbeit. 何の話(用件)ですか — 私の仕事のことです / Bei dem Fremden *handelte* es sich um einen Bruder seiner Frau. その見知らぬ人は彼の奥さんの兄弟だった.
Ⅲ 他 (完了) haben) (株式・商品など⁴を)商う, 取り引きする, 売買する. Gold *wird* jetzt zu hohen Preisen *gehandelt.* 〖受動・現在〗金は目下高値で売買されている.

Han·dels╱ab·kom·men [ハンデルス・アップコンメン] 中 –s/– (国家間の)通商協定.

Han·dels╱**bi·lanz** [ハンデルス・ビランツ] 囡 –/-en ① (会社などの)収支決算[書]. ② 貿易収支.

han·dels╱ei·nig [ハンデルス・アイニヒ] 形 〖成句的に〗*handelseinig* werden 商談がまとまる.

Han·dels╱**flot·te** [ハンデルス・フロッテ] 囡 –/-n (一国の)商船隊.

Han·dels╱**frei·heit** [ハンデルス・フライハイト] 囡 –/ 通商の自由, 自由貿易.

Han·dels╱**ge·sell·schaft** [ハンデルス・ゲゼルシャフト] 囡 –/-en 商事会社. offene *Handelsgesellschaft* 合名会社 (略: OHG).

Han·dels╱**ge·setz** [ハンデルス・ゲゼッツ] 中 –es/-e 商法.

Han·dels╱**ha·fen** [ハンデルス・ハーフェン] 男 –s/.. häfen 商[業]港, 貿易港.

Han·dels≉kam·mer [ハンデるス・カンマァ] 囡 -/-n 商業会議所.

Han·dels≉ma·ri·ne [ハンデるス・マリーネ] 囡 -/-n (一国の)商船隊.

Han·dels≉mar·ke [ハンデるス・マルケ] 囡 -/-n 《商》商標, トレードマーク.

Han·dels≉or·ga·ni·sa·ti·on [ハンデるス・オルガニザツィオーン] 囡 -/-en ① 商業(販売)組織. ② 《圏 なし》(旧東ドイツの)国営販売店, 国営[商]店 (略: HO).

Han·dels≉po·li·tik [ハンデるス・ポリティーク] 囡 -/ 商業(貿易)政策.

Han·dels≉re·gis·ter [ハンデるス・レギスタァ] 田 -s/- 商業登記簿.

Han·dels≉schiff [ハンデるス・シふ] 田 -[e]s/-e 商船.

Han·dels≉schu·le [ハンデるス・シューれ] 囡 -/-n 商業学校.

Han·dels≉span·ne [ハンデるス・シュパンネ] 囡 -/-n マージン, 売買差益.

han·dels≉üb·lich [ハンデるス・ユープりヒ] 形 商慣習[上]の.

Han·dels≉ver·trag [ハンデるス・フェアトラーク] 男 -[e]s/..träge 通商条約; 商事契約.

Han·dels≉ver·tre·ter [ハンデるス・フェアトレータァ] 男 -s/- エージェント, 代理商. (女性形: -in).

Han·dels≉wa·re [ハンデるス・ヴァーレ] 囡 -/-n 商品.

han·del·te [ハンデるテ] ＊handeln (行動する)の 過去.

han·del≉trei·bend, Han·del trei·bend [ハンデる・トライベント] 形 商業(貿易)を営んでいる.

hän·de·rin·gend [ヘンデ・リンゲント] 副 ① もみ手をしながら(絶望・哀願のしぐさ). ② 《口語》せっぱつまって, 緊急に.

Hand≉fe·ger [ハント・フェーガァ] 男 -s/- 手ぼうき.

Hand≉fer·tig·keit [ハント・フェルティヒカイト] 囡 -/ 手先の器用さ, 巧妙さ.

hand≉fest [ハント・フェスト] 形 ① たくましい, がっしりした. ② 栄養たっぷりの, 実質のある(食事など). ③ 確実な, はっきりした(情報など); ひどい. eine *handfeste* Lüge ひどいうそ.

Hand≉feu·er·waf·fe [ハント・フォイアァヴァッふェ] 囡 -/-n 携帯火器(ピストル・小銃など).

Hand≉flä·che [ハント・ふれッヒェ] 囡 -/-n 手のひら.

hand≉ge·ar·bei·tet [ハント・ゲアルバイテット] 形 手作りの, 手製の.

Hand≉geld [ハント・ゲるト] 田 -[e]s/-er ① (昔の:)手付金. ② (雇用の際の)支度金.

Hand≉ge·lenk [ハント・ゲれンク] 田 -[e]s/-e 手首の関節. aus dem *Handgelenk* [heraus] 《口語》a) 即座に, b) やすやすと, 無造作に / ein lockeres (または loses) *Handgelenk*⁴ haben 《口語》すぐ手を上げる(なぐる).

hand≉ge·mein [ハント・ゲマイン] 形 《成句的に》[mit 囚³] *handgemein* werden [囚³と]なぐり合い(つかみ合い)になる.

Hand≉ge·men·ge [ハント・ゲメンゲ] 田 -s/- ① なぐり合い, つかみ合い. ② 《軍》白兵戦, 接近戦.

Hand≉ge·päck [ハント・ゲペック] 田 -[e]s/ 手荷物.

hand≉ge·schrie·ben [ハント・ゲシリーベン] 形 手書きの.

Hand≉gra·na·te [ハント・グラナーテ] 囡 -/-n 手榴弾(りゅうだん).

hand≉greif·lich [ハント・グライふりヒ] 形 ① 明白な, はっきりした. ein *handgreiflicher* Beweis 明白な証拠. ② 腕ずくの, つかみ合いの.

Hand≉griff [ハント・グリふ] 男 -[e]s/-e ① 取り扱い方, 操作[法]. die richtigen *Handgriffe*⁴ lernen 正しい取り扱い方を学ぶ / keinen *Handgriff* tun 指一本動かさない(手伝ってやろうとしない). ② 取っ手, 柄, 握り.

Hand≉ha·be [ハント・ハーベ] 囡 -/-n ① (関与・介入などの)根拠. ② 《鼠》=Handgriff

hand·ha·ben [ハント・ハーベン] hánt-ha:bən] du handhabst, er handhabt (handhabte, hat...gehandhabt) 他 (h) ① (器具などを)取り扱う, 操作する. Das Gerät ist einfach zu *handhaben*. その器具は扱いやすい. ② (法律・方法など⁴を)適用する; 実施する, 処置する.

Hand·ha·bung [ハント・ハーブング] 囡 -/-en ① 取り扱い, 操作; 使用. die *Handhabung* eines Gerätes 器具の取り扱い. ② 適用; 実施, 処置.

Hand≉har·mo·ni·ka [ハント・ハルモーニカ] 囡 -/-s (または ..niken) 《音楽》アコーディオン.

Hand≉held [ヘント・ヘるト] [英] 男 田 -s/-s パームトップ[コンピュータ].

Han·di·cap [ヘンディキャップ] [英] 田 -s/-s = Handikap

Han·di·kap [ヘンディキャプ héndikæp] 田 -s/-s ① ハンディキャップ, 不利な条件. ② (²ス⁷)(ゴルフなどの)ハンディ.

Hand≉ke [ハントケ hántkə] -s/ 《人名》ハントケ (Peter *Handke* 1942- ; オーストリアの作家).

Hand≉kof·fer [ハント・コッふァァ] 男 -s/- 小型トランク, アタッシュケース.

Hand≉kuss [ハント・クス] 男 -es/..küsse ① (男性が女性の)手にするキス(敬意・歓迎を表すためのキス). 慣⁴ *mit Handkuss* tun 《比》慣⁴を喜んでする. ② (聖職者, 特にローマ教皇の)指輪にするキス.

Hand≉lan·ger [ハント・らンガァ] 男 -s/- ① 単純労働者, 下働き. (女性形: -in). ② 《比》手先, へつらって協力する人.

hand·le [ハンドれ] ＊handeln (行動する)の1人称単数 現在.

Händ·ler [ヘンドらァ héndlər] 男 -s/- 商人. (女性形: -in). Gemüse*händler* 八百屋, 青物業者 / ein fliegender *Händler* 行商人 / *Händler* in Textilien 織物商[人].

hand·lich [ハントりヒ] 形 ① 扱いやすい, 手ごろな, ハンディーな. ein *handlicher* Taschenrechner ハンディーなポケット電卓. ② 《^ス》 有能な; すばしこい, 手による.

die **Hand·lung** [ハンドルング hándluŋ] 囡 (単) -/(複) -en ① 行為, 行動, 動作. (英 act). eine unbewusste *Handlung* 無意識の行動 / eine unüberlegte *Handlung* 無分別な行動 / die heilige *Handlung* 《カトリック》 (ミサ・洗礼などの)神聖な儀式. ② (小説・劇の)筋, ストーリー. die *Handlung* des Dramas ドラマの筋. ③ 商売, 商店. Buch*handlung* 書店.

Hand·lungs=be·voll·mäch·tig·te[r] [ハンドルングス・ベふォるメヒティヒテ (..ダァ)] 男 囡 《語尾変化は形容詞と同じ》《法》商事代理人.

hand·lungs=fä·hig [ハンドルングス・フェーイヒ] 形 ① 行動能力のある. ② 《法》行為能力のある.

Hand·lungs=frei·heit [ハンドルングス・フライハイト] 囡 -/ 行動の自由.

Hand·lungs=**rei·sen·de[r]** [ハンドルングス・ライゼンデ (..ダァ)] 男 囡 《語尾変化は形容詞と同じ》セールスマン(セールスウーマン), 外交販売員.

Hand·lungs=wei·se [ハンドルングス・ヴァイゼ] 囡 -/-n (特定の場面での)行動, 態度.

Hand=out, Hand-out [ヘント・アオト] 〔英〕 中 -s/-s (会議・教室などで配布する)プリント, ハンドアウト.

Hand=rei·chung [ハント・ライヒュング] 囡 -/-en ① 手助け. ② 助言, 勧め; 方針.

Hand=rü·cken [ハント・リュッケン] 男 -s/- 手の甲.

Hand=schel·le [ハント・シェれ] 囡 -/-n 《ふつう 複》手錠.

Hand=schlag [ハント・シュらーク] 男 -[e]s/..schläge 《ふつう 単》(誓約・約束の印'しる'としての)握手. ein Versprechen[4] durch *Handschlag* bekräftigen 握手をして約束に念を押す / keinen *Handschlag* tun《口語》何一つしない.

Hand=schrift [ハント・シュリふト] 囡 -/-en ① 筆跡, 手書き. eine deutliche *Handschrift* ははっきりした筆跡. ②《作家や作品などが》作風. ③ 手書きの文書, 原稿; 写本 (略: Hs.; 複 Hss.). eine *Handschrift* aus dem 14. (=vierzehnten) Jahrhundert 14 世紀の写本.

hand=schrift·lich [ハント・シュリふトりヒ] 形 ① 手書きの. ein *handschriftlicher* Lebenslauf 手書きの履歴書. ② 写本の.

der **Hand=schuh** [ハント・シュー hántʃu:] 男 -[e]s/-e (3 格のみ -en) 手袋. (英 glove). ein Paar *Handschuhe* 一組の手袋 / *Handschuhe*[4] tragen 手袋をはめている / *Handschuhe*[4] an|ziehen (aus|ziehen) 手袋をはめる(脱ぐ) /《人》[3] den *Handschuh* hin|werfen 《比》《人》[3]に挑戦する(←手袋を投げつける) / den *Handschuh* auf|nehmen 《比》挑戦に応じる.

Hand=schuh=fach [ハントシュー・ふァッハ] 中 -[e]s/..fächer (自動車助手席の前方の)小物入れ, グラブコンパートメント, グローブボックス.

Hand=spiel [ハント・シュピーる] 中 -[e]s/-e (サッカーの)ハンド[リング].

Hand=stand [ハント・シュタント] 男 -[e]s/..stände (体操の)逆立ち, 倒立.

Hand=streich [ハント・シュトライヒ] 男 -[e]s/-e 《軍》奇襲.

*die **Hand=ta·sche** [ハント・タッシェ hánt-taʃə] 囡 (単) -/(複) -n ハンドバッグ. (英 handbag). eine lederne *Handtasche* 革製のハンドバッグ /《物》[4] aus der *Handtasche* heraus|holen《物》[4]をハンドバッグから取り出す.

Hand=tel·ler [ハント・テらァ] 男 -s/- 手のひら.

das **Hand=tuch** [ハント・トゥーフ hánt-tu:x] 中 (単 2) -[e]s/..tücher [..テューヒャァ] (3 格のみ ..tüchern) ① タオル, 手ぬぐい. (英 towel). ein frisches *Handtuch* 洗いたてのタオル / das *Handtuch*[4] werfen a) (ボクシングで敗北の印として)タオルを投げ入れる, b)《口語》(難しい仕事などを)投げ出す. ②《口語》(タオルのように)細長い部屋(地所).

Hand=um·dre·hen [ハント・ウムドレーエン] 中 《成句的に》 im *Handumdrehen* たちまち, あっという間に(←手を返すうちに).

Hand=voll, Hand voll [ハント・ふォる] 囡 -/- 一握り, 一つかみ; 小数, 少量. eine *Handvoll* Kirschen 一つかみのさくらんぼ / eine *Handvoll* Menschen ほんの少数の人々.

hand=warm [ハント・ヴァルム] 形 適度に温かい, 微温の. 《物》[4] *handwarm* waschen 《物》[4]をぬるま湯で洗濯する.

Hand=wä·sche [ハント・ヴェッシェ] 囡 -/ ① (洗濯物の)手洗い. ② 手洗いしかできない洗濯物.

das **Hand=werk** [ハント・ヴェルク hánt-vɛrk] 中 (単 2) -[e]s/-e (3 格のみ -en) 手仕事; 手工業; (一般に:)技能. ein *Handwerk*[4] aus|üben (または [be]treiben) 手工業を営む / ein *Handwerk*[4] erlernen 手仕事を身につける / Er versteht sein *Handwerk*. 彼は仕事の腕がたつ /《人》[3] das *Handwerk*[4] legen 《比》《人》[3]の悪い行いをやめさせる /《人》[3] ins *Handwerk* pfuschen《人》[3]の領分に手を出す / *Handwerk* hat goldenen Boden. 《諺》芸は身を助ける(←手仕事は黄金の大地を持っている).

Hand=wer·ker [ハント・ヴェルカァ] 男 -s/- 職人, 手工業者. (注意 女性形は Handwerkerin).

hand=werk·lich [ハント・ヴェルクりヒ] 形 手仕事の, 手工業の; 職人仕事の.

Hand·werks=kam·mer [ハントヴェルクス・カンマァ] 囡 -/-n 手工業会議所, 職人組合.

Hand·werks=zeug [ハント・ヴェルクス・ツォイク] 中 -[e]s/ [手]工具, 職人の道具.

Hand=wur·zel [ハント・ヴルツェる] 囡 -/-n 《医》手根(しゅこん), 手首.

das **Han·dy [ヘンディ héndi] 中 -s/-s 携帯電話. (注意 ドイツ製英語). 《人》[4] auf dem *Han-*

dy an|rufen 携帯電話で[人]⁴に電話をかける.

Han·dy=num·mer [ヘンディ・ヌンマァ] [女] -/-n 携帯電話番号.

Hand=zei·chen [ハント・ツァイヒェン] [中] -s/- ① (手による)合図, ジェスチャー;(採決の際の)挙手. ② (文盲の人の)署名代わりの記号.

Hand=zeich·nung [ハント・ツァイヒヌング] [女] -/-en 素描, スケッチ, デッサン.

Hand=zet·tel [ハント・ツェッテル] [男] -s/- ビラ, ちらし.

ha·ne·bü·chen [ハーネビューヒェン há:nəby:çən] [形] 《雅》 途方もない, 恥知らずの. *hanebüchener* Unsinn まったくのナンセンス.

Hanf [ハンふ hánf] [中] -[e]s/ ① 《植》アサ(麻), タイマ(大麻). [wie der Vogel] *im Hanf* sitzen 《比》安楽に暮らしている. ② 麻の繊維. ③ 麻の実.

Hänf·ling [ヘンふリング hénflɪŋ] [男] -s/-e ① 《鳥》ムネアカヒワ. ② 《比》やせて弱々しい人.

Hang [ハング háŋ] [男] -[e]s/Hänge ① 斜面, 坂. ein steiler *Hang* 急な斜面 / den *Hang* hinauf|steigen 斜面を登る. ② 《複なし》傾向, 性癖; 愛着. Er hat einen *Hang* zum Alkohol. 彼は飲み癖がある. ③ (体操で:) (鉄棒などの)懸垂(%).

Han·gar [ハンガール háŋga:r または ..ガール] [男] -s/-s (飛行機などの)格納庫.

Hän·ge=bauch [ヘンゲ・バオホ] [男] -[e]s/..bäuche たれ腹, ほてい腹; 《医》下垂腹.

Hän·ge=brü·cke [ヘンゲ・ブリュッケ] [女] -/-n つり橋.

Hän·ge=lam·pe [ヘンゲ・らンペ] [女] -/-n ペンダント式ランプ.

Hän·ge=mat·te [ヘンゲ・マッテ] [女] -/-n ハンモック.

*****hän·gen**¹* [ヘンゲン héŋən]

掛かっている

Wo *hängt* mein Mantel?
ヴォー ヘングト マイン マンテる
私のコートはどこに掛かっていますか.

(hing, *hat...*gehangen) [自] 《完了》haben) ① 『場所を表す語句とともに』(…に)掛かっている, ぶら(たれ)下がっている; 《雅》(煙・霧などが)たれ(立ち)込めている. 《変 *hang*). Das Bild *hängt* **an** der Wand. その絵は壁に掛けてある / Das Kind *hing* ihm am Hals. その子は彼の首に抱きついていた / Die Zuhörer *hingen* **an** seinen Lippen. 《比》聴衆は彼の話に聞き入っていた / Sie *hingen* **aus** den Fenstern. 彼らは窓から身を乗り出していた / Die Zweige *hängen* bis **auf** die Erde. 枝が地面まで垂れ下がっている / Der Anzug *hängt* **im** Schrank. スーツは洋服だんすに掛かっている / Feuchte Nebel *hingen* **über** der Stadt. 《雅》湿っぽい霧がその町にたれ込めていた / Die Uhr *hängt* schief. その時計は斜めに掛かっている / die Wäsche⁴ *hängen* lassen 洗濯物を掛けっぱなしにする / den Kopf *hängen* lassen うなだれる / Er ist mit der Hose an einem Nagel *hängen* geblieben. 『現在完了』彼はズボンがくぎに引っかかって動けなかった.

◊〖**voll[er]**〗 とともに〗(…で)いっぱいである. Der Schrank *hängt* voller Kleider². 洋服だんすには服がびっしり掛かっている.

② 〖**an** [人・物]³ ~〗([人・物]³に)執着している, 愛着を持っている. Sie *hängt* sehr an dem Kind. 彼女はその子にべったりだ / am Geld *hängen* お金に執着している / an der Heimat *hängen* 故郷に愛着を持っている.

③ 〖**an** [人・物]³ ~〗([人・物]³に)しだいである. Das *hängt* an ihm, ob… …かどうかは彼しだいだ / Woran *hängt* es denn noch? 《口語》どこに問題(原因)があるのかな.

④ 《口語》(ひっかかって)停滞している, 滞る, 居続ける. Der Prozess *hängt* immer noch. その訴訟はいまだに決着がつかない / am Telefon *hängen* 長電話をしている / in der Kneipe *hängen* 飲み屋でねばっている / Er *hängt* in Mathematik. 彼は数学の成績が悪い.

⑤ (壁などが)傾いている.

▶ **hängen|bleiben, hängen|lassen**

*****hän·gen**² [ヘンゲン héŋən]

掛ける

Hängen Sie das Bild an die Wand!
ヘンゲン ズィー ダス ビるト アンディ ヴァント
その絵を壁に掛けなさい.

(hängte, *hat...*gehängt) **I** [他] 《完了》haben) ① 『方向を表す語句とともに』([人・物]⁴を…へ)掛ける, ぶら下げる, つるす. 《変 *hang*). Er *hängte* den Mantel **an** (または **auf**) einen Haken. 彼はコートをフックに掛けた / eine Fahne⁴ **aus** dem Fenster *hängen* 旗を窓からたらす / Er *hat* den Anzug **in** den Schrank *gehängt*. 彼はスーツを洋服だんすに掛けた / eine Lampe⁴ **über** den Tisch *hängen* 電灯をテーブルの上につるす.

② ([人]⁴を)絞首刑にする.

II [再帰] 《完了》haben) *sich*⁴ *hängen* ① 〖*sich*⁴ **an** [人・物]⁴ ~〗(物⁴に)ぶら下がる, しがみつく; (泥などが[人・物]⁴に)くっつく. *sich*⁴ an einen Ast *hängen* 枝にぶら下がる / *sich*⁴ an [人]⁴ *hängen* 《比》[人]⁴につきまとう / *sich*⁴ ans Telefon *hängen* 《口語・比》長電話をする.

② 〖*sich*⁴ **an** [人・物]⁴ ~〗([人・物]⁴に)執着する, 夢中になる. *sich*⁴ ans Geld *hängen* お金に執着する. ③ 首をくくって死ぬ.

hän·gen|blei·ben*, **hän·gen blei·ben*** [ヘンゲン・ブらィベン héŋən-blàɪbən] [自] (s) ① (記憶などに)残っている. Von dem Vortrag *ist* bei mir wenig *hängengeblieben*. 『現在完了』その講演はあまり印象に残らなかった. ② 《口語》進級できない; (…で)居残する. Er *wird* wohl dieses Jahr *hängenbleiben*. 彼はたぶん今年留年するだろう.

► **hängen**¹ ①

hän·gen|las·sen*, hän·gen las·sen*
[ヘンゲン・ラッセン héŋən-làsən] 過分 hängen-
[ge]lassen / hängen [ge]lassen I 他 (h)《口語》
《約束を守らずに(人⁴を)ほったらかしにする. II
再動 (h) *sich⁴ hängenlassen*《口語》だらけ
る. *Lass dich nicht so hängen!* そんなにのらくらす
るな.

► **hängen**¹ ①

Hän·ger [ヘンガァ héŋər] 男 -s/- ①(女性・
子供用の裾(ま)の広がったコート, スモック. ②
《口語》トレーラー.

häng·te [ヘングテ] ※hängen² (掛ける)の過去.

Han·na [ハンナ hána] -s/《女名》ハンナ
(Johanna の 短縮).

Han·no·ver [ハノーふァァ hanó:fər] 田 -s/
《都市名》ハノーファー(ドイツ, ニーダーザクセン州の州
都で, 経済・文化の中心地: ☞ 地図 D-2).

Han·no·ve·ra·ner [ハノヴェラーナァ hanovərá:nər] I 男 -s/- ハノーファーの市民(出身者).
(女性形: -in). II 形《無語尾で》ハノーファーの.

Hans [ハンス háns] I《男名》ハンス (Johann[es] の 短縮). I 男 -/Hänse (平凡な人の代名詞とし
てもつう軽蔑的に)…さん, 奴, やつ. *Hans* im Glück 幸運児, ラッキーボーイ / *Hans* Liederlich 道楽
者, ぐうたら / Jeder *Hans* findet seine Grete.
破鍋(な)に綴蓋(ぬた)(←どのハンスも自分のグレーテ
を見つけるものだ).

Häns·chen [ヘンスヒェン hénsçən] -s/《男
名》ハンスちゃん (Hans の 縮小).

Hans⸗dampf [ハンス・ダンプふ] 男《ふつう成
句的に》 ein *Hansdampf* in allen Gassen
《口語》知ったかぶり[をする人], おせっかい屋.

Han·se [ハンゼ hánzə] 女 -/《史》ハンザ同盟
(中世のドイツ北部を中心とする北ヨーロッパ商業都市
の同盟).

han·se·a·tisch [ハンゼアーティッシュ hanzeá:-
tɪʃ] 形 ハンザ同盟[都市]の.

Hän·sel [ヘンゼル hénzəl] -s/《男名》ヘンゼル
(Hans の 愛称). „*Hänsel* und Gretel "『ヘンゼ
ルとグレーテル』(グリム童話の一つ).

hän·seln [ヘンゼルン hénzəln] 他 (h) なぶりも
のにする, からかう.

Han·se⸗stadt [ハンゼ・シュタット] 女-/..städ-
te [..シュテーテ]《史》ハンザ同盟都市; ハンザ自
由都市(ブレーメン・ハンブルク・リューベックなど).

Hans⸗wurst [ハンス・ヴルスト] 男 -[e]s/-e
(戯: ..würste). ① (18世紀の演劇の)道化役.
② 《俗》ばか者, おろか者.

Han·tel [ハンテル hántəl] 女 -/-n (体操の)
亜鈴(あれ), (重量挙げの)バーベル.

han·tie·ren [ハンティーレン hantí:rən] 自 (h)
① 『場所を表す語句とともに』(…で手を使って)
せっせと働く. ②『mit 物³ ~』(物³を)操作す
る, 使って仕事をする.

ha·pern [ハーパァン há:pərn] 非人称 (h) ①
『*es hapert* an 人・物³ の形で』人・物³が不足して
いる, 足りない. Bei ihm *hapert* es stets am
Geld. 彼はいつも金に不自由している. ②
『*es hapert* mit (または in) 物³』物³がは

かどらない, うまくいかない. Es *hapert* mit der
Bezahlung. 支払いが滞っている / Es *hapert*
bei ihm in Chemie. 彼は化学が不得手だ.

Hap·pen [ハッペン hápən] 男 -s/-《口語》一
口[の食物]. schnell einen *Happen* essen
急いで一口食べる / ein fetter *Happen*《比》う
まいもうけ口.

Hap·pe·ning [ヘッペニング hépənɪŋ] 田
-s/-s (特に前衛芸術・演劇における)ハプニング.

hap·pig [ハピヒ hápɪç] 形 法外な, やりすぎの, ひ
どい.

Hap·py⸗end, Hap·py End [ヘッピ・エント]
《英》田 -[s]/-s ハッピーエンド.

Här·chen [ヘーァヒェン hé:rçən] 田 -s/-
(Haar の 縮小) 細毛, わた毛.

Hard⸗co·ver [ハールト・カヴァァ]《英》田 -s/-s
ハードカバー.

Hard⸗ware [ハールト・ヴェーァ]《英》女 -/-s
《コンピュ》ハードウェア. (⇔「ソフトウェア」は Soft-
ware).

Ha·rem [ハーレム há:rɛm] 男 -s/-s ① (イス
ラム教国の)後宮, ハーレム. ② (総称として:)ハー
レムに住む女たち.

Hä·re·sie [ヘレズィー herezí:] 女 -/-n [..ズィー
エン] ①《カック》異端. ② 異論, 異説.

Hä·re·ti·ker [ヘレーティカァ heré:tikər] 男
-s/-《カック》異端者. (女性形: -in). ② 異
説を唱える者, 異端児.

die **Har·fe** [ハルふェ hárfə] 女 (単) -/(複) -n
① (音楽) ハープ, たて琴. (英 harp). *Harfe*⁴
(または auf der *Harfe*) spielen ハープを弾く /
die *Harfe*⁴ zupfen ハープをつま弾く. ②
《方》(牧草などの)乾燥棚.

Har·fe·nist [ハルふェニスト harfənɪst] 男 -en/
-en ハープ奏者. (女性形: -in).

Har·ke [ハルケ hárka] 女 -/-n ①《北ド》熊
手, レーキ. Dem werde ich zeigen, was
eine *Harke* ist.《俗》あいつに思い知らせてやろ
う. ②《俗》(櫛状(に)の)アンテナ; 櫛.

har·ken [ハルケン hárkən] 他 (h)《北ド》①
(土・苗床など⁴を)レーキでかきならす. ② (芝生
など⁴を)きれいにする. ③ (落葉など⁴を)熊
手でかき集める.

Har·le·kin [ハルレキーン hárleki:n] 男 -s/-e
(劇) (イタリア喜劇の)アルルカン, 道化役; 《比》
おどけ者.

Harm [ハルム hárm] 男 -[e]s/《雅》心痛, 悲
嘆, 深い悲しみ.

här·men [ヘルメン hérmən] I 再動 (h) *sich*⁴
härmen《雅》深く悲しむ, 悲嘆する. *sich*⁴ um
人・事⁴ *härmen* 人・事⁴のことで心を痛める. II
他 (h) (人⁴を)深く悲しませる.

harm⸗los [ハルム・ろース hárm-lo:s] 形
(比較) harmloser, (最上) harmlosest) ① 無害の,
危険のない; (病気などが)軽度の. (英 harmless).
Dieses Schlafmittel ist ganz *harmlos*. この
睡眠薬はまったく副作用がない. ② 悪意のな
い; 無邪気な, 罪のない. eine *harmlose* Frage
無邪気な質問.

Harm・lo・sig・keit [ハルム・ローズィヒカイト] 囡 -/-en ① 〚醐 なし〛 無害, 危険のないこと. ② 悪意のないこと, 無邪気[な言動].

Har・mo・nie [ハルモニー harmoníː] 囡 -/-n [..ニーエン] ① 〚音楽〛和音, 協和音, ハーモニー; (色・形などの)融合. 〚ﾑﾀ〛「不協和音」は Disharmonie). ② 調和, 一致, 和合. *Harmonie* zwischen Leib und Seele 肉体と精神との調和 / mit 囚³ in *Harmonie* leben 囚³と仲良く暮らす.

har・mo・nie・ren [ハルモニーレン harmoníːrən] 自 (h) ① 〚音楽〛和音になる. ② 〚mit 囲³ ~〛 よろっかぶと, 合う. Der Hut *harmoniert* gut mit der Handtasche. その帽子はハンドバッグによく合う. ③ 〚mit 囚³ ~〛(囚³と)仲が良い. Die Eheleute *harmonieren* gut miteinander. その夫婦は仲が良い.

Har・mo・ni・ka [ハルモーニカ harmóːnika] 囡 -/-s (または ..niken) ① 〚音楽〛アコーディオン(=Hand*harmonika*); ハーモニカ (=Mund*harmonika*). ② (列車などの)連結幌（ほろ）; (写真機の)蛇腹.

har・mo・nisch [ハルモーニッシュ harmóːnɪʃ] 形 ① 〚音楽〛和声の, 協和音の. ② 調和のとれた; 仲のいい, むつまじい. eine *harmonische* Bewegung 調和のとれた動き / eine *harmonische* Reihe 〚数〛調和数列 / Sie leben sehr *harmonisch* miteinander. 彼らは互いに仲むつまじく暮らしている.

Har・mo・ni・um [ハルモーニウム harmóːnium] 田 -s/..nien [..ニエン] (または -s) 〚音楽〛(足踏み式の)オルガン, ハルモニウム(リードオルガンの一種). 〚ﾑﾀ〛「パイプオルガン」は Orgel.

Harn [ハルン hárn] 男 -[e]s/-e 尿 (=Urin). *Harn*⁴ lassen 小便をする.

Harn♢bla・se [ハルン・ブらーゼ] 囡 -/-n 〚医〛膀胱（ぼうこう）.

Har・nisch [ハルニッシュ hárnɪʃ] 男 -[e]s/-e 甲冑(かっちゅう), よろいかぶと. 囚⁴ in *Harnisch* bringen 〚比〛囚⁴を激怒させる / in *Harnisch* geraten (または kommen)〚比〛激怒する.

Harn♢lei・ter [ハルン・らイタァ] 男 -s/- 〚医〛尿管.

Harn♢röh・re [ハルン・レーレ] 囡 -/-n 〚医〛尿道.

Harn♢säu・re [ハルン・ゾイレ] 囡 -/ 〚化〛尿酸.

harn♢trei・bend [ハルン・トライベント] 形 利尿性の. *harntreibendes* Mittel 利尿剤.

Har・pu・ne [ハルプーネ harpúːnə] 囡 -/-n (特に捕鯨用の)もり(銛).

har・pu・nie・ren [ハルプニーレン harpuníːrən] 他 (h) (鯨など⁴に)もりを撃ち込む.

har・ren [ハレン hárən] 自 (h) 〚囚・事² (または auf 囚・事⁴) ~〛(雅) (囚・事²(または囚・事⁴)を)待ち望む, 待ちわびる; 〚比〛(任務などが囚²に)待ち受けている.

harsch [ハルシュ hárʃ] 形 ① 氷結した, 凍って固くなった(雪面の); (雅) 氷のように冷たい(風など). ② (雅) 無愛想な, ぶっきらぼうな, 辛らつな.

Harsch [ハルシュ] 男 -[e]s/ (表面が水結した)硬雪, クラスト.

＊hart [ハルト hárt]

| 固い, 堅い | Das Brot ist *hart*.
ダス ブロート イスト ハルト
このパンは堅い. |

I 形 (比較) härter, (最上) härtest) (英 hard) ① 固い, 堅い. 〚ﾑﾀ〛「柔らかい」は weich). *hartes* Holz 堅い木材 / ein *hartes* Ei 固ゆでの卵 / *hart* wie Stahl 鋼のように硬い ヘロインなど) / einen *harten* Kopf haben 頑固である, 頭が固い.
② 厳しい, 厳格な, 非情の. ein *hartes* Herz 冷酷な心 / eine *harte* Strafe 厳罰.
③ (仕事などが)困難な, 骨の折れる. eine *harte* Arbeit つらい仕事 / ein *harter* Kampf 苦闘 / Es kommt mich *hart* an, dir das zu sagen. それを君に言うのはつらい.
④ (度合などが)強い, 激しい, 厳しい. *harte* Getränke アルコール度の強い飲み物 / *harte* Farben どぎつい色彩 / *harte* Drogen ハードドラッグ(依存症を招く強い麻薬. ヘロインなど) / ein *harter* Winter 厳しい冬 / ein *hartes* Negativ コントラストの強いネガ / Es geht *hart* auf *hart*. 大激戦(論)になっている, 事態は大詰めを迎えている / ein *hartes* Französisch⁴ sprechen (発音が)硬いフランス語を話す.
⑤ (人が)たくましい, タフな. *harte* Burschen タフな連中 / Er ist *hart* im Nehmen. 〚比〛彼は受け身にまわったときに強い(失敗や批判にへこたれない).
⑥ (通貨が)安定した, 強い.
⑦ (水が)硬質の. *hartes* Wasser 硬水.
II 副 すぐ近くに, 接近して, すれすれに. Das Haus liegt *hart* an der Straße. その家は道路すれすれにたっている / *hart* an der Grenze 国境のすぐそばに.
► **hart♢gekocht**

Här・te [ヘルテ hértə] 囡 -/-n ① 堅いこと, 堅さ, 堅固; (通貨の)安定性; (水の)硬度. die *Härte* des Eisens 鉄の硬度 / die *Härte* des japanischen Yen 日本円の安定性. ② (法律などの)厳しさ, (運命などの)過酷さ. ③ (色・音の)強さ, どぎつさ; (差異・コントラストなどの)著しさ.

Här・te♢fall [ヘルテ・ふぁる] 男 -[e]s/..fälle (法規を厳格に適用することによって生じる)社会的不公正の事例(被害者).

här・ten [ヘルテン hértən] 他 (h) 堅く(強く)する, (鉄など⁴を)鍛える, (プラスチック・脂など⁴を)硬化させる. ◊「再帰的に」 sich⁴ *härten* 堅くなる, 硬化する. II 自 (h) 堅くなる, 硬化する.

här・ter [ヘルタァ] ＊hart (固い)の 比較

här・test [ヘルテスト] ＊hart (固い)の 最上

Hart♢fa・ser・plat・te [ハルト・ふぁーザァプらッテ] 囡 -/-n 硬質ファイバーボード, 硬質繊維板.

hart♢ge・kocht, hart ge・kocht [ハルト・ゲコッホト] 固ゆでの(卵など).

Hart♢geld [ハルト・ゲルト] 田 -[e]s/ 硬貨, コイ

hart·ge·sot·ten [ハルト・ゲゾッテン] 形 非情な、ハードボイルドの; 悔い改めない(犯人など).

Hart⇒gum·mi [ハルト・グンミ] 男 中 -s/ 硬化ゴム、エボナイト.

hart⇒her·zig [ハルト・ヘルツィヒ] 形 無情な、冷酷な.

Hart⇒holz [ハルト・ホルツ] 中 -es/..hölzer 硬材(ツゲやコクタンなどの硬い木材).

hart⇒lei·big [ハルト・らイビヒ] 形 ① 頑固な. ② 〖医〗便秘の.

Hart·mann [ハルト・マン hárt-man] 〈姓〉 -s/ ハルトマン.

hart·nä·ckig [ハルト・ネキヒ hárt-nɛkɪç] 形 〈英 obstinate〉 ① 頑固な、強情な; 粘り強い. ein *hartnäckiger* Bursche 頑固な野郎 / *hartnäckig*[4] leugnen あくまでも[4]を否定する. ② (病気が治りにくい). eine *hartnäckige* Erkältung しつこい風邪.

Hart·nä·ckig·keit [ハルト・ネキヒカイト] 女 -/ 頑固さ、強情さ.

Harz[1] [ハールツ há:rts] 中 -es/-e 樹脂、[松]やに.

der **Harz**[2] [ハールツ] 男 〖定冠詞とともに〗《山名》ハルツ山地(ドイツ中央部の山地). ☞〖地図〗E-3).

har·zig [ハールツィヒ há:rtsɪç] 形 ① 樹脂の多い; 樹脂を含んだ. ②《ᴬ》長引く、だらだらとした、やっかいな.

Ha·sar·deur [ハザルデーア hazardǿ:r] 男 -s/-e 賭博(とばく)師; 〖比〗勝負師、向こう見ずな人. (女性形: -in).

Ha·sard⇒spiel [ハザルト・シュピール] 中 -[e]s/-e 賭博(とばく); 〖比〗投機[的企て]、ばくち.

Hasch [ハッシュ háʃ] 中 -s/ 〖口語〗 = Haschisch

Ha·schee [ハシェー haʃé:] 中 -s/-s 〖料理〗ひき肉(こま切れ肉)料理.

ha·schen[1] [ハッシェン háʃən] I 他 (h) すばやく捕える. ◇〖相互的に〗*sich*[4] *haschen* 鬼ごっこをする. II 自 (h) 〖**nach** 物・事[3] ~〗〖物[3]を捕えようとする. 〖比〗〖事[3]を得ようとする.

ha·schen[2] [ハッシェン] 自 (h) (h) ハシッシュを吸う.

Häs·chen [ヘースヒェン hé:sçən] 中 -s/- (Hase の縮小) 小うさぎ.

Ha·schisch [ハシッシュ háʃɪʃ] 中 男 -[s]/ ハシッシュ(インド大麻から作る麻薬).

der **Ha·se** [ハーゼ há:zə] 男 〖単2・3・4〗 -n/〖複〗 -n ① 〖動〗ノウサギ(野兎). 〈英 hare〉. 〈ᴀᴇ〉「カイウサギ」は Kaninchen. Der *Hase* hoppelt. 野うさぎがぴょんぴょん跳んで行く / ein alter *Hase* 〖口語〗老練の士、ベテラン / Er ist furchtsam wie ein *Hase*. 彼はうさぎのように臆病(おくびょう)だ / Er weiß, wie der *Hase* läuft. 〖口語〗彼は物事の先が読める(←うさぎがどのように走るかを) / Er ist kein heuriger *Hase* mehr. 〖口語〗彼は初(うぶ)の素人ではない / Da liegt der *Hase* im Pfeffer. 〖口語〗そこが肝心なところだ. ② 〖複〗なし; 〖天〗うさぎ座.

Ha·sel⇒nuss [ハーゼる・ヌス] 女 -/..nüsse 〖植〗 ① ハシバミ[の木]. ② ヘーゼルナッツ(はしばみの実).

Ha·sen⇒bra·ten [ハーゼン・ブラーテン] 男 -s/- うさぎの焼き肉.

Ha·sen·fuß [ハーゼン・フース] 男 -es/..füße 〖口語〗(ののしって:)臆病(おくびょう)者.

Haselnuss

Ha·sen⇒pa·nier [ハーゼン・パニーア] 中 〖成句的に〗das *Hasenpanier*[4] ergreifen 〖脱兎(だっと)のごとく〗逃亡する、すばやく逃げ去る.

Ha·sen⇒schar·te [ハーゼン・シャルテ] 女 -/-n (差別的に:)みつくち、兎唇(としん). 〈ᴀᴇ〉差別的とみなされるため Lippenspalte「口唇裂」を用いるほうが好ましい).

Hä·sin [ヘーズィン hé:zɪn] 女 -/..sinnen 雌うさぎ.

Has·pel [ハスペる háspəl] 女 -/-n (まれに 男 -s/-) 〖工〗巻き上げ機、ウインチ; 〖織〗糸巻き車.

has·peln [ハスペるン háspəln] I 他 (h) 〖工〗巻き上げる; 〖織〗(糸[4]を)糸車に巻く. II 自 (h) (h) 気ぜわしく働く; せっかちにしゃべる.

der **Hass** [ハス hás] 男 〖単2〗 Hasses/ 憎しみ、憎悪. 〈英 hate〉. 〈ᴀᴇ〉「愛」は Liebe). blinder *Hass* やみくもの憎悪 / *Hass*[4] **auf** (または **gegen**) 人[4] empfinden 人[4]に憎しみをいだく / **aus** *Hass* 憎しみにかられて / sich[3] den *Hass* der Kollegen[2] zu|ziehen 同僚たちの恨みをかう.

has·sen [ハッセン hásən] du hasst, er hasst (hasste, hat...gehasst) 他 〈英 haben〉 憎む、(ひどく)嫌う. 〈英 hate〉. 人・物[4] **auf den Tod** *hassen* 人・物[4]を徹底的に憎む(←死ぬほど) / Ich *hasse* den Krieg. 私は戦争を憎む / Sie *hasst* es, laut zu sprechen. 彼女は大きな声で話すのをひどく嫌う.

has·sens⇒wert [ハッセンス・ヴェーアト] 形 憎むべき.

hass⇒er·füllt [ハス・エァふュるト] 形 憎しみに満ちた.

häss·lich [ヘスリヒ héslɪç] 形 ① 醜い、不格好な. 〈英 ugly〉. 〈ᴀᴇ〉「美しい」は schön〉. ein *hässliches* Gesicht 醜い顔. ② いやな、不快な; 下劣な、ひどい. *hässliches* Wetter いやな天気 / *hässliche* Worte 下品な言葉 / *hässlich* **von** 人[3] sprechen 人[3]を悪しざまに言う.

Häss·lich·keit [ヘスリヒカイト] 女 -/-en ① 〖複 なし〗(外見の)醜さ; (性質などの)卑劣さ. ② 〖複〗卑劣な言動.

hasst [ハスト] hassen (憎む) の 2 人称親称単数・3 人称単数・2 人称親称複数 現在.

hass·te [ハステ] hassen (憎む) の 過去.

***hast** [ハスト hást] haben (持っている) の 2 人称親称単数 現在. *Hast* du ein Auto? 君は車を持っている? 〈ᴀᴇ〉完了の助動詞 ☞

haben III).

die **Hast** [ハスト hást] 囡 (単) –/ あわただしさ, [大]急ぎ. (英 haste). **in** (または **mit**) **groβer** *Hast* 大急ぎで / **ohne** *Hast* あわてずに.

has·ten [ハステン hástən] 圓 (s) 《雅》(…へ)急ぐ. **zum Bahnhof** *hasten* 駅へ急ぐ.

has·tig [ハスティヒ hástıç] 形 ひどく急いだ, せかせかした; 性急な. (英 hasty). *hastige* **Schritte** 急ぎ足 / **eine** *hastige* **Abreise** あわただしい旅立ち / **Sie sprach** *hastig*. 彼女ははきこんでしゃべった. (⇨ 類語 eilig).

‡**hat** [ハット hát]

> 持っている
>
> Er *hat* ein Auto.
> エア ハット アイン アオトー
> 彼は車を1台持っている.

‡haben (持っている) の3人称単数現在. **Sie** *hat* **einen Bruder.** 彼女には一人の兄(弟)がいる. (⚠ 完了の助動詞 ⇨ haben III).

hät·scheln [ヘーチェルン héːtʃəln] 他 (h) 《口語》① (子供・ペットなど⁴を)愛ぶする, かわいがる. ② ちやほやする, 甘やかす.

hat·schi! [ハチー hatʃiː または ハッチー hátʃi] 間 《口語》(くしゃみの音:)はくしょん.

hat·te [ハッテ hátə] ‡haben (持っている) の1人称単数・3人称単数過去. **Ich** *hatte* **keine Zeit.** 私は暇がなかった. (⚠ 完了の助動詞 ⇨ haben III).

hät·te [ヘッテ hétə] ‡haben (持っている) の接②① 〖間接話法の文で〗**Er glaubt, ich** *hätte* **viel Geld.** 彼は私がたくさんお金を持っていると思っている. (⚠ この場合 接① の habe は直説法と同形になるので 接② の hätte を用いる). ② 〖非現実の表現〗**Wenn ich Zeit** *hätte*, **ginge ich ins Kino.** 暇があれば映画を見に行くのだけれど. ③ 〖控えめな表現〗**Ich** *hätte* **eine Frage.** 質問したいことがあるのですが / **Ich** *hätte* **gerne Tulpen.** (買い物で:)チューリップをください. (⚠ 完了の助動詞 ⇨ haben III).

hat·ten [ハッテン] ‡haben (持っている) の1人称複数・2人称敬称・3人称複数過去. (⚠ 完了の助動詞 ⇨ haben III).

hat·test [ハッテスト] ‡haben (持っている) の2人称親称単数過去. (⚠ 完了の助動詞 ⇨ haben III).

hat·tet [ハッテット] ‡haben (持っている) の2人称親称複数過去. (⚠ 完了の助動詞 ⇨ haben III).

Hat·trick [ヘットリック hétrɪk] 〖英〗 男 –s/–s (サッカーなどの)ハットトリック.

Hatz [ハッツ háts] 囡 –/–en ①〖狩〗追い出し猟. ②〖南ドイ・口語〗せかせか(やきもき)すること.

Hau·be [ハオベ háubə] 囡 –/–n ① 頭巾(ずきん). (昔は既婚婦人がかぶっていた). **ein Mädchen⁴ unter die** *Haube* **bringen**《口語・戯》娘を結婚させる / **unter die** *Haube* **kommen**《口語・戯》(女性が)結婚する. ②(一般に:)帽子, フード, (水泳・入浴用の)キャップ. ③(頭巾状のものの:)(コーヒーポットなどの)保温カバー (=**Kaffee**haube); (ボンネット型の)ヘアドライヤー; (自動車の)ボンネット (=**Motor***haube*); (鳥の)とさか.

Haube

Hau·bit·ze [ハオビッツェ haubítsə] 囡 –/–n 〖軍〗榴弾(りゅうだん)砲.

Hauch [ハオホ háux] 男 –[e]s/–e 《雅》① 息, 呼気, いぶき. **den letzten** *Hauch* **von sich geben** 息を引き取る, 死ぬ. ② 微風; かすかな香り. **ein** *Hauch* **von Rosen** ほのかなばらの香り. ③ 薄く漂うもの; 薄い膜(層); かすかな兆し; 気配, 雰囲気. **der** *Hauch* **eines Lächelns** かすかな笑み.

hauch≠dünn [ハオホ・デュン] 形 非常に薄い.

hau·chen [ハオヘン háuxən] I 圓 (h) (…へ)息を吐きかける. **auf den Spiegel (gegen die Scheibe)** *hauchen* 鏡に(窓ガラスに)はっっと息を吹きかける / **in die Hände** *hauchen* 両手に息を吐きかける. II 他 (h) ささやくように言う. 人³ 物⁴ **ins Ohr** *hauchen* 人³の耳に物⁴をささやく / 人³ **einen Kuss auf die Stirn** *hauchen*《雅・比》人³の額にそっとキスをする.

hauch≠fein [ハオホ・ファイン] 形 ごく薄い; ごく細かい.

hauch≠zart [ハオホ・ツァールト] 形 (織物などが)ごく薄地の.

Hau≠de·gen [ハオ・デーゲン] 男 –s/– 勇猛な戦士, 古つわもの.

Haue [ハオエ háuə] 囡 –/–n ① 《南ドイ・オースト》くわ(鍬). ②《圖なし》《俗》殴打, なぐること.

hau·en⁽*⁾ [ハオエン háuən] (haute または hieb, *hat*...gehauen (方: gehaut)) I 他 (完了 haben) ①〖過去 haute (まれに hieb)〗《口語》(子供など⁴を)たたく, なぐる, ぶつ. (英 hit). **Er** *hat* **den Jungen immer wieder** *gehauen*. 彼はその男の子を何度もひっぱたいた / 人³ **eine⁴** *hauen* 人³に一発くらわす / 人⁴ **zu Brei** *hauen*《俗》人⁴をこてんこてんにぶちのめす. ◇〖相互的に〗**Die Schüler** *hauten* **sich⁴.** 生徒たちがなぐり合いをした.

② 〖過去 haute〗〖A⁴ **in** B⁴ ~〗《口語》(A⁴ を B⁴ へ)打ち込む. **Er** *haute* **den Nagel in die Wand.** 彼は壁にくぎを打ち付けた. ③ 〖過去 haute〗 切って(削って)作り出す. **ein Loch⁴ ins Eis** *hauen* 氷に穴をあける / **eine Büste⁴ in Marmor** *hauen* 大理石で胸像を彫る. ④ 〖過去 haute〗〖方向を表す語句とともに〗《俗》(物⁴を…へ)ほうり投げる. **die Mappe⁴ auf**

den Tisch *hauen* ファイルを机の上にほうり投げる．◇〖再帰的に〗*sich*⁴ aufs Bett *hauen* ベッドに身を投げる．⑤〖過去〗haute〖方〗(木・石など⁴を)切る，(まき⁴を)割る; (肉など⁴を)細かく刻む; (草⁴を)刈る．
II 自〖完了〗haben または sein) ① (h)〖過去〗haute (まれに hieb)〖方向を表す語句とともに〗《口語》(…を)なぐる，ぶつ．Ich *haute* ihm **ins** Gesicht. 私は彼の顔をなぐった．
② (h)〖過去〗hieb (口語: haute)〖方向を表す語句とともに〗(剣・棒などで…に)切りつける，打ちかかる．Er *hieb* mit dem Säbel **auf** den Feind. 彼はサーベルで敵に切りつけた / mit dem Stock **um** sich *hauen* 棒を振り回す．③ (h)〖過去〗haute または hieb)〖方向を表す語句とともに〗《口語》(…を)どんとたたく．mit der Faust **auf** den Tisch (**gegen** die Tür) *hauen* こぶしで机を(ドアを)どんとたたく．④ (s)〖過去〗haute)〖方向を表す語句とともに〗《口語》(…へ激しく)落下する; (…)にぶつかる．Das Flugzeug *haute* **in** den Acker. 飛行機は畑に墜落した / mit dem Kopf **an** die Wand *hauen* 頭を壁にぶつける．

Hau·er [ハオアァ háuər] 男 -s/- ① (坑)[熟練]採鉱夫．《狩》(雄のししの)きば．

Häuf·chen [ホイフヒェン hɔ́yfçən] 中 -s/- (Haufen の縮小) 小さなかたまり，小さな堆積(たいせき)．wie ein *Häufchen* Elend (または Unglück)《口語》惨めな姿で．

häu·feln [ホイフェルン hɔ́yfəln] 他 (h) ①(園・農)(じゃがいもなど⁴に)土寄せをする．② (干し草など⁴を)積み上げる．

der **Hau·fen** [ハオフェン háufən] 男 (単2) -s/(複) ─ ① 積み重ね，堆積(たいせき)，(物を積み重ねてできた)山．《笑》heap). Heu*haufen* 干し草の山 / ein *Haufen* Getreide 穀物の山 / einen *Haufen* machen《口語・婉曲》糞(ふん)をする / 物⁴ **auf** einen *Haufen* legen 物⁴を山積みにする / das Heu⁴ **in** einen *Haufen* setzen 干し草を山積みにする / 人⁴ **über** den *Haufen* rennen (fahren)《口語》人⁴を突き倒す(車でひく) / einen Plan **über** den *Haufen* werfen《口語・比》計画をご破算にする．
②《口語》たくさん．Er hat einen *Haufen* Schulden. 彼には借金が山ほどある．③ 群れ，集団; (兵話言葉:) [小]隊．in hellen *Haufen* 大勢群れをなして．

häu·fen [ホイフェン hɔ́yfən] **I** 他 (h) 山のように積み上げる，山積みする．das Essen⁴ **auf** den Teller *häufen* 皿に料理を山のようにもる / Vorwürfe⁴ auf 人⁴ *häufen*《比》人⁴に非難を集中する．**II** 再帰 (h) *sich*⁴ *häufen* 山積みになる，山のように集まる; 増加する．Die Spenden *häuften sich* zu Bergen. 寄付金が山ほど集まった．

hau·fen≠wei·se [ハオフェン・ヴァイゼ] 副《口語》山のように，どっさりと．

Hau·fen≠wol·ke [ハオフェン・ヴォルケ] 女 -/-n 積雲．

Hauff [ハオフ háuf] -s/ (人名) ハウフ (Wilhelm *Hauff* 1802-1827; ドイツの詩人・童話作家).

*****häu·fig** [ホイフィヒ hɔ́yfıç] **I** 形 たびたびの，たび重なる．《笑》frequent). *häufige* Besuche たびたびの訪問 / ein *häufiger* Fehler よくある間違い．
II 副 しょっちゅう．《笑》「まれに」は selten). Er kommt *häufig* zu spät zur Schule. 彼はしょっちゅう学校に遅刻する．(☞ 類語 oft).

Häu·fig·keit [ホイフィヒカイト] 女 -/-en 〖ふつう単〗頻繁さ，頻発さ; 度数，頻度．

Häu·fung [ホイフンゲ] 女 -/-en ① 積み重ね，蓄積; 大量貯蔵．② 増加; 頻発(ぱつ).

das **Haupt** [ハオプト háupt] 中 (単2) -es (まれに -s)/(複) Häupter [ホイプタァ] (3格のみ Häuptern) 《雅》① 頭．《笑》head). das *Haupt*⁴ neigen 頭をたれる，うなだれる / Er schüttelte verzweifelt sein *Haupt*. 彼は絶望的に頭を振った / ein graues *Haupt*《婉曲》老人(← 白髪の頭) / die *Häupter* der Berge²《比》山々の頂(峰) / **an** *Haupt* und Gliedern 徹底的に，完全に / 人⁴ **aufs** *Haupt* schlagen 人⁴を完全に打ち負かす / **mit** bloßem *Haupt* 無帽で / **zu** *Häuptern* des Toten 死者の枕もとに．(☞ 類語 Kopf).
② 長，首長，頭目，頭領．das *Haupt* der Familie² 家長．

Haupt.., haupt.. [ハオプト.. háupt..] 〖名詞・形容詞につける接頭〗《頭の・主要な・中央の・最大(最高)の》例: *Haupt*bahnhof 中央駅 / *haupt*sächlich 主として．

Haupt≠au·gen·merk [ハオプト・アオゲンメルク] 中 -[e]s/ 特別の注意，主眼．das *Hauptaugenmerk*⁴ auf 物⁴ richten 物⁴に特別の注意を払う．

der **Haupt≠bahn·hof** [ハオプト・バーンホーフ háupt-ba:nho:f] 男 (単2) -[e]s/ (複) ..höfe [..ヘーフェ] (3格のみ ..höfen) (大都市の) 中央駅《笑》Hbf.). 《笑》main station). Wie kommt man **zum** *Hauptbahnhof*? 中央駅へはどう行ったらよいでしょうか．

Haupt≠be·ruf [ハオプト・ベルーフ] 男 -[e]s/-e 本職，本業．

haupt≠be·ruf·lich [ハオプト・ベルーふりヒ] 形 本職の，本業の．

Haupt≠be·stand·teil [ハオプト・ベシュタントタイル] 男 -[e]s/-e 主成分; 主要な構成要素．

Haupt≠buch [ハオプト・ブーフ] 中 -[e]s/..bücher (商)原簿，元帳，台帳．

Haupt≠dar·stel·ler [ハオプト・ダールシュテラァ] 男 -s/- 《劇・映》主演俳優．(女性形: -in).

Haupt≠ein·gang [ハオプト・アインガング] 男 -[e]s/..gänge 中央(正面)入口．

Häup·ter [ホイプタァ] Haupt (頭)の複．

Haupt≠fach [ハオプト・ふァッハ] 中 -[e]s/..fächer ① (大学での)主専攻．《笑》「副専攻」は Nebenfach). Er studiert Geschichte **im** (または **als**) *Hauptfach*. 彼の主専攻は歴史だ．② (高校までの学校の)主要科目．

Haupt≠fi·gur [ハオプト・ふィグーァ] 女 -/-en

(小説などの)主人公, 主要人物; 中心人物.

Haupt≠ge·bäu·de [ハオプト・ゲボイデ] 田 -s/- 本館.

Haupt≠ge·richt [ハオプト・ゲリヒト] 田 -[e]s/-e (料理の)メーンディッシュ, メーンコース.

Haupt≠ge·schäft [ハオプト・ゲシェフト] 田 -[e]s/-e (企業などの)本社, 本店.

Haupt≠ge·winn [ハオプト・ゲヴィン] 男 -[e]s/-e (くじ・懸賞の)大当たり, 1等賞.

Haupt≠grund [ハオプト・グルント] 男 -[e]s/..gründe 主な理由(原因).

Häupt·ling [ホイプトリング hóyptlɪŋ] 男 -s/-e 族長, 酋長; (盗賊などの)頭目, 頭(かしら).

Haupt≠mahl·zeit [ハオプト・マールツァイト] 囡 -/-en 正餐(せいさん) (一日の内の主な食事. ドイツでは主に昼食).

Haupt≠mann¹ [ハオプト・マン] 男 -[e]s/..leute 《軍》大尉.

Haupt·mann² [ハオプト・マン háupt-man] -s/《人名》ハウプトマン (Gerhart *Hauptmann* 1862-1946; ドイツの劇作家. 1912年ノーベル文学賞受賞).

Haupt≠merk·mal [ハオプト・メルクマール] 田 -[e]s/-e 主な特徴.

Haupt≠nen·ner [ハオプト・ネンナァ] 男 -s/- 《数》公分母.

Haupt≠per·son [ハオプト・ペルゾーン] 囡 -/-en 主役, 主人公; 主要人物.

Haupt≠post·amt [ハオプト・ポストアムト] 田 -[e]s/..ämter 中央郵便局.

Haupt≠pro·be [ハオプト・プローベ] 囡 -/-n 《劇・音楽》本げいこ, ゲネプロ.

Haupt≠quar·tier [ハオプト・クヴァルティーァ] 田 -s/-e 《軍》司令部.

Haupt≠rol·le [ハオプト・ロれ] 囡 -/-n 主役. in (または bei) 《軍》³ die *Hauptrolle*⁴ spielen 《軍》³に中心的役を演じる.

die **Haupt≠sa·che** [ハオプト・ザッヘ háupt-zaxə] 囡(単)-/(複)-n 主要(重要)なこと, 本題. Die *Hauptsache* ist, dass … 肝心なのは…だ / in der *Hauptsache* 主として, とりわけ / **zur** *Hauptsache* kommen 本題に入る.

haupt≠säch·lich [ハオプト・ゼヒリヒ háupt-zɛçlɪç] **I** 副 主として, おもに, とりわけ. (英 *mainly*). Das ist *hauptsächlich* deine Schuld. それは主として君の責任だ.
II 形 主要な, おもな, 重要な. (英 *main*). meine *hauptsächliche* Arbeit 私のおもな仕事.

Haupt≠sai·son [ハオプト・ゼゾーン] 囡 -/-s (南ドィッ・ホスーツッ: -en も) (観光などの)トップシーズン, 最盛期.

Haupt≠satz [ハオプト・ザッツ] 男 -es/..sätze ① 《言》主文. (⇔「副文」は Nebensatz). ② 《音楽》主要楽節.

Haupt≠schlag·ader [ハオプト・シュらークアーダァ] 囡 -/-n 《医》大動脈.

Haupt≠schlüs·sel [ハオプト・シュリュッセる] 男 -s/- マスターキー.

Haupt≠schuld [ハオプト・シュるト] 囡 -/ 主な責任(責務).

Haupt≠schul·di·ge[r] [ハオプト・シュるディゲ (..ガァ)] 男 囡 《語尾変化は形容詞と同じ》主な責任(責務)を負う人; 《法》主犯.

Haupt≠schu·le [ハオプト・シューれ] 囡 -/-n 基幹学校 (基礎学校4年終了後の5学年から9学年まで; ⇒「ドイツ連邦共和国の教育制度」, 1175ページ).

Haupt≠spei·cher [ハオプト・シュパイヒャァ] 男 -s/- (コンピュタ)主記憶装置.

* *die* **Haupt≠stadt** [ハオプト・シュタット háupt-ʃtat] 囡(単)-/(複)..städte [..シュテーテまたは..シュテッテ] (3格のみ..städten) 首都, 首府 (略: Hptst.). (英 *capital*). Berlin ist die *Hauptstadt* von Deutschland. ベルリンはドイツの首都だ.

haupt≠städ·tisch [ハオプト・シュテーティッシュ] 形 首都の.

die **Haupt≠stra·ße** [ハオプト・シュトラーセ háupt-ʃtraːsə] 囡 -/(複)-n ① 本通り, メインストリート, 目抜き通り, 幹線道路. (英 *main street*). die Geschäfte **auf der** *Hauptstraße* 目抜き通りの商店. ② (スキー)優先道路.

Haupt≠the·ma [ハオプト・テーマ] 田 -s/..themen 主要テーマ.

Haupt≠tref·fer [ハオプト・トレッファァ] 男 -s/- (くじ・懸賞の)大当たり, 1等賞.

Haupt≠ver·kehrs·stra·ße [ハオプト・フェアケーァス・シュトラーセ] 囡 -/-n 幹線道路.

Haupt≠ver·kehrs·zeit [ハオプト・フェアケーァス・ツァイト] 囡 -/-en ラッシュアワー.

Haupt≠ver·samm·lung [ハオプト・フェアザムるング] 囡 -/-en 《経》総会; 株主総会.

Haupt≠werk [ハオプト・ヴェルク] 田 -[e]s/-e ① 主要作品. ② 《音楽》(オルガンの)主鍵盤(けんばん). ③ (大企業の)本社工場.

Haupt≠wort [ハオプト・ヴォルト] 田 -[e]s/..wörter 《言》名詞 (＝Substantiv).

Haupt≠zweck [ハオプト・ツヴェック] 男 -[e]s/-e 主要目的.

hau ruck! [ハオ ルック háu rúk] 間 (力仕事の掛け声で:)よいしょ, それ.

:das **Haus** [ハオス háus]

家	Er hat ein eigenes *Haus*. エァ ハット アイン **アイ**ゲネス ハオス 彼には自分の家がある.		
格	単		複
1	das	Haus	die Häuser
2	des	Hauses	der Häuser
3	dem	Haus	den Häusern
4	das	Haus	die Häuser

田 (単2) -es/(複) Häuser [ホイザァ] (3格のみ Häusern) ① 家, 建物; (建物としての)住宅. (英 *house*). (⇒図, 610ページ /「ドイツ・ミニ情報

18」, 609 ページ). ein modernes *Haus* モダンな家 / *Haus* und Hof 家屋敷 / 〖物〗⁴ frei *Haus* liefern 〖物〗⁴を無料で配達する.

◇〖動詞の目的語として〗 ein *Haus*⁴ **bauen** (**bewohnen**) 家を建てる(家に住む) / *Häuser*⁴ **auf** 〖人〗⁴ **bauen** 《比》〖人〗⁴を無条件に信頼する (←〖人〗⁴の上に家を建てる) / ein eigenes *Haus*⁴ **besitzen** (または **haben**) わが家を持つ / 〖人〗³ das *Haus*⁴ **ein|rennen** (または **ein|laufen** 〖口語〗) 〖人〗³の家にうるさく押しかける / das *Haus*⁴ **hüten** (特に病気などで)家に引きこもっている / ein *Haus*⁴ **mieten** (**vermieten**) 家を借りる(貸す) / 〖人〗³ das *Haus*⁴ **verbieten** 〖人〗³に家への出入りを禁じる.

◇〖前置詞とともに〗 mit 〖人〗³ **Haus** an **Haus** wohnen 〖人〗³と隣り合って住む / **aus** dem *Haus* gehen 外出する / Wir essen heute **außer** *Haus*[e]. 私たちはきょうは外食します / Wir wohnen **in** einem alten *Haus*. 私たちは古い家に住んでいます / 〖人〗³ ins *Haus* platzen (または schneien または geschneit kommen) 《口語》〖人〗³の家に突然やって来る / Eine Feier steht [uns³] ins *Haus*. 《口語》祝典が[私たちの]間近に迫っている / **von** *Haus* zu *Haus* 家から家へと.

◇〖**nach** *Haus*[e] または nach*hause* の形で〗 **nach** *Haus*[e] gehen (または kommen) 家へ帰る, 帰宅する, 帰郷する / 〖人〗⁴ nach *Haus*[e] begleiten (または bringen) 〖人〗⁴を家に送って行く / Kommen Sie gut nach *Haus*[e]! ご無事でお帰りください.

◇〖*zu* *Haus*[e] または zu*hause* の形で〗 ⑦ **在宅している**, 家にいる. *zu* *Haus*[e] bleiben 自宅にとどまる / Ich bin heute nicht *zu* *Haus*[e]. 私はきょうは家におりません / Ich bin heute für niemanden *zu* *Haus*[e]. 私はきょうはだれが来ても会わない / Fühlen Sie sich wie *zu* *Haus*[e]! どうぞお楽になさってください(←自分の家にいるように) / *zu* *Haus*[e] an|rufen 家に電話をかける / von *zu* *Haus*[e] kommen 自宅から来る.

㋑ 定住している, 郷里にいる; (習慣などが)行われている. Sie ist in Berlin *zu* *Hause*. 彼女はベルリンに住んでいる (ベルリンが郷里だ) / Dieser Brauch ist dort noch *zu* *Hause*. この習慣はそこでまだ続いている.

㋒ 〖口語〗精通している. **auf** einem Gebiet *zu* *Hause* sein ある領域に精通している / Sie ist in vielen Sprachen *zu* *Hause*. 彼女は多くの外国語に通じている.

② 家事, 家政, 所帯. ein großes *Haus*⁴ führen (しばしば客を招いたりして)はでに暮らす / **mit** 〖物〗³ *Haus* halten 〖物〗³を節約する.

③ 〖雅〗家系; 家庭. das *Haus* Habsburg ハープスブルク家 / Er ist **aus** gutem *Hause*. 彼は良家の出である / **von** *Haus*[e] **aus** 生まれつき, 元来.

④ 〖口語〗(総称として:)(家屋の)居住者たち. Das ganze *Haus* lief auf die Straße. 全居住者が通りへ走り出した.

⑤ (一定の目的のための建物:)会館, 劇場, 教会, 議事堂; (総称として:)(劇場などの)全観衆. das *Haus* des Herrn 《雅》教会 (=Kirche) (←主の家) / das hohe *Haus* (国の)議会 / das erste *Haus* am Platz 当地第一級の店(ホテル) / Das *Haus* klatschte Beifall. 劇場中が喝采(かっさい)した. ⑥ 会社; (総称として:)従業員. Er ist außer *Haus*[e]. 彼は今社内にいません. ⑦ 〖戯〗やつ. Er ist ein fideles *Haus*. あいつは陽気なやつだ. ⑧ 〖天〗(十二宮の)宮, 宿.

〈参考〉..haus のいろいろ: **Bauernhaus** 農家 / **Einfamilienhaus** 一世帯用住宅 / **Fertighaus** プレハブ家屋 / **Gästehaus** ゲストハウス / **Geburtshaus** 生家 / **Hochhaus** 高層ビル / **Krankenhaus** 病

ドイツ・ミニ情報 18

家 Haus

衣食住の中で, ドイツ人が最もお金をかけるのは何といっても住居であろう. 南部の山岳地帯を除き, 国土のほとんどが居住可能な起伏の穏やかな地形なので, 土地は充分にあるし比較的安価である. 広い敷地の一軒家に, 好みの家具調度をそろえて自分の空間を楽しむ. 基礎工事だけ専門家に頼み, あとは時間をかけて自分で建てる人も少なくない. 都市部では集合住宅が多いが, 賃貸で部屋を借りる場合も個性的な住まいづくりに余念がない.

家で家族と過ごすプライベートな時間が多いという生活条件も, 住まいへの執着に拍車をかけている. 週休2日が定着し, 週35時間労働のところも多い上に, 一極集中型ではなく地方都市が発達していることから住居と職場が近く, 通勤に時間をとられない. 残業や, 会社帰りに同僚と寄り道することも少なく, 学校の授業も通常昼食前には終わり, 大人も子供も早い時間帯に家へ帰って来る. 私的生活を何よりも大事にし, その中心が家なのである.

個々の家だけでなく, ドイツでは町全体の景観がどこも美しい. 各市町村が家の高さや, 場合によっては屋根の色から窓の大きさに至るまで, 都市計画条例でこと細かに規制しており, 町全体が調和を保っているからだ. 原則として電線はすべて地下に埋めるため, 電柱がない. 土地の区画も秩序正しく, 通りの名称と家屋番号だけでシステマティックに住所が決められている. ドイツの街並みの美しさは世界でも有名だが, 数々の規制や住民の日頃の努力の結果だといえる.

院 / **Mietshaus** 賃貸アパート / **Rathaus** 市庁舎 / **Reformhaus** 自然食品店 / **Reihenhaus** テラスハウス / **Schulhaus** 校舎 / **Wochenendhaus** 週末用別荘 / **Wohnhaus** 住宅

(類語) das Haus:「一戸建ての家屋」を意味する一般的な語. die Wohnung:（大きなアパートなどの一区画の）住居. (☞ Wohnung (さ)) das Heim:（わが家のニュアンスをもつ）ホーム. der Bau:（一般的に）建造物. das Gebäude:（おもに公共の）建物, ビルディング.

Haus⹀an·ge·stell·te [ハオス・アンゲシュテルテ] 囡［語尾変化は形容詞と同じ］お手伝いさん.

Haus⹀apo·the·ke [ハオス・アポテーケ] 囡 –/-n 家庭用備薬, 家庭用救急箱.

Haus⹀ar·beit [ハオス・アルバイト] 囡 –/-en ① 家事. ②（学校の）宿題.

Haus⹀ar·rest [ハオス・アレスト] 男 –[e]s/-e 自宅監禁, 禁足, 軟禁.

Haus⹀arzt [ハオス・アールツト] 男 –es/..ärzte かかりつけの医者, ホームドクター.（女性形: ..ärztin）.

die **Haus⹀auf·ga·be [ハオス・アオフガーベ háus-aufgaːbə] 囡（単）–/（複）–n《ふつう 複》宿題. *Hausaufgaben*⁴ machen 宿題をする.

haus⹀ba·cken [ハオス・バッケン] 形 ① 平凡な, 月並みな, ぱっとしない. ②《古》自家焼きの, 手製の（パンなど）.

Haus⹀be·set·zung [ハオス・ベゼッツング] 囡 –/-en 家屋不法占拠.

Haus⹀be·sit·zer [ハオス・ベズィッツァァ] 男 –s/– 家主, 家屋所有者.（女性形: -in）.

Haus⹀be·such [ハオス・ベズーフ] 男 –[e]s/-e （医者の）往診,（ケースワーカーなどの）家庭訪問.

Haus⹀be·woh·ner [ハオス・ベヴォーナァ] 男 –s/– 同じ建物に住んでいる人.（女性形: -in）.

Häus·chen [ホイスヒェン hóysçan] 囲 –s/– (Haus の 縮小) ① 小さな家. ganz aus dem *Häuschen* sein《口語》(喜びのあまり)われを忘れている / Das bringt mich ganz aus dem *Häuschen*.《口語》それは私を有頂天にさせる. ②《口語》(家の外にある)便所.

haus⹀ei·gen [ハオス・アイゲン] 形（ホテル・会社などの）私有の（施設など）.

hau·sen [ハオゼン háuzən] 自 (h)《口語》①（みすぼらしい家などに）住む, 居住する. ②（盗賊などが）乱暴を働く;（あらしなどが）荒れ狂う.

die **Häu·ser [ホイザァ hóyzər]: Haus（家）の 複. Die *Häuser* hier sind ziemlich alt. この辺りの建物はかなり古い.

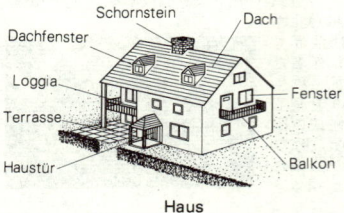

Häu·ser⹀block [ホイザァ・ブロック] 男 –[e]s/-s（まれに: ..blöcke）(道路で区切られた)1区画の家屋群, 街区, ブロック.

Häu·ser⹀meer [ホイザァ・メーァ] 囲 –[e]s/ 海のように広がる家並み.

Haus⹀flur [ハオス・ふルーァ] 男 –[e]s/-e 玄関の間(ま).

die **Haus⹀frau [ハオス・ふラオ háus-frau] 囡（単）–/（複）–en ① 主婦.（英）housewife). Sie ist berufstätig, *Hausfrau* und Mutter. 彼女は仕事を持っている上に主婦でもあり母親でもある. ②《南ドッ・ホッペ》(女性の)家主.

haus⹀frau·lich [ハオス・ふラオりヒ] 形 主婦の, 主婦としての.

Haus⹀freund [ハオス・ふロイント] 男 –[e]s/-e ① 家族全員の友人.（女性形: -in). ②《戯・婉曲》既婚婦人の愛人.

Haus⹀frie·dens·bruch [ハオス・ふリーデンスブルフ] 男 –es/《法》家宅(住居)侵入[罪].

Haus⹀ge·brauch [ハオス・ゲブラオホ] 男 –[e]s/ 家庭での使用, 自家用. Gemüse für den *Hausgebrauch* 自分の家で食べる野菜.

Haus⹀ge·hil·fin [ハオス・ゲヒるふィン] 囡 –/ ..finnen お手伝いさん, 家政婦.

haus⹀ge·macht [ハオス・ゲマハト] 形 自家製の. *hausgemachte* Wurst ホームメイドのソーセージ.

der **Haus⹀halt** [ハオス・ハるト háus-halt] 男（単2）–[e]s/（複）–e (3格のみ –en) ① 家政, 家事, 家計. Den *Haushalt* führen 囚³のために家政を見る, 家事を切り盛りする / Die Kinder helfen ihrer Mutter³ im *Haushalt*. 子供たちがお母さんの家事を手伝う. ② 世帯. ein *Haushalt* von fünf Personen 5人所帯. ③（経）(国・州などの)財政, 予算. über den *Haushalt* beraten 予算を審議する.

haus⹀hal·ten* [ハオス・ハるテン háus-hàltən] 自 (h)《ふつう不定詞の形で》節約(倹約)する;（時間などを）やりくりする. Er kann mit seinem Geld nicht *haushalten*. 彼はお金を倹約できない.
（(さ) Haus halten ともつづる）☞ Haus ②

Haus⹀häl·te·rin [ハオス・へるテリン] 囡 –/ ..rinnen 家政婦, ハウスキーパー.

haus⹀häl·te·risch [ハオス・へるテリッシュ] 形 やりくりの上手な, つましい.

都市の家並み

Haus

Reihenhaus

Hochhaus

Haus·halts≈ar·ti·kel [ハオスハるツ・アルティーケる] 男 -s/- 《ふつう 複》家庭用品(食器・料理用具など).

Haus·halts≈geld [ハオスハるツ・ゲるト] 中 -[e]s/-er 《ふつう 複》家計費.

Haus·halts≈ge·rät [ハオスハるツ・ゲレート] 中 -[e]s/-e 家庭用器具.

Haus·halts≈hil·fe [ハオスハるツ・ヒるフェ] 女 -/-n お手伝いさん, 家政婦; 家事援助.

Haus·halts≈jahr [ハオスハるツ・ヤール] 中 -[e]s/-e《経・政》会計年度.

Haus·halts≈plan [ハオスハるツ・プラーン] 男 -[e]s/..pläne 《経・政》(国・自治体の)予算案.

Haus·halts≈wa·ren [ハオスハるツ・ヴァーレン] 複 家庭用品(食器・料理用具など).

Haus·hal·tung [ハオス・ハるトゥング] 女 -/-en 家政, 家計; 財政.

Haus·herr [ハオス・ヘル] 男 -n/-en ① (客に対する)ホスト. (女性形: -in). ② 一家の主人; 《法》世帯主. ③《南ドイツ・オーストリア》家主.

haus·hoch [ハオス・ホーホ] Ⅰ 形 非常に高い (←家と同じくらい). *haushohe* Flammen めらめらと高く燃え上がる炎. Ⅱ 副 著しく. *haushoch* verlieren 大敗を喫する.

hau·sie·ren [ハオズィーレン hauzíːrən] 自 (h) 行商する. **mit** 物・事³ *hausieren* a) 物³を家から家へと売り歩く, b)《口語・比》事³をふいちょうして回る.

Hau·sie·rer [ハオズィーラァ hauzíːrɐr] 男 -s/- 行商人, (戸別訪問の)セールスマン. (女性形: -in).

Haus≈leh·rer [ハオス・れーラァ] 男 -s/- (おかかえの)家庭教師. (女性形: -in).

häus·lich [ホイスりヒ hɔ́yslɪç] 形 ① 家の, 家庭の, 家その. (英 *domestic*). *häusliches* Glück 家庭の幸せ / am *häuslichen* Herd《雅》わが家で(のそばで). ② 家庭的な; やりくり上手な, 所帯持ちのよい. Er ist ein *häuslicher* Typ. 彼は家庭的なタイプだ.

Häus·lich·keit [ホイスりヒカイト] 女 -/-en ① 家庭(に好んで)いること. ② 家庭的なこと; やりくりがうまいこと.

Haus·ma·cher≈art [ハオスマッハァ・アールト] 女《成句的に》nach *Hausmacherart* ホームメイド風の.

Haus·ma·cher≈wurst [ハオスマッハァ・ヴルスト] 女 -/..würste 自家製ソーセージ.

Haus≈mann [ハオス・マン] 男 -[e]s/..männer (勤めに出ないで)家事をする夫, 主夫.

Haus·manns≈kost [ハオスマンス・コスト] 女 -/ (簡単で滋養のある)家庭の常食, 簡素な家庭料理;《比》平凡なもの.

Haus≈mar·ke [ハオス・マルケ] 女 -/-n ① (家財・家畜などに付けた)屋号マーク; (店の)オリジナル商品. ②《口語》(嗜好(ﾆｺｳ)品などの)好みの銘柄; (手ごろな値段の)ハウスワイン.

Haus≈meis·ter [ハオス・マイスタァ] 男 -s/- ① ビル(施設)などの管理人. (女性形: -in). ②《スイス》家主.

Haus≈mit·tel [ハオス・ミッテる] 中 -s/- 家庭薬.

Haus≈müll [ハオス・ミュる] 男 -/ 家庭ごみ.

Haus≈mu·sik [ハオス・ムズィーク] 女 -/ ホームコンサート, 家庭音楽[会].

Haus≈num·mer [ハオス・ヌンマァ] 女 -/-n 家屋番号, 番地.

Haus≈ord·nung [ハオス・オルドヌング] 女 -/-en 居住者心得; 館内(社内)規則.

Haus≈putz [ハオス・プッツ] 男 -es/ 大掃除.

Haus≈rat [ハオス・ラート] 男 -[e]s/ 家財道具.

Haus≈recht [ハオス・レヒト] 中 -[e]s/《法》家宅不可侵権.

Haus≈schlüs·sel [ハオス・シュりュッセる] 男 -s/- 家[の玄関]の鍵(ﾆ).

Haus≈schuh [ハオス・シュー] 男 -[e]s/-e 上靴, 室内ばき.

Hausse [ホーセ hóːsə または オース óːs]《フランス》女 -/-n [..セン]《経》好景気, (株価の)値上がり.

Haus·se·gen [ハオス・ゼーゲン] 男 -s/- (昔の:)(ドア・壁の正面に掲げてある)祝福の銘. Bei ihm hängt der *Haussegen* schief.《口語》彼の家庭は険悪な雰囲気だ.

Haus≈stand [ハオス・シュタント] 男 -[e]s/《雅》所帯, 家族; 家政, 家計. einen eigenen *Hausstand* gründen 所帯を持つ.

Haus≈su·chung [ハオス・ズーフング] 女 -/-en 家宅捜索.

Haus≈tier [ハオス・ティーァ] 中 -[e]s/-e 家畜; ペット, 愛玩(ｱｲｶﾞﾝ)動物.

Haus≈tor [ハオス・トーァ] 中 -[e]s/-e (家の)[表]門.

die **Haus≈tür** [ハオス・テューァ háus-tyːr] 女 (単) -/(複) -en (建物の)玄関のドア, 戸口. (スイス)「(住まいの)玄関のドア」は Wohnungstür). Die *Haustür* stand offen. 玄関のドアは開いていた / **an der** *Haustür* klingeln 玄関のベルを鳴らす.

Haus≈ver·bot [ハオス・フェァボート] 中 -[e]s/-e (住居・家屋への)立入禁止.

Haus≈ver·wal·ter [ハオス・フェァヴァるタァ] 男 -s/- 家屋管理人. (女性形: -in).

Haus≈wirt [ハオス・ヴィルト] 男 -[e]s/-e 家主. (女性形: -in).

Haus≈wirt·schaft [ハオス・ヴィルトシャフト] 女 -/-en ① 家政, 家事. *Hauswirtschaft*⁴ unterrichten 家庭科を教える. ②《経》自給自足経済.

die **Haut** [ハオト háut] 女 (単) -/(複) Häute [ホイテ] (3格のみ Häuten) ①《ふつう 単》(人間の)皮膚, 肌. (英 *skin*). eine weiche *Haut* 柔らかい肌 / Seine *Haut* ist sehr empfindlich. 彼の皮膚はとても敏感だ / die *Haut*⁴ in der Sonne bräunen 日光で肌を小麦色に焼く / Er ist nur noch *Haut* und Knochen.《口語・比》彼はただもう骨と皮ばかりだ / seine *Haut*⁴ zu Markte tragen a)《比》(他人のために)わが身を危険にさらす, b)《口語・戯》売春する, ストリッパーとして働く(←自分の肌を市場

に運ぶ).
◇《前置詞とともに》bis **auf** die *Haut* nass werden びしょぬれになる / auf der faulen *Haut* liegen 《口語・比》のらくらしている / **aus** der *Haut* fahren 《口語・比》激高する, かっとなる / nicht aus seiner *Haut* [heraus] können 《口語・比》自分の殻を抜け出せない / Ich möchte nicht **in** seiner *Haut* stecken. 《口語・比》私は彼の立場にはなりたくない / Mir ist nicht wohl in meiner *Haut*. 《口語》私は自分の境遇に満足していない / in keiner gesunden *Haut* stecken 《口語》病弱である / mit heiler *Haut* davon|kommen 《口語・比》(危険などから)無事に脱出する, 罰せられずにすむ / mit *Haut* und Haar[en] 《口語・比》ことごとく, すっかり, すべて / 囚³ **unter** die *Haut* gehen 《口語・比》囚³を深く感動させる.
② (動物の)皮, 毛皮; (果物・野菜などの)皮, 外皮. *Häute*⁴ gerben 皮をなめす. ③ (牛乳などの表面にできる)薄い膜. ④ 〖複なし〗(船などの)外板. ⑤ 《口語》やつ. eine lustige *Haut* おもしろいやつ.

Haut=arzt [ハオト・アールツト] 男 -es/..ärzte 皮膚科医. (女性形:..ärztin).
Haut=aus·schlag [ハオト・アオスシュラーク] 男 -(e)s/..schläge 発疹(ほっしん), 皮疹.
Häut·chen [ホイティヒェン hɔ́ɪtçən] 中 -s/- (Haut の 縮小) 薄い皮; 皮膜.
Haut=creme [ハオト・クレーム] 囡 -/-s (化粧用の)スキンクリーム.
hau·te [ハオテ] hauen (たたく) の 過去
Häu·te [ホイテ] * Haut (皮膚) の 複
häu·ten [ホイテン hɔ́ɪtən] I 他 (h) (動物など⁴の)皮をはぐ. II 再帰 (h) *sich*⁴ *häuten* (蛇などが)脱皮する.
haut=eng [ハオト・エング] 形 (衣服が)体にぴったり合った, スキンタイトの.
Haut=far·be [ハオト・ファルベ] 囡 -/-n 皮膚の色.
haut=freund·lich [ハオト・フロイントリヒ] 形 肌(皮膚)に優しい.
Haut=krank·heit [ハオト・クランクハイト] 囡 -/-en 皮膚病.
Haut=krebs [ハオト・クレープス] 男 -es/-e 皮膚癌(がん).
haut=nah [ハオト・ナー] 形 ① 皮下の. ② 《口語》(描写などが)生々しい. ③ 《スポ・隠語》相手をぴったりマークしている.
Haut=pfle·ge [ハオト・プふレーゲ] 囡 -/ 肌の手入れ, スキンケア.
Haut=trans·plan·ta·ti·on [ハオト・トランスプランタツィオーン] 囡 -/-en 〖医〗皮膚移植[術].
Häu·tung [ホイトゥング] 囡 -/-en 皮をはぐこと;《動》脱皮. die *Häutung* einer Schlange² 蛇の脱皮.
Ha·van·na [ハヴァンナ havána] I 中 -s/ (都市名)ハバナ(キューバ共和国の首都). II 囡 -/-s ハバナ産の葉巻. III 男 -s/ ハバナたばこ.
Ha·va·rie [ハヴァリー havaríː] 囡 -/-n [..リー

エン] ① (海・空)(船・航空機などの)事故, 損傷; (大型機械などの)損傷. ② 《クルマ》(自動車の)事故, 損傷.
die **Ha·vel** [ハーふェる háːfəl] 囡 -/ 〖定冠詞とともに〗ハーフェル川 (エルベ川最大の右支流: ☞ 〖地図〗F-2).
Ha·waii [ハヴァイイ haváɪi または ハヴァイ haváɪ] 中 -s/ (地名)ハワイ(諸島).
Ha·xe [ハクセ háksə] 囡 -/-n (南ド)(料理)(子牛・豚などの)すね[肉] (=Hachse); 《口語・戯》(人間の)脚.
Haydn [ハイドン háɪdn] -s/ (人名)ハイドン (Franz Joseph *Haydn* 1732-1809; オーストリアの作曲家).
Hbf. [ハオプト・バーンホーふ] (略) 中央駅 (= Hauptbahnhof).
H-Bom·be [ハー・ボンベ] 囡 -/-n 水素爆弾 (=Wasserstoffbombe).
h. c. [ハー ツェー] [ラテン] (略) 名誉のために (= honoris causa). Dr. h. c. 名誉博士.
H-Dur [ハー・ドゥーァ] 中 -/ 《音楽》口長調 (記号: H).
he! [ヘー hé:] 間 ① (注意を促して:)おい. ② (驚き・拒絶・立腹などを表して:)へえー, ふん. *He*, was soll denn das? ふん, どういうことだ. ③ (付加疑問的に:)えっ. Wo kommst du her, *he*? 君はどこから来たんだい, えっ.
He [ハー・エー] 《化・記号》ヘリウム (=Helium).
h. e. [ホック エスト] [ラテン] (略) すなわち (=hoc est).
Head=hun·ter [ヘット・ハンタァ] [英] 男 -s/- ヘッドハンター, 人材引き抜き業者. (女性形: -in).
Hea·ring [ヒーリング híːrɪŋ] [英] 中 -[s]/-s 《政》公聴会, ヒアリング.
Heb=am·me [ヘープ・アンメ] 囡 -/-n (女性の)助産師, 産婆.
Heb·bel [ヘッベる hébəl] -s/ (人名) ヘッベル (Friedrich *Hebbel* 1813-1863; ドイツの劇作家).
He·be=büh·ne [ヘーベ・ビューネ] 囡 -/-n 〖工〗(自動車・作業員などを載せる)リフト台.
He·bel [ヘーベる héːbəl] 男 -s/- ① てこ, ジャッキ; 《物》〖てこの〗動力. den *Hebel* an|setzen a) てこを入れる, b) 《口語・比》てこ入れする / alle *Hebel*⁴ in Bewegung setzen 《口語・比》あらゆる手段を尽くす / **am** längeren *Hebel* sitzen 相手よりも有利な立場にある. ② (機械などの)レバー, ハンドル. einen *Hebel* betätigen レバーを動かす.
He·bel=arm [ヘーベる・アルム] 男 -[e]s/-e 《物》てこの腕.
*he·ben [ヘーベン héːbən] (hob, *hat* ... gehoben) I 他 (完了 haben) ① (人・物⁴を)上げる, 持ち上げる. 《名 lift》. die Hand⁴ *heben* 手を上げる / die Faust⁴ *heben* こぶしを振り上げる / die Augen⁴ *heben* 《雅》目を上げる / Er hob mühelos den schweren Koffer. 彼は楽々とその重いスーツケースを上げた / das Glas⁴ *heben* (乾杯のために:)グラスを掲げる / einen *heben* 《口語》一杯やる.

heften

◇《前置詞とともに》人⁴ **auf** die Bahre *heben* 人⁴を担架にのせる／人⁴ **auf** die Schultern *heben* 人⁴を肩車する／Der Vater *hebt* das Kind **aus** dem Bett. 父親が子供をベッドから抱き上げる／den Ball über das Torwart **ins** Tor *heben*（サッカーで:）ゴールキーパーの頭を越えるループシュートをする.

② (沈没船⁴を)引き上げる; (財宝など⁴を)掘り出す. ein gesunkenes Schiff⁴ *heben* 沈没船を引き上げる. ③《比》(水準・気分など⁴を)高める, 向上させる. den Lebensstandard *heben* 生活水準を高める／Diese Werbung *hebt* den Umsatz. この宣伝は売り上げを伸ばす／Gewürze *heben* den Geschmack. 薬味は味を引きたてる.

II《再帰》《完了》haben）*sich⁴ heben* ① **上がる**, 持ち上がる; (鳥などが)飛び立つ, (煙・霧などが)立ちのぼる; 《雅》(塔などが)そびえ立つ. Die Schranke *hob sich* langsam. 遮断機がゆっくり上がった／Das Flugzeug *hob sich* **in** die Luft. 飛行機は空へ飛び立った.

②《比》(水準・気分などが)高まる, 向上する. Sein Wohlbefinden *hob sich* zusehends. 彼の健康状態は目に見えてよくなった／Der Handel *hat sich* in letzter Zeit sehr *gehoben*. 最近商売の売り上げはとても伸びた.

III《非人称》《完了》haben)〚*es hebt* 人⁴ の形で〛《口語》人⁴は吐き気がする.

◇〖☞ **gehoben**

〖類語〗**heben**: 「持ち上げる」意味の一般的な語. **erheben**: heben のややおごそかな表現. das Glas⁴ *erheben* 乾杯する. **erhöhen**: (建物・壁などを)高くする. **steigern**: (値段などを)上げる. die Miete⁴ *steigern* 家賃を上げる.

He·ber [ヘーバァ héːbər] 男 -s/- 《化》サイホン, ピペット, スポイト.

He·brä·er [ヘブレーアァ hebréːər] 男 -s/- (特に旧約聖書で:)ヘブライ人, イスラエルの民. (女性形: -in).

he·brä·isch [ヘブレーイッシュ hebréːɪʃ] 形 ヘブライ人(語)の.

He·bung [ヘーブング] 女 -/-en ① (沈没船などの)引き上げ; (宝物の)発掘. ②《詩》向上, 改善, 上昇. die *Hebung* des Lebensstandards 生活水準の向上. ③《地学》地殻の隆起. ④《詩学》強音部, 揚格.

He·chel [ヘッチェル héçəl] 女 -/-n (麻などの)すき櫛(ぐし).

he·cheln¹ [ヘッチェルン héçəln] **I** 他 (h) (麻など⁴を)すく. **II** 自 (h) 〚**über** 人·事⁴ ~〛《口語》(人·事⁴を)こきおろす.

he·cheln² [ヘッチェルン héçəln] 自 (h) (犬などが)はっはっとあえぐ.

Hecht [ヘヒト héçt] 男 -[e]s/-e ① 《魚》カワカマス(淡水魚). ②《口語》生きのいい若者. ③《口語》＝*Hecht*sprung.

hech·ten [ヘヒテン héçtən] 自 (h) ① (水泳で:)えび形飛び込みをする, (体操で:)伸身(しんしん)跳びをする. ②（サッカーで:）(…へ)キーパーが頭から飛びついてセービングする.

Hecht⋮sprung [ヘヒト・シュプルング] 男 -[e]s/..sprünge (水泳の)えび形飛び込み, (体操の)伸身(しんしん)跳び.

Heck [ヘック héck] 中 -[e]s/-e (または -s) 《海》船尾; (飛行機の)機尾; (自動車の)後部, テール.

die **He·cke**¹ [ヘッケ héka] 女 -/-n ①**生け垣**; やぶ, 茂み. (英 hedge). Dornen*hecke* いばらの生け垣／um den Garten eine *Hecke*⁴ an|legen 庭に生け垣をめぐらす.

He·cke² [ヘッケ héçke]《古》① 繁殖(孵化(ふか))期; 繁殖地. ② (鳥・猫などの)一腹[の子].

he·cken [ヘッケン héckən] 自 (h) 《方》(鳥・ねずみなどが)一度にたくさん子を産む.

He·cken⋮ro·se [ヘッケン・ローゼ] 女 -/-n 《植》イスパラ(ノバラの一種).

He·cken⋮schüt·ze [ヘッケン・シュッツェ] 男 -n/-n (軽蔑的に:)ゲリラ兵, 狙撃(そげき)兵. (女性形: ..schützin).

Heck⋮mo·tor [ヘック・モートァ] 男 -s/-en [..モートーレン] (自動車の)リヤエンジン.

he·da! [ヘーダ héːda] 間 (注意を促して:)おーい, もしもし (＝hallo!).

das **Heer** [ヘーァ héːr] 中 (単 2) -[e]s/(複) -e (3格のみ -en) ① **軍隊**, (特に:)陸軍 (＝Armee). (英 army). das stehende *Heer* 常備軍. ② 大勢, 大群. ein *Heer* von Arbeitern 大勢の労働者.

Hee·res⋮lei·tung [ヘーレス・ライトゥング] 女 -/-en 《軍》司令部, 参謀本部.

Heer⋮füh·rer [ヘーァ・フューラァ] 男 -s/- 軍司令官, 将軍. (女性形: -in).

Heer⋮schar [ヘーァ・シャール] 女 -/-en 〖ふつう複〗《古》軍勢; 《比》多数, 群れ.

He·fe [ヘーフェ héːfə] 女 -/(種類:) -n ① 酵母, イースト. ②《雅》沈殿物, おり, かす.

He·fe⋮teig [ヘーフェ・タイク] 男 -[e]s/-e (パンなどの)イースト入りの生地.

das* **Heft¹ [ヘフト héft] 中 (単 2) -[e]s/(複) -e (3格のみ -en) ①**ノート**, 帳面 (英 notebook). ein dünnes *Heft* 薄いノート／ein *Heft* für Rechenarbeiten 計算ノート／〖物⁴〗**ins** *Heft* schreiben 〖物⁴〗ノートに書く. ② (雑誌の)号, 分冊; (仮とじの)小冊子. Der Aufsatz erscheint **in** *Heft* 5. その論文は第5号に掲載される／in einzelnen *Heften* 分冊にして.

Heft² [ヘフト] 中 -[e]s/-e 《雅》(道具・刃物の)柄, 取っ手;《比》支配権. das *Heft* des Messers ナイフの柄／das *Heft*⁴ in der Hand haben 支配権(実権)を握っている.

hef·ten [ヘフテン héftən] du heftest, er heftet (heftete, *hat* ..geheftet) 他 《完了》haben) ① 〚A⁴ **an** B⁴ ~〛(A⁴をB⁴にピン・クリップなどで)**留める**, 貼(は)る. einen Zettel **an** die Tür *heften* メモの紙片をドアに留める／人³ einen Orden **an** die Brust *heften* 人³の胸に勲章をつける.

② 〖成句的に〗die Augen⁴ (または den Blick) **auf** 人·物⁴ *heften* 《雅》視線を人·物⁴に留める. Er *heftete* seine Augen fest auf sie. 彼は彼

女をじっと見つめた. ◇〖再帰的に〗Ihre Augen *hefteten sich*⁴ auf ihn. 彼女の目は彼に注がれた. ③〖服飾〗仮縫いする; 〖製本〗仮とじする. ☞ **geheftet**

Hef·ter [ヘふタァ héftər] 男 -s/- ① ステープラー, ホッチキス. ② ファイル, バインダー.

hef·te·te [ヘふテテ] heften (留める)の過去

hef·tig [ヘふティヒ héftɪç] 形 ① 激しい, 強烈な, ひどい. (英) *violent*). ein *heftiger* Regen 激しい雨 / eine *heftige* Auseinandersetzung 激しい論争 / 人⁴ *heftig* tadeln 人⁴を激しく非難する. ② 怒りっぽい, 気性の激しい. ein *heftiger* Mensch 怒りっぽい人 / Er wird gleich *heftig*. 彼はすぐかっとなる.

Hef·tig·keit [ヘふティヒカイト] 女 -/ 激しさ, 強烈さ; 気性の激しさ.

Heft≠klam·mer [ヘふト・クランマァ] 女 -/-n ① ステープル(ホッチキスの針). ② クリップ.

Heft≠ma·schi·ne [ヘふト・マシーネ] 女 -/-n (印刷物の)とじ機.

Heft≠pflas·ter [ヘふト・プふらスタァ] 中 -s/- (中央部にガーゼの付いた)絆創(ばん)こう.

He·ge [ヘーゲ héːɡə] 女 -/ 〖林・狩〗(森林・鳥獣などの)保護, 手入れ, 保育.

He·gel [ヘーゲる héːɡəl] -s/- 〖人名〗ヘーゲル (Georg Wilhelm Friedrich *Hegel* 1770-1831; ドイツの哲学者).

He·ge·mo·nie [ヘゲモニー heɡemoníː] 女 -/-n ‥ニーエン ヘゲモニー, 覇権, 主導権.

he·gen [ヘーゲン héːɡən] 他 (h) ① 〖森林・野性動物など⁴を〗保護する; (人⁴の)面倒を見る. 人・物⁴ *hegen* und pflegen 人・物⁴を大事に世話する. ②〖雅〗〖考え・感情⁴を〗いだく. einen Verdacht *hegen* 疑念をいだく.

Hehl [ヘーる héːl] 中 (または 男) 〖成句的に〗kein (または keinen) *Hehl*⁴ aus 事³ machen 事³を隠しだてしない.

Heh·ler [ヘーらァ héːlər] 男 -s/- 〖法〗贓物 (ぞう)罪を犯した者, (盗品の)隠匿(いんとく)者. (女性形: -in).

Heh·le·rei [ヘーれライ heːləráɪ] 女 -/-en 〖法〗贓物(ぞう)収得(罪), (盗品の)隠匿(いんとく)罪.

hehr [ヘーァ héːr] 形 〖雅〗荘厳な, 崇高な.

hei! [ハイ háɪ] 間 (うきうきして・はしゃいで:)わーい. *Hei*! Das macht Spaß! わーい, こいつはおもしろい.

Heia [ハイア háɪa] 女 -/-[s] 〖ふつう 冠〗〖幼児〗(子供の)ベッド. Jetzt aber ab in die *Heia*! もうおねんねしなさい.

der **Hei·de**¹ [ハイデ háɪdə] 男 (単 2·3·4) -n/(複) -n 異教徒(特にキリスト教・ユダヤ教・イスラム教から見た異教徒, 特に多神教徒を指す). (英 *heathen*). die *Heiden*⁴ bekehren 異教徒を改宗させる.

die **Hei·de**² [ハイデ háɪdə] 女 (単) -/(複) -n (英 *heath*) ① 原野, 荒れ野(ふつう砂地で, ヒース・えにしだなどが生える). die Lüneburger *Heide* リューネブルク原野. ②〖覆 なし〗〖植〗ヒース, エリカ (= *Heide*kraut).

Hei·deg·ger [ハイデッガァ háɪdɛɡər] -s/ 〖人名〗ハイデッガー (Martin *Heidegger* 1889-1976; ドイツの哲学者).

Hei·de≠kraut [ハイデ・クラオト] 中 -[e]s/ 〖植〗ヒース, エリカ.

Hei·del≠bee·re [ハイデる・ベーレ] 女 〖植〗コケモモ. (☞ Beere 図).

Hei·del·berg [ハイデる・ベるク háɪdəlbɛrk] 中 -s/ 〖都市名〗ハイデルベルク(ドイツ, バーデン・ヴュルテンベルク州, ネッカル河畔の古都で, ドイツ最古の大学がある: ☞ 地図 D-4).

Hei·del·ber·ger [ハイデる・ベルガァ háɪdəlbɛrɡər] I 男 -s/- ハイデルベルクの市民(出身者). (女性形: -in). II 形 〖無語尾で〗ハイデルベルク市の. das *Heidelberger* Schloss ハイデルベルク城.

Hei·den≠angst [ハイデン・アングスト] 女 -/ 〖口語〗ひどい不安.

Hei·den≠geld [ハイデン・ゲるト] 中 -[e]s/ 〖口語〗すごい大金.

Hei·den≠lärm [ハイデン・れルム] 男 -[e]s/ 〖口語〗ものすごい騒音.

Hei·den≠rös·chen [ハイデン・レースヒェン] 中 -s/- 野ばら (= Heideröschen).

Hei·den≠rös·lein [ハイデン・レースらイン] 中 -s/- 〖雅〗野ばら (= Heideröschen).

Hei·den·tum [ハイデントゥーム] 中 -s/ 異教, 邪教; 異教徒(国).

Hei·de≠rös·chen [ハイデ・レースヒェン] 中 -s/- 野ばら.

Hei·di [ハイディ háɪdi] -s/ 〖女名〗ハイジ, ハイディ (Adelheid, Heidrun の 愛称).

Hei·din [ハイディン háɪdɪn] 女 -/‥dinnen (女性の)異教徒.

heid·nisch [ハイドニッシュ háɪdnɪʃ] 形 異教の, 異教徒の.

Heid≠schnu·cke [ハイト・シュヌッケ] 女 -/-n 〖動〗ハイトシュヌッケ, ハイデ羊 (リューネブルク原野で飼育されている).

hei·kel [ハイケる háɪkəl] 形 (比較 heikler, 最上 heikelst; 格変化語尾のつくときは heikl-) ① (問題などが)扱いにくい, やっかいな. eine *heikle* Angelegenheit やっかいな要件. (☞ 類語 schwierig). ②〖方〗好みのうるさい, 気難しい.

heil [ハイる háɪl] 形 ① 無傷の, けがのない; (傷などが) 治った, 元どおりよくなった. *heile* Glieder⁴ haben 五体満足である / *heil* am Ziel an|kommen 無事に目的地に到着する / Mein Finger ist wieder *heil*. 私の指の傷は治った. ② 破損していない, 壊れていない. eine *heile* Hose 破れていないズボン / Das Glas war noch *heil*. そのグラスはまだひび一つ入っていなかった.

Heil [ハイる háɪl] 中 -[e]s/ ① 無事; 幸せ, 幸福. 人³ *Heil*⁴ und Segen⁴ wünschen 人³の無事(幸せ)を祈る / Er sucht sein *Heil* im Alkohol. 彼はアルコールに救いを求めている. ②〖宗〗救済, 救い, 至福. das ewige *Heil* 永遠の救い. ③〖祝福のあいさつ〗Ski *Heil*！(ス

キーヤーのあいさつ:)シー・ハイル.
► **heil**≈**bringend**

Hei·land [ハイらント háilant] 男 -[e]s/-e ① 〖圏 なし〗《きリ教》救世主, 救い主(イエス・キリスト). ② 《雅》救済者, 救い手.

Heil≈**an·stalt** [ハイる・アンシュタるト] 囡 -/-en ① 療養所. eine *Heilanstalt* für Alkoholkranke アルコール依存症患者療養所. ② 精神病院.

Heil≈**bad** [ハイる・バート] 中 -[e]s/..bäder ① 湯治場, 薬湯. ② (治療のための)薬浴.

heil·bar [ハイるバール] 形 治る見込みのある, 治療できる.

heil≈**brin·gend, Heil brin·gend** [ハイる・ブリンゲント] 形 ① 永遠の救済をもたらす. ② 治療効果のある.

Heil·bronn [ハイる・ブロン hail-brón] 中 -s/ 《都市名》ハイルブロン(ドイツ, バーデン・ヴュルテンベルク州, ネッカル河畔: ☞地図 D-4).

Heil≈**butt** [ハイる・ブット] 男 -[e]s/-e 《魚》オヒョウ(北海産の大型ヒラメ).

hei·len [ハイれン háilən] (heilte, *hat/ist*..geheilt) I 他 《完了》haben) ① (病人・病気など[4]を)治す, 治療する. 《英》 cure). 人[4] von einer Krankheit *heilen* 人[4]の病気を治す / Der Arzt *hat* seine Krankheit *geheilt*. 医者はその病気を治療した / Die Zeit *heilt* alle Wunden. 《ことわざ》時はすべての傷をいやす.
② 《比》(人[3]の悪癖などを)直す, 取り除く. 人[4] von einer fixen Idee *heilen* 人[4]の固定観念を取り除く / Davon *bin* ich für immer *geheilt*. 〖状態受動・現在〗《口語》もうきっぱりと足を洗いました.
II 自 《完了》sein) (病気・傷などが)治る, 治癒する. Der Finger *ist* schon *geheilt*. 〖現在完了〗指の傷はもうよくなった.

heil≈**froh** [ハイる・ふロー] 形 《口語》ほっとしている. Ich bin *heilfroh*, dass die Prüfung vorbei ist. 私は試験が終わってほっとしている.

Heil≈**gym·nas·tik** [ハイる・ギュムナスティク] 囡 -/《ネシ・医》リハビリ(治療)体操.

*__**hei·lig**__ [ハイりヒ háiliç] I 形 ① **聖なる**, 神聖な. 《英》holy). die *heilige* Elisabeth 聖エリーザベト.

◇〖頭文字を大文字で〗der *Heilige* Abend クリスマスイブ / die *Heilige* Nacht 聖夜 / die *Heilige* Familie 聖家族(幼子イエス, マリア, ヨセフ) / der *Heilige* Geist 聖霊 / die *Heilige* Jungfrau 聖母マリア / das *Heilige* Land 聖地(パレスチナ) / die *Heilige* Schrift 聖書(= Bibel) / der *Heilige* Vater 教皇 / das *Heilige* Römische Reich [Deutscher Nation[2]] 《史》〖ドイツ国民の〗神聖ローマ帝国 (962–1806).
② 信心深い, 敬虔(けい)な. ein *heiliges* Leben[4] führen 敬虔な生活を送る.
③ 《雅》崇高な, 厳粛な, 犯しがたい. ein *heiliger* Zorn (他人が近寄りがたいほどの)憤り / eine *heilige* Stille 厳粛な静けさ / Das ist mein *heiliger* Ernst. 私はとっても真剣なんだよ / 囲[4] hoch und *heilig* versprechen 囲[4]を厳粛に(神かけて)誓う. ④ 《口語》ひどい, とんでもない. *Heiliger* Himmel! (驚き・怒りなどを表して:)おやおや, なんてこった / mit 人[3] seine *heilige* Not[4] haben 人[3]のことでとんだ苦労をする.

II 圖《方》本当に, まったく. Ich habe *heilig* nichts damit zu tun. 私はそのこととまったくかかわりがありません.

Hei·lig≈**abend** [ハイリヒ・アーベント] 男 -s/-e クリスマスイブ (= Weihnachtsabend).

hei·li·gen [ハイりゲン háiligən] 他 (h) ① 《雅》神聖にする, 清める. ② (神聖なものとして)あがめる. ③ 正当化する. Der Zweck *heiligt* die Mittel. 目的は手段を正当化する.

Hei·li·gen≈**bild** [ハイりゲン・ビるト] 中 -[e]s/-er 聖人像(画).

Hei·li·gen≈**schein** [ハイりゲン・シャイン] 男 -[e]s/-e 後光, 光輪.

Hei·li·ge[r] [ハイりゲ(..ガァ) háiligə (..gəɾ)] 男女〖語尾変化は形容詞と同じ〗① 《キリスト教》聖者, 聖人, 聖女. einen *Heiligen* verehren 聖者を崇拝する. ② 《口語》敬虔な人. Er ist ein komischer *Heiliger*. 彼は変わった人だ.

hei·lig≈**hal·ten*** [ハイりヒ・ハるテン háiliçhàltən] 他 (h) (安息日・戒律など[4]を)守る; 尊ぶ, あがめる.

Hei·lig·keit [ハイりヒカイト] 囡 -/ ① 神聖さ. die *Heiligkeit* Gottes 神の神聖さ. ② 《雅》犯すことができない尊厳, 不可侵性.

hei·lig≈**spre·chen*** [ハイりヒ・シュプレッヒェン háiliç-ʃprɛçən] 他 (h) 《キリスト教》(死者[4]を)聖列する, 聖者の列に加える.

Hei·lig·tum [ハイリヒトゥーム] 中 -[e]s/..tümer ① 神聖な場所, 聖域; 聖所. ② 神聖な物; 《キリスト教》聖遺物.

Heil≈**kraft** [ハイる・クラふト] 囡 -/..kräfte 治癒力, 効き目.

heil≈**kräf·tig** [ハイる・クレふティヒ] 形 治癒力のある, 効能のある.

Heil≈**kraut** [ハイる・クラオト] 中 -[e]s/..kräuter 薬用植物, 薬草 (= Heilpflanze).

Heil≈**kun·de** [ハイる・クンデ] 囡 -/ 医学 (= Medizin).

heil≈**los** [ハイる・ろース] 形 ① 救いがたい, 手のつけようがない. ② 下劣な, いやな.

Heil≈**mit·tel** [ハイる・ミッテる] 中 -s/- 治療薬; 治療法.

Heil≈**pflan·ze** [ハイる・プふらンツェ] 囡 -/-n 薬用植物, 薬草.

Heil≈**prak·ti·ker** [ハイる・プラクティカァ] 男 -s/- 治療師(医者の資格は持たないが国の許可を得て治療に当たる). (女性形: -in).

Heil≈**quel·le** [ハイる・クヴェれ] 囡 -/-n 療養泉, 鉱泉.

heil≈**sam** [ハイるザーム] 形 ① ためになる, 有益な. eine *heilsame* Lehre 有益な教訓. ② 治療効果のある, 健康によい.

Heils≈**ar·mee** [ハイるス・アルメー] 囡 -/ 《キリスト教》救世軍.

Heil⚟stät・te [ハイる・シュテッテ] 囡 -/-n 療養所, サナトリウム.

heil・te [ハイるテ] heilen (治す)の過去

Hei・lung [ハイるング] 囡 -/-en 《ふつう 単》 ① 治療. die *Heilung* der Krankheit² 病気の治療. ② 治癒, 回復. ③ (精神的な)救い.

Heil⚟ver・fah・ren [ハイる・フェアふァーレン] 中 -s/- (医師による)治療, 処置; (保健の規定による)医療措置.

heim [ハイム hɑim] 副 家へ, 郷里へ, 祖国へ.

das **Heim** [ハイム hɑim] 中 (単2) -[e]s/(複) -e (3格のみ -en) ① 《ふつう 単》わが家, 自宅, 住居, 家庭. (英 home). ein behagliches *Heim* くつろげるわが家 / ein eigenes *Heim*⁴ besitzen マイホームを持っている / in ein neues *Heim* ein|ziehen 新しい住まいに引っ越す. (☞ 類語 Haus).
② ホーム, 寮; クラブハウス; [療養]施設. Studenten[wohn]heim 学生寮 / ein *Heim* für ledige Mütter シングルマザーのためのホーム.

heim.. [ハイム.. hɑim..] 《分離動詞などの前つづり》つねにアクセントをもつ》① 《家へ》例: *heim*|fahren 帰宅する. ② 《郷里へ・祖国へ》例: *heim*|kehren 帰郷する.

Heim⚟ar・beit [ハイム・アルバイト] 囡 -/-en 家内工業; 家内工業製品.

*die **Hei・mat** [ハイマート hɑima:t] 囡 (単) -/(複) -en 《ふつう 単》 ① 故郷, ふるさと; 故国. (英 home). München ist seine *Heimat*. ミュンヒェンは彼の故郷だ / Berlin ist meine zweite *Heimat*. ベルリンは私の第二の故郷です / Er hat keine *Heimat* mehr. 彼にはもう故郷はない / die *Heimat*⁴ lieben 故郷を愛する / in die *Heimat* zurück|kehren 故郷へ帰る.
② (動植物の)原産地; (技術などの)発祥の地.

Hei・mat⚟ha・fen [ハイマート・ハーふェン] 男 -s/..häfen 母港, 船籍港.

Hei・mat⚟kun・de [ハイマート・クンデ] 囡 -/ 郷土研究, 郷土誌; (授業としての)郷土の学習.

Hei・mat⚟land [ハイマート・らント] 中 -[e]s/..länder 祖国, 故国.

hei・mat・lich [ハイマートりヒ] 形 故郷の; 故郷をしのばせる. *heimatliche* Bräuche 郷土の風習 / der *heimatliche* Dialekt ふるさとの方言, お国訛り.

Hei・mat⚟los [ハイマート・ろース] 形 故郷のない, 国籍のない; 故郷を追われた.

Hei・mat⚟mu・se・um [ハイマート・ムゼーウム] 中 -s/..museen [..ムゼーエン] 郷土博物館.

Hei・mat⚟stadt [ハイマート・シュタット] 囡 -/..städte [..シュテーテ] 故郷の町, ふるさとの町.

Hei・mat⚟ver・trie・be・ne[r] [ハイマート・ふェアトリーベネ ..ナァ] 男 《語尾変化は形容詞と同じ》故郷(故国)を追われた人; (特に第二次大戦後の旧ドイツ帝国東部からの)難民.

heim|be・glei・ten [ハイム・ベグらイテン bəglàɪtən] (過分 heimbegleitet) 他 (h) 家まで送って行く.

Heim・chen [ハイムヒェン hɑ́imçən] 中 -s/- ① 《昆》イエコオロギ. ② 《口語》平凡な女.

Heim⚟com・pu・ter [ハイム・コンピュータァ] 男 -s/- 家庭用パソコン.

hei・me・lig [ハイメリヒ hɑ́iməlɪç] 形 気楽な, くつろげる.

heim|fah・ren* [ハイム・ふァーレン hɑ́im-fà:rən] I 自 (s) (乗り物で)帰宅する, 帰途につく. II 他 (h) (乗り物で)人⁴を家まで送る.

Heim⚟fahrt [ハイム・ふァールト] 囡 -/-en 帰郷, 帰途, 帰国の旅.

heim|füh・ren [ハイム・ふューレン hɑ́im-fỳ:rən] 他 (h) (人⁴を介助して)家まで送る. Kinder⁴ *heimführen* 子供たちを家まで送り届ける.

Heim⚟gang [ハイム・ガング] 男 -[e]s/ 《雅・婉曲》他界, 逝去(せいきょ).

heim|ge・hen* [ハイム・ゲーエン hɑ́im-gè:ən] 自 (s) ① 家へ帰る. ② 《雅・婉曲》他界する.

hei・misch [ハイミッシュ hɑ́imɪʃ] 形 ① その土地の, 土着の; 自国の, 国内の. (英 native). die *heimische* Bevölkerung 在来種の住民 / die *heimischen* Pflanzen 在来種の植物. ② 故郷の, わが家の. die *heimische* Mundart お国訛り(なまり). ③ 慣れ親しんだ(場所など). in (または an) 場³ *heimisch* sein 場³に慣れ親しんでいる, よく知っている ⇒ Sie war in Wien *heimisch*. 彼女はウィーンになじんでいた / In diesem Fach ist er *heimisch*. 《比》《俗》彼はこの分野に精通している.

Heim⚟kehr [ハイム・ケーア] 囡 -/ 帰宅, 帰郷, 帰国; 帰還.

heim|keh・ren [ハイム・ケーレン hɑ́im-kè:rən] 自 (s) 帰宅する, 帰郷(帰国)する; 帰還する.

Heim⚟keh・rer [ハイム・ケーラァ] 男 -s/- 帰郷(帰国)者; 帰還兵. (女性形: -in).

heim|kom・men* [ハイム・コンメン hɑ́im-kɔ̀mən] 自 (s) 帰宅する, 帰郷(帰国)する.

Heim⚟kunft [ハイム・クンふト] 囡 -/ 《雅》帰宅; 帰郷, 帰国.

heim|leuch・ten [ハイム・ろイヒテン hɑ́im-lɔ̀ʏçtən] 自 (h) ① (人³を)ランプを灯ともして家まで送る. ② 《俗》(人³を)追い返す, はねつける.

heim・lich [ハイムりヒ hɑ́imlɪç] 形 ① 秘密の, ひそかな. (英 secret). ein *heimlicher* Plan ひそかな計画 / *heimliche* Wege gehen 《比》禁を犯す / sich⁴ *heimlich* mit 人³ treffen 人³とひそかに会う / *heimlich*, still und leise 《口語》こっそり, 黙って, 音もなく. ② 《古少》居心地のいい, わが家のごとくくつろげる.

Heim・lich・keit [ハイムりヒカイト] 囡 -/-en ① 《ふつう 単》秘密[事項], ないしょごと. ② [他の]人に気づかれないこと. in aller *Heimlichkeit* ごく内密に.

Heim・lich⚟tu・er [ハイムりヒ・トゥーアァ hɑ́imlɪç-tu:ər] 男 -s/- 思わせぶりをする人, 秘密めかす人. (女性形: -in).

heim・lich|tun* [ハイムりヒ・トゥーン hɑ́im-lɪç-tù:n] 自 (h) 思わせぶりをする, 秘密めかす. mit 物³ *heimlichtun* 物³を隠しだてする.

Heim≠rei·se [ハイム・ライゼ] 囡 -/-n 帰国(帰郷)の旅.

Heim≠spiel [ハイム・シュピーる] 田 -[e]s/-e 《スポ》ホームゲーム. (×モ「アウェーゲーム」は Auswärtsspiel.)

Heim≠stät·te [ハイム・シュテッテ] 囡 -/-n ①『ふつう 単』わが家, 住みか, くつろげる場所. ② (難民などのための)[菜園付きの]住居.

heim|su·chen [ハイム・ズーヘン hám-zù:xən] 他 (h) ① (不幸・災害などが囚⁴を)襲う, 見舞う. ② 《口語》(不意に囚⁴の家に)押しかける.

Heim≠su·chung [ハイム・ズーフング] 囡 -en ① (大きな)不幸, 苦難; 神の試練. ② Mariä *Heimsuchung* 《カトリック》聖マリアの聖エリザベツ訪問祭 (5月31日. 元来は7月2日).

Heim≠tü·cke [ハイム・テュッケ] 囡 -/ 陰険さ, 悪巧み.

heim≠tü·ckisch [ハイム・テュキッシュ] 形 陰険な, 邪悪な;(比) (潜行性で)悪性の(病気など).

heim≠wärts [ハイム・ヴェルツ] 副 わが家へ, 故郷へ向かって.

Heim≠weg [ハイム・ヴェーク] 男 -[e]s/-e 帰路, 家路. auf dem *Heimweg* sein 帰宅中である.

*das Heim≠weh [ハイム・ヴェー háɪm-ve:] 田 (単2) -s/ ホームシック, 郷愁. (英 homesickness). *Heimweh* nach 人・物³ haben 人・物³を恋しがる / Sie fuhr aus *Heimweh* wieder zurück. 彼女はホームシックにかられて帰郷した / **an** (または **unter**) *Heimweh* leiden ホームシックにかかっている.

Heim≠wer·ker [ハイム・ヴェルカァ] 男 -s/- 家庭で大工仕事をする人. (女性形: -in).

heim|zah·len [ハイム・ツァーれン háɪm-tsà:lən] 他 (h) (囚³に(報)いの仕返し(報復)をする. 囚³ 単 **in** (または **mit**) gleicher Münze *heimzahlen* 囚³に 単⁴のしっぺ返しをする.

Hei·ne [ハイネ háɪnə] -s/ 《人名》ハイネ (Heinrich *Heine* 1797–1856；ドイツの詩人・批評家).

Hein·rich [ハインリヒ háɪnrɪç] -s/ 《男名》ハインリヒ.

Heinz [ハインツ háɪnts] 《男名》ハインツ (Heinrich の 短縮).

Hein·zel·männ·chen [ハインツェる・メンヒェン] 田 -s/- 『ふつう 複』(童話の)小人(ひと), 小妖精(夜間や留守中に家の仕事を片づけてくれるという).

die Hei·rat [ハイラート háɪra:t] 囡 (単) -/ (複) -en 結婚, 婚姻. (英 marriage). eine späte *Heirat* 晩婚 / eine *Heirat*⁴ mit 囚³ ein|gehen 囚³と結婚する.

**hei·ra·ten [ハイラーテン háɪra:tən]

結婚する Sie will *heiraten*.
ズィー ヴィる ハイラーテン
彼女は結婚するつもりだ.

du heiratest, er heiratet (heiratete, *hat...* geheiratet) **I** 他 (完了 haben)『4格とともに』(囚⁴と) 結婚する. (英 marry). Er *heiratete* die Tochter seines Nachbarn. 彼は隣の娘と結婚した / 囚⁴ aus Liebe *heiraten* 囚⁴と恋愛結婚する.

II (自) (完了 haben) ① 結婚する. Sie haben gestern *geheiratet*. 彼らはきのう結婚した / früh (spät) *heiraten* 若いときに(年をとってから)結婚する / zum zweiten Mal *heiraten* 再婚する / Sie mussten *heiraten*. 《口語・婉曲》彼らは[子供ができたので]結婚せざるをえなかった.

② 『方向を表す副詞句とともに』結婚して(…へ)移る, (…へ)嫁ぐ. nach Amerika *heiraten* アメリカへ嫁(婿)に行く.

hei·ra·te·te [ハイラーテテ] ≠heiraten (結婚する)の 過去.

Hei·rats≠an·trag [ハイラーツ・アントラーク] 男 -[e]s/..träge 結婚の申し込み, プロポーズ. Er machte ihr einen *Heiratsantrag*. 彼は彼女にプロポーズした.

Hei·rats≠an·zei·ge [ハイラーツ・アンツァイゲ] 囡 -/-n ① 結婚通知[状]; (新聞による)結婚通知の広告. ② (新聞などの)求婚広告(自分のプロフィールや理想のタイプを新聞に掲載する).

hei·rats≠fä·hig [ハイラーツ・フェーイヒ] 形 (法的に)結婚できる; 結婚する資質を備えた.

hei·rats≠lus·tig [ハイラーツ・るスティヒ] 形 《戯》結婚したがっている.

Hei·rats≠schwind·ler [ハイラーツ・シュヴィンドらァ] 男 -s/- 結婚詐欺師. (女性形: -in).

Hei·rats≠ur·kun·de [ハイラーツ・ウーァクンデ] 囡 -/-n 婚姻(結婚)証明書.

Hei·rats≠ver·mitt·ler [ハイラーツ・フェアミットらァ] 男 -s/- 結婚仲介業者. (女性形: -in).

hei·sa! [ハイザ háɪza または ..サ ..sa] 間 《古》①(喜びを表して):わーい. ②(励ましで:)さあ.

hei·schen [ハイシェン háɪʃən] 他 (h) 《雅》(単⁴を)強く要求する; 懇願する.

Hei·sen·berg [ハイゼン・ベルク háɪzən-bɛrk] -s/ 《人名》ハイゼンベルク (Werner Karl *Heisenberg* 1901–1976；ドイツの物理学者. 量子力学を確立. 1932年ノーベル賞).

hei·ser [ハイザァ háɪzər] 形 (声の)しわがれた, かすれた. (英 hoarse). mit *heiserer* Stimme しわがれた声で / sich⁴ *heiser* schreien 叫びすぎて声をからす.

Hei·ser·keit [ハイザァカイト] 囡 -/-en 『ふつう 単』声がかれていること, しわがれ声.

**heiß [ハイス háɪs]

熱い, 暑い Es ist heute sehr *heiß*.
エス イスト ホイテ ゼーァ ハイス
きょうはとても暑い.

形 (比較 heißer, 最上 heißest) (英 hot) ① 熱い, 暑い. (×モ「冷たい」は kalt). *heiße* Luft 熱風 / ein *heißer* Sommer 暑い夏 / *heißes*

Wasser 熱湯 / die *heiße* Zone 熱帯 / ein *heißes* Bad⁴ nehmen 熱い風呂に入る / ein *heißer* Draht ホットライン(二国間の首脳を結ぶ直通電話) / Mir ist *heiß*. 私は[汗が出るほど]暑い / Das Kind ist ganz *heiß*. この子は熱がある / sich⁴ *heiß* duschen お湯のシャワーを浴びる / Mir läuft es *heiß* und kalt den Rücken hinunter. 私は背筋がぞっとする / Der Motor läuft *heiß*. エンジンが熱くなる. (⚠ 気温の「通常の暑さ」やお湯の「通常の熱さ」にはふつう warm を用いる).

② **熱烈な**, 情熱的な; 激しい. ein *heißer* Wunsch 熱望 / ein *heißes* Blut⁴ haben 情熱家である / eine *heiße* Liebe 激しい恋 / ein *heißer* Kampf 激戦 / *Heißen* Dank! 《口語》本当にありがとう.

③ 刺激的な, 熱狂的な. *heiße* Musik 強烈な音楽.

④《口語》危ない, やっかいな. ein *heißes* Thema やっかいなテーマ / *heiße* Ware 危ない商品(盗品・密輸品など).

⑤《付加語としてのみ》《口語》(スポーツなどで)優秀な, 有望な; 高性能の(スポーツカーなど). eine *heiße* Favoritin 優勝候補(本命)の女性 / ein *heißer* Wagen 高性能の車.

⑥ (若者言葉:) とてもすてきな, すごい, イケてる. Der Film ist echt *heiß*. この映画は本当にすごい. ⑦ 〖物〗高放射能の. *heiße* Stoffe 高放射性物質. ⑧《口語》(動物などが)発情した;《俗》(人間が)性的に興奮した.

► **heiß≈ersehnt, heiß≈geliebt, heiß|machen, heiß|umstrichten**

heiß≈blü・tig [ハイス・ブリューティヒ] 形 情熱的な, 怒りっぽい, 血の気の多い.

※hei・ßen* [ハイセン háisən]

…という名前である
Wie *heißen* Sie?
ヴィー ハイセン ズィー
お名前は何とおっしゃいますか.

人称	単	複
1	ich heiße	wir heißen
2	{du heißt / Sie heißen	{ihr heißt / Sie heißen
3	er heißt	sie heißen

(hieß, hat … geheißen) **I** 自《完了 haben》① (…という)**名前である**, (…と)呼ばれている; (題名などが…と)いう. Wie *heißt* du? ― Ich *heiße* Petra. 君の名前は何ていうの ― 私はペートラよ / Wie *heißt* diese Straße? この通りは何という名前ですか / Der Titel des Buches *heißt* „Das Schloss". その本の題名は『城』である.
② (…という)**意味である**, (…という, (…と)いうことである. Wie *heißt* das auf Deutsch? それドイツ語で何といいますか / Was soll das *heißen*? これはどういうことだ / Das will viel (nichts) *heißen*. それはたいした(とるに足らない)ことだ / **das *heißt*** すなわち, つまり, ただし (略: d. h.) ⇒ wir, das *heißt*, meine Frau und ich 私たち, つまり妻と私 / Ich komme morgen, das *heißt*, nur wenn es nicht regnet. 私はあす参ります, もっとも雨が降らなければの話ですが / Das *hieße* doch, den Plan aufgeben (または aufzugeben). 〖接2・現在〗それは計画を断念するということになるだろう.

II 他《完了 haben》①《雅》(人・物⁴を…と)**呼ぶ**, 言う. Er *hieß* mich einen Lügner. 彼は私のことをうそつきと言った / Das *heiße* ich Mut! これこそ勇気というものだ / 〖人⁴ willkommen *heißen*〗人⁴を歓迎する. (⚠ …には４格の名詞・形容詞・zu のない不定詞がくる).
② (A⁴ を B⁴ と) 名づける (＝nennen). Sie haben das Kind Wilhelm *geheißen*. 彼らはその子をヴィルヘルムと名づけた.
③〖不定詞[句]とともに〗《雅》(人⁴に…するように)命じる. Er hat mich warten *heißen* (または *geheißen*). 〖現在完了〗彼は私に待つように命じた / Wer hat dich *geheißen*, heute zu kommen? だれが君にきょう来るように命じたのか.

III 非人称《完了 haben》①〖es *heißt*, …の形で〗《雅》…と言われている; …と書かれている. Es *heißt*, man habe den Dieb gefasst. その泥棒はつかまったそうだ / In der Bibel (Bei Goethe) *heißt* es, dass … 聖書(ゲーテの書)には…と書いてある.
②〖過去分詞 または zu のない不定詞とともに〗《雅》(…することが)必要(肝要)だ. Hier *heißt* es aufgepasst (または aufpassen). ここは用心が必要だ.

heiß≈er・sehnt, heiß er・sehnt [ハイス・エァゼーント] 形 待望の, 待ち焦がれた.

heiß≈ge・liebt, heiß ge・liebt [ハイス・ゲリープト] 形 熱愛されている.

Heiß≈hun・ger [ハイス・フンガァ] 男 -s/ [突然の]猛烈な食欲;《比》渇望.

heiß≈hung・rig [ハイス・フングリヒ] 形 猛烈な食欲の, がつがつした;《比》渇望している.

heiß lau・fen* ☞ heiß ①

Heiß≈luft [ハイス・るフト] 女 -/ (ドライヤーなどの)熱風, 熱気.

heiß|ma・chen [ハイス・マッヘン háis-mà-xən] 他 (h) (人⁴の)感情を高ぶらせる. Was ich nicht weiß, macht mich nicht *heiß*.《ことわざ》知らぬが仏(←私が知らないことは私を熱くしない).

Heiß≈sporn [ハイス・シュポルン] 男 -[e]s/-e 短気な(怒りっぽい)人.

heiß≈um・strit・ten, heiß um・strit・ten [ハイス・ウムシュトリッテン] 形 激しい議論の的になっている(なった).

Heiß・was・ser・spei・cher [ハイスヴァッサァ・シュパイヒャァ] 男 -s/- 温水[貯蔵]器.

..heit [..ハイト ..hait] 〖女性名詞をつくる 接尾〗①《性質・状態》例: Schön*heit* 美. ②《集合体》例: Mensch*heit* 人類.

hei·ter [ハイタァ háɪtər] 形 (比較 heit[e]rer, 最上 heiterst) (英 bright) ① 朗らかな, 快活な, 上機嫌な; 愉快な, 楽しい. ein *heiteres* Gesicht 快活な顔 / ein *heiterer* Roman 楽しい小説 / Das kann ja *heiter* werden.《口語》(反語的に:) これはとんだことになるぞ.(☞ 類語 lustig).

② 晴れた, 快晴の; 澄んだ. *heiteres* Wetter 晴天 / *heiter* bis wolkig《天気予報で:》晴れまたは曇り / Die Nachricht kam wie ein Blitz aus *heiterem* Himmel. その知らせは青天の霹靂(へきれき)だった(思いがけなかった).

Hei·ter·keit [ハイタァカイト] 女 -/ ① 快活さ, 朗らかさ, 上機嫌. ② 笑い[声].

Heiz∫an·la·ge [ハイツ·アンラーゲ] 女 -/-n [集中]暖房装置, セントラルヒーティング.

heiz∫bar [ハイツバール] 形 暖房の入る; 暖房設備のある.

Heiz∫de·cke [ハイツ·デッケ] 女 -/-n 電気毛布.

hei·zen [ハイツェン hártsən] du heizt (heizte, hat...geheizt) I 他《完了 haben》① (部屋など[4]を)暖める, 暖房する.(英 heat). ein Zimmer[4] *heizen* 部屋を暖房する / Die Wohnung ist gut *geheizt*.《状態受動·現在》この住まいは暖房がよく効いている. ② (ストーブなど[4]を)たく;(燃料[4]を)燃やす. einen Ofen *heizen* ストーブをたく / Kohle[4] *heizen* 石炭をたく.

II 自《完了 haben》① 暖房する. elektrisch (mit Gas) *heizen* 電気で(ガスで)暖房する. ② (暖房器具が…の)暖房効果を示す. Der Ofen *heizt* gut. このストーブは暖房効果がいい.

III 再帰《完了 haben》*sich*[4] *heizen* (部屋などが)暖まる, 暖房が効く. Das Zimmer *heizt sich* schlecht. この部屋は暖房がよく効かない.

Hei·zer [ハイツァァ hártsər] 男 -s/- ボイラーマン.(女性形: -in).

Heiz∫gas [ハイツ·ガース] 中 -es/-e 燃焼ガス; 暖房用ガス.

Heiz∫kes·sel [ハイツ·ケッセる] 男 -s/- 暖房用ボイラー.

Heiz∫kis·sen [ハイツ·キッセン] 中 -s/- (体を暖めるための)電気クッション.

Heiz∫kör·per [ハイツ·ケルパァ] 男 -s/- (暖房器の)放熱体(器); ラジエーター.

Heiz∫lüf·ter [ハイツ·リュフタァ] 男 -s/- ファンヒーター.

Heiz∫ma·te·ri·al [ハイツ·マテリアーる] 中 -s/..alien [..アーリエン] [暖房]燃料.

Heiz∫öl [ハイツ·エーる] 中 -[e]s/-e (暖房用の)石油.

Heiz∫plat·te [ハイツ·ブらッテ] 女 -/-n (電気レンジの)加熱プレート, ホットプレート.

Heiz∫son·ne [ハイツ·ゾンネ] 女 -/-n 反射式電気ストーブ.

heiz·te [ハイツテ] heizen (暖める)の 過去

die **Hei·zung** [ハイツング hártsʊŋ] 女 (単) -/(複) -en (英 heating) ① 暖房装置;《口語》暖房器, 放熱器. Zentral*heizung* セントラルヒーティング / die *Heizung*[4] an|stellen (ab|stellen) 暖房のスイッチを入れる(切る). ②《複なし》暖房. Miete mit *Heizung* 暖房費込みの家賃.

Hei·zungs∫an·la·ge [ハイツングス·アンラーゲ] 女 -/-n [集中]暖房装置, セントラルヒーティング(= Heizanlage).

Heiz∫wert [ハイツ·ヴェーァト] 男 -[e]s/-e《物》発熱量.

Hekt·ar [ヘクタール hékta:r または..タール] 中 男《スイス: 男のみ》-s/-e (単位: -/-) ヘクタール, 100平ㇺ (面積の単位; 記号: ha).

Hek·tik [ヘクティク héktɪk] 女 -/ あわただしさ, せわしなさ, 目まぐるしさ.

hek·tisch [ヘクティッシュ héktɪʃ] 形 ① あわただしい, せかせかした. ein *hektischer* Verkehr あわただしい交通. ②《医》肺結核の; 消耗性の. *hektisches* Fieber 消耗熱.

Hek·to.. [ヘクト.. hɛkto.. または ヘクト..]《単位名につける接頭》母音の前では Hekt..》(100) 例: *Hekto*meter ヘクトメートル.

Hek·to·li·ter [ヘクト·リータァ] 中 男《スイス: 男のみ》-s/- (単位: -/-) ヘクトリットル, 100リットル (容積の単位; 記号: hl).

Hek·to·pas·cal [ヘクト·パスカル] 中 -s/- (単位: -/-)《気象》ヘクトパスカル, 100パスカル (気圧指度の単位; 記号: hPa).

der **Held** [へると hélt] 男 (単 2·3·4) -en/(複) -en (英 hero) ① 英雄, 勇士. die *Helden* der germanischen Sagen[2] ゲルマン伝説の英雄たち / Im Rechnen ist er kein *Held*.《口語·戯》計算は彼は得意でない / den *Helden* spielen 英雄を気取る, 虚勢を張る. ②《ふつう複》《文学》(小説·劇の男性の)主人公, 主役, ヒーロー; 花形. der tragische *Held* 悲劇の主人公.

hel·den·haft [へるデンハフト] 形 英雄的な, 勇ましい.

Hel·den∫mut [へるデン·ムート] 男 -[e]s/ 英雄的勇気, 剛勇, 豪胆.

hel·den·mü·tig [へるデン·ミューティヒ] 形 英雄的な, (英雄のように)豪胆な, 勇猛果敢な.

Hel·den∫stück [へるデン·シュテュック] 中 -[e]s/-e (ふつう皮肉って:)英雄的行為.

Hel·den∫tat [へるデン·タート] 女 -/-en 英雄的行為, 偉業.

Hel·den∫tod [へるデン·トート] 男 -[e]s/-e《雅》戦死.

Hel·den∫tum [へるデントゥーム] 中 -s/ 英雄的精神(行為), 剛勇, 豪胆.

Hel·din [へるディン héldɪn] 女 -/..dinnen ①《文学》(小説·劇の女性の)主人公, ヒロイン. ②《雅》《戯》女丈夫(じょうふ), 女傑.

hel·disch [へるディッシュ héldɪʃ] 形《雅》① (伝説的)英雄[時代]の. ② = heldenhaft

He·le·na [ヘーれナ hé:lena] -s/《ギリ神》ヘレネ, ヘレナ(スパルタ王メネラオスの妻で, ギリシア第一の美女. トロヤの王子パリスに誘拐され, トロヤ戦争の原因となる).

He·le·ne [ヘれーネ helé:nə] －{n}s/《女名》ヘレーネ.

hel·fen* [ヘるフェン hélfən]

助ける	Ich *helfe* dir. イヒ ヘるフェ ディア 君に手を貸してあげよう.

人称	単	複
1	ich helfe	wir helfen
2	{du **hilfst** {Sie helfen	{ihr helft {Sie helfen
3	er **hilft**	sie helfen

(half, hat … geholfen) 自 (完了) haben) ① 《3格とともに》(人)³を助ける, 手伝う. (英 help). Er *hilft* mir finanziell. 彼は経済的に私を助けてくれる / *Können* Sie mir *helfen*? 助けていただけますか / *Kann* ich Ihnen *helfen*? a) お手伝いしましょうか, b) (店員が客に:)何をさしあげましょうか / Ihm ist nicht zu *helfen*. 彼は救いようがない / Ich *werde* (または *will*) dir *helfen*. 《口語》ただてはおかないぞ.

◇《前置詞とともに》(人)³ **auf** die Beine *helfen* a) (人)³を助け起こす, b) (比)(経済的·医学的に)(人)³を再起させる / (人)³ **aus** dem Auto *helfen* (人)³が車から降りるのを手伝う / (人)³ **bei** (事)³ *helfen* (人)³が(事)³をするのを手伝う ⇒ Er *hilft* mir bei der Arbeit. 彼は私の仕事を手伝ってくれる / Er *half* ihr **in** den Mantel. 彼は彼女がコートを着るのを手伝った.

◇《zu のない不定詞とともに》Er *half* ihr aufräumen. 彼は彼女が片づけるのを手伝った / Ich *half* ihm das Buch suchen *helfen* (または *geholfen*). 私は彼がその本を捜すのを手伝った.

◇《**zu** 不定詞[句]とともに》Er *half* ihr, den Koffer zu tragen. 彼は彼女がスーツケースを運ぶのを手伝った / Ich *habe* ihm *geholfen*, das Auto zu waschen. 私は彼が車を洗うのを手伝った.

◇《再帰的に》sich³ *helfen* 自力でなんとかする ⇒ *Hilf* dir selbst, so *hilft* dir Gott. 神は自ら助ける者を助く(←おまえ自身を助けよ, そうすればおまえを神が助ける) / Er weiß sich zu *helfen*. 彼は自分の力でなんとかするすべを心得ている / Ich *kann* mir nicht *helfen*, [aber]… ほかにしようがないのですが…, どうしても…

② 役に立つ, (薬などが)効く. Weinen und Schreien *hilft* nicht[s]. 《口語》泣いてもわめいてもしかたがない / Das *hilft* mir wenig. それは私にはあまり役にたたない / Dieses Medikament *hilft* gut **gegen** (または bei) Kopfschmerzen. この薬は頭痛によく効く. ◇《非人称の **es** を主語として》Es *hilft* nichts. どうしようもない.

類語 **helfen**: 「助ける, 手伝う」の意味で用いられる最も一般的な語. **bei|stehen**: 《難しい状況にある

人を親身になって》助ける, 支援する. **unterstützen**: (人を助言などにより精神的に, あるいはまた経済的に)支援する, 援助する.

Hel·fer [ヘるファァ hélfər] 男 －s/－ 助力者, 手伝い; 相談相手. (女性形: -in).

Hel·fers·hel·fer [ヘるファァス・ヘるファァ] 男 －s/－ (軽蔑的に)共犯者, (悪事の)仲間. (女性形: -in).

Hel·ga [ヘるガ hélga] －s/《女名》ヘルガ.

Hel·go·land [ヘるゴ·らント hélgo-lant] 中 －s/《島名》ヘルゴラント島(北海にあるドイツ領の島: ☞ 地図 C-1).

He·li·ko·pter [ヘリコプタァ helikóptər] 男 －s/－ ヘリコプター(＝Hubschrauber).

He·lios [ヘーリオス hé:lios] 《ギ神》ヘリオス(太陽神. ローマ神話のソルに当たる).

He·lio·trop [ヘリオトローブ heliotró:p] I 中 －s/-e ① 《植》ヘリオトローブ, キダチルリソウ. ② 《複 なし》ヘリオトローブ色[顔料]. ③ (昔の:)回照機(目標点から太陽光を反射させて観測点に送る測量機). II 男 －s/-e 《鉱》血石(ネッセキ).

He·li·um [ヘーリウム hé:liʊm] 中 －s/《化》ヘリウム(記号: He).

hell [ヘる hél]

明るい	Es wird *hell*. 明るくなる. エス ヴィルト ヘる

I 形 ① 明るい; 澄んだ. (英 bright). (対 「暗い」は dunkel). ein *helles* Zimmer 明るい部屋 / am *hellen* Tag a) 白昼に, b) 公然と / ein *heller* Tag 晴れわたった日 / Im Sommer bleibt (または ist) es länger *hell*. 夏は日が長い.

② 明るい色の, 淡い, 淡色の. ein *helles* Bier (黒ビールに対して:)ふつうのビール / *helles* Haar 金髪 / Sie hat sehr *helle* Haut. 彼女の肌はとても白い.

③ (音·声の)澄んだ, 高い音の. ein *heller* Klang 澄んだ響き / eine *helle* Stimme かん高い声.

④ 聡明な, 明晰(セキ)な. ein *helles* Kind 利発な子供 / Sie ist sehr *hell*. 彼女はとても利口だ.

⑤ 《口語》非常な, 激しい. in *heller* Verzweiflung まったく絶望的に / Er geriet in *helle* Wut. 彼はかんかんに怒った.

II 副 非常に, ひどく. Er ist *hell* begeistert (または *hell*begeistert). 彼はとても感激している.

► **hell**≗**leuchtend**

hell≗**auf** [ヘる·アオふ] 副 大いに, 非常に.

hell≗**blau** [ヘる·ブらオ] 形 ライトブルー (淡青色)の.

hell≗**blond** [ヘる·ブロント] 形 明るいブロンドの.

hell≗**dun·kel** [ヘる·ドゥンケる] 形 《絵画》《写》明暗(光と影)の交錯する.

Hell≗**dun·kel** [ヘる·ドゥンケる] 中 －s/《絵画》明暗(光と影)の交錯.

Hel·le [ヘれ héla] 女 －/《雅》明るさ, 明るい光.

Hel·le·bar·de [ヘれバルデ heləbárdə] 女 －/

-n 矛槍(ほこやり)(中世後期の矛と槍を組み合わせた武器).

Hel·le·ne [ヘれーネ hɛlé:nə] 男 -n/-n 古代ギリシア人. (女性形: Hellenin).

Hel·le·nis·mus [ヘれニスムス hɛlenísmus] 男 -/ ① ヘレニズム, 後期ギリシア文化(文化)(アレクサンドロス大王以後の古代ローマ帝国にいたる東洋的要素の混入したギリシア時代・文化). ② ヘレニズム時代のギリシア語.

hel·le·nis·tisch [ヘれニスティッシュ hɛlenístɪʃ] 形 ヘレニズム[期]の.

Hel·ler [ヘらァ hélər] 男 -s/- ヘラー(昔のドイツの少額銅貨・銀貨). bis auf den letzten *Heller* (または auf *Heller* und Pfennig) bezahlen 《口語》最後の一銭にいたるまできっかりと払う / Das Bild ist keinen *Heller* wert. 《口語》その絵は一文の値打ちもない.

Hel·le[s] [ヘれ[ス] héla[s]] 中 〔語尾変化は形容詞と同じ〕 ① (黒ビールに対して:)淡色ビール. Herr Ober, bitte ein *Helles* (zwei *Helle*)! ボーイさん, [淡色]ビール 1 杯(2杯)ください. ② 明るい状態, 明るい所. ins *Helle* treten 明るい所へ出る.

helleuch·tend [ヘる・ろイヒテント]² hellleuchtendの古い形.

hell↔hö·rig [ヘる・ヘーリヒ] 形 ① (壁などが)音の通りやすい. ② 《古》耳ざとい, 注意深い. *hellhörig* werden (不審に思って)聞き耳を立てる, 注意深くなる.

hellicht [ヘる・リヒト] helllichtの古い形.

Hel·lig·keit [ヘりヒカイト] 女 -/-en ① 〔複なし〕明るさ, 明度; 明るい光. ② 〔複なし〕光度, 輝度. ③ 《天》(星の)等級.

hell↔leuch·tend, hell leuch·tend [ヘる・ろイヒテント] 形 明るく光る(輝く).

hell↔licht [ヘる・リヒト] 形 〔付加語としてのみ〕明るい. am *helllichten* Tag 真っ昼間に.

hell|se·hen* [ヘる・ゼーエン, hell-zé:ən] 〔不定詞でのみ用いる〕自 (h) 透視する, 千里眼が利く. Ich *kann* doch nicht *hellsehen*! [そんなことは]わかるものか.

Hell↔se·hen [ヘる・ゼーエン] 中 -s/ 千里眼, 透視.

Hell↔se·her [ヘる・ゼーアァ] 男 -s/- 千里眼[の人], 透視者. (女性形: -in).

hell↔se·he·risch [ヘる・ゼーエリッシュ] 形 千里眼の, 透視力のできる, 炯眼(けいがん)の.

hell↔sich·tig [ヘる・ズィヒティヒ] 形 鋭い洞察力のある, 先見の明のある.

hell↔wach [ヘる・ヴァッハ] 形 はっきりと目覚めた.

der **Helm** [ヘるム hélm] 男 (単 2) -[e]s/(複) -e (3格なども -en) ① ヘルメット, [鉄]かぶと; (騎士の)かぶと. (☞ *helmet*). den *Helm* aufsetzen ヘルメットをかぶる. ② 〔建〕尖塔(せんとう)の屋根, とんがり屋根. (☞「建築様式 (2)」, 1744 ページ). ③ 〔工〕(器具・煙突などにかぶせる)傘状のカバー.

Helm·holtz [ヘるム・ホるツ hélm-hɔlts] 《人名》(Hermann von *Helmholtz* 1821-1894; ドイツの生理学者・物理学者).

Hel·mut [ヘるムート hélmu:t] -s/ 《男名》ヘルムート.

Hel·sin·ki [ヘるズィンキ hélzɪŋki] 中 -s/ 《都市名》ヘルシンキ(フィンランドの首都).

*das **Hemd** [ヘムト hémt]

> シャツ
>
> Das *Hemd* ist am Hals zu eng.
> ダス ヘムト イスト アム ハるス ツー エング
> このシャツは首がきつすぎる.

中 (単 2) -es (まれに -s)/(複) -en シャツ; アンダーシャツ, 肌着 (= Unter*hemd*); ワイシャツ (= Ober*hemd*). 《英》*shirt*). ein langärmeliges *Hemd* 長袖(ながそで)シャツ / ein bügelfreies *Hemd* ノーアイロン(アイロン不要)のシャツ / ein frisches *Hemd*[4] an|ziehen 洗いたてのワイシャツを着る / ein *Hemd*[4] bügeln (waschen) シャツにアイロンをかける(シャツを洗う) / das *Hemd*[4] wechseln シャツを着替える / ein halbes *Hemd* (俗) a) 生意気な若造, b) やせすぎの男 / Er wechselt seine Meinung wie das *Hemd*. 《口語》彼は意見をしばしば変える(←シャツのように) / das letzte *Hemd*[4] her|geben 《比》一切を差し出す(←最後のシャツまでやってしまう) / Das *Hemd* ist mir näher als der Rock. (ことわざ) 人のことよりまずわが身(←シャツの方が上着よりも私に近い) / bis **aufs** *Hemd* 一つ残らず, すっかり / im bloßen *Hemd* シャツだけで(上着を着ないで) / Mach dir nicht ins *Hemd*! 《俗》そんなにおどおど(かっか)するな, そんなに気取るな.

Hemd↔blu·se [ヘムト・ブるーゼ] 女 -/-n シャツブラウス.

Hemd↔brust [ヘムト・ブルスト] 女 -/ (礼服などの)胸当て, ディッキー.

Hem·den↔knopf [ヘムデン・クノプふ] 男 -[e]s/..knöpfe シャツのボタン.

Hemds·är·mel [ヘムツ・エルメる] 男 -s/- 〔ふつう 複〕 [ワイ]シャツの袖(そで). in *Hemdsärmeln* 《口語》上着を脱いで, [ワイ]シャツ姿で.

hemds·är·me·lig [ヘムツ・エルメリヒ] 形 ① [ワイ]シャツ姿の. ② 《口語》ざっくばらんな, くだけた(態度など).

He·mi·sphä·re [ヘミ・スふェーレ hemi-sfé:rə] 女 -/-n ① (地球・天体の)半球. die nördliche (südliche) *Hemisphäre* 北半球(南半球). ② 《医》(大脳・小脳の)半球.

hem·men [ヘンメン hémən] (hemmte, hat ... gehemmt) 他 (完了 haben) ① (人事4)を妨げる, 〔4を〕はばむ, 阻止(抑止)する. 《英》*hinder*). die Entwicklung[4] *hemmen* 発展をはばむ / 人[4] in seiner Arbeit *hemmen* 人の仕事を妨げる / Seine Anwesenheit *hemmt* mich. 彼がいると私は気後れする. ◇〔現在分詞の形で〕eine *hemmende* Wirkung 抑止力.
② (物[4]に)ブレーキをかける, (物[4]の)速度を遅くする. 《英》*brake*). einen Wasserlauf *hem-*

Hemmnis

men 水の流れをせき止める / einen Wagen *hemmen* 車にブレーキをかける.
◊☞ **gehemmt**

Hemm·nis [ヘムニス] 田 ..nisses/..nisse 妨害, 障害.

Hemm·schuh [ヘム・シュー] 男 -[e]s/-e (自動車などの)ブレーキシュー, 輪止め;《比》障害.

hemm·te [ヘムテ] hemmen (妨げる)の 過去

Hem·mung [ヘンムング] 女 -/-en ① 妨害, 障害, 阻止, 制動. ② ためらい, 気後れ;《圏で》(心理的な)抑制. Er hat keine *Hemmungen*, so zu handeln. 彼はなんのためらいもなくそのような行動をする. ③《工》(時計の)エスケーブメント(歯車の逃げ止め).

hem·mungs·los [ヘンムングス・ロース] 形 自制心のない,(感情が)抑制できない; 慎みのない, 無遠慮な. *hemmungslos* weinen 泣きにないだけ泣く.

Hem·mungs·lo·sig·keit [ヘンムングス・ローズィヒカイト] 女 -/ 自制心のなさ; 慎みのなさ.

Hengst [ヘングスト héŋst] 男 -[e]s/-e 雄馬, (ろば・らくだなどの)雄.

Hen·kel [ヘンケル héŋkəl] 男 -s/- (コーヒーカップ・ポット・かごなどの)取っ手, 柄;《方》襟づり.

Hen·kel·krug [ヘンケる・クルーク] 男 -[e]s/..krüge ジョッキ; 取っ手付きの水差し.

hen·ken [ヘンケン héŋkən] 他 (h) 絞首刑にする.

Hen·ker [ヘンカァ héŋkər] 男 -s/- 刑吏, 死刑執行人;《比》暴君, 独裁者. (女性形: -in). Hol's der *Henker*! または **Zum** *Henker*! 畜生! / Hol dich der *Henker*!《接1・現在》《俗》おまえなんかくたばっちまえ.

Hen·kers·mahl·zeit [ヘンカァス・マールツァイト] 女 -/-en ① (昔の:)処刑前の食事. ②《戯》(長い別れなどの前の)最後の会食.

die **Hen·ne** [ヘンネ hénə] 女 (単)-/(複)-n めんどり(雌鶏). (⇔ *hen*). (✍ 「おんどり」は Hahn). Die *Henne* brütet. めんどりが卵を抱いている.

He·pa·ti·tis [ヘパティーティス hepatí:tɪs] 女 -/ ..titiden ..ティーティーデン《医》肝炎.

***her** [ヘーァ hé:r] 副 ①《空間的に》こちらへ. (✍ 「あちらへ」は hin; ☞ 図). *Her* zu mir! 私のそばへおいで / Bier *her*! ビールをくれ / *Her* mit dem Geld! その金をよこせ / **hin und** *her* あちこちに, 行ったり来たり / Wo ist er *her*? 彼はどこの出身ですか.

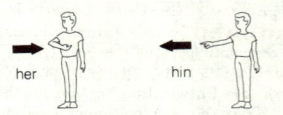

her hin

②《時間的に》…から現在まで, これまで. Das ist schon lange *her*. それはずっと以前[から]のことだ. ◊《期間を表す4格とともに》die schon letzten Tage *her* ここ何日か / Es ist schon eine Woche *her*, seit wir uns gesehen haben. この前お会いしてからもう1週間になりますね.

③《**von**...*her* の形で》⑦《空間的に》…から. vom Himmel *her* 天から / von außen *her* 外から / Vom Norden *her* weht ein kalter Wind. 北から冷たい風が吹く. ⑦《時間的に》…から. von meiner Jugend *her* 私の若い時から / Das kenne ich von früher *her*. それは私は以前から知っている. ⑦《由来・前提》…[の立場]から. vom Inhalt *her* 内容から考えて / von der Form *her* 形から見て.

④《成句的に》**hinter** (**vor**) 人・物³ *her* (移動している)人・物³のあと(前)を / hinter 人・物³ *her* sein (口語) a) (人³の)跡をつけ回している, b) (物³を)欲しがっている / Mit ihren Kenntnissen ist es nicht weit *her*.《口語》彼女の知識はたいしたことはない / um 人・物⁴ *her* 人・物⁴の周りに, 人・物⁴をめぐって.

her.. [ヘーァ.. hé:r..]《分離動詞の 前づづり》; つねにアクセントをもつ》① (こちらへ) 例: *her*|kommen こちらへ来る. ② (起源) 例: *her*|rühren 起因する. ③ (整理・仕上げ) 例: *her*|stellen 作り上げる. ④ (機械的反復) 例: *her*|sagen 暗唱する.

He·ra [ヘーラ hé:ra] -s/《ギリ神》ヘラ(ゼウスの正妻. ローマ神話のJuno に当たる).

her·ab [ヘラップ hɛráp] 副《雅》(上からこちらの)下へ. (✍ 「ここから向こうの上へ」は hinauf). *Herab* mit euch! 君たちこっちへ下りて来いよ / Von den Bergen *herab* bis ins Tal 山の上から下の谷にいたるまで / 人⁴ von oben *herab* behandeln《比》人⁴を見下した態度をとる.

her·ab.. [ヘラップ.. hɛráp..]《分離動詞の 前づづり》; つねにアクセントをもつ》《(上方からこちらの下方に向かって)下へ・(下の)こちらへ》例: *her·ab*|kommen 降りてくる.

her·ab|bli·cken [ヘラップ・ブリッケン hɛrápblɪkən] 自 (h) ①《雅》(こちらを)見下ろす. ②《**auf** 人⁴ ~》《雅》(人⁴を軽蔑して)見下す.

her·ab|hän·gen* [ヘラップ・ヘンゲン hɛráphɛŋən] 自 (h) (こちらへ)たれ下がっている.

her·ab|las·sen [ヘラップ・ラッセン hɛráplàsən] I 他 (h)《雅》(こちらへ)降ろす. 下げる. ◊《再帰的に》*sich⁴ herablassen* (こちらへ)降りて来る. II 再帰《*sich⁴* **zu** 事³ ~》 (皮肉って:)(事³を)わざわざしてくださる. Werden Sie sich endlich *herablassen*, meine Frage zu beantworten? 私のような者の質問にも答えてくださるでしょうか.

her·ab·las·send [ヘラップ・ラッセント] I her·ab|lassen (降ろす)の 現分 II 形 人を見下すような態度の.

her·ab·las·sung [ヘラップ・ラッスング] 女 -/ 人を見下すような態度.

her·ab|se·hen* [ヘラップ・ゼーエン hɛrápzè:ən] 自 (h) (こちらを)見下ろす (=herab|blicken).

her·ab|set·zen [ヘラップ・ゼッツェン hɛrápzètsən] 他 (h) ①(価格⁴を)引き下げる, (価

値など⁴を)低下させる，(速度など⁴を)減少させる．◇《過去分詞の形で》mit *herabgesetzter* Geschwindigkeit スピードを落として． ② けなす，おとしめる．

Her·ab·set·zung [ヘラップ・ゼッツング] 囡 -/-en ① 引き下げ，低下，減少． ② けなすこと，おとしめること．

her·ab·wür·di·gen [ヘラップ・ヴュルディゲン hεráp-vỳrdɪgən] 他 (h) (人⁴の品位を)おとしめる．

Her·ab·wür·di·gung [ヘラップ・ヴュルディグング] 囡 -/-en (品位を)おとしめること，誹謗(ひぼう)．

He·ra·kles [ヘーラクれス hé:rakles] (ギリシア神)ヘラクレス (=Herkules).

He·ra·klit [ヘラクリート heraklí:t] -s/ 《人名》ヘラクレイトス(前540?-前480?; 古代ギリシアの哲学者).

He·ral·dik [ヘラるディク heráldɪk] 囡 -/ 紋章学．

he·ral·disch [ヘラるディッシュ heráldɪʃ] 形 紋章学の．

her·an [ヘラン hεrán] 副 こちらへ，近く寄って．Etwas näher *heran*! もうちょっとこっちへ / Nur *heran*! さあこちらへ / Zu mir *heran*! 私のそばへ来なさい．

her·an.. [ヘラン.. hεrán..] 《分離動詞の前つづり》つねにアクセントをもつ》① 《(…へ向かっての)接近》例: *heran*treten 歩み寄る． ② 《成長・発展》例: *heran*wachsen 成長する．

her·an|bil·den [ヘラン・ビるデン hεrán-bìldən] 他 (h) 養成(育成)する．◇《再帰的に》sich⁴ *heranbilden* 養成される，育つ．

her·an|brin·gen* [ヘラン・ブリンゲン hεránbrìŋən] 他 (h) ① (こちらへ)持って(連れて)来る． ② 〖A⁴ an B⁴ ~〗 (A⁴ を B⁴ に)なじませる，親しませる．

her·an|füh·ren [ヘラン・フューレン hεránfỳ:rən] 他 (h) ① 近づける． ② 〖人⁴ an 事⁴ ~〗 (人⁴に事⁴の)手ほどきをする，(人⁴を事⁴に)親しませる．

her·an|ge·hen* [ヘラン・ゲーエン hεrán-gè:ən] 自 (s) ① 〖an 人・物 ~〗 (人・物⁴に)近づく，迫る． ② 〖an 事⁴ ~〗 (事⁴に)とりかかる．

her·an|kom·men* [ヘラン・コンメン hεránkòmən] 自 (s) ① 近寄ってくる; (時間的に)近づいて来る．Der Hund *kam* ganz nah an mich *heran*. 犬が私のすぐ近くに寄ってきた / Weihnachten *kommt heran*. クリスマスが近づく．〖事⁴ an sich⁴ *herankommen lassen* 《口語・比》事⁴を成り行きにまかせる． ② 〖an 人・物 ~〗 (人・物⁴に)手が届く，(物⁴を)手に入れる．Man *kann* nicht an ihn *herankommen*. 彼は近寄りがたい人だ．

her·an|ma·chen [ヘラン・マッヘン hεránmàxən] 再帰 (h) *sich⁴ heranmachen* 《口語》① 〖*sich⁴* an 人⁴ ~〗 (下心を持って人⁴に)近づく． ② 〖*sich⁴* an 事⁴ ~〗 (事⁴に)とりかかる．

her·an|rei·chen [ヘラン・ライヒェン hεránràɪçən] 自 (h) ① 〖an 物⁴ ~〗 (物⁴に)手が届く． ② 〖an 人・事⁴ ~〗 (人・事⁴に)匹敵するようになる，(人・事⁴と)同じレベルに達する．

her·an|rei·fen [ヘラン・ライフェン hεránràɪfən] 自 (s) ① (人・作物が)成熟する． ② 〖zu 物³ ~〗 (…へ)成長する． ③《比》(機運などが)熟する．

her·an|tra·gen* [ヘラン・トラーゲン hεrántrà:gən] 他 (h) ① 運んで来る． ② 〖事⁴ an 人⁴ ~〗 (事⁴を人⁴のところに)持ち込む，申し出る．

her·an|tre·ten* [ヘラン・トレーテン hεrántrè:tən] 自 (s) ① 〖an 人・物 ~〗 (人・物⁴に)歩み寄る; (問題などが人⁴に)迫る．Bitte *treten* Sie näher *heran*! もっと近寄ってください． ② 〖mit 物³ an 人⁴ ~〗 (事³(頼みごとなど)を人⁴に)持ち込む．

her·an|wach·sen* [ヘラン・ヴァクセン hεránvàksən] 自 (s) 成長(成人)する．zur Frau *heranwachsen* 一人前の女性に成長する．

her·an|wa·gen [ヘラン・ヴァーゲン hεránvà:gən] 再帰 (h) 〖*sich⁴* an 人・物 ~〗 (人・物⁴にあえて近づく;《比》(事⁴に)思いきって着手する．

her·an|zie·hen* [ヘラン・ツィーヘン hεrántsì:ən] I 他 (h) ① 引き寄せる．einen Stuhl *zu sich³ heranziehen* いすを手元に引き寄せる． ② (動植物を⁴)育てる; (後継者など⁴を)養成する． ③ 〖人⁴ zu 物³ ~〗 (人⁴をあることのために)動員する，ひっぱり出す． ④ (事⁴を)考慮に入れる，引き合いに出す．einen Text *zum* Vergleich *heranziehen* あるテキストを比較の対象にする．II 自 (s) 近づいて来る．

her·auf [ヘラオフ hεráʊf] 副 ① (下からこちらの)上へ，(こちらへ)上がって．(奥 upwards).（↔「(こちらから向こうの)下へ」は hinunter). *Herauf*! 上がって来い / die Treppe *herauf* 階段を上がって / von unten *herauf* 下から上へ．

② 《口語》(北から見て)南から北へ．Sie hat von Bayern *herauf* nach Norddeutschland geheiratet. 彼女はバイエルンからこの北ドイツへ嫁いで来た．

her·auf.. [ヘラオフ.. hεráʊf..] 《分離動詞の前つづり》つねにアクセントをもつ》《(下方からこちらの上方に向かって)上へ・(上の)こちらへ》例: *herauf*kommen 上がって来る．

her·auf|be·schwö·ren* [ヘラオフ・ベシヴェーレン hεráʊf-bəʃvỳ:rən] 他 (h) ① [軽率な行いによって](戦争・災いなど⁴を)引き起こす，招く． ② (過去のことなど⁴を)思い起こさせる．

her·auf|kom·men* [ヘラオフ・コンメン hεráʊf-kòmən] 自 (s) ① 上がって来る． ② (太陽などが)昇って来る; (雷雨などが)近づいて来る．

her·auf|set·zen [ヘラオフ・ゼッツェン hεráʊfzètsən] 他 (h) (価格など⁴を)[引き]上げる．

her·auf|stei·gen* [ヘラオフ・シュタイゲン hεráʊf-ʃtàɪɡən] 自 (s) ① 上がって(登って)来る;《比》(霧などが);《雅》(感情などが)生じる． ③ 《雅》(新しい時代などが)始まる．

her·auf|zie·hen* [ヘラオフ・ツィーエン hεráuf-tsì:ən] I 他 (h) 引っぱり上げる. II 自 (s) ① (あらしなどが)近づいて(迫って)来る. ② 上の階へ(南から北へ)引っ越して来る.

her·aus [ヘラオス heráus] 副 ① (中からこちらの)**外へ**, 外のこちらへ. (変 out). 「(中から向こうの)外へ」は hinaus, 「(こちらから向こうの)中へ」は hinein). *Heraus aus dem Bett!*《口語》起きろ / *Heraus mit dem Geld!*《口語》金をよこせ / *Heraus mit der Sprache!*《口語》さっさと言え, 白状しろ / **von innen** *heraus* a) 中から外へ, b)《比》心の底から.(✍ 口語では raus となることがある).
② 〖*sein* とともに〗《口語》㋐ 外に出ている. ㋑ (新製品などが)市場に出ている, (本などが)出版されている. ㋒ (事実などが)公になっている, (期日などが)決まっている. *Das ist noch nicht heraus.* それはまだ決まっていない. ㋓ 抜け出している, 脱している.

her·aus.. [ヘラオス.. heráus..]〖分離動詞の前つづり; つねにアクセントをもつ〗① (中からこちらの)外へ)例: *heraus*|kommen 外へ出て来る. ② ((はっきりしなかったものを)明るみに出す) 例: *sich*[4] *heraus*|stellen 判明する.

her·aus|ar·bei·ten [ヘラオス・アルバイテン heráus-àrbaitən] I 他 (h) ① 際立たせる, はっきりさせる. *einen Unterschied herausarbeiten* 違いをはっきりさせる. ② (文字など[4]を)浮き彫りにする. ③《口語》(休む期間[4]を)埋め合わせるために働く. II 再帰 (h) (*sich*[4] *aus* 物[3] ~)(物[3]から)苦労して脱出する.

her·aus|be·kom·men* [ヘラオス・ベコンメン heráus-bəkɔmən] (過分 herausbekommen) 他 (h) ① (染みなど[4]を)取り除く, (汚れなど[4]を)取り去る. *den Fleck aus dem Kleid herausbekommen* ワンピースの染みを取る. ②《口語》(秘密など[4]を)聞き出す, 探り出す; (謎・問題など[4]を)解く. ③ (小銭など[4]をお釣りにもらう.

her·aus|bil·den [ヘラオス・ビるデン heráus-bìldən] 再帰 (h) *sich*[4] *herausbilden* 生じる, 形成される.

her·aus|brin·gen* [ヘラオス・ブリンゲン heráus-brìŋən] 他 (h) ① (中からこちらへ)運び出す, 連れ出す. ② (作品など[4]を)世に出す, (新作など[4]を)上演する; (記念切手など[4]を)発行する, (新製品など[4]を)発表する, 市場に出す, (歌手など[4]を)売り出す. ③ (言葉など[4]を)口に出す. *Er brachte vor Angst kein Wort heraus.* 彼は不安のあまり一言も発しなかった. ④ (くぎ・栓など[4]を)抜き取る; (汚れなど[4]を)取り除く. *einen Nagel aus der Wand herausbringen* くぎを壁から抜き取る. ⑤《口語》(秘密など[4]を)聞き出す; (なぞなど[4]を)解く.

her·aus|fah·ren* [ヘラオス・ファーレン heráus-fà:rən] I 他 (h) ① (自動車など[4]を車庫などから)出す. *Er fuhr das Auto aus der Garage heraus.* 彼は車をガレージから出した. ② (モーターレースで好タイムなど[4]を)得る. II 自 (s) ① (*aus* 物[3] ~)(乗り物が・人が乗り物で物[3]から)出て来る. *Der Zug fährt aus dem Bahnhof heraus.* 列車が駅から出てくる. ② 《口語》(ベッドなどから)急に飛び出す; (人[3]の口から言葉などが)うっかり飛び出す. *Das ist mir nur so herausgefahren.*『現在完了』うっかり口からすべって言っただけだ.

her·aus|fin·den* [ヘラオス・フィンデン heráus-fìndən] I 他 (h) ① (多くの中から)見つけ出す; (原因・誤りなど[4]を)つきとめる. 人[4] *aus der Menge herausfinden* 人込みの中から人[4]を見つけ出す. II 自 (h)・再帰 (h) *sich*[4] *herausfinden* (森などから)外に出る道を見つける;《比》(苦境などから)抜け出す. *sich*[4] *aus dem Hochhaus herausfinden* ビルの外へなんとか抜け出す.

her·aus|for·dern [ヘラオス・フォルダァン heráus-fɔrdərn] 他 (h) ① (人[4]に)挑む, 挑戦する. 人[4] *zum Zweikampf herausfordern* 人[4]に決闘を挑む. ② 挑発する; (挑発して危険など[4]を)招く. *Kritik*[4] *herausfordern* ことさら批判を受けるようなことをする.

her·aus|for·dernd [ヘラオス・フォルダァント] I *herausfordern* (挑む)の 現分 II 形 挑発的な, 挑戦的な, 横柄な. *ein herausforderndes Benehmen* 挑発的な態度.

Her·aus·for·de·rung [ヘラオス・フォルデルング] 女 -/-en《2格》挑戦; 挑発.

Her·aus·ga·be [ヘラオス・ガーベ] 女 -/-n ① (本などの)出版, 発行, 編集. ② (保管していた物などの)返却, (捕虜などの)引き渡し.

her·aus|ge·ben* [ヘラオス・ゲーベン heráus-gè:bən] *du gibst ... heraus, er gibt ... heraus* (*gab ... heraus, hat ... herausgegeben*) I 他 (完了 *haben*) ① (中からこちらへ)**渡す**. *Geben Sie mir bitte meinen Koffer durchs Fenster heraus!* 私のスーツケースを窓からこちらへ渡してください.
② (保管物などを)**返す**, (捕虜など[4]を)引き渡す. *den Schlüssel herausgeben* (ホテルのフロントが:)鍵(ぎ)を渡す.
③ (本など[4]を)**出版する**, 編集する; (切手・記念硬貨など[4]を)発行する. *Goethes Werke*[4] *herausgeben* ゲーテ著作集を出版する. ④ 釣り銭として渡す. ⑤ (条例など[4]を)発布する.
II 自 (完了 *haben*) ① (〔人[3]に〕**釣り銭を出す**. *Können Sie mir auf 100 Euro herausgeben?* 100 ユーロでお釣りをくれませんか. ②《方》言い返す.

◇☞ **herausgegeben**

Her·aus·ge·ber [ヘラオス・ゲーバァ] 男 -s/- 編者; 編集者, 発行人(略: Hg. または Hrsg.). (女性形: -in).

her·aus≠ge·ge·ben [ヘラオス・ゲゲーベン] I *herausgeben* 過分 II 形 発行された(略:hg. または hrsg.). *herausgegeben von Prof. Schmidt* シュミット教授編集.

her·aus|ge·hen* [ヘラオス・ゲーエン heráus-gè:ən] 自 (s) ① (中から)出て来る. *aus sich*[3] *herausgehen*《口語》(人が)打ち解けていく. ② (染みなどが)落ちる, 抜ける.

her·aus·ge·kom·men [ヘラオス・ゲコンメン] herauskommen (出て来る)の過分

her·aus·ge·nom·men [ヘラオス・ゲノンメン] herausnehmen (取り出す)の過分

her·aus|grei·fen* [ヘラオス・グライフェン hɛráus-gràifən] 他 (h) 選び出す; (例など⁴を)あげる.

her·aus|ha·ben* [ヘラオス・ハーベン hɛráus-hàːbən] 他 (h) 《口語》① (汚れなど⁴を)取り除いてある, (くぎなど⁴を)抜き取ってある; (借家人など⁴を)追い出してしまう. ② (要領など⁴を)わかっている; (問題など⁴を)解いている.

her·aus|hal·ten* [ヘラオス・ハルテン hɛráus-hàltən] 他 (h) ① (中からこちらへ)さし出す. ② 〖人⁴ aus 囲³ ~〗(人⁴を囲³から)締め出して(遠ざけて)おく. ◇再帰的に sich⁴ heraushalten (事件などに)関係しない, 巻き込まれない.

her·aus|hän·gen¹* [ヘラオス・ヘンゲン hɛráus-hèŋən] 自 (h) (中からこちらへ)たれ下がっている.

her·aus|hän·gen² [ヘラオス・ヘンゲン] 他 (h) ① (中からこちらへ)たらす, ぶら下げる. ② 《口語》(地位など⁴を)ひけらかす, 鼻にかける. den Doktor heraushängen 博士であることを鼻にかける.

her·aus|he·ben* [ヘラオス・ヘーベン hɛráus-hèːbən] 他 (h) ① (人・物⁴を)持ち上げて取り出す. ② 際だたせる. ◇再帰的に sich⁴ herausheben 目だつ, 際だつ.

her·aus|hel·fen* [ヘラオス・ヘルフェン hɛráus-hèlfən] 自 (h) (人³に)手を貸して外に出してやる; (人³を苦境などから)救い出す. 人³ aus dem Schnee heraushelfen 人³を雪の中から助け出す.

her·aus|ho·len [ヘラオス・ホーレン hɛráus-hòːlən] 他 (h) ① (中からこちらへ)取り出す, 持ち出す, 連れ出す. die Zeitung⁴ aus der Tasche herausholen かばんから新聞を取り出す. ② 《口語》(情報など⁴を)聞き出す; (利益・能力など⁴を)引き出す; (勝利など⁴を)得る. ③ 《口語》(隠されているもの⁴を)はっきりさせる.

her·aus|keh·ren [ヘラオス・ケーレン hɛráus-kèːrən] 他 (h) (力・地位など⁴を)誇示する, ひけらかす.

her·aus|kom·men* [ヘラオス・コンメン hɛráus-kòmən] (kam ... heraus, ist ... herausgekommen) 自 (完了 sein) ① (外へ)出て来る; 外出する; (郷土・施設などから)抜け出る; (花・芽などが)現れ出る. (英 come out). Komm doch heraus! 外に出ておいで / aus dem Zimmer herauskommen 部屋から出て来る / Aus dem Schornstein kommt schwarzer Qualm heraus. 煙突から黒い煙が出てくる. ② 《口語》(苦境などから)抜け出す. aus den Sorgen herauskommen 心配から解放される. ③ (本が)出版(発行)される; (新製品などが)市に出る. Dieses Buch wird im Winter herauskommen. この本は冬に出版されるだろう / mit einem neuen Modell herauskommen (会社などが)新型を出す. ④ 《口語》(秘密などが)露見する. ⑤ (口ぶりが…に)出る. Der Vorwurf kam etwas zu scharf heraus. その非難の口ぶりは少し厳しすぎた. ⑥ 〖成句的に〗groß herauskommen 《口語》(社会的に)成功をおさめる. ⑦ (…の)結果になる. Bei der Addition kommt eine hohe Summe heraus. 足し算すると大きな値になる / Das kommt auf dasselbe (または eins) heraus. それは同じ結果になる. ⑧ 《口語》(ダンスなどで:)調子が出てくる; (スポーツなどで:)腕がなまる. ⑨ 〖mit 囲³ ~〗《口語》(囲³を)やっと口に出す. mit einem Wunsch herauskommen 要望をためらいがちに言う. ⑩ (色・特色などが)はっきり出ている, 目だつ. ⑪ 《口語》(トランプで:)最初に札を出す.

her·aus|krie·gen [ヘラオス・クリーゲン hɛráus-kriːgən] 他 (h) ① (染み・くぎなど⁴を)抜き取る. ② (秘密など⁴を)聞き出す; (謎・問題など⁴を)解く. ③ (小銭など⁴を)お釣りにもらう.

her·aus|kris·tal·li·sie·ren [ヘラオス・クリスタルリズィーレン hɛráus-kristalizìːrən] 他 (h) ① 結晶として取り出す. ◇再帰的に sich⁴ herauskristallisieren 結晶する. ② 《比》(要点など⁴を)明確にする. ◇再帰的に sich⁴ herauskristallisieren 明確になる.

her·aus|lo·cken [ヘラオス・ロッケン hɛráus-lòkən] 他 (h) ① おびき出す, 誘い出す. ein Tier⁴ aus seinem Bau herauslocken 動物を巣からおびき出す. ② (お金⁴を)巻き上げる; (秘密などを)うまく聞き出す. aus 囲³ Geld⁴ herauslocken 囲³からお金を巻き上げる.

her·aus|ma·chen [ヘラオス・マッヘン hɛráus-màxən] I 他 (h) 《口語》(染み・とげなど⁴を)取り除く. II 再帰 (h) sich⁴ herausmachen 《口語》① (体が)回復する, 成長する. ② 出世する, 成功する.

her·aus|neh·men* [ヘラオス・ネーメン hɛráus-nèːmən] du nimmst ... heraus, er nimmt ... heraus (nahm ... heraus, hat ... herausgenommen) I 他 (完了 haben) ① 取り出す. (英 take out). ein Buch⁴ aus dem Schrank herausnehmen 本を書棚から取り出す. ② (内臓など⁴を)摘出する. 人³ eine Niere⁴ herausnehmen 人の片方の腎臓(じん)を摘出する. ③ (人⁴を学校・試合などから)引き揚げさせる. Wir wollen unseren Sohn aus der Schule herausnehmen. われわれは息子を退学させようと思う.

II 再帰 (完了 haben) sich³ 囲⁴ herausnehmen 《口語》囲⁴をあえてする. Er nimmt sich zu viel heraus. 彼はあまりにも勝手なふるまいをする.

her·aus|plat·zen [ヘラオス・プラッツェン hɛráus-plàtsən] 自 (s) 《口語》① (こらえきれずに)吹き出す, 爆笑する. ② 〖mit 囲³ ~〗(囲³を)不意に言う. mit einer Frage herausplatzen いきなり質問する.

her·aus|put·zen [ヘラオス・プッツェン hɛráus-pùtsən] 他 (h) 飾りたてる; (人⁴に)盛装させる.

her·aus|ra·gen [ヘラオス・ラーゲン hɛráusrà:gən] 自 (h) ① 突き出ている. ② 抜きん出ている, 卓越している. ◇〖現在分詞の形で〗ein *herausragender* Komponist 傑出した作曲家.

her·aus|re·den [ヘラオス・レーデン hɛráusrè:dən] 再帰 *sich⁴ herausreden*《口語》言い逃れをする. *sich⁴ mit* 事³ *herausreden* 事³を口実に言い逃れる.

her·aus|rei·ßen [ヘラオス・ライセン hɛráusràisən] 他 (h) ① (ページなど⁴を) 破り取る, 引き抜く. Unkraut⁴ *herausreißen* 雑草を引き抜く. ② (慣れた環境などから)引き離す. ③《口語》(窮地から)救い出す;(欠点など⁴を)埋め合わせる.

her·aus|rü·cken [ヘラオス・リュッケン hɛráus-rỳkən] I 他 (h) ① (中から)こちらへ出す, 押しやる. ②《口語》(お金など⁴を)しぶしぶ出す. II 自 (s) ① (中から)こちらへ出る. ②〚mit 事³ ~〛《口語》(事³を)しぶしぶ話す.

her·aus|rut·schen [ヘラオス・ルッチェン hɛráus-rùtʃən] 自 (s) 滑り出る, ずり出る;《口語》(言葉が人³の)口からうっかり漏れる.

her·aus|schla·gen* [ヘラオス・シュラーゲン hɛráus-ʃlà:gən] I 他 (h) ① (ハンマーなどで)たたいて出す, 打ち出す. ②《口語》(お金・利益など⁴を)まんまと手に入れる. II 自 (h) (炎などが)吹き出してくる.

her·aus sein* ☞ heraus ②

her·aus|sprin·gen* [ヘラオス・シュプリンゲン hɛráus-ʃprìŋən] 自 (s) ① 飛び出して来る. **aus** dem Fenster *herausspringen* 窓から飛び出して来る. ②《口語》もうかる, 利益があがる.

her·aus|stel·len [ヘラオス・シュテレン hɛráus-ʃtɛ̀lən] I 他 (h) ① 外に置く(出す);(選手⁴を)退場させる. *Stell* die Blumen hier **auf** den Balkon *heraus!* 花をこのバルコニーに出しなさい. ② (考え・原則など⁴を)はっきり示す, 強調する. II 再帰 (h) *sich⁴ herausstellen* 判明する, わかる. Er *hat sich als* Betrüger *herausgestellt*. 彼は詐欺師であることがはっきりした / Es *hat sich herausgestellt*, dass … …ということが判明した.

her·aus|strei·chen* [ヘラオス・シュトライヒェン hɛráus-ʃtràiçən] 他 (h) ① 削除する, 除去する, 抹殺する. einige Sätze⁴ *aus* dem Manuskript *herausstreichen* いくつかの文を原稿から削除する. ② ほめそやす. ◇〖再帰的に〗*sich⁴ herausstreichen* 自画自賛する.

her·aus|su·chen [ヘラオス・ズーヘン hɛráus-zù:xən] 他 (h) (多くの中から)探し出す, 選び出す.

her·aus|tre·ten* [ヘラオス・トレーテン hɛráus-trè:tən] 自 (s) ① (中から外へ)出て来る. ②《医》(血管などが)隆起する, 浮き出る.

her·aus|wach·sen* [ヘラオス・ヴァクセン hɛráus-vàksən] 自 (s) 〚aus 物³ ~〛(植物が物³から)伸び出す;(子供が成長して物³が)合わなくなる. Der Junge *ist* aus den Schuhen *herausgewachsen*.〖現在完了〗少年は大きくなって靴が合わなくなった.

her·aus|wer·fen* [ヘラオス・ヴェルフェン hɛráus-vèrfən] 他 (h) (中からこちらへ)投げてよこす.

her·aus|zie·hen* [ヘラオス・ツィーエン hɛráus-tsì:ən] 他 (h) ① 引き出す, 引き抜く. 人³ Zähne⁴ *herausziehen* 人³の歯を抜く / einen Verletzten aus dem Auto *herausziehen* 負傷者を車から引き出す. ②〚A⁴ **aus** B³ ~〛(A⁴ を B³ から)抜き書きする, 抜粋する.

herb [ヘルプ hɛrp] 形 ① にがみ(辛み)のある, 渋み(酸味)のある. ein *herber* Wein 辛口のワイン. ② つらい, 耐えがたい(運命など); 辛らつな, 手厳しい(批評など); ひどい(損失など). eine *herbe* Enttäuschung 耐えがたい幻滅. ③ 無愛想な, よそよそしい. ein *herbes* Mädchen つんとした女の子.

Her·ba·ri·um [ヘルバーリウム hɛrbá:rium] 中 -s/..rien [..リエン] 押し葉標本,〖乾燥〗植物標本.

her=bei [ヘァ・バイ hɛr-bái] 副 こちらへ, ここへ. *Herbei* zu mir! こちらへおいで / Alles *herbei*! みんなこっちへいらっしゃい.

her·bei.. [ヘァバイ.. hɛrbái..]〖分離動詞の前つづり; つねにアクセントをもつ〗《(こちらへの)接近》例: *herbei*eilen [こちらへ]急いで来る.

her·bei|ei·len [ヘァバイ・アイレン hɛrbái-àilən] 自 (s) [こちらへ]急いで来る.

her·bei|füh·ren [ヘァバイ・フューレン hɛrbái-fỳ:rən] 他 (h) (ある結果⁴を)引き起こす, (不幸など⁴を)招く.

her·bei|ho·len [ヘァバイ・ホーレン hɛrbái-hò:lən] 他 (h) [行って]連れて来る, 呼んで来る; [行って]持って来る.

her·bei|las·sen* [ヘァバイ・ラッセン hɛrbái-làsən] 再帰 (h)〚*sich⁴ zu* 事³ ~〛《雅》(事³を)やっとする気になる.

her·bei|ru·fen* [ヘァバイ・ルーフェン hɛrbái-rù:fən] 他 (h) 呼び寄せる;(助けなどを求めて)呼ぶ.

her·bei|schaf·fen [ヘァバイ・シャッフェン hɛrbái-ʃàfən] 他 (h) [こちらへ]持って来る, 運んで(連れて)来る.

her·bei|strö·men [ヘァバイ・シュトレーメン hɛrbái-ʃtrɔ̀:mən] 自 (s) (見物人などが)[どっと]押し寄せて来る.

her·bei|wün·schen [ヘァバイ・ヴュンシェン hɛrbái-vỳnʃən] 他 (h) (人・物⁴の)出現を願う.

her·bei|zie·hen* [ヘァバイ・ツィーエン hɛrbái-tsì:ən] 他 (h) (こちらへ)引き寄せる.

her|be·mü·hen [ヘァ・ベミューエン hé:rbəmỳ:ən] (過分 herbemüht) 他 (h)《雅》(人⁴に)わざわざ来てもらう.

Her·ber·ge [ヘァベルゲ hérbɛrgə] 中 -/-n ① 簡易宿泊所, ユースホステル (= Jugend*herberge*). ②〘ふつう 単〙《古》宿泊.

Her·bergs=mut·ter [ヘァベルクス・ムッタァ]

囲 -/..mütter ユースホステルの女性管理者.

Her·bergs⚟va·ter [ヘァベルクス・ふァータァ] 男 -s/..väter ユースホステルの男性管理者.

Her·bert [ヘァベルト hérbɛrt] -s/《男名》ヘルベルト.

her|be·stel·len [ヘーァ・ベシュテれン héːrbəʃtɛlən] (過分 herbestellt) 他 (h) (人⁴に)来るようにいう; 呼び寄せる.

Herb·heit [ヘルプハイト] 囡 -/ ① (味の)にがみ(辛み), 渋み(酸味). ② 辛らさ; 無愛想.

her|bit·ten* [ヘーァ・ビッテン héːr-bìtən] 他 (h) (人⁴に)こちらへ来るように頼む.

Her·bi·zid [ヘルビツィート hɛrbitsíːt] 中 -[e]s/-e 《化》除草剤.

her|brin·gen* [ヘーァ・ブリンゲン héːr-brìŋən] 他 (h) [こちらへ]持って来る, 連れて来る.
◊☞ hergebracht

🔆 *der* **Herbst** [ヘルプスト hérpst]

秋	Es wird *Herbst*. 秋になる.
エス ヴィルト ヘルプスト	

男 (単2) -es/(複) -e (3格のみ -en)《ふつう 単》 ① 秋. (英 *fall, autumn*). (◁☞「春」は Frühling, 「夏」は Sommer, 「冬」は Winter). ein warmer (kalter) *Herbst* 暖かい(寒い)秋 / im *Herbst* nächsten Jahres 来年の秋に / Die Tagung findet im kommenden *Herbst* statt. 会議は今年の秋に開催される / der *Herbst* des Lebens《比》人生の秋.
② 《方》(ぶどうなどの)取り入れ, 収穫.

herbs·ten [ヘルプステン hérpstən] I 非人称 (h) Es *herbstet*. 秋になる, 秋めく. II 自 (h) 《方》(ぶどうなどの)取り入れをする.

Herbst⚟fe·ri·en [ヘルプスト・フェーリエン] 複 (学校の)秋の休暇.

herbst·lich [ヘルプストリヒ] 形 秋の, 秋らしい.

Herbst⚟tag [ヘルプスト・ターク] 男 -[e]s/-e 秋の日.

Herbst⚟zeit·lo·se [ヘルプスト・ツァイトろーゼ] 囡 -/-n 《植》イヌサフラン.

der **Herd** [ヘーァト héːrt] 男 (単2) -es (まれに -s)/(複) -e (3格のみ -en) ① レンジ, こんろ, かまど; 《比》家庭[のだんらん]. Gas*herd* ガスレンジ / ein *Herd* mit vier Kochplatten クッキングプレートが四つあるレンジ / den *Herd* an|machen (または an|zünden) レンジに点火する / am heimischen (または häuslichen) *Herd* わが家で / am *Herd* stehen《口語》料理を作る / einen Topf auf den *Herd* stellen 鍋(なべ)をレンジに載せる / Ich habe gerade das Essen auf dem *Herd*.《口語》私は食事の用意をしているところです / Eigener *Herd* ist Goldes wert.《ことわざ》わが家に勝る所なし(← 自分のかまどは黄金の値打ちがある).
② (災害・伝染病などの)発生地, 中心地; 《医》病巣. der *Herd* eines Erdbebens 地震の震源地. ③《工》炉床.

Her·de [ヘーァデ héːrdə] 囡 -/-n ① (一種類の)家畜(野生動物)の群れ. eine *Herde* Schafe 羊の群れ. ② (軽蔑的に:)群衆, 大衆; 《雅》(教会の)教区民.

Her·den⚟mensch [ヘーァデン・メンシュ] 男 -en/-en (軽蔑的に:)主体性のない人, 付和雷同する人.

Her·den⚟tier [ヘーァデン・ティーァ] 中 -[e]s/-e ① 群居(群棲(せい))動物. ② (軽蔑的に:)主体性のない人, 付和雷同する人.

Her·den⚟trieb [ヘーァデン・トリープ] 男 -[e]s/-e ① 群居(群棲(せい))本能. ② (軽蔑的に:)群集心理.

her·den⚟wei·se [ヘーァデン・ヴァイゼ] 副 群れをなして.

Her·der [ヘルダァ hérdər] -s/《人名》ヘルダー (Johann Gottfried von *Herder* 1744–1803; ドイツの歴史哲学者・文学者).

Herd⚟plat·te [ヘーァト・プらッテ] 囡 -/-n (電気調理器などの)クッキングプレート; (石炭ストーブのふたの)鉄板.

* **her·ein** [ヘライン hɛráin] 副 (外からこちらの)中へ, 中のこちらへ. (◁☞「こちらから向こうの中へ」は hinein, 「中のこちらから外へ」は hinaus, *Herein*!(ノックに対して:)お入り[ください] / von draußen *herein* 外から中へ. (◁☞ 口語では rein となることがある).

her·ein.. [ヘライン.. hɛráin..] 《分離動詞の前つづり; つねにアクセントをもつ》((外からこちらの)中へ)例: *herein*|treten 入って来る.

her·ein|bre·chen* [ヘライン・ブレッヒェン hɛráin-brɛçən] 自 (s) ① (中へ・内側へ)崩れ落ちる; どっと注ぎ(流れ)込む. ②〖über 人・物⁴〗《雅》(不幸・災害などが 人・物⁴を)襲う. ③ 《雅》突然始まる. Die Nacht *bricht herein*. 急に日が暮れる.

her·ein|fal·len* [ヘライン・ふァれン hɛráin-fàlən] 自 (s) ① 中へ落ちる; (光が)差し込む. ② 《口語》[まんまと]だまされる, ひっかかる. auf 人・事⁴ *hereinfallen* 人・事⁴にだまされる, ひっかかる / bei (または mit) 人・事³ *hereinfallen* a) 人³にいっぱい食わされる, b) 事³にがっかりさせられる.

her·ein·ge·kom·men [ヘライン・ゲコンメン] herein|kommen (入って来る)の 過分

her·ein|kom·men* [ヘライン・コンメン hɛráin-kòmən] (kam…herein, *ist*…hereingekommen) 自 (定下 sein) ① 入って来る. (英 *come in*). Bitte, *kommen* Sie doch *herein*! どうぞお入りください. ② 《口語》入荷する; (お金が)入る.

her·ein|las·sen* [ヘライン・らッセン hɛráin-làsən] 他 (h) 《口語》(外からこちらの中へ)入らせる.

her·ein|le·gen [ヘライン・れーゲン hɛráin-lèːɡən] 他 (h) ① 中へ入れる(置く). ② 《口語》まんまとだます.

her·ein|plat·zen [ヘライン・プらッツェン hɛráin-plàtsən] 自 (s) 《口語》突然入って来る.

her·ein|schau·en [ヘライン・シャオエン hɛ-

her·ein|schnei·en [ヘライン・シュナイエン hɛráin-ʃnàiən] I 非人称 (h) Es *schneit herein.* 雪が降り込んで来る. II 自 (s)《口語》(客などが)突然舞い込んで来る.

her·ein|spa·zie·ren [ヘライン・シュパツィーレン hɛráin-ʃpatsìːrən] 自 (s)《口語》ぶらりと入って来る.

her·ein|strö·men [ヘライン・シュトレーメン hɛráin-ʃtrɜ̀ːmən] 自 (s) 流れ込んで来る.

her·ein|tre·ten* [ヘライン・トレーテン hɛráintrɛ̀ːtən] 自 (s) こちらへ足を踏み入れる, 入って来る.

her·ein|zie·hen* [ヘライン・ツィーエン hɛráin-tsìːən] I 他 (h) 引き入れる, 連れ込む. II 非人称 (h) Es *zieht herein.* すき間風が入って来る. III 自 (s) ① 《口語》(引っ越して来て)入居する. ② (行進しながら)入って来る.

her|fah·ren* [ヘーァ・ファーレン héːr-fàːrən] I 自 (s) (乗り物で)こちらへ来る;(乗り物が)やって来る. II 他 (h) (乗り物で)運んで(連れて)来る.

Her⹀fahrt [ヘーァ・ファールト] 女 -/-en (乗り物で)こちらへ来ること;復路.《対義》「往路」は Hinfahrt). auf der *Herfahrt* 帰りで.

her|fal·len* [ヘーァ・ファレン héːr-fàlən] 自 (s)《**über** 人·物⁴ ～》(人·物⁴に)襲いかかる; (人⁴を)激しく非難する. über das Essen *herfallen* 《口語》がつがつ食べ始める.

Her⹀gang [ヘーァ・ガング] 男 -[e]s/ (事件·出来事の)いきさつ, 経過, 成り行き.

her|ge·ben* [ヘーァ・ゲーベン héːr-gèːbən] du gibst...her, er gibt...her, *hat*...hergegeben) 他 (定了 haben) ① こちらへ手渡す, よこす. *Gib* mir bitte mal das Buch *her!* ちょっとその本をこちらへよこして. ② さし出す, 提供する;(貯金など⁴を)はたく. Dazu (または **Dafür**) *gebe* ich meinen Namen nicht *her.* 私はそんなことに名前は貸さない. ◇〖再帰的に〗*sich*⁴ zu 動³ *hergeben* 動³(悪事など)に力を貸す, 加担する. ③〚**viel**⁴, **nichts**⁴ などとともに〛(…の)成果·利益などをもたらす. Das Buch *gibt* nichts *her.* その本から得るものは何もない.

her·ge·bracht [ヘーァ・ゲブラッハト] I *her*bringen (持って来る)の 過分 II 形 伝統的な, 昔からの.

her·ge·ge·ben [ヘーァ・ゲゲーベン] *her*geben (こちらへ手渡す)の 過分

her|ge·hen* [ヘーァ・ゲーエン héːr-gèːən] I 自 (s) ① (人について)歩く. **hinter** 人³ *hergehen* 人³の後について行く / **vor** 人³ *hergehen* 人³のすぐ前を歩く. ② 《南ドッ·オストッ》こちらへ来る. ③〚**es geht...her** の形で〛…の成り行きである. Hier *geht* es lustig *her.* ここは楽しい雰囲気だ. ②〚**es geht über** 人⁴ *her* の形で〛人⁴が非難される. Gestern *ging* es scharf über ihn *her.* きのう彼はひどく非難された. ③〚**es geht über** 物⁴ *her* の形で〛物⁴が大量に消費される.

her·ge·kom·men [ヘーァ・ゲコンメン] *her*kommen (こちらへ来る)の 過分

her·ge·lau·fen [ヘーァ・ゲろオフェン] I *her*laufen (走って来る)の 過分 II 形 素性の知れない, えたいの知れない.

her·ge·stellt [ヘーァ・ゲシュテるト] **her*stellen (製造する)の 過分

her|ha·ben* [ヘーァ・ハーベン héː-hàːbən] 他 (h)〚**wo** とともに〛《口語》(物⁴を…から)手に入れている. Wo *hat* er das Geld *her?* 彼はどこからそのお金を手に入れたのか.

her|hal·ten* [ヘーァ・ハるテン héː-hàltən] I 他 (h) (こちらへ)さし出す. II 自 (h)〚**müssen** とともに〛いやな役を引き受けなければならない. Er *muss* immer **für** andere *herhalten.* 彼はいつも人のしりぬぐいをさせられる / **als** Zielscheibe des Spottes *herhalten müssen* 嘲笑 (ちょうしょう)の的にされる.

her|ho·len [ヘーァ・ホーれン héː-hòːlən] 他 (h) 取って(連れて)来る. Das *ist* weit *hergeholt.*《状態受動·現在》《比》それはこじつけだ.

her|hö·ren [ヘーァ・ヘーレン héː-hɜ̀ːrən] 自 (h) (話し手の方へ)耳を傾ける.

der **He·ring** [ヘーリング héːrɪŋ] 男 (単2) -s/ (複) -e (3格のみ -en) ①《魚》ニシン.《英》*herring*). Salz*hering* 塩漬けにしん / geräucherte *Heringe* くん製にしん / Sie standen da wie die *Heringe.*《口語·戯》彼らはすし詰めになって立っていた. ②《口語·戯》やせっぽち[の男]. ③ (テント用の)くい.

her·in·nen [ヘリンネン hɛrínən] 副《南ドッ·オストッ》ここの中で.

her|kom·men* [ヘーァ・コンメン héːr-kòmən] (kam...her, *ist*...hergekommen) 自 (s) ① こちらへ来る. *Komm* bitte mal *her!* ちょっとこっちへ来てくれ. ② (…の)出である, (…に)由来する. ◇〚ふつう **wo**...? の疑問文で〛Wo *kommen* Sie denn *her?* ご出身はどちらなのですか / Wo *kommt* der Wein *her?* このワインはどこの産ですか / Wo *kommt* dieses Geld *her?* このお金はどこで手に入れたのか / Der Dichter *kommt* **von** der Romantik *her.* その詩人はロマン主義の流れをくんでいる.

Her⹀kom·men [ヘーァ・コンメン] 中 -s/ ① 慣習, しきたり, 伝統. **nach** altem *Herkommen* 昔からのしきたりに従って. ② 由来, 素性.

her·köm·m·lich [ヘーァ・ケムりヒ] 形 習慣的な, 従来どおりの, 伝来の. die *herkömmlichen* Gewohnheiten 昔からの習慣.

Her·ku·les [ヘルクれス hérkuləs] I 《ギリ神》ヘラクレス(ゼウスの息子でギリシアの英雄). II 男 -/ ..lesse ① 《比》怪力無双の男. ②〚複 なし; 定冠詞とともに〛《天》ヘラクレス座.

her·ku·lisch [ヘルクーリッシュ hɛrkúːlɪʃ] 形 (ヘラクレスのように)力持ちの; 超人的な.

die **Her⹀kunft** [ヘーァ・クンフト héːr-kunft] 女 (単) -/(複) ..künfte [..キュンフテ]

(3格のみ ..künften)《ふつう﨎》① **素性**, 血統, 家柄.(英 origin). Er ist adliger *Herkunft*². 彼は貴族の出だ / Er ist **nach** seiner *Herkunft* Franzose. 彼は素性から言うとフランス人だ.
② **起源**, 出所(ﾄﾞｺﾛ), 由来. die Herkunft eines Wortes ある単語の語源 / Die Ware ist ausländischer *Herkunft*². この商品は外国製だ.

her|lau·fen* [ヘーァ・ラォフェン hé:*r*-làufən] 圓 (s)《こちらへ》走って(歩いて)来る; ついて行く(歩く). **hinter** 囚³ *herlaufen* 囚³を追う, 囚³ について行く.
◇☞ **hergelaufen**

her|lei·ten [ヘーァ・ラィテン hé:*r*-làɪtən] 囮 (h) ①《公式など⁴を》導き出す. ②〖A⁴ **aus**(または **von**) B³ ～〗(B³ に A⁴ の)由来(起源)を求める. ◇《再帰的に》*sich*⁴ **aus**(または **von**)〖人･事〗³ *herleiten*〖人･事〗³に由来する,〖人･事〗³から出ている.

her|ma·chen [ヘーァ・マッヘン hé:*r*-màxən] Ⅰ《再帰》(h) *sich*⁴ *hermachen*《口語》①〖*sich*⁴ **über**〖物･事〗⁴ ～〗(﨎⁴に)精力的に取りかかる; (物⁴に)かぶりつく. *sich*⁴ über die Arbeit *hermachen* 仕事に取りかかる. ②〖*sich*⁴ **über**〖囚⁴〗 ～〗(囚⁴に)襲いかかる;《比》(囚⁴に)非難を浴びせる. Ⅱ 囮 (h)《成句的に》viel⁴ (nichts⁴) *hermachen*《口語》見ばえがする(ぱっとしない) / viel⁴ **von**〖人･物〗³ *hermachen*《口語》〖人･物〗³をもてはやす, 大げさに騒ぎたてる.

Her·mann [ヘァマン hérman] -s/《男名》ヘルマン.

Herm·aphro·dit [ヘルマふロディート hɛrmafrodí:t] 男 -en/-en〖生･医〗半陰陽者, 両性具有者(＝Zwitter);〖生〗雌雄同体.

Her·me·lin [ヘルメリーン hɛrməlí:n] Ⅰ 匣 -s/-e〖動〗オコジョ, エゾイタチ, ヤマイタチ. Ⅱ 男 -s/-e アーミン(オコジョの毛皮).

Her·mes [ヘルメス hérmɛs]〖ｷﾞﾘｼｬ神〗ヘルメス(神々の使者で商業・雄弁・学芸・科学・盗賊・交通の神. ローマ神話のMerkuriusに当たる).

her·me·tisch [ヘルメーティッシュ hɛrmé:tɪʃ] 厖 気密の, 密閉した.

Her·mi·ne [ヘァミーネ hɛrmí:nə] -[n]s/《女名》ヘルミーネ.

her|müs·sen* [ヘーァ・ミュッセン hé:*r*-mỳsən] 圓 (h)《口語》こちらへ来なければならない; 緊急に必要とされる.

her·nach [ヘァ・ナーハ] 副 そのあとに, 次に; あとになって. gleich *hernach* すぐそのあとに.

her|neh·men* [ヘーァ・ネーメン hé:*r*-nè:mən] 囮 (h) ① 取って来る, 手に入れる. ◇《ふつう **wo...?** の疑問文で》Wo *soll* ich das denn *hernehmen*? それはどこで手に入れたらいいのですか. ②《方》疲労困憊(ﾊﾞｲ)させる. ③《方》(囚⁴を呼びつけて)しかりつける.

Her·nie [ヘルニエ hérniə] 囡 -/-n〖医〗ヘルニア, 脱腸.

her≠nie·der [ヘァ・ニーダァ] 副《雅》(こちらへ 向かって)下へ.

He·roe [ヘローエ heró:ə] 男 -n/-n ＝Heros
He·ro·en [ヘローエン] Heros (半神)の覆
He·ro·in [ヘローイーン heroí:n] 匣 -s/ ヘロイン(モルヒネから作られる麻薬).
He·ro·i·ne [ヘローイーネ heroí:nə] 囡 -/-n《劇》(劇の)ヒロイン, 女主人公; 主人公を演ずる女優.
he·ro·isch [ヘローイッシュ heró:ɪʃ] 厖 ① 英雄の, 英雄的な; 勇ましい. eine *heroische* Tat 英雄的な行為. ② 崇高な, 雄大な. eine *heroische* Landschaft《絵》(古代神話の人物を配した)壮大な風景.
He·ro·is·mus [ヘロイスムス heroísmʊs] 男 -/ 英雄主義, ヒロイズム; 英雄的行為(行為).
He·rold [ヘーロるト hé:rɔlt] 男 -[e]s/-e《史》伝令使(官), 使者;《雅》告知者, 先触れ.
He·ros [ヘーロス hé:rɔs] 男 -/Heroen [ヘローエン]《ｷﾞﾘｼｬ神》半神, 神人;《比》英雄, 勇士.
Her·pes [ヘルペス hérpɛs] 男 -/Herpetes [ヘルペーテス]《ふつう﨎》《医》ヘルペス, 疱疹(ﾎﾟｳｼﾝ).

***der Herr** [ヘル hér]

紳士

Der *Herr* kommt aus Japan.
デァ　ヘル　コムト　アオス　ヤーパン
あの紳士は日本から来た方です.

…さん

Guten Tag, *Herr* Schmidt!
グーテン　タ-ク　ヘル　シュミット
シュミットさん, こんにちは.

格	単	複
1	der Herr	die Herren
2	des Herrn	der Herren
3	dem Herrn	den Herren
4	den Herrn	die Herren

男 (単2·3·4) -n/(複) -en ① **紳士**, 男性, 殿方.《英 *gentleman*》. (⇔「ご婦人」は Dame). ein alter *Herr* 老紳士 / ein älterer *Herr* 中年の紳士 / Alter *Herr* a)《口語・戯》おやじ, b)《学生言葉》(学友会の)先輩 / Alte *Herren*《ｽﾎﾟｰﾂ》壮年[チーム] / der geistliche *Herr*《方》聖職者 / Ein *Herr* möchte Sie sprechen. ある紳士があなたにお会いしたいそうです / Hier gibt es alles für den *Herrn*! ここには紳士用品は何でもそろっています. (☞類語 Mann).
②《男性に対する敬称・呼びかけ; 略: 1格 Hr.; 3格・4格 Hrn.》…**さん**(様・殿・君・氏). (英 *Mr.*). *Herr* Roth! ロートさん / *Herr* Direktor! 所長(学長)さん / *Herr* Doktor! (医者・博士に対して:)先生, 博士 / *Herr* Professor! (大学教授に対して:)先生 / Bitte, *Herr* Ober! (レストランで:)ちょっと, ボーイさん / mein *Herr* (呼びかけとして:)もし, もし[あなた] / Meine [sehr verehrten] Damen und *Herren*! (講演など

で:)(ご列席の)皆さま!/ Meine *Herren*! a) 諸君!/ b)《俗》何だって、へえ、これはこれは / Sehr geehrter *Herr* Müller!(手紙の冒頭で:)尊敬するミュラー様(目上の人に対する手紙の「拝啓」に当たる. なおね親しい相手には Lieber *Herr* Müller!).◇《会話で相手の身内を指すときに添えて》Ihr *Herr* Vater《雅》ご尊父様.

③ **主人**,雇い主;支配者,主君. der *Herr* des Hauses 一家のあるじ / Sind Sie der *Herr* dieses Hundes? あなたはこの犬の飼主ですか / den großen *Herrn* spielen《比》偉そうにする / Er möchte endlich sein eigener *Herr* sein. 彼はもういい加減に自分の思いどおりにしたがっている / 囲² *Herr* werden 囲²を制する, コントロールする / aus aller *Herren*² Länder[n]《雅》四方八方から / über 人·事⁴ *Herr* werden 人·事⁴を自由にできる / Er ist nicht *Herr* über sich selbst. 彼は自分を抑えることができない.

④〖圏 なし〗(宗教)主(し), 神. der *Herr* Jesus 主イエス / *Herr*, hilf uns! 主よ,われらを救いたまえ / dem *Herrn* danken 主に感謝する.

Herr·chen [ヘルヒェン hérçən] 囲 -s/- (*Herr* の縮小) ① (犬の)飼主. Wo ist denn dein *Herrchen*?(犬に:)お前の飼主はどこにいるの. ②《口語·戯》若い男.

Her·ren╱**abend** [ヘレン·アーベント] 男 -s/-
男性だけの夕べの集まり.

Her·ren╱**an·zug** [ヘレン·アンツーク] 男 -[e]s/..züge 紳士服,紳士用スーツ.

Her·ren╱**ar·ti·kel** [ヘレン·アルティーケル] 男 -s/-《ふつう圏》紳士用品.

Her·ren╱**aus·stat·ter** [ヘレン·アオスシュタッタァ] 男 -s/- 紳士用品[専門]店.

Her·ren╱**be·klei·dung** [ヘレン·ベクらイドゥン] 女 -/- 紳士服.

Her·ren╱**be·such** [ヘレン·ベズーフ] 男 -[e]s/-e (女性の所への)男性の訪問[客].

Her·ren╱**dop·pel** [ヘレン·ドッペる] 田 -s/- (テニスなどの)男子ダブルス.

Her·ren╱**ein·zel** [ヘレン·アインツェる] 田 -s/- (テニスなどの)男子シングルス.

Her·ren╱**fah·rer** [ヘレン·ファーラァ] 男 -s/- (モーターレースの)車両のオーナー兼ドライバー;(皮肉って:)大型車をわが者顔で乗り回す人.

Her·ren╱**fri·seur** [ヘレン·フりズーァ] 男 -s/-e (男性のための)理容師.(女性形: -in).

Her·ren╱**haus** [ヘレン·ハオス] 田 -es/..häuser ① 貴族の邸宅,領主の館(°た). ②(昔のプロイセン・オーストリアの)貴族院,上院.

her·ren╱**los** [ヘレン·ろース] 圏 主人のない;持ち主のわからない. ein *herrenloser* Hund 野良犬 / ein *herrenloses* Gut 遺棄物,拾得品.

Her·ren╱**sitz** [ヘレン·ズィッツ] 男 -es/-e ①〖圏 なし〗(乗馬で:)男乗り(馬にまたがる乗り方). im *Herrensitz* reiten (女性が)男乗りで騎行する. ② 貴族の邸宅,領主の館(°た).

Herr╱**gott** [ヘル·ゴット] 男 -s/《話》主なる神. *Herrgott* [noch mal]!(不快·怒りを表して:)ちくしょう.

Herr╱**gotts**╱**frü·he** [ヘルゴッツ·フりューエ] 女 〖成句的に〗in aller *Herrgottsfrühe* 早朝に.

her|**rich·ten** [ヘーァ·リヒテン hé:r-rɪçtən] I 他 (h) ① 整える,しつらえる,準備する. ein Zimmer⁴ für einen Gast *herrichten* 客のために部屋の支度をする. ②(建物·衣服など⁴を)修理する,修繕する. II 再帰 (h) *sich*⁴ *herrichten*《方》身なりを整える,おめかしをする.

Her·rin [ヘリン hérɪn] 女 -/..rinnen (女性の)主人;主婦;(女性の)家主.

her·risch [ヘリッシュ hérɪʃ] 圏 主人のような,横柄な,尊大な. in *herrischem* Ton sprechen 横柄な口をきく.

herr·je! [ヘル·イェー hɛr-jéː] 間《口語》(驚き·驚嘆を表して:)おや,まあ,おやおや.

herr·je·mi·ne! [ヘル·イェーミネ hɛr-jéː-mine] 間 =herrje!

*herr·lich [ヘルリヒ hérlɪç] 圏 **すばらしい**.(英 *marvelous*). ein *herrlicher* Anblick すばらしい眺め / Heute ist *herrliches* Wetter. きょうはすばらしい天気だ / Das schmeckt *herrlich*. これはとてもおいしい.(☞類語 wunderbar).

Herr·lich·keit [ヘルリヒカイト] 女 -/-en ①〖圏 なし〗すばらしさ,壮麗. ②《ふつう圏》すばらしいもの. ③《冠詞なしで》(史)(呼びかけで)Eure *Herrlichkeit*! 殿下,閣下.

Herrn [ヘルン] ‡Herr(紳士)の単数 2·3·4 格

die **Herr·schaft** [ヘルシャふト hérʃaft] 女 (単) -/(複) -en ①〖圏 なし〗**支配**,統治;支配(統治)権,権力;統制.(英 *reign*). Alleinherrschaft 独裁 / die absolute *Herrschaft* 絶対支配 / die *Herrschaft*⁴ an|treten 権力の座に就く / die *Herrschaft*⁴ über 人·物⁴ aus|üben 人·物⁴を支配する / die *Herrschaft* über das Auto verlieren《比》(ドライバーが)自動車をコントロールできなくなる / **unter der** *Herrschaft* des Kaisers 皇帝の支配下に. ②〖圏 で〗(社交の場に居合わせている)紳士淑女たち. Meine *Herrschaften*!(呼びかけで:)ご出席の方々!,皆さん! / Wünschen die *Herrschaften* etwas zu trinken? お客様方,お飲み物は何になさいますか. ③〖成句的に〗*Herrschaft* [noch mal]!《口語》(不快の気持ちを表して:)とんでもない, いやはや. ④《史》領主[一家];領地.

herr·schaft·lich [ヘルシャふトりヒ] 圏 ① 主人(領主·支配者)の. ② 主人にふさわしい;優雅な(住居など).

herr·schen [ヘルシェン hérʃən] (herrschte, hat...geherrscht) 自 (完了 haben) ① **支配する**,統治する,治める.(英 *rule*). Ein König *herrscht* in diesem Land. ある国王がこの国を治めている / **über** 人·物⁴ *herrschen* 人·物⁴を支配する.

②(ある状態が)支配的である,優勢である;(病気などが)蔓延(*まん*)している. Es *herrschte* tiefes Schweigen. 静まりかえっていた(←深い沈黙が支配していた)/ Seit Tagen *herrscht* in diesem

herr·schend [ヘルシェント] I herrschen (支配する)の 現分 II 形 統治権を有する; 有力な, 支配的な, 一般に行われている. die *herrschende* Macht im Staat 国の支配者 / das *herrschende* Gesetz 現行法 / die *herrschenden* Meinungen 支配的な意見.

Herr·scher [ヘルシャァ hérʃər] 男 -s/- 支配(統治)者, 主権者, 君主. (女性形: -in). ein grausamer *Herrscher* 暴君 / Er ist *Herrscher* über ein Land. 彼は一国の支配者だ.

Herr·scher=ge·schlecht [ヘルシャァ・ゲシュレヒト] 中 -(e)s/-er 王室, 王家, 王族の家系.

Herr·scher=haus [ヘルシャァ・ハオス] 中 -es/..häuser = Herrschergeschlecht

Herrsch·sucht [ヘルシュ・ズフト] 女 -/- 支配欲, 権勢欲, 野心.

herrsch=süch·tig [ヘルシュ・ズュヒティヒ] 形 支配(権勢)欲の強い, 野心のある.

herrsch·te [ヘルシュテ] herrschen (支配する)の 過去

her|rüh·ren [ヘーァ・リューレン hé:r-rỳ:rən] 自 (h) 〖von 専³〗(専³に)起因する.

her|sa·gen [ヘーァ・ザーゲン hé:r-zà:gən] 他 (h) (詩など⁴を)暗唱する.

her sein* ⇨ her ① ② ④

her|stam·men [ヘーァ・シュタメン hé:r-ʃtàmən] 自 (h) (…の)出である. Wo *stammen* Sie *her*? あなたはどこのお生れですか. ② 由来する.

***her|stel·len** [ヘーァ・シュテレン hé:r-ʃtèlən] (stellte ... her, hat ... hergestellt) I 他 (完了) haben) ① 製造する, 生産する. (= produce). Diese Firma *stellt* Motoren *her*. この会社はエンジンを製造している / Diese Waren *sind* in Deutschland *hergestellt*. 〖状態受動・現在〗これらの商品はドイツ製です. (⇨ 類語 machen).

② (関係など⁴を)作り上げる, 確立する; (連絡などを)つける. die diplomatischen Beziehungen⁴ *herstellen* 外交関係を樹立する / telefonisch eine Verbindung⁴ *herstellen* 電話で連絡をつける. ③ (人・事⁴を)回復させる. Sie *ist* wieder völlig *hergestellt*. 〖状態受動・現在〗彼女はすっかり病気が治った. ④ 〖口語〗こちらへ立てて置く. *Stell* die Blumen nur *her*! 花はこちらに置いてくれ.

II 再帰 (完了) haben) *sich*⁴ *herstellen* ① (ある状態から)作り出される, 得られる. ② こちらへ来て立つ.

Her·stel·ler [ヘーァ・シュテレァ hé:r-ʃtɛlər] 男 -s/- ① 製造者, 生産者. (女性形: -in). ② 〖書籍〗(出版社の)編集(製作)者.

Her·stel·lung [ヘーァ・シュテルング hé:r-ʃtɛluŋ] 女 (単) -/-en ① 〖複 なし〗製造, 製作, 生産. die serienmäßige *Herstellung* von Waren (組み立てラインによる)商品の大量生産方式. ② 〖複 なし〗(外交関係などの)成立, 樹立. ③ 〖複 なし〗(建物などの)修復, 復旧, (病気などの)回復. ④ 〖ふつう 単〗(出版社の)編集部.

Her·stel·lungs·kos·ten [ヘーァシュテルングス・コステン] 複 製造費, 製作費.

Hertz [ヘルツ hέrts] 中 -/-《物》ヘルツ(周波数・振動数の単位, ドイツの物理学者 H. R. *Hertz* 1857-1894 の名から; 記号: Hz).

her·ü·ber [ヘリューバァ hεrý:bər] 副 (間にあるものを越えて)こちらへ. *herüber* und hinüber あちこちへ.

her·ü·ber.. [ヘリューバァ.. hεrý:bər..] 〖分離動詞の 前つづり〗つねにアクセントをもつ《(向こうから)こちらへ》 例: *herüber*|bringen こちらへ持って来る.

her·ü·ber|rei·chen [ヘリューバァ・ライヒェン hεrý:bər-ràiçən] I 自 (h) こちらへ届く(達する). II 他 (h) こちらへ手渡す.

her·ü·ber|zie·hen* [ヘリューバァ・ツィーエン hεrý:bər-tsì:ən] I 他 (h) こちらへ引き寄せる. 〖人⁴ zu sich³ *herüberziehen*〗《比》〖人⁴〗(有権者など)を自分の味方につける. II 自 (s) こちらへ移動してくる, 引っ越してくる.

her·um [ヘルム hεrúm] 副 ① 回って. (英 round). links *herum* 左へ回って / im Kreis *herum* ぐるりと円を描いて / die Reihe *herum* (円く並んだものが)順繰りに.

② 〖um とともに〗⑦ 周辺に, 周りに. die Gegend um Berlin *herum* ベルリンの周辺 / Um den Platz *herum* stehen hohe Bäume. その広場の周囲には高い木が立っている / Sie ist ständig um ihre kranke Mutter *herum*. 彼女は絶えず病気のお母さんに付き添っている. ④ 〖口語〗ほぼ, およそ. (英 about). um 1930 *herum* 1930 年ごろ / um Ostern *herum* 復活祭のころ / Es kostete so um 100 Euro *herum*. それにはおよそ 100 ユーロかかった. ⑨ (一定の期間などが)過ぎtaって. Die Pause ist gleich *herum*. 休憩は間もなく終わる.

her·um.. [ヘルム.. hεrúm..] 〖分離動詞の 前つづり〗つねにアクセントをもつ ① 《(周囲を)回って》 例: *herum*|führen 案内して回る. ② 《無意味に・無計画に》 例: *herum*|sitzen ぼんやり座っている. ③ 《いつまでもぐずぐずと》 例: sich⁴ *herum*|ärgern しきりに腹を立てる.

her·um|be·kom·men* [ヘルム・ベコンメン hεrúm-bəkòmən] (過分 herumbekommen) 他 (h) ① 〖俗〗説得する, 口説き落とす. ② 〖口語〗(時間⁴を)やり過ごす, つぶす.

her·um|brin·gen* [ヘルム・ブリンゲン hεrúm-briŋən] 他 (h) 〖口語〗① (時間⁴を)やり過ごす, つぶす. ② 言いふらす.

her·um|bum·meln [ヘルム・ブメルン hεrúm-bùməln] 自 (s, h) ① 〖口語〗(s) ぶらぶら歩き回る. ② (h) だらだら仕事をする.

her·um|dok·tern [ヘルム・ドクタァン hεrúm-dɔ̀ktərn] 自 (h) 〖口語〗① 〖an 専³ ~〗〖人³〗に素人療法をあれこれ試みる. ② 〖an 専³ ~〗〖物³を〗直そうとして下手にいじりまわす.

her·um|dre·hen [ヘルム・ドレーエン hɛrúmdrè:ən] I 他 (h) くるっと回す; 《口語》裏返しにする. den Schlüssel im Schloss *herumdrehen* 錠前の鍵(⅔)をくるっと回す / 人³ das Wort⁴ im Munde *herumdrehen* 《比》人³の言葉を曲解する. ◇再帰的に》 *sich*⁴ *herumdrehen* くるっと回転する ⇨ *sich*⁴ im Schlaf *herumdrehen* 寝返りをうつ. II 自 (h)【**an** 物³ ~】《口語》(物³(ダイヤルなど)を)ぐるぐる回す. am Radio *herumdrehen* ラジオのダイヤルをくるくる回す.

her·um|drü·cken [ヘルム・ドリュッケン hɛrúm-drỳkən] I 他 (h) (クランクレバーなど⁴を)押して回す. II 再帰 (h) *sich*⁴ *herumdrücken*《口語》① (何もせずに)ぶらぶらしている. ②【*sich*⁴ **um** 事⁴ ~】(事⁴を)回避する, さぼる.

her·um|druck·sen [ヘルム・ドルクセン hɛrúm-drὺksən] 自 (h)《口語》(思っていることを)なかなか口に出さない.

her·um|fah·ren [ヘルム・ファーレン hɛrúmfà:rən] I 自 (s, h) ①(s)【**um** 人・物⁴ ~】(乗り物で・人が乗り物で人・物⁴の周りを回る. ② (s)《口語》(乗り物で)あちこち回る, ドライブする. Wir *sind* ein wenig in der Stadt *herumgefahren*.《現在完了》私たちはちょっと町を車で走り回った. ③ (s)(驚いて)ぱっと振り向く(返る). ④ (s, h)《口語》さっと手を動かす; なでる. mit den Händen **in** der Luft *herumfahren* 両手を振り回す. II 他 (h)(ドライブなどで人⁴を)乗せてあちこち回る.

her·um|füh·ren [ヘルム・フューレン hɛrúmfỳ:rən] I 他 (h) ① 案内して回る. 人⁴ **in** der Stadt *herumführen* 人⁴を連れて市内を案内して回る. ②【A⁴ **um** B⁴ ~】(A⁴(塀など)を B⁴の周りに)巡らす. II 自 (h)【**um** 物⁴ ~】(道などの周りを)巡っている.

her·um|ge·hen* [ヘルム・ゲーエン hɛrúmgè:ən] 自 (s)《口語》① (当てもなく)歩き回る. ② (人から人へと)回る, 一巡する. 物⁴ *herumgehen lassen* 物⁴を順々に回す, 回覧する. ③ (うわさなどが)広まる. ④ (時が)過ぎる. ⑤【**um** 物⁴ ~】(物⁴の周りを)回る;《比》(物⁴を)回避する. um eine Pfütze *herumgehen* 水たまりをよけて回る.

her·um|ha·cken [ヘルム・ハッケン hɛrúmhàkən] 自 (h)《口語》① あちこち掘り起こす. ②【**auf** 人³ ~】(人³にあれこれけちをつける, しじゅう文句を言う.

her·um|hor·chen [ヘルム・ホルヒェン hɛrúm-hòrçən] 自 (h)《口語》あちこち聞いて回る.

her·um|kom·men* [ヘルム・コンメン hɛrúm-kòmən] 自 (s) ①《口語》(カーブ・角などを)回って来る; (両腕で)すっかり抱え込む, (片手で)つかみきる. Sie *kam* gerade um die Ecke *herum*. 彼女はちょうど角を曲って来た. ② あちこち旅して回る. ③【**mit** 物³ ~】(物³を)片づける. ④【**um** 事⁴ ~】(事⁴を)回避できる, 免れる. Um diese Tatsache *kommen* wir nicht *herum*. 私たちはこの事実を避けて通るわけにはいかない.

her·um|krie·gen [ヘルム・クリーゲン hɛrúmkrì:gən] 他 (h) ①《俗》説得する, 口説き落とす. ②《口語》(時間⁴を)やり過ごす, つぶす.

her·um|lau·fen* [ヘルム・ラオフェン hɛrúmlàufən] 自 (s) ① あちこち歩き回る. ②【**um** 物⁴ ~】(物⁴の周りを)ぐるっと回る. um den See *herumlaufen* 湖の周りをぐるっと回る. ③《口語》(…の格好で)出歩く.

her·um|lie·gen* [ヘルム・リーゲン hɛrúmlì:gən] 自 (h) ①《口語》散らかっている; ごろごろ寝そべっている. ②【**um** 物⁴ ~】(物⁴の)周りにある.

her·um|lun·gern [ヘルム・ルンガァン hɛrúm-lùŋərn] 自 (h, s)《俗》ぶらぶらしている.

her·um|rei·chen [ヘルム・ライヒェン hɛrúmràiçən] I 他 (h) 次々に回し, 順々に渡す. II 自 (h)【**um** 物⁴ ~】(物⁴を)一巻きするだけの長さがある.

her·um|rei·ßen* [ヘルム・ライセン hɛrúmràisən] 他 (h) ① (自動車など⁴の向きを)急に変える. ②《口語》(人⁴に)衝撃を与える, びっくりさせる.

her·um|rei·ten* [ヘルム・ライテン hɛrúmràitən] 自 (s) ①《口語》あちこち馬を乗り回す. ②【**um** 人・物⁴ ~】(人・物⁴の周りを)馬でぐるぐる回る. ③【**auf** 人・事⁴ ~】《俗》(人³を)くどくど非難する;(人・事³を)くどくど話す.

her·um|schla·gen* [ヘルム・シュラーゲン hɛrúm-ʃlà:gən] I 他 (h)【A⁴ **um** B⁴ ~】(A⁴ (紙・布など)で B⁴を)くるむ, 包む. eine Decke⁴ um das Kind *herumschlagen* 毛布で子供をくるむ. II 再帰 (h)【*sich*⁴ **mit** 人・事³ ~】《口語》人³ととなぐり合いをする; (人・事³と)苦闘する. *sich*⁴ mit dem Haushalt *herumschlagen* 家計のやりくりに苦労する.

her·um|schlep·pen [ヘルム・シュレッペン hɛrúm-ʃlὲpən] 他 (h)《口語》① (重い荷物など⁴を)あちこち引きずって持ち運ぶ. ②【**mit** sich³ ~】(事⁴(心配事・病気など)を)いつまでも引きずっている. ③ (人⁴をあちこち引きずり回す.

her·um|schnüf·feln [ヘルム・シュニュッフェルン hɛrúm-ʃnỳfəln] 自 (h)《口語》(探るように)かぎ回る.

her·um sein* ☞ herum ②

her·um|sit·zen* [ヘルム・ズィッツェン hɛrúm-zìtsən] 自 (h) ① ぼんやり座っている. ②【**um** 人・物⁴ ~】(人・物⁴の)周囲に座っている.

her·um|ste·hen* [ヘルム・シュテーエン hɛrúm-ʃtè:ən] 自 (h) ① ぼんやり立っている;(物が)雑然と置いてある. ②【**um** 人・物⁴ ~】(人・物⁴の)周りに立っている.

her·um|tra·gen* [ヘルム・トラーゲン hɛrúmtrà:gən] 他 (h)《口語》① 持ち歩く, (赤ん坊など⁴を)抱いて歩き回る. ②《比》(不安など⁴を)いだいている. ein Problem⁴ **mit** sich *herumtragen* 問題を抱えている. ③ (うわさなど⁴を)ふれて回る.

her·um|trei·ben* [ヘルム・トライベン hɛrúm-

hervor

tràibən] I 他 (h) (動物など⁴を)あちこち追い回す. II 再帰 (h) *sich⁴ herumtreiben*《口語》[あちこち]歩き回る(遊び回る). *sich⁴ in Lokalen herumtreiben* あちこち酒場を飲み歩く.

Her·um|trei·ber [ヘルム・トライバァ] 男 -s/-《口語》① (定職もなく)ぶらぶらしている人. (女性形: -in). ② (戯)いつもどこにいるかわからない人.

her·um|wer·fen* [ヘルム・ヴェルフェン hɛrúm-vɛrfən] I 他 ① (h)《口語》投げ散らかす. ② (舵(ඉ)など⁴を)急に回す; ひっくり返す. ◇再帰的に *sich⁴ herumwerfen* 寝返りをうつ. II 自《口語》〖**mit** 物³ ～〗(物³を)やたらに多く使う, 濫用(款)する. *mit Fachausdrücken herumwerfen* やたらに専門用語を口にする.

her·um|zie·hen* [ヘルム・ツィーエン hɛrúmtsi:ən] 他 I (s) ① (口語)あちこち歩き回る, 旅をして回る. ②〖**um** 物⁴ ～〗(物⁴の周りを)ぐるりと行進する(歩く). II 他 (h)《口語》引っぱり回す. III 再帰 (h)〖*sich⁴* **um** 物⁴ ～〗(垣根などが物⁴の周りを[ぐるりと]囲んでいる.

her·un·ter [ヘルンタァ hɛrúntər] 副 ① (向こうからこちらの)下へ, [こちらへ]下って. (英 *down*). (☞「こちらから向こうの」上へ は hinauf; 口語では runter となることがある). *Herunter mit dir!* 降りて来い / *Herunter vom Tisch!* 机から降りろ / *Vom Berg herunter weht ein kalter Wind.* 山から冷たい風が吹き下ろして来る / *von Lübeck herunter nach München* リューベックから下って(南下して)ミュンヒェンへ.
② 〖**sein** とともに〗《口語》⑦ (ブラインドなどが)下りている. ⑦ (体調などが)弱っている. *völlig mit den Nerven herunter sein* 神経がすっかり参っている.

her·un·ter.. [ヘルンタァ.. hɛrúntər..]〖分離動詞の前つづり; つねにアクセントをもつ〗① 《(上から)こちらの)下へ》例: *herunter|kommen* 下りて来る. ②《低下・軽視》例: *herunter|machen* こきおろす. ③《除去》例: *herunter|reißen* はぎ取る. ④《単調な繰り返し》例: *herunter|leiern* (詩などを)棒読みで朗読する.

her·un·ter|brin·gen* [ヘルンタァ・ブリンゲン hɛrúntər-brìŋən] 他 (h) ① 持って(連れて)下りて来る. ② 《口語》(人・物⁴を)だめにする, 衰えさせる. *eine Firma⁴ herunterbringen* 会社を経営不振に陥れる. ③《口語》(食物⁴を)飲み込むことができる.

her·un·ter|fal·len* [ヘルンタァ・ふァレン hɛrúntər-fàlən] 自 (s) 落ちて来る. *von der Leiter herunterfallen* はしごから転げ落ちる.

her·un·ter|ge·hen* [ヘルンタァ・ゲーエン hɛrúntər-gè:ən] 自 (s) ① 歩いて下りて来る; (飛行機などが)下りて来ている. *den Berg heruntergehen* 山を下りて来る. ②〖**mit** 物³ ～〗《口語》(物³を)下げる, どける. *mit den Preisen heruntergehen* 値段を下げる. ③ (口語)(温度・価格などが)下がる. ④《口語》(汚れなどが)落ちる.

her·un·ter·ge·kom·men [ヘルンタァ・ゲコンメン] I *herunter|kommen* (下りて来る)の過分 II 形《口語》衰えた, 衰弱した; 落ちぶれた; 堕落した; 経営不振に陥った(会社など).

her·un·ter|hau·en(*) [ヘルンタァ・ハオエン hɛrúntər-hàuən] 他 (h) ①《成句的に》人³ *eine herunterhauen*《俗》人³に一発くらわせる. ②《口語》書きなぐる.

her·un·ter|ho·len [ヘルンタァ・ホーレン hɛrúntər-hò:lən] 他 (h) ① [行って]下へ持って(連れて)来る. ②《口語》(飛行機など⁴を)撃ち落とす.

her·un·ter|kom·men* [ヘルンタァ・コンメン hɛrúntər-kòmən] 自 (s) ① 下りて来る. *Sie kam eilends die Treppe herunter.* 彼女は急いで階段を下りて来た. ②《口語》落ちぶれる, 堕落する; (会社などが)不振になる; (健康が)衰える. ③〖**von** 物³ ～〗《口語》(物³(悪い状態など)から)抜け出る, 脱する.

◇☞ **heruntergekommen**

her·un·ter|las·sen* [ヘルンタァ・ラッセン hɛrúntər-làsən] 他 (h) 下ろす, 下げる. *die Jalousien⁴ herunterlassen* ブラインドを下ろす.

her·un·ter|lei·ern [ヘルンタァ・ライファン hɛrúntər-làiərn] 他 (h)《俗》(詩・祈りなど⁴を)棒読みで朗読する(唱える).

her·un·ter|ma·chen [ヘルンタァ・マッヘン hɛrúntər-màxən] 他 (h)《俗》こきおろす; しかりつける.

her·un·ter|put·zen [ヘルンタァ・プッツェン hɛrúntər-pùtsən] 他 (h)《俗》しかりつける.

her·un·ter|rei·ßen* [ヘルンタァ・ライセン hɛrúntər-ràisən] 他 (h) ① (うっかり引っかけて)下へ落とす. ② 引きドろす; はぎ取る. *ein Plakat⁴ herunterreißen* ポスターをはぐ. ③《方》着古す. ④《俗》こきおろす, けなす. ⑤《俗》(兵役など⁴を)終える.

her·un·ter sein* ☞ **herunter** ②

her·un·ter|set·zen [ヘルンタァ・ゼッツェン hɛrúntər-zètsən] 他 (h) ① (価格・速度など⁴を)下げる. *die Preise⁴ heruntersetzen* 値段を下げる. ② けなす, 侮辱する.

her·un·ter|spie·len [ヘルンタァ・シュピーレン hɛrúntər-ʃpì:lən] 他 (h)《口語》① (曲⁴を)一本調子に演奏する. ② 小さな問題として扱う.

her·un·ter|wirt·schaf·ten [ヘルンタァ・ヴィルトシャふテン hɛrúntər-vìrtʃaftən] 他 (h)《口語》(会社など⁴を)経営不振に陥らせる.

her·un·ter|zie·hen* [ヘルンタァ・ツィーエン hɛrúntər-tsì:ən] I 他 (h) ① (シャッターなど⁴を引き下ろす, (ズボンなど⁴を)下げる. ② (人⁴を道徳的・社会的に)引きずり下ろす, 堕落させる. II 自 (s) ① 下の階へ(北から南へ)引っ越して来る. ② [行進して]下って来る.

her⸗vor [ヘァ・フォーァ hɛr-fó:r] 副《雅》(後ろ・奥からこちらの)前へ; (中・間からこちらの)外へ. *Hervor mit dir!* こっちへ出ておいで / *Durch die Wolken hervor schimmerte das Mondlicht.* 雲の間から月の光がほのかに

漏れていた.
her·vor.. [ヘァフォーァ. hɛrfó:r..]《分離動詞の[前つづり]；つねにアクセントをもつ》① 《後ろまたは奥から/前へ・外へ》例: *hervor*|kommen (中から外へ)出て来る. ② 《(比喩的に)外へ》例: *hervor*|bringen 生み出す.

her·vor|bre·chen* [ヘァフォーァ・ブレッヒェン hɛrfó:r-brɛçən] 自(s)《雅》① 突然現れる, (花などが)顔を出す. ②《比》(感情などが)ほとばしり出る, 思わず出てしまう.

her·vor|brin·gen* [ヘァフォーァ・ブリンゲン hɛrfó:r-brɪŋən] 他(h) ① 取り出す, 持ち出す. ② (木が花・実など⁴を)つける；(作品など⁴を)作り出す, 生み出す. ③ (言葉など⁴を)出す；(楽器で音⁴を)出す. eine Melodie⁴ *hervorbringen* メロディーを奏でる.

her·vor|ge·hen* [ヘァフォーァ・ゲーエン hɛrfó:r-gè:ən] 自(s)《雅》①《aus 物³ ~》(物³から)生まれる, (偉人などが)輩出する. ②《aus 事³ ~》(事³の結果)…となる. aus einem Kampf siegreich *hervorgehen* 試合の結果勝つ. ③《aus 事³ ~》(事³から)明らかになる, 判明する. Daraus geht hervor, dass… そのことから…ということが明らかになる.

her·vor|he·ben* [ヘァフォーァ・ヘーベン hɛrfó:r-hè:bən] 他(h) 強調する, 際だたせる.

her·vor|keh·ren* [ヘァフォーァ・ケーレン hɛrfó:r-kè:rən] 他(h)《雅》(権力など⁴を)露骨に表す, むき出しにする.

her·vor|ra·gen [ヘァフォーァ・ラーゲン hɛrfó:r-rà:gən] 自(h) ① (下から上へ・中から外へ)突出する, そそり立つ. ② 抜きん出ている.

her·vor·ra·gend [ヘァフォーァ・ラーゲント hɛrfó:r-ra:gənt] I hervor|ragen (突出する)の現分
II 形 **卓越した**, 抜群の, 優れた；特別な.(英 excellent). ein *hervorragender* Physiker 卓越した物理学者 / Der Wein ist *hervorragend*. このワインは抜群だ / Das Ereignis ist von *hervorragender* Bedeutung. その出来事は特別の意義を持っている.(☞ 類語 gut).

her·vor|ru·fen* [ヘァフォーァ・ルーフェン hɛrfó:r-rù:fən] 他(h) ① 呼び出す, (歌手など⁴に)カーテンコールをする. ② (混乱・病気・雰囲気など⁴を)呼び起こす, 引き起こす.

her·vor|ste·chen* [ヘァフォーァ・シュテッヒェン hɛrfó:r-ʃtɛçən] 自(h) ① (先端が)突き出ている. ② 際だっている.

her·vor·ste·chend [ヘァフォーァ・シュテッヒェント] I hervor|stechen (突き出ている)の現分 II 形 際だった, 傑出した. eine *hervorstechende* Eigenschaft 際だった特徴.

her·vor|ste·hen* [ヘァフォーァ・シュテーエン hɛrfó:r-ʃtè:ən] 自(h) 突き出ている.

her·vor|tre·ten* [ヘァフォーァ・トレーテン hɛrfó:r-trè:tən] 自(s) ① (…から)出て来る, 現れる. ②[はっきり見えてくる, 浮かび上がる；(頬骨・血管)などが)突き出ている. Deutlich traten die Umrisse der Berge hervor. 山の稜線

(ʳょぅ)がはっきり見えてきた. ③《mit 物³ ~》(物³で)世に出る, 有名になる.

her·vor|tun* [ヘァフォーァ・トゥーン hɛrfó:r-tù:n] 再帰 (h) *sich⁴ hervortun* ① 優れた技量を示す, 抜きん出る. *sich⁴ als* Chirurg *hervortun* 外科医として頭角を現す. ② (才能などを)ひけらかす, 偉そうにする.

her=wärts [ヘーァ・ヴェルツ] 副 こちらへ.

Her=weg [ヘーァ・ヴェーク] 男 -[e]s/-e こちらへ来る道. auf dem *Herweg* こちらへ来る途中で.

*das **Herz** [ヘルツ hérts]

心臓; 心

Was macht Ihr *Herz*?
ヴァス マハト　イーァ ヘルツ
あなたの心臓の具合はどうですか.

格	単	複
1	das Herz	die Herzen
2	des Herzens	der Herzen
3	dem Herzen	den Herzen
4	das Herz	die Herzen

田 (単 2) -ens; (単 3) -en/(複) -en ① 心臓. (英 heart). Kunst*herz* 人工心臓 / ein gesundes (schwaches) *Herz* 健康な(弱い)心臓.
◇《動詞とともに》⑦《主語として》Sein *Herz* arbeitet richtig. 彼の心臓は正常に動いていない / Mir blutet das *Herz*, wenn ich daran denke. そのことを思うと, 私はひどく胸が痛む / Ihm lachte das *Herz* im Leib[e].《比》彼は小躍りして喜んだ / Das *Herz* schlägt regelmäßig. 心臓が規則正しく鼓動する / Vor Angst schlug ihm das *Herz* bis zum Hals. 不安で彼は息が詰まりそうだった(←心臓がのどまで鼓動した) / Ihm stockte das *Herz* vor Schreck.《雅》ぎょっとして彼は心臓が止まりそうだった. ⑦《目的語として》人³ das *Herz*⁴ brechen《雅》人³をひどく悲しませる / das *Herz*⁴ untersuchen lassen 心臓を検査する / ein *Herz*⁴ verpflanzen 心臓を移植する.
◇《前置詞とともに》人⁴ ans (または an sein) *Herz* drücken《雅》人⁴を抱き締める / Er hat es am *Herz*[en].《口語》彼は心臓が悪い / 人・物⁴ auf *Herz* und Nieren prüfen《口語》人・物⁴を徹底的に調べる / Hand aufs *Herz*! 正直に言えよ(←胸に手を当てろ) / ein Kind⁴ unter dem *Herzen* tragen《雅》子供を身ごもっている.

② **心**, 心情；思いやり. ein gutes *Herz* 善良な心 / ein kaltes (warmes) *Herz* 冷たい(温かい)心 / ein weiches *Herz* 優しい心 / Sie sind ein *Herz* und eine Seele. 彼らは一心同体だ(←一つの心と一つの魂).
◇《2 格》《雅》leichten (schweren) *Herzens* 心も軽く(重苦しい気持ちで) / traurigen *Herzens* 悲しい気持ちで.

◇《動詞とともに》⑦《主語として》Er hat alles, was das *Herz* begehrt. 彼は欲しいものはなんでも持っている / Sein *Herz* **gehört** der Musik³. 《雅》彼は音楽に打ち込んでいる / Mein *Herz* **hängt** an dieser Stadt.《雅》私はこの町がとても気に入っている / Das *Herz* **hüpfte** ihm vor Freude. 彼はうれしくて胸が躍った / Mir **ist** das *Herz* schwer. 私はとても悲しい.《目的語として》⑦ sein *Herz*⁴ **aus|schütten** 人³に胸中を打ち明ける / sich³ ein *Herz*⁴ **fassen** 勇気を奮い起こす / ein *Herz*⁴ für 人・物⁴ **haben** 人・物⁴に対して思いやりがある / kein *Herz*⁴ haben 思いやりがない / Hans hat ein *Herz* aus Stein. ハンスは石のように冷酷な心の持ち主だ / ein reines *Herz*⁴ haben 心にやましいところがない (← 純潔な心を持っている) / Ich muss meinem *Herzen* Luft **machen.**《口語》私はうっ憤を晴らさずにはいられない / 人³ das *Herz*⁴ schwer machen 人³の心を重苦しくする / sein *Herz*⁴ an 人³ **verlieren** 人³にほれ込む.

◇《前置詞とともに》人³ **am** *Herzen* liegen 人³にとって気がかり(大事)である / Das Kind ist mir ans *Herz* gewachsen.《現在完了》私にはその子がかわいくてたまらなくなった / 人³ **ans** *Herz* legen 人³に物⁴を気にかけてくれるよう頼む / 物⁴ **auf** dem *Herzen* haben 物⁴を気にかけている / **aus** tiefstem *Herzen*《雅》心の底から / Das war mir aus dem *Herzen* gesprochen. それは私の気持ちをそっくり代弁するものだった / 人⁴ **ins** *Herz* schließen 人⁴を心から愛する / 人⁴ **ins** *Herz* treffen《口語》人⁴の心を深く傷つける / **mit** halbem *Herzen*《雅》うわの空で(← 半分の心で) / Ich kann es nicht **übers** *Herz* bringen, das zu tun. 私はそれをする気になれない / **von** *Herzen* 心から / **von** ganzem *Herzen* a) 心の底から, b) 確信を持って / sich³ 物⁴ **zu** *Herzen* nehmen a) 物⁴を肝に銘じる, b) 深刻に考える.

③《呼びかけとして:》愛する人, いとしい人. Mein *Herz*! ねえ, あなた(君).

④ 中心部, 真ん中; (植物の)しん. **im** *Herzen* von Berlin ベルリンの都心に(で). ハート形[の物]. schokoladene *Herzen* ハート形のチョコレート. ⑥《冠なし/冠詞なして》(トランプの)ハート.

herz=al·ler·liebst [ヘルツ・アらァリープスト] 形 いとしい, 最愛の.

Herz=an·fall [ヘルツ・アンファる] 男 -(e)s/..fälle《医》心臓発作.

Herz=be·schwer·den [ヘルツ・ベシュヴェーァデン] 複 心臓障害.

Herz=blatt [ヘルツ・ブらット] 中 -(e)s/..blätter ①《植》子葉. ②《比》最愛の人, 愛児; (呼びかけで:)あなた, おまえ.

Herz=blut [ヘルツ・ブるート] 中 -(e)s/ 心血.
◇《ふつう成句的に》sein *Herzblut*⁴ für 人・事⁴ **hin|geben**《雅》人・事⁴のために心血を注ぐ.

Herz·chen [ヘルツヒェン hértsçən] 中 -s/- (Herzの 縮小) ① 最愛の人; (呼びかけで:)あなた, おまえ. ②(小さな)ハート形の物. ③(軽蔑的に:)お人よし.

Her·ze=leid [ヘルツェ・らイト] 中 -(e)s/《雅》心痛, 傷心.

her·zen [ヘルツェン hértsən] 他 (h)《雅》(いとしそうに)抱き締める.

Her·zens=angst [ヘルツェンス・アングスト] 女 -/..ängste《雅》心痛, 苦悩.

Her·zens=bre·cher [ヘルツェンス・ブレッヒャァ] 男 -s/- (女性に)もてる男性, プレイボーイ.

Her·zens=bre·che·rin [ヘルツェンス・ブレッヒェリン] 女 -/..rinnen (男性に)もてる女性, ブレイガール.

her·zens=gut [ヘルツェンス・グート] 形 心から善良な; とても親切な.

Her·zens=gü·te [ヘルツェンス・ギューテ] 女 -/《雅》心からの親切.

Her·zens=lust [ヘルツェンス・るスト] 女《成句的に》**nach** *Herzenslust* 思う存分, 心ゆくまで.

Her·zens=wunsch [ヘルツェンス・ヴンシュ] 男 -(e)s/ 念願, 熱望.

herz=er·freu·end [ヘルツ・エァフロイエント] 形 とてもうれしい(喜ばしい).

herz=er·fri·schend [ヘルツ・エァふリッシェント] 形 心をすがすがしくさせる, 心楽しい.

herz=er·grei·fend [ヘルツ・エァグライフェント] 形 きわめて感動的な, 深く心をとらえる.

Herz=feh·ler [ヘルツ・フェーらァ] 男 -s/-《医》心臓欠陥, (特に:)心臓弁膜症.

herz=för·mig [ヘルツ・フェルミヒ] 形 ハート形の.

Herz=ge·gend [ヘルツ・ゲーゲント] 女 -/ 心臓部位.

Herz=gru·be [ヘルツ・グルーベ] 女 -/-n《医》みぞおち.

herz·haft [ヘルツハフト] 形 ① 力強い; 勇気のある, 大胆な, 思いきった. einen *herzhaften* Schluck nehmen ぐいと一飲みする / ein *herzhafter* Entschluss 断固たる決意. ② 栄養のある, ボリュームのある(食事など), スパイスの効いた. ein *herzhaftes* Frühstück ボリュームのある朝食.

Herz·haf·tig·keit [ヘルツハフティヒカイト] 女 -/ ① したたかさ; 大胆さ. ②(食事の)食べ応え(分量, しっかりした味つけがあること).

her|zie·hen* [ヘーァ・ツィーエン héːr-tsìːən] I 値 (h)《口語》[こちらへ]引き寄せる; 引っ張って行く. 人・物⁴ **hinter** sich³ *herziehen* 人・物⁴を引っ張って行く. II 値 (s, h) ①(s) (パレードなどに)ついて行く. **hinter** (neben) der Musikkapelle *herziehen* 楽団の後ろ(横)について歩いて行く. ②(s) 引っ越して来る. ③(s, h)《**über** 人・物⁴ ~》《口語》(人・物⁴の)悪口を言う.

her·zig [ヘルツィヒ hértsıç] 形 かわいい, 愛らしい. ein *herziges* Kind かわいい子供.

Herz=in·farkt [ヘルツ・インファルクト] 男 -(e)s/-e《医》心筋梗塞(こうそく).

Herz=kam·mer [ヘルツ・カンマァ] 女 -/-n

《医》心室.

Herz≈klap·pe [ヘルツ・クらッペ] 囡 -/-n 《医》心臓弁, 心弁膜.

Herz≈klop·fen [ヘルツ・クろプフェン] 中 -s/ 動悸(ｷ); 《医》心悸亢進(こうしん). **mit *Herzklopfen*** 胸をどきどきさせて.

herz≈krank [ヘルツ・クランク] 形 心臓病の.

Herz≈krank·heit [ヘルツ・クランクハイト] 囡 -/-en 心臓病.

Herz≈kranz·ge·fäß [ヘルツクランツ・ゲフェース] 中 -es/-e 《ふつう 複》《医》(心臓の)冠状動脈(静脈).

Herz≈läh·mung [ヘルツ・れームング] 囡 -/-en 《医》心臓麻痺(ひ).

Herz≈lei·den [ヘルツ・らイデン] 中 -s/- 心臓病.

****herz·lich** [ヘルツりヒ hértslɪç] **I** 形 ① 心からの, 心のこもった. (変) *hearty*. eine *herzliche* Bitte 心からのお願い / *Herzliche* Grüße an Ihre Frau! 奥様にどうぞよろしく / *Herzlichen* Dank! 本当にありがとう / *Herzlichen* Glückwunsch zum Geburtstag! 誕生日おめでとう / *Herzliches* Beileid! まことにご愁傷さまです / **Herzlich willkommen!** ようこそいらっしゃいました / mit *herzlichen* Grüßen (手紙の結びで.) 敬具, かしこ / 人⁴ *herzlich* empfangen 人⁴を心から歓迎する.
② 心の優しい, 思いやりのある. *herzliche* Worte 思いやりのある言葉 / Er war sehr *herzlich* zu mir. 彼は私にとても優しかった.
II 副 たいへん, 非常に, まったく. Der Film war *herzlich* langweilig. その映画はとても退屈だった / Das ist mir *herzlich* gleichgültig. それは私にはまったくどうでもいいことだ.

Herz·lich·keit [ヘルツりヒカイト] 囡 -/-en ① 《複 なし》真心, 誠意. ② 真心のこもった言動.

herz≈los [ヘルツ・ろース] 形 薄情な, つれない, 残酷な.

Herz≈lo·sig·keit [ヘルツ・ろーズィヒカイト] 囡 -/ 薄情, 思いやりのなさ.

Herz≈Lun·gen-Ma·schi·ne [ヘルツ・ルンゲン・マシーネ] 囡 -/-n 《医》人工心肺.

Herz≈mit·tel [ヘルツ・ミッテる] 中 -s/- 《口語》強心剤(薬).

Herz≈mus·kel [ヘルツ・ムスケる] 男 -s/ 《医》心筋.

Her·zog [ヘァツォーク hértsoːk] 男 -[e]s/..zöge (まれに ..zoge) ① 公爵 (König「国王」と Fürst「侯爵」の間の爵位, (女性形: -in).
② (古代ゲルマンの)将軍.

her·zog·lich [ヘァツォークりヒ] 形 公爵の; 公爵領の.

Her·zog·tum [ヘァツォークトゥーム] 中 -[e]s/..tümer 公国, 公爵領.

Herz≈schlag [ヘルツ・シュらーク] 男 -[e]s/..schläge ① (心臓の)鼓動, 心拍. einen *Herzschlag* lang 《雅》わずかの間. ② 心機能不全, 心臓発作. **an einem *Herzschlag*** sterben 心臓発作で死ぬ.

Herz≈schritt·ma·cher [ヘルツ・シュリットマッハァ] 男 -s/- 《医》[心臓]ペースメーカー.

Herz≈schwä·che [ヘルツ・シュヴェッヒェ] 囡 -/ 《医》心[臓]衰弱.

herz≈stär·kend [ヘルツ・シュテルケント] 形 強心作用のある. ein *herzstärkendes* Mittel 強心剤.

Herz≈still·stand [ヘルツ・シュティるシュタント] 男 -[e]s/ 《医》心[拍]停止.

Herz≈ton [ヘルツ・トーン] 男 -[e]s/..töne 《ふつう 複》《医》心音.

Herz≈trans·plan·ta·ti·on [ヘルツ・トランスプらンタツィオーン] 囡 -/-en 《医》心臓移植[術].

her·zu [ヘァ・ツー] 副 《雅》こちらへ.

Herz≈ver·fet·tung [ヘルツ・フェァフェットゥング] 囡 -/-en 《医》心脂肪沈着[症].

Herz≈ver·sa·gen [ヘルツ・フェァザーゲン] 中 -s/ 《医》心不全.

herz≈zer·rei·ßend [ヘルツ・ツェァライセント] 形 胸の張り裂けるような, 悲痛極まりない.

Hes·se [ヘッセ hésə] -s/ 《人名》ヘッセ (Hermann *Hesse* 1877-1962; ドイツの詩人・作家. 1946年ノーベル文学賞受賞).

Hes·sen [ヘッセン hésən] 中 -s/ 《地名》ヘッセン(ドイツ 16 州の一つ. 州都はヴィースバーデン: ☞ 地図 D-3~4).

hes·sisch [ヘスィッシュ hésɪʃ] 形 ヘッセン[州・地方・方言]の.

he·te·ro·gen [ヘテロゲーン heterogéːn] 形 不均一の, 不等質の; 異質の, 異種の.

He·te·ro·se·xu·a·li·tät [ヘテロ・ゼクスアりテート] 囡 -/ 異性愛. (変)「同性愛」は Homosexualität.

he·te·ro·se·xu·ell [ヘテロ・ゼクスエる] 形 異性愛の.

Hetz≈blatt [ヘッツ・ブらット] 中 -[e]s/..blätter 扇動的な新聞(雑誌・パンフレット・アジビラ).

Het·ze [ヘッツェ hétsə] 囡 -/-n 《ふつう 単》① あわただしさ, 大急ぎ. in großer *Hetze* 大急ぎで. ② 《複 なし》扇動, アジ; 中傷, 非難. eine wilde *Hetze*⁴ gegen 人⁴ betreiben 人⁴を激しく非難する. ③ 《狩》(犬を使った)追いたて猟.

het·zen [ヘッツェン hétsən] du hetzt (hetzte, hat/ist ... gehetzt) **I** 他 《完了》haben) ① (獲物など⁴を)追いたてる, 駆りたてる; (犬など⁴を)けしかける. Wild⁴ mit Hunden *hetzen* 犬を使って獲物を追いたてる / den Hund **auf** 人⁴ *hetzen* 人⁴に犬をけしかける.
② 《人⁴ **zu** 事³ ~》(人⁴を事³に)駆りたてる, 扇動する. 人⁴ zum Krieg *hetzen* 人⁴を戦争へと駆りたてる.
II 自 《完了》haben または sein) ① (h) せかせかする, せかせかと動きまわる. ② (s) 急いで(走って)行く. Er *hetzte* **zur** Post. 彼は大急ぎで郵便局へ行った. ③ (h) あおる, 扇動する. **gegen** die Regierung *hetzen* 反政府の扇動

をする.
III 再帰 (完了 haben) sich⁴ hetzen 急く, せかせかと動きまわる.

◊☞ gehetzt

Het·zer [ヘッツァァ hétsər] 男 -s/- 扇動者, そそのかす人, アジテーター. (女性形: -in).

Het·ze·rei [ヘッツェライ hɛtsərái] 女 -/-en ① 《圏 なし》大急ぎ, 大あわて. ② 《口語》扇動, そそのかし.

het·ze·risch [ヘッツェリッシュ hétsərɪʃ] 形 扇動的な.

Hetz⸗jagd [ヘッツ・ヤークト] 女 -/-en [..ヤークデン] 《狩》(犬を使った)追いたて猟.

hetz·te [ヘッツテ] hetzen (追いたてる)の 過去

das **Heu** [ホイ hóy] 中 (単 2) -[e]s/ ① 干し草, まぐさ. (英 *hay*). *Heu*⁴ machen 干し草を作る / den Pferden³ *Heu*⁴ geben 馬に干し草をやる / Geld⁴ wie *Heu* haben 《口語》馬に食わすほどお金を持っている. ② 《口語》大金.

Heu·bo·den [ホイ・ボーデン] 男 -s/..böden 干し草置き場(ふつう納屋の屋根裏など).

Heu·che·lei [ホイヒェライ hɔyçəláɪ] 女 -/-en ① 《圏 なし》偽善, 虚偽. ② 偽善的な言葉.

heu·cheln [ホイヒェルン hɔ́yçəln] I 自 (h) うわべを偽る, 見せかける; 偽善を行う, 善人ぶる. II 他 (h) 《圏⁴を》装う. Mitleid⁴ heucheln 同情しているようなふりをする.

Heuch·ler [ホイヒラァ hóyçlər] 男 -s/- 偽善者. (女性形: -in).

heuch·le·risch [ホイヒれリッシュ hóyçlərɪʃ] 形 偽善的な; 見せかけの, 偽りの.

heu·en [ホイエン hóyən] 自 (h) 《方》干し草を作る.

heu·er [ホイアァ hóyər] 副 《南ドシ・ォーストリ・スィス》今年は, 本年は.

Heu·er [ホイアァ] 女 -/-n 《海》① (水夫・船員の)給料, 賃金. ② (水夫・船員の)雇い入れ.

heu·ern [ホイアァン hóyərn] 他 (h) (船員⁴を)雇い入れる.

Heu·ern·te [ホイ・エルンテ] 女 -/-n 干し草の刈り入れ.

Heu⸗fie·ber [ホイ・ふィーバァ] 中 -s/ 《医》枯草(ミヨォ)熱 (=Heuschnupfen).

Heu⸗ga·bel [ホイ・ガーベル] 女 -/-n 干し草用の熊手(フォーク状の農具).

Heu⸗hau·fen [ホイ・ハオふェン] 男 -s/- 干し草の山.

Heul⸗bo·je [ホイル・ボーイェ] 女 -/-n ① 《海》サイレンブイ. ② 《口語》(下手にわめくだけの)流行歌手.

heu·len [ホイれン hɔ́ylən] (heulte, hat..geheult) 自 《完了 haben) ① (犬・おおかみなどが)<u>遠ぼえする</u>. (英 *howl*). Die Hunde *heulen*. 犬が遠ぼえをしている. ② 《比》(風などが)びゅうびゅう音をたてる; (サイレンなどが)うなるように鳴る. ③ 《口語》(人が)泣きわめく, おいおい泣く. vor Wut *heulen* 怒りのあまり泣き叫ぶ.

Heu·len [ホイれン] 中 《成句的に》Es ist zum *Heulen*. まったく泣きたくなるよ(がっかりだ).

Heul⸗su·se [ホイル・ズーゼ] 女 -/-n 《口語》泣き虫[の女の子].

heul·te [ホイるテ] heulen (遠ぼえする)の 過去

heu·re·ka! [ホイレカ hóyreka] 間 わかったぞ, 解けたぞ(アルキメデスが風呂の中で浮力の法則を発見したときの叫び声に由来する).

heu·rig [ホイリヒ hóyrɪç] 形 《付加語としてのみ》《南ド・ォーストリ・スィス》今年の (=diesjährig). *heuriger* Wein 今年の本年産のワイン.

Heu·ri·ge[r] [ホイリゲ (..ガァ) hóyrɪgə (..gər)] 男 《語尾変化は形容詞と同じ》① 《オーストリ》本年産のワイン, ワインの新酒. ② ホイリゲ(ウィーン郊外などにあるその年にできたワインを飲ませる酒場). ③ 《ふつう 圏》新じゃがいも.

Heu⸗schnup·fen [ホイ・シュヌプふェン] 男 -s/《医》枯草(ミヨォ)[性]鼻カタル, 花粉症(花粉によるアレルギー性鼻炎).

Heu⸗scho·ber [ホイ・ショーバァ] 男 -s/- 《南ドシ・ォーストリ》(戸外に積んだ)干し草の山.

Heu⸗schre·cke [ホイ・シュレッケ] 女 -/-n 《昆》バッタ, イナゴ.

heu·te [ホイテ hóytə]

> きょう　*Heute* ist Sonntag.
> ホイテ　イスト　ゾンターク
> きょうは日曜日だ.

副 ① きょう, 本日. (英 *today*). (↔「きのう」は gestern, 「あす」は morgen). *Heute* bin ich zu Hause. きょう私は家にいます / Der Wievielte ist *heute*? または Den Wievielten haben wir *heute*? きょうは何日ですか / *Heute* ist der 10. (=zehnte) Mai. または *Heute* haben wir den 10. (=zehnten) Mai. きょうは5月10日です. / *heute* Abend 今晩 / *heute* Morgen 今朝 / *heute* oder morgen 近日中に / lieber *heute* als morgen 《口語》できるだけ早いうちに(←あすよりもむしろきょう) / *heute* Nachmittag きょうの午後 / *heute* Nacht a) 今夜, b) 昨夜(前日の夜半から今朝方まで) / noch *heute* または *heute* noch a) きょうのうちに[も], b) 今もなお.

◊《前置詞とともに》ab *heute* きょうから / bis *heute* きょうまで / Schluss für *heute*! きょうはこれでおしまい / *heute* in acht Tagen または *heute* über eine Woche 来週のきょう / von *heute* an (または ab) きょうから / von *heute* auf morgen a) きょうあすにかけて, b) 一朝一夕に, (思いもよらず)突然に / Dies ist die Zeitung von *heute*. これはきょうの新聞だ / *heute* vor acht Tagen 先週のきょう / *Heute* mir, morgen dir. 《ことゎぎ》あすはわが身(←きょうは私に, 明日は君に).

② 今日(託), 現在(現代)[では]. das Deutschland von *heute* 今日のドイツ / die Jugend von *heute* 現代の若者たち. ◊《名詞的に》das Gestern und das *Heute* 過去と現代.

heu·tig [ホイティヒ hóytıç] 形 ① きょうの, きょうに行われる. die *heutige* Zeitung きょうの新聞 / bis auf den *heutigen* Tag きょうに至るまで. ② 今日(ڈٍ)の, 今の, 現代の. die *heutige* Jugend 今どきの若者.

heut⚡zu·ta·ge [ホイト・ツ・ターゲ hóyttsu-ta:gə] 副 今日(ڈٍ)では, 現在, 今ごろ. (英 *nowadays*). *Heutzutage* leben die Menschen länger als früher. 今日では人々は以前よりも長生きするようになった.

He·xa·me·ter [ヘクサメータァ hεksá:metər] 男 -s/- 〖詩学〗6 歩格[の詩] (1 行 6 詩脚からなる詩行).

die **He·xe** [ヘクセ héksə] 女 (単) -/(複) -n ① 魔女. (英 *witch*). ② (童話などに登場する)女魔法使い. ③ 意地悪女; 妖婦.

he·xen [ヘクセン héksən] I 自 (h) 魔法を使う;《口語・比》早業をやる. Ich *kann* doch nicht *hexen*! ぼくにはそんな早業はできないよ. II 他 (h) 魔法で呼び出す. Regen⁴ *hexen* 魔法(呪術)で雨を降らせる.

He·xen⚡jagd [ヘクセン・ヤークト] 女 -/-en [..ヤークデン] (中世の)魔女狩り;《比》(政治的な)迫害.

He·xen⚡kes·sel [ヘクセン・ケッセる] 男 -s/-《比》大混乱, 大騒ぎ. (⚡ 元の意味は「魔女が秘薬を煮る大釜」).

He·xen⚡meis·ter [ヘクセン・マイスタァ] 男 -s/- (男の)魔法師.

He·xen⚡pro·zess [ヘクセン・プロツェス] 男 -es/-e (中世の)魔女裁判.

He·xen⚡schuss [ヘクセン・シュス] 男 -es/ (突然の)腰痛, ぎっくり腰.

He·xe·rei [ヘクセライ hεksərái] 女 -/-en 〖ふつう 単〗魔術, 魔法, 妖術.

Hf [ハー・エふ] 〖化・記号〗ハフニウム (=**Hafnium**).

HF [ハー・エふ] 〖略〗高周波 (=**Hochfrequenz**).

hfl [ホれンディッシェ グるデン] 〖略〗オランダ・ギルダー(フローリン) (=**Hollands Florijn**).

Hg [ハー・ゲー] 〖化・記号〗水銀 (=**Hydrargyrum**).

hg. [ヘラオス・ゲゲーベン] 〖略〗…出版の, …編(著)の (=**herausgegeben**).

Hg. [ヘラオス・ゲーバァ] 〖略〗編(著)者, 出版者 (=**Herausgeber**).

HGB [ハー・ゲー・ベー] 〖略〗商法典 (=**Handelsgesetzbuch**).

hie [ヒー hí:] 副 〖成句的に〗*hie* und da a) こちらこちら, あちらこちら, b) ときどき.

hieb [ヒープ] hauen (たたく)の 過去

Hieb [ヒープ hí:p] 男 -es (まれに -s)/-e ① 一撃, 一突き. einen *Hieb* auf|fangen (フェンシングなどで)打ち込みを受け止める / **auf** einen *Hieb* 《口語》急に, 突然 / Auf den ersten *Hieb* fällt kein Baum. (ڈٍ) 大事業は一挙にはできない(← 最初の一撃では木は倒れない). ② 《比》当てこすり, なじり. ③ 〖複で〗《口語》殴打, パンチ. *Hiebe*⁴ bekommen (または kriegen) なぐられる. ④ (なぐられてできた)傷, 傷あと.

hie·be [ヒーベ] hauen (たたく)の 接2

hieb⚡fest [ヒープ・ふェスト] 形 〖成句的に〗 *hieb*- und stich*fest* (証拠などが)確実な.

hielt [ヒーるト] ⁑halten (しっかり持っている)の 過去

hiel·te [ヒーるテ] ⁑halten (しっかり持っている)の 接2

hie⚡nie·den [ヒー・ニーデン] (指示的意味の強いときは:) ヒー..] 副 〖詩〗この世で, 現世で.

⁑**hier** [ヒーァ hí:r]

> ここに Ich arbeite *hier*.
> イヒ アルバイテ ヒーァ
> 私はここで働いています.

副 ①《空間的に》ここに, ここで. (英 *here*). (⚡「あそこに」は dort). *hier* in Japan ここ日本で / der Mann *hier* こちらの男の人 / *hier* entlang ここに沿って / *hier* herum この辺りに / *hier* in der Nähe この付近に / *hier* oben (unten) ここの上に(下に) / *hier* und da (または dort) a) あちこちに, そこここで, b) ときどき / *hier* und jetzt または *hier* und heute 《雅》今すぐ / *Hier*! (名前を呼ばれて:)はい / **von** *hier* aus ここから / von *hier* bis dorthin ここからここまで / Ich bin nicht von *hier*. 私はここの土地の者ではありません / *Hier* ist (または spricht) Franz Schmidt. (電話で:)こちらはフランツ・シュミットです / Du *hier*? 《口語》君も来ていたのか / Wo ist *hier* die Post? この辺りで郵便局はどこにありますか.

② この点で, この場合. *Hier* hast du recht (または Recht). この点では君の言うとおりだ / *Hier* gibt es nichts zu lachen. これは笑いごとではないぞ.

③ (物をさし出しながら:)さあ, ここに. *Hier* bitte! さあどうぞ / *Hier*, nimm das Buch! さあ, この本を取りなさい.

④《時間的に》このとき, 今. von *hier* an (または ab) 今から, このとき以来.

▶ **hier⚡zulande**

hier.. [ヒーァ.. または ヒーァ..] 〖前置詞・副詞とともに副詞をつくる 接頭〗; 指示的意味が強いときはアクセントは hier.. におく.《ここ・これ》例: *hierauf* この上に.

hier·an [ヒーラン; (指示的意味の強いときは:) ヒー..] 副 ① ここに; ここへ. ② これによって; これについて; この点において.

Hi·er·ar·chie [ヒエラルヒー hierarçí:] 女 -/-n [..ヒーエン] ① (ピラミッド型の)階級制度. ②〖圏 なし〗(聖職者の)階級制度.

hi·er·ar·chisch [ヒエラルヒッシュ hierárçıʃ] 形 階級制の, ヒエラルキー的な.

hier·auf [ヒーラおふ; (指示的意味の強いときは:) ヒー..] 副 ① ここで, この上で, ここへ, この上へ. ② このあと, それから. ③ これについて; これにって.

hier·aus [ヒーラオス; (指示的意味の強いときは:) ヒーア..] 副 ① ここから，この中から． ② このことから． *Hieraus* folgt, dass... このことから…が明らかになる． ③ これで，この材料から．

hier·bei [ヒーァ・バイ; (指示的意味の強いときは:) ヒーァ..] 副 ① このそばに． ② この際に．

hier|blei·ben* [ヒーァ・ブらイベン híːr-blàɪbən] 自 (s) ここにとどまる．

hier·durch [ヒーァ・ドゥルヒ; (指示的意味の強いときは:) ヒーァ..] 副 ① ここを通って． ② これによって，このために． ③ この書面(本状)により．

hier·für [ヒーァ・フューァ; (指示的意味の強いときは:) ヒーァ..] 副 ① このために． ② これに関して，これについて． ③ この代わりに．

hier·ge·gen [ヒーァ・ゲーゲン; (指示的意味の強いときは:) ヒーァ..] 副 ① これに向かって． ② これに対して． ③ これに比べて．

**hier·her [ヒーァ・ヘーァ hiːr-héːr; (指示的意味の強いときは:) ヒーァ..] こちらへ，ここへ． Komm *hierher*! こちらへいらっしゃい / Setz dich *hierher*! ここへ座りなさい / auf dem Weg *hierher* ここへ来る途中で / Bis *hierher*! ここまでにしよう．

hier·her|ge·hö·ren [ヒーァヘーァ・ゲヘーレン hiːrhéːr-gəhɜ̀ːrən] 自 (h) ① ここに置いておくべきものである． ② (当家・当地・当団体など)の者である． ③ これに関係している；このために重要である． Das *gehört* nicht hierher. それは別問題だ．

hier·her·um [ヒーァ・ヘルム; (指示的意味の強いときは:) ヒーァ..] 副 ① こちらへ(回って)． ② 《口語》このあたりに．

hier·hin [ヒーァ・ヒン; (指示的意味の強いときは:) ヒーァ..] 副 こちらへ，ここへ． *hierhin* und dorthin あちこちへ / bis *hierhin* ここまで，この点まで．

hier·in [ヒーリン; (指示的意味の強いときは:) ヒー..] 副 ① ここの中に． ② この点に関して．

hier·mit [ヒーァ・ミット; (指示的意味の強いときは:) ヒーァ..] 副 ① これで；このやり方で；《官》この書面(本状)によって． *Hiermit* bestätige ich, dass... これによって私は…を確認する． ② これに関して．

hier·nach [ヒーァ・ナーハ; (指示的意味の強いときは:) ヒーァ..] 副 ① これによって． ② これに従って． ③ このあと，それから．

Hi·e·ro·gly·phe [ヒエログリューふェ hierogǘːfə] 女 -/-n ① (古代エジプトの)象形文字． ② 《謔》《戯》(手書きの)読みづらい文字．

hier·orts [ヒーァ・オルツ; (指示的意味の強いときは:) ヒーァ..] 副 ここで，当地で．

hier·ü·ber [ヒーリューバァ; (指示的意味の強いときは:) ヒー..] 副 ① これに，ここを越えて；これに関して． ② 《雅》この間に．

hier·un·ter [ヒールンタァ; (指示的意味の強いときは:) ヒーァ..] 副 ① この下で；この下へ． ② この状況のもとで． ③ これらの中で；これらの中へ．

hier·von [ヒーァ・フォン; (指示的意味の強いときは:) ヒーァ..] 副 ① ここから，これらのうちの． ② これについて． ③ これによって．

hier·zu [ヒーァ・ツー; (指示的意味の強いときは:) ヒーァ..] 副 ① これに加えて． ② これについて． ③ このために．

hier·zu·lan·de, hier zu Lan·de [ヒーァ・ツ・らンデ; (指示的意味の強いときは:) ヒーァ・ツ・らンデ] 副 この国では，当地では．

hie·sig [ヒーズィヒ híːzɪç] 形 ここの，当地(産)の． ein *hiesiger* Wein 当地産のワイン．

hieß [ヒース] ⋮heißen(…という名前である)の過去

hie·ße [ヒーセ] ⋮heißen(…という名前である)の接2

hie·ven [ヒーふェン híːfən または ..ヴェン ..vən] 他 (h) 《海》(積み荷などを)揚げる，巻き上げる．

Hi-Fi [ハイ・ふィ または ハイ・ファイ] 《略》ハイファイ (=High Fidelity, Highfidelity).

Hi-Fi-An·la·ge [ハイ・ふィ・アンらーゲ] 女 -/-n ハイファイ・オーディオ装置．

Higgs-Bo·son [ヒグズ・ボーゾン hígz-boːzɔn] 中 -s/-en [..ボーゾーネン] 《物》ヒッグス粒子．(英国の物理学者 P. *Higgs* 1919— の名から).

high [ハイ háɪ] [英] 形 《述語としてのみ》《隠語》麻薬で興奮している；《口語・比》気分が高揚している．

High·life, High Life [ハイ・らイふ] [英] 中 -[s]/ 上流社会の生活；《比》楽しい集まり．

High So·ci·e·ty [ハイ ソサイイティ] [英] 女 -/ ハイソサエティ，上流社会．

High·tech [ハイ・テック] 中 -[s]/ (または 女 -/) 先端技術，ハイテク．

Hi·ja·cker [ハイヂェッカァ háɪdʒekər] [英] 男 -s/- (飛行機の)乗っ取り犯，ハイジャッカー．(女性形: -in).

Hil·des·heim [ヒるデス・ハイム híldəs-haɪm] 中 -s/ 《都市名》ヒルデスハイム(ドイツ，ニーダーザクセン州: ☞地図 D-2).

hilf [ヒるふ] ⋮helfen (助ける)の du に対する命令

*die Hil·fe [ヒるふェ hílfə]

| 助け | *Hilfe*! | 助けて！ |
| | ヒるふェ | |

女 (単) -/(複) -n ① 助け，助力，援助，救助．(英 *help*). Sofort*hilfe* 緊急援助 / gegenseitige *Hilfe* 相互援助 / finanzielle *Hilfe* 財政援助 / bei 人³ *Hilfe*⁴ suchen 人³に助けを求める / erste (または Erste) *Hilfe* 応急手当 / *Hilfe* in Notfällen 緊急時の援助 / 人³ *Hilfe*⁴ leisten 人³を援助する．

◇《前置詞とともに》 mit *Hilfe* von 物³ 物³の助けを借りて / mit *Hilfe* einer Schnur² ひもを使って / ohne fremde *Hilfe* 人手を借りずに / um *Hilfe* rufen 助けを求めて叫ぶ / 人⁴ um *Hilfe* bitten 人⁴に助けを請う / 物⁴ zu *Hilfe* nehmen 物⁴の助けを借りる，物⁴を利用する / 人³ zu *Hilfe* kommen 人³を助けにやって来る．

② お手伝いさん；手伝いの人． Haushalts*hilfe* 家政婦．

► hilfe⁐suchend, mit⁐hilfe

Hil·fe⁐leis·tung [ヒるフェ・ら イストゥング] 囡 -/-en 援助[活動], 救助[作業].

Hil·fe⁐ruf [ヒるフェ・ルーフ] 男 -[e]s/-e 助けを求める[叫び]声.

Hil·fe⁐stel·lung [ヒるフェ・シュテるング] 囡 -/-en ① 《圈 なし》(体操の)補助. ② 補助をする人.

hil·fe⁐su·chend, Hil·fe su·chend [ヒるフェ・ズーヘント] 形 助けを求める[ような].

hilf⁐los [ヒるフ・ろース hílf-lo:s] 形 (英 helpless) ① 頼る人のない, 身寄りのない. ein hilfloser Greis 寄る辺のない老人. ② 途方に暮れた. eine hilflose Antwort しどろもどろの答え.

Hilf⁐lo·sig·keit [ヒるフ・ろーズィヒカイト] 囡 -/ 頼り(寄る辺)のないこと; 途方に暮れた様子.

hilf⁐reich [ヒるフ・ライヒ] 形 《雅》 ① 進んで人助けをする, 援助を惜しまない. 囚³ eine hilfreiche Hand⁴ reichen 囚³に援助の手を差し伸べる. ② (困ったときなどに)役にたつ, 有益な.

Hilfs⁐ak·ti·on [ヒるフス・アクツィオーン] 囡 -/-en 救援活動.

Hilfs⁐ar·bei·ter [ヒるフス・アルバイタァ] 男 -s/- (資格を持たない)臨時雇い, 臨時工. (女性形: -in).

hilfs⁐be·dürf·tig [ヒるフス・ベデュルフティヒ] 形 援助(救助)を必要としている, 困窮している.

hilfs⁐be·reit [ヒるフス・ベライト] 形 進んで人助けをする, 助力を惜しまない.

Hilfs⁐be·reit·schaft [ヒるフス・ベライトシャフト] 囡 -/ 進んで人助けをする気持ち, 親切.

Hilfs⁐dienst [ヒるフス・ディーンスト] 男 -[e]s/-e ① 救援活動. ② 救援組織(機関).

Hilfs⁐kraft [ヒるフス・クラフト] 囡 -/..kräfte 補助員, 助手, (多忙時の)手伝い[人].

Hilfs⁐mit·tel [ヒるフス・ミッテる] 中 -s/- ① 補助手段, 手だて. ② 《圈 で》援助(補助)金, 援助物資.

***hilfst** [ヒるフスト hílfst] ‡helfen (助ける)の2人称親称単数 現在. Hilfst du ihn finanziell? 君は彼を経済的に援助できるの?

Hilfs⁐verb [ヒるフス・ヴェルプ] 中 -s/-en 《言》助動詞.

Hilfs⁐zeit·wort [ヒるフス・ツァイトヴォルト] 中 -[e]s/..wörter 《言》助動詞 (=Hilfsverb).

***hilft** [ヒるフト hílft] ‡helfen (助ける)の3人称単数 現在. Er hilft mir bei der Arbeit. 彼は私の仕事を手伝ってくれる.

der **Hi·ma·la·ja** [ヒマーらヤ himá:laja または ヒマラーヤ] 男 -[s] 《定冠詞とともに》(山名)ヒマラヤ山脈.

Him·bee·re [ヒン・ベーレ hím-be:rə] 囡 -/-n 《植》 [ヨーロッパ]キイチゴ, ラズベリー[の実]. (☞ Beere 図).

Him·beer⁐saft [ヒンベーァ・ザフト] 男 -[e]s/..säfte キイチゴ(ラズベリー)ジュース.

***der* **Him·mel** [ヒンメる hímməl] 男 (単2) -s/ (複) – (3格のみ -n) 《ふつう 圈》 ① 空, 天[空].

(英 sky). (☞「大地」は Erde). Sternhimmel 星空 / ein blauer Himmel 青い空 / ein klarer (bewölkter) Himmel 澄んだ空(曇り空) / Der Himmel klärt sich auf (bezieht sich). 空が晴れる(曇る) / Der Himmel ist bedeckt. 空が曇っている.

◊《前置詞とともに》Die Sonne steht hoch am Himmel. 太陽は空高くに上がっている / wie ein Blitz aus heiterem Himmel 《口語》青い空の霹靂(へきれき)のように(←晴れた空の稲妻のように) / in den Himmel ragen 空にそびえる / 囚⁴ in den Himmel heben 《口語》囚⁴をオーバーにほめる / unter freiem Himmel 野外で / Er stand da wie vom Himmel gefallen. 彼はまるで降ってわいたようにそこに立っていた(←空から落ちてきたように) / zwischen Himmel und Erde schweben 宙づりになっている(←空と大地の間を漂う). ② 天国. (英 heaven). (☞「地獄」は Hölle). Sie hat dort den Himmel auf Erden. 《雅》そこでは彼女はこの上ない幸せだ(←この世で天国を持っている) / 囚³ den Himmel auf Erden versprechen 囚³にこの上ない幸せを約束する / den Himmel offen sehen 《雅》(すべての望みを達して)この上ない幸せに思う / aus allen Himmeln fallen (または stürzen) ひどくがっかりする(←あらゆる天国から落ちる) / in den Himmel kommen 昇天する, 天国に召される / Dein Großvater ist im Himmel. 《婉曲》(子供に向かって:)おじいちゃんは天国の人になられたのよ / sich⁴ [wie] im sieb[en]ten Himmel fühlen 《口語》この上ない幸福感にひたっている(←第 7 番目すなわち最上の天国にいるように感じる) / zum Himmel schreien 《口語》言語道断である.

③ 神, 運命. Du lieber Himmel! 《口語》ああどうしよう, たいへんだ / Dem Himmel sei Dank! 《接 1・現在》ありがたや / Das weiß der liebe Himmel! 《口語》そんなことだれが知るものか / Um Himmels willen! a) とんでもない, b) お願いだから. ④ (祭壇などの)天蓋(てんがい).

him·mel⁐angst [ヒンメる・アングスト] 形 《成句的に》囚³ ist (wird) himmelangst 囚³はひどく不安である(不安になる).

Him·mel⁐bett [ヒンメる・ベット] 中 -[e]s/-en 天蓋(てんがい)付きの寝台.

him·mel⁐blau [ヒンメる・ブらオ] 形 空色の.

Him·mel⁐fahrt [ヒンメる・ファールト] 囡 -/-en 《キリスト教》昇天[祭]. Christi² Himmelfahrt キリストの昇天[祭](復活祭の 40 日後) / Mariä² Himmelfahrt 《カトリック》聖母被昇天[祭](8 月 15 日).

Him·mel·fahrts⁐kom·man·do [ヒンメるファールツ・コマンド] 中 -s/-s 《俗》《軍》決死的任務; 決死隊の隊員.

him·mel⁐hoch [ヒンメる・ホーホ] 形 非常に高い, 空高くそびえる.

him·mel⁐reich [ヒンメる・ライヒ] 中 -[e]s/ 《キリスト教》天国, 神の国(=Himmel) 楽園.

him·mel⁐schrei·end [ヒンメる・シュライエント] 形 あまりにもひどい, 途方もない.

Him·mels‡kör·per [ヒンメるス・ケルパァ] 男 -s/- 《天》天体.

Him·mels‡ku·gel [ヒンメるス・クーゲる] 安 -/-n 《天》天球[儀].

Him·mels‡rich·tung [ヒンメるス・リヒトゥング] 安 -/-en (東西南北の)方位. **in** alle *Himmelsrichtungen* 四方八方へ.

Him·mels‡zelt [ヒンメるス・ツェるト] 中 -[e]s/ 《詩》天空, 大空.

him·mel‡weit [ヒンメる・ヴァイト] 形 《口語》非常に遠い, 天地ほどの[差のある]. ein *himmelweiter* Unterschied 雲泥(25)の差.

himm·lisch [ヒムリッシュ hímlıʃ] 形 ① 天国の, あの世の; 神による; 神々しい. unser *himmlischer* Vater 《聖》天にまします我われらが父(神). ◇〖名詞的に〗die *Himmlischen* 神々, 天使たち. ② この世のものならぬ, すごい.《口語》たいへんな, すごい. eine *himmlische* Musik 妙(ミ)なる音楽 / eine *himmlische* Geduld⁴ haben たいへん辛抱強い.

*__hin__ [ヒン hín] 副 ① ((こちらから))あちらへ, 向こうへ.（◁▷「こちらへ」は her; ☞ her 図). **nach** links *hin* 左へ向かって / nach vorne *hin* 前方へ / nach außen *hin* a) 外に向かって, b) 外面上は / Wo willst du *hin*? どこに行くつもり? / vor sich *hin* reden ひとりごとを言う / *hin* **und zurück** 往復する ⇨ Bitte einmal Köln *hin* und zurück! ケルンまで往復 1 枚ください / *hin* **und her** a) あっちこっちへ, 行ったり来たり, b) あれやこれや.《名詞的に》das *Hin* und Her 行き来, あれこれ[議論・思案すること].
② 《空間的に》…に沿って, …に広がって. **an** der Wand *hin* 壁沿いに / **über** die ganze Welt *hin* 世界中に / Das Wohnzimmer liegt **zur** Straße *hin*. その居間は通りに面している.
③ 《時間的に》…に向かって, …近くに; 続いて, ずっと引き続き. gegen Mittag *hin* 正午近くに / zum Winter *hin* 冬に向けて / lange Zeit *hin* 長い間[ずっと] / Es ist noch lange *hin*, bis … …までにはまだ時間がかかる / durch (または über) viele Jahre *hin* 長年[ずっと] / *hin* **und wieder** ときおり, ときたま.
④ 〖her とともに成句的に〗Das ist *hin* wie her. それは結局同じことだ / *hin* oder her《口語》たかだか / …*hin*, …her《口語》…は…として, …はさておき ⇨ Geld *hin*, Geld her, ich musste das Auto kaufen. お金のことはさておき, 私はその車を買わねばいられなかった.
⑤ 《口語》そこへ (=dahin). Ist es weit bis *hin*? そこまでは遠いのですか.
⑥ 〖成句的に〗**auf** 囲⁴ *hin* a) 囲⁴を目指して, b) 囲⁴に基づいて, c) 囲⁴に関して. auf die Zukunft *hin* 将来に向けて / Ich habe es auf seinen Rat *hin* getan. 私はそれを彼の忠告に基づいてしたのです / auf die Gefahr *hin* 危険を冒しても, ein Wort⁴ auf seine Herkunft *hin* untersuchen ある単語をその由来に関して調べる. ⑦ 失われて, 壊れて; 疲れきって, 死ん

で. Sein Auto ist *hin*. 彼の車は壊れている / Ich bin total *hin*. 私はくたくたに疲れている.

hin.. [ヒン.. hín..] 《分離動詞などの前つづり》つねにアクセントをもつ ① ((ある目標に向かって))そちらへ・向こうへ》例: *hin*|gehen (ある所へ)行く. ② 《下方のある場所へ》例: *hin*|legen (ある場所に)置く. ③ 《(ゆっくりとした)消滅》例: *hin*|siechen やつれていく.

hin·ab [ヒナップ hináp] 副 ((こちらから向こうの))下へ, 下方へ.（◁▷「下からこちらの」上へ」は herauf). den Fluss *hinab* 川を下って / bis ins Tal *hinab* 谷へ下るまで.

hin·ab.. [ヒナップ.. hináp..] 《分離動詞の前つづり》つねにアクセントをもつ《上から下へ・下方へ》例: *hinab*|stürzen 墜落する.

hin·an [ヒナン hinán] 副 《雅》(向こうの)上へ, 上方へ (=hinauf). den Berg *hinan* 山上へ / zum Himmel *hinan* 天に向かって.

hin|ar·bei·ten [ヒン・アルバイテン hín-àrbaɪtən] 自動(h) **auf** 囲⁴ ~》(囲⁴を)目指して努力する. auf das Examen *hinarbeiten* 試験を目指して勉強する.

hin·auf [ヒナォフ hináuf] 副 ((こちらから向こうの))上へ, [あちらの]上方へ. (英 up).（◁▷「(向こうからこちらの)下へ」は herunter). den Fluss *hinauf* 川をさかのぼって / die Treppe *hinauf* 階段を上がって / Los, *hinauf* mit dir auf den Wagen! さあ, 車に乗るんだ / zum Gipfel *hinauf* 山頂まで / Wo willst du *hinauf*?《口語》君はどこへ上がって(登って)行きたいんだ.

hin·auf.. [ヒナォフ.. hináuf..] 《分離動詞の前つづり》つねにアクセントをもつ《(こちらから向こうの)上へ》例: *hinauf*|gehen 上がる.

hin·auf|ar·bei·ten [ヒナォフ・アルバイテン hináuf-àrbaɪtən] 再動 (h) sich⁴ *hinaufarbeiten* ① 一生懸命に登る. ② 努力して出世する.

hin·auf|ge·hen* [ヒナォフ・ゲーエン hináufgè:ən] 自動 (s) ① 上がって行く. ② (上の方へ)通じている. ③ 《口語》(値段などが)上がる. ④ 〖**mit** 物³ ~〗《口語》(物³(値段など)を)上げる.

hin·auf|set·zen [ヒナォフ・ゼッツェン hináufzètsən] 他動 (h) ① 高い所に置く. ② (値段など⁴を)上げる. die Miete⁴ *hinaufsetzen* 家賃を上げる.

hin·auf|stei·gen* [ヒナォフ・シュタイゲン hináuf-ʃtàɪgən] 自動 (s) 上がる, 上に登る. bis **zum** Gipfel *hinaufsteigen* 頂上まで登る.

hin·auf|trei·ben* [ヒナォフ・トライベン hináuf-tràɪbən] 他動 (h) ① (家畜など⁴を)上の方へ追いたてる. ② (値段など⁴を)つり上げる.

hin·auf|zie·hen* [ヒナォフ・ツィーエン hináuf-tsì:ən] I 他動 (h) (ブラインドなど⁴を)引き上げる. II 自動 (s) 上の階へ引っ越して行く.

hin·aus [ヒナォス hináus] 副 ① (中から向こうの)外へ, 表へ.（◁▷「(外からこちらの)中へ」は herein). *hinaus* ins Freie 戸外へ / dort *hinaus* そこから外へ / *Hinaus* [mit dir]! 出て

いけ / **zum** Fenster *hinaus* 窓から外へ / **zur Tür** *hinaus* ドアから外へ. ② 〖成句的に〗 **auf**⁴ *hinaus* 期間⁴(ある期間)にわたって ⇨ **auf Monate** *hinaus* **planen** 数か月先まで計画する. ③ 〖成句的に〗 **über** *hinaus* a) 期間⁴(空間・時間)を越えて, b) 期間⁴(数量以上に) ⇨ **über die Grenze** *hinaus* 国境を越えて / **über Mittag** *hinaus* 正午を過ぎて / **darüber** *hinaus* それを越えて, さらに.

hin·aus.. [ヒナオス.. hınáus..]〖分離動詞の前つづり〗; つねにアクセントをもつ] ①《中から向こうの)外へ》例: *hinaus|werfen* 投げ出す. ②《(ある点を)越えて》例: **über** 物⁴ *hinaus|gehen* 物⁴を越えている.

hin·aus|be·glei·ten [ヒナオス・ベグらイテン hınáus-bəgláıtən] (過分 **hinausbegleitet**) 他 (h)(外まで)送って出る, 見送る.

hin·aus|ekeln [ヒナオス・エーケルン hınáus-è:kəln] 他 (h)〖口語〗いやがらせをして追い出す, いびり出す.

hin·aus|fah·ren* [ヒナオス・ファーレン hınáus-fà:rən] I 自 (s) ①(乗り物で・人が乗り物で)出て行く, 出かける. **aus der Garage** *hinausfahren* 車庫から出て行く. ②(外へ)飛び出す. II 他 (h)(乗り物で外へ)運び出す; (乗り物⁴を外へ)出す.

hin·aus|flie·gen* [ヒナオス・ふリーゲン hınáus-fli:gən] 自 (s) ①飛んで出る, (ボールがコートなどを)飛び出す. ②〖口語〗追い出される; 解雇される.

hin·aus·ge·gan·gen [ヒナオス・ゲガンゲン] *hinaus|gehen*(外へ出る)の 過分

hin·aus|ge·hen* [ヒナオス・ゲーエン hınáus-gè:ən] (ging ... hinaus, *ist* ... hinausgegangen) 自 (完了 sein) ① 外へ出る, 出て行く. (英 go out). **Geh hinaus**! 出て行け. ◇[非人称の **es** を主語として]. **Hier** *geht* **es** *hinaus*. ここから外へ出られる.
② (道などが外へ)通じている. ③〖**auf** 物⁴ または **nach** 物³ ~〗(物⁴または物³に)面している. **Das Zimmer** *geht* **auf den Garten (nach Süden)** *hinaus*. その部屋は庭に面している(南向きだ). ④〖**über** 物⁴ ~〗(物⁴(能力など)を)越えている. **Dies** *geht* **über meine Kräfte** *hinaus*. これは私の手に余る.

hin·aus|kom·men* [ヒナオス・コンメン hınáus-kòmən] 自 (s) ① 外へ(戸外へ)出る. ②〖**auf** 物⁴ ~〗〖口語〗(物⁴という)結果になる. ③〖**über** 物⁴ ~〗(物⁴(程度など)を越える.

hin·aus|lau·fen* [ヒナオス・らオフェン hınáus-làʊfən] 自 (s) ①(外へ)走って出る. ②〖**auf** 物⁴ ~〗(物⁴という)結果になる. **Das** *läuft* **auf dasselbe** *hinaus*. それらは全て同じ結果になる. ③〖**über** 物⁴ ~〗(物⁴を)超える, 上回る.

hin·aus|leh·nen [ヒナオス・れーネン hınáus-lè:nən] 再帰 (h) *sich*⁴ *hinauslehnen* (外へ)身を乗り出す. **Nicht** *hinauslehnen*! (列車などの表示で:)窓から身を乗り出さないこと!

hin·aus|schau·en [ヒナオス・シャオエン hınáus-ʃàʊən] 自 (h)《南ドイツ》〖口語〗(外を)見[や]る. **zum** Fenster *hinausschauen* 窓から外を見る.

hin·aus|schie·ben* [ヒナオス・シーベン hınáus-ʃì:bən] 他 (h) ① 外へ押し出す. ◇〖再帰的に〗*sich*⁴ *hinausschieben* 外へ出る. ②(期限など⁴を)延期する.

hin·aus|wach·sen* [ヒナオス・ヴァクセン hınáus-vàksən] 自 (s) ①〖**über** 人・物⁴ ~〗(人・物⁴よりも)大きくなる, 成長して乗り越える. ②〖**über** 人⁴ ~〗(人⁴をしのぐ. **über sich**⁴ [selbst] *hinauswachsen* かつてない成果を示す.

hin·aus|wer·fen* [ヒナオス・ヴェルフェン hınáus-vèrfən] 他 (h) ①(外へ)投げ出す, ほうり投げる. 物⁴ **zum** Fenster *hinauswerfen* 物⁴を窓からほうり投げる. ②〖口語〗追い出す; 首にする. **einen Mieter** *hinauswerfen* 借家人を立ち退かせる. ③〖口語〗さっさと処分する.

hin·aus|wol·len* [ヒナオス・ヴォれン hınáus-vòlən] 自 (h) ① 外に出ようと思う. ②〖成句的に〗**hoch** *hinauswollen* 出世しようとする. ③〖**auf** 物⁴ ~〗(物⁴を)目指す, ねらう. **Ich weiß, worauf du hinauswillst.** 君が何を意図してのかはぼくにはわかっている.

hin·aus|zie·hen* [ヒナオス・ツィーエン hınáus-tsì:ən] I 他 (h) ① 外へ引き(連れ)出す. ②(交渉など⁴を)長引かせる; (出発など⁴を)延期する. **die Entscheidung**⁴ **absichtlich** *hinausziehen* 決定を故意に引き延ばす. ◇〖再帰的に〗*sich*⁴ *hinausziehen* (交渉などが)長引く; (出発などが)延びる. II 自 (s) (…へ)出て行く, 出かける; (…へ)引っ越す. **aufs Land** *hinausziehen* 田舎へ出かける(引っ越す). III 再帰 (h) *sich*⁴ *hinausziehen* (道などが…へ)延びている.

hin·aus|zö·gern [ヒナオス・ツェーガァン hınáus-tsè:gərn] 他 (h) 延期する, 繰り延べる. ◇〖再帰的に〗*sich*⁴ *hinauszögern* 遅延する.

Hin⸗blick [ヒン・ブリック] 男〖成句的に〗**im** (まれに **in**) *Hinblick* **auf** 物⁴ a) 物⁴を考慮して, b) 物⁴に関して(ついて).

hin|brin·gen* [ヒン・ブリンゲン hín-brìŋən] 他 (h) ① 連れて行く, 運んで(持って)行く. ②〖口語〗仕上げる, 済ます. ③(時間⁴を)過ごす.

Hin·den·burg [ヒンデン・ブルク híndən-bùrk] —s/《人名》ヒンデンブルク (Paul von *Hindenburg* 1847–1934; ドイツの軍人・政治家).

hin·der·lich [ヒンダァりヒ] 形 ① 動きの妨げになる(包帯など). ② じゃまになる. **Das ist mir** (または **für mich**) **sehr** *hinderlich*. それはひどく私のじゃまになる.

hin·dern [ヒンダァン híndərn] (hinderte, *hat* ... gehindert) 他 (完了 haben) ①〖人⁴ an 物³ ~〗(人⁴が物³をするのを)妨げる, さえぎる, 阻止する.《英 hinder》. **Der Polizist** *hinderte* **ihn an der Weiterfahrt**. 警官は彼が[車で]先へ行こうとするのをさえぎった. / **Er hat mich daran** *gehindert*, **das Buch aufzuheben**. 彼は私が本を拾い上げるのを妨げた.

② (人・事4の)じゃまになる。Das *hindert* den Verkehr. それは交通のじゃまだ / Die Musik *hindert* mich beim Arbeiten. その音楽は仕事のじゃまになる。

das **Hin·der·nis** [ヒンダァニス híndərnɪs] 囲 (単2) ..nisses/(複) ..nisse (3格のみ ..nissen) ① 障害[物], じゃま[もの]; 支障, 困難. (英 obstacle). ein *Hindernis*4 beseitigen 障害物を取り除く / Dieser Umstand ist kein *Hindernis* für uns. この状況は私たちにとって妨げとなるものではない / auf ein *Hindernis* stoßen 障害にぶつかる / *Hindernisse*4 überwinden 障害を克服する / 人3 *Hindernisse*4 in den Weg legen 人3のじゃまをする. ② (競技) ハードル; (馬術の)障害物; (ゴルフの)バンカー.

Hin·der·nis·lauf [ヒンダァニス・らおふ] 男 -[e]s/..läufe (陸上競技の)障害物(ハードル)競走.

Hin·der·nis·ren·nen [ヒンダァニス・レンネン] 中 -s/- ① (馬術の)障害レース. ② (陸上競技の)障害物(ハードル)競走.

hin·der·te [ヒンダァテ] hindern (妨げる)の 過去.

hin|deu·ten [ヒン・ドイテン hín-dɔytən] 自 (h) ① 〚auf 人・物4 ～〛 (人・物4を)指し示す. ② 〚auf 物4 ～〛 (物4を)指摘する; (物4を暗示する, (物4の兆候を)示している.

Hin·di [ヒンディ híndi] 中 -/ ヒンディー語.

Hin·du [ヒンドゥ híndu] 男 -[s]/-[s] ヒンドゥー教徒. (女性形: Hindu まれに Hindufrau).

Hin·du·is·mus [ヒンドゥイスムス hɪnduísmʊs] 男 -/ ヒンドゥー教.

hin·durch [ヒン・ドゥルヒ hɪn·dúrç] 副 ① (ある場所を)通って, 突き抜けて, 貫いて. (英 through). hier *hindurch* ここを通って / quer durch den Wald *hindurch* 森を横切って. ② (ある期間を)通して, ずっと. Jahre *hindurch* 数年にわたって / den ganzen Tag *hindurch* 一日中.

hin·ein [ヒナイン hɪnáɪn] 副 ① (空間的に)(こちらから向こうの)中へ, 内へ. (英「中からこちらの外へ」は heraus). *Hinein* ins Bett! もう寝なさい / mitten *hinein* 真ん中へ / [mitten] in die Stadt *hinein* 町の(中心)へ / zum Fenster *hinein* 窓から中へ.

② (時間的に) …に至るまで, bis in die Nacht *hinein* 夜ふけまで.

hin·ein.. [ヒナイン.. hɪnáɪn..] 〚分離動詞の前つづり〛; つねにアクセントをもつ《(こちらから向こうの)中へ》例: *hinein*|gehen 中へ入って行く.

hin·ein|den·ken* [ヒナイン・デンケン hɪnáɪn-dɛŋkən] 再帰 (h) 〚*sich*4 *hineindenken* (ある状況に)身を置いて考える. *sich*4 in 人4 *hineindenken* 人4の身になって考える.

hin·ein|fal·len* [ヒナイン・ふァれン hɪnáɪn-falən] 自 (s) ① (穴などに)落ちる. Er ließ sich in den Sessel *hineinfallen*. 彼は疲れて安楽いすにへたり込んだ. ② (光が)差し込む.

③ 《口語》(策略などに)はまる.

hin·ein|fin·den* [ヒナイン・ふィンデン hɪnáɪn-fɪndən] I 自 (h) 入る道(入口)がわかる. II 再帰 (h) 〚*sich*4 in 物4 ～〛 (物4に)習熟する; (物4に)順応する.

hin·ein|ge·hen* [ヒナイン・ゲーエン hɪnáɪn-gèːən] 自 (s) ① 中へ入って行く. tief in den Wald *hineingehen* 森の奥深くに入る. ② 収まる, 収容できる. In diesen Saal *gehen* 2 000 Menschen *hinein*. このホールには 2,000 人収容できる.

hin·ein|ge·ra·ten* [ヒナイン・ゲラーテン hɪnáɪn-gəràːtən] (過分 hineingeraten) 自 (s) 〚in 物4 ～〛 (物4の中に)迷い込む.

hin·ein|knien [ヒナイン・クニーン hɪnáɪn-kniːn] 再帰 (h) 〚*sich*4 in 物4 ～〛 《口語》(物4に)没頭する.

hin·ein|kom·men* [ヒナイン・コンメン hɪnáɪn-kɔmən] 自 (s) 中へ入る; 入り込む.

hin·ein|la·chen [ヒナイン・らッヘン hɪnáɪn-làxən] (h) 〚成句的に〛 in sich *hineinlachen* ほくそえむ.

hin·ein|le·gen [ヒナイン・レーゲン hɪnáɪn-lèːgən] 他 (物4を)中に入れる; (感情など4を)投入する.

hin·ein|pas·sen [ヒナイン・パッセン hɪnáɪn-pàsən] 自 (h) ① (一定の数量の)入る余地がある. ② 〚in 物・事4 ～〛 (物・事4の中に)うまく収まる, 順応(適合)する.

hin·ein|re·den [ヒナイン・レーデン hɪnáɪn-rèːdən] I 自 (h) ① 〚in 物4 ～〛 (物4の中へ向かって)話しかける. ins Dunkel *hineinreden* 暗闇(やみ)の中へ向かって話しかける. ② 口をはさむ, (話に)割って入る. 人3 in 物4 *hineinreden* 人3の物4に口出しする. II 再帰 (h) 〚*sich*4 in 物4 ～〛 話しているうちに(物4の状態に)なる.

hin·ein|schlit·tern [ヒナイン・シュリッタァン hɪnáɪn-ʃlɪtərn] 自 (s) 〚in 物・事4 ～〛 (物4の中へ)滑って入る; 《口語》 (物4(悪い状況など)に)ずるずるとはまり込む.

hin·ein|ste·cken [ヒナイン・シュテッケン hɪnáɪn-ʃtɛkən] 他 (h) ① 差し込む. ② 《口語》(お金・時間など4を)つぎ込む.

hin·ein|stei·gern [ヒナイン・シュタイガァン hɪnáɪn-ʃtàɪgərn] 再帰 (h) 〚*sich*4 in 物4 ～〛 (感情などが物4の状態に)高まってくる; (物4に)のめり込む.

hin·ein|stür·zen [ヒナイン・シュテュルツェン hɪnáɪn-ʃtʏrtsən] I 自 (s) 〚in 物4 ～〛 (物4の中へ)落ち込む; 駆け込む. II 他 (h) 〚人4 in 物4 ～〛 (人4を物4の中に)突き落とす; (比) 陥れる. III 再帰 (h) *sich*4 *hineinstürzen* 飛び込む. *sich*4 in die Arbeit *hineinstürzen* (比) [精力的に]仕事に取りかかる.

hin·ein|ver·set·zen [ヒナイン・ふェァゼッツェン hɪnáɪn-fɛrzɛtsən] (過分 hineinversetzt) 再帰 (h) 〚*sich*4 in 人・物4 ～〛 (人・物4の)身になって考える, (物4を)おもんぱかる.

hin·ein|wach·sen* [ヒナイン・ヴァクセン hɪ-náin-vàksən] 自 (s) ① 〖in 物⁴ ~〗(口語)(体が成長して物(服など)に)体が合うようになる. ② 〖in 圏⁴ ~〗成長して(圏⁴に)達する; (圏⁴に)慣れる.

hin·ein·zie·hen* [ヒナイン・ツィーエン hɪ-náin-tsìːən] I 他 (h) 引き入れる, 引っぱり込む. II 自 (s) (…へ)引っ越して入る; (行列して…へ)入って行く.

hin|fah·ren* [ヒン・ファーレン hín-fàːrən] I 自 (s) ① (乗り物が・人が乗り物でその場所へ)行く;(乗り物が・人が乗り物で)走り去る. ② 〖über 物⁴ ~〗(物⁴の上を)なでる. mit der Hand über 物⁴ *hinfahren* 手で物⁴の上をなでる. ③ (…へ)すばやく動く. II 他 (h) (乗り物で)連れて行く, 運ぶ.

Hin·fahrt [ヒン・ファールト] 女 -/-en (乗り物で)その場所へ行くこと, 往路. (⚠「帰路」は Rückfahrt). *Hin-* und Rückfahrt 往復 / auf (または bei) der *Hinfahrt* 行きに.

hin|fal·len* [ヒン・ファレン hín-fàlən] 自 (s) ① 転ぶ, 倒れる. Das Kind *ist hingefallen*. 〖現在完了〗その子供は転んだ / der Länge nach *hinfallen* 真正面に(ばったり)倒れる. ② (八³の中から)落ちる.

hin·fäl·lig [ヒン・ふェりヒ hín-fɛlɪç] 形 ① (年老いて・病気のせいで)弱くなった; もろい. ② (計画などが)無効の; 不要になった.

hin|flie·gen* [ヒン・ふりーゲン hín-flìːgən] 自 (s) ① (その場所へ)飛んで行く. ② (比) 飛ぶように走って行く. ③ (口語)すっ転ぶ, ぶっ倒れる.

Hin⹀flug [ヒン・ふるーク] 男 -[e]s/..flüge 行きの飛行, 往便. (⚠「帰りの飛行」は Rückflug).

hin|füh·ren [ヒン・ふューレン hín-fỳːrən] I 他 (h) ① (向こうへ)連れて行く, 導く. II 自 (h) (道などが…に)通じている. Wo soll das *hinführen*? (口語) その結果はどうなるのだろう.

hing [ヒング] ＊hängen¹ (掛かっている)の過去

Hin⹀ga·be [ヒン・ガーベ] 女 -/ 献身, 帰依; 没頭, 熱意. mit *Hingabe* a) 献身的に, b) 熱心に, 一心に.

hin·ge [ヒンゲ] ＊hängen¹ (掛かっている)の接2

hin|ge·ben* [ヒン・ゲーベン hín-gèːbən] I 他 (h) ① 手渡す, 引き渡す. ② (雅) ささげる, 犠牲にする. ◇〖現在分詞の形で〗eine *hingebende* Pflege 献身的な看護. II 再帰 (h) sich⁴ 人·事³ *hingeben* (人·事³に)ほうり切る, 没頭する; 〖婉曲〗(女性が)八³(男性)に身を任せる.

Hin⹀ge·bung [ヒン・ゲーブング] 女 -/ 献身, 帰依; 没頭, 熱意.

hin·ge·bungs⹀voll [ヒンゲーブングス・ふォる] 形 献身的な; 熱意のこもった.

hin·ge·gen [ヒン・ゲーゲン] 副 それに反して, 一方.

hin|ge·hen* [ヒン・ゲーエン hín-gèːən] 自 (s) ① (その場所へ)行く, 出かける; 立ち去る; 〖雅〗死ぬ. Wo *gehst* du *hin*? どちらへお出かけ? ② (時が)たつ, 過ぎ去る. ③ 〖über 物⁴ ~〗(目·視線が物⁴の上を)さっと動く. ④ まあまあ我慢できる. Diese Arbeit *geht* gerade noch *hin*. この論文の出来はまあまあだ. ◇〖lassen とともに〗他⁴ *hingehen lassen* 圏⁴を大目に見る.

hin|ge·hö·ren [ヒン・ゲヘーレン hín-gəhòː-rən] 自 (過分 hingehört) (h) (口語)(本来…に)置いておくものである. Wo *gehört* das *hin*? それはどこにある(置く)べきものであるか.

hin·ge·legt [ヒン・ゲれークト] hin|legen (置く)の過分

hin|ge·ris·sen [ヒン・ゲリッセン] I hin|reißen (魅了する)の過分 II 形 うっとりした, 心を奪われた.

hin·ge·setzt [ヒン・ゲゼッツト] hin|setzen (置く)の過分

hin·ge·wie·sen [ヒン・ゲヴィーゼン] hin|weisen (指し示す)の過分

hin|hal·ten* [ヒン・ハるテン hín-hàltən] 他 (h) ① さし出す. 八³ die Hand⁴ *hinhalten* 八³に手をさし伸べる. ② (期待させて)待たせる, 引き止める. 八⁴ lange *hinhalten* 八⁴を長く待たせる.

hin|hau·en⁽*⁾ [ヒン・ハオエン hín-hàuən] I 自 (h) ① (h) (口語)打ってかかる. ② (s) ぶっ倒れる. ③ (h)〖方・俗〗急ぐ. ④ (h)(俗)うまくいく; 十分である. II 他 (h) ① (俗)(怒って)投げつける; (かばんなど⁴を)ほうり投げる; (仕事など⁴を)投げ出す. ② (俗)投げ倒す, あぜんとさせる. ③ (俗)ざっと(ぞんざいに)仕上げる. III 再帰 (h) sich⁴ *hinhauen* (俗)(ごろっと)横になる.

hin|hö·ren [ヒン・ヘーレン hín-hɵ̀ːrən] 自 (h) よく聞く, 傾聴する.

hin·ken [ヒンケン hínkən] (hinkte, *hat/ist* ... gehinkt) 自 (h) haben または sein) (h) ① 足を引きずって歩く. (英) limp). Er *hinkt* mit (または auf) dem rechten Fuß. 彼は右足を引きずって歩く. ② (s) 〖方向を表す語句とともに〗(…へ)足を引きずって歩いて行く. zum Arzt *hinken* 足を引きずって医者に行く. ③ (h) (比較などが)当を得ない, ぴったりしない.

hin|kom·men* [ヒン・コンメン hín-kòmən] 自 (s) ① (ある場所へ)行く, 来る, 着く. nach Berlin *hinkommen* ベルリンに着く / Wo *kommen* die Bücher *hin*? (口語) これらの本はどこへ置けばいいですか. ② 〖mit 物³ ~〗(口語)(物³で何とか)間に合わせる. Ich *komme* mit dem Geld nicht *hin*. 私はこのお金では足りない.

hin|krie·gen [ヒン・クリーゲン hín-krìːgən] 他 (h) (口語)うまく)やってのける.

hink·te [ヒンクテ] hinken (足を引きずって歩く)の過去

hin·läng·lich [ヒン・れングりヒ] 形 十分な, 不足のない.

hin|le·gen [ヒン・れーゲン hín-lèːgən] (legte ... hin, *hat* ... hingelegt) I 他 (完了 haben) ① (そこへ)置く; (手放して)置く. den Hörer *hinlegen* 受話器を置く. ② (子供など⁴を)寝かせる. ③ (口語)(かなりの金額⁴を)支払う. ④ (口語)転倒させる. ⑤ (俗)(演技な

hin|neh·men* [ヒン・ネーメン hín-nèːmən] 他 (h) ① [あっさりと]受け取る. ② (非難・運命など4を)甘受する. 他4 **als** Tatsache *hin-nehmen* 物4を事実として受け入れる. ③《口語》人・物4を…へ)連れて(持って)行く.

hin|rei·chen [ヒン・ライヒェン hín-ràiçən] I 他 (h) さし出す, 渡す. II 自 (h) ① 十分である, 足りる. ② (ある場所に)達する, 届く.

hin·rei·chend [ヒン・ライヒェント] I hin|rei-chen (さし出す)の 現分 II 形 十分な(情報など), 不足のない(収入など).

Hin‐rei·se [ヒン・ライゼ] 女 -/-n (ある場所への)旅, 往路.《反》「帰路」は Rückreise). *Hin-* und *Rückreise* 往復旅行 / **auf** (または **bei**) der *Hinreise* 行きに.

hin|rei·ßen* [ヒン・ライセン hín-ràisən] 他 (h) ① 魅了する, 感動させる. Seine Musik *riss* die Zuhörer *hin*. 彼の音楽は聴衆を魅了した. ◇《過去分詞の形で》**von** 物3 *hingerissen* sein 物にうっとりしている. ②《成句的に》sich4 *hinreißen lassen* かっとなる. sich4 **zu** einer Beleidigung *hinreißen lassen* かっとして侮辱するようなことを言う.

◇☞ **hingerissen**

hin·rei·ßend [ヒン・ライセント] I hin|reißen (魅了する)の 現分 II 形 魅了するような, 感動的な, うっとりさせる.

hin|rich·ten [ヒン・リヒテン hín-riçtən] 他 (h) 処刑する.

Hin‐rich·tung [ヒン・リヒトゥング] 女 -/-en 死刑, 処刑.

hin|schla·gen* [ヒン・シュらーゲン hín-ʃlàː-gən] 自 (h, s) ① (h) なぐりつける. ② (s)《口語》(ばったり)倒れる.

hin|schlep·pen [ヒン・シュれッペン hín-ʃlɛ̀-pən] I 他 (h) ① (ある場所へ)引きずって行く. ② (交渉など4を)だらだらと続ける. II 再帰 (h) sich4 *hinschleppen* ① (弱って・疲れて)足を引きずるように歩いて行く. ② (会議などが)だらだらと長引く.

hin|schmei·ßen* [ヒン・シュマイセン hín-ʃmàisən] 他 (h)《俗》投げ[つけ]る, 投げ出す.

hin|schrei·ben* [ヒン・シュライベン hín-ʃràibən] I 他 (h) 書きつける; さっと書く. II 自 (h)《口語》(会社・官庁などに)手紙を出す.

hin|se·hen* [ヒン・ゼーエン hín-zèːən] 自 (h) 目をやる, そちらを見る.

hin sein* ☞ **hin** ③ ⑦

hin|set·zen [ヒン・ゼッツェン hín-zɛ̀tsən] du setzt...hin (setzte...hin, hat...hingesetzt) I 他 (完了 haben) (そこへ)置く, 下ろす; 座らせる. eine Vase4 **auf** den Tisch *hinsetzen* 花びんをテーブルの上に置く.

II 再帰 (完了 haben) sich4 *hinsetzen* (そこに)腰を下ろす, 着席する. *Setzen Sie sich doch hin*! 席にお着きください / sich4 *hinset-*

zen und Deutsch lernen 腰を据えてドイツ語の勉強にとりかかる.

die Hin‐sicht [ヒン・ズィヒト hín-ziçt] 女(単) -/(複) -en《ふつう単》《雅》観点, 視点, 関係. ◇《成句的に》**in** dieser *Hinsicht* この点では / in politischer *Hinsicht* 政治的観点からすると / in *Hinsicht* **auf** 物4 物4の点に関して, 物4を考慮に入れて.

hin·sicht·lich [ヒン・ズィヒトリヒ] 前《2格とともに》…に関しては. *hinsichtlich* des Klimas 気候に関しては.

hin|stel·len [ヒン・シュテれン hín-ʃtɛ̀lən] I 他 (h) ① 立てて置く, 据える. ② (荷物など4を)下ろす, 下へ置く. ③《成句的に》人・物4 **als**...*hinstellen* 人・物4を…と言う, 評価する. 人4 **als** Lügner (dumm) *hinstellen* 人4をうそつき(ばか)だと言う. ◇《再帰的に》sich4 **als**...*hinstellen* …だと自称する.《注》には1格(まれに4格)の名詞や形容詞がくる). II 再帰 (h) sich4 *hinstellen* (…へ)立つ. sich4 **vor** (人4または物3) *hinstellen* (人4または物3)の前に立つ(立ちふさがる).

hin|stre·cken [ヒン・シュトレッケン hín-ʃtrɛ̀-kən] I 他 (h) ① (手など4を)さし出す(伸ばす). ②《雅》(敵4を)打ち倒す, 殺す. II 再帰 (h) sich4 *hinstrecken* ① 長々と横になる. ② 広がっている, 伸びている.

hint·an|set·zen [ヒントアン・ゼッツェン hɪnt-án-zɛ̀tsən] 他 (h)《雅》なおざりにする, 無視する, 顧みない.

hint·an|stel·len [ヒントアン・シュテれン hɪnt-án-ʃtɛ̀lən] 他 (h) あと回しにする; 軽視する.

Hint·an|stel·lung [ヒントアン・シュテるング] 女 -/《雅》あと回し; 軽視.

***hin·ten** [ヒンテン híntən] 副 後ろに(で), 後方に, 裏に, 背後に; 後尾に; 奥に.《英》*behind*).《注》「前に」は *hinten*. Der Kofferraum ist *hinten*. トランクルームは後ろにある / Bitte *hinten* einsteigen! (バスなどで)どうぞ後ろからお乗りください / *hinten* Augen4 haben《口語》何もかもお見通してある(←後ろに目がある) / Ich habe *hinten* keine Augen!《口語》後ろには目がないんでね(《注》うっかり後ろの人にぶつかったことをとがめられて, 言い返すとき) / *hinten* bleiben《口語》遅れている, 出世が遅い / **nach** *hinten* 後方へ / Der Wind kommt **von** *hinten* [her]. 風は背後から吹いて来る / 人4 am liebsten **von** *hinten* sehen《口語》人4の顔を見たくもない(←後ろから見るのがいちばん好ましい) / 人3 *hinten* hin-ein|kriechen《俗》人3にへつらう.

◇《**vorn**[e] とともに》*hinten* und *vorn*[e]《口語》何から何まで, すっかり(←後ろも前も) / weder *hinten* noch *vorn*[e] じて…でない / Ich weiß nicht [mehr], wo *hinten* und *vorn*[e] ist.《口語》私はもうどうしていいかわからない(←どこが後ろか前かわからない).

hin·ten‐he·rum [ヒンテン・ヘルム] 副 ① 後ろに回って;《婉曲》お尻(ǐ)の辺りに. ② こっそりと, 闇(ǎ)で.

hin·ten⹁nach [ヒンテン・ナーハ, ｷﾝﾃﾝ] 副《南ドミ・ｵｰｽﾄﾘｱ》後ろから; あとから, 遅れて.

hin·ten⹁über [ヒンテン・ユーバァ] 副 後方へ; あおむけに.

hin·ter [ヒンタァ híntər]

---
3 格と: …の後ろに(後ろで)
Die Katze ist *hinter der Lampe*.
ディ カッツェ イスト ヒンタァ デァ らンペ

その猫はランプの後ろにいる.

---
4 格と: …の後ろへ(後ろに)
Die Katze geht *hinter die Lampe*.
ディ カッツェ ゲート ヒンタァ ディ らンペ

その猫はランプの後ろへ行く.

I 前《3 格・4 格とともに》(定冠詞と融合して hinterm (← hinter dem), hinters (← hinter das) となることがある). ① (空間的に) ㋐ (どこに)《3 格と》…**の後ろに, …の裏に, …の陰に.** (英 behind). (⇔「…の前に」は vor). Der Schauspieler steht *hinter* dem Vorhang. その俳優は幕の後ろに立っている / Die Garage ist *hinter* dem Haus. ガレージは家の裏にある / Er stand *hinter* mir. 彼は私の後ろに立っていた / 人・物³ her|gehen 人・物³の後ろからついて行く / *hinter* 人・物³ her sein 人・物³を追い求める ⇒ Er ist *hinter* dem Mädchen her.《口語》彼はその女の子を追っかけ回している / Er ist sehr *hinter* seinen Sachen her. 彼は自分のことばかり構っている(自分のことにはうるさい). ◇〖再帰代名詞(3 格)とともに〗die Tür⁴ *hinter* sich³ schließen ドアを後ろ手に閉める /囲⁴ *hinter* sich³ haben 囲⁴を後ろ盾にしている, 囲⁴の支持がある /囲⁴ *hinter* sich³ haben 囲⁴(試験など)を済ます, 終える ⇒ Das Schlimmste haben wir *hinter* uns. 最悪の事態をわれわれは克服した.

㋑ (どこへ)《4 格と》**…の後ろへ, …の裏へ.** Der Schauspieler tritt *hinter* den Vorhang. その俳優は幕の後ろへ下がる / Er ging *hinter* das Haus. 彼は家の裏へ回った / Setz dich *hinter* mich! 私の後ろにお座り! / *hinter* die Wahrheit kommen 真相をつきとめる(知る). ◇〖再帰代名詞(4 格)とともに〗囲⁴ *hinter* sich⁴ bringen 囲⁴(試験など)を済ます, 終える ⇒ die Arbeit⁴ *hinter* sich⁴ bringen 仕事を終える.

② (順位) **…の次に, …に遅れて(劣って).** ㋐《3 格と》*hinter* 人³ an die Reihe kommen 人³の次に順番がくる / *hinter* 人³ zurück|stehen 人³より劣っている / *hinter* der Entwicklung zurück|bleiben 発展に遅れをとっている. ◇〖再帰代名詞(3 格)とともに〗囲⁴ [weit] *hinter* sich³ lassen 囲⁴をはるかに追い抜く. ㋑《4 格と》Er ist in seinen Leistungen *hinter* seine Mitschüler zurückgefallen.〖現在完了〗《口語》彼は成績で同級生に負けた.

II 形 (比較 なし, 最上 hinterst)〖付加語としてのみ〗**後ろの, 裏の, 奥の.** (⇔「前の」は vorder). die *hintere* Tür 裏のドア / in der *hintersten* Reihe 最後列に.

hin·ter.. [ヒンタァ.. híntər..] **I**〖分離動詞〗前つづり; つねにアクセントをもつ〗① (後ろへ・背後へ) 例: *hinter*|gehen 後ろへ行く. ② (下へ) 例: *hinter*|schlucken 飲み込む. **II**〖非分離動詞〗前つづり〗; アクセントをもたない〗 ① (秘密) 例: *hinter*bringen 密告する. ② (あとに残す) 例: *hinter*lassen 遺産として残す. **III**〖名詞・形容詞につける〗(後部・裏)〗 例: *Hinter*rad 後輪 / *hinter*listig 狡猾(ﾛﾝﾐﾂ)な.

Hin·ter⹁ach·se [ヒンタァ・アクセ híntər-aksə] 囡 -/-n (自動車などの)後車軸.

Hin·ter⹁ba·cke [ヒンタァ・バッケ] 囡 -/-n《口語》臀部(ﾃﾞﾝﾌﾞ), 尻(ﾊﾘ).

Hin·ter⹁bein [ヒンタァ・バイン] 回 -[e]s/- (動物の)後ろ脚. (⇔「前脚」は Vorderbein). sich⁴ **auf** die *Hinterbeine* stellen《口語》a) 反抗する, b) がんばる.

Hin·ter⹁blie·be·ne[r] [ヒンタァ・ブリーベネ(..ナァ)] 男 囡〖語尾変化は形容詞と同じ〗遺族.

hin·ter|brin·gen¹* [ヒンタァ・ブリンゲン]〖分離〗他 (h) ① 《東部ﾄﾞｲﾂ・南ﾄﾞｲﾂ・ｵｰｽﾄﾘｱ・口語》後ろへ持って行く. ②《東部ﾄﾞｲﾂ》(食べ物などを)なんとか飲み込む, 飲み下す.

hin·ter·brin·gen²* [ヒンタァ・ブリンゲン hɪntər-brínən]〖非分離〗他 (h) (囚³に囲⁴を)こっそり知らせる, 告げ口する.

hin·ter⹁drein [ヒンタァ・ドライン] 副 後ろから; あとから.

hin·ter⹁ein·an·der [ヒンタァ・アイナンダァ] 副 ① (空間的に) 相前後して, 縦に並んで, 次々に. ② (時間的に) 続いて, 続けざまに. drei Tage *hintereinander* 3 日間続けて.

hin·ter·fra·gen [ヒンタァ・ふラーゲン hɪntər-frá:gən] 他 (h) (囲⁴の)背景(根拠)を探る.

Hin·ter⹁fuß [ヒンタァ・ふース] 男 -es/..füße (動物の)後ろ足. (⇔「前足」は Vorderfuß).

hin·ter·gan·gen [ヒンタァ・ガンゲン] *hintergehen*¹ (だます)の 過分

Hin·ter⹁ge·dan·ke [ヒンタァ・ゲダンケ] 男 -ns (3 格・4 格 -n)/-n 下心, 底意.

hin·ter·ge·hen¹* [ヒンタァ・ゲーエン hɪntər-gé:ən]〖非分離〗他 (hintergɪng, hat...hintergangen) 他 (定了 haben) **だます, 欺く, 裏切る.** (英 deceive). Er *hat* mich dauernd *hintergangen*. 彼はしょっちゅう私をだました.

hin·ter|ge·hen²* [ヒンタァ・ゲーエン híntər-gè:ən]〖分離〗自 (s)《東部ﾄﾞｲﾂ・南ﾄﾞｲﾂ・ｵｰｽﾄﾘｱ・口語》後ろへ行く.

hin·ter·ging [ヒンタァ・ギング] *hintergehen*¹ (だます)の 過去

der Hin·ter·grund [ヒンタァ・グルント hínter-grunt] 男 (単2) -[e]s/(複) ..gründe [..グリュンデ] (3格のみ ..gründen) ① 《ふつう 単》背景, バック[グラウンド]; 《比》目だたない所. (英 background). der *Hintergrund* der Bühne² 舞台背景 / im *Hintergrund* des Bildes 絵の遠景に / sich⁴ im *Hintergrund* halten または im *Hintergrund* bleiben 表舞台に出ない / Er steht im *Hintergrund*. 彼はあまり注目されない(陰の存在だ) / 人·物⁴ in den *Hintergrund* drängen 人·物⁴を陰に押しやる / in den *Hintergrund* treten (または rücken) a) 表舞台から退く, b) 《比》影が薄くなる.
② 《圏》で)背後関係, 裏の事情. politische *Hintergründe* 政治的背後関係.

hin·ter·grün·dig [ヒンタァ・グリュンディヒ] 形 意味深長な, 含みのある. *hintergründig* lächeln 含み笑いをする.

Hin·ter·halt [ヒンタァ・ハルト] 男 -[e]s/-e 待ち伏せ[の場所]. わな. im *Hinterhalt* liegen (または lauern) 待ち伏せている / in einen *Hinterhalt* fallen (または geraten) わなにかかる.

hin·ter·häl·tig [ヒンタァ・ヘルティヒ] 形 底意のある, 下心のある, 陰険な.

Hin·ter·hand [ヒンタァ・ハント] 囡 -/ ① (馬などの)後脚部. ② 《トランプ》最後手[の人]. in der *Hinterhand* sein (または sitzen) 最後手である / in der *Hinterhand* haben 物⁴(蓄え・最後の切り札など)を持っている.

hin·ter∗her 副 ① [ヒンタァ・ヘーァ hınter-héːr] 《空間的に》後ろから. Er ging voran und wir *hinterher*. 彼が先に行き、われわれはあとからついて行った.
② [ヒンタァ・ヘーァ または ヒンタァ..]《時間的に》あとから, 遅れて. Den Pudding essen wir *hinterher*. このプディングはあとで食べよう. ③《*hinterher* sein の形で》《口語》(ア)(人³を)追跡している. (イ)(…になるように)気をつけて(配慮して)いる. (ウ)(人·物³を)熱心に手に入れようとしている. ④《mit (または in) 物³ ~ ~》(物³において)遅れをとっている.

hin·ter·her|lau·fen* [ヒンタァヘーァ・ラォフェン hıntərhéːr-làufən] 自 (s) ①([人·物³の)あとを追う. ②《口語》(人·物³を得ようと)つきまとう.

hin·ter·her sein* ☞ hinterher ③

Hin·ter∗hof [ヒンタァ・ホーフ] 男 -[e]s/..höfe (通りに面していない)裏庭, 中庭.

Hin·ter∗kopf [ヒンタァ・コプフ] 男 -[e]s/..köpfe 後頭部. 物⁴ im *Hinterkopf* haben (または behalten) 物⁴を念頭に置く.

Hin·ter∗land [ヒンタァ・ラント] 男 -[e]s/ 後背地, 背域(港湾・都市などの背後の地域で、その経済的・文化的恩恵を受ける地域).

hin·ter·las·sen* [ヒンタァ・ラッセン hıntərlásən] 他 (h) ① あとに残す; 言い(書き)残す. im Sand Spuren⁴ *hinterlassen* 砂に足跡を残す / eine Nachricht⁴ *hinterlassen* 伝言を書き残す. ② 死後に残す. Er *hinterließ* mir ein Vermögen. 彼は私に一財産残してくれた. (☞ 類語 lassen).

Hin·ter·las·sen·schaft [ヒンタァ・ラッセンシャフト] 囡 -/-en ① 故人が残したもの, 遺産. ②《雅》(移動の際に)置いていったもの.

hin·ter·le·gen [ヒンタァ・レーゲン hıntər-léːgən] 他 (h) (荷物・宝石⁴を)預ける, 保管する; 供託する.

Hin·ter·le·gung [ヒンタァ・レーグング] 囡 -/-en 供託.

Hin·ter∗leib [ヒンタァ・ラィプ] 男 -[e]s/-er 《生》(特に昆虫の)腹, 腹部.

Hin·ter∗list [ヒンタァ・リスト] 囡 -/-en 《ふつう 単》悪巧み, 術策; 裏切り, 不実.

hin·ter·lis·tig [ヒンタァ・リスティヒ] 形 悪巧みをする, 腹黒い, ずる賢い.

hin·term [ヒンタァム]《口語》《前置詞 hinter と定冠詞 dem の融合形》

Hin·ter∗mann [ヒンタァ・マン] 男 -[e]s/..männer ① (座席などの)後ろの人. ② 《ふつう 複》(悪事などの)黒幕, 後ろ盾.

hin·tern [ヒンタァン]《口語》《前置詞 hinter と定冠詞 den の融合形》

Hin·tern [ヒンタァン hínten] 男 -s/- 《口語》尻(ら) (=Gesäß). 人³ den *Hintern* verhauen (または versohlen) 人³の尻をひっぱたく / sich⁴ auf den *Hintern* setzen 《俗》a) 腰を据えて勉強する, b) 尻もちをつく, c) びっくり仰天する.

Hin·ter∗rad [ヒンタァ・ラート] 中 -[e]s/..räder (自動車などの)後輪. (☞「前輪」は Vorderrad).

Hin·ter·rad∗an·trieb [ヒンタァラート・アントリープ] 男 -[e]s/ (自動車の) 後輪駆動.

Hin·ter∗rücks [ヒンタァ・リュックス] 副 ① いきなり背後から. 人⁴ *hinterrücks* überfallen 後ろから人⁴に襲いかかる. ② 陰で, ひそかに.

hin·ters [ヒンタァス]《口語》《前置詞 hinter と定冠詞 das の融合形》

Hin·ter∗sinn [ヒンタァ・ズィン] 男 -[e]s/ ① 奥深い意味. ② (隠された)裏の意味.

hin·ter·sin·nig [ヒンタァ・ズィンニヒ] 形 ① 意味深長な; 裏の意味を持った. ② 憂うつな.

hin·terst [ヒンタァスト híntərst] (※hinter の 最上) 形 ① いちばん後ろの. in der *hintersten* Reihe 最後列に. ◊《名詞的に》der (die) *Hinterste* いちばん後ろの人.

Hin·ter∗teil [ヒンタァ・タィル] 中 -[e]s/-e 《口語》尻(ら).

Hin·ter∗tref·fen [ヒンタァ・トレッフェン] 中 《成句的に》im *Hintertreffen* sein 《口語》遅れをとっている, 分が悪い / ins *Hintertreffen* geraten (または kommen)《口語》遅れをとる, 分が悪くなる.

hin·ter·trei·ben* [ヒンタァ・トラィベン hıntər-tráibən] 他 (h) (計画などを⁴)裏で妨害する, じゃまする.

Hin·ter∗trep·pe [ヒンタァ・トレッペ] 囡 -/-n 裏口の階段.

Hin·ter·tür [ヒンタァ・テューァ] 囡 -/-en 裏口のドア; 《比》抜け(逃げ)道. durch die (または eine) *Hintertür* こっそりと / sich³ eine *Hintertür*⁴ offen halten (または offen lassen) 逃げ道を空けておく.

Hin·ter=wäld·ler [ヒンタァ・ヴェるトらァ] 男 -s/- 田舎者, 世間知らず. (女性形: -in).

hin·ter·zie·hen* [ヒンタァ・ツィーエン hɪntər-tsíːən] 他 (h) (税金などを⁴)ごまかす.

Hin·ter·zie·hung [ヒンタァ・ツィーウング] 囡 -/-en 横領, 着服; 脱税.

Hin·ter=zim·mer [ヒンタァ・ツィンマァ] 中 -s/- ① 奥(裏)の部屋. ② (店の奥の)私室, 控えの部屋.

hin|tre·ten* [ヒン・トレーテン hín-trèːtən] 自 (s) (向こうへ)歩いて行く.

hin|tun* [ヒン・トゥーン hín-tùːn] 他 (h) 《口語》(ある場所に)置く.

hin·über* [ヒニューバァ hɪnýːbər] 副 ① 向こう側へ, 越えて. *hinüber* auf die andere Seite 向こう側へ越えて. ② 《*hinüber* sein の形で》《口語》⑦ 死んでいる; 倒産している. ⑦ 壊れている, 使えない, 着られない. ⑤ 腐っている. ㊁ 泥酔(昏睡(沈))している. ㋕ (あちらへ)出かけている; 陶酔している.

hin·über.. [ヒニューバァ.. hɪný:bər..] 《分離動詞の前つづり; つねにアクセントをもつ》《(かなたへ・越えて) 例: hinüber|gehen 向こうへ行く.

hin·über|ge·hen* [ヒニューバァ・ゲーエン hɪný:bər-gèːən] 自 (s) ① 向こうへ行く, 渡る. über die Straße *hinübergehen* 通りを向こう側へ渡る. ② 《雅》他界する (=sterben).

hin·über|rei·chen [ヒニューバァ・ライヒェン hɪný:bər-ràıçən] I 自 (h) (向こうへ)達する, 届く. II 他 (h) (向こうへ)さし出す, 手渡す.

hin·über sein* 🖙 hinüber ②

hin·un·ter [ヒヌンタァ hɪnúntər] 副 (こちらから向こうの)下へ, 下って; 《口語》(地図上で;)南下して; (地位・等級などが上から)下へ. *hinunter* ins Tal 下の谷に向かって / den Berg *hinunter* 山を下って.

hin·un·ter.. [ヒヌンタァ.. hɪnúntər..] 《分離動詞の前つづり; つねにアクセントをもつ》《(こちらから向こうの)下へ》例: hinunter|gehen 下りて行く.

hin·un·ter|ge·hen* [ヒヌンタァ・ゲーエン hɪnúntər-gèːən] 自 (s) ① 下りて行く; (飛行機が)降下する. die Treppe⁴ *hinuntergehen* 階段を下りる. ② (道が)下りになっている, (下の方へ)通じている.

hin·un·ter|schlu·cken [ヒヌンタァ・シュるッケン hɪnúntər-ʃlùkən] 他 (h) ① (食べ物・丸薬など⁴を)飲み込む. ② 《口語》(怒りなどを⁴)ぐっとこらえる; (批判などを)我慢して聞き流す. die Tränen⁴ *hinunterschlucken* ぐっと涙をこらえる.

hin·un·ter|spü·len [ヒヌンタァ・シュピューれン hɪnúntər-ʃpỳːlən] 他 (h) ① (下へ)洗い流す. ② 《口語》(物⁴を飲み物といっしょに)飲み下す.

hin·un·ter|stür·zen [ヒヌンタァ・シュテュルツェン hɪnúntər-ʃtỳrtsən] I 自 (s) ① (転がり)落ちる. ② 《口語》駆け下りる. II 他 (h) ① 突き落とす. ② 《口語》一気に飲む. III 再帰 (h) *sich*⁴ *hinunterstürzen* 飛び降りる, 飛び降り自殺する.

hin=wärts [ヒン・ヴェルツ] 副 向こうへ, あちらへ.

hin=weg [ヒン・ヴェック] 副 ① 《雅》向こうへ, 去って. *Hinweg* [mit dir]! あちらへ去れ. ② 《成句的に》über 物⁴ *hinweg* 物⁴を越えて向こうへ. über den Tisch *hinweg* テーブル越しに / über viele Jahre *hinweg* 長年.

Hin=weg [ヒン・ヴェーク] 男 -[e]s/-e (その場所への)往路, 行き. auf dem *Hinweg* 行く途中[で]. (⟲「帰路」は Rückweg).

hin·weg.. [ヒンヴェック.. hɪnvék..] 《分離動詞の前つづり; つねにアクセントをもつ》《向こうへ・去って》例: hinweg|gehen 越えて行く.

hin·weg|ge·hen* [ヒンヴェック・ゲーエン hɪnvék-gèːən] 自 (s) ① 《über 人・事⁴ ~》(人・事⁴を)無視する, 黙殺する. ② 《über 人・物⁴ ~》(人・物⁴を)越えて行く.

hin·weg|hel·fen* [ヒンヴェック・へるフェン hɪnvék-hèlfən] 自 (h) 《人³ über 事⁴ ~》(人³を助けて事⁴(困難など⁴)を)乗り越えさせる.

hin·weg|kom·men* [ヒンヴェック・コンメン hɪnvék-kòmən] 自 (s) 《über 事⁴ ~》(事⁴(困難など)を)乗り越える, 克服する.

hin·weg|se·hen* [ヒンヴェック・ゼーエン hɪnvék-zèːən] 自 (h) ① 《über 人・物⁴ ~》(人・物⁴越しに)向こうを見る. ② 《über 人・事⁴ ~》(人・事⁴を)大目に見る; 無視する, 問題にしない.

hin·weg|set·zen [ヒンヴェック・ゼッツェン hɪnvék-zètsən] I 自 (h) 《über 物⁴ ~》(物⁴の上を)飛び越える. II 再帰 (h) 《sich⁴ über 事⁴ ~》(事⁴を)無視する. sich⁴ über ein Verbot *hinwegsetzen* 禁令を無視する.

hin·weg|täu·schen [ヒンヴェック・トイシェン hɪnvék-tòyʃən] 他 (h) 《人⁴ über 事⁴ ~》(人⁴をだまして事⁴に)気づかせないようにする, (人⁴に事⁴を)見誤らせる. ◇《再帰的に》sich⁴ über 事⁴ *hinwegtäuschen* 事⁴を見ないふりをする.

der **Hin·weis** [ヒン・ヴァイス hín-vaıs] 男 (単2) -es/(複) -e (3格のみ -en) ① 指示, 指摘, 助言. 《英》advice, hint. 人³ *Hinweise*⁴ für die Benutzung ... は zur Benutzung geben 人³に使用上の指示を与える / unter *Hinweis* auf 事⁴ 事⁴を指摘して. ② 暗示, 示唆, ヒント.

hin|wei·sen* [ヒン・ヴァイゼン hín-vaızən] du weist...hin (wies...hin, hat...hingewiesen) I 他 (定了 haben) ① 《auf 人・物⁴ ~》(人・物⁴を)[指し]示す. 《英》point. Er *wies* mit der Hand auf das Gebäude hin. 彼は手でその建物を指し示した / Das Schild *weist* auf den Parkplatz hin. その標識は駐車場の

方向を示している. ◊《現在分詞の形で》ein *hinweisendes* Fürwort《言》指示代名詞. ②〖auf 囚4 ~〗囚4を指摘する. Ich *muss* darauf *hinweisen*, dass… 私は…ということを指摘しなければなりません.
II 他 (h) 〖囚4 auf 囚4 ~〗(囚4に囚4への注意を促す, 囚4に)指摘する, (囚4に囚4への注意を促す. 囚4 auf einen Fehler *hinweisen* 囚4に誤りを指摘する.

hin|wen·den* [ヒン・ヴェンデン hín-vèndən] 他 (h) (顔など4を…へ)向ける. ◊《再帰的に》*sich*4 *zu* (または *nach*) 人・物3 *hinwenden* 人・物3の方を向く.

hin|wer·fen* [ヒン・ヴェルフェン hín-vèrfən] I 他 (h) ① 投げ[つけ]る, 投げ出す; (餌(ﾄﾞ)など4を)投げ与える. Er *wirft* dem Hund einen Knochen *hin*. 彼は犬に骨を投げ与える. ②《口語》(いやになって)ほうり出す. seine Arbeit4 *hinwerfen* 仕事を投げ出す. ③《口語》(言葉4を)ふと漏らす; (言葉などを4を)走り書きする. II 再帰 (h) *sich*4 *hinwerfen* 身を投げ出す, ひれ伏す.

Hinz [ヒンツ hínts] 男《成句的に》*Hinz* und Kunz《口語》だれも彼も, 猫もしゃくしも(元は男性名 Heinrich の略称).

hin|zie·hen* [ヒン・ツィーエン hín-tsì:ən] I 他 (h) ① (人・物4を…へ)引っぱって行く, 引き寄せる; (囚4の心を…へ)引きつける. ◊非人称の es を主語として] Es *zieht* mich immer wieder in die Stadt *hin*. 私の心はいつもその町へ引き寄せられる. ② (会議など4を)長引かせる, 引き延ばす; (出発など4を)先に延ばす. II 自 (s) ① 引っ越して行く. ② 進んで(移って)行く. III 再帰 (h) *sich*4 *hinziehen* ① (会議などが)長引く, 引き延ばされる; (出発などが)先に延びる. ② (道・土地などが)伸びて(広がって)いる.

hin|zie·len [ヒン・ツィーレン hín-tsì:lən] 自 (h) 〖auf 囚4 ~〗囚4を目指す, もくろむ; (囚4を)指して言う, (囚4について)あてこすりを言う.

hin⚡zu [ヒン・ツー] 副 それに加えて, その上.

hin·zu.. [ヒンツー.. hintsú:..] 《分離動詞の前つづり》つねにアクセントをもつ】① 《付加・加入》例: *hinzu*|*kommen* さらに加わる. ②《(ある所へ)向かって》例: *hinzu*|*treten* 歩み寄る.

hin·zu|fü·gen [ヒンツー・フューゲン hintsú:-fỳ:gən] (fügte… *hinzu*, hat… hinzugefügt) 他 (完了 haben) 付け加える, 添える; 補足する. (英 add). der Suppe3 noch etwas Salz4 *hinzufügen* スープにあと少し塩を加える / dem Buch einen Anhang *hinzufügen* 本に付録を付ける / „Aber es gibt Ausnahmen", *fügte* er *hinzu*. 「しかし例外もあるよ」と彼は付け加えた.

Hin·zu|fü·gung [ヒンツー・フューグング] 女 -/-en ① 《ふつう 単》付け加えること, 追加, 添加. ② 付け加えられたもの.

hin·zu·ge·fügt [ヒンツー・ゲフュークト] hinzu|fügen (付け加える)の 過分

hin·zu|kom·men* [ヒンツー・コンメン hin-tsú:-kɔmən] 自 (s) ① その場に来合わせる. ② やって来て加わる. Es *kommt* noch *hinzu*, dass… その上…である.

hin·zu|set·zen [ヒンツー・ゼッツェン hintsú:-zètsən] I 他 (h) 追加する, 付け加える. II 再帰 (h) *sich*4 *hinzusetzen* (仲間に入って)座る, 加わる.

hin·zu|zäh·len [ヒンツー・ツェーレン hintsú:-tsɛ̀:lən] 他 (h) 加算する, 勘定に入れる.

hin·zu|zie·hen* [ヒンツー・ツィーエン hintsú:-tsì:ən] 他 (h) (専門家など4に)相談する, 助言を求める. einen Arzt *hinzuziehen* 医者に診察を頼む.

Hi·ob [ヒーオプ hí:ɔp] -s/《聖》《人名》ヨブ(旧約聖書ヨブ記に描かれている, すべてのものを失う試練に耐えた信仰の人).

Hi·obs·bot·schaft [ヒーオプス・ボートシャフト] 女 -/-en《聖》悪い知らせ, 凶報(旧約聖書ヨブ記による).

hip [ヒップ híp] [英] 形《口語》最新流行の.

Hip⚡hop, Hip-Hop [ヒップ・ホップ] [英] 男 -s/《音楽》ヒップホップ.

Hip·pie [ヒッピー hípi] [英] 男 -s/-s ヒッピー.

Hirn [ヒルン hírn] 中 -[e]s/-e ①《医》《体》脳, 脳髄 (=Gehirn); 《料理》(動物の)脳. ②《口語》頭脳, 知能. sein *Hirn*4 an|strengen 頭を働かせる.

Hirn⚡ge·spinst [ヒルン・ゲシュピンスト] 中 -es/-e 妄想, 幻想.

Hirn⚡scha·le [ヒルン・シャーれ] 女 -/-n《医》頭蓋(ｶﾞｲ).

Hirn⚡schlag [ヒルン・シュらーク] 男 -[e]s/..schläge《医》脳卒中.

Hirn⚡tod [ヒルン・トート] 男 -[e]s/《医》脳死.

hirn⚡ver·brannt [ヒルン・フェアブラント] 形 狂気の, ばかげた.

der **Hirsch** [ヒルシュ hírʃ] 男 (単 2) -[e]s/(複) -e (3格のみ -en) ①《動》シカ(鹿); アカシカの雄. (英 *deer*). Ein *Hirsch* röhrt. 雄鹿が鳴く. ②《戯》まぬけ[な男].

Hirsch⚡fän·ger [ヒルシュ・フェンガァ] 男 -s/-《狩》猟刀.

Hirsch⚡ge·weih [ヒルシュ・ゲヴァイ] 中 -[e]s/-e 鹿の枝角.

Hirsch⚡kä·fer [ヒルシュ・ケーふァァ] 男 -s/-《昆》クワガタ.

Hirsch⚡kalb [ヒルシュ・カるプ] 中 -[e]s/..kälber 雄の子鹿.

Hirsch⚡kuh [ヒルシュ・クー] 女 -/..kühe 雌鹿.

Hirsch⚡le·der [ヒルシュ・れーダァ] 中 -s/- 鹿革.

Hir·se [ヒルゼ hírzə] 女 -/(種類:) -n《植》キビ, アワ, ヒエ.

Hirt [ヒルト hírt] 男 -en/-en =Hirte

Hir·te [ヒルテ hírtə] 男 -n/-n 牧人, 家畜番, 羊飼い. (女性形: Hirtin). der Gute *Hirte*《聖》よい羊飼い(キリストのこと; ヨハネによる福音書 10, 11).

Hir·ten⚡brief [ヒルテン・ブリーふ] 男 -[e]s/-e《ｶﾄ ﾘｯｸ》司教教書.

his, His [ヒス hís] 田 -/- 《音楽》嬰(ㄒ)ロ音.

his·sen [ヒッセン hísən] 他 (h) (旗⁴を)掲揚する, (帆⁴を)巻き上げる.

His·tör·chen [ヒステーァヒェン histǿːrçən] 田 -s/- (Historie の縮小) 小話, 逸話.

His·to·rie [ヒストーリエ históːriə] 囡 -/ [世界の]歴史 (=[Welt]geschichte).

His·to·ri·ker [ヒストーリカァ históːrikər] 男 -s/- 歴史学者, 史学者. (女性形: -in).

his·to·risch [ヒストーリッシュ históːrɪʃ] 形 ① 歴史[上]の, 歴史に関する. (英 historical). eine *historische* Stätte 史跡 / ein *historischer* Roman 歴史小説 / eine *historische* Tatsache 歴史的事実. ② 歴史的に重要な, 歴史的である. ein *historischer* Augenblick 歴史的瞬間.

der **Hit** [ヒット hít] [英] 男 (単2) -[s]/(複) -s ① 《口語》ヒット曲. Der Schlager wurde ein *Hit*. その歌謡曲はヒットした. ② 《口語》ヒット, 大当たり, 大流行.

Hit·ler [ヒットラァ hítlər] -s/ 《人名》ヒトラー (Adolf Hitler 1889–1945; ナチス・ドイツの総統).

Hit=pa·ra·de [ヒット・パラーデ] 囡 -/-n ヒットパレード, ヒット曲の放送番組.

die **Hit·ze** [ヒッツェ hítsə] 囡 (単) -/ ① 暑さ, 炎暑; 熱さ, 熱; 熱気. (英 heat). (⇔「寒さ」は Kälte). eine feuchte *Hitze* 蒸し暑さ / fliegende *Hitze* 《医》間欠熱 / Bei der *Hitze* kann man nicht arbeiten. この暑さでは仕事にならない / den Kuchen bei mittlerer *Hitze* backen ケーキを中火で焼く. ② 興奮; 激情. in *Hitze*⁴ geraten 興奮する, かっとなる / in der *Hitze* des Gefechts 《口語》戦闘の興奮のあまり(←戦闘の興奮状態で). ③ (雌犬・雌猫の)発情期.

hit·ze=be·stän·dig [ヒッツェ・ベシュテンディヒ] 形 耐熱性の(ガラスなど), 暑さに強い.

hit·ze=emp·find·lich [ヒッツェ・エンプフィントリヒ] 形 耐熱性のない, 暑さに弱い.

hit·ze=frei [ヒッツェ・フライ] 形 (学校・会社などが)暑気休みである. Wir haben heute *hitzefrei*. きょうは暑気休みだ.

Hit·ze=wel·le [ヒッツェ・ヴェレ] 囡 -/-n (数日・数週続く)熱波.

hit·zig [ヒツィヒ hítsɪç] 形 ① 怒りっぽい, すぐかっとなる. ein *hitziger* Mensch 怒りっぽい人 / Nur nicht so *hitzig*! まあそう怒るな. ② 激しい. eine *hitzige* Debatte 激論.

Hitz=kopf [ヒッツ・コプふ] 男 -[e]s/..köpfe 怒りっぽい人, 短気者.

hitz=köp·fig [ヒッツ・ケプふィヒ] 形 怒りっぽい, 短気な.

Hitz=schlag [ヒッツ・シュラーク] 男 -[e]s/..schläge 《医》熱中症, 熱射病.

HIV [ハー・イー・ふァオ] 田 -[s]/ (略) ヒト免疫不全(エイズ)ウイルス (=human immunodeficiency virus).

Hi·wi [ヒーヴィ híːvi] 男 -s/-s (囡 -/-s) (略) 《口語》協力者; 《隠語》(大学の)研究補助員 (=Hilfswillige[r]).

hl [ヘクト・リータァ または ..リータァ] 《記号》ヘクトリットル (100 リットル) (=Hektoliter).

hl. [ハイリヒ] (略) 神聖な, 聖… (=heilig).

hm! [フム hm] 間 ① (せき払いの音:) えへん. ② (ためらいながら同意して:) うん. ③ (驚きながら聞き返して:) えっ. ④ (批判・不満を表して:) ほう.

H-Milch [ハー・ミるヒ] 囡 -/ ロングライフミルク (=haltbare Milch). (高温滅菌による長期保存牛乳).

h-Moll [ハー・モる] 田 -/ 《音楽》ロ短調 (記号: h).

Ho [ハー・オー] 《化・記号》ホルミウム (=Holmium).

HO [ハー・オー] 囡 -/ (略) (旧東ドイツの)国営販売店, 国営[商]店 (=Handelsorganisation).

hob [ホープ] *heben (上げる)の過去

das **Hob·by** [ホビ hóbi] [英] 田 (単2) -s/(複) -s 趣味, 道楽, ホビー. Meine *Hobbys* sind Tennisspielen und Skifahren. 私の趣味はテニスとスキーです.

Hob·by=kel·ler [ホビ・ケらァ] 男 -s/- (地下の)ホビールーム.

Hob·by=raum [ホビ・ラオム] 男 -[e]s/..räume ホビールーム.

hö·be [ヘーベ] *heben (上げる)の接2

Ho·bel [ホーベる hóːbəl] 男 -s/- ① かんな(鉋). ② (野菜などの)スライス器, 薄切り器.

Ho·bel=bank [ホーベる・バンク] 囡 -/..bänke かんな台, (木工用の)工作台.

ho·beln [ホーベるン hóːbəln] 他 (h) ① (物⁴に)かんなをかける; (溝など⁴を)かんなをかけて作る. ② (スライス器で)薄切りにする.

hoch [ホーホ hóːx]

高い	Der Turm ist sehr *hoch*.
	デァ トゥルム イスト ゼーァ ホーホ
	その塔はたいへん高い.

I 形 (比較) höher, (最上) höchst; 格変化語尾がつくときは hoh-) ① 高い, 高所の. (英 high). (⇔「低い」は niedrig; 「身長が高い」は groß). ein *hoher* Berg 高い山 / *hoher* Schnee 深い雪 / *hohe* Schuhe a) ブーツ, b) 《南ド》ハイヒール / Das ist mir (または für mich) zu *hoch*. 《口語》それは私には難しすぎてわからない / *hoch* oben am Himmel 空高く / die Treppe *hoch* 階段を上がって / Die Sonne steht *hoch*. 日が高い. ② 《数量を表す4格とともに》…の高さの. ein zwei Meter *hoher* Schrank 2メートルの高さの戸棚 / Das Haus ist fünf Stockwerke *hoch*. その建物は6階建てだ. ③ (金額などの)高い; (温度などの)高い; (数量などの)多い, 大きい. Wie *hoch* ist der Preis? 値段はいくらですか / eine *hohe* Summe 高額 / *hohes* Fieber 高い熱 / wenn es *hoch* kommt 《口語》せいぜい, たかだか. ④ (程度・質などが)高い. ein *hoher* Lebens-

standard 高い生活水準 / hohe Ansprüche[4] stellen 高い要求を出す.
⑤《時間的に》盛りの,たけなわの;高齢の. im hohen Mittelalter 中世の最盛期 / Es ist hoher Sommer. [今は]夏の盛りだ / ein hohes Alter 高齢 / Er war hoch in den sechzig (または Sechzigern). 彼はとっくに 60 歳を越えていた.
⑥ 身分の高い, 偉い; 高貴な, 高潔な. ein hoher Beamter 高級官吏 / eine hohe Persönlichkeit 高潔な人格 / 圏[4] hoch und heilig versprechen 圏[4]を厳粛に(神かけて)誓う. ◊《名詞的に》Hoch und Niedrig 貴賎(きせん)の別なく,だれでも.
⑦ (声・音が)高い. eine hohe Stimme 高い声 / ein hoher Ton 高音. ⑧《口語》(地図で:)上の方の, 北の. nach Dänemark hoch デンマークに向かって北上して. ⑨ (海) 沖の. auf hoher See a) 沖で, b) 公海で. ⑩《数》…乗. 2 hoch 4 2の4乗 (=2[4]).
II 圖 ① 大いに, 非常に. 圏[4] hoch verehren 圏[4]を深く尊敬する. ② 上へ. Hoch, steh auf! さあ起きろ.
▶ hoch|achten, hoch|begabt, hoch|entwickelt, hoch|gespannt[2], hoch|qualifiziert, hoch|schätzen

Hoch [ホーホ] 囲 -s/-s ① 万歳[の声]; 乾杯[の声]. ein Hoch[4] auf 囚[4] ausbringen 囚[4]のために万歳を唱える(乾杯をする). ②《気象》高気圧[圏]. (⚠「低気圧[圏]」は Tief).

hoch.. [ホーホ.. hó:x..] I《分離動詞の前つづり》; つねにアクセントをもつ》《上へ・高く》例: hoch|gehen 上にのぼる. II《形容詞・名詞につける接頭》《高い・非常に》例: hochaktuell 非常に今日的な / Hochwasser 洪水.

hoch|ach·ten, hoch ach·ten [ホーホ・アハテン hó:x-àxtən] 他 (h) たいへん尊敬する, 高く評価する.

Hoch=ach·tung [ホーホ・アハトゥング] 囡 -/ 尊敬, 敬意. Hochachtung[4] vor 囚[3] haben 囚[3]に敬意をいだく / mit vorzüglicher Hochachtung (形式ばった手紙の結びで:)敬具.

hoch=ach·tungs·voll [ホーホアハトゥングス・ふォる] 圖 尊敬の念に満ちて; (形式ばった手紙の結びで:)敬具.

hoch=ak·tu·ell [ホーホ・アクトゥエる] 囮 非常に今日的な, きわめてアクチュアルな.

Hoch=al·tar [ホーホ・アるタール] 男 -[e]s/..altäre 中央祭壇.

Hoch=amt [ホーホ・アムト] 田 -[e]s/..ämter 《カトリック》荘厳ミサ.

hoch|ar·bei·ten [ホーホ・アルバイテン hó:x-àrbaɪtən] 再帰 (h) sich[4] hocharbeiten 努力して出世する.

Hoch=bahn [ホーホ・バーン] 囡 -/-en 高架鉄道.

Hoch=bau [ホーホ・バオ] 男 -[e]s/-ten (建) ① [圏 なし]地上工事. (⚠「地表(地下)工事」は Tiefbau). ② 地上建築物.

hoch=be·gabt, hoch be·gabt [ホーホ・ベガープト] 囮 優れた才能を持つ, 天分の豊かな.

hoch=bei·nig [ホーホ・バイニヒ] 囮 ① 脚の長い(人・動物など). ② 高脚の(家具など).

hoch=be·tagt [ホーホ・ベタクト] 囮 高齢の.

Hoch=be·trieb [ホーホ・ベトリープ] 男 -[e]s/ 《口語》たいへんな活気, 大盛況.

Hoch=blü·te [ホーホ・ブリューテ] 囡 -/ (経済・文化などの)最盛期, 黄金時代.

hoch|brin·gen* [ホーホ・ブリンゲン hó:x-brɪŋən] 他 (h) ① 運び上げる;《口語》(囚[4]を)家に上げる. ② 育て上げる. ③ (囚[4]の)健康を回復させる; (事業[4]の)経営を立て直す. ④《口語》怒らせる.

Hoch=burg [ホーホ・ブルク] 囡 -/-en 城塞(じょうさい);《比》(思想・運動などの)牙城(がじょう), 拠点.

hoch=deutsch [ホーホ・ドイチュ] 囮 標準ドイツ語の; 高地ドイツ語の. hochdeutsch sprechen 標準ドイツ語を話す.

Hoch=deutsch [ホーホ・ドイチュ] 田 -[s]/ 標準ドイツ語; 高地ドイツ語.

Hoch·druck [ホーホ・ドルック] 男 -[e]s/ ① 《物》高圧. ②《医》高血圧. ③《気象》高気圧. ④《口語》全力, 大急ぎ. mit (または unter) Hochdruck arbeiten 全力をあげて働く. ⑤《印》凸版印刷.

Hoch·druck·ge·biet [ホーホドルック・ゲビート] 田 -[e]s/-e《気象》高気圧域.

Hoch=ebe·ne [ホーホ・エーベネ] 囡 -/-n 高原, 高地. (⚠「平地」は Tiefebene).

hoch=emp·find·lich [ホーホ・エンプふィントりヒ] 囮 高感度の(フィルムなど).

hoch=ent·wi·ckelt, hoch ent·wi·ckelt [ホーホ・エントヴィッケるト] 囮 高度に発達した.

hoch|fah·ren* [ホーホ・ふァーレン hó:x-fà:rən] I 圓 (s) ① (圏)(乗り物で) 上へ行く; 北の方へ行く. ② (驚いて)跳び上がる, 飛び起きる; 急に怒りだす. II 他 (h) ① 《口語》(乗り物で)上へ運ぶ; 北の方へ連れて行く. ② (ヨーロピ)起動する.

hoch·fah·rend [ホーホ・ふァーレント] I hoch|fahren (上へ行く)の現分 II 圉 高慢な(性格など), 横柄な(態度など).

Hoch=fi·nanz [ホーホ・ふィナンツ] 囡 -/ (総称として:)財界の首脳.

hoch=flie·gend [ホーホ・ふりーゲント] 囮 遠大な(計画など); 高邁(こうまい)な.

Hoch=flut [ホーホ・ふるート] 囡 -/-en ① 満潮, 最高潮位. ② (突然の)供給過多.

Hoch=form [ホーホ・ふォルム] 囡 -/《スポ》(選手の)ベストコンディション, 絶好調. in Hochform sein ベストコンディションである.

Hoch=for·mat [ホーホ・ふォルマート] 田 -[e]s/-e (本・文書・写真などの)縦長判.

Hoch=fre·quenz [ホーホ・ふレクヴェンツ] 囡 -/-en《物》高周波 (略: HF).

Hoch=ga·ra·ge [ホーホ・ガラージェ] 囡 -/-n 階上ガレージ, 立体駐車場.

hoch=ge·bil·det [ホーホ・ゲビるデット] 囮 教養の高い.

Hoch≠ge·bir·ge [ホーホ・ゲビルゲ] 回 -s/- 高い山脈, 高い山並み.

Hoch≠ge·fühl [ホーホ・ゲフュール] 回 -[e]s/-e 高揚した気持ち(感情).

hoch≠ge·hen* [ホーホ・ゲーエン hóːx-gèːən] 直 (s) ① (幕などが)上がる; 《比》(物価が)上がる. ② 《口語》(人が)上がって(登って)行く. die Treppe⁴ *hochgehen* 階段を上がって行く. ③ 《口語》爆発する. ④ 《口語》怒る, 激怒する. Er *geht* leicht *hoch*. 彼はすぐかっとなる. ⑤ 《口語》(警察に)見つかる, つきとめられる.

Hoch≠ge·nuss [ホーホ・ゲヌス] 男 -es/..nüsse 格別の楽しみ, 無上の喜び.

hoch≠ge·schlos·sen [ホーホ・ゲシュロッセン] 形 ハイネックの(ブラウスなど).

hoch≠ge·sinnt [ホーホ・ゲズィント] 形 気高い[心の], 高邁(ﾏ)な.

hoch≠ge·spannt¹ [ホーホ・ゲシュパント] 形 《工・電》高圧の.

hoch≠ge·spannt², **hoch ge·spannt** [ホーホ・ゲシュパント] 形 非常に高い, 熱い(期待など).

hoch≠ge·stellt [ホーホ・ゲシュテルト] 形 地位の高い, 高位(高官)の.

hoch≠ge·sto·chen [ホーホ・ゲシュトッヘン] 形 《口語》難解な, 取っつきにくい(本・話など); お高くとまった(インテリなど).

hoch≠ge·wach·sen [ホーホ・ゲヴァクセン] 形 背丈の高い, のっぽの.

Hoch≠glanz [ホーホ・グランツ] 男 -es/ みごとな光沢. 物⁴ auf *Hochglanz* bringen 物⁴をぴかぴかに磨く.

hoch≠gra·dig [ホーホ・グラーディヒ] 形 高度の, 強度の; 激しい, 極端な.

hoch|hal·ten* [ホーホ・ハるテン hóːx-hàltən] 他 (h) ① 高く掲げ[てい]る, 高く上げ[てい]る. die Arme⁴ *hochhalten* 両腕を高く上げ[てい]る. ② 《雅》(伝統・真理など⁴を)大事に守り続けている.

Hoch≠haus [ホーホ・ハオス] 回 -es/..häuser 高層ビル.

hoch≠he·ben* [ホーホ・ヘーベン hóːx-hèːbən] 他 (h) (腕・子供など⁴を)高く[持ち]上げる.

hoch≠her·zig [ホーホ・ヘルツィヒ] 形 《雅》高潔な, 気高い; 寛大な, 雅量のある.

hoch≠kant [ホーホ・カント] 副 (直方体のものの)幅の狭い方を下にして, 縦に. eine Kiste⁴ *hochkant* stellen 箱を縦にする.

hoch|kom·men* [ホーホ・コンメン hóːx-kòmən] 直 (s) 《口語》① 上がって(登って)来る; (表面に)浮かび上がる. Das Essen *kommt* mir *hoch*. 《比》私は吐き気がする(←食べた物が上がって来る). ② 立ち(起き)上る. ③ 元気になる, 回復する. ④ 出世する. ⑤ (記憶などが)意識にのぼる.

Hoch≠kon·junk·tur [ホーホ・コニユンクトゥーァ] 囡 -/-en 《経》好景気.

Hoch≠land [ホーホ・らント] 回 -[e]s/..länder (または -e) 高地, 高原. 《反》「低地」は Tiefland).

hoch≠le·ben [ホーホ・れーベン hóːx-lèːbən] 直 (h) 《成句的に》 人・事⁴ *hochleben* lassen 人・事⁴のために万歳を唱える.

Hoch≠leis·tung [ホーホ・らイストゥング] 囡 -/-en りっぱな業績; 高性能.

hoch≠mo·dern [ホーホ・モデルン] 形 最新[式]の, 流行の先端を行く, 非常にモダンな.

Hoch≠mut [ホーホ・ムート] 男 -[e]s/ 高慢, 尊大, 思いあがり. *Hochmut* kommt vor dem Fall. 《諺》おごれる者久しからず(←高慢は没落の前に来る).

hoch≠mü·tig [ホーホ・ミューティヒ] 形 高慢な, 尊大な, 思いあがった. *hochmütig* lächeln せせら笑う.

hoch≠nä·sig [ホーホ・ネーズィヒ] 形 《口語》高慢な, 不遜(ｿﾝ)な.

hoch|neh·men* [ホーホ・ネーメン hóːx-nèːmən] 他 (h) ① 持ち上げる, (すそ⁴を)引き上げる, (子供⁴を)抱き上げる. ② 《口語》からかう; (人⁴から)ぼる.

Hoch≠ofen [ホーホ・オーふェン] 男 -s/..öfen 《工》(製鉄用の)高炉.

Hoch≠par·ter·re [ホーホ・パルテル] 回 -s/-s 《建》中2階.

hoch≠pro·zen·tig [ホーホ・プロツェンティヒ] 形 (成分などの)比率の高い; (アルコールの)度の高い.

hoch≠qua·li·fi·ziert, hoch qua·li·fi·ziert [ホーホ・クヴァりふィツィーァト] 形 非常に熟練した, 高い技量を備えた.

hoch≠ran·gig [ホーホ・ランギヒ] 形 高位の, 位の高い.

hoch≠rap·peln [ホーホ・ラッペるン hóːx-ràpəln] 再帰 (h) *sich*⁴ *hochrappeln* やっとのことで立ち上がる; 元気を回復する.

Hoch≠rech·nung [ホーホ・レヒヌング] 囡 -/-en (選挙の得票数などの)推計, 予想.

hoch≠rot [ホーホ・ロート] 形 真っ赤な, 赤くほてった(顔・耳など).

Hoch≠ruf [ホーホ・ルーふ] 男 -[e]s/-e 万歳の叫び, 歓呼.

Hoch≠sai·son [ホーホ・ゼゾーン] 囡 -/-s (または -en [..ネン]) (シーズンの)最盛期, 絶好のシーズン.

hoch≠schät·zen, hoch schät·zen [ホーホ・シェッツェン hóːx-ʃɛtsən] 他 (h) 《雅》尊敬する, 高く評価する.

*die **Hoch≠schu·le** [ホーホ・シューれ hóːx-ʃuːlə] 囡 (単) -/(複) -n ① (総合・単科大学を総称して:) 大学. (英 college). (《注》「(いくつかの学部から成る)総合大学」は Universität; ☞「ドイツ連邦共和国の教育制度」, 1175 ページ). an einer *Hochschule* studieren 大学で学ぶ. ② (狭義では:)単科大学. Musik*hochschule* 音楽大学 / eine technische *Hochschule* 工業大学 (略: TH).

Hoch·schul≠leh·rer [ホーホシューる・れーラァ] 男 -s/- 大学教師. (女性形: -in).

Hoch·schul≠rei·fe [ホーホシューる・ライふェ] 囡 -/ 大学入学資格.

hoch≠schwan·ger [ホーホ・シュヴァンガァ]

Hochzeitsreise

妊娠後期の, 臨月の.

Hoch≠see [ホーホ・ゼー] 囡 -/ 外洋.

Hoch·see·fi·sche·rei [ホーホゼー・ふィッシェライ] 囡 -/ 遠洋漁業.

Hoch≠som·mer [ホーホ・ゾンマァ] 男 -s/ 盛夏, 真夏.

Hoch≠span·nung [ホーホ・シュパンヌング] 囡 -/-en ①〖電〗高電圧(1,000 V 以上). ②〖覆なし〗極度の緊張[感]; 緊迫[状態].

hoch|spie·len [ホーホ・シュピーれルン hóːxˌʃpiːlən] 他 (h) (あまりにも)持ち上げすぎる, 評価しすぎる.

Hoch≠spra·che [ホーホ・シュプラーヘ] 囡 -/《言》標準語.

Hoch≠sprung [ホーホ・シュプルング] 男 -[e]s/ ..sprünge《スポ》走り高飛び, ハイジャンプ.

höchst [ヘーヒスト hǿːçst]《↑hoch の最上》 I 形 ① 最も高い, 最高の.《英 highest》. Die Zugspitze ist der *höchste* Berg in Deutschland. ツークシュピッツェはドイツで最も高い山です. ② 極度の. **aufs** *höchste* または **aufs** *Höchste* 非常に / **in** *höchstem* **Grade** 極度に / **Es ist** *höchste* **Zeit.** a) 絶好のチャンスだ, b) ぎりぎりの時だ.
II 副 非常に, きわめて. Ich war *höchst* erstaunt. 私は非常に驚いた.

Hoch≠sta·pe·lei [ホーホ・シュターぺらイ] 囡 -/-en (名士を装った)詐欺.

Hoch≠stap·ler [ホーホ・シュターブらァ] 男 -s/ (名士を装った)詐欺師. (女性形: -in).

Höchst≠be·las·tung [ヘーヒスト・ベらストゥング] 囡 -/-en 最大負荷.

hoch≠ste·hend [ホーホ・シュテーエント] 形 社会的に高い地位にある.

höchs·tens [ヘーヒステンス hǿːçstəns] 副 せいぜい, たかだか.《⇔》「少なくとも」は mindestens). Sie ist *höchstens* 20 Jahre alt. 彼女はせいぜい 20 歳というところです / Er verreist nie, *höchstens* zu seinen Verwandten. 彼は旅行をしない, せいぜい親戚を訪ねるぐらいだ.

Höchst≠fall [ヘーヒスト・ふァる] 男〖成句的に〗**im** *Höchstfall* せいぜい.

Höchst≠form [ヘーヒスト・フォルム] 囡 -/《スポ》ベストコンディション, 絶好調.

Höchst≠ge·schwin·dig·keit [ヘーヒスト・ゲシュヴィンディヒカイト] 囡 -/-en 最高速度.

Höchst≠gren·ze [ヘーヒスト・グレンツェ] 囡 -/-n 最高限度, 最大限, マキシマム.

Höchst≠stim·mung [ヘーヒスト・シュティンムング] 囡 -/ 華やいだ雰囲気, お祭り気分.

Höchst≠leis·tung [ヘーヒスト・らイストゥング] 囡 -/-en《スポ》最高記録; (機械などの)最高能率, 最高出力.

Höchst≠maß [ヘーヒスト・マース] 匣 -es/ 最高度, 最大限.

höchst≠mög·lich [ヘーヒスト・メークりヒ] 形 可能なかぎりの, 望みうる最高(最大・最多)の.

höchst≠per·sön·lich [ヘーヒスト・ベルゼーンりヒ] 形 (高位の人について:)じきじきの.

Höchst≠preis [ヘーヒスト・プライス] 男 -es/-e 最高価格.

höchst≠wahr·schein·lich [ヘーヒスト・ヴァールシャインりヒ] 副 十中八九は, まず間違いなく.

höchst≠zu·läs·sig [ヘーヒスト・ツーれスィヒ] 形〖付加語としてのみ〗(許される)最大限の.

Hoch≠tech·no·lo·gie [ホーホ・テヒノろギー] 囡 -/-n 先端技術, ハイテク.

Hoch≠tou·ren [ホーホ・トゥーレン] 複〖成句的に〗**auf** *Hochtouren* **laufen** (機械が)全速で稼動する / **Er arbeitet auf** *Hochtouren.* 彼は全力で仕事をする.

hoch≠tou·rig [ホーホ・トゥーリヒ] 形《工》高速回転の.

hoch≠tra·bend [ホーホ・トラーベント] 形 誇張した, 大げさな(文体・言い回しなど).

Hoch≠ver·rat [ホーホ・フェアラート] 男 -[e]s/ 内乱[罪], 大逆[罪].

Hoch≠wald [ホーホ・ヴァるト] 男 -[e]s/..wälder (下生えの少ない)高木林.

das **Hoch≠was·ser** [ホーホ・ヴァッサァ hóːxˌvasɐ] 匣 (単 2) -s/(複) - (3格のみ -n)〖ふつう 単〗満潮; 洪水, 大水; 高潮. *Hochwasser*[4] **haben** a) (川が)氾濫(はんらん)する, b)《口語・戯》つんつるてんのズボンをはいている.

hoch≠wer·tig [ホーホ・ヴェーァティヒ] 形 質の高い, 高級な; 栄養価の高い.

Hoch≠wür·den [ホーホ・ヴュルデン] 囡〖成句的に; 冠詞なしで〗(カトリックの司祭および新教の[高位]牧師に対する呼びかけで:). **Euer** (または **Eure**) *Hochwürden*! 神父様!

Hoch≠zahl [ホーホ・ツァーる] 囡 -/-en《数》指数.

die **Hoch≠zeit**[1] [ホッホ・ツァイト hóx-tsaɪt] 囡 (単) -/(複) -en 結婚式, 婚礼.《英 *wedding*). **goldene** (silberne) *Hochzeit* 金婚式 (銀婚式) / **grüne** *Hochzeit* 結婚式当日 / **Wann ist denn deine** *Hochzeit*? 君の結婚式はいつなの / *Hochzeit*[4] **halten** (または **machen**) 結婚式をあげる / *Hochzeit*[4] **zur** *Hochzeit* **ein|laden** 囚[4]を結婚式に招待する / **Man kann nicht auf zwei** *Hochzeiten* **tanzen.**《口語》二つの催しに同時に出るわけにはいかない (←二つの結婚式で踊ることはできない) / **auf allen** *Hochzeiten* **tanzen**《口語》どこにでも顔を出す.

Hoch≠zeit[2] [ホーホ・ツァイト] 囡 -/-en《雅》全盛期, 黄金期.

hoch≠zeit·lich [ホッホ・ツァイトりヒ] 形 結婚[式]の; 婚礼の; (結婚式らしく)晴れがましい.

Hoch·zeits·fei·er [ホッホツァイツ・ファイアァ] 囡 -/-n 結婚式, 婚礼.

Hoch·zeits·kleid [ホッホツァイツ・クらイト] 匣 -[e]s/-er ① ウェディングドレス, 花嫁衣装. ②《生》(繁殖期の動物の)婚衣, 生殖羽.

Hoch·zeits·nacht [ホッホツァイツ・ナハト] 囡 -/..nächte 結婚初夜.

Hoch·zeits·rei·se [ホッホツァイツ・ライゼ] 囡 -/-n 新婚旅行, ハネムーン.

Hoch·zeits=tag [ホッホツァイツ・ターク] 男 -[e]s/-e ① 結婚式の日. ② 結婚記念日.

hoch|zie·hen* [ホーホ・ツィーエン hóːxtsiːən] I 他 (h) 引き上げる. den Rollladen *hochziehen* ブラインドを引き上げる / die Schultern[4] *hochziehen* 肩をすくめる. II 自 (s) (雲・あらしなどが)近づいて来る.

Ho·cke [ホッケ hɔ́kə] 女 -/-n しゃがんだ姿勢; 《スポーツ》屈膝(シ゛ュ). **in die Hocke gehen** しゃがむ.

ho·cken [ホッケン hɔ́kən] (hockte, *hat*/*ist* ...gehockt) I 自 《完了》haben (または sein) ① (h; 南ドイツ: s)〘場所を表す語句とともに〙(…に)しゃがんでいる;《口語》うずくまっている. **am Boden** (または **auf dem Boden**) *hocken* 地面(床)にしゃがみこんでいる / Sie *hockte* traurig in der Ecke des Zimmers. 彼女は悲しそうに部屋の隅にうずくまっていた.
② (h; 南ドイツ: s)〘場所を表す語句とともに〙《口語》(…に)居続ける. Er *hockt* den ganzen Tag **vor dem Fernseher**. 彼は一日中テレビにかじりついている. ③ (s) (南ドイツ)(…に)座っている. ④ (s) (体操で:)屈膝(シ゛ュ)姿勢で跳ぶ.
II 再帰 《完了》haben *sich*[4] *hocken*〘方向を表す語句とともに〙(…へ)しゃがみこむ. *sich*[4] **auf den Boden** *hocken* 地面(床)にしゃがみこむ.

Ho·cker [ホッカァ hɔ́kər] 男 -s/- (背のない)腰かけ, スツール. (☞ **Stuhl** 図).

Hö·cker [ヘッカァ hǿkər] 男 -s/- (らくだなどの)こぶ;《医》隆起.

hö·cke·rig [ヘッケリヒ hǿkəriç] 形 隆起(こぶ)のある; でこぼこした(地面など).

Ho·ckey [ホッケ hɔ́ke または ホッキー hɔ́kiː][英] 中 -s/ 《スポーツ》ホッケー.

hock·te [ホックテ] hocken (しゃがんでいる)の過去

Ho·den [ホーデン hóːdən] 男 -s/- 〘ふつう 複〙《医》睾丸(コ゛カ゛ン), 精巣.

Ho·den=sack [ホーデン・ザック] 男 -[e]s/ ..säcke《医》陰嚢(イ゛ノウ).

der **Hof** [ホーフ hóːf] 男 (単2) -[e]s/(複) Höfe [ヘーフェ] (3格のみ Höfen) ① (建物などで囲まれた)中庭, 構内.《雅》*yard*). **Das Fenster geht auf den Hof**. 窓は中庭に向いている / **auf dem** (または **im**) **Hof spielen** 中庭で遊ぶ.
② 農場, (畜舎・田畑を含めて:)農家.《英》*farm*). **einen Hof bewirtschaften** 農場を経営する.
③ 宮廷. (総称として:)廷臣.《英》*court*). **am Hofe verkehren** 宮廷に出入りする / **einem Mädchen den Hof machen** (比) 女の子に言い寄る(←宮廷人のように女の子に仕える) / *Hof*[4] **halten** (君主が…に)宮廷を構える. ④《天》(太陽・月の)暈(かさ). ⑤〘地名などとともに〙(ホテル名などで:)…館. **Hotel Frankfurter Hof** ホテル・フランクフルターホーフ.

> 〘関連〙..hof のいろいろ: **Bahnhof** 駅[舎] / **Friedhof** 墓地 / **Gasthof** 旅館 / **Gerichtshof** 裁判所 / **Hinterhof** 裏庭 / **Innenhof** 中庭 / **Schlosshof** 宮殿の中庭 / **Schulhof** 校庭

Hof=da·me [ホーフ・ダーメ] 女 -/-n 宮廷女官, 侍女.

Hö·fe [ヘーフェ] Hof (中庭)の 複

hof·fä·hig [ホーフ・フェーイヒ] 形 宮廷に出る資格のある; 社交界の品格にかなった; 身なりきちんとした.

Hof·fart [ホッファルト hɔ́fart] 女 -/《雅》高慢, 尊大, 思いあがり, うぬぼれ.

hof·fär·tig [ホッフェルティヒ hɔ́fɐrtiç] 形《雅》高慢な, 尊大な.

‡**hof·fen** [ホッフェン hɔ́fən]

> 望む　Ich *hoffe* es sehr.
> イヒ　ホッフェ　エス　ゼーァ
> ぜひそうなってほしいのです.

(hoffte, *hat*...gehofft) I 他 《完了》haben 望む, 希望する, (…であればよいと)思う.《英》*hope*). Ich *hoffe*, dass alles gut geht. 私は何もかもうまくいってほしいと思っている / Ich *hoffe*, wir sehen uns bald wieder. 近いうちにまたお会いできたらと願っている / Ich *will* es *hoffen*. そう願いたいね / Das *will* ich nicht *hoffen*. そうでなければよいのだが / Es steht zu *hoffen*, dass... ……ということが望まれる.
II 自 《完了》haben) ①〘**auf** 人・事[4] ~〙(事4)の実現を望む, (人[4]の助力を)当てにする. **auf ein Wiedersehen** *hoffen* 再会を望む / **Ich** *hoffe* **auf schönes Wetter**. 天気が良ければいいのだが / **auf den Freund** *hoffen* 友人を当てにする.
② 希望を持つ. Er *hofft* immer noch. 彼は今だに希望を持ち続けている.

***hof·fent·lich** [ホッフェントリヒ hɔ́fəntlıç] 副〘文全体にかかって〙…であればよいのだが, 望むらくは. *Hoffentlich* kommt er bald. 彼がじきに来ればよいのだが / Kannst du das? — *Hoffentlich*! 君にそれができるの? — そう願いたいね / Das hat er doch *hoffentlich* nicht getan. 彼がそれをしていなければよいのだが.

Hoff·mann [ホフ・マン hɔ́f-man] I -s/《人名》(Ernst Theodor Amadeus *Hoffmann* 1776–1822; ドイツの作家). II -s/-s《姓》ホフマン. [die] *Hoffmanns* ホフマン家[の人々].

*die **Hoff·nung** [ホフヌング hɔ́fnuŋ] 女 (単) -/(複) -en ① 〘複なし〙希望; 期待, 見込み.《英》*hope*). eine vage *Hoffnung* 漠然とした期待 / eine schwache *Hoffnung*[4] haben かすかな希望を持つ / die *Hoffnung*[4] hegen (auf)geben) 希望をいだく(捨てる) / Es besteht keine *Hoffnung* mehr. もはや見込みはない / voller *Hoffnung*[2] sein 希望に満ちあふれている / 人[3] jede *Hoffnung*[4] nehmen 人[3]の希望をすべて奪う / 人[3] *Hoffnung*[en][4] machen 人[3]に期待をいだかせる / große *Hoffnungen*[4] **auf** 人・物[4] setzen 人・物[4]に大きな期待をかける / **in der** *Hoffnung*, dass... ……ることを期待している / guter *Hoffnung*[2] sein または in [der] *Hoffnung* sein《雅・婉曲》妊娠して

いる / **ohne** *Hoffnung* **auf Besserung** 回復(改善)の見込みない.
② 期待できる人, 希望の星, ホープ. **unsere olympische** *Hoffnung* わが国のオリンピックのホープ.

hoff·nungs⹀los [ホフヌングス・ロース] **I** 形 希望(望み)のない, 絶望的な; (実現・改善の)見込みのない. **Der Zustand des Kranken ist** *hoffnungslos*. 病人の状態は絶望的だ. **II** 副 どうしようもなく, ひどく.

Hoff·nungs⹀lo·sig·keit [ホフヌングス・ローズィヒカイト] 因 -/ 希望(見込み)のないこと, 絶望[状態].

Hoff·nungs⹀schim·mer [ホフヌングス・シンマァ] 男 -s/ 《雅》一縷(いちる)の望み, かすかな希望.

Hoff·nungs⹀trä·ger [ホフヌングス・トレーガァ] 男 -s/- 希望の星, ホープ. (女性形: ~in).

hoff·nungs⹀voll [ホフヌングス・ふォる] 形 希望に満ちた; 見込みのある, 有望な. **ein** *hoffnungsvoller* **junger Mann** 前途有望な青年.

hoff·te [ホフテ] ‡**hoffen** (望む)の過去

hof hal·ten* ☞ **Hof** ③

ho·fie·ren [ホフィーレン hofi:rən] 他 (h) (人⁴の)機嫌をとる, (人⁴に)とり入る, 媚(こ)びる.

hö·fisch [ヘーふィッシュ hǿ:fɪʃ] 形 ① 宮廷[風]の. **die** *höfische* **Dichtung** 《文学》宮廷文学. ② 優雅な, 上品な. *höfisches* **Benehmen** 優雅なふるまい.

***höf·lich** [ヘーふりヒ hǿ:flɪç] 形 礼儀正しい, ていねいな. 《英》polite). 《《ゑ》「礼儀知らずな」は **unhöflich**). **ein** *höflicher* **Mensch** 礼儀正しい人 / **mit** (人³) **in** *höflichem* **Ton reden** (人³)と丁重な調子で話をする / **sich**⁴ *höflich* **verbeugen** ていねいにおじぎする.

Höf·lich·keit [ヘーふりヒカイト] 因 -/-en ① 《園 なし》礼儀[正しい態度], エチケット. ② **nur aus** *Höflichkeit* **tun** 事⁴をただ儀礼上行う. ② 《ふつう 圏》儀礼的なあいさつ, 社交辞令, お世辞. *Höflichkeiten*⁴ **aus|tauschen** 社交辞令を交わす.

Höf·lich·keits⹀be·such [ヘーふりヒカイツ・ベズーフ] 男 -[e]s/-e 表敬訪問.

Höf·ling [ヘーふりング hǿ:flɪŋ] 男 -s/-e 《ふつう 圏》廷臣, 宮内官.

Hof·manns·thal [ホーふマンス・ターる hó:f-mans-ta:l] -s/ 《人名》ホーフマンスタール (Hugo von *Hofmannsthal* 1874-1929; オーストリアの作家).

Hof⹀narr [ホーふ・ナル] 男 -en/-en 宮廷道化師.

Hof⹀rat [ホーふ・ラート] 男 -[e]s/..räte 宮廷(枢密)顧問官[の称号].

Hof⹀staat [ホーふ・シュタート] 男 -[e]s/ (総称として:)廷臣, 宮内官.

ho·he [ホーエ] 形 ☞ **hoch**

die **Hö·he** [ヘーエ hǿ:ə] 因 (単) -/(複) -n 《英》height). ① (空間的な)高さ, 高度; 標高; (地理)緯度. ② 高所, 高み. 《ゑ》「深さ」は **Tiefe**). **die** *Höhe* **eines Berges** 山の高さ / **Der**

Turm hat eine *Höhe* **von 100 Metern**. その塔は高さが 100 メートルある / **Länge, Breite und** *Höhe* 長さと幅と高さ / **auf der gleichen** *Höhe* **liegen** 同じ緯度にある / **auf** (または **in**) **gleicher** *Höhe* (競走で:)横一線に並んで / 《物》⁴ **in die** *Höhe* **heben** 物⁴を高く上げる / **in die** *Höhe* **gehen** a) 上昇する, b) 《口語》かっとなる / **Die Preise gehen in die** *Höhe*. 物価が上がる / **Das ist ja die** *Höhe*! 《口語》それはとんでもないことだ!
② (温度・値段などの)高さ. **die** *Höhe* **der Temperatur²** 気温の高さ / **die** *Höhe* **des Preises** 値段の高さ / **die** *Höhe* **eines Tones** 音の高さ.
③ 高所, 高地, 丘. **Dort auf der** *Höhe* **wohnen wir.** あそこの高台に私たちは住んでいます. ④ 頂点, 絶頂, 全盛. **auf der** *Höhe* **sein** 《口語》(体調などが)好調である / **Er ist auf der** *Höhe* **seines Ruhmes**. 彼は名声の極みにある / **Er ist wissenschaftlich auf der** *Höhe* [**der Zeit**]. 彼は学問的に[時代の]先端を走っている. ⑤ 《数》高さ, 垂線; 《天》仰角.

Ho·heit [ホーハイト hó:haɪt] 因 -/-en ① 《圏 なし》(国家の)主権, 統治権. ② 殿下, 陛下. **Eure** [**Königliche**] *Hoheit* 殿下. ③ 《圏 なし》《雅》崇高, 高貴, 壮厳.

Ho·heits⹀ge·biet [ホーハイツ・ゲビート] 田 -[e]s/-e 領土, 主権領土(のおよぶ領域).

Ho·heits⹀ge·wäs·ser [ホーハイツ・ゲヴェッサァ] 田 -s/- 《ふつう 圏》領海.

ho·heits⹀voll [ホーハイツ・ふォる] 形 《雅》威厳のある, いかめしい.

Ho·heits⹀zei·chen [ホーハイツ・ツァイヒェン] 田 -s/- 《政》主権標章, 国章(旗・ワッペンなど. ドイツの国章は黄金色地に単頭の鷲).

Ho·he⹀lied, Ho·he Lied [ホーエ・リート] 田 -es/ 《分かち書きの Hoh- の語尾変化は形容詞と同じ》(旧約聖書の)雅歌.

Hö·hen⹀angst [ヘーエン・アングスト] 因 -/ 《医・心》高所恐怖[症].

Hö·hen⹀flug [ヘーエン・ふるーク] 男 -[e]s/..flüge 《空》(高度 4,000 m を超す)高空飛行; 《比》(精神的な)高揚.

Hö·hen⹀krank·heit [ヘーエン・クランクハイト] 因 -/ 《医》高山病.

Hö·hen⹀la·ge [ヘーエン・らーゲ] 因 -/-n ① 海抜[の高さ]. ② 高所, 高原.

Hö·hen⹀luft [ヘーエン・るふト] 因 -/ 高地(上空)の空気.

Hö·hen⹀mes·ser [ヘーエン・メッサァ] 男 -s/- 《空》高度計.

Hö·hen⹀son·ne [ヘーエン・ゾンネ] 因 -/-n ① 《気象》高地の太陽照射. ② 《商標・医》(紫外線療法用の)太陽灯.

Ho·hen·stau·fe [ホーエン・シュタオふェ ho:-ən-ʃtáufə] 男 -n/-n ホーエンシュタウフェン家の人(シュヴァーベンの王侯の家系. 1138-1254 年ドイツ王家). (女性形: **Hohenstaufin**).

Hö·hen⹀strah·lung [ヘーエン・シュトラーるング] 因 -/-en 《物》宇宙線.

Ho·hen·zol·ler [ホーエン・ツォらァ ho:əntsólər] 男 -n/-n ホーエンツォレルン家の人(ドイツの王侯・皇帝の家系). (女性形: -in).

der **Ho·hen·zol·lern** [ホーエン・ツォらァン ho:ən-tsólərn] 男 -s/ 〖定冠詞とともに〗《山名》ホーエンツォレルン家の居城がある.

Hö·hen*zug [ヘーエン・ツーク] 男 -(e)s/..züge 《地理》山並, 連山, 山脈.

Ho·he*pries·ter [ホーエ・プリースタァ] 男 -s/- 〖分かち書きの Hoh- の語尾変化は形容詞と同じ〗(ユダヤ教の)大司教.

der **Hö·he*punkt** [ヘーエ・プンクト hǿə-pʊŋkt] 男 (単) -(e)s/(複) -e (3格のみ -en) 頂点, 絶頂, クライマックス, ピーク. Die Stimmung erreichte ihren *Höhepunkt*. 気分は最高潮に達した.

hö·her [ヘーァァ hǿ:ər] (↑hoch の 比較) 形 より高い, より上の; 上級の. Der Turm ist zehn Meter *höher* als das Haus. この塔はあの家よりも 10 メートル高い / die *höheren* Klassen 上のクラス / die *höhere* Schule 高等学校.

hohl [ホーる hó:l] 形 ① 空洞の, がらんどうの. (英 hollow). ein *hohler* Baum (幹が)空洞になっている木. ② くぼんだ. *hohle* Wangen こけた頬(ほお) / *hohle* Augen くぼんだ目. ③ (声・音が)うつろな, さえない. mit *hohler* Stimme うつろな声で. ④ 空虚な, 内容のない(話, 言葉など).

die **Höh·le** [ヘーれ hǿ:lə] 女 (単) -/(複) -n ① 洞穴, 洞窟(どうくつ). (英 cave). Tropfsteinhöhle 鐘乳(しょうにゅう)洞 / eine dunkle (tiefe) *Höhle* 暗い(深い)洞窟. ② (獣の)巣穴. in die *Höhle* des Löwen gehen《戯》覚悟を決めて会いに行く(←ライオンの穴に入る). ③ みすぼらしい住まい; 《口語》安心できる自分の部屋.

Höh·len*for·schung [ヘーれン・フォルシュング] 女 -/ 洞窟(どうくつ)調査(研究).

Hohl·heit [ホーるハイト] 女 -/ うつろなこと; 空洞;《比》空虚, 無内容, 浅薄.

Hohl*kopf [ホーる・コプふ] 男 -(e)s/..köpfe 間抜け, とんま.

Hohl*maß [ホーる・マース] 中 -es/-e 体積(容積)[の単位]; [目盛りのついた]升(ます).

Hohl*raum [ホーる・ラオム] 男 -(e)s/..räume 空所, 空洞.

Hohl*saum [ホーる・ザオム] 男 -(e)s/..säume (手芸) 縁かがり, ヘムステッチ.

Hohl*spie·gel [ホーる・シュピーぐる] 男 -s/- (光) 凹面鏡.

Höh·lung [ヘーるング] 女 -/-en ① 《覆 なし》くぼみを付けること. ② くぼみ, 穴, 空洞.

hohl*wan·gig [ホーる・ヴァンギヒ] 形 頬(ほお)のこけた.

Hohl*weg [ホーる・ヴェーク] 男 -(e)s/-e 切り通し, 谷あいの道.

der **Hohn** [ホーン hó:n] 男 (単 2) -(e)s/ あざけり, 嘲笑(ちょうしょう). (英 scorn). bitterer *Hohn* 身にこたえるあざけり / Er erntete nur *Hohn* und Spott. 彼は物笑いの種になっただけだった / Das ist ja der rein[st]e *Hohn*. これはまた人をばかにした話だ / Er lachte *Hohn*. 彼はあざ笑った / Das spricht jeglicher Menschlichkeit[3] *Hohn*. それはあらゆる人道にもとる(反する).

höh·nen [ヘーネン hǿ:nən] I 他 (h) 《雅》あざけって言う. II 自 (h) (雅) (人・事[4]を)あざける.

Hohn*ge·läch·ter [ホーン・ゲれヒタァ] 中 -s/- 嘲笑(ちょうしょう), あざ笑い.

höh·nisch [ヘーニッシュ hǿ:nɪʃ] 形 嘲笑(ちょうしょう)的な, あざけりの, さげすんだ.

hohn·la·chen [ホーン・らッヘン hó:n-làxən] 自(h)《ふつう不定詞・現在分詞の形で》あざ笑う, 嘲笑(ちょうしょう)する. Er *hohnlachte*. 彼はあざ笑った.
(✎ Hohn lachen ともつづる) ☞ Hohn

hohn·spre·chen* [ホーン・シュプレッヒェン hó:n-ʃprɛçən] 自 (h) 《ふつう不定詞・現在分詞の形で》(物[3]に)反する, 矛盾する.
(✎ Hohn sprechen ともつづる) ☞ Hohn

ho·ho! [ホホー hohó:] 間 (驚き・不同意などを表して):ほうほう, おやまあ; まさか.

Ho·kus·po·kus [ホークス・ポークス ho:kuspó:kus] 男 -/ ① 〖冠詞なして〗ちちんぷいぷい[という呪文]; まじない. ② いんちき, ペテン. ③ 〖悪〗ふざけ, いたずら.

Hol·bein [ホるバイン hólbaɪn] -s/ 《人名》ホルバイン (Hans *Holbein* 父 1465?-1524; 子 1497?-1543; 父子とともに有名なドイツ・ルネサンスの画家).

hold [ホるト hɔlt] 形 ① 《詩》愛らしい, 優美な, 好ましい. ein *holdes* Mädchen 愛らしい(美しい)少女. ② 《成句的に》 人・物[3] *hold* sein《雅》人・物[3]に好意を寄せている. Das Glück ist ihm *hold*. 彼は運が向いている.

Höl·der·lin [ヘるダァリーン hǿldərli:n] -s/ 《人名》ヘルダーリーン (Friedrich *Hölderlin* 1770-1843; ドイツの詩人).

hold*se·lig [ホるト・ゼーリヒ] 形 《詩》とても愛らしい, 優美な, 好ましい.

ho·len [ホーれン hó:lən]

> 取って来る
> Ich *hole* uns mal ein Bier.
> イヒ ホーれ ウンス マーる アイン ビーァ
> ちょっとビールを取って来るよ.

(holte, hat ... geholt) I 他 (完了 haben) ① 取って来る, (取りに)行って持って来る; 取り出す. *Hol* mir bitte einen Stuhl! いすを取って来ておくれ / Wein[4] *aus* dem Keller *holen* ワインを地下室から取って来る / einen Anzug aus dem Schrank *holen* スーツをたんすから取り出す / Brot[4] *vom* Bäcker *holen* パンをパン屋から買って来る / Da ist nichts zu *holen*.《口語》あそこには取れるものは何一つないよ. (☞ 類語 bringen).

② (電話などで)呼び寄せる, (迎えに)行って連れて来る. *Hol* den Arzt! 医者を呼んでくれ / die Polizei[4] *holen* 警察を呼ぶ / 人[4] *holen* lassen 人[4]を迎え(呼び)にやる.

③ 持ち去る, 連れ去る. Morgen wird der

Müll *geholt*. 〚受動・現在〛あすはごみが回収される / Der Tod *hat* sie *geholt*. 《婉曲》彼女のところにお迎えに来た, 彼女は死んだ / Dich *soll* der Teufel *holen*! 《俗》おまえなんかくたばってしまえ(←悪魔にさらわれるがいい).
④《口語》(賞・得点など⁴を)獲得する. [sich³] einen Preis *holen* 賞をもらう.
⑤ (.息など⁴を)吸いこむ. Atem⁴ *holen* 息を吸う, 一息つく.
II 再帰 (完了 haben) *sich³* 動⁴ *holen* ①(動⁴(助言など)を)得る, 受ける. *sich³* bei 人³ Hilfe⁴ *holen* 人³の援助を得る / Ich *holte mir* seine Erlaubnis. 私は彼の許しを得た.
② 《口語》(動⁴(病気・炎いなど)を)招く. Ich *habe mir* eine Erkältung *geholt*. 私は風邪をひいた / *sich³* eine Abfuhr⁴ *holen* 拒絶される, はねつけられる.

Hol·land [ホルント hólant] 中 (単2) -s/《地名》オランダ[王国] (die Niederlande の通称. 首都はアムステルダム).

Hol·län·der [ホレンダァ hólɛndər] I 男 -s/ ① オランダ人. (女性形: -in). der Fliegende *Holländer* さまよえるオランダ人(ヴァーグナーのオペラ『さまよえるオランダ人』の題名). ② 〚複 なし〛オランダチーズ. ③ (工) ホランダー(パルプの叩解(ﾞﾁ)機). II 形 〚無語尾で〛オランダ[製・産]の. *Holländer* Käse オランダチーズ.

hol·län·disch [ホレンディッシュ hóləndiʃ] 形 オランダ[人・語]の.

Hol·län·disch [ホレンディッシュ hóləndiʃ] 中 -[s]/ オランダ語. 《△》 用法については Deutsch の項参照).

Hol·le [ホレ hóla] 〚成句的に〛 Frau *Holle* ホレ婆さん(伝説や昔話に出てくる. 天気に関する慣用句が多い). Frau *Holle* schüttelt die Betten [aus]. 《比》雪が降る(←ホレ婆さんが羽根ぶとんを振っている).

die **Höl·le** [ヘレ hœlə] 女 (単) -/(複) -n ① 〚ふつう 単〛〚宗〛 地獄; 地獄のような場所. 《英》 hell). 《△》「天国」は Himmel). die Qualen der *Hölle*² 地獄の苦しみ / der Fürst der *Hölle*² 悪魔(←地獄の君主) / die grüne *Hölle*⁴ 熱帯の密林 / die *Hölle*⁴ auf Erden haben 耐えがたい苦境にある(←この世の地獄) / 人³ die *Hölle*⁴ heiß machen 《口語》人³におじけさせる(←地獄の炎が燃え上がっている恐ろしさを説く) / Im Kinderzimmer ist die *Hölle* los. 《口語》子供部屋はどんちゃん騒ぎだ / **in die** *Hölle* **kommen** 地獄に落ちる / 人⁴ **zur** *Hölle* **wünschen** 《雅》人⁴をのろう / Fahr zur *Hölle*! 《俗》とっとと消えうせろ.

Höl·len⸗angst [ヘレン・アングスト] 女 -/..ängste 《口語》非常な恐怖.

Höl·len⸗lärm [ヘレン・レルム] 男 -[e]s/ 《口語》大騒ぎ, ものすごい[騒]音.

höl·lisch [ヘリッシュ hœliʃ] I 形 ① 地獄の[ような]; 悪魔の[ような]. das *höllische* Feuer 地獄の業火. ②《口語》非常な, ものすごい. *höllische* Schmerzen ひどい痛み.

II 副 《口語》恐ろしく, ものすごく. Heute ist es *höllisch* kalt. きょうは恐ろしく寒い.

Holm¹ [ホルム hólm] 男 -[e]s/-e ① (体操で:)(平行棒の)バー. ② (はしごの)横木; (階段の)手すり. ③ 《空》翼のけた, スパー. ④ (ハンマーなどの)柄.

Hol·mi·um [ホルミウム hólmium] 中 -s/《化》ホルミウム(記号: Ho).

Ho·lo·caust [ホーろカオスト hó:lokaʊst または ホろカオスト] 男 -[s]/-s ホロコースト, (ナチによるユダヤ人の)大量虐殺; 皆殺し.

hol·pe·rig [ホるペリヒ hólpəriç] 形 =holprig

hol·pern [ホるパァン hólpərn] 動 (s, h) ① (s) (乗り物が)がたがた走る. ② (h) (乗り物がが)がたがた揺れる. ③ (h) たどたどしく読む(話す).

holp·rig [ホるプリヒ hólpriç] 形 ① でこぼこの(道など). ② ぎこちない, たどたどしい(言葉など). *holprig* lesen たどたどしく読む.

Hols·ten·tor [ホるステン・トーァ hólstən-to:r] 中 -s/ ホルステントーァ (世界文化遺産であるハンザ同盟都市リューベックのシンボル).

hol·te [ホーるテ] ＊holen (取って来る)の 過去

hol·ter·die·pol·ter [ホるタァ・ディ・ぽるタァ] 副 《口語》あわてふためいて, どたばたと.

Ho·lun·der [ホルンダァ holúndər] 男 -s/- ① 〚植〛 ニワトコ. ② 〚複 なし〛 にわとこの花(実).

٭das **Holz** [ホるツ hólts]

木材 Der Teller ist aus *Holz*.
デァ テらァ イスト アオス ホるツ
その皿は木製です.

中 (単2) -es/(複) Hölzer [へるツァァ] (3格のみ Hölzern) ① 〚複 は種類を表すときのみ〛 木材, (素材として:)木, 材木; まき. (英 wood). grünes (trocknes) *Holz* 生(乾燥)材 / hartes (weiches) *Holz* 硬質(軟質)木材 / edle *Hölzer* 高級(上質)の木材 / *Holz*⁴ fällen 木を切り倒す / *Holz*⁴ hacken まきを割る / *Holz*⁴ machen 木を切り倒す, まきを割る / *Holz*⁴ sägen a) 木材をのこぎりで切る, b) 《口語》大いびきをかく / Er sitzt da wie ein Stück *Holz*. 《口語》彼は黙りこくって座っている(←一片の木材のように) / [viel] *Holz*⁴ vor der Hütte haben 《口語・戯》豊満な胸をしている.

◊ 〚前置詞とともに〛 Möbel **aus** *Holz* 木製の家具 / Ich bin doch nicht aus *Holz*! ぼくだって生身の人間なんだよ(←木材でできてはいない) / aus dem gleichen (aus anderem) *Holz* [geschnitzt] sein 《比》性格が同じである(異なっている) / *Holz*⁴ **in** den Wald tragen 《比》無意味なことをする(←木材を森へ運ぶ) / Wir heizen **mit** *Holz*. 私たちはまきで暖房している / die Wände⁴ **mit** *Holz* verkleiden 壁を板張りにする.
② (細長い)木製器具, (球技の)木製バット. ③ 〚複〛 (ボウリング・九柱戯の)ピン. ④ 〚複 なし〛《音楽》(総称として:)木管楽器. ⑤ 〚複 なし〛《方》《狩》森.

Holz꞊bau [ホるツ・バオ] 男 -[e]s/-ten ① 《複なし》木造建築. ② 木造家屋.

Holz꞊blas·in·stru·ment [ホるツ・ブらースインストルメント] 中 -[e]s/-e 木管楽器.

hol·zen [ホるツェン hóltsən] 自 (h, s) ① (h) 木を切り倒す. ② (h) (サッカーなどで:)ラフプレーをする, 反則する.

Höl·zer [ヘるツァァ] ⁑Holz (木材)の 複

höl·zern [ヘるツァァン héltsərn] 形 ① 《付加語としてのみ》木の, 木製(木造)の. (英 wooden). *hölzernes Spielzeug* 木製のおもちゃ. ② ぎこちない(動作・言葉など).

Holz꞊fäl·ler [ホるツ・ふェらァ] 男 -s/- 木こり. (女性形: -in).

holz꞊frei [ホるツ・ふライ] 形 木質繊維を含まない(上質の紙など).

Holz꞊ham·mer [ホるツ・ハンマァ] 男 -s/..hämmer 木づち.

hol·zig [ホるツィヒ hóltsıç] 形 木質の; (アスパラガスなどの野菜が)筋っぽくて堅い.

Holz꞊klotz [ホるツ・クろッツ] 男 -es/..klötze 丸太, 太い角材.

Holz꞊koh·le [ホるツ・コーれ] 女 -/-n 木炭.

Holz꞊scheit [ホるツ・シャイト] 中 -[e]s/-e (ネッデッ・スミ: -er) まき, たきぎ.

Holz꞊schnitt [ホるツ・シュニット] 男 -[e]s/-e ① 《複なし》木版彫刻. ② 木版画.

Holz꞊schnit·zer [ホるツ・シュニッツァァ] 男 -s/- 木彫家. (女性形: -in).

Holz꞊schuh [ホるツ・シュー] 中 -[e]s/-e 《ふつう 複》木靴.

Holz꞊span [ホるツ・シュパーン] 男 -[e]s/..späne 《ふつう 複》木くず, かんなくず.

Holz꞊stoff [ホるツ・シュトふ] 男 -[e]s/-e (製紙用の)砕木パルプ; リグニン.

Holz꞊weg [ホるツ・ヴェーク] 男 -[e]s/-e (材木を運ぶための)林道. *auf dem Holzweg sein* 思い違いをしている(←林道に迷いこんでいる).

Holz꞊wol·le [ホるツ・ヴォれ] 女 -/ (詰め物用の)木毛(だる), 木くず.

Holz꞊wurm [ホるツ・ヴルム] 男 -[e]s/..würmer 《昆》キクイムシ.

Home꞊ban·king, Home-Ban·king [ホーム・ベンキング] [英] 中 -[s]/ ホームバンキング.

Home꞊com·pu·ter, Home-Com·pu·ter [ホーム・コンピュータァ] [英] 男 -s/- 《家庭用》パソコン.

Home꞊page [ホーム・ペーチュ hó:m-pe:tʃ] [英] 女 -/-s [..ペーチス] 《コンピュ》ホームページ; (一般に:) WWWページ.

Ho·mer [ホメーァ homé:r] -s/ 《人名》ホメロス (前8世紀頃のギリシアの詩人. 叙事詩『イリアス』,『オデュッセイア』の作者とされる).

ho·me·risch [ホメーリッシュ homé:rıʃ] 形 ホメロス(風)の. *homerisches Gelächter* (際限のない)高笑い.

Home꞊shop·ping, Home-Shop·ping [ホーム・ショッピング] [英] 中 -s/ ネットショッピング.

Ho·mo[1] [ホーモ hó:mo] 男 -s/Homines [ホーミネース] 《生》ヒト属.

Ho·mo[2] [ホーモ] 男 -s/-s 《口語》ホモ, 同性愛の男性.

ho·mo··, Ho·mo·· [ホモ.. homo.. または ホーモ..] 《形容詞・名詞につける 接頭》《同じ・同類》例: *homosexuell* 同性愛の.

ho·mo·fon [ホモふォーン homofó:n] 形 ① 《音楽》ホモフォニーの. ② 《言》同音[異義]の.

Ho·mo·fo·nie [ホモふォニー homofoní:] 女 -/ ① 《音楽》ホモフォニー, 単声音楽. (ネッ「多声音楽」は Polyphonie). ② 《言》同音[異義].

ho·mo·gen [ホモゲーン homogé:n] 形 同質(等質)の; 均質の, 均一の.

ho·mo·ge·ni·sie·ren [ホモゲニズィーレン homogenizí:rən] 他 (h) 均質化する. ◇《過去分詞の形で》*homogenisierte Milch* ホモ牛乳.

Ho·mo·ge·ni·tät [ホモゲニテート homogenitɛ́:t] 女 -/ 同質, 等質; 均質[性], 均一[性].

ho·mo·nym [ホモニューム homoný:m] 形 《言》同音異義的.

Ho·mo·nym [ホモニューム] 中 -s/-e 《言》同音異義語(例; das *Steuer* 舵, die *Steuer* 税).

Ho·mö·o·path [ホメオパート homøopá:t] 男 -en/-en ホメオパシー(同種療法)を用いる医者. (女性形: -in).

Ho·mö·o·pa·thie [ホメオパティー homøopatí:] 女 -/ 《医》ホメオパシー, 同種療法.

ho·mö·o·pa·thisch [ホメオパーティッシュ homøopá:tıʃ] 形 ホメオパシー(同種療法)の.

ho·mo·phon [ホモふォーン homofó:n] 形 = homofon

Ho·mo·pho·nie [ホモふォニー homofoní:] 女 -/ = Homofonie

Ho·mo sa·pi·ens [ホーモ ザーピエンス hó:mo zá:pjɛns] 男 --/ ホモ・サピエンス(知性の所有者としての現生人類).

Ho·mo·se·xu·a·li·tät [ホモ・ゼクスアリテート] 女 -/ 同性愛, ホモ, レズ. (ネッ「異性愛」は Heterosexualität).

ho·mo·se·xu·ell [ホーモ・ゼクスエる] 形 同性愛の, ホモの, レズの.

Ho·mo·se·xu·el·le[r] [ホーモ・ゼクスエれ (..ちr)] 男 女 《語尾変化は形容詞と同じ》同性愛者.

der **Ho·nig** [ホーニヒ hó:nıç] 男 (単2) -s/(種類を表すときのみ: 複) -e 蜂蜜(はちみつ). (英 *honey*). *Die Bienen sammeln Honig.* 蜜蜂(みつばち)が蜂蜜を集める / *Honig*[4] *aufs Brot streichen* 蜂蜜をパンに塗る / /人[3] *Honig*[4] *um den Bart (または den Mund) schmieren* 《口語》人[3]にごまをする(←人の口の周りに蜂蜜を塗る).

Ho·nig·bie·ne [ホーニヒ・ビーネ] 女 -/-n 《昆》ミツバチ.

ho·nig·süß [ホーニヒ・ズュース] 形 ① 蜜(みつ)のように甘い. ② (言葉などが)甘ったるい.

Ho·nig·wa·be [ホーニヒ・ヴァーベ] 女 -/-n (蜜(みつ)の満ちた)蜜蜂(みつばち)の巣.

das Ho·no·rar [ホノラール honorá:r] 中（単2）-s/(複) -e（3格のみ -en）（医者・弁護士などへの）謝礼，報酬. **gegen** *Honorar* **arbeiten** 報酬をもらって働く．(☞ 類語 Gehalt).

Ho·no·rar⸗pro·fes·sor [ホノラール・プロフェッソァ] 男 -s/-en [..ソーレン] 非常勤(客員)教授（略: Hon.-Prof.）．(女性形: -in).

Ho·no·ra·ti·o·ren [ホノラツィオーレン honoratsió:rən] 複（村や町の）名士，有力者，顔役．

ho·no·rie·ren [ホノリーレン honorí:rən] 他 (h) ① (医者・芸術家など4に)謝礼を払う; (囲4に対して)報酬を払う． ② (功績など4に)報いる; (囲4の)真価を認める． ③ (商)（手形4を)引き受ける, 支払う．

ho·no·rig [ホノーリヒ honó:rıç] 形 ① 尊敬すべき, りっぱな． ② 気前のよい．

Hoo·li·gan [フーリガン hú:lıgən] [英] 男 -s/-s ① よた者, 不良． ② フーリガン（騒ぎを起こす熱狂的なサッカーファン）．

Hop·fen [ホプフェン hópfən] 男 -s/- （植）ホップ（ビールに苦味を付ける）． **bei** (まれに **an**) 囚³ **ist** *Hopfen* **und Malz verloren** 《口語》囚³はどうしようもない, 囚³には薬のつけようがない（←ホップと麦芽がだめだ）．

Hop·fen⸗stan·ge [ホプフェン・シュタンゲ] 女 -/-n ホップの支柱．《口語・比》のっぽ．

hopp! [ホプ hóp] 間（すばやい動作を促して:)さあ, それ, *Hopp*, **steh auf!** さあ, 起きろ / **Ein bisschen** *hopp!* 少し急ごう．

hop·peln [ホッペるン hópəln] 自 (s)（うさぎなどが)ぴょんぴょんはねて行く．

hopp·la! [ホプら hópla] 間（つまずいたり, 人にぶつかったりしたときに:)おっと, どっこい．

hops¹! [ホプス hóps] 間（跳ぶことを促して:)さあ[跳べ]．

hops² [ホプス] 副《口語》あっという間に. *hops* **sein**《俗》亡くなって(死んで)いる, 壊れている．

hop·sa·sa! [ホプササ hópsasa] 間（跳ぶことを促して:)さあ[跳べ]．

hop·sen [ホプセン hópsən] 自 (s)《口語》(子供などが)ぴょんぴょん跳びはねる; ぴょんぴょんはねて行く．

Hop·ser [ホプサァ hópsər] 男 -s/-《口語》ぴょんと跳びはねること, 跳躍; 速いテンポのダンス（ポルカなど）; (陸上競技で)（三段跳びなどの)ホップ．

Hör⸗ap·pa·rat [ヘーァ・アパラート] 男 -[e]s/-e 補聴器．

Ho·raz [ホラーツ horá:ts]（人名）ホラティウス (Quintus *Horatius* Flaccus 前 65–前 8；古代ローマの詩人).

hör·bar [ヘーァバール] 形 聞きとれる, 聞こえる. **kaum** *hörbar* ほとんど聞こえない．

Hör⸗buch [ヘーァ・ブーフ] 中 -[e]s/..bücher オーディオブック．

hor·chen [ホルヒェン hórçən] (horchte, *hat* ...gehorcht) 自 (完了 haben) ① 聞き耳をたてる；盗み聞きする． **Er** *horcht* **an der Tür.** 彼はドアの所で立ち聞きしている．(☞ 類語 hören). ② 〖*auf* 囲⁴ ~〗(囲⁴に)注意深く聞く. **auf das Schlagen der Uhr²** *horchen* 時を告げる時計の音に耳を傾ける． ③ 〖*auf* 囚⁴ ~〗《方》(囚⁴の)言うことに従う．

Hor·cher [ホルヒァァ hórçər] 男 -s/- 盗み(立ち)聞きする人．(女性形: -in). **Der** *Horcher* **an der Wand hört seine eigne Schand!**《ことわざ》盗み聞きする者はおのれの恥を聞く．

horch·te [ホルヒテ] horchen（聞き耳をたてる）の過去

Hor·de [ホルデ] 女 -/-n ① （規律のない)群れ, 集団． ② 《民族》遊牧(流浪)の民．

hö·ren [ヘーレン hǿ:rən]

> 聞こえる; 聞く
>
> *Hören* **Sie mich?** 私の声が聞こえますか．
> ヘーレン　ズィー　ミヒ

(hörte, *hat* ...gehört) **I** 他 (完了 haben)（英 hear）① (音・声など4が)聞こえる, (囚⁴の)声(足音)が聞こえる． **einen Lärm** *hören* 騒音が聞こえる / **Ich** *hörte* **meinen Vater schon von weitem.** 遠くからもう私には父の話す声が聞こえた．

◊〖zu のない不定詞とともに〗**Ich** *hörte* **den Hund bellen.** 私は犬がほえるのを聞いた / **Er** *hat* **die Kinder lachen** *hören*（または *gehört*）．〖現在完了〗彼は子供たちが笑うのを耳にした．

② (囲⁴を意識的に)聞く, 傾聴する；(囚⁴の)言い分(意見)を聞く. **Ich** *höre* **gern Musik.** 私は音楽を聞くのが好きです / **Radio⁴** *hören* ラジオを聞く / **Ich** *höre* **[eine Vorlesung] bei Professor Schmidt.** 私はシュミット教授の講義を受けている / **Wir** *müssen* **auch ihn** *hören*. 私たちは彼の言い分を聞かないといけない．

◊〖zu のない不定詞とともに〗**Ich** *habe* **ihn Mozart spielen** *hören*（または *gehört*）．〖現在完了〗私は彼がモーツァルトを演奏するのを聞いた．

◊〖目的語なしでも〗*Hör* **mal!** または *Hören* **Sie mal!**《口語》**a)**（お願いに:)ねえちょっと, **b)**（異議を唱えて:)何を言っているんだ．

◊〖**lassen** とともに〗*Lass hören*! 話してごらん / **Der Vorschlag** *lässt* **sich⁴** *hören*. その提案は傾聴に値する．

③ 聞き知る. **etwas Neues⁴** *hören* 新しいことを聞き知る / **Ich** *habe* **gehört, dass er krank ist.** 私は彼が病気だと聞いた / **Diese Geschichte** *habe* **ich von ihm** *gehört*. この話を私は彼から聞いた / **Ich** *habe* **von ihr nichts** *gehört*. 私は彼女の消息について何も聞いていない．

◊〖**lassen** とともに〗**Er** *lässt* **nichts von sich** *hören*. 彼からは何の便りもない（←自分について何も聞かせない）．

④ 〖**A⁴ an B³** ~〗（A⁴ を B³ で)聞き分ける. **Am Schritt** *hörte* **ich, dass du es warst.** 足音を聞いて, 君だということがわかったよ．

Hören

II 自 (完了 haben) ① 耳が聞こえる. Er *hört* gut (schlecht). 彼は耳がよく聞こえる(聞こえない) / Er *hört* nur auf einem Ohr. 彼は片方の耳しか聞こえない.

② 言うことを聞く. Das Kind *hört* nicht. 《口語》その子は言うことを聞かない / *Höre* auf meinen Rat! 私の忠告に従え / Der Hund *hört* auf den Namen Bello. a) その犬はベロと呼べば言うことを聞く, b) その犬はベロという名前だ / Wer nicht *hören* will, muss fühlen. 《ことわざ》言って聞かぬ者は痛い目にあわねばならぬ(←感じなければならない).

③ 聞き知る. Ich *habe* von diesem Unglück *gehört*. 私はこの惨事について聞いています / Wie ich *höre*, ... 私の聞くところでは… ◇《lassen とともに》Lassen Sie bald von sich *hören*! 近いうちにお便りをください(←自分について聞かせてください).

④ 《auf 4格 ～》《4格に》耳を傾ける. auf die Glockenschläge *hören* 鐘の音に耳を澄ます.

> 《類語》**hören**: (耳で音や声を聞き取る,聞き分ける. **erfahren**: (情報などを)耳にする,聞き知る. Hast du Näheres *erfahren*? 君は詳しいことを聞いたの? **zuhören**: 《人・物3格に》耳を傾ける. Alle *hörten* ihm *zu*. 一同は彼の話に聞き入っていた. **horchen**: (耳を澄まして)聞きとろうとする. *Horch*, da kommt jemand. ほら,だれか来るぞ. **lauschen**: (熱心に)聞き入る.

Hö·ren [ヘーレン hǿːrən] 中 -s/ 聞くこと; 聴覚. Ihm verging *Hören* und Sehen. 彼は気が遠くなった(意識がなくなった).

Hö·ren≠sa·gen [ヘーレン・ザーゲン hǿːrənzaːgən] 中 -s/ 伝聞,うわさ. 《4格 nur vom *Hörensagen* kennen (または wissen) 4格を話に聞いて知っているだけである.

der **Hö·rer** [ヘーラァ hǿːrər] 男 (単2) -s/(複) - (3格のみ -n) ① 聞き手, 聴取. 《英 listener》. 《反》「話し手」は Sprecher). ② (ラジオの) 聴取者. Liebe Hörerinnen und *Hörer*! 聴取者の皆さん! ③ (講義の)聴講生, 受講者. ④ (電話の)受話器. Kopf*hörer* ヘッドホン / den *Hörer* ab|nehmen (auf|legen) 受話器を取る(置く).

Hö·re·rin [ヘーレリン hǿːrərɪn] 女 -/..rinnen (女性の)聞き手.

Hö·rer·schaft [ヘーラァシャフト hǿːrərʃaft] 女 -/ (総称として)聴衆; (ラジオの)聴取者; (大学の)受講生.

Hör≠feh·ler [ヘーァ・フェーラァ] 男 -s/- 聞き違い.

Hör≠funk [ヘーァ・フンク] 男 -s/ (テレビ放送に対して)ラジオ放送.

Hör≠ge·rät [ヘーァ・ゲレート] 中 -[e]s/-e 補聴器.

hö·rig [ヘーリヒ hǿːrɪç] 形 ① 《成句的に》《人・物3格》 *hörig* sein (特に性的に)《人・物3格》のとりこになっている. ② 《史》(半自由民として)隷属している.

Hö·ri·ge[r] [ヘーリゲ (..ガァ) hǿːrɪgə (..gər)] 男女《語尾変化は形容詞と同じ》《史》農奴.

Hö·rig·keit [ヘーリヒカイト] 女 -/-en 《ふつう単》① (性的に)とりこになった状態; 盲従(盲信). ② 《史》隷属.

der **Ho·ri·zont** [ホリツォント horitsónt] 男 (単2) -[e]s/(複) -e (3格のみ -en) ① 地平線, 水平線. 《英 horizon》. Die Sonne verschwindet **am** (または **hinter** dem) *Horizont*. 太陽が水平線に姿を消す / der politische *Horizont* 《比》政治的情況, 政局. ② (精神的な)視野, (理解力の)範囲. einen weiten *Horizont* haben 視野が広い / Das geht **über** seinen *Horizont*. それは彼の理解力を越えることだ. ③ 《地学》層準.

ho·ri·zon·tal [ホリツォンターる horitsontáːl] 形 水平の. 《反》「垂直の」は vertikal.

Ho·ri·zon·ta·le [ホリツォンターれ horitsontáːlə] 女 -/-n 《または冠詞なしで; 語尾変化は形容詞と同じ》水平線(面); 水平状態.

Hor·mon [ホルモーン hormóːn] 中 -s/-e 《医》ホルモン. weibliche *Hormone* 女性ホルモン.

hor·mo·nal [ホルモナーる hormonáːl] 形 ホルモンの, ホルモンによる.

hor·mo·nell [ホルモネる hormonél] 形 = hormonal

Hor·mon≠prä·pa·rat [ホルモーン・プレパラート] 中 -[e]s/-e 《薬》ホルモン剤.

Hör≠mu·schel [ヘーァ・ムッシェる] 女 -/-n (受話器の)受話口.

das **Horn** [ホルン hórn] **I** 中 (単) -[e]s/(複) **Hörner** [ヘルナァ] (3格のみ **Hörnern**) ① (動物の)角(ツノ). 《英 horn》. 《☞ 図 A》. spitze *Hörner* とがった角 / Der Stier senkte drohend die *Hörner*. その雄牛は角を低く構えて威嚇した / sich3 die *Hörner*4 ab|laufen (または ab|stoßen) 《口語》(つらい経験などをして)分別がつく, 洗練される / dem Ehemann *Hörner*4 auf|setzen 《口語》(妻が)浮気する.

② 《音楽》角笛, ホルン (☞ 図 B); クラクション. [das] *Horn*4 blasen 角笛を吹く / mit 3格 ins gleiche *Horn* stoßen (または blasen) 《口語》3格と同意見である. ③ (角の形をしたもの:)角杯; (とがった)山頂, 岬.

II 中 (単) -[e]s/(複) -e (3格のみ -en) 角質, (材料としての)角. ein Kamm **aus** *Horn* 角製の櫛(くし).

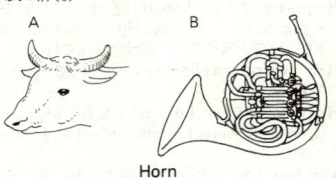

Horn

Horn≠bril·le [ホルン・ブリれ] 女 -/-n 角縁(づの)眼鏡.

Hörn·chen [ヘルンヒェン hǿrnçən] 中 -s/- (Horn の縮小) ① 小さな角(ツノ). ② クロワッサン. (☞ 図 Brot).

Hör·ner [ヘルナァ] Horn (角)の複.

Horn≠haut [ホルン・ハオト] 女 -/ ① (皮膚の)

角質層, たこ. ② 《医》(眼球の)角膜.

hor·nig [ホルニヒ hórnɪç] 形 角質の, 角質化した.

Hor·nis·se [ホルニッセ hornísə または ホル‥] 女 -/-n 《昆》モンスズメバチ.

Hor·nist [ホルニスト hornɪ́st] 男 -en/-en ホルン奏者. (女性形: -in).

Horn⸗och·se [ホルン・オクセ] 男 -n/-n 《俗》大ばか(とんま)野郎.

Horn⸗vieh [ホルン・フィー] 中 -[e]s/-er ①《圈 なし》角のある家畜(牛など). ② ＝Hornochse

Ho·ro·skop [ホロスコープ horoskó:p] 中 -s/-e (星占い用の)天宮図; 星占い. 人³ das Horoskop⁴ stellen 人³の星占いをする.

hor·rend [ホレント horɛ́nt] 形 ものすごい, ひどい, 法外な. *horrende* Preise 法外な値段.

Hör⸗rohr [ヘーァ・ローァ] 中 -[e]s/-e 聴診器.

Hor·ror [ホロァ hórɔr] 男 -s/- 戦慄(ﾞｾ), 恐怖; 憎悪. vor 人·事³ einen *Horror* haben 人·事³が大嫌いである.

der **Hör⸗saal** [ヘーァ・ザール hǿ:r-za:l] 男 -[e]s/..säle [..ゼーレ] (3格のみ ..sälen) ①(大学の)講義室, [階段]教室. ②《圈 なし》(総称として): 講義室の聴講者.

Hors·d'œu·vre [オルデーヴル ɔrdǿ:vrə または オーァ.. o:r..] [フランス語] 中 -s/-s 《料理》オードブル, 前菜.

Hör⸗spiel [ヘーァ・シュピール] 中 -[e]s/-e 《文学》放送劇, ラジオドラマ.

Horst [ホルスト hɔ́rst] 男 -[e]s/-e ①(高所にある鷲(ワシ)などの)巣. ②空軍基地. ③《林》(樹齢·種類などがそろった)樹木林.

Hort [ホルト hɔ́rt] 男 -[e]s/-e ①学童保育所. ②(学問などの)中心地, 本拠地. ③《詩》宝, 財宝 (＝Schatz).

hör·te [ヘーァテ] 弱 hören (聞こえる)の過去

hor·ten [ホルテン hɔ́rtən] 他 (h) (お金·食料など⁴を)蓄える, 集める.

Hor·ten·sie [ホルテンズィエ hɔrténziə] 女 -/-n 《植》アジサイ.

Hort·ne·rin [ホルトネリン hɔ́rtnərɪn] 女 -/..rinnen (保育所の女性の)保育士, 保母.

Hör⸗wei·te [ヘーァ・ヴァイテ] 女 -/- 音(声)の聞こえる範囲, 可聴距離. **außer** *Hörweite* **sein** [呼んでも]聞こえない所にいる.

Hös·chen [ヘースヒェン hǿ:sçən] 中 -s/- (Hose の 縮小) (特に子供の)短ズボン; (女性の)パンティー, ショーツ. heiße *Höschen*《口語·戯》ホットパンツ.

die **Ho·se** [ホーゼ hó:zə]

> ズボン Die *Hose* steht dir gut.
> ディ ホーゼ シュテート ディァ グート
> そのズボンは君によく似合う.

女 (単) -/(複) -n ①ズボン, スラックス. (英 *pants, trousers*). (ｺﾒﾝﾄ しばしば複数形で用いられる;「上着」は Jacke). Reit*hose* 乗馬ズボン / eine kurze (lange) *Hose* 半ズボン(長ズボン) / ein Paar neue *Hosen* 新しい1着のズボン / die *Hose*⁴ an|ziehen (aus|ziehen) ズボンをはく(脱ぐ) / die *Hosen*⁴ tragen (口語: an|haben) ズボンをはいている ⇨ Sie hat [zu Hause] die *Hosen* an.《口語》彼女は夫を尻(ﾋ)に敷いている(←彼女は[家で]ズボンをはいている) / die *Hose*[n]⁴ [gestrichen] voll haben《俗》ひどくこわがっている / einem Kind die *Hosen*⁴ stramm|ziehen (または stramm ziehen)《戯》子供の尻をぶつ / Das ist Jacke wie *Hose*.《口語》それはどっちでもいいことだ / sich⁴ **auf die** *Hosen* setzen《口語》腰を据えて勉強する / **in die** *Hose* **machen** (子供が)おもらしをする / **in die** *Hosen* **gehen**《俗》(計画などが)失敗に終わる / sich⁴ [vor Angst] **in die** *Hosen* **machen**《俗》[こわくて]もらし込みをする.

② ズボン下; (女性·子供用の)パンツ. ③《圏 て》《動》(特に馬の)太ももの筋肉. ④《動》(猛鳥の)脚の羽毛.

Ho·sen⸗an·zug [ホーゼン・アンツーク] 男 -[e]s/..züge 《服飾》パンタロン(スラックス)スーツ.

Ho·sen⸗bo·den [ホーゼン・ボーデン] 男 -s/..böden 《口語》ズボンの尻(ｼ)の部分. sich⁴ **auf den Hosenboden setzen**《口語》腰を据えて勉強する.

Ho·sen⸗bund [ホーゼン・ブント] 男 -[e]s/..bünde (ズボンの)ウエストバンド(ベルト).

Ho·sen⸗latz [ホーゼン・ラッツ] 男 -es/..lätze (ﾚｯﾂｪ: -e) ①《服飾》(ズボンのボタン·ファスナーを隠す)前たて. ②《方》＝Hosenschlitz

Ho·sen⸗rock [ホーゼン・ロック] 男 -[e]s/..röcke 《服飾》キュロットスカート.

Ho·sen⸗schei·ßer [ホーゼン・シャイサァ] 男 -s/-《俗》意気地なし, 臆病(ｵｸﾋﾞｮｳ)者. (女性形: -in).

Ho·sen⸗schlitz [ホーゼン・シュリッツ] 男 -es/-e (ズボンの)前開き.

Ho·sen⸗ta·sche [ホーゼン・タッシェ] 女 -/-n ズボンのポケット.

Ho·sen⸗trä·ger [ホーゼン・トレーガァ] 男 -s/-《ふつう圈》ズボンつり, サスペンダー.

ho·si·an·na! [ホズィアンナ hozi̯ána] 間 《ﾌﾟﾛﾃｽﾀﾝﾄ》ホサナ, ホザンナ(喜びの声).

Hos·pi·tal [ホスピタール hɔspitá:l] 中 -s/-e (または ..täler) (小規模の)病院.

Hos·pi·tant [ホスピタント hɔspitánt] 男 -en/-en (大学の)聴講生 (＝Gasthörer). (女性形: -in).

hos·pi·tie·ren [ホスピティーレン hɔspiti:́rən] 自 (h) (大学などで)聴講する.

Hos·piz [ホスピーツ hɔspí:ts] 中 -es/-e ①(末期患者のための)ホスピス. ②(巡礼者用の)宿泊所, 宿坊. ③(キリスト教精神を重んじる)ホテル, ペンション.

Hos·tess [ホステス hɔ́stɛs または ..テス] 女 -/-en [..テッセン] ①(催し物·ホテルなどの)ホステス, コンパニオン. ②(女性の)客室乗務員, グランドスタッフ. ③《婉曲》(新聞広告などで)娼婦(ｼｮｳﾌ).

Hos·tie [ホスティエ hóstiə] 囡 -/-n 《宗教》ホスチア, 聖体(ミサ・聖さん式のパン).

das Ho·tel [ホテる hotél]

> ### ホテル
> In welchem *Hotel* wohnen Sie?
> イン ヴェるヒェム ホテる ヴォーネン ズィー
> どのホテルにお泊りですか.

田 (単2) -s/(複) -s ホテル. (英 *hotel*). ein erstklassiges *Hotel* 一流のホテル /ein billiges *Hotel* (宿泊費の)安いホテル / in einem *Hotel* übernachten (wohnen) ホテルに泊まる(泊まっている) / Gibt es hier ein preiswertes *Hotel*? この辺りに手ごろな値段のホテルがありますか.

|類語| das **Hotel**: ホテル(レストランがあり近代的な設備を有する). das **Gasthaus**: レストラン兼ホテル, 宿屋. der **Gasthof**: (おもに田舎の)レストラン兼ホテル, 宿屋. die **Pension**: ペンション(主として家族経営の簡易ホテル). das **Motel**: モーテル(自動車旅行者用のホテル). die **Jugendherberge**: ユースホステル.

―使ってみよう―
部屋は空いていますか.
　Haben Sie ein Zimmer frei?
部屋代はいくらですか.
　Was kostet ein Zimmer?
こちらに部屋を予約した者ですが.
　Ich habe bei Ihnen ein Zimmer reserviert.
朝食は何時ですか.
　Wann gibt es Frühstück?

Ho·tel gar·ni [ホテる ガルニー hotél garní:] 田 --/-s -s (朝食だけを出す)簡易ホテル.

Ho·tel⸗gast [ホテる・ガスト] 男 -[e]s/..gäste ホテルの[泊り]客.

Ho·tel⸗hal·le [ホテる・ハれ] 囡 -/-n ホテルのロビー.

Ho·te·li·er [ホテリエー hotelié: または hote..] 男 -s/-s ホテル経営者(所有者). (女性形: -in).

Ho·tel⸗zim·mer [ホテる・ツィンマァ] 田 -s/- ホテルの部屋.

Hot⸗line [ホット・らイン] [英] 囡 -/-s ホットライン.

Hot⸗pants, Hot Pants [ホット・パンツ] [英] 複 ホットパンツ.

hott! [ホット hót] 間 (御者が車を引く牛馬に:)さあ進め; 右へ行け.

hPa [ヘクトパスカる または ..パスカる] 《記号》ヘクトパスカル (=Hektopascal).

Hr. [ヘル] 《略》(男性に対する敬称として:)…さん, …氏 (=Herr).

Hrn. [ヘルン] 《略》Herr (男性に対する敬称: …さん, …氏)の単数3格・4格 (=Herrn).

hrsg. [ヘラオスゲゲーベン] 《略》…出版の, …編(著)の (=herausgegeben).

Hrsg. [ヘラオス・ゲーバァ] 《略》編(著)者, 出版者 (=Herausgeber).

hu! [フー hú:] 間 ① (こわがって:)ひゃー, わーっ. ② (嫌悪を表して:)へっ. ③ (寒さにふるえて:)ぶるぶる. ④ (他人を驚かそうとして:)わっ.

hü! [ヒュー hý:] 間 (御者が車を引く牛馬に:)さあ進め; 止まれ. einmal *hü* und einmal hott sagen《口語》(どうしてよいかわからなくて)言うことをころころ変える.

Hub [フープ hú:p] 男 -[e]s/Hübe 《工》① (クレーンなどによる)巻き(押し・つり)上げ. ② (ピストンの)行程, ストローク.

hü·ben [ヒューベン hý:bən] 副 こちら側に. *hüben* und drüben こちら側にもあちら側にも.

Hub⸗raum [フープ・ラォム] 男 -[e]s/..räume 《工》気筒(シリンダー)容ર, 排気量.

hübsch [ヒュプシュ hýpʃ]

> ### かわいらしい
> Anna ist sehr *hübsch*.
> アンナ イスト ゼーァ ヒュプシュ
> アンナはとてもかわいい.

I 形 (比較 hübscher, 最上 hübschest) ① かわいらしい, きれいな, 感じのよい. (英 *pretty*). ein *hübsches* Mädchen かわいい女の子. (☞|類語| schön).

② 好ましい, 快. eine *hübsche* Wohnung 快適な住まい / eine *hübsche* Melodie 快いメロディー.

③ 《口語》相当な, かなりの. eine *hübsche* Summe Geld かなりの大金 / eine *hübsche* Strecke かなりの道のり. ④ 《口語》(反語的に:)いやな, 不快な. Das ist ja eine *hübsche* Geschichte. それはまったくすてきなお話だね.

II 副 《口語》① 非常に, 相当に. Es war ganz *hübsch* kalt. とても寒かった. ② ちゃんと, りっぱに. Sei *hübsch* artig! ちゃんと行儀よくしていなさい.

Hub⸗schrau·ber [フープ・シュラオバァ] 男 -s/- 《空》ヘリコプター (=Helikopter).

Hu·cke [フッケ húkə] 囡 -/-n 《方》① 背中. ② 背負った荷. 🛆³ die **Hucke**⁴ voll|hauen (voll|lügen)《口語》🛆³をしたたかになぐる(🛆³にぬけぬけとうそをつく).

hu·cke·pack [フッケ・パック húkə-pak] 副 《成句的に》人・物⁴ *huckepack* nehmen (tragen)《口語》人・物⁴を背負う(背負って行く).

Huf [フーフ hú:f] 男 -[e]s/-e (牛・馬などの)ひづめ.

Huf⸗ei·sen [フーふ・アイゼン] 田 -s/- 蹄鉄(ていてつ).

huf·ei·sen⸗för·mig [フーふアイゼン・フェルミヒ] 形 馬蹄形の.

Huf⸗lat·tich [フーふ・らティヒ] 男 -s/-e 《植》フキタンポポ.

Huf⸗schmied [フーふ・シュミート] 男 -[e]s/-e 蹄鉄(ていてつ)工. (女性形: -in).

Hüft⇗bein [ヒュふト・バイン] 田 -[e]s/-e 《医》腰骨.

die **Hüf·te** [ヒュふテ hýftə] 囡 《単》-/《複》-n ① 腰, ヒップ, 臀部(でん). 《英》*hip*). (☞ Körper 図). Sie hat breite (schmale) *Hüften*. 彼女はがっしりした(ほっそりした)腰をしている / **aus** der *Hüfte* schießen (銃を)腰に構えて発射する / Sie wiegt sich[4] beim Gehen **in** den *Hüften*. 彼女は腰を振って歩く / die Hände[4] **in** den *Hüften* stützen 両手を腰に当てる. ② 《(腹) なし》《料理》(特に牛の)腰肉.

Hüft⇗ge·lenk [ヒュふト・ゲレンク] 田 -[e]s/-e 《医》股(こ)関節.

Hüft⇗gür·tel [ヒュふト・ギュルテる] 男 -s/- 《服飾》ガーターベルト.

Hüft⇗hal·ter [ヒュふト・はるタァ] 男 -s/- 《服飾》ガーター付きガードル.

der **Hü·gel** [ヒューゲる hý:gəl] 男 《単2》-s/《複》- (3格のみ -n) ① 丘, 丘陵, 小山. 《英》*hill*). ein sanfter *Hügel* なだらかな丘. (☞ 類語 Berg). ②《詩》墓の盛り土, 塚. ③ 積み上げた山. ein *Hügel* von Kohle 石灰の山.

hü·ge·lig [ヒューゲりヒ hý:gəliç] 形 丘陵[状]の, 丘陵の多い, 起伏のある.

Hü·gel⇗land [ヒューゲる・らント] 田 -[e]s/..länder 丘陵地.

Hu·ge·not·te [フゲノッテ hugənɔ́tə] 男 -n/-n ユグノー教徒(フランスのカルバン派新教徒).

Hu·go [フーゴ hú:go] -s/《男名》フーゴー.

das **Huhn** [フーン hú:n] 田 《単2》-[e]s/《複》Hühner [ヒューナァ] (3格のみ Hühnern) ①《動》(雌雄の区別なく:) ニワトリ(鶏). 《英》*fowl*). (《注》「おんどり」は Hahn,「めんどり」は Henne,「ひよこ」は Küken). ein gebratenes *Huhn* 《料理》ローストチキン / [sich³] *Hühner*[4] halten 鶏を飼う / mit den *Hühnern* aufstehen (zu Bett gehen) 《戯》早起きする(早寝する)(←鶏といっしょに寝起きする) / Ein blindes *Huhn* findet auch einmal ein Korn. (ことわざ) 下手な鉄砲も数撃ちゃ当たる(← 目の見えない鶏も穀粒を見つけることがある) / Da lachen ja die *Hühner*!《口語》(人の発言に対して:) そんなばかな[話はない]. ② めんどり. Die *Hühner* legen (brüten) Eier. めんどりが卵を産む(抱く). ③《狩》ヨーロッパヤマウズラ (=Reb*huhn*). ④《口語》やつ. ein dummes *Huhn* ばかなやつ.

Hühn·chen [ヒューンヒェン hý:nçən] 田 -s/- (Huhn の 縮小) ひよこ, ひな鳥.

Hüh·ner [ヒューナァ] Huhn (ニワトリ) の 複

Hüh·ner⇗au·ge [ヒューナァ・アオゲ] 田 -s/-n 《医》鶏眼, 魚(うお)の目. 囚³ auf die *Hühneraugen* treten《口語》a) 囚³の痛い所を突く, b) 囚³に[忘れないように]念を押す.

Hüh·ner⇗brü·he [ヒューナァ・ブリューエ] 囡 -/-n 《料理》チキンブイヨン.

Hüh·ner⇗ei [ヒューナァ・アイ] 田 -[e]s/-er 鶏卵.

Hüh·ner⇗fleisch [ヒューナァ・ふらイシュ] 田 -[e]s/ 鶏肉.

Hüh·ner⇗hund [ヒューナァ・フント] 男 -[e]s/-e《狩》鳥猟犬(ポインター・セッターなど).

Hüh·ner⇗stall [ヒューナァ・シュタる] 男 -[e]s/..ställe 鶏小屋, 鶏舎.

Hüh·ner⇗zucht [ヒューナァ・ツフト] 囡 -/ 養鶏[業].

hui! [フイ húi] 間 ①《驚いて:》まあ, おや. ②(風などがすばやくざわめく音:)ひゅー, ぴゅー, ざあっー. oben *hui* und unten pfui または außen *hui* und innen pfui 見かけはりっぱで, 中味はお粗末. ◇《名詞的に》**im** (または in einem) *Hui*《口語》さっさと, たちまち.

Huld [フるト húlt] 囡 -/《雅》(皮肉としても:)寵愛, 恩寵; (目下の者への)好意.

hul·di·gen [フるディゲン húldigən] 自 (h) ①《雅》(囚³に)敬意を表する; (古) (王などに)忠誠を誓う. ②《雅》(観³を)信奉する; (飲酒など³に)ふける.

Hul·di·gung [フるディグング] 囡 -/-en 敬意[を表すること]; 《古》忠誠の誓い; 敬意のしるし.

huld⇗reich [フるト・ライヒ] 形《雅》(ふつう皮肉って:)慈悲深い, いんぎんな.

huld⇗voll [フるト・ふォる] 形 =huldreich

hül·fe [ヒュるふェ] ‡helfen (助ける)の 接2

die **Hül·le** [ヒュれ hýlə] 囡 《単》-/《複》-n ① 覆い, 包み, カバー; ケース, 《英》*cover*). eine *Hülle* aus Plastik (定期券などを入れる)プラスチックのケース / die *Hülle*[4] von 物³ entfernen 物³の覆いを取り除く / die sterbliche *Hülle*《雅·婉曲》亡きがら, 遺体. ②《口語·戯》衣服. die *Hüllen*[4] fallen lassen 服を脱ぐ. ◇《成句的に》in *Hülle* und Fülle あり余るほど, たっぷり. ③《植》総苞(そうほう), さや.

hül·len [ヒュれン hýlən] 他 (完了 haben)《雅》①〖A[4] **in** B[4] ~〗(A[4] を B[4] に)包む, 覆う, くるむ. 《英》*wrap*). einen Blumenstrauß in Papier *hüllen* 花束を紙に包む / Die Berge *waren* in Nebel *gehüllt*.《状態受動·過去》山々は霧に包まれていた. ◇《再帰的に》sich[4] in einen Mantel *hüllen* コートに身を包む / sich[4] in Schweigen *hüllen*《比》沈黙を守る. ②〖A[4] **um** B[4] ~〗(A[4] を B[4] に)掛ける. eine warme Decke[4] um 囚[4] *hüllen* 囚[4] に温かい毛布を掛けてやる.

hül·len⇗los [ヒュれン・ろース] 形 ①《戯》裸の. ② むき出しの, あからさまな.

hüll·te [ヒュるテ] hüllen (包む)の 過去

Hül·se [ヒュるゼ hýlzə] 囡 -/-n ① 豆のさや. ② (さや状の)容器, ケース; キャップ, サック; 薬莢(やっきょう).

Hül·sen⇗frucht [ヒュるゼン・ふルフト] 囡 -/..früchte 〖ふつう 複〗《植》豆果(とうか), マメ科植物.

hu·man [フマーン humá:n] 形 ① 人間的な, 人道的な; 寛大な, 思いやりのある. ②《医》人の, 人間特有の.

Hu·ma·nis·mus [フマニスムス humanísmus] 男 -/ ① ヒューマニズム, 人道主義. ②

人文主義; (14-16世紀における)古典研究.

Hu·ma·nist [フマニスト humaníst] 男 -en/-en ① ヒューマニスト, 人道主義者. (女性形: -in). ② 人文主義者; 古典学者.

hu·ma·nis·tisch [フマニスティッシュ humanístɪʃ] 形 ① ヒューマニズムの, 人道主義の. ② 人文主義の; 古典[文学]の. ein *humanistisches* Gymnasium (古典語教育を重視する)古典語ギムナジウム / *humanistische* Bildung 人文主義的な教養.

hu·ma·ni·tär [フマニテーア humanité:r] 形 人道的な, 博愛の; 情け深い, 慈善の. aus *humanitären* Gründen 人道的な理由から.

Hu·ma·ni·tät [フマニテート humanité:t] 女 -/ ヒューマニティー, 人間愛, 人道, 人間性.

Hu·man⹀me·di·zin [フマーン・メディツィーン] 女 -/ (獣医学に対して:) 人間医学.

Hu·ma·no·id [フマノイート humanoí:t] 男 -en/-en ヒト型ロボット, ヒューマノイド(人間の機能を類似したロボットで, 家事や介護, エンターテイメントなどを行う).

Hum·boldt [フンボルト húmbɔlt] -s/ 《人名》フンボルト(兄 Wilhelm von *Humboldt* 1767-1835; ドイツの言語学者・政治家. 弟 Alexander von *Humboldt* 1769-1859; 自然科学者).

Hum·bug [フンブク húmbʊk] [英] 男 -s/ 《口語》いかさま, ぺてん; たわごと, ナンセンス.

Hum·mel [フンメる húməl] 女 -/-n 《昆》マルハナバチ. eine wilde *Hummel* 《戯》 おてんば娘.

Hum·mer [フンマァ húmər] 男 -s/- 《動》ロブスター.

der **Hu·mor** [フモーア humó:r] 男 (単) -s/(複) -e (3格のみ -en) ① 《複 なし》ユーモア[精神], おかしみ. (英 humor). Er hat einen goldenen *Humor*. 彼はすばらしいユーモアの持ち主だ / ein Mensch **ohne** *Humor* ユーモアのない(わからない)人 / Er hat keinen Sinn für *Humor*. 彼にはユーモアのセンスがない. ② ユーモアのある表現(言葉), しゃれ, 風刺. ein schwarzer *Humor* ブラックユーモア. ③ 《複 なし》楽しい気分, 上機嫌.

Hu·mo·res·ke [フモレスケ humoréskə] 女 -/-n ① 《文学》ユーモア小説, 小話. ② 《音楽》ユモレスク.

hu·mo·rig [フモーリヒ humó:rɪç] 形 ユーモアのある, 機智に富んだ.

Hu·mo·rist [フモリスト humoríst] 男 -en/-en ① ユーモア作家. (女性形: -in). ② コメディアン.

hu·mo·ris·tisch [フモリスティッシュ humorístɪʃ] 形 ユーモラスな, 快活で楽しい.

hu·mor⹀los [フモーァ・ろース] 形 ユーモアのない, ユーモア[センス]を欠いた.

hu·mor⹀voll [フモーァ・ふぉる] 形 ユーモアたっぷりの, 陽気な.

hum·peln [フンペるン húmpəln] 自 (h, s) 片足を引きずる; (…へ)片足を引きずって歩く.

Hum·pen [フンペン húmpən] 男 -s/- (取っ手・ふたの付いた)大ジョッキ.

Hu·mus [フームス hú:mʊs] 男 -/ 《農》腐植土.

der **Hund** [フント húnt]

> 犬 Vorsicht, bissiger *Hund*!
> ふぉーァズィヒト ビスィガァ フント
> 猛犬に注意!

男 (単 2) -es (まれに -s)/(複) -e (3格のみ -en) ① 《動》イヌ(犬). (英 dog). ein treuer *Hund* 忠犬 / ein herrenloser *Hund* 野良犬 / Der *Hund* bellt (knarrt). 犬がほえる(うなる) / Der *Hund* wedelt mit dem Schwanz. 犬がしっぽを振る / [sich³] einen *Hund* halten 犬を飼う / den *Hund* spazieren führen 犬を散歩させる / einen *Hund* an der Leine führen 犬をひもにつないで歩く / der Große (Kleine) *Hund* 《天》大犬(小犬)座 / *Hunde*⁴ dressieren 犬を調教する / *Hunde*, die bellen, beißen nicht. 《諺》ほえる犬はかみつかない / Da liegt der *Hund* begraben. 《口語》そこが問題だ(←「財宝を守る]犬が埋められている) / Das ist ein dicker *Hund*! 《口語・比》a) とんでもない(あつかましい)ことだ, b) とんでもない間違いだ / wie ein *Hund* leben 《口語》(犬のように)みじめな生活をする / wie *Hund* und Katze leben 《口語》犬猿の間柄である(← 犬と猫のように暮らす) / Er ist müde wie ein *Hund*. 《口語》彼はへとへとに疲れている.

◆《前置詞とともに》人⁴ **auf** den *Hund* bringen 《口語・比》人⁴を破滅させる / **auf** den *Hund* kommen 《口語・比》(健康が)衰える, 落ちぶれる / Er ist **mit** allen *Hunden* gehetzt. 《状態受動・現在》《口語・比》彼はしたたか者(海千山千)だ(← どんな猟犬で狩りたてられても逃げ失せる獣のようだ) / **vor** die *Hunde* gehen 《口語・比》落ちぶれる, 滅びる.

② 《俗》やつ, 野郎. ein armer *Hund* 哀れなやつ. ③ 《坑》トロッコ.

> ..**hund** のいろいろ: **Blindenhund** 盲導犬 / **Hirtenhund** 牧羊犬 / **Jagdhund** 猟犬 / **Polizeihund** 警察犬 / **Schäferhund** 牧羊犬 / **Schoßhund** (ひざに乗るほどの)愛玩犬 / **Spürhund** 捜索犬 / **Wachhund** 番犬

hun·de··, Hun·de·· [フンデ.. húndə..] 【形容詞・名詞につける 接頭】 ① 《きわめて・非常に》例: *hunde*kalt とても寒い. ② 《悪い・みじめな》例: *Hunde*wetter 悪天候.

hun·de⹀elend [フンデ・エーれント] 形 《口語》ひどくみじめな, ひどく気分が悪い.

Hun·de⹀hüt·te [フンデ・ヒュッテ] 女 -/-n 犬小屋.

hun·de⹀kalt [フンデ・カるト] 形 《口語》すごく寒い.

Hun·de⹀käl·te [フンデ・ケるテ] 女 -/ 《口語》ひどい寒さ, 酷寒.

Hun·de·le·ben [フンデ・れーベン] 中 -s/ 《口語》みじめな暮らし.

Hun·de=lei·ne [フンデ・らイネ] 囡 -/-n 犬の引き綱.

Hun·de=mar·ke [フンデ・マルケ] 囡 -/-n ① 犬の鑑札. ② 《俗・戯》兵隊の認識票, 私服警官のバッジ.

hun·de=mü·de [フンデ・ミューデ] 形 《述語としてのみ》《口語》へとへとに疲れた.

hun·dert [フンダァト húndərt] 数 《基数; 無語尾で》① **100**[の]. (英 hundred). hundert Personen 100 人の人 / einige hundert (または Hundert) Menschen 数百人の人々 / nach (vor) hundert Jahren 100 年後(前)に / ein Buch mit hundert Seiten 100 ページの本 / [mit] hundert fahren《口語》時速 100 キロで車を走らせる / auf hundert kommen (sein)《口語》かんかんに怒る(怒っている)(←時速 100 キロに達する(達している)). / 囚⁴ auf hundert bringen《口語》囚⁴をかんかんに怒らせる.

② 《口語》非常に多くの, 無数の.

das **Hun·dert**¹ [フンダァト húndərt] 田 (単 2) -s/(複) -e (3 格のみ -en)《数量単位として は: (複) -》① **100**, 100人(個). ein halbes Hundert 50 / fünf vom Hundert 5 パーセント (略: 5 v. H.).

② 《口語》数百, 多数. einige Hundert (または hundert) Zigarren 葉巻き数百本 / Hunderte (または hunderte) von Menschen 何百人もの人々 / Die Kosten gehen **in** die Hunderte (または hunderte) 費用は数百ユーロに達する / 《口語》Sie kamen **zu** Hunderten (または hunderten). 彼らは大群となって押し寄せた.

Hun·dert² [フンダァト] 囡 -/-en (数字の)100.

Hun·der·ter [フンダァタァ húndərtər] 男 -s/- ① 《口語》100 ユーロ紙幣. ② 《数》3 けたの数; 100 のつく数.

hun·der·ter·lei [フンダァタァらイ húndərtərlái] 形 《無語尾で》《口語》種々の, ありとあらゆる.

Hun·dert=eu·ro=schein [フンダァトオイロ・シャイン] 男 -[e]s/-e 100 ユーロ紙幣.

hun·dert=fach [フンダァト・ふァッハ] 形 100 倍の.

hun·dert·jahr=fei·er [フンダァトヤール・ふァイアァ] 囡 -/-n 100 年祭.

hun·dert=jäh·rig [フンダァト・イェーりヒ] 形 100 歳の; 100 年[間]の. ein hundertjähriger Baum 樹齢 100 年の木.

hun·dert=jähr·lich [フンダァト・イェーァりヒ] 形 100 年ごとの.

hun·dert=mal [フンダァト・マーる] 副 ① 100 度, 100 回; 100 倍. ② 《口語》何度も何度も.

hun·dert=ma·lig [フンダァト・マーりヒ] 形 《付加語としてのみ》100 度の, 100 回の.

Hun·dert=mark=schein [フンダァトマルク・シャイン] 男 -[e]s/-e [旧]100 マルク紙幣.

hun·dert=pro·zen·tig [フンダァト・プロツェンティヒ] 形 ① 100 パーセントの; 純粋な. hundertprozentige Wolle 純毛. ② 《口語》完全, 信頼のおける, 確実な.

hun·dertst [フンダァツト húndərtst] 数 《序数》第 100[番目]の. zum *hundertsten* Mal a) 百度目に, b) 何度となく. ◊《名詞的に》vom *Hundertsten* ins *Tausendste* kommen 本題からどんどんはずれる.

hun·derts·tel [フンダァツテる húndərtstəl] 形 《分数; 無語尾で》100 分の 1[の].

Hun·derts·tel [フンダァツテる] 田 (スイス: 男) -s/- 100 分の 1.

hun·dert=tau·send [フンダァツト・タオゼント] 数 《基数》10 万[の]; 何十万[の].

Hun·de=steu·er [フンデ・シュトイアァ] 囡 -/ 畜犬税.

Hun·de=wet·ter [フンデ・ヴェッタァ] 田 -s/《口語》悪天候, 荒天, しけ.

Hün·din [ヒュンディン híndin] 囡 -/..dinnen 雌犬.

hün·disch [ヒュンディッシュ híndiʃ] 形 ① 卑屈な, ぺこぺこする (元の意味は「犬のように従順な」). ② 低俗な, 低劣な; 卑劣な.

Hunds=fott [フンツ・ふォット] 男 -[e]s/..fötter (または -e) 《俗》やくざ, 悪党.

hunds=ge·mein [フンツ・ゲマイン] 形 《口語》① ひどく卑劣な(悪らつな); ひどく下品な. ② ひどい, たいへんな.

Hunds=ta·ge [フンツ・ターゲ] 複 盛夏(7月 24 日から 8 月 23 日まで).

Hü·ne [ヒューネ hý:nə] 男 -n/-n 巨人; 大男.

Hü·nen=grab [ヒューネン・グラープ] 田 -[e]s/..gräber [巨石]墳墓.

hü·nen·haft [ヒューネンハふト] 形 巨人のような; 巨大な, 怪力の.

der **Hun·ger** [フンガァ húŋər]

| 空腹 | Ich habe *Hunger*. イヒ ハーベ フンガァ 私はおなかがすいた. |

男 (単 2) -s/ ① **空腹**, 飢え. (英 hunger). *Hunger*⁴ bekommen おなかがすく / Wir haben großen *Hunger*. 私たちは腹ぺこです / *Hunger*⁴ leiden 飢える / Er hatte *Hunger* wie ein Bär. 彼はひどく空腹だった(←熊のように) / **an** (または **vor**) *Hunger* sterben 餓死する / den *Hunger* stillen 飢えをいやす / *Hunger* ist det beste Koch.《諺》すき腹にまずいものなし(←空腹は最良の料理人).

② 飢饉(きん), 食糧不足. ③ 《雅》渇望, 欲求. *Hunger* **nach** Ruhm 名声欲.

Hun·ger=kur [フンガァ・クーァ] 囡 -/-en 《医》断食(絶食)療法.

Hun·ger=lei·der [フンガァ・らイダァ] 男 -s/- 《口語》ひどく貧乏な人. (女性形: -in).

Hun·ger=lohn [フンガァ・ろーン] 男 -[e]s/..löhne ひどい低賃金, 食うにも足りない薄給.

hun·gern [フンガァン húŋərn] (hungerte, hat … gehungert) I 《(英 to) haben》① 空腹である, 飢えている; 絶食(減食)している. 囚⁴ *hungern lassen* 囚⁴を飢えさせる / Das ganze

Land *hungert*. 国中が飢えている / Sie *hungert*, um schlank zu werden. 彼女はやせるために絶食(減食)している.

② 《**nach** 物³ ~》《雅》(物³を)渇望している. Das Kind *hungerte* nach Liebe. その子供は愛情に飢えていた.

II 人称 (完了) haben) 《**es hungert** 人⁴ の形で》《詩》人⁴は腹がすいている. **Es** *hungert* **mich**. または **Mich** *hungert*. 私は空腹である. (ふつうは Ich habe Hunger. または Ich bin hungrig. と表現する) / **Es** *hungerte* **ihn** (または **Ihn** *hungerte*) **nach Wissen**. 《雅》彼は知識に飢えていた. (⑩ es は文頭以外ではふつう省かれる).

III 再帰 (完了) haben) *sich*⁴ *hungern* 絶食(減食)して[その結果]…になる. *sich*⁴ *schlank hungern* 減食してやせる / *sich*⁴ **zu Tode** *hungern* 餓死する.

Hun·gers≠not [フンガァス・ノート] 女 -/..nöte 飢饉(きん).

Hun·ger≠streik [フンガァ・シュトライク] 男 -(e)s/-s ハンガーストライキ. **in den** *Hungerstreik* **treten** ハンストに入る.

hun·ger·te [フンガァテ] hungern (空腹である)の 過去

Hun·ger≠tuch [フンガァ・トゥーフ] 中 -(e)s/..tücher 四旬節(断食節)に祭壇に張られた布. **am** *Hungertuch* **nagen** 《戯》食べるものにも事欠く, 生活に困る.

*****hung·rig** [フングリヒ húŋrɪç] 形 ① 空腹の, ひもじい, 飢えている. (英 hungry). *hungrige* **Kinder** おなかをすかせた子供たち / **Ich bin** *hungrig* **wie ein Wolf**. 私はものすごく腹がへっている(←おおかみのように) / **nach** 物³ *hungrig* **sein** 物³を食べたがっている ⇒ **Sie ist** *hungrig* **nach Obst**. 彼女は果物を食べたがっている.

② 《雅》渇望している. *hungrige* **Augen**⁴ **haben** 食欲(ぼう)の目つきをしている / **Sie war** *hungrig* **nach Mitgefühl**. 彼女は同情に飢えていた.

Hun·ne [フンネ húnə] 男 -n/-n ① フン族 (5世紀にアッチラ王のもとで大帝国を建設した北方遊牧民族). (女性形: Hunnin). ② (軽蔑的に:)野蛮人.

der **Huns·rück** [フンス・リュック húns-rʏk] 男 -s/ 《定冠詞とともに》《山名》フンスリュック山地 (ライン粘板岩山地南西部: ⇨ 地図 C-4).

die **Hu·pe** [フーペ húːpə] 女 (単) -/(複) -n (自動車などの)クラクション, 警笛. (英 horn). **auf die** *Hupe* **drücken** クラクションを[押して]鳴らす.

hu·pen [フーペン húːpən] (hupte, *hat* ... gehupt) 自 (完了) haben) (人·車が)クラクション(警笛)を鳴らす. (英 hoot). **Der Fahrer** *hupte* **mehrmals**. ドライバーは何度もクラクションを鳴らした.

hüp·fen [ヒュプフェン hʏ́pfən] (hüpfte, *ist* ... gehüpft) 自 (完了) sein) ① ぴょんぴょん跳ぶ, はねる. (英 hop). **auf einem Bein** *hüpfen* 片足でぴょんぴょん跳ぶ / **Der Vogel** *hüpft*. 小鳥がぴょんぴょん歩く / **Das Herz** *hüpfte* **ihm vor Freude**. 《比》彼は喜びに胸を躍らせた. ② 〖方向を表す語句とともに〗(…へ)ぴょんぴょん跳んで行く. **über einen Bach** *hüpfen* 小川をぴょいと跳び越える.

hüpf·te [ヒュプフテ] hüpfen (ぴょんぴょん跳ぶ)の 過去

hup·te [フープテ] hupen (クラクションを鳴らす)の 過去

Hür·de [ヒュルデ hʏ́rdə] 女 -/-n ① (陸上競技の)ハードル, (競馬の)障害物. **eine** *Hürde*⁴ **nehmen** 《比》難関を突破する. ② (家畜を囲う)移動柵(?), 囲いのある牧場.

Hür·den≠lauf [ヒュルデン・らオふ] 男 -(e)s/ ..läufe (陸上競技の)ハードル(障害物)競走.

Hu·re [フーレ húːrə] 女 -/-n 娼婦(ぶ), 売春婦; (女性をののしって:)尻軽(じり)女.

hu·ren [フーレン húːrən] 自 (h) みだらな性行為をする, 誰とでも寝る; 不倫をする.

Hu·re·rei [フーレライ huːrəráɪ] 女 -/-en みだらな性行為, 誰とでも寝ること; 不倫.

hur·ra! [フラー hurá:. または フラ] 間 (歓喜の気持ちを表して:) 万歳, わーい. *Hurra*, **es schneit**! わーい, 雪だ.

Hur·ra [フラー または フラ] 中 -s/-s 万歳の叫び, 歓呼. 人⁴ **mit einem** *Hurra* **begrüßen** 人⁴を歓呼して迎える.

Hur·ra≠pa·tri·o·tis·mus [フラー・パトリオティスムス] 男 狂信的愛国主義.

Hur·ri·kan [フリカン húrikan] 男 -s/-e (英語式発音 [ハリケン] のとき: -s/-s) ハリケーン(西インド諸島と南西アメリカにおこる台風のような大旋風).

hur·tig [フルティヒ húrtɪç] 形 《方》すばやい, 機敏な.

Hu·sar [フザール huzáːr] 男 -en/-en 《軍》(昔の:)軽騎兵(元は 15 世紀ハンガリーの軽騎兵). (女性形: -in).

husch! [フッシュ húʃ] 間 ① (音をたてないすばやい動きを表して:)さっ, すーっ. ② (促して:)さあ, さっさと. *Kinder*, *husch*, *husch*, **ins Bett**! 子供たち, さあさあ, お休みなさい.

hu·schen [フッシェン húʃən] 自 (s) さっと(すっと)動く, かすめ去る.

Hus·serl [フッサァる húsərl] -s/ 《人名》フッサール (Edmund Husserl 1859-1938; ドイツの哲学者).

hüs·teln [ヒュステるン hʏ́ːstəln] 自 (h) 軽いせきをする, 軽くせきばらいする.

hus·ten [フーステン húːstən] du hustest, er hustet (hustete, *hat* ... gehustet) **I** 自 (完了) haben) ① せきをする. (英 cough). **Er** *hustet* **schon tagelang**. 彼はもう何日もせきをしている / *diskret* *husten* (合図として:)そっとせきばらいする / **auf** 物⁴ *husten* 《俗》物⁴を問題にしない. ② 《口語》(エンジンが)ノッキングする.

II 他 (完了) haben) (たんなど⁴を)せきをして吐き出す. **Blut** *husten* 喀血(かっ)する, せきをして血を吐く / **Ich werde dir eins** *husten*! 《俗》おまえの言うとおりになどするものか.

hybrid

der **Hus·ten** [フーステン hú:stən] 男 (単2) -s/(複)‐ 《ふつう 単》 せき. 《米 cough》. Keuchhusten 百日ぜき / trockener *Husten* 乾性せき, からぜき / *Husten*⁴ haben せきが出る ⇨ Ich habe *Husten*. 私はせきが出ます.

Hus·ten‖an·fall [フーステン・アンファる] 男 -[e]s/..fälle せきの発作.

Hus·ten‖bon·bon [フーステン・ボンボン] 中 男 -s/-s せき止めキャンデー, のどあめ.

Hus·ten‖mit·tel [フーステン・ミッテル] 中 -s/- せき止め薬.

hu·ste·te [フーステテ] husten (せきをする) の 過去

Hu·sum [フーズム hú:zum] 中 -s/ 《都市名》フーズム (ドイツ, シュレースヴィヒ・ホルシュタイン州の港町; ☞ 地図 D-1).

‡*der* **Hut**¹ [フート hú:t]

帽子 Wo ist mein *Hut*?
ヴォー　イスト　マイン　フート
私の帽子はどこ?

男 (単2) -es (まれに -s)/(複) Hüte [ヒューテ] (3格のみ Hüten) ① (縁のある) 帽子. 《米 hat》. (区別「縁のない帽子」は Mütze). Strohhut 麦わら帽 / einen *Hut* tragen 帽子をかぶっている ⇨ Sie trägt einen schicken *Hut*. 彼女はシックな帽子をかぶっている. / den *Hut* ab|nehmen (auf|setzen) 帽子を脱ぐ (かぶる) / den *Hut* lüften 帽子をちょっと上げてあいさつする / *Hut* ab vor dieser Leistung!《口語》この業績はりっぱなものだ (←この業績の前で脱帽!) / vor 人³ den *Hut* ziehen 人³に敬意を払う / Das ist ein alter *Hut*.《口語》それはもう古くさい話だ.
◇《前置詞とともに》Das kannst du dir **an** den *Hut* stecken.《口語》そんなものいらないよ, 君が持っていればいい (←自分の帽子にでも差しておけ) / mit 人・物³ nichts **am** *Hut* haben《口語》人・物³とはかかわりたくない / eins⁴ **auf** den *Hut* bekommen《口語》a) 一発なぐられる, b)《比》ひどくしかられる / 事⁴ **aus** dem *Hut* machen《口語・比》事⁴をその場でやってのける / Mit dem *Hut* in der Hand kommt man durch das ganze Land.《諺》腰を低くすればうまくいくものだ (←帽子を脱いで手に持てば, 国中を渡り歩ける) / alle⁴ **unter** einen *Hut* bringen《口語・比》全員を一致 (調和) させる.
② (帽子状のもの:)《植》きのこの傘.

Hut² [フート] 囡 -/《雅》① 保護, 監督. in guter *Hut* sein よく保管されている. ② 用心, 警戒. bei (または vor) 人³ **auf** der *Hut* sein 人³を警戒している.

Hü·te [ヒューテ] ‡Hut¹ (帽子) の 複

hü·ten [ヒューテン hý:tən] du hütest, er hütet (hütete, *hat...gehütet*) I 他 《完形 haben》 (人・物の) 番をする, 見張る, 守る. 《英 guard》. Kühe⁴ *hüten* 牛の番をする / Kinder⁴ *hüten* 子供たちのお守りをする / das Bett⁴ *hüten*《比》病気で床についている / ein Geheimnis⁴ *hüten*《比》秘密を守る.
II 再帰 《完形 haben》 *sich*⁴ *hüten* 用心する, 気をつける. *sich*⁴ **vor** Ansteckung *hüten* (病気の) 感染に用心する / *Hüte* dich, dass du nicht... …しないように気をつけなさい. ◇《zu 不定詞(句)とともに》 Ich *werde* mich *hüten*, ihm das zu sagen. 彼にこのことを言うのはやめておこう.

Hü·ter [ヒュータァ hý:tər] 男 -s/- ① 《雅》番人, 監視人, 《女性形: -in》. der *Hüter* des Gesetzes《戯》警官 (←法律の番人). ② 《スツ》ゴールキーパー (= Tor*hüter*).

hü·te·te [ヒューテテ] hüten (番をする) の 過去

Hut‖krem·pe [フート・クレンペ] 囡 -/-n (帽子の) 縁, つば.

Hut‖schnur [フート・シュヌーァ] 囡 -/..schnüre 帽子の飾りひも (ベルト). Das geht mir über die *Hutschnur*!《口語》それはあんまりだ!

die **Hüt·te** [ヒュッテ hýta] 囡 -/(複) -n ① 小屋, あばら屋; ヒュッテ, 山小屋, スキーロッジ (= Ski*hütte*). 《米 hut》. Wir übernachteten in einer *Hütte*. 私たちは山小屋に泊まった / Hier lasst uns *Hütten* bauen!《口語》ここに落ち着く (定住する) ことにしよう.
② 《海》後甲板船室, 船尾楼. ③ 精錬所.

Hut·ten [フッテン hútən] -s/《人名》フッテン (Ulrich von Hutten 1488-1523; ドイツの人文主義者. 宗教改革を支持した).

Hüt·ten‖werk [ヒュッテン・ヴェルク] 中 -[e]s/-e 冶金 (ネ৽) 工場, 精錬 (製錬) 所, 製陶工場.

Hüt·ten‖we·sen [ヒュッテン・ヴェーゼン] 中 -s/ 冶金 (ネ৽), 溶鉱.

hut·ze·lig [フッツェリヒ hútsəlɪç] 形《口語》しわだらけの, しわくちゃな; ひからびた, しなびた.

hutz·lig [フツリヒ hútslɪç] 形 = hutzelig

Hy·ä·ne [ヒュエーネ hyé:nə] 囡 -/-n ①《動》ハイエナ. ②《口語》強欲者.

Hy·a·zinth [ヒュアツィント hyatsínt] I -[e]s/《ギ神》ヒュアキントス (アポロンに愛された美少年). II 男 -[e]s/-e《鉱》ヒアシンス, 赤色ジルコン.

Hy·a·zin·the [ヒュアツィンテ hyatsíntə] 囡 -/-n《植》ヒアシンス.

hy·brid [ヒュブリート hybríːt] 形 雑種の; 混成

の; 混種の.

Hy·brid-Au·to [ヒュブリート・アオトー] 田 -s/-s (二種類の動力源で走る)ハイブリッドカー.

Hy·bri·de [ヒュブリーデ hybríːdə] 囡 -/-n (または 男 -n/-n) 《生》雑種.

Hy·bris [ヒューブリス hýːbrɪs] 囡 -/ 思いあがり, 不遜(ぞん), 尊大.

Hy·dra [ヒュードラ hýːdra] 囡 -/Hydren ① 《動》ヒドラ. ② 《圏なし》《ギシ神》ヒュドラ, ヒドラ(九つの頭をもつ水蛇). ③ 《圏なし》定冠詞とともに 《天》海蛇座.

Hy·drant [ヒュドラント hydránt] 男 -en/-en (路上の)消火栓, 給水栓.

Hy·drat [ヒュドラート hydráːt] 田 -[e]s/-e 《化》水化物, 含水化合物.

Hy·drau·lik [ヒュドラオリク hydráʊlɪk] 囡 -/ 《工》水力学, 水理学.

hy·drau·lisch [ヒュドラオリッシュ hydráʊlɪʃ] 厖 《工》水力の; 水圧(油圧)の. eine *hydraulische* Bremse 油圧ブレーキ.

hy·dro.., **Hy·dro..** [ヒュドロ.. hydro.. または ヒュードロ..] 《形容詞・名詞につける腰頭》《水[の]》例: *Hydro*kultur 水栽培.

Hy·dro·dy·na·mik [ヒュードロ・デュナーミク hýːdro-dyna-mɪk または ヒュードロ・デュナー..] 囡 -/ 《物》流体[動]力学.

Hy·dro·kul·tur [ヒュードロ・クるトゥーァ hýːdro-kultuːr または ヒュードロ・クるトゥーァ..] 囡 -/ 《園芸》水栽培[法].

Hy·dro·ly·se [ヒュドロリューゼ hydrolýːzə] 囡 -/-n 《化》加水分解.

Hy·dro·sta·tik [ヒュードロ・スターティク hýːdro-staːtɪk または ヒュードロ・スター..] 囡 -/ 《物》流体静力学.

Hy·gi·e·ne [ヒュギエーネ hygiéːnə] 囡 -/ ① 《医》衛生学, 予防医学. ② 保健衛生[対策]. die öffentliche *Hygiene* 公衆衛生. ③ 清潔; 清潔維持対策.

hy·gi·e·nisch [ヒュギエーニッシュ hygiéːnɪʃ] 厖 ① 衛生学[上]の. ② 衛生的な, きわめて清潔な.

Hy·gro·me·ter [ヒュグロメータァ hygroméːtər] 田 -s/- 《気象》湿度計.

Hy·gro·skop [ヒュグロスコープ hygroskóːp] 田 -s/-e 《気象》(湿度などから天気を予測する)験湿器.

Hy·men [ヒューメン hýːmən] 田 男 -s/- 《医》処女膜.

Hym·ne [ヒュムネ hýmnə] 囡 -/-n 賛歌, 頌歌(しょうか); 賛美歌, 聖歌. National*hymne* 国歌 / eine *Hymne* **auf** die Freiheit 自由賛歌.

Hym·nus [ヒュムヌス hýmnʊs] 男 -/Hymnen 《雅》=Hymne

hy·per.., **Hy·per..** [ヒュパァ.. hypər.. または ヒューパァ..] 《形容詞・名詞につける腰頭》《超・過》例: *hyper*modern 超モダンな.

Hy·per·bel [ヒュペルべる hypérbəl] 囡 -/-n ① 《数》双曲線. ② 《修》誇張法.

Hy·per⸗link [ハイパァ・リンク] 〔英〕 男 -s/-s 《コンピ》ハイパーリンク.

hy·per⸗mo·dern [ヒューパァ・モデルン] 厖 超モダンな.

Hy·per·to·nie [ヒュパァトニー hypərtoníː] 囡 -/-n [..ニーエン] 《医》① 高血圧[症]. ② (筋肉の)緊張過度; 高眼圧.

Hyp·no·se [ヒュプノーゼ hypnóːzə] 囡 -/-n 催眠[術], 催眠状態. 囚⁴ **in** *Hypnose* versetzen 囚⁴に催眠術をかける.

hyp·no·tisch [ヒュプノーティッシュ hypnóːtɪʃ] 厖 催眠[術]の, 催眠性の; 催眠作用のある.

Hyp·no·ti·seur [ヒュプノティゼーァ hypnotizóːr] 〔沒〕 男 -s/-e 催眠術師; 催眠療法医. (女性形: -in).

hyp·no·ti·sie·ren [ヒュプノティズィーレン hypnotizíːrən] 囮 (h) (囚⁴に)催眠術をかける; 《比》(魅力で)とりこにする.

Hy·po·chon·der [ヒュポホンダァ hypoxóndər または hypo..] 男 -s/- 《医》ヒポコンデリー患者, 心気症の人.

Hy·po·chon·drie [ヒュポホンドリー hypoxondríː または hypo..] 囡 -/-n [..リーエン] 《ふつう 圏》《医》ヒポコンデリー, 心気症.

hy·po·chon·drisch [ヒュポホンドリッシュ hypoxóndrɪʃ または hypo..] 厖 《医》ヒポコンデリーの, 心気症の.

Hy·po·te·nu·se [ヒュポテヌーゼ hypotenúːzə] 囡 -/-n 《数》(直角三角形の)斜辺.

Hy·po·thek [ヒュポテーク hypotéːk] 囡 -/-en ① 《法》抵当[権], 担保; (抵当によって借り入れた)資金. die erste *Hypothek* 一番抵当 / eine *Hypothek*⁴ auf ein Haus auf|nehmen 家を抵当に入れる. ② 負担, 重荷.

Hy·po·the·ken⸗brief [ヒュポテーケン・ブリーフ] 男 -[e]s/-e 抵当証券.

Hy·po·the·se [ヒュポテーゼ hypotéːzə] 囡 -/-n 仮説, 仮定. eine *Hypothese*⁴ auf|stellen 仮説をたてる.

hy·po·the·tisch [ヒュポテーティッシュ hypotéːtɪʃ] 厖 ① 仮定の, 仮定的な. ② 仮説の.

Hy·po·to·nie [ヒュポトニー hypotoníː] 囡 -/-n [..ニーエン] 《医》① 低血圧[症]. ② (筋肉の)緊張低下; 低眼圧.

Hys·te·rie [ヒュステリー hysteríː] 囡 -/-n [..リーエン] 《医》ヒステリー.

Hys·te·ri·ker [ヒュステーリカァ hystéːrikər] 男 -s/- 《医》ヒステリー患者; ヒステリックな人. (女性形: -in).

hys·te·risch [ヒュステーリッシュ hystéːrɪʃ] 厖 《医》ヒステリー性の; ヒステリックな. *hysterische* Anfälle ヒステリーの発作.

Hz [ヘルツ] 《記号》《物》ヘルツ (=Hertz).

I i

i, I [イー í:] 中 -/- イー(ドイツ語アルファベットの第9字). der Punkt (または das Tüpfelchen) auf dem *i* 《比》最後の仕上げ (←*i* の上の点).

i! [イー] 間 (拒否・嫌悪・不快を表して:) うぇー, ひえー. *I*, schmeckt das komisch! うぇー, 変な味がする / *I* bewahre! または *I* wo! 《口語》ひぇー, とんでもない, ありえないよ!

i. [イム または イン]《略》…の中に (=im, in).

i. A., I. A. [イム アオふ・トラーク]《略》委任により, 代理で (=im Auftrag, Im Auftrag).

iah! [イーアー í:á: または イアー] 間 (ろばの鳴き声:) ひーん.

i. Allg. [イム アる・ゲマイネン]《略》一般に, 概して (=im Allgemeinen).

ib. [イビデム または イービ..]《略》同書に, 同じ箇所 (ページ) に (=ibidem).

ibd. [イビデム または イービ..]《略》=ibidem

ibe·risch [イベーリッシュ ibé:rɪʃ] 形 イベリア [半島] の.

ibid. [イビーデム または イービ..]《略》=ibidem

ibi·dem [イビデム ibí:dɛm または イービ..] [ラテン] 同書に, 同じ箇所 (ページ) に (略: ib., ibd., ibid.).

Ib·sen [イプセン ípsən] 男 -s/《人名》イプセン (Henrik *Ibsen* 1828-1906; ノルウェーの劇作家).

IC [イー・ツェー]《略》インターシティー, (ドイツの) 都市間特急列車 (=Intercity[zug]). (⇨ Zug 図).

ICE [イー・ツェー・エー]《略》インターシティー・エクスプレス, (ドイツの) 都市間超特急列車 (=Intercityexpress). (⇨ Zug 図).

*ich [イヒ iç]

私は	
Ich bin Student.	1格 *ich*
イヒ ビン シュトゥデント	2格 *meiner*
私は大学生です.	3格 *mir*
	4格 *mich*

代《人称代名詞; 1人称単数の1格》私は(が), ぼくは(が). 《英》*I*). (🔍 文頭以外では小文字; 「私たちは」は wir). *Ich* habe Hunger. 私はお腹だ / du und *ich* 君とぼく (あなたと私) / *Ich* für meine Person habe nichts dagegen. 私個人としてはそれに異存はありません. **Ich** [イヒ] 中 -[s]/-[s] 自己, 自分; 自我. mein zweites *Ich* 私の分身 / mein besseres *Ich* 私の良心.

ich=be·zo·gen [イヒ・ベツォーゲン] 形 自己中心的な, 自分勝手な.

Ich=er·zäh·lung, Ich-Er·zäh·lung [イヒ・エアツェーるンヶ] 女 -/-en《文学》一人称形式の物語.

Ich=form, Ich-Form [イヒ・フォルム] 女 -/- 一人称形式.

Ich=ro·man, Ich-Ro·man [イヒ・ロマーン] 男 -s/-e《文学》一人称形式の長篇小説.

Ich=sucht, Ich-Sucht [イヒ・ズフト] 女 -/- エゴイズム, 利己主義.

ich=süch·tig [イヒ・ズヒティヒ] 形《雅》エゴイスティックな, 利己的な.

Icon [アイコン áɪkən または ..kɔn]《英》中 -s/-s《コンピ》アイコン.

ide·al [イデアーる ideá:l] 形 (英 ideal) ① 理想的な, 申し分のない. ein *idealer* Partner 理想的なパートナー / Das Wetter war *ideal* zum Skilaufen. スキーにはもってこいの天気だった. ② 想像上の, 理念上の. (🔍「現実の」は real). der *ideale* Staat (架空の) 理想国家. ③ 精神的な.

das **Ide·al** [イデアーる ideá:l] 中 (単2) -s/(複) -e (3格のみ -en) 理想; 理想像, 模範. (英 ideal). *Ideal* und Wirklichkeit 理想と現実 / ein *Ideal* an Schönheit 美の極致 / einem *Ideal* nach|streben 理想を追い求める / Ich habe keine *Ideale* mehr. 私はもはや理想などは持たない / Er war das *Ideal* eines Lehrers. 彼は模範的な教師だった.

Ide·al=bild [イデアーる・びると] 中 -es/-er 理想像.

Ide·al=fall [イデアーる・ふァる] 男 -[e]s/..fälle 理想的なケース (場合).

ide·a·li·sie·ren [イデアリズィーレン idealizí:rən] 他 (h) 理想化する, (現実などを) 美化する.

Ide·a·lis·mus [イデアリスムス idealísmʊs] 男 -/ ① 理想主義 [的情熱]. ②《哲》観念論. ③「唯物論」は Materialismus.

Ide·a·list [イデアリスト idealíst] 男 -en/-en ① 理想主義者. (女性形: -in). ②《哲》観念論者.

ide·a·lis·tisch [イデアリスティッシュ idealístɪʃ] 形 ① 理想主義の. ②《哲》観念論的な.

***die* Idee** [イデー idé:]

思いつき	Das ist eine gute *Idee*!
	ダス イスト アイネ グーテ イデー
	それはいい考えだ.

女 (単) -/(複) Ideen [イデーエン] ① 思いつき, 着想, アイディア, 考え, 観念. (英 idea). eine glänzende *Idee* すばらしい思いつき / eine fixe *Idee* 固定観念, 思い込み / Das ist keine schlechte *Idee*. それはなかなかいい考えだ / Ich habe eine *Idee*! 私にいい考えがある / keine *Idee*⁴ von 囲³ haben 囲³について少しも知らない, 考えたこともない / **auf eine *Idee* kommen** 思いつく ⇨ Wie kommst du denn auf so eine *Idee*? どうしてまた君はそんなことを思いついたの. ② 〖哲〗理念, イデー. politische *Ideen* 政治理念. ③〖**eine *Idee*** の形で〗《口語》少し, ちょっぴり. eine *Idee* Salz 少量の塩.

ide·ell [イデエる ideéll] 厖 理念的な, 観念(精神)的な. (⚠「物質的な」は materiell).

Ide·en [イデーエン] ‡Idee (思いつき)の 榎

ide·en⁼arm [イデーエン・アルム] 厖 アイディア(着想)に乏しい.

ide·en⁼reich [イデーエン・ライヒ] 厖 アイディア(着想)に富んだ.

Iden·ti·fi·ka·ti·on [イデンティフィカツィオーン identifikatsió:n] 因 -/-en ① (同一であることの)確認, 同定, (死体・犯人などの)身元の確認. ② 《心》同一化.

iden·ti·fi·zie·ren [イデンティフィツィーレン identifitsí:rən] I 他 (h) ① (人・事⁴を)本人(同一物)であると確認する. einen Verhafteten *identifizieren* 逮捕者の身元を確認する / A⁴ als B⁴ *identifizieren* A⁴ を B⁴ であることを確認する. ② 〖A⁴ mit B³ ~〗(A⁴を B³ と)同一視する. II 再帰 (h) 〖*sich*⁴ mit 人・事³ ~〗(人・事³と)一体化する, 考えが一致する.

Iden·ti·fi·zie·rung [イデンティフィツィールング] 因 -/-en ① (同一であることの)確認, 同定, (死体・犯人などの)身元の確認. ② 《心》同一化.

iden·tisch [イデンティッシュ idéntɪʃ] 厖 同一の; 一致した. A ist **mit** B *identisch*. A は B と同一である.

Iden·ti·tät [イデンティテート identitέ:t] 因 -/ ① 本人であること, 身元; 《心》アイデンティティー, 自己同一性. ② (完全な)一致, 同一であること.

Iden·ti·täts⁼kri·se [イデンティテーツ・クリーゼ] 因 -/-n アイデンティティー・クライシス.

Ideo·lo·ge [イデオろーゲ ideoló:gə] 男 -n/-n ① イデオローグ, (政治的なイデオロギーの)理論的指導者. (女性形: Ideologin). ② (世間離れした)空論家.

die **Ideo·lo·gie** [イデオろギー ideologí:] 因 (単) -/(複) -n [..ギーエン] ① イデオロギー, 観念形態, 政治理論. (英 *ideology*). die marxistische *Ideologie* マルクス主義のイデオロギー. ② 空理空論.

ideo·lo·gisch [イデオろーギッシュ ideoló:-gɪʃ] 厖 イデオロギーの.

Idi·om [イディオーム idió:m] 中 -s/-e 《言》① (ある地方・階級などに)特有な語法, 方言. ② 慣用句, イディオム, 熟語, 成句.

Idio·ma·tik [イディオマーティク idiomá:tɪk] 因 -/ 《言》慣用(語)法論.

idio·ma·tisch [イディオマーティッシュ idiomá:tɪʃ] 厖 《言》特殊語法の, 慣用句(イディオム)の; 特殊(慣用)語法論の.

Idio·syn⁼kra·sie [イディオズュンクラズィー idiozynkrazí:] 因 -/-n [..ズィーエン] 《医》特異体質; 《心》病的嫌忌(⁽⁴⁾).

Idi·ot [イディオート idió:t] 男 -en/-en ① 《医》白痴[者]. (女性形: -in). ② 《口語》ばか, あほう.

idio·ten⁼si·cher [イディオーテン・ズィッヒャア] 《口語・戯》だれにでも操作できる(装置・器具など); 失敗しようのない(方法など).

Idio·tie [イディオティー idiotí:] 因 -/-n [..ティーエン] 《口語》ばかげた言動, 愚行.

idio·tisch [イディオーティッシュ idió:tɪʃ] 厖 《口語》ばかばかしい, ひどく愚かな.

Idol [イドーる idó:l] 中 -s/-e ① 崇拝の対象, 理想像, アイドル. ② 《美》偶像, 神像.

Idyll [イデュる idýl] 中 -s/-e 素朴な生活風景, 牧歌的生活.

Idyl·le [イデュれ idýlə] 因 -/-n ① 《文学》牧歌, 牧歌劇(小説), 田園詩. ② =Idyll

idyl·lisch [イデュりッシュ idýlɪʃ] 厖 田園風な, 牧歌的な.

i. e. [イット エスト] 《略》すなわち (=id est).

..ie·ren [..イーレン] 《外来語の名詞・形容詞などにつけて動詞をつくる 接尾》つねにアクセントをもつ》例: stud*ieren* 大学で学ぶ / marsch*ieren* 行進する. (⚠ ..ieren に終る動詞の過去分詞には ge- をつけない).

IG [イー・ゲー] 《略》① 産業労働組合 (=Industriegewerkschaft). ② 利益共同体 (=Interessengemeinschaft).

..ig [..イヒ ..ɪç] 〖形容詞をつくる接尾〗(...のある・..の性質の)例: schwarzäug*ig* 黒い目の / schlampig だらしのない.

Igel [イーゲる í:gəl] 男 -s/- 《動》ハリネズミ.

Ig·lu [イーグルー í:glu] 中/因 -s/-s イグルー(イヌイットの人々が雪で作る半球形の住居).

Igno·rant [イグノラント ɪgnoránt] 男 -en/-en 無知な人, 無学な人. (女性形: -in).

Igno·ranz [イグノランツ ɪgnoránts] 因 -/ 無知, 無学.

igno·rie·ren [イグノリーレン ɪgnorí:rən] 他 (h) (人・事⁴を)無視する, 顧みない, 見て見ぬふりをする.

IHK [イー・ハー・カー] 《略》商工会議所 (=Industrie- und Handelskammer).

ihm [イーム í:m]

| 彼に | Geben Sie *ihm* das Buch!
ゲーベン ズィー イーム ダス ブーフ
彼にその本を渡してください. |

四 〖人称代名詞; 3 人称男性単数 er および中性単数 es の 3 格〗彼に, それに; 彼(それ)にとって. (英 *him*; *it*). (⚠ 人だけでなく事物にも用いられる). Der Hut ist *ihm* zu klein. その帽子は彼には小さすぎる. ◇〖前置詞とともに〗Sie kommt mit *ihm*. 彼女は彼といっしょに来る / ein Brief von *ihm* 彼からの手紙.

Ihr

ihn [イーン íːn]

> 彼を Sie liebt *ihn* innig.
> ズィー リープト イーン イニヒ
> 彼女は彼を心から愛している．

代 〖人称代名詞; 3人称男性単数 er の4格〗彼を; それを．(英 *him*; *it*). 人だけでなく事物にも用いられる．Ich kenne *ihn* gut. 私は彼をよく知っています．◇〖前置詞とともに〗Sie wartet auf *ihn*. 彼女は彼を待っている / für *ihn* 彼のために．

ih·nen [イーネン íːnən]

代 〖人称代名詞; 3人称複数 sie の3格〗彼ら(彼女たち・それら)に; 彼ら(彼女たち・それら)にとって．(英 *them*). 人だけでなく事物にも用いられる．Das habe ich *ihnen* gesagt. それを私は彼らに言った / Das Haus ist *ihnen* zu groß. その家は彼らには大きすぎる．◇〖前置詞とともに〗bei *ihnen* 彼らの所(家)で / mit *ihnen* 彼らといっしょに．

Ih·nen [イーネン íːnən]

> あなた[がた]に
> Ich danke *Ihnen*!
> イヒ ダンケ イーネン
> 私はあなた[がた]に感謝します．

代 〖人称代名詞; 2人称敬称 Sie の3格〗あなた[がた]に; あなた[がた]にとって．(英 *you*). Wie gefällt es *Ihnen* hier? 当地はお気に召しましたか / Wie geht es *Ihnen*? — Danke, gut. Und *Ihnen*? ご機嫌いかがですか — ありがとう, 元気です. あなたは? ◇〖前置詞とともに〗Es war sehr schön bei *Ihnen*. (お宅で)とても楽しく過ごさせていただきました / mit *Ihnen* あなた[がた]といっしょに．

ihr¹ [イーァ íːr]

> 君たち(あなたたち)は
> Kommt *ihr* mit?
> コムト イーァ ミット
> 君たちもいっしょに来る?

1格	*ihr*
2格	euer
3格	euch
4格	euch

代 **A)** 〖人称代名詞; 2人称親称・複数の1格〗君たち(あなたたち)は(が), おまえたちは(が). (英 *you*). Was macht *ihr* denn da? 君たちはそこで何をしているの．

> ihr は家族・親友・学生どうしなど遠慮のいらない間柄, また子供・動物などに対して用いられ, その他の相手に対してはふつう Sie を用いる. ihr は手紙の場合, 文頭以外でも頭文字を大文字で書くことがある．

B) 〖人称代名詞; 3人称女性単数 sie の3格〗彼女に; それに; 彼女(それ)にとって．(英 *her*, *it*). 人だけでなく事物にも用いられる．Ich gab *ihr* fünf Euro. 私は彼女に5ユーロ与えた．◇〖前置詞とともに〗bei *ihr* 彼女の所(家)で / mit *ihr* 彼女といっしょに．

ihr² [イーァ íːr]

> 彼女の; 彼らの
> Ist das *ihr* Fahrrad?
> イスト ダス イーァ ファールラート
> これは彼女の自転車ですか．

格	男	女	中	複
1	ihr	ihre	ihr	ihre
2	ihres	ihrer	ihres	ihrer
3	ihrem	ihrer	ihrem	ihren
4	ihren	ihre	ihr	ihre

I 冠 〖所有冠詞; 3人称女性単数および3人称複数〗彼女(それ)の; 彼ら(彼女たち・それら)の．(英 *her*, *its*; *their*). Sie fährt heute *ihr* neues Auto. きょう彼女は新しく買った車に乗っていく / Eltern mit *ihren* Kindern 子供連れの親．

II 代 〖所有代名詞〗① 彼女のもの; 彼ら(彼女たち)のもの．(英 *hers*, *theirs*). Das ist nicht mein Auto, sondern *ihr*[*e*]*s*. これは私の車ではなく彼女(彼ら)のです．
② 〖定冠詞とともに〗彼女の…, 彼ら(彼女たち)の… Das ist nicht meine Angelegenheit, sondern die *ihre*. それは私の問題ではなく彼女の(彼らの)問題だ．◇〖名詞的に〗der *Ihre* または der *ihre* 彼女の夫 / die *Ihren* または die *ihren* 彼女(彼ら)の家族 / das *Ihre* または das *ihre* a) 彼女(彼ら)の義務, b) 彼女(彼ら)の財産．

> 格変化は定冠詞がない場合は男性1格 ihrer, 中性1格・4格で ihr[e]s となるほかは上の表と同じ．定冠詞がつく場合は男性1格と女性・中性1格・4格で ihre, 他は ihren.

Ihr [イーァ íːr]

> あなた[がた]の
> Wie ist *Ihr* Name bitte?
> ヴィー イスト イーァ ナーメ ビッテ
> お名前はなんとおっしゃいますか．

格	男	女	中	複
1	Ihr	Ihre	Ihr	Ihre
2	Ihres	Ihrer	Ihres	Ihrer
3	Ihrem	Ihrer	Ihrem	Ihren
4	Ihren	Ihre	Ihr	Ihre

I 冠 〖所有冠詞; 2人称敬称〗(Sie で呼びかける相手に対して)あなた[がた]の．(英 *your*). Ist das *Ihr* Wagen? これはあなたの車ですか / Wie geht es *Ihrer* Frau? 奥さまはお元気ですか．

II 代 **A)** 〖所有代名詞〗① あなた[がた]のもの．(英 *yours*). Mein Wagen ist kleiner als *Ihrer*. 私の車はあなた[がた]のより小さい．
② 〖定冠詞とともに〗あなた[がた]の… Das ist

nicht unsere Sache, sondern die *Ihre*. それは私たちの問題ではなくあなた[がた]の問題です / die *Ihren* あなた[がた]の家族 / das *Ihre* a) あなた[がた]の義務, b) あなた[がた]の財産.

> ⚠ 格変化は定冠詞がない場合は男性1格で Ihrer, 中性1格・4格で Ihr[e]s となるほかは上の表と同じ. 定冠詞がつく場合は男性1格と女性・中性・1格・4格で Ihre, 他は Ihren.

B)【人称代名詞】① 2人称親称複数 ihr の手紙における別形. ☞ ihr¹ A) ⚠ ②（古）【2人称敬称として】あなた[がた]は (=Sie).

ih·re [イーレ], **ih·rem** [イーレム], **ih·ren** [イーレン] 代《所有冠詞》☞ ihr² I

Ih·re [イーレ], **Ih·rem** [イーレム], **Ih·ren** [イーレン] 代《所有冠詞》☞ Ihr I

ih·rer¹ [イーラァ] 代《人称代名詞; 3人称女性単数および複数 sie の2格》statt *ihrer* 彼女(彼ら)の代わりに / Wir gedenken *ihrer*.（雅）私たちは彼女(彼ら)のことを覚えている.

ih·rer² [イーラァ] 代《所有冠詞》☞ ihr² I

Ih·rer¹ [イーラァ] 代《人称代名詞; 2人称敬称 Sie の2格》statt *Ihrer* あなた[がた]の代わりに / Wir gedenken *Ihrer*.（雅）私たちはあなた[がた]のことを覚えています.

Ih·rer² [イーラァ] 代《所有冠詞》☞ Ihr I

ih·rer:seits [イーラァ・ザイツ] 副 彼女(彼ら)の側で.

Ih·rer:seits [イーラァ・ザイツ] 副 あなた[がた]の側で.

ih·res:glei·chen [イーレス・グらイヒェン] 代《指示代名詞; 無変化》彼女(彼ら)のような人; そ(れら)のようなもの.

Ih·res:glei·chen [イーレス・グらイヒェン] 代《指示代名詞; 無変化》あなた[がた]のような人.

ih·ret:hal·ben [イーレット・ハるベン] 副 = ihretwegen

Ih·ret:hal·ben [イーレット・ハるベン] 副 = Ihretwegen

ih·ret:we·gen [イーレット・ヴェーゲン] 副 彼女(彼ら)のために.

Ih·ret:we·gen [イーレット・ヴェーゲン] 副 あなた[がた]のために.

ih·ret:wil·len [イーレット・ヴィれン] 副《成句的に》um *ihretwillen* 彼女(彼ら)のために.

Ih·ret:wil·len [イーレット・ヴィれン] 副《成句的に》um *Ihretwillen* あなた[がた]のために.

ih·ri·ge [イーリゲ] 代《所有代名詞; 定冠詞とともに; 語尾変化は形容詞と同じ》（雅）彼女のもの; 彼ら(彼女たち)のもの. Das ist nicht meine Sache, sondern die *ihrige*. それは私の問題ではなくて, 彼女の(彼らの)問題です. ◆《名詞的に》die *ihrigen* または die *Ihrigen* 彼女(彼ら)の家族 / das *ihrige* または das *Ihrige* a) 彼女(彼ら)の義務, b) 彼女(彼ら)の財産.

Ih·ri·ge [イーリゲ] 代《所有代名詞; 定冠詞とともに; 語尾変化は形容詞と同じ》（雅）あなた[がた]のもの. Unser Garten ist nicht so groß wie der *Ihrige*. 私たちの庭はあなた[がた]のほどは大きくない. ◆《名詞的に》die *Ihrigen* あなた[がた]の家族 a) あなた[がた]の義務, b) あなた[がた]の財産.

i. J. [イム ヤーレ]（略）…年に (=im Jahre).

Ike·ba·na [イケバーナ ikeba:na] 中 -[s]/ 生け花, 華道.

Iko·ne [イコーネ ikó:nə] 女 -/-n（ギリシア正教の）イコン, 聖像.

il.. [イる.. ɪl.. または イる..]《形容詞などにつける接頭》=in..（1の前で il..）例：*il*legal 違法の.

Ili·as [イーリアス íːlias] 女 -/《文学》『イリアス』（ホメロスの叙事詩）.

ill. [イるストリーァト]（略）イラスト(挿絵)入りの (=illustriert).

il·le·gal [イれガーる ílega:l または ..ガーる] 形 不法な, 違法の, 非合法の.

Il·le·ga·li·tät [イれガリテート ílegalitɛːt または ..テート] 女 -/-en ①《複 なし》不法, 違法, 非合法. ② 不法行為, 非合法活動.

il·le·gi·tim [イれギティーム ílegiti:m または ..ティーム] 形 ① 不法の, 不当な. ② 正式な結婚によらない. ein *illegitimes* Kind 私生児.

Il·le·gi·ti·mi·tät [イれギティミテート ílegitimitɛːt または ..テート] 女 -/ 不法, 不当なこと; 私生, 庶出.

il·loy·al [イろアヤーる íloaja:l または ..ヤーる] 形 忠誠心のない, 不誠実な.

Il·lu·mi·na·ti·on [イるミナツィオーン ɪluminatsió:n] 女 -/-en ① イルミネーション. ②（美）（写本などの）彩飾.

il·lu·mi·nie·ren [イるミニーレン ɪluminí:rən] 他 (h) イルミネーションで飾る.

die **Il·lu·si·on** [イるズィオーン ɪluzió:n] 女（単）-/（複）-en ① 幻想, 幻覚;（間違った）思い込み.（英）*illusion*). sich⁴ einer *Illusion*³ hin|geben 幻想にふける / Darüber mache ich mir keine *Illusionen*. それについて私は幻想はいだいていない. ②《心》錯覚. ③（手品の）トリック.

il·lu·so·risch [イるゾーリッシュ ɪluzóːrɪʃ] 形 幻想の, 錯覚の; 無益な, むだな.

il·lus·ter [イるスタァ ɪlústər] 形 高貴な, りっぱな.

Il·lus·tra·ti·on [イるストラツィオーン ɪlustratsió:n] 女 -/-en ① イラスト, 挿絵, 図解. ② 明示, 説明, 例証.

Il·lus·tra·tor [イるストラートァ ɪlustrá:tɔr] 男 -s/-en [..ラトーレン] イラストレーター, 挿絵画家.（女性形：-in）.

il·lus·trie·ren [イるストリーレン ɪlustríːrən] (illustrierte, hat ... illustriert) 他（完了 haben）（英 *illustrate*）①（本など⁴に）イラスト(挿絵)を入れる, 図版(写真)を入れる. ②（図表・実例によって）説明する, 解説する. 圃⁴ durch Beispiele *illustrieren* 圃⁴を例をあげて説明する.

il·lus·triert [イるストリーァト] **I** illustrieren（イラストを入れる）の（過去, 3人称単数・2人称敬称複数 直説）**II** 形 イラスト(挿絵)入りの.

il·lus·trier·te [イるストリーァテ] illustrieren

(イラストを入れる)の過去.

*die **Il·lus·trier·te** [イるストリーアテ ɪlustríːɐ̯tə] 囡《語尾変化は形容詞と同じ ☞ Alte[r]》グラフ雑誌, 写真週刊(月刊)誌 (本来は *illustrierte* Zeitschrift).

Il·se [イるゼ íːlzə] −[n]s/《女名》イルゼ (Elisabeth の 短縮).

Il·tis [イるティス íltɪs] 男 ..tisses/..tisse ① 《動》ケナガイタチ. ② 毛皮いたちの毛皮.

im [イム ím]《前置詞 in と定冠詞 dem の融合形》Er ist *im* Garten. 彼は庭にいる.

im.. [イム.. ɪm.. または イム..]《形容詞などにつける 接頭》=in.. (m, b, p で始まる語の前では im..).

Image [インミッチュ ímɪtʃ] [英] −[s]/−s [インミッチュ[ス]] イメージ, 心象. ein gutes *Image*⁴ haben 良いイメージを持つ.

ima·gi·när [イマギネーァ imaginέːɐ̯] 形 想像上の, 架空の. eine *imaginäre* Zahl《数》虚数.

Ima·gi·na·ti·on [イマギナツィオーン imaginatsióːn] 囡 −/−en 想像[力].

der **Im·biss** [インビス ímbɪs] 男 (単2) −es/(複) −e (3格のみ −en) ① 軽食, スナック.《英 snack》. einen *Imbiss* ein|nehmen 軽い食事をとる.(☞ 類語 Essen). ② 軽食堂, インビス (=*Imbiss*bude, *Imbiss*stube). Beim nächsten *Imbiss* essen wir etwas. 今度インビスがあったら何か食べようよ.

Im·biss∻bu·de [インビス・ブーデ] 囡 −/−n (駅などにあるセルフサービスの)軽食堂.

Im·biss∻stu·be [インビス・シュトゥーベ] 囡 −/−n =Imbissbude

Imi·ta·ti·on [イミタツィオーン imitatsióːn] 囡 −/−en ① 模倣, まね. ② 模造品, イミテーション, まがいもの.

Imi·ta·tor [イミタートァ imitáːtɔr] 男 −s/−en [..タトーレン] 声帯模写(物まね)芸人.(女性形: −in).

imi·tie·ren [イミティーレン imitíːrən] 他 (h) 模倣する, まねる; 模造(人造)する. ◇〖過去分詞の形で〗*imitiertes* Leder 合成皮革.

Im·ker [イムカァ ímkɐ] 男 −s/− 養蜂(ようほう)業者.(女性形: −in).

Im·ke·rei [イムケライ ɪmkəráɪ] 囡 −/−en ① 〖複なし〗養蜂(ようほう).② 養蜂(ようほう)場(業).

im·ma·nent [イマネント ɪmanént] 形 ① 内在している.*immanent* sein 働³に内在してる.② 〖哲〗内在的な.

Im·ma·nu·el [イマーヌエーる ímaːnueːl または ..エる ..εl] −s/《男名》イマーヌエール.

im·ma·te·ri·ell [インマテリえる ímateriεl またば ..リエる] 形 非物質的な; 精神的な.(《くだ》「物質的な」は materiell).

Im·ma·tri·ku·la·ti·on [イマトリクらツィオーン ɪmatrikulatsióːn] 囡 −/−en (大学生の)入学(学籍簿への登録), 大学入学許可.(《くだ》「(大学生の)除籍」は Exmatrikulation).

im·ma·tri·ku·lie·ren [イマトリクリーレン ɪmatrikulíːrən] 他 (h) (大学が[人]⁴を)学籍簿に登録する,([人]⁴に)大学入学を許可する. ◇〖再帰的に〗*sich*⁴ [an einer Hochschule] *immatrikulieren* (学生が)大学に入学手続をする, 学籍登録をする.

im·mens [イメンス ɪméns] 形 計り知れない, ばくだいな, 膨大な.

im·mer [インマァ ímɐ]

いつも	Sie ist *immer* fröhlich.
	ズィー イスト インマァ フレーりヒ
	彼女はいつも陽気だ.

副 ① いつも, 絶えず.(《英》*always*). Er kommt *immer* zu spät. 彼はいつも遅れて来る / **auf**(または **für**)*immer* いつまでも, 永遠に / **noch** *immer* または *immer* **noch** いまだに, 相変わらず, 依然として / **wie** *immer* いつものように / *immer* **wieder** 再三再四, 繰り返し繰り返し / *Immer* ich!《口語》(不満を表して:)いつだって私のせいにされる(私がやらされる)んだから / *Immer* wenn wir ausgehen wollen, regnet es. 私たちが外出しようとするといつも雨が降る.
◇〖**nicht** とともに〗**nicht** *immer* つねに(必ずしも)…であるとはかぎらない ⇒ Er ist nicht *immer* zu Hause. 彼はいつも家にいるとはかぎらない / *immer* nicht つねに…でない ⇒ Er ist *immer* nicht zu Hause. 彼はいつも家にいない.
② 〖比較級とともに〗ますます, いっそう. Es wird *immer* kälter. 彼はいつも寒くなる / Er wird *immer* reicher. 彼はますます金持ちになる.
③ 〖数詞とともに〗《口語》…ずつ. *immer* fünf und fünf 5 人ずつ / *immer* der Fünfte 5 人目ごとに.
④ 〖**was, wer, wie, wo** などを伴う譲歩文で; しばしば **auch** とともに〗たとえ…であろうとも. was auch *immer* du tust 君が何をしようとも / wie *immer* es auch gehen mag たとえどうなろうとも.
⑤ 〖話法の助動詞とともに〗できるかぎり. Er lief, so schnell er *immer* konnte. 彼はできるだけ速く走った / Du kannst essen, so viel du *immer* magst. 君は好きなだけ食べていいよ.
⑥ 〖疑問文で〗いったい. Was machst du *immer* so? そうやって君はいったい何をしているの.
⑦《口語》(消極的な許可を表して:)かまわないから(勝手に)[…するがよい]. Lass sie nur *immer* reden! 彼女には勝手に言わせておくがいい / Das mag sie *immer* tun. 彼女がそうするならやらせておくさ.

⑧《口語》(促して:)さあ，じっくり．*Immer* langsam! ゆっくりやれよ / *Immer* mit der Ruhe! とにかく落ち着いて．

▶ **immer⹀während**

類語 **immer**:「いつも」の意味で最も一般的な語．**stets**: immer と同じ意味だがやや古めかしい言い方．**ständig**: (ほとんど規則的に，とぎれることなく)いつも．(不愉快な「習慣」や「くせ」と感じられる場合に用いられることがある).

im·mer⹀dar [インマァ・ダール] 副《雅》いつまでも，永遠に．

im·mer⹀fort [インマァ・フォルト] 副 絶えず，間断なく．

im·mer⹀grün [インマァ・グリューン] 形 常緑の．

im·mer⹀hin [インマァ・ヒン ímər-hín] 副 ① ともかく，それでも，少なくとも; 何といっても，とにもかくにも．Er hat es *immerhin* gemacht. ともかく彼はそれをやるだけはやったのだ / Sei nicht so streng, er ist *immerhin* dein Bruder. そう厳しくするなよ，彼は何といっても君の弟じゃないか / Versuchen wir es *immerhin*! とにかくそれをやってみよう． ②〖**mögen** とともに〗《雅》たとえ…であっても．Mag es *immerhin* spät werden, ... たとえ時間が遅くなっても…

im·mer⹀wäh·rend, im·mer wäh·rend [インマァ・ヴェーレント] 形 永遠に続く，絶え間ない．

im·mer⹀zu [インマァ・ツー] 副《口語》ずっと，いつも．

Im·mi·grant [イミグラント ɪmigránt] 男 -en/-en (国外からの)移住者，移民．(女性形: -in).
(参考)「(国外への)移住者」は Emigrant．

Im·mi·gra·ti·on [イミグラツィオーン ɪmigratsió:n] 女 -/-en (国外からの)移住，入植．
(参考)「(国外への)移住」は Emigration．

im·mi·grie·ren [イミグリーレン ɪmigrí:rən] 自 (s) (外国から)移住する，入植する．

Im·mis·si·on [イミスィオーン ɪmɪsió:n] 女 -/-en イミシオン(有害物質・騒音などの波及)，公害．

Im·mo·bi·lie [インモビーリエ ímobi:liə または イモビー..] 女 -/-n〖ふつう 複〗不動産，固定資産．

Im·mo·bi·li·en⹀händ·ler [インモビーリエン・ヘンドラァ] 男 -s/- 不動産業者 (女性形: -in).

im·mun [イムーン ɪmú:n] 形 ① 〘医〙免疫のある． ② (ストレス・誘惑などに)抵抗力のある． ③〘法〙(外交官などが)不可侵特権のある，治外法権を有する．

im·mu·ni·sie·ren [イムニズィーレン ɪmunɪzí:rən] 他 (h) (病気に対して)免疫[性]にする．

Im·mu·ni·sie·rung [イムニズィールング] 女 -/-en 免疫性を与えること．

Im·mu·ni·tät [イムニテート ɪmunitέ:t] 女 -/-en〖ふつう 単〗① 〘医〙免疫[性]． ② 〘法〙(外交官などの)不可侵[特]権，治外法権．

Im·pe·ra·tiv [インペラティーふ ímperati:f] 男 -s/-e [..ヴェ] ① 〘言〙命令法．② 道徳的な命令(の要請) der kategorische *Imperativ*《哲》定言的命令．

Im·per·fekt [インペルフェクト ímpɛrfɛkt] 中 -s/-e 〘言〙(ドイツ文法での)過去; 未完了過去．

Im·pe·ri·a·lis·mus [インペリアリスムス ɪmperialísmus] 男 -/..lismen ① 〖複 なし〗帝国主義． ② 〘ふつう 複〙帝国主義的行動．

Im·pe·ri·a·list [インペリアリスト ɪmperialíst] 男 -en/-en 帝国主義者．(女性形: -in).

im·pe·ri·a·lis·tisch [インペリアリスティッシュ ɪmperialístɪʃ] 形 帝国主義の，帝国主義的な．

Im·pe·ri·um [インペーリウム ɪmpé:rium] 中 -s/..rien [..リエン] ① 〘史〙[ローマ]帝国． ② (広大な)支配領域．

im·per·ti·nent [インペルティネント ɪmpɛrtinέnt] 形 あつかましい，ずうずうしい．

Im·per·ti·nenz [インペルティネンツ ɪmpɛrtinέnts] 女 -/-en〖複 なし〗厚顔[無恥]，横柄．

imp·fen [インプふェン ímpfən] (impfte, hat ...geimpft) 他 (完了 haben) ① 〘医〙(人⁴に)予防接種をする，予防注射をする; (比)(人³の心に憎しみなど⁴を)植えつける．ein Kind⁴ **ge·gen** Grippe *impfen* 子供にインフルエンザの予防接種をする．② 〘農〙(土壌⁴に)バクテリアなどを接種する．

Impf⹀schein [インプふ・シャイン] 男 -[e]s/-e 予防接種証明書．

Impf⹀stoff [インプふ・シュトふ] 男 -[e]s/-e ワクチン．

impf·te [インプふテ] impfen (予防接種をする)の 過去

Imp·fung [インプふング] 女 -/-en ① 〘医〙予防接種(注射)，ワクチン注射，種痘; (比) (人の心に)吹き込むこと．② 〘農〙(土壌へのバクテリアなどの)接種．

Impf⹀zwang [インプふ・ツヴァング] 男 -[e]s/-e 強制接種，接種義務．

Im·plan·ta·ti·on [イン・プランタツィオーン ɪm-plantatsió:n] 女 -/-en ① 〘医〙(臓器などの)移植; 〘生〙(受精卵の)着床．

im·plan·tie·ren [イン・プランティーレン ɪm-plantí:rən] 他 (h) 〘医〙(人³の体内に他人の臓器・人口臓器などを)移植する，埋め込む．

im·pli·zie·ren [インプリツィーレン ɪmplitsí:rən] 他 (h) (事⁴の)意味を含んでいる，含意(がんい)する．

Im·plo·si·on [インプろズィオーン ɪmplozió:n] 女 -/-en (外圧による)内側への破裂．

im·po·nie·ren [インポニーレン ɪmponí:rən] 自 (h) (人³の)胸を打つ, (人³に)感銘を与える．

im·po·nie·rend [インポニーレント] I imponieren (胸を打つ)の 現分 II 形 感銘を与える，印象的な．eine *imponierende* Leistung 堂々たる業績．

Im·po·nier⹀ge·ha·be [インポニーァ・ゲハーベ] 中 -s/ (雌に対する)求愛行動，(別の雄に対する)威嚇行動．

der **Im·port** [インポルト ɪmpórt] 男 (単2) -(e)s/(複) -e (3格のみ -en)〖複 なし〗輸入．(参)import)．① 「輸出」は Export．der *Import* von Wein **aus** Deutschland ドイツ

からのワインの輸入 / den *Import* beschränken (fördern) 輸入を制限する(促進する). ② 輸入品.

Im·por·teur [インポルテーァ importǿ:r] 男 -s/-e 輸入業者. (女性形: -in).

im·por·tie·ren [インポルティーレン importí:rən] (importierte, *hat*...importiert) 他 (完了 haben) 輸入する. (英 *import*). (ご注意「輸出する」は exportieren). Südfrüchte⁴ *aus* Spanien *importieren* トロピカルフルーツをスペインから輸入する.

im·por·tiert [インポルティーァト] importieren (輸入する)の過分. 3人称単数・2人称親称複数 現在

im·por·tier·te [インポルティーァテ] importieren (輸入する)の過去

im·po·sant [インポザント impozánt] 形 堂々とした, りっぱな, 強い印象を与える.

im·po·tent [インポテント ímpotent または ..テント] 形 《医》(男性が)性交不能の, インポテンツの.

Im·po·tenz [インポテンツ ímpotents または ..テンツ] 女 -/ 《医》(男性の)性交不能[症], インポテンツ, 陰萎.

im·prä·gnie·ren [インプレグニーレン imprεgní:rən]他(h)(物⁴を)防水(防腐)加工する. ◇《過去分詞の形で》*imprägniertes* Tuch 防水[加工をした]布.

Im·prä·gnie·rung [インプレグニールング] 女 -/-en 防水(防腐)化, 防水(防腐)加工.

Im·pres·si·on [インプレスィオーン impresió:n] 女 -/-en 印象, 感銘.

Im·pres·si·o·nis·mus [インプレスィオニスムス impresionísmus]男-/ 印象主義, 印象派. (19世紀後半フランスに起こった絵画の流派. その後, 音楽や文学の分野でも使用されるようになった).

Im·pres·si·o·nist [インプレスィオニスト impresioníst] 男 -en/-en 印象主義者, 印象派の人. (女性形: -in).

im·pres·si·o·nis·tisch [インプレスィオニスティッシュ impresionístiʃ] 形 印象主義の, 印象派の.

Im·pres·sum [インプレッスム imprésum] 中 -s/..pressen 《書籍》刊記(発行者名・印刷所名・発行年など).

Im·pro·vi·sa·ti·on [インプロヴィザツィオーン improvizatsió:n] 女 -/-en ① 即興, アドリブ. ② 即興詩, 即興曲; 即興演奏.

im·pro·vi·sie·ren [インプロヴィズィーレン improvizí:rən] I 他 (h) (演説・パーティーなど⁴を)準備なしで行う, (食事など⁴を)即席で(間に合わせに)作る. II 自 (h) 即興演奏をする; 《劇》アドリブを入れる.

Im·puls [インプるス impúls] 男 -es/-e ① 衝撃, 刺激. ② (心の)衝動, はずみ, 出来心. 囲⁴ *aus* einem *Impuls* heraus tun 衝動に駆られて 囲⁴をする. ③ (物)衝撃, 力積;(電・医) [イン]パルス.

im·pul·siv [インプるズィーふ impulzí:f] 形 衝動的な, 一時の感情に駆られた, とっさの.

Im·pul·si·vi·tät [インプるズィヴィテート impulzivité:t] 女 -/ 衝動的な性質(挙動).

im⸗stan·de, im Stan·de [イム·シュタンデ im-ʃtándə] 副 …できる, 可能な. *imstande* sein, **zu** 不定詞[句] …することができる ⇒ Leider bin ich nicht *imstande*, dir zu helfen. 残念ながら私は君を助けることができない / **zu** 囲³ *imstande* sein 囲³をすることができる / 囚¹ ist *imstande* **und** … …しかねない ⇒ Er ist *imstande* und plaudert alles aus. 彼は何もかもしゃべりかねない.

in [イン ín]

3格と: …の中に(中で)
Die Blume steht *in der Flasche*.
ディ ブるーメ シュテート イン デァ ふらッシェ

その花はびんに
生けてある.

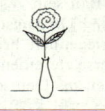

4格と: …の中へ(中に)
Sie stellt die Blume *in die Flasche*.
ズィー シュテるト ディ ブるーメ イン ディ ふらッシェ

彼女はその花を
びんに生ける.

I 前 〖**3格·4格**とともに〗(定冠詞と融合して im (←in dem), ins (←in das) となることがある) (英 *in*) ① 《空間的に》〖**3格**と〗…の中に, …の中で. Der Schlüssel steckt *im* Schloss. 鍵(㌍)は錠前に差し込んである / *in* der Stadt wohnen 町(都会)に住む / *im* Norden Deutschlands ドイツの北部に / *in* der Nähe 近くに / Die Kinder spielen *im* Kinderzimmer. 子供たちは子供部屋で遊んでいる.

㋑ 《どこへ》〖**4格**と〗…の中へ. Er steckt den Schlüssel *ins* Schloss. 彼は鍵(㌍)を錠前に差し込む / *in* die Stadt fahren 町(都心)へ行く / *ins* Kino gehen 映画を見に行く / Wein⁴ *in* das Glas gießen ワインをグラスにつぐ / Er geht noch *in* die Schule. 彼はまだ学校に通っている / Ich fahre *in* die Schweiz. 私はスイスへ行く (ご注意 無冠詞で使う地名・国名には nach を用いる. 例: *nach* Frankreich fahren 「フランスへ行く」). (類語)

② 《時間的に》㋐ 〖時点·期間〗〖**3格**と〗 [中]に, …のうちに. *In* diesem Sommer war es sehr heiß. この夏はとても暑かった / *in* der Nacht 夜中に / *in* den Ferien 休暇中に / Ich erledigte die Arbeit *in* einer Stunde. 私はその仕事を1時間で片づけた / *im* Mai 5

月に / *im* Frühling 春に / *im* Jahr[e] 1648 1648 年に / *in* [der] Zukunft 将来は / *in* der Frühe auf|stehen 早起きする / *in* der Jugend 青春時代に. ⑦ 《これから経過する期間》**【3格と】**…の時間(期間)たって, …のあとに. *In* einer Stunde komme ich wieder. 1 時間後にまた来ます / *in* zwei Stunden 2 時間後に / *heute in* acht (vierzehn) Tagen 来週(再来週)のきょう / *in* kurzer Zeit 短時間のうちに. (◆過去において経過した期間には nach を用いる. 例: *Nach* drei Wochen kam er wieder. 「3 週間後に彼はまたやって来た」). ⑦ 《**bis** とともに》**【4格と】**…まで. bis *in* die Nacht hinein 夜中遅くまで / bis *in* die Zukunft 将来まで. ③《状態》⑦《今の状態》**【3格と】** *in* Angst sein 不安である / Sie ist immer *in* guter Laune. 彼女はいつも機嫌がよい / *in* Schwierigkeiten sein 困難な状況にある / *im*(または *in*) Bau sein 建設中である. ⑦《状態の変化》**【4格と】** *in* Angst[4] geraten 不安になる / [4] *in* Verlegenheit bringen [4]を当惑させる / Er übersetzte einen Roman aus dem Japanischen *ins* Deutsche. 彼はある小説を日本語からドイツ語に翻訳した. ④《方法・様態》**【3格と】**…で. *in* dieser Weise このようなやり方で / *im* Spaß (Ernst) 冗談で(まじめに) / *in* aller Eile 大急ぎで / *in* eigener Person 自分で, 自ら / *in* großer Menge 大量に / *im* heutigen Deutsch 今日のドイツ語で言うと / Er kam gestern ganz *in* Grün. 彼はきのう上から下まで緑色の服を着てやって来た / *in* Wirklichkeit 実際には. ⑤《再帰代名詞とともに》*in* sich[4] gehen 反省する / Der Whisky hat's (=hat es) *in* sich[3]. このウイスキーは強い / Er hat's *in* sich[3]. 彼はできる(手ごわい). ⑥《特定の動詞・形容詞とともに》*in* [3] bestehen [3]に存する / *in* A[3] B[4] sehen A[3]を B[4] とみなす / *in* [4] ein|willigen [4]に同意する / *in* [3] bewandert sein [3]に精通している / *in* [3] tüchtig sein [3]において有能である.
II 副《成句的に》*in* sein (口語) a) 受けている, 人気がある, b) 流行している. Der Schlagersänger ist zurzeit *in*. この流行歌手は今や売れっ子だ.

In [イーエン] 《化・記号》インジウム (=**In**dium).

in-, In.. [イン.. ɪn.. または イン..] 《形容詞・名詞につける接頭》《不…・無…・反…》例: *in*aktiv 不活発な / *In*toleranz 不寛容. (◆l の前でil..., Il..; b, m, p の前で im.., Im..; r の前で ir..., Ir.. となる).

..in [..イン ..ɪn] 《女性名詞をつくる接尾》《女性》例: Student*in* 女子学生.

in·ad·äquat [イン·アデクヴァート ín-adɛkva:t または ..アトエクヴァート ..atɛkva:t] 形 不適当な, 不適切な, 妥当でない.

in·ak·tiv [イン·アクティーふ in-akti:f または ..ティーふ] 形 ① 活動的でない, 不活発な. (◆「活動的な」は aktiv). ② 現役でない, 退役(退官)した. ③《化》不活性の. ④《医》

非[活]動性の.

in·ak·zep·ta·bel [イン·アクツェプターべる ín-aktsɛpta:bəl または ..ターべる] 形 受け入れがたい(要求·条件など).

In·an·spruch=nah·me [インアンシュプルフ·ナーメ] 女 -/-n 《書》① (権利などの)主張, 行使. ②(仕事の)重圧, 負担;(機械·原材料などの)使い過ぎ, 酷使.

in·ar·ti·ku·liert [イン·アルティクリーアト ín-artikuli:rt または ..リーアト] 形(話し方が)はっきりしない, 聞き取りにくい;(考えが)はっきり表されていない, あいまいな.

In·be·griff [イン·ベグリふ ín-bəgrɪf] 男 -[e]s/-e 権化, 典型, 極致. der *Inbegriff* der Schönheit[2] 美の権化, 絶世の美人.

in·be·grif·fen [イン·ベグリッふェン ín-bəgrɪfən] 形 含まれている, 込みの. Bedienung *inbegriffen* サービス料込みで / Frühstück ist *im* Preis *inbegriffen*. 朝食は宿泊料に含まれている.

In·be·trieb=nah·me [インベトリープ·ナーメ] 女 -/-n 《書》(施設·機械などの)使用開始, 新規開業.

In·brunst [イン·ブルンスト ín-brʊnst] 女 -/ 《雅》情熱, 熱情, 熱中. mit *Inbrunst* 熱心に.

in·brüns·tig [イン·ブリュンスティヒ ín-brʏnstɪç] 形《雅》熱烈な, 熱情的な.

Ind. (略) ①[インデクス]索引, 目録 (=**Ind**ex). ②[インディカティーふ]《言》直説法 (=**Ind**ikativ). ③[インドゥストリー]工業, 産業 (=**Ind**ustrie).

In·de·fi·nit=pro·no·men [インデフィニート·プロノーメン] 中 -s/- (または ..nomina)《言》不定代名詞.

In·de·fi·ni·tum [インデフィニートゥム ɪndefiní:tʊm] 中 -s/..nita 《言》不定代名詞.

in=dem 接《従属接続詞; 動詞の人称変化形は文末》① …することによって. *Indem* du mehr lernst, bekommst du bessere Noten. 君はもっと勉強すれば, もっといい点をとれる. ② …している間に, …しながら. *Indem* sie sprach, öffnete sich die Tür. 彼女が話している間にドアが開いた. (◆この意味では一般に während が用いられる).

In·der [インダァ índɐ] 男 -s/- インド人. (女性形: -in).

in·des [イン·デス ɪn-dés] 副 (気) =indessen

in·des·sen [イン·デッセン ɪn-désən] **I** 副 ① その間に. (愚 meanwhile). Ich gehe einkaufen, du kannst dich *indessen* ausruhen. 私は買い物に行ってくるから, 君はその間休んでいていいよ. ② しかし, それにもかかわらず. Ich machte ihm mehrere Angebote, er lehnte *indessen* alles ab. 私は彼にいくつかの申し出をしたが, 彼はすべて拒絶した.

II 接《従属接続詞; 動詞の人称変化形は文末》《雅》① …する(している)間に (=während). Er erledigte schnell seine Arbeit, *indessen* die anderen auf ihn warteten. 他の者が

彼を待っている間に，彼は急いで仕事を片づけた．② …であるのに対して(反して)．**Du kannst schon gehen,** *indessen* **ich noch bleibe.** 君はもう行ってもいいよ．ぼくはまだいるけど．

In·dex [インデクス índɛks] 男 -[es]/-e (または -/ Indizes (または Indices) [インディツェース]) ① 索引，インデックス，目録，見出し．② 〖図〗 Indexe)《カッ》(昔の:)禁書目録．③ 〖圈 Indizes〗(経・数) 指数，率(物価指数，成長率など)；添え字 (X_1, Y_2の数字など).

In·di·a·ner [インディアーナァ indiá:nər] 男 -s/- アメリカインディアン．(女性形: -in).

in·di·a·nisch [インディアーニッシュ indiá:nɪʃ] 形 アメリカインディアン[語]の．

In·di·ces [インディツェース] =Indizes

In·di·en [インディエン índiən] 中 (単2) -s/ 《国名》〖共和国〗インド(首都はニューデリー).

in·dif·fe·rent [イン・ディフェレント ín·dɪfɛrɛnt または ..レント] 形 ① 無関心な; (考え方が)中立の．② 《化・医》無作用の．

In·dif·fe·renz [イン・ディフェレンツ ín·dɪfɛrɛnts または ..レンツ] 女 -/-en ① 〖圈 なし〗無関心; 中立．② 《化・医》無作用．

in·di·gniert [インディグニーァト ɪndɪgní:rt] 形 憤慨した，立腹した．

In·di·go [インディゴ índigo] 中 男 -s/(種類:) -s インジゴ，インド藍(青い染料).

In·di·ka·ti·on [インディカツィオーン ɪndikatsió:n] 女 -/-en ① 《医》(治療法などの)適用．② 《法》妊娠中絶を適用すべき理由．

In·di·ka·tiv [インディカティーふ índikati:f] 男 -s/-e [..ヴェ] 《言》(動詞の)直説法．

In·di·ka·tor [インディカトーァ ɪndiká:tɔr] 男 -s/-en [..カトーレン] ① 指標．② 《化》指示薬．③ 《工》インジケーター，指示器．

In·dio [インディオ índio] 男 -s/-s (中南米の)インディオ．

in·di·rekt [イン・ディレクト ín·dirɛkt または ..ディレクト] 形 間接的な，間接の，直接的でない，遠回しの．(英 *indirect*)．(注）「直接的な」は direkt)．*indirekte* Steuern 間接税 / eine *indirekte* Beleuchtung 間接照明 / die *indirekte* Rede《言》間接話法 / 囚4 *indirekt* beeinflussen 囚4に間接的に影響を与える．

in·disch [インディッシュ índiʃ] 形 インド[人]の．der *Indische* Ozean インド洋．

in·dis·kret [イン・ディスクレート ín·dɪskre:t または ..クレート] 形 無遠慮な，配慮のない(質問など)，口の軽い．

In·dis·kre·ti·on [イン・ディスクレツィオーン ín·dɪskretsio:n または ..オーン] 女 -/-en 無遠慮，配慮のなさ; 口の軽いこと．

in·dis·ku·ta·bel [イン・ディスクターベる ín·dɪskuta:bəl または ..ターベる] 形 論じる価値のない．

in·dis·po·niert [イン・ディスポニーァト ín·dɪsponí:rt または ..ニーァト] 形 (歌手などが)不調な．

In·di·um [インディウム índium] 中 -s/ 《化》インジウム(記号: In).

In·di·vi·du·a·lis·mus [インディヴィドゥアりスムス ɪndividualísmus] 男 -/ ① 《哲》個人主義．② 利己主義．

In·di·vi·du·a·list [インディヴィドゥアリスト ɪndividualíst] 男 -en/-en 個人主義者．(女性形: -in).

in·di·vi·du·a·lis·tisch [インディヴィドゥアりスティッシュ ɪndividualísti ʃ] 形 個人主義の．

In·di·vi·du·a·li·tät [インディヴィドゥアりテート ɪndividualitɛ:t] 女 -/-en ① 〖圈 なし〗個性．② (個性の持ち主としての)個人，人格．

in·di·vi·du·ell [インディヴィドゥエる ɪndividuél] 形 ① 個人の，個人的な．② 個性的な，独自の．

In·di·vi·du·en [インディヴィードゥエン Individuum (個人)の圈

das **In·di·vi·du·um** [インディヴィードゥウム indiví:duum] 中 (単2) -s/(複) ..duen ① 個人，個体．(英 *individual*)．die Stellung des *Individuums* in der Gesellschaft 社会における個人の地位．② (軽蔑的に:)変わり者，やつ．ein verdächtiges *Individuum* うさんくさいやつ．③ 《生》(動植物の)個体．

In·diz [インディーツ indí:ts] 中 -es/..dizien [..ディーツィエン] ① 《ふつう 複》《法》(犯罪の)状況証拠，徴憑(ｼﾞｮｳｹﾝ)．② 徴候，しるし．

In·di·zes [インディツェース] Index (索引)の 複

In·di·zi·en·be·weis [インディーツィエン・ベヴァイス ɪndí:tsiən·bəvais] 男 -es/-e 《法》状況証拠[による証明]．

in·di·zie·ren [インディツィーレン ɪnditsí:rən] 他 (h) ① (適切さなどを)示す，証明する．② 《医》(治療法などの4)必要性を示す．③ (物4に)インデックス(索引)を付ける．④ (本など4を)禁書にする．

In·do·chi·na [インド・ヒーナ índo·çí:na] 中 -s/ 《地名》インドシナ．

in·do·eu·ro·pä·isch [インド・オイロペーイッシュ índo·ɔɪropɛ:iʃ] 形 《言》インド・ヨーロッパ語[族]の，印欧語[族]の．

in·do·ger·ma·nisch [インド・ゲルマーニッシュ índo·gɛrmá:niʃ] 形 =indoeuropäisch

in·dok·tri·nie·ren [インドクトリニーレン ɪndɔktriní:rən] 他 (h) 《政》(軽蔑的に:)(囚4に思想などを)吹き込む，教化する．

In·do·ne·si·en [インドネーズィエン indoné:ziən] 中 -s/ 《国名》インドネシア[共和国](首都はジャカルタ).

In·do·ne·si·er [インドネーズィァ indoné:ziər] 男 -s/- インドネシア人．(女性形: -in).

in·do·ne·sisch [インドネーズィッシュ indoné:zɪʃ] 形 インドネシア[人・語]の．

In·dos·sa·ment [インドサメント ɪndɔsamént] 中 -[e]s/-e (手形などの)裏書き．

in·dos·sie·ren [インドスィーレン ɪndɔsí:rən] 他 (h) 《経》(手形などに)裏書きする．

In·duk·ti·on [インドゥクツィオーン ɪndʊktsió:n] 女 -/-en ① 《哲》帰納[法]．(注）「演繹[法]」は Deduktion)．② 《電・生》誘導．

in·duk·tiv [インドゥクティーふ índʊkti:f または

..ティーふ] 形 ①《哲》帰納的な. (⇔「演繹的な」は deduktiv). ②《電》誘導性の.

der **In·dus** [インドゥス índʊs] 男〖定冠詞とともに〗〖川名〗インダス川.

In·dus·tri·al De·sign [インダストリエる・ディザイン] [英] 田 -s/ 工業デザイン.

in·dus·tri·a·li·sie·ren [インドゥストリアりズィーレン ɪndustrializíːrən] 他 (h) (国·部門など⁴を)工業化する. ◇〖過去分詞の形で〗*industrialisierte* Länder [先進]工業諸国.

In·dus·tri·a·li·sie·rung [インドゥストリアりズィールング] 女 -/ 工業化.

die **In·dus·tri·e** [インドゥストリー ɪndustríː] 女 (単) -/(複) -n [..リーエン] 産業, 工業 (略: Ind.). (英 industry). Auto*industrie* 自動車産業 / Schwer*industrie* 重工業 / die chemische *Industrie* 化学工業 / die japanische *Industrie* 日本の産業 / die einheimische *Industrie* 国内産業 / Er arbeitet in der *Industrie*. 彼は産業界で働いている.

In·dus·trie≠ab·wäs·ser [インドゥストリー・アップヴェッサァ] 複 工場廃水(廃液).

In·dus·trie≠an·la·ge [インドゥストリー・アンラーゲ] 女 -/-n 工業施設.

In·dus·trie≠ar·bei·ter [インドゥストリー・アルバイタァ] 男 -s/- 工業(産業)労働者. (女性形: -in).

In·dus·trie≠be·trieb [インドゥストリー・ベトリープ] 男 -[e]s/-e《経》工業企業[体]; 工場.

In·dus·trie≠er·zeug·nis [インドゥストリー・エァツォイクニス] 中 -nisses/..nisse 工業生産物.

In·dus·trie≠ge·biet [インドゥストリー・ゲビート] 中 -[e]s/-e 工業地帯.

In·dus·trie≠ge·werk·schaft [インドゥストリー・ゲヴェルクシャふト] 女 -/-en 産業労働組合(略: IG).

in·dus·tri·ell [インドゥストリエる ɪndustriél] 形 工業の, 産業の. die *industrielle* Produktion 工業生産 / die *industrielle* Revolution 産業革命.

In·dus·tri·el·le[r] [インドゥストリエれ (..らァ) ɪndustriéla (..lər)] 男女〖語尾変化は形容詞と同じ〗工業(実業)家, 企業家.

In·dus·trie≠müll [インドゥストリー・ミュる] 男 -[e]s/ 産業廃棄物.

In·dus·trie≠pro·dukt [インドゥストリー・プロドゥクト] 中 -[e]s/-e 工業生産物.

In·dus·trie≠ro·bo·ter [インドゥストリー・ロボタァ] 男 -s/- 産業用ロボット.

In·dus·trie≠staat [インドゥストリー・シュタート] 男 -[e]s/-en 工業国.

In·dus·trie≠stadt [インドゥストリー・シュタット] 女 -/..städte [..シュテーテ] 工業都市.

In·dus·trie- und Han·dels·kam·mer [インドゥストリー ウント ハンデるス・カンマァ] 女 -/-n 商工会議所 (略: IHK).

In·dus·trie≠zweig [インドゥストリー・ツヴァイク] 男 -[e]s/-e 工業(産業)部門.

in·du·zie·ren [インドゥツィーレン ɪndutsíːrən] 他 ①《哲》帰納する. ②《電·生》誘導する.

In·ef·fi·zi·ent [イン・エふィツィエント ín-ɛfitsiɛnt または ..エント] 形 効率の悪い, 非能率的な.

in≠ein·an·der [イン・アイナンダァ] 副 互いの中へ; 入り交じって. Die Kanäle fließen *ineinander*. 水路が合流する / Sie sind *ineinander* verliebt. 彼らは相思相愛の仲だ.
► ineinander|greifen

in·ein·an·der|grei·fen* [インアイナンダァ・グライふェン ɪnaɪnándər-gràɪfən] 自 (h) (歯車などが) かみ合う; 《比》相互に関連し合う.

Inf. [インふィニティーふ] (略) (動詞の) 不定詞, 不定形(=Infinitiv).

in·fam [インふァーム ɪnfáːm] 形 ① 卑劣な, 悪らつな, 破廉恥な. ②《口語》ひどい, ものすごい.

In·fa·mie [インふァミー ɪnfamíː] 女 -/-n [..ミーエン] ①〖複 なし〗卑劣さ, 破廉恥. ② 卑劣な言動, 破廉恥行為. ③《カトリック》(教会法上の)名誉剥奪.

In·fant [インふァント ɪnfánt] 男 -en/-en (スペイン・ポルトガルの)王子, 親王. (女性形: -in).

In·fan·te·rie [インふァンテリー ɪnfantəri: または ..リー] 女 -/-n [..リーエン または ..リーエン]《軍》歩兵部隊; 〖複 なし〗(総称として:)歩兵.

In·fan·te·rist [インふァンテリスト ɪnfántərɪst または ..リスト] 男 -en/-en《軍》歩兵. (女性形: -in).

in·fan·til [インふァンティーる ɪnfantíːl] 形 子供っぽい, 幼稚な, 未発達の; 幼児期の.

In·farkt [インふァルクト ɪnfárkt] 男 -[e]s/-e《医》梗塞. Herz*infarkt* 心筋梗塞.

In·fekt [インふェクト ɪnfékt] 男 -[e]s/-e《医》① 感染症. ② 感染, 伝染.

In·fek·ti·on [インふェクツィオーン ɪnfɛktsióːn] 女 -/-en ①《医》感染, 伝染. ②《口語》炎症.

In·fek·ti·ons≠krank·heit [インふェクツィオーンス・クランクハイト] 女 -/-en 感染症, 伝染病.

in·fek·ti·ös [インふェクツィエース ɪnfɛktsióːs] 形《医》感染[性]の, 伝染性の.

In·fe·ri·o·ri·tät [インふェリオリテート ɪnferioritέːt] 女 -/ 下位; 下等; 劣等[感].

in·fer·na·lisch [インふェルナーリッシュ ɪnferná:lɪʃ] I 形 ① 悪魔のような, 極悪非道の. ② ひどい, 耐えがたい. II 副 ひどく.

In·fer·no [インふェルノ ɪnférno] 中 -s/ 地獄;《比》生き地獄, 惨事(の現場).

In·fil·tra·ti·on [イン・ふィるトラツィオーン ɪnfiltratsióːn] 女 -/-en ① (液体の)浸透, 浸入; 《医》浸潤. ②《政》(思想の)浸透.

in·fil·trie·ren [イン・ふィるトリーレン ɪnfɪltríːrən] I 自 (h) 浸透する, 侵入する; 《医》浸潤する. II 他 (h) ① (物⁴に)浸透する, 侵入する. ② (八³に)流動食を⁴を流し込む, 注入する. ③《政》(地域·組織⁴に)潜入する.

in·fi·nit [インふィニート ínfini:t または ..ニート] 形 《言》不定詞(不定形)の. die *infinite* Form 不定形.

In·fi·ni·tiv [インふィニティーふ ínfiniti:f] 男 -s/-e [..ヴェ] 《言》(動詞の)不定詞, 不定形(人称・数・時称により規制されていない動詞の基本形. 例: gehen, lieben).

in·fi·zie·ren [インふィツィーレン ɪnfitsí:rən] I 他 (h)《医》《ｊ4 **mit** 物3 ～》(病気を)感染させる, うつす; (病原菌などで)汚染する. ｊ4 mit [dem] Husten *infizieren* ｊ4にせきをうつす. II 再帰 (h)《*sich*4 [**mit** 物3] ～》([物3に])感染する.

in fla·gran·ti [イン ふらグランティ ɪn flagránti] [ラテン] 現行犯で.

In·fla·ti·on [インふラツィオーン ɪnflatsió:n] 女 -/-en 《経》インフレーション; 《比》供給過剰. (《釈》「デフレーション」は Deflation.)

in·fla·ti·o·när [インふらツィオネーア ɪnflatsioné:r] 形 インフレーションの.

In·flu·en·za [インふルエンツァ ɪnfluéntsa] 女 -/《医》インフルエンザ, 流行性感冒.

In·fo¹ [インふォ ínfo] 中 -s/-s《口語》宣伝パンフ, ちらし(=**Informationsblatt**).

In·fo² [インふォ] 女 -/-s《口語》インフォメーション(=**Information**).

in·fol·ge [イン・ふォるゲ ɪn-fólgə] 前《2 格とともに》《原因》…のために, …によって. *infolge* eines Unfalls 事故のために. ◇《**von** とともに副詞的に》*infolge* von Krankheit 病気のために.

in·fol·ge·des·sen [インふォるゲ・デッセン] 副 その結果, したがって, だから.

In·for·mand [インふォルマント ɪnfɔrmánt] 男 -en/-en (一定の職域の説明を受ける)実習生; (企業の)マネージメントエンジニア.(女性形: -in).

In·for·mant [インふォルマント ɪnfɔrmánt] 男 -en/-en ① 情報提供者.(女性形: -in). ② 《言》言語資料提供者, インフォーマント.

In·for·ma·tik [インふォルマーティク ɪnfɔrmá:tɪk] 女 -/ 情報科学.

In·for·má·ti·ker [インふォルマーティカァ ɪnfɔrmá:tɪkər] 男 -s/- 情報科学者.(女性形: -in)

die In·for·ma·ti·on [インふォルマツィオーン ɪnfɔrmatsió:n] 女 (単) -/(複) -en (英 *information*) ① 情報, インフォメーション, 知らせ. eine vertrauliche *Information* 内々の情報 / *Informationen*4 ein|holen (または erhalten) 情報を手に入れる / ｊ3 eine *Information*4 **über 事4 geben ｊ3に事4に関する情報を提供する.

② 《複 なし》情報の提供. das Recht des Bürgers auf *Information* 国民の知る権利. ③ (駅などの)案内所. (ｒ図). **bei** (または **in**) der *Information* fragen 案内所で尋ねる.

—— 使ってみよう ——

この町にはどんな観光名所がありますか.
Was für Sehenswürdigkeiten gibt es hier in der Stadt?
私はノイシュヴァーンシュタイン城を見学したいです.
Ich möchte das Schloss Neuschwanstein besichtigen.
この町にはどんな博物館がありますか.
Was für Museen gibt es in dieser Stadt?
英語の市内マップをいただけますか.
Kann ich einen Stadtplan auf Englisch haben?

In·for·ma·ti·ons=aus·tausch [インふォルマツィオーンス・アオスタオシュ] 男 -[e]s/ 情報交換.

In·for·ma·ti·ons=blatt [インふォルマツィオーンス・ブらット] 中 -[e]s/..blätter 宣伝パンフ, ちらし.

In·for·ma·ti·ons=bü·ro [インふォルマツィオーンス・ビュロー] 中 -s/-s [観光]案内所, インフォメーション; (会社などの)情報室.

In·for·ma·ti·ons=ma·te·ri·al [インふォルマツィオーンス・マテリアーる] 中 -s/..alien [..アーリエン] 情報[を得るための]資料.

In·for·ma·ti·ons=quel·le [インふォルマツィオーンス・クヴェれ] 女 -/-n 情報源.

In·for·ma·ti·ons=sys·tem [インふォルマツィオーンス・ズュステーム] 中 -s/-e 《コンピュ》情報処理システム.

In·for·ma·ti·ons=tech·no·lo·gie [インふォルマツィオーンス・テヒノろギー] 女 -/-n [..ギーエン] 情報技術, IT.

In·for·ma·ti·ons=ver·ar·bei·tung [インふォルマツィオーンス・ふェアアルバイトゥング] 女 -/《コンピュ》情報処理.

In·for·ma·ti·ons=wert [インふォルマツィオーンス・ヴェーァト] 男 -[e]s/-e 情報価値.

In·for·ma·ti·ons=zen·trum [インふォルマツィオーンス・ツェントルム] 中 -s/..zentren 情報センター.

in·for·ma·tiv [インふォルマティーふ ɪnfɔrmatí:f] 形 情報(知識)を与えてくれる, 啓発的な.

in·for·mell [イン・ふォルメる ín-fɔrmɛl または ..メる] 形 非公式の, 略式の, 正式でない.

*in·for·mie·ren [インふォルミーレン ɪnfɔrmí:rən] (informierte, hat...informiert) I 他 《完了》haben (ｊ4に)情報を与える, 知らせる, 教える. (英 *inform*). ｊ4 **über** einen Vorfall *informieren* ある事件についてｊ4に知らせる / Er *ist* immer gut *informiert*.《状態受動・現在》彼はいつも情報に通じている. ◇《過去分詞の形で》*informierte* Kreise 消息筋.
II 再帰 《完了》haben) *sich*4 *informieren* 情報を得る, 調べる. Er *hat* sich **über** die Vor-

in·for·miert [インフォルミーアト] *informieren(情報を与える)の過分. 3人称単数・2人称親称複数直現

in·for·mier·te [インフォルミーアテ] *informieren(情報を与える)の過基

In·fo·tain·ment [インフォテーンメント ɪnfoté:nmənt] 中 -s/ (テレビなどの)情報娯楽番組, ワイドショー (=Information＋Entertainment).

In·fo·thek [インフォテーク ɪnfoté:k] 女 -/-en (ディスプレーなどによる)インフォメーション・コーナー.

in≠fra·ge, in Fra·ge [インフラーゲ ɪnfráːɡə] 《成句的に》 *infrage* kommen 考慮される ⇒ Das kommt nicht *infrage*. そんなことはありえない(問題にならない) / 人・事4 *infrage* stellen a) 人・事4を疑う, b) 事4を危うくする. (☞ in Frage ともつづる) ⇨ Frage ① ②

in·fra·rot [インフラ・ロート] 形 《物》 赤外[線]の.

In·fra·schall [インフラ・シャル] 男 -[e]s/《物》超低周波音.

In·fra·struk·tur [インフラ・シュトルクトゥーア] 女 -/-en インフラ[ストラクチャー], 基盤施設(一国の経済・防衛などを下支えする設備); 下部構造(交通網・通信網など).

In·fu·si·on [インフズィオーン ɪnfuzióːn] 女 -/-en 《医》(体内への)注入, 点滴.

Ing. [インジェニエーア] 《略》 エンジニア, 技師 (= Ingenieur).

In·ge [インゲ ínɡə] -s/《女名》 インゲ.

In·ge·borg [インゲ・ボルク ínɡə-bɔrk] -s/《女名》 インゲボルク.

***der In·ge·ni·eur** [インジェニエーア ɪnʒeniǿːr] 《発》 男 (単2) -s/(複) -e (3格のみ -en) 技師, エンジニア (略: Ing.). 《英》 engineer). Elektro*ingenieur* 電気技師 / *Ingenieur* für Maschinenbau 機械製造技師.

In·ge·ni·eu·rin [インジェニエーリン ɪnʒeniǿːrɪn] 女 -/-rinnen (女性の)技師.

In·gol·stadt [インゴル・シュタット ínɡɔl-ʃtat] 中 -s/《都市名》 インゴルシュタット(ドイツ, バイエルン州: ☞ 地図 E-4).

In·gre·di·enz [イングレディエンツ ɪnɡrediénts] 女 -/-en 《ふつう複》 ① 《薬・料理》材料. ② (薬の)成分.

In·grid [イングリット ínɡrɪt または ..ɡriːt ..ɡriːt] -s/《女名》 イングリット, イングリート.

Ing·wer [イングヴァァ ínvər] 男 -s/- ① 《植なし》 《植》ショウガ. ② しょうがの根茎; しょうが入りリキュール.

In·ha·ber [イン・ハーバァ ín-haːbər] 男 -s/- 所有者, 持ち主; (会社・商店などの)オーナー (略: Inh.). (女性形: -in). der *Inhaber* des Weltrekordes (スポーツの)世界記録保持者.

in·haf·tie·ren [イン・ハフティーレン ɪn-haftíːrən] 他 (h) 拘留(拘置)する.

In·haf·tie·rung [イン・ハフティールング] 女 -/-en 拘留, 拘置.

In·ha·la·ti·on [インハらツィオーン ɪnhalatsióːn] 女 -/-en 《医》(蒸気などの)吸入.

in·ha·lie·ren [インハリーレン ɪnhalíːrən] 他 (h) 《医》(蒸気などを4を)吸入する; 《口語》(たばこの煙4を)深く吸い込む.

***der* In·halt** [イン・ハるト ín-halt] 男 (単2) -[e]s/(複) -e (3格のみ -en) 《英》 content) ① (容器の)中身, 内容[物]; 《数》容積, 体積, 面積. der *Inhalt* eines Pakets 小包の中身 / Der *Inhalt* des Behälters beträgt fünf Liter. この容器は5リットル入る / den *Inhalt* eines Körpers berechnen 物体の容積を計算する.
② (本・手紙などの)内容; 意味, 要旨. *Inhalt* und Form eines Gedichtes 詩の内容と形式 / ein Leben ohne *Inhalt* 空虚な人生.

in·halt·lich [イン・ハるトリヒ] 形 内容に関する, 内容[上]の.

In·halts≠an·ga·be [インハるツ・アンガーベ] 女 -/-n (小包などの)内容表示; (本・劇などの)内容の要約, 梗概(ぶ).

In·halts≠los [インハるツ・ろース] 形 内容のない, 空疎な.

in·halts≠reich [インハるツ・ライヒ] 形 内容の豊かな, 意義深い.

in·halts≠schwer [インハるツ・シュヴェーァ] 形 重要な意味を持つ, 意義深い.

In·halts≠ver·zeich·nis [インハるツ・フェァツァイヒニス] 中 -nisses/..nisse (本の)目次; (小包などで:)(内容表示の)品名一覧.

in·hä·rent [インヘレント ɪnhɛrént] 形 《哲》(圏3に)固有の, 内在的な.

in·hu·man [イン・フマーン ín-humaːn または ..フマーン] 形 非人道的な, 非人間的な, 残酷な.

In·i·ti·a·le [イニツィアーれ initsiaːlə] 女 -/-n 頭文字, イニシャル; (章の初めなどの)装飾文字.

In·i·ti·al·zün·dung [イニツィアーる・ツュンドゥング] 女 -/-en ① 起爆. ② 《比》(口火となる)アイディア, 発端.

In·i·ti·a·ti·ve [イニツィアティーヴェ initsiatíːvə] 女 -/-n ① 主導性, イニシアチブ, 首唱, 発起. die *Initiative*4 ergreifen イニシアチブをとる / aus eigener *Initiative* 率先して. ② 市民運動(グループ). ③ 《圏なし》進取の精神, 意欲. ④ 《政》(法案の)発議権. ⑤ (ᴬ⁴) 国民投票の請願.

In·i·ti·a·tor [イニツィアートァ initsiáːtɔr] 男 -s/-en ..アトーレン 主導(首唱)者, 発起人. (女性形: -in).

in·i·ti·ie·ren [イニツィイーレン initsiíːrən] 他 (h) ① (企画・行動など4を)起こす, 発足させる, 開始する. ② (人4を団体などに)入会させる, 受け入れる.

In·jek·ti·on [イニェクツィオーン ɪnjɛktsióːn] 女 -/-en ① 《医》注射, 注入; 充血. ② 《建》(セメントなどの)注入.

in·ji·zie·ren [イニツィーレン ɪnjitsíːrən] 他 (h) 《医》(薬など4を)注射する, 注入する.

In·kar·na·ti·on [インカルナツィオーン ɪnkarnatsióːn] 囡 –/ ① (宗)(神の)受肉, 託身. ② 肉体化, 具現化, 権化.

In·kas·so [インカッソ ɪnkáso] 中 –s/–s (ポラ: ..kassi) (商) 債権(代金)取りたて.

inkl. [インクるズィーヴェ または ..ズィーヴェ] (略) …を含めて (=**inklusive**).

in·klu·si·ve [インクるズィーヴェ ínkluziːvə または ..ズィーヴェ] 前 《2格とともに》 …を含めて (略: inkl.). (反対)「…を除いて」は exklusive). *inklusive des Portos* 郵送料も含めて.

In·ko·gni·to [インコグニート ɪnkɔ́ɡnito] 副 匿名で, お忍びで, 変名で. *inkognito reisen* 身分を隠して旅行する.

In·ko·gni·to [インコグニート] 中 –s/–s (ふつう 単) 匿名, 変名. *das Inkognito⁴ wahren* (lüften) 正体を隠したままでいる (正体を明かす).

in·kom·men·su·ra·bel [イン・コメンズラーべる ínkɔmɛnzuraːbəl または ..ラーべる] 形 測り(量り)えない, 同一の基準では計りえない, 比較できない.

in·kom·pa·ti·bel [イン・コンパティーべる ínkɔmpatiːbəl または ..ティーべる] 形 両立しえない; (コンピュ) 互換性のない.

in·kom·pe·tent [イン・コンペテント ínkɔmpetɛnt または ..テント] 形 無資格の, 権限のない; 専門知識のない.

In·kom·pe·tenz [イン・コンペテンツ ínkɔmpetɛnts または ..テンツ] 囡 –/–en 無資格, 無権限; 専門知識の欠如.

in·kon·se·quent [イン・コンゼクヴェント ínkɔnzekvɛnt または ..クヴェント] 形 (ふるまいが)首尾一貫していない.

In·kon·se·quenz [イン・コンゼクヴェンツ ínkɔnzekvɛnts または ..クヴェンツ] 囡 –/–en [言行]不一致, 矛盾, 無定見.

in·kor·rekt [イン・コレクト ínkɔrɛkt または ..レクト] 形 不正確な, 間違った(書き方など); 妥当でない, 不穏当な(行動など).

In·kraft≈tre·ten [インクラふト・トレーテン] 中 –s/ (法律などの)発効, 施行.

In·ku·ba·ti·ons≈zeit [インクバツィオーンス・ツァイト] 囡 –/–en (医)(病原菌の)潜伏期.

das **In·land** [イン・らント ín-lant] 中 (単2) –es (まれに –s)/ ① 国内, 自国. (反対)「外国」は Ausland). *im Inland* 国内で. ② 内陸部.

In·län·der [イン・れンダァ ín-lɛndər] 男 –s/– 自国の住民. (女性形: –in).

In·land≈flug [インらント・ふるーク] 男 –es/..flüge (航空路線の)国内線.

in·län·disch [イン・れンディッシュ ín-lɛndɪʃ] 形 国内の, 自国の; 国産の. *der inländische Markt* 国内市場 / *inländische Produkte* 国産品.

In·lands≈markt [インらンツ・マルクト] 男 –[e]s/..märkte (経) 国内市場.

In·lett [インれット ínlɛt] 中 –[e]s/–e (または –s) (羽布団・羽枕の)袋状カバー, 側地.

in·lie·gend [イン・リーゲント ín-liːɡənt] 形 (おもに) 同封の, 封入されている.

in·mit·ten [イン・ミッテン ɪn-mítən] 前 《2格とともに》(雅) …の中央(真ん中)に, …に囲まれて. *inmitten des Dorfes* 村の中心部に. ◊《**von** とともに副詞的に》 *inmitten von Blumen* 花に囲まれて.

der **Inn** [イン ín] 男 –[s]/ 《定冠詞とともに》《川名》 イン川 (ドナウ川の支流: ☞ (地図) E〜F-5, F-4).

in·ne [インネ ínə] 副 《成句的に》単² *inne sein* 《雅》単²に気がついている, 単²を意識(理解)している.

in·ne|ha·ben* [インネ・ハーベン ínə-hàːbən] 他 (h) ① (官職・地位など⁴を)占めている. ② (雅) 所有している.

in·ne|hal·ten* [インネ・ハるテン ínə-hàltən] 自 (h) [一時]中断する. *in der Arbeit innehalten* 仕事を中断する.

**in·nen [インネン ínən]

中で

Innen ist das Haus sehr schön.
インネン イスト ダス ハオス ゼーァ シェーン
その家は中がとてもすてきですよ。

副 ① 中で, 内部(内側)に. (英 *inside*). (反対「外で」は außen). *Der Apfel war innen faul.* このりんごは中が腐っていた / *Die Tür geht nach innen auf.* このドアは内側へ開く / *innen laufen* (スポ) インコースを走る / *von innen her[aus]* 内部から. ② (ポラ) 屋内で.

In·nen≈an·ten·ne [インネン・アンテンネ] 囡 –/–n 室内アンテナ.

In·nen≈ar·chi·tekt [インネン・アルヒテクト] 男 –en/–en 室内装飾家, インテリアデザイナー. (女性形: –in).

In·nen≈ar·chi·tek·tur [インネン・アルヒテクトゥーァ] 囡 –/ 室内装飾[術], インテリア.

In·nen≈auf·nah·me [インネン・アオふナーメ] 囡 –/–n (映・写) 屋内(室内)撮影.

In·nen≈aus·stat·tung [インネン・アオスシュタットゥング] 囡 –/–en 内装.

In·nen≈bahn [インネン・バーン] 囡 –/–en (スポ)(トラックの)インコース, (プールの)中央寄りコース.

In·nen≈dienst [インネン・ディーンスト] 男 –[e]s/ 内勤.

In·nen≈ein·rich·tung [インネン・アインリヒトゥング] 囡 –/–en 内装, インテリア.

In·nen≈hof [インネン・ホーふ] 男 –[e]s/..höfe 中庭.

In·nen≈le·ben [インネン・レーベン] 中 –s/ 内的(精神)生活.

In·nen≈mi·nis·ter [インネン・ミニスタァ] 男 –s/– 内務大臣. (女性形: –in).

In·nen≈mi·nis·te·ri·um [インネン・ミニステーリウム] 中 –s/..rien [..リエン] 内務省.

In·nen≈po·li·tik [インネン・ポリティーク] 囡 –/ 内政, 国内政治.

in·nen≈po·li·tisch [インネン・ポリーティッシュ] 形 内政[上]の, 国内政治の.

In·nen·raum [インネン・ラオム] 男 -[e]s/..räume (建物・自動車などの)内部空間, 室内.

In·nen·sei·te [インネン・ザイテ] 女 -/-n 内側, (物体の)内面.

In·nen·spie·gel [インネン・シュピーゲる] 男 -s/- (自動車の)室内バックミラー.

In·nen·stadt [インネン・シュタット] 女 -/..städte [..シュテーテ] 市の中心部, 都心, 中心街 (=Stadtmitte). Er wohnt in der *Innenstadt*. 彼は町の中心部(都心)に住んでいる.

In·nen·welt [インネン・ヴェるト] 女 -/ 内面の世界, 精神界.

in·ner [インナァ ínər] 形 (比較 なし, (最上) innerst)《付加語としてのみ》① 内の, 内部の, 内側の. (英 inner). (☞「外の」は äußer). die *innere* Jackentasche 上着の内ポケット / die *innere* Stadt 都心. ②《医》内部の; 体内の. die *innere* Medizin 内科 / *innere* Krankheiten 内科疾患 / die *innere* Blutung 内出血. ③ 内面の, 精神的な. das *innere* Auge 心眼 / *innere* Ruhe 心の安らぎ. ④ 国内の. die *inneren* Probleme 内政問題.

in·ner.. [インナァ.. ínər..]《形容詞につける接頭》《内の・内部の》例: *inner*parteilich 党内の.

in·ner·be·trieb·lich [インナァ・ベトリーブりヒ] 形 企業内の, 社内の.

in·ner·deutsch [インナァ・ドイチュ] 形 ドイツ国内の; 旧東西ドイツ間の.

In·ne·rei·en [インネライエン ınəráıən] 複 (料理用の)臓物(ぞうもつ).

In·ne·re[s] [インネレ[ス] ínərə[s]] 中《語尾変化は形容詞と同じ》① 内部, 内側; 国内; 奥地. das *Innere* eines Schiffes 船体の内部 / der Minister des *Inneren* 内務大臣. ② 精神, 心[の中], 内面, 核心, 中心. 人³ sein *Inneres*⁴ öffnen 人³に心中を打ち明ける / im *Inner[e]n* 心の中で, 胸の奥では.

***in·ner·halb** [インナァ・ハるプ ínər-halp]
I 前《2格とともに》①《空間的に》…の中に, …の内に. (英 inside). (☞「…の外に」は außerhalb). Wir wohnen *innerhalb* der Stadt. 私たちは町の中に住んでいます / *innerhalb* des Hauses 家の中に / *innerhalb* Berlins ベルリン市内に.
②《時間的に》…以内に. (英 within). *innerhalb* eines Jahres 1年以内に. ◇《3格とともに》*innerhalb* zehn Jahren 10年以内に.
II 副 …の中で; …以内に. ◇《von とともに》*innerhalb* von Europa ヨーロッパ域内で / *innerhalb* von zehn Jahren 10年以内に.

in·ner·lich [インナァりヒ ínərlıç] 形 (英 internal) ① 心の中の, 内面的な;《雅》内省的な. *innerliche* Hemmungen 心の内のためらい / *innerlich* lachen 心の中で笑う / ein *innerlicher* Mensch 内省的な人. ② 内部の, 内の; (薬) 内服用の. (☞「外部の」は äußerlich). ein Medikament zur *innerlichen* Anwendung 内服薬.

In·ner·lich·keit [インナァりヒカイト] 女 -/ 内面性, 内面[生活].

In·ners·te[s] [インナステ[ス] ínərstə[s]] 中《語尾変化は形容詞と同じ》内奥, 心底, 心の奥底. bis ins *Innerste* 心の底まで.

in·ne sein* ☞ inne

in·ne|wer·den* [インネ・ヴェーァデン ínə-vè:rdən] 自 (s) (事²に)気づく, (事²を)意識(理解)する.

in·ne|woh·nen [インネ・ヴォーネン ínə-vò:nən] 自 (h)《雅》(ある特性・能力などが人・物³ に)内在する, 備わっている.

in·nig [イニヒ ínıç] 形 ① 心からの, 真心こめた, 親密な. eine *innige* Liebe 心からの愛情 / 人³ *innigen* Dank sagen 人³に心からの礼を言う / 事⁴ *innig* hoffen 事⁴を切に望む. ② 緊密な, 密接な. eine *innige* Verbindung 緊密な結びつき.

In·nig·keit [イニヒカイト] 女 -/ 優しさ, 親切, 思いやり; 親密さ; 誠実さ.

In·no·va·ti·on [イノヴァツィオーン ınovatsió:n] 女 -/-en 《社》革新, 刷新; 《経》新機軸, 技術革新, イノベーション.

in·no·va·tiv [イノヴァティーふ ınovatí:f] 形 革新的な, 新機軸の.

Inns·bruck [インス・ブルック íns-bruk] 中 -s/ (都市名) インスブルック(オーストリア, チロル州の州都. 昔から交通上重要な都市で, チロル観光の拠点: ☞地図 E-5).

In·nung [イヌング] 女 -/-en《史》(手工業者の)同業組合, ギルド.

in·of·fi·zi·ell [イン・オふィツィエる ín-ofitsiel または ..エる] 形 非公式の, 内々の, 内輪の. (☞「公式の」は offiziell).

in pet·to [イン ペット ın péto] [ラテン《成句的に》 事⁴ *in petto* haben 事⁴をもくろんでいる.

in punc·to [イン プンクトー ın púŋkto] [ラテン] …の点で, …に関しては.

In·put [イン・ブット ín-put] [英] 男 中 -s/-s ① (コンピュ) インプット, 入力. (☞「出力」は Output). ② (経)(生産工場への)投入物.

In·qui·si·ti·on [インクヴィズィツィオーン ınkvizitsió:n] 女 -/-en 《史》①《複 なし》(12-18世紀の)宗教裁判, 異端審問. ②(宗教裁判の)厳しい尋問; 《比》厳しい審問.

In·qui·si·tor [インクヴィズィートァ ınkvizí:tor] 男 -s/-en [..ズィトーレン]《史》宗教裁判官.

in·qui·si·to·risch [インクヴィズィトーリッシュ ınkvizitó:rıʃ] 形 (宗教裁判官のように)厳しい, 仮借ない.

ins [インス ıns]《前置詞 in と定冠詞 das の融合形》Wir gehen *ins* Kino. 私たちは映画に行く.

In·sas·se [イン・ザッセ ın-zasə] 男 -n/-n 乗客, (施設などの)入居者, 収容者. (女性形: Insassin).

ins·be·son·de·re [インス・ベゾンデレ] 副 特に, とりわけ. Sie mag sehr gern Blumen, *insbesondere* Rosen. 彼女はとても花が好きだ

が，なかでも特にばらが好きだ．

ins‗be･son･dre [インス･ベゾンドレ] 副 =insbesondere

In･schrift [イン･シュリふト ín-ʃrɪft] 女 -/-en （石碑・貨幣などに刻まれた）銘，碑文．

das **In･sekt** [インゼクト ɪnzέkt] 田 （単2) -[e]s/(複) -en 昆虫．(英) insect). nützliche (schädliche) Insekten 益虫(害虫).

In･sek･ten‗fres･ser [インゼクテン･ふレッサァ] 男 -s/- 《動》食虫生物．

In･sek･ten‗**kun･de** [インゼクテン･クンデ] 女 -/ 昆虫学 (=Entomologie).

In･sek･ten‗**stich** [インゼクテン･シュティヒ] 男 -[e]s/-e 虫に刺された傷，虫刺され．

In･sek･ti･zid [インゼクティツィート ɪnzɛktitsí:t] 田 -s/-e 殺虫剤．

die **In･sel** [インゼる ínzəl] 女 (単) -/(複) -n ① 島．(英) island). Halbinsel 半島 / die Japanischen Inseln 日本列島 / eine unbewohnte Insel 無人島 / auf einer Insel landen 島に上陸する / Sie leben auf einer Insel. 彼らは島で暮らしている． ②《比》孤立した場所．Verkehrsinsel (道路上の)安全地帯．

In･sel‗be･woh･ner [インゼる･ベヴォーナァ] 男 -s/- 島民．(女性形: -in).

In･sel‗**grup･pe** [インゼる･グルッペ] 女 -/-n 群島．

In･sel‗**land** [インゼる･らント] 田 -[e]s/..länder 島国．

In･se･rat [インゼラート ɪnzerá:t] 田 -[e]s/-e （新聞・雑誌の）広告．ein Inserat[4] in die Zeitung setzen 新聞に広告を載せる．

In･se･rent [インゼレント ɪnzerέnt] 男 -en/-en 広告主(者). (女性形: -in).

in･se･rie･ren [インゼリーレン ɪnzerí:rən] I 他 (h) （新聞などに物[4]の）広告を出す． II 自 (h) 広告を出す．in einer Zeitung inserieren 新聞に広告を出す．

ins‗ge･heim [インス･ゲハイム] 副 ひそかに，内心，こっそりと．

ins‗ge･samt [インス･ゲザムト ɪns-gəzámt] 副 全部で，一括して，ひとまとめにして；全体的に． Es waren insgesamt fünfzig. 全部で50だった / ein insgesamt positiver Eindruck 全体として好ましい印象．

In･si･der [インザイダァ ínzaɪdər] [英] 男 -s/- ① 内[部事]情に通じた人．(女性形: -in). ② （金融会社などの）インサイダー，内部関係者．

In･si･gni･en [インズィグニエン ɪnzígniən] [複] （権力・位階などを象徴する）記章，勲章．

in･so･fern I [イン･ゾーふェルン ɪn-zó:fɛrn] 副 その点では，そのかぎりでは．Insofern hast du recht 《または Recht》. その点では君の言うとおりだ． ◇《als とともに》…という点では．Seine Meinung ist insofern entscheidend, als er die Sache genehmigen muss. この件を認可するのは彼だという点では，彼の意見は決定的である．

II [イン･ゾふェルン] 接 《従属接続詞；動詞の人

称変化形は文末》…であるかぎり[は]，…であれば．Er wird kommen, insofern es seine Zeit erlaubt. 彼は時間が許せば来るだろう．

in･sol･vent [イン･ゾるヴェント ín-zɔlvɛnt または ..ヴェント] 形 《経》支払不能の，破産した．

In･sol･venz [イン･ゾるヴェンツ ín-zɔlvɛnts または ..ヴェンツ] 女 -/-en 《経》支払不能，破産．

in･so･weit I [イン･ゾーヴァイト ɪn-zó:vart] 副 その点では，そのかぎりでは (=insofern I). II [イン･ゾヴァイト] 接 《従属接続詞；動詞の人称変化形は文末》…であるかぎり[は]，…であれば (= insofern II).

in spe [イン スペー ɪn spé:] [ラテ] 《名詞のあとに置かれる》未来の，近い将来の．meine Schwiegermutter in spe ちかぢか私の姑(しゅうとめ)となる人．

In･spek･teur [インスペクテーァ ɪnspɛktǿ:r] 男 -s/-e 検査(監督)局長；《軍》査閲長官. (女性形: -e).

In･spek･ti･on [インスペクツィオーン ɪnspɛktsió:n] 女 -/-en ① 検査，視察；監視；《自動車》定期]点検．eine Inspektion[4] vor/nehmen 検査をする． ② 監督官庁，検査局．

In･spek･tor [インスペクトァ ɪnspέktɔr] 男 -s/ -en [..トーレン] 検査官，監督官；検閲官. (女性形: -in).

In･spi･ra･ti･on [インスピラツィオーン ɪnspɪrasió:n] 女 -/-en 霊感，インスピレーション；神霊感応；着想．

in･spi･rie･ren [インスピリーレン ɪnspɪrí:rən] 他 (h) （精神的に物[4]に）活気(刺激)を与える，インスピレーションを与える．人[4] zu 物[3] inspirieren 人[4]に物[3]への刺激を与える．

In･spi･zi･ent [インスピツィエント ɪnspɪtsiέnt] 男 -en/-en 《劇》舞台監督；《映》助監督；《放送》ディレクター．(女性形: -in).

In･spi･zie･ren [インスピツィーレン ɪnspɪtsí:rən] 他 (h) 検査する，視察(閲覧)する．

in･sta･bil [イン･スタビーる ín-stabi:l または ..ビーる] 形 変わりやすい；《物・工》不安定な．

In･stal･la･teur [インスタらテーァ ɪnstalaté:r] 男 -s/-e （電気・水道・ガスなどの）取り付け職人，配管(配電)工. (女性形: -in).

In･stal･la･ti･on [インスタらツィオーン ɪnstalatsió:n] 女 -/-en ① （電気・水道・ガスなどの）設備の取り付け；配管(配電)設備． ② 《コンピュ》 （ソフトウェアの）インストール．

in･stal･lie･ren [インスタリーレン ɪnstalí:rən] 他 (h) ① （設備など[4]を）取り付ける，設置する；（電線・ガス管など[4]を）配線(配管)する． ② 《コンピュ》（ソフトウェア[4]を）インストールする．

in‗stand, in Stand [イン･シュタント] 副 良い状態に．物[4] instand halten 物[4](器具・建物など)を整備(手入れ)しておく / 物[4] instand setzen 物[4]を修理する / 人[4] instand setzen, zu 不定詞句] 人[4]が…することを可能にする．

In･stand‗hal･tung [インシュタント･ハるトゥング] 女 -/-en 《書》手入れ，整備；修理，修繕．

in･stän･dig [イン･シュテンディヒ ín-ʃtɛndɪç] 形 切実な，さし迫った．

In·stand=set·zung [インシュタント・ゼッツング] 囡 -/-en《書》修復, 修理.

In·stanz [インスタンツ] instánts] 囡 -/-en ① 所管(当該)官庁. sich⁴ an die höhere *Instanz* wenden 上級の官庁に問い合わせる. ②《法》(審級の一つとしての)裁判所. die erste *Instanz* 第一審 / in letzter *Instanz* 最終審で.

In·stan·zen·weg [インスタンツェン・ヴェーク] 男 -[e]s/-e 《ふつう 単》官庁の手続き;《法》審級順序.

der **In·stinkt** [インスティンクト instíŋkt] 男 (単2) -[e]s/(複) -e (3格のみ -en) ① 本能.《英 instinct》. der mütterliche *Instinkt* 母性本能 / Das Tier folgt seinem *Instinkt*. 動物は本能に従う / 単⁴ aus *Instinkt* tun 単⁴ を本能的に行う. ② 勘, 直感. ein sicherer *Instinkt* 確かな勘 / mit feinem *Instinkt* 鋭い勘で.

in·stink·tiv [インスティンクティーふ ɪnstɪŋktíːf] 形 本能的な; 直感的な.

das **In·sti·tut** [インスティトゥート instituːt] 中 (単2) -[e]s/(複) -e (3格のみ -en) ① 研究所, (研究・教育などの)施設, 協会; 学院.《英 institute》. (🞂「ドイツ・ミニ情報 19」, 下段). Max-Planck-*Institut* マックス・プランク研究所 / Goethe-*Institut* ゲーテ・インスティトゥート, ドイツ文化センター(ドイツ語・ドイツ文化を普及するための国際交流機関) / *Institut* **für** Deutsche Sprache ドイツ語研究所. ②《法》制度.

In·sti·tu·ti·on [インスティトゥツィオーン institutsiόːn] 囡 -/-en ① (学術的・社会的な目的の)協会, (公共の)機関, 施設. ②《社》(社会の)制度.

in·stru·ie·ren [インストルイーレン ɪnstruíːrən] 他 (h) ① (人⁴ **über** 事⁴ ～) (人⁴に事⁴について)知らせる, 教える. ② (人⁴に)指図を与える, 指導する.

In·struk·teur [インストルクテーア ɪnstruktöːr]

男 -s/-e インストラクター, 指導員. (女性形: **In·struk·ti·on** [インストルクツィオーン ɪnstruktsiόːn] 囡 -/-en 指導, 教示; 指示, 訓令.

in·struk·tiv [インストルクティーふ ɪnstruktíːf] 形 (教育上)ためになる, 有益な, 啓発的な.

* *das* **In·stru·ment** [インストルメント instrumént] 中 (単2) -[e]s/(複) -e (3格のみ -en) (英 *instrument*) ① (学術用の精密な)器具, 器械. Mess*instrument* 計測器 / in medizinisches *Instrument* 医療器具. (🞂 類語 Werkzeug).

② 楽器. (=Musik*instrument*). Er spielt fast alle *Instrumente*. 彼はほとんどすべての楽器を演奏する. ③《雅》道具, 手段. die Sprache als *Instrument* der Kommunikation² コミュニケーションの手段としての言語.

in·stru·men·tal [インストルメンターる ɪnstrumentáːl] 形 《音楽》楽器の, 器楽の; 器具の.

In·stru·men·tal=mu·sik [インストルメンターる・ムズィーク] 囡 -/ 器楽[曲]. (⚠「声楽[曲]」は Vokalmusik).

In·stru·men·ta·ti·on [インストルメンタツィオーン ɪnstrumentatsiόːn] 囡 -/-en 《音楽》管弦楽法, オーケストレーション.

in·stru·men·tie·ren [インストルメンティーレン ɪnstrumentíːrən] 他 (h) ①《音楽》オーケストラ用に編曲する. ② (物⁴に)計器(器具)を取り付ける.

In·suf·fi·zi·enz [イン・ズふィツィエンツ ínzufitsiɛnts または ..エンツ] 囡 -/-en 能力不足;《医》機能不全[症].

In·su·la·ner [インズらーナァ ɪnzuláːnər] 男 -s/-《古・戯》島民, 島の住民. (女性形: -in).

In·su·lin [インズリーン ɪnzulíːn] 中 -s/ インスリン, 膵臓(まいぞう)ホルモン.

in·sze·nie·ren [イン・スツェニーレン ɪnstseníːrən] 他 (h) ①《劇・映》(ドラマなど⁴を)演出する, 監督する. ② (スキャンダル・騒乱な

ドイツ・ミニ情報 19

インスティトゥート Institut

ドイツは伝統的に学術研究に優れ, なかでも 19 世紀末～20 世紀初頭は自然科学の全盛期で, 31 個ものノーベル賞がドイツ人学者たちに授与された. これは, 全国規模のインスティトゥート(研究所)が多数存在し, 国をあげて学術研究を支援する体制が整っているという事情によるところが大きい.

1911 年に創設された「カイザー・ヴィルヘルム学術振興協会」もその一つだが, 名称がプロイセン時代の帝国主義を連想させるとして, 1948 年に「マックス・プランク協会」と改名した. マックス・プランクは 1918 年にノーベル賞を受賞し, 1945～46 年にカイザー・ヴィルヘルム学術振興協会の会長をつとめた物理学者である. その後この財団は, あらゆる学問分野を網羅する総合的な研究機関に発展し, 全国 60 か所に研究所が点在する.

1932 年に創設された「ドイツ・アカデミー」も, 外務省の委託を受けた半官半民の研究機関. ドイツという言葉を全面に出すとヒトラー時代の国粋主義を連想させるとして, 1951 年に文豪ゲーテの名をとって「ゲーテ・インスティトゥート」と改称した. ミュンヒェンに本部を置き, ドイツ語の普及を主な活動としており, 国内で 1662, 国外で 5520 の語学講座を運営する. 日本にも, 東京・大阪・京都に設置されている. それに対して, マンハイムにある「ドイツ語研究所」は, 現状に合ったドイツ語運用の管理を任務とし, 正書法の改正案などを検討する機関となっている.

In·sze·nie·rung [イン・スツェニーるンゲ] 囡 -/-en ① (劇・映) 演出, 監督. ② (スキャンダルなどを)仕組むこと, やらせ.

in·takt [インタクト ɪntákt] 形 ① 損傷のない, 故障していない, 機能を果たしている. ② 健全

in·te·ger [インテーガァ inté:gɐr] 形 非の打ちどころのない, 清廉潔白な.

in·te·gral [インテグラーる ɪntɡráːl] 形 (全体を構成するのに)不可欠な.

In·te·gral [インテグラーる] 田 -s/-e (数) 積分. (参考「微分」は Differenzial).

In·te·gral·rech·nung [インテグラーる・レヒヌング] 囡 -/-en (数) 積分[学]; 積分[法]計算.

In·te·gra·ti·on [インテグラツィオーン ɪntegratsióːn] 囡 -/-en ① (国家・団体などの)統合, 統一, 融合, 協調. die politische *Integration* Europas ヨーロッパの政治的統合. ② (社) (個人・集団の)社会への融和. ③ (数) 積分法.

in·te·grie·ren [インテグリーレン ɪntɡríːrən] 他 (h) ① 統合(統一)する. ②《A^4 in B^4 ~》(A^4 を B^4 に)組み入れる. ◇《再帰的に》*sich*^{4} *integrieren* 組み入れられる. ③ (数) 積分する.

in·te·grie·rend [インテグリーレント] I 現分 II 形 (全体の一部として)欠かせない, 不可欠の.

In·te·gri·tät [インテグリテート ɪntegritέːt] 囡 -/ ① 完全無欠; 清廉潔白, 誠実. ② (政・法) (国境などの)不可侵性.

In·tel·lekt [インテれクト ɪntɛlέkt] 男 -[e]s/ 知性, 知力, 思考力.

in·tel·lek·tu·ell [インテれクトゥエる ɪntɛlɛktuέl] 形 ① 知的な, 知性(思考力)の豊かな. ② 知識人の, インテリの.

In·tel·lek·tu·el·le[r] [インテれクトゥエれ(..ルァ) ɪntɛlɛktuέlə(..lɐr)] 男 囡《語尾変化は形容詞と同じ》インテリ, 知的水準の高い人, 知識人.

in·tel·li·gent [インテりゲント ɪntɛlɪgέnt] 形 ① 知能の高い, 知的な; 聡明(そうめい)な. (英 *intelligent*). eine *intelligente* Frau 理知的な女性 / Der Schüler ist sehr *intelligent*. その生徒はとても頭がいい / eine *intelligente* Antwort よく考えた(賢明な)答え. ②《ふつう名》人工知能による.

die **In·tel·li·genz** [インテりゲンツ ɪntɛlɪgέnts] 囡 (単) -/(複) -en ①《複なし》知能, 知力; 聡明(そうめい)さ. (英 *intelligence*). ein Mensch von großer *Intelligenz* 優れた知能の持ち主. ②《複なし》(総称として:)インテリ[層], 知識階級. (英 *intelligentsia*). ③《ふつう複》知的生物.

In·tel·li·genz·quo·ti·ent [インテりゲンツ・クヴォツィエント] 男 -en/-en 知能指数(略: IQ).

In·tel·li·genz·test [インテりゲンツ・テスト] 男 -[e]s/-s (または -e) 知能テスト.

In·ten·dant [インテンダント ɪntɛndánt] 男 -en/-en (劇場・放送事業などの)支配人(総裁). (女性形: -in).

In·ten·danz [インテンダンツ ɪntɛndánts] 囡 -/-en (劇場・放送事業などの)支配人(総裁)の職(執務室).

In·ten·si·tät [インテンズィテート ɪntɛnzitέːt] 囡 -/-en《ふつう単》① 強烈さ, 激しさ, [精神的]集中. ② (色・においなどの)強さ.

in·ten·siv [インテンズィーふ ɪntɛnzíːf] 形 ① 集中的な, 徹底的な. (参考「広範な」は extensiv). ein *intensiver* Unterricht 集中授業. ② 強烈な(色・においなど), 激しい(痛みなど). ③ (農) 集約的な.

in·ten·si·vie·ren [インテンズィヴィーレン ɪntɛnziví:rən] 他 (h) [いっそう]強める, 強化する.

In·ten·siv·kurs [インテンズィーふ・クルス] 男 -es/-e (外国語などの)インテンシブコース, 集中講座.

In·ten·siv·me·di·zin [インテンズィーふ・メディツィーン] 囡 -/ 集中医療(治療).

In·ten·siv·sta·ti·on [インテンズィーふ・シュタツィオーン] 囡 -/-en (医) (重病患者のための)集中治療室(病棟), ICU.

In·ten·ti·on [インテンツィオーン ɪntɛntsióːn] 囡 -/-en《ふつう複》意図, もくろみ.

In·ter.., In·ter.. [インタァ.. ɪntɐr.. または インタァ..]《形容詞・名詞につける接頭》① (間の) 例: *inter*kontinental 大陸間の. ② (国際の) 例: *Inter*pol 国際刑事警察機構.

In·ter·ci·ty [インタァ・スィッティ ɪntɐr-síti] 男 -s/-s =*Intercity*zug

In·ter·ci·ty·ex·press [インタァスィッティ・エクスプレス] 男 -[e]s/-e =*Intercity*expresszug

In·ter·ci·ty·ex·press·zug [インタァスィッティ・エクスプレスツーク] 男 -[e]s/..züge インターシティ超特急列車(略: ICE).

In·ter·ci·ty·zug [インタァスィッティ・ツーク] 男 -[e]s/..züge インターシティ, (ドイツの)都市間特急列車(略: IC).

In·ter·de·pen·denz [インタァ・デペンデンツ ɪntɐr-depɛndέnts] 囡 -/-en 相互依存.

in·ter·dis·zi·pli·när [インタァ・ディスツィプりネーァ ɪntɐr-dɪstsiplinέːr または ..ネーァ] 形 学際的な, 数部門にわたる(研究など).

in·ter·es·sant [インテレサント / ɪntɐɛsánt]

興味深い

Das Buch ist sehr *interessant*.
ダス ブーフ イスト ゼーァ インテレサント
その本はとてもおもしろい.

形《比較 interessanter, 最上 interessantest》① 興味深い, 興味(関心)をひく, おもしろい. (英 *interesting*). ein *interessanter* Vortrag 興味深い講演 / Er will sich *interessant* machen. 彼は人目をひこうとする / Er kann *inter-*

essant erzählen. 彼はおもしろおかしく話ができる.
② 《商》有利な, もうけになる.

in·ter·es·san·ter·wei·se [インテレザンタァ・ヴァイゼ] 副 興味深いことに, おもしろいことに.

das **In·ter·es·se [インテレッセ ɪntarésə] 田 (単2) -s/(複) -n (英 *interest*) ① 《複 なし》興味, 関心. das *Interesse*⁴ der Öffentlichkeit² erregen 世間の興味をかきたてる / Ich habe *Interesse* an ihm. 私は彼に関心がある / Er zeigte starkes *Interesse* **für** unsere Arbeit. 彼は私たちの仕事に強い関心を示した / **mit** *Interesse* 関心を持って / Diese Sache ist nicht **von** *Interesse*. この件は私たちの関心を引くようなものではない.
② 《ふつう 複》利害[関係], 利益; 関心事. gegensätzliche *Interessen* 対立する利害 / Wir haben viele gemeinsame *Interessen*. 私たちの間には共通の利害関係がたくさんある / **im** *Interesse* des Verbrauchers 消費者の[利益の]ために / im eigenen *Interesse* handeln 自分の利益のために行動する. ③ 《商》購買欲, 需要. ④ 《複で》《古》利子.

in·ter·es·se·los [インテレッセ・ロース] 形 興味を感じない, 関心を示さない, 無関心な.

In·ter·es·sen·ge·biet [インテレッセン・ゲビート] 田 -[e]s/-e 関心(興味)のある領域.

In·ter·es·sen·ge·mein·schaft [インテレッセン・ゲマインシャフト] 囡 -/-en 利益協同体 (略: IG).

In·ter·es·sen·grup·pe [インテレッセン・グルッペ] 囡 -/-n 利益[代表]団体.

In·ter·es·sent [インテレセント ɪntarɛsɛ́nt] 男 -en/-en 関心のある人, 参加(入会)希望者, 応募者; 購入希望者. (女性形: -in).

*****in·ter·es·sie·ren** [インテレスィーレン ɪntarɛsíːrən]

(再帰で:) 興味を持つ

Ich *interessiere* mich für Musik.
イヒ インテレスィーレ ミヒ フューア ムズィーク
私は音楽に興味があります.

(interessierte, *hat* ... interessiert) **I** 再帰 《完了 haben》〖*sich*⁴ **für** 人·物⁴ ~〗(人·物⁴に)興味を持つ, 関心がある. Er *interessiert sich* nicht für Sport. 彼はスポーツには興味がない / Ich *interessiere mich* für diesen neuen Wagen. 私はこの新車に関心を持っている(条件しだいでは買いたい).
II 他 《完了 haben》(英 *interest*) ① (人⁴の)興味をひく. Das Buch *interessiert* mich. その本は私の興味をひく.
② 〖人⁴ **für** 物⁴ (または **an** 物³) ~〗(人⁴に物⁴ (または物³)に対して)興味を持たせる, 関心をいだかせる. Er *hat* uns für seine Pläne *interessiert*. 彼は彼の計画に対して私たちの関心を引きつけた / 人⁴ an einem Beruf *interessieren* 人⁴にある職業への興味を持たせる.

in·ter·es·siert [インテレスィーアト ɪntarɛsíːɐt] **I** ≒ interessieren (再帰で: 興味を持つ)の過分, 3人称単数·2人称親称複数の現在.
II 形 興味を持った, 関心がある. (英 *interested*). **an** 人·事³ *interessiert* sein 人·事³に関心を持っている / Sie ist politisch *interessiert*. 彼女は政治に関心がある.

in·ter·es·sier·te [インテレスィーアテ] ≒ interessieren (再帰で:興味を持つ)の過去.

In·ter·fa·ce [インタァ・フェース] [英] 中 -/-s 《コンピ》インターフェース.

In·ter·fe·renz [インタァフェレンツ ɪntarferénts] 囡 -/-en 《理》(相互の)干渉; 《言》言語干渉.

In·ter·fe·ron [インタァフェローン ɪntarferóːn] 中 -s/-e 《生·医》インターフェロン(ウイルスの増殖を抑える体内物質).

In·ter·ho·tel [インタァ・ホテル íntar-hotɛl] 中 -s/-s (旧東ドイツの)国際ホテル.

In·te·ri·eur [エンテリエーァ ɛ̃teriö́ːr] [フランス] 中 -s/-s (まれに -e) ① (部屋などの)内部; 室内装飾, 内装, インテリア. ② (美)室内画.

In·te·rim [インテリム ínterɪm] 中 -s/-s ① 中間(移行)期. ② 仮協定, 暫定的協定.

in·te·ri·mis·tisch [インテリミスティッシュ interimístɪʃ] 形 仮の, 暫定的な.

In·ter·jek·ti·on [インタァイェクツィオーン ɪntarjɛktsióːn] 囡 -/-en 《言》間投詞(例: oh!).

in·ter·kon·ti·nen·tal [インタァ・コンティネンタール íntar-kontinɛntaːl または ..タール] 形 大陸間の.

In·ter·kon·ti·nen·tal·ra·ke·te [インタァコンティネンタール・ラケーテ] 囡 -/-n 《軍》大陸間[弾道]ミサイル.

in·ter·kul·tu·rell [インタァ·クルトゥレル ɪntarkulturél] 形 異文化間の, 異なる文化どうしの.

In·ter·la·ken [インタァ·ラーケン íntar-lakən] 中 -s/ (地名) インターラーケン(スイスの観光保養地・ユングフラウ登山の基地: ☞ 地図 C-5).

In·ter·mez·zo [インタァメッツォ ɪntarmétso] 中 -s/-s (または ..mezzi) ① (劇) (劇·オペラの) 幕間(まくあい)劇; 《音楽》インテルメッツォ, 間奏曲. ② 《比》(愉快な)ちょっとした出来事, エピソード.

in·tern [インテルン ɪntérn] 形 内部の, 部内の; 内輪の. 《工》内蔵の(記憶装置など). 《反》「外部の」は extern). ein *interner* Schüler (通学生に対して:)寄宿生.

In·ter·nat [インタァナート ɪntarnáːt] 中 -[e]s/-e 学生寮; (全)寮制学校.

***in·ter·na·tio·nal** [インタァ·ナツィオナール íntar-natsionaːl または ..ナール] 形 国際的な, 国際間の, インターナショナルな. 《英 *international*). 《反》「国内の」は national). *internationale* Beziehungen 国際関係 / ein *internationaler* Kongress 国際会議 / Er ist *international* bekannt. 彼は国際的に知られている.

*das **In·ter·net** [インタァ·ネット íntar-nɛt] 中 (単2) -s/(複) -s 《コンピ》インターネット. im

Internet surfen ネットサーフィンする.

In·ter·net≠adres·se [インタァネット・アドレッセ] 囡 -/-n インターネットアドレス.

In·ter·net≠an·schluss [インタァネット・アンシュるス] 男 -es/..schlüsse インターネット接続.

In·ter·net≠ca·fé [インタァネット・カフェー] 回 -s/-s インターネットカフェ.

in·ter·nie·ren [インタァニーレン ɪntɐrníːrən] 他 (h) ① (戦争中に在留敵国人⁴を)抑留する, 収容する. ② (病人を⁴を)隔離する.

In·ter·nie·rung [インタァニールング] 囡 -/-en 抑留; (病人の)隔離.

In·ter·nist [インタァニスト ɪntɐrníst] 男 -en/-en (医) 内科医. (女性形: -in). (☞「外科医」は Chirurg).

In·ter·pol [インタァ・ポール íntɐr-poːl] 囡 -/ 国際刑事警察機構 (=**In**ternationale **Kri**minal**pol**izeiliche **Or**ganisation).

In·ter·po·la·ti·on [インタァぽらツィオーン ɪntɐrpolatsióːn] 囡 -/-en ① (数) 内挿法, 補間法. ② (原典の)改ざん, 加筆.

in·ter·po·lie·ren [インタァポリーレン ɪntɐrpolíːrən] 他 (h) ① (数) (数値⁴を)内挿する, 補間する. ② (原典⁴を)改ざんする, 加筆する.

In·ter·pret [インタプレート ɪntɐrpréːt] 男 -en/-en ① 解説者, 解釈者. (女性形: -in). ② 演じ手(奏者・俳優など); 歌い手; 指揮者.

In·ter·pre·ta·ti·on [インタァプレタツィオーン ɪntɐrpretatsióːn] 囡 -/-en ① 解説, 解釈. ② (一定の解釈による)演奏, 演技, 歌唱; 指揮; 演出.

in·ter·pre·tie·ren [インタァプレティーレン ɪntɐrpretíːrən] 他 (h) ① (テキスト・作品など⁴を)解釈する; (人・事⁴を…と)解釈する. einen schwierigen Text *interpretieren* 難しいテキストを解釈する / 人⁴(事⁴) böswillig *interpretieren* 人⁴(の言うこと⁴)を意地悪く解釈する. ② (解釈を加えて音楽・劇など⁴を)演奏する, 演出する, 演技する.

In·ter·punk·ti·on [インタァプンクツィオーン ɪntɐrpuŋktsióːn] 囡 -/ (言) 句読(ﾄﾞｸ)法.

In·ter·punk·ti·ons≠zei·chen [インタァプンクツィオーンス・ツァイヒェン] 回 -s/- (言) 句読(ﾄﾞｸ)点.

In·ter·rail≠pass [インタァレーる・パス] 男 -es/..pässe (鉄道) ヨーロッパ内割引切符.

In·ter·re·gio [インタァ・レーギオ ɪntɐr-réːgio] 男 -[s]/-s 中距離特急列車 (略: IR).

In·ter·ro·ga·tiv≠pro·no·men [インテロガティーフ・プロノーメン] 回 -s/- (または ..nomina) (言) 疑問代名詞.

In·ter·shop [インタァ・ショップ íntɐr-ʃɔp] 男 -[s]/-s (旧東ドイツのインターショップ) (西側諸国の品物を外貨で買うことのできた国営店).

In·ter·vall [インタァヴァる ɪntɐrvál] 回 -s/-e ① (時間的)間隔, 距離. ② (音楽) 音程.

in·ter·ve·nie·ren [インタァヴェニーレン ɪntɐrveníːrən] 圓 (h) ① 仲介をする, 仲裁する, 調停する. ② (政) 抗議する; 干渉(介入)する.

In·ter·ven·ti·on [インタァヴェンツィオーン ɪntɐrvɛntsióːn] 囡 -/-en ① 仲裁, 調停. ② 《政》抗議; 干渉, 介入.

*das **In·ter·view** [インタァヴュー íntɐrvjuː または ..ヴュー] [英] 回 (単2) -s/(複) -s インタビュー; 《社・心・医》面談による調査(診察). **mit** 人³ ein *Interview*⁴ machen 人³にインタビューする.

in·ter·vie·wen [インタァヴューエン íntɐrvjuːən または ..ヴューエン] (過分 interviewt) 他 (h) (人⁴に)インタビューする.

In·ter·vie·wer [インタァヴューアァ íntɐrvjuːɐr または ..ヴューアァ] [英] 男 -s/- インタビューアー, 会見記者. (女性形: -in).

in·tim [インティーム ɪntíːm] 肜 ① 親しい, 親密な; 《婉曲》性的な. ein *intimer* Freund 親友 / eine *intime* Feier 内輪の祝い / *intime* Beziehungen² mit 人³ haben 人³と性的関係を持つ. (☞類語 vertraut). ② 生殖器(性器)に関する. ③ 内心の, 内密の(願望など). ④ 詳細な(知識など), 精通した. ein *intimer* Kenner der Verhältnisse² 事情をよく心得ている人. ⑤ くつろげる, 居心地のよい(店・照明など).

In·ti·mi·tät [インティミテート ɪntimitɛ́ːt] 囡 -/-en ① (複 なし) 親しさ, 親密; くつろいだ雰囲気; 個人的問題(事情). ② 《ふつう 複》プライベート(性的)な言動. ③ (複 なし) =Intimsphäre

In·tim≠sphä·re [インティーム・スフェーレ] 囡 -/ プライベートな領域, 私生活, プライバシー.

In·ti·mus [インティムス íntimus] 男 -/..timi (戯) 親友. (女性形: Intima).

in·to·le·rant [イン・トれラント ín-tolerant または ..ラント] 肜 ① 寛容でない, 狭量な. ② 《医》不耐性の.

In·to·le·ranz [イン・トれランツ ín-tolerants または ..ランツ] 囡 -/-en ① (複 なし) 不寛容, 狭量, 偏狭. ② 《医》不耐性.

In·to·na·ti·on [イントナツィオーン ɪntonatsióːn] 囡 -/ ① (言) イントネーション, 声の抑揚, 音調. ② (音楽) 調音; (グレゴリオ聖歌などの)先導部分, 歌い始め.

in·to·nie·ren [イントニーレン ɪntoníːrən] 他 (h) (歌・曲⁴を)歌い始める, 演奏し始める; 調音する.

in·tra·mus·ku·lär [イントラ・ムスクれーァ íntra-muskulɛːr または ..れーァ] 肜 (医) 筋肉内(へ)の.

In·tra·net [イントラ・ネット] [英] 回 -s/-s (ｺﾝﾋﾟｭｰﾀ) イントラネット.

in·tran·si·tiv [イン・トランズィティーふ ín-tranzitiːf] 肜 (言) 自動詞の. *intransitive* Verben 自動詞.

In·tran·si·tiv [イン・トランズィティーふ] 回 -s/-e [..ヴェ] (言) 自動詞. (☞「他動詞」は Transitiv).

in·tra·ve·nös [イントラ・ヴェネース íntra-venøːs または ..ネース] 肜 (医) 静脈内(へ)の.

in·tri·gant [イントリガント ɪntrigánt] 形 陰謀を好む; 悪賢い, ずるい.

in·tri·gant [イントリガント] 男 -en/-en 陰謀家, 策略家. (女性形: -in).

In·tri·ge [イントリーゲ ɪntríːgə] 女 -/-n 陰謀, 策略.

in·tri·gie·ren [イントリギーレン ɪntrigíːrən] 自 (h) 陰謀を企てる. **gegen** 人・事⁴ *intrigieren* 人・事⁴に対して陰謀をたくらむ.

in·tro·ver·tiert [イントロヴェルティーアト ɪntrovertíːrt] 形 《心》内向的な.

In·tu·i·ti·on [イントゥイツィオーン ɪntuitsióːn] 女 -/-en 直観, 直覚.

in·tu·i·tiv [イントゥイティーふ ɪntuitíːf] 形 直観的な.

in·tus [イントゥス íntus] 副 《成句的に》物・事⁴ *intus* haben 《口語》a) 動⁴を食べて(飲んで)しまっている, b) 事⁴が頭に入っている / Er hat einen *intus*. 《口語》彼は一杯機嫌だ.

Inu·it [イヌイット ínuit] 複 イヌイット(カナダなどのエスキモーの自称. かつては Eskimo と呼ばれた).

in·va·lid [インヴァリート ɪnvalíːt] 形 傷病の; 傷病のために働けない.

in·va·li·de [インヴァリーデ ɪnvalíːdə] 形 = invalid

In·va·li·de[r] [インヴァリーデ(..ダァ) ɪnvalíːdə (..dər)] 男 女 《語尾変化は形容詞と同じ》傷病のために働けない人, 傷病兵.

In·va·li·den⸗ren·te [インヴァリーデン・レンテ] 女 -/-n 《スミ》傷病者年金.

In·va·li·den⸗ver·si·che·rung [インヴァリーデン・ふェァズィッヒェルング] 女 -/-en 《スミ》傷病保険.

In·va·si·on [インヴァズィオーン ɪnvaːzióːn] 女 -/-en ① 《不法》侵入, 侵略; 《比》(観光客などの)殺到. ② 《医》(病原菌などの)侵入.

In·ven·tar [インヴェンタール ɪnventáːr] 中 -s/-e ① 財産, 家財, (企業などの)総資産. ② 財産(在庫品)目録; 動産.

in·ven·ta·ri·sie·ren [インヴェンタリズィーレン ɪnventarizíːrən] 他 (h) (動⁴の)[財産]目録を作る.

In·ven·tur [インヴェントゥーァ ɪnventúːr] 女 -/-en 財産(在庫品)目録; たな卸し[表].

In·ven·tur⸗aus·ver·kauf [インヴェントゥーァ・アオスふェァカオふ] 男 -[e]s/..käufe 在庫一掃大売り出し, 残品見切り売り.

In·ver·si·on [インヴェルズィオーン ɪnverzióːn] 女 -/-en ① 反転, 転回. ② 《言》(語の)倒置[法]. ③ 《気象》(下層と上層の気温の)逆転. ④ 《化》(分子構造の)反転. ⑤ 《音楽》(音程の)転回. ⑥ 性的倒錯.

in·ves·tie·ren [インヴェスティーレン ɪnvestíːrən] 他 (h) ①《資本などを⁴に》投資する. ②《比》(精力・時間⁴を)つぎ込む.

In·ves·ti·ti·on [インヴェスティツィオーン ɪnvestitsióːn] 女 -/-en 《経》投資, 出資.

In·vest·ment⸗ge·sell·schaft [インヴェストメント・ゲゼるシャふト] 女 -/-en 《経》投資[信託]会社.

In·ves·tor [インヴェストァ ɪnvéstɔr] 男 -s/-en [..トーレン]《経》投資者(家). (女性形: -in).

in⸗wen·dig [イン・ヴェンディヒ] 形 内部の, 内側の; 《比》内面的な. eine *inwendige* Tasche 内ポケット / 人・事⁴ *in-* und aus*wendig* kennen 《口語》人・事⁴の裏も表も知りつくしている.

in·wie·fern [イン・ヴィふェルン ɪn-vifɛ́rn] 副 《疑問副詞》どういう点で; どうして, なぜ.

in·wie·weit [イン・ヴィヴァイト ɪn-viváit] 副 《疑問副詞》どの程度に[まで], どれだけ. Ich weiß nicht, *inwieweit* er recht (または Recht) hat. 彼の言うことがどの程度正しいのか私にはわからない.

In·zest [インツェスト ɪntsɛ́st] 男 -[e]s/-e 近親相姦($きんしん$); 《生》近親交配.

In·zucht [イン・ツフト ín-tsuxt] 女 -/-en 《生》同系交配, 近親交配; 近親結婚.

• **in·zwi·schen** [イン・ツヴィッシェン ɪn-tsvíʃən] 副 その間に, そうこうするうちに. 《英 *meanwhile*). *Inzwischen* rauchte er eine Zigarette. その間に彼はたばこを一服した.

IOK [イー・オー・カー] 中 -[s]/ 《略》国際オリンピック委員会 (=Internationales Olympisches Komitee).

Ion [イオーン ióːn または イーオン íːɔn] 中 -s/-en [イオーネン] 《物・化》イオン.

Io·ni·en [イオーニエン ióːniən] 中 -s/ 《地名》イオニア(小アジア半島西海岸).

io·nisch [イオーニッシュ ióːnɪʃ] 形 イオニア[人]の; 《建》イオニア式の. eine *ionische* Säule イオニア式円柱.

io·ni·sie·ren [イオニズィーレン ionizíːrən] 他 (h) イオン化する, 電離させる.

Io·no·sphä·re [イオノ・スふェーレ iono-sfέːrə] 女 -/ 《物》電離層[圏].

i-Punkt [イー・プンクト] 男 -[e]s/-e i の上の点. bis **auf den** *i-Punkt* きわめて正確(綿密)に.

IQ [イー・クー] 男 -[s]/-[s]《略》知能指数 (=Intelligenzquotient).

Ir [イー・エル] 《化・記号》イリジウム (=Iridium).

IR [イー・エル] 男 -[s]/-[s] 中距離特急列車 (=Interregio).

ir.. [イル.. ɪr.. または イル..] 《形容詞などにつける 接頭》=in..(r の前で ir..) 例: ir*real* 非現実的な.

i. R. 《イム ルーエ・シュタント》《略》退職(退官)した (=im Ruhestand).

[*der*] **Irak** [イラーク iráːk または イーラク] 男 -s/ 《ふつう定冠詞とともに》《国名》イラク[共和国](首都はバグダード).

Ira·ker [イラーカァ iráːkər] 男 -s/- イラク人. (女性形: -in).

ira·kisch [イラーキッシュ iráːkɪʃ] 形 イラク[人]の.

[*der*] **Iran** [イラーン iráːn] 男 -s/ 《ふつう定冠詞とともに》《国名》イラン[・イスラム共和国](首都はテヘラン).

Ira·ner [イラーナァ iráːnər] 男 -s/- イラン人. (女性形: -in).

ira·nisch [イラーニッシュ iráːnɪʃ] 形 イラン[人]

ir·den [イルデン írdən] 形 陶製の;〈粘〉土製の, 土の. ein *irdenes* Geschirr 陶器.

ir·disch [イルディッシュ írdɪʃ] 形 ① この世の, 現世の, 俗界の;《比》無常の.《英》worldly). das *irdische* Leben 現世の生活 / *irdisches* Glück この世の幸福. ②《付加語としてのみ》地球[上]の. die *irdischen* Gesteine 地球上の岩石.

Ire [イーレ í:rə] 男 -n/-n アイルランド人 (＝Irländer).《女性形: Irin》.

Ire·ne [イレーネ iré:nə] -[n]s/《女名》イレーネ.

ir·gend [イルゲント írgənt] 副 ① (*irgend so ...* の形で)《口語》だれかそんな…, 何かそんな…. *irgend* so ein Kerl だれかそんなやつ / *irgend* so etwas 何かそんなもの.
② (**wenn, wie, wo** などに導かれる条件文で)なんとかか, どうにか. Wenn ich *irgend* kann, dann werde ich dir helfen. なんとかできることがあればお手伝いしよう.
▶ **irgend|etwas, irgend|jemand**

ir·gend.. [イルゲント írgənt..]《疑問代名詞・疑問副詞・不定冠詞などにつける接頭》《不特定の》例: *irgend*jemand だれかある人.

ir·gend·ein [イルゲント・アイン írgəntáɪn] 冠《不定冠詞》..ein の部分の語尾変化は不定冠詞 ein と同じ;《複》は irgendwelche》何かある…, だれかある… aus *irgendeinem* Grund 何らかの理由で / Ich suche *irgendein* Buch über Wale. 私は何かくじらに関する本を探しているんですが.

ir·gend·ei·ner [イルゲント・アイナァ írgəntáɪnər] 代《不定代名詞》..einer の部分の語尾変化は不定代名詞 einer と同じ;《複》は irgendwelche》だれかある人; 何かあるもの(こと).

ir·gend⁀ein·mal [イルゲント・アインマール] 副 いつかあるとき.

ir·gend⁀et·was [イルゲント・エトヴァス] 代《不定代名詞》何かある物.

ir·gend⁀je·mand [イルゲント・イェーマント] 代《不定代名詞》だれかある人.

ir·gend⁀wann [イルゲント・ヴァン] 副 いつか, いつかある時に.

ir·gend⁀was [イルゲント・ヴァス] 代《不定代名詞》《口語》＝irgendetwas

ir·gend⁀wel·cher [イルゲント・ヴェルヒャァ] 代《不定代名詞》..welcher の部分の語尾変化は dieser と同じ》だれかある…, 何かある…

ir·gend⁀wer [イルゲント・ヴェーァ] 代《不定代名詞》《口語》だれか[ある人] (＝irgendjemand).

*ir·gend⁀wie [イルゲント・ヴィー írgəntví:] 副 ① なんらかの方法で, どうにかして.《英》somehow). *Irgendwie* muss ich die Arbeit schaffen. なんとかして仕事を片づけなくては.
② なんとなく, どことなく.

*ir·gend⁀wo [イルゲント・ヴォー írgənt-vó:] 副 ① どこかで.《英》somewhere). *irgendwo* anders どこかほかの所で / Sie wollten *irgend-wo* in Italien Urlaub machen. 彼らはイタリアのどこかで休暇を過ごしたいと思った.

ir·gend⁀wo·her [イルゲント・ヴォヘーァ] 副 どこかから; どういうわけか.

ir·gend⁀wo·hin [イルゲント・ヴォヒン] 副 どこかへ.

Iri·di·um [イリーディウム irí:diʊm] 中 -s/《化》イリジウム (記号: Ir).

Iris [イーリス í:rɪs] I 女《ギリ神》イリス(虹の女神. 神々の使者). II 女 -/ (または Iriden [イリーデン], Irides [イーリデース])《ふつう複》《医》《眼球の》虹彩(こうさい). III 女 -/ ①《植》アイリス. ②《ふつう複》《気象》虹.

irisch [イーリッシュ í:rɪʃ] 形 アイルランド[人・語]の.

iri·sie·ren [イリズィーレン irizí:rən] 自 (h) 虹色に光る.

IRK [イー・エル・カー]《略》国際赤十字社 (＝ Internationales Rotes Kreuz).

Ir·land [イルラント ír-lant] 中 -s/《国名》アイルランド[共和国][首都ダブリン].

Ir·län·der [イル・レンダァ ír-lɛndər] 男 -s/- アイルランド人.《女性形: -in》.

Ir·län·disch [イル・レンディッシュ ír-lɛndɪʃ] 形 アイルランド[人・語]の.

die **Iro·nie** [イロニー ironí:] 女《単》-/《複》-n [..ニーエン]《ふつう複》皮肉, 当てこすり, 風刺, アイロニー; 反語.《英》irony). eine beißende *Ironie* 痛烈な皮肉 / eine *Ironie* des Schicksals 運命の皮肉 / 複⁴ **mit** *Ironie* sagen 複⁴を皮肉を込めて言う.

iro·nisch [イローニッシュ iró:nɪʃ] 形 皮肉な, 風刺的な; 反語的な.《英》ironical). eine *ironische* Anspielung 皮肉な当てこすり / *ironisch* lächeln 皮肉な微笑を浮かべる.

iro·ni·sie·ren [イロニズィーレン ironizí:rən] 他 皮肉る, 風刺する, 当てこする.

irr [イル ír] 形 正気を失った (＝irre).

ir·ra·tio·nal [イラツィオナーる íratsɪona:l または ..ナーる] 形 非合理な, 理屈に合わない, 不合理な. *irrationale* Zahlen《数》無理数.

Ir·ra·tio·na·lis·mus [イラツィオナリスムス íratsɪonalɪsmus または ..リスムス] 男 -/..lis·men ①《複 なし》《哲》非合理主義; 非合理, 不合理. ② 非合理的要素(言動).

ir·re [イレ írə] I 形 ① 正気でない, とり乱した, うろたえた; 常軌を逸した. ein *irrer* Blick もの狂おしい目つき. ②《俗》途方もない, ものすごい. II 副《俗》ものすごく.
▶ **irre|werden**

Ir·re [イレ] 女《成句的に》複⁴ **in die** *Irre* führen a) 複⁴を間違った道に導く, b)《比》複⁴に思い違いをさせる / **in die** *Irre* **gehen** a) 道に迷う, b)《比》思い違いをする.

ir·re·al [イレアール íreaːl または ..アーる] 形 非現実的な, 現実離れした.

ir·re⌇füh·ren [イレ・フューレン írə-fyːrən] 他 (h) ① 惑わす, 欺く. 複⁴ **durch falsche Angaben** *irreführen* 間違ったことを教えて

人⁴を惑わす. ② (鉄) 道に迷わせる.

ir·re·füh·rend [イレ・ふューレント] I irre|füh·ren (惑わす)の現分 II 形 まぎらわしい, 誤解を招くような.

ir·re·ge·hen* [イレ・ゲーエン íra-gè:ən] 自 (s) (雅) ① 道に迷う. ② (比)思い違いをする.

ir·re·gu·lär [イレグれーア íregule:r または ..れーァ] 形 不規則な, 変則の.

ir·re|lei·ten [イレ・らイテン íra-làitən] 他 (h) (雅) ① 間違った方向に導く, (郵便物⁴を)誤配する. ② (比)(人⁴を)惑わす.

ir·re·le·vant [イrれヴァント írelevant または ..ヴァント] 形 重要でない, とるに足らない.

ir·re|ma·chen [イレ・マッヘン íra-màxən] 他 (h) 迷わす, 惑わす, 当惑させる.

ir·ren [イレン íran] (irrte, hat/ist... geirrt) I 再帰 (完了 haben) sich⁴ irren 思い違いをする, 間違える. Da irren Sie sich. それはあなたの思い違いです / Wenn ich mich nicht irre, ... 私の思い違いでなければ, … / sich⁴ in 人·事³ irren 人·事³について思い違いをする ⇒ Ich habe mich im Datum geirrt. 私は日付を間違えた / sich⁴ in der Person irren 人違いをする / Ich habe mich in dir geirrt. ぼくは君を見そこなっていた / sich⁴ um 50 Cent irren 50 セント[だけ]計算違いをする.

II 自 (完了 haben または sein) ① (h) 思い違いをする. Hier irrt der Autor. この点で著者は思い違いをする.
② (s) 方向を表す語句とともに (…へ)さまよい歩く, 放浪する. durch die Stadt irren 町をあちこちさまよう / Seine Augen irrten suchend durch den Saal. (比) ホールで彼は人を探して目をきょろきょろさせた.

Ir·ren [イレン íran] 中 -s/ 思い違いをすること. Irren ist menschlich. (諺) 過ちは人の常.

Ir·ren⸗an·stalt [イレン・アンシュタるト] 女 /-en (昔の:)精神病院.

Ir·ren⸗haus [イレン・ハオス] 中 -es/..häuser (古) 精神病院.

Ir·re[r] [イレ(..ラァ) íra (..rər)] 男各 (語尾変化は形容詞と同じ) 精神異常者, 狂人.

ir·re·pa·ra·bel [イレパラーべる írepara:bəl または ..ラーべる] 形 修理できない; 取り返しのつかない(損失など), 回復不能の(障害·疾患など).

ir·re|wer·den* [イレ・ヴェーァデン íra-vè:rdən] 自 (s) [an 人·物³ ~] (人·物³に)疑念を抱くようになる, 信じられなくなる.

Irr·fahrt [イル・ふァールト] 女 -/-en さまよい, 迷走.

Irr⸗gar·ten [イル・ガルテン] 男 -s/..gärten 迷宮.

Irr⸗glau·be [イル・グらオべ] 男 -ns (3格·4格 -n)/-n ① 誤解, 間違った考え. ② 誤った信仰, 邪教.

irr⸗gläu·big [イル・グろイビヒ] 形 異端の, 邪教の.

ir·rig [イリヒ íriç] 形 誤った, 間違いの.

ir·ri·ger⸗wei·se [イリガァ・ヴァイゼ] 副 思い違いで, 間違って.

Ir·ri·ta·ti·on [イリタツィオーン ɪrɪtatsió:n] 女 -/-en (いらいらするような)刺激; いらだち; 困惑.

ir·ri·tie·ren [イリティーレン ɪrɪtí:rən] 他 (h) ① いらだたせる, いらいらさせる. ② 困惑させる, じゃまをする.

Irr⸗läu·fer [イル・ろイふァァ] 男 -s/- 誤配[郵便]物.

Irr⸗leh·re [イル・れーレ] 女 -/-n 邪説; 邪教.

Irr⸗licht [イル・リヒト] 中 -[e]s/-er 鬼火.

Irr⸗sinn [イル・ズィン] 男 -[e]s 狂気[のさた].

irr⸗sin·nig [イル・ズィニヒ] I 形 ① 狂気の, 精神錯乱の; 気も狂わんばかりの; ばかげた. ② (口語) 途方もない, すごい. ein irrsinniger Preis 途方もない値段. II 副 (口語)ものすごく.

irr·te [イルテ] irren (再帰で: 思い違いをする)の過去

der Irr·tum [イルトゥーム írtu:m] 男 (単2) -s/(複) ..tümer [..テューマァ] (3格のみ ..tümern) 誤り, 考え違い, 思い違い: (法) 錯誤. (英 mistake). ein großer (kleiner) Irrtum 大きな(小さな)誤り / einen Irrtum begehen 誤りを犯す / Da sind Sie im Irrtum! その点であなたは思い違いをしていらっしゃる.

Irr·tü·mer [イルテューマァ] Irrtum (誤り)の複

irr·tüm·lich [イルテュームリヒ] 形 間違いの, 誤った, 考え(思い)違いの.

Irr⸗weg [イル・ヴェーク] 男 -[e]s/-e 間違った道.

Irr⸗wisch [イル・ヴィッシュ] 男 -[e]s/-e ① 鬼火. ② 動き回る子供; 落ち着きのない人.

die Isar [イーザァ í:zar] 女 -/ (定冠詞とともに) (川名) イーザル川 (ドナウ川の支流: ⇒ 地図 E-5〜4, F-4).

ISBN [イー・エス・ベー・エン] (略) 国際標準図書番号 (=Internationale Standardbuchnummer).

..isch [..イッシュ ..ɪʃ] 形容詞をつくる 接尾 ① (…の) 例: amerikanisch アメリカの. ② (…のような…っぽい) 例: kindisch 子供じみた.

Is·chi·as [イッシアス íʃias または イスヒ.. ísçi..] 男 (医: 女:) -/ (医) 座骨神経痛.

ISDN [イー・エス・デー・エン] (略) 統合デジタル通信網 (=Integrated Services Digital Network).

Ise·grim [イーゼグリム í:zəgrɪm] 男 -s/-e ① (複なし) イーゼグリム(動物寓話に登場するおおかみの名). ② 気難し屋.

Is·lam [イスラーム islá:m または イスラム] 男 -[s] イスラム教, 回教.

is·la·misch [イスラーミッシュ islá:mɪʃ] 形 イスラム[教]の, 回教の.

Is·land [イース・らント í:s-lant] 中 -s/ (国名) アイスランド(首都はレイキャビク).

Is·län·der [イース・れンダァ í:s-lɛndər] 男 -s/- アイスランド人. (女性形: -in).

is·län·disch [イース・れンディッシュ í:s-lɛndɪʃ] 形 アイスランド[人·語]の.

..is·mus [..イスムス ..ísmus] 男性名詞をつくる 接尾 ① (主義) 例: Kapitalismus 資本主

義. ② 《特性・傾向》例: Anachron*ismus* 時代錯誤.

Iso·la·ti·on [イゾらツィオーン izolatsió:n] 囡 -/-en ① (伝染病患者などの)隔離. ② 孤立(状態), 孤独. ③ (音・熱などの)遮断, 断絶, (電気の)絶縁.

Iso·la·ti·o·nis·mus [イゾらツィオニスムス izolatsionísmus] 男 -/ 《政》(国際政治上の)孤立主義.

Iso·la·tor [イゾらートァ izolá:tɔr] 男 -s/-en [..らトーレン] ① (工・電) 絶縁体, 碍子(がいし). ② 《建》断熱(防音)材(装置).

Isol·de [イゾるデ izóldə] -[n]s/ ① 《女名》イゾルデ. ② 《人名》イゾルデ(トリスタン伝説の女性主人公).

Iso·lier≈band [イゾリーァ・バント] 田 -[e]s/..bänder (電)絶縁テープ.

iso·lie·ren [イゾリーレン izolí:rən] (isolierte, hat...isoliert) 他 《完了》haben) ① **隔離する**, 孤立させる; 分離する. (英 *isolate*). Kranke[4] *isolieren* 病人を隔離する. ◇《再帰的に》 *sich*[4] *isolieren* 孤立する, 交際を絶つ. ② (電気など[4]を)絶縁する;(音・熱など[4]を)遮断する. elektrische Leitungen[4] *isolieren* 電線を絶縁する.

Iso·lier≈sta·ti·on [イゾリーァ・シュタツィオーン] 囡 -/-en (伝染病患者などの)隔離病棟.

iso·liert [イゾリーァト] I isolieren (隔離する)の 過去, 3人称単数・2人称親称複数 現在 II 形 隔絶されて. 軍[4] *isoliert* betrachten 軍[4]を他との関連なしに考察する.

iso·lier·te [イゾリーァテ] isolieren (隔離する)の 過去.

Iso·lie·rung [イゾリーるング] 囡 -/-en 隔離; 孤立; 遮断; (電)絶縁.

Iso·top [イゾトープ izotó:p] 中 -s/-e 〖ふつう 複〗 同位元素, アイソトープ.

Is·ra·el [イスラエーる ísrae:l または ..エる ..ɛl] I 中 (単2) -s/ 《国名》**イスラエル** [国] (首都はエルサレム).
II 中 (単2)-[s]/ (旧約聖書における)ユダヤ民族.
III 中 (単2)-s/ 《聖》《人名》イスラエル (ヤコブの尊称. 創世記 32, 28).

Is·ra·e·li [イスラエーリ israé:li] I 男 -[s]/-[s] (現代の)イスラエル人(男性). II 囡 -/-[s] (現代の)イスラエル人(女性).

is·ra·e·lisch [イスラエーリッシュ israé:lɪʃ] 形 イスラエル[国]の.

Is·ra·e·lit [イスラエリート israelí:t] 男 -en/-en (旧約聖書における)イスラエル人, ユダヤ人. (女性形: -in).

is·ra·e·li·tisch [イスラエリーティッシュ israelí:tɪʃ] 形 イスラエル人の, ユダヤ人の.

iss [イス] essen (食べる)に対する 命令.

***iṣst** [イスト íst] ≋essen (食べる)の2人称親称単数・3人称単数 現在. *Isst* du in der Mensa? 君は学生食堂で食べるの? / Er *isst*

keinen Fisch. 彼は全然魚を食べない.
ißt [イスト] isst の古い形 (☞ daß ＜古＞).

≋ist [イスト íst]

> …である Sie *ist* sehr nett.
> ズィー イスト ゼーァ ネット
> 彼女はとても感じがいい.

≋sein[1] (…である)の3人称単数 現在. Er *ist* krank. 彼は病気です / Der Saal *ist* voll. ホールは満員だ. (＜古＞ 完了の助動詞 ☞ sein[1] II A; 状態受動の助動詞 ☞ sein[1] II B).

..ist [..イスト ..íst] 《男性名詞をつくる 接尾》 ① 《主義者》例: Komm*unist* 共産主義者. ② 《専門家》例: Komp*onist* 作曲家.

Ist≈be·stand, Ist-Be·stand [イスト・ベシュタント] 男 -[e]s/..stände (商)実際在高; 在庫現在高.

Isth·mus [イストムス ístmus] 男 -/Isthmen (地理)地峡(特にコリント地峡).

Ist≈stär·ke, Ist-Stär·ke [イスト・シュテルケ] 囡 -/-n (軍)現有兵力, 現員.

IT [アイ・ティー] 囡 -/ 《略》IT, 情報技術 (= Informationstechnologie).

≋Ita·li·en [イターリエン itá:liən] 中 (単2) -s/ 《国名》**イタリア** [共和国] (首都はローマ). in *Italien* イタリアで / Wir reisen nach *Italien*. 私たちはイタリアへ旅行する.

≋*der* Ita·li·e·ner [イタリエーナァ italié:nɐr] 男 (単2) -s/(複) - (3格のみ -n) **イタリア人**.

Ita·li·e·ne·rin [イタリエーネリン italié:nərɪn] 囡 -/..rinnen イタリア人[女性].

ita·li·e·nisch [イタリエーニッシュ italié:nɪʃ] 形 (英 *Italian*) ① **イタリアの**, イタリア人の; イタリア的な. die *italienische* Sprache イタリア語. ② **イタリア語の**, イタリア語による.

≋Ita·li·e·nisch [イタリエーニッシュ italié:nɪʃ] 中 **イタリア語**. (＜古＞ 用法については Deutsch の項参照). Mein Sohn lernt *Italienisch*. 私の息子はイタリア語を習っている.

Ita·li·e·ni·sche [イタリエーニッシェ italié:nɪʃə] 中 〖変化 なし; 定冠詞とともに; 語尾変化は形容詞と同じ〗 ① イタリア語. (＜古＞ 用法については Deutsche の項参照). ② イタリア的なもの(こと).

i-Tüp·fel·chen [イー・テュプふェるヒェン] 中 -s/- i の上の点. bis aufs *i-Tüpfelchen* きわめて正確(綿密)に.

..iv [..イーふ ..í:f または ..イーふ] 《形容詞をつくる 接尾》 ① 《…する機能・性質のある》例: inform*ativ* 情報を提供してくれる. ② 《…する能力のある》例: produkt*iv* 生産力のある.

i. V., I. V. 《略》 ① [イン フェァ・トれートゥング] 代理で (=in Vertretung, In Vertretung). ② [イン ふォる・マハト] 委任されて (=in Vollmacht, In Vollmacht).

J j

j, J¹ [ヨット jɔ́t] 中 -/- ヨット(ドイツ語アルファベットの第10字).

J² [ヨット] 《化・記号》ヨウ素(=Jod).

ja [ヤー já:]

> **はい**
> Kommen Sie mit? — *Ja*, gern.
> コンメン ズィー ミット ヤー ゲルン
> いっしょに行きますか. — ええ, 喜んで.

[圖] **A)** ① 《肯定の答え》はい, ええ, そうです. (英 *yes*). (反対 「いいえ」は nein). Bist du heute zu Hause? — *Ja.* 君はきょう家にいる? — うん, いるよ / *ja*(または *Ja*) zu 圆³ sagen 圆³ に賛成(同意)する ⇒ Dazu kann ich nicht *ja* (または *Ja*) sagen. 私はそれには賛成できません / *Ja* oder nein? イエスかノーかどちらなんだい / *Ja* und nein! そうだともそうでないとも言える.
◇《副詞・間投詞などとともに》㋐《快諾》 *Ja* freilich (または gewiss)! ええ, もちろん / *Ja* gern. ええ, 喜んで. ㋑《肯定の強調》 O *ja*! そうですとも / Aber *ja*! または *Ja* doch! もちろんそうですよ. ㋒《ためらいがちな肯定》 Na (または Nun) *ja*! まあそうですね.

> 〔反対〕「否定」を含む問いに対して, その答えの内容が肯定になるときは, ふつう *ja* でなく **doch** を用いる. Siehst du das nicht? — Doch! 君には見えないのか? — 見えますとも!

② 《前文の内容を自問自答して》そうだとも, *Ja*, das kann nicht wahr sein! そうだとも, それが本当なんてありえない.
③ 《前文の疑問を強めて》まったく, いったい. Wozu arbeite ich? *Ja*, wozu arbeite ich? 私は何のために働いているんだろう, まったく何のために働いているんだろう.
④ 《単独で用いて》《口語》*Ja*? a) (電話で:)はい, どなたでしょうか. b) (問い返しに:)何ですって(=Wie bitte?).

B) 《文中のアクセントあり》① 《肯定の返事を期待して》…だろう?, …よね. Du kommst doch mit, *ja*? もちろん君も来るよね.
② 《命令・要求の強調》ぜひ, きっと. Seien Sie *ja* vorsichtig! よく注意してくださいよ / Tu das *ja* nicht! そんなことをするものではないよ.
C) 《文中のアクセントなし》① 《強調》確かに, 本当に. Ich komme *ja* schon. 今行くから! / Das habe ich *ja* gewusst. そのことはもちろん知っていたよ.
② 《驚きなどを表して》…じゃないか, まさに…だ. Es schneit *ja*. 雪が降っているじゃないか / Da bist du *ja* endlich! やっと来てくれたか.
③ 《*aber* とともに》なるほど…ではあるが. Ich möchte *ja*, aber ich kann nicht. なるほど私はそうしたい, しかしできない.
④ それどころか (=sogar). Das ist schwer, *ja* unmöglich. それは困難だ, いや不可能だ.

Ja [ヤー] 中 -(s)/-(s) 承諾, 賛成()の返事); 肯定. eine Frage⁴ mit *Ja* beantworten 質問に「はい」と答える / mit *Ja* stimmen 賛成の投票をする.

Jacht [ヤハト jáxt] 女 -/-en 《海》ヨット.

die Ja·cke [ヤッケ jákə]

> **上着**
> Zieh deine *Jacke* an!
> ツィー ダイネ ヤッケ アン
> 上着を着なさい.

女 (単) -/(複) -n **上着**, ジャケット. (英 *jacket*). (反対 「ズボン」は Hose). Wind*jacke* ウインドブレーカー / eine lederne *Jacke* 革の上着 / die *Jacke*⁴ an|ziehen (aus|ziehen) 上着を着る(脱ぐ) / 人³ die *Jacke*⁴ voll|hauen 《口語》人³をさんざんなぐる / die *Jacke*⁴ voll|kriegen 《口語》さんざんなぐられる / Das ist *Jacke* wie Hose. 《口語》どっちでもいいことだ.

Ja·cken·ta·sche [ヤッケン・タッシェ] 女 -/-n 上着のポケット.

Ja·ckett [ジャケット ʒakét] 中 -s/-s (まれに -e) (背広の)上着, ジャケット.

Ja·de [ヤーデ já:də] 男 -(s)/ (または 中 -/) 《鉱》翡翠(ひすい).

die **Jagd** [ヤークト já:kt] 女 (単) -/(複) -en [ヤークデン] ① 狩り, 狩猟. (英 *hunt*). Fuchs*jagd* きつね狩り / die *Jagd* auf Hasen うさぎ狩り / auf die *Jagd* gehen 狩りに出かける / die hohe (niedere) *Jagd* 大物(小物)猟. ② 狩りの一行; 狩り場, 猟区. ③ 追跡; 追求. auf 人⁴ *Jagd*⁴ machen 人⁴を追跡する / die *Jagd* nach Geld 《比》金銭の追求.

Jagd≠auf·se·her [ヤークト・アオふゼーァァ] 男 -s/- 狩猟区の監視人. (女性形: -in).

Jagd≠beu·te [ヤークト・ボイテ] 女 -/-n 猟の獲物.

Jagd≠bom·ber [ヤークト・ボンバァ] 男 -s/- 《軍》戦闘爆撃機(略: Jabo).

Jagd≠flie·ger [ヤークト・ふリーガァ] 男 -s/- 戦闘機のパイロット. (女性形: -in).

Jagd≠flug·zeug [ヤークト・ふルークツォイク] 中 -(e)s/-e 《軍》戦闘機.

Jagd≠fre·vel [ヤークト・ふレーふェる] 男 -s/- 密猟.

Jagd≠ge·wehr [ヤークト・ゲヴェーァ] 中 -(e)s/-e 猟銃.

Jagd⸗grund [ヤークト・グルント] 男 -[e]s/..gründe 《ふつう 複》猟区. **in die ewigen** *Jagdgründe* **ein|gehen**《婉曲》あの世へ行く.

Jagd⸗haus [ヤークト・ハオス] 中 -es/..häuser 狩猟小屋.

Jagd⸗horn [ヤークト・ホルン] 中 -[e]s/..hörner (狩猟の)信号らっぱ.

Jagd⸗hund [ヤークト・フント] 男 -[e]s/-e 猟犬.

Jagd⸗hüt·te [ヤークト・ヒュッテ] 女 -/-n (小さな)狩猟小屋.

Jagd⸗re·vier [ヤークト・レヴィーァ] 中 -s/-e 狩猟区.

Jagd⸗schein [ヤークト・シャイン] 男 -[e]s/-e 狩猟許可証.

Jagd⸗schloss [ヤークト・シュロス] 中 -es/..schlösser (王侯などの)狩猟用別邸.

*__ja·gen__ [ヤーゲン já:gən] (jagte, *hat*/*ist* ... gejagt) **I** 他 (完了 haben) ① (鳥・獣などを)狩る. (英 hunt). **In dieser Gegend** *darf* **man Hasen** *jagen*. この地域ではうさぎ狩りをすることが許されている.

② 追いかける, 追跡する. **einen Verbrecher** *jagen* 犯人を追跡する / **Ein Ereignis** *jagte* **das andere**. 《比》事件が次々に起きた / **Mit diesem Essen** *kannst* **du mich** *jagen*!《口語》私はこの料理が大嫌いだ(←この料理で君に[逃げる]私を追い回すことができる).

③ 《方向を表す語句とともに》(人・物を…へ)追いやる, (人・物を…から)追い出す. 囚 **aus dem Hause** *jagen* 囚を家から追い出す / **Tiere** **in den Stall** *jagen* 家畜を小屋へ追い立てる.

④ 《A⁴ **in** (または **durch**) B⁴ ~》《口語》(A⁴ を B⁴(体の一部)に)突き刺す, 撃ち込む. 囚³ **eine Spritze**⁴ **in den Arm** *jagen* 囚³の腕に注射針を刺す / **sich**³ **eine Kugel**⁴ **durch den Kopf** *jagen* 弾丸を自分の頭に撃ち込む.

II 自 (完了 haben または sein) ① (h) 狩りをする. **Er** **geht** **jagen**. 彼は狩りに行く / **auf Hasen** *jagen* うさぎ狩りをする.

② (h) 《**nach** 囲³ ~》(囲³を)追い求める. **nach Ruhm**³ *jagen* 名声を追い求める.

③ (s) (人・乗り物などが)疾走する, 大急ぎで走る. **Die Autos** *jagen* **über die Autobahn.** 車が高速道路をとばして行く.

Jä·ger [イェーガァ jé:gər] 男 -s/- ① 狩人, 猟師, ハンター. (女性形: -in). ② 《軍》戦闘機.

Jä·ge·rei [イェーゲライ jɛːgəráɪ] 女 -/ 狩猟, 狩猟術(業); (総称として:)猟師.

Jä·ger·la·tein [イェーガァ・ラタイン jé:gɐ] 中 -s/ [猟師の]自慢話, ほら話.

jag·te [ヤークテ] *jagen (狩る)の 過去.

Ja·gu·ar [ヤーグアール já:gua:r] 男 -s/-e 《動》ジャガー.

jäh [イェー jé:] 形 《雅》① 急な, 突然の, 不意の, 予期せぬ. **ein** *jäher* **Tod** 急死. ② 険しい, 切り立った(絶壁など).

jäh·lings [イェーリングス jé:lɪŋs] 副 ① 突然, 急に. ② 急傾斜に, 険しく.

⁑*das* __Jahr__ [ヤール já:r]

	年	Es ist ein *Jahr* her.
		エス イスト アイン ヤール ヘーァ
		あれから 1 年になる.

格	単	複
1	das Jahr	die Jahre
2	des Jahres	der Jahre
3	dem Jahr	den Jahren
4	das Jahr	die Jahre

中 (単2) -es (まれに -s)/(複) -e (3格のみ -en) ① 年. (英 year). 《メモ》「日」は Tag,「週」は Woche,「月」は Monat). **Schalt***jahr* うるう年 / **ein ganzes (halbes)** *Jahr* まる 1 年(半年) / **das alte (neue)** *Jahr* 旧年(新年) / **voriges** *Jahr* 去年 / **dieses** *Jahr* 今年 / **nächstes** *Jahr* 来年 / **jedes** *Jahr* 毎年 / **alle zehn** *Jahre* 10 年ごとに / **im April vorigen (nächsten)** *Jahres*² 去年(来年)の4月に / **lange** *Jahre* [hindurch] 長年の間 / **drei** *Jahre* **lang** 3 年間 / **das Buch des** *Jahres* 一年で最も話題になった本 / **Die** *Jahre* **gehen** (または **fliegen**) **dahin**. 年月が過ぎて行く / **Fröhliche Weihnachten und ein glückliches neues** *Jahr*! メリー・クリスマス, そしてよい新年を.

◇《前置詞とともに》**auf** *Jahre* **hinaus** 向こう数年間にわたって / **auf** *Jahr* **und Tag** (日付に至るまで)詳しく, 正確に / **auf** (または **für**) **fünf** *Jahre* 向こう 5 年間の予定で / **für** *Jahr* 来る年も来る年も / **einmal im** *Jahr* 年に 1 度 / **im** *Jahr*[**e**] 1648 1648 年に / **in den 20er-***Jahren* (**Zwanziger***jahren*) **des vorigen Jahrhunderts** 前世紀の 20 年代に / **in einem** *Jahr* [これから] 1 年後に / **im nächsten** *Jahr* 来年に / **mit den** *Jahren* 年とともに / **nach einem** *Jahr* [その] 1 年後に / **nach** *Jahr* **und Tag** 何年もあとに / **pro** *Jahr* 1 年当たりに / **seit drei** *Jahren* 3 年来 / **seit** *Jahren* 数年来 / **seit** *Jahr* **und Tag** ずっと前から / **übers** *Jahr*《口語》1 年後に / *Jahr* **um** *Jahr* 来る年も来る年も / **Von** *Jahr* **zu** *Jahr* **wird es besser.** 年とともに状況はよくなる / **heute vor einem** *Jahr* 1 年前のきょう / **vor** *Jahren* 数年前に / **vor** *Jahr* **und Tag** 何年も前に / **während des ganzen** *Jahres* 1 年中.

② 年齢, …歳. **Ich bin achtzehn** *Jahre* **alt.** 私は 18 歳です / **Er hat 80** *Jahre* **auf dem Buckel.**《口語》彼は 80 歳だ(←背中に 80 年を背負っている).

◇《前置詞とともに》**Kinder ab 6** *Jahren* 6 歳以上の子供 / **Er ist noch jung (schon hoch) an** *Jahren*. 彼はまだ年が若い(もう年だ) / **Für seine 70** *Jahre* **ist er noch rüstig.** 70 歳にしては彼はまだまだ壮健だ / **in jungen** *Jahren* 若いときに / **in die** *Jahre* **kommen**《婉曲》年をとる / **ein Mann in den besten** *Jahren* 男盛りの人 / **ein Mann in den vierziger**

Jahren 40歳代の男性 / eine Frau in meinen *Jahren* 私と同年輩の女性 / mit den *Jahren* 年をとるにつれて / Er ist **um** *Jahre* gealtert. 〖現在完了〗彼ははっきり老けこんだ / Kinder **über** 8 *Jahre* 8歳以上の子供たち / Kinder **unter** 16 *Jahre* 16歳未満の子供たち / ein Kind **von** zehn *Jahren* 10歳の子供 / Schüler bis **zu** 18 *Jahren* 18歳までの生徒.

jahr・aus [ヤール・アオス] 副〖成句的に〗*jahraus*, jahrein 来る年も来る年も, 年がら年じゅう, 相も変わらず.

Jahr・buch [ヤール・ブーフ] 中 -[e]s/..bücher 年鑑, 年報. das *Jahrbuch* der Schiller-Gesellschaft[2] シラー協会年報.

jahr・ein [ヤール・アイン] 副 ☞ jahraus

jah・re・lang [ヤーレ・ラング já:rə-laŋ] 形 長年の, 何年も続く; 数年間の. *jahrelange* Unterdrückung 多年にわたる弾圧.

jäh・ren [イェーレン jé:rən] 再帰 (h) *sich*[4] *jähren* (ある事が起こって) 1 年になる. *sich*[4] **zum** fünften Male *jähren* 5 年になる.

Jah・res・abon・ne・ment [ヤーレス・アボネマーン] 中 -s/-s 年間予約[購読].

Jah・res・ab・schluss [ヤーレス・アップシュるス] 男 -es/..schlüsse 年の終わり, 年末;《経・商》年度末の決算[書].

Jah・res・an・fang [ヤーレス・アンファング] 男 -[e]s/..fänge 年の初め, 年頭.

Jah・res・be・richt [ヤーレス・ベリヒト] 男 -[e]s/-e 年間[事業]報告書, 年報.

Jah・res・durch・schnitt [ヤーレス・ドゥルヒシュニット] 男 -[e]s/-e 年[間]平均.

Jah・res・ein・kom・men [ヤーレス・アインコンメン] 中 -s/- 年収.

Jah・res・en・de [ヤーレス・エンデ] 中 -s/-n 年の終わり, 年[度]末.

Jah・res・frist [ヤーレス・ふリスト] 女 -/〖冠詞なしで;ふつう特定の前置詞とともに〗1 年の期限. **in** (または **innerhalb**) *Jahresfrist* 1 年以内に.

Jah・res・ring [ヤーレス・リング] 男 -[e]s/-e〖ふつう複〗《植》年輪.

Jah・res・tag [ヤーレス・ターク] 男 -[e]s/-e (毎年の)記念日.

Jah・res・ur・laub [ヤーレス・ウーらオプ] 男 -[e]s/-e (有給の)年次休暇, 年休.

Jah・res・wech・sel [ヤーレス・ヴェクセる] 男 -s/- 年が変わる(改まる)こと. Glückwünsche **zum** *Jahreswechsel*! 新年おめでとう.

Jah・res・wen・de [ヤーレス・ヴェンデ] 女 -/-n 年の変わり目.

Jah・res・zahl [ヤーレス・ツァーる] 女 -/-en (紀元の)年数, 暦年数.

die **Jah・res・zeit** [ヤーレス・ツァイト já:ras-tsait] 女 (単) -/(複) -en 季節, シーズン. (英 *season*). die warme (kalte) *Jahreszeit* 暖かい(寒い)季節 / im Wechsel der *Jahreszeiten*[2] 季節の変わり目に / Es ist für die *Jahreszeit* zu warm. この季節にしては暖かすぎる / Ein Jahr hat vier *Jahreszeiten*, Frühling, Sommer, Herbst und Winter. 1年には四つの季節がある, すなわち春夏秋冬だ.

jah・res・zeit・lich [ヤーレス・ツァイトりヒ] 形 季節の, 季節による.

der **Jahr・gang** [ヤール・ガング já:r-gaŋ] 男 (単2) -[e]s/(複) ..gänge [..ゲンゲ] (3格のみ ..gängen) ① …年生まれの人 (略: Jg.; 複 Jgg.). der *Jahrgang* 1975 1975 年生まれ[の人] / Er ist mein *Jahrgang*. 彼は私と同じ年の生まれです. ② (ワインに関して:)…年産, …年もの. ein guter *Jahrgang* 出来のいい年のワイン / Wein des *Jahrgangs* 1992 1992 年産のワイン. ③ (新聞・雑誌の)…年刊行分. zehn *Jahrgänge* einer Zeitschrift[2] 10 年分の雑誌.

das **Jahr・hun・dert** [ヤール・フンダァト ja:r-húndərt] 中 (単) -s/(複) -e (3格のみ -en) 世紀, 100 年 (略: Jh.). (英 *century*). Ein neues *Jahrhundert* beginnt. 新しい世紀が始まる / das *Jahrhundert* der Entdeckungen[2] 発見の世紀 / zu Ende des 20. (=zwanzigsten) *Jahrhunderts* 20 世紀の終わりに / Dieses Werk stammt **aus** dem 17. (=siebzehnten) *Jahrhundert*. この作品は 17 世紀にできたものだ / **in** vorigem *Jahrhundert* 前世紀に / **seit** *Jahrhunderten* 数世紀以来.

jahr・hun・der・te・lang [ヤールフンダァテ・らング] 形 数百年[間]の, 数世紀にわたる.

Jahr・hun・dert・fei・er [ヤールフンダァト・ファイァ] 女 -/-n 百年祭.

Jahr・hun・dert・wen・de [ヤールフンダァト・ヴェンデ] 女 -/-n 世紀の変わり目(転換期).

..jäh・rig [..イェーリヒ ..je:rɪç]〖形容詞をつくる 接尾〗(…歳の・…年[間]の) 例: drei*jährig* (=3-*jährig*) 3 歳の, 3 年[間]の.

jähr・lich [イェーァリヒ jé:rlɪç] I 形 毎年の, 例年の; 1 年[間]の. (英 *annual*). ein *jährlicher* Urlaub 年次休暇 / die Zahl der *jährlichen* Unfälle[2] 年間の事故件数.

II 副 毎年; 1 年[間]に. Die Tagung findet *jährlich* statt. その会議は毎年開かれる / zwei*mal jährlich* 年 2 回.

..jähr・lich [..イェーァリヒ ..je:rlɪç]〖形容詞をつくる 接尾〗(…年ごとの) 例: zwei*jährlich* (=2-*jährlich*) 2 年ごとの.

Jähr・ling [イェーァリング jé:rlɪŋ] 男 -s/-e (馬などの) 1 年子.

Jahr・markt [ヤール・マルクト] 男 -[e]s/..märkte 年の市(

_{いち}), 大市.

Jahr・markts・bu・de [ヤールマルクツ・ブーデ] 女 -/-n 年の市(

_{いち})の屋台(見せ物小屋).

Jahr・tau・send [ヤール・タオゼント] 中 -s/-e 1,000 年, 10 世紀.

das **Jahr・zehnt** [ヤール・ツェーント ja:r-tsé:nt] 中 (単2) -[e]s/(複) -e (3格のみ -en) 10 年. (英 *decade*). fünf *Jahrzehnte* lang 50 年間.

jahr・zehn・te・lang [ヤールツェーンテ・らング] 形 数十年間の, 数十年にわたる.

Jah·ve [ヤーヴェ já:və] -s/《聖》ヤハウェ, エホバ (旧約聖書のユダヤ教の神).

Jah·we [ヤーヴェ já:və] -s/ =Jahve

Jäh≠zorn [イェー・ツォルン] 男 -[e]s/ かんしゃく, 短気.

jäh≠zor·nig [イェー・ツォルニヒ] 形 かんしゃく 持ちの, 短気な.

Jak [ヤック ják] 男 -s/-s 《動》ヤク (=Yak).

Ja·kob [ヤーコブ já:kɔp] -s/ ① 《聖》《人名》ヤコブ (イサクの第2子. イスラエル民族の祖). ② 《男名》ヤーコブ.

Ja·ko·bi·ner [ヤコビーナァ jakobí:nər] 男 -s/ ① 《史》ジャコバン党員 (フランス革命時代の過激共和主義党員). (女性形: -in). ② 《宗》(フランスの)ドミニコ会 [修道] 士.

Ja·kobs≠lei·ter [ヤーコプス・ライタァ] 女 -/-n ① 《聖》ヤコブのはしご (ヤコブが夢にみた天に通じるはしご. 創世記 28, 12). ② 《海》綱ばしご.

Ja·lou·set·te [ジャルゼッテ ʒaluzétə] 《フランス》 女 -/-n ［ベネチアン］ブラインド (軽金属またはプラスチック製の軽い巻き上げブラインド).

Ja·lou·sie [ジャルズィー ʒaluzí:] 《フランス》 女 -/-n [..ズィーエン] 巻き上げブラインド. die *Jalousie*[4] herunter|lassen (hoch|ziehen) ブラインドを降ろす(上げる).

Jam·bus [ヤンブス jámbus] 男 -/Jamben 《詩学》弱強(短長)格, ヤンブス.

der **Jam·mer** [ヤンマァ jámər] 男 (単2) -s/ ① 悲嘆, 悲しみ, 嘆き[声]. ② 悲惨, 困窮; 哀れむ状態. (英 *misery*). ein Bild[4] des *Jammers* bieten 見るも哀れな姿を見せる / Es ist ein *Jammer*, dass ... 《口語》...だとはとても残念だ.

Jam·mer≠bild [ヤンマァ・ビルト] 中 -[e]s/-er 惨めな様子; 哀れな光景.

Jam·mer≠ge·stalt [ヤンマァ・ゲシュタルト] 女 -/-en 哀れな姿; 《口語》貧相な人.

Jam·mer≠lap·pen [ヤンマァ・ラッペン] 男 -s/- 《口語》弱虫, 腰抜け.

jäm·mer·lich [イェンマァリヒ] I 形 ① 悲惨な, 惨めな (状況など). ② 悲痛な (泣き声など). II 副 ひどく.

jam·mern [ヤンマァン jámərn] (jammerte, hat ... gejammert) I 自 (完了 haben) 嘆き悲しむ, 悲しんで泣く. (英 *wail*). nach 人・物[3] *jammern* 人・物[3]を求めて泣く ⇒ Das Kind *jammerte* nach seiner Mutter. その子は母親に会いたがって泣いた / über 人・事[4] *jammern* 人・事[4]について嘆き悲しむ ⇒ Sie *jammerten* über ihr Schicksal. 彼らは自分たちの運命を嘆き悲しんだ / um 人・物[4] *jammern* 人・物[4]をなくしたことを惜しんで嘆き悲しむ.
II 他 (完了 haben) 《雅》(人[4]に)哀れみの情を起こさせる. Sein Zustand *jammert* mich. 私は彼の境遇を気の毒に思う.

jam·mer≠scha·de [ヤンマァ・シャーデ] 形 《成句的》Es ist *jammerschade*, dass ... 《口語》...はとても残念だ / Um ihn ist es *jammerschade*. 《口語》彼はとても気の毒だ.

Jam·mer≠tal [ヤンマァ・タール] 中 -[e]s/ 《雅》(苦難に満ちた)現世, 浮き世.

jam·mer·te [ヤンマァテ] jammern (嘆き悲しむ)の過去

jam·mer≠voll [ヤンマァ・フォル] 形 悲痛な; 惨めな; 貧弱な.

Jan. [ヤヌアール] 《略》1月 (=Januar).

der **Jang·tse·ki·ang** [ヤングツェ・キアング jáŋtsə-kiaŋ] 男 -s/ 《定冠詞とともに》《川名》揚子江.

Jan·ker [ヤンカァ jáŋkər] 男 -s/- 《南ドィッ・オーストリア》ヤンカー (バイエルン地方の男性用民族衣装の上着).

Jän·ner [イェンナァ jénər] 男 -s/- 《ふつう 単》 《オーストリア》1月 (=Januar).

der **Ja·nu·ar** [ヤヌアール jánua:r] 男 (単2) -[s]/(複) -e (3格のみ -en) 《ふつう 単》1月 (略: Jan.). (英 *January*). 《オーストリア》月名 ☞ Monat). ein kalter *Januar* 寒い 1月 / Mitte (Ende) *Januar* 1月中旬(下旬)に / im *Januar* 1月に / am 3. (=dritten) *Januar* 1月3日に.

Ja·nus [ヤーヌス já:nus] 《ローマ神》ヤヌス (門の神. 反対に向いた二つの頭を持つ. 物事の始め・矛盾などの象徴で, Januar の語源).

Ja·pan [ヤーパン já:pan]

> 日本　Ich komme aus *Japan*.
> イヒ　コンメ　アオス　ヤーパン
> 私は日本から来ました.

中 (単2) -s/《国名》日本[国](首都は東京). (英 *Japan*). (☞「ドイツ・ミニ情報 20」, 696 ページ). *Japan* ist ein Industrieland. 日本は工業国だ / Kommen Sie doch mal nach *Japan*! 一度日本へいらしてください.

der **Ja·pa·ner** [ヤパーナァ japá:nər] 男 (単2) -s/(複) - (3格のみ -n) 日本人. (英 *Japanese*). Ich bin *Japaner*. 私は日本人です / In Düsseldorf wohnen viele *Japaner*. デュッセルドルフにはたくさんの日本人が住んでいる.

die **Ja·pa·ne·rin** [ヤパーネリン japá:nərɪn] 女 (単) -/(複) ..rinnen 日本人[女性]. (英 *Japanese* [*woman*]). Er hat eine *Japanerin* zur Frau. 彼は日本人を妻にしている.

ja·pa·nisch [ヤパーニッシュ japá:nɪʃ] 形 (英 *Japanese*) ① 日本の, 日本人の; 日本的な. die *japanische* Automobilindustrie 日本の自動車産業 / *japanisches* Essen 和食.
② 日本語の, 日本語による. die *japanische* Übersetzung eines Romans ある小説の日本語訳 / Der Deutsche spricht *japanisch*. そのドイツ人は日本語で話す.

Ja·pa·nisch [ヤパーニッシュ japá:nɪʃ] 中 (単2) -[s]/ 日本語. (英 *Japanese*). (用法については Deutsch の項参照). Er lernt *Japanisch*. 彼は日本語を学ん

ている / Sie sprechen ja gut *Japanisch*! あなたは日本語がお上手ですね / Verstehen Sie *Japanisch*? 日本語がおわかりですか / Sein *Japanisch* ist akzentfrei. 彼の日本語はなまりがない / Wie heißt das **auf** *Japanisch*? それは日本語でなんと言いますか.

Ja·pa·ni·sche [ヤパーニッシェ japáːnɪʃə] 甲《履 なし; 定冠詞とともに; 語尾変化は形容詞と同じ》① 日本語. (用法については Deutsche の項参照). ein Gedicht[4] aus dem Deutschen ins *Japanische* übersetzen ある詩をドイツ語から日本語に翻訳する. ② 日本的なもの(こと).

Ja·pan≠lack [ヤーパン・ラック] 男 –[e]s/–e 漆(うるし).

Ja·pa·no·lo·ge [ヤパノローゲ japanolóːgə] 男 –n/–n 日本学者(日本の言語・文化・歴史・社会などを研究する学者. (女性形: –in).

Ja·pa·no·lo·gie [ヤパノロギー japanologíː] 女 –/ 日本学(日本の言語・文化・歴史・社会などを研究する学問分野).

Ja·pan≠pa·pier [ヤーパン・パピーァ] 甲 –s/–e 和紙.

jap·sen [ヤプセン jápsən] 自 (h)《口語》(口をぱくぱくさせて)あえぐ, あえぎながら言う.

Jar·gon [ジャルゴーン ʒargɔ̃ː] 《仏》男 –s/–s ある社会層・職業上の特殊用語, ジャルゴン, 隠語; 悪い(きたない)言葉使い.

Ja≠sa·ger [ヤー・ザーガァ] 男 –s/– (軽蔑的に:)イエスマン(なんにでも同意する人). (女性形: –in). (「ノーマン」は Neinsager).

Jas·min [ヤスミーン jasmíːn] 男 –s/–e 《植》ジャスミン.

Jas·pers [ヤスパァス jáspərs] 《人名》ヤスパース (Karl *Jaspers* 1883–1969; ドイツの哲学者).

Jas·pis [ヤスピス jáspɪs] 男 – (または ..pisses)/ (種類:) ..pisse (ぴっせ) 《鉱》碧玉.

Ja≠stim·me [ヤー・シュティンメ] 女 –/–n 賛成票. (「反対票」は Neinstimme).

jä·ten [イェーテン jéːtən] 他 (h) (雑草[4]を)引き抜く; (庭・畑などの)除草をする.

Jau·che [ヤオヘ jáuxə] 女 –/–n 《農》水肥(すいひ), 下肥(しもごえ).

Jau·che≠gru·be [ヤオヘ・グルーベ] 女 –/–n 《農》肥だめ.

jauch·zen [ヤオホツェン jáuxtsən] du jauchzt (jauchzte, *hat* ... gejauchzt) 自 (《完了》haben) 歓声をあげる, 歓呼の声をあげる. Er *jauchzte* **über** diese Nachricht. 彼はこの知らせに歓声をあげた / **vor** Freude *jauchzen* 喜びのあまり歓声をあげる.

Jauch·zer [ヤオホツァァ jáuxtsər] 男 –s/– 歓声.

jauchz·te [ヤオホツテ] jauchzen (歓声をあげる) の 過去

jau·len [ヤオれン jáulən] 自 (h) (犬などが)悲しげに鳴く, 遠ぼえする.

Jau·se [ヤオゼ jáuzə] 女 –/–n 《オーストリア》午後の間食, おやつ.

Ja·va [ヤーヴァ jáːva または チャー·· dʒáː··] –s/ 《ふつう無冠詞で》(商標) ジャワ Java.

ja≠wohl [ヤ・ヴォーる ja-vóːl] 副 《ja を強めて》そうですとも, そのとおりです; (命令に対して:)承知しました, かしこまりました. Verstanden? — *Jawohl*, Herr Leutnant! わかったか — 承知しました, 少尉殿.

Ja≠wort [ヤー・ヴォルト] 甲 –[e]s/–e 《ふつう単》承諾(同意)[の言葉]. das *Jawort*[4] geben (特に女性がプロポーズに対して:)承諾を与える.

Jazz [チェス dʒés または ヤッツ játs] 《英》男 –/ 《音楽》ジャズ[音楽].

Jazz≠band [チェス・ベント] 《英》女 –/–s ジャズバンド.

jaz·zen [チェッセン dʒésən または ヤッツェン játsən] 自 (h) ジャズを演奏する(歌う), ジャズダンスをする.

je[1] [イェー jéː] **I** 副 ① かつて; いつか. (※

ドイツ・ミニ情報 20

ドイツにおける日本文化
Japanbild in Deutschland

　日本のテレビアニメは, ドイツの子供たちの間でも大人気だ. 「キャプテン翼」, 「セーラームーン」, 「ちびまるこちゃん」, 「名探偵コナン」, 「NARUTO」などがドイツ語に吹き替えられて放映されている. ただし, 残酷なシーンは教育上良くないという理由でカットされることもあり, 子供の情操に対する配慮の差を感じさせる. 今, 世界的な広がりを見せるマンガであるが, ドイツでもあちこちの町にマンガ専門店がある. アニメを見て興味を持ち, マンガを買い求める子どもたちも少なくない. また「たまごっち」, 「ポケモン」, 「Wii」などのゲーム機もドイツで一大ブームを巻き起こした.

　ドイツ人が今, 日本に対して持っているイメージは「ハイテクの国」だ. 日本製のゲーム機器, カメラ, 車などは性能の良さで定評がある. 日本を訪れたドイツ人は, 言葉を話す自動販売機やお湯の飛び出す便座に目を丸くする. それほど高度な科学技術を持っている一方で, いまだに空中に電線が張りめぐらされ, 電柱が林立していることにも驚く.

　もちろん, 着物, 生け花, 茶道, 折り紙のような日本の伝統文化や, 寿司, 刺身, 天ぷら, すき焼きのような日本食に対する興味もいぜんとして根強い. なかでも最近では和太鼓の人気が高い.

ever). Hast du *je* davon gehört? 君は今までにそのことを聞いたことがあるかい / Es geht ihm besser denn (または als) *je*. 彼は以前より元気だ / **seit** [eh und] *je* 以前から,ずっと前から / **wie** [eh und] *je* 以前と同じように / *je* und *je*《雅》ときどき.
② 〖数詞の前で〗 それぞれ, …ずつ. Er gab ihnen *je* fünf Euro. 彼は彼らにそれぞれ 5 ユーロずつ与えた / *je* drei Personen 3 人ずつ.
◊〖*je* nach …の形で〗…に応じて, …しだいで. *je* nach den Umständen 状況しだいで / *je* nach Geschmack 好みに応じて.
◊〖*je* nachdem …の形で〗…に応じて, …しだいで. *je* nachdem, ob er Zeit hat 彼に暇があるかどうかによって / *je* nachdem, wie man das versteht それをどう解釈するかによって / Kommst du mit? — *Je* nachdem. 君も来るかい — 一事によりけりだね.
II 前〖4格とともに〗…につき, …ごとに. *je* Person zehn Stück 一人当たり 10 個.
III 接〖従属接続詞; 動詞の人称変化形は文末〗〖*je*+比較級, desto (または umso)+比較級の形で〗…であればあるほど, ますます…. *Je* mehr, desto besser. 多ければ多いほどよい / *Je* älter er wird, umso vernünftiger wird er auch. 年をとればとるほど, 彼にもだんだん分別がついてくる.

je²! [イェー] 間 (驚き・残念さなどを表して:) Ach *je*! あらあら / O *je*! おやおや.

Jean Paul [ジャン パオる ӡɑ̄ pául] —s/《人名》ジャン・パウル (1763-1825; ドイツの作家. 本名は Johann Paul Friedrich Richter).

* *die* **Jeans** [チーンス dӡíːns] 〖英〗複 または 女 (単) —/《複》ジーンズ, ジーパン. Sie trägt gern *Jeans*. 彼女は好んでジーンズをはく.

je·de [イェーデ], **je·dem** [イェーデム], **je·den** [イェーデン] 〖四〗〖不定代名詞〗☞ jed*er*

***je·den·falls** [イェーデン・ふァるス jéːdənfáls] 副 ① いずれにせよ, とにかく. (英 *anyway*). Er ist *jedenfalls* ein fähiger Mitarbeiter. 彼はいずれにしろ有能な協力者だ. ② 少なくとも. Ich *jedenfalls* werde das nicht tun. 少なくとも私はそんなことはしない.

‡**je·der** [イェーデァ jéːdər]

格	男	女	中
1	jeder	jede	jedes
2	jedes	jeder	jedes
3	jedem	jeder	jedem
4	jeden	jede	jedes

Jeder Mensch macht mal Fehler.
イェーデァ メンシュ マハト マール ふェーらァ
どんな人でも誤りを犯すことはあるものだ.

〖四〗〖不定代名詞; 語尾変化は dies*er* と同じ〗〖つねに単数〗 ① 〖付加語として〗どの…も, 各々の, それぞれの. (英 *every*). *jeder* Mann どの男性も / *jede* Frau どの女性も / *Jedes* Kind bekommt einen Luftballon. どの子も風船をもらえる / *jeder* Einzelne 各人が / **auf** *jeden* Fall いずれにせよ, どんな場合にも / **ohne** *jeden* Grund なんの理由もなく / **um** *jeden* Preis a) どんな値段でも, b)《比》是が非でも / **zu** *jeder* Zeit いつでも. (☞ 類語 all).
② 毎…, …しごとに. *jeden* Tag 毎日 / *jeden* Sonntag 毎日曜日 / *jede* Woche 毎週 / *jeden* Monat 毎月 / *jedes* Jahr 毎年 / *jedes* Mal 毎度, そのつど, いつも ⇒ Er kommt *jedes* Mal zu spät. 彼は毎回遅刻する / in *jedem* vierten Jahr 4 年ごとに. ◊〖例外的に 四〗 *jede* 5 Minuten 5 分ごとに / *jede* zehn Meter 10 メートルおきに.
③ 〖名詞的に〗 だれ(どれ)も, みんな, すべて. Hat *jeder* ein Glas? (乾杯のときに:) 皆さんグラスをお持ちですか / *jedes* der Kinder² 子供たちのそれぞれが, どの子供も / *jeder* von uns 私たちのだれもが / ein *jeder* だれもが / Hier kennt *jeder* jeden. ここではだれもが互いに顔見知りだ / alles und *jedes* なにもかも.

je·der·mann [イェーダァ・マン jéːdərman] 代〖不定代名詞, 2 格 jedermanns, 3 格・4 格 jedermann〗〖つねに単数〗どの人も, だれでも. (英 *everyone*). Das weiß doch *jedermann*. そんなことはだれでも知ってるよ / Muscheln sind nicht *jedermanns* Geschmack. 貝はだれもが好きというものではない.

je·der·zeit [イェーダァ・ツァイト jéːdərtsáɪt] 副 いつでも, 常に. (英 *anytime*). Du bist mir *jederzeit* willkommen. 君ならいつでも歓迎するよ.

je·des [イェーデス] 〖四〗〖不定代名詞〗☞ jed*er*

je·des Mal ☞ jeder ②

je·doch [イェ・ドッホ je-dóx] 接〖並列接続詞〗しかし, だが; それにもかかわらず. Ich habe ihm dreimal geschrieben, *jedoch* er hat kein einziges Mal geantwortet. 私は彼に 3 度も手紙を書いたが, 彼は 1 度も返事をよこさなかった. (✍ *jedoch* は副詞と同じ語順で使われることもある: …, *jedoch* hat er… または …, er hat *jedoch*…).

jed·we·der [イェート・ヴェーダァ] 代〖不定代名詞; 語尾変化は dies*er* と同じ〗〖つねに単数〗《古》どの…も (=jed*er*).

Jeep [チープ dӡíːp] 〖英〗男 —s/-s《商標》ジープ.

jeg·li·cher [イェークリッヒァ jéːklɪçər] 代〖不定代名詞; 語尾変化は dies*er* と同じ〗=jedweder

je·her [イェー・ヘーァ] 副〖成句的に〗 seit (または von) *jeher* 以前からずっと, 昔から.

Je·ho·va [イェホーヴァ jehóːva] —s/《聖》ヤハウェ, エホバ (旧約聖書のユダヤ教の神) (=Jahve).

je·mals [イェー・マーるス jéː-maːls] 副 (未来について:)いつか; (過去について:)かつて. Ob er *jemals* wieder gesund wird, ist fraglich. 彼がいつかまた元気になるかどうかは疑わしい.

je・mand [イェーマント jéːmant]

> だれか **Jemand** klopft an der Tür.
> イェーマント クロプフト アン デァ テューァ
> だれかがドアをノックしている．

代《不定代名詞; 2格 jemand[e]s, 3格 jemand[em], 4格 jemand[en]》《つねに単数》 だれか, ある人． Ist *jemand* gekommen?《現在完了》だれか来たのかい / *jemand* anders だれかほかの人 / sonst *jemand* a) ほかにだれか, b)《口語》特別な人物, とんでもないやつ．

[*der*] **Je・men** [イェーメン jéːman] 男 -[s]/《ふつう定冠詞とともに》《国名》イエメン[共和国]《首都はサヌア》．

je・mi・ne! [イェーミネ jéːmine] 間《驚き・恐怖を表して》おお．

Je・na [イェーナ jéːna] 中 -s/《都市名》イェーナ《ドイツ, テューリンゲン州の都市. ツァイス社などの光学機械製造で知られる. イェーナ大学ではかつてフィヒテ, ヘーゲル, シラーなどが教鞭に立った: [地図] E-3》．

je・ne [イェーネ], **je・nem** [イェーネム], **je・nen** [イェーネン] 代《指示代名詞》 [参照] jener

je・ner [イェーナァ jéːnɐr] 代《指示代名詞; 語尾変化は dies*er* と同じ》《単数》① 《付加語として》あの, その, かの, かなたの． *jener* Mann dort あそこにいるあの男の人 / *jene* Frau, die uns damals half あのとき私たちを助けてくれた婦人 / Ich möchte nicht dieses, sondern *jenes* Bild. 私はこの絵ではなくて, あの絵が欲しい / *jene* herrlichen Zeiten かのすばらしき時代 / *jene* Welt《比》あの世, 彼岸 / an *jenem* Tage あの日に / in *jener* Zeit あの時分に．
② 《名詞的に》 あの人[物], かの人[物]. bald dieser, bald *jener* ときにはこの人, ときにはあの人 / diese hier und *jenes* dort こちらにあるのとあちらのと. ◇[**dieser**]「後者」とともに》前者. Mutter und Tochter waren da; diese trug eine Hose, *jene* ein Kostüm. 母親と娘が来ていた, 後者はズボンをはいており前者はスーツを着ていた．

je・nes [イェーネス] 代《指示代名詞》 [参照] jener

jen・sei・tig [イェーン・ザイティヒ] 形 ① 向こう側の． ② あの世の, 彼岸の．

jen≠seits [イェーン・ザイツ jéːn-zaɪts または イェン.. jén..] I 前《2格とともに》…の向こう側に[で]．(⇔ 「…のこちら側に」は diesseits）． *jenseits* des Flusses 川の向こうに．
II 副 向こう側で． ◇[**von** とともに》 *jenseits* vom Rhein ライン川の向こう側に．

Jen≠seits [イェーン・ザイツ または イェン..] 中 -/《雅》あの世, 彼岸．(⇔ Diesseits)． 人⁴ ins *Jenseits* befördern《俗》人⁴を殺す．

Jer・sey [チェーァズィ dʒɔ́ːrzi または チェル.. dʒɛ́r..][英] 男 -[s]/-s《織》ジャージー《柔軟で伸縮性のある服地》．

Je・ru・sa・lem [イェルーザれム jerúːzalɛm] 中 -s/《地名》エルサレム《パレスチナの古都. 現在イスラエル[国]の首都》．

Je・su・it [イェズイート jezuíːt] 男 -en/-en ① 《カトリック》イエズス会士． ② 《ののしって:》陰険な策略家．《女性形: -in》．

Je・su・i・ten・or・den [イェズイーテン・オルデン] 男 -s/《カトリック》イエズス会．

je・su・i・tisch [イェズイーティッシュ jezuíːtɪʃ] 形 ① イエズス会[士]の． ② 狡猾(ミネミ)な．

Je・sus [イェーズス jéːzus]《人名》イエス《*Jesus* Christus)． *Jesus* Lehre イエスの教え / *Jesus* [Maria]! これはたいへんだ．(⇔ 無変化または1格 *Jesu* Christi, 3格 *Jesu* Christo, 4格 *Jesum* Christum という変化形もある. また呼びかけとしては *Jesu* Christe も用いる．

Je・sus≠kind [イェーズス・キント] 中 -[e]s/ 幼な子イエス．

Jet [チェット dʒét] [英] 男 -[s]/-s ジェット推進;《空》ジェット機．

Jet≠lag [ジェット・れック] [英] 男 -s/-s《長時間の飛行機での移動による》時差ボケ．

Jet≠li・ner [チェット・らイナァ] [英] 男 -s/- ジェット旅客機．

Jet≠set [チェット・ゼット] [英] 男 -s/-s《ふつう 単》ジェット族《[自家用]ジェット機で遊び回る有産階級》．

jet・ten [チェッテン dʒétən] I 自 (s)《口語》① ジェット機で飛ぶ． ② (ジェット機が)飛ぶ．
II 他 (h)《口語》(人・物⁴を…へ)ジェット機で運ぶ．

jet・zig [イェツィヒ jétsɪç] 形《付加語としてのみ》今の, 現在の, 目下の． die *jetzige* Mode 現在の流行 / im *jetzigen* Zustand 現状で．

jetzt [イェット jétst]

> 今 Haben Sie *jetzt* Zeit?
> ハーベン ズィー イェット ツァイト
> 今お暇ですか．

副 ① 今, 現在．(変 now)． Ich habe *jetzt* keine Zeit. 今私は暇がない / Ich muss *jetzt* gehen. 私はもう行かなければならない / *Jetzt* oder nie! 今こそまたとないチャンスだ / bis *jetzt* 今まで / **eben**（または **gerade**）*jetzt* ちょうど今 / **erst** *jetzt* 今やっと / **für** *jetzt* 今のところ, さしあたり / **gleich** *jetzt* 今すぐに / **noch** *jetzt* 今でも / **von** *jetzt* **an** 今から, 今後．
◇《過去形の文で》そのとき, 今や． *Jetzt* fing sie plötzlich an zu weinen. そのとき彼女は突然泣き始めた．
② 今日(ミネミ), 現在では, 今では． *Jetzt* ist das ganz anders als früher. 今日ではそれは以前とまったく違っている．
③ 《疑問文で》《口語》いったい． Von wem mag *jetzt* dieser Brief sein? この手紙はいったいだれから来たのだろう．

類語 **jetzt**:「今」を意味する最も一般的な語． **nun**: (過去のことに関連づけて, 以前はともかく)今や, さて[今度は]． Ich habe den Brief geschrie-

Jetzt [イェツト] 甲 -/《雅》現在. das Einst und das *Jetzt* 過去と現在.

Jetzt·zeit [イェット・ツァイト] 囡 -/ 現在, 現代, 現今.

je·wei·lig [イェー・ヴァイりヒ jé:-váɪlɪç] 形 そのときそのときの; それぞれの.

je·weils [イェー・ヴァイるス jé:-váɪls] 副 ① そのつど, その度ごとに. ② …ごとに, 毎…に. *jeweils* am Monatsende 月末ごとに.

Jg. [ヤール・ガング]《略》…年生まれ; …年産ワイン; (新聞・雑誌などの)…年分. (=**Jahrgang**).

Jgg. [ヤール・ゲンゲ]《略》Jg. の 複 (=**Jahrgänge**).

Jh. [ヤール・フンダァト]《略》世紀 (=**Jahrhundert**).

jid·disch [イディッシュ jídɪʃ] 形 イディッシュ語の.

Jid·disch [イディッシュ] 中 -[s]/ イディッシュ語 (中高ドイツ語・ヘブライ語・スラヴ語の混合語. ドイツ・東欧・旧ソ連邦などのユダヤ人の間で用いられる).

Jiu-Jit·su [チーウ・チッツー dʒi:u-dʒítsu] 中 -[s]/ 柔道, 柔術. (☞ 現在ではふつう Judo [ユード]と呼ぶ).

Jo·a·chim [ヨーアヒム jó:axɪm または ヨア..] -s/《男名》ヨーアヒム.

der **Job** [チョップ dʒɔ́p] [英] 男 -s/-s ① 《口語》アルバイト[の口], 一時的な仕事. Für die Ferien sucht er sich³ einen *Job*. 彼は休暇中にするアルバイトを探している. ② (ニン) ジョブ.

job·ben [チョッベン dʒɔ́bən] 自 (h) 《口語》アルバイトする.

Job⹂sha·ring [チョップ・シェーリング] [英] 中 -s/ ワークシェアリング.

Joch [ヨッホ jɔ́x] 中 -[e]s/-e (単位: -/-) ① くびき. einem Ochsen das *Joch*⁴ auf[legen 牛にくびきを掛ける / die Kühe⁴ ins (または unters) *Joch* spannen 雌牛をくびきにつなぐ. ② 《ふつう 単》《雅・比》束縛; 負担, 重荷. ein schweres *Joch*⁴ tragen 重荷を負う / (人⁴) ins *Joch* spannen (人⁴)を束縛する. ③ 《人⁴ -》一連(2頭)の牛(馬). 2 *Joch* Ochsen 二連の牛. ④ 《地理》(山の)鞍部, 尾根, 峠.

Joch·bein [ヨッホ・バイン] 中 -[e]s/-e 《医》頬骨(きょうこつ).

Jo·ckei [ヨッケ dʒɔ́ke または ヨッカイ jɔ́kaɪ] 男 -s/-s 競馬騎手.

Jod [ヨート jó:t] 中 -[e]s/《化》ヨウ素, ヨード(記号: J).

Jo·del [ヨーデる jó:dəl] 男 -s/- (または **Jödel**)《音楽》ヨーデル.

jo·deln [ヨーデるン jó:dəln] 自 (h) ヨーデルを歌う.

jod⹂hal·tig [ヨート・ハるティヒ] 形 ヨードを含んだ.

Jod·ler [ヨードらァ jó:dlɐr] 男 -s/- ① ヨーデルを歌う人. (女性形: -in). ② ヨーデル[の歌].

Jod⹂tink·tur [ヨート・ティンクトゥーァ] 囡 -/-en 《薬》ヨードチンキ.

Jo·ga [ヨーガ jó:ga] 男 中 -[s] ヨガ(インドの神秘哲学); ヨガ行(ぎょう) (=**Yoga**).

jog·gen [チョッゲン dʒɔ́gən] 自 (h, s) ジョギングをする.

Jog·ger [チョッガァ dʒɔ́gɐr] 男 -s/- ジョギングをする人. (女性形: -in).

das **Jog·ging** [チョッギング dʒɔ́gɪŋ] [英] 中 (単 1) -s/ ジョギング. Ich halte mich durch *Jogging* fit. 私はジョギングでコンディションを維持している.

Jog·ging⹂an·zug [チョッギング・アンツーク] 男 -[e]s/..züge ジョギングウェア.

Jo·ghurt [ヨーグルト jó:gʊrt] 男 (まれ: 中) -[s](種類:) -[s] (口語: 囡 -/-[s]) ヨーグルト.

Jo·gi[n] [ヨーギ[ン] jó:gi (..gɪn)] 男 -s/-s ヨガの行者 (=**Yogi[n]**). (女性形: Jogini).

Jo·gurt [ヨーグルト jó:gʊrt] 男 (まれ: 中) -[s](種類:) -[s] (口語: 囡 -/-[s])=Joghurt

Jo·hann [ヨハン johán または ヨー.. jó:..] -s/《男名》ヨハン, ヨーハン (Johannes の 短縮).

Jo·han·na [ヨハンナ johána] -/《女名》ヨハンナ.

Jo·han·nes [ヨハンネス johánəs または ..nɛs] ① 《男名》ヨハネス. ② 《聖》《人名》*Johannes* der Täufer 洗礼者ヨハネ(荒野の説教者. イエスに洗礼を施した). ③ 《聖》《人名》ヨハネ(十二使徒の一人. 『ヨハネによる福音書』などを書いた人).

Jo·han·ni [ヨハンニ johání] 中 -/《ふつう冠詞なしで》《カトリック》洗礼者聖ヨハネの祝日, 夏至祭(6月24日) (=**Johannistag**).

Jo·han·nis⹂bee·re [ヨハンニス・ベーレ] 囡 -/-n 《植》スグリ; 《ふつう 複》すぐりの実. (☞ **Beere** 図).

Jo·han·nis⹂tag [ヨハンニス・ターク] 男 -[e]s/-e 《カトリック》洗礼者聖ヨハネの祝日, 夏至祭(6月24日).

Jo·han·ni·ter [ヨハニータァ johaní:tɐr] 男 -s/- 《史》ヨハネ騎士修道会士. (女性形: -in).

joh·len [ヨーレン jó:lən] 自 (h) (大勢で)わめきたてる, 大声で騒ぐ.

Joint [チョイント dʒɔ́ɪnt] [英] 男 -s/-s ハシッシュ(マリファナ)入り手巻きたばこ; 《俗》紙巻きたばこ.

Joint Ven·ture [チョイント ヴェンチァ] [英] 中 --s/--s 合弁事業, ジョイントベンチャー.

Jo-Jo-Ef·fekt [ヨーヨー・エフェクト] 男 -[e]s/-e (ダイエットを中断したのちの体重のリバウンド現象.

Jo·ker [ヨーカァ jó:kɐr または チョー.. dʒó:..] [英] 男 -s/- (トランプの)ジョーカー.

Jol·le [ヨれ jɔ́lə] 囡 -/-n 《海》(艦載されている)小型ボート.

Jon·gleur [ジョングれーァ ʒɔ̃gló:r] [フス] 男 -s/-e 曲芸師, 軽業師. (女性形: -in).

jon·glie·ren [ジョングリーレン ʒɔ̃glí:rən] 自 (h)《**mit**³ -》曲芸をする;《比》(物³(言葉などを)巧みに操る. mit Tellern *jonglieren* 皿を使って曲芸をする / mit Worten *jonglieren* 言葉を巧みに操る.

Jop·pe [ヨッペ jópə] 囡 -/-n 《服飾》ヨッペ(厚手の男性用ジャケット); (室内で羽織る)カーディガン, ブルゾン.

der **Jor·dan** [ヨルダン jɔ́rdan] 男 -(s)/《定冠詞とともに》《川名》ヨルダン川. über den *Jordan* gehen 《婉曲》死ぬ.

Jor·da·ni·en [ヨルダーニエン jɔrdá:niən] 中 -/《国名》ヨルダン[・ハシミテ王国] (首都はアンマン).

Jo·sef [ヨーゼフ jó:zɛf] -s/ ① 《男名》ヨーゼフ. ② 《聖》《人名》ヨセフ(旧約ではヤコブの第 11 子, 新約では聖母マリアの夫).

Jo·seph [ヨーゼフ jó:zɛf] -s/ =Josef

Jo·ta [ヨータ jó:ta] 中 -[s]/-s イオタ(ギリシア字母の第9字: I,ι); 《比》小事, 微小. [um] kein *Jota* または nicht ein *Jota* 《雅》少しも…でない.

Joule [ヂャウる dʒául または ヂュール dʒú:l] 中 -[s]/- 《物》ジュール(エネルギーおよび仕事の単位. イギリスの物理学者 J. P. *Joule* 1818-1889 の名から; 記号: J).

Jour·nal [ジュルナーる ʒurná:l] [仏] 中 -s/ ① グラビア雑誌. ② (テレビなどの)ニュース解説[番組]. ③ 《海》航海日誌. ④ 《商》仕訳(わけ)帳.

Jour·na·lis·mus [ジュルナリスムス ʒurnalísmus] 男 -/ ジャーナリズム, 新聞雑誌界, 報道関係; ジャーナリズム活動.

*der **Jour·na·list** [ジュルナリスト ʒurnalíst] 男《単2·3·4》-en/《複》-en ジャーナリスト, 新聞(雑誌)記者. (英 *journalist*). Er ist freier *Journalist.* 彼はフリーの記者だ.

Jour·na·lis·tik [ジュルナリスティク ʒurnalístık] 囡 -/ 新聞学, ジャーナリズム論.

Jour·na·lis·tin [ジュルナリスティン ʒurnalístın] 囡 -/..tinnen (女性の)ジャーナリスト.

jour·na·lis·tisch [ジュルナリスティッシュ ʒurnalístıʃ] 形 ① ジャーナリズムの, 新聞(雑誌)[界]の. ② ジャーナリスティックな(文体など).

jo·vi·al [ヨヴィアーる joviá:l] 形 (男性について:)気さくで陽気な.

Jo·vi·a·li·tät [ヨヴィアリテート jovialitέ:t] 囡 -/ (男性について:)気さくさ[な態度].

Joy⚆stick [チョイ·スティック] [英] 男 -s/-s 《コンピュ》ジョイスティック.

jr. [ユーニオァ] 《略》年少の (=junior).

Ju·bel [ユーべる jú:bəl] 男 -s/ 歓呼, 歓声. in *Jubel* aus|brechen どっと歓声があがる.

Ju·bel⚆fei·er [ユーべる·ファイァァ] 囡 -/-n (戯)記念祝典, 祝賀祭.

Ju·bel⚆jahr [ユーべる·ヤール] 中 -[e]s/-e ① (25年·50年などの)ヨベルの年. ② 《ᴶ⚆教》(50年ごとの)《ᴶ⚆教》(25年ごとの)聖年(いずれも免罪·特赦が行われる). alle *Jubeljahre* [einmal] 《口語·戯》(残念ながら)めったに…でない.

ju·beln [ユーべるン jú:bəln] ich juble (jubelte, *hat* ... gejubelt) 自 《完了 haben) 歓声をあげる, 歓呼する. Die Kinder *jubelten* über die Geschenke. 子供たちはそのプレゼントに歓

声をあげた.

ju·bel·te [ユーべるテ] jubeln (歓声をあげる)の 過去

Ju·bi·lar [ユビらール jubilá:r] 男 -s/-e 記念日の祝賀を受ける人. (女性形: -in).

Ju·bi·lä·um [ユビれーウム jubilέ:um] 中 -s/..läen (25年·50年などの)記念祭; 記念日.

ju·bi·lie·ren [ユビリーレン jubilí:rən] 自 (h) ① 《雅》歓声をあげる, 歓呼する. ② 《詩》(鳥が)さえずる, 歌う.

jub·le [ユーブれ] jubeln (歓声をあげる)の 1 人称単数 現在

juch·he! [ユフヘー juxhé:] 間 万歳, やったそ.

Juch·ten [ユフテン júxtən] 男 中 -s/ ① ロシア革. ② ユフテン(ロシア革のにおいのする香水).

juch·zen [ユフツェン júxtsən] 自 (h) 《口語》(=jauchzen).

ju·cken [ユッケン júkən] (juckte, *hat* ... gejuckt) I 自 (完了 haben) (〔人³にとって〕かゆい, むずむずする. Meine Hand *juckt.* 私は手がかゆい / Der Rücken *juckt* mir. 私は背中がかゆい / Der Verband *juckt* ihm auf der Haut. その包帯をすると彼は肌がむずむずする.

II 他 (完了 haben) ① 〔人⁴にとって〕かゆい. Das Bein *juckt* mich. 私は足がかゆい. ② 《口語·比》〔人⁴の〕気持ちをそそる. Das *juckt* mich nicht. 私はそんなことはどうでもいい / Es *juckte* ihn, den Wagen zu kaufen. 彼はその車を買いたくてたまらなかった.

III 非人称 (完了 haben) 〔es juckt 人³(または 人⁴)の形で〕人³(または人⁴)にとってかゆい. Es *juckt* mir (または mich) auf dem Rücken. 私は背中がかゆい.

IV 再帰 (完了 haben) *sich*⁴ *jucken* 《口語》(かゆい所を)かく. Er *juckte sich* **am** Hals. 彼はかゆくて首をかいた.

Juck⚆reiz [ユック·ライツ] 男 -es/-e かゆみ. einen *Juckreiz* verspüren かゆみを感じる.

juck·te [ユックテ] jucken (かゆい)の 過去

Ju·da [ユーダ jú:da] I -s/ 《聖》《人名》ユダ(ヤコブの第 4 子). II 中 -/ 《聖》ユダ王国(パレスチナの古代王国).

Ju·da·i·ka [ユダーイカ judá:ika] 複 ユダヤ文化(民族)に関する文献.

Ju·das [ユーダス jú:das] I 《聖》《人名》ユダ(イエスを裏切った使徒, イスカリオテのユダ). II 男 -/..dasse 《比》裏切り者.

Ju·das⚆kuss [ユーダス·クス] 男 -es/..küsse ユダの接吻(マィス)(キリストに対する裏切りの意図を持ちながら好意を装ったユダの接吻に基づく. 偽りのキス).

Ju·das⚆lohn [ユーダス·ローン] 男 -[e]s/ 裏切りの報酬(マタイによる福音書 26, 15 から).

der **Ju·de** [ユーデ jú:də] 男《単2·3·4》-n/《複》-n ユダヤ人, ユダヤ教徒. (参考 ナチス時代の差別的語感を避けるために, 集合的には jüdische Menschen または jüdische Mitbürgerinnen und Mitbürger と言いかえることがある).

Ju·den·tum [ユーデントゥーム] 中 -s/ ユダヤ教; ユダヤ[人]気質; ユダヤ民族.

Ju·den·ver·fol·gung [ユーデン・フェァフォるグング] 囡 -/-en ユダヤ人迫害.

Ju·di·ka·ti·ve [ユディカティーヴェ judikatí:və] 囡 -/-n 《法・政》司法権.

Jü·din [ユーディン jýːdɪn] 囡 -/..dinnen ユダヤ人[女性], (女性の)ユダヤ教徒.

jü·disch [ユーディッシュ jýːdɪʃ] 形 ユダヤ[人]の; ユダヤ人に特有の.

Ju·do [ユード júːdo] 中 -[s] 柔道. *Judo⁴ machen* (または *treiben*) 柔道をする.

Ju·do=an·zug [ユード・アンツーク] 男 -[e]s/..züge 柔道着.

Ju·do·ka [ユドーカ judóːka] 男 -[s]/-[s] (囡 -/-[s]) 柔道家.

die **Ju·gend** [ユーゲント júːgənt] 囡 (単) -/ ① 青春[期], 青春時代, 青少年時代, 若いころ. (⇔《敬》 *youth*). (⇔「老年期」は *Alter*; s. im *Alter*). eine goldene *Jugend* すばらしい青春時代 / Hans hat seine *Jugend* in Japan verbracht. ハンスは青春期を日本で過ごした / in der *Jugend* 青春時代に / seit früher *Jugend* 幼少のころから / von *Jugend* auf (または an) 若いころから.
② 若さ, 若々しさ, はつらつ. Sie hat sich ihre *Jugend* bewahrt. 彼女は若さを保ち続けた.
③ (総称として:)青少年, 若者. die heutige *Jugend* または die *Jugend* von heute 現代の若者 / die reifere *Jugend*《戯》中年[層].

Ju·gend=al·ter [ユーゲント・アるタァ] 中 -s/ 青少年期, 青春時代.

Ju·gend=amt [ユーゲント・アムト] 中 -[e]s/..ämter 青少年福祉局.

Ju·gend=ar·beits·lo·sig·keit [ユーゲント・アルバイツローズィヒカイト] 囡 -/ 若年失業.

Ju·gend=er·in·ne·rung [ユーゲント・エァインネルング] 囡 -/-en 青春時代の思い出.

ju·gend=frei [ユーゲント・フライ] 形 (映画などが)青少年にも見ることを許されている.

Ju·gend=freund [ユーゲント・フロイント] 男 -[e]s/-e 幼友達, 竹馬の友. (女性形: -in).

Ju·gend=für·sor·ge [ユーゲント・フューァゾルゲ] 囡 -/ 青少年保護.

ju·gend=ge·fähr·dend [ユーゲント・ゲフェーァデント] 形 (映画などが)青少年に有害な.

Ju·gend=ge·richt [ユーゲント・ゲリヒト] 中 -[e]s/-e 《法》少年裁判所.

Ju·gend=heim [ユーゲント・ハイム] 中 -[e]s/-e 青少年センター(青少年の育成・レクリエーション施設).

die **Ju·gend=her·ber·ge** [ユーゲント・ヘァベルゲ júːgənt-hɛrbɛrgə] 囡 (単) -/(複) -n ユースホステル. (⇔《youth hostel》). Deutsches *Jugendherbergs*werk ドイツ・ユースホステル協会 / in der *Jugendherberge* übernachten ユースホステルに泊る. (⇨ 類語 Hotel).

Ju·gend=hil·fe [ユーゲント・ひルフェ] 囡 -/ 青少年援助(保護) (*Jugendpflege, Jugendfürsorge, Jugendschutz* の総称).

Ju·gend=kri·mi·na·li·tät [ユーゲント・クリミナリテート] 囡 -/ (総称として:)青少年犯罪, 少年非行.

ju·gend·lich [ユーゲントりヒ júːgəntlɪç] 形 《英》*young* ① 青少年の, 若い. die *jugendlichen* Zuschauer 若い観客たち. ② 若者らしい, 若々しい, ういういしい. *jugendliche* Begeisterung 若者らしい熱狂 / Er wirkt noch sehr *jugendlich*. 彼はまだとても若く見える. ③ 若向きの(服装など). eine *jugendliche* Frisur 若向きのヘアスタイル.

*Ju·gend·li·che[r]** [ユーゲントりヒェ(..ヒャァ) júːgəntlɪçə(..çɐ)] 男囡《語尾変化は形容詞と同じ》(例: ① 格 der *Jugendliche*, ein *Jugendlicher*; s. Alte[r]) 青少年, 未成年者(法律上は 14–18 歳の青少年を指す). *Jugendliche* haben keinen Zutritt. (掲示で:)未成年者の入場お断り.

> 類語 der *Jugendliche*: 青少年(14 歳から 18 歳まで. 主として官庁用語). der *Junge*: (14 歳くらいまでの)男の子. der *Jüngling*:《文語で, 少年と大人の間の》青年, 若者. der *Bursch[e]*: 若者. (もともと大人になる前のたくましい青年の意味. ただし, 粗野な男の意味に用いられることもある). der *Teenager*: ティーンエージャー.

Ju·gend·lich·keit [ユーゲントりヒカイト] 囡 -/ 若いこと, 若さ, 若々しさ.

Ju·gend=lie·be [ユーゲント・リーベ] 囡 -/-n ①《口語》少年(少女)時代の恋人. ②《複なし》《雅》若き日の恋.

Ju·gend=li·te·ra·tur [ユーゲント・リテラトゥーァ] 囡 -/ 青少年少女文学.

Ju·gend=mann·schaft [ユーゲント・マンシャフト] 囡 -/-en (⇨) (14–18 歳の)ユースチーム.

Ju·gend=or·ga·ni·sa·ti·on [ユーゲント・オルガニザツィオーン] 囡 -/-en 青少年の組織(団体).

Ju·gend=schutz [ユーゲント・シュッツ] 男 -es/ (特に少年法による)青少年保護.

Ju·gend=spra·che [ユーゲント・シュプラーヘ] 囡 -/ 若者ことば.

Ju·gend=stil [ユーゲント・シュティーる] 男 -[e]s/ 《美》ユーゲントシュティール(1900 年前後ヨーロッパで流行した工芸・建築を中心にした芸術様式で, 特に植物の形態に基づく装飾が特徴. 雑誌„Jugend" の名にちなむ.「アール・ヌーボー」のドイツでの呼称).

Ju·gend=stra·fe [ユーゲント・シュトラーフェ] 囡 -/-n 《法》少年刑罰.

Ju·gend=sün·de [ユーゲント・ズュンデ] 囡 -/-n 若げの(若いときの)過ち.

Ju·gend=wei·he [ユーゲント・ヴァイエ] 囡 -/-n ① (堅信礼に代わるものとして非宗教団体による)成人参入式. ② (旧東ドイツで:)(社会主義への帰依を宣誓する)成人参入式(14 歳の男女が参加にした).

Ju·gend=zeit [ユーゲント・ツァイト] 囡 -/ 青春時代, 若いころ.

Ju·go·sla·we [ユゴスらーヴェ jugosláːvə] 男

Jugoslawien 702

-n/-n《旧》ユーゴスラビア人.(女性形: Jugoslawin).

Ju·go·sla·wi·en [ユゴスラーヴィエン jugoslá:viən] 匣 -s/《地名》《旧》ユーゴスラビア連邦.

ju·go·sla·wisch [ユゴスラーヴィシュ jugoslá:vɪʃ] 厖《旧》ユーゴスラビア[人]の.

Juice [チュース dʒúːs][英] 匣 -/《種類:》-s [..スイス または ..スワイス](特にオーストリアで:)果物ジュース(=Obstsaft), 野菜ジュース(=Gemüsesaft).

Juke⹂box [チューク・ボクス][英] 囡 -/-es ジュークボックス.

Jul. [ユーリ]《略》7月(=Juli).

der Ju·li [ユーリ júːli] 匣《単2》-[s]/《複》-s《ふつう匣》**7月**(略: Jul.).(変 July).(⇒ 月名 ☞ Monat). ein heißer *Juli* 暑い7月 / im *Juli* 7月に / Anfang (Ende) *Juli* 7月初旬(下旬)に.

Ju·lia [ユーリア júːlia] -s/《女名》ユーリア.

Ju·li·us [ユーリウス júːlius]《男名》ユーリウス.

Jum·bo⹂jet [ユンボ・チェット][英] 匣 -[s]/-s《空》ジャンボジェット機.

Jum·per [チャンパァ dʒámpər または ユン..júm..][英] 匣 -s/-《南ド・オースト》(女性用の)ニットのブラウス, ブルオーバー.

jun. [ユーニオァ]《略》年少の(=junior).

Jun. [ユーニ]《略》6月(=Juni).

jung [ユング júŋ]

| 若い | Wir sind noch *jung*.
ヴィア ズィント ノッホ ユング
われわれはまだ若い. |

厖(比較 jünger, 最上 jüngst)(変 young) ① **若い**.(⇒「年とった」は alt). die *jungen* Leute 若い人たち / ein *junger* Mann 若い男性 / der *junge* Goethe 若きゲーテ / der *junge* [Herr] Schmidt 《口語》シュミット氏の息子(の方) / in *jungen* Jahren 若いころに / von *jung* auf 若い(幼い)ころから / Jung gewohnt, alt getan.《諺》習い性となる(←若いころ習慣となったことは年をとってからもする). ◇《名詞的に》*Jung* und Alt 老いも若きも, だれもが.
② 若々しい, まだ新しい, ういういしい. eine *junge* Stimme ういういしい声 / *jung* bleiben いつまでも若々しい / Er hat noch *junge* Beine. 彼はまだ健脚だ / *jung* aus|sehen 若く見える.
③ 新生の, 出来たての; 新鮮な, ほやほやの. ein *junger* Staat 新興国 / das *junge* Paar 結婚後間もない夫婦 / *junges* Gemüse 収穫したての野菜 / *junger* Wein (本年度産の)新ワイン.

Jung [ユング] -s/《人名》ユング(Carl Gustav *Jung* 1875–1961; スイスの心理学者・精神病理学者).

Jung⹂brun·nen [ユング・ブルンネン] 匣 -s/-《神》若返りの泉(浴びると若返るという);《比》活力の源.

der Jun·ge [ユンゲ júŋə]

| 男の子 | Er ist ein netter *Junge*.
エァ イスト アイン ネッタァ ユンゲ
彼は感じのいい男の子だ. |

格	単	複
1	der Junge	die Jungen
2	des Jungen	der Jungen
3	dem Jungen	den Jungen
4	den Jungen	die Jungen

男(単2·3·4) -n/(複) -n ① **男の子**, 少年; 息子.(変 boy).(⇒「女の子」は Mädchen; 北ドイツ·中部ドイツでは Junge の複を Jungs または Jungens ということもある). ein artiger *Junge* 行儀のよい男の子 / In der Klasse sind 12 *Jungen* und 8 *Mädchen*. そのクラスには12人の男の子と8人の女の子がいる / Als *Junge* war ich oft dort. 少年時代にはよくそこへ行ったものだ / Ist es ein *Junge* oder ein Mädchen?(生まれた赤ちゃんのことを尋ねて:)男の子, それとも女の子? / Sie hat einen *Jungen* bekommen. 彼女は男の子を授かった / 囚⁴ wie einen dummen *Jungen* behandeln 囚⁴を小ばかにする.(☞ 類語 Jugendliche[r]).
②《口語》[若い]男, 若者, やつ. Ihr Bruder ist ein netter *Junge*. 彼女の兄さんは感じのいい青年だ / ein grüner *Junge* 青二才 / ein schwerer *Junge*《口語》暴力犯[人] / die blauen *Jungs*《口語》水夫, マドロス / Na, mein *Junge*, wie geht es dir?(親しみを込めた呼びかけで:)やあ君, 元気かい / *Junge, Junge*!(驚いて:)おやおや, たいへんたいへん.
③ 見習い, 徒弟. ④《口語》(トランプの)ジャック.

jun·gen [ユンゲン júŋən] 圁 (h)(家畜などが)子を産む.

jun·gen·haft [ユンゲンハフト] 厖 少年のような, 少年らしい; ボーイッシュな. sich⁴ *jungenhaft* benehmen (女の子が)男の子のようにふるまう.

Jun·ge[r] [ユンゲ (..ガァ) júŋə (..ŋər)] 匣 囡《語尾変化は形容詞と同じ》若い人. die Alten und die *Jungen* 老いも若きも.

jün·ger [ユンガァ júŋər](‡jung の比較)厖 ①(…より)若い; より新しい. mein *jüngerer* Bruder 私の弟 / Er ist [um] zwei Jahre *jünger* als ich. 彼は私より二つ若い. ② 比較的若い.

Jün·ger [ユンガァ] 匣 -s/- ①(キリストの十二人の)使徒[のひとり].《雅》弟子, 門人; 信奉者.(女性形: -in).

Jün·ge·re[r] [ユンゲレ (..ラァ) júŋərə (..rər)] 匣 囡《語尾変化は形容詞と同じ》年下の方, 若い方; ジュニア, 息子(娘)[の方].

Jun·ge[s] [ユング[ス] júŋə[s]] 匣《語尾変化は形容詞と同じ》(動物の)子.

Jung·fer [ユングファァ júŋfər] 囡 -/-n《古》(未婚の)娘, 処女;(気取った)オールドミス.

jüng·fer·lich [ユングふァァリヒ] 厖 オールドミス

Jung・fern╱fahrt [ユングふぁァン・ふぁーァルト] 囡 -/-en 処女航海; 初運転.

Jung・fern╱häut・chen [ユングふぁァン・ホイティヒェン] 回 -s/- 《医》処女膜.

Jung・fern╱re・de [ユングふぁァン・レーデ] 囡 -/-n (議員の)処女演説.

die **Jung╱frau**¹ [ユング・ふラオ júŋ-frau] 囡 (単) -/(複) -en ① **処女**; 《古》(未婚の)娘, 乙女. 《英 virgin》. eine reine *Jungfrau* 無垢(く)の乙女 / die *Jungfrau* Maria (聖書)処女マリア / die Heilige *Jungfrau* 聖処女. ② 〖(複)なし〗乙女座; 処女宮. ③ 乙女座生まれの人.

die **Jung╱frau**² [ユング・ふラオ] 囡 -/ 〖定冠詞とともに〗(山名)ユングフラウ[山](スイスアルプスの高峰で4158メートル. アイガー, メンヒなどを含むその地域は世界自然遺産. 〖地図〗 C-5).

jung・fräu・lich [ユング・ふロイリヒ] 形 《雅》① 処女の[ような]. ② だれも触れていない, 未踏の. ein *jungfräulicher* Boden 処女地.

Jung・fräu・lich・keit [ユング・ふロイリヒカイト] 囡 -/ 《雅》① 処女性, 処女であること. ② 純潔.

Jung・ge・sel・le [ユング・ゲぜれ] 男 -n/-n 独身男, 未婚の男性. (女性形: ..geséllin).

Jüng・ling [ユングりング jýŋlɪŋ] 男 -s/-e 《雅》青年, 若者; 〖ふつう軽蔑的に:〗若造. 〖☞類語 Jugendliche[r]〗.

jüngst [ユングスト jýŋst] (‡jung の最上) I 形 ① 最も若い, 最年少の. mein *jüngster* Bruder 私の末弟. ② 最近の, 近ごろの; 最新の. die *jüngsten* Ereignisse 最近の出来事 / in *jüngster* Zeit 最近. ③ 〖大文字で〗最後の. das *Jüngste* Gericht 《聖》最後の審判 / der *Jüngste* Tag 《聖》最後の審判の日, 世界の終わり. II 副 近ごろ, 最近, 先日.

Jung╱stein・zeit [ユング・シュタインツァイト] 囡 -/ 新石器時代.

Jüngs・te[r] [ユングステ (..タァ) jýŋstə (..tər)] 男 囡 〖語尾変化は形容詞と同じ〗 最も若い人; 末っ子. mein *Jüngster* 私の末の息子.

Jung╱ver・hei・ra・te・te[r] [ユング・ふェアハイラーテテ (..タァ)] 男 囡 〖語尾変化は形容詞と同じ〗結婚後間もない人.

Jung╱vieh [ユング・ふィー] 回 -[e]s/ 家畜の子.

der **Ju・ni [ユーニ júːni] 男 (単2) -[s]/(複) -s 〖ふつう(単)〗 **6月**(略: Jun.). 《英 June》. 《☞ 月名 ☞ Monat》. ein kühler *Juni* 涼しい6月 / im *Juni* 6月に / Anfang (Mitte) *Juni* 6月初旬(中旬).

Ju・ni╱kä・fer [ユーニ・ケーふァァ] 男 -s/- 《昆》コフキコガネムシ[の一種].

ju・ni・or [ユーニオァ juːnioːr] 形 …ジュニア, …2世, 年少の方の(略: jr., jun.). 《☞ 人名の後ろに置く; 「…シニア」は senior》. Herr Schmidt *junior* シュミット2世.

Ju・ni・or [ユーニオァ] 男 -s/-en [ユニオーレン] ① 〖ふつう(単)〗《戯》(父親に対して:)息子[の方], ジュニア. 《女性形は Juniorin》. ② 〖(複)なし〗《商》若だんな. ③ 〖スポ〗ジュニア(18歳から20-23歳). ④ 〖ふつう(複)〗若者.

Ju・ni・or╱chef [ユニオァ・シェふ] 男 -s/-s 経営者(社長)の息子, (同族会社の)若社長. (女性形: -in).

Jun・ker [ユンカァ júŋkər] 男 -s/- ① (昔の:)若い貴族, 貴公子. ② (昔の:)ユンカー, (エルベ川以東の)地主貴族.

Junk・tim [ユンクティム júŋktɪm] 回 -s/-s 《法・政》抱き合わせ; (法案などの)付帯.

Ju・no [ユーノ júːno] -/ 〖ローマ神〗ユノ(ユピテルの妻. 結婚をつかさどる女神. ギリシア神話のヘラに当たる).

Jun・ta [フンタ xúnta または ユンタ júnta] 囡 -/-Junten (スペイン・ポルトガル・中南米諸国の)議会, 〖軍事〗政権.

Ju・pe [ジューブ ʒyːp] 《スイス》囡 -/-s または 男 -s/-s 《スイス》スカート.

Ju・pi・ter [ユーピタァ júːpitər] I -s/ 〖ローマ神〗ユピテル, ジュピター(古代ローマの最高神. ギリシア神話のゼウスに当たる). II 男 -s/ 〖定冠詞とともに〗《天》木星.

Ju・ra¹ [ユーラ júːra] 回 〖冠詞なしで〗 **法学, 法律学**. 《英 law》. 《☞ 元はラテン語で Jus の(複)》. Ich studiere *Jura*. 私は法律学を専攻しています.

Ju・ra² [ユーラ júːra] I -[s]/ 〖定冠詞とともに〗(山名)ジュラ山脈(スイス・フランス国境を南西から北東に連なる). II 男 -s/ 《地学》(中生代のジュラ紀(系). III [ユーラ júːra または ジュラ ʒyrá] 回 -s/ 〖定冠詞とともに〗(地名)ユーラ, ジュラ(スイス26州の一つ. 州都はデレモン).

Ju・ra╱stu・dent [ユーラ・シュトゥデント] 男 -en/-en 法学専攻の大学生. (女性形: -in).

Ju・ris╱pru・denz [ユリス・プルデンツ] 囡 -/ 法[律]学(＝Rechtswissenschaft).

der **Ju・rist** [ユリスト juríst] 男 (単2.3.4) -en/(複) -en **法律家**, 法[律]学者; 法学部学生. 《英 jurist》. Sein Vater ist *Jurist*. 彼の父は法学者だ.

Ju・ris・ten╱deutsch [ユリステン・ドイチュ] 回 -[s]/ 〖軽蔑的に:〗法律家のドイツ語(複雑難解な文章のこと).

Ju・ris・te・rei [ユリステライ juristərái] 囡 -/ 《古・戯》法学; 法律家の仕事.

Ju・ris・tin [ユリスティン juristɪn] 囡 -/..tinnen (女性の)法律家.

ju・ris・tisch [ユリスティッシュ juristɪʃ] 形 法学上[の], 法律上の. die *juristische* Fakultät 法学部 / eine *juristische* Person 法人.

Ju・ror [ユーロァ júːrɔr] 男 -s/-en [ユローレン] 〖ふつう(複)〗(コンクールなどの)審査員. (女性形: -in).

Ju・ry [ジュリー ʒyrí または チューリ dʒúːri] 囡 -/-s (コンクールなどの)審査委員会.

Jus [ユース júːs] 《オス》回 -/ 〖ふつう冠詞なしで〗 《オス・スイ》法[律]学.

Ju・so [ユーゾ júːzo] 男 -s/-s (囡 -/-s) ドイツ社会民主党(SPD)の青年部党員(＝Jungsozialist).

just [ユスト júst] 副 ちょうど, まさに; よりにもよっ

jus・tie・ren [ユスティーレン justí:rən] 佃 (h)《物・工》(機械などを)調整(調節)する.

Jus・tie・rung [ユスティールング] 囡 -/-en《物・工》(機械などの)調整, 調節.

just in time [ヂャスト インタイム] [英] 形 ちょうどいいタイミングの.

Jus・ti・tia [ユスティーツィア justí:tsia] I -/《ローマ神》ユスティティア(正義の女神). II 囡 -/《美》正義の女神像(正義の象徴としての剣とはかりを持つ).

Jus・ti・ti・ar [ユスティツィアール justitsiá:r] 男 -s/-e ＝Justiziar

Jus・tiz [ユスティーツ justí:ts] 囡 -/ ① 司法[権], 裁判. ② 司法官庁.

Jus・tiz‿be・am・te[r] [ユスティーツ・ベアムテ(..タァ)] 男《語尾変化は形容詞と同じ》司法官. (女性形: ..beamtin).

Jus・ti・zi・ar [ユスティツィアール justitsiá:r] 男 -s/-e 法律顧問. (女性形: -in).

Jus・tiz‿irr・tum [ユスティーツ・イルトゥーム] 男 -[e]s/..tümer《法》誤審, 誤判.

Jus・tiz‿mi・nis・ter [ユスティーツ・ミニスタァ] 男 -s/- 法務大臣, 法相. (女性形: -in).

Jus・tiz‿mi・nis・te・ri・um [ユスティーツ・ミニステーリウム] 田 -s/..rien [..リエン] 法務(司法)省.

Jus・tiz‿mord [ユスティーツ・モルト] 男 -[e]s/-e《法》司法殺人(誤審により無罪の人間を死刑にすること).

Ju・te [ユーテ jú:tə] 囡 -/《植》黄麻, ジュート.

Jüt・land [ユート・らント jý:t-lant] 田 -s/(地名)ユトラント半島(北海とバルト海を分けるドイツ北部の半島. 大半はデンマーク領).

Ju・wel [ユヴェーる juvé:l] I 田 男 -s/-en《ふつう 複》宝石; 宝石入りの装身具. II 田 -s/-e 貴重な存在, 大切な人(物).

Ju・we・lier [ユヴェリーァ juvelí:r] 男 -s/-e 宝石商, 貴金属商; 宝石細工師. (女性形: -in).

Ju・we・lier‿ge・schäft [ユヴェリーァ・ゲシェフト] 田 -[e]s/-e 宝石(貴金属)店.

Jux [ユクス júks] 男 -es/-e《ふつう 単》《口語》冗談, ふざけ. 圏⁴ **aus** *Jux* **tun** 圏⁴を冗談でする / **mit** 囚³ **einen** *Jux* **machen** 囚³をからかう, かつぐ.

K k

k¹, K¹ [カー ká:] 中 -/- カー(ドイツ語アルファベットの第 11 字).

k² ① [カラート] 《記号》カラット (=Karat). ② [キロ.. または キーカ..] 《記号》キロ… (=Kilo..).

K² ① [カー] 《化·記号》カリウム (=Kalium). ② [ケるヴィン] 《記号》ケルビン (=Kelvin)(絶対温度の単位. イギリスの物理学者 W. T. *Kelvin* 1824-1907 の名から).

Ka·ba·le [カバーれ kabá:lə] 囡 -/-n 陰謀, たくらみ.

Ka·ba·rett [カバレット kabarét または カバ..] [짧] 中 -s/-s (または -e) ① 《囲なし》カバレット(政治·社会を風刺する歌·ダンス·寸劇). ② カバレット劇場(劇団). **ins Kabarett gehen** カバレットを見に行く.

Ka·ba·ret·tist [カバレティスト kabarətíst] 男 -en/-en カバレットの芸人, ボードビリアン. (女性形: -in).

Kab·ba·la [カッパら kábala] 囡 -/ カバラ(中世ユダヤの神秘主義思想).

kab·beln [カッペるン kábəln] 再帰 (h) *sich⁴ kabbeln* (北ドッ)軽いロげんかをする.

das **Ka·bel** [カーベる ká:bəl] 中 (単2) -s/ (複) - (3格のみ -n) (英 *cable*) ① 《電》ケーブル, 電線. **ein Kabel⁴ verlegen** ケーブルを敷設する. ② ワイヤロープ, 網索;《海》錨索(びょう).

Ka·bel·fern·se·hen [カーベる·フェルンゼーエン] 中 -s/ ケーブルテレビ放送.

Ka·bel·jau [カーベる·ヤオ ká:bəl-jau] 男 -s/ -e 《魚》タラ.

Ka·bel·ka·nal [カーベる·カナーる] 男 -s/ ..näle ケーブル[テレビ]チャンネル.

ka·beln [カーベるン ká:bəln] 他 (h) 国際電信(外電)で伝える.

die **Ka·bi·ne** [カビーネ kabí:nə] 囡 (単) -/ (複) -n ① 小さな個室, 試着室, 更衣室. ② (客船の)船室, (飛行機の)キャビン. ③ (ロープウェーの)ゴンドラ; (エレベーターの)箱.

Ka·bi·nen·rol·ler [カビーネン·ロらァ] 男 -s/- (3輪·4輪の)キャビンスクーター.

das **Ka·bi·nett** [カビネット kabinét] 中 (単2) -s/(複) -e (3格のみ -en) ① 《政》内閣, 閣僚. **ein Kabinett⁴ bilden** 組閣する. ② (美術館などの)小陳列室;(ちっ)(窓がーつしかない小部屋. ③ 《古》(宮殿などの)執務室. ④ (=*Kabinett*wein).

Ka·bi·nett·stück [カビネット·シュテュック] 中 -[e]s/-e 絶妙な行為, 妙技. **ein Kabinettstück der Diplomatie²** 絶妙な外交の駆け引き. ② 《古》(美術品などの)逸品, 珍品.

Ka·bi·nett·wein [カビネット·ヴァイン] 中 -[e]s/-e カビネットワイン(高級ワインの一種).

(⇨ *Wein* 〈表〉).

Ka·bri·o·lett [カブリオレット kabriolét] [짧] 中 -s/-s コンバーチブル(幌付き乗用車).

Ka·chel [カッヘる káxəl] 囡 -/-n 《化粧》タイル.

ka·cheln [カッヘるン káxəln] 他 (h) 《物⁴に》タイルを張る.

Ka·chel·ofen [カッヘる·オーフェン] 男 -s/..öfen タイル張りの暖炉.

Ka·cke [カッケ káka] 囡 -/-n 《俗》① 糞, くそ. ② ろくでもない(いまいましい)こと.

ka·cken [カッケン kákən] 自 (h) 《俗》くそをする.

Ka·da·ver [カダーヴァァ kadá:vər] 男 -s/- (動物の)死体, 腐肉.

Ka·da·ver=ge·hor·sam [カダーヴァァ·ゲホーァザーム] 男 -s/ (軽蔑的に:)盲従.

Ka·denz [カデンツ kadénts] 囡 -/-en ① 《音楽》カデンツァ(終止の前に挿入される自由な無伴奏の部分);終止[形]. ② 《言》(文末などで)音の調子を下げること. ③ 《詩学》詩行の終止形.

Ka·der [カーダァ ká:dər] 男 (単2) -s/- ① 《軍》幹部;(スポ)代表選手[団]. ② (党·組織などの)幹部, 要員. ③ 幹部の一員.

Ka·dett [カデット kadét] 男 -en/-en (昔の:)士官養成のための幼年学校生徒.

Ka·det·ten·an·stalt [カデッテン·アンシュタるト] 囡 -/-en (昔の:)士官養成(のための)幼年学校.

Ka·di [カーディ ká:di] 男 -s/-s カーディ(イスラム教国の裁判官).

Kad·mi·um [カドミウム kátmium] 中 -s/ 《化》カドミウム (記号: Cd).

der **Kä·fer** [ケーふァ ké:fər] 男 (単2) -s/(複) - (3格のみ -n) ① 《昆》甲虫(こう)(カブトムシ·テントウムシなど). (英 *beetle*). **Der Käfer brummt.** かぶと虫がぶんぶん羽音をたてる. ② 《口語》女の子. **ein hübscher** (または **netter**) *Käfer* かわいい娘. ③ 《口語》(かぶと虫型の)フォルクスワーゲン[車].

Kaff [カふ káf] 中 -s/-s (または -e) 《口語》(軽蔑的に:)寒村, 片田舎.

‡*der* **Kaf·fee** [カふェ káfe または カふェー]

コーヒー Kaffee oder Tee?
カふェ オーダー テー
コーヒーになさいますか, それとも紅茶?

男 (単2) -s/(種類を表すときのみ: 複) -s ① コーヒー. (英 *coffee*). **schwarzer** *Kaffee* ブラックコーヒー / **starker (dünner)** *Kaffee* 濃い(薄い)コーヒー / *Kaffee* **mit Milch und Zucker** ミルクと砂糖の入ったコーヒー / *Kaffee* **verkehrt**

《方》コーヒー牛乳(牛乳のほうが逆に多い) / kalter *Kaffee* 《方》レモネード入りのコーラ / Das ist doch kalter *Kaffee*! 《俗》そんなことだれだって知ってるさ / eine Tasse *Kaffee* コーヒー1杯 / eine Kanne *Kaffee* ポット1杯のコーヒー / Herr Ober, zwei *Kaffee* bitte! ボーイさん、コーヒーを2杯ください / *Kaffee*⁴ kochen コーヒーをいれる / *Kaffee*⁴ ein|gießen コーヒーをつぐ / Ich mache uns [einen] *Kaffee*. (来客に向かって:)今コーヒーを用意しますね.
② (コーヒー付きの)朝食; 午後のコーヒータイム. 人⁴ zum *Kaffee* ein|laden コーヒータイムに人⁴を招待する / Um 4 Uhr trinken wir *Kaffee*. 4時にコーヒータイムにします. ③ コーヒーの木. ④ コーヒー豆(=*Kaffee*bohne). *Kaffee*⁴ rösten (または brennen) コーヒー豆を炒(い)る / *Kaffee*⁴ mahlen コーヒー豆をひく.

Kaf·fee≈boh·ne [カフェ・ボーネ] 囡 -/-n コーヒーの実, コーヒー豆.

Kaf·fee≈fil·ter [カフェ・フィるタァ] 男 -s/- コーヒーこし器; (紙製の)コーヒーフィルター.

Kaf·fee≈ge·schirr [カフェ・ゲシル] 匣 -[e]s/-e コーヒーカップ・セット.

Kaf·fee≈haus [カフェ・ハオス] 匣 -es/..häuser コーヒーショップ, 喫茶店(特にオーストリアの遊戯設備もあるベーカリーと兼業の店).

Kaf·fee≈kan·ne [カフェ・カンネ] 囡 -/-n コーヒーポット.

Kaf·fee≈klatsch [カフェ・クらッチュ] 男 -[e]s/ 《口語・戯》コーヒーを飲みながらのおしゃべり, 茶飲み話.

Kaf·fee≈kränz·chen [カフェ・クレンツヒェン] 匣 -s/- (婦人たちの)茶飲み仲間[の会](コーヒーを飲みながらおしゃべりする).

Kaf·fee≈löf·fel [カフェ・れっふェる] 男 -s/- コーヒースプーン.

Kaf·fee≈ma·schi·ne [カフェ・マシーネ] 囡 -/-n コーヒーメーカー.

Kaf·fee≈müh·le [カフェ・ミューれ] 囡 -/-n コーヒーミル.

Kaf·fee≈pau·se [カフェ・パオゼ] 囡 -/-n コーヒーブレイク.

Kaf·fee≈satz [カフェ・ザッツ] 男 -es/ (カップなどの底に残る)コーヒーのおり, かす.

Kaf·fee≈tas·se [カフェ・タッセ] 囡 -/-n コーヒーカップ.

Kaf·fer [カッふァァ káfər] 男 -s/- (ののしって:)ばか, のろま.

der **Kä·fig** [ケーふィヒ ké:fiç] 男 (単2) -s/-(複) -e (3格のみ -e) 《英 *cage*》① おり(檻). Der Löwe läuft im *Käfig* auf und ab. ライオンがおりの中を行ったり来たりしている. ② 鳥かご. einen Vogel im *Käfig* halten 鳥かごに小鳥を飼っている / im goldenen *Käfig* sitzen 《比》お金はあるが自由がない(←金の鳥かごの中に座っている).

Kaf·ka [カっふカ káfka] -s/ 《人名》カフカ (Franz *Kafka* 1883-1924; プラハ生まれのユダヤ系ドイツ語作家).

Kaf·tan [カふタン káftan] 男 -s/-e (または -s) カフタン(トルコ人・エジプト人などの長い上着).

kahl [カーる ká:l] 形 《英 *bald*》① はげた, 毛(羽)のない. ein *kahler* Kopf はげ頭 / Er ist schon völlig *kahl*. 彼はもうすっかりはげている. ② 草木の生えていない(土地など). 葉のない(枝など). ein *kahler* Berg はげ山 / *kahle* Zweige 葉の落ちた枝. ③ 装飾のない(壁など), 家具のない, 殺風景な(部屋など). eine *kahle* Wand むき出しの壁.

▶ **kahl|scheren**

Kahl·heit [カーるハイト] 囡 -/ ① (頭の)はげ, 無毛; はげていること. ② 葉のないこと. ③ 飾りのないこと; (部屋などが)殺風景なこと.

Kahl≈kopf [カーる・コっプふ] 男 -[e]s/..köpfe はげ頭; はげ頭の人. Er hat einen *Kahlkopf*. 彼は頭がはげている.

kahl·köp·fig [カーる・ケプふィヒ] 形 はげ頭の.

kahl|sche·ren*, **kahl sche·ren*** [カーる・シェーレン ká:l-ʃèːrən] 他 (h) 《人⁴を》丸坊主にする, (羊⁴の)毛を刈る.

Kahl≈schlag [カーる・シュらーク] 男 -[e]s/..schläge 《林》皆伐(かいばつ); 伐採された林地.

Kahn [カーン ká:n] 男 -[e]s/ Kähne (オール・さおで動かす)小舟, 川船, (平底の)荷舟, はしけ; 《口語》(ふつう軽蔑的に:)船. *Kahn*⁴ fahren 小舟で行く.

Kai [カイ kái] 男 -s/-s 埠頭(ふとう), 桟橋, 波止場.

Kain [カイン káin または カーイン ká:in] -s/ 《聖》《人名》カイン(アダムの長男で, 弟アベルを殺した. 創世記 4, 1以下).

Kains≈mal [カインス・マーる] 匣 -[e]s/-e = Kainszeichen

Kains≈zei·chen [カインス・ツァイヒェン] 匣 -s/- カインの印(しるし)(創世記 4, 15);《比》犯罪者(罪)の目印.

Kai·ro [カイロ káiro] 匣 -s/ 《都市名》カイロ(エジプトの首都).

der **Kai·ser** [カイザァ káizər] 男 (単2) -s/(複) - (3格のみ -n) 皇帝. 《英 *emperor*》. der deutsche *Kaiser* ドイツ皇帝 (1871-1918) / der *Kaiser* von Japan 天皇 / sich⁴ um des *Kaisers* Bart streiten つまらないことで争う(←皇帝のひげのことで争う) / Wo nichts ist, hat [auch] der *Kaiser* sein Recht verloren. 《ことわざ》無い袖(そで)は振れぬ(←何もないところでは皇帝も権利を失ってしまう).

Kai·ser≈haus [カイザァ・ハオス] 匣 -es/..häuser 皇室, 皇家. das japanische *Kaiserhaus* 日本の皇室.

Kai·se·rin [カイゼリン káizərın] 囡 -/..rinnen 女帝; 皇后.

Kai·ser≈kro·ne [カイザァ・クローネ] 囡 -/-n ① 帝冠. ② 《植》ヨウラクユリ.

kai·ser·lich [カイザァりヒ káizərlıç] 形 ① 《付加語としてのみ》皇帝の. der *kaiserliche* Hof 帝室, 皇室. ② 皇帝のような, 気高い. ③ 帝国の; 帝政の.

Kai·ser≈reich [カイザァ・ライヒ] 匣 -[e]s/-e

帝国.

Kai·ser·schmar·ren [カイザァ・シュマレン] 男 -s/- 《ポテシ・南ドシ》《料理》カイザーシュマレン(卵入りパンケーキの一種).

Kai·ser·schnitt [カイザァ・シュニット] 男 -[e]s/-e 《医》帝王切開[術].

Kai·ser·tum [カイザァトゥーム] 申 -s/..tümer 〖複 なし〗帝政, 天皇制.

Ka·jak [カーヤク ká:jak] 男(まれに 申)-s/-s ① カヤック, パドルカヌー(イヌイットの用いる革張りの小舟). ② 《スホ゜ーツ》 カヤック.

Ka·jü·te [カユーテ kajý:tə] 女 -/-n 船室.

Ka·ka·du [カカドゥ kákadu] 男 -s/-s 《鳥》(まっすぐに立つ冠毛のある)オウム.

der **Ka·kao** [カカオ kakáu または カカーオ kaká:o] 男(単) -s/(種類を表すときのみ: 複) -s ① 《飲料この》ココア. (英 *cocoa*). *Kakao*⁴ kochen ココアをいれる / eine Tasse *Kakao*⁴ trinken ココアを一杯飲む / 仄⁴ durch den *Kakao* ziehen 《口語》仄⁴をからかう(笑いものにする). ② カカオの木; カカオの実, カカオ豆.

Ka·kao·baum [カカオ・バオム] 男 -[e]s/..bäume カカオの木].

Ka·ker·lak [カーケァラク ká:kərlak] 男 -s(または -en) -[en] 《昆》ゴキブリ.

Ka·ki [カーキ ká:ki] I 申 -[s]/ カーキ色(= Khaki). II 男 -[s]/ カーキ[色]の服地.

Kak·tee [カクテーエ kakté:ə] 女 -/-n =Kaktus

Kak·tus [カクトゥス káktus] 男 -(ポテシ・口語: ..tusses)/Kakteen [カクテーエン] (口語: ..tusse) 《植》サボテン. ein stacheliger *Kaktus* とげの多いサボテン.

Ka·la·mi·tät [カラミテート kalamitɛ́:t] 女 -/-en 苦境, 窮境.

Ka·lau·er [カーらオアァ ká:lauər] 男 -s/- だじゃれ, 古くさい笑い話.

das **Kalb** [カるプ kálp] 申 (単) -[e]s/(複) Kälber [ケるバァ] (3格のみ Kälbern) ① 子牛. (英 *calf*). ein neugeborenes *Kalb* 生まれたばかりの子牛 / das Goldene *Kalb*⁴ anbeten 《雅》お金のことに欲深い(←黄金の子牛を崇拝する; 出エジプト記 32) / Er machte Augen wie ein *Kalb*. 《口語》彼は目を白黒させた. (☞ 類語 Kuh).
② (鹿・象など大型動物の)子. ③ 〖複 なし〗子牛の肉(=*Kalb*fleisch). ④ 愚かな若者(娘っ子). *Kalb* Moses 《口語》愚かな人.

kal·ben [カるベン kálbən] 自 (h) (牛が)子を産む.

Käl·ber [ケるバァ] Kalb (子牛)の 複.

kal·bern [カるバァン kálbərn] 自 (h) 《口語》ふざける, 子供っぽいことをする.

Kalb∮fleisch [カるプ・ふらイシュ] 申 -[e]s/ 子牛の肉.

Kalbs∮bra·ten [カるプス・ブラーテン] 男 -s/- 《料理》子牛のロースト(焼き肉).

Kalbs∮le·der [カるプス・れーダァ] 申 -s/- カーフスキン, 子牛の革.

Kalbs∮schnit·zel [カるプス・シュニッツェる] 申 -s/-e 《料理》子牛のカツレツ.

Kal·dau·nen [カるダオネン kaldáunən] 複 《料理》(特に牛の)臓物.

Ka·lei·do·skop [カらイドスコープ kalaidoskó:p] 申 -s/-e 万華(ボ)鏡; 《比》千変万化.

der **Ka·len·der** [カれンダァ kaléndər] 男 (単) -s/(複) - (3格のみ -n) カレンダー, 暦; 暦法. (英 *calendar*). Abreiß*kalender* 日めくりカレンダー / ein *Kalender* für [das Jahr] 2001 2001 年のカレンダー / den *Kalender* ab|reißen カレンダーをはぎ取る / 《仄⁴ im *Kalender* nach|sehen 仄⁴をカレンダーで調べる / einen Termin im *Kalender* notieren 予定日をカレンダーに記入する / Diesen Tag muss man im *Kalender* rot anstreichen. この日をよく覚えておかなくては(← 赤で線を引く) / der gregorianische (julianische) *Kalender* グレゴリオ(ユリウス)暦.

Ka·len·der∮jahr [カれンダァ・ヤール] 申 -[e]s/-e (会計年度などに対して)暦年.

Ka·le·sche [カれッシェ kaléʃə] 女 -/-n (昔の:)(幌(ボ)付きの)軽4輪馬車.

Kal·fak·tor [カるファクトァ kalfáktɔr] 男 -s/-en [..トーレン] 雑役夫.

Ka·li [カーり ká:li] 申 -s/-s 《ふつう 単》① (肥料用の)カリ塩. ② カリウム(=Kalium).

Ka·li·ber [カリーバァ kalí:bər] 申 -s/- ① 《工》(銃砲などの)口径. ② 《口語》型, タイプ.

Ka·lif [カリーふ kalí:f] 男 -en/-en カリフ(マホメットの後継者[の称号]).

Ka·li·for·ni·en [カりフォルニエン kalifórniən] 申 -s/《地名》カリフォルニア(アメリカの州名).

Ka·li·ko [カりコ káliko] 男 -s/(種類:) -s 《織》キャラコ(特に製本用クロスとして用いる).

Ka·li·um [カーりウム ká:lium] 申 -s/《化》カリウム(記号: K).

der **Kalk** [カるク kálk] 男 (単) -[e]s/(種類を表すときのみ: 複) -e ① 石灰; しっくい. (英 *lime*). gebrannter (gelöschter) *Kalk* 生石灰(消石灰) / die Wände⁴ mit *Kalk* streichen 壁にしっくいを塗る / Bei ihm rieselt schon der *Kalk*. 《俗》彼はもう老いぼれている. ② (血液中の)カルシウム.

kal·ken [カるケン kálkən] 他 (h) ① (壁など⁴に)しっくいを塗る. ② 《農》(畑⁴に)石灰肥料をやる.

kalk·hal·tig [カるク・ハるティヒ] 形 石灰質の, 石灰を含んだ.

kal·kig [カるキヒ kálkiç] 形 ① 石灰質の, 石灰を含んだ. ② 青白い(顔色など).

Kalk∮man·gel [カるク・マングる] 男 -s/ カルシウムの欠乏.

Kalk∮stein [カるク・シュタイン] 男 -[e]s/-e 《地学》石灰岩, 石灰石.

Kal·kül [カるキューる kalký:l] I 申 男 -s/-e 考慮, 計算; 想定. 仄⁴ ins *Kalkül* ein|beziehen 仄⁴を計算に入れる. II 男 -s/-e

《数》演算.

Kal·ku·la·tion [カルクラツィオーン kalkulatsió:n] 囡 -/-en ① 《経》(費用などの)見積もり, 算定. ② 想定, 推定.

kal·ku·lie·ren [カルクリーレン kalkulí:rən] 囮 (h)《商》見積もる, 算定する. die Kosten[4] *kalkulieren* 費用を見積もる. II 圓 (h) 状況判断をする, 予測をする.

Kal·kut·ta [カルクッタ kalkúta] 匣 -s/《都市名》カルカッタ(インドの北東部).

Kal·li·gra·fie [カリグラふィー kaligrafí:] 囡 -/ カリグラフィー, 書道, 習字.

Kal·li·gra·phie [カリグラふィー kaligrafí:] 囡 -/ =Kalligrafie

Kal·me [カルメ kálmə] 囡 -/-n 《気象》凪(なぎ), 無風.

Kal·mus [カルムス kálmʊs] 男 -/..musse《植》ショウブ.

Ka·lo·rie [カロリー kalorí:] 囡 -/-n [..リーエン]《ふつう 圈》《理》カロリー (記号: cal).

ka·lo·ri·en-arm [カロリーエン・アルム] 形 カロリーの少ない, 低カロリーの.

ka·lo·ri·en-be·wusst [カロリーエン・ベヴスト] 形 摂取カロリー量を意識した.

Ka·lo·ri·en-ge·halt [カロリーエン・ゲハルト] 男 -[e]s/-e カロリー含有量.

ka·lo·ri·en-reich [カロリーエン・ライヒ] 形 カロリーの多い, 高カロリーの.

:kalt [カルト kált]

| 寒い | Es ist *kalt* draußen.
エス イスト カルト ドラオセン
外は寒いよ. |

形 《比較》kälter, 《最上》kältest, 《英》*cold*) ① 寒い; 冷たい, 冷えた. (⇔ 「暖かい」は warm, 「暑い」は heiß). ein *kalter* Wind 冷たい風 / *kalte* Küche 冷たい料理 / *kalt* essen 冷たい(煮炊きしていない)食事をとる ⇨ Abends essen wir meistens *kalt*. 夕食は私たちはたいてい火を使わない食事をする (⇦ ドイツではふつう夕食はソーセージ, ハム, パンなどの火を通さない食事をとる) / *kalte* Miete 暖房費抜きの家賃 / *Kalter* Schweiß brach mir aus. 私は冷や汗が出た / die *kalte* Zone 寒帯 / *kalt* baden 冷水浴をする / *kalt* duschen 冷たいシャワーを浴びる / *kalt* schlafen 暖房のない部屋で寝る / *kalte* Hände[4] haben 冷たい手をしている / Wein[4] *kalt* stellen (または *kalt*|stellen) ワインを冷やしておく / Das Zimmer ist *kalt*. この部屋は寒い / Mir ist *kalt*. 私は寒い / Das Essen wird *kalt*. 食事が冷めますよ.　◇《名詞的に》im Kalten sitzen 暖房のない部屋に座っている.
② 冷静な, 落ち着いた. mit *kalter* Berechnung 冷静に先を読んで.
③ 冷ややかな, 冷淡な; 無関心な. eine *kalte* Natur 冷たい性格 / eine *kalte* Frau 不感症の女性 / ein *kaltes* Herz[4] haben 心が冷たい / *kaltes* Blut[4] bewahren 興奮しない, 平然としている / 囚[3] die *kalte* Schulter[4] zeigen 囚[3]によそよそしくする / Das lässt mich völlig *kalt*. それは私にはどうでもよい / 囚[4] *kalt* an|blicken 囚[4]を冷ややかな目で見つめる.
④ ぞっとする, 寒けがする. *kaltes* Grausen ぞっとする恐怖 / Es überlief mich *kalt*. 私はぞっとした.

▶ kalt-lächelnd

kalt|blei·ben* [カルト・ブライベン kált-blàibən] 圓 (s)《口語》冷静を保つ, 平然としている.

Kalt-blü·ter [カルト・ブリューター] 男 -s/-《動》冷血動物.

kalt-blü·tig [カルト・ブリューティヒ] 形 ① 冷静な; 冷淡な, 冷酷な. ② 《動》冷血の, 変温性の.

Kalt-blü·tig·keit [カルト・ブリューティヒカイト] 囡 -/ 冷静; 冷淡; 冷酷.

*die **Käl·te** [ケルテ kéltə] 囡《単》① 寒さ, 冷たさ. (《英》*cold*). (⇔「暖かさ」は Wärme, 「暑さ」は Hitze). eine strenge *Kälte* 厳しい寒さ / Wir haben 5 Grad *Kälte*. 零下5度だ / vor *Kälte* zittern 寒くてがたがた震える.
② 《比》(態度などの)冷ややかさ, 冷淡さ; (部屋などの)居心地の悪さ. Sie empfing ihn mit eisiger *Kälte*. 彼女は彼を氷のような冷ややかさで迎えた.

käl·te-be·stän·dig [ケルテ・ベシュテンディヒ] 形 寒さに強い, 耐寒性の; 不凍性の.

Käl·te-ein·bruch [ケルテ・アインブルフ] 男 -[e]s/..brüche《気象》寒気の襲来.

Käl·te-grad [ケルテ・グラート] 男 -[e]s/-e 氷点下の温度.

Käl·te-ma·schi·ne [ケルテ・マシーネ] 囡 -/-n 冷凍(冷却)機.

käl·ter [ケルタァ] ‡kalt (寒い)の《比較》

käl·test [ケルテスト] ‡kalt (寒い)の《最上》

Käl·te-wel·le [ケルテ・ヴェレ] 囡 -/-n 寒波.

Kalt-front [カルト・ふロント] 囡 -/-en《気象》寒冷前線. (⇔「温暖前線」は Warmfront).

kalt-her·zig [カルト・ヘルツィヒ] 形 冷酷な, 心の冷たい.

kalt-lä·chelnd, kalt lä·chelnd [カルト・レッヒェルント] 副 《口語》冷笑を浮かべて, 少しの同情心もなく.

kalt|las·sen [カルト・ラッセン kált-làsən] 他 (h)《口語》(囚[4]の)気持ちを動かさない.

Kalt-luft [カルト・るフト] 囡 -/《気象》寒気[団].

kalt|ma·chen [カルト・マッヘン kált-màxən] 他 (h)《俗》(容赦なく)殺す.

Kalt-scha·le [カルト・シャーれ] 囡 -/-n《料理》コールドスープ(果物・砂糖などを用いて作る).

kalt-schnäu·zig [カルト・シュノイツィヒ] 形 《口語》冷淡な, そっけない.

Kalt-start [カルト・シュタルト] 男 -[e]s/-s ① 《コンピュ》(コンピュータの)立ち上げ. ② 《自動車》(エンジンの)冷間始動.

kalt|stel·len [カルト・シュテレン kált-ʃtèlən]

Kal·vi·nis·mus [カるヴィニスムス kalvinísmʊs] 男 -/ カルビニズム, カルバン主義(フランス生まれの宗教改革者 Jean Calvin 1509-1564 によってジュネーブを中心に起こったキリスト教の教義).

Kal·vi·nist [カるヴィニスト kalviníst] 男 -en/-en 《新教》カルバン主義者. (女性形: -in).

Kal·zi·um [カるツィウム káltsium] 中 -s/ 《化》カルシウム(記号: Ca) (=Calcium).

kam [カーム] **:**kommen (来る)の過去

Kam·bod·scha [カンボッヂャ kambɔ́dʒa] 中 -s/ 《国名》カンボジア[王国] (首都はプノンペン).

kä·me [ケーメ] kommen (来る)の接2

Ka·mee [カメーエ kamé:ə] 女 -/-n カメオ, 像を浮き彫りにした[準]宝石. (《< 「像を彫りつけた[準]宝石」は Gemme).

Ka·mel [カメーる kamé:l] 中 -[e]s/-e ①《動》ラクダ. auf *Kamelen* reiten ラクダに乗って行く. ②《俗》ばか者, うすのろ.

Ka·mel≠haar [カメール・ハール] 中 -[e]s/ 《織》キャメルヘア.

Ka·me·lie [カメーリエ kamé:liə] 女 -/-n 《植》ツバキ(椿)の花].

***die Ka·me·ra** [カメラ káməra または カー..] 女 (単) -/(複) -s ① カメラ (英 camera). Spiegelreflex*kamera* 一眼レフカメラ / eine vollautomatische *Kamera* 全自動カメラ / einen Film in die *Kamera* ein|legen カメラにフィルムを入れる. ②(映画・テレビ)撮影用の)カメラ. vor der *Kamera* stehen (映画・テレビに)出演する.

der **Ka·me·rad** [カメラート kəmərá:t] 男 (単2·3·4) -en / (複) -en 仲間, 学友, 同僚, 《軍》戦友. Klassen*kamerad* クラスメート / Er ist mein *Kamerad*. 彼は私の仲間です. (☞ 類語 Freund.)

Ka·me·ra·din [カメラーディン kəmərá:dɪn] 女 -/..dinnen (女性の)仲間, 学友, 同僚.

Ka·me·rad·schaft [カメラートシャフト] 女 -/-en ①《複 なし》仲間意識, 友人関係, 友情. ② 仲間, 同僚, 同志.

ka·me·rad·schaft·lich [カメラートシャフトりヒ] 形 仲間の, 同僚らしい, 友愛のある.

Ka·me·rad·schafts≠geist [カメラートシャフツ・ガイスト] 男 -/ 仲間意識, 友情, 友愛精神.

Ka·me·ra≠mann [カメラ・マン] 男 -[e]s/..männer (または ..leute) (映画・テレビの)カメラマン. (女性形: ..frau).

Ka·mil·le [カミれ kamílə] 女 -/-n《植》カミルレ, カミツレ(花弁に鎮静作用がある).

der **Ka·min** [カミーン kamí:n] 男 (スィ: 中)(単2) -s/-e (3格のみ -en) ① (壁に取り付けた)暖炉. am (または vor dem) *Kamin* sitzen 暖炉に当た[っている]. ②《南ドィ》煙突. 物⁴ in den *Kamin* schreiben 《口語》物⁴をないものとあきらめる. ③(登山で)チムニー(岩の垂直な割れ目).

Ka·min≠fe·ger [カミーン・フェーガァ] 男 -s/-

《方》煙突掃除人. (女性形: -in).

der **Kamm** [カム kám] 男 (単2) -[e]s/(複) Kämme [ケンメ] (3格のみ Kämmen) ① 櫛(く̣し). 《英 comb》. ein *Kamm* aus Holz 木櫛 / *Kamm* und Bürste 櫛とブラシ / ein enger *Kamm* 目の細かい櫛 / sich³ mit dem *Kamm* durchs Haar fahren 櫛で髪をとかす / Bei ihm liegt der *Kamm* neben der Butter.《口語・戯》彼の家は散らかりほうだいだ(←バターの横に櫛がある) / alle⁴ (alles⁴) über einen *Kamm* scheren 《俗》だれもかれも(何もかも)十把ひとからげに扱う.

② (にわとりの)とさか; 冠毛; たてがみ;(馬などの)首筋. Ihm schwillt der *Kamm*.《口語》a) 彼は思いあがっている, b) 彼はぷりぷり怒っている. ③(肉用家畜の)首肉. ④ 山の背; 波頭. ⑤(織機の)おさ;(工)(歯車の)歯, カム.

Käm·me [ケンメ] Kamm (櫛)の複

käm·men [ケンメン kǽmən] (kämmte, hat ...gekämmt) 他 (完了 haben)《英 comb》① (髪⁴を)櫛(く̣し)でとかす. 《口語》③ das Haar⁴ (または die Haare⁴) *kämmen* 髪³の髪をとかす / Ich habe mir das Haar *gekämmt*. 私は髪をとかした.

② (人⁴の)髪を櫛(く̣し)でとかす; (ある髪型⁴を)櫛でとかして作る. Komm, ich *kämme* dich mal! さあ, 髪をとかしてあげるよ. ◊《再帰的に》 sich⁴ *kämmen* 自分の髪をとかす. ③ 《A⁴ aus B³ ～》 (A⁴ を B³ から) 櫛(く̣し)ですいて取る. den Staub aus den Haaren *kämmen* 髪のごみを櫛ですき取る. ④《織》(羊毛など⁴を)すく.

die **Kam·mer** [カンマァ kámər] 女 (単) -/(複) -n ① 小部屋(暖房設備などのない簡素な部屋); 物置き. Speise*kammer* 食料貯蔵室 / 物⁴ in der *Kammer* ab|stellen 物⁴を物置きにしまう. (☞ 類語 Zimmer.)

②(海)船室. 《軍》被服(兵器)庫.《生·医》空洞; 室. ④(昔の:)(銃の)薬室; (炉の燃焼室. ⑤《政》議会, 議院;《法》(裁判所)の部, 小法廷;(職業別の)部会, 団体, 会議所.《英 chamber》. Anwalts*kammer* 弁護士会 / die erste (zweite) *Kammer* 上院(下院).

Kam·mer≠die·ner [カンマァ・ディーナァ] 男 -s/-(昔の:)侍僕, 近侍, お付きの者. (女性形: ..zofe).

Käm·me·rei [ケンメライ kɛməráı] 女 -/-en (市役所の)会計課.

Käm·me·rer [ケンメラァ kɛ́mərər] 男 -s/- (市の)収入役, 出納長, 財政課長. (女性形: Kämmerin).

Kam·mer≠ge·richt [カンマァ・ゲリヒト] 中 -[e]s/-e 《史》(中世の:)大審院, 最高裁判所.

Kam·mer≠jä·ger [カンマァ・イェーガァ] 男 -s/- ①(屋内の)害虫駆除業者. (女性形: -in). ②《史》宮廷狩猟官.

Kam·mer≠mu·sik [カンマァ・ムズィーク] 女 -/ 室内楽.

Kam·mer≠or·ches·ter [カンマァ・オルケスタァ] 中 -s/-《音楽》室内管弦楽団, 室内オー

ケストラ.

Kam·mer·sän·ger [カンマァ・ゼンガァ] 男 -s/- (称号として:)宮廷歌手. (女性形: -in).

Kam·mer**spiel** [カンマァ・シュピーる] 中 -[e]s/-e ① 室内劇. ② 《複》小劇場.

Kam·mer**ton** [カンマァ・トーン] 男 -[e]s/《音楽》基準音(440 Hz の音).

Kamm≠garn [カム・ガルン] 中 -[e]s/-e (すいた羊毛の)毛糸; 《織》ウーステッド(毛織物).

kämm·te [ケムテ] kämmen (櫛でとかす)の過去

Kam·pa·gne [カンパニエ kampánjə] 女 -/-n (政治的な)キャンペーン. die *Kampagne* gegen Minen 地雷反対キャンペーン.

der **Kampf** [カンプふ kámpf] 男 (単2) -es (まれに -s)/《複》 Kämpfe [ケンプふェ] (3格のみ Kämpfen) ① 戦い, 戦闘, 争い, 闘争. (英 *fight, battle*). ein harter *Kampf* 激戦 / ein ideologischer *Kampf* イデオロギー闘争 / ein *Kampf* auf Leben und Tod 生死をかけた戦い / der *Kampf* für die Freiheit 自由のための戦い / der *Kampf* gegen den Krieg 反戦闘争 / ein *Kampf* Mann gegen Mann 一対一の戦い / Er ist im *Kampf* gefallen. 《現在完了》彼は戦死した / der *Kampf* um die Macht (ums Dasein) 権力闘争(生存競争). ② 《スポ》試合, 競技 (=Wett*kampf*). Box*kampf* ボクシングの試合 / ein fairer *Kampf* フェアな試合.

|類語| der *Kampf*: (個人間・敵対するグループ間での)戦い. die *Schlacht*: (規模の大きな戦い. 《戦闘行為そのものに重点が置かれている》. die *Schlacht* bei Waterloo ワーテルローの戦い. der *Krieg*: (国家間・民族間の大規模な)戦争.

kampf≠be·reit [カンプふ・ベライト] 形 戦う用意のできた, 戦闘準備のできた.

Kämp·fe [ケンプふェ] Kampf (戦い)の複

kämp·fen [ケンプふェン kémpfən] (kämpfte, *hat*...gekämpft) I 自 《完了》haben) ① 戦う, 戦闘する; 争う. (英 *fight*). tapfer *kämpfen* 勇敢に戦う / **für** 人・物⁴ *kämpfen* 人・物⁴のために戦う ⇒ Wir *kämpfen* für den Frieden. われわれは平和のために戦う / **gegen** 人・物⁴ *kämpfen* 人・物⁴に対して戦う / **mit** 人・事³ *kämpfen* 人・事³と戦う ⇒ Sie *kämpften* miteinander auf Leben und Tod. 彼らは生死をかけて戦い合った / mit sich³ [selbst] *kämpfen* 思い迷う / Er *kämpfte* mit den Tränen. 《比》彼はじっと涙をこらえた / **um** 物⁴ *kämpfen* 物⁴を求めて戦う ⇒ Der Arzt *kämpfte* um das Leben des Kranken. 医者はこの患者の生命を維持しようと奮闘した. ② 《スポ》競う, 試合をする. Die Mannschaft *kämpft* heute **gegen** einen sehr starken Gegner. そのチームはきょう強敵と試合をする. ③ (実現させるために)奮闘する, がんばる. *Kämpfen* wir für eine bessere Zukunft! よりよき未来のためにがんばろう.

II 他 《完了》haben) 《**Kampf** を目的語として》(...の戦い⁴を)する. einen aussichtslosen Kampf *kämpfen* 勝ち目のない戦いをする.

III 再帰 《完了》haben) *sich*⁴ *kämpfen* 戦って [その結果]...になる. *sich*⁴ müde *kämpfen* 戦い疲れる.

Kamp·fer [カンプふァァ kámpfər] 男 -s/《化・薬》しょうのう(樟脳), カンフル.

Kämp·fer [ケンプふァァ kémpfər] 男 -s/- 戦士, 闘士; 《スポ》(特に格闘技の)選手. (女性形: -in). Ring*kämpfer* レスラー.

kämp·fe·risch [ケンプふェリッシュ kémpfəriʃ] 形 ① 戦いの, 戦闘的の; 好戦的な. ② (スポーツの試合で)ファイトのある; 攻撃的な.

Kampf≠flie·ger [カンプふ・ふりーガァ] 男 -s/- 《軍》戦闘(爆撃)機の搭乗員. (女性形: -in).

Kampf≠**flug·zeug** [カンプふ・ふるークツオイク] 中 -[e]s/-e 《軍》戦闘(爆撃)機.

Kampf≠**geist** [カンプふ・ガイスト] 男 -[e]s/ 闘志, 士気, やる気.

Kampf≠**hahn** [カンプふ・ハーン] 男 -[e]s/..hähne ① 闘鶏. ② 《ふつう複》《口語・戯》けんかっ早い人.

Kampf≠**hand·lung** [カンプふ・ハンドるング] 女 -/-en 《ふつう複》戦闘行為.

kampf≠los [カンプふ・ロース] 形 戦い(戦闘)なしの. ein *kampfloser* Sieg 《スポ》不戦勝.

Kampf≠lust [カンプふ・ルスト] 女 -/ 闘争欲, 戦意.

kampf≠lus·tig [カンプふ・るスティヒ] 形 闘争的な, 好戦的な.

Kampf≠platz [カンプふ・プらッツ] 男 -es/..plätze 戦場.

Kampf≠**rich·ter** [カンプふ・リヒタァ] 男 -s/- 《スポ》(試合の)審判, レフェリー, ジャッジ. (女性形: -in).

Kampf≠**sport** [カンプふ・シュルポルト] 男 -s/(種類:) -e 《ふつう単》格闘技.

kämpf·te [ケンプふテ] kämpfen (戦う)の過去

kampf≠un·fä·hig [カンプふ・ウンふェーイヒ] 形 戦闘能力のない, 戦う力を失った.

kam·pie·ren [カンピーレン kampí:rən] 自 (h) キャンプする, 野営する.

Ka·na·an [カーナアン ká:naan] 中 -s/《地名》カナン(旧約聖書におけるパレスチナ地方の一部).

Ka·na·da [カナダ kánada] 中 -s/《国名》カナダ(首都はオタワ).

Ka·na·di·er [カナーディアァ kaná:diər] 男 -s/- ① カナダ人. (女性形: -in). ② 《スポ》カナディアン・カヌー.

ka·na·disch [カナーディッシュ kaná:diʃ] 形 カナダ[人]の.

Ka·nail·le [カナリェ kanáljə] 女 -/-n 悪党, ならず者; 無頼の徒.

der **Ka·nal** [カナーる kaná:l] 男 (単2) -s/《複》Kanäle [カネーれ] (3格のみ Kanälen) ① 運河. (英 *canal*). der Sues*kanal* スエズ運河 / einen *Kanal* bauen 運河を建設する / zwei Flüsse⁴ durch einen *Kanal* verbinden 二つの川を水路で結合する. ② (用水などの)水路, 下水道(溝). ③ (テレビなどの)チャンネル. (英 *channel*). einen Kanal

Kanonenfutter

wählen チャンネルを選ぶ / Der Fernsehsender sendet **auf** Kanal 6. そのテレビ局は6チャンネルで放送する. ④《医》導管. den Kanal voll haben《俗》a) 酔っ払っている, b) うんざりしている. ⑤《情報》のルート, 経路. **durch** diplomatische *Kanäle* 外交ルートを通して.

Ka·nä·le [カネーれ] Kanal (運河)の 複.

Ka·na·li·sa·ti·on [カナリザツィオーン kanalizatsió:n] 女 -/ ① 下水道[設備]; 下水工事. ② 運河開設, 河川改修.

ka·na·li·sie·ren [カナリズィーレン kanalizí:rən] 他 (h) ① (ある場所4に)下水道を設ける. ② (河川を)航行可能にする. ③ 人4(不満など4に)はけ口を与える, (政治運動など4を)一定の方向に導いて解決する.

Ka·na·li·sie·rung [カナリズィールング] 女 -/ ① 下水道の敷設. ② (河川の)運河化.

der **Ka·nal=tun·nel** [カナーる・トゥンネる] 男 -s/《定冠詞とともに》ユーロトンネル(英仏海峡の海底トンネル).

Ka·na·pee [カナペ kánape] 中 -s/-s ① 《ふつう 複》《料理》カナッペ(オードブルの一種). ② (ふつう皮肉に:)ソファー.

Ka·na·ri·en=vo·gel [カナーリエン・ふォーゲる] 男, ..vögel 複《鳥》カナリア.

Kan·da·re [カンダーレ kandá:rə] 女 -/-n (馬具の)はみ. 人4 **an die** *Kandare* **nehmen**《比》人4の手綱を締める(勝手を許さない).

Kan·de·la·ber [カンデらーバァ kandelá:bər] 男 -s/- 枝付き燭台(しょくだい).

der **Kan·di·dat** [カンディダート kandidá:t] 男 (単2·3·4) -en/(複) -en 《英 candidate》① (選挙の)候補者. 人4 **als** *Kandidaten* **auf|stellen** 人4を候補に立てる. ② 志願者; (大学の)修了試験受験資格者; (国家試験などの)受験者 (略: cand.).

Kan·di·da·ten·lis·te [カンディダーテン・リステ] 女 -/-n 候補者(志願者)名簿.

Kan·di·da·tin [カンディダーティン kandidá:tɪn] 女/..tinnen (女性の)候補者.

Kan·di·da·tur [カンディダトゥーァ kandidatú:r] 女 -/-en 立候補.

kan·di·die·ren [カンディディーレン kandidí:rən] 自 (h) 立候補(志願)する. **für ein Amt** *kandidieren* ある役職に立候補する.

kan·die·ren [カンディーレン kandí:rən] 他 (h) (果実4を)砂糖漬けにする. ◇《過去分詞の形で》*kandierte* Früchte 砂糖漬け果物.

Kan·din·sky [カンディンスキー kandínski] -s/《人名》カンディンスキー (Wassily *Kandinsky* 1866–1944; ロシア生まれで主にドイツで活動した画家).

Kan·dis [カンディス kándɪs] 男 -/ 氷砂糖.

Kan·dis=zu·cker [カンディス・ツッカァ] 男 -s/ =Kandis

Kän·gu·ru [ケングルー kéŋguru] 中 -s/-s《動》カンガルー.

Kän·gu·ruh [ケングルー] Känguru の古い形.

das **Ka·nin·chen** [カニーンヒェン kaní:nçən] 中 (単2) -s/-《動》カイウサギ (飼兎). 《英 rabbit》. (←「ノウサギ」は Hase). *Kaninchen*[4] **halten** うさぎを飼う.

Ka·nis·ter [カニスタァ kanístər] 男 -s/- ブリキ(プラスチック)の大型容器(缶)(石油缶など).

kann [カン kán]

> …できる Sie *kann* Auto fahren.
> ズィー カン アオトー ふァーレン
> 彼女は車を運転できる.

*können[1](…できる)の1人称単数·3人称単数現在. Ich *kann* Deutsch sprechen. 私はドイツ語が話せます / Er *kann* Spanisch. 彼はスペイン語ができる.

Känn·chen [ケンヒェン kénçən] 中 -s/- (Kanne の 縮小) 小さなポット. ein *Kännchen* Kaffee 小ポット入りのコーヒー.

die **Kan·ne** [カンネ kána] 女 -/(複) -n ① ポット, (取っ手·ふた付きの)水差し. (☞ **trinken** 図). 《英 pot》. Kaffee*kanne* コーヒーポット / eine *Kanne* Kaffee ポット入りのコーヒー / **in die** *Kanne* **steigen** a) (学生言葉:)(強制されて酒を)一気に飲み干す, b) (口語) 大酒を飲む. ② (円筒形の)缶. Milch*kanne* (運搬用の)牛乳缶 / Es gießt wie **aus** (または **mit**) *Kannen*.《口語》土砂降りだ. ③ (ジャズバンドの)サックス.

Kan·ni·ba·le [カニバーれ kanibá:lə] 男 -n/-n 人食い[種]. (女性形: Kannibalin).

kan·ni·ba·lisch [カニバーリッシュ kanibá:lɪʃ] I 形 人食い[種]の; 《比》残忍(残酷)な. II 副《戯》とてつもなく, ものすごく.

Kan·ni·ba·lis·mus [カニバリスムス kanibalísmus] 男 -/ ① 人食い[の習慣]. ②《動》共食い.

***kannst** [カンスト kánst] *können[1](…できる)の2人称親称単数現在. *Kannst* du schwimmen? 君は泳げる?

kann·te [カンテ] ‡kennen (知っている)の過去.

Ka·non [カーノン ká:nɔn] 男 -s/-s ①《音楽》カノン. ② 規準, 規範; 基本方針. ③ (ある分野の)重要文献目録;《圏 なし》《神学》聖書正典. ④《圏》Kanones 教会法令集. ⑤《カトリック》ミサ奉献文.

Ka·no·na·de [カノナーデ kanoná:də] 女 -/-n 集中砲撃(砲火); 《比》(悪口雑言の)連発.

die **Ka·no·ne** [カノーネ kanó:nə] 女 (単) -/(複) -n ① 大砲, カノン砲. 《英 cannon》. eine *Kanone*[4] **ab|feuern** 大砲を撃つ / **mit** *Kanonen* **auf** (または **nach**) **Spatzen schießen** 鶏を裂くに牛刀をもってする(←大砲ですずめを撃つ) / Das ist **unter aller** *Kanone*.《口語》お粗末で話にならない. ②《口語》(専門分野の)大家; (スポーツの)第一人者. ③《俗·戯》回転式ピストル.

Ka·no·nen=boot [カノーネン·ボート] 中 -[e]s/-e《軍》砲艦.

Ka·no·nen=fut·ter [カノーネン·ふッタァ] 中 -s/ (軽蔑的に:)砲弾のえじき(犬死にさせられる兵

Ka·no·nen≈ku·gel [カノーネン・クーゲる] 囡 -/-n 砲弾.

Ka·no·nier [カノニーア kanoníːr] 男 -s/-e 砲兵, 砲手.

ka·no·nisch [カノーニッシュ kanóːnɪʃ] 形 ① 規準の, 規範にかなった. ② 《ｶﾄﾘｯｸ》教会法[上]の; 《神学》正典の. *kanonisches* Recht 教会法. ③ 《音楽》カノン形式の.

Kant [カント kánt] -s/ 《人名》カント (Immanuel *Kant* 1724-1804; ドイツの哲学者).

Kan·ta·te¹ [カンターテ kantáːtə] 囡 -/-n 《音楽》カンタータ.

Kan·ta·te² [カンターテ] 《冠詞なし; 語尾変化なしで》《新教》復活祭後の第4日曜日.

die **Kan·te** [カンテ kántə] 囡 (単) -/(複) -n 《英 edge》 ① (2面が接する)角(ｶﾄﾞ), 縁, へり. eine scharfe *Kante* とがった角 / **an allen Ecken und *Kanten*** いたるところに / Geld⁴ **auf die hohe *Kante* legen** 《口語》(万一に備えて)お金を蓄える / **auf der *Kante*** 《口語》危なっかしく. ② (織物の)へり, 縁どり[レース]. ③ (岩山の)稜線(ﾘｮｳｾﾝ); (スキーの)エッジ. ④ 《方》地域.

kan·ten [カンテン kántən] 他 (h) ① (箱などを)傾ける, 傾けて置く. einen Schrank beim Transport *kanten* 運ぶとき戸棚を斜めにする. ◊《目的語なしでも》Nicht *kanten*! (運搬用の箱などに)傾けるな, 平面に置くこと. ② (スキーで:)エッジを立てる.

Kan·ten [カンテン] 男 -s/- 《北ﾄﾞｲﾂ》(横長の)パンの端切れ.

Kant≈ha·ken [カント・ハーケン] 男 -s/- (丸太などをひっかける)鉤(ｶｷﾞ)ざお, 鉤てこ. 囚⁴ **beim *Kanthaken* nehmen** (または kriegen) 《俗・比》 囚⁴にきびしく意見する.

Kant≈holz [カント・ホるツ] 男 -es/..hölzer 角材.

kan·tig [カンティヒ kántɪç] 形 角(ｶﾄﾞ)のある, 稜(ﾘｮｳ)のある; 角ばった. ein *kantiges* Gesicht 角ばった顔.

Kan·ti·ne [カンティーネ kantíːnə] 囡 -/-n (会社・工場などの)社員食堂(売店); (兵営の)食堂. (ﾒﾓ「学生食堂」は Mensa.)

Kan·ton [カントーン kantóːn] 男 -s/-e ① 《ｽｲｽ: 男 も》(スイスの)州 (略: Kt.). ② (フランス・ベルギーの)行政区域, 郡.

kan·to·nal [カントナーる kantonáːl] 形 (スイスの)州の; (フランス・ベルギーの)郡の.

Kan·to·nist [カントニスト kantoníst] 男 -en/-en 《古》(徴募された)新兵. **ein unsicherer *Kantonist*** 《口語》頼り(当て)にならない人.

Kan·tor [カントァ kántɔr] 男 -s/-en [..トーレン] 聖歌隊長(ﾌﾟﾛﾃｽﾀﾝﾄ教会でオルガンを弾いて合唱を指揮する). (女性形: -in).

Ka·nu [カーヌー káːnu または カヌー] 由 -s/-s ① カヌー, 丸木舟. ② (ｴｽｷﾓの)カヤック, カナディアン・カヌー.

Ka·nü·le [カニューれ kanýːlə] 囡 -/-n 《医》カニューレ, 套管(ﾄｳｶﾝ), 挿管(ｿｳｶﾝ); 注射針.

Kan·zel [カンツェる kántsəl] 囡 -/-n ① (教会の)説教壇. (ﾛⅡ図). ② 《空》コックピット.

Kanz·lei [カンツらイ kantsláɪ] 囡 -/-en ① 事務局, 官房. ② (役所・弁護士などの)事務所.

Kanz·lei ≈ spra·che [カンツらイ・シュプラーヘ] 囡 -/-n 官庁語, 公文書体; 《圈 なし》《比》お役所言葉.

Kanzel

der **Kanz·ler** [カンツらァ kántslər] 男 -s/- (3格のみ -n) ① (ドイツなどの)首相. **Bundes*kanzler*** 連邦首相. ② (在外公館の)事務長. ③ (大学の)事務局長. ④ 《史》ドイツ帝国宰相; (領主・国王の)秘書局長.

Kanz·le·rin [カンツれリン kántslərɪn] 囡 -/..rinnen (ドイツなどの女性の)首相.

Kap [カップ káp] 由 -s/-s 岬. **das *Kap* der Guten Hoffnung**² 喜望峰(ｱﾌﾘｶ南端の岬).

Kap. [カピッテる] (略) 章 (= **Kapitel**).

Ka·paun [カパオン kapáʊn] 男 -s/-e 去勢したおんどり(食肉用).

Ka·pa·zi·tät [カパツィテート kapatsitɛ́ːt] 囡 -/-en ① 《ふつう 単》収容能力; (容器・コンデンサー・ハードディスクなどの)容量; 《比》理解力. **Der Kessel hat eine *Kapazität* von 5 000 Litern.** このボイラーには 5,000 リットル入る. ② 《ふつう 単》《経》(工場などの)最大生産[能]力. ③ 専門家, エキスパート.

die **Ka·pel·le** [カペれ kapélə] 囡 (単) -/(複) -n ① 礼拝堂, チャペル. 《英 chapel》. **Sie betete in der *Kapelle*.** 彼女は礼拝堂で祈りをささげた. ② (小規模の)楽団, バンド. **Die *Kapelle* spielte eine einen Walzer.** バンドがワルツを奏でた. ③ (中世教会の)聖歌隊.

Ka·pell≈meis·ter [カペる・マイスタァ] 男 -s/- 楽長; (音楽監督に次ぐ)常任指揮者. (女性形: -in).

Ka·per¹ [カーパァ káːpər] 囡 -/-n 《ふつう 複》《料理》ケーパー(フウチョウボクのつぼみの酢(塩)漬け).

Ka·per² [カーパァ] 男 -s/- ① 《史》国のお墨付きを得た海賊船(敵の商船を襲って略奪する). ② 海賊.

ka·pern [カーパァン káːpərn] 他 (h) ① 《史》(船⁴を)だ捕して略奪する. ② 《口語》まんまとせしめる. **sich³ einen Millionär *kapern*** (結婚相手として)百万長者をつかまえる.

ka·pie·ren [カピーレン kapíːrən] 他 (h) 《口語》理解する, わかる (= **verstehen**).

ka·pil·lar [カピらール kapiláːr] 形 《医》毛[細]管の; 極細の.

Ka·pil·la·re [カピらーレ kapiláːrə] 囡 -/-n 《医》毛[細]管; 毛細血管.

ka·pi·tal [カピタール kapitáːl] 形 ① 《口語》とんでもない, たいへんな. **ein *kapitaler* Fehler** とんでもない間違い. ② 《狩》大物の(獣なども).

das **Ka·pi·tal** [カピターる kapitá:l] 田 (単) -s/(複) -e (3格のみ -en) または (複) ..talien [..ターリエン] ① **資本**[金], 資金; 基本財産, 元金. (英 *capital*). fixes *Kapital* 固定資本 / bewegliches (または flüssiges) *Kapital* 流動資本 / aus 風³ *Kapital*³ schlagen 風³ でもうける, 利益を得る / das *Kapital*⁴ in ein Unternehmen stecken ある企業に投資する / Er hat sein *Kapital* gut angelegt. 彼はうまく投資した / geistiges *Kapital* 《比》精神的資本 (知識など) / Gesundheit ist das beste *Kapital*. 健康は何よりの資本だ.
② (園 なし) (総称として)資本家[階級].

Ka·pi·tal⁀an·la·ge [カピターる・アンラーゲ] 囡 -/-n 投資, 出資.

Ka·pi·tal⁀**flucht** [カピターる・ふるフト] 囡 -/-en 《ふつう 風》(外国への)資本逃避.

Ka·pi·ta·li·en [カピターリエン] 囡 Kapital (資本)の 園

ka·pi·ta·li·sie·ren [カピタリズィーレン kapitalizí:rən] 他 (h) 《経》Kapital 化する, (資産など⁴を)使用可能な資本金に換える.

der **Ka·pi·ta·lis·mus** [カピタリスムス kapitalísmus] 男 (単) -/(複) ..lismen 《ふつう 園》 **資本主義**. (父 「社会主義」は Sozialismus). Monopol*kapitalismus* 独占資本主義.

Ka·pi·ta·list [カピタリスト kapitalíst] 男 -en/-en ① 資本家. (女性形: -in). ② 資本主義[支持]者.

ka·pi·ta·lis·tisch [カピタリスティッシュ kapitalístɪʃ] 形 資本主義の, 資本主義的な. ein *kapitalistischer* Staat 資本主義国家.

Ka·pi·tal⁀markt [カピターる・マルクト] 男 -[e]s/..märkte 資本市場.

Ka·pi·tal⁀**ver·bre·chen** [カピターる・フェアブレッヒェン] 囲 -s/- 重大犯罪.

der **Ka·pi·tän** [カピテーン kapité:n] 男 (単) -s/(複) -e (3格のみ -en) (英 *captain*) ① 《海》**船長**, 艦長. *Kapitän* zur See 海軍大佐 / *Kapitäne* der Wirtschaft² 《比》経済界の大物たち / *Kapitän* der Landstraße² 《口語》長距離トラックの運転手. ② 《空》(飛行機の)機長. ③ 《スポ》キャプテン, 主将.

Ka·pi·tä·nin [カピテーニン kapité:nɪn] 囡 -/-..ninnen (女性の)船長; 機長; キャプテン.

das **Ka·pi·tel** [カピテる kapítəl] 囲 (単) -s/(複) (3格のみ -n) ① (本の)**章** (略: Kap.). (英 *chapter*). das zweite *Kapitel* 第 2 章 / Das steht **im** ersten *Kapitel*. それは第 1 章に出ている / Das ist ein ganz anderes *Kapitel*. 《比》それはまったく別問題だ / Das ist ein *Kapitel* für sich. 《口語》それはまた別途考えなければならない《やっかいな》問題だ. ② 《カトリ》(教区司祭を補佐する)参事会.

Ka·pi·tell [カピテる kapitél] 囲 -s/-e 《建》柱頭. (☞ Säule 図).

Ka·pi·tu·la·ti·on [カピトゥらツィオーン kapitulatsió:n] 囡 -/-en ① 降伏; 降伏協定. eine bedingungslose *Kapitulation* 無条件降伏. ② 譲歩, あきらめ, 放棄.

ka·pi·tu·lie·ren [カピトゥリーレン kapitulí:rən] 圓 (h) ① 降伏(降参)する. ② 《比》断念する, 放棄する. **vor** 風³ *kapitulieren* 風³にお手上げである.

Ka·plan [カプらーン kaplá:n] 男 -s/..läne 《カトリ》助任司祭; (軍隊・病院などに専属の)司祭.

Kap·pe [カッペ kápə] 囡 -/-n (英 *cap*) ① (頭をすっぽり覆う縁なし)帽子, 頭巾(ホ). (☞ Hut 図). Bade*kappe* 水泳帽 / Das nehme ich auf meine *Kappe*. その責任は私が引き受ける. ② (万年筆などの)キャップ, (びんなどの)ふた; (靴の)つま先革.

kap·pen [カッペン kápən] 他 (h) (物⁴の)先端を切る; (植木⁴を)刈り込む.

Kap·pes [カッペス kápəs] 男 -/ 《西[中]部ド》 ① キャベツ. ② 《俗》くだらないこと.

Ka·pri·o·le [カプリオーれ kaprió:lə] 囡 -/-n ① (おどけた)とんぼ返り. ② いたずら, ふざけ. ③ (馬術の)カプリオール.

ka·pri·zie·ren [カプリツィーレン kaprítsi:rən] 再帰 (h) 《*sich*⁴ **auf** 風⁴ ~》(風⁴を)言い張る, 固執する.

ka·pri·zi·ös [カプリツィエース kaprítsiø:s] 形 気まぐれな, 気ままな, 移り気な.

Kap·sel [カプせる kápsəl] 囡 -/-n ① カプセル, サック, ケース; (びんの)口金. ② 《薬》カプセル. ③ 《植》胞子嚢(ぷぅ). ④ 宇宙カプセル.

※※ **ka·putt** [カプット kapút]

| 壊れている | Die Uhr ist *kaputt*.
ディ ウーア イスト カプット
時計が壊れた. |

形 《口語》① **壊れている**, 壊れた, だめになった. (英 *broken*). *kaputtes* Spielzeug こわれたおもちゃ / Die Firma ist *kaputt*. その会社は破産した / Mein Auto ist *kaputt*. 私の車は故障した / Was ist denn jetzt *kaputt*? 《俗》いったいどうしたんだい / Bei ihm ist was *kaputt*. 《俗》あいつはちょといかれている.
② 疲労した, 疲れ果てた. Ich bin ganz *kaputt*. 私はくたくたに疲れている.
▶ kaputt|machen²

ka·putt·ge·gan·gen [カプット・ゲガンゲン] kaputt|gehen (壊れる)の 過分

ka·putt|ge·hen* [カプット・ゲーエン kapút·ge:ən] (ging ... *kaputt*, *ist* ... kaputtgegangen) 圓 (完了 sein) 《口語》① **壊れる**, 破れる. Der Motor *ist* kaputtgegangen. 《現在完了》エンジンが壊れた. ② (事業などが)だめになる, 破産する.

ka·putt|la·chen [カプット・らッヘン kapútlàxən] 再帰 (h) *sich*⁴ kaputtlachen 《口語》笑い転げる.

ka·putt|ma·chen¹ [カプット・マッヘン kapútmàxən] I 他 (h) (人⁴の)健康を害する, 疲労困

kaputtmachen 714

憊(ﾊﾟ)させる. **II** 再帰 (h) *sich⁴ kaputtmachen* 《口語》体を壊す, 疲労困憊(ﾊﾟ)する.

ka·putt ma·chen², **ka·putt ma·chen** [カプット・マッヘン] 他 (h) 《口語》 ① 壊す, 破壊する. ② 破産させる.

Ka·pu·ze [カプーツェ kapúːtsə] 囡 -/-n (服飾) (コートなどの)フード; (修道服の)頭巾(ﾂ゙ｷ).

Ka·pu·zi·ner [カプツィーナァ kaputsíːnər] 男 -s/- ① 《ｶﾄﾘｯｸ》カプチン会修道士. ② 《ｵｰｽﾄﾘｱ》ミルク入りコーヒー, カプチーノ.

Ka·ra·bi·ner [カラビーナァ karabíːnər] 男 -s/- ① 《軍》カービン銃, 騎兵銃. ② 《ｽﾎﾟｰﾂ》 =*Karabiner*haken

Ka·ra·bi·ner⸗ha·ken [カラビーナァ・ハーケン] 男 -s/- ばねリング, さる環(リュックサックの背負いひもなどに付いている).

Ka·ra·cho [カラッホ karáxo] 中 -s/ 猛スピード. *mit Karacho* 《口語》すごいスピードで.

Ka·raf·fe [カラッフェ karáfə] 囡 -/-n (栓付き の)ガラスびん; (ワイン用の)カラフ, デカンター.

Ka·ra·jan [カーラヤン káːrajan または カラ..] -s/ 《人名》カラヤン (Herbert von *Karajan* 1908-1989; オーストリアの指揮者).

Ka·ram·bo·la·ge [カランボラージェ karambolá:ʒə] 囡 -/-n 《口語》(自動車などの)衝突; 不和, 争い. eine *Karambolage* im Nebel 霧の中の衝突.

Ka·ra·mel [カラメル] Karamell の古い形.

Ka·ra·mell [カラメる karamɛl] 男 -s/ カラメる(砂糖を熱して飴状にしたもの).

Ka·rat [カラート káráːt] 中 -[e]s/-e (単位: -/-) ① カラット(宝石の重量単位. 0,2g; 略: k). ein Diamant von 12 *Karat* 12カラットのダイヤモンド. ② 金位(金の純度. 純金は24金(カラット); 略: k).

Ka·ra·te [カラーテ káráːtə] 中 -[s]/ 《ｽﾎﾟ》空手. *Karate⁴* lernen 空手を習う.

..ka·rä·tig [..カレーティヒ ..kaːrɛːtɪç] 《形容詞をつくる 接尾》(..カラットの) 例: zehn*karätig* (=10-*karätig*) 10カラットの.

Ka·rau·sche [カラオシェ karáʊʃə] 囡 -/-n (魚)フナ(鮒).

Ka·ra·wa·ne [カラヴァーネ karaváːnə] 囡 -/-n ① 隊商, キャラバン. ② (人・自動車の)長い列.

Ka·ra·wa·nen⸗stra·ße [カラヴァーネン・シュトラーセ] 囡 -/-n 隊商路.

Kar·bid [カルビート karbíːt] 中 -[e]s/-e 《化》炭化物, 《複 なし》カーバイド.

Kar·bol·säu·re [カルボーる・ゾイレ] 囡 -/ 《化》石炭酸, フェノール.

Kar·bon [カルボーン karbóːn] 中 -s/ 《地学》石炭紀.

Kar·bun·kel [カルブンケる karbúŋkəl] 男 -s/- 《医》癰(ﾖｳ), カルブンケル.

kar·di·nal [カルディナーる kardináːl] 形 《雅》主要な, 根本的な, 基本的な.

Kar·di·nal [カルディナーる] 男 -s/..näle 《ｶﾄﾘｯｸ》枢機卿(ｷｮｳ).

Kar·di·nal⸗feh·ler [カルディナーる・フェーらァ] 男 -s/- 根本的な誤り.

Kar·di·nal⸗punkt [カルディナーる・プンクト] 男 -[e]s/-e 主要点, 眼目.

Kar·di·nal⸗tu·gend [カルディナーる・トゥーゲント] 囡 -/-en 《ふつう 複》基本道徳(知恵・勇気・節制・正義).

Kar·di·nal⸗zahl [カルディナーる・ツァーる] 囡 -/-en 基数. (⇔「序数」は Ordinalzahl).

Kar·dio·gramm [カルディオグラム kardiográm] 中 -s/-e 《医》心拍[動]曲線; 心電図.

Ka·renz [カレンツ karɛnts] 囡 -/-en ① 猶予(ﾕｳﾖ)期間(特に保険金を請求したあと支払われるまでの待機期間). ② 《医》節制.

Ka·renz⸗zeit [カレンツ・ツァイト] 囡 -/-en =Karenz ①

Kar·fi·ol [カルフィオーる karfióːl] 男 -s/ 《南ド・ｵｰｽﾄﾘｱ》(植) カリフラワー.

Kar·frei·tag [カール・フライターク] 男 -[e]s/-e 《ｷﾘ教》聖金曜日(キリストの受難の記念日. 復活祭の前の金曜日).

Kar·fun·kel [カルフンケる karfúŋkəl] 男 -s/- ① (鉱) 紅玉(ルビー・ざくろ石など). ② 《医》癰(ﾖｳ), カルブンケル (=Karbunkel).

karg [カルク kárk] 形 (比較) karger, (最上) kargst まれに (比較) kärger, (最上) kärgst) ① **乏しい**, わずかな, 少ない. ein *karger* Lohn わずかな賃金. ② 質素な, 飾りのない; みすぼらしい. mit 物³ *karg* sein 物³を惜しむ(けちる). ③ やせた(土地など). *karge* Erde やせた土地.

kar·gen [カルゲン kárgən] 自 (h) 【mit 物³ ~】《雅》《物³》を惜しむ, 節約する.

kär·ger [ケルガァ] karg (乏しい)の (比較)

Karg·heit [カルクハイト] 囡 -/ 《雅》欠乏, 不足; 質素, 倹約; (土地などが)やせていること, 不毛.

kärg·lich [ケルクリヒ] 形 わずかの, みすぼらしい, 惨めな.

kärgst [ケルクスト] karg (乏しい)の (最上)

ka·riert [カリーァト karíːrt] 形 ① 格子縞(ｼﾞﾏ)の, チェックの(衣服); 方眼の. ② 《口語》わけのわからない, 支離滅裂な.

Ka·ri·es [カーリエス káːriɛs] 囡 -/ (医) 虫歯 (=Zahnkaries).

Ka·ri·ka·tur [カリカトゥーァ karikatúːr] 囡 -/-en ① 漫画, カリカチュア; 戯画, 風刺画. politische *Karikaturen⁴* zeichnen 政治漫画をかく. ② 《複 なし》戯画化, 風刺.

Ka·ri·ka·tu·rist [カリカトゥリスト karikaturíst] 男 -en/-en 漫画家; 風刺画家. (女性形: -in).

ka·ri·kie·ren [カリキーレン karikíːrən] 他 (h) (人・物⁴を)戯画化する; (戯画化して)風刺する.

Ka·rin [カーリーン káːriːn または ..リン ..rɪn] -s/ 《女名》カーリーン, カーリン (Katharina の短縮).

ka·ri·ös [カリエース karióːs] 形 《医》虫歯の, 齲食(ｳ..)の.

Ka·ri·tas [カリータス karíːtas] 囡 -/ 《ｶﾄﾘｯｸ》隣人愛, 慈愛.

ka·ri·ta·tiv [カリタティーフ karitatí:f] 形 隣人愛に基づく, 慈善の.

Karl [カール kárl] –s/ 《男名》カール.

Karls·ru·he [カールス・ルーエ kárls-ru:ə] 中 –s/《都市名》カールスルーエ(ドイツ, バーデン・ヴュルテンベルク州; ☞地図 D-4).

Kar·me·li·ter [カルメリータァ karmelí:tər] 男 –s/-《カッリック》カルメル会修道士. (女性形: -in).

Kar·me·sin [カルメズィーン karmezí:n] 中 –s/ =Karmin

Kar·min [カルミーン karmí:n] 中 –s/ 洋紅, カーマイン(染料の一種); 深紅色.

der **Kar·ne·val** [カルネヴァる kárnəval] 男 (単2) –s/(複) –e (3格のみ –en) または (複) –s カーニバル, 謝肉祭. 《英 carnival》der rheinische *Karneval* ライン地方のカーニバル / *Karneval*⁴ feiern カーニバルを祝う / **auf den** *Karneval* gehen カーニバルに行く. (☞ *Karneval* は主に中部ライン地方での呼び名. バイエルンやオーストリアでは Fasching, また地方によっては Fastnacht と呼ぶ).

kar·ne·va·lis·tisch [カルネヴァリスティッシュ karnəvalístiʃ] 形 カーニバル(謝肉祭)の.

Kar·ni·ckel [カルニッケる kárnikəl] 中 –s/- 《方》家うさぎ, 飼いうさぎ (=Kaninchen).

Kärn·ten [ケルンテン kέrntən] 中《地名》ケルンテン(オーストリア 9 州の一つ. 州都はクラーゲンフルト).

Ka·ro [カーロ ká:ro] 中 –s/-s ① 菱形(ひしがた); (角を下にした)正方形(◆). ②《複なし; 冠詞なしで》(トランプの)ダイヤ.

Ka·ro·li·ne [カロリーネ karolí:nə] –[n]s/《女名》カロリーネ.

Ka·ros·se [カロッセ karósə] 女 –/-n (4 輪の)儀装馬車.

Ka·ros·se·rie [カロセリー karosərí:] 女 –/-n [..リーエン] (自動車などの)車体, ボディー.

Ka·ro·tin [カロティーン karotí:n] 中 –s/ カロチン.

Ka·rot·te [カロッテ karótə] 女 –/-n 《植》ニンジン (=Möhre).

die **Kar·pa·ten** [カルパーテン karpá:tən] 複《定冠詞とともに》《山名》カルパチア(カルパート)山脈(中部ヨーロッパ).

Karp·fen [カルプフェン kárpfən] 男 –s/-《魚》コイ(鯉).

Karp·fen⸗teich [カルプフェン・タイヒ] 男 –[e]s/-e 養鯉(ようり)池.

Kar·re [カレ kárə] 女 –/-n ①《中部ドィッ・北ドィッ》手押し車, 荷車. Ziegel⁴ **auf** die *Karre* laden れんがを手押し車に積む / die *Karre*⁴ laufen lassen《口語》事を成り行きにまかせる / 人³ die *Karre*⁴ aus dem Dreck ziehen《口語》人³ の苦境を助ける / die *Karre*⁴ in den Dreck fahren《口語・比》事をだいなしにする /《口語》人³ **an** die *Karre* fahren《口語》人³を手厳しく責める. ②おんこつ車, おんぼろ自動車.

Kar·ree [カレー karé:] 中 –s/-s ① 4 角形; [正]方形;《比》(方形の)街区. ②《ビリヤード》《料

理》(豚などの)ばら肉.

kar·ren [カレン kárən] 他 (h) 手押し車(荷車)で運ぶ;《口語》(人⁴を)自動車で運ぶ.

Kar·ren [カレン] 男 –s/- 《南ドィッ・オーストリア》=Karre

die **Kar·ri·e·re** [カリエーレ karié:rə] 女 (単) –/(複) –n ①《立身》出世, (職業上の)成功. *Karriere*⁴ machen 出世する / eine glänzende *Karriere*⁴ vor sich haben 輝かしい前途がある. ②(馬の)全力疾走. **in** voller *Karriere* reiten (馬が)全速力で走る.

Kar·ri·e·re⸗frau [カリエーレ・フラオ] 女 –/-en ① キャリアウーマン. ②(軽蔑的に:)家庭を顧みずに出世を追い求める女性.

Kar·ri·e·re⸗ma·cher [カリエーレ・マッハァ] 男 –s/-(軽蔑的に:)出世[第一]主義者. (女性形: -in).

Kar·ri·e·rist [カリエリスト karierist] 男 –en/-en =Karrieremacher (女性形: -in).

Kar⸗sams·tag [カール・ザムスターク] 男 –[e]s/-e《カッリック教》聖土曜日(復活祭の前の土曜日). (☞ Feiertag 図).

Karst [カルスト kárst] 男 –[e]s/-e《地学》カルスト[地形].

kart. [カルトニーァト] 《略》厚紙表紙の (=kartoniert).

die **Kar·te** [カルテ kártə]

カード; はがき; 切符

Schreib mir bald eine *Karte*!
シュライブ ミァ バるト アイネ カルテ
近いうちにはがきをちょうだいね.

女 (単) –/(複) –n《英 card》① カード. Weihnachts*karte* クリスマスカード / die gelbe (または Gelbe) *Karte* (サッカーの)イエローカード.
② (郵便)はがき (=Post*karte*), (あいさつの)カード. Ansichts*karte* 絵はがき / 人³ eine *Karte*⁴ schreiben 人³にはがきを書く.
③ チケット, 入場券 (=Eintritts*karte*); 乗車(乗船)券 (=Fahr*karte*). *Karten*⁴ für das Konzert bestellen コンサートのチケットを注文する / eine *Karte*⁴ lösen 乗車券を買う / die *Karten*⁴ vor|zeigen 乗車券を提示する.
④ 名刺 (=Visiten*karte*). Sie tauschten ihre *Karten* aus. 彼らは名刺を交換した.
⑤ メニュー, 献立表 (=Speise*karte*). nach der *Karte* essen メニューから単品を注文して食事する / Herr Ober, die *Karte* bitte! ボーイさん, メニューをください. (☞ ドイツ語の Menü は「セット[メニュー]」を意味する).
⑥ 地図 (=Land*karte*). Auto*karte* 自動車用道路地図 / die *Karte* von Europa ヨーロッパ地図 / eine Stadt⁴ **auf** der *Karte* suchen ある町を地図で探す.
⑦ (トランプの)カード (=Spiel*karte*). *Karten*⁴ spielen トランプをする / die *Karten*⁴ mischen (verteilen) トランプを切る(配る) / die *Karten*⁴ auf|decken (または auf den Tisch legen)《比》手の内を見せる / 人³ die *Karten*⁴

legen トランプで [人]³の運命を占う / alle *Karten*⁴ in der Hand haben 《比》主導権を握っている / die letzte *Karte*⁴ aus|spielen a) 最後の切り札を出す, b) 《比》最後の手段をとる / alles⁴ *auf* eine *Karte* setzen 《比》いちかばちかの勝負をする(←すべてを 1 枚のカードに賭ける) / sich³ nicht *in* die *Karten* sehen lassen 手の内を見せない / *mit* offenen *Karten* spielen 下心なしに(隠しだてせずに)ふるまう.
⑧ クレジットカード (=Kredit*karte*). mit *Karte* zahlen クレジットカードで支払う.

Kar·tei [カルタイ kartái] 囡 -/-en カードボックス; カード式目録(索引).

Kar·tei≠**kar·te** [カルタイ·カルテ] 囡 -/-n (目録·索引の)カード.

Kar·tei≠**kas·ten** [カルタイ·カステン] 男 -s/..kästen カードボックス.

Kar·tell [カルテる kartél] 匣 -s/-e 《経》カルテル, 企業連合. ② 学友会連合.

Kar·ten≠**haus** [カルテン·ハオス] 匣 -es/..häuser トランプの札で組み立てた家; 《比》砂上の楼閣.

Kar·ten≠**kunst·stück** [カルテン·クンストシュテュック] 匣 -[e]s/-e トランプ手品.

Kar·ten≠**le·ger** [カルテン·れーガァ] 男 -s/- トランプ占い師. (女性形: -in).

Kar·ten≠**le·se·ge·rät** [カルテン·れーゼゲレート] 匣 -[e]s/-e カード読み取り機.

Kar·ten≠**spiel** [カルテン·シュピーる] 匣 -[e]s/-e ① トランプ遊び. ② 一組みのトランプ.

Kar·ten≠**te·le·fon** [カルテン·テーれフォーン] 匣 -s/-e テレホンカード式[公衆]電話.

Kar·ten≠**vor·ver·kauf** [カルテン·フォァフェァカオふ] 男 -[e]s/..käufe 切符の前売り.

die **Kar·tof·fel** [カルトッフェる kartɔ́fəl]

じゃがいも
Möchten Sie noch *Kartoffeln*?
メヒテン ズィー ノッホ カルトッフェるン
じゃがいもをもっと召し上がりませんか.

囡 (単)-/(複)-n ① 《植》ジャガイモ, 馬鈴薯(ばれいしょ). (英 potato). neue *Kartoffeln* 新じゃがいも / gebratene *Kartoffeln* 油でいためたじゃがいも / *Kartoffeln*⁴ an|bauen じゃがいもを栽培する / *Kartoffeln*⁴ schälen (kochen) じゃがいもの皮をむく(じゃがいもを煮る).
② 《口語·戯》大きな懐中時計; 団子鼻; (靴下·衣服などの)穴.

Kar·tof·fel≠**brei** [カルトッフェる·ブライ] 男 -s/ 《料理》(ミルクでといた)マッシュポテト.

Kar·tof·fel≠**chips** [カルトッフェる·チップス] 覆 ポテトチップス.

Kar·tof·fel≠**kä·fer** [カルトッフェる·ケーふァァ] 男 -s/- 《昆》コロラドハブトムシ(じゃがいもの害虫).

Kar·tof·fel≠**kloß** [カルトッフェる·クろース] 男 -es/..klöße 《料理》じゃがいもの団子.

Kar·tof·fel≠**knö·del** [カルトッフェる·クネーデる] 男 -s/- (南ドッ·ホ゛スナリ) =Kartoffelkloß

Kar·tof·fel≠**mehl** [カルトッフェる·メーる] 匣 -s/ じゃがいものでんぷん粉.

Kar·tof·fel≠**puf·fer** [カルトッフェる·プッふァァ] 男 -s/- 《料理》ポテトパンケーキ.

Kar·tof·fel≠**pü·ree** [カルトッフェる·ピュレー] 匣 -s/-s 《料理》マッシュポテト.

Kar·tof·fel≠**sa·lat** [カルトッフェる·ザらート] 男 -[e]s/-e 《料理》ポテトサラダ.

Kar·to·graf [カルトグラーふ kartográ:f] 男 -en/-en 地図(海図)製作者. (女性形: -in).

Kar·to·gra·fie [カルトグラふィー kartografí:] 囡 -/ 地図(海図)製作術.

kar·to·gra·fisch [カルトグラーふィッシュ kartográ:fiʃ] 形 地図製作上の.

Kar·to·graph [カルトグラーふ kartográ:f] 男 -en/-en =Kartograf

Kar·to·gra·phie [カルトグラふィー kartografí:] 囡 -/ =Kartografie

kar·to·gra·phisch [カルトグラーふィッシュ kartográ:fiʃ] 形 =kartografisch

Kar·ton [カルトーン kartɔ́: または ..トーン ..tɔ́:n] 男 -s/-s (まれに -e [..トーネ]) (単位: -/- も) ① 厚紙, ボール紙. ② ボール箱, カートン. Ware⁴ in *Kartons* verpacken 商品をボール箱に詰める.

Kar·to·na·ge [カルトナージェ kartoná:ʒə] 《フランス》 囡 -/-n 梱包用段ボール(厚紙); 《製本》ハードカバー.

kar·to·nie·ren [カルトニーレン kartoní:rən] 他 (h) 《製本》ハードカバーで製本する. ◇《過去分詞の形で》*kartonierte* Bücher ハードカバーの本.

Kar·to·thek [カルトテーク kartoté:k] 囡 -/-en カードボックス; カード式目録(索引).

Kar·tu·sche [カルトゥッシェ kartúʃa] 囡 -/-n ① 《軍》薬包, 弾薬筒. ② 《建·美》カルトゥーシュ(バロック様式の巻軸装飾).

Ka·rus·sell [カルゼる karusél] 匣 -s/-s (または -e) メリーゴーラウンド, 回転木馬. mit [人]³ *Karussell*⁴ fahren a) [人]³をしごく, b) 《口語》[人]³をこっぴどくしかりつける.

Kar≠**wo·che** [カール·ヴォッヘ] 囡 -/-n 《キリスト教》受難週間(復活祭の前週).

Kar·zer [カルツァァ kártsər] 男 -s/- ① (昔の:)(大学などの)監禁室. ② 《覆 なし》(大学などの)監禁処分.

kar·zi·no·gen [カルツィノゲーン kartsinogé:n] 形 《医》発癌(はつがん)性の.

Kar·zi·nom [カルツィノーム kartsinó:m] 匣 -s/-e 《医》癌(がん), 癌腫(がんしゅ).

Ka·sack [カーザック ka:zak] 男 -s/-s 《服飾》カザック(婦人用のやや長い上着).

Ka·schem·me [カシェンメ kaʃémə] 囡 -/-n 怪しげな飲み屋.

ka·schie·ren [カシーレン kaʃí:rən] 他 (h) ① (欠点など⁴を)隠す. ② 《劇》《覆⁴の》張りぼてを作る.

Kasch·mir [カシュミーァ káʃmi:r] I 匣 -s/ 《地名》カシミール地方(ヒマラヤ北西部). II 男 -s/-e カシミア(カシミアやぎの毛を用いた高級服地).

der **Kä·se** [ケービ kέːzə]

> チーズ　Magst du *Käse*?
> マークスト ドゥー ケービ
> 君はチーズが好き？

男 (単2) -s/(複) - (3格のみ -s) ① チーズ. (英 *cheese*). Weich*käse* ソフトチーズ / dänischer *Käse* デンマークチーズ / *Käse*⁴ machen チーズを作る / *Käse* schließt den Magen. (戯)(食事の締めくくりにチーズをいただきましょう)(←チーズは胃を閉じる).　②《口語》ばかげたこと (話). Das ist doch alles *Käse*! それはまったくばかげた話だ.

Kä·se⸗blatt [ケービ・ブラット] 中 -[e]s/..blätter《俗》くだらない新聞.

Kä·se⸗glo·cke [ケービ・グロッケ] 女 -/-n 鐘形の[ガラス製]フードのついたチーズ容器.

Ka·se·in [カゼイーン kazeíːn] 中 -s/《化》カゼイン(牛乳中のリンたんぱく質).

Kä·se⸗ku·chen [ケービ・クーヘン] 男 -s/- チーズケーキ.

kä·sen [ケーゼン kέːzən] 自 (h, s) ①(h) チーズを製造する.　②(h, s)(牛乳が)チーズになる.

Kä·se·rei [ケーゼライ kɛːzərái] 女 -/-en ①〚複なし〛チーズ製造.　② チーズ製造所.

Ka·ser·ne [カゼルネ kazέrnə] 女 -/-n《軍》兵営, 兵舎.

Ka·ser·nen⸗hof [カゼルネン・ホーフ] 男 -[e]s/..höfe《軍》兵営の中庭, 営庭.

ka·ser·nie·ren [カゼルニーレン kazerníːrən] 他 (h)(部隊など⁴を)兵営に入れる(宿泊させる).

kä·se⸗weiß [ケービ・ヴァイス] 形《口語》(顔色が)ひどく青ざめた.

kä·sig [ケーズィヒ kέːzɪç] 形 ① チーズのような, チーズ状の.　②《口語》蒼白な, 青ざめた.

Ka·si·no [カズィーノ kazíːno]《ジヨ》中 -s/-s ① クラブハウス, 会館.　② 将校食堂; 社員食堂.　③ カジノ, 賭博(とばく)場.

Kas·ka·de [カスカーデ kaská:də] 女 -/-n ①(階段状になった)人工滝, カスケド;　火瀑(滝に似た花火).　②(アクロバットの)空中ダイビング.

Kas·ko⸗ver·si·che·rung [カスコ・フェアズィッヒェルング] 女 -/-en 船体(車両)保険.

Kas·par [カスパァ káspar] -s/《男名》カスパル.

Kas·per [カスパァ káspar] 男 -s/- ①《指人形芝居の》道化役.　②《口語・戯》おどけ者.

Kas·per·le [カスパァれ káspərlə] 中 男 -s/-《南ドSt》《指人形芝居の》道化役.

das **Kas·pi·sche Meer** [カスピシェ メーァ] 中 -s/ =Kaspisee

der **Kas·pi·see** [カスピ・ゼー] 男 -s/《定冠詞とともに》《湖名》カスピ海.

Kas·sa [カッサ kása] 女 -/ Kassen (オーストリア) = Kasse

Kas·san·dra⸗ruf [カサンドラ・ルーフ]　男 -[e]s/-e《世に聞き入れられない不吉な予言(トロヤ王の娘カッサンドラのトロヤ滅亡の予言にちなむ).

* *die* **Kas·se** [カッセ kásə] 女 (単)-/(複)-n ① レジ, 勘定場, 切符売場, 会計[窓口], (銀行などの)受払窓口. (英 *cash register*). Theater*kasse* 劇場の切符売場 / Geld⁴ an der *Kasse* ein|zahlen お金を受払窓口に払い込む / Waren bitte an der *Kasse* bezahlen! (商店の掲示で:)商品の代金はレジでお支払いください / *Kasse*⁴ machen 勘定を締める.

② 金庫. die *Kasse*⁴ öffnen 金庫を開ける / **in die** *Kasse* greifen 〔口語・婉曲〕(店などの)金(かね)を着服する.

③ 現金, 所持金. netto *Kasse* 〔現金〕正価で / Er ist gut (schlecht) **bei** *Kasse*. 〔口語〕彼は懐が豊かだ(寂しい) / **gegen** *Kasse* 現金と引き換えに / Wir haben **getrennte** *Kasse*. 私たちは割り勘で払う.　④ 健康保険(= Kranken*kasse*). Die *Kasse* zahlt die Behandlung. 健康保険が治療費を払う.　⑤ 貯蓄銀行(=Spar*kasse*). Geld⁴ **auf** der *Kasse* haben 銀行に預金がある.

Kas·sel [カッセる kásəl] 中 -s/《都市名》カッセル (ドイツ, ヘッセン州. ☞〚地図〛D-3).

Kas·se·ler [カッセらァ kásələr] I 男 -s/- カッセルの市民(出身者).(女性形: Kass[e]lerin). II 中 -s/(くん製にして塩漬けにした)豚のばら肉.(☞《英》Kassler ともつづる).　III 形〚無語尾で〛カッセルの.

Kas·sen⸗arzt [カッセン・アールツト] 男 -es/..ärzte 健康保険医.(女性形: ..ärztin).

Kas·sen⸗be·stand [カッセン・ベシュタント] 男 -[e]s/..stände 現金在高.

Kas·sen⸗bon [カッセン・ボーン] 男 -s/-s レシート.

Kas·sen⸗er·folg [カッセン・エァフォるク] 男 -[e]s/-e (映画・芝居などの)大当たり.

Kas·sen⸗pa·ti·ent [カッセン・パツィエント] 男 -en/-en 法定健康保険適用患者.(女性形: -in).

Kas·sen⸗sturz [カッセン・シュトゥルツ] 男 -es/..stürze 〔口語〕手持ちの金(かね)の確認.

Kas·sen⸗zet·tel [カッセン・ツェッテる] 男 -s/-《商》購入品明細票兼領収書; レシート.

Kas·se·rol·le [カセロれ kasəróːlə] 女 -/-n シチュー鍋(なべ), ソースパン. (☞〚類語〛Topf 〔図〕).

die **Kas·set·te** [カセッテ kasétə] 女 (単)-/ (複)-n ①(宝石類を入れる)小箱, 手箱, ケース.　②(本・レコードなどの)ケース. 9 Bände in *Kassette* ケース入り9巻セット[の本].　カセット[テープ]; 《写》(フィルムの)カセット. (英 *cassette*). Video*kassette* ビデオカセット / Musik⁴ **auf** *Kassette* auf|nehmen 音楽をカセットに録音する.　④《建》(天井の)格間(ごうま).

Kas·set·ten⸗re·cor·der [カセッテン・レコルダァ] 男 -s/- =Kassettenrekorder

Kas·set·ten⸗re·kor·der [カセッテン・レコルダァ] 男 -s/- カセットレコーダー.

kas·sie·ren¹ [カスィーレン kasíːrən] (kassierte, *hat* ... kassiert) 他 (宝 haben) ①(料金など⁴を)徴収する, 集金する (英 *collect*). die Miete⁴ kassieren 家賃を徴収する. ◇〚目

kassieren 718

的語なしでも》 *Darf ich jetzt kassieren?* (ウェーターが客に：)今代金をいただいてよろしいですか. ② 《口語》（囚⁴から）お金を徴収する. ③ 《口語》(利子・謝礼など⁴を)受け取る；(称賛など⁴を)受ける, (殴打・批判など⁴を)被る. hohe Zinsen⁴ *kassieren* 高い利息を取る / Lob⁴ *kassieren* 称賛を受ける / eine Niederlage⁴ *kassieren* 敗北を喫する. ④ 《口語》(強引に)取り上げる, 没収する, 逮捕する.

kas·sie·ren² [カスィーレン] 他 (h) ① 《法》(判決⁴を)破棄する, (約束など⁴の)無効を宣する. ② 免職(免官)にする.

Kas·sie·rer [カスィーラァ kasí:rər] 男 -s/- 会計係, 現金出納係, (スーパーなどの)レジ係. (女性形：-in).

kas·siert [カスィーァト] kassieren¹ (徴収する)の過去, 3, 単人称単数・2 人称親称複数 過去.

kas·sier·te [カスィーァテ] kassieren¹ (徴収する)の 過去.

Kas·si·o·peia [カスィオパイア kasiopáia] I - (または ..peiae [..パイエ]) / 《ギリ神》カシオペイア(アンドロメダの母). II - (または ..peiae [..パイエ])/《定冠詞とともに》《天》カシオペア座.

Kass·ler [カスらァ káslər] 男 -s/ =Kasseler I, II

Kas·ta·gnet·te [カスタニエッテ kastanjétə] [スぺ] 囡 -/-n 《音楽》カスタネット.

die **Kas·ta·nie** [カスターニエ kastá:niə] 囡 (単)-/(複)-n 《植》 クリ(の木・実) (=Edelkastanie), トチ(マロニエ)[の木・実] (=Rosskastanie). *Kastanien⁴* sammeln くりを拾い集める / für 囚⁴ die *Kastanien⁴* aus dem Feuer holen 《口語・比》囚⁴のために危険を冒す(←火中のくりを拾う).

Kas·ta·ni·en=baum [カスターニエン・バオム] 男 -[e]s/..bäume くり(マロニエ)の木.

kas·ta·ni·en=braun [カスターニエン・ブラオン] 形 くり色の, 赤っぽい茶色の.

Käst·chen [ケスティヒェン késtçən] 中 -s/- (Kasten の縮小)小箱.

Kas·te [カステ kástə] 囡-/-n ① カースト(インドの世襲的階級制度). ② 《比》排他的特権階級.

kas·tei·en [カスタイエン kastáiən] (過分 kasteit) 再帰 (h) sich⁴ *kasteien* 苦行する；禁欲生活を行う.

Kas·tei·ung [カスタイウング] 囡 -/-en 苦行；禁欲.

Kas·tell [カステる kastél] 中 -s/-e ① 《史》(ローマ時代の)砦(²º̛), ② (特に南ヨーロッパの)城.

Kas·tel·lan [カステらーン kastelá:n] 男 -s/-e ① 《史》(城の)指揮官, 司令官. ② (宮殿・公共建築物の)管理人. (女性形：-in).

der **Kas·ten** [カステン kástən] 男 (単2)-s/(複) Kästen [ケステン] ① 箱, ケース (＝英 box, case). ein hölzerner *Kasten* 木製の箱 / drei *Kästen* Bier ビール 3 ケース / Der *Kasten* steht offen. その箱は開いている.

② ショーケース (=Schau*kasten*)；《口語》郵便箱 (=Brief*kasten*)；《方》引き出し. einen Brief in den *Kasten* werfen 手紙を投函(かん)する. ③ 《口語》老朽ビル, 古くて大型車. 《口語》箱状の器械(テレビ・カメラなど). ⑤ 《南ドィツ・オーストリア》戸棚, たんす. ⑥ 《軍》営倉. ⑦ 《スポーツ》跳び箱；(サッカーなどの)ゴール. ⑧ 《成句的に》etwas⁴ *auf dem Kasten* haben 《口語》頭が良い.

Käs·ten [ケステン] *Kasten (箱)の 複.

Kas·ten=wa·gen [カステン・ヴァーゲン] 男 -s/- 箱型の荷馬車(トラック).

Käst·ner [ケストナァ késtnər] -s/《人名》ケストナー (Erich *Kästner* 1899-1974；ドイツの作家).

Kas·tor [カストァ kástor] I -s/《ギリ神》カストル (ゼウスとレダの子で, ポリュデウケスと双子の兄弟). wie *Kastor* und Pollux sein (男どうしが)カストルとポリュデウケスのように仲がよい. II 男 -s/《定冠詞とともに》《天》カストル(双子座の主星).

Kas·trat [カストラート kastrá:t] 男 -en/-en ① 《音楽》(昔の)カストラート(高い声域を保つため変声期前に去勢された男性). ② 《古》去勢された男性.

Kas·tra·ti·on [カストラツィオーン kastratsió:n] 囡 -/-en 《医》去勢[術].

kas·trie·ren [カストリーレン kastrí:rən] 他 (h) 《医》去勢する.

Ka·su·is·tik [カズイスティク kazuístik] 囡 -/ ① 《哲》決疑論[法]. ② 《医》症例報告[集]；《法》判例主義. ③ 《比》あら探し.

Ka·sus [カーズス ká:zus] 男 -/- [カーズース] 《言》(名詞などの)格.

Kat [カット kát] 男 -s/-s 《略》《自動車・隠語》(触媒式の)排気ガス浄化装置 (=Katalysator).

Ka·ta·kom·be [カタコンベ katakómbə] 囡 -/-n 《ふつう 複》(初期キリスト教時代の)地下墓所, 地下納骨堂, カタコンベ.

der **Ka·ta·log** [カタろーク kataló:k] 男 (単2)-[e]s/(複)-e (3格が) -en ① (書籍・商品などの)カタログ, 目録, 一覧表. (英 catalog). Bücher*katalog* 書籍カタログ / einen *Katalog* an|fordern カタログを請求する. ② 《比》一連のもの(テーマ・質問など).

ka·ta·lo·gi·sie·ren [カタろギズィーレン katalogizí:rən] 他 (h) (物⁴の)目録を作る, (物⁴を目録に載せる.

Ka·ta·ly·sa·tor [カタりュザートァ katalyzá:tor] 男 -s/-en [..ザトーレン] ① 《化》触媒. ② (触媒式の)排気ガス浄化装置.

Ka·ta·pult [カタプるト katapúlt] 中 男 -[e]s/-e ① (石などを飛ばすおもちゃの)パチンコ. ② 《工》(飛行機発進用の)カタパルト. ③ 《史》《弩(ど)の原理を用いた)投石器.

ka·ta·pul·tie·ren [カタプるティーレン katapultí:rən] I 他 (h) (物⁴を)カタパルトで発進させる. II 再帰 (h) sich⁴ *katapultieren* 脱出装置で飛び出す；《比》(加勢を得て)一挙に昇進する.

Ka·ta·rakt [カタラクト katarákt] I 男 -[e]s/-e 奔流(ほんりゅう), 早瀬, (低い)滝. II 囡 -/-e 《医》白そこひ, 白内障 (=grauer Star).

Ka·tarr [カタル katár] 男 -s/-e =Katarrh
Ka·tarrh [カタル katár] 男 -s/-e 《医》カタル, 粘膜炎症.
Ka·tas·ter [カタスタァ katástər] 中 《オースト: 男》 -s/- 土地登記簿, 土地台帳.
ka·ta·stro·phal [カタストローふァール katastrofá:l] 形 破局的な, 破滅的な; すさまじい.
die **Ka·ta·stro·phe** [カタストローふェ katastró:fə] 女 《単》-/《複》-n ① (突然の)大災害, 大惨事; 破局. (☞ *catastrophe*). eine *Katastrophe*[4] verursachen 大惨事を引き起こす / eine politische *Katastrophe* 政治的破局. (☞ 次項) Unfall). ② 《文学・劇》悲劇的大詰め, カタストロフィー.
Ka·ta·stro·phen⸗schutz [カタストローふェン・シュッツ] 男 -es/ 災害救助隊, 災害予防策.
Ka·te [カーテ ká:tə] 女 -/-n 《北ドイツ》(粗末な木造の)家, 小屋.
Ka·te·che·se [カテヒェーゼ kateçé:zə] 女 -/-n 《新教》教理問答[教授]; 《カトリック》公教要理説明.
Ka·te·chet [カテヒェート kateçé:t] 男 -en/-en 《カトリック》教理教師, 伝教(伝道)士. (女性形: -in).
Ka·te·chis·mus [カテヒスムス kateçísmʊs] 男 -s/..chismen 《カトリック》公教要理, 《新教》教理問答[書].
die **Ka·te·go·rie** [カテゴリー kategorí:] 女 《単》-/《複》-n [..リーエン] 《哲》カテゴリー, 範疇 (はんちゅう); 部類, タイプ. (☞ *category*). 人・物[4] **in** (または unter) eine *Kategorie* ein|ordnen 人・物[4]をある部類に入れる.
ka·te·go·risch [カテゴーリッシュ kategó:rɪʃ] 形 きっぱりとした, 断固とした. eine *kategorische* Behauptung 断固たる主張.
der **Ka·ter**[1] [カーターァ ká:tər] 男 《単2》-s/《複》- (3格のみ -n) ① 雄猫. (☞ 「一般に」猫, および「雌猫」は Katze). ein schwarzer *Kater* 黒の雄猫 / der gestiefelte *Kater* 長靴をはいた雄猫(童話の主人公). ② 《狩》山猫の雄.
Ka·ter[2] [カーターァ] 男 -s/- 《口語》二日酔い. Ich habe einen *Kater*. 私は二日酔いだ.
kath. [カトーリッシュ] 《略》カトリックの (=**katholisch**).
Ka·tha·ri·na [カタリーナ katarí:na] -s/ 《女名》カタリーナ.
Ka·thar·sis [カータルズィス ká:tarzɪs または カタル.. katár..] 女 -/ ① 《文学》カタルシス. ② 《心》浄化法, カタルシス.
Kä·the [ケーテ ké:tə] -[n]s/ 《女名》ケーテ (Katharina の 短縮形).
Ka·the·der [カテーダァ katé:dər] 中 男 -s/- (大学の教室の)教壇, 演壇.
Ka·the·dra·le [カテドラーレ katedrá:lə] 女 -/-n 《カトリック教》司教座聖堂, 大聖堂.
Ka·the·ter [カテータァ katé:tər] 男 -s/- 《医》カテーテル(導尿管など).
Ka·tho·de [カトーデ kató:də] 女 -/-n 《電》陰極. (☞ 「陽極」は Anode).
der **Ka·tho·lik** [カトリーク katolí:k] 男 《単

2·3·4》-en/《複》-en 《カトリック教》カトリック教徒, 旧教徒. (☞ *Catholic*). (☞ 「プロテスタント」は Protestant).
Ka·tho·li·kin [カトリーキン katolí:kɪn] 女 -/..kinnen (女性の)カトリック教徒.
ka·tho·lisch [カトーリッシュ kató:lɪʃ] 形 《カトリック教》[ローマ]カトリックの, 旧教[徒]の (略: kath.). (☞ *Catholic*). (☞ 「プロテスタントの」は protestantisch; 「新教の」は evangelisch). die *katholische* Kirche カトリック教会 / Wir sind *katholisch*. 私たちはカトリックです.
Ka·tho·li·zis·mus [カトリツィスムス katolitsísmʊs] 男 -/ [ローマ]カトリック教義(信仰), カトリック主義, カトリシズム.
Ka·to·de [カトーデ kató:də] 女 -/-n = Kathode
Kat·tun [カトゥーン katú:n] 男 -s/-e 《織》キャラコ, 更紗(さらさ).
katz·bal·gen [カッツ・バルゲン káts-balgən] (過分 gekatzbalgt) 再動 (h) *sich*[4] *katzbalgen* 《口語》(子供・猫などが)つかみ合いをする.
katz·bu·ckeln [カッツ・ブッケルン káts-bukəln] (過分 gekatzbuckelt) 自 (h) **vor** 人[3] ~] 《口語》(人[3]に)ぺこぺこする.
Kätz·chen [ケッツヒェン kétsçən] 中 -s/- (Katze の 縮小) ① 小猫. ② 《口語》(いとしい)女の子, ガールフレンド. ③ 《ふつう 複》《植》(ヤナギ科・カバノキ科などの)尾状花序.
die **Kat·ze** [カッツェ kátsə]

猫 Wie heißt die *Katze*?
ヴィー ハイスト ディ カッツェ
この猫はなんという名前ですか.

女 《単》-/《複》-n ① 《動》ネコ(猫). (☞ *cat*). eine schwarze *Katze* 黒猫 / Die *Katze* miaut (schnurrt). 猫がにゃおと鳴く(のどをごろごろ鳴らす) / Die *Katze* macht einen Buckel. 猫が怒って背を丸める / der *Katze*[3] die Schelle[4] um|hängen《口語》難役を引き受ける(こなす)(←猫の首に鈴を付ける) / die *Katze*[4] aus dem Sack lassen《口語・比》胸の内を明かす(←袋から猫を放す) / die *Katze*[4] im Sack kaufen《口語・比》よく調べもしないで物を買う(←袋に入った猫を買う) / Da beißt sich die *Katze* in den Schwanz. それでは堂々巡りだ(←猫が自分のしっぽをかむ) / Sie ist eine falsche *Katze*. 《比》彼女は信用のおけない(猫かぶりの)女だ / Die *Katze* lässt das Mausen nicht. 《ことわざ》小さい頃からの[悪]癖は変わらない, すずめ百まで踊り忘れず(←猫はねずみを捕ることをやめない) / Wenn die *Katze* aus dem Haus ist, tanzen die Mäuse [auf dem Tisch]. 《ことわざ》鬼のいぬまの洗濯(←猫が不在だと, ねずみがテーブルの上で)踊る). ◊[**wie** とともに] Die beiden sind wie Hund und *Katze*. その二人は犬猿の仲だ(←犬と猫のようだ) / Sie spielt mit ihm wie die *Katze* mit der Maus. 彼女は彼を適当にもてあそぶ / Er

geht wie die *Katze* um den heißen Brei.《口語》彼は肝心なことは話さない(←熱いかゆの回りを歩く猫のようだ).
② 雌猫.(《さ》「雄猫」= Kater).③《動》ネコ属の動物.

Kat·zen⹀au·ge [カッツェン・アオゲ] 中 -s/-n
① 猫の目.②《口語》(自転車などの)[後部]反射板.③《鉱》猫目石, キャッツアイ.

Kat·zen⹀bu·ckel [カッツェン・ブッケる] 男 -s/- 猫背. einen *Katzenbuckel* machen 背を丸める.

kat·zen⹀freund·lich [カッツェン・ふロイントりヒ] 形《口語》うわべだけ親切な.

Kat·zen⹀jam·mer [カッツェン・ヤンマァ] 男 -s/ 二日酔い; (歓楽のあとの)興ざめ; (失敗のあとの)意気消沈. Er hat einen *Katzenjammer*. 彼は二日酔いだ.

Kat·zen⹀mu·sik [カッツェン・ムズィーク] 女 -/《口語》ひどい(へたな)音楽.

Kat·zen⹀sprung [カッツェン・シュプルング] 男 -[e]s/..sprünge《口語》ごく短い距離, 目と鼻の先. Bis nach Köln ist es nur ein *Katzensprung*. ケルンまではほんの少しの距離だ.

Kat·zen⹀tisch [カッツェン・ティッシュ] 男 -[e]s/-e (子供用の)低い食卓. am *Katzentisch* sitzen《比》脇役しか与えられていない.

Kat·zen⹀wä·sche [カッツェン・ヴェッシェ] 女 -/-n《戯》からすの行水, (猫のように)そそくさと体を洗うこと.

Kau·der⹀welsch [カオダァ・ヴェるシュ] 中 -[s]/ (さまざまな言語が混ざった)ちんぷんかんぷんな言葉; (専門語・外来語が混ざった)難しい話.

kau·en [カオエン káu‹ən›, (kaute, gekaut) I 他《定了》haben)(食物など⁴を)かむ, そしゃくする.(《英》chew). Speisen⁴ gut *kauen* 食べ物をよくかむ / Nägel⁴ *kauen* 爪(⹀)をかむ / Die Kinder *kauten* Kaugummi. 子供たちはチューインガムをかんだ / die Worte⁴ *kauen*《比》とつとつと話す.
II 自《定了》haben)《an (または auf) 物³ ~》(物³に)かむ, かじる. am (または auf dem) Bleistift *kauen* 鉛筆をかむ / an einem Problem *kauen*《口語・比》ある問題で苦労する.

kau·ern [カオァァン káuərn] I 自 (h) (…に)しゃがみこんでいる, うずくまっている. auf dem Boden *kauern* 地面にしゃがみこんでいる. II 再帰 (h) *sich⁴ kauern* (…へ)しゃがみこむ, うずくまる. Die Kinder *kauerten sich* in die Ecke. 子供たちは隅にうずくまった.

der **Kauf** [カオフ káuf] 男 (単) -[e]s/(複) Käufe [コイふェ] (3格のみ Käufen) ① 購入, 買い入れ;《法》売買.(《英》purchase).(《さ》「販売」is Verkauf). der *Kauf* eines Autos 自動車の購入 / einen guten (schlechten) *Kauf* machen 上手な(下手な)買い物をする / einen *Kauf* ab|schließen 売買契約を結ぶ / *Kauf* auf Raten 分割払いによる購入 /物⁴ in *Kauf* nehmen (他の利点を考えて)物⁴(欠点など)を我慢する, 甘受する / 物⁴ zum *Kauf* an|bieten 物⁴を売りに出す.
② 買った物, 購入品. Diese Tasche ist ein guter *Kauf*. このバッグはお買い得品だ.

Käu·fe [コイふェ] Kauf (購入) の 複

kau·fen [カオふェン káufən]

買う Das *kaufe* ich! それを買います.
ダス カオふェ イヒ

(kaufte, hat … gekauft) I 他《定了》haben) ① 買う, 購入する.(《英》buy).(《さ》is verkaufen). Ich *kaufe* ein Buch. 私は本を買う / Ich *kaufe* dir einen Mantel. 君にコートを買ってやろう / 物⁴ billig *kaufen* 物⁴を安く買う / 物⁴ auf Raten *kaufen* 物⁴を分割払いで買う / Sie *hat* die Tasche *für* nur 50 Euro *gekauft*. 彼女はそのバッグをたったの50ユーロで買った / Dieser Stoff *wird* viel *gekauft*.《受動・現在》この布地はよく売れる. ◇《再帰代名詞(3格)とともに》*sich³ 物⁴ kaufen* (自分用に)物⁴を買う ⇨ Ich *kaufe mir* ein Auto. 私は車を買う / Dafür *kann ich mir* nichts *kaufen*.《口語》それは私には何の役にもたたない(←それと引き換えに何も買えない) / Den *werde ich mir kaufen*!《口語》いつかあいつをとっちめてやろう(←あいつを買い取ってやるぞ).
②《口語》(役人など⁴を)買収する.
II 自《定了》haben)《場所を表す語句とともに》(…で)買い物をする. Sie *kauft* nur *im* Supermarkt. 彼女はスーパー[マーケット]でばかり買い物をする.

―使ってみよう―

マフラーが欲しいのですが.
　Ich suche einen Schal.
これは私には高すぎます.
　Das ist mir zu teuer.
これにします.
　Ich nehme das.
これはいくらですか.
　Was kostet das?
このクレジットカードで払えますか.
　Kann ich mit dieser Kreditkarte zahlen?

der **Käu·fer** [コイふァァ kɔ́yfər] 男 (単2) -s/(複) - (3格のみ -n) 買い手, (店の)客.(《英》buyer).(《さ》「店員」is Verkäufer). Er sucht einen *Käufer* für sein Auto. 彼は自分の車の買い手を探している.

Käu·fe·rin [コイふェリン kɔ́yfərɪn] 女 -/..rin·nen (女性の)買い手, (店の)客.

Kauf⹀frau [カオふ・フラオ] 女 -/-en (女性の)商人, 商社員.

das **Kauf⹀haus** [カオふ・ハオス káuf-haus] 中 -es/(複) ..häuser [..ホイザァ] (3格のみ ..häusern) デパート, 百貨店.(《英》department store).(☞「ドイツ・ミニ情報21」, 721ページ). im

Kaufhaus ein|kaufen デパートで買物をする. (👁 ドイツのデパートは日本のような高級イメージはなく, 一流品はふつう専門店で買う).

Kauf≈kraft [カオフ・クラフト] 囡-/《経》① 通貨価値. ② 購買力. Die *Kaufkraft* steigt (fällt). 購買力が上がる(落ちる).

kauf≈kräf·tig [カオフ・クレフティヒ] 形 購買力のある.

Kauf≈la·den [カオフ・ラーデン] 男 -s/..läden (おもちゃの)お店屋さんごっこセット.

Kauf≈leu·te [カオフ・ロイテ] Kaufmann (商人)の複.

käuf·lich [コイフリヒと kɔ́yflɪç] 形 ① (金で)買える, 売り物の. Das Bild ist nicht *käuflich*. その絵は売り物ではない / 圖⁴ *käuflich* erwerben 圖⁴を買い求める. ② 買収できる. ein *käuflicher* Beamter 賄賂(ﾜｲﾛ)の効く役人.

Kauf≈lust [カオフ・ルスト] 囡-/ 購買欲.

kauf≈lus·tig [カオフ・ルスティヒ] 形 購買欲のある, 買い気のある.

der **Kauf≈mann** [カオフ・マン káuf-man] 男 (単2) -[e]s/(複) ..leute [..ﾛｲﾃ] (3格のみ ..leuten) ① 商人, 商売人, 商社員 (= *merchant*). Export*kaufmann* 輸出業者 / ein guter *Kaufmann* 腕利きの商人 / Er lernt *Kaufmann*. 彼は商業を学んでいる. ②《中部ド.》(特に食料品の)店主.

kauf·män·nisch [カオフ・メニッシュ káuf-mɛnɪʃ] 形 ① 商業の, 商売上の. (英 *commercial*). ein *kaufmännischer* Angestellter 商社員, ビジネスマン. ② 商人の, 商人らしい, 商人としての. Er ist *kaufmännisch* begabt. 彼には商才がある.

Kauf≈preis [カオフ・プライス] 男 -es/-e 購買(購入)価格.

Kauf≈sum·me [カオフ・ズンメ] 囡 -/-n 購買(購入)総額.

kauf·te [カオフテ] ‡kaufen (買う)の過去.

Kauf≈ver·trag [カオフ・フェアトラーク] 男 -[e]s/..träge 売買契約[書].

Kauf≈zwang [カオフ・ツヴァング] 男-[e]s/ 購買(購入)義務.

Kau≈gum·mi [カオ・グンミ] 男 田 -s/-s チューインガム. *Kaugummi*⁴ kauen チューインガムをかむ.

Kau·ka·si·en [カオカーズィエン kauká:ziən] 田 -s/《地名》カフカス(黒海とカスピ海との間の山岳地方).

kau·ka·sisch [カオカーズィッシュ kauká:zɪʃ] 形 カフカスの.

Kaul≈quap·pe [カオル・クヴァッペ] 囡 -/-n《動》オタマジャクシ.

**kaum [カオム káum]

> ほとんど…ない
>
> Ich kenne ihn *kaum*.
> イヒ ケンネ イーン カオム
> 私は彼のことをほとんど知らない.

副 ① ほとんど…ない. (英 *hardly*). Ich habe *kaum* geschlafen. 私はほとんど眠れなかった / Sie ist *kaum* älter als ich. 彼女は年は私とほとんど変わらない.
② 《ふつう **noch** とともに》かろうじて, やっとのことで. Er hat den Zug *kaum* noch erreicht. 彼はやっとのことで列車に間に合った.
③ まず…でない, たぶん…でない. Sie wird jetzt *kaum* noch kommen. 彼女は今からはたぶんもう来ないでしょう / Glaubst du, er stimmt zu? — [Wohl] *kaum*. 君は彼が賛成すると思うかい — それはまずないね.
④ 《**als, da, so** とともに》…するやいなや, …するかしないうちに. Er war *kaum* aus der Tür, als das Telefon klingelte. 彼がドアから出て行くか行かないうちに電話のベルが鳴った / *Kaum* war er hier, da wollte er wieder

---

ドイツ・ミニ情報 21

デパート Kaufhaus・買い物 Einkauf

ドイツの商店は, 1956 年に制定された商店閉店法 (Ladenschlussgesetz) の規制が厳しく, 以後 40 年間, 平日は 18 時 30 分, 第 1 土曜日は 18 時まで, 第 2～4 土曜日は 14 時までしか営業できなかった. 休日の散歩でショーウインドーをのぞいて見当つけ, 仕事帰りや休み時間をぬってあわただしく買い物しなければならず, 時代遅れで現代社会のライフスタイルに合わないと消費者から不満が出ていた.

これを受けて, 1996 年に閉店法がようやく改正され, 平日 20 時, 土曜日 16 時まで, 2003 年 6 月からは土曜日も 20 時まで営業が可能になった. 日曜日はキリスト教で安息日とされているため, 完全休業が原則だが, パン屋だけは例外的に開店が許されていた. これはパンが主食のお国柄で, 毎日焼きたてのパンを食べたいという消費者のニーズに応えたもの. ドイツで一番の早起きはパン屋と言われ, 朝食のパンを毎朝まめに買いに行く人も少なくない.

当然 24 時間営業のコンビニはないが, 駅の売店とガソリンスタンドは通常店舗と違う扱いになっている. 0.3 パーミル以下の飲酒なら運転が許されるため, ガソリンスタンドではアルコール類も販売されている. レストランやビアホールなどの飲食店は夜遅くまで開いているが, 食事どき以外は休業している所が多い.

ドイツのデパートは, 各種専門店に比べて一般に「大衆向き」の商品を扱っており, 日本のデパートとはかなり趣きを異にしている.

nach Hause. ここへ着くやいなや彼はまた家へ帰りたくなった.
⑤ 《*kaum dass*... の形で》㋐ …するやいなや. *Kaum dass* die Mutter aus dem Haus war, begann das Baby zu weinen. 母親が出かけるやいなや赤ん坊は泣きはじめた. ㋑ ほとんど…ないほど. Es war dunkel draußen, *kaum dass* man die Umrisse erkennen konnte. 外は物の輪郭がわからないほど暗かった.

kau·sal [カオザーる kauzá:l] 形 ① 原因の, 因果関係の, 因果律の; 理由(根拠)のある. *kausale* Beziehungen 因果関係. ② 《言》因由的, 理由と原因を表す. die *kausale* Konjunktion 理由的接続詞 (weil など).

Kau·sa·li·tät [カオザりテート kauzalité:t] 囡 -/-en 因果関係; 《哲》因果性.

Kau·sal≠satz [カオザーる・ザッツ] 男 -es/..sätze 《言》原因・理由を示す副文 (weil, da などに導かれる).

Kau≠ta·bak [カオ・ターバク] 男 -s/《種類:》-e かみたばこ.

kau·te [カオテ] kauen (かむ) の過去.

Kau·ti·on [カオツィオーン kautsió:n] 囡 -/-en 《法》① 《身元》保証金; 保釈金. ② 敷金.

Kau·tschuk [カオチュク káutʃuk] 男 -s/《種類:》-e 《ゴム樹液からとる》生ゴム.

Kauz [カオツ káuts] 男 -es/Käuze ① 《鳥》フクロウ. ② 《比》《憎めない》変わり者.

der **Ka·va·lier** [カヴァリーァ kavalí:r] 男 《単》-s/《複》-e 《3 格のみ -en》① 《女性に対して優しく礼儀正しくふるまう》紳士, ナイト. 《英》 gentleman》. ein vollkommener *Kavalier* 非の打ちどころのない紳士 / den *Kavalier* spielen 紳士のふりをする. ② 《古・戯》ボーイフレンド, 男友だち. ③ 騎士.

Ka·va·liers≠de·likt [カヴァリーァス・デリクト] 中 -[e]s/-e 《不名誉にならない程度の》徴罪.

Ka·val·le·rie [カヴァれリー kávaləri: または ..リー] 囡 -/-n [..リーエン または ..リーエン] 《軍》《昔の:》騎兵隊; 騎兵.

Ka·val·le·rist [カヴァれリスト kávaləɾɪst または ..リスト] 男 -en/-en 《軍》《昔の:》騎兵.

Ka·ver·ne [カヴェルネ kavérnə] 囡 -/-n ① 《軍事用・廃棄物用などの》地下壕. ② 《医》《肺などの》空洞.

Ka·vi·ar [カーヴィアァ ká:viar] 男 -s/《種類:》-e キャビア《ちょうざめの卵の塩漬け》.

KB [キーア・バイト ki:lo-baɪt] [英]《記号》《コンピ》キロバイト (=**Kilobyte**).

kcal [キーろ・カろリー] 《記号》キロカロリー (=**Kilokalorie**).

Ke·bab [ケバップ kebáp] 男 -[s]/-s 《料理》ケバブ《《羊》肉をローストするトルコ料理の一つ. 金串に刺して焼く「シシ・カバブ」が有名》.

keck [ケック kék] 形 元気《威勢》のいい, 小生意気な; しゃれた, 粋(いき)な. eine *kecke* Antwort 威勢のいい返事.

Keck·heit [ケックハイト] 囡 -/-en ① 《図 な し》元気《威勢》のよさ, 粋(いき). ② 小生意気な

言動.

Ke·gel [ケーゲる ké:gəl] 男 -s/- ① 《数》円錐(すい)[形]. ein gerader *Kegel* 直円錐. ② 《九柱戯・ボウリングの》ピン. *Kegel*[4] schieben 九柱戯をする. ③ 《円錐形のもの》円錐(すい)形の山, 円錐形に刈りこんだ樹, 光線によってできる円錐形. ④ 《成句的に》**mit** Kind und *Kegel* 一家そろって.

Ke·gel≠bahn [ケーゲる・バーン] 囡 -/-en 九柱戯場; 九柱戯場のレーン.

ke·gel≠för·mig [ケーゲる・フェルミヒ] 形 円錐(すい)形の.

ke·geln [ケーゲるン ké:gəln] 自 (h) 九柱戯をする.

Ke·gel≠schnitt [ケーゲる・シュニット] 男 -[e]s/-e 《数》円錐(すい)曲線.

Ke·gel≠spiel [ケーゲる・シュピーる] 中 -[e]s/-e 九柱戯《9本のピンを倒すボウリングに似たゲーム》.

Keg·ler [ケーグらァ ké:ɡlər] 男 -s/- 九柱戯をする人. 《女性形: -in》.

die **Keh·le** [ケーれ ké:lə] 囡 《単》-/《複》-n ① のど《喉》; 咽喉(いんこう), 気管. 《英》throat》. Meine *Kehle* schmerzt. 私はのどが痛い / Er hat eine raue *Kehle*. 彼はしゃがれ声をしている / Er hat eine trockene *Kehle*. a) 彼はのどがからからだ, b) 《口語》彼は酒好き(飲んべえ)だ / Die Angst schnürte mir die *Kehle* zu. 私は心配で息が詰まる思いだった《←心配が私ののどを絞めた》/ 囚[3] das Messer[4] an die *Kehle* setzen 囚[3]に無理を強いる《←のどに短刀を突きつける》/ 囚[3] an die *Kehle* springen 《犬などが》囚[3]ののど首に飛びかかる / Ihm geht es an die *Kehle*. 彼の身に危険が迫っている / **aus** voller *Kehle* singen 声を振り絞って歌う / Gold[4] **in** der *Kehle* haben a) 美声の持ち主である, b) 《比》《歌手が》美声で金を稼ぐ / in die falsche *Kehle* bekommen 《口語・比》囚[4]を誤解して気を悪くする / sich[3] die *Kehle* aus dem Hals schreien 《口語》大声で叫び続ける / Das Wort blieb ihm in der *Kehle* stecken. 《恐怖・興奮のあまり》彼は言葉がのどに詰まって出て来なかった.
② 《建》溝切り, 丸形溝. ③ 《軍》堡塁の背面.

keh·lig [ケーりヒ ké:lɪç] 形 のどの《奥から発する》; 《言》喉音(こうおん)の.

Kehl≠kopf [ケーる・コプフ] 男 -[e]s/..köpfe 《医》喉頭(こうとう).

Kehl≠laut [ケーる・らオト] 男 -[e]s/-e 《言》喉音(こうおん) ([g, k, ŋ] など).

Kehr≠aus [ケーァ・アオス] 男 -/ 《ダンスパーティーの》ラストダンス; 《比》終わり. den *Kehraus* machen 《仕事などを》最後にする, 片づける.

Keh·re [ケーレ ké:rə] 囡 -/-n ① 《道の》急カーブ, ヘアピンカーブ. ② 《体操で:》《平行棒などの》伸膝(しんしつ)背面跳び《越し》.

keh·ren[1] [ケーレン ké:rən] (kehrte, *hat*/*ist* ...gekehrt) I 《完下 haben》《方向を表す語句とともに》《励[4]を...へ》向ける, 転じる. 《英》turn》. 囚・物[3] den Rücken *kehren* 囚・物[3]に

背を向ける / die Tasche⁴ nach außen kehren ポケットを裏返す / Er *kehrte* sein Gesicht **zur** Sonne. 彼は顔を太陽に向けた / das Unterste⁴ zuoberst *kehren*《比》めちゃくちゃにひっくり返す。 **II** 再帰 (定了) haben) sich⁴ *kehren*『方向を表す語句とともに』(…へ)向く, 転じる。 Das Segel *kehrt sich* **nach** dem Wind. 帆が風の方を向く / Sein Zorn *kehrte sich* **gegen** uns.《比》彼の怒りは私たちに向けられた / *sich*⁴ **an** 物⁴ nicht *kehren*《比》物⁴を気にしない。 **III** 自 (定了) haben または sein) ① (h) 向きを変える, 反転する。Rechtsum *kehrt*! 回れ右! / Der Bus *kehrt* **an** der Endstation. バスは終点で折り返す。 ② (s)《雅》帰宅する, 帰る。◊〖過去分詞の形で〗**in** sich⁴ *gekehrt* 物思いにふけって。 ③ (s)〔体操で:〕(平行棒などで)伸膝(しんしつ)背面跳び[越し]をする。

keh·ren² [ケーレン] 他 (h)《南ドイツ》掃く, 掃除する (＝fegen)。die Straße⁴ *kehren* 道路を掃く / den Schnee **vom** Bürgersteig *kehren* 歩道から雪を払いのける。

Keh·richt [ケーリヒト ké:rɪçt] 男 中 -s/《雅》(掃き集められた)ごみ, 塵芥(じんかい)。

Kehr≠ma·schi·ne [ケーァ・マシーネ] 女 -/-n 道路清掃車, ロードスイーパー。

Kehr≠reim [ケーァ・ライム] 男 -[e]s/-e《文学》リフレイン(詩行の末尾に反復される部分)。

Kehr·sei·te [ケーァ・ザイテ] 女 -/-n ① 裏面;《比》(社会などの)暗黒面。die *Kehrseite* der Medaille²《比》(物事の)否定的な面(←メダルの裏面)。 ②《戯》背中。

kehr·te [ケーァテ] kehren¹ (向ける)の過去

kehrt|ma·chen [ケーァト・マッヘン ké:rtmàxən] 自 (h)《口語》回れ右をする; 向きを変える, 引き返す。

Kehrt≠wen·dung [ケーァト・ヴェンドゥング] 女 -/-en ① 回れ右。 ②(主義などの)180度の転換。

kei·fen [カイフェン kárfən] 自 (h) (かん高い声で)ののしる, がみがみ言う。

Keil [カイル kaɪl] 男 -[e]s/-e ① くさび(楔);くさび形車輪止め。einen *Keil* **in** einen Spalt treiben くさびを割れ目に打ち込む / einen *Keil* **unter** die Räder legen 車輪の下に輪止めを入れる。 ② くさび形のもの。

Kei·le [カイレ káɪlə] 女 -/《方・口語》なぐること, 殴打。*Keile*⁴ kriegen なぐられる。

kei·len [カイレン káɪlən] **I** 他 (h) ① (物⁴に)くさびを打ち込む; くさびで割る。 ②〖人⁴ **für** 物⁴ ～〗《口語》(人⁴を団体⁴などに)入るように勧誘する。Jugendliche⁴ **für** den Klub *keilen* 青少年をクラブに勧誘する。 **II** 再帰 (h) *sich*⁴ *keilen* ①〖*sich*⁴ **durch** 物⁴ ～〗(物⁴を人ごみなどを)かき分けて進む。 ②《口語》〖相互的に〗なぐり合いをする。

Kei·ler [カイラァ káɪlər] 男 -s/-《狩》雄いのしし。

Kei·le·rei [カイレライ kaɪləráɪ] 女 -/-en《口語》なぐり合い, けんか。

keil≠för·mig [カイル・フェルミヒ] 形 くさび状(形)の。

Keil≠rie·men [カイル・リーメン] 男 -s/-《工》V形ベルト。

Keil≠schrift [カイル・シュリフト] 女 -/(古代バビロニアなどの)楔形(くさびがた)文字, くさび形文字。

der **Keim** [カイム káɪm] 男 (単 2) -[e]s/(複) -e (3格のみ -en) ①《生》芽, 胚芽。(英 bud)。junge *Keime* bilden 若芽 / Die Kartoffeln bilden schon *Keime* aus. じゃがいもがもう芽を出している。 ②《比》芽生え, 兆し, 発端, 始まり。der *Keim* der Liebe² 愛の芽生え / einen Aufstand **im** *Keim* ersticken 暴動を未然に鎮圧する。 ③〖ふつう 複〗《生・医》病原菌;胚。 ④《物》(結晶などの)核。

Keim≠blatt [カイム・ブラット] 中 -[e]s/..blät·ter《植》子葉。

Keim≠drü·se [カイム・ドリューゼ] 女 -/-n《動・医》胚腺(はいせん);生殖腺, 性腺。

kei·men [カイメン káɪmən] (keimte, *hat*/*ist* ...gekeimt) 自 (定了) haben または sein) ① (h)(植物などが)芽を出す, 発芽する。(英 bud)。Die Bohnen *keimen*. 豆の芽が出る。◊〖現在分詞の形で〗*keimendes* Leben 胎児。 ② (s)《比》(希望・疑念などが)芽生える, 生じる。Liebe *keimte* in ihrem Herzen. 恋が彼女の心に芽生えた。

keim≠frei [カイム・フライ] 形 無菌の; 消毒した。

Keim·ling [カイムリング káɪmlɪŋ] 男 -s/-e ①《植》実生(みしょう), 幼植物。 ②《生・医》胚, 胎児。

keim·te [カイムテ] keimen (芽を出す)の過去

keim≠tö·tend [カイム・テーテント] 形 殺菌性の, 殺菌力のある。

Keim≠zel·le [カイム・ツェレ] 女 -/-n ①《生》胚種細胞, 生殖細胞, 芽胞。 ②《比》出発点, 起源, 始まり。

kein [カイン káɪn]

一つも(少しも)…ない

Ich habe *kein* Geld mehr.
イヒ　ハーベ　カイン　ゲルト　メーァ
私はもうお金がない。

格	男	女	中	複
1	kein	keine	kein	keine
2	keines	keiner	keines	keiner
3	keinem	keiner	keinem	keinen
4	keinen	keine	kein	keine

冠《否定冠詞》一つも(少しも)…ない, 一人も…ない。(英 *no*, *not a*)。Wir haben *keine* Kinder. 私たちには子供がありません / Er ist *kein* Deutscher. 彼はドイツ人ではない / Es war *kein* Mensch da. そこにはだれもいなかった / Ich kann *kein* Französisch. 私はフランス語はできない / *Keine* Ahnung! まったくわかりません(知りません) / *Keine* Angst! 心配無用 /

Keine Ursache! (謝辞に対して:)どういたしまして.
◇〖*kein anderer als* … などの形で〗ほかならぬ…. *Kein anderer als er!* ほかならぬ彼だ!
◇〖形容詞・数詞を否定して〗Das ist *keine* schlechte Idee.それは悪くない(なかなかいい)アイディアだ / Sie ist noch *keine* 20 Jahre alt. 《口語》彼女はまだ 20 歳にもなっていない.
◇〖成句的に〗auf *keinen* Fall または in *keiner* Weise 決して…ない / um *keinen* Preis 絶対に…ない / unter *keinen* Umständen どんなことがあっても…ない.

kei·ne [カイネ], **kei·nem** [カイネム], **kei·nen** [カイネン] Ⅰ 图〖否定冠詞〗☞ kein Ⅱ 代〖不定代名詞〗☞ keiner

***kei·ner** [カイナァ káinər]

だれも…ない
Das weiß *keiner* von uns.
ダス ヴァイス カイナァ フォン ウンス
それは私たちのだれも知らない.

格	男	囡	匣	覆
1	keiner	keine	kein[e]s	keine
2	keines	keiner	keines	keiner
3	keinem	keiner	keinem	keinen
4	keinen	keine	kein[e]s	keine

Ⅰ 代〖不定代名詞〗だれも(どれも)…ない, 一つ(一人)も…ない. (英 *none*). *Keiner* wird das glauben. だれもそれを信じないだろう / Ich habe *kein*[*e*]*s* von den Büchern. 私はそれらの本のどれも持っていない.
◇〖既出の名詞を受けて〗Haben Sie Kinder? — Nein, wir haben *keine*. お子さんがおありですか — いいえ, ありません / Geld habe ich *keins*. 《口語》お金なら私は少しもありません.
Ⅱ 图〖否定冠詞〗kein の女性単数の 2 格・3 格および複数の 2 格〗☞ kein

kei·ner·lei [カイナァライ káinərlái] 厖〖無語尾で〗どんな種類の…もない, いかなる…もない. Das hat *keinerlei* Wirkung. それはなんの効果もない / auf *keinerlei* Weise 決して…ない.

kei·nes [カイネス] Ⅰ 图〖否定冠詞〗☞ kein Ⅱ 代〖不定代名詞〗☞ keiner

kei·nes=falls [カイネス・ファるス káinasfáls] 副 決して…ない, どんな場合でも…ない. Ich werde ihn *keinesfalls* besuchen. 私はいかなることがあろうとも彼を訪ねるつもりはない.

kei·nes=wegs [カイネス・ヴェークス káinas-véːks] 副 決して…ない(しない), 全然…ない. Er ist *keineswegs* dumm. 彼は決してばかではない.

kein=mal [カイン・マーる] 副 一度も…ない. Es hat im Urlaub *keinmal* geregnet. 休暇先では一度も雨が降らなかった.

..keit [..カイト ..kaɪt]〖女性名詞をつくる 腰尾〗..bar, ..ig, ..lich, ..sam で終る形容詞につけて〗《性質・状態》例: Dankbar*keit* 感謝 / Richtig*keit* 正しさ / Höflich*keit* 礼儀[正しい態度] / Einsam*keit* 孤独.

Keks [ケークス kéːks] 男 (まれに 匣) -[es]/-[e] (オラシ: 匣 -/-[e]) ビスケット.

Kelch [ケるヒ kélç] 男 -[e]s/-e 脚付きグラス, ゴブレット. ein bauchiger *Kelch* 胴のふくらんだ脚付きグラス / den [bitteren] *Kelch* bis zur Neige leeren《雅》(人生の)辛酸をなめ尽くす.

Kel·le [ケれ kélə] 囡 -/-n ① シャベル, ひしゃく; 大さじ. ② (発車合図用の柄付き円板); (警官の)停止指示棒. ③ (左官の)こて.

*der **Kel·ler**¹ [ケらァ kélər] 男 (単 2) -s/ (複) - (3格のみ -n) ① 地下室; 地下貯蔵室. (英 *cellar*). (☞ Stock 図). ein dunkler *Keller* 暗い地下室 / Kartoffeln⁴ aus dem *Keller* holen じゃがいもを地下室から取ってくる / in den *Keller* gehen 地下室に行く / Kartoffeln⁴ im *Keller* lagern じゃがいもを地下室に貯蔵している / in den *Keller* fallen《比》(株価などが)暴落する.
② 《口語》(地下室の)ワインのストック. einen guten *Keller* haben 良いワイン蔵を持っている. ③ 防空壕, シェルター. ④ (地下の)ワイン酒場 (= Wein*keller*); (地下の)レストラン. Rats*keller* 市庁舎の地下レストラン.

Kel·ler² [ケらァ] -s/《人名》ケラー (Gottfried *Keller* 1819-1890, スイスの作家).

Kel·ler=bar [ケらァ・バール] 囡 -/-s (個人宅の)地下室バー.

Kel·le·rei [ケれライ kɛləráɪ] 囡 -/-en ワイン醸造会社.

Kel·ler=ge·schoss [ケらァ・ゲショス] 匣 -es/-e (建物の)地下[の階], 半地下階.

Kel·ler=meis·ter [ケらァ・マイスタァ] 男 -s/- (ワインの)醸造主任技師. (女性形: -in).

Kel·ler=woh·nung [ケらァ・ヴォーヌング] 囡 -/-en (アパートなどの)[半]地下階住居.

*der **Kell·ner** [ケるナァ kélnər] 男 (単 2) -s/ (複) - (3 格のみ -n) (レストランなどの)ウエーター, ボーイ. (英 *waiter*). ① 呼びかける場合には „Herr Ober!". den *Kellner* (または nach dem *Kellner*) rufen ウエーターを呼ぶ / Er arbeitet als *Kellner*. 彼はウエーターとして働いている.

Kell·ne·rin [ケるネリン kélnərɪn] 囡 -/..rinnen (レストランなどの)ウエートレス.

kell·nern [ケるナァン kélnərn] 圊 (h) ウエーター(ウエートレス)として働く.

Kel·te [ケるテ kéltə] 男 -n/-n ケルト人. (女性形: Keltin).

Kel·ter [ケるタァ kéltər] 囡 -/-n 果実圧搾機, ぶどう搾り器.

kel·tern [ケるタァン kéltərn] 他 (h) (ぶどうなど⁴を)圧搾機で搾る.

kel·tisch [ケるティッシュ kéltɪʃ] 厖 ケルト[人・語]の.

Ke·me·na·te [ケメナーテ kemenáːtə] 囡 -/-n ① (中世の城中の暖炉のある)[婦人]部屋. (☞ Burg 図). ② 《口語・戯》くつろげる[小さな]私室.

Kemp·ten [ケンプテン kémptən] 匣 -s/《都市

Ke·nia [ケーニア ké:nia] 中 -s/《国名》ケニア [共和国](首都はナイロビ).

ken·nen* [ケンネン kénən]

> 知っている
>
> *Kennen* Sie Herrn Meyer?
> ケンネン ズィー ヘルン マイアァ
> マイアーさんをご存じですか.

(kannte, hat ... gekannt) I 他 (完了 haben)
① (見聞き・体験して)知っている;〔囚4と〕知り合いである. (英 know). Ich *kenne* München schon gut. 私はミュンヘンはもうよく知っている / *Kennst* du ein gutes Restaurant? 君はいいレストランを知っているかい / Ich *kenne* den Herrn dort. 私はあそこにいる男性を知っている / *Kennst* dù mich noch? 君はぼくを覚えているかい / die Welt4 *kennen* 世間を知っている / das Schachspiel4 *kennen* チェスの指し方を知っている / Wir *kennen* ihn als zuverlässigen Menschen. 私たちは彼が信頼できる人間だと知っている / 〔囚4〕 nur dem Namen nach *kennen* 囚4を名前だけ知っている / Ich *kenne* ihn vom Fernsehen. 私は彼をテレビで見て知っている / Da *kennst* du mich aber schlecht. 《口語》 君は私のことを何か思い違いしている / Das *kennen* wir [schon]! 《口語》 a) そんなことは百も承知だ, b) そんな言いわけは聞きあきた. ◇〔相互的に〕Wir *kennen* uns4 schon! 私たちは前から知り合いです(もうお互いに紹介してもらいました).
② (性質・経験として)持っている. Er *kennt* keine Rücksicht. 彼は思いやりというものを持ち合わせていない / Das Land *kennt* keinen Winter. その国には冬がない.
③ 〔[囚・物]4 [an 物3] ~〕 (囚・物]4を[物3によって])識別する, 見分ける, 聞き分ける. Ich *kenne* ihn an der Stimme. 私は声で彼だとわかる.
II 再帰 (完了 haben) 〔成句的に〕 sich4 vor 物3 nicht mehr *kennen* 物3(怒りなど)のあまりわれを忘れる.

▶ **kennen|lernen**

類語 *kennen*: (自分の体験や見聞により個人的にその存在を)知っている. (目的語には 4 格の名詞か代名詞がくる). *wissen*: (ある事について知識・情報としてその内容を)知っている. (目的語には多くの場合従属文や zu 不定詞[句]がくる). 例: Ich *kenne* ihn gut, *weiß* aber nicht, wo er arbeitet. 私は彼をよく知っているが, どこで働いているかは知らない.

ken·nen·ge·lernt [ケンネン・ゲレルント] ⇒ kennen|lernen (知り合いになる)の 過2

ken·nen|ler·nen, ken·nen ler·nen
[ケンネン・れルネン kénən-lèrnən] (lernte ... kennen, hat ... kennengelernt / kennen gelernt) 他 (完了 haben) ① (囚4と)知り合いになる. Es freut mich, Sie *kennenzulernen*. (初対面のあいさつで) はじめまして. ◇〔相互的に〕Wir *haben* uns im Urlaub *kennengelernt*. われわれは休暇先で知り合った.
② ([囚・物]を見聞して)知るようになる, (直接に)知る. eine fremde Stadt4 *kennenlernen* よその町を[初めて訪れて]知る / die Welt4 *kennenlernen* (経験して)知る / Ich *lernte* ihn von einer ganz neuen Seite *kennen*. 私は彼の新しい面を知った / Du *wirst* mich noch *kennenlernen*! 《口語》今に思い知らせてやるぞ.

Ken·ner [ケンナァ kénər] 男 -s/- (その道の)専門家, エキスパート. (女性形: -in). Wein*kenner* ワイン通.

Ken·ner=blick [ケンナァ・ブリック] 男 -[e]s/-e 専門家の目, 鑑識眼.

Ken·ner=mie·ne [ケンナァ・ミーネ] 女 -/-n 専門家(玄人(くろうと))らしい目つき(態度).

Kenn·kar·te [ケン・カルテ] 女 -/-n (昔の:)身分証明書.

kenn·te [ケンテ] ‡kennen (知っている)の 接2

kennt·lich [ケントリヒ] 形 見分けられる, 知りうる, 識別できる. 物4 durch Zeichen *kenntlich* machen 物4に印(しるし)を付けてよくわかるようにする / Er war **an** seiner Stimme *kenntlich*. 声で彼だとわかった.

die **Kennt·nis** [ケントニス kéntnɪs] 女 (単) -/(複) ..nisse (3格のみ ..nissen) (英 knowledge) ① (複 なし) 知っていること, 承知. von 物3 *Kenntnis*4 bekommen (または erhalten) 物3を知る / von 物3 *Kenntnis*4 haben 物3について知っている / von 物3 *Kenntnis*4 nehmen 物3に注意を払う(気づく) / Seine *Kenntnis* von Berlin ist erstaunlich. ベルリンについての彼の精通ぶりはたいへんなものだ / 囚4 **in** *Kenntnis* setzen 囚4に物3について知らせる / **nach** meiner *Kenntnis* 私の知るところでは / **ohne** *Kenntnis* der Umstände2 事情を知らずに / 囚3 物4 **zur** *Kenntnis* bringen 囚3に物4を知らせる / 物4 **zur** *Kenntnis* nehmen 物4をよく確かめる, 心に留めておく.
② 〔複 で〕 (専門的な)知識, 学識. Sprach*kenntnisse* 語学[上]の知識, 語学力 / Er hat sehr gute *Kenntnisse* in Physik. 彼は物理学に関してたいへん優れた知識をもっている.

Kennt·nis=nah·me [ケントニス・ナーメ] 女 -/ (官庁) 知ること, 承知. **zur** *Kenntnisnahme* お知らせ(ご参考)までに.

kennt·nis=reich [ケントニス・ライヒ] 形 博識な, 博学な.

Kenn=wort [ケン・ヴォルト] 中 -[e]s/..wörter ① (目印となる)符丁. ② 暗証, 合い言葉, パスワード.

Kenn=zahl [ケン・ツァーる] 女 -/-en ① (経) 指数. ② (電話の)局番.

Kenn=zei·chen [ケン・ツァイヒェン] 中 -s/- ① 特徴; 符号, 記号; 記章. ② (自動車・船舶などの)国籍(行政区域)記号, 登録番号, ナンバー (ドイツの国籍記号は ⒟). ein Fahrzeug mit ausländischem *Kennzeichen* 外国ナンバーの車.

kenn·zeich·nen [ケン・ツァイヒネン kéntsaɪçnən] 他 (h) ① (他⁴に)目印[記号]を付ける; 標識を付ける. einen Weg **durch** Schilder *kennzeichnen* 道に標識を立てる. ② 特徴づける, 明示する. Seine Tat *kennzeichnet* ihn **als** mutigen Mann. 彼の行為は彼が勇気のある男であることを示している.

kenn·zeich·nend [ケン・ツァイヒネント] I *kennzeichnen* (目印を付ける)の 現分 II 形 特徴的な, 典型的な. *kennzeichnende* Unterschiede 特徴的な相違点 / Das ist *kennzeichnend* **für** sie. それはいかにも彼女らしい.

Kenn·zeich·nung [ケン・ツァイヒヌング] 女 -/-en ① 特徴[づけること]. ② 標識, 記号.

Kenn·zif·fer [ケン・ツィッふァァ] 女 -/-n ① コードナンバー, 索引ナンバー. ② (数)(対数の)指標;《経》指数.

Ken·taur [ケンタオァァ kɛntáʊər] 男 -en/-en [..タオレン] (ギ神) ケンタウロス(人面馬身の怪物).

ken·tern [ケンタァン kéntərn] 自 (s) (船が)転覆する.

Kep·ler [ケプらァ képlər] -s/ 《人名》ケプラー(Johannes *Kepler* 1571-1630; ドイツの天文学者). die *kepler*schen (または *Kepler*'schen) Gesetze ケプラーの法則.

Ke·ra·mik [ケラーミク kerá:mɪk] 女 -/-en ① 〘複 なし〙 焼き物, セラミックス; 製陶術; 窯業. ② 陶[磁]器. (✍「磁器」は Porzellan).

Ke·ra·mi·ker [ケラーミカァ kerá:mikər] 男 -s/- 陶芸家, 陶工. (女性形: -in).

ke·ra·misch [ケラーミッシュ kerá:mɪʃ] 形 製陶の; 陶器の, セラミックスの.

Ker·be [ケルベ kérbə] 女 -/-n 刻み目, 切れ込み, ぎざぎざ. **in** die gleiche *Kerbe* hauen (または schlagen) 《口語》同じ目的を追う.

Ker·bel [ケルベル kérbəl] 男 -s/ 《植》チャービル, オランダセリ(セリ科の植物で香味料に使う).

ker·ben [ケルベン kérbən] 他 (h) ① (他⁴に)刻み目(ぎざぎざ)をつける. ② (模様などを⁴)彫り込む.

Kerb⹀holz [ケルプ・ホルツ] 中 -es/..hölzer (中世の貸借の金額を刻んだ)割り符. etwas⁴ **auf** dem *Kerbholz* haben 《口語》すねに傷がある.

Kerb⹀tier [ケルプ・ティーァ] 中 -[e]s/-e 昆虫 (=Insekt).

Ker·ker [ケルカァ kérkər] 男 -s/- ① (昔の:)(特に地下の)牢獄. ② (ホメミキ)(昔の:)禁固刑.

Ker·ker·meis·ter [ケルカァ・マイスタァ] 男 -s/- (昔の:)牢番, 看守. (女性形: -in).

der **Kerl** [ケるル kɛrl] 男 (単2) -s/(複) -e (3格のみ -en) (北ドィッ:(複) -s も) 《口語》① やつ, 男, 《俗 *fellow*》(男の子にも用いる). ein tüchtiger *Kerl* 有能なやつ / Er ist ein ganzer *Kerl*. あいつはたいした男だ / Ich kann den *Kerl* nicht leiden! あいつには我慢できない / Sie ist ein hübscher *Kerl*. 彼女はかわいい娘だ. (☞ 類語 Mann).

② (同種のものの中で)大きくてりっぱなやつ. Dieses Pferd ist ein besonders schöner *Kerl*. この馬は特にすばらしいやつだ.

der **Kern** [ケルン kɛrn] 男 (単2) -[e]s/(複) -e (3格のみ -en) 《英 *core*》① (果実の)種(⺾), 核; (くるみなどの)中身. Kirsch*kern* さくらんぼの種 / die *Kerne* eines Apfels りんごの種 / Sie hat einen guten *Kern*. 《比》彼女はなかなかしっかりしている.

② (物)[原子]核;(生)細胞核, 神経核. den *Kern* eines Atoms spalten 核分裂させる.
③ (比)(問題の)核心, 本質; 中心部. Stadt*kern* 都心 / Das ist der *Kern* des Problems. これが問題の核心です. ④ (エ)(原子炉の)炉心; (治)中子(ナカゴ). ⑤ (グループなどの)中核. der harte *Kern* (犯罪集団の)首謀者[たち].

kern.. [ケルン.. kɛrn..] 《形容詞につける 接頭》完全に・まったく) 例: kern*gesund* まったく健康な.

Kern.. [ケルン..] 《名詞につける 接頭》① (主要・基本) 例: *Kern*punkt 核心. ② (原子核の) 例: *Kern*waffen 核兵器.

Kern⹀brenn·stoff [ケルン・ブレンシュトふ] 男 -[e]s/-e (物)核燃料.

Kern⹀che·mie [ケルン・ヒェミー] 女 -/ [原子]核化学.

Kern⹀ener·gie [ケルン・エネルギー] 女 -/-n [..ギーエン] (物)[原子]核エネルギー.

Kern⹀ex·plo·si·on [ケルン・エクスプろズィオーン] 女 -/-en (物)核爆発.

Kern⹀fa·mi·lie [ケルン・ふァミーリエ] 女 -/-n 《社》核家族.

Kern⹀for·schung [ケルン・ふォルシュング] 女 -/ 核[物理学]の研究.

Kern⹀fra·ge [ケルン・ふラーゲ] 女 -/- 中心(核心)問題.

Kern⹀fu·si·on [ケルン・ふズィオーン] 女 -/-en (物)核融合;(生)細胞核の融合.

Kern⹀ge·häu·se [ケルン・ゲホイゼ] 中 -s/- (植)果心, 内果皮.

kern⹀ge·sund [ケルン・ゲズント] 形 まったく健康な.

Kern⹀holz [ケルン・ホルツ] 中 -es/..hölzer 《林》(材木の)赤身材, 心材.

ker·nig [ケルニヒ kérnɪç] 形 ① 健康な, 頑丈な, たくましい, スポーティーで生き生きした. ② (果実などが)種の多い. ③ 荒っぽい, 粗野な(言葉など).

Kern⹀kraft [ケルン・クラふト] 女 -/..kräfte ① [原子]核エネルギー. ② (圏 で)(物)核力.

Kern⹀kraft·werk [ケルン・クラふトヴェルク] 中 -[e]s/-e 原子力発電所 (=Atomkraftwerk).

kern⹀los [ケルン・ろース] 形 (果実が)種無しの.

Kern⹀obst [ケルン・オープスト] 中 -[e]s/《植》核果.

Kern⹀phy·sik [ケルン・ふュズィーク] 女 -/ 核物理学.

Kern⹀punkt [ケルン・プンクト] 男 -[e]s/-e 核心; 要点. **zum** *Kernpunkt* des Problems

Kern≠re·ak·ti·on [ケルン・レアクツィオーン] 囡 –/–en 《物》原子核反応.

Kern≠re·ak·tor [ケルン・レアクトァ] 男 –s/–en [..トーレン] 《物》原子炉.

Kern≠schmel·ze [ケルン・シュメるツェ] 囡 –/ (原子炉事故による)炉心溶融, メルトダウン.

Kern≠sei·fe [ケルン・ザイフェ] 囡 –/–n ソーダ石けん.

Kern≠spal·tung [ケルン・シュパるトゥング] 囡 –/–en 《物》核分裂.

Kern≠stück [ケルン・シュテュック] 田 –[e]s/–e (事柄の)核心, 要点, 中心部分.

Kern≠tech·nik [ケルン・テヒニク] 囡 –/ 原子核(原子力)工学.

Kern≠tei·lung [ケルン・タイルング] 囡 –/–en 《生》(細胞の)核分裂.

Kern≠trup·pe [ケルン・トルッペ] 囡 –/–n 精鋭部隊.

Kern≠ver·schmel·zung [ケルン・フェァシュメるツング] 囡 –/–en ① 《物》核融合. ② 《生》細胞核の融合.

Kern≠waf·fe [ケルン・ヴァッフェ] 囡 –/–n 《ふつう圈》核兵器.

kern≠waf·fen≠frei [ケルンヴァッフェン・フライ] 形 核兵器を保有しない, 非核の.

Kern≠zeit [ケルン・ツァイト] 囡 –/–en コアタイム(フレックスタイム制で全員が働いている時間).

die **Ker·ze** [ケルツェ kértsə] 囡 (単) –/(複) –n ① ろうそく, (英 chance). eine dicke *Kerze* 太いろうそく / eine elektrische *Kerze* ろうそく型の[豆]電球 / die *Kerzen*⁴ an|zünden (aus)löschen ろうそくの火をともす(消す) / Die *Kerze* flackert (tropft). ろうそくが揺れる(滴る). ② (エンジンの)点火プラグ (=*Zündkerze*). ③ 《ｽﾎﾟ・隠語》(体操の)背倒立(肩と首で支える); (サッカーの)ロブ(急角度にけ上げるボール).

ker·zen≠ge·ra·de [ケルツェン・ゲラーデ] 形 (ろうそくを立てたのように)まっすぐな, 垂直な.

Ker·zen≠hal·ter [ケルツェン・ハルタァ] 男 –s/– (クリスマスツリー用の)小型燭台(ﾓﾂﾀﾞｲ).

Ker·zen≠leuch·ter [ケルツェン・ロイヒタァ] 男 –s/– ろうそく立て, 燭台(ﾓﾂﾀﾞｲ).

Ker·zen≠licht [ケルツェン・リヒト] 田 –[e]s/ ろうそくの明かり(光). **bei** *Kerzenlicht* lesen ろうそくの明かりで読む.

Ke·scher [ケッシャァ kéʃər] 男 –s/– (枠と柄のついた)すくい網, 手網(ﾃｱﾐ); 捕虫網.

kess [ケス kés] 形 小生意気な(女の子など); しゃれた, かっこいい(衣服など).

der **Kes·sel** [ケッセる késəl] 男 (単²) –s/(複) –(3格のみ –n) ① やかん; (大型の)深鍋(ﾌｶﾅﾍﾞ), 釜(ｶﾏ), (英 kettle). Der *Kessel* kocht. やかんが沸騰している / den *Kessel* auf|setzen やかんを火にかける / Wäsche⁴ im *Kessel* kochen 洗濯ものを洗濯用釜で煮沸する. ② ボイラー (=*Dampfkessel*). ③ 盆地. Die Stadt liegt in einem *Kessel*. その町は盆地にある. ④ 《狩》(穴熊などの)巣穴; (猟獣の)追い込み場. ⑤ 《軍》(敵に包囲された)孤立地域.

Kes·sel≠pau·ke [ケッセる・パオケ] 囡 –/–n 《音楽》ティンパニー, ケトルドラム.

Kes·sel≠stein [ケッセる・シュタイン] 男 –[e]s/ (ボイラーなどの)湯あか.

Kes·sel≠trei·ben [ケッセる・トライベン] 田 –s/– 《狩》追い込み猟; 《比》(人を陥れるための)集中攻撃. ein *Kesseltreiben*⁴ gegen 人⁴ veranstalten 人⁴に反対してキャンペーンを行う.

Ketch·up [ケチャプ kétʃap または ケチェプ kétʃɛp] [英] 男田 –[s]/–s ケチャップ.

Ketsch·up [ケチャプ kétʃap または ケチェプ kétʃɛp] 男田 –[s]/–s =Ketchup

die **Ket·te** [ケッテ kétə] 囡 (単) –/(複) –n ① 鎖, チェーン. (英 chain). Die *Kette* klirrt. 鎖ががちゃがちゃ音をたてる / einen Hund an die *Kette* legen 犬を鎖につなぐ / 人⁴ an die *Kette* legen 《比》人⁴を束縛する. ② ネックレス (=*Halskette*). Perlen*kette* 真珠のネックレス / Sie trägt eine goldene *Kette*. 彼女は金のネックレスをしている. ③ 連鎖; 人の列, 連なり; チェーン(系列)店. Berg*kette* 連山 / eine *Kette* von Autos 自動車の列 / eine *Kette* von Ereignissen 一連の事件 / eine *Kette*⁴ bilden (互いに手をつないで)列をつくる. ④ 《織》縦糸. ⑤ 《狩》うずらの群れ; 《軍》三機編隊.

ket·ten [ケッテン kétən] 他 (h) 鎖でつなぐ(縛る), 《比》束縛する. den Hund an einen Pflock *ketten* 犬をくいにつなぐ / 人⁴ an sich⁴ *ketten* 人⁴(の心)を自分につなぎとめる.

Ket·ten≠fahr·zeug [ケッテン・ファールツォイク] 田 –[e]s/–e キャタピラー車.

Ket·ten≠glied [ケッテン・グリート] 田 –[e]s/–er 鎖の個々の環, 連結リンク.

Ket·ten≠hund [ケッテン・フント] 男 –[e]s/–e 鎖につながれた番犬.

Ket·ten≠rau·cher [ケッテン・ラオハァ] 男 –s/– チェーンスモーカー. (女性形: –in).

Ket·ten≠re·ak·ti·on [ケッテン・レアクツィオーン] 囡 –/–en 連鎖反応.

Ket·zer [ケッツァァ kétsər] 男 –s/– 異端者; 《比》非正統派の人. (女性形: –in).

Ket·ze·rei [ケッツェライ kɛtsərái] 囡 –/–en 異端, 《比》異端的(非正統的)な考え.

ket·ze·risch [ケッツェリッシュ kétsəriʃ] 形 異端的な, 《比》異端者的な, 非正統的な.

keu·chen [コイヒェン kóyçən] (keuchte, hat/ist gekeucht) I 自 (haben または sein) ① (h) あえぐ, 息を切らす (英 pant). Er *keuchte* unter der Last. 彼は重荷を負ってあえいだ / vom schnellen Laufen *keuchen* 速く走ったため息を切らす. ◇《現在分詞の形で》mit *keuchendem* Atem 息を切らして. ② (s) (…へ)あえぎながら進む(歩く).
II 他 《完了 haben》 あえぎながら(…と)言う.

Keuch≠hus·ten [コイヒ・フーステン] 男 –s/ 《医》百日ぜき.

keuch·te [コイヒテ] keuchen (あえぐ)の過去

Keu・le [コイレ kóүlə] 女 -/-n ① こん棒；(体操用の)[インディアン]クラブ．② (鳥獣の)もも肉．

Keu・len≈schlag [コイレン・シュラーク] 男 -[e]s/..schläge こん棒で打つこと；《比》決定的打撃．

Keu・len≈schwin・gen [コイレン・シュヴィンゲン] 中 -s/ こん棒を用いる[新]体操．

keusch [コイシュ kóүʃ] 形《比較 最上 keuschest》① 純潔な，貞潔な. ein *keusches* Leben⁴ führen (性的に)けがれのない生活を送る．② 《雅》慎み深い，内気な，はにかみ屋の．

Keusch・heit [コイシュハイト] 女 -/ 純潔，貞潔；《雅》内気，はにかみ．

Key≈board [キー・ボァト] 《英》中 -s/-s ① (エレクトーンなどの)キーボード．② (ミシンの)キーボード．

Kfz [カー・エフ・ツェット]《略》(総称として:)自動車(二輪車を含む)(=**K**raft**f**ahr**z**eug).

kg [キロ・グラム]《記号》キログラム(=**K**ilo**g**ramm).

KG [カー・ゲー]《略》合資会社(=**K**ommandit**g**esellschaft).

kgl. [ケーニクリヒ]《略》王の，王室の(=**k**öni**gl**ich).

Kha・ki [カーキー káːki] I 中 -[s]/ カーキ色，カーキ染料(黄褐色をしている)．II 男 -[s]/ カーキ色風een.

Khan [カーン káːn] 男 -s/-e カーン，汗(中央アジア地方の統治者の称号)．

kHz [キロ・ヘルツ]《記号》キロヘルツ(=**K**ilo**h**ert**z**).

Kib・buz [キブーツ kibúːts] 男 -/Kibbuzim [キブツィーム](または -e) キブツ(イスラエルの共同集団農場)．

Ki・cher≈erb・se [キッヒャァ・エルプセ] 女 -/-n《植》ヒヨコマメ．

ki・chern [キッヒャァン kíçərn] (kicherte, hat ... gekichert) 自 (完了 haben) くすくす笑う，忍び笑いする．《英》giggle. Die Kinder kicherten. 子供たちはくすくす笑った．(☞類語 lachen).

ki・cher・te [キッヒャァテ] kichern (くすくす笑う)の過去．

Kick [キック kík] 《英》男 -[s]/-s ①《スポ・隠語》(サッカーの)キック．②《俗》(麻薬などによる)恍惚(こうこつ)感．

ki・cken [キッケン kíkən] I 自 (h)《口語》サッカーをする．II 他 (h)《口語》(ボール⁴を)キックする．

Ki・cker [キッカァ kíkər]《英》男 -s/-[s]《口語》サッカーの選手．(女性形: -in).

kid・nap・pen [キット・ネッペン kít-nεpən] 他 (h) (子供・政治家などを)誘拐する．

Kid・nap・per [キット・ネッパァ kít-nεpər]《英》男 -s/- 誘拐犯．(女性形: -in).

Kie・bitz [キービッツ kíːbɪts] 男 -es/-e ①《鳥》タゲリ．②《口語》(トランプなどをしているときの)おせっかいな見物人，端からとやかく言う人．

kie・bit・zen [キービッツェン kíːbɪtsən] 自 (h)《口語》① (トランプなどを)端から見る，のぞく．② 端からとやかく言う，そばから口出しする．

der **Kie・fer**¹ [キーファァ kíːfər] 男 (単 2) -s/-(複) - (3格のみ -n) あご(顎). 《英》jaw). Oberkiefer 上あご / Unterkiefer 下あご / ein vorspringender *Kiefer* 突き出たあご．

Kie・fer² [キーファァ] 女 -/-n ①《植》マツ．②《複なし》松材．

kie・ken [キーケン kíːkən] 自 (h)《北ドツ》見る，のぞく(=gucken).

Kie・ker [キーカァ kíːkər] 男 -s/- 望遠鏡．中⁴ **auf dem** *Kieker* **haben**《口語》a) 中⁴を疑い深く観察する，b) 中⁴をしつこく批判する．

Kiel¹ [キール kíːl] I 中 -[e]s/-e (鳥の)羽茎，羽．II 男 -[e]s/-e (船の)竜骨，キール．

Kiel² [キール] 中 -s/ (都市名)キール(ドイツ北部の港湾都市．シュレースヴィヒ・ホルシュタイン州の州都：☞地図 E-1).

Kie・ler [キーラァ kíːlər] I 男 -s/- キールの市民(出身者)．(女性形: -in). II 形《無語尾で》キールの．die *Kieler* Bucht キール湾．

kiel・ho・len [キール・ホーレン kíːl-hoːlən] (過分 gekielholt) 他 (h)《海》(修理・清掃のために船⁴を)傾ける．

Kiel≈was・ser [キール・ヴァッサァ] 中 -s/- 船跡，航跡．**in** 中² *Kielwasser* **segeln**《比》中²に追従する．

Kie・me [キーメ kíːmə] 女 -/-n 《ふつう 複》《魚》(魚の)えら．

Kien [キーン kíːn] 中 -[e]s/-e 樹脂の多い材木．

Kien≈ap・fel [キーン・アプふェル] 男 -s/..äpfel 松毬(まつかさ)，松ぼっくり．

Kie・pe [キーペ kíːpə] 女 -/-n《北ドツ・中部ドツ》背負いかご．

Kier・ke・gaard [キルケ・ガルト kírkə-gart] -s/《人名》キルケゴール (Søren *Kierkegaard* 1813-1855; デンマークの哲学者)．

Kies [キース kíːs] 男 -es/(種類:) -e ① 砂利．② 《俗》(多額の)金(かね)．

Kie・sel [キーゼル kíːzəl] 男 -s/- 小石，砂利．

Kie・sel≈er・de [キーゼル・エーァデ] 女 -/ 珪土(けいど)，シリカ．

Kies≈weg [キース・ヴェーク] 男 -[e]s/-e 砂利道．

kif・fen [キッふェン kífən] 自 (h)《隠語》ハシッシュ(マリファナ)を吸う．

Kif・fer [キッふァァ kífər] 男 -s/-《隠語》ハシッシュ(マリファナ)の常用者．(女性形: -in).

ki・ke・ri・ki! [キケリキー kikəriki:] 間《幼児》(おんどりの鳴き声をまねて)こけこっこー．

kil・le≈kil・le [キレ・キレ kílə-kílə] 間《幼児》(くすぐりながら:)ちょこちょ．*killekille* machen こちょこちょをする．

kil・len [キレン kílən] 他 (h)《俗》殺す，ばらす(=ermorden).

Kil・ler [キラァ kílər] 男 -s/-《俗》殺し屋．(女性

形: -in).

*das **Ki·lo** [キーろ kí:lo] 田 (単) -s/(複) -[s] キログラム (=*Kilo*gramm). (✍ Kilometer は Kilo と略せない).　ein *Kilo* Zucker 砂糖1キログラム / Das Paket wiegt fünf *Kilo*. この小包は5キログラムある.

Ki·lo·byte [キーろ・バイト] [英] 田 -[s]/-[s] 《コンピュ》キロバイト (=1024 Byte) (略: KB).

*das **Ki·lo·gramm** [キろ・グラム kilográm] 田 (単2) -s/(複) -] キログラム. 《数量単位としては:(複) -] キログラム. (記号: kg). zwei *Kilogramm* Mehl 2キログラムの小麦粉.

Ki·lo·hertz [キろ・ヘルツ] 田 -/-《物》キロヘルツ (略: kHz).

*der **Ki·lo·me·ter** [キろ・メータァ kiloméːtər] 男 (単2) -s/(複) - (3格のみ -n) キロメートル (記号: km);《口語》時速…キロメートル. ein Stau von sechs *Kilometern* 6キロメートルの渋滞 / In der Stadt sind nur 40 *Kilometer* erlaubt. 市街地の制限速度は40キロです.

Ki·lo·me·ter·geld [キろメータァ・ゲルト] 田 -[e]s/ (自家用車による) キロ当たり計算による出張旅費.

ki·lo·me·ter·lang [キろメータァ・らンク] 形 [数] キロメートルの.　ein *kilometerlanger* Stau 数キロメートルの渋滞.

Ki·lo·me·ter·stein [キろメータァ・シュタイン] 男 -[e]s/-e キロメートル単位の距離標識.

Ki·lo·me·ter·zäh·ler [キろメータァ・ツェーらァ] 男 -s/- (車の) 走行距離計, オドメーター.

Ki·lo·watt [キーろ・ヴァット] 田 -s/-《電》キロワット (略: kW).

Ki·lo·watt·stun·de [キーろヴァット・シュトゥンデ] 田 -/-n キロワット時 (略: kWh).

Kim·me [キンメ kímə] 囡 -/-n (銃の) 照門.

das **Kind [キント kínt]

| 子供 | Ich bin kein *Kind* mehr ! |
| イヒ ビン カイン キント メーァ |
| 私はもう子供ではない. |

格			複	
1	das	Kind	die	Kinder
2	des	Kindes	der	Kinder
3	dem	Kind	den	Kindern
4	das	Kind	die	Kinder

田 (単2) -es (まれに -s)/(複) -er [キンダァ] (3格のみ -ern) ① **子供**; 幼児; (親に対して:)子. (愛 *child*). ① 「大人」は Erwachsene[*r*]). ein neugeborenes *Kind* 新生児 / ein artiges *Kind* しつけのよい子供 / ein verwöhntes *Kind* わがままな子供 / ein tot geborenes *Kind* a) 死産児, b)《比》成功の見込みがない企て / ein *Kind* von vier Jahren 4歳の子供 / *Kinder* bis zu zehn Jahren 10歳までの子供 / Die *Kinder* spielen. 子供たちが遊んでいる / Ein *Kind* wird geboren.《受動・現在》子供が生まれる / Die *Kinder* wachsen heran. 子供たちが成長する / Er ist ein großes *Kind*. 大きくなっても彼はまるで子供だ / bei 凡³ lieb *Kind* sein《口語》凡³のお気に入りである / sich⁴ bei 凡³ lieb *Kind* machen《口語》凡³ にとり入る / **Als** *Kind* war ich oft dort. 子供のころ私はよくそこに行ったものだ / Kleine *Kinder*, kleine Sorgen — große *Kinder*, große Sorgen.《諺》だれにでもそれ相応の苦労はある (←小さい子供には小さい心配があり, 大きい子供には大きい心配がある) / Das *Kind* muss doch einen Namen haben.《比》何とか口実をつくらねばならない (←子供は名前をつけてもらわねばならない) / *Kinder* und Narren sagen die Wahrheit. 子供とばかは真実を語る / Gebranntes *Kind* scheut das Feuer.《諺》あつものにこりてなますを吹く (←やけどした子は火をこわがる) / Das weiß jedes *Kind*. それはだれでも知っている (←どんな子供だって).

◇《動詞の目的語として》das *Kind*⁴ mit dem Bade **aus|schütten**《比》角をためて牛を殺す (←子供をふろの水といっしょに流して捨てる) / ein *Kind*⁴ **bekommen** (夫婦に) 子供ができる / ein *Kind*⁴ **erwarten** 妊娠している ⇒ Sie erwartet ein *Kind*. 彼女は身ごもっている / ein *Kind*⁴ **erziehen** 子供をしつける / **Haben Sie** *Kinder*? お子さんはいらっしゃいますか / **Wir haben drei** *Kinder*. 私たちには3人子供があります /凡³ ein *Kind*⁴ **machen**凡³に子をはらませる / das *Kind*⁴ **beim rechten Namen nennen**《口語・比》歯に衣(㌔)を着せずにものを言う (←子供を正式の名前で呼ぶ) / Er wird das *Kind* schon **schaukeln**.《口語》彼はきっとやりとげるだろう.

◇《前置詞とともに》**Aus** *Kindern* werden Leute. 子供もいずれは大人になる / Das ist nichts **für** kleine *Kinder*. それは子供には (おまえには) 関係ないことだ / **mit** *Kind* und Kegel 一家そろって / **von** *Kind* **an** (または **auf**) 子供のときから.

② (ある時代・環境の影響を強く受けた) 人. Sie ist ein Berliner *Kind*. 彼女はベルリンっ子だ / Er ist ein *Kind* seiner Zeit. 彼は時代の子だ. ③ (親しみをこめた呼びかけで:) Mein [liebes] *Kind*! ねえ, おまえ / *Kinder*, lasst uns gehen! みなさん, 行きましょう.

Kind·bett [キント・ベット] 田 -[e]s/ 産褥(㌔).
Kind·bett·fie·ber [キントベット・フィーバァ] 田 -s/《医》産褥(㌔)熱.

***die **Kin·der** [キンダァ kíndər] **Kind (子供) の複.　Wir haben drei *Kinder*. 私たちには子供が3人います.

Kin·der·ar·beit [キンダァ・アルバイト] 囡 -/ 児童就労.

Kin·der·arzt [キンダァ・アールツト] 男 -es/..ärzte 小児科医. (女性形: ..ärztin).

Kin·der·bett [キンダァ・ベット] 田 -[e]s/-en 小児用ベッド.

Kin·der·buch [キンダァ・ブーフ] 田 -[e]s/..bücher 児童書, 子供用の本.

Kin·der·dorf [キンダァ・ドルふ] 田 -[e]s/

..**dörfer** キンダードルフ《事情により家族と暮らせなくなった子供たちを育親(ぶん)のもとで育てる NGO 組織. 日本では「子どもの村」と表記されている》.

Kin·de·rei [キンデライ kındərái] 囡 -/-en 子供っぽいふるまい，子供らしいこと；くだらないこと．

kin·der≈feind·lich [キンダァ・ファイントリヒ] 形 子供嫌いの；子供[の成長]に有害な．

kin·der≈**freund·lich** [キンダァ・フロイントリヒ] 形 子供好きの；子供[の成長]に有益な．

Kin·der≈funk [キンダァ・フンク] 男 -s/ 《ラジオ・テレビの》子供番組[製作部]．

*der **Kin·der≈gar·ten** [キンダァ・ガルテン kíndər-gartən] 男（単 2）-s/（複）..gärten **幼稚園**. in den *Kindergarten* gehen 幼稚園へ通う．

Kin·der≈gärt·ne·rin [キンダァ・ゲルトネリン] 囡 -/..rinnen《女性の》幼稚園教諭；保育士．

Kin·der≈**geld** [キンダァ・ゲルト] 中 -[e]s/《子供の》扶養手当，児童手当．

Kin·der≈**got·tes·dienst** [キンダァ・ゴッテスディーンスト] 男 -[e]s/-e《新教》子供向けの礼拝式．

Kin·der≈**heil·kun·de** [キンダァ・ハイルクンデ] 囡 -/《医》小児科学．

Kin·der≈**heim** [キンダァ・ハイム] 中 -[e]s/-e ① 子供用のレクリエーションセンター．② 《孤児・障害児などの》養護施設．

Kin·der≈**hort** [キンダァ・ホルト] 男 -[e]s/-e 学童保育所．

Kin·der≈**krank·heit** [キンダァ・クランクハイト] 囡 -/-en ① 《医》《特に伝染性の》小児病．② 《ふつう 複》《比》《新しい企画・製品などの》初期トラブル．

Kin·der≈**krip·pe** [キンダァ・クリッペ] 囡 -/-n 《乳幼児の》託児所．

Kin·der≈**la·den** [キンダァ・らーデン] 男 -s/..läden ① 子供用品店．② 私設共同保育所《空き店舗を借りて始めたことから》．

Kin·der≈**läh·mung** [キンダァ・れームング] 囡 -/《医》小児麻痺．

kin·der≈leicht [キンダァ・らイヒト] 形 とても簡単な，子供にもわかる．

kin·der≈**lieb** [キンダァ・リープ] 形 子供好きの．

Kin·der≈**lied** [キンダァ・リート] 中 -[e]s/-er 童謡，わらべ歌．

Kin·der≈**los** [キンダァ・ろース] 形 子供のない．

Kin·der≈mäd·chen [キンダァ・メーティヒェン] 中 -s/- 子守り《若い》女性．

Kin·der≈**pfle·ge·rin** [キンダァ・プふれーゲリン] 囡 -/..rinnen《正規の教育を受けた女性の》[児童]保育士．

kin·der≈reich [キンダァ・ライヒ] 形 子だくさんの．

Kin·der≈**schreck** [キンダァ・シュレック] 男 -[e]s/《子供がこわがる》お化け．

Kin·der≈**schuh** [キンダァ・シュー] 男 -[e]s/-e 子供靴．Er hat die *Kinderschuhe* ausgezogen.《比》彼はもう子供ではない《←子供靴を脱ぎ捨てた》/ Er steckte damals noch in den *Kinderschuhen*.《比》彼はまだ駆け出しだった．

Kin·der≈**sen·dung** [キンダァ・ゼンドゥング] 囡 -/-en《ラジオ・テレビの》子供番組．

Kin·der≈**sitz** [キンダァ・ズィッツ] 男 -es/-e《自動車などの》チャイルドシート．

Kin·der≈**spiel** [キンダァ・シュピーる] 中 -[e]s/-e 子供の遊び；《比》たやすいこと，児戯．

Kin·der≈**spra·che** [キンダァ・シュプラーヘ] 囡 -/ 幼児語，小児語．

Kin·der≈**sterb·lich·keit** [キンダァ・シュテルプリヒカイト] 囡 -/ 幼児死亡率．

Kin·der≈**stu·be** [キンダァ・シュトゥーベ] 囡 -/-n ① 《複 なし》《家庭での》しつけ．eine gute (schlechte) *Kinderstube*⁴ haben しつけがよい(悪い)．② 《古》子供部屋．

Kin·der≈**ta·ges·stät·te** [キンダァ・ターゲスシュテッテ] 囡 -/-n 全日制保育所《略: Kita》．

Kin·der≈**tel·ler** [キンダァ・テらァ] 男 -s/-《一皿に盛り合わせた》お子様ランチ．

Kin·der≈**wa·gen** [キンダァ・ヴァーゲン] 男 -s/- 乳母車，ベビーカー．

Kin·der≈**zim·mer** [キンダァ・ツィンマァ] 中 -s/- 子供部屋．

Kin·der≈**zu·la·ge** [キンダァ・ツーらーゲ] 囡 -/-n 児童手当．

Kin·des≈**al·ter** [キンデス・アるタァ] 中 -s/ 幼年期，小児期．

Kin·des≈**bei·ne** [キンデス・バイネ] 複《成句的に》von *Kindesbeinen* an 子供のときから．

Kin·des≈**miss·hand·lung** [キンデス・ミスハンドるング] 囡 -/-en 《法》児童虐待．

kind·haft [キントハふト] 形 子供のような，子供らしい．

die **Kind·heit** [キントハイト kíntha‹t] 囡《単》-/ **幼年時代**，子供のころ．《英 *childhood*》. in meiner *Kindheit* 私の幼年時代に / von *Kindheit* an 幼いころから．

kin·disch [キンディッシュ kíndıʃ] 形《大人の行動などが》子供じみた，子供っぽい；幼稚な．《英 *childish*》. ein *kindisches* Benehmen 子供じみたふるまい．

kind·lich [キントリヒ kíntlıç] 形 **子供らしい**，無邪気な，素朴な．《英 *childlike*》. ein *kindliches* Gesicht 子供らしい(あどけない)顔 / in *kindlichem* Alter 子供のころに / eine *kindliche* Freude⁴ an³ haben 事³を無邪気に喜ぶ．

Kinds≈kopf [キンツ・コプふ] 男 -[e]s/..köpfe《口語》子供じみた(愚かな)人．

Kind≈tau·fe [キント・タオふェ] 囡 -/-n 幼児洗礼．

Ki·ne·ma·tik [キネマーティク kinemá:tık] 囡 -/《医》運動学．

Ki·ne·tik [キネーティク kiné:tık] 囡 -/《物》[運]動力学．

ki·ne·tisch [キネーティッシュ kiné:tıʃ] 形《物》[運]動力学の．*kinetische* Energie 運動エネルギー．

Kin·ker·litz·chen [キンカァ・リッツヒェン kíŋkər-lıtsçən] 複《口語》くだらないもの(こと)．

das **Kinn** [キン kín] 田 (単2) −[e]s/(複) −e (3格のみ −en) [下]あご, おとがい. (英 *chin*). ein spitzes *Kinn* とがったあご / das *Kinn*⁴ in die Hand stützen ほおづえをつく / sich³ das *Kinn*⁴ reiben あごをさする.

Kinn⹁bart [キン・バールト] 男 −[e]s/..bärte あごひげ.

Kinn⹁ha·ken [キン・ハーケン] 男 −s/− (ボクシングの)アッパーカット.

Kinn⹁la·de [キン・らーデ] 因 −/−n 下あご.

das **Ki·no** 映画館 [キーノ ki:no] 田 (単2) −s/(複) −s ; 〖ふつう 無冠〗 映画[の上映]. (英 *cinema*). Das *Kino* beginnt um 20 Uhr. 映画は20時に始まる / **ins** *Kino* gehen 映画を見に行く / Was läuft gerade im *Kino*? 映画館では今何が上映されていますか / **nach** dem *Kino* 映画のあとで.

Ki·no⹁be·su·cher [キーノ・ベズーハァ] 男 −s/− 映画の観客. (女性形: −in).

Ki·no⹁gän·ger [キーノ・ゲンガァ] 男 −s/− よく映画に行く人, 映画ファン. (女性形: −in).

Kin·topp [キントップ kí:ntɔp] 男 田 −s/−s (または ..töppe) 《口語・戯》映画館 (=Kino).

der **Ki·osk** [キーオスク ki:ɔsk または キオスク] 男 (単2) −[e]s/(複) −e (3格のみ −en) キオスク (駅や街角の売店). eine Cola⁴ **am** *Kiosk* kaufen キオスクでコーラを買う.

Kip·fel [キプふェる kípfəl] 田 −s/− (南ドィッ・ォーストリッ) クロワッサン, 角(ɔ̃)形パン. (=Hörnchen). (☞ Brot 図).

Kip·ferl [キプふァァる kípfərl] 田 −s/−n = Kipfel

Kip·pe¹ [キッペ kípə] 因 −/−n 《口語》(たばこの)吸いさし, 吸いがら.

Kip·pe² [キッペ] 因 −/−n ① ごみ捨て場. ② 〖成句的に〗**auf** der *Kippe* stehen (《口語》a) 今にも倒れそうである, b) 危機的な状態にある.

kip·pen [キッペン kípən] (kippte, *ist/hat* ... gekippt) **I** 自 (完了 sein) (平衡を失って)傾く; 傾いて倒れ[かか]る, ひっくり返る. **vom** Stuhl *kippen* いすからひっくり返る / Der Wagen *ist* **auf** die Seite (または **zur** Seite) *gekippt*. 〖現在完了〗車が横転した.
II 他 (完了 haben) ① 傾ける. die Kiste⁴ *kippen* 木箱を傾ける. ② 〖方向を表す語句とともに〗(物⁴を…へ/…から)傾けて出す(こぼす). Wasser⁴ **aus** dem Eimer *kippen* バケツを傾けて水をこぼす. ③ 《口語》(酒⁴を)一気に飲む. einen *kippen* 一杯ひっかける. ④ 《口語》(たばこ⁴を)途中でもみ消す.

Kip·per [キッパァ kípər] 男 −s/− ダンプカー; 貨車用傾倒装置.

Kipp⹁fens·ter [キップ・フェンスタァ] 田 −s/− 引き倒し[式]窓.

Kipp⹁schal·ter [キップ・シャるタァ] 男 −s/− (電)タンブラースイッチ.

kipp·te [キップテ] kippen (傾く)の 過去

die **Kir·che** [キルヒェ kírçə]

教会	Wie alt ist die *Kirche*?
	ヴィー アるト イスト ディ キルヒェ
	この教会はできてから何年になりますか.

K

ロマネスク様式

ゴシック様式

ルネサンス様式

バロック様式

Kirchenbesuch

囡 (単) -/(複) -n ① (キリスト教の) **教会**, 教会堂; (教派としての)…教会, 宗派. (英 church). Pfarr*kirche* 教区教会 / eine gotische (romanische) *Kirche* ゴシック(ロマネスク)様式の教会 / die evangelische (katholische) *Kirche* 福音主義(カトリック)教会 / eine *Kirche*⁴ bauen (besichtigen) 教会を建てる(見学する) / **aus** der *Kirche* aus|treten 教会から脱会する / Wir wollen die *Kirche* im Dorf lassen. 《比》 私たちはむちゃはしないようにしよう(←村の教会をそのままにしておく) / **mit** der *Kirche* ums Dorf fahren (または laufen) 《比》 むだな回り道をする, 回りくどいことをする.
② 〖覆 なし〗 (教会での)礼拝. Die *Kirche* beginnt um 10 Uhr. 礼拝は10時に始まる / Jeden Sonntag gehen wir **in** die *Kirche*. 毎日曜日私たちは礼拝に行きます.

Kir·chen·be·such [キルヒェン・ベズーフ] 男 -s/-e 礼拝への出席, 教会へ行くこと.

Kir·chen·buch [キルヒェン・ブーフ] 囲 -[e]s/..bücher 教会記録簿(教区民の出生・洗礼・死亡などを記録したもの).

Kir·chen·chor [キルヒェン・コーァ] 男 -[e]s/..chöre 教会の合唱団, 聖歌隊.

Kir·chen·die·ner [キルヒェン・ディーナァ] 男 -s/- 教会の用務員. (女性形: -in).

Kir·chen·ge·mein·de [キルヒェン・ゲマインデ] 囡 -/-n 教区[の人々].

Kir·chen·ge·schich·te [キルヒェン・ゲシヒテ] 囡 -/ 教会史.

Kir·chen·jahr [キルヒェン・ヤール] 囲 -[e]s/-e 教会暦 (待降節 Advent の第1日曜日から始まる).

Kir·chen·licht [キルヒェン・リヒト] 囲 〖成句的に〗 Er ist kein großes *Kirchenlicht*. 《口語・戯》 彼はあまり利口ではない(←教会の大きな灯明ではない).

Kir·chen·lied [キルヒェン・リート] 囲 -[e]s/-er 賛美歌, 聖歌, コラール.

Kir·chen·maus [キルヒェン・マオス] 囡 〖成句的に〗 arm wie eine *Kirchenmaus* sein 《口語・比》 素寒貧(すかんぴん)である(←教会のねずみのように食物が乏しい).

Kir·chen·mu·sik [キルヒェン・ムズィーク] 囡 -/ 教会音楽, 宗教音楽.

Kir·chen·rat [キルヒェン・ラート] 男 -[e]s/..räte 《新教》 ① 地方教会役員[会]. (女性形: ..rätin). ② 地方教会顧問.

Kir·chen·recht [キルヒェン・レヒト] 囲 -[e]s/ 教会法; 教会の権利.

Kir·chen·schiff [キルヒェン・シフ] 囲 -[e]s/-e 《建》 (教会堂の)身廊, ネーブ. (☞「建築様式(1)」, 1744 ページ).

Kir·chen·staat [キルヒェン・シュタート] 男 -[e]s/ ① 《史》 教皇領. ② バチカン市国 (= Vatikanstadt).

Kir·chen·steu·er [キルヒェン・シュトイァァ] 囡 -/-n 教会税.

Kir·chen·va·ter [キルヒェン・ファータァ] 男 -s/..väter 《宗教》 教父.

Kir·chen·vor·stand [キルヒェン・フォーァシュタント] 男 -[e]s/..stände 《新教》 教会役員会.

Kirch·gang [キルヒ・ガング] 男 -[e]s/..gänge 教会へ行くこと, 礼拝式への参列. der sonntägliche *Kirchgang* 日曜ごとに教会へ行くこと.

Kirch·gän·ger [キルヒ・ゲンガァ] 男 -s/- 教会礼拝への参加者. (女性形: -in).

Kirch·hof [キルヒ・ホーフ] 男 -[e]s/..höfe 教会の墓地.

kirch·lich [キルヒリヒ] 形 教会の; 教会での; 教会の教えに従った.

Kirch·spiel [キルヒ・シュピーる] 囲 -[e]s/-e 教区.

Kirch·turm [キルヒ・トゥルム] 男 -[e]s/..türme 教会の塔.

Kirch·turm·po·li·tik [キルヒトゥルム・ポリティーク] 囡 -/ 視野の狭い政策.

Kirch·weih [キルヒ・ヴァイ] 囡 -/-en (教会の開基を記念する)教会のお祭り(市がたち, 移動遊園地が来る).

Kir·gi·se [キルギーゼ kɪrgíːzə] 男 -n/-n キルギス人(中央アジアのキルギス地方に住むトルコ系民族). (女性形: Kirgisin).

Kir·mes [キルメス kírməs] 囡 -/..messen 《中部ドッ・西部ドッ》 =Kirchweih

kir·re [キレ kírə] 形 《口語》 ① 従順な. 囚⁴ *kirre* machen (または *kirre|machen*) 囚⁴ を手なずける. ② 《口語》 いらいらした.

Kirsch [キルシュ kírʃ] 男 -[e]s/- キルシュヴァッサー (=*Kirsch*wasser).

Kirsch·baum [キルシュ・バオム] 男 -[e]s/..bäume 《植》 サクラの木.

Kirsch·blü·te [キルシュ・ブリューテ] 囡 -/-n ① 桜の花. ② 桜の季節.

die **Kir·sche** [キルシェ kírʃə] 囡 (単) -/(複) -n ① さくらんぼ. (英 cherry). süße *Kirschen* 甘いさくらんぼ / *Kirschen*⁴ pflücken さくらんぼを摘む / Mit ihm ist nicht gut *Kirschen* essen. 《口語・比》 彼とはうまくやっていけない. ② 桜の木.

Kirsch·kern [キルシュ・ケルン] 男 -[e]s/-e さくらんぼの種.

Kirsch·ku·chen [キルシュ・クーヘン] 男 -s/- さくらんぼ入りケーキ.

kirsch·rot [キルシュ・ロート] 形 さくらんぼのように赤い.

Kirsch·was·ser [キルシュ・ヴァッサァ] 囲 -s/- キルシュヴァッサー, チェリーブランデー.

das **Kis·sen** [キッセン kísən] 囲 (単2) -s/(複) - ① クッション; 枕(まくら) (=Kopf*kissen*); シートクッション (=Sitz*kissen*); ソファークッション (=Sofa*kissen*). (英 cushion). ein rundes *Kissen* 丸いクッション(枕) / ein *Kissen*⁴ auf den Stuhl legen いすに座布団を置く. ② 〖覆で〗 寝具, (寝具としての)布団. die *Kissen*⁴ auf|schütteln 布団を振ってふくらませる(整える).

Kis·sen·be·zug [キッセン・ベツーク] 男 -[e]s/..züge クッションカバー; 枕(まくら)カバー.

Kis·sen·schlacht [キッセン・シュらハト] 囡 -/

-en《口語》枕(*⁵ら)投げ.

die Kis·te [キステ kístə] 囡 (単) -/(複) -n ① [木]箱, 荷箱 (=Holzkiste). (英 box). eine schwere *Kiste* 重い箱 / eine *Kiste* Wein ワイン 1 箱 / 囮⁴ **in** *Kisten* verpacken 囮⁴を木箱に詰める. ② 《俗》《古い》乗り物(自動車・舟など); (がっしりした)尻(ﾉ). eine alte *Kiste* おんぼろ[自動]車. ③ 《口語》(特にベルリンで):事件, 事柄. Das ist eine schwierige *Kiste*. それはやっかいなことだ.

Ki·ta [キータ]《略》全日制保育所 (=Kindertagesstätte).

Kitsch [キッチュ kítʃ] 男 -[e]s/ (芸術上の)まがいもの, きわもの, お涙ちょうだいもの.

kit·schig [キチヒ kítʃɪç] 形 まがいものの, きわものの, お涙ちょうだいの.

Kitt [キット kít] 男 -[e]s/(種類:) -e 接着剤, 接合剤; パテ.

Kitt·chen [キッティヒェン kítçən] 田 -s/-《口語》刑務所, 牢獄.

Kit·tel [キッテル kítəl] 男 -s/- 上っ張り, スモック; 仕事着 (=Arbeitskittel); (医者などの)白衣 (=Arztkittel).

Kit·tel·schür·ze [キッテル・シュルツェ] 囡 -/-n エプロンドレス(袖(ﾇ)なし, 前ボタンの上っ張り).

kit·ten [キッテン kítən] 他 (h) ① (壊れたもの⁴を)接着剤(パテ)で継ぎ合わせる. einen zerbrochenen Krug *kitten* 壊れたつぼを継ぎ合わせる. ② 《比》(友情など⁴を)修復する.

Kitz [キッツ kíts] 田 -es/-e 子やぎ, 子鹿.

Kit·zel [キッツェル kítsəl] 男 -s/- ①《ふつう 単》くすぐったいこと, むずむずすること. ② してはならないことをしたいという欲望, うずき.

kit·ze·lig [キッツェリヒ kítsəlɪç] 形 =kitzlig

kit·zeln [キッツェルン kítsəln] 他 (h) ① くすぐる, むずむずさせる. 囮⁴ **an** den Fußsohlen *kitzeln* 囮⁴の足の裏をくすぐる. ◇《目的語なしでも》Die Wolle *kitzelt*. 毛糸がちくちくする. ②《比》(囮⁴の心をくすぐる, (欲望など⁴を)そそる. Gutes Essen *kitzelt* den Gaumen. よい食事は食欲をそそる / Es *kitzelt* mich, ihm zu widersprechen. 私は彼に反論したくてむずむずしている.

Kitz·ler [キッツラァ kítslər] 男 -s/-《医》陰核, クリトリス (=Klitoris).

kitz·lig [キッツリヒ kítslɪç] 形 ① くすぐったい, こそばゆい, むずむずする. ② やっかいな, 扱いにくい. eine *kitzlige* Frage 難しい問題.

Ki·wi [キーヴィ kí:vi] 囡 -/-s《植》キーウィ[フルーツ].

k. k. [カイザァリヒ・ケーニクリヒ]《略》(旧オーストリア・ハンガリーの)帝国および王国の (=kaiserlich-königlich).

KKW [カー・カー・ヴェー]《略》原子力発電所 (=Kernkraftwerk).

Kl. [クラッセ]《略》クラス, 級, 等級 (=Klasse).

Kla·bau·ter·mann [クラバオタァ・マン klabáutər-man] 男 -[e]s/..männer (北ドⅠ) (困ったときに人助けをする)妖精; (遭難の危険を知らせる)船の精.

Klacks [クラックス kláks] 男 -es/-e《口語》(ジャム・バターなどについて:)少量. Das ist doch nur ein *Klacks*. そんなことは朝めし前だ.

Klad·de [クラッデ kládə] 囡 -/-n《方》メモ帳, 雑記帳.

klad·de·ra·datsch! [クラデラダッチュ kladəradátʃ] 間 (物が落ちたり壊れたりする音:)がたん, どしん, がちゃん.

Klad·de·ra·datsch [クラデラダッチュ] 男 -[e]s/-e《口語》① 大混乱. ② スキャンダル, 大騒ぎ.

klaf·fen [クラッフェン kláfən] 自 (h) (割れ目・傷口などが)ぱっくり口を開けている. ◇《現在分詞の形で》eine *klaffende* Wunde ぱっくり口を開けた傷口.

kläf·fen [クレッフェン kléfən] 自 (h) (犬が)きゃんきゃんほえる.

Klaf·ter [クラフタァ kláftər] 男囲 -s/-《古・雅》囡 -/(-n) 尋(ﾋ)(昔の長さの単位. 約 1.9 m); 棚, クラフター(まき・木材の容積単位. 約 3 m³).

die Kla·ge [クラーゲ klá:gə] 囡 (単) -/(複) -n ① 苦情, 不平. (英 complaint). **über** 囮⁴ *Klage*⁴ führen 囮⁴について苦情を言う / Er hat keinen Grund **zur** *Klage*. 彼には不平を言う理由はない.

② 《雅》嘆き, 悲嘆[の声]; 哀悼. (英 lament). in laute *Klagen* aus|brechen 突然大声で嘆きだす. ③ 《法》訴え, 訴訟. eine *Klage* **auf** Scheidung 離婚訴訟 / eine *Klage*⁴ **bei** Gericht ein|reichen 告訴する / eine *Klage*⁴ **gegen** 囚⁴ erheben 囚⁴を相手取って訴訟を起こす.

Kla·ge·lied [クラーゲ・リート] 田 -[e]s/-er 悲歌, 哀歌, 挽歌.

Kla·ge·mau·er [クラーゲ・マオアァ] 囡 -/ (²コゴウﾞ) (エルサレムの)嘆きの壁.

*kla·gen [クラーゲン klá:gən] (klagte, hat... geklagt) I 自 (完了 haben) ① 〖**über** 囚・囮⁴ ~〗(囚・囮⁴について)苦情を言う, 不平をこぼす. (英 complain). über den ständigen Lärm *klagen* 絶え間ない騒音について苦情を言う / Dein Lehrer *hat* über dich *geklagt*. 先生がおまえのことで苦情を言っていたよ / Wie geht's? — Ich *kann* nicht *klagen*. 元気かい — まあまあだよ.

② 《雅》嘆く, 悲しむ. **um** 囚・囮⁴ *klagen* 囚・囮⁴のことを嘆き悲しむ. ③ 《狩》(動物が)悲しそうな声で鳴く. ④ 《法》告訴する, 訴える. **gegen** 囚⁴ **auf** Entschädigung *klagen* 囚⁴を相手どって損害賠償の訴えを起こす / auf Scheidung *klagen* 離婚訴訟を起こす.

II 他 (完了 haben) ① (囚³に悲しみなど⁴を)訴える. 囚³ seine Not⁴ *klagen* 囚³に自分の窮状を訴える. ② (²ｵｰｽﾄﾘｱ) (囮⁴を)告訴する.

kla·gend [クラーゲント] I *klagen (苦情を言う)の 現分 II 形 嘆く, 不平を言う; 提訴する. mit *klagender* Stimme 嘆き声で.

Kla·gen·furt [クラーゲント・フルト klá:gən-fʊrt]

田 -s/《都市名》クラーゲンフルト(オーストリア, ケルンテン州の州都). ☞ 地図 G-5).

Klä·ger [クレーガァ klέ:gər] 男 -s/- 《法》原告, 提訴人. (女性形: -in). (※「被告」は Beklagte[r]).

Kla·ge⇗schrift [クラーゲ・シュリフト] 女 -/-en 《法》訴状.

kläg·lich [クレークリヒ] 形 ① 惨めな, 悲惨な, 哀れな; 貧弱な, わずかな. ein *klägliches* Ergebnis 惨めな成果 / Sein Verdienst war *kläglich*. 彼の稼ぎは微々たるものだった. ② 悲しげな, 嘆いている. ein *klägliches* Geschrei 悲鳴.

klag·te [クラークテ] *klagen (苦情を言う) 過去

Kla·mauk [クラマオク klamáuk] 男 -s/《口語》大騒ぎ, ばか騒ぎ.

klamm [クラム klám] 形 ① 湿っぽくて冷たい. *klamme* Bettwäsche 湿っぽいシーツ. ②(寒さで)かじかんだ, 凍えた. ③《成句的に》*klamm* sein《俗》(お金に)乏しい, 素寒貧(すかんぴん)である.

Klamm [クラム] 女 -/-en 峡谷.

die **Klam·mer** [クラムマァ klámər] 女 (単) -/(複) -n ① クリップ (=Büro*klammer*), ヘアピン (=Haar*klammer*); (ホッチキスの)ステープル (=Heft*klammer*), 洗濯ばさみ (=Wäsche*klammer*). ② かっこ(括弧); かっこ内の文章. runde (eckige) *Klammern* 丸(角)かっこ / einen Satz **in** *Klammern* setzen 文章をかっこに入れる. ③ (ボクシングの)クリンチ.

klam·mern [クランマァン klámərn] I 他 (h) ① (A⁴ an B⁴ ~) (A⁴ を B⁴ に)クリップで留める. eine Notiz⁴ an das Buch *klammern* メモをクリップで本に留める. ② (傷口⁴を)創傷クリップで留める. II 再帰 (h)《*sich*⁴ an 人·物⁴ ~》(人·物⁴に)しがみつく; すがる. Sie *klammerte* sich an das Geländer. 彼女は手すりにしがみついた / *sich*⁴ an eine Hoffnung *klammern*《比》ある希望にすがる. III 自 (h) (ボクシングで:)クリンチする.

klamm⇗heim·lich [クラム・ハイムリヒ] 形《口語》ひそかな, こっそり行われる.

Kla·mot·te [クラモッテ klamɔ́tə] 女 -/-n ①《複で》《俗》衣服, 衣類;《ふつう 複》(身の回りの)古い品物, 家具; がらくた. ②《口語》低俗な娯楽劇(映画).

Klamp·fe [クランプフェ klámpfə] 女 -/-n《古》ギター(=Gitarre).

klang [クラング] *klingen (鳴る)の過去

der **Klang** [クラング klán] 男 (単2) -[e]s/(複) Klänge [クレンゲ] (3格のみ Klängen) ①音, 響き, 音響. (英 *sound*). ein dumpfer (klarer) *Klang* 鈍い音(澄んだ響き) / der *Klang* von Glocken 鐘の音 / einen guten *Klang* haben a) (楽器が)良い音色をしている, b)《比》評判が高い.《複で》②音楽. Aus dem Saal drangen die *Klänge* Mozarts. ホールからモーツァルトの音楽が聞こえてきた.

klän·ge [クレンゲ] *klingen (鳴る)の接2

Klän·ge [クレンゲ] *Klang* (音)の複

Klang⇗far·be [クラング・ファルベ] 女 -/-n (音楽) 音色, 音質.

Klang⇗fül·le [クラング・フュレ] 女 -/ 豊かな音量, 音がよく響くこと.

klang·lich [クラングリヒ] 形 音の, 音響の.

klang⇗los [クラング・ロース] 形 音(響き)のない.

klang⇗voll [クラング・ふォル] 形 ① 響きのよい, よく響く(声など). ② 名声のある, 有名な.

Klapp⇗bett [クラップ・ベット] 田 -[e]s/-en 折りたたみ式ベッド.

Klap·pe [クラッペ klápə] 女 -/-n ①(一端が固定された)ふた, はねぶた; 落とし戸. ②《口語》ベッド, 寝床. ③《俗》口. die *Klappe*⁴ halten 口をつぐんでいる / eine große *Klappe*⁴ haben 大きなことを言う.

***klap·pen** [クラッペン klápən] (klappte, hat ...geklappt) I 他 (完了 haben) ①『方向を表す語句とともに』(...へ)ばたんと上げる(下げる). den Deckel **nach** oben *klappen* ふたを上にばたんと上げる. ②《口語》(犯人など⁴を)捕まえる.

II 自 (完了 haben) ① ばたんと音をたてる. Die Fensterläden *klappen* **gegen** die Wand. よろい戸が壁に当たってばたばた音をたてている. ②《口語》(事柄が)うまくいく. Alles hat *geklappt*. すべてがうまくいった. ◇《非人称の es を主語として》Es *hat* mit dem Examen *geklappt*. 試験はうまくいった.

Klap·pen⇗text [クラッペン・テクスト] 男 -[e]s/-e《書籍》(新刊書のカバーの)宣伝文.

Klap·per [クラッパァ klápər] 女 -/-n 鳴子(なるこ); がらがら(子供のおもちゃ).

klap·per·dürr [クラッパァ・デュル] 形《口語》やせこけた, 骨と皮ばかりの.

klap·pe·rig [クラッペリヒ klápəriç] 形 = klapprig

Klap·per⇗kas·ten [クラッパァ・カステン] 男 -s/..kästen《俗》安物のピアノ; おんぼろ自動車; ぼろラジオ(テレビ).

klap·pern [クラッパァン klápərn] (klapperte, *hat*/*ist* ...geklappert) 自 (完了 haben または sein) (英 *rattle*) ① (h) がたがた(ばたばた)音をたてる. Das Fenster *klappert*. 窓がたがた音をたてている / Seine Zähne *klappern* vor Kälte. 彼の歯は寒さでかちかち音をたてている / mit den Zähnen *klappern* 歯をかちかち鳴らす / Sie *klapperte* mit den Tellern. 彼女は皿をがちゃがちゃいわせた. ② (s) (車などが...へ)がたがた音をたてて進む.

Klap·per⇗schlan·ge [クラッパァ・シュランゲ] 女 -/-n (動) ガラガラヘビ.

Klap·per⇗storch [クラッパァ・シュトルヒ] 男 -[e]s/..störche《民俗》(赤ん坊を連れてくるとされる)コウノトリ.

klap·per·te [クラッパァテ] *klappern* (がたがた音をたてる)の過去

Klapp⇗mes·ser [クラップ・メッサァ] 中 -s/- ジャックナイフ, 折りたたみナイフ.

Klapp⇗rad [クラップ・ラート] 中 -[e]s/..räder 折りたたみ自転車.

klapp·rig [クラップリヒ kláprɪç] 形 ① がたがたの, 古くて壊れやすい; (人が)よぼよぼの, よろよろの. ein klappriges Auto おんぼろ自動車. ② 作りのよくない, 粗悪な.

Klapp⇗sitz [クラップ・ズィッツ] 男 -es/-e (劇場などの)はね上げいす; (バスなどの)折りたたみ補助席.

Klapp⇗stuhl [クラップ・シュトゥール] 男 -[e]s/..stühle 折りたたみいす.

klapp·te [クラップテ] *klappen (ぱたんと上げる)の過去.

Klapp⇗tisch [クラップ・ティッシュ] 男 -es/-e 折りたたみテーブル.

Klapp⇗ver·deck [クラップ・フェァデック] 中 -[e]s/-e (自動車などの)折りたたみ幌(ほろ).

Klaps [クラップス kláps] 男 -es/-e (口語)平手打ち. ⌈人⌉³ einen Klaps geben ⌈人⌉³をぴしゃりとたたく.

Klaps⇗müh·le [クラップス・ミューレ] 女 -/-n 《俗》精神病院.

*****klar** [クラール klá:r]

> 澄んだ; はっきりした
> Das ist doch *klar*!
> ダス　イスト　ドッホ　クラール
> それはわかりきったことさ.

形 (英 clear) ① (水・声などが)澄んだ, 透明な; (空が)晴れた. klares Wasser 澄んだ水 / klare Augen 澄んだ目 / klare Farben 鮮明な色 / Der Himmel ist klar. 空は晴れている / in klaren Momenten (比)(病人の)意識がはっきりしているときに / ein klarer Ton 澄んだ音色.

② はっきりした, 明白な. eine klare Antwort はっきりした返答 / eine klare Vorstellung⁴ von ⌈中⌉³ haben ⌈中⌉³について明確なイメージを持っている / [Ist] alles *klar*? わかりましたか, よろしいですか / Alles klar! すべて了解, オーケーだ / Na klar! もちろんだ, 当然のことさ / Wirst du uns helfen? — *Klar*! ぼくたちを助けてくれるかい. / ...なのは明白だ / ⌈中⌉⁴ klar und deutlich sagen ⌈中⌉⁴をはっきりと言う / mit ⌈中⌉³ ins Klare kommen a) ⌈中⌉³についてはっきりわかる, b) ⌈中⌉³(難題など)に対処する / sich³ über ⌈中⌉⁴ klar sein (または im Klaren) sein ⌈中⌉⁴についてはっきりわかっている. (⇨ 類語 deutlich).

③ 明晰(めいせき)な. Er hat einen klaren Verstand (または Kopf). 彼は明晰な思考力を持っている.

④《海・空》準備のできた. Das Flugzeug ist klar zum Start. 飛行機は離陸の準備ができている / Klar zum Gefecht! (軍)戦闘配備につけ. ⑤ 《付加語としてのみ》(方)精製した, 細かい.

klarer Zucker 精製白砂糖.
▶ **klar⇗denkend, klar⇗werden**

Kla·ra [クラーラ klá:ra] -s/《女名》クララ, クララ.

Klär⇗an·la·ge [クレーァ・アンラーゲ] 女 -/-n (下水・排水の)浄水装置; 浄水場.

klar·den·kend, klar den·kend [クラール・デンケント] 形 頭脳明晰な.

klä·ren [クレーレン klé:rən] (klärte, hat...geklärt) **I** 他 (完了 haben) ① (液体⁴を)澄ます, 浄化する. (英 clarify). Abwässer⁴ klären 汚水を浄化する. ② (疑問など⁴を)明らかにする, 解明する. Es ist noch nicht geklärt, wer der Täter ist.《状態受動・現在》犯人がだれかまだ解明されていない.

II 再帰 (完了 haben) sich⁴ klären ① 澄む, 透明になる. Das Wasser klärt sich. 水が澄む. ② (問題などが)明らかになる, 解明される. Die Frage hat sich geklärt. その疑問は解明された.

III 自 (完了 haben) (サッカーなどで:)(ゴール寸前の)ボールをクリアする.

klar⇗ge·hen* [クラール・ゲーエン klá:r-gè:ən] 自(s) (口語)(事柄が)うまくいく.

die **Klar·heit** [クラールハイト klá:rhaɪt] 女 (単)(複) -en《ふつう 単》(英 clearness) ① 澄んでいること, 透明; (空が)晴れていること. die Klarheit des Wassers 水の透明さ. ② (説明などの)明確さ, 明晰(めいせき)さ. sich³ über ⌈中⌉⁴ Klarheit⁴ verschaffen ⌈中⌉⁴を究明する / Darüber besteht Klarheit. そのことははっきりしている.

Kla·ri·net·te [クラリネッテ klarinétə] 女 -/-n 《音楽》クラリネット.

Kla·ri·net·tist [クラリネティスト klarinetíst] 男 -en/-en クラリネット奏者. (女性形: -in).

klar⇗kom·men* [クラール・コンメン klá:r-kòmən] 自(s) 《mit ⌈人・物⌉³ ~》(口語)(⌈人⌉³と)うまくやっていく; (⌈中⌉³(課題など)を)うまくこなす, やりとげる.

klar⇗le·gen [クラール・レーゲン klá:r-lè:gən] 他 (h) (口語)(問題など⁴を)明確にする, はっきりさせる.

klar⇗ma·chen [クラール・マッヘン klá:r-màxən] 他 (h) ① (口語)(⌈人⌉³に⌈物⌉⁴を)理解させる, わからせる. ◇《再帰的に》sich³ klarmachen ⌈中⌉⁴を(よく考えた末に)理解する. ②《海》(船⁴の)出航準備を整える.

Klär⇗schlamm [クレーァ・シュルム] 男 -[e]s/..schlämme (工)(下水処理の際の)沈殿汚泥.

klar⇗se·hen* [クラール・ゼーエン klá:r-zè:ən] 自 (h) 《口語》はっきりわかる, 納得がいく.

Klar·sicht⇗fo·lie [クラールズィヒト・フォーリエ] 女 -/-n (食品保存用の)[透明]ラップ.

Klar·sicht⇗hül·le [クラールズィヒト・ヒュレ] 女 -/-n クリアファイル(透明な書類カバー).

klar⇗stel·len [クラール・シュテレン klá:r-ʃtèlən] 他 (h) (誤解などを解いて⌈中⌉⁴を)はっきりさせる.

klär·te [クレーァテ] klären (澄ます)の過去

Klar·text [クラール・テクスト] 男 -[e]s/-e (コード化される前の)ふつうのことばで書かれた文章; 平易な文章.

Klä·rung [クレールング] 女 -/-en ① 解説, 解明. die sofortige *Klärung* eines Problems 問題の迅速な解明. ② (下水などの)浄化, きれいにすること.

klar|wer·den*, klar wer·den* [クラール・ヴェーァデン klá:r-vè:rdən] 自 (s) はっきりわかる, 得心する. Jetzt *wird* mir einiges *klar*. これでいくつか合点がいきます / Ich bin mir über meine Fehler im *klargeworden*.〖現在完了〗私はその後自分の誤りを悟りました.

klas·se [クラッセ klásə] 形 〖無語尾で〗《口語》すごい, すばらしい. Das ist *klasse*! それはすごい.

*die Klas·se [クラッセ klásə]

> クラス; 学年; 階級
> Die *Klasse* hat dreißig Schüler.
> ディ クラッセ ハット ドライスィヒ シューラァ
> そのクラスには30人の生徒がいる.

女 (単) -/(複) -n ① クラス, 学級; (学級の)教室. eine große *Klasse* 大きなクラス / Sie war in meiner *Klasse*. 彼女は私のクラスにいた / die *Klasse*⁴ betreten (教師が)教室に入る. ② 学年. Er besucht die vierte *Klasse*. または Er geht **in** die vierte *Klasse*. 彼は4年生だ / Er ist zwei *Klassen* über mir. 彼はぼくよりも2学年上だ. ③ (社会的な)階級. Arbeiter*klasse* 労働者階級 / die obere *Klasse* der Gesellschaft² 上流階級. ④ (列車・スポーツなどの)等級, …級. Er fährt [in einem Abteil] zweiter *Klasse*². 彼は2等に乗って行く / **in** der *Klasse* der Junioren² starten ジュニア級でスタートする. ⑤ (一般に)部類, 部門; 種別; 〖生〗(分類の)綱(ξ). ⑥ 〖園なし〗《口語》(優れた)水準, 品質. ein Künstler erster *Klasse*² 一流の芸術家 / Das ist *klasse*!《または im *klasse*》! こいつはすごいや.

Klas·se·ment [クラセマーン klasəmã:] 中 -s/-s (ス: -e) ① 分類, 等級, 秩序. ②《スポ》順位, ランキング.

Klas·sen≈ar·beit [クラッセン・アルバイト] 女 -/-en 授業中に書く作文, 筆記テスト.

Klas·sen≈buch [クラッセン・ブーフ] 中 -[e]s/..bücher えんま帳, (教師の)学級日誌.

Klas·sen≈ge·sell·schaft [クラッセン・ゲゼルシャフト] 女 -/-en 階級社会.

Klas·sen≈ka·me·rad [クラッセン・カメラート] 男 -en/-en クラスメート, 級友. (女性形: -in).

Klas·sen≈kampf [クラッセン・カンプふ] 男 -[e]s/..kämpfe 階級闘争.

Klas·sen≈leh·rer [クラッセン・れーラァ] 男 -s/- クラス担任教師. (女性形: -in).

Klas·sen≈spre·cher [クラッセン・シュプレッヒャァ] 男 -s/- 学級委員, 級長. (女性形: -in).

Klas·sen≈tref·fen [クラッセン・トレッふェン] 中 -s/- (卒業生の)クラス会.

Klas·sen≈zim·mer [クラッセン・ツィンマァ] 中 -s/- 教室.

Klas·si·fi·ka·ti·on [クラスィふィカツィオーン klasifikatsió:n] 女 -/-en ① 分類, 等級分け. ② 分類(等級分け)されたもの.

klas·si·fi·zie·ren [クラスィふィツィーレン klasifitsí:ran] 他 (h) 分類する, 区分する.

Klas·si·fi·zie·rung [クラスィふィツィールング] 女 -/-en ① 分類, 等級分け. ② 分類(等級分け)されたもの.

..klas·sig [..クラスィヒ ..klasıç] 〖形容詞をつくる接尾〗(…クラスの, …の等級の) 例: drei*klassig* 3クラスの / erst*klassig* 第一級の.

die Klas·sik [クラスィク klásɪk] 女 (単) -/ ① 古典文化(古代ギリシア・ローマ時代の文化). ② (文学・音楽史上の)古典主義[時代]. die deutsche *Klassik* (文学の)ドイツ古典期 (1786-1805. ゲーテとシラーを中心とする) / die Wiener *Klassik* (音楽の)ウィーン古典派 (および1770-1825. ハイドン・モーツァルト・ベートーヴェンに代表される). ③ (ある文化圏の)最盛期, 古典期.

Klas·si·ker [クラスィカァ klásıkər] 男 -s/- ① 古典時代の代表作家(芸術家); 古典時代の芸術家. (女性形: -in). die deutschen *Klassiker* ドイツの古典の大家たち(ゲーテ・シラーなど). ② (規範となるような)一流の詩人(作家・芸術家・学者).

klas·sisch [クラスィッシュ klásıʃ] 形 ① 古典[古代]の, [古代]ギリシア・ローマの. (英 *classical*). das *klassische* Altertum 古典古代 / die *klassischen* Sprachen 古典語(ギリシア語・ラテン語). ② 古典主義的の, 古典[期]の, 古典様式の. *klassische* Dichtung 古典主義文学 / *klassische* Musik クラシック音楽. ③ 模範的な, 規範となる; 典型的な. eine *klassische* Antwort 模範解答 / die *klassischen* Fehler 典型的な誤り. ④ 伝統的な. die *klassische* Physik 古典物理学. ⑤《口語》みごとな, すばらしい. Das ist ja *klassisch*! これは実にすばらしい.

Klas·si·zis·mus [クラスィツィスムス klasitsísmus] 男 -/ 新古典主義, 擬古典主義. (「☞「建築様式(6)」, 1745ページ).

klas·si·zis·tisch [クラスィツィスティッシュ klasitsístıʃ] 形 新古典主義の, 擬古典主義の.

klatsch! [クラッチュ klátʃ] 間 (手を合わせる音・物が落ちる音で)ぴしゃっ, ぱたん, ぱたん.

Klatsch [クラッチュ] 男 -[e]s/-e ① ぴしゃっ(ばたっ・ばたん)という音. ②〖園なし〗《口語》おしゃべり; うわさ話, ゴシップ.

Klatsch≈ba·se [クラッチュ・バーゼ] 女 -/-n 《俗》(軽蔑的に:)(ゴシップ好きの)おしゃべり女(男).

Klat·sche [クラッチェ klátʃə] 女 -/-n ① はえたたき. ②《俗》(軽蔑的に:)(ゴシップ好きの)おしゃべり女(男).

klat·schen [クラッチェン klátʃən] (klatsch-

te, *hat...geklatscht*) **I** 自 (完了) haben) ① ぱちっ(ぴしゃっ)と音をたてる；平手打ちをする. (英 smack). Der Regen *klatschte* **an** die Scheibe (**auf** das Dach). 雨が窓ガラス(屋根)にぱちぱちと当たった / Die nassen Segel *klatschen* **gegen** die Masten. ぬれた帆がマストにばたばたと当たった.
② 手をたたく. (英 clap). **in** die Hände *klatschen* 拍手する. ③ 《口語》うわさ話をする, 陰口をきく. **über** die neuen Nachbarn *klatschen* 新しい隣人たちについてうわさ話をする.
II 他 (完了) haben) ① 『方向を表す語句とともに』《口語》(圏⁴を…へ)ぱちっ(ぴしゃっ)とたたきつける. ein Buch⁴ **an** die Wand *klatschen* 本を壁にたたきつける. ② 『成句的に』囚³ Beifall⁴ *klatschen* 囚³に拍手を送る / den Takt *klatschen* 手拍子をとる / 囚³ eine⁴ *klatschen* 《口語》囚³に一発くらわす. ③ 《方・口語》(囚³に圏⁴を)告げ口する.

klatsch·haft [クらッチュハふト] 形 ゴシップ(陰口)好きな, うわさがない.

Klatsch゠maul [クらッチュ・マオる] 中 -[e]s/ ..mäuler 《俗》(軽蔑的に:)(ゴシップ好きな)おしゃべり女(男).

Klatsch゠mohn [クらッチュ・モーン] 男 -[e]s/- 《植》ヒナゲシ.

klatsch゠nass [クらッチュ・ナス] 形 《口語》ずぶぬれの.

Klatsch゠sucht [クらッチュ・ズフト] 女 -/ (軽蔑的に:)ゴシップ(陰口)好きなこと.

klatsch·te [クらッチュテ] *klatschen* (ぱちっと音をたてる)の過去

klau·ben [クらオベン kláubən] 他 (h) 《南ド,オーストリア・口語》(果実⁴を)摘み取る, 一つ一つ拾い集める, 取り出す; (豆など⁴を)えり分ける.

Klaue [クらオエ kláuə] 女 -/-n ① (猛獣・猛鳥の)爪(⅔), ひづめ. die scharfen *Klauen* des Löwen ライオンの鋭い爪. ② 《複 なし》《俗》悪筆.

klau·en [クらオエン kláuən] 他 (h) 《口語》盗む, くすねる(=stehlen).

Klaus [クらオス kláus] 《男名》クラウス (Nikolaus の短縮).

Klau·se [クらオゼ kláuzə] 女 -/-n ① 庵("いお), 庵室. ② (修道院の)独居室, 房;(比)(静かで小さな)部屋, 住まい. ③ (特にアルプスの)峡谷; 峡道.

Klau·sel [クらオぜる kláuzəl] 女 -/-n 《法》(契約などの)付帯条項, 特記事項.

Klaus·ner [クらオスナァ kláusnər] 男 -s/- 隠者, 世捨て人, 隠遁士.

Klau·sur [クらオズーァ klauzú:r] 女 -/-en ① 《圏 なし》隔離, 孤独. **in** strenger *Klausur* leben 厳しい隠遁生活を送る. ② (修道院の)立入禁止地域. ③ =Klausurarbeit

Klau·sur゠ar·beit [クらオズーァ・アルバイト] 女 -/-en 筆記試験(の答案).

Kla·vi·a·tur [クらヴィアトゥーァ klaviatú:r] 女 -/-en ① 《音楽》鍵盤. ② (比)広い選択の可能性, 多様性.

*das **Kla·vier** [クらヴィーァ klavi:r] 中 (単2) -s/(複) -e (3格のみ -en)《音楽》ピアノ. (英 piano). Sie spielt gern *Klavier*. 彼女はピアノを弾くのが好きだ / *Klavier*⁴ üben ピアノの練習をする / das *Klavier*⁴ stimmen ピアノを調律する / Er begleitet sie **am** (または **auf** dem) *Klavier*. 彼はピアノで彼女の伴奏をする.

Kla·vier゠aus·zug [クらヴィーァ・アオスツーク] 男 -[e]s/..züge 《音楽》(オペラなどの)ピアノ[用に編曲された]スコア.

Kla·vier゠kon·zert [クらヴィーァ・コンツェルト] 中 -[e]s/-e ピアノ協奏曲; ピアノコンサート.

Kla·vier゠leh·rer [クらヴィーァ・れーラァ] 男 -s/- ピアノ教師. (女性形: -in).

Kla·vier゠spie·ler [クらヴィーァ・シュピーらァ] 男 -s/- ピアノ演奏者, ピアニスト. (女性形: -in).

Kla·vier゠stim·mer [クらヴィーァ・シュティンマァ] 男 -s/- ピアノ調律師. (女性形: -in).

Kla·vier゠stun·de [クらヴィーァ・シュトゥンデ] 女 -/-n ピアノのレッスン(授業).

Kle·be゠band [クれーベ・バント] 中 -[e]s/..bänder 接着テープ.

***kle·ben** [クれーベン klé:bən] (klebte, *hat...*geklebt) **I** 他 (完了) haben) ① 『方向を表す語句とともに』(圏⁴を…へ)貼(は)り付ける, (接着剤などで)くっつける. Er *klebt* Bilder **an** die Wand. 彼は絵を壁に貼る / eine Marke⁴ **auf** den Brief *kleben* 切手を手紙に貼る / Fotos⁴ **ins** Album *kleben* 写真をアルバムに貼る. ② (裂け目など⁴を)貼(は)って修復する. einen Riss in der Tapete *kleben* 壁紙の破れ目を貼って修復する. ③ 『成句的に』囚³ eine⁴ *kleben* 囚³に一発くらわす.
II 自 (完了) haben) ① 『場所を表す語句とともに』(…に)付着している, 貼(は)ってある. Der Kaugummi *klebt* **an** meinen Zähnen. ガムが私の歯にくっついている / am Gegner *kleben* (スポーツ)相手をマークする / Sie *klebt* an ihm. 《俗》彼女はいつも彼にべったりだ / *kleben* bleiben くっついたままになっている.
② くっつく, 粘着力がある. Dieser Leim *klebt* gut (schlecht). この糊(⅔)は付きがよい(悪い). ③ 《口語》べとべとする, ねばねばする. Die Bonbons *kleben*. キャンディーがべとべとしている. ④ 《口語》離れられない, 執着する. **im** Wirtshaus *kleben* 飲み屋でねばる / **am** Geld *kleben* お金に執着する / Er *klebt* an seinem Posten. 彼は自分の地位にしがみついている.
► kleben|bleiben

kle·ben|blei·ben*, kle·ben blei·ben* [クれーベン・ブらイベン klé:bən-blàıbən] 自 (s) 《口語》いつまでも居続ける; 留年する.
► kleben II ①)

Kle·ber [クれーバァ klé:bər] 男 -s/- 《口語》接着剤.

Kle·be゠stift [クれーベ・シュティふト] 男 -[e]s/-e スティック[タイプの]糊(⅔).

Kle·be゠strei·fen [クれーベ・シュトライふェン]

klebrig

男 -s/- ＝Klebstreifen

kleb·rig [クレープリヒ klé:briç] 形 ① 粘りつく，べとつく．② (態度が)しつこい，ならなれしい．

Kleb╡stoff [クレープ・シュトフ] 男 -[e]s/-e 接着剤．

Kleb╡strei·fen [クレープ・シュトライふェン] 男 -s/- 接着(粘着)テープ．

kleb·te [クレープテ] ＊kleben (貼り付ける)の過去

kle·ckern [クレッカァン klékərn] I 自 (h, s) ① (h) (食事の際などに)ぽたぽたこぼす，こぼして染みをつける．② (s) (液体が)ぽたぽたこぼれる．③ (h) (仕事などが)ぽつぽつ進む．II 他 (h) 〖A⁴ auf B⁴ ～〗(A⁴をB⁴の上に)ぽたぽたこぼす，こぼして汚す．Suppe⁴ auf das Tischtuch *kleckern* スープをテーブルクロスにこぼす．

kle·cker╡wei·se [クレッカァ・ヴァイゼ] 副《口語》(とぎれとぎれに)少量ずつ．

Klecks [クレックス kléks] 男 -es/-e ① (インクなどの)染み，汚れ．② 《口語》(ジャム・バターなどについて:)小量．ein *Klecks* Butter 小量のバター．

kleck·sen [クレクセン kléksən] I 自 (h) ① (インクなどの)染みをつける，汚す．② 《口語》下手な絵(字)を書く．II 他 (h) 〖A⁴ auf B⁴ ～〗(A⁴をB⁴に)ぽたっと落とす，べたっと塗りつける．

der **Klee**¹ [クレー klé:] 男 (単2) -s/- 〖植〗クローバー，《雅》*clover*). Glücks*klee* (四つ葉の)幸運のクローバー / Ⅰ⁴ **über den grünen** *Klee* **loben** 《口語》Ⅰ⁴をほめちぎる．

Klee² [クレー] -s/- 《人名》クレー (Paul *Klee* 1879-1940；スイスの画家)．

Klee╡blatt [クレー・ブラット] 中 -[e]s/..blätter ① クローバーの葉．ein vierblättriges *Kleeblatt* 四つ葉のクローバー(幸運の印)．② 《口語》三人組，トリオ．③ 《交通》(四つ葉のクローバー形の)立体交差．

Klei·ber [クらイバァ kláibər] 男 -s/- 〖鳥〗ゴジュウカラ．

*das **Kleid** [クらイト kláit]

> ワンピース
> Das ist aber ein schönes *Kleid* !
> ダス イスト アーバァ アイン シェーネス クらイト
> すてきなワンピースですね．

中 (単2) -es (まれに -s)/(複) -er (3格のみ -ern) ① ワンピース，ドレス．(英 *dress*). Abend*kleid* イブニングドレス / Braut*kleid* ウェディングドレス / ein neues *Kleid* 新しいワンピース / das *Kleid*⁴ an|ziehen (aus|ziehen) ワンピースを着る(脱ぐ) / ein hübsches *Kleid*⁴ an|haben (または tragen) きれいなドレスを着ている / Ich lasse mir ein *Kleid* machen. 私はワンピースを新調します / Dieses *Kleid* steht dir gut. このワンピースは君によく似合っているよ．② 〖複 で〗衣服．(英 *clothes*). in die *Kleider* schlüpfen 大急ぎで服を着る / *Kleider* machen Leute. 〖諺〗馬子(ホェ)にも衣装(←衣服は人々をつくる) / nicht **aus** den *Kleidern* kommen (忙しくて)寝る暇もない(←衣服から抜け出せない)．③ 《狩･動》(鳥獣の)羽毛，毛皮．④ 《雅》制服，ユニホーム；〖スィ〗背広．

> 類語 das **Kleid**: (女性用の)衣服，特にワンピース．der **Anzug**: (男性用の上下そろいの)スーツ．die **Kleidung**: (人が身にまとう衣類の総称で，帽子･靴下･手袋なども含んだ)衣服；服装．Seine *Kleidung* ist sehr gepflegt. 彼の身なりはたいへん洗練されている．

klei·den [クらイデン kláidən] du kleidest, er kleidet (kleidete, *hat* ... gekleidet) I 他 (定て haben) ① (人⁴に…の)衣服を着せる．ein Kind⁴ sauber *kleiden* 子供にこざっぱりした服を着せる．② (衣服･色などが人⁴に)よく似合う，引きたたせる．Der Hut *kleidet* dich nicht. その帽子は君には似合わない．③ 〖A⁴ in B⁴ ～〗(A⁴ (考え･気持ちなど)を B⁴ で)[言い]表す．物⁴ in eine Form *kleiden* 物⁴に形を与える，物⁴を表現する / einen Gedanken in Worte *kleiden* 考えを言葉に表す．

II 再帰 (定て haben) *sich*⁴ *kleiden* (…な)服装をする．Sie *kleidet sich* modern. 彼女はモダンな身なりをしている．

◇☞ **gekleidet**

Klei·der [クらイダァ] ⫶Kleid (ワンピース)の複

Klei·der╡ab·la·ge [クらイダァ・アップらーゲ] 女 -/-n クローク (＝Garderobe)．

Klei·der╡bü·gel [クらイダァ・ビューゲる] 男 -s/- ハンガー，洋服掛け．

Klei·der╡bürs·te [クらイダァ・ビュルステ] 女 -/-n 洋服ブラシ．

Klei·der╡ha·ken [クらイダァ・ハーケン] 男 -s/- (コート掛けの)フック．

Klei·der╡schrank [クらイダァ・シュランク] 男 -[e]s/..schränke 洋服だんす，衣装戸棚；《比》がっしりした(体格の)男．

Klei·der╡stän·der [クらイダァ・シュテンダァ] 男 -s/- 洋服スタンド，コート掛け．

klei·de·te [クらイデテ] kleiden (衣服を着せる)の過去

kleid·sam [クらイトザーム] 形 よく似合う(衣服･髪型など)．

*die **Klei·dung** [クらイドゥング kláiduŋ] 女 (単) -/(複) -en 《ふつう 単》(総称として:)衣服，衣類，服装．(英 *clothing*). eine leichte (warme) *Kleidung*⁴ tragen 軽い(暖かい)服を着ている / die *Kleidung*⁴ wechseln (ab|legen) 服を着替える(脱ぐ)．(☞ 類語 Kleid).

> 衣類のいろいろ: der **Anzug** (男性用の)スーツ / die **Bluse** ブラウス / das **Hemd** シャツ / die **Hose** ズボン / die **Jacke** 上着 / 〖複:〗die **Jeans** ジーンズ / das **Kleid** ワンピース / das **Kostüm** (女性用の)スーツ / die **Krawatte** ネクタイ / der **Mantel** コート / der **Pullover** プルオーバー / der **Rock** スカート / die **Socke** ソックス / der **Strumpf** ストッキング / die **Strumpfhose** タイツ，パンティーストッキング．

Klei·dungs╡stück [クらイドゥングス・シュテュック] 中 -[e]s/-e (上着･ズボンなど個々の)

衣服, 衣類.

Kleie [クらイエ kláɪə] 囡 -/(種類:) -n 麩(ふすま), 糠(ぬか).

klein [クらイン kláɪn]

小さい　Die Hose ist mir zu *klein*.
ディ ホーゼ イスト ミア ツー クらイン
このズボンは私には小さすぎる.

形 (比較) kleiner, (最上) kleinst) ① 小さい; 背の低い. (英 small). (⇔「大きい」は groß). der *kleine* Finger 小指 / ein *kleines* Haus 小さな家 / der *kleine* Zeiger (時計の)短針 / Er ist *klein*. 彼は小柄だ / *klein*, aber oho《口語》なりは小さいがばかにならない / *klein*, aber fein 大きくはないが良質の / *klein* machen (幼児)おしっこをする / *klein* schreiben 小さな字で書く / Er fährt ein *kleines* Auto. 彼は小さな車を運転している.
② 年少の, 幼い. mein *kleiner* Bruder 私の弟 / **von** *klein* **auf** (または **an**) 幼いころから.
③ (時間的に:)短い. eine *kleine* Weile しばらくの間 / **bei** *Kleinem*《北ドッ》しだいに, だんだん.
④ 少数の, 少量の. eine *kleine* Familie 小家族 / *kleines* Geld 小銭 / Haben Sie es *klein*? (釣り銭のないように)細かいのをお持ちですか / 形⁴ **im** *Kleinen* verkaufen 形⁴を小売りする / Die Teilnehmerzahl wird immer *kleiner*. 参加者数はますます少なくなる.
⑤ ささいな, ちょっとした. eine *kleine* Erkältung 軽い風邪 / 人³ eine *kleine* Freude⁴ machen 人⁴にささやかな喜びをもたらす / ein *klein* wenig (または bisschen) ほんの少し.
◇ [最上級で名詞的に] **bis ins** *Kleinste* 細部にわたって.
⑥ (身分の)低い, 下っぱの. *kleine* Leute 下層階級の人々 / ein *kleiner* Angestellter 安サラリーマン / *klein* an|fangen《口語》裸一貫から始める. ⑦《口語》[打って変わって]おずおずした, 弱腰の. Er wurde ganz *klein* [und hässlich]. 彼は急に弱腰になった. ⑧ こせこせした, 視野の狭い. ein *kleiner* Geist 心の狭い人 / von 人³ *klein* denken 人³を軽蔑する.

► klein|kariert², klein|machen², klein|schneiden, klein|schreiben

Klein≈ar·beit [クらイン・アルバイト] 囡 -/ (手のかかる)細かな仕事.

klein≈asi·a·tisch [クらイン・アズィアーティッシュ] 形 小アジアの.

Klein≈bahn [クらイン・バーン] 囡 -/-en (狭軌の)軽便鉄道, ローカル線.

Klein≈bau·er [クらイン・バオァァ] 男 -n/-n 小農, 小百姓. (女性形: ..bäuerin).

Klein≈be·trieb [クらイン・ベトリープ] 男 -[e]s/-e 小企業.

Klein·bild·ka·me·ra [クらインビるト・カメラ] 囡 -/-s《写》(35 ミリの)小型カメラ.

Klein≈buch·sta·be [クらイン・ブーフシュターベ] 男 -ns (3格・4格 -n)/-n 小文字.

Klein≈bür·ger [クらイン・ビュルガァ] 男 -s/- 小市民, プチブル;《比》俗物. (女性形: -in).

klein≈bür·ger·lich [クらイン・ビュルガァリヒ] 形 小市民的な, プチブル的な;《比》俗物的な.

Klein≈bür·ger·tum [クらイン・ビュルガァトゥーム] 匣 -s/ ① 小市民階級. ② 俗物根性.

Klein≈bus [クらイン・ブス] 男 ..busses/..busse マイクロバス, バン.

Klei·ne[r] [クらイネ (..ナァ) kláɪnə (..nər)] 囡《語尾変化は形容詞と同じ》① 小さな男の子 (女の子); 小さな子供, おちびちゃん. die Großen und die *Kleinen* 大人たちと子供たち / eine hübsche *Kleine* かわいい女の子 / der *Kleine* 坊や. ②《口語・戯》少年, 男の子; 少女, 女の子. (⇔ 特に女の子の側から親しみをこめて男の子を呼ぶときに用いられる).

Klei·ne[s] [クらイネ[ス] kláɪnə[s]] 匣《語尾変化は形容詞と同じ》①《口語・戯》子供. unser *Kleines* うちの子 / etwas *Kleines*⁴ bekommen《戯》子供ができる. ② 小さな物(事). eine Welt **im** *Kleinen* 世界の縮図 / 形⁴ **im** *Kleinen* verkaufen 形⁴を小売する / **Im** *Kleinen* war die Methode erfolgreich. 規模が小さいうちはその方法は成功した / **im** *Kleinen* wie **im** Großen 事の大小を問わず / **um** ein *Kleines* a) ほんの少しだけ, b) すんでのところで.

Klein≈fa·mi·lie [クらイン・ファミーリエ] 囡 -/-n 小[人数]家族, 核家族.

Klein≈for·mat [クらイン・フォルマート] 匣 -[e]s/-e 小型サイズ.

Klein≈gar·ten [クらイン・ガルテン] 男 -s/..gärten (郊外の)レジャー用小菜園.

das **Klein≈geld** [クらイン・ゲるト kláɪngɛlt] 匣 (単 2) -[e]s/ 小銭, 釣り銭. Ich habe kein *Kleingeld*. 私は小銭がない.

klein≈gläu·big [クらイン・グろイビヒ] 形 小心で疑い深い, 懐疑的な.

Klein≈han·del [クらイン・ハンデる] 男 -s/ 小売業.

Klein·heit [クらインハイト] 囡 -/ 小さいこと; ささい, 微少.

Klein≈hirn [クらイン・ヒルン] 匣 -[e]s/-e《医》小脳.

Klein≈holz [クらイン・ホるツ] 匣 -es/ 細かく割った木, こっぱ, 木ぎれ. 形⁴ **zu** *Kleinholz* machen《口語》形⁴をこなごなに打ち壊す / *Kleinholz*⁴ **aus** 人³ machen《口語》人³をこてんこてんに打ちのめす.

die **Klei·nig·keit** [クらイニヒカイト kláɪnɪçkaɪt] 囡 (単) -/(複) -en ちょっとしたもの, わずかなもの; ささいなこと. eine *Kleinigkeit*⁴ essen 何かちょっと食べる / eine *Kleinigkeit*⁴ schenken 人³にちょっとしたものをプレゼントする / sich⁴ nicht mit *Kleinigkeiten* ab|geben ささいなことにかかわりを持たない / Das ist für ihn eine *Kleinigkeit*.《口語》それは彼にとってはわけないことだ / Das ist keine *Kleinigkeit*.《口語》これはそう容易ではない /

Das kostet eine *Kleinigkeit*. 《口語》(反語的に:)それはちょっと費用がかさみそうだ.
Klei·nig·keits·krä·mer [クらイニヒカイツ・クレーマァ] 男 -s/- 小さなことにこだわる人. (女性形: -in).
klein≈ka·riert¹ [クらイン・カリーァト] 形 こせこせした, ささいなことにこだわる.
klein≈**ka·riert**², **klein ka·riert** [クらイン・カリーァト] 形 細かいチェックの(布地など).
Klein≈kind [クらイン・キント] 田 -[e]s/-er (官庁) (3歳から6歳までの)幼児.
Klein≈kram [クらイン・クラーム] 男 -[e]s/ 《口語》 ① くだらないもの. ② くだらないこと.
Klein≈krieg [クらイン・クリーク] 男 -[e]s/-e ① ゲリラ戦. ② (絶え間のない)いざこざ, 小競り合い.
klein|krie·gen [クらイン・クリーゲン kláinkrì:gən] 他 (h) 《口語》 ① 屈服させる, 意のままにする. ② ばらばら(切れ切れ)にする.
Klein≈kunst [クらイン・クンスト] 囡 -/ カバレット(寄席)の演芸.
klein≈laut [クらイン・らオト] 形 (それまでの元気が失せて)急にしょんぼりした, しゅんとした.
klein·lich [クらインりヒ] 形 こせこせした, 度量の小さい, ささいなことにこだわる. (⇔「寛大な」は großzügig).
Klein·lich·keit [クらインりヒカイト] 囡 -/-en ① 〘複 なし〙狭量. ② こせこせした言動.
klein|ma·chen¹ [クらイン・マッヘン kláinmàxən] I 他 (h) ① 《口語》(遺産など⁴を)使い果たす. ② 《口語》(小銭に)くずす. II 再帰 (h) *sich⁴ kleinmachen* ① かがみこむ. ② へりくだる.
klein|ma·chen², **klein ma·chen** [クらイン・マッヘン] 他 (h) 細かくする, (まきなど⁴を)細かく割る.
Klein≈mut [クらイン・ムート] 男 -[e]s/ 《雅》小心, 臆病(ぎがぅ).
klein≈mü·tig [クらイン・ミューティヒ] 形 《雅》小心な, 臆病(ぎがぅ)な.
Klein·od [クらイン・オート kláin·o:t] 中 -[e]s/-e (または ..odien [..オーディエン]) 《雅》 ① 〘複 ..odien〙 (高価な)アクセサリー, 宝石. ② 〘複 -e〙貴重品, 宝物.
klein|schnei·den*, **klein schnei·den*** [クらイン・シュナイデン kláin·ʃnàidən] 他 (h) 小さく切る, 刻む.
klein|schrei·ben* [クらイン・シュらイベン kláin·ʃràibən] 他 (h) ① (単語⁴を)小文字で書き始める. ② 《比》軽視する, なおざりにする.
Klein≈schrei·bung [クらイン・シュらイブング] 囡 -/ 《言》 (頭文字の)小文字書き.
Klein≈staat [クらイン・シュタート] 男 -[e]s/-en 小国, 弱小国家.
Klein≈**staa·te·rei** [クらイン・シュターテライ] 囡 -/ 小邦分立[状態].
Klein≈**stadt** [クらイン・シュタット] 囡 -/ ..städte [..シュテーテ] 小都市(ドイツでは人口5千から2万までの都市).
Klein≈städ·ter [クらイン・シュテータァ] 男 -s/- 小都市の住民. (女性形: -in).
klein≈städ·tisch [クらイン・シュテーティッシュ] 形 小都市の; 田舎町特有の(窮屈さなど).
Klein≈tier [クらイン・ティーァ] 田 -[e]s/-e (ペット用の)小動物.
Klein≈**vieh** [クらイン・ふィー] 田 -[e]s/ 小家畜(鶏・うさぎなど). *Kleinvieh macht auch Mist*. 《諺》ちりも積もれば山となる.
Klein≈wa·gen [クらイン・ヴァーゲン] 男 -s/- 小型[自動]車.
Kleist [クらイスト kláist] -s/ 《人名》クライスト (Heinrich von *Kleist* 1777-1811; ドイツの劇作家).
Kleis·ter [クらイスタァ kláistər] 男 -s/(種類:) - 糊(⁸).
kleis·tern [クらイスタァン kláistərn] 他 (h) 《口語》 (物⁴を ...へ)糊(⁸)で貼(#)る.
Kle·ma·tis [クれーマティス klé:matɪs または クれマー..] 囡 -/ 《植》クレマチス, テッセン.
Kle·mens [クれーメンス klé:məns] 《男名》クレーメンス (=Clemens).
Klem·me [クれンメ klémə] 囡 -/-n ① 締めつけ金具, 留め金, クリップ; 《工》クランプ; 《医》鉗子(𝑥ⁿ). ② 《口語・比》窮地. 〖𝑁³ *aus der Klemme* helfen 𝑁³を窮地から救い出す / *in der Klemme* sein (または sitzen) 困っている, 板ばさみになっている.

klem·men [クれンメン klémən] (klemmte, *hat* ... geklemmt) I 他 (定了 haben) ① (物⁴を ...に)はさむ, はさみつける. ein Buch⁴ *unter den Arm klemmen* 本を小わきにはさむ / *Ich habe mir den Finger in der Tür geklemmt.* 私は指をドアにはさんでしまった. ② 《俗》くすねる, 盗む.
II 再帰 (定了 haben) *sich⁴ klemmen* ① はさまれる; (無理に)割り込む. *Ich habe mich an der Tür geklemmt.* 私はドアにはさまれた. ② 〖*sich⁴ hinter* 人・事⁴ ~〗《口語》(人⁴に援助を)頼み込む; (事⁴に)精を出す.
III 自 (定了 haben) (戸・引き出しなどが)動かない, なかなか開かない(閉まらない). *Das Fenster klemmt.* 窓が開かない(閉まらない).

klemm·te [クれムテ] klemmen (はさむ)の過去
Klemp·ner [クれンプナァ klémpnər] 男 -s/- 板金工, ブリキ職人. (女性形: -in).
Klemp·ne·rei [クれンプネライ klempnərái] 囡 -/-en ① 〘複 なし〙板金工(ブリキ職人)の仕事. ② 板金工(ブリキ職人)の仕事場.
Klep·per [クれッパァ klépər] 男 -s/- 老馬, 駄馬(ℓ).
Klep·to·ma·ne [クれプトマーネ klɛptomá:nə] 男 -n/-n 《心》盗癖のある人. (女性形: Kleptomanin).
Klep·to·ma·nie [クれプトマニー klɛptomaní:] 囡 -/ 《心》盗癖.
kle·ri·kal [クれリカール klerɪká:l] 形 (カトリックの)聖職者の; 教権主義の.
Kle·ri·ker [クれーリカァ klé:rikər] 男 -s/- (カトリックの)聖職者.

Kle·rus [クレールス kléːrus] 男 -/ (総称として:)(カトリックの)聖職者.

Klet·te [クレッテ klétə] 女 -/-n ① 〖植〗野生のゴボウ; 野生のゴボウの頭花(イガがある). an 人³ wie eine *Klette* hängen 《口語・比》人³にうるさくつきまとう.

Klet·te·rei [クレッテライ klɛtərái] 女 -/-en 《口語》(長時間にわたる)登山, 登攀(ﾄｳﾊﾝ).

Klet·te·rer [クレッタラァ klɛtərər] 男 -s/- 登山家, ロッククライマー. (女性形: Kletterin).

Klet·ter⹀ge·rüst [クレッタァ・ゲリュスト] 中 -[e]s/-e ジャングルジム.

klet·tern [クレッタァン klɛtərn] (kletterte, ist ... geklettert) 自 (完了 sein) ① (手足を使って)よじ登る. (英 climb). **an** den Seilen *klettern* ロープを伝ってよじ登る / **auf** einen Baum *klettern* 木によじ登る / **über** den Zaun *klettern* 垣根を乗り越える. ◇[現在分詞の形で] *kletternde* Pflanzen 蔓(ﾂﾙ)植物. ② [方向を表す語句とともに](…へ)手でつかまって入る, (…から)手でつかまって出る(降りる). **aus** dem Auto (**in** das Auto) *klettern* 手でつかまって車から降りる(車に乗り込む). ③ 《比》(物価・気温などが)上昇する.

Klet·ter⹀pflan·ze [クレッタァ・プふランツェ] 女 -/-n 蔓(ﾂﾙ)植物(つた・ぶどうなど).

Klet·ter⹀stan·ge [クレッタァ・シュタンゲ] 女 -/-n [ｽﾎﾟ]登り棒.

klet·ter·te [クレッタァテ] klettern (よじ登る)の過去

Klick [クリック klík] [英] 男 -s/-s [ｺﾝﾋﾟｭ](マウスの)クリック.

kli·cken [クリッケン klíkən] (klickte, hat geklickt) 自 (完了 haben) ① (カメラなどが)かしゃっ(かちっ)と音をたてる. ② [ｺﾝﾋﾟｭ]クリックする. *Klicken* Sie mit der Maus auf „ speichern "! マウスで「保存する」をクリックしなさい.

klick·te [クリックテ] klicken (かしゃっと音をたてる)の過去

Kli·ent [クリエント kliént] 男 -en/-en 訴訟(弁護)依頼人; 相談の依頼人, クライアント. (女性形: -in).

Kliff [クリふ klíf] 中 -[e]s/-e (北ﾄﾞｲﾂ)(海岸の)断崖(ﾀﾞﾝｶﾞｲ), 絶壁.

*das **Kli·ma** [クリーマ klíːma] 中 (単2) -s/ (複) -s (または ..mate [クリマーテ] (3格のみ ..maten)) ① [気象]気候. (英 climate). ein mildes *Klima* 温暖な気候. ② 室内気候, 空調. ③ (人間関係の生み出す)雰囲気, (精神的)環境. Betriebs*klima* 職場の雰囲気 / das geistige *Klima* 精神風土.

Kli·ma⹀än·de·rung [クリーマ・エンデルング] 女 -/-en 気候変動.

*die **Kli·ma·an·la·ge** [クリーマ・アンラーゲ klíːma-anlaːgə] 女 (単) -/(複) -n エアコン [ディショナー], 空調装置. (英 air conditioner). Jedes Zimmer hat eine *Klimaanlage*. どの部屋にもエアコンが付いている.

Kli·mak·te·ri·um [クリマクテーリウム kli-makté:rium] 中 -s/..rien [..リエン] 《医》更年期, 月経閉止期.

Kli·ma⹀schutz [クリーマ・シュッツ] 男 -es/-e 地球環境保全.

kli·ma·tisch [クリマーティッシュ klimáːtɪʃ] 形 気候的な, 気候のよい, 気候(転地)療法に適した. ein *klimatischer* Kurort 転地療養地.

kli·ma·ti·sie·ren [クリマティズィーレン klimati-zíːrən] 他 (h) (部屋などを)空気調節(冷暖房)する; (㊉に)エアコンを取り付ける.

Kli·ma⹀wech·sel [クリーマ・ヴェクセる] 男 -s/- 転地[療法].

Kli·max [クリーマクス klíːmaks] 女 -/-e 《ふつう単》頂点, 絶頂, クライマックス.

Klim·bim [クリムビム klɪmbím] 男 -s/ 《口語》余計なもの, がらくた; (ばかばかしい)大騒ぎ.

klim·men⁽⁾ [クリンメン klímən] (klomm, ist ... geklommen または klimmte, ist ... geklimmt) 自 (s) 《雅》(…へ)よじ登る.

Klimm⹀zug [クリム・ツーク] 男 -[e]s/..züge (体操で)懸垂.

klim·pern [クリンパァン klímpərn] I 自 (h) ① かちゃかちゃ(ちゃらちゃら)音をたてる. **mit** dem Geld in der Tasche *klimpern* ポケットの中でお金をちゃらちゃらいわせる. ② [口語]ぞんざいに弾く. **auf** der Gitarre *klimpern* ギターをぽろんぽろんと鳴らす. II 他 (h) 《口語》(曲など⁴を)下手に弾く.

Klimt [クリムト klímt] -s/ 《人名》クリムト (Gustav *Klimt* 1862-1918; オーストリアの画家).

*die **Klin·ge** [クリンゲ klíŋə] 女 (単) -/(複) -n ① (刀・ナイフなどの)刃, 刀身. (英 blade). Rasier*klinge* 安全カミソリの刃 / die *Klinge*⁴ wechseln (かみそりの)刃を取り替える / mit 人³ die *Klingen*⁴ kreuzen 《雅》a) 人³と決闘する, b) 《比》人³と論争する / eine scharfe *Klinge*⁴ führen 《口語・比》(論争の際に)鋭く切りこむ / 人⁴ **über** die *Klinge* springen lassen 《比》a) 人⁴を殺す, b) 人⁴を破滅させる(←刃の上を跳び越えさせる).
② (方)(険しい)峡谷.

*die **Klin·gel** [クリンゲる klíŋəl] 女 (単) -/ (複) -n ベル, 呼び鈴. (英 bell). eine laute *Klingel* 音の大きなベル / die *Klingel*⁴ betätigen ベルを鳴らす / **auf** die *Klingel* drücken 呼び鈴を押す.

Klin·gel⹀knopf [クリンゲる・クノプふ] 男 -[e]s/..knöpfe 呼び鈴の押しボタン.

*‎**klin·geln** [クリンゲるン klíŋəln] ich klingle (klingelte, *hat* ... geklingelt) (英 ring) I 自 (完了 haben) ① (ベルなどが)鳴る. Das Telefon *klingelt*. 電話が鳴っている. ◇[非人称の es を主語として] Es *klingelt* **zum** Unterricht. 授業開始のベルが鳴っている / Jetzt *hat* es **bei** mir *geklingelt*. 《口語》やっとわかったぞ / Jetzt hat es *geklingelt*! 《口語》もう黙ってはいられない.
② (人が)ベルを鳴らす. stürmisch **an** der Tür *klingeln* ドアのベルを激しく鳴らす /

[nach] der Sekretärin³ *klingeln* 女性秘書を呼び鈴で呼ぶ.
II 他 (定了) haben) (人⁴を)ベルを鳴らして起こす. 人⁴ **aus dem Bett** *klingeln* ベルを鳴らして人⁴をベッドから起こす.

klin·gel·te [クリンゲるテ] *klingeln (鳴る)の過去

Klin·gel·ton [クリンゲる・トーン] 男 -[e]s/..töne (携帯電話の)着信音, 着信メロディー.

klin·gen [クリンゲン klíŋən] (klang, hat ... geklungen) 自 (定了) haben) ① 鳴る, 響く. (英 *ring*). Die Glocken *klingen* dumpf. 鐘が鈍く鳴り響く / die Gläser⁴ *klingen lassen* グラスを打ち合わせて乾杯する / Der Lärm *klang* **bis zu** uns. その騒ぎはわれわれのところまで響いてきた.
② (比) (…のように)聞こえる, 思われる. Die Geschichte *klingt* seltsam. その話は奇妙な感じがする.

> 類語 **klingen**: (グラス・鐘などが)高いさえた音を出す, 澄んだ音色で響く. **tönen**: (オルガン・スピーカーの音などが)響き渡る. **läuten**: (鐘が時なとを告げて)鳴る.

kling·le [クリングれ] *klingeln (ベルを鳴らす)の1人称単数 現在

*die **Kli·nik** [クリーニク klí:nɪk] 女 (単) -/(複) -en ① (専門の診療をする)クリニック; [大学附属]病院. (英 *clinic*). Poli*klinik* 外来患者診療所, (病院の)外来診療部 / eine *Klinik* **für Herzkrankheiten** 心臓病クリニック / 人⁴ **in die** *Klinik* **ein|liefern** 人⁴を入院させる. (☞ 類語 Krankenhaus). ② (複 なし)(医) (大学の)臨床講義.

Kli·ni·ker [クリーニカァ klí:nikər] 男 -s/- (医) ① (大学附属病院の)臨床医(臨床講義を担当する). (女性形: -in). ② 臨床実習生.

Kli·ni·kum [クリーニクム klí:nikum] 中 -s/..nika (または ..niken) ① (複 なし)(医) 臨床実習. ② 大学附属病院.

kli·nisch [クリーニッシュ klí:nɪʃ] 形 (医) ① クリニックの, [大学附属]病院の, 臨床[講義]の. die *klinische* Ausbildung 臨床実習. ② 医学的に確認される. ein *klinischer* Tod 医師によって確認される死(心肺機能の停止).

die **Klin·ke** [クリンケ klíŋkə] 女 (単) -/(複) -n ① (ドアの)取っ手, ノブ. die *Klinke*⁴ nieder|drücken (または herunter|drücken) 取っ手を下へ押す / *Klinken*⁴ **putzen** (口語) 家から家へ行商(物ごい)して回る(← 取っ手を磨く). ② (機械などの)ハンドル, レバー.

Klin·ker [クリンカァ klíŋkər] 男 -s/- 硬質れんが, クリンカー.

klipp [クリップ klɪp] 副 (成句的に) *klipp* und klar (口語) きわめてはっきりと.

Klipp [クリップ] (=Clip) 男 -s/-s ① (万年筆などの)クリップ; (クリップ式の)イヤリング, ヘアクリップ.

Klip·pe [クリッペ klípə] 女 -/-n ① (沿岸の)岩礁, 暗礁; (比) 困難, 障害. **auf eine** *Klippe* **auf|laufen** (船・事態が)暗礁に乗り上げる.

Klip·per [クリッパァ klípər] 男 -s/- (海) クリッパー(昔の快速帆船).

Klips [クリップス klɪps] 男 -es/-e (クリップ式の)イヤリング, ヘアクリップ.

klir·ren [クリレン klírən] 自 (h) (金属・ガラスなどが)かちゃかちゃ(がちゃがちゃ)音をたてる.

Kli·schee [クリシェー kliʃé:] 中 -s/-s ① (印) ステロ版. ② 型にはまった考え; 月並みな決まり文句.

kli·schie·ren [クリシーレン kliʃí:rən] 他 (h) ① (印) ステロ版にする. ② (比) 安易に模倣する, 紋切り型に表現する.

Klis·tier [クリスティーァ klɪstí:r] 中 -s/-e (医) 浣腸(なら).

Kli·to·ris [クリートリス klí:tɔrɪs] 女 -/- (または ..torides [クリトーリデース]) (医) 陰核, クリトリス (=Kitzler).

Klit·sche [クリッチェ klítʃə] 女 -/-n (口語) ① 貧しい農場; 零細工場. ② 三文劇場.

klit·schig [クリチヒ klítʃɪç] 形 (方) (ケーキ・パンなどが)生焼けでべとべとしている.

klitsch ₋ nass [クリッチュ・ナス] 形 (口語) びしょぬれの.

klit·tern [クリッタァン klítərn] 他 (h) (素材を寄せ集めて作品など⁴を)でっちあげる.

klit·ze ₋ klein [クリッツェ・クらイン] 形 (口語) ちっぽけな.

das **Klo** [クロー kló:] 中 (単2) -s/(複) -s (口語) トイレ, 便所; 便器. (=Klosett). (英 *loo*). **aufs** *Klo* **gehen** トイレに行く.

Klo·a·ke [クロアーケ kloá:kə] 女 -/-n 下水溝, 暗渠(数).

Klo·ben [クローベン kló:bən] 男 -s/- ① 丸木, 丸太; (口語) 無骨者. ② (手工) 手万力(てまん).

klo·big [クローピヒ kló:bɪç] 形 ごつい, 不格好な; 無骨な, 粗野な.

klomm [クロム] *klimmen* (よじ登る)の過去

klöm·me [クレンメ] *klimmen* (よじ登る)の接2

Klon [クローン kló:n] 男 -s/-e (生) クローン(有性生殖によらずに生じた, 遺伝的に同一の個体・細胞群).

klo·nen [クローネン kló:nən] 他 (h) (生) (動植物⁴を)無性増殖させる.

klö·nen [クレーネン kló:nən] 自 (h) (北ドイツ) (くつろいで)おしゃべりする, 雑談する.

****klop·fen*** [クロプフェン klópfən] (klopfte, hat ... geklopft) **I** 自 (定了) haben) ① (とんとんと)たたく, ノックする. (英 *knock*). Jemand *klopft* **an die** Tür (または an der Tür). 誰かがドアをノックしている / 人³ **auf die** Schulter *klopfen* 人³の肩をたたく. ◇(非人称の **es** を主語として) Es *klopft* an der Tür. ドアをノックする音がする.
② (心臓・脈が)どきどきする; (エンジンが)ノッキングする. ◇(現在分詞の形で) mit *klopfendem* Herzen 胸をどきどきさせながら.
II 他 (定了) haben) ① (物⁴をとんとんと)たたく; (ほこりなど⁴を)たたいて除く. das Fleisch⁴ *klopfen* 肉をたたいて柔らかくする / Steine⁴

klopfen 石をたたいて砕く / den Teppich *klopfen* じゅうたんをたたいてほこりを出す / Asche⁴ aus der Pfeife *klopfen* パイプをたたいて灰を出す / den Staub vom Mantel *klopfen* コートのほこりをはたく / Die Studenten *klopfen* Beifall. 学生たちは机をたたいて賛意を表した / mit dem Fuß den Takt *klopfen* 足でとんとん拍子をとる.
② [A⁴ in B⁴ ~] (A⁴をB⁴に)打ち込む. einen Nagel in die Wand *klopfen* くぎを壁に打ち込む.

Klop·fer [クロプファァ klópfər] 男 -s/- ① 敲物(じゅったん)たたき. ② (ドアの)ノッカー.

klopfsfest [クロプふ・フェスト] 形 ノッキングを防ぐ, アンチノック性の(ガソリンなど).

klopf·te [クロプふテ] *klopfen (とんとんたたく)の過去.

Klopfszei·chen [クロプふ・ツァイヒェン] 中 -s/- ノックによる合図.

Klöp·pel [クレッペる kloepəl] 男 -s/- ① (鐘の)舌; (太鼓の)ばち. ② (織)レース編み用ボビン.

klöp·peln [クレッペるン kloepəln] I 自 (h) (織)レース編みで作る. Spitzen⁴ *klöppeln* レースを編む. II 他 (h) (織)レース編みをする.

Klops [クロプス klóps] 男 -es/-e (北ドッ・東部ドッ)(料理)肉団子, ミートボール.

Klop·stock [クロプ・シュトック klóp-ʃtɔk] -s/ (人名)クロプシュトック (Friedrich Gottlieb *Klopstock* 1724-1803; ドイツの詩人).

Klo·sett [クロゼット klozét] 中 -s/-s (または -e) (水洗)便所, トイレ; 便器.

Klo·settspa·pier [クロゼット・パピーァ] 中 -s/-e トイレットペーパー.

das **Kloß** [クロース kló:s] 男 (単2) -es/(複) Klöße [クレーセ] (3格のみ Klößen) (北ドッ・中部ドッ)(料理) 団子, ダンプリング (=Knödel). Kartoffel*kloß* じゃがいもの団子 / Klöße aus Fleisch 肉団子 / Er hat einen *Kloß* im Hals. (口語)彼は[興奮して]声が出ない(←のどに団子を詰まらせている).

Kloßsbrü·he [クロース・ブリューエ] 女 -/-n 肉団子のスープ. Das ist klar wie *Kloßbrühe*. (口語)それはわかりきったことさ.

Klö·ße [クレーセ] Kloß (団子)の複.

das **Klos·ter** [クロースタァ kló:stər] 中 (単2) -s/(複) Klöster [クレスタァ] (3格のみ Klöstern) 修道院, 僧院. Nonnen*kloster* 女子修道院, 尼僧院 / ins *Kloster* gehen 修道士になる, 修道院に入る.

Klös·ter [クレスタァ] Kloster (修道院)の複.

Klos·tersbru·der [クロースタァ・ブルーダァ] 男 -s/..brüder [平]修道士.

klös·ter·lich [クレスタァりヒ] 形 修道院の; 修道院のような.

Klotz [クロッツ klóts] 男 -es/Klötze (口語: Klötzer) ① 丸太, 丸木; (おもちゃの)積み木. wie ein *Klotz* schlafen 熟睡する(←丸太のように眠る) / Er ist für mich ein *Klotz* am Bein. (口語)彼は私の足手まといだ(←足元の丸太である).
② (複 Klötze) (俗) 無骨者, がさつ者.

klot·zen [クロッツェン klótsən] 自 (h) (方) ① (パーティーの主催者などが)はでにぱっとやる. ② 骨の折れる仕事をする.

klot·zig [クロツィヒ klótsɪç] 形 ① (丸太のように)不格好な, ごつい. ② (口語)ものすごい.

der **Klub** [クラップ klúp] (=Club) 男 (単2) -s/(複) -s ① クラブ, (若者の)仲間, グループ. Sport*klub* スポーツクラブ / einen *Klub* gründen クラブを結成する. ② クラブハウス, クラブ集会所.

Klubsses·sel [クラップ・ゼッセる] 男 -s/- クラブチェア(ひじ掛けまでクッションを張った安楽いす).

Kluft¹ [クるふト klúft] 女 -/Klüfte ① (岩などの)割れ目. ② (人と人の間の)溝, 対立.

Kluft² [クるふト] 女 -/-en (口語) 制服, ユニホーム; (特定の目的のための)衣服(仕事着・礼服など).

＊**klug** [クるーク klú:k]

> 賢い　Sie ist sehr *klug*.
> ズィー イスト ゼーァ クるーク
> 彼女はとても賢い.

形 (比較) klüger, (最上) klügst) (英 *clever*) ① 賢い, 頭のいい. ein *kluges* Kind 利口な子供 / Er ist ein *kluger* Kopf. 彼は頭のいい人だ / aus 人・事³ nicht *klug* werden 人・事³がわからない ⇒ Ich werde nicht *klug* aus ihm. 私は彼の気持ちがわからない / Ich bin so *klug* wie vorher (または zuvor). 私にはぜんとしてわからない.
② 賢明な; 抜け目のない; 巧妙な. ein *kluger* Rat 賢明なアドバイス / ein *kluger* Politiker 抜け目のない政治家 / *klug* handeln 巧妙に立ち回る.

> 類語 *klug*: (頭脳が明敏で)利口な. *gescheit*: (てきぱきとして)ひらめきの速い. (「頭のよさ」の意味にも用いる). *vernünftig*: (理性的で)分別のある. *weise*: (人生の知恵を備えていて)思慮深い. *schlau*: (抜け目がなくて)賢い.

klü·ger [クリューガァ] (*klug*の比較) 形 より賢い. ◇(名詞的に) Der *Klügere* gibt nach. (諺) 負けるが勝ち(←賢明な人の方が譲歩する).

klu·gersweise [クるーガァ・ヴァイゼ] 副 賢明に[も].

die **Klug·heit** [クるークハイト klú:khaɪt] 女 (単) -/(複) -en ① (複 なし) 賢さ, 聡明, インテリジェンス; 抜け目なさ, 巧妙さ. (英 *cleverness*). ein Mann von großer *Klugheit* たいへん賢明な男. ② (複で)(皮肉って:) 利口ぶった発言.

klugsre·den [クるーク・レーデン klú:k-rè:dən] 自 (h) (口語) 知ったかぶりをする, 利口ぶった口をきく.

klügst [クリュークスト] *klug (賢い)の最上.

die **Klump** [クるンプ klúmp] 男 (成句的に) einen Wagen in *Klump* (または zu *Klump*) fahren (口語) (事故で)車をぐちゃぐちゃにする / in *Klump* gehen (口語) 打ち砕かれる.

klum·pen [クンペン klúmpən] 自 (h) (塩・血液などが)固まる; かたまりになってこびりつく.

Klum·pen [クンペン] 男 -s/- かたまり, かけら, 一山. ein *Klumpen* Gold 金塊.

Klump⹀fuß [クンプ・フース] 男 -es/..füße 《医》えび足, 内反足.

klum·pig [クンピヒ klúmpiç] 形 かたまり状の, だまの多い(スープなど); 不格好な.

Klün·gel [クリュンゲル klýŋəl] 男 -s/- 徒党, [派]閥.

Klun·ker [クルンカァ klúŋkər] 女 -/-n (または男 -s/-) 《口語》(大きな)アクセサリー.

km [キロ・メータァ] (記号) キロメートル (＝Kilometer).

km² [クヴァドラート・キロメータァ] (記号) 平方キロメートル (＝Quadratkilometer).

km/h, km/st [キロ・メータァ プロ シュトゥンデ または ... インデァ シュトゥンデ] (記号) 毎時…キロメートル (＝Kilometer pro (または in der) Stunde).

kn [クノーテン] (記号)《海》ノット (＝Knoten).

knab·bern [クナッバァン knábərn] I 他 (h) がりがりかじる, ぽりぽり食べる. Gebäck⁴ *knabbern* ビスケットをぽりぽり食べる. II 自 (h)【**an** 物³ ～】(ねずみなどが物³を)かじる.

Kna·be [クナーベ kná:bə] 男 -n/-n ① 《雅》男の子, 少年. 《☞ 今ではふつう Jungeを用いる;「女の子」は Mädchen》 ② 《口語・戯》若者, やつ, 男. Hallo, alter *Knabe*! やあ君.

Kna·ben⹀chor [クナーベン・コーァ] 男 -[e]s/..chöre 少年合唱[団].

kna·ben·haft [クナーベンハフト] 形 (女の子が)男の子のような; 男の子らしい.

knack! [クナク knák] 間 (物の割れる音:)ぽきっ, ぱりっ, ぱちっ.

Knä·cke⹀brot [クネッケ・ブロート] 中 -[e]s/-e クネッケパン (四角い形の薄いぱりぱりしたパン).

kna·cken [クナッケン knákən] I 自 (h, s) ① (h) ぽきっ(ぱちっ)という音をたてる. Das Bett *knackt*. ベッドがみしっという. ② (s) 《口語》ぽきっと折れる, ぱりっと割れる. II 他 (h) ① ぽきっと折る, ぱりっと割る(壊す). Nüsse⁴ *knacken* くるみをぱかっと割る. ② 《口語》こじ開ける. einen Geldschrank *knacken* 金庫破りをする.

Kna·cker [クナッカァ knákər] 男 -s/- ①【成句的に】ein alter *Knacker* 《俗》おやじ, じじい. ② 《方》＝Knackwurst.

kna·ckig [クナキヒ knákıç] 形 《口語》① (新鮮で)ぱりぱりした, かりかりした(にんじんなど). ein *knackiger* Apfel 身のしまったりんご. ② ぴちぴちした, はつらつとした(女の子など).

knacks! [クナックス knáks] 間 (物の割れる音・折れる音:)ぽきっ, ぱりっ, ぱちっ.

Knacks [クナックス] 男 -es/-e ① ぽきっ(ぱりっ)と物の割れる(折れる)音. ② 《口語》亀裂(むつ), ひび, 割れ目; (心・身体の)傷, 障害. einen *Knacks* bekommen a) (コップなどに)ひびが入る, b) (健康が)そこなわれる, がたがくる.

Knack⹀wurst [クナック・ヴルスト] 女 -/..würste クナックヴルスト(かむとぱきっと音のするソーセージ).

Knall [クナる knál] 男 -[e]s/-e どん(ぱたん・ぱちっ・ぴしっ)という音, 破裂音; 爆発音; 銃声. [**auf**] *Knall* und Fall 突然, たちまち / Du hast ja einen *Knall*! 《俗》おまえは頭が変じゃないのか.

Knall⹀bon·bon [クナる・ボンボーン] 男 中 -s/-s クラッカー(両端を引くとぱんと音をたてて割れる).

Knall⹀ef·fekt [クナる・エフェクト] 男 -[e]s/-e 《口語》(物語などの)クライマックス, あっといわせる落ち, どんでん返し.

knal·len [クナれン knálən] (knallte, *hat/ist* ...geknallt) I 自 《完了》haben または sein) ① (h) どん(ぱたん)と音をたてる. 《変》*bang*). Die Sektkorken *knallen*. シャンパンのコルク栓がぽんと音をたてる / mit der Peitsche *knallen* ぱしっと笞(ﾑﾁ)を鳴らす. ◇《非人称の es を主語として》Irgendwo *hat* es *geknallt*. どこかでどんという音がした.
② (s)《方向を表す語句とともに》《口語》(…へ)どしんとぶつかる. Das Auto *ist* gegen den Baum *geknallt*.《現在完了》その車は木にどしんとぶつかった / Die Tür *knallt* ins Schloss. ドアがばたんと閉まった. ③ (s) ぱんと破裂する, かちゃんと割れる. ④ (h) 《口語》(…へ向けて)ずどんと撃つ; (サッカーなどで:)強烈にシュートする. ⑤ (h)《口語》(太陽が)ぎらぎら照りつける; (色が)けばけばしい.

II 他 《完了》haben) ①【方向を表す語句とともに】(物⁴を…へ)どん(ぱたん)と投げつける, たたきつける. Er *knallte* den Brief **auf** den Tisch. 彼はその手紙を机の上に投げつけた / die Tasche⁴ **in** die Ecke *knallen* バッグを隅っこにどしんと置く. ◇《再帰的に》*sich*⁴ **in** den Sessel *knallen* いすに掛けないすに腰をおろす.
② 《口語》(弾丸⁴を…へ向けて)ずどんと撃つ; (サッカーなどで:)(ボール⁴を)強烈にシュートする. ③ 《口語》(げんこつなど⁴を)くらわす. 人³ eine⁴ *knallen*《俗》人³に一発くらわす.

knall⹀hart [クナる・ハルト] 形 《口語》① 過酷な; 冷酷な; 情容赦ない. ② (ｼｭｰﾄ)強烈な(シュートなど).

knal·lig [クナリヒ knálıç] I 形《口語》(色などが)どぎつい, けばけばしい; (音楽などが)騒々しい.

Knall⹀kopf [クナる・コプフ] 男 -[e]s/..köpfe 《俗》ばか, とんま.

knall⹀rot [クナる・ロート] 形 《口語》けばけばしい赤の, 真っ赤な.

knall·te [クナるテ] knallen (どんと音をたてる)の 過去.

knapp [クナップ knáp] I 形 ① 乏しい, 不十分な. ein *knappes* Einkommen 乏しい収入 / Ich bin *knapp* mit der Zeit. 私にはあまり時間がない / nicht zu *knapp* 少なからず, たっぷりと.
② かろうじて足りる, ぎりぎりの. eine *knappe* Mehrheit ぎりぎりの過半数 / ein *knapper*

Sieg 辛勝. ◇《数量を表す語句とともに》…足らず，…弱の. *knapp* 100 Personen 100 名足らずの人たち / vor einer *knappen* Stunde または vor *knapp* einer Stunde 1 時間足らず前に. ③ 《衣服・靴などが》きちきちの，窮屈な. ein *knapper* Pullover きちきちのプルオーバー / Diese Schuhe sitzen zu *knapp*. この靴はきつすぎる. ④ 簡潔な. mit *knappen* Worten 簡潔な言葉で / kurz und *knapp* 簡潔に.
II 副 すれすれに，接近して. *knapp* vor Mittag 正午直前に / Der Rock endet *knapp* über dem Knie. そのスカートはわずかにひざにかかるくらいだ.

Knap·pe [クナッペ knápə] 男 -n/-n ① 〔坑〕坑夫，鉱員. ② (中世の)小姓，近習(きんじゅ).

knapp|hal·ten* [クナップ・ハルテン knáp·hàltən] 他 (h) 《口語》(人⁴に)わずかしか与えない，不自由させる. 人⁴ mit Geld *knapphalten* 人⁴にお金を少ししか与えない.

Knapp·heit [クナップハイト] 女 -/ ① (食糧・資金などの)不足，欠乏. ② (表現の)簡潔さ.

knap·sen [クナプセン knápsən] 自 (h) 《口語》ぎりぎりまで倹約する，けちけちする.

Knar·re [クナレ knárə] 女 -/-n ① (おもちゃの)がらがら，鳴子(なる). ② 《俗》鉄砲.

knar·ren [クナレン knárən] 自 (h) (階段・ドアなどが)ぎしぎしいう，きしむ.

Knast [クナスト knást] 男 -[e]s/Knäste (または -e) 《口語》① 〔複 なし〕拘留[刑]. ② 刑務所.

Knatsch [クナーチュ kná:tʃ] 男 -[e]s/ 《方》いさかい，いざこざ.

knat·tern [クナッタァン knátərn] 自 (h, s) ① (h) (銃火・帆などが)ばちばち(ぱたぱた)と音をたてる. ② (s) (オートバイなどが)だっだっと音をたてて走る.

Knäu·el [クノイエる knɔ́yəl] 男 中 -s/- (糸・毛・ひもの)球; もつれた糸のかたまり;《比》(押し寄せた)人の群れ.

Knauf [クナオふ knáuf] 男 -[e]s/Knäufe (ステッキ・ドアなどの)丸い握り，(レバーの)ノブ; (剣・刀の)柄頭(つかがしら).

Knau·ser [クナオザァ knáuzər] 男 -s/- 《口語》けちん坊.

knau·se·rig [クナオゼりヒ knáuzərɪç] 形 《口語》ひどくけちな，しみったれの.

knau·sern [クナオザァン knáuzərn] 自 (h) 《口語》けちけちする，けちる. mit dem Geld *knausern* お金にけちけちする.

knaut·schen [クナオチェン knáutʃən] **I** 他 (h) 《口語》(衣服・紙など⁴を)しわくちゃにする.
II 自 (h) 《口語》しわになる.

Knautsch⹀zo·ne [クナオチュ・ツォーネ] 女 -/-n (自動車)(前後部の)衝撃吸収部.

Kne·bel [クネーベる kné:bəl] 男 -s/- (ものを丸めた)さるぐつわ.

kne·beln [クネーベるン kné:bəln] 他 (h) (人⁴にさるぐつわをかませる.

Knecht [クネヒト knéçt] 男 -[e]s/-e ① (農家の)作男，下男; 召使い. ② 《軽蔑的に:》人のいいなりになる人，手先.

knech·ten [クネヒテン knéçtən] 他 (h) 《雅》(民衆などを)抑圧する，隷属させる. ◇《過去分詞の形で》ein *geknechtetes* Volk しいたげられた民.

knech·tisch [クネヒティッシュ knéçtɪʃ] 形 《雅》奴隷のような，卑屈な.

Knecht·schaft [クネヒトシャふト] 女 -/-en 〔ふつう 単〕《雅》隷属[状態]，屈従; 奴隷[の身分].

knei·fen* [クナイふェン knáɪfən] (kniff, *hat* …geknifften) (英 *pinch*) **I** 他 《完了》haben) ① (人⁴を)つねる. Er *kniff* mich in den Arm. 彼は私の腕をつねった. ② (ぎゅっと)はさむ. Der Hund *kniff* den Schwanz zwischen die Beine. その犬はしっぽを足の間に巻き込んだ. ③ (ぎゅっと)合わせる. die Augen⁴ *kneifen* 目をぎゅっと閉じる / die Lippen⁴ *kneifen* 唇をぎゅっと結ぶ.
II 自 《完了》haben) ① つねる. Er *kniff* mir in den Arm. 彼は私の腕をつねった. ② (衣服・靴などが)締めつけている，きつい. Das Gummiband *kneift*. ゴムバンドがきつい. ③ 《口語》しり込みする，おじけづく. vor einem Vorgesetzten *kneifen* 恐れをなして上司を避ける.

Knei·fer [クナイふァァ knáɪfər] 男 -s/- 鼻眼鏡.

Kneif·zan·ge [クナイふ・ツァンゲ] 女 -/-n やっとこ.

die **Knei·pe** [クナイペ knáɪpə] 女 (単) -/(複) -n 《口語》飲み屋，居酒屋. (英 *pub, bar*). in die *Kneipe* gehen 飲み屋に行く.

knei·pen [クナイペン knáɪpən] 自 (h) 《口語》酒を飲む.

kneip·pen [クナイペン knáɪpən] 自 (h) 《口語》クナイプ式[水浴]療法を行う.

Kneipp⹀kur [クナイプ・クーァ] 女 -/-en クナイプ式[水浴]療法 (Sebastian *Kneipp* 1821–1897 が発案した自然療法).

kne·ten [クネーテン kné:tən] 他 (h) ① (パンの生地など⁴を)こねる. den Teig *kneten* (パンなどの)生地をこねる. ② (粘土をこねて塑像など⁴を)作る. ③ マッサージする.

Knet⹀mas·se [クネート・マッセ] 女 -/-n (彫塑用の)粘土.

Knick [クニック kník] 男 -[e]s/-e 屈曲，カーブ，(紙などの)折れ目. einen *Knick* in der Optik haben 《口語》目がちゃんと見えていない.

kni·cken [クニッケン knícken] (knickte, *hat/ist* …geknickt) **I** 他 《完了》haben) ① 折り曲げる. (英 *bend*). ein Streichholz⁴ *knicken* マッチ棒を折る / die Knie⁴ *knicken* ひざを折る. ◇《目的語なしでも》Bitte nicht *knicken*! (郵便物で:)折り曲げないでください. ② (人⁴を)意気消沈(落胆)させる; (プライドなど⁴を)へし折る.
II 自 《完了》sein) 折れ曲がる. Die Bäume *knickten* wie Strohhalme. 木が麦わらのよう

に折れた / **in die Knie⁴ knicken** くずおれる. ◊☞ **geknickt**

Kni·cker¹ [クニッカァ kníkər] 男 -s/- 《口語》けちん坊.

Kni·cker² [クニッカァ] 男 -s/- 《狩》[小型の]猟刀(首筋にとどめを刺す).

Kni·cker·bo·cker[s] [クニッカァ・ボッカァ[ス]] 複 《服飾》ニッカーボッカー(ひざ下でくくるゆったりした半ズボン).

kni·cke·rig [クニッケリヒ kníkəriç] 形 《口語》けちな, しみったれの.

knick·rig [クニックリヒ kníkriç] 形 = knickerig

Knicks [クニックス kníks] 男 -es/-e (女性の)片ひざを折ってするおじぎ. **einen Knicks machen** 片ひざを折っておじぎする.

knick·sen [クニクセン kníksən] 自 (h) (女性が)片ひざを折っておじぎする.

knick·te [クニックテ] knicken (折り曲げる)の 過去

knie [クニーエ または クニー] * knien (ひざまずいている)の1人称単数 現在

* *das* **Knie** [クニー kní:] 中 (単2) -s/(複) - [クニーエ または クニー] (3格のみ -n) ① **ひざ**(膝). (英 *knee*). (☞ *Körper* 図). **runde Knie** 丸いひざ / **das Knie⁴ beugen** ひざを曲げる / **Ihm zittern die Knie.** 彼はひざががくがく震えている / **weiche Knie⁴ haben** 《口語》おじけづいて足が震える.

◊《前置詞とともに》 **Sie standen bis an die Knie im Wasser.** 彼らはひざまで水につかっていた / **auf die Knie fallen** ひざまずく / **人³ auf Knien danken** (比) 人³に心から感謝する / **sich⁴ vor 人³ auf die Knie werfen** 人³の前にひざまずく / **人⁴ auf (または in) die Knie zwingen** 《雅》人⁴を屈服させる / **in die Knie brechen (または fallen)** ひざをついて倒れる / **in die Knie gehen** a) くずおれる, b)《比》屈服する / **in die Knie sinken** (疲れ果てて)くずおれる / **in den Knien weich werden** 《口語》恐ろしくてひざががくがくする / **mit weichen Knien** 《口語》とても不安な気持ちで / **人⁴ übers Knie legen** 《口語・比》人⁴のお尻(ﾘ)をひっぱたく / **Man soll nichts übers Knie brechen.**《口語》何事もそんざいに(性急に)片づけてはならない / **Das Kleid reicht bis zum Knie.** そのワンピースはひざまで届く.

② (ズボンの)ひざの部分. ③ (道・川などの)屈曲部. ④《工》(可動アームの)接合部, ジョイント.

Knie·beu·ge [クニー・ボイゲ] 女 -/-n (体操の)屈膝(ﾂ), ひざを曲げる運動.

Knie·fall [クニー・ふァる] 男 -[e]s/..fälle (敬意を表すために)ひざまずくこと. **einen Kniefall [vor 人³] tun** [人³の前に]ひざまずく.

knie·frei [クニー・ふライ] 形 (丈が)ひざ上までの(スカートなど).

Knie·ge·lenk [クニー・ゲれンク] 中 -[e]s/-e 《医》膝(ひざ)関節.

knie·hoch [クニー・ホーホ] 形 ひざまで届く高さの(草・雪など).

Knie·keh·le [クニー・ケーれ] 女 -/-n 膝窩(しつか), ひかがみ(ひざの裏側のくぼみ).

knie·lang [クニー・らンク] 形 (丈が)ひざまでの(スカートなど).

knien [クニーン kní:n または クニーエン kní:ən] ich knie (kniete, *hat*/*ist* ... gekniet) (英 *kneel*) **I** 自 (haben; 南ドイツ: sein) (片ひざ・両ひざで)**ひざまずいている**. **auf dem Boden knien** 床の上にひざまずいている / **vor dem Altar knien** 祭壇の前にひざまずいている.

II 再帰 (完了 haben) *sich⁴* **knien** ① ひざまずく. **Er kniete sich neben** mich. 彼は私のそばにひざまずいた. ② 《*sich⁴* **in** 物⁴ ~》《口語》(物⁴に)没頭する. **sich⁴ in die Arbeit knien** 仕事に打ち込む.

Knie·schei·be [クニー・シャイベ] 女 -/-n 《医》ひざ頭, 膝蓋(しつがい)[骨].

Knie·schüt·zer [クニー・シュッツァァ] 男 -s/- (ホッケー選手などの)ひざ当て.

Knie·strumpf [クニー・シュトルンプふ] 男 -[e]s/..strümpfe ハイソックス.

knie·te [クニーテ] knien (ひざまずいている)の 過去

knie·tief [クニー・ティーふ] 形 ひざまで届く深さの(水・雪など).

kniff [クニふ] kneifen (つねる)の 過去

Kniff [クニふ kníf] 男 -[e]s/-e ① つまむ(つねる)こと. ② 折り目, しわ. ③ トリック; (仕事の)こつ.

knif·fe [クニッふェ] kneifen (つねる)の 接2

knif·fe·lig [クニッふェリヒ kníføliç] 形 = knifflig

kniff·lig [クニふリヒ knífliç] 形 込み入った, 面倒な, やっかいな(問題など).

Knilch [クニるヒ kníl;ç] 男 -s/-e 《俗》いやなやつ.

knips! [クニップス kníps] 間 (スイッチやカメラのシャッターの音など:)ぱちっ, かちっ, かしゃっ.

knip·sen [クニプセン knípsən] **I** 自(h)《口語》① ぱちっ(かちっ)と音をたてる. **am Schalter knipsen** ぱちんとスイッチを入れる(切る) / **mit den Fingern knipsen** 指をぱちっと鳴らす. ② [スナップ]写真をとる, シャッターを押す.

II 他 (完了 haben) ① (切符など⁴に)パンチを入れる. ② (人・物⁴を)写真にとる. ③ (スイッチ⁴を)ぱちんと入れる(切る). ④ (虫など⁴を指で)はじき飛ばす.

Knirps [クニルプス knírps] 男 -es/-e ① 《口語》(男の子について:)ちび. ②《商標》折りたたみ傘.

knir·schen [クニルシェン knírʃən] (knirschte, *hat* ... geknirscht) 自 (完了 haben) **ぎしぎしいう**, きしむ. **Der Kies knirschte unter seinen Schritten.** 彼が歩くと砂利がぎしぎしと音をたてた / **mit den Zähnen knirschen** 歯ぎしりする.

knirsch·te [クニルシュテ] knirschen (ぎしぎしいう)の 過去

knis·tern [クニスタァン knístərn] (knisterte, *hat*...gekniestert) 自 (定了 haben) (火などが)ぱちぱち音をたてる; (紙などが)ぱりぱり音をたてる; (絹などが)ちりちりと音をたてる. Das Holz *knistert* im Ofen. ストーブの中でまきがぱちぱち音をたてている / **mit dem Papier** *knistern* 紙をぱりぱりいわせる.

knis·ter·te [クニスタァテ] knistern (ぱちぱち音をたてる) の過去

Knit·tel·vers [クニッテる・フェルス] 男 -es/-e 《詩学》(1行4強音の)クニッテル詩形.

knit·ter·frei [クニッタァ・フライ] 形 しわの寄らない(布地).

knit·te·rig [クニッテリヒ knítəriç] 形 しわだらけの, しわくちゃの.

knit·tern [クニッタァン knítərn] I 自 (h) (布・衣服などが)しわになる. II 他 (h) しわくちゃにする, (物 [4]に)しわを寄せる.

knitt·rig [クニットリヒ knítriç] 形 =knitterig

kno·beln [クノーベるン knóːbəln] 自 (h) ① さいころ(くじ・じゃんけん)で決める. ② 《口語》知恵を絞る.

Knob·lauch [クノープ・らオホ knóːp-laux またはクノープ.. knóːb..] 男 -[e]s/ 《植》ニンニク.

Knö·chel [クネッヒェる knœçəl] 男 -s/- ① くるぶし. sich³ den *Knöchel* verstauchen くるぶしをくじく. ② 指の関節.

* **der Kno·chen** [クノッヘン knóxən] 男 (単2) -s/- ① 骨. (英 bone). kräftige *Knochen* がっしりした骨 / sich³ einen *Knochen* brechen 骨折する / Er ist nur noch Haut und *Knochen*. 彼は骨と皮ばかりだ / Das ist ein harter *Knochen*. 《比》それはつらい仕事だ(←硬い骨) / Der Hund nagt **an** einem *Knochen*. 犬が骨をかじっている / **bis auf die** *Knochen* 《比》徹底的に(←骨まで) / Fleisch **mit (ohne)** *Knochen* 骨付き(骨なし)肉. ② 《圏 で》《口語》手足, (体の)節々. Mir tun alle *Knochen* weh. 私は体の節々が痛い / Der Schreck sitzt mir noch in den *Knochen*. その恐怖はまだ私の[体の]中に残っている. ③ 《口語》男, やつ. ein fauler *Knochen* 怠け者. ④ 《口語》(両口の)スパナ.

Kno·chen≠bau [クノッヘン・バオ] 男 -[e]s/ 骨格, 骨組み.

Kno·chen≠bruch [クノッヘン・ブルフ] 男 -[e]s/..brüche 骨折.

Kno·chen≠ge·rüst [クノッヘン・ゲリュスト] 甲 -[e]s/-e ① 骨格; 骸骨(ミミ). ② 《口語》やせっぱち.

Kno·chen≠haut [クノッヘン・ハオト] 女 -/ 《医》骨膜.

Kno·chen≠mark [クノッヘン・マルク] 甲 -[e]s/ 《医》骨髄.

kno·chen≠tro·cken [クノッヘン・トロッケン] 形 《口語》干からびた; 《比》無味乾燥な.

knö·chern [クネッヒャァン knœçərn] 形 《付加語としてのみ》骨製の.

kno·chig [クノヒヒ knóxıç] 形 骨ばった.

knock≠out, knock-out [ノック・アオト] 英 形 (ボクシングで:)ノックアウトされた (略: K. o.). den Gegner *knockout* schlagen 相手をノックアウトする.

Knock≠out, Knock-out [ノック・アオト] 英 男 -[s]/-s (ボクシングで:)ノックアウト; 《比》完敗 (略: K. o.).

der **Knö·del** [クネーデる knóːdəl] 男 (単2) -s/(複) - (3格のみ -n) 《南ド・オーストリア》《料理》(肉・じゃがいもなどの)団子, ダンプリング (=Kloß). Schweinebraten mit *Knödeln* ローストポークのダンプリング添え.

Knol·le [クノれ knólə] 女 -/-n 《植》塊茎, 根粒, 球根.

Knol·len≠blät·ter·pilz [クノれン・ブれッタァピるツ] 男 -es/-e 《植》タマゴテングタケ.

Knol·len≠ge·wächs [クノれン・ゲヴェクス] 甲 -es/-e 《植》球根植物.

Knol·len≠na·se [クノれン・ナーゼ] 女 -/-n 団子鼻.

knol·lig [クノリヒ knólıç] 形 かたまりになった, 塊茎状の. eine *knollige* Nase 《比》団子鼻.

* *der* **Knopf** [クノプフ knpf] 男 (単2) -[e]s/(複) Knöpfe [クネプフェ] (3格のみ Knöpfen) ① (服の)ボタン. (英 button). Hemden*knopf* シャツのボタン / ein runder *Knopf* 丸いボタン / einen *Knopf* an|nähen ボタンを縫い付ける / die *Knöpfe*⁴ öffnen (または auf|machen) ボタンをはずす / die *Knöpfe*⁴ schließen (または zu|machen) ボタンをかける / Der *Knopf* ist ab. 《口語》ボタンが取れた / *Knöpfe*⁴ auf den Augen (den Ohren) haben 《口語》よく見よう(聞こう)としない / Das kannst du dir an den *Knöpfen* abzählen. 《口語》どうでもいいから好きなように決めなさい(←ボタンを数えて決める).
② (呼び鈴などの)押しボタン, (電気器具などの)ボタン, つまみ. einen *Knopf* drehen (ラジオなどの)つまみを回す / [auf] den *Knopf* drücken 押しボタンを押す.
③ (末端にあるボタン状のもの:)留め針などの頭; (ステッキの)握り; 塔の頂の擬宝珠(**) ④ 《口語》《小男》; おちびさん. ⑤ 《南ド・スイス・オーストリア》結び目. ⑥ 《圏 で》《口語》はした金.

Knöp·fe [クネプフェ] *Knopf (ボタン)の複

knöp·fen [クネプフェン knœpfən] 他 (h) ① (物⁴の)ボタンを掛ける(はずす). *Knopf* (物⁴を…へ)ボタンで留める.

Knopf≠loch [クノプフ・ろッホ] 甲 -[e]s/..löcher ボタンの穴; (バッジや花を挿す)襟のボタンホール.

Knor·pel [クノルペる knórpəl] 男 -s/- 《医》軟骨.

knor·pe·lig [クノルペリヒ knórpəlıç] 形 = knorplig

knorp·lig [クノルプリヒ knórplıç] 形 軟骨[質]の, 軟骨状の.

Knor·ren [クノレン knórən] 男 -s/- ① (樹木の)節(t), こぶ. ② (木の切り株, 丸太.

knor·rig [クノリヒ knóriç] 形 ① 節(t)くれだっ

た(樹木など). ② 《比》 がさつな, 無愛想な.

die **Knos·pe** [クノスペ knóspə] 囡 (単) -/(複) -n ① つぼみ, 芽. (英) bud). Der Baum treibt *Knospen*. 木がつぼみをつける / Die *Knospen* entfalten sich (または brechen auf). つぼみが開く / *Knospen*⁴ an|setzen (または treiben) (草木が)つぼみをつける / die zarte *Knospe* ihrer Liebe² 《雅・比》彼女の愛のほのかな芽生え. ② 《生》芽体.

knos·pen [クノスペン knóspən] 圓 (h) つぼみをつける, 芽を出す.

kno·ten [クノーテン knó:tən] 囮 (h) ① (ネクタイなど⁴を)結ぶ. ② (ひも・リボンなど⁴を…へ)結びつける. ③ (ひもなど⁴を)結び合わせる.

der **Kno·ten** [クノーテン knó:tən] 男 (単2) -s/(複) - 《英》knot) ① (ひも・ローブなどの)結び目, ゆわえ目; 《比》やっかいな問題. ein fester *Knoten* 堅い結び目 / einen *Knoten* machen (lösen) 結び目を作る(解く) / sich³ einen *Knoten* ins Taschentuch machen (knüpfen) 大事なことを忘れないようにする(←ハンカチに結び目を作っておく) / Bei ihm ist der *Knoten* endlich gerissen (または geplatzt). 《現在完了》《口語》彼はやっとその事情がのみこめた(←結び目が切れた) / den [gordischen] *Knoten* durch|hauen 《比》難事を一挙に解決する.
② (頭の後ろに束ねた)髪 (= Haar*knoten*). Sie trägt einen *Knoten*. 彼女は髪を束ねて結っている. ③ (木などの)節(ふし); 《生》節(ふし); 《医》結節; 《数・天》結節点, 交点; 《理》振動・波動の)節(ふし). ④ 《海》ノット (記号: kn). mit 18 *Knoten* fahren 18ノットで走る.

Kno·ten⁵punkt [クノーテン・プンクト] 男 -[e]s/-e (交通などの)連結(分岐)点; 連絡駅; (川の)合流点.

Knö·te·rich [クネーテリヒ knö:tərɪç] 男 -s/-e 《植》タデ[属].

kno·tig [クノーティヒ knó:tɪç] 彫 結び目のある; 節(ふし)くれだった; 《医》結節性の.

Know⁵how, Know-how [ノー・ハオ] [英] 画 -[s]/ ノーハウ, 方法, こつ.

Knuff [クヌフ knúf] 男 -[e]s/Knüffe 《口語》こぶし(ひじ)で軽く突くこと. 囚³ einen *Knuff* geben 囚³を軽くつつく.

knuf·fen [クヌッフェン knúfən] 囮 (h)・圓 (h) 《口語》こぶし(ひじ)で軽くつつく.

Knülch [クニュルヒ knýlç] 男 -s/-e 《俗》いやなやつ (= Knilch).

knül·len [クニュレン knýlən] I 囮 (h) (紙など⁴を)くしゃくしゃに丸める. II 圓 (h) しわくちゃになる.

Knül·ler [クニュラァ knýlər] 男 -s/- 《口語》(報道などの)スクープ; ヒット曲; 大当たり.

knüp·fen [クニュッフェン knýpfən] (knüpfte, *hat* … geknüpft) I 囮 (定了) haben) ① (ひもなど⁴を)結ぶ, 結びつける. 《英》knot). das Schuhband (die Krawatte⁴) *knüpfen* 靴ひも(ネクタイ)を結ぶ / Bande⁴ der Freundschaft² *knüpfen* 《比》友情のきずなを結ぶ. ② 〖A⁴ an B⁴ ~〗(A⁴ を B⁴ に)結びつける. eine Schnur⁴ an einen Haken *knüpfen* ひもをフックに結びつける / Hoffnungen⁴ an 物⁴ *knüpfen* 物⁴ に希望をつなぐ. ③ (網など⁴を)編む. Netze⁴ *knüpfen* 網を編む.
II 圓 (定了) haben) 〖*sich*⁴ **an** 物⁴ ~〗(思い出・希望などが物⁴に)結びついている. An dieses Haus *knüpfen sich* viele Erinnerungen für mich. この家には私にとって多くの思い出が結びついている.

knüpf·te [クニュプフテ] knüpfen (結ぶ)の過去

Knüp·pel [クニュッペル knýpəl] 男 -s/- ① こん棒; 丸太; 警棒. 囚³ einen *Knüppel* zwischen die Beine werfen 《口語》囚³のじゃまをする, 囚³をこぞうらせる. ② (飛行機の)操縦桿(かん); (自動車の)フロアシフトレバー.

Knüp·pel⁵damm [クニュッペル・ダム] 男 -[e]s/..dämme (沼地に作られた)丸太道.

knüp·pel⁵dick [クニュッペル・ディック] 副 《口語》ひどく, ものすごく; ひどく悪く. Der Saal war *knüppeldick* voll. ホールはぎゅうぎゅう詰めだった / Es kommt immer gleich *knüppeldick*. いやなことは続けて起こるものだ.

Knüp·pel⁵schal·tung [クニュッペル・シャルトゥンク] 囡 -/-en (自動車の)フロアシフト.

knur·ren [クヌレン knúrən] (knurrte, *hat* … geknurrt) 圓 (定了) haben) ① (犬などが)うなる; 《比》(腹が)ぐうぐういう. Mir *knurrt* der Magen. 私はおなかがぐうぐういう. ② ぶつぶつこぼす, 不平を言う. über das schlechte Essen *knurren* まずい食事に不平をもらす.

Knurr⁵hahn [クヌル・ハーン] 男 -[e]s/..hähne 《魚》ホウボウ.

knur·rig [クヌリヒ knúrɪç] 彫 ぶつぶつ言ってばかりいる, 不機嫌な.

knurr·te [クヌルテ] knurren (うなる)の過去

knus·pe·rig [クヌスペリヒ knúspərɪç] 彫 =knusprig

knus·pern [クヌスパァン knúspərn] 囮 (h) 《方》(クッキーなど⁴を)ぼりぼり(かりかり)食べる.

knusp·rig [クヌスプリヒ knúsprɪç] 彫 ① 固く焼きぱりっとした(パン・菓子など). ② 《口語》ぴちぴちした(女の子など).

Knu·te [クヌーテ knú:tə] 囡 -/-n ① 革の鞭(むち). ② 〖複 なし〗圧政. unter der *Knute* der Eroberer² 征服者たちの圧政下に.

knut·schen [クヌーチェン knú:tʃən] 囮 (h) 《口語》抱きしめてキスをする. ◇〖相互的に〗 *sich*⁴ *knutschen* 抱き合ってキスをする.

Knutsch⁵fleck [クヌーチュ・ふレック] 男 -[e]s/-e 《口語》キスマーク.

k. o. [カー オー] 《略》① (ボクシングで:)ノックアウトされた (=knockout). 囚⁴ *k. o.* schlagen 囚⁴ をノックアウトする. ② 《口語》(体が)へばった. *k. o.* sein グロッキーである.

K. o. [カー オー] 男 -/- (ボクシングで:)ノックアウト (=Knockout).

Ko·a·la [コアーら koá:la] 男 -s/-s 《動》コアラ.

ko·a·lie·ren [コアリーレン koalí:rən] 圓 (h)

ko·a·li·sie·ren [コアリズィーレン koalizíːrən] 自(h) =koalieren

Ko·a·li·ti·on [コアリツィオーン koalitsióːn] 女 -/-en《政》(政党の)連合, 連立[内閣].

Ko·a·li·ti·ons=re·gie·rung [コアリツィオーンス・レギーループ] 女 -/-en《政》連合(連立)政府.

Ko·balt [コーバルト kóːbalt] 中 -s/《化》コバルト(記号: Co).

ko·balt=blau [コーバルト・ブラオ] 形 コバルトブルーの, 濃青色の.

Ko·ben [コーベン kóːbən] 男 -s/- 家畜小屋, (特に:)豚小屋.

Ko·blenz [コーブレンツ kóːblɛnts] 中《都市名》コーブレンツ(ドイツ, ラインラント・プファルツ州. ライン川とモーゼル川の合流点: 〖地図〗C-3).

Ko·bold [コーボルト kóːbɔlt] 男 -[e]s/-e ① 《民俗》コーボルト(家の精. 本来は人間に慈善を施すが, 侮辱されると陰険な仕返しをする). ② 《比》いたずら小僧, おてんば娘.

Ko·bra [コーブラ kóːbra] 女 -/-s《動》コブラ(インド・アフリカ産の毒蛇).

der **Koch**¹ [コッホ kɔ́x] 男 (単 2) -[e]s/(複) Köche [ケッヒェ] (3格のみ Köchen) コック, 料理人, 調理師. 《麗》 cook). ein junger *Koch* 若いコック / Er arbeitet als *Koch* in einem Hotel. 彼はホテルのコックとして働いている / Viele *Köche* verderben den Brei.《諺》船頭多くして船山に登る(←料理人が多くておかゆがだいなしになる) / Hunger ist der beste *Koch*.《諺》すき腹にまずいものなし(←空腹は最良の料理人).

Koch² [コッホ] -s/《人名》コッホ (Robert Koch 1843-1910; ドイツの細菌学者).

Koch=buch [コッホ・ブーフ] 中 -[e]s/..bücher 料理の本.

Kö·che [ケッヒェ] Koch¹ (コック)の 複

koch=echt [コッホ・エヒト] 形 (布地などが)煮沸しても傷まない(色が落ちない).

ko·chen [コッヘン kóːxən]

> 煮る; 料理する
>
> Sie kann gut *kochen*.
> ズィー カン グート コッヘン
> 彼女は料理が上手だ.

(kochte, hat...gekocht.) Ⅰ 他 (完了 haben) ① 煮る, ゆでる, 沸かす. (麗 boil). Die Mutter *kocht* Kartoffeln. 母親はじゃがいもを煮ている / Nudeln⁴ *kochen* ヌードルをゆでる / Wasser⁴ *kochen* お湯を沸かす. ◇〖過去分詞の形で〗 ein *gekochtes* Ei ゆで卵.
② (圏⁴を煮て)料理する, 作る. (麗 cook). Sie *kocht* das Essen. 彼女は食事を作っている / eine Suppe⁴ *kochen* スープを作る / Kaffee⁴ *kochen* コーヒーを入れる.
③ (洗濯物⁴を)煮沸する.

Ⅱ 自 (完了 haben) ① 料理する. Mein Mann *kocht* gern. 私の夫は料理が好きです.
② 煮える, 沸騰する. Die Milch *kocht*. ミルクが沸騰している / Der Reis *muss* 20 Minuten *kochen*. 米は20分間炊かないといけない.◇〖現在分詞の形で〗 *kochendes* Wasser 熱湯 / *kochend* heiß 煮えたぎるほど熱い.
③ 《口語・比》(興奮して)煮えくり返る. Er *kocht* vor Wut. 彼はかんかんに怒っている.

> 〈→〉料理法のいろいろ: backen オーブンで焼く / braten 焼く / dämpfen 蒸す / frittieren 揚げる / grillen グリルで焼く / hacken みじん切りにする / kneten こねる / kochen 煮る, ゆでる, 沸かす / reiben おろす, すりつぶす / schälen 皮をむく / schlagen 泡立てる / schneiden 切る / toasten トーストにする

Ko·cher [コッヒァ kɔ́xər] 男 -s/- (小型の)コッヘル, こんろ. ein elektrischer *Kocher* 電気こんろ.

Kö·cher [ケッヒァ kœ́çər] 男 -s/- ① 矢筒. ② 望遠鏡のケース.

koch=fer·tig [コッホ・フェルティヒ] 形 煮る(火に掛ける)だけで食べられる. *kochfertige* Suppen インスタントスープ.

koch=fest [コッホ・フェスト] 形 (布地などが)煮沸しても傷まない(色が落ちない) (=kochecht).

Koch=ge·schirr [コッホ・ゲシル] 中 -[e]s/-e (特に兵隊用の)飯ごう, 《軍》炊事道具.

Koch=herd [コッホ・ヘーアト] 中 -[e]s/-e こんろ, レンジ.

Kö·chin [ケッヒン kœ́çɪn] 女 -/..chinnen (女性の)料理人.

Koch=kunst [コッホ・クンスト] 女 -/..künste ① 〖複 なし〗料理法. ② 《戯》料理の腕前.

Koch=löf·fel [コッホ・レッフェル] 男 -s/- (スープなどをかき混ぜる)料理用[木製]スプーン.

Koch=ni·sche [コッホ・ニーシェ] 女 -/-n (居室などに付属した)炊事用の小部屋.

Koch=plat·te [コッホ・プラッテ] 女 -/-n (電気レンジの)クッキングプレート. (〖→〗Küche 図).

Koch=re·zept [コッホ・レツェプト] 中 -[e]s/-e レシピ, 調理法[説明文].

Koch=salz [コッホ・ザルツ] 中 -es/ 食塩.

koch·te [コッホテ] 〖→〗kochen (煮る)の 過去

Koch=topf [コッホ・トプフ] 男 -[e]s/..töpfe (深い)鍋(&).

Ko·dak [コーダク kóːdak] 男 -s/-s《商標》コダックカメラ, コダックフィルム.

Kode [コート kóːt または ..デ ..də] (=Code) 男 -s/-s ① 〖言〗コード, 符号(情報を表現するための記号・規則の体系). ② 暗号(体系), 略号(体系). ③ 〖言〗記号体系; 社会階層方言.

Kö·der [ケーダァ kǿːdər] 男 -s/- (釣り・猟の)餌(%). einen *Köder* aus|legen (aus|werfen) 餌を置く(まく).

kö·dern [ケーダァン kǿːdərn] 他 (h) ① (魚・獣など⁴を)餌(%)でおびき寄せる. ② 《口語・比》誘惑する. 〖人〗⁴ mit Geld *ködern* 〖人〗⁴をお金で釣る, 買収する.

Ko·dex [コーデクス kóːdɛks] (=Codex) 男 -

kodieren

(または -es)/-e (または Kodizes [コーディツェース]) ① (古代の)木簡; (中世の)手写本. ② (ローマ法の)法典. ③ 規約(法規)集. ④ 〘覆 -e〙(ふるまいや行動の)規範.

ko·die·ren [コディーレン kodíːrən] 囮 (h) 記号(コード)化する.

ko·di·fi·zie·ren [コディふィツィーレン kodifitsíːrən] 囮 (h) ①〘法〙(法規⁴を)法典化する. ②(規範など⁴を)集成する.

Ko·edu·ka·ti·on [コー・エドゥカツィオーン kóː-edukatsioːn または コ・エドゥカツィオーン] 囡 -/ 〘教〙男女共学.

ko·ef·fi·zi·ent [コ・エふィツィエント ko-efitsiént] 囲 -en/-en ①〘数〙係数. ②〘物・工〙率.

Ko·exis·tenz [コー・エクスィステンツ kóː-ɛksɪstɛnts または コ・エクスィステンツ] 囡 -/-en 〘ふつう囲〙共存.

ko·exis·tie·ren [コー・エクスィスティーレン kóː-ɛksɪstiːrən または コ・エクスィスティー..] 囲 (h) 共存する.

Kof·fe·in [コふェイーン kɔfeíːn] 田 -s/ カフェイン.

kof·fe·in≈frei [コふェイーン・ふライ] 厖 カフェインを含まない.

der Kof·fer [コッふァァ kɔ́fər]

> トランク
>
> Mein *Koffer* geht nicht auf.
> マイン コッふァァ ゲート ニヒト アオふ
> 私のトランクが開かない.

囲 (単 2) -s/(複) – (3格のみ -n) トランク, スーツケース, (箱形の)旅行かばん. (㊀ *suitcase*). ein lederner *Koffer* 革製のトランク / einen *Koffer* auf|geben トランクを託送する / die *Koffer*⁴ packen a) トランクに荷物を詰める, b)《比》旅立つ, c)《比》出ていく / aus dem *Koffer* leben (職業がら)旅暮らしをする.

Kof·fer≈ku·li [コッふァァ・クーリ] 囲 -s/-s (駅・空港などの)手荷物用手押し車, カート.

Kof·fer≈ra·dio [コッふァァ・ラーディオ] 田 -s/-s ポータブルラジオ.

der Kof·fer≈raum [コッふァァ・ラオム kɔ́fər-raum] 囲 (単 2) -[e]s/(複) ..räume [..ロイメ] (3格のみ ..räumen) 自動車のトランク[ルーム]. (㊀ *trunk*). das Gepäck⁴ im *Kofferraum* verstauen 手荷物をトランクルームにきちんと積み込む.

Kog·ge [コッゲ kɔ́gə] 囡 -/-n コッゲ船(13-15世紀, ハンザ同盟時代の舷の高い船).

Ko·gnak [コニャク kɔ́njak] 囲 -s/-s コニャック (=Cognac).

ko·gni·tiv [コグニーティーふ kɔ́gnitiːf または ..ティーふ] 厖〘心・教〙認知(認識)に関する.

ko·hä·rent [コヘレント kohɛrɛ́nt] 厖 ① 統一性(まとまり)のある. ②《物》[可]干渉性の, コヒーレントの.

Ko·hä·renz [コヘレンツ kohɛrɛ́nts] 囡 -/-en ① 統一性, まとまり. ②《物》[可]干渉性, コヒーレンス.

Ko·hä·si·on [コヘズィオーン kohɛziːoːn] 囡 -/-en ① 緊密な結び付き. ②《物》(分子間の)凝集[力].

der Kohl¹ [コーる koːl] 囲 (単 2) -[e]s/(種類を表すときのみ: 複) -e ①〘植〙キャベツ. (㊀ *cabbage*). Blumen*kohl* カリフラワー / *Kohl*⁴ [an]bauen キャベツを栽培する / Das macht den *Kohl* nicht fett.《口語》それはなんの役にもたたない. ②〘覆 なし〙《口語》ばかげたこと, たわごと.

Kohl² [コーる] -s/〘人名〙コール (Helmut Kohl 1930– ; ドイツの政治家).

Kohl≈dampf [コーる・ダンプふ] 囲 -[e]s/〘口語〙腹ぺこ. *Kohldampf*⁴ schieben (または haben) 腹ぺこである.

*die Koh·le [コーれ kóːlə] 囡 (単) -/(複) -n ① 石炭, 炭. (㊀ *coal*). Braun*kohle* 褐炭 / weiße *Kohle*《比》水力(←白い石炭) / *Kohle*⁴ ab|bauen (または fördern) 石炭を掘り出す / mit *Kohlen* heizen 石炭で暖房する / [wie] auf [glühenden] *Kohlen* sitzen (不安で)いても立ってもいられない, やきもきしている. ②〘覆 なし〙活性炭; デッサン用木炭. ③〘覆で〙《俗》お金, 銭.

Koh·le≈hy·drat [コーれ・ヒュドラート] 田 -[e]s/-e =Kohlenhydrat.

koh·len¹ [コーれン kóːlən] I 囮 (h) 炭にする, 炭化させる. II 囲 (h) ① 炭化する, (ろうそく・ランプなどが)くすぶる. ②《海》(船が)石炭を積み込む.

koh·len² [コーれン] 囲 (h)《口語》ほらを吹く, でたらめを言う.

Koh·len≈berg·werk [コーれン・ベルクヴェルク] 田 -[e]s/-e 炭鉱.

Koh·len≈di·oxid [コーれン・ディーオクスィート] 田 -[e]s/〘化〙二酸化炭素, 炭酸ガス.

Koh·len≈flöz [コーれン・ふれーツ] 田 -es/-e〘坑〙炭層.

Koh·len≈gru·be [コーれン・グルーベ] 囡 -/-n 炭坑.

Koh·len≈hy·drat [コーれン・ヒュドラート] 田 -[e]s/-e〘化〙炭水化物.

Koh·len≈mon·oxid [コーれン・モーノクスィート] 田 -[e]s/〘化〙一酸化炭素.

Koh·len≈säu·re [コーれン・ゾイレ] 囡 -/〘化〙炭酸.

Koh·len≈stoff [コーれン・シュトふ] 囲 -[e]s/〘化〙炭素(記号: C).

Koh·len≈was·ser·stoff [コーれン・ヴァッサァシュトふ] 囲 -[e]s/-e〘化〙炭化水素.

Koh·le≈pa·pier [コーれ・パピーァ] 田 -s/ カーボンペーパー, 複写紙.

Köh·ler [ケーらァ kóːlər] 囲 -s/- ① 炭焼き[人]. ②《魚》タラ(鱈)の北大西洋産).

Koh·le≈stift [コーれ・シュティふト] 囲 -[e]s/-e《美》(デッサン用の)木炭筆.

Koh·le⹋zeich·nung [コーれ・ツァイヒヌング] 囡 -/-en 木炭画.

Kohl⹋kopf [コーる・コァふ] 男 -[e]s/..köpfe キャベツの玉.

Kohl⹋mei·se [コーる・マイゼ] 囡 -/-n《鳥》シジュウカラ.

kohl·ra·ben⹋schwarz [コーるラーベン・シュヴァルツ] 形 真っ黒な; 真っ暗な.

Kohl·ra·bi [コーる・ラービ] 男 -[s]/-[s]《植》コールラビ, キュウケイカンラン. (🖙 Gemüse 図).

Kohl⹋rü·be [コーる・リューベ] 囡 -/-n ①《植》カブハボタン(黄色い根が食用・飼育用). ②《方言》= Kohlrabi

Kohl⹋weiß·ling [コーる・ヴァイスリング] 男 -s/-e《昆》モンシロチョウ(幼虫は野菜の害虫).

Ko·in·zi·denz [コ・インツィデンツ kó:ɪntsidɛnts または コ・インツィデンツ] 囡 -/-en (二つの出来事の)同時発生;《医》併発.

ko·i·tie·ren [コイティーレン koiti:rən] I 圁 (h) 性交する. II 囮 (h)《囚⁴と》性交する.

Ko·i·tus [コーイトゥス kó:itus] 男 -/- [..トゥース] (または ..tusse) 性交.

Ko·je [コーイェ kó:jə] 囡 -/-n ①《海》(船室の幅の狭い)作り付けベッド. ②《口語・戯》ベッド.

Ko·jo·te [コヨーテ kojó:tə] 男 -n/-n《動》コヨーテ.

Ko·ka·in [コカイーン kokaí:n] 回 -s/《化》コカイン(コカの葉から採る麻酔剤・麻薬).

Ko·kar·de [コカルデ kokárdə] 囡 -/-n《軍》(軍帽の)花形記章;《軍用機の)国籍記号.

Ko·ke·rei [コーケライ ko:kəráɪ] 囡 -/-en コークス製造工場.

ko·kett [コケット kokét] 形 色っぽい, 媚(こ)びるような, コケティッシュな. ein *kokettes* Mädchen 色っぽい女の子.

Ko·ket·te·rie [コケテリー kokɛtəríː] 囡 -/-n [..リーエン] 色っぽさ, 媚態(びたい), 嬌態(きょうたい).

ko·ket·tie·ren [コケティーレン kokɛtíːrən] 圁 (h) ① しなをつくる, 媚(こ)を売る. *mit*《囚³ *kokettieren*《囚³に媚を売る. ②《*mit*《囲³ ~ 》《囲³(自分の欠点・願望など)を)打ち明けて人の気を引く.

Ko·kon [ココーン kokṓ:] 男 -s/-s (昆虫の)まゆ(繭).

Ko·kosch·ka [ココシュカ kokóʃka または コッコシュカ kókoʃka] -s/《人名》ココシュカ (Oskar *Kokoschka* 1886–1980; オーストリアの画家).

Ko·kos⹋fa·ser [コーコス・ふァーザァ] 囡 -/-n ココヤシ繊維.

Ko·kos⹋milch [コーコス・ミるヒ] 囡 -/ ココナッツミルク.

Ko·kos⹋nuss [コーコス・ヌス] 囡 -/..nüsse ココナッツ(ココヤシの実).

Ko·kos⹋pal·me [コーコス・パるメ] 囡 -/-n《植》ココヤシ.

Ko·kot·te [ココッテ kokótə] 囡 -/-n 高級娼婦(しょうふ).

Koks [コークス kó:ks] I 男 -es/(種類:) -e ①《ふつう 単》コークス. ②《複 なし》《俗・戯》(自由に使える)お金. II 男 -es/《隠語》コカイン.

kok·sen [コークセン kó:ksən] 圁 (h)《隠語》コカインを吸う.

Kol·ben [コるベン kɔ́lbən] 男 -s/- ①《工》ピストン. ②《化》フラスコ. ③ (銃の)床尾. ④《植》穂状(すいじょう)花序.

Kol·ben⹋hub [コるベン・フープ] 男 -[e]s/..hübe《工》ピストンの行程.

Kol·cho·se [コるヒョーゼ kɔlçóːzə] 囡 -/-n コルホーズ(旧ソ連邦の集団農場).

Ko·li·bri [コーリブリ kó:libri] 男 -s/-s《鳥》ハチドリ(蜂鳥).

Ko·lik [コーリク kó:lɪk または コリーク kolí:k] 囡 -/-en《医》疝痛(せんつう).

Kolk·ra·be [コるク・ラーベ] 男 -n/-n《鳥》ワタリガラス.

kol·la·bie·ren [コらビーレン kɔlabí:rən] 圁 (s)《医》虚脱する, (急激に)衰弱する.

Kol·la·bo·ra·teur [コらボラテーァ kɔlaboratǿ:r] 男 -s/-e (敵国・占領軍への)協力者. (女性形: -in).

Kol·la·bo·ra·ti·on [コらボラツィオーン kɔlaboratsió:n] 囡 -/-en (敵国・占領軍への)協力.

kol·la·bo·rie·ren [コらボリーレン kɔlaborí:rən] 圁 (h)《*mit*《囚³ ~》《囚³(敵など)に)協力する.

Kol·laps [コらップス kɔ́laps または コらプス] 男 -es/-e ①《医》虚脱, 衰弱. ②《経》崩壊.

Kol·leg [コれーク kɔlé:k] 中 -s/-s (または Kollegien [コれーギエン]) ① 補習高等学校(職業教育修了者に大学入学資格を与える全日制学校). ②《ヵトリック》神学院, 神学校. ③ (大学の)講義.

der Kol·le·ge [コれーゲ kɔlé:gə] 男 (単 2·3·4) -n/(複) -n **同僚, [仕事]仲間; 同業者. (🔁 *colleague*). Herr *Kollege*! (同僚への呼びかけ:) ねえ, 君 / *Kollege* kommt gleich. 係の者がすぐ参ります / Er ist ein früherer *Kollege* von mir. 彼は私の昔の同僚だ. (🖙 類語 Freund).

kol·le·gi·al [コれギアーる kɔlegiá:l] 形 同僚の, 同僚らしい, 同僚間の.

Kol·le·gi·a·li·tät [コれギアリテート kɔlegialitɛ́:t] 囡 -/ 同僚間の親しみ, 同僚のよしみ.

Kol·le·gin [コれーギン kɔlé:gɪn] 囡 -/..ginnen (女性の)同僚.

Kol·le·gi·um [コれーギウム kɔlé:gium] 中 -s/..gien [..ギエン] (同じ職場の)職員団, スタッフ; (学校の)教師陣.

Kol·lek·te [コれクテ kɔléktə] 囡 -/-n 教会献金(募金).

Kol·lek·ti·on [コれクツィオーン kɔlɛktsió:n] 囡 -/-en (商品見本の)コレクション;《服飾》[ニューモード]コレクション; 収集品, コレクション.

kol·lek·tiv [コれクティーふ kɔlɛktí:f] 形 共同(共通)の; 集合(集団)的な.

Kol·lek·tiv [コれクティーふ kɔlɛktí:f] 中 -s/-e [..ヴェ] (または -s) 集団, 協同体; (社会主義国の)生産協同体.

Kol·lek·ti·vum [コレクティーヴム kɔlɛktí:vum] 田 -s/..tiva 《言》集合名詞 (例: Wald 森, Obst 果物).

Kol·lek·tiv⁼wirt·schaft [コレクティーフ・ヴィルトシャフト] 因 -/-en (社会主義国の)集団経営(農場)(旧ソ連邦のコルホーズなど).

Kol·lek·tor [コレクトァ kɔléktɔr] 男 -s/..toren [..トーレン] ① 《電》(トランジスターの)コレクター. ② 《物・気象》太陽熱集熱器.

Kol·ler [コらァ] 男 -s/- (口語)(人の)狂暴, 激怒.

kol·lern [コらァン kólərn] 目 (h) (七面鳥などが)くうくう鳴く. ◇《非人称の es を主語として》Es *kollert* in meinem Magen. 私はおなかがくうくう鳴っている.

kol·li·die·ren [コリディーレン kɔlidí:rən] 目 (s, h) ① (s) (乗り物が)ぶつかる, 衝突する. **mit** 物³ *kollidieren* 物³と衝突する. ② (h) (意見・利害などが)ぶつかる, 相反する; (催し物などが)かち合う.

Kol·li·er [コリエー kɔlié:] [発] 男 -s/-s ① (高価な)首飾り, ネックレス. ② (細身の毛皮の)襟巻き.

Kol·li·si·on [コリズィオーン kɔlizió:n] 因 -/-en ① (乗り物の)衝突. ② (意見・利害の)衝突, 対立, 不一致.

Kol·lo·id [コろイート kɔlɔí:t] 田 -[e]s/-e 《化》コロイド, 膠質(こうしつ).

kol·lo·i·dal [コろイダーる kɔlɔidá:l] 形 《化》コロイド性の, 膠質(こうしつ)の.

Kol·lo·qui·um [コろークヴィウム kɔló:kvium または コろクヴィ.. kɔlókvi..] 田 -s/..quien [..クヴィエン] ① (大学の)コロキウム; (学者・政治家などの)討論集会. ② (ドッチ)(大学の小規模な)筆記(口頭)試験.

Köln [ケるン kœln] 田 -s/ 《都市名》ケルン(ドイツ, ノルトライン・ヴェストファーレン州. ライン河畔の交通の要衝. 13-19 世紀に築造された大聖堂は世界最大のゴシック式建物. □ 《地図》 C-3).

Köl·ner [ケるナァ kœlnər] I 男 -s/- ケルンの市民(出身者). (女性形: -in). II 形 《無語尾で》ケルンの. der *Kölner* Dom ケルンの大聖堂.

Kölner Dom

köl·nisch [ケるニッシュ kœlnɪʃ] 形 ケルン[市]の.

Köl·nisch⁼was·ser [ケるニッシュ・ヴァッサァ] 田 -s/ オーデコロン. (⇐ *kölnisch[es]* Wasser ともつづる).

Ko·lon [コーろン kó:lɔn] 田 -s/-s (または Kola) ① 《詩学・修》 コロン(韻律の単位). ② 《古》コロン (記号: :) (=Doppelpunkt). ③ 《医》結腸.

ko·lo·ni·al [コろニアーる kolɔniá:l] 形 ① 《付加語としてのみ》植民地の. ② 《生》コロニー(群体・集落)をなす.

Ko·lo·ni·a·lis·mus [コろニアリスムス kolonialísmus] 男 -/ 植民地主義, 植民[地化]政策.

Ko·lo·ni·al⁼po·li·tik [コろニアーる・ポリティーク] 因 -/ 植民地政策.

die **Ko·lo·nie** [コろニー kolɔní:] 因 (単) -/ (複) -n [..ニーエン] (英 *colony*) ① 植民地; 居留地, 入植地. ② (外国における同一国民の)移住者集団. die japanische *Kolonie* in Düsseldorf デュッセルドルフの日本人[居住者]集団. ③ 《生》コロニー, 群体, 集落.

Ko·lo·ni·sa·ti·on [コろニザツィオーン kolonizatsió:n] 因 -/-en ① 植民, 植民地建設(開拓). ② (自国の未開発地の)開拓, 植民.

ko·lo·ni·sie·ren [コろニズィーレン kolonizí:rən] 他 (h) ① 植民地化する. ② (未開の土地⁴を)開拓する.

Ko·lo·nist [コろニスト kolɔníst] 男 -en/-en 植民[地入植]者; 植民地住民. (女性形: -in).

Ko·lon·na·de [コろンナーデ kolɔná:də] 因 -/-n 《ふつう 複》《建》コロネード, 列柱廊.

Ko·lon·ne [コろンネ kolɔ́nə] 因 -/-n ① (車・人などの)長い列; 隊列; (野外労働のために編成された)作業班. eine *Kolonne*⁴ bilden 縦列を組む. ② (一覧表などの)縦に並んだ数字(記号)の列.

Ko·lo·pho·ni·um [コろフォーニウム kolofó:nium] 田 -s/ 《化》コロホニウム(バイオリンの弓などに塗る樹脂).

Ko·lo·ra·tur [コろラトゥーァ koloratú:r] [発] 因 -/-en 《音楽》コロラトゥーラ(声楽曲の華麗な装飾楽句).

Ko·lo·ra·tur⁼so·pran [コろラトゥーァ・ゾプラーン] 男 -s/-e 《音楽》コロラトゥーラソプラノ[歌手].

ko·lo·rie·ren [コろリーレン kolorí:rən] 他 (h) (版画など⁴に)着色(彩色)する.

Ko·lo·rit [コろリート kolorí:t] 田 -[e]s/-e (または -s) ① 彩色, 着色; 色彩効果. ② 《音楽》音色法. ③ 《比》(町などの)独特な雰囲気.

Ko·loss [コろス kolɔ́s] 男 -es/-e 巨像; 巨大なもの; 《口語・戯》巨人.

ko·los·sal [コろサーる kolosá:l] I 形 ① 巨大な. ein *kolossales* Gebäude 巨大な建物. ② 《口語》とてつもない, 途方もない. eine *kolossale* Hitze ものすごい暑さ. II 副 《口語》ものすごく, 途方もなく.

Ko·los·se·um [コろセーウム kolosé:um] 田 -s/ コロセウム(古代ローマの大円形闘技場).

Kol·por·ta·ge [コルポルタージェ kɔlportá:ʒə] [仏] 囡 -/-n ① 低俗小説. ② うわさを広めること.

Kol·por·teur [コルポルテーァ kɔlportǿ:r] [仏] -s/-e うわさを広める人, 吹聴(ふいちょう)者. (女性形: -in).

kol·por·tie·ren [コルポルティーレン kɔlportí:rən] 他 (h) (うわさなど⁴をふれ回る, 広める.

Kölsch [ケルシュ kǽlʃ] 囲 -[s] ① ケルシュ(ケルン特産のビール). ② ケルンの方言.

Ko·lum·bi·en [コルンビエン kolúmbiən] 囲 -s/ 《国名》コロンビア[共和国] (首都はボゴタ).

Ko·lum·bus [コルンブス kolúmbus] 《人名》コロンブス (Christoph *Kolumbus* 1451–1506; イタリア生まれのスペインの航海者. ヨーロッパにアメリカ大陸を初めて紹介した).

Ko·lum·ne [コルムネ kolúmnə] 囡 -/-n ① 《印》縦の段. ② (新聞・雑誌の)コラム欄. ③ (一覧表などの)縦の列.

Ko·lum·nist [コルムニスト kolumníst] 囲 -en/-en (新聞などの)コラムニスト. (女性形: -in).

Ko·ma [コーマ kó:ma] 囲 -s/-s (または ..mata) 《医》昏睡(こんすい), 意識不明.

Kom·bi [コンビ kómbi] 囲 -[s]/-s ステーションワゴン, ライトバン (=*Kombi*wagen).

Kom·bi·nat [コンビナート kombiná:t] 囲 -[e]s/-e 《経》(特に社会主義国家などの)コンビナート, 企業連合体.

die **Kom·bi·na·ti·on** [コンビナツィオーン kombinatsió:n] 囡 (単) -/(複) -en ① 組み合わせ, 結合. (英 *combination*). die *Kombination* von Gold und Rot 金と赤の取り合わせ. ② 推論(種々の事柄を一つに結びつけること), 連想, 推理. eine kühne *Kombination* 大胆な推論. ③ 《数》組み合わせ; (スポ) コンビネーション, 連係, チームワーク. ④ 《服飾》コンビネーション(上下ひとつながりの服・作業着など), つなぎ.

Kom·bi·na·ti·ons⸗ga·be [コンビナツィオーンス・ガーベ] 囡 -/ 推理(連想)を働かせる才能.

kom·bi·nie·ren [コンビニーレン kombiní:rən] (kombinierte, *hat* ... kombiniert) **I** 他 (完了 haben) 組み合わせる, 結合する. (英 *combine*). Gelb⁴ mit Blau zu einem Muster *kombinieren* 黄と青を組み合わせて図案化する / zwei Kleidungsstücke⁴ [miteinander] *kombinieren* 二つの衣服を組み合わせ[て着]る. ◇[再帰的に] *sich*⁴ *kombinieren* 組み合わされる. **II** 自 (完了 haben) ① (種々の事柄を関係づけて)推論する, 推理する. Er *hat* falsch *kombiniert*. 彼は間違った推論(推理)をした. ② (スポ) 連係プレーをする.

kom·bi·niert [コンビニート] kombinieren (組み合わせる)の 過分, 3人称単数・2人称親称複数 現在.

kom·bi·nier·te [コンビニーァテ] kombinieren (組み合わせる)の 過去.

Kom·bi⸗wa·gen [コンビ・ヴァーゲン] 囲 -s/- ステーションワゴン, ライトバン.

Kom·bü·se [コンビューゼ kombý:zə] 囡 -/-n 《海》(船内の)調理室.

Ko·met [コメート komé:t] 囲 -en/-en 《天》彗星(すいせい).

ko·me·ten·haft [コメーテンハフト] 形 彗星(すいせい)のような, またたく間の.

der **Kom·fort** [コムフォーァ kɔmfó:r または ..フォルト ..fórt] 囲 (単2) -s/ 快適, 便利さ; 快適な設備(家具調度). ein Auto mit allem *Komfort* あらゆる快適な装備のある車.

kom·for·ta·bel [コムフォルターベる kɔmfortá:bəl] 形 快適な. eine *komfortable* Wohnung 快適な住まい.

Ko·mik [コーミク kó:mɪk] 囡 -/ こっけい, おかしみ, ユーモア. unfreiwillige *Komik* 巧まざるおかしみ.

Ko·mi·ker [コーミカァ kó:mikər] 囲 -s/- 喜劇俳優, コメディアン; 《比》(人を笑わせる)おもしろい人. (女性形: -in).

Kom·in·tern [コミンテルン komɪntérn] 囡 -/ (1919–1943年の)コミンテルン(第3インターナショナル) (=**Kom**munistische **Intern**ationale).

***ko·misch** [コーミッシュ kó:mɪʃ] 形 ① こっけいな, おかしな, おどけた. (英 *comical*). eine *komische* Geschichte こっけいな話 / eine *komische* Rolle⁴ spielen こっけいな役を演じる / Warum machst du so ein *komisches* Gesicht? どうしてそんな変な顔をするの. ② 奇妙な, 風変わりな; (気分が)変な. (英 *strange*). ein *komischer* Kerl 変わったやつ / ein *komischer* Geschmack 風変わりな趣味 / Mir ist ganz *komisch* [zumute]. 私は本当に変な気分なんです. (派 類語 seltsam).

ko·mi·scher⸗wei·se [コーミシャァ・ヴァイゼ] 副 《口語》奇妙なことに, 不思議なことに.

Ko·mi·tee [コミテー komité:] 囲 -s/-s 委員会 (=Ausschuss).

das **Kom·ma** [コンマ kóma] 囲 (単2) -s/(複) -s (または Kommata) ① 《言》コンマ (記号: ,). (英 *comma*). ein *Komma*⁴ setzen コンマを打つ. ② 《数》小数点. drei *Komma* vier 3.4 (ドイツでは小数点にコンマを用いるので 3.4 は 3,4となる).

Kom·man·dant [コマンダント kɔmandánt] 囲 -en/-en 《軍》司令(指揮)官. (女性形: -in).

Kom·man·dan·tur [コマンダントゥーァ kɔmandantú:r] 囡 -/-en 司令部.

Kom·man·deur [コマンデーァ kɔmandǿ:r] 囲 -s/-e 《軍》部隊長, 司令官. (女性形: -in).

kom·man·die·ren [コマンディーレン kɔmandí:rən] **I** 他 (h) ① (部隊など⁴を)指揮する. ② (前線などへ)転属させる, 派遣する. ③ 《口語》(人に)命令口調で指図する. ④ (退却など⁴を)命じる. **II** 自 (h) 命令口調で指図する.

Kom·man·dit⸗ge·sell·schaft [コマンディート・ゲぜるシャふト] 囡 -/-en 《経》合資会社 (略: KG).

Kom·man·do [コマンド kɔmándo] 田 -s/-s (複 ..manden も) ① 命令, 指令. ② 〖覆なし〗命令(司令・指揮・統帥)権. das *Kommando*⁴ führen 指揮をとる. ③ (特別な任務のための)分(派)遣隊, 支隊, コマンド部隊. ④ 〖軍〗司令部.

Kom·man·do·brü·cke [コマンド・ブリュッケ] 因 -/-n 船橋, 艦橋, ブリッジ.

Kom·ma·ta [コンマタ] Komma (コンマ)の 複

kom·men [コンメン kɔ́mən]

来る	Woher *kommen* Sie ? ヴォヘーア コンメン ズィー どちらのご出身ですか.	
人称	単	複
1	ich komme	wir kommen
2	{du kommst / Sie kommen	{ihr kommt / Sie kommen
3	er kommt	sie kommen

(kam, *ist*…gekommen) **I** 自 (完了 sein) ① 来る; 着く, 達する. (英 come). (⇔ ⑦「行く」= gehen). Er *kommt* bald. 彼はもうすぐ来ます / **Kommst** du oft hierher? 君はよくここへ来るの? / Für dich *ist* ein Brief *gekommen*.〖現在完了〗君に手紙が来ているよ. ◇〖前置詞とともに〗**ans** Ziel *kommen* 目的地に着く / **ans** Licht *kommen*《比》明るみに出る / **auf** 周⁴ *kommen* 周⁴を思いつく ⇒ Ich *komme* nicht auf seinen Namen. 私は彼の名前が思い出せない / **auf** 囚·物⁴ *kommen* 囚·物⁴に割り当てられる ⇒ Auf zehn Kinder *kommt* ein Betreuer. 10人の子供につき一人の世話係がつく / Ich *komme* **aus** Hiroshima. 私は広島の出身です / Er *kommt* gerade aus der Schule. 彼はちょうど学校から帰って来たところです / **aus** der Mode *kommen* 流行遅れになる / 囚³ **aus** dem Sinn *kommen* 囚³から忘れられる / **außer** Atem *kommen* 息を切らす / **hinter** 周⁴ *kommen* 周⁴を見抜く / **ins** Zimmer *kommen* 部屋へ入って来る / *Kommen* Sie mir nicht immer **mit** derselben Geschichte! いつも同じ話ばかりしないでください / Sie *kommt* oft **nach** Berlin. 彼女はよくベルリンへやって来る / **nach** Hause *kommen* 家に帰って来る / **unter** ein Auto *kommen* 車にひかれる / **von** der Arbeit *kommen* 仕事から帰って来る / Er *kommt* morgen **zu** mir. 彼はあした私の所へ来る / **zu** 物³ *kommen* 物³を手に入れる, 得る ⇒ Sie *ist* über Nacht **zu** Geld *gekommen*.〖現在完了〗彼女は一夜にして金持ちになった / **zur** Ruhe *kommen* 落ち着く / **zur** der Überzeugung *kommen*, dass……という確信を持つに至る / **wieder zu sich**³ *kommen* 正気に戻る / **zu** 物³ *kommen* 物³のための時間を見つける ⇒ Endlich *komme* ich dazu, dir (または Dir) zu schreiben. (手紙文で:)ようやく君に手紙を書けるようになりました.

◇〖*lassen* とともに〗einen Arzt *kommen lassen* 医者に来てもらう / Ich *ließ* ein Taxi *kommen*. 私はタクシーを呼んだ / **auf** 囚⁴ nichts *kommen lassen* (または *kommem lassen*)《比》囚⁴の悪口を言わせない(←囚⁴彼に対して何も来さ せない).

◇〖過去分詞とともに〗Er *kam* gelaufen. 彼は走って来た / geflogen *kommen* 飛んで来る.

② 行く. (✓ 相手のいる場所や行こうとする地点に視点が置かれる). Ich *komme* gleich. すぐに参ります / Wie *komme* ich **zum** Bahnhof? 駅へはどう行けばいいですか.

③ 出て来る, 現れる, (考えなどが囚³に)浮かぶ. Die ersten Knospen *kommen* schon. 最初のつぼみがもう出ている / Vor Freude *kamen* ihm die Tränen. 喜びのあまり彼の目に涙が浮かんだ.

④ 〖方向を表す語句とともに〗(学校・施設などへ)入る, 入れられる. Er *kommt* dieses Jahr **in** die Schule (または **zur** Schule). 彼は今年学校に入る / **ins** Gefängnis *kommen* 刑務所に入れられる.

⑤ 〖方向を表す語句とともに〗(しかるべき所へ)収められる, 入れられる. Die Löffel *kommen* rechts **ins** Fach. スプーンは右の仕切りに入れます.

⑥ (時節などが)近づいて来る, 到来する; (出来事などが)起こる, 発生する. Die Nacht *kommt*.《雅》夜が来る / Was auch immer *kommen mag*, … 何が起きようとも…

⑦ 〖**von** (または **aus**) 周⁴ ~〗(周³に)由来する; (周³に)起因する. Seine Krankheit *kommt* vom vielen Trinken. 彼の病気は酒の飲みすぎが原因だ / Das *kommt* davon!《口語》それ見たことか / Woher *kommt* das viele Geld? その大金のお金はどこですか / Wie *kommt* es, dass du …? 君が…なのはなぜだ / Es *kommt* daher, dass … それは…ということに起因する.

⑧《口語》(費用などが…に)なる. Die Reparatur *kommt* **auf** etwa 50 Euro. 修理にはおよそ50ユーロかかる. ◇〖人を表す4格とともに〗Das *kommt* mich teuer. それは私には高いものにつく.

⑨ (順序として)来る, 現れる. Wenn Sie geradeaus gehen, *kommt* erst die Kirche, dann die Schule. まっすぐ行けば, まず教会があり, その次が学校です / Jetzt *kommen* Sie **an** die Reihe. 今度はあなたの番です.

⑩ (囚³にとって…に)感じられる;《口語》(囚³に対して…の)態度をとる. Ihr Angebot *kommt* mir sehr gelegen. あなたのお申し出は私にはとても好都合です / Er *kam* seinem Vater frech.《口語》彼は父親に生意気な態度をとった.

⑪ 〖**über** 囚⁴ ~〗(感情などが囚⁴を)襲う. [Der] Ekel *kam* über ihn. 彼は嫌悪感をおぼえた.

⑫ 〖**um** 物⁴ ~〗(物⁴を)失う. Er *ist* **um**s Leben *gekommen*.〖現在完了〗彼は命を落した.

⑬ 〖命令形で〗さあ. *Komm,* wir gehen! さあ行こう.
⑭ 〖**zu** 不定詞[句]とともに〗(…するように)なる. auf 囲⁴ zu sprechen *kommen* 囲⁴を話題にする / Ich *kam* neben ihn zu sitzen. たまたま私は彼の横に座ることになった.
⑮ 〖**in**（または **zu**）+特定の名詞とともに〗…[の状態]になる, …しはじめる; …される. in Gefahr *kommen* 危険に陥る / in Wut *kommen* 激怒する / in Bewegung *kommen* 動き出す / in Frage（または infrage）*kommen* 問題(考慮の対象)になる / in Gebrauch *kommen* 用いられる / 囚³ zu Hilfe *kommen* 囚³を助ける / zum Kauf *kommen* 売られる / Es *kommt* zum Streit. 争いになる.
⑯ (俗)いく(オルガスムスに達する).
II 〖非人称〗〖空て sein〗〖**es** *kommt* **zu** 囲³ の形で〗囲³という事態になる. Es *kommt* bald zu einem Streit. もうすぐけんかになりそうだ.
◊☞ **kommend**

Kom·men [コンメン] 囲 -s/ 来る(生じる)こと, 接近, 来着, 到着. Es herrschte ein dauerndes *Kommen* und Gehen. 人々が絶え間なく行き来していた / im *Kommen* sein 人気が高まる, [再び]はやりだす.

kom·mend [コンメント] **I** ⁑kommen（来る）の現分 **II** 形 ① 次の, 来たる. am *kommenden* Sonntag 今度の日曜日に / im *kommenden* Jahr 来年. ② 将来有望な. Er ist der *kommende* Mann im Skisport. 彼はスキーの有望選手だ.

Kom·men·tar [コメンタール kɔmɛntáːr] 男 -s/-e ① 注釈[書], 注解. ein *Kommentar* zur Bibel 聖書の注釈. ② (ニュースなどの)解説, 論評, コメント, コメント. einen *Kommentar* zu 囲³ geben 囲³について解説する / Kein *Kommentar!* (回答を拒否して:)ノーコメント.

Kom·men·ta·tor [コメンタートァ kɔmɛntáːtɔr] 男 -s/..toren [..タトーレン] 注釈者; (ニュースなどの)コメンテーター, 解説者. (女性形: -in).

kom·men·tie·ren [コメンティーレン kɔmɛntíːrən] 他 (h) ① (囲⁴に)注釈をつける. ② 解説する. ③《口語》(囚・囲について)意見(感想)を述べる.

Kom·mers [コメルス kɔmɛ́rs] 男 -es/-e (学生言葉:)(学生組合の)酒盛り, 祝宴.

Kom·merz [コメルツ kɔmɛ́rts] 男 -es/ (ふつう軽蔑的に:)商業, 商売, 利潤, もうけ.

kom·mer·zi·a·li·sie·ren [コメルツィアリズィーレン kɔmɛrtsializíːrən] 他 (h) 商業化(営利化)する.

kom·mer·zi·ell [コメルツィエる kɔmɛrtsiɛ́l] 形 ① 商業[上]の. ② 営利的な, 営利本位の.

Kom·mi·li·to·ne [コミりトーネ kɔmilitóːnə] 男 -n/-n (学生言葉:)学友. (女性形: Kommilitonin). (念=「(小・中学校などの)同級生」は Mitschüler). (☞ 類語 Freund).

Kom·miss [コミス kɔmɪ́s] 男 -es/ (兵隊言葉:)軍隊, 兵役. beim *Kommiss* sein 兵役についている.

Kom·mis·sar [コミサール kɔmɪsáːr] 男 -s/-e ① (政府の任命した)委員. (女性形: -in). ② 警部長; (墺 なし) 警部の職.

Kom·mis·sär [コミセーァ kɔmɪsɛ́ːr] 男 -s/-e 〖南ﾄﾞｯﾁ・ｽｲｽ・ｽﾞ〗=Kommissar

kom·mis·sa·risch [コミサーリッシュ kɔmɪsáːrɪʃ] 形 臨時の, 代理(代行)の.

Kom·miss≠brot [コミス・ブロート] 甲 -[e]s/-e (四角形の黒い)軍用パン.

die **Kom·mis·si·on** [コミスィオーン kɔmɪsióːn] 囡（単)-/(複)-en ❶ 委員会. (英 *commission*). eine ständige *Kommission* 常設委員会 / eine *Kommission*⁴ ein[setzen 委員会を設置する. ② (商)委託販売, 取り次ぎ. 囲⁴ in *Kommission* geben (nehmen)《経》囲⁴を委託販売に出す(囲⁴の委託販売を引き受ける).

Kom·mis·si·o·när [コミスィオネーァ kɔmɪsionɛ́ːr] 男 -s/-e《経》委託販売業者; (出版の)取次業者. (女性形: -in).

Kom·mis·si·ons≠ge·schäft [コミスィオーンス・ゲシェフト] 甲 -[e]s/-e《経》委託売買, 委託販売[業], 取次店.

Kom·mo·de [コモーデ kɔmóːdə] 囡 -/-n (引き出し付きの)整理だんす.

kom·mu·nal [コムナーる kɔmunáːl] 形 地方自治体の, 市町村の.

Kom·mu·nal≠po·li·tik [コムナーる・ポりティーク] 囡 -/ 地方自治体の政治(行政).

Kom·mu·nal≠**wahl** [コムナーる・ヴァーる] 囡 -/-en 地方選挙.

Kom·mu·ne [コムーネ kɔmúːnə] 囡 -/-n ① 地方自治体. ② (特に大学生の反ブルジョア的な)生活共同体.

Kom·mu·ni·kant [コムニカント kɔmunikánt] 男 -en/-en《ｶﾄﾘｯｸ》(特に初回の)聖体拝領者. (女性形: -in).

die **Kom·mu·ni·ka·ti·on** [コムニカツィオーン kɔmunikatsióːn] 囡（単)-/(複)-en ① 〖複 なし〗コミュニケーション,（情報・思想などの)伝達, 意志疎通. (英 *communication*). *Kommunikation* durch Sprache 言葉によるコミュニケーション. ② (いくつかの事柄のかかわり合い, つながり, 関連. eine *Kommunikation* zwischen Traum und Wirklichkeit 夢と現実のかかわり合い.

Kom·mu·ni·ka·ti·ons≠mit·tel [コムニカツィオーンス・ミッテる] 甲 -s/- コミュニケーション手段, 情報媒体.

kom·mu·ni·ka·tiv [コムニカティーふ kɔmunikatíːf] 形 ① コミュニケーションの, 情報伝達の. ② 話好きの, オープンに口を利く.

Kom·mu·ni·kee [コミュニケー kɔmynikéː または コム.. kɔmu..] 甲 -s/- =Kommuniqué

Kom·mu·ni·on [コムニオーン kɔmunióːn] 囡 -/-en《ｶﾄﾘｯｸ》[初]聖体拝領; 聖体.

Kom·mu·ni·qué [コミュニケー kɔmynikéː または コム.. kɔmu..] 甲 -s/-s《政治》コミュニケ,

公式発表, (公式の)報告書.

der Kom·mu·nis·mus [コムニスムス kɔmunísmʊs] 男 (単2) -/ 共産主義. (英 *communism*). im *Kommunismus* leben 共産主義体制のもとで暮らす.

Kom·mu·nist [コムニスト kɔmuníst] 男 -en/-en 共産主義者; 共産党員. (女性形: -in).

kom·mu·nis·tisch [コムニスティッシュ kɔmunístɪʃ] 形 共産主義の; 共産党の.

kom·mu·ni·zie·ren [コムニツィーレン kɔmunitsíːrən] 自(h) ① 〖mit 人³ ~〗人³と意志疎通を図る, 話す. ② (相互に)連結(関連)している. ③ 〖カトリック〗聖体を拝領する.

Ko·mö·di·ant [コメディアント kɔmødiánt] 男 -en/-en ① 役者. (女性形: -in). ② (比)(軽蔑的に:)偽善者, 猫かぶり, いかさま師.

die Ko·mö·die [コメーディエ komǿːdiə] 女 (単)-/(複) ① 〖文学〗喜劇, コメディー. (英 *comedy*). (⇔ 「悲劇」は Tragödie). die griechische *Komödie* ギリシア喜劇 / eine *Komödie*⁴ aufführen 喜劇を上演する. ② 〖複 なし〗(主に喜劇用の)小劇場. ③ 〖ふつう 単〗偽り, 見せかけ. *Komödie*⁴ spielen (本当らしく)見せかける.

Komp. [コンパニー] 《略》《軍》中隊 (= **Kompanie**).

Kom·pa·gnon [コンパニョーン kɔmpanjǿː: またはコンパニョン] [仏] 男 -s/-s 《経》共同出資者(経営者); 仲間.

kom·pakt [コンパクト kɔmpákt] 形 ① 目の詰んだ, (物質が)密な; コンパクトな. ② (口語)がっちりした, ずんぐりした(体つきなど).

Kom·pa·nie [コンパニー kɔmpaníː] 女 -/-n [..ニーエン] ① 《軍》中隊 (略: Komp.). ② 《古》商事会社, 商会 (略: Co.).

Kom·pa·nie-chef [コンパニー・シェフ] 男 -s/-s 《軍》中隊長. (女性形: -in).

kom·pa·ra·tiv [コンパラティーフ kómparatiːf または ..ティーふ] 形 《言》比較の, 比較級の.

Kom·pa·ra·tiv [コンパラティーフ] 男 -s/-e [..ヴェ] 《言》比較級.

Kom·par·se [コンパルゼ kɔmpárzə] 男 -n/-n 《劇・映》端役(はしやく), エキストラ. (女性形: Komparsin).

Kom·pass [コンパス kómpas] 男 -es/-e 羅針(らしん)儀, コンパス.

kom·pa·ti·bel [コンパティーべる kɔmpatíːbəl] 形 両立しうる; 〖コンピュータ〗互換性のある, コンパチブルの; 《医》適合する, 適合性の(血液型・薬剤など).

Kom·pa·ti·bi·li·tät [コンパティビリテート kɔmpatibilitɛ́ːt] 女 -/-en 〖コンピュータ〗互換性; 《医》(血液型・薬剤などの)適合性.

Kom·pen·di·um [コンペンディウム kɔmpéndium] 中 -s/..dien [..ディエン] 要約, 便覧, ハンドブック.

Kom·pen·sa·ti·on [コンペンザツィオーン kɔmpɛnzatsióːn] 女 -/-en 補償[作用], 代償[作用]; 《心》補償, 代償; 《経》賠償.

kom·pen·sie·ren [コンペンズィーレン kɔmpɛnzíːrən] 他(h) ① 補償する, 代償する, 補う. ②《経》相殺(そうさい)する.

kom·pe·tent [コンペテント kɔmpetént] 形 ① 専門知識のある, 造詣(ぞうけい)が深い; 《言》言語能力のある. ②《法》権限(資格)のある.

Kom·pe·tenz [コンペテンツ kɔmpeténts] 女 -/-en ① 専門知識;《言》言語能力. ②《法》権限, 資格, 管轄.

Kom·ple·ment [コンプれメント kɔmplemént] 中 -[e]s/-e 補足[物], 補充[物].

kom·ple·men·tär [コンプれメンテーァ kɔmplementɛ́ːr] 形 互いに補足し合う, 相補の.

kom·plett [コンプれット kɔmplét] 形 ① 完全な, 全部の; 全部そろった, 全員の. ein *komplett* möbliertes Apartment 家具の完備したアパート. ② 《口語》まったくの.

kom·plet·tie·ren [コンプれティーレン kɔmpletíːrən] 他(h) (補足して)完全なものにする, 全部そろえる.

kom·plex [コンプれクス kɔmpléks] 形 ① 包括(総合)的な. ② 複雑な, 入り組んだ, 錯綜(さくそう)した. eine *komplexe* Zahl《数》複素数.

Kom·plex [コンプれクス kɔmpléks] 男 -es/-e ① 複合[体], 合成[物]; 建築物群. ②《心》コンプレックス, 観念複合.

Kom·pli·ce [コンプリーツェ kɔmplíːtsə または ..ツェ..sə] 男 -n/-n = Komplize

Kom·pli·ka·ti·on [コンプリカツィオーン kɔmplikatsióːn] 女 -/-en ① ごたごた, 紛糾, もめごと. ②《医》合併症, (余病の)併発, 様態の悪化.

das Kom·pli·ment [コンプリメント kɔmpliment] 中 (単2) -[e]s/(複) -e (3格のみ -en) ① お世辞, お愛想, 賛辞. (英 *compliment*). ein leeres *Kompliment* 見えすいたお世辞 / 人³ ein *Kompliment*⁴ (または *Komplimente*⁴) machen 人³にお世辞を言う / eine Frau mit *Komplimenten* überschütten 女性にお世辞を振りまく / Bitte keine *Komplimente*! お世辞はよしてください / Mein *Kompliment*! いやおみごと, 感服しました. ②《古》あいさつ.

kom·pli·men·tie·ren [コンプリメンティーレン kɔmplimentíːrən] 他(h)《雅》(お客などを⁴を…へ)丁重に案内する.

Kom·pli·ze [コンプリーツェ kɔmplíːtsə] 男 -n/-n 共犯者. (女性形: Komplizin).

kom·pli·zie·ren [コンプリツィーレン kɔmplitsíːrən] I 他(h) (事柄などを⁴を)複雑にする, 難しくする. Das *kompliziert* die Sache. そのことがこの件を複雑にしている.
II 再帰 (完了 haben) *sich*⁴ komplizieren (事態などが)複雑になる, 難しくなる.

***kom·pli·ziert** [コンプリツィーァト kɔmplitsíːrt] I komplizieren (複雑にする)の過分
II 形 (比較) komplizierter, (最上) kompliziertest) 複雑な, 入り組んだ; やっかいな, 扱いにくい. (英 *complicated*). eine *komplizierte* Angelegenheit 複雑な用件 / ein *komplizierter* Bruch

《医》複雑骨折 / Das Problem ist *kompliziert*. この問題は複雑だ / ein *komplizierter* Mensch 扱いにくい人.

kom·pli·zier·te [コンプリツィーァテ] komplizieren (複雑にする)の過去

Kom·plott [コンプロット kɔmplɔ́t] 甲 (口語: 男 も) -[e]s/-e 陰謀. ein *Komplott*⁴ schmieden 陰謀を企てる.

Kom·po·nen·te [コンポネンテ kɔmponɛ́ntə] 因 -/-n 構成要素; 《理》(ベクトルの)成分.

kom·po·nie·ren [コンポニーレン kɔmponí:rən] (komponierte, *hat*...komponiert) I 他 (完了 haben) ① (曲など⁴を)作曲する. eine Sinfonie⁴ *komponieren* 交響曲を作曲する. ② (素材など⁴を)組み立てる, 構成する. ◇〖過去分詞の形で〗 ein geschickt *komponierter* Roman 巧みな構成の小説.
II 自 (完了 haben) 作曲をする.

kom·po·niert [コンポニーァト] komponieren (作曲する)の過分, 3人称単数・2人称親称複数現在

kom·po·nier·te [コンポニーァテ] komponieren (作曲する)の過去

der **Kom·po·nist** [コンポニスト kɔmponíst] 男 (単2·3·4) -en/(複) -en 作曲家. Opern*komponist* オペラ作曲家.

Kom·po·nis·tin [コンポニスティン kɔmponístɪn] 因 -/..tinnen (女性の)作曲家.

Kom·po·si·ti·on [コンポズィツィオーン kɔmpozitsió:n] 因 -/-en ① 〖複 なし〗作曲. ② 楽曲. ③ 構成, 構想, 構図; 構成されたもの.

Kom·po·si·tum [コンポーズィトゥム kɔmpó:zitum] 甲 -s/..sita (まれに ..siten) 《言》合成語, 複合語.

Kom·post [コンポスト kɔ́mpɔst または ..ポスト] 男 -[e]s/-e 有機肥料, 堆肥(たい).

Kom·post=müll [コンポスト・ミュル] 男 -s/ (堆肥(たい)として利用される)有機ごみ.

kom·pos·tie·ren [コンポスティーレン kɔmpostí:rən] 他 (h) (わら・生ごみなど⁴を)堆肥(たい)にする; (花壇など⁴に)堆肥を施す.

Kom·pott [コンポット kɔmpɔ́t] 甲 -[e]s/-e コンポート(デザートなどにする果実の砂糖煮).

Kom·pres·se [コンプレッセ kɔmprɛ́sə] 因 -/-n 《医》湿布.

Kom·pres·sor [コンプレッソァ kɔmprɛ́sɔr] 男 -s/-en [..ソーレン] 《工》コンプレッサ, 圧縮機.

kom·pri·mie·ren [コンプリミーレン kɔmprimí:rən] 他 (h) ① (物·工)(ガスなど⁴を)圧搾(圧縮)する. ② (テキストなど⁴を)要約する.

Kom·pro·miss [コンプロミス kɔmprɔmís] 男 (まれに 甲) -es/-e 妥協[案]; 和解, 示談. ein[en] *Kompromiss*⁴ mit 人³ schließen 人³と妥協する(和解する).

kom·pro·miss=los [コンプロミス・ロース] 形 妥協しない, 一歩も譲らない.

kom·pro·mit·tie·ren [コンプロミティーレン kɔmprɔmɪtí:rən] 他 (h) (人⁴の)体面を傷つける, 面目をつぶす. ◇〖再帰的に〗 *sich*⁴ *kompromittieren* (自分の)面目を失う.

Kom·tess [コムテス kɔmtɛ́s または コン.. kɔ̃..] 因 -/-en ＝Komtesse

Kom·tes·se [コムテッセ kɔmtɛ́sə または コン.. kɔ̃..] [フス] 因 -/-n (南ドツ・オストリア) 伯爵令嬢.

Kon·den·sat [コンデンザート kɔndɛnzá:t] 甲 -[e]s/-e (物)凝縮液.

Kon·den·sa·ti·on [コンデンザツィオーン kɔndɛnzatsió:n] 因 -/-en ① (物)(ガスなどの)凝縮, 液化. ② (化)縮合, 凝縮.

Kon·den·sa·tor [コンデンザートァ kɔndɛnzá:tɔr] 男 -s/-en [..ザートーレン] ① (電)蓄電器, コンデンサー. ② (化)凝縮器; 冷却器.

kon·den·sie·ren [コンデンズィーレン kɔndɛnzí:rən] I 他 (h) (液体⁴を)濃縮する; (気体⁴を)液化する. ◇〖過去分詞の形で〗 *kondensierte* Milch コンデンスミルク, 練乳. II 自 (h, s) (気体が)液化する.

Kon·dens=milch [コンデンス・ミルヒ] 因 -/ コンデンスミルク, 練乳.

Kon·dens=strei·fen [コンデンス・シュトライフェン] 男 -s/- 飛行機雲.

Kon·dens=was·ser [コンデンス・ヴァッサァ] 甲 -s/ 凝縮水(水蒸気の液化による水).

Kon·di·ti·on [コンディツィオーン kɔnditsió:n] 因 -/-en ① 〖複 なし〗(心身の)状態, 体調; 〖スポ〗コンディション. ② 〖ふつう 複〗《商》(支払い・引き渡しなどの)条件.

kon·di·ti·o·nal [コンディツィオナーる kɔnditsioná:l] 形 〖言〗条件を表す. ein *konditionaler* Satz 条件文.

Kon·di·ti·o·nal=satz [コンディツィオナーる・ザッツ] 男 -es/..sätze 〖言〗条件文.

kon·di·ti·o·nell [コンディツィオネる kɔnditsionɛ́l] 形 (特にスポーツで:) コンディション[上]の.

kon·di·ti·o·nie·ren [コンディツィオニーレン kɔnditsioní:rən] 他 (h) ① (材料など⁴を)加工の条件に合わせる. ② (心)(反応⁴を)条件づける.

kon·di·ti·ons=schwach [コンディツィオーンス・シュヴァッハ] 形 〖スポ〗コンディションの悪い, 不調な.

kon·di·ti·ons=stark [コンディツィオーンス・シュタルク] 形 〖スポ〗コンディションのよい, 好調な.

Kon·di·tor [コンディートァ kɔndí:tɔr] 男 -s/-en [..ディトーレン] 菓子製造人, 菓子屋. (女性形: -in).

die **Kon·di·to·rei** [コンディトライ kɔnditorái] 因 (単) -/(複) -en ① ケーキ屋, 菓子製造店 (喫茶店を兼ねる場合が多い). ② 〖複 なし〗菓子製造.

Kon·di·tor=wa·ren [コンディートァ・ヴァーレン] 複 菓子(ケーキ)類.

Kon·do·lenz [コンドれンツ kɔndolɛ́nts] 因 -/-en (雅) ① 〖複 なし〗お悔やみ, 哀悼 (＝Beileid). ② 哀悼の言葉.

kon·do·lie·ren [コンドリーレン kɔndolí:rən] 自 (h) (人³に)お悔やみを述べる, 弔意を表する.

Kon·dom [コンドーム kɔndó:m] 甲 男 -s/-e

Kon·dor [コンドーァ kóndo:r] 男 -s/-e 《鳥》コンドル(ハゲタカの一種).

Kon·fekt [コンフェクト konfékt] 中 -[e]s/(種類:) -e (飴(ぁめ)以外の)砂糖菓子(プラリネ・マルチパンなど).

Kon·fek·ti·on [コンフェクツィオーン konfɛktsió:n] 女 -/-en 《ふつう 単》 既製服製造[業]; 既製服.

die **Kon·fe·renz** [コンフェレンツ konferénts] 女 (単) -/(複) -en 会議, 会談, 協議[会]. (英 conference). Gipfel*konferenz* サミット, 首脳会談 / eine internationale *Konferenz* 国際会議 / Er hat eine *Konferenz*. 彼は会議がある / eine *Konferenz*⁴ ab|halten (または eröffnen) 会議を開く / an einer *Konferenz* teil|nehmen 会議に参加する. (☞ 類語 Sitzung).

kon·fe·rie·ren [コンフェリーレン konferí:rən] I 自 (h) 会議を開く; 協議する. über 単⁴ *konferieren* 単⁴について協議(話し合い)をする. II 他 (ショーなどの)司会をする.

Kon·fes·si·on [コンフェスィオーン konfesió:n] 女 -/-en ① 《神学》信仰告白; 《雅》告白. die evangelische (katholische) *Konfession* 新教(カトリック教). ② 《宗》宗派.

kon·fes·si·o·nell [コンフェスィオネる konfɛsionél] 形 宗派的な, 宗派に関する.

kon·fes·si·ons·los [コンフェスィオーンス・ろース] 形 どの宗派にも属さない, 無宗派の.

Kon·fet·ti [コンフェッティ konféti] 中 -[s]/ (謝肉祭・大みそかなどの際に投げ合う)紙吹雪.

Kon·fir·mand [コンフィルマント konfirmánt] 男 -en/-en 《新教》(堅信礼を受ける・受けたばかりの)受堅者. (女性形: -in).

Kon·fir·ma·ti·on [コンフィルマツィオーン konfirmatsió:n] 女 -/-en 《新教》堅信[礼].

kon·fir·mie·ren [コンフィルミーレン konfirmí:rən] 他 (h) 《新教》(人⁴に)堅信礼を施す.

Kon·fis·ka·ti·on [コンフィスカツィオーン konfiskatsió:n] 女 -/-en 《法》没収, 押収.

kon·fis·zie·ren [コンフィスツィーレン konfistsí:rən] 他 (h) 《法》(財産など⁴を)没収(押収)する.

die **Kon·fi·tü·re** [コンフィテューレ konfitý:rə] 女 -/(複) -n ジャム(一種類の果物を粗刻みして作ったもの). Brot⁴ mit *Konfitüre* essen パンにジャムを付けて食べる.

der **Kon·flikt** [コンふリクト konflíkt] 男 (単 2) -[e]s/(複) -e (3格のみ -en) ① **紛争**, 衝突, 闘争. (英 conflict). ein politischer *Konflikt* 政争 / mit 単³ in einen *Konflikt* geraten (と in kommen) 単³(法律など)に違反する. ② (精神的な)葛藤. Gewissens*konflikt* 良心の葛藤.

Kon·fö·de·ra·ti·on [コンフェデラツィオーン konføderatsió:n] 女 -/-en 国家連合.

kon·form [コンフォルム konfórm] 形 一致(合致)している.

▶ **konform|gehen**

kon·form|ge·hen*, **kon·form ge·hen*** [コンフォルム・ゲーエン konfórm-gè:ən] 自 (s) 《mit 単³ ~》単³と意見を同じくする.

Kon·for·mis·mus [コンフォルミスムス konformísmus] 男 -/ 大勢順応[主義].

Kon·for·mist [コンフォルミスト konformíst] 男 -en/-en 大勢順応[主義]者. (女性形: -in).

Kon·fron·ta·ti·on [コンフロンタツィオーン konfrontatsió:n] 女 -/-en (法廷などでの)対決; (敵対者間の)対立.

kon·fron·tie·ren [コンフロンティーレン konfrontí:rən] 他 (h) 対決(直面)させる. 人⁴ [mit] 単³(単³) *konfrontieren* 人⁴を単³と対決(対面)させる(単³に直面させる).

kon·fus [コンフース konfú:s] 形 混乱した, 支離滅裂な(文章など); 頭が混乱した.

Kon·fu·si·on [コンフズィオーン konfuzió:n] 女 -/-en 混乱, 支離滅裂.

Kon·fu·tse [コンフーツェ konfú:tsə] -s/ 《人名》孔子(前551-前479; 中国の思想家).

Kon·fu·zi·a·nis·mus [コンフツィアニスムス konfutsianísmus] 男 -/ 儒教, 孔子の教え.

kon·ge·ni·al [コンゲニアーる kóngenia:l または ..ア-6] 形 作品の精神をそのまま伝える, 原作に劣らない水準の(翻訳など).

Kon·glo·me·rat [コングろメラート konglomerá:t または koŋ..] 中 -[e]s/-e ① 集合体, 寄せ集め, 複合. ② 《地学》礫岩(れきがん).

Kon·gre·ga·ti·on [コングレガツィオーン kongregatsió:n または koŋ..] 女 -/-en 《カトリック》修族, 修道院の連合体.

der **Kon·gress** [コングレス kongrés または koŋ..] 男 (単 2) -es/(複) -e (3格のみ -en) ① (専門上の大規模な)**会議**. (英 congress). ein medizinischer *Kongress* 医学会議 / der Wiener *Kongress* 《史》ウィーン会議 (1814-1815) / an einem *Kongress* teil|nehmen 会議に出席する / auf einem *Kongress* sprechen 会議で発言する. (☞ 類語 Sitzung). ② 〖複なし〗(アメリカ合衆国の)議会.

Kon·gress·hal·le [コングレス・ハれ] 女 -/-n [大]会議場.

kon·gru·ent [コングルエント kongruént または koŋ..] 形 ① 一致する, 合致する. ② 《数》(図形が)合同の.

Kon·gru·enz [コングルエンツ kongruénts または koŋ..] 女 -/-en 《ふつう 単》一致, 合致; 《数》合同, 相合; 《言》(性・数・格・人称の)一致.

kon·gru·ie·ren [コングルイーレン kongruí:rən または koŋ..] 自 (h) ① (意見などが)一致(合致)する. ② 《数》合同である.

★ der **Kö·nig** [ケーニヒ kǿ:nɪç] 男 (単 2) -s/(複) -e (3格のみ -en) ① **王**, 国王, 王様. (英 king). der *König* von Schweden スウェーデン国王 / wie ein *König* leben 豪勢な暮らしをする.
② 《比》王者, 第一人者, 花形. der *König* der Tiere² 百獣の王(ライオン) / der *König*

der Geiger² バイオリン演奏の第一人者 / Bei uns ist der Kunde König. 当店ではお客様が神様です. ③ (トランプ・チェスの)キング. ④ (九柱戯の)キングピン.

die **Kö·ni·gin** [ケーニギン kǿːnɪgɪn] 囡 (単) -/(複) -ginnen ① **女王**. (英) *queen*). die *Königin* von England イギリスの女王. ② 《比》(女性の)王者, 第一人者. die *Königin* der Blumen² 花の女王(ばら) / *Königin* der Nacht² 《植》夜の女王(夜咲きのサボテン). ③ 《昆》 女王蜂(ﾊﾞﾁ). ④ (トランプ・チェスの)クイーン.

kö·nig·lich [ケーニクリヒ kǿːnɪklɪç] 形 ① 〖付加語としてのみ〗王の; 王者のような, 威厳のある. (英) *royal, kingly*). die *königliche* Familie 王室 / [Seine] *Königliche* Hoheit (王子・大公に対する呼びかけで)殿下 / in *königlicher* Haltung 堂々とした態度で. ② 《比》気前のよい, たっぷりとした(贈り物など). eine *königliche* Bewirtung 大盤ぶるまい. ③ 《口語・比》すばらしい, すごい, 明朗(ﾒｲﾛｳ)な. ein *königliches* Vergnügen すばらしい楽しみ.

Kö·nig·reich [ケーニク・ライヒ] 匣 -[e]s/-e 王国.

Kö·nigs·berg [ケーニヒス・ベルク kǿːnɪçsbɛrk] 匣 -s/ 〔都市名〕ケーニヒスベルク(旧ソ連領, 現ロシアのカリーニングラードの旧称. 第二次大戦前はドイツ領).

Kö·nigs≠ker·ze [ケーニヒス・ケルツェ] 囡 -/-n 〔植〕モウズイカ[属].

Kö·nig·tum [ケーニヒトゥーム] 匣 -s/..tümer ① 〖複なし〗王制. ② 《古》王国.

ko·nisch [コーニッシュ kóːnɪʃ] 形 円錐(ｴﾝｽｲ)形の.

Konj. 《略》〔言〕① [コニュンクティーふ] 接続法 (=**Konjunktiv**). ② [コニュンクツィオーン] 接続詞 (=**Konjunktion**).

Kon·ju·ga·ti·on [コニュガツィオーン kɔnjugatsióːn] 囡 -/-en 〔言〕動詞の変化(活用).

kon·ju·gie·ren [コニュギーレン kɔnjugíːrən] 他 (h) 〔言〕(動詞⁴を)変化(活用)させる.

Kon·junk·ti·on [コニュンクツィオーン kɔnjuŋktsióːn] 囡 -/-en ① 〔言〕接続詞. (略: Konj.). ② 〔天〕(2個の天体の)合(ｶﾞｯ), 会合.

Kon·junk·tiv [コニュンクティーふ kónjuŋktiːf] 男 -s/-e [..ヴェ] 〔言〕接続法 (略: Konj.).

Kon·junk·tur [コニュンクトゥーァ kɔnjuŋktúːr] 囡 -/-en 〔経〕景気. Hoch*konjunktur* 好景気.

kon·junk·tu·rell [コニュンクトゥレル kɔnjuŋkturél] 形 〔経〕景気の, 景気上の.

kon·kav [コンカーふ kɔnkáːf または kɔŋ..] 形 《光》凹面の. (英) 「凸面の」は konvex).

Kon·kla·ve [コンクらーヴェ kɔnkláːvə または kɔŋ..] 匣 -s/-n (ｶﾄｯｸ) ① 教皇選挙会議場. ② 教皇選挙会議.

Kon·kor·danz [コンコルダンツ kɔnkordánts または kɔŋ..] 囡 -/-en (書物, 特に聖書のアルファベット順の)用語索引, コンコーダンス.

Kon·kor·dat [コンコルダート kɔnkordáːt または kɔŋ..] 匣 -[e]s/-e (ﾛｰﾏ教皇と国家との間の)政教条約. ② (ｽｲｽ)(各州間の)協約.

kon·kret [コンクレート kɔnkréːt または kɔŋ..] 形 〖比較〗 konkreter, 〖最上〗 konkretest ① **具体的な**, 具象的な, 現実に即した. (英) *concrete*). (反) 「抽象的な」は abstrakt). die *konkrete* Welt 現実の世界 / *konkrete* Kunst 具象芸術 / *konkrete* Musik 《音楽》ミュージック・コンクレート. ② はっきりした, 明瞭(ﾒｲﾘｮｳ)な. ein *konkretes* Beispiel 一目瞭然(ﾘｮｳｾﾞﾝ)の実例 / Du sollst dich *konkreter* ausdrücken. 君はもっとはっきりと言うべきだ.

kon·kre·ti·sie·ren [コンクレティズィーレン kɔnkretizíːrən または kɔŋ..] 他 (h) 具体的に説明する(述べる).

Kon·ku·bi·nat [コンクビナート kɔnkubináːt または kɔŋ..] 匣 -[e]s/-e 〔法〕内縁[関係].

Kon·ku·bi·ne [コンクビーネ kɔnkubíːnə または kɔŋ..] 囡 -/-n (昔の)内縁の妻, 《古》(軽蔑的に)愛人, めかけ.

kon·kur·rent [コンクレント kɔnkurént または kɔŋ..] 男 -en/-en 競争相手, ライバル. (女性形: -in). unser größter *Konkurrent* われわれの最大のライバル.

die **Kon·kur·renz** [コンクレンツ kɔnkuréːnts または kɔŋ..] 囡 (単) -/(複) -en ① 〖複なし〗(特に経済分野での)**競争**. (英) *competition*). eine starke *Konkurrenz* 激しい競争 / 〈人³ *Konkurrenz*⁴ machen 〈人³と競い合う / mit 〈人³ in *Konkurrenz* treten (stehen) 〈人³と競い合う(競い合っている).
② 競技[会], コンクール, コンテスト. an einer *Konkurrenz* teil|nehmen コンクールに参加する / **außer** *Konkurrenz* (審査対象外の)特別参加で. ③ 〖複なし〗(総称として): 競争相手, ライバル, 商売敵. Er ist keine *Konkurrenz* für dich. 彼は君の競争相手になるほどの人ではない.

kon·kur·renz≠fä·hig [コンクレンツ・フェーイヒ] 形 競争力のある, 競争に耐える(企業など).

Kon·kur·renz≠kampf [コンクレンツ・カンプふ] 男 -[e]s/..kämpfe 〔経〕(経済上の)競争.

kon·kur·renz≠los [コンクレンツ・ろース] 形 無競争の; 無敵の.

kon·kur·rie·ren [コンクリーレン kɔnkuríːrən または kɔŋ..] 自 (h) 競争する, 対抗する, 競り合う. mit 〈人³ um einen Posten *konkurrieren* 〈人³と地位を争う.

Kon·kurs [コンクルス kɔnkúrs または kɔŋ..] 男 -es/-e 〔商・法〕破産; 破産手続き. [den] *Konkurs*⁴ an|melden 破産を通告する / *Konkurs*⁴ machen または in *Konkurs* gehen 破産する.

Kon·kurs≠mas·se [コンクルス・マッセ] 囡 -/-n 〔法〕破産財団(支払不能の会社の全財産).

Kon·kurs≠ver·fah·ren [コンクルス・フェアふァーレン] 匣 -s/- 〔法〕破産手続き.

Kon·kurs≠ver·wal·ter [コンクルス・フェアヴァるタァ] 男 -s/- 〔法〕破産管財人. (女性形: -in).

***kön·nen**[1]* [ケンネン kǽnən]

…できる	*Können* Sie Auto fahren? ケンネン　ズィー　アオトー　ファーレン あなたは車を運転できますか?	
人称	単	複
1	ich **kann**	wir können
2	{du **kannst** {Sie können	{ihr könnt {Sie können
3	er **kann**	sie können

助動 [話法の助動詞] (完了 haben) **A)** (konnte, *hat…*können) 〚zu のない不定詞とともに〛 (英 can) ① **…できる**, …する能力がある. Ich *kann* nicht schlafen. 私は眠れない / Sie *kann* gut tanzen. 彼女はダンスがうまい / Er *kann* gut Klavier spielen. 彼は上手にピアノを弾くことができる / *Kann* ich Ihnen helfen? a) お手伝いしましょうか, b) (店員が客に:) 何をさしあげましょうか / Diese Aufgabe *habe* ich nicht lösen *können*. 〚現在完了〛この問題は解けませんでした.
◊〚*Können* Sie…? などの形で〛**…してくださいませんか**. Kannst du mir helfen? 手伝ってくれる? / *Können* Sie mir bitte sagen, wie spät es ist? 今何時か教えていただけませんか.
② **…かもしれない**, …もありうる. Sie *kann* krank sein. 彼女は病気かもしれない / [Das] *kann* sein. そうかもしれません / Das *kann* doch gar nicht sein! そんなことは絶対ありえない / Der Vulkan *kann* jeden Moment ausbrechen. その火山は今にも爆発しそうだ / Wie *konnte* nur das geschehen? どうしてこんなことが起きてしまったのだろう / Er *kann* das Geld verloren haben. 〚現在完了〛彼はそのお金をなくしたのかもしれない.
③ **…してもよい**, **…してさしつかえない**. *Kann* ich jetzt gehen? 私はもう行っていいでしょうか / Sie *können* hier telefonieren. あなたはここで電話をかけてもいいですよ. ◊〚否定を表す語句とともに〛…してはいけない. So etwas *kannst* du doch nicht machen! そんなことをしてはいけないよ.
B) (konnte, *hat…*gekonnt) 〚独立動詞として; 不定詞なしで〛**できる**, やれる. Er *kann* kein Deutsch. 彼はドイツ語ができない / *Kannst* du noch? 〚口語〛まだやれるかい / Sie *kann* alles (gar nichts). 彼女は何でもできる(まるで何もできない) / Er *kann* nichts dafür. 〚口語〛彼にはその責任はない / Ich *habe* nicht anders *gekonnt*. 〚現在完了〛私はほかにしようがなかった / Er lief so schnell, wie er *konnte*. 彼は力の限り速く走った. ◊〚方向を表す語句とともに〛 (…へ)行くことができる. Wir *können* jetzt nach Hause. 私たちはもう家へ帰れる.
◊☞ **gekonnt**

kön·nen[2] [ケンネン] ☞**können**[1] (…できる)の 過分
Kön·nen [ケンネン] 中 -s/ 能力, 手腕, 力量.

Kön·ner [ケンナァ kǽnər] 男 -s/- 能力のある人, エキスパート. (女性形: -in).
Kon·nex [コネクス konéks] 男 -es/-e ① 関係, 関連. ② (人との)コンタクト.
konn·te [コンテ] ☞**können**[1] (…できる)の 過去
könn·te [ケンテ kǽntə] ☞**können**[1] (…できる)の 接2 ① 〚*Könnten* Sie…? などの形で〛**…してくださいませんか**. *Könnten* Sie das noch einmal erklären? 恐れ入りますがこれをもう一度説明していただけますか. ② (もし…なら)…できるのだが. Wenn ich mehr Zeit hätte, *könnte* ich dir helfen. もっと時間があれば君を助けてやれるのだが. ③ …かもしれない. Er *könnte* der Täter sein. 彼が犯人かもしれない.
Kon·rad [コンラート kónra:t] -s/ 〚男名〛コンラート.
Kon·rek·tor [コン・レクトァ kón-rɛktor] 男 -s/-en [..トーレン または コン・レクトーレン] (小・中学校などの)教頭, 副校長. (女性形: -in).
Kon·sens [コンゼンス konzéns] 男 -es/-e 意見の一致, 合意, コンセンサス; 同意.
kon·se·quent [コンゼクヴェント konzekvént] 形 ① 首尾一貫した, 筋の通った. ein *konsequentes* Denken 首尾一貫した考え. ② 徹底した, 断固たる.
die **Kon·se·quenz** [コンゼクヴェンツ konzekvénts] 女 (単) -/(複) -en ① (行為などの) **結果**; (論理的な)結論. (英 consequence). alle *Konsequenzen*[4] tragen müssen (行為の)あらゆる結果に責任をとらなければならない / aus 中[3] die *Konsequenzen*[4] ziehen 中[3]から結論を導き出す. ② 〚複なし〛**一貫性**, 徹底性. aus *Konsequenz* 基本的に, 首尾一貫して / ein Ziel[4] mit *Konsequenz* verfolgen 目標を一貫して追求する.
kon·ser·va·tiv [コンゼルヴァティーフ kónzervati:f または ..ティーフ] 形 ① **保守的な**, 保守主義の; 旧来の; 古めかしい(服装など). (英 conservative). eine *konservative* Haltung 保守的な態度 / eine *konservative* Partei 保守党 / sich[4] *konservativ* kleiden 流行遅れの服装を着る. ② 〚医〛外科的な手段を用いない, 保存療法の.
Kon·ser·va·ti·ve[r] [..ヴァァ] konzervatí:və (..vər)] 男 女 〚語尾変化は形容詞と同じ〛保守主義者, 保守党員.
Kon·ser·va·ti·vis·mus [コンゼルヴァティヴィスムス konzervativísmus] 男 -/ 保守主義.
Kon·ser·va·tor [コンゼルヴァートァ konzervá:tor] 男 -s/..toren [..ヴァトーレン] (博物館などの)学芸員. (女性形: -in).
Kon·ser·va·to·ri·um [コンゼルヴァトーリウム konzervató:rium] 中 -s/..rien [..リエン] 音楽院, 音楽学校, コンセルバトアール.
die **Kon·ser·ve** [コンゼルヴェ konzérvə] 女 (単) -/(複) -n ① **缶詰**, びん詰; (缶詰などの)保存食品. eine *Konserve*[4] öffnen 缶詰を開ける / Musik aus der *Konserve* 〚比〛テー

Konstruktionsfehler

ブ(レコード)音楽. ② 《医》保存血液 (=Blut-konserve).

Kon·ser·ven╱büch·se [コンゼルヴェン・ビュクセ] 囡 -/-n =Konservendose

Kon·ser·ven╱do·se [コンゼルヴェン・ドーゼ] 囡 -/-n (缶詰の)缶.

kon·ser·vie·ren [コンゼルヴィーレン konzervíːrən] 他 (h) ① (ある処理をして食料品など^{4}を)保存する. Gurken^4 in Essig *konservieren* きゅうりを酢漬けにする / Blutplasma^4 *konservieren* 《医》血漿(ﾅｯしｮｳ)を保存する. ② (絵画・建物など^{4}を)保存する.

Kon·ser·vie·rung [コンゼルヴィールング] 囡 -/-en 缶詰にすること; 保存, 貯蔵.

kon·sis·tent [コンズィステント konzistént] 形 ① (物質が)密で堅い, 緊密な; がっしりした, 堅牢(ﾛｳ)な; 長持ちする. ② 《哲》首尾一貫した, 整合する(論理).

Kon·sis·tenz [コンズィステンツ konzisténts] 囡 -/ ① 緊密[なこと], 堅固, 堅牢(ﾛｳ)な. ② 《哲》(論理的な)首尾一貫性.

Kon·sis·to·ri·um [コンズィストーリウム konzistóːrium] 囲 -s/..rien [..リエン] ① (ｶﾄ.ﾘｯｸ) 枢機卿(ｹｲ)会議. ② (新教)(教会の)役員会.

Kon·so·le [コンゾーレ konzóːlə] 囡 -/-n ① (建)コンソール, 持ち送り(壁から突出した彫像・棚などを支える台). ② (壁・柱などに取り付けた)張り出し棚. ③ (コンピュータなどの)操作卓.

kon·so·li·die·ren [コンゾリディーレン konzolidíːrən] I 他 (h) ① (囲^{4}を)固める, 強固にする. ②(経)(国債など^{4}を)整理(統合)する. II 再帰 (h) sich^4 *konsolidieren* 固まる, 強化される.

Kon·so·li·die·rung [コンゾリディールング] 囡 -/-en ① 強化. ②(経)(国債などの)整理, 統合.

Kon·so·nant [コンゾナント kónzonant または..ナント] 囲 -en/-en (言)子音. (⇔「母音」は Vokal).

kon·so·nan·tisch [コンゾナンティッシュ konzonántiʃ] 形 (言)子音の.

Kon·so·nanz [コンゾナンツ konzonánts] 囡 -/-en (音楽)協和音. (⇔「不協和音」は Dissonanz).

Kon·sor·te [コンゾルテ konzórtə] 囲 -n/-n ① コンソーシアム(一時的に提携する銀行・企業など)の一員. ②(腹で)一味.

Kon·sor·ti·um [コンゾルツィウム konzórtsium] 囲 -s/..tien [..ツィエン] (経)コンソーシアム(一時的に提携する銀行・企業など).

Kon·spi·ra·ti·on [コンスピラツィオーン konspiratsióːn] 囡 -/-en [政治的]陰謀, 謀反.

kon·spi·ra·tiv [コンスピラティーフ konspiratíːf] 形 [政治的]陰謀の, 謀反の.

kon·spi·rie·ren [コンスピリーレン konspiríːrən] 自 (h) (政治的な)陰謀を企てる.

kon·stant [コンスタント konstánt] 形 ① 不変の, 一定の, コンスタントな. ② 持続的な. ③ 確固とした; かたくなな.

Kon·stan·te [コンスタンテ konstántə] 囡 -/-n (数・物) 定数, 常数.

Kon·stan·tin [コンスタンティーン kónstantiːn または..ティーン] -s/ (男名)コンスタンティーン.

Kon·stan·ti·no·pel [コンスタンティノーぺル konstantinóːpəl] 囲 -s/ (都市名)コンスタンチノープル(トルコ, イスタンブールの旧称).

Kon·stanz^1 [コンスタンツ konstánts] 囡 -/ 不変[性], 持続[性].

Kon·stanz^2 [コンスタンツ] 囲 (都市名)コンスタンツ(ドイツ, バーデン・ヴュルテンベルク州. ボーデン湖畔の町. ⇨ 地図 D-5).

kon·sta·tie·ren [コンスタティーレン konstatíːrən] 他 (h) ① 断言する. ② (囲^{4}が)わかる, (囲^{4}に)気づく: 確かめる, つきとめる.

Kon·stel·la·ti·on [コンステラツィオーン konstɛlatsióːn] 囡 -/-en ① [周囲の]事情, [全体的な]状況. ② (天)(惑星・月の太陽に対する)位置関係; (占で:)星位, 星運.

kon·ster·nie·ren [コンステルニーレン konsterníːrən] 他 (h) びっくり仰天させる, 当惑させる.

kon·ster·niert [コンステルニーアト] I konsternieren (びっくり仰天させる)の 過分 II 形 びっくり仰天した, 当惑した.

kon·sti·tu·ie·ren [コンスティトゥイーレン konstituíːrən] I 他 (h) (組織・委員会など^{4}を)設立する, 創設する, 制定する. ◇[現在分詞の形で] die *konstituierende* Versammlung 《政》憲法制定会議. II 再帰 (h) sich^4 *konstituieren* 設立(創設)される, 発足する.

Kon·sti·tu·ti·on [コンスティトゥツィオーン konstitutsióːn] 囡 -/-en ① 体質; 体格. ② 《政》憲法; 定款(ｶﾝ). ③(ｶﾄ.ﾘｯｸ)教皇令.

kon·sti·tu·ti·o·nell [コンスティトゥツィオネる konstitutsionél] 形 ① 《政》立憲的な, 憲法に基づく. die *konstitutionelle* Monarchie 立憲君主制. ② (医)体質的な, 体質上の.

kon·stru·ie·ren [コンストルイーレン konstruíːrən] (konstruieren, *hat*...konstruiert) 他 (定了) haben) ① (機械など^{4}を)設計する, (設計して)組み立てる. (英 construct). ein neues Auto^4 *konstruieren* 新型車を開発する. ② (文章など^{4}を)構成する; (数)作図する. ③ (比)考え出す; でっちあげる. ◇[過去分詞の形で] eine allzu *konstruierte* Romanhandlung あまりにもわざとらしい小説の筋.

kon·stru·iert [コンストルイーアト] konstruieren (設計する)の 過分, 3人称単数・2人称親称複数 現在

Kon·stru·ier·te [コンストルイーアテ] konstruieren (設計する)の 過去

Kon·struk·teur [コンストルクテーァ konstruktǿːr] 囲 -s/-e (工)設計者. (女性形: -in).

Kon·struk·ti·on [コンストルクツィオーン konstruktsióːn] 囡 -/-en ① 組み立て, 設計; 構造; 建築(建造)物. ②(数)作図; (言)構文.

Kon·struk·ti·ons╱feh·ler [コンストルクツィオーンス・ふェーらァ] 囲 -s/- 設計(構造)上の欠陥.

kon·struk·tiv [コンストルクティーふ kɔnstruktíːf] 形 ① (工) 構造[上]の, 構成的な. ② (意見などの)建設的な.

der **Kon·sul** [コンズる kónzul] 男 (単2) -s/(複) -n ① 領事. (英 *consul*). General*konsul* 総領事 / 八⁴ zum *Konsul* ernennen 八⁴を領事に任命する. ② (史) (古代ローマの)執政官.

das **Kon·su·lat** [コンズらート kɔnzuláːt] 中 (単2) -[e]s/(複) -e (3格のみ -en) ① 領事館; 領事の職. (英 *consulate*). General*konsulat* 総領事館 / Er arbeitet **im** *Konsulat*. 彼は領事館に勤めている. ② (史) (古代ローマの)執政官の職(任期).

Kon·su·lin [コンズリン kónzulɪn] 女 -/..lin-nen ① (女性の)領事. ② (古) 領事夫人.

Kon·sul·ta·tion [コンズるタツィオーン kɔnzultatsióːn] 女 -/-en ① (特に医師・弁護士による)助言, 診断, コンサルティング. ② (政) (政府間などの)交渉, 協議.

kon·sul·tie·ren [コンズるティーレン kɔnzultíːrən] 他 (h) ① (医者・弁護士など⁴に)相談する, 助言を求める. ein Lexikon⁴ *konsultieren* (比) 百科事典を調べる. ② (政) (同盟国など⁴と)協議する.

der **Kon·sum**¹ [コンズーム kɔnzúːm] 男 (単2) -s/ (特に食料品の)消費[量]. (英 *consumption*). Der *Konsum* an Bier steigt. ビールの消費量が上がる.

Kon·sum² [コンズーム kónzuːm または ..ズム ..zum] 男 -s/-s ① (複なし)消費者協同組合, 生協. ② 消費者協同組合(生協)の加盟店.

Kon·su·ment [コンズメント kɔnzumént] 男 -en/-en (経) 消費者. (女性形: -in). (英「生産者」は Produzent).

Kon·sum ꞊ ge·nos·sen·schaft [コンズーム・グノッセンシャふト] 女 -/-en (経) 消費者協同組合, 生協.

Kon·sum ꞊ ge·sell·schaft [コンズーム・ゲゼるシャふト] 女 -/-en 消費社会.

Kon·sum ꞊ gut [コンズーム・グート] 中 -[e]s/..güter (ふつう複) (経) 消費財.

kon·su·mie·ren [コンズミーレン kɔnzumíːrən] 他 (h) (食料品など⁴を)消費する.

Kon·sum ꞊ ver·ein [コンズーム・ふェアアイン] 男 -[e]s/-e (経) 消費者協同組合, 生協.

der **Kon·takt** [コンタクト kɔntákt] 男 (単2) -[e]s/(複) -e (3格のみ -en) ① (人と人との)接触, コンタクト, 連絡. (英 *contact*). persönlicher *Kontakt* 個人的なつながり / **mit** 八³ **in** *Kontakt* stehen 八³とつき合い(接触)がある / Ich habe keinen *Kontakt* mehr mit ihm. 私は彼とはもうつき合っていない / Er hatte *Kontakte* **zum** Geheimdienst. 彼は秘密情報機関と接触があった. ② (電) 接触[子], 接点; (数) 接触.

Kon·takt ꞊ arm [コンタクト・アルム] 形 人づき合いの悪い(苦手な); 接触の機会の少ない.

kon·takt ꞊ freu·dig [コンタクト・ふロイディヒ] 形 人づき合いのよい.

Kon·takt ꞊ lin·se [コンタクト・リンゼ] 女 -/-n (ふつう複) コンタクトレンズ.

Kon·takt ꞊ mann [コンタクト・マン] 男 -[e]s/..männer (または ..leute) ① (情報収集などのための)連絡員; (広告代理店の)渉外係. (女性形: ..frau).

Kon·takt ꞊ per·son [コンタクト・ペルゾーン] 女 -/-en (医) (伝染病患者・病原との)接触者.

Kon·ta·mi·na·ti·on [コンタミナツィオーン kɔntaminatsióːn] 女 -/-en ① (言) 混淆 (淆). ② (放射能などによる)汚染.

kon·ta·mi·nie·ren [コンタミニーレン kɔntaminíːrən] 他 (h) ① (言) 混淆(淆)する. ② (放射能などで)汚染する.

Kon·tem·pla·ti·on [コンテンプらツィオーン kɔntemplatsióːn] 女 -/-en 瞑想, 黙想.

kon·tem·pla·tiv [コンテンプらティーふ kɔntemplatíːf] 形 瞑想(忽)的な, 黙想にふける.

Kon·ten [コンテン] Konto (口座)の複

Kon·ter [コンタァ] 男 -s/- (ボクシングの)カウンターブロー; (レスリングの)返し技; (球技の)反撃, カウンターアタック; (口語・比) (言葉などでの)反撃.

Kon·ter ꞊ ad·mi·ral [コンタァ・アトミラーる] 男 -s/-e (軍) 海軍少将.

Kon·ter·fei [コンタァファイ kóntərfaɪ または ..ふァイ] 中 -s/-s (または -e) (古・戯) 肖像[画].

kon·tern [コンタァン kóntərn] 他(h) ① (ボクシング・球技などで) (八⁴に)打ち返す, (攻撃など⁴に)反撃する. ② (比) (人・軍⁴に)反論する.

Kon·ter·re·vo·lu·ti·on [コンタァ・レヴぉリュツィオーン] 女 -/-en 反革命[運動・分子].

Kon·text [コンテクスト kóntɛkst または ..テクスト] 男 -[e]s/-e ① (言) (文中の語句の)前後関係, 文脈, コンテクスト. ② (一般的に:) 前後の脈絡.

Kon·ti [コンティ] Konto (口座)の複

der **Kon·ti·nent** [コンティネント kóntinɛnt または ..ネント] 男 (単2) -s (まれに -es)/(複) -e (3格のみ -en) 大陸. (英 *continent*). die fünf *Kontinente* 5大州 / der europäische (asiatische) *Kontinent* ヨーロッパ(アジア)大陸.

kon·ti·nen·tal [コンティネンターる kɔntinentáːl] 形 大陸の; 大陸性の. die *kontinentalen* Länder 大陸諸国.

Kon·ti·nen·tal ꞊ kli·ma [コンティネンターる・クリーマ] 中 -s/ (地理) 大陸性気候.

Kon·ti·nen·tal ꞊ sper·re [コンティネンターる・シュペレ] 女 -/ (史) (ナポレオンのイギリスに対する)大陸封鎖 (1806-1813).

Kon·tin·gent [コンティンゲント kɔntɪŋgént] 中 -[e]s/-e ① 割当[量・額], 輸入割当[量]. ② (軍) (同盟軍に対する)兵力分担.

kon·tin·gen·tie·ren [コンティンゲンティーレン kɔntɪŋgentíːrən] 他 (h) (経) (ガソリンなど⁴を)割当制にする.

kon·ti·nu·ier·lich [コンティヌイーァりヒ] 形 連続的な, 継続的な, 絶え間ない.

Kon·ti·nu·i·tät [コンティヌイテート kɔntinuitέːt] 囡 -/ 連続[性], 継続[性].

das **Kon·to** [コント- kónto] 囲 (単2) -s/(複) Konten (または Kontos, Konti)《経》(銀行の)**口座**. (英 account). Spar*konto* 普通預金(貯金)口座 / ein laufendes *Konto* 当座預金口座 / ein *Konto*⁴ bei der Bank eröffnen (haben) 銀行に口座を開く(持っている) / Geld⁴ **auf** ein *Konto* ein*zahlen* (überweisen) お金を口座に払い込む(振り込む) / Das geht auf mein *Konto*.《口語》a) それは私が支払います, b)《比》それは私の責任です.

Kon·to·aus·zug [コント-アオスツーク] 囲 -[e]s/..züge《経》預金残高通知書.

Kon·to·in·ha·ber [コント-インハーバァ] 囲 -s/-《経》(銀行の)口座所有者, 名義人. (女性形: -in).

Kon·to·kor·rent [コント・コレント] 囲 -s/-e《経》当座勘定; 交互計算.

Kon·to·num·mer [コント・ヌンマァ] 囡 -/-n 口座番号.

Kon·tor [コントーァ kɔntóːr] 囲 -s/-e ① 国外代理店(営業所). ② (旧東ドイツで:)商業(通商)センター小売店への製品の分配を行う).

Kon·to·rist [コントリスト kɔntorίst] 囲 -en/-en (商社などの)事務員. (女性形: -in).

Kon·to·stand [コント・シュタント] 囲 -[e]s/..stände 預金残高.

kon·tra [コントラ kɔ́ntra] **I** 前《4格とともに》《法》…に対して, 〜対…. **II** 副 反対して.

Kon·tra [コントラ] 囲 -s/-s 反対. das Pro und [das] *Kontra* 賛否 / 囚³ *Kontra*⁴ geben《口語・比》囚³に[激しく]反対する.

Kon·tra·bass [コントラ・バス] 囲 -es/..bässe《音楽》コントラバス.

Kon·tra·hent [コントラヘント kɔntrahént] 囲 -en/-en ① 敵, 敵対者; 《スポ》ライバル. (女性形: -in). ②《法》契約の相手.

kon·tra·hie·ren [コントラヒーレン kɔntrahíːrən] **I** 他 (h) ①《生・医》(筋肉など⁴を)収縮させる. ②《商》(契約など⁴を)結ぶ. **II** 自 (h)《生・医》(筋肉などが)収縮する.

Kon·trakt [コントラクト kɔntrákt] 囲 -[e]s/-e 契約[書]. einen *Kontrakt* schließen 契約を結ぶ.

Kon·trak·ti·on [コントラクツィオーン kɔntraktsióːn] 囡 -/-en《医》(筋肉などの)収縮.

Kon·tra·punkt [コントラ・プンクト] 囲 -[e]s/-e《音楽》対位法; 《比》対極[的立場].

kon·tra·punk·tisch [コントラ・プンクティッシュ] 厖《音楽》対位法の; 対比をなす, 対極的な.

kon·trär [コントレーァ kɔntrέːr] 厖 反対の, 相反する, 相いれない(立場など).

der **Kon·trast** [コントラスト kɔntrást] 囲 (単2) -[e]s/(複) -e (3格のみ -en) **コントラスト**, 対照, 対比. (英 contrast). der *Kontrast* zwischen Hell und Dunkel 明暗のコントラスト / den *Kontrast* ein|stellen (画像の)コントラストを調整する / **in** (または im) *Kontrast* **zu** 囫³ stehen 囫³と対照を成している.

Kon·tras·tie·ren [コントラスティーレン kɔntrastíːrən] **I** 自 (h)《**mit** (または zu) 囫³ 〜》(囫³と)対照を成す. **II** 他 (h)《A⁴ **mit** B³ 〜》(A⁴をB³と)対照(対比)させる.

kon·tras·tiv [コントラスティーフ kɔntrastíːf] 厖 対照(対比)に基づく. *kontrastive* Linguistik 対照言語学.

Kon·trast·mit·tel [コントラスト・ミッテる] 囲 -s/-《医》(レントゲン撮影の)造影剤.

kon·trast·reich [コントラスト・ライヒ] 厖 コントラストに富む(色彩など).

Kon·troll·ab·schnitt [コントロる・アップシュニット] 囲 -[e]s/-e (入場券・切符などの)半券.

die **Kon·trol·le** [コントロれ kɔntrɔ́lə] 囡 (単) -/(複) -n ① **検査**, チェック, 点検; 取り締まり, 監視. (英 control). Passkontrolle パスポートの検査 / eine strenge *Kontrolle* 厳しい検査 / 人·物⁴ **unter** *Kontrolle* halten 人·物⁴を監視する / Unsere Erzeugnisse stehen unter ständiger *Kontrolle*. わが社の製品は常時点検されている.
② **統制**, 制御, コントロール. die *Kontrolle*⁴ über 囫⁴ verlieren (人が) 囫⁴をコントロールできなくなる / **außer** *Kontrolle* geraten (物が)制御できなくなる.

Kon·trol·leur [コントロれーァ kɔntrolǿːr] 囲 -s/-e 検査官; (鉄道・バスなどの)検札係. (女性形: -in).

kon·trol·lier·bar [コントロリーァ・バール] 厖 コントロール(制御・検査)可能な.

kon·trol·lie·ren [コントロリーレン kɔntrolíːrən] (kontrollierte, *hat* ... kontrolliert) 他 (完了 haben)《英 control》① **検査する**, チェックする, 点検する; 取り締まる, 監視する. das Gepäck⁴ *kontrollieren* 手荷物を検査する / die Reisenden⁴ **auf** (または **nach**) Waffen *kontrollieren* 旅行者が武器を持っていないかチェックする.
② **コントロールする**, 支配する, 制御する. den Markt⁴ *kontrollieren* 市場を支配する.

Kon·trol·liert [コントロリーァト] kontrollieren (検査する)の 過分, 3人称単数・2人称親称複数 現在.

Kon·trol·lier·te [コントロリーァテ] kontrollieren (検査する)の 過去.

Kon·troll·lam·pe [コントロる・らンペ] Kontrolllampe の古い形.

Kon·troll·lam·pe [コントロる・らンペ] 囡 -/-n《工》通電表示灯, ウォーニングランプ.

Kon·troll·punkt [コントロる・プンクト] 囲 -[e]s/-e 国境検問所.

Kon·troll·turm [コントロる・トゥルム] 囲 -[e]s/..türme (空港の)コントロールタワー, 管制塔.

Kon·troll·uhr [コントロる・ウーァ] 囡 -/-en タイムレコーダー, パーキングメーター.

kon·tro·vers [コントロヴェルス kɔntrovέrs] 厖

対立した(意見・立場など); 議論の余地のある(問題など).

Kon·tro·ver·se [コントロヴェルゼ kɔntrovérzə] 囡 -/-n 激論; (学問上の)論争.

Kon·tur [コントゥーァ kɔntúːr] 囡 -en (または 匣 -s/-e) 『ふつう匣』輪郭[線].

kon·tu·rie·ren [コントゥリーレン kɔnturíːrən] 他 (h) (物⁴の)輪郭を描く; (匣⁴の)概略を述べる.

Ko·nus [コーヌス kóːnʊs] 匣 -/Konusse (または Konen) (数) 円錐(スイ)[体]; 《工》円錐(スイ), テーパー.

Kon·vent [コンヴェント kɔnvént] 匣 -[e]s/-e ① (ヵヵク)(投票権のある)修道士の総会; 修道院[構成員]. ② 《新教》(研修などのための)牧師集会. ③ 学生組合の会合.

Kon·ven·ti·on [コンヴェンツィオーン kɔnvɛntsióːn] 囡 -/-en ① (国際間の)協定, 条約. die Genfer *Konvention* ジュネーブ(赤十字)条約. ② 《ふつう匣》慣習, しきたり, 慣例.

Kon·ven·ti·o·nal∠stra·fe [コンヴェンツィオナール・シュトラーフェ] 囡 -/-n 《法》契約不履行の刑罰, 違約金.

kon·ven·ti·o·nell [コンヴェンツィオねル kɔnvɛntsionél] 形 ① 慣例の, 慣習的の, 伝統的な. eine *konventionelle* Kleidung 伝統的な衣装. ② 型にはまった, ありきたりの. *konventionelle* Redensarten 陳腐な言い回し. ③ 《軍》(核兵器でなく)在来型の. *konventionelle* Waffen 通常兵器(核・化学・生物兵器を除く).

kon·ver·gent [コンヴェルゲント kɔnvɛrgént] 形 (一点に)収斂(シュウ)する; 一致した(意見など). *konvergente* Reihen 《数》収束数列.

Kon·ver·genz [コンヴェルゲンツ kɔnvɛrgénts] 囡 -/-en ① 一点に集まること, (意見の)一致. ② (数・物) 収束. ③ 《生・医》二次的類似, 相近, 収斂(シュウ), 輻輳(フクソウ). ④ 《心》(遺伝と環境の)複合作用.

kon·ver·gie·ren [コンヴェルギーレン kɔnvɛrgíːrən] 自 (h) ① (線などが)接近する; (意見など)一致する. ② (数) 収束する.

die **Kon·ver·sa·ti·on** [コンヴェルザツィオーン kɔnvɛrzatsióːn] 囡 (単) -/(複) -en 『ふつう匣』**会話**, 歓談, おしゃべり. 《英 conversation》. eine geistreiche *Konversation* 機知に富んだ会話 / mit 囚³ *Konversation* machen 囚³とおしゃべりをする / Sie treiben *Konversation* in Deutsch. 彼らはドイツ語で会話をする(ドイツ語の訓練のために).

Kon·ver·sa·ti·ons∠le·xi·kon [コンヴェルザツィオーンス・レクスィコン] 匣 -s/..lexika (まれに ..lexiken) (昔の:)百科事典 (元の意味は「歓談に必要な知識を提供する書籍」).

Kon·ver·ter [コンヴェルタァ kɔnvértər] 匣 -s/- ① (電・放送)コンバーター, [周波数]変換器. ② (コンピュ)データ変換プログラム. ③ (原子力の)転換炉.

kon·ver·tier·bar [コンヴェルティーァバール] 形 《経》(他国の通貨に)交換可能な.

kon·ver·tie·ren [コンヴェルティーレン kɔnvɛrtíːrən] I 他 (h) ① 《経》(通貨⁴を)交換する. ② (コンピュ)(データ⁴を)変換する. II 自 (s, h) 改宗する. **zum** Christentum *konvertieren* キリスト教に改宗する.

Kon·ver·tit [コンヴェルティート kɔnvɛrtíːt] 匣 -en/-en 改宗者. (女性形: -in).

kon·vex [コンヴェクス kɔnvéks] 形 《光》凸面の. 《⇔ 「凹面の」 konkav》.

Kon·voi [コンヴォイ kɔ́nvɔy または ..ヴォイ] (閉) 匣 -s/-s ① (自動車などの)長い列. ② 《軍》護送船団, 護送隊.

Kon·vo·lut [コンヴォるート kɔnvolúːt] 匣 -[e]s/-e (書類・手紙などの)束; (印刷物の)合本, 合冊.

kon·ze·die·ren [コンツェディーレン kɔntsedíːrən] 他 (h) 容認する.

Kon·zen·trat [コンツェントラート kɔntsɛntráːt] 匣 -[e]s/-e 《化》濃縮物(液).

Kon·zen·tra·ti·on [コンツェントラツィオーン kɔntsɛntratsióːn] 囡 -/-en ① (注意・精神の)集中, 専心. ② (権力などの)集中. ③ 《化》濃縮; (溶液の)濃度.

Kon·zen·tra·ti·ons∠fä·hig·keit [コンツェントラツィオーンス・フェーイヒカイト] 囡 -/ 集中力.

Kon·zen·tra·ti·ons∠la·ger [コンツェントラツィオーンス・らーガァ] 匣 -s/- (特にナチスの)強制収容所(略: KZ).

***kon·zen·trie·ren** [コンツェントリーレン kɔntsɛntríːrən] (konzentrierte, hat ... konzentriert) I 再他 (定了) haben) *sich*⁴ *konzentrieren* **精神を集中する**. Bei dieser Arbeit muss man *sich* konzentrieren. この仕事は精神を集中しなければならない / *sich*⁴ *auf* 人·物⁴ *konzentrieren* 人·物⁴に精神を集中する ⇒ Er *konzentriert sich* jetzt nur auf seine Arbeit. 彼は今もっぱら仕事に打ち込んでいる. II 他 (定了) haben) ① (注意など⁴を)**集中させる**; (労働者・兵力⁴を)結集する. (英 concentrate). Truppen⁴ **an** der Grenze *konzentrieren* 部隊を国境に集結させる / alle Gedanken⁴ **auf** ein Problem *konzentrieren* 考えをすべて一つの問題に集中する. ② 《化》濃縮する.

kon·zen·triert [コンツェントリーァト] I *konzentrieren (集中させる)の 過分, 3人称単数・2人称親称複数 現在 II 形 ① 集中(集積)した; (精神を)集中した. mit *konzentrierter* Aufmerksamkeit 注意を集中して. ② 《化》濃縮した, 濃厚な.

kon·zen·trier·te [コンツェントリーァテ] *konzentrieren (集中させる)の 過去

kon·zen·trisch [コンツェントリッシュ kɔntséntrɪʃ] 形 ① 中心を同じくする, 同心の. *konzentrische* Kreise 《数》同心円. ② 集中的な, ある一点に向けられた.

Kon·zept [コンツェプト kɔntsépt] 匣 -[e]s/-e ① 草案, 草稿. **ohne** *Konzept* 原稿なしで /

Kopf

- 人⁴ **aus dem** *Konzept* **bringen** 《比》人⁴をあわて(当惑)させる / **aus dem** *Konzept* **kommen** 《比》うろたえる. ② 計画, 予定.
- **Kon·zep·ti·on** [コンツェプツィオーン kɔntsɛptsióːn] 囡 –/–en ① 構想; (創造的な)着想. ② 《医》受胎, 妊娠.
- **Kon·zern** [コンツェルン kɔntsérn] 男 –[e]s/–e 《経》コンツェルン, 企業結合, 企業連携.
- **das **Kon·zert** [コンツェルト kɔntsért] 匣 (単2) –es (まれに –s)/(複) –e (3格のみ –en) ① 演奏会, 音楽会, コンサート. (英 concert). ein *Konzert*⁴ **geben** 演奏会を催す / **ins** *Konzert* **gehen** または **ein** *Konzert*⁴ **besuchen** 音楽会に行く. ② 《音楽》**協奏曲**, コンチェルト. (英 concerto). ein *Konzert* für Klavier und Orchester ピアノと管弦楽のための協奏曲. ③ 〘圏なし〙《雅》協調, 協力. das *Konzert* der Völker² 諸民族の協調.
- **Kon·zert⸗flü·gel** [コンツェルト・ふりューゲる] 男 –s/– コンサート・グランドピアノ(演奏会で用いられる大型のグランドピアノ).
- **Kon·zert⸗hal·le** [コンツェルト・ハれ] 囡 –/–n コンサートホール.
- **kon·zer·tie·ren** [コンツェルティーレン kɔntsertíːrən] 国 (h) 《音楽》音楽会(演奏会)を催す, コンサートを開く.
- **kon·zer·tiert** [コンツェルティーアト kɔntsertíːrt] 形 申し合わせた, 協調した. eine *konzertierte* Aktion (企業・国家間の)共同行為.
- **Kon·zert⸗meis·ter** [コンツェルト・マイスタァ] 男 –s/– 《音楽》コンサートマスター. (女性形: –in).
- **Kon·zes·si·on** [コンツェスィオーン kɔntsesióːn] 囡 –/–en ① 〔営業〕許可, 認可. ② 〘ふつう圏〙譲歩.
- **kon·zes·siv** [コンツェスィーふ kɔntsɛsíːf] 形 《言》認容的な, 譲歩の.
- **Kon·zil** [コンツィール kɔntsíːl] 匣 –s/–e (または ..zilien [..ツィーりエン]) ① 〘カトッ〙宗教会議, 公会議. ② (学生・職員を含む)全学協議会.
- **kon·zi·li·ant** [コンツィリアント kɔntsiliánt] 形 友好的な, 融和的な, 愛想のよい.
- **kon·zi·pie·ren** [コンツィピーレン kɔntsipíːrən] I 他 (h) ① (囲⁴の)草稿を作る. ② 立案する, 構想する. II 国 (h) 《医》受胎する.
- **Ko·ope·ra·ti·on** [コ・オペラツィオーン kóːoperatsioːn] 囡 –/–en 協力, 提携.
- **ko·ope·ra·tiv** [コー・オペラティーふ kóːoperatiːf または コ・オペラティーふ] 形 協力的な, 共同[方式]の.
- **ko·ope·rie·ren** [コ・オペリーレン koːoperíːrən] 国 (h) (政治的・経済的に)協力する, 提携する.
- **Ko·or·di·na·te** [コ・オルディナーテ koːordináːtə] 囡 –/–n 《数》座標.
- **Ko·or·di·na·ti·on** [コ・オルディナツィオーン koːɔrdinatsióːn] 囡 –/–en (種々の要素の)調整. 《言》並列[関係].
- **Ko·or·di·na·tor** [コ・オルディナートァ koːordináːtɔr] 男 –s/–en [..トーレン] (各部門間の調整をはかる)コーディネーター. (女性形: –in).
- **ko·or·di·nie·ren** [コ・オルディニーレン koːordiníːrən] 他 (h) ① (種々の要素⁴を)調整する. ②《言》並列させる. ◇〘現在分詞の形で〙die *koordinierende* Konjunktion 並列の接続詞.
- **Ko·pe·ke** [コペーケ kopéːkə] 囡 –/–n カペイカ (ロシアの通貨単位. 100分の1ルーブル; 略: Kop.).
- **Ko·pen·ha·gen** [コーペン・ハーゲン koːpənháːgən] 匣 –s/ 《都市名》コペンハーゲン(デンマークの首都).
- **Kö·per** [ケーパァ kǿːpər] 男 –s/– 《織》ケーペル(綾織物の一種).
- **ko·per·ni·ka·nisch** [コペルニカーニッシュ kopɛrnikáːnɪʃ] 形 コペルニクス的な. eine *kopernikanische* Wende 《比》コペルニクス的転換.
- **Ko·per·ni·kus** [コペルニクス kopérnikus] 《人名》コペルニクス (Nikolaus *Kopernikus* 1473–1543; ポーランドの天文学者. 地動説を主張).
- **der **Kopf** [コプふ kópf]

> 頭 Mein *Kopf* tut weh!
> マイン コプふ トゥート ヴェー
> 私は頭が痛い.

男 (単2) –es (まれに –s)/(複) Köpfe [ケプふェ] (3格のみ Köpfen) ① **頭**, 頭部; 《比》頭脳, 思考[力], 知力. (英 head). (☞ Körper 図). ein kahler *Kopf* はげ頭 / ein runder (schmaler) *Kopf* 丸い(ほっそりした)頭 / Mir brummt (schwirrt) der *Kopf*. 《口語》私は頭ががんがんする(ぼおっとしている) / Er weiß nicht, wo ihm der *Kopf* steht. 《比》彼は〘忙しくて〙何をどうしていいかわからない / *Kopf* hoch! 元気を出せ.

◇〘動詞の目的語として〙den *Kopf* ab|wenden 顔をそむける / den *Kopf* oben behalten 《比》勇気を失わない / einen roten *Kopf* bekommen 顔が真っ赤になる / einen klaren *Kopf* bewahren 冷静さを失わない / den *Kopf* drehen 振り向く / den *Kopf* ein|ziehen 首をすくめる / einen dicken (einen schweren) *Kopf* haben (二日酔いなどで)頭痛がする / den *Kopf* voll haben (ある事で)頭がいっぱいである / Er hat seinen eigenen *Kopf*. 彼は強情だ / den *Kopf* hängen lassen 意気消沈する / den *Kopf* für 人⁴ hin|halten [müssen] 《口語》人⁴の責任を負わなければならない / Das kann den *Kopf* nicht kosten. それは命にかかわるほどのことではない / *Kopf*⁴ und Kragen riskieren 命を賭(と)ける / den *Kopf* schütteln (否定・拒否の印(しるし)に)かぶりを振る / den *Kopf* in den Sand stecken 《比》現実を見ようとしない(←頭を砂の中に突っ込む) / den *Kopf* hoch tragen 高慢である / 人³ den *Kopf* ver·drehen 《口語》人³を夢中にさせる / sich³ den *Kopf* waschen [自分の頭を洗う] / 人³ den *Kopf* waschen a) 人³の頭を洗ってやる, b) 《口

語》㆑³をこっぴどくしかる / sich³ den *Kopf* über ㋺⁴ **zerbrechen** ㋺⁴にさんざん頭を悩ます / ㆑³ den *Kopf* **zurecht**|**setzen** 《口語》㆑³を厳しくたしなめる / die *Köpfe*⁴ **zusammen**|**stecken** (頭を寄せ合って)ひそひそと相談する. ◇《前置詞とともに》*Kopf* **an** *Kopf* ひしめき合って / sich³ an den *Kopf* fassen (または greifen) 《口語》(理解できずに・あぜんとして)頭を抱える / ㆑³ ㋺⁴ **an** den *Kopf* werfen ㆑に㋺⁴をずけずけ言ってやる / einen Hut **auf** dem *Kopf* tragen 帽子をかぶっている / **auf** dem *Kopf* stehen 逆立ちしている, (本などが)逆に立ててある / ㋺⁴ **auf** den *Kopf* stellen 《口語》a) ㋺⁴をごちゃごちゃにする, b) ㋺⁴(家中など)をひっくり返して探す / ㆑³ ㋺⁴ **auf** den *Kopf* zu-sagen ㆑³に㋺⁴をはっきり言ってやる / **aus** dem *Kopf* 暗記して, 空(ｿﾗ)で / sich³ ㋺⁴ **aus** dem *Kopf* schlagen ㋺⁴を念頭から追い払う / sich³ ㋺⁴ **durch** den *Kopf* gehen lassen ㋺⁴を熟考する(考えてみる) / ㋺⁴ **im** *Kopf* behalten ㋺⁴をよく覚えている / Er hat nur Mädchen und Autos im *Kopf*. 彼の頭には女の子と車のことしかない / sich³ ㋺⁴ **in** den *Kopf* setzen ㋺⁴をしようと心に決める / Die Sache geht mir im *Kopf* herum. 《口語》その事が私の念頭を離れない / **mit** bloßem *Kopf* 帽子をかぶらずに / mit dem *Kopf* nicken (schütteln) うなずく(かぶりを振る) / mit dem *Kopf* **durch** die **Wand** wollen 《口語》無理を通そうとする(←頭で壁を突き破ろうとする) / ㆑³ **über** den *Kopf* wachsen 《口語》(大きくなって)㆑³の手に負えなくなる(←頭の上まで成長する) / Hals über *Kopf* あわてふためいて / Es geht um seinen *Kopf*. それは彼の生命にかかわることだ / **von** *Kopf* bis Fuß 頭のてっぺんから足のつま先まで, すっかり / ㋺⁴ **vor** den *Kopf* stoßen ㋺⁴を侮辱する.

② (会社などの)首脳, トップ. ③ 人数, 頭数(あたまかず). eine Familie von fünf *Köpfen* 5人家族 / pro *Kopf* 一人につき. ④ (針・くぎなどの)頭; (キャベツなどの)結球; (書簡文の)頭書, レターヘッド; (新聞の)標題.

▶ **kopf**|**stehen**

類語 der **Kopf**: (人・動物に対して用いる一般的な語としての)頭. das **Haupt**: (人に対してのみ用いられ, 文語的表現としての)頭. Er neigte das *Haupt* vor dem König. 彼は国王の前で頭(ｺｳﾍﾞ)を たれた. der **Schädel**: 頭蓋(ずがい)[骨].

Kopf·ar·bei·ter [コプフ・アルバイタァ] 男 -s/- 頭脳労働者. (女性形: -in).

Kopf⸗bahn·hof [コプフ・バーンホーフ] 男 -[e]s/..höfe (鉄道) (行き止まり式の)ターミナル駅(入構した列車は逆向きに出発する).

Kopf⸗ball [コプフ・バル] 男 -[e]s/..bälle (サッカーの)ヘッディング.

Kopf⸗be·de·ckung [コプフ・ベデックング] 女 -/-en (頭にかぶるもの:)帽子, 頭巾(ずきん), スカーフ.

Köpf·chen [ケプフヒェン kœpfçən] 中 -s/- (*Kopf* の 縮小) ① 小さな頭. ② 《口語》機転, 頭のさえ(きれ).

Köp·fe [ケプフェ] ＊*Kopf* (頭)の 複

köp·fen [ケプフェン kœpfən] 他 (h) ① (㆑⁴の)首をはねる; (比)(びんなどの⁴の)栓を開ける. Blumen⁴ *köpfen* 《比》花を摘む. ② (サッカーで:)ヘッディングする. ein Tor⁴ *köpfen* ヘッディングでゴールする.

Kopf⸗en·de [コプフ・エンデ] 中 -s/-n (ベッドなどで)頭を置く側.

Kopf⸗fü·ßer [コプフ・フューサァ] 男 -s/- 《動》頭足類(イカ・タコなど)

Kopf⸗geld [コプフ・ゲルト] 中 -[e]s/-er (犯人逮捕などにかける)懸賞金.

Kopf⸗haut [コプフ・ハオト] 女 -/ 頭皮.

Kopf⸗hö·rer [コプフ・ヘーラァ] 男 -s/- ヘッドホン.

..köp·fig [..ケプフィヒ ..kœpfıç] 《形容詞をつくる 接尾》(…の頭の・…人の) 例: eine vier*köpfige* Familie 4人家族.

Kopf⸗kis·sen [コプフ・キッセン] 中 -s/- 枕(まくら), ベッドクッション.

kopf⸗las·tig [コプフ・ラスティヒ] 形 ① (飛行機・船などの)重心が前寄りの. ② (組織などが)頭でっかちの. ③ (本・映画などが)知的すぎる.

kopf⸗los [コプフ・ロース] 形 ① 頭(首)のない. ② 狼狽(ろうばい)した, あわてた.

Kopf⸗ni·cken [コプフ・ニッケン] 中 -s/ (同意・承諾を表して:)うなずくこと.

Kopf⸗rech·nen [コプフ・レヒネン] 中 -s/ 暗算.

Kopf⸗sa·lat [コプフ・ザラート] 男 -[e]s/-e (植)レタス, タマヂシャ. (☞ Gemüse 図).

kopf⸗scheu [コプフ・ショイ] 形 《成句的に》㆑⁴ *kopfscheu* machen 《口語》㆑⁴をおじけさせる / *kopfscheu* werden おじづく.

der **Kopf⸗schmerz** [コプフ・シュメルツ kɔpf-ʃmɛrts] 男 (単 2) -es/(複) -en 《ふつう 複》頭痛. (英) *headache*). Ich habe *Kopfschmerzen*. 私は頭痛がする / eine Tablette gegen *Kopfschmerzen* 頭痛薬 / sich³ **über** ㋺⁴ keine *Kopfschmerzen*⁴ machen 《口語》㋺⁴を心配しない.

Kopf⸗schüt·teln [コプフ・シュッテルン] 中 -s/ (拒否・疑惑を表して:)頭を振ること.

Kopf⸗sprung [コプフ・シュプルング] 男 -[e]s/..sprünge (水泳の)頭からの飛び込み, ダイビング.

Kopf⸗stand [コプフ・シュタント] 男 -[e]s/..stände (体操の)頭つき倒立.

kopf|**ste·hen*** [コプフ・シュテーエン kɔpf-ʃteːən] 自 (h) ① 逆立ちしている. ② 《比》あわてふためいている, 狼狽(ろうばい)する.

Kopf⸗stein·pflas·ter [コプフシュタイン・プフラスタァ] 中 -s/- (道路の)円頭石舗装.

Kopf⸗steu·er [コプフ・シュトイァ] 女 -/-n 人頭税.

Kopf⸗stim·me [コプフ・シュティンメ] 女 -/-n (音楽)頭声; 裏声, ファルセット. (⟺「胸声」は Bruststimme).

Kopf⸗stoß [コプフ・シュトース] 男 -es/..stöße (サッカーの)ヘッディング.

Kopf⹂stüt⹂ze [コプフ・シュテュッツェ] 囡 -/-n (自動車の座席などの)頭受け, ヘッドレスト.

Kopf⹂tuch [コプフ・トゥーフ] 匣 -[e]s/..tücher (頭にかぶる)スカーフ.

kopf⹂über [コプフ・ユーバァ] 副 真っ逆さまに.

Kopf⹂weh [コプフ・ヴェー] 匣 -s/《口語》頭痛 (=Kopfschmerz).

Kopf⹂zer⹂bre⹂chen [コプフ・ツェァブレッヒェン] 匣 -s/ 頭を悩ますこと, 苦慮.

die **Ko·pie** [コピー] kopí:] 囡 (単) -/(複) Kopien [コピーエン] (英 copy) ① コピー, 複写, 写し. von 物³ eine Kopie⁴ machen 物³のコピーを取る. ② (写)プリント, 焼き増し;(映)プリント. ③ 模写, 複製[画]. ④ (単なる)ものまね, 模倣.

ko·pie·ren [コピーレン kopí:rən] (kopierte, hat ... kopiert) 他 (完了 haben) (英 copy) ① (書類など⁴を)コピーする, 複写する;(テープなど⁴を)ダビングする. einen Brief *kopieren* 手紙をコピーする. ② (写)プリントする, 焼き増しする;(映)プリントする. ③ 模写する, 複製する. ein Gemälde⁴ *kopieren* 絵を模写(複製)する. ④ (人・事⁴を)まねる, 模倣する. den Lehrer *kopieren* 先生のまねをする.

der **Ko·pie·rer** [コピーラァ kopí:rər] 男 (単2) -s/(複) - (3格のみ -n) 《口語》コピー機, 複写機. Dieser *Kopierer* ist kaputt. このコピー機は壊れている.

Kopier⹂ge⹂rät [コピーァ・ゲレート] 匣 -[e]s/-e =Kopierer

ko·piert [コピーァト] kopieren (コピーする)の 過分, 3人称単数・2人称親称複数 現在

ko·pier·te [コピーァテ] kopieren (コピーする)の 過去

Ko·pi·lot [コー・ピろート kó:-piloːt] 男 -en/-en 《空》(飛行機の)副操縦士. (女性形: -in).

Kop·pel [コッペる kópəl] **I** 匣 -s/- (オーストリア: 囡 -/-) (軍服などの)革ベルト;剣帯. **II** 囡 -/-n ① 柵(さく)をした放牧地. ② (革ひもでつながれた)一群れの動物(犬・馬など).

kop·peln [コッペるン kópəln] 他 (h) ① (猟犬など⁴をひもで)つなぎ合わせる. ② (車両など⁴を)連結する. einen Wagen **an** den Zug *koppeln* 列車に車両を連結する. ③ 《比》関係づける, 結び合せる.

Kop·pe·lung [コッペるング] 囡 -/-en = Kopplung

Kopp·lung [コップるング] 囡 -/-en ① つなぎ合わせること. ② 連結, ドッキング. ③《比》関係, 関連.

Ko·pro·duk·ti·on [コー・プロドゥクツィオーン kó:-produktsio:n] 囡 -/-en (映画・テレビ番組の)共同製作[作品].

Ko·pu·la [コープら kó:pula] 囡 -/-s (または ..pulae [..プれ]) 《言》連辞 (sein, werden など);《哲》繋辞(けいじ).

Ko·pu·la·ti·on [コプらツィオーン kopulatsió:n] 囡 -/-en《生》交尾.

ko·pu·lie·ren [コプリーレン kopulí:rən] 自 (h) 《生》交尾する.

kor [コーァ] küren (選ぶ)の 過去

Ko·ral·le [コラれ koráləkoráːle] 囡 -/-n ①《動》サンゴチュウ. ② さんご[細工].

Ko·ral·len⹂bank [コラれン・バンク] 囡 -/..bänke さんご礁.

Ko·ral·len⹂ket·te [コラれン・ケッテ] 囡 -/-n さんごのネックレス.

Ko·ral·len⹂riff [コラれン・リふ] 匣 -[e]s/-e さんご礁 (=Korallenbank).

Ko·ran [コラーン korá:n または コー..] 男 -s/-e コーラン(イスラム教の経典).

der **Korb** [コルプ kórp] 男 (単2) -[e]s/(複) Körbe [ケルベ] (3格のみ Körben) 〖数量単位としては:(複) -〗 ① かご, ざる. (英 basket). Brot*korb* パンかご / ein *Korb* [voll] Äpfel かごいっぱいのりんご / ein *Korb* mit Eiern 卵の入ったかご.
② (気球などの)ゴンドラ. ③(スポ)(バスケットボールの)バスケット;シュート[の得点]. ④ (特に求愛に対する女性側の)拒絶;(一般に:)拒絶. einen *Korb* bekommen または sich³ einen *Korb* holen (男が女に)ひじ鉄砲をくらう / 人³ einen *Korb* geben 人³(求婚する男)にひじ鉄砲をくらわす.

Korb⹂ball [コルプ・バる] 男 -[e]s/《スポ》コルプボール(バスケットボールに似た女子の球技).

Korb⹂blüt·ler [コルプ・ブリュートらァ] 男 -s/- 《植》キク(菊)科植物.

Körb·chen [ケルプヒェン kǽrpçən] 匣 -s/- (Korb の 縮小) ① 小さなかご;(小動物用の)寝かご. ②《服飾》(ブラジャーの)カップ.

Kör·be [ケルベ] Korb (かご)の 複

Korb⹂fla·sche [コルプ・ふらッシェ] 囡 -/-n 籠(かご)巻きのびん.

Korb⹂flech·ter [コルプ・ふれヒタァ] 男 -s/- かご職人. (女性形: -in).

Korb⹂mö·bel [コルプ・メーベる] 匣 -s/- 〖ふつう 複〗 籠(かご)製の家具.

Kord [コルト kórt] (=Cord) 男 -[e]s/-e (または -s) 《織》コーデュロイ, コール天.

Kor·del [コルデる kórdəl] 囡 -/-n 組みひも.

Kor·don [コルドーン kordóː] 男 -s/-s (オーストリア: -e) (軍・警察による)非常線, 警戒線.

kö·re [ケーレ] küren (選ぶ)の 接2

Ko·rea [コレーア koré:a] 匣 -s/ 《地名》朝鮮[半島]. die Republik *Korea* 大韓民国(首都はソウル) / die Demokratische Volksrepublik *Korea* 朝鮮民主主義人民共和国(首都はピョンヤン).

Ko·re·a·ner [コレアーナァ koreá:nər] 男 -s/- 朝鮮人(韓国人・北朝鮮人). (女性形: -in).

ko·re·a·nisch [コレアーニッシュ koreá:nɪʃ] 形 朝鮮[人・語]の, 韓国[人・語]の.

Ko·re·a·nisch [コレアーニッシュ] 匣 -[s]/ 朝鮮語, 韓国語. (人ェ 用法については Deutsch の項参照).

Ko·ri·an·der [コリアンダァ koriándər] 男 -s/- 《植》コリアンダー(実は香辛料として用いられる).

Ko·rinth [コリント korínt] 囲 -s/《都市名》コリント(古代ギリシアの都市).

Ko·rin·the [コリンテ korínta] 囡 -/-n (種なしで小粒の)干しぶどう(古代ギリシアの都市の名から).

ko·rin·thisch [コリンティッシュ koríntɪʃ] 形 コリント[人]の;《建》コリント様式の.

Kork [コルク kórk] 囲 -[e]s/-e ① コルク(コルクがしの樹皮). ②《方》コルク栓(=Korken).

Kork≠ei·che [コルク・アイヒェ] 囡 -/-n《植》コルクがし.

kor·ken [コルケン kórkən] 形『付加語としてのみ』コルク[製]の.

Kor·ken [コルケン] 囲 -s/- (びんの)コルク栓. den *Korken* heraus|ziehen コルク栓を抜く.

Kor·ken≠zie·her [コルケン・ツィーァァ] 囲 -s/- コルク栓抜き.

das **Korn**¹ [コルン kórn] 囲 (単 2) -[e]s/(複) Körner [ケルナァ] (3 格のみ Körnern) ①『種類を表すときのみ:(複) -e』穀物, 穀類.《英》corn). *Korn*⁴ an|bauen (mähen) 穀物を栽培する(刈り取る) / Das *Korn* steht gut. 穀物の作柄がよい.
② 『(複) Körner』(穀物の)粒;(塩・砂糖などの)粒. die *Körner* des Weizens 小麦の穀粒 / einige *Körner* Salz 数粒の塩. ③『(複) なし』《写》(フィルムの)粒子;《地学》(岩石の)粒子.
④『(複) -e』(銃の)照星. 慣用 **aufs** *Korn* nehmen《口語》*Korn*⁴を痛烈に批判する.

Korn² [コルン] 囲 -[e]s/《口語》穀物酒(小麦・大麦・ライ麦などを原料とする蒸留酒).

Korn≠blu·me [コルン・ブルーメ] 囡 -/-n《植》ヤグルマギク.

korn·blu·men≠blau [コルンブルーメン・ブラオ] 形 ヤグルマギクのように青い.

Körn·chen [ケルンヒェン kérnçən] 囲 -s/- (Korn の 縮小) 小粒; 粒子;《比》少量.

kör·nen [ケルネン kérnən] 動 (h) 粒にする, 小さく砕く;(慣用⁴の表面を)ざらざらに加工する.

Kör·ner [ケルナァ] Korn¹ (穀物)の 複.

Kor·nett [コルネット kornét] 囲 -[e]s/-e (または -s)《音楽》コルネット.

Korn≠feld [コルン・フェルト] 囲 -[e]s/-er 穀物畑, 麦畑.

kör·nig [ケルニヒ kérnɪç] 形 ① 粒[状]の, 粒子[状]の. ② (表面の)ざらざらした.

Korn≠kam·mer [コルン・カンマァ] 囡 -/-n 穀倉地帯.

Ko·ro·na [コローナ koróːna] 囡 -/..ronen ①《天》(太陽の)コロナ, 光環. ②《口語》《陽気な若者の群れ, (ばか騒ぎする)集団.

der **Kör·per [ケルパァ kǽrpər]

> 体
> Sie hat einen schlanken *Körper*.
> ズィー ハット アイネン シュランケン ケルパァ
> 彼女はスマートな体つきをしている.

囲 (単 2) -s/(複) - (3 格のみ -n) ① 体, 身体, 肉体; 胴体. (英 body). (*注意*「精神」は Geist).

Ober*körper* 上半身 / ein gesunder (schwacher) *Körper* 健康な(病弱な)体 / Er muss seinen *Körper* abhärten. 彼は身体を鍛練しなければならない / Sie zitterte **am ganzen** *Körper*. 彼女は全身で震えていた / die Einheit **von** *Körper* **und Geist** 肉体と精神の調和.
② 物体;(主要な)本体, 胴部. Flug*körper* 飛行物体 / bewegte *Körper* 動く物体 / der *Körper* der Geige² バイオリンの胴部.
③《物》物体;《数》立体. flüssige (feste) *Körper* 液体(固体). ④ (ワインなどの)こく, 濃度. ⑤ 団体.
類語 der **Körper**: (人・動物の物質的個体としての)体, 肉体. der **Leib**: (人・動物の魂を備えた生命体としての)体, (特に人の)身体. ein kranker *Leib* 病身. die **Leiche**: 死体; 遺体.

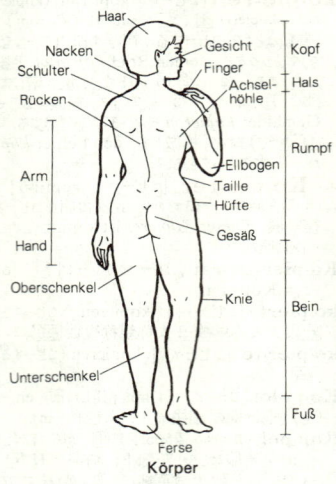

Haar / Nacken / Schulter / Rücken / Arm / Hand / Oberschenkel / Unterschenkel / Ferse / Gesicht / Finger / Achselhöhle / Ellbogen / Taille / Hüfte / Gesäß / Knie / Kopf / Hals / Rumpf / Bein / Fuß / Körper

Kör·per≠bau [ケルパァ・バオ] 囲 -[e]s/ 体格.

kör·per≠be·hin·dert [ケルパァ・ベヒンダァト] 形 身体に障害のある.

Kör·per≠be·hin·der·te[r] [ケルパァ・ベヒンダァテ (..タァ)] 囲 囡『語尾変化は形容詞と同じ』身体障害者.

Kör·per≠fül·le [ケルパァ・フュレ] 囡 -/ 肉づき.

Kör·per≠ge·wicht [ケルパァ・ゲヴィヒト] 囲 -[e]s/ 体重.

Kör·per≠grö·ße [ケルパァ・グレーセ] 囡 -/-n 身長; 体長.

Kör·per≠hal·tung [ケルパァ・ハルトゥング] 囡 -/-en 姿勢.

Kör·per≠kraft [ケルパァ・クラフト] 囡 -/..kräfte (体の)筋力, 体力.

kör·per·lich [ケルパァリヒ kǽrpərlıç] 形 肉体の, 身体の; 肉体的な. (英 physical).(*反*「精神的な」は geistig). körperliche Arbeit 肉体労働 / körperliche Schmerzen 肉体的な苦痛 / eine körperliche Strafe を

罰 / die *körperliche* Liebe 性愛 / Diese Tätigkeit ist *körperlich* sehr anstrengend. この仕事はとても体が疲れる.

Kör·per·ma·ße [ケルパァ・マーセ] 複 (体の)寸法, サイズ.

Kör·per·**pfle·ge** [ケルパァ・プふレーゲ] 因 -/ (身体的)手入れ, ボディーケア.

Kör·per·schaft [ケルパァシャふト] 因 -/-en 《法》社団[法人], 法人[団体]; (法的な)機関.

Kör·per·schafts⸗steu·er [ケルパァシャふツ・シュトイアァ] 因 -/-n 法人税.

Kör·per·spra·che [ケルパァ・シュプラーヘ] 因 -/ ボディーランゲージ.

Kör·per·teil [ケルパァ・タイル] 男 -[e]s/-e 体の部分(腕・脚など).

Kör·per·tem·pe·ra·tur [ケルパァ・テンペラトゥーァ] 因 -/-en 体温.

Kör·per·ver·let·zung [ケルパァ・フェァれッツング] 因 -/-en 《法》傷害.

Kör·per·wär·me [ケルパァ・ヴェルメ] 因 -/ 体の温かみ; 体温.

Kor·po·ral [コルポラーる kɔrpɔráːl] 男 -s/-e (または ..räle) (⁽ˣˢ⁾) 伍長.

Kor·po·ra·ti·on [コルポラツィオーン kɔrpɔratsióːn] 因 -/-en ① 《法》社団[法人], 法人[団体]; (法的な)機関 (=Körperschaft). ② (大学生の)学友会, 学生組合.

Korps [コーァ kóːɐ] 中 -[コーァ[ス]]/-[コーァス] ① 《軍》軍団, 部隊. ② (大学生の)学友会, 学生組合. ③ 団[体]. das diplomatische *Korps* 外交団.

Korps⸗geist [コーァ・ガイスト] 男 -[e]s/ 《雅》仲間意識; (ふつう軽蔑的に:)[特権]階級意識.

kor·pu·lent [コルプれント kɔrpulént] 形 肉づきのよい, 太った. (☞ 類語 dick).

Kor·pu·lenz [コルプれンツ kɔrpuléntːs] 因 -/ 肉づきのよさ, 肥満.

Kor·pus [コルプス kórpus] I 男 -/..pusse 《口語・戯》体, 身体 (=Körper). II 中 -/..pora ① 《言》コーパス, 言語資料. ② 《複 なし》《音楽》(特に弦楽器の)共鳴体, 胴.

kor·rekt [コレクト kɔrékt] 形 (比較 korrekter, 最上 korrektest) ① 正しい, 正確な. 《英 correct*). *korrektes* Deutsch 正しいドイツ語 / Die Übersetzung ist *korrekt*. その翻訳は正確だ. ② きちんとした(態度など), その場にふさわしい(服装など); 規則に忠実な. ein *korrekter* Beamter 公正な役人 / sich⁴ *korrekt* benehmen 適切なふるまいをする.

Kor·rekt·heit [コレクトハイト] 因 -/ ① 正確さ, 確実さ. ② 適切さ; 公正.

Kor·rek·tor [コレクトァ kɔréktɔr] 男 -s/-en [..トーレン] 《印》校正係; (文章の)添削者. (女性形: -in).

Kor·rek·tur [コレクトゥーァ kɔrɛktúːr] 因 -/-en 訂正, 修正; 《印》校正[刷り]. *Korrektur*⁴ lesen 校正する.

Kor·rek·tur⸗fah·ne [コレクトゥーァ・ふァーネ] 因 -/-n 《印》校正刷り, ゲラ.

Kor·rek·tur⸗zei·chen [コレクトゥーァ・ツァイヒェン] 中 -s/- 《印》校正記号.

Kor·re·lat [コレラート kɔrelá:t] 中 -[e]s/-e ① 相関したもの; 相関概念. ② 《言》相関語.

Kor·re·la·ti·on [コレラツィオーン kɔrelatsióːn] 因 -/-en ① 相関[関係]. ② 《数》相関.

kor·re·la·tiv [コレラティーふ kɔrelatíːf] 形 相関的な, 互いに関連し合った.

Kor·re·spon·dent [コレスポンデント kɔrɛspondént] 男 -en/-en (新聞社などの)通信員, 特派員. (女性形: -in).

Kor·re·spon·denz [コレスポンデンツ kɔrɛspondénːs] 因 -/-en ①《複 なし》文通, 通信. mit [人]³ in *Korrespondenz* stehen [人]³と文通している. ②《受け取った》手紙, 通信文.

kor·re·spon·die·ren [コレスポンディーレン kɔrɛspondíːrən] 自 (h) ① 《[mit [人]³] ~》 ([人]³と)文通している, 通信している. ②《[物³ (または mit 物³) ~》(物³と)一致(対応)している.

Kor·ri·dor [コリドーァ kórido:r] 男 -s/-e ① (建物の各部・各室をつなぐ)廊下, 回廊. durch den *Korridor* gehen 廊下を通って行く. ② 《政》回廊[地帯](内陸国と海, または二つの飛び領土を結ぶ細長い地域).

kor·ri·gie·ren [コリギーレン kɔrigíːrən] (korrigierte, *hat* ... korrigiert) 他 《完了 haben》 ① (誤りなど⁴を)訂正する, ([人]⁴の誤りを)正す, (文章など⁴を)添削する, 校正する.《英 correct*). einen Fehler *korrigieren* 誤りを訂正する / Der Lehrer *korrigierte* die Aufsätze. 先生は作文を添削した / den Schüler *korrigieren* 生徒の誤りを正す. ② (現実に合うように)修正する, 調整する. den Kurs *korrigieren* 針路を修正する.

kor·ri·giert [コリギーァト] korrigieren (訂正する)の 過分, 3人称単数・2人称親称複数 過去

kor·ri·gier·te [コリギーァテ] korrigieren (訂正する)の 過去

Kor·ro·si·on [コロズィオーン kɔrozióːn] 因 -/-en ① (金属の)腐食. in *Korrosion* übergehen 腐食する. ② 《地学》(岩石などの)溶食.

kor·rum·pie·ren [コルンピーレン kɔrumpíːrən] 他 (h) ① (政治家など⁴を)買収する, (道徳的に)堕落させる, 退廃させる.

kor·rupt [コルプト kɔrúpt] 形 ① 賄賂(ねれ)の効く. ② (道徳的に)堕落した, 退廃した.

Kor·rup·ti·on [コルプツィオーン kɔruptsióːn] 因 -/-en (道徳的な)腐敗, 堕落, 退廃.

Kor·sar [コルザール kɔrzáːr] 男 -en/-en (昔の:)海賊[船].

Kor·se [コルゼ kórzə] 男 -n/-n コルシカ島の島民(出身者). (女性形: Korsin).

Kor·se·lett [コルゼれット kɔrzəlét] 中 -s/-e (または -s) 《服飾》コースレット(コルセットとブラジャーがひと続きになったもの).

Kor·sett [コルゼット kɔrzét] 中 -s/-e (または -s) ① 《服飾》コルセット. ② 《医》コルセット.

Kor·si·ka [コルズィカ kórzika] 中 -s/ 《島名》

コルシカ島(フランス領).

kor・sisch [コルズィッシュ kɔ́rzɪʃ] 形 コルシカ[人・島]の.

Kor・so [コルソ kɔ́rzo] 男 -s/-s (偽装[馬]車などの)パレード, 行列.

Kor・vet・te [コルヴェッテ kɔrvétə] 女 -/-n 《軍》コルベット艦(小型高速護衛艦).

Kor・vet・ten=ka・pi・tän [コルヴェッテン・カピテーン] 男 -s/-e 《軍》海軍少佐.

Ko・ry・phäe [コリュふェーエ koryfɛ́ːə] 女 -/-n (学界・芸能界などの)第一人者, 権威者.

Ko・sak [コザック kozák] 男 -en/-en (ロシアの)コサック[人]; コサック騎兵. (女性形: -in).

ko・scher [コーシャァ kóːʃɐr] 形 ① (ユダヤ教で:)食事習慣のおきてにかなった, 清浄な(肉など). ② 《口語》申し分のない, 怪しくない. Der Kerl ist [mir] nicht ganz koscher! あいつはどうもうさんくさい.

Ko・se=form [コーゼ・ふォルム] 女 -/-en 愛称形.

ko・sen [コーゼン kóːzən] 自 (h)・他 (h) 《詩》愛撫(あいぶ)する; (恋人同志が)いちゃつく. **mit** 人³ **kosen** 人³とを愛撫する.

Ko・se=na・me [コーゼ・ナーメ] 男 -ns (3格・4格 -n)/-n 愛称.

Ko・si・nus [コーズィヌス kóːzinʊs] 男 -/- (または .nusse) 《数》コサイン, 余弦 (記号: cos).

Kos・me・tik [コスメーティク kɔsméːtɪk] 女 -/-en ① 美容, 化粧[法]. *Kosmetik*⁴ betreiben 化粧をする. ② 《比》ごまかし, 粉飾.

Kos・me・ti・ka [コスメーティカ] *Kosmetikum* (化粧品)の 複

Kos・me・ti・ker [コスメーティカァ kɔsméːtikɐr] 男 -s/- 美容師. (女性形: -in).

Kos・me・ti・kum [コスメーティクム kɔsméːtikʊm] 中 -s/..tika 《ふつう 複》化粧品.

kos・me・tisch [コスメーティッシュ kɔsméːtɪʃ] 形 ① 美容(化粧)の, 美容上の. *kosmetische* Mittel 化粧品. ② うわべを飾る, とりつくろった.

kos・misch [コスミッシュ kɔ́smɪʃ] 形 ① 宇宙の, 宇宙的な, 宇宙からの. die *kosmische* Strahlung 宇宙線 / eine *kosmische* Station 宇宙ステーション. ② 限りない, 果てしない, 途方もない.

Kos・mo・go・nie [コスモゴニー kɔsmogoníː] 女 -/-n [..ニーエン] 宇宙進化論.

Kos・mo・lo・gie [コスモろギー kɔsmologíː] 女 -/-n [..ギーエン] 宇宙論.

Kos・mo・naut [コスモナオト kɔsmonáʊt] 男 -en/-en (特に旧東ドイツで:)宇宙飛行士 (= Astronaut). (女性形: -in).

Kos・mo・po・lit [コスモポリート kɔsmopolíːt] 男 -en/-en ① コスモポリタン, 世界市民. (女性形: -in). ② 《生》汎存(はんそん)種(全世界に分布している動植物).

kos・mo・po・li・tisch [コスモポリーティッシュ kɔsmopolíːtɪʃ] 形 ① コスモポリタンの, 世界主義の, 世界市民的な. ② 《生》汎存(はんそん)の, 全世界に分布している.

Kos・mos [コスモス kɔ́smɔs] 男 -/ ① 宇宙, 万有. der weite *Kosmos* 広大な宇宙. ② (秩序ある体系としての)世界.

Kost [コスト kɔ́st] 女 -/ ① [飲]食物, 食料品, 食事. eine kräftige (magere) *Kost* 栄養のある(栄養のない)食物 / geistige *Kost* 《比》精神の糧. ② 賄い, 下宿. *Kost* und Logis 賄い付きの下宿 / 人⁴ **in** *Kost* nehmen 人⁴の賄いをする / freie *Kost*⁴ haben 食費はただである.

kost・bar [コストバール kɔ́stbaːr] 形 ① 高価な, ぜいたくな, 豪華な. (英 *valuable*). ein *kostbarer* Schmuck 高価な装身具. (類語 teuer). ② 貴重な, 大切な. Die Gesundheit ist *kostbar*. 健康はかけがえのないものだ.

Kost・bar・keit [コストバールカイト] 女 -/-en ① 貴重(高価)な物. ② 《複 なし》貴重(高価)なこと.

kos・ten¹ [コステン kɔ́stən]

> (…の)**値段である**
>
> Was *kostet* das? それはいくらですか.
> ヴァス コステット ダス

du kostest, er kostet (kostete, hat ... gekostet) 他 《完了 haben》① 《数量を表す 4 格とともに》(…の)値段である (英 *cost*). Das Buch *kostet* zehn Euro. その本は 10 ユーロです / Wie viel (または Was) *kostet* dieser Mantel? このコートはいくらですか / Ich tue es doch, *koste* es, was es wolle. 《接 1・現在》なんとしても私はそれをやります(←いくらかかっても).

② ([人⁴にとって]お金・時間・労力など⁴が)かかる, 必要である. Diese Arbeit *kostet* viel Mühe. この仕事はずいぶん骨が折れる / Das Bild *kostete* ihn 5 000 Euro. その絵に彼は 5,000 ユーロ払った / Die Arbeit *hat* mich zwei ganze Tage *gekostet*. その仕事に私にはまる 2 日かかった. ◇《**lassen** とともに》Ich *lasse* mich (または mir) das Geschenk etwas *kosten*. 《口語》私はこの贈り物に少しばかり奮発しよう.

③ (人⁴に地位・命など⁴を)失わせる. Dieser Fehler *kostete* ihn das Leben (または den Kopf). この過ちは彼の命取りになった / Das *kostete* die Mannschaft den Sieg. そのためにチームは勝利を逃した.

kos・ten² [コステン] **I** 他 (h) ① (物⁴の)味をみる, (物⁴を)試食(試飲)する. den neuen Wein *kosten* (今年の)新しいワインを試しに飲んでみる. ◇《目的語なしでも》Der Koch *kostete* noch einmal. コックはもう一度味見をした. ② 《雅》享受する, 味わう. alle Freuden⁴ des Lebens *kosten* 人生のあらゆる喜びを味わう. **II** 自 (h) 《**von** 物³ ~》(物³の)味をみる. *Kosten* Sie mal von dem Käse! ちょっとこのチーズを味見してごらんなさい.

die **Kos·ten** [コステン kɔ́stən] 複 費用, 経費, 出費; コスト. (英 *cost*). Neben*kosten* 付帯費用 / geringe *Kosten* わずかな費用 / die *Kosten* einer Reise² (または für eine Reise) 旅費 / die *Kosten*⁴ decken 経費を賄う, 出費を弁済する / Wir werden keine *Kosten* scheuen. 私たちは出費を惜しんだりしないでしょう / die *Kosten*⁴ für 物⁴ tragen 物⁴の費用を負担する / **auf** eigene *Kosten* 自己負担(私費)で / Er lebt auf *Kosten* seines Vaters. 彼は親がかりの身だ / Die Getränke gehen auf meine *Kosten*. 飲み物は私持ちだ(私が払う).
► **kosten≠deckend**

Kos·ten≠auf·wand [コステン・アオふヴァント] 男 -[e]s/ 経費, 支出.

kos·ten≠de·ckend, Kos·ten de·ckend [コステン・デッケント] 形《経》採算のとれる, 収支が見合う.

kos·ten≠frei [コステン・フライ] 形《法》無料の, 費用免除の.

kos·ten≠güns·tig [コステン・ギュンスティヒ] 形《経》コスト(原価)の安い, あまり費用のかからない.

kos·ten≠los [コステン・ロース] 形 無料の.

kos·ten≠pflich·tig [コステン・プふりヒティヒ] 形《法》(費用の)負担義務のある.

Kos·ten≠punkt [コステン・プンクト] 男 -[e]s/《口語》費用の点, 出費の問題.

Kos·ten≠vor·an·schlag [コステン・フォーアアンシュらーク] 男 -[e]s/..schläge《経》(経費の)見積り.

kos·te·te [コステテ] ⁑ kosten¹ (…の値段である)の過去

Kost≠gän·ger [コスト・ゲンガァ] 男 -s/- 賄い付き下宿人. (女性形: -in).

Kost≠geld [コスト・ゲるト] 中 -[e]s/ 食費, 生活費.

köst·lich [ケストリヒ kǿstliç] I 形 ① **おいしい**, 美味な. (英 *delicious*). eine *köstliche* Speise おいしい料理. ② 楽しい, 愉快な, おもしろい. eine *köstliche* Geschichte 楽しい物語. ③《雅》高価な, 貴重な, すばらしい. II 副 とても, 存分に. sich⁴ *köstlich* amüsieren 存分に楽しむ.

Köst·lich·keit [ケストリヒカイト] 女 -/-en 《複なし》《雅》① おいしさ, 美味; すばらしさ. ② おいしいもの; すばらしいもの.

Kost≠pro·be [コスト・プローベ] 女 -/-n 試食品, 試飲用の飲み物;《比》力量などの一端.

kost≠spie·lig [コスト・シュピーリヒ] 形 費用のかかる, 高価な.

das **Kos·tüm** [コステューム kɔstýːm] 中 (単) -s/(複) -e (3格のみ -en) (英 *costume*) ① (女性の)**スーツ**, ツーピース. ein sommerliches *Kostüm* サマースーツ. ② (時代・地方・階級などに特有の)服装, 衣装. ein *Kostüm* aus der Zeit des Rokoko ロココ時代の衣装. ③ 舞台衣装; 仮装[用の衣装].

Kos·tüm≠fest [コステューム・フェスト] 中 -[e]s/-e 仮装舞踏会.

kos·tü·mie·ren [コステューミーレン kɔstymíːrən] 他 (h) (人⁴に)仮装をさせる,《口語》服装をさせる. ◊《再帰的に》sich⁴ als Ritter *kostümieren* 騎士の扮装(ﾌﾝｿｳ)をする.

Kos·tüm≠pro·be [コステューム・プローベ] 女 -/-e《劇》ドレスリハーサル(衣装をつけてのけいこ).

Kost≠ver·äch·ter [コスト・フェアエヒタァ] 男 -s/- 美食(享楽)を嫌う人. (女性形: -in). Er ist kein *Kostverächter*. 彼は美食(享楽)に目がない.

Kot [コート kóːt] 男 -[e]s/-e (または -s)《ふつう単》《雅》① 糞便. ② 泥, ぬかるみ. 人·物⁴ **mit** *Kot* bespritzen 人·物⁴に泥をはねかける / 人·物⁴ **in** (または **durch**) den *Kot* ziehen 人·物⁴をけなす.

Ko·tan·gens [コー・タンゲンス kóːtaŋɡɛns] 男 -/-《数》コタンジェント, 余接 (記号: cot).

Ko·tau [コタオ kotáu] 男 -s/-s (中国流の)叩頭(ｺｳﾄｳ)礼;《比》追従(ﾂｲｼｮｳ). **vor** 人³ einen (または seinen) *Kotau* machen 人³にぺこぺこする.

das **Ko·te·lett** [コテれット koteléːt または コトゥ.. kɔt..] 中 (単) -s/(複) -s (まれに -e) (豚·子牛·羊などの)**骨付きロース**[肉]; (料理)骨付きロース肉の料理(カツ・ソテーなど). Ich habe ein *Kotelett* bestellt. 私は骨付きロース肉のソテーを注文した.

Ko·te·let·ten [コテれッテン koteléten または コトゥ.. kɔt..] 複 (もみ上げを伸ばした)ほおひげ. *Koteletten*⁴ tragen ほおひげをはやしている.

Kö·ter [ケータァ kǿːtər] 男 -s/- (軽蔑的に:)[やせ]犬.

Kot≠flü·gel [コート・フりューゲる] 男 -s/- (自動車などの)泥よけ, フェンダー.

ko·tig [コーティヒ kóːtiç] 形 糞(泥)だらけの, 汚い.

Kot·ze [コッツェ kɔ́tsə] 女 -/-n《南ドぃ・ｵｰｽﾄﾘｱ》① 粗織り毛布. ② 肩かけ, マント.

kot·zen [コッツェン kɔ́tsən] 自 (h)《俗》吐く, 嘔吐(ｵｳﾄ)する.

Kot·zen [コッツェン] 中《成句的に》Ich fühle mich **zum** *Kotzen*! 私は吐きそうだ(たいへん気分が悪い) / Es ist zum *Kotzen*! 不愉快(へどが出そう)だ.

KPD [カー・ペー・デー] 女 -/《略》ドイツ共産党 (1956 年に非合法化) (= **K**ommunistische **P**artei **D**eutschlands).

Kr [カー・エル]《化·記号》クリプトン (= **Kr**ypton).

Krab·be [クラッベ krábə] 女 -/-n ①《動》カニ(蟹). ②《口語·戯》(元気なかわいらしい)子供, (若いぴちぴちした)娘.

krab·beln [クラッベるン krábəln] I 自 (s) (昆虫などが)ごそごそはう(動く), (幼児が)はいまわる. II 他 (h)《口語》くすぐる; むずがゆくする.

Krach [クラッハ kráx] 男 -[e]s/Kräche ①《ふつう単》騒音; ばりっ(めりっ·どしん)という音. ②《口語》騒動, けんか; ののしり. *Krach*⁴ machen (または schlagen) わめきちらす, がみがみ言う. ③《口語》経済的の崩壊, 破産.

kra·chen [クラッヘン kráxən] (krachte, *hat*/*ist* ... gekracht) **I** 自 (完了 haben または sein) (英 *crash*) ① (h) (ばりっ・めりっ・どしんと)すさまじい音をたてる; (銃声などが)とどろく. Der Donner *krachte*. 雷鳴がとどろいた. ◇〖非人称の **es** を主語として〗Auf dieser Kreuzung *kracht* es dauernd. 《口語》この交差点ではしょっちゅう衝突事故が起きる.
② (s) (ばりっ・めりっと)音をたてて割れる, 破れる, 裂ける. Das Eis *kracht*. 氷がばりばりっと割れる. ③ (s) 〖方向を表す語句とともに〗(…へ)しんと)音をたててぶつかる. Das Auto *kracht* gegen die Leitplanke. 車がガードレールにどしんとぶつかる.
II 再帰 (完了 haben) 〖*sich*⁴ [**mit** 人³] ~〗《口語》([人³と])けんかする. Ich *habe* mich mit ihm *gekracht*. 私は彼とけんかをした.

krach·te [クラッハテ] krachen (すさまじい音をたてる)の 過去

kräch·zen [クレヒツェン kréçtsən] 自 (h) ① (からすなどが)かあかあ鳴く, (おうむがぎゃあぎゃあ鳴く. ② 《比》しゃがれ声で言う(歌う).

Krad [クラート krá:t] 中 -[e]s/Kräder 《略》《軍》オートバイ, 自動二輪車 (= **Kra**ftrad).

kraft [クラフト kráft] 前 〖2格とともに〗《書》…[の力]により. *kraft* seines Amtes 彼の職権により / *kraft* des Gesetzes 法律に基づいて.

*die Kraft [クラフト kráft]

力	Er hat viel *Kraft*. エア ハット ふィール クラふト 彼は力が強い.

女 (単) -/(複) Kräfte [クレふテ] (3格のみ Kräften) ① 力, 能力. (英 *strength, power*). Muskel*kraft* 筋力 / körperliche (geistige) *Kraft* 体力(精神力) / jugendliche *Kraft* 若若しい力 / die *Kraft* des Wassers 水力. ◇〖動詞の目的語として〗alle *Kräfte*⁴ **an**|**spannen** 全力を振り絞る / Er **erprobt** seine *Kraft*. 彼は自分の力を試す / Der Junge hat *Kraft*. その少年は力が強い / neue *Kräfte*⁴ **sammeln** 新しい力を蓄える, 元気を回復する.
◇〖前置詞とともに〗**aus** eigener *Kraft* 自力で / Er ist noch **bei** *Kräften*. 彼はまだ元気(壮健)だ / **mit** aller (または ganzer) *Kraft* 全力で / mit letzter *Kraft* 最後の力を振り絞って / **nach** [besten] *Kräften* 力の[およぶ]かぎり / Das geht **über** meine *Kräfte*. それは私の手に負えない / **vor** *Kraft* strotzen 元気いっぱいである / [wieder] **zu** *Kräften* kommen 元気を取り戻す.
② 効力, 効き目. die heilende *Kraft* einer Arznei² 薬の効き目 / die treibende *Kraft* (仕事などを)推進する力[のある人] / ein Gesetz⁴ **außer** *Kraft* setzen 法律を無効にする / außer *Kraft* treten 無効になる / **in** *Kraft* treten (sein) 効力を生じる(効力がある).
③ 働き手, スタッフ, 従業員. Hilfs*kraft* 補助員 / eine tüchtige *Kraft* 有能なスタッフ.
④ 〖圏 で〗(社会的な)勢力. fortschrittliche *Kräfte* 進歩派勢力.

|類語| die **Kraft**: (何事かを可能にする, 最も一般的な意味での)力. die **Macht**: (他に影響力を及ぼし, 支配する)力. die **Macht** des Geldes (der Liebe²) 金(愛)の力. die **Gewalt**: (人・物に及ぼす抗しがたい)力, 暴力, 威力.

Kraft≠akt [クラふト・アクト] 男 -[e]s/-e 力業(ちからわざ), 力仕事.

Kraft≠auf·wand [クラふト・アオふヴァント] 男 -[e]s/ 努力, 骨折り.

Kraft≠aus·druck [クラふト・アオスドルック] 男 -[e]s/..drücke 粗野な(乱暴な)言葉.

Kraft≠brü·he [クラふト・ブリューエ] 女 -/-n 《料理》(栄養に富む)肉汁, ブイヨン.

Kräf·te [クレふテ] *Kraft (力)の 複

Kräf·te≠ver·fall [クレふテ・ふェアふァる] 男 -[e]s/ 《医》(肉体的・精神的)衰弱.

Kraft≠fah·rer [クラふト・ふァーラァ] 男 -s/- 《官庁》原動機付き車両運転者. (女性形: -in).

Kraft≠fahr·zeug [クラふト・ふァールツォイク] 中 -[e]s/-e 《官庁》原動機付き車両(自動車・オートバイなど; 略: Kfz.).

Kraft≠feld [クラふト・ふェるト] 中 -[e]s/-er 《物》力の場.

kräf·tig [クレふティヒ kréftiç] 形 ① 力のある, 力強い; **がっしりした**, たくましい. (英 *powerful*). ein *kräftiger* Mann たくましい男 / Er hat *kräftige* Arme. 彼はがっしりした腕をしている. (☞ 類語 lebhaft).
② 発育のいい. ein *kräftiges* Kind 発育のいい子供. ③ 激しい, 強烈な; 濃い(色など). *kräftigen* Hunger haben ひどく空腹である / *kräftige* Farben 強烈な色彩 / Gestern hat es *kräftig* geregnet. きのうはひどい雨だった. ④ 栄養豊かな. eine *kräftige* Mahlzeit⁴ zu sich nehmen 栄養のある食事をとる. ⑤ (言葉などが)荒っぽい. ein *kräftiger* Ausdruck どぎつい表現.

..kräf·tig [..クレふティヒ ..kréftiç] 〖形容詞をつくる 接尾〗(…力のある) 例: beweis*kräftig* 証明力のある.

kräf·ti·gen [クレふティゲン kréftɪɡən] (kräftigte, *hat* ... gekräftigt) **I** 他 (完了 haben) (体など⁴を)**強くする**, (人⁴の)体力をつける. Das gesunde Essen *wird* den Kranken *kräftigen*. 体にいい食事がその病人に体力をつけるだろう.
II 再帰 (完了 haben) *sich*⁴ *kräftigen* 体力がつく, 元気になる.

kräf·tig·te [クレふティヒテ] kräftigen (強くする)の 過去

Kräf·ti·gung [クレふティグング] 女 -/-en 〖ふつう 単〗力をつけること, 強くすること.

kraft≠los [クラふト・ロース] 形 力のない, 弱々しい; 元気のない. mit *kraftloser* Stimme 弱弱しい声で.

Kraft≠ma·schi·ne [クラふト・マシーネ] 女 -/-n 原動機.

Kraft=mei·er [クラフト・マイアァ] 男 -s/- 《口語》(軽蔑的に:)力自慢の男.

Kraft=mensch [クラフト・メンシュ] 男 -en/-en 力持ち,怪力[の持ち主].

Kraft=mes·ser [クラフト・メッサァ] 男 -s/- 《工》動力計,ダイナモメータ.

Kraft=pro·be [クラフト・プローベ] 囡 -/-n 力試し,力比べ.

Kraft=protz [クラフト・プロッツ] 男 -es (または -en)/-e[n] 《口語》(軽蔑的に:)力自慢の男.

Kraft=rad [クラフト・ラート] 田 -[e]s/..räder 《官庁》オートバイ,自動二輪車(略: Krad).

Kraft=stoff [クラフト・シュトフ] 男 -[e]s/-e (動力用の)燃料(ガソリンなど).

kraft=strot·zend [クラフト・シュトロッツェント] 形 力強い,力のみなぎった.

Kraft=ver·kehr [クラフト・フェアケーァ] 男 -s/ 《官庁》(総称として:)自動車の交通(運行).

kraft=voll [クラフト・ふォる] 形 力のある,力強い;元気いっぱいの.

Kraft=wa·gen [クラフト・ヴァーゲン] 男 -s/- 《官庁》自動車(=Auto). Last*kraftwagen* トラック(略: Lkw) / Personen*kraftwagen* 乗用車(略: Pkw). (☞ 類語 Wagen).

*das **Kraft·werk** [クラフト・ヴェルク kráftverk] 田(単2) -[e]s/(複) -e (3格のみ -en) 発電所. Kern*kraftwerk* 原子力発電所.

Kraft=wort [クラフト・ヴォルト] 田 -[e]s/-e (または ..wörter) 粗野な(乱暴な)言葉.

der **Kra·gen** [クラーゲン krá:gən] 男(単2) -s/(複) (南ドイツ・オーストリア・スイス: Krägen [クレーゲン] も) ① 襟,カラー. (英 collar). ein hoher *Kragen* 高い襟. den *Kragen* des Mantels hochschlagen コートの襟を立てる. ② 《古》(人間の)首. ◇《成句的に》Jetzt platzt mir aber der *Kragen*. 《俗》もう我慢できない(←首[の血管]がはち切れる) / 人4 am (または beim) *Kragen* packen 《口語》a) 人4の首根っこを捕まえる, b) 《比》人4を問い詰める / Es geht ihm an den *Kragen*. 《口語》彼は命が危うい. ③ 《方》(鶏などの)首; (びんの)首.

Kra·gen=wei·te [クラーゲン・ヴァイテ] 囡 -/-n (ワイシャツなどの)カラーサイズ,首回り. Das ist genau meine *Kragenweite*. 《俗》これは私の好みにぴったりだ(←私のカラーサイズだ).

die **Krä·he** [クレーエ krέ:ə] 囡(単) -/(複) -n 《鳥》(中型の)カラス. (英 crow). (☞「大型の」カラス」は Rabe). Eine *Krähe* krächzt. からすがかあかあ鳴く / Eine *Krähe* hackt der anderen kein Auge aus. (ことわざ) 仲間どうしはしかばね合う(←からすは他のからすの目をつつかない).

krä·hen [クレーエン krέ:ən] 自 (h) ① (おんどりが)コケコッコーと鳴く. ② (子供などが)きゃっきゃと歓声をあげる; かん高い声で話す(歌う). Das Baby *krähte* vor Vergnügen. 赤ん坊はうれしがってきゃっきゃっと声をあげた.

Krä·hen=fü·ße [クレーエン・ふューセ] 複 《口語》① からすの足跡,目じりの小じわ. ② 下手くそな(金くぎ流の)字.

Kräh=win·kel [クレー・ヴィンケる] 田 -s/ 《冠詞なしで》(軽蔑的に:)こせこせした田舎町(ドイツの劇作家コッツェブーの喜劇の中の町の名前から).

Kra·ke [クラーケ krá:kə] 男 -n/-n ① 《動》タコ. ② 《神》クラーケン(北欧の海に住むといわれる蛸に似た海の怪物).

kra·kee·len [クラケーれン kraké:lən] (過分 krakeelt) 自 (h) 《口語》大声でののしる,どなりたてる.

kra·keln [クラーケるン krá:kəln] 自 (h) 《口語》下手な字で書く,金くぎ流で書く.

Kral·le [クラれ králə] 囡 -/-n (鳥・猫などの)爪(つめ),鉤爪(かぎづめ). 人3 die *Krallen*4 zeigen 《口語》人3に歯向かう.

kral·len [クラれン králən] I 再帰 (h) [*sich*4 an (または in) 人・物4) ~] しがみつく,つかみかかる. II 他 (h) ① 《A4 in B4 ~》(A4 指・手などを) B4 に突き立てる. vor Schmerz die Finger4 in das Kissen *krallen* 苦痛のあまり枕(まくら)に爪を立てる. ② 《A4 um B4 ~》(A4 指先・つま先などを) B4 にからみつかせる, (A4 で B4 を)ぎゅっとつかむ.

Kram [クラーム krá:m] 男 -[e]s/ 《口語》① つまらないもの,がらくた. ② 雑用,(片づけるべき)仕事,用件. den ganzen *Kram* hinschmeißen 一切合財ほうり出す.

kra·men [クラーメン krá:mən] I 自 (h) 《口語》(…で)ごそごそ探し物をする. im Keller *kramen* 地下室の中を探し回る / nach Kleingeld *kramen* (ポケットの中などをかき回して)小銭を探す. II 他 (h) 《口語》《A4 aus B3 ~》(A4 を B3 から)引っかき回して取り出す. Er kramte den Schlüssel aus der Tasche. 彼はポケットを探って鍵(かぎ)を取り出した.

Krä·mer [クレーマァ krέ:mər] 男 -s/- 《方》(食料・雑貨の)小売商人. (女性形: -in). ② こせこせ(けちけち)した人.

Krä·mer=see·le [クレーマァ・ゼーれ] 囡 -/-n こせこせ(けちけち)した人.

Kram=la·den [クラーム・らーデン] 男 -s/..läden 《口語》(食料・雑貨の)小売店.

Kram·pe [クランペ krámpə] 囡 -/-n (配線などを固定させる) U 字形の釘,ステープル.

Krampf [クランプふ krámpf] 男 -[e]s/Krämpfe ① (筋肉の)けいれん,引きつけ. Er hat einen *Krampf* in der Wade. 彼はこむらがえりを起こしている. ② 《複 なし》むだな努力,悪あがき. ③ (スラング) 犯罪[行為].

Krampf=ader [クランプふ・アーダァ] 囡 -/-n 《医》静脈瘤(りゅう).

kramp·fen [クランプふェン krámpfən] I 再帰 (h) *sich*4 *krampfen* ① けいれんを起こす. ② 〔*sich*4 in (または um) 人・物4 ~〕(指・手などが 人・物4 を)ぎゅっとつかまえる. Seine Finger *krampften sich* um den Ast. 彼の指はその枝を握り締めた. II 他 (h) 《A4 in (または um) B4 ~》(A4 指・手などで) B4 を)ぎゅっとつかむ. die Hände4 um die Armlehnen *krampfen* 両手でひじ掛けをぎゅっとつかむ.

krampf·haft [クランプふハふト] 形 ① けいれん

を起こした[ような], けいれん性の; 発作的な. ein *krampfhaftes* Lachen 引きつった笑い. ② 《比》必死の, 死に物狂いの. *krampfhafte* Anstrengungen 死に物狂いの努力.

Kram・pus [クランプス krámpus] 男 – (または ..pusses)/..pusse 《オース》クランプス(悪魔の姿をしたサンタクロースの従者).

der **Kran** [クラーン krá:n] 男 –[e]s/Kräne [クレーネ] (3格のみ Kränen) または (複) – (3格のみ Kranen) ① **クレーン**, 起重機. (英 *crane*). einen *Kran* fahren (lenken) クレーンを運転する(操作する). ② 《方》(水道・ガスなどの)栓, コック.

Krä・ne [クレーネ] Kran (クレーン)の 複

Kran・füh・rer [クラーン・フューラァ] 男 –s/– クレーンの運転士. (女性形: -in).

Kra・nich [クラーニヒ krá:nɪç] 男 –s/–e 《鳥》ツル(鶴).

:krank [クランク kráŋk]

病気の Mein Vater ist *krank*.
マイン ファータァ イスト クランク
私の父は病気です.

形 (比較 kränker, 最上 kränkst) ① **病気の**, 病気にかかった. (英 *sick*). (注意 「健康な」は gesund). ein *krankes* Kind 病気の子 / ein schwer *kranker* (または schwer*kranker*) Mann 重病の男性 / ein *kranker* Magen 疾患のある胃 / Sie ist **an** der Leber *krank*. 彼女は肝臓をわずらっている / Er ist an Leib und Seele *krank*. 《雅》 彼は身も心も病んでいる / **auf** den Tod *krank* sein 重病である / Er liegt *krank* **zu** (または **im**) Bett. 彼は病床にある.
◇【動詞とともに】sich⁴ *krank* ärgern 激怒す

医療用語 100

あ
アトピー
　die **Atopie**
アルツハイマー病
　die **Alzheimerkrankheit**
アレルギー
　die **Allergie**
安楽死
　die **Euthanasie**
医者
　der **Arzt**
インフォームドコンセント
　die **Einwilligungserklärung**
インフルエンザ
　die **Grippe**
ウイルス
　der **Virus**
うつ病
　die **Depression**
エイズ
　das **AIDS**, das **Aids**

か
介護
　die **Pflege**
潰瘍
　das **Geschwür**
化学療法
　die **Chemotherapie**
風邪
　die **Erkältung**
花粉症
　die **Pollenallergie**
カルテ
　die **Krankenakte**
癌
　der **Krebs**
眼科[学](眼科医)
　die **Augenheilkunde**
　(der **Augenarzt**)
看護
　die **Pflege**
看護師
　der **Krankenpfleger**
患者
　der **Patient**
緩和療法
　die **Schmerztherapie**
傷
　die **Wunde**
救急車
　der **Krankenwagen**
急性の
　akut
薬
　das **Medikament**
外科[学](外科医)
　die **Chirurgie**
　(der **Chirurg**)
血圧
　der **Blutdruck**
結核
　die **Tuberkulose**
下痢
　der **Durchfall**
献血
　die **Blutspende**
健康保険
　die **Krankenkasse**
健康保険証
　der **Krankenschein**
高血圧[症]
　der **Bluthochdruck**
抗生物質
　das **Antibiotikum**
骨折　der **Knochenbruch**

さ
歯科[学](歯科医)
　die **Zahnmedizin**
　(der **Zahnarzt**)
自然療法
　die **Naturheilkunde**
耳鼻咽喉科[学](耳鼻咽喉科医)
　die **HNO-Heilkunde**
　(der **HNO-Arzt**)
終末期医療
　die **Palliativmedizin**
手術
　die **Operation**
出血
　die **Blutung**
小児科[学](小児科医)
　die **Kinderheilkunde**
　(der **Kinderarzt**)
食餌療法
　die **Diät**
処方
　die **Verordnung**
処方箋
　das **Rezept**
心筋梗塞
　der **Herzinfarkt**
診察
　die **Untersuchung**
診断
　die **Diagnose**
心電図
　das **EKG**
診療所
　die **Praxis**

る / sich⁴ *krank* fühlen 気分が悪い / Er **stellt sich⁴ *krank*.** または Er **spielt *krank*.** 彼は仮病を使う / *krank* **werden** 病気になる.
② 〖**vor** 物³ ～〗(物³に)悩んでいる. Sie ist *krank* **vor** Heimweh. 彼女はホームシックにかかっている / Er ist *vor* Liebe *krank*. 彼は恋わずらいをしている. ③《狩》(獣が)手負いの.
▶ **krank|machen²**, **krank|melden**, **krank|-schreiben**

krän·keln [クレンケルン kréŋkəln] 自 (h) 病気がちである, 病弱である.

kran·ken [クランケン kráŋkən] 自 (h) 〖**an** 物³ ～〗(物³(欠陥・不備など)に)悩んで(苦しんで)いる.

krän·ken [クレンケン kréŋkən] (kränkte, *hat* …gekränkt) I 他 (完了 haben) (人⁴の)気持ちを傷つける, (人⁴を)侮辱する. (英 *hurt*). Verzeihen Sie, ich *wollte* Sie nicht *kränken*! すみません, 私はあなたを傷つけるつもりはなかったのです / 人⁴ **in** seiner Eitelkeit *kränken* 人⁴の虚栄心を傷つける. ◇ 〖過去分詞の形で〗Er fühlte sich in seiner Ehre *gekränkt*. 彼はプライドを傷つけられた感じがした. (⇨ 類語 verletzen).
II 再帰 (完了 haben) 〖*sich*⁴ **über** 人·事⁴ ～〗《雅》(人·事⁴のことを)気に病む.

Kran·ken⁼ak·te [クランケン・アクテ] 女 -/-n (医師が書く)カルテ.

Kran·ken⁼be·such [クランケン・ベズーフ] 男 -(e)s/-e 病気見舞い.

Kran·ken⁼bett [クランケン・ベット] 中 -(e)s/-en 病床; 病人用のベッド.

Kran·ken⁼geld [クランケン・ゲルト] 中 -(e)s/-er 健康(疾病)保険給付金.

Kran·ken⁼ge·schich·te [クランケン・ゲシヒテ] 女 -/-n 〖医〗病歴; 病歴簿, カルテ.

Kran·ken⁼gym·nas·tik [クランケン・ギュムナ

頭痛
　die **Kopfschmerzen**
整形外科[学](整形外科医)
　die **Orthopädie**
　(der **Orthopäde**)
精神科[学](精神科医)
　die **Psychiatrie**
　(der **Psychiater**)
生命倫理
　die **Bioethik**
セカンドオピニオン
　die **Zweitmeinung**
咳
　der **Husten**
臓器移植
　die **Organverpflanzung**

た
代替医療
　die **Alternativmedizin**
注射
　die **Spritze**
治療
　die **Behandlung**
鎮痛剤
　das **Schmerzmittel**
痛風
　die **Gicht**
糖尿病
　der **Diabetes**
ドナー
　der **Spender**

な
内科[学](内科医)
　die **innere Medizin**
　(der **Internist**)
内視鏡検査
　die **Endoskopie**

認知症
　die **Demenz**
捻挫
　die **Verstauchung**
ノイローゼ
　die **Neurose**
脳梗塞
　der **Hirninfarkt**
脳卒中　der **Hirnschlag**

は
肺炎
　die **Lungenentzündung**
歯痛
　die **Zahnschmerzen**
泌尿器科[学](泌尿器科医)
　die **Urologie**
　(der **Urologe**)
皮膚科[学](皮膚科医)
　die **Dermatologie**
　(der **Dermatologe**)
皮膚病
　die **Hautkrankheit**
病院
　das **Krankenhaus**
病気
　die **Krankheit**
病人
　der **Kranke** / die **Kranke**
風疹
　die **Röteln**
副作用
　die **Nebenwirkung**
腹痛
　die **Bauchschmerzen**
婦人科[学](婦人科医)
　die **Frauenheilkunde**
　(der **Frauenarzt**)

便秘
　die **Verstopfung**
包帯
　der **Verband**
ホスピス
　das **Hospiz**
ポリープ
　der **Polyp**

ま
麻酔
　die **Narkose**
慢性の
　chronisch
脈
　der **Puls**

や
薬学
　die **Pharmazeutik**
薬剤師
　der **Apotheker**
薬局
　die **Apotheke**
輸血
　die **Blutübertragung**
予防接種
　die **Impfung**

ら
理学療法
　die **Physiotherapie**
リハビリ[テーション]
　die **Rehabilitation**
リューマチ
　der **Rheumatismus**
レントゲン撮影
　die **Röntgenaufnahme**

スティク]　図 -/ 《医》リハビリ(治療)体操.

*_das_ **Kran·ken⚡haus** [クランケン・ハオス kránkən-haus] 甲 (単2) -es/(複) ..häuser [..ホイザァ] (3格のみ ..häusern) 病院. (栗 _hospital_). (☞ Krankheit「医療用語100」). **aus** dem _Krankenhaus_ kommen 《口語》退院する / **ins** _Krankenhaus_ gehen 病院へ行く / 囚⁴ ins _Krankenhaus_ bringen (または ein|liefern) 囚⁴を入院させる / Er liegt im _Krankenhaus_. 彼は入院している.

類語 das **Krankenhaus**:(一般的な意味での)病院. die **Klinik**: a) (大学の)附属病院, b) (おもに入院治療を行う)専門病院. eine _Klinik_ für Herzkranke 心臓病患者専門の病院. die **Praxis**: (開業医の)医院.

kran·ken·haus⚡reif [クランケンハオス・ライフ] 形 入院加療が必要な.

die **Kran·ken⚡kas·se** [クランケン・カッセ kránkən-kasə] 図 (単) -/(複) -n 健康保険 [組合]. Die Kosten für die Arznei trägt die _Krankenkasse_. 薬の費用は健康保険が負担する.

Kran·ken⚡kost [クランケン・コスト] 図 -/ 病人食.

Kran·ken⚡**la·ger** [クランケン・らーガァ] 甲 -s/- 《雅》病床にある期間].

Kran·ken⚡**pfle·ge** [クランケン・プふれーゲ] 図 看護, 看病.

der **Kran·ken⚡pfle·ger** [クランケン・プふれーガァ kránkən-pfle:gər] 男 (単2) -s/(複) - (3格のみ -n) (男性の)看護師.

die **Kran·ken⚡pfle·ge·rin** [クランケン・プふれーゲリン kránkən-pfle:gərɪn] 図 (単) -/(複) ..rinnen (女性の)看護師.

Kran·ken⚡schein [クランケン・シャイン] 男 -[e]s/-e 健康保険証.

Kran·ken⚡**schwes·ter** [クランケン・シュヴェスタァ] 図 -/-n (女性の)看護師, 看護婦. (栗 公式には Krankenpflegerin と言う).

Kran·ken⚡**stand** [クランケン・シュタント] 男 -[e]s/..stände 病気休業者数(率). ◇成句的に] **im** _Krankenstand_ sein 病気のために働けないでいる.

Kran·ken⚡**ver·si·che·rung** [クランケン・ふェァズィッヒェルング] 図 -/-en 健康(疾病)保険.

Kran·ken⚡**wa·gen** [クランケン・ヴァーゲン] 男 -s/- 患者輸送車; 救急車.

Kran·ken⚡**zim·mer** [クランケン・ツィンマァ] 甲 -s/- 病室.

***Kran·ke[r]** [クランケ (..カァ) kránkə (..kər)] 男 図 《語尾変化は形容詞と同じ ☞ Alte[r]》 (例: 男1格 der Kranke, ein Kranker). 病人, 患者. (栗 _sick person_). einen _Kranken_ besuchen 病人を見舞う / einen _Kranken_ pflegen 病人を看護する.

krän·ker [クレンカァ] 形 ‡krank (病気の)の 比較.

krank|fei·ern [クランク・ふァイァァン kránk-faɪərn] 自 (h) 《口語·戯》仮病を使って仕事を休む.

krank·haft [クランクハふト] 形 ① 病気による, 病的な, 異常な. eine _krankhafte_ Veränderung eines Organs 器官の病的変化. ② 病気のような, 度を越した. Seine Eifersucht ist _krankhaft_. 彼の嫉妬(ﾋﾄ)は病的だ.

*_die_ **Krank·heit** [クランクハイト kránkhaɪt] 図 (単) -/(複) -en 病気. (栗 _illness, sickness_). eine leichte (schwere) _Krankheit_ 軽い(重い)病気 / eine ansteckende _Krankheit_ 伝染病 / eine akute (chronische) _Krankheit_ 急性(慢性)疾患 / eine _Krankheit_⁴ bekommen (überwinden) 病気にかかる(打ち勝つ) / eine _Krankheit_⁴ heilen 病気を治す / einer _Krankheit_³ vor|beugen 病気を予防する / **an** einer _Krankheit_ leiden (sterben) ある病気にかかっている(ある病気で死ぬ) / **von** einer _Krankheit_ genesen または sich⁴ von einer _Krankheit_ erholen 病気から回復する.

病気のいろいろ: das **Aids** エイズ / der **Diabetes** 糖尿病 / die **Erkältung** かぜ / die **Frauenkrankheit** 婦人病 / die **Geschlechtskrankheit** 性病 / die **Grippe** インフルエンザ / die **Hautkrankheit** 皮膚病 / die **Herzkrankheit** 心臓疾患 / die **Infektionskrankheit** 伝染病 / die **Kinderkrankheit** 小児病 / der **Krebs** 癌 / die **Leberentzündung** 肝炎 / die **Lungenkrankheit** 肺疾患 / die **Tuberkulose** 結核症 / die **Verdauungsstörung** 消化障害

―使ってみよう―

胃が痛いんです.
　Ich habe Magenschmerzen.
ここが痛いです.
　Hier tut es weh.
熱があります.
　Ich habe Fieber.
せきが出ます.
　Ich habe Husten.
食欲がありません.
　Ich habe keinen Appetit.
この旅行保険はここで使えますか.
　Gilt hier diese Reiseversicherung?

Krank·heits⚡bild [クランクハイツ・ビるト] 甲 -[e]s/-er 《医》病像.

Krank·heits⚡er·re·ger [クランクハイツ・エァレーガァ] 男 -s/- 《医》病原体.

krank·heits⚡hal·ber [クランクハイツ・ハるバァ] 副 病気のために.

Krank·heits⚡herd [クランクハイツ・ヘーァト] 男 -[e]s/-e 《医》病巣.

krank|la·chen [クランク・らッヘン kránk-laxən] 再帰 (h) _sich_⁴ _kranklachen_ 《口語》笑いころげる.

kränk·lich [クレンクりヒ] 形 病気がちの, 虚弱な.

krank|ma·chen¹ [クランク・マッヘン] 自 (h) 《口語·戯》仮病を使って仕事を休む.

krank|ma·chen², **krank ma·chen** [ク

ランク・マッヘン kránk-màxən] 圄 (h)《口語》(囚⁴を)うんざりさせる、いらいらさせる.

krank|mel·den [クランク・メルデン kránk-mèldən] 他 (h) (囚⁴の)病気(病欠)届を出す. ◇再帰的に》sich⁴ krankmelden 病気(病欠)届を出す.

Krank≈mel·dung [クランク・メルドゥング] 囡 -/-en 病気欠勤(欠席)届.

krank|schrei·ben* [クランク・シュライベン kránk-ʃràibən] 他 (h) (囚⁴の)病気の診断書を書く.

kränkst [クレンクスト] ⋮krank (病気の)の 最上

kränk·te [クレンクテ] kränken (気持ちを傷つける)の 過去

Krän·kung [クレンクング] 囡 -/-en 侮辱, 人の感情を害すること.

der **Kranz** [クランツ kránts] 男 (単 2) -es/(複) Kränze [クレンツェ] (3格から Kränzen) ① (花・小枝など編んで作った)花輪; 花冠. (医 garland). Brautkranz 花嫁の花冠 / einen Kranz binden (または flechten) 花輪を編む / dem Sieger den Kranz um|hängen 勝者の首に花輪をかける. ② (冠状・花輪状のもの)クランツクーヘン(ドーナッ状の大型のケーキ) (☞ Kuchen 図); (ヘアバンドのように頭に巻きつけた)編み髪 (=Haarkranz). (☞ Haar 図). ③ (人・物の)輪. ein Kranz von Bergen 輪状に連なる山々. ④《ス》(上位入賞の)栄冠.

Känz·chen [クレンツヒェン kréntsçən] 田 -s/- (Kranz の 縮小) ① 小さな花輪(花冠). ② (特に女性の)定期的な会合, サークル. ein literarisches Kränzchen 読書サークル.

Krän·ze [クレンツェ] Kranz (花輪)の 複

Krap·fen [クラプフェン krápfən] 男 -s/- 《方》クラッペン(あげパンの一種).

krass [クラス krás] 形 ① はなはだしい, 極端な. ein krasser Egoist ひどいエゴイスト. ②《若者》すばらしい, 最高の; ひどい, 最悪の.

..krat [..クラート ..krá:t]《男性名詞をつくる 接尾》① (…主義者)例: Demokrat 民主主義者. ② (…政治家)例: Autokrat 独裁者. ③ (…階級の構成員)例: Aristokrat 貴族.

Kra·ter [クラータァ krá:tər] 男 -s/- (地学) (火山の)噴火口; 火口, (月面の)クレーター; (爆弾などの)弾孔.

..kra·tie [..クラティー ..kratí:]《女性名詞をつくる 接尾》① (…主義)例: Demokratie 民主主義. ② (…政治) Autokratie 独裁政治. ③ (…階級)例: Aristokratie 貴族階級.

Kratz≈bürs·te [クラッツ・ビュルステ] 囡 -/-n ワイヤブラシ;《口語・戯》あまのじゃく, 強情な娘.

kratz≈bürs·tig [クラッツ・ビュルスティヒ] 形 反抗的な, あまのじゃくな, 強情な.

Krät·ze [クレッツェ krétsə] 囡 -/《医》疥癬(かいせん).

krat·zen [クラッツェン krátsən] du kratzt (kratzte, hat...gekratzt) I 他 (定了 haben) ① (爪(つめ)などで)引っかく, かく.（英 scratch).
Die Katze hat mich gekratzt. 猫が私を引っかいた / 囚⁴ am (または auf den) Rücken kratzen 囚⁴の背中をかいてやる. ◇再帰的に》sich⁴ kratzen 自分の体をかく / sich⁴ am Kopf kratzen または sich³ den Kopf kratzen 頭をかく / sich⁴ hinter dem Ohr kratzen (ばつが悪くて)耳の後ろをかく / sich⁴ wund kratzen ひっかき傷をつくる.

② 《A⁴ aus (または von) B³ ~》(A⁴ を B³ から)かいて落とす. Sie kratzte den Schmutz von den Schuhen. 彼女は靴の汚れをかき落とした. ③ 《A⁴ in B⁴ ~》(A⁴ を B⁴ に)引っかいて刻み込む; (A⁴ を B⁴ に)引っかいて(彫り込んで)作る. Er kratzte seinen Namen in die Wand. 彼は自分の名前を壁に刻み込んだ. ④ (囚⁴にとって)ちくちくする, (のどに)ひりひりする. Der Pulli kratzt mich am Hals. このセーターは首がちくちくする. ◇非人称の es を主語として》Es kratzt mich (または mir) im Hals. 私はのどがいがらっぽい. ⑤《口語》(囚⁴の)気に障る. Das kratzt mich nicht. そんなことは私は平気だ(気にしない).

II 圄 (定了 haben) ① 引っかく; (ペン先などが)ひっかかる. Der Hund kratzt an der Tür. 犬がドアを引っかいている / auf der Geige kratzen《口語・戯》下手なバイオリンを弾く. ② ちくちくする, (のどに)ひりひりする. Der Tabak kratzt in der Kehle. たばこがのどにひりひりしみる.

Krat·zer [クラッツァァ krátsər] 男 -s/- ① 引っかき傷. ② スクレーパー(汚れをかき落とすへら).

Kratz≈fuß [クラッツ・フース] 男 -es/..füße (昔の:)(男性が)片足を後ろに引いてするおじぎ; うやうやしいおじぎ.

krat·zig [クラツィヒ krátsıç] 形 肌触りの粗い, ざらざらした(布など); 耳ざわりな(声など); のどにひりひりする(ワインなど).

kratz·te [クラッツテ] kratzen (引っかく)の 過去

Kraul [クラオル krául] 田 -[s]/《ふつう冠詞なしで》《ス》(水泳の)クロール.

krau·len¹ [クラオレン kráulən] 圄 (h, s)《ス》クロールで泳ぐ.

krau·len² [クラオレン] 他 (h) (指先で)軽くなでる. einen Hund im Nacken kraulen 犬の首筋をなでてやる.

kraus [クラオス kráus] 形 ① 縮れた, カールした(髪など). ② しわの寄った eine krause Stirn⁴ ziehen 額にしわを寄せる. ③ 混乱した(考えなど). krause Reden 支離滅裂な話.

Kraus [クラオス]《姓》クラウス.

Krau·se [クラオゼ kráuzə] 囡 -/-n ① フリル, ひだ飾り. ② 《複 なし》(髪の)縮れ, カール.

kräu·seln [クロイゼルン króyzəln] I 他 (h) (毛髪⁴を)縮らせる; (衣服など⁴に)ひだをつける; (水面⁴に)さざ波をたてる. die Lippen⁴ kräuseln いやみな笑みを浮かべる / die Stirn⁴ kräuseln 額にしわを寄せる. II 再 (h) sich⁴ kräuseln 縮れる, しわがよる; ひだがつく, さざ波が立つ. Ihr Haar kräuselt sich von Natur. 彼女の髪

krau・sen [クラオゼン kráuzən] 他 (h) (額などに)しわを寄せる;（髪⁴に)縮らせる;（衣服⁴に)ひだをつける. das Haar⁴ *krausen* 髪をカールする / die Nase⁴ *krausen* 鼻に小じわを寄せる.

kraus・haa・rig [クラオス・ハーリヒ] 形 縮れ毛の、カールした髪の毛の.

Kraus=kopf [クラオス・コプﾌ] 男 -[e]s/..köpfe ① 縮れ毛の頭[の人]. ② 頭の混乱した人.

das **Kraut** [クラオト kráut] 中 (単2) -[e]s/(複) Kräuter [クロイタァ] (3格のみ Kräutern) ① 草; 薬草 (=Heil*kraut*), ハーブ, 香草 (=Gewürz*kraut*). (英 *herb*). *Kräuter*⁴ sammeln 薬草を採集する / Dagegen ist kein *Kraut* gewachsen. 『現在完了』『口語』それにつける(効く)薬はない.
② 『複 なし』(根菜類などの)葉と茎. das *Kraut*⁴ von den Möhren ab|schneiden にんじんの葉を切り取る / ins *Kraut* schießen a)(作物の)葉だけが茂る, b)《比》(悪習などが)はびこる / wie *Kraut* und Rüben ごちゃごちゃに, 雑然と. ③ 『複 なし』《南ドッ・ｵｰｽﾄﾘｱ》キャベツ (=Kohl). Sauer*kraut* ザウアークラウト. ④ 『複 なし』(北西部ドｲﾂ)(砂糖大根・りんご・なしなどでつくった)シロップ. ⑤『口語』たばこ.

Kräu・ter [クロイタァ] Kraut (草; ハーブ)の 複

Kräu・ter=kä・se [クロイタァ・ケーゼ] 男 -s/- ハーブ(香草)入りチーズ.

Kräu・ter=tee [クロイタァ・テー] 男 -s/-s ハーブティー, 薬草茶.

Kraut=jun・ker [クラオト・ユンカァ] 男 -s/- (軽蔑的に:)田舎貴族; 豪農.

Kraut=kopf [クラオト・コプﾌ] 男 -[e]s/..köpfe 《南ドッ・ｵｰｽﾄﾘｱ》キャベツの玉(結球).

Kra・wall [クラヴァﾙ kravál] 男 -s/-e ① 暴動, 騒乱. ② 『複 なし』『口語』騒ぎ; 騒音.

die ***Kra・wat・te*** [クラヴァッテ kravátə] 女 (単)/(複)-n ① ネクタイ. (英 *tie*). eine gestreifte *Krawatte* ストライプのネクタイ / eine *Krawatte*⁴ tragen (または an|haben) ネクタイをしている ⇨ Er trägt immer eine gepunktete *Krawatte*. 彼はいつも水玉模様のネクタイをしている / sich³ die *Krawatte*⁴ binden ネクタイを結ぶ / die *Krawatte*⁴ ab|legen ネクタイをはずす / 【人】³ die *Krawatte*⁴ zu|ziehen 《俗》【人】³の首を締める. ② (プロレスリングで:)の首絞め.

Kra・wat・ten=na・del [クラヴァッテン・ナーデﾙ] 女 -/-n ネクタイピン.

kra・xeln [クラクセﾙン kráksəln] 自 (s) 《南ドッ・ｵｰｽﾄﾘｱ・口語》よじ登る (=klettern).

Kre・a・ti・on [クレアツィオーン kreatsió:n] 女 -/-en 《服飾》(デザイナーの)創作品. die neuesten *Kreationen* aus Mailand ミラノの最新モード.

kre・a・tiv [クレアティーﾌ kreatí:f] 形 創造的な, 創造力のある.

Kre・a・ti・vi・tät [クレアティヴィテート kreativité:t] 女 -/ 創造力; 創造性.

Kre・a・tur [クレアトゥーァ kreatú:r] 女 -/-en ① (神の)被造物, 生き物. ② かわいそうな(軽蔑すべき)やつ.

kre・a・tür・lich [クレアテューァリヒ] 形 被造物(生き物)に特有の.

der **Krebs** [クレープス kré:ps] 男 (単2) -es/(複) -e (3格のみ -en) ① 《動》ザリガニ, (はさみを持つ)エビ. (英 *crab*). ② 《ふつう複》甲殻類. ③ 《医》癌(がん), 癌腫(がんしゅ);《植》癌腫病. (英 *cancer*). Lungen*krebs* 肺癌 / an *Krebs* leiden 癌にかかっている / Er starb an *Krebs*. 彼は癌で死んだ. ④ 『複 なし』かに座, 巨蟹(きょかい)宮. ⑤ かに座生まれの人. ⑥ 《音楽》(テーマなどの)逆行.
▶ krebs=erregend, krebs=erzeugend

krebs・ar・tig [クレープス・アールティヒ] 形 《医》癌(がん)性の.

kreb・sen [クレープセン kré:psən] 自 (h, s) ① (h)ざりがにを捕る. ② (h)『口語』あくせくする. ③ (s)『口語』(…へ)はいずるように進む, よじ登る. ④ (s)(ﾟ_ﾟ)あとずさりする.

krebs=er・re・gend, Krebs er・re・gend [クレープス・エァレーゲント] 形 《医》発癌(がん)性の.

krebs=er・zeu・gend, Krebs er・zeu・gend [クレープス・エァツォイゲント] 形 =krebs-erregend

Krebs=gang [クレープス・ガング] 男 -[e]s/ ① あとずさり;《比》(事業などの)衰退. den *Krebsgang* gehen 後退する. ② 《音楽》逆行.

Krebs=ge・schwulst [クレープス・ゲシュヴﾙスト] 女 -/..schwülste 《医》癌(がん)性腫瘍(しゅよう).

krebs=krank [クレープス・クランク] 形 癌(がん)にかかった.

krebs=rot [クレープス・ロート] 形 (ゆでたかにがにのように)赤い, 真っ赤な.

Krebs=scha・den [クレープス・シャーデン] 男 -s/..schäden 《雅・比》(社会的)癌(がん), 諸悪の根源.

kre・den・zen [クレデンツェン kredéntsən] 他 (區分 kredenzt) (h) 《雅》(人³に飲み物など⁴を)差し出す, 勧める.

der **Kre・dit**¹ [クレディート kredí:t] 男 (単2) -[e]s/(複) -e (3格のみ -en) (英 *credit*) ① 《経》信用貸し, クレジット, 貸付金. ein zinsloser *Kredit* 無利子の信用貸し / langfristige *Kredite* an Entwicklungsländer 発展途上国への長期貸し付け / 【人】³ *Kredit*⁴ geben 【人】³に信用貸しをする / 【物】⁴ auf *Kredit* kaufen 【物】⁴をクレジットで買う. ② 『複 なし』《商》信用. bei 【人】³ *Kredit*⁴ haben 【人】³に信用がある(受けがよい).

Kre・dit² [クレーディット kré:dit] 中 -s/-s 《商》貸方, 債権. (⇔「借方」は Debet).

Kre・dit=bank [クレディート・バンク] 女 -/-en 《商》信用銀行.

Kre・dit=brief [クレディート・ブリーフ] 男 -[e]s/-e 《商》信用状.

kre・dit=fä・hig [クレディート・フェーイヒ] 形 信用(クレジット)を受ける能力のある.

kre·di·tie·ren [クレディティーレン kreditíːrən] I 他 (h)《商》(人³に物⁴を)信用貸しする, (物⁴を人³の貸方に記入する; (人³に物⁴を)掛けで売る. II 自 (h)《商》(人³に)信用貸しをする.

Kre·dit·in·sti·tut [クレディート・インスティトゥート] 中 -[e]s/-e (信用取り引きを行う)金融機関.

die **Kre·dit·kar·te** [クレディート・カルテ kredíːt-kartə] 女 (単)/(複) -n クレジットカード. die *Kreditkarte*⁴ vor|zeigen クレジットカードを提示する.

kre·dit·wür·dig [クレディート・ヴュルディヒ] 形 信用(クレジット)を受ける経済力のある.

Kre·do [クレード kréːdo] 中 -s/-s ①《カッ》使徒信条; クレド(ラテン語 credo で始まるミサの一部). ② 信仰告白; 信念表明.

die **Krei·de** [クライデ kráɪdə] 女 (単)/(複) -n《chalk》① チョーク, 白墨. rote *Kreide* 赤いチョーク / 物⁴ mit *Kreide* an die Tafel schreiben 物⁴をチョークで黒板に書く / bei 人³ in der *Kreide* sitzen (または stehen)《口語》人³に借金がある(昔飲食店などで掛け売りを板にチョークで書きつけたことから). ②〖覆 なし〗《地学》白亜紀; 白亜. Er wurde bleich wie *Kreide*. 彼は真っ青になった.

krei·de·bleich [クライデ・ブライヒ] 形 (顔色が)真っ青な, 蒼白(²⁵)な.

krei·de·weiß [クライデ・ヴァイス] 形 (チョークのように)真っ白な, 蒼白(²⁵)な.

krei·dig [クライディヒ kráɪdɪç] 形 ① チョークの粉まみれの. ②《雅》白亜のように白い.

kre·ie·ren [クレイーレン kreːíːrən] 他 (h) (モード等⁴を)創り出す; 創造する.

der **Kreis** [クライス kráɪs] 男 (単 2) -es/(複) -e (3格のみ -en)《circle》① 円, 円周; 円形, 輪. einen *Kreis* zeichnen 円を描く / mit dem Zirkel einen *Kreis* beschreiben (または schlagen) コンパスで円を描く / Die Kinder bildeten um den Lehrer einen *Kreis*. 子供たちは先生の周りをぐるっととり巻いた /《*Kreise*⁴ ziehen a》(鳥などが)旋回する, b》《比》(事件などが)波紋を広げる / sich⁴ im *Kreis* drehen ぐるぐる回る, 堂々巡りをする / im *Kreis* sitzen 輪になって座っている / Es drehte sich ihm alles im *Kreis*. 彼はめまいがした.

② (人々の)サークル, 仲間, グループ; …界. die besseren *Kreise* 上流社会 / im [engsten] *Kreis* der Familie² 身内だけで / in politischen *Kreisen* 政界で.

③ (活動・思考などの)範囲, 領域, 圏. Gesichts*kreis* 視野. ④ (行政区画としての)郡.（裏 複数の Gemeinde からなる郡を Land*kreis*, それに所属しない特別市を Stadt*kreis* という）. ⑤《電》回路.

Kreis·bahn [クライス・バーン] 女 -/-en (天体などの)円形の軌道, 円軌道.

Kreis·be·we·gung [クライス・ベヴェーゲン] 女 -/-en 円運動.

Kreis·bo·gen [クライス・ボーゲン] 男 -s/-《数》円弧.

krei·schen⁽*⁾[クライシェン kráɪʃən] (kreischte, *hat* … gekreischt(古: krisch, *hat* … gekrischen)) 自 (h) 金切り声(かん高い声)をあげる; (ブレーキなどが)きーきー音をたてる, きしむ. Der Papagei *kreischt*. おうむがぎゃーぎゃー鳴いている.

Krei·sel [クライゼる kráɪzəl] 男 -s/- ① こま (独楽);《工》ジャイロスコープ, 回転子. ②《サッカーで》パスを回すこと.

Krei·sel·kom·pass [クライゼる・コンパス] 男 -es/-e《海》ジャイロコンパス.

krei·seln [クライゼるン kráɪzəln] 自 (h, s) ① (h) こまを回す. ② (s) (…へ)ぐるぐる回って進む. ③《サッカーで》パスを回す.

krei·sen [クライゼン kráɪzən] du kreist (kreiste, *hat/ist* … gekreist) I 自 (定了) haben または sein) ① (h, s) (ある物の周りを)回る, (飛行機・鳥などが)旋回する, 巡る (英 *circle*). Die Erde *kreist* **um** die Sonne. 地球は太陽の周りを回る / Die Gespräche *kreisen* immer um dasselbe Thema. 会話はずっと同じ話題の堂々巡りだった / Das Flugzeug *kreiste* **über** der Stadt. その飛行機は町の上空を旋回した / Das Blut *kreist* in den Adern. 血液が血管を循環する / die Flasche⁴ in der Runde *kreisen* lassen びんを回し飲みする.

② (h)〖mit 物³ ~〗(ニジゴ)《物³(腕・脚など)をぐるぐる回す.

II 他 (定了) haben)《ニジゴ》(腕・脚など⁴を)ぐるぐる回す.

kreis·för·mig [クライス・フェルミヒ] 形 円形の, 環状の.

kreis·frei [クライス・フライ] 形《官庁》〖付加語としてのみ〗郡に属さない. eine *kreisfreie* Stadt 特別市(それ自体で郡を成している市).

Kreis·lauf [クライス・らオフ] 男 -[e]s/..läufe ① 循環, (貨幣などの)流通, 回転. der ewige *Kreislauf* der Natur² 自然の輪廻(²⁵) / der *Kreislauf* des Geldes 貨幣の流通. ②《医》血液循環, 血行 (= Blut*kreislauf*).

Kreis·lauf·stö·rung [クライスらオフ・シュテールング] 女 -/-en《医》循環障害.

kreis·rund [クライス・ルント] 形 円形の, 真ん丸い.

Kreis·sä·ge [クライス・ゼーゲ] 女 -/-n《工》円鋸(のこ).

Kreiß·saal [クライス・ザーる] 男 -[e]s/..säle《医》(病院の)分娩(ぶん)室, 産室.

Kreis·stadt [クライス・シュタット] 女 -/..städte [..シュテーテ] 郡庁所在都市.

kreis·te [クライステ] kreisen (回る)の過去形

Kreis·um·fang [クライス・ウムふァング] 男 -[e]s/..fänge 円周.

Kreis·ver·kehr [クライス・フェアケーア] 男 -[e]s/-e《交》ロータリー(旋回)交通方式).

Krem [クレーム kréːm または kréːm] 女 -/-s《口語》男 -s/-e (または -s) ①《料理》[生]クリ

K

―ム. ②〚[冈]〛(黒)(化粧品の)クリーム(＝Creme).

Kre·ma·to·ri·um [クレマトーリウム kremató:rium] 田 -s/..rien [..リエン] 火葬場.

Kre·me [クレーメ kré:mə] 因 -/-s ＝Krem

kre·mig [クレーミヒ kré:miç または kré:..] 形 クリーム状の(＝cremig).

Kreml [クレームる kré:ml または クレムる kréml] 男 -[s]/ クレムリン(モスクワの居城);〘比〙ロシア政府, 旧ソ連邦政府.

Krem·pe [クレンペ krémpə] 因 -/-n 帽子のつば.

Krem·pel [クレンペる krémpəl] 男 -s/〘口語〙がらくた, くず.

krem·peln [クレンペるン krémpəln] 他 (h) (そで・ズボンのすそなど４を)[上へ]折り返す, まくり上げる.

Kren [クレーン kré:n] 男 ―[e]s/〘南ドぃ・ｵｽﾄﾘｱ〙(植) ワサビダイコン, セイヨウワサビ(＝Meerrettich).

Kre·o·le [クレオーれ kreó:lə] 男 -n/-n クレオール.(女性形: Kreolin). weißer Kreole 中南米生まれのヨーロッパ系白人 / schwarzer Kreole 南米(特にブラジル)生まれの黒人.

kre·pie·ren [クレピーレン krepí:rən] 自 (s) 〘俗〙(動物が)死ぬ, (人が)くたばる.

Krepp [クレップ krép] 男 -s/-s (または -e) (織) クレープ, ちりめん.

Kreppᵖpa·pier [クレップ・パピーァ] Krepppapier の古い形.

Kreppᵖpa·pier [クレップ・パピーァ] 田 -s/-e クレープペーパー, ちりめん紙.

Kreppᵖsoh·le [クレップ・ゾーれ] 因 -/-n クレープゴムの靴底, ラバーソール.

Kre·sol [クレゾーる krezó:l] 田 -s/(種類:) -e (化) クレゾール(消毒・殺菌剤).

Kres·se [クレッセ krésə] 因 -/-n 〘植〙コショウソウ, クレソン(サラダ・スパイスなどに用いられる野菜).

Kre·ta [クレータ kré:ta] 田 -s/〘島名〙クレタ島 (地中海にあるギリシア領の島).

Kre·thi und Ple·thi [クレーティ ウント プれーティ kré:ti ʊnt plé:ti] 複 (または 単)〘冠詞なしで〙だれもかれも. Krethi und Plethi waren (または war) da. 猫もしゃくしも集まっていた.

kreuz [クロイツ krɔ́yts] 副〘成句的に〙kreuz und quer あちこち, 縦横に.

das **Kreuz** [クロイツ krɔ́yts] 田 (単 2) ―es/ (複) -e (3格のみ -en) (英 cross) ① **十字**, 十字形, ×印; (死亡年などを示す)十字架印の (ﾚｯ) (記号: †). das Rote Kreuz〘国際〙赤十字社 / das Kreuz des Südens〘天〙南十字星 / an einer Stelle ein Kreuz⁴ machen ある箇所に×印を付ける(ご念 ドイツでは該当箇所を○ではなく×または✓で示す) / 物⁴ über[s] Kreuz legen 物⁴を十文字に重ねて置く / mit 人³ über[s] Kreuz sein〘比〙人³と仲たがいしている. ②〚ｷﾘｽﾄ教〙(キリスト教の象徴としての) **十字架**, (キリストの)十字架像. ein Kreuz auf dem Altar 祭壇の十字架像 / das (または ein)

Kreuz⁴ schlagen 十字を切る / Am Wegrand steht ein Kreuz. 道端に十字架が立っている / zu Kreuze kriechen〘比〙(屈服的に)屈服する / ein Kreuz⁴ (または drei Kreuze⁴) hinter 人³ machen (口語) 人³がいなくなってやれやれと思う / Ich mache drei Kreuze, wenn er geht.〘口語〙彼がいなくなってくれればほっとする. ③〚覆〙なし〙〘比〙苦難, 試練. Jeder hat sein Kreuz zu tragen. 人それぞれに苦労はあるものだ / Es ist ein [wahres] Kreuz mit ihm.〘口語〙彼はほんとに困ったやつだ. ④〘音楽〙シャープ, 嬰(ᅟ)記号(記号: ♯). ⑤〚覆〙なし; 冠詞なしで〚(ｶｰﾄﾞ)〛クラブ;〚[亩] Kreuz〛クラブの札. ⑥〚覆〙なし〙(アウトバーンの)インターチェンジ. ⑦〚医〙仙骨(ﾁﾞ)部, 腰. aufs Kreuz fallen〘俗〙(尻(ｼﾘ)もちをつくほど)肝をつぶす / 人⁴ aufs Kreuz legen 人⁴をだます.

kreuz.. [クロイツ.. krɔ́yts..] 〘形容詞につける 囿頭〙(非常に)例: kreuzbrav とてもお行儀がよい.

Kreuzᵖband [クロイツ・バント] 田 -[e]s/..bänder〘医〙(ひざの)十字靱帯(ﾀｲ).

Kreuzᵖbein [クロイツ・バイン] 田 ―[e]s/-e〘医〙仙骨(ﾂ).

kreuzᵖbrav [クロイツ・ブラーふ] 形 とてもお行儀がよい; 真っ正直な.

kreu·zen [クロイツェン krɔ́ytsən] du kreuzt (kreuzte, hat/ist ..gekreuzt) **I** 他 (完了 haben) (英 cross) ① 交差させる, (十字に)組み合わせる. die Arme⁴ (die Beine⁴) kreuzen 腕(脚)を組む / mit 人³ die Klingen⁴ kreuzen (雅) a) 人³と剣を交える, b)〘比〙人³と論争する. ◇〚過去分詞の形で〙mit gekreuzten Armen (Beinen) 腕(脚)を組んで.
② (線路など⁴を)横切る, (物⁴と)交差する. die Straße⁴ kreuzen 道路を横切る / Die Straße kreuzt die Bahn. この道路は鉄道と交差している. ③〘生〙交配させる, かけ合わせる.
II 再帰 (完了 haben) sich⁴ kreuzen ①(道路などが)交差する. ②(列車などが)すれ違う; (手紙が)行き違いになる;(意見・利害などが)食い違う. Unsere Briefe haben sich gekreuzt. 私たちの手紙は行き違いになった.
III 自 (完了 haben または sein) (船が)行き来する,(飛行機が)飛びかう;〘海〙(風に向かって)ジグザグに帆走する. Das Schiff kreuzt im Mittelmeer. この船は地中海を行き来する.

Kreu·zer [クロイツァァ krɔ́ytsər] **I** 男 -s/-
①〚軍〙巡洋艦. ②〘海〙クルーザー(巡航型ヨット). **II** 男 -s/-〘史〙クロイツァー(13–19 世紀の南ドイツ・オーストリア・スイスの小貨幣. 十字の刻印があった).

Kreuzᵖfah·rer [クロイツ・ふァーラァ] 男 -s/-〘史〙十字軍[参加者].

Kreuzᵖfahrt [クロイツ・ふァールト] 因 -/-en
①〘史〙十字軍の[遠征](＝Kreuzzug). ② (観光船などでの)クルージング.

Kreuzᵖfeu·er [クロイツ・ふォイァァ] 田 -s/-〚ふつう 単〙〘古〙〘軍〙十字砲火;〘比〙(批判など

の)集中攻撃. **im** *Kreuzfeuer* **der Kritik**² **stehen** (四方八方から)激しい非難を浴びている.

kreuz‧fi‧del [クロイツ・フィデール] 形 《口語》底抜けに陽気な.

kreuz‧för‧mig [クロイツ・フェルミヒ] 形 十字形の, 十字架状の.

Kreuz‧gang [クロイツ・ガング] 男 -[e]s/..gänge 《建》(修道院などの中庭を囲む)回廊.

kreu‧zi‧gen [クロイツィゲン] krɔ́ytsɪɡən] 他 (h) 《史》十字架にかける, はりつけにする. *Jesus wurde gekreuzigt.* 《受動・過去》イエスは十字架にかけられた.

Kreu‧zi‧gung [クロイツィグング] 安 -/-en はりつけ, 磔刑(たっけい); 《美》十字架上のキリスト像.

kreuz‧lahm [クロイツ・ラーム] 形 《口語》腰のなえた, (重労働の疲れで)腰が立たなくなった.

Kreuz‧ot‧ter [クロイツ・オッタァ] 安 -/-n 《動》マムシ(科の毒蛇).

Kreuz‧rit‧ter [クロイツ・リッタァ] 男 -s/- 《史》① 十字軍騎士. ② 騎士修道会士.

Kreuz‧schmerz [クロイツ・シュメルツ] 男 -es/-en 《ふつう 圈》《口語》腰痛.

Kreuz‧spin‧ne [クロイツ・シュピンネ] 安 -/-n 《昆》オニグモ.

kreuz‧te [クロイツテ] kreuzen (交差させる)の 過去

*die **Kreu‧zung*** [クロイツング krɔ́ytsʊŋ] 安 (単) -/(複) -en ① (道路などの)**交差点**. 《英 crossing》. eine beampelte *Kreuzung* 信号機のある交差点 / die *Kreuzung*⁴ überqueren 交差点を横断する / **an der** *Kreuzung* **halten** 交差点で止まる. ② 《生》[異種]交配; 交配種.

Kreuz‧ver‧hör‧**rät‧sel** [クロイツ・フェアヘーア] 中 -[e]s/-e 《法》(検事と弁護士による)交互の証人尋問.

Kreuz‧weg [クロイツ・ヴェーク] 男 -[e]s/-e ① 十字路, 交差点. **am** *Kreuzweg* **stehen** 《雅》岐路に立っている. ② (ミサの)(キリストの)十字架の道[行き](キリスト受難の 14 場面を絵や彫刻で表現したもの).

kreuz‧wei‧se [クロイツ・ヴァイゼ] 副 十字[形]に, 交差して, 縦横に. *Du kannst mich mal kreuzweise!* 《俗》くそくらえ!

Kreuz‧wort‧rät‧sel [クロイツヴォルト・レーツェる] 中 -s/- クロスワードパズル.

Kreuz‧zei‧chen [クロイツ・ツァイヒェン] 中 -s/- 《キリスト教》(手で行う)十字の印(しるし).

Kreuz‧zug [クロイツ・ツーク] 男 -[e]s/..züge 《史》十字軍[遠征]; 《比》(政治的・社会的な)キャンペーン.

krib‧be‧lig [クリッベりヒ krɪ́bəlɪç] 形 《口語》いらいら(じりじり)した; むずがゆい.

krib‧beln [クリッベるン krɪ́bəln] I 非人称 (h) ① 《*es kribbelt* [人]³(または [人]⁴)... の形で》[人]³(または [人]⁴)は…がかゆい, むずむずする. *Es kribbelt mir* (または *mich*) *in der Nase.* 私は鼻の中がむずがゆい / *Es kribbelt mir in den Fingern.* 《比》私はむずむずしている. ② *Es* *kribbelt.* (ありなどが)はいずり回る.

II 自 (h, s) ① (h) (背中などが)かゆい, むずむずする. *Mein Rücken kribbelt.* 背中がかゆい. ② (s) (ありなどが)はいずり回る, うようよしている.

kribb‧lig [クリブりヒ krɪ́blɪç] 形 =kribbelig

Kri‧cket [クリケット krɪ́kət] 中 -s/- 《スポ》クリケット.

krie‧chen* [クリーヒェン krí:çən] (kroch, *ist*/*hat*…gekrochen) 自 《完了》sein または haben) ① (s) はう, はって進む. 《英 creep》. *Da kriecht ja eine Schlange über den Weg.* あそこで蛇が道をはって渡っていくよ / **auf allen vieren** *kriechen* 四つんばいになって進む / **aus dem Ei** *kriechen* (ひなが)卵からはい出る / **ins Bett** *kriechen* 《口語》ベッドにもぐり込む / **unter den Tisch** *kriechen* 机の下にもぐり込む. ② (s) (乗り物などが)のろのろ進む. 《比》(時が)ゆっくり過ぎる. ③ (s, h)《**vor** [人]³ ~》([人]³に)ぺこぺこする, へつらう.

Krie‧cher [クリーヒャァ krí:çɐr] 男 -s/- おべっか使い, 卑屈な人. (女性形: -in).

Krie‧che‧rei [クリーヒェライ kri:çəráɪ] 安 -/- 卑屈な態度, へつらい, 追従(ついじゅう).

krie‧che‧risch [クリーヒェリッシュ krí:çərɪʃ] 形 卑屈な, へつらうような.

Kriech‧spur [クリーヒ・シュプーァ] 安 -/-en ① (動物などが)地面をはったあと. ② 《交通》(高速道路の)登坂車線, 低速車車線.

Kriech‧tier [クリーヒ・ティーァ] 中 -[e]s/-e 《動》爬虫(はちゅう)類.

der **Krieg [クリーク krí:k]

> 戦争 **Nie wieder** *Krieg*!
> ニー ヴィーダァ クリーク
> 二度と戦争はいやだ.

男 (単2) -es (まれに -s)/(複) -e (3格のみ -en) **戦争**; 《比》争い, 不和. 《反 war》. 《⇒ 類語》「平和」は Frieden》. Welt*krieg* 世界大戦 / ein atomarer *Krieg* 核戦争 / die Gefahr eines neuen *Krieges* 新しい戦争の危機 / der häusliche *Krieg* 《比》家庭内の不和 / der Kalte *Krieg* 冷戦 / Der *Krieg* ist ausgebrochen. 《現在完了》戦争が勃発(ぼっぱつ)した / einen *Krieg* gewinnen (verlieren) 戦争に勝つ(負ける) / einem Land den *Krieg* erklären ある国に宣戦を布告する / mit einem Land *Krieg*⁴ führen ある国と戦争をする / **aus dem** *Krieg* **heim**/**kehren** 復員する / **gegen den** *Krieg* **sein** 戦争に反対である / Er ist **im** *Krieg* gefallen. 《現在完了》彼は戦死した / **in den** *Krieg* **ziehen** 戦場に赴く / **vor** (**nach**) **dem** *Krieg* 戦前(戦後). (⇒ 類語 Kampf).

► **krieg‧führend**

krie‧gen [クリーゲン krí:ɡən] (kriegte, *hat*…gekriegt) 他 《完了》haben》《口語》① もらう, 受け取る, 手に入れる. 《英 get》. Wo *kriege* ich das? それはどこでもらえるの / ein Ge*schenk*⁴ *kriegen* プレゼントをもらう / einen

Brief *kriegen* 手紙を受け取る / Ich *kriege* noch 10 Euro *von* dir. ぼくは君からまだ10ユーロもらわなくては / eine Arbeit[4] *kriegen* 仕事が見つかる / Besuch[4] *kriegen* 来客がある / ein Kind[4] *kriegen* 子供ができる / eine Ohrfeige[4] *kriegen* びんたをくらう / Risse[4] *kriegen* ひびが入る / Wir *werden* bald Regen *kriegen*. 間もなく雨になるだろう. ◇《感情・体の状態などを表す名詞を目的語として》Angst[4] *kriegen* 不安になる / Hunger[4] *kriegen* 腹がへる / eine schwere Krankheit[4] *kriegen* 重い病気にかかる / einen roten Kopf *kriegen* 顔が赤くなる. ◇《過去分詞とともに》Das *habe* ich geschenkt *gekriegt*. それを私はプレゼントしてもらった / 《物》geschickt *kriegen* 《物》[4]を送ってもらう. 《△》*kriegen* は bekommen と同義であるが, もっぱら日常会話で用いられる).
② 《人・物》[4]を…の状態にする. Sie *konnte* die Kinder nicht satt *kriegen*. 彼女は子供たちを満腹させることができなかった / das Fleisch[4] weich *kriegen* 肉を柔らかくする.
③ 《*zu* 不定詞句》とともに》…できる; …しなければならなくなる. Wo *kriegt* man hier noch etwas *zu* essen? この辺でどこに行ったらまだ食事にありつけるかな 《物》[4] *zu* hören *kriegen* 《物》[4]を聞くはめになる. ④ (泥棒など[4]を)捕まえる; (列車など[4]に)間に合う. den Täter *kriegen* 犯人を捕える / Du *kriegst* noch den Bus. 君はまだそのバスに間に合うよ. ⑤ (めんどうなこと[4])をうまく処理する, 片づける. Das *kriegen* wir gleich! それはすぐに片づくさ.

Krie・ger [クリーガァ krí:gɐr] 男 -s/- (特に古代・中世の) 戦士; 兵士 (=Soldat). (女性形: -in).

Krie・ger・denk・mal [クリーガァ・デンクマーる] 中 -[e]s/..mäler 戦没兵士の記念碑.

krie・ge・risch [クリーゲリッシュ krí:gərɪʃ] 形 ① 好戦的な. ② 戦争の; 軍事的な. *kriegerische* Aktionen 軍事行動.

krieg・füh・rend, Krieg füh・rend [クリーク・フューレント] 形 交戦中の(国など).

Kriegs≠beil [クリークス・バイる] 中 -[e]s/-e (インディアンなどの)いくさ斧(ﾏ), トマホーク. das *Kriegsbeil*[4] aus|graben (begraben)《戯》争いを始める(やめる).

Kriegs・be・richt・er・stat・ter [クリークスベリヒト・エァシュタッタァ] 男 -s/- 従軍記者. (女性形: -in).

kriegs≠be・schä・digt [クリークス・ベシェーディヒト] 形 戦傷を受けた.

Kriegs≠dienst [クリークス・ディーンスト] 男 -[e]s/-e 《ふつう 単》兵役, 軍務.

Kriegs・dienst・ver・wei・ge・rer [クリークスディーンスト・フェァヴァイゲラァ] 男 -s/- 兵役拒否者.

Kriegs≠er・klä・rung [クリークス・エァクレールング] 女 -/-en 宣戦布告.

Kriegs≠fall [クリークス・ふァる] 男 -[e]s/ 戦争の事態. im *Kriegsfall* 戦争になった際には.

Kriegs≠fuß [クリークス・ふース] 男 《成句的に》mit 《人》[3]《物》[3]) auf *Kriegsfuß* stehen 《戯》《人》[3]との間にごたごたが絶えない(《物》[3]と悪戦苦闘している).

Kriegs≠ge・fan・ge・ne[r] [クリークス・ゲふァンゲネ (..ナァ)] 男 女 《語尾変化は形容詞と同じ》戦争捕虜.

Kriegs≠ge・fan・gen・schaft [クリークス・ゲふァンゲンシャふト] 女 -/ 戦争捕虜になること. in *Kriegsgefangenschaft* geraten 捕虜になる.

Kriegs≠ge・richt [クリークス・ゲリヒト] 中 -[e]s/-e 軍法会議.

Kriegs≠ge・winn・ler [クリークス・ゲヴィンらァ] 男 -s/- 戦争成金. (女性形: -in).

Kriegs≠het・ze [クリークス・ヘッツェ] 女 -/ 戦争への挑発.

Kriegs≠ma・ri・ne [クリークス・マリーネ] 女 -/ (一国の)海軍.

Kriegs≠ma・te・ri・al [クリークス・マテリアーる] 中 -s/ 軍需物資.

Kriegs≠rat [クリークス・ラート] 男 《成句的に》*Kriegsrat*[4] [ab]halten 《戯》(計画などを)みんなで集まって相談する(←作戦会議をする).

Kriegs≠recht [クリークス・レヒト] 中 -[e]s/-e 戦時国際法.

Kriegs≠schau・platz [クリークス・シャオプらッツ] 男 -es/..plätze 戦場, 戦争の舞台.

Kriegs≠schiff [クリークス・シふ] 中 -[e]s/-e 軍艦.

Kriegs≠schuld [クリークス・シュるト] 女 -/-en 戦争責任.

Kriegs≠teil・neh・mer [クリークス・タイるネーマァ] 男 -s/- 参戦者, 兵士. (女性形: -in).

Kriegs≠ver・bre・chen [クリークス・フェァブレッヒェン] 中 -s/- 《法》戦争犯罪.

Kriegs≠ver・bre・cher [クリークス・フェァブレッヒァァ] 男 -s/- 戦争犯罪人, 戦犯. (女性形: -in).

Kriegs≠zu・stand [クリークス・ツーシュタント] 男 -[e]s/ 戦争状態.

krieg・te [クリークテ] * kriegen (もらう)の 過去.

Kriem・hild [クリーム・ヒるト krí:m-hɪlt] -s/ ① 《女名》クリームヒルト. ② 《人名》クリームヒルト(中世の叙事詩『ニーベルンゲンの歌』の女主人公).

die **Krim** [クリム krím] 女 -/ 《定冠詞とともに》《地名》クリミア半島(ロシアの黒海北岸).

der **Kri・mi** [クリーミ krí:mi または クリミ krími] 男(単2) -[s]/(複) -[s] 《口語》 **推理小説** (=*Krimi*nalroman); 探偵映画 (=*Krimi*nalfilm). einen *Krimi* lesen 推理小説を読む.

Kri・mi・nal≠be・am・te[r] [クリミナーる・ベアムテ (..タァ)] 男 《語尾変化は形容詞と同じ》《私服》刑事. (女性形: ..beamtin).

Kri・mi・nal≠film [クリミナーる・ふぃるム] 男 -[e]s/-e ミステリー(推理・犯罪)映画 (= Krimi).

kri・mi・na・li・sie・ren [クリミナリズィーレン

kri·mi·na·li·zí:·rən 他 (h) ① 〖囚⁴を〗犯罪に走らせる. ② 〖囲⁴を〗犯罪視する.

Kri·mi·na·list [クリミナリスト kriminalíst] 男 -en/-en 刑事. (女性形: -in).

Kri·mi·na·lis·tik [クリミナリスティク kriminalístɪk] 女 -/ 犯罪捜査(予防)学.

Kri·mi·na·li·tät [クリミナリテート kriminalitɛ́:t] 女 -/ ① 犯罪性. ② (総称として:)犯罪[行為]. Jugend*kriminalität* 青少年犯罪.

Kri·mi·nal·po·li·zei [クリミナール・ポリツァイ] 女 -/ 刑事警察 (略: Kripo).

Kri·mi·nal·ro·man [クリミナール・ロマーン] 男 -s/-e ミステリー(推理・犯罪)小説 (略: Krimi).

kri·mi·nell [クリミネる kriminél] 形 ① 犯罪の, 犯罪的な; 犯罪に結びつきやすい(性向・環境など). ② (強・比)ひどい, むちゃくちゃな.

Kri·mi·nel·le[r] [クリミネれ (..ら)r/ krimiˈnélə (..lər)] 男 女〖語尾変化は形容詞と同じ〗犯罪者, 犯人.

Krim·krieg [クリム・クリーク] 男 -[e]s/ 〘史〙クリミア戦争 (1853-1856).

Krims·krams [クリムス・クラムス] 男 -[es]/ 《口語》がらくた, くだらないもの(こと).

Krin·gel [クリンゲる kríŋəl] 男 -s/- ① 小さい輪, 丸, 渦巻き. ② 輪形のビスケット(クッキー).

krin·geln [クリンゲるン kríŋəln] I 他 (h) 丸める, 輪(渦巻き状)にする. II 再帰 (h) *sich⁴ kringeln* 丸くなる, 輪(渦巻き状)になる. *sich⁴ vor Lachen kringeln* 《口語》身をよじって笑う.

Kri·po [クリーポ krí:po または クリッポ krípo] 女 -/-s 〘ふつう囲〙刑事警察 (=**Kri**minal**pol**i**zei**).

Krip·pe [クリッペ krípə] 女 -/-n ① まぐさ(飼い葉)桶(靜) (=Futter*krippe*). **an der Krippe sitzen** 《口語》いい生活をしている. ② クリスマスのクリッペ (=Weihnachts*krippe*)(キリスト降誕のうまやの場面を表現した模型で, クリスマスに教会や家庭で飾る). ③ 託児所, 保育所 (=Kinder*krippe*).

Krip·pen·spiel [クリッペン・シュピーる] 中 -[e]s/-e (クリスマスの)キリスト降誕劇.

krisch [クリッシュ] kreischen (金切り声をあげる)の 過去.

kri·sche [クリッシェ] kreischen (金切り声をあげる)の 接2.

die **Kri·se** [クリーゼ krí:zə] 女 (単) -/(複) -n (英 crisis) ① **危機**, 重大な局面; 〘経〙恐慌. Energie*krise* エネルギー危機 / eine finanzielle *Krise* 財政危機 / eine politische *Krise* droht. 政治的危機がさし迫っている / eine *Krise* ⁴ durch|machen 危機を切り抜ける / in eine *Krise* geraten 危機に陥る. ② 《医》(病気の)危機, 峠, 分利 (=Krisis).

kri·seln [クリーゼるン krí:zəln] 非人称 (h) Es *kriselt.* 危機的状況にある.

kri·sen·fest [クリーゼン・フェスト] 形 危機に耐えうる, 安定した(企業など).

Kri·sen·ge·biet [クリーゼン・ゲビート] 中 -[e]s/-e (政治的・経済的な)危機をはらむ地域.

Kri·sen·herd [クリーゼン・ヘーアト] 男 -[e]s/-e (政治的・経済的な)危機の根源[地域].

Kri·sen·ma·nage·ment [クリーゼン・メニッチメント] 中 -s/-s 危機管理.

Kri·sen·stab [クリーゼン・シュタープ] 男 -[e]s/..stäbe (非常事態の際などの)危機対策本部.

Kri·sis [クリーズィス krí:zɪs] 女 -/Krisen ① 危機. ② 〘医〙危機, 峠, 分利.

der **Kris·tall** [クリスタる krɪstál] I (単 2) -s/(複) -e (3格のみ -en) **結晶**; 水晶 (=Bergkristall). (英 crystal). *Kristalle⁴ bilden* 結晶を形成する.

II 中 (単 2) -s/ クリスタルガラス[製品](グラス・花びんなど).

kris·tal·len [クリスタれン krɪstálən] 形 〖付加語としてのみ〗クリスタルガラス[製]の.

Kris·tall·glas [クリスタる・グらース] 中 -es/..gläser ① 〘複 なし〙クリスタルガラス. ② クリスタルガラス製品.

kris·tal·li·nisch [クリスタリーニッシュ krɪstaliːnɪʃ] 形 〘鉱〙結晶[体]から成る, 結晶[状]の.

Kris·tal·li·sa·ti·on [クリスタリザツィオーン krɪstalizatsióːn] 女 -/-en 〘化〙結晶化.

kris·tal·li·sie·ren [クリスタリズィーレン krɪstaliːzíːrən] I 自 (h) 〘化〙結晶する. II 再帰 (h) *sich⁴ kristallisieren* 〘化〙結晶する.

kris·tall·klar [クリスタる・クらール] 形 (クリスタルガラスのように)澄んだ, 透明な.

Kris·tall·zu·cker [クリスタる・ツッカァ] 男 -s/- (精製された)白ざらめ[糖].

Kri·te·ri·um [クリテーリウム kritéːrɪum] 中 -s/..rien [..リエン] ① 判断(判定)の基準, 試金石. *Kriterien⁴ für* 囲⁴ auf|stellen 囲⁴の基準を設ける. ② 〘スポ〙選手権シリーズの一戦; (自転車競技の)ポイントレース.

die **Kri·tik** [クリティーク kritíːk] 女 (単) -/(複) -en (英 criticism) ① (学問・芸術に関する)批評, 評論. Text*kritik* 本文批評 / eine *Kritik⁴* über ein Buch schreiben 書評を書く / eine gute (schlechte) *Kritik⁴* bekommen 好評を博する(悪評を被る).

② 〘ふつう囲〙批判; 非難. Selbst*kritik* 自己批判 / eine konstruktive *Kritik* 建設的な批判 / 囲・人事³ *Kritik⁴* üben 〖囲・人事³を〗批判(非難)する / Das Buch ist **unter aller** *Kritik*. 《口語》この本はお粗末極まりない. ③ 〘複 なし〙(総称として:)批判(評論)家たち, 評論界. Die *Kritik* war der Meinung², dass... 批評家たちの見解は…ということであった.

Kri·ti·ker [クリーティカァ kríːtikər] 男 -s/- ① (職業的な)批評家, 評論家. (女性形: -in). ② (厳しく)批判する人. Er ist ein scharfer *Kritiker des neuen Projekts.* 彼は新しい計画を厳しく批判している一人だ.

kri·tik·los [クリティーク・ろース] 形 無批判な; 批判力のない. 囲⁴ *kritiklos* hin|nehmen 囲⁴を無批判に受け入れる.

kri·tisch [クリーティッシュ krí:tɪʃ] 形 (英 critical) ① 批判の，厳密な判断を下せる，批評力のある．ein *kritischer* Leser 批評眼を持つ読者 / eine *kritische* Ausgabe (テクストに厳密な検討を加えた)校訂版．
② 批判的の，批評めいた．*kritische* Bemerkungen 批判的な意見 / 人4 *kritisch* betrachten 人4を批判的な目で見る．③ 転機にある，重大な局面の；危機的な，危険な／《理》臨界の．eine *kritische* Phase 決定的な局面 / Der Kranke ist in einem *kritischen* Zustand. その病人は危険な状態にある．

kri·ti·sie·ren [クリティズィーレン kritizí:rən] 他 (h) ① 批評(批判)する，論評する．Er *hat* das Buch *kritisiert*. 彼はその本を批評した．
② 非難する，けちをつける．

Kri·ti·zis·mus [クリティツィスムス krititsísmus] 男 -/ 《哲》(カントの)批判主義(哲学)．

Krit·te·lei [クリッテらイ krɪtəláɪ] 女 -/-en あら探し．

krit·teln [クリッテるン krítəln] 自 (h) あら探しをする，けちをつける．**an** 人3 *kritteln* 人3にけちをつける．

Krit·ze·lei [クリッツェらイ krɪtsəláɪ] 女 -/-en 《口語》乱筆，なぐり書き(したもの)．

krit·zeln [クリッツェるン krítsəln] I 他 (h) 細かい字でごちゃごちゃと書く，走り書きする．eine Telefonnummer4 *ins* Notizbuch *kritzeln* 電話番号を手帳に走り書きする．II 自 (h) なぐり書きをする．

Kro·a·te [クロアーテ kroá:tə] 男 -n/-n クロアチア人．(女性形: Kroatin)．

Kro·a·ti·en [クロアーツィエン kroá:tsiən] 中 -s/ 《国名》クロアチア[共和国](旧ユーゴスラビア連邦の一共和国．首都はザグレブ)．

kro·a·tisch [クロアーティッシュ kroá:tɪʃ] 形 クロアチア[人・語]の．

kroch [クロッホ] kriechen (はう)の過去

krö·che [クレッヒェ] kriechen (はう)の接2

Kro·cket [クロケット krɔ́kɛt または ..ケット] 中 -s/ 《スポ》クロッケー(木製のボールを木槌で打つ球技)．

Kro·kant [クロカント krokánt] 男 -s/ クロカン(アーモンドまたはクルミ入りのキャラメル菓子)．

Kro·ket·te [クロケッテ krokétə] 女 -/-n 《ふつう複》《料理》コロッケ．

Kro·ko·dil [クロコディーる krokodí:l] 中 -s/-e 《動》ワニ[類]．

Kro·ko·dils·trä·ne [クロコディーるス・トレーネ] 女 -/-n 《ふつう複》《口語》空涙(そらなみだ)．*Krokodilstränen4* vergießen (または weinen) 空涙を流す．

Kro·kus [クロークス kró:kus] 男 -/- (または ..kusse) 《植》クロッカス(サフラン)[属]．

die **Kro·ne** [クローネ kró:nə] 女 (単) -/(複) -n (英 crown) ① 冠，王冠；王位，王権；王室．Kaiser*krone* 帝冠 / eine goldene *Krone* 金の冠 / die englische *Krone* イギリス王室 / 人3 die *Krone*4 auf|setzen 人3を王位に就ける(←王冠をかぶせる) / die *Krone*4 nie|der|legen 退位する(←王冠を下に置く) / Das setzt seiner Frechheit die *Krone* auf.《口語》彼のずうずうしさもここまで来ればご立派なもんだ(←ずうずうしさに冠を頂かせる)．
② 《複なし》最高のもの，極致．die *Krone* der Schöpfung2 最高の被造物(人間)．人3 **in** die *Krone* fahren 人3を怒らせる / Er hat einen in der *Krone*. 彼は酔っ払っている．④ (冠状のもの:) シャンデリア；歯冠(=Zahn*krone*)；樹冠(=Baum*krone*)；花冠(=Blumen*krone*)；波頭．⑤ クローネ，クローナ(デンマーク・スウェーデンなどの通貨単位．王冠の模様がある)．

krö·nen [クレーネン kró:nən] (krönte, hat ...gekrönt) 他 (英了 haben) (英 crown) ① (人4に)冠を授ける．人4 **zum** König *krönen* 人4を王位に就ける / Der Sieger *wurde* mit einem Lorbeerkranz *gekrönt*. 《受動・過去》その勝者は月桂冠を授けられた．
② (物4の)頂上を飾る．Eine Kuppel *krönt* die Kirche. その教会にはドームを頂いている．③ (事業・作品など4の)頂点を成す，最後を飾る．Er *krönte* seine Laufbahn *mit* einem Sieg auf der Olympiade. 彼はオリンピックの優勝で選手生活の最後を飾った．

Kro·nen·kor·ken [クローネン・コルケン] 男 -s/- (びんなどの)王冠，キャップ．

Kron·kor·ken [クローン・コルケン] 男 -s/- = Kronenkorken

Kron·leuch·ter [クローン・ろイヒタァ] 男 -s/- シャンデリア．

Kro·nos [クローノス kró:nɔs または クロ..kró..] 《ギリシア神話》クロノス(ゼウスの父．ローマ神話のサトゥルヌスと同一視された)．

Kron·prinz [クローン・プリンツ] 男 -en/-en 皇太子，(王位継承者としての)王子．

Kron·prin·zes·sin [クローン・プリンツェッスィン] 女 -/..sinnen 皇太子妃；(王位継承者としての)王女．

krön·te [クレーンテ] krönen (冠を授ける)の過去

Krö·nung [クレーヌング] 女 -/-en ① 戴冠(たいかん)[式]．② 最後の仕上げ，(催しなどの)頂点．Die *Krönung* des Festes war ein Feuerwerk. 祭典のクライマックスは花火だった．

Kron·zeu·ge [クローン・ツォイゲ] 男 -n/-n 《法》主要証人；(米米で)共犯証人(自分の免罪を条件に共犯者に不利な証言をする人)．(女性形: ..zeugin)．

Kropf [クロプふ krɔpf] 男 -[e]s/Kröpfe ① 《医》甲状腺肥大．② 《動》(鳥の)嗉囊(そのう)，餌袋(えぶくろ)．

kröp·fen [クレプふェン krǽpfən] 自 (h) 《狩》(鷲(わし)などが)むさぼり食う．

Kropp·zeug [クロップ・ツォイク krɔ́p-tsɔʏk] 中 -[e]s/ 《口語》① ならず者たち．② くず，がらくた．

kross [クロス krɔs] 形 《北ドイツ》ぱりっと焼き上がった(パンなど)．

Krö·sus [クレーズス krǿ:zus] 男 -(または ..sus-

ses)/..susse《戯》大富豪(紀元前6世紀のリュディアの富裕なる王クロイソスの名から).

Krö·te [クレーテ krǿːtə] 囡 -/-n ①《動》ヒキガエル[科]. ②《口語・戯》ちびっこ, やんちゃ.

Krü·cke [クリュッケ krýkə] 囡 -/-n ① 松葉づえ, F型つえ. **an** *Krücken* gehen 松葉づえをついて歩く. ②(ステッキ・傘などの)握り, 取っ手. ③《口語》ろくでなし; ぽんこつ.

Krück∗stock [クリュック・シュトック] 男 -[e]s/..stöcke = Krücke ①

der **Krug** [クルーク krúːk] 男 (単2) -[e]s/(複) Krüge [クリューゲ] (3格のみ Krügen) ①(取っ手のついた)水差し, つぼ, つぼ, jug). (☞ trinken 図). Bier*krug* ビールジョッキ / ein *Krug* Bier ジョッキ一杯のビール / Blumen⁴ in einen *Krug* stellen 花を水差しに生ける / Der *Krug* geht so lange zum Brunnen, bis er bricht. (諺) a) 悪事はいつかは破綻(はたん)をきたす, b) 堪忍袋の緒もいつかは切れる (←水がめは壊れるまで井戸に通う). ②《北ドイツ》居酒屋.

Krü·ge [クリューゲ] Krug (水差し)の複

Kru·me [クルーメ krúːmə] 囡 -/-n ①(パン・ケーキなどの)くず. ②(耕地の)表土(= Ackerkrume).

Krü·mel [クリューメる krýːməl] 男 -s/-(パンなどの)くず.

krü·me·lig [クリューメリヒ krýːməlɪç] 形 ぼろぼろにくずれやすい(パン・ケーキなど).

krü·meln [クリューメるン krýːməln] 自 (h) ①(パンなどが)くずれる. Das Brot *krümelt*. パンがぼろぼろにくずれる. ②(パンなどの)くずをこぼす.

krumm [クルム krúm] 形 (比較 krummer, 最上 krummst; 方: 比較 krümmer, 最上 krümmst) (英 *crooked*) ① 曲がった, 湾曲した. Der Nagel ist *krumm*. このくぎは曲がっている / *krumme* Beine⁴ haben 脚が曲がっている / eine *krumme* Nase 鷲鼻(わしばな), 鉤鼻(かぎばな) / *krumm* sitzen 背を丸めて座る. ②《付加語としてのみ》《口語・比》不正な, まっとうでない. *krumme* Geschäfte⁴ machen 悪どい商売をする / *krumme* Wege⁴ gehen 不正を働く.

krumm∗bei·nig [クルム・バイニヒ] 形 脚の曲がった.

krüm·men [クリュンメン krýmən] (krümmte, *hat* ...gekrümmt) (英 *bend*) Ⅰ 他 (完了 haben) 曲げる, 湾曲させる. den Arm *krümmen* 腕を曲げる / den Rücken *krümmen* 背中をかがめる. ◇〈過去分詞の形で〉eine gekrümmte Linie《数》曲線 / mit gekrümmtem Rücken 背をかがめて.
Ⅱ 再帰 (完了 haben) *sich*⁴ *krümmen* ① 曲がる, 湾曲する; (道・川が)カーブしている. Die Straße *krümmt sich* zwischen den Häusern. 通りは家々の間を曲がりくねっている. 身をよじる. *sich*⁴ *vor* Schmerzen *krümmen* 苦痛のあまり身をよじる / *sich*⁴ *vor* Lachen *krümmen*《口語・比》笑い転げる.

Krüm·mer [クリュンマァ krýmər] 男 -s/- ①《工》(水道管などの)曲り管. ②《農》耕耘(こううん)機.

krumm|la·chen [クルム・らッヘン krúm-làxən] 再帰 (h) *sich*⁴ *krummlachen*《口語》腹がよじれるほど笑う.

krumm|le·gen [クルム・れーゲン krúm-lèːgən] 再帰 (h) *sich*⁴ *krummlegen*《口語》生活費を切り詰める.

krumm|neh·men* [クルム・ネーメン krúm-nèːmən] 他 (h)《口語》悪くとる, (…で)気を悪くする.

krümm·te [クリュムテ] krümmen (曲げる)の過去

Krüm·mung [クリュムング krýmʊŋ] 囡 -/-en 湾曲, (道路などの)カーブ.

Krup·pe [クルッペ krúpə] 囡 -/-n (馬などの)尻(しり)(仙骨部).

Krüp·pel [クリュッペる krýpəl] 男 -s/- (差別的に:)身体障害者; (ののしって:)かたわ者. **zum** *Krüppel* werden 手足が不自由になる.

krüp·pe·lig [クリュッペリヒ krýpəlɪç] 形 体に障害のある, 手足の不自由な; (木などが)いびつな形の.

krüpp·lig [クリュップリヒ kyýplɪç] 形 = krüppelig

Krus·te [クルステ krústə] 囡 -/-n 堅くなった外皮(表面). die *Kruste* des Brotes ab|schneiden パンの外皮を切り落とす / eine *Kruste* auf der Wunde 傷口のかさぶた.

Krus·ten·tier [クルステン・ティーア] 中 -[e]s/-e《動》甲殻類.

krus·tig [クルスティヒ krústɪç] 形 硬い外皮(外殻)のある.

Kru·zi·fix [クルーツィふィクス krúːtsɪfɪks または クルツィふィクス] 中 -es/-e キリスト十字架像.

Kryp·ta [クリュプタ krýpta] 囡 -/Krypten (教会の)地下聖堂, クリプタ(半地下に設けられた墓室・聖遺物安置所).

Kryp·ton [クリュプトン krýptɔn または..トーン..tóːn] 中 -s/《化》クリプトン(元素記号: Kr).

KSZE [カー・エス・ツェット・エー]《略》欧州安保協力会議 (=Konferenz über Sicherheit und Zusammenarbeit in Europa).

Kt. [カントーン]《略》(スイスの)州 (=Kanton).

Kto. [コントー]《略》銀行口座; 預金残高 (=Konto).

Ku·ba [クーバ kúːba] 中 -s/《国名》キューバ[共和国](首都はハバナ).

Kü·bel [キューべる kýːbəl] 男 -s/- (大きな)手桶(ておけ), バケツ; (大きな)植木鉢. Es gießt wie mit (または aus) *Kübeln*.《口語》土砂降りだ(←バケツをひっくり返したように).

Kü·bel∗wa·gen [キューべる・ヴァーゲン] 男 -s/- ① ジープ型軍用車. ②《鉄道》ホッパー車.

Ku·ben [クーベン] Kubus (立方体)の複

Ku·bik.. [クビーク.. kubíːk..]《接頭》(立方の・3乗の)

Ku·bik·me·ter [クビーク・メータァ] 男 田 -s/- 立方メートル (記号: m³ または cbm).

Ku·bik⹀wur·zel [クビーク・ヴルツェる] 女 -/-n 《数》立方根.

Ku·bik⹀zahl [クビーク・ツァーる] 女 -/-en 《数》立方(3乗)数.

Ku·bik⹀zen·ti·me·ter [クビーク・ツェンティメータァ] 男 田 -s/- 立方センチメートル (記号: cm³ または ccm).

ku·bisch [クービッシュ kúːbɪʃ] 形 ① 立方体の. ② 《数》3乗(3次)の. eine *kubische* Gleichung 3次方程式.

Ku·bis·mus [クビスムス kubísmus] 男 -/ 《美》キュービズム, 立体派 (20世紀初頭フランスに興った美術運動).

Ku·bus [クーブス kúːbus] 男 -/Kuben ① 立方体. ② 《数》3乗, 立方.

***die* Kü·che** [キュッヒェ kýçə]

> 台所 Ich esse oft in der *Küche*.
> イヒ エッセ オふト イン デァ キュッヒェ
> 私はよく台所で食事をします.

女 (単) -/(複) -n ① 台所, キッチン, 炊事場. 《英》kitchen). eine saubere *Küche* 清潔な台所 / eine Wohnung mit *Küche* und Bad キッチンとバス付きの住まい / Er hilft seiner Frau **in** der *Küche*. 彼は台所で奥さんの手伝いをする / den ganzen Tag in der *Küche* stehen 《口語》一日中台所で立ち働く.
② 料理; 料理法. die japanische *Küche* 日本料理 / kalte *Küche* 冷たい料理 (ハム・ソーセージ・チーズなどを主とした食事) / Das Hotel ist berühmt für seine gute *Küche*. このホテルは料理がおいしいことで有名だ. ③ システムキッチン (=Einbau*küche*). ④ 〘複なし〙《口語》(総称として:)コック, 調理場の従業員.

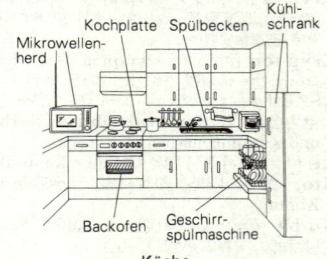

Kochplatte Spülbecken Kühlschrank
Mikrowellenherd
Backofen Geschirrspülmaschine
Küche

***der* Ku·chen** [クーヘン kúːxən]

> ケーキ
> Der *Kuchen* schmeckt herrlich!
> デァ クーヘン シュメックト ヘルりヒ
> このケーキはとてもおいしい.

男 (単2) -s/(複) - ① ケーキ, [洋]菓子. 《英》cake). Obst*kuchen* フルーツケーキ / ein Stück *Kuchen* 一切れのケーキ / *Kuchen*⁴ backen ケーキを焼く / 人⁴ zu Kaffee und *Kuchen* ein|laden 人⁴をお茶(コーヒーとケーキ)に招く / [Ja] *Kuchen*! 《口語》とんでもない, 大違いだ. ② (ぶどう・オリーブなどの)搾りかす.

Torte Kranz
Lebkuchen
Napfkuchen (Gugelhupf) Stollen
Kuchen

Kü·chen⹀ab·fall [キュッヒェン・アップふァる] 男 -[e]s/..fälle 《ふつう複》台所のごみ, 生ごみ.

Ku·chen⹀blech [クーヘン・ブれヒ] 田 -[e]s/-e ケーキ用オーブンプレート.

Kü·chen⹀chef [キュッヒェン・シェふ] 男 -s/-s コック長, シェフ. (女性形: -in).

Ku·chen⹀form [クーヘン・ふォルム] 女 -/-en ケーキ型.

Ku·chen⹀ga·bel [クーヘン・ガーベる] 女 -/-n ケーキ用のフォーク.

Kü·chen⹀ge·rät [キュッヒェン・グレート] 田 -[e]s/-e (台所の)調理用器具.

Kü·chen⹀herd [キュッヒェン・ヘーァト] 男 -[e]s/-e 台所のレンジ, かまど.

Kü·chen⹀la·tein [キュッヒェン・らタイン] 田 -s/-《戯》下手くそなラテン語 (中世末期に修道院の台所で話されたようなラテン語).

Kü·chen⹀ma·schi·ne [キュッヒェン・マシーネ] 女 -/-n 調理用電気器具 (ミキサーなど).

Kü·chen⹀scha·be [キュッヒェン・シャーベ] 女 -/-n《虫》ゴキブリ.

Kü·chen⹀schrank [キュッヒェン・シュランク] 男 -[e]s/..schränke 台所の食器棚.

Ku·chen⹀teig [クーヘン・タイク] 男 -[e]s/-e ケーキの生地.

Kü·chen⹀zei·le [キュッヒェン・ツァイれ] 女 -/-n (一並びの)ちゅう房設備.

Kü·chen⹀zet·tel [キュッヒェン・ツェッテる] 男 -s/- 献立予定表, 料理プラン.

Kü·cken [キュッケン kýkən] 田 -s/- 《方言》ひよこ (=Küken).

***der* Ku·ckuck** [ククック kúkuk] 男 (単2) -s/(複) -e (3格のみ -en) ① 《鳥》カッコウ. 《英》cuckoo). Der *Kuckuck* ruft. かっこうが鳴く / ein *Kuckuck* unter Nachtigallen《戯》専門家の中に混じった素人(ほうか)(←ナイチンゲールの中のかっこう).
②《口語》悪魔 (=Teufel). [Das] weiß der *Kuckuck*, ...《俗》a) ...のことなんか知るもんか,

b) 信じがたいことだが, 本当に… / Bei ihm ist der *Kuckuck* los. 《口語》彼のところは上を下への大騒ぎだ / Hol dich der *Kuckuck*!《接1・現在》《俗》おまえなんかかくたばってしまえ / **Zum** *Kuckuck* [noch mal]!《俗》ちくしょう. ③《戯》差し押さえの封印.

Ku·ckucks=ei [ククックス・アイ] 田 -[e]s/-er ① かっこうの卵. ②《比》迷惑な贈り物(かっこうが他の鳥の巣に卵を産み落とすことから);《俗》種違いの子供.

Ku·ckucks=uhr [ククックス・ウーァ] 囡 -/-en かっこう時計(日本の鳩時計に当たる).

Kud·del=mud·del [クッデル・ムッデル] 男田 -s/《口語》ごちゃごちゃ, 混乱.

Kü·fer [キューファァ kýːfɐr] 男 -s/-《南ドҙ・ネユ》(ワインの)樽(た)職人. (女性形: -in).

die **Ku·gel** [クーゲる kúːgəl] 囡 (単) -/(複) -n ① 球; (飾り用の)玉; 《²⁾》砲丸, (ボウリングの)ボール. 《英》*ball*. eine gläserne *Kugel* ガラスの玉 / Die Erde ist eine *Kugel*. 地球は球体である / Die *Kugel* rollt. 球が転がる / die *Kugel*⁴ stoßen 砲丸を投げる / die *Kugel*⁴ werfen (九柱戯(ボウリングに似た遊び)で):球を投げる / eine ruhige *Kugel*⁴ schieben 《口語・比》仕事をのんびりやる, あくせく働かない.
② 《口語》弾丸, 砲弾. Die *Kugel* verfehlte ihr Ziel. 弾丸的をはずれた.

Ku·gel=blitz [クーゲる・ブリッツ] 男 -es/-e 《気象》球電光, 球電光.

ku·gel=fest [クーゲる・フェスト] 形 防弾の.

ku·gel=för·mig [クーゲる・フェルミヒ] 形 球形の.

Ku·gel=ge·lenk [クーゲる・ゲレンク] 田 -[e]s/-e《医》(ひざ・肩の)球関節.

ku·ge·lig [クーゲリヒ kúːgəliç] 形 球形の, 球状の;《戯》丸々と太った.

Ku·gel=kopf [クーゲる・コプふ] 男 -[e]s/..köpfe《工》(電動タイプライターの)活字ボール.

Ku·gel=la·ger [クーゲる・ラーガァ] 田 -s/- 《工》ボールベアリング.

ku·geln [クーゲるン kúːgəln] I 自 (s)(…ヘ\…から)転がる. Der Ball *kugelte* **unter** die Bank. ボールがベンチの下へ転がり込んだ. II 他 (h)(物⁴を…ヘ)転がす. einen Ball **über** die Dielen *kugeln* ボールを床に転がす. 再帰 (h) *sich*⁴ *kugeln* 転がる, 転げ回る. Die Kinder *kugelten sich* **auf** der Wiese. 子供たちは草地の上を転げ回った / *sich*⁴ **vor** Lachen *kugeln*《口語・比》笑い転げる. ◇《名詞的に》Der Film war **zum** *Kugeln*.《口語》その映画は笑い転げるほどおもしろかった.

ku·gel=rund [クーゲる・ルント] 形 球のように丸い;《戯》丸々と太った.

der **Ku·gel=schrei·ber** [クーゲる・シュライバァ kúːgəl-ʃraɪbɐr] 男 (単2) -s/(複) - (3格のみ -n) ボールペン. 《英》*ballpoint* [*pen*]. **mit** einem *Kugelschreiber* schreiben ボールペンで書く. ◆口語ではよく Kuli という.

ku·gel=si·cher [クーゲる・ズィッヒァ] 形 防弾(ガラスなど).

Ku·gel=sto·ßen [クーゲる・シュトーセン] 田 -s/ 砲丸投げ.

die **Kuh** [クー kúː] 囡 (単) -/(複) Kühe [キューエ] (3格のみ Kühen) ① 雌牛, 乳牛. 《英》*cow*). Die *Kuh* blökt. 雌牛がもーと鳴く / eine *Kuh*⁴ melken 牛の乳を搾る / eine melkende *Kuh*《口語・比》いい収入源(←乳を出す牛) / eine heilige *Kuh*《口語》神聖なもの(←インドの聖牛) / Da stand er nun wie die *Kuh* vorm neuen Tor.《俗》彼は途方に暮れていた(←新しい門の前の牛のように立っていた).
② (象・きりんなど大きな動物の)雌. ③ (ののしって):女, あま.

> 類語 die Kuh: 雌牛. der Ochse: (去勢した)雄牛. der Stier: 雄牛. das Rind: (雌・雄の区別なく総称としての)牛. das Kalb: 子牛.

Kuh=dorf [クー・ドルふ] 田 -[e]s/..dörfer 《俗》みすぼらしい村, 寒村.

Kü·he [キューエ] *Kuh* (雌牛)の複

Kuh=fla·den [クー・ふらーデン] 男 -s/- 牛の糞.

Kuh=han·del [クー・ハンデる] 男 -s/《口語》みみっちい取り引き;(政治的な)裏取り引き.

Kuh=haut [クー・ハオト] 囡 -/..häute 牛の皮. Das geht **auf** keine *Kuhhaut*.《俗》そいつはひどい, とんでもない(元の意味は「それは牛の皮には書き尽くせない」. 昔, 牛皮を加工して紙の代用にしたことから).

Kuh=hirt [クー・ヒルト] 男 -en/-en 牛飼い.

*kühl [キューる kýːl] 形《英》*cool*) ① 涼しい, うす寒い; 冷えた(飲み物など). 《反》「暖かい」は warm). Heute ist es *kühl*. きょうは涼しい / ein *kühler* Abend 涼しい夕べ / Mir ist *kühl*. 私は少し寒い / Wir haben seit Tagen *kühles* Wetter. この数日うす寒い天気が続いている / ein *kühles* Bier 冷たいビール / Lebensmittel⁴ *kühl* lagern 食料品を冷蔵する.
② 冷淡な, 冷ややかな. eine *kühle* Antwort 冷たい返事 / Sie begrüßte uns *kühl*. 彼女は私たちに冷やかにあいさつした.
③ 冷静な, クールな. Er blieb ganz *kühl*. 彼は終始冷静だった / einen *kühlen* Kopf bewahren 冷静さを保つ / aus einem *kühlen* Grund《口語》ごく簡単な理由で.

Kühl=an·la·ge [キューる・アンらーゲ] 囡 -/-n 冷却(冷凍)装置.

Kühl=box [キューる・ボクス] 囡 -/-en (携帯用の)クーラーボックス.

Küh·le [キューれ kýːlə] 囡 -/ ① 涼しさ, 冷気. die *Kühle* der Nacht² 夜の冷気. ② 冷静; 冷淡.

*küh·len [キューれン kýːlən] (kühlte, *hat*... gekühlt) I 他 《完了》haben) 冷やす. 《英》*cool*). Wein⁴ *kühlen* ワインを冷やす / Sie *kühlte* ihre heiße Stirn mit Eis. 彼女は熱のある額を氷で冷やした / Er *kühlte* seinen Zorn **an** seiner Frau.《比》彼は奥さんに当たって怒りを静めた. ◇《現在分詞の形で》*kühlen*-

de Getränke 清涼飲料. **II** 圓 (完了 haben) ひんやりする, 冷たい. Der Umschlag *kühlte* angenehm. 湿布をするとひんやりして気持ちがよかった.

Küh・ler [キューらァ kýːlər] 男 -s/- (エンジンなどの)冷却装置, ラジエーター; 《化》液化装置; (ワインなどを冷やす)アイスペール.

Küh・ler=hau・be [キューらァ・ハオベ] 囡 -/-n (自動車の)ボンネット.

Kühl=haus [キューる・ハオス] 中 -es/..häuser 冷凍(冷蔵)倉庫.

Kühl=mit・tel [キューる・ミッテる] 中 -s/- 冷却剤.

Kühl=raum [キューる・ラオム] 男 -[e]s/..räume 冷凍(冷蔵)室.

der **Kühl=schrank** [キューる・シュランク kýːlʃraŋk] 男 (単2) -[e]s/(複) ..schränke [..シュレンケ] (3格のみ ..schränken) 冷蔵庫 (英 *refrigerator*). 物⁴ im *Kühlschrank* aufbewahren 物⁴を冷蔵庫に保存する.

kühl・te [キューるテ] kühlen (冷やす)の 過去.

Kühl=tru・he [キューる・トルーエ] 囡 -/-n (キャビネット型の)[食品]冷凍庫, フリーザー.

Kühl=turm [キューる・トゥルム] 男 -[e]s/..türme 《工》(発電所などの)冷却塔.

Küh・lung [キーるング kýːluŋ] 囡 -/-en ① 冷却. ② 冷却装置. ③ 《圏 なし》涼しさ, 冷気.

Kühl=wa・gen [キューる・ヴァーゲン] 男 -s/- (鉄道・トラックの)冷凍車, 冷蔵車.

Kühl=was・ser [キューる・ヴァッサァ] 中 -s/..wässer 冷却水.

kühn [キューン kyːn] 形 (英 *bold*) ① 大胆な, 勇敢な, 思いきった; 自由奔放な. eine *kühne* Tat 大胆な行為 / ein *kühner* Bergsteiger 大胆な登山家 / Er hatte *kühne* Ideen. 彼は斬新なアイデアの持ち主だった / ein *kühn* geschnittenes Kleid 大胆なカットのドレス. ② ずうずうしい, あつかましい. eine *kühne* Frage ぶしつけな質問.

Kühn・heit [キューンハイト] 囡 -/-en ① 《圏 なし》大胆さ, 勇敢さ, 奔放さ. ② 大胆な(あつかましい)言動.

Kuh=stall [クー・シュタる] 男 -[e]s/..ställe 牛小屋, 牛舎.

k. u. k. [カー ウント カー] 《略》(旧オーストリア・ハンガリーの)帝国および王国の (= kaiserlich und königlich).

Kü・ken [キューケン kýːkən] 中 -s/- ① ひな, ひよこ. ② 《口語》子供; 小娘.

ku・lant [クらント kulánt] 形 (商取引などに:)融通の利く, 好意的な; 妥当な, 手ごろな.

Ku・lanz [クらンツ kuláns] 囡 -/ (商取引などで:)融通が利くこと, 好意的態度; 妥当(手ごろ)なこと.

Ku・li¹ [クーり kúːli] 男 -s/-s ① (南アジア・東アジアの)クーリー(苦力); 《比》(低賃金でこき使われる)下層労働者. ② (駅・空港などの)手荷物用手押し車, カート (= Koffer*kuli*).

Ku・li² [クーり] 男 -s/-s 《口語》ボールペン (= Kugelschreiber).

ku・li・na・risch [クリナーリッシュ kuliná:rɪʃ] 形 料理[法]の, 美食の. *kulinarische* Genüsse 美食の楽しみ.

Ku・lis・se [クリッセ kulísə] 囡 -/-n 《劇》(舞台の)書き割り, パネル, セット; 《比》(物事の)背景. *Kulissen*⁴ malen 書き割りを描く / hinter den *Kulissen* a) 舞台裏で, b) 《比》ひそかに / Das ist doch alles nur *Kulisse*. 《口語》それはすべて見せかけにすぎない.

Kul・ler=au・gen [クらァ・アオゲン] 複 《口語・戯》くりくりした目.

kul・lern [クらァン kúlərn] **I** 圓 (s, h) 《口語》① (s)(…へ)ころころ転がる. ② (h)《成句的に》mit den Augen *kullern* 目玉をぎょろつかせる. **II** 他 《口語》(物⁴を…へ)ころころ転がす.

Kul・mi・na・ti・on [クるミナツィオーン kulminatsió:n] 囡 -/-en ① (発展の)頂点, 最高潮. ② 《天》(天体の)子午線通過, 正中.

kul・mi・nie・ren [クるミニーレン kulminí:rən] 圓 (h) ① 頂点(最高潮)に達する. ② 《天》子午線を通過する, 正中する.

Kult [クるト kʊlt] 男 -[e]s/-e ① 祭式, 祭礼. ② 崇拝, 礼賛. mit 人・物³ einen *Kult* treiben 人・物³を熱狂的に礼賛する.

kul・tisch [クるティッシュ kʊ́ltɪʃ] 形 祭式の, 祭礼の, 礼拝の.

kul・ti・vie・ren [クるティヴィーレン kultiví:rən] 他 (h) ① 開墾する, 耕作する. ein neues Stück Land⁴ *kultivieren* 新しい土地を開墾する. ② 栽培する; 培養する. Reis⁴ *kultivieren* 米を栽培する. ③ 《比》(友情など⁴を)はぐくむ; (ふるまいなど⁴を)洗練させる.

kul・ti・viert [クるティヴィーァト] **I** kultivieren (開墾する)の 過分 **II** 形 洗練された; 教養のある. Sie hat einen *kultivierten* Geschmack. 彼女は洗練された趣味の持ち主だ / ein *kultivierter* Mensch 教養のある人.

Kult=stät・te [クるト・シュテッテ] 囡 -/-n 礼拝所.

die **Kul・tur** [クるトゥーァ kultúːr] 囡 (単) -/(複) -en ① 文化. (英 *culture*). (ぴぴ「文明」は Zivilisation). Ess*kultur* 食文化 / die geistige *Kultur* 精神文化 / die antike *Kultur* 古代文化 / die abendländische *Kultur* 西洋文化 / die *Kultur*⁴ fördern 文化を促進する / eine neue *Kultur*⁴ schaffen 新しい文化を創造する / ein Volk von hoher *Kultur* 高い文化を持つ民族. ② 《圏 なし》教養, 洗練[されていること]. Er hat keine *Kultur*. 彼には教養がない / ein Mensch mit (ohne) *Kultur* 教養のある(ない)人. ③ 《圏 なし》《農》開墾, 耕作; (作物の)栽培; 《生・医》(細菌などの)培養; 培養中の細菌(微生物). ④ 《農・園芸・林》苗, 苗木.

Kul・tur=ab・kom・men [クるトゥーァ・アップコンメン] 中 -s/- 文化[交流]協定.

Kul・tur=aus・tausch [クるトゥーァ・アオスタオ

シュ] 男 -es/ (国家間の)文化交流. (☞「ドイツ・ミニ情報 22」, 下段).

Kul·tur⁀ba·nau·se [クるトゥーァ・バナオゼ] 男 -n/-n 文化を理解しない俗物. (女性形:: -banausin).

Kul·tur⁀**beu·tel** [クるトゥーァ・ボイテる] 男 -s/- (旅行用の)洗面用具ポーチ.

Kul·tur⁀**bo·den** [クるトゥーァ・ボーデン] 男 -s/..böden ① 耕作地. ② 文化地帯.

Kul·tur⁀**denk·mal** [クるトゥーァ・デンクマーる] 中 -[e]s/..mäler 文化的記念物, 文化財.

kul·tu·rell [クるトゥレる kulturél] 形 文化の, 文化的な. (英 *cultural*). das *kulturelle* Erbe 文化遺産 / eine *kulturelle* Veranstaltung 文化的な催し物.

Kul·tur⁀er·be [クるトゥーァ・エルベ] 中 -s/ 文化遺産.

Kul·tur⁀**film** [クるトゥーァ・ふぃるム] 男 -[e]s/-e (娯楽映画に対して:)教養映画.

Kul·tur⁀**ge·schich·te** [クるトゥーァ・ゲシヒテ] 女 -/-n 文化史.

kul·tur⁀ge·schicht·lich [クるトゥーァ・ゲシヒトりヒ] 形 文化史の, 文化史的な.

Kul·tur⁀gut [クるトゥーァ・グート] 中 -[e]s/..güter 文化財.

Kul·tur⁀**pflan·ze** [クるトゥーァ・ぷふらンツェ] 女 -/-n 栽培植物.

Kul·tur⁀**po·li·tik** [クるトゥーァ・ポリティーク] 女 -/-en 文化政策.

Kul·tur⁀**re·vo·lu·ti·on** [クるトゥーァ・レヴォるツィオーン] 女 -/-en (社会主義国における)文化革命.

Kul·tur⁀**schock** [クるトゥーァ・ショック] 男 -[e]s/-s (まれに -e) カルチャーショック.

Kul·tur⁀**stu·fe** [クるトゥーァ・シュトゥーふェ] 女 -/-n 文化の発展段階.

Kul·tur⁀**volk** [クるトゥーァ・ふぉるク] 中 -[e]s/ ..völker (高度の)文化を持つ国民(民族).

Kul·tus [クるトゥス kúltus] 男 -/ 《官庁》文化部門.

Kul·tus⁀**mi·nis·ter** [クるトゥス・ミニスタァ] 男 -s/- (ドイツ各州の)文部大臣. (女性形: -in).

Kul·tus⁀**mi·nis·te·ri·um** [クるトゥス・ミニステーリウム] 中 -s/..rien [..リエン] (ドイツ各州の)文部省.

Küm·mel [キュンめる kýməl] 男 -s/- ① 《植》キュンメル, ヒメウイキョウ. ② 姫ういきょうの実(香辛料). ③ キュンメル酒, キャラウェー酒.

der **Kum·mer** [クンマァ kúmɐr] 男 (単2) -s/ ① 心痛, 心労, 心配, 苦悩, 悲嘆. (英 *worry*). tiefer *Kummer* 深い苦悩 / 人³ *Kummer*⁴ machen (bereiten) 人³を悲しませる, 人³ に心配をかける / *Kummer*⁴ **über** (または **um**) 人⁴ haben 人⁴に心を痛めている / **aus** (または **vor**) *Kummer* krank werden 心痛のあまり病気になる. (☞ 類語 Sorge).

② 《口語》心配事, 難題. Sie hat **mit** ihren Kindern viel *Kummer*. 彼女は子供たちのことで心配事が多い / Das ist mein geringster *Kummer*. そんなことぼくは少しも気にしない / Ich bin [an] *Kummer* gewöhnt. 《口語》こんなことは苦にしません.

küm·mer·lich [キュンマァりヒ kýmɐrlıç] 形 ① 惨めな, みすぼらしい. (英 *miserable*). Er lebt in *kümmerlichen* Verhältnissen. 彼は惨めな暮らしをしている. ② ささいな, 不十分な. eine *kümmerliche* Rente わずかな年金 / Sein Französisch ist *kümmerlich*. 彼のフランス語の知識は貧弱だ. ③ (動植物が)発育不全の, (人が)虚弱な. eine *kümmerliche* Pflanze 発育不全の植物.

küm·mern [キュンマァン kýmɐrn] (kümmerte, *hat* ... gekümmert) **I** 再帰 (完了 haben) ① 〖*sich*⁴ **um** 人・物⁴ ~〗 (人・物⁴の)面

ドイツ・ミニ情報 22

日独文化交流史 Kulturaustausch

1868 年の明治維新で鎖国を解いた日本, 軍国主義君主制の新しい国づくりを目指す新生日本にとって, 1871 年に建国されたばかりのドイツ帝国は格好のお手本になった. ベルリンを中心とするプロイセン王国が普仏戦争でフランスに勝利し, 300 以上もの領邦国家であったドイツを統合したのがドイツ帝国だったのである.

岩倉具視を特命全権大使とする「岩倉使節団」が, 1871 年から 3 年をかけて欧米諸国を歴訪した際には, 皇帝ヴィルヘルム 1 世に謁見(ﾂﾞｪﾝ)し, 鉄血宰相ビスマルクにも会った. これを契機に明治政府の要人たちに親独派が増え, 哲学, 法律, 行政, 軍事, 医学, 音楽, 自然科学, 産業技術, スポーツ(特にスキー, 登山) など, 様々な分野の講師がドイツ語圏から招へいされた. その教えを受け, ドイツにあこがれた若い日本人学生は数知れず, 明治時代の留学生のうち実に 80% がドイツ語圏で学んだ.

1914 年に勃発した第一次世界大戦では, 日本は日英同盟を口実に参戦したためドイツと敵対関係になり, 中国の青島(ﾁﾝﾀｵ)で捕虜にしたドイツ兵を日本各地の収容所で受け入れた. このとき鳴戸の坂東俘虜(ﾌﾘｮ)収容所では, 思いがけず民間レベルの交流が生まれ, ドイツ兵が地元の人たちにビールやパンの作り方を教えたという. 日本で初めてベートーヴェンの第九交響曲を演奏したのも, 捕虜たちによって結成された当地の楽団だった.

倒をみる, 世話をする. (英) look after). Sie *kümmert sich* um den Kranken. 彼女は病人の面倒をみる / *sich*[4] um den Haushalt *kümmern* 家事を切り盛りする.
② 《*sich*[4] um 【人・事】[4] ~》(【人・事】[4]を)気にかける, (【3】[4]に)関心を持つ, かかわりあう. Ich *kümmere mich* nicht um Politik. 私は政治には関心がない / *Kümmere dich* um deine eigenen Angelegenheiten!　人のことに口出しするな(←自分のことを気にかけろ).
II 他 (完了 haben) (【4】に)関係がある. Was *kümmert* dich das? それは君に何のかかわりがあるのか / Das *kümmert* mich nicht. そんなことは私には関係ない.
III 自 (完了 haben) (動植物が)発育が悪い. Der Baum *kümmert*. この木は育ちが悪い.

Küm·mer·nis [キュンマァニス] 因 -/..nisse 《雅》＝Kummer

küm·mer·te [キュンマァテ] kümmern (再帰で: 面倒を見る)の過去

kum·mer-voll [クンマァ・ふォる] 形 悲しみ(苦悩)に満ちた.

Kum·pan [クンパーン] kumpá:n] 男 -s/-e (口語) 仲間, 相棒; (悪事の共犯者); やつ. (女性形: -in).

Kum·pel [クンぺる kúmpəl] 男 -s/- (口語: -s も; ｵｰｽﾄﾘ: -n も) ① (坑)坑夫. ② (俗)仕事仲間, 相棒.

Ku·mu·la·ti·on [クムラツィオーン kumulatsió:n] 因 -/-en 蓄積, 累積;《医》(薬などの)蓄積作用.

ku·mu·lie·ren [クムリーレン kumulí:rən] I 他 (h) 積み重ねる, 集積する. II 自 (h)・再帰 (h) *sich*[4] kumulieren 積み重なる, 蓄積(累積)する.

Ku·mu·lus [クームるス kú:muləs] 男 -/..muli (気象)積雲.

kund [クント kúnt] 《成句的に》 【3】 形 *kund* und zu wissen tun 【3】に【4】を知らせる.

künd·bar [キュントバール] 形 (契約などが)とり消すことのできる, 解約できる, 解雇できる.

der **Kun·de**[1] [クンデ kúndə] 男 (単2·3·4) -n/(複) -n ① (店の)お客, 顧客; 得意先. (英) *customer*). ein alter *Kunde* 昔からの顧客 / Er ist ein guter *Kunde* bei uns. 彼は当店の良いお客様です / ein fauler *Kunde* 払いの悪い客 / die *Kunden*[4] bedienen お客に応対する / Das ist Dienst am *Kunden*. それは[お客様への]無料サービスです / Hier ist der *Kunde* König. 当店ではお客様が神さまです.
② 《口語》やつ. ein schlauer *Kunde* 抜け目のないやつ. ③ 《隠語》浮浪者.

Kun·de[2] [クンデ] 因 -/-n 《ふつう 単》《雅》知らせ, 通知; 知識. eine gute *Kunde* 良い知らせ / 【3】 *Kunde*[4] von 【3】 geben 【3】に【3】を知らせる.

..kun·de [...クンデ ..kundə] 因 -/ 《女性名詞をつくる 腰尾》(...学) 例: Erd*kunde* 地理学 / Natur*kunde* 博物学.

kün·den [キュンデン kýndən] I 自 (h) 《von 【3】 ~》《雅》(【3】の過去・遠方のこと)を物語る, 伝える. II 他 (h) 《雅》(【3】[4]を)公示する, [公式に]知らせる.

Kun·den·dienst [クンデン・ディースト] 男 -[e]s/-e ① (複 なし) (客・ユーザーへの)サービス. ② 顧客相談窓口; サービスステーション.

Kun·den·kar·te [クンデン・カルテ] 因 -/-n お得意様[割引]カード.

kund|ge·ben* [クント・ゲーベン kúnt-gè:bən] 他 (h) 《雅》知らせる; 表明(発表)する.

Kund·ge·bung [クント・ゲーブング] 因 -/-en (政治的)集会, 大会. an einer *Kundgebung* teil|nehmen 集会に参加する.

kun·dig [クンディヒ kúndıç] 形 十分な知識(経験)を持った. ein *kundiger* Redakteur ベテランの編集者 / 【2】 *kundig* sein 《雅》【2】に精通している ⇒ Er ist des Weges *kundig*. 彼はこの道に詳しい.

kün·di·gen [キュンディゲン kýndıgən] I 他 (kündigte, *hat*...gekündigt) (完了 haben) ① (契約・雇用関係など[4]の)解約を通知する. einen Vertrag *kündigen* 契約を解約する / 【3】 die Wohnung[4] *kündigen* 【3】に住居の明け渡しを言い入れる / 【3】 die Freundschaft[4] *kündigen* (比) 【3】に絶交を言い渡す. ② 《ｵｰｽﾄﾘ・口語》(【4】に)解雇を通告する.
II 自 (完了 haben) ① (【3】に)解雇(解約)を通告する. Mir *ist gekündigt worden*. [受動・現在完了] 私は解雇通知を受けた. ② 退職(辞職)を申し出る. Ich *kündige* zum 1. (= ersten) Mai. 私は5月1日限りで退職することを申し出ます.

kün·dig·te [キュンディヒテ] kündigen (解約を通知する)の過去

Kün·di·gung [キュンディグング] 因 -/-en 《法》解約通知; 解雇通知.

Kün·di·gungs-schrei·ben [キュンディグングス・シュライベン] 中 -s/- 《法》解約告知書.

Kün·di·gungs-schutz [キュンディグングス・シュッツ] 男 -es/ 《法》(被雇用者・借家人などに対する不当な)解約(解雇)からの保護.

Kun·din [クンディン kúndın] 因 -/..dinnen (店の)女性客, (女性の)得意先.

kund|ma·chen [クント・マッヘン kúnt-màxən] 他 (h) 《ｵｰｽﾄﾘ》(官庁)公示する.

Kund-ma·chung [クント・マッフング] 因 -/-en 《南ﾄﾞ・ｵｰｽﾄﾘ・ｽｲｽ》公布, 公示.

Kund·schaft [クントシャふト] 因 -/-en ① 《複 なし》(総称として:)顧客, 得意先. ② 《ｵｰｽﾄﾘ》(個々の)顧客. die feste *Kundschaft* 固定客. II 因 -/-en 情報収集. auf *Kundschaft* aus|gehen(= gehen 偵察に出かける.

Kund·schaf·ter [クントシャふタァ kúnt-ʃaftər] 男 -s/- 偵察者, スパイ. (女性形: -in).

kund|tun* [クント・トゥーン kúnt-tù:n] 他 (h) 《雅》(意見など[4]を)表明(発表)する; 知らせる.

künf·tig [キュンふティヒ kýnftıç] I 形 《付加語としてのみ》 将来の, 来たるべき, 未来の. (英)

future). die *künftige* Generation 次の世代 / seine *künftige* Frau 彼の妻となる女性. II 副 これから先, 今後, 将来. (英 *in future*). Er wird auch *künftig* mitarbeiten. 彼はこれからもいっしょに仕事をしてくれるだろう.

künf·tig·hin [キュンフティヒ・ヒン] 副 (雅) 将来, 今後, これから先.

die Kunst [クンスト kúnst] 囡 (単) -/(複) Künste [キュンステ] (3格のみ Künsten) ① 芸術, 美術. (英 *art*). die antike (moderne) *Kunst* 古代(現代)芸術 / die bildende *Kunst* 造形芸術 / die darstellende *Kunst* 舞台芸術 / die abstrakte *Kunst* 抽象美術 / die *Kunst* Beethovens ベートーヴェンの芸術 / die *Kunst*⁴ fördern 芸術を振興する.
② 技術, 技能, 技(ぎ). (英 *skill*). Redekunst 弁論術 / die ärztliche *Kunst* 医術 / die *Kunst* des Reitens [乗]馬術 / eine brotlose *Kunst* 金にならない技能(仕事) / Das ist keine *Kunst*! (口語)そんなことは朝めし前だ / Was macht der *Kunst*? (口語)(仕事の)調子はどうだい / Er ist **mit** seiner *Kunst* am Ende. 彼は万策尽きた / die schwarze (または Schwarze) *Kunst* a) 魔術, b) 印刷術.
③ 人工[のもの]. (←「自然のもの」は Natur). Das ist nur *Kunst*. (口語)それはただの作りもの(まがいもの)だ.

Kunst.. [クンスト.. kúnst..] 《名詞につける 接頭》《人工の・合成の》例: *Kunst*blume 造花 / *Kunst*harz 合成樹脂.

Kunst=aka·de·mie [クンスト・アカデミー] 囡 -/-n [..ミーエン] 美術(芸術)大学.

Kunst=aus·stel·lung [クンスト・アオスシュテるンヶ] 囡 -/-en 美術展[覧会].

Kunst·druck·pa·pier [クンストドルック・パピーァ] 田 -s/-e (印)アート[印刷]紙.

Kunst=dün·ger [クンスト・デュンガァ] 男 -s/- (農)化学肥料.

Küns·te [キュンステ] ※*Kunst* (芸術)の 複.

Küns·te·lei [キュンステらイ kynstəláí] 囡 -/-en ① (複 なし)わざとらしさ, 気取り. ② わざとらしい言動(技巧).

Kunst=fa·ser [クンスト・ファーザァ] 囡 -/-n 人造(化学)繊維, 人工ファイバー.

Kunst=feh·ler [クンスト・フェーらァ] 男 -s/- (医師の)技術ミス, 医療ミス.

kunst·fer·tig [クンスト・フェルティヒ] 形 腕のたつ, 巧みな技術を持った(職人など).

Kunst=fer·tig·keit [クンスト・フェルティヒカイト] 囡 -/ (技術的)手腕, 熟練.

Kunst=flie·ger [クンスト・ふりーガァ] 男 -s/- 曲芸(アクロバット)飛行士. (女性形: -in).

Kunst=flug [クンスト・ふるーク] 男 -[e]s/..flüge 曲芸(アクロバット)飛行.

Kunst=ge·gen·stand [クンスト・ゲーゲンシュタント] 男 -[e]s/..stände 美術品, 工芸品.

kunst=ge·recht [クンスト・ゲレヒト] 形 技術的に正しい, 専門家らしいやり方の.

Kunst=ge·schich·te [クンスト・ゲシヒテ] 囡 -/-n ① (複 なし)美術史. ② 美術史の本.

Kunst=ge·wer·be [クンスト・ゲヴェルベ] 田 -s/ [美術]工芸[品].

Kunst=glied [クンスト・グリート] 田 -[e]s/-er (医)義肢.

Kunst=griff [クンスト・グリふ] 男 -[e]s/-e 技巧, こつ; 術策, [ちょっとした]トリック.

Kunst=han·del [クンスト・ハンデる] 男 -s/ 美術品の売買.

Kunst=händ·ler [クンスト・ヘンドらァ] 男 -s/- 美術商[人]. (女性形: -in).

Kunst=hand·lung [クンスト・ハンドるンヶ] 囡 -/-en 美術品店.

Kunst=hand·werk [クンスト・ハントヴェルク] 田 -[e]s/-e [美術]工芸[品].

Kunst=harz [クンスト・ハールツ] 田 -es/-e 合成樹脂.

Kunst=ho·nig [クンスト・ホーニヒ] 男 -s/(種類:)-e 人造蜂蜜(ほう).

Kunst=ken·ner [クンスト・ケンナァ] 男 -s/- 美術(芸術)通(つう). (女性形: -in).

Kunst=kri·ti·ker [クンスト・クリーティカァ] 男 -s/- 美術評論家. (女性形: -in).

Kunst=le·der [クンスト・れーダァ] 田 -s/- 人工レザー, 人造皮革.

der **Künst·ler** [キュンストらァ kýnstlər] 男 (単2) -s/(複) - (3格のみ -n) ① 芸術家. (英 *artist*). ein bildender *Künstler* 造形芸術家 / ein genialer *Künstler* 天才的な芸術家.
② (その道の)名人, 達人. Lebens*künstler* 人生の達人 / ein *Künstler* **im** Sparen 節約の名人.

Künst·le·rin [キュンストれリン kýnstlərın] 囡 -/..rinnen (女性の)芸術家.

künst·le·risch [キュンストれリッシュ kýnstlərıʃ] 形 芸術の, 芸術的な; 芸術家の. (英 *artistic*). Er hat eine künstlerische Begabung. 彼には芸術の才能がある / Der Film ist *künstlerisch* wertvoll. この映画は芸術的に価値が高い.

Künst·ler·na·me [キュンストらァ・ナーメ] 男 -ns (3格·4格 -n)/-n 芸名, ペンネーム, 雅号.

Künst·ler·pech [キュンストらァ・ペヒ] 田 -s/ (口語·戯)ちょっとした災難, どじ.

Künst·ler·tum [キュンストらァトゥーム] 田 -s/ 芸術家精神, 芸術家気質.

künst·lich [キュンストリヒ kýnstlıç] 形 ① 人工の, 人造の; 人工的な. (英 *artificial*). (←「自然の」は natürlich). ein *künstlicher* See 人造湖 / der *künstliche* Zahn 義歯 / das *künstliche* Organ 人工臓器 / *künstliche* Atmung 人工呼吸 / *künstliche* Befruchtung 人工受精. ② わざとらしい, 不自然な, 作為的な. ein *künstliches* Lächeln 作り笑い / die Preise⁴ *künstlich* hoch|halten 値段をわざと高く保つ.

Kunst=lieb·ha·ber [クンスト・リープハーバァ] 男 -s/- 美術(芸術)愛好家. (女性形: -in).

Kunst=lied [クンスト・リート] 田 -[e]s/-er 創

作歌曲, 芸術歌曲. (⚠「民謡」は Volkslied).

kunst≈los [クンスト・ろース] 形 芸術的技巧のない, 飾り気のない.

Kunst≈ma·ler [クンスト・マーらァ] 男 -s/- 画家. (女性形: -in).

Kunst≈mär·chen [クンスト・メーァヒェン] 中 -s/- 創作童話. (⚠「民謡」は Volksmärchen).

Kunst≈pau·se [クンスト・パオゼ] 女 -/-n (演説などの)効果的な間(*). eine *Kunstpause*⁴ machen 間をおく.

kunst≈reich [クンスト・ライヒ] 形 芸術性に富んだ, 精巧な; 器用な, 巧みな.

Kunst≈samm·lung [クンスト・ザムるンク] 女 -/-en 美術品の収集, 美術コレクション.

Kunst≈schwim·men [クンスト・シュヴィンメン] 中 -s/ (スツ) シンクロナイズドスイミング.

Kunst≈sei·de [クンスト・ザイデ] 女 -/-n (織) レーヨン, 人造絹糸(ﾞﾂ), 人絹.

Kunst≈sprin·gen [クンスト・シュプリンゲン] 中 -s/ (スツ) 飛び板飛び込み.

der **Kunst≈stoff** [クンスト・シュトフ kúnst-ʃtɔf] 男 (単2) -[e]s/(複) -e (3格のみ -en) プラスチック, 合成樹脂 (=Plastik). (英 *plastic*). Geschirr aus *Kunststoff* プラスチックの食器.

Kunst≈stoff≈müll [クンストシュトフ・ミュる] 男 -s/ プラスチックごみ.

Kunst≈stück [クンスト・シュテュック] 中 -[e]s/-e 芸当, 曲芸, 手品. 人³ ein *Kunststück*⁴ zeigen 人³に芸当を見せる / Das ist kein *Kunststück*. 《口語》それはたやすいことだ.

Kunst≈tur·nen [クンスト・トゥルネン] 中 -s/ (競技種目としての)体操.

Kunst≈ver·stand [クンスト・フェアシュタント] 男 -[e]s/ 芸術に対する理解力, 芸術的センス.

kunst≈voll [クンスト・フォる] 形 芸術性に富んだ; 巧妙な, 精巧な.

das **Kunst≈werk** [クンスト・ヴェルク kúnst-vɛrk] 中 (単2) -[e]s/(複) -e (3格のみ -en) 芸術作品; 精巧な作品. die antiken *Kunstwerke* 古代の芸術作品 / Dieser Garten ist ja ein *Kunstwerk*! この庭園はまさに芸術品だ.

Kunst≈wis·sen·schaft [クンスト・ヴィッセンシャふト] 女 -/ (造形)芸術学.

Kunst≈wort [クンスト・ヴォルト] 中 -[e]s/..wörter (言) [新]造語 (例: Automobil「自動車」; Soziologie「社会学」. ギリシア語・ラテン語から作られた学術・技術用語が多い).

kun·ter·bunt [クンタァ・ブント] 形 多彩な, カラフルな; ひどく乱雑な. ein *kunterbuntes* Programm 多彩なプログラム.

das **Kup·fer** [クプふァ kúpfər] 中 (単2) -s/(複) - (3格のみ -n) ① 〖複なし〗銅. (英 *copper*). (記号: Cu). ein Kessel aus *Kupfer* 銅製のやかん. ② 〖複なし〗銅製品, 銅器; 銅貨. das *Kupfer*⁴ polieren 銅器を磨く. ③ 銅版画 (=*Kupfer*stich).

Kup·fer≈draht [クプふァ・ドラート] 男 -[e]s/

..drähte 銅線.

Kup·fer≈druck [クプふァ・ドルック] 男 -[e]s/-e ① 〖複なし〗銅版印刷. ② 銅版画.

Kup·fer≈mün·ze [クプふァ・ミュンツェ] 女 -/-n 銅貨.

kup·fern [クプふァン kúpfərn] 形 ①〖付加語としてのみ〗銅[製]の. eine *kupferne* Kanne 銅製のポット. ② 銅のような, 銅色の.

kup·fer≈rot [クプふァ・ロート] 形 赤銅色の.

Kup·fer≈schmied [クプふァ・シュミート] 男 -[e]s/-e 銅(非鉄金属)加工職人. (女性形: -in).

Kup·fer≈ste·cher [クプふァ・シュテッヒァァ] 男 -s/- 銅版(エッチング)画家, 銅版彫刻家. (女性形: -in).

Kup·fer≈stich [クプふァ・シュティヒ] 男 -[e]s/-e ① 〖複なし〗銅版彫刻[術], 銅版画作法. ② 銅版画.

ku·pie·ren [クピーレン kupíːrən] 他 (h) (犬の尾・鳥の翼など⁴を)切って短くする.

Ku·pon [クポン kupõː] (=Coupon) [クポ] 男 -s/-s ① クーポン[券] (切り取り式の切符). ② 《経》利札, 配当券.

Kup·pe [クッペ kúpə] 女 -/-n 丸い山頂; 指の頭.

Kup·pel [クッペる kúpəl] 女 -/-n (建) 丸屋根, 丸天井. (⇨ Dach 図 / ⇨「建築様式 (4)」, 1745 ページ).

Kup·pe·lei [クッペらイ kupəlái] 女 -/-en 婚姻(性交渉)の仲介; 《法》売春の斡旋(ｱﾂ), 青少年[へ]のいん行斡旋.

kup·peln [クッペるン kúpəln] I 他 (h) (車両などⁿを)連結する, 接続する. II 自 (h) (自動車の)クラッチをつなぐ.

Kupp·ler [クプラァ kúplər] 男 -s/- 売春の仲介人. (女性形: -in).

Kupp·lung [クプるング] 女 -/-en ① 〖複なし〗(鉄道) 連結, 接続. ② (車両の)連結器; 《工》継ぎ手. ③ (自動車のクラッチ[ペダル]. die *Kupplung*⁴ treten クラッチペダルを踏む.

Kupp·lungs≈pe·dal [クプるングス・ペダーる] 中 -s/-e (工) (自動車の)クラッチペダル.

die **Kur** [クーァ kúːr] 女 (単) -/(複) -en (長期にわたる)治療, 療法, (保養地での)療養, 湯治. (英 *cure*). eine *Kur*⁴ machen (継続的な療法による)治療を受ける / **auf** *Kur* sein 保養中 / **in** *Kur* gehen 保養に行く / 人⁴ in die *Kur* nehmen 《口語》人⁴に説教する, 人⁴をとがめる / Wohin fahren Sie **zur** *Kur*? どちらへ保養に行かれますか.

Kür [キューァ kýːr] 女 -/-en (スツ) (体操・フィギュアスケートなどの)自由演技. (⚠「規定演技」は Pflicht).

Kur≈an·la·ge [クーァ・アンらーゲ] 女 -/-n 保養地の施設.

Ku·ra·tel [クラテーる kuratéːl] 女 -/-en (法) 後見. **unter** *Kuratel* stehen 後見されている.

Ku·ra·tor [クラートァ kuráːtɔr] 男 [クラトーレン] (財団などの)管理者; (大学の)管財

Ku·ra·to·ri·um [クラトーリウム kurató:rium] 中 -s/..rien [..リエン] (財団などの)管理委員会;(大学の)管財局.

Kur·bel [クルベル kúrbəl] 女 -/-n《工》クランク,(クランク型の)ハンドル.

Kur·bel·ge·häu·se [クルベル・ゲホイゼ] 中 -s/-《自動車》(エンジンの)クランクケース.

kur·beln [クルベルン kúrbəln] I 自 (h, s) ① (h) クランクを回す,(クランク式の)ハンドルを回す. ② (s, h)《口語》旋回する. II 他 (h) ①(クランクを回して)巻き上げる.

Kur·bel·wel·le [クルベル・ヴェレ] 女 -/-n《工》クランクシャフト.

Kür·bis [キュルビス kýrbɪs] 男 ..bisses/..bisse《植》カボチャ.

Kur·de [クルデ kúrdə] 男 -n/-n クルド人.(女性形: Kurdin).

Kur·dis·tan [クルディスターン kúrdɪsta:n または ..タン] 中 -s/ クルディスタン(クルド人居住地).

ku·ren [クーレン kú:rən] 自 (h)《口語》療養する,保養する.

kü·ren(*) [キューレン ký:rən] (kürte, hat...gekürt (古: kor, hat...gekoren)) 他 (h)《雅》選ぶ. 人[4] **zum** Kaiser küren 人[4]を皇帝に選出する.

Kur·fürst [クーァ・フュルスト] 男 -en/-en《史》選帝(選挙)侯(神聖ローマ帝国皇帝を選定する資格を持っていた領主).(女性形: -in).

Kur·fürs·ten·damm [クーァフュルステン・ダム kú:rfyrstən-dám] 男 -[e]s/《地名》クーアフュルステン・ダム(ベルリンの目抜き通り.通称は クーダム Ku'damm).

Kur·fürs·ten·tum [クーァフュルステントゥーム] 中 -s/..tümer《史》選帝(選挙)侯国.

kur·fürst·lich [クーァフュルストリヒ] 形《付加語としてのみ》《史》選帝(選挙)侯の.

Kur·gast [クーァ・ガスト] 男 -[e]s/..gäste 療養客,湯治客.

Kur·haus [クーァ・ハオス] 中 -es/..häuser (療養設備の整った)保養センター,クアハウス.

Ku·rie [クーリエ kú:riə] 女 -/-n (Ꭱꞌꜩꝗꜩꝗꜩ)教皇庁. die römische Kurie ローマ教皇庁.

Ku·rier [クリーァ kuríːr] 男 -s/-e (特に外交上の)使者,急使;(新聞名として:)新報.(女性形: -in).

ku·rie·ren [クリーレン kurí:rən] 他 (h) (病人・病気[4]を)治す,治療する;《口語・比》(人[4]を偏見などから)改めさせる. Er hat seine Grippe mit Rum kuriert. 彼はラム酒を飲んで流感を治した / 人[4] **von** einer Krankheit kurieren 人[4]の病気を治す / 人[4] **von** seinen Illusionen kurieren 人[4]を幻想から覚ます / Davon bin ich gründlich kuriert.《状態受動・現在》それは私は完全に卒業しました(もうこりごりです).

die **Ku·ri·len** [クリーレン kurí:lən] 複《定冠詞とともに》《島名》千島列島.

ku·ri·os [クリオース kurió:s] 形 奇妙な,風変わりな,珍しい. eine kuriose Idee 妙な考え.

Ku·ri·o·si·tät [クリオズィテート kuriozité:t] 女 -/-en ①《複 なし》奇妙さ,風変わり,珍奇. ② 珍品.

Ku·ri·o·sum [クリオーズム kurió:zum] 中 -s/..riosa 珍しい事(物).

Kur·ort [クーァ・オルト] 男 -[e]s/-e 保養地,療養地,リゾート.

Kur·pfu·scher [クーァ・プフッシャァ] 男 -s/-《法》無免許医;《口語》やぶ医者.(女性形: -in).

Kur·pfu·sche·rei [クーァプフッシェライ] 女 -/-en 無免許の医療行為.

der **Kurs** [クルス kúrs] 男 (単2) -es/(複) -e (3格のみ -en) ① (船・飛行機などの)針路,航路,進路;(競技の)コース,走路;《比》(政治などの)路線.(英 course). den Kurs ändern (halten) コースを変える(保つ) / Kurs[4] auf Hamburg nehmen ハンブルクへのコースをとる / Das Flugzeug geht **auf** Kurs. この飛行機は規定の航路を飛行している / **vom** Kurs ab|kommen (または ab|weichen) コースからはずれる
② 講習[会],コース,講座;講習会参加者. Sprachkurs 語学講座 / ein Kurs für Anfänger 初級者コース / einen Kurs **in** Deutsch besuchen ドイツ語講座に通う.
③《経》相場;(貨幣などの)流通. Der Kurs des Yen steigt. 円相場が上がる / 物[4] **außer** Kurs setzen 物[4]を無効とする / 人[4] **außer** Kurs setzen《比》人[4]を解任する / hoch **im** Kurs stehen a) 相場が高い, b)《比》高く評価されている.

Kurs·buch [クルス・ブーフ] 中 -[e]s/..bücher (列車・バスなどの)時刻表.

Kur·schat·ten [クーァ・シャッテン] 男 -s/-《口語・戯》保養地で親しくなった異性.

Kürsch·ner [キュルシュナァ kýrʃnər] 男 -s/- 毛皮加工職人.(女性形: -in).

Kur·se [クルゼ] *Kurs (進路), Kursus (講習) の複.

kur·sie·ren [クルズィーレン kurzí:rən] 自 (h, s)(貨幣などが)流通している;《比》(うわさなどが)広まっている. Es kursiert das Gerücht, dass... …といううわさが広まっている.

kur·siv [クルズィーフ kurzí:f] 形《印》イタリック体の,斜字体の.

Kur·siv·schrift [クルズィーフ・シュリフト] 女 -/《印》イタリック体[の文字].

kur·so·risch [クルゾーリッシュ kurzó:rɪʃ] 形 一とおりの;大まかな,細部に立ち入らない.

Kurs·schwan·kung [クルス・シュヴァンクング] 女 -/-en《経》《株式》相場の変動.

Kurs·sturz [クルス・シュトゥルツ] 男 -es/..stürze《経》《株式》相場の暴落.

Kur·sus [クルズス kúrzus] 男 -/Kurse 講習[会];講座;(総称として:)受講者. **an** einem Kursus teil|nehmen 講習に参加する.

Kurs·wa·gen [クルス・ヴァーゲン] 男 -s/-《鉄道》直通車両(途中で他の列車に連結されて,目的地まで乗り換える必要のない車両).

Kurs｜wert [クルス・ヴェーァト] 男 -[e]s/-e 《経》(株式の)市場価格.

Kurs｜zet･tel [クルス・ツェッテる] 男 -s/- 《経》株式相場表.

Kurt [クルト kúrt] -s/ 《男名》クルト (Konrad の 短縮).

Kur･ta･xe [クーァ・タクセ] 安 -/-n (保養地での)療養施設利用税.

Kur･ti･sa･ne [クルティザーネ kurtizá:nə] 安 -/-n (昔の:)(王侯貴族の)愛人; 高級売春婦.

die **Kur･ve** [クルヴェ kúrvə または ..ふェ..fə] 安 (単) -/(複) -n ① (道路などの)カーブ; (数) 曲線. (英 curve). S-*Kurve* S字形カーブ / eine scharfe *Kurve* 急カーブ / eine *Kurve*⁴ zeichnen 曲線を描く / eine *Kurve*⁴ schneiden (自動車などが)カーブの内側の車線を横切る / Die Skiläufer fahren **in** *Kurven* zu Tal. スキーヤーたちはジグザグに曲がりながら谷へ滑り下りる / die *Kurve*⁴ kratzen《俗》すばやく逃げる / die *Kurve*⁴ kriegen《俗》どうにか切り抜ける / die *Kurve*⁴ heraus|haben《俗》こつを心得ている. ②《関》で》《口語》(女性の)ボディーライン.

kur･ven [クルヴェン kúrvən または ..ふェン..fən] 自 (s) ①(…へ)カーブする, カーブを描いて進む(飛ぶ). Der Bus *kurvte* **um** die Ecke. バスは角を回った. ②《口語》(乗り物で)あちこち走り回る.

kur･ven｜reich [クルヴェン・ライヒ] 形 ① カーブの多い, 曲がりくねった. ②《口語》《戯》(女性の)ボディーラインのみごとな.

kur･vig [クルヴィヒ kúrvıç] 形 カーブのある, 曲がりくねった(道路など).

die **kurz** [クルツ kúrts]

> 短い Der Mantel ist mir zu *kurz*.
> デァ マンテる イスト ミァ ツー クルツ
> このコートは私には短すぎる.

形 (比較) kürzer, (最上) kürzest) ①《空間的に》短い, (距離が)近い. (英 short). (⇔「長い」は lang). *kurze* Haare 短い髪 / Sie trägt gern *kurze* Röcke. 彼女は短いスカートが好きだ / *kurze* Strecken⁴ laufen (短距離) 短距離を走る / Sie trägt das Haar *kurz* [geschnitten]. 彼女は髪をショートカットにしている / *kurz* treten 小さな歩幅で進む / alles⁴ *kurz* und klein schlagen《口語》何もかもこなごなに打ち壊す / zu *kurz* kommen 人よりも取り分が少ない / *kurz* davor すぐその前に / *kurz* hinter dem Bahnhof 駅のすぐ後ろで.
②《時間的に》短い, 短期の. (⇔「長期の」は lang). ein *kurzer* Besuch 短時間の訪問 / Die Zeit ist zu *kurz*. 時間が短すぎる / Er hat ein *kurzes* Gedächtnis.《口語》彼は物覚えが悪い / einen *kurzen* Blick auf 人⁴ werfen 人⁴をちらっと見る / die Arbeit⁴ *kurz* unterbrechen 仕事をちょっと中断する / Der Bus fährt *kurz* vor drei Uhr. バスは3時ちょっと前に出ます / *kurz* nach Mitternacht 真夜中をちょっと過ぎた時に / *kurz* zuvor つい今しがた / *kurz* darauf そのすぐ後に.
◇《前置詞とともに; 名詞的に》**binnen** *kurzem* (または *Kurzem*) 短時間のうちに, じきに / **seit** *kurzem* (または *Kurzem*) 少し前から / **über** *kurz* oder lang 遅かれ早かれ, そのうちに / **vor** *kurzem* (または *Kurzem*) 少し前に, 最近 / **bis vor** *kurzem* (または *Kurzem*) 少し前まで. (☞ 類語 kürzlich).
③ 簡潔な, 手短な, そっけない, 無愛想な. eine *kurze* Antwort 簡潔な回答 / Sie war heute sehr *kurz* zu mir. 彼女はきょうは私にひどくそっけなかった / *kurz* [gesagt] ... つまり…, 要するに… / um es *kurz* zu sagen 手短に言えば / *kurz* und bündig 簡潔に / *kurz* und gut 要するに / *kurz* und schmerzlos《口語》ためらわずに, すばやく / einen Text *kurz* fassen (または *kurz*|fassen) 文章を短縮する / 人⁴ *kurz* ab|fertigen 人⁴をそっけなくあしらう / *kurz* angebunden sein つっけんどんである.

▶ **kurz｜gefasst, kurz｜machen, kurz｜schneiden**

Kurz｜ar･beit [クルツ・アルバイト] 安 -/ 時間短縮勤務, 操業短縮.

kurz｜ar･bei･ten [クルツ・アルバイテン kúrtsàrbaıtən] 自 (h) 時間短縮勤務をする.

kurz｜är･me･lig [クルツ・エルメりヒ] 形 袖(そで)の短い, 半袖の.

kurz｜ärm･lig [クルツ・エルムりヒ] 形 = kurzärmelig

kurz｜at･mig [クルツ・アートミヒ] 形 呼吸困難の; 《医》呼吸促迫の.

die **Kür･ze** [キュルツェ kýrtsə] 安 (単) -/(複) -n (「関なし》①《関なし》(空間的に)短さ. (⇔《英》shortness). (⇔「長さ」は Länge). die *Kürze* des Haars 髪の短さ. ②(時間的な)短さ. die *Kürze* der Zeit² 時間の短さ / **in** *Kürze* 間もなく. ③《関なし》簡潔さ, 簡略. *Kürze* des Ausdrucks 表現の簡潔さ / 事⁴ **in aller** *Kürze* berichten 事⁴をごく手短に報告する / In der *Kürze* liegt die Würze. (諺) 簡潔さの中にこそ味わいがある. ④《詩学》短音節.

Kür･zel [キュルツェる kýrtsəl] 中 -s/- 速記記号; 略語, 略号.

kür･zen [キュルツェン kýrtsən] du kürzt (kürzte, hat ... gekürzt) 他 (完了 haben) ① 短くする, 縮める; (論文など⁴を)短縮する. (⇔《英》shorten). einen Rock **um** 3 Zentimeter *kürzen* スカートを3センチ短くする / die Pause² *kürzen* 休憩時間を短縮する / ein Manuskript⁴ *kürzen* 原稿を縮める / einen Bruch *kürzen*《数》約分する. ②(賃金など⁴を)減らす. 人³ das Gehalt⁴ *kürzen* 人³の給料をカットする / den Etat *kürzen* 予算を削減する.

kür･zer [キュルツァァ kýrtsər] (≒kurz の 比較) より短い; 比較的短い, かなり短い. Diese Strecke ist *kürzer*. この路線の方が近道だ / *kürzere* Arbeitszeiten より短い労働時間だ / Er war für *kürzere* Zeit verreist. 彼は

しばらく旅行に出ていた. ◇《名詞的に》den *Kürzeren* ziehen《口語》形成不利となる, 負ける.

kur·zer·hand [クルツァァ・ハント] 副 即座に, さっさと. eine Bitte⁴ *kurzerhand* ab|lehnen 頼みをあっさり拒否する.

kür·zest [キュルツェスト kýrtsəst] (‡ kurz の最上) 形 最も短い. der *kürzeste* Weg zum Bahnhof 駅へのいちばんの近道 / 甲⁴ auf dem *kürzesten* Wege erledigen 甲⁴をできるだけ早く片づける / in *kürzester* Frist 早急に.

kurz=fris·tig [クルツ・ふリスティヒ] 形 ① 突然の, 直前になっての. 甲⁴ *kurzfristig* ab|sagen 甲⁴を急にとり消す. ② 短期[間]の. *kurzfristige* Verträge 短期契約. ③ 早急の.

kurz=ge·fasst, kurz ge·fasst [クルツ・ゲふァスト] 手短かな, 要約した.

Kurz=ge·schich·te [クルツ・ゲシヒテ] 囡 –/ –n《文学》ショートストーリー, 短編小説.

kurz|hal·ten* [クルツ・ハるテン kúrts-hàltən] 他 (h)《口語》(教育的理由から甲⁴に)お金(食事)をあまり与えない.

kurz=le·big [クルツ・れービヒ] 形 ① (動植物が)短命な. ② 一時的な(流行など); (器具などが)寿命の短い, 長持ちしない.

kürz·lich [キュルツリヒ kýrtsliç] 副 最近, 近ごろ, 先日. (英 recently). Ich habe ihn *kürzlich* getroffen. 私は最近彼に会いました. 類語 kürzlich: (数日または数週間を念頭において)最近. vor kurzem: 少し前に(この「少し」は, ほんの2·3時間から数日にまでおよんでいる). neulich: (まだ記憶に新しい特定の時点を示して)この間, 先日. Ich war *neulich* im Theater. 私はこの間芝居を見に行った. vorhin: つい今しがた.

kurz|ma·chen, kurz ma·chen [クルツ・マッヘン kúrts-màxən] 他 (h)《es を目的語として成句的に》es⁴ *kurzmachen* 手短かにする, 簡潔にする.

kurz|schlie·ßen* [クルツ・シュりーセン kúrts-ʃliːsən] 他 (h) (回路など⁴を)ショート(短絡)させる. ◇《再帰的に》*sich*⁴ mit 甲³ *kurzschließen* 甲³と簡単な打ち合わせをする.

Kurz=schluss [クルツ・シュるス] 男 –es/..schlüsse《電》ショート, 短絡,《比》(思考の)短絡, 早まった推論.

Kurz·schluss=hand·lung [クルツシュるス・ハンドるング] 囡 短絡的(感情的)行動.

kurz|schnei·den*, kurz schnei·den* [クルツ・シュナイデン kúrts-ʃnàɪdən] 他 (h) 短く切る.

Kurz=schrift [クルツ・シュリふト] 囡 –/ –en 速記[術] (=Stenografie).

kurz=sich·tig [クルツ・ズィヒティヒ] 形 ① 《医》近視の. (☞「遠視」は weitsichtig). ② 《比》近視眼的な, 先見の明のない.

Kurz=sich·tig·keit [クルツ・ズィヒティヒカイト] 囡 –/ ① 《医》近視. (☞「遠視」は Weitsichtigkeit). ② 《比》短見, 先見の明のなさ.

Kurz=stre·cken=lauf [クルツシュトレッケン・らふ] 男 –[e]s/..läufe《スポ》短距離競走.

Kurz·stre·cken=läu·fer [クルツシュトレッケン・ろイふァア] 男 –s/–《スポ》短距離ランナー. (女性形: –in).

Kurz·stre·cken=ra·ke·te [クルツシュトレッケン・ラケーテ] 囡 –/–n《軍》短距離ミサイル.

kürz·te [キュルツテ] (kürzen〈短くする〉の過去)

kurz|tre·ten* [クルツ・トレーテン kúrts-trèːtən] 自 (h, s)《口語》(活動を控えめにする); 切り詰めた生活をする.

kurz·um [クルツ・ウム] 副 要するに, つまり.

Kür·zung [キュルツンク] 囡 –/–en 短縮; 要約; (賃金などの)カット, 削減.

Kurz=wa·ren [クルツ・ヴァーレン] 榎 裁縫用品(針・ボタンなど).

Kurz=weil [クルツ・ヴァイる] 囡 –/ 退屈しのぎ, 気晴らし, 時間つぶし. 甲⁴ zur (または aus) *Kurzweil* machen 退屈しのぎに甲⁴をする.

kurz=wei·lig [クルツ・ヴァイリヒ] 形 退屈しのぎになる, 気晴らしになる, おもしろい. (☞「退屈な」は langweilig).

Kurz=wel·le [クルツ・ヴェれ] 囡 –/–n《物·放送》短波. (☞「長波」は Langwelle).

Kurz=wort [クルツ・ヴォるト] 田 –[e]s/..wörter《言》短縮語(例: Mofa←Motorfahrrad).

kurz=zei·tig [クルツ・ツァイティヒ] 形 短時間の, 短期間の, 一時的な.

kusch! [クッシュ kúʃ] 間 ① (犬に向かって:) 伏せ, 静かに, しっ! ② 《ﾂﾂ゙・俗》(人に向かって:) 黙れ!

ku·scheln [クッシェるン kúʃəln] 再帰 (h) *sich*⁴ *kuscheln* ① 《*sich*⁴ an 甲⁴ ~》(甲⁴に)ぴったり身を寄せる. ② 《*sich*⁴ in 甲⁴ ~》(甲⁴に)もぐり込む. *sich*⁴ ins Bett *kuscheln* ベッドにもぐり込む.

ku·schen [クッシェン kúʃən] 自 (h) ① (犬が)伏せをする. ② (人が)おとなしく従う. vor 甲³ *kuschen* 甲³に頭が上がらない.

die **Ku·si·ne** [クズィーネ kuzíːnə] 囡 (単) –/ (複) –n (女性の)いとこ, 従姉妹 (=Cousine). (英 [female] cousin). (☞「従兄弟」は Vetter).

der **Kuss** [クス kús] 男 (単2) –es/(複) Küsse [キュッセ] (3格のみ Küssen) キス, 口づけ. (英 kiss). Handkuss 手の甲へのキス / ein zarter *Kuss* 優しいキス / 甲³ einen *Kuss* auf den Mund (die Stirn) geben 甲³の口(額)にキスをする / *Küsse*⁴ mit 甲³ tauschen 甲³とキスを交わす.

Kuß [クス] Kuss の古い形 (☞ daß☞).

Küs·se [キュッセ] *Kuss (キス)の複

kuss=echt [クス・エヒト] 形 キスしても色の落ちない(口紅など).

* **küs·sen** [キュッセン kýsən] du küsst, er küsst (küsste, *hat* ... geküsst) 他 (完了 haben)《4格とともに》(人·物⁴に)キスする, 口づけする. (英 kiss). Er *küsste* seine Freundin. 彼は恋人にキスした / Sie *küsste* das Kind **auf** die Stirn. 彼女は子供のおでこにキスした / einer Dame³ die Hand⁴ *küssen* 婦人の手にキスする / ein Foto⁴ *küssen* 写真にキスする.

◇《相互的に》Sie *küssten sich*⁴ stürmisch. 彼らは激しくキスを交わした.

Kuss≠hand [クス・ハント] 囡 -/..hände 投げキス. 人³ eine *Kusshand*⁴ zu|werfen 人³に投げキスを送る / 人・物⁴ mit *Kusshand* nehmen 《口語》人・物⁴を大喜びで受け取る(受け入れる).

küsst [キュスト] *küssen (キスする)の2人称単数・3人称単数・2人称親称複数 直在

küss·te [キュステ] *küssen (キスする)の 過去

*die **Küs·te** [キュステ kýstə] 囡 -(単)/-(複) -n 海岸, 浜辺; 沿岸[地域]. (英 *coast*). die felsige *Küste* 岩の多い海岸 / an der *Küste* entlang|fahren 沿岸を航行(走行)する.

Küs·ten≠fi·sche·rei [キュステン・フィッシェライ] 囡 -/ 沿岸漁業, 近海漁業.

Küs·ten≠ge·wäs·ser [キュステン・ゲヴェッサァ] 田 -s/- 《政》沿岸海域, 領海.

Küs·ten≠schiff·fahrt [キュステン・シふふァールト] 囡 -/ 沿岸航行.

Küs·ten≠schutz [キュステン・シュッツ] 男 -es/ (海浜の)護岸のための対策・造成].

Küs·ten≠strei·fen [キュステン・シュトライふェン] 男 -s/- (細長い)沿岸地域.

Küs·ten≠wa·che [キュステン・ヴァッヘ] 囡 -/-n 沿岸警備[隊].

Küs·ter [キュスタァ kýstər] 男 -s/- 教会の用務員, 寺男. (女性形: -in).

Kus·tos [クストス kústɔs] 男 -/..toden [..トーデン] (博物館などの)学芸員, 収蔵品責任者.

Kutsch≠bock [クッチュ・ボック] 男 -[e]s/..böcke (馬車の)御者台.

Kut·sche [クッチェ kútʃə] 囡 -/-n ① (昔の:)客馬車, 乗合馬車. eine zweispännige *Kutsche* 二頭立ての馬車. ②《俗・戯》(大きな)おんぼろ車.

Kut·scher [クッチャァ kútʃər] 男 -s/- (馬車の)御者. (女性形: -in).

kut·schie·ren [クチーレン kutʃíːrən] I 自 (s) (…へ)馬車で行く;《口語》(乗り物で…へ)行く(走る). II 他 (h) ① (人・物⁴を…へ)馬車で運ぶ(連れて行く);《口語》(人・物⁴を車などで…へ)運ぶ(連れて行く). ②《馬車⁴を)御する;《口語》(車など⁴を)運転する.

Kut·te [クッテ kútə] 囡 -/-n 修道服, 僧衣; (若者言葉:)[フード付き]コート, パーカ.

Kut·tel [クッテル kútəl] 囡 -/-n 《ふつう 複》《南ドッ・オーストリ・スイス》(特に牛の)内臓, 臓物 (=Kaldaunen).

Kut·ter [クッタァ kútər] 男 -s/- 《海》① 1本マストの帆船; (エンジン付きの)小型漁船. ② (軍艦などに載せる)小艇.

Ku·vert [クヴェーァ kuvéːr または クヴェルト kuvért] [訳] 田 -s/-s (ドイツ式発音のとき: -[e]s/-e) 《方》封筒 (=Briefumschlag).

Ku·wait [クヴァイト kuvárt または クー..] 田 -s/ 《国名》クウェート[国](首都はクウェート).

KV [ケッヒェる・ふェアツァイヒニス] 《略》ケッヘル番号 (モーツァルトの作品番号). (=**Köchelverzeichnis**).

kW [キーろ・ヴァット または キろ・ヴァット] 《記号》キロワット (=Kilowatt).

KW [カー・ヴェー] 《略》短波 (=Kurzwelle).

kWh [キろヴァット・シュトゥンデ] 《記号》キロワット時 (=Kilowattstunde).

Ky·ber·ne·tik [キュベルネーティク kybernéːtɪk] 囡 -/ サイバネティックス(アメリカの数学者N・ウィーナー 1894-1964 が提唱した総合情報科学).

ky·ber·ne·tisch [キュベルネーティッシュ kybɛrnéːtɪʃ] 形 サイバネティックスの.

Ky·rie elei·son! [キューリエ エらイゾン kýːriə eláɪzɔn または …エれーイゾン …eléːizɔn] 間 《キ教》(祈祷語):主よあわれみたまえ, キリエ・エレイソン.

ky·ril·lisch [キュリリッシュ kyrílɪʃ] 形 キリル [文字]の. die *kyrillische* Schrift キリル文字. (ギリシア文字から作られ, 今日のロシア文字などの基礎になっている).

KZ [カー・ツェット] 田 -[s]/-[s] 《略》(ナチスの)強制収容所 (=Konzentrationslager).

L l

l¹, L¹ [エる él] 囲 -/- エル (ドイツ語アルファベットの第12字).

l² [リータァ または リッタァ] 《記号》リットル (= Liter).

L² [ヒュンフツィヒ] (ローマ数字の) 50.

l. [リース] ① 〔リース〕(…と読むこと (= lies!). ② 〔リンクス〕左に (= links).

L. [リーラ] 《略》リラ (イタリアの旧通貨単位) (= Lira).

La [エる・アー] 《化・記号》ランタン (= Lanthan).

Lab [らープ láːp] 囲 -[e]s/-e 《生化》レンニン (凝乳酵素).

La·be [らーベ láːbə] 囡 -/ 《詩》元気づける(気分をさわやかにする)もの (= Labsal).

La·bel [れーベる léːbəl] 〔英〕囲 -s/-s ① (商品などに付ける)ラベル. ② レコード (CD) 会社.

la·ben [らーベン láːbən] I 再動 (h) 〖sich⁴ an (または mit) 物³ ~〗《雅》(物³(飲食物などで) 元気を回復する, さわやかな気分になる. II 他 (h) 〖人⁴ mit 物³ ~〗《雅》(人⁴を物³(飲食物などで)元気づける, さわやかな気分にさせる. ◇〔現在分詞の形で〕ein *labender* Trunk 清涼飲料.

la·bern [らーバァン láːbərn] 自 (h) 《口語》(くだらないことを)ぺらぺらしゃべる; おしゃべりをする.

la·bi·al [らビアーる labiáːl] 形 《医》唇の; 《言》唇音の.

la·bil [らビーる labíːl] 形 不安定な; 《医》病気になりやすい; 《心》情緒不安定な. (◇→「安定した」stabil). eine *labile* Gesundheit 不安定な健康状態.

La·bi·li·tät [らビリテート labilitéːt] 囡 -/-en 《ふつう囲》不安定; 変わりやすさ.

Lab·kraut [らープ・クらオト] 囲 -[e]s/-kräuter 《植》ヤエムグラ属.

Lab≈ma·gen [らープ・マーゲン] 囲 -s/-..mägen 《動》(反芻(はんすう)動物の)皺胃(しゅうい).

La·bor [らボーァ labóːr] 囲 -s/-s (または -e) 実験(研究)室 (= *Laboratorium*). ein chemisches *Labor* 化学実験室.

La·bo·rant [らボラント laboránt] 囲 -en/-en 実験助手. (女性形: -in).

La·bo·ra·to·ri·um [らボラトーリウム laboratóːrium] 囲 -s/-..rien (自然科学の)実験室, 研究室 (略: Labor).

la·bo·rie·ren [らボリーレン laboríːrən] 自 (h) 《口語》(病気・仕事などで)苦しむ, 苦労する. an einer Krankheit *laborieren* 病気で苦しんでいる.

Lab·sal [らープザーる láːpza:l] 〔南ド・オーストリア〕囡 -/-e 《雅》元気づける(気分をさわやかにする)もの. Der Urlaub war ein wahres *Labsal*. 休暇は実にいい休養になった.

Labs≈kaus [らプス・カオス] 囲 -/ 《料理》ラプスカウス (こま切れの塩漬け牛肉・じゃがいも・たまねぎ・にしんなどを煮込んだ料理).

La·by·rinth [らビュリント labyrínt] 囲 -[e]s/-e ① 《ギリシャ神》ラビュリントス; 《比》迷宮, 迷路. sich⁴ in einem *Labyrinth* verirren 迷宮に迷う. ② 《医》(内耳の)迷路.

La·che¹ [らッヘ láxə] 囡 -/-n 水たまり; (こぼれた)液体のたまり.

La·che² [らッヘ láxə] 囡 -/-n 《ふつう囲》《口語》(短い)笑い声; 笑い方. eine laute *Lache* 高笑い.

***lä·cheln** [れッヒェるン léçəln] ich lächle (lächelte, *hat* ... gelächelt) 自 (h) ① **ほほえむ**, 微笑する. (英 smile). freundlich *lächeln* 愛想よくほほえむ / Er *lächelte* kühl. 彼は冷ややかな笑いを浮かべた / Das Glück *lächelte* ihm. 幸運が彼に向かってきた(←ほほえみかけた). (◇→類語 lachen).

② 〖über 人・事⁴ ~〗(人・事⁴を)鼻で笑う, ちゃかす, まじめにとり合わない. Darüber *kann* man nur *lächeln*. それはとても本気にできない.

◇〔→ *lächelnd*〕

Lä·cheln [れッヒェるン] 囲 -s/ ほほえみ, 微笑. mit einem *Lächeln* ほほえみを浮かべて / Für dieses Angebot hatte sie nur ein müdes *Lächeln*. 《口語》この申し出に彼女はまったく興味を示さなかった.

lä·chelnd [れッヒェるント] *lächeln* (ほほえむ)の現分. 《成句的に》kalt *lächelnd* 冷笑を浮かべて, 少しの同情もなく.

lä·chel·te [れッヒェるテ] *lächeln* (ほほえむ)の過去.

***la·chen** [らッヘン láxən]

> 笑う Er *lacht* laut.
> エァ らッハト らオト
> 彼は大声で笑う.

(lachte, *hat* ... gelacht) I 自 (完了 haben) 笑う. (英 laugh). (◇←「泣く」は weinen). laut (leise) *lachen* 大声で(小声で)笑う / Er *lacht* aus vollem Halse. 彼は大声をあげて笑う / über das ganze Gesicht *lachen* 満面に笑みをたたえる / Da gibt es nichts zu *lachen*. これは笑い事ではないんだぞ / Du *hast* (または *kannst*) gut *lachen*. (他人事だから)君は笑っていられるさ / Dass ich nicht *lache*! ばかばかしい, 笑っちゃうよ / Wer zuletzt *lacht*, *lacht* am besten. 《ことわざ》最後に笑う者が最もよく笑う / Die Sonne (Der Himmel) *lacht*. 《比》いい天気だ(←太陽(空)が笑っている).

◇〔現在分詞の形で〕Er war der *lachende*

Dritte. 彼が漁夫の利を占めた(←笑う第三者だった).

◊《成句的に》Er *lachte* sein helles Lachen. 彼は朗らかに笑った / Tränen⁴ *lachen* 涙が出るほど笑う.

② 〘**über** 人·物⁴ ~〙(人·物⁴のことを)笑う; あざけり笑う. über einen Witz *lachen* ジョークを聞いて笑う / Alle Kollegen *lachen* über ihn. 同僚たちはみんな彼をあざ笑う.

II 再帰 (完了 haben) *sich*⁴ *lachen* (…になるほど)笑う. *sich*⁴ zu Tode *lachen* 死ぬほど笑う / *sich*³ eins *lachen* ひとりでよく笑む.

類語 **lachen**: 「笑う」の意味で最も一般的な語. **lächeln**: ほほえむ, 微笑する. **kichern**: くすくす笑う, しのび笑いをする. **grinsen**: にやにや笑う, にやにやする.

La·chen [らッヘン] 中 -s/ 笑い[声]. ein heimliches *Lachen* ほくそ笑み / 人⁴ **zum** *Lachen* bringen 人⁴を笑わせる / Das ist ja zum *Lachen*. 《口語》そいつはお笑い草だ.

La·cher [らッハァ láxər] 男 ① 笑う人. (女性形: -in). die *Lacher*⁴ auf seiner Seite haben (論争などの際に)巧みなユーモアで聴衆を味方にする. ② (突然わき起こる短い)笑い.

lä·cher·lich [れッヒャァりヒ lé(ç)ərlıç] I 形 ① こっけいな, おかしな; ばかばかしい. (英 ridiculous). Das ist ja *lächerlich*. それはこっけいだ / ein *lächerlicher* Vorschlag ばかげた提案 / 人·事⁴ *lächerlich* machen 人·事⁴を笑い物にする / *sich*⁴ *lächerlich* machen 物笑いになる. ◊《名詞的に》事⁴ **ins** *Lächerliche* ziehen 事⁴をちゃかす. ② (ばかばかしいほど)わずかな, ささいな. eine *lächerliche* Summe わずかな金額 / ein *lächerlicher* Anlass ささいなきっかけ.

II 副 ひどく, ばかばかしいほど. ein *lächerlich* niedriges Einkommen ひどく少ない収入.

Lä·cher·lich·keit [れッヒャァリヒカイト] 囡 -/-en ① 〘復 なし〙おかしさ, ばかばかしさ. ② 〘ふつう復〙くだらないこと, ささいなこと.

Lach⸗gas [らッハ・ガース] 中 -es/《化》笑気(しょうき) (一酸化二窒素の俗称).

lach·haft [らッハハふト] 形 ばかばかしい.

Lach⸗krampf [らッハ・クランプふ] 男 -[e]s/..krämpfe《医》(病的な)けいれん性の笑い.

läch·le [れヒれ] *lächeln (ほほえむ) の1人称単数 現在.

der **Lachs** [らクス láks] 男 (単2) -es/(複) -e (3格のみ -en)《魚》サケ(鮭). (英 salmon). geräucherter *Lachs* スモークサーモン.

Lachs⸗sal·ve [らッハ・ざるヴェ] 囡 -/-n (数人が)どっと笑う声.

lachs⸗far·ben [らクス・ふァルベン] 形 サーモンピンクの.

Lachs⸗schin·ken [らクス・シンケン] 男 -s/-《料理》(豚ロース肉の)生ハム.

lach·te [らッハテ] *lachen (笑う) の過去.

Lack [らック lák] 男 -[e]s/(種類: -e) ① ラッカー, ニス, 漆; エナメル;《比》うわべの飾り. Der *Lack* ist ab.《俗》若さ(魅力)がなくなった(←ラッカーがはげた). ② マニキュア液, ネールエナメル (= Nagel*lack*).

Lack⸗af·fe [らック・アッフェ] 男 -n/-n《口語》(軽蔑的に:)しゃれ男, きざなやつ.

La·ckel [らッケる lákəl] 男 -s/-《南ド·オースト·口語》間抜け, とんま.

la·ckie·ren [らキーレン lakí:rən] 他 (h) (物⁴に)ラッカー(ニス·漆)を塗る. Er hat sein Auto neu *lackieren* lassen.『現在完了』彼は車を新しく塗装してもらった / *sich*³ die Fingernägel⁴ *lackieren* 爪(つめ)にマニキュアをする.

La·ckie·rer [らキーラァ lakí:rər] 男 -s/- 塗装工; 塗り師(女性形: -in).

Lack⸗le·der [らック·れーダァ] 中 -s/- エナメル革.

Lack·mus [らックムス lákmus] 中男 -/《化》リトマス.

Lack·mus⸗pa·pier [らックムス·パピーァ] 中 -s/《化》リトマス試験紙.

Lack⸗schuh [らック·シュー] 男 -[e]s/-e エナメル靴.

La·de [らーデ lá:də] 囡 -/-n ① 《方》引き出し (= Schub*lade*). ② 《方》長持ち, ひつ.

La·de⸗flä·che [らーデ·ふれッヒェ] 囡 -/-n (トラックなどの)積載床面積.

La·de⸗ge·rät [らーデ·ゲレート] 中 -[e]s/-e《電》充電器.

La·de⸗hem·mung [らーデ·ヘンムング] 囡 -/-en (銃などの装塡(そうてん)部の故障. [eine] *Ladehemmung*⁴ haben《戯》(一時的に)頭が働かなくなる.

la·den[¹]* [らーデン lá:dən] du lädst, er lädt (lud, *hat* ... geladen) 他 (完了 haben)《英 load》① 〘A⁴ **auf** (または **in**) B⁴ ~〙(A⁴ を B⁴ に)積み込む, 載せる; 背負わせる. Sie *laden* Holz auf den Lastwagen. 彼らは木材をトラックに積む / Er *hat* [*sich*³] den Verletzten auf der Schulter *geladen*. 彼は負傷者を肩におぶった / eine große Verantwortung⁴ auf sich *laden*《比》大きな責任をしょいこむ. ◊《目的語なしでも》Sie *laden* gerade. 彼らは荷積みをしているところだ / Er *hat* schwer (または schön) *geladen*.《口語·戯》彼はへべれけだ(←[アルコールの]荷を積み過ぎている).

② (自動車·船などが貨物などを⁴)積む. Das Schiff *hat* Weizen *geladen*. その船は小麦を積み込んだ. ◊《目的語なしでも》Der LKW *hat* zu schwer *geladen*. そのトラックは荷の積み過ぎだ. ③ (銃砲など⁴に)弾丸を装塡(そうてん)する. eine Pistole⁴ *laden* ピストルに弾丸を込める / die Kamera⁴ *laden*《口語》カメラにフィルムを入れる. ④《物·工》(物⁴に)充電(荷電)する. eine Batterie⁴ *laden* バッテリーを充電する.

◊☞ **geladen**

la·den[²]* [らーデン] 他 (h) ①《雅》招待する (= einladen). 人⁴ **zum** Essen *laden* 人⁴を食事に招く. ②《法》召喚する. 人⁴ **als** Zeugen *laden* 人⁴を証人として喚問する.

*der **La·den** [らーデン lá:dən] 男 (単2) -s/ (複) Läden [れーデン] まれに (複) - ① 《複 Läden》店, 商店. (英 store, shop). Blumenladen 花屋 / ein Laden für Lebensmittel 食料品店 / ein Laden an der Ecke (または um die Ecke) 《口語》(いつも食料品などを買う)近所の店 / einen Laden eröffnen (新規に)開店する.

② 《複 なし》《口語》事[柄], (例の)一件; 仕事. Der Laden läuft. 事(仕事)がうまく行っている / den Laden hin|werfen (途中で)仕事を投げ出す. ③ 《複 Läden (まれに -)》(窓の)シャッター, よろい戸 (=Fenster*laden*). die Läden[4] öffnen (schließen) シャッターを開ける(閉める).

Lä·den [れーデン] *Laden (店)の 複

La·den⸝dieb [らーデン・ディープ] 男 -[e]s/-e 万引き[する人]. (女性形: -in).

La·den⸝**dieb·stahl** [らーデン・ディープシュタール] 男 -[e]s/..stähle 万引き[行為].

La·den⸝**hü·ter** [らーデン・ヒュータァ] 男 -s/- 《口語》《軽蔑的に:》店(⸝)ざらし(売れ残り)の商品.

La·den⸝**ket·te** [らーデン・ケッテ] 女 -/-n 小売店チェーン.

La·den⸝**preis** [らーデン・プライス] 男 -es/-e 店頭(小売)価格.

La·den⸝**schluss** [らーデン・シュルス] 男 -es/- 閉店[時間].

La·den·schluss⸝ge·setz [らーデンシュルス・ゲゼッツ] 中 -es/-e 閉店[時間]に関する法律.

La·den⸝**tisch** [らーデン・ティッシュ] 男 -[e]s/-e (売店の)カウンター. 中[4] unterm Ladentisch verkaufen 《口語》中[4](禁制品など)をこっそり売る.

La·de⸝**ram·pe** [らーデ・ランペ] 女 -/-n 貨物用プラットホーム.

La·de⸝**raum** [らーデ・ラオム] 男 -[e]s/..räume (飛行機などの)貨物室; 船倉.

lä·die·ren [れディーレン lɛdí:rən] 他 (h) (人・物[4]を)傷つける. ◇《過去分詞の形で》ein schwer lädierter Wagen ひどく損傷した車.

lädst [れーツト] laden¹ (積み込む)の 2 人称親称単数 現在

lädt [れート] laden¹ (積み込む)の 3 人称単数 現在

die **La·dung**¹ [らードゥング lá:duŋ] 女 (単) -/(複) -en ① 積み込荷, 貨物; (貨車・船などの)積載量. (英 load). eine Ladung Holz 貨車一台(船一隻)分の木材. ② (一発分の)爆薬, 弾薬. ③ 《口語》かなりの量. eine Ladung Schnee 大量の雪. ④ 《物》電荷. eine positive (negative) Ladung プラス(マイナス)の電荷.

La·dung² [らードゥング] 女 -/-en 《法》召喚[状].

La·dy [れーディ lé:di] 《英》女 -/-s ① 《複 なし》レディー(イギリスの貴族の婦人に対する称号). ② (教養・気品のある)女性, 淑女 (=Dame). First Lady ファーストレディー.

la·dy⸝like [れーディ・らイク] 《英》形 レディー(淑

女)らしい.

La·fet·te [らふェッテ lafétə] 女 -/-n 《軍》砲架.

Laf·fe [らッふェ láfə] 男 -n/-n 気取り屋.

lag [らーク] ⁝liegen (横たわっている)の 過去

die **La·ge** [らーゲ lá:gə] 女 (単) -/(複) -n ① 位置, 場所[柄]. (英 position). eine sonnige Lage 日当りのよい場所 / die geografische Lage Japans 日本の地理的位置 / in höheren Lagen 《気象》高地(山地)では.

② 姿勢, (体などの)位置, 体位. (英 position). Rückenlage あおむけの姿勢 / eine bequeme Lage 楽な姿勢 / in senkrechter (waagerechter) Lage 垂直(水平)の姿勢 / in die richtige Lage bringen 中[4]を正しく置く.

③ 情勢, 状況, 立場, 境遇. (英 situation). Notlage 苦境 / die politische Lage 政治情勢 / die Lage peilen 《口語》情勢(状況)を探る / in eine gefährliche Lage geraten 危険な状況に陥る / Versetze dich [einmal] in meine Lage! ぼくの身にもなってみてくれ / in allen Lagen あらゆる事態に / in der Lage sein, zu 不定詞[句] …することができる ⇒ Ich bin nicht in der Lage, dir zu helfen. ぼくは君を助けることはできない / nach der Lage der Dinge² 諸般の状況から判断して.

④ 《音楽》音域, 声域; 和音の構成音の配置; (弦楽器で指を置く)ポジション. ⑤ (物の)重なり, 層. einige Lagen Papier 数枚重ねの紙. ⑥ 《口語》(酒などの)同席の人々に行きわたる量 (=Runde). eine Lage Bier[4] aus|geben みんなにビールをおごる. ⑦ 《ふつう 複》(水泳の)メドレーリレー.

lä·ge [れーゲ] ⁝liegen (横たわっている)の 接2

La·ge⸝be·richt [らーゲ・ベリヒト] 男 -[e]s/-e 状況(情勢)報告.

La·ge⸝**plan** [らーゲ・プらーン] 男 -[e]s/..pläne (建物・都市などの)見取図, 配置図.

das **La·ger** [らーガァ lá:gər] 中 (単2) -s/ (複) - (3格のみ -n) ① (軍隊などの)宿営地, 野営地; (捕虜・難民などの)収容所, キャンプ[場]. (英 camp). Konzentrationslager (特にナチスの)強制収容所 / ein Lager[4] auf|schlagen (ab|brechen) キャンプを設営する(撤去する) / im Lager leben 収容所で暮らす / ins Lager fahren (学童などが)キャンプ村へ行く.

② (政治・思想上の)陣営. Die Partei spaltete sich in zwei Lager. その党は二つの陣営に分裂した.

③ 《複 Läger も》(商品の)倉庫; (総称として:)在庫品. Waren[4] auf Lager nehmen (または legen) 商品を仕入れる / 中[4] auf Lager haben 《口語》中[4]を持ち合わせている ⇒ Er hat immer ein paar Witze auf Lager. 彼はいつもジョークの二つ三つは用意している(←在庫がある). ④ 寝床. ⑤ 《地学》(鉱物の)層, 鉱床. ⑥ 《工》軸受け, ベアリング.

La·ger⸝be·stand [らーガァ・ベシュタント] 男 -[e]s/..stände 在庫品, ストック.

La·ger⸝bier [らーガァ・ビーァ] 中 -[e]s/-e ラ

lagerfähig

ガー(貯蔵)ビール(ビールには上面発酵 (obergärig) のものと下面発酵 (untergärig) のものがある. 後者が Lagerbier. 貯蔵 (Lagerung) によって味が熟成する).

la·ger·fä·hig [らーガァ・フェーイヒ] 形 貯蔵 (保存)のきく(野菜など).

La·ger≠feu·er [らーガァ・フォイアァ] 中 -s/- キャンプファイヤー. **am** *Lagerfeuer* (または **um das** *Lagerfeuer*) **sitzen** キャンプファイヤーを囲む.

La·ger≠haus [らーガァ・ハオス] 中 -es/..häu-ser 倉庫.

La·ge·rist [らーゲリスト la:gəríst] 男 -en/-en 倉庫管理人(係). (女性形: -in).

la·gern [らーガァン lá:gərn] (lagerte, hat... gelagert) I 他 (完了 haben) ① (食料など⁴を)倉庫などに貯蔵する, 保存する. (英 *store*). Kartoffeln⁴ **im** Keller *lagern* じゃがいもを地下室に貯蔵する. ② 寝かせる, 横たえる. **den** Verletzten **flach** *lagern* 負傷者を横たえる.
II 自 (完了 haben) ① 野営する, キャンプする, (仮の寝床で)寝る. **am** Strand *lagern* 海岸でキャンプする.
② 貯蔵(保存)してある; (ワインなどが熟成のために)寝かせてある. Medikamente *müssen* kühl und trocken *lagern*. 薬は涼しく乾燥したところに保管しなければならない. ③ (霧・雲などが)立ち込めている. ④ (地学) (鉱床などが)層を成している.
III 再帰 (完了 haben) *sich*⁴ *lagern* ① (休息するために)横になる, (腰を下ろして)休息する. Wir *lagerten* uns **auf der** Wiese. 私たちは草原で休んだ. ② (雲などが層をなして)立ち込める. ③ (農) (作物などが)倒れる.
◇ ☞ **gelagert**

La·ger≠platz [らーガァ・プらッツ] 男 -es/ ..plätze ① 野営(宿営)地, キャンプ場. ② 在庫(貯蔵)品置場.

La·ger≠raum [らーガァ・ラオム] 男 -[e]s/ ..räume (商品などの)倉庫; 保管場所.

La·ger≠stät·te [らーガァ・シュテッテ] 女 -/-n ① 寝床. ② (地学) 鉱床.

la·ger·te [らーガァテ] lagern (貯蔵する)の過去.

La·ge·rung [らーゲルング] 女 -/-en ① 貯蔵, 保管. ② (工) 軸受け[装置]. ③ (地学) 鉱層, 成層.

La·ger≠ver·wal·ter [らーガァ・フェアヴァるタァ] 男 -s/- 倉庫管理人(=Lagerist). (女性形: -in).

La·gu·ne [らグーネ lagú:nə] 女 -/-n (地理) ラグーン, 潟(かた), 潟湖(せきこ).

lahm [らーム lá:m] 形 ① (障害で)麻痺(まひ)した(手・足など), 不随の. (英 *lame*). **ein** *lahmer* Arm 麻痺した腕 / **Er ist auf dem linken** Bein *lahm*. 彼は左足が不自由だ. ② 《口語》(手足が)しびれた, (疲れて)動きが鈍くなった. **Sie wurde vom langen Sitzen ganz** *lahm*. 彼女は長く座っていて腰が伸びなくなった. ③ 《口語》不十分な(言いわけなど); だらだらした, 退屈な(討論など); 活気のない, のろまな(人など).

eine *lahme* Ausrede 下手な言いわけ / **So ein** *lahmer* Kerl! なんてのろまなやつだ.

lah·men [らーメン lá:mən] 自 (h) 足が不自由である, 麻痺(まひ)している. **auf dem linken** Fuß *lahmen* 左足を引きずって歩く.

läh·men [れーメン lέ:mən] (lähmte, hat... gelähmt) 他 (完了 haben) (英 *paralyze*) ① 麻痺(まひ)させる, 不随にする. **Die Krankheit** *hat* **ihm die Füße** *gelähmt*. その病気で彼は両足が麻痺した / **Er ist einseitig** *gelähmt*. 《状態受動・現在》彼は半身不随だ. ② 《比》(人・事⁴の)活力を失わせる, (人・事⁴を)なえさせる. **Die Angst** *lähmte* **seine Entscheidungs- kraft**. 不安のあまり彼は決断力を失った.
◇ ☞ **gelähmt**

lahm|le·gen [らーム・れーゲン lá:m-lè:gən] 他 (h) (交通などを)麻痺(まひ)させる, 停滞させる.

lähm·te [れームテ] lähmen (麻痺させる)の過去.

Läh·mung [れームング] 女 -/-en (医) 麻痺(まひ), 不随. **eine einseitige** *Lähmung* 半身不随.

die **Lahn** [らーン lá:n] 女 -/ 《定冠詞とともに》《川名》ラーン川 (ライン川の支流; ☞ 地図 C~D-3).

Laib [らイプ láip] 男 -[e]s/-e (円または楕円(だえん)形の)パン・チーズなどのひとかたまり. **ein** *Laib* Brot パン1個.

Laich [らイヒ láiç] 男 -[e]s/-e (魚・蛙などのかたまり状の)卵, 卵塊(らんかい).

lai·chen [らイヒェン láiçən] 自 (h) (魚・蛙などが)産卵する.

der **Laie** [らイエ láiə] 男 (単 2·3·4) -n/(複) -n ① 素人(しろうと), アマチュア, 門外漢. (英 *ama- teur*). (反対 「専門家」は Fachmann). **Auf die- sem Gebiet bin ich völliger** *Laie*. この分野では私はまったくの素人だ. ② (聖職者ではない)一般の信者, 平信徒.

Lai·en·bru·der [らイエン・ブルーダァ] 男 -s/ ..brüder (カトリック) 平修士, 助修士.

lai·en·haft [らイエンハフト] 形 素人(しろうと)の. **ein** *laienhaftes* Urteil 素人判断.

Lai·en≠spiel [らイエン・シュピーる] 中 -[e]s/-e 素人(しろうと)芝居; 素人芝居用の脚本.

Lai·in [らイイン láiɪn] 女 -/Laiinnen (女性の)素人(しろうと), アマチュア.

La·kai [らカイ lakái] 男 -en/-en ① (昔の:)(お仕着せを着た)召使, 従僕. ② 《比》(人の)言いなりになる人.

La·ke [らーケ lá:kə] 女 -/-n (塩漬け用の)塩水.

La·ken [らーケン lá:kən] 中 -s/- シーツ, 敷布.

la·ko·nisch [らコーニッシュ lakó:nɪʃ] 形 簡潔な. **eine** *lakonische* Antwort 簡潔な返答.

La·krit·ze [らクリッツェ lakrítsə] 女 -/-n 甘草(かんぞう)のエキス; 甘草入りのあめ.

la·la [らら lálá] 副 《成句的に》**so** *lala* 《口語》まあどうにか, まずまず. **Wie geht's dir?** — **So** *lala*. 調子はどう? — まあまあだよ.

lal·len [られン lálən] 自 (h) · 他 (h) (酔っ払いが)まわらない舌でしゃべる, (乳児が)喃語(なんご)で話す(ことばにならない声を出す).

La・ma[1] [ラーマ lá:ma] 中 -s/-s ① (動) ラマ. ② 〖圏 なし〗(織) ラマウール.

La・ma[2] [ラーマ] 男 -[s]/-s ラマ僧.

La・mé [ラメー lamé:] [ﾌﾗﾝｽ] 男 -[s]/-s (織) ラメ (金箔・銀箔の糸); ラメ入りの生地.

La・mee [ラメー lamé:] 男 -[s]/-s =Lamé

La・mel・le [ラメɬ lamɛ́lə] 女 -/-n ① (工) (金属・プラスチックなどの)薄片, 薄板. ② (植) 菌褶(きんしゅう)(きのこのかさの裏のひだ).

la・men・tie・ren [ラメンティーレン laméntí:rən] 自 (h) (口語) (大げさに)嘆き悲しむ. **über** jede Kleinigkeit *lamentieren* 小さなことにいちいち愚痴をこぼす.

La・men・to [ラメント laménto] [ｲﾀﾘｱ] 中 -s/-s (または ..menti) ① 〖圏 -s〗(口語) (大げさな)嘆き. ein großes *Lamento* an|stimmen 大げさに嘆く. ② (音楽) ラメント, 悲歌.

La・met・ta [ラメッタ lamétta] 中 -s/ ① (クリスマスツリーに飾る)細長い金属片. ② (口語) (胸にいっぱい飾りたてた)勲章.

das **Lamm** [ラム lám] 中 (単2) -[e]s/(複) Lämmer [レンマァ] (3格のみ Lämmern) ① 子羊. (英 lamb). (⇒ しばしば柔和・忍耐・無垢の象徴として用いられる;「羊」は Schaf). Sie ist sanft (geduldig) wie ein *Lamm*. 彼女は子羊のようにおとなしい(忍耐強い) / *Lamm* Gottes (キリスト教)神の小羊(キリストのこと). ② 子やぎ. ③ 〖圏 なし〗子羊の毛皮. ④ (比)(子羊のように)おとなしく忍耐強い人.

Lamm⇒bra・ten [ラム・ブラーテン] 男 -s/- (料理) ラムのロースト.

Lämm・chen [レムヒェン lɛ́mçən] 中 -s/- (Lamm の 縮小) 子羊; (比)おとなしく忍耐強い人.

lam・men [ラメン lámən] 自 (h) (羊が)子を産む.

Läm・mer [レンマァ] Lamm (子羊)の 複

Läm・mer⇒gei・er [レンマァ・ガイアァ] 男 -s/- (鳥) ヒゲワシ.

Lamm⇒fell [ラム・ふェɬ] 中 -[e]s/-e 子羊の皮.

lamm⇒fromm [ラム・ふロム] 形 子羊のようにおとなしい(従順な), 忍耐強い.

die **Lam・pe** [ランペ lámpə] 女 (単) -/(複) -n ① 電灯, ランプ. (英 lamp). Die *Lampe* brennt (または leuchtet). 電灯がともっている / die *Lampe*[4] ein|schalten (aus|schalten) 電灯をつける(消す) / beim Licht einer *Lampe*[2] lesen 電灯の明かりのもとで読書する / die ewige (または Ewige) *Lampe* (カトリック) 常明灯 / einen **auf** die *Lampe* gießen (俗) 強い酒を一杯ひっかける(←ランプに油を注ぐ).

② 電球 (=Glüh*lampe*).

(⇒ ..lampe のいろいろ: **Deckenlampe** 天井灯 / **Gaslampe** ガス灯 / **Hängelampe** つりランプ / **Petroleumlampe** 石油ランプ / **Signallampe** 信号灯 / **Stehlampe** フロアスタンド / **Taschenlampe** 懐中電灯 / **Tischlampe** 卓上電気スタンド

Lam・pen⇒fie・ber [ランペン・ふィーバァ]

中 -s/ (緊張のために)あがること.

Lam・pen⇒schirm [ランペン・シルム] 男 -[e]s/-e ランプ(電灯)のかさ, シェード.

Lam・pi・on [ランピオーン lampiɔ̃: または ラン..] [ﾌﾗﾝｽ] 男 (まれに 中) -s/-s ちょうちん.

LAN [ラーン lá:n] [英] 中 -[s]/-s (ｺﾝﾋﾟｭｰﾀ) LAN (=Local Area Network).

lan・cie・ren [ランスィーレン lɑ̃:si:rən] 他 (h) ① (商品など4をうまく)売り出す. ② (ニュースなど4を意図的に)流す. ③ (人4をうまく)世に出す.

das **Land** [ラント lánt]

国	Unser *Land* ist nicht so groß.
	ウンザァ ラント イスト ニヒト ゾー グロース
	私たちの国はそれほど大きくない.

格	単	複
1	das Land	die Länder
2	des Landes	der Länder
3	dem Land	den Ländern
4	das Land	die Länder

中 -es (まれに -s)/Länder [レンダァ] (3格のみ Ländern) ① 国, 国土. (英 country). ein demokratisches *Land* 民主主義の国 / die europäischen *Länder* ヨーロッパの国々 / Ich will *Land* und Leute kennen|lernen (または kennen lernen). 私は土地柄と人情に触れようと思う / Er ist wieder **im** *Land*[e]. (口語) 彼は長旅からやっと帰って来た / das Gelobte *Land* (聖) 約束の国(カナン) / das Heilige *Land* (聖) 聖地(イスラエル) / Er reist **von** *Land* **zu** *Land*. 彼は国から国へと旅をしている / hier zu Lande 当地では / bei *Land*[3] zu Lande [人]3の故郷 (国・地方)では / das *Land* der aufgehenden Sonne[2] 日出ずる国(日本) / Andere *Länder*, andere Sitten. (諺) 所変われば品変わる(←異なった国には異なった習慣がある). (⇒ Land は「土地を主体として考える国」を表し, Staat は「政治組織体としての国」を表す).

② 〖圏 なし〗(海・空などに対して:)陸, 陸地. (英 land). Die Passagiere gehen **an** *Land*. 船客たちは上陸する / 中4 an *Land* ziehen (口語) 物4を手に入れる (←陸へ引き上げる) / Diese Tiere leben im Wasser und **auf** dem *Land*. これらの動物は水陸両棲(りょうせい)だ / *Land* in Sicht! (海) 陸が見えるぞ / *Land* unter (洪水など)で冠水状態の.

③ 〖圏 なし〗(農業用の)土地, 耕地. (英 land). fruchtbares *Land* 肥えた土地 / das *Land*[4] bebauen 土地を耕して作付けする / Der Bauer besitzt (または hat) viel *Land*. その農夫は耕地をたくさん持っている.

④ 〖圏 なし〗田舎. (英 country). Stadt und *Land* 都会と田舎 / Wir wohnen **auf** dem *Land*[e]. 私たちは田舎に住んでいます / aufs *Land* fahren (または gehen) 田舎へ行く / Sie

sind (または stammen) vom *Land*[e]. 彼らは田舎の出です.
⑤ (ドイツ・オーストリアの)**州** (=Bundes*land*). das *Land* Bayern バイエルン州 / Bund und *Länder* 連邦[政府]と州[政府](ドイツ連邦共和国はそれぞれの政府と議会を持つ16の州から構成されている).
⑥ 〖圏 雅: -e も〗(地形の観点から見た)**地域**, 地形. ein hügeliges *Land* 丘陵地帯 / **ins** *Land* gehen (ziehen)《比》(時間など¹が)経過する.
▶ **hier*zulande**

..*land* のいろいろ: Ackerland 耕地 / Bergland 山地 / Entwicklungsland 発展途上国 / Flachland 平地 / Heimatland 故国 / Hochland 高地 / Industrieland 工業国 / Tiefland 低地 / Vaterland 祖国

Land*adel [らント・アーデル] 男 -s/ (昔の:)地方貴族.
Land*ar•bei•ter [らント・アルバイタァ] 男 -s/- 農業労働者. (女性形: -in).
Lan•dau•er [らンダオアァ lándauɐr] 男 -s/- (昔の:)ランダウ馬車(幌をたためる4人乗り馬車).
land*aus [らント・アオス] 副〖成句的に〗*landaus*, landein《雅》a) 国中いたるところで, b) 国々を通って.
Land*be•sitz [らント・ベズィッツ] 男 -es/ 土地所有; 所有地.
Land*be•völ•ke•rung [らント・べふェるケルング] 囡 -/ 田舎(地方)の住民; 農村人口.
Lan•de*bahn [らンデ・バーン] 囡 -/-en《空》(着陸時の)滑走路.
Lan•de*er•laub•nis [らンデ・エァらオプニス] 囡 -/..nisse《空》着陸許可.
land*ein•wärts [らント・アインヴェルツ] 副 (海岸から)内陸部へ.
lan•den [らンデン lándən] du landest, er landet (landete, *ist*/*hat* ... gelandet) I 圓 《完了 sein》① **着陸する**.《完了:離陸する》は starten). Wir *landen* in 10 Minuten in Frankfurt. あと10分でフランクフルトに着陸します / weich *landen* 軟着陸する. (☞ 類語 an(kommen).
② (人が船から)上陸する; (船が)接岸する. Sie *landeten* auf der Insel. 彼らはその島に上陸した / Das Schiff *ist* pünktlich *gelandet*.《現在完了》船は定刻に接岸した.
③〖場所を表す語句とともに〗《口語》(…に)着く; (思わぬ場所に)行き着く. Wir *sind* gestern pünktlich hier *gelandet*.《現在完了》私たちはきのう時間どおりにここへ着きました / im Krankenhaus *landen* 入院するはめになる / Der Wagen landete im Straßengraben. その車は側溝にはまり込んだ. ④〖成句的に〗**bei** 囚³ nicht *landen* können《口語》囚³に相手にされない. Bei ihr *kannst* du nicht *landen*. 彼女の気を引こうとしても無理だよ.
II 他《完了 haben》① (飛行機⁴を)**着陸させる**; (囚⁴を)上陸させる; (船荷⁴を)陸揚げする. Der Pilot *konnte* die Maschine sicher *lan-*

den. パイロットは飛行機を無事に着陸させることができた / Truppen⁴ *landen* 部隊を上陸させる. ② (ボクシングで:)(パンチ⁴を)くらわす. ③《口語》(勝利など⁴を)勝ち取る, 収める. einen großen Coup *landen* まんまと成功する.
Land*en•ge [らント・エンゲ] 囡 -/-n《地理》地峡.
Lan•de*platz [らンデ・プらッツ] 男 -es/..plätze ① 小飛行場; (ヘリコプターなどの)発着場. ② 船着き場, 上陸地.
*die **Län•der** [れンダァ léndɐr] ‡Land (国・州)の覆. die europäischen *Länder* ヨーロッパの国々.
Län•de•rei [れンデらイ lɛndərái] 囡 -/-en《ふつう覆》(広大な)所有地, 領地.
Län•der*kun•de [れンダァ・クンデ] 囡 -/ 地誌学.
Län•der*spiel [れンダァ・シュピーる] 回 -[e]s/-e《スポ》(ナショナルチーム同士の)国際試合.
Lan•des*far•ben [らンデス・ファルベン] 覆 (国旗などの)国を象徴する色, ナショナルカラー.
Lan•des*gren•ze [らンデス・グレンツェ] 囡 -/-n 国境; 州境.
Lan•des*haupt•mann [らンデス・ハオプトマン] 男 -[e]s/..hauptleute (または ..hauptmänner) ①《オーストリア》州政府首相. (女性形: ..hauptfrau). ② (1933年までのプロイセンの)州知事.
Lan•des*haupt•stadt [らンデス・ハオプトシュタット] 囡 -/..städte [..シュテーテ] (国の)首都; 州都.
Lan•des*herr [らンデス・ヘル] 男 -[e]n/-[e]n《史》領邦君主, 領主. (女性形: -in).
Lan•des*kir•che [らンデス・キルヒェ] 囡 -/-n《新教》(ドイツ福音派の)領邦(地区)教会.
Lan•des*kun•de [らンデス・クンデ] 囡 -/ (国・地方などを総合的に研究する)地誌[学], 地域研究.
Lan•des*re•gie•rung [らンデス・レギールング] 囡 -/-en (ドイツなどの)州政府.
Lan•des*spra•che [らンデス・シュプラーへ] 囡 -/-n (特定の)国の言語, 国語.
Lan•des*tracht [らンデス・トラハト] 囡 -/-en (国・地方などの)民族衣装.
lan•des*üb•lich [らンデス・ユープりヒ] 形 その国(地方)で習慣となっている.
Lan•des*va•ter [らンデス・ファータァ] 男 -s/..väter ①《雅》領邦君主. (女性形: ..mutter). ②《戯》国父.
Lan•des*ver•rat [らンデス・フェァラート] 男 -[e]s/《法》国家反逆罪.
Lan•des*ver•rä•ter [らンデス・フェァレータァ] 男 -s/- 国家反逆者, 売国奴. (女性形: -in).
Lan•des*ver•tei•di•gung [らンデス・フェァタイディグンク] 囡 -/ 国防.
Lan•des*wäh•rung [らンデス・ヴェールング] 囡 -/-en 国の通貨.
lan•de•te [らンデテ] landen (着陸する)の過去.
Land*flucht [らント・ふるフト] 囡 -/ (農民の)

離村.

land=fremd [ラント・フレムト] 形 その土地に不案内な.

Land=frie・de [ラント・フリーデ] 男 -ns (3格・4 複 -n)》(史) ラントフリーデ(中世期の国王や皇帝が出した平和保持の命令).

Land=frie・dens=bruch [ラントフリーデンス・ブルフ] 男 -[e]s/..brüche ① 《史》ラントフリーデ違反. ②《法》騒乱[罪].

Land=ge・mein・de [ラント・ゲマインデ] 女 -/-n (人口 2,000 人以下の)村, 村落.

Land=ge・richt [ラント・ゲリヒト] 中 -[e]s/-e 地方裁判所.

Land=graf [ラント・グラーフ] 男 -en/-en 《史》方伯(Herzog「公爵」と Graf「伯爵」の間の爵位). (女性形: ..gräfin).

Land=gut [ラント・グート] 中 -[e]s/..güter 田舎の所有地(領地); 大農園.

Land=haus [ラント・ハオス] 中 -es/..häuser (田舎の)別荘.

Land=jä・ger [ラント・イェーガァ] 男 -s/- ① ラントイェーガー(平たく堅い小型ソーセージの一種). ②《方》田舎の巡査.

die **Land=kar・te** [ラント・カルテ lántkartə] 女 (単) -/(複) -n 地図. (英) map). eine *Landkarte* von Europa ヨーロッパ地図 / eine Stadt⁴ auf der *Landkarte* suchen ある町を地図で探す.

> 地図のいろいろ: der **Atlas** 地図帳 / die **Autokarte** (自動車用の)道路地図 / der **Globus** 地球儀 / der **Prospekt** (都市などの)全景図 / der **Sprachatlas** 言語地図 / der **Stadtplan** 市街地図 / die **Straßenkarte** 道路地図 / die **Wanderkarte** ハイキング用地図 / die **Weltkarte** 世界地図

Land=kreis [ラント・クライス] 男 -es/-e (行政単位としての)郡.

land=läu・fig [ラント・ロイフィヒ] 形 《付加語としての》ふつうの, ありきたりの, よく知られた. *landläufige* Meinungen 世間一般の意見.

Land=le・ben [ラント・レーベン] 中 -s/ 田舎の生活, 田園(農村)生活.

Länd・ler [レントラァ léntlər] 男 -s/- レントラー(南ドイツおよびオーストリアの3/4拍子の民族舞踊).

Land=leu・te [ラント・ロイテ] Landmann (農夫)の複

länd・lich [レントリヒ léntlɪç] 形 田舎の, 地方の; 田舎風の. (英) rural). 「町の」は städtisch. *ländliche* Bräuche 田舎の風習 / *ländliche* Küche (または Kost) 田舎料理.

Land=mann [ラント・マン] 男 -[e]s/..leute (雅)農夫, 百姓. (女性形: ..frau).

Land=par・tie [ラント・パルティー] 女 -/-n [..ティーエン] (田舎への)遠足, ピクニック.

Land=pla・ge [ラント・プラーゲ] 女 -/-n (全国的・広域)大災害; (比) ひどい迷惑.

Land=rat [ラント・ラート] 男 -[e]s/..räte ① 郡長. (女性形: ..rätin). ②《ス4》州議会.

Land=rat・te [ラント・ラッテ] 女 -/-n 《口語・戯》(船員から見て軽蔑的に:)陸者(ホネセ).

Land=re・gen [ラント・レーゲン] 男 -s/- 長雨.

Land=rü・cken [ラント・リュッケン] 男 -s/- (長く連なる)山の背, 尾根.

die **Land・schaft** [ラントシャフト lánt・ʃaft] 女 (単) -/(複) -en ① (地理的・風土的特徴を持った)地方, 地帯; 風土; 風景, 景観. eine gebirgige *Landschaft* 山岳地帯 / eine malerische *Landschaft* 絵のような風景 / die politische *Landschaft* (比) 政治情勢. ②《絵》風景画.

land・schaft・lich [ラントシャフトリヒ] 形 ① 風景の, 景観の. ② 地方の; 地方に特有の. eine *landschaftliche* Ausdrucksweise 地方独特の表現.

Land・schafts=pfle・ge [ラントシャフツ・プフレーゲ] 女 -/ 自然景観(環境)の保全.

Land・schafts=schutz=ge・biet [ラントシャフツ・シュッツゲビート] 中 -[e]s/-e 自然景観(環境)保護地域.

Land=ser [ラントザァ lántsər] 男 -s/- 《口語》兵卒.

Land=sitz [ラント・ズィッツ] 男 -es/-e (貴族などの)田舎の領地(別荘).

Lands=knecht [ラントゥ・クネヒト] 男 -[e]s/-e 《史》(15–17 世紀の)[徒歩]傭兵(ホル).

Lands=leu・te [ラントゥ・ロイテ] Landsmann (同郷人)の複

der **Lands=mann** [ラントゥ・マン lántsman] 男 (単2) -/(複2) ..leute [..ロイテ] (3格の ..leuten) 同郷人, 同国人. Wir sind *Landsleute*. 私たちは郷里が同じです / Was ist er für ein *Landsmann*? 彼はどこの出身ですか.

Lands=män・nin [ラントゥ・メンニン] 女 -/..männinnen (女性の)同郷(同国)人.

Lands=mann=schaft [ラントゥマンシャフト] 女 -/-en ① 《複なし》同郷(同国)人であること. ② (学生の)同郷人会; (旧西ドイツで:)(戦後引き揚げ者の)同郷会.

Land=spit・ze [ラント・シュピッツェ] 女 -/-n 岬.

Land=stra・ße [ラント・シュトラーセ] 女 -/-n (町と町とを結ぶ)街道(国道・州道・県道など).

Land=strei・cher [ラント・シュトライヒャァ] 男 -s/- 放浪者, 浮浪者. (女性形: -in).

Land=strich [ラント・シュトリヒ] 男 -[e]s/-e 地帯, 地区, 小地域.

Land=tag [ラント・ターク] 男 -[e]s/-e 州議会[議事堂]; 《史》領邦議会.

die **Lan・dung** [ランドゥング lánduŋ] 女 (単) -/(複) -en (飛行機などの)着陸, (船の)接岸, (船客などの)上陸. (英) landing). eine weiche *Landung* 軟着陸 / Die Maschine setzte zur *Landung* an. その飛行機は着陸態勢に入った.

Lan・dungs=boot [ランドゥングス・ボート] 中 -[e]s/-e 《軍》上陸用舟艇.

Lan・dungs=brü・cke [ランドゥングス・ブリュッケ] 女 -/-n [上陸用]桟橋.

Land∻ur·laub [ラント・ウーアらオプ] 男 -[e]s/-e (船員の)上陸休暇.

Land∻weg [ラント・ヴェーク] 男 -[e]s/-e 陸路. (⇔「海路」は Seeweg). **auf dem** *Landweg* 陸路で.

Land∻wein [ラント・ヴァイン] 男 -[e]s/-e (その)土地のワイン.

Land∻wirt [ラント・ヴィルト] 男 -[e]s/-e (専門教育を受けた)農業経営者;農民. (女性形: -in).

die **Land·wirt·schaft** [ラント・ヴィルトシャフト lánt-vɪrt-ʃaft] 女 (単) -/(複) -en ① 〖圏 なし〗農業[経営]. (英 agriculture). ② (小さな)農場. eine *Landwirtschaft*⁴ betreiben 農場を経営している.

land∻wirt·schaft·lich [ラント・ヴィルトシャフトリヒ] 形 農業の.

Land·wirt·schafts·mi·nis·te·ri·um [ラントヴィルトシャフツ・ミニステーリウム] 中 -s/..rien [..リエン] 農業省.

Land∻zun·ge [ラント・ツンゲ] 女 -/-n (舌状に突き出た)岬; 砂嘴(さ).

lang¹ [ラング láŋ]

長い　Sie hat *lange* Haare.
ズィー ハット ランゲ ハーレ
彼女はロングヘアだ.

形 (比較 länger, 最上 längst) ①〖空間的に〗長い;(詳しく)長い. (英 long). (⇔「短い」は kurz). ein *langer* Rock ロングスカート / eine *lange* Straße 長い通り / ein *langer* Mann 《口語》のっぽの男性 / Sie schreibt ihm einen *langen* Brief. 彼女は彼に長い手紙を書く / *lange* Finger⁴ machen《口語》盗みを働く(←指を長くする) / ein *langes* Gesicht⁴ machen《口語》がっかりした顔をする(←長い顔をする) / eine *lange* Suppe《口語・比》薄いスープ. ②〖数量を表す4格とともに〗…の長さの. (⇔「…の幅の」は breit; 「…の厚さの」は dick). Das Brett ist vier Meter *lang*. その板は4メートルの長さだ / eine drei Meter *lange* Leiter 長さ3メートルのはしご.

③《時間的に》長い, 長期の; 長くかかる. (⇔「短い期」は kurz). ein *langer* Urlaub 長期休暇 / eine *lange* Rede⁴ halten 長い演説をする / *lange* Zeit 長い間 / drei *lange* Jahre 3年もの長い間 / nach *langem* Überlegen 長く考えた末に / seit *langem* (または seit *Langem* または seit *langer* Zeit) ずっと前から / über kurz oder *lang* 遅かれ早かれ / vor *langen* Jahren 何年も前に / *lang* anhaltender (または *langan*haltender) Beifall 鳴りやまない拍手 / *lang und breit* または des *Langen* und Breiten 長々と, こと細かに.

④〖時間を表す4格とともに〗…の間. zwei Stunden *lang* warten 2時間待つ / Eine Zeit *lang*(または Zeit*lang*) しばらくの間 / Er hat sein Leben *lang* hart gearbeitet. 彼は生涯一生懸命働いた.

▶ **lang∻gehegt, lang∻gestreckt**

lang² [ラング] 《北ドイツ》 前 …に沿って (=entlang). **am** Ufer *lang* 岸に沿って / hier *lang* この道を.

lang∻är·me·lig [ラング・エルメリヒ] 形 袖(そ)の長い, 長袖の.

lang∻ärm·lig [ラング・エルムリヒ] 形 =langärmelig

lang∻at·mig [ラング・アートミヒ] 形 長たらしい, 冗長な(説明など).

lang∻bei·nig [ラング・バイニヒ] 形 脚の長い.

lan·ge [ラング láŋə] 副 (比較 länger, 最上 am längsten) ① **長い間**, 長く; ずっと前に, とっくに. (英 long). Die Gespräche dauern immer *lange*. その話し合いはいつも長くかかる / Wie *lange* bleiben Sie hier? ここにはどのくらい滞在されますか / Wir haben uns *lange* nicht gesehen. ずいぶんお久しぶりですね / Es ist schon *lange* her, dass… …してからもう長くなる / Er weiß das schon *lange*. 彼はそのことをもうとっくに知っている.

②《成句的に》*lange* nicht まだまだ…でない, …にはほど遠い. Das ist [noch] *lange* nicht genug. それではまだまだ十分とは言えない.

die **Län·ge** [レンゲ léŋə] 女 (単) -/(複) -n ①(空間的な)**長さ**; 縦. (英 length). (⇔「短さ」は Kürze; 「幅」は Breite). Wellen*länge* 波長 / die *Länge* des Flusses 川の長さ / ein Seil von zehn Meter[n] *Länge* 長さ10メートルのロープ / Hosen in verschiedenen *Längen* いろいろな長さのズボン / der *Länge*³ nach 縦方向に.

②《ふつう 単》(時間的な)**長さ**. (英 length). die *Länge* des Tages 1日の長さ / auf die *Länge*《口語》長い間には / 〖単⁴〗in die *Länge* ziehen 〖単⁴〗を長引かせる / sich⁴ in die *Länge* ziehen 長引く. ③〖単〗で冗長な箇所. Der Film hat einige *Längen*. この映画には退屈な部分がある. ④〖圏 なし〗《地理》**経度**. (⇔「緯度」は Breite). Berlin liegt [auf] 13 Grad östlicher *Länge*². ベルリンは東経13度にある / westliche *Länge* 西経. ⑤ 《スポ》(競馬で:)馬身; (ボートで:)艇身. um *Längen* gewinnen (verlieren)《口語》快勝する(惨敗する). ⑥ 《詩学》長音節.

lan·gen [ラングン láŋən] I 自 (h)《口語》① 十分である, 足りる. Das Brot *langt* noch für heute. パンはきょうの分まではある / Ob wir mit 15 Euro bis morgen *langen*? 15ユーロであすまでやっていけるだろうか. ◇非人称の **es** を主語として〗Jetzt *langt's* (=*langt* es) mir aber! もうやめてくれ(←もう十分だ). ② (…へ)達する; (…へ)手が届く. bis an die Knie *langen* (コートなどが)ひざまで届く / bis zur Decke *langen* 天井に手が届く. ③ (取ろうとして…へ)手を伸ばす. nach 〖単〗³ *langen* 〖物〗³の方へ手を伸ばす / in die Tasche *langen* ポケットに手を入れる. II 他 (h)《口語》(手を伸ばして)取る,

(人³に物⁴を)取ってやる. *Lang* mir mal ein sauberes Glas! きれいなコップを取ってくれない? / 人³ eine⁴ *langen* 人³に一発くらわす.

län·gen [れンゲン lÉŋən] 他 (h) ① 長くする, 伸ばす. einen Rock *längen* スカートの丈を長くする. ②《比》(スープなど⁴を)薄める.

Län·gen‖grad [れンゲン・グラート] 男 –[e]s/ –e《地理》経度.《✍「緯度」は Breitengrad》.

Län·gen‖kreis [れンゲン・クライス] 男 –es/–e《地理》経線.

Län·gen‖maß [れンゲン・マース] 田 –es/–e 長さの単位(メートル・キロメートルなど).

län·ger [れンガァ lÉŋər] Ⅰ (‡lang の 比較) 形 より長い; 比較的長い, かなり長い. Jetzt werden die Tage wieder *länger*. これから日がまた長くなる / eine *längere* Reise⁴ machen かなり長い旅行をする.
Ⅱ (lange の 比較) 副 より長く; かなり長い間. Ich kann nicht *länger* warten. 私はこれ以上待てない.

län·ger‖fris·tig [れンガァ・フリスティヒ] 形 比較的長期[間]の. *längerfristig* gesehen やや長期的に見て.

die **Lan·ge‖wei·le** [らンゲ・ヴァイれ láŋə-vaılə または ..ヴァイれ] 女 (単) –/ 退屈. eine tödliche *Langeweile* 死ぬほどの退屈 / *Langeweile*⁴ haben 退屈している / aus *Langeweile* 退屈しのぎに / vor *Langeweile* gähnen 退屈のあまりあくびをする.《✍ aus langer Weile(または Langerweile), vor langer Weile(または Langerweile)ともつづる》.

Lang‖fin·ger [らング・フィンガァ] 男 –s/– 《戯》すり, 泥棒.

lang‖fris·tig [らング・フリスティヒ] 形 長期の. eine *langfristige* Planung 長期計画.

lang‖ge·hegt, lang ge·hegt [らング・ゲヘークト] 形 長く心にいだいている(願望など).

lang‖ge·streckt, lang ge·streckt [らング・ゲシュトレックト] 形 長く延びた(山並み・家並みなど).

lang‖haa·rig [らング・ハーリヒ] 形 長髪の; (動物・織物などが)毛の長い.

lang‖jäh·rig [らング・イェーリヒ] 形《付加語としてのみ》長年の, 長年にわたる.

Lang‖lauf [らング・らォフ] 男 –[e]s/《スキー》クロスカントリー.

lang‖le·big [らング・れービヒ] 形 (動植物が)長命な; 長持ちする(器具・食べ物など). *langlebige* Konsumgüter 耐久消費財.

Lang‖le·big·keit [らング・れービヒカイト] 女 –/ 長寿, 長命; 持ちのよさ.

lang‖le·gen [らング・れーゲン láŋ-lè:gən] 再帰 (h) sich⁴ *langlegen*《口語》横になる, 寝そべる.

läng·lich [れングリヒ] 形 長めの, 細長い, 縦長の.

Lang‖mut [らング・ムート] 女 –/《雅》忍耐, 辛抱; 思いやり, 寛大.

lang‖mü·tig [らング・ミューティヒ] 形《雅》忍耐強い; 寛大な.

längs [れングス léŋs] Ⅰ 前《2 格(まれに 3 格)とともに》…に沿って. *längs* des Flusses 川に沿って. Ⅱ 副 縦に.《✍「横に」は quer》. 物 *längs* durch|schneiden 物⁴を縦に切断する.

lang·sam [らングザーム lánza:m] Ⅰ 形 ① (速度が)遅い, ゆっくりした.《英 slow》.《✍「(速度が)速い」は schnell;「(時刻などが)遅い」は spät》. ein *langsames* Tempo ゆっくりしたテンポ / *langsame* Fortschritte ゆっくりした進展 / Sprechen Sie bitte *langsam*! どうかゆっくり話してください / Immer schön *langsam*!《口語》何事もあわてずに / *langsam*, aber sicher《口語》ゆっくりと, しかし確実に.
② (反応・覚えなどが)のろい, 遅い, 鈍い. ein *langsamer* Schüler 覚えの悪い生徒.
③ 徐々の, 漸次の. dem *langsamen* Nachlassen der Kräfte² しだいに体力が衰えるにつれて.
Ⅱ 副《口語》だんだん, そろそろ (=allmählich). *Langsam* verstehe ich es. だんだんわかってきた / Du musst *langsam* ans Alter denken. 君はそろそろ年を考えなくてはいけないな.

Lang·sam·keit [らングザームカイト] 女 –/ (速度が)遅いこと, 緩慢.

Lang‖schlä·fer [らング・シュれーふァァ] 男 –s/– 朝寝坊[の人]. (女性形: -in).

Lang‖spiel‖plat·te [らングシュピーる・プらッテ] 女 –/–n LP レコード(略: LP).

Längs‖schnitt [れングス・シュニット] 男 –[e]s/–e 縦断面[図].《✍「横断面[図]」は Querschnitt》.

längst [れングスト léŋst] Ⅰ (‡lang の 最上) 形 最も長い; 非常に長い. die *längste* Brücke der Welt² 世界で一番長い橋.
Ⅱ 副 ① とっくに, ずっと以前から. Das weiß ich schon *längst*. そのことはもうとっくに知っています. ②《成句的に》*längst* nicht とうてい…ではない, …にはほど遠い. Er ist *längst* nicht so fleißig wie du. 彼はとうてい君ほどのがんばり屋ではない / Das ist *längst* nicht alles. これで全部だとはとても言えない.

längs·tens [れングステンス léŋstəns] 副《口語》① (時間的に)長くとも; 遅くとも. in *längstens* zwei Stunden 遅くとも 2 時間のうちには. ② とっくに.

lang‖stie·lig [らング・シュティーりヒ] 形 ① 柄の長い(スプーンなど); 茎の長い(花など). ②《口語》冗長な, 退屈な.

Lang‖stre·cken‖lauf [らングシュトレッケン・らォふ] 男 –[e]s/..läufe《スポ》長距離走.

Lang·stre·cken‖läu·fer [らングシュトレッケン・ろイふァァ] 男 –s/–《スポ》長距離ランナー. (女性形: -in).

Lang·stre·cken‖ra·ke·te [らングシュトレッケン・ラケーテ] 女 –/–n 長距離ミサイル.

Lan·gus·te [らングステ laŋústə] 女 –/–n《魚》イセエビ[科].

Lang‖wei·le [らング・ヴァイれ] 女 –/ 退屈 (=

Langeweile).

lang·wei·len [ラング・ヴァイレン lánvailən] (langweilte, hat...gelangweilt) **I** 他 (完了) haben) 退屈させる. (英 bore). Das Buch *langweilte* mich. その本は退屈だった / Er *langweilt* mich **mit** seinen Geschichten. 彼の話は退屈だ.
II 再帰 (完了) haben) sich⁴ *langweilen* 退屈する. Ich habe mich schrecklich *gelangweilt*. 私はひどく退屈した.
◊ ☞ **gelangweilt**

****lang·wei·lig** [ラング・ヴァイリヒと láŋ-vailıç] 形 ① 退屈な, つまらない, 単調な. (英 boring). (ヒント「気晴らしになる」は kurzweilig). eine *langweilige* Geschichte 退屈な話 / Es war sehr *langweilig* auf der Party. パーティーはまったくつまらなかった. ② 《口語》時間のかかる(仕事など); (人の)のろまな.

lang·weil·te [ラング・ヴァイるテ] langweilen (退屈させる)の過去

Lang⹀wel·le [ラング・ヴェれ] 女 -/-n 《物・放送》長波. (ヒント「短波」は Kurzwelle).

lang⹀wie·rig [ラング・ヴィーリヒ] 形 時間のかかる(仕事など), 長引く(病気など).

Lan·than [らンターン lantá:n] 中 -s/ 《化》ランタン (記号: La).

Lan·ze [らンツェ lántsə] 女 -/-n 槍(やり), 投げ槍. für 人⁴ eine *Lanze*⁴ brechen 《比》断固として人⁴に味方する.

Lan·zet·te [らンツェッテ lantsétə] 女 -/-n 《医》ランセット(外科用の短い両刃ナイフ).

Lao·ko·on [らオーコオン laó:koon] -s/ 《ギリ神》ラオコーン(トロヤ戦争の際ギリシア軍の木馬の計略を見破ったため, 海蛇に絞め殺された).

La·os [らーオス lá:ɔs] 中 《国名》ラオス[人民民主共和国] (首都はビエンチャン).

Lao·tse [らオーツェ láo:tsə または らオ.. láu..] -s/ 《人名》老子(前4世紀頃; 中国の思想家).

la·pi·dar [らピダール lapidá:r] 形 簡潔で力強い(表現など).

Lap·pa·lie [らパーリエ lapá:liə] 女 -/-n くだらないこと, 小事.

Lap·pe [らッペ lápə] 男 -n/-n ラップ人. (女性形: Lappin).

der **Lap·pen** [らッペン lápən] 男 (単2) -s/- (複) -** ① 布切れ, ぼろ[切れ]; ぞうきん(= Putzlappen). die Schuhe⁴ mit einem *Lappen* putzen 靴を布切れで磨く. ② 《俗》(高額の)紙幣, お札. ③ (鶏などの)肉垂(にくすい); 《狩》(水鳥の)水かき; (犬などの)たれ耳. ④ (追い出し猟用の)おどし布. 人³ durch die *Lappen* gehen 《口語》人³から逃れる. ⑤ 《医》(肺などの)葉(よう).

läp·pern [れッパァン lépərn] **I** 自 (h) 《方》ちびちび飲む. **II** 非人称 (h) 《es *läppert* 人⁴ **nach** 物³の形で》《方》人⁴は物³が食べたくてたまらない. **III** 再帰 (h) sich⁴ *läppern* 《口語》少しずつたまる.

lap·pig [らピヒ lápıç] 形 ① 《口語》ぱりっとし

ていない(衣服など); たるんだ(皮膚など). ② 《口語》ほんのわずかな(金額など).

läp·pisch [れピッシュ lépıʃ] 形 ① ばかげた, 子供じみた. ② ほんのわずかな(金額など).

Lapp·land [らップ・らント láp-lant] 中 -s/ 《地名》ラップランド(スカンジナビア半島の最北部).

Lap·sus [らプスス lápsus] 男 -/- [..スース] (ちょっとした)間違い, ミス.

Lap·top [れップ・トップ] [英] 男 -s/-s ラップトップ[コンピュータ].

Lär·che [れルヒェ lérçə] 女 -/-n 《植》カラマツ.

lar·go [らルゴ lárgo] [らルゴ] 副《音楽》ラルゴ, きわめて遅く.

La·ri·fa·ri [らリふァーリ larifá:ri] 中 -s/ 《口語》むだ口, ナンセンス (= Unsinn).

der **Lärm** [れルム lérm] 男 (単2) -s (まれに -es)/ 騒音, 騒がしさ; 叫び声. (英 noise). der *Lärm* der Flugzeuge² 飛行機の騒音 / Die Kinder machen *Lärm*. 子供たちが騒いでいる / viel *Lärm* um nichts 空騒ぎ / **bei** diesem *Lärm* この騒音では / *Lärm*⁴ schlagen a) 警鐘を打ち鳴らす, b) 《比》公衆の注意をひく, c) 《比》(声高に)抗議する.

Lärm⹀be·kämp·fung [れルム・ベケンプふング] 女 -/ 騒音防止.

Lärm⹀be·läs·ti·gung [れルム・ベれスティグング] 女 -/-en 騒音公害.

lär·men [れルメン lérmən] (lärmte, hat... gelärmt) 自 (完了) haben) 騒ぐ, (機械などが)騒音をたてる. Die Kinder *lärmen* auf dem Hof. 子供たちが中庭で騒いでいる / Der Motor *lärmt*. エンジンがうなりをあげている.

Lärm⹀pe·gel [れルム・ペーゲる] 男 -s/- 騒音の音量(レベル).

Lärm⹀schutz [れルム・シュッツ] 男 -es/ 騒音防止[対策], 防音設備.

lärm·te [れルムテ] lärmen (騒ぐ)の過去

Lar·ve [らルふェ lárfə] 女 -/-n ① 《動》幼生, 幼虫. ② 《方》仮面; 《比》(軽蔑的に:)無表情な顔. 人³ die *Larve*⁴ vom Gesicht reißen 人³の仮面をはぐ.

las [らース] ⁑ lesen (読む)の過去

La·sa·gne [らザーニエ lazánjə] 女 -/-n 《料理》ラザーニャ, ラザニア(イタリアのパスタ料理の一つ).

lasch [らッシュ láʃ] 形 ① だらんだ, だらけた, 無気力な; 《方》調味料(薬味)の足りない.

La·sche [らッシェ láʃə] 女 -/-n ① 《工》(レールなどの)連結金具. ② (靴の)べろ; (バッグのふたの)留めベルト; (ベルトの)留め輪.

lä·se [れーゼ] ⁑ lesen (読む)の接2

La·ser [れーザァ lé:zər] [英] 男 -s/- 《理》レーザー.

La·ser⹀dru·cker [れーザァ・ドルッカァ] 男 -s/- レーザープリンター.

La·ser⹀plat·te [れーザァ・プらッテ] 女 -/-n レーザーディスク.

La·ser⹀strahl [れーザァ・シュトらーる] 男 -[e]s/-en 《理》レーザー光線.

la·sie·ren [らズィーレン lazí:rən] 他 (h) 《物⁴

に)透明ラッカー(ワニス)を塗る.

lass [らス] ‖**lassen**¹ (…させる)の du に対する 命令

Las·salle [らサ lasál] -s/《人名》ラサール (Ferdinand *Lassalle* 1825-1864; ドイツの社会主義者).

‖**las·sen**¹* [らッセン lásən]

…させる	*Lassen* Sie mich gehen!
	らッセン ズィー ミヒ ゲーエン
	私を行かせてください.

人称		単	複
1		ich **lasse**	wir lassen
2	du **lässt**	ihr lasst
	Sie lassen	Sie lassen
3		er **lässt**	sie lassen

I (ließ, *hat* … lassen) 助動 《使役の助動詞》(完了) haben)《*zu* のない不定詞とともに》(英 *let*) ① …させる, …してもらう. 人⁴ kommen *lassen* 人⁴を来させる / Ich *lasse* mein Auto reparieren. 私は車を修理してもらう / Er *lässt* dich grüßen. 彼が君によろしくと言ってたよ / Sie *hat* mich lange warten *lassen*.《現在完了》彼女は私を長く待たせた / sich³ einen Anzug machen *lassen*(自分用に)スーツを作らせる / Er *ließ* sich⁴ am Knie operieren. 彼はひざを手術してもらった / Ich *lasse* mich morgen bei dir sehen. あす君のところへ顔を出すよ. ②（好きなように)…させておく, …させてやる. *Lass* ihn schlafen! 彼を眠らせておきなさい / *Lass* mich mal sehen! ちょっと見せてくれ / Das *lasse* ich mir nicht gefallen! そんなことは承知しないぞ / Er *lässt* die Kinder toben. 彼は子供たちを騒ぐままにさせておく.

◊《特定の動詞とともに成句的に》 甲⁴ **bleiben** *lassen* 甲⁴をしないでおく / 甲⁴ **fahren** *lassen* 甲⁴を断念する / 甲⁴ **fallen** *lassen* 甲⁴を放棄する / sich⁴ **gehen** *lassen* 気ままにふるまう / 人⁴ **hängen** *lassen*《口語》人⁴に待ちぼうけをくわせる / 甲⁴ **hängen** *lassen* 甲⁴だらけている / 物⁴ **laufen** *lassen*《口語》物⁴を放免する / 物⁴ **liegen** *lassen* 物⁴(仕事など)を[しばらく]ほうっておく / 甲⁴ **ruhen** *lassen* 甲⁴を[ひとまず]放置する / 甲⁴ **sein** *lassen*《口語》甲⁴をしないでおく(やめておく) / 人⁴ **sitzen** *lassen*《口語》a) 人⁴(家族など)を見捨てる, b) 人⁴に待ちぼうけをくわせる / 人⁴ **stehen** *lassen* 人⁴との縁を切る. (人● 分離動詞として一語書きにすることがある.)

③ 《*Lass uns* …! などの形で》…しようよ, …しましょうよ. *Lass* uns jetzt gehen! (du に対して:) さあ行こう / *Lasst* uns auf ihn warten! (ihr に対して:) 彼を待とうよ / *Lassen* Sie uns noch ein Glas Wein trinken! (Sie に対して:)もう1杯ワインを飲みましょうよ.

④《人·物¹ *lässt sich*⁴…の形で》人·物¹が…さする, …できる. Er *lässt* sich leicht täuschen. 彼はだまされやすい / Der Wein *lässt* sich trinken. このワインはいける / Das *lässt*

sich hören. それも悪くない（いい考えだ). ◊《非人称の **es** を主語として》Hier *lässt* es sich leben. ここは暮らしやすい.

II (ließ, *hat* … gelassen) 他 (完了 haben) ① やめる, やめておく. *Lass* das! やめてくれ / Ich *kann* das Trinken nicht *lassen*. 彼は酒がやめられない / Ich *würde* das lieber *lassen*.《接2·現在》私ならそんなことはしないのだが. ◊《目的語なしで》 *Lass* mal! Ich mache das schon. ほっといていいよ, ぼくがやっておくから.
② 《場所を表す語句とともに》 人·物⁴を…に 置いておく, 残しておく; 置き忘れる. Heute *lasse* ich das Auto in der Garage. きょうは車はガレージに置いておこう / Wir *lassen* das Kind nicht allein in der Wohnung. 私たちはこの子を一人でうちに残しておいたりしません / Wo *hast* du den Schlüssel *gelassen*? 君はどこに鍵(ﾂﾞ)を置き忘れたんだ.
③ 《様態を表す語句とともに》 人·物⁴を…の まま にしておく. Wir *wollen* es **dabei** *lassen*. そのままにしておきましょう / die Tür⁴ **offen** *lassen* ドアを開けたままにしておく / *Lassen* Sie mich **in Ruhe!** 私をほっといてください.
④ 《方向を表す語句とともに》 人·物⁴を…へ)入れる; 人·物⁴を…から)出す. Sie *lässt* uns nicht **ins** Zimmer. 彼女は私たちを部屋に入れない / Wasser⁴ in die Wanne *lassen* 浴槽に水を入れる / die Luft⁴ **aus** den Reifen *lassen* タイヤの空気を抜く.
⑤ 《人³に 物⁴を》与えておく, 任せておく, 譲り渡す. Ich *lasse* dir das Auto bis morgen. 君に車をあすまで貸しておくよ / Ich *lasse* Ihnen den Teppich für 600 Euro. このじゅうたんを600ユーロでお譲りしましょう / Er *lässt* den Kindern viel Freiheit. 彼は子供たちに多くの自由を認めている / *Lass* ihm das Vergnügen! 彼を好きなように楽しませておきなさい.
⑥ 《成句的に》 einen *lassen*《俗》屁をひる.

III (ließ, *hat* … gelassen) 自 (完了 haben) 《**von** 人·物³ ~》(人·物³と)縁を切る. vom Alkohol *lassen* 酒をやめる / Sie *kann* von ihm nicht *lassen*. 彼女は彼と別れられない.

◊ 📖 **gelassen**

類語 **lassen**: (一般的な意味で)残しておく, 置いておく. **hinterlassen**: (用命·品物などを)残して行く. **zurück**|**lassen**: (立ち去ったその場所に)残す.

las·sen² [らッセン] ‖**lassen**¹ (…させる)の 過分

läs·sig [れスィヒ lésıç] 形 ① 無造作な, 気取らない, 気楽な. eine *lässige* Haltung 無造作な態度 / *lässig* grüßen 軽くあいさつする. ② なげやりな, いいかげんな. *lässig* arbeiten いいかげんに仕事をする. ③《口語》容易な, たやすい. Er lief die Strecke *lässig* in 11 Sekunden. 彼はその距離をやすやすと11秒で走った.

Läs·sig·keit [れスィヒカイト] 女 -/ 無造作, さりげなさ; なげやり, 不精.

läss·lich [れスりヒ] 形 ①《雅》とるに足らない(過失など). 《カト》許されうる, 罪にならない. *lässliche* Sünden 微罪. ②《古》寛大な.

Las·so [ラッソ lásо] 田 男 -s/-s (家畜などを捕える)投げ縄.

lässt [レスト lέst] ‡**lassen**¹ (…させる, やめる)の2人称親称単数・3人称単数 現在. Er *lässt* sich³ die Haare schneiden. 彼は散髪してもらう.

läßt [レスト] lässt の古い形 (☞ daß 注意).

die **Last** [らスト lást] 囡 (単) -/(複) -en ①(重い)荷物; 積み荷; 重さ, 重荷;《比》(精神的な)重圧.《反》load). eine schwere *Last* tragen 重い荷物をかつぐ / die *Lasten*⁴ mit einem Kran befördern 荷物をクレーンで運ぶ / **unter** der *Last* des Schnees 雪の重みで / **zur** *Last* fallen (または werden) 囚³に苦労をかける / 囚³ 囲⁴ zur *Last* legen 囚³に囲⁴の罪(責任)を負わせる.
② [圏]《で》(経済的な)負担; 税金, 負担金. steuerliche *Lasten* 税負担 / Die Kosten gehen **zu** *Lasten* des Käufers. 諸費用は買い手の負担となる. ③《電》負荷. ④《海》バラスト; 船倉.
► **zu⊱lasten**

Last⊱au·to [らスト・アオトー] 田 -s/-s《口語》トラック, 貨物自動車 (=Lastkraftwagen).

las·ten [らステン lástən] 自 (h)《**auf** 人・物³ ~》(人・物³の上に)重くのしかかっている. Die Verantwortung *lastete* auf ihm. 彼には責任が重くのしかかっていて / Auf dem Haus *lastet* eine Hypothek. この家は抵当に入っている.

Las·ten⊱auf·zug [らステン・アオふツーク] 男 -[e]s/..züge 貨物用リフト(エレベーター).

Las·ten⊱aus·gleich [らステン・アオスグらイヒ] 男 -[e]s/-《法》負担調整(旧西ドイツの負担調整法による戦争被害者への補償; 略: LA).

das **Las·ter**¹ [らスタァ lástər] 田 (単) -s/(複) - (3格のみ -n) 悪習, 悪癖; 悪徳.《反》vice). einem *Laster* frönen 悪習におぼれる / ein langes *Laster*《口語》やせたのっぽ.

Las·ter² [らスタァ] 男 -s/-《口語》トラック, 貨物自動車 (=Lastkraftwagen).

Läs·te·rer [レステラァ léstərər] 男 -s/- 冒瀆(ぼうとく)者, 中傷者. (女性形: -in).

las·ter·haft [らスタァハふト] 形 ふしだらな, 堕落した.

Las·ter·haf·tig·keit [らスタァハふティヒカイト] 囡 -/ 悪習, 不品行.

läs·ter·lich [レスタァりヒ] 形 冒瀆(ぼうとく)の, 中傷的な. *lästerlich* fluchen 口汚くののしる.

Läs·ter·maul [レスタァ・マオる] 中 -[e]s/..mäuler《俗》毒舌〔家〕, 中傷〔者〕.

läs·tern [レスタァン léstərn] I 自 (h)《**über** 人・物⁴》(人・物⁴の)悪口を言う, 中傷する. II 他《古》(神などを⁴を)冒瀆(ぼうとく)する; けなす.

Läs·te·rung [レスてルング] 囡 -/-en 悪口, 中傷; (神の)冒瀆(ぼうとく).

Läs·ter·zun·ge [レスタァ・ツンゲ] 囡 -/-n《俗》毒舌〔家〕, 中傷〔者〕.

läs·tig [レスティヒ léstiç] 形 重荷になる, やっかいな, わずらわしい; 不快な.《反》annoying). ein *lästiger* Auftrag 重荷になる任務 / ein *lästiger* Frager しつこく質問する人 / 囚³ *lästig* fallen (または *lästig*) fallen) 囚³の迷惑になる / Seine Besuche werden mir allmählich *lästig*. 彼の訪問が私にはわずらわしくなってきた.

Läs·tig·keit [レスティヒカイト] 囡 -/ 重荷になること, やっかい, 迷惑.

Last⊱kahn [らスト・カーン] 男 -[e]s/..kähne はしけ, てんま船.

Last⊱kraft·wa·gen [らスト・クラふトヴァーゲン] 男 -s/-《南ドイツ: ..wägen も》トラック, 貨物自動車 (略: Lkw, LKW).《注意》「乗用車」は Personenkraftwagen).

Last-Mi·nute-Flug [らースト・ミニット・ふるーク lá:st-mínit-flu:k] 男 -[e]s/..-Flüge ラストミニット・フライト(出発直前に空席を埋めるために提供される割安フライト[・チケット]).

Last⊱schiff [らスト・シふ] 田 -[e]s/-e 貨物船.

Last⊱schrift [らスト・シュリふト] 囡 -/-en《経》借方記入.

Last⊱tier [らスト・ティーァ] 田 -[e]s/-e 荷役動物(馬・らくだなど).

der **Last⊱wa·gen** [らスト・ヴァーゲン lástva:gən] 男 (単2) -s/(複) -《南ドイツ: ..wägen も》① トラック, 貨物自動車 (=Lastkraftwagen).《英 truck》. ② (昔の)荷馬車.

Last⊱zug [らスト・ツーク] 男 -[e]s/..züge トレーラー[を連結した]トラック.

La·sur [らズーァ lazú:r] 囡 -/-en ①《ふつう 囲》クリアラッカー(透明塗料)仕上げ. ② クリアラッカー, 透明塗料.

las·ziv [らスツィーふ lastsí:f] 形 みだらな, わいせつな.

lat. [らタイニッシュ]《略》ラテン語の (=lateinisch).

das **La·tein** [らタイン latáın] 田 (単) -s/ ラテン語.《英 Latin》. Unterricht in *Latein* ラテン語の授業 / Er ist mit seinem *Latein* am Ende.《口語・比》彼は途方に暮れている.

La·tein⊱ame·ri·ka [らタイン・アメリカ] 田 -s/《地名》ラテンアメリカ(ラテン語系言語が話される中南米諸国の総称).

la·tein⊱ame·ri·ka·nisch [らタイン・アメリカーニッシュ] 形 ラテンアメリカの, 中南米の.

la·tei·nisch [らタイニッシュ latáınıʃ] 形 ラテン語の; ラテン文字の; ラテン[民族]の. die *lateinische* Schrift ラテン文字, ローマ字体.

la·tent [らテント latént] 形 潜在的な,《医》潜伏性の. eine *latente* Gefahr 潜在する危険.

die **La·ter·ne** [らテルネ latérnə] 囡 (単) -/(複) -n《英 lantern》① ランタン, 角灯, カンテラ; 街灯 (=Straßen*laterne*). Papier*laterne* ちょうちん / eine *Laterne*⁴ an|zünden (aus|löschen) ランタンの火をともす(消す) / Solche Menschen kannst du **mit** der *Laterne* suchen.《口語・比》そのような人はめったにいないぞ(←カンテラを持って探す). ②《建》(明り窓のついた)ドームの)頂塔. (☞「建築様式 (4)」, 1745 ページ). ③ (馬などの額の)白斑(はくはん).

La·ter·nen⹁pfahl [らテルネン・プファール] 男 -[e]s/..pfähle 街灯の柱.

La·ti·num [らティーヌム latí:num] 中 -s/ ラテン語の知識; ラテン語学力認定試験.

La·tri·ne [らトリーネ latrí:nə] 女 -/-n (野営地などの)仮設トイレ.

Lat·sche [らッチェ látʃə] 女 -/-n (植) ヨーロッパ・ハイマツ.

lat·schen [らーチェン lá:tʃən] **I** 自 (s) (俗) ずるずる足を引きずって歩く. **II** 他 (h) (成句的に) 人³ eine⁴ *latschen* (方) 人³に一発くらわす.

Lat·schen [らーチェン lá:tʃən] 男 -s/- (ふつう 複) (口語) 履き古した靴; (楽な)スリッパ, 上靴.

lat·schig [らーチヒ lá:tʃɪç] 形 (俗) だらしない, 足を引きずる(歩き方など).

Lat·te [らッテ látə] 女 -/-n ① 細長い薄板; (建) 木摺(ず̇り), 木舞(こ̇ま̇い̇)(壁・屋根の下地に打つ). eine lange *Latte* (口語) のっぽ. ② (スポ) (高跳びなどの)バー; (ゴールの)クロスバー. ③ (口語) 多量, たくさん. eine [lange] *Latte*⁴ **von** Wünschen haben 願いごとがたくさんある.

Lat·ten⹁rost [らッテン・ロスト] 男 -[e]s/-e すのこ.

Lat·ten⹁zaun [らッテン・ツァオン] 男 -[e]s/..zäune 木柵(も̇く̇さ̇く̇).

Lat·tich [らティヒ látɪç] 男 -s/-e (植) レタス, チシャ.

Latz [らッツ láts] 男 -es/Lätze (ℓε̇́ts̊ə:-e も) ① よだれ掛け. ② (エプロンなどの)胸当て, 前掛け.

Lätz·chen [れッツヒェン létsçən] 中 -s/- (Latz の 縮小) よだれ掛け, 前掛け.

Latz⹁ho·se [らッツ・ホーゼ] 女 -/-n オーバーオール, 胸当て付きズボン.

lau [らオ láʊ] 形 (比較 lauer, 最上 lau[e]st) ① (湯などが)ぬるい, 生温かい; (風などが)ほどよく暖かい. *lauer* Kaffee 生ぬるいコーヒー / ein *lauer* Abend ほどよく暖かい晩. ② 煮えきらない, 熱意のない. (商) 沈滞した(需要など). eine *laue* Haltung 煮えきらない態度.

das **Laub** [らオプ láʊp] 中 (単2) -[e]s/ (総称として:) 木の葉. (英 foliage). (「個々の葉」は Blatt). grünes *Laub* 緑の葉 / Das *Laub* verfärbt sich. 木の葉が色づく.

Laub⹁baum [らオプ・バオム] 男 -[e]s/..bäume 広葉樹. (〈対〉「針葉樹」は Nadelbaum).

Lau·be [らオベ láʊbə] 女 -/-n ① 園亭, 東屋(あ̇ず̇ま̇や̇). [Und] fertig ist die *Laube*! (口語) これで片づいた(一件落着だ). ② (建) アーケード, 外廊下.

Lau·ben⹁gang [らオベン・ガング] 男 -[e]s/..gänge ① 木陰の道. ② (建) アーケード, 外廊下.

Laub⹁frosch [らオプ・フロッシュ] 男 -[e]s/..frösche (動) アマガエル.

Laub⹁holz [らオプ・ホルツ] 中 -es/..hölzer 広葉樹[材].

Laub⹁sä·ge [らオプ・ゼーゲ] 女 -/-n 糸鋸(い̇と̇の̇こ̇).

Laub⹁wald [らオプ・ヴァるト] 男 -[e]s/..wälder 広葉樹. (〈対〉「針葉樹林」は Nadelwald).

Laub⹁werk [らオプ・ヴェルク] 中 -[e]s/-e ① (雅) (一本の木全体の)葉. ② (建) 葉形装飾.

Lauch [らオホ láʊx] 男 -[e]s/-e (植) ネギ[属].

Lau·er [らオアァ láʊər] 女 (成句的に) **auf der *Lauer* liegen** (口語) 待ち伏せしている, こっそり見張っている / **sich⁴ auf die *Lauer* legen** (口語) 待ち伏せする, 見張る.

lau·ern [らオァァン láʊərn] 自 (h) ① **auf 人・物⁴ ~**) (人・物⁴を)待ち伏せする, 待ち構える. (口語) (人・物⁴を)今か今かと待ち望む. Die Katze *lauert* auf die Maus. 猫が鼠(ね̇ず̇み̇)を待ち伏せしている / *auf* eine Gelegenheit *lauern* チャンスを待ち受ける. ◇(現在分詞の形で) ein *lauernder* Blick 探るような(陰険な)目つき. ② (比)(危険などが)待ち構えている. Hier *lauern* überall Gefahren. ここにはいたるところに危険が潜んでいる.

der **Lauf** [らオフ láʊf] 男 (単2) -[e]s/(複) Läufe (ろイフェ) (3格のみ Läufen) ① (複なし) 走ること, ランニング, 歩行. (英 run). **in schnellem (vollem) *Lauf*** 駆け足で(全速力で) / **sich⁴ in *Lauf* setzen** 走り出す.
② (スポ) 競走, レース. (英 race). Hürden*lauf* ハードル競走 / einen *Lauf* gewinnen 競走に勝つ.
③ (複なし) (時間などの)経過; (事柄の)成り行き, 進行. **im *Lauf*[e] der Zeit²** 時のたつうちに / *in³* freien *Lauf* lassen 物³を成り行きにまかせる / Das ist der *Lauf* der Welt. それは世の成り行きというものだ.
④ (複なし) (機械の)作動, 運転, 回転. den *Lauf* des Motors überwachen エンジンの回転を監視する. ⑤ (複なし) (川などの)流れ; (道などの)進路, 行路; (天) (太陽・星などの)運行, 軌道. der obere (untere) *Lauf* des Rheins ライン川の上流(下流). ⑥ (音楽) パッセージ. ⑦ (狩) (犬や猟獣の)脚. ⑧ 銃身.

Lauf⹁bahn [らオフ・バーン] 女 -/-en ① 経歴, キャリア, 履歴; 生涯. die berufliche *Laufbahn* 職歴. ② (スポ) コース, 走路, トラック.

Lauf⹁bur·sche [らオフ・ブルシェ] 男 -n/-n メッセンジャーボーイ, 使い走りの少年.

Läu·fe [ろイフェ] Lauf (競走)の 複.

lau·fen* [らオふェン láʊfən]

	走る *Laufen* Sie schnell! らオふェン ズィー シュネる 速く走りなさい.	
人称	単	複
1	ich laufe	wir laufen
2	du **läufst** / Sie laufen	ihr lauft / Sie laufen
3	er **läuft**	sie laufen

(lief, *ist*/*hat*... gelaufen) **I** 自 (完了 sein または haben) ① (s) 走る, 駆ける. (英 run). langsam *laufen* ゆっくり走る / Sie *ist* **aus** dem

Haus gelaufen.〖現在完了〗彼女は家から走って出て来た / **ins** Freie *laufen* 戸外へ駆け出る / **über** die Straße *laufen* 道路を走って渡る / **um** die Wette *laufen* 競走する. ◇〖過去分詞の形で〗Er kam keuchend *gelaufen*. 彼はあえぎながら走って来た.
② (s) 歩く, 歩行する; 歩いて行く. (英 walk). Unsere Kleine *läuft* schon. うちの娘はもう歩きます / Wir *sind* heute viel *gelaufen*.〖現在完了〗私たちはきょうたくさん歩き回った / **nach** 物³ *laufen*〘口語〙物³を探し回る. (☞ 類語 gehen).
③ (s) (方向を表す語句とともに)〘口語〙(習慣的に…へ)よく行く, 通う. Er *läuft* dauernd **ins** Kino. 彼はしょっちゅう映画を見に行く / Er *läuft* alle Tage ins Wirtshaus. 彼は毎日飲み屋に行く.
④ (s) (スポ) (レースなどで)走る, 出場する. Sie *läuft* für Japan. 彼女は日本代表で走る.
◇〖距離などを表す4格とともに〗Er *ist* (または *hat*) 100 Meter in 12 Sekunden *gelaufen*.〖現在完了〗彼は100メートルを12秒で走った. (☞ 完了の助動詞として haben を用いることもある).
⑤ (s, h)〘無冠詞の特定の名詞とともに〙(スキーなど⁴で)走る, 滑る. Er *läuft* gut Ski. 彼はスキーがうまい / Schlittschuh⁴ *laufen* スケートをする.
⑥ (s) (機械などが)作動している; (乗り物が)走る, 運行する; (滑るように)動く, 伝わる. Die Maschine *läuft* nicht richtig. 機械がちゃんと動かない / Der Wagen *läuft* sehr gut. その車はとてもよく走る / Ein Gemurmel *lief* **durch** die Menge.《比》ざわめきが群衆の間に広がった / Das *läuft* ziemlich **ins** Geld.《比》それはかなりお金がかかる / Ein Schauer *lief* **über** ihren Rücken.《比》彼女の背筋を戦慄(おのの)が走った.
⑦ (s) (液体が)流れる; (容器などが)漏る. Das Blut *lief* **aus** der Wunde. 血が傷口から流れ出た / Die Nase *läuft*. 鼻水が出る / Das Wasser⁴ **in** die Wanne *laufen lassen* 浴槽に水を入れる.
⑧ (s) (道などが)走っている, 通っている. Die Straße *läuft* **am** Fluss entlang. その道は川沿いに走っている.
⑨ (s) (事が)進む; 進行中である. Das Geschäft *läuft* wie geplant. 仕事は計画どおりに進んでいる / Der Prozess *läuft* noch. その訴訟はまだ係争中だ / Der Laden *läuft*.〘口語〙その店は繁盛している.
⑩ (s) 有効である; 通用する. Der Vertrag *läuft* zwei Jahre. その契約は2年間有効である / Das Auto *läuft* **auf** seinen Namen. その車は彼の名義になっている.
⑪ (s) (映画・番組などが)上映される, 放映される. Der Film *läuft* seit zwei Wochen. その映画は2週間前から上映されている.
II 他 (完了 haben または sein) (スポ) (走って記録など⁴を)出す. Er *hat* (または *ist*) einen neuen Weltrekord *gelaufen*.〖現在完了〗彼は競走で世界新記録を出した.
III 再帰 (完了 haben) *sich*⁴ *laufen* ① 歩いて(走って)[その結果]…になる. *sich*⁴ *laufen* **müde** 歩き(走り)疲れる. ② *sich*³ 体 *laufen* 歩いて(走って)[その結果] 物⁴(足など)を…にする. *sich*³ die Füße⁴ wund *laufen* (または wund|*laufen*) 歩きすぎて靴ずれができる. ③〖**es** *läuft sich*⁴…の形で〗歩き(走り)ぐあいが…である. In diesen Schuhen *läuft* es *sich* gut. この靴は歩きやすい.

▶ **laufen|lassen**

〔類語〕**laufen**: 「走る」の意味で最も一般的な語. **rennen**: (スピードを出して)走る, 駆ける. **rasen**:《口》(猛スピードで)走る. **stürmen**: 突進する.

lau·fend [ろオフェント láufənt] I ‡**laufen** (走る)の 現分
II 形 ① 持続的な; 日常の. die *laufenden* Ausgaben 経常費 / die *laufenden* Arbeiten 毎日の仕事 / *laufend* zu tun haben ひっきりなしに仕事がある.
② 現在の; 当座の. das *laufende* Jahr 今年 / die *laufende* Nummer der Zeitschrift² 雑誌の最新号. ◇〖名詞的に〗**auf dem** *Laufenden* **sein** (または **bleiben**) 最新の情報に通じている / mit 物³ **auf dem** *Laufenden* **sein** 物³をアップデート(最新化)している / 人⁴ **auf dem** *Laufenden* **halten** 人⁴に常に最新の事情を知らせておく. ③ 連続している. das *laufende* Band ベルトコンベヤー / *laufende* Nummern 通し番号 / der (または das) *laufende* Meter (布地などの)切り売りの1メートル(略: lfd. m., lfm.).

lau·fen|las·sen*, **lau·fen las·sen*** [ろオフェン・ラッセン láufən-làsən] (過分 laufen|ge|lassen / laufen ge|lassen) 他 (h)〘口語〙(容疑者など⁴を)放免する; (囲⁴を)成り行きにまかせる.

der **Läu·fer** [ろイファァ lɔ́yfər] 男 (単2) -s/-(複) -(3格のみ -n) ① (陸上競技などの)走者, ランナー. (英 runner). Skiläufer スキーヤー. ② (サッカーなどの)ミッドフィールダー; (ラグビーの)スリークォーターバック. ③ (廊下・階段などの)細長いじゅうたん. ④ (チェスのビショップ). ⑤〘工〙(モーターなどの)回転子, (タービンの)羽根車; (計算尺などの)カーソル. ⑥〘建〙長手積みのれんが. ⑦〘農〙(乳離れした)子豚.

Lau·fe·rei [ろオフェライ laufərái] 女 -/-en〘口語〙走り回ること; (無益な)奔走.

Läu·fe·rin [ろイフェリン lɔ́yfərɪn] 女 -/..rin·nen (女性の)走者, ランナー.

Lauf≈feu·er [ろオフ・フォイアァ] 中 -s/- 野火.

Lauf≈git·ter [ろオフ・ギッタァ] 中 -s/- (幼児を遊ばせる)ベビーサークル.

Lauf≈gra·ben [ろオフ・グラーベン] 男 -s/..gräben〘軍〙塹壕(ざんごう).

läu·fig [ろイフィヒ lɔ́yfɪç] 形 (雌犬などが)さかりのついた.

Lauf≈kat·ze [ろオフ・カッツェ] 女 -/-n〘工〙ウインチ台車.

Lauf≈kund·schaft [ろオフ・クントシャフト] 女 -/ (総称として:)通りがかりの客, 浮動客.

Lauf=ma·sche [ろオふ・マッシェ] 囡 -/-n (靴下などの線状の)ほつれ, (ストッキングの)伝線.

Lauf=pass [ろオふ・パス] 男 《成句的に》 冟³ den *Laufpass* geben 《口語》 冟³を解雇する, b) 冟³と絶交する.

Lauf=schritt [ろオふ・シュリット] 男 -[e]s/-e 駆け足. im *Laufschritt* 駆け足で.

läufst [ろイふスト] *laufen (走る) の 2 人称親称単数 現在

Lauf=steg [ろオふ・シュテーク] 男 -[e]s/-e (ファッションショーなどの)エプロンステージ.

läuft [ろイふト] *laufen (走る) の 3 人称単数 現在

Lauf=vo·gel [ろオふ・ふォーゲる] 男 -s/..vögel 走禽(きん)類(だちょう・エミュウなど).

das **Lauf=werk** [ろオふ・ヴェルク] 中 (単 2) -[e]s/-e (3 格のみ ..werken) 《コンピュ》ディスクドライブ. die Diskette⁴ in das *Laufwerk* stecken フロッピーディスクをドライブに入れる. ② 《工》(機械の)作動機構, メカニズム; (鉄道の)台車.

Lauf=zeit [ろオふ・ツァイト] 囡 -/-en ① 《経》(手形の)満期までの期間; 《法》有効通用期間. ② (ある地点までの)所要時間; (スポ)所要タイム, (工) (機械の)運転時間[数].

Lauf=zet·tel [ろオふ・ツェッテる] 男 -s/- ① (作業工程のチェックカード, 工程票. ② (回覧物の)閲覧(受領)確認書.

Lau·ge [ろオゲ láugə] 囡 -/-n ① 灰汁(あく); 石けん水. ② 《化》アルカリ液.

Lau·heit [ろオハイト] 囡 -/ 微温, 生ぬるいこと; 《比》不決断, 煮えきらないこと.

die **Lau·ne** [ろオネ láunə] 囡 -(単)/(複) -n ① 《複なし》気分, 機嫌 (=Stimmung). (英 mood). Er hat heute gute (schlechte) *Laune*. 彼はきょうは機嫌がよい(悪い) / Sie ist schlechter *Laune*². 彼女はご機嫌斜めだ / 冟³ die *Laune*⁴ verderben 冟³の機嫌をそこねる / Das macht *Laune*! 《口語》そいつはおもしろい / Er ist bei (または in) *Laune*. 彼は上機嫌だ. ② 《ふつう 複》 気まぐれ, むら気. Er hat *Launen*. 彼は気まぐれだ / die *Launen* des Wetters 《比》天気の気まぐれ. ③ 気まぐれな思いつき. 動⁴ aus einer *Laune* heraus tun 動⁴をその場の思いつきでする.

lau·nen·haft [らオネンハふト] 形 気まぐれな, むら気の.

Lau·nen·haf·tig·keit [らオネンハふティヒカイト] 囡 -/ 気まぐれ, むら気.

lau·nig [らオニヒ láunɪç] 形 陽気な, 上機嫌の; ユーモラスな, おもしろい.

lau·nisch [らオニッシュ láunɪʃ] 形 気まぐれな, むら気の, やく不機嫌になる.

Laus [らオス láus] 囡 -/Läuse 《昆》シラミ. 冟³ eine *Laus*⁴ in den Pelz setzen 《比》a) 冟³をとんだ目にあわせる, b) 冟³に不信の念を起こさせる / Ihm ist eine *Laus* über die Leber gelaufen. 《現在完了》《口語》彼は機嫌が悪い.

Lau·sanne [ろザンヌ lozán] 中 -s/ 《都市名》ローザンヌ(スイスの観光・保養地: → 地図 C-5).

Laus=bub [ろオス・ブープ] 男 -en/-en 《南ドイツ・口語》いたずら小僧, 悪童.

lau·schen [らオシェン láuʃən] (lauschte, hat ... gelauscht) 自 (完了 haben) (英 listen) ① 《注意深く》耳を傾ける, 耳を澄ます. der Musik³ (dem Redner) *lauschen* 音楽(演説者の話)に耳を傾ける / auf 動⁴ *lauschen* 動⁴(物音など)に耳を澄ます ⇒ Sie *lauschte* auf die Atemzüge des Kranken. 彼女は病人の呼吸を注意深く聞いた. (→ 類語 hören). ② 盗み聞きする. Er *lauschte* an der Tür. 彼はドアのそばで盗み聞きした.

Lau·scher [らオシャァ láuʃɐ] 男 -s/- ① 立ち聞き(盗み聞き)をする人. (女性形: -in). Der *Lauscher* an der Wand hört seine eigene Schand'! (諺) 立ち聞きする人は, 自分の恥を聞くことになる. ② 《狩》(おおかみ・きつねなどの立った)耳.

lau·schig [らオシヒ láuʃɪç] 形 人目につかず居心地のよい.

lausch·te [らオシュテ] lauschen (耳を傾ける)の 過去

Laus=jun·ge [らオゼ・ユンゲ] 男 -n/-n 《口語》いたずら小僧, 悪童. (女性形: ..mädchen).

lau·sen [らオゼン láuzən] 他 (h) (人・物⁴の)しらみをとる. Mich *laust* der Affe! 《口語》こいつは驚いた.

lau·sig [らオズィヒ láuzɪç] Ⅰ 形《口語》① ひどい, 惨めな, いやな. Das sind *lausige* Zeiten. いやな時世になったものだ. ② (お金などが)わずかな. wegen der paar *lausigen* Euros そのはした金のせいで. ③ すごい. Ⅱ 副《口語》すごく, ひどく. Heute ist es *lausig* kalt. きょうはめっぽう寒い.

****laut**¹ [らオト láut]

(声・音が)大きい

Das Radio ist zu *laut*.
ダス ラーディオ イスト ツー らオト
ラジオの音が大きすぎる.

形 (比較 lauter, 最上 lautest) ① (声・音が)大きい. (英 loud). (→ 「(声・音が)小さい」は leise). *lauter* Beifall 大きな拍手 / So etwas darf man nicht *laut* sagen. そのようなことを大声で言っては(公にしては)ならない / *laut* sprechen 大声で話す / *laut* und deutlich はっきりと, 率直に / *lauter* Farben 《比》けばけばしい色彩. ② 騒々しい, やかましい. eine *laute* Straße 騒々しい通り / *laute* Nachbarn 騒がしい隣人たち.

▶ laut|werden

laut² [らオト] 前《2格 または 3格とともに》《官庁》…によれば, …に従って. *laut* amtlicher Mitteilung 公の通知によれば / *laut* dem Bericht des Ministers 大臣の報告によれば / *laut* Vertrag 契約に従って. (→ 冠詞類・付加語形容詞のない単数名詞は無変化).

Laut

der **Laut** [ラォト láut] 男 (単2) -es (まれに -s)/(複) -e (3格のみ -en) ① 音, 物音; 声; (英 sound). ein leiser *Laut* かすかな音 / einen *Laut* des Schreckens aus|stoßen 驚きの声をあげる / keinen *Laut* von sich geben 音[声]をたてない / *Laut*⁴ geben a) 《狩》(猟犬が)ほえて知らせる, b) 《口語・比》申し出る, [情報を]伝える, 知らせる.
② 《言》音(*), 音声. Zungen*laut* 舌音 / einen *Laut* bilden ある音を発音する.

Lau·te [ラォテ láutə] 囡 -/-n 《音楽》リュート (ギターに似た昔の撥弦楽器).

lau·ten [ラォテン láutən] du lautest, er lautet (lautete, *hat*...gelautet) 自 (英 haben) ① (…という)文面である, (…と)書いてある. Der Brief *lautet* wie folgt: … その手紙の文面は次のとおりである / Wie *lautet* seine Antwort? 彼の返事には何と書いてあるの?
② 〖**auf** 格⁴ ～〗(圏⁴を)内容とする; (書類などが…の名で)発行されている. Sein Urteil *lautet* auf sechs Monate Gefängnis. 彼に対する判決は禁固6か月である / Auf wessen Namen *lauten* die Papiere? その書類はだれの名前で発行されていますか. ③ 《雅》(…のように)聞こえる. Ihre Antwort *lautete* günstig. 彼女の返事は好意的なものだった.

läu·ten [ロィテン lɔ́ytən] du läutest, er läutet (läutete, *hat*...geläutet) I 自 (英 haben) ① (英 *ring*) ① (教会などの鐘が)鳴る, 鳴り響く. Die Glocken *läuten* zu Mittag. 正午の鐘が鳴っている / Ich habe etwas davon *läuten* hören (または *gehört*).《現在完了》私はそのことをちょっと耳にした. (☞ 類語 klingen).
② (南ドィ・ホシュ) (ベルなどが)鳴る. Das Telefon *läutet*. 電話が鳴っている. ◇〖非人称の es を主語として〗Es *hat* geläutet. 呼び鈴が鳴った. / an der Tür *läuten* ドアのベルを鳴らす / **nach** 囚³ *läuten* ベルを鳴らして囚³を呼ぶ.
II 他 (英 haben) (鐘⁴を)鳴らす.

lau·ter¹ [ラォタァ] 形 (*laut の 比較) (声・音が)より大きい. Du musst *lauter* sprechen. 君はもっと大きい声で話さなくてはいけない.

lau·ter² [ラォタァ láutər] 形 (英 *pure*) ① 〖無語尾で〗まったくの, ただ…ばかりの. Du erzählst *lauter* Unsinn! おまえはばかなことばかり言って! / vor *lauter* Angst ただひたすらこわくて / Das sind *lauter* Lügen. そんなのうそばかりだ. ② 《雅》純粋な, 真正の, 混じり気のない. *lauteres* Gold 純金 / die *lautere* Wahrheit 偽りのない真実. ③ 《雅》誠実な. ein *lauterer* Mensch 誠実な人.

Lau·ter·keit [ラォタァカイト] 囡 -/ 純粋[さ]; 純真, 誠実.

läu·tern [ロィタァン lɔ́ytərn] 他 (h) 《雅》① (圏⁴から)不純物を取り除く. eine Flüssigkeit⁴ *läutern* 液体を澄ます. ② (囚⁴を)精神的に成長させる, 気高くする.

Läu·te·rung [ロィテルング] 囡 -/ ① 純化, 浄化, ろ過. ② (人格の)純化, 洗練.

lau·te·te [ラォテテ] lauten (…という文面である) の 過去

läu·te·te [ロィテテ] läuten (鳴る) の 過去

Läu·te≠werk [ロィテ・ヴェルク] 中 -[e]s/-e (踏切などの)警報機; (目覚まし時計の)振鈴機構, ベル.

laut≠hals [ラォト・ハルス] 副 大声で, 声を限りに.

Laut≠leh·re [ラォト・レーレ] 囡 -/ 《言》音声学; 音韻論.

laut·lich [ラォトリヒ] 形 《言》音声学[上]の; 音声(音韻)に関する.

laut≠los [ラォト・ロース láut-lo:s] 形 物音のしない, 無音の, 声をたてない. (英 *silent*). *lautlos* lachen (weinen) 声を忍ばせて笑う(泣く) / Die Tür öffnete sich *lautlos*. ドアが音もなく開いた.

Laut≠lo·sig·keit [ラォト・ローズィヒカイト] 囡 -/ 静寂; 沈黙.

Laut≠ma·le·rei [ラォト・マーレライ] 囡 -/ 《言》擬音[語], 擬声[語].

Laut≠schrift [ラォト・シュリふト] 囡 -/-en 《言》音声表記, 発音記号; 表音文字. die internationale *Lautschrift* 国際音標文字(音声字母).

der **Laut≠spre·cher** [ラォト・シュプレッヒャァ láut-ʃprɛçər] 男 (単2) -s/(複) - (3格のみ -n) スピーカー, 拡声器. (英 *loudspeaker*). 圏 **durch** *Lautsprecher* bekannt|machen (または bekannt machen) 圏⁴を拡声器を使って知らせる.

laut≠stark [ラォト・シュタルク] 形 大声の, 声高の, 音の大きな.

Laut≠stär·ke [ラォト・シュテルケ] 囡 -/-n 音量, ボリューム.

Laut≠ver·schie·bung [ラォト・ふェァシーブング] 囡 -/-en 《言》子音推移.

laut|wer·den*, laut wer·den* [ラォト・ヴェーァデン láut-vè:rdən] 自 (s) 〖突然〗声を荒げる; 知れ渡る.

lau·warm [ラオ・ヴァルム] 形 生ぬるい, 生暖かい; 煮えきらない, どっちつかずの.

La·va [ラーヴァ láːva] 囡 -/Laven 《地学》溶岩.

La·va≠strom [ラーヴァ・シュトローム] 男 -[e]s/..ströme 溶岩流.

La·ven·del [ラヴェンデる lavéndəl] 男 -s/- 《植》ラベンダー(香料・薬用にする).

la·vie·ren¹ [ラヴィーレン lavíːrən] 自 (h) (困難などを)うまく切り抜ける, (両者の間などを)うまく立ち回る.

la·vie·ren² [ラヴィーレン] 他 (h) ① 《美》(水を含んだ筆で)ぼかす. ② 水彩で彩色する.

La·wi·ne [ラヴィーネ lavíːna] 囡 -/-n 雪崩. eine *Lawine* von Briefen 《比》殺到する手紙.

lax [ラクス láks] 形 だらしない, ルーズな.

Lax·heit [ラクスハイト] 囡 -/-en ① 〖複 なし〗だらしなさ, ルーズ. ② だらしない言動.

Lay≈out, Lay-out [れー・アオト] [英] 中 -s/-s 《印》レイアウト, 割りつけ.

lay·ou·ten [れー・アオテン le:-áutən または れー..] 他 (h) 《印》レイアウトする.

La·za·rett [らツァレット latsarέt] 中 -[e]s/-e 《軍》野戦病院.

La·za·rett≈schiff [らツァレット・シふ] 中 -[e]s/-e 《軍》病院船.

La·za·rus [らーツァルス lá:tsarus] **I** 《聖》《人名》ラザロ (ア イエスの友人. 死後4日目にイエスにより復活; ヨハネによる福音書 11. イ イエスのたとえ話に出て来る病気の乞食; ルカによる福音書 16). **II** 男 - (または ..russes)/..russe 《口語》重い病気に苦しむ人; かわいそうな人.

l. c. [ろーコ ツィタートー] [ラテン] 《略》上述の箇所において (= **l**oco **c**itato).

LCD [エる・ツェー・デー] [英] 中 -s/-s 液晶ディスプレー (= **L**iquid **C**hrystal **D**isplay).

lea·sen [リーゼン lí:zən] 他 (h) (車などを)リースで借り受ける, 賃借する. ein geleastes Auto リースで使用する車.

Lea·sing [リーズィング lí:zɪŋ] [英] 中 -s/-s 《経》(機械などの)リース, 賃貸借.

Le·be≈mann [れーベ・マン] 男 -[e]s/..männer 道楽者, プレイボーイ. (女性形: ..dame).

***le·ben** [れーベン lé:bən]

> 生きている
>
> Meine Großeltern *leben* noch.
> マイネ グロースエるタァン れーベン ノッホ
> 私の祖父母はまだ健在です.

(lebte, *hat* ... gelebt) **I** 自 (完了 haben) ① 生きている, 生存する. (英 *live*). (メモ 「死ぬ」は sterben). Er *lebt* nicht mehr. 彼はもう生きていない / Mozart *lebte* im 18. (=achtzehnten) Jahrhundert. モーツァルトは 18 世紀に生きた人だ / *Lebst* du noch? 《口語・戯》(長く会わなかった人に対して:)おやまだ生きていたかい / Wie geht es dir? — Man *lebt*. 《口語》元気かい — まあまあだ / Er hat nicht mehr lange zu *leben*. 彼の命はもう長くはない / Das Bild *lebt*. 《比》この絵は生きているようだ / Sein Ruhm *wird* ewig *leben*. 《比》彼の名声は永遠に生き続けるだろう / Lang *lebe* der König! [接1・現在] 国王万歳! / *leben* und *leben lassen* 互いに干渉し合わないで暮らす, 共存共栄する.

② (…の)生活をする, (…に)暮らす. Sie *lebt* allein. 彼女は一人で暮らしている / sparsam *leben* 切りつめた生活をする / 人・事³ (または **für** 人・事⁴) *leben* 人・事³(または 人・事⁴)のために生きる ⇒ Sie *lebt* nur für ihre Kinder. 彼女は子供たちのためだけに生きている / mit 人³ **in** Frieden *leben* 人³と仲良くしている / **von** der Hand in den Mund *leben* その日暮らしをする / *Leb*[*e*] wohl! (長い別れの際のあいさつで:) 元気でね, さようなら.

③ [場所を表す語句とともに] (…に)住んでいる, (動物が)生息する. Wie lange *leben* Sie schon **in** Japan? もうどれくらい日本にお住まいですか / in der Stadt (**auf** dem Lande) *leben* 都会(田舎)に住む.

④ [**von** 物³ ~] (物³で)生計を立てる; (物³を)食べて生きていく. Er *lebt* von der Rente. 彼は年金で生活している / vom Gemüse *leben* 菜食生活をする / Der Mensch *lebt* nicht vom Brot allein. 《ことわざ》人はパンのみで生きるものではない(マタイによる福音書 4, 4).

II 他 (完了 haben) [**Leben** を目的語として] (…の生活・生涯⁴を)送る. ein glückliches Leben⁴ *leben* 幸せな生活を送る / Er *lebt* sein eigenes Leben. 彼は自分自身の生き方をしている.

III 再帰 (完了 haben) [**es** *lebt sich*⁴... の形で] 暮らしぐあいが…である. Hier *lebt* es *sich* gut. ここは暮らしやすい.

◇☞ **lebend**

das **Le·ben** [れーベン lé:bən]

> 生命; 人生; 生活
>
> So ist das *Leben*!
> ゾー イスト ダス れーベン
> それが人生というものさ.

中 (単2) -s/(複) - (英 *life*) ① [ふつう 単] 生命, 生; 生存. (メモ 「死」は Tod). irdisches *Leben* この世の命 / das ewige *Leben* 《キリスト教》永遠の命 / die Entstehung des *Lebens* 生命の起源 / Auf dem Mond ist kein *Leben*. 月には生命は存在しない / Das *Leben* ist vergänglich. 命はいつか果てる / 人³ das *Leben*⁴ retten 人³の命を救う / sich³ das *Leben*⁴ nehmen 自殺する / Er konnte nur das nackte *Leben* retten. 彼はかろうじて命だけは助かった / einem Kind das *Leben*⁴ schenken 《雅》子供を産む / wie das blühende *Leben* aus|sehen 《口語》健康そのものに見える.

◇[前置詞とともに] **am** *Leben* sein 生きている / am *Leben* hängen 生に執着する / ein Kampf **auf** *Leben* und Tod 生死を賭(か)けての戦い / 物⁴ **ins** *Leben* rufen 物⁴(会社など)を設立する / **mit** dem *Leben* davon|kommen 命からがら逃れる / 人³ **nach** dem *Leben* trachten 人³の命をねらう / 人⁴ **ums** *Leben* bringen 人⁴を殺す / ums *Leben* kommen 命を失う, 死ぬ.

② [ふつう 単] 人生, 生涯, 一生. ein kurzes (langes) *Leben* 短い(長い)生涯 / ein *Leben* lang 一生涯 / das *Leben* Goethes ゲーテの生涯. ◇[前置詞とともに] Er erzählte Erlebnisse **aus** seinem *Leben*. 彼は自分の人生経験を語った / sich⁴ **durchs** *Leben* schlagen 人生を生き抜く / **fürs** ganze *Leben* 一生涯 / zum ersten Mal **im** *Leben* 生まれて初めて / nie im *Leben* または im *Leben* nicht 決して…しない.

③ [複 なし] (日常の)生活, 暮らし[ぶり]; 現実

L

[の生活], 実社会. ein tägliches *Leben* 日々の暮らし / das *Leben* auf dem Lande 田舎の生活 / ein neues *Leben*⁴ an|fangen 新生活を始める / Er führt ein ruhiges *Leben*. 彼は平穏な生活を送っている / 鼺⁴ nach dem *Leben* zeichnen 鼺⁴を実物どおりに描く.
④〚鼺 なし〛活気, 生気. das *Leben* und Treiben auf den Straßen 街頭のにぎわり.

▷ **...leben** のいろいろ: **Alltagsleben** 日常生活 / **Eheleben** 結婚生活 / **Familienleben** 家庭生活 / **Privatleben** 私生活 / **Studentenleben** 学生生活

le·bend [れーベント] **I** ⇒ leben (生きている)の 現分 **II** 形 生きている, 命のある; 現存の. *lebende* Blumen 生花 / *lebende* Sprachen 現在使われている言語 / einen Tiger *lebend* fangen 虎(ﾄﾗ)を生け捕りにする.
▶ **lebend ≠ gebährend**

le·bend ≠ ge·bä·rend, le·bend ge·bä·rend [れーベント・ゲベーレント] 形 (動) 胎生の.

Le·bend ≠ ge·wicht [れーベント・ゲヴィヒト] 由 -[e]s/-e (屠畜の)生体重量; (戯) 人間の体重.

le·ben·dig [れベンディヒ lebéndɪç] 形 ① 生き生きした, 活気ある, にぎやかな eine *lebendige* Fantasie 生き生きした空想 / eine *lebendige* Stadt にぎやかな町 / *lebendig* diskutieren 活発に討論する. ② **生きている**, 生命のある. (変 alive). ein *lebendiges* Wesen 生き物 / Der Fisch ist noch *lebendig*. その魚はまだ生きている. ③ 生き続けている(伝統など), 生々しい(記憶など). *lebendiger* Glaube 今も生きている信仰. (☞類語 lebhaft).

Le·ben·dig·keit [れベンディヒカイト] 囡 -/ 生きていること; 生き生きしていること, 活気.

Le·bens ≠ abend [れーベンス・アーベント] 男 -s/-e (雅) 晩年.

Le·bens ≠ ab·schnitt [れーベンス・アップシュニット] 男 -[e]s/-e 人生の一時期.

Le·bens ≠ al·ter [れーベンス・アるタァ] 由 -s/- 年齢; (少年期・青年期などの)生涯の一時期.

Le·bens ≠ an·schau·ung [れーベンス・アンシャオウング] 囡 -/-en 人生観.

Le·bens ≠ art [れーベンス・アールト] 囡 -/ 生き方, 生活様式; 礼儀作法.

Le·bens ≠ auf·ga·be [れーベンス・アオふガーベ] 囡 -/-n 人生の課題.

Le·bens ≠ be·din·gung [れーベンス・ベディングング] 囡 -/-en 〘ふつう 複〙生活条件.

Le·bens ≠ be·schrei·bung [れーベンス・ベシュライブング] 囡 -/-en 伝記.

Le·bens ≠ dau·er [れーベンス・ダオアァ] 囡 -/ 生存期間, 寿命; (機械などの)耐用年数.

Le·bens ≠ en·de [れーベンス・エンデ] 由 -s/ 臨終, 最期. bis ans *Lebensende* 死ぬまで.

Le·bens ≠ er·fah·rung [れーベンス・エァふァールング] 囡 -/-en 人生経験(体験).

le·bens ≠ er·hal·tend [れーベンス・エァはルテント] 形 生命維持の(機能・処置など).

Le·bens ≠ er·war·tung [れーベンス・エァヴァルトゥング] 囡 -/ 平均余命.

le·bens ≠ fä·hig [れーベンス・フェーイヒ] 形 生存(生育)する力のある(新生児など).

le·bens ≠ feind·lich [れーベンス・ファイントりヒ] 形 生命をおびやかすほどの, 生物が生きられないほどの(寒さ・環境など).

Le·bens ≠ fra·ge [れーベンス・フラーゲ] 囡 -/-n 死活(重大)問題.

le·bens ≠ fremd [れーベンス・フレムト] 形 世事に疎い; 世間離れした, 実人生とかけ離れた.

Le·bens ≠ freu·de [れーベンス・フロイデ] 囡 -/ 生きる喜び.

le·bens ≠ froh [れーベンス・フロー] 形 生きる喜びに満ちた, 人生を肯定する.

Le·bens ≠ füh·rung [れーベンス・フューるング] 囡 -/ 生き方, 生活態度.

Le·bens ≠ ge·fahr [れーベンス・ゲふァール] 囡 -/ 生命の危険. in *Lebensgefahr* schweben 死線をさまよう / 鼺⁴ unter *Lebensgefahr* retten 身の危険を冒して 鼺⁴を救う.

le·bens ≠ ge·fähr·lich [れーベンス・ゲふェーアりヒ] 形 命にかかわる(病気・傷など).

Le·bens ≠ ge·fähr·te [れーベンス・ゲふェーァテ] 男 -n/-n ① (事実上の結婚生活をともにする男性の)パートナー. ② (雅) 人生の伴侶, 夫.

Le·bens ≠ ge·fähr·tin [れーベンス・ゲふェーァティン] 囡 -/..tinnen ① (事実上の結婚生活をともにする女性の)パートナー. ② (雅) 人生の伴侶, 妻.

Le·bens ≠ geis·ter [れーベンス・ガイスタァ] 複 活力, 生気. Der starke Kaffee weckte seine *Lebensgeister*. 濃いコーヒーを飲んで彼は元気を取り戻した.

Le·bens ≠ ge·mein·schaft [れーベンス・ゲマインシャふト] 囡 -/-en ① 生活共同体(家族など); 共同生活(結婚・同棲など). ② (生) 群集.

le·bens ≠ groß [れーベンス・グロース] 形 実物(等身)大の. ein *lebensgroßes* Bild 実物大の絵.

Le·bens ≠ grö·ße [れーベンス・グレーセ] 囡 -/ 実物(等身)大. in [voller] *Lebensgröße* 実物(等身)大の; (口語・戯) 本人自ら.

Le·bens ≠ hal·tung [れーベンス・はルトゥング] 囡 -/ 生計, 家計. eine bescheidene *Lebenshaltung* つましい暮らし.

Le·bens ≠ hal·tungs ≠ kos·ten [れーベンスはるトゥングス・コステン] 複 生活(生計)費.

Le·bens ≠ jahr [れーベンス・ヤール] 由 -[e]s/-e 年齢. Er steht im zehnten *Lebensjahr*. 彼は9歳だ. (☜ 10歳ではないことに注意).

le·bens ≠ klug [れーベンス・クるーク] 形 人生経験の豊かな, 世故にたけた.

Le·bens ≠ kraft [れーベンス・クラふト] 囡 -/..kräfte 〘生〙活力, 生気, バイタリティー.

Le·bens ≠ künst·ler [れーベンス・キュンストらァ] 男 -s/- 処世術の巧みな人. (女性形: -in).

Le·bens ≠ la·ge [れーベンス・らーゲ] 囡 -/-n 生活状態, 境遇.

le·bens ≠ lang [れーベンス・らング] 形 一生の, 生涯の, 終身の.

le·bens⹀läng·lich [レーベンス・レングリヒ] 形 (刑罰などが)生涯にわたる, 終身の. eine *lebenslängliche* Haft 終身禁固刑.

Le·bens⹀lauf [レーベンス・らオフ] 男 -[e]s/..läufe ① 履歴書. ② 経歴.

le·bens⹀lus·tig [レーベンス・るスティヒ] 形 生きる喜びに満ちた, 陽気な.

das **Le·bens·mit·tel** [レーベンス・ミッテる léːbəns-mɪtəl] 中(単 2)/複 (3格のみ -n) 《ふつう 複》食料品, 食品. (英 *food*). pflanzliche (tierische) *Lebensmittel* 植物性(動物性)食品 / *Lebensmittel*[4] her|stellen (auf|bewahren) 食料品を生産する(保存する).

Le·bens·mit·tel·ge·schäft [レーベンスミッテる・ゲシェフト] 中 -[e]s/-e 食料品店.

Le·bens·mit·tel·ver·gif·tung [レーベンスミッテる・フェァギフトゥング] 女 -/-en 《医》食中毒.

le·bens⹀mü·de [レーベンス・ミューデ] 形 生活に疲れた, 生きる意欲を失った.

Le·bens⹀mut [レーベンス・ムート] 男 -[e]s/ 人生に立ち向かう勇気, 活動力.

le·bens⹀nah [レーベンス・ナー] 形 実生活に即した, 現実に密着した, リアルな(小説など).

Le·bens⹀nerv [レーベンス・ネルフ] 男 -s/-en 《医》自律神経;《比》中枢部分, 生命線.

le·bens⹀not·wen·dig [レーベンス・ノートヴェンディヒ] 形 生命に不可欠な, 生きるのに必要な.

Le·bens⹀qua·li·tät [レーベンス・クヴァリテート] 女 -/ 生活の質, QOL.

Le·bens⹀raum [レーベンス・ラオム] 男 -[e]s/..räume ① 《生》ビオトープ, 生活圏. ② 生活範囲, 生活環境.

Le·bens⹀ret·ter [レーベンス・レッタァ] 男 -s/- 人命救助者; 命の恩人. (女性形: -in).

Le·bens⹀stan·dard [レーベンス・シュタンダルト] 男 -s/-s 生活水準.

Le·bens⹀stel·lung [レーベンス・シュテるング] 女 -/-en 終身雇用の職.

Le·bens⹀stil [レーベンス・シュティーる] 男 -[e]s/-e ライフスタイル, 生活様式.

Le·bens⹀un·ter·halt [レーベンス・ウンタァハるト] 男 -[e]s/-e 生活費.

Le·bens⹀ver·si·che·rung [レーベンス・フェァズィッヒェルング] 女 -/-en 生命保険. eine *Lebensversicherung*[4] ab|schließen 生命保険契約を結ぶ.

Le·bens⹀wan·del [レーベンス・ヴァンデる] 男 -s/ 品行, 行状.

Le·bens⹀weg [レーベンス・ヴェーク] 男 -[e]s/-e 人生行路, 生涯.

Le·bens⹀wei·se [レーベンス・ヴァイゼ] 女 -/ 生き方, 生活[方]法.

Le·bens⹀weis·heit [レーベンス・ヴァイスハイト] 女 -/-en 生活の知恵; 処生訓.

Le·bens⹀werk [レーベンス・ヴェルク] 中 -[e]s/-e ライフワーク.

le·bens⹀wert [レーベンス・ヴェーァト] 形 生きるに値する, 生きがいのある.

le·bens⹀wich·tig [レーベンス・ヴィヒティヒ] 形 生命(生活)に不可欠な; きわめて重大な(問題など).

Le·bens⹀zei·chen [レーベンス・ツァイヒェン] 中 -s/- 生きているしるし(心臓の鼓動・呼吸など); 《比》消息, 便り. ein *Lebenszeichen*[4] von 人[3] erhalten 人[3]から便りをもらう.

Le·bens⹀zeit [レーベンス・ツァイト] 女 -/ 生涯, 寿命. auf *Lebenszeit* 終生, 一生涯.

Le·bens⹀zweck [レーベンス・ツヴェック] 男 -[e]s/-e 人生の目的.

die **Le·ber** [レーバァ léːbər] 女 (単) -/(複) -n (英 *liver*) ① 《医》肝臓. eine gesunde *Leber* 健康な肝臓 / Die *Leber* ist geschwollen. 《現在完了》肝臓がはれている / 人[3] **an der** *Leber* **fressen** 《口語・比》人[3]をひどくいらいらさせる / **frei** (または **frisch**) **von der** *Leber* **weg sprechen** 《口語》率直に話す / **sich**[3] 人[4] **von der** *Leber* **reden** 《口語》事[4](悩みなど)を話して気を軽くする. ② 《料理》肝(きも), レバー.

Le·ber⹀blüm·chen [レーバァ・ブリュームヒェン] 中 -s/- 《植》スハマソウ.

Le·ber⹀fleck [レーバァ・ふれック] 男 -[e]s/-e 《医》肝斑(かんぱん)(肌の褐色のしみ).

Le·ber⹀kä·se [レーバァ・ケーゼ] 男 -s/ 《料理》レバーケーゼ(ミートローフの一種).

Le·ber⹀knö·del [レーバァ・クネーデる] 男 -s/- 《南ドイツ・オーストリア》《料理》レバー入り団子.

Le·ber⹀pas·te·te [レーバァ・パステーテ] 女 -/-n 《料理》レバーペースト.

Le·ber⹀tran [レーバァ・トラーン] 男 -[e]s/ 肝油.

Le·ber⹀wurst [レーバァ・ヴルスト] 女 -/..würste 《料理》レバーソーセージ. **die beleidigte** (または **gekränkte**) *Leberwurst*[4] **spielen** 《口語》(ささいなことで)むくれる.

Le·be⹀we·sen [レーベ・ヴェーゼン] 中 -s/- 生物, 動植物.

Le·be⹀wohl [レーベ・ヴォーる] 中 -[e]s/-e (または -s) 《雅》別れのあいさつ, さようなら.

leb·haft [レープハフト léːphaft] **Ⅰ** 形 《比較》lebhafter, 《最上》lebhaftest ① 活発な, 生き生きした; 活気に満ちた, にぎやかな. (英 *lively*). ein *lebhaftes* Kind 元気のよい子供 / eine *lebhafte* Unterhaltung 活発な会話 / eine *lebhafte* Straße にぎやかな通り.
② はっきりした, 鮮明な(記憶など). 人・事[4] in *lebhafter* Erinnerung haben 人・事[4]をはっきりと覚えている / Das kann ich mir *lebhaft* vorstellen. 私はそれをありありと思い浮かべることができる. ③ (色が)強烈な, はでな. ein *lebhaftes* Rot 鮮やかな赤. ④ 激しい, 強い. *lebhafte* Vorwürfe 激しい非難 / *lebhafter* Beifall 盛んな拍手.
Ⅱ 副 非常に. Das interessiert mich *lebhaft*. 私はそのことにとても興味を持っている.

類語 **lebhaft**: (活気に満ちて)元気な. **lebendig**: 元気旺盛(おうせい)な. (lebhaft とほぼ同義). **munter**: (陽気では)うららとした. **gesund**: (健康で)元気な. **kräftig**: (体力があり, たくましくて)元気な.

Leb·haf·tig·keit [レープハフティヒカイト] 囡 -/ 元気, 活気, にぎやかさ.

Leb‑ku·chen [レープ・クーヘン] 男 -s/- レープクーヘン (クリスマスに食べる蜂蜜・香辛料入りのケーキ). (☞ Kuchen 図).

leb·los [レープ・ロース] 形 生命のない, 死んでいる; (死んだように)生気のない.

Leb‑lo·sig·keit [レープ・ローズィヒカイト] 囡 -s/ 生命のないこと; 生気のなさ.

Leb‑tag [レープ・ターク] 男 『所有冠詞とともに成句的に』 [all] mein Lebtag《口語》私の生涯[にわたって].

leb·te [レープテ] **leben** (生きている) の 過去

Leb‑zei·ten [レープ・ツァイテン] 覆 『成句的に』 **zu** (または **bei**) *Lebzeiten* meines Vaters 私の父の存命中に / zu (または bei) unseren *Lebzeiten* われわれが生きているうちに.

der **Lech** [レヒ léç] 男 -s/ 『定冠詞とともに』《川名》レヒ川 (ドナウ川右支流: ☞ 地図 E-4〜5).

lech·zen [レヒツェン léçtsən] 自 (h) 【nach 物³】(雅)渇望する.

leck [レック lék] 形 (水などが)漏る. Das Boot ist *leck*. このボートは水が漏るうちに.

Leck [レック] 匣 -[e]s/-s (タンクなどの)漏れる箇所; (船の)浸水箇所.

le·cken¹ [レッケン lékən] (leckte, *hat*...geleckt) I 他 (定下 haben) なめる; なめて食べる. (英 lick). eine Wunde⁴ *lecken* 傷をなめる / Eis *lecken* アイスクリームをなめる / Der Hund *leckte* seinem Herrn die Hand. 犬は主人の手をなめた / Er *leckte* sich³ das Blut vom Finger. 彼は指の血をなめて取った / sich³ die Finger⁴ nach 物³ *lecken*《口語・比》物³が欲しくてたまらない.
II 自 (定下 haben) 【**an** 物³ ~】物³をなめる. an einem Eis *lecken* アイスクリームをなめる.
◊ ☞ **geleckt**

le·cken² [レッケン] 自 (h) (タンクなどが)漏る; (船などが)浸水する.

***le·cker** [レッカァ lékər] 形 おいしい, おいしそうな. (英 delicious). Der Kuchen schmeckt aber *lecker*! このケーキはなんておいしいんだ.

Le·cker‑bis·sen [レッカァ・ビッセン] 男 -s/- おいしい食べ物, 珍味; 《比》楽しみ.

Le·cke·rei [レッケライ lekərái] 囡 -/-en《口語》おいしいもの, (特に:)甘いもの.

Le·cker‑maul [レッカァ・マオる] 匣 -[e]s/..mäuler《口語》美食家; 甘党.

leck·te **lecken**¹ の 過去

LED [エる・エー・デー] 囡 -/-s《略》発光ダイオード (=light emitting diode).

led. [レーディヒ]《略》独身の (=ledig).

*das **Le·der** [レーダァ lé:dər] 匣 (単 2) -s/ (複) - (3格のみ -n) ① 革, 皮革 (英 leather). Schweins*leder* 豚革 / weiches *Leder* 柔らかい革 / *Leder*⁴ verarbeiten 皮を加工する / eine Tasche aus *Leder* 革製のかばん / Diese Tasche haben wir auch in *Leder*. このバッグなら革製のものもございます / Das Fleisch ist zäh wie *Leder*. この肉は革みたいに堅い / 囚³ das *Leder*⁴ gerben《口語》囚³をさんざんになぐる (←皮をなめす) / 囚³ **ans** *Leder*⁴ gehen (または wollen)《口語》囚³をやっつけようとする / gegen 囚・事 vom *Leder* ziehen 囚・事⁴をひどく非難する (←革のさやから刀を抜く).
② 革製品; (窓ふき用の)セーム革; サッカーボール.

Le·der‑ein·band [レーダァ・アインバント] 男 -[e]s/..bände (本の)革装.

Le·der‑ho·se [レーダァ・ホーゼ] 囡 -/-n (特に南ドイツ・アルプス地方の)革製[半]ズボン.

Le·der‑ja·cke [レーダァ・ヤッケ] 囡 -/-n 革のジャケット.

le·dern [レーダァン lé:dərn] 形 ① 【付加語としてのみ】革製の. *lederne* Schuhe 革製の靴. ② 革のような; (革のように)堅い(肉など).

Le·der‑wa·ren [レーダァ・ヴァーレン] 覆 革製品.

***le·dig** [レーディヒ lé:diç] 形 ① 独身の, 未婚の (略: led.). (英 single). (反下「既婚の」は verheiratet). ein *lediger* Mann 未婚の男性 / eine *ledige* Mutter シングルマザー / Er ist noch *ledig*. 彼はまだ独身だ. ② 【成句的に】事² *ledig* sein《雅》事²を免れている. Er ist der Verantwortung *ledig*. 彼はその責任を免れている.

le·dig·lich [レーディクリヒ] 副 ただ, 単に, …のみ. Das ist *lediglich* Formsache. それは単に形式上のことでしかない.

Lee [レー lé:] 囡 -/《海》(船の)風下側. (反下「船の風上側」は Luv). **in** *Lee* liegen 風下にある / **nach** *Lee* drehen 針路を風下に向ける.

****leer** [レーァ lé:r] 形 ① 空(から)の, 中味のない; 空白の. (英 empty). (反下「いっぱいの」は voll). Der Tank ist *leer*. タンクの中は空っぽだ / eine *leere* Kiste 空箱 / mit *leeren* Händen a) 手ぶらで, b) 何も得るところなく / Dieses Blatt ist noch *leer*. この紙にはまだ何も書いていない / Die Kasse ist *leer*.《口語》もうお金がない (←金庫は空だ) / *leer* aus|gehen 分け前にあずかれない /《名詞的に》**ins** *Leere* starren (greifen) 空(くう)を見つめる(つかむ).
② 人のいない, (ホールなどが)がらがらの. *leere* Straßen 人気(ひとけ)のない通り / Das Kino war *leer*. 映画館はがらがらだった / Die Wohnung steht *leer*. この住まいは空き家になっている / vor *leeren* Bänken (または vor *leerem* Haus) spielen まばらな観客の前で演じる / *leer* gefegt (または *leergefegt*) 空っぽの(通り・商品棚など).
③ 空虚な, 内容のない; うつろな. *leere* Worte 口先だけの言葉 / *leere* Versprechungen 空(から)約束 / 囚⁴ *leer* (または mit *leeren* Augen) an|sehen 囚⁴をうつろな目で見つめる.
▶ **leer|essen, leer|laufen** ②, **leer|machen, leer‑stehend**

..leer [..レーァ ..le:r]《形容詞をつくる 接尾》(…のない・乏しい) 例: inhalts*leer* 内容の乏しい.

Lee·re [レーァ lé:rə] 囡 -/ ① 空(から), 空所. ②《比》空虚, むなしさ.

***lee·ren** [れーレン lé:rən] (leerte, hat... geleert) (図 empty) **I** 他 (完了 haben) 空にする, 空ける; 飲み干す, 平らげる. den Mülleimer leeren ごみバケツを空にする / Der Briefkasten wird zweimal am Tag geleert. 〖受動・現在〗 その郵便ポストは日に２回開函(ﾊﾞｺ)される / den Teller leeren 料理を平らげる.
II 再帰 (完了 haben) sich⁴ leeren 空になる, 人がいなくなる. Der Saal leerte sich langsam. ホールはだんだん人影がまばらになった.

leer|es·sen*, leer es·sen* [れーァ・エッセン lé:r-èsən] 他 (h) (料理など⁴を)平らげる. den Teller leeressen 料理を平らげる.

Leer˛ge·wicht [れーァ・ゲヴィヒト] 中 -[e]s/-e (車両などの)自重.

Leer˛gut [れーァ・グート] 中 -[e]s/..güter (びん・箱などの)空容器.

Leer˛lauf [れーァ・ろぁフ] 男 -[e]s/..läufe ① (機械の)空転, アイドリング; (ギアの)ニュートラル. im Leerlauf 空回りで. ② 〔比〕むだ骨, 徒労.

leer|lau·fen* [れーァろぁフェン lé:r-làufən] 自 (s) ① (タンクなどが)漏れて空になる. ② (エンジンなどが)空転する.

leer|ma·chen, leer ma·chen [れーァ・マッヘン lé:r-màxən] 他 (h) 〔口語〕空にする.

leer|ste·hend, leer ste·hend [れーァ・シュテーエント] 形 人の住んでいない(部屋・家など).

Leer˛tas·te [れーァ・タステ] 女 -/-n (パソコンなどのキーボードの)スペースキー.

leer·te [れーァテ] *leeren (空にする)の過去

Lee·rung [れールング] 女 -/-en 空にすること; (ポストの)開函(ﾊﾞｺ).

Lef·ze [れフツェ léftsə] 女 -/-n (犬・獣などの)唇.

le·gal [れガーる legá:l] 形 法律にかなった, 合法的な. auf legalem Weg 合法的に.

le·ga·li·sie·ren [れガりズィーレン legalizí:rən] 他 (h) ① 〔法〕(文書⁴を)公的に認証する. ② 合法化(適法化)する.

Le·ga·li·tät [れガりテート legalité:t] 女 -/ 合法性, 適法性.

Leg·as·the·nie [れグアステニー legastení:] 女 -/-n [..ní:ən] 〔心・医〕(文章などの)読み書き能力の障害.

Le·gat [れガート legá:t] **I** 中 -[e]s/-e 〔法〕遺贈. **II** 男 -en/-en ① 〖ｶﾄﾘｯｸ〗教皇特使. ② 〔史〕(古代ローマの)使節; 属州総督.

Le·ga·ti·on [れガツィオーン legatsió:n] 女 -/-en 〖ｶﾄﾘｯｸ〗教皇使節団; (昔の:)教会領.

le·ga·to [れガート legá:to] 副 〔音楽〕レガート, なめらかに (略 leg.).

***le·gen** [れーゲン lé:gən]

> 横たえる
> Legen Sie das Buch hierher!
> れーゲン ズィー・ダス ブーフ ヒーァヘーァ
> その本をここに置きなさい.

(legte, hat... gelegt) **I** 他 (完了 haben) ① (物⁴を)横たえる, [横にして]置く, (人⁴を)寝かせる. (英 lay). 〘注意〙「立てる」 は stellen. den Verletzten sofort legen 負傷者をただちに横に寝かせる / Weinflaschen soll man legen, nicht stellen. ワインのびんは立てないで, 寝かせて置くものだ / Die Mutter legte das Kind auf den Rücken. 母親は子供をあおむけに寝かせた / den Gegenspieler legen 〖ｽﾎﾟ・隠語〗相手を〔投げ〕倒す.

② 〖方向を表す語句とともに〗(人・物⁴を…へ)置く, あてがう, 載せる, 掛ける. Er legte die Leiter an die Mauer. 彼ははしごを塀に立て掛けた / die Hand⁴ an die Stirn legen 額に手を当てる / einen Hund an die Kette legen 犬を鎖につなぐ / Hand⁴ an 物⁴ legen 〔比〕物⁴に着手する / eine Decke⁴ auf den Tisch legen 食卓にテーブルクロスを掛ける / Wert⁴ auf 物⁴ legen 〔比〕物⁴を重要視する / den Hammer aus der Hand legen (手に持った)金づちを置く / Wäsche⁴ in den Schrank legen 洗濯物をたんすにしまう / den Löffel neben den Teller legen スプーンを皿のわきに置く / Er legte ihr eine Perlenkette um den Hals. 彼は彼女の首に真珠のネックレスを掛けてやった.

③ **敷く**, 敷設する; 埋設する. Schienen⁴ legen レールを敷く / ein Kabel⁴ legen ケーブルを敷設する / Fliesen⁴ legen タイルを張る.

④ (ある形に)整える, たたむ. die Wäsche legen (アイロンがけの前に)洗濯物をきちんとたたむ / einen Stoff in Falten legen 布に折り目(ひだ)をつける / Sie lässt sich³ die Haare legen. 彼女は髪をセットしてもらう.

⑤ (卵⁴を)産む. Eier⁴ legen 卵を産む. ◊〖目的語なしでも〗Das Huhn legt gut. この鶏は卵をよく産む. ⑥ 〔方〕(じゃがいもなど⁴を)植えつける.

II 再帰 (完了 haben) sich⁴ legen ① 〖方向を表す語句とともに〗(…へ)横になる, 横たわる. Er legt sich auf die Couch. 彼は寝いすに横になる / sich⁴ auf den Bauch (den Rücken) legen 腹ばい(あおむけ)になる / sich⁴ ins (または zu) Bett legen ベッドに入る / sich⁴ in die Sonne legen 日光浴をする.

② 〖方向を表す語句とともに〗(…へ)傾く, もたれる. Das Schiff legt sich auf die Seite. 船が傾く / sich⁴ in die Kurve legen 体を傾けてカーブを切る.

③ 〖sich⁴ über (または auf) 物⁴ ～〗(霧などが)物⁴を覆う. Der Nebel legt sich über (または auf) die ganze Stadt. 霧が町全体に立ち込めてくる. ④ (風・興奮などが)静まる, 治まる. Sein Zorn hat sich gelegt. 彼の怒りは静まった. ⑤ 〖sich⁴ auf 物⁴ ～〗(物⁴に)専念する, 打ちこむ. Er hat sich auf sein Studium gelegt. 彼は勉学に励んだ. ⑥ 〖sich⁴ auf 物⁴ ～〗(病気などが)物⁴(部位など)に悪影響を及ぼす. Seine Erkältung hat sich auf die Nieren gelegt. 風邪で彼は腎臓(ﾉｿﾞｳ)が悪くなった.

le·gen·där [れゲンデーァ legεndέːr] 形 ① 聖人伝の. ② 伝説的な; 信じられないような.

Le·gen·de [れゲンデ legέndə] 囡 -/-n ① 聖人伝. ② 伝説[的人物];《比》作り話. ③ (地図などの)記号の説明, 凡例.

le·ger [れジェーァ leʒέːr または ..ʒέːr] [ジз] 形 ① くだけた, 形式ばらない(態度など). ② くつろいだ, リラックスした(服装など).

le·gie·ren [れギーレン legíːrən] 他 (h) ① (金属⁴を)合金にする, (金銀など⁴に)卑金属を混ぜる. ② 《料理》(卵・小麦粉などスープなど⁴に)とろみをつける.

Le·gie·rung [れギーるング] 囡 -/-en 合金.

Le·gi·on [れギオーン legióːn] 囡 -/-en ①《史》(古代ローマの)軍団. ② 傭兵(ようへい)隊; 義勇軍. ③《比》多数, 無数.

Le·gio·när [れギオネーァ legionέːr] 男 -s/-e ① (古代ローマの)軍団兵. ② 傭兵(ようへい); 義勇兵.

Le·gis·la·ti·ve [れギスらティーヴェ legɪslatíːvə] 囡 -/-n 《政》立法権; 立法府.

Le·gis·la·tur [れギスらトゥーァ legɪslatúːr] 囡 -/-en 《政》立法; 立法議会の任期.

Le·gis·la·tur⹀pe·ri·o·de [れギスらトゥーァ・ペリオーデ] 囡 立法議会の任期.

le·gi·tim [れギティーム legitíːm] 形 ① 正当な, 根拠のある. eine *legitime* Forderung 正当な要求. ② 合法的な, 適法の; 嫡出の.

Le·gi·ti·ma·ti·on [れギティマツィオーン legitimatsióːn] 囡 -/-en ① 権限, 資格. ② (身分)証明書. ③《法》(非嫡出児の)認知.

le·gi·ti·mie·ren [れギティミーレン legitimíːrən] I 他 (h) ① 合法(正当)と認める. ② 《zu 不定詞[句]とともに》(人⁴に…する)権限を与える. ③ (子供⁴を)認知する. II 再帰 (h) *sich*⁴ *legitimieren* 自分の身分を証明する.

Le·gi·ti·mi·tät [れギティミテート legitimitέːt] 囡 -/ ① 合法[性], 正当[性]. ②《子の嫡出》;(君主の)正統.

leg·te [れークテ] ‡legen (横たえる)の 過去

Le·hen [れーエン léːən] 匣 -s/- 《史》(中世の封建君主が臣下に与えた)封土(ほうど), 領地.

Lehm [れーム léːm] 男 -[e]s/(種類:) -e (砂を含む)粘土;《地学》ローム.

Lehm⹀bo·den [れーム・ボーデン] 男 -s/..böden ローム(粘土)質の土壌.

leh·mig [れーミヒ léːmɪç] 形 粘土[質]の, ローム質の; 粘土だらけの.

Leh·ne [れーネ léːnə] 囡 -/-n ① (いすの)ひじ掛け. ②《南ドッ·オーストリッ·スイス》(山の)傾斜地.

leh·nen [れーネン léːnən] (lehnte, hat ...gelehnt) I 他 (定了) haben 〖A⁴ an (または gegen) B⁴ ~〗(A⁴をB⁴に)立て掛ける, もたせ掛ける. (英) lean. eine Leiter⁴ an die gegen die Wand *lehnen* はしごを壁に立て掛ける / Müde *lehnte* sie den Kopf an seine Schulter. 疲れて彼女は頭を彼の肩にもたせ掛けた.
II 自 (定了) haben 〖an (物)³ ~〗(物)³に)立て掛けてある, 寄りかかっている. Der Stock *lehnte* an der Wand. つえが壁に立て掛けてあった.
III 再帰 (定了) haben ① 〖*sich*⁴ an (または gegen) 物⁴ ~〗(物⁴に)もたれる, 寄りかかる. Er *lehnt sich* an (または gegen) die Säule. 彼は柱にもたれている. ② 〖*sich*⁴ aus 物³ (über 物⁴) ~〗(物³から)(物⁴の上に))身を乗り出す. *sich*⁴ *aus dem Fenster lehnen* 窓から身を乗り出す / *sich*⁴ *über eine Brüstung lehnen* 手すりの上に身を乗り出す.

Lehn⹀ses·sel [れーン・ゼッセる] 男 -s/- 安楽いす.

Lehns⹀herr [れーンス・ヘル] 男 -[e]n/-[e]n 《史》封建君主, 領主. (女性形: -in).

Lehns⹀mann [れーンス・マン] 男 -[e]s/..männer (または ..leute) 《史》(封建時代の)臣下.

Lehn⹀stuhl [れーン・シュトゥーる] 男 -[e]s/..stühle (背もたれの高い)ひじ掛けいす.

Lehns⹀we·sen [れーンス・ヴェーゼン] 匣 -s/ 《史》封建制[度].

lehn·te [れーンテ] lehnen (立て掛ける)の 過去

Lehn⹀wort [れーン・ヴォルト] 匣 -[e]s/..wörter 《言》借用語(外来語が自国語化したもの).

Lehr⹀amt [れーァ・アムト] 匣 -[e]s/..ämter 《官庁》教職;《カトリック》(教会の)教導職.

Lehr⹀an·stalt [れーァ・アンシュタるト] 囡 -/-en 《官庁》学校, 教育機関[施設].

Lehr⹀auf·trag [れーァ・アオふトラーク] 男 -[e]s/..träge (大学の)[非常勤]講師委嘱.

Lehr⹀be·auf·trag·te[r] [れーァ・ベアウふトラークテ (..タァ)] 男 囡 《語尾変化は形容詞と同じ》(大学の)[非常勤]講師.

Lehr⹀be·ruf [れーァ・ベルーふ] 男 -[e]s/-e ① 教職. ② (見習いを必要とする)職業.

Lehr⹀brief [れーァ・ブリーふ] 男 -[e]s/-e (徒弟の)修業証書.

das **Lehr⹀buch** [れーァ・ブーフ léːrbuːx] 匣 (単2) -[e]s/(複) ..bücher [..ビューヒャァ] (3格のみ ..büchern) 教科書. (英) *textbook*. ein *Lehrbuch* der Medizin² 医学の教科書.

die **Leh·re** [れーれ léːrə] 囡 (単) -/(複) -n ① 学説, 体系, 教義. (英) *theory, doctrine*). die *Lehre* Newtons ニュートンの学説 / die *Lehre* vom Schall 音響学 / die christliche *Lehre* キリスト教の教義.
② 教訓; 訓戒. (英) *lesson*). eine bittere *Lehre* 苦い教訓 / 〖人³ eine *Lehre*⁴ geben〗人³に教訓を与える / eine *Lehre*⁴ aus 物³ ziehen 物³の教訓とする. ③《複なし》(特に大学で)教えること. Forschung und *Lehre* 研究と教育. ④ [見習い]修業, 実習. bei einem Meister in die *Lehre* gehen あるマイスター(親方)のところへ見習い修業に行く. ⑤《工》ゲージ, 計測器; 定規, ひな型.

‡**leh·ren** [れーレン léːrən] (lehrte, hat ...gelehrt) 他 (定了) haben ① 教える; (大学などである科目⁴を)講義する. (英) *teach*). (⇔「学ぶ」は lernen). Sie *lehrt* Deutsch. 彼女はドイツ語を教えている / 〖人⁴ 物⁴ *lehren*〗人⁴に 物⁴を教

える ⇨ Die Mutter *lehrte* das Kind viele Lieder. 母親は子供にたくさんの歌を教えた. ◊〖目的語なしでも〗Er *lehrt* **an** der Universität. 彼は大学で教えている.

◊〖zu のない不定詞とともに〗[人]⁴ tanzen *lehren* [人]⁴にダンスを教える / Er *hat* mich kochen *gelehrt*. 彼は私に料理を教えてくれた.

◊〖zu 不定詞[句]とともに〗Ich *lehrte* sie, mit dem Computer umzugehen. 私は彼女にコンピュータの扱い方を教えてやった.

② (歴史・経験などが)教える. Die Geschichte *lehrt*, dass… …ということを歴史が教えている / Die Zukunft *wird* es *lehren*. そのことは将来わかるだろう.

◊ ☞ **gelehrt**

der Leh·rer [レーラァ lé:rər]

教師 Er ist *Lehrer* für Physik.
エァ イスト レーラァ フューァ フュズィーク
彼は物理の教師です.

[男] (単2) -s/(複) - (3格のみ -n) **教師**, 先生, 教員; 師匠. (英 *teacher*). (⚠️ 「生徒」は Schüler). Deutsch*lehrer* ドイツ語の教師 / *Lehrer* **an** einem Gymnasium ギムナジウムの教師 / Er ist *Lehrer* **für** Mathematik. 彼は数学の先生だ. (⚠️ Lehrerinnen und Lehrer (男女の教師たち)の代わりに, Lehrkörper または Lehrkräfte または Lehrerschaft が用いられることがある).

Leh·re·rin [レーレリン lé:rərɪn] [女] -/..rinnen (女性の)教師, 先生; 師匠.

Leh·rer⁼kol·le·gi·um [レーラァ・コレーギウム] [中] -s/..gien (..ギエン) (一つの学校の)全教員.

Leh·rer⁼kon·fe·renz [レーラァ・コンフェレンツ] [女] -/-en 教員(職員)会議.

Leh·rer·schaft [レーラァシャフト] [女] -/-en 〖ふつう[単]〗教員[全体], 教師陣.

Lehr⁼fach [レーァ・ふァッハ] [中] -[e]s/..fächer ① 教科, 授業科目. ② 教職.

Lehr⁼film [レーァ・ふィるム] [男] -[e]s/-e 教育(教材用)映画.

Lehr⁼gang [レーァ・ガング] [男] -[e]s/..gänge 課程, コース.

Lehr⁼geld [レーァ・ゲるト] [中] -[e]s/-er (昔の:)見習い期間中の授業料. *Lehrgeld*⁴ zahlen (または geben)《比》苦い経験をして学びとる.

lehr·haft [レーァハふト] [形] 教訓的な, 教育的な; 教師ぶった.

Lehr⁼jahr [レーァ・ヤール] [中] -[e]s/-e 見習い期間の1年; 〖ふつう[複]〗見習い期間.

Lehr⁼jun·ge [レーァ・ユンゲ] [男] -n/-n (男性の)見習い[生], 実習生.

Lehr⁼kör·per [レーァ・ケルパァ] [男] -s/《官庁》教師陣; (大学の)教授陣.

Lehr⁼kraft [レーァ・クラふト] [女] -/..kräfte《官庁》(教師陣の一員としての)教師.

der Lehr·ling [レーァリング lé:rlɪŋ] [男] (単 2) -s/(複) -e (3格のみ -en) 見習い[生], 実習生, 徒弟. (英 *apprentice*). (⚠️ 男女の性に関係なく用いられる;「親方」は Meister).

Lehr⁼mit·tel [レーァ・ミッテる] [中] -s/- 〖ふつう[複]〗教材, 教具.

Lehr⁼plan [レーァ・プらーン] [男] -[e]s/..pläne 授業計画, カリキュラム.

lehr⁼reich [レーァ・ライヒ] [形] 教訓的な, 啓発的な, ためになる.

Lehr⁼satz [レーァ・ザッツ] [男] -es/..sätze 定理, 命題.

Lehr⁼stel·le [レーァ・シュテれ] [女] -/-n 見習いとしてのポスト(職場).

Lehr⁼stoff [レーァ・シュトふ] [男] -[e]s/-e 教材.

Lehr⁼stuhl [レーァ・シュトゥーる] [男] -[e]s/..stühle 《官庁》講座, 教授のポスト.

lehr·te [レーァテ] ⁑lehren (教える)の過去.

Lehr⁼ver·trag [レーァ・フェァトラーク] [男] -[e]s/..träge 《法》見習いとしての契約[書].

Lehr⁼werk [レーァ・ヴェルク] [中] -[e]s/-e 教科書 (=Lehrbuch).

Lehr⁼zeit [レーァ・ツァイト] [女] -/ 見習い期間.

..lei [..ら́イ ..lái] 〖形容詞をつくる腰尾; 無語尾で〗《…の種類の》例: aller*lei* 多種多様の.

der Leib [らイブ láɪp] [男] (単2) -es (まれに -s)/(複) -er (3格のみ -ern) ① 《雅》**肉体**, 身体, 体. (英 *body*). (⚠️「心」は Seele). ein gesunder *Leib* 健全な肉体 / der *Leib* des Herrn 《宗教》ホスチア, 聖体. (☞類語 Körper).

◊ 〖前置詞とともに〗**am** ganzen *Leib* zittern 全身を震わせる / 〖体〗⁴ **am** eigenen *Leib* erfahren 〖体〗⁴を身をもって経験する / [人]³ **auf** den *Leib* rücken《口語》[人]³を攻めたてる / Der Anzug ist ihm wie auf den *Leib* geschnitten. 〖状態受動・現在〗そのスーツは彼にぴったりだ / Die Rolle ist ihm [wie] auf den *Leib* geschrieben.〖状態受動・現在〗《比》その役ははまって彼のために書かれたようだ / eine Gefahr **für** *Leib* und Leben 生命にかかわる危険 / kein Herz⁴ **im** *Leibe* haben 血も涙もない / **mit** *Leib* und Seele 全身全霊を打ち込んで / Bleib mir **vom** *Leibe*! 私に近寄るな / [人]³ **mit** [体]³ **vom** *Leibe* bleiben [人]³を[体]³でわずらわせない / [体]³ **zu** *Leibe* gehen (または rücken) [体]³(難題)の解決にとり組む.

② 《雅》腹. nichts⁴ **im** *Leibe* haben 空腹である. ③ 《建》柱身 (=Schaft); 尖塔の基部. (☞「建築様式 (2)」, 1744 ページ).

Leib⁼arzt [らイブ・アールツト] [男] -es/..ärzte 侍医. (女性形: ..ärztin).

Leib·bin·de [らイブ・ビンデ] [女] -/-n 腹帯.

Leib·chen [らイプヒェン láɪpçən] [中] -s/- (Leib の縮小) ① (ﾄﾘｺｯﾄ lárpçən) (男性の)アンダーシャツ; トリコット[織のシャツ]. ② (昔の:)(靴下留めのついた)子供用の胴着.

Leib⁼ei·ge·ne[r] [らイブ・アイゲネ (..ナァ)] [男] [女]《語尾変化は形容詞と同じ》《史》奴隷, 農奴.

Leib⁼ei·gen·schaft [らイブ・アイゲンシャふト]

囚 -/《史》奴隷(農奴)の身分; 隷属.
lei·ben [らイベン láɪbən] 圓 (h)《成句的に》wie er (sie) *leibt* und lebt いかにも彼(彼女)らしく.
Lei·ber [らイバァ] Leib (肉体)の 複
Lei·bes=er·zie·hung [らイベス・エァツィーウング] 囡 -/《官庁》体育.
Lei·bes=frucht [らイベス・フルフト] 囡 -/《医》胎児.
Lei·bes=kräf·te [らイベス・クレふテ] 複《成句的に》**aus** (または **nach**) *Leibeskräften* 力いっぱい.
Lei·bes=übun·gen [らイベス・ユーブンゲン] 複《官庁》体育.
Lei·bes=vi·si·ta·ti·on [らイベス・ヴィズィタツィオーン] 囡 -/-en ボディーチェック.
Leib=gar·de [らイプ・ガルデ] 囡 -/-n 親衛隊, 護衛兵.
Leib=ge·richt [らイプ・ゲリヒト] 田 -[e]s/-e 好きな料理, 大好物.
leib·haf·tig [らイプハふティヒ または らイプ..] 形 ① 肉体を持った, 化身の; 目の前に実際にいる[ような]. der *leibhaftige* Geiz けちの権化 / Plötzlich stand sie *leibhaftig* vor uns. 突然彼女自身が私たちの前に立っていた. ②《付加語としてのみ》《口語》正真正銘の, 本当の.
leib·lich [らイプリヒ láɪplɪç] 形 ① 身体の, 肉体の. für das *leibliche* Wohl sorgen《雅》健康(食事)に気を使う. ② 肉親の, 血を分けた. die *leibliche* Mutter 実の母親.
Leib·niz [らイプニッツ láɪbnɪts]《人名》ライプニッツ, ライプニヅ (Gottfried Wilhelm *Leibniz* 1646-1716; ドイツの哲学者・数学者).
Leib=ren·te [らイプ・レンテ] 囡 -/-n 終身年金, 恩給.
Leib=schmerz [らイプ・シュメルツ] 男 -es/-en《ふつう 複》腹痛.
Leib=spei·se [らイプ・シュパイゼ] 囡 -/-n《南ドツ・オストリア》好きな料理, 大好物.
Leib=wa·che [らイプ・ヴァッヘ] 囡 -/-n 親衛隊, 護衛兵.
Leib=wäch·ter [らイプ・ヴェヒタァ] 男 -s/- (要人などの)ボディーガード[の人], 護衛兵. (女性形: -in).
Leib=wä·sche [らイプ・ヴェッシェ] 囡 -/ 肌着.
die **Lei·che** [らイヒェ láɪçə] 囡 -/(複) -n ① **死体**, しかばね; (動物の)死骸(がい).《英 corpse》. eine lebende (または wandelnde) *Leiche*《俗》生けるしかばね / eine *Leiche*⁴ obduzieren 死体を解剖する / **über** *Leichen* gehen《比》(目的のためには)手段を選ばない (←死体を越えて行く) / **nur** über meine *Leiche*! 私の目の黒いうちは承知しないぞ. (☞ 類語 Körper). ②《方》葬式. **zur** *Leiche* gehen 葬儀に参列する.
Lei·chen=be·schau·er [らイヒェン・ベシャオアァ] 男 -s/- 検死官. (女性形: -in).
lei·chen=blass [らイヒェン・ブらス] 形 (死人のように)蒼白(そうはく)な, 真っ青な.
Lei·chen=fled·de·rei [らイヒェン・ふれッデライ] 囡 -/-en《ふつう 単》《法》死体(介抱)泥棒 (死人・泥酔者などからの窃盗行為).
Lei·chen=fled·de·rer [らイヒェン・ふれッデラァ] 男 -s/-《法》死体(介抱)泥棒(死人・泥酔者などからものを盗む人). (女性形: ..fledderin).
Lei·chen=hal·le [らイヒェン・ハれ] 囡 -/-n 霊安室; 死体仮安置所.
Lei·chen=hemd [らイヒェン・ヘムト] 田 -[e]s/-en 死者にきせる衣服, 経かたびら.
Lei·chen=öff·nung [らイヒェン・エふヌング] 囡 -/-en 死体解剖.
Lei·chen=re·de [らイヒェン・レーデ] 囡 -/-n《雅》(埋葬式の際の)弔辞.
Lei·chen=schän·dung [らイヒェン・シェンドゥング] 囡 -/-en 死体凌辱(りょうじょく); 屍姦(しかん).
Lei·chen=schmaus [らイヒェン・シュマオス] 男 -/..schmäuse《戯》葬式後の会食.
Lei·chen=star·re [らイヒェン・シュタレ] 囡 -/ 死後硬直.
Lei·chen=tuch [らイヒェン・トゥーフ] 田 -[e]s/..tücher (昔の:)遺体をつつむ白布.
Lei·chen=ver·bren·nung [らイヒェン・ふェァブレンヌング] 囡 -/-en 火葬.
Lei·chen=wa·gen [らイヒェン・ヴァーゲン] 男 -s/- 霊柩(れいきゅう)車.
Lei·chen=zug [らイヒェン・ツーク] 男 -[e]s/..züge《雅》葬列.
Leich·nam [らイヒナーム láɪçnɑːm] 男 -s (まれに -es)/-e《雅》死体, 遺骸(いがい).

leicht [らイヒト láɪçt]

軽い

Das Paket ist *leicht*. この小包は軽い.
ダス パケート イスト らイヒト

易しい

Das ist eine *leichte* Rechnung.
ダス イスト アイネ らイヒテ レヒヌング
それは易しい計算だ.

I 形 (比較 leichter, 最上 leichtest) ① **軽い**, 軽量の.《英 light》.《反》「重い」は schwer). ein *leichter* Koffer 軽いトランク / *leichte* Kleidung 薄手の服 / 囚⁴ um 物⁴ *leichter* machen《口語》囚⁴から 物⁴(お金などを)巻き上げる.
② **軽快な**; 敏捷(びんしょう)な. Sie hat einen *leichten* Gang. 彼女は足取りが軽やかだ / eine *leichte* Hand⁴ haben 器用である.
③ **易しい**, 簡単な.《英 easy》.《反》「難しい」は schwer). eine *leichte* Arbeit 簡単な仕事 / *leicht* lernen 覚えが早い / Die Frage ist *leicht* zu beantworten. その問いに答えるのは易しい / Es ist nicht *leicht*, Deutsch zu lernen. ドイツ語を学ぶのは楽ではない / Das kannst du *leicht* sagen. 君は[自分のことではないから]そんなことが言えるのさ / Sie hat *leicht*

reden. 彼女は[自分のことではないから]気楽に言っているのさ / Sie hat es nicht *leicht*. 彼女はなかなか苦労している (⇨ es は形式目的語).
④ (程度が) 軽い, ちょっとした, ささいな. ein *leichter* Anfall (Regen) 軽い発作(小雨) / ein *leichtes* Fieber 微熱.
⑤ (食物が)あっさりした, 消化のよい; アルコール分の少ない. eine *leichte* Mahlzeit 軽い食事.
⑥ 気楽な, 娯楽的な; 軽薄な. *leichte* Musik 軽音楽. ◇《名詞的に》etwas *Leichtes* zu lesen 何か軽い読みもの.
II 副 ① 少し, ちょっと. Es beginnt *leicht* zu regnen. 少し雨が降りはじめた.
② とかく, すぐに, ややもすれば. Er ist *leicht* erregbar. 彼はすぐにかっとなる.
▶ leicht|machen, leicht|verdaulich, leicht|verderblich, leicht|verletzt, leicht|verständlich, leicht|verwundet

|類語| leicht: (あることをなすのに努力を要せず)易しい. Das ist eine *leichte* Aufgabe. これは易しい問題だ. einfach: (複雑でなく, 簡単に処理できる意味で の)易しい. Die Sache ist ganz *einfach*. その件は実に簡単だ.

Leicht≈ath·let [ライヒト・アトレート] 男 -en/-en 陸上競技選手. (女性形: -in).
Leicht≈ath·le·tik [ライヒト・アトレーティク] 女 -/ 陸上競技.
leicht≈blü·tig [ライヒト・ブリューティヒ] 形 陽気な, 楽天的な.
Leich·ter [ライヒタァ láıçtər] 男 -s/- 〔海〕はしけ; 海上コンテナ.
leicht|fal·len* [ライヒト・ファレン láıçt-fàlən] 自 (s) 〈人³にとって〉たやすい, 容易である.
leicht≈fer·tig [ライヒト・フェルティヒ] 形 軽率な, 軽薄な, 無分別な.
Leicht≈fer·tig·keit [ライヒト・フェルティヒカイト] 女 -/ 軽率さ, 軽薄さ, 無分別.
Leicht≈fuß [ライヒト・フース] 男 -es/ 《口語・戯》軽率なやつ, そこつ者.
leicht≈fü·ßig [ライヒト・フューシィヒ] 形 すばしこい, 敏捷(びんしょう)な, 足取りの軽い.
Leicht≈ge·wicht [ライヒト・ゲヴィヒト] 中 -[e]s/-e ① 〔闘なし〕(ボクシングなどの)ライト級. ② ライト級の選手; 〔戯〕体重の軽い人.
leicht≈gläu·big [ライヒト・グロイビヒ] 形 人の言うことをすぐ信じる, だまされやすい.
Leicht≈gläu·big·keit [ライヒト・グロイビヒカイト] 女 -/ 信じやすい(だまされやすい)こと.
Leicht≈her·zig [ライヒト・ヘルツィヒ] 形 気軽な, 気楽な.
leicht|hin [ライヒト・ヒン] 副 軽々しく, 軽率に; つい, うっかり.
Leich·tig·keit [ライヒティヒカイト] 女 -/ ① 軽さ, 軽快さ. ② たやすさ, 容易さ. mit *Leichtigkeit* たやすく.
Leicht≈in·dus·trie [ライヒト・インドゥストリー] 女 -/ (旧東ドイツで:)消費財生産工業.
leicht≈le·big [ライヒト・レービヒ] 形 安易に生きている, のんきな, 気軽な.
leicht|ma·chen, leicht ma·chen [ら

イヒト・マッヘン láıçt-màxən] 他 (h) 〔人³に〕軍⁴を楽にできるようにしてやる. ◇〔es を目的語として成句的に〕es⁴ *sich³ leichtmachen* 手を抜く.
Leicht≈me·tall [ライヒト・メタる] 中 -s/-e 軽金属.
leicht|neh·men* [ライヒト・ネーメン láıçt-nè:mən] 他 (h) 〔軍⁴を〕軽く(気楽に)考える.
der **Leicht≈sinn** [ライヒト・ズィン láıçt-zın] 男 -[e]s/ 軽率, 軽はずみ. jugendlicher *Leichtsinn* 若気の至り / 〔軍⁴〕aus *Leichtsinn* tun 〔軍⁴を〕軽はずみにする.
leicht≈sin·nig [ライヒト・ズィニヒ láıçt-zınıç] 形 ① 軽率な, 軽はずみな. (英) careless. eine *leichtsinnige* Tat 軽率な行為 / Ich finde, dass du sehr *leichtsinnig* fährst. 君の運転はひどく不注意だと思うよ. ② 軽薄な, 尻軽な(しりがる). ein *leichtsinniges* Mädchen 軽薄な女の子.
leicht|tun* [ライヒト・トゥーン láıçt-tù:n] 再 (h)〔*sich*⁴(または *sich*³) bei 軍³ ~〕〔軍³を〕楽々とやってのける.
leicht≈ver·dau·lich, leicht ver·dau·lich [ライヒト・フェアダオりヒ] 形 消化のよい.
leicht≈ver·derb·lich, leicht ver·derb·lich [ライヒト・フェアデルプりヒ] 形 腐りやすい, 傷みやすい.
leicht≈ver·letzt, leicht ver·letzt [ライヒト・フェアれッツト] 形 軽傷の.
leicht≈ver·ständ·lich, leicht ver·ständ·lich [ライヒト・フェアシュテントりヒ] 形 理解しやすい, わかりやすい.
leicht≈ver·wun·det, leicht ver·wun·det [ライヒト・フェァヴンデット] 形 傷の浅い.
leid [らイト láıt] 形 ① (スィス・口語) いやな, 不快な. eine *leide* Angelegenheit いやなこと. ② 〔成句的に〕人・物⁴ *leid* sein (werden)《口語》人・物⁴にうんざりしている(うんざりする). Sie ist ihren Freund *leid*. 彼女はボーイフレンドにうんざりしている / 人・物⁴ *leid* haben《口語》人・物⁴にうんざりしている. (⇨ 雅語では 人・物² *leid* sein (werden) という形もある).
▶ leid|tun
das **Leid** [らイト láıt] 中 (単2) -es (まれに -s)/ ① 悲しみ, 苦しみ, 憂い. (英) sorrow. (⇨「喜び」は Freude). tiefes *Leid* 深い悲しみ / Sie klagte ihm ihr *Leid*. 彼女は彼に悩みを訴えた / in Freud und *Leid* 楽しいときも苦しいときも / Geteiltes *Leid* ist halbes *Leid*. 〔諺〕共にする悲しみは半分の悲しみ.
② 〔雅〕危害. 人³ ein *Leid*⁴ an|tun 人³に危害を加える, 人³を苦しめる / *sich*³ ein *Leid*⁴ an|tun 自殺する / 人・物⁴ etwas⁴ zu *Leid*[e] tun 人・物⁴に害を加える(苦しめる).
▶ zu|leide
Lei·de·form [らイデ・フォるム] 女 -/-en 〔言〕受動形(態). (=Passiv).
lei·den [らイデン láırdən] du leidest, er leidet (litt, *hat* ... gelitten) (英) suffer) I 自 (まれ haben) ① 苦しむ, 悩む. Der

Kranke *leidet* schwer. その病人はひどく苦しんでいる / **an** einer schweren Krankheit *leiden* 重い病気にかかっている / Er *leidet* an Schlaflosigkeit. 彼は不眠に悩んでいる / **unter** 人・事³ *leiden* 人・事³のことで悩む ⇨ Sie *leidet* unter ihrer Einsamkeit. 彼女は孤独感に悩んでいる.

② (事物が)被害を受ける, 傷む. Die Rosen **haben durch** den Frost *gelitten*. ばらが霜の被害を受けた / Das Material dieser Bluse *leidet* **unter** starker Hitze. このブラウスの生地は高熱を当てると傷んでしまう.

II 他 (定了 haben) ① (苦痛・被害など⁴を)受ける, (困⁴に)苦しむ. Not⁴ *leiden* 困窮する / Schaden⁴ *leiden* 被害を受ける / Hunger⁴ *leiden* 飢えに苦しむ.

② 《成句的に》[**gut**] *leiden* **können** (または **mögen**) 人・物⁴を好ましく思う / 人・物⁴ nicht *leiden* **können** (または **mögen**) 人・物⁴が嫌いである ⇨ Ich **kann** (または *mag*) solche Musik nicht *leiden*. 私はそんな音楽は嫌いだ.

③ 我慢する, 耐える, 許容する. So etwas *leide* ich nicht. そんなことは我慢ならない(許せない) / Der Plan *leidet* keinen Aufschub. この計画は延期するわけにはいかない / Er *ist* **bei** allen wohl *gelitten*. 《状態受動・現在》彼はみんなに好かれている.

◇☞ **leidend**

das **Lei·den**¹ [らイデン láɪdən] 中 (単 2) -s/ (複) - (長引く)病気, 病苦. 《英》illness). ein chronisches *Leiden* 慢性の病気 / Mein Vater starb nach langem *Leiden*. 私の父は長わずらいののちに死んだ. ② 《ふつう 複》苦しみ, 苦悩; 受難. die Freuden und *Leiden* des Lebens 人生の喜びと苦しみ / das *Leiden* Christi² キリストの受難.

Lei·den² [らイデン láɪdən] 中 -s/《都市名》ライデン(オランダ西部).

lei·dend [らイデント] **I** *leiden (苦しむ)の現分 **II** 形 ① 長わずらいの, 病気がちの. ② 苦しんでる, 苦しそうな(表情など).

die **Lei·den·schaft** [らイデンシャフト láɪdənʃaft] 女 (単) -/(複) -en (《英》passion) ① 情熱, 熱情. eine blinde *Leidenschaft* 盲目的な情熱 / **mit** Leidenschaft 情熱的に. ② 熱中[の対象]. Autos sind seine *Leidenschaft*. 彼は車に夢中になっている / *Leidenschaft* **für** die Musik 音楽に寄せる情熱. ③ 《複 なし》恋の情熱. eine heftige *Leidenschaft*⁴ **zu** 人³ empfinden 人³に激しい恋心をいだく.

lei·den·schaft·lich [らイデンシャフトりヒ láɪdənʃaftlɪç] 形 ① 情熱的な, 熱烈な. (*passionate*). eine leidenschaftliche Natur 情熱的な性格 / ein *leidenschaftlicher* Wunsch 熱烈な願望 / 人⁴ *leidenschaftlich* lieben 人⁴を熱烈に愛する.

② 熱中した, 夢中になった. ein *leidenschaftlicher* Opernfreund 熱狂的なオペラファン. ③ 《成句的に》*leidenschaftlich* **gern** (…するのが)ものすごく好きだ. Er kocht *leidenschaftlich* gern. 彼は料理するのがとっても好きだ.

Lei·den·schaft·lich·keit [らイデンシャフトりヒカイト] 女 -/ 情熱的なこと, 激しさ.

lei·den·schafts·los [らイデンシャフツ・ろース] 形 冷静な, クールな; 感情に左右されない.

Lei·dens゠ge·fähr·te [らイデンス・ゲフェーァテ] 男 -n/-n =Leidensgenosse (女性形: ..gefährtin).

Lei·dens゠ge·nos·se [らイデンス・ゲノッセ] 男 -n/-n 苦しみを共にする人, 苦労仲間; 同病者. (女性形: ..genossin).

Lei·dens゠weg [らイデンス・ヴェーク] 男 -[e]s/-e 《雅》苦難の道. der *Leidensweg* Christi² キリストの受難の道.

‡**lei·der** [らイダァ láɪdər]

残念ながら

Leider kann ich nicht kommen.
らイダァ カン イヒ ニヒト コンメン
残念ながら私は行けません.

副 残念ながら, あいにく. (《英》*unfortunately*). *Leider* habe ich keine Zeit. 残念ながら私は暇がない / Ist er immer noch krank? — Ja, *leider*! 彼はまだ病気なのかい — うん, 残念ながら / Hast du Geld? — *Leider* nicht (または nein)! お金持ってる? — あいにく持ってないよ.

leid·ge·tan [らイト・ゲターン] ‡leid|tun (残念がらせる)の過分

lei·dig [らイディヒ láɪdɪç] 形 やっかいな, いまいましい, わずらわしい.

leid·lich [らイトりヒ] 形 まあまあの, まずまずの. *leidliches* Wetter まあまあの天気.

leid゠tra·gend [らイト・トラーゲント] 形 被害を被っている, 犠牲になっている.

Leid゠tra·gen·de[r] [らイト・トラーゲンデ(..ダァ)] 男 女 《語尾変化は形容詞と同じ》被害者, 犠牲者.

‡**leid|tun*** [らイト・トゥーン láɪt-tùːn]

残念がらせる　Das *tut* mir *leid*.
ダス トゥート ミァ らイト
それは残念です.

(tat ... leid, hat ... leidgetan) 自 (定了 haben) (人³を)残念がらせる, 気の毒に(申しわけなく)思わせる. Es *tut* mir *leid*, dass ich ihr nicht helfen kann. 君を助けられなくて残念だ / Es *tut* mir *leid*, dass ich Sie stören muss. おじゃまして申しわけありません / Der Junge *tut* mir (uns) *leid*. または Es *tut* mir (uns) *leid* **um** den Jungen. 私(私たち)はその少年がかわいそうに思う / Es *tut* mir *leid*, aber... (拒絶の前置きなどとして)残念ですが(申しわけありません), … / *Tut* mir *leid*, aber so geht es nicht. (たしなめながら)残念ですが, そうは問屋が卸しませんよ.

leid‹voll [ライト・ふォる] 形 《雅》悲しみに満ちた，悩みの多い．

Leid‹we·sen [ライト・ヴェーゼン] 中 《成句的に》**zu** meinem *Leidwesen* 遺憾(残念)ながら．

Lei·er [ライアァ láıɐr] 女 -/-n ① 《音楽》(古代ギリシアの)七弦琴，たて琴，リラ; ハーディー・ガーディー(ローラーを回して数本の弦を同時に鳴らす古楽器)．② 《比》聞き飽きた話(愚痴)．*Es ist immer die alte* (または *gleiche*) *Leier.* それはもう耳にたこができるほど聞いてた．

Lei·er‹kas·ten [ライアァ・カステン] 男 -s/..kästen 《口語》手回しオルガン．(🖙 *Drehorgel* 図).

Lei·er·kas·ten‹mann [ライアァカステン・マン] 男 -[e]s/..männer 手回しオルガン弾き．(女性形: ..frau).

lei·ern [ライァン láıɐrn] 他 (h) 《口語》① (物4のクランク(ハンドル)を回す; (歌など4を)手回しオルガンで奏でる．② (詩・祈禱(きとう)・歌など4を)単調に読む(唱える, 歌う).

Leih‹ar·bei·ter [ライ・アルバイタァ] 男 -s/-出向社員．(女性形: -in).

Leih‹bi·bli·o·thek [ライ・ビブリオテーク] 女 -/-en 貸本屋，貸し出し文庫．

Leih‹bü·che·rei [ライ・ビューヒェライ] 女 -/-en =Leihbibliothek

＊lei·hen＊ [ライエン láıən] (lieh, hat ... geliehen) 他 《定ぞ》 haben) ① (人3に物4を)貸す，貸しつける; 《雅》(人3に単4(援助など)を)与える．(英 *lend*)．*Kannst du mir mal dein Auto leihen*? ちょっと君の車を貸してくれないか / *Er lieh mir seinen Beistand.*《雅》彼は私を援助してくれた．
② (物4を)借りる．(英 *borrow*)．*Den Wagen habe ich geliehen.* その車は借りたものだ / [sich³] **bei** (または **von**)人3 単4 *leihen* 人3から物4を借りる ⇒ *Ich habe mir das Geld bei der Bank geliehen.*《口語》私はそのお金を銀行から借りた．

Leih‹ga·be [ライ・ガーベ] 女 -/-n (特別展示用の)貸し出し美術品．

Leih‹ge·bühr [ライ・ゲビューァ] 女 -/-en 貸出料; 借り賃．

Leih‹haus [ライ・ハオス] 中 -es/..häuser 質屋．*物⁴* aufs *Leihhaus tragen* 物⁴を質に入れる．

Leih‹mut·ter [ライ・ムッタァ] 女 -/..mütter 代理母．

Leih‹wa·gen [ライ・ヴァーゲン] 男 -s/- レンタカー(=Mietauto).

leih‹wei·se [ライ・ヴァイゼ] 副 貸し借りの形で．人³ 物⁴ *leihweise* überlassen 人³に物⁴を貸す．

Leim [ライム láım] 男 -[e]s/(種類:) -e にかわ; 接着剤, 糊(のり)．人³ **auf den** *Leim* **gehen** 《口語》人³にだまされる / **aus dem** *Leim* **gehen** 《口語》a) ばらばらになる, b) (友情などが)破綻(はん)する．

lei·men [ライメン láımən] 他 (h) ① (物⁴を)にかわ(接着剤)で接着する．② 《口語》だます．

Leim‹far·be [ライム・ふァルベ] 女 -/-n 水性ペンキ(塗料)．

lei·mig [ライミヒ láımıç] 形 にかわ状(質)の; ねばねばした．

Lein [ライン láın] 男 -[e]s/-e 《植》アマ(亜麻).

..lein [..らイン ..laın] 《中性の縮小名詞をつくる 接尾; 幹母音が a, o, u, au の場合は変音する》《小さいもの・愛らしいもの》例: *Vöglein* 小鳥 / *Röslein* 小さなばら．

***die* Lei·ne** [ライネ láınə] 女 (単) -/(複) -n 綱, ロープ, ひも; 物干し用のひも(=Wäscheleine); (犬などの)引き綱(=Hundeleine)．(英 *line*)．eine *Leine*⁴ spannen ひもを張る / den Hund **an der** *Leine* führen 犬を綱につないで連れて歩く / 人⁴ **an der** [**kurzen**] *Leine* **haben** (または **halten**) 人⁴を意のままに操る / *Die Wäsche hängt noch* **auf der** *Leine.* 洗たく物がまだ干しひもにかかっている / *Leine*⁴ **ziehen**《口語》ずらかる．

lei·nen [ライネン láınən] 形 《付加語的にのみ》リンネルの, 亜麻織りの．

Lei·nen [ライネン] 中 -s/- ① リンネル, 亜麻布．② 《製本》クロース装丁．

Lei·nen‹band [ライネン・バント] 男 -[e]s/..bände (書物の)クロース装丁[本]．

Lein‹öl [ライン・エーる] 中 -[e]s/- 亜麻仁油(あまにゆ)．

Lein‹sa·men [ライン・ザーメン] 男 -s/- 《植》アマ(亜麻)の種子, 亜麻仁(あまに)．

Lein‹tuch [ライン・トゥーフ] 中 -[e]s/..tücher 亜麻布; シーツ, 敷布．

Lein‹wand [ライン・ヴァント] 女 -/..wände ① 《複 なし》亜麻布．② 《美》カンバス．③ 《映》スクリーン．einen Roman auf die *Leinwand* bringen 《比》小説を映画化する．

Leip·zig [ライプツィヒ láıptsıç] 中 -s/ 《地名》《都市名》ライプツィヒ(ドイツ, ザクセン州. 見本市や出版業の中心地: 🖙 地図 F-3).

＊lei·se [ライゼ láızə]

(声・音が)小さい

Pst, seid *leise*! しっ，みんな静かに！
プスト　ザイト　ライゼ

形 (比較) leiser, 最上 leisest; 格変化語尾がつくときは leis-) ① (声・音が)小さい, 小声の, 静かな．(英 *quiet*)．(⟺「(声・音が)大きい」は laut)．mit *leiser* Stimme 小声で / das Radio⁴ *leiser* stellen ラジオの音を小さくする / *Der Motor läuft leise.* このモーターは音が静かだ / *leise* sprechen 小声で話す．
② かすかな, わずかな．*leise* Angst かすかな不安 / eine *leise* Hoffnung わずかな希望 / *Sie hat einen sehr leisen Schlaf.* 彼女はとても眠りが浅い / *nicht die leiseste* Ahnung⁴ haben 夢にも思わない, まったく知らない / *Sie lächelte leise.* 彼女はかすかにほほえんだ． ◆《名詞的に》*nicht im Leisesten* 《口語》少しも…でない．

Lei·se·tre·ter [らイゼ・トレータァ] 男 -s/- 追従(ついじゅう)者, 小心者, おべっか使い. (女性形: -in).

Lei·ste [らイステ láɪstə] 女 -/-n ① 縁飾り, モールディング. ② 《医》鼠径(そけい)部.

***leis·ten** [らイステン láɪstən] du leistest, er leistet (leistete, *hat* ... geleistet) **I** 他 (完了 haben) ① 成し遂げる, 果たす (英 achieve). Er *leistet* gute Arbeit. 彼はいい仕事をする / Auf diesem Gebiet *hat* er noch nichts *geleistet*. この分野で彼はまだ何も成果をあげていない / Der Motor *leistet* 130 PS. このエンジンは 130 馬力出る.

② 《特定の名詞を目的語として》行う, …する. 八³ Hilfe⁴ *leisten* 八³を助ける / 八³ einen Dienst *leisten* 八³のために尽くす / 八³ Folge *leisten* 単³に従う / 八³ Gesellschaft⁴ *leisten* 八³の相手をする / für 八⁴ Bürgschaft⁴ *leisten* 八⁴を保証する / zu 単³ Beitrag⁴ *leisten* 単³に寄与(貢献)する.

II 再帰 (完了 haben) *sich*³ 物・事⁴ *leisten* 《口語》①〔金を〕思いきって(奮発して)買う. Sie *hat sich* ein neues Kleid *geleistet*. 彼女は奮発して新しいドレスを買った / *sich*³ 物⁴ *leisten können* 単⁴を買う余裕がある ⇨ Von meinem Gehalt *kann* ich *mir* kein Auto *leisten*. 私の給料ではとても車は買えない.

② (無礼なことなど⁴を)平気でやってのける. Er hat *sich* eine Frechheit *geleistet*. 彼は失敬なことをしてしゃあしゃあとしている / *sich*³ 単⁴ *leisten können* 単⁴をすることが許される.

Leis·ten [らイステン] 男 -s/- 靴型. alles⁴ **über** einen *Leisten* schlagen 《口語》何もかも一律に扱う.

Leis·ten⋄bruch [らイステン・ブルフ] 男 -[e]s/..brüche 《医》鼠径(そけい)ヘルニア.

leis·te·te [らイステテ] *leisten (成し遂げる)の

*die **Leis·tung** [らイストゥング láɪstʊŋ] 女 (単) -/(複) -en (英 achievement) ① 業績, 成績, 仕事. eine wissenschaftliche *Leistung* 学問上の業績 / die *Leistungen*⁴ steigern 成績を向上させる / gute *Leistungen*⁴ vollbringen 優秀な成績をあげる.

② 《ふつう 単》 (機械などの)性能, 能力, 工率, 仕事率; (電)出力, 電力. die *Leistung* eines Mikroskops 顕微鏡の性能. ③ 《複 なし》(仕事などを)果たすこと, 遂行; (支払い義務の)履行. ④ 《法》給付; 給付金.

leis·tungs⋄be·zo·gen [らイストゥングス・ベツォーゲン] 形 能力(業績)に応じた(給料など).

leis·tungs⋄fä·hig [らイストゥングス・フェーイヒ] 形 ① 能力(技量)のある, 有能な; 能率(性能)のよい(機械など). ② 給付能力のある(保険などの総称).

Leis·tungs⋄fä·hig·keit [らイストゥングス・フェーイヒカイト] 女 -/ [作業]能力, 技量; (保険などの)給付能力.

Leis·tungs⋄ge·sell·schaft [らイストゥングス・ゲゼるシャフト] 女 -/-en 能力(業績)主義社会.

leis·tungs⋄ori·en·tiert [らイストゥングス・オリエンティーアト] 形 能力(業績)優先の.

Leis·tungs⋄prü·fung [らイストゥングス・プリューフング] 女 -/-en 学力(能力・性能)試験.

Leis·tungs⋄sport [らイストゥングス・シュポルト] 男 -[e]s/ (レジャースポーツに対して:)競技スポーツ.

Leis·tungs⋄stei·ge·rung [らイストゥングス・シュタイゲルング] 女 -/-en 能力(性能・生産性)向上.

Leis·tungs⋄zu·la·ge [らイストゥングス・ツーらーゲ] 女 -/-n 特別賞与, 報奨金.

Leit·ar·ti·kel [らイト・アルティーケる] 男 -s/- (新聞の)社説, 論説; (雑誌の)巻頭論文.

Leit⋄bild [らイト・びるト] 中 -[e]s/-er 手本, 模範となるべきもの, 理想像.

lei·ten [らイテン láɪtən] du leitest, er leitet (leitete, *hat* ... geleitet) 他 (完了 haben) ① 率いる, 指導する, 管理(経営)する. (英 lead). Wer *leitet* die Schule? だれがその学校の校長ですか / ein Orchester⁴ *leiten* オーケストラを主宰する(率いる) / eine Sitzung *leiten* 会議の司会をする / einen Betrieb *leiten* 企業を経営する.

② 《方向を表す語句とともに》 (八⁴を…へ)案内する, 連れて行く. 八⁴ ins Zimmer *leiten* 八⁴を部屋に案内する / Mein Instinkt *leitete* mich an die richtige Stelle. 《比》私は勘で行くべき場所にたどり着いた.

③ 《方向を表す語句とともに》 (水・石油・交通など⁴を…へ)導く, 送る, 通す. Gas⁴ durch Rohre *leiten* ガスをパイプで移送する / den Fluss **in** ein anderes Bett *leiten* 川の水を他の川床へ流す. ④ 《物・工》(熱・電気など⁴を)伝える, 伝導する. Kupfer *leitet* [Elektrizität] gut. 銅は電気をよく伝える.

lei·tend [らイテント] I leiten (率いる)の 現分 **II** 形 ① 指導的な; 主要な. eine *leitende* Stellung 指導的な地位. ② 《物・工》導体の, 伝導性の.

der **Lei·ter**¹ [らイタァ láɪtər] 男 (単2) -s/(複) - (3格のみ -n) ① 指導者, リーダー, 指揮者, 長, (企業などの)支配人, 司会者. (英 leader). Schul*leiter* 校長 / der *Leiter* eines Orchesters オーケストラの主宰者 / die technischer *Leiter* 技術主任. ② 《物・工》(熱・電気などの)導体. Halb*leiter* 半導体 / ein guter *Leiter* 良導体.

die **Lei·ter**² [らイタァ láɪtər] 女 (単) -/(複) -n はしご. (英 ladder). eine *Leiter*⁴ an einen Baum lehnen はしごを木に立て掛ける / die *Leiter*⁴ des Erfolgs empor|steigen 《比》一歩一歩成功に近づく(←成功のはしごを登っていく).

Lei·te·rin [らイテリン láɪtərɪn] 女 -/..rinnen (女性の)指導者, リーダー, 支配人, 司会者.

Lei·ter⋄wa·gen [らイタァ・ヴァーゲン] 男 -s/- (両側にはしご形の枠がある)格子枠車, 干し草用荷車.

lei·te·te [らイテテ] leiten (率いる)の過去

Leit=fa·den [らイト・ファーデン] 男 -s/..fäden 入門書, 手引き.

leit=fä·hig [らイト・フェーイヒ] 形 《物・工》伝導性の.

Leit=fä·hig·keit [らイト・フェーイヒカイト] 女 -/《物・工》伝導率(性); 《電》導電率.

Leit=ge·dan·ke [らイト・ゲダンケ] 男 -ns (3格・4格 -n)/-n 中心(根本)思想; (著作などの)主題.

Leit=ham·mel [らイト・ハンメル] 男 -s/..häm·mel 先導の羊(首に鈴を付け仲間の羊を先導する); (軽蔑的に:)(盲従する群衆の)首領.

Leit=li·nie [らイト・リーニエ] 女 -/-n ① ガイドライン, 方針, 要綱. ② 《交通》車線境界線. ③ 《数》準線.

Leit=mo·tiv [らイト・モティーフ] 中 -s/-e [..ヴェ] ① 《音楽・文学》ライトモチーフ, 示導動機. ② 中心(根本)思想; 主題.

Leit=plan·ke [らイト・プランケ] 女 -/-n ガードレール.

Leit=satz [らイト・ザッツ] 男 -es/..sätze 指導原理(原則).

Leit=spruch [らイト・シュプルフ] 男 -[e]s/..sprüche 標語, モットー.

Leit=stel·le [らイト・シュテレ] 女 -/-n (タクシー・消防などの)指令センター.

Leit=stern [らイト・シュテルン] 男 -[e]s/-e 導きの星, (特に:)北極星; 《雅・比》指針, 理想.

die **Lei·tung** [らイトゥング láituŋ] 女 (単) -/(複) -en ① 指導, 指揮; 管理, 経営; 司会. 《英》leadership, management. eine strenge *Leitung* 厳しい指導(管理) / die *Leitung*⁴ der Diskussion² übernehmen 討論の司会を引き受ける / **unter** *Leitung* **von** 人³ 人³の指揮(指導)のもとに.
② 指導部, 管理部(局); 首脳部(陣). Betriebs*leitung* 企業の首脳部.
③ (水道などの)導管, 配管; 電線, 送電線; 電話線. Wasser*leitung* 水道管 / eine *Leitung*⁴ für Gas legen ガス管を敷設する / Die *Leitung* ist besetzt. (電話の)回線がふさがっている / eine lange *Leitung* **haben** 《口語》のみ込みが遅い / **auf** der *Leitung* **stehen** 《口語》(意味がわからなくて)ぼうっとしている.

Lei·tungs=draht [らイトゥングス・ドラート] 男 -[e]s/..drähte 〖送〗電線, 導線.

Lei·tungs=netz [らイトゥングス・ネッツ] 中 -es/-e 送電網, 配管網.

Lei·tungs=rohr [らイトゥングス・ローァ] 中 -[e]s/-e (水道・ガスなどの)導管.

Lei·tungs=was·ser [らイトゥングス・ヴァッサァ] 中 -s/ 水道の水.

Leit=werk [らイト・ヴェルク] 中 -[e]s/-e ① 《空》尾翼装置(方向舵と昇降舵). ② (コンピュータなどの)制御装置.

*die **Lek·ti·on** [れクツィオーン lɛktsióːn] 女 (単) -/(複) -en 《英》lesson ① (教科書の)課; (授業中の)課題. *Lektion* eins または die erste *Lektion* 第 1 課 / eine neue *Lektion*⁴ beginnen 新しい課に入る. ② 授業, 講義. eine *Lektion*⁴ halten 授業をする. ③ 《比》教訓, 訓戒. eine bittere *Lektion* にがい教訓 / 人³ eine *Lektion*⁴ erteilen (または geben) 人³を叱責(した)する.

Lek·tor [れクトァ léktor] 男 -s/-en [..トーレン] ① (大学の外国語などの)講師. (女性形: -in). ② (出版社の)編集者, 原稿審査係.

Lek·to·rat [れクトラート lɛktoráːt] 中 -[e]s/-e ① (大学の外国語などの)講師の職. ② (出版社の)編集部, 原稿審査部.

die **Lek·tü·re** [れクテューレ lɛktýːrə] 女 (単) -/(複) -n 《英》*reading* ① 《ふつう 単》読み物. Das ist die richtige *Lektüre* für dich. これは君にはちょうどいい読み物だ. ② (外国語の授業での)講読. ③ 《複 なし》読むこと, 読書.

Lem·ma [れンマ léma] 中 -s/Lemmata (辞書などの)見出し語.

Le·na [れーナ léːna] -s/ 《女名》レーナ (Helene, Magdalena の 短縮).

Len·de [れンデ léndə] 女 -/-n ① 《ふつう 複》《医》腰部(ようぶ); 《複 で》《詩》腰. ② (牛や豚の)腰肉, ヒレ肉.

Len·den=bra·ten [れンデン・ブラーテン] 男 -s/- 《料理》ヒレ肉のロースト.

len·den=lahm [れンデン・ラーム] 形 腰の立たない, 腰の麻痺(した); 《比》弱腰の.

Len·den=stück [れンデン・シュテュック] 中 -[e]s/-e 《料理》ヒレ肉.

Le·nin [れーニン léːnin] -s/ 《人名》レーニン (Nikolai *Lenin*; 本名 Wladimir Iljitsch Uljanow 1870-1924; ロシア革命の指導者).

Le·nin·grad [れーニーン・グラート léːninɡraːt] 中 -s/ 《地名》《都市名》レニングラード (ロシア北西部. 名称は 1914 までペテルブルク, 1914-1924 ペトログラード, 1924-1991 レニングラード, 現在は再びペテルブルクに戻った).

Le·ni·nis·mus [れニニスムス leninísmus] 男 -/ レーニン主義(学説).

le·ni·nis·tisch [れニニスティッシュ leninístiʃ] 形 レーニン主義の.

lenk·bar [れンクバール] 形 ① 操縦可能な, 運転しやすい. ② 指導しやすい, 従順な(子供など).

len·ken [れンケン léŋkən] (lenkte, *hat* ...gelenkt) 他 《英 で》*haben* ① (車など⁴の)舵(かじ)を切る, 操縦する, (馬⁴を)御する. 《英》steer. ein Auto⁴ *lenken* 車を運転する / ein Flugzeug⁴ *lenken* 飛行機を操縦する / den Wagen nach links *lenken* 車のハンドルを左へ切る. ◊[目的語なしでも] mit einer Hand *lenken* 片手で運転する. (☞類語 fahren).
② 〖方向を表す句とともに〗《比》(注意・話など⁴を…へ)向ける, 転じる. 《英》direct. die Aufmerksamkeit⁴ **auf** 物⁴ *lenken* 物⁴に注意を向ける / das Gespräch⁴ **in** eine andere Richtung *lenken* 話題を別の方向に向ける.
③ 指導する; (経済など⁴を)統制する. einen Staat *lenken* 一国を導く / Das Kind lässt sich⁴ schwer *lenken*. この子供は扱いにくい.

Len・ker [レンカァ lénkər] 男 -s/- ① (自動車などの)運転(操縦)者.（女性形: -in）. ② (自動車などの)ハンドル. ③《雅》指導者, 導き手.

Lenk=rad [レンク・ラート] 中 -[e]s/..räder (自動車などの円形の)ハンドル.

Lenk=stan・ge [レンク・シュタンゲ] 女 -/-n (自転車・オートバイの棒状の)ハンドル.

lenk・te [レンクテ] lenken (舵を切る)の 過去

Len・kung [レンクング] 女 -/-en ①《複 なし》運転, 操縦; 管理, 支配. Fern*lenkung* リモートコントロール. ② ステアリング装置.

len・to [レントー lénto] 《伊》副《音楽》レント, 遅く.

Lenz [レンツ lénts] 男 -es/-e ①《詩》春; 青春. der *Lenz* des Lebens《比》青春時代 / sich³ einen faulen（または schönen）*Lenz* machen《口語》なまける. ②《複 て》《戯》…歳. Sie zählt erst 17 *Lenze*. 彼女はやっと17歳になったばかりだ.

Le・o・nar・do da Vin・ci [レオナルド ダ ヴィンチー leonárdo da víntʃi] - - -s/《人名》レオナルド・ダ・ビンチ (1452-1519; イタリア・ルネサンスの画家・彫刻家・建築家).

Le・on・hard [レーオン・ハルト lé:ɔn-hart] -s/《男名》レーオンハルト.

Le・o・no・re [レオノーレ leonó:rə] -[n]s/《女名》レオノーレ (Eleonore の 短縮).

Le・o・pard [レオパルト leopárt] 男 -en/-en《動》ヒョウ(豹).

Le・o・pold [レーオ・ポルト lé:o-pɔlt] -s/《男名》レーオポルト.

Le・pra [レープラ lé:pra] 女 -/《医》ハンセン病, レプラ (= Aussatz).

Ler・che [レルヒェ lérçə] 女 -/-n《鳥》ヒバリ.

Lern=be・gier・de [レルン・ベギーァデ] 女 -/ 知識欲, 向学心.

lern=be・gie・rig [レルン・ベギーリヒ] 形 知識欲に燃えた, 向学心のある.

lern=be・hin・dert [レルン・ベヒンダァト] 形 学習障害のある.

＊＊＊ler・nen [レルネン lérnən]

学ぶ	Ich *lerne* Deutsch. イヒ レルネ ドイチュ 私はドイツ語を学んでいます.	
人称	単	複
1	ich lerne	wir lernen
2	{du lernst {Sie lernen	{ihr lernt {Sie lernen
3	er lernt	sie lernen

(lernte, hat ... gelernt) I 他 （完了 haben）（人⁴を）**学ぶ**, 勉強する, 習う, 覚える.《英》learn.《注意》「教える」は lehren). Wie lange *lernen* Sie schon Japanisch? もうどれくらい日本語を勉強していますか / Klavier⁴ *lernen* ピアノを習う / ein Gedicht⁴ auswendig *lernen* 詩を暗記する / Er *lernt* Koch.《口語》彼はコックの見習いをしている /中⁴ **aus** der Erfahrung *lernen* 中⁴を経験から学びとる / Ich *habe* viel **von** ihm *gelernt*. 私は彼から多くのことを学んだ.

◊〖**zu** のない不定詞とともに〗Er *lernt* jetzt Auto fahren. 彼は今車の運転を習っている / 人⁴ **kennen** *lernen*（または kennen*lernen*）人⁴と知り合いになる ⇒ Wir *haben* uns im Urlaub *kennen gelernt*（または kennen*gelernt*）. 私たちは休暇中に知り合った / 人⁴ **lieben** *lernen* 人⁴がしだいに好きになる / Klavier⁴ **spielen** *lernen* ピアノを習う / Ich *lerne* schwimmen. 私は水泳を習っている.

◊〖**zu** 不定詞[句]とともに〗Er *lernte*, die Maschine zu bedienen. 彼はその機械の操作法を習った.

II 自（完了 haben）**学ぶ**, 勉強する; 修業する. Er *lernt* fleißig. 彼は熱心に勉強する / Das Kind *lernt* gut (schlecht). その子供はのみ込みがよい(悪い) / Er *lernt* noch. 彼はまだ修業中だ.

III 再帰（完了 haben）*sich*⁴ *lernen*（…に）覚えられる. Dieses Gedicht *lernt sich* leicht (schwer). この詩は覚えやすい(覚えにくい).

◊☞ **gelernt**

類語 **lernen**: (ある知識・技能を身につける意味での)学ぶ, 習う. **studieren**: 大学で学ぶ, 学問的に研究する. Er *studiert* in München. 彼はミュンヒェンで大学に通っている. **arbeiten**: (「働く」という一般的な意味から)勉強(研究)する. Er *arbeitet* fleißig. 彼は熱心に勉強している.

Ler・ner [レルナァ lérnər] 男 -s/- (外国語などの)学習者.（女性形: -in）.

Lern=mit・tel [レルン・ミッテル] 中 -s/-《ふつう複》《教》学習用具(教材).

lern・te [レルンテ] lernen (学ぶ)の 過去

Les=art [レース・アールト] 女 -/-en ① (読み方・訳などの)異本, 異文. ② (テキスト・出来事などに対する)解釈, 見解.

les・bar [レースバール] 形 ① 読みとれる, 判読可能な(文字など). ② わかりやすい(文章など).

Les・be [レスベ lésbə] 女 -/-n《口語》= Lesbierin ①

Les・bi・e・rin [レスビエリン lésbiərɪn] 女 -/ ..rinnen ① 同性愛の女性, レスビアン. ② (ギリシアの)レスボス島の女性.

les・bisch [レスビッシュ lésbɪʃ] 形 (女性の)同性愛の, レスビアンの.

Le・se [レーゼ lé:zə] 女 -/-n (果実, 特にぶどうの)収穫. Wein*lese* ぶどうの収穫.

das **Le・se=buch** [レーゼ・ブーフ lé:zə-bu:x] 中 -[e]s/..bücher [..ビューヒァァ] (3格のみ ..büchern) **読本**, リーダー.《英》reader). ein heiteres *Lesebuch* für die Jugend 青少年向けの楽しい読本.

Le・se=ge・rät [レーゼ・ゲレート] 中 -[e]s/-e ① (マイクロフィルムの)リーダー. ②《コンピ》(データの)読みとり装置.

le·sen* [レーゼン lé:zən]

読む	Ich *lese* gern Krimis. イヒ レーゼ ゲルン クリーミス 私は推理小説を読むのが好きです。	
人称	単	複
1	ich lese	wir lesen
2	{du **liest** {Sie lesen	{ihr lest {Sie lesen
3	er **liest**	sie lesen

(las, hat... gelesen) **I** 他 (完了 haben) ① (本・文字など⁴を)読む. (英 *read*). einen Brief *lesen* 手紙を読む / Sie *müssen* das Buch unbedingt *lesen*. あなたはこの本をぜひ読まないといけません / Ich *habe* in der Zeitung *gelesen*, dass... 私は新聞で…という記事を読んだ / Seine Handschrift ist schlecht zu *lesen*. 彼の字は読みにくい / Noten⁴ *lesen* 楽譜を読む / Korrektur⁴ *lesen* (印)校正する. ◊〖過去分詞の形で〗ein viel *gelesener* (または viel*gelesener*) Schriftsteller 人気作家. ② (劇⁴を)朗読する；講義する. Der Dichter *liest* eigene Gedichte. その詩人は自作の詩を朗読する / deutsche Literatur⁴ *lesen* ドイツ文学を講義する.
③ 《比》読みとる，察する. *Kannst* du Gedanken *lesen*? 君は人の心が読めるの？ / Sie *las* die tiefe Enttäuschung in seinen Augen. 彼女は彼の目に深い失望を読みとった. ④ 《コンピ》(データ⁴を)読みとる. ⑤ (ぶどうなど⁴を)摘み取る；(落ち穂など⁴を)拾い集める. Trauben⁴ *lesen* ぶどうを摘む. ⑥ より分ける. Erbsen⁴ *lesen* えんどう豆をより分ける.
II 自 (完了 haben) ① 読む，読書する. Sie *liest* gern. 彼女は読書が好きだ / **in** einem Buch *lesen* 本(のある箇所)を読む / Das Kind *kann* schon *lesen*. その子はもう字が読める / **zwischen** den Zeilen *lesen* 《比》行間を読む.
② 朗読する；講義をする. **aus** eigenen Werken *lesen* 自作を朗読する / Der Professor *liest* **über** neue Geschichte. その教授は近代史の講義をしている. ③ 《比》読みとる，察する. Ich *kann* **in** deinem Gesicht *lesen*. 顔つきから君の気持ちが読めるよ.
III 再帰 (完了 haben) *sich*⁴ *lesen* ① 読んでみると…である，(…に)読める. Das Buch *liest* *sich* leicht. この本は読みやすい. ② 読んで[その結果]…になる. *sich*⁴ **in** den Schlaf *lesen* 読書しながら寝てしまう / Ich *habe* mich durch Thomas Manns „Zauberberg" *gelesen*. 私はトーマス・マンの『魔の山』を読み通した.

 |類語| **lesen**:「読む」という意味の最も一般的な語.
 blättern: 拾い読みする. **durch|lesen**:(始めから終りまで)通読する. **vor|lesen**: 読んで聞かせる.

le·sens‹wert [レーゼンス・ヴェーアト] 形 読む価値のある，一読に値する.

Le·se‹pro·be [レーゼ・プローベ] 女 -/-n ① (新刊書の)内容見本. ② 《劇》読み合せ.
Le·ser [レーザァ lé:zər] 男 -s/- ① 読者, 読書家；購読者. (女性形: -in). (×= Leserinnen und Leser (男女の読者たち)の代わりに, Leserschaft または [Lese]publikum が用いられることがある). ② 《コンピ》読みとり装置.
Le·se‹rat·te [レーゼ・ラッテ] 女 -/-n 《口語・戯》本の虫, 読書狂.
Le·ser‹brief [レーザァ・ブリーフ] 男 -(e)s/-e (新聞などへの)投書.
Le·ser‹kreis [レーザァ・クライス] 男 -es/-e 読者層.
le·ser·lich [レーザァリヒ] 形 読みやすい筆跡で書かれた.
Le·ser·schaft [レーザァシャフト] 女 -/ (総称として)読者, 読者界.
Le·se‹saal [レーゼ・ザール] 男 -(e)s/..säle (図書館の)閲覧室.
Le·se‹stoff [レーゼ・シュトフ] 男 -(e)s/-e 読み物, 書物, 図書.
Le·se‹stück [レーゼ・シュテュック] 中 -(e)s/-e (授業用の短い)読み物, テキスト.
Le·se‹zei·chen [レーゼ・ツァイヒェン] 中 -s/- (本の)しおり.
Les·sing [レッスィング lésɪŋ] -s/ 《人名》レッシング (Gotthold Ephraim *Lessing* 1729–1781；ドイツの劇作家・批評家).
Le·sung [レーズング] 女 -/-en ① 朗読[会]; 《キ教》(礼拝の)聖書朗読[の一節]；《カトリック》読誦(どくしょう). ② (議会の)読会(どっかい).
Le·thar·gie [レタルギー letargí:] 女 -/ ① 無気力. ② 《医》嗜眠(しみん).
le·thar·gisch [レタルギッシュ letárgɪʃ] 形 ① 無気力な. ② 《医》嗜眠(しみん)性の.
Le·the [レーテ lé:tə] 女 / 《ギリシア神》レテ (冥界の川. 死者はその水を飲み, この世の記憶を失う). ② 《詩》忘却[の水]. *Lethe*⁴ trinken 忘れ去る.
Let·te [レッテ létə] 男 -n/-n ラトビア人. (女性形: Lettin).
Let·ter [レッタァ létər] 女 -/-n (印)活字[体, 文字].
let·tisch [レッティッシュ létɪʃ] 形 ラトビア[人・語]の.
Lett·land [レット・ラント lét-lant] 中 -(e)s/ 《国名》ラトビア[共和国] (バルト海沿岸, 旧ソ連邦に属していた. 首都はリガ).
Lett·ner [レットナァ létnər] 男 -s/- (建)(教会の)内陣格子(こうし)(聖堂内陣と身廊を仕切る).
****letzt** [レット létst] 形 《英 *last*》《付加語としてのみ》① (順番の)**最後の**, 最終の；(残った)最後の. (《英 「最初の」は erst》. der *letzte* Buchstabe des Alphabets アルファベットの最後の文字 / das *letzte* Haus der Straße² 通りの最後の地番の家 / der *letzte* Zug 最終列車 / im *letzten* Moment 《比》土壇場になって / Das ist mein *letztes* Geld. これであり金全部だ / die *Letzte* Ölung 《カトリック》終油の秘跡 / *letzten* Endes 結局 / **am** (または **zum**) *letzten* Mal 最後に. ◊〖名詞的に〗der *Letzte* des Monats そ

の月(今月)の末日 / Du bist der *Letzte*, dem ich es sagen würde. おまえになど言うものか(←私が言う最後の人) / fürs *Letzte* 最後に.
② 究極の, 最終的な. die *letzten* Geheimnisse 最高機密 / zum *letzten* Mittel greifen 最後の手段に訴える. ◊《名詞的に》Das ist doch das *Letzte*! それは前代未聞だ. ◊《**bis** とともに》bis **aufs** *Letzte* 完全に, すっかり / bis **ins** *Letzte* 詳細に, こと細かに / bis **zum** *Letzten* はなはだしく, 極端に.
③ 最近の, この前の; 最新の. *letzte* Nacht 昨夜 / *letztes* Jahr 昨年 / das *letzte* Mal 前回 / [am] *letzten* Sonntag この前の日曜日に / **in** der *letzten* Zeit または **in** *letzter* Zeit 最近 / die *letzten* Nachrichten 最新ニュース.
④ (質的に)最低の, 最悪の. Das ist das *letzte* Auto. それは最低の車だ.

Letzt [れツト] 囡《成句的に》**zu** guter *Letzt* 最後に, とどのつまり, 結局のところ.

letzt≈end·lich [れツト・エントリヒ] 副 最終的に.

letz·tens [れツテンス] létstəns] 副 ① 先日, この間. ② (いくつか列挙して:) 最後に.

letz·ter [れツタァ létstər] 形《付加語としてのみ》(前で述べた二つのうち)後の (⇔**letzt** の比較級) im *letzteren* Falle 後者の場合には. ◊《名詞的に》der (die, das) Erstere …, der (die, das) *Letztere* 〜 前者は…, 後者は〜. Das *Letztere* habe ich nicht gesagt. あとのほうのことは私は言っていない.

letzt≈ge·nannt [れツト・ゲナント] 形《付加語としてのみ》最後に述べた.

letzt≈hin [れツト・ヒン] 副 最近, 近ごろ; この前.

letzt·lich [れツトリヒ] 副 結局は, つまるところは; 最終的に.

letzt≈ma·lig [れツト・マーリヒ] 形 最後の, 最終[回]の.

letzt≈mals [れツト・マールス] 副 最後に, 最終的に.

letzt≈mög·lich [れツト・メークリヒ] 形 (期限などが)最後の, ぎりぎりの.

letzt≈wil·lig [れツト・ヴィリヒ] 形 遺言の, 遺言(遺志)による.

Leucht≈di·o·de [ろイヒト・ディオーデ] 囡 -/-n 発光ダイオード.

Leuch·te [ろイヒテ lɔ́yçtə] 囡 -/-n ① 照明器具; 明かり, 灯火. ②《比》頭のよい人. Er ist keine große *Leuchte*. 彼にたいして利口でない.

leuch·ten [ろイヒテン lɔ́yçtən] du *leuchtest*, er *leuchtet* (*leuchtete*, *hat* … *geleuchtet*) 自 《完了》haben) ① (火・電灯・星などが)輝く, 光る; (海などが)照り映える. 《⇔ *shine*》. Die Sonne *leuchtet* hell. 太陽が明るく輝いている / Die Kerze *leuchtet*. ろうそくがともっている / Seine Augen *leuchteten* vor Freude. 《比》彼の目は喜びに輝いていた.
②《方向を表す語句とともに》(…を明かりで)照らす. **unter** den Tisch *leuchten* (捜すために)テーブルの下を照らす / 囚³ **ins** Gesicht *leuchten* 囚³の顔を照らす. ③ (囚³のために)足もとを照らしてやる.

leuch·tend [ろイヒテント] I *leuchten* (輝く)の現分 II 形 ① 輝いている; 鮮やかな. mit *leuchtenden* Augen 目を輝かせて / ein *leuchtendes* Rot 鮮やかな赤. ②《比》優れた, 秀でた. ein *leuchtendes* Vorbild 優れた模範.

Leuch·ter [ろイヒタァ lɔ́yçtər] 男 -s/- 燭台(しょくだい), ろうそく立て.

leuch·te·te [ろイヒテテ] *leuchten* (輝く)の過去

Leucht≈far·be [ろイヒト・ファルベ] 囡 -/-n 夜光塗料, 発光塗料.

Leucht≈feu·er [ろイヒト・フォイアァ] 匣 -s/- 《交通》(港湾・空港などの)灯火標識.

Leucht≈kä·fer [ろイヒト・ケーファァ] 男 -s/- 《昆》ホタル(螢).

Leucht≈kraft [ろイヒト・クラフト] 囡 -/..kräfte (色などの)明るさ, 照度;《天》光度.

Leucht≈ku·gel [ろイヒト・クーゲル] 囡 -/-n 照明弾, (ピストルの)発光信号弾, 曳光(えいこう)弾.

Leucht≈pis·to·le [ろイヒト・ピストーれ] 囡 -/-n 照明弾(発光信号弾)用ピストル.

Leucht≈ra·ke·te [ろイヒト・ラケーテ] 囡 -/-n 照明弾(発光信号弾)用ロケット.

Leucht≈re·kla·me [ろイヒト・レクらーメ] 囡 -/-n ネオンサイン.

Leucht≈röh·re [ろイヒト・レーレ] 囡-/-n《電》蛍光灯(管).

Leucht≈schirm [ろイヒト・シルム] 匣 -(e)s/-e《物》蛍光板.

Leucht≈schrift [ろイヒト・シュリふト] 囡 -/-en (広告の)ネオンサイン[の文字].

Leucht≈stift [ろイヒト・シュティふト] 男 -(e)s/-e 蛍光ペン.

Leucht≈stoff [ろイヒト・シュトふ] 男 -(e)s/-e 発光物質.

Leucht≈stoff≈lam·pe [ろイヒトシュトふ・らンペ] 囡 -/-n 蛍光灯.

Leucht≈stoff≈röh·re [ろイヒトシュトふ・レーレ] 囡 -/-n《電》蛍光管.

Leucht≈turm [ろイヒト・トゥルム] 男 -(e)s/..türme 灯台.

leug·nen [ろイグネン lɔ́ygnən] du *leugnest*, er *leugnet* (*leugnete*, *hat* … *geleugnet*) 他 《完了》haben) 否認する, 否定する. 《⇔ *deny*》. Er *leugnet* seine Tat. 彼は犯行を否認した / Er *leugnet* nicht, es getan zu haben. 彼はそれをしたことを否定しはしない / Es ist nicht zu *leugnen*, dass … … ということは否定できない. ◊《目的語なしで》Er *leugnete* hartnäckig. 彼は頑固に否定した.

||類語 **leugnen**: (犯行・事実などを)否認する; (自明なことなどを)否定する. **verneinen**: (質問などに)「いいえ」と答える; (戦争・暴力などを)否定する.

leug·ne·te [ろイグネテ] *leugnen* (否認する)の過去

Leug·nung [ろイグヌング] 囡 -/-en 否認, 否定.

Leuk·ä·mie [ろイケミー lɔykɛmíː] 囡 -/-n [..ミーエン] 《医》白血病.

Leu·ko·plast [ろイコプらスト lɔykoplást] 中 -(e)s/-e 《商標》(酸化亜鉛を含んだ)絆創(ばんそう)こう.

Leu·ko·zyt [ろイコツュート lɔykotsýːt] 男 -en/-en 《ふつう 複》《医》白血球.

Leu·mund [ろイムント lɔ́ymunt] 男 -(e)s/ 《素行上の》評判. ein böser *Leumund* 悪口.

Leu·munds·zeug·nis [ろイムンツ・ツォイクニス] 中 ..nisses/..nisse 被告の素行証明[書].

die **Leu·te** [ろイテ lɔ́ytə]

> 人々 Das sind nette *Leute*.
> ダス ツィント ネッテ ろイテ
> 感じのいい人たちだ.

複 (3格のみ -n) ① **人々**, 世間[の人々]. 《英 *people*》. junge (alte) *Leute* 若者たち(老人たち) / arme (reiche) *Leute* 貧しい(裕福な)人々 / die kleinen *Leute* 庶民 / Es waren etwa 20 *Leute* da. そこには約 20 名ほどの人々がいた / Die jungen *Leute* wohnen noch bei den Eltern der Frau. 若夫婦はまだ奥さんの両親宅に住んでいる / Was werden die *Leute* dazu sagen? 世間の人々はそれについてなんと言うだろうか / Ich will Land und *Leute* kennen lernen. 私は土地柄と人情に触れようと思う / Von jetzt an sind wir geschiedene *Leute*.《口語》今からぼくたちはもうあかの他人だ / Hier ist es ja nicht wie bei armen *Leuten*.《戯》ここでは遠慮などしなくていいんですよ(←貧者の家とは違う) / **unter** die *Leute* kommen《口語》(世間に)知れ渡る / 複⁴ **unter** die *Leute* bringen《口語》複⁴のうわさを広める / **vor** allen *Leuten* 公衆の面前で.
② 《口語》(職場の)部下, 従業員;《古》下男, 使用人. ③《口語》家族. meine *Leute* 私の家族. (《注》所有冠詞と用いる).

Leu·te·schin·der [ろイテ・シンダァ] 男 -s/- 人使いの荒い人, 部下を虐待(酷使)する人. (女性形: -in).

Leut·nant [ろイトナント lɔ́ytnant] 男 -s/-s (まれに -e)《軍》少尉. *Leutnant* zur See 海軍少尉.

leut·se·lig [ろイト・ゼーリヒ] 形 (目下の者に対して)温情のある, 気さくな; 人づき合いのいい.

Leut·se·lig·keit [ろイト・ゼーリヒカイト] 囡 -/ (目下の者に対する)温情, 気さくさ; 人づき合いのいいこと.

Le·vel [れヴェる lévəl]《英》男 -s/-s (能力・技能などの)レベル, 水準.

Le·vi·ten [れヴィーテン levíːtən] 複《成句的に》囡³ die *Leviten*⁴ lesen 囡³を厳しくしかる(非難する)(←旧約聖書レビ記を読んで聞かせる).

Le·xi·ka [れクスィカ] * Lexikon (事典)の 複

le·xi·ka·lisch [れクスィカーリッシュ lɛksikáːlɪʃ] 形 ① 辞書(事典)の. ②《言》語彙(ごい)に関する.

Le·xi·ken [れクスィケン] * Lexikon (事典)の 複

Le·xi·ko·graf [れクスィコグらーふ lɛksikográːf] 男 -en/-en 辞書(事典)編集者. (女性形: -in).

Le·xi·ko·gra·fie [れクスィコグらふィー lɛksikografíː] 囡 -/ 辞書(事典)編集[方法].

Le·xi·ko·graph [れクスィコグらーふ lɛksikográːf] 男 -en/-en = Lexikograf

Le·xi·ko·gra·phie [れクスィコグらふィー lɛksikografíː] 囡 -/ = Lexikografie

das **Le·xi·kon** [れクスィコン lɛ́ksikɔn] 中 (単 2) ..kons/(複) ..xika または (複) ..xiken ① [百科]**事典**. 《英》 *encyclopedia*). ein *Lexikon* in fünfzehn Bänden 全 15 巻の百科事典 / im *Lexikon* nach|schlagen 事典を調べる / Er ist ein wandelndes *Lexikon*.《口語・戯》彼は生き字引きだ. ②《古》辞典, 辞書. ③《言》語彙(ごい)目録.

lfd. [らオへント]《略》現在の, 現行の, 連続している (=laufend).

LG [らント・ゲリヒト]《略》地方裁判所 (=Landgericht).

LH [るふト・ハンザ]《略》ルフトハンザドイツ航空 (=Lufthansa).

Li [エる・イー]《化・記号》リチウム (=Lithium).

Li·ai·son [リエゾーン liɛzɔ̃ː]《フ》囡 -/-s ① 情事. ②《言》(特にフランス語の)リエゾン.

Li·a·ne [リアーネ liáːnə] 囡 -/-n《ふつう 複》《植》蔓(つる)植物.

Li·ba·ne·se [リバネーゼ libanéːzə] -n/-n レバノン人. (女性形: Libanesin).

[*der*] **Li·ba·non** [リーバノン líːbanɔn] I 男 -s/ 《ふつう定冠詞とともに》《国名》レバノン[共和国] (地中海東岸. 首都はベイルート). II 男 -s/《定冠詞とともに》《山名》レバノン山脈.

Li·bel·le [リベれ libélə] 囡 -/-n ①《昆》トンボ. ②(水準器の)気泡管.

li·be·ral [リベらーる liberáːl] 形 《英 *liberal*》① **自由主義の**, 自由主義的な; 自由主義政党の. eine *liberale* Politik 自由主義の政治. ② 偏見のない, リベラルな. *liberale* Ansichten⁴ haben とらわれない物の見方をする.

Li·be·ra·le[r] [リベラーれ (..らァ) liberáːlə (..lɐ)] 男 《語尾変化は形容詞と同じ》自由主義者.

li·be·ra·li·sie·ren [リベラリズィーレン liberalizíːrən] 他 (h) ① (規制など⁴を)緩和する. ②《経》自由化する.

Li·be·ra·lis·mus [リベラリスムス liberalísmus] 男 -/ 自由主義[思想], リベラリズム.

Li·be·ra·li·tät [リベラリテート liberalitɛ́ːt] 囡 -/ 自由主義的なこと, 心の広いこと.

Li·be·ria [リベーリア libéːria] 中 -s/《国名》リベリア[共和国](アフリカ西部. 首都はモンロビア).

Li·be·ro [リーベロ líːbero] [スポ] 男 -s/-s (サッカーなどの)(攻撃にも参加する守備の選手).

Li·bi·do [リービド líːbido] 囡 -/《心》リビドー; 性衝動, 性欲.

Li·bret·to [リブレットー libréto] [略] 中 -s/-s (または ..bretti)《音楽》(オペラなどの)台本, リブレット.

Li·by·en [リービュエン líːbyən] 中 -s/《国名》[大]リビア[・アラブ社会主義人民ジャマーヒリーヤ国] (アフリカ北部. 首都はトリポリ).

..lich [..リヒ ..lıç] [形容詞をつくる 接尾] ① 《…の性質の》例: mensch*lich* 人間的な. ② 《…できる》例: begreif*lich* 理解できる. ③ 《…に関する》例: betrieb*lich* 企業上の. ④ 《…ごとの》例: täg*lich* 毎日の. ⑤ 《やや…の》例: röt*lich* 赤みがかった.

licht [リヒト líçt] [形] ① 《雅》明るい, 輝く; (色の)淡い. am *lichten* Tag 真っ昼間に / Es wird *licht* im Osten. 東の空が明るくなる. ② 透けた, まばらな, 空きのある. eine *lichte* Stelle im Wald 森の中の空き地. ③《付加語としてのみ》内径の, 内法(うちのり)の.

*das Licht [リヒト líçt]

光 Bitte, mach das *Licht* aus!
ビッテ　マッハ　ダス　リヒト　アオス
明かりを消してちょうだい.

中 (単2) -es (まれに -s)/(複) -er (3格のみ -ern) (英 light) ① 《複 なし》光, 明かり. Kerzen*licht* ろうそくの明かり / helles (mildes) *Licht* 明るい(柔らかな)光 / das *Licht* des Mondes 月の光 / *Licht*⁴ machen 明かりをつける / *Licht*⁴ in 中⁴ bringen 《比》中⁴を解明する / Wo viel *Licht* ist, ist auch viel Schatten.《諺》物事には明暗の両面がある(←光の多いところには影も多い).

◇《前置詞とともに》中⁴ **ans** *Licht* bringen《比》中⁴(秘密などを)明るみに出す / 物⁴ **bei** *Licht* betrachten (または betrachtet) 明るいところで観察する / bei *Licht* besehen (または betrachtet) よく見ると / 物⁴ **gegen** das *Licht* halten 物⁴を光にかざす / 人⁴ **hinters** *Licht* führen 《比》人⁴を欺く(←明かりの裏側へ連れて行く) / 人³ **im** *Licht* stehen a) 人³に対して光をさえぎる, b)《比》人³のじゃまをする / 人・物⁴ **ins** rechte *Licht* rücken《比》人・物⁴の長所がよく見えるようにする(←ちゃんとした明かりの中へ置く) / 中⁴ **in** rosigem *Licht* sehen《比》中⁴を楽観的に見る(←ばら色の光の中で見る) / in einem guten (schlechten) *Licht* erscheinen (または stehen)《比》良い(悪い)印象を与える / 中⁴ **in** einem milderen *Licht* sehen《比》中⁴を好意的に見る(←柔らかな光の中で見る) / sich³ selbst im *Licht* stehen《比》自ら不利益を招く.

② 電灯, 灯火, 信号灯. das *Licht*⁴ an|machen (または an|knipsen) 電灯のスイッチを入れる / das *Licht*⁴ aus|machen (または aus|knipsen) 電灯のスイッチを切る / das ewige (または Ewige) *Licht* 《カック》常明灯 / grünes *Licht*⁴ geben《比》(計画などに)ゴーサインを出す(←緑の信号灯を与える) / Das *Licht* ist **an** (**aus**). 明かりがついている(消えている).

③《詩:複 -e も》ろうそく. Das *Licht* flackert. ろうそくの火がゆらめく / ein *Licht*⁴ an|zünden (aus|blasen) ろうそくをともす(吹き消す) / Er ist kein großes *Licht*.《口語》彼はあまり利口ではない /《 》⁴ ein *Licht*⁴ auf|stecken《口語》人³をたしなめる, 物の道理を説く / Jetzt geht mir ein *Licht* auf!《口語》やっと[事情が]わかった.

④ 《複 なし》《口語》電気. die Rechnung für *Licht* und Gas 電気・ガス料金の請求[書].

⑤ 《美》光輝点(最も明るい部分), ハイライト. ⑥ 《ふつう複》《狩》野獣の目.

Licht≈an·la·ge [リヒト・アンラーゲ] 女 -/-n 照明設備.

Licht≈bild [リヒト・ビルト] 中 -[e]s/-er ①《官庁》パスポート用写真. ② スライド.

Licht·bil·der≈vor·trag [リヒトビルダァ・フォーァトラーク] 男 -[e]s/..träge スライドを使った講演.

Licht≈blick [リヒト・ブリック] 男 -[e]s/-e 希望の光, 光明.

Licht≈bo·gen [リヒト・ボーゲン] 男 -s/-《電》アーク放電.

Licht≈bre·chung [リヒト・ブレッヒュング] 女 -/-en《物》光の屈折.

licht≈durch·flu·tet [リヒト・ドゥルヒふるーテット] 形《雅》光に満ち満ちた(部屋など).

licht≈durch·läs·sig [リヒト・ドゥルヒレスィヒ] 形 光を通す, 透明な.

licht≈echt [リヒト・エヒト] 形 (太陽の)光で色のあせない, 変色しない(塗料など).

licht≈emp·find·lich [リヒト・エンプふィントリヒ] 形 ①《写》感光性の, 感光度の高い. ein *lichtempfindlicher* Film 高感度フィルム. ② 光に過敏な.

Licht≈emp·find·lich·keit [リヒト・エンプふィントリヒカイト] 女 -/ ①《写》感光性. ② 光に過敏なこと.

lich·ten¹ [リヒテン líçtən] **I** [他] (h) まばらにする, 透かす. den Wald *lichten* 森を間伐する. **II** [再帰] (h) sich⁴ *lichten* ①(立木・人の列などが)まばらになる, (髪などが)薄くなる. ②《雅》明るくなる;《比》解明される.

lich·ten² [リヒテン] [他] (h)《海》(錨⁴を)揚げる.

Lich·ter [リヒタァ] *Licht (電灯)の複.

lich·ter·loh [リヒタァ・ロー] 形 めらめらと(あかあかと)燃える(炎など).

Licht≈ge·schwin·dig·keit [リヒト・ゲシュヴィンディヒカイト] 女 -/《理》光速.

Licht≈hof [リヒト・ホーふ] 男 -[e]s/..höfe ①《建》(採光のための)中庭, 吹き抜け. ②《写》ハレーション. ③《詩》(月などの)暈(かさ).

Licht≈hu·pe [リヒト・フーペ] 女 -/-n パッシングライト(自動車のヘッドライトによる追い越しの合図).

Licht≈jahr [リヒト・ヤール] 中 -[e]s/-e《天》光年.

Licht≈ke·gel [リヒト・ケーゲル] 男 -s/- (円錐(えんすい)形の)照明光.

Licht≈ma·schi·ne [リヒト・マシーネ] 女 -/-n《自動車》発電機, ダイナモ.

Licht=mess [リヒト・メス] 囡 《冠詞なし; 無変化で》《(カトリック)》聖母マリアのお潔(きよ)めの祝日(2月2日).

Licht=pau·se [リヒト・パオゼ] 囡 -/-n 《工》青写真[による複写].

Licht=quel·le [リヒト・クヴェれレ] 囡 -/-n 光源.

Licht=re·kla·me [リヒト・レクラーメ] 囡 -/-n ネオンサイン, 電光(照明)広告.

Licht=schacht [リヒト・シャハト] 男 -[e]s/..schächte 採光用の吹き抜け.

Licht=schal·ter [リヒト・シャるタァ] 男 -s/- 電灯のスイッチ.

licht=scheu [リヒト・ショイ] 形 ① 嫌光性の. ②《比》後ろめたい, やましいところのある.

Licht=sei·te [リヒト・ザイテ] 囡 -/-n 明るい側面; 長所. 《⇔》「暗い側面; 短所」は Schattenseite.

Licht=si·gnal [リヒト・ズィグナーる] 中 -s/-e 発光信号, 灯火信号.

Licht=stär·ke [リヒト・シュテルケ] 囡 -/-n ①《物》光度. ②《写》(レンズの)明るさ.

Licht=strahl [リヒト・シュトラーる] 男 -[e]s/-en 光線.

licht=un·durch·läs·sig [リヒト・ウンドゥルヒれスィヒ] 形 光を通さない, 不透明な.

Lich·tung [リヒトゥング] 囡 -/-en (森林の)開けた所, 林間の空地.

Lid [リート lí:t] 中 -es (まれに -s)/-er 《医》まぶた.

Lid=schat·ten [リート・シャッテン] 男 -s/- アイシャドー.

***lieb [リープ lí:p] 形 ① 愛する, 好きな; 大切な. 《英》dear). meine *liebe* Mutter 私の愛する母 / Dieser Ring ist mir *lieb* und wert (または teuer). この指輪は私にとってかけがえのないものです / wenn dir dein Leben *lieb* ist 命が惜しければ / Das weiß der *liebe* Himmel. 《比》そんなこと知らないよ(←それはお天道様しか知らない). ◊《手紙の冒頭に》*Liebe* Eltern! 親愛なるお父さん, お母さん / *Lieber* Hans (*Liebe* Grete)! 親愛なるハンス(グレーテ).

◊《成句的に》der *liebe* Gott 神様 / die Sonne お日様 / den lieben langen Tag 日がな一日 / die *lieben* Verwandten (反語的に:) 口うるさい親戚たち / das *liebe* Geld (私を苦しめる)お金 / [Ach] du *liebe* Zeit (または *lieber* Himmel)! おやまあ驚いた.

② 心のこもった, 優しい, 親切な. 《英》nice). ein *lieber* Brief 心のこもった手紙 / Das ist sehr *lieb* von Ihnen! これはどうもご親切に / Seien Sie so *lieb* und helfen Sie mir! すみませんが手を貸していただけますか.

③ 好ましい, 歓迎すべき. ein *lieber* Gast 好ましい客 / Es wäre mir *lieb*, wenn er nicht käme.《接2・現在》彼が来なければありがたいのだが.

④ 感じのよい, かわいらしい. ein *liebes* Gesicht (Mädchen) 感じのよい顔(かわいい少女).

⑤ (子供などが)行儀のよい, おとなしい. ein *liebes* Kind 行儀のよい子供 / Sei schön *lieb*! ちゃんとお利口にしていらっしゃい.

▶ **lieb|be·hal·ten, lieb|ge·win·nen, lieb|ha·ben**

lieb-äu·geln [リープ・オイゲるン lí:p-ɔʏɡəln] 自 (h) ①《mit 物・事 ~》《物》3を手に入れたいとしきりに思う; 《事》3(計画などを)なんとか実現させたいと思う. ②《mit 人³ ~》《俗》《人³に)色目を使う.

lieb|be·hal·ten*, lieb be·hal·ten* [リープ・ベハるテン lí:p-bəhàltən] 他 (h) 《人⁴を)愛し続ける.

Lieb·chen [リープヒェン lí:pçən] 中 -s/- (Liebe の《縮小》)《古》(女性に対する呼びかけで:)いとしい人. ②《軽蔑的に》愛人, めかけ.

* *die* **Lie·be** [リーベ lí:bə] 囡 《単》《複》-n ①《圏 なし》愛, 愛情, 慈愛; 恋, 恋愛.《英》love).《⇔》「憎しみ」は Hass). blinde *Liebe* 盲愛 / mütterliche *Liebe* 母性愛 / eheliche *Liebe* 夫婦愛 / platonische *Liebe* プラトニックラブ / unglückliche *Liebe* かなわぬ恋 / die *Liebe* der Eltern² zu den Kindern 子供に対する両親の愛 / die erste *Liebe* 初恋 / Gottes *Liebe* 神の慈愛 / *Liebe* auf den ersten Blick 一目ぼれ / *Liebe*⁴ für 人⁴ empfinden 人⁴に愛情を感じる / Die *Liebe* geht durch den Magen.《口語》男心は料理でつかむ(←愛は胃を通っていく) / Er gestand ihr seine *Liebe*. 彼は彼女に愛を打ち明けた / **aus** *Liebe* 愛情から / **bei** aller *Liebe* 何とかしてあげたいのは山々だが / **mit** *Liebe* 愛情を込めて / *Liebe* macht blind.《諺》恋は盲目 / Alte *Liebe* rostet nicht.《諺》焼けぼっくいは火がつきやすい(←昔の恋はさびない).

②《圏 なし》(ある事柄に対する)愛好, 愛着. die *Liebe* **zur** Musik 音楽への愛好 / **mit** *Liebe* kochen 心を込めて料理する. ③《圏 なし》好意, 親切. 人³ eine *Liebe*⁴ erweisen 人³に親切にする. ④《口語》恋人, 愛人. Er hat eine neue *Liebe*. 彼には新しい恋人がいる. ⑤《圏 なし》性交. *Liebe*⁴ machen《口語》セックスする.

《⇔》..liebe のいろいろ: **Affenliebe** 盲愛 / **Bruderliebe** 兄弟愛 / **Eigenliebe** 自己愛 / **Elternliebe** 親の愛 / **Freiheitsliebe** 自由への愛 / **Menschenliebe** 人間愛 / **Mutterliebe** 母性愛 / **Nächstenliebe** 隣人愛 / **Vaterlandsliebe** 祖国愛 / **Vorliebe** 偏愛

lie·be·be·dürf·tig [リーベ・ベデュルフティヒ] 形 愛情に飢えた, 愛情を必要とする.

Lie·be·lei [リーべらイ lí:bəlaɪ] 囡 -/-en 戯れの恋, 情事.

***lie·ben [リーベン lí:bən]

愛する	Ich *liebe* dich.
	イヒ リーベ ディヒ
	君を愛しているよ(あなたを愛しているわ).

(liebte, *hat* ... geliebt) 他 《完了》haben) ① 《人・物⁴を》愛する; かわいがる.《英》love). Sie *liebt* ihren Mann. 彼女は夫を愛している / Er *liebt* sie wie seine eigene Tochter. 彼は彼女を自分の娘のようにかわいがっている / die Heimat⁴ *lieben* 故郷を愛する / *lieben* lernen しだいに好きになる(愛するようになる). ◇〖相互的に〗Die beiden *lieben sich*⁴. その二人は愛し合っている.

② 好む，愛好する. Er *liebt* den Wein. 彼はワインが好きだ / die Kunst⁴ *lieben* 芸術を愛好する. ◇〖**zu** 不定詞[句]とともに〗Sie *liebt* [es] zu scherzen. 彼女は冗談を言うのが好きだ. ◇〖現在分詞の形で〗Das tut er *liebend* gern. それを彼は心から喜んでやっている. ③ (囚⁴と)セックスする.

Lie·ben·de[r] [リーベンデ (..ダァ) líːbəndə (..dɐr)] 囲 〖語尾変化は形容詞と同じ〗〖ふつう覆〗(特定の人を)愛している人. die *Liebenden* 恋人どうし.

lie·ben ler·nen ☞ lieben ①

lie·bens≠wert [リーベンス・ヴェーァト] 圏 愛すべき, 好感の持てる, チャーミングな.

lie·bens≠wür·dig [リーベンス・ヴュルディヒ] 圏 親切な, 好意的な. (英 *kind*). eine *liebenswürdige* Dame 親切な婦人 / Das ist sehr *liebenswürdig* von Ihnen. これはどうもご親切にありがとうございます / Seien Sie so *liebenswürdig* und schließen Sie das Fenster! 恐れ入りますが, 窓を閉めていただけないでしょうか. (☞類語 *freundlich*).

Lie·bens≠wür·dig·keit [リーベンス・ヴュルディヒカイト] 囡 -/-en ① 〖覆 なし〗親切さ, 好意. ② 親切な言動.

lie·ber [リーバァ líːbɐr] I (‡lieb の〖比較〗) 圏 より愛する; より好ましい.

II (‡gern の〖比較〗) 圓 ① **より好んで**, むしろ…したい. Ich trinke *lieber* Tee als Kaffee. 私はコーヒーより紅茶のほうが好きです / Ich gehe *lieber* zu Fuß. 私はむしろ歩いて行きたい. ② 〖文全体にかかって〗…のほうが賢明だ. Geh *lieber* nach Hause! 君は家に帰ったほうがいいよ / Das hättest du *lieber* nicht sagen sollen. 〖接2·過去〗君はそれを言わないほうがよかったのに.

Lie·bes≠aben·teu·er [リーベス・アーベントイァ] 囲 -s/- 情事, 恋のアバンチュール.

Lie·bes≠af·fä·re [リーベス・アフェーレ] 囡 -/-n =Liebesabenteuer

Lie·bes≠brief [リーベス・ブリーふ] 囲 -[e]s/-e ラブレター, 恋文.

Lie·bes≠dienst [リーベス・ディーンスト] 囲 -[e]s/-e 親切[な行い], 助力.

Lie·bes≠er·klä·rung [リーベス・エァクレールング] 囡 -/-en 愛の告白.

Lie·bes≠ge·schich·te [リーベス・ゲシヒテ] 囡 -/-n ① ラブストーリー, 恋愛小説, 恋物語. ② 〖口語〗情事, 色恋ざた.

Lie·bes≠kum·mer [リーベス・クンマァ] 囲 -s/ 恋の悩み, 失恋の悲しみ.

Lie·bes≠lied [リーベス・リート] 囲 -[e]s/-er 恋の歌.

Lie·bes≠mü·he [リーベス・ミューエ] 囡 〖成句的に〗Das ist verlorene (または vergebliche) *Liebesmühe*. それは骨折り損だ.

Lie·bes≠paar [リーベス・パール] 囲 -[e]s/-e 相愛の二人, 恋人同士.

Lie·bes≠spiel [リーベス・シュピーる] 囲 -[e]s/-e ペッティング, (性交の)前戯.

Lie·bes≠ver·hält·nis [リーベス・フェァヘるトニス] 囲 ..nisses/..nisse 恋愛関係.

lie·be≠voll [リーベ・ふォる] 圏 ① 手厚い; 入念な, 慎重な. ② 愛情に満ちた, 情愛の込もった.

lieb|ge·win·nen*, lieb ge·win·nen* [リープ・ゲヴィンネン líːp-gəvìnən] 他(h) (人·物⁴をしだいに好きになる.

lieb|ha·ben*, lieb ha·ben* [リープ・ハーベン líːp-hàːbən] 他(h) (囚⁴を)愛している, とても好きである.

der **Lieb·ha·ber** [リープ・ハーバァ líːp-haːbɐr] 囲 (単2) -s/(複) - (3格のみ -n) (英 *lover*) ① 愛好家, ファン. ein *Liebhaber* alter Bücher² 古書愛好家(収集家). ② (女性にとっての)愛人, 情夫; 求婚者; 〖劇〗二枚目役. Sie hat einen *Liebhaber*. 彼女には愛人がいる. ③ 〖古〗好事家, ディレッタント.

Lieb·ha·be·rei [リープ・ハーベライ líːp-haːbərái] 囡 -/-en 趣味, 道楽. 囲⁴ **aus** *Liebhaberei* tun 囲⁴を道楽でやる.

Lieb·ha·be·rin [リープ・ハーベリン líːp-haːbərɪn] 囡 -/..rinnen (女性の)愛好家, ファン.

Lieb·ha·ber≠wert [リープハーバァ・ヴェーァト] 囲 -[e]s 愛好家にとっての価値.

lieb·ko·sen [リープ・コーゼン liː-kóːzən または リープ..] 〖過分 liebkost または geliebkost〗 他(h) 〖雅〗愛撫(あいぶ)する.

Lieb·ko·sung [リープ・コーズング または リープ..] 囡 -/-en 〖雅〗愛撫(あいぶ).

lieb·lich [リープリヒ líːplɪç] 圏 〖雅〗① 愛らしい, 柔和で感じのいい. (英 *lovely*). ein *liebliches* Mädchen 愛らしい女の子 / ein *lieblicher* Anblick 心地よい眺め. ② 香りのよい; 食欲をそそる; まろやかな(ワインなど). der *liebliche* Duft des Flieders ライラックのとてもよい香り. ③ 〖口語〗(反語的に:) 結構な. Das ist ja *lieblich*! それはまあ結構なことですね.

der **Lieb·ling** [リープリング líːplɪŋ] 囲 (単2) -s/(複) -e (3格のみ -en) ① お気に入り, 人気者, 寵児(ちょうじ). (英 *favorite*). der *Liebling* des Lehrers 先生のお気に入り. ② (ごく親しい人への呼びかけで:) あなた, おまえ. (英 *darling*). *Liebling*, kannst du mir mal helfen? あなた, ちょっと手伝ってくださいない?

Lieb·lings.. [リープリングス.. líːplɪŋs..] 〖名詞につける接頭〗〖お気に入りの〗例: *Liebling*sessen 大好物 / *Liebling*skleid お気に入りのワンピース.

lieb≠los [リープ・ろース] 圏 ① 愛情のない, 冷淡な. ② 入念さに欠けた, 粗雑な.

Lieb≠lo·sig·keit [リープ・ろーズィヒカイト] 囡 -/-en ① 冷淡な言動. ② 〖覆 なし〗粗雑さ, ぞんざいさ.

Lieb≠reiz [リープ・ライツ] 囲 -es/ 〖雅〗愛らしさ

さ, 魅力.

Lieb·schaft [リープシャふト] 囡 -/-en 情事, 色事.

liebst [リープスト líːpst] **I** 形 (‡lieb の 最上) 最も愛する, 最も好きな. **II** 副 (‡gern の 最上) **am** *liebsten* 最も好んで ⇒ Ich höre am *liebsten* Mozart. 私はモーツァルトの曲を聴くのがいちばん好きだ.

Liebs·te[r] [リープステ (..タァ) líːpstə (..tər)] 男 囡〘語尾変化は形容詞と同じ〙《古》恋人, 愛人.

lieb·te [リープテ] ‡lieben (愛する) の 過去

Liech·ten·stein [リヒテン・シュタイン líçtənʃtain] 中 -s/ 〘国名〙リヒテンシュタイン[公国] (首都はファドゥーツ: ☞ 地図 D-5).

das **Lied** [リート líːt] 中 (単2) -es (まれに -s)/ (複) -er (3格のみ -ern) ① 歌, 歌曲, リート. (英 song). Volks*lied* 民謡 / ein heiteres *Lied* 楽しい歌 / deutsche *Lieder* ドイツ歌曲 / ein geistliches *Lied* 賛美歌 / ein *Lied*⁴ an|stimmen (singen) 歌を歌いはじめる(歌う) / Es ist immer das alte (または gleiche) *Lied*! 《比》いつも同じことの繰り返しだ / Davon kann ich ein *Lied* singen. 《比》そのことについては身に染みてわかっているよ(←それについてなら歌も歌える).
② 叙事詩. das Nibelungen*lied* ニーベルンゲンの歌.

Lie·der [リーダァ] ‡Lied (歌) の 複

Lie·der∘abend [リーダァ・アーベント] 男 -s/ -e 歌曲の夕べ, 歌曲リサイタル.

Lie·der∘buch [リーダァ・ブーフ] 中 -[e]s/ ..bücher 歌曲集, 歌の本.

lie·der·lich [リーダァりヒ] 形 ① だらしない, いいかげんな. ② ふしだらな, 不品行な.

Lie·der·lich·keit [リーダァりヒカイト] 囡 -/ だらしなさ, いいかげんさ; 不品行.

Lie·der∘ma·cher [リーダァ・マッハァ] 男 -s/- (社会批判的な)〘シンガー〙ソングライター. (女性形: -in).

lief [リーふ] ‡laufen (走る) の 過去

Lie·fe [リーふェ] ‡laufen (走る) の 接2

Lie·fe·rant [りふェラント lifəránt] 男 -en/-en (商品などの)供給者, (物品の)納入者. (女性形: -in).

lie·fer·bar [リーふァァバール] 形 在庫のある, 供給できる, 納入可能な(商品など).

Lie·fer·frist [リーふァァ・ふリスト] 囡 -/-en 納期, 引き渡し期間(売買契約から納入までの期間).

*** lie·fern** [リーふァァン líːfərn] (lieferte, *hat* ... geliefert) 他 (完了 haben) ① (商品⁴を)配達する, 納入する. (英 deliver). Wir *liefern* Ihnen die Möbel ins Haus. (店員が客に:)家具はお宅まで配達いたします / 郵⁴ per Post *liefern* 郵⁴を郵送する. ◇《目的語なしでも》*Können* Sie schnell *liefern*? すぐに届けていただけますか.
② 産出する, 供給する. Die Biene *liefert* Honig. 蜜蜂(ミツバチ)が蜂蜜(ハチミツ)をもたらす / Das Land *liefert* Rohstoffe. その国は原料を産出する.

③ (話題・具体例など⁴を)提供する. Die Ereignisse *lieferten* reichlich Gesprächsstoff. それらの事件はたっぷり話題を提供してくれた / den Beweis für 事⁴ *liefern* 事⁴の証明をする.
④ ([囚³と]戦い・試合など⁴を)する. dem Gegner eine Schlacht⁴ *liefern* 敵と戦う.
◇☞ geliefert

Lie·fer∘schein [リーふァァ・シャイン] 男 -[e]s/-e 〘商〙引き渡し証, 納品証.

lie·fer·te [リーふァァテ] *liefern (配達する) の 過去

Lie·fer·ter·min [リーふァァ・テルミーン] 男 -s/-e 納入(引き渡し)期日(期限).

Lie·fe·rung [リーふェルング] 囡 -/-en ① 引き渡し, 供給, 配達. ② 引き渡し品, 納入品. ③《書籍》(本の)分冊. die erste *Lieferung* 第1分冊.

Lie·fer∘wa·gen [リーふァァ・ヴァーゲン] 男 -s/- (配達用の)ライトバン, 配達車.

Lie·fer∘zeit [リーふァァ・ツァイト] 囡 -/-en 納入(引き渡し)期間 (＝Lieferfrist).

Lie·ge [リーゲ líːgə] 囡 -/-n 寝いす. (☞ Sofa 図). auf der *Liege* schlafen 寝いすで眠る.

Lie·ge∘kur [リーゲ・クーァ] 囡 -/-en 〘医〙(特に戸外での)静臥(セイガ)療法, 安静療法.

lie·gen* [リーゲン líːgən]

> 横たわっている
> Er *liegt* noch im Bett.
> エァ リークト ノッホ イム ベット
> 彼はまだベッドに横たわっている.

(lag, *hat/ist* ... gelegen) **I** 自 (完了 haben; 南ドッ·オースッ·スィス: sein) ① (人・動物が)横たわっている, 寝ている, (物が)[横にして]置いてある; (ある場所に)ある, いる. (英 lie). 〘メモ〙「立っている」は stehen. Sie *liegt* bequem. 彼女は心地よさそうに横になっている / Weinflaschen sollen *liegen*, nicht stehen. ワインのびんは立てないで, 寝かせておくものだ / Das Hotel *liegt* zentral. そのホテルは町の中心にある / *liegen* bleiben 横たわった(寝た)ままでいる / *liegen* lassen 置いたままにしておく / den Turm links *liegen* lassen 塔を左手に見ながら進む. (☞ 類語 sein).
◇《前置詞とともに》Köln *liegt* **am** Rhein. ケルンはライン河畔にある / Wer *liegt* **an** der Spitze? だれがトップですか / Er *liegt* **auf** dem Sofa. 彼はソファーに横になっている / Die Zeitung *liegt* auf dem Tisch. 新聞は机の上に置いてある / **auf** dem Bauch (dem Rücken) *liegen* 腹ばい(あおむけ)になっている / Der Wagen *liegt* gut **auf** der Straße. その車はロードホールディングがいい / Das Geld *liegt* **auf** der Bank. そのお金は銀行に預けてある / Sie *liegt* **im** Krankenhaus. 彼女は入院している / Die Prüfung *liegt* noch **in** weiter Ferne. 試験はまだずっと先だ / Das Fenster *liegt* **nach** Süden. その窓は南向きだ / Die Preise *liegen*

über (unter) dem Durchschnitt. 物価は平均以上(以下)である / **Ein spöttisches Lächeln** *lag* **um ihren Mund.**《比》彼女の口もとには軽蔑するような笑みが浮かんでいた / **Die Temperaturen** *liegen* **zwischen 15 und 20 Grad.** 気温は 15 度から 20 度の間だ.
◇《特定の前置詞とともに成句的に》(責任・相違・権限などが…に)ある. **Das** *liegt* **an ihm.** それは彼のせいだ / **Die ganze Verantwortung** *liegt* **auf ihm.** 全責任が彼にかかっている / **Es** *liegt* **ganz bei Ihnen, ob…** …かどうかはまったくあなたしだいです / **Die Schuld** *liegt* **bei dir.** 責任は君にある / **Das** *liegt* **nicht in meiner Macht.** それは私の力ではどうにもならない / **Der Unterschied** *liegt* **darin, dass…** 違いは…という点にある.
◇《非人称の es を主語として》**An mir soll es nicht** *liegen.* 私はじゃま(反対)するつもりはない(←私のせいだと言われたくない).
② (霧・雪などが)覆っている. **Nebel** *liegt* **auf** (または **über**) **den Wiesen.** 霧が草原に立ち込めている / **Auf den Bergen** *liegt* **noch Schnee.** 山上にはまだ雪が積もっている.
③ (…の状態で)ある. **Die Tischdecke** *liegt* **schief.** テーブルクロスが斜めになっている / **Der Tisch** *liegt* **voller Bücher**[2]. 机の上は本でいっぱいだ / **Die beiden** *liegen* **in Scheidung.** 両人は離婚手続き中だ / **Die Stadt** *liegt* **jetzt unter Beschuss.** その町は今まさに砲撃を受けているところだ / [**So**] **wie die Dinge** *liegen,* **…** 現在の状況では…
④ (人[3]に)向いている, 合っている. **Diese Rolle** *liegt* **dem Schauspieler gut.** この役はその役者にぴったりだ / **Sie** *liegt* **mir nicht.** 彼女は私の性[3]に合わない.
II 非人称《完了 haben; 南ドツ・オストリヒ・スイス sein》《**es** *liegt* 人[3] **an** 人・事[3] の形で》人[3]にとって人・事[3]が重要(関心事)である. **Es** *liegt* **mir an seiner Mitarbeit.** 私にとって彼の協力は大切だ / **Mir** *liegt* **viel** (**nichts**) **an ihm.** 私は彼にとても関心がある(まったく関心がない). (☞ es は文頭以外ではふつう省かれる).
◇☞ **liegend**
◇☞ **gelegen**
▶ **liegen|bleiben, liegen|lassen**

lie·gen|blei·ben*, lie·gen blei·ben* [リーゲン・ブらイベン líːɡən-blàɪbən] 自 (s) ① (…に)置いたままになっている; 置き忘れられている; (商品が)売れ残っている; (仕事が)片づかず残っている. ② (車などが)立ち往生する.
▶ **liegen I** ①

lie·gend [リーゲント] **I** ⁑**liegen** (横たわっている)の 現分 **II** 形 横たわって(寝て)いる; 横に寝かせた; 水平の. **Liegend aufbewahren!**(びんなどの注意書きで:)横にして保存すること / *liegende* **Güter**《法》不動産.

lie·gen|las·sen*, lie·gen las·sen* [リーゲン・らッセン líːɡən-làsən]《過分 liegen[ge]lassen / liegen [ge]lassen》他 (h) ① (…に)置き忘れる. ② (仕事などを[4])やりかけにしておく, 放置する. ③《成句的に》人・物[4] **links** *liegenlassen* 人・物[4]をわざと無視する.
▶ **liegen I** ①

Lie·gen·schaft [リーゲンシャフト] 女 -/-en《ふつう複》《法》地所.

Lie·ge⸗platz [リーゲ・プらッツ]《海》男 -es/..plätze (港内の)係船場.

Lie·ge⸗sitz [リーゲ・ズィッツ] 男 -es/-e リクライニングシート.

Lie·ge⸗stuhl [リーゲ・シュトゥーる] 男 -[e]s/..stühle (折りたたみ式の)寝いす, デッキチェア.

Lie·ge⸗stütz [リーゲ・シュテュッツ] 男 -[e]s/-e (体操の)腕立て伏せ.

Lie·ge⸗wa·gen [リーゲ・ヴァーゲン] 男 -s/-《鉄道》[簡易]寝台車(昼間は座席, 夜間は寝台になる急行列車の車両).

lieh [リー] ⁑**leihen** (貸す)の 過去

lie·he [リーエ] ⁑**leihen** (貸す)の 接2

lies [リース] ⁑**lesen** (読む)の du に対する 命令

Lies·chen [リースヒェン líːsçən] -s/[-]《女名》リースヒェン (Elisabeth の愛称). **Lieschen Müller** リースヒェン・ミュラー(平凡な女性の意).

ließ [リース] ⁑**lassen**[1] (…させる, やめる)の 過去

lie·ße [リーセ] ⁑**lassen**[1] (…させる, やめる)の 接2

⁑**liest** [リースト líːst]《**lesen** (読む)の 2 人称親称単数・3 人称単数 現在》. *Liest* **du gern?** 君は読書は好き? / **Sie** *liest* **gern Krimis.** 彼女はよく推理小説を読む.

der **Lift** [リふト lɪft]《英》男 (単 2) -[e]s/(複) -e (3 格のみ -en) または (複) -s ① エレベーター(= Fahrstuhl). **mit dem** *Lift* **fahren** エレベーターで行く. ②《スキー》-e スキーリフト(= **Skilift**).

Lift⸗boy [リふト・ボイ]《英》男 -s/-s エレベーターボーイ.

lif·ten [リふテン lɪftən] 他 (h) ① (クレーンなどで)持ち上げる. ②《医》(たるみを伸ばして顔などを[4])のしわをとる.

Li·ga [リーガ líːɡa] 女 -/Ligen ① (国家間の)連盟, 連合. ②《スポーツ》リーグ, 競技連盟.

Li·ga·tur [リガトゥーア liɡatúːr] 女 -/-en ①《印》合字(例: æ). ②《音楽》リガトゥラ, 連結符. ③《医》結紮(けっさつ)[法].

li·ie·ren [リイーレン líːrən] 再帰 (h)《*sich*[4] **mit** 人・物[3] **~**》(人[3]と)恋愛する, 恋愛関係を結ぶ;《商》(会社などと)提携する.

Li·kör [リケーア likǿːr] 男 -s/-e リキュール.

li·la [リーら líːla] 形《無語尾で》① ライラック色の, 淡紫色の, 藤色の. **ein** *lila* **Hemd** 淡紫色のシャツ. ②《口語》まずまずの. **Es geht mir** *lila.*《口語》まあどうにかやってます.

Li·la [リーら] 中 -s/-《口語: -s》ライラック色, 淡紫色, 藤色. **Kleider in** *Lila* 藤色の服.

li·la⸗far·ben [リーら・ふァルベン] 形 ライラック色の, 淡紫色の, 藤色の.

die **Li·lie** [リーりエ líːlia] 女 (単) -/(複) -n《英 lily》《植》ユリ(百合)(純真・清純の象徴).

Li·li·pu·ta·ner [リりプターナァ liliputáːnər] 男 -s/- (生まれながらの)小人. (女性形: -in).《『ガリバー旅行記』の小人国リリパットの住民の呼び名

から. 差別語と見なされるようになり, 使用されなくなりつつある.

Li・mes [リーメス líːmɛs] 男 -/ ① (史)(古代ローマの)国境防壁. ② (数)極限[値](記号: lim).

Li・mit [リミット límɪt] 中 -s/-s (または -e) 限度, 限界, 制限. ein *Limit*⁴ setzen 制限する / das *Limit*⁴ überschreiten 限度を越える.

li・mi・tie・ren [リミティーレン limitíːrən] 他 (h) 制限する, 限定する.

Li・mo [リンモ límo または リーモ líːmo] 女 (または 中) -/-[s] 《口語》=Limonade

die **Li・mo・na・de** [リモナーデ limonáːdə] 女 (単)-/(複)-n 〈炭酸入りの〉レモネード.

Li・mou・si・ne [リムズィーネ limuzíːnə] 〈ᅟ그랑스〉 女 -/-n リムジン(高級大型乗用車).

lind [リント línt] 形 《雅》(天気などが)穏やかな, 温和な.

Lin・dau [リンダオ líndau] 中 -s/ 《都市名》リンダウ(ドイツ, バイエルン州. ボーデン湖畔の都市: ☞ 地図 D-5).

die **Lin・de** [リンデ líndə] 女 (単)-/(複)-n ① 《植》シナノキ[属], 洋種菩提樹(ᵇだいじゅ). Unter den Linden ウンター・デン・リンデン(ベルリンの大通りの名). ② (複 なし)しなのき材.

Lin・den・baum [リンデン・バオム] 男 -[e]s/..bäume 《植》=Linde ①

lin・dern [リンダァン líndərn] 他 (h) (苦痛など⁴を)和らげる, 軽くする, 鎮める.

Lin・de・rung [リンデルング] 女 -/-en 緩和, 軽減; 鎮静, 鎮痛.

lind・grün [リント・グリューン] 形 薄い黄緑の.

Lind・wurm [リント・ヴルム] 男 -[e]s/..würmer 《ᡑᠠᠯ神》竜(ゲルマン神話の怪物).

das **Li・ne・al** [リネアール lineáːl] 中 (単)-s/(複)-e (3格のみ -en) 定規. 《英 ruler》. das *Lineal*⁴ an|legen 定規を当てる / eine Linie⁴ mit dem *Lineal* ziehen 定規で線を引く.

li・ne・ar [リネアール lineáːr] 形 ① (直)線状の, コンスタントな; 《美》線による; 《音楽》線的の. ② 《数》一次の. eine *lineare* Gleichung 一次方程式.

Li・ne・ar・mo・tor [リネアール・モートァ] 男 -s/-en [..モトーレン] (電) リニアモーター.

..ling [..リング ..lɪŋ] 〖男性名詞をつくる 接尾〗《人・生物・物》例: Prüf*ling* 受験者 / Erst*ling* 処女作.

Lin・gu・ist [リングイスト lɪŋɡuíst] 男 -en/-en 言語学者. (女性形: -in).

Lin・gu・is・tik [リングイスティク lɪŋɡuístɪk] 女 -/ 言語学. Sozio*linguistik* 社会言語学.

lin・gu・is・tisch [リングイスティッシュ lɪŋɡuístɪʃ] 形 言語学[上]の.

die **Li・nie** [リーニエ líːni̯ə] 女 (単)-/(複)-n ① 線, 《ᠨᢀᠮ》ライン. 《英 line》. eine gerade (krumme) *Linie* 直線(曲線) / eine punktierte *Linie* 点線 / parallele *Linien* 平行線 / Briefpapier mit *Linien* 罫線(ᡊᢒᠨ)のある便箋(ᠪᠢᠨ) / eine *Linie*⁴ mit dem Lineal ziehen 定規で線を引く / die *Linien* der Hand² 手相 / den Ball **über** die *Linie* schlagen 打ってボールをラインの外へ出す.
② 輪郭, (外形の)線. **in** scharfen *Linien* くっきりとした輪郭で / **auf** die schlanke *Linie* achten 太らないように気をつける(←ほっそりした体の線に気をつける).
③ (交通機関の)路線, …番線, 系統; 航[空]路. die *Linie* Frankfurt–Narita (航空機の)フランクフルト－成田航路.
④ 列. eine *Linie*⁴ bilden 列をつくる / Die Bäume stehen **in** einer *Linie*. 木々が1列に並んで立っている / **in** vorderster *Linie* stehen a) 最前列に立っている, b) 《軍》最前線にいる.
⑤ (政治的・思想的な)路線, 方針. die politische *Linie* 政治路線. ⑥ 血統, 家系. die männliche (weibliche) *Linie* 父系(母系). ⑦ 〖成句的に〗**auf** der ganzen *Linie* 全面的に / 〖人⁴〗**auf** die gleiche *Linie* stellen 〖人⁴〗を同等に扱う / **in** erster *Linie* [まず]第一に / **in** zweiter *Linie* 第二に.

Li・ni・en・blatt [リーニエン・ブラット] 中 -[e]s/..blätter 罫線(ᡊᢒᠨ)入りの下敷き.

Li・ni・en・bus [リーニエン・ブス] 男 ..busses/..busse 路線バス.

Li・ni・en・flug [リーニエン・ふるーク] 男 -[e]s/..flüge (飛行機の)定期便.

Li・ni・en・füh・rung [リーニエン・フュールング] 女 -/ ① (絵画などの)筆致, 描線; (服などの)ライン, 外形線. ② (バスなどの)運行ルート.

Li・ni・en・ma・schi・ne [リーニエン・マシーネ] 女 -/-n 定期便の飛行機.

Li・ni・en・rich・ter [リーニエン・リヒタァ] 男 -s/- 《ᠨᢀᠮ》ラインズマン, 線審. (女性形: -in).

Li・ni・en・schiff [リーニエン・シふ] 中 -[e]s/-e 定期船.

li・ni・en・treu [リーニエン・トロイ] 形 (軽蔑的に:) 党の路線に忠実な.

Li・ni・en・ver・kehr [リーニエン・フェアケーァ] 男 -s/-e 定期路線の交通.

li・ni・ie・ren [リニーレン liniíːrən] 他 (h) (用紙などに)線を引く, 罫(ᡊᢒᠨ)を引く. ◇〖過去分詞の形で〗*liniertes* Papier 罫紙.

li・ni・ie・ren [リニーレン liniíːrən] 他 (h) = linieren

link¹ [リンク líŋk] 形 〖付加語としてのみ〗① 左の, 左側の. 《英 left》. 《反 「右の」= recht》. das *linke* Ufer 左岸 / mit der *linken* Hand schreiben 左手で書く. ② (政治的に)左派の, 左翼の. der *linke* Flügel der Partei² 党の左派 / eine *linke* Zeitung 左翼系の新聞. ③

(布地などの)裏の, 裏側の. die linke Seite des Mantels コートの裏側.

link² [リンク] 形 《口語》いかがわしい, 怪しげな.

Link [リンク línk] 男 –s/–s《コンピュ》《ハイパー》リンク, [インターネット]接続.

Lin·ke [リンケ línkə] 囡《語尾変化は形容詞と同じ》《ふつう 単》① 左手. (⇔「右手」は Rechte). 物⁴ in der Linken halten 物⁴を左手に握っている / zur Linken gehen 左に. ② (ボクシングの)左パンチ. ③《政》左派, 左翼.

lin·ker·seits [リンカァ・ザイツ] 副 左側に, 左に, 左の方に.

lin·kisch [リンキッシュ líŋkɪʃ] 形 無器用な, 下手な, ぎこちない.

links [リンクス líŋks]

> 左に Gehen Sie hier nach *links*!
> ゲーエン ズィー ヒーァ ナーハ リンクス
> ここを左へお行きなさい.

I 副 ① 左に, 左側に. (英 on the left). (⇔「右に」は rechts). *links* von dem Haus その家の左側に / die erste Straße *links* 最初の通りを左へ / *links* fahren (または gehen) 左側を通行する / von *links* [her] 左から / nach *links* [hin] 左の方へ / [nach] *links* ab|biegen 左へ曲がる / 人·事⁴ *links* liegen|lassen (または liegen lassen)《口語》人·事⁴をわざと無視する / Die Augen *links*!《軍》(号令で:)かしら左 / Ich weiß nicht mehr, was rechts und *links* ist.《口語》私はもうどうしてよいかわからない(←右も左もわからない).

② 《口語》左手で. *links* schreiben 左手で書く / 事⁴ mit *links* machen 事⁴を簡単にやってのける / Ich bin *links*. 私は左利きだ.

③ (布地などを)裏返しに; 《手芸》裏編みで. die Tischdecke⁴ *links* auf|legen テーブルクロスを裏返しに掛ける / 物⁴ *links* an|haben 物⁴(衣服など)を裏返しに着ている / ein T-Shirt⁴ [nach] *links* drehen (または wenden) Tシャツを裏返す / 人⁴ [auf] *links* drehen《俗》人⁴を厳しく問い詰める.

④ (政治的に)左翼に, 左派に. [weit] *links* stehen [最]左派に属している.

II 前《2格とともに》...の左側に. *links* des Rheins ライン川の左岸に / *links* der Straße 道路の左側に.

Links≠au·ßen [リンクス・アオセン] 男 –/– (サッカーなどの)レフトウイング.

Links≠ex·tre·mist [リンクス・エクストレミスト] 男 –en/–en 《政》極左主義者. (女性形: –in).

links≠ge·rich·tet [リンクス・ゲリヒテット] 形 (政治的に)左寄りの, 左傾している.

Links≠hän·der [リンクス・ヘンダァ] 男 –s/– 左利きの人. (女性形: –in). (⇔「右利きの人」は Rechtshänder).

links≠hän·dig [リンクス・ヘンディヒ] 形 ① 左利きの. ② 左手による.

links≠her·um [リンクス・ヘルム] 副 左回りで.

Links≠kur·ve [リンクス・クルヴェ] 囡 –/–n 左カーブ.

links≠ra·di·kal [リンクス・ラディカーる] 形《政》左翼急進派の.

links≠sei·tig [リンクス・ザイティヒ] 形 左側の.

links≠um [リンクス・ウム] 副 左へ, 左へ回って. *Linksum* kehrt! 左向け左.

Links≠ver·kehr [リンクス・フェァケーァ] 男 –[e]s/《交通》(自動車・オートバイなどの)左側通行. (⇔「右側通行」は Rechtsverkehr).

Lin·né [りネー lné:] –s/《人名》リンネ (Carl von Linné 1707–1778; スウェーデンの生物学者).

Lin·o·le·um [リノーれウム lnó:leum または リノーれ..] 田 –s/ リノリウム.

Li·nol≠schnitt [リノーる・シュニット] 男 –[e]s/–e《印》リノリウム版画; リノリウム版画.

Lin·se [リンゼ línzə] 囡 –/–n ① 《植》レンズマメ. ②《光》レンズ;《口語》カメラのレンズ;《医》水晶体. eine konkave (konvexe) *Linse* 凹レンズ(凸レンズ).

lin·sen [リンゼン línzən] 自 (h)《口語》こっそり見る, 盗み見る.

lin·sen≠för·mig [リンゼン・フェルミヒ] 形 レンズ状(形)の.

Lin·sen≠sup·pe [リンゼン・ズッペ] 囡 –/–n レンズマメのスープ.

Linz [リンツ línts] 田《都市名》リンツ(オーストリア, オーバーエースターライヒ州の州都. ドナウ河畔の工業都市:〖地図〗G–4).

die Lip·pe¹ [リッペ lípə] 囡 (単) –/(複) –n ① 唇. (英 lip). dünne (dicke) *Lippen* 薄い(厚い)唇 / die obere (untere) *Lippe* 上唇(下唇) / die *Lippen*⁴ spitzen (runden) 唇をつき出す(すぼめる) / sich³ die *Lippen*⁴ schminken 口紅をさす.

◊《前置詞とともに》das Glas⁴ an die *Lippen* setzen グラスを口に当てる / an seinen *Lippen* hängen《比》彼の言うことに耳を傾ける / Er küsste sie auf die *Lippen*. 彼は彼女の唇にキスをした / den Finger⁴ an die *Lippen* legen 指を唇に当てる(静かにしろという合図) / sich³ auf die *Lippen* beißen 唇をかむ(笑いをこらえるときや口を滑らせたあとに) / 事⁴ auf den *Lippen* haben 事⁴を言ってしまいそうになる / 人³ auf die *Lippen* drängen (言葉が)人³の口をついて出る / 事⁴ nicht über die *Lippen* bringen 事⁴を思い切って言うことができない.

②《覆なし》《俗》しゃべり方, 弁舌. eine [dicke] *Lippe*⁴ riskieren 生意気な口をきく.

die **Lip·pe**² [リッペ] 囡 –/《定冠詞とともに》《川名》リッペ川(ライン川の支流;〖地図〗C~D–3).

Lip·pen≠be·kennt·nis [リッペン・ベケントニス] 田 ..nisses/..nisse 口先だけの信仰告白.

Lip·pen≠stift [リッペン・シュティふト] 男 –[e]s/–e (棒状の)口紅, リップスティック.

li·quid [りクヴィート lkvíːt] 形 ①《経》換金可能の; 支払能力のある. ②《化》液状の.

Li·qui·da·ti·on [りクヴィダツィオーン likvidatsió:n] 因 -/-en ① (経) (会社などの)解散. ② (経) 弁済, 清算; (医者などの)請求書. ③ 《比》抹殺, 粛清.

li·qui·die·ren [リクヴィディーレン likvidí:rən] **I** 他 (h) (経) (会社など4を)解散する. ② (経) (資産など4を)換金する. ③ (医者などが報酬4を)請求する. ④ (政敵など4を)抹殺する, 粛清する; (争いなど4を)解決する. **II** 自 (h) (経) (会社などが)解散する.

Li·qui·die·rung [リクヴィディールング] 因 -/-en (経) (会社などの)解散; 《比》抹殺, 粛清.

Li·qui·di·tät [リクヴィディテート likvidité:t] 因 -/ (経) ① 支払能力. ② 流動資産(現金・銀行預金など).

Li·ra [リーラ lí:ra] 因 -/Lire リラ (2001年までのイタリアの通貨単位; 略: L.).

Li·re [リーレ lí:rə] 因 Lira (リラ)の複

Lis·beth [リースベット lí:sbɛt または リス.. lís..] -s/ 《女名》リースベト (Elisabeth の短縮).

lis·peln [リスペルン líspəln] **I** 自 (h) s の音を不完全に(英語の th のように)発音する; (木の葉がそよぐ. **II** 他 (h) 《雅》(言葉など4を)ささやく, つぶやく.

Lis·sa·bon [リッサボン lísabɔn] 田 -s/《都市名》リスボン(ポルトガルの首都).

die **List** [リスト líst] 因 (単) -/(複) -en ① 策略. (英 *trick*). eine *List*4 ersinnen 策略を考え出す / eine *List*4 an|wenden または zu einer *List* greifen 策略を用いる. ② 〔複なし〕ずる賢さ. mit *List* und Tücke 〔口語〕 うまく立ち回って, 巧妙に.

die **Lis·te** [リステ lístə] 因 (単) -/(複) -n リスト, 一覧表, 名簿, 目録. (英 *list*). Wählerliste 選挙人名簿 / die *Liste* der Bewerber² 応募者のリスト / die schwarze *Liste* 〔口語〕 ブラックリスト / eine *Liste*4 auf|stellen リストを作る / 人·物4 auf die *Liste* setzen または 人·物4 in eine *Liste* auf|nehmen 人·物4 をリストに載せる / 人·物4 von der *Liste* streichen 人·物4 をリストから削除する.

Lis·ten⁀wahl [リステン・ヴァール] 因 -/-en 《政》(比例代表制の)名簿式選挙.

lis·tig [リスティヒ lístɪç] 形 狡猾(ぬ)な, ずる賢い. (英 *cunning*). ein *listiger* Plan 悪巧み.

Liszt [リスト líst] -s/ 《人名》リスト (*Liszt Ferenc*, ドイツ語名 Franz *Liszt* 1811-1886; ハンガリー出身の作曲家・ピアニスト).

Lit. 《略》[リテラトゥーァ] 文学; 文献 (=Literatur).

Li·ta·nei [リタナイ litanái] 因 -/-en ① 《カトリック》連禱(禱)(先唱者が読む唱句ごとに会衆が応答する祈り). ② 《比》愚痴, くどい長話.

Li·tau·en [リータオエン lí:tauən または リッタオ.. lítau..] 田 -s/《国名》リトアニア〔共和国〕(バルト海沿岸, 旧ソ連邦に属していた. 首都はビリニュス).

Li·tau·er [リータオアァ lí:tauɐr または リッタオ.. lítau..] 男 -s/ リトアニア人. (女性形: -in).

li·tau·isch [リータオイッシュ lí:tauɪʃ または リッタオ.. lítau..] 形 リトアニア[人・語]の.

der (das) **Li·ter** [リータァ lí:tɐr または リッタァ lítɐr] 男田 (単) -s/(複) - (3格のみ -n) リットル (記号: l). drei *Liter* Bier 3 リットルのビール.

li·te·ra·risch [リテラーリッシュ litɛrá:rɪʃ] 形 文学の, 文芸の; 文学的な. (英 *literary*). eine *literarische* Zeitschrift 文芸誌.

Li·te·rat [リテラート litərá:t] 男 -en/-en 作家; (軽蔑的に:)文士. (女性形: -in).

die **Li·te·ra·tur** [リテラトゥーァ litəratú:r] 因 (単) -/(複) -en (英 *literature*) ① 文学, 文芸. die deutsche *Literatur* ドイツ文学 / die klassische *Literatur* 古典主義文学. ② 〔複なし〕 (総称として:)[参考] 文献; 著作物. Fach*literatur* 専門文献 / die medizinische *Literatur* 医学書.

Li·te·ra·tur⁀ge·schich·te [リテラトゥーァ・ゲシヒテ] 因 -/-n 〔複なし〕 ① 文学史. ② 文学史の本.

Li·te·ra·tur⁀kri·tik [リテラトゥーァ・クリティーク] 因 -/ 文学(文芸)批評.

Li·te·ra·tur⁀ver·zeich·nis [リテラトゥーァ・フェァツァイヒニス] 田 ..nisses/..nisse 文献一覧表, 参考文献リスト.

Li·te·ra·tur⁀wis·sen·schaft [リテラトゥーァ・ヴィッセンシャフト] 因 -/-en 〔ふつう単〕 文芸学, 文学研究.

li·ter⁀wei·se [リータァ・ヴァイゼ] 副 リットル単位で; 《口語》大量に, たくさん.

Lit·faß⁀säu·le [リットファス・ゾイレ] 因 -/-n (街頭の円筒形の)広告塔 (1855年, ベルリンのものが最初. 考案者 Ernst *Litfaß* 1816-1874の名から).

Li·thi·um [リーティウム lí:tium] 田 -s/ 《化》リチウム (記号: Li).

Li·tho·graf [リトグラーフ litográ:f] 男 -en/-en ① 石版印刷者. (女性形: -in). ② 石版画家.

Litfaßsäule

Li·tho·gra·fie [リトグラフィー litografí:] 因 -/-n [..フィーエン] ① 〔複なし〕《印》石版印刷[術]. ② 石版画.

li·tho·gra·fie·ren [リトグラフィーレン litografí:rən] 他 (h) ① 石版で印刷する. ② (絵4を)石版に描く.

li·tho·gra·fisch [リトグラーフィッシュ litográ:fıʃ] 形 石版の; 石版印刷の, リトグラフの.

Li·tho·graph [リトグラーフ litográ:f] 男 -en/-en =Lithograf

Li·tho·gra·phie [リトグラフィー litografí:] 因 -/-n [..フィーエン] =Lithografie

li·tho·gra·phie·ren [リトグラフィーレン litografí:rən] 他 (h) =lithografieren

li·tho·gra·phisch [リトグラーフィッシュ lito-

litt

grá:fɪʃ] 形 =lithografisch

litt [リット] *leiden (苦しむ)の過去

lit・te [リッテ] *leiden (苦しむ)の接2

Li・tur・gie [リトゥルギー liturgí:] 囡 -/-n [..ギーエン] 《宗教》典礼, 礼拝[式].

li・tur・gisch [リトゥルギッシュ litúrgɪʃ] 形 《宗教》典礼の, 礼拝式の.

Lit・ze [リッツェ lítsə] 囡 -/-n ① (糸をよって作った)組みひも, 飾りひも. ② 《工》(鋼索の)子縄, ストランド. ③ 《電》(より糸状の)素線.

live [らイふ láif] 【英】形 《無語尾で》《放送》(テレビ・ラジオの)生放送の; (舞台などの)ライブの. das Fußballspiel⁴ *live* übertragen サッカーの試合を実況中継する.

Live⹀sen・dung [らイふ・ゼンドゥング] 囡 -/-en 《放送》(テレビ・ラジオの)生放送, ライブ放送, 実況中継.

Li・vree [リヴレー livré:] 【フ】囡 -/-n [..レーエン] (ホテルの従業員などの)制服, ユニホーム.

Li・zenz [リツェンツ litsénts] 囡 -/-en ① 認可, 許可; ライセンス; 版権. in *Lizenz* 許可を得て. ② 《宗教》ライセンス.

Li・zenz⹀ge・ber [リツェンツ・ゲーバァ] 男 -s/- 認可(ライセンス)を与える人. (女性形: -in).

Li・zenz⹀ge・bühr [リツェンツ・ゲビューァ] 囡 -/-en ライセンス(認可)料.

Li・zenz⹀spie・ler [リツェンツ・シュピーらァ] 男 -s/- 《スポ》(スポーツ協会所属の)契約選手. (女性形: -in).

Lkw, LKW [エる・カー・ヴェー または..ヴェー] 男 -[s]/-s (まれに -) 《略》貨物自動車, トラック (=Lastkraftwagen).

das **Lob** [ろープ ló:p] 田 (単2) -es (まれに -s)/(複) -e (3格のみ -en) 《ふつう 単》称賛; 賛辞. 《英 *praise*》. 《反》「非難」(= Tadel). ein hohes *Lob* 絶賛 / für 物⁴ ein *Lob*⁴ erhalten (または bekommen) 物⁴のことでほめられる / Das *Lob* des Lehrers ermunterte ihn. 先生にほめられて彼は勇気が出た / 人³ ein *Lob*⁴ aus|sprechen (または erteilen) 人³をほめる, 称賛する / Gott³ sei *Lob* und Dank! 〘接1・現在〙 ありがたや(←神に称賛と感謝あれ) / Er ist **über** alles (または jedes) *Lob* erhaben. 彼はいくらほめてもほめきれないほどだ.

Lob・by [ろビィ lɔ́bi] 【英】囡 -/-s ① (米・英の国会議事堂の)ロビー(議員との会見・交渉に利用される). ② (国会への)陳情団, 院外団. ③ (ホテルの)ロビー.

Lob・by・ist [ろビィイスト lɔbiíst] 男 -en/-en ロビイスト, 国会への陳情者. (女性形: -in).

****lo・ben** [ろーベン ló:bən] (lobte, *hat*...gelobt) **I** 他 《定了 haben》《人・物⁴を》ほめる, 称賛する. 《英 *praise*》. 《対》 「しかる」(= tadeln). Der Lehrer lobte ihn **für** seine Leistung (または **wegen** seiner Leistung). 先生は彼を成績のことでほめた / Sie lobte seinen Fleiß. 彼女は彼の勤勉さをほめた. ◇〘現在分詞の形で〙 人・物⁴ *lobend* erwähnen 人・物⁴のことをほめて話す. **II** 再帰 《定了 haben》 *sich*³ 物⁴ *loben* 物⁴が気

に入る. Das *lob* ich *mir*! これはいい, これは気に入った.

||類語|| **loben**: 「ほめる」という意味で最も一般的な語. **preisen**: 《雅》(人の優れた面などを)称賛する. **rühmen**: (人の功績などをたたえて)称賛する.

lo・bens⹀wert [ろーベンス・ヴェーァト] 形 称賛すべき, 称賛に値する, ほめるべき.

Lob⹀ge・sang [ろープ・ゲザング] 男 -[e]s/..sänge 《詩》賛歌, 頌歌(しょうか), 賛美歌.

Lob⹀hu・de・lei [ろープ・フーデらイ] 囡 -/-en 追従(ついじゅう), おべっか.

lob・hu・deln [ろープ・フーデるン ló:p-hu:dəln] (過分 gelobhudelt) 他 (h)・自 (h) 人⁴(または 人³)にお追従(ついじゅう)を言う, おべっかを使う.

löb・lich [ケーブりヒ] 形 称賛に値する; (皮肉めいて)ごりっぱな, あっぱれな.

Lob⹀lied [ろープ・リート] 田 -[e]s/-er 賛歌, 頌歌(しょうか). ein *Loblied*⁴ **auf** 人・物⁴ an|stimmen 《比》人・物⁴をほめそやす.

lob・prei・sen(*) [ろープ・プライゼン ló:p-praɪzən] (過分 gelobpreist または lobgepriesen) 他 (h) 《雅》ほめたたえる, 賛美する.

Lob⹀re・de [ろープ・レーデ] 囡 -/-n 賛辞; (過度に)ほめそやす言葉. eine *Lobrede*⁴ **auf** 人⁴ halten 人⁴に賛辞を呈する.

lob・sin・gen* [ろープ・ズィンゲン ló:p-zɪŋən] (過分 lobgesungen) 自 (h) 《詩》(人³を)たたえて歌う. Gott³ *lobsingen* 神をたたえて歌う.

lob・te [ろープテ] *loben (ほめる)の過去

Lo・car・no [ロカルノ lokárno] 田 -s/ 《都市名》ロカルノ(スイス南部, テッシン州; ☞ 地図 D-5).

*das **Loch** [ろッホ lóx]

| 穴 | Die Hose hat ein *Loch*.
ディ ホーゼ ハット アイン ろッホ
そのズボンには穴があいている. |

田 (単2) -[e]s/(複) Löcher [れッヒャァ] (3格のみ Löchern) ① **穴**, くぼみ; 裂け目, すき間. 《英 *hole*》. Knopf*loch* ボタン穴 / ein tiefes *Loch* 深い穴 / ein schwarzes *Loch* 《天》ブラックホール / ein *Loch* in der Wand 壁の穴 / ein *Loch*⁴ graben 穴を掘る / ein *Loch*⁴ in das Brett bohren 板に穴をうがつ / Er hat Löcher in der Hose. 彼のズボンにはいくつも穴が空いている / ein *Loch*⁴ (または *Löcher*⁴) in die Luft gucken (または starren) 《口語》ぼんやり空(く)を見つめている / 人³ *Löcher*⁴ in den Bauch fragen 《俗》人³にしつこく質問する / ein *Loch*⁴ im Magen haben 《俗》a) 腹ぺこである, b) 大食である / Das neue Kleid hat ein großes *Loch* in den Beutel gerissen. 《口語》新しいドレスには費用がかさんだ(←財布に大穴を開けた) / Er säuft wie ein *Loch*. 《俗》彼は底なしに飲む / **auf** (または **aus**) dem letzten *Loch* pfeifen 《俗》くたばりかけている, にっちもさっちもいかない.

② 《俗》薄暗い住まい; 牢獄; (動物の)巣穴. **im** *Loch* sitzen 刑務所に入っている. ③ (ゴル

フの)ホール.

lo·chen [ロッヘン lɔ́xən] 他 (h) (物⁴に)穴をあける, パンチを入れる. einen Fahrschein *lochen* 乗車券にはさみを入れる, 改札する.

Lo·cher [ロッハァ lɔ́xər] 男 -s/- 穴あき器, パンチャー.

Lö·cher [レッヒァァ] *Loch (穴)の 複

lö·che·rig [レッヒェリヒ lǽçərıç] 形 たくさん穴のある, 穴だらけの.

lö·chern [レッヒァァン lǽçərn] 他 (h) 《口語》(質問・願い事などで 人⁴を)うんざりさせる.

Loch≠kar·te [ロッホ・カルテ] 女 -/-n 《コンピ》(昔の:)パンチカード.

löch·rig [レヒリヒ lǽçrıç] 形 =löcherig

Loch≠sti·cke·rei [ロッホ・シュティッケライ] 女 -/-en (手芸) ① 《複 なし》アイレット・エンブロイダリー (穴の形で模様をつくる白糸刺しゅう). ② アイレット・エンブロイダリーの作品.

Loch≠strei·fen [ロッホ・シュトライフェン] 男 -s/- (テレタイプなどの) 穿孔(きこう)テープ.

Loch≠zan·ge [ロッホ・ツァンゲ] 女 -/-n 穿孔(きこう)パンチ; (鉄道) 改札ばさみ.

die **Lo·cke** [ロッケ lɔ́kə] 女 (単) -/(複) -n ① 巻き毛, カールした髪. (英) curl). (☞ Haar図). natürliche *Locken* 生まれつきのカール / Mein Kind hat *Locken*. 私の子供は髪がカールしている / das Haar⁴ in *Locken* legen 髪をカールする. ② (羊などの)毛の房.

lo·cken¹ [ロッケン lɔ́kən] 他 (lockte, hat … gelockt) (完了 haben). ① (動物⁴を)おびき寄せる; (人⁴を)誘う. Vögel⁴ mit Futter *locken* 小鳥を餌(えさ)でおびき寄せる / den Fuchs aus dem Bau *locken* きつねを巣穴からおびき出す / Das schöne Wetter *lockte* uns ins Freie. 《比》いい天気につられてわれわれは戸外に出た / 人⁴ zu einer anderen Firma *locken* 人⁴を他の会社に誘う.

② (人⁴の)気をそそる. Das Angebot *lockt* mich. その申し出は私の心をそそる.

◇☞ lockend

lo·cken² [ロッケン] I 他 (h) (髪⁴を)カールする. II 再帰 *sich*⁴ *locken* (髪が)カールする.

lo·ckend [ロッケント] I locken¹ (おびき寄せる)の 現分 II 形 心をそそる, 魅力的な. ein *lockendes* Angebot 心をそそられる申し出.

Lo·cken≠haar [ロッケン・ハール] 中 -[e]s/-e カールした髪.

Lo·cken≠kopf [ロッケン・コプフ] 男 -[e]s/..köpfe 巻き毛頭[の子供・若者].

Lo·cken≠wick·ler [ロッケン・ヴィックラァ] 男 -s/- ヘアカーラー(頭髪をカールさせるための筒).

lo·cker [ロッカァ lɔ́kər] 形 ① 緩い, たるんだ; ぐらぐらする(ねじ・くぎなど); 緊密でない(関係など). (英) loose). ein *lockerer* Zahn ぐらぐらする歯 / eine *lockere* Bindung 緩い結合 / das Seil⁴ *locker* lassen 綱を緩めたままにする. ② リラックスした. eine *lockere* Haltung ゆったりした姿勢. ③ (道徳的に)だらしのない, ルーズな. ein *lockeres* Mädchen ふしだらな娘 / ein *lockeres* Leben⁴ führen だらしない生活をする. ④ (編み目などが)粗い; (土などが)ほろほろの.
► locker|machen²

lo·cker|las·sen* [ロッカァ・ラッセン lɔ́kər-làsən] 他 (h) 《ふつう否定文で》nicht *lockerlassen* 《口語》譲歩しない, 折れない.

lo·cker|ma·chen¹ [ロッカァ・マッヘン lɔ́kərmàxən] 他 (h) 《口語》① (お金⁴を)出す. ② 《物⁴ bei 人³ ~》(物⁴お金など⁴を)出させる.

lo·cker|ma·chen², **locker ma·chen** [ロッカァ・マッヘン] 他 (h) 緩める. einen Knoten *lockermachen* 結び目を緩める.

lo·ckern [ロッカァン lɔ́kərn] I 他 (h) ① (ねじなど⁴を)緩める. die Krawatte⁴ *lockern* ネクタイを緩める. ② 《比》(緊張・規制など⁴を)緩和する. die Gesetze⁴ *lockern* 法律の適用を緩める. II 再帰 *sich*⁴ *lockern* ① (ねじなどが)緩む. ② 《比》(結びつきが)緩む, (緊張などが)ほぐれる. Die Freundschaft *lockert sich*. 友だちづきあいが疎遠になる.

Lo·cke·rung [ロッケルング] 女 -/-en 《ふつう 単》緩み, 弛緩(しかん); 緩和.

lo·ckig [ロキヒ lɔ́kıç] 形 巻き毛の, カールした.

Lock≠mit·tel [ロック・ミッテる] 中 -s/- おびき寄せるための手段, おとり.

Lock≠ruf [ロック・ルーふ] 男 -[e]s/-e (鳥獣をおびき寄せるための)おとりの鳴き(呼び)声.

Lock≠spit·zel [ロック・シュピッツェる] 男 -s/- (警察などの)まわし者, おとり.

lock·te [ロックテ] locken¹ (おびき寄せる)の 過去

Lo·ckung [ロックング] 女 -/-en 誘惑[物], 魅惑; おびき寄せること.

Lock≠vo·gel [ロック・フォーゲる] 男 -s/..vögel 《狩》おとりの鳥; 《比》おとり, 誘惑者.

Lo·den [ローデン lóːdən] 男 -s/- (織) ローデン, 粗織りウール(防寒・防水に優れる).

Lo·den≠man·tel [ローデン・マンテる] 男 -s/..mäntel ローデン地のコート.

lo·dern [ローダァン lóːdərn] 自 (h) (炎などが) 燃え上がる; 《比》(激情などが)燃えさかる.

der **Löf·fel [レッふェる lǽfəl] 男 (単2) -s/(複) - (3格のみ -n) ① スプーン, さじ. (英 spoon). ein silberner *Löffel* 銀のさじ / den *Löffel* zum Mund führen スプーンを口へ運ぶ / drei *Löffel* [voll] Mehl さじ3杯の小麦粉 / den *Löffel* ab|geben 《口語》死ぬ / 物⁴ mit dem *Löffel* essen 物⁴をスプーンで食べる / Er ist mit einem goldenen (または silbernen) *Löffel* im Mund geboren. 《状態受動・現在》《口語》彼は裕福な家の生まれだ(←金(または銀)のスプーンを口にくわえて) / 人⁴ über den *Löffel* barbieren 《口語》人⁴をまんまとだます.
② (狩) うさぎの耳. die *Löffel*⁴ spitzen a) (うさぎが)耳を立てる, b) 《俗》(人が)聞き耳を立てる / 人³ eins hinter die *Löffel* geben 《俗》人³にびんたをくらわす.

☞..löffel のいろいろ: **Eierlöffel** エッグスプーン / **Esslöffel** テーブルスプーン / **Kaffeelöffel** コーヒースプーン / **Kochlöffel** 料理用スプーン / **Schöpflöffel** レードル / **Suppenlöffel** スープ用のスプーン / **Tee-**

Löffelbagger

‖ löffel ティースプーン

Löf·fel≠bag·ger [れっふェる・バッガァ] 男 -s/- 《土木》パワーショベル, 掘削機.

löf·feln [れっふェるン lǽfəln] 他 (h) ① スプーンで食べる; スプーンですくう(かきまぜる). eine Suppe⁴ löffeln スープをスプーンで食べる. ② 《俗》理解する. ③ 〖成句的に〗 人³ eine⁴ löffeln《口語》人³に一発くらわす.

löf·fel≠wei·se [れっふェる・ヴァイゼ] 副 スプーンで, ひとさじずつ.

log¹ [ロ−ク] *lügen (うそをつく)の 過去

log² [ロック] (記号) 〔数〕 対数 (=**Logarithmus**).

Log·a·rith·men≠ta·fel [ろガリトメン・ターふェる] 因 -/-n 〔数〕対数表.

Log·a·rith·mus [ろガリトムス logarítmus] 男 -/..rithmen 〔数〕対数 (記号: log).

Log≠buch [ロック・ブーフ] 匣 -[e]s/..bücher 〔海〕航海日誌.

Lo·ge [ロージェ lóːʒə] 〖フ〗 因 -/-n ① (劇場などの)ボックス席. (☞ Theater 図). ② 守衛室, 門衛所. ③ フリーメーソン結社(集会所).

lö·ge [れーゲ] *lügen (うそをつく)の 接2

Log·gia [ロッチャ lɔ́dʒa または ..チア ..dʒia] 〖イ〗 因 -/Loggien [..チエン] ① 〔建〕ロッジア(吹き抜きの列柱廊). ② 〔建〕(外に突出していない)屋根つきのバルコニー. (☞ Haus 図, 610 ページ).

..lo·gie [..ろギー ..logíː] : 〖女性名詞をつくる 接尾〗〖学·説〗例: Biologie 生物学.

lo·gie·ren [ろジーレン loʒíːrən] I 自 (h) (…に)泊まる. II 他 (h) 〔ペツ〕 (人⁴を…に)泊める.

Lo·gik [ローギク lóːɡɪk] 因 -/ ① 論理学. ② 論理[的一貫性].

Lo·gi·ker [ローギカァ lóːɡikər] 男 -s/- ① 論理学者. (女性形: -in). ② 理論家, 論理的な人.

Lo·gis [ロジー loʒíː] 〖フ〗 匣 - [ロジー[ス]]/- [ロジース] ① (粗末な)宿; 住居. bei 人³ [freies] Logis⁴ haben 人³のところに[無料で]泊まって(住んで)いる. ② 〔海〕船員室.

**lo·gisch [ローギッシュ lóːɡɪʃ] 形 《英》 logical》 ① 論理的な, 首尾一貫した. logisches Denken 論理的思考 / logisch sprechen 理路整然と話す. ② 論理学の. ③ 《口語》当然の, 当たりまえの. Das ist doch logisch! そんなこと当たりまえじゃないか.

Lo·gis·tik [ロギスティク logístɪk] 因 -/ ① 記号論理学. ② 〔軍〕物資補給. ③ 〔経〕物流[システム].

lo·go [ロ−ゴ lóːɡo] 形 〖無語尾で〗(若者言葉:)当たりまえの, 当然の.

Lo·go [ロ−ゴ] 男 -s/-s 会社などのロゴ.

Lo·gos [ロゴス lɔ́ɡɔs または ロ−.. loː..] 男 -/ Logoi 〖ふつう 単〗 ① 〔哲〕言葉, 語; 思考, 意味, 概念. ② 〖國 なし〗 〔哲〕理性; ロゴス; 世界理性;《神学》神の言葉; イエス·キリスト.

Lo·he [ロ−エ lóːə] 因 -/-n 《雅》 (燃え上がる)炎, 烈火.

lo·hen [ローエン lóːən] 自 (h) 《雅》燃え上がる.

Lo·hen·grin [ローエン・グリーン lóːəngriːn] -s/ローエングリーン(中世聖杯伝説に登場する「白鳥の騎士」. ヴァーグナーのオペラ『ローエングリン』の題名およびその主人公).

*der **Lohn** [ローン lóːn] 男 (単2) -[e]s/(複) Löhne [れーネ] (3格のみ Löhnen) ① 賃金, 労賃. (《英》wage). Wochenlohn 週給 / ein hoher (niedriger) Lohn 高賃金(低賃金) / ein fester (gleitender) Lohn 固定(スライド制)賃金 / die Löhne⁴ erhöhen 賃金を上げる / [bei 人³] in Lohn und Brot stehen [人³のところで]定職についている. (☞ 類語 Gehalt). ② 〖複 なし〗報い, 報酬. als Lohn für seine Mühe 彼の骨折りに対する報いとして.

Lohn≠ar·beit [ローン・アルバイト] 因 -/-n 賃労働(仕事).

Lohn≠aus·fall [ローン・アオスふァる] 男 -[e]s/..fälle 賃金カット(不払い).

Lohn≠bü·ro [ローン・ビュロー] 匣 -s/-s 給与課.

Löh·ne [れーネ] *Lohn (賃金)の 複

Lohn≠emp·fän·ger [ローン・エンプふェンガァ] 男 -s/- 賃金労働者. (女性形: -in).

***loh·nen** [ローネン lóːnən] (lohnte, hat ... gelohnt) I 再帰 (完了 haben) sich⁴ lohnen …するに値する, やりがいがある, 報われる. Diese Arbeit lohnt sich. この仕事はやりがいがある / Es lohnt sich, darüber zu sprechen. それについては話し合う価値がある / Das Geschäft lohnte sich für ihn nicht. その商売は彼にとってもうけにならなかった.
II 自 (完了 haben) やりがいがある, 報われる. Die Mühe hat gelohnt. 苦労は報われた.
III 他 (完了 haben) ① (人³の物⁴に)報いる. Er wird dir deine Hilfe lohnen. 彼は君の手助けに報いるだろう. ② (物⁴に)値する. Das alte Auto lohnt keine Reparatur mehr. その古い自動車はもはや修理する価値がない.
◇ ☞ lohnend

löh·nen [れーネン lǿːnən] 他 (h) ① (人⁴に)賃金(給料)を支払う. ② 《口語》(ある金額⁴を)賃金として支払う.

loh·nend [ローネント] I *lohnen (再帰 で: …するに値する)の 現分 II 形 割に合う, やりがいのある(仕事など); 見る(聞く·読む)に値する.

Lohn≠er·hö·hung [ローン・エァヘーウング] 因 -/-en 賃上げ.

Lohn≠fort·zah·lung [ローン・ふォルトツァーるング] 因 -/-en (病気のときなどの)賃金支払継続, 給料継続支給.

Lohn≠steu·er [ローン・シュトイァァ] 因 -/-n 給与所得税.

Lohn≠steu·er≠jah·res≠aus·gleich [ローンシュトイァァ・ヤーレスアオスぐらイヒ] 男 -[e]s/-e 給与所得税の年末調整.

Lohn≠stopp [ローン・シュトップ] 男 -s/-s 賃金凍結.

lohn·te [ローンテ] *lohnen (再帰 で: …するに値する)の 過去

Lohn‗tü·te [ローン・テューテ] 囡 -/-n 給料袋.
Löh·nung [れーヌング] 囡 -/-en 賃金(給与)[の支払い].
Loi·pe [ろイペ lɔ́ypə] 囡 -/-n (スキーの)距離競技用コース.
Lok [ろック lɔ́k] 囡 -/-s 機関車(= **Lokomotive**).
lo·kal [ろカーる lokáːl] 形 ① 場所の, 場所に関する; 地方の, 地方的な;《医》局所(局部)の. *lokale* Nachrichten ローカルニュース / eine *lokale* Betäubung 局部麻酔. ②《言》場所に関する. *lokale* Adverbien 場所の副詞.
* *das* **Lo·kal** [ろカーる lokáːl] 回 (単2) -s/(複) -e (3格のみ -en) ① 飲食店, レストラン, 食堂. Wein*lokal* ワイン酒場 / im *Lokal* essen レストランで食事をする. (✎ 類語 Restaurant). ②《古》(レストランなどに設けられた)集会所(室), (クラブなどの)事務室.
Lo·kal‗an·äs·the·sie [ろカーる・アネステズィー] 囡 -/-n [..ズィーエン]《医》局所(局部)麻酔.
Lo·kal‗blatt [ろカーる・ブらット] 回 -[e]s/..blätter 地方新聞;(新聞の)地方版.
lo·ka·li·sie·ren [ろカリズィーレン lokalizíːrən] 他 (h) ① (圏⁴の)場所をつきとめる. ② (火災・疫病など⁴を)局所(局部)で食いとめる.
Lo·ka·li·tät [ろカリテート lokalitέːt] 囡 -/-en (特定の)場所;《婉曲》トイレ;《戯》酒場.
Lo·kal‗pa·tri·o·tis·mus [ろカーる・パトリオティスムス] 男 -/ (排他的な)郷土愛.
Lok‗füh·rer [ろック・フューラァ] 男 -s/- 機関士 (= **Lokomotivführer**). (女性形: -in).
Lo·ko·mo·ti·ve [ろコモティーヴェ lokomotíːvə または ..ˈʦi..fə] 囡 -/-n 機関車. eine elektrische *Lokomotive* 電気機関車.
Lo·ko·mo·tiv‗füh·rer [ろコモティーフ・フューラァ] 男 -s/- 機関士 (= **Lokführer**). (女性形: -in).
Lo·kus [ろークス lóːkus] 男 - (または ..kusses)/- (または ..kusse)《口語》便所, トイレ.
Lom·bard [ろンバルト lɔ́mbart または ..バルト] [発音] 男‖中 -[e]s/-e《商》動産抵当貸付.
Lon·don [ろンドン lɔ́ndɔn] 田 -s/《都市名》ロンドン(イギリスの首都).
Long‗drink, Long Drink [ロング・ドリンク] [英] 男 -s/-s ロングドリンク(ゆっくり楽しむカクテル).
Look [るック lúk] [英] 男 -s/-s 外見, ルック; モード, 流行.
Loo·ping [るーピング lúːpiŋ] [英] 男‖中 -s/-s《空》(飛行機の)宙返り.
Lor·beer [ろルベーァ lɔ́rbeːr] 男 -s/-en ①《植》ゲッケイジュ(月桂樹). ② 月桂樹の葉, ロリエ(料理用の香り付けに使う). ③ 月桂冠, 月桂樹の枝(勝利・栄誉のシンボル). *Lorbeeren*⁴ ernten《比》栄冠を得る, 称賛を博する / 人⁴ mit *Lorbeer* krönen《比》人⁴に栄冠を授ける / [sich⁴] auf seinen *Lorbeeren* aus|ruhen《口語》過去の成功の上にあぐらをかく.
Lor·beer‗kranz [ろルベーァ・クランツ] 男 -es/..kränze 月桂冠(勝利・栄誉のシンボル).
Lord [ろルト lɔ́rt] [英] 男 -s/-s 卿(きょう)(イギリスの高官・貴族の称号).
Lo·re¹ [ろーレ lóːrə] -{n}s/《女名》ローレ (Leonore, Eleonore の 短縮).
Lo·re² [ろーレ] 囡 -/-n 無蓋(むがい)貨車, トロッコ.
die **Lo·re·lei** [ろーレらイ loːrəláɪ または ろー..] 囡 -/ = **Loreley**
die **Lo·re·ley** [ろーレらイ loːrəláɪ または ろー..] 囡 -/《定冠詞とともに》ローレライ(ライン右岸にそびえる岩山の名, またはそこで歌を歌って舟乗りを惑わせるとされる伝説の妖精の名. ハイネの詩で有名).

Loreley

Lo·renz [ろーレンツ lóːrɛnts]《男名》ローレンツ (Laurentius の 短縮).
Lor·gnet·te [ろルニエッテ lɔrnjέta] [発音] 囡 -/-n 柄付きの眼鏡.
Lor·gnon [ろルニヨーン lɔrnjɔ́ː] [発音] 囲 -s/-s 柄付きの片眼鏡.
* **los** [ろース lóːs] Ⅰ 形《述語としてのみ》① 放たれた, はずれた. (英 *loose*). Der Knopf ist *los*. ボタンがはずれている / Der Hund ist **von** der Leine *los*. 犬が引き綱から逃げだした /〖人・事⁴ *los* sein〗《口語》a) 人・事⁴から解放されている, b) 人・事⁴をなくしてしまっている ⇒ Sie ist schon den Mann *los*. 彼女はもうあの男とは手が切れている / Ich bin die Erkältung endlich *los*. 私はやっと風邪が治った / aller Sorgen² *los* und ledig sein あらゆる心配から解放されている.
②《成句的に》回 ist *los*《口語》回¹が起きている ⇒ Was ist denn *los*? いったいどうしたの? / Was ist **mit** dir *los*? 君はどうしたんだい / Da drüben muss etwas *los* sein. 向こうで何かが起こったにちがいない / In dieser Stadt ist viel (nichts) *los*. この町はおもしろい(退屈だ)(←多くのことが起こる(何も起こらない)) / Mit ihm ist nicht viel *los*. 彼はたいした男ではない.
Ⅱ 間 ① (促して)回 急げ, 始めろ, かかれ. *Los*, beeil dich! さあ急げ / Nun aber *los*! さあ急げ / Achtung (または Auf die Plätze) – fertig – *los*!《競》位置について, 用意, どん.
②《*los*.. を前つづりとする分離動詞の不定詞・過去分詞の代わりに》《口語》出発して; はずれて. Ich muss *los* (= *los*|gehen). 私は出かけなくてはならない / Er ist schon *los* (= *los*|gegangen). 彼はもう出かけた.

Los

③ 《**von** とともに》《史》…から離れて. *los* von Rom ローマ[の支配]から離れた.

das **Los** [ロース・ló:s] 田 (単2) -es/(複) -e (3格のみ -en) ① くじ, くじ引き, 抽選[券]. 《英 *lot*》. ein *Los*⁴ ziehen くじを引く / das große *Los* ziehen a) 大当たりを引き当てる, b) 《比》大きな幸運をつかむ / 動⁴ **durch** das *Los* bestimmen 動⁴をくじで決める. ② 《雅》運命, 宿命. ein bitteres *Los* 厳しい運命. ③ 《経》(製品などの)一定数(量), ロット.

los.. [ロース.. ló:s..] 《分離動詞の 前つづり》; つねにアクセントをもつ》① 《分離》例: *los*|lassen 離す. ② 《開始・出発》例: *los*|gehen 出発する.

..los [..ロース..ló:s] 《形容詞をつくる 接尾》《(…のない)》例: hoffnungs*los* 希望のない.

lös·bar [レースバール] 形 ① 解くことのできる(なぞ・問題など). ② 溶ける; 《化》可溶性の.

los|bin·den* [ロース・ビンデン ló:s-bındən] 他 (h) (綱を解いて犬など⁴を)解き放す; 解放する.

los|bre·chen* [ロース・ブレッヒェン ló:s-brèçən] **I** 他 (h) 折り取る, もぎ取る. **II** 自 (s) ① (不意に)折れて取れる, 壊れて取れる. ② (雷雨などが)急に起こる; 突然なりはじめる.

Lösch⹀blatt [レッシュ・ブラット] 田 -[e]s/..blätter 吸取紙.

lö·schen¹ [レッシェン lǿʃən] (löschte, hat … gelöscht) 他 (完了 haben) ① (火など⁴を)消す; (水を注いで石灰⁴を)消和する. die Kerzen⁴ *löschen* ろうそくの火を消す / das Licht⁴ *löschen* 《雅》明かりを消す / Die Feuerwehr hat den Brand *gelöscht*. 消防隊が火事を消した. ◇《目的語なしでも》mit Schaum *löschen* 消火器[の泡]で消火する.

② 消し去る, 抹消する; (負債など⁴を)帳消しにする. Daten⁴ *löschen* データを消す / ein Konto⁴ *löschen* 口座を閉じる / die Erinnerung⁴ **aus** dem Gedächtnis *löschen* 思い出を記憶から消す. ③ (渇き⁴を)いやす. ④ (吸取紙でインク⁴を)吸い取って乾かす.

lö·schen² [レッシェン] 他 (h) 《海》(船荷など⁴を)陸揚げする; (船⁴の)荷を降ろす.

Lösch⹀ge·rät [レッシュ・ゲレート] 田 -[e]s/-e 消火器.

Lösch⹀pa·pier [レッシュ・パピーァ] 田 -s/-e 《ふつう 単》(インクの)吸取紙.

lösch·te [レッシュテ] löschen¹ (消す)の 過去

Lö·schung [レッシュング] 女 -/-en ① (火などを)消すこと; 消火. ② 抹消, 清算.

lo·se [ロ-ゼ ló:zə] 形 《比較 loser, 最上 losest; 格変化語尾がつくときは los-) ① 緩んだ, 緩い, 固定されていない; ゆったりした(服); 《雅》まばらな. 《英 *loose*》. Ein Knopf an der Jacke ist *lose*. 上着のボタンが取れそうだ / ein *loser* Nagel ぐらぐらしているくぎ / ein *loser* Pullover ゆったりしたセーター.

② ばらの, 包装されていない; ばら売りの. *lose* Blätter ルーズリーフ / das Geld⁴ *lose* in der Tasche haben お金をばらのままポケットに入れてる / 物⁴ *lose* verkaufen 物⁴をばら売りする. ③

ふしだらな; 生意気な. ein *loser* Mensch ふしだらな人間 / einen *losen* Mund haben ずけずけものを言う / 人³ einen *losen* Streich spielen 人³に悪ふざけをする.

Lö·se⹀geld [レーゼ・ゲルト] 田 -[e]s/-er 身代金.

los|ei·sen [ロース・アイゼン ló:s-àızən] 他 (h) 《口語》① 《人⁴ **von** 人・事³ ~》(人⁴を人・事³からやっとのことで)解放する. ◇《再帰的に》sich⁴ von einer Verpflichtung *loseisen* やっとのことで義務を免れる. ② 《物⁴ **bei** 人³ ~》(人³から物⁴(お金など)をうまく)調達する.

lo·sen [ロ-ゼン ló:zən] 自 (h) くじで決める, 抽選する. **um** das Urlaubsziel⁴ *losen* 休暇をどこで過ごすかをくじで決める.

*#**lö·sen** [レ-ゼン ló:zən] du löst (löste, hat… gelöst) **I** 他 (完了 haben) ① はがす, 引き離す. die Briefmarke⁴ **vom** Umschlag *lösen* 切手を封筒からはがす / eine Spange⁴ **aus** dem Haar *lösen* クリップを髪からはずす / Dieses Mittel *löst* jeden Schmutz. この洗剤はどんな汚れも落とします. ◇《再帰的に》Die Tapete *löst* sich⁴. 壁紙がはがれる.

② (結び目・ねじなど⁴を)ほどく, 解く, 緩める. 《英 *loosen*》. einen Knoten *lösen* 結び目をほどく / den Gürtel *lösen* ベルトを緩める / Der Wein *löste* ihm die Zunge. 《比》ワインが彼の舌をなめらかにした. ◇《再帰的に》Eine Schraube *löst* sich⁴. ねじが緩む.

③ (問題など⁴を)解く, 解決する. Kannst du dieses Rätsel *lösen*? このなぞが解ける? / ein Problem⁴ *lösen* 問題を解決する. ◇《再帰的に》Das Problem *hat* sich⁴ von selbst *gelöst*. その問題はひとりでに解決した.

④ 《比》(契約など⁴を)解約する. Sie *löste* ihre Verlobung. 彼女は婚約を解消した.

⑤ (切符など⁴を)買う. eine Fahrkarte *lösen* 乗車券を買う.

⑥ (塩・砂糖など⁴を)溶かす, 溶解する. Salz⁴ **in** Wasser *lösen* 塩を水に溶かす. ◇《再帰的に》Die Tablette *löst* sich⁴ im Wasser. この錠剤は水に溶ける.

⑦ 《雅》(銃弾など⁴を)発射する. ◇《再帰的に》Plötzlich *löste* sich⁴ ein Schuss. 突然銃が暴発した.

II 再帰 (完了 haben) 《sich⁴ **aus** 物・事³ (**von** 人・事³) ~》(人・物³から)離れる; 《比》(事³から)解放される, 免れる. Sie *löste* sich aus der Gruppe. 彼女はグループから離れていった / sich⁴ von Vorurteilen *lösen* 先入観から解放される.

◇☞ **gelöst**

*#**los|fah·ren*** [ロース・ファーレン ló:s-fà:rən] du fährst … los, er fährt … los (fuhr … los, ist … losgefahren) 自 (完了 sein) (乗り物で)出発する; (乗り物が)走り出す, 発車する. Wir fahren am frühen Morgen *los*. 私たちは早朝に出発します.

los·ge·fah·ren [ロース・ゲファーレン] *los*|-

los|ge·gan·gen [ロース・ゲガンゲン] los|gehen (出発する)の過分

los|ge·hen* [ロース・ゲーエン lóː-ɡèːən] (ging ... los, ist ... losgegangen) 自 ① **出発する**, 出かける.
② 《口語》(催しなどが) 始まる. Gleich *geht's* (=*geht* es) *los*! さあもうすぐ始まるぞ / Jetzt *geht's* schon wieder *los*! (不快なことが) また始まったぞ / Auf „Los" *geht's los*! 「スタート」と言ったら競走(ゲーム)開始だ.
③ 〖**auf** 物·事⁴ ~〗(物⁴を目指して進む; (囲⁴に)精力的にとりかかる. ④ 〖**auf** 人⁴ ~〗(人⁴に)襲いかかる. ⑤ (口語) (ボタンが)取れる; (結び目が)ほどける. ⑥ (銃が)発射される; (爆弾などが)爆発する.

los|ge·las·sen [ロース・ゲラッセン] los|lassen (離す)の過分

los|ha·ben* [ロース・ハーベン lóː-hàːbən] 他 (h) 〖**viel**⁴, **nichts**⁴ などとともに〗(口語) (…ほどの)心得がある. Er *hat* in Mathematik viel (wenig) *los*. 彼は数学が大変得意だ(あまり得意でない).

los|kau·fen [ロース・カオフェン lóː-kàufən] 他 (h) (人質など⁴を)身代金を払って自由の身にする.

los|kom·men* [ロース・コンメン lóː-kòmən] 自 (s) 《口語》① 抜け出す, 出て来る. beim Start gut *loskommen* うまいスタートをきる. ② 〖**von** 人·事³ ~〗(人·事³から)離れる, 自由になる.

los|las·sen* [ロース・ラッセン lóː-làsən] du lässt ... los, er lässt ... los (ließ ... los, *hat* ... losgelassen) 他 (定行 haben) ① **離す**; 解き放す. das Steuer⁴ *loslassen* ハンドルから手を離す / Der Gedanke *lässt* mich nicht *los*. その考えが私の頭から離れない / *Lass* mich *los*! 私を離してくれ. ② 〖A⁴ **auf** B⁴ ~〗(A⁴ (犬など)を B⁴ にけしかける; 差し向ける. ③ (口語) (不満など⁴を)口に出す, 漏らす; (手紙など⁴を)書き送る. eine Rede⁴ *loslassen* 演説をぶつ.

los|le·gen [ロース・レーゲン lóː-s-lèːɡən] 自 (h) 《口語》(一気に)しゃべりだす; (勢いよくとりかかる. **mit** 事³ *loslegen* 事³を威勢よくやり(しゃべり)はじめる.

lös·lich [レースリヒ] 形 溶ける; (化) 可溶性の.

Lös·lich·keit [レースリヒカイト] 女-/ 溶けること; (化) 可溶性.

los|lö·sen [ロース・レーゼン lóː-s-lèːzən] I 他 (h) はがす; 離す, ほぐす, 緩める. II 再帰 (h) 〖*sich*⁴ **von** (または **aus**) 物³ ~〗(物³から)はがれる, 離れる, 取れる.

los|ma·chen [ロース・マッヘン lóː-s-màxən] I 他 (h) 《口語》離す, はずす; (ねじなど⁴を)緩める; 自由にする. II 再帰 (h) 〖*sich*⁴ **von** (または **aus**) 物³ ~〗(口語) (物³から)逃れる, 自由になる. III 自 (h) 《口語》急ぐ. Mach los! 急げ!

los|plat·zen [ロース・プラッツェン lóː-s-plàtsən] 自 (s) 《口語》(こらえきれずに)突然話し始める; ぷっと吹き出す.

los|rei·ßen* [ロース・ライセン lóː-s-ràisən] I 他 (h) 引きちぎる, はがす, もぎ取る. II 再帰 (h) 〖*sich*⁴ **von** 物³ ~〗(物³から)身をもぎ離す.

Löss [レス lœs] 男 -es/-e (地) 黄土 (おうど).

Löß [レース lø-s] 男 -es/-e =Löss

los|sa·gen [ロース・ザーゲン lóː-s-zàːɡən] 再帰 (h) 〖*sich*⁴ **von** 人·事³ ~〗(人·事³との)関係を絶つ, 縁を切る.

los|schie·ßen* [ロース・シーセン lóː-s-ʃìːsən] 自 (h, s) 《口語》① (h) 撃ち始める, (突然)発射(発砲)する. ② (s) 〖**auf** 人·物⁴ ~〗(人·物⁴に向かって)駆け出す, 駆け寄る. ③ (h) (一気に)しゃべり始める, せかせかと話す.

los|schla·gen* [ロース・シュラーゲン lóː-s-ʃlàːɡən] I 他 (h) ① たたいて取る(はずす), たたき落とす. ② 《口語》たたき売る. II 自 (h) ① 〖**auf** 人·物⁴ ~〗(人·物⁴に)なぐりかかる. ② (軍) 奇襲攻撃する.

los|spre·chen* [ロース・シュプレッヒェン lóː-s-ʃprɛçən] 他 (h) ① 〖**人**⁴ **von** 事³ ~〗(人⁴³から)免除する, 解放する. 人⁴ von einer Verpflichtung *lossprechen* 人⁴の義務を免除してやる. ② (宗) (人⁴の)罪の赦しを宣する.

los|steu·ern [ロース・シュトイアァン lóː-s-ʃtɔ̀y-ərn] 自 (s) 〖**auf** 人·物⁴ ~〗(人·物⁴を目指して)進む.

los|stür·zen [ロース・シュテュルツェン lóː-s-ʃtỳrtsən] 自 (s) 《口語》① (急いで·あわてて)立ち去る, 逃げ去る. ② 〖**auf** 人·物⁴ ~〗(人·物⁴に)飛び(襲い)かかる.

lös·te [レーステ] *lösen (はがす)の過去

Lo·sung [ローズング] 女-/-en ① 標語, スローガン; (新教) (日々の標語となる)聖書の聖句. ② (軍) 合い言葉, 暗号.

die **Lö·sung** [レーズング lǿːzʊŋ] 女 (単) -/(複) -en (英 *solution*) ① **解決**; 解答; 解決策. die friedliche *Lösung* eines Konflikts 紛争の平和的な解決 / eine richtige *Lösung* 正解 / eine *Lösung*⁴ finden 解決策を見いだす. ② 解放, 解除. ③ (契約などの)解消. die *Lösung* der Verlobung² 婚約の解消. ④ 《物·化》溶解; 溶液.

Lö·sungs=mit·tel [レーズングス・ミッテる] 中 -s/- (物·化) 溶剤, 溶媒.

Lo·sungs=wort [ローズングス・ヴォルト] 中 -[e]s/-e 標語, スローガン.

los|wer·den* [ロース・ヴェーァデン lóː-s-vèːr-dən] 他 (s) ① (人⁴を)やっかい払いする; (考えなど⁴を)捨てる. Ich *werde* den Gedanken nicht *los*, dass ... 私は…と思えてならない. ② (口語) (売れ残りなど⁴を)売りさばく. ③ (口語) 失う, 紛失する; (お金⁴を)使う.

los|zie·hen* [ロース・ツィーエン lóː-s-tsìːən] 自 (s) 《口語》① (歩いて)出発する. ② 〖**gegen** (または **über**) 人·事⁴ ~〗(人·事⁴を)けなす.

Lot [ロート lóːt] 中 -[e]s/-e ① (工·建) (鉛直を測るための)下げ振り; (複 なし) 鉛直. im *Lot* (**aus dem** *Lot*) sein (比) a) 体調がよい(よくな

い), b) (物事が)きちんとしている(していない) / 囚・軍⁴ wieder ins Lot bringen a) 囚⁴を正気に返らせる, b) 軍⁴を再び正常にする. ② 《海》測鉛. die Wassertiefe⁴ mit dem Lot messen 測鉛で水深を測る. ③ 《数》垂線.

lo·ten [ろーテン lóːtən] I 他 (h) 《建》(壁など⁴が)垂直かどうかを確かめる. II 自 (h) 《海》(測鉛で)水深を測る.

lö·ten [れーテン lǿːtən] 他 (h) 《工》はんだ付けする.

Loth·rin·gen [ろートリンゲン lóːtrɪŋən] 中 -s/ 《地名》ロートリンゲン(フランス北東部ロレーヌ地方のドイツ名).

Lo·ti·on [ろツィオーン lotsióːn または ろーシェン lóːʃən] 〔英〕 女 -/-en (化粧用の)ローション.

Löt⸗kol·ben [れート・コルベン] 男 -s/- 《工》はんだごて.

Löt⸗lam·pe [れート・らンペ] 女 -/-n (はんだ付け用の)ブローランプ, トーチランプ.

Lo·tos [ろートス lóːtɔs] 男 -/- ① 《植》ハス(蓮) (清浄と美の象徴). ② 蓮(草)の花.

Lo·tos⸗blu·me [ろートス・ブルーメ] 女 -/-n 蓮(草)の花.

lot⸗recht [ろート・レヒト] 形 垂直の, 鉛直の.

Lot⸗rech·te [ろート・レヒテ] 女 《語尾変化は形容詞と同じ》垂直線(=Senkrechte).

Löt⸗rohr [れート・ろーァ] 中 -(e)s/-e 《化・工》吹管, ブローパイプ.

Lot·se [ろーツェ lóːtsə] 男 -n/-n 《海》水先案内人; 案内役. (女性形: Lotsin).

lot·sen [ろーツェン lóːtsən] 他 (h) ① 《海》(船⁴を)水先案内する; 《空》(飛行機⁴を地上から)誘導する; (囚⁴を)案内する. ② (囚⁴を口説いて…へ)引っ張って行く.

Lot·te [ろッテ lɔ́tə] -(n)s/ 《女名》ロッテ(Charlotte の 短縮).

Lot·te·rie [ろテリー lɔtəríː] 女 -/-n [..リーエン] 宝くじ. Lotterie⁴ (または in der Lotterie) spielen 宝くじを買ってみる.

Lot·te·rie⸗los [ろテリー・ろース] 中 -es/-e 宝くじ[の券].

lot·te·rig [ろッテリヒ lɔ́tərɪç] 形 《口語》だらしのない, ふしだらな.

Lot·ter⸗le·ben [ろッタァ・れーベン] 中 -s/ だらしない(ふしだらな)生活.

Lot·to [ろット- lɔ́to] 中 -s/-s ① ナンバーくじ(宝くじの一種). ② 数字(絵)合わせ遊び.

Lou·is [るーイ lúːi] 《男名》ルーイ.

der **Lou·vre** [るーヴル lúːvr] 男 -[s]/ 《定冠詞とともに》ルーブル美術館(元はパリの王宮).

der **Lö·we** [れーヴェ lǿːvə] 男 (単 2·3·4) -n/ (複) -n ① 《動》ライオン, 獅子. 《英》lion). der Löwe, der König der Tiere² 百獣の王ライオン / Der Löwe brüllt. ライオンがほえる / Er kämpfte wie ein Löwe. 彼は勇敢に戦った(←ライオンのように). ② 《比》中心人物, 花形. der Löwe des Tages その日のヒーロー. ③ 〚園なし〛獅子座; 獅子宮. ④ 獅子座生まれの人.

Lö·wen⸗an·teil [れーヴェン・アンタイる] 男 -(e)s/ 最大で最良の取り分け(イソップの寓話より).

Lö·wen⸗bän·di·ger [れーヴェン・ベンディガァ] 男 -s/- ライオン使い(調教師). (女性形: -in).

Lö·wen⸗maul [れーヴェン・マオる] 中 -(e)s/ 《植》キンギョソウ.

Lö·wen⸗zahn [れーヴェン・ツァーン] 男 -(e)s/ 《植》タンポポ.

Lö·win [れーヴィン lǿːvɪn] 女 -/..winnen 雌ライオン.

loy·al [ろアヤーる loajáːl] 〔仏〕形 (国・法律などに)忠実な, 忠誠心のある; 誠実な; 公正な.

Loy·a·li·tät [ろアヤりテート loajalitɛ́ːt] 女 -/-en 《ふつう 単》忠誠[心]; 誠実; 公正.

LP [エる・ペー] 女 -/-[s] 《略》LP レコード (= Langspielplatte).

LPG [エる・ペー・ゲー] 女 -/-[s] 《略》(旧東ドイツの)農業生産協同組合 (=Landwirtschaftliche Produktionsgenossenschaft).

Lr [エる・エル] 《化・記号》ローレンシウム (=Lawrencium).

LSD [エる・エス・デー] 中 -[s]/ 《略》エルエスディー(幻覚剤の一種) (=Lysergsäurediäthylamid).

lt. [らオト] 《略》…によれば, …に従って (=laut).

Lu [エる・ウー] 《化・記号》ルテチウム (=Lutetium).

Lü·beck [リューベク lýːbɛk] 中 -s/ 《都市名》リューベック(ドイツ, シュレースヴィヒ・ホルシュタイン州. 旧ハンザ同盟都市として繁栄. 世界文化遺産: ☞ 地図 E-2).

Luchs [るクス lúks] 男 -es/-e ① 《動》オオヤマネコ. Augen⁴ wie ein Luchs haben 目が非常に良い / wie ein Luchs auf|passen あたりを鋭く見張る. ② おおやまねこの毛皮.

die **Lü·cke** [リュッケ lýkə] 女 (単) -/(複) -n (《英》gap) ① すき間, 裂け目, 割れ目. eine große (schmale) Lücke 大きな(狭い)すき間 / eine Lücke⁴ aus|füllen (または in der Lücke) すき間を埋める. ② 欠けた所, 空白; 欠陥. eine Lücke im Gesetz 法の抜け穴 / Sein Wissen hat große Lücken. 彼の知識には大きな欠陥がある.

Lü·cken⸗bü·ßer [リュッケン・ビューサァ] 男 -s/- (間に合わせの)代理人; 代用品. (女性形: -in).

lü·cken·haft [リュッケンハフト] 形 ① すき間のある. ② 欠陥のある, 不完全な(知識など).

Lü·cken·haf·tig·keit [リュッケンハフティヒカイト] 女 -/ すき間のあること; 欠陥, 不完全.

lü·cken⸗los [リュッケン・ろース] 形 ① すき間のない. ② 欠陥のない, 完全無欠な.

lud [るート] laden¹ (積み込む)の 過去.

lü·de [リューデ] laden¹ (積み込む)の 接2.

Lu·der [るーダァ lúːdɐr] 中 -s/- ① 《俗》(嫌悪・好意をこめて:) すれっからし, やつ, あばずれ〖女〗. ein armes Luder かわいそうなやつ / ein kleines Luder こましゃくれた小娘. ② 《狩》(野獣をおびき寄せるための)死んだ動物.

Lu·der⸗le·ben [るーダァ・れーベン] 中 -s/ ふしだらな生活.

Lu·dolf [るードるふ lúːdɔlf] -s/《男名》ルードルフ.

Lud·wig [るートヴィヒ lúːtvɪç] -s/《男名》ルートヴィヒ.

Lud·wigs·ha·fen [るートヴィヒス・ハーふェン lúːtvɪçsˌhaːfən] -s/《都市名》ルートヴィヒスハーフェン(ドイツ，ラインラント・プファルツ州: ☞ 地図 D-4).

die **Luft** [るふト lúft]

空気　Die *Luft* ist trocken.
ディ　るふト　イスト　トロッケン
空気が乾いている.

女(単) -/(複) Lüfte [リュふテ] (3格のみ Lüften) ① 〚圏 なし〛 空気, 大気; 外気, 戸外. (英 air). kalte (warme) *Luft* 冷たい(暖かい)空気 / frische *Luft*⁴ ins Zimmer herein|lassen 新鮮な空気を部屋に入れる / Der Reifen hat zu wenig *Luft*. このタイヤには空気が足りない / Er ist doch *Luft* für mich.《口語》あいつはぼくにとってはどうでもいい存在だ(←空気と同じだ) / Die *Luft* ist rein (または sauber).《口語》ここなら人に聞かれる心配はない(←空気がきれいだ) / Hier ist dicke *Luft*.《口語》ここにはただならぬ空気がただよっている(←どんよりした空気) / **an die frische** *Luft* **gehen** 戸外へ出る / 人⁴ **an die** [**frische**] *Luft* **setzen**《口語》a) 人⁴を家から追い出す, b)《比》人⁴を解雇する / **drau|ßen in der** *Luft* 戸外で / **sich**⁴ **in** *Luft* **auf**|**lösen**《口語》a) 消えてなくなる, b) (計画などが)だめになる.

② 〚圏 なし〛 息, 呼吸. (英 breath). die *Luft*⁴ ein|ziehen (an|halten) 息を吸い込む(止める) / Bitte tief *Luft* holen! (医者が患者に:)深く息を吸ってください / keine *Luft*⁴ bekommen 呼吸できない, 息が詰まる / Halt die *Luft* an!《口語》《比》口を慎め, 口をはさむな / Ihm blieb vor Schreck die *Luft* weg.《口語》彼は驚きのあまり声も出なかった / 人³ die *Luft*³ ab|drehen (または ab|drücken)《口語·比》人³ を破産させる / **nach** *Luft* **schnappen**《口語》a) (新鮮な空気を求めて)あえぐ, b)《比》経済的に苦しい / **Von** *Luft* **und Liebe kann man nicht leben**.《口語·戯》かすみを食って生きるわけにはいかない(←息と愛では生きられない).

③ 〚圏: 雅〛 空中, 空. Der Vogel erhebt sich **in** die *Luft*. 鳥が空へ舞い上がる / in der *Luft* hängen (または schweben)《口語》a) (未決定で)宙に浮いている, b) 経済的に不安定である.

④ 〚圏: 詩〛 (空気の流れ:)通気; 微風. linde *Lüfte* 快い微風. ⑤ 〚圏 なし〛《口語》(自由に動ける)空間; ゆとり. Ich habe in dem Mantel zu wenig *Luft*. このコートにはゆとりがなさすぎる / sich³ *Luft*⁴ **machen** a) (身動きできる)余裕をつくる, b) (怒りなどをぶちまけて)せいせいする.

Luft⸗ab·wehr [るふト・アップヴェーァ] 女 -/ (軍) 防空.

Luft⸗an·griff [るふト・アングリフ] 男 -[e]s/-e (軍) 空襲.

Luft⸗auf·nah·me [るふト・アオふナーメ] 女 -/-n 航空写真[撮影].

Luft⸗bal·lon [るふト・バローン] 男 -s/-s ① (おもちゃの)風船玉. ②〔軽〕気球; アドバルーン.

Luft⸗be·feuch·ter [るふト・べフォイヒタァ] 男 -s/- 加湿器.

Luft⸗bild [るふト・ビるト] 中 -[e]s/-er 航空写真.

Luft⸗bla·se [るふト・ブらーゼ] 女 -/-n 気泡, 泡;《比》はかないもの, 虚像.

Luft-Bo·den-Ra·ke·te [るふト・ボーデン・ラケーテ] 女 -/-n (軍) 空対地ミサイル.

Luft⸗brü·cke [るふト・ブリュッケ] 女 -/-n (孤立した地域などへの)空輸, 空中補給[路].

Lüft·chen [リュふトヒェン lýftçən] 中 -s/- (Luft ④ の縮小)《ふつう 単》微風, そよ風.

luft⸗dicht [るふト・ディヒト] 形 気密性の.

Luft⸗druck [るふト・ドルック] 男 -[e]s/ ①《物》気圧; (タイヤなどの)空気圧. ② 爆風.

luft⸗durch·läs·sig [るふト・ドゥルヒレスィヒ] 形 通気性の.

Lüf·te [リュふテ] ⸗Luft (通気) の 複.

lüf·ten [リュふテン lýftən] 他 (h) ① (物⁴に)風を入れる, (部屋など⁴を)換気する; (衣類など⁴を)風に当てる, 虫干しにする. das Zimmer⁴ *lüften* 部屋に風を入れる. ◊【目的語なしで】Wir *müssen* heute hier einmal gut *lüften*. ここは一度十分に換気をしなければならない. ② (ふた・幕など⁴を)少し持ち上げる. den Hut [zum Gruß] *lüften* ちょっと帽子を上げてあいさつする. ③《比》(秘密など⁴を)明かす, 漏らす. den Schleier *lüften* 秘密のベールをはぐ.

Luft⸗fahrt [るふト・ふァールト] 女 -/ 航空; 飛行. die zivile *Luftfahrt* 民間航空.

Luft⸗fahr·zeug [るふト・ふァールツォイク] 中 -[e]s/-e 航空機 (飛行船なども含む).

Luft⸗feuch·tig·keit [るふト・ふォイヒティヒカイト] 女 -/《気象》空気中の湿度.

Luft⸗fracht [るふト・ふラハト] 女 -/-en ① 航空貨物. ② 航空貨物運賃.

luft⸗ge·kühlt [るふト・ゲキューるト] 形《工》(エンジンが)空冷式の.

luft⸗ge·trock·net [るふト・ゲトロックネット] 形 空気で乾燥させた(肉など).

Luft⸗ge·wehr [るふト・ゲヴェーァ] 中 -[e]s/-e 空気銃.

Luft⸗han·sa [るふト・ハンザ] 女 -/ ルフトハンザ・ドイツ航空 (Deutsche *Lufthansa* AG の通称. 略: LH).

Luft⸗hül·le [るふト・ヒュれ] 女 -/-n 大気圏.

luf·tig [るふティヒ lúftɪç] 形 ① 風通しのいい, 風の吹き渡る. ein *luftiger* Raum 風通しのいい部屋 / in *luftiger* Höhe 空高く. ② 通気性のいい, 薄地の. ein *luftiges* Sommerkleid 薄地のサマードレス / sich⁴ *luftig* kleiden 涼しそうな服装をする.

Luft·ti·kus [るふティクス lúftɪkus] 男 - (または ..kusses)/..kusse《口語·戯》軽薄な(いいかげん

な)男.

Luft·kampf [るフト・カンプふ] 男 -[e]s/..kämpfe 《軍》空中戦.

Luft·kis·sen·boot [るフトキッセン・ボート] 田 -[e]s/-e ホバークラフト.

Luft·kor·ri·dor [るフト・コリドーァ] 男 -s/-e 《空》[国際]空中回廊(国際協定による特定空路).

Luft·kur·ort [るフト・クーァオルト] 男 -[e]s/-e (空気のよい)療養地, 保養地.

Luft·lan·de·trup·pe [るフトランデ・トルッペ] 女 -/-n 《軍》空挺(くうてい)部隊, 落下傘部隊.

luft·leer [るフト・れーァ] 形 真空の. der *luftleere* Raum《物》真空空間.

Luft·li·nie [るフト・リーニエ] 女 -/-n 《ふつう 単》直線(最短)距離.

Luft·loch [るフト・ロッホ] 田 -[e]s/..löcher ① 通風(換気)孔. ② 《口語》エアポケット.

Luft-Luft-Ra·ke·te [るフト・るフト・ラケーテ] 女 -/-n 《軍》空対空ミサイル.

Luft·ma·trat·ze [るフト・マトラッツェ] 女 -/-n エアマット.

Luft·pi·rat [るフト・ピラート] 男 -en/-en 航空機乗っ取り犯人, ハイジャッカー. (女性形: -in).

Luft·pi·ra·te·rie [るフト・ピラテリー] 女 -/-n 〖ハイ-ジーン〗航空機乗っ取り, ハイジャック.

die **Luft·post** [るフト・ポスト] lúft-pφst] 女 (単) -/ 航空郵便, エアメール. 《来》 *airmail*. mit (または per) *Luftpost* 航空便で.

Luft·pum·pe [るフト・プンペ] 女 -/-n 空気ポンプ, (自転車などの)空気入れ.

Luft·raum [るフト・ラオム] 男 -[e]s/..räume 《法》領空.

Luft·röh·re [るフト・レーレ] 女 -/-n 《医》気管.

Luft·sack [るフト・ザック] 男 -[e]s/..säcke ① 《自動車》エアバッグ. ② 《動》(鳥の)気嚢(のう).

Luft·schad·stoff [るフト・シャートシュトふ] 男 -[e]s/-e 大気汚染物質.

Luft·schiff [るフト・シふ] 田 -[e]s/-e 飛行船.

Luft·schlan·ge [るフト・シュらンゲ] 女 -/-n 〖ふつう 複〗紙テープ(カーニバルなどで空中に投げる).

Luft·schloss [るフト・シュろス] 田 -es/..schlösser 〖ふつう 複〗空中楼閣. *Luftschlösser*⁴ bauen 空中楼閣を築く, 妄想にふける.

Luft·schrau·be [るフト・シュラオベ] 女 -/-n 《空・工》プロペラ (=*Propeller*).

Luft·schutz [るフト・シュッツ] 男 -es/ 防空.

Luft·schutz·kel·ler [るフトシュッツ・ケらァ] 男 -s/- (地下の)防空壕.

Luft·spie·ge·lung [るフト・シュピーゲるング] 女 -/-en 蜃気楼(しんきろう).

Luft·sprung [るフト・シュプルング] 男 -[e]s/..sprünge 跳び上がること.

Luft·streit·kräf·te [るフト・シュトライトクレふテ] 複 空軍[兵力].

Luft·strom [るフト・シュトローム] 男 -[e]s/..ströme 気流.

Lüf·tung [リュふトゥング] 女 -/-en ① 換気, 通気. ② 換気装置.

Luft·ver·än·de·rung [るフト・ふェアエンデルング] 女 -/ 《医》転地[療養].

Luft·ver·kehr [るフト・ふェアケーァ] 男 -s/ 航空交通(輸送).

Luft·ver·schmut·zung [るフト・ふェアシュムッツング] 女 -/-en 大気汚染.

Luft·ver·tei·di·gung [るフト・ふェアタイディグング] 女 -/ 防空.

Luft·waf·fe [るフト・ヴァッふェ] 女 -/-n 空軍.

Luft·weg [るフト・ヴェーク] 男 -[e]s/-e ① 〖複 なし〗空路. ② 〖複 で〗《医》気道.

Luft·wi·der·stand [るフト・ヴィーダァシュタント] 男 -[e]s/..stände 《物》空気抵抗.

Luft·zu·fuhr [るフト・ツーふーァ] 女 -/ 通気, 給気.

Luft·zug [るフト・ツーク] 男 -[e]s/ ..züge 〖ふつう 単〗通風, すき間風, 微風.

Lug [るーク lú:k] 男 《成句的に》 *Lug* und *Trug* 《雅》うそ偽り.

Lu·ga·no [るガーノ lugá:no] 中 -s/《都市名》ルガーノ (スイス, テッシン州の保養地: ⟹ 地図 D-5).

die **Lü·ge** [リューゲ lý:gə] 女 (単) -/(複) -n うそ, 偽り, 作りごと. 《来》*lie*. 《反》「真実」は *Wahrheit*). eine grobe *Lüge* 真っ赤なうそ / eine fromme *Lüge* 善意からのうそ / [人・事]⁴ *Lügen* strafen 〔人〕⁴のうそを暴く, 〔事〕⁴がうそであることを証明する / *Lügen* haben kurze Beine. 《諺》うそはすぐばれる(←うそは短い足を持つ).

lu·gen [るーゲン lú:gən] 自 (h)《雅》(…から)のぞく, (…の方を)うかがう.

*lü·gen** [リューゲン lý:gən] (log, *hat* ... gelogen) I 自 《定下》**うそをつく**, でたらめを言う. (来) *lie*). Du *lügst*! 君たちをついている / Er *lügt* wie gedruckt. 《口語》彼はとんでもないうそをつく(←印刷されたように) / Wer *lügt*, der stiehlt. 《諺》うそは泥棒の始まり.
II 他 《定下》 haben) (事)⁴という)うそをつく. Er *log*, dass … 彼は…とうそを言った / Das *ist* doch *gelogen*. 《状態受動・現在》それはうそだ.

Lü·gen·de·tek·tor [リューゲン・デテクトァ] 男 -s/-en [..トーレン] うそ発見器.

lü·gen·haft [リューゲンハふト] 形 うその, 偽りの, 虚偽の; うそつきの.

Lüg·ner [リューグナァ lý:gnɐr] 男 -s/- うそつき. (女性形: -in).

lüg·ne·risch [リューグネリッシュ lý:gnərɪʃ] 形 うその, 偽りの, 虚偽の; うそつきの.

Lui·se [るーイゼ luí:zə] -[n]s/《女名》ルイーゼ.

Lu·kas [るーカス lú:kas] ① 《男名》ルーカス. ② 《聖》〖人名〗ルカ(新約聖書『ルカによる福音書』, 『使徒行伝』を書いた人).

Lu·ke [るーケ lú:kə] 女 -/-n ① (明かり取りの)天窓, 小窓. ② 《海》昇降口, ハッチ.

lu·kra·tiv [るクラティーふ lukratí:f] 形 利益の多い, 身入りのいい.

lu·kul·lisch [るクリッシュ lukúlɪʃ] 形 ぜいたくな, 豪奢(ごうしゃ)な(食事など).

Lu·latsch [るーらーチュ lú:la:tʃ または ..ラッ

lul·len [るれン lʊ́lən] 他 (h) 小声で単調に歌う. das Kind⁴ in den Schlaf *lullen* 子守歌を歌って子供を寝かしつける.

Lu·men [るーメン lúːman] 中 -s/- (または Lumina) ① 〖物〗 ルーメン(光束の単位; 記号 lm). ② 〖医・生〗 内腔[の内径].

Lüm·mel [リュンメる lýməl] 男 -s/- ① 不作法な男; 《口語》 やつ. ② 《俗》 ペニス.

lüm·mel·haft [リュンメるハフト] 形 粗野な, 不作法な.

lüm·meln [リュンメるン lýməln] 再帰 (h) sich⁴ *lümmeln* 《口語》 (…へ)だらしなく座る(寝そべる).

Lump [るンプ lʊmp] 男 -en/-en ろくでなし, ならず者, ごろつき.

lum·pen [るンペン lʊ́mpən] 自 (h) 《口語》 ① のらくらして暮らす, だらしない生活をする(特に酒びたりなど). ② 〖成句的に〗 sich⁴ nicht *lumpen* lassen けちけちしない, 気前よくふるまう.

Lum·pen [るンペン lʊ́mpən] 男 -s/- ① ぼろ[切れ]. 人⁴ aus den *Lumpen* schütteln 《俗》 人⁴をぼろくそにけなす, きつく意見する. ② 〖ふつう 複〗 ぼろ服.

Lum·pen·ge·sin·del [るンペン・ゲズィンデる] 中 -s/ 無頼の徒, ならず者, ごろつき.

Lum·pen·samm·ler [るンペン・ザムらァ] 男 -s/- ① くず拾い. (女性形: -in). ② 《戯》 最終電車(バス).

Lum·pe·rei [るンペライ lʊmpəráɪ] 女 -/-en ① 下劣な行為. ② 《口語》 くだらないこと.

lum·pig [るンピヒ lʊ́mpɪç] 形 ① 下劣な, 卑しい. ② 《口語》 (金額などが)わずかばかりの, みみっちい. die paar *lumpigen* Euro たったの数ユーロ.

Lu·na [るーナ lúːna] I -s/ 〖ᴾ神〗 ルナ(月の女神). II 女 -/ 〖ふつう冠詞なし〗 〖詩〗 月 (= Mond). ◇ 定冠詞とともに用いるときは 2格: -).

Lunch [ランシュ lánʃ または ランチュ lántʃ] 〖英〗 男 -[e]s (または -)/-[e]s (または -e) (簡単な)昼食, ランチ.

lun·chen [ランシェン lánʃən または ..チェン ..tʃən] 自 (h) (簡単な)昼食をとる.

Lunch·pa·ket [ランシュ・パケート] 中 -[e]s/-e (昼食用の)弁当.

Lü·ne·burg [リューネ・ブルク lýːnə-bʊrk] 中 -s/ (都市名)リューネブルク(ドイツ, ニーダーザクセン州; ☞ 地図 E-2). die *Lüneburger* Heide リューネブルクの原野 (アラー川とエルベ川下流にはさまれた地域; ☞ 地図 D〜E-2).

die **Lun·ge** [るンゲ lʊ́ŋə] 女 (単) -/(複) -n 肺, 肺臓. (英 lung). eine gesunde *Lunge* 健康な肺 / eiserne *Lunge* 〖医〗 人工肺(=鉄の肺) / grüne (または Grüne) *Lunge* (比) (都市の)緑地帯(←緑の肺) / eine gute *Lunge*⁴ haben a) 丈夫な肺をしている, b) 《戯》 声量がある / sich³ die *Lunge*⁴ aus dem Hals schreien 《口語》 声をかぎりに叫ぶ(←のどから肺が出るほど) / auf *Lunge* rauchen たばこを深々と吸い込

む / Sie hat es auf der *Lunge*. 《口語》 彼女は胸を病んでいる / aus voller *Lunge* schreien 声をかぎりに叫ぶ / Schone deine *Lunge*! 《戯》 あまりしゃべるな(←肺を大事にしろ).

Lun·gen·ent·zün·dung [るンゲン・エントツュンドゥング] 女 -/ 〖医〗 肺炎.

Lun·gen·flü·gel [るンゲン・ふりゅーゲる] 男 -s/- 〖医〗 肺葉, 肺翼.

lun·gen·krank [るンゲン・クランク] 形 肺病の.

Lun·gen·krebs [るンゲン・クレープス] 男 -es/ 〖医〗 肺癌(がん).

Lun·gen·tu·ber·ku·lo·se [るンゲン・トゥベルクろーゼ] 女 -/ 〖医〗 肺結核.

lun·gern [るンガァン lʊ́ŋɐrn] 自 (h) 《荒》 ぶらぶらしている, ごろごろしている.

Lun·te [るンテ lʊ́ntə] 女 -/-n ① 火縄. *Lunte* riechen 《口語》 危険を察知する. ② 《狩》 (きつねなどの)尾.

Lu·pe [るーペ lúːpə] 女 -/-n 虫めがね, 拡大鏡. 人・物⁴ unter die *Lupe* nehmen 《口語》 人・物⁴を詳しく観察する, 吟味する.

lu·pen·rein [るーペン・ライン] 形 ① (拡大鏡で見ても)一点の曇りもない(宝石など). ② (比) 完全な, 完璧(ぺき)な(アリバイなど).

Lurch [るルヒ lʊrç] 男 -[e]s/-e 〖動〗 両生類.

die **Lust** [るスト lʊ́st] 女 (単) -/(複) Lüste [リュステ] (3格のみ Lüsten) ① 〖複 なし〗 (…したい)気持ち, 欲求. (英 desire). Hast du *Lust* auf ein Glas Wein? ワインを一杯飲みたいですか / *Lust*⁴ zu 物³ haben 物³をする気がある ⇒ Die Kinder hatten keine *Lust* zum Spielen. 子供たちは遊ぶ気がなかった.

◇〖zu 不定詞[句]とともに〗 Ich hätte Lust, dorthin zu fahren? 君はそこへ行きたいと思うの? / Ich habe keine *Lust*, ins Kino zu gehen. 私は映画に行く気はない.

◇〖成句的に〗 wie du *Lust* hast 君のしたいとおりに / nach *Lust* und Laune 気の向くままに, 好きなだけ.

② 〖複 なし〗 楽しみ, 喜び. (英 pleasure). Es ist eine wahre *Lust*, diese Blumen zu betrachten. このような花を観賞するのはほんとうに楽しみだ / *Lust*⁴ an 物³ haben 物³に喜びを持つ / die *Lust*⁴ an 物³ verlieren 物³の喜びを失う / 物⁴ aus (または mit) *Lust* und Liebe tun 物⁴を喜んでする, 好きでする / ohne *Lust* und Liebe いやいやながら. (☞ 類語 Freude).

③ 《雅》 (肉体的な)欲望, 情欲; (性的な)快楽. Er ist ein Sklave seiner *Lüste*. 彼は情欲のとりこになっている.

Lust·bar·keit [るストバールカイト] 女 -/-en 《雅》 娯楽, 楽しい催し.

Lüs·te [リュステ] * Lust (欲望)の 複

Lüs·ter [リュスタァ lýstɐr] 男 -s/- ① シャンデリア. ② (陶器などのうわ薬による)光沢[のある表面]. ③ 《織》 ラスター(光沢のある平織布地).

lüs·tern [リュスタァン lýstɐrn] 形 《雅》 ① ひどく欲しがっている. auf 物⁴ (または nach 物³) *lüs*-

tern sein 物⁴(または物³)が欲しくてたまらない. ② 好色な, みだらな.

Lüs·tern·heit [リュスタンハイト] 囡 -/《雅》物欲しげなこと; 好色, みだら.

***lus·tig** [るスティヒ lústɪç] **I** 形 ① **愉快な**, 陽気な, 楽しい. 《英》merry). ein *lustiger* Abend 楽しい夕べ / ein *lustiger* Mensch 愉快なやつ / die *lustige* Person 《劇》道化役 / *lustige* Farben 《比》カラフルな色彩 / sich⁴ über 人·物⁴ *lustig* machen 人·物⁴を笑いものにする, からかう / Das kann ja *lustig* werden!《口語》(反語的に:)これはとんだことになるぞ.
② **おもしろい**, こっけいな. eine *lustige* Geschichte おもしろい話 / *lustig* erzählen おもしろおかしく話す.
③ 〖成句的に〗 solange (wie) 人¹ *lustig* ist《口語》人が好きなだけ(好きなように). Mach es, wie du *lustig* bist! 君の好きなようにやりなさい.
II 副 ① 活発に, 勢いよく. Die Fahnen flatterten *lustig* im Wind. 旗が勢いよく風にはためいていた.
② むとんちゃくに. Die Schüler redeten *lustig* weiter. 生徒たちはおかまいなしにおしゃべりを続けていた.

|類語| **lustig**: (快感を覚えるような気分で)愉快な, 陽気な. **fröhlich**: (笑ったりはねたり外部に喜びを表して)楽しげな. ein *fröhliches* Kind 快活な子供. **froh**: (心の内なる喜びを表して)朗らかな, 快活な. ein *frohes* Gesicht 朗らかな顔. **heiter**: 心を暗くするものから解放され, 晴々とした気分で朗らかな. Er war in *heiterer* Laune. 彼は晴々とした気分(上機嫌)だった.

..lus·tig [..るスティヒ ..lustɪç]〖形容詞をつくる接尾〗(…する気のある・…好きの). 例: kauf*lustig* 購売欲のある.

Lus·tig·keit [るスティヒカイト] 囡 -/ 陽気(愉快・快活)[なこと].

Lüst·ling [リュストリング lýstlɪŋ] 男 -s/-e 女たらし, 助平.

lust≠los [るスト・ろース] 形 ① 気乗りのしない, やる気のない. ②《経》買い気のない; 不景気な.

Lust≠lo·sig·keit [るスト・ろーズィヒカイト] 囡 -/ 気乗り薄, やる気のないこと.

Lust≠molch [るスト・もるヒ] 男 -[e]s/-e《口語・戯》女たらし, 助平 (=Lüstling).

Lust≠mord [るスト・モルト] 男 -[e]s/-e (性的な)快楽殺人, 痴情殺人.

Lust≠ob·jekt [るスト・オビェクト] 甲 -[e]s/-e 性的快楽の対象(相手).

Lust≠schloss [るスト・シュろス] 甲 -es/..schlösser (特に夏用の)離宮.

Lust≠spiel [るスト・シュピーる] 甲 -[e]s/-e《文学》喜劇, コメディー (=Komödie).

lust·wan·deln [るスト・ヴァンデるン lústvandəln] 自 (s, h)《雅》散歩(遊歩)する.

Lu·te·ti·um [るテーツィウム luté:tsium] 甲 -s/《化》ルテチウム (記号: Lu).

luth.. [るッティッシュ まれに るテー..]《略》ルター派[教会]の (=lutherisch).

Lu·ther [るッタァ lútər] -s/《人名》ルター (Martin *Luther* 1483-1546; ドイツの宗教改革者).

Lu·the·ra·ner [るッテラーナァ lutará:nər] 男 -s/-《キリスト教》ルター派の人, ルター派教会会員. (女性形: -in).

lu·the·risch [るッテリッシュ lútərɪʃ] まれに るテー.. luté:..] 形 ルターの; ルター派[教会]の.

Lu·ther·tum [るッタァトゥーム] 甲 -s/《キリスト教》ルター派, ルター主義; プロテスタンティズム.

lut·schen [るッチェン lútʃən] (lutschte, *hat* ...gelutscht) **I** 他 ((定下) haben) (飴)などを⁴しゃぶる, なめる. 《英》suck). ein Bonbon⁴ *lutschen* ボンボンをしゃぶる / ein Eis⁴ *lutschen* アイスクリームをなめる.
II 自 ((定下) haben)〖**an** 物³ ~〗(物³を)しゃぶる, なめる. am Daumen *lutschen* 親指をしゃぶる.

Lut·scher [るッチァァ lútʃər] 男 -s/- ① 棒付きキャンディー. ②《口語》(赤ん坊の)おしゃぶり.

lutsch·te [るッチュテ] lutschen (しゃぶる)の過去.

Luv [るーふ lu:f] **I** 囡 -/《海》(船の)風上側. (「(船の)風下側」は Lee). **II** 甲 -s/《地理》(山などの)風の当たる側.

lu·ven [るーふェン lú:fən または ..ヴェン ..vən] 自 (h)《海》船首を風上に向ける.

Lux [るクス lúks] 甲 -/-《理》ルクス (照度の単位; 記号: lx).

Lu·xem·burg [るクセン・ブルク lúksəmburk] 甲 -s/ ① 《国名》ルクセンブルク[大公国]. ② 《都市名》ルクセンブルク (①の首都: ☞ 地図 C-4).

lu·xu·ri·ös [るクスリエース luksurió:s] 形 ぜいたくな, 豪華な, デラックスな.

der **Lu·xus** [るクスス lúksus] 男 (単) -/ ぜいたく, 華美; 浪費. 《英》luxury). Das ist doch reiner *Luxus*! それはまったくぜいたくというものだ / Sie treibt *Luxus* mit ihrer Garderobe. 彼女は衣装にはぜいたくをする / im *Luxus* leben ぜいたくな暮らしをする.

Lu·xus≠ar·ti·kel [るクスス・アルティーケる] 男 -s/- ぜいたく品.

Lu·xus≠aus·ga·be [るクスス・アオスガーベ] 囡 -/-n 特製本, 豪華版[の本].

Lu·xus≠steu·er [るクスス・シュトイァァ] 囡 -/-n 奢侈(しゃし)税.

Lu·zern [るツェルン lutsérn] -s/《地名・都市名》ルツェルン (スイス26州の一つ, またその州都. アルプス観光の基地: ☞ 地図 D-5).

Lu·zer·ne [るツェルネ lutsérnə] 囡 -/-n《植》ムラサキウマゴヤシ (牧草・飼料になる).

Lu·zi·fer [るーツィふェァ lú:tsifər] **I** 男 -s/《聖》ルチフェル(悪魔の長サタンの別名). **II** 男 -s/〖定冠詞とともに〗《天》明けの明星, 金星.

lx [るクス]《記号》ルクス (照度の単位) (=Lux).

lym·pha·tisch [リュムふァーティッシュ lymfá:tɪʃ] 形 《医》リンパ[液]の; リンパ性の.

Lym·phe [リュムふェ lýmfə] 囡 -/-n《医》① リンパ[液]. ② 痘苗(とうびょう).

Lymph≠ge·fäß [リュムふ・ゲふェース] 甲 -s/

-e《医》リンパ管.
Lymph⁀kno·ten [リュムふ・クノーテン] 男 -s/- 《医》リンパ節.
lyn·chen [リュンヒェン lýnçən または リン.. lín..] 他 (h) (囚⁴に)リンチ(私刑)を加える.
Lynch⁀jus·tiz [リュンヒ・ユスティーツ] 囡 -/ リンチ, 私刑.
Ly·ra [リューラ lý:ra] 囡 -/Lyren ① リラ(古代ギリシアのたて琴); ② 〖複なし; 定冠詞とともに〗《天》琴座.
Ly·rik [リューリク lý:rɪk] 囡 -/ 《文学》叙情詩.

Ly·ri·ker [リューリカァ lý:rɪkər] 男 -s/- 叙情詩人. (女性形: -in).
ly·risch [リューリッシュ lý:rɪʃ] 形 ① 叙情詩の; 叙情詩風の, 叙情的な. ein *lyrisches* Gedicht 叙情詩. ② 《音楽》(声が)リリックな. ein *lyrischer* Tenor リリック・テノール ③ 情緒豊かな, 感傷的な.
Ly·ze·um [リュツェーウム lytsé:um] 中 -s/..zeen [..ツェーエン] ① (古) 女子高等中学校. ② (ᴬᵘ) (ギムナジウムの)上級学年.

M m

m¹, M¹ [エム ém] 甲 -/- エム(ドイツ語アルファベットの第13字).
m² (記号) ① [メータァ] メートル (=Meter). ② [ミヌーテ または ミヌーテン] 分 (=Minute[n]).
m. [マスクリーヌム] 《略》《言》男性名詞 (=Maskulinum).
m² [クヴァドラート・メータァ] (記号) 平方メートル (=Quadratmeter).
m³ [クビーク・メータァ] (記号) 立方メートル (=Kubikmeter).
M² (記号) ① [マッハ] マッハ(音速の単位) (=Mach). ② [メガ.. または メーガ..] メガ..(単位につけて百万を表す..). ③ [マルク] マルク (旧東ドイツの通貨単位) (=Mark).
M. 《略》① [メスィエー] (男性に対して:)…氏 (=Monsieur). ② [マースタァ] 修士[号] (=Master).
mA [ミリ・アンペァ または ..ペァ] (記号) ミリアンペア (=Milliampere).
ma. [ミッテる・アるタァりヒ] 《略》中世の (=mittelalterlich).
MA. [ミッテる・アるタァ] 《略》中世 (=Mittelalter).
M. A. [マギスタァ アルツィウム] 《略》[文学]修士[号] (=Magister Artium).
Mä·an·der [メアンダァ meándər] 男 -s/- ① 《地理》(河川の)蛇行, 屈曲. ② 《建・美》波形装飾(曲折)文様, メアンダー.
Maar [マール máːr] 甲 -[e]s/-e 《地理》マール (噴火によってできた円形の火口[湖]).
die **Maas** [マース máːs] 囡 -/《定冠詞とともに》(川名)マース川 (フランス・ベルギー・オランダを流れ, 北海に注ぐ).
Maas·tricht [マース・トリヒト maːs-trícht] 甲 -s/ 《都市名》マーストリヒト (オランダ南東部, マース川沿いの工業都市). der *Maastrichter* Vertrag マーストリヒト条約.
Maat [マート máːt] 男 -[e]s/-e[n] 《海》(昔の:)船乗り見習い; 海軍下士官, 海軍二等兵.
Mach [マッハ máx] 男 -[s]/- 《物》マッハ(音速の単位. オーストリアの物理学者 E. Mach 1838–1916 の名から; 記号: Ma または M).
Mach·art [マッハ・アールト] 囡 -/-en 作り方, (特に衣服の)デザイン, 仕立て.
mach·bar [マッハバール] 形 実現可能な, 実行できる.
Ma·che [マッヘ máxə] 囡 -/ ①《口語》見せかけ, ごまかし. ②《成句的に》甲⁴ **in der** *Mache* haben 《口語》甲⁴を制作中である / 囚⁴ **in der** *Mache* haben 囚⁴をとっちめる.
..ma·che [..マッヘ] 《女性名詞をつくる 接尾》《…のでっちあげ》例: Meinungs*mache* 世論操作.

ma·chen [マッヘン máxən]

する; 作る	Wir *machen* eine Reise. ヴィァ マッヘン　アイネ ライゼ 私たちは旅行に出かけます.

人称	単		複	
1	ich mache		wir machen	
2	{ du machst Sie machen		{ ihr macht Sie machen	
3	er macht		sie machen	

(machte, *hat* ... gemacht) Ⅰ 他 《完了》haben) ① する, 行う. 《英 *do*》. Was *machst* du am Sonntag? 君は日曜日には何をするの / So etwas *macht* man nicht. そんなことはするものではない / Was *soll* ich *machen*? 私はどうしたらいいのだろうか / Was *macht* dein Vater? お父さんはどうしてる(元気かい) / Was *macht* die Arbeit? 仕事の進み具合はどうですか / Wir *machen* morgen einen Ausflug. 私たちはあす行楽に出かけます / ein Foto⁴ *machen* 写真を撮る / die Hausaufgaben⁴ *machen* 宿題をする / eine Pause⁴ *machen* 休憩する / eine Prüfung⁴ *machen* 試験を受ける.
◇《行為などを表す名詞を目的語として》den Anfang *machen* 始める / Einkäufe⁴ *machen* 買い物をする / einen Versuch *machen* 試みる / einen Vorschlag *machen* 提案する.
◇《目的語なしでも》*Lass* mich nur *machen*! 《口語》私に任せておけ.
◇《es を目的語として成句的に》*Mach*'s (= *Mach* es) gut! 《口語》(別れのあいさつで:)元気でね / *Machen* Sie es sich³ bequem! どうぞお楽になさってください / Er *wird* es nicht mehr lange *machen*. 《口語》彼の命はもう長くないだろう.
② 作る, 製造する. 《英 *make*》. Die Firma *macht* Möbel. その会社は家具を作っている / Er *macht* Gedichte. 彼は詩を作る / Ich *lasse* mir einen Anzug *machen*. 私はスーツを作ってもらう / das Essen⁴ *machen* 食事を作る / Kaffee⁴ *machen* コーヒーを沸かす / Feuer⁴ *machen* 火をおこす / Licht⁴ *machen* 明かりをつける / A⁴ **aus** B³ *machen* A⁴を B³から作る ⇒ Aus Milch *macht* man Butter. 牛乳からバターを作る / einen tüchtigen Menschen aus 囚³ *machen* 囚³を有能な人間に仕立てあげる. ◇《成句的に》 sich³ nichts⁴ (wenig⁴) **aus** 囚·物³ *machen*《口語》囚·物をまったく(あまり)好まない / *Mach* dir nichts daraus! 《口語》そんなことは気にかけるな.

③ (人・物⁴を…の状態に)する. Der Lärm *macht* mich verrückt. この騒音で私は頭がおかしくなりそうだ / eine Hose⁴ länger *machen* ズボンを長くする / 人⁴ auf 物⁴ aufmerksam *machen* 人⁴に物⁴を気づかせる. ◇《再帰的に》sich⁴ hübsch|*machen* (または hübsch *machen*) おめかしする.

④ 引き起こす; (人⁴に物⁴を)もたらす. Diese Arbeit *macht* Durst. この仕事をしているとのどが渇く / Er *machte* mir Angst. 彼は私を不安にした / 人³ Freude⁴ *machen* 人³を喜ばせる / Musik⁴ *machen* 音楽を演奏する / Lärm⁴ *machen* 騒ぐ / [**Das**] *macht* **nichts**. 《口語》(わびなどに答えて:) [そんなことは]なんでもありません.

⑤ 《口語》(ある金額・数⁴に)なる. Was *macht* das? ─ Das *macht* zusammen 20 Euro. それは幾らになりますか ─ 合わせて 20 ユーロになります / Drei mal fünf *macht* fünfzehn. 3 掛ける 5 は 15.

⑥〚A⁴ **zu** B³ ～〛(A⁴ を B³ に)する, 変える. 物⁴ zu Geld *machen* 物⁴を換金する, 売る / 人⁴ zum Leiter *machen* 人⁴をリーダーにする.

⑦ (元どおりに)整える, 直す. das Bett⁴ *machen* ベッドを整える / sich³ die Haare⁴ *machen* 《口語》髪を整える.

⑧ (ある顔つき・動作など⁴を)する. Sie *machte* ein ernstes Gesicht. 彼女は真剣な顔をした / einen langen Hals *machen* 《口語》(物珍しそうに)首を伸ばして見る.

⑨〚**zu** のない不定詞とともに〛(人⁴を…)させる. 人⁴ lachen (weinen) *machen* 人⁴を笑わせる (泣かせる).

⑩ 《俗》(人⁴の役を)演じる. Er *macht* den Schiedsrichter. 彼が審判をしている.

II 《再帰》(《完了》 haben) ① 《sich⁴ **an** 物⁴ ～》(物⁴に)とりかかる. *sich⁴* an die Arbeit *machen* 仕事にとりかかる / Ich *mache* mich dann ans Tapezieren. では私は壁紙張りに取りかかります.

② 《方向を表す語句とともに》(…へ)行く. *sich⁴* **auf** die Reise *machen* 旅に出る / *sich⁴* auf den Weg *machen* 出発する / *Mach* dich **in** die Schule! さっさと学校へ行きなさい.

③ 《形容詞の **gut** などとともに》よく合う, 似合う. Die Bluse *macht* sich **gut zu** dem Rock. そのブラウスはスカートによく合っている.

④ 《口語》よくなる, 進展する. Das Wetter *macht* sich wieder. 天気が回復する.

III 《自》 (《完了》 haben または sein) ① (h) 《口語》急ぐ. *Mach* doch! 急げ, 早くしろ. ② (h) 《**in** 物³ ～》《口語》(を)商う, 商売する. Er *macht* in Lederwaren. 彼は革製品を商っている. ③ (h) 《口語・婉曲》大便(小便)をする. **ins** Bett *machen* おねしょする. ④ (h, s) 《方向を表す語句とともに》(方)(…へ)行く.

◇☞ **gemacht**

| 類語 **machen**: 「作る」の意味で最も一般的な語.
her|stellen: 工業製品などを製造する, 生産する.
schaffen: (創造的なものを)創り出す, 創作する.

Ma·chen·schaft [マッヘンシャフト] 囡 –/-en 《ふつう 覆》 画策, たくらみ, 策略.

Ma·cher [マッハァ máxər] 男 -s/- やり手, 実力者. (女性形: -in).

Ma·chi·a·vel·li [マキアヴェリ makiavéli] -s/ 《人名》 マキャベリ Niccolò *Machiavelli* 1469–1527; イタリアの政治学者・歴史家).

Ma·chi·a·vel·lis·mus [マキアヴェリスムス makiavelísmus] 男 -/ マキャベリズム, 権謀術策主義.

Ma·cho [マッチョ mátʃo] 男 -s/-s 《口語》 マッチョ (男らしさを誇示する男性).

*die **Macht** [マハト máxt] 囡 (単) -/(複) Mächte [メヒテ] (3 格のみ Mächten) ①〚覆 なし〛**力**. ㋐ **power**. eine geringe (große) *Macht* 小さな(大きな)力 / **aus** eigener *Macht* 独力で / Das steht nicht **in** meiner *Macht*. それは私の力ではどうにもならない / **mit** aller *Macht* 全力をあげて / mit *Macht* 勢いよく, 力強く.

②〚覆 なし〛**権力**, 支配力, (強い)影響力. die politische *Macht* 政権 / die *Macht* der Liebe² 愛の力 / die *Macht* der Gewohnheit² 習慣の力 / die *Macht*⁴ ergreifen 権力を握る / die *Macht*⁴ aus|üben 権力を行使する / *Macht*⁴ über 人・物⁴ haben 人・物⁴を支配している / **an** die *Macht* (または **zur** *Macht*) kommen 権力の座につく. (☞ 類語 **Kraft**).

③ 強国, 大国. die imperialistischen *Mächte* 帝国主義の列強. ④ 超自然的な力. himmlische *Mächte* 天界の諸力. ⑤ 軍隊, 兵力.

Macht=be·fug·nis [マハト・ベフークニス] 囡 -/..nisse 《法》 権能, 権限, 職権.

mach·te [マッハテ] ⁝**machen** (する)の 過去

Mäch·te [メヒテ] ***Macht** (強国)の 覆

Macht=er·grei·fung [マハト・エァグライフング] 囡 -/ 《政》 権力(政権)の掌握.

Macht=ha·ber [マハト・ハーバァ] 男 -s/- 権力(支配)者; 独裁者. (女性形: -in).

mäch·tig [メヒティヒ méçtiç] **I** 形 ① **強大な**, 権力のある. ㋐ **powerful**. ein *mächtiger* Herrscher (Staat) 強力な支配者(国家).

② **力強い**; がっしりした, 巨大な. eine *mächtige* Stimme 力強い声 / eine *mächtige* Gestalt がっしりした体格 / eine *mächtige* Eiche オークの巨木.

③ 《口語》ものすごい, ひどい. Er hat *mächtigen* Hunger. 彼は腹ぺこだ / *mächtiges* Glück すばらしい幸せ. ④ 《成句的に》人・物² *tig* sein 《雅》人・物²を意のままに操る. Er war des Deutschen nicht *mächtig*. 彼はドイツ語に堪能(たんのう)ではなかった / Ich war meiner² [selbst] nicht mehr *mächtig*. 私はもう自分を抑えることができなかった.

II 副 《口語》 ものすごく, ひどく. Er erschrak *mächtig*. ひどくびっくりした.

Macht=kampf [マハト・カンプフ] 男 -[e]s/..kämpfe 《政》 権力闘争.

macht los [マハト・ろース] 形 無力な.
Macht lo·sig·keit [マハト・ローズィヒカイト] 女 -/ 無力[さ].
Macht po·li·tik [マハト・ポリティーク] 女 -/ 権力政治, 武力外交, パワーポリティックス.
Macht pro·be [マハト・プローベ] 女 -/-n 力比べ.
Macht stel·lung [マハト・シュテるング] 女 -/-en 優位, 権力ある地位.
Macht über·nah·me [マハト・ユーバァナーメ] 女 -/ 《政》権力(政権)の掌握.
macht voll [マハト・フォる] 形 強力な, 権力のある.
Macht voll·kom·men·heit [マハト・フォるコンメンハイト] 女 -/ 絶対的権力. **aus** eigener *Machtvollkommenheit* 独断で.
Macht wort [マハト・ヴォルト] 中 -[e]s/-e 有無を言わさぬ命令, 鶴(つる)の一声.
Mach werk [マッハ・ヴェルク] 中 -[e]s/-e へたくそな作品, 駄作.
Ma·cke [マッケ mákə] 女 -/-n ① 《俗》変な癖; 奇妙な考え. ② 欠陥.
Ma·cker [マッカァ mákər] 男 -s/- ① (若者言葉:)ボーイフレンド; やつ. ② 《北ドイツ》同僚.
Ma·dam [マダム madám] 女 -/-s (または -en) ① (口語·戯)(小太りの)女性, マダム. ② 《口語·古》奥方, 女主人.
Ma·dame [マダム madám] 《フランス》女 -/Mesdames [メダム madám] (《既婚》女性に対する敬称または呼びかけで:)…夫人, …さん; 奥様(ドイツ語のFrauに当たる; 略: 単 Mme., 複 Mmes.).

***das* **Mäd·chen** [メーティヒェン mέ:tçən]

女の子
Erika ist ein nettes *Mädchen*.
エーリカ イスト アイン ネッテス メーティヒェン
エーリカは感じのいい女の子だ.

格	単		複	
1	das	Mädchen	die	Mädchen
2	des	Mädchens	der	Mädchen
3	dem	Mädchen	den	Mädchen
4	das	Mädchen	die	Mädchen

中 (単2) -s/(複) - ① **女の子**, 少女; 若い女性. (英 *girl*). (⇒「男の子」は Junge). Jungen und *Mädchen* 少年少女たち / ein kleines (hübsches) *Mädchen* 小さな(かわいらしい)女の子 / ein leichtes *Mädchen* 尻(しり)の軽い娘 / Sie hat ein *Mädchen* bekommen. 彼女は女の子を産んだ. (⇒ 類語 Frau).
② ガールフレンド, 恋人. ③ お手伝いさん, メード. Zimmer*mädchen* (ホテルなどの)部屋係のメード / ein *Mädchen* für alles 《口語》(男女に関係なく:)何でも受け持つ人, 便利屋(←家事っっさいを受け持つお手伝いさん).
mäd·chen·haft [メーティヒェンハフト] 形 少女のような, 娘らしい.

Mäd·chen han·del [メーティヒェン・ハンデる] 男 -s/ (特に外国との)婦女売買.
Mäd·chen na·me [メーティヒェン・ナーメ] 男 -ns/ (3格·4格 -n)/-n ① 女性の名前. ② (女性の)旧姓.
Ma·de [マーデ má:də] 女 -/-n 《昆》ウジ(蛆).
Mä·del [メーデる mέ:dəl] 中 -s/-[s] (南ドイツ, オーストリア -n) 《口語》=Mädchen
Ma·de·moi·selle [マデモアゼる madəmoazέl] 《フランス》女 -/Mesdemoiselles [メデモアゼる] (未婚婦人に対する敬称または呼びかけで:)…さん, …嬢(ドイツ語のFräuleinに当たる; 略: 単 Mlle., 複 Mlles.).
ma·dig [マーディヒ má:dıç] 形 うじのわいた, 虫食いの.
▶ **madig|machen**
ma·dig|ma·chen [マーディヒ・マッヘン má:dıç-màxən] 他 (h) ① 《口語》人·事⁴ を悪く言う, けなす. ② 《口語》(人³の事⁴(楽しみなど)を)だいなしにする.
Ma·don·na [マドンナ madóna] 《イタリア》女 -/..donnen 《宗教》① 《複 なし》聖母マリア. ② 聖母マリア[画]像.
Ma·don·nen bild [マドンネン・ビるト] 中 -[e]s/-er 聖母マリア像.
Ma·drid [マドリット madrít] -s/ 《都市名》マドリード(スペインの首都).
Ma·dri·gal [マドリガーる madrigá:l] 《イタリア》中 -s/-e ① 《文学》(牧歌風の)叙情詩. ② 《音楽》マドリガル(14世紀および16·17世紀のイタリアの多声歌曲形式).
ma·es·to·so [マエストーゾ maεstó:zo] 《イタリア》副 《音楽》マエストーゾ, 厳かに, 壮厳に.
Ma·es·tro [マエストロ maέstro] 《イタリア》男 -s/-s (または ..estri) (音楽の)大家, 巨匠, マエストロ, 大作曲家, 名指揮者; 《古》音楽教師.
Maf·fia [マフィア máfia] 《イタリア》女 -/-s =Mafia
Ma·fia [マフィア máfia] 《イタリア》女 -/-s 秘密犯罪結社, マフィア(シチリア島で19世紀に結成された).
Ma·fi·o·so [マフィオーゾ mafió:zo] 《イタリア》男 -[s]/..fiosi マフィアの一員.
****mag** [マーク má:k] ***mögen**¹ (…かもしれない; 好む)の1人称単数·3人称単数 現在. Kommt sie? - [Das] *mag* sein. 彼女は来るの? - 来るかもしれないね.
Ma·ga·zin [マガツィーン magatsí:n] 中 -s/-e ① (娯楽·グラビア)雑誌; (ラジオ·テレビの)ニュース解説番組. ② 倉庫; (図書館などの)書庫, (博物館などの)資料室. ③ (銃の)弾倉.
Magd [マークト má:kt] 女 -/Mägde [メークデ] ① (農家などの)手伝い女. ② 《雅》乙女, 処女. Maria, die reine *Magd* 《宗教》聖処女マリア.
Mag·da·le·na [マクダれーナ makdalé:na] -s/ 《女名》マクダレーナ.
Mag·da·le·ne [マクダれーネ makdalé:nə] -[n]s/ 《女名》マクダレーネ.
Mag·de·burg [マクデ·ブルク mákdə-burk] 中 -s/ 《都市名》マクデブルク(ドイツ, ザクセン·アン

ハルト州の州都. エルベ河畔の工業都市: 〔地図 E-2〕.

*der Ma·gen [マーゲン máːgən] 男 (単2) -s/(複) Mägen [メーゲン] または (複) — 胃, 胃袋; おなか. (米 *stomach*). Er hat einen guten (schwachen) *Magen*. 彼は胃が丈夫だ(弱い) / Mein *Magen* knurrt. または Mir knurrt der *Magen*. 私はおなかがくうくう鳴っている / sich³ den *Magen* verderben 胃をこわす / Bei diesem Gedanken dreht sich mir der *Magen* um. 《口語》それを考えると私は胸がむかむかする / 物⁴ **auf** nüchternen *Magen* trinken 物⁴をすきっ腹に飲む / Die Aufregung schlägt ihm jedes Mal auf den *Magen*. 興奮すると彼はいつも胃を悪くする / nichts⁴ **im** *Magen* haben 《口語》何も食べていない / 人³ [schwer] im *Magen* liegen a) 人³の胃にもたれる, b) 《口語》人³にとって気が重い(うんざりである) / **mit** leerem *Magen* すきっ腹を抱えて.

Mä·gen [メーゲン] *Magen (胃)の複.

Ma·gen⸗be·schwer·den [マーゲン・ベシュヴェーァデン] 複 胃障害, 胃の不調.

Ma·gen·bit·ter [マーゲン・ビッタァ] 男 -s/— マーゲンビター(苦味の強い健胃薬草酒).

ma·gen·freund·lich [マーゲン・フロイントリヒ] 形 胃に優しい, 消化しやすい.

Ma·gen⸗ge·schwür [マーゲン・ゲシュヴューァ] 中 -[e]s/-e 《医》胃潰瘍(かいよう).

Ma·gen·gru·be [マーゲン・グルーベ] 女 -/-n 《医》みぞおち, 心窩(しんか).

Ma·gen·knur·ren [マーゲン・クヌレン] 中 -s/ (空腹で)お腹がくうくう鳴ること(音).

Ma·gen·krampf [マーゲン・クランプフ] 男 -[e]s/..krämpfe 《医》胃けいれん.

Ma·gen·krebs [マーゲン・クレープス] 男 -es/ 《医》胃癌(がん).

Ma·gen⸗saft [マーゲン・ザフト] 男 -[e]s/..säfte 《医》胃液.

Ma·gen⸗säu·re [マーゲン・ゾイレ] 女 -/-n 《医》胃酸.

Ma·gen⸗schmerz [マーゲン・シュメルツ] 男 -es/-en 《ふつう複》胃痛.

Ma·gen·ver·stim·mung [マーゲン・フェァシュティムング] 女 -/-en (軽い)消化不良.

ma·ger [マーガァ máːgər] 形 ① やせた, 肉づきの悪い, 骨ばった. 反「太った」ist fett). ein *magerer* Mensch やせた人. (〔類語〕dünn). ② 脂肪の少ない, 栄養分のない. 反「脂肪の多い」ist fett). *mageres* Fleisch 脂(あぶら)の少ない肉. ③ (土地が)やせた, 不毛の. *magerer* Boden やせた土地 / eine *magere* Ernte (比)乏しい収穫. ④ わずかの, (内容の)乏しい, 貧弱の. ein *magerer* Lohn わずかな賃金.

Ma·ger·keit [マーガァカイト] 女 -/ ① やせていること. ② (栄養分・内容などが)乏しいこと.

Ma·ger⸗milch [マーガァ・ミルヒ] 女 -/ スキムミルク, 脱脂乳.

Ma·ger·sucht [マーガァ・ズフト] 女 -/ 《医》拒食症.

die **Ma·gie** [マギー magíː] 女 (単) -/ ① 魔法, 魔術; マジック, 手品. (英 *magic*). *Magie*⁴ treiben 魔法を使う / schwarze *Magie* 黒魔術(悪霊を呼び出す魔術) / ein Meister der *Magie* 手品の名人. ② 魔力, 神秘的な力. die *Magie* des Wortes 言葉の魔力.

Ma·gi·er [マーギァ máːgiər] 男 -s/— 魔術師, 魔法使い; 手品(奇術)師. (女性形: -in).

ma·gisch [マーギッシュ máːgɪʃ] 形 魔術的な; 不可思議な. ein *magisches* Quadrat 魔方陣.

Ma·gis·ter [マギスタァ magístər] 男 -s/— (かつての)修士[号]. (1999年以降ヨーロッパ共通の学位名として Master が導入された). *Magister* Artium 〔文学〕修士 (略: M. A.).

Ma·gis·trat [マギストラート magɪstráːt] 男 -[e]s/-e ① 市庁, 市当局; 市(町・村)参事会. ② (古代ローマの)高級官吏(官職).

Mag·ma [マグマ mágma] 中 -s/Magmen 《地学》マグマ.

Ma·gnat [マグナート magnáːt] 男 -en/-en ① 大実業家; 大地主. ② (昔の:)大貴族(特にハンガリー・ポーランドの).

Ma·gne·si·um [マグネーズィウム magnéːzium] 中 -s/ 《化》マグネシウム(記号: Mg).

Ma·gnet [マグネート magnéːt] 男 -en (または -[e]s)/-e (まれに -en) ① 磁石, 磁鉄; 電磁石. ② 《比》(多くの人を引きつける)注目の的.

Ma·gnet⸗bahn [マグネート・バーン] 女 -/-en =*Magnet*schwebebahn

Ma·gnet⸗band [マグネート・バント] 中 -[e]s/..bänder 〔ニシ〕磁気テープ.

Ma·gnet⸗feld [マグネート・フェルト] 中 -[e]s/-er 《物》磁場, 磁界.

ma·gne·tisch [マグネーティッシュ magnéːtɪʃ] 形 磁石の, 磁気を帯びた. das *magnetische* Feld 磁場 / 物⁴ *magnetisch* an|ziehen 《比》磁石のように人⁴を引きつける.

ma·gne·ti·sie·ren [マグネティズィーレン magnetizíːrən] 他 (h) ① 《物》磁化する. ② (人⁴に)磁気療法を施す.

Ma·gne·tis·mus [マグネティスムス magnetísmus] 男 -/ ① 《物》磁気, 磁力; 磁気学. ② 磁気療法.

Ma·gnet⸗kar·te [マグネート・カルテ] 女 -/-n 磁気カード(クレジットカードなど).

Ma·gnet⸗na·del [マグネート・ナーデル] 女 -/-n 磁針, 磁石の針.

Ma·gnet·schwe·be·bahn [マグネート・シュヴェーベバーン] 女 -/-en 磁気浮上式鉄道(リニアモーターで車両を推進する).

Ma·gnet⸗strei·fen [マグネート・シュトライフェン] 男 -s/— 磁気テープ.

Ma·gni·fi·kat [マグニーフィカット magníːfikat] 中 -[s]/ 《カトリック》マグニフィカト(聖母マリア賛歌); 《音楽》マニフィカト.

Ma·gni·fi·zenz [マグニーフィツェンツ magnifitsénts] 女 -/-en ① 〔圏 なし〕学長閣下(大学学長に対する敬称). Eure (または Euer) *Magni-*

fizenz (呼びかけで:)学長閣下. ② (大学の)学長.

Ma·gno·lie [マグノーリェ magnóːliə] 囡 -/-n (植) モクレン(木蓮).

＊**magst** [マークスト máːkst] ＊mögen¹ (…かもしれない; 好む)の2人称親称単数 直在. *Magst du ihn?* 彼のこと好きなの?

mäh! [メー méː] 間 (やぎ・羊の鳴き声:)めえー.

Ma·ha·go·ni [マハゴーニ mahagóːni] 匣 -s/- (植) マホガニー[材].

Ma·ha·rad·scha [マハラージャ maharáːdʒa] 男 -s/-s マハラジャ(インドの大王[の称号]).

Mahd [マート máːt] 囡 -/-en (方) 草刈り, (穀物・牧草の)刈入れ; 刈り取った牧草.

Mäh·dre·scher [メー・ドレッシャァ] 男 -s/- (農) コンバイン, 刈り取り脱穀機.

mä·hen¹ [メーエン méːən] (mähte, *hat* ... *gemäht*) 他 (定了) haben) ① (草・穀物⁴を)**刈る**, 刈り取る. Getreide⁴ *mähen* 穀物を刈り取る. ② (畑など⁴の)草を刈る. die Wiese⁴ *mähen* 牧草地の草を刈る.

mä·hen² [メーエン] 自 (h) (やぎ・羊が)めえーと鳴く.

Mä·her [メーアァ méːər] 男 -s/- ① (口語) 草(芝)刈り機. ② (草などを)刈る人. (女性形: -in).

Mahl [マール máːl] 匣 -[e]s/Mähler (または -e) 【ふつう 単】(雅) 食事; 会食. (⇒ 類語 Essen).

mah·len(*) [マーレン máːlən] (mahlte, *hat* ... *gemahlen*) **I** 他 (定了) haben) ① (穀物など⁴を)**ひく**, 粉にする, すりつぶす. (英 grind). Getreide⁴ *mahlen* 穀物をひいて粉にする / Kaffee⁴ grob (fein) *mahlen* コーヒー豆を粗く(細かく)ひく. ◇【目的語なしでも】Wer zuerst kommt, *mahlt* zuerst. (ことわざ) 早い者勝ち(←いちばん先に来た者が, いちばん先に粉をひく). ② (粉⁴を)ひく. Mehl⁴ *mahlen* 粉をひく.
II 自 (定了) haben) (車輪が砂の中などで)空回りする.

Mah·ler [マーらァ máːlər] -s/- (人名) マーラー(Gustav *Mahler* 1860-1911; 後期ロマン派に属するオーストリアの作曲家・指揮者).

mahl·te [マーるテ máːltə] mahlen (穀物などをひく)の 過去.

Mahl⌇zahn [マーる・ツァーン] 男 -[e]s/..zähne (医) 白歯(きゅうし).

＊*die* **Mahl⌇zeit** [マーる・ツァイト máːl-tsaɪt] 囡 (単) -/(複) -en **食事**; 料理; 会食. (英 meal). eine leichte *Mahlzeit* 軽い食事 / [Gesegnete] *Mahlzeit*! (食前のあいさつで:)おいしく召しあがれ / *Mahlzeit*! (昼食時間に同僚間のあいさつで:) (口語) お食事ですね / [Na dann] prost *Mahlzeit*! (口語) とんだことになったものだ. (⇒ 類語 Essen).

Mäh⌇ma·schi·ne [メー・マシーネ] 囡 -/-n (農) 草刈り(刈り取り)機.

Mahn⌇brief [マーン・ブリーふ] 男 -[e]s/-e (支払い)督促(催促)状.

Mäh·ne [メーネ méːnə] 囡 -/-n ① (馬・ライオンなどの)たてがみ. ② (戯) (ぼさぼさの)長髪.

mah·nen [マーネン máːnən] (mahnte, *hat* ... *gemahnt*) 他 (定了) haben) ① 【人⁴ [動]³】(人⁴に【動³をするように】)**強く促す**, 警告する. (英 urge). 人⁴ zur Eile *mahnen* 人⁴に急ぐよう注意する / 人⁴ zur Ruhe *mahnen* 人⁴に休むように勧める. ◇【zu 不定詞[句]とともに】Er *mahnte* mich, es nicht zu vergessen. 彼は私にそれを忘れるなと注意した. ◇【現在分詞の形で】ein *mahnender* Blick 注意を促すまなざし.
② 【人⁴ **an** 動⁴ (または wegen 匣²) ～】(人⁴に 動⁴(または 匣²)を)思い起こさせる, 忘れないように注意する. 人⁴ an seine Pflichten 人⁴に義務を忘れないようにと注意する / 人⁴ wegen der Steuern *mahnen* 人⁴に税金の督促をする.

Mahn⌇mal [マーン・マーる] 匣 -[e]s/-e (まれに ..mäler) (過去の過ちを忘れないための)記念碑.

Mahn⌇schrei·ben [マーン・シュライベン] 匣 -s/- (支払い)督促(催促)状 (＝Mahnbrief).

mahn·te [マーンテ] mahnen (強く促す)の 過去.

Mah·nung [マーヌング] 囡 -/-en ① 勧告, 警告, 注意. ② 督促状.

Mäh·re [メーレ méːrə] 囡 -/-n 老いぼれ馬.

Mäh·ren [メーレン méːrən] 匣 -s/ (地名) モラビア(チェコとスロバキアにまたがる地方).

mäh·te [メーテ] mähen¹ (刈る) の 過去.

＊*der* **Mai** [マイ máɪ] 男 (単 2) - (または -[e]s; 詩: -en)/(複) -e (3格のみ -en) 【ふつう 単】**5月**. (英 May). (⇒ 月名 ⇒ Monat). ein kühler *Mai* 肌寒い5月 / Anfang *Mai* 5月初めに / der Erste *Mai* メーデー(5月1日) / Er steht noch **im** *Mai* seines Lebens. (雅) 彼はまだまだ若い(←人生の春にいる).

Mai⌇baum [マイ・バオム] 男 -[e]s/..bäume (民俗) メイポール(5月祭の飾り柱).

Maibaum

Mai⌇fei·er [マイ・ふァイアァ] 囡 -/-n メーデーのデモ(パレード・式典).

Mai⌇glöck·chen [マイ・グれックヒェン] 匣 -s/- (植) スズラン.

Mai⌇kä·fer [マイ・ケーふァァ] 男 -s/- (昆) コフキコガネ(コガネムシの一種).

Mail [メーる méːl] [英] 囡 -/-s (南ドォ・オスト・スイス:

Mai·land [マイ・ラント mái-lant] 田 -s/《都市名》ミラノ(イタリアの州およびその州都).

Mail·box [メーる・ボクス mé:l-bɔks] [英] 囡 -/-en メールボックス.

mai·len [メーれン mé:lən] 他 (h) 《コンピュ》(知らせなど⁴を)Eメールで送る. ◇《目的語なしでも》 Hast du ihm schon *gemailt*? 君は彼にもうメールしたの.

Mai·ling=lis·te [メーリング・リステ] 囡 -/-n 《コンピュ》メーリングリスト.

Mail=or·der [メーる・オーァダァ] [英] 囡 -/-s 通信販売.

der **Main** [マイン máin] 男 -[e]s/《定冠詞とともに》《川名》マイン川. Frankfurt am *Main* マイン河畔のフランクフルト (⇒ 地図 D～E-3～4).

Mainz [マインツ máints] 田《都市名》マインツ (ドイツ, ラインラント・プファルツ州. ドイツ最古の都市の一つで, 州の文化・経済の中心) (⇒ 地図 D-4).

der **Mais** [マイス máis] 男 (単2) -es/《種類を表すときのみ: 複》-e《植》トウモロコシ. (英 *maize*). *Mais*⁴ ernten とうもろこしを収穫する.

Maisch [マイシュ máiʃ] 男 -[e]s/-e =Maische

Mai·sche [マイシェ máiʃə] 囡 -/-n (ワイン・ビールなどの)仕込み原料.

Mais=kol·ben [マイス・コるベン] 男 -s/- とうもろこしの穂軸(じく)(実を付けたしん).

Ma·jes·tät [マイェステート majesté:t] 囡 -/-en ① 《複 なし》陛下(国王などに対する敬称). Euer (または Eure) *Majestät* (呼びかけで:)陛下 (略: Ew. M.) / Ihre *Majestät* 皇后(女王)陛下 (略: I. M.) / Seine *Majestät* 陛下 (略: S[e]. M.). ② 国王, 皇帝. die *Majestäten* 皇帝(国王)夫妻. ③ 《複 なし》《雅》尊厳, 威厳; 威容. die *Majestät* des Todes 死の尊厳.

ma·jes·tä·tisch [マイェステーティッシュ majesté:tɪʃ] 形 堂々とした, 威厳のある, 荘厳な.

Ma·jes·täts=be·lei·di·gung [マイェステーツ・べらイディグング] 囡 -/-en《法》不敬罪, 大逆罪;《戯》ひどい侮辱.

Ma·jo·li·ka [マヨーリカ majó:lika] 囡 -/..liken (または -s) マジョリカ焼き(彩色した陶器).

Ma·jo·nä·se [マヨネーゼ majonéːzə] 囡 -/-n マヨネーズ (=Mayonnaise).

Ma·jor [マヨーァ majóːɐ̯] 男 -s/-e《軍》少佐. (女性形: -in).

Ma·jo·ran [マヨーラン máːjoran または マヨラーン] 男 -s/-e《植》マジョラム (地中海沿岸のシソ科の植物. 薬用・香辛料に用いる).

Ma·jo·ri·tät [マヨリテート majorité:t] 囡 -/-en (票決などの)多数[派], 過半数. (⇒「票決などの少数[派]」は Minorität).

Ma·jus·kel [マユスケる majúskəl] 囡 -/-n 《印》大文字, キャピタル[レター].

ma·ka·ber [マカーバァ maká:bɐ̯r] 形 (死を思い出させるほど)不気味な, 陰気な, 暗い.

Ma·ke·do·ni·en [マケドーニエン makedó:niən] 田 -s/ ① =Mazedonien ② 《地名》マケドニア(ギリシャ北東部, エーゲ海沿岸地方).

Ma·kel [マーケる máːkəl] 男 -s/-《雅》① 恥辱, 汚名. ② 欠点, 欠陥.

Mä·ke·lei [メーケらイ mɛːkəlái] 囡 -/-en 《複 なし》あら探し. ② 酷評.

mä·ke·lig [メーケリヒ mɛ́ːkəlɪç] 形 あら探しばかりする.

ma·kel=los [マーケる・ろース] 形 欠点のない, 非の打ちどころのない; 染み一つない.

mä·keln [メーケるン mɛ́ːkəln] 自 (h) あら探しをする, けちをつける. an 人・物³ *mäkeln* 人・物³ のあら探しをする.

Make-up [メーク・アップ] [英] 田 -s/-s ① 化粧品(用具). ② メークアップ, 化粧.

Mak·ka·ro·ni [マカローニ makaró:ni] 《複》《料理》マカロニ.

Mak·ler [マークらァ má:klɐ̯] 男 -s/- 仲買人, ブローカー, (特に:)不動産屋. (女性形: -in).

Mak·ler=ge·bühr [マークらァ・ゲビューァ] 囡 -/-en 仲介料, 周旋(しゅうせん)料.

mäk·lig [メークリヒ mɛ́ːklɪç] 形 =mäkelig

Ma·kre·le [マクレーれ makré:lə] 囡 -/-n《魚》サバ(鯖).

ma·kro.., Ma·kro.. [マクロ.. makro.. またはマークロ..] 《形容詞・名詞につける 接頭》《大…, 長…》(母音の前では makr.. となることがある). 例: *makro*kosmisch 大宇宙の.

Ma·kro·kos·mos [マークロ・コスモス] 男 -/- 大宇宙. (⇔「小宇宙」は Mikrokosmos).

Ma·kro·ne [マクローネ makró:nə] 囡 -/-n マカロン(アーモンドなど卵白・砂糖で作るクッキー).

Ma·ku·la·tur [マクらトゥーァ makulatú:ɐ̯] 囡 -/-en ① 《印》(刷り損じの)紙くず. ② くず紙, 古新聞. *Makulatur*⁴ reden《口語》くだらぬことをしゃべる.

mal¹ [マーる má:l] 副 …倍, …掛ける… (記号: × または ·). Zwei *mal* vier ist acht. 2掛ける4は8.

mal² [マーる má:l] 副《口語》(=ein*mal*) ① 《文中でのアクセントして》誘い・督促の気持ちを表して》[まあ]ちょっと. Hör *mal*! ちょっと聞いてよ / Komm [doch] *mal* her, bitte! ちょっとここへ来てちょうだい. ② 《つて》昔, 以前. Waren Sie schon *mal* in Köln? あなたはケルンにいらっしゃったことがありますか. ③ いつか, そのうちに. Ich glaube, ich muss *mal* Urlaub machen. 私はそのうちに休暇をとらなければいけないと思う. ④ 《文中でのアクセントなしで; 他の副詞などとともに》erst *mal* (または erst*mal*)《口語》まず初めに, まずまっで / nicht *mal* …すらない / noch *mal* (または noch*mal*) もう一度 ⇒ Zeig das noch *mal* (または noch*mal*)! もう一度それを見せて!

..mal [..マーる ..má:l] 《副詞をつくる 接尾》 ① 《度・回・倍》 例: drei*mal* (=3-*mal*) 3度. ② 《(…の時に)》例: dies*mal* 今回.

*_das_ **Mal**¹ [マーる má:l] 田 (単2) -[e]s/(複) -e (3格のみ -en) 度, 回. (英 _time_). dies eine _Mal_ nur この1回だけ / Es war das erste und [zugleich] das letzte _Mal_. それは最初にして最後だった / ein anderes _Mal_ 別の折に / ein einziges _Mal_ 一度だけ / jedes _Mal_ 毎回 / einige _Mal_[e] 2, 3回 / mehrere _Mal_[e] 何度か / nächstes _Mal_ または das nächste _Mal_ 次回に / voriges _Mal_ または das vorige _Mal_ 前回に.
◇〔前置詞とともに〕 **beim** ersten (zweiten) _Mal_ 1度(2度)目に / _Mal_ **für** _Mal_ そのつど［新たに］/ ein für alle _Mal_[e] これっきりで, きっぱりと / **mit** einem _Mal_[e] 不意に, 突然 / ein _Mal_ **über** (または **um**) das andere 1回おきに / **von** _Mal_ **zu** _Mal_ 回を重ねるごとに / zum ersten _Mal_ 初めて / zum letzten _Mal_ 最後に.

Mal² [マーる] 田 -[e]s/-e (または Mäler) ① 〖圈ふつう -e〗 ほくろ, あざ. ein blaues _Mal_ 青あざ. ② 〖圈ふつう Mäler〗 (雅) 記念碑, 墓標. ③ 〖圈 -e〗 (スポ) (ラインの)標識; (クリケットの)ウィケット; (ラグビーの)[イン]ゴール.

ma·la·de [マらーデ malá:də] 形 体調が悪い.

Ma·laie [マらイエ maláɪə] 男 -n/-n マレー人. (女性形: Malaiin).

ma·lai·isch [マらイイッシュ maláɪɪʃ] 形 マレー[人・語]の.

Ma·la·ria [マらーリア malá:ria] 女 -/ (医) マラリア.

Ma·lay·sia [マらイズィア maláɪzia] 田 -s/ (国名) マレーシア (首都はクアラルンプール).

Ma·lay·si·er [マらイズィアァ maláɪziɐ] 男 -s/- マレーシア人. (女性形: -in).

***ma·len** [マーれン má:lən]

描く	Was _malen_ Sie denn?
	ヴァス マーれン ズィー デン
	何を描いているのですか.

(malte, _hat_ ... gemalt) **I** 他 (完了 haben) ① (絵の具と筆で)描く, かく, (人·物⁴を)絵を描く. (英 _paint_). ein Porträt⁴ _malen_ 肖像画を描く / ein Bild⁴ **auf** Leinwand _malen_ カンバスに絵を描く / Er _malt_ nur [Bilder⁴] **in** Öl. 彼は油絵しか描かない / Blumen⁴ **nach** der Natur _malen_ 花を写生する / Er _malt_ die Zukunft allzu rosig. (比) 彼は未来をあまりにもばら色に思い描いている. ◇〔目的語なしでも〕 Sie _malt_ aber gut! 絵がお上手ですね.
② (圈⁴に)ペンキ[塗料]を塗る, 色を塗る. die Türen⁴ _malen_ ドアにペンキを塗る / Der Herbst _malt_ die Wälder bunt. (比) 秋は森を多彩な色に染める.
③ (文字などを)ゆっくりと(ていねいに)書く.
④ (口語) (圈⁴に) 口紅(マニキュア)を塗る. sich³ die Lippen⁴ _malen_ 口紅を塗る.
II 再帰 (完了 haben) _sich_⁴ _malen_ 〖場所を表す語句とともに〗 (雅) (感情などが...に)現れる.

Auf (または In) seinem Gesicht _malte sich_ Erstaunen. 彼の顔に驚きの色が浮かんだ.

der **Ma·ler** [マーらァ má:lɐ] 男 (単2) -s/(複) - (3格のみ -n) (英 _painter_) ① 画家. ein _Maler_ des Impressionismus 印象派の画家. ② 塗装工, ペンキ屋.

die **Ma·le·rei** [マーれライ ma:lərái] 女 (単) -/(複) -en ① 〖圈 なし〗 (芸術ジャンルとしての)絵画. (英 _painting_). die _Malerei_ der Romantik² ロマン派の絵画 / die abstrakte _Malerei_ 抽象画. ② 〖ふつう 圈〗 (個々の)絵, 絵画. (英 _picture_). Wand_malerei_ 壁画.

Ma·le·rin [マーれリン má:lərɪn] 女 -/-.rinnen (女性形の)画家, 女流画家.

ma·le·risch [マーれリッシュ má:lərɪʃ] 形 ① 絵画の; (美) 絵画的な. ein _malerisches_ Talent 画才. ② 絵のような[美しさの]. ein _malerischer_ Anblick 絵のように美しい眺め.

Mal·heur [マろーァ malø:r] 〖仏〗 田 -s/-e (または -s)《口語》(ちょっとした)災難, 不運.

..ma·lig [..マーりヒ ..ma:lɪç] 〖形容詞をつくる 接尾〗 (...度·回の) 例: drei_malig_ (=3-_malig_) 3度(回)の.

Ma·li·zi·ös [マリツィエース malitsiø:s] 形 悪意のある, 意地悪い.

Mal·kas·ten [マーる·カステン] 男 -s/..kästen 絵の具箱.

Mal·lor·ca [マろルカ malórka または マヨルカ majórka] 田 -s/ (島名·国名) マジョルカ島 (スペイン領バレアレス諸島最大の島で観光地となっている).

mal|neh·men* [マーる·ネーメン má:l-nè:mən] 他 (h) 掛ける, 乗じる (=multiplizieren). 3 mit 5 _malnehmen_ 3に5を掛ける.

ma·lo·chen [マろヘン malóxən または マろー.. maló:..] 〖過分 malocht〗 自 (h) 《俗》つらい仕事をする, あくせく働く.

..mals [..マーるス ..ma:ls] 〖副詞をつくる 接尾〗 (...度·回) 例: mehr_mals_ 何回も.

Mal·ta [マるタ málta] 田 -s/ (島名·国名) マルタ[共和国] (地中海中央部の島[とそれを中心とする共和国]. 首都はバレッタ).

mal·te [マーるテ] *malen (描く)の 過去

Mal·te·ser·kreuz [マるテーザァ·クロイツ] 田 -es/-e ① マルタ騎士団十字架. ②(映) マルタクロス (①の形をした断続的フィルム送り装置).

mal·trä·tie·ren [マるトレティーレン maltrɛtí:rən] 他 (h) ① (人·動物⁴を)虐待する. ② (圈⁴を)乱暴に取り扱う.

Mal·ve [マるヴェ málvə] 女 -/-n (植) ゼニアオイ.

Malz [マるツ málts] 田 -es/ モルト, 麦芽.

Malz bier [マるツ·ビーァ] 田 -[e]s/-e 麦芽ビール (アルコール分が少なく, 麦芽の甘味がある黒ビール).

Malz bon·bon [マるツ·ボンボン] 男田 -s/-s (甘味入り)麦芽ドロップ (せき止め用).

Mal zei·chen [マーる·ツァイヒェン] 田 -s/- (数) 乗法記号 (×または·).

mäl·zen [めるツェン méltsən] 他 (h) (大麦などを⁴)麦芽にする.

Malz≠kaf・fee [マるツ・カフェ] 男 -s/ 麦芽コーヒー(代用コーヒーの一種).

Ma・ma [マーマ máma または ママー] 囡 -/-s ママ, お母さん. (◁▷「パパ」は Papa).

Mam・bo [マンボ mámbo] 男 -[s]/-s (または 囡 -/-s) マンボ(ラテン・アメリカのダンス[曲]).

Ma・mi [マンミ mámi] 囡 -/-s 《幼児》 ママ. (◁▷「パパ」は Papi).

Mam・mon [マンモン mámɔn] 男 -s/ (ふつう軽蔑的に:)富, 金銭 (ルカによる福音書 16, 13 など).

Mam・mut [マンムット mámut または ..ムート ..mu:t] 中 -s/-e (または -s) 《動》 マンモス.

mamp・fen [マンプフェン mámpfən] 他 (h)・自 (h) 《俗》 口いっぱいにほおばって食べる.

Mam・sell [マムぜる mamzél] 囡 -/-en (または -s) ① (レストランなどの)女性の料理人, 給仕. ② 家政婦, お手伝い;《古》未婚の女性.

man[1] [マン mán]

人は, 人々は

Wie sagt *man* das auf Deutsch?
ヴィー ザークト マン ダス アオフ ドイチュ
それはドイツ語で何と言いますか.

中《不定代名詞; 2 格 *eines* (ほとんど用いられない), 3 格 *einem*, 4 格 *einen*》《つねに単数》人は, 人々は; だれかが. (◁▷ 日本語ではこの man を訳す必要のない場合が多い). Wie kommt *man* zum Bahnhof? 駅へはどう行くのですか / So etwas tut *man* nicht. そんなことはするものではない / *Man* sagt, dass… …といううわさだ / *Man* nehme zwei Eier und 100 Gramm Zucker. 《接 1・現在》(料理の本で:)卵 2 個と砂糖 100 グラムを用いること.

◇《自分[たち]を指して》Darf *man* hier rauchen? ここでたばこを吸ってよろしいでしょうか. ◇《相手を指して》*Man* wolle keinen Unsinn schwatzen!《接 1・現在》ばかなことは言わないでしょうがい.

▶ man は er など他の代名詞で言い換えることはできず, 後続の文でも man を繰り返す. また man の所有冠詞は sein, 再帰代名詞は sich. なお不定代名詞の man と名詞の Mann「男性・夫」を混同しないこと.

man[2] [マン] 副《北ドシ》さあ, まあ. Na, denn *man* los! a) さあやれ, b) さあやるぞ.

Ma・nage・ment [メニチュメント ménɪtʃmənt] [英] 中 -s/-s ①《複なし》マネージメント, 経営, 管理. ②《大企業の》経営陣.

ma・na・gen [メニチェン ménɪdʒən] (managte, *hat* …gemanagt) 他 (h) ①《口語》(うまく)処理する, (催し物など[4])とり仕切る; 経営する. ②《囚[4]の》マネージャーを務める.

Ma・na・ger [メニチャァ ménɪdʒər] [英] 男 -s/- (企業の)管理者, 経営者; (芸術家・スポーツ選手などの)マネージャー. (女性形: -in).

Ma・na・ger≠krank・heit [メニチャァ・クランクハイト] 囡 -/ 管理職病, マネージャー病.

* **manch** [マンヒ mánç] 中《不定代名詞; 語尾変化は dieser と同じ, ただし男性・中性単数の 2 格で名詞に -s がある場合は mancher (奥 some)》①《付加語として》(全体の中で)幾人かの, いくつかの, ある部分の. (◁▷ 単数形でも複数を意味する). *mancher* Student または *manche* Studenten 幾人かの学生たち / *Manche* Leute glauben das. 一部の人たちはそのことを信じている / In *mancher* Beziehung hast du recht (または Recht). いくつかの点では君の言うことは正しい / so *manche* Stadt 少なからぬ町. ◇《無語尾で》*manch* alter Mensch 一部の老人たち / *manch* liebes Mal《古》ときどき.

②《名詞的に》幾人かの, いくつかのこと(もの). *manche* von uns (ihnen) われわれ(彼ら)のうちの何人か / *Manche* sind anderer Meinung[2]. 別の意見を持つ人も何人かいる / Ich habe Ihnen *manches* zu erzählen. 私はあなたにいろいろとお話しすることがあります.

▶ 後続の形容詞はふつう弱変化であるが, 複数では強変化することが多い. 無語尾で用いられた. manch のあとでは強変化する.

man・che [マンヒェ], **man・chem** [マンヒェム], **man・chen** [マンヒェン], **man・cher** [マンヒャァ] 中《不定代名詞》 ☞ manch

man・cher・lei [マンヒャァらイ máncərlái] 形《無語尾で》種々の, いろいろな, さまざまな. *mancherlei* Hausrat いろいろな家財道具. ◇《名詞的に》Ich habe noch *mancherlei* zu tun. 私はまだやることがいろいろある.

man・ches [マンヒェス] 中《不定代名詞》 ☞ manch

Man・ches・ter I [メンチェスタァ méntʃɛstər] 中 -s/《都市名》マンチェスター(イギリス中西部). II [マンチェスタァ または マンシェス.. manʃés..] 男 -s/《織》マンチェスター綿布, コール天.

manch≠mal [マンヒ・マーる máncma:l] 副 ときどき, ときには. (奥 *sometimes*). *Manchmal* besuche ich meine Großmutter. ときどき私は祖母を訪ねる / Es hat *manchmal* nicht geklappt. ときにはうまくいかないことがあった / Er spielt *manchmal* Tennis, *manchmal* Fußball. 彼はテニスをしたりサッカーをしたりする.

▶[類語] **manchmal**: (規則的に起こるのでなく, 事情に応じて)ときどき. **gelegentlich**: (機会があるときに)ときたま. **von Zeit zu Zeit**: (多少とも規則的な時間間隔で)ときどき. **ab und zu**: (必要に応じて)ときどき.

Man・dant [マンダント mandánt] 男 -en/-en《法》委任者; (弁護士にとっての)訴訟依頼人. (女性形: -in).

Man・da・ri・ne [マンダリーネ mandarí:nə] 囡 -/-n《植》マンダリン(ミカンの一種).

Man・dat [マンダート mandá:t] 中 -[e]s/-e ①《法》(弁護士への[訴訟])委任. ②《政》(選挙による議員への)委任, 権能付与; (議会の)議席.

Man・del [マンデる mándəl] 囡 -/-n ①《植》アーモンド, 扁桃(ぬ). ②《ふつう 複》《医》扁桃(ぬ)[腺(ぜ)].

Man·del·ent·zün·dung [マンデる・エントツュンドゥング] 囡 -/-en《医》扁桃(ヘン)腺(セン)炎.

man·del·för·mig [マンデる・フェルミヒ] 形 アーモンド形の, 楕円(ダエン)形の.

Man·do·li·ne [マンドリーネ mandolíːnə] 囡 -/-n《音楽》マンドリン.

Ma·ne·ge [マネージェ manéːʒə] 囡 -/-n (サーカスの) 円形演技場; 馬場.

Man·fred [マン・ふレート mán-freːt] -s/《男名》マンフレート.

Man·ga [マンガ máŋga] 甲男 -s/-[s] (日本の) マンガ (漫画).

Man·gan [マンガーン maŋgáːn] 甲 -s/《化》マンガン (記号: Mn).

der **Man·gel**¹ [マンゲる máŋəl] 男 (単2) -s/ (複) Mängel [メングる] (3格のみ Mängeln) ① 【複なし】欠乏, 不足; 窮乏. (英) lack). Vitaminmangel ビタミン欠乏 / Mangel an Erfahrung³ 経験不足 / einen Mangel empfinden 不足を感じる / 人⁴ aus Mangel an Beweisen frei/sprechen 証拠不十分により人⁴の無罪を宣告する. ② 《ふつう 複》欠点, 欠陥. (英 defect). bauliche Mängel 建築上の欠陥.

Man·gel² [マンゲる] 囡 -/-n (洗濯物をプレスする) ローラー, しわ伸ばし機. 人⁴ durch die Mangel drehen または 人⁴ in die Mangel nehmen 《俗》人⁴をこっぴどくやっつける.

Män·gel [メンゲる] Mangel¹ (欠点) の 複

Man·gel·be·ruf [マンゲる・ベルーふ] 男 -[e]s/-e 人手不足の職業.

Man·gel·er·schei·nung [マンゲる・エァシャイヌング] 囡 -/-en《医》(ビタミン・ミネラルなどの) 欠乏症状.

man·gel·haft [マンゲるハふト máŋəlhaft] 形 (比較 mangelhafter, 最上 mangelhaftest) ① 不足した, 不十分な; 欠点 (欠陥) のある. mangelhafte Waren 欠陥商品 / Sein Gedächtnis ist mangelhaft. 彼の記憶力は心もとない. ② (成績評価で:) 不可の. (← 成績評価については ☞ gut ⑪).

Man·gel·krank·heit [マンゲる・クランクハイト] 囡 -/-en《医》欠乏症 (ビタミン欠乏症など).

man·geln¹ [マンゲるン máŋəln] (mangelte, hat ... gemangelt) I 自 (完了 haben) (必要な物が)人³に)欠けている. Ihm mangelt der Mut. 彼には勇気が欠けている. II 《非人称》(完了 haben)『es mangelt [人³] an 人·物³ の形で』[人³に]人·物³が欠けている, 足りない. Es mangelt uns an Geld. 私たちにはお金がない. (☞ 類語 fehlen).

man·geln² [マンゲるン] 他 (h)《南ド》(洗濯物⁴を) ローラーにかけてプレスする.

Män·gel·rü·ge [メンゲる・リューゲ] 囡 -/-n《商》(欠陥などのある) 商品に対するクレーム.

man·gels [マンゲるス] 前《2格 (まれに3格) とともに》《官庁》… の欠如により. mangels eindeutiger Beweise 明白な証拠に欠けるため.

man·gel·te [マンゲるテ] mangeln¹ (欠けている) の 過去

Man·gel·wa·re [マンゲる・ヴァーレ] 囡 -/-n (特に戦時の) 欠乏物資, 品薄の商品.

Man·go [マンゴ máŋɡo] 囡 -/..gonen [..ゴーネン] (または -s)《植》マンゴー [の木・実].

Man·gold [マンゴるト máŋɡɔlt] 男 -[e]s/ (種類:) -e 《ふつう 単》《植》 フダンソウ.

Man·gro·ve [マングローヴェ maŋɡróːvə] 囡 -/-n《植》マングローブ (熱帯の入江などに生える常緑林).

Ma·nie [マニー maníː] 囡 -/-n [マニーエン] ① 熱狂, … 狂, マニア. ②《心・医》躁病(ソウビョウ).

Ma·nier [マニーァ maníːr] 囡 -/-en ①【複なし】仕方, 流儀; (芸術上の) 手法, 様式; わざとらしさ. Das ist seine Manier. それが彼のやり方だ. ②《ふつう 複》マナー, 礼儀, 作法.

ma·nie·riert [マニーリァト maniríːrt] 形 不自然な, わざとらしい, 気取った.

Ma·nie·ris·mus [マニーリスムス manirísmus] 男 -/..rismen ①【複なし】《美・文学》マニエリスム (美術・文学史上ルネサンスとバロックとの中間の, 誇張した表現を特徴とする様式. 1520-1580頃). ② マニエリスム期. ③ マニエリスム的な様式.

ma·nier·lich [マニーァりヒ] 形 行儀のよい, 礼儀正しい;《比》まずまずの, 悪くはない.

ma·ni·fest [マニふェスト manifést] 形 ① 明白な, 一目瞭然の (リョウゼン). ②《医》顕性の.

Ma·ni·fest [マニふェスト] 甲 -[e]s/-e ① 宣言 [書], 声明 [書], マニフェスト; 告示, 発表. das Kommunistische *Manifest* 共産党宣言 (1848年) / ein *Manifest*⁴ veröffentlichen 声明を発表する. ②《海》(船の) 積み荷目録.

Ma·ni·fes·ta·ti·on [マニふェスタツィオーン manifestatsióːn] 囡 -/-en ① 告示, 発表. ②《医》(症状の) 発現.

ma·ni·fes·tie·ren [マニふェスティーレン manifestíːrən] I 他 (h) はっきり示す. II 再帰『sich⁴ manifestieren』はっきり現れる.

Ma·ni·kü·re [マニキューレ manikýːrə] 囡 -/-n ①【複なし】マニキュア (手の爪(ツメ)の手入れ). ② ネールアーチスト. ③ マニキュアセット (用具入れ).

ma·ni·kü·ren [マニキューレン manikýːrən] 他 (h) (手の爪(ツメ)に) マニキュアをする.

Ma·ni·la [マニーら maníːla] 甲 -s/《都市名》マニラ (フィリピンの首都).

Ma·ni·pu·la·ti·on [マニプらツィオーン manipulatsióːn] 囡 -/-en ① (世論などの) 操作. ②《ふつう 複》策動, 陰謀. ③ 巧みな操作, 細工.

ma·ni·pu·lie·ren [マニプリーレン manipulíːrən] I 他 (h) ① (世論など⁴を) 巧みに操る; (相場など⁴を) 操作する. ② (機械⁴を) 巧みに扱う. II 自 (h)『an (または mit)³ ~』物³を手際よく処理する, 巧みに操る.

ma·nisch [マーニッシュ máːnɪʃ] 形 ① 病的に高揚した. ②《心》躁病(ソウビョウ)の.

Man·ko [マンコ máŋko] 甲 -s/-s ① 不足, 欠点, 不備. ②《経》欠損, 赤字.

der Mann[1] [マン mán]

男性; 夫 Wer ist der *Mann* dort?
ヴェーア イスト デア マン ドルト
あそこの男の人はだれですか.

格	単		複	
1	der	Mann	die	Männer
2	des	Mannes	der	Männer
3	dem	Mann	den	Männern
4	den	Mann	die	Männer

男 (単 2) -es (まれに -s)/(複) Männer [メンナァ] (3 格のみ Männern) ① 男性, 男, [成年]男子; (性別に関係なく:)人. (英 man). (メモ「女性」は Frau). ein junger (alter) *Mann* 若い(年とった)男 / ein großer *Mann* 背の高い男 / *Mann* mittleren Alters 中年の男 / ein *Mann* der Tat[2] 実行力の男 / ein *Mann* von Einfluss 影響力のある人 / ein *Mann* von Welt 世慣れた人 / der *Mann* auf der Straße 庶民, 普通の人 / ein gemachter *Mann*《口語》《口語》に成功した男 / der kleine *Mann* a)《口語》(財力のない)小市民, b)《俗》ペニス / der *Mann* im Mond 月の男(日本で言う「月のうさぎ」) / Er ist ein ganzer *Mann*. 彼はりっぱな男だ / wie ein *Mann* a) 男らしく, b)《比》[全員]いっせいに / Junger *Mann*, können Sie mir mal helfen? そこのお若い方, ちょっと手伝ってくださいませんか / Ein *Mann*, ein Wort. 《諺》男子に二言なし / Dafür ist er der rechte *Mann*. それには彼はうってつけだ / Selbst ist der *Mann*. 独立独行は男子の本領 / seinen *Mann* stehen (または stellen) りっぱにやっていく ⇒ Frauen können auch ihren *Mann* stehen. 女性もりっぱにその任を果たせる / Du hast wohl einen kleinen *Mann* im Ohr!《俗》気は確かかい / den wilden *Mann* spielen《口語》荒れ狂う.

◇《前置詞とともに》*Mann* an *Mann* 押し合いへし合いして / 物[4] an den *Mann* bringen 物[4]を売りつける / *Mann* für *Mann* 一人ずつ, 次々に / ein Kampf *Mann* gegen *Mann* — 対一の戦い / mit *Mann* und Maus untergehen (船が)乗組員もろとも沈没する(←一人もねずみもいっしょに) / ein Gespräch von *Mann* zu *Mann* 男どうしの話し合い. ◇《呼びかけ・驚きを表して》[Mein lieber] *Mann*!《俗》おやおや / *Mann* [Gottes]!《俗》なんたることだ.

② 夫, 亭主. (英 husband). (メモ「妻」は Frau). Sie leben wie *Mann* und Frau. 彼らは夫婦のように暮らしている / mein *Mann* 私の夫, うちの主人 / einen *Mann* bekommen (女性が)結婚する / Wie geht's Ihrem *Mann*? ご主人はお元気ですか / Grüßen Sie bitte Ihren *Mann* von mir! ご主人によろしく / Sie lebt von ihrem *Mann* getrennt. 彼女は夫と別居している.

③〖複 Mann〗(人員が)…名;〖兵員・乗組員などの〗人員. vier *Mann* hoch 4 名で / Alle *Mann* an Deck!《海》総員甲板へ. ④〖複 Mannen〗(昔の:)家臣, 家来. der König und seine *Mannen* 王とその家臣たち.

類語 der *Mann*: 成年男子(一般を指す). (不定代名詞 man と混同しないこと). der *Herr*: (男性に対する敬語的な言い回し)男の方, 紳士. der *Kerl*: (俗語的な言い回し)やつ, 男, 若者.

Mann[2] [マン] –s/〖人名〗マン (兄 Heinrich *Mann* 1871–1950; 弟 Thomas *Mann* 1875–1955; ともにドイツの作家. トーマス・マンは 1929 年ノーベル文学賞受賞).

Man·na [マンナ mána] 中 -[s]/ (または 女 -/) ①〖聖〗マナ(イスラエルの民が荒野で天から与えられた食物, 出エジプト記 16, 15). ②〖植〗マンナ(マンナトネリコなどの甘い樹液).

mann·bar [マンバール] 形《雅》(少女が)結婚適齢期になった; (少年が)性的に成熟した.

Männ·chen [メンヒェン ménçən] 中 -s/- (Mann の 縮小) ① (動物の)雄. *Männchen*[4] machen (動物が)あと足で立つ, ちんちんする. ② 小男.

Man·ne·quin [マネケン mánəkɛ̃ または ..ケーン] [発] 中 (まれに 男) -s/-s ① ファッションモデル, マヌカン. ② 〖美〗マネキン人形.

die Män·ner [メンナァ ménər] ‡Mann[1] (男性の)複. Für solche Arbeiten benötigen wir kräftige *Männer*. そのような仕事をするには力のある男たちが必要だ.

Män·ner=chor [メンナァ・コーァ] 男 -[e]s/..chöre 男声合唱[団].

Män·ner=sa·che [メンナァ・ザッヘ] 女 -/-n 男[だけ]の問題.

Man·nes=al·ter [マンネス・アるタァ] 中 -s/ 壮年[期]. Er ist im besten *Mannesalter*. 彼は男盛りだ.

Man·nes=kraft [マンネス・クラふト] 女 -/ 男性の生殖力(体力・能力).

mann·haft [マンハふト] 形《雅》男らしい, 雄々しい.

Mann·haf·tig·keit [マンハふティヒカイト] 女 -/《雅》男らしさ, 雄々しさ.

Mann·heim [マン・ハイム mán-haim] 中 -s/《都市名》マンハイム(ドイツ, バーデン・ヴュルテンベルク州: [地図] D-4).

man·nig·fach [マニヒ・ふァッハ] 形《雅》種々の, さまざまな.

man·nig·fal·tig [マニヒ・ふァるティヒ] 形《雅》種々の, 多種多様な.

Man·nig·fal·tig·keit [マニヒ・ふァるティヒカイト] 女 -/ 多種多様, 多様性.

männ·lich [メンリヒ ménlıç] 形 ① (性的に)男性の; 雄の. (英 male). (メモ「女性の」は weiblich). ein *männlicher* Erbe 男の相続人 / *männliche* Blüten〖植〗雄花(ぉぅ). ② 男性の; 男性用の. eine *männliche* Stimme 男性の声 / *männliche* Kleidung 男の服装. ③ 男らしい, 男性的な. ④〖言〗男性の;〖詩学〗男性の(韻).

Männ·lich·keit [メンリヒカイト] 囡 -/ 男らしさ.

Manns✍bild [マンス・ビるト] 甲 -[e]s/-er 《南ドゥ・オーストゥ・口語》(肉体的なものを強調して:) 男.

die **Mann·schaft** [マンシャふト mánʃaft] 囡 (単) -/(複) -en ① (英 team) ① チーム, 選手団. Fußball*mannschaft* サッカーチーム / eine *Mannschaft*⁴ auf|stellen チームを編成する. ② (船の)乗組員, (飛行機の)搭乗員. ③ 《軍》(総称として:)兵員. ④ 《口語》作業(プロジェクトなど)チーム, スタッフ. ⑤ 《圏 で》(将校に対して:)兵士たち.

Mann·schafts✍füh·rer [マンシャふツ・ふューラァ] 男 -s/- (⁽²型⁾) チームのキャプテン. (女性形: -in).

Mann·schafts✍geist [マンシャふツ・ガイスト] 男 -[e]s/ (⁽²型⁾) チームの和(団結心).

manns✍hoch [マンス・ホーホ] 形 大人の背丈ほどの.

manns✍toll [マンス・トる] 形 《口語》(女が)男狂いの, 色情狂の.

Mann✍weib [マン・ヴァイプ] 甲 -[e]s/-er (軽蔑的に:)男まさり[の女].

Ma·no·me·ter [マノメータァ manomé:tər] 甲 -s/- ① 《物》圧力計, マノメータ. ② 《俗》(間投詞として:)おやまあ!; なんてひどい!

Ma·nö·ver [マネーヴァァ manǿ:vər] 甲 -s/- ① 《軍》(大規模な)機動(艦隊)演習. ② (部隊などの)巧みな展開, (車などの)巧みな操縦. ③ (軽蔑的に:)策略.

ma·nö·vrie·ren [マネヴリーレン manøvríːrən] I 自 (h) ① 《軍》演習を行う. ② (船・車などが)巧みに進路をとる. ③ (比)策略を用いる. II 他 (h) ① (船・車などを…へ)巧みに操縦する, (…から)動かす. ② (人⁴をある状況に)巧みに導く, (地位などに)巧みに就ける.

Man·sar·de [マンザルデ manzárdə] [仏⁷] 囡 -/-n (建) (二重勾配(こうばい)の)マンサード屋根 (☞ Dach 図); (マンサードの)屋根裏部屋.

man·schen [マンシェン mánʃən] 他 (h) 《口語》① 《in 物³ ~》(物³(どろどろしたもの)を)かき混ぜる. ② (子供が)どろんこ遊びをする.

Man·schet·te [マンシェッテ manʃétə] 囡 -/-n ① (シャツなどの)袖口(そでぐち), カフス; 《医》(血圧計の)圧迫帯. **vor** 人・物³ *Manschette*[n]⁴ haben 《口語》人・物³を恐れている. ② (植木鉢などの)縁飾り. ③ (⁽²型⁾)(レスリングの)反則締め技. ④ 《工》パッキング.

Man·schet·ten✍knopf [マンシェッテン・クノプふ] 男 -[e]s/..knöpfe カフスボタン.

⁎*der* **Man·tel** [マンテる mántəl]

コート
Der *Mantel* ist wasserdicht.
デァ マンテる イスト ヴァッサァディヒト
このコートは防水してある.

男 (単) -s/(複) Mäntel [メンテる] (3格のみ Mänteln) ① コート, オーバー, マント, ガウン. (英 *coat*). Regen*mantel* レインコート / ein warmer *Mantel* 暖かいコート / den *Mantel* an|ziehen (aus|ziehen) コートを着る(脱ぐ) / den *Mantel* **an** der Garderobe ab|geben コートをクロークに預ける / 人³ **aus** dem *Mantel* (**in** den *Mantel*) helfen 人³がコートを脱ぐ(着る)のを手伝う / 囲⁴ **mit** dem *Mantel* der Nächstenliebe² bedecken (または zu|decken) (比) 囲⁴(人の誤ちなどを)大目に見る(←隣人愛のマントで覆う) / den *Mantel* nach dem Wind drehen (または hängen) (比) (軽蔑的に:)その時々の支配的な意見に合わせる.
② (工) (パイプ・電線などの)外被; (シリンダーの)ジャケット; (チューブ入りタイヤの)タイヤ外被; (動) 外套(がいとう)[膜]; (数) (円錐(えんすい)形などの)側面. ③ 《経》(利札を除く)証券の本券.

Män·tel [メンテる] ⚡Mantel (コート)の複.

Män·tel·chen [メンテるヒェン méntəlçən] 甲 -s/- (Mantel の ⁽縮小⁾) 小さなコート, 子供用のコート. 囲³ ein *Mäntelchen*⁴ um|hängen (比) 囲³を言いくろう(←コートで覆い隠す).

Man·tel·ta·rif [マンテる・タリふ] 男 -s/-e 《経》概略協定賃率.

Ma·nu·al¹ [メヌエる ménjuəl] 《英》甲 -s/-s (コンピュータなどの)マニアル.

Ma·nu·al² [マヌアーる manuá:l] 甲 -s/-e ① 《音楽》(オルガンなどの)手鍵盤(けんばん). ② 《古》日記.

ma·nu·ell [マヌエる manuél] 形 手の; 手で行う, 手細工の.

Ma·nu·fak·tur [マヌふァクトゥーァ manufaktúːr] 囡 -/-en 《古》① マニュファクチュア, 工場制手工業. ② 手工業製品.

das **Ma·nu·skript** [マヌスクリプト manuskrípt] 甲 (単 2) -[e]s/(複) -e (3格のみ -en) ① 原稿, 草稿(略: Ms., Mskr., 複: Mss.). (英 *manuscript*). das *Manuskript*⁴ **in** Druck geben 原稿を印刷に回す. ② (古代・中世の)写本.

Mao·is·mus [マオイスムス maoísmus] 男 -/ 毛沢東主義.

die **Map·pe** [マッペ mápə] 囡 (単) -/(複) -n ① (書類などをはさむ)ファイル, バインダー. (英 *folder*). Briefe⁴ **in** die *Mappe* legen 手紙をファイルにはさむ. ② [書類]かばん. (英 *briefcase*). Schul*mappe* 学生かばん / Bücher⁴ **in** die *Mappe* stecken 本をかばんに入れる.

Mär [メーァ méːr] 囡 -/-en (雅・戯)(不思議な)お話, おとぎ話; (皮肉って:)作り話.

Ma·ra·thon✍lauf [マーラトン・らオふ] 男 -[e]s/ マラソン[競技].

Ma·ra·thon✍läu·fer [マーラトン・ろイふァァ] 男 -s/- マラソン走者. (女性形: -in).

Mar·burg [マール・ブルク máːr-burk または マル..] 甲 -s/ 《都市名》 マールブルク(正式名称は *Marburg* an der Lahn. ドイツ, ヘッセン州: ☞ 地図 D-3).

⁎*das* **Mär·chen** [メーァヒェン méːrçən] 甲 (単 2) -s/(複) - ① おとぎ話, メルヘン, 童話.

(🅈 fairy tale). Kunst*märchen* 創作童話 / die *Märchen* der Brüder² Grimm グリム童話 / Die Großmutter erzählte den Kindern ein *Märchen*. おばあさんが子供たちにおとぎ話を話して聞かせた / Das klingt wie ein *Märchen*. それはすばらしい(夢のような話だ).
② 《口語》作り話. Erzähl mir doch keine *Märchen*! 作り話(口から出まかせ)はやめてくれ.

Mär·chen⁄buch [メーァヒェン・ブーフ] 🅐 -[e]s/..bücher 童話の本.

mär·chen·haft [メーァヒェンハフト méːrçənhaft] 🅕 (比較 märchenhafter, 最上 märchenhaftest) ① おとぎ話のような, 童話風の. eine *märchenhafte* Erzählung 童話風の物語. ② すばらしく美しい;《口語》信じられないほどの. *märchenhafte* Entwicklung der Technik² 科学技術の驚くべき発達.

Mär·chen⁄land [メーァヒェン・ラント] 🅐 -[e]s/..länder おとぎの国, メルヘンの世界.

Mär·chen⁄welt [メーァヒェン・ヴェルト] 🅕 -/-en おとぎ話(メルヘン)の世界.

Mar·der [マルダァ márdər] 🅜 -s/- ① 《動》テン(貂). ② 《俗》(すばしこい)泥棒.

Mar·ga·re·ta [マルガレータ margaréːta] 🅕 -s/《女名》マルガレータ.

Mar·ga·re·te [マルガレーテ margaréːtə] 🅕 -[n]s/《女名》マルガレーテ.

die **Mar·ga·ri·ne** [マルガリーネ margaríːnə] 《外》🅕 (単) -/《化》— マーガリン. *Margarine*⁴ aufs Brot streichen マーガリンをパンに塗る.

Mar·ge [マルジェ márʒə] 《外》🅕 -/-n ① 差異, 開き. ②《経》マージン.

Mar·ge·ri·te [マルゲリーテ margəríːtə] 🅕 -/-n 《植》フランスギク(マーガレットとは別品種).

mar·gi·nal [マルギナール margináːl] 🅕 ① 周辺の, 付随的な. ②《社·心》境界領域の.

Mar·gi·na·lie [マルギナーリエ margináːliə] 🅕 -/-n (ふつう 耄) 本などの)欄外注, 傍注.

Mar·got [マルゴット márgot または ..ɡoː] -s/《女名》マルゴット.

Ma·ria [マリーア maríːa] **I** — (または Mariens [マリーエンス])/《女名》マリーア. ②《男名》マリーア(聖母マリアの加護を願って第2の名前として; 例: Rainer *Maria* Rilke ライナー・マリーア・リルケ). **II** Mariä [マリーエ] /《聖》《人名》マリア(イエス·キリストの母). die Jungfrau *Maria* 《キリスト》聖母マリア / *Mariä* Himmelfahrt 《キリスト》聖母被昇天[の祭日] (8月15日) / Jesus *Maria*! (驚きを示す)なんだことだ.

Ma·ria Laach [マリーア ラーハ maríːa láːx] 🅐 -s/ マリーア·ラーハ修道院(ボンの南方にある. 1093年創立で, ロマネスク様式).

Ma·ri·an·ne [マリアンネ mariánə] -[n]s/《女名》マリアンネ.

Ma·ria The·re·sia [マリーア テレーズィア maríːa teréːzia] - -s/《人名》マリーア·テレージア(1717–1780; オーストリア·ハープスブルク家の女帝).

Ma·rie [マリー maríː] -[n]s [マリーエン]s/《女名》マリー.

Ma·ri·en·bad [マリーエン・バート maríːenbaːt] 🅐 -s/《都市名》マリーエンバート(チェコ西部のボヘミアの温泉町).

Ma·ri·en⁄bild [マリーエン・ビルト] 🅐 -[e]s/-er 《美》聖母マリア像.

Ma·ri·en⁄kä·fer [マリーエン・ケーファァ] 🅜 -s/- 《昆》テントウムシ.

Ma·ri·hu·a·na [マリフアーナ marihuáːna または ..xuáːna] 🅐 -s/ マリファナ(麻薬の一種).

Ma·ril·le [マリれ maríllə] 🅕 -/-n 《オスタ》《植》アンズ(= Aprikose).

Ma·ri·na·de [マリナーデ marináːdə] 🅕 -/-n 《料理》マリナード(魚·肉類の漬け汁. 酢·油·ぶどう酒などからなる); マリナード漬けの魚(肉), マリネ.

Ma·ri·ne [マリーネ maríːnə] 🅕 -/-n ① (一国の)船舶, 海軍. 彼は海軍にいる. ② 《美》海洋画.

ma·ri·ne⁄blau [マリーネ・ブラオ] 🅕 濃紺色の, ネービーブルーの.

Ma·ri·ne⁄in·fan·te·rie [マリーネ・インファンテリー] 🅕 -/-n [..リーエン] 海兵隊.

Ma·ri·ne⁄of·fi·zier [マリーネ・オフィツィーァ] 🅜 -s/-e 海軍将校, 海軍士官. (女性形: -in).

Ma·ri·ne⁄sol·dat [マリーネ・ゾルダート] 🅜 -en/-en 水兵, 海軍兵士. (女性形: -in).

ma·ri·nie·ren [マリニーレン maríːnɪrən] 🅣 (h) 《料理》(魚·野菜など⁴を)マリネにする. ◊《過去分詞の形で》*marinierte* Heringe にしんのマリネ.

Ma·ri·on [マーリオン máːrion] -s/《女名》マーリオン.

Ma·ri·o·net·te [マリオネッテ mariɔnétə] 《外》🅕 -/-n 操り人形, マリオネット;《比》(他人の意のままに)操られる人, 傀儡(かいらい).

Ma·ri·o·net·ten⁄thea·ter [マリオネッテン・テアータァ] 🅐 -s/- 操り人形芝居, マリオネット劇[場].

ma·ri·tim [マリティーム maríːtɪm] 🅕 ① 海の, 海産の. ② 海運の, 船舶の.

die **Mark**¹ [マルク márk] 🅕 (単) -/(複) — マルク (2001年までのドイツの通貨単位; 1 Mark = 100 Pfennig). Deutsche *Mark* ドイツ·マルク(略: DM) / 8,25 DM (= acht *Mark* fünfundzwanzig [Pfennig]) 8マルク25ペニヒ / Kannst du mir fünfzig *Mark* wechseln? 50マルク両替してくれないか / jede *Mark*⁴ [zweimal (または dreimal)] um|drehen 《口語》倹約家である.(「硬貨の 🅐 は Markstücke, 紙幣の 🅐 は Markscheine を用いた).

Mark² [マルク] 🅕 -/-en ① 《史》国境[地方], 辺境. ② (ラグビーの)タッチ.

Mark³ [マルク] 🅐 -[e]s/ ① 髄(ﾂｲ)[質]; 骨髄, 脊髄(ｾｷｽｲ);《比》精髄, 核心. ◊³ das *Mark*⁴ aus den Knochen saugen《口語》人の骨まで しゃぶる(搾取する) / ◊³ durch *Mark* und Bein gehen ◊³の骨身にしみる / kein *Mark*⁴ in den Knochen haben a) 病気がちである, b) 気力がない / bis ins *Mark* 骨の髄まで. ② 《料理》(トマトなどの)ピューレ. Tomaten*mark* トマトピューレ.

mar·kant [マルカント markánt] 形 特徴のはっきりした, 際だった. *markante* Gesichtszüge 彫りの深い顔だち.

die **Mar·ke** [マルケ márkə] 女 (単) -/(複) -n ① (目印としての)券, 札; 認識票 (＝Erkennungs*marke*); 食券 (＝Essen*marke*); クロークの預り札 (＝Garderoben*marke*); 犬の鑑札 (＝Hunde*marke*).
② 郵便切手 (＝Brief*marke*). 《英》*postage stamp*). eine *Marke*⁴ auf den Brief kleben 手紙に切手を貼(は)る.
③ 銘柄, ブランド; 商標. 《英》*brand*). eine bekannte *Marke* 有名な銘柄 ／ eine neue *Marke*⁴ aus|probieren 新しい銘柄を十分にテストする. ④ 目印, マーク, 標識; 《スラ》レコード. ⑤ 《俗》[変わった]やつ. Du bist eine komische *Marke*! 君はおかしなやつだ.

Mar·ken⚮ar·ti·kel [マルケン・アルティーケル] 男 -s/- 《経》銘柄品, ブランド商品.

Mar·ken⚮but·ter [マルケン・ブッタァ] 女 -/ (一定の規格に合った)優良バター.

Mar·ken⚮fa·bri·kat [マルケン・ファブリカート] 中 -[e]s/-e ＝Markenartikel

Mar·ken⚮na·me [マルケン・ナーメ] 男 -ns (3格・4格 -n)/-n (ブランド商品の)商標名.

Mar·ken⚮schutz [マルケン・シュッツ] 男 -es/- 商標保護.

Mar·ken⚮wa·re [マルケン・ヴァーレ] 女 -/-n 《経》銘柄品, ブランド商品.

Mar·ken⚮zei·chen [マルケン・ツァイヒェン] 中 -s/- 商標, トレードマーク.

Mar·ker [márkɐr márkər または マール..] 男 -s/- ① マーカー(文章などに目印を付けるフェルトペン). ② 《言》[句構造] 標識.

mark·er·schüt·ternd [マルク・エァシュッタァント] 形 骨の髄(ずい)まで揺り動かすような, 耳をつんざくような(叫び声など).

Mar·ke·ten·der [マルケテンダァ markəténdər] 男 -s/- (昔の:) 従軍商人. (女性形: ..in).

Mar·ke·ting [マルケティング márkətɪŋ または マーケティ.. máːrkɪt..] [英] 中 -[s]/ 《経》マーケティング, 市場活動.

Mark⚮graf [マルク・グラーフ] 男 -en/-en 《史》辺境伯. (女性形: ..gräfin).

mar·kie·ren [マルキーレン markí:rən] 他 (h) ① (物⁴に)印(しるし)(記号・標識)を付ける. einen Weg *markieren* 道しるべを付ける ／ eine neue Epoche⁴ *markieren* 《比》新時代を画する. ② 際だたせる, 強調する. ◇[再帰的に] sich⁴ *markieren* 際だつ, 目立つ. ③ 《口語》[人·事⁴の]ふりをする, 装う. Er *markiert* [den Kranken] nur. 彼は[病人の]ふりをしているだけだ. ④ (きっぷ)(切符⁴に)使用済みの日付を入れる.

Mar·kie·rung [マルキールング] 女 -/-en 目印(標識)[を付けること].

mar·kig [マルキヒ márkɪç] 形 力の込もった, 力強い, 威勢のいい.

Mar·ki·se [マルキーゼ markí:zə] 女 -/-n (店先・バルコニーなどの) 日よけ.

Mark⚮stein [マルク・シュタイン] 男 -[e]s/-e 画期的出来事; 《古》境界石.

Mark⚮stück [マルク・シュテュック] 中 -[e]s/-e 旧1マルク硬貨.

‡*der* **Markt** [マルクト márkt]

> 市(いち); (市のたつ)広場
>
> Wir wohnen am *Markt*.
> ヴィァ ヴォーネン アム マルクト
> 私たちは市のたつ広場の脇に住んでいます.

男 (単2) -es (まれに -s)/(複) Märkte [メルクテ] (3格のみ Märkten) ① 市(いち), 市場(いちば). 《英》*market*). Freitags ist *Markt*. 金曜日には市がたつ ／ **auf** den *Markt* (または **zum** *Markt*) gehen 市場へ行く ／ Jeden Mittwoch wird hier *Markt* abgehalten. 【受動·現在】毎週水曜日にここで市が開かれる.
② (市のたつ)広場, 中央広場. (＝*Marktplatz*). **über** den *Markt* gehen 中央広場を横切って行く ／ Diese Straße führt **zum** *Markt*. この道は中央広場へ通じている.
③ 《経》市場(じょう); (商品の)需給. Welt*markt* 世界市場 ／ der innere *Markt* 国内市場 ／ der graue *Markt* 闇(やみ)すれすれの取引 ／ der schwarze *Markt* ブラックマーケット ／ **auf** den *Markt* bringen 物⁴を市に出す.

> 《ズ》..markt のいろいろ: **Arbeitsmarkt** 労働市場 ／ **Flohmarkt** のみの市 ／ **Inlandsmarkt** 国内市場 ／ **Jahrmarkt** 年の市 ／ **Schwarzmarkt** 闇市 ／ **Supermarkt** スーパーマーケット ／ **Viehmarkt** 家畜市場 ／ **Weihnachtsmarkt** クリスマスの市 ／ **Weltmarkt** 世界市場 ／ **Wochenmarkt** 一定の曜日に開かれる市

Markt⚮ana·ly·se [マルクト・アナリューゼ] 女 -/-n 《経》市場分析.

Markt⚮an·teil [マルクト・アンタイル] 男 -[e]s/-e 《経》市場占有率, シェア.

Markt⚮bu·de [マルクト・ブーデ] 女 -/-n 市(いち)の売店, 露店.

Märk·te [メルクテ] ‡Markt (市(いち))の 複

Markt⚮for·schung [マルクト・フォルシュング] 女 -/-en 《経》市場調査, マーケットリサーチ.

Markt⚮frau [マルクト・フラオ] 女 -/-en (女性の)市場(いちば)の商人, 露店女.

Markt⚮hal·le [マルクト・ハレ] 女 -/-n (ホール型の)マーケット, 屋内市場.

Markt⚮la·ge [マルクト・らーゲ] 女 -/ 《経》市況, 商況.

Markt⚮lü·cke [マルクト・リュッケ] 女 -/-n 《経》マーケットギャップ(需要がありながら商品の供給が欠けている分野).

der **Markt⚮platz** [マルクト・プラッツ márkt-plats] 男 (単2) -es/(複) ..plätze [..プれッツェ] (3格のみ ..plätzen) (市のたつ)広場, 中央広場. Das Rathaus steht **am** *Marktplatz*. 市庁舎は中央広場に面している.

Markt⚮preis [マルクト・プライス] 男 -es/-e 《経》市場価格, 相場, 時価.

Markt⚮schrei·er [マルクト・シュライァ] 男 -s/- (大声で無遠慮な)市(いち)の呼び売り商人,

(大声で客を呼ぶ)大道商人. (女性形: -in).

markt≈**schrei**･**e**･**risch** [マルクト・シュライエリッシュ] 形 大声で呼び売りをする, 大道商人のような, 誇大な(広告など).

Markt≈**tag** [マルクト・ターク] 男 -[e]s/-e 市(いち)のたつ日.

Markt≈**wert** [マルクト・ヴェーァト] 男 -[e]s/《経》市場価値.

Markt≈**wirt**･**schaft** [マルクト・ヴィルトシャフト] 女 -/《経》市場経済. (〈参〉「計画経済」は Planwirtschaft).

Mar･**kus** [マルクス márkus] ① 《男名》マルクス. ② 《聖》《人名》マルコ(『マルコによる福音書』を書いた人).

die **Mar**･**me**･**la**･**de** [マルメラーデ marmǝláːdǝ] 女(単)-/(複)-n ジャム, マーマレード. (英 jam). Erdbeer*marmelade* いちごジャム / *Marmelade* aufs Brot streichen パンにジャムを塗る.

Mar･**mor** [マルモァ mármɔr] 男 -s/-e 大理石. eine Statue **aus** *Marmor* 大理石像.

mar･**mo**･**rie**･**ren** [マルモリーレン marmoríːrǝn] 他 (h) (物⁴に)大理石模様をつける.

mar･**mo**･**riert** [マルモリーァト] I marmorieren (大理石模様をつける)の 過分 II 形 大理石模様のある.

Mar･**mor**≈**ku**･**chen** [マルモァ・クーヘン] 男 -s/- マーブルケーキ(チョコレートなどを使って大理石模様に焼いたケーキ).

mar･**morn** [マルモルン mármɔrn] 形 《付加語としてのみ》① 大理石[製]の. eine *marmorne* Statue 大理石の立像. ② 《雅》大理石のような.

Mar･**mor**≈**plat**･**te** [マルモァ・プらッテ] 女 -/-n 大理石板.

ma･**ro**･**de** [マローデ maróːdǝ] 形 ① 堕落した. ②《方》疲れきった.

Ma･**rok**･**ka**･**ner** [マロカーナァ marɔkáːnǝr] 男 -s/- モロッコ人. (女性形: -in).

ma･**rok**･**ka**･**nisch** [マロカーニッシュ marɔkáːnɪʃ] 形 モロッコの.

Ma･**rok**･**ko** [マロッコ marɔ́ko] 中 -s/《国名》モロッコ王国(首都はラバト).

Ma･**ro**･**ne** [マローネ maróːnǝ] 女 -/-n (方: ..roni)《植》マロン, クリ.

Ma･**ro**･**ni** [マローニ maróːni] 女 -/-《南ドィ, オｽﾄﾘｱ》=Marone

Ma･**ro**･**quin** [マロケーン marokɛ̃ː] 《沸》男 中 -s/ モロッコ革.

Ma･**rot**･**te** [マロッテ marɔ́tǝ] 《沸》女 -/-n 気まぐれ, 変な癖(習性).

Mar･**quis** [マルキー markíː] 《沸》男 -[..キース]/-[..キース] (フランスの)侯爵.

Mar･**qui**･**se** [マルキーゼ markíːzǝ] 《沸》女 -/-n (フランスの)侯爵夫人.

Mars [マルス márs] I (《ロｰﾏ神》)マルス(軍神. ギリシア神話のアレスに当たる). II 男 《定冠詞とともに》《天》火星.

marsch! [マルシュ márʃ] 間 ① 《軍》進め. Vorwärts *marsch*! 前へ進め! / Kehrt

marsch! 回れ右, 進め! ② 《口語》(促して:)さっさと. *Marsch* ins Bett! 早く寝なさい.

der **Marsch**¹ [マルシュ márʃ] 男 (単) -es (まれに -s)/Märsche [メルシェ] (3格のみ Märschen) ① 行進. 《軍》行軍, 進軍. (英 march). einen *Marsch* machen 行進をする / Die Truppe ist **auf** dem *Marsch* an die Front. 部隊は前線へ行軍中である / 囚⁴ **in** *Marsch* setzen a) 囚⁴に進を始めさせる, b)《比》囚⁴に行動を起こさせる / sich⁴ in *Marsch* setzen 行進し始める.
② 《音楽》行進曲, マーチ. Hochzeits*marsch* ウェディングマーチ / 囚³ den *Marsch* blasen 《俗》囚³をしかりつける.

Marsch² [マルシュ] 女 -/-en (北海沿岸の)湿地, 沼沢地.

Mar･**schall** [マルシャる márʃal] 男 -s/..schälle ① 《軍》元帥. ② 《史》(軍事をつかさどる)主馬頭(しゅめのかみ).

Mar･**schall**≈**stab** [マルシャる・シュターブ] 男 -[e]s/..stäbe 元帥杖(じょう).

Marsch≈**be**･**fehl** [マルシュ・ベふェーる] 男 -[e]s/-e 《軍》進軍命令.

Mär･**sche** [メルシェ] Marsch¹ (行進)の 複

Marsch≈**flug**･**kör**･**per** [マルシュ・ふるークケルパァ] 男 -s/-《軍》巡航ミサイル.

Marsch≈**ge**･**päck** [マルシュ・ゲペック] 中 -[e]s/《軍》行軍装備.

mar･**schie**･**ren** [マルシーレン marʃíːrǝn] (marschierte, *ist* ... marschiert) 自 (完了 sein) ① 《軍》(兵士などが)行進する, 行軍する. (英 march). Die Soldaten *marschieren* **durch** die Stadt. 兵士が町を行軍する. (☞ 類語 gehen). ② (早足で長距離を)歩く. ③ 《口語》(物事が)着々と進む, 進展する.

mar･**schiert** [マルシーァト] marschieren (行進する)の 過分, 3人称単数・2人称敬称複数 現在

mar･**schier**･**te** [マルシーァテ] marschieren (行進する)の 過去

Marsch≈**ko**･**lon**･**ne** [マルシュ・コろンネ] 女 -/-n《軍》行軍縦隊.

Marsch≈**mu**･**sik** [マルシュ・ムズィーク] 女 -/ 行進曲, マーチ.

Marsch≈**rou**･**te** [マルシュ・ルーテ] 女 -/-n 《軍》行軍のルート(経路).

Mar･**seil**･**lai**･**se** [マルセイエーゼ marsejéːzǝ] 女 -/ ラ・マルセイエーズ(フランスの国歌).

Mar･**seille** [マルセイ marséj] 中 -s/《都市名》マルセイユ(地中海に臨むフランスの港湾都市).

Mar･**stall** [マル・シュタる már-ʃtal] 男 -[e]s/..ställe ① (昔の:) (王侯の)厩舎(きゅうしゃ). ② (総称として; 昔の:) 王侯[所有]の馬.

Mar･**ter** [マルタァ mártǝr] 女 -/-n 《雅》(精神的・肉体的な)呵責(かしゃく), 責め苦; ひどい苦痛.

mar･**tern** [マルタァン mártǝrn] 他 (h) 《雅》(囚⁴を精神的に)苦しめる; 拷問にかける. 囚⁴ **zu** Tode *martern* 囚⁴を拷問して殺す.

Mar･**ter**≈**pfahl** [マルタァ・プふァーる] 男 -[e]s/

Mar·tha [マルタ márta] -s/ 《女名》マルタ.

mar·ti·a·lisch [マルツィアーリッシュ martsiá:liʃ] 形 好戦的な, 恐ろしげな.

Mar·tin [マルティーン márti:n] -s/ 《男名》マルティーン.

Mar·tins≠horn [マルティーンス・ホルン] 中 -(e)s/..hörner 《商標》(パトカー・救急車などの)サイレン(製造会社の名から).

Mar·tins≠tag [マルティーンス・ターク] 男 -(e)s/-e 《カトリック》聖マルティヌスの祝祭日(11月11日).

Mär·ty·rer [メルテュラァ mértyrər] 男 -s/- 殉教者; (主義・信念に)殉じた人. (女性形: -in). die *Märtyrer* der Christenheit² キリスト教の殉教者たち.

Mär·ty·rer·tum [メルテュラァトゥーム] 中 -s/ 殉教; (信念の)犠牲.

Mar·ty·ri·um [マルテューリウム martý:rium] 中 -s/..rien [..リエン] ① 殉教, 受難. das *Martyrium* Christi² キリストの受難. ② 《比》苦痛, 苦しみ. ③ 殉教者礼拝堂.

Marx [マルクス márks] 《人名》マルクス (Karl *Marx* 1818–1883; ドイツの経済学者. 科学的社会主義の創始者).

Mar·xis·mus [マルクスィスムス marksísmus] 男 -/ マルクス主義.

Mar·xist [マルクスィスト marksíst] 男 -en/-en マルクス主義者, マルキスト. (女性形: -in).

mar·xis·tisch [マルクスィスティッシュ marksístiʃ] 形 マルクス主義の; マルクス主義的な.

der März [メルツ mérts] 男 (単) -(es) (詩: -en)/(複) -e (3格のみ -en) 《ふつう 単》 3月. (英 *March*). ⇒ 月名 ☞ *Monat*). ein kalter *März* 寒い3月 / Anfang *März* 3月初めに / im *März* 3月に.

Mar·zi·pan [マルツィパーン martsipá:n または マル..] 中 (オ: 男) -s/-e マルチパーン, マジパン (アーモンド入り砂糖菓子).

Ma·sche [マッシェ máʃə] 女 -/-n ① (網・編み物の)目, メッシュ. *Maschen*⁴ auf|nehmen (fallen lassen) 編み目を拾う(落とす) / durch die *Maschen* des Gesetzes schlüpfen 《比》法の網の目をくぐり抜ける. ② 《口語》(うまい)術策, 抜け道; トリック. ③ (オーストリア・スイス)(結んだ)リボン, ちょうネクタイ.

Ma·schen≠draht [マッシェン・ドラート] 男 -(e)s/..drähte 金網.

die **Ma·schi·ne** [マシーネ maʃí:nə] 女 (単) -/(複) -n ① 機械; 《口語》(自動車の)エンジン. (英 *machine*). eine *Maschine*⁴ bedienen 機械を操作する / Die *Maschine* läuft (または ist in Betrieb). 機械が作動している / Die *Maschine* steht still. 機械が止まっている / wie eine *Maschine* arbeiten 《俗》機械のように[休みなく]働く.

② 飛行機 (=Flugzeug); 《口語》オートバイ (=Motorrad). Ich fliege mit der nächsten *Maschine* nach Hamburg. 私は次の飛行機でハンブルクへ行く.

③ タイプライター (=Schreib*maschine*); ミシン; 洗濯機. einen Brief mit der *Maschine* schreiben 手紙をタイプで打つ / *Maschine*⁴ schreiben タイプライターを打つ ⇒ Ich habe früher *Maschine* geschrieben. 私はかつてタイプでものを書いていた / ein mit der *Maschine* geschriebener (または ein *maschine*[n]geschriebener) Brief タイプで打たれた手紙.

▶ ..*maschine* のいろいろ: **Bohrmaschine** 電気ドリル / **Kaffeemaschine** コーヒーメーカー / **Nähmaschine** ミシン / **Spülmaschine** 食器洗い機 / **Strickmaschine** 編み機 / **Waschmaschine** 洗濯機

ma·schi·nell [マシネる maʃinél] 形 ① 機械による. ② 機械の; 機械のような.

Ma·schi·nen≠bau [マシーネン・バオ] 男 -(e)s/ ① 機械製作. ② (学科としての)機械工学.

Ma·schi·nen≠fa·brik [マシーネン・ファブリーク] 女 -/-en 機械[製造]工場.

ma·schi·ne[n]≠ge·schrie·ben [マシーネ[ン]・ゲシュリーベン] 形 タイプライターで打った. (オーストリアでは maschingeschrieben).

Ma·schi·nen≠ge·wehr [マシーネン・ゲヴェーア] 中 -(e)s/-e 《軍》機関銃.

ma·schi·nen≠les·bar [マシーネン・れースバール] 形 《コンピュ》機械で読みとり可能な.

Ma·schi·nen≠pis·to·le [マシーネン・ピストーれ] 女 -/-n 自動拳銃(拳じょう)(小銃).

Ma·schi·nen≠scha·den [マシーネン・シャーデン] 男 -s/..schäden 機械(エンジン)の故障.

Ma·schi·nen≠schlos·ser [マシーネン・シュろッサァ] 男 -s/- 機械工. (女性形: -in).

Ma·schi·nen≠schrei·ben [マシーネン・シュライベン] 中 -s/ (文字・文書を)タイプライターで打つこと.

Ma·schi·nen≠schrift [マシーネン・シュリふト] 女 -/-en タイプライターで打った文字(文書).

Ma·schi·ne·rie [マシーネリー maʃinərí:] 女 -/-n [..リーエン] ① 機械装置; 《劇》舞台機械装置. ② (軽蔑的に)《個人の自由などが無視される社会などの)機構.

Ma·schi·ne schrei·ben* ☞ Maschine ③

Ma·schi·nist [マシニスト maʃiníst] 男 -en/-en ① 機械技師, 機械操作員. (女性形: -in). ② 《海》(船の)機関長.

Ma·ser [マーザァ má:zər] 女 -/-n (材木の)木目.

ma·se·rig [マーゼリヒ má:zəriç] 形 木目のある.

Ma·sern [マーザァン] 複 《医》はしか.

Ma·se·rung [マーゼルング] 女 -/-en 木目; 木目模様.

die **Mas·ke** [マスケ máskə] 女 (単) -/(複) -n ① 仮面, 面, マスク. (英 *mask*). eine komische *Maske* こっけいな仮面 / eine *Maske*⁴ tragen 仮面を着けている / die *Maske*⁴ ab|legen (または ab|nehmen) 仮面をはずす / die *Maske*⁴ ab|werfen (または fallen lassen) 《比》正体を現す / 囚³ die *Maske*⁴

vom Gesicht reißen 囚³の仮面をはぐ / **unter** der *Maske* der Freundschaft² 《比》友情を装った.
② (美顔用の)パック; (俳優の)メークアップ; 扮装(ふんそう). *Maske*⁴ machen メークアップをする. ③ 仮面をつけた人. ④ フェンシング用のマスク (=Fecht*maske*); ガスマスク (=Gas*maske*); 酸素マスク (=Sauerstoff*maske*); デスマスク (=Toten*maske*). ⑤ 《写》焼き枠, マスク [フィルター].

Mas·ken·ball [マスケン・バル] 男 -(e)s/..bälle 仮面(仮装)舞踏会.

Mas·ken·bild·ner [マスケン・ビルドナァ] 男 -s/- (劇・映) メークアップ係. (女性形: -in).

mas·ken·haft [マスケンハフト] 形 仮面のような, 表情のない(顔など).

Mas·ke·ra·de [マスケラーデ maskərá:də] 女 -/-n ① 《雅》 仮装, 変装; 見せかけ, 偽装. ② 仮面(仮装)舞踏会.

mas·kie·ren [マスキーレン maskí:rən] I 他 (h) ① (囚⁴に)仮面をかぶせる; (方) 仮装させる. ② 隠す, カムフラージュする. ③ 《料理》 (物⁴に)ソース(糖衣)をかける. II 再帰 (h) *sich*⁴ *maskieren* 仮面をつける, 覆面する;《方》仮装(変装)する. Sie *maskierte* sich **als** Prinzessin. 彼女はお姫さまの扮装(ふんそう)をした.

mas·kiert [マスキーァト] I maskieren (仮面をかぶせる)の 過分 II 形 仮面(覆面)をつけた.

Mas·kott·chen [マスコットヒェン maskótçən] 中 -s/- (Maskotte の 縮小) (小さな)マスコット, お守り.

Mas·kot·te [マスコッテ maskótə] 女 -/-n マスコット, お守り.

mas·ku·lin [マスクリーン máskuli:n または ..リーン] 形 ① 《言》男性の. ② 《転》男性的; 男らしい; (女性が)男のような.

Mas·ku·li·num [マスクリーヌム máskuli:num] 中 -s/..lina 《言》男性名詞 (略: m.).

Ma·so·chis·mus [マゾヒスムス mazoxísmus] 男 -/..chismen ① 《複 なし》マゾヒズム ([異性に]虐待されて快感を覚える変態性欲. オーストリアの作家 Sacher-Masoch 1836–1895 の名から). ② マゾヒスティックな行為.

Ma·so·chist [マゾヒスト mazoxíst] 男 -en/-en マゾヒスト. (女性形: -in).

ma·so·chis·tisch [マゾヒスティッシュ mazoxístiʃ] 形 マゾヒズムの, 被虐愛の.

Mass [マス más] 女 -/-(e) (単位: -/-) 《南ドィ・オェストリ》 =Maß²

maß [マース] messen (測る)の 過去

das **Maß**¹ [マース má:s] 中 (単 2) -es/(複) -e (3 格のみ -en) ① **計量単位**; 尺度, 物差. 《英》 *measure*). Längen*maß* 長さの単位 / *Maße* und Gewichte 度量衡 / das *Maß*⁴ an 動⁴ an|legen 物⁴に物差を当てる / 物⁴ **mit** einem *Maß* messen 物を物差で計る / **mit** zweierlei *Maß* messen 《比》 えこひいきする(←2種類の物差で計る) / Das *Maß* ist voll. 《比》もう我慢ならない(←尺度いっぱいだ).

② 《ふつう 複》**寸法**, サイズ. die *Maße* eines Fensters 窓の寸法. die ideale *Maße*. 彼女は理想的なプロポーションをしている / bei 囚³ *Maß*⁴ nehmen 囚³の体の寸法をとる. ③ **程度**, 限度; 節度, 中庸. das übliche *Maß*⁴ überschreiten 度を過ごす / Er kennt weder *Maß* noch Ziel. 彼はほどほどということを知らない / **in** gewissem *Maß*[e] ある程度 / **in** hohem (höchstem) *Maße* 大いに(この上もなく) / **in** zunehmendem *Maße* いちだんと / **in** dem *Maße, wie*... ...の程度に, ...に応じて / **in** (または **mit**) *Maßen* 適度に, ほどほどに / **ohne** *Maß* und Ziel 過度に, 際限なく / **über** alle (または die) *Maßen* 過度に, 途方もなく.

▶ **maß|halten**

Maß² [マース] 女 -/-[e] (単位: -/-) 《南ドィ・オェストリ》 マース (ビールの液量単位. 1マースは1リットル).

Mas·sa·ge [マサージェ masá:ʒə] 女 -/-n マッサージ.

Mas·sa·ker [マサーカァ masá:kər] 中 -s/- 大量虐殺.

mas·sa·krie·ren [マサクリーレン masakrí:rən] 他 (h) (大量に)虐殺する, 殺しくする.

Maß·an·zug [マース・アンツーク] 男 -(e)s/..züge オーダーメードのスーツ.

Maß·ar·beit [マース・アルバイト] 女 -/-en (衣服・家具などの)注文制作;《比》精巧なできばえ.

die **Mas·se** [マッセ másə] 女 (単) -/(複) -n 《英 *mass*》 ① (ねばりのある)**かたまり**, こねた物. eine weiche *Masse* 柔らかいかたまり.
② **多数**, 大量, 大群. eine *Masse* Kinder たくさんの子供たち / die *Masse* der Wähler² 大多数の有権者 / **in** *Massen* 大量に, 多数に. ③ 《ふつう軽蔑的に》大衆, 群衆. die breite *Masse* 一般大衆. ④ 《物》 質量. *Masse* und Energie 質量とエネルギー. ⑤ 《法》[相続]財産, 資産; (経) 破産財団.

mä·ße [メーセ] messen (測る)の 接2

Maß·ein·heit [マース・アインハイト] 女 -/-en 度量の単位.

..ma·ßen [..マーセン ..má:sən] 《副詞をつくる 接尾》 (...のように(くあいに)) 例: folgender*maßen* 次のように.

Mas·sen·ab·fer·ti·gung [マッセン・アップフェルティグング] 女 -/-en 《ふつう 軍》(ふつう軽蔑的に)大量(一括)処理.

Mas·sen·ab·satz [マッセン・アップザッツ] 男 -es/..sätze 大量販売.

Mas·sen·ar·ti·kel [マッセン・アルティーケる] 男 -s/- 大量生産品.

Mas·sen·ent·las·sung [マッセン・エントラッスング] 女 -/-en 大量解雇.

Mas·sen·fa·bri·ka·ti·on [マッセン・ファブリカツィオーン] 女 -/-en 大量生産.

Mas·sen·ge·sell·schaft [マッセン・ゲゼるシャフト] 女 -/-en (社) 大衆社会.

Mas·sen·grab [マッセン・グラープ] 中 -(e)s/..gräber 合葬墓; 集団墓[穴].

Mas·sen·gut [マッセン・グート] 中 -(e)s/..güter

【ふつう 圈】大量生産品; 大口の輸送貨物.
mas·sen·haft [マッセンハフト] I 形 大量の, 多数の. das *massenhafte* Auftreten von Mücken 蚊の大量発生. II 副 大量に, ごっそり.
Mas·sen=ka·ram·bo·la·ge [マッセン・カランボらージェ] 囡 -/-n (車の)多重衝突, 玉突衝突.
Mas·sen=kund·ge·bung [マッセン・クントゲーブンク] 囡 -/-en 大規模政治集会.
Mas·sen=me·di·um [マッセン・メーディウム] 囲 -s/..dien [..ディエン] 【ふつう 圈】マスメディア(ラジオ・テレビ・新聞など). (☞「ドイツ・ミニ情報 23」, 下段).
Mas·sen=mord [マッセン・モルト] 男 -[e]s/-e 大量殺人, 集団虐殺.
Mas·sen=pro·duk·ti·on [マッセン・プロドゥクツィオーン] 囡 -/-en 大量生産, マスプロ.
Mas·sen=psy·cho·se [マッセン・プスヒョーゼ] 囡 -/-n 群衆心理.
Mas·sen=sport [マッセン・シュポルト] 男 -[e]s/ (多くの人に親しまれる)大衆的なスポーツ.
Mas·sen=ster·ben [マッセン・シュテルベン] 囲 -s/ 大量死.
Mas·sen=ver·kehrs·mit·tel [マッセン・フェアケーアスミッテる] 囲 -s/- 大量輸送機関.
Mas·sen=ver·nich·tungs·waf·fen [マッセン・フェアニヒトゥングス・ヴァッフェン] 圈 大量殺りく兵器.
Mas·sen=ver·samm·lung [マッセン・フェアザムるンク] 囡 -/-en 大集会.
mas·sen=wei·se [マッセン・ヴァイゼ] 副 大量に, 多数で.
Mas·seur [マセーァ masǿːr] 〚ズ〛男 -s/-e マッサージ師. (女性形: -in または Masseuse).
Maß=ga·be [マース・ガーベ] 囡【成句的に】mit der *Maßgabe*, dass... …という条件つきで / nach *Maßgabe* dieser Vorschrift² (雅)この規則に従って.
maß=ge·bend [マース・ゲーベント] 形 (判断などの)規範となる, 決定的な; 権威ある.
maß=geb·lich [マース・ゲープりヒ] 形 決定的に重要な.
maß=recht [マース・グレヒト] 形 寸法どおりの, 大きさがぴったりの.
maß|hal·ten*, Maß hal·ten* [マース・ハるテン máːs-hàltən] 圁 (h) 節度を守る, ほどほどにする. im Trinken *maßhalten* ほどほどに酒を飲む.
mas·sie·ren¹ [マスィーレン masíːrən] 他 (h) マッサージする, あんまする. 囚³ den Rücken *massieren* 囚³の背中をマッサージする.
mas·sie·ren² [マスィーレン] 他 (h) 《軍》(軍隊⁴を)集結させる.
mas·siert [マスィーァト] I massieren² (集結させる)の 過分, 3 人称単数・2 人称親称複数 匮在 II 形 増強された, 集中的な.
mas·sig [マスィヒ másɪç] I 形 ずっしりした, どっしりした. II 副《口語》どっさり, 大量に.
mä·ßig [メースィヒ mέːsɪç] 形 ① 適度の, ほどよい, 節度ある. (英 moderate). ein *mäßiges* Tempo ほどよいテンポ / *mäßig* trinken (酒を)ほどほどに飲む. ② それほど大きく(多く)ない. ein *mäßiges* Einkommen さほど多くはない収入. ③ 凡庸な, 月並みな. Er ist ein *mäßiger* Student. 彼は出来のあまり良くない学生だ.
..mä·ßig [..メースィヒ ..mεːsɪç]【形容詞をつくる 接尾】(…的な…のような…にかなった…による…に関する) 例: regel*mäßig* 規則的な.
mä·Bi·gen [メースィゲン mέːsɪgən] I 他 (h)《雅》適度にする, ほどよくする; (感情・言葉などを)和らげる, (怒りなど⁴を)静める. die Geschwindigkeit⁴ *mäßigen* 速度を緩める / *Mäßige* deine Worte! 言葉を慎め. II 再帰 (h) sich⁴ *mäßigen*《雅》① 控えめにする, 自制する. sich⁴ beim (または im) Trinken *mä*-

---

ドイツ・ミニ情報 23

マスメディア Massenmedien

それぞれの地方の特色を大切にするドイツでは, 日刊新聞は地方の情報を豊富に掲載し, 日常生活に密着している地方紙が好んで読まれる. 『ツァイト』などの全国紙は知識層には愛読されているが, 日本のスポーツ新聞に相当するシュプリンガー社発行の『ビルト』紙が, 低俗と言われながらも全国で最も購買部数が多い. 豊富な紙面で詳細な解説記事を載せる週刊新聞も, 週刊誌とならんで人気があり, オピニオンリーダーの情報源となっている.

テレビは, 以前は 3 つの公共放送しかなく, 番組数も少なくて, 視聴率の低い時間帯には静止画面でラジオの音声を流すほどだった. 公共放送は原則的に受信料で運営され, 日曜・祭日を除く平日夜 8 時以降わずかながらコマーシャルをまとめて放映できる時間帯がある. 1984 年にようやく民間放送が認可され, ケーブルテレビをひたり衛星放送に加入すればヨーロッパ全域から驚くほど数多くのチャンネルを受信出来るようになった.

インターネットの普及も進んでおり, ほとんどの企業および公共機関がホームページを開設している. http://www.○○○.de とアドレスが極めてシンプルに設定されているので, ○○○に調べたい事項を適当に入れてアクセスすれば, 目的のサイトにたどりつけることが多い. 連邦教育省とテレコム社の共同で, ドイツ全国の学校をインターネットで結ぶプロジェクトが組まれ, マルチメディア教育への取組も活発に行われている.

ßigen 酒を控えめにする. ② (嵐・猛暑などが)和らぐ, おさまる.
◊☞ gemäßigt

Mä·ßig·keit [メースィヒカイト] 囡 -/ 節度, 中庸; 月並み, 平凡.

Mä·ßi·gung [メースィグング] 囡 -/ 緩和, 軽減, 節制.

mas·siv [マスィーふ masí:f] 形 ① 混じり気のない, 純粋な. *massives* Gold 純金. ② どっしりした(建物など), がっしりした(体格など). ③ (批判などが)強烈な, 激しい.

Mas·siv [マスィーふ] 匣 -s/-e [..ヴェ] ① 連山. ② (地学)深成岩塊, 地塊.

Mas·siv≠bau [マスィーふ・バオ] 男 -[e]s/-ten ① 〔图なし〕〔鉄筋〕コンクリート構造; 組積構造. ② 〔鉄筋〕コンクリート構造(組積構造)建築物.

Mass≠krug [マス・クルーク] 男 -[e]s/..krüge 《南ドィ・オストリ》 =Maßkrug

Maß≠krug [マース・クルーク] 男 -[e]s/..krüge 《南ドィ・オストリ》 1 マース入りジョッキ(1 リットル入り).

Maß·lieb·chen [マース・リープヒェン má:sli:pçən] 匣 -s/- (植)ヒナギク.

maß≠los [マース・ろース] I 形 際限のない, 法外な. *maßlose* Forderungen 過度な要求. II 副 とても, ひどく.

Maß·lo·sig·keit [マース・ろーズィヒカイト] 囡 -/ 過度, 無際限, 極端.

die **Maß≠nah·me** [マース・ナーメ má:sna:mə] 囡 (単) -/(複) -n 処置, 措置, 対策. (英 *measure*). Gegen*maßnahme* 対抗措置 / geeignete *Maßnahmen* 適切な処置 / *Maßnahmen* **gegen** die Inflation インフレーション対策 / **zu** 男³ *Maßnahmen*⁴ ergreifen (または treffen) 男³の対策を講じる.

Maß≠re·gel [マース・レーゲる] 囡 -/-n 措置, 方策. strenge *Maßregeln*⁴ ergreifen (または treffen) 厳しい方策を講じる.

maß≠re·geln [マース・レーゲるン má:sre:gəln] 〔過分〕gemaßregelt 他 (人⁴を)処分する, 処罰する, 懲戒する.

Maß≠re·ge·lung [マース・レーゲるング] 囡 -/-en 処分, 処罰.

Maß≠**schnei·der** [マース・シュナイダァ] 男 -s/- オーダーメイド専門の仕立屋(テーラー). (女性形: -in).

der **Maß≠stab** [マース・シュタープ má:ʃta:p] 男 (単) -[e]s/(複) ..stäbe [..シュテーベ] (3格のみ ..stäben) ① (判断などの)基準, 尺度. (英 *standard*). den *Maßstab* für 人・事⁴ ab|geben 人・事⁴の基準となる / Ich will mir deine Arbeiten **zum** *Maßstab* nehmen. ぼくは君の業績をお手本にしよう. ② (地理)(地図の)縮尺. ein Stadtplan **im** *Maßstab* 1: 10 000 (= eins zu zehntausend) 縮尺 1 万分の 1 の市街地図. ③ (図) 目盛, 定規.

maß·stab[s]≠ge·recht [マース・シュタープ(ス)・ゲレヒト] 形 正確な縮尺に基づいた.

maß·stab[s]≠ge·treu [マース・シュタープ(ス)・ゲトロイ] =maßstab[s]gerecht

maß≠voll [マース・ふォる] 形 適度な, 節度ある, 程よい.

Maß≠werk [マース・ヴェルク] 匣 -[e]s/ (建)トレーサリー, 飾り格子(ゴシック式窓の上方に見られる装飾).

Maßwerk

der **Mast**¹ [マスト mást] 男 (単 2) -es (まれに -s)/(複) -en または -e (3格のみ -en) (英 *mast*) ① (海)(船の)マスト, 帆柱. ② 柱, ポール; (電) 電柱; アンテナ柱; 旗の掲揚ポール. die Flagge⁴ am *Mast* empor|ziehen 旗をポールに揚げる.

Mast² [マスト] 囡 -/-en 〚ふつう 單〛 ① (家畜の)肥育. ② 肥育飼料(どんぐりなど).

Mast≠darm [マスト・ダルム] 男 -[e]s/..därme (医) 直腸.

mäs·ten [メステン méstən] 他 (h) ① (家畜などを)肥育する. ② (口語)(人⁴に)たくさん食べさせる.

Mas·ter [マースタァ má:stər] 男 -s/- ① 修士〔号〕. (略: M.). ② マスターテープ.

Mast≠korb [マスト・コルプ] 男 -[e]s/..körbe (海)(マストの先の)檣楼(しょうろう)(見張り台).

Mäs·tung [メストゥング] 囡 -/-en 肥育, 飼育.

Mas·tur·ba·ti·on [マストゥルバツィオーン masturbatsió:n] 囡 -/-en マスターベーション, 手淫(しゅいん).

mas·tur·bie·ren [マストゥルビーレン masturbí:rən] I 自 (h) マスターベーションをする. II 他 (h) (人⁴に)手淫(しゅいん)を行う.

Mast≠vieh [マスト・ふィー] 匣 -[e]s/ 肥育家畜.

Ma·sur·ka [マズルカ mazúrka] 囡 -/-s (また ..surken) マズルカ(ポーランドの民族舞踊(曲)) (=Mazurka).

Ma·ta·dor [マタドァ matadó:r] 男 -s (または -en)/-e[n] ① (闘牛)闘牛士(牛にとどめを刺す). ② (比)中心人物, 第一人者. (女性形: -in).

Match [メッチュ mɛ́tʃ] (英) 匣 (2格: 男) -[e]s/-s (または -e) 試合, 競技.

ma·te·ri·al [マテリアーる materiá:l] 形 ① 原料の; 物質の. ② (哲)質料の, 実体的な.

das **Ma·te·ri·al** [マテリアーる materiá:l] 匣 (単 2) -s/(複) ..alien [..アーりエン] ① 材料, 原料, 素材, (軍用)資材(牛にとどめを刺す). 《英 *material*). Brenn*material* 燃料 / *Material* zum Bauen 建築材料. (☞ 類語 Ding). ② (論文・記事の)資料, データ. statistisches *Material* 統計資料 / *Material*⁴ für einen Artikel sammeln 論説のための資料を集める.

③ 道具, 用具.
Ma·te·ri·a·li·en [マテリアーりエン] ＊Material (材料)の 複
ma·te·ri·a·li·sie·ren [マテリアりズィーレン materializíːrən] **I** 他 (h) ① (物) (エネルギー[4]を)物質化する. ② (心) (死者の霊など[4]を)具象化させる. **II** 再帰 (h) *sich*[4] *materialisieren* ① (物) 物質化する. ② (心) 具象化する.
Ma·te·ri·a·lis·mus [マテリアりスムス materialísmus] 男 -/ ① (ふつう軽蔑的に:)物質主義, 実利主義. ② (哲) 唯物論, 唯物主義. (△「観念論」は Idealismus).
Ma·te·ri·a·list [マテリアりスト materialíst] 男 -en/-en ① (ふつう軽蔑的に:)実利主義者. (女性形: -in). ② (哲) 唯物論者.
ma·te·ri·a·lis·tisch [マテリアりスティッシュ materialístıʃ] 形 ① (ふつう軽蔑的に:)物質主義の, 実利主義の. ② (哲) 唯物論的な.
die **Ma·te·rie** [マテーりエ matéːriə] 女 (単) -/(複) -n ① (複 なし) (物・化) 物質; (哲) 質料. (英 *matter*). Geist und *Materie* 精神と物質. ② (研究などの)題材, テーマ, 問題.
ma·te·ri·ell [マテリエる materiéll] 形 ① 物質の, 物質的な. (英 *material*). (△「理念的な」は ideell). ② 金銭的な, 経済的な. (英 *financial*). *materielle* Bedürfnisse 経済的な要求. ③ 物質主義的な, 実利的な.
Ma·the [マッテ máta] 女 -/ 〖ふつう冠詞なしで〗 (生徒言葉:)(教科としての)数学.
＊*die* **Ma·the·ma·tik** [マテマティーク matematíːk] 女 (単) -/ 数学. (英 *mathematics*). angewandte *Mathematik* 応用数学 / Das ist ja höhere *Mathematik*! (戯)こりゃむずかしいぞ(＝高等数学だ).
Ma·the·ma·ti·ker [マテマーティカァ matemáːtikər] 男 -s/- 数学者. (女性形: -in).
ma·the·ma·tisch [マテマーティッシュ matemáːtıʃ] 形 数学の; 数学的な. mit *mathematischer* Genauigkeit きわめて精確に.
Mat·hil·de [マティるデ matílda] -[n]s/ 《女名》マティルデ.
Ma·ti·nee [マティネー matinéː] 女 -/-n [..ネーエン] (劇・映) マチネ, 昼間興行.
Mat·jes⌒he·ring [マティエス・ヘーリング] 男 -s/-e 若にしんの塩漬け.
Ma·trat·ze [マトラッツェ matrátsə] 女 -/-n (ベッドの)マットレス; 空気マット.
Mä·tres·se [メトレッセ mɛtrésə] 女 -/-n ① (昔の:)側室. ② (妻帯者の)愛人, めかけ.
Ma·tri·ar·chat [マトリアルヒャート matriarçáːt] 中 -[e]s/-e 母権制. (△「父権制」は Patriarchat).
Ma·tri·kel [マトリーケる matríːkəl] 女 -/-n ① (公の)名簿; (大学の)学籍簿. ② (オストリア)戸籍.
Ma·trix [マートリクス máːtrıks] 女 -/Matrizes, Matrices [マトリーツェース] (または Matrizen [マトリーツェン]) ① (生) マトリックス, 基質, 母質. ② (数) 行列, マトリックス.

Ma·trix⌒dru·cker [マートリクス・ドルッカァ] 男 -s/- (コンピュ) ドットマトリックスプリンター.
Ma·tri·ze [マトリーツェ matríːtsə] 女 -/-n ① (印) (活字の)母型, 鋳型; (印刷の)紙型. ② (工) 鋳型. ③ (レコードの)原盤.
Ma·tro·ne [マトローネ matróːnə] 女 -/-n (品の良いふくよかな)中年女性.
der **Ma·tro·se** [マトローゼ matróːzə] 男 (単 2·3·4) -n/(複) -n ① 水夫, 船員, マドロス. ② (軍) 二等水兵.
Ma·tro·sin [マトローズィン matróːzın] 女 -/..sinnen (女性の)船員.
Matsch [マッチュ mátʃ] 男 -[e]s/ 《口語》ぬかるみ, 泥んこ; どろどろしたもの.
mat·schig [マチヒ mátʃıç] 形 《口語》① 泥んこの(道). ② どろどろの, ぶよぶよの(食物).
matt [マット mát] 形 (比較 matter, 最上 mattest) ① ぐったりした, 疲れた; 弱々しい(声など). Sie waren vor Hunger *matt*. 彼らは空腹のためぐったりしていた / Der Puls ist *matt*. 脈はくが弱い.
② くすんだ(光・色など); 輝きのない(目・鏡など); 光沢のない(紙など). *mattes* Kerzenlicht ぼんやりとしたろうそくの光 / *matte* Augen どんよりした目. ③ (比)説得力のない(発言など). eine *matte* Entschuldigung 説得力のない弁解. ④ (チェスの)手詰めの. Schach und *matt*! 王手!
▶ **matt|setzen**[1, 2]
Mat·te[1] [マッテ máta] 女 -/-n (床などに敷く)マット, 敷物; (スポ)(体操などの)マット. Fußmatte 足ふきマット / **auf** der *Matte* stehen 《口語》仕事などに取りかかる準備ができている.
Mat·te[2] [マッテ máta] 女 -/-n (スイス)(詩)牧草地, 草原.
das **Mat·ter·horn** [マッタァ・ホルン mátərhɔrn] 中 -[e]s/ 〖定冠詞とともに〗(山名)マッターホルン (スイス・イタリア国境の高峰. 4477 m: ☞ 地図 C-6).

Matterhorn

Matt⌒glas [マット・グらース] 中 -es/ すりガラス.
Mat·thä·us [マテーウス matéːʊs] - (または Matthäi [マテーイ]) ① (人名)マテーウス. ② (聖)(人名)マタイ(『マタイによる福音書』を書いた人). Bei mir ist *Matthäi* am Letzten. 《口

Matt・heit [マットハイト] 囡 -/ 《雅》《古》衰弱，無気力; 無光沢;《商》不景気.

mat・tie・ren [マティーレン matíːrən] 佪 (h)（ガラスなど⁴の）つやを消しにする. ◊《過去分詞の形で》*mattiertes* Glas すりガラス.

Mat・tig・keit [マティヒカイト] 囡 -/ 衰弱，無気力，倦怠(ﾀﾞ).

Matt∠schei・be [マット・シャイベ] 囡 -/-n ① すりガラス板;《写》焦点ガラス. *Mattscheibe*⁴ haben《俗》ぼんやりしている，のみ込みが悪い. ②《口語》（テレビの）スクリーン.

matt|set・zen¹ [マット・ゼッツェン] 佪 (h)（仄⁴を）封じ込める.

matt|set・zen², matt set・zen [マット・ゼッツェン] 佪 (h)（チェスで:）(仄⁴)を王手詰めにする.

Ma・tu・ra [マトゥーラ matúːra] 囡 -/《ｵｰｽﾄﾘｱ・ｽｲｽ》（ギムナジウムの）卒業試験（ドイツの Abitur に相当する）.

Matz [マッツ máts] 匣 -es/-e（または Mätze）《戯》かわいい男の子，坊や.

Mätz・chen [メッツヒェン métsçən] 匣 -s/-（Matz の 縮小）《ふつう 複》《口語》ばかげたこと，悪ふざけ; 策略，トリック.

Mat・ze [マッツェ mátsə] 囡 -/-n マッツォー（パン種を入れない焼きパン. ユダヤ教徒が過越(ﾂﾞ)の祝日に食べる）.

mau [マオ máu] 形 《俗》① 気分が悪い. ②（情勢・商売などが）思わしくない，悪い.

die **Mau・er** [マオアァ máuər] 囡（単）-/（複）-n ① （石・れんがなどの）壁，外壁，塀; 城壁.（英 *wall*）.（◊ 「（部屋などの）壁」は Wand. Stadt*mauer* 市の（町の）外壁 / die [Berliner] *Mauer* ベルリンの壁 / die Chinesische *Mauer* 万里の長城 / eine *Mauer*⁴ bauen 壁を作る / wie eine *Mauer* stehen（壁のように）微動だにせず立っている / die *Mauer*⁴ des Schweigens durch|brechen《比》沈黙[の壁]を破る. ②（馬術の）障害物. ③（サッカーなどで:)(敵のフリーキックに対するディフェンスの)壁.

Mau・er∠blüm・chen [マオアァ・ブリュームヒェン] 匣 -s/-《口語》壁の花（ダンスの相手のいない女性）; 地味な若い女性.

mau・ern [マオアァン máuərn] I 佪 (h)（壁・塀など⁴を）石（れんが）で築く. II 圁 (h) ①（石・れんがなどで）塀を築く. ②《ｽﾎﾟｰﾂ・隠語》（サッカーなどで:)(ゴール前に)壁をつくる.

Mau・er∠seg・ler [マオアァ・ゼーグラァ] 男 -s/-《鳥》ヨーロッパアマツバメ.

Mau・er∠stein [マオアァ・シュタイン] 男 -[e]s/-e（造壁用の）石材;《建》特殊れんが.

Mau・er∠werk [マオアァ・ヴェルク] 匣 -[e]s/《建》(石材の)積み上げ; (総称として:)壁，石塀.

das **Maul** [マオル mául] 匣（単2）-[e]s/（複）Mäuler [モイラァ]（3格のみ Mäulern）①（動物の）口.（「人間の口」は Mund）. das *Maul* des Löwen ライオンの口. ②《俗》（人間の）口;（非礼な）口のきき方. Halt's *Maul*! 黙れ / das *Maul*⁴ auf|machen（または auf|tun）口をきく，ものを言う / das *Maul*⁴ auf|reißen 大口をたたく / ein großes *Maul*⁴ haben 大言壮語する / ein schiefes *Maul*⁴ ziehen（不満・失望などで）口をゆがめる / Er hat ein loses *Maul*. 彼は口が軽い /《仄》³ das *Maul*⁴ stopfen《仄》³を黙らせる / sich³ das *Maul*⁴ über《仄》⁴ zerreißen《仄》⁴の悪口を言う / Er hat sechs *Mäuler* zu ernähren. 彼は 6 人の家族を養わねばならない. ③《工》ペンチの口のくわえ口.

Maul∠af・fen [マオル・アッフェン] 圈《成句的に》*Maulaffen*⁴ feil|halten《俗》ぽかんと口をあけてつっ立っている.

Maul・beer∠baum [マオルベーァ・バオム] 男 -[e]s/..bäume《植》クワ(桑)[の木].

Maul・bronn [マオル・ブロン maul-brón] 匣 -s/《地名》マウルブロン（カールスルーエの東方にある. マウルブロン修道院の建造物群は世界文化遺産）.

Mäul・chen [モイルヒェン móylçən] 匣 -s/-（口語: Mäulerchen）（Maul の 縮小）《戯》小さな口. ein *Mäulchen*⁴ machen（または ziehen）(子供が)ふくれっ面をする.

mau・len [マオレン máulən] 圁 (h)《口語》口をとがらせて不平を言う.

Mäu・ler [モイラァ] Maul (動物の口) の 複.

Maul∠esel [マオル・エーゼル] 男 -s/-《動》ケッテイ（馬の雄ろばの雌との雑種）.（◊ 雌雄逆の雑種は Maultier）.

maul∠faul [マオル・ファオル] 形 《俗》むっつりした，無口の.

Maul∠korb [マオル・コルプ] 男 -[e]s/..körbe （犬・馬・牛の）口輪，口籠(ｺﾞﾐ); 箝口(ｶﾝｺｳ)令.

Maul∠schel・le [マオル・シェレ] 囡 -/-n《古・方》平手打ち，びんた.

Maul∠ta・schen [マオル・タッシェン] 圈《料理》マウルタッシェン（シュヴァーベン名物の餃子風の料理）.

Maul∠tier [マオル・ティーァ] 匣 -[e]s/-e《動》ラバ（馬の雄とろばの雌との雑種）.（◊ 雌雄逆の雑種は Maulesel）.

Maul∠trom・mel [マオル・トロンメル] 囡 -/-n《音楽》口琴(ｺｳｷﾝ), びやぼん(琵琶錚).

Maul- und Klau・en∠seu・che [マオル ウント クラオエン・ゾイヒェ] 囡 -/ 口蹄(ｺｳﾃｲ)疫（牛や羊の口・ひずめに水腫を生ずる伝染病; 略: MKS）.

Maul∠wurf [マオル・ヴルフ] 男 -[e]s/..würfe《動》モグラ.

Maul・wurfs∠hü・gel [マオルヴルフス・ヒューゲル] 男 -s/- もぐらの盛り土.

Mau・re [マオレ máurə] 男 -n/-n ムーア人（アフリカ西北部の民族）.（女性形: Maurin）.

der **Mau・rer** [マオラァ máurər] 男（単2）-s/（複）-（3格のみ -n）① **れんが積み職人**，左官. ② フリーメーソンの会員（= Freimaurer）.

Mau・re・rin [マオレリン máurərin] 囡 -/..rin-nen（女性の）れんが積み職人，左官.

Mau・rer∠meis・ter [マオラァ・マイスタァ] 男 -s/- れんが職人（左官）の親方.（女性形: -in）.

mau・risch [マオリッシュ máuriʃ] 形 ムーア人の，ムーア式の.

*die **Maus** [マオス máus] 囡 (単)-/(複) Mäuse [モイゼ] (3格のみ Mäusen) ① (ハツカ]ネズミ, マウス. (英 mouse). Eine Maus knabbert am Käse. ねずみがチーズをかじっている / Die Mäuse piepen. ねずみがちゅーちゅー鳴いている / weiße Mäuse《口語・戯》(白バイに乗った)交通警官 / eine graue Maus《口語》ぱっとしない女(←灰色のねずみ) / weiße Mäuse⁴ sehen《口語》幻影を見る / still wie eine Maus とても静かな / Da beißt die Maus keinen Faden ab.《口語》それは今さらどうしようもない / Wenn die Katze aus dem Haus ist, tanzen die Mäuse.《諺》鬼のいぬ間の洗濯(←猫が外出するとねずみが踊る).
② (コンピュ) マウス. mit der Maus auf⁴ klicken 物⁴をマウスでクリックする. ③ (愛称として):かわいい子(娘). ④《口語》母指(⁉)球(親指の付け根の膨らみ). ⑤《複で》《俗》金(⁉), 銭.

mau·scheln [マオシェるン máuʃəln] 圊 (h)《口語》不正な取り引きをする; (ゲーム)いんちきをする.

Mäus·chen [モイスヒェン mɔ́ysçən] 匣 -s/- (Maus の縮小) ① 小さなねずみ. Mäuschen sein (または spielen)《口語》こっそりその場に居合わせる. ② (愛称として):かわいい子(娘).

mäus·chen·still [モイスヒェン・シュティる máus-çən-ʃtil]《口語》ひっそりした, しんと静まりかえった.

Mäu·se [モイゼ] *Maus (ネズミ) の複

Mäu·se·bus·sard [モイゼ・ブッサルト] 男 -s/-e《鳥》ノスリ.

Mau·se·fal·le [マオゼ・ふァれ] 囡 -/-n ねずみ取り器.

Mau·se·loch [マオゼ・ロッホ] 匣 -[e]s/..lö-cher ねずみの巣穴.

mau·sen [マオゼン máuzən] Ⅰ 圊 (h)《戯》くすねる, ちょろまかす. Ⅱ 圓 (h)《方》(ねこなどが)ねずみを捕る.

Mau·ser [マオザァ máuzər] 囡 -/ (鳥の)羽毛の生え替わり.

mau·sern [マオザァン máuzərn] Ⅰ 圓 (h) (鳥の)羽毛が生え替わる. Ⅱ 再帰 (h) sich⁴ mausern《口語》見違えるように成長(発展)する.

mau·se·tot [マオゼ・トート] 圏《口語》息の根の絶えた, 完全に死んでいる.

maus·grau [マオス・グラオ] 圏 ねずみ色の.

mau·sig|ma·chen [マオズィヒ・マッヘン máu-zɪç-màxən] 再帰 (h) sich⁴ mausigmachen《俗》でしゃばる.

Maus·klick [マオス・クリック] 男 -s/-s (コンピュ) マウスのクリック.

Mau·so·le·um [マオゾれーウム mauzoléːum] 匣 -s/..leen [..れーエン] 大霊廟(⁉).

Maus·pad [マオス・ペット] 匣 -s/-s (コンピュ) マウスパッド.

Maut [マオト máut] 囡 -/-en (道路・トンネル・橋などの)通行料金.

m. a. W. [ミット アンデレン ヴォルテン]《略》言い換えれば (=mit anderen Worten).

Max [マクス máks]《男名》マックス (Maximilian の短縮).

Ma·xi·ma [マクスィマ] Maximum (最大限)の複

ma·xi·mal [マクスィマーる maksimáːl] 圏 ① 最大の, 最高の, 極大の. (⇔《反》「最小の」は minimal). maximale Geschwindigkeit 最高速度. ②《口語・戯》せいぜい, 最高の.

Ma·xi·me [マクスィーメ maksíːmə] 囡 -/-n 原則; 格言;《哲》格率.

ma·xi·mie·ren [マクスィミーレン maksimíː-rən] 匮 (h) 最大限にする, 極限まで高める.

Ma·xi·mi·li·an [マクスィミーリアーン maksi-míːliaːn] -s/《男名》マクシミーリアーン.

Ma·xi·mum [マクスィムム máksimom] 匣 -s/..xima ①《ふつう 匣》最大[限], 最高. (⇔「最小[限]」は Minimum). ②《数》極大[値];《気象》最高気温(気圧).

Max-Planck-Ge·sell·schaft [マクス・プらンク・ゲゼるシャフト] 囡 -/ マックス・プランク学術協会(略: MPG) (1948年設立. 本部ゲッティンゲン. ドイツの物理学者 Max Planck 1858–1947 の名から).

May·er [マイアァ máiər] -s/-s《姓》マイアー.

Ma·yo [マイオ máio] 囡 -/-s《略》《口語》マヨネーズ (=Mayonnaise).

Ma·yon·nai·se [マヨネーゼ majonéːzə] (外) 囡 -/-n マヨネーズ. (略: Mayo).

Ma·ze·do·ni·en [マツェドーニエン matse-dóːniən] 匣 -s/《国名》マケドニア[旧ユーゴスラビア共和国] (首都はスコピエ) (=Makedonien).

Mä·zen [メツェーン mɛtséːn] 男 -s/-e (芸術・スポーツなどの)パトロン, 後援者. (女性形: -in).

Ma·zur·ka [マズルカ mazúrka] 囡 -s/-s (または ..zurken) マズルカ(ポーランドの民族舞踊[曲]).

mb [ミリ・バール または ..バール]《記号》ミリバール (=Millibar).

MB [メーガ・バイト méːgabaɪt]《記号》(コンピュ) メガバイト (=Megabyte).

mbl. [メブリーァト]《略》(部屋が)家具付きの (=möbliert).

Md [エム・デー]《化・記号》メンデレビウム (=Mendelevium).

Md. [ミリアルデ または ミリアルデン]《略》10億 (=Milliarde[n]).

MdB, M. d. B. [エム・デー・ベー]《略》(ドイツの)連邦議会議員 (=Mitglied des Bundestages).

MdL, M. d. L. [エム・デー・エる]《略》(ドイツの)州議会議員 (=Mitglied des Landtages).

m. E. [エム イー または マイネス エァアハテンス]《略》私の考えでは (=meines Erachtens).

*die **Me·cha·nik** [メヒャーニク meçáːnɪk] 囡 (単)-/(複) -en ①《ふつう 匣》《物》力学;《工》機械学. (英 mechanics). die Mechanik flüssiger Körper² 流体力学. ② 機械装置;《複なし》(機械の)機構, メカ[ニズム]. (英 mechanism).

*der **Me·cha·ni·ker** [メヒャーニカァ meçáːnɪkər] 男 (単2) -s/(複) - (3格のみ -n) 機械工, 修理工. Automechaniker 自動車整備工.

Me·cha·ni·ke·rin [メヒャーニケリン meçá:nɪkərɪn] 囡 -/..rinnen (女性の)機械工,修理工.

me·cha·nisch [メヒャーニッシュ meçá:nɪʃ] 形 ① 機械の,機械による,機械仕掛けの. (英 *mechanical*). ein *mechanisches* Spielzeug 機械仕掛けのおもちゃ. ② 機械的な,自動的な;無意識的な(反応など). eine *mechanische* Arbeit 機械的な仕事. ③《物》力学の;機械学[上]の. *mechanische* Energie 力学的エネルギー.

me·cha·ni·sie·ren [メヒャニズィーレン meçanizí:rən] 他 (h) (工場などを⁴)機械化する.

Me·cha·ni·sie·rung [メヒャニズィールング] 囡 -/-en 機械化.

Me·cha·nis·mus [メヒャニスムス meçanísmus] 男 -/..nismen ① 機械装置. ② 《囡 なし》機構,メカニズム. ③ (機械的な)システム.

me·cha·nis·tisch [メヒャニスティッシュ meçanístɪʃ] 形 機械的な;機械論的な.

Me·cke·rer [メッケラァ méckərər] 男 -s/- 《口語》不平(文句)ばかり言う人. (女性形: Meckerin).

me·ckern [メッカァン méckərn] 自 (h) ① (やぎが)めえーと鳴く. ② (人が)かん高い声で話す. ③《口語》ぶつぶつ不平(文句)を言う.

Meck·len·burg-Vor·pom·mern [メークレンブルク・ふォーァポッマァン mé:klənbʊrk-fó:rpɔmərn または メク.. mék..] 囲 -s/ 《地名》メークレンブルク・フォーァポンメルン(ドイツ 16 州の一つ. 州都はシュヴェリーン. *☞《地図》E〜G-1〜2*).

Me·dail·le [メダリエ medáljə] 囡 -/-n メダル,記念牌(はい). die goldene *Medaille* 金メダル.

Me·dail·lon [メダリヨーン medaljɔ́:] 《仏》中 -s/-s ① (首飾りの)ロケット. ② 《美》(壁などを飾る肖像をモチーフにした)円形レリーフ. ③ 《料理》メダイヨン (円形に切った肉片).

Me·dia¹ [メーディア mé:dia] 囡 -/Mediä [メーディエ] (または Medien [..ディエン]) ① 《言》有声閉鎖音 [b, d, g]. ② 《医》(血管などの)中膜.

Me·dia² [メーディア] Medium (媒体)の 囡.

Me·di·ci [メーディチー mé:ditʃi] -/- 《姓》メディチ [家の人](ルネサンス期のフィレンツェの名門).

Me·di·en [メーディエン] Media¹ (有声閉鎖音), Medium (媒体・[マス]メディア)の 複.

me·di·en=ge·recht [メーディエン・ゲレヒト] 形 メディア向きの.

Me·di·en·ver·bund [メーディエン・ふェアブント] 男 -[e]s/-e メディア企業連合.

*das **Me·di·ka·ment** [メディカメント medikamént] 中 (単) -[e]s/(複) -e (3格のみ -en) 薬,薬剤. (英 *medicine*). ein *Medikament*⁴ ein|nehmen (verordnen) 薬を服用する(処方する).

me·di·ka·men·tös [メディカメンテース medikamentö:s] 形 《医》薬剤投与による.

Me·di·ta·ti·on [メディタツィオーン meditatsió:n] 囡 -/-en ① 沈思黙考. ②《宗・心・哲》瞑想(めいそう).

me·di·ta·tiv [メディタティーふ meditatí:f] 形 瞑想(めいそう)的な.

me·di·ter·ran [メディテラーン meditɛrá:n] 形 地中海[地方]の.

me·di·tie·ren [メディティーレン meditíːrən] 自 (h) ① 沈思黙考する. ②《宗・心・哲》瞑想(めいそう)する.

Me·di·um [メーディウム mé:dium] 中 -s/..dien [..ディエン] (または Media) ① 《ふつう 囲》媒介物,手段. ②《ふつう 複》(伝達・宣伝の)媒体,《マス》メディア;(教育の)媒体(教科書など). ③ 《複 Medien》《物・化》媒体,媒質,培地,培養基;《心》霊媒. ④《複 Media》《言》中間態.

*die **Me·di·zin** [メディツィーン meditsí:n] 囡 (単) -/(複) -en 《英 *medicine*》 ① 《複なし》医学,医術. (☞「ドイツ・ミニ情報 24」,下段). Tier*medizin* 獣医学 / die gerichtliche *Medizin* 法医学 / ein Arzt für innere *Medizin* 内科医 / Ich studiere *Medizin*. 私は医学を専攻しています.
② 薬. eine bittere *Medizin* a) にがい薬, b) 《比》つらい経験 / eine *Medizin*⁴ ein|nehmen 薬を飲む.

ドイツ・ミニ情報 24

日本医学の父ベルツ Medizin

明治時代,日本はドイツからさまざまな分野で多大の影響を受けた. なかでもドイツ医学において顕著で,東洋医学一辺倒だった日本の医療は,完全に西洋医学へと転換した. つい近年まで日本の医師たちがカルテをドイツ語で書いていたことからも,その影響力をはかり知ることができる.
1876 年,日本政府の招きで来日したエルヴィーン・フォン・ベルツ (Erwin von *Bälz* 1849–1913) は,東京医学校(翌年,東京帝国大学医学部と改称)の教授として 26 年間,生理学,病理学,産婦人科学を教え,「日本医学の父」と呼ばれている. 1890 年からは明治天皇と皇太子(後の大正天皇)の侍医をつとめ,政府の要人とも親しく交際するようになって,日本の政治にも大きな影響を及ぼした.
ベルツはまた,酸性で温度の高い火山性の日本の温泉に注目し,これを医療に利用することを考えた. 草津に 5700 坪の土地を購入して Kurhaus (温泉医療施設)を建て,草津温泉を国の内外に知らしめた. 長野の小諸,軽井沢,群馬の草津,栃木の日光を結ぶ全長 230 km の「日本ロマンチック街道」は,ベルツが好んで旅した道筋を基本に制定されたものである.

エルヴィーン・フォン・ベルツ

Me·di·zin⇗ball [メディツィーン・バる] 男 -(e)s/..bälle 〔医〕 メディシンボール (革ないしゴム製の大型のボール。トレーニング用具の一種).

Me·di·zi·ner [メディツィーナァ meditsí:nər] 男 -s/- 医者, 医師 (=Arzt); 医学部の学生. (女性形: -in).

me·di·zi·nisch [メディツィーニッシュ meditsí:niʃ] 形 ① 医学[上]の; 医学的な, 医学による. die *medizinische* Fakultät 医学部. ② 薬用の, 医療用の. eine *medizinische* Zahncreme 薬用歯みがき.

Me·di·zin⇗mann [メディツィーン・マン] 男 -(e)s/..männer (未開民族の)まじない師.

Me·du·sa [メドゥーザ medú:za] 女 -/ 〔ぎり神〕 メドゥサ(ゴルゴン 3 姉妹の一人。頭髪は蛇で, その目は人を石にしてしまう力があった).

Me·du·se [メドゥーゼ medú:zə] I -/ =Medusa II -/-n 〔動〕 クラゲ(水母).

**das Meer [メーァ mé:r]

| 海 | Wir fahren ans *Meer*.
ヴィァ ファーレン アンス メーァ
私たちは海へ行きます。 |

田 (単) -es (まれに -s)/(複) -e (3格のみ -en) ① **海**, 大洋. (英 sea). Mittel*meer* 地中海 / das weite *Meer* 広大な海 / Er wohnt **am** *Meer*. 彼は海辺に住んでいる / Die Schiffe fahren **auf**s offene *Meer* hinaus. 船が外洋に出て行く / **im** *Meer* baden (または schwimmen) 海で泳ぐ / Die Sonne sinkt ins *Meer*. 太陽が海に沈む / 350 Meter **über** dem *Meer* 海抜 350 メートル.
② 《雅》 多量, 無数. ein *Meer* **von** Tränen あふれる涙.

類語 das Meer: 「海」の意味で最も一般的な語. die See: das Meer と同じ意味であるが北ドイツで多く用いられる. また, 人間と関わり合いを持つときは See が用いられることが多い. der Ozean: (大陸を囲む)大海, 大洋. der Atlantische *Ozean* 大西洋.

Meer⇗bu·sen [メーァ・ブーゼン] 男 -s/- 湾, 入江.

Meer⇗en·ge [メーァ・エンゲ] 女 -/-n 海峡.

Mee·res⇗arm [メーレス・アルム] 男 -(e)s/-e 細長い入江.

Mee·res⇗bio·lo·gie [メーレス・ビオろギー] 女 -/ 海洋生物学.

Mee·res⇗bo·den [メーレス・ボーデン] 男 -s/..böden 海底.

Mee·res⇗früch·te [メーレス・ふリュヒテ] 複 《料理》(総称として:)シーフード(魚・貝などの).

Mee·res⇗grund [メーレス・グルント] 男 -(e)s/ 海底.

Mee·res⇗hö·he [メーレス・ヘーエ] 女 -/ 平均海水面.

Mee·res⇗kun·de [メーレス・クンデ] 女 -/ 海洋学.

Mee·res⇗spie·gel [メーレス・シュピーゲる] 男 -s/ 平均海水面. über dem *Meeresspiegel* 海抜 (略: ü. d. M. または ü. M.).

Mee·res⇗strö·mung [メーレス・シュトレームング] 女 -/-en 海流, 潮流.

meer⇗grün [メーァ・グリューン] 形 海のように青い, 海緑色の.

Meer⇗jung·frau [メーァ・ユングふラオ] 女 -/-en 《神》(伝説上の)人魚, ニンフ.

Meer⇗kat·ze [メーァ・カッツェ] 女 -/-n 〔動〕 オナガザル.

Meer⇗ret·tich [メーァ・レティヒ] 男 -s/-e ① 〔植〕 ワサビダイコン. ② わさび大根の根; 〔料 おろしわさび.

Meer⇗salz [メーァ・ざるツ] 男 -es/ 海塩. (比べ)「岩塩」は Steinsalz).

Meer⇗schaum [メーァ・シャオム] 男 -(e)s/ 〔鉱〕海泡石(喫煙用のパイプを作る).

Meer⇗schwein·chen [メーァ・シュヴァインヒェン] 男 -s/- 〔動〕 テンジクネズミ, モルモット.

Meer⇗was·ser [メーァ・ヴァッサァ] 男 -s/ 海水.

Mee·ting [ミーティング mí:tŋ] 〔英〕 田 -s/-s ミーティング, 会合; (小規模な)スポーツ大会.

Me·ga⇗bit [メーガ・ビット] 田 -[s]/-[s] 《コンピ》 メガビット. (記号: MBit, Mbit).

Me·ga⇗byte [メーガ・バイト] 〔英〕 田 -[s]/-[s] 《コンピ》 メガバイト (記号: MB, MByte, Mbyte).

Me·ga·fon [メガふォーン megafó:n] 田 -s/-e メガホン.

Me·ga⇗hertz [メーガ・ヘルツ] 田 -/ 《物》 メガヘルツ (記号: MHz).

Me·ga·phon [メガふォーン megafó:n] 田 -s/-e =Megafon

Me·gä·re [メゲーレ megé:rə] I -/ 〔ぎり神〕 メガイラ(復讐の3女神エリニェ[エ]スの一人). II 女 -/-n 《雅》 たちの悪い女, 毒婦.

Me·ga⇗star [メーガ・シュタール] 男 -s/-s 大スター, スーパースター.

Me·ga⇗ton·ne [メーガ・トンネ] 女 -/-n メガトン (核兵器などの爆発力の単位; 記号: Mt).

*das Mehl [メーる mé:l] 田 (単) -(e)s/(種類を表すときのみ: 複) -e ① **小麦粉** (=Weizenmehl); 穀粉. (英 flour). feines (grobes) *Mehl* 粒の細かい(粗い)穀粉. ② 粉[状のもの]. Holz*mehl* おがくず.

meh·lig [メーりヒ mé:lɪç] 形 ① 粉の, 粉状の; 粉をまぶした, 粉だらけの. ② (水気がなく)すかすかの, ぱさぱさした(果実・野菜など).

Mehl⇗sack [メーる・ザック] 男 -(e)s/..säcke 粉袋. schlafen wie ein *Mehlsack* 《比》ぐっすり眠りこける.

Mehl⇗schwit·ze [メーる・シュヴィッツェ] 女 -/-n 《料理》ルー(小麦粉をバターでいためたもの).

Mehl⇗spei·se [メーる・シュパイゼ] 女 -/-n ① 小麦粉(穀粉)で作った料理(団子など). ② 《オースト》(デザート用の)甘いもの; ケーキ.

Mehl⇗tau [メーる・タオ] 男 -(e)s/ 《農》(農作物の)うどん粉病.

Mehl⇗wurm [メーる・ヴルム] 男 -(e)s/..würmer 《昆》(穀類につく)ゴミムシダマシの幼虫.

mehr [メーァ méːr]

> **より多くの**
> Wir brauchen *mehr* Geld.
> ヴィァ ブラオヘン メーァ ゲるト
> 私たちはもっとたくさんのお金が必要だ.

I (≠viel の 比較) 形 [無語尾で] **より多くの**, より たくさんの, より以上の. (英 more). (⇔「より 少ない」は weniger). fünf oder *mehr* Personen 5人かあるいはそれ以上の人員 / Er hat *mehr* Geld **als** du. 彼は君よりたくさんのお金を 持っている / Das ist *mehr* als schlimm. それ はひどいなんてもんじゃない / Immer *mehr* Touristen strömen auf die Insel. ますます 多くの観光客がその島に殺到する / **Je** *mehr*, desto besser. 多ければ多いほどよい.
◇[名詞的に] より多くの人(物). *mehr* als die Hälfte 半数以上の人々(物) / Willst du noch *mehr*? もっと欲しいの? / Hundert Personen und *mehr* waren anwesend. 100人 以上の人が出席していた / Demnächst *mehr* darüber. これについてはじきにもっと詳しく話す よ / Der Kuchen schmeckt **nach** *mehr*. 《口 語》このケーキはもっと食べたくなるほどおいしい / Sie ist auch nicht *mehr* als wir. 彼女だって私 たちとそんなに違わない(←より以上の人間ではない).

II (≠viel, ≠sehr の 比較) 副 ① **より多く**, もっと. Sie raucht *mehr* als ich. 彼女は私よりたくさん たばこを吸う / *mehr* links もっと左に / *mehr* **und** *mehr* または **immer** *mehr* ますます / *mehr* **oder** **weniger** (または **minder**) 多少とも, ある程 度 / *mehr* als genug 十二分に / *mehr* **denn** je 前よりいっそう / **umso** *mehr* それだけなおいっそ う / Du frierst *mehr* als ich. 君はぼくよりも寒 がりだ / Du musst dich *mehr* schonen. 君は もっと身体を大事にしなくてはいけない.
② [*mehr* **a als** **b** の形で] B であるというよりもむしろ A. Er ist *mehr* Geschäftsmann **als** Arzt. 彼は医者というよりもむしろ商売人だ.
③ [否定を表す語とともに] **もう(もはや)…ない**. Er ist nicht *mehr*. (婉曲) 彼はもう生きていな い / Ich kann nicht *mehr*. 《口語》もうこれ以 上は私にはできない / nicht *mehr* werden 《婉 曲》もう健康に戻らない / Du bist kein Kind *mehr*. おまえはもう子供ではないんだから / nicht *mehr* lange 間もなく.

Mehr [メーァ] 中 -[s]/-e 過剰, 余剰; 多数. ein *Mehr* **an** Licht 過剰な光.

Mehr≠ar·beit [メーァ・アルバイト] 女 -/ 時間 外労働, 超過勤務.

Mehr≠aus·ga·be [メーァ・アオスガーベ] 女 -/ -n 《ふつう 複》過剰支出.

mehr≠bän·dig [メーァ・ベンディヒ] 形 数巻の, 何巻もの(事典など).

Mehr≠be·las·tung [メーァ・べらストゥング] 女 -/-en 余計な(過重な)負担.

Mehr≠bett·zim·mer [メーァベット・ツィンマ ァ] 中 -s/- (病院・ユースホステルなどの) 合い部屋.

mehr≠deu·tig [メーァ・ドイティヒ] 形 多義的 な; あいまいな. ein *mehrdeutiger* Begriff あい まいな概念.

mehr≠di·men·si·o·nal [メーァ・ディメンズィ オナーる] 形 多次元の.

Mehr≠ein·nah·me [メーァ・アインナーメ] 女 -/-n 《ふつう 複》超過収入.

meh·ren [メーレン méːrən] I 他 (h) 《雅》増 やす, 増大させる. II 再帰 (h) *sich*⁴ *mehren* 《雅》増す, 増える, 増大する.

meh·re·re [メーレレ méːrərə] 代 [不定代 名詞; 語尾変化は形容詞と同じ] 《ふつう 複数》① [付加語として] **いくつかの**, 何人かの, 若干の; 種 種の. *mehrere* Bücher 数冊の本 / *mehrere* Tage 数日 / ein Wort mit *mehreren* Bedeutungen いくつかの意味のある言葉 / Hierzu gibt es *mehrere* Meinungen. これに対しては いろいろな意見がある.
② [名詞的に] 何人かの人たち; いくつかのもの (こと). *mehrere* von ihnen 彼らのうちの何人 か / *mehreres* いくつかのこと.

meh·re·ren [メーレレン], **meh·re·rer** [メー レラァ], **meh·re·res** [メーレレス] 代 [不定代 名詞] ☞ mehrere

meh·rer·lei [メーラらイ méːrərlái] 形 [無 語尾で] 《口語》種々の, 数種の, いろいろな.

mehr≠fach [メーァ・ふァッハ méːr-fax] I 形 **数回の**, 数倍の; たびたびの; いくつかの. ein *mehrfacher* Weltmeister 何度も世界チャンピ オンになった選手 / in *mehrfacher* Hinsicht い くつかの点で.
II 副 《口語》何度も, 再三. 人・事⁴ *mehrfach* erwähnen 人・事⁴に何度も言及する.

Mehr≠fa·mi·li·en≠haus [メーァふァミーリー エン・ハオス] 中 -es/..häuser (多世帯用の)集合 住宅, 共同住宅.

Mehr≠far·ben·druck [メーァふァルベン・ド ルック] 男 -[e]s/-e カラー印刷[物].

mehr≠far·big [メーァ・ふァルビヒ] 形 多色の, カラフルな, 多色刷りの.

die **Mehr·heit** [メーァハイト méːrhart] 女 (単)-/〈複〉-en 《口語なし》**多数**; 大多数; 《集》 過半数. (英 majority). (⇔「少数」は Minderheit). die schweigende *Mehrheit* 声なき多 数. ② (票decaでの)多数; 多数派. die absolute *Mehrheit* der Stimmen² 絶対多数票.

mehr≠heit·lich [メーァハイトりヒ] 形 多数の, 過半数の.

Mehr≠heits≠be·schluss [メーァハイツ・べ シュるス] 男 -es/..schlüsse 多数決.

mehr≠jäh·rig [メーァ・イェーリヒ] 形 [付加語 としてのみ] ① 数年の, 多年にわたる. ② [植] 多年生の.

Mehr≠kos·ten [メーァ・コステン] 複 費用の超 過分, 余分の費用.

mehr≠ma·lig [メーァ・マーリヒ] 形 [付加語と してのみ] 数回(数度)の; たびたびの.

mehr≠mals [メーァ・マーるス méːr-maːls] 副 **何度か**, 数回. Ich habe dich *mehrmals* angerufen. 君に何度か電話をしたんだよ.

Mehr⸗preis [メーァ・プライス] 男 -es/-e 《経》追加(割増)価格.

mehr⸗sil·big [メーァ・ズィるビヒ] 形 《言》多音節の.

mehr⸗spra·chig [メーァ・シュプラーヒヒ] 形 多言語を話す; 多言語で書かれた.

mehr⸗stim·mig [メーァ・シュティミヒ] 形 《音楽》多声の, ポリフォニーの.

mehr⸗stö·ckig [メーァ・シュテッキヒ] 形 数階建ての, 多階の.

mehr⸗stu·fig [メーァ・シュトゥーふィヒ] 形 数段の; 《工》多段式の(ロケットなど).

mehr⸗stün·dig [メーァ・シュテュンディヒ] 形 《付加語としてのみ》数時間の, 数時間にわたる.

mehr⸗tä·gig [メーァ・テーギヒ] 形 《付加語としてのみ》数日の, 何日にもわたる.

mehr⸗tei·lig [メーァ・タイりヒ] 形 いくつかの部分(パーツ)から成る.

Meh·rung [メールング] 女 -/-en 《ふつう 単》《雅》増加, 増大.

Mehr⸗weg⸗fla·sche [メーァヴェーク・ふらシェ] 女 -/-n (引き換えに返金をする)リターナブルボトル. (↗「ワンウェーボトル」は Einwegflasche).

Mehr⸗wert [メーァ・ヴェーァト] 男 -[e]s/ 《経》付加価値; マルクス経済学で:剰余価値.

Mehr⸗wert⸗steu·er [メーァヴェーァト・シュトイァ] 女 -/ 《経》付加価値税 (略: MwSt., MWSt., Mw.-St.).

Mehr⸗zahl [メーァ・ツァール] 女 -/ ① 多数, 過半数. ② 《言》複数[形] (=Plural). (↗「単数[形]」は Einzahl).

Mehr⸗zweck.. [メーァツヴェック.. mé:rtsvɛk..]《名詞につける接頭》《口語》《多目的の・多用途の》例: *Mehrzweck*halle 多目的ホール.

mei·den* [マイデン máidən] du meidest, er meidet (mied, hat...gemieden) 他 《完了》 haben)《雅》避ける, 控える. 《英 *avoid*). 人⁴ *meiden* 人⁴と交際しない / Alkohol⁴ *meiden* アルコールを控える. ◇《相互的に》Sie *meiden* sich (または einander). 彼らは互いに避け合っている.

Mei·er [マイアァ máiər] -s/-s 《姓》マイアー.

Mei·e·rei [マイエライ maiərái] 女 -/-en 《方》酪農場.

die **Mei·le** [マイれ máilə] 女 (単) -/(複) -n マイル(記号: M). 《英 *mile*). Ihr Parfüm riecht drei *Meilen* gegen den Wind. 《口語》(軽蔑的に:)彼女の香水のにおいは非常に強烈だ(←風上へ3マイルもにおう). (↗ イギリスマイルは 1609.30 m, プロイセンマイルは 7532 m).

Mei·len·stein [マイれン・シュタイン] 男 -[e]s/-e ① (昔の:)里程標(石), 一里塚. ② 《雅》(人生・歴史における)重要な事件(出来事).

mei·len·weit [マイれン・ヴァイト] 形 何マイルも離れた; 《比》非常に遠い.

Mei·ler [マイらァ máilər] 男 -s/- 原子炉.

mein [マイン máin]

私の	Das ist *mein* Auto.
	ダス イスト マイン アオトー
	これは私の車です.

格	男	女	中	複
1	mein	meine	mein	meine
2	meines	meiner	meines	meiner
3	meinem	meiner	meinem	meinen
4	meinen	meine	mein	meine

I 冠 《所有冠詞; 1人称単数》私の, ぼくの. (英 *my*). *mein* Sohn 私の息子 / *meine* Tochter 私の娘 / *meine* Kinder 私の子供たち / das Auto *meines* Vaters 私の父の車 / Das ist *meine* Sache. それは私の問題だ / Ich muss *meine* Medizin nehmen. 《口語》私はいつもの薬を飲まなければならない / *Meine* Damen und Herren! (スピーチなどの初めに:)皆さん! / *Mein* Gott! おやおや, なんということだ.

II 代 **A)**《所有代名詞》① 私(ぼく)のもの. (英 *mine*). Ist das deine Brille oder *meine*? これは君の眼鏡, それともぼくの? 《語尾なしで》 Alles, was *mein* ist, ist auch dein. 《雅》ぼくのものはすべて君のものでもある / *Mein* und Dein verwechseln (婉曲)盗みを働く(←自分のものと他人のものを取り違える).
② 《定冠詞とともに》私(ぼく)の… Das ist nicht deine Schuld, sondern die *meine*. 《雅》それは君の責任ではなく, ぼくの責任だ. ◇《名詞的に》der *meine* または der *Meine* 私の夫 / die *meine* または die *Meine* 私の妻 / *meinen* または die *Meinen* 私の家族 / das *meine* または das *Meine* a) 私の義務, b) 私の財産

↗ 格変化は定冠詞がない場合は男性1格 meiner, 中性1格・4格で mein[e]s となるほかは上の表と同じ. 定冠詞がつく場合は男性1格と女性・中性1格・4格で meine, 他は meinen.

B)《人称代名詞 ich の2格; ふつう meiner を用いる》 Vergiss *mein* nicht! 《詩》私のことを忘れないで!

mei·ne [マイネ] 代 《所有代名詞》 ↗ mein I

Mein⸗eid [マイン・アイト] 男 -[e]s/-e 偽誓; 《法》偽証.

mein·ei·dig [マイン・アイディヒ] 形 偽証の. *meineidig* werden 偽誓する.

mei·nem [マイネム] 代 《所有冠詞》 ↗ mein I

***mei·nen¹** [マイネン máinən] (meinte, hat...gemeint) 他 《完了》 haben) ① (…と)思う, 考える, (…という)意見である. 《英 *think*). Ich *meine*, er hat recht (または Recht). 私は彼の言うとおりだと思う / Was *meinst* du zu dieser Sache? 君はこの件についてどう思う? / Das *meine* ich auch. 私もそう思う(同じ意見だ) / *Meinen* Sie das im Ernst? 本気でそう思っていらっしゃるのですか / Das *will* ich *meinen*!《口

語）もちろんそうだとも. ◊〖目的語なしでも〗 *Meinst* du? (本当に)そう思う? / Wenn Sie *meinen*! そうおっしゃるのなら[お好きになさってください] / Ich *meine* ja nur [so]. 《口語》ただそう思っただけさ. ◊〖zu 不定詞[句]とともに〗Sie *meinte* zu träumen. 《雅》彼女は夢を見ているのだと思った.

② (〖人・物〗のことを指して言っている, 意味している. 《米》mean). Was *meinen* Sie damit? それはどういうおつもりですか / Welches Buch *meinst* du? 君はどの本のことを言っているんだい / *Meinen* Sie mich? 私のことですか.

③ (…と)言う. „Damit ist es genug", *meinte* er.「それで十分だ」と彼は言った / Was (または Wie) *meinten* Sie eben? 今何とおっしゃいましたか. (☞〖類語〗sagen).

④ (〖副〗4を…の)つもりで(言っている). 〖副〗4 ernst (ironisch) *meinen* 〖副〗4を本気で(皮肉って)言う / Ich *habe* meine Bemerkung nicht böse *gemeint*. 私は私の意見を悪意で言ったのではない. ◊〖es を目的語として成句的に〗 Er *meint* es gut mit ihr. 彼は彼女に対して好意的だ.

mei·nen² [マイネン] 〖代〗〖所有冠詞〗 ☞ mein I
mei·ner¹ [マイナァ máinər] 〖代〗〖人称代名詞; ich の 2 格〗 statt *meiner* 私の代わりに.
mei·ner² [マイナァ] 〖代〗〖所有冠詞〗 ☞ mein I
mei·ner·seits [マイナァ・ザイツ] 〖副〗 私の方では, 私としては. Ganz *meinerseits*!（あいさつで:)こちらこそ[お近づきになれてうれしいです].
mei·nes [マイネス] 〖代〗〖所有冠詞〗 ☞ mein I
mei·nes·glei·chen [マイネス・グライヒェン] 〖代〗〖不定代名詞; 無変化〗私のような人[々].
mei·net·hal·ben [マイネット・ハルベン] 〖副〗= meinetwegen

mei·net·we·gen [マイネット・ヴェーゲン] 〖副〗① 私のために. Bist du *meinetwegen* gekommen? 〖現在完了〗私のために来てくれたの? ②《口語》[私としては]…してもかまわない. Kann ich mal dein Fahrrad haben? — *Meinetwegen*! ちょっと君の自転車借りてもいい? — かまわないよ.

mei·net·wil·len [マイネット・ヴィルレン] 〖副〗《成句的に》um *meinetwillen* 私のために.
mei·ni·ge [マイニゲ máiniɡə] 〖代〗〖所有代名詞; 定冠詞とともに; 語尾変化は形容詞と同じ〗《雅》私(ぼく)のもの. Das ist nicht deine Schuld, sondern die *meinige*. それは君の責任ではなく, ぼくの責任だ. ◊〖名詞的に〗 die *meinigen* または die *Meinigen* 私の家族 / das *meinige* または das *Meinige* a) 私の義務, b) 私の財産.
Mei·nin·gen [マイニンゲン máiniŋən] 〖中〗-s/ 《都市名》マイニンゲン(ドイツ, テューリンゲン州: ☞〖地図〗E-3).
mein·te [マインテ] *meinen¹ (思う)の 過去
*die **Mei·nung** [マイヌング máinuŋ] 〖女〗《単》-/《複》-en 意見, 見解, 考え; 評価.《米》opinion). die öffentliche *Meinung* 世論 / meiner *Meinung* nach または nach meiner *Meinung* 私の考えでは / Er hat keine eigene *Meinung*. 彼は自分の意見を持っていない / Was ist Ihre *Meinung*? あなたのご意見は? / Ich habe dazu keine *Meinung*. 私はそれについては何も言うことはありません / eine andere *Meinung*⁴ äußern 別の意見を述べる / Ganz meine *Meinung*! 私もまったく同じ考えです / 〖人〗³ [gehörig] die *Meinung*⁴ sagen 〖人〗³に[はっきりと]文句を言う / Ich habe eine gute *Meinung* von ihm. 私は彼を高く評価している. ◊〖2 格〗Ich bin der *Meinung*², dass… 私は…という意見です / In dieser Frage bin ich mit dir einer *Meinung*². この問題ではぼくは君と同じ意見だ / Ich bin darüber anderer *Meinung*² als Sie. それに関しては私はあなたとは別の意見です.

Mei·nungs=äu·ße·rung [マイヌングス・オイセルング] 〖女〗-/-en 意見の表明.
Mei·nungs=aus·tausch [マイヌングス・アオスタオシュ] 〖男〗-[e]s/ 意見の交換.
Mei·nungs=bil·dung [マイヌングス・ビルドゥング] 〖女〗-/ 意見(世論)の形成, 世論作り.
Mei·nungs=for·schung [マイヌングス・フォルシュング] 〖女〗-/ 世論調査.
Mei·nungs=frei·heit [マイヌングス・フライハイト] 〖女〗-/ 言論の自由.
Mei·nungs=ma·che [マイヌングス・マッヘ] 〖女〗-/ 世論づくり, 世論操作.
Mei·nungs=um·fra·ge [マイヌングス・ウムフラーゲ] 〖女〗-/-n 世論調査のアンケート.
Mei·nungs=ver·schie·den·heit [マイヌングス・フェアシーデンハイト] 〖女〗-/-en ① 《ふつう 複》意見の相違. ② 《婉曲》口論, いさかい.
Mei·se [マイゼ máizə] 〖女〗-/-n 《鳥》シジュウカラ. eine *Meise*⁴ haben 《俗》頭がおかしい.
Mei·ßel [マイセル máisəl] 〖男〗-s/- (石・金属などを彫るための)のみ, たがね.
mei·ßeln [マイセルン máisəln] I 〖他〗(h) (石など⁴を)のみで彫る; (像⁴・碑文など⁴を)彫刻する. II 〖自〗(h) 〖an 〖物〗³ ~〗(〖物〗³に)のみで彫る.
Mei·ßen [マイセン máisən] 〖中〗-s/《都市名》マイセン(ドイツ, ザクセン州の工業都市. 磁器の産地として有名: ☞〖地図〗F-3).

**meist [マイスト márst] I 《viel の 最上》〖形〗《米》most). ① 最も多くの, 最大の.（←↔ 「最も少ない」は wenigst). Er hat das *meiste* Geld. 彼がいちばんたくさんお金を持っている.

② たいていの, 大部分の. Die *meisten* Gäste sind nach Hause gegangen. 〖現在完了〗たいていの客はうちへ帰った / die *meiste* Zeit des Jahres 1 年の大部分. ◊〖名詞的に〗die *meisten*（または die *Meisten*) meiner Kollegen² 私の同僚のほとんど / Sie hat das *meiste*（または das *Meiste*) davon vergessen. 彼女はそのことの大部分を忘れてしまった.

II 《viel, 〖副〗viel の 最上》① 〖am *meisten* の形で〗最も, いちばん.《米》most). Sie spricht am *meisten*. 彼女がいちばんよくしゃべる / das am *meisten* verkaufte Buch いちばんよく売れた本.

② たいていは (=meistens).《米》mostly).

Meist bin ich zu Hause. たいてい私はうちにいる / Es war *meist* schönes Wetter. たいていはいい天気だった.

Meist⸗be·güns·ti·gung [マイスト・ベギュンスティグング] 囡 -/ 《経》最恵国待遇.

meist⸗bie·tend [マイスト・ビーテント] 形《商》最高入札値の. 囲⁴ *meistbietend* verkaufen 囲⁴を競売に出す.

**meis·tens [マイステンス máɪstəns] 副 たいてい, ふつう. 《英 *mostly*》Morgens trinke ich *meistens* nur einen Kaffee. 私は朝はたいていコーヒーを1杯飲むだけです.

meis·ten⸗teils [マイステン・タイるス] 副 大部分は, たいていは.

*der **Meis·ter** [マイスタァ máɪstər] 男《単2》-s/《複》- (3格のみ -n)《英 *master*》① (手工業の)マイスター, 親方 (資格試験に合格し, 見習いを養成する資格がある);(マイスターとして働く)職長. (⇔「見習い[生]」は Lehrling.)(☞「ドイツ・ミニ情報 25」, 下段). Er geht **bei** einem guten *Meister* in die Lehre. 彼はりっぱなマイスター(親方)のところで職業訓練に入る / Er hat den (または seinen) *Meister* gemacht. 《口語》彼はマイスター資格試験に合格した.

② 名人, 達人, 巨匠, 大家. Er ist ein *Meister* des Klavierspiels. 彼はピアノの名人だ / Übung macht den *Meister*. 《ことわざ》名人も練習しだい(←練習は名人を作る) / Es ist noch kein *Meister* vom Himmel gefallen. 《現在完了》《ことわざ》生まれながらの名人はいない(←天から名人が降ってきたことはない).

③ 《スポ》チャンピオン, 選手権保持者. Weltmeister 世界チャンピオン / ein *Meister* im Fußballspiel サッカーのチャンピオンチーム.

④ (童話の登場人物などの名前で:) *Meister* Lampe うさぎさん / *Meister* Petz 熊さん.

Meis·ter⸗brief [マイスタァ・ブリーふ] 男 -[e]s/-e マイスター(親方)の免状.

Meis·ter⸗ge·sang [マイスタァ・ゲザング] 男 -(e)s/ 《文学》職匠歌,マイスターゲザング(15-16世紀の職匠歌人 Meistersinger によって歌われた).

meis·ter·haft [マイスタァハふト] 形 (技量などが)卓越した, みごとな. ein *meisterhaftes* Spiel すばらしい演奏 / 囲⁴ *meisterhaft* beherrschen 囲⁴を完全にマスターしている.

Meis·ter⸗hand [マイスタァ・ハント] 囡《成句的に》von *Meisterhand* 名工の手による.

Meis·te·rin [マイステリン máɪstərɪn] 囡 -/..rinnen ① (女性の)マイスター, 親方; 名人; 《スポ》女性チャンピオン. ② 親方の妻.

Meis·ter⸗leis·tung [マイスタァ・らイストゥング] 囡 -/-en 傑作.

meis·ter·lich [マイスタァリヒ] 形 (技量などが)卓越した, みごとな, 優れた(=meisterhaft).

meis·tern [マイスタァン máɪstərn] 他 (h) ① (困難・問題など⁴を)克服する. Probleme⁴ *meistern* 諸問題をうまく処理する. ② (感情など⁴を)抑える, こらえる. ◊《再帰的に》*sich*⁴ *meistern* 自制する. ③ (道具・技など⁴を)うまくこなす, マスターする.

Meis·ter⸗prü·fung [マイスタァ・プリューふング] 囡 -/-en マイスター(親方)の資格試験.

die **Meis·ter·schaft** [マイスタァシャふト máɪstərʃaft] 囡《単》-/《複》-en ① 《囲 なし》名人芸, 優れた腕前. ein Werk von vollendeter *Meisterschaft* 完璧な名人芸の作品 / es in 囲³ **zur** *Meisterschaft* bringen 囲³において名人の域に達する (⇔ es は形式目的語).

② 《スポ》チャンピオンシップ; 選手権[試合]. 《英 *championship*》. Weltmeisterschaft 世界選手権 / die *Meisterschaft*⁴ erringen (verteidigen) 選手権を獲得する(防衛する).

Meis·ter⸗sin·ger [マイスタァ・ズィンガァ] 男 -s/- (15-16世紀ドイツの)職匠歌人, マイスタージンガー.

ドイツ・ミニ情報 25

マイスター Meister

職人の国ドイツ. その伝統が今でも着実に引き継がれているのは, マイスター制度によるところが大きい. マイスターとは親方を意味する称号で, いわば職人の世界の博士号と言ってよい. 職種により修行年数や受験資格は異なるが, マイスターの国家試験合格者には, 独立して開業する自営許可や, 見習いをとって職人を養成する資格が与えられる. マイスターになると, 学歴とは関係なく社会的ステータスは非常に高い.

手に職をつけた職人を重んじる価値観は, 何でも無難にこなせるゼネラリストより, 専門職に秀でたスペシャリストを求めるドイツの社会に定着している. 多くの者が小学校4年の段階で進路を決め, 大学を希望しない青少年は早いうちから専門教育を受けるし, 大学進学者もやはり専門職をめざして入学するので, 大学に籍を置いたというキャリアだけで満足せず, 多くが専攻分野に関連した職業に就く.

専門職を重視するがゆえに職種を越えての転職は少なく, 仕事を変えるとしても関連分野の狭い範囲で移動する場合がほとんどである. 必然的に同業者間の結びつきが強く, 労働組合が強い力を持っている. ドイツでは, 企業ごとではなく同じ職種で働く者が集まって産業別に単一の組合を作り, 合同で労働条件の改善を求めて雇用者側と折衝するため, 同業の会社同士のライバル争いは比較的起きにくい.

Meis·ter≈stück [マイスタァ・シュテュック] 田 -[e]s/-e ① (職人が)マイスター(親方)資格試験に提出する作品. ② 傑作.

Meis·ter≈werk [マイスタァ・ヴェルク] 田 -[e]s/-e 傑作, 名作, 秀作.

Mek·ka [メッカ méka] **I** 囡 -s/ 《都市名》メッカ(サウジアラビア西部の都市. ムハンマドの出生地でイスラム教の聖地). **II** 田 -s/-s 《ふつう 匣》(活動などの)メッカ, 中心地.

Me·lan·cho·lie [メランコリー melaŋkolíː] 囡 -/-n [..リーエン] ① 《圈 なし》憂うつ, ふさぎ込み, メランコリー. *in Melancholie* versinken 物思いに沈んでいる. ② (心)うつ病.

Me·lan·cho·li·ker [メランコーリカァ melaŋkóːlikər] 男 -s/- ① 憂うつ症の人, ふさぎ屋. (女性形: -in). ② (心)うつ病患者.

me·lan·cho·lisch [メランコーリッシュ melaŋkóːlɪʃ] 形 憂うつ症の, ふさぎ込んだ; 哀愁に満ちた, 物悲しい.

Me·la·ne·si·en [メラネーズィエン melanéːziən] 田 -s/ 《島名》メラネシア(オーストラリア東北海岸沿いの小群島の総称).

Me·lan·ge [メラーンジェ melã:ʒə] 囡 -/-n ① ミックス, ブレンド(コーヒーなど); ⦅ﾃﾞｨｱﾚ⦆ミルクコーヒー. ② 《織》混紡糸(の織物).

Me·la·nin [メラニーン melaníːn] 田 -s/-e 《生化》メラニン, 黒色素.

Me·las·se [メラッセ melásə] 囡 -/-n 糖蜜(ミツ).

Mel·de≈amt [メルデ・アムト] 田 -[e]s/..ämter (市役所などの)住民登録課 (= Einwohner-*meldeamt*).

Mel·de≈frist [メルデ・フリスト] 囡 -/-en 届け出期限.

*mel·den [メルデン méldən] du meldest, er meldet (meldete, *hat*...gemeldet) **I** 他 《完了 haben》 ① (役所・上級などに 匣⁴を)届け出る, 知らせる, 報告(通報)する. (英 *report*). *er meldet den Unfall* **bei** *der Polizei*. 彼は事故を警察に通報する / 囚⁴ polizeilich *melden* 警察へ囚⁴の住民届を出す / Er hat hier nichts zu *melden*. ⦅口語⦆彼はここでは発言権がない(口出しができない).

② (新聞・ラジオなどが)報道する, 報じる. Die Zeitung *meldete* einen Flugzeugabsturz. 新聞が飛行機の墜落を報じた / Wie unser Berliner Korrespondent *meldet*, ... 本社ベルリン特派員からの報告によれば….

③ (囚⁴の)参加を申し込む. 30 Teilnehmer⁴ für den Ausflug *melden* ハイキングに 30 人の参加申し込みをする. ④ (秘書などが 囚⁴の)来訪を取り次ぐ. Wen darf ich *melden*? (受付係が来客に:)どなた様でしょうか.

II 再帰 《完了 haben》 *sich⁴ melden* ① 申し込む, 申し出る, 志願する. *sich⁴* **zur** Prüfung (または **für** die Prüfung) *melden* 受験を申し込む / Er *meldete sich* zum Wehrdienst. 彼は兵役を志願した.

② 出頭する; 電話口に出る; 消息を知らせる; 兆しを現す. *sich⁴* **bei** der Polizei *melden* 警察に出頭する / Das Telefon klingelt, aber niemand *meldet sich*. 電話のベルが鳴っているがだれも出ない / *Melde dich* mal wieder! またいつか電話(便り)をちょうだい / Das Baby *meldet sich*. 赤ちゃんが泣いている(空腹などのため) / Der Winter *meldet sich*. ⦅比⦆冬の兆しが現れた / Mein Magen *meldet sich*. ⦅口語⦆おなかがすいてきた.

③ 届け出る. Haben Sie *sich* schon polizeilich *gemeldet*? 警察への住民届けをもうしましたか.

④ (授業などで)手をあげる. Er *meldete sich* **zu** Wort. 彼は発言の許可を求めた.

Mel·de≈pflicht [メルデ・プふリヒト] 囡 -/-en (役所・警察への)届け出義務.

mel·de≈pflich·tig [メルデ・プふリヒティヒ] 形 届け出義務のある(伝染病など).

mel·de·te [メルデテ] *melden (届け出る)の 過去

die **Mel·dung** [メルドゥング méldʊŋ] 囡 (単) -/(複) -en ① 報道, ニュース, 情報. (英 *news*). eine amtliche *Meldung* 公式の報道 / Diese *Meldung* ging durch Presse und Fernsehen. このニュースは新聞やテレビで報じられた. ② (官庁などの)報告, 通知. (英 *report*). ③ 届け出, 申し込み. (英 *entry*). Krank*meldung* 病欠届 / eine *Meldung* für eine Prüfung 受験の出願.

me·liert [メリーァト melíːrt] 形 色の交じった, まだらの(糸など); 白髪交じりの.

Me·li·o·ra·ti·on [メリオラツィオーン melioratsióːn] 囡 -/-en 《農》土地改良.

Me·lis·se [メリッセ melísə] 囡 -/-n 《植》メリッサ, セイヨウヤマハッカ.

mel·ken⁽*⁾ [メルケン mélkən] du melkst, er melkt (古: du milkst, er milkt) (melkte, *hat*...gemelkt または molk, *hat*...gemolken) 他 《完了 haben》 (英 *milk*) ① (牛など⁴の)乳を搾る. Kühe⁴ (Ziegen⁴) *melken* 牛(やぎ)の乳を搾る. ◇[目的語なしでも] Er *melkt* mit der Hand. 彼は手で乳搾りをする. ② (乳⁴を)搾る. zehn Liter Milch⁴ *melken* 10 リットルの乳を搾る. ③ ⦅俗⦆(囚⁴から)お金を搾り取る, 搾取する. Sie *hat* ihn tüchtig *gemolken*. 彼女は彼からたんまり巻き上げた.

Mel·ker [メルカァ mélkər] 男 -s/- 搾乳夫, 乳搾りをする人. (女性形: -in).

Melk≈ma·schi·ne [メルク・マシーネ] 囡 -/-n 《農》搾乳機, 乳搾り機.

melk·te [メルクテ] melken (乳を搾る)の 過去

die **Me·lo·die** [メロディー melodíː] 囡 (単) -/(複) -n [..ディーエン] 《音楽》メロディー, 旋律. ⦅ふつう 圍⦆ (大曲の中の個々の)曲; (オペラなどの中の)歌曲, アリア. (英 *melody*). eine heitere *Melodie* 陽気なメロディー / Er pfeift eine *Melodie*. 彼はあるメロディーを口笛で吹いている.

Me·lo·dik [メローディク melóːdɪk] 囡 -/ 《音楽》 ① 旋律法. ② (作品などの)旋律性.

me·lo·disch [メローディッシュ meló:dɪʃ] 形 ① 快い響きの(声など). ② メロディー(旋律)に関する.

Me·lo·dra·ma [メロ・ドラーマ melo-drá:ma] 中 -s/..dramen ①《文学・音楽》メロドラマ(音楽伴奏付きの劇). ②《劇・映》(ふつう軽蔑的に:)メロドラマ(感傷的な通俗劇).

Me·lo·ne [メローネ meló:nə] 女 -/-n ①《植》メロン. ②《口語・戯》山高帽.

Mem·bran [メンブラーン mɛmbrá:n] 女 -/-en ①《工》(マイクなどの)振動板. ②《理》膜, 皮膜, 薄膜.

Mem·bra·ne [メンブラーネ mɛmbrá:nə] 女 -/-n (旧)=Membran

Mem·me [メンメ mɛ́mə] 女 -/-n《口語》意気地なし, 臆病(おく)者.

Me·moi·ren [メモアーレン memoá:rən] 複 回想録, 回顧録.

Me·mo·ran·dum [メモランドゥム memorándum] 中 -s/..randen (または ..randa) ① メモ[帳]. ②(外交上の)覚え書き.

me·mo·rie·ren [メモリーレン memorí:rən] 他 (h) 暗記する, 暗唱する.

Me·na·ge·rie [メナジェリー menaʒəri:] 女 -/-n [..リーエン] 動物の見せ物; (サーカスなどの)動物[の入っており(囲い).

Men·del [メンデる méndəl] -s/《人名》メンデル (Gregor Johann *Mendel* 1822-1884; オーストリアの植物学者).

Men·de·le·vi·um [メンデれーヴィウム mɛndelé:vium] 中 -s/《化》メンデレビウム(記号: Md).

Men·dels·sohn [メンデるス・ゾーン méndəlszo:n] -s/《人名》メンデるスゾーン[・バルトルディ] (Felix *Mendelssohn* Bartholdy 1809-1847; ドイツの作曲家).

Me·ne·te·kel [メネテーケる meneté:kəl] 中 -s/-《雅》不吉な前兆(ダニエル書 5, 25).

die **Men·ge** [メンゲ méŋə] 女 (単) -/(複) -n ①(一定の)数量. die doppelte *Menge* 2 倍の量(数) / eine kleine *Menge* Zucker 少量の砂糖 / Von diesem Artikel ist nur noch eine begrenzte *Menge* vorhanden. この商品はもう限られた量しかありません / in großen (kleinen) *Mengen* 大量に(少に).

② 大量, 多数. eine *Menge* Bilder たくさんの絵 / eine [ganze] *Menge* Geld 大金 / Du musst noch eine *Menge* lernen. 君はまだ多くのことを学ばなければならない / jede *Menge*《口語》非常にたくさん / in rauen *Mengen*《口語》どっさり, ごっそり.

③〖複 なし〗群集, 多くの人々. die begeisterte *Menge* 熱狂した群集 / in der *Menge* verschwinden 群集の中に姿をくらます. ④《数》集合.

men·gen [メンゲン méŋən] I 他 (h) 混ぜる, 混合する. Zement⁴ und Wasser⁴ *mengen* セメントと水を混ぜる / Rosinen⁴ in den Teig *mengen* レーズンを[パン]生地に混ぜる. II 再帰 (h) ①《sich⁴ [mit 物³] ~》([物³]と)混ざる, 混じり合う. ②《sich⁴ in 物⁴~》《口語》(物⁴に)口出しする. sich⁴ ins Gespräch *mengen* 人の話に割り込む. ③《sich⁴ unter 人⁴~》《口語》(人⁴(群集など)の中に)まぎれ込む.

Men·gen·leh·re [メンゲン・れーレ] 女 -/《数・哲》集合論.

men·gen·mä·ßig [メンゲン・メースィヒ] 形 数量の, 量的な.

Men·gen·ra·batt [メンゲン・ラバット] 男 -[e]s/-e《経》大口割引.

Meng·tse [メングツェ méntsə] -s/《人名》孟子 (前 372-前 289; 中国の思想家).

Me·nis·kus [メニスクス menískus] 男 -/..nisken ①《医》(膝⁴の)関節などの)半月板. ②《光》(眼鏡の)メニスカスレンズ. ③《物》(毛細管現象の)メニスカス.

Men·ni·ge [メンニゲ mɛ́nigə] 女 -/《化》鉛丹(防さび剤).

die **Men·sa** [メンザ ménza] 女 (単) -/(複) -s または (複) Mensen ①(大学の)学生食堂. (注「社員食堂」は Kantine). in die *Mensa* gehen 学生食堂へ行く / Wir essen immer in der *Mensa*. 私たちはいつも学生食堂で食事をします. ②(カルツ)(祭壇の)祭台.

der **Mensch** [メンシュ ménʃ]

人間

Ich bin auch nur ein *Mensch*.
イヒ ビン アオホ ヌーァ アイン メンシュ
私だって一人の人間にすぎない。

格	単	複
1	der Mensch	die Menschen
2	des Menschen	der Menschen
3	dem Menschen	den Menschen
4	den Menschen	die Menschen

男 (単 2·3·4) -en/(複) -en ① 人間, 人. (英 *person, human being*). *Mensch* und Tier 人間と動物 / ein normaler *Mensch* 普通の人 / Er ist ein ganz vollkommener *Mensch*. 彼はまったく申し分のない人間だ / ein *Mensch* aus (または von) Fleisch und Blut 生身の人間(←肉と血からなる) / Alle *Menschen* müssen sterben. 人はだれでも死ななければならない / Jeder *Mensch* hat seine Fehler. だれにでも欠点はある / Er ist ein anderer *Mensch* geworden. 〖現在完了〗彼は別人のようになってしまった / kein *Mensch* だれも…でない / wie der erste *Mensch*《口語》頼りなげに, ぎこちなく(←[創造された]最初の人間のように) / Ich bin ja gar kein *Mensch* mehr.《口語》私はもうくたくただ(←もう人間ではない) / Jetzt bin ich wieder [ein] *Mensch*.《口語》私はやっと人心地がついた / Sie ist nur noch ein halber *Mensch*.《口語》彼女は身も心もやつれきっている(←もう半分の人間でしかない). ◇〖前置詞とともに〗etwas⁴ für den inneren (äußeren) *Menschen* tun ↓

分に飲み食いする(身づくろいに気を配る) / Er geht gern **unter** *Menschen*. 彼は社交的だ / **von** *Mensch* **zu** *Mensch* 気さくに, 打ち解けて (⚠ 慣用的に語尾変化しない).
② 〖間投詞的に〗《俗》おい, こいつ, うわー. *Mensch*, lass das! おい, やめろ / *Mensch* Meier! うわーすごい, これは驚いた.

Men·schen⹀af·fe [メンシェン・アッフェ] 男 -n/-n 〘動〙類人猿.

Men·schen⹀al·ter [メンシェン・アるタァ] 中 -s/- (平均的な)人間一代の期間.

Men·schen⹀feind [メンシェン・ふァイント] 男 -[e]s/-e 人間嫌い.

men·schen⹀feind·lich [メンシェン・ふァイントりヒ] 形 ① 人間嫌いの. ②《比》非人間的な, 人間に有害な(環境など).

Men·schen⹀fres·ser [メンシェン・ふレッサァ] 男 -s/-《口語》人食い人種; 残忍な人. (女性形: -in).

Men·schen⹀freund [メンシェン・ふロイント] 男 -[e]s/-e 博愛主義者, 慈善家. (女性形: -in).

men·schen⹀freund·lich [メンシェン・ふロイントりヒ] 形 ① 博愛の, 思いやりのある. ②《比》人間に優しい(環境など).

Men·schen⹀ge·den·ken [メンシェン・ゲデンケン] 中 〘成句的に〙**seit** *Menschengedenken* 有史以来, 大昔から.

Men·schen⹀ge·schlecht [メンシェン・ゲシュれヒト] 中 -[e]s/-《雅》人類.

Men·schen⹀ge·stalt [メンシェン・ゲシュタると] 女 -/-en 人間の姿(形). ein Engel in *Menschengestalt* 人の姿をした天使, 純粋な善人.

Men·schen⹀hand [メンシェン・ハント] 女 -/..hände 人間の手; 〘雅〙人間. Das liegt nicht **in** *Menschenhand*. それは人間の手のおよばぬことだ / **durch** (または **von**) *Menschenhand* 人間の手になる.

Men·schen⹀han·del [メンシェン・ハンデる] 男 -s/-《法》人身売買.

Men·schen⹀ken·ner [メンシェン・ケンナァ] 男 -s/- 人間通, 人を見る目がある(的確に見抜ける)人. (女性形: -in).

Men·schen⹀kennt·nis [メンシェン・ケントニス] 女 -/- 人を見る目.

Men·schen⹀kind [メンシェン・キント] 中 -[e]s/-er ① 〘ふつう 圏〙(神の子としての)人間, 人の子. ② 〘児〙子供.

Men·schen⹀le·ben [メンシェン・れーベン] 中 -s/- ① 人間の一生. ② 人命.

men·schen⹀leer [メンシェン・れーァ] 形 人気(ひとけ)のない, 荒涼とした.

Men·schen⹀lie·be [メンシェン・りーべ] 女 -/- 人間愛, 隣人愛, 博愛.

Men·schen⹀men·ge [メンシェン・メンゲ] 女 -/-n 群集.

men·schen⹀mög·lich [メンシェン・メークりヒ] 形 人間にできる, 人力(人知)のおよぶ[限り の]. ◇〘名詞的に〙das *Menschenmögliche*⁴ tun 人知の限りを尽くす.

Men·schen⹀op·fer [メンシェン・オプふァァ] 中 -s/- ① (事故などの)犠牲者. ② (宗教儀式としての)人身ごくう.

Men·schen⹀raub [メンシェン・ラオプ] 男 -[e]s/-e 誘拐;《法》略取誘拐[罪].

Men·schen⹀recht [メンシェン・レヒト] 中 -[e]s/-e 〘ふつう 圏〙人権. die *Menschenrechte*⁴ verteidigen 人権を擁護する.

men·schen⹀scheu [メンシェン・ショイ] 形 人見知りする, 人づき合いの嫌いな.

Men·schen⹀schin·der [メンシェン・シンダァ] 男 -s/-《口語》人使いの荒い人. (女性形: -in).

Men·schen⹀schlag [メンシェン・シュらーク] 男 -[e]s/- (ある特徴・気質を共有する)人々.

Men·schen⹀see·le [メンシェン・ゼーれ] 女 -/-n 人間の魂; 人間. Keine *Menschenseele* war zu sehen. 人っ子一人見えなかった.

Men·schens⹀kind! [メンシェンス・キント] 間 《俗》(驚き・非難を表して:)おやまあ, おいおい, こらっ. (⚠ 複数の相手には Menschenskinder! と言う.

Men·schen⹀sohn [メンシェン・ゾーン] 男 -[e]s/- 〘宗教〙人の子(イエスのこと).

men·schen⹀un·wür·dig [メンシェン・ウンヴュルディヒ] 形 人間にふさわしくない, 非人間的な.

Men·schen⹀ver·stand [メンシェン・ふェアシュタント] 男 〘成句的に〙der gesunde *Menschenverstand* 常識, 良識.

Men·schen⹀werk [メンシェン・ヴェルク] 中 -[e]s/-e《雅》人間の[はかない・不完全な]事業.

Men·schen⹀wür·de [メンシェン・ヴュルデ] 女 -/- 人間の尊厳.

men·schen⹀wür·dig [メンシェン・ヴュルディヒ] 形 人間にふさわしい. *menschenwürdig* wohnen 人間らしい(まともな)住居に住む.

die **Mensch·heit** [メンシュハイト ménʃhaɪt] 女 (単) -/ (総称として:) 人類, 人間. (英 mankind). die ganze *Menschheit* 全人類 / die Geschichte der *Menschheit*² 人類の歴史.

mensch·lich [メンシュりヒ ménʃlɪç] 形 ① 人間の; 人間らしい, 人間的な. (英 human). die *menschliche* Gesellschaft 人間社会 / der *menschliche* Körper 人体 / *menschliche* Beziehungen 人間関係 / Irren ist *menschlich*. 〘諺〙過ちは人の常.
② 思いやりのある, 寛大な. ein *menschlicher* Beamter 人情味のある役人 / Der neue Chef ist sehr *menschlich*. 今度の上司はとても思いやりがある. ③ まあまあの, 許せる範囲の. Diese Bedingungen sind *menschlich*. これらの条件ならまあまあ我慢できる.

Mensch·lich·keit [メンシュりヒカイト] 女 -/- 人間らしさ, 人間性; 人情, 人道. ein Verbrechen gegen die *Menschlichkeit* 人道に反する犯罪 / 〘罰〙⁴ **aus** *Menschlichkeit* tun 〘罰〙⁴を同情心からする.

Mensch-wer-dung [メンシュ・ヴェーァドゥング] 女 -/ ①《宗教》(キリストの)受肉, 託身. ②《生》人類の発生.

Men-sen [メンゼン] * Mensa (学生食堂)の 複

Mens-tru-a-tion [メンストルアツィオーン] menstruatsió:n] 女 -/-en 《医》生理, 月経.

Men-sur [メンズーァ menzú:r] 女 -/-en ① (フェンシングで:)ディスタンス(競技者間の間隔). ② (学生の)決闘. ③《音楽》メンスーラ(音符の長さの比率; 楽器の各部分の寸法の比率.

men-tal [メンターる mɛntá:l] 形 精神の, 心の, メンタルな.

Men-ta-li-tät [メンタリテート mɛntalité:t] 女 -/-en メンタリティー, 気質, 物の見方(考え方).

Men-thol [メントーる mɛntó:l] 中 -s/《化》メントール, はっか脳.

Men-tor [メントァ méntɔr] 男 -s/-en [..トーレン] ①《老練な》助言者. (女性形: -in). ②《教》教育顧問.

Me-nu [メニュー mený:] 中 -s/-s《ス》= Menü

das **Me-nü** [メニュー mený:] 中 (単 2) -s/ (複) -s ① (レストランの)セット[メニュー]; コース料理. (注意「メニュー(献立表)」は Speise[n]karte). Tages*menü* 日替わりセット / ein *Menü* bestellen セットメニューを注文する / Ein *Menü* besteht aus Suppe, Hauptgericht und Nachtisch. コース料理はスープ, メーンディッシュ, デザートから成る. ②《コンピュ》メニュー.

Me-nu-ett [メヌエット menuét] 中 -[e]s/-e (または -s)《音楽》メヌエット(3/4拍子のゆるやかで優雅な舞踏曲).

Me-phis-to [メふぃスト— mefísto] -[s]/ = *Mephisto*pheles

Me-phis-to-phe-les [メふぃストーふェれス mefistó:feles] メフィストフェレス(ファウスト伝説に出てくる悪魔. ゲーテの『ファウスト』に出てくる).

Mer-ce-des-Benz [メルツェーデス・ベンツ] 男 -/-《商標》メルセデス・ベンツ(ダイムラー社の自動車).

mer-ci! [メルスィー mɛrsí:] [22]間《スイ》ありがとう(= Danke!).

Mer-gel [メルゲる mɛ́rgəl] 男 -s/(種類:) -《地学》泥灰(でい)岩, マール(石灰分を含む粘土).

Me-ri-di-an [メリディアーン meridiá:n] 男 -s/-e《地理・天》子午線, 経線.

Me-ri-no [メリーノ merí:no] 男?/-s ①《動》メリノ羊. ② メリノ羊毛.

Me-ri-ten [メリーテン merí:tən] 複《雅》功績, 手柄.

mer-kan-til [メルカンティーる mɛrkantí:l] 形 商業の, 商人の.

merk-bar [メルクバール] 形 ① 目立つ, はっきりそれとわかる. *merkbare* Veränderungen 目だった変化. ② 覚えやすい.

Merk-blatt [メルク・ブらット] 中 -[e]s/..blätter 説明書, 注意書き.

Mer-kel [メルケる mɛ́rkəl] -s/《人名》メルケル (Angela Dorothea *Merkel* 1954-; 2005-ドイツ首相. 女性初).

****mer-ken** [メルケン mɛ́rkən] (merkte, *hat* gemerkt) I 他《完了》haben)《事4》に気づく, 感づく. (英 notice). *Merkst* du noch nichts? まだ何も気がつかないの / Ich *merkte* seine Absicht. 私は彼の意図に気がついた / Ich *merkte* sofort an seinem Benehmen, dass... 私は彼の態度ですぐ…だとわかった / nichts⁴ von der Krankheit *merken* 病気のことを何も気づかない / Du *merkst* aber auch alles!《口語》a) 君はすべてお見通しだね, b) (皮肉って:) やっとわかってくれたか / *Merkst* du was?《口語》何か変だと思わないかい. ◊ **lassen** とともに 事4 nicht *merken* lassen 人4 に 事4 を気づかれない.

II 再帰《完了》haben) *sich*³ 事4 *merken* 事4 を覚えておく. (英 remember). Diese Telefonnummer *kann* man sich gut *merken*. この電話番号は覚えやすい / *Merk* dir das! 覚えてろよ / Das *werde* ich *mir merken!*《口語》このお返しはきっとするぞ(← このことは覚えておくからな).

merk-lich [メルクリヒ] 形 目につく, はっきりそれとわかる.

das **Merk-mal** [メルク・マーる mɛ́rk-ma:l] 中 (単 2) -[e]s/(複) -e (3格のみ -en) ① 特徴. Haupt*merkmal* 主な特徴 / Er hat keine besonderen *Merkmale*. 彼にはこれといった特徴がない. ②《言》特性, 素性.

merk-te [メルクテ] * merken (気づく)の 過去

Mer-kur [メルクーァ merkú:r] I -s/《ロ神》メルクリウス, マーキュリー(商業の神, ギリシア神話のヘルメスに当たる). II 男 -s/《定冠詞とともに》《天》水星. III 中 -s/《化》水銀.

****merk-wür-dig** [メルク・ヴルディヒ mɛ́rk-vyrdɪç] 形 奇妙な, 風変わりな, 不思議な. (英 strange). ein *merkwürdiges* Ereignis 奇妙な出来事 / Es ist *merkwürdig* still hier. ここは妙に静かだ. (類語 seltsam).

merk-wür-di-ger-wei-se [メルクヴュルディガァ・ヴァイゼ] 副 奇妙なことに.

Merk-wür-dig-keit [メルク・ヴェルディヒカイト] 女 -/-en ①《複なし》奇妙さ. ② 奇妙なもの(こと).

Me-ro-win-ger [メーロヴィンガァ mé:rovɪŋər] 男 -s/- メロビング王家の人(フランク王国の最初の王朝. 481年から751年まで).

me-schug-ge [メシュッゲ meʃúgə] 形《俗》頭のいかれた.

Mes-ner [メスナァ mɛ́snər] 男 -s/-《方》教会堂番人, 寺男. (女性形: -in).

Me-son [メーゾン mé:zɔn] 中 -s/-en [メゾーネン]《ふつう複》《物》中間子.

Me-so-po-ta-mi-en [メゾポターミエン mezopotá:miən] 中 -s/《地名》メソポタミア(チグリス川とユーフラテス川の間の地域, 古代文明発祥の地).

Mes-sage [メスィッチュ mésɪtʃ]《英》女 -/-s (芸術家が作品で伝えたい)メッセージ.

mess-bar [メスバール] 形 測ることができる, 測

Mess=be·cher [メス・ベッヒャァ] 男 -s/- 計量カップ.

Mess=buch [メス・ブーフ] 中 -[e]s/..bücher《カット》ミサ典書.

Mess=die·ner [メス・ディーナァ] 男 -s/-《カット》ミサの侍者. (女性形: -in).

die **Mes·se**¹ [メッセ mésə] 女 (単)-/(複)-n
① 《カット》ミサ;《音楽》ミサ曲.（英 Mass). eine stille *Messe* 読誦(どくしょう)ミサ(歌やオルガン演奏を伴わないミサ) / **zur** *Messe* gehen ミサに行く / eine *Messe*⁴ lesen (または halten) ミサをとり行う / schwarze *Messe* 黒ミサ(悪魔のためのミサ).
② 見本市, メッセ;《方》年の市(いち).（英 fair). Buch*messe* 書籍見本市 / eine internationale *Messe* 国際見本市 / eine *Messe* **für** Lederwaren 革製品の見本市.

Mes·se² [メッセ] 女 -/-n《海》(大型船の[士官用])会食室; 会食者の一同.

Mes·se=ge·län·de [メッセ・ゲレンデ] 中 -s/- 見本市(メッセ)会場.

Mes·se=hal·le [メッセ・ハレ] 女 -/-n 見本市ホール(会場).

mes·sen* [メッセン mésən] du misst, er misst (maß, *hat*…gemessen) **I** 他《完了》haben）① (長さなど⁴を)測る, (時間など⁴を)計る, (容積など⁴を)量る,《図》⁴の寸法を測る.（英 measure). Er *misst* die Länge des Tisches. 彼はテーブルの長さを測る / die Temperatur⁴ *messen* 温度を測る / die Zeit⁴ mit der Stoppuhr *messen* ストップウォッチでタイムを計る.
② 〖A⁴ **an** B³ ～〗 (A⁴をB³という尺度で)計る, (A⁴をB³と)比べる. Du *darfst* ihn nicht an seinem älteren Bruder *messen*. 君は彼を彼の兄と比べてはいけないよ. ③《雅》(人⁴を)じろじろ見る.
II 自《完了》haben)〖数量などを表す4格とともに〗(長さ・高さ・面積などが…)である. Ich *messe* 1,75 m (=ein Meter fünfundsiebzig). 私は身長が1メートル75センチある / Das Grundstück *misst* 300 m² (=Quadratmeter). その土地は300平方メートルだ.
III 再帰《完了》haben) 〖*sich*⁴ **mit** 人³～〗《雅》(人³と)競う. *sich*⁴ mit 人³ **im** Laufen *messen* 人³と競走する / Ich *kann* mich an Klugheit mit ihm nicht *messen*.《比》私は賢さの点では彼にかなわない.
◇☞ **gemessen**

das **Mes·ser**¹ [メッサァ mésər]

> ナイフ Das *Messer* ist stumpf!
> ダス メッサァ イスト シュトゥンプフ
> このナイフは刃がなまっている.

中 (単2) -s/(複) - (3格のみ -n) ① ナイフ, 小刀, 包丁.（英 knife). ein scharfes (stumpfes) *Messer* よく切れる(刃がなまった)ナイフ / das *Messer*⁴ schärfen ナイフを研ぐ /〖人³ ein

*Messer*⁴ in den Leib stoßen〗人³の体にナイフを突き刺す /〖人³ das *Messer*⁴ an die Kehle setzen〗《口語》人³を脅迫する(←のど元にナイフを突きつける) / Mir sitzt das *Messer* an der Kehle.《口語・比》私はせっぱつまっている(←私ののど元にナイフがある).
◇〖前置詞とともに〗人⁴ **ans** *Messer* liefern《口語》人⁴を裏切って窮地に陥れる(←死刑用の刀にひきわたす) / ein Kampf bis **aufs** *Messer*《口語》手段を選ばぬ戦い(→刃物に至るまでの) / Die Sache steht auf des *Messers* Schneide. その件はどちらに転ぶかわからない(←ナイフの刃の上にある) / 〖人³ **ins** [offene] *Messer* laufen〗《口語・比》人³の思うつぼにはまる /〖物⁴ **mit** dem *Messer* ab|schneiden (zerkleinern)〗物⁴をナイフで切り取る(切り刻む) / mit *Messer* und Gabel essen ナイフとフォークで食べる.
②《医》(外科用の)メス;《工》(機械などの)刃. 人⁴ **unters** *Messer* nehmen《口語》人⁴を手術する / unters *Messer* müssen《口語》手術を受けなくてはならない.

> ☞ ..messer のいろいろ: **Brotmesser** パン切りナイフ / **Buttermesser** バターナイフ / **Fleischmesser** 肉切り包丁 / **Käsemesser** チーズナイフ / **Klappmesser** 折りたたみナイフ / **Küchenmesser** 調理用包丁 / **Obstmesser** 果物ナイフ / **Rasiermesser** かみそり / **Taschenmesser** ポケットナイフ

Mes·ser² [メッサァ] 男 -s/- ① 計器, メーター. ② 測定者, 計量者, 測量師. (女性形: -in).

mes·ser=scharf [メッサァ・シャルフ] 形 ① ナイフのように鋭い. ②《口語・比》かみそりのように鋭い(論理など).

Mes·ser=spit·ze [メッサァ・シュピッツェ] 女 -/-n ① ナイフの切先. ② ほんの少量. eine *Messerspitze* Salz 一つまみの塩.

Mes·ser=ste·che·rei [メッサァ・シュテッヒェライ] 女 -/-en 刃傷(にんじょう)ざた.

Mes·ser=stich [メッサァ・シュティヒ] 男 -[e]s/-e ナイフで刺すこと; ナイフの刺傷.

Mes·se=stand [メッセ・シュタント] 男 -[e]s/..stände 見本市のブース.

Mess=ge·rät [メッセ・ゲレート] 中 -[e]s/-e 測定器, 計測器, 測量器.

Mess=ge·wand [メス・ゲヴァント] 中 -[e]s/..wänder《カット》(ミサ用の)祭服, ミサ服.

Mes·si·as [メスィーアス mesías] 男 -/..asse メシア, 救世主;《冠なし》《キリスト教》イエス・キリスト.

Mes·sing [メッスィング mésɪŋ] 中 -s/(種類:) -e 真ちゅう, 黄銅(おう).

mes·sin·gen [メッスィンゲン mésɪŋən] 形《付加語としてのみ》真ちゅう[製]の, 黄銅(おう)[製]の.

Mess=in·stru·ment [メス・インストルメント] 中 -[e]s/-e =Messgerät

Mess·ner [メッスナァ] 男 -s/- 《南ドイツ》教会堂番人, 寺男 (=Mesner). (女性形: -in).

Mess=op·fer [メス・オプファァ] 中 -s/-《カット》ミサ聖祭.

Mess=tisch=blatt [メスティッシュ・ブラット] 中 -[e]s/..blätter (縮尺25,000分の1の)測量用

Mes・sung [メッスング] 囡 -/-en ① 測定, 計測, 測量. ② 測定値.

Mes・ti・ze [メスティーツェ mɛstí:tsə] 男 -n/-n メスティーソ(白人とインディオの混血児). 《女性形: Mestizin》.

Met [メート mé:t] 男 -[e]s/ 《古代ゲルマン人の》蜂蜜(はち)酒.

me・ta.. [メタ.. meta.. または メータ..] 《形容詞などにつける 接頭》《後ろに・間に・ともに・越えて・変化した》例: *meta*phorisch 《修》 隠喩(いんゆ)的な.

Me・ta.. [メタ.. または メータ..] 《名詞につける 接頭》《後ろに・間に・ともに・越えて・変化した》例: *Meta*morphose 変化 / *Meta*physik 形而上学.

Me・ta・bo・lis・mus [メタボリスムス metabolísmʊs] 男 -/ 《医・生》新陳代謝, 物質交代.

das **Me・tall** [メタる metál] 匣 《単 2》 -s/《複》 -e 《3格のみ -en》 金属. 《英 metal》. Leicht*metall* 軽金属 / Schwer*metall* 重金属 / ein edles (unedles) *Metall* 貴金属(卑金属) / *Metall*⁴ bearbeiten 金属を加工する / eine Stimme mit viel *Metall* 張りのある声.
▶ **metall・verarbeitend**

Me・tall・ar・bei・ter [メタる・アルバイタァ] 男 -s/- 金属工, 金属労働者. 《女性形: -in》.

me・tal・len [メタれン metálən] 形 ① 《付加語としてのみ》 金属製の. ② 《雅》 かん高い, 澄んでよく通る(声・音など).

me・tall・hal・tig [メタる・ハるティヒ] 形 金属を含む.

Me・tall・in・dus・trie [メタる・インドゥストリー] 囡 -/-n [..リーエン] 金属工業.

me・tal・lisch [メタリッシュ metálɪʃ] 形 ① 金属の, 金属質の. ein *metallischer* Überzug 金属メッキ. ② かん高い, 澄んでよく通る(声・音など); 金属的な, きらきらした(光沢など).

Me・tall・ur・gie [メタるルギー metalurgí:] 囡 -/ 冶金(やきん)学.

me・tall・ver・ar・bei・tend, Me・tallver・ar・bei・tend [メタる・フェアアルバイテント] 形 金属加工の.

Me・ta・mor・pho・se [メタモルふォーゼ metamɔrfó:zə] 囡 -/-n ① 変化, 変貌(へんぼう). die *Metamorphose* des Charakters 性格の変化. ② 《動・植》 変態. ③ 《地学》 変成作用. ④ 《神》 (人間の動植物などへの)変身.

Me・ta・pher [メタふァァ metáfər] 囡 -/-n 《修》 隠喩(いんゆ), 暗喩(あんゆ), メタファー(「～のような」と言わずに直接結びつける修辞法. 例: das Meer des Lebens 人生の大海原).

me・ta・pho・risch [メタふォーリッシュ metafó:rɪʃ] 形 《修》 隠喩(いんゆ)的な, 暗喩(あんゆ)的な.

Me・ta・phy・sik [メタふュズィーク metafyzí:k] 囡 -/-en 《ふつう 単》 形而上学.

me・ta・phy・sisch [メタふューズィッシュ metafý:zɪʃ] 形 形而上[学]の, 形而上学的な.

Me・ta・spra・che [メッタ・シュプラーヘ métaʃpra:xə] 囡 -/-n 《言》 メタ言語(ある言語を説明するための言語).

Me・ta・sta・se [メタスターゼ metásta:zə] 囡 -/-n 《医》 (癌(がん)などの)転移.

Me・te・or [メテオーァ meteó:r または メーテー..] 男 《まれに 中》 -s/-e [メテオーレ] 《天》 流星.

Me・te・o・rit [メテオリート meteorí:t] 男 《または -en》/-e[n] 《天》 隕石(いんせき).

Me・te・o・ro・lo・ge [メテオロローゲ meteoroló:gə] 男 -n/-n 気象学者. 《女性形: Meteorologin》.

Me・te・o・ro・lo・gie [メテオロロギー meteorologí:] 囡 -/ 気象学.

me・te・o・ro・lo・gisch [メテオロローギッシュ meteoroló:gɪʃ] 形 気象[学]の.

Me・te・or・stein [メテオーァ・シュタイン] 男 -[e]s/-e 《天》 隕石(いんせき).

der (das)* **Me・ter [メータァ mé:tər] 男 中 《単 2》 -s/《複》 - 《3格のみ -n》 メートル(記号: m). 《英 meter》. Der Schnee liegt einen *Meter* hoch. 雪が1メートル積もっている / Das Zimmer ist fünf *Meter* lang und vier *Meter* breit. その部屋は奥行5メートル, 幅4メートルだ / Drei *Meter* Stoff reichen für diesen Anzug. このスーツには3メートルの布地で足りる / fünf *Meter* je Sekunde 秒速5メートル / **am** laufenden *Meter* 《俗》 たて続けに, とめどなく / **nach** *Metern* messen メートルで測る / in einer Entfernung **von** hundert *Meter*[n] 100メートルの距離をおいて.

me・ter・hoch [メータァ・ホーホ] 形 1メートル[ほど]の高さの, 何メートルもの高さの.

me・ter・lang [メータァ・らング] 形 1メートル[ほど]の長さの, 何メートルもの長さの.

Me・ter・maß [メータァ・マース] 中 -es/-e メートル尺(巻き尺・物差).

Me・ter・wa・re [メータァ・ヴァーレ] 囡 -/-n メートル単位で売る商品(布地など).

me・ter・wei・se [メータァ・ヴァイゼ] 副 メートル[単位]で.

Me・than [メターン metá:n] 中 -s/ 《化》 メタン.

Me・tha・nol [メタノーる metanó:l] 中 -s/ 《化》 メタノール.

die **Me・tho・de** [メトーデ metó:də] 囡 《単》 -/《複》 -n **方法**: (独自の)やり方, 計画[性]. 《英 method》. eine neue *Methode* 新しい方法 / eine wissenschaftliche *Methode*⁴ an|wenden 科学的方法を用いる / **nach** einer anderen *Methode* 別の方法にしたがって / Sein Vorgehen hat *Methode*. 彼のやり方はよく考えられている / *Methode*⁴ **in** 囲⁴ bringen 囲⁴を計画的に整える / Er hat so seine *Methode*. 《口語》 彼には彼なりのやり方がある / Was sind denn das für *Methoden*? 《口語》 これはなんというやり方だ.

Me・tho・dik [メトーディク metó:dɪk] 囡 -/-en 方法論.

me・tho・disch [メトーディッシュ metó:dɪʃ] 形 ① 方法上の, 方法的な. *methodische* Probleme 方法上の諸問題. ② 一定の方法に基づ

いた，体系的な．

Me·tho·dist [メトディスト metodíst] 男 -en/-en 《新教》メソジスト教徒(英国の神学者ジョン・ウェスリーらにより18世紀半ばに始まった新教の一派)．(女性形: -in)．

Me·thyl⸗al·ko·hol [メテューる・アるコホーる] 男 -s/ 《化》メチルアルコール．

Me·ti·er [メティエー metié:] 中 -s/-s 《高度な技能が要求される》職業，仕事．

Me·trik [メートリク mé:trɪk] 女 -/-en ① 《詩学》韻律論． ② 《音楽》拍節法．

me·trisch [メートリッシュ mé:trɪʃ] 形 ① 《詩学》韻律の，韻律論の；韻文の． ② 《音楽》拍節法の． ③ メートル[法]の．

Me·tro·nom [メトロノーム metronó:m] 中 -s/-e 《音楽》メトロノーム．

Me·tro·po·le [メトロポーれ metropó:lə] 女 -/-n 首都; 世界的)大都市; 中心[地].

Me·tro·po·lit [メトロポリート metropolí:t] 男 -en/-en 《新教》首都大司教．

Me·trum [メートルム mé:trum] 中 -s/Metren (または Metra) ① 《詩学》韻律(詩行の規則性を分析する単位．音節の強弱，長短などによって表される)． ② 《音楽》拍節．

Met·te [メテ méta] 女 -/-n 《新教》(深夜または早朝の)礼拝，朝課．

Met·ter·nich [メッタァニヒ métərnɪç] -s/ 《人名》メッテルニヒ (Klemens Wenzel Lothar von *Metternich* 1773–1859; オーストリアの政治家，ウィーン会議の議長)．

Mett⸗wurst [メット・ヴルスト] 女 -/..würste 《料理》メットヴルスト(調理せずにパンなどに塗って食べるソーセージ)．

Met·ze·lei [メッツェらイ metsəlái] 女 -/-en 大虐殺，殺りく．

der **Metz·ger** [メツガァ métsgər] 男 (単2) -s/(複) -(3格の-n) 《中西部ドｲ・南ドｲ・スｲ》肉屋[の主人]，食肉業者(= Fleischer)．

Metz·ge·rei [メッゲライ metsgərái] 女 -/-en 《中西部ドｲ・南ドｲ・スｲ》肉屋(= Fleischerei)．

Metz·ge·rin [メツゲリン métsgərɪn] 女 -/..rinnen 《中西部ドｲ・南ドｲ・スｲ》(女性形：肉屋; 肉屋の妻．

Meu·chel·mord [モイヒェる・モルト] 男 -[e]s/-e 暗殺，だまし討ち．

Meu·chel·mör·der [モイヒェる・メルダァ] 男 -s/- 暗殺者，刺客．(女性形: -in)．

meuch·lings [モイヒリングス móyçlɪŋs] 副 《雅》暗殺的に，だまし討ちで．

Meu·te [モイテ móytə] 女 -/-n 《ふつう 単》① 《狩》猟犬の群れ． ② 《口語》(軽蔑的に:)(不穏な)群衆，集団；《俗》一味，仲間．

Meu·te·rei [モイテライ moytərái] 女 -/-en (水夫・兵士・囚人などの)反乱，暴動．

Meu·te·rer [モイテラァ móytərər] 男 -s/- 反乱者．(女性形: Meuterin)．

meu·tern [モイタァン móytərn] 自 (h) ① (水夫・兵士・囚人などの)反乱を起こす． ② 《口語》不平を言う．

Me·xi·ka·ner [メクスィカーナァ mɛksiká:nər] 男 -s/- メキシコ人．(女性形: -in)．

me·xi·ka·nisch [メクスィカーニッシュ mɛksiká:nɪʃ] 形 メキシコ[人]の．

Me·xi·ko [メクスィコ méksiko] 中 -s/ ① 《国名》メキシコ[合衆国]． ② 《都市名》メキシコシティー(メキシコの首都)．

Mey·er [マイアァ máiər] -s/- 《姓》マイアー．

MEZ [エム・エー・ツェット] 《略》中部ヨーロッパ標準時 (= mitteleuropäische Zeit)．

mez·zo⸗for·te [メツォ・フォルテ] [記号] 副 《音楽》メゾ・フォルテ，やや強く(記号: mf)．

mez·zo⸗pi·a·no [メツォ・ピアーノ] [記号] 副 《音楽》メゾ・ピアノ，やや弱く(記号: mp)．

Mez·zo⸗so·pran [メッツォ・ゾプラーン] 男 -s/-e 《音楽》 ① メゾ・ソプラノ(女声のソプラノとアルトの中間声域)． ② メゾ・ソプラノ歌手．

mf [メツォ・フォルテ] 《記号》《音楽》メゾ・フォルテ (= mezzoforte)．

mg [ミリ・グラム] 《記号》ミリグラム (= Milligramm)．

Mg [エム・ゲー] 《化・記号》マグネシウム (= Magnesium)．

mhd. [ミッテる・ホーホドイチュ] 《略》中高ドイツ語の (= mittelhochdeutsch)．

MHz [メーガ・ヘルツ] 《略》メガヘルツ (= Megahertz)．

Mi. [ミット・ヴォッホ] 《略》水曜日 (= Mittwoch)．

mi·au! [ミアオ miáu] 間 (猫の鳴き声:) にゃー．

mi·au·en [ミアオエン miáuən] (過分 miaut) 自 (h) (猫が)にゃーと鳴く．

✱✱✱ **mich** [ミヒ míç]

> 私を
>
> Lassen Sie *mich* in Ruhe.
> ラッセン ズィー ミヒ イン ルーエ
> 私をそっとしておいてください．

代 《人称代名詞; 1人称単数 ich の 4格》私を．(♦ *me*). Er liebt *mich* nicht mehr. 彼は私をもう愛していない / Fragen Sie *mich* nicht! 私に聞かないでください．◆《前置詞とともに》für *mich* 私のために / Ohne *mich*! 《口語》私はごめんだよ(←私を除いて)．◆《再帰代名詞として》Ich wasche *mich* nachher. ぼくはあとで体を洗うよ / Ich freue *mich* über das Geschenk. 私はプレゼントをもらってうれしい．

Mi·cha·el [ミヒャエール míçae:l または ..エる ..el] -s/ ① 《男名》ミヒャエル． ② 《聖》ミカエル(大天使の一人; ヨハネの黙示録 12, 7)．

Mi·cha·e·li[s] [ミヒャエーリ[ス] mɪçaé:li (..lɪs)] 中 -/ 《ふつう冠詞なしで》《ｷﾘｽﾄ》聖ミカエル祭(9月29日)．

Mi·chel [ミッヒェる míçəl] I -s/ 《男名》ミヒェル． II 男 -s/- (愚直なお人好し．der deutsche *Michel* 典型的なドイツ人(お人よしで政治にうとく鈍重なドイツ人のあだ名)．

Mi·chel·an·ge·lo [ミケランヂェろ mikelándʒelo] -s/《人名》ミケランジェロ (*Michelangelo* Buonarroti 1475–1564; イタリアの彫刻家・画家・建築家).

mi·cke·rig [ミッケリヒ míkərɪç] 形 =mickrig

mick·rig [ミックリヒ míkrɪç] 形《口語》ひ弱な, みすぼらしい, 貧相な.

Mi·cky·maus [ミッキ・マオス míki-maʊs] 女 -/..mäuse ミッキーマウス (ウォルト・ディズニーの漫画映画の主人公).

Mid·life·cri·sis, Mid·life-Cri·sis [ミットライフ・クライシス] [英] 女 -/ (特に男性の)中年の危機(今までの人生に疑問をいだく時期).

mied [ミート] meiden (避ける)の 過去

mie·de [ミーデ] meiden (避ける)の 過去

Mie·der [ミーダァ míːdɐ] 中 -s/- 《服飾》① コルセット. ② ボディス(体にぴったり合った婦人用の袖なし胴着で, 民俗衣装の一種).

Mie·der·wa·ren [ミーダァ・ヴァーレン] 複 ファウンデーション(体型を整えるための女性用下着).

Mief [ミーフ miːf] 男 -[e]s/《口語》(室内などの)汚れた空気,《比》息の詰まりそうな雰囲気.

mie·fen [ミーフェン míːfən] 自 (h)《口語》臭いにおいがする. ◇《非人称の es を主語として》Es mieft. 空気が汚れていて臭い.

die **Mie·ne** [ミーネ míːnə] 女 (単) -/(複) -n 顔つき, 表情. (英 *countenance*). eine heitere *Miene* 晴れやかな顔つき / eine ernste *Miene*⁴ aufsetzen 真剣な顔つきをする / Er machte eine saure *Miene*. 彼は渋い顔をした / ohne eine *Miene* zu verziehen 顔色ひとつ変えずに / mit strenger *Miene* 厳しい表情で / gute *Miene*⁴ zum bösen Spiel machen いやな目にあっても顔に出さない / *Miene*⁴ machen, **zu** 不定詞[句] …する気配(そぶり)を見せる ⇒ Niemand machte *Miene*, sich⁴ zu erheben. だれも立ち上がる気配を見せなかった.

Mie·nen·spiel [ミーネン・シュピール] 中 -[e]s/ 表情の動き.

mies [ミース miːs] 形《口語》① いやな, ひどい; 卑小な. *mieses* Wetter いやな天気. ② (体の具合いが)悪い. Mir ist *mies*. 私は気分が悪い.

Mie·se·pe·ter [ミーゼ・ペータァ] 男 -s/- 《口語》気難し屋, 不平家.

mies|ma·chen [ミース・マッヘン míːs-màxən] 他 (h)《人・事⁴》を悪く言う;《人³の 事・物⁴ に》けちをつける.

Mies·ma·cher [ミース・マッハァ] 男 -s/-《口語》不平家, 何にでもけちをつける人. (女性形: -in).

Mies·mu·schel [ミース・ムッシェル] 女 -/-n 《動》イガイ, ムールガイ.

Miet·au·to [ミート・アオトー] 中 -s/-s レンタカー.

*die **Mie·te** [ミーテ míːtə] 女 (単) -/(複) -n ① (家・部屋などの)賃貸料, 家賃, レンタル料金. (英 *rent*). (注)「土地・建物などの」賃貸借契約」は Pacht). eine hohe (niedrige) *Miete* für ein Zimmer 高い(安い)部屋代 / die *Miete*⁴ zahlen (kassieren) 賃貸料を払う(徴集する) / Unsere *Miete* beträgt monatlich 700 Euro. 私たちの家賃は月700ユーロです / kalte (warme) *Miete*《口語》暖房費込む(込み)の家賃 / Das ist schon die halbe *Miete*.《口語》これでもう半ば成功したようなものだ. ② 〖複 なし〗賃借, 賃貸. 慣⁴ **in** *Miete* haben 慣⁴を賃借している / Er wohnt bei ihr **zur** *Miete*. 彼は彼女のところに間借りしている.

‡**mie·ten** [ミーテン míːtən] du mietest, er mietet (mietete, hat…gemietet) 他 (完了 haben)《家・部屋など⁴を》賃借する. (英 *rent*). (メモ)「賃貸する」は vermieten). Wir *mieten* eine Wohnung. 私たちは住まいを借ります / Ich *habe* [mir] ein Auto *gemietet*. 私はレンタカーを借りた / ein Zimmer⁴ *mieten* 部屋を借りる.

der **Mie·ter** [ミータァ míːtɐ] 男 (単2) -s/(複) - (3格のみ -n) 賃借人, 借り手, 間借り人; テナント. (英 *tenant*). (メモ)「賃貸人」は Vermieter). dem *Mieter* kündigen 賃借人に契約解除を通知する(立ち退いてほしいと知らせる).

Mie·te·rin [ミーテリン míːtərɪn] 女 -/..rinnen (女性の)賃借人, 借り手.

Mie·ter·schutz [ミータァ・シュッツ] 男 -es/ 借家人保護.

mie·te·te [ミーテテ] *mieten (賃借りする)の 過去

miet·frei [ミート・フライ] 形 借り賃(家賃)の要らない.

Miet·preis [ミート・プライス] 男 -es/-e 借り賃, 家賃, レンタル料金.

Miets·haus [ミーツ・ハオス] 中 -es/..häuser 賃貸アパート(個々の住まいではなく建物全体を指す).

Miets·ka·ser·ne [ミーツ・カゼルネ] 女 -/-n (兵舎のように殺風景な)[団地の]アパート.

Miet·ver·trag [ミート・フェアトラーク] 男 -[e]s/..träge 賃貸借契約.

Miet·wa·gen [ミート・ヴァーゲン] 男 -s/- レンタカー.

Miet·woh·nung [ミート・ヴォーヌング] 女 -/-en 賃貸アパート (Mietshaus の中の1戸分の住まいを指す).

Miet·zins [ミート・ツィンス] 男 -es/-e 《南ドイツ, オーストリア, スイス》賃借料, 家賃 (=Miete).

Mie·ze [ミーツェ míːtsə] 女 -/-n ① ニャンコ(猫の愛称). ②《俗》(若い)女.

Mie·ze·kat·ze [ミーツェ・カッツェ] 女 -/-n ニャンコ(猫の愛称).

Mi·gnon [ミニョーン mɪnjɔ̃ː または ミニョン] -s/《女名》ミニョン(ゲーテの小説『ヴィルヘルム・マイスターの修業時代』に登場する少女の名).

Mi·grä·ne [ミグレーネ migrɛːnə] 女 -/-n 片(偏)頭痛.

Mi·grant [ミグラント mɪɡránt] 男 -en/-en (国外への)移住者. (女性形: -in).

Mi·ka·do [ミカード mikáːdo] 中 -s/-s ミカド(棒で山を作り, 他の棒を動かさずに取っていくゲーム).

mi·kro.., **Mi·kro..** [ミクロ.. mikroː.. または

ミークロ..]《形容詞・名詞につける 接頭》《微小の・微細な》(母音の前では mikr.. となることがある). 例: *mikro*skopisch 顕微鏡の / *Mikro*kosmos 小宇宙.

Mi·kro·be [ミークローベ mikróːbə] 囡 -/-n 《ふつう 複》《生》微生物.

Mi·kro·bio·lo·gie [ミークロ・ビオろギー] 囡 -/ 微生物学.

Mi·kro**·chip** [ミークロ・チップ] 男 -s/-s 《電》マイクロチップ, 超高密度集積回路.

Mi·kro**·com·pu·ter** [ミークロ・コンピュータァ] 男 -s/- マイクロコンピュータ, マイコン.

Mi·kro**·elek·tro·nik** [ミークロ・エれクトローニク] 囡 -/ マイクロエレクトロニクス.

Mi·kro·fiche [ミークロ・ふぃッシュ míːkro-fɪʃ または ミクロ・ふぃーシュ ..fiːʃ] 中囲 -s/-s マイクロフィッシュ.

Mi·kro·film [ミークロ・ふぃるム] 男 -[e]s/-e マイクロフィルム.

Mi·kro·fon [ミークロ・ふォーン míːkro-foːn または ミクロ・ふォーン] 中 -s/-e マイクロホン.

Mi·kro·kos·mos [ミークロ・コスモス] 男 -/ 小宇宙, ミクロコスモス;《宇宙の縮図としての》人間. (←→「大宇宙」は Makrokosmos)

Mi·kro**·me·ter** [ミークロ・メータァ] 男囲 -s/- ① 《中》《工》マイクロメーター, 測微計. ② ミクロン(1,000 分の 1 ミリ; 記号: μm).

Mi·kro·or·ga·nis·mus [ミークロ・オルガニスムス] 男 -/..nismen 《ふつう 複》《生》微生物.

Mi·kro·phon [ミークロ・ふォーン míːkro-foːn または ミクロ・ふォーン] 中 -s/-e =Mikrofon

Mi·kro·pro·zes·sor [ミークロ・プロツェッソァ] 男 -s/-en [..ソーレン] 《工》マイクロプロセッサー.

das **Mi·kro·skop** [ミークロ・スコープ mikroskóːp] 中(単 2) -s/(複) -e (3 格のみ -en) 顕微鏡. 動⁴ unter dem *Mikroskop* untersuchen 動⁴を顕微鏡で調べる.

mi·kro·sko·pisch [ミークロ・スコーピッシュ mikro-skóːpɪʃ] 形 ① 顕微鏡による(検査など). ② 顕微鏡でしか見えない; 微細な.

Mi·kro·wel·le [ミークロ・ヴェれ] 囡 -/-n 《ふつう 複》《電》マイクロ波, 極超短波. ②《口語》= *Mikrowellen*herd

Mi·kro·wel·len·herd [ミークロヴェれン・ヘーァト] 男 -[e]s/-e 電子レンジ.

Mil·be [ミるべ mílbə] 囡 -/-n 《昆》ダニ.

die **Milch** [ミるヒ mílç]

ミルク
Mit oder ohne *Milch*?
ミット オーダァ オーネ ミるヒ
ミルクを入れますか, それともミルクなしで?

囡(単) -/ ① ミルク, 牛乳;《哺乳(ほにゅう)動物の》乳. (英 milk). Mutter*milch* 母乳 / dicke (または saure) *Milch* 凝乳, サワーミルク / frische *Milch*⁴ trinken 新鮮なミルクを飲む / Die Kuh gibt viel *Milch*. この牛は乳がよく出る / Sie sieht aus wie *Milch* und Blut. 彼女は若々しく色つやがいい(←ミルクのように白い肌と赤い唇または血).

② (乳状のもの:)《化粧品の》乳液;《植》(ココナッツなどの)乳液;《魚》(雄魚の)白子(しらこ).

Milch⚬bart [ミるヒ・バールト] 男 -[e]s/..bärte 青二才, 若造 (元の意味は「うぶひげ」).

Milch⚬fla·sche [ミるヒ・ふらッシェ] 囡 -/-n 哺乳(ほにゅう)びん; 牛乳びん.

Milch⚬ge·sicht [ミるヒ・ゲズィヒト] 中 -[e]s/-er ① 青二才, 若造. ② 乳くさい顔.

Milch⚬glas [ミるヒ・グらース] 中 -es/..gläser ① くもりガラス. ② ミルクカップ.

mil·chig [ミるヒヒ mílçɪç] 形 乳白色の.

Milch⚬kaf·fee [ミるヒ・カふェ] 男 -s/-s ミルクコーヒー.

Milch·mäd·chen·rech·nung [ミるヒメーティヒェン・レヒヌング] 囡 -/-en 捕らぬたぬきの皮算用(ラ・フォンテーヌの寓話『牛乳売りの少女』から).

Milch⚬pul·ver [ミるヒ・プるふァァ] 中 -s/- 粉ミルク.

Milch⚬reis [ミるヒ・ライス] 男 -es/-e 《料理》ミルクライス(牛乳で炊いた甘い米がゆ).

Milch⚬säu·re [ミるヒ・ゾイレ] 囡 -/《化》乳酸.

Milch⚬stra·ße [ミるヒ・シュトラーセ] 囡 -/《天》銀河, 天の川.

Milch⚬tü·te [ミるヒ・テューテ] 囡 -/-n 牛乳パック.

Milch⚬wirt·schaft [ミるヒ・ヴィルトシャふト] 囡 -/-en 酪農業.

Milch⚬zahn [ミるヒ・ツァーン] 男 -[e]s/..zähne 《医》乳歯.

Milch⚬zu·cker [ミるヒ・ツッカァ] 男 -s/《化》乳糖, ラクトース.

mild [ミるト mílt] 形 《比較》 milder, 《最上》 mildest)(英 mild) ① 寛大な(処置など), (人が)思いやりのある, 優しい(態度など). ein *milder* Richter 寛大な裁判官 / Das Urteil war sehr *mild*. 判決はとても寛大なものだった. ◇《副詞的に》 *mild*[e] lächeln 優しくほほえむ. (←→副詞的用法ではしばしば *milde* となる).

② 穏やかな, 温和な(天候など). ein *mildes* Klima 温暖な気候. ③ (色・光などが)柔らかい. *milder* Sonnenschein 柔らかな日の光. ④ (飲食物が)口当たりの柔らかい, マイルドな; 刺激性の少ない(洗剤など). ein *milder* Wein 甘口のワイン. ⑤《付加語としてのみ》慈善の. eine *milde* Gabe 施し物.

mil·de [ミるデ mílda] 形 =mild

Mil·de [ミるデ] 囡 -/ ① 寛大さ, 寛容. mit *Milde* 温情をもって. ② (天候などの)穏やかさ, 温和. ③ (特に酒類の)口あたりの柔らかさ, まろやかさ. ④ 慈善.

mil·dern [ミるダァン míldərn] I 他 (h) ① (罰など⁴を)軽くする, 軽減する. ein Urteil⁴ *mildern* (判決を)刑罰を軽くする. ② (痛みなど⁴を)和らげる, (怒りなど⁴を)静める. II 再帰 (h) sich⁴ *mildern* 和らぐ, 静まる.

Mil·de·rung [ミルデルング] 囡 -/ (罰などの)軽減; 和らげること, 緩和, 鎮静.

mild≠tä·tig [ミルト・テーティヒ] 形 《雅》慈善の, 慈悲深い.

Mild≠tä·tig·keit [ミルト・テーティヒカイト] 囡 -/ 《雅》慈善[行為].

Mi·lieu [ミリエー milió:] 《フラ》 匣 -s/-s ① (社会的・生物的な)環境. das häusliche *Milieu* 家庭環境. ② 《スイ》売春婦の世界.

mi·li·tant [ミリタント militánt] 形 戦闘的な, 好戦的な.

das **Mi·li·tär** [ミリテーァ militɛ́:r] I 匣 (単2) -s/ (総称として)軍, 軍隊; 兵隊. 《英 *military*》. das englische *Militär* イギリス軍 / **beim** *Militär* sein 軍人である / **zum** *Militär* gehen 軍隊に入る / das *Militär*⁴ ein|setzen 軍隊を出動させる.
II 男 (単2) -s/(複)-s 《ふつう 複》高級将校.

Mi·li·tär≠arzt [ミリテーァ・アールツト] 男 -es/..ärzte 軍医. (女性形: ..ärztin).

Mi·li·tär≠bünd·nis [ミリテーァ・ビュントニス] 匣 ..nisses/..nisse 軍事同盟.

Mi·li·tär≠dienst [ミリテーァ・ディーンスト] 男 -[e]s/ 兵役, 軍務.

Mi·li·tär≠dik·ta·tur [ミリテーァ・ディクタトゥーァ] 囡 -/-en 軍部独裁.

Mi·li·tär≠geist·li·che[r] [ミリテーァ・ガイストリヒェ (..ヒャァ)] 男 《語尾変化は形容詞と同じ》従軍牧師, 従軍司祭.

Mi·li·tär≠ge·richt [ミリテーァ・ゲリヒト] 匣 -[e]s/-e 軍法会議, 軍事裁判.

mi·li·tä·risch [ミリテーリッシュ militɛ́:rɪʃ] 形 《英 *military*》① 軍の, 軍事の, 軍隊の. *militärische* Geheimnisse 軍の機密 / ein *militärischer* Putsch 軍事クーデター. ② (作法などが)軍隊式の, 軍人らしい.

Mi·li·ta·ris·mus [ミリタリスムス militarísmus] 男 -/ 軍国主義.

Mi·li·ta·rist [ミリタリスト militarist] 男 -en/-en 軍国主義者. (女性形: -in).

mi·li·ta·ris·tisch [ミリタリスティッシュ militarístɪʃ] 形 軍国主義的な.

Mi·li·tär≠putsch [ミリテーァ・プッチュ] 男 -[e]s/-e 軍事クーデター.

Mi·li·ta·ry [ミリタリ mílitəri] [英] 囡 -/-s 《スポ》総合馬術競技.

Mi·liz [ミリーツ milí:ts] 囡 -/-en ① 市民軍, 民兵; (社会主義国の)民警. ② 《スイ》軍隊.

milk [ミるク] melken (乳を搾る)の du に対する 命令《古》

milkst [ミるクスト] melken (乳を搾る)の2人称親称単数 現在《古》

milkt [ミるクト] melken (乳を搾る)の3人称単数 現在《古》

Mill. [ミリオーン または ミリオーネン] 《略》100万 (=Million[en]).

Mil·le [ミれ míla] 匣 -/- 《口語》1,000ユーロ.

Mill·en·ni·um [ミれンニウム milénium] 匣 -s/..nien [..ニエン] ① (西暦で:) 千年紀, ミレニアム. ② 《キリ教》千年王国.

Mil·li·ar·där [ミリアルデーァ mıliardέ:r] 男 -s/-e 億万長者, 大富豪. (女性形: -in).

Mil·li·ar·de [ミリアルデ mıliárdə] 囡 -/-n 10億(略: Md., Mrd.).

Mil·li≠bar [ミリ・バール] 匣 -s/- 《気象》ミリバール(気圧指度の単位; 記号: mb, まれに mbar).

Mil·li≠gramm [ミリ・グラム] 匣 -s/-e (単位: -/-) ミリグラム(1,000分の1グラム; 記号: mg).

Mil·li≠li·ter [ミリ・リータァ] 男 匣 -s/- ミリリットル (1,000分の1リットル; 記号: ml).

Mil·li≠me·ter [ミリ・メータァ] 男 匣 -s/- ミリメートル (1,000分の1メートル; 記号: mm).

Mil·li·me·ter≠pa·pier [ミリメータァ・パピーァ] 匣 -s/-e 1ミリ目の方眼紙.

* *die* **Mil·li·on** [ミリオーン mılió:n] 囡 (単) -/(複) -en ① 100万 (略: Mill. または Mio.). 《英 *million*》. eine halbe *Million* 50万 / zehn *Millionen* Euro 1千万ユーロ / über eine *Million* Menschen 100万以上の人々. ② [複] で数百万; 非常な多数. *Millionen* von Soldaten 何百万の(無数の)兵士たち.

Mil·li·o·när [ミリオネーァ mılionέ:r] 男 -s/-e 百万長者, 大富豪. (女性形: -in).

Mil·li·o·nen≠stadt [ミリオーネン・シュタット] 囡 -/..städte [..シュテーテ] 百万都市.

mil·li·ons·tel [ミリオーンステる mılió:nstəl] 数 《分数; 無語尾で》100万分の1[の].

Mil·li·ons·tel [ミリオーンステる] (スイ: 男) -s/- 100万分の1.

Milz [ミるツ mílts] 囡 -/-en 《医》脾臓(ぞう).

Milz≠brand [ミるツ・ブラント] 男 -[e]s/ 《医》炭疽(たんそ).

Mi·me [ミーメ mí:mə] 男 -n/-n 《古》役者.

mi·men [ミーメン mí:mən] 他 (h) ① 《口語》 (軽蔑的に:) (人・事⁴の)ふりをする, (無関心な⁴を)装う. ② 《芝》 (役⁴を)演じる.

Mi·me·sis [ミーメズィス mí:məzɪs] 囡 -/..mesen [ミメーゼン] 《哲》ミメーシス, 模倣.

Mi·mik [ミーミク mí:mɪk] 囡 -/ 身ぶり, 物まね.

Mi·mi·kry [ミンミクリ mímikri] 囡 -/ ① 《動》擬態. ② 《比》(周囲への)順応, 保身.

mi·misch [ミーミッシュ mí:mɪʃ] 形 身ぶりの, 表情の; 身ぶり(演技)による.

Mi·mo·se [ミモーゼ mimó:zə] 囡 -/-n ① 《植》ミモザ, オジギソウ. ② 《比》(ふつう軽蔑的に:) (心理的に)傷つきやすい人.

mi·mo·sen·haft [ミモーゼンハフト] 形 《比》(ふつう軽蔑的に:) (心理的に)傷つきやすい.

min, Min. [ミヌーテ または ミヌーテン] 《略》分 (=Minute[n]).

Mi·na·rett [ミナレット minarétt] 匣 -[e]s/-e ミナレット(イスラム教寺院の高い尖塔).

min·der [ミンダァ míndər] (ᷓwenig, gering の比較) I 形 《付加語としてのみ》《雅》(質などが)より劣る, より少ない. 《英 *less*》. *minderer* Waren 低級品 / eine Sache von *minderer* Wichtigkeit 重要ではない事柄.

II 副 《雅》より少なく. Sie war *minder* streng als sonst. 彼女はいつもほど厳しくなかった / **nicht** *minder* (それに劣らず)同じ程度に ⇨ Er war nicht *minder* erstaunt als ich. 私も驚いたが, 彼の驚きも同じく大きかった / **mehr oder** *minder* 多かれ少なかれ.

min·der≳be·gabt [ミンダァ・ベガープト] 形 あまり才能のない.

min·der≳be·mit·telt [ミンダァ・ベミッテるト] 形 あまり資力(財力)のない; 《比・俗》頭の弱い.

die **Min·der·heit** [ミンダァハイト] mínd*ər*haɪt] 女 (単) -/(複) -en ① 〖複なし〗少数. (英 minority). (英) 「多数」は Mehrheit). **in der** *Minderheit* **sein** 少数[派]である. ② (宗教・言語などの)少数派, 少数集団. eine nationale *Minderheit* 少数民族. ③ (票決での) 少数派.

Min·der·heits≳re·gie·rung [ミンダァハイツ・レギールング] 女 -/-en 少数派政権.

min·der≳jäh·rig [ミンダァ・イェーりヒ] 形 《法》未成年の(ドイツ・オーストリア・スイスでは18歳未満).

Min·der·jäh·ri·ge[r] [ミンダァ・イェーりゲ (..ガァ)] 男 女 〚語尾変化は形容詞と同じ〛《法》未成年者.

Min·der·jäh·rig·keit [ミンダァ・イェーりヒカイト] 女 -/ 《法》未成年[であること].

min·dern [ミンダァン] míndərn] **I** 他 (h) 《雅》減らす, 減少させる, (価値など⁴を)低下させる. **das Tempo**⁴ *mindern* スピードを落とす. **II** 再帰 (h) *sich*⁴ *mindern* 《雅》減る, 減少する, (価値などが)低下する.

Min·de·rung [ミンデルング] 女 -/-en 減少, 低下.

min·der≳wer·tig [ミンダァ・ヴェーァティヒ] 形 劣等な, 粗悪な.

Min·der·wer·tig·keit [ミンダァ・ヴェーァティヒカイト] 女 -/ 劣等, 粗悪.

Min·der·wer·tig·keits≳ge·fühl [ミンダァヴェーァティヒカイツ・ゲフューる] 中 -[e]s/-e 〚ふつう複〛《心》劣等感.

Min·der·wer·tig·keits≳kom·plex [ミンダァヴェーァティヒカイツ・コンプれクス] 男 -es/-e 《心》劣等感.

Min·der≳zahl [ミンダァ・ツァーる] 女 -/ 少数. **in der** *Minderzahl* **sein** 数で劣っている.

min·dest [ミンデスト míndəst] (≠wenig, gering の 最上) 形 〚付加語としてのみ〛最も少ない, 最少の; ごくわずかの. (英 least). **ohne den** *mindesten* **Zweifel** 少しの疑いもなしに / Ich habe **nicht die** *mindeste* Ahnung von Mathematik. 私は数学はからっきしだめだ. ◇[名詞的に] **das** *mindeste* **または das** *Mindeste* 最低限のこと ⇨ Davon verstehe ich nicht das *mindeste* (または das *Mindeste*). それについては私は少しもわかりません / **nicht im** *mindesten* (または **im** *Mindesten*) 少しも…ない ⇨ Das berührt mich nicht im *mindesten* (または im *Mindesten*). それは私にはまったく関係がない /

zum *mindesten* (または ***Mindesten***) 少なくとも, せめて.

Min·dest≳al·ter [ミンデスト・アるタァ] 中 -s/ (結婚・免許取得などのための)最低年齢.

* **min·des·tens** [ミンデステンス míndəstəns] 副 少なくとも, 最低限; せめて. (英 at least). (英) 「せいぜい, たかだか」は höchstens). Ich will *mindestens* drei Monate bleiben. 私は少なくとも 3 か月は滞在するつもりです / Es waren *mindestens* vier Täter. 犯人は少なくとも 4 人はいた / Er hätte sich *mindestens* entschuldigen können. 〚接 2・過去〛彼はせめてあやまることくらいはできたでしょうに.

Min·dest≳ge·schwin·dig·keit [ミンデスト・ゲシュヴィンディヒカイト] 女 -/-en (アウトバーンなどでの)最低速度.

Min·dest≳halt·bar·keits≳da·tum [ミンデストハるトバールカイツ・ダートゥム] 中 -s/..daten (食品の)賞味期限, 品質保証期限.

Min·dest≳lohn [ミンデスト・ローン] 男 -[e]s/..löhne 最低賃金.

Min·dest≳maß [ミンデスト・マース] 中 -es/ 最小限, 最低限.

die **Mi·ne** [ミーネ míːnə] 女 (単) -/(複) -n ① (軍) 地雷, 機雷. (英 mine). *Minen*⁴ **legen** 地雷を敷設する / **auf eine** *Mine*⁴ **treten** 地雷を踏む. ② (鉛筆・ボールペンなどの)しん. (英 lead). **die** *Mine*⁴ **aus|wechseln** しんを替える. ③ (坑) 坑道, 横坑.

Mi·nen≳feld [ミーネン・ふェるト] 中 -[e]s/-er (軍) 地雷原; 機雷敷設海域.

Mi·nen≳le·ger [ミーネン・れーガァ] 男 -s/- (軍) 地雷敷設車; 機雷敷設艦.

Mi·nen≳räum·boot [ミーネン・ロイムボート] 中 -[e]s/-e (軍) (小型の)掃海(ホミカミ)艇.

Mi·nen≳such·boot [ミーネン・ズーフボート] 中 -[e]s/-e (軍) 掃海(ホミカミ)艇.

Mi·ne·ral [ミネラーる minerá:l] 中 -s/-e (または ..ralien [..ラーりエン] 鉱物; ミネラル.

Mi·ne·ral≳bad [ミネラーる・バート] 中 -[e]s/ ..bäder 鉱泉(の湯治場).

mi·ne·ra·lisch [ミネラーりッシュ minerá:lɪʃ] 形 鉱物[性]の; 鉱物を含む.

Mi·ne·ra·lo·ge [ミネラろーゲ mineralóːgə] 男 -n/-n 鉱物学者. (女性形: Mineralogin).

Mi·ne·ra·lo·gie [ミネラろギー mineralogíː] 女 -/ 鉱物学.

Mi·ne·ral≳öl [ミネラーる・エーる] 中 -[e]s/-e 鉱油, 石油.

Mi·ne·ral≳quel·le [ミネラーる・クヴェれ] 女 -/ -n 鉱泉.

Mi·ne·ral≳salz [ミネラーる・ザるツ] 中 -es/-e 無機塩.

das **Mi·ne·ral≳was·ser** [ミネラーる・ヴァッサァ minerá:l-vasər] 中 (単 2) -s/(複) ..wässer (3 格のみ ..wässern) ミネラルウォーター, 鉱泉水. *Mieralwasser* **mit Gas** (**ohne Gas**) 炭酸入り(炭酸なし)のミネラルウォーター.

Mi·ner·va [ミネルヴァ minérva] -s/ (『ロマ神』) ミ

ネルバ(知恵・技芸の女神. ギリシア神話のアテナに当たる).

Mi·ni [ミニ míni] 男 -s/-s 《口語》ミニスカート(=*Mini*rock).

Mi·ni.. [ミニ.. míni..]《名詞につける腰頭》《小さい・小型の》例: *Mini*golf ミニゴルフ / *Mini*rock ミニスカート.

Mi·ni·a·tur [ミニアトゥーァ miniatúːr] 囡 -/-en 《美》① (中世の写本の)装飾画(文字). ② 細密画.

Mi·ni·a·tur=aus·ga·be [ミニアトゥーァ・アオスガーベ] 囡 -/-n 小型本, 豆本.

Mi·ni=golf [ミニ=ごるふ] 中 -s/ ミニゴルフ.

Mi·ni·ma [ミーニマ] Minimum (最小限)の 複

mi·ni·mal [ミニマーる minimáːl] 形 ごくわずかの; 最小[限]の. (◁▷「最大の」は maximal).

Mi·ni·mum [ミーニムム míniːmum] 中 -s/..nima ①《ふつう 単》最小[限], 最低限. (◁▷「最大[限]」は Maximum). ②《数》極小[値]; 《気象》最低気温(気圧).

Mi·ni=rock [ミンニ・ロック] 男 -[e]s/..röcke ミニスカート.

der **Mi·nis·ter** [ミニスタァ mínɪstər] 男 《単2》 -s/《複》 - (3格のみ) 大臣. (◁▷ *Minister*). Finanz*minister* 財務大臣 / *Minister* des Inneren (Äußeren) 内務(外務)大臣 / Er wurde **zum** *Minister* ernannt.《受動・過去》彼は大臣に任命された.

Mi·nis·te·ri·al=be·am·te[r] [ミニステリアーる・ベアムテ (..タァ)] 男《語尾変化は形容詞と同じ》本省の公務員, 官僚. (女性形: ..beamtin).

Mi·nis·te·ri·al=rat [ミニステリアーる・ラート] 男 -[e]s/..räte 本省の部長(局長). (女性形: ..rätin).

mi·nis·te·ri·ell [ミニステリエる mɪnɪsteriél] 形 省の, 内閣の; 大臣の.

Mi·nis·te·ri·en [ミニステーリエン] Ministerium (省)の 複

das **Mi·nis·te·ri·um** [ミニステーリウム mɪnɪstéːrium] 中《単2》-s/《複》..rien [..リエン] ①《行政上の》省. (◁▷ ministry). Justiz*ministerium* 法務省 / ein Sprecher des *Ministeriums* 省のスポークスマン. ② 省庁舎.

Mi·nis·ter=prä·si·dent [ミニスタァ・プレズィデント] 男 -en/-en (各国の)首相; (ドイツの)州首相. (女性形: -in). (◁▷「(ドイツの)連邦首相」は Bundeskanzler).

Mi·nis·ter=rat [ミニスタァ・ラート] 男 -[e]s/..räte 閣議; (EUの)閣僚理事会; (旧東ドイツ・フランスなどの)閣僚評議会.

Mi·nis·trant [ミニストラント mɪnɪstránt] 男 -en/-en 《カトリック》ミサの侍者(多くは少年). (女性形: -in).

Min·na [ミンナ mína] I -s/《女名》ミンナ (Wilhelmine の 縮縮). II 囡 -/-s 《口語・古》女中. die grüne *Minna* (警察の)囚人護送車 / 囚⁴ zur *Minna* machen 囚⁴をこっぴどくしかりつける.

Min·ne [ミンネ mína] 囡 -/ ① (中世の:)ミンネ (女性に対する騎士の奉仕的愛). hohe *Minne* 高いミンネ(身分の高い女性に対する騎士の愛). ② 《雅》愛.

Min·ne=sang [ミンネ・ザング] 男 -[e]s/《文学》ミンネザング(中世騎士の恋愛歌).

Min·ne=sän·ger [ミンネ・ゼンガァ] 男 -s/- ミンネゼンガァ(ミンネザングを歌った中世ドイツの詩人).

Mi·no·ri·tät [ミノリテート minoritéːt] 囡 -/-en (票決などの)少数[派]. (◁▷「(票決などの)多数[派]」は Majorität).

mi·nus [ミーヌス míːnus] (英 *minus*) I 前 《数》マイナス, 引く. (◁▷「プラス」は plus). Acht *minus* zwei ist (または macht または gibt) sechs. 8 引く 2 は 6.
II 副《数・電》マイナス, 負; (温度が:) 零下. (◁▷「プラス」は plus). *minus* fünf Grad または fünf Grad *minus* 零下 5 度.
III 前 《2格とともに》《商》…を差し引いて. (◁▷「…を加えて」は plus).

Mi·nus [ミーヌス] 中 -/- ①《商》欠損, 赤字. ② 不利益, マイナス. (◁▷「プラス」は Plus).

Mi·nus·kel [ミヌスケる minúskəl] 囡 -/-n 《印》(印刷活字の)小文字.

Mi·nus=pol [ミーヌス・ポーる] 男 -[e]s/-e 《電》陰極. (◁▷「陽極」は Pluspol).

Mi·nus=zei·chen [ミーヌス・ツァイヒェン] 中 -s/-《数》負号, マイナス記号(記号: -).

die **Mi·nu·te** [ミヌーテ minúːtə]

分
Es ist fünf *Minuten* vor elf.
エス イスト ふユンふ ミヌーテン ふォーァ エるふ
11 時 5 分前です.

囡《単》-/《複》-n (英 *minute*) ① (時間の単位:) 分 (略: min, Min.; 記号: m); (比) 瞬間. eine halbe *Minute* 30 秒[間] / eine ganze *Minute* まる 1 分[間] / 2 Stunden, 8 *Minuten*, 9 Sekunden 2 時間 8 分 9 秒 / Der Bus fährt alle zehn *Minuten*. バスは 10 分おきに走っている / Es ist fünf *Minuten* vor zwölf. 《比》もうぎりぎりの段階だ(←12 時 5 分前).
◆《前置詞とともに》**auf** die *Minute* 時間きっかりに / *Minute* auf *Minute* 刻一刻と / bis auf die letzte *Minute* ぎりぎりの瞬間まで / Er kam **in** letzter *Minute*. 彼は時間ぎりぎりにやって来た / *Minute* **um** *Minute* 刻一刻と / bis **zur** letzten *Minute* ぎりぎりの瞬間まで.
②《数》(角度などの)分(1 度の 60 分の 1; 記号: ʼ).

mi·nu·ten=lang [ミヌーテン・らング] I 形 数分間の. II 副 数分間.

Mi·nu·ten=zei·ger [ミヌーテン・ツァイガァ] 男 -s/- (時計の)分針, 長針.

..mi·nu·tig [..ミヌーティヒ ..minuːtɪç] =..minütig

Missbilligung

..mi·nü·tig [..ミニューティヒ ..miny:tɪç]《形容詞をつくる接尾》(…分間の) 例: zehn*minütig* (=10-*minütig*) 10 分間の.

mi·nu·ti·ös [ミヌツィエース minutsiö:s]《雅》たいへん綿密な, こと細かな.

mi·nüt·lich [ミニュートリヒ] **I** 形 1 分ごとの. **II** 副 1 分ごとに.

mi·nu·zi·ös [ミヌツィエース minutsió:s] 形 =minutiös

Min·ze [ミンツェ míntsə] 女 -/-n《植》ハッカ.

Mio. [ミリオーン または ミリオーネン]《略》100 万 (=**Million**[en]).

★**mir** [ミーァ mí:*r*]

> 私に *Mir* ist es gleich.
> ミーァ イスト エス グらイヒ
> 私にはそれはどうでもいい.

代《人称代名詞; 1 人称単数 ich の 3 格》私に; 私にとって. (英 *me*). Gib *mir* bitte das Messer! ナイフを取ってちょうだい / Wie du *mir*, so ich dir! (諺) そっちがそっちなら, こっちもこっちだ(←君が私にするように, 私も君にする) / *mir* nichts, dir nichts 突然, だしぬけに. ◊《前置詞とともに》bei *mir* 私の所で / mit *mir* 私といっしょに / Von *mir* aus! 私はかまいませんよ. ◊《再帰代名詞として》Das kann ich *mir* leicht vorstellen. そのことは私は容易に想像できる / Ich kaufe *mir* einen Anzug. 私は[自分用に]スーツを買う.

Mi·ra·bel·le [ミラベれ mirabélə] 女 -/-n《植》ミラベル(黄色いセイヨウスモモの一品種).

Mis·an·throp [ミザントローブ mizantró:p] 男 -en/-en 人間嫌い[の人]. (女性形: -in).

Misch⹀bat·te·rie [ミッシュ・バテリー] 女 -/[..リーエン] (湯と水の)混合水栓.

Misch⹀ehe [ミッシュ・エーエ] 女 -/-n 異宗婚(異なった宗教・宗派間の結婚); (ナチス用語で:) 異人種間婚.

mi·schen [ミッシェン míʃən] (mischte, hat ...gemischt) **I** 他 (完了 haben) ① 混ぜる, 混合する. (英 *mix*). die Farben[4] *mischen* 絵の具を混ぜ合わせる / Kalk[4] und Wasser[4] *mischen* 石灰と水を混ぜる / Rosinen[4] **in** (または **unter**) den Teig *mischen* レーズンを[パン]生地に混ぜる / Wein[4] **mit** Wasser *mischen* ワインを水で割る. (混ぜて)作る, 調合する. einen Cocktail *mischen* カクテルを作る. ③ (トランプのカード[4]を)切る. ④《放送》(音声・映像[4]を)ミキシングする.
II 再帰 (完了 haben) *sich*[4] *mischen* ① 混ざる, 混じる. **In** seine Freude *mischte sich* Angst. 彼の喜びには不安が混じっていた / Wasser *mischt sich* nicht **mit** Öl. 水と油は混ざらない / Er *mischte sich* **unter** die Zuschauer. 彼は観衆の中にまぎれ込んだ. ② [*sich*[4] **in** 物[4] ~]《物[4]に》口出しする. Er *mischt sich* ständig in unsere Angelegenheiten. 彼はつねに私たちの問題に口出しする.
◊☞ **gemischt**

Mi·scher [ミッシャァ míʃər] 男 -s/- ① 混合機.《コンクリート》ミキサー. ② 混合(調合・ミキシング)する人. (女性形: -in).

Misch·ling [ミッシュリング míʃlɪŋ] 男 -s/-e ① (差別的に:)混血児.《同列語とみなされるため用いないほうが好ましい》. ②《生》雑種.

Misch⹀masch [ミッシュ・マッシュ] 男 -[e]s/-e《口語》ごたまぜ, 寄せ集め.

Misch⹀pult [ミッシュ・プるト] 中 -[e]s/-e《映・放送》ミキシング・コンソール(音声・映像の調整装置).

misch·te [ミッシュテ] mischen (混ぜる)の過去

die **Mi·schung** [ミッシュング míʃʊŋ] 女 (単) -/(複) -en ①《圏 なし》混合, 調合. (英 *mixture*). die *Mischung* von Zement und Kies セメントと砂利の混合. ② 混合物;《比》ごたまぜ.

Mi·schungs⹀ver·hält·nis [ミッシュングス・フェアヘるトニス] 中 ..nisses/..nisse 混合比, 混合の割合.

Misch⹀wald [ミッシュ・ヴァるト] 男 -[e]s/..wälder《林》(針葉樹と広葉樹の)混交林.

mi·se·ra·bel [ミゼラーべる mizará:bəl] 形 ひどく悪い, お粗末な; 惨めな; 卑劣な. eine *miserable* Leistung ひどい成績 / Das Wetter war *miserabel*. 天気は最悪だった.

Mi·se·re [ミゼーレ mizé:rə] 女 -/-n 悲惨, 苦境, 窮状.

Mis·pel [ミスぺる míspəl] 女 -/-n《植》セイヨウカリン.

miss [ミス] messen (測る)の du に対する命令

miss.. [ミス.. mɪs.. または ミス..]《非分離動詞の前つづり》, ふつうアクセントをもたないが, 複合動詞の頭につくときはアクセントをもつ》《不良・過去・悪》例: *miss*lingen 失敗する.

Miss [ミス mɪs]《英》女 -/Misses [ミスィス] ①《冠詞なし》...嬢, ...さん (英語で未婚女性に対する敬称として用いる). ② ミス(美人コンテストの女王). *Miss* Germany ミス・ドイツ.

Miss.. [ミス..]《名詞などにつける 接頭》アクセントをもつ》《誤り・過失》例: *Miss*verständnis 誤解.

miss·ach·ten [ミス・アハテン mɪs-áxtən または ミス..] (過分 missachtet または gemissachtet) 他 (h) ① (規則・命令など[4]を)無視する ② (人・事[4]を)軽蔑する.

Miss⹀ach·tung [ミス・アハトゥング] 女 -/ ① (規則などの)無視. ② 軽蔑.

Miss⹀be·ha·gen [ミス・ベハーゲン] 中 -s/ 不愉快, 不快感.

Miss⹀bil·dung [ミス・ビるドゥング] 女 -/-en (肢体などの)奇形.

miss·bil·li·gen [ミス・ビりゲン mɪs-bíligən] (過分 missbilligt) 他 (h) (意見など[4]に)賛成しない, (態度・行動など[4]を)認めない, 否とする.

Miss⹀bil·li·gung [ミス・ビりグング] 女 -/-en《ふつう 単》不賛成, 否認.

der **Miss⸗brauch** [ミス・ブラオホ mísbraux] 男 (単2) -[e]s/(複) ..bräuche [..ブロイヒェ] ..bräuchen) ① (地位などの)乱用; (薬などの)乱用. Er treibt *Missbrauch* mit seiner Stellung. 彼は地位を乱用する. ② (女性や子供への性的な)虐待.

miss·brau·chen [ミス・ブラオヘン mɪsbráuxən] 過分 missbraucht) 他 (h) ① (地位など⁴を)乱用する; (薬品など⁴を)乱用する. Er *hat* sein Amt *missbraucht*. 彼は職権を乱用した / Drogen⁴ *missbrauchen* 麻薬を乱用する. ② (女性や子供⁴を)性的に)虐待する.

miss⸗bräuch·lich [ミス・ブロイヒリヒ] 形 乱用(悪用)の, 不当な. die *missbräuchliche* Verwendung von Macht 権力の乱用 / ⁴ *missbräuchlich* benutzen 物⁴を乱用する.

miss·deu·ten [ミス・ドイテン mɪs-dɔ́ytən] 過分 missdeutet) 他 (h) (意図・行動など⁴を)誤解する, 曲解する, 誤って解釈する.

Miss⸗deu·tung [ミス・ドイトゥング] 女 -/-en 誤解, 曲解.

mis·sen [ミッセン mísən] 他 (h) (雅) (人・物⁴を)なしで済ます. Ich *kann* seine Hilfe nicht *missen*. 私は彼の助けなしではやっていけない / Ich *möchte* diese Erlebnisse nicht *missen*. 私はこれらの体験を忘れたくない.

der **Miss⸗er·folg** [ミス・エァフォルク mísɛrfɔlk] 男 (単2) -[e]s/(複) -e (3格のみ -en) 失敗, 不成功. (英) failure. (対語) 「成功」は Erfolg. Das Konzert war ein *Misserfolg*. コンサートは失敗だった / einen *Misserfolg* erleiden (または haben) 失敗する.

Miss⸗ern·te [ミス・エルンテ] 女 -/-n 不作, 凶作.

Mis·se·tat [ミッセ・タート] 女 -/-en (雅) 悪事, 悪行; (戯) いたずら.

Mis·se·tä·ter [ミッセ・テータァ] 男 -s/- (雅) 悪事を働いた人; (戯) いたずら者. (女性形: -in).

miss·fal·len* [ミス・ファレン mɪs-fálən] 過分 missfallen) 自 (h) (雅) (人³の)気に入らない. Dein Benehmen *missfällt* mir. ぼくは君の態度が気に入らない.

Miss·fal·len [ミス・ファレン] 中 -s/ 気に入らないこと, 不満. allgemeines *Missfallen*⁴ erregen みんなの不評を買う.

miss·fäl·lig [ミス・フェリヒ] 形 不満を表す(発言など).

miss⸗ge·bil·det [ミス・ゲビるデット] 形 奇形の, 不格好な.

Miss⸗ge·burt [ミス・ゲブーァト] 女 -/-en (医) 奇形児.

miss⸗ge·launt [ミス・ゲらオント] 形 (雅) 不機嫌な.

Miss⸗ge·schick [ミス・ゲシック] 中 -[e]s/-e 不運な出来事, 災難.

miss⸗ge·stal·tet [ミス・ゲシュタるテット] 形 =missgebildet

miss⸗ge·stimmt [ミス・ゲシュティムト] 形 = missgelaunt

miss·glü·cken [ミス・グリュッケン mɪsglýkən] 過分 missglückt) 自 (s) (企てなどが)(人³にとって)失敗する. Der Kuchen *ist* ihr *missglückt*. 《現在完了》彼女はケーキを焼くのに失敗した.

miss·gön·nen [ミス・ゲンネン mɪs-gǿnən] 過分 missgönnt) 他 (h) (人³の成功など⁴を)ねたむ, 快く思わない.

Miss⸗griff [ミス・グリふ] 男 -[e]s/-e 失敗, 失策.

Miss⸗gunst [ミス・グンスト] 女 -/ ねたみ.

miss⸗güns·tig [ミス・ギュンスティヒ] 形 ねたんでいる, ねたましげな.

miss·han·deln [ミス・ハンデるン mɪsshándəln] ich misshandle (misshandelte, *hat* ... misshandelt) 他 (定下) haben) ① (人・動物など⁴を)虐待する. Er *misshandelt* seine Kinder. 彼は自分の子供たちを虐待する. ② (戯・比)(楽器・車など⁴を)乱暴に扱う.

miss·han·delt [ミス・ハンデるト] misshandeln (虐待する)の 過分, 3人称単数・2人称親称複数 現在

miss·han·del·te [ミス・ハンデるテ] misshandeln (虐待する)の 過去

miss·hand·le [ミス・ハンドれ] misshandeln (虐待する)の1人称単数 現在

Miss⸗hand·lung [ミス・ハンドるング] 女 -/-en 虐待; (比)(楽器・車などの)酷使.

Miss⸗hel·lig·keit [ミス・ヘリヒカイト] 女 -/-en 《ふつう複》(雅) (小さな)もめごと, ごたごた.

die **Mis·si·on** [ミスィオーン mɪsió:n] 女 (単) -/(複) -en (英) mission) ① 使命, (特殊な)任務. eine *Mission*⁴ erfüllen 特命を果たす / Ich komme in geheimer *Mission*. 私は秘密の使命を帯びて来ました. ② (外国への)使節団, 派遣団. eine *Mission*⁴ entsenden 使節団を派遣する. ③ 〖複なし〗(宗) 宣教, 布教, 伝道. Er betreibt *Mission*. 彼は布教活動をしている / die äußere *Mission* 非キリスト教徒への伝道.

Mis·si·o·nar [ミスィオナール mɪsioná:r] 男 -s/-e 〖キ教〗宣教師, 布教者, 伝道師. (女性形: -in).

mis·si·o·nie·ren [ミスィオニーレン mɪsioní:rən] I 自 (h) 宣教活動をする, 布教(伝道)活動をする. II 他 (h) (人⁴に)宣教する, 布教する, 伝道する.

Miss⸗klang [ミス・クらング] 男 -[e]s/..klänge 《音楽》不協和音; (比) 不調和, 意見の対立.

Miss⸗kre·dit [ミス・クレディート] 男 《句的には》(人)⁴ in *Misskredit*⁴ bringen (人)⁴の評判を悪くする / bei (人)³ in *Misskredit* geraten (または kommen) (人)³の不評を招く, 不信を招く.

miss·lang [ミス・らング] misslingen (失敗する)の 過去

miss·län·ge [ミス・れンゲ] misslingen (失敗する)の 接2

miss·lich [ミスりヒ] 形 困った, やっかいな(状況など).

miss・lie・big [ミス・リービヒ] 形 《雅》(人に)好かれない, 嫌われている. sich⁴ bei 人³ *missliebig* machen 人³に嫌われる.

miss・lin・gen* [ミス・リンゲン mɪs-líŋən] (misslang, *ist*...misslungen) 自 (完了 sein) (計画などが)[人³にとって]うまくいかない. 《英 fail》. 《反》「成功する」=gelingen). Der Plan *ist misslungen*.『現在完了』計画は失敗した / Der Versuch *ist* mir *misslungen*.『現在完了』私の試みはうまくいかなかった.

miss・lun・gen [ミス・るンゲン] I misslingen (失敗する)の過分 II 形 失敗した. ein *misslungener* Kuchen 出来そこないのケーキ.

Miss・mut [ミス・ムート] 男 -[e]s/ 不機嫌.

miss・mu・tig [ミス・ムーティヒ] 形 不機嫌な, むっつりした.

miss・ra・ten* [ミス・ラーテン mɪs-rá:tən] (過分 missraten) 自 (s) (試みなどが)[人³にとって]うまくいかない, 失敗する. ◇過去分詞の形で] ein *missratenes* Kind 《比》しつけの悪い子供.

Miss・stand [ミス・シュタント] 男 -[e]s/..stän-de 困った状態, 不都合, 弊害. einen *Missstand* beseitigen 弊害を取り除く.

Miss・stim・mung [ミス・シュティムング] 女 -/-en いらだたしい(気づまりな)雰囲気.

misst [ミスト] messen (測る)の2人称親称単数・3人称単数 現在

Miss・ton [ミス・トーン] 男 -[e]s/..töne 不協和音, 調子はずれ[の音]; 《比》不調和, 不和.

miss・trau・en [ミス・トラオエン mɪs-tráuən] (過分 misstraut) 自 (h) [人・事³を]信用しない.

das **Miss・trau・en** [ミス・トラオエン mís-trauən] 中 (単2) -s/ 不信, 不信感, 疑惑. 《英 distrust》. *Misstrauen gegen* 人⁴ hegen 人⁴に不信感をいだいている.

Miss・trau・ens・an・trag [ミストラオエンス・アントラーク] 男 -[e]s/..träge 《政》不信任案.

Miss・trau・ens・vo・tum [ミストラオエンス・ヴォートゥム] 中 -s/..voten 《政》不信任投票; 《比》不信の表明.

miss・trau・isch [ミス・トラオイッシュ] 形 信用しない, 疑い深い. **gegen** 人⁴ *misstrauisch* sein 人⁴に対して不信感を持っている.

Miss・ver・gnü・gen [ミス・フェアグニューゲン] 中 -s/ 《雅》不快, 不機嫌.

miss・ver・gnügt [ミス・フェアグニュークト] 形 《雅》不快な, 不機嫌な.

Miss・ver・hält・nis [ミス・フェアへるトニス] 中 ..nisses/..nisse 不釣り合い, アンバランス.

miss・ver・stand [ミス・フェアシュタント] *missverstehen (誤解する)の 過去

miss・ver・stän・de [ミス・フェアシュテンデ] *missverstehen (誤解する)の 過2

miss・ver・stan・den [ミス・フェアシュタンデン] *missverstehen (誤解する)の 過分

miss・ver・ständ・lich [ミス・フェアシュテントりヒ] 形 誤解を招きやすい, あいまいな(表現など).

das **Miss・ver・ständ・nis** [ミス・フェア

シュテントニス mís-fɛrʃtɛntnɪs] 中 (単2) ..nisses/(複) ..nisse (3格のみ..nissen) 誤解, 勘違い; 《ふつう 複》意見の食い違い. 《英 misunderstanding》. Das muss ein *Missverständnis* sein. それは誤解に違いない / ein *Missverständnis*⁴ aufklären 誤解を解く.

miss・ver・ste・hen [ミス・フェアシュテーエン mís-fɛrʃte:ən] (missverstand, *hat*...missverstanden) 《小 zu 不定詞は misszuverstehen) 他 (完了 haben) (人・事⁴を)誤解する, 勘違いする. 《英 misunderstand》. Er *missversteht* mich absichtlich. 彼は私の言うことを曲解する / Sie *haben* meine Bemerkung *missverstanden*. あなたは私の発言を誤解しています.

miss・ver・stün・de [ミス・フェアシュテュンデ] *missverstehen (誤解する)の 過2

Miss・wirt・schaft [ミス・ヴィルトシャフト] 女 -/-en 《ふつう 単》乱脈経営.

der **Mist** [ミスト míst] 男 (単2) -[e]s/ ① 家畜の糞(ふん), 厩肥(きゅうひ), 堆肥(たいひ). 《英 dung》. *Mist*⁴ streuen 堆肥をまく / Das ist nicht **auf** seinem *Mist* gewachsen.『現在完了』『口語』それは彼が自分で考え出したことではない(← 彼の肥やしで成長したものではない). ② (ちり紙) 掃き寄せられた)ごみくず. ③ 《口語》くだらないもの(こと), がらくた. *Mist*⁴ bauen 《口語》へまをやらかす / Red keinen *Mist*! ばかなことを言うな / So ein *Mist*! ちくしょう.

Mist・beet [ミスト・ベート] 中 -[e]s/-e 《農》[堆肥(たいひ)]温床.

Mis・tel [ミステる místəl] 女 -/-n 《植》ヤドリギ.

mis・ten [ミステン místən] 他 (h) ① (家畜小屋など⁴を)掃除する. ② (畑など⁴に)堆肥(たいひ)を施す.

Mist・fink [ミスト・フィンク] 男 -en/-en (ののしって:) 汚らしい(卑劣な)やつ.

Mist・ga・bel [ミスト・ガーベる] 女 -/-n 《農》堆肥(たいひ)用フォーク.

Mist・hau・fen [ミスト・ハオフェン] 男 -s/- 《農》堆肥(たいひ)[の山], 堆肥置場.

mis・tig [ミスティヒ místɪç] 形 ① 糞だらけの, 汚い. ② 《俗・比》ひどくいやな(天気など).

Mist・kä・fer [ミスト・ケーファァ] 男 -s/- 《昆》マグソコガネ[亜科](コガネムシの一種).

Mist・ku・bel [ミスト・キューベる] 男 -s/- (ちり紙) ごみバケツ (=Mülleimer).

Mis・tral [ミストラーる místrá:l] [フラ] 男 -s/-e ミストラル(南フランスに吹く冷たい北西風).

Mist・stück [ミスト・シュテュック] 中 -[e]s/-e 《俗》(ののしって:)卑劣なやつ.

*****mit** [ミット mít]

…と[いっしょに]

Willst du *mit* mir essen?
ヴィるスト ドゥ ミット ミア エッセン
私といっしょに食事をしない?

I 前 〖3格とともに〗 ① …と[いっしょに]; …を

M

連れて. (＝with). (＊「…なしに」は ohne). Ich wohne *mit* meinen Eltern zusammen. 私は両親といっしょに住んでいます / *mit* 人³ essen 人³といっしょに食事をする / *mit* den Kindern 子供たちを連れ / *mit* dem Wind segeln 風を受けて帆走する.
② **…を相手に.** Er ist *mit* ihr verheiratet. 彼は彼女と結婚している / Er streitet sich immer *mit* seiner Frau. 彼はいつも奥さんとけんかをしている / *mit* 人³ verhandeln 人³と交渉する.
③ **…が付いた，…を持った；…が入った.** ein Haus *mit* Garten 庭付きの家 / ein Doppelzimmer *mit* Bad バス付きの二人部屋 / ein Mädchen *mit* blondem Haar 金髪の少女 / ein Mann *mit* Brille 眼鏡をかけた男 / Tee *mit* Zitrone レモンティー / ein Korb *mit* Äpfeln りんごの入ったかご.
④ **…を含めて，…を入れて.** Das Essen kostet *mit* Bedienung 25 Euro. 食事はサービス料込みで 25 ユーロです / *Mit* ihm waren wir sechs. 彼も入れて私たちは 6 人だった.
⑤ **《様態》…で.** *mit* lauter Stimme 大声で / *mit* Absicht 故意に，わざと / *mit* Mühe (Leichtigkeit) 苦労して(楽々と) / *mit* Vergnügen 喜んで / *mit* 100 Stundenkilometern 時速 100 キロで / Er lag *mit* Fieber im Bett. 彼は熱を出して寝ていた / Vater war *mit* Recht ärgerlich. 父が怒ったのも当然だ.
⑥ **《手段；材料》…で，…を使って.** *mit* dem Auto fahren 車で行く / *mit* dem Messer das Brot⁴ schneiden ナイフでパンを切る / *mit* einem Wort 一言で言えば / einen Brief *mit* der Maschine schreiben 手紙をタイプライターで書く / Sie kocht alles *mit* Butter. 彼女はどんな料理にもバターを使う.
⑦ **《関係》…について，…に関して.** Was ist los *mit* dir? 君はどうしたのだ / Raus *mit* euch! おまえたちは出て行け / *Mit* seinem Plan kommt er nicht voran. 彼の計画は進展しない / Wie wäre es *mit* einer Tasse Kaffee? コーヒーを 1 杯いかがですか / Er hat es *mit* dem Magen. 彼は胃の具合が悪い.
⑧ **《時間的に》…と同時に，…の経過とともに.** *mit* Tagesanbruch 夜明けとともに / *mit* achtzehn Jahren 18 歳で / *mit* einem Mal 急に，突然 / *Mit* dem Tode seines Vaters änderte sich die Lage. 彼の父の死と同時に状況が一変した / *Mit* dem Gongschlag ist es 22 Uhr. (ラジオの時報などで:)(ゴングの音とともに) 22 時をお知らせします / *Mit* der Zeit bessert sich der Zustand. 時がたつにつれて状態がよくなる.
⑨ **《特定の動詞・形容詞とともに》** *mit* der Arbeit an|fangen (auf|hören) 仕事を始める(やめる) / sich⁴ *mit* 物³ beschäftigen 物³に従事する / *mit* 物³ handeln 物³を商う / *mit* 人・物³ rechnen 人・物³を考慮に入れる / *mit* der Antwort zögern 返事をためらう / Bist du *mit* diesem Vorschlag einverstanden? この提案に同意するかね / *mit* 物³ fertig sein 物³を終えている / Er ist *mit* seiner Arbeit zufrieden. 彼は自分の仕事に満足している.
II 副 **いっしょに，ともに，…もまた.** Er war *mit* dabei. 彼もその場に居合わせた / Das gehört *mit* zu deinen Aufgaben. これも君の仕事のうちだよ. ◇《話法の助動詞とともに》Ich will *mit* nach München.《口語》私もいっしょにミュンヘンへ行くつもりだ. ◇《形容詞の最上級とともに》《口語》Sie ist *mit* die Beste in der Klasse. 彼女もクラスのトップの一人だ.

mit.. [ミット.. mít..]《分離動詞の前つづり》つねにアクセントをもつ》例：① 《共同・同伴》例：*mit*|arbeiten 共同で仕事をする. ② 《同時》例：*mit*|schwingen 共振する. ③ 《携帯》例：*mit*|nehmen 持って行く.

Mit.. [ミット..]《名詞につける接頭》つねにアクセントをもつ》《共同》例：*Mit*besitzer 共有者.

Mit･ar･beit [ミット・アルバイト] 囡 -/ 共同作業，協力；(知的作業・授業への)意欲的な参加.

mit|ar･bei･ten [ミット・アルバイテン mít-àrbaɪtən] 自 (h) ① 《**an** (または **bei** in)》 物³ ～》《物³で》共同作業(研究)をする. an einem Projekt *mitarbeiten* プロジェクトに参加している. ② (生徒が)授業に意欲的に参加する.

der **Mit･ar･bei･ter** [ミット・アルバイタァ mít-arbaɪtər] 男 (単 2) -s/(複) - (3 格のみ -n) ① (企業などの)**従業員**；仕事仲間，協力者. (＝employee). Die Firma hat 200 *Mitarbeiter*. その会社には 200 人の社員がいる / ein wissenschaftlicher *Mitarbeiter* (大学などの)研究員. (＊ Mitarbeiterinnen und Mitarbeiter (男女の従業員たち)の代わりに，Belegschaft または Kollegium が用いられることがある). ② 共同執筆者；(新聞などの)寄稿者. Er ist freier *Mitarbeiter* einer Zeitung. 彼は新聞のフリーの記者だ.

Mit･ar･bei･te･rin [ミット・アルバイテリン] 囡 -/..rinnen (女性の)従業員；仕事仲間.

mit|be･kom･men [ミット・ベコンメン mít-bəkɔmən] 他 (h) ① (弁当・持参金など⁴を)持たせてもらう；(親から才能など⁴を)受け継ぐ. ② (人の会話など⁴を偶然)耳にする. ③ 聞きとる，理解する. ④ (事⁴に)居合わせる.

Mit･be･sit･zer [ミット・ベズィッツァァ] 男 -s/- 共有者. (女性形: -in).

mit|be･stim･men [ミット・ベシュティンメン mít-bəʃtɪmən] (過去 mitbestimmt) I 自 (h) 決定に参加する. II 他 (h) (事⁴の)決定に参加する.

Mit･be･stim･mung [ミット・ベシュティンムング] 囡 -/ 共同決定；betriebliche *Mitbestimmung*《経》企業内共同決定(従業員の経営参加).

Mit･be･stim･mungs･recht [ミットベシュティンムングス・レヒト] 中 -[e]s/-e 共同決定権. 《経》(従業員の)経営参加権.

Mit|be·wer·ber [ミット・ベヴェルバァ] 男 -s/- 《応募などの際の》競争相手, ライバル. (女性形: -in).

Mit|be·woh·ner [ミット・ベヴォーナァ] 男 -s/- 同居人.(女性形: -in).

mit|brin·gen* [ミット・ブリンゲン mít-brìŋən] (brachte...mit, hat...mitgebracht) 他 (定了 haben) ① (物⁴を)持って来る, 買って来る. Ich *habe* dir Blumen *mitgebracht*. 君に花を持って来たよ / *Kannst* du mir etwas **vom Markt mitbringen**? 市場で買って来てほしいものがあるんだけど.
② (人⁴を)連れて来る. einen Freund **zum** Essen *mitbringen* 友人を食事に連れて来る. ③ (才能など⁴を)備えている. Er *bringt* **für** diese Stelle ausreichende Fähigkeiten *mit*. 彼はこのポストに十分な能力を持ち合わせている.

Mit≠bring·sel [ミット・ブリンゲゼル] 中 -s/- 《口語》お土産.

Mit≠bür·ger [ミット・ビュルガァ] 男 -s/- 《官庁》同じ都市の市民; 同国人.(女性形 -in).

Mit≠ei·gen·tü·mer [ミット・アイゲンテューマァ] 男 -s/- 《法》(財産の)共有者. (女性形: -in).

mit|ein·an·der [ミット・アイナンダァ mít-aɪnándər] 副 ① いっしょに, ともに. Wir gehen immer *miteinander* nach Hause. 私たちはいつもいっしょに家に帰る.
② お互いに. Sie kommen *miteinander* gut aus. 彼らはお互いに仲良くやっている.

mit|emp·fin·den* [ミット・エンプふィンデン mít-ɛmpfɪndən] (過分 mitempfunden) 他 (h) (感情など⁴を)ともにする, 共感する.

mit|er·le·ben [ミット・エァレーベン mít-ɛrlè:bən] (過分 miterlebt) 他 (h) ともに体験する; (同時代の人として戦争など⁴を)身をもって体験する.

Mit≠es·ser [ミット・エッサァ] 男 -s/- ① にきび, 吹き出物. ②《口語・戯》いっしょに食事をする人. (女性形: -in).

mit|fah·ren* [ミット・ふァーレン mít-fà:rən] 自 ① いっしょに乗って行く, 同乗する. *Fahren* Sie *mit*? あなたもいっしょに行きますか.

Mit≠fah·rer [ミット・ふァーラァ] 男 -s/- (車などの)同乗者. (女性形: -in).

Mit≠fah·rer≠zent·ra·le [ミット・ふァーラァ・ツェントラーレ] 女 -/-n (車の)同乗者紹介センター(ガソリン代などを分担する条件で同乗者を紹介する).

Mit≠fahr≠ge·le·gen·heit [ミットふァール・ゲれーゲンハイト] 女 -/-en (車の)同乗席の供与(ガソリン代などを分担して乗せてもらう).

mit|flie·gen* [ミット・ふりーゲン mít-flì:gən] 自 (s) (飛行機に)同乗する.

mit|füh·len [ミット・ふューれン mít-fỳ:lən] I 他 (h) (喜び・苦しみなど⁴を)ともにする. II 自 (h)《**mit** 人³~》(人³に)共感(同情)する.

mit·füh·lend [ミット・ふューれント] I mit|fühlen (ともにする)の 現分 II 形 同情的な, 思いやりのある.

mit|füh·ren [ミット・ふューレン mít-fỳ:rən] 他 (h) ①《官庁》(身分証明書・手荷物など⁴を)携帯している. ②(川が砂など⁴を)運ぶ.

mit|ge·ben* [ミット・ゲーベン mít-gè:bən] 他 (h) ① (人³に物⁴を)持たせてやる; (人³に教育など⁴を)受けさせてやる. den Kindern eine gute Erziehung⁴ *mitgeben* 子供たちにいい教育を受けさせる. ② (人³にガイドなど⁴を)つけてやる.

mit·ge·bracht [ミット・ゲブラッハト] mit|bringen (持って来る)の 過分

Mit≠ge·fühl [ミット・ゲふュール] 中 -[e]s/ 同情,(悲しみなどに対する)共感. *Mitgefühl*⁴ mit 人³ haben 人³に同情している.

mit·ge·gan·gen [ミット・ゲガンゲン] mit|gehen (いっしょに行く)の 過分

mit|ge·hen* [ミット・ゲーエン mít-gè:ən] (ging...mit, *ist*...mitgegangen) 自 (定了 sein) ① いっしょに行く, 同行する. *Gehst* du *mit*? 君もいっしょに行く？ / **mit** der Zeit *mitgehen* 時勢に遅れない / 物⁴ *mitgehen* lassen《口語》物⁴をくすねる(←自分といっしょに行かせる). ② (講演などで)聞きほれる, (授業などで)引き込まれる. Die Zuhörer *gingen* **mit** dem Redner begeistert *mit*. 聴衆は講演者の話に魅せられた.

mit·ge·kom·men [ミット・ゲコンメン] *mit|kommen (いっしょに来る)の 過分

mit·ge·macht [ミット・ゲマハト] mit|machen (参加する)の 過分

mit·ge·nom·men [ミット・ゲノンメン] I *mit|nehmen (持って行く)の 過分 II 形《口語》① (乱暴に扱ったりして)破損した, 傷んだ. ein *mitgenommener* Sessel すり切れた安楽いす. ② 疲れ果てた, 消耗した.

mit·ge·teilt [ミット・ゲタイルト] *mit|teilen (知らせる)の 過分

Mit≠gift [ミット・ギふト] 女 -/-en 持参金.

Mit≠gift≠jä·ger [ミット・ギふト・イェーガァ] 男 -s/- 《軽蔑的に》持参金目当てに結婚する男.

Mitgl. [ミット・グリート]《略》会員, メンバー(= Mitglied).

*das **Mit≠glied** [ミット・グリート mít-gli:t] 中 (単 2) -[e]s/(複) -er (3格のみ -ern) **構成員**, メンバー, 会員. (英 *member*). Partei*mitglied* 党員 / ein *Mitglied* der Familie² 家族の一員 / *Mitglied* des Bundestages (ドイツの)連邦議会議員(略: M. d. B. または MdB).

Mit·glie·der [ミット・グリーダァ] *Mitglied (構成員)の 複

Mit≠glieds≠bei·trag [ミットグリーツ・バイトラーク] 男 -[e]s/..träge (協会・組合などの)会費.

Mit≠glied·schaft [ミット・グリートシャふト] 女 -/-en 会員であること, 会員資格.

Mit≠glieds≠kar·te [ミットグリーツ・カルテ] 女 -/-n 会員証.

Mit≠glied[s]≠staat [ミットグリート・シュタート (ミットグリーツ..)] 男 -[e]s/-en 同盟国.

mit|ha·ben* [ミット・ハーベン mít-hà:bən] 他 (h)《口語》携帯(手元に所持)している.

mit|hal·ten* [ミット・ハるテン mít-hàltən] **I** 圓 (h) ① (遅れずに)ついて行く, 競い合う. **Bei diesem Tempo** *kann* **ich nicht** *mithalten*. このスピードでは私はついて行けない. ② 参加する. **II** 他 (h) (他人と同じテンポなど⁴を)保つ.

mit|hel·fen* [ミット・へるフェン mít-hèlfən] 圓 (h) (何人かで)手伝う.

mit·hil·fe, mit Hil·fe [ミット・ヒるフェ mɪt-hílfə] **I** 前 《**2格**とともに》…の助けを借りて, …を使って. *mithilfe* **einiger Freunde** 何人かの友人の助けを借りて. **II** 副 《*von* とともに》…の助けを借りて.

Mit·hil·fe [ミット・ヒるフェ] 囡 -/ 手助け, 助力.

mit⸗hin [ミット・ヒン] 副《雅》したがって, それゆえ.

mit|hö·ren [ミット・へーレン mít-hø:rən] 他 (h) ① (偶然)耳にする. ② 盗み聞きする.

Mit·in·ha·ber [ミット・インハーバァ] 男 -s/- (企業などの)共同所有(出資)者. (女性形: -in).

mit|kom·men [ミット・コンメン mít-kòmən] (kam … mit, ist … mitgekommen) 圓 (完了 sein) ① いっしょに**来る**(行く); ついて来る(行く). **Ich** *kann* **nicht ins Kino** *mitkommen*. 私はいっしょに映画に行けない / **Kommen Sie** *mit*! いっしょに行きましょうや. ②《口語》(歩調・授業などに)ついて行ける. **Er** *kommt* **im Unterricht nicht** *mit*. 彼は授業について行けない / **Da** *komme* **ich nicht mehr** *mit*! それはもう私には理解できない.

mit|kön·nen* [ミット・ケンネン mít-kœnən] 圓 (h)《口語》① いっしょに行ける. ② (歩調・授業などに)ついて行ける.

mit|krie·gen [ミット・クリーゲン mít-krì:gən] 他 (h)《口語》① (弁当・持参金など⁴を)もたせてもらう; (親から才能など⁴を)受け継ぐ. ② (偶然に)聞いてしまう, 耳にする. ③ 聞きとる, わかる. ④《口語》《4に》居合わせる.

mit|las·sen* [ミット・らッセン mít-làsən] 他 (h)《口語》同行させる.

mit|lau·fen* [ミット・らオフェン mít-làufən] 圓 (s) ① いっしょに走る, 競走に加わる. ②《口語》(作業などが)並行して行われる.

Mit⸗läu·fer [ミット・ろイファァ] 男 -s/- (軽蔑的に:)消極的な同調者, ついて行くだけの人. (女性形: -in).

Mit⸗laut [ミット・らオト] 男 -(e)s/-e《言》子音 (＝Konsonant).

das **Mit⸗leid** [ミット・らイト mít-laɪt] 中 (単2) -(e)s/ 同情, 哀れみ, 哀れみ.《愛 pity》. **Ich habe** *Mitleid* **mit ihm**. 私は彼に同情している / **Er kennt kein** *Mitleid*. 彼には思いやりがない / **Sie tat es nur** *aus Mitleid*. 彼女はただ同情心からそれをしただけだ.
▶ mitleid⸗erregend

Mit⸗lei·den·schaft [ミット・らイデンシャフト] 囡《成句的に》人・物 **in** *Mitleidenschaft* **zie·hen** 人・物⁴を巻き添えにする.

mit·leid⸗er·re·gend, Mit·leid er·re·gend [ミットらイト・エァレーゲント] 形 人の哀れを誘う.

mit⸗lei·dig [ミット・らイディヒ] 形 思いやりのある, 同情的な.

mit·leid[s]⸗los [ミットらイト・ろース(ミットらイッ)] 形 思いやりのない, 無慈悲な.

mit·leid[s]⸗voll [ミットらイト・フォる(ミットらイッ)] 形 思いやりのある, 慈悲深い.

mit|ma·chen [ミット・マッヘン mít-màxən] (machte … mit, *hat* … mitgemacht) **I** 他 (完了 haben) ①《4に》参加する. 《愛 join in》. **Wir** *machen* **den Ausflug** *mit*. 私たちも遠足に参加します / **die Mode**⁴ *mitmachen* 流行を追う. (☞ 熟語 teilnehmen). ②《口語》(他人の仕事など⁴を)肩代わりする. ③《口語》(苦難などを)体験する. **Er** *hat* **im Krieg viel** *mitgemacht*. 彼は戦争でいろいろひどい目にあった / **Da** *machst* **du was** *mit*!《口語》君はつらい目にあうよ.
II 圓 (完了 haben) ①《口語》参加する. *Machst* **du** *mit*, 君もいっしょにやる？ / **Er** *macht* **bei der Veranstaltung** *mit*. 彼はその催し物に参加する / *Lass* **mich** *mitmachen*! ぼくも仲間に入れてくれ. ②《口語》(体の部分などが)うまく働く. **Meine Füße** *machen* **nicht mehr** *mit*. 私の足はもう言うことを聞かない.

Mit⸗mensch [ミット・メンシュ] 男 -en/-en《ふつう複》仲間, 隣人, 同胞.

mit|müs·sen* [ミット・ミュッセン mít-mỳsən] 圓 (h)《口語》いっしょに行かなければ(来なければ)ならない.

Mit·nah·me⸗preis [ミットナーメ・プライス] 男 -es/-e (商品の配送を頼まない場合の)持ち帰り割引価格.

mit|neh·men [ミット・ネーメン mít-nè:mən] **du nimmst … mit, er nimmt … mit** (nahm … mit, *hat* … mitgenommen) 他 (完了 haben) ① 持って行く, 持って帰る; 携行する. **einen Brief** *zur* **Post** *mitnehmen* 手紙をポスト便局に持って行く / **Du** *musst* **den Regenschirm** *mitnehmen*. 君は傘を持って行かないといけないよ.

② 連れて行く. **Wir** *nehmen* **die Kinder auf die Reise** *mit*. 私たちは子供たちを旅行に連れて行く / 囚⁴ **im Auto** *mitnehmen* 囚⁴を車に乗せて行く. ③ (婉曲)(こっそり)持ち去る, 盗む. ④《口語》(機会など⁴を)うまくとらえる, (ついでに)見物する; (ついでに)買い求める. **auf der Rückreise das Museum**⁴ *mitnehmen* 旅行の帰りに博物館を訪れる. ⑤《口語・戯》(通りすがりに)こっそり傷つける. ⑥ (人・物⁴を)疲労させる, 消耗させる. **Das Erlebnis** *hat* **mich tüchtig** *mitgenommen*. その体験は私にはひどくこたえた.
◊☞ mitgenommen

Mit·neh·men [ミット・ネーメン] 中《成句的に》**Einen Hamburger** *zum Mitnehmen*, **bitte**! 持ち帰りでハンバーガーを一つください.

mit⸗nich·ten [ミット・ニヒテン] 副 決して…な

い (=keineswegs).

Mi·tra [ミートラ mí:tra] 囡 -/Mitren 《ﾘｯﾋ》 司教冠.

mit|rau·chen [ミット・ラオヘン mít-ràuxən] 自 (h) 他 ① (だれかと)いっしょにたばこを吸う. ② 受動喫煙する. ◊『名詞的に』passives Mitrauchen 受動喫煙.

mit|re·den [ミット・レーデン mít-rè:dən] 自 (h) 話に加わる; 口をはさむ. Hier kannst du nicht mitreden. この点については君の出る幕ではない(←話に加われない).

mit|rei·sen [ミット・ライゼン mít-ràɪzən] 自 (s) いっしょに旅行する.

Mit·rei·sen·de[r] [ミット・ライゼンデ (..ダァ)] 男囡《語尾変化は形容詞と同じ》旅の道連れ, (列車などに)乗り合わせた人.

mit|rei·ßen* [ミット・ライセン mít-ràɪsən] 他 (h) ① (激流などが)人・物4を)ひっさらって行く. ② 〖比〗感動(熱狂)させる. ◊『現在分詞の形で』eine mitreißende Musik 心揺さぶる音楽.

mit·samt [ミット・ザムト] 前《3格と共に》…とともに. Das Schiff sank mitsamt der Ladung unter. 船は積荷もろとも沈没した.

mit|schi·cken [ミット・シッケン mít-ʃìkən] 他 (h) (物4を)いっしょに送る; (人4を)同伴させる. ein Foto4 im Brief mitschicken 写真を手紙に同封する.

mit|schnei·den* [ミット・シュナイデン mít-ʃnàɪdən] 他 (h) 〖放送〗(放送4を)テープに)録音する, 録画する.

Mit·schnitt [ミット・シュニット] 男 -[e]s/-e 〖放送〗録音, 録画.

mit|schrei·ben* [ミット・シュライベン mít-ʃràɪbən] 他 (h) ① (討論・講義など4を)筆記する. ◊『目的語なしでも』Bitte, schreiben Sie mit! [私が口述しますから]書き取ってください. ② (筆記試験4を)他の人と[いっしょに]受ける.

Mit·schuld [ミット・シュルト] 囡 -/ 共犯, 同罪; 共同責任.

mit·schul·dig [ミット・シュルディヒ] 形 共犯の, 同罪の; 共に責任のある. **an** 物3 mitschuldig sein 物3に共同責任がある.

Mit·schul·di·ge[r] [ミット・シュルディゲ (..ガァ)] 男囡《語尾変化は形容詞と同じ》共犯者, 同罪者; 共同責任者.

Mit·schü·ler [ミット・シューラァ] 男 -s/- 同級生, 学校の友だち. (女性形: -in). (⇒「大学の学友」は Kommilitone).

mit|schwin·gen* [ミット・シュヴィンゲン mít-ʃvìŋən] 自 (h) ① 共振する, 共鳴する. ② 〖in 物3 ~〗(気持ちなどが 物3に)こもっている.

mit|spie·len [ミット・シュピーれン mít-ʃpì:lən] 自 (h) ① いっしょに遊ぶ; いっしょに競技する, (劇などで)共演する. Darf ich mitspielen? 仲間に入ってもいい? / in einer Mannschaft mitspielen チームに参加[していっしょにプレー]する. ② 〖bei 物3 ~〗(物3に)関与している, 影響している. Bei der geringen Ernte hat auch das schlechte Wetter mitgespielt. 収穫が少なかったことには悪天候も関係している.

③ 〖成句的に〗人3 übel mitspielen 人3をひどい目に遭わせる.

Mit·spie·ler [ミット・シュピーらァ] 男 -s/- (ゲームなどの)[他の]競技者, チームメート, 共演者. (女性形: -in).

Mit·spra·che·recht [ミットシュプラーヘ・レヒト] 中 -[e]s/ 共同決定権, 協議への参加権.

mit|spre·chen* [ミット・シュプレッヒェン mít-ʃprèçən] I 他 (h) (誓約など4を)いっしょに唱える. in Gebet4 mitsprechen お祈りをいっしょに唱える. II 自 (h) ① 〖bei 物3~〗(物3に関して)決定(話)に加わる, 口をはさむ. ② 〖bei 物3~〗(原因などが物3に)関与している.

Mit·strei·ter [ミット・シュトライタァ] 男 -s/- 共に闘う人, 味方. (女性形: -in).

mit·tag [ミッターク] heute Mittag (きょうの正午)などにおける Mittag の古い形.

**der Mit·tag¹ [ミッターク mítaːk]

> 正午 Bald ist es *Mittag*.
> バルト イスト エス ミッターク
> 間もなくお昼です.

男 (単2) -s/(複) -e (3格の -en) ① 正午, [真]昼. (英 noon). Vormittag 午前 / Nachmittag 午後 / Montagmittag 月曜日の正午 / ein heißer Mittag 暑い昼どき / eines Mittags ある日の昼[ごろ]に / heute Mittag きょうの正午に / **am** Mittag 正午に, 昼に / **gegen** Mittag 昼ごろ / **im** Mittag des Lebens 〖比〗人生の最盛期に / **über** Mittag 昼の間に / **zu** Mittag essen 昼食を食べる. ② 〖複 なし〗《口語》昼休み. Wir machen jetzt Mittag. 私たちはこれから昼休みにします. ③ 〖複 なし〗《古》南.

Mit·tag² [ミッターク] 中 -s/《口語》昼食. Mittag4 essen 昼食を食べる.

das Mit·tag·es·sen [ミッターク・エッセン míta:k-ɛsən] 中 (単2) -s/(複) - 昼食. (英 lunch). Das Mittagessen ist fertig. 昼食の用意ができました / **beim Mittagessen sitzen 昼食をとっている / **nach** dem Mittagessen 昼食後に / Wir laden ihn **zum** Mittagessen ein. 私たちは彼を昼食に招待します. (⇒「朝食」は Frühstück, 「夕食」は Abendessen).

mit·täg·lich [ミッテークリヒ] 形 〖毎〗正午の, 昼の. die mittägliche Hitze 昼間の暑さ.

mit·tags [ミッタークス mítaːks] 副 正午に, 昼に. mittags um zwölf Uhr 昼の12時に / montagmittags または montags mittags 毎週月曜日の昼に.

Mit·tags·mahl·zeit [ミッタークス・マールツァイト] 囡 -/-en 昼食.

Mit·tags·pau·se [ミッタークス・パオゼ] 囡 -/-n 昼休み.

Mit·tags·ru·he [ミッタークス・ルーエ] 囡 -/ 昼の休息, 昼休み; 昼寝.

Mit·tags·schlaf [ミッタークス・シュらーふ] 男 -[e]s/ (短い)昼寝.

Mit·tags≠tisch [ミッタークス・ティッシュ] 男 -[e]s/-e 昼食[のテーブル]; 昼の定食.

Mit·tags≠zeit [ミッタークス・ツァイト] 女 -/ 正午[ごろ], お昼どき.

Mit·tä·ter [ミット・テータァ] 男 -s/- 《法》共犯者. (女性形: -in).

*die **Mit·te** [ミッテ mítə] 女 (単) -/(複) -n 《ふつう無冠》 ① 真ん中, 中央; 中間, 半ば. (英 *middle*). die *Mitte* eines Kreises 円の中心/ Ab **durch** die *Mitte*! 《口語》とっととうせろ(本来は劇の下書きで「中央を通って退場」の) / Er wohnt **in** der *Mitte* der Stadt. 彼は都心に住んでいる.
② (時間・年齢などの)中ごろ, 半ば. *Mitte* Mai 5 月中旬に / die *Mitte* des Monats 月半ばに / Er ist *Mitte* fünfzig. 彼は 50 代半ばだ.
③ 《比》中庸; 《政》中道[派]. die goldene *Mitte* 中庸の徳 / eine Politik der *Mitte*² 中道政治. ④ 仲間, グループ. einer **aus** unserer *Mitte* われわれの仲間の一人 / 人⁴ **in** die *Mitte* nehmen. 人⁴を仲間に入れる.

***mit|tei·len** [ミット・タイレン mít-tàilən] (teilte ... mit, hat ... mitgeteilt) Ⅰ 他 《定了》 haben) ① (人³に事⁴を)知らせる, 通知する, 伝える. (英 *inform*). *Teilen* Sie mir bitte Ihre neue Adresse *mit*! あなたの新しい住所を知らせてください / Ich *muss* Ihnen leider *mitteilen*, dass... 残念ながら…ということをお伝えしなければなりません / 人³ 事⁴を手紙で(電話で)知らせる. (雅) (人・物³に熱・香りなど⁴を)伝える, もたらす.
Ⅱ 再帰 《定了》 haben) *sich*⁴ (人・物)³ *mitteilen* (雅) (人³に)心中を打ち明ける. Sie *teilte* sich dem Verlobten *mit*. 彼女は婚約者に心中を打ち明けた.
② (熱・気分などが人・物³に)伝わる. Die fröhliche Stimmung *teilte* sich auch uns *mit*. 楽しい気分が私たちにも伝わって来た.

mit·teil·sam [ミットタイルザーム] 形 話し好きの, おしゃべりな.

die **Mit·tei·lung** [ミット・タイルング mít-tailuŋ] 女 (単) -/(複) -en 知らせ, 通知, 報告. (英 *announcement*). eine amtliche *Mitteilung* 公報, 公告 / 人³ eine *Mitteilung*⁴ von 事³に 事⁴について通知する.

mit·tel [ミッテる mítəl] 形 《口語》まあまあの, 中くらいの. Wie geht's dir?—Na, so *mittel*. 調子はどう?—うん, まあまあだよ.

*das **Mit·tel** [ミッテる mítəl] 中 (単 2) -s/(複) - (3 格のみ -n) ① 手段, 方法. (英 *means*). ein sicheres *Mittel* 確実な手段 / ein wirksames *Mittel*⁴ an|wenden 効果的な方法を用いる / Das ist ihm nur ein *Mittel* **zum** Zweck. それは彼にとっては目的のための手段にすぎない / *Mittel*⁴ und Wege⁴ zu 事³ finden 事³のための手段方法を見つける / Ihm ist jedes *Mittel* recht. 彼は手段を選ばない(←彼にとってはどの手段も正当である) / **mit** allen *Mitteln* あらゆる手を尽くして / **zum** letzten *Mittel* greifen 最後の手段に訴える.
② 薬, 薬剤 (=Heil*mittel*). ein *Mittel*⁴ ein|nehmen 薬を服用する / ein *Mittel* **für** die Verdauung 消化剤 / ein wirksames *Mittel* **gegen** Husten せきによく効く薬.
③ 《議で》資金, 資力. öffentliche *Mittel* 公金 / Mir fehlen die *Mittel* dazu. 私にはそのための資金がない / **aus** eigenen *Mitteln* 自己資金から / Er steht **ohne** *Mittel* da. 彼は一文無しだ. ④ 平均, 平均値. das arithmetische *Mittel* 《数》算術平均 / das *Mittel*⁴ errechnen 平均値を出す / **im** *Mittel* 平均[値]では.

> ...mittel のいろいろ: **Hilfsmittel** 補助(援助)手段 / **Hustenmittel** せき止め / **Lebensmittel, Nahrungsmittel** 食料品 / **Schlafmittel** 睡眠薬 / **Stärkungsmittel** 強壮剤 / **Verkehrsmittel** 交通機関 / **Waschmittel** 洗剤

das **Mit·tel·al·ter** [ミッテる・アるタァ mít-tal-altər] 中 (単 2) -s/ ① 中世 (4-5 世紀から 15 世紀までの時代; 略: MA.). (英 *Middle Ages*). im frühen (späten) *Mittelalter* 中世初期(末期)に. ② 《口語・戯》中年[の人].

mit·tel·al·ter·lich [ミッテる・アるタァりヒ] 形 ① 中世の. ② 《口語・戯》中年の.

mit·tel·bar [ミッテる・バール mítəlbaːr] 形 間接的な, 間接の. (英 *indirect*). (反 「直接的な」は unmittelbar). *mittelbare* Ursachen 間接的な原因.

mit·tel≠deutsch [ミッテる・ドイチュ] 形 中部ドイツの; 《言》中部ドイツ方言の.

Mit·tel≠ding [ミッテる・ディング] 中 -[e]s/-e 《ふつう無冠》《口語》中間物, どっちつかずのもの.

Mit·tel≠eu·ro·pa [ミッテる・オイローパ] 中 -s/ 《地名》中部ヨーロッパ, 中欧.

mit·tel≠eu·ro·pä·isch [ミッテる・オイロペーイッシュ] 形 中部ヨーロッパの. die *mitteleuropäische* Zeit 中部ヨーロッパ標準時 (略: MEZ).

Mit·tel≠feld [ミッテる・フェるト] 中 -[e]s/-er ① 《複 なし》《スポ》(グラウンドなどの)中央エリア, ミッドフィールド; (マラソンなどの)中央集団. ② 《言》(文の)中域.

Mit·tel≠feld·spie·ler [ミッテるフェるト・シュピーらァ] 男 -s/- (サッカーなどの)ミッドフィールダー. (女性形: -in).

Mit·tel≠fin·ger [ミッテる・フィンガァ] 男 -s/- 中指.

mit·tel≠fris·tig [ミッテる・ふリスティヒ] 形 《経》中期間の.

Mit·tel≠ge·bir·ge [ミッテる・ゲビルゲ] 中 -s/- 中級山岳[地帯](標高 1,000 m 以下のなだらかな山地).

Mit·tel≠ge·wicht [ミッテる・ゲヴィヒト] 中 -[e]s/-e ①《複 なし》(ボクシングなどの)ミドル級. ② ミドル級の選手.

mit·tel≠groß [ミッテる・グロース] 形 中ぐらいの大きさの, ミドルサイズの.

mit·tel⇗hoch·deutsch [ミッテル・ホーホドイチュ] 形 中高ドイツ語の(11世紀から14世紀までの高地のドイツ語); 略: mhd.).

Mit·tel⇗hoch·deutsch [ミッテル・ホーホドイチュ] 中 −[s]/ 中高ドイツ語.

Mit·tel⇗klas·se [ミッテル・クラッセ] 女 −/− ① 中産(中流)階級. ② (品質・大きさなどの)中級. ③ 《ふつう 複》(学校の)中級クラス.

mit·tel⇗län·disch [ミッテル・レンディッシュ] 形 地中海(沿岸)の. das *Mittelländische Meer* 地中海.

Mit·tel⇗läu·fer [ミッテル・ロイふァァ] 男 −s/− (サッカーの)センターハーフ. (女性形: −in).

Mit·tel⇗li·nie [ミッテル・リーニエ] 女 −/−n ① (スポ)センターライン, ハーフウェーライン. ② 《交通》(道路などの)センターライン, 中央線.

mit·tel⇗los [ミッテル・ロース] 形 資産のない.

Mit·tel⇗maß [ミッテル・マース] 中 −es/ 《ふつう軽蔑的に》並, 平凡; 平均.

mit·tel⇗mä·ßig [ミッテル・メースィヒ] 形 並の, 平凡な, 平均的な, まあまあの.

Mit·tel⇗mä·ßig·keit [ミッテル・メースィヒカイト] 女 −/ 並[であること], 平凡さ.

das **Mit·tel⇗meer** [ミッテル・メーァ] 中 −[e]s/ 《定冠詞とともに》(海名)地中海.

Mit·tel⇗ohr [ミッテル・オーァ] 中 −[e]s/ 《医》中耳.

Mit·tel·ohr⇗ent·zün·dung [ミッテルオーァ・エントツゥンドゥング] 女 −/−en 《医》中耳炎.

mit·tel⇗präch·tig [ミッテル・プレヒティヒ] 形 《口語・戯》まあまあの.

der **Mit·tel⇗punkt** [ミッテル・プンクト míttəl-pυŋkt] 男 (単2) −[e]s/(複) −e (3格の−en) (英) *centre*) ① 《数》(円・球などの)中心. der *Mittelpunkt* einer Kugel² 球の中心. ② (比) (活動・興味などの)中心, 核心; 中心人物. ein kultureller *Mittelpunkt* 文化の中心 / Er steht im *Mittelpunkt* des Interesses. 彼は関心の的になっている.

mit·tels [ミッテルス] 前 《2格(3格)とともに》《書》…を用いて, …によって. *mittels* elektrischer Energie 電気エネルギーを用いて.

Mit·tel⇗schicht [ミッテル・シヒト] 女 −/−en 《社》中間層, 中流階級.

Mit·tel⇗schiff [ミッテル・シふ] 中 −[e]s/−e 《建》(教会堂の)中廊, 身廊. (☞「建築様式(1)」, 1744ページ).

Mit·tel⇗schu·le [ミッテル・シューレ] 女 −/−n ① 実科学校 (=Realschule). ② (オーストリア・古)(スイス)ギムナジウム (=Gymnasium).

Mit·tels⇗mann [ミッテルス・マン] 男 −[e]s/..männer (または ..leute) 仲介者; 《商》仲買人. (女性形: ..frau).

Mit·tels⇗per·son [ミッテルス・ペルゾーン] 女 −/−en 仲介者; 《商》仲買人.

mit·telst [ミッテルスト mítəlst] 前 《2格(まれに3格)とともに》《古・書》=mittels

Mit·tel⇗stand [ミッテル・シュタント] 男 −[e]s/ ① (総称として:)中産階級, 中流階級. ② 《経》中小企業.

mit·tel⇗stän·disch [ミッテル・シュテンディッシュ] 形 ① 中産階級の, 中流の. ② 《経》中小企業の.

Mit·tel·stre·cken⇗ra·ke·te [ミッテルシュトレッケン・ラケーテ] 女 −/−n 《軍》中距離ミサイル.

Mit·tel⇗strei·fen [ミッテル・シュトライフェン] 男 −s/− (道路の)中央分離帯, グリーンベルト.

Mit·tel⇗stu·fe [ミッテル・シュトゥーフェ] 女 −/−n ① (習い事などの)中級. ② (ギムナジウムの)中級3学年 (Untertertia, Obertertia, Untersekunda). (☞ Gymnasium).

Mit·tel⇗stür·mer [ミッテル・シュテュルマァ] 男 −s/− (サッカーの)センターフォワード. (女性形: −in).

Mit·tel⇗weg [ミッテル・ヴェーク] 男 −[e]s/−e 中庸, 中道. einen *Mittelweg* ein|schlagen (または gehen) 中道を歩む, 妥協する / der goldene *Mittelweg* (黄金の)中庸, 中庸の徳.

Mit·tel⇗wel·le [ミッテル・ヴェレ] 女 −/−n 《物・電・放送》(ラジオの)中波 (略: MW).

Mit·tel⇗wert [ミッテル・ヴェーァト] 男 −[e]s/ 《数》平均[値].

Mit·tel⇗wort [ミッテル・ヴォルト] 中 −[e]s/..wörter 《言》分詞 (=Partizip). das *Mittelwort der Gegenwart²* (*Vergangenheit²*) 現在(過去)分詞.

mit·ten [ミッテン mítən] 副 真ん中に, 真ん中で, 真ん中へ; 真っ最中に. Der Teller brach *mitten* entzwei. 皿は真っ二つに割れた. ◊《前置詞句とともに》*mitten* auf der Straße 通りの真ん中で / *mitten* durch den Wald 森の真ん中を抜けて / Er wohnt *mitten* in der Stadt. 彼は町の中心に住んでいる / *mitten* in der Nacht 真夜中に / *mitten* unter die Menge 群衆の真っただ中へ.

mit·ten⇗drin [ミッテン・ドリン] 副 その真ん中に, その真ん中で; その真っ最中に.

mit·ten⇗durch [ミッテン・ドゥルヒ] 副 真ん中を貫いて, 真っ二つに.

mit·ten⇗mang [ミッテン・マング] 副 《北ドイツ・口語》その真ん中に.

die **Mit·ter⇗nacht** [ミッタァ・ナハト mítər-naxt] 女 (単) −/ 《ふつう冠詞なして》① 真夜中, 夜中の12時. (英 *midnight*). Es schlägt *Mitternacht*. 時計が夜半過ぎに 12 時を打つ / nach *Mitternacht* 真夜中過ぎに / um *Mitternacht* 真夜中に. ② 《古》北, 北方. gen *Mitternacht* 北の方へ.

mit·ter⇗nächt·lich [ミッタァ・ネヒトリヒ] 形 《付加語としてのみ》真夜中[ごと]の.

mit·ter⇗nachts [ミッタァ・ナハツ] 副 真夜中に.

Mit·ter·nachts⇗son·ne [ミッタァナハツ・ゾンネ] 女 −/ (極地周辺の)白夜の太陽.

mitt·ler [ミットらァ mítlər] (mittel の 比較) 形 《付加語としてのみ》(英 *middle*) ① (二つのものの)中間にある, 中央の. die drei *mittleren* Finger (親指と小指の間にある)中の3本指 / das *mittlere* Fenster 中央の窓 / der *Mittlere* Osten 中東[諸国]. ② 中くらいの, 中程度の;

平均の. ein *mittlerer* Betrieb 中企業 / *mittlere* Reife 実科学校卒業資格 / eine Frau *mittleren* Alters² 中年の女性 / die *mittlere* Jahrestemperatur 年平均気温.

Mitt·ler [ミットらァ] 男 -s/- 《雅》仲介者. (女性形: -in).

mitt·ler·wei·le [ミットらァ・ヴァイレ] 副 その間に, そうこうするうちに; だんだん, 徐々に.

mitt≈schiffs [ミット・シフス] 副 《海》船の中央部に.

Mitt≈som·mer [ミット・ゾンマァ] 男 -s/- 夏至のころ.

Mitt≈som·mer≈nacht [ミットゾンマァ・ナハト] 囡 -/..nächte 夏の夜; 《複 なし》夏至の夜.

mit|tun* [ミット・トゥーン mít-tù:n] 自 (h) 《方》いっしょに行う; 協力する.

Mitt≈win·ter [ミット・ヴィンタァ] 男 -s/- 冬至のころ.

der Mitt·woch [ミット・ヴォッホ mít-vɔx] 男 (単2) -[e]s/ (複) -e (3格のみ -en) 水曜日 (略: Mi.). (変 *Wednesday*). (🖝 曜日名 ☞ Woche). Heute ist *Mittwoch*. きょうは水曜日だ / jeden *Mittwoch* 毎水曜日に / [am] *Mittwoch* 水曜日に / [am] nächsten *Mittwoch* 次の水曜日に / [am] *Mittwoch* früh 水曜日の早朝に.

Mitt·woch≈abend [ミットヴォッホ・アーベント] 男 -s/-e 水曜日の晩. [am] *Mittwochabend* 水曜日の晩に.

mitt·woch≈abends [ミットヴォッホ・アーベンツ] 副 《毎週》水曜日の晩に.

mitt·wochs [ミット・ヴォッホス] 副 《毎週》水曜日に, 水曜日ごとに.

mit≈un·ter [ミット・ウンタァ] 副 時々, 時たま.

mit≈ver·ant·wort·lich [ミット・フェアアントヴォルトりヒ] 形 共同責任の, 連帯責任のある.

Mit≈ver·ant·wor·tung [ミット・フェアアントヴォルトゥング] 囡 -/ 共同責任, 連帯責任.

mit|ver·die·nen [ミット・フェアディーネン mít-fɛrdì:nən] (区分 mitverdient) 自 (h) (家族の一員として)共に生活費を稼ぐ.

Mit≈ver·fas·ser [ミット・フェアファッサァ] 男 -s/- 共著者. (女性形: -in).

Mit≈welt [ミット・ヴェルト] 囡 -/ 《雅》《総称として》同時代の人々.

mit|wir·ken [ミット・ヴィルケン mít-vìrkən] 自 (h) ① 《an (または bei) 動³ ~》 《動³に》協力する, 参加する. bei einer Veranstaltung *mitwirken* 催しに協力する. ② 《in 動³ ~》 《動³に》共演する. ③ 《bei 動³ ~》 (要因などが動³に)影響を及ぼしている, 作用している.

Mit≈wir·ken·de[r] [ミット・ヴィルケンデ(..ダァ)] 男 囡 《語尾変化は形容詞と同じ》協力者; 共演者.

Mit≈wir·kung [ミット・ヴィルクング] 囡 -/ 協力, 寄与; 共演. unter *Mitwirkung* von 人³ 人³の協力のもとに.

Mit≈wis·ser [ミット・ヴィッサァ mít-vɪsər] 男 -s/- (他人の秘密・悪事などを)関知している人. (女性形: -in).

mit|wol·len* [ミット・ヴォれン mít-vòlən] 自 (h) 《口語》いっしょに行きたがる, 同行を望む.

mit|zäh·len [ミット・ツェーれン mít-tsè:lən] I 他 (h) 計算に入れる; 《比》考慮に入れる. II 自 (h) 計算に入る; 《比》考慮される.

mit|zie·hen [ミット・ツィーエン mít-tsì:ən] ① (s) いっしょに行進する. ② (h) 《口語》同調する; (㋿) (競争などで)併走する, 肩を並べる.

mit·zu·kom·men [ミット・ツ・コンメン] ※ **mit|kommen** (いっしょに来る)の zu 不定詞.

mit·zu·neh·men [ミット・ツ・ネーメン] ※ **mit|nehmen** (持って行く)の zu 不定詞.

Mix≈be·cher [ミクス・ベッヒャァ] 男 -s/- (カクテル用の)シェーカー.

mi·xen [ミクセン míksən] 他 (h) ① (カクテルなど⁴を)作る; ミキサーで混ぜる. ② 《映·放送》(音声·映像などを⁴)ミキシングする.

Mi·xer [ミクサァ míksər] [英] 男 -s/- ① バーテン[ダー]. (女性形: -in). ② (台所用品の)ミキサー. ③ 《映·放送》(音声の)ミキシング係.

Mix≈ge·tränk [ミクス・ゲトレンク] 中 -[e]s/-e 混合飲料(カクテル·ミックスジュースなど).

Mix·tur [ミクストゥーァ mɪkstú:r] 囡 -/-en 《薬》水薬, 液剤; 《比》混合物.

MKS [エム·カー·エス] 囡 -/ 《略》口蹄(ﾃｲ)疫 (= **Maul- und Klauenseuche**).

ml [ミリ·リータァ] 《記号》ミリリットル (= **Milliliter**).

mm [ミリ·メータァ] 《記号》ミリメートル (= **Millimeter**).

Mn [エム·エン] 《化·記号》マンガン (= **Mangan**).

Mo [エム·オー] 《化·記号》モリブデン (= **Molybdän**).

Mo. [モーン·ターク] 《略》月曜日 (= **Montag**).

Mob [モップ mɔp] 男 -s/- 暴徒.

mob·ben [モッベン mɔ́bən] 他 (h) 《隠語》(職場などで同僚⁴を)いじめる.

Mob·bing [モッビング mɔ́bɪŋ] [英] 中 -s/- 《隠語》(職場などでの)嫌がらせ, いじめ.

das Mö·bel [メーベる mǿ:bəl]

> 家具 Sie haben ja neue *Möbel*!
> ズィー ハーベン ヤー ノイエ メーベる
> 新しい家具を買ったんですね.

中 (単2) -s/(複) - (3格のみ -n) ① 《ふつう 複》家具, 調度. (変 *furniture*). moderne *Möbel* モダンな家具 / *Möbel* aus Eiche オーク材の家具 / die *Möbel*⁴ rücken (um|stellen) 家具の位置をずらす(配置を変える).

② 《複 なし》《口語·戯》(大きくて)かさばるもの. Dieser Regenschirm ist ein groteskes *Möbel*. この雨傘はばかでかくて格好悪い.

🖝 家具のいろいろ: das **Bett** ベッド / der **Esstisch** 食卓 / die **Frisierkommode** 化粧台 / der **Geschirrschrank** 食器棚 / der **Kleiderschrank** 洋服だんす / das **Regal** 棚 / der **Schreibtisch** 書き物机 / der **Sessel** ひじ掛けいす / das **Sofa** ソファー / der **Stuhl** いす / der **Tisch** テーブル

Mö·bel≠stück [メーベる・シュテュック] 中 -(e)s/-e (個々の)家具.

Mö·bel≠tisch·ler [メーベる・ティッシュらァ] 男 -s/- 家具職人. (女性形: -in).

mo·bil [モビーる mobí:l] 形 ① 動かせる，移動可能な. eine *mobile* Bücherei 移動図書館/ *mobiler* Besitz 《法・経》動産. ② 《口語》元気な，活発な. ③ 《軍》出動準備のできた.

Mo·bi·le [モービレ mó:bilə] 中 -s/-s モビール (天井から糸などでつってう動くようにした工芸品).

Mo·bil≠funk [モビーる・フンク] 男 -s/ モバイル通信(携帯電話・パソコンなどによる移動中の通信).

Mo·bi·li·ar [モビリアール mobiliá:r] 中 -s/-e 《ふつう単》(総称として:)家具，家財道具.

mo·bi·li·sie·ren [モビリズィーレン mobilizí:-rən] 他 (h) ① 《軍隊・組合員など[4]を》動員する; 《力など[4]を》結集する; 《元気など[4]を》呼び覚ます. ② 《医》《関節など[4]を》動かせるようにする. ③ 《経》《資本などを》現金化する，流動化する.

Mo·bi·li·sie·rung [モビりズィールング] 女 -/-en 《軍隊などの》動員，《力などの》結集，《医》《関節などを》動かせるようにすること; 《経》《資本などの》現金化.

Mo·bi·li·tät [モビリテート mobilitέ:t] 女 -/ ① (精神的な)柔軟さ，活発さ. ② 《社》《職業・居住地などの》可動性，流動性.

Mo·bil≠ma·chung [モビーる・マッフング] 女 -/-en 《軍》動員.

Mo·bil≠te·le·fon [モビーる・テーれふォーン] 中 -s/-e 携帯電話 (=Handy).

möbl. [メブりーァト] 《略》家具付きの (=**möbliert**).

mö·blie·ren [メブリーレン møblí:rən] 他 (h) (部屋などに)家具を備え付ける.

mö·bliert [メブりーァト møblí:rt] I möblieren (家具を備え付ける)の 過分 II 形 **家具付きの**. Ich suche eine *möblierte* Wohnung. 私は家具付きの住まいを探している / Wir wohnen *möbliert*. 私たちは家具付きの部屋を借りて住んでいる.

moch·te [モッヒテ] ☆mögen¹ (…かもしれない)の 過去

***möch·te** [メヒテ mǿçtə]

…したい
Was *möchten* Sie trinken?
ヴァス メヒテン ズィー トリンケン
何をお飲みになりたいですか.

人称	単	複
1	ich möchte	wir möchten
2	du möchtest / Sie möchten	ihr möchtet / Sie möchten
3	er möchte	sie möchten

助動 《話法の助動詞》☆mögen¹ (…かもしれない)の 接2 **A**) 《zu のない不定詞とともに》① **…したい**，…したがっている. (英) would like to). Ich *möchte* Herrn Schulze sprechen. シュルツェさんにお目にかかりたいのですが / Ich *möchte* wissen, ob … …かどうか知りたいのですが / *Möchten* Sie mit ins Café gehen? いっしょに喫茶店へ行きませんか / Er *möchte* nach Hause gehen. 彼は家へ帰りたがっている.
《⚠》「…したかった」という過去の願望は wollte で表現する. 例: Er *wollte* Medizin studieren. 彼は医学を学びたいと思っていた.
② …かもしれない，…だろう. Man *möchte* meinen, dass … 人は…だと思うかもしれない.
③ …してもらいたい. *Möchten* Sie bitte das Formular ausfüllen! この用紙に記入していただきたいのですが. ◇《間接話法で》Sag ihm, er *möchte* zu mir kommen! 私の所へ来てくれるように彼に言いなさい.
B) 《独立動詞として; 不定詞なしで》**欲しい**, 望む. Was *möchten* Sie? 何をさしあげましょうか / Ich *möchte* noch etwas Wein. もう少しワインをいただきたいのですが / Er *möchte* nicht, dass das bekannt wird (または bekannt/wird). 彼はそれを人に知られたくない. ◇《方向を表す語句とともに》(…へ)行きたい. Ich *möchte* **in** die Stadt (**nach** Hause). 私は町へ行きたい(家へ帰りたい).

Möch·te·gern.. [メヒテゲルン.. mǿçtəgɛrn..] 《名詞につける 接頭》《口語》(…ぶる人) 例: *Möchtegern*künstler 芸術家ぶる人.

möch·test [メヒテスト mǿçtəst] ☆möchte (…したい)の 2 人称親称単数直説. Was *möchtest* du essen? 君は何を食べたい?

mo·dal [モダーる modá:l] 形 《音楽》旋法の; 《言》様態の，話法の.

Mo·da·li·tät [モダリテート modalitέ:t] 女 -/-en ① 《ふつう複》様式，方式. ② 《哲》様相. ③ 《言》様態，話法.

Mo·dal≠verb [モダーる・ヴェルプ] 中 -s/-en 《言》話法の助動詞.

*die **Mo·de** [モーデ mó:də] 《発》女 《単》-/《複》-n ① **流行**, はやり，モード，ファッション. (英 fashion). Der Tanz ist jetzt *Mode*. 今このダンスがはやっている / **aus** der *Mode* kommen 流行遅れになる / Die Farbe ist jetzt sehr **in** *Mode*. この色が今とてもはやっている / **mit** der *Mode* gehen 流行を追う / Sie kleidet sich[4] **nach** der neuesten *Mode*. 彼女は最新流行の服装をしている.
② 《複 で》流行の服. die neuesten *Moden*[4] tragen トップモードの服を着る.

Mo·de≠ar·ti·kel [モーデ・アルティーケる] 男 -s/- 流行品.

Mo·de≠aus·druck [モーデ・アオスドゥルック] 男 -(e)s/..drücke はやりの言葉，流行語.

mo·de≠be·wusst [モーデ・ベヴスト] 形 流行(モード)を意識した.

Mo·de≠ge·schäft [モーデ・ゲシェふト] 中 -(e)s/-e (婦人服の)ブティック，ファッションの店.

Mo·de≠haus [モーデ・ハオス] 中 -es/..häuser (婦人服の)[大きな]ブティック，ファッションの店; アパレルメーカー.

Mo·del¹ [モーデる mó:dəl] 男 -s/- ① 〘菓 -/-n も〙《方》(クッキー・バターなどの)木型. ② (ろうそく用の)鋳型. ③ 《織》(プリント布地などの)捺染(なっ)型板. ④ 《手芸》(刺しゅう・編み物用の)図柄見本.

Mo·del² [モッデる módəl] [英] 田 -s/-s (写真などの)モデル; (ファッションショーの)モデル.

das **Mo·dell** [モデる modél] 田 (単2) -s/ (複) -e (3格のみ -en) (英 model) ① **模型**, [ひな]型, モデル. das *Modell* eines Schiffes 船の模型 / ein *Modell* des Atomkerns 原子核のモデル.
② (小説・写真などの)**モデル**; ファッションモデル; 《婉曲》コールガール. einem Maler *Modell*⁴ stehen ある画家のモデルになる.
③ (製品などの)**型式**. Sein Wagen ist das neueste *Modell*. 彼の車は最新のモデルだ.
④ 《服飾》(ファッションデザイナーの)高級仕立婦人服, オートクチュール. ein *Modell* der Pariser Mode² パリモードの新作. ⑤ 手本, 見本. ein *Modell* zur Sanierung der Finanzen² 財政立て直しのモデル案.

Mo·dell=ei·sen·bahn [モデる・アイゼンバーン] 囡 -/-en 鉄道模型.

mo·del·lie·ren [モデリーレン modelí:rən] 他 (h) ① (粘土などで)造形する, 形作る. eine Statue⁴ in (または aus) Gips *modellieren* 石膏(せっこう)で立像を作る / [den] Ton *modellieren* 粘土で造形する. ② (物⁴の)モデル(模型)を作る.

Mo·dell=kleid [モデる・クらイト] 田 -[e]s/-er (ファッションザイナーの)高級仕立婦人服, オートクチュール.

mo·deln [モーデるン mó:dəln] **I** 他 (h) 形成する, (物⁴の)形を変える. 物⁴ nach einem Vorbild *modeln* 物⁴を手本どおりに作り上げる. **II** 自 (h)〘**an** 物³ ~〙(修正などのために)物³に手を加える.

Mo·dem [モーデム mó:dεm] [英] 男 田 -s/-s (じょうほう) モデム (=**mo**dulator＋**dem**odulator).

Mo·den=haus [モーデン・ハオス] 田 -es/..häuser (婦人服の)[大きな]ブティック.

Mo·den=schau [モーデン・シャオ] 囡 -/-en ファッションショー.

Mo·de=pup·pe [モーデ・プッペ] 囡 -/-n (口語)(軽蔑的に:)モデル気取りの女性.

Mo·der [モーデァ mó:dər] 男 -s/ ① 腐敗物. ② 《方》泥, ぬかるみ.

Mo·de·ra·ti·on [モデラツィオーン moderatsió:n] 囡 -/-en ① 《放送》(討論番組などの)司会. ② 《古》節制; 中庸.

mo·de·ra·to [モデラート― moderá:to] [伊] 副 《音楽》モデラート, 中くらいの速さで(記号: mod.).

Mo·de·ra·tor [モデラートァ moderá:tor] 男 -s/-en [..ラートーレン] ① 《放送》(討論番組などの)司会者. (女性形: -in). ② 《物》(原子炉内中性子の)モデレーター, 減速材.

mo·de·rie·ren [モデリーレン moderí:rən] 他 (h) ① 《放送》(討論番組など⁴の)司会をする.
② 《古》(要求など⁴を)和らげる, 緩和する.

mo·de·rig [モーデリヒ mó:dərɪç] 形 腐ったような[臭いのする], かび臭い.

＊**mo·dern**¹ [モデルン modérn]

> モダンな; 現代の
> Das Design ist sehr *modern*.
> ダス ディザイン イスト ゼーァ モデルン
> そのデザインはとてもモダンだ.

形 (英 *modern*) ① **モダンな**, 最新流行の. (⇔「流行遅れの」は altmodisch). Sie trägt ein *modernes* Kleid. 彼女は流行のワンピースを着ている / Radfahren ist wieder *modern*. サイクリングがまたはやっている / Sie kleidet sich *modern*. 彼女は流行の服装をしている. ② **現代の**, 近代の; 現代的な, 近代的な. die *moderne* Literatur 現代文学 / Die *moderne* Kunst ist oft sehr abstrakt. 現代芸術はしばしばとても抽象的だ / *modern* denken 現代的な考え方をする.

mo·dern² [モーダァン mó:dərn] 自 (h, s) (木の葉などが)腐る, 朽ちる.

Mo·der·ne [モデルネ modérnə] 囡 -/ ① 現代, 近代; 現代(近代)精神. ② (芸術などの)現代(近代)主義.

mo·der·ni·sie·ren [モデルニズィーレン modεrnizí:rən] 他 (h) 現代(近代)化する; 現代風にする.

Mo·der·ni·sie·rung [モデルニズィールング] 囡 -/-en 現代(近代)化.

Mo·der·nis·mus [モデルニスムス modεrnísmus] 男 -/ ① (芸術・文芸などの)現代(近代)主義, モダニズム. ② (カトリックの)近代主義(20世紀初頭の神学思潮).

Mo·de·sa·lon [モーデ・ザろーン] 男 -s/-s (高級仕立ての)婦人服店, オートクチュール.

Mo·de=schmuck [モーデ・シュムック] 男 -[e]s/-e (安価な)ファッション装身具.

Mo·de=schöp·fer [モーデ・シェプふァァ] 男 -s/- ファッションデザイナー. (女性形: -in).

Mo·de=wort [モーデ・ヴォルト] 田 -[e]s/..wörter はやりの言葉, 流行語.

Mo·de=zeich·ner [モーデ・ツァイヒナァ] 男 -s/- ファッションデザイナー. (女性形: -in).

Mo·de=zeit·schrift [モーデ・ツァイトシュリふト] 囡 -/-en ファッション雑誌.

Mo·di·fi·ka·ti·on [モディふィカツィオーン modifikatsió:n] 囡 -/-en ① (部分的な)変更, 修正. ② 《生》(非遺伝性の)一時変異. ③ 《言》修飾.

mo·di·fi·zie·ren [モディふィツィーレン modifitsí:rən] 他 (h) (理論・計画など⁴を部分的に)変更する, 修正する.

mo·disch [モーディッシュ mó:dɪʃ] 形 流行の, はやりの. eine *modische* Frisur はやりの髪形 / sich⁴ *modisch* kleiden 流行の服装をする.

Mo·dis·tin [モディスティン modístɪn] 囡 -/..tinnen (女性の)婦人帽デザイナー(仕立職人).

mod·rig [モードリヒ mó:drıç] 形 =moderig
Mo·dul¹ [モードゥる mó:dul] 男 –s/–n ① 《美・建》(建築設計の)基準寸法; (古代建築の)円柱脚部半径. ② 《理》係数, 率. ③ 《数》加群. ④ 《工》モジュール(歯車の直径と歯数の比).
Mo·dul² [モドゥーる modú:l] 中 –s/–e ① 《コンピュ》モジュール(電算機などの交換可能な構成単位). ② (教育プログラムなどの)構成要素.
Mo·du·la·ti·on [モドゥらツィオーン modulatsió:n] 女 –/–en ① 変化, 変更. ② 《音楽》転調. ③ 《電・放送》(周波数などの)変調.
mo·du·lie·ren [モドゥリーレン modulí:rən] Ⅰ 自 (h) ①《音楽》転調する. Ⅱ 他 (h) ① 変える, 変化させる;《音楽》(音・リズムなど⁴に)変化を付ける. ②《電・放送》(周波数を⁴)変調する.
Mo·dus [モードゥス mó:dus または モドゥス] 男 –/Modi ① 方式, 様式;《哲》存在形式. ②《言》法. ③《音楽》(中世音楽で)旋律; 教会旋法.
Mo·fa [モーふァ mó:fa] 中 –s/–s ミニバイク, 原動機付き自転車 (=**Motorfahrrad**).
mö·ge [メーゲ] *mögen¹ (…かもしれない)の 接1. *Möge* das neue Jahr Ihnen viel Glück bringen! 新しい年があなたに幸多からんことを.
Mo·ge·lei [モーゲらイ mo:gəláı] 女 –/–en 《口語》① (複 なし) いかさま. ② いかさま行為.
mo·geln [モーゲるン mó:gəln] 自 (h)《**bei** 事³~》《口語》(事³で)いかさまをする.
Mo·gel·pa·ckung [モーゲる・パックング] 女 –/–en 上げ底包装(内容量を多く見せかける).
***mö·gen**¹* [メーゲン mǿ:gən]

> …かもしれない; 好む
> *Mögen* Sie Katzen? 猫はお好きですか.
> メーゲン ズィー カッツェン

人称	単	複
1	ich **mag**	wir mögen
2	{du **magst** / Sie mögen	ihr mögt / Sie mögen
3	er **mag**	sie mögen

助動 『話法の助動詞』 (完了 haben) **A)** (mochte, *hat* ...mögen)《zu のない不定詞とともに》① **…かもしれない**, …だろう. (英 may). Er *mag* krank sein. 彼は病気かもしれない / [Das] *mag* sein. (応答で:) そうかもしれない / [Es] *mag* sein, dass … もしかすると…かもしれない / Wer *mag* das sein? それはだれだろう / Wo *mag* er das nur gehört haben? どこで彼はそのことを聞いたのだろう / Sie *mochte* vierzig Jahre alt sein. 彼女は40歳くらいだったでしょう.
② (たとえ)…であっても, (どれほど)…しようとも. Was [immer] er auch sagen *mag*, er ist selbst schuld daran. 彼が何と言おうと彼にその責任がある / Er *mag* wollen oder nicht, er muss es doch tun. 望もうと望むまいと, 彼はそれをしないといけない / Wie dem auch sein *mag*, … 事情がどうであれ…. (な 従属文が文頭に置かれても, この用法の場合, 主文の主語と動詞の人称変化形の倒置はふつう起こらない).
③ (したければ)…してもよい, (勝手に)…するがいい. Sie *mag* das Buch behalten. 彼女がその本を持っていてもかまわない / *Mag* er doch gehen, wohin er will! 彼は行きたい所へ行くがいい.
④ …したい, …したがっている. (な この用法にはふつう 接2 を用いる; ☞ möchte). Ich *mag* nicht allein reisen. 私は一人旅はしたくない.
⑤《ふつう接続法で》…してもらいたい. *Möge* er glücklich werden!《接1・現在》彼が幸せになりますように. ◇《間接話法で》Er bat mich, ich *möge* ihm helfen.《接1・現在》彼は私に手伝ってくれと頼んだ.
⑥《動詞の **leiden** とともに》人・物⁴ leiden *mögen* 人・物⁴を好む, 好きである. Ich *mag* ihn nicht leiden. 私は彼が嫌いだ.
B) (mochte, *hat* ... gemocht)《独立動詞として; 不定詞なしで》① (人・物⁴を)**好む**, 好きである. Ich *mag* Kinder [gern]. 私は子供が好きだ / Er *mag* kein Fleisch. 彼は肉が嫌いだ.
② 欲しい, 望む. (な この用法にはふつう 接2 を用いる; ☞ möchte). *Magst* du noch etwas Wein? もう少しワインをどう? ◇《方向を表す語句とともに》(…へ)行きたい. Ich *mag* noch nicht **nach** Hause. 私はまだ家へ帰りたくない.
mö·gen² [メーゲン] ***mögen**¹ (…かもしれない)の 過分
***mög·lich** [メークりヒ mǿ:klıç]

> 可能な Das ist mir nicht *möglich*.
> ダス イスト ミア ニヒト メークりヒ
> それは私にはできない.

形 ① **可能な**, 実行できる. (英 possible). (な「不可能な」は unmöglich). Das ist kaum *möglich*. それはほとんど不可能だ / Wenn *möglich*, komme ich noch heute. できればきょうのうちに参ります / so bald (schnell) wie *möglich* できる限り早い時期に(すみやかに).
② **考えられる**, 起こりうる. Das ist gut *möglich*. それは十分考えられる / [Das ist doch] nicht *möglich*! そんなばかな / Es ist *möglich*, dass er kommt. 彼は来るかもしれない. ◇《名詞的に》Auf dem Flohmarkt kann man alles *Mögliche* kaufen.《口語》のみの市(ﾉﾐ)ではありとあらゆる物が買える / alles *Mögliche*⁴ bedenken あらゆる可能性を考慮する.
mög·li·chen·falls [メークりヒェン・ふァるス] 副 できれば, 可能な場合には.
mög·li·cher·wei·se [メークりヒャァ・ヴァイぜ mǿ:klıçər-váırzə] 副《文全体にかかって》**もしかすると**, 場合によっては. *Möglicherweise* kommt er morgen. もしかしたら彼はあす来るかもしれない.

***die* Mög·lich·keit** [メークリヒカイト móːklɪçkaɪt] 囡 -/(複) -en ① **可能性**, (起こりうる)見込み; 可能な方法. (英 *possibility*). die einzige *Möglichkeit* 唯一の可能性 / Es gibt verschiedene *Möglichkeiten*. いろいろな可能性がある / Es besteht keine andere *Möglichkeit*, das Problem zu lösen. この問題を解決するにはほかに方法がない / nach *Möglichkeit* a) できれば, b) なるべく / Ist denn das (または Ist es) die *Möglichkeit*! 《口語》まさかそんなことが[あろうとは].
② **機会**, チャンス. eine *Möglichkeit*⁴ ergreifen (nutzen) 機会をつかむ(利用する) / 人³ die *Möglichkeit*⁴ geben, zu 不定詞[句] 人³に …をする機会を与える / Er hat kaum *Möglichkeit*, ins Konzert zu gehen. 彼はコンサートに行く機会はほとんどない.
③ 《複で》能力, 資力. Dieser Kauf übersteigt seine *Möglichkeiten*. この買い物は彼の支払い能力を越えている.

Mög·lich·keits=form [メークリヒカイツ・ホォルム] 囡 -/-en 《言》接続法, 可能法 (= Konjunktiv).

***mög·lichst** [メークリヒスト] (≠möglich の 最上) 副 ① **できるだけ**, 可能な限り. ein *möglichst* billiges Zimmer できるだけ安い部屋 / *möglichst* bald できる限り早い時期に. ◇《名詞的に》Ich werde mein *Möglichstes* tun. できる限りのことをやってみましょう.
② もし可能であれば. Ruf mich *möglichst* noch heute an! できればきょうのうちに電話してください.

Mo·gul [モーグル móːgʊl または モグール mogúːl] 男 -s/-n 《史》(インドの)ムガール帝国皇帝.

Mo·hair [モヘーァ mohέːr] 《英》男 -s/(種類:) -e ① モヘア(アンゴラやぎの毛). ② 《織》モヘア織りの布.

Mo·ham·med [モーハメット móːhamɛt] -s/ 《人名》ムハンマド, マホメット (570 ?-632; イスラム教の開祖).

Mo·ham·me·da·ner [モハメダーナァ mohamedáːnər] 男 -s/- イスラム教徒, ムスリム. (女性形 -in). (🖙 ふつう Moslem または Muslim と言うことが多い).

mo·ham·me·da·nisch [モハメダーニッシュ mohamedáːnɪʃ] 形 イスラム教[徒]の, ムスリムの.

Mo·här [モヘーァ mohέːr] 男 -s/(種類:) -e = Mohair

Mohn [モーン móːn] 男 -[e]s/(種類:) -e 《植》 ① ケシ; ヒナゲシ. ② ケシの実.

Mohr [モーァ móːr] 男 -en/-en 《古》ムーア人, 黒人.

Möh·re [メーレ mǿːrə] 囡 -/-n 《植》ニンジン.

Moh·ren·kopf [モーレン・コプふ móːrən..köpfe] ① モーレンコップフ(クリームをビスケットに詰めてチョコレートでコーティングした菓子). ② ネーガークス(クリームのみをチョコレートでコーティングした菓子).

Mohr·rü·be [モーァ・リューベ] 囡 -/-n 《北ドツ》《植》ニンジン (= Möhre).

Moi·ré [モアレー moaré:] 《仏》 男 中 -s/-s ① 《服飾》モアレ(波形・木目模様の織物・毛皮). ② 《印》モアレ(多色印刷などの際に生じる見苦しい斑紋). ③ 《放送》モアレ(テレビ画面上の干渉縞).

mo·kant [モカント mokánt] 形 あざけるような, 嘲笑(ちょうしょう)的な.

Mo·kas·sin [モカスィーン mokasíːn または モッカ.. móka..] 男 -s/-s (または -e) ① モカシン(北米インディアンが履いていた平底の革靴). ② (軽くて柔らかい)モカシン[風の革靴].

mo·kie·ren [モキーレン mokíːrən] 再帰 (h) 【*sich*⁴ über 人・事⁴ ~】(人・事⁴を)からかう, あざける.

Mok·ka [モッカ móka] 男 -s/(種類:) -s モカコーヒー; 濃いコーヒー.

Molch [モるヒ mɔlç] 男 -[e]s/-e ① 《動》有尾目の仲間(イモリなど). ② 《ふつう軽蔑的に》やつ.

die **Mol·dau** [モるダオ móldaʊ] 囡 -/ 《定冠詞とともに》《川名》モルダウ川(チェコのボヘミア地方を流れ, エルベ川に合流する. チェコ語名ブルタバ川).

Mo·le [モーれ móːlə] 囡 -/-n 突堤, 防波堤.

Mo·le·kül [モれキュール molekýːl] 中 -s/-e 《化》分子.

mo·le·ku·lar [モれクらール molekuláːr] 形 《化》分子の, 分子に関する.

Mo·le·ku·lar=bio·lo·gie [モれクらール・ビオろギー] 囡 -/ 分子生物学.

molk [モるク] melken (乳を搾る)の 過去

Mol·ke [モるケ mólkə] 囡 -/ 乳清, ホエー.

möl·ke [メるケ] melken (乳を搾る)の 接 2

Mol·ke·rei [モるケライ mɔlkəráɪ] 囡 -/-en 乳製品工場.

Moll [モる mɔl] 中 -/- 《音楽》短調. (🖙 「長調」 は Dur).

mol·lig [モりヒ mólɪç] 形 ① (特に女性が)ふっくらした. (🖙 類語 dick). ② 暖かくて気持ちのいい(部屋など); ふかぶかの(セーターなど).

Mol·lus·ke [モるスケ mɔlúskə] 囡 -/-n 《ふつう複》《生》軟体動物.

Mo·lo·tow=cock·tail, Mo·lo·tow-Cock·tail [モろトふ・コックテーる] 男 -s/-s 火炎びん(旧ソ連邦の外相 W. M. *Molotow* 1890-1986 の名から).

mol·to [モるトー mólto] 《伊》 副 《音楽》モルト, きわめて, 非常に.

Mo·lyb·dän [モリュプデーン molypdέːn] 中 -s/ 《化》モリブデン(記号: Mo).

***der* Mo·ment**¹ [モメント momέnt] 男 (単 2) -[e]s/(複) -e (3 格のみ -en) 《英 *moment*》 ① **瞬間**, ちょっとの間. ein kleiner *Moment* ほんの一瞬 / Einen *Moment* bitte! ちょっと待ってください / Hast du einen *Moment* Zeit? ちょっと時間がある? / Er zögerte einen *Moment*. 彼は一瞬ためらった / *Moment* [mal]! (相手の言葉をさえぎって:)ちょっと待った / im letzten *Moment* 最後の瞬間に.
② (特定の)時点, 時機. den rechten *Moment* verpassen 好機を逃がす / jeden *Moment* 今にも, いつなんどきでも / im *Moment* a) 目下, b) 《口語》今すぐに.

das **Mo·ment**² [モメント momént] 中 (単2) -[e]s/(複) -e (3格のみ -en) ① **要因**, 動機; 契機; 観点. ein psychologisches *Moment* 心理的な要因. ② 《理》モーメント; 《数》積率.

mo·men·tan [モメンターン momentá:n] I 形 ① **目下の**, 現在の. die *momentane* Lage 目下の状況. ② 一時的な. II 副 **目下**, 現在のところ. Ich bin *momentan* arbeitslos. 私は目下失業中です.

Mo·ment≠auf·nah·me [モメント・アオふナーメ] 女 -/-n 《写》スナップショット.

Mo·na·co [モーナコ mó:nako または モナッコ] 中 -s/《国名》モナコ[公国](首都はモナコ).

Mo·na·de [モナーデ moná:də] 女 -/-n 《哲》① 《圏なし》(不可分な)単一体. ② (ライブニッツの)モナド, 単子.

Mon·arch [モナルヒ monárç] 男 -en/-en 君主. (女性形: -in).

Mon·ar·chie [モナルヒー monárçí:] 女 -/-n [..ヒーエン] ① 《圏なし》君主制. die konstitutionelle *Monarchie* 立憲君主制. ② 君主国. (《共和国》は Republik).

mon·ar·chisch [モナルヒッシュ monárçɪʃ] 形 君主の, 君主制の, 君主国の.

Mon·ar·chist [モナルヒスト monárçíst] 男 -en/-en 君主[制]主義者. (女性形: -in).

der **Mo·nat** [モーナット mó:nat]

> 《暦の》月 Ich liebe den *Monat* Mai.
> イヒ リーベ デン モーナット マイ
> 私は5月が好きです.

格	単	複
1	der Monat	die Monate
2	des Monats	der Monate
3	dem Monat	den Monaten
4	den Monat	die Monate

男 (単2) -s (まれに -es)/(複) -e (3格のみ -en) 《暦の》**月**. 《英》 month). 《△》「日」は Tag, 「週」は Woche, 「年」は Jahr). ein ganzer *Monat* まる1か月 / ein heißer *Monat* 暑い月 / Das Baby ist acht *Monate* alt. その赤ちゃんは今[生まれて]8か月だ / am Anfang (Ende) des *Monats* 月始め(月末) / jeden *Monat* 毎月 / letzten (または vorigen) *Monat* 先月 / nächsten *Monat* 来月 / alle drei *Monate* 3か月ごとに / vier *Monate* bekommen 《口語》4か月の[禁固]刑をくらう.
◇《前置詞とともに》**für** drei *Monate* 3か月間の予定で / *Monat* für *Monat* 毎月毎月 / **in** zwei *Monaten* [これから]2か月後に / Im nächsten *Monat* beginnen die Ferien. 来月休暇が始まる / Sie ist im vierten *Monat*. 《口語》彼女は妊娠4か月だ / **nach** einem *Monat* [その]1か月後に / **vor** drei *Monaten* 3か月前に.

《△》月名: der **Januar** 1月 / der **Februar** 2月 / der **März** 3月 / der **April** 4月 / der **Mai** 5月 / der **Juni** 6月 / der **Juli** 7月 / der **August** 8月 / der **September** 9月 / der **Oktober** 10月 / der **November** 11月 / der **Dezember** 12月.

mo·na·te≠lang [モーナテ・ラング] I 形 数か月[間]の. II 副 数か月[間].

..mo·na·tig [..モーナティヒ ..mo:natɪç] 《形容詞をつくる 接尾》(…か月の) 例: drei*monatig*(=3-*monatig*) 3か月の.

mo·nat·lich [モーナトりヒ mó:natlɪç] I 形 **毎月の**, 月々の. 《英》 monthly). eine *monatliche* Veranstaltung 毎月の催し. II 副 **毎月**, 月々. Die Zeitschrift erscheint *monatlich*. その雑誌は毎月出ている.

..mo·nat·lich [..モーナトりヒ ..mo:natlɪç] 《形容詞・副詞をつくる 接尾》(…か月ごとの) 例: drei*monatlich*(=3-*monatlich*) 3か月ごとの.

Mo·nats≠bin·de [モーナッツ・ビンデ] 女 -/-n 生理用ナプキン.

Mo·nats≠blu·tung [モーナッツ・ブるートゥング] 女 -/-en 《医》月経 (=Menstruation).

Mo·nats≠ge·halt [モーナッツ・ゲハルト] 中 -[e]s/..hälter 月給.

Mo·nats≠kar·te [モーナッツ・カルテ] 女 -/-n 1か月定期券.

Mo·nats≠schrift [モーナッツ・シュリふト] 女 -/-en 月刊誌.

mo·nat[s]≠wei·se [モーナット・ヴァイゼ (ナッツ..)] 副 月ごとに, 月ぎめで.

der **Mönch**¹ [メンヒ ménç] 男 (単2) -[e]s/(複) -e (3格のみ -en) ① **修道士**, 僧侶(ξ). 《英》 monk). 《△》「修道女」は Nonne). ein katholischer *Mönch* カトリックの修道士 / wie ein *Mönch* leben (修道僧のような)禁欲生活をする. ② 《建》男がわら. ③ 《狩》角のない鹿.

der **Mönch**² [メンヒ] 男 -[e]s/《定冠詞とともに》《山名》メンヒ(スイス中部, アルプスの高峰).

mön·chisch [メンヒッシュ ménçɪʃ] 形 修道士の; 修道士のような, 禁欲的な.

Mönchs≠or·den [メンヒス・オルデン] 男 -s/- 修道会.

der **Mond** [モーント mó:nt]

> 月 Der *Mond* ist heute schön!
> デア モーント イスト ホイテ シェーン
> きょうは月がきれいだ.

男 (単2) -es (まれに -s)/(複) -e (3格のみ -en) 《英》 moon) ① 《圏なし》**月**. 《△》「太陽」は Sonne). abnehmender (zunehmender) *Mond* 欠けていく(満ちていく)月 / der helle *Mond* 明るい月 / die Sichel des *Mondes* 三日月(←月の鎌) / Der *Mond* geht auf (unter). 月が昇る(沈む) / Der *Mond* nimmt ab (zu). 月が欠ける(満ちる) / Der *Mond* hat einen Hof. 月に暈(ξ)がかかっている / Das Raumschiff umkreist den *Mond*. 宇宙船が月の周りを回る / den *Mond* an|bellen a) (犬

などが)月に向かってほえる, b)《口語》(相手にされないのに)激しく非難する.

◇《前置詞とともに》**auf** dem *Mond* landen 月面に着陸する / Du lebst wohl auf (または **hinter**) dem *Mond*?《口語》君はそんなことも知らないのか(←月に(月の裏側に)住んでいるのか) / **in** den *Mond* gucken《口語》(何ももらえず)指をくわえて見ている(←月をのぞく) / Meine Uhr geht **nach** dem *Mond*.《口語》私の時計は大幅に狂っている(←月に従って動いている).

② 《天》衛星. Der Mars hat zwei *Monde*. 火星には二つの衛星がある / ein künstlicher *Mond* 人工衛星. ③ 満月(三日月)状のもの(クッキーなど). ④《詩》(暦の)月.

> ..mond のいろいろ: Halbmond 半月 / Honigmond ハネムーン / Neumond 新月 / Vollmond 満月

mon·dän [モンデーン mondé:n] 形 華やかな, はでな.

Mond⹀bahn [モーント・バーン] 女 –/-en 月(衛星)の軌道.

Mond⹀fäh·re [モーント・フェーレ] 女 –/-n 月着陸船.

Mond⹀fins·ter·nis [モーント・フィンスタァニス] 女 –/..nisse《天》月食.

mond⹀hell [モーント・ヘル] 形《雅》月明かりの, 月の光に照らされた.

Mond⹀kalb [モーント・カルプ] 中 –(e)s/..käl·ber《俗》まぬけ, ばか.

Mond⹀land·schaft [モーント・ラントシャフト] 女 –/-en ① 月面の風景. ②《詩》月光に照らされた風景. ③ (月面のように)荒涼とした風景.

Mond⹀lan·dung [モーント・ランドゥング] 女 –/-en 月面着陸.

Mond⹀licht [モーント・リヒト] 中 –(e)s/ 月光.

Mond⹀pha·se [モーント・ファーゼ] 女 –/-n 月の満ち欠け, 月相.

Mond⹀schein [モーント・シャイン] 男 –(e)s/ 月光, 月明かり. ein Spaziergang **bei** (または **im**) *Mondschein* 月夜の散歩 / Der kann mir im *Mondschein* begegnen.《俗》あいつとはかかわりたくない.

Mond⹀si·chel [モーント・ズィッヒェル] 女 –/-n 三日月.

Mond⹀stein [モーント・シュタイン] 男 –(e)s/-e《鉱》月長石.

mond⹀süch·tig [モーント・ズュヒティヒ] 形 夢遊病の.

mo·ne·tär [モネテーァ moneté:r] 形《付加語としてのみ》《経》金銭の, 通貨の.

Mo·ne·ten [モネーテン moné:tən] 複《口語》銭, 金(ৡ).

Mon·go·le [モンゴーレ mɔŋgó:lə] 男 –n/-n モンゴル人. (女性形: Mongolin).

die **Mon·go·lei** [モンゴらイ mɔŋgolái] 女 –/《定冠詞とともに》① 《国名》モンゴル[国](首都はウラン・バートル). ② 《地名》蒙古(ৡ).

mon·go·lisch [モンゴーリッシュ mɔŋgó:lɪʃ] 形 モンゴル[人・語]の.

Mon·go·lis·mus [モンゴリスムス mɔŋgolísmus] 男 –/《医》蒙古(ৡ)症.(<a> 差別語とみなされるため Downsyndrom「ダウン症候群」を用いるほうが好ましい).

mon·go·lo·id [モンゴろイート mɔŋgoloí:t] 形 ① モンゴル人的な. ② 《医》蒙古(ৡ)症の.

mo·nie·ren [モニーレン moní:ran] 他 (h)《物⁴に》文句をつける, 苦情を言う.

Mo·ni·ka [モーニカ mó:nika] –s/《女名》モーニカ.

Mo·nis·mus [モニスムス monísmus] 男 –/《哲》一元論.

der **Mo·ni·tor** [モーニトァ mó:nitɔr] 男(単 2) –s/-en [モニトーレン] または (複) -e (3格のみ -en) ① 《放送》(映像などの)モニター; 《コンピュ》モニター, ディスプレー. den Monitor des Computers **aus**|**schalten** コンピュータのモニターを切る. ② 《物》放射線監視装置(探知器).

mo·no [モーノ mó:no または モノ móno] 副(録音音声などが)モノラルで.

mo·no.., Mono.. [モノ mono.. または モーノ..] 《形容詞・名詞につける》[接頭]《単一・単独》例: *mono*ton 単調な / *Mono*log 独白.

mo·no·chrom [モノクローム monokró:m] 形 (絵・写)単色の, モノクロームの, 白黒の.

Mo·no·ga·mie [モノガミー monogamí:] 女 –/ 一夫一婦[制]. (<a>「複婚[制]」は Polygamie).

Mo·no·gra·fie [モノグラフィー monografí:] 女 –/-n [..ふィーエン] モノグラフィー, 個別論文(単一の問題を扱った学術論文).

Mo·no·gramm [モノグラム monográm] 中 –s/-e モノグラム(氏名の頭文字などの組合せ文字).

Mo·no·gra·phie [モノグラフィー monografí:] 女 –/-n [..ふィーエン] =Monografie

Mo·no·kel [モノッケル monɔ́kəl] 中 –s/– 片眼鏡.

Mo·no·kul·tur [モーノ・クるトゥーァ] 女 –/-en《農》単作農業(農場・作物).

Mo·no·lith [モノリート monolí:t] 男 –s (または -en)/-e[n] (1個の石材で造った)石柱, 石碑.

Mo·no·log [モノろーク monoló:k] 男 –(e)s/-e《文学》モノローグ, 独白. (<a>「対話」は Dialog).

Mo·no·pol [モノポーる monopó:l] 中 –s/-e ①《経》(生産・販売などの)独占[権], 専売[権]. das *Monopol* **auf** 物⁴ **haben** 物⁴の専売権を持っている. ②《経》独占企業.

mo·no·po·li·sie·ren [モノポリズィーレン monopolizí:ran] 他 (h)《経》(産業部門・原料など⁴を)独占化する.

Mo·no·pol⹀ka·pi·ta·lis·mus [モノポーる・カピタリスムス] 男 –/ 独占資本主義.

Mo·no·the·is·mus [モノテイスムス monoteísmus] 男 –/《哲・宗》一神論, 一神教. (<a>「多神論」は Polytheismus).

Mo·no·the·ist [モノテイスト monoteíst] –en/-en《哲・宗》一神論者, 一神教信者. (女性形: -in).

mo·no·the·is·tisch [モノテイスティッシュ monoteístɪʃ] 形 《哲・宗》一神論の, 一神教の.

mo·no·ton [モノトーン monotóːn] 形 単調な, 一本調子の, 退屈な.

Mo·no·to·nie [モノトニー monotoníː] 女 -/-n [..ニーエン] 単調さ, 一本調子, 退屈.

Mon·sieur [メシエー məsiőː] 男 -[s]/ Messieurs [メシィエー] 《ふつう冠詞なして》(男性に対する敬称または呼びかけで)…さん, …氏, …君 (ドイツ語の Herr に当たる; 略: M.).

Mons·ter [モンスタァ mɔ́nstər] [英] 中 -s/- 巨大な怪物, 化け物, モンスター.

Mons·tranz [モンストランツ mɔnstránts] 女 -/-en (ヵヵリック) 聖体顕示台.

Mons·tren [モンストレン] Monstrum (怪物) の 複

mons·trös [モンストレース mɔnstrőːs] 形 ① 怪物のような, 異様な;《医》奇形の. ② 巨大な, ばかでかい.

Mons·trum [モンストルム mɔ́nstrum] 中 -s/ Monstren (まれに Monstra) ① 怪物, 化け物. ② 巨大なもの. ③《医》奇形児.

Mon·sun [モンズーン mɔnzúːn] 男 -s/-e 《気象》モンスーン(特にインド・東南アジアの季節風).

***der* Mon·tag** [モーン・タークmóːnta:k] 男 (単2) -[e]s/(複) -e (3格のみ -en) 月曜日 (略: Mo.). 《英 Monday》. (曜日名 Woche). Heute ist *Montag.* きょうは月曜日だ / jeden *Montag* 毎月曜日に / Er kommt [am] nächsten *Montag.* 彼は次の月曜日に来る / [am] *Montag* früh 月曜日の早朝に / blauer *Montag* 《口語》(休み明けの)憂うつな月曜日 ⇒ blauen *Montag* machen (日曜日に続けて)月曜日にずる休みする.

Mon·tag⸗abend [モーンターク・アーベント] 男 -s/-e 月曜日の晩. [am] *Montagabend* 月曜日の晩に.

mon·tag⸗abends [モーンターク・アーベンツ] 副 [毎週]月曜日の晩に.

Mon·ta·ge [モンタージェ mɔntáːʒə] 女 -/-n ① 《工》(機械などの)組み立て, 据え付け. auf *Montage* sein (機械・橋などの組立工事で[長期]出張中の. ②《映・美・文学》モンタージュ[手法・作品].

Mon·ta·ge⸗hal·le [モンタージェ・ハれ] 女 -/-n 組立工場.

mon·tags [モーン・タークス] 副 [毎週]月曜日に, 月曜日ごとに.

mon·tan [モンターン mɔntáːn] 形 ① 鉱山の, 鉱業の. ② 山地の.

Mon·tan⸗in·dus·trie [モンターン・インドゥストリー] 女 -/-n [..リーエン] 鉱業, 冶金業.

Mon·tan⸗uni·on [モンターン・ウニオーン] 女 -/ ヨーロッパ石炭鉄鋼共同体(1951 年設立).

***der* Mont·blanc** [モン・ブラーン mɔ̃-bláː] 男 -s/ 《定冠詞とともに》(山名) モンブラン(アルプスの最高峰. 4807 m: 地図 C-6).

Mon·te·ne·gro [モンテ・ネーグロ mɔnte-néːgro] 中 -s/ (国名) モンテネグロ(旧ユーゴスラビア連邦の一共和国. 首都はポドゴリツァ).

***der* Mon·te Ro·sa** [モンテ ローザ mɔ́ntə róːza] 男 - -/ 《定冠詞とともに》(山名) モンテ・ローザ (スイス・イタリア国境の高峰. 4634 m: 地図 C-6).

Mon·teur [モンテーァ mɔntǿːr] [仏] 男 -s/-e (機械の)組立工, 仕上げ工, (女性形: -in).

mon·tie·ren [モンティーレン mɔntíːrən] 他 (h) ① (機械など を)組み立てる. ② 据え付ける, 取り付ける.

Mon·tur [モントゥーァ mɔntúːr] 女 -/-en 《口語》作業着;《口語・戯》コスチューム. ② 制服.

Mo·nu·ment [モヌメント monumént] 中 -[e]s/-e ① 記念碑, モニュメント. ② (文化的な)大偉業.

mo·nu·men·tal [モヌメンターる monumentáːl] 形 記念碑的な, 壮大な.

Moor [モーァ móːr] 中 -[e]s/-e 湿地, 沼地.

Moor⸗bad [モーァ・バート] 中 -[e]s/..bäder ① 泥土浴. ② 泥土浴のできる保養地.

moo·rig [モーリヒ móːrɪç] 形 湿地の, 沼地の.

Moos [モース móːs] 中 -es/-e (または Moor) ① 《複 -e》《植》コケ(苔). ②《複で》蘚苔(せんたい)類. ③《複 -e または Möser》《南ドィッ・ォーストリァ・スイス》湿地, 沼地. ④《複 なし》《俗》金(かね) (=Geld).

moos⸗grün [モース・グリューン] 形 苔(こけ)のような緑色の, モスグリーンの.

Mop [モップ] Mopp の古い形.

Mo·ped [モーペット móː·pɛt または ..ペート ..peːt] 中 -s/-s モペット, (ペダル付きの)小型バイク. (Motor と Pedal との合成語).

Mopp [モップ mɔ́p] 男 -s/-s モップ.

mop·pen [モッペン mɔ́pən] 他 (h)・自 (h) モップで掃除する.

Mops [モップス mɔ́ps] 男 -es/Möpse ① パグ (ブルドッグに似た小型犬). ②《俗》ずんぐりむっくり[した人]. ③《複 で》《俗》金(かね) (=Geld).

mop·sen¹ [モプセン mɔ́psən] 他 (h) 《口語》くすねる, ちょろまかす.

mop·sen² [モプセン] 再帰 (h) *sich*⁴ *mopsen* 《口語》退屈する.

mops⸗fi·del [モップス・フィデーる] 形 《口語》ひどく陽気な.

***die* Mo·ral** [モラーる moráːl] 女 (単) -/(複) -en 《ふつう 単》 ① 道徳, 倫理, モラル. (英 morals). die bürgerliche *Moral* 市民道徳 / 人³ *Moral*⁴ predigen (軽蔑的に:) 人³にお説教する. ②《複 なし》規律; 士気. die *Moral* der Mannschaft² チームの士気. ③《複 なし》(物語などからの)教訓. ④《哲》(特にカントの)倫理学.

mo·ra·lisch [モラーリッシュ moráːlɪʃ] ① 道徳[上]の, 道徳的な, 倫理的な. (英 *moral*). eine *moralische* Verantwortung 道義的責任 / *moralisch* betrachtet 道徳的に見て. ◇《名詞的に》einen (または den) *Moralischen* haben 《口語》a) 良心がとがめる, b) (失敗のあとなどで)落ち込んでいる. ② 道徳にかなった. Er führt ein *moralisches* Leben. 彼は品行方正な生活をしている. ③ (軍隊・スポーツなどで)規律(士気)に関する.

mo·ra·li·sie·ren [モラリズィーレン moralizíːrən] 自(h) ① 道徳を説く. ② (ふつう軽蔑的に:) お説教をする.

Mo·ra·list [モラリスト moralíst] 男 -en/-en ① 道徳主義者, モラリスト. (女性形: -in). ② (ふつう軽蔑的に:) 道学者.

Mo·ra·li·tät [モラリテート moralitéːt] 女 -/-en ①〚 複なし〛道徳性, 道義. ②《文学》(中世の) 道徳劇, 教訓劇.

Mo·ral·pre·digt [モラール・プレーディヒト] 女 -/-en (ふつう軽蔑的に:) お説教.

Mo·rä·ne [モレーネ moréːnə] 女 -/-n (地学) 氷堆積(たい)(氷河が運んだ砂利・土などの堆積).

Mo·rast [モラスト morást] 男 -[e]s/-e (または ..räste) ① 沼沢地, 湿地. ②〚 複なし〛泥土, ぬかるみ.

mo·ras·tig [モラスティヒ morástıç] 形 ぬかるんだ, 泥沼のような(道など).

Mo·ra·to·ri·um [モラトーリウム moratóːrium] 中 -s/..rien [..リエン] (経) 支払い延期, モラトリアム; (一般に:) 猶予[期間].

mor·bid [モルビート morbíːt] 形 ① 病弱な; 病的な. ② 退廃的な(社会など).

Mor·chel [モルヒェル mórçəl] 女 -/-n (植) アミガサタケ.

der **Mord** [モルト mórt] 男 (単2) -es (まれに -s)/(複) -e (3格のみ -en) 殺人, 殺害. (英 murder). Giftmord 毒殺 / ein grausamer Mord 残酷な殺人 / einen Mord begehen 殺人を犯す / Das ist ja [der reine] Mord!《口語》それは殺人的だよ / Es gibt gleich Mord und Totschlag.《口語》間もなく大げんか(大騒ぎ)が始まるぞ.

Mord·an·schlag [モルト・アンシュらーク] 男 -[e]s/..schläge 殺害の企て.

mor·den [モルデン mórdən] I 自 (h) 人殺しをする. II 他 殺す, 殺害する.

der **Mör·der** [メルダァ mérdər] 男 (単2) -s/(複) - (3格のみ -n) 殺人者, 殺人犯, 人殺し. (英 murderer). den Mörder verfolgen 殺人犯を追跡する.

Mör·der·gru·be [メルダァ・グルーベ] 女 -/-n 殺人者の巣窟(まっ). Er macht aus seinem Herzen keine Mördergrube. 彼は思っていることを率直に話す(← 自分の心に秘密の場所をつくらない).

Mör·de·rin [メルデリン mérdərın] 女 -/..rinnen (女性の) 殺人者, 殺人犯.

mör·de·risch [メルデリッシュ mérdərıʃ] I 形 ① 殺人の. ②《口語》殺人的な, ものすごい. eine mörderische Hitze 酷暑(← 殺人的な暑さ). II 副《口語》ものすごく, ひどく.

Mord·fall [モルト・ふァる] 男 -[e]s/..fälle 殺人事件.

Mord·kom·mis·si·on [モルト・コミスィオーン] 女 -/-en (警察の) 殺人捜査班.

mords.., Mords.. [モルツ.. mórts..] 形容詞・名詞につける〚接頭〛《ひどい・途方もない》例: mordslaut ひどくやかましい / Mordshunger ものすごい空腹.

Mords·glück [モルツ・グリュック] 中 -[e]s/《口語》途方もない幸運.

Mords·kerl [モルツ・ケルる] 男 -s/-e《口語》① 大男. ② すごい(どえらい)やつ.

mords·mä·ßig [モルツ・メースィヒ] I 形《口語》ものすごい. eine mordsmäßige Hitze ひどい暑さ. II 副《口語》ものすごく.

Mord·ver·such [モルト・フェァズーフ] 男 -[e]s/-e 殺人の企て, 殺人未遂.

Mord·waf·fe [モルト・ヴァッふェ] 女 -/-n (殺人の) 凶器.

Mo·res [モーレース móːreːs] 複〚成句的に〛人⁴ Mores⁴ lehren《口語》人⁴にずけずけと意見を言う.

mor·gen¹ [モルゲン mórgən]

あす	Hast du *morgen* Zeit?
	ハスト　ドゥ　モルゲン　ツァイト
	あした暇がある?

副 ① あす, あした. (英 tomorrow). (人えで「きのう」は gestern, 「きょう」は heute). morgen früh (または Früh) あすの朝 / morgen Abend あすの晩 / Morgen ist Sonntag. あすは日曜日だ / Ich komme morgen wieder. 私はあすまた来ます / ab morgen あすから / morgen in einer Woche 1週間後のあした / morgen um diese Zeit あすのこの時間に / Bis morgen!(別れるときに:)じゃあまたあした.

② (近い) 将来. die Welt von morgen あすの世界 / der Mensch von morgen 未来の人間. ◇〚名詞的に〛an das Morgen glauben 未来を信じる.

mor·gen² [モルゲン] heute Morgen (けさ) などの表現における Morgen の古い形.

der **Mor·gen** [モルゲン mórgən]

朝	Guten *Morgen*!	おはよう.
	グーテン　モルゲン	

男 (単2) -s/(複) - ① 朝. (英 morning). (人えで「昼間」は Tag, 「夕方」は Abend, 「夜」は Nacht). ein frischer Morgen さわやかな朝 / ein kalter (sonniger) Morgen 寒い(よく晴れた)朝 / Es wird Morgen. 朝になる / Der Morgen dämmert. 夜が明ける / heute Morgen けさ / [am] Dienstagmorgen 火曜日の朝[に] / jeden Morgen 毎朝 / eines Morgens ある朝 / 人³ einen guten Morgen wünschen 人³に朝のあいさつをする.

◇〚前置詞とともに〛am Morgen 朝に / am nächsten Morgen 翌朝 / Er kam früh am Morgen. 彼は朝早くやって来た / Morgen für Morgen 毎朝 / gegen Morgen 明け方に / Sie arbeitet vom Morgen bis zum Abend. 彼女は朝から晩まで働いている.

② 《詩》初期, 始まり. ③〚複なし〛(古) 東,

Mor·gen≠däm·me·rung [モルゲン・デンメルング] 囡 -/-en 夜明け, あけぼの.

Mor·gen≠es·sen [モルゲン・エッセン] 匣 -s/- (ｽｲｽ) (=Frühstück).

mor·gend·lich [モルゲントりヒ] 形《付加語としてのみ》朝の.

Mor·gen≠ga·be [モルゲン・ガーベ] 囡 -/-n (昔の:)朝の贈り物(結婚の翌朝夫が妻に贈る).

Mor·gen≠grau·en [モルゲン・グラオエン] 匣 -s/ 明け方, 夜明け. **beim** (または **im**) *Morgengrauen* 明け方に.

Mor·gen≠land [モルゲン・らント] 匣 -(e)s/《古》東洋, オリエント. (ﾒﾓ「西洋」は Abendland).

mor·gen≠län·disch [モルゲン・れンディッシュ] 形《古》東洋の, オリエントの.

Mor·gen≠luft [モルゲン・るフト] 囡 -/ 朝の空気. *Morgenluft*⁴ **wittern**《戯》チャンスの到来を感じ取る(←朝の空気をかぎつける).

Mor·gen≠muf·fel [モルゲン・ムッふェる] 男 -s/-《口語・戯》寝起きが悪い人.

Mor·gen≠rock [モルゲン・ロック] 男 -(e)s/..röcke (寝起きに着る)モーニングガウン.

Mor·gen≠rot [モルゲン・ロート] 匣 -s/ 朝焼け, 曙光(しょこう). (ﾒﾓ「夕焼け」は Abendrot).

Mor·gen≠rö·te [モルゲン・レーテ] 囡 -/ = Morgenrot

※**mor·gens** [モルゲンス mórgəns] 副 朝に; 毎朝. (英) *in the morning*. (ﾒﾓ「晩に」は abends; morgen「あす」と混同しないこと). Die Schule beginnt *morgens* um acht Uhr. 学校は朝8時に始まる. / *morgens* früh または früh *morgens* 朝早く / montag*morgens* または montags *morgens* 毎週月曜日の朝に / **von** *morgens* **bis abends** 朝から晩まで.

Mor·gen≠stern [モルゲン・シュテルン] 男 -(e)s/-e ① 《園 なし》明けの明星. (ﾒﾓ「宵の明星」は Abendstern). ② とげ付きこん棒(こん棒の先にとげのある星状の鉄球を鎖で付けた中世の武器).

Mor·gen≠stun·de [モルゲン・シュトゥンデ] 囡 -/-n 《ふつう園》朝, 朝の時間. *Morgenstunde* **hat Gold im Munde.**《ことわざ》早起きは三文の得(←朝の時間は口の中に金を持つ).

mor·gig [モルギヒ mórgɪç] 形《付加語としてのみ》あすの. **der** *morgige* **Ausflug** あすの遠足.

Mö·ri·ke [メーりケ mǿːrɪkə] -s/《人名》メーリケ (Eduard *Mörike* 1804–1875; ドイツの詩人・作家).

Mo·ri·tat [モーりタート móːritaːt] 囡 -/-en [モーりターテン または モリターテン] モリタート(大道芸人の歌. ぞっとするような出来事を題材とする).

Mo·ritz [モーりッツ móːrɪts] (男名) モーリッツ.

Mor·mo·ne [モルモーネ mɔrmóːnə] 男 -n/-n《宗》モルモン教徒. (女性形: Mormonin).

Mor·pheus [モルふォイス mɔ́rfɔys] 《ｷﾞﾘｼｬ神》モルペウス(夢の神).

Mor·phi·nis·mus [モルふィニスムス mɔrfiːnísmʊs] 男 -/《医》モルヒネ中毒.

Mor·phi·um [モルふィウム mɔ́rfium] 匣 -s/《医・薬》モルヒネ.

mor·phi·um≠süch·tig [モルふィウム・ズュヒティヒ] 形《医》モルヒネ中毒の.

Mor·pho·lo·gie [モルふォろギー mɔrfoloɡíː] 囡 -/ ①《哲・生》形態学. ②《言》形態論, 語形論. ③《地学》地形学.

mor·pho·lo·gisch [モルふォろーギッシュ mɔrfolóːɡɪʃ] 形 ①《哲・生》形態学の. ②《言》形態論的の, 語形論の. ③《地学》地形学の.

morsch [モルシュ mɔrʃ] 形 もろい, 朽ちた.

Mor·se≠al·pha·bet, Mor·se-Al·pha·bet [モルゼ・あるふァベート] 匣 -(e)s/-e モールス信号のアルファベット(アメリカの発案者 S. *Morse* 1791–1872 の名から).

mor·sen [モルゼン mɔ́rzən] 他 (h)・自 (h) モールス信号で送信する. **SOS**⁴ *morsen* SOS を打電する.

Mör·ser [メルザァ mǿrzɐ] 男 -s/- ① すり鉢, 乳鉢. ②《軍》(昔の:)臼砲(きゅうほう); 擲弾(てきだん)筒.

Mor·se≠zei·chen, Mor·se-Zei·chen [モルゼ・ツァイヒェン] 匣 -s/- モールス信号.

Mor·ta·del·la [モルタデら mɔrtadélaː] 《ｲﾀﾘｱ》囡 -/-s《料理》モルタデラ(太いサンセージの一種).

Mor·ta·li·tät [モルタりテート mɔrtalitɛːt] 囡 -/《医》死亡率.

Mör·tel [メルテる mǿrtəl] 男 -s/(種類:)- モルタル, しっくい.

Mo·sa·ik [モザイーク mozaíːk] 匣 -s/-en (または -e) モザイク.

mo·sa·isch [モザーイッシュ mozáːɪʃ] 形 モーセの; ユダヤ[人]の. **die** *mosaischen* **Gesetze** モーセの律法.

Mo·schee [モシェー mɔʃéː] 囡 -/-n [モシェーエン] モスク(イスラム教の寺院).

Mo·schus [モッシュス móʃʊs] 男 -/ じゃこう(麝香), ムスク.

die **Mo·sel** [モーゼる móːzəl] 囡 -/《定冠詞とともに》(川名)モーゼル川(ライン川の支流. ☞ 地図 C–3～4).

Mo·sel≠wein [モーゼる・ヴァイン] 男 -(e)s/-e モーゼルワイン(☞ Wein ﾒﾓ).

mo·sern [モーザァン móːzɐn] 自 (h)《口語》(絶えず)不平を言う.

Mo·ses [モーゼス móːzəs または ..zɛs] Mosis (または Mose)/《聖》《人名》モーセ(イスラエル人のエジプトからの脱出を導き, 十戒によってイスラエル民族の基を築いた宗教的指導者).

Mos·kau [モスカオ móskau] 匣 -s/《都市名》モスクワ(ロシア共和国の首都, 旧ソ連邦の首都).

Mos·ki·to [モスキート mɔskíːto] 男 -s/-s《ふつう園》《昆》(特に熱帯の)カ(蚊).

Mos·ki·to≠netz [モスキート・ネッツ] 匣 -es/-e 蚊帳(かや), 蚊よけ網.

Mos·lem [モスれム móslɛm] 男 -s/-s イスラム教徒, ムスリム. (女性形: -in).

Most [モスト móst] 男 -(e)s/-e ① 未発酵のぶどう液; 《方》(白濁した)発酵中の若ワイン. ②《南ﾄﾞ・ｵｰｽﾄﾘｱ・ｽｲｽ》果実酒.

mos·ten [モステン móstən] I 自 (h)《圧搾機

M

Most・rich [モストリヒ mṓstriç] 男 -s/ 《北東部方言》からし，マスタード (=Senf).

Mo・tel [モーテル mṓːtəl または モテル motél] [英] 田 -s/-s モーテル. (🅐 類語 Hotel).

Mo・tet・te [モテッテ motétə] 女 -/-n 《音楽》モテット(ポリフォニーによる宗教曲).

das **Mo・tiv** [モティーふ motíːf] 田 (単) -s/(複) -e [..ヴェ] (3格のみ -en) ① **動機**，動因，きっかけ. (🅐 *motive*). ein politisches *Motiv* 政治的な動機 / Das *Motiv* des Mordes war Eifersucht. 殺人の動機は嫉妬(しっと)だった. ② 《文学・美》(芸術作品の)主題，モチーフ；《音楽》動機，モチーフ. (🅐 *theme, motif*). ein beliebtes *Motiv* der Malerei² 絵画で好んで用いられるモチーフ.

Mo・ti・va・ti・on [モティヴァツィオーン motivatsióːn] 女 -/-en 《心・教》動機づけ，誘因，モチベーション.

mo・ti・vie・ren [モティヴィーレン motivíːrən] 他 (h) ① (人4に)動機を与える，意欲を起こさせる. das Kind⁴ *zum* Lernen *motivieren* 子供を勉強する気にさせる. ② (事4の)理由づけをする. einen Vorschlag *motivieren* 提案理由を説明する.

Mo・ti・vie・rung [モティヴィールング motivíːruŋ] 女 -/-en 《心・教》動機づけ，誘因，モチベーション.

Mo・to・cross, Mo・to-Cross [モート・クロス] [英] 田 -/-e 《ふうスポーツ》モトクロス(オートバイによるクロスカントリーレース).

der **Mo・tor** [モートァ mṓːtɔr または モトーァ motóːr] 男 (単) -s/(複) -en [モトーレン] **エンジン**，原動機，発動機，モーター. (🅐 *engine, motor*). Diesel*motor* ディーゼルエンジン / ein starker *Motor* 強力なエンジン / den *Motor* an|stellen (ab|stellen) エンジンをかける(止める) / Der *Motor* springt gleich an. エンジンがすぐにかかる / mit laufendem *Motor* エンジンをかけたまま / Er ist der *Motor* des Unternehmens. 《比》彼はこの企画の原動力だ.

Mo・tor=boot [モートァ・ボート] 田 -[e]s/-e モーターボート.

Mo・to・ren [モトーレン] *Motor (エンジン)の複.

Mo・tor=hau・be [モートァ・ハオベ] 女 -/-n 《自動車》ボンネット.

..mo・to・rig [..モトーリヒ ..moto:riç]《形容詞をつくる接尾》例：ein*motorig* 単発の.

Mo・to・rik [モトーリク motóːrɪk] 女 -/ 《医》運動能力；運動学.

mo・to・risch [モトーリッシュ motóːrɪʃ] 形 ① 《医》運動の，運動性の. ② エンジンの.

mo・to・ri・sie・ren [モトリズィーレン motorizíːrən] I 他 (h) ① (作業など4を)機械化する. (人⁴・会社など⁴に)自動車を配備する. ◊[過去分詞の形で] *motorisierte* Besucher 車での来場者. ② (軍⁴に)エンジン(モーター)を取り付ける. II 再帰 (h) sich⁴ *motorisieren*《口語》車を買う.

das **Mo・tor=rad** [モートァ・ラート mṓːtɔrraːt または モトーァ.. motóːr..] 田 (単) -[e]s/(複) ..räder [..レーダァ] (3格のみ ..rädern) **オートバイ**. (🅐 *motorcycle*). Er fährt gern *Motorrad*. 彼はオートバイに乗るのが好きだ.

Mo・tor・rad=fah・rer [モートァラート・ふァーラァ] 男 -s/- オートバイ運転者. (女性形: -in).

Mo・tor=rol・ler [モートァ・ロらァ] 男 -s/- スクーター.

Mo・tor=scha・den [モートァ・シャーデン] 男 -s/..schäden エンジン(モーター)の故障.

Mo・tor=sport [モートァ・シュポルト] 男 -[e]s/- モータースポーツ.

Mot・te [モッテ mɔ́tə] 女 -/-n 《昆》ガ(蛾)，イガ(衣蛾).

Mot・ten=kis・te [モッテン・キステ] 女 -/-n 防虫衣類箱. aus der *Mottenkiste* kommen (また stammen)《比》時代遅れである.

Mot・to [モットー mɔ́to] [伊] 田 -s/-s モットー，標語，座右銘；(書物などの)題辞.

mot・zen [モッツェン mɔ́tsən] 自 (h)《口語》文句(不平)を言う.

Moun・tain=bike [マオンテン・バイク] [英] 田 -s/-s マウンテンバイク.

mous・sie・ren [ムスィーレン musíːrən] 自 (h) (シャンパンなどが)泡立つ.

Mö・we [メーヴェ mǿːvə] 女 -/-n 《鳥》カモメ.

Mo・zart [モーツァルト mṓːtsart] -s/ 《人名》モーツァルト (Wolfgang Amadeus *Mozart* 1756-1791；オーストリアの作曲家).

Moz・za・rel・la [モッツァれら mɔtsaréla] [伊] -s/-s モッツァレラチーズ.

mp [メツォ・ピアーノ]《記号》《音楽》メゾ・ピアノ (=**mezzopiano**).

Mrd. [ミりアルデ または ミりアルデン]《略》10億 (=**Milliarde[n]**).

Ms. [マヌスクリプト]《略》原稿，草稿 (=**Manuskript**).

Mskr. [マヌスクリプト]《略》原稿，草稿 (=**Manuskript**).

Mu・cke [ムッケ múkə] 女 -/-n ① [複で] 《口語》気まぐれ，むら気，不機嫌；《比》(機械などの)不調. Er hat seine *Mucken*. 彼は気まぐれだ / Das Auto hat [seine] *Mucken*. その車は調子が悪い. ② 《南ドイツ》蚊，ぶよ (=**Mücke**).

die **Mü・cke** [ミュッケ mýkə] 女 (単) -/(複) -n ① 《昆》カ(蚊)，ブヨ. (🅐 *mosquito*). Eine *Mücke* hat mich gestochen. 私は蚊に刺された / aus einer *Mücke* einen Elefanten machen《口語》針小棒大に言う(←蚊から象を作る) / eine *Mücke*⁴ machen《口語》ずらかる. ② 《方》はえ.

Mu・cke・fuck [ムッケ・ふック múkə-fuk] 男 -s/《口語》薄くてまずいコーヒー，代用コーヒー.

mu・cken [ムッケン múkən] 自 (h)《口語》ぶつぶつ文句を言う.

Mü・cken=stich [ミュッケン・シュティヒ] 男 -[e]s/-e 蚊の刺し傷.

Mu・cker [ムッカァ múkər] 男 -s/- 《口語》①

意気地なし.《女性形: -in》. ② 《方》気難し屋.

Mucks [ムックス múks] 男 -es/-e 《ふつう 単》《口語》(不満・反抗などを表す)押し殺した声, かすかな身動き. keinen *Mucks* sagen うんともすんとも言わない.

muck·sen [ムクセン múksən] 自 (h)／再帰 (h) *sich*4 *mucksen* 《口語》① 声を出す, 身動きする. ② ぶつぶつ文句を言う.

Muck·ser [ムクサァ múksər] 男 -s/-《口語》＝Mucks

mucks=mäus·chen·still [ムックス・モイスヒェンシュティる] 形 《口語》しんと静まり返った.

mü·de [ミューデ mýːdə]

疲れて眠い　Ich bin sehr *müde*.
　　　　　　　イヒ ビン ゼーァ ミューデ
　　　　　　　私はとても疲れた.

形 ① 疲れて眠い; 疲れた. (英 *tired*). ein *müdes* Kind 眠そうな子供 / Er sieht sehr *müde* aus. 彼はとても眠そうに(疲れているように)見える / Der Wein macht mich *müde*. ワインを飲むと私は眠くなる / Ich bin zum Umfallen *müde*. ぼくは今にも倒れそうなほど眠い(くたくただ) / Wir sind *müde* **von** der Arbeit. 私たちは仕事で疲れている / *sich*4 *müde* laufen 走り疲れる.
② 《ふつう 2 格とともに》(単2に)飽きた, うんざりした. Ich bin des Wartens *müde*. 私は待ちくたびれた / nicht *müde* werden, **zu** 不定詞[句] ... 飽くことなく…し続ける ⇒ Sie wurde nicht *müde*, immer wieder davon zu erzählen. 彼女は飽きもせずにそれについて繰り返し話をした.

..mü·de [..ミューデ ..myːdə]《形容詞をつくる 接尾》《…に飽きた》例: ehe*müde* 結婚生活に疲れた.

Mü·dig·keit [ミューディヒカイト] 女 -/ 疲れ, 眠気. Nur keine *Müdigkeit* vorschützen! 《口語》ぐずぐず言わないで[がんばれ]! / **vor** *Müdigkeit* ein|schlafen 疲れて眠り込む.

Muff¹ [ムふ múf] 男 -[e]s/-《北ド》かび臭いにおい(空気).

Muff² [ムふ] 男 -[e]s/-e《服飾》マフ(毛皮を円筒状にしたもので, 両側から手を入れて寒さを防ぐ).

Muf·fe [ムッフェ múfə] 女 -/-n ① 《工》スリーブ. ② 《口語》不安, 恐怖. *Muffe*4 haben 怖がる.

Muf·fel [ムッふェる múfəl] 男 -s/- ① 《口語》無愛想な人. ② 《狩》(反芻(はんすう)動物の)鼻面.

muf·fe·lig¹ [ムッふェリヒ múfəlɪç] 形《口語》無愛想な, 不機嫌な, 仏頂面の.

muf·fe·lig² [ムッふェリヒ] 形《口語》かび臭い.

muf·feln¹ [ムッふェるン múfəln] 自 (h)《口語》① 無愛想である. ② 口をもぐもぐさせる.

muf·feln² [ムッふェるン] 非人称 (h) Es *muffelt*. 《南ド・オーストリア》かび臭いにおいがする.

muf·fig¹ [ムッふィヒ múfɪç] 形《口語》無愛想な.

muf·fig² [ムッふィヒ] 形 かび臭い.

muff·lig [ムふリヒ múflɪç] 形《口語》＝muffelig¹,².

muh! [ムー múː] 間 《幼児》もー(牛の鳴き声). *muh* (または *Muh*4) schreien もーと鳴く.

*die **Mü·he** [ミューエ mýːə]

苦労
　Vielen Dank für Ihre *Mühe*!
　フィーれン ダンク フューァ イーレ ミューエ
　お骨折りに感謝します!

女 (単) -/(複) -n 苦労, 骨折り, 努力. (英 *trouble, effort*). große *Mühe* 大変な骨折り / vergebliche *Mühe* むだな骨折り / Diese Arbeit macht (または kostet) viel *Mühe*. この仕事はたいへん骨が折れる / *Mühe*4 **mit** 人・事3 haben 人・事3のことで苦労する ⇒ Sie hat viel *Mühe* mit den Kindern. 彼女は子供たちのことで大変苦労している / *sich*3 *Mühe*4 geben 努力する, がんばる ⇒ Ich gab mir *Mühe*, laut zu sprechen. 私は大きな声で話すように努めた / Das ist der *Mühe*2 (まれに die *Mühe*4) wert. それは骨折りがいがある / Machen Sie sich bitte keine *Mühe*! どうぞお構いなく / keine *Mühe*4 scheuen 労をいとわない / **mit** *Müh* und Not やっとのことで / **ohne** *Mühe* やすやすと.

mü·he=los [ミューエ・ろース] 形 楽な, たやすい. Er schaffte es *mühelos*. 彼はそれを苦もなくやってのけた.

mu·hen [ムーエン múːən] 自 (h)（牛が)もーと鳴く.

mü·hen [ミューエン mýːən] 再帰 (h) *sich*4 *mühen* 《雅》努力する, 苦労する.

mü·he=voll [ミューエ・ふォる] 形 骨の折れる, 苦労の多い.

die **Müh·le** [ミューれ mýːlə] 女 (単) -/(複) -n ① 製粉機, ひき臼(うす). (英 *mill*). Kaffee*mühle* コーヒーミル / die *Mühle*4 drehen ひき臼を回す / den Kaffee **mit** der *Mühle* mahlen コーヒー豆をミルでひく / Das ist Wasser (または Wind) **auf** seine *Mühle*. それは彼には好都合だ.
② 製粉所, 水車小屋 (＝Wasser*mühle*); 風車小屋 (＝Wind*mühle*). ③ 《腕なし, 冠詞なしで》ミューレ(二人でする連珠の一種で, それぞれが 9 個の石を使って先に 3 個の石を並べた方が勝ちとなるゲーム). *Mühle*4 spielen ミューレをする. ④ 《口語》ポンコツの乗り物(古い自動車・飛行機など).

Mühl=rad [ミューる・ラート] 中 -[e]s/..räder 水車の輪.

Mühl=stein [ミューる・シュタイン] 男 -[e]s/-e (水車小屋などの)石臼(いしうす).

Müh·sal [ミューザーる mýːzaːl] 女 -/-e 《雅》苦難, 辛苦.

müh·sam [ミューザーム mýːzaːm] 形 骨の折れる, やっかいな. eine *mühsame* Arbeit 骨の折れる仕事.

müh·se·lig [ミュー・ゼーリヒ] 形 面倒な, ひど

く骨の折れる.

Müh·se·lig·keit [ミュー・ゼーりヒカイト] 女 –/–en 〘ふつう 単〙 大変な苦労, 艱難(かんなん)辛苦.

Mu·lat·te [ムらッテ mulátə] 男 –n/–n ムラート(白人と黒人間の混血児). (女性形: Mulattin).

Mul·de [ムるデ múldə] 女 –/–n ① (浅い)くぼ地. ② 《方》 (木をくりぬいてつくった)舟形の桶(おけ); (製パン用の)こね桶.

Mull[1] [ムる múl] 男 –〔e〕s/(種類:) –e モスリン; 《医》 ガーゼ.

Mull[2] [ムる] 男 –〔e〕s/–e 《北ドイツ》 腐植土.

der **Müll** [ミュる mýl] 男 (単 2) –s/ ごみ, くず, 廃棄物. (㊥英 *garbage*). Industrie*müll* 産業廃棄物 / radioaktiver *Müll* 放射性廃棄物 / 物[4] **in** den *Müll* werfen 物[4]を廃棄する.

Müll≠ab·fuhr [ミュる・アップふーァ] 女 –/–en ① ごみ回収, 塵芥(じんかい)運搬. ② 清掃局.

Müll≠**beu·tel** [ミュる・ボイテる] 男 –s/– (ビニール製の)ゴミ袋.

Mull≠bin·de [ムる・ビンデ] 女 –/–n ガーゼの包帯.

Müll≠con·tai·ner [ミュる・コンテーナァ] 男 –s/– (戸外に設置された)大型ごみコンテナ.

Müll≠**de·po·nie** [ミュる・デポニー] 女 –/–n [..ニーエン] 《官庁》 ごみ(廃棄物)集積場.

der **Müll≠ei·mer** [ミュる・アイマァ mýl-aımər] 男 (単 2) –s/(複) – (3 格のみ –n) ごみバケツ. (㊥英 *garbage can*). 物[4] **in** den *Mülleimer* werfen 物[4]をごみバケツに投げ入れる.

Mül·ler[1] [ミュらァ mýlər] 男 –s/– 製粉業者, 粉屋, 水車小屋の主人. (女性形: –in).

Mül·ler[2] [ミュらァ] 《姓》 –s/–s ミュラー.

Müll≠sack [ミュる・ザック] 男 –〔e〕s/..säcke (ビニール製の)[大型]ごみ袋.

Müll≠**schlu·cker** [ミュる・シュるッカァ] 男 –s/– ダストシュート.

Müll≠**ton·ne** [ミュる・トンネ] 女 –/–n (円筒形の)大型ごみ容器.

Mülltonne

Müll≠**tren·nung** [ミュる・トレンヌング] 女 –/ ごみの分別.

Müll≠**wa·gen** [ミュる・ヴァーゲン] 男 –s/– ごみ運搬(回収)車.

mul·mig [ムるミヒ múlmıç] 形 ① ぼろぼろの(土など), 風化した(岩石など). ② 《口語》 危ぶまれる(状況など); 不快な(気分など).

Mul·ti [ムるティ múlti] 男 –s/–s 《隠語》 多国籍コンツェルン (＝**multi**nationaler Konzern).

mul·ti.., Mul·ti.. [ムるティ.. multi.. または ムるティ..] 〘形容詞・名詞につける 接頭〙 《多数の・多種の・多数倍の》 例: *multi*dimensional 多次元の / *Multi*talent 多彩な才能のある人.

mul·ti·kul·tu·rell [ムるティ・クるトゥレる múlti-kulturɛl または ..レる] 形 多文化の, マルチカルチャーの.

mul·ti·la·te·ral [ムるティ・らテラーる múlti-latera:l または ..ラーる] 形 《政》 多面的な, 多国間の(協定・折衝など).

Mul·ti≠me·dia [ムるティ・メーディア] 中 –〔s〕/ 〘ふつう冠詞なしで〙 マルチメディア.

Mul·ti≠mil·li·o·när [ムるティ・ミりオネーァ] 男 –s/–e 億万長者, 大富豪. (女性形: –in).

mul·ti·na·ti·o·nal [ムるティ・ナツィオナーる múlti-natsiona:l または ..ナーる] 形 《政・経》 多国籍の.

mul·ti·pel [ムるティーぺる multí:pəl] 形 〘付加語としてのみ〙 多様な, 幾重もの; 《医》 多発性の.

Mul·ti·pli·ka·ti·on [ムるティプりカツィオーン multiplikatsió:n] 女 –/–en 《数》 掛け算, 乗法. (メモ 「割り算」は Division).

Mul·ti·pli·ka·tor [ムるティプりカートァ multipliká:tər] 男 –s/–en [..カトーレン] ① 《数》 乗数. ② (知識・情報を)伝播(でんぱ)する人(物) (教師・マスメディアなど). (女性形: –in).

mul·ti·pli·zie·ren [ムるティプりツィーレン multiplitsí:rən] 他 (h) 〘A[4] **mit** B[3] ～〙 《数》 (A[4] に B[3] を)掛ける, 乗じる. (メモ 「割る」は dividieren). fünf mit drei *multiplizieren* 5 に 3 を掛ける.

Mu·mie [ムーミエ mú:miə] 女 –/–n ミイラ.

mu·mi·fi·zie·ren [ムミふィツィーレン mumifitsí:rən] 他 (h) (死体など[4]を)ミイラにする.

Mumm [ムム múm] 男 –s/ 《口語》 気力, 根性; 体力. Er hat keinen *Mumm* in den Knochen. 彼には気骨がない.

Mum·mel≠greis [ムンメる・グライス] 男 –es/–e 《口語》 老いぼれじいさん.

Mum·men≠schanz [ムンメン・シャンツ] 男 –es/ 仮装舞踏会, 仮装行列; 仮装.

Mum·pitz [ムンピッツ múmpıts] 男 –es/ 《口語》 ばかげたこと, ナンセンス.

Mumps [ムンプス múmps] 男 (方: 女) –/ 《医》 [流行性]耳下腺(せん)炎, おたふく風邪.

Mün·chen [ミュンヒェン mýnçən] 中 –s/ 《都市名》 ミュンヒェン(ドイツ, バイエルン州の州都. 南ドイツの文化・経済の中心地: ☞ 地図 E–4).

Mün·che·ner [ミュンヒェナァ mýnçənər] ＝Münchner

Münch·ner [ミュンヒナァ mýnçnər] **I** 男 –s/– ミュンヒェンの市民(出身者). (女性形: –in). **II** 形 〘無語尾で〙 ミュンヒェンの. das *Münchner* Abkommen 《史》 ミュンヒェン協定(1938 年).

der* **Mund [ムント múnt]

> 口 Halt den *Mund*! 黙ってろ!
> ハるト デン ムント

男 (単 2) –es (まれに –s)/(複) Münder [ミュンダァ] (3 格のみ Mündern) まれに (複) Munde または (複) Münde [ミュンデ] ① (人間の)口. (㊥英 *mouth*). (メモ 「動物の口」は Maul). ein kleiner *Mund* 小さな口 / ein sinnlicher *Mund* セクシーな口もと.

◇〘動詞の目的語として〙 den *Mund* **ab|wi·schen** 口をぬぐう / den *Mund* **auf|machen** a)

M

口を開ける, b)《比》口をきく, 発言する / den *Mund* **auf|reißen**《口語》大口をたたく / einen großen *Mund* **haben**《口語》ほら吹きである / den *Mund* **halten**《口語》a) 黙っている, b) 秘密を守る / den *Mund* voll **nehmen**《口語》大口をたたく / den *Mund* **öffnen** 口を開ける / 人³ den *Mund* öffnen《比》人³に口を開かせる(話させる) / sich³ den *Mund* fusselig **reden**《口語》口を酸っぱくして言う / den *Mund* **schließen** 口を閉じる / den *Mund* **spitzen** 口をとがらす / den *Mund* **spülen** 口をすすぐ / 人³ den *Mund* **stopfen** 人³を黙らせる / 人³ den *Mund* **verbieten** 人³に発言を禁じる / sich³ den *Mund* **verbrennen**《口語・比》口をすべらせて災いを招く(←やけどをする) / den *Mund* **verziehen** 口をゆがめる / den *Mund* **zu|machen** 口を閉じる.

◊《前置詞とともに》Er küsste sie **auf** den *Mund*. 彼は彼女の口にキスをした / Sie legte den Finger auf den *Mund*. (静かにしなさいという合図で:)彼女は指を口に当てた / Er ist nicht auf den *Mund* gefallen.『現在完了』《口語》彼は口が達者だ(←倒れても口にふさがらない) / **aus** dem *Mund* riechen 口臭がする /《口語》das Wort⁴ aus dem *Mund* nehmen《口語》人³の言おうとすることを先に言う(←口の中から言葉を取り出す) / wie aus einem *Munde* 異口同音に / ein Wort⁴ dauernd **im** *Mund* führen ある言葉をしょっちゅう口にする / 物⁴ in den *Mund* nehmen《口語》物⁴を口にする / Die Sache ist schon in aller *Munde*. その件はすでに皆のうわさになっている / 人³ in den *Mund* legen 人³に物⁴を言うように仕向ける(←口の中へ置く) / **mit** offenem *Munde* 口をぽかんと開けて / Mit vollem *Munde* spricht man nicht. 食べ物をほおばったまましゃべるものではない / 人³ **nach** dem *Mund* reden《口語》人³の話に調子を合わせる / 人³ **über** den *Mund* fahren《口語》人³の言葉をさえぎって言い返す / Die Nachricht ging **von** *Mund* **zu** *Mund*. その知らせは口伝いに広がった.

② (一般的に:)開口部; 河口; 坑口.

► **Mund**≈**voll**

Mund≈**art** [ムント・アールト] 囡 -/-en 方言(= Dialekt).

mund≈**art**·**lich** [ムント・アールトリヒ] 形 方言の.

Mün·**del** [ミュンデる mýndəl] 中 -s/- 被後見人. (←民法では 男 -s/-, また被後見人が女性のときはまれに 囡 -/-n).

mun·**den** [ムンデン múndən] 自 (h)《雅》《飲食物が人³の)口に合う.

mün·**den** [ミュンデン mýndən] (mündete, ist/hat ... gemündet) 自 (完了 sein または haben) ① 『**in** 物⁴ ~ 』(川が物⁴(海などに)流れ込む, 注ぐ. Der Inn *mündet* in die Donau. イン川はドナウ川に注ぐ.

② 『方向・場所を表す語句とともに』(道などが…に)通じている; 行きつく. Die Straße *mündet* auf den Marktplatz (または dem Marktplatz). この通りは中央広場に通じている / Der Gang *mündet* in eine Halle (または einer Halle). この廊下はホールに通じている / Diese Diskussionen *münden* immer in die gleiche Sackgasse (または der gleichen Sackgasse).《比》これらの議論はいつも同じ袋小路に陥る.

Mün·**der** [ミュンダァ] ‡Mund (口)の 複

mün·**de**·**te** [ミュンデテ] münden (流れ込む)の 過去

mund≈**faul** [ムント・ファオる] 形《口語》口の重い, 無口な.

Mund≈**fäu**·**le** [ムント・フォイれ] 囡 -/《医》[腐敗性]口内炎.

mund≈**ge**·**recht** [ムント・ゲレヒト] 形 食べやすい大きさに分けた(切った). 人³ 物⁴ *mundgerecht* machen《比》人³に物⁴をうまく持ちかける.

Mund≈**ge**·**ruch** [ムント・ゲルフ] 男 -[e]s/..rüche《ふつう 単》口臭.

Mund≈**har**·**mo**·**ni**·**ka** [ムント・ハルモーニカ] 囡 -/-s (または ..niken)《音楽》ハーモニカ.

Mund≈**höh**·**le** [ムント・ヘーれ] 囡 -/-n《医》口腔(こう).

mün·**dig** [ミュンディヒ mýndıç] 形 (法的に)成年の, (社会人として)一人前の, 大人の.

Mün·**dig**·**keit** [ミュンディヒカイト] 囡 -/ 成年.

münd·**lich** [ミュントりヒ mýntlıç] 形 口頭による, 口述の. (＊ oral),《「筆記による」は schriftlich). eine *mündliche* Prüfung 口述試験 / 人³ 物⁴ *mündlich* mit|teilen 人³に物⁴を口頭で伝える / Alles Weitere *mündlich*! (手紙の結びで:)委細はお会いしたときに.

Mund≈**pfle**·**ge** [ムント・プふれーゲ] 囡 -/ 口腔(こう)衛生, 口の手入れ.

Mund≈**pro**·**pa**·**gan**·**da** [ムント・プロパガンダ] 囡 -/ 口コミ, 口頭による宣伝.

Mund≈**raub** [ムント・ラオプ] 男 -[e]s/《法》(昔の:)(少量の)食料品(日用品)窃盗.

M-und-S-Rei·**fen** [エム・ウント・エス・ライふェン] 男 -s/- 『ふつう 複』ぬかるみ・雪路用タイヤ (= Matsch-und-Schnee-Reifen).

Mund≈**stück** [ムント・シュテュック] 中 -[e]s/-e ① (管楽器の)マウスピース; (パイプなどの)吸い口. ② (馬の)銜(はみ).

mund≈**tot** [ムント・トート] 形《成句的に》人⁴ *mundtot* machen 人⁴の口を封じる.

die **Mün**·**dung** [ミュンドゥング mýnduŋ] 囡 -/-en ① (川の)河口; (河川・道路などの)合流点. die *Mündung* des Rheins ライン川の河口. ② 銃口, 砲口. die *Mündung* einer Pistole² ピストルの銃口.

Mund≈**voll**, **Mund** voll [ムント・ふォる] -/- (食べ物の)一口[分]. einige *Mundvoll*⁴ essen 二口三口食べる.

Mund≈**vor**·**rat** [ムント・フォーァラート] 男 -[e]s/..räte (旅行・行軍用の)携帯食料.

Mund≈**was**·**ser** [ムント・ヴァッサァ] 中 -s/..wässer (口腔衛生用の)うがい水(薬).

Mund≠werk [ムント・ヴェルク] 田 –(e)s/《口語》(話す道具としての)口; 弁才. ein freches (または loses) *Mundwerk*⁴ haben 生意気な口をきく.

Mund≠win・kel [ムント・ヴィンケル] 男 –s/– 口角, 口もと.

Mu・ni・ti・on [ムニツィオーン munitsió:n] 囡 –/ 弾薬. scharfe *Munition* 実弾.

Mu・ni・ti・ons≠la・ger [ムニツィオーンス・ラーガァ] 田 –s/– 弾薬庫.

mun・keln [ムンケルン múŋkəln] 圓 (h)《口語》ひそひそささやく, (陰で)うわさをする.

Müns・ter¹ [ミュンスタァ mýnstər] 田 (まれに男) –s/–《教》(修道院・司教区所属の)大聖堂(Domと同義). das Ulmer *Münster* ウルム大聖堂.

Müns・ter² [ミュンスタァ] 田 –s/《都市名》ミュンスター(ドイツ, ノルトライン・ヴェストファーレン州. 旧ハンザ都市. 1648年ウェストファリア条約締結の地: ☞地図 C–3).

mun・ter [ムンタァ múntər] 形 (比較 munt[e]rer, 最上 muntest) ① **快活な**; 陽気な; 健康な. (英 lively). ein *munteres* Kind 快活な子供 / ein *munteres* Lied 陽気な歌 / Er ist wieder [gesund und] *munter*. 彼は元どおり元気になった. (☞類語 lebhaft). ② **目が覚めている**, 眠くない. (英 awake). Er war bereits um 6 Uhr *munter*. 彼は6時にはすでに目が覚めていた. ③ 平気な, むとんじゃくな.
► munter|machen

Mun・ter・keit [ムンタァカイト] 囡 –/ 快活さ; 陽気; 目が覚めていること.

mun・ter|ma・chen, mun・ter ma・chen [ムンタァ・マッヘン múntər-màxən] 他 (h) (人⁴の)目を覚ます. Der Kaffee macht mich *munter*. コーヒーを飲むと私は眠気が覚める.

die **Mün・ze** [ミュンツェ mýntsə] 囡 (単) –/(複) –n ① **硬貨, コイン**. (英 coin). Goldmünze 金貨 / Er sammelt *Münzen*. 彼はコインを集めている / eine *Münze*⁴ in einen Automaten ein|werfen 自動販売機に硬貨を入れる / klingende *Münze*《雅》現金 /《比》⁴ für bare *Münze* nehmen《比》⁴を真に受ける(←現金と見なす) / 人³ 人⁴ in (または mit) gleicher *Münze* heim|zahlen《比》人³に人⁴のしっぺ返しをする. ② 貨幣鋳造所, 造幣局.

mün・zen [ミュンツェン mýntsən] 他 (h) ① (金・銀など⁴を)貨幣に鋳造する. Gold⁴ *münzen* 金貨を鋳造する. ②『成句的に』**auf 人・事⁴ gemünzt sein** (発言などが)人・事⁴に向けられている, 人・事⁴への当てこすりである.

Münz≠fern・spre・cher [ミュンツ・フェルンシュプレッヒャァ] 男 –s/– (コイン式の)公衆電話.

Münz≠fuß [ミュンツ・フース] 男 –es/..füße (法で定められた)貨幣品位.

Münz≠kun・de [ミュンツ・クンデ] 囡 –/ 貨幣学, 古銭学 (=Numismatik).

Münz≠samm・lung [ミュンツ・ザムるング] 囡 –/–en (古い)コインの収集.

Münz≠wechs・ler [ミュンツ・ヴェクスらァ] 男 –s/– 自動硬貨両替機.

die **Mur** [ムーァ mú:r] 囡 –/《定冠詞とともに》《川名》オーストリア中部を流れるドナウ川の支流: ☞地図 F～G–5).

mür・be [ミュルベ mýrbə] 形 ① 柔らかい(果物・肉など). ② (古くなって)もろい. ein *mürbes* Gewebe ぼろぼろの布地.
► mürbe|machen¹,²

mür・be|ma・chen¹ [ミュルベ・マッヘン mýrbə-màxən] 他 (h) (人⁴の)気力(戦意)をくじく.

mür・be|ma・chen², mür・be ma・chen [ミュルベ・マッヘン] 他 (h) (クッキーなどの生地⁴を)柔らかくする

Mür・be≠teig [ミュルベ・タイク] 男 –[e]s/–e (クッキーなどの)生地(小麦粉にバター・砂糖・卵などを混ぜたもの).

Murks [ムルクス múrks] 男 –es/《俗》そんざいな仕事.

murk・sen [ムルクセン múrksən] 圓 (h)《俗》そんざいな仕事をする.

Mur・mel [ムルめる múrməl] 囡 –/–n《方》ビー玉.

mur・meln [ムルメるン múrməln] ich murmle (murmelte, *hat* ... gemurmelt) (英 murmur) I 他 (定了 haben) (事⁴を)つぶやく, ぶつぶつ言う. Was *murmelst* du da? そこで何をぶつぶつ言っているの.
II 圓 (定了 haben) つぶやく;《比》(小川などが)さらさら音をたてる.

mur・mel・te [ムルめるテ] murmeln (つぶやく)の過去

Mur・mel≠tier [ムルめる・ティーァ] 田 –[e]s/–e《動》マーモット. wie ein *Murmeltier* schlafen 長時間ぐっすり眠る.

murm・le [ムルムれ] murmeln (つぶやく)の1人称単数現在

mur・ren [ムレン múrən] 圓 (h)『**über** 事⁴～』(事⁴について)ぶつぶつ不平(不満)を言う.

mür・risch [ミュリッシ mýrɪʃ] 形 不機嫌な, むっつりした, 気難しい. ein *mürrisches* Gesicht⁴ machen 不機嫌な顔をする.

Mus [ムース mú:s] 田《方: 男も》–es/–e《ふつう単》《料理》ムース (果物などを煮てすりつぶしたもの). Apfel*mus* りんごピューレ / Kartoffel*mus* マッシュポテト / 人⁴ zu *Mus* machen (または schlagen)《俗》人⁴をたたきのめす.

die **Mu・schel** [ムッシェる múʃəl] 囡 (単) –/(複) –n ①《動》**貝**, (特に:)二枚貝. (英 shell). Perl*muschel* 真珠貝 / essbare *Muscheln* 食用貝. ② 貝殻. *Muscheln*⁴ am Strand auf|lesen 浜辺で貝殻を拾い集める. ③ (貝状のもの:)(電話器の)受話口 (=Hör*muschel*); 送話口 (=Sprech*muschel*);《話》《医》耳介(ビ) (=Ohr*muschel*).

Mu・schel≠scha・le [ムッシェる・シャーれ] 囡 –/–n 貝殻.

Mu・se [ムーゼ mú:zə] I –/–n《ギリシャ神》ムーサ,

ミューズ(学問・芸術をつかさどる 9 人の女神たち[の一人]). **II** 図 -/-n 〖比〗芸術, 文芸, 詩歌. die leichte *Muse* 娯楽音楽(演劇).

mu·se·al [ムゼアーる muzeá:l] 形 ① 博物館(美術館)の. ② 骨董(こっとう)的な, 古くさい.

Mu·se·en [ムゼーエン] ⇒Museum (博物館)の 複

***das* Mu·se·um** [ムゼーウム muzé:ʊm] (単 2) -s/(複) Museen [ムゼーエン] 博物館, 美術館. (英 *museum*). Heimat*museum* 郷土博物館 / ein historisches *Museum* 歴史博物館 / ein *Museum*⁴ besuchen または **ins** *Museum* gehen 博物館(美術館)に行く.

Mu·seums·in·sel [ムゼーウムス・インぜる muzé:ums-ɪnzəl] 図 -/ 〖地名〗ムゼーウムスインゼル, 博物館島(ベルリンのシュプレー川中州にある. ペルガモン博物館など 5 つの博物館・美術館が集っている. 世界文化遺産).

Mu·se·ums=reif [ムゼーウムス・ライふ] 形 《口語》(古くなって)博物館行きの. Sein Auto ist *museumsreif*. 彼の車は骨董(こっとう)ものだ.

Mu·se·ums=stück [ムゼーウムス・シュテュック] 中 -[e]s/-e 博物館の展示品.

Mu·si·cal [ミューズィケる mjú:zɪkəl] [英] 中 -s/-s ミュージカル.

***die* Mu·sik** [ムズィーク muzí:k]

> 音楽 Ich höre gern *Musik*.
> イヒ ヘーレ ゲルン ムズィーク
> 私は音楽を聞くのが好きです.

図 (単) -/(複) -en 〖ふつう単〗① 音楽, 楽曲. (英 *music*). (☞「ドイツ・ミニ情報 26」, 下段). klassische *Musik* 古典(クラシック)音楽 / elektronische *Musik* 電子音楽 / die *Musik* Beethovens ベートーヴェンの楽曲 / Machen Sie zu Hause *Musik*? 家で音楽を演奏しますか / *Musik* kennt keine Grenzen. 音楽に国境はない / die *Musik*⁴ zu einem Film schreiben 映画音楽の作曲をする / einen Text **in** *Musik* setzen 歌詞に曲をつける / Er hat *Musik* im Blut. 彼は生まれつき音楽の才能がある(←血の中に音楽を持っている) / Diese Nachricht ist *Musik* für meine Ohren. 《口語・比》この知らせは私には大歓迎だ.

② 《口語》(総称として:)楽隊, 楽団, バンド.

> メモ ..musik のいろいろ: Barockmusik バロック音楽 / Blasmusik 吹奏楽 / Filmmusik 映画音楽 / Instrumentalmusik 器楽 / Kammermusik 室内楽 / Kirchenmusik 教会音楽 / Marschmusik 行進曲 / Tanzmusik ダンス音楽 / Unterhaltungsmusik 軽音楽 / Vokalmusik 声楽 / Volksmusik 民族音楽

Mu·si·ka·li·en [ムズィカーりエン muziká:liən] 複 楽譜.

Mu·si·ka·li·en=hand·lung [ムズィカーりエン・ハンドるング] 図 -/-en 楽譜店.

***mu·si·ka·lisch** [ムズィカーりッシュ muziká:lɪʃ] 形 ① 音楽の, 音楽による. (英 *musical*). die *musikalische* Leitung 音楽の指揮. ② 音楽のセンス(才能)のある. Das Kind ist sehr *musikalisch*. その子供はとても音楽の才能がある. ③ 音楽的な, 響きのよい. eine *musikalische* Sprache 音楽的な言語.

Mu·si·ka·li·tät [ムズィカりテート muzikalité:t] 図 -/ 音楽的才能; (詩歌などの)音楽性.

Mu·si·kant [ムズィカント muzikánt] 男 -en/-en (楽団・楽隊の)楽士. (女性形: -in).

Mu·sik=box [ムズィーク・ボクス] 図 -/-en ジュークボックス.

Mu·si·ker [ムーズィカァ mú:zikɐr] 男 -s/- 音楽家; (オーケストラの)楽団員. (女性形: -in).

Mu·sik=hoch·schu·le [ムズィーク・ホーホシューれ] 図 -/-n 音楽大学.

――― ドイツ・ミニ情報 26 ―――

音楽 Musik

ヨーロッパの音楽は, 18〜19 世紀になってそれまでの教会音楽・宮廷音楽に代わり, しだいに市民のための音楽へと変化していった. ドイツではこの時期に, バッハ, ベートーヴェン, ブラームスの 3 人は「三大 B」ともよばれる)や, ドイツ歌曲の分野でシューベルト, シューマン, メンデルスゾーンなどが輩出した. 一方, ヴェーバーが国民的なオペラを生みだし, その後ヴァーグナーが数々の楽劇を残した.

そのヴァーグナーの作品の上演で有名なバイロイト音楽祭をはじめとして, ドイツ語圏ではベルリン音楽祭やモーツァルトの生地オーストリア・ザルツブルクの音楽祭など, 各地で数多くの音楽フェスティバルが開催される.

「ベルリン・フィル」や「ウィーン・フィル」などは日本でもおなじみであるが, これら大小の演奏活動に対しては, わが国の場合に比べてはるかに手厚い公的助成があり, そのような文化政策についてはさすが「音楽大国」と言いたくなる.

ウィーンを本拠地とするウィーン少年合唱団は, 1498 年に創設された宮廷礼拝堂付属少年聖歌隊である. 第一次世界大戦における敗戦で一時消滅したが, 1924 年に再編成された. 10〜14 歳までの変声期前の男子に団員を限り, 国内外で活発な演奏活動を行っている.

ドイツといえば, クラシック音楽というイメージがあるが, 現在ではもちろん, ジャズやロック, ポップスなど多彩な音楽が楽しまれている. また, 趣味として楽器を演奏したり, 合唱を楽しむ人も多い.

フィルハーモニー
(ベルリン)

Mu·sik·in·stru·ment [ムズィーク・インストルメント] 甲 -[e]s/-e 楽器.

Mu·sik≈ka·pel·le [ムズィーク・カペれ] 囡 -/-n 楽団, バンド.

Mu·sik≈korps [ムズィーク・コーァ] 甲 -[..コーァ[ス]]/- [..コーァス] 軍楽隊.

Mu·sik≈leh·rer [ムズィーク・れーラァ] 男 -s/- 音楽教師. (女性形: -in).

Mu·sik≈stück [ムズィーク・シュテュック] 甲 -[e]s/-e 楽曲, (特に:)短い器楽曲.

Mu·sik≈stun·de [ムズィーク・シュトゥンデ] 囡 -/-n 音楽のレッスン; (学校の)音楽の時間.

Mu·sik≈tru·he [ムズィーク・トルーエ] 囡 -/-n キャビネット(コンソール)型ステレオ.

Mu·sil [ムーズィる mú:zɪl] -s/ 《人名》ムージル (Robert *Musil* 1880–1942; オーストリアの作家).

mu·sisch [ムーズィッシュ mú:zɪʃ] 形 ① 芸術の, 芸術に関する. die *musische* Erziehung 芸術教育. ② 芸術的才能に恵まれた.

mu·si·zie·ren [ムズィツィーレン muzitsí:rən] 自 (h) (複数の人が)音楽を演奏する.

Mus·kat [ムスカート muskáːt または ムスカット] 男 -[e]s/-e ナツメグ(ニクズクの種子. 香辛料になる).

Mus·kat≈blü·te [ムスカート・ブリューテ] 囡 -/-n メース(ナツメグの外皮を乾燥させた香辛料).

Mus·ka·tel·ler [ムスカテらァ muskatélər] -s/- ①《圈 なし》《植》マスカット[種のぶどう]. ② マスカットワイン.

Mus·kat≈nuss [ムスカート・ヌス] 囡 -/..nüsse ナツメグ (=Muskat).

der **Mus·kel** [ムスケる múskəl] 男 (単 2) -s/ (複) -n 筋肉, 筋. Herz*muskel* 心筋 / kräftige *Muskeln* 隆々とした筋肉 / einen *Muskel* [an]spannen 筋肉を緊張させる / sich³ einen *Muskel* zerren 肉はなれを起こす.

Mus·kel≈ka·ter [ムスケる・カータァ] 男 -s/- (肉体疲労による)筋肉痛.

Mus·kel≈kraft [ムスケる・クラふト] 囡 -/..kräfte 筋力; 体力.

Mus·kel≈protz [ムスケる・プロッツ] 男 -en (または -es)/-e[n]《口語》マッチョ, 力自慢の男.

Mus·kel≈schwund [ムスケる・シュヴント] 男 -[e]s/《医》筋萎縮(いしゅく).

Mus·kel≈zer·rung [ムスケる・ツェルング] 囡 -/-en《医》筋過度伸長, 肉はなれ.

Mus·ku·la·tur [ムスクらトゥーァ muskulatú:r] 囡 -/-en (総称として:)筋肉[組織].

mus·ku·lös [ムスクれース muskuló:s] 形 筋肉の隆々とした, たくましい(腕など).

Müs·li [ミュースり mý:sli] 甲 -s/-《料理》ミュ

音楽用語 100

あ	
アルト	der **Alt**
アンコール	die **Zugabe**
アンサンブル	das **Ensemble**
アンプ	der **Verstärker**
歌	das **Lied**
エチュード	die **Etüde**
オーケストラ	das **Orchester**
オペラ	die **Oper**
音域	die **Tonlage**
音階	die **Tonleiter**
音楽家	der **Musiker**
音符	die **Note**
か	
楽章	der **Satz**
楽譜	die **Noten**
歌詞	der **Text**
歌手	der **Sänger**
楽曲	das **Stück**
合唱	der **Chor**
管楽器	das **Blasinstrument**
キーボード	das **Keyboard**
ギター	die **Gitarre**
休符	die **Pause**
狂詩曲	die **Rhapsodie**
協奏曲	das **Konzert**
組曲	die **Suite**
クラシック音楽	die **klassische Musik**
クラリネット	die **Klarinette**
幻想曲	die **Fantasie**
交響曲	die **Sinfonie**
交響詩	die **sinfonische Dichtung**
五重奏(唱)[曲]	das **Quintett**
古典派	die **Klassik**
コンサート	das **Konzert**
さ	
作品	das **Werk**
作曲家	der **Komponist**
作曲する	**komponieren**
三重唱[曲]	das **Terzett**
三重奏(唱)[曲]	das **Trio**
CDプレーヤー	der **CD-Player**
指揮者	der **Dirigent**
四重奏(唱)[曲]	das **Quartett**
室内楽	die **Kammermusik**
シャープ	das **Kreuz** (記号: #)
ジャズ	der **Jazz**
終曲	das **Finale**
序曲	die **Ouvertüre**
吹奏楽	die **Blasmusik**
スコア	die **Partitur**
絶対音感	das **absolute Gehör**
ソウル	die **Soulmusik**
ソナタ	die **Sonate**
ソプラノ	der **Sopran**
ソロ	das **Solo**
た	
太鼓	die **Trommel**
打楽器	das **Schlaginstrument**

ースリ(オートミールや果物を牛乳にひたしたもの).
Mus·lim [ムスリム múslɪm] 男 -s/-e (または -s) イスラム教徒 (=Moslem). (女性形: -in).
mus·li·misch [ムスリーミッシュ muslí:mɪʃ] 形 イスラム教の; イスラム教徒の.

***muss** [ムス mús]

…しなければならない

Ich *muss* jetzt gehen.
イヒ ムス イェツト ゲーエン.
私はもう行かなければならない.

助動 *müssen (…しなければならない) の 1 人称単数・3 人称単数現在. Er *muss* noch Brot kaufen. 彼はまだパンを買わなければならない.
muß [ムス] mussの古い形 (☞ daß ㊄).
Muss [ムス] 中 -/ 必然, やむを得ないこと. Das ist kein *Muss*. それは強制ではない / *Muss* ist eine harte Nuss. 《ことわざ》義理はつらいもの (←義理は堅いくるみ).
Mu·ße [ムーセ mú:sə] 女 -/ 《雅》暇, 余暇. **in** (または **mit**) *Muße* ゆっくりと時間をかけて / *Muße*⁴ **zu** 男³ haben 男³をする暇がある.
Muss=ehe [ムス・エーエ] 女 -/-n 《口語》(妊娠したための) やむを得ない結婚, できちゃった婚.

Mus·se·lin [ムセリーン musəlí:n] 男 -s/-e 《織》モスリン.

***müs·sen**¹* [ミュッセン mýsən]

…しなければならない

Wir *müssen* noch arbeiten.
ヴィア ミュッセン ノッホ アルバイテン
私たちはまだ働かなければならない.

…に違いない

Er *muss* krank sein.
エァ ムス クランク ザイン
彼は病気に違いない.

人称	単	複
1	ich **muss**	wir müssen
2	du **musst** / Sie müssen	ihr müsst / Sie müssen
3	er **muss**	sie müssen

助動 《話法の助動詞》(完了 haben) **A**) (musste, hat…müssen) 《zu のない不定詞とともに》① **…しなければならない**, …する必要がある, …せざるをえない. (英 *must*). Ich *muss* zu Hause bleiben. 私はずっと家にいなければならない /

短調	das **Moll**
長調	das **Dur**
ティンパニー	die **Pauke**
テノール	der **Tenor**
テンポ	das **Tempo**
ト音記号	der **G-Schlüssel**
ドラム	das **Schlagzeug**
トランペット	die **Trompete**
トロンボーン	die **Posaune**
な	
ナチュラル	das **Auflösungszeichen** (記号: ♮)
二重唱[曲]	das **Duett**
二重奏(唱)[曲]	das **Duo**
は	
ハーモニー	die **Harmonie**
バイオリン	die **Geige**
パイプオルガン	die **Orgel**
バス	der **Bass**
バラード	die **Ballade**
バレエ	das **Ballett**
バンド	die **Band**
ピアノ	das **Klavier**
ヒットソング	der **Hit**
ヒップホップ	der **Hiphop**
拍子	der **Takt**
フーガ	die **Fuge**
フラット	das **B** (記号: ♭)
ブルース	der **Blues**
フルート	die **Querflöte**
ヘ音記号	der **F-Schlüssel**
ヘッドホン	der **Kopfhörer**
編曲	das **Arrangement**
変奏[曲]	die **Variation**
ポップス	die **Popmusik**
ま	
マーチ	der **Marsch**
ミュージカル	das **Musical**
ミュート	der **Dämpfer**
メロディー	die **Melodie**
モチーフ	das **Motiv**
ら	
ラップ	der **Rap**
リズム	der **Rhythmus**
流行歌	der **Schlager**
レゲエ	der **Reggae**
ロック	der **Rock**
ロマン派	die **Romantik**
わ	
和音	der **Akkord**
ワルツ	der **Walzer**

müssen

Wir *müssen* jeden Morgen um 6 Uhr aufstehen. 私たちは毎朝6時に起きなければなりません / Wie viel *muss* ich zahlen? いくら払わなければなりませんか / Er *hat* nach Berlin fahren *müssen*.〖現在完了〗彼はベルリンへ行かねばならなかった / Sie *müssen* dieses Buch unbedingt lesen. あなたはこの本をぜひお読みになるべきです / Wir *mussten* lachen. 私たちは笑わずにはいられなかった / Das Gemüse *muss* 20 Minuten kochen. その野菜は20分間ゆでなければなりません / *Muss* das jetzt sein? それは今でなければならないのですか / Das *musste* ja so kommen! それは当然の結果です.
② …に違いない, …のはずである. Das *muss* ein Irrtum sein. それは何かの間違いに違いない / Sie *muss* bald kommen. 彼女はじきに来るはずだ / So *muss* es gewesen sein. そうだったに違いない.
③ (よりによって)…しようとは. Gerade heute *muss* es regnen! きょうにかぎって雨が降るなんて / Warum *muss* das ausgerechnet mir passieren? なぜよりによって私にこんなことが起こるのだろうか.
④〖否定を表す語句とともに〗…する必要はない, …するにはおよばない, …してはいけない. Du *musst* dich nicht fürchten. 君は恐れる必要はない / Darüber *muss* man sich⁴ nicht wundern. そのことで驚くにはあたらない / Das *musst* du nicht sagen. そんなことを君は言ってはいけないよ.
⑤〖接続法2式で〗…であればよいのだが (☞ müsste).
B) (musste, hat…gemusst)〖独立動詞として; 不定詞なしで〗しなければならない, せざるをえない. Ich will nicht, aber ich *muss*. 私はしたくないがせざるをえない / Er *hat* es *gemusst*. 彼はそうしなければならなかった. ◇〖方向を表す語句とともに〗(…へ)行かなければならない. Ich *muss* **in** die Stadt. 私は町へ行かなければならない / Ich *muss* nach Hause. 私は帰宅しなければならない / Der Brief *muss* **zur** Post. その手紙は郵便局へ持って行かなければならない / Ich *muss* mal [zur Toilette]. ちょっと[トイレへ]失礼.

müs·sen² [ミュッセン] ⁑müssen¹ (…しなければならない)の過分

Mu·ße·stun·de [ムーセ・シュトゥンデ] 囡 -/-n 暇な時間, 余暇.

mü·ßig [ミュースィヒ mý:sɪç] 形 (雅) ① 何もしない, 無為の; 暇な. (英 idle). ein *müßiges* Leben⁴ führen (これといった仕事もせず)ぶらぶらと日を送る / *müßige* Stunden 暇な時間. ② 無意味な, むだな. eine *müßige* Frage 無意味な質問 / Es ist *müßig*, darüber zu reden. それについては話してもむだだ.

Mü·ßig·gang [ミュースィヒ・ガング] 男 -[e]s/ (雅) 無為, 怠惰. *Müßiggang* ist aller Laster Anfang. (諺) 怠惰は悪徳の始まり.

Mü·ßig·gän·ger [ミュースィヒ・ゲンガァ] 男 -s/- のらくら者, 怠け者. (女性形: -in).

mü·ßig|ge·hen* [ミュースィヒ・ゲーエン mý:-sɪç-gè:ən] 自 (s) のらくらする, なまける.

Mus·so·li·ni [ムッソリーニ mussolí:ni] -s/《人名》ムッソリーニ (Benito *Mussolini* 1883–1945; イタリアの政治家・ファシスト党指導者).

⁑**musst** [ムスト múst] ⁑müssen¹ (…しなければならない)の2人称親称単数 現在. Du *musst* fleißig lernen. 君は熱心に勉強しなければいけない.

mußt [ムスト] musst の古い形 (☞ daß ⁜).

muss·te [ムステ] ⁑müssen¹ (…しなければならない)の過去.

⁑**müss·te** [ミュステ mýstə] ⁑müssen¹ (…しなければならない)の接2 ① …しなければならないでしょう. Er *müsste* eigentlich auch hier sein. 本来なら彼もここにいないといけないのだが / Du *müsstest* es noch einmal versuchen. 君はそれをもう一度試してみるべきだよ. ② …であればよいのだが. Viel Geld *müsste* man haben! たくさんお金があればよいのだが. ③ …のはずだが. Der Zug *müsste* längst hier sein. その列車はとっくに着いているはずだが.

Mus·tang [ムスタング] 男 -s/-s ムスタング(北米およびメキシコの草原に住む野生化した馬).

das **Mus·ter** [ムスタァ mústər] 中 (単2) -s/ (複) - (3格のみ -n) ① ひな型, 手本の型. (英 pattern). ein Kleid⁴ nach einem *Muster* schneiden 型紙どおりにワンピースを仕立てる. ② 模範, お手本, 典型. (英 model). Sie ist ein *Muster* **an** Fleiß. 彼女は勤勉さの手本のような人だ / 囚⁴ **zum** *Muster* nehmen 囚⁴ をお手本にする. ③ (布地などの)模様, 柄(%). das *Muster* einer Tapete² 壁紙の模様 / ein neues *Muster*⁴ entwerfen 新しい図柄を考案する. ④ [商品]見本, 試供品. *Muster* ohne Wert (郵便物の上書きで:)商品見本.

Mus·ter≈bei·spiel [ムスタァ・バイシュピーる] 中 -[e]s/-e 模範例.

Mus·ter≈bild [ムスタァ・ビるト] 中 -[e]s/-er 模範, 典型, 手本.

Mus·ter≈ex·em·plar [ムスタァ・エクセンプらール] 中 -s/-e ① (商品などの)見本; (代表的な)サンプル. ② (ふつう皮肉で:)模範[的な]人.

Mus·ter≈gat·te [ムスタァ・ガッテ] 男 -n/-n (戯) (ふつう皮肉で:)模範亭主.

mus·ter≈gül·tig [ムスタァ・ギュるティヒ] 形 模範的な, 手本になる.

mus·ter·haft [ムスタァハフト] 形 模範的な, 非の打ちどころのない. ein *musterhafter* Schüler 模範的な生徒.

Mus·ter≈kna·be [ムスタァ・クナーベ] 男 -n/-n (軽蔑的に:)模範少年, 優等生.

Mus·ter≈kof·fer [ムスタァ・コッファァ] 男 -s/-商品見本入りスーツケース.

mus·tern [ムスタァン mústərn] 他 (h) ① (探るように)じろじろ見る, 詳しく観察する. 囚⁴ von Kopf bis Fuß (または von oben bis unten) *mustern* 囚⁴を頭のてっぺんからつま先までじろじろ見る. ② 《軍》囚⁴を徴兵検査する; (部隊⁴を)査閲する. ③ (囲⁴に)模様をつける. ◇☞ **gemustert**

Mus·ter⹀schü·ler [ムスタァ・シューらァ] 男 -s/– 模範生[徒]. (女性形: -in).
Mus·te·rung [ムステルング] 囡 -/-en ① じろじろ見ること; (古) 点検, 吟味. ② (軍) 徴兵検査; 査閲. ③ 模様, 柄(がら), 意匠.
Mus·ter⹀zeich·ner [ムスタァ・ツァイヒナァ] 男 -s/– 意匠デザイナー. (女性形: -in).
der **Mut** [ムート mú:t] 男 (単2) -es (まれに -s)/ ① 勇気, 勇敢さ, 気力, ファイト. (英 *courage*). *Mut*⁴ bekommen 勇気が出る / *Mut*⁴ beweisen 勇気を示す / *Mut*⁴ fassen 勇気をふるい起こす / 人³ *Mut*⁴ machen (または zu|sprechen) 人³を勇気づける / 人³ den *Mut* nehmen 人³の勇気を奪う / den *Mut* verlieren 意気消沈する / Nur *Mut*! 勇気(元気)を出せ / Er hatte nicht den *Mut*, den Plan auszuführen. 彼にはその計画を遂行する勇気がなかった / Es gehört viel *Mut* dazu. それには大いに勇気が要る.
② 〘成句的に〙 guten (または frohen) *Mutes* (雅) 上機嫌で / **mit** gutem (または frohem) *Mut* (雅) 上機嫌で. ◊ [**zu** *Mute* の形で] Mir war zum Weinen zu *Mute*. 私は泣きたい気持だった.
▶ *mute*
Mu·ta·ti·on [ムタツィオーン mutatsió:n] 囡 -/-en 《生》突然変異.
Müt·chen [ミューティヒェン mý:tçən] 中 (*Mut* の 縮小) 〘成句的に〙 sein *Mütchen*⁴ an 人³ kühlen 人³に当たり散らす.
mu·tie·ren [ムティーレン mutí:rən] 自 (h) ① 《生》突然変異する. ② 《医》声変わりする.
mu·tig [ムーティヒ mú:tɪç] 形 勇気のある; 勇敢な. (英 *brave*). eine *mutige* Tat 勇気ある行為 / eine *mutige* Frage 大胆な質問.
mut⹀los [ムート・ろース] 形 勇気(元気)のない, 意気消沈した, 落胆した.
Mut⹀lo·sig·keit [ムート・ろーズィヒカイト] 囡 -/ 勇気(元気)のなさ, 意気消沈, 落胆.
mut·ma·ßen [ムート・マーセン mú:t-ma:sən] 他 (h) (事⁴を)推測する, 推定する.
mut·maß·lich [ムート・マースリヒ] 形 (雅) (…と)推測される, 疑わしい. der *mutmaßliche* Terrorist テロリストの疑いのある男.
Mut⹀pro·be [ムート・プローベ] 囡 -/-n 肝試し.
die **Mut·ter**¹ [ムッタァ mútər]

母	Meine *Mutter* ist Lehrerin.
	マイネ　　ムッタァ　　イスト　れーレリン
	私の母は教師です.

格	単	複
1	die Mutter	die Mütter
2	der Mutter	der Mütter
3	der Mutter	den Müttern
4	die Mutter	die Mütter

囡 (単) -/(複) Mütter [ミュッタァ] (3格のみ Müttern) 母, 母親, お母さん. (英 *mother*). (⇔「父」は Vater). Schwiegermutter 義母 / die leibliche *Mutter* 実の母 / *Mutter* und Tochter 母と娘 / eine ledige *Mutter* 非婚の母, シングルマザー / Sie ist *Mutter* von drei Kindern. 彼女は3児の母だ / Sie wird *Mutter*. 彼女は母親になる(子供が生まれる) / Grüßen Sie Ihre [Frau] *Mutter*! お母様によろしくお伝えください / an *Mutters* Rock hängen (比) まだ乳離れしていない(←母親のスカートにしがみついている) (⇔ *Mutter* が冠詞なしで固有名詞的に用いられるとき単数2格に -s をつけることがある) / die *Mutter* Gottes 〘カック〙 聖母マリア / *Mutter* Natur (雅) 母なる自然 / bei *Mutter* Grün schlafen 〘口語〙 野宿する.
Mut·ter² [ムッタァ] 囡 -/-n 《工》ナット, 雌ねじ. eine *Mutter*⁴ an|ziehen (lockern) ナットを締める(緩める).
Müt·ter [ミュッタァ] ‡ Mutter¹ (母) の 複.
Mut·ter⹀bo·den [ムッタァ・ボーデン] 男 -s/– (腐植土の多い)表土, 肥沃(ひよく)土.
Müt·ter·chen [ミュッタァヒェン mýtərçən] 中 -s/– (*Mutter* の 縮小) ① おかあちゃん, ママ. ② (小柄な)おばあちゃん.
Mut·ter⹀er·de [ムッタァ・エーァデ] 囡 -/ = Mutterboden
Mut·ter⹀got·tes [ムッタァ・ゴッテス] 囡 -/ 〘カック〙 神の御母, 聖母マリア.
Mut·ter⹀kom·plex [ムッタァ・コンプれクス] 男 -es/-e ① マザーコンプレックス. ② 異常な母性本能.
Mut·ter⹀korn [ムッタァ・コルン] 中 -[e]s/-e 《植・薬》麦角(ばっかく) (止血剤・子宮収縮薬になる).
Mut·ter⹀ku·chen [ムッタァ・クーヘン] 男 -s/– 《医》胎盤.
Mut·ter⹀land [ムッタァ・らント] 中 -[e]s/..länder ① (植民地に対して)本国. ② 発祥地.
Mut·ter⹀leib [ムッタァ・らイプ] 男 -[e]s/-er 母胎. **vom** *Mutterleib* **an** 生まれた時から.
müt·ter·lich [ミュッタァリヒ mýtərlıç] 形 ① 〘付加語としてのみ〙 母[親]の; 母親からの, 母方の. (英 *maternal*). die *mütterlichen* Pflichten 母親の義務 / das *mütterliche* Erbteil 母親譲りの才能 / die *mütterliche* Seite 母方[の家系]. ② 母[親]のような, 母性的な. (英 *motherly*). *mütterliche* Zärtlichkeit 母のような優しさ / 人⁴ *mütterlich* umsorgen 人⁴を母親のようになって世話する.
müt·ter·li·cher·seits [ミュッタァリヒァァ・ザイツ] 副 母方[の家系]で. mein Großvater *mütterlicherseits* 私の母方の祖父.
Müt·ter·lich·keit [ミュッタァリヒカイト] 囡 -/ 母親らしさ, 母性.
Mut·ter⹀lie·be [ムッタァ・りーベ] 囡 -/ 母の愛[情], 母性愛.
mut·ter⹀los [ムッタァ・ろース] 形 母親のいない. *mutterlose* Kinder 母親のいない子供たち.
Mut·ter⹀mal [ムッタァ・マーる] 中 -[e]s/-e (または ..mäler) 母斑(ぼはん) (先天性のあざ・ほくろ).

Mut·ter≠milch [ムッタァ・ミルヒ] 囡 -/ 母乳. 慣[4] mit der *Muttermilch* ein|saugen 《比》慣に幼い頃から慣れ親しむ(←母乳といっしょに吸い込む).

Mut·ter≠schaft [ムッタァシャフト] 囡 -/-en 《ふつう 囲》母親であること; 母性.

Mut·ter·schafts≠ur·laub [ムッタァシャフツ・ウーァラオプ] 男 -[e]s/-e 出産休暇.

Mut·ter≠schutz [ムッタァ・シュッツ] 男 -es/ 《法》(法律による)母性(妊産婦)保護.

mut·ter·see·len·al·lein [ムッタァゼーレン・アらイン] 形 ひとりぼっちの, 天涯孤独の.

Mut·ter≠söhn·chen [ムッタァ・ゼーンヒェン] 匣 -s/- 《口語》(男の子・若い男性について:)お母さん子, (自立できない)甘えん坊.

die **Mut·ter≠spra·che** [ムッタァ・シュプラーヘ mútɐr-ʃpraːxə] 囡 (単) -/(複) -n 母語 (幼時より親から自然に習い覚えた言語), 母国語. 《英》*mother tongue*). 《実》「外国語」は Fremdsprache. Deutsch ist meine *Muttersprache*. ドイツ語は私の母[国]語です.

Mut·ter≠sprach·ler [ムッタァ・シュプラーハら] 男 -s/- 《言》ネイティブスピーカー. (女性形: -in).

Mut·ter≠stel·le [ムッタァ・シュテれ] 囡 《成句的》**bei** (または **an**) 人[3] *Mutterstelle*[4] ver·treten 人[3]の母親代わりになる.

Mut·ter≠tag [ムッタァ・ターク] 男 -[e]s/-e 母の日(5月の第2日曜日).

Mut·ter≠tier [ムッタァ・ティーァ] 匣 -[e]s/-e 《農》雌の家畜; (子を産んだばかりの)母獣.

Mut·ter≠witz [ムッタァ・ヴィッツ] 男 -es/ 生まれつきの才知.

Mut·ti [ムッティ múti] 囡 -/-s (Mutter[1] の愛称) ママ, おかあちゃん; 《口語》(中年の婦人を指して:)おかあさん, おばちゃん. (「パパ」は Vati).

Mut≠wil·le [ムート・ヴィれ] 男 -ns (3格・4格 -n)/ 悪ふざけ, いたずら, 悪気.

mut≠wil·lig [ムート・ヴィりヒ] 形 悪ふざけの, いたずら半分の, 故意の.

die **Müt·ze** [ミュッツェ mýtsə] 囡 (単) -/(複) -n ① (縁なしの)帽子. 《英》*cap*). (☞ Hut 図). eine schicke *Mütze* シックな帽子 / eine *Mütze*[4] tragen 帽子をかぶっている / die *Mütze*[4] auf|setzen (ab|nehmen) 帽子をかぶる(脱ぐ) / die *Mütze* ins Gesicht ziehen 帽子を目深にかぶる / etwas[4] (または ins[4]) **auf die** *Mütze* bekommen 《口語》しかられる. ② (帽子状のもの:)(ポットなどの)保温カバー.

Müt·zen≠schirm [ミュッツェン・シルム] 男 -[e]s/-e 帽子のひさし.

MW [エム・ヴェー] 《略》① 中波 (=Mittelwelle). ② メガワット (=Megawatt).

m. W. [マイネス ヴィッセンス] 《略》私の知るところでは (=meines Wissens).

MwSt., Mw.-St. [メーァヴェーァト・シュトイァ] 《略》《経》付加価値税 (=Mehrwertsteuer).

My·an·mar [ミアンマール miánmaːr] 匣 -s/ 《国名》ミャンマー[連邦](旧称ビルマ. 首都はネーピードー).

My·ri·a·de [ミュリアーデ myriáːdə] 囡 -/-n 《ふつう 囲》《雅》多数, 無数. *Myriaden* von Sternen 無数の星.

Myr·re [ミュレ mýrə] 囡 -/-n =Myrrhe

Myr·rhe [ミュレ mýrə] 囡 -/-n ミルラ, 没薬 (もつ)(香料・薬用にするカンラン科植物の樹脂).

Myr·te [ミュルテ mýrtə] 囡 -/-n 《植》ギンバイカ, ミルテ(地中海地方の灌木).

Myr·ten≠kranz [ミュルテン・クランツ] 男 -es/..kränze ミルテの冠(花嫁の冠. 純潔の象徴).

Mys·te·ri·en≠spiel [ミュステーリエン・シュピーる] 匣 -[e]s/-e (中世の)神秘劇, 奇跡劇(聖書の物語を題材とする).

mys·te·ri·ös [ミュステリエース mysteriǿːs] 形 神秘的な, なぞめいた, 不可解な. ein *mysteriöser* Vorfall 不可解な事件.

Mys·te·ri·um [ミュステーリウム mystéːrium] 匣 -s/..rien ..リエン] ① 神秘, 不可思議. ② 《宗》密儀, 秘儀. ③ 《劇》で](中世の)神秘劇.

mys·ti·fi·zie·ren [ミュスティふィツィーレン mystifitsíːrən] 動 (h) ① (人・物[4]を)神秘化する. ② 《古》(人[4]を)惑わす, ごまかす.

Mys·tik [ミュスティク mýstɪk] 囡 -/ 神秘主義.

Mys·ti·ker [ミュスティカァ mýstikɐr] 男 -s/- 神秘[思想]家, 神秘主義者. (女性形: -in).

mys·tisch [ミュスティッシュ mýstɪʃ] 形 ① 神秘主義の. ② 神秘的な, なぞめいた; 《口語》はっきりしない.

Mys·ti·zis·mus [ミュスティツィスムス mystitsísmus] 男 -/..zismen ① 《複 なし》神秘主義. ② 神秘主義的な思考[法].

My·then [ミューテン] Mythos, Mythus (神話)の 複.

my·thisch [ミューティッシュ mýːtɪʃ] 形 ① 神話[上]の, 神話に関する. ② 神話(伝説)的な.

My·tho·lo·gie [ミトろギー mytologíː] 囡 -/-n [..ギーエン] ① 《ふつう 囲》(総称として:)神話. ② 神話学.

my·tho·lo·gisch [ミトろーギッシュ mytolóːgɪʃ] 形 神話[上]の; 神話学[上]の.

der **My·thos** [ミュートス mýːtos] 男 (単) -/(複) Mythen ① 神話. 《英》*myth*). die römischen *Mythen* ローマ神話. ② 神話(伝説)的人物, 神話(伝説)的出来事.

My·thus [ミュートゥス mýːtus] 男 -/Mythen =Mythos

N n

n¹, N¹ [エン én] 中 -/- エヌ(ドイツ語アルファベットの第 14 字).

n²《記号》① [ナノ/] ナノ (=Nano). ② [ノイトロン]《物》中性子 (=Neutron)

N²《略》① [ノルト または ノルデン] 北 (=Nord, Norden). ② [エン]《化・記号》窒素 (=Nitrogenium). ③ [ニューテン]《記号》《物》ニュートン(力の単位) (=Newton).

n.《略》① [ナーハ] …の方へ, …のあとで, …によれば (=nach). ② [ノイトルム]《言》中性名詞 (=Neutrum).

'n [ン n]《口語》《不定冠詞 ein, einen の短縮形》

Na [エン・アー]《化・記号》ナトリウム (=Natrium).

na! [ナ ná] 間《口語》① (あきらめ・譲歩を表して:)まあね, まあ[いいさ]. *Na* ja! まあそうだけどさ / *Na* [ja] gut! まあいいけどね.
② (疑念・驚きを表して:)まさか, えっ. *Na* nu! おやおや / *Na*, so was! えっ, それはないよ.
③ (催促・いらだちを表して:)さあ, おい. *Na*, komm [schon]! さあ, 来いよ / *Na*, wird's bald? おい, まだかい / *Na*, dann mal los! じゃあ早くやれよ / *Na*, warte! ちょっと待ってよ.
④ (安堵・確認を表して:)やれやれ. *Na* endlich! やれやれ, やっとか. ⑤ (予想の的中を表して:)ほらね, ほら. *Na* also! ほらね, やっぱり. ⑥ (強い肯定を表して:)そうとも. *Na*, und ob! もちろんそうさ / *Na* klar! 当たり前さ. ⑦ (相手をなだめて:)まあまあ. *Na*, na! まあま. ⑧ (親しい呼びかけで:)やあ, ねえ. *Na*, Kleiner. やあ, 坊や / *Na*, wie geht's? やあ, 調子はどう. ⑨ (反発して:)ふん. *Na* und? ふん, それがどうしたって言うんだ. ⑩ (拒否を表して:)いや, いや. *Na*, ich danke. いや, 私は結構です.

Na·be [ナーベ ná:bə] 囡 -/-n《工》(車輪の)こしき, ハブ.

der **Na·bel** [ナーベる ná:bəl] 男 (単 2) -s/ (複) - (3 格のみ -n) ①へそ;《比》中心.《裏 navel). der *Nabel* der Welt²《雅》世界の中心. ②《植》へそ(種子が胎座に付着する部分).

Na·bel≈bruch [ナーベる・ブルフ] 男 -[e]s/ ..brüche《医》へそヘルニア.

Na·bel≈schnur [ナーベる・シュヌーァ] 囡 -/ ..schnüre《医》へその緒, 臍帯(ﾀいたい).

nach [ナーハ ná:x]

> …の方へ; …のあとで
> Fährt dieser Zug *nach* Wien?
> フェーァト ディーザァ ツーク ナーハ ヴィーン
> この列車はウィーンへ行きますか.

I 前《3 格とともに》①《方向・目標》…[の方]へ, …に向かって.《裏 to》. *nach* links (rechts) gehen 左(右)へ行く / *nach* außen (innen) 外側(内側)へ / von oben *nach* unten 上から下へ / Ich will *nach* Berlin. 私はベルリンへ行くつもりだ.《裏 定冠詞がつく地名・国名の場合には in を用いる. 例: in die Schweiz fahren スイスへ行く) / *nach* Haus[e] gehen 家へ帰る / Das Fenster geht *nach* Süden. 窓は南向きだ.
②《時間的に》…のあとで, ののちに.《裏 after). 《注意 「…の前に」は vor). *nach* einigen Jahren 数年のちに / *nach* dem Essen 食後に / *nach* dem Krieg 戦後に / *nach* einer Weile しばらくして / *nach* langer Zeit 長いことたってから / im Jahr 5 *nach* Christi Geburt 西暦 5 年に / Es ist fünf [Minuten] *nach* drei. 3 時 5 分過ぎだ.《裏「これから経過する時間のあとで」という場合には in を用いる. 例: In drei Stunden ist er wieder da. 3 時間したら彼は戻って来る).
③《順番》…の次に, …のあとから. Ich bin *nach* ihm an der Reihe. 彼の次が私の番だ / einer *nach* dem anderen 次々に / Bitte, *nach* Ihnen! お先にどうぞ(←あなたのあとから).
④《判断》…によれば.《裏 名詞のあとに置かれることがある). *nach* meiner Meinung または meiner Meinung *nach* 私の意見によれば / allem Anschein *nach* どう見ても / Ich kenne ihn nur dem Namen *nach*. 私は彼の名前だけを知っている(直接面識はない) / Seiner Sprache *nach* ist er Norddeutscher. 言葉から判断すると彼は北ドイツの人だ.
⑤《基準・見本》…に応じて(従って), …にならって, …のように.《裏 名詞のあとに置かれることがある). *nach* dem Alter または dem Alter *nach* 年齢に応じて / *nach* der Größe または der Größe *nach* 大きさに従って / *nach* Vorschrift 指示に従って / *nach* Belieben 随意に / *nach* Goethe ゲーテによれば / *nach* altem Brauch 古いしきたりにならって / *nach* Noten (dem Gehör) spielen 楽譜を見て(聞き覚えで)演奏する / *nach* der Natur malen 写生する / *nach* 物³ riechen (schmecken) 物³のにおいがする(味がする).
⑥《欲求などの対象》…を[求めて]. *nach* dem Weg fragen 道を尋ねる / *nach* Hilfe rufen 助けを呼ぶ / *nach* dem Arzt schicken 医者を呼びにやる / *nach* Ruhm streben 名声を求める / *nach* 物³ gierig sein 物³が欲しくてたまらない / *nach* 人³ verrückt sein《口語》人³に入れ込んでいる.

▌類語 **nach**: (3 格とともに: ふつう都市名や国名と結

nach..

びついて方向・目的地を表して)…へ. **zu**: (3 格とともに: ある人の所・ある建物へ向かって)…へ. *zum Bahnhof* (*zu meinem Onkel*) *gehen* 駅へ(おじさんの所へ)行く. **in**: (4 格とともに: 建物などの「中へ」を表して)…へ. *ins Restaurant gehen* レストランへ行く. **auf**: (4 格とともに: 用件を伴う行先, 特に公共の場所を目的地にして)…へ. *auf die Bank gehen* 銀行へ行く.

II 〔副〕 あとから[ついて]. *Mir nach!* 私について来い / *nach und nach* しだいに / *nach wie vor* 依然として, 相変わらず.

nach.. [ナーハ.. ná:x..] 〔前つづり〕つねにアクセントをもつ〕 ① 《後続》例: *nach*|fahren あとを追う. ② 《追加》例: *nach*|füllen つぎ足す. ③ 《持続》例: *nach*|hallen 響き続ける. ④ 《模倣》例: *nach*|machen まねる. ⑤ 《反復》例: *nach*|sprechen 繰り返して言う. ⑥ 《追求》例: *nach*|forschen 調べる. ⑦ 《劣等》例: *nach*|stehen 劣る.

nach·äf·fen [ナーハ・エッフェン ná:x-ɛ̀fən] 他 (h) 〔人・物⁴の〕《猿》まねをする.

nach|ah·men [ナーハ・アーメン ná:x-àːmən] (ahmte...nach, hat...nachgeahmt) 他 〔完了 haben〕(※ *imitate*) ① 〔人・物⁴を〕まねる, 模倣する. *einen Vogelruf nachahmen* 鳥の鳴き声をまねる / *Er versuchte, die Unterschrift seines Vaters nachzuahmen.* 彼は父親のサインをまねようと試みた. ② 〔模範として〔人・事⁴を〕見習う. *den Fleiß des Vaters nachahmen* 父親の勤勉さを見習う. ③ 〔貶〕模造する.

nach·ah·mens·wert [ナーハアーメンス・ヴェールト] 形 模倣する価値のある, 模範とすべき.

Nach·ah·mer [ナーハ・アーマァ] 男 -s/- まねをする人, 模倣者; 模造(偽造)者.(女性形: -in).

die **Nach·ah·mung** [ナーハ・アームング náːx-aːmʊŋ] 女 (単) -/(複) -en 《*imitation*》 ① 〔複 なし〕まね, 模倣; 模造, 偽造. *die Nachahmung eines Vogelrufs* 鳥の鳴き声のまね. ② 模造品, イミテーション.

Nach·ah·mungs·trieb [ナーハアームングス・トリープ] 男 -[e]s/-e 〔生・心〕模倣本能.

nach|ar·bei·ten [ナーハ・アルバイテン ná:x-àrbaɪtən] 他 (h) ① 〔遅れた時間など⁴を〕働いて取り戻す. ② 〔物⁴に〕あとから手を加える, 手直しする. ③ 〔彫像など⁴を〕模倣して作る.

***der* Nach·bar** [ナッハバール náxba:r]

隣人	Das ist unser *Nachbar*.
	ダス イスト ウンザァ ナッハバール
	こちらは私たちの隣人です.

格	単	複
1	der Nachbar	die Nachbarn
2	des Nachbarn	der Nachbarn
3	dem Nachbarn	den Nachbarn
4	den Nachbarn	die Nachbarn

男 (単 2・3・4) -n (まれに単 2: -s)/(複) -n 隣人, 近所の人; 隣席の人; 隣国. (※ *neighbor*). *ein freundlicher Nachbar* 親切な隣人 / *Wir haben einen neuen Nachbarn bekommen.* 私たちに新しい隣人ができた / *Wir sind Nachbarn geworden.* 〔現在完了〕私たちは隣どうしになった / *unser Nachbar* Frankreich 隣国フランス.

Nach·bar·dorf [ナッハバール・ドルフ] 中 -[e]s/..dörfer 隣村.

Nach·bar·haus [ナッハバール・ハオス] 中 -es/..häuser 隣家.

Nach·ba·rin [ナッハバーリン náxbaːrɪn] 女 -/..rinnen (女性の)隣人.

nach·bar·lich [ナッハバールリヒ] 形 ① 〔付加語としてのみ〕隣の, 近所の. *das nachbarliche Haus* 隣の家. ② 隣人どうしの, 近所づきあいの. *nachbarliche Hilfe* ご近所どうしの助け合い.

die **Nach·bar·schaft** [ナッハバールシャフト náxbaːrʃaft] 女 (単) -/ (※ *neighborhood*) ① (総称として)隣人, 近所の人々. ② 隣人関係. *Sie halten gute Nachbarschaft.* 彼らは良い近所づき合いをしている. ③ 近所, 近隣. *Sie wohnen in der Nachbarschaft.* 彼らは近所に住んでいる.

nach|be·han·deln [ナーハ・ベハンデルン ná:x-bəhàndəln] (過分 nachbehandelt) 他 (h) 〔医〕〔人・物⁴の〕後(:)処置(治療)をする.

Nach·be·hand·lung [ナーハ・ベハンドルング] 女 -/-en 〔医〕後(:)処置(治療), アフターケア.

nach|be·kom·men [ナーハ・ベコンメン ná:x-bəkɔ̀mən] 他 (h) 《口語》 ① (飲食物の)お代わりをもらう. ② 買い足す.

nach|bes·sern [ナーハ・ベッサァン ná:x-bɛ̀sərn] 他 (h) (あとから)修正する, 補修する.

nach|be·stel·len [ナーハ・ベシュテレン ná:x-bəʃtɛ̀lən] (過分 nachbestellt) 他 (h) 追加注文する.

Nach·be·stel·lung [ナーハ・ベシュテルング] 女 -/-en 追加注文.

nach|be·ten [ナーハ・ベーテン ná:x-bèːtən] 他 (h) 《口語》(人の意見など⁴を)受け売りする.

nach|bil·den [ナーハ・ビルデン ná:x-bìldən] 他 (h) 模造する, 複製する.

Nach·bil·dung [ナーハ・ビルドゥング] 女 -/-en ① 〔複 なし〕模造. ② 模造品.

nach|blei·ben* [ナーハ・ブライベン ná:x-blàɪbən] 自 (s) ① (進度などが)遅れる. *im Unterricht nachbleiben* 授業についていけない / *hinter den anderen Läufern nachbleiben* 他のランナーに遅れる. ② (時計が)遅れる. ③ (学校で)居残りさせられる.

nach|bli·cken [ナーハ・ブリッケン ná:x-blìkən] 自 (h) 〔人・物³のあとを〕見送る, 目で追う.

nach·christ·lich [ナーハ・クリストリヒ] 形 〔付加語としてのみ〕キリスト生誕後の, 西暦紀元後の. (※ 「紀元前の」は vorchristlich).

nach|da·tie·ren [ナーハ・ダティーレン ná:x-datìːrən] 他 (h) (手紙・小切手など⁴に)実際よ

りも前の日付を記入する.

*__nach・dem__ [ナーハ・デーム na:x-déːm] 接 《従属接続詞》動詞の人称変化形は文末》① …したあとで, …してから. (英 after). (⇔『「…する前に」は bevor). *Nachdem* ich gegessen hatte, las ich die Zeitung. 食事をしたあとで, 私は新聞を読んだ. (⇔ 従属文にはふつう完了形が用いられる). ② 《je とともに》…の〔事情〕しだいで, …に従って. Je *nachdem* ich Zeit finde, arbeite ich im Garten. 暇があると, 私は庭仕事をします. ③ 《方》…だから, …なので.

__nach|den・ken__ [ナーハ・デンケン náːx-dɛŋkən] (dachte ... nach, *hat* ... nachgedacht) 自 《完了》haben) 熟考する, よく考えてみる (*consider*). Denk mal *nach*! よく考えてごらん / Lass mich *nachdenken*! よく考えさせてくれ / über 人・事⁴ *nachdenken* 人・事⁴についてじっくり考える ⇨ Ich *muss* erst mal darüber *nachdenken*. 私はまずそれについてよく考えてみないといけない.

__Nach・den・ken__ [ナーハ・デンケン] 中 -s/ 熟考, 熟慮, 思索. Er war in tiefes *Nachdenken* versunken. 彼は深い物思いに沈んでいた.

__nach・denk・lich__ [ナーハ・デンクリヒ] 形 ① 考え込んでいる, 物思いに沈んだ; (人が)考え込みがちな. ein *nachdenkliches* Gesicht 考え込むような顔 / *nachdenklich* werden 考え込む. ② 《雅》考えさせられる, 重大な.

__Nach・denk・lich・keit__ [ナーハ・デンクリヒカイト] 女 -/ 考え込むこと; 考えさせられる〔重大な〕こと.

__Nach・dich・tung__ [ナーハ・ディヒトゥング] 女 -/-en (文学作品の)翻案, 改作.

__nach・drän・gen__ [ナーハ・ドレンゲン náːx-drɛŋən] 自 (s, h) (満員の会場などに入ろうとして)後ろから押す, 押し寄せる.

__Nach・druck__ [ナーハ・ドルック] 男 -[e]s/-e ① 《複 なし》強調, アクセント; 力点. mit *Nachdruck* 力を込めて, 強調して / *Nachdruck*⁴ auf 事⁴ legen 事⁴を強調する. ② 《印》再版, 重版; 複製, 海賊版. *Nachdruck* verboten! 不許複製. ③ 《印》(古書の)復刻[版], リプリント.

__nach|dru・cken__ [ナーハ・ドルッケン náːx-drʊkən] 他 (h) (本など⁴を)再版(重版)する; (古書など⁴を)復刻する.

__nach・drück・lich__ [ナーハ・ドリュックリヒ náːx-drʏklɪç] I 形 力のこもった, 強調した. eine *nachdrückliche* Forderung 強い要求. II 副 強調して. 人⁴ *nachdrücklich* warnen 人⁴に厳しく注意する.

__nach|dun・keln__ [ナーハ・ドゥンケルン náːx-dʊŋkəln] 自 (s, h) (時とともに)黒ずんでくる.

__nach|ei・fern__ [ナーハ・アイフェァン náːx-àɪfɐn] 自 (h) (人³を手本として)熱心に見習う, (人³に)負けまいと努力する.

__nach|ei・len__ [ナーハ・アイレン náːx-àɪlən] 自 (s) (人・物³のあとを)急いで追う.

__nach・ein・an・der__ [ナーハ・アイナンダァ naːx-aɪnándɐr] 副 ① 次々に, 相次いで, 順番に. kurz *nacheinander* 短い間隔で, 矢継ぎ早に / Bitte *nacheinander* eintreten! どうぞ順々にお入りください. ② お互いに. sich⁴ *nacheinander* sehnen お互いを恋しがる.

__nach|emp・fin・den__ [ナーハ・エンプふィンデン náːx-ɛmpfɪndən] (過分 nachempfunden) 他 (h) ① (他人の感情に)共感する. Ich *habe* seinen Schmerz *nachempfunden*. 私は彼の苦しみが自分のことのようにわかった. ② (詩・小説など⁴を 人・物³を)手本として作る.

__Na・chen__ [ナッヘン náxən] 男 -s/- 《詩》小舟.

__Nach・er・be__ [ナーハ・エルベ] 男 -n/-n 《法》後位相続人. (女性形: ..erbin).

__Nach・ern・te__ [ナーハ・エルンテ] 女 -/-n 《農》二番刈り(収穫); 落穂拾い.

__nach|er・zäh・len__ [ナーハ・エァツェーれン náːx-ɛrtsɛːlən] (過分 nacherzählt) 他 (h) (聞いた話・読んだ話⁴を)自分の言葉で語る.

__Nach・er・zäh・lung__ [ナーハ・エァツェーるング] 女 -/-en (聞いた話・読んだ話⁴を)自分の言葉で語ること(語った話).

__Nachf.__ [ナーハ・ふォるガァ または ナーハ・ふォるゲリン] 《略》後継者(=Nachfolger[in]).

__Nach・fahr__ =fahre [ナーハ・ふァール] 男 -s (または -en)/-en = Nachfahre

__Nach・fah・re__ [ナーハ・ふァーレ] 男 -n/-n 《雅》子孫.

__nach|fah・ren__* [ナーハ・ふァーレン náːx-fàːrən] I 自 (s) (人・物³のあとを乗り物で追う(あとから行く). II 他 (h) (線・文字など⁴を)なぞる.

__Nach・fol・ge__ [ナーハ・ふォるゲ] 女 -/-n 後任, 継承. seine *Nachfolge*⁴ an|treten 彼の後任になる.

__nach|fol・gen__ [ナーハ・ふォるゲン náːx-fɔlɡən] 自 (s) ① (人・物³のあとについて行く, あとを追って行く. *Folgen* Sie mir *nach*! 私のあとについて来てください. ② (人³の)後任となる.

__nach・fol・gend__ [ナーハ・ふォるゲント] I nach|folgen (あとについて行く)の 現分 II 形 あとに続く, 次の, 以下の. die *nachfolgenden* Kapitel それに続く数章. ◊《名詞的に》im *Nachfolgenden* 以下に.

__Nach・fol・ger__ [ナーハ・ふォるガァ] 男 -s/- 後継者, 継承者, 後任[者]; 弟子. (略: Nachf.). (女性形: -in). keinen *Nachfolger* haben 後継者がいない.

__nach・for・dern__ [ナーハ・ふォルダァン náːx-fɔrdɐrn] 他 (h) (物⁴を)あとから要求する, 追加請求する.

__Nach・for・de・rung__ [ナーハ・ふォルデルング] 女 -/-en あとからの要求, 追加請求.

__nach・for・schen__ [ナーハ・ふォルシェン náːx-fɔrʃən] 自 (h) 調べる, 調査する. Ich *will nachforschen*, ob… …かどうか調べてみよう.

__Nach・for・schung__ [ナーハ・ふォルシュング] 女 -/-en 《ふつう複》調査, 探査. *Nachforschungen*⁴ nach 事³ an|stellen 事³を調査する.

die **Nach⹀fra·ge** [ナーハ・ふラーゲ ná:x-fra:gə] 囡 (単) ─(複) ─n ① 《商》需要. (反) *demand*). (くら)「供給」は Angebot). Die *Nachfrage* **nach** Motorrädern steigt (sinkt). オートバイの需要が伸びる(落ちる). ② 問い合わせ, 照会. Danke der [gütigen] *Nachfrage*³! (体調などを問われたときにふつう皮肉って:)わざわざ心配いただきありがとうございます.

nach|fra·gen [ナーハ・ふラーゲン ná:x-frà:gən] 圓 (h) ① 問い合わせる, 照会する. **bei** [人]³ **nach** 事³ *nachfragen* [人]に事³を問い合わせる. ②〖um 事⁴ ～〗(事⁴を)願い出る. um Genehmigung *nachfragen* 許可を求める. ③ 繰り返し尋ねる.

nach|füh·len [ナーハ・ふューれン ná:x-fỳ:lən] 囲 (h) (他人の喜びなどを⁴)共感する.

nach|fül·len [ナーハ・ふュれン ná:x-fỳlən] 囲 (h) (グラス・容器などを⁴)再びいっぱいにする;(水・ガソリンなどを⁴)つぎ足す, 補充する.

Nach·füll⹀pack [ナーハふュる・パック] 男 ─s/─e (洗剤などの詰め換え用パック(容器に補充するための内容物のパック).

nach·ge·ahmt [ナーハ・ゲアームト] nach|ahmen (まねる)の 過分

nach|ge·ben* [ナーハ・ゲーベン ná:x-gè:bən] du gibst...nach, er gibt...nach (gab...nach, hat...nachgegeben) I 圓 (完了 haben) ① ([人・事]³に)譲歩する, 屈する. Sie *gab* seinen Bitten *nach*. 彼女はついに彼の懇願を聞き入れた / der Versuchung³ *nachgeben* 誘惑に負ける / Der Klügere *gibt nach*. (諺) 負けるが勝ち(←より賢い方が譲歩する).
② (圧力などによって)曲がる, しなる, たわむ; (水などが)割れる, (地盤などが)崩れる. Plötzlich *gab* der Boden unter seinen Füßen *nach*. 突然彼の足元の地盤が崩れた. ③ 《経》(株価などが)下がる.
II 他 (完了 haben) ① ([人]³に物⁴を)追加して与える. *Würden* Sie mir bitte noch etwas *nachgeben*? もう少しお代わりをいただけますか / sich³ Kartoffeln⁴ *nachgeben* じゃがいものお代わりをもらう. ②〖成句的に〗[人]³ **an** (または **in**) 事³ nichts⁴ *nachgeben* 事³にかけては[人]³にひけをとらない ⇒ Er *gibt* seinem Freund an Ausdauer (im Schwimmen) nichts *nach*. 彼は忍耐力(水泳)では友だちにひけをとらない.

nach·ge·bo·ren [ナーハ・ゲボーレン ná:x-gəbòːrən] 形 ① 末っ子の, (兄弟姉妹の中で)ずっとあとに生まれた. ② (凡) 両親の離婚後(父の死後)に生まれた.

Nach·ge·bühr [ナーハ・ゲビューァ] 囡 ─/─en 《郵》(昔の:)(郵便の)不足料金.

Nach⹀ge·burt [ナーハ・ゲブーァト] 囡 ─/─en 〖ふつう 単〗《医》後産(ござん).

nach·ge·dacht [ナーハ・ゲダッハト] *nach|denken (熟考する)の 過分

nach·ge·gan·gen [ナーハ・ゲガンゲン] nach|gehen (あとをついて行く)の 過分

nach·ge·ben [ナーハ・ゲゲーベン] nach|geben (譲歩する)の 過分

nach|ge·hen* [ナーハ・ゲーエン ná:x-gè:ən] (ging...nach, *ist*...nachgegangen) 圓 (完了 sein) ① ([人・物]³の)あとをついて行く, あとを追う. Er *ist* dem Mädchen *nachgegangen*. (現在完了) 彼はその女の子のあとを追った / der Spur³ *nachgehen* 足跡を追う. ② (事³を)追求する, 調査する. einem Problem *nachgehen* ある問題を調べる. ③ (事³に)いそしむ, (仕事など³に)専念する. einem Hobby *nachgehen* 趣味に没頭する. ④ (時計が)遅れる. (くら)〖(時計が進んでいる)は vor|gehen〗. Meine Uhr *geht* [um] zehn Minuten *nach*. 私の時計は 10 分遅れている. ⑤ ([人]³の)心から離れない. Seine Worte *sind* mir noch lange *nachgegangen*. 〖現在完了〗彼の言葉は長い間私の心に残った.

nach·ge·las·sen [ナーハ・ゲらッセン] I nach|lassen (弱まる)の 過分 II 形 (死後に)残された. *nachgelassene* Werke 遺作, 遺稿集.

nach·ge·macht [ナーハ・ゲマッハト] I nach|machen (まねる)の 過分 II 形 模倣された, 模造の. *nachgemachtes* Geld 偽金.

nach⹀ge·ra·de [ナーハ・ゲラーデ] 副 ① しだいに, 徐々に. ② まさに, 本当に.

nach|ge·ra·ten* [ナーハ・ゲラーテン ná:x-gəràːtən] (過分 nachgeraten) 圓 (s) ([人]³に)似てくる.

nach·ge·schla·gen [ナーハ・ゲシュらーゲン] nach|schlagen (調べる)の 過分

Nach⹀ge·schmack [ナーハ・ゲシュマック] 男 ─[e]s/ あと味, 《比》記憶, 思い出.

nach·ge·se·hen [ナーハ・ゲゼーエン] nach|sehen (見送る)の 過分

nach·ge·wie·sen [ナーハ・ゲヴィーゼン] nach|weisen (証明する)の 過分

nach·ge·wie·se·ner⹀ma·ßen [ナーハゲヴィーゼナァ・マーセン] 副 すでに証明(立証)されたように, 明らかに.

nach·gie·big [ナーハ・ギービヒ] 形 ① (人の)言いなりになる, すぐ譲歩する. ein *nachgiebiger* Mensch お人よし. ② (凡)(材質が)曲がりやすい, たわみやすい.

Nach·gie·big·keit [ナーハ・ギービヒカイト] 囡 ─/ ① すぐ譲歩すること, 人のよさ. ② (凡)(材質の)曲がりやすさ, しなやかさ.

nach|gie·ßen* [ナーハ・ギーセン ná:x-gìːsən] 他 (h) (液体⁴を)つぎ足す; (容器など⁴を)つぎ足していっぱいにする.

nach|grü·beln [ナーハ・グリューべるン ná:x-grỳːbəln] 圓 (h) 〖über 事³ ～〗(事⁴について)あれこれ思案する.

nach|gu·cken [ナーハ・グッケン ná:x-gùkən] I 圓 (h) 《方》([人・物]³を)見送る (＝nach|sehen). II 他 (h) 《方》(物⁴を)調べる; (事⁴を)確かめる (＝nach|sehen).

Nach⹀hall [ナーハ・はる] 男 ─[e]s/─e 〖ふつう 単〗残響, 余韻.

nach|hal·ten [ナーハ・ハ␣テン ná:x-hàlən] 圓 (h, s) 残響(余韻)を残す.

nachːhal·tig [ナーハ・ハルティヒ ná:x-haltıç] 形 持続する, あとまで残る(作用・印象など).

nach|hän·gen* [ナーハ・ヘンゲン ná:x-hèŋən] 圓 (h) ① (過ぎ去ったことなど³について)あれこれ考える, (考え・思い出などを³)ふける. Er *hing* seinen Erinnerungen *nach*. 彼は思い出にふけった. ②《口語》(進度が)遅れている.

nachːhau·se [ナーハ・ハオゼ] 副 家へ (= nach Hause).

Nach·hau·seːweg [ナーハハオゼ・ヴェーク] 男 -[e]s/-e 家路 (=Heimweg).

nach|hel·fen* [ナーハ・ヘルフェン ná:x-hèlfən] 圓 (h) ([人³に])手を貸す, ([人³の])あと押しをする. dem Glück ein wenig *nachhelfen* 目的のためにやや強引な手を使う(←幸運[の女神]に少しだけ手を貸す).

*✱**nachːher** [ナーハ・ヘーァ na:x-hé:r または ナーハ..] 副 ① あとで, のちほど. (英) later). Gehen wir *nachher* noch etwas essen? あとで何か食べに行こうか / Bis *nachher*! じゃあ, またあとでね.
② そのあとで; あとになって. (英) afterward). Erst war er im Kino, *nachher* in einer Bar. 最初彼は映画を見て, それからバーに行った / Das habe ich erst *nachher* erfahren. そのことを私はようやくあとになってから耳にした.

nachːhe·rig [ナーハ・ヘーリヒ] 形 〖付加語としてのみ〗そののちの, 次の, 将来の.

Nachːhil·fe [ナーハ・ヒルフェ] 女 -/-n 補習授業; 家庭教師による授業 (=*Nachhilfe*unterricht). *Nachhilfe*⁴ in Mathe geben 数学の家庭教師をする.

Nach·hil·feːstun·de [ナーハ・ヒルフェ・シュトゥンデ] 女 -/-n =Nachhilfeunterricht

Nach·hil·feːun·ter·richt [ナーハヒルフェ・ウンタリヒト] 男 -[e]s/-e 〖ふつう単〗補習授業, 家庭教師による授業.

nachːhin·ein im Nachhinein (あとになってから)における Nachhinein の古い形.

nach|hin·ein [ナーハ・ヒナイン] 田〖成句的に〗im *Nachhinein* あとになってから, あとで.

nach|hin·ken [ナーハ・ヒンケン ná:x-hìŋkən] 圓 (s) 他の人より後れる, 後れをとる. 人³ im Unterricht *nachhinken* 授業で人³に後れをとる.

Nach·holːbe·darf [ナーハホール・ベダルフ] 男 -[e]s/-e (後れ・不足などを)取り戻したいという要求. einen *Nachholbedarf* an Schlaf³ haben 睡眠不足を解消したいと思う.

nach|ho·len [ナーハ・ホーレン ná:x-hò:lən] 他 (h) ① (失った時間などを⁴)取り戻す, ばん回する. Schlaf *nachholen* 寝不足を取り戻す. ② (人・物⁴を)あとから連れて(持って)来る.

Nachːhut [ナーハ・フート] 女 -/-en (軍) 後衛[部隊].

nach|ja·gen [ナーハ・ヤーゲン ná:x-jà:gən] 圓 (s) (泥棒などを³)あとを急いで追いかける. dem Glück *nachjagen*《比》幸せを追い求める.

Nachːklang [ナーハ・クラング] 男 -[e]s/..klänge ① 残響. ② (思い出などの)余韻.

nach|klin·gen* [ナーハ・クリンゲン ná:x-klìŋən] 圓 (s) ① 残響がある. ② (思い出・印象などの)余韻を残す.

Nachːkom·me [ナーハ・コンメ] 男 -n/-n (直系の)子孫, 後裔(ミミ).

nach|kom·men* [ナーハ・コンメン ná:x-kòmən] 圓 (s) ① あとから来る(行く); (人・物³について来る(行く). Geht schon vor, ich *komme nach*. 君たち先に行ってくれ, ぼくはあとから行く. ② 後れずについて行く. Bei diesem Tempo *kommt* keiner *nach*. この速度ではだれも後れずについて行け(来れ)ない. ③《雅》(義務など³を)果たす, (命令など³に)従う, (要望など³に)応じる. (☞ 類語 folgen).

Nachːkom·men·schaft [ナーハ・コンメンシャフト] 女 -/ (総称として:)子孫, 後裔(ミミ).

Nachːkömm·ling [ナーハ・ケムリング] 男 -s/-e (兄弟よりもずっと)後れて生まれた子供.

Nachːkriegsːzeit [ナーハクリークス・ツァイト] 女 -/-en 戦後[の時代].

Nachːkur [ナーハ・クーァ] 女 -/-en (医) 後(ॢ)療法.

Nachːlass [ナーハ・ラス ná:x-las] 男 -es/..lässe (または -e) ① (法) 遺産; 遺品. der literarische *Nachlass* eines Dichters 詩人の遺稿. ② (商) 値引き, 割引.

nach|las·sen* [ナーハ・ラッセン ná:xlàsən] du lässt...nach, er lässt...nach (ließ... nach, *hat*...nachgelassen) **I** 圓 (完了 haben) (嵐などが)弱まる, (苦痛などが)和らぐ; (業績などが)低下する; (記憶力・体力などが)衰える. (英) *decrease*). Die Kälte *lässt* allmählich *nach*. 寒気がしだいに和らぐ / Die Geschäfte *lassen nach*. 商売がうまくいかなくなる / Der Schüler *hat* in seinen Leistungen *nachgelassen*. その生徒は成績が落ちた.
II 他 (完了 haben) ① (商) (人³に金額⁴を)値引く. Er *hat* mir 50 Euro vom Preis *nachgelassen*. 彼は私に 50 ユーロ値引いてくれた. ② (ねじなど⁴を)緩める. die Zügel⁴ *nachlassen* 手綱を緩める. ③ ([人³の])負債・罰など⁴を)軽減する.
◇☞ **nachgelassen**

nachːläs·sig [ナーハ・レスィヒ ná:x-lεsıç] 形 ① いいかげんな, ぞんざいな(態度・仕事など); だらしない, むとんじゃくな(服装など). (英) careless). eine *nachlässige* Arbeit いいかげんな仕事 / *nachlässig* gekleidet sein だらしない格好をしている. ② 気のない, そっけない. 人⁴ *nachlässig* begrüßen 人⁴に気のないあいさつをする.

Nachːläs·sig·keit [ナーハ・レスィヒカイト] 女 -/-en ①〖複 なし〗いいかげんさ, ぞんざい. ② いいかげんな(ぞんざいな)言動.

nach|lau·fen* [ナーハ・ラオフェン ná:x-làufən] 圓 (s) ① (人・物³の)あとを追いかける;《口語》(物³を)得ようと努力する. Der Hund *läuft* seinem Herrn *nach*. その犬は主人のあとを追って走って行く. ② 《口語》《囚³に)盲従する; (囚³に)つきまとう.

nach|le·ben [ナーハ・レーベン ná:x-lè:bən] 自 (h) (囚・物³を)手本として生きる.

nach|le·gen [ナーハ・レーゲン ná:x-lè:gən] 他 (h) (まき・石炭など⁴をストーブに)つぎ足す.

Nach≥le·se [ナーハ・れーゼ] 女 -/-n ① 《農》(拾い集めた)落ち穂, (二番摘みの)ぶどう. ② 《雅》(文学作品の)拾遺(しゅう), 補遺. ③ (テレビ・ラジオ放送の)総集編.

nach|le·sen* [ナーハ・れーゼン ná:x-lè:zən] 他 (h) ① 読み直して調べる, 確認する. ② (畑など⁴の)落ち穂を拾う, 二番摘みをする.

nach|lie·fern [ナーハ・リーふァン ná:x-lì:fərn] 他 (h) (物⁴を)期限を遅れて納入する; 追加(補充)分として納品する.

Nach≥lie·fe·rung [ナーハ・リーふェルング] 女 -/-en 期限遅れの商品納入; 追加納品.

nach|lö·sen [ナーハ・れーゼン ná:x-lö̀:zən] 他 (h) (切符など⁴を)車中で買う, 車中で精算する.

nachm. [ナーハ・ミッタークス] 《略》午後に (= **nachm**ittags).

nach|ma·chen [ナーハ・マッヘン ná:x-màxən] 他 (h) 《口語》① (囚・車⁴の)まねをする, 模倣する. den Lehrer *nachmachen* 先生のまねをする / Sie *macht* mir alles *nach*. 彼女はなんでも私のまねをする. ② まねて作る, 模造(偽造)する. Banknoten⁴ *nachmachen* 紙幣を偽造する. ③ (残した仕事・宿題など⁴を)あとからする. ◇☞ **nachgemacht**

nach|ma·lig [ナーハ・マーリヒ] 形 のちの, 後代の.

nach|mes·sen* [ナーハ・メッセン ná:x-mèsən] 他 (h) 測り直す, もう一度測る.

Nach≥mie·ter [ナーハ・ミータァ] 男 -s/- 次に入る借家(間借り)人. (女性形: -in).

nach|mit·tag [ナーハ・ミッタークス] heute Nachmittag (きょうの午後)などにおける Nachmittag の古い形.

*der Nach≥mit·tag [ナーハ・ミッタークス ná:x-mɪtàːk] 男 (単2) -s/(複) -e (3 格のみ -en) ① 午後. 《英》*afternoon*). (《英》「午前に」は Vormittag). Montag*nachmittag* 月曜日の午後 / ein heißer *Nachmittag* 暑い午後 / heute *Nachmittag* きょうの午後 / jeden *Nachmittag* 毎日午後に / Ich habe den ganzen *Nachmittag* auf dich gewartet. 私は午後中ずっと君を待っていたよ / im Laufe des *Nachmittags* 午後のうちに / **am** *Nachmittag* 午後に / früh am *Nachmittag* または am frühen *Nachmittag* 午後の早いうちに / spät am *Nachmittag* または am späten *Nachmittag* 午後遅く / **vom** *Nachmittag* **an** 午後から / bis **zum** *Nachmittag* im Hotelzimmer bleiben 午後までホテルの部屋にとどまる. ② 午後の催し合.

*nach≥mit·tags [ナーハ・ミッタークス ná:x-mɪtàːks] 副 午後に(略: nachm.). 《英》*in the afternoon*). (《英》「午前に」は vormittags). *nachmittags* um 3 Uhr または um 3 Uhr *nachmittags* 午後 3 時に / mittwoch*nachmittags* または mittwochs *nachmittags* 毎週水曜日の午後に.

Nach≥nah·me [ナーハ・ナーメ] 女 -/-n 《郵》① 着払い, 代引き換. 物⁴ **als** (または **gegen**, **mit**, **per**, **unter**) *Nachnahme* schicken 物⁴を着払いで送る. ② 着払い郵便物.

Nach≥na·me [ナーハ・ナーメ] 男 -ns (3 格・4 格 -n)/-n 姓, 家族名(=Familienname).

nach|neh·men* [ナーハ・ネーメン ná:x-nè:mən] 他 (h) ① (飲食物⁴の)お代わりをする. ② (郵便料金など⁴を)着払いで受け取る.

nach|plap·pern [ナーハ・プらッパァン ná:x-plàpərn] 他 (h) 《口語》(他人の言葉など⁴を)口まねする, 受け売りする.

Nach≥por·to [ナーハ・ポルトー] 中 -s/-s (または ..porti) 《郵》郵便の不足料金 (=Nachgebühr).

nach|prü·fen [ナーハ・プリューふェン ná:x-prỳ:fən] 他 (h) ① (事⁴を)再検査する, 再審査する. ② (囚⁴に)追試験を行う.

Nach≥prü·fung [ナーハ・プリューふング] 女 -/-en 再検査, 再審査; 追試験.

nach|rech·nen [ナーハ・レヒネン ná:x-rèçnən] I 他 (h) (計算問題など⁴を)検算する. II 自 (h) (過ぎた年月などを)数え直してみる.

Nach≥re·de [ナーハ・レーデ] 女 -/-n ① 陰口, 悪口. üble *Nachreden* 《法》名誉毀損. ② 結語, あと書き.

nach|re·den [ナーハ・レーデン ná:x-rè:dən] 他 (h) ① (囚³の言葉⁴を)受け売りして話す. ② (貶)(囚³について悪口など⁴を)言いふらす.

*die Nach≥richt [ナーハ・リヒト ná:x-rɪçt] 女 (単) -/(複) -en 《英》*news*) ① 知らせ, 通知; 便り, 消息. eine gute (falsche) *Nachricht* 吉報(誤報) / die neuesten *Nachrichten* 最新情報 / eine *Nachricht*⁴ bekommen (または erhalten) 知らせを受ける / 囚³ eine *Nachricht*⁴ bringen (または mit|teilen) 囚³に知らせを伝える / 囚³ eine *Nachricht*⁴ hinterlassen 囚³にメッセージを残す / Wir haben keine *Nachricht* **von** ihm. われわれは彼の消息を全然聞いていない.

② [腹で] (ラジオ・テレビの)ニュース[放送・番組]. *Nachrichten*⁴ hören (sehen) ニュースを聞く (ニュース番組を見る).

Nach·rich·ten≥agen·tur [ナーハリヒテン・アゲントゥーァ] 女 -/-en 通信社.

Nach·rich·ten≥bü·ro [ナーハリヒテン・ビュロー] 中 -s/-s =Nachrichtenagentur

Nach·rich·ten≥dienst [ナーハリヒテン・ディーンスト] 男 -[e]s/-e ① (政府の)秘密情報機関. ② 通信社; ニュース放送.

Nach·rich·ten≥sa·tel·lit [ナーハリヒテン・ザテリート] 男 -en/-en 通信衛星.

Nach·rich·ten≥sen·dung [ナーハリヒテン・ゼンドゥング] 女 -/-en ニュース放送.

Nach·rich·ten=sper·re [ナーハリヒテン・シュペレ] 囡 -/-n 報道管制.

Nach·rich·ten=spre·cher [ナーハリヒテン・シュプレッヒャァ] 男 -s/- (ラジオ・テレビの)ニュースキャスター. (女性形: -in).

Nach·rich·ten=tech·nik [ナーハリヒテン・テヒニク] 囡 -/ 通信工学.

Nach·rich·ten=we·sen [ナーハリヒテン・ヴェーゼン] 中 -s/ (総称として:)通信機関, 報道機構.

nach|rü·cken [ナーハ・リュッケン ná:x-rỳ-kən] 自 (s) ① (前任者の)あとを継ぐ, 後任となる. ② (人³に)ぴったりついて行く. ③ (間隔を)前方につめる. *Rücken* Sie bitte etwas *nach*! (並んでいる人に:)少々おつめください.

Nach=ruf [ナーハ・ルーフ] 男 -[e]s/-e 追悼文, 哀悼の辞.

nach|ru·fen* [ナーハ・ルーフェン ná:x-rù:fən] 他 (h) (人³の)後ろから叫ぶ.

Nach=ruhm [ナーハ・ルーム] 男 -[e]s/ 死後の名声(栄誉).

nach|rüs·ten [ナーハ・リュステン ná:x-rỳstən] I 自 (h) (軍) 軍備を増強する. II 他 (h) (工) (機器など⁴に)パーツを追加する.

nach|sa·gen [ナーハ・ザーゲン ná:x-zà:gən] 他 (h) ① (他人の言葉⁴を)繰り返す, 口まねする. ② (人³について囲⁴を)陰で言う.

Nach=sai·son [ナーハ・ゼゾーン] 囡 -/-s (南ド., オーストリア, スイス: -en) シーズン終盤.

Nach=satz [ナーハ・ザッツ] 男 -es/..sätze ① 追記; 追伸; 補遺. ② (言) 後続文, 後置文; (音楽) 後楽節.

nach|schau·en [ナーハ・シャオエン ná:x-ʃàu-ən] 自 (h)・他 (h)(南ド., オーストリア, スイス) =nach|se·hen

nach|schi·cken [ナーハ・シッケン ná:x-ʃì-kən] 他 (h) (手紙など⁴を)転送する; (人³に 囲⁴を)あとから送る.

Nach=schlag [ナーハ・シュラーク] 男 -[e]s/..schläge ① (軍) (食事の)お代わり. ② (音楽) 後打音.

nach|schla·gen* [ナーハ・シュラーゲン ná:x-ʃlà:gən] du schlägst ... nach, er schlägt ... nach (schlug ... nach, *hat/ist* ... nachgeschlagen) I 他 (h) (辞書などを)調べる. (英 *look up*). ein Wort⁴ im Wörterbuch *nachschlagen* ある単語を辞書で調べる. ◇〖目的語なしでも〗in einem Buch *nachschlagen* ある本を参照する. ② (口語) (辞書など⁴を)引く. das Lexikon⁴ *nachschlagen* 事典で調べる.
II 自 (完了 sein) (雅) (人³に)似てくる. Er *schlägt* seinem Vater mehr und mehr *nach*. 彼は父親にますます似てくる.

Nach·schla·ge=werk [ナーハシュラーゲ・ヴェルク] 中 -[e]s/-e レファレンスブック(事典・辞書・年鑑など).

nach|schlei·chen* [ナーハ・シュラィヒェン ná:x-ʃlàiçən] 自 (s) (人³を)尾行する, ひそかにあとをつける.

Nach=schlüs·sel [ナーハ・シュリュッセる] 男 -s/- [不正に作られた]合い鍵(禁).

nach|schrei·ben* [ナーハ・シュラィベン ná:x-ʃràibən] 他 (h) ① (作文・答案など⁴を)期限より遅れて提出する. ② (囲⁴を)手本にならって書く; (講義・講演など⁴の)ノートをとる.

Nach=schrift [ナーハ・シュリふト] 囡 -/-en ① (講義・講演などの)ノート, 筆記録. ② (手紙の)追伸 (略: NS).

Nach=schub [ナーハ・シューブ] 男 -[e]s/..schübe 〖ふつう単〗① (軍) (物資の)補給; 補給物資. der *Nachschub* an Munition 弾薬の補給. ② 《口語・比》 追加の飲み物(食べ物).

Nach=schuss [ナーハ・シュス] 男 -es/..schüsse ① (経) 追加出資〔金〕. ② (特にサッカー・アイスホッケーで)こぼれ球シュート.

nach|se·hen* [ナーハ・ゼーエン ná:x-zè:-ən] du siehst ... nach, er sieht ... nach (sah ... nach, *hat* ... nachgesehen) I 自 (完了 haben) (人・物³を)見送る. den abreisenden Gästen *nachsehen* 旅立つ客を見送る.
II 他 (完了 haben) ① (物⁴を)調べる. ein Wort⁴ im Wörterbuch *nachsehen* 単語を辞書で調べる. ◇〖目的語なしでも〗 Sieh mal in deinen Schulbüchern *nach*! 君の教科書を調べてごらんよ. ② (囲⁴を)確かめる, 点検する. eine Rechnung⁴ *nachsehen* 計算書を点検する. ③ (人³の囲⁴を)大目に見る. Sie *sehen* ihrem einzigen Kind alles *nach*. 彼らはたった一人のわが子には何でも大目に見てやる.

Nach·se·hen [ナーハ・ゼーエン] 中 (句的用法に)das *Nachsehen*⁴ haben (何ももらえず)指くわえて見ている, 置いてけぼりをくう.

nach|sen·den⁽*⁾ [ナーハ・ゼンデン ná:x-zèn-dən] 他 (h) (郵) (手紙など⁴を)転送する.

nach|set·zen [ナーハ・ゼッツェン ná:x-zètsən] 自 (h) (人・物³の)あとを急いで追う.

Nach=sicht [ナーハ・ズィヒト] 囡 -/ 寛容, 寛大, 大目に見ること. keine *Nachsicht* kennen 容赦しない / mit 人³ *Nachsicht*⁴ haben (または üben) (人³を)大目に見る / um *Nachsicht* bitten (人⁴に)大目に見てくれるよう頼む.

nach·sich·tig [ナーハ・ズィヒティヒ ná:x-zıç-tıç] 形 寛容な, 寛大な, 温情のある.

Nach=sil·be [ナーハ・ズィるベ] 囡 -/-n (言) 後つづり, 接尾辞 (=Suffix). (英 「前つづり」は Vorsilbe).

nach|sin·nen* [ナーハ・ズィンネン ná:x-zì-nən] 自 (h) (囲³ (または über 囲⁴) ~)(雅) (囲³(または囲⁴)について)熟考する, じっくり考える.

nach|sit·zen* [ナーハ・ズィッツェン ná:x-zì-tsən] 自 (h) (生徒が罰として)居残りする.

Nach=som·mer [ナーハ・ゾンマァ] 男 -s/- (初秋の)小春日和(ばち).

Nach=sor·ge [ナーハ・ゾルゲ] 囡 -/ (医) (退院後の)アフターケア.

die **Nach=spei·se** [ナーハ・シュパィゼ ná:x-ʃpaɪzə] 囡 (単) -/(複) -n デザート (=

Nachtisch). Als *Nachspeise* gibt es Eis. デザートにはアイスクリームがある.

Nach⹀spiel [ナーハ・シュピーる] 中 -[e]s/-e ① (事件の)余波, 揺り戻し. ② 《音楽》後奏曲; 《劇》幕切れ後の小劇. (⇔「前奏曲」は Vorspiel).

nach|spie·len [ナーハ・シュピーれン ná:x-ʃpìː-lən] I 他 (h) ① (曲など⁴を)まねて演奏する. ② (劇など⁴を別の劇場で)再演する. II 自 (h) (サッカーなどで:)(ロスタイム分だけ)試合を延長する.

Nach·spiel⹀zeit [ナーハ・シュピーる・ツァイト] 女 -/-en (サッカーなどの)ロスタイム.

nach|spi·o·nie·ren [ナーハ・シュピオニーレン ná:x-ʃpionìːrən] 自 (⺇³の)あとをつけてスパイする(探る).

nach|spre·chen* [ナーハ・シュプレッヒェン ná:x-ʃprɛçən] 他 (h) (他人の言葉など⁴を)繰り返して言う, 復唱する. ◊《目的語なしでも》*Sprechen* Sie mir *nach*! 私のあとについて言ってください.

nach|spü·ren [ナーハ・シュピューレン ná:x-ʃpỳːrən] 自 (h) 《雅》① (人・物³の)跡をつける, 追跡する. ② (秘密など³を)探る, 追求する.

:**nächst** [ネーヒスト né:çst] I (*nahe の 最上級) 形 《付加語としてのみ》① 最も近い, 次の, 隣りの. (英 nearest, next). Die *nächste* Stadt ist 50 km entfernt. 隣り町は 50 キロメートル離れている / im *nächsten* Kapitel 次の章で / die *nächste* Straße rechts 次の通りを右へ.
◊《*best* とともに》手当たりしだいの, 手近の. der *nächste* Beste 手近にいる[男の]人 / im *nächsten* besten Laden 近くの店で.
② (時間・順序の)次の, 最も近い. *nächste* Woche 来週に / *nächstes* Jahr 来年 / *nächstes* Mal または die *nächste* Mal 次回に / [am] *nächsten* Morgen 翌朝 / bei *nächster* (または bei der *nächsten*) Gelegenheit 次の機会に / in *nächsten* Augenblick 次の瞬間に / in den *nächsten* Tagen 近日中に.
◊《名詞的に》Der *Nächste*, bitte! (病院などで:)次の方どうぞ / **fürs** *Nächste* さしあたり.
③ (関係の)最も近い, 最も親しい. die *nächsten* Freunde 最も親しい友人たち.
II 前 《3 格とともに》①《雅》…に次いで, …を除いては. *nächst* dem Vater 父親の次には, 父親を除いては. ②《口》…のすぐ近くに. *nächst* dem Bahnhof 駅のすぐ近くに.

nächst⹀best [ネーヒスト・ベスト] 形 《付加語としてのみ》手当たりしだいの, 手近の. bei der *nächstbesten* Gelegenheit 機会がありしだい / Er ging ins *nächstbeste* Restaurant. 彼は最初に見つけたレストランに入った.

nach|ste·hen* [ナーハ・シュテーエン ná:x-ʃtèːən] 自 (h) (人・物³に)劣る, およばない. ⺇³ **an** Fleiß nicht *nachstehen* 勤勉さでは⺇³にひけをとらない / Sie *steht* ihm **in** nichts *nach*. 彼女はいかなる点でも彼にひけをとらない.

nach·ste·hend [ナーハ・シュテーエント] I nach|stehen (劣る)の 現分 II 形 以下の, 後述

の. ◊《名詞的に》**im** *Nachstehenden* 以下において.

nach|stei·gen* [ナーハ・シュタイゲン ná:x-ʃtàigən] 自 (s) 《口語》(女の子など³に)しつこく追い回す.

nach|stel·len [ナーハ・シュテれン ná:x-ʃtɛlən] I 他 (h) ① (シーンなど⁴を)手本どおりに演じる. ②《言》後置する. ③ (時計⁴を)遅らせる. (⇔「進ませる」は vorstellen). ④ (機械を一定期間後に)調整し直す. II 自 (h) 《雅》(動物など³を)しつこく追う, 追跡する; 《口語》(女の子など³を)しつこく追い回す(＝nach|steigen).

Nach|stel·lung [ナーハ・シュテるング] 女 -/-en ①《言》後置. ②(しつこい)追跡, 追い回し.

Nächs·ten·lie·be [ネーヒステン・リーベ] 女 -/ 隣人愛, 同胞愛, 博愛.

nächs·tens [ネーヒステンス né:çstəns] 副 ① 近いうちに, ほどなく. Ich komme *nächstens* mal zu Ihnen. 近いうちに訪ねて行きます. ②《口語》(このままいくと)ついには, 結局は.

Nächs·te[r] [ネーヒステ(..タァ) né:çstə(..tər)] 男 女 《語尾変化は形容詞と同じ》① (順番などが)次の人, 最も近い人. Der *Nächste*, bitte! (病院などで:)次の方どうぞ / Wer kommt als *Nächster*? 次はだれの番ですか. ②《雅》隣人, 同胞.

Nächs·te[s] [ネーヒステ[ス] né:çstə[s]] 中 《語尾変化は形容詞と同じ》最も近いもの(こと). **fürs** *Nächste* さしあたり.

nächst⹀fol·gend [ネーヒスト・ふォるゲント] 形 《付加語としてのみ》すぐあとの, 次に来る.

nächst⹀lie·gend [ネーヒスト・リーゲント] 形 《付加語としてのみ》手近の, すぐに思いつく, まず考えられる(解決策など).

nach|su·chen [ナーハ・ズーヘン ná:x-zùːxən] I 他 (h) くまなく探す(調べる). II 自 《um 囲⁴ ～》《雅》(囲⁴を正式に)願い出る, 申請する.

nacht [ナハト] heute Nacht (今夜)などにおける Nacht の古い形.

:**die Nacht** [ナハト náxt]

夜	Gute *Nacht*! おやすみなさい.
	グーテ ナハト

女 (単) -/(複) Nächte [ネヒテ] (3 格のみ Nächten) 夜. (英 night). (⇔「朝」は Morgen, 「昼間」は Tag, 「夕方」は Abend). Mitter-*nacht* 真夜中 / eine mondhelle *Nacht* 月の明るい夜 / eine finstere *Nacht* 闇夜(ੰ) / die Heilige *Nacht* 聖夜, クリスマスイブ / stille *Nacht*, heilige *Nacht* (クリスマスの歌「きよしこの夜」の初めの一節) / 静かな夜, 聖なる夜 / Es wird *Nacht*. 夜になる / jede *Nacht* 毎夜 / letzte *Nacht* 昨夜 / zwei *Nächte* lang 二夜にわたり / diese *Nacht* a) 今夜, b) 昨夜 / heute *Nacht* a) 今夜, b) きょうの末明に (⇔は b) はその日の 0 時ごろから明け方までを指す) / die ganze *Nacht* [hindurch] 夜通し / Tag und *Nacht*

昼も夜も / des *Nachts*《雅》夜に / eines *Nachts*《雅》ある夜 (メモ Nacht は女性名詞だが, これらの用法では eines Tages などからの類推で習慣的に 2 格の -s がつく) / Na, dann gute *Nacht*!《口語》(めずらしくなって:)万事休す! / italienische *Nacht* 夜の屋外パーティー (イタリア風にちょうちんをつるす) / hässlich wie die *Nacht* ひどく醜い / die *Nacht*⁴ zum Tag machen 夜昼逆の生活をする.

◊《前置詞とともに》**bei** *Nacht* 夜[間]に / bei *Nacht* und Nebel 夜陰に乗じて / **durch** die *Nacht* über 夜通し / **für** eine *Nacht* 一晩の予定で / *Nacht* für *Nacht* 毎夜 / mitten **in** der *Nacht* 真夜中に / tief in der *Nacht* 深夜に / bis in die späte *Nacht* または bis spät in die späte *Nacht* 夜遅くまで / in der *Nacht* von Sonntag auf Montag 日曜から月曜へかけての夜に / **über** *Nacht* a) 一晩中, b) 一夜にして, 突然.

Nacht︲ar·beit [ナハト・アルバイト] 囡 -/ 夜間労働(作業)(特に 23 時-6 時の).

nacht︲blind [ナハト・ブリント] 形 夜盲症の, 鳥目の.

Nacht︲dienst [ナハト・ディーンスト] 男 -[e]s/-e 夜間勤務, 宿直.

Näch·te [ネヒテ] ⇒Nacht (夜)の 複

*der **Nach︲teil** [ナーハ・タイル ná:x-taɪl] 男 (単 2) -[e]s/(複) -e (3 格のみ -en) 不利, デメリット; 損失, 短所, 欠点. (メモ disadvantage). (メモ「有利」は Vorteil). finanzielle *Nachteile* 財政上の損失 / 囚³ *Nachteile*⁴ bringen 囚³に不利益をもたらす / Er ist (または befindet sich) **im** *Nachteil*. 彼は不利な立場にある / Dieser Plan hat den *Nachteil*, dass… この計画は…という欠点がある.

nach·tei·lig [ナーハ・タイリヒ ná:x-taɪlɪç] 形 不利な, 不都合な. *nachteilige* Folgen⁴ haben 不都合な結果をもたらす.

näch·te︲lang [ネヒテ・ラング] 形 幾夜もの, 数夜にわたる.

Nacht︲eu·le [ナハト・オイれ] 囡 -/-n 《口語・戯》夜ふかし好きな人, 宵っ張り[の人].

Nacht︲fal·ter [ナハト・ふァるタァ] 男 -s/- ① 《昆》ガ(蛾). ② 《戯》夜遊びする人.

Nacht︲frost [ナハト・ふロスト] 男 -[e]s/..fröste 夜間の霜; (氷点下の)夜間の冷え込み.

Nacht︲hemd [ナハト・ヘムト] 中 -[e]s/-en (長いシャツ風の)寝間着, ネグリジェ, ナイトウェア.

Nach·ti·gall [ナハティガる náxtigal] 囡 -/-en 《鳥》ナイチンゲール, 小夜啼(さよなき)鳥.

näch·ti·gen [ネヒティゲン néçtɪgən] 自 (h) 《ドイツ》(…で)夜を過ごす, 宿泊する. unter freiem Himmel *nächtigen* 野宿する.

der **Nach︲tisch** [ナーハ・ティッシュ ná:xtɪʃ] 男 (単 2) -[e]s/(複) -e (3 格のみ -en) デザート (=Nachspeise). (メモ dessert). Was gibt es heute **zum** *Nachtisch*? きょうはデザートに何があるのですか?

Nacht︲klub [ナハト・クるップ] 男 -s/-s ナイトクラブ.

Nacht︲la·ger [ナハト・らーガァ] 中 -s/- ① 《雅》寝る所, 寝る場所. ② 露営; 《軍》夜営.

Nacht︲le·ben [ナハト・れーベン] 中 -s/ (大都会の)ナイトライフ; 《戯》夜遊び.

nächt·lich [ネヒトりヒ] 形 《付加語としてのみ》夜の, 夜間の. *nächtliche* Stille 夜のしじま.

Nacht︲lo·kal [ナハト・ろカーる] 中 -[e]s/-e 深夜(終夜)営業の酒場, ナイトクラブ.

Nacht︲mahl [ナハト・マーる] 中 -[e]s/-e (または ..mähler) 《オーストリア・南ドイツ》夕食 (=Abendessen).

Nacht︲por·ti·er [ナハト・ポルティエー] 男 -s/-s (ホテルなどの)夜勤フロント係; 夜勤の守衛.

Nacht︲quar·tier [ナハト・クヴァルティーア] 中 -s/-e 宿泊所, 宿舎.

Nach︲trag [ナーハ・トラーク] 男 -[e]s/..träge (文書などの)補遺, 追記; (手紙の)追伸.

nach|tra·gen* [ナーハ・トラーゲン ná:x-trà:gən] 他 (h) ① 〈囚³に 物⁴を〉あとから運ぶ. Er *trug* mir den Koffer *nach*. 彼はあとからトランクを持ってついてきた. ② 書き加える; 付け加えて言う. ③ 〈囚³の事⁴を〉恨みに思う, 根に持つ. Er *trägt* einem nichts *nach*. 彼は執念深くはない.

nach·tra·gend [ナーハ・トラーゲント] I nach|tragen (あとから運ぶの)現分 II 形 いつまでも根に持つ, 執念深い. Sei doch nicht so *nachtragend*! そんなに根に持つなよ.

nach·träg·lich [ナーハ・トレークりヒ] I 形 あとからの; 事後の; 追加の. II 副 あとから; 遅きながら. *Nachträglich* meinen herzlichen Glückwunsch! 遅ればせながらおめでとうございます.

nach|trau·ern [ナーハ・トラオァァン ná:x-tràuərn] 自 (h) 〈囚・事³を〉惜しむ, 懐かしむ.

Nacht︲ru·he [ナハト・ルーエ] 囡 -/ ① 夜の安息, 安眠. ② (22 時から翌朝 6 時までの)安息時間帯.

***nachts** [ナハツ náxts] 副 夜に, 夜間に, 夜中に. (英 *at night*). (英 「昼間に」は tags). *nachts* spät または spät *nachts* 夜遅く / um 12 [Uhr] *nachts* 夜の 12 時に / montagnachts または montags *nachts* 毎週月曜日の夜に.

Nacht︲schat·ten [ナハト・シャッテン] 男 -s/ 《植》(総称として:)ナス科[の植物](トマト, ジャガイモなど).

Nacht︲schicht [ナハト・シヒト] 囡 -/-en (交替制労働の)夜間勤務[員]. (メモ「昼間勤務[員]」は Tagschicht).

nacht︲schla·fend [ナハト・シュらーふェント] 形 《成句的に》bei (または zu) *nachtschlafender* Zeit《口語》真夜中に, 人の寝静まっているときに.

Nacht︲schwär·mer [ナハト・シュヴェルマァ] 男 -s/- ① 《昆》ガ(蛾) (=Nachtfalter). ② 《戯》夜遊びする人.

Nacht︲schwes·ter [ナハト・シュヴェスタァ] 囡

―/―n (女性の)夜勤看護師.

Nacht·spei·cher ⸗ ofen [ナハトシュパイヒャァ・オーふェン] 男 -s/..öfen 夜間蓄熱電気ストーブ(料金の安い深夜電力を利用する).

Nacht ⸗ **strom** [ナハト・シュトローム] 男 -[e]s/ 深夜電力, 夜間[割引]電力.

Nacht ⸗ **stuhl** [ナハト・シュトゥール] 男 -[e]s/..stühle (病人用の)便器付きいす.

Nacht ⸗ **tisch** [ナハト・ティッシュ] 男 -[e]s/-e ナイトテーブル.

Nacht ⸗ **topf** [ナハト・トプふ] 男 -[e]s/..töpfe 寝室用便器.

Nacht-und-Ne·bel-Ak·ti·on [ナハト・ウント・ネーべる・アクツィオーン] 女 -/-en 夜間の抜き打ち捜査(手入れ).

Nacht ⸗ **wa·che** [ナハト・ヴァッヘ] 女 -/-n ① 夜番, 夜警, 宿直. *Nachtwache*⁴ halten 夜の当直を勤める. ② 夜警(宿直)員.

Nacht ⸗ **wäch·ter** [ナハト・ヴェヒタァ] 男 -s/- ① 夜警員; (昔の:)(町の)夜警. (女性形: -in). ② (俗)のろま.

nacht|wan·deln [ナハト・ヴァンデるン náxt-vandəln] (過分 genachtwandelt) 自 (h, s) 夢遊する, 夢中歩行する.

Nacht ⸗ wand·ler [ナハト・ヴァンドらァ] 男 -s/- 夢遊病者. (女性形: -in).

Nacht ⸗ **zeit** [ナハト・ツァイト] 女 -/ 夜間. zu später *Nachtzeit* 深夜に.

Nacht ⸗ **zeug** [ナハト・ツォイク] 中 -s/ 《口語》宿泊用具(寝巻・洗面具など).

Nacht ⸗ **zug** [ナハト・ツーク] 男 -[e]s/..züge 夜行列車.

Nach ⸗ un·ter·su·chung [ナーハ・ウンタァズーフング] 女 -/-en 《医》(医師による)再検査.

nach|voll·zie·hen* [ナーハ・ふぉるツィーエン ná:x-fɔltsì:ən] (過分 nachvollzogen) 他 (h) (人の考えなどを)追体験して理解する.

nach|wach·sen* [ナーハ・ヴァクセン ná:x-vàksən] 自 (s) (髪・草などが)再び生えてくる.

Nach ⸗ **wahl** [ナーハ・ヴァーる] 女 -/-en 補欠(追加)選挙.

Nach ⸗ **we·hen** [ナーハ・ヴェーエン] 複 ① 《医》産後の痛み, 後(ご)陣痛. ② 《雅》事後の苦しみ.

nach|wei·nen [ナーハ・ヴァイネン ná:x-vàɪnən] I 自 (h) (人・物³に)しのんで泣く. II 他 (h) 《成句的に》人・物³ keine Träne⁴ *nachweinen* 人・物³に少しも未練を感じない.

Nach ⸗ weis [ナーハ・ヴァイス] 男 -es/-e 証明, 立証, 証拠. der unwiderlegbare *Nachweis* 争う余地のない証拠 / den *Nachweis* für 物⁴ erbringen (または liefern) 物⁴を立証する.

nach·weis·bar [ナーハ・ヴァイスバール] 形 証明(立証)の可能な.

nach|wei·sen* [ナーハ・ヴァイゼン ná:x-vàɪzən] du weist...nach (wies...nach, hat...nachgewiesen) 他 (完了 haben) ① 証明(立証)する. ② (英 prove). Er konnte seine Unschuld nicht *nachweisen*. 彼は自分の無罪を立証できなかった / 人³ seinen Fehler *nachwei*-

sen 人³にその誤りを証明してみせる. ② 《官庁》(人³に職場・住居を⁴を)斡旋(ぁっ)する.

nach·weis·lich [ナーハ・ヴァイスりヒ] 形 証明(立証)できる, 明白な.

Nach ⸗ **welt** [ナーハ・ヴェるト] 女 -/ 後世の人. 物⁴ der *Nachwelt*³ überliefern 物⁴を後世に伝える.

nach|wer·fen* [ナーハ・ヴェルふェン ná:x-vèrfən] 他 (h) ① (人³に石など⁴を)後ろから投げつける. ② 《口語》(物⁴を)ただ同然で与える. ③ (コイン⁴を)追加して入れる.

nach|wie·gen* [ナーハ・ヴィーゲン ná:x-vì:gən] 他 (h) (物⁴の)重さを量り直す.

Nach ⸗ **win·ter** [ナーハ・ヴィンタァ] 男 -s/- 余寒, 寒の戻り.

nach|wir·ken [ナーハ・ヴィルケン ná:x-vìrkən] 自 (h) あとまで影響(作用)が残る.

Nach ⸗ wir·kung [ナーハ・ヴィルクング] 女 -/-en あとまで残る影響(作用).

Nach ⸗ **wort** [ナーハ・ヴォルト] 中 -[e]s/-e あと書き, 後記.

Nach ⸗ **wuchs** [ナーハ・ヴークス] 男 -es/ ① (一家庭の)子供[たち]. Was macht der *Nachwuchs*? お子さん[たち]はどうしていますか. ② (次代を担う)若い世代(人材), 後継者.

nach|zah·len [ナーハ・ツァーれン ná:x-tsà:lən] 他 (h) (給料など⁴を)あと払いする, (料金など⁴を)追加して払う.

nach|zäh·len [ナーハ・ツェーれン ná:x-tsɛ̀:lən] 他 (h) (物⁴を)数え直す.

Nach ⸗ zah·lung [ナーハ・ツァーるング] 女 -/-en あと払い[金], 追加払い[金].

nach|zeich·nen [ナーハ・ツァイヒネン ná:x-tsàɪçnən] 他 (h) ① (絵など⁴を)模写する; (線・輪郭など⁴を)なぞる. ② 《比》(過程・経過⁴を)描写する.

nach|zie·hen* [ナーハ・ツィーエン ná:x-tsì:ən] I 他 (h) ① (足⁴を)引きずる. ② (線・輪郭など⁴を)なぞる, なぞって描く. sich³ die Augenbrauen⁴ *nachziehen* 眉(まゆ)を引く. ③ (ねじなど⁴を)増し締めする. ④ (植物⁴を)追加栽培する, 植え足す. II 自 (s) (人³のあとからついて行く. ② (h) 《口語》追随する. ③ (h) (チェスで:) (相手の指し手どおりに)こまを動かす.

Nach ⸗ züg·ler [ナーハ・ツューク らァ] 男 -s/- ① [仲間から]遅れて来る者, 遅刻者; 落伍者. (女性形: -in). ② 年の離れた末っ子 (=Nachkömmling).

Na·cke·dei [ナッケダイ nákədaɪ] 男 -s/-s 《戯》裸ん坊[の子供]; 《口語・戯》ヌードの男(女).

der **Na·cken** [ナッケン nákən] 男 (単 2) -s/ (複) - 首筋, うなじ. (英 neck). 《本》Körper 図. ein kurzer (schmaler) *Nacken* 短い(ほっそりした)首 / Er hat einen steifen *Nacken*. a) 彼は首筋がこっている, b) 《雅・比》彼は強情だ / 人³ den *Nacken* beugen 《雅・比》人³を屈服させる / vor 人³ den *Nacken* beugen 《雅・比》人³に屈服する / 人³ den *Nacken* steifen 《雅・比》(耐え抜くように)人³を励ます / 人³ **auf** dem *Nacken* sitzen 《比》人³を攻めたてる / 人⁴ **im** *Nacken* haben 《比》人⁴につきまとわれている / 人³ **im** *Nacken* sitzen a) 人³の背後に迫る, b)《口語》人³を悩ませる / den Kopf in den *Nacken* werfen (誇らかに)頭をそらす.

Na·cken≠schlag [ナッケン・シュらーク] 男 -[e]s/..schläge 首筋への打撃.《比》手痛い打撃.

***nackt** [ナックト nákt] 形 ① 裸の; むき出しの(すね・腕など).《英 naked》. *nackte* Arme むき出しの腕 / mit *nacktem* Oberkörper 上半身裸で / sich⁴ *nackt* aus|ziehen (衣服を脱いで)裸になる / *nackt* und bloß 素っ裸で.
② 毛(ひげ)のない; 草(葉・羽)のない; 覆いのない, 露出した. Er hat einen *nackten* Schädel. 彼の頭はつるつるだ / ein *nackter* Hügel 草木の生えていない丘 / auf dem *nackten* Fußboden schlafen 床(%)にじかに寝る.
③ ありのままの, 赤裸々な. die *nackte* Wirklichkeit ありのままの現実 /人⁴ mit *nackten* Worten sagen 人⁴をあからさまに言う. ④ ただそれだけの. Sie konnten nur das *nackte* Leben retten. 彼らはやっと命だけは助かった.

Nackt·heit [ナックトハイト] 女 -/ 裸[であること]; 露出, むき出し; 赤裸々.

Nackt≠kul·tur [ナックト・クルトゥーァ] 女 -/ ヌーディズム, 裸体主義.

Nackt≠schne·cke [ナックト・シュネッケ] 女 -/-n 〖動〗ナメクジ.

die **Na·del** [ナーデる ná:dəl] 女 (単) -/(複) -n《英 needle》① 針; 縫い針(=Näh*nadel*); 編み針(=Strick*nadel*); かがり針(=Stopf*nadel*); ピン, 留め針(=Steck*nadel*); ヘアピン(=Haar*nadel*); 注射針(=Injektions*nadel*).《「糸」は Faden》. ein langer *Nagel* 長い針 / eine *Nadel*⁴ ein|fädeln 針に糸を通す / Gib mir mal *Nadel* und Faden! 針と糸をちょっと貸して.

◇〖前置詞とともに〗**an** der *Nadel* hängen《隠語》麻薬中毒にかかっている(←注射針にしがみついている) / Ich sitze wie **auf** *Nadeln*.《口語・比》私はいらいら(じりじり)している / den Faden **in** die *Nadel* fädeln 針に糸を通す / eine *Nadel*⁴ im Heuhaufen suchen《口語》見込みのないことをする(←干し草の山の中に1本の針を探す) / 物⁴ **mit** *Nadeln* heften (または stecken) 物⁴をピンで留める / 物⁴ **mit** heißer *Nadel* nähen《口語》a) 物⁴をざっと縫う(←熱い針で縫う), b) 仕事⁴をぞんざいに行う.
② 磁針(=Magnet*nadel*); 羅針(=Kompass*nadel*);〖植〗針葉.

Na·del≠ar·beit [ナーデる・アルバイト] 女 -/-en 針仕事, 裁縫, 刺しゅう.

Na·del≠baum [ナーデる・バオム] 男 -[e]s/..bäume 針葉樹.《注「広葉樹」は Laubbaum》.

Na·del≠holz [ナーデる・ホるツ] 中 -es/..hölzer ① 針葉樹材. ② 〖ふつう 複〗針葉樹[林].

Na·del≠kis·sen [ナーデる・キッセン] 中 -s/-(裁縫の)針刺し, 針山.

na·deln [ナーデるン ná:dəln] 自 (h)(針葉樹が)落葉する.

Na·del≠öhr [ナーデる・エーァ] 中 -[e]s/-e 縫い針のめど(穴).

Na·del≠stich [ナーデる・シュティヒ] 男 -[e]s/-e ① 針で刺すこと; 針目, ステッチ; 針の刺し傷. ② 《比》(意地の悪い)当てこすり. ③ *Nadelstiche*⁴ versetzen 人³をちくちくいじめる.

Na·del≠strei·fen [ナーデる・シュトライフェン] 男 -s/- 〖ふつう 複〗〖服飾〗(服地の)ピンストライプ(細い縦縞模様).

Na·del≠wald [ナーデる・ヴァるト] 男 -[e]s/..wälder 針葉樹林.《注「広葉樹林」は Laubwald》.

der **Na·gel** [ナーゲる ná:gəl] 男 (単2) -s/(複) Nägel [ネーゲる] (3格のみ Nägeln) ① くぎ(釘), 鋲(*びょう*).《英 nail》. ein langer *Nagel* 長いくぎ / einen *Nagel* in die Wand schlagen くぎを壁に打ち付ける / einen *Nagel* aus dem Holz heraus|ziehen くぎを材木から引き抜く / den *Nagel* auf den Kopf treffen《口語・比》要点をずばり言う(←くぎの頭を打つ) / einen *Nagel* im Kopf haben《口語》うぬぼれている / *Nägel*⁴ mit Köpfen machen《口語》とことんまでやり抜く.

◇〖前置詞とともに〗Er hängt die Jacke **an** einen *Nagel*. 彼は上着をくぎに掛ける / 人⁴ **an** den *Nagel* hängen《口語》人⁴(長年の仕事など)を放棄する / **in** einen *Nagel* treten くぎを踏み抜く / Schuhe⁴ **mit** Nägeln beschlagen 靴に鋲を打つ.
② 爪(*つめ*). Fingernagel 指の爪 / die *Nägel*⁴ schneiden 爪を切る / Die Arbeit brennt mir **auf** (または **unter**) den *Nägeln*.《口語》その仕事は私にとって急を要する / sich³ 物⁴ **unter** den *Nagel* reißen《俗》物⁴をくすねる.

Nä·gel [ネーゲる] Nagel (くぎ)の 複.

Na·gel≠bett [ナーゲる・ベット] 中 -[e]s/-en (まれに -e) 〖医〗(指先の)爪床(%).

Na·gel≠fei·le [ナーゲる・ファイれ] 女 -/-n ネールファイル, 爪(%)やすり.

Na·gel≠haut [ナーゲる・ハオト] 女 -/..häute (爪(%)の生え際の)甘皮(%%).

Na·gel≠lack [ナーゲる・らック] 男 -[e]s/-e (マニキュア・ペディキュア用の)ネールエナメル.

na·geln [ナーゲるン ná:gəln] 他 (h) ① 〖A⁴ **an** (または **auf**) B⁴ ~〗(A⁴ を B⁴ に)くぎ付けする. ein Schild⁴ an die Wand *nageln* 表示板をくぎで壁に打ち付ける. ② (物⁴に)くぎ(鋲(*びょう*))を打ち付ける. ◇〖過去分詞の形で〗*genagelte* Schuhe 鋲を打った靴. ③ (木箱など⁴を)くぎで組みたてる.

na·gel≠neu [ナーゲる・ノイ] 形《口語》真新しい. ein *nagelneuer* Anzug まっさらのスーツ.

Na·gel≠pfle·ge [ナーゲる・プふれーゲ] 女 -/ マニキュア, ペディキュア, 爪(%)の手入れ.

Na·gel·pro·be [ナーゲる・プローベ] 囡 -/-n (能力などを証明する)試金石. (⌘ 昔, 乾杯の後で飲み干した証拠として杯を左親指の爪の上に逆さにして見せたことから).

Na·gel≳sche·re [ナーゲる・シェーレ] 囡 -/-n 爪(つめ)切りばさみ.

Na·gel≳schuh [ナーゲる・シュー] 男 -[e]s/-e 底に鋲(びょう)を打った靴, スパイクシューズ.

na·gen [ナーゲン] ná:gən] (nagte, hat ... genagt) I 圓 (定了 haben) ① 《**an** 人・物³ ~》(動物などが物³を)かじる;《比》(波などが物³を)浸食する. Der Hund *nagt* an einem Knochen. その犬は骨をかじっている. ② 《**an** 人・物³ ~》(心配などが人・物³を)《比》(人・物³が人³《健康など》を)むしばむ. Die Sorge *nagt* an ihr (ihrem Herzen). 心配が彼女(彼女の心)をさいなむ.
II 他 (定了 haben) ① 《A⁴ **von** B³ ~》(A⁴ をB³から)かじり取る. das Fleisch⁴ vom Knochen *nagen* 骨から肉をかじり取る / nichts zu *nagen* und zu beißen haben《口語》食べるものが何もない. ② (穴など⁴を)かじってあける.

na·gend [ナーゲント] I nagen (かじる)の現分 II 形 食いいる(さいなむ)ような. *nagende* Zweifel 心をさいなむような疑念.

Na·ger [ナーガァ ná:gər] 男 -s/- ＝Nagetier

Na·ge·tier [ナーゲ・ティーァ] 中 -[e]s/-e《動》齧歯(げっし)類[の動物].

nag·te [ナクテ] nagen (かじる)の過去

nah [ナー ná:] 形 近い (＝nahe).

..nah [..ナー ..na:] 《形容詞をつくる 接尾》① (…に近い) 例：grenz*nah* 国境に近い. ② (…に即した) praxis*nah* 実地に即した.

Nah≳auf·nah·me [ナー・アオフナーメ] 囡 -/-n《写》接写;《映》クローズアップ.

*na·he** [ナーエ ná:ə] I 形 (比較 näher, 最上 nächst; 格変化語尾がつくときは nah-) ① (距離的に)近い, 近くの. (英 near). ↔ 「遠い」は fern. der *nahe* Berg 近くの山 / in der *nahen* Stadt 近くの町で / der *Nahe* Osten 近東 / Der Fluss ist ganz *nahe*. 川はすぐ近い. / Das Haus liegt *nahe* am (または **beim**) Bahnhof. その家は駅の近くにある / **aus** (または **von**) *nah* und fern《雅》遠近(おちこち)から / von *nahem* (または *Nahem*) 近くから / 人³ **zu** *nahe* treten《比》人³の感情を害する(←近すぎきづく).
② (時間的に)近い, 間近な, さし迫った. die *nahe* Abreise 間近に迫った出発 / in *naher* Zukunft 近い将来に / Gefahr ist *nahe*. 危険が迫っている / Sie ist *nahe* **an** achtzig.《口語》彼女は80歳に近い. ◇《成句的に》*nahe* **daran** sein, **zu** 不定詞[句] 今にも(あやうく)…しそうである ⇒ Ich war *nahe* daran, ihm alles zu sagen. 私はもう少しで彼に何もかも話すところだった /《句》³ *nahe* sein 今にも物³の状態になりそうである ⇒ Sie war dem Weinen *nahe*. 彼女は今にも泣き出しそうだった.
③ (関係が)近い, 親密な. ein *naher* Freund (Verwandter) 親友(近い親戚).
▶ **naheliegend²**
II 副《3格とともに》《雅》…の近くに. *nahe* der Stadt 町の近くに.

die **Na·he** [ナーエ] 囡 -/《定冠詞とともに》《川名》ナーエ川(ライン川左支流. ビンゲンで合流).

die **Nä·he** [ネーエ né:ə] 囡 (単) -/ ① 近い所, 近く, 近所; 近くにいること. (⌘「遠方」は Ferne). ② **aus** der *Nähe* betrachten 物⁴を近くから観察する / **aus** der *Nähe* betrachtet《比》詳しく(批判的に)検討してみると / hier **in** der *Nähe* この近くに / in der *Nähe* der Stadt 町の近くに / in nächster *Nähe* des Sees 湖のすぐ近くに.
② (時間的に:)目前, 間近. Der Urlaub ist in der *Nähe*. 休暇は間近だ. ③ (関係などの)近さ.

na·he≳bei [ナーエ・バイ] 副 すぐ近くに, 近くで.

na·he‖brin·gen* [ナーエ・ブリンゲン ná:ə-brìŋən] 他 (h) ① (人³に物⁴を)理解させる, なじませる. ② (複数の人⁴を)互いに近づける.

na·he‖ge·hen* [ナーエ・ゲーエン ná:ə-gè:ən] 圓 (s) (不幸などが人³の)心を揺り動かす, (人³を)悲しませる.

na·he‖kom·men* [ナーエ・コンメン ná:ə-kɔ̀mən] 圓 (s) ① (物³に)近づく, ほとんど等しい. ② (人³と)親しくなる.

na·he‖le·gen [ナーエ・れーゲン ná:ə-lè:gən] 他 (h) ① (人³に事⁴を)要請する, 勧告する. ② (疑念など⁴を)いだかせる, (考えなど⁴を)思いつかせる.

na·he‖lie·gen* [ナーエ・りーゲン ná:ə-lì:gən] 圓 (h) すぐに思い浮かぶ, 容易に察しがつく.

na·he·lie·gend¹ [ナーエ・リーゲント ná:ə-lì:-gənt] 形 すぐに近い, 明白な. aus *naheliegenden* Gründen もっともな理由から.

na·he·lie·gend², **na·he lie·gend** [ナーエ・リーゲント] 形 すぐ近くにある.

na·hen [ナーエン ná:ən] I 圓 (s)《雅》(時間的に)近づく. Die Prüfung *naht*. 試験が近づく.
II 再帰 (h)《*sich*⁴ *nahen*》《雅》近づく.

nä·hen [ネーエン nɛ́:ən] (nähte, hat ... genäht) I 他 (定了 haben) ① 縫う, 縫って作る. (英 sew). eine Bluse⁴ *nähen* ブラウスを縫う / Das habe ich selbst *genäht*. これは私が自分で縫って作りました. ◇《過去分詞の形で》Doppelt *genäht* hält besser. (諺) 念には念を入れよ(←二重に縫えば長持ちする).
② 《A⁴ **an** (または **auf**) B⁴ ~》(A⁴をB⁴に)縫い付ける. Knöpfe⁴ an das Kleid *nähen* ボタンをドレスに縫い付ける. ③《医》(傷口など⁴を)縫合する.
II 圓 (定了 haben) 縫い物(裁縫)をする. mit der Hand *nähen* 手縫いをする / Sie *näht* gut. 彼女は裁縫が上手だ.

nä·her [ネーァァ nɛ́:ər] (*nahe の 比較)形 ① より近い; かなり近い. Dieser Weg ist *näher*. こちらの道の方が近い / Bitte kommen Sie doch *näher*! もっと近くへ寄ってください /

den Tisch noch *näher* bringen テーブルをもっと近くに寄せる / die *nähere* Umgebung 近郊. ② より詳しい, もっと正確な. *nähere* Auskünfte もっと詳細な情報 / bei *näherem* Hinsehen より詳しく見ると. ◊《名詞的に》*Näheres* kann ich nicht sagen. 詳しいことは申せません / des *Näheren* より詳しく. ③ かなり親密な. Kennst du ihn *näher*? 彼とはかなり親しいの?

nä·her|brin·gen* [ネーアァ・ブリンゲン né:ərbrɪŋən] 他 (h) (人³に事⁴を)より深く理解させる, もっと親しませる.

Nä·he·rei [ネーエライ nɛ:əráɪ] 囡 -/-en ① 《複 なし》(ふつう軽蔑的に:)[絶え間なく]針仕事をすること. ② 縫い物.

Nä·he·re[s] [ネーエレ[ス] né:ərə[s]] 中《語尾変化は形容詞と同じ》より詳しい事情, 詳細. *Näheres*⁴ über 人・事⁴ wissen 人・事⁴について詳細を知っている / des *Näheren* より詳しく.

Nah≈er·ho·lung [ナー・エァホールング] 囡 -/ 近郊レクリエーション.

Nä·he·rin [ネーエリン né:ərɪn] 囡 -/..rinnen お針子, 縫子.

nä·her|kom·men* [ネーアァ・コンメン né:ərkɔmən] 他 (h) (人・事³に)より親しくなる.

nä·her|lie·gen* [ネーアァ・リーゲン né:ər-li:gən] 自 (h) (考えなどが)より妥当と思われる.

nä·hern [ネーアァン né:ərn] (näherte, hat... genähert) I 再帰 (定了 haben) *sich*⁴ *nähern* (英 approach) ① 近づく, 近づいて来る. Der Frühling *nähert* sich. 春が近づく / Sie *näherten* sich dem Ziel ihrer Reise. 彼らは旅行の目的地に近づいた. ② (人³と)近づきになる. *sich*⁴ einem Mädchen *nähern* 女の子に言い寄る.
II 他 (定了 haben) (書) (A⁴ B³に)近づける.

nä·her|ste·hen* [ネーアァ・シュテーエン né:ər-ʃtè:ən] 自 (h) (人・事³に)より近い関係にあり親密である.

nä·her·te [ネーアァテ] nähern (再帰 で: 近づく)の 過去

nä·her|tre·ten* [ネーアァ・トレーテン né:ər-trɛ̀:tən] 自 (s) ① (人³と)より親しくなる. ② (計画・提案など³に)とり組む.

Nä·he·rungs≈wert [ネーエルングス・ヴェーァト] 男 -[e]s/-e 《数》近似値.

na·he|ste·hen* [ナーエ・シュテーエン ná:ə-ʃtɛ̀:ən] 自 (h) (人³と)親密である. ② (物³と)近い関係にある.

na·he|tre·ten* [ナーエ・トレーテン ná:ə-trɛ̀:-tən] 自 (s) (人³と)親密になる.

na·he·zu [ナーエ・ツー] 副 ほとんど, ほぼ.

Näh≈fa·den [ネー・ファーデン] 男 -s/..fäden 縫い糸.

Näh≈garn [ネー・ガルン] 中 -[e]s/-e =Nähfaden

Nah·kampf [ナー・カンプフ] 男 -[e]s/..kämpfe 《軍》接近戦, 白兵戦; (ボクシングなどの)接近戦.

Näh≈korb [ネー・コルプ] 男 -[e]s/..körbe 裁縫道具のかご, 縫い物かご.

nahm [ナーム] :nehmen (取る)の 過去

Näh·ma·schi·ne [ネー・マシーネ] 囡 -/-n ミシン.

näh·me [ネーメ] :nehmen (取る)の 接2

Näh·na·del [ネー・ナーデる] 囡 -/-n 縫い針.

Nah≈ost [ナー・オスト] 男 -[e]s/ 《冠詞なしで》近東.

Nähr≈bo·den [ネーァ・ボーデン] 男 -s/..böden 《生・医》(バクテリアなどの)培地, 培養基; 《比》温床, 母体.

näh·ren [ネーレン né:rən] (nährte, hat... genährt) I 他 (定了 haben) ① (人⁴に)栄養を与える, (人⁴を)育てる, (動物⁴を)飼育する. (英 feed). ein Kind⁴ mit Muttermilch *nähren* 子供を母乳で育てる. ② (雅) (人⁴を)扶養する, 養う. ③ (雅) (愛情・憎しみなど⁴を胸にいだく, はぐくむ. einen Verdacht *nähren* 疑念をいだく.
II 再帰 (定了 haben) 《*sich*⁴ *von* 物³ ~》(雅) (物³を)食べて生きている, (物³を)常食としている; (物³で)生計をたてる.
III 自 (定了 haben) (飲食物が)栄養がある.

nahr·haft [ナールハフト] 形 栄養のある.

Nähr≈mit·tel [ネーァ・ミッテる] 中 -s/- 《ふつう 複》(小麦粉を除く)穀物食品(ひき割り麦・オート麦のフレーク・めん類など).

Nähr≈stoff [ネーァ・シュトふ] 男 -[e]s/-e 《ふつう 複》栄養素.

nähr·te [ネーァテ] nähren (栄養を与える)の 過去

die **Nah·rung** [ナールング ná:rʊŋ] 囡 《単》 -/ 栄養, 養分; 食物. feste (flüssige) *Nahrung* 固形(流動)食 / pflanzliche (tierische) *Nahrung* 植物性(動物性)食品 / eine kalorienarme *Nahrung* 低カロリー食品 / genügend *Nahrung*⁴ zu sich nehmen 十分に栄養をとる / Ein gutes Buch ist geistige *Nahrung*. 《比》良書は精神の糧である. 《軍³ *Nahrung*⁴ geben 《比》軍³を勢いづける.

Nah·rungs≈ket·te [ナールングス・ケッテ] 囡 -/-n 《生》食物連鎖.

Nah·rungs≈mit·tel [ナールングス・ミッテる] 中 -s/- 《ふつう 複》食[料]品, 食物.

Nah·rungs·mit·tel·ver·gif·tung [ナールングスミッテる・フェァギふトゥング] 囡 -/-en 《医》食中毒.

Nah·rungs≈ver·wei·ge·rung [ナールングス・ふェァヴァイゲルング] 囡 -/ 拒食[症].

Nähr≈wert [ネーァ・ヴェーァト] 男 -[e]s/-e 栄養価.

Näh≈sei·de [ネー・ザイデ] 囡 -/-n 絹の縫い糸.

Naht [ナート ná:t] 囡 -/Nähte ① (衣服などの)縫い目, とじ目. eine *Naht*⁴ auf|trennen 縫い目をほどく / aus allen *Nähten* platzen 《口語》 a) [服が]はち切れるほど太る, b) (規模・組織などが)大きくなりすぎる. ② 《医》縫合; (頭蓋骨の)縫合線. ③ 《工》(溶接・はんだづけの)継ぎ目. ④ 《成句的に》eine *Naht*

nähte

《俗》しこたま, たっぷり. eine [gute] *Naht*⁴ saufen 大酒を飲む.

näh·te [ネーテ] nähen (縫う)の過去

naht⁼los [ナート・ロース] ① 縫い目(継ぎ目)のない. *nahtlose* Strümpfe シームレスストッキング. ② 切れ目のない, なめらかな(移行など).

Naht⁼stel·le [ナート・シュテレ] 囡 -/-n 縫い目, 継ぎ目.

Nah⁼ver·kehr [ナー・フェアケーア] 男 -s/ 近距離交通.

Näh⁼zeug [ネー・ツォイク] 囲 -[e]s/ ① 裁縫道具. ② 縫い物[仕事].

na·iv [ナイーふ naíːf] 形 (変 *naive*) ① 素朴な, ナイーブな, 無邪気な; 純朴な, うぶな. eine *naive* Freude 無邪気な喜び / *naive* Malerei 素朴な絵画 / ein *naives* Mädchen 純朴な少女. ② 愚かな, (頭の)単純な. eine *naive* Frage 愚かな質問 / Er ist wirklich *naiv*. 彼はほんとうにおめでたい.

| 類語 | **naiv**: (意のままにふるまえる意味で)素朴な. **einfältig**: (邪気がなく, 単純で)お人よしな. **schlicht**: (飾り気がなく純朴な. **unschuldig**: (道徳的に汚れを知らず)無邪気な. |

Na·i·vi·tät [ナイヴィテート naivitéːt] 囡 -/ 素朴さ, 無邪気, うぶ; 愚直さ, (頭の)単純さ.

Na·iv·ling [ナイーふリンク naíːflɪŋ] 男 -s/-e 《口語》(頭の単純な)おめでたいやつ, お人よし.

Na·ja·de [ナヤーデ najáːdə] 囡 -/-n 《ギリシャ神》ナイアス(泉・川の精).

der Na·me [ナーメ náːmə]

| 名前 | Mein *Name* ist Tanaka.
マイン ナーメ イスト タナカ
私の名前は田中です. |

格	単	複
1	der Name	die Namen
2	des Namens	der Namen
3	dem Namen	den Namen
4	den Namen	die Namen

男 (単2) -ns; (単3·4) -n/(複) -n ① 名前, 名, 名称. 《変》*name*). Wie ist Ihr *Name*? — Mein *Name* ist Schmidt. お名前は? — 私の名前はシュミットです / ein bekannter (schöner) *Name* よく知られた(すてきな)名前 / ein häufiger (seltener) *Name* よくある(珍しい)名前 / Mein *Name* ist Hase.《口語·戯》私は何も知りません(かかわりあいになりたくありません). ◊《動詞の目的語として》den *Namen* **ändern** 名前を変える / seinen *Namen* **an|geben** 名を名のる / dem Kind den *Namen* Peter **geben** 子供にペーターという名前をつける / seinen *Namen* für 囲⁴ **her|geben** 囲⁴に名義だけ貸す / Er wollte seinen *Namen* nicht **nennen**. 彼は名前を名乗ろうとはしなかった. ◊《前置詞とともに》Der Hund hört **auf** den *Namen* Shiro. この犬の名はシロという(←シロと呼べばこたえる) / Das Konto lautet auf den *Namen* seiner Frau. この口座は彼の奥さんの名儀になっている / 囡⁴ **beim** *Namen* nennen 囡⁴を名前で呼ぶ / 囲⁴ beim *Namen* nennen 囲⁴を歯に衣(きぬ)着せず言う / **im** *Namen* des Volkes 国民の名において / im *Namen* des Gesetzes 法の名において / ein Mann mit *Namen* Müller ミュラーという名の男 / 囡⁴ nur dem *Namen* **nach** kennen 囡⁴を名前だけで知っている / **unter** falschem *Namen* fahren. ② 名声; 評判. Der Autor hat bereits einen *Namen*. その作家はすでに世に知られている / sich³ einen *Namen* machen 有名になる.

| ⌁ **..name** のいろいろ. **Beiname** 別名・**Deckname** 偽名 / **Familienname** 姓 / **Künstlername** 芸名 / **Mädchenname** 女性の名前; 旧姓 / **Nachname** 姓 / **Rufname** 呼び名 / **Spitzname** あだ名 / **Taufname** 洗礼名 / **Vorname** (姓に対して:)名 |

Na·men⁼ge·bung [ナーメン・ゲーブンク] 囡 -/-en 命名.

Na·men⁼kun·de [ナーメン・クンデ] 囡 -/ 固有名詞研究.

Na·men⁼lis·te [ナーメン・リステ] 囡 -/-n 名簿.

na·men⁼los [ナーメン・ロース] I 形 ① 無名の, 名もない, 匿名の. ② 《雅》言葉に言い表せないほどの(苦痛など). II 副《雅》とても. Er ist *namenlos* unglücklich. 彼はひどく不幸だ.

na·mens [ナーメンス] I 副 …という名の. ein Mann *namens* Schmidt シュミットという名の男. II 前《2格とともに》《官庁》…の名において, …の委任(命令)により. *namens* des Gerichts 法廷の名において.

Na·mens⁼schild [ナーメンス・シルト] 囲 -[e]s/-er 表札; 名札, ネームプレート.

Na·mens⁼tag [ナーメンス・ターク] 男 -[e]s/-e 《カトリック》洗礼名の聖人の祝日.

Na·mens⁼vet·ter [ナーメンス・フェッタァ] 男 -s/-n 《親戚ではないが》同姓(同名)の人.

Na·mens⁼zug [ナーメンス・ツーク] 男 -[e]s/..züge 《独自の筆致の》自筆署名; モノグラム.

na·ment·lich [ナーメントリヒ náːməntlɪç] I 形 名前をあげての, 記名の. eine *namentliche* Abstimmung 記名投票 / 囡⁴ *namentlich* auf|rufen 囡⁴の名前を呼びあげる. II 副 特に, とりわけ. Überall, *namentlich* aber im Gebirge, lag viel Schnee. いたるところ, とりわけ山には多くの積雪があった.

nam·haft [ナームハふト] 形 ① 有名な, 名高い, 著名な. (☞ 類語 **bekannt**). ② 相当な, かなりの(金額など). ③ 《成句的に》囡⁴ *namhaft* machen《書》囡⁴の名前をあげる(明らかにする).

näm·lich [ネームリヒ néːmlɪç] I 副 ① というのは, つまり. Ich kann ihn nicht erreichen, er ist *nämlich* verreist. 私は彼と連絡がとれない, というのも彼は旅行中だからだ. (⌁ 文頭には置かれない).
② すなわち, より詳しく言えば (=und zwar). einmal in der Woche, *nämlich* am Freitag 週に一度, すなわち金曜日に.

II 形《定冠詞とともに; 付加語としてのみ》《雅》同じ,

同一の.《㊈ same》. am nämlichen Tag その同じ日に. ◊《名詞的に》das Nämliche《雅》それと同じこと.

nann・te [ナンテ] *nennen (名づける)の過去

Na・no・tech・no・lo・gie [ナノ・テヒノろギー] 囡 –/–n [..ギーエン] ナノテクノロジー(機械や器具を製作するとき10億分の1メートルの精度まで高める技術).

na・nu! [ナヌー] nanú:] 間 (驚き・不審の念を表して:)おやおや, 何だって. *Nanu*, bist du etwa schon satt? おやおや, もうおなかいっぱいなの.

Na・palm [ナーパるム ná:palm] 中 –s/《商標》ナパーム(ガソリンとゼリー化剤の混合物).

Na・palm≠bom・be [ナーパるム・ボンベ] 囡 –/–n《軍》ナパーム弾.

Napf [ナプフ nápf] 男 –[e]s/Näpfe《方》小鉢, 浅めのどんぶり(特にペットの餌に入れる).

Napf≠ku・chen [ナプふ・クーヘン] 男 –s/–《料理》(クグロフ型の)パウンドケーキ. (☞ Kuchen 図).

Naph・tha [ナふタ náfta] 中 –s/ (まれに 囡 –/) ① 《化》ナフサ, ナフタ(石油蒸留物). ② 《古》石油.

Naph・tha・lin [ナふタリーン naftalí:n] 中 –s/ ナフタリン.

Na・po・le・on [ナポーれオン napó:leɔn] I –s/《人名》ナポレオン[1世] (*Napoléon* Bonaparte 1769–1821; フランス皇帝). II 男 –s/–s (単位: –/–) ナポレオンドール(ナポレオン1世および3世時代のフランスの20フラン金貨).

Na・po・li [ナーポり ná:poli] 中 –s/《都市名》ナポリ(イタリア南部. ドイツ名 Neapel).

Nar・be [ナルベ nárbə] 囡 –/–n ① 傷跡, あばた; 《医》瘢痕(はんこん). ② (皮革の)銀面(毛穴などの起伏模様のある面). ③ 《植》柱頭.

nar・big [ナルビヒ nárbɪç] 形 傷跡(あばた)のある.

Nar・ko・se [ナルコーゼ narkó:zə] 囡 –/–n《医》麻酔. dem Patienten eine *Narkose*[4] geben (または machen) 患者に麻酔をかける / **aus** der *Narkose* erwachen 麻酔から覚める.

Nar・ko・ti・kum [ナルコーティクム narkó:tikʊm] 中 –s/..tika 麻酔剤(薬).

nar・ko・tisch [ナルコーティッシュ narkó:tɪʃ] 形 《医》麻酔[性]の.

nar・ko・ti・sie・ren [ナルコティズィーレン narkotizí:rən] 他 (h)《医》(囚[4])に麻酔をかける.

der **Narr** [ナル nár] 男 (単2・3・4) –en/(複) –en ① 愚か者, ばか者. 《㊈ fool》. ein verliebter *Narr* 恋に狂った男 / Kinder und *Narren* sagen die Wahrheit. 《ことわざ》子供とばかは正直だ(=真実を言う).

② (昔の:)道化[師]. den *Narren* spielen a) 道化役を演じる, b) とぼける / einen *Narren* **an** 人・物[3] gefressen haben《口語》人・物[3]に夢中になっている, ぞっこんほれ込んでいる / 人[4] **zum** *Narren* haben (または halten) 人[4]をからかう, ばかにする. ③ (仮装した)カーニバルの参加者.

nar・ren [ナレン nárən] 他 (h)《雅》(囚[4])ばかにする, 愚弄(ぐろう)する, だます.

Nar・ren≠frei・heit [ナレン・ふライハイト] 囡 –/ 悪口(無礼)御免. 《㊈ 宮廷道化師に与えられていた何を言っても(しても)とがめられない特権から》.

Nar・ren≠haus [ナレン・ハオス] 中 –es/..häuser《口語》(軽蔑的に:)精神病院 (=Irrenhaus).

Nar・ren≠kap・pe [ナレン・カッペ] 囡 –/–n (鈴のついた)道化帽.

nar・ren≠si・cher [ナレン・ズィッヒャァ] 形 《口語・戯》だれにでも使いこなせる(機械など).

Nar・ren≠streich [ナレン・シュトライヒ] 男 –[e]s/–e 悪ふざけ, いたずら.

Nar・re・tei [ナレタイ naretái] 囡 –/–en《雅》悪ふざけ, 愚行; ナンセンス[な言動].

Narr・heit [ナルハイト] 囡 –/–en ① 《覆 なし》愚かさ, 愚直. ② 悪ふざけ, 愚行.

När・rin [ネリン nérɪn] 囡 –/Närrinnen 愚かな女性; 女道化[師]; (仮装した女性の)カーニバルの参加者.

när・risch [ネリッシュ nérɪʃ] 形 ① 愚かな, ばかな; ばかげた. eine *närrische* Idee ばかげた思いつき. ②《口語》ものすごい, 度はずれた. ③ カーニバルの.

Nar・ziss [ナルツィス nartsíss] I《ギリ神》ナルキッソス, ナルシス(水に映る自分の姿に恋して水死し, 水仙の花に化した美少年). II 男 – (または –es)/–e ナルシスト, 自己陶酔者.

Nar・zis・se [ナルツィッセ nartsísə] 囡 –/–n《植》スイセン(水仙).

Nar・ziss・mus [ナルツィスムス nartsísmʊs] 男 –/ ナルシシズム, 自己陶酔[症], 自己愛.

Nar・zisst [ナルツィスト nartsíst] 男 –en/–en ナルシスト, 自己陶酔者. (女性形: –in).

nar・ziss・tisch [ナルツィスティッシュ nartsístɪʃ] 形 ナルシシズムの, 自己陶酔的な.

NASA [ナーザ ná:za]《英》囡 –/ アメリカ航空宇宙局, ナサ (=National Aeronautics and Space Administration).

na・sal [ナザーる nazá:l] 形 ① 《医》鼻の, 鼻に関する. ② 《言》鼻音の. ③ 鼻にかかった(声).

Na・sal [ナザーる] 男 –s/–e《言》鼻音 ([m, n, ŋ] など).

Na・sal≠laut [ナザーる・らオト] 男 –[e]s/–e = Nasal

na・schen [ナッシェン náʃən] I 他 (h) (甘いものなど[4]を少しずつ味わって)食べる. Schokolade[4] *naschen* チョコレートを食べる. II 自 (h) ① 甘いものを食べる. ② 《**an** (または **von**) 物[3] ~》《物[3]を》つまみ食いする. Wer *hat* am (または vom) Kuchen *genascht*? ケーキをつまみ食いしたのはだれだ.

Na・scher [ナッシャァ náʃər] 男 –s/– (特に甘いものの)つまみ食いの好きな人. (女性形: –in).

Na・sche・rei [ナッシェライ naʃərái] 囡 –/–en ① 《覆 なし》(止まらない)つまみ食い. ② 《ふつう 覆》甘いもの.

nasch・haft [ナッシュハふト] 形 甘いもの好きの, つまみ食い好きの.

Nasch・haf・tig・keit [ナッシュハふティヒカイト] 囡 –/ 甘いもの好き, よくつまみ食いすること.

Nasch⸗kat·ze [ナッシュ・カッツェ] 囡 -/-n 《口語》(特に女性の)甘いもの(つまみ食い)好き.

die Na·se [ナーゼ ná:zə]

鼻	Er hat eine rote *Nase*.
	エア ハット アイネ ローテ ナーゼ
	彼は赤い鼻をしている.

囡 (単) -/(複) -n ① (主に人間の)鼻; 《比》嗅覚(*きゅうかく*). (英 nose). eine dicke *Nase* 太い鼻 / eine große *Nase* 大きい鼻 / eine lange (flache) *Nase* 高い(低い)鼻 / eine spitze *Nase* とがった鼻 / eine stumpfe *Nase* 団子鼻. (参考「(犬などの)鼻」は Schnauze, 「(象の)鼻」は Rüssel).

◇〔動詞とともに〕⑦〔主語として〕Ihm **blutet** die *Nase*. 彼は鼻血を出している / Ihm **läuft** die *Nase*. 《口語》彼は鼻水をたらしている / Die *Nase* **ist** verstopft. 鼻が詰まっている / Mir **passt** (または **gefällt**) seine *Nase* nicht. 《口語》私は彼が気にくわない.

⑦〔目的語として〕人³ eine *Nase*⁴ **drehen** 《口語》をあざ笑う / eine gute (または feine) *Nase*⁴ für 事⁴ **haben** 事⁴に対していい勘をしている / von 人・事³ die *Nase*⁴ voll **haben** 《口語》人・事³にうんざりしている(←鼻にいっぱい詰めている) / 人³ eine lange *Nase*⁴ **machen** 《口語》人³をばかにしてからかう / sich³ die *Nase*⁴ **put·zen** 鼻をかむ / die *Nase*⁴ **rümpfen** a) 鼻にしわを寄せる, b)《比》小ばかにする / die *Nase*⁴ in 事⁴ **stecken** 《口語》 事⁴に余計な口出しをする(←鼻を突っ込む) / die *Nase*⁴ hoch **tragen** 思いあがっている.

◇〔前置詞とともに〕人³ 事⁴ an der *Nase* an|sehen《口語》《戯》人³の顔色を見て事⁴を察する / sich⁴ an die eigene *Nase* fassen または sich⁴ an der eigenen *Nase* zupfen《口語》(他人を批判的に言う前に)自分のことを反省すること(←自分の鼻をつかむ) / 人⁴ an der *Nase* herum|führen《口語》人⁴をいいようにあしらう(←鼻をつかんで引き回す) / **auf** der *Nase* liegen《口語》病気で寝ている / 人³ an die *Nase* fallen《口語》a) うつ伏せに倒れる, b)《比》失敗する / 人³ 事⁴ auf die *Nase* binden《口語》人³に事⁴をわざわざ話して聞かせる(←鼻に結びつける) / 人³ auf der *Nase* herum|tanzen《口語》人³をいいようにあしらう(←鼻の上で踊り回る) / 人³ eins⁴ auf die *Nase* geben《口語》人³をしかりつける(←鼻っ柱をぶんなぐる) / 人³ 事⁴ **aus** der *Nase* ziehen《口語》人³から事⁴を巧みに聞き出す(←鼻の中から引き出す) / **in** der *Nase* bohren 鼻くそをほじる / Das ist mir in die *Nase* gefahren.《現在完了》《口語》それには腹が立った(←[においが]私の鼻をついた) / 人⁴ **mit** der *Nase* auf 事⁴ stoßen《口語》人³に事⁴をはっきりわからせる(←鼻をぶつける) / Immer der *Nase* **nach**! 《口語》まっすぐ前へ行け / Das ist nicht nach meiner *Nase*.《口語》それは私の好みではない / **pro** *Nase*《口語》一人当たり / 人³ 事⁴ **unter** die *Nase* reiben《口語》人³に事⁴を手厳しく言ってやる / Der Zug ist mir **vor** der *Nase* weggefahren.《現在完了》《口語》列車は私の目の前で出発してしまった / 事⁴ **vor** der *Nase* haben《口語》事⁴をすぐ近くに持っている / 人³ die *Nase*⁴ **vor** der *Nase* zu|schlagen《口語》a) 人³の鼻先でドアをばたんと閉める, b)《比》人³をすげなく追い返す.

② (鼻状のもの:)船首, 機首, (自動車の)先端部; 岩の突出部. ③《口語》《塗装の》垂れ.

参考 ..nase のいろいろ: **Adlernase** 鷲鼻 / **Hakennase** 鉤鼻 / **Knollennase** 団子鼻 / **Schnapsnase** 酒飲みの赤鼻 / **Stupsnase** しし鼻.

na·se⸗lang [ナーゼ・ラング] 副 《成句的に》alle *naselang*《口語》しょっちゅう, 再三.

nä·seln [ネーゼルン nέ:zəln] 自 (h) 鼻声で話す, 鼻にかかった話し方をする.

Na·sen⸗bein [ナーゼン・バイン] 田 -[e]s/- 《医》鼻骨.

Na·sen⸗blu·ten [ナーゼン・ブルーテン] 田 -s/- 鼻血. *Nasenbluten*⁴ haben 鼻血が出る.

Na·sen⸗flü·gel [ナーゼン・ふりューゲる] 男 -s/- 鼻翼, 小鼻.

Na·sen⸗höh·le [ナーゼン・ヘーレ] 囡 -/-n 《医》鼻腔(*びこう*).

na·sen⸗lang [ナーゼン・ラング] 副 =naselang

Na·sen⸗län·ge [ナーゼン・レンゲ] 囡 -/-n (競馬で:)鼻づらの長さ. 人³ **um** eine *Nasenlänge* voraus sein 人³よりわずかだけ優っている / 人⁴ um eine *Nasenlänge* schlagen《口語》人⁴に鼻の差(僅少(*きんしょう*)差)で勝つ.

Na·sen⸗loch [ナーゼン・ロッホ] 田 -[e]s/..löcher 鼻孔.

Na·sen⸗rü·cken [ナーゼン・リュッケン] 男 -s/- 鼻筋, 鼻梁(*びりょう*); 《医》鼻背(*びはい*).

Na·sen⸗spit·ze [ナーゼン・シュピッツェ] 囡 -/-n 鼻の頭; 鼻尖(*びせん*). 人³ 事⁴ an der *Nasenspitze* an|sehen《口語》《戯》人³の顔色を見て事⁴を察する.

Na·sen⸗stü·ber [ナーゼン・シュテューバァ] 男 -s/- ① 軽く指先で鼻をはじくこと. ②《口語》たしなめ. 人³ einen *Nasenstüber* geben (または versetzen) (たしなめるために)人³の鼻の頭を指ではじく.

na·se⸗weis [ナーゼ・ヴァイス] 形 (特に子供が)生意気な, 出しゃばりな, ませた.

Na·se⸗weis [ナーゼ・ヴァイス] 男 -es/-e 生意気なやつ(子供).

nas·füh·ren [ナース・ふューレン ná:s-fy:rən] (過分 genasführt) 他 (h) (人⁴を)だます, かつぐ.

Nas⸗horn [ナース・ホルン] 田 -[e]s/..hörner 《動》サイ(犀).

nass [ナス nás]

ぬれた	Die Straße ist noch *nass*.
	ディ シュトラーセ イスト ノッホ ナス
	道路はまだぬれている.

形 《比較》nasser, 《最上》nassest または 《比較》nässer, 《最上》nässest ① ぬれた, 湿った. (英 wet).

(🈁「乾いた」は trocken). *nasse* Haare ぬれた髪 / mit *nassen* Augen 目をうるませて / Ich bin vom Regen durch und durch (または bis auf die Haut) *nass* geworden.〖現在完了〗私は雨でずぶぬれになった / Die Farbe ist noch *nass*. ペンキはまだ乾いていない / Der Schnee ist *nass*. 雪はべとべとだ.
② 雨の多い. Wir hatten einen *nassen* Sommer. 雨の多い夏だった.
▶ **nass|machen**[1, 2]

naß [ナス] nass の古い形 (☞ daß 🈁).

Nass [ナス] 囲 -es/〖詩〗水; 雨; 酒.

Nas·sau [ナッサオ násau] 囲 -s/ (都市名)ナッサウ(ドイツ, ノルトラインヴェストファーレン州).

Nas·sau·er [ナッサオアァ násauɐr] I 男 -s/- ナッサウの市民(出身者). (女性形: -in). II 〖無語尾〗ナッサウの. III 男 -s/- ①〖口語·戯〗にわか雨. ②〖口語〗(食事などで)他人にたかる人.

nas·sau·ern [ナッサオアァン násauɐrn] 圓 (h) 〖口語〗人にたかって飲食する, 人の財布を当てにして生きる.

Näs·se [ネッセ nésə] 囡 -/ ぬれていること; (強い)湿気, しめり, 水気.

näs·sen [ネッセン nésən] I 他 (h) 〖雅〗(露·涙などが)物[4]をぬらす, 湿らせる. II 圓 (h) (傷口が)じくじくする; (水気で)湿っている.

näs·ser [ネッサァ] ⁑nass (ぬれた)の 比較.

näs·sest [ネッセスト] ⁑nass (ぬれた)の 最上.

nass⸗kalt [ナス・カルト] 形 湿っぽくて寒い.

nass|ma·chen[1] [ナス・マッヘン nás-màxən] 他 (h)〖成句的に〗人[4] *nassmachen*〖隠語〗人[4]を[試合などで]こてんぱんにやっつける / sich[4] nicht *nassmachen*《口語》(不必要に)腹を立てない.

nass|ma·chen[2], **nass ma·chen** [ナス・マッヘン] 他 (h) ぬらす, 湿らす. das Bett[4] *nassmachen* おねしょする.

die **Na·ti·on** [ナツィオーン natsió:n] 囡 (単) -/(複) -en ① 国民. (英 nation). die deutsche *Nation* ドイツ国民. ② 国家 (=Staat). die wirtschaftliche Einigung der europäischen *Nationen*[2] ヨーロッパ諸国の経済統合 / die Vereinten *Nationen* 国際連合. ③《口語》同国人; 民族 (=Volk).

na·ti·o·nal [ナツィオナーる natsioná:l] 形 (英 national) ① 国民の, 民族の; 国家の. ein *nationaler* Feiertag 国民の祝日 / die *nationale* Selbstbestimmung 民族自決 / eine *nationale* Minderheit 少数民族 / die *nationalen* Interessen[4] wahren 国家の利益を守る. ② 国内の, 国内的な. (🈁「国際的な」は international). auf *nationaler* Ebene 国内レベルで. ③ 愛国的な, 国家主義の. eine *nationale* Partei 国家主義的な政党.

Na·ti·o·nal⸗be·wusst·sein [ナツィオナーる・ベヴストザイン] 田 -[e]s/ 国家(民族)意識.

Na·ti·o·nal⸗elf [ナツィオナーる・エるふ] 囡 -/-en (サッカーの)ナショナルチーム.

Na·ti·o·nal⸗fei·er·tag [ナツィオナーる・ふァイアータク] 男 -[e]s/-e 国民の祝祭日.

Na·ti·o·nal⸗flag·ge [ナツィオナーる・ふらゲ] 囡 -/-n 国旗.

Na·ti·o·nal⸗hym·ne [ナツィオナーる・ヒュムネ] 囡 -/-n 国歌.

na·ti·o·na·li·sie·ren [ナツィオナリズィーレン natsionalizí:rən] 他 (h) ①(物[4]を)国有[財産]化する, (企業など[4]を)国営化する. ②(人[4]に)市民権を与える, (人[4]を)帰化させる.

Na·ti·o·na·lis·mus [ナツィオナリスムス natsionalísmus] 男 -/(ふつう軽蔑的に:)ナショナリズム, 国家主義; 〖貶〗民族[独立]主義.

Na·ti·o·na·list [ナツィオナリスト natsionalíst] 男 -en/-en ナショナリスト, 国家(民族)主義者. (女性形: -in).

na·ti·o·na·li·stisch [ナツィオナリスティッシュ natsionalístiʃ] 形 国家(民族)主義的な, 国家主義[者]の, 国粋的な.

Na·ti·o·na·li·tät [ナツィオナリテート natsionalitɛ́:t] 囡 -/-en ① 国籍 (=Staatsangehörigkeit). Welcher *Nationalität*[2] sind Sie? — Ich bin japanischer *Nationalität*[2]. あなたの国籍はどちらですか — 日本[国籍]です. ② (国内に住む)少数民族.

Na·ti·o·na·li·tä·ten⸗staat [ナツィオナリテーテン・シュタート] 男 -[e]s/-en 多民族国家.

Na·ti·o·nal⸗li·te·ra·tur [ナツィオナーる・リテラトゥーア] 囡 -/-en 国民文学.

Na·ti·o·nal⸗mann·schaft [ナツィオナーる・マンシャふト] 囡 -/-en 〖スポ〗ナショナルチーム.

Na·ti·o·nal⸗öko·no·mie [ナツィオナーる・エコノミー] 囡 -/-n 国民経済学.

Na·ti·o·nal⸗park [ナツィオナーる・パルク] 男 -s/-s (まれに -e) 国立公園.

Na·ti·o·nal⸗so·zia·lis·mus [ナツィオナーる・ゾツィアリスムス] 男 -/ 国民社会主義, ナチズム(ヒトラー独裁下のドイツの政体. 1933–1945).

Na·ti·o·nal⸗so·zia·list [ナツィオナーる・ゾツィアリスト] 男 -en/-en 国民社会主義者, ナチ党員. (女性形: -in).

na·ti·o·nal⸗so·zia·li·stisch [ナツィオナーる・ゾツィアリスティッシュ] 形 国民社会主義の, ナチスの.

Na·ti·o·nal⸗spie·ler [ナツィオナーる・シュピーらァ] 男 -s/- ナショナルチームの選手. (女性形: -in).

Na·ti·o·nal⸗staat [ナツィオナーる・シュタート] 男 -[e]s/-en 民族国家.

NATO, Na·to [ナート ná:to] 囡 -/ 北大西洋条約機構 (=North Atlantic Treaty Organization).

Na·tri·um [ナートリウム ná:trium] 田 -s/〖化〗ナトリウム(記号: Na).

Na·tron [ナートロン ná:trɔn] 田 -s/〖化〗重炭酸ナトリウム; ナトロン.

Nat·ter [ナッタァ nátɐr] 囡 -/-n〖動〗ヤマカガシ[科のヘビ]; (一般に:)毒蛇. eine *Natter*[4] am Busen nähren《雅》獅子身中の虫を養う, 最後には裏切る人に親切を施す.

**die Na・tur [ナトゥーア natú:r] 囡 (単) −/(複) -en (英 nature) ① 【圏 なし】 自然, 自然界; 自然現象, 自然の風景; (人工に対して:)自然[状態], 天然. die Gesetze der *Natur*² 自然界の法則 / die belebte (unbelebte) *Natur* 生物(無生物)界 / *Natur* und Kultur 自然と文化 / die *Natur*⁴ beobachten (erforschen) 自然を観察する(探求する) / Ihr Haar ist *Natur*. 彼女の髪は本物だ.
◊〖前置詞とともに〗**bei** Mutter *Natur* übernachten (雅) 野宿する / Wir wandern jeden Sonntag **in** die freie *Natur* [hinaus]. 私たちは日曜日にはいつも野山へハイキングに行く / 〖4〗**nach** der *Natur* malen 〖物〗⁴をありのままに描く, 写生する / Zurück **zur** *Natur*! 自然に帰れ(ルソーの言葉).
② 〖ふつう 圏〗**本性**, 天性; 素質, 性質; 体質. die menschliche *Natur* 人間の本性 / eine gesunde *Natur* 健康な体質 / Er hat eine gesellige *Natur*. 彼は社交的だ.
◊〖前置詞とともに〗Das geht (または ist) mir **gegen** die *Natur*. それは私の性分に合わない / Das liegt **in** seiner *Natur*. それは彼の性分だ / Er ist **von** *Natur* [aus] schüchtern. 彼は生来内気だ / 〖人³〗 **zur** zweiten *Natur* werden 〖人³〗にとって習い性となる(← 第 2 の天性).
③ (…の)性格の持ち主. Er ist eine ernste *Natur*. 彼はまじめな性格だ. / 〖圏 なし〗〖事柄の)本質, 特質. Das liegt **in** der *Natur* der Sache. それは事柄の本質にかかわっている.

Na・tu・ra・li・en [ナトゥラーリエン naturá:liən] 覆 (現金の代わりに用いられる)農産物; 現物. **in** *Naturalien* bezahlen 現物で支払う.

Na・tu・ra・li・sa・ti・on [ナトゥラリザツィオーン naturalizatsió:n] 囡 −/ −en 帰化; (法) 国籍の付与; (生) (外来種の動植物の)帰化.

na・tu・ra・li・sie・ren [ナトゥラリズィーレン naturalizí:rən] 他 (h) ① (法) 〖人⁴を〗帰化させる, 〖人⁴に〗国籍を与える. ② (生) (外来種の動植物⁴を)帰化させる.

Na・tu・ra・lis・mus [ナトゥラリスムス naturalísmus] 男 −/..lismen ① 〖圏 なし〗(文学・芸術上の)自然主義. ② (芸術作品の)自然主義的特徴. ③ (哲) 自然主義.

Na・tu・ra・list [ナトゥラリスト naturalíst] 男 -en/-en 自然主義者, 自然主義の作家. (女性形: -in).

na・tu・ra・lis・tisch [ナトゥラリスティッシュ naturalístɪʃ] 形 ① 写実的な. ② 自然主義の, 自然主義的な.

na・tur・be・las・sen [ナトゥーァ・ベらッセン] 形 無添加の(食品など); 自然のままの, 天然の.

Na・tur・bur・sche [ナトゥーァ・ブルシェ] 男 -n/-n 自然児, 野生味のある若者.

Na・tur・denk・mal [ナトゥーァ・デンクマーる] 田 -[e]s/..mäler (まれに -e) 天然記念物.

na・tu・rell [ナトゥれる naturél] 形 〖無語尾で; ふつう名詞のあとに置かれる〗〖料理〗自然のままの, 添加物のない. Zitronenwasser *naturell* レモン果汁のないレモン水, レモネード.

Na・tu・rell [ナトゥれる] 田 -s/-e 気質, 本性.

Na・tur・er・eig・nis [ナトゥーァ・エァアイグニス] 田 ..nisses/..nisse (不思議な)自然現象.

Na・tur・er・schei・nung [ナトゥーァ・エァシャイヌング] 囡 −/−en (不思議な)自然現象.

na・tur・far・ben [ナトゥーァ・ファルベン] 形 自然色の, 無着色の.

Na・tur・for・scher [ナトゥーァ・フォルシャァ] 男 -s/- 自然研究者. (女性形: -in).

Na・tur・freund [ナトゥーァ・フろイント] 男 -[e]s/-e 自然愛好家. (女性形: -in).

na・tur・ge・ge・ben [ナトゥーァ・ゲゲーベン] 形 人の力では変えられない, 生得の.

na・tur・ge・mäß [ナトゥーァ・ゲメース] **I** 形 自然に即した. **II** 副 必然的に, 当然.

Na・tur・ge・schich・te [ナトゥーァ・ゲシヒテ] 囡 −/ ① 進化史, 発生史. ② (古) 博物学.

Na・tur・ge・setz [ナトゥーァ・ゲゼッツ] 田 -es/-e 自然法則.

na・tur・ge・treu [ナトゥーァ・ゲトロイ] 形 自然のままの, 実物どおりの, 真に迫った(描写など).

Na・tur・heil・kun・de [ナトゥーァ・ハイるクンデ] 囡 −/ 自然療法.

Na・tur・ka・ta・stro・phe [ナトゥーァ・カタストローふェ] 囡 −/−n 自然災害, 天災.

Na・tur・kost [ナトゥーァ・コスト] 囡 −/ 自然食品.

Na・tur・kost・la・den [ナトゥーァコスト・らーデン] 男 -s/..läden 自然食品店.

Na・tur・kraft [ナトゥーァ・クラふト] 囡 −/ ..kräfte 〖ふつう 圏〗自然力.

Na・tur・kun・de [ナトゥーァ・クンデ] 囡 −/ (古) 自然研究(学校の授業科目の一つ).

**na・tür・lich [ナテューァりヒ natý:rlɪç]

> もちろん; 自然の
> Du hast *natürlich* recht!
> ドゥ ハスト ナテューァりヒ レヒト
> もちろん君の言うとおりさ.

I 副 〖文全体にかかって〗① もちろん, 当然. (英 *of course*). Hilfst du uns? — *Natürlich*! ぼくたちを助けてくれるかい? — もちろんだよ / Er wird *natürlich* zustimmen, aber … 彼はもちろん賛成するだろうが, しかし…
② 思ったとおり. Sie kam *natürlich* wieder zu spät. 彼女は思ったとおりまた遅れて来た.
II 形 ① 自然の, 天然の; ありのままの, 実物どおりの. (英 *natural*). (反義「人工の」は künstlich). *natürliche* Blumen 本物の花 / *natürliches* Licht 自然光 / ein Standbild in *natürlicher* Größe 実物大の立像 / eine *natürliche* Person (法) (法人に対して:)自然人 / ein *natürlicher* Tod 自然死 / eine *natürliche* Zahl (数) 自然数 / ein *natürliches* Kind a) (古) (法) 庶子, b) (口語) (養子に対して:)実の子.
② 生まれつきの, 生来の. die *natürliche* Hautfarbe 生まれつきの皮膚の色 / Er hat eine *natürliche* Begabung für Malerei. 彼

には天賦の画才がある. ③ 当然の, あたりまえの, 自明の. die *natürliche* Folge 当然の結果 / Es ist *natürlich*, dass er traurig ist. 彼が悲しんでいるのはあたりまえだ. ④ 気取らない, 飾り気のない. ein *natürliches* Benehmen 気取らないふるまい.

Na·tür·li·cher≈wei·se [ナテューァリヒャァ・ヴァイゼ] 副 当然, もちろん.

Na·tür·lich·keit [ナテューァリヒカイト] 女 -/ 自然らしさ; 素朴さ; 当然(自明)なこと.

Na·tur≈mensch [ナトゥーァ・メンシュ] 男 -en/-en 自然人; 自然愛好家.

na·tur≈nah [ナトゥーァ・ナー] 形 自然と調和した, 自然に適合した.

Na·tur≈park [ナトゥーァ・パルク] 男 -s/-s (まれに -e) 自然公園.

Na·tur≈pro·dukt [ナトゥーァ・プロドゥクト] 中 -[e]s/-e 自然の産物, 自然農法による作物.

Na·tur≈recht [ナトゥーァ・レヒト] 中 -[e]s/ 《哲》自然法.

na·tur≈rein [ナトゥーァ・ライン] 形 (食品が)無添加の, 天然の.

Na·tur≈schutz [ナトゥーァ・シュッツ] 男 -es/ 自然保護.

Na·tur≈schutz≈ge·biet [ナトゥーァシュッツ・ゲビート] 中 -[e]s/-e 自然保護区域.

Na·tur≈stoff [ナトゥーァ・シュトふ] 男 -[e]s/-e 天然の素材.

na·tur≈ver·bun·den [ナトゥーァ・フェアブンデン] 形 自然に密着した.

Na·tur≈volk [ナトゥーァ・フォるク] 中 -[e]s/..völker 《ふつう 複》《民族》未開(原始)民族.

die **Na·tur≈wis·sen·schaft** [ナトゥーァ・ヴィッセンシャふト] 女 (単) -/(複) -en 《ふつう 複》自然科学. (英 *natural science*). Physik und Biologie gehören zu den *Naturwissenschaften*. 物理学と生物学は自然科学に属する. (☞「精神科学・人文科学」は Geisteswissenschaften;「社会科学」は Sozialwissenschaften).

Na·tur≈wis·sen·schaft·ler [ナトゥーァ・ヴィッセンシャふトラァ] 男 -s/- 自然科学者; 自然科学専攻学生. (女性形: -in).

na·tur≈wis·sen·schaft·lich [ナトゥーァ・ヴィッセンシャふトりヒ] 形 自然科学の. die *naturwissenschaftliche* Fakultät 理学部.

Na·tur≈zu·stand [ナトゥーァ・ツーシュタント] 男 -[e]s/ 自然の[ままの]状態.

Naum·burg [ナオム・ブルク náum-burk] 中 -s/《都市名》ナウムブルク(ドイツ, ザクセン·アンハルト州). (☞《地図》E-3).

Nau·tik [ナオティク náutɪk] 女 -/《海》航海術.

nau·tisch [ナオティッシュ náutɪʃ] 形 《海》航海[術]の.

Na·vi [ナーヴィ ná:vi] 中 -s/-s 《略》《口語》ナビ[ゲーション・システム]; カーナビ. (= *Na*vigationssystem).

Na·vi·ga·ti·on [ナヴィガツィオーン navigatsió:n] 女 -/《海·空》航海(航空)術, 航法.

Na·vi·ga·ti·ons≈sys·tem [ナヴィガツィオーンス・ズュステーム] 中 -s/-e ナビ[ゲーション・システム]; カーナビ. (略: Navi).

na·vi·gie·ren [ナヴィギーレン navigí:rən] 自 (h) 《海·空》正しいコースを航行(飛行)する.

Na·za·reth [ナーツァレット ná:tsarɛt] 中 -s/ 《都市名》ナザレ(イスラエル北部の都市. イエスの両親の出生地).

Na·zi [ナーツィ ná:tsi] 男 -s/-s ナチ[ス]党員, 国民社会主義者 (= **Nationalsozialist**).

Na·zis·mus [ナツィスムス natsísmus] 男 -/ ナチズム, 国民社会主義 (= **Nationalsozialismus**).

na·zis·tisch [ナツィスティッシュ natsístɪʃ] 形 ナチの, 国民社会主義の.

Nb [エン・ベー] 《化·記号》ニオブ (= **Niob**).

NB [ノタベーネ] 《略》注意せよ (= **notabene**).

n. Br. [ネルトリヒャァ ブライテ] 《略》北緯[の] (= nördlicher **Breite**).

Nchf. [ナーハ・ふォるガァ または ナーハ・ふォるゲリン] 《略》後継者, 弟子 (= **Nachfolger[in]**).

n. Chr. [ナーハ クリストゥス または … クリストー] 《略》西暦, 紀元後 (= nach **Christus** または nach **Christo**).

n. Chr. G. [ナーハ クリスティ ゲブーァト] 《略》西暦, 紀元後 (= nach **Christi Geburt**).

Nd [エン・デー] 《化·記号》ネオジム (= **Neodym**).

NDR [エン・デー・エル] 《略》 北ドイツ放送[局] (= **N**orddeutscher **R**undfunk).

ne [ネ nə] 副 《口語》(付加疑問的に:)ね, [そう]でしょう (= nicht wahr?).

ne! [ネー né:] 間 《口語》(否定の返事で:)いや, 違うよ (= nein).

Ne [エン・エー] 《化·記号》ネオン (= **Neon**).

'ne [ネ nə] 《口語》《不定冠詞 eine の短縮形》

Ne·an·der·ta·ler [ネアンダァターァ neándər-ta:lər] 男 -s/- ネアンデルタール人(旧石器時代の原始人類. デュッセルドルフ近郊の発見地名による). (女性形: -in).

Ne·a·pel [ネアーべる neá:pəl] 中 -s/《都市名》ナポリ(イタリア南部. Napoli の日本語名).

der **Ne·bel** [ネーべる né:bəl] 男 (単2) -s/ (複) - (3格のみ -n) ① 霧, かすみ, もや. (英 *fog*). dichter *Nebel* 濃い霧 / Der *Nebel* fällt. 霧が立ち込めてくる / Der *Nebel* lichtet sich. 霧が晴れる / Der *Nebel* hängt über dem Tal. 霧が谷に立ち込めている / **bei** *Nebel* 霧のときに / **im** *Nebel* 霧の中で / **im** *Nebel* des Alkohols 《比》酒に酔って / **wegen** *Nebel*[s] aus|fallen 《口語·戯》(予定の行事が)わけのわからぬまま中止になる(←霧のために). ② 《天》星雲. der *Nebel* des Orion オリオン星雲.

ne·bel·haft [ネーべるハふト] 形 不明瞭(ふめいりょう)な, ぼんやりした, おぼろげな(記憶など).

Ne·bel≈horn [ネーべる・ホルン] 中 -[e]s/..hörner 《海》霧笛.

ne·be·lig [ネーべりヒ né:bəlɪç] 形 霧のかかった, 霧の深い, 霧の立ち込めた.

Ne·bel=schein·wer·fer [ネーベル・シャインヴェルファァ] 男 -s/- 《ふつう 複》《自動車》フォグランプ.

Ne·bel=schwa·den [ネーベル・シュヴァーデン] 男 -s/- 《ふつう 複》濃い霧のかたまり.

:ne·ben [ネーベン né:bən]

---

3 格と: …の隣に(隣で)

Die Gabel liegt *neben dem Messer*.
ディ ガーベル リークト ネーベン デム メッサァ

フォークはナイフの隣に置いてある.

4 格と: …の隣へ(隣に)

Sie legt die Gabel *neben das Messer*.
ズィー レークト ディ ガーベル ネーベン ダス メッサァ

彼女はフォークをナイフの隣へ置く.

前 〖3 格·4 格とともに〗① ⑦《どこに》〖3 格と〗…の隣に, …の横に. (英 *beside*). Der Stuhl steht *neben* der Tür. いすはドアの隣にある / *Neben* dem Haus befindet sich die Garage. 家の横にガレージがある / Sie sitzt *neben* ihm. 彼女は彼の隣に座っている.
① 《どこへ》〖4 格と〗…の隣へ, …の横へ. Hans stellt den Stuhl *neben* die Tür. ハンスはいすをドアの隣へ置く / Wir bauen die Garage *neben* das Haus. 私たちはガレージを家の横に建てる / Sie setzt sich *neben* ihn. 彼女は彼の隣に座る.
② 《追加》〖3 格と〗…のほかに. Er beherrscht *neben* dem Englischen auch Französisch und Spanisch. 彼は英語のほかにフランス語とスペイン語もこなす.
③ 《比較》〖3 格と〗…と比べて. *Neben* ihm kannst du nicht bestehen. 君は彼には太刀打ちできないよ.

Ne·ben.. [ネーベン.. né:bən..] 〖名詞につける接頭〗①《隣接》例: *Neben*zimmer 隣室. ②《副·付随·従属》例: *Neben*arbeit 副業.

ne·ben·amt·lich [ネーベン・アムトりヒ] 形 兼職(兼任)の.

ne·ben=an [ネーベン・アン ne:bən-án] 副 並んで, 隣接して. im Zimmer *nebenan* 隣室で / Er wohnt *nebenan*. 彼は隣に住んでいる.

Ne·ben=an·schluss [ネーベン・アンシュるス] 男 -es/..schlüsse 内線電話.

Ne·ben=**ar·beit** [ネーベン・アルバイト] 女 -/-en ① 副業, 内職, アルバイト. ② 片手間仕事; 副論文.

Ne·ben=**aus·ga·be** [ネーベン・アオスガーベ] 女 -/-n ①《ふつう 複》付帯支出, 別途費用. ②(新聞の)地方版.

Ne·ben=**aus·gang** [ネーベン・アオスガング] 男 -(e)s/..gänge (わきにある)通用出口.

Ne·ben=**be·deu·tung** [ネーベン・ベドイトゥング] 女 -/-en 副次的意義, (言葉の)裏の意味.

ne·ben=bei [ネーベン・バイ ne:bən-bái] 副 ① そのかたわら[で], 片手間に. Er ist Student und arbeitet *nebenbei* als Kellner. 彼は学生だが, そのかたわらウエーターとして働いている. ② ついでに. *nebenbei* bemerkt ついでに言うと, ちなみに.

Ne·ben=be·ruf [ネーベン・ベルーふ] 男 -(e)s/-e 副業, 内職.

ne·ben=be·ruf·lich [ネーベン・ベルーふりヒ] 形 副業の.

Ne·ben=be·schäf·ti·gung [ネーベン・ベシェふティグング] 女 -/-en 副業, 内職.

Ne·ben=buh·ler [ネーベン・ブーらァ] 男 -s/- ① 恋敵. (女性形: -in). ②《口語》ライバル, 競争相手.

Ne·ben=ef·fekt [ネーベン・エふェクト] 男 -(e)s/-e 副次的効果.

ne·ben=ein·an·der [ネーベン・アイナンダァ ne:bən-aınándər] 副 ① 隣り合って, 並び合って. In der Schule haben wir *nebeneinander* gesessen. 学校にいたころ私たちは隣り合って座っていた. ② 同時に. zwei Berufe[4] *nebeneinander* aus|üben 二つの職を同時にこなす.

Ne·ben=ein·an·der [ネーベン・アイナンダァ] 中 -s/ 並存, 並立, 共存.

Ne·ben=**ein·gang** [ネーベン・アインガング] 男 -(e)s/..gänge (わきにある)通用入口.

Ne·ben=**ein·künf·te** [ネーベン・アインキュンふテ] 複 副収入, 臨時収入.

Ne·ben=**er·werb** [ネーベン・エァヴェルプ] 男 -s/ 副業.

Ne·ben=**fach** [ネーベン・ふァッハ] 中 -(e)s/..fächer 副専攻. (⇔「主専攻」は Hauptfach).

Ne·ben=**fluss** [ネーベン・ふるス] 男 -es/..flüsse 《地理》(河川などの)支流.

Ne·ben=**ge·bäu·de** [ネーベン・ゲボイデ] 中 -s/- 附属建築物, 別館, 離れ; 隣接建物.

Ne·ben=**ge·dan·ke** [ネーベン・ゲダンケ] 男 -ns (3 格·4 格 -n)/-n 付随的な意図, 下心.

Ne·ben=**ge·räusch** [ネーベン・ゲロイシュ] 中 -(e)s/-e (ラジオなどの)雑音, ノイズ.

Ne·ben=**gleis** [ネーベン・グらイス] 中 -es/-e 《鉄道》側線, 待避線.

Ne·ben=**hand·lung** [ネーベン・ハンドるング] 女 -/-en (小説などの)わき筋, サブプロット.

ne·ben=her [ネーベン・ヘーァ] 副 ① それに加えて, その上に. ②《話》ついでに.

ne·ben=**hin** [ネーベン・ヒン] 副 ついでに.

Ne·ben=kos·ten [ネーベン・コステン] 複 付帯経費(費用), 雑費.

Ne·ben=li·nie [ネーベン・リーニエ] 囡 -/-n ① (血統の)傍系. ②（鉄道）支線.

Ne·ben=**mann** [ネーベン・マン] 男 -[e]s/..männer (まれに ..leute) 隣にいる人.

Ne·ben=**nie·re** [ネーベン・ニーレ] 囡 -/-n (医) 副腎.

Ne·ben=**pro·dukt** [ネーベン・プロドゥクト] 中 -[e]s/-e 副産物.

Ne·ben=**raum** [ネーベン・ラオム] 男 -[e]s/..räume ① 隣室, 隣の部屋. ②《ふつう 複》(総称として:)附属室(浴室・化粧室・物置など).

Ne·ben=**rol·le** [ネーベン・ロれ] 囡 -/-n 《劇・映》わき役;《比》重要でない役割.

Ne·ben=**sa·che** [ネーベン・ザッヘ] 囡 -/-n 副次的な事柄, 枝葉末節. die schönste *Nebensache* der Welt² 《口語》趣味, 道楽.

ne·ben=**säch·lich** [ネーベン・ゼヒりヒ] 形 副次的な, 重要でない.

Ne·ben=**säch·lich·keit** [ネーベン・ゼヒりヒカイト] 囡 -/-en ①《複なし》副次的であること. ② 副次的な事柄, 枝葉末節.

Ne·ben=**satz** [ネーベン・ザッツ] 男 -es/..sätze ①《言》副文, 従属文.（⇔「主文」は Hauptsatz). ② ついでの発言.

ne·ben=**ste·hend** [ネーベン・シュテーエント] 形《付加語としてのみ》本文のわきに記された, 欄外の(注記など).

Ne·ben=**stel·le** [ネーベン・シュテれ] 囡 -/-n ① 内線電話. ② 支店, 支社.

Ne·ben=**stra·ße** [ネーベン・シュトラーセ] 囡 -/-n わき道, 裏通り.

Ne·ben=**ver·dienst** [ネーベン・フェァディーンスト] 男 -[e]s/-e 副収入, 臨時収入.

Ne·ben=**win·kel** [ネーベン・ヴィンケる] 男 -s/-《数》補角.

Ne·ben=**wir·kung** [ネーベン・ヴィルクング] 囡 -/-en《ふつう 複》(薬などの) 副作用.

Ne·ben=**zim·mer** [ネーベン・ツィンマァ] 中 -s/- 隣室.

neb·lig [ネープりヒ néːblɪç] 形 霧のかかった, 霧の深い, 霧の立ち込めた. Es ist heute sehr *neblig*. きょうはとても霧が深い.

nebst [ネープスト néːpst] 前《3格とともに》…を伴って, …を含めて (=mit, samt).

ne·bu·los [ネブろース nebulóːs] 形 =nebulös

ne·bu·lös [ネブれース nebulǿːs] 形 ぼんやりした, 漠然とした (考えなど).

Ne·ces·saire [ネセセーァ nesɛsɛ́ːr]《ジス》中 -s/-s (旅行用・携帯用の)小物入れ, ポーチ.

der **Ne·ckar** [ネッカァ nékar] 男 -s/《定冠詞とともに》《川名》ネッカル川 (ライン川の支流: ⇨ 地図 D-4).

ne·cken [ネッケン nékən] (neckte, *hat*...geneckt) 他 (定了 haben) からかう, ひやかす.（英 tease). einen Hund *necken* 犬をからかう / Man *neckt* ihn mit seiner neuen Freundin. 彼は新しいガールフレンドのことでひやかされる. ◇《相互的に》Die beiden *necken* *sich*⁴ gern. ふたりはよくからかい合う.

Ne·cke·rei [ネッケライ nɛkərái] 囡 -/-en からかい, ひやかし; 悪ふざけ.

ne·ckisch [ネキッシュ nékɪʃ] 形 ① からかうのが好きな, いたずらっぽい, おどけた. ②（服装などが）挑発的な, 大胆な.

neck·te [ネックテ] necken (からかう)の 過去

nee! [ネー néː] 間《口語》(否定の返事で:)いや, 違うよ (=nein).

der **Nef·fe** [ネッふェ néfə] 男 (単 2·3·4) -n/(複) -n 甥(おい).（英 nephew).（⇨「姪」は Nichte).

Ne·ga·ti·on [ネガツィオーン negatsióːn] 囡 -/-en (哲) 否定, 否認;（言）否定[詞].

＊**ne·ga·tiv** [ネーガティーふ néːgatiːf または ネガティーふ] 形（英 negative) ① **否定の**, 否定的な, 否認の.（⇔「肯定の」は positiv). eine *negative* Antwort 否定(拒否)的な回答 / 圏⁴ *negativ* bewerten 圏⁴を否定的に評価する. ② 都合の悪い, 不利な. die *negativen* Folgen 思わしくない結果 / eine *negative* Entwicklung 思わしくない展開. ③《数》負の, マイナスの;《物》陰[極]の;《医》陰性の(反応など);《写》ネガの, 陰画の. *negative* Zahlen 負の数 / der *negative* Pol 陰極.

Ne·ga·tiv [ネーガティーふ または ネガティーふ] 中 -s/-e [..ヴェ]《写》ネガ, 陰画.（⇨「陽画」は Positiv).

Ne·ger [ネーガァ néːgər] 男 -s/-（差別的に:)黒人, ニグロ. (女性形: -in).（⇨ 差別語とみなされるため, ドイツ国籍の人については Afro-Deutscher「アフリカ系ドイツ人」を用いるほうが好ましい).

ne·gie·ren [ネギーレン negíːrən] 他 (h) 否定する, 否認する; 拒否する; 無視する.

Ne·gli·gé [ネグリジェー negliʒéː]《ジス》中 -s/-s ネグリジェ.

Ne·gli·gee [ネグリジェー negliʒéː] 中 -s/-s = Negligé

‡neh·men* [ネーメン néːmən]

取る

Nehmen Sie doch noch Salat!
ネーメン　ズィー ドッホ ノッホ ざらート
もっとサラダをお取りなさい.

人称	単	複
1	ich **nehme**	wir nehmen
2	{du **nimmst** / Sie nehmen	ihr nehmt / Sie nehmen
3	er **nimmt**	sie nehmen

(nahm, *hat*...genommen) 他 (定了 haben) ① [手に]**取る**, つかむ.（英 take). *Nimm* den Eimer und hole Wasser! バケツを取って水をくんで来ておくれ / Er *nahm* den Mantel und ging. 彼はコートを取って出て行った / Sie *nahm* seinen Arm. 彼女は彼の腕を取った. ◇《前置詞とともに》圏⁴ **an** sich⁴ *nehmen* 圏⁴

を預かる / Er *hat* das Kind **auf** den Schoß *genommen*. 彼は子供をひざに抱いた / **alle** Schuld⁴ **auf** sich⁴ *nehmen* すべての罪(責任)を一身に負う / die Butter⁴ **aus** dem Kühlschrank *nehmen* 冷蔵庫からバターを取り出す / **in** die Hand *nehmen* 手⁴を手に取る / Das Kind *nimmt* alles **in** den Mund. その子は何でも口に入れる / die Tasche⁴ **unter** den Arm *nehmen* バッグをわきに抱える / das Bild⁴ **von** der Wand *nehmen* 絵を壁から取りはずす / Er *nahm* den Hut vom Kopf. 彼は帽子を脱いだ / 人・物⁴ **zu** sich³ *nehmen* 人⁴を自分の家へ引き取る, 物⁴を摂取する.

② 受け取る, もらう. Er *nimmt* kein Trinkgeld. 彼はチップを受け取らない / Er *hat* für die Reparatur 200 Euro *genommen*. 彼は修理代として 200 ユーロ取った / *Nehmen* Sie eine Zigarette? たばこはいかがですか.

③ (人³から人・物⁴を)奪い取る; (不安など⁴を)取り除く. 人³ das Geld *nehmen* 人³からお金を奪い取る / Der Neubau *hat* uns die Aussicht *genommen*. 新しい家が建って見晴らしが悪くなった / 人³ die Hoffnung⁴ *nehmen* 人³から希望を奪う / sich³ das Leben⁴ *nehmen* 自殺する / die Angst⁴ **von** 人³ *nehmen* 人³の不安を取り除いてやる. ◇《**lassen** とともに》Das *lasse* ich mir nicht *nehmen*. 私はどうしてもそうします(それは譲れません).

④ (材料などに)使う. *Nehmen* Sie Zucker zum Kaffee? コーヒーに砂糖をお入れになりますか / Man *nehme* fünf Eier und ein Pfund Mehl. 【接1・現在】(レシピで:)卵 5 個と小麦粉 1 ポンド(500 グラム)を使うこと.

⑤ (乗り物など⁴を)利用する. den Bus *nehmen* バスで行く / Wir *nehmen* ein Taxi. 私たちはタクシーで行こう / Er *nahm* den nächsten Zug. 彼は次の列車に乗った.

⑥ 選び取る, 選んで買う; 採用する. *Nehmen* Sie Bier oder Wein? ビールになさいますか, それともワインに? / Ich *nehme* diese Bluse. このブラウスにします / Diese Wohnung *nehmen* wir. このアパートを借りることにしよう / 人⁴ **zur** Frau (zum Mann) *nehmen* 人⁴を妻(夫)にする / einen Privatlehrer *nehmen* 家庭教師を雇う / den kürzesten Weg *nehmen* いちばん近い道を行く.

⑦ (授業など⁴を)受ける, (休暇など⁴を)とる. Klavierstunden⁴ *nehmen* ピアノのレッスンを受ける / Ich *nehme* meinen Urlaub im Juli. 私は 7 月に休暇をとる.

⑧ (薬⁴を)服用する; (雅)(飲食物⁴を)とる. Sie *nimmt* die Pille. 彼女はピルを飲んでいる / das Frühstück⁴ um sieben Uhr *nehmen* 7 時に朝食をとる.

⑨ 《人⁴ **für** (または **als**) B⁴ ~》(A⁴ を B⁴ と)見なす. Er *hat* den Scherz für Ernst *genommen*. 彼は冗談を本気にとった.

⑩ (人・事⁴を…と)受けとる, 解する. Er *nimmt* dich nicht ernst. 彼は君のことを本気にしないよ / 物⁴ wörtlich *nehmen* 物⁴を言葉どおりに受けとる / Wie man's (=man es) *nimmt*. (口語) それは受けとり方しだいだ. ◇《過去分詞の形で》streng *genommen* (または strenggenommen) 厳密に言えば.

⑪ 想定する. *Nehmen* wir den Fall, dass …. …という場合を考えてみよう.

⑫ (人⁴を)[取り]扱う. Sie weiß ihren Mann zu *nehmen*. 彼女は亭主の扱い方を心得ている.

⑬ (障害物など⁴を)越える, 乗り切る. Der Wagen *nahm* die Steigung im dritten Gang. その車は坂をサードギアで登りきった.

⑭ 《特定の名詞とともに》行う, …する. Abschied⁴ (雅) 別れを告げる / ein Bad⁴ *nehmen* 入浴する / Maß⁴ *nehmen* 寸法を取る / Platz⁴ *nehmen* 着席する ⇒ Bitte, *nehmen* Sie Platz! どうぞ, [いすに]おかけください / zu 物³ Stellung⁴ *nehmen* 物³に対して立場を明らかにする / 物⁴ **in** Anspruch *nehmen* 物⁴を利用する(必要とする) / 物⁴ **in** Betrieb *nehmen* 物⁴の運転を開始する / 物⁴ **in** Empfang *nehmen* 物⁴を受理する.

◇☞ *genommen*

Neh·rung [ネールング] 囡 -/-en 砂州(す).

der **Neid** [ナイト nált] 男 (単2) -es (まれに -s)/ 嫉妬(しっと), 羨望(せんぼう), ねたみ, (英 envy). Das erregte seinen *Neid*. そのことが彼の嫉妬心をかきたてた / Das ist [nur] der *Neid* der Besitzlosen². それは持たざる者のねたみにすぎない / blass (または gelb または grün) **vor** *Neid* werden または vor *Neid* erblassen 顔色が変わるほどねたむ.

nei·den [ナイデン náidən] 他 (h) (人³の物⁴を)ねたむ, うらやむ, 嫉妬(しっと)する. 人³ den Erfolg *neiden* 人³の成功をうらやむ.

Nei·der [ナイダァ náidər] 男 -s/- ねたむ(うらやむ)人. (女性形: -in).

Neid·ham·mel [ナイト・ハンメル] 男 -s/- (また ..hämmel) (俗) ねたみ深い人.

nei·disch [ナイディッシュ náidɪʃ] 形 ねたんでいる, うらやましげな. (英 envious). mit *neidischen* Augen うらやましそうな目で / Er ist *neidisch* **auf** meinen Wagen. 彼は私の車をうらやましがっている.

neid·los [ナイト・ロース] 形 ねたまない, うらやまない, 嫉妬(しっと)しない.

Nei·ge [ナイゲ náigə] 囡 -/-n 《ふつう 単》(雅) (樽(たる)・グラスなどの)残り[酒], 残滓(ざんし); (比)終末. den Becher bis zur *Neige* leeren 酒杯を完全に飲み干す / **auf** die *Neige* (または **zur** *Neige*) gehen (雅) 終わりに近づく, 残り少なくなる.

nei·gen [ナイゲン náigən] (neigte, hat… geneigt) I 他 (完了 haben) 傾ける; 下げる. (英 incline). das Glas⁴ *neigen* グラスを傾ける / Sie *neigte* den Kopf zum Gruß. 彼女はあいさつのために頭を下げた.

II 再帰 (完了 haben) *sich*⁴ *neigen* ① 傾く; 身をかがめる; 傾斜している. *sich*⁴ **nach** rechts *neigen* 右へ傾く / Die Mutter *neigte* sich über ihr Kind. 母親は子供の上に身をかがめた / Das Gelände *neigt sich* **zum** Fluss. その土地は川の方へ傾斜している. ② 《雅》(時間的に)終わりに近づく. Der Urlaub *neigt sich* dem Ende. 休暇は終わろうとしている. **III** 自 《完了 haben》『**zu** 囲³ ～』囲³への)傾向がある; 囲³(考えなどに)傾いている. Er *neigt* zu Erkältungen. 彼は風邪をひきやすい / Ich *neige* nicht zu deiner Ansicht. 私は君の意見に賛成ではない.

◊ ☞ **geneigt**

neig·te [ナイクテ] neigen (傾ける)の 過去

die **Nei·gung** [ナイグング náıguŋ] 女 (単) –/(複) –en ① 《複 なし》**傾けること**. (英) *inclination*). ② 傾斜, 勾配(認). Die Straße besitzt eine leichte *Neigung*. その道路にはゆるい勾配がある. ③ 好み, 愛好. ④ 《複 なし》素質, 素地; (…)する気. Er hat eine *Neigung* **zum** Trinken. 彼には飲酒癖がある / Er zeigte keine *Neigung*, sich am Ausflug zu beteiligen. 彼は遠足に参加しようという気を見せなかった. ⑤ 《ふつう 囲》愛情. eine *Neigung*⁴ **zu** 人³ fühlen 人³に愛情をいだく.

Nei·gungs⸗ehe [ナイグングス・エーエ] 女 –/–n 愛情のみでなっている結婚生活.

Nei·gungs⸗win·kel [ナイグングス・ヴィンケル] 男 –s/– 《数》傾斜角.

nein [ナイン náın]

いいえ Kommst du? — *Nein*!
コムスト ドゥ ナイン
君は来るの？ — いいえ.

副 **A**) ① 《否定の答え》いいえ, いや. (英) *no*). (メモ)「はい」は ja. Hast du morgen Zeit? — *Nein*. あすは暇？ — いいえ / 『**zu** 囲³』 *nein* (または *Nein*) sagen 囲³を拒否する ⇒ Dazu muss ich *nein* (または *Nein*) sagen. 私はそれに賛成できません / Bitte sag nicht *nein* (または *Nein*)! お願いだからノーと言わないで.

◊《副詞・間投詞などとともに》Aber *nein*! いやそうじゃない, とんでもない / Ach *nein*! いいえ[決して] / *Nein* danke! いや結構です / *Nein* doch! いや, そんなことはない, とんでもない / O *nein*! いえとんでもない / *Nein* und abermals *nein*! だめです, 絶対にだめです.

② 《否定の問いに対して》はい, ええ. Haben Sie mich nicht gesehen? — *Nein*! あなたは彼に会わなかったのですね — はい, 会いませんでした.

③ 《前文の内容を否定して》だめだ. Ihn verraten, *nein*, das kann ich nicht. 彼を裏切るだって, だめだ, 私にはそんなことはできない.

B)『文中でのアクセントあり』① 《否定の疑問文の文末で》《同意を求めて》ねえそうでしょう, 違いますか. Du gehst doch jetzt noch nicht, *nein*? 君はまだ行かないよね.

② 《口語》まさか, そんな. *Nein*, das darf nicht wahr sein! まさか, そんなはずないよ.

C)『文中でのアクセントなし』① 《強調》いやそれどころか. Das ist eine schwierige, *nein*, unlösbare Aufgabe. これは難しい, いや解けない問題だ.

② 《意外・驚き》まさか, まったく. *Nein*, so was! まさかそんなことが / *Nein*, so eine Überraschung! まったくこいつは驚いた.

Nein [ナイン] 中 –[s]/–[s] いいえという返事, 拒否, 否定. ein eindeutiges *Nein* 明白な否定 / 『**zu** 囲³』 *nein* (または *Nein*) sagen 囲³を拒否する / mit Ja oder [mit] *Nein* stimmen 賛否の投票をする.

Nein⸗sa·ger [ナイン・ザーガァ] 男 –s/– (軽蔑的に:)ノーマン(なんにでも反対する人). (女性形: –in). (メモ)「イエスマン」は Jasager).

Nein⸗stim·me [ナイン・シュティンメ] 女 –/–n 反対票. (⇔「賛成票」は Jastimme).

die **Nei·ße** [ナイセ náısə] 女 –/ 《定冠詞とともに》《川名》ナイセ川 (オーデル川の支流: ☞ 地図 G–2～3).

Ne·kro·log [ネクロローク nekroló:k] 男 –[e]s/–e (故人に対する)追悼の辞.

Nek·tar [ネクタァ néktar] 男 –s/–e ① 《複 なし》《ギ神》ネクタル(神々が飲む不死の酒); 《比》甘露, 美酒. ② 《植》花蜜(然). ③ 果肉入りジュース.

Nek·ta·ri·ne [ネクタリーネ nεktarí:nə] 女 –/–n 《植》ネクタリン(モモの一種).

die **Nel·ke** [ネルケ nélkə] 女 (単) –/(複) –n ① 《植》ナデシコ[属]. (英) *pink*). Garten*nelke* カーネーション. ② ちょうじ(丁子), クローブ(スパイスの一種).

Ne·me·sis [ネーメズィス né:mezıs] **I** 《ギ神》ネメシス(人間の不遜を罰する女神). **II** 女 –/ (比)(罪を罰する)正義, 応報.

NE-Me·tall [エヌエー・メタル] 中 –s/–e (略)非鉄金属 (=Nichteisenmetall).

'nen [ネン nən] 《口語》《不定冠詞 einen の短縮形》

nen·nen [ネンネン nénən] (nannte, hat …genannt) **I** 他 《完了 haben》 ① (A⁴ を B⁴ と) 名づける, 命名する, (…と)呼ぶ. 《英》 *name*). Sie *nannten* ihren Sohn Dieter. 彼らは息子をディーターと名づけた / Er *wurde* nach dem Vater *genannt*. 《受動・過去》彼は父親の名をとって名づけられた / Sie heißt Heidemarie, aber man *nennt* sie Heidi. 彼女はハイデマリーという名前だが, みんなはハイディと呼んでいる.

② 『人⁴ **bei** (または **mit**) 囲³ ～』《人⁴を囲³(ある呼び方)で》呼ぶ, 呼びならわす. Sie *nannte* ihn beim (または bei seinem) Vornamen. 彼女は彼をファーストネームで呼んだ.

③ (人・物⁴を…であると) 言う, 言い表す. Das *nenne* ich mutig! それこそ勇気があるというものだ / Das *nennt* man Glück! それを幸せと言うのさ / Sie *nannte* ihn einen Dummkopf. 彼女は彼のことをばかだと言った.

④ (名前・例など⁴を)あげる, 言う. Er *nannte*

einige Beispiele. 彼はいくつかの例をあげた / *Können* Sie mir ein gutes Hotel *nennen*? いいホテルを教えていただけますか.
II 再帰 (完了 haben) *sich*⁴ 人¹ (または 人⁴) *nennen* 自分を人¹(または 人⁴)と名のる, 自称する; (…と)呼ばれる. Er *nennt sich* einen Dichter. 彼は詩人と称している.
◊☞ **genannt**

nen·nens·wert [ネンネンス・ヴェーァト] 形 言うに価する, 重要な. Der Schaden ist nicht *nennenswert*. 損害はそれほどではない. (＜ご ふつう否定詞とともに用いる).

Nen·ner [ネンナァ nénnər] 男 -s/- 《数》分母. (＜ご 「分子」は Zähler). einen gemeinsamen *Nenner* finden 共通の基盤を見いだす / 物⁴ *auf* einen *Nenner* bringen a) 物⁴(二つ以上の分数)を通分する, b) 《比》物⁴(異なる意見など)を一つにまとめる.

nenn·te [ネンテ] *nennen (名づける)の 過2

Nen·nung [ネンヌング] 女 ① 名前を呼ぶ(あげる)こと, 指名. ② 《スポ》 エントリー.

Nenn·wert [ネン・ヴェーァト] 男 -[e]s/-e 《経》(貨幣・株券などの)額面価格, 名目価格.

neo..., Neo.. [ネオ.. neo.. または ネーオ..] 《形容詞・名詞につける 接頭》《新…》例: *Neo*nazi ネオナチ.

Neo·dym [ネオデューム neodýːm] 中 -s/ 《化》ネオジム(記号: Nd).

Neo·fa·schis·mus [ネーオ・ファシスムス] 男 -/ (第二次世界大戦以後の)ネオファシズム.

Neo·lo·gis·mus [ネオろギスムス neologísmʊs] 男 -/..gismen 《言》新語, 新語義.

Ne·on [ネーオン néːɔn] 中 -s/ 《化》ネオン(記号: Ne).

Neo·na·zi [ネーオ・ナーツィ] 男 -s/-s ネオナチ(ネオナチズムの信奉者).

Neo·na·zis·mus [ネーオ・ナツィスムス] 男 -/ ネオナチズム.

Ne·on·licht [ネーオン・リヒト] 中 -[e]s/ ネオンの光, ネオンサイン.

Ne·on·röh·re [ネーオン・レーレ] 女 -/-n ネオン管.

Ne·pal [ネーパる néːpal または ネパーる] 中 -s/ 《国名》ネパール[連邦民主共和国] (首都はカトマンズ).

Nepp [ネップ nɛp] 男 -s/ 《口語》法外な値段, べらぼうな勘定.

nep·pen [ネッペン nέpən] 他 (h) 《口語》(人⁴ に)法外な値段(勘定)をふっかける, (人⁴から)ぼったくる.

Nep·tun [ネプトゥーン nɛptúːn] I -s/ 《ロ⁻神》ネプチューン, ネプトゥーヌス(海神, ギリシア神話のポセイドンに当たる). II 男 -s/ 《定冠詞とともに》《天》海王星.

der **Nerv** [ネルフ nɛrf] 男 (単 2) -s/(複) -en [..フェン] ① 《医》神経. (英 nerve). Seh*nerv* 視神経 / motorische (sensible) *Nerven* 運動(知覚)神経 / den *Nerv* im Zahn töten 歯の神経を殺す / 人³ den *Nerv* töten 《比》人³の神経を参らせる / Ich habe nicht den *Nerv*, das zu tun. 《口語》私にはとてもそんなことをする勇気はない.
② 《複 で》(精神的な意味で:)神経, 感受性. Er hat schwache (starke) *Nerven*. 彼は神経が細い(太い) / *Nerven*⁴ wie Drahtseile haben 《口語》図太い神経をしている(←ワイヤのような) / die *Nerven*⁴ behalten (verlieren) 平静を保つ(失う) / Der Lärm fällt (または geht) mir *auf* die *Nerven*. 《口語》騒音は私の神経にこたえる / Du hast [vielleicht] *Nerven*! 《口語》よくまあそんなことができる(言える)な. ③ 《植》葉脈; 《昆》翅脈(らみゃく).

ner·ven [ネルフェン nérfən] 他 (h) 《口語》(人⁴ の)神経をいらだたせる.

Ner·ven·arzt [ネルフェン・アールツト] 男 -es/ ..ärzte 神経科医; 《口語》精神科医. (女性形: ..ärztin).

ner·ven·auf·rei·bend [ネルフェン・アオフライベント] 形 神経をすり減らすような.

Ner·ven·bün·del [ネルフェン・ビュンデる] 中 -s/- 《医》神経束; 《口語》神経過敏な人.

Ner·ven·kit·zel [ネルフェン・キッツェる] 男 -s/ 《口語》ぞくぞくするような興奮, 緊張.

Ner·ven·kli·nik [ネルフェン・クリーニク] 女 -/-en 神経科病院; 《口語》精神病院.

ner·ven·krank [ネルフェン・クランク] 形 神経病の, 神経症にかかった; 《口語》精神病の.

Ner·ven·krank·heit [ネルフェン・クランクハイト] 女 -/-en 神経疾患; 《口語》精神病, ノイローゼ.

Ner·ven·krieg [ネルフェン・クリーク] 男 -[e]s/ -e 神経戦.

Ner·ven·sä·ge [ネルフェン・ゼーゲ] 女 -/-n 《俗》神経にさわる(いらいらさせる)人(もの).

Ner·ven·schmerz [ネルフェン・シュメルツ] 男 -es/-en 《ふつう 複》《医》神経痛.

ner·ven·schwach [ネルフェン・シュヴァッハ] 形 神経の細い, 神経質な.

Ner·ven·schwä·che [ネルフェン・シュヴェッヒェ] 女 -/ 《医》神経衰弱[症]; 神経の細さ.

Ner·ven·sys·tem [ネルフェン・ズュステーム] 中 -s/-e 《医》神経系[統].

Ner·ven·zu·sam·men·bruch [ネルフェン・ツザンメンブルフ] 男 -[e]s/..brüche 神経が参ること, 神経的虚脱.

nerv·lich [ネルふりヒ] 形 神経[系]の.

***ner·vös** [ネルヴェース nɛrvǿːs] 形 《比較》nervöser, 《最》nervösest) ① 神経質な, 神経過敏な; いらいらした. (英 nervous). ein *nervöser* Mensch 神経質な人 / Sie ist heute sehr *nervös*. 彼女はきょうはとてもいらいらしている.
② 《医》神経[系]の. *nervöse* Erschöpfung 神経衰弱.

Ner·vo·si·tät [ネルヴォズィテート nɛrvozitέːt] 女 -/ 神経質な状態, いらいら, 興奮.

nerv·tö·tend [ネルフ・テーテント] 形 神経をいらだたせる.

Nerz [ネルツ nɛrts] 男 -es/-e ① 《動》ミンク. ② ミンクの毛皮; ミンクのコート.

Nes·ca·fé [ネス・カフェ[ー] nés-kafe[ː]] 男 -s/

-s《商標》ネスカフェ(スイスのネスレ社のインスタントコーヒー).

Nes·sel [ネッセる nésəl] I 囡 -/-n《植》イラクサ[属]. sich⁴ [mit 囲³] **in die** *Nesseln* **setzen**《口語》[囲³のことで]苦しいはめに陥る / Ich sitze wie **auf** *Nesseln*.《口語》私は落ち着かない(我慢できない). II 男 -s/-《織》ラミー織り(いらくさの繊維で織った丈夫な平織).

Nes·sel=fie·ber [ネッセる・ふィーバァ] 囲 -s/《医》じんま疹(㋐)熱.

Nes·sel=sucht [ネッセる・ズフト] 囡 -/《医》じんま疹(㋐).

Nes·ses·sär [ネセセーァ nesesé:r] 囲 -s/-s (旅行用・携帯用の)小物入れ, ポーチ (=Necessaire).

das **Nest** [ネスト nést] 囲 (単2) -es (まれに -s)/(複) -er (3格のみ -en)《小鳥・昆虫の)巣.《英》nest). Schwalben*nest* つばめの巣 / ein *Nest* aus Zweigen 小枝でできた巣 / Die Vögel bauen ihr *Nest*. 鳥が巣を作る / sich³ ein *Nest* bauen《比》新居を構える, 世帯を持つ / das eigene *Nest*⁴ beschmutzen《比》身内の悪口を言う / Ein Vogel sitzt **auf dem** (または **im**) *Nest*. 鳥が巣ごもりしている / sich⁴ ins gemachte *Nest* setzen《口語・比》a) 金持ちと結婚する, b) 他人のおぜん立てで利益を得る(←出来上がった巣の中に座る).
② 《口語》ベッド. **ins** *Nest* **gehen** 床に入る. ③ 《口語》小さな(へんぴな)村. ④ 《盗賊などの》隠れ家;《軍》(カムフラージュした)陣地. ⑤ まるめたかたまり; 髪のまげ.

nes·teln [ネステるン néstəln] 直 (h)《**an** 物³ ~》《物³)をいじくり回してはずそう(開けよう)とする.

Nes·ter [ネスタァ] Nest (巣)の複.

Nest=flüch·ter [ネスト・ふりュヒタァ] 男 -s/-
① 《動》離巣性の動物(鳥). ② 《比》親もとから離れたがる子供.

Nest=häk·chen [ネスト・ヘークヒェン] 田 -s/-《口語》(甘えた)末っ子. (㋺ 元の意味は「まだ巣立ちのできない子」).

Nest=ho·cker [ネスト・ホッカァ] 男 -s/- ① 《動》留巣性の動物(鳥). ② 《俗》いつまでも親もとにいたがる子供. (女性形: -in).

Nest·ling [ネストリング néstlɪŋ] 男 -s/-e (まだ巣立ちのできない)ひな鳥.

Nes·tor [ネスタァ néstɔr] I -s/《ギリ神》ネストル(トロイア戦争の名知将). II 男 -s/-en [..トーレン]《比》長老, (学界の)老大家.

Nest=wär·me [ネスト・ヴェるメ] 囡 -/ (子供にとっての)家庭の温かさ.

Ne·ti·quet·te [ネティケッテ netikétə] [英] 囡 (総称として) -/ インターネット上のエチケット.

✱**nett** [ネット nét]

| 人柄のいい | Er ist sehr *nett*.
エァ イスト ゼーァ ネット
彼はとてもいい人だ. |

I 围 (比較) netter, (最上) nettest ① 人柄のいい, 感じのいい, 親切な.《英》nice). ein *netter* Mensch 感じのいい人 / Das ist sehr *nett* von Ihnen. ご親切にありがとうございます / Seien Sie bitte so *nett*, und reichen Sie mir den Zucker!《接1・現在》すみませんが, そのお砂糖を取っていただけませんか / **zu** 囚³ *nett* sein 囚³に優しい ⇨ Er war sehr *nett* zu mir. 彼は私にとても優しかった. ◇《名詞的に》囚³ etwas *Nettes*⁴ sagen 囚³に親切な言葉をかける. (☞ 類語 freundlich).
② すてきな, こざっぱりとした. Das Kleid ist sehr *nett*. そのワンピースはすてきな感じです / Sie ist *nett* angezogen.《状態受動・現在》彼女はこざっぱりとした身なりをしている.
③ 心地よい, 楽しい. ein *nettes* Lokal 居心地のいいレストラン / Das Klassentreffen war sehr *nett*. クラス会はとても楽しかった.
④ 《口語》相当な, かなりの. eine *nette* Summe かなりの額 / ein *netter* Profit 相当な利益.
⑤ 《口語》(反語的に:)いやな, 不愉快な, ひどい. Das ist ja eine *nette* Geschichte. そいつは結構な話だなあ / Du bist mir ja ein *netter* Freund. 君は実にいい友だちだよ.
II 副《口語》相当に, したたか. Du schwitzt ja ganz *nett*! 君はずいぶん汗をかいているね.

net·ter=wei·se [ネッタァ・ヴァイゼ] 副 親切にも.

Net·tig·keit [ネティヒカイト] 囡 -/-en ① 《複なし》人柄のよいこと, 親切. ② 《ふつう 複》親切な言葉(態度);おあいそ.

net·to [ネット- néto] 副《商》正味で(略: nto.);(税金などを除いた)手取りで. (㋺「風袋込みで」は brutto). Die Ware wiegt *netto* 5 Kilo. その商品は正味 5 キロある.

Net·to=ge·wicht [ネット・ゲヴィヒト] 田 -[e]s/-e 正味重量, 純量. (㋺「風袋を含めた総重量」は Bruttogewicht).

Net·to=lohn [ネット・ろーン] 男 -[e]s/..löhne 手取り賃金.

das **Netz**¹ [ネッツ néts] 田 (単2) -es/(複) -e (3格のみ -en) ① 《英》net) ① (魚・虫などを捕らえる)網;(テニスなどの)ネット. ② (客車の)網棚 (=Gepäck*netz*); 買物用網袋 (=Einkaufs*netz*); ヘアネット (=Haar*netz*). ein feines (grobes) *Netz* 目の細かい(粗い)網 / ein *Netz*⁴ spannen 網を張る / Sie trägt ein *Netz* über dem Haar. 彼女は髪にヘアネットをつけている / Die Fische gehen **ins** *Netz*. 魚が網の中に入る / den Koffer ins *Netz* legen トランクを網棚に載せる / den Ball ins *Netz* schießen (サッカーで:)ボールをゴールにシュートする / **mit** eigenen *Netz*en《比》自縄自縛に陥る (← 自分の網の中で身動きがとれなくなる) / 囚³ **ins** *Netz* **gehen**《比》囚³のわなにかかる / Er fängt Schmetterlinge **mit dem** *Netz*. 彼はちょうを網で捕まえる.
② くもの巣 (=Spinnen*netz*).

Netz² [ネッツ] 田 -es/-e ① (網の目状の組織系:)ネ

ットワーク, 情報網; 鉄道網. Telefon*netz* 電話網 / 図⁴ im *Netz* suchen 図⁴をネットで探す. ② (地図の)経緯線; (医)(血管・神経などの)網状組織.

Netz・an・schluss [ネッツ・アンシュるス] 男 -es/..schlüsse 電力線[網]への接続, コンセント接続.

netz・ar・tig [ネッツ・アールティヒ] 形 網状の.

Netz・au・ge [ネッツ・アオゲ] 中 -s/-n 《昆》複眼.

net・zen [ネッツェン nétsən] 他 (h) ① 《雅》ぬらす, 湿らせる. ②《方》(植物など⁴に)水をやる.

Netz・ge・rät [ネッツ・ゲレート] 中 -(e)s/-e 《電》エリミネーター, 変圧整流器.

Netz・haut [ネッツ・ハオト] 女 -/..häute 《医》(目の)網膜.

Netz・hemd [ネッツ・ヘムト] 中 -(e)s/-en メッシュシャツ.

Netz・kar・te [ネッツ・カルテ] 女 -/-n 《交通》(一定地域・一定時間内の)フリーパス乗車券.

Netz・werk [ネッツ・ヴェルク] 中 -(e)s/-e (針金などの)網[細工]; (電線・血管などの)網状組織; ネットワーク(交通網・通信網・回路網など).

***neu** [ノイ nɔ́ʏ]

| 新しい | Das Auto ist *neu*.
ダス アオトー イスト ノイ
この車は新しい. |

形 (比較 neuer, 最上 neu[e]st) (英 new) ① (出来たばかりで・始まったばかりで)新しい. (くらべ「古い」は alt). ein *neues* Haus 新築の家 / *neuer* Wein (今年の)新ワイン / Das Kleid sieht noch [wie] *neu* aus. そのワンピースはまだ新品に見える / ein *neu* gebackenes (または *neu*gebackenes) Brot 焼きたてのパン / 人³ zum *neuen* Jahr Glück⁴ wünschen 人³に新年の多幸を祈る.

② (今までに知られていなくて)目新しい. eine *neue* Methode 新しい方法 / die *neuen* Medien ニューメディア / ein *neuer* Rekord 新記録 / Das ist mir *neu*. これは初耳だ.

③ (これまでとは違って)新しい; 新任(新参・新米)の; (旧に対して:)新. ein *neuer* Chef 新しい上司 / *neue* Mitglieder 新しいメンバーたち / Sie hat eine *neue* Frisur. 彼女は新しい髪型をしている / ein *neu* geprägtes (または *neu*geprägtes) Wort 新造語 / das *Neue* Testament 新約聖書 / die *Neue* Welt 新世界(ヨーロッパに対するアメリカ).

④ (追加・変更して)新しい. Er stellte eine *neue* Flasche Wein auf den Tisch. 彼はワインをもう1本テーブルの上に置いた. ◇《名詞的に》 etwas *Neues* 何か新しいもの(こと) / nichts *Neues* 新しいことは何も…ない / **aufs *Neue*** または **von *neuem*** (または ***Neuem*)** 新たに, 改めて.

⑤ 現代(近代)の. die *neue* Literatur 現代文学. ◇《比較級の形で》die *neueren* Spra-

chen 近代諸語.

▶ **neu=bearbeitet, neu=eröffnet, neu=geschaffen, neu=verheiratet**

Neu=an・kömm・ling [ノイ・アンケムリング] 男 -s/-e 新参者, 新顔.

Neu=an・schaf・fung [ノイ・アンシャッフング] 女 -/-en 新規購入[品], 新調[品].

neu=ar・tig [ノイ・アールティヒ] 形 新式の, 新型の, 新種の.

Neu=auf・la・ge [ノイ・アオふラーゲ] 女 -/-en ① (本の)新版, 再版, 改訂版. ② 二番せんじ, 焼き直し.

Neu=bau [ノイ・バオ] 男 -(e)s/-ten ① 《圏なし》新築; 改築, 再建. ② 建築中の建物. ③ 新築家屋, 新館. ④ 《圏 -e も》(自動車などの)ニューモデル.

Neu=bau=woh・nung [ノイバオ・ヴォーヌング] 女 -/-en 新築の住居.

neu=be・ar・bei・tet, neu be・ar・bei・tet [ノイ・ベアルバイテット] 形 改訂(新訂)された(本など).

Neu=be・ar・bei・tung [ノイ・ベアルバイトゥング] 女 -/-en (本の)改訂[版], 新訂[版].

Neu=bil・dung [ノイ・ビるドゥング] 女 -/-en ① 新造[物]; 改造[物]. ②《言》新造語.

Neu・bran・den・burg [ノイ・ブランデンブルク nɔʏ-brándənburk] 中 -s/《都市名》ノイブランデンブルク(ドイツ, メクレンブルク・フォアポンメルン州: 地図 F-2).

Neu=druck [ノイ・ドルック] 男 -(e)s/-e (本の)再刊; 翻刻, 復刻.

Neu・en・burg [ノイエン・ブルク nɔ́ʏən-burk] 中 -s/《地名》ノイエンブルク(スイス 26 州の一つ, またその州都: 地図 C-5).

Neue[r] [ノイエ(..ァァ) nɔ́ʏə (..ər)] 男 女 《語尾変化は形容詞と同じ》新人, 新顔, 新参者.

neu・er・dings [ノイアァ・ディングス] 副 ① 近ごろ, 最近. ②《南ドミッフ・スリミッス》改めて, 再び.

Neu・e・rer [ノイエラァ nɔ́ʏərər] 男 -s/- ① 革新(改革)者, (女性形: Neuerin). ② (旧東ドイツで:)発明改良活動家.

neu・er・lich [ノイアァリヒ] 形 新たな, 再度の.

neu=er・öff・net, neu er・öff・net [ノイ・エァエふネット] 形 新規開店(開業)の.

Neu・er・schei・nung [ノイ・エァシャイヌング] 女 -/-en 新刊書, 新譜[CD].

Neu・e・rung [ノイエルング] 女 -/-en ① 《圏なし》改革, 革新, 改良, 変更. ② 新しいもの.

Neu・e[s] [ノイエ[ス] nɔ́ʏə[s]] 中 《語尾変化は形容詞と同じ》新しいもの(こと); ニュース. etwas *Neues* 何か新しいもの(こと) / Was gibt es *Neues*? 何かニュース(変わったこと)はありますか / nichts *Neues*⁴ wissen 何も新しい情報を知らない / **aufs *Neue*** 新たに, 改めて.

neu[・e]st [ノイスト (..エスト) nɔ́ʏst (..əst)] (= neu の最上) 形 最新の. die *neuesten* Nachrichten 最新のニュース. ◇《名詞的に》 das *Neueste* 最も新しいこと(もの) / **seit *neuestem*** (または *Neuestem*) ほんの少し前から.

neu=ge・ba・cken [ノイ・ゲバッケン] 形 《匿》な

りたての. ein *neugebackener* Ehemann 新婚ほやほやの夫.
► **neu** ①

neu⹀ge‧bo‧ren [ノイ・ゲボーレン] 形 生まれての, 生まれたばかりの. ein *neugeborenes* Kind 新生児 / sich⁴ wie *neugeboren* fühlen 生き返ったような気持ちがする.

Neu⹀ge‧bo‧re‧ne[s] [ノイ・ゲボーレネ(ス)] 中 〖語尾変化は形容詞と同じ〗新生児(動物).

neu⹀ge‧schaf‧fen, neu ge‧schaf‧fen [ノイ・ゲシャッフェン] 形 新たに創設された.

Neu⹀ge‧stal‧tung [ノイ・ゲシュタるトゥング] 女 -/-en 改造, 改変; 再構築, 再編成.

die **Neu‧gier** [ノイギーァ nóygi:r] 女 (単) -/ 好奇心. (英 *curiosity*). eine brennende *Neugier* 燃えるような好奇心 / die *Neugier* auf 四⁴ 四⁴に対する好奇心 / aus reiner (または bloßer) *Neugier* まったくの好奇心から / **vor** *Neugier* brennen (または platzen) 知りたくてうずうずしている.

Neu‧gier‧de [ノイギーァデ nóygi:rdə] 女 -/ =Neugier

** **neu‧gie‧rig** [ノイギーリヒ nóygi:riç] 形 好奇心の強い, 詮索(慈)好きな, 知りたがっている. (英 *curious*). ein *neugieriges* Kind 好奇心の強い子供 / 囚⁴ *neugierig* machen 囚⁴の好奇心をそそる / **auf** 囚⁄事⁴ *neugierig* sein 囚⁄事⁴に強い関心がある / Ich bin *neugierig*, wie die Sache ausgeht. そのことがどうなるか, 知りたいものだ / 囚⁴ *neugierig* fragen 囚⁴に根掘り葉掘り聞く.

Neu‧gui‧nea [ノイ・ギネーア nɔy-giné:a] 中 -s/ 〖島名〗ニューギニア.

die **Neu‧heit** [ノイハイト nóyhaɪt] 女 (単) -/(複) -en ① 〖複 なし〗新しさ, 新鮮さ. (英 *novelty*). den Reiz der *Neuheit*² verlieren 新鮮さの持つ魅力を失う. ② 新製品, (特にファッションの)ニューモデル. die *Neuheiten* der Frühjahrsmode² 春モードのニューアイテム.

neu⹀hoch‧deutsch [ノイ・ホーホドイチュ] 形 新高ドイツ語の, 近代標準ドイツ語の(およそ17世紀以降の高地ドイツ語; 略: nhd.).

Neu⹀hoch‧deutsch [ノイ・ホーホドイチュ] 中 -[s]/ 新高ドイツ語, 近代標準ドイツ語.

die **Neu‧ig‧keit** [ノイイヒカイト nóyɪçkaɪt] 女 -/(複) -en ① ニュース, 新しい情報. (英 *news*). die *Neuigkeiten* des Tages きょうのニュース / 囚³ *Neuigkeiten*⁴ berichten 囚³にニュースを伝える. ② 〖複 なし〗新しいこと. ③ 新製品, ニューモデル (=Neuheit ②).

Neu⹀in‧sze‧nie‧rung [ノイ・インスツェニールング] 女 -/-en (演劇などの)新演出.

das **Neu‧jahr** [ノイ・ヤール または ..ヤール] 中 (単2) -s/(複) -e (3格のみ -en) 元日, 元旦. (英 *New Year*). *Neujahr*⁴ feiern 新年を祝う / zu *Neujahr* 元旦に / Prosit *Neujahr*! 新年おめでとう. (注 prosit は「乾杯」. 大みそかの真夜中に乾杯する習慣がある).

Neu⹀land [ノイ・らント] 中 -[e]s/ 新開拓地; 新天地; (比)(学問などの)未開拓の分野. *Neuland*⁴ betreten 新領域を開く.

neu‧lich [ノイりヒ nóylɪç] 副 先日, この間. (英 *recently*). Ich habe ihn *neulich* gesehen. 私はこの間彼に会った / *neulich* abends この間の晩 / unser Gespräch von *neulich* 私たちの先日の話し合い. (☞ 類語 kürzlich).

Neu‧ling [ノイリング nóylɪŋ] 男 -s/-e 新参者, 新米, 初心者.

Neu‧mann [ノイ・マン nóy-man] (姓) -s/-s ノイマン.

neu⹀mo‧disch [ノイ・モーディッシュ] 形 (ふつう軽蔑的に:)当節はやりの, 当世風の, モダンな.

Neu⹀mond [ノイ・モーント] 男 -[e]s/ 〖天〗新月.

⁑**neun** [ノイン nóyn] 数 〖基数; 無語尾で〗**9** (英 *nine*). Es ist *neun* Uhr. 9時です / Alle *neun*[e]! a) (九柱戯で:)ストライクだ, b) (戯)(物を落として壊したときに:)あー, 全滅.

Neun [ノイン] 女 -/-en ① (数字の)9; (トランプの)9; (口語) (バス・電車などの)9番[系統]. ② 〖成句的に〗Ach, du grüne *Neune*! (口語)これは驚いた.

Neun⹀au‧ge [ノイン・アオゲ] 中 -s/-n 〖魚〗ヤツメウナギ.

Neu‧ner [ノイナァ nóynər] 男 -s/- (口語)(数字の)9; (バス・電車などの)9番[系統].

neu‧ner‧lei [ノイナァらイ nóynərlaɪ] 形 〖無語尾で〗9種[類]の, 9通りの.

neun⹀fach [ノイン・ふァッハ] 形 9倍の, 9重の.

neun‧hun‧dert [ノイン・フンダァト] 数 〖基数; 無語尾で〗900[の].

neun⹀jäh‧rig [ノイン・イェーリヒ] 形 〖付加語としてのみ〗9歳の; 9年[間]の.

neun⹀mal [ノイン・マーる] 副 9度, 9回; 9倍.

neun⹀ma‧lig [ノイン・マーリヒ] 形 〖付加語としてのみ〗9回の.

neun⹀mal‧klug [ノインマーる・クるーク] 形 知ったかぶりの, 利口ぶっている. *neunmalkluges* Gerede 知ったかぶりのおしゃべり.

neunt [ノイント nóynt] 数 〖neun の序数; 語尾変化は形容詞と同じ〗第9[番目]の. (英 *ninth*). der *neunte* Mai 5月9日 / zu *neunt* 9人連れで. ◇〖名詞的に〗Beethovens *Neunte* ベートーヴェンの交響曲第9番.

neun⹀tä‧gig [ノイン・テーギヒ] 形 〖付加語としてのみ〗9日[間]の.

neun⹀tau‧send [ノイン・タオゼント] 数 〖基数; 無語尾で〗9,000[の].

neun‧tel [ノインテる nóyntəl] 数 〖分数; 無語尾で〗9分の1[の].

Neun‧tel [ノインテる] 中 (スイ: 男) -s/- 9分の1.

neun‧tens [ノインテンス nóyntəns] 副 第9に, 9番目に.

⁑**neun⹀zehn** [ノイン・ツェーン nóyn-tse:n] 数 〖基数; 無語尾で〗19[の]. (英 *nineteen*). Ich bin *neunzehn* [Jahre alt]. 私は19歳です.

neun⸗zehnt [ノイン・ツェーント] 數『序数』第19[番目]の.

neun·zig [ノインツィヒ nóyntsıç] 數『基数; 無語尾で』**90**[の]. (英 ninety). Der Pullover hat *neunzig* Euro gekostet. このセーターは90ユーロした.

neun·zi·ger [ノインツィガァ nóyntsıgər] 形『無語尾で』90 歳[代]の; 90 年[代]の. ein *neunziger* Jahrgang a) 1890(1990) 年産のワイン, b) 1890(1990) 年生まれの人 / die *neunziger* Jahre (または *Neunziger*jahre) des letzten Jahrhunderts 前世紀の 90 年代.

Neun·zi·ger [ノインツィガァ] 男 –s/– ① 90 歳[代]の男性.(女性形: –in). ② 『隠『90 [歳]代; (ある世紀の) 90 年代. ③ [19]90 年産のワイン.

neun·zig⸗jäh·rig [ノインツィヒ・イェーリヒ] 形『付加語としてのみ』90 歳の; 90 年[間]の.

neun·zigst [ノインツィヒスト nóyntsıçst] 數『序数』第 90[番目]の.

neun·zigs·tel [ノインツィヒステる nóyntsıçstəl] 數『分数; 無語尾で』90 分の 1 [の].

Neu⸗ord·nung [ノイ・オルドヌング] 女 –/–en (機構・体制などの)改組, 改革, 再編成.

Neu⸗phi·lo·lo·ge [ノイ・ふィろろーゲ] 男 –n/–n 近代語(近代文献)研究者.(女性形: ..philologin).

Neu⸗phi·lo·lo·gie [ノイ・ふィろろギー] 女 –/–n [..ギーエン] 近代語(近代文献)学.

Neu⸗prä·gung [ノイ・プレーグング] 女 –/–en 『言』新造語.

Neur·al·gie [ノイラるギー nɔyralgí:] 女 –/–n [..ギーエン] 《医》神経痛.

neur·al·gisch [ノイラるギッシュ nɔyrálgıʃ] 形 ① 《医》神経痛[性]の. ② 《比》敏感な, (触れられると)痛い. ein *neuralgischer* Punkt 泣きどころ, 弱点.

Neur·as·the·nie [ノイラステニー nɔyrasteníː] 女 –/–n [..ニーエン] 《医》神経衰弱[症].

Neu⸗re·ge·lung [ノイ・レーゲるング] 女 –/–en 新規定(規則).

neu⸗reich [ノイ・ライヒ] 形『付加語としてのみ』成金の, 成金趣味の.

neu·ro·.., Neu·ro·.. [ノイロ.. nɔyro..] 『形容詞・名詞につける接頭』《神経・神経性の》例: *Neurologe* 神経科医 / *neurotisch* 神経症の.(✎ 母音の前では neur·., Neur·. となることもある. 例: *Neur*asthenie 神経衰弱[症]).

Neu·ro·lo·ge [ノイロろーゲ nɔyroló:gə] 男 –n/–n 《医》神経科医.(女性形: Neurologin).

Neu·ro·lo·gie [ノイロろギー nɔyrologí:] 女 –/ 《医》神経[病理]学.

neu·ro·lo·gisch [ノイロろーギッシュ nɔyroló:gıʃ] 形 《医》神経[病理]学の.

Neu·ro·se [ノイローゼ nɔyró:zə] 女 –/–n (医・心)神経症, ノイローゼ.

Neu·ro·ti·ker [ノイローティカァ nɔyró:tikər] 男 –s/– 《医》神経症(ノイローゼ)患者.(女性形: –in).

neu·ro·tisch [ノイローティッシュ nɔyró:tıʃ] 形 《医》神経症の, ノイローゼの.

Neu⸗schnee [ノイ・シュネー] 男 –s/ 新雪.

Neu·schwan·stein [ノイシュヴァーン・シュタイン nɔyʃvá:n-ʃtain] 中 –s/ ノイシュヴァーンシュタイン[城](バイエルン国王ルートヴィヒ 2 世の城. 中世風であるが, 築城は 19 世紀後半. ドイツ観光の名所として知られる).

Neuschwanstein

Neu·see·land [ノイ・ゼーらント nɔyzé:lant] 中 –s/《国名》ニュージーランド(首都はウェリントン).

Neu⸗sil·ber [ノイ・ズィるバァ] 中 –s/ 洋銀(銅・ニッケル・亜鉛の合金).

neu⸗sprach·lich [ノイ・シュプラーハリヒ] 形 近代語の.

neu·tral [ノイトらール nɔytrá:l] 形 (英 *neutral*) ① 中立の, 不偏不党の; 公平な. ein *neutraler* Staat 中立国 / *neutral* bleiben 中立を守る / ein *neutraler* Beobachter 公平な観察者 / sich⁴ *neutral* verhalten 中立的な態度をとる.
② 当たりさわりのない, 無難な. eine *neutrale* Farbe 無難な色 / ein *neutrales* Blatt Papier 無地の紙[一枚] / sich⁴ *neutral* kleiden 目だたない服装をする. ③ 《化》中性の; 《物》中性の, 帯電していない. ④ 《言》中性の. ein *neutrales* Substantiv 中性名詞.

Neu·tra·li·sa·ti·on [ノイトラリザツィオーン nɔytralizatsió:n] 女 –/–en ① (国家・地域などの)中立化; 《言》中性化. ② 《化》中和. ③ (スポ)(競技などの)一時中断.

neu·tra·li·sie·ren [ノイトラリズィーレン nɔytralizíːrən] 他 (h) ① 《政》(国・地域など⁴を)中立化する. ② 《化》(酸・塩基⁴を)中和する. ③ (スポ)(競技など⁴を)一時中断する. ④ (逆作用によって⁴を)無力化する, 無効にする.

Neu·tra·lis·mus [ノイトラリスムス nɔytralísmus] 男 –/ 中立主義(政策).

Neu·tra·li·tät [ノイトラリテート nɔytralitéːt] 女 –/–en 『ふつう 圉』① (国家の)中立; 中立的態度. die *Neutralität*⁴ wahren 中立を守る. ② 《化・物》中性.

Neu·tri·no [ノイトリーノ nɔytríːno] 中 –s/–s 《物》ニュートリノ, 中性微子.

Neu·tron [ノイトロン nóytrɔn] 中 –s/–en [..ーネン] 《物》中性子, ニュートロン(記号: n).

Neu·trum [ノイトルム nɔ́ytrum] 匣 -s/- Neutra (または Neutren) ① 《言》《複》なし) (名詞などの)中性(略: n. または N.). ② 中性名詞. ③ 性的魅力のない人, 中性的な人; どっちつかずの人.

neu·ver·hei·ra·tet, neu ver·hei·ra·tet [ノイ・ふェアハイラーテット] 形 新婚の.

Neu≠wa·gen [ノイ・ヴァーゲン] 男 -s/- 新車. (◁「中古車」は Gebrauchtwagen).

Neu≠wahl [ノイ・ヴァール] 女 -/-en 改選.

Neu≠wert [ノイ・ヴェーァト] 男 -[e]s/-e 《ふつう 匣》新品の値段.

neu≠wer·tig [ノイ・ヴェーァティヒ] 形 (中古品が)新品同様の, 真新しい.

Neu≠wort [ノイ・ヴォルト] 匣 -[e]s/..wörter 《言》新語.

Neu≠zeit [ノイ・ツァイト] 女 -/ 近世(中世に続く 1500 年頃から現代まで).

neu≠zeit·lich [ノイ・ツァイトリヒ] 形 ① 近世の. ② 近代的な.

New·ton [ニュートン njúːtən] -s/- I 《人名》ニュートン (Isaac *Newton* 1643-1727; イギリスの物理学者・天文学者・数学者). II 匣 -s/- 《物》ニュートン(力の単位; 記号: N).

New York [ニュー ヨーク njúː jɔ́ːk] 匣 -s/- ① 《地名》ニューヨーク州. ②《都市名》ニューヨーク.

nhd. [ノイ・ホーホドイチュ] 《略》新高ドイツ語の (=neuhochdeutsch).

Ni [エン・イー] 《化・記号》ニッケル (=Nickel).

Ni·be·lun·gen [ニーベルンゲン níːbəluŋən] 複 ニーベルンゲン族(黄金の宝を所有するドイツ伝説の小人族).

Ni·be·lun·gen≠lied [ニーベルンゲン・リート] 匣 -[e]s/ 《文学》ニーベルンゲンの歌(13 世紀初頭に書かれた中世高地ドイツ語の英雄叙事詩).

nicht [ニヒト níçt]

> …ない Ich weiß es *nicht*.
> イヒ ヴァイス エス ニヒト
> 私はそのことを知りません.

副 ① …ない. (英 *not*). Das verstehe ich *nicht*. それは私にはわからない / Er kommt heute *nicht*. 彼はきょう来ない / Er kommt *nicht* heute. 彼が来るのはきょうではない / Das ist *nicht* richtig. それは正しくない / Sie kann *nicht* schwimmen. 彼女は泳げない / Ich habe ihn *nicht* gesehen. 私は彼を見かけなかった / Er rief mich *nicht* an. 彼は私に電話をかけてこなかった / Wir haben *nicht* genug Zeit. 私たちには十分な時間がない / *Nicht* alle Mitglieder sind dafür. すべての会員がそれに賛成しているわけではない / Wer hat mein Buch genommen? — Ich *nicht*! 私の本をとったのはだれだ! — ぼくじゃないよ / *Nicht* so schnell! そんなに急がないで / Bitte *nicht*! よしてくれ / Bitte *nicht* füttern! (動物園などで:)餌(③)をやらないでください /

Sie ist *nicht* dumm. 彼女はばかではない(思ったより頭がいい). ◇ 【二重否定で】 Das ist *nicht* unmöglich. それはありえないことではない.

> ◁ **nicht** の位置:「部分否定」の場合は否定される語句の直前.「全文否定」の場合は原則として文末であるが, 不定詞・過去分詞・分離前つづりなどが文末にくる場合にはその直前に置かれる. また, 述語としての形容詞や名詞を含む文でも nicht はその直前に置かれる.

◇ 《他の副詞・接続詞とともに》 durchaus *nicht* 決して…ない / *nicht* einmal …すら…ない / [ganz und] gar *nicht* まったく…ない / *nicht* im Geringsten (または im Mindesten) 少しも…ない / ***nicht* immer** 必ずしも…ない ⇒ Er ist *nicht* immer zu Hause. 彼はいつも在宅しているとは限らない / ***nicht* mehr** もはや…ない / **noch *nicht*** まだ…ない / **überhaupt *nicht*** 全然…ない / *nicht* zuletzt わけても, とりわけ / *nicht* anders als … …するしかない / *nicht* A, aber B A ではないが, [しかし]B / *nicht* A, sondern B A ではなくて B ⇒ Er kommt *nicht* heute, sondern morgen. 彼はきょうではなく, あすやって来る / ***nicht* nur A, sondern auch B** A だけでなく B もまた / *nicht*, dass … …というわけではないが.

② 《疑問文で》 《相手の肯定・同意を期待して》 …でしょう. Ist das *nicht* schön? これはすてきでしょう / Sie kommen auch mit, *nicht* [wahr]? あなたもいっしょにいらっしゃいますよね / **Warum *nicht*?** a) なぜいけないのか, いいではないか, b) もちろんです, いいですとも.

③ 《感嘆文で》 《意味を強めて》 Was es *nicht* alles gibt! 何でもあるんだね.

▶ nicht≠amtlich, nicht≠ehelich, nicht≠leitend, nicht≠öffentlich, nicht≠rostend, Nicht≠zutreffende[s]

Nicht≠ach·tung [ニヒト・アハトゥング] 女 -/ ① 無視. ② 軽視, 軽蔑. ◇ **mit *Nicht*achtung** behandeln 人⁴ を軽視する.

nicht≠amt·lich, nicht amt·lich [ニヒト・アムトリヒ] 形 非公式の.

Nicht≠an·er·ken·nung [ニヒト・アンエアケンヌング] 女 -/ 不承認.

Nicht≠an·griffs≠pakt [ニヒトアングリふス・パクト] 男 -[e]s/-e 不可侵条約.

Nicht≠be·ach·tung [ニヒト・ベアハトゥング] 女 -/ [交通]法規などの)無視.

***die* Nich·te** [ニヒテ níçtə] 女 (単) -/(複) -n 姪(ぷ). (英 niece). (◁「甥」は Neffe).

nicht≠ehe·lich, nicht ehe·lich [ニヒト・エーエりヒ] 形 正式の結婚によらない; 《法》非嫡出の. (◁ 法律用語ではほとんどの場合一語でつづる).

Nicht≠ein·mi·schung [ニヒト・アインミシュング] 女 -/ 《政》[内政]不干渉, 非介入.

Nicht≠ei·sen≠me·tall [ニヒトアイゼン・メタる] 匣 -s/-e 非鉄金属(略: NE-Metall).

nich·tig [ニヒティヒ níçtiç] 形 ①《雅》無価値な, つまらない; ささいな. ein *nichtiger* Grund とるに足らない理由. ② 《法》無効の. 男⁴ für *nichtig* erklären 園⁴を無効と宣言する.

Nich·tig·keit [ニヒティヒカイト] 囡 –/–en ① 【圏なし】《雅》無価値; 瑣末(き). ② 取るに足らぬこと, 小事. ③ 【圏なし】《法》無効.

nicht≠lei·tend, nicht lei·tend [ニヒト・ライテント] 厖 不導体(絶縁体)の.

Nicht≠lei·ter [ニヒト・ライタァ] 男 –s/– 《物》不導体, 絶縁体.

Nicht≠me·tall [ニヒト・メタル] 囲 –s/–e 非金属.

nicht≠öf·fent·lich, nicht öf·fent·lich [ニヒト・エッフェントリヒ] 厖 非公開の(会議など).

Nicht≠rau·cher [ニヒト・ラオハァ] 男 –s/– ① たばこを吸わない人.(女性形: –in).(〈モ〉「喫煙者」は Raucher). ②【冠詞なしで】《口語》(列車などの)禁煙車[室].(〈モ〉「喫煙車[室]」は Raucher).

Nicht·rau·cher≠ab·teil [ニヒトラオハァ・アップタイル] 囲 –[e]s/–e (列車の)禁煙車室.

nicht≠ros·tend, nicht ros·tend [ニヒト・ロステント] 厖 さびない. *nichtrostender* Stahl ステンレススチール.

✱nichts [ニヒツ níçts]

何も…ない　Das macht *nichts*!
　　　　　　ダス　マッハト　ニヒツ
そんなこと何でもありません。

囲 【不定代名詞; 無変化】何も…ない.(〈英〉*nothing*).(〈モ〉「何かあるもの」は etwas). Ich weiß *nichts* davon. 私はそれについては何も知らない / Das ist *nichts* für mich. それは私には向いていない / Das nützt *nichts*. それは何の役にもたたない / so gut wie *nichts* ほとんど何も…ない / **gar** *nichts* 全然何も…ない / alles oder *nichts* すべてか無か / mir *nichts*, dir *nichts* 《口語》人のことなどおかまいなしに, だしぬけに / wie *nichts* あっという間に / *Nichts* da! 《口語》とんでもない, 問題外だ.

◇《**zu** 不定詞[句]とともに》Wir haben *nichts* zu essen. 私たちは何も食べる物がない / *Nichts* zu danken! (お礼を言われて:)どういたしまして.

◇《名詞化された形容詞とともに》Es gibt *nichts* Neues. 変わったことは何もない / Weißt du *nichts* Näheres? 君はもっと詳しいことを知らないのか.

◇《前置詞とともに》Aus *nichts* wird *nichts*.(怒)まかぬ種は生えぬ(←無からは何も生じない) / für *nichts* und wieder *nichts* いたずらに, むなしく / Er ist **mit** *nichts* zufrieden. 彼は足りることを知らない(←何物にも満足しない) / sich⁴ **um** *nichts* kümmern 何も気にしない / Das führt **zu** *nichts*. それは何にもならない.

◇《*nichts* [anderes] als … の形で》…のほかは何も…ない. Mit ihm hat man *nichts* als Ärger. 彼には腹の立つことばかりだ.

◇《*nichts* weniger als … の形で》まったく…でない (=gar nicht). Ich bin *nichts* weniger als beruhigt. 私は決して安心なんかしていない.

▶ **nichts≠ahnend, nichts≠sagend**

das **Nichts** [ニヒツ níçts] 田 (単) –/(複) –e (3格のみ –en) ①【圏なし】《哲》無, 虚無; 空無.(〈英〉*nothingness*). 園⁴ **aus** dem *Nichts* erschaffen 園⁴を無から創造する / wie aus dem *Nichts* auf|tauchen 降ってわいたように現れる. ②【圏なし】(ある物の)ごく少量, 少数. **für** ein *Nichts* ただ同然の値段で / ein *Nichts*⁴ von einem Bikini tragen きわどい(布の小さな)ビキニを身につけている / **vor** dem *Nichts* stehen (気がついたら)無一物になっている. ③ とるに足らない人.

nichts≠ah·nend, nichts ah·nend [ニヒツ・アーネント] 厖 何も知らない(わからない).

Nicht≠schwim·mer [ニヒト・シュヴィンマァ] 男 –s/– 泳げない人;《口語》泳げない人用のプール.(女性形: –in).

nichts≠des·to·we·ni·ger [ニヒツ・デスト・ヴェーニガァ] 副 それにもかかわらず.

Nichts≠nutz [ニヒツ・ヌッツ] 男 –es/–e (ののしって:)役にたたず, ろくでなし.

nichts≠nut·zig [ニヒツ・ヌツィヒ] 厖 役にたたずの, ろくでなしの.

nichts≠sa·gend, nichts sa·gend [ニヒツ・ザーゲント] 厖 ① 無意味な, 内容のない. ② 無表情の.

Nichts≠tu·er [ニヒツ・トゥーアァ] 男 –s/– のらくら者, 怠け者.(女性形: –in).

Nichts≠tun [ニヒツ・トゥーン] 田 –s/ 無為; 怠惰, のらくら. viel Zeit⁴ mit *Nichtstun* verbringen 多くの時間を空費する.

nichts≠wür·dig [ニヒツ・ヴュルディヒ] 厖《雅》卑劣な, 下劣な.

Nicht≠wei·ter·ga·be [ニヒト・ヴァイタァガーベ] 囡 –/ (核兵器などの)不拡散.

Nicht≠zu·tref·fen·de[s], nicht Zu·tref·fen·de[s] [ニヒツ・ツートレッフェンデ[ス]] 田【語尾変化は形容詞と同じ】該当しない事柄.

Ni·ckel [ニッケル níkəl] 田 –s/《化》ニッケル(記号: Ni).

✱**ni·cken** [ニッケン níkən] (nickte, *hat* ... genickt) I 圊 (定了 haben) (〈英〉*nod*) ① (了解して)うなずく; (うなずいて)会釈する. zustimmend *nicken* 同意してうなずく / Die Blumen *nicken* im Wind.《詩》花が風に揺れている. ◇【名詞的に】ein stummes *Nicken* 暗黙の同意(了解). ② (こっくりこっくり)居眠りする.

II 囮 (定了 haben) ① 《雅》(同意など⁴を)うなずいて示す. 囚³ Dank⁴ *nicken* 囚³にうなずいて謝意を示す. ② (サッカーで:)(ボール⁴を…へ)ヘディングする.

Ni·cker·chen [ニッカァヒェン níkərçən] 田 –s/– 《口語》居眠り, うたた寝.

Ni·cki [ニッキー níki] 男 –s/–s (ビロードのような肌触りの)コットンセーター.

nick·te [ニックテ] ✱nicken (うなずく)の 過去

nie [ニー ní:] 副 決して…ない. (英 never). Das werde ich *nie* vergessen. 私はそのことを決して忘れないだろう / So etwas habe ich noch *nie* gehört. そんなことは私はいまだかつて聞いたことがない / *nie* mehr もう決して…ない / *nie* und nimmer 決して…ない / *nie* wieder もう二度と…ない ⇒ *Nie* wieder Krieg! 二度と戦争をしてはならない / Jetzt oder *nie*! 今をおいてほかに機会はない.

Nid·wal·den [ニート・ヴァるデン ní:t-valdən] 田 -s/·(地名) ニートヴァルデン(スイス 26 州の一つで準州).

nie·der [ニーダァ ní:dər] I 形 ① (社会的地位が)低い, 下級の, 下層の. (英 low). der *niedere* Beamte 下級公務員 / Er war von *niederer* Herkunft. 彼は低い身分の出だった / das *niedere* Volk 下層の民. ② (南ド・スイ・オストリ)(高さが)低い; (金額などが)低い. eine *niedere* Mauer 低い壁 / *niedere* Preise 低価格. ③ (黒)(道徳的に)低級な, 卑しい. *niedere* Triebe 卑しい衝動. ④ (生)下等な. *niedere* Tiere 下等動物.
II 副 下へ. (英 down). *Nieder* mit den Waffen! 武器を捨てろ / *Nieder* mit dem Militarismus! 軍国主義打倒! / auf und *nieder* 上に下に(上へ下へ), あちこちに(へ).

nie·der.. [ニーダァ.. ní:dər..] I 【分離動詞の前つづり; つねにアクセントをもつ】. ① 《下方へ》 例: *nieder*|drücken 押し下げる. ② 《圧倒》 例: *nieder*|schlagen なぐり倒す. II 【形容詞・名詞につける 接頭】《低い・低地の》 例: *Nieder*deutsch 低地ドイツ語.

Nie·der·bay·ern [ニーダァ・バイアァン ní:-dər-baɪərn] 田 -s/·(地名) ニーダーバイエルン(ドイツ, バイエルン州の北東部地域).

nie·der|beu·gen [ニーダァ・ボイゲン ní:-dər-bɔ̀ʏgən] I 他 (h) (雅)(頭・上体などを)下へ曲げる, かがめる. II 再帰 (h) *sich*[4] *niederbeugen* (雅) 身をかがめる.

nie·der|bren·nen* [ニーダァ・ブレンネン ní:-dər-brɛ̀nən] I 他 (h) 焼き払う. II 自 (s) (建物などが)焼け落ちる; (ろうそくなどが)燃えて小さくなる.

nie·der=deutsch [ニーダァ・ドイチュ] 形 (言) 低地ドイツ[語]の.

Nie·der=deutsch [ニーダァ・ドイチュ] 田 -[s]/ (言) 低地ドイツ語.

Nie·der=druck [ニーダァ・ドルック] 男 -[e]s/..drücke (工) 低圧.

nie·der|drü·cken [ニーダァ・ドリュッケン ní:-dər-drỳkən] 他 (h) ① 押し下げる, 抑えつける. die Türklinke[4] *niederdrücken* ドアの取っ手を押し下げる. ② (雅)(人[4]の)気をめいらせる, (人[4]の)意気消沈させる. Der Misserfolg *drückte* ihn *nieder*. 彼は失敗でがっかりした. ◇【現在分詞の形で】*niederdrückende* Erlebnisse 気のめいるような経験.
◇☞ *niedergedrückt*

nie·der|fal·len* [ニーダァ・ファれン ní:dər-fàlən] 自 (s) (雅) ① (木の葉などが)落下する, 散る. ② ひざまずく.

Nie·der=fre·quenz [ニーダァ・フレクヴェンツ] 女 -/-en 《物》低周波.

Nie·der=gang [ニーダァ・ガング] 男 -[e]s/..gänge ① (複 なし)(雅) 没落, 衰微; 退廃. ② (海) 甲板の昇降階段.

nie·der·ge·drückt [ニーダァ・ゲドリュックト] I *nieder*|drücken (押し下げる)の 過分 II 形 意気消沈した, ふさぎ込んだ.

nie·der|ge·hen* [ニーダァ・ゲーエン ní:dər-gè:ən] 自 (s) ① (飛行機などが)着陸する, 着水する. ② (雨などが)激しく降る, (雪崩などが)崩れ落ちる. ③ (黒)(幕などが)降りる; (太陽が)沈む. ④ (ボクシングで:)ダウンする.

nie·der·ge·legt [ニーダァ・ゲれークト] *nieder*|legen (下に置く)の 過分

nie·der|ge·schla·gen [ニーダァ・ゲシュらーゲン] I *nieder*|schlagen (なぐり倒す)の 過分 II 形 しょげた, がっかりした, 意気消沈した.

Nie·der·ge·schla·gen·heit [ニーダァ・ゲシュらーゲンハイト] 女 -/ 意気消沈, 落胆.

nie·der|hal·ten* [ニーダァ・ハるテン ní:dər-hàltən] 他 (h) ① (下方へ)押さえつける. ② (民衆など[4]を)押さえつける; (反乱など[4]を)鎮圧する.

nie·der|ho·len [ニーダァ・ホーれン ní:dər-hò:lən] 他 (h) (帆・旗など[4]を)下ろす.

nie·der|kämp·fen [ニーダァ・ケンプフェン ní:dər-kɛ̀mpfən] 他 (h) ① (怒り・涙などを)こらえる. ② (黒)(敵など[4]を)打ち負かす.

nie·der|kni·en [ニーダァ・クニー[エ]ン ní:dər-kni:[ə]n] 自 (s) 再帰 (h) *sich*[4] *niederknien* ひざまずく, ひざをついて座る.

nie·der|knüp·peln [ニーダァ・クニュップるン ní:dər-knỳpəln] 他 (h) こん棒(警棒)でなぐり倒す.

nie·der|kom·men* [ニーダァ・コンメン ní:-dər-kɔ̀mən] 自 (s) 〖mit 人[3] ~〗(雅)(人[3]を)産む.

Nie·der=kunft [ニーダァ・クンふト] 女 -/..künfte (雅) 分娩, 出産.

die **Nie·der·la·ge** [ニーダァ・らーゲ ní:-dər-la:gə] 女 (単) -/(複) -n ① 敗北, 敗戦. (英 defeat). (⇔ 「勝利」= Sieg, Triumph). eine schwere *Niederlage* 手痛い敗北 / eine *Niederlage*[4] erleiden (または erleben) 敗北を喫する / 人[3] eine *Niederlage*[4] bei|bringen (または bereiten) (人[3]を)打ち負かす. ② (特にビールの)倉庫. ③ (特に食品店の)支店.

die **Nie·der·lan·de** [ニーダァ・らンデ ní:-dər-landə] 複 (3格のみ -n) 〖定冠詞とともに〗(国名) オランダ王国(首都はアムステルダム. ただし政府所在地はデン・ハーグ). **nach** den *Niederlanden* (または **in** die *Niederlande*) fahren オランダへ行く.

Nie·der·län·der [ニーダァ・れンダァ ní:-dər-lɛndər] I 男 -s/- オランダ人. (女性形: -in). II 形 〖無語尾で〗オランダの.

nie·der·län·disch [ニーダァ・レンディッシュ níːdər-lɛndɪʃ] 形 オランダ[人・語]の. ◊《名詞的に》das *Niederländische* オランダ語.

nie·der|las·sen* [ニーダァ・ラッセン níːdərlàsən] I 再帰 (h) *sich⁴ niederlassen* ①《方向・場所を表す語句とともに》《雅》(…に)腰を下ろす, 座る; (鳥が)とまる. (英 *let down*). Er ließ *sich* **auf** eine Bank (または einer Bank) *nieder*. 彼はベンチに腰を下ろした / *sich⁴* auf die Knie *niederlassen* ひざまずく / *sich⁴* in einen Sessel (または einem Sessel) *niederlassen* 安楽いすに座る. ②《場所を表す語句とともに》(…に)定住する; (医者・弁護士などが…で)開業する. *sich⁴* in Bremen *als* Arzt *niederlassen* ブレーメンで医者を開業する.
II 他 (完了) haben) (旗・幕など⁴を)下ろす.

Nie·der·las·sung [ニーダァ・ラッスング] 囡 -/-en ① (圏 なし) 居住, 定住; (医師などの開業. ② (経) 営業所, 支店. ③ (㌘) (外国人に対する)滞在許可.

nie·der|le·gen [ニーダァ・レーゲン níːdərlèːgən] (legte … nieder, hat … niedergelegt) 他 (完了) haben) ①《雅》(持っている物⁴を)下に置く, 横たえる; (床など⁴を)寝かせる. (英 *lay down*). einen Kranz am Grabmal *niederlegen* 墓標に花輪を供える / die Waffen⁴ *niederlegen*《比》戦いをやめる(←武器を置く). ◊《再帰的に》*sich⁴* ein bisschen *niederlegen* ちょっと横になる.
② 放棄する, やめる. die Arbeit⁴ *niederlegen* ストライキに入る / ein Amt⁴ *niederlegen* 辞職する. ③《雅》(書に)書きとめる.

nie·der|ma·chen [ニーダァ・マッヘン níːdərmàxən] 他 (h)《口語》(大量に)虐殺する; 酷評する.

nie·der|mä·hen [ニーダァ・メーエン níːdərmɛ̀ːən] 他 (h) (穀物⁴を)刈り取る;《比》(銃を掃射して人⁴を)ばたばたと倒す.

nie·der|met·zeln [ニーダァ・メッツェルン níːdərmɛ̀tsəln] 他 (h) = nieder|machen

Nie·der·ös·ter·reich [ニーダァ・エースタァライヒ níːdər-øːstərraɪç] 田 -s/《地名》ニーダーエースターライヒ(オーストリア9州の一つ. 州都はザンクト・ペルテン. 州庁はウィーンにあるが, ウィーンは独立州をなす).

nie·der|pras·seln [ニーダァ・プラッセルン níːdərpràsəln] 自 (s) (雨などが)たたきつけるように降る;《比》(批難などが)ふりかかる.

nie·der|rei·ßen* [ニーダァ・ライセン níːdərràɪsən] 他 (h) ① (建物など⁴を)取り壊す, 取り払う. ② (略) (人⁴を)引き倒す.

nie·der·rhei·nisch [ニーダァ・ラインニッシュ] 形 下部ラインの, ライン川下流の.

nie·der|rin·gen* [ニーダァ・リンゲン níːdərrìŋən] 他 (h) ① 打ち負かす. ②《比》(怒りなど⁴を)抑える, 克服する.

Nie·der·sach·sen [ニーダァ・ザクセン níːdərzaksən] 田 -s/《地名》ニーダーザクセン(ドイツ16州の一つ. 州都はハノーファー: ☞ 地図 C～E-2～3).

nie·der|schie·ßen* [ニーダァ・シーセン níːdərʃìːsən] I 他 (h) (人⁴を)撃ち倒す, 撃ち殺す. II 自 (s) (鳥などが)急降下する.

der **Nie·der·schlag** [ニーダァ・シュラーク níːdərʃlàːk] 男 (単2) -[e]s/(複) ..schläge [..シュレーゲ] (3格のみ ..schlägen) ①《気象》降水(雨・雪・あられなど). (英 *precipitation*). leichte *Niederschläge* 小雨. ②《化》沈殿[物];《略》結露. ③ (思想・経験などの)書きとめられたもの, 表現. (英 *expression*). seinen *Niederschlag* in 物³ finden 物³の中に表れている. ④《ボクシングで》ノックダウン・パンチ.

nie·der|schla·gen* [ニーダァ・シュラーゲン níːdərʃlàːgən] du schlägst … nieder, er schlägt … nieder (schlug … nieder, hat … niedergeschlagen) I 他 (完了) haben) ① なぐり倒す, 打ちのめす. (英 *knock down*). den Gegner im Boxkampf *niederschlagen* ボクシングで相手をノックダウンする.
② (穀物など⁴を)なぎ倒す. ③ (目⁴を)伏せる. ④ (暴動など⁴を)鎮圧する; (興奮・熱など⁴を)鎮める, 下げる. einen Streik *niederschlagen* ストライキを鎮める. ◊《現在分詞の形で》*niederschlagende* Mittel 鎮静剤. ⑤《法》(審理など⁴を)打ち切る; (罰金など⁴を)免除する.
II 再帰 (完了) haben) *sich⁴ niederschlagen* ①《化》沈殿する. ② (水蒸気などが)結露する. ③《*sich⁴* in 物³ ～》(思想などが物³にはっきり)表れている. Diese Erfahrungen *haben sich* in seinen Büchern *niedergeschlagen*. これらの経験が彼の著書にははっきり表れていた.
◊ ☞ niedergeschlagen

nie·der|schmet·tern [ニーダァ・シュメッタァン níːdərʃmɛ̀tərn] 他 (h) (人⁴を)打ち倒す; (人⁴を精神的に)打ちのめす.

nie·der·schmet·ternd [ニーダァ・シュメッタァント] I nieder|schmettern (打ち倒す)の現分 II 形 人を打ちのめすような, ショッキングな(知らせ・結果など).

nie·der|schrei·ben* [ニーダァ・シュライベン níːdərʃràɪbən] 他 (h) 書き記す, 書きとめる.

Nie·der·schrift [ニーダァ・シュリフト] 囡 -/-en ① 書き記すこと, 執筆. ② 記録, 文書.

nie·der|set·zen [ニーダァ・ゼッツェン níːdərzɛ̀tsən] I 他 (h) (荷物など⁴を)下に置く, 下ろす. II 再帰 (h) *sich⁴ niedersetzen* 座る.

Nie·der·span·nung [ニーダァ・シュパンヌング] 囡 -/-en《電》低圧(250Vまで).

nie·der|stim·men [ニーダァ・シュティンメン níːdərʃtìmən] 他 (h) (提案など⁴を)投票で否決する.

nie·der|sto·ßen* [ニーダァ・シュトーセン níːdərʃtòːsən] I 他 (h)《雅》突き倒す. II 自 (s) (鳥などが)急降下する. *auf* die Beute *niederstoßen* (鳥が)急降下して獲物を襲う.

nie·der|stre·cken [ニーダァ・シュトレッケン níːdərʃtrɛ̀kən] I 他 (h)《雅》撃ち(打ち)倒す. II 再帰 (h) *sich⁴ niederstrecken*《雅》横にな

Nie·der·tracht [ニーダァ・トラハト ní:dərtraxt] 女 -/《雅》卑劣さ; 卑劣な行い.

nie·der·träch·tig [ニーダァ・トレヒティヒ] I 形 ① 卑劣な, 陰険な. eine *niederträchtige* Verleumdung 卑劣な中傷. ②《口語》ものすごい, すさまじい. Es war *niederträchtig* kalt. ものすごく寒かった. II 副《口語》ひどく, ものすごく.

Nie·der·träch·tig·keit [ニーダァ・トレヒティヒカイト] 女 -/-en ①《複なし》卑劣さ, 破廉恥. ② 卑劣(破廉恥)な行為.

nie·der|tre·ten* [ニーダァ・トレーテン ní:dərtrè:tən] 他 (h) ①《花など⁴を》踏みつける. ②《獣》(地面など⁴を)踏み固める. ③《雅》(じゅうたんなど⁴を)踏みへらす, (靴のかかと⁴を)はきつぶす.

Nie·de·rung [ニーデルング] 女 -/-en 低地, 平地;《ふつう複》低迷期. die *Niederungen* des Lebens 人生の低迷期.

nie·der|wer·fen* [ニーダァ・ヴェルフェン ní:dər-vèrfən] I 他 (h)《雅》①《敵⁴を》打ち負かす, 打ち倒す. ②《暴動など⁴を》鎮圧する. ③《病気が囚⁴を》床につかせる. Die Krankheit *warf* ihn *nieder*. 彼は病気で寝込んだ. II 再帰 (h) sich⁴ *niederwerfen* ひれ伏す.

Nie·der⸗wild [ニーダァ・ヴィルト] 中 -[e]s/《狩》(総称として:)(下級貴族が許可なく獲れた) [小]猟獣(うさぎ・きじ・きつねなど).

nied·lich [ニートリヒ ní:tlıç] 形 ① かわいらしい, 愛らしい.《英》*cute*). ein *niedliches* Kind かわいらしい子供. (⇨ 類語 schön). ②《方·戯》ちっぽけな.

Nied⸗na·gel [ニート・ナーゲる] 男 -s/..nägel 逆むけ, ささくれ; 逆爪(つめ).

*****nied·rig** [ニートリヒ ní:drıç] 形《英》*low*) ①《高さが》低い. (⇔「高い」は hoch). *niedrige* Berge 低い山々 / eine *niedrige* Zimmerdecke 低い天井 / eine *niedrige* Stirn 狭い額 / Der Stuhl ist mir zu *niedrig*. このいすは私には低すぎる / Das Flugzeug flog *niedrig*. 飛行機は低空飛行をした. ②(数値が)低い, 少ない;(値段の)安い. ein *niedriger* Gewinn 少ない利益 / eine *niedrige* Miete 安い部屋代 / mit *niedriger* Geschwindigkeit 低速で. ③(社会的地位が)低い; (程度·質が)低い, 低級な. ein Mensch von *niedriger* Herkunft 下層階級出の人 / Hoch und *Niedrig*《古》貴賤(きせん)の別なく, だれでも. ④(道徳的に)低俗な, 卑しい. *niedrige* Gesinnung 卑しい考え方 / *niedrig* handeln 卑しいふるまいをする.

> 類語 **niedrig**: (ものの高さそのものが)低い. **tief**: (ある段階より以下で)低い. Das Grundstück liegt *tiefer* als die Straße. その地所は通りより低いところにある. **unter**-: (段階が)低い, 下の. die *unteren* Stockwerke 下の階.

Nied·rig·keit [ニートリヒカイト] 女 -/-en ①《複なし》低い(低俗である)こと. ②(卑俗な)言動.

Nied·rig⸗was·ser [ニードリヒ・ヴァッサァ] 中 -s/-《河川·湖の》低水位;(干潮時の)最低水位.

nie·mals [ニー・マーるス ní:-ma:ls] 副 決して…ない (=nie).《英》*never*). Das mache ich *niemals* wieder. 私はそんなことはもう二度としません. *Niemals*! (強く拒否して:)とんでもない, まっぴら御免だ.

*****nie·mand** [ニーマント ní:mant]

> だれも…ない　*Niemand* weiß es.
> ニーマント　ヴァイス エス
> だれもそれは知らない.

四《不定代名詞; 2 格 niemand[e]s, 3 格 niemand[em], 4 格 niemand[en]》《つねに単数》だれも…ない, 一人も…ない.《英》*no one*). Kann mir *niemand* helfen? だれも私を助けてくれないのか / Er ist *niemand*es Feind. 彼には一人も敵がない / Ich habe den Plan *niemand*[em] erzählt. 私はその計画をだれにも話したことはない / Ich habe *niemand*[en] gesehen. 私はだれも見かけなかった / Das kann *niemand* anders als er. それができるのは彼以外だれもいない.

Nie·mands⸗land [ニーマンツ・らント] 中 -[e]s/《複なし》① 無人·戦線地帯. ②《獣》人跡未踏の地. ③ 未開拓の分野.

die **Nie·re** [ニーレ ní:rə] 女 (単) -/(複) -n ①《医》**腎臓**(じんぞう).《英》*kidney*). eine künstliche *Niere* 人工腎臓. Das geht mir **an die *Nieren***.《口語》それは私にはひどくこたえる. ②《ふつう複》腎臓(じんぞう)料理.

Nie·ren⸗bra·ten [ニーレン・ブラーテン] 男 -s/-《料理》(子牛の)腎臓(じんぞう)付き腰肉のロースト.

Nie·ren⸗ent·zün·dung [ニーレン・エントツュンドゥング] 女 -/-en《医》腎炎(じんえん).

Nie·ren⸗stein [ニーレン・シュタイン] 男 -[e]s/-e《医》腎石(じんせき), 腎臓(じんぞう)結石.

nie·seln [ニーゼるン ní:zəln] 非人称 (h) Es *nieselt*. 霧雨が降る.

Nie·sel⸗re·gen [ニーゼる・レーゲン] 男 -s/-《ふつう単》霧雨, こぬか雨.

nie·sen [ニーゼン ní:zən] du niest (niestest, *hat* ... geniest) 自《完了》haben) くしゃみをする.《英》*sneeze*). laut *niesen* 大きなくしゃみをする.

Nieß⸗brauch [ニース・ブラオホ] 男 -[e]s/《法》使用権, 用益権.

nies·te [ニーステ] niesen (くしゃみをする)の 過去.

Nies⸗wurz [ニース・ヴルツ] 女 -/-en《植》クリスマスローズ属(その根からくしゃみ粉がつくられる).

Niet [ニート ní:t] 男 中 -[e]s/-e =Niete²

Nie·te¹ [ニーテ ní:tə] 女 -/-n ① 空(から)くじ;《比》失敗, 不成功. eine *Niete*⁴ ziehen 空くじを引く. ②《口語》能なし, 役たたず.

Nie·te² [ニーテ] 女 -/-n 鋲(びょう), リベット.

nie·ten [ニーテン ní:tən] 他 (h)《物⁴を》鋲(びょう)で留める,《物⁴に》鋲を打つ.

Nie·ten⁼ho·se [ニーテン・ホーゼ] 囡 -/-n (縫い目やポケットなどを鋲(⁹ᵇ³)で留めた)ジーンズ.

niet- und na·gel⁼fest [ニート ウント ナーゲる・フェスト] 形 《成句的に》[alles,] was nicht *niet- und nagelfest* ist《口語》持って行けるもの[すべて](← リベットやくぎで留めていないもの[すべて]).

Nietz·sche [ニーチェ ní:tʃə] または [ニーツシェ ní:tsʃə] -s/《人名》ニーチェ (Friedrich *Nietzsche* 1844-1900; ドイツの哲学者.『ツァラトゥストラはこう語った』の著者.

Ni·ge·ria [ニゲーリア nigé:ria] 囲 -s/《国名》ナイジェリア〔連邦共和国〕(アフリカ西部. 首都はアブジャ).

Ni·hi·lis·mus [ニヒリスムス nihilísmus] 男 -/ ニヒリズム, 虚無主義.

Ni·hi·list [ニヒリスト nihilíst] 男 -en/-en ニヒリスト, 虚無主義者. (女性形: -in).

ni·hi·lis·tisch [ニヒリスティッシュ nihilístɪʃ] 形 ニヒリズムの, 虚無主義の, 虚無的な.

Ni·ke [ニーケ ní:kə] -s/《ギリ神》ニケ(勝利の女神. ローマ神話のヴィクトリアに当たる).

Ni·ko·laus¹ [ニッコろオス níkolaus または ニー..ní:..] 《男名》ニコラウス.

Ni·ko·laus² [ニッコろオス または ニー..] I《人名》聖ニコラウス(長い白ひげに赤マントの姿で 12月6日 またはその前夜, 子供たちに贈り物をする. これはミュラの司教で伝説的な聖人 *Nikolaus* von Myra (350 年頃)にちなむ. アメリカに伝わってサンタ・クロースとなった). II 男 -/-e (口語·戯: ..läuse) ① 聖ニコラウスにふんする人. ② =Nikolaustag

Ni·ko·laus⁼tag [ニッコろオス・ターク] 男 -[e]s/-e 聖ニコラウス祭(12月6日).

Ni·ko·tin [ニコティーン nikotí:n] 田 -s/《化》ニコチン(16世紀のフランスの外交官 J. *Nicot* から).

ni·ko·tin⁼arm [ニコティーン・アルム] 形 ニコチンの少ない.

ni·ko·tin⁼frei [ニコティーン・フライ] 形 ニコチンを含まない.

der **Nil** [ニーる ní:l] 男 -[s]/《定冠詞とともに》《川名》ナイル川.

Nil⁼pferd [ニーる・プフェーアト] 田 -[e]s/-e 《動》カバ.

Nim·bus [ニンブス nímbus] 男 -/..busse ① 《聖》[なし] 光輝, 栄光, 名声. ② 《美》(聖像などの)光輪, 後光. ③《古》《気象》乱層雲.

nimm [ニム] ‡nehmen (取る)の du に対する 命令.

nim·mer [ニンマァ nímɐr] 副 ① 決して…ない.《americ》 (*never*). Er wird *nimmer* zurückkommen. 彼は決して戻って来ないだろう. ② 《南ド·オストリ》もう(再び)…ない. Denk *nimmer* daran! もうそのことを考えるのはやめなさい.

nim·mer⁼mehr [ニンマァ・メーァ] 副 決して…ない;《南ド·オストリ》もう(再び)…ない.

nim·mer⁼mü·de [ニンマァ・ミューデ] 形 《雅》疲れを知らぬ, たゆまぬ.

nim·mer⁼satt [ニンマァ・ザット] 形 飽くことを知らない, 食欲な.

Nim·mer⁼satt [ニンマァ・ザット] 男 -[e]s (また は -)/-e ① 飽く(足る)ことを知らない人; 大食漢. ②《鳥》トキコウ(コウノトリ科).

Nim·mer⁼wie·der·se·hen [ニンマァ・ヴィーダァゼーエン] 田《成句的に》**auf** *Nimmerwiedersehen*《口語·戯》(再会を期さず)永久に.

nimmst [ニムスト nímst] ‡nehmen (取る)の 2人称親称単数 現在. *Nimmst* du Zucker in deinen Kaffee? 君はコーヒーに砂糖を入れる?

nimmt [ニムト nímt] ‡nehmen (取る)の 3人称単数 現在. Er *nimmt* ein Glas in die Hand. 彼はグラスを手に取る.

Nim·rod [ニムロット nímrɔt] I -s/《聖》《人名》ニムロデ(バビロン王国の狩猟好きの王. バベルの塔を建設した. 創世記 10, 8 以下). II 男 -s/-e 狩猟好き, 狩猟狂.

Ni·ob [ニーオープ nió:p] 田 -s/《化》ニオブ(記号: Nb).

nip·pen [ニッペン nípən] 自 (h) (なめるように)ちびちび飲む, 口をつける. Er *hat* am Wein *genippt*. 彼はワインをちびちび飲んだ.

Nip·pes [ニッペス nípəs または ニップ níp] 覆 (机·戸棚などに置く陶製の小さな置物.

Nipp⁼sa·chen [ニップ・ザッヘン] 覆 =Nippes

nir·gends [ニルゲンツ nírgənts] 副 どこにも…ない.《americ》(*nowhere*). Ich habe ihn *nirgends* gesehen. 私はどこにも彼の姿を見かけなかった / *nirgends* sonst または sonst *nirgends* ほかのどこでも…ない / Er ist überall und *nirgends* zu Hause. 彼は居所の定まらない人だ.

nir·gend⁼wo [ニルゲント・ヴォー] 副 どこにも…ない.

Ni·ros·ta [ニロスタ nirósta] 男 -s/《商標》ステンレススチール (=**nichtrostender** (または **nicht rostender**) **Stahl**).

Nir·wa·na [ニルヴァーナ nirvá:na] 田 -[s]/ (仏教で:) 涅槃(ねはん), ニルバーナ.

..nis [..ニス ..nɪs]《接尾》《結果·状態》例: Erleb*nis* 体験.

Ni·sche [ニーシェ ní:ʃə] 囡 -/-n ① 壁龕(かん), ニッチ, 壁のくぼみ. ② (珍しい動植物などが生息する)一角.

Nis·se [ニッセ nísə] 囡 -/-n しらみの卵.

nis·ten [ニステン nístən] 自 (h) (鳥などが)巣を作る, 巣くう.

Nist⁼kas·ten [ニスト・カステン] 男 -s/..kästen 巣箱.

Ni·trat [ニトラート nitrá:t] 田 -[e]s/-e 《化》硝酸塩.

Ni·tro·ge·ni·um [ニトロゲーニウム nitrogé:nium] 田 -s/《化》窒素(記号: N).

Ni·tro·gly·ze·rin [ニートロ・グりュツェリーン] 田 -s/《化》ニトログリセリン.

Nische

das Ni·veau [ニ・ヴォー nivó:] [仏] 田 (単2) -s/(複) ① (生活・文化・教養などの)水準, レベル. Lebens*niveau* 生活水準 / das *Niveau* der Preise² 物価水準 / das kulturelle *Niveau* 文化レベル / das *Niveau*⁴ halten (heben) 水準を保つ(上げる) / Er hat kein *Niveau*. 彼はまるで教養がない. ② 水平面; 水位. (英 level). das *Niveau* des Sees 湖の水位. ③ 〖物〗(分子・原子などの)エネルギー準位.

ni·veau·los [ニ・ヴォー・ロース] 形 レベルの低い, 低級な.

ni·vel·lie·ren [ニヴェリーレン nivɛlí:rən] 他 (h) ① (格差など⁴を)なくす, 平均化する. ② (土地など⁴を)水準測量する.

nix [ニクス níks] 田 《不定代名詞》《口語》何も…ない (=nichts).

Nix [ニクス] 男 -es/-e 《妖神》(男性の)水の精.

Ni·xe [ニクセ níksə] 女 -/-n 《妖神》(女性の)水の精.

Niz·za [ニッツァ nítsa] 田 -s/《都市名》ニース (フランスの南東岸の港湾・保養都市).

n. J. [ネーヒステン ヤーレス]《略》来年の (=nächsten Jahres).

nm. [ナーハ・ミッタークス]《略》午後に (=nachmittags).

n. M. [ネーヒステン モーナッツ]《略》来月の (=nächsten Monats).

N. N. [エン エン]《略》名前を知らない (=nomen nescio); Herr *N. N.* 某氏.

No [エン・オー]《化・記号》ノーベリウム (=Nobelium).

NO [ノルト・オスト または ノルト・オステン]《略》北東 (=Nordost[en]).

No·ah [ノーア nó:a] -[s] (または Noä [ノーエ]) /《聖》《人名》ノア(人類の罪を罰する大洪水の際に箱舟に乗って難を免れた. 創世記 6-9 章). die Arche *Noah* (または *Noahs* または *Noä*) ノアの箱舟.

no·bel [ノーベる nó:bəl] 形 ① 《雅》気高い, 高潔な. ein *nobler* Mensch 高潔な人. ② 豪華な; (皮肉って:)お上品な. ein *nobles* Hotel 豪華なホテル. ③《口語》気前のいい. ein *nobles* Trinkgeld 気前のいいチップ.

No·bel [ノーベる nobél] -s/《人名》ノーベル (Alfred *Nobel* 1833-1896; スウェーデンの化学者. ダイナマイトの発明者で, ノーベル賞基金の提供者).

No·be·li·um [ノーベーリウム nobé:lium] 田 -s/《化》ノーベリウム(記号: No).

No·bel·preis [ノーベる・プライス] 男 -es/-e ノーベル賞.

No·bel·preis·trä·ger [ノーベるプライス・トレーガァ] 男 -s/- ノーベル賞受賞者. (女性形: -in). (☞「ドイツ・ミニ情報 27」, 下段).

No·bles·se [ノブれッセ noblésə] 女 -/-n ① 《古》貴族[社会]. ②〖圏なし〗気品, 高貴.

No·bo·dy [ノーボディ nó:bodi] [英] 男 -[s]/-s 無名の人 (歌手・選手など).

noch [ノッホ nóx]

> まだ; さらに *Noch* ein Bier, bitte!
> ノッホ アイン ビーァ ビッテ
> ビールをもう一杯ください.

Ⅰ 副 A) ① まだ, いまだに. (英 still). (反「すでに」は schon). Sie ist *noch* krank. 彼女はまだ病気だ / Du bist *noch* zu jung dafür. 君はまだそれをするには若すぎる / *noch immer* または *immer noch* 今なお, いまだに / *noch nicht* まだ…ない / *noch nie* 今まで決して…ない. ② (残りが)まだ, あと…だけ. Ich habe **nur** *noch* 20 Euro. ぼくはあと 20 ユーロしか持っていないよ. ③ さらに, その上(ほか)に. *noch einmal* もう一度 / Wer war denn *noch* da? ほかにだれがいたの? / Ich möchte *noch* etwas sagen. 私はまだ言いたいことがあります / *noch und noch* (口語・戯: noch und nöcher) いくらでも / *Noch* ein Wort! 黙れ(←もう一言でもしゃべってみろ).

ドイツ・ミニ情報 27

ノーベル賞受賞者 Nobelpreisträger

ノーベル賞はダイナマイトを発明したスウェーデンの学者, アルフレッド・ノーベルの遺言に基づき, 1901 年から毎年 1 回, 世界の発展に寄与する優れた業績をあげた人物に贈られている. なかでも化学賞, 物理学賞, 生理学・医学賞の 3 部門の受賞は, 最大級の栄誉とされている. ドイツ人ではこれまでに, 平和賞 6 名, 文学賞 10 名, 化学賞 29 名, 物理学賞 28 名, 生理学・医学賞 21 名, 経済学賞 1 名の計 95 名が受賞した. それ以外に, 2012 年には EU (ヨーロッパ連合) が平和賞を受賞している.

1901 年の第 1 回ノーベル賞の栄誉に, レントゲン(物理学)とベーリング(生理学・医学)が輝いて以来, ドイツは毎年のように受賞者を出してきたが, 1930～40 年代は目だって受賞者が少ない. これは数多くの優秀な頭脳がヒトラー政権を嫌って国外に流出したためで, アメリカに亡命したユダヤ系物理学者のアインシュタインもその一人だ.

ノーベル文学賞を受賞した 10 名のうちには, トーマス・マン(1929 年), ヘルマン・ヘッセ(1946 年), ギュンター・グラス(1999 年)など, 日本でもおなじみの作家が含まれている.

日本人受賞者はこれまでのところ 19 名だが, 1949 年に物理学で湯川秀樹が日本人として初めて受賞者に選ばれたときは, 敗戦直後で打ちひしがれた日本国民にとって大きな自信となった.

アルフレッド・ノーベル

④ そのうちに, いずれ. Er wird *noch* kommen. 彼はそのうちに来るでしょう.
⑤ …のうちに. *noch* heute または heute *noch* きょうのうちに ⇒ Ich tue es *noch* heute. 私はそれをきょうのうちにやってしまおう / *noch* am gleichen Tag その日のうちに.
⑥ まず, とりあえず. Ich muss [erst] *noch* baden. まずおふろに入らなくては.
⑦ かろうじて, なんとか. Die Leistung ist *noch* ausreichend. この成績ならかろうじて合格と言える.
⑧ つい…[したばかり]. *Noch* gestern habe ich mit ihm gesprochen. ついきのう彼と話したばかりだ.
⑨ 《比較級とともに》 もっと, いっそう. Es ist heute *noch* wärmer als gestern. きょうはきのうよりもっと暖かい.
⑩ 《so とともに》《譲歩》 たとえどんなに…でも. jede *noch* so kleine Spende たとえどんなに少額の寄付金であれ / Und wenn du *noch* so heulst, du musst jetzt ins Bett gehen. どんなに泣いてたもうおねんねの時間よ.
B) 《文中でのアクセントなし》 ① 《同意・承認などを期待する》 …ですよね. Das ist *noch* Qualität. それはやっぱり質がいいですね.
② 《脅すように》 きっと…だぞ. Das wirst du *noch* bereuen! 今に後悔するぞ.
③ 《憤慨して》 …だろうかね. Da kannst du *noch* lachen? 笑っていられるかね.
④ 《否定を表す語句とともに》 [たった]…でしかない. Das kostet *noch* keine drei Euro. それは 3 ユーロもしない.
⑤ 《忘れたことを思い出そうとして》 えーと. Wie hieß *noch* die Frau? えーと, そのご婦人は何という名前だったっけ.
II 圏 《否定を表す語句とともに》 **weder** A *noch* B A でもなく B でもない 《英》 *neither* A *nor* B) ⇒ Dafür habe ich weder Zeit *noch* Geld. 私はそんなことをする暇もなければ金もない / Er hat **keine** Verwandten *noch* Freunde. 《雅》 彼には親戚も友人もいない.
► **noch⇄mal**

noch⇄mal, noch mal [ノッホ・マーる] 副 《口語》 もう一度.
noch⇄ma·lig [ノッホ・マーりヒ] 形 《付加語としてのみ》 もう一度の, 再度の.
noch⇄mals [ノッホ・マーるス nóx-ma:ls] 副 もう一度, 再度. 《英》 *once again*). Nochmals vielen Dank! もう一度お礼申し上げます.
No·cken [ノッケン nókən] 男 -s/- 《工》 カム.
No·cken⇄wel·le [ノッケン・ヴェれ] 因 -/-n 《工》 カムシャフト.
No·ckerl [ノッカる nókərl] 田 -s/-n 《ふつう 複》 《南ド・オーストリ》 ① 《料理》 (スープに入れる) 小さな団子. ② 若い女性.
Noc·turne [ノクテュルン nɔktýrn] [フランス] 田 -s/-s 《音》 夜想曲, ノクターン.
no·lens vo·lens [ノーれンス ヴォーれンス nó:lɛns vó:lɛns] [ラテン] いやおうなしに, 好むと好まざるとにかかわらず.

Nom. [ノーミナティーふ] 《略》《言》 1 格, 主格 (=Nominativ).
No·ma·de [ノマーデ nomá:də] 男 -n/-n 遊牧民. (女性形: Nomadin).
no·ma·disch [ノマーディッシュ nomá:dɪʃ] 形 遊牧の, 遊牧民のような.
No·men [ノーメン nó:mən] 田 -s/Nomina 《言》 ① 名詞 (=Substantiv). ② 名詞類, 名詞的品詞 (名詞・形容詞の総称).
No·men·kla·tur [ノメンクらトゥーア nomɛnklatú:r] 因 -/-en ① (学術用語などの) 命名法. ② 学術(専門)用語集.
no·mi·nal [ノミナーる nominá:l] 形 ① 《言》 名詞の; 名詞的な. ② 《経》 名目上の.
No·mi·nal⇄wert [ノミナーる・ヴェーアト] 男 -[e]s/-e 《経》 (貨幣・株券などの) 額面価格, 名目価値.
No·mi·na·tiv [ノーミナティーふ nó:minati:f] 男 -s/-e [..ヴェ] 《言》 1 格, 主格(略: Nom.).
no·mi·nell [ノミネる nominél] 形 ① 表向きの, 名義だけの. ② 《経》 名目上の.
no·mi·nie·ren [ノミニーレン nominí:rən] 他 (h) (候補者として 人⁴を)指名(ノミネート)する.
No-Name-Pro·dukt [ノーネーム・プロドゥクト] 田 -[e]s/-e ノーブランド製品.
Non·cha·lance [ノンシャらーンス nɔ̃ʃalá:s] [フランス] 因 -/ むとんじゃく, のんき, 無造作.
non·cha·lant [ノンシャらーン nɔ̃ʃalá:] [フランス] 形 むとんじゃくな, のんきな, 無造作な.
Non⇄kon·for·mis·mus [ノン・コンフォルミスムス] 男 -/ (政治的・宗教的な)非協調主義.
Non·ne [ノンネ nónə] 因 -/-n ① 修道女, 尼僧. (⇔ 「修道士」 は Mönch). ② 《昆》 ノンネマイマイガ. ③ 《建》 女がわら.
Non·nen⇄klos·ter [ノンネン・クろスタァ] 田 -s/..klöster 女子修道院, 尼僧院.
Non·sens [ノンゼンス nónzɛns] 男 -[es]/ ナンセンス, 無意味な事柄], ばかげた言動.
Non·stop⇄flug, Non·stop-Flug [ノンシュトップ・ふるーク] 男 -[e]s/..flüge ノンストップ (無着陸)飛行, 直行便.
Nop·pe [ノッペ nópə] 因 -/-n 《ふつう 複》 ① (糸・布などの) 節玉. ② (ゴム板などに加工した) 小突起.
der **Nord** [ノルト nɔ́rt] 男 (単 2) -[e]s/(複) -e (3 格のみ -en) ① 《複 なし; 冠詞なし; 無変化》 《海・気象》 北 (=Norden) (略: N). (⇔ 「南」 は Süd). **nach** (**von**) *Nord* 北へ(から). ② 《地名のあとにつけて》 北方, 北部. Köln *Nord* (または Köln-*Nord*) ケルン北部. ③ 《ふつう男》 《海・詩》 北風 (=*Nord*wind).
Nord⇄ame·ri·ka [ノルト・アメーリカ] 田 -s/ 《地名》 北アメリカ.
nord⇄deutsch [ノルト・ドイチュ] 形 北ドイツの; 北ドイツ[人]に特有な.
Nord⇄deutsch·land [ノルト・ドイチュらント] 田 -s/ 《地名》 北ドイツ.
der **Nor·den** [ノルデン nórdən]

北

Der Wind kommt von *Norden*.
ダァ ヴィント コムト フォン ノルデン
風が北から吹く.

男 (単2) -s/ ① 《ふつう冠詞なしで》**北** (略: N). (英 north). (※「東」は Osten, 「南」は Süden, 「西」は Westen). Die Vögel fliegen nach *Norden*. 鳥が北へ飛んで行く / von *Norden* nach Süden 北から南へ.
② 北部[地方]; 北国, (特に:)北欧. die Völker des *Nordens* 北方民族 / der hohe *Norden* 極北[の国] / im *Norden* der Stadt² 町の北部に.

nor·disch [ノルディッシュ nɔ́rdɪʃ] 形 《付加語としてのみ》北方の, 北欧[語]の; (スキーで:)ノルディックの; (ナチス用語で:)北方系の人(人種など). die *nordischen* Länder 北欧諸国 / die *nordische* Kombination (スキーの)複合種目.

Nord⚞ko·rea [ノルト・コレーア] 中 -s/《地名》(通称として:)北朝鮮(正式の国名は die Demokratische Volksrepublik Korea 朝鮮民主主義人民共和国).

Nord⚞län·der [ノルト・レンダァ] 男 -s/- 北国の人, (特に:)北欧の人.(女性形: -in).

*__nörd·lich__ [ネルトりヒ nǽrtlɪç] I 形 ① **北の**, 北部の. (英 northern). (※「南の」は südlich). *nördliche* Breite 北緯 (略: n. Br.) / die *nördliche* Halbkugel 北半球 / das *Nördliche* Eismeer 北極海, 北氷洋 / *nördlich* von Wien ウィーンの北に. ② 《付加語としてのみ》北向きの; 北からの. in *nördliche*[r] Richtung 北の方へ向かって / *nördliche* Winde 北風. ③ 《稀》北方の; 北欧[人]の.
II 前 《2格とともに》…の北方に. *nördlich* des Waldes 森の北の方に.

Nord⚞licht [ノルト・リヒト] 中 -[e]s/-er 北極光, オーロラ. ② 《南ドイツ・戯》北ドイツ出身の有力者(政治家).

Nord⚞nord⚞ost [ノルト・ノルト・オスト] 男 -[e]s/-e 《用法については Nord を参照》《海・気象》北北東 (略: NNO); 《ふつう 冠》《海》北北東の風.

Nord⚞nord⚞os·ten [ノルト・ノルト・オステン] 男 -s/《ふつう冠詞なし; ふつう前置詞とともに》北北東[部] (略: NNO).

Nord⚞nord⚞west [ノルト・ノルト・ヴェスト] 男 -[e]s/-e 《用法については Nord を参照》《海・気象》北北西 (略: NNW); 《ふつう 冠》《海》北北西の風.

Nord⚞nord⚞wes·ten [ノルト・ノルト・ヴェステン] 男 -s/《ふつう冠詞なし, ふつう前置詞とともに》北北西[部] (略: NNW).

Nord⚞ost [ノルト・オスト] 男 -[e]s/-e 《用法については Nord を参照》《海・気象》北東 (略: NO); 《ふつう 冠》《海》北東の風.

Nord⚞os·ten [ノルト・オステン] 男 -s/《ふつう冠詞なし, ふつう前置詞とともに》北東[部] (略: NO).

nord⚞öst·lich [ノルト・エストりヒ] I 形 北東の. *nordöstlich* von Berlin ベルリンの北東に. II 前 《2格とともに》…の北東に.

Nord⚞pol [ノルト・ポーる] 男 -[e]s/ 北極.

das **Nord·po·lar⚞meer** [ノルトポらール・メーァ] 中 -[e]s/《定冠詞とともに》《海名》北極海.

Nord⚞rhein-West·fa·len [ノルトライン・ヴェスト⚞ふぁーれン nɔ́rtraɪn-vestfáːlən] 中 -s/《地名》ノルトライン・ヴェストファーレン(ドイツ 16 州の一つ. 人口が最も多く, 約1800万. 州都はデュッセルドルフ). ☞ 《地図》C~D-2~3).

die **Nord⚞see** [ノルト・ゼー nɔ́rt-zeː] 女 -/ 《定冠詞とともに》《海名》北海.

der **Nord⚞stern** [ノルト・シュテルン] 男 -[e]s/《定冠詞とともに》《天》北極星(= Polarstern).

nord⚞wärts [ノルト・ヴェルツ] 副 北方[へ]; 《稀》北の方で.

Nord⚞west [ノルト・ヴェスト] 男 -[e]s/-e 《用法については Nord を参照》北西 (略: NW); 《海》北西の風.

Nord⚞wes·ten [ノルト・ヴェステン] 男 -s/ 《ふつう冠詞なし; ふつう前置詞とともに》北西[にある地域] (略: NW).

nord⚞west·lich [ノルト・ヴェストりヒ] I 形 北西の. *nordwestlich* von Berlin ベルリンの北西に. II 前 《2格とともに》…の北西に.

Nord⚞wind [ノルト・ヴィント] 男 -[e]s/-e 北風.

Nör·ge·lei [ネルゲらイ nœrgəláɪ] 女 -/-en 不平, あら探し.

nör·geln [ネルゲるン nœ́rgəln] 自 (h) ぶつくさ言う. **an** 人・物³ *nörgeln* 人・物³について不平を言う / **über** alles *nörgeln* 何にでもけちをつける.

Nörg·ler [ネルグらァ nœ́rglɐr] 男 -s/- 不平家, あら探し屋. (女性形: -in).

die **Norm** [ノルム nɔ́rm] 女 (単) -/(複) -en ① 《ふつう 複》規範, 規準. (英 standard). moralische *Normen* 道徳的規範 / eine *Norm*⁴ aufstellen 規準を定める. ② 標準, 水準; 《経》標準記録. von der *Norm* abweichen 標準からはずれる. ③ 労働規準[量], ノルマ. die *Norm*⁴ erfüllen ノルマを果たす. ④ (工業製品などの)規準, 規格. technische *Normen* 工業規格. ⑤ 《印》(本の)折り標(各折り丁の1ページ目の下に印刷される書名など).

*__nor·mal__ [ノルマーる nɔrmáːl] 形 《英 normal》① **標準の**, 規格通りの. eine *normale* Größe 標準サイズ / Er hat ein *normales* Gewicht. 彼の体重は標準である.
② ふつうの, 通常の, 異常でない. unter *normalen* Umständen 通常の場合には / Dieser Zustand ist nicht *normal*. この状態は異常だ. ③ (精神・肉体が)健全な, 健常の. ein nicht ganz *normales* Kind 少し障害のある子供 / Bist du noch *normal*? 《俗》君は正気かい.

Nor·mal [ノルマーる] 中 -s/ 《ふつう冠詞なしで》《略》レギュラーガソリン (= *Normal*benzin).

Nor·mal⚞ben·zin [ノルマーる・ベンツィーン] 中 -s/-e レギュラーガソリン.

Nor·ma·le [ノルマーれ normá:lə] 囡 -[n]/-n 《数》法線.

***nor·ma·ler⹀wei·se** [ノルマーらァ・ヴァイゼ normá:lərváizə] 副 ふつうの場合に, 通常は. *Normalerweise* stehe ich um sieben Uhr auf. 私は通常は7時に起きる.

nor·ma·li·sie·ren [ノルマりズィーレン nɔrmalizí:rən] I 他 (h) (関係・状態などを)正常化する. II 再帰 (h) *sich*⁴ *normalisieren* (状態などが)正常になる, 平常に戻る.

Nor·mal⹀spur [ノルマーる・シュプーァ] 囡 -/ (鉄道)標準軌間.

Nor·mal⹀uhr [ノルマーる・ウーァ] 囡 -/-en 標準時計(街路・広場などにある).

Nor·mal·ver·brau·cher [ノルマーる・フェアブラオハァ] 男 -s/- 平均的消費者; 凡人. (女性形: -in). Otto *Normalverbraucher* (消費者としての)一般市民.

Nor·mal⹀zeit [ノルマーる・ツァイト] 囡 -/-en 標準時. (✍「現地時」は Ortszeit).

die **Nor·man·die** [ノルマンディー nɔrmandí:] 囡 -/ 《定冠詞とともに》《地名》ノルマンディー(フランス北西部の地方).

Nor·man·ne [ノルマンネ nɔrmánə] 男 -n/-n ノルマン人(北ゲルマン族の一種族). (女性形: Normannin).

nor·man·nisch [ノルマンニッシュ nɔrmánɪʃ] 形 ノルマン人(語)の.

nor·ma·tiv [ノルマティーふ nɔrmatí:f] 形 標準となる, 規範的な.

nor·men [ノルメン nɔ́rmən] 他 (h) (物⁴の)規格を定める, 規格を統一する.

nor·mie·ren [ノルミーレン nɔrmí:rən] 他 (h) ① 画一化する. ② =normen

Nor·mie·rung [ノルミールング] 囡 -/-en 画一化すること; 規格化されること.

Nor·mung [ノルムング] 囡 -/-en 規格化, 規格の統一.

Nor·we·gen [ノルヴェーゲン nɔ́rve:gən] 囲 (単 2) -s/ 《国名》ノルウェー[王国](首都はオスロ).

Nor·we·ger [ノルヴェーガァ nɔ́rve:gər] I 男 -s/- ノルウェー人. (女性形: -in). II 形 《無語尾で》ノルウェーの.

nor·we·gisch [ノルヴェーギッシュ nɔ́rve:gɪʃ] 形 ノルウェー[人・語]の.

No-Spiel [ノー・シュピーる] 囲 -[e]s/-e (日本の)能楽.

Nost·al·gie [ノスタるギー nɔstalgí:] 囡 -/-n [..ギーエン] 《ふつう 単》ノスタルジー, 郷愁.

nost·al·gisch [ノスタるギッシュ nɔstálgɪʃ] 形 郷愁をそそる; 郷愁に駆られた.

not [ノート nó:t] 形 《成句的に》*not* sein 《雅》必要である.

► **not|tun**

*die **Not** [ノート nó:t] 囡 (単) -/(複) Nöte [ネーテ] (3格のみ Nöten) ① 《複なし》窮乏, 貧困, 困窮. (英 want). Wohnungs*not* 住宅難 / wirtschaftliche *Not* 経済的困窮 / *Not*⁴ lei-den 《雅》貧困に苦しんでいる / die *Not* lindern 困窮を軽減させる / *Not* macht erfinderisch. 《諺》必要は発明の母 / *Not* kennt kein Gebot. 《諺》背に腹は替えられぬ(←貧窮はおきてを知らない) / 人³ **aus** der *Not* helfen 人³を困窮から救ってやる / **in** *Not* geraten (leben) 困窮状態に陥る(暮らしに困っている) / In der *Not* frisst der Teufel auch Fliegen. 《諺》背に腹は替えられぬ(←窮すれば悪魔もはえを食べる).

② 《ふつう 単》苦境, 窮地. 人³ in der Stunde der *Not*² helfen 人³が苦境にあるときに手を差し伸べる / *Not* lehrt beten. 《諺》苦しいときの神頼み(←苦境は祈ることを教える) / **in** *Not* und Tod 《雅》どんな苦境にあっても. (☞ 関連語 Schmerz).

③ 《複なし》苦労, 悩み; 《ふつう 単》心配事. innere *Not* 心痛 / **mit** knapper *Not* やっと, かろうじて / **ohne** *Not* 苦もなく, 簡単に / die *Nöte* des Alltags 日々の心配事. ④ 《複なし》急迫, 必要. **aus** der *Not* eine Tugend⁴ machen 《比》災いを転じて福となす / **ohne** *Not* 《雅》必要もないのに / **zur** *Not* 必要とあれば, いざとなれば.

► **not-leidend**

no·ta·be·ne [ノタベーネ notabé:nə] [略] 副 ① 注意せよ(略: NB). ② ちなみに.

Not·an·ker [ノート・アンカァ] 男 -s/- 《海》予備錨; 《比》頼みの綱.

No·tar [ノタール notá:r] 男 -s/-e 公証人. (女性形: -in).

No·ta·ri·at [ノタリアート notariá:t] 囲 -[e]s/-e 公証人の職(役場).

no·ta·ri·ell [ノタリエる notariél] 形 《法》公証人が作成した, 公証人による.

Not⹀arzt [ノート・アールツト] 男 -es/..ärzte 救急医. (女性形: ..ärztin).

Not·arzt⹀wa·gen [ノートアールツト・ヴァーゲン] 男 -s/- 救急車.

Not⹀aus·gang [ノート・アオスガング] 男 -[e]s/..gänge 非常口.

Not⹀be·helf [ノート・べへるふ] 男 -[e]s/-e 応急策(手段), 臨時措置. als *Notbehelf* dienen 間に合わせとして役だつ.

Not⹀brem·se [ノート・ブレムゼ] 囡 -/-n (列車などの)非常ブレーキ.

Not⹀dienst [ノート・ディーンスト] 男 -es/-e (医師などの)救急勤務.

Not·durft [ノート・ドゥルふト nó:t-durft] 囡 -/ 《雅》① 用便. seine *Notdurft*⁴ verrichten 用便をする. ② 生きるために必須のもの.

not·dürf·tig [ノート・デュルふティヒ nó:t-dyrftɪç] 形 間に合わせの, 一時しのぎの; 乏しい, かろうじて足りる. 物⁴ *notdürftig* reparieren 物⁴を応急修理する.

die **No·te** [ノーテ nó:tə] 囡 (単) -/(複) -n ① 《音楽》音符. (英 note). Viertel*note* 4分音符 / eine ganze (halbe) *Note* 全(2分)音符 / *Noten*⁴ lesen 音符を読む.

② 《複なし》《音楽》楽譜. *Noten* von Mozart

モーツァルトの楽譜 / **nach** *Noten* **spielen** 楽譜を見ながら演奏する / **ohne** *Noten* **singen** 楽譜なしで(暗譜で)歌う.
③ (学校の)**評点**, 点数, 成績, 《スポ》ポイント. 《英》*grade*). eine gute *Note*⁴ **bekommen** 良い点をとる. ④ 《ふつう圈》《経》銀行券, 紙幣 (＝Bank*note*). ⑤ (外交上の)通牒(22ء3), 通告書, 覚え書き. *Noten*⁴ **wechseln** 覚え書きを交わす. ⑥ 《圈 なし》(特別な)調子, 色合い. 《英だ / **Hast du das** *nötig*? 君がそんなことを (＝*Notiz*). **Fuß***note* 脚注.

Nö·te [ネーテ] ＊**Not** (心配事)の圈.
No·te=**book** [ノート・ブック] 《英》田 -s/-s 《コンピ》ノートパソコン.
No·ten=**bank** [ノーテン・バンク] 囡 -/-en 発券銀行.
No·ten=**blatt** [ノーテン・ブらット] 田 -[e]s/..blätter (1 枚の)楽譜, 五線紙.
No·ten=**li·nie** [ノーテン・リーニエ] 囡 -/-n 《ふつう圈》《音楽》(5 本の)譜線.
No·ten=**pa·pier** [ノーテン・パピーァ] 田 -s/ 楽譜用紙, 五線紙.
No·ten=**pult** [ノーテン・プるト] 田 -[e]s/-e 譜面台.
No·ten=**schlüs·sel** [ノーテン・シュリュッセる] 男 -s/- 《音楽》音部記号(ɠ, ꝋ など).
No·ten=**stän·der** [ノーテン・シュテンダァ] 男 -s/- 譜面台 (＝Notenpult).
Not=**fall** [ノート・ふァる] 男 -[e]s/..fälle 緊急[の]事態, 非常事態. **bei** *Notfällen* **erste** (ま た **Erste**) **Hilfe**⁴ **leisten** 緊急事態に際し応急手当をする / **im** *Notfall* 緊急(万一)の場合に[は].
not=**falls** [ノート・ふァるス] 副 やむを得ない場合には.
not=**ge·drun·gen** [ノート・ゲドルンゲン] 副 やむを得ず, 必要に迫られて.
Not=**gro·schen** [ノート・グロッシェン] 男 -s/- 非常時に備えての貯金.
Not=**hel·fer** [ノート・へるふァァ] 男 -s/- ① (緊急の際の)救助者. (女性形: **-in**). ② 《カトッ》救護聖人.
Not=**hil·fe** [ノート・ヒるふェ] 囡 -/ 《法》緊急救助; 応急手当.
no·tie·ren [ノティーレン notí·rən] (notierte, *hat* ... notiert) **I** 他 (完了 **haben**) ① (物⁴を)**書き留める**, メモする; 《比》(物⁴に)気づく. **Du musst** [**dir**] **den Namen** *notieren*. 君はその名前をメモしておかなくては. ② 《経》(株など⁴に)値をつける.
II 圓 (完了 **haben**) 《経》(…の)値がついている. **Der Dollar** *notierte* **unter dem Vortagskurs**. ドルは前日の相場より値を下げていた.
no·tiert [ノティーァト] **notieren** (書き留める)の 過分. 3 人称単数・2 人称親称複数 **現在**.
no·tier·te [ノティーァテ] **notieren** (書き留める)の 過去.
No·tie·rung [ノティールング] 囡 -/-en ① 《圈 なし》記入, 記帳. ② 《音楽》記譜法. ③

《経》相場[付け], 時価の見積り.

＊**nö·tig** [ネーティヒ nó:tɪç] 形 **必要な**, なくてはならない. 《英》*necessary*). **die** *nötigen* **Mittel** 必要な資金 / **falls** *nötig* または **wenn** [**es**] *nötig* [**ist**] もし必要なら / **Es ist noch nicht** *nötig*, **Licht zu machen**. まだ明かりをつける必要はない / (人·物)⁴ *nötig* **haben** (人·物)⁴が必要である ⇒ **Er hat dich** (**Ruhe**) *nötig*. 彼には君(休養)が必要だ / **Hast du das** *nötig*? 君がそんなことをする必要はないよ / **Das wäre doch nicht** *nötig* **gewesen**. 《接 2・過去》(贈り物などをもらって:)こんなことをなさらなくてもよろしかったのに.

nö·ti·gen [ネーティゲン nó:tɪgən] (nötigte, *hat* ... genötigt) 他 (完了 **haben**) ① (人⁴ **zu** 物³ ～) (人⁴に物³をするように強要する, 無理じいする; (人⁴に物³をせざるをえないようにする. **Sie** *haben* **uns zum Bleiben** *genötigt*. 彼らは私たちを無理やり引き止めた / **Der Wetterumschlag** *nötigte* **die Bergsteiger zum Umkehren**. 天候の急変のため登山者たちは引き返さざるをえなかった / *Lassen* **Sie sich nicht** [**lange**] *nötigen*! ご遠慮なさらずに召しあがってください. ◇[**zu** 不定詞[句]とともに] **Er** *nötigte* **den Mann**, **das Papier zu unterschreiben**. 彼はその男に文書に署名するよう強要した. ◇[過去分詞の形で] **Schließlich sah sie sich**⁴ *genötigt*, **ihn zu mahnen**. ついに彼女は彼に警告せざるをえなかった.
② [方向を表す語句とともに] (人⁴に…に)ぜひ行くように勧める(命じる). (人)⁴ **auf einen Stuhl** *nötigen* (人)⁴にいすに座るようにしきりに勧める.
③ 《法》(脅迫して物⁴を)強いる.

nö·ti·gen=**falls** [ネーティゲン・ふァるス] 副 必要とあれば, やむを得ないときに.
nö·tig·te [ネーティヒテ] **nötigen** (強要する)の 過去.
Nö·ti·gung [ネーティグング] 囡 -/-en ① 《ふつう圈》《法》強要, 強迫. ② [圈 なし]《雅》やむにやまれぬ気持ち.

die **No·tiz** [ノティーツ notí·ts] 囡 (単) -/(複) -en ① 《ふつう圈》**メモ**, 覚え書き. 《英》*note*). **sich**³ *Notizen*⁴ **machen** メモをとる. ② 《ふつう圈》(新聞の)短い記事, 短報, 短評. ③ 《経》(株の)相場[をつけること]. ④ 《成句的に》*Notiz*⁴ **von** (人·物)³ **nehmen** (人·物)³に注意を払う.
No·tiz=**block** [ノティーツ・ブろック] 男 -[e]s/-s (または ..blöcke) はぎ取り式メモ帳.
No·tiz=**buch** [ノティーツ・ブーフ] 田 -[e]s/..bücher メモ帳, 備忘録, 雑記帳.
Not=**la·ge** [ノート・らーゲ] 囡 -/-n 苦境, 窮地. **sich**⁴ **in einer** *Notlage* **befinden** 苦境にある.
not=**lan·den** [ノート・らンデン nó:t-landən] 過分 **notgelandet**) 《交》**zu** 不定句 **notzulanden**) **I** 圓 (s) 不時着する. **II** 他 (h) (飛行機⁴を)不時着させる.
Not=**lan·dung** [ノート・らンドゥング] 囡 -/-en 緊急(不時)着陸.
not=**lei·dend, Not lei·dend** [ノート・らイデント] 形 貧困に苦しんでいる. **die** *notleiden-*

den Menschen 貧困に苦しむ人々

Not·lü·ge [ノート・リューゲ] 囡 -/-n やむを得ずにつく(方便の)うそ. zu einer *Notlüge* greifen やむを得ずうそをつく.

Not≈maß·nah·me [ノート・マースナーメ] 囡 -/-n 緊急措置, 応急手段.

no·to·risch [ノトーリッシュ] notó:rɪʃ] 厖 ① 悪評高い, 名うての, 札つきの. ein *notorischer* Lügner 札つきのうそつき. ② 周知の; 《法》裁判所が認知した.

Not≈ruf [ノート・ルーふ] 男 -[e]s/-e (電話・無線による)緊急呼び出し, 緊急通報; (電話の)緊急番号.

not·schlach·ten [ノート・シュラハテン] nó:tʃlaxtən] (過分 notgeschlachtet) 《㊀ zu 不定詞は notzuschlachten》 他 (h) (病気などで死にかかった家畜⁴を)緊急屠殺(きっ)する.

Not≈si·gnal [ノート・ズィグナール] 田 -s/-e 遭難(非常)信号, SOS.

Not≈sitz [ノート・ズィッツ] 男 -es/-e (バス・劇場などの)補助席.

Not≈stand [ノート・シュタント] 男 -[e]s/..stände ① (天災・戦争などによる)窮境, 危機. ② 《法》緊急事態, 非常事態. den *Notstand* erklären 非常事態を宣言する.

Not·stands≈ge·biet [ノートシュタンツ・ゲビート] 田 -[e]s/-e 非常事態発生(被災)地域.

Not·stands≈ge·setz [ノートシュタンツ・ゲゼッツ] 田 -es/-e 《ふつう 複》《法》緊急事態法.

Not≈un·ter·kunft [ノート・ウンタァクンふト] 囡 -/..künfte 避難[宿泊]所, 仮設住宅.

Not≈ver·band [ノート・フェアバント] 男 -[e]s/..bände 救急包帯, 仮包帯.

Not≈ver·ord·nung [ノート・フェアオルドヌング] 囡 -/-en 《法》緊急命令.

Not≈wehr [ノート・ヴェーア] 囡 -/ 《法》正当防衛.

not·wen·dig [ノート・ヴェンディヒ nó:tvɛndɪç または ..ヴェンディヒ] 厖 《㊀ necessary》 ① 必要な, 不可欠な. die *notwendigen* Maßnahmen⁴ treffen 必要な対策をとる / die für eine Arbeit *notwendige* Zeit ある仕事に必要な時間 / Es ist *notwendig*, dass du gehst. 君はぜひ行く必要がある / 人・物⁴ *notwendig* brauchen 人・物⁴をぜひとも必要とする. ② 必然的な, 当然の, 避けがたい. Das war die *notwendige* Folge. それは当然の結果だった / ein *notwendiges* Übel 必要悪 / Das musste *notwendig* misslingen. それは当然ながら失敗せざるをえなかった.

not·wen·di·ger≈wei·se [ノートヴェンディガァ・ヴァイゼ] 副 必然的に, 当然, どうしても.

die **Not·wen·dig·keit** [ノート・ヴェンディヒカイト nó:tvɛndɪçkaɪt または ..ヴェンディヒカイト] 囡 (単) -/(複) -en ① 《複なし》 必要性; 必然性. 《㊀ necessity》. die *Notwendigkeit* von Reformen 改革の必要性. ② 必要なもの(こと); 必然的なこと. Das Auto ist für ihn eine *Notwendigkeit*. 車は彼にとっては必需品だ.

Not≈zucht [ノート・ツフト] 囡 -/ 《法》強姦(ごうかん); 《婦女》暴行.

Nou·gat [ヌーガット nú:gat] 田 男 -s/(種類) -s ヌガー (=Nugat).

Nov. [ノヴェンバァ] 《略》 11月 (=November).

No·va·lis [ノヴァーリス nová:lɪs] 《人名》 ノヴァーリス(本名 Friedrich von Hardenberg 1772-1801; ドイツ・ロマン派の詩人).

die **No·vel·le** [ノヴェれ novélə] 囡 (単) -/(複) -n ① 《文学》 短編小説(特に緊密な構成を持つもの). 《㊀ short story》. 《㊀「長編小説」は Roman》. eine spannende *Novelle* 手に汗握る短編小説. ② 《政・法》改正法.

der **No·vem·ber** [ノヴェンバァ novémbər] 男 (単2) -[s]/(複) - (3格のみ -n) 《ふつう 単》 11月 (略: Nov.). 《㊀ 月名 ㊃ Monat》. ein nebliger *November* 霧の深い11月 / Anfang (Ende) *November* 11月初め(末に) / im *November* 11月に / Er ist seit *November* hier. 彼は11月からここにいる.

No·vi·tät [ノヴィテート novitɛ́:t] 囡 -/-en 新しいもの; 新刊[書], 新作, 新曲, ニューモード.

No·vi·ze [ノヴィーツェ nóvi:tsa] I 男 -n/-n ① 《カトリック》修練士. (女性形: Novizin). ② 《比》初心者. II 囡 -/-n 《カトリック》修練女.

No·vum [ノーヴム nó:vum] 田 -s/Nova 《ふつう 単》目新しいもの(こと); 新しい観点.

NPD [エン・ペー・デー] 囡 -/ 《略》 ドイツ国家民主党 (=Nationaldemokratische Partei Deutschlands).

Nr. [ヌンマァ] 《略》 ナンバー, 番 (=Nummer).

NS 《略》 ① [ナーハ・シュリふト] 追伸 (=Nachschrift). ② [エン・エス] 国民社会主義, ナチズム (=Nationalsozialismus).

NSDAP [エン・エス・デー・アー・ペー] 囡 -/ 《略》国民社会主義ドイツ労働者党(ナチ党の正式名称) (=Nationalsozialistische Deutsche Arbeiterpartei).

N. T. [ノイエス テスタメント または エン テー] 《略》新約聖書 (=Neues Testament).

nu [ヌー nú:] 副 《方・口語》 今[や] (=nun I).

Nu [ヌー] 男 《成句的に》 im *Nu* または in einem *Nu* 《口語》 即座に, あっという間に. Ich bin im *Nu* zurück! ぼくはすぐに戻って来るよ.

Nu·an·ce [ニュアーンセ nyã:sə] [ジス] 囡 -/-n ニュアンス, 陰影, 色合い. [um] eine *Nuance* ほんの少し, こころもち.

nu·an·cie·ren [ニュアンスィーレン nyãsí:rən] 他 (h) 《物⁴に》ニュアンスをつける. ◇《過去分詞の形で》 物⁴ *nuanciert* beschreiben 物⁴を微妙な違いが出るように描写する.

nüch·tern [ニュヒタァン nýçtərn] 厖 ① しらふの, 酔っていない. 《㊀ sober》. 《㊀「酔っ払った」は betrunken》. Der Fahrer war ganz *nüchtern*. そのドライバーはまったくしらふだった / wieder *nüchtern* werden 酔いがさめる. ② (起床後)何も食べていない, (胃が)空の.

die Tabletten⁴ morgens *nüchtern* ein|nehmen 錠剤を毎朝空腹時に服用する / auf *nüchternen* Magen すきっ腹に. ③ 冷静な, 客観的な; 事実に即した. 囲⁴ *nüchtern* beurteilen 囲⁴を冷静に判断する / eine *nüchterne* Darstellung 事実に即した叙述. ④ 味気ない; (部屋などが)飾り気のない, 殺風景な. ein *nüchterner* Raum 殺風景な部屋. ⑤《方》味の薄い.

Nüch·tern·heit [ニュヒタァンハイト] 囡 -/ ① しらふ; 空腹. ② 冷静さ; 客観性; 味気なさ.

nu·ckeln [ヌッケるン núkəln] **I** 圄 (h)《口語》《*an* 囲³ ~》(幼児などが囲³を)しゃぶる. **II** 他 (h)《口語》(飲み物⁴を)ちびりちびり飲む.

die **Nu·del** [ヌーデる núːdəl] 囡 (単) -/(複) -n ①《ふつう複》《料理》ヌードル, めん類.《愛 noodle》. Suppe mit *Nudeln* ヌードル入りのスープ. ② (家禽(ホェ)の肥育用の)棒状の練り餌(ミ). ③《ふつう形容詞とともに》《口語》やつ, 女. eine dicke *Nudel* おでぶさん.

nu·del·dick [ヌーデる・ディック] 形《口語》まるまる太った, でぶの.

Nu·del·holz [ヌーデる・ホるツ] 匣 -es/..hölzer めん棒.

nu·deln [ヌーデるン núːdəln] 他 (h) (がちょうなど⁴を棒状の練り餌(ミ)で)肥育する.

Nu·del·sup·pe [ヌーデる・ズッペ] 囡 -/-n ヌードル入りスープ.

Nu·dis·mus [ヌディスムス nudísmus] 男 -/ 裸体主義, ヌーディズム.

Nu·dist [ヌディスト nudíst] 男 -en/-en 裸体主義者, ヌーディスト.(女性形: -in).

Nu·gat [ヌーガット núːgat] 匣 -s/(種類:) -s ヌガー(くるみやアーモンド入りの糖菓).

nu·kle·ar [ヌクれアール nukleáːr] 形 ①《物》[原子]核の. *nukleare* Spaltung 核分裂 / *nukleare* Energie 核エネルギー. ② 核兵器に関する; 核兵器を保有する. ein *nuklearer* Krieg 核戦争 / *nukleare* Staaten 核保有国.

Nu·kle·ar·me·di·zin [ヌクれアール・メディツィーン] 囡 -/ 核医学.

Nu·kle·ar·waf·fe [ヌクれアール・ヴァッフェ] 囡 -/-n《ふつう複》核兵器.

Nu·kle·in·säu·re [ヌクれイーン・ゾイレ] 囡 -/-n (化) 核酸.

null [ヌる núl] **I** 数《基数: 無語尾で》ゼロ(0)[の].《愛 zero》. *null* Uhr 0 時 / *null* Komma drei Sekunden 0.3秒 / Das Spiel endete *null* zu *null*. その試合は零対零のまま終わった / *null* Fehler⁴ haben 間違いがまったくない / Das Thermometer zeigt *null* Grad (または steht auf *null*). 温度計は零度を指している / Die Temperatur sinkt **unter** *null*. 温度が氷点下になる / *null* und nichtig (法的に)無効の. ◆[成句的に] gleich *null* sein《口語》無に等しい / *null* Komma nichts《口語》まったく何も…ない(数字で0,0と書くことから) / **in** *null* Komma nichts《口語》あっという間に / die Stunde *null* ゼロ時, (特に第2次大戦後ドイツの)新たな出発

点.

II 形《無語尾で》(若者言葉:)[一つも]…ない(= kein). *null* Interesse⁴ haben まったく興味がない.

die **Null** [ヌる núl] 囡 (単) -/(複) -en ① ゼロ, 零; 零度.《愛 zero》. eine *Null*⁴ schreiben ゼロを一つ書く / eine Zahl mit drei *Nullen* ゼロが三つついた数. ②《口語》役たたず.

null·acht·fünf·zehn [ヌる・アハト・フュンフツェーン] 形《口語》ありきたりの, 変わりばえのない(ドイツ陸軍が1908年に採用した機関銃08/15の名から). ◇《名詞の前につけて大文字で》*Nullachtfünfzehn*-Film 月並みな映画.

Null·di·ät [ヌる・ディエート] 囡 -/《医》断食療法(水・ビタミン・ミネラルのみを摂取する).

Null·me·ri·di·an [ヌる・メリディアーン] 男 -s/《地理・天》零位子午線(英国グリニッジを通過する子午線).

Null·punkt [ヌる・プンクト] 男 -[e]s/-e (目盛りの)零点, 零度;《比》最低点(状態).

Null·ta·rif [ヌる・タリーふ] 男 -s/-e 無料(優待)乗車(入場). **zum** *Nulltarif* 無料で.

Null·wachs·tum [ヌる・ヴァクストゥーム] 匣 -s/ (経済)ゼロ成長.

Nu·me·ra·le [ヌメラーれ numerάːlə] 匣 -s/..ralien [..ラーリエン](または ..ralia)《言》数詞.

nu·me·rie·ren [ヌメリーレン] nummerieren の古い形.

Nu·me·rie·rung [ヌメリールング] Nummerierung の古い形.

nu·me·risch [ヌメーリッシュ numéːrɪʃ] 形 数[字]の, 数の上での; 数値を用いた;《コンピ》数字だけからなる(データなど).

Nu·me·rus [ヌーメルス núːmerus または ヌメ..núːme..] 男 -/..meri (..meri)①《言》(単数・複数の)数. ②《数》(対数に対して:)真数.

Nu·me·rus clau·sus [ヌーメルス クらオズス núːmerus kláuzus または ヌメ.. núːme..]《ラテ》男 -/ (大学などの)入学者数制限(入学希望者の数が定員を上回る際に, ギムナジウム卒業試験の成績などによって入学者を制限すること).

Nu·mis·ma·tik [ヌミスマーティク numismάːtɪk] 囡 -/ 貨幣学, 古銭学(= Münzkunde).

die **Num·mer** [ヌンマァ númər]

| 番号 | Welche *Nummer* haben Sie? ヴェるヒェ ヌンマァ ハーベン ズィー あなたの番号(サイズ)はいくらですか. |

囡 (単) -/(複) -n ① 番号, ナンバー; (雑誌などの)号数(略: Nr.).《愛 number》. eine hohe (niedrige) *Nummer* 数の大きい(小さい)番号 / die *Nummer* 35 07 46 wählen 35 07 46 の番号をダイヤルする / die laufende *Nummer* a)通し番号, b) (雑誌などの)最新号 / Fichtestraße *Nummer* 12 フィヒテ通り12番地 / ein Wagen mit Münchner *Nummer* ミュンヒェ

ン・ナンバーの車 / **Ich wohne im zweiten Stock,** *Nummer* **sieben.** 私は3階の7号室に住んでいます / **Ich bin unter dieser** *Nummer* **zu erreichen.** 私の所へはこの番号で電話が通じます / **Er hat eine gute** (または **große)** *Nummer* **bei meinem Chef.** 《口語》彼は私の上役に受けがよい / [**nur**] **eine** *Nummer* **sein** 個人として扱ってもらえない(←番号の一つにすぎない) / *Nummer* **eins** 《口語》ナンバーワン, トップ / **auf** *Nummer* **Sicher** (または **sicher) sein (gehen)** 《口語》刑務所に入っている(安全策をとる).
② (靴・帽子・服などの)サイズ, 号数. **eine kleine** *Nummer* 小さいサイズ / **Haben Sie die Schuhe eine** *Nummer* **größer?** この靴のもう一サイズ大きいのはありますか. ③ (寄席などの)出し物, 演目; 《口語》(軽音楽などの)曲目. ④ 《口語》やつ. **eine komische** *Nummer* おかしなやつ. ⑤ 《俗》セックス.

> メモ ..**nummer** のいろいろ: **Autonummer** 自動車ナンバー / **Hausnummer** 家屋番号, 番地 / **Kontonummer** 口座番号 / **Schuhnummer** 靴のサイズ番号 / **Telefonnummer** 電話番号 / **Zimmernummer** ルームナンバー

num·me·rie·ren [ヌメリーレン numəríːrən] 他(h) (圖⁴に)[通し]番号を付ける. **Seiten⁴** *nummerieren* ページにナンバーを付ける.

Num·me·rie·rung [ヌメリールング] 囡 -/-en [通し]番号を付けること, ナンバリング.

Num·mern⸗kon·to [ヌムマァン・コントー] 匣 -s/..konten 《経》無記名銀行口座.

Num·mern⸗schei·be [ヌムマァン・シャイベ] 囡 -/-n (電話の円形)ダイヤル.

Num·mern⸗schild [ヌムマァン・シルト] 匣 -[e]s/-er (自動車などの)ナンバープレート.

＊nun [ヌーン núːn]

> 今; さて *Nun* **muss ich gehen.**
> ヌーン ムス イヒ ゲーエン
> 私はもう行かなくては.

I 副 **A)** ① 今, 今や[もう], 今度は. (英 *now*). *Nun* **bist du an der Reihe.** 今度は君の番だ / *nun*, **wo** (雅: **da) sie krank ist ...** 彼女が病気である今は… / **von** *nun* **an** 今から, 今後 / *nun* **und nimmer[mehr]** 決して…ない. (☞ 類語) **jetzt).**
② 今となっては, こうなった今は. **Du darfst** *nun* **nicht länger zögern.** 今となっては君はためらってなんかいられないぞ / **Was** *nun*? で, 次はどうする / *Nun* **gerade!** さていよいよだ.
③ そうこうするうちに. **Die Wirtschaftslage hat sich** *nun* **stabilisiert.** 経済状態はそうこうするうちに安定した.
④ (昔と比べて)今日[で]は, 現在は. **Vor Jahren ein kleines Mädchen,** *nun* **eine schöne Braut!** 数年前まで小さな女の子だったのに, 今はきれいな花嫁さんか.
B) 《文頭で; 文中でのアクセントあり》《軽い疑問・慰め・催促・譲歩などを表して》ところで, まあ, さあ (=**also**). *Nun*, **wie geht's?** ところで調子はどうだい / *Nun*, *nun*! (なだめて:)まあまあ / *Nun* **denn!** さあやろう(始めよう) / *Nun* **gut** (または **schön)!** まあよかろう / *Nun* **ja.** まあいいや / *Nun* **meinetwegen!** まあ私は別にかまわないよ.
C) 《文中でのアクセントなし》① 《話を続けるときに》さて, ところで. **Als sie** *nun* **in Kyoto ankam, ...** さて彼女が京都に着いてみると… / *Nun* **muss ich hinzufügen, dass ...** ところで私は…と申し添えなければなりません.
② 《期待に反して》しかしながら (=**aber**). **Inzwischen hat sich** *nun* **herausgestellt, dass ...** しかしながらそうこうするうち…ということが明らかになった.
③ 《疑問文で》《否定の答えを期待して》もしかして(ひょっとして)..., ともいうのか (=**vielleicht**). **Halten Sie das** *nun* **für richtig?** もしかしてあなたはそれが正しいとでも思っているのですか.
④ 《ふつう *nun* **[ein]mal** の形で》《事実は変えようがないときらめて》とにかく, なんといっても (=**eben**). **Es ist** *nun* **[ein]mal so.** 事実そうなのだ[から仕方がない].
⑤ 《先行する **da** とともに》《当惑・あきらめなどを表して》…してしまったもの. **Da habe ich mich** *nun* **geplagt, und es war umsonst.** 私は努力はしてみたもののむだだった.
⑥ 《失望・いらだち・悔恨などを表して》いったい, はてさて (=**denn**). **Was war** *nun* **eigentlich mit dir los?** 君はいったいどうなっていたんだ.
II 腰 《従属接続詞; 動詞の人称変化形は文末》《雅》① …した今は, …であるからには. *Nun* **du A gesagt hast, musst du auch B sagen.** 言い出しっぺの責任だ(←君は A を言ったからには B も言わねばならない). ② …したとき (=**als**).

nun⸗mehr [ヌーン・メーァ] 副 《雅》今や; 今後, これから.

Nun·ti·us [ヌンツィウス núntsius] 男 -/..tien [..ツィエン] ローマ教皇大使.

＊nur [ヌーァ núːr]

> ただ…だけ
> **Das kostet** *nur* **fünf Euro.**
> ダス コステット ヌーァ フュンフ オイロ
> それはたった5ユーロです.

副 (英 *only*) **A)** ① ただ…だけ. **Wir bleiben hier** *nur* **zwei Tage.** 私たちは2日間だけここにいます / **Ich habe** *nur* [**noch**] **fünf Euro.** 私はもう5ユーロしか持っていない / **Ich bin nicht krank,** *nur* **müde.** 私は病気ではない, ただ疲れているだけだ / **nicht** *nur* **A, sondern auch B** A だけでなく B もまた ⇒ **Sie ist nicht** *nur* **hübsch, sondern auch begabt.** 彼女はかわいいだけでなく, 才能もある / **Er braucht es** *nur* **zu sagen.** 彼はそれを言いさえすればいいのだ / *nur* **so** 《口語》① ただなんとなく, ② ひどく ⇒ **Ich habe das einfach** *nur* **so gesagt.** 私はただなんとなくそう言ってみただけだ / **Es regne-**

te *nur so*. どしゃ降りの雨だった.
② 〘接続詞的に用いて前文の内容を限定して〙ただし. Sie ist ganz schön, *nur* müsste sie etwas netter sein. 〘接2・現在〙彼女は見た目はいい, ただもう少し親切にしてくれないとね.
◊〘*nur dass*… の形で〙ただし…ではあるが. Das Zimmer war schön, *nur dass* die Dusche fehlte. 部屋はすばらしかった, ただシャワーはなかったが.
B) 〘ふつう文中でのアクセントなし〙① 〘命令文で〙さあ, どうか, ぜひ. *Nur* Mut! さあ勇気を出して / *Nur mit* der Ruhe! まあ落ち着いて / Komm *nur* herein! どうぞお入り.
② 〘願望文で〙せめて…なら. Wenn er *nur* käme! 〘接2・現在〙彼が来てくれるといいのだが.
③ およそ…かぎり. Ich helfe ihm, sooft ich *nur* kann. 私はできるかぎり彼を助けます.
④ 〘疑問文で〙いったい, そもそも. Wo bleibt er *nur*? 彼はいったいどこにいるのだろう.
⑤ 〘譲歩文で〙…するがいい. Er mag *nur* kommen! 彼が来たってかまわないさ / Lass ihn *nur* machen! 彼に勝手にやらせておけ.
⑥ 〘*nur noch*+比較級の形で〙いっそう[…な]. Er wurde *nur* noch wütender. 彼はますます怒り狂った.
⑦ 〘*nur zu*+形容詞の形で〙あまりにも[…な]. Sie weiß es *nur* zu gut. 彼女はそれをあまりにも知りすぎている.

Nürn·berg [ニュルン・ベルク nýrn-bɛrk] 囲 -s/ 〘都市名〙ニュルンベルク(ドイツ, バイエルン州. 14世紀ごろから商業都市として栄えた. 1945–1946年ニュルンベルク裁判が行われた. ⇨〘地図〙E-4).

Nürn·ber·ger [ニュルン・ベルガァ nýrn-bɛr-gər] I 囲 -s/– ニュルンベルクの市民(出身者). (女性形: –in). II 囡 –/– ニュルンベルガーソーセージ. III 厖 〘無語尾型〙ニュルンベルクの. die *Nürnberger* Prozesse ニュルンベルク裁判.

nu·scheln [ヌッシェルン núʃəln] 圓 (h) 〘口語〙不明瞭(めいりょう)にものを言う, もぐもぐ言う. in seinem Bart *nuscheln* (ひげの中で)もぐもぐ言う. (⇨ひげのない人にも使う).

die **Nuss** [ヌス nús] 囡 (単) –/(複) Nüsse [ニュッセ] (3格のみ Nüssen) ① 〘植〙(堅い殻の)木の実, ナッツ, (特に:)クルミ. (英 *nut*). eine leere *Nuss* 中が空のくるみ / *Nüsse*⁴ knacken くるみを割る / Das ist eine harte *Nuss*. 〘口語〙これは難問[だ(←堅いくるみだ)] / 囚³ eine harte *Nuss*⁴ zu knacken geben 〘口語〙囚³に難題を課する / eine taube *Nuss* 〘比〙価値のないもの(←中が空のくるみ).
② 〘形容詞とともに〙 〘ののしって:〙やつ. Du blöde *Nuss*! ばか野郎. ③ 〘料理〙(牛などのもも)肉. ④ 〘狩〙雌獣の外陰部. ⑤ 〘成句的に〙 囚³ eins⁴ auf die *Nuss* geben 〘俗〙囚³の頭をごつんとなぐる.

  〘⇨〙..nuss のいろいろ: **Erdnuss** ピーナッツ / **Haselnuss** ヘーゼルナッツ / **Kokosnuss** ココナッツ / **Walnuss** クルミ

Nuss⇗baum [ヌス・バオム] 圐 –[e]s/..bäume くるみの木; 〘複なし〙くるみ材.

Nüs·se [ニュッセ] Nuss (クルミ)の 複

Nuss⇗kna·cker [ヌス・クナッカァ] 圐 –s/– くるみ割り器; くるみ割り人形.

Nuss⇗scha·le [ヌス・シャーレ] 囡 –/–n くるみの殻; 〘比〙(皮肉って:)とても小さいボート.

Nüs·ter [ニュスタァ nýstɐr] 囡 –/–n 〘ふつう 複〙(特に馬の)鼻孔.

Nut [ヌート nú:t] 囡 –/–en 〘工〙(木・金属などに彫った接合用の)細長い溝.

Nu·te [ヌーテ nú:tə] 囡 –/–n = Nut

Nu·tria [ヌートリア nú:tria] I 囡 –/–s 〘動〙ヌートリア. II 圐 –s/–s ヌートリアの毛皮[のコート].

Nut·te [ヌッテ nútə] 囡 –/–n 〘俗〙売春婦, 娼婦(しょうふ). (= Dirne).

Nutz [ヌッツ núts] 圐 –s/ 〘古〙= Nutzen
  ► **zu⇗nutze**

Nutz⇗an·wen·dung [ヌッツ・アンヴェンドゥング] 囡 –/–en (理論などの)利用, 応用.

nutz·bar [ヌッツバール] 厖 利用できる, 有用(有益)な. 圕⁴ 〘für 囚⁴〙*nutzbar* machen 囝⁴を〘囚⁴のために〙利用する(実用化する).

Nutz·bar·keit [ヌッツバールカイト] 囡 –/ 利用できること, 有用[性], 有益.

Nutz·bar⇗ma·chung [ヌッツバール・マッフング] 囡 –/–en 〘ふつう 単〙利用, 活用.

nutz⇗brin·gend [ヌッツ・ブリンゲント] 厖 有用な, 役にたつ, 利益のある. 圕⁴ *nutzbringend* verwenden 圕⁴を有効に利用する.

nüt·ze [ニュッツェ nýtsə] 厖 〘成句的に〙[zu] 圕³ *nütze* sein 圕³の役にたつ. Er ist [zu] nichts *nütze*. 彼は何の役にもたたない.

Nutz⇗ef·fekt [ヌッツ・エふェクト] 圐 –[e]s/–e 効率.

nut·zen [ヌッツェン nútsən] du nutzt (nutzte, hat ... genutzt) 圓 (h)・囮 (h) 〘北ドイツ〙= nützen

der **Nut·zen** [ヌッツェン nútsən] 圐 (単2) –s/ 利益, 有益, 効用. (英 *profit*). allgemeiner *Nutzen* 公益 / *Nutzen*⁴ bringen 利益をもたらす / **aus** 圕³ *Nutzen*⁴ ziehen a) 圕³から利益を得る, b) 圕³で得をする / **von** 圕³ *Nutzen*⁴ haben 圕³で得をする / Es wäre von *Nutzen*, wenn du dabei wär[e]st. 〘接2・現在〙もし君がいてくれれば助かるのだが.

nüt·zen [ニュッツェン nýtsən] du nützt (nützte, hat ... genützt) I 圓 (完了 haben) 〘南ドイツ・オリカ・スイス〙役にたつ, 効果がある. (英 *be of use*). Wozu *nützt* das? それは何の役にたつの? / Das Buch *nützt* dir. その本は君の役にたつよ / Seine Hilfe *hat* mir viel (nichts) *genützt*. 彼の手助けは私に大いに役だった(何も役だたなかった) / Das Medikament *nützt* **bei** Krebs (または **gegen** Krebs). この薬は癌(がん)に効く.
II 囮 (完了 haben) 〘南ドイツ・オリカ・スイス〙利用する, 役だてる. (英 *use*). Er *nützt* jede Gelegenheit. 彼はあらゆる機会を利用する / die Sonnenenergie⁴ **zur** Stromerzeugung *nützen* 太

陽エネルギーを発電に利用する.
Nutz·fahr·zeug [ヌッツ・ふァールツォイク] 田 -[e]s/-e 《交通》輸送用車両(バス・トラックなど).
Nutz=flä·che [ヌッツ・ふれッヒェ] 囡 -/-n (土地の)利用面積; 有効床面積.
Nutz=gar·ten [ヌッツ・ガルテン] 男 -s/..gär·ten (果樹・野菜などを植える)実用園.
Nutz=holz [ヌッツ・ホるツ] 田 -es/..hölzer 《林》実用材, 《建築》用材.
Nutz=last [ヌッツ・らスト] 囡 -/-en (トラックなどの)積載重量, 実荷重.
Nutz=leis·tung [ヌッツ・らイストゥング] 囡 -/-en (工)有効出力(動力).
nütz·lich [ニュッツりヒ nýtsliç] 形 役にたつ, 有益な, 有用な. (反 useful). (⇔「有害な」は schädlich). *nützliche* Pflanzen 有用植物 / 人³ [bei 事³] *nützlich* sein [人³の際に]人³の役にたつ ⇒ Er war mir bei dieser Arbeit sehr *nützlich*. 彼はこの仕事でたいそう私を助けてくれた / sich⁴ *nützlich* [bei 人・事³] machen [人・事³に]役だつことをする. ◇《名詞的に》das Angenehme⁴ mit dem *Nützlichen* verbinden 趣味と実益を結びつける.
Nütz·lich·keit [ニュッツりヒカイト] 囡 -/ 役にたつこと, 有益, 有用[性].
nutz=los [ヌッツ・ろース núts-lo:s] 形 役にたたない, 無益な, 無用な. (反 useless). *nutzlose* Dinge 役にたたない物 / *nutzlose* Bemühungen むだな努力 / Es ist *nutzlos*, das zu probieren. そんなことをやってみてもむだだよ.
Nutz=lo·sig·keit [ヌッツ・ローズィヒカイト] 囡 -/ 無益, 無用, むだ[なこと].
Nutz=nie·ßer [ヌッツ・ニーサァ] 男 -s/- 利益(恩恵)を受ける(うまい汁を吸う)人.(女性形: -in).
Nutz=nie·ßung [ヌッツ・ニースング] 囡 -/-en 《雅》受益, 利用; 《覆 なし》《法》用益権.
Nutz=pflan·ze [ヌッツ・プふランツェ] 囡 -/-n (食料・餌(ᅩ))などとして役にたつ)有用植物.
nutz·te [ヌッツテ] nutzen (役にたつ)の 過去
nütz·te [ニュッツテ] nützen (役にたつ)の 過去
Nut·zung [ヌッツング] 囡 -/-en 《ふつう 単》利用, 使用.
NW [ノルト・ヴェスト または ノルト・ヴェステン] 《略》北西(＝Nordwest[en]).
Ny·lon [ナイろン náɪlɔn] 田 -s/-s ① 《覆 なし》《商標》ナイロン. ② 《覆 で》《口語》ナイロン製のストッキング.
Nym·phe [ニュムふェ nýmfə] I 囡 -/-n 《ギりシァ神・ローマ神》ニンフ(泉・水辺・木立などに住む若い女性の姿をした妖精). II 囡 -/-n 《動》若虫(ᅩ).
Nym·pho·ma·nie [ニュムふォマニー nʏmfomaní:] 囡 -/ 《医・心》女子色情症.
Nym·pho·ma·nin [ニュムふォマーニン nʏmfomá:nɪn] 囡 -/..ninnen 《医・心》色情症の女性.

O o

o, O[^1] [オー óː] 中 –/– オー(ドイツ語アルファベットの第 15 字).

o! [オー] 間 (驚き・喜び・苦痛・非難などを表して:) おお, ああ, おや, まあ. *O* Vater! ああ, お父さん / *O* doch! (否定を否定して:) いやどうしてどうして, それどころか / *O* ja! そうだとも, もちろんさ / *O* nein! いえ違います, そんなことがあるものか / *O* weh! おお痛い, ああ悲しい(つらい).

O[^2] ① [オスト または オステン] 《略》東 (= **Ost[en]**). ② [オー] 《化・記号》酸素 (= **Oxygenium**).

o. 《略》① [オーベン] 上[方]に (= **oben**). ② [オーダァ] または (= **oder**). ③ [オーネ] …なしの (= **ohne**).

ö, Ö [エー óː] 中 –/– o, O の変音(オー・ウムラウト).

o. ä. [オーダァ エーンリヒ] 《略》等々の, その他同様の (= **oder ähnlich**).

o. Ä. [オーダァ エーンリヒェ[ス]] 《略》等々, その他同様のもの (= **oder Ähnliche[s]**).

Oa·se [オアーゼ oáːzə] 女 –/–n オアシス(砂漠の中の水のある緑地);《比》憩いの場.

*ob[^1] [オップ óp]

> …かどうか
> Ich weiß nicht, *ob* er kommt.
> イヒ ヴァイス ニヒト オップ エア コムト
> 彼が来るかどうか私は知らない.

圏 《従属接続詞; 動詞の人称変化形は文末》① 《間接疑問文を導いて》**…かどうか**. (英 *if*). Frag ihn, *ob* er zum Essen kommt! 彼が食事に来るかどうか彼に聞きなさい / Wissen Sie, *ob* … …かどうかご存じですか.

◇《主文を省略して》…だろうか. *Ob* er wohl noch krank ist? 彼はまだ病気なのだろうか.

◇《**und** *ob* … の形で》もちろん …. Kennst du ihn? — Und *ob* ich ihn kenne! 君は彼を知っているのか — もちろん知ってるさ(←ぼくが彼を知っているかだって!) / Kommst du mit? — Und *ob*! いっしょに来るかい — もちろんさ.

② 《**als** *ob* … の形で》あたかも…のように. (英 *as if*). Er tut, als *ob* er alles schon wüsste. 《接続法現在》彼はもう何でも知っているかのようなふりをする.

③ 《*ob* A, *ob* (または **oder**) B の形で》A であろうと B であろうと. *ob* arm, *ob* reich 貧しかろうが金持ちであろうが / *Ob* er nun kommt oder nicht, wir müssen jetzt anfangen. 彼が来ようが来まいが, われわれはもう始めなければならない.

④ 《**auch, gleich** などとともに》…ではあるが, たとえ…でも. *Ob* auch alle gegen ihn waren, er setzte sich doch durch. みんな彼に反対したが, 彼は自分の意志を通した.

ob[^2] [オップ] 前 ① 《2 格(まれに 3 格)とともに》《雅》…のゆえに, …のために (= **wegen**). *ob* dieses Vorfalls この出来事のために. ② 《3 格とともに》(ぱら)《古》…の上方の. (注意 現在では地名でのみ用いられる). Rothenburg *ob* der Tauber ローテンブルク・オプ・デァ・タウバー(タウバー河畔の丘の上にあるローテンブルク).

o. B. [オー ベー] 《略》(医者の診断で:) 所見(異常)なし (= **ohne Befund**).

Ob·acht [オーバハト óːbaxt] 女 –/ 《南ドイツ》注意, 用心 (= **Vorsicht, Achtung**). **auf** 人・物[^4] *Obacht*[^4] **geben** 人・物[^4] に注意を払う.

ÖBB [エー・ベー・ベー] 《略》オーストリア連邦鉄道 (= **Österreichische Bundesbahnen**).

Ob·dach [オップ・ダッハ] 中 –[e]s/ 《官庁》(一時的な)宿, 宿泊所. *Obdach*[^4] **suchen** 宿を探す / 人[^3] *Obdach*[^4] **geben** (または **gewähren**) 人[^3] を泊めてやる.

ob·dach≠los [オップダッハ・ロース] 形 住む家を失った, 宿なしの.

Ob·dach≠lo·se[r] [オップダッハ・ローゼ (..ザァ)] 男 女 《語尾変化は形容詞と同じ》住む家を失った人; ホームレス, 路上生活者.

Ob·duk·ti·on [オプドゥクツィオーン opduktsióːn] 女 –/–en 《医》死体解剖, 剖検.

ob·du·zie·ren [オプドゥツィーレン opdutsíːrən] 他 (h) 《医》(死体[^4] を)解剖する, 剖検する.

O-Bei·ne [オー・バイネ] 複 《口語》O 脚.

o-bei·nig, O-bei·nig [オー・バイニヒ] 形 《口語》O 脚の, がにまたの.

Obe·lisk [オベリスク obelísk] 男 –en/–en 《建》オベリスク, 方尖(ほうせん)塔.

*oben [オーベン óːbən]

> 上に Das Buch liegt *oben* links.
> ダス ブーフ リークト オーベン リンクス
> その本は上の方の左側にある.

副 (英 *above*) ① **上に**, 上の方に; 階上に; 表[面]に. (注意「下に」は **unten**). hoch *oben* はるか上方に / *oben* rechts または rechts *oben* 右上に / *oben* im Schrank 戸棚の上段に / *oben* schwimmen 表面に浮いている / **nach (von)** *oben* 上方へ(上方から) / von *oben* bis unten 徹底的に(←上から下まで) / von *oben* herab 《比》見下したように, いばって / *oben* ohne 《口語・戯》トップレスで / Wer wohnt *oben*? 上の階にはだれが住んでいますか / Ich weiß nicht mehr, wo (または was) *oben* und unten ist. 《口語・比》私にはもう何が何だかわからない(←どこ

が上か下か).

② 《口語》北の方(地図の上の方)に. Bist du auch von da *oben*? 君も北国の出身かい / *Oben* ist das Klima rauer. 北の方は気候がもっと暖しい.

③ 《口語》(社会的・地位的な)上層部で. Der Befehl kam von *oben*. その命令は上層部から下りて来たものだ / die da *oben* 御上(ホボ), お偉方 / nach *oben* buckeln und nach unten treten 上にへつらい下にいばる.

④ (書物・談話などの)前(上)の箇所で. siehe *oben* 上記参照(略: s. o.).

▶ oben⹀erwähnt, oben⹀genannt, oben⹀stehend

oben⹀an [オーベン・アン] 副 いちばん上に, 上端に; 上座に; 最上位に. Sein Name steht ganz *obenan*. 彼の名前が真っ先に書いてある.

oben⹀auf [オーベン・アオフ] 副 ① いちばん上に(へ). ② 元気に, 上機嫌で; 自信満々で. wieder *obenauf* sein 元気(自信)を取り戻す.

oben⹀drauf [オーベン・ドラオフ] 副 いちばん上に(へ).

oben⹀drein [オーベン・ドライン] 副 その上, おまけに.

oben⹀er·wähnt, oben er·wähnt [オーベン・エァヴェーント] 形 前述の, 上述の, 上記の.

oben⹀ge·nannt, oben ge·nannt [オーベン・ゲナント] 形 =obenerwähnt

oben⹀hin [オーベン・ヒン] 副 うわべだけ, 通りいっぺんに, ぞんざいに; ついでに.

oben⹀hin·aus [オーベン・ヒナオス] 副 〖成句的に〗 *obenhinaus* wollen 高望みする.

oben⹀ste·hend, oben ste·hend [オーベン・シュテーエント] 形 =obenerwähnt

ober [オーバァ óːbər] 形 (比較 なし, 最上 oberst) 〖付加語としてのみ〗① 上の, 上方の, 上部の. (反 upper). (反 「下の」は unter). der *obere* Rhein ライン川の上流 / Mein Zimmer liegt im *oberen* Stock. 私の部屋は上の階にあります. ② (社会的に)上層の, 上流の; 高学年の. die *oberen* Schichten der Gesellschaft² 社会の上流階級.

*der **Ober** [オーバァ óːbər] 男 (単2) -s/(複) -(3 格のみ -n) ① (レストランの)ウェーター, ボーイ (=Kellner). (反 *waiter*). Herr *Ober*, bitte zahlen! ボーイさん, ご勘定! (反 本来は Oberkellner (ボーイ長)を指した;「ウェートレス」は Kellnerin). ② (ドイツ式トランプの)クイーン.

ober.., Ober.. [オーバァ.. óːbər..] 〖形容詞・名詞につける 接頭〗① 〖大・非常に〗 例: *Ober*idiot 大ばか / *ober*faul ひどくいかがわしい. ② 〖上部・長〗 例: *Ober*italien 上部イタリア / *Ober*arzt 医長.

Ober·am·mer·gau [オーバァ・アンマガオ oːbər-ámərgau] 中 -s/《都市名》オーバーアンマーガウ(ドイツ, バイエルン州. 1634 年以来町民によって 10 年おきにキリスト受難劇が上演されることで名高い: 🕮 地図 E-5).

Ober·arm [オーバァ・アルム] 男 -[e]s/-e 上腕, 二の腕.

Ober·arzt [オーバァ・アールツト] 男 -es/..ärzte 医長, (各科の)主任医. (女性形: ..ärztin).

Ober⹀bau [オーバァ・バオ] 男 -[e]s/-ten ① (建築物の)地上の部分. ② (道路工事で:) 路面;《鉄道》路盤, 軌道.

Ober·bay·ern [オーバァ・バイァァン óːbər-baiərn] 中 -s/《地名》オーバーバイエルン(ドイツ, バイエルン州の南部地域).

Ober⹀be·fehl [オーバァ・ベフェール] 男 -[e]s/-《軍》最高指揮権.

Ober⹀be·fehls·ha·ber [オーバァベフェールス・ハーバァ] 男 -s/-《軍》総司令(最高指揮)官. (女性形: -in).

Ober⹀be·griff [オーバァ・ベグリフ] 男 -[e]s/-e 上位概念.

Ober⹀be·klei·dung [オーバァ・ベクらイドゥング] 女 -/-en (下着の上に着る)衣服.

Ober⹀bett [オーバァ・ベット] 中 -[e]s/-en 掛け布団.

Ober⹀bür·ger·meis·ter [オーバァ・ビュルガァマイスタァ] 男 -s/- (大都市の)市長, 上級市長. (女性形: -in).

Ober⹀deck [オーバァ・デック] 中 -[e]s/-s ①《海》上甲板. ② (2 階建てバスの)2 階.

ober·deutsch [オーバァ・ドイチュ] 形《言》上部ドイツ語の, ドイツ南部・オーストリア・スイスの方言の.

ober·faul [オーバァ・ファオる] 形《口語》ひどくいかがわしい, 非常にあやしげな.

die **Ober⹀flä·che** [オーバァ・ふれッヒェ óːbər-flɛça] 女 (単) -/(複) -n 表面, 表層; 《比》うわべ. (反 *surface*). eine glatte *Oberfläche* なめらかな表面 / die *Oberfläche* der Erde² 地表 / an die *Oberfläche* kommen 水面に浮かんで来る / an der *Oberfläche* bleiben 《比》 (話・考えなどが)核心に触れない(←表面にとどまる) / Fett schwimmt auf der *Oberfläche*. 表面に脂が浮いている.

Ober·flä·chen⹀span·nung [オーバァふれッヒェン・シュパヌング] 女 -/-en 表面張力.

ober·fläch·lich [オーバァ・ふれヒトりヒ óːbər-flɛçlɪç] 形 (反 *superficial*) ① (皮膚などの)表面の, 表層の. Die Wunde ist nur *oberflächlich*. その傷はほんのかすり傷だ. ②《比》表面的な, うわべだけの(観察など); 浅薄な, 深みのない. ein *oberflächlicher* Mensch うすっぺらな人間 / 図⁴ nur *oberflächlich* ansehen 図⁴の表面しか見ない.

ober⹀gä·rig [オーバァ・ゲーリヒ] 形 上面発酵の. (反「下面発酵の」は untergärig)

Ober⹀ge·schoss [オーバァ・ゲショス] 中 -es/-e 上階(建物の 2 階以上). zweites *Obergeschoss* 3 階.

ober⹀halb [オーバァ・ハるプ óːbər-halp] **I** 前 〖2 格とともに〗 …の上方に, …の上手(ホং)に. (反 「…の下方に」は unterhalb). *oberhalb* der Tür ドアの上のところに / Manebach liegt *oberhalb* Ilmenau[s]. マーネバッハはイルメナウ

市の上流にあります.
II 圖 上の方に, …より北側に. weiter *oberhalb* さらに上の方に. ◇《**von** とともに》Das Schloss liegt *oberhalb* von Heidelberg. 城はハイデルベルクの街を見下ろす位置にある / *oberhalb* von Straßburg シュトラースブルクの北側に.

Ober≈hand [オーバァ・ハント] 囡《成句的に》die *Oberhand*⁴ gewinnen (haben) 優位に立つ(優勢である).

Ober≈haupt [オーバァ・ハオプト] 囲 -[e]s/..häupter《雅》首長, 頭(˚ã).

Ober≈haus [オーバァ・ハオス] 囲 -es/..häuser《政》(議会の)上院; (イギリスの)貴族院.《参考》「下院」は Unterhaus).

Ober≈haut [オーバァ・ハオト] 囡 -/《医・生》表皮, 上皮.

Ober≈hemd [オーバァ・ヘムト] 囲 -[e]s/-en ワイシャツ, カッターシャツ.

Ober≈herr•schaft [オーバァ・ヘルシャふト] 囡 -/ 主権, 統治権.

Obe•rin [オーベリン óːbərın] 囡 -/..rinnen ① (女性の)看護師長. ② 尼僧院長.

ober≈ir•disch [オーバァ・イルディッシュ] 形 地上の, 上方に出ている(導管など).

Ober≈kell•ner [オーバァ・ケルナァ] 囲 -s/- ボーイ長, 給仕長.《女性形: -in》.

Ober≈kie•fer [オーバァ・キーふァァ] 囲 -s/-《医》上あご, 上顎(ˆ˚).

Ober≈kom•man•do [オーバァ・コマンド] 囲 -s/-s《軍》① 《圈 なし》最高指揮権. ② 最高司令部.

Ober≈kör•per [オーバァ・ケルパァ] 囲 -s/- 上体, 上半身.

Ober≈land [オーバァ・らント] 囲 -[e]s/ 高地, 山地.

Ober≈lan•des•ge•richt [オーバァ・らンデスゲリヒト] 囲 -[e]s/-e 上級地方裁判所(略: OLG).

Ober≈lauf [オーバァ・らオふ] 囲 -[e]s/..läufe (河川の源流に近い)上流.

Ober≈le•der [オーバァ・れーダァ] 囲 -s/- (靴の)甲革.

Ober≈lei•tung [オーバァ・らイトゥング] 囡 -/-en ① (企業などの)最高指導(首脳)[部]. ② (電車・トロリーバスなどの)架線.

Ober•lei•tungs≈om•ni•bus [オーバァらイトゥングス・オムニブス] 囲 ..busses/..busse トロリーバス(略: Obus).

Ober≈leut•nant [オーバァ・ロイトナント] 囲 -s/-s (まれに -e)《軍》中尉.

Ober≈licht [オーバァ・リヒト] 囲 -[e]s/-er (まれに -e) ① 《圈 なし》上方からの光. ② 天窓, 明かり取り. ③《圈 -er》天井灯.

Ober≈lip•pe [オーバァ・リッペ] 囡 -/-n 上唇.《参考》「下唇」は Unterlippe).

Ober•ös•ter•reich [オーバァ・エーステァライヒ óːbər-øːstərraɪç] 囲 -s/《地名》オーバーエースターライヒ(オーストリア9州の一つ. 州都はリンツ).

Ober≈pri•ma [オーバァ・プリーマ] 囡 -/..primen (9年制ギムナジウムの)第9学年(日本の大学1年に相当). (☞ Gymnasium).

Ober≈pri•ma•ner [オーバァ・プリーマナァ] 囲 -s/- (9年制ギムナジウムの)9年生.《女性形: -in》.

Ober≈re•al•schu•le [オーバァ・レアーるシューれ] 囡 -/-n (昔の:)実科高等学校.

ober≈rhei•nisch [オーバァ・ラィニッシュ] 形 上部ラインの, ライン川上流の.

Obers [オーバス óːbərs] 囲 -/《南ドツ・オストリ》(脂肪分36%以上の)生クリーム(= Sahne).

Ober≈schen•kel [オーバァ・シェンケる] 囲 -s/- 大腿(ˆ˚)[部], 太もも. (☞ Körper 図).

Ober≈schicht [オーバァ・シヒト] 囡 -/-en ① (社会の)上層階級. ②《圈》上層, 表層.

Ober≈schu•le [オーバァ・シューれ] 囡 -/-n ①《口語》(各種の高等(上級)学校. ② (旧東ドイツの10年制ないし12年制の)義務教育学校.

Ober≈schwes•ter [オーバァ・シュヴェスタァ] 囡 -/-n (昔の)看護婦長.

Ober≈sei•te [オーバァ・ザイテ] 囡 -/-n 上側, 上面; 表面. (《参考》「下側; 裏面」は Unterseite).

Ober≈se•kun•da [オーバァ・ゼクンダ] 囡 -/..kunden (9年制ギムナジウムの)第7学年(日本の高校2年に相当). (☞ Gymnasium).

Ober≈se•kun•da•ner [オーバァ・ゼクンダーナァ] 囲 -s/- (9年制ギムナジウムの)7年生.《女性形: -in》.

oberst [オーバァスト óːbərst] (* ober の最上) 形 最上の, 最高の; 首位の. der *oberste* Gerichtshof 最高裁判所. ◇《名詞的に》das *Oberste*⁴ zuunterst kehren《口語》何もかも引っくり返す.

Oberst [オーバァスト] 囲 -s (または -en)/-en (まれに -e)《軍》大佐.

Ober≈stim•me [オーバァ・シュティンメ] 囡 -/-n《音楽》(楽曲の)最高声部.

Oberst≈leut•nant [オーバァスト・ロイトナント] 囲 -s/-s (まれに -e)《軍》中佐.

Ober≈stüb•chen [オーバァ・シュテューブヒェン] 囲 -s/-《口語》頭. Er ist **im** *Oberstübchen* nicht ganz richtig. 彼は頭が少しおかしい.

Ober≈stu•fe [オーバァ・シュトゥーふェ] 囡 -/-n 上級クラス; (特に:)(9年制ギムナジウムの)上級の3学年 (Obersekunda, Unterprima, Oberprima). (☞ Gymnasium).

Ober≈tas•se [オーバァ・タッセ] 囡 -/-n (コーヒー・紅茶用の)カップ, 茶わん.

Ober≈teil [オーバァ・タィる] 囲 囲 -[e]s/-e (衣服・家具などの)上部, 上のパーツ.

Ober≈ter•tia [オーバァ・テルツィア] 囡 -/..tien [..ツィエン] (9年制ギムナジウムの)第5学年(日本の中学3年に相当). (☞ Gymnasium).

Ober≈ter•ti•a•ner [オーバァ・テルツィアーナァ] 囲 -s/- (9年制ギムナジウムの)5年生.《女性形: -in》.

Ober≈ton [オーバァ・トーン] 囲 -[e]s/..töne《物・音楽》上音(ˆ˚ã), 倍音.

Ober･was･ser [オーバァ・ヴァッサァ] 田 -s/ せき(ダム)の上手(㋐)の水. [wieder] *Oberwasser*⁴ haben 《口語》[再び]優勢である.

Ober･wei･te [オーバァ・ヴァイテ] 囡 -/-n ① (女性の)胸囲, バスト. ② 《口語・戯》おっぱい.

ob･gleich [オップ・グらイヒ ɔp-gláiç] 圈 〖従属接続詞; 動詞の人称変化形は文末〗…にもかかわらず, …ではあるが (＝obwohl). *Obgleich* es regnete, ging ich spazieren. 雨が降っていたが, 私は散歩に出かけた.

Ob･hut [オップ・フート] 囡 -/ 《雅》保護, 世話, 後見. 囚⁴ in (または unter) seine *Obhut* nehmen 囚⁴の世話を引き受ける.

obig [オービヒ óːbɪç] 圈 〖付加語としてのみ〗《書》上記(上述)の, 前述の. das *obige* Zitat 上記の引用文. ◇〖名詞的に〗der (die) *Obige* (手紙の追伸の署名で:)前記の者 (略: d. O.).

das **Ob･jekt** [オビエクト ɔ́pjɛkt または ..エクト] 田 (単2) -[e]s/(複) -e (3格のみ -en) 《㊨ *object*》① 対象, 目的物;《比》(単なる)物体;《哲》客体, 客観.《㊇「主体」は Subjekt》. das *Objekt* einer Betrachtung² 観察の対象. ② 《商》物件(地所・家屋など);《たてもの》(官庁) 建物, (旧東ドイツで:)公共施設(販売店・レストランなど). ③《言》(動詞の)目的語. ④《美》オブジェ.

ob･jek･tiv [オビエクティーふ ɔpjɛktíːf または ..ティーふ] 圈 ① 客観的な.《㊨ *objective*》.《㊇「主観的な」は subjektiv》. ein *objektives* Urteil 客観的な判断 / 囲⁴ *objektiv* betrachten 囲⁴を客観的に考察する. ② 公平な, 公正中立な. eine *objektive* Entscheidung 公平な決定.

Ob･jek･tiv [オビエクティーふ または ..ティーふ] 田 -s/-e [..ヴェ] 対物レンズ.

ob･jek･ti･vie･ren [オビエクティヴィーレン ɔpjɛktiví:rən] 他 (h) 客観化(対象化)する.

Ob･jek･ti･vis･mus [オビエクティヴィスムス ɔpjɛktivísmʊs] 男 -/《哲》客観主義.《㊇「主観主義」は Subjektivismus》.

Ob･jek･ti･vi･tät [オビエクティヴィテート ɔpjɛktivitɛ́:t] 囡 -/ 客観性; 公平さ.

Ob･jekt･satz [オビエクト・ザッツ] 男 -[e]s/ ..sätze《言》目的語文.

Ob･jekt･trä･ger [オビエクト・トレーガァ] 男 -s/- 顕微鏡のスライドガラス.

Ob･la･te [オブらーテ obláːtə] I 囡 -/-n ① 《㋖》ホスチア(ミサに使うパン). ②《料理》ゴーフル. ③《医》オブラート. II 男 -n/-n《㋖》修道院の新しい会員; 献身会士.

ob･lie･gen¹* [オップ・リーゲン ɔp-líːɡən] 《非分離》自 (h)《雅》(仕事などが囚³の)義務(責務)である. Die Erziehung der Kinder *obliegt* den Eltern. 子どもの教育は親の務めだ.

ob|lie･gen²* [オップ・リーゲン]《分離》自 (h) ＝ obliegen¹

Ob･lie･gen･heit [オップ・リーゲンハイト] 囡 -/-en《雅》義務, 責務.

ob･li･gat [オブリガート obligáːt] 圈 ① 絶対必要な, 欠くことのできない;(皮肉って:)お決まりの, 恒例の. ②《音楽》オブリガートの.

Ob･li･ga･ti･on [オブリガツィオーン obligatsióːn] 囡 -/-en ①《経》債券. ②《古》《法》債務[関係].

ob･li･ga･to･risch [オブリガトーリッシュ obligatóːrɪʃ] 圈 ① 義務的な, 拘束力のある, 必修(必須)の.《㊇「任意の, 自由選択の」は fakultativ》. Die Vorlesung ist *obligatorisch*. その講義は必修である. ②(皮肉って:)お決まりの.

Ob･mann [オップ・マン] 男 -[e]s/..männer (または ..leute) ① (団体などの)会長, 理事長. (女性形: ..männin または ..frau). ②《㋚》主審.

Oboe [オボーエ obó:ə] 囡 -/-n 《音楽》オーボエ.

Obo･ist [オボイスト obóist] 男 -en/-en オーボエ奏者. (女性形: -in).

Obo･lus [オーボるス óːbolʊs] 男 -/- (または ..lusse) ① オボロス(古代ギリシアの少額貨幣). ② 小額の寄付.

Ob･rig･keit [オーブリヒカイト] 囡 -/-en 当局, その筋.

Ob･rig･keit･lich [オーブリヒカイトリヒ] 圈 当局[から]の, その筋[から]の.

ob･schon [オップ・ショーン] 圈〖従属接続詞; 動詞の人称変化形は文末〗《雅》…にもかかわらず, たとえ…であっても (＝obwohl).

Ob･ser･va･to･ri･um [オブゼルヴァトーリウム ɔpzɛrvatóːrium] 田 -s/..rien [..リエン] 測候所, 天文台, 気象台.

ob･sie･gen [オップ・ズィーゲン ɔp-zíːɡən]《非分離》自 (h)《雅》勝利を収める. **über** 囚・事⁴ *obsiegen* 囚・事⁴に打ち勝つ.

ob･skur [オブスクーァ ɔpskúːr] 圈 うさんくさい, いかがわしい; よくわからない.

das **Obst** [オープスト óːpst]

> 果物　Mögen Sie *Obst*?
> メーゲン　ズィー　オープスト
> 果物はお好きですか.

田 (単2) -es (まれに -s)/ (総称として:) 果物, 果実.《㊨ *fruit*》.《㊇「(個々の)果実」は Frucht》. Dörr*obst* ドライフルーツ / frisches *Obst* 新鮮な果物 / *Obst* und Gemüse 果物と野菜 / *Obst*⁴ ernten (pflücken) 果物を取り入れる(摘む) / *Obst* ist gesund. 果実は健康によい / [Ich] danke für *Obst* und Südfrüchte!《口語》そんなことはお断りご免絶だ.

《㊇ ドイツでよく見かける果物: der **Apfel** りんご / die **Apfelsine**, die **Orange** オレンジ / die **Aprikose** あんず / die **Banane** バナナ / die **Birne** なし / die **Brombeere** ブラックベリー / die **Erdbeere** いちご / die **Himbeere** ラズベリー / die **Johannisbeere** すぐり / der **Pfirsich** 桃 / die **Pflaume**, die **Zwetsche** すもも / die **Traube** ぶどう / die **Zitrone** レモン

Obst･bau [オープスト・バオ] 男 -[e]s/ 果樹栽培.

Obst･baum [オープスト・バオム] 男 -[e]s/..bäume 果樹.

Obst･ern･te [オープスト・エルンテ] 囡 -/-n 果物の収穫.

Obst⸗gar·ten [オープスト・ガルテン] 男 -s/..gärten 果樹園.

Obst⸗händ·ler [オープスト・ヘンドラァ] 男 -s/- 果物商人, 果物屋. (女性形: -in).

ob·sti·nat [オプスティナート ɔpstiná:t] 形 強情な, 頑固な.

Obst⸗ku·chen [オープスト・クーヘン] 男 -s/- フルーツケーキ.

Obst·ler [オープストらァ ó:pstlər] 男 -s/- 《南ドィッ・ォーストリァ》① フルーツブランデー(果実から作る蒸留酒). ② 果実商人. (女性形: -in).

ob·stru·ie·ren [オプストルイーレン ɔpstruí:rən] 他 (h) ① (議案の成立など⁴を)妨害する. ② 《医》(血管など⁴を)閉塞させる.

Ob·struk·ti·on [オプストルクツィオーン ɔpstruktsióːn] 女 -/-en ① 《政》[議事]妨害. ② 《医》閉塞[症]; 便秘.

Obst⸗saft [オープスト・ザふト] 男 -[e]s/..säfte 果汁, フルーツジュース.

Obst⸗tor·te [オープスト・トルテ] 女 -/-n フルーツトルテ.

Obst⸗wein [オープスト・ヴァイン] 男 -[e]s/-e (ぶどう酒以外の)果実酒(りんご酒・いちご酒など).

ob·szön [オプスツェーン ɔpstsǿ:n] 形 ① わいせつな, みだらな(映画など). ② (隠語)けしからぬ.

Ob·szö·ni·tät [オプスツェニテート ɔpstsønité:t] 女 -/-en ① 〘園 なし〙わいせつ, みだらであること. ② わいせつ(みだら)な言葉(表現).

Obus [オーブス ó:bus] 男 Obusses/Obusse 《略》トロリーバス (=**Oberleitungsomnibus**).

Ob·wal·den [オプ・ヴァるデン óp-valdən] 中 -s/ 《地名》オプヴァルデン(スイス 26 州の一つで準州).

ob|wal·ten [オプ・ヴァるテン óp-vàltən] 〘分離〙 自 (h) (雅)(影響力を持って)存在する, 現存する. ◇《現在分詞の形で》unter den *obwaltenden* Umständen 現状では.

⁑ob⸗wohl [オップ・ヴォール ɔp-vóːl] 〘従属接続詞; 動詞の人称変化形は文末〙…にもかかわらず, …ではあるが. (英 *though*). *Obwohl* es regnete, ging er spazieren. 雨が降っていたにもかかわらず, 彼は散歩に出かけた.

Ochs [オクス óks] 男 -en/-en 《南ドィッ・ォーストリァ・スィス》 =**Ochse**

der **Och·se** [オクセ óksə] 男 (単 2・3・4) -n/(複) -n ① (耕作用・食肉用の去勢牛). (英 *ox*). (⇒ 類語 Kuh). Der *Ochse* brüllt. 雄牛が鳴く / den *Ochsen* hinter den Pflug spannen (口語)あべこべなことをする(←すきの後ろに雄牛をつなぐ) / Er steht da wie der *Ochse* vorm Berg. (口語)彼は途方にくれている(←山を前にした雄牛のように立ちつくしている). ② (俗)(男性なのにのしって)のろま, ばか.

och·sen [オクセン óksən] 自 (h)・他 (h) (口語)猛勉強する, 頭に詰め込む.

Och·sen⸗au·ge [オクセン・アオゲ] 中 -s/-n ① (建)(バロック建築の屋根の)丸窓. (⇒「建築様式 (4)」, 1745 ページ). ② (方)目玉焼 = Spiegelei. ③ (植)ブフタルムム(キク科の一種).

④ (昆)ジャノメチョウ.

Och·sen·schwanz⸗sup·pe [オクセンシュヴァンツ・ズッペ] 女 -/-n (料理)オックステールスープ.

Ocker [オッカァ ókər] 男中 -s/(種類:) - (地学) 黄土(ᵃ²); 黄土色[の絵の具].

od. [オーダァ] (略) または (=**oder**).

öd [エート ǿ:t] 形 =**öde**

Ode [オーデ ó:də] 女 -/-n (文学) 頌歌(ˢʰᵘ) , オード.

öde [エーデ ǿːdə] 形 (比較) öder, (最上) ödest; 格変化語尾がつくときは öd-) ① (土地・地方などが)荒涼とした, 荒れ果てた; 不毛の. (英 *waste*). eine *öde* Gegend 荒涼とした地方. ② 人気(ᵒʰⁱᵗᵒ)のない, 寂れた. ein *öder* Platz 人気のない広場. ③ (中味がなくて)つまらない, 味気ない. ein *ödes* Gespräch 退屈な会話 / ein *ödes* Leben 味気ない生活.

Öde [エーデ] 女 -/-n ① 〘ふつう 単〙孤独, わびしさ. ② 〘ふつう 単〙荒地, 不毛の地. ③ 〘園 なし〙空虚, 退屈.

Odem [オーデム ó:dəm] 男 -s/ (詩)息, 呼吸 (=**Atem**).

Ödem [エデーム ødé:m] 中 -s/-e (医)水腫(ˢʰᵘ), 浮腫(ᶠᵘ).

oder [オーダァ ó:dər]

> または
> Möchten Sie Bier *oder* Wein?
> メヒテン ズィー ビーァ オーダァ ヴァイン
> ビールになさいますか, それともワインに?

接 〘並列接続詞〙 ① または, あるいは. (英 *or*). Er kommt heute *oder* morgen. 彼はきょうかあす来ます / Ja *oder* nein? イエスなの, ノーなの? / früher *oder* später 遅かれ早かれ / Du *oder* ich bin daran schuld. 君ぼくかどちらかが それに責任がある. (⇒ 動詞の人称変化形はそれに近い方の主語に合わせる) / Kommst du mit *oder* nicht? 君はいっしょに来るの, 来ないの? ◇〘**entweder** A *oder* B の形で〙A か B か. (英 *either A or B*). Wir gehen entweder ins Konzert *oder* ins Theater. 私たちはコンサートか芝居かのどちらかに行く.

◇〘*oder so* の形で〙…かそこら; …といった. Es waren zwanzig Leute *oder so*. 20人かそこらの人がいた / Er heißt Orff *oder so* [ähnlich]. 彼はオルフとかいう名だ.

② さもないと. Wir müssen nach Hause, *oder* wir bekommen Ärger. ぼくらは家へ帰らなければならない, そうでないと怒られる / Jetzt *oder* nie! 今を逃すともう機会はない.

③ すなわち, 言い換えると. Volkswagen, *oder* VW, wie man zu sagen pflegt フォルクスヴァーゲン, すなわち, いわゆるファオ・ヴェー.

④ 〘文の最後で〙(口語)…でしょう, そうですね. Du hast doch Zeit, *oder*? 君は時間あるよね.

die **Oder** [オーダァ] 女 -/ 〘定冠詞とともに〙《川名》オーダー川(ドイツとポーランドの国境を流れる: ⇒

(地図 G-2~3).

Odin [オーディン ó:dīn] -s/《北欧神》オーディン(北欧神話の最高神. ドイツ語形は Wodan).

Ödi·pus [エーディプス ǿ:dipus] 《ギリシャ神》オイディプス, エディプス(知らずに父を殺し母と結婚したテーベの王).

Ödi·pus⸗kom·plex [エーディプス・コンプレクス] 男 -es/《心》エディプス・コンプレックス(男性が父親に反発し, 母親に愛着を持つ無意識の傾向).

Odi·um [オーディウム ó:dium] 中 -s/ 悪評, 汚名.

Öd⸗land [エート・ラント] 中 -[e]s/..länder 《ふつう 単》《林・農》荒れ地.

Odys·see [オデュッセー odysé:] 女 -/-n [..セーエン] ① 《複 なし》『オデュッセイア』(ホメロス作の英雄叙事詩). ② 《比》長い放浪(冒険)の旅.

Odys·seus [オデュッソイス odýsɔys] 《人名》オデュッセウス(ホメロスの叙事詩『オデュッセイア』の主人公. イタカの王).

OECD [オー・エー・ツェー・デー] 中 -/《略》経済協力開発機構(=Organization for Economic Cooperation and Development).

Œu·vre [エーヴレ ö:vrə] 《フランス》中 -/-s (芸術家の)全作品.

OEZ [オー・エー・ツェット]《略》東部ヨーロッパ標準時(=osteuropäische Zeit).

*der **Ofen** [オーフェン ó:fən] 男 (単) -s/(複) Öfen [エーフェン] ① ストーブ, 暖炉. 《英 stove》. Ölofen 石油ストーブ / den Ofen heizen ストーブをたく / den Ofen an|zünden ストーブに火をつける / am Ofen sitzen ストーブにあたっている / Er hockt immer hinter dem Ofen. 《比》彼はいつも家にこもっている(←ストーブの後ろにうずくまっている) / Jetzt ist der Ofen aus.《俗》もうだめだ(←ストーブの火が消えた).
② (料理用の)オーブン (=Backofen). ③ 《隠語》自動車, オートバイ. ein heißer Ofen 高性能の車(オートバイ).

Öfen [エーフェン] *Ofen (ストーブ)の 複

ofen⸗frisch [オーフェン・フリッシュ] 形 焼きたての(パン・ケーキなど).

Ofen⸗rohr [オーフェン・ローァ] 中 -[e]s/-e (ストーブなどから煙突までの)煙管, 煙道パイプ.

***of·fen** [オッフェン ɔ́fən]

> 開いている
> Ist das Museum heute *offen*?
> イスト ダス ムゼーウム ホイテ オッフェン
> きょうは博物館は開いていますか.

形 《英 open》 ① 開いている; (店などが)開いている. ein *offenes* Buch 開いたままの本 / eine *offene* Tür 開いているドア / bei *offenem* Fenster schlafen 窓を開けたまま寝る / Dieser Laden ist (または hat) auch sonntags *offen*. この店は日曜も開いている / Die Tür steht (bleibt) *offen*. ドアは開いている(開いたままである) / das Haare⁴ *offen* halten (または lassen) 窓を開けたままにしておく / Sie haben ein *offenes* Haus. 彼らの家にはよくお客さんが集まる.
② 心を開いた, 理解のある. Sie ist *für* alle Eindrücke *offen*. 彼女は感受性が豊かだ(←すべての印象に対して心を開いている) / Er ist **gegen·über** dem Aids-Problem sehr *offen*. 彼はエイズ問題に対して偏見がない.
③ 鍵(ᵏᵍ)がかかっていない; 封をしていない; (髪を)束ねていない. Der Schrank ist *offen*. 戸棚は鍵がかかっていない / Der Brief ist noch *offen*. この手紙はまだ封がされていない / die Haare⁴ *offen* tragen 髪を束ねずにいる.
④ 覆いのない, むき出しの. mit *offener* Brust 胸をあらわにして / eine *offene* Stadt 《軍》無防備都市 / ein *offener* Wagen オープンカー / eine *offene* Wunde a) 開いた傷口, b)《比》痛い所.
⑤《付加語としてのみ》さえぎるもののない, 柵(ᵏ)のない, 通行が自由な. *offenes* Fahrwasser (凍結していない)開水面 / auf die *offene* See (または aufs *offene* Meer) hinaus|fahren 外洋へ出る / auf *offener* Straße 天下の公道で / Er hatte eine Panne auf *offener* Strecke. 彼の車は人里離れた所上でパンクした.
⑥ 未決定の, 未解決の; 未払いの. Die Antwort ist noch *offen*. 回答はまだ出ていない / eine *offene* Rechnung 未払い勘定.
⑦ (ポスト・地位などが)空いている, 空席の; (記入すべき箇所が)空白の. *offene* Arbeitsplätze 空いているポスト.
⑧ 率直な, 偏見のない, 正直な; あからさまな. ein *offener* Mensch 率直な人 / Darf ich *offen* meine Meinung sagen? 腹蔵なくぼくの意見を言わせてもらっていいか / *offen* gestanden 正直に言って / *offen* gesagt 率直に言えば.
⑨ 公開の, 公然の. ein *offener* Brief 公開書簡, 公開状 / Das ist ein *offenes* Geheimnis. それは公然の秘密だ.
⑩ (酒瓶について:)びん詰でない;《方》パック詰されていない, ばら(量り)売りの. *offener* Wein 量り売りのワイン / Zucker⁴ *offen* verkaufen 砂糖を量り売りする. ⑪ (ᴳᴽ) 出場制限のない; (球技で:)守備の弱い. ⑫《狩》解禁された. ⑬《言》開[口]音の; 開音節の.

of·fen·bar [オッフェンバール ɔ́fnba:r または ..バール] I 形 明らかな, 明白な. 《英 obvious》. eine *offenbare* Absicht 明白な意図.
II 副《文全体にかかって》明らかに[...のようだ]; どうやら[...らしい].《英 apparently》. Der Zug hat *offenbar* Verspätung. 列車はどうやら遅れるらしい.

of·fen·ba·ren [オッフェンバーレン ɔfənbá:rən] 《過去 offenbarte (まれに geoffenbart)》I 他 (h)《雅》① ([人]³に)[中⁴を]打ち明ける, 告白する. Er *offenbarte* mir seine Schuld. 彼は私に自分の罪を告白した. ② (秘密など⁴を)明らかにする, 示す; (神が現れて)啓示する. ein Geheimnis³ *offenbaren* 秘密を明かす. II 再帰 (h) *sich*⁴ *offenbaren*《雅》① 明らかになる, わ

かる. **sich⁴ als** treuer Freund (まれに treuen Freund) *offenbaren* 真の友人であることが明らかになる. ② 心中を打ち明ける.

Of·fen·ba·rung [オッフェンバールング] 囡 -/-en ① 《雅》打ち明けること; (秘密などの)暴露. ② 《宗》啓示, 示現. die *Offenbarung* des Johannes《聖》ヨハネの黙示録.

Of·fen·ba·rungs⁼eid [オッフェンバールングス・アイト] 團 -[e]s/-e 《法》(財産などに関する)開示宣誓.

of·fen|blei·ben* [オッフェン・ブらイベン ɔ́fənblàɪbən] 圓 (s) (問題などが)未解決のままである.
► **offen** ①

of·fen|hal·ten* [オッフェン・ハるテン ɔ́fənhàltən] 他 (h) (囚³のために道·場所など⁴を)空けておく. **sich³** einen Ausweg *offenhalten* 自分の逃げ道を用意しておく.
► **offen** ①

Of·fen·heit [オッフェンハイト] 囡 -/ ① 率直さ, 正直さ. ② 偏見がないこと.

of·fen⁼her·zig [オッフェン・ヘルツィヒ] 形 ① 率直な, 腹蔵のない. ② 《戯》胸ぐりの深い(婦人服).

Of·fen·her·zig·keit [オッフェン・ヘルツィヒカイト] 囡 -/ 率直さ.

of·fen⁼kun·dig [オッフェン・クンディヒ または ..クンディヒ] 形 明白な(事実など), 見えすいた(うそなど); 周知の. ein *offenkundiger* Irrtum 明らかな間違い / *offenkundig* werden 公に知れ渡る.

of·fen|las·sen* [オッフェン・らッセン ɔ́fənlàsən] 他 (h) (問題など⁴を)未解決のままにしておく; (可能性など⁴を)残しておく.
► **offen** ①

of·fen|le·gen [オッフェン・れーゲン ɔ́fən-lè:gən] 他 (h) (官庁, 囲⁴を)公にする, 公表(公開)する.

of·fen⁼sicht·lich [オッフェン・ズィヒトりヒ ɔ́fən-zɪçtlɪç または ..ズィヒトりヒ] I 形 明白な, 明らかな, 見えすいた(うそなど). ein *offensichtlicher* Irrtum 明らかな誤り.
II 副《文全体にかかって》どうやら[…らしい]. Er hat *offensichtlich* zu viel getrunken. 彼はどうやら飲みすぎたようだ.

of·fen·siv [オッフェンスィーふ ɔ́fənzɪːf または ..ズィーふ] 形 攻撃的な, 攻勢の. *offensiv* spielen 《スポ》攻めの試合をする.

Of·fen·si·ve [オっフェンスィーヴェ ɔfənzíːvə] 囡 -/-n 攻撃, 攻勢; 《圃 なし》《スポ》攻撃の戦法. (⇔)「防御」は Defensive).

of·fen|ste·hen* [オッフェン・シュテーエン ɔ́fənʃtèːən] 圓 (h) ① (公共施設などが囚³に)開放されている. ② (ポスト·地位などが)空席のままである. ③ (勘定が)未払いである. ④ (囚³の決定(選択)に任されている.
► **offen** ①

*****öf·fent·lich** [エッフェントりヒ œ́fəntlɪç] 形 《英》*public*). ① 公開の, 公然の. ein *öf-*

fentliches Geheimnis 公然の秘密 / in einer *öffentlichen* Sitzung 公開の会議で / 囲⁴ *öffentlich* bekannt|machen (または bekannt machen) 囲⁴を公表する.
② 公衆用の, 公共のための. eine *öffentliche* Bibliothek 公共図書館.
③ 公的な, 公共の, 公の; 公立の. (⇔)「個人的な」は privat). *öffentliche* Gelder 公金 / die *öffentliche* Meinung 世論 / das *öffentliche* Wohl 公共の福祉 / eine Person des *öffentlichen* Lebens 公人(政治家など一般によく知られた人).

die **Öf·fent·lich·keit** [エッフェントりヒカイト ǿfəntlɪçkaɪt] 囡 -/ ① 公衆, 世間. (《英》 *public*). unter Ausschluss der *Öffentlichkeit²* 傍聴を禁止して, 非公開で / **an** (または in) **die** Öffentlichkeit dringen 世間に知れ渡る / 囲⁴ **an die** Öffentlichkeit bringen 囲⁴を公表する / in (または vor) aller *Öffentlichkeit* 公衆の面前で. ② 公開; 公然. die *Öffentlichkeit* der Rechtsprechung² 裁判の公開.

Öf·fent·lich·keits⁼ar·beit [エッフェントりヒカイツ・アルバイト] 囡 -/-en 広告(PR)活動.

of·fe·rie·ren [オふェリーレン ɔferíːrən] 他 (h) ① 《商》(商品⁴を)売りに出す. ② (酒·たばこなど⁴を)さし出す, 勧める.

Of·fer·te [オふェルテ ɔfɛ́rtə] 囡 -/-n 《商》(商品の[書面による])提供, オファー; 提供物件.

of·fi·zi·ell [オふィツィエる ɔfitsiɛ́l] 形 ① 公式の, 公的な; 公認の. (《英》 *official*). (⇔)「非公式の」は inoffiziell). ein *offizieller* Besuch 公式の訪問. ② 正式の; 格式ばった, 改まった. eine *offizielle* Feier 正式の祝賀パーティー / 囚⁴ *offiziell* ein|laden 囚⁴を正式に招待する. ③ 《口語》(事実とは異なる)表向きの.

der **Of·fi·zier** [オふィツィーァ ɔfitsíːr] 團 (単 2) -s/(複) -e (3 格のみ -en) ① 《軍》将校, 士官. (《英》 *officer*). ein *Offizier* der Luftwaffe² 空軍将校. ② (チェスで:)(ポーン以外の)大ごま.

Of·fi·zie·rin [オふィツィーリン ɔfitsíːrɪn] 囡 -/..rinnen 《軍》(女性の)将校, 士官.

Of·fi·ziers⁼an·wär·ter [オふィツィーァス・アンヴェルタァ] 團 -s/- 《軍》士官候補生. (女性形: -in).

of·fi·zi·nell [オふィツィネる ɔfitsinɛ́l] 形 《薬》薬の, 医薬の; 薬効のある; 薬局方の.

Of·fi·zi·ös [オふィツィエース ɔfitsiǿːs] 形 半官の, 官辺筋の(情報など).

off⁼line [オふ・らイン] 《英》形 《コンピュ》オフラインの.

***öff·nen** [エふネン œ́fnən]

> 開ける
>
> *Öffnen* Sie bitte das Fenster!
> エふネン ズィー ビッテ ダス ふェンスタァ
> 窓を開けてください.

Öffner

du öffnest, er öffnet (öffnete, hat ... geöffnet) I 他 (完了 haben) 開ける, 開く. (英 open). (⇔「閉じる」= schließen). Er *öffnet* die Tür. 彼はドアを開ける / den Mund *öffnen* 口を開く / einen Brief *öffnen* 手紙を開封する / den Mantel *öffnen* コートのボタンをはずす / Das Geschäft *ist* von 9 bis 18 Uhr *geöffnet.*《状態受動・現在》その店は 9 時から 18 時まで開いている / Sie *öffnete* ihm ihr Herz. 《雅・比》彼女は彼に心を開いた. ◊《目的語なしでも》Niemand *öffnete* mir. だれも私にドアを開けてくれなかった / Hier *öffnen*! (容器などの表示で:)ここを開けてください.

II 再帰 (完了 haben) *sich*[4] *öffnen* ① (ドア・つぼみなどが)開く; (比)(景色などが)広がる. Die Tür *öffnet sich* automatisch. そのドアは自動で開く.
② (軍[3]に)心を開く; (雅)(人[3]に)心中を打ち明ける. ③ (可能性などが 人・物[3]の前に)開けてくる. III 自 (完了 haben) (店などが)開く. Das Museum *öffnet* um 9 Uhr. 博物館は 9 時に開く.

> 類語 **öffnen**: 「開く, 開ける」という意味で最も一般的な語. **auf|machen**: (口語)開く, 開ける. **auf|-schließen**: (鍵を使って)開ける. **auf|schlagen**: (本などを)めくる, ひもとく. **auf|brechen**: (無理に)こじ開ける.

Öff·ner [エふナァ œfnər] 男 –s/– 栓抜き, 缶切り.

öff·ne·te [エふネテ] *öffnen (開ける)の 過去

Öff·nung [エふヌング] 女 –/-en ① (複 なし)開く(開ける)こと, 開放. ② 開いた場所(箇所), 開口部, すき間.

Öff·nungs·zeit [エふヌングス・ツァイト] 女 –/-en 開館時間, 営業時間.

Off·set·druck [オふセット・ドルック] 男 –[e]s/-e 《印》① (複 なし) オフセット印刷. ② オフセット印刷物.

**oft [オふト ɔft]

> しばしば
> Kommen Sie *oft* nach Japan?
> コッメン ズィー オふト ナーハ ヤーパン
> あなたはよく日本にいらっしゃるのですか.

副 (比較) öfter, (最上) am öftesten しばしば, たびたび; 頻繁に. (英 *often*). (⇔「まれに」は selten). Ich habe ihn *oft* gesehen. 私は彼の姿をしばしば見かけた / wie *oft* 何回, 何度 ⇒ Wie *oft* warst du dort? 君はそこには何度ぐらい行ったの? / Die Linie 5 fährt ziemlich *oft.* 5 番系統のバス(市電)はかなり頻繁に出ている / soundso *oft* aus なんどかと, 何度となく.

> 類語 **oft**:「しばしば」の意味で最も一般的な語. **öfter[s]**: (oft よりもやや頻度が少なく)何度か. **oft-mals**: 何度も(一般的に過去の事柄に関して用いられる). **häufig**: (oft よりも頻度が多くしょっちゅう.

öf·ter [エふタァ œftər] I (*oft の 比較) 副 ① よりしばしば(たびたび). Sie war *öfter* krank als ich. 彼女は私よりよく病気をした. ② ときどき, 何度か. (⇨ 類語 oft). Ich war schon *öfter* dort. 私はもう何度もそこに行った. II 形《付加語としてのみ》たびたびの. ihre *öfteren* Besuche 彼女の頻繁な訪問 / des *Öfteren* 何度も.

öf·ters [エふタァス] 副《方》öfter I ②. (⇨ 類語 oft).

oft·ma·lig [オふト・マーリヒ] 形《付加語としてのみ》たびたびの, しばしばの.

oft·mals [オふト・マールス] 副 しばしば, たびたび, 何度も. (⇨ 類語 oft).

oh! [オー] 間 (驚き・喜び・恐縮・拒否などを表して:)おお, ああ, まあ. *Oh,* wie schön! おお, なんて美しいのだろう / *Oh,* entschuldigen Sie! ああ, ごめんなさい / *Oh,* wie schrecklich! まあ, なんてひどい. (⇔ 強調する場合, 後ろの語句との間をコンマで区切る. 後ろの語句につなげて言う場合, O と書くことがある. 例: *O* nein! おやそれはない).

oha! [オハ ohá] 間《口語》(驚き・嘲笑を表して:)へえ, ほう. *Oha,* das kann ich kaum glauben! ほう, そんなことはほとんど信じられないね.

Oheim [オーハイム ó:haim] 男 –s/-e《古》おじ (=Onkel).

OHG [オー・ハー・ゲー]《略》合名会社 (=offene Handelsgesellschaft).

Ohm[1] [オーム ó:m] 男 –[e]s/-e《方》=Oheim

Ohm[2] [オーム] 中 –[s]/–《物・電》オーム(電気抵抗の単位, 物理学者 G. S. *Ohm* 1789-1854 の名から; 記号: Ω).

:oh·ne [オーネ ó:nə]

> …なしに
> Mit oder *ohne* Frühstück?
> ミット オーダァ オーネ ふりューシュテュック
> 朝食つきですか, それとも朝食なしですか.

I 前《4格とともに; 名詞はふつう無冠詞》① …なしに, …を持たずに, …を伴わないで. (英 *without*). (⇔「…といっしょに」= mit). Kinder *ohne* Eltern 両親のいない子供たち / Kaffee *ohne* Zucker und Milch (砂糖とミルクなしの)ブラックコーヒー / ein Kleid *ohne* Ärmel ノースリーブのドレス / Sie arbeiten *ohne* Pause. 彼らは休みなしに働く / Ich bin *ohne* Geld. 私はお金がない / Er kam *ohne* seine Frau. 彼は奥さんを同伴しないでやって来た / Das kann er nicht *ohne* seine Frau entscheiden. 奥さんに聞かないと彼にはそれは決められない / *ohne* Grund 理由もなく / *ohne* [jeden] Zweifel 疑いなく, 確実に / *ohne* **weiteres** (または *ohne* **Weiteres**) あっさりと, わけもなく.
◊《名詞を省略して》Dein Vorschlag ist **gar nicht** *ohne.*《口語》君の提案はまんざら捨てたものでもない / Eine Grippe ist gar nicht so *ohne.* インフルエンザを決して軽く考えてはいけない / oben *ohne*《口語・戯》トップレスで.

② …を除いて, …を数に入れないで. Gewicht *ohne* Verpackung 包装分を除いた重さ / *Ohne mich!* 私はごめんだよ.

II 〚**zu** 不定詞〔句〕または **dass** 文とともに〛 …することなしに, …しないで. Er ging, *ohne* ein Wort zu sagen. 彼は一言も言わないで行ってしまった / Ich habe ihn gekränkt, *ohne* es zu wissen. 私はそれと知らずに彼の心を傷つけてしまった / Er kam, *ohne* dass er eingeladen war. 彼は招待されていなかったのにやって来た.

oh·ne≠dies [オーネ・ディース] 副 いずれにせよ, とにかく (=ohnehin).

oh·ne≠glei·chen [オーネ・グらイヒェン] 副 比類のない, 前代未聞の. Ihre Freude war *ohnegleichen*. 彼女の喜びは無類のものだった.

oh·ne≠hin [オーネ・ヒン] 副 いずれにせよ, とにかく, どっちみち.

die **Ohn·macht** [オーンマハト ó:nmaxt] 女 (単) -/(複) -en ① 気絶, 失神. (英 *faint*). **in** *Ohnmacht* fallen 気絶する / von einer *Ohnmacht* in die andere fallen 《口語・戯》何にでも驚く (←次から次に気絶する). ② 無力, 無能力. eine finanzielle *Ohnmacht* 財政的無力.

ohn·mäch·tig [オーンメヒティヒ ó:nmɛçtɪç] 形 ① 気絶した, 失神した, 意識不明の. (英 *unconscious*). Er wurde *ohnmächtig*. 彼は気絶した. ② 無力な, なすすべのない. *ohnmächtiger* Zorn やり場のない怒り.

oho! [オホー ohó:] 間 (驚き・不満・反対などを表して:) おやおや, ほう, ふん. *Oho*, so geht das nicht! ふん, そうはいかないぞ / Jung, aber *oho*! 若いのにたいしたものだ.

※*das* **Ohr** [オーァ ó:r]

耳 Er hat gute *Ohren*. 彼は耳がいい.
エァ ハット グーテ オーレン

中 (単2) -[e]s/(複) -en 耳; 聴覚 (=Gehör). (英 *ear*). das äußere (innere) *Ohr* 外耳(内耳) / große *Ohren* 大きな耳 / Die *Ohren* brausen (または sausen) mir. 私は耳鳴りがする / Ich bin ganz *Ohr*! 《口語》私は全身を耳にして傾聴している.

◇《動詞の目的語として》 die *Ohren*⁴ **an|legen** a) (犬などが) 耳を伏せる; 《口語・比》 おとなしくする, b) 《口語・比》 (難局に耐えようとして) 身を固くする / die *Ohren*⁴ **auf|tun** (または **auf|machen**) 注意深く聞く / gute (schlechte) *Ohren*⁴ **haben** 耳がいい(悪い) / Hast du keine *Ohren*! 君には耳がないのか / ein feines *Ohr*⁴ für 中⁴ **haben** 中⁴を理解するセンスがある / ein offenes *Ohr*⁴ für 人⁴ haben 人⁴の願いを快く聞き入れる / Die Wände haben *Ohren*. 《諺》壁に耳あり / die *Ohren*⁴ **hängen lassen** a) 耳をたらしている, b) 《口語・比》 がっかりしている / lange *Ohren*⁴ **machen** 《口語・比》 耳をそばだてる / die *Ohren*⁴ **spitzen** a) (犬などの) 耳をぴんと立てる, b) 《口語・比》 聞き耳をたてる / die *Ohren*⁴ **steif|halten** 《口語》 へこたれない, くじけない / vor 人³ die *Ohren*⁴ **verschließen** 人³の頼みに耳を貸さない / sich³ die *Ohren*⁴ **zu|halten** 耳をふさぐ.

◇《前置詞とともに》 ein Kind⁴ **am** *Ohr* ziehen 子供の耳を引っぱる / den Hörer ans *Ohr* halten 受話器を耳に当てる / Er ist **auf** einem *Ohr* taub. 彼は片方の耳が聞こえない / Auf dem *Ohr* höre ich schlecht! 《口語》そういう話は聞きたくないんだ / auf den *Ohren* sitzen 《口語》 うわの空で聞く / sich⁴ aufs *Ohr* legen 《口語》 寝る / 人⁴ **bei** den *Ohren* nehmen 《口語》 人⁴をひどくしかる / es⁴ [faustdick] **hinter** den *Ohren* haben 《口語》 抜け目がない / sich⁴ hinter den *Ohren* kratzen (当惑して) 頭をかく / 人³ eins⁴ hinter die *Ohren* geben 《口語》 人³の横面に一発くらわす / Schreib dir das hinter die *Ohren*! 《口語》 よく覚えておけ (←耳の裏に書いておけ) / 人³ 中⁴ **ins** *Ohr* flüstern 人³に中⁴を耳打ちする / 中⁴ **im** *Ohr* haben 中⁴(言葉・メロディーなど)が耳に残っている / Die Melodie geht ins *Ohr*. このメロディーは覚えやすい / 人³ [mit 中³] **in den** *Ohren liegen* 《口語》 人³に[中³を]しつこくせがむ / nur **mit** halbem *Ohr* zu|hören いいかげんに聞き流す / mit den *Ohren* schlackern 《口語》 びっくり仰天する / 人⁴ **übers** *Ohr* hauen 《口語》 人⁴をペテンにかける / bis über die *Ohren* in Schulden stecken 《口語》 借金で首が回らない / bis über die *Ohren* in 人⁴ verliebt sein 《口語》 人⁴に首ったけである / viel⁴ **um** die *Ohren* haben 《口語》 目が回るほど忙しい / 人³ **zu** *Ohren* kommen (不祥事などが) 人³の耳に入る.

Öhr [エーァ ǿ:r] 中 -[e]s/-e 針の穴, めど.

Oh·ren≠arzt [オーレン・アールツト] 男 -es/..ärzte 耳[鼻咽喉(ˋˋ)]科医. (女性形: ..ärztin).

Oh·ren≠beich·te [オーレン・バイヒテ] 女 -/-, 《ヵᴛʟ》 秘密懺悔(ˋˋ).

oh·ren≠be·täu·bend [オーレン・ベトイベント] 形 《口語》 耳が割れるような(喝采(ˋˋ)など).

Oh·ren≠sau·sen [オーレン・ザオゼン] 中 -s/ 耳鳴り. *Ohrensausen*⁴ haben (または bekommen) 耳鳴りがする.

Oh·ren≠schmalz [オーレン・シュマるツ] 中 -es/ 耳あか, 耳くそ(ˋˋ).

Oh·ren≠schmaus [オーレン・シュマオス] 男 -es/ 《口語・戯》 耳の保養(甘美な音楽など).

Oh·ren≠schmerz [オーレン・シュメルツ] 男 -es/-en 《ふつう複》 耳痛.

Oh·ren≠schüt·zer [オーレン・シュッツァァ] 男 (防寒用の) 耳当て, 耳覆い.

Oh·ren≠ses·sel [オーレン・ゼッセル] 男 -s/- (左右に頭受けのある) 安楽いす, ウイングチェア.

Oh·ren≠zeu·ge [オーレン・ツォイゲ] 男 -n/-n 自分の耳で聞いたことを申したてる証人.

Ohr≠fei·ge [オーァ・ファイゲ] 女 -/-n 平手打ち, びんた. 人³ eine *Ohrfeige*⁴ geben 人³に平手打ちをくらわす.

ohr·fei·gen [オーァ・ファイゲン óːr-faɪɡən] 他 (h) (《口》4に)平手打ち(びんた)をくらわす.

Ohr≠ge·hän·ge [オーァ・ゲヘンゲ] 中 -s/- イヤドロップ(耳たぶにつり下げる大きなイヤリング).

Ohr≠läpp·chen [オーァ・レップヒェン] 中 -s/- 耳たぶ.

Ohr≠mu·schel [オーァ・ムッシェる] 女 -/-n ①《医》耳介(じか). ②《建》(バロック様式の)耳状装飾.

Ohr≠ring [オーァ・リング] 男 -[e]s/-e イヤリング.

Ohr≠ste·cker [オーァ・シュテッカァ] 男 -s/- ピアス.

Ohr≠wurm [オーァ・ヴルム] 男 -[e]s/..würmer ①《昆》ハサミムシ. ②《口語》一度聞いたら忘れないメロディー.

o. J. [オーネ ヤール]《略》(書籍の)発行年の記載なし (=ohne Jahr).

oje! [オイェー ojé:]《間》(驚き・恐れを表して:) おやおや, 何てことだ.

oje·mi·ne! [オイェーミネ ojé:mine] 間 =oje!

o. k., O. K. [オケー]《略》よろしい, オーケー (= okay).

Oka·ri·na [オカリーナ okaríːna] [イタ] 女 -/-s (または ..rinen)《音楽》オカリナ(陶製の笛の一種).

okay [オケー oké:] [英] I 副《口語》よろしい, オーケー (略: o. k., O. K.). II 形《口語》きちんとした, 問題ない;《航空・隠語》搭乗手続完了の. Es ist alles *okay*. 万事順調だ.

ok·kult [オクるト ɔkúlt] 形 オカルトの, 心霊の, 超自然的な.

Ok·kul·tis·mus [オクるティスムス ɔkultísmus] 男 -/ オカルティズム, 心霊術, 神秘学.

Ok·ku·pa·ti·on [オクパツィオーン ɔkupatsióːn] 女 -/-en《軍事》占領.

ok·ku·pie·ren [オクピーレン ɔkupíːrən] 他 (h) (地域など4を)占領する.

öko.., Öko.. [エコ.. øko.. または エーコ..]《形容詞・名詞につける 接頭》(環境保護の・エコロジーの) 例: *Öko*steuer 環境税.

Öko≠bau·er [エーコ・バオアァ] 男 -n/-n《口語》有機栽培農家. (女性形: ..bäuerin).

Öko≠be·we·gung [エーコ・ベヴェーグング] 女 -/-en《自然》環境保護運動.

Öko≠freak [エーコ・フリーク] 男 -s/-s《口語》熱烈な《自然》環境保護論者.

Öko≠haus [エーコ・ハオス] 中 -es/..häuser エコハウス(環境保全に配慮した住宅).

Öko≠la·den [エーコ・らーデン] 男 -s/..läden 自然食品(雑貨・化粧品)店.

Öko·lo·ge [エコろーゲ økolóːɡə] 男 -n/-n 生態学者, エコロジスト. (女性形: Ökologin).

Öko·lo·gie [エコろギー økoloɡíː] 女 -/ 生態学, エコロジー.

öko·lo·gisch [エコろーギッシュ økolóːɡɪʃ] 形 ① 生態学[上]の. ② 生態系の; 環境保護の.

Öko·nom [エコノーム økonóːm] 男 -en/-en ① 経済学者. (女性形: -in). ② 農場経営者.

die **Öko·no·mie** [エコノミー økonomíː] 女 (単) -/(複) -n [..ミーエン]《英 *economy*》① **経済**; 経済機構(体制). ②《複 なし》経済性,

節約, 倹約. die *Ökonomie* der Zeit² 時間の節約. ③ 経済学 (=Wirtschaftswissenschaft). ④《イタ》農場(農業)経営.

öko·no·misch [エコノーミッシュ økonóːmɪʃ] 形 ① 経済の, 経済に関する. die *ökonomischen Prinzipien* 経済上の諸原則. ② 経済的な, 節約した, むだのない. eine *ökonomische* Arbeitsweise むだのない仕事のやり方.

Öko≠pro·dukt [エーコ・プロドゥクト] 中 -[e]s/-e 有機農産物.

Öko≠steu·er [エーコ・シュトイアァ] 女 -/-n《口語》環境税.

Öko≠sys·tem [エーコ・ズュステーム] 中 -s/-e《生》生態系, エコシステム.

Okt. [オクトーバァ]《略》10月 (=Oktober).

Ok·ta·e·der [オクタ・エーダァ ɔkta-éːdər] 中 -s/-《数》[正] 8面体.

Ok·tan≠zahl [オクターン・ツァーる] 女 -/-en《化》オクタン価 (略: OZ).

Ok·tav [オクターふ ɔktáːf] I 中 -s/《印》八つ折り判[の本] (略: 8°). II 女 -/-en [..ヴェン]《イタ》《音楽》8度[音程] (=Oktave ①).

Ok·ta·va [オクターヴァ ɔktáːva] 女 -/..taven《イタ》(ギムナジウムの)第 8 学年(日本の高校 3 年に相当). (☞ Gymnasium).

Ok·ta·va·ner [オクタヴァーナァ ɔktaváːnər] 男 -s/-《イタ》(ギムナジウムの)8年生. (女性形: -in).

Ok·ta·ve [オクターヴェ ɔktáːvə] 女 -/-n ①《音楽》8度[音程], オクターブ. ②《詩学》8行詩節, シュタンツェ.

Ok·tett [オクテット ɔktét] 中 -[e]s/-e《音楽》八重奏(唱)曲; 八重奏団.

der Ok·to·ber [オクトーバァ ɔktóːbər] 男 (単2) -[s]/(複) - (3格のみ -n)《ふつう 冠》**10月** (略: Okt.). (☞ *October*). (☞ 月名 ☞ Monat). Anfang *Oktober* 10月の初めに / im *Oktober* 10月に.

Ok·to·ber≠fest [オクトーバァ・フェスト] 中 -[e]s/-e (ミュンヒェンの) 10月祭(9月下旬から10月の第1日曜日まで).

ok·troy·ie·ren [オクトロアイイーレン ɔktroajíːrən] 他 (h) ([人]3に) 中4を押しつける.

Oku·lar [オクらール ɔkuláːr] 中 -s/-e 接眼レンズ.

oku·lie·ren [オクリーレン ɔkulíːrən] 他 (h)《園芸》(果樹など4に)芽接ぎをする, 接ぎ木する.

Öku·me·ne [エクメーネ økuméːnə] 女 -/ ①《地理》人類生存地域; 全世界. ②《神》全キリスト教会(教徒); 世界教会一致運動.

öku·me·nisch [エクメーニッシュ økuméːnɪʃ] 形 ①《地理》人類生存地域の. ②《神》全キリスト教会(教徒)の. ③《宗》世界教会主義の(カトリックとプロテスタントが共同で活動する場合に用いる).

Ok·zi·dent [オクツィデント ɔ́ktsidɛnt または ..デント] 男 -s/ 西洋. (☞《「中近東」は Orient).

ok·zi·den·tal [オクツィデンターる ɔktsidɛntáːl] 形 西洋の. (☞《「中近東の」は orientalisch).

Omelett

das **Öl** [エーる ǫ́:l] 甲 (単2) -[e]s/(種類を表すときのみ:複) -e ① 油, オイル. (愛 *oil*). reines *Öl* 純粋な油 / pflanzliches (tierisches) *Öl* 植物(動物)油 / *Öl*⁴ auf die Wogen gießen (比) 興奮をなだめて(静めて)やる(←油を波の上に流す)／ Er malt **in** *Öl*. 彼は油絵をかく / *Öl*⁴ ins Feuer gießen《比》火に油を注ぐ / in (または **mit**) *Öl* braten 油で揚げる / mit *Öl* heizen 灯油で暖房する.
② 石油 (=Erd*öl*). nach *Öl* bohren 石油を試掘する.
|参考 ..öl のいろいろ: **Erdöl** 石油 / **Heizöl** 燃料油 / **Olivenöl** オリーブ油 / **Rohöl** 原油 / **Salatöl** サラダ油 / **Sonnenöl** サンオイル / **Speiseöl** 食用油

ö. L. [エストりヒャァ れンゲ] (略) 東経[の] (=östlicher Länge).

Öl·baum [エーる・バオム] 男 -[e]s/..bäume《植》オリーブの木.

der **Öl·berg** [エーる・ベルク ǫ́:l-bɛrk] 男 -[e]s/《定冠詞とともに》《聖》《山名》オリーブ山, 橄欖(カンラン)山(エルサレムの東方の山. イエス昇天の地と伝えられる).

Öl·bild [エーる・ビるト] 甲 -[e]s/-er《美》油絵.

Öl·druck [エーる・ドルック] **I** 男 -[e]s/-e《印》オイル印刷. **II** 男 -[e]s/..drücke《自動車》油圧.

Old·ti·mer [オーるト・タイマァ ǫ́:lt-taɪmər]《英》男 -s/-《戯》① クラシックカー; 復古調の製品(家具・電話など). ② 《戯》古参, ベテラン.

Ole·an·der [オれアンダァ oleándər] 男 -s/-《植》キョウチクトウ.

ölen [エーれン ǫ́:lən] 他 (h) (機械など⁴に)油を差す, (床など⁴に)油を塗り込む. ◇過去分詞の形で》Es geht wie ge*ölt*.《口語》スムーズに事が運ぶ.

Öl·far·be [エーる・ふァルベ] 女 -/-n ① 油絵の具. ② 油ペイント, ペンキ.

Öl·ge·mäl·de [エーる・ゲメーるデ] 甲 -s/-《美》油絵 (=Ölbild).

Öl·göt·ze [エーる・ゲッツェ] 男 -n/-《俗》でくの坊. wie ein *Ölgötze* ぼけーっとして.

Öl·hei·zung [エーる・ハイツング] 女 -/-en 石油暖房.

ölig [エーりヒ ǫ́:lɪç] 形 ① 油のついた; 油を含む, 油性(油状)の. ein *öliger* Lappen 油だらけのぼろきれ. ② 《比》もったいぶった(声・態度など).

Olig·ar·chie [オりガルヒー oligarçí:] 女 -/-n [..ヒーエン]《政》寡頭(カトウ)政治[国家・組織].

oliv [オリーふ olí:f] 形 《無語尾で》オリーブ色の.

Oli·ve [オリーヴェ olí:və] 女 -/-n ① 《植》オリーブ[の実]. ② オリーブの木.

Oli·ven·baum [オリーヴェン・バオム] 男 -[e]s/..bäume オリーブの木.

Oli·ven·öl [オリーヴェン・エーる] 甲 -[e]s/ オリーブ油.

Öl·kri·se [エーる・クリーゼ] 女 -/-n 石油危機.

Öl·ma·le·rei [エーる・マーれライ] 女 -/《美》(絵画の一部門としての)油絵.

Öl·ofen [エーる・オーふェン] 男 -s/..öfen 石油ストーブ.

Öl·pest [エーる・ペスト] 女 -/ (タンカーなどからの)原油流出による)沿岸海域の石油汚染.

Öl·quel·le [エーる・クヴェれ] 女 -/-n 油井(ユセイ).

Öl·raf·fi·ne·rie [エーる・らふィネリー] 女 -/-n [..リーエン] 石油精油所(施設).

Öl·sar·di·ne [エーる・ザルディーネ] 女 -/-n《料理》オイルサージン(油漬けのイワシ).

Ölung [エーるング] 女 -/-en《稀》注油, 塗油. die Letzte *Ölung*《カトリック》終油の秘跡.

Öl·wech·sel [エーる・ヴェクセる] 男 -s/-《自動車》オイル交換.

Olymp [オリュンプ olýmp] 男 -s/ ① 《定冠詞とともに》《山名》オリュンポス山(ギリシア最高の山. 神話では神々の座所とされた). ② 《口語・戯》(劇場の)天井桟敷, 最上階席.

Olym·pia [オリュンピア olýmpia] 甲 -[s]/ ①《ふつう冠詞なしで》《地名》オリュンピア(ゼウスおよびヘラの神殿があり, 4年毎に古代オリンピア大会が開かれた). ② 《雅》オリンピック大会 (=Olympiade).

Olym·pi·a·de [オリュンピアーデ olympiá:də] 女 -/-n ① オリンピック大会. an der *Olympiade* teilnehmen オリンピックに参加する. ② 《稀》オリンピアード(オリンピック競技会開催の4年周期で数える古代ギリシアの紀年法).

Olym·pia·mann·schaft [オリュンピア・マンシャフト] 女 -/-en オリンピック選手団.

Olym·pia·sie·ger [オリュンピア・ズィーガァ] 男 -s/- オリンピックの優勝者. (女性形: -in).

Olym·pia·sta·di·on [オリュンピア・シュターディオン] 甲 -s/..dien [..ディエン] オリンピックスタジアム.

Olym·pi·er [オリュンピァ olýmpiər] 男 -s/- ① 《ギ神》オリュンポスの神(特にゼウスを指す). ② 《比》偉大な人物.

Olym·pi·o·ni·ke [オリュンピオニーケ olympioní:ka] 男 -n/-n オリンピック競技の参加者(勝利者). (女性形: Olympionikin).

olym·pisch [オリュンピッシュ olýmpɪʃ] 形《付加語としてのみ》① オリンピック[競技大会]の. die *Olympischen* Spiele オリンピック[大会] / das *olympische* Feuer オリンピック聖火. ② 《ギ神》オリュンポス山の; オリンピアの; 崇高な.

Öl·zeug [エーる・ツォイク] 甲 -[e]s/-e (船員用の)油布防水服.

Öl·zweig [エーる・ツヴァイク] 男 -[e]s/-e オリーブの枝(平和の象徴).

Oma [オーマ ó:ma] 女 -/-s《幼児》おばあちゃん (=Großmutter);《口語・戯》おばあさん; (若者言葉:)おばさん. (参考「おじいちゃん」は Opa).

Oman [オマーン omá:n] 甲 -s/《国名》オマーン[国](アラビア半島南東部, 首都はマスカット).

Om·buds·mann [オンブッツ・マン ɔ́mbutsman] 男 -[e]s/..männer (または ..leute)《政》オンブズマン, 行政監察官. (女性形: ..frau).

Ome·ga [オーメガ ó:mega] 甲 -[s]/-s オメガ(ギリシア語アルファベットの最終字; Ω, ω). Alpha und *Omega* a) 始めと終わり, b) 物事の核心.

Ome·lett [オムれット ɔmlɛ́t または オメ.. ɔmə..] 甲 -[e]s/-e (または -s)《料理》オムレツ.

Ome·lette [オムれット omlét または オメ.. ɔmə..] 囡 -/-n (🗣️) =Omelett

Omen [オーメン óːmən] 囲 -s/- (または Omina) 前兆, 兆し. ein gutes (böses) *Omen* 吉兆(凶兆).

omi·nös [オミネース ominöːs] 形 不吉な, 悪い前兆の; いかがわしい, うさんくさい.

der **Om·ni·bus** [オムニブス ómnibus] 囲 (単) ..busses/(複) ..busse (3格のみ ..bussen) バス. (🗣️ *bus*). Wir fahren **mit** dem *Omnibus*. 私たちはバスで行きます.

Ona·nie [オナニー onaniː] 囡 -/ オナニー, 自慰.

ona·nie·ren [オナニーレン onaníːrən] 圓 (h) オナニーをする, 自慰をする.

On·dit [オンディー ɔdíː] [仏] 田 -[s]/-s うわさ. einem *Ondit* zufolge うわさでは.

on·du·lie·ren [オンドゥリーレン ondulíːrən] 他 (h) (頭髪⁴·囡の髪に)ウェーブをかける.

der **On·kel**¹ [オンケる ɔ́ŋkəl]

おじ Mein *Onkel* ist Arzt.
     マイン オンケる   イスト アールツト
     私のおじは医者です.

囲 (単2) -s/(複) - (3格のみ -n) ① おじ(伯父または叔父). (🗣️ *uncle*). (🗨️「おば」は Tante). *Onkel* Fritz フリッツおじさん / Er besucht seinen *Onkel*. 彼はおじを訪ねる. ② 《幼児》(身近な大人の男性に:)おじさん, おじちゃん. ③ 《口語》(軽蔑的に:)じじい, おっさん.

On·kel² [オンケる] 《成句的に》großer (または dicker) *Onkel* 《口語》足の親指 / **über** den *Onkel* gehen《口語》内股で歩く.

on·line [オン・らイン ɔ́n-laɪn] [英] 形 (🖥️) オンラインの, ネットワーク上の.

On·line·ban·king [オンらイン・ベンキング] 田 -[s]/ (🖥️) オンラインバンキング.

On·line≠dienst [オンらイン・ディーンスト] 囲 -[e]s/-e (🖥️) オンライン業務.

ono·ma·to·po·e·tisch [オノマトポエーティッシュ onomatopoéːtɪʃ] 形 《言》擬声語[の], 擬音の.

Ono·ma·to·pö·ie [オノマトペイー onomatopöíː] 囡 -/-n (..イーエン) 《言》擬声[語], 擬音[語].

On·to·ge·ne·se [オント・ゲネーゼ ɔnto-genéːzə] 囡 -/ 《生》個体発生. (🗨️「系統発生」は Phylogenese).

On·to·lo·gie [オントろギー ɔntologíː] 囡 -/ 《哲》存在論.

Onyx [オーニュクス óːnyks] 囲 -[es]/-e 《鉱》オニックス, 縞(と)めのう.

o. O. [オーネ オルト] 《略》《書籍の》発行所の記載なし (=ohne *Ort*).

op. [オープス または オップス] 《略》[芸術]作品 (= *Opus*).

o. P. [オルデントりヒャァ プロふェッソァ] 《略》正教授 (=ordentlicher *Professor*).

Opa [オーパ óːpa] 囲 -s/-s 《幼児》おじいちゃん (=*Großvater*); 《口語·戯》おじいさん; 《若者言葉:》おじさん. (🗨️「おばあちゃん」は Oma).

opak [オパーク opáːk] 形 不透明な; 乳白色の.

Opal [オパーる opáːl] 囲 -s/-e ① 《鉱》オパール, 蛋白(慢?)石. ② 《織》オパール織り.

opa·li·sie·ren [オパりズィーレン opalizíːrən] 圓 (h) オパール色に輝く, 乳白光を発する.

OPEC [オーペク óːpɛk] 囡 -/ 《略》石油輸出国機構 (=Organization of Petroleum Exporting Countries).

die **Oper** [オーパァ óːpər] 囡 (単) -/(複) -n (🗣️ *opera*) ① 《圏なし》(ジャンルとしての)オペラ, 歌劇. die komische *Oper* 喜歌劇. ② (作品としての)オペラ. eine *Oper* von Verdi ベルディのオペラ / eine *Oper*⁴ komponieren (auf|führen) オペラを作曲する(上演する) / Erzähl doch keine *Opern*! 《口語》くだらぬ長話はやめろ. ③ 歌劇場[の建物]; 《圏なし》歌劇団; オペラ公演. die *Oper*⁴ besuchen または **in** die *Oper* gehen オペラを見に行く / **zur** *Oper* gehen オペラ歌手になる.

Ope·ra [オーペラ] Opus ([芸術]作品)の 穫.

Ope·ra·teur [オペラテァ operatöːr] 囲 -s/-e ① 《医》執刀医, 手術者. (女性形: -in). ② カメラマン; 映写技師.

die **Ope·ra·ti·on** [オペラツィオーン opəratsióːn] 囡 (単) -/(複) -en (🗣️ *operation*) ① 《医》手術, オペ. eine *Operation*⁴ aus|führen (または durch|führen) 手術をする / sich⁴ einer *Operation*³ unterziehen 手術を受ける. ② 《軍》作戦, 軍事行動; 活動, 行動. ③ 《数》演算. ④ (学問的な)操作, 処理. ⑤ (🖥️) オペレーション.

Ope·ra·ti·ons≠saal [オペラツィオーンス・ザーる] 囲 -[e]s/..säle 手術室.

ope·ra·tiv [オペラティーふ opəratíːf] 形 ① 《医》手術の. 囡⁴ *operativ* entfernen 囡⁴を手術で切除する. ② 《軍》作戦上の. ③ 実効性のある(措置など).

Ope·ra·tor [オペラートァ opəráːtɔr] I 囲 -s/-en [..ラトーレン] 《数·言》作用素, 演算子. II [オペラートァ または オッペレータァ ɔ́pərə-ˌtər] 囲 -s/-s (🖥️) オペレーター. (女性形: -in).

Ope·ret·te [オペレッテ opərétə] 囡 -/-n ① 《圏なし》(ジャンルとしての)オペレッタ, 喜歌劇. ② (作品としての)オペレッタ. ③ 《圏なし》オペレッタ劇団; オペレッタ公演. **in** die *Operette* gehen オペレッタを見に行く.

*ope·rie·ren [オペリーレン opərí-rən] (operierte, *hat* ... operiert) I 他 (完了) haben) 手術する. (🗣️ *operate*). einen Patienten [**am** Magen] *operieren* 患者[の胃]を手術する / einen Tumor *operieren* 腫瘍(恐?)を手術で切除する / sich⁴ *operieren* lassen 手術を受ける. ◇目的語なしでも》Wir *müssen* noch einmal *operieren*. 私たちはもう一度手術を行わなければならない.

II 自 (完了 haben) ① (…の)行動をとる. gemeinsam **gegen** 人⁴ *operieren* 共同で人⁴に立ち向かう ② (軍) 作戦行動をとる. ③ 〖**mit** 物³ ～〗(物³を)操る, 扱う, 使う. Er *operiert* gern mit Fremdwörtern. 彼は外来語を使いたがる.

ope·riert [オペリーァト] ＊operieren (手術する)の 過分, 3 人称単数・2 人称親称複数 直在

ope·rier·te [オペリーァテ] ＊operieren (手術する)の 過去

Opern⹀glas [オーパァン・グらース] 中 -es/ ..gläser オペラグラス.

opern·haft [オーパァンハフト] 形 オペラ風の, オペラのような.

Opern⹀haus [オーパァン・ハオス] 中 -es/ ..häuser オペラ劇場, 歌劇場.

Opern⹀sän·ger [オーパァン・ゼンガァ] 男 -s/- オペラ歌手. (女性形: -in).

＊*das* **Op·fer** [オプふァァ ɔ́pfər] 中 (単 2) -s/(複) – (3格のみ -n) (英 *sacrifice*) ① 生けにえ, 供物(ｸﾞﾓﾂ), ささげ物. den Göttern³ *Opfer*⁴ bringen 神々に生けにえをささげる.
② (一般的に:)犠牲, 犠牲的行為. Die Eltern scheuen keine *Opfer* für ihre Kinder. 親は子供のためにはいかなる犠牲もいとわない / für 物⁴ *Opfer*⁴ an Geld und Zeit bringen 物⁴のために金と時間をかける / 人³ 物⁴ **zum** *Opfer* bringen 人³のために物⁴を犠牲にする.
③ 犠牲者. die *Opfer* eines Verkehrsunfalls 交通事故の犠牲者たち / 人・事³ **zum** *Opfer* fallen 人・事³の犠牲(者)になる / Das Erdbeben forderte zahlreiche *Opfer*. その地震はたくさんの犠牲者を出した.

op·fer⹀be·reit [オプふァァ・ベライト] 形 犠牲をいとわない, 献身的な, 無私の.

Op·fer⹀be·reit·schaft [オプふァァ・ベライトシャふト] 女 -/ 犠牲をいとわないこと, 献身, 無私.

Op·fer⹀**ga·be** [オプふァァ・ガーベ] 女 -/-n 供物(ｸﾞﾓﾂ), ささげ物, 奉献物.

Op·fer⹀lamm [オプふァァ・らム] 中 -[e]s/ ..lämmer ① 生けにえの小羊. ② (複 なし) (聖)神の小羊(キリストのこと). ③ (口語)罪なき犠牲者.

op·fern [オプふァァン ɔ́pfərn] (opferte, hat ... geopfert) **I** 他 (完了 haben) (英 *sacrifice*) ① (神に生けにえとして)ささげる, 供える. dem Gott ein Tier⁴ *opfern* 神に動物を生けにえとしてささげる. ◊〖目的語なしでも〗dem Gott *opfern* 神に供えもの(ささげもの)をする.
② (人・物⁴を)犠牲にする, なげうつ. Er *opferte* viel Geld **für** dieses Projekt *geopfert*. 彼はこの企画のために大金をなげうった. ③ (人³のために物⁴を)ささげる.
II 再帰 (完了 haben) sich⁴ *opfern* ①〖*sich*⁴ **für** 人・事⁴ ～〗(人・事⁴のために)身をささげる, 犠牲になる. *sich*⁴ für die Familie *opfern* 家族のために犠牲になる. ② (口語)(他人に代わって)いやなことを引き受ける.

Op·fer⹀stock [オプふァァ・シュトック] 男 -[e]s/ ..stöcke (教会の)献金箱, 寄付[金]箱.

op·fer·te [オプふァァテ] opfern (ささげる)の 過去

Op·fer⹀tier [オプふァァ・ティーァ] 中 -[e]s/-e 生けにえの動物.

Op·fer⹀tod [オプふァァ・トート] 男 -[e]s/ (雅)犠牲死, 殉死, 殉教.

Op·fe·rung [オプふェルンク] 女 -/-en 生けにえをささげる(自ら犠牲となる)こと; (カトリック)奉献.

op·fer⹀wil·lig [オプふァァ・ヴィりヒ] 形 進んで犠牲になる, 献身的な.

Opi·at [オピアート opiá:t] 中 -[e]s/-e あへん剤.

Opi·um [オーピウム ó:pium] 中 -s/ あへん. *Opium* rauchen あへんを吸う.

Op·po·nent [オポネント ɔponént] 男 -en/-en 論敵, 論駁(ﾛﾝﾊﾞｸ)者, 反対論者. (女性形: -in).

op·po·nie·ren [オポニーレン ɔponí:rən] 自 (h) 〖**gegen** 人・事⁴ ～〗(人・事⁴に)反対する, 反論する.

op·por·tun [オポルトゥーン ɔportú:n] 形 時宜(ｼﾞｷﾞ)にかなった, 適切な.

Op·por·tu·nis·mus [オポルトゥニスムス ɔportuní́smus] 男 -/ 日和見主義, ご都合主義.

Op·por·tu·nist [オポルトゥニスト ɔportuní́st] 男 -en/-en 日和見主義者, ご都合主義の人. (女性形: -in).

die **Op·po·si·ti·on** [オポズィツィオーン ɔpozitsió:n] 女 (単) -/(複) -en (英 *opposition*) ① 反対, 対立; 反論. *Opposition*⁴ **gegen** 人⁴ betreiben (または machen) 人⁴に反対する, 反論する / zu 人・事³ **in** *Opposition* stehen 人・事³と対立している. ② 反対党, 野党; 反対派. **in** die *Opposition* gehen (与党が)野党になる. ③ (天) 衝(ｼｮｳ). ④ (言) 対立.

op·po·si·ti·o·nell [オポズィツィオネる ɔpozitsionél] 形 ① 反対の, 対立した, 敵対する. ② 反対派の, 野党の. die *oppositionelle* Partei 反対党.

Op·po·si·ti·ons⹀füh·rer [オポズィツィオーンス・ふューラァ] 男 -s/- 野党党首. (女性形: -in).

o. Prof. [オルデントりヒァ プロふェッソァ] (略) 正教授 (= ordentlicher **Professor**).

op·tie·ren [オプティーレン optí:rən] 自 (h) 〖**für** 物⁴ ～〗(物⁴(ある国)を)国籍として選ぶ. für Polen *optieren* ポーランド国籍を選ぶ. ②〖**auf** 物⁴ ～〗(法・経)(物⁴の)オプション(優先権・先買権)を行使する.

Op·tik [オプティク ɔ́ptik] 女 -/-en ① (複 なし)光学. ② (隠語)(カメラなどの)レンズ[部分]. ③ (複 なし) 視覚的表現; 外見(的印象), 外観.

Op·ti·ker [オプティカァ ɔ́ptikər] 男 -s/- 光学器械製造(販売)業者, (特に:)眼鏡業者. (女性形: -in).

op·ti·mal [オプティマーる optimá:l] 形 最善の, 最適の. das *optimale* Wetter 絶好の天気.

op·ti·mie·ren [オプティミーレン optimí:rən] 他 (h) (物⁴を)最も効率よく(最適化)する.

der **Op·ti·mis·mus** [オプティミスムス optimísmus] 男 (単 2) -/ オプティミズム, 楽観論

Optimist

(主義). (⇨「ペシミズム」は Pessimismus).

Op·ti·mist [オプティミスト ɔptimíst] 男 -en/-en オプティミスト, 楽観論(主義)者, 楽天家. (女性形: -in). (⇨「ペシミスト」は Pessimist).

op·ti·mis·tisch [オプティミスティッシュ ɔptimístiʃ] 形 楽天(楽観)的な, 楽天主義の.

Op·ti·mum [オプティムム óptimum] 中 -s/..tima ① (ある条件のもとでの)最善(最高)の状態. ②《生》(生物の生存にとっての)最善の環境[条件].

Op·ti·on [オプツィオーン ɔptsió:n] 女 -/-en ① 国籍選択[権]. ②《法・経》(売買の)オプション, 優先(先買)権.

op·tisch [オプティシュ ɔptiʃ] 形 ① 目の, 視覚[上]の; 外見[上]の. *optische* Täuschung 目の錯覚 / *optisch* billige Waren 見た目に安そうな品物. ②《付加語としてのみ》光学[上]の. *optisches* Glas 光学ガラス.

opu·lent [オプレント opulént] 形 豪華な, ぜいたくな(食事など).

Opus [オープス ó:pus または オッブス ópus] 中 -/Opera [オーペラ] ①《芸術》作品, 著作. ②《音楽》作品[番号](略: op.).

Ora·kel [オラーケる orá:kəl] 中 -s/- ① 神託[の下される]所. *das Orakel* von Delphi デルフォイの神託所. ② 神託, お告げ. ③《比》なぞめいた言葉(予言). **in** *Orakeln* sprechen なぞめいた(意味深長な)言い方をする.

ora·keln [オラーケるン orá:kəln] (過分 orakelt) 自 (h)《口語》なぞめいたことを言う, 神秘的な予言をする.

oral [オラーる orá:l] 形 ①《医》口の, 口腔(こう)の; 経口の(避妊薬など). ②《言》口腔音の, 口音の. ② 口頭の, 口述の; 口による.

oran·ge [オランジェ orá:ʒə] 〔冠〕 形《ふつう無語尾で》オレンジ色の. ein *orange*[s] Kleid オレンジ色のワンピース.

die **Oran·ge** [オランジェ orá:ʒə] I 女 (単) -/(複) -n《植》オレンジ[の木・実] (= Apfelsine). (英 orange). eine *Orange*⁴ schälen オレンジの皮をむく.
II 中 (単 2) -/(複) - (口語: -s) オレンジ色.

Oran·gea·de [オランジャーデ orāʒá:də] 〔冠〕 女 -/-n オレンジエード(オレンジなどで作る炭酸飲料).

Oran·geat [オランジャート orāʒá:t] 〔冠〕 中 -s/(種類:) -e オレンジピール(オレンジの皮の砂糖漬け).

oran·ge[n]⁼far·ben [オランジェ[ン]・ふァるベン] 形 オレンジ色の.

Oran·gen⁼saft [オランジェン・ザふト] 男 -[e]s/..säfte オレンジジュース.

Oran·gen⁼scha·le [オランジェン・シャーれ] 女 -/-n オレンジの皮.

Oran·ge·rie [オランジェリー orāʒərí:] 〔冠〕 女 -/-n [..リーエン] オランジェリー (17-18 世紀の宮殿の庭園に造られたオレンジなどの越冬用温室).

Orang-Utan [オーラング・ウータン] 男 -s/-s《動》オランウータン.

Ora·to·ri·um [オラトーリウム orató:riʊm] 中 -s/..rien [..リエン] ①《音楽》オラトリオ. ②《カト教》(私的な)礼拝堂; 聖堂内貴賓席.

Or·bit [オルビット órbɪt] 男 -s/-s《宇宙》(衛星の)周回軌道.

das **Or·ches·ter** [オルケスタァ ɔrkéstɐr または オルヒェス.. ɔrçés..] 中 (単 2) -s/(複) - (3格のみ -n) ① オーケストラ, 管弦楽[団]. (英 orchestra). ein *Orchester*⁴ dirigieren オーケストラを指揮する. ② オーケストラ席(ボックス).

or·ches·trie·ren [オルケストリーレン ɔrkestrí:rən または オルヒェス.. ɔrçes..] 他 (h)《音楽》(楽曲⁴を)管弦楽曲に編曲する.

Or·chi·dee [オルヒデーエ ɔrçidé:ə] 女 -/-n《植》ラン(蘭).

der **Or·den** [オルデン órdən] 男 (単 2) -s/(複) - ①《カト》修道会, 教団; (一般に)結社. (英 order). **in** einen *Orden* ein|treten 修道会(結社)に入る. ② 勲章. (英 medal). einen *Orden* erhalten 勲章をもらう / 人³ einen *Orden* verleihen 人³に勲章を授与する.

Or·dens⁼bru·der [オルデンス・ブルダァ] 男 -s/..brüder 修道士; 結社のメンバー.

Or·dens⁼schwes·ter [オルデンス・シュヴェスタァ] 女 -/-n《カト》修道女.

or·dent·lich [オルデントりヒ órdəntlıç] I 形 ① きちんとした, 整然とした, 整頓(とん)された; (人が)きちょうめんな. (英 orderly). ein *ordentliches* Zimmer 整頓された部屋 / Er ist ein *ordentlicher* Mensch. 彼はきちんとした人だ.
② まともな, 品行方正な. eine *ordentliche* Familie ちゃんとした家庭 / ein *ordentliches* Leben⁴ führen まともな暮らしをする.
③《付加語としてのみ》正規の; 定例の. ein *ordentlicher* Professor 正教授 (略: o. Prof.) / ein *ordentliches* Mitglied des Vereins 協会の正会員 / eine *ordentliche* Sitzung 定例会議.
④《口語》本格的な, ちゃんとした; たっぷりの. ein *ordentliches* Fest 本格的な祭り / Er nahm einen *ordentlichen* Schluck. 彼はぐいと一飲みした / *ordentlich* essen しっかり食べる / Greif nur *ordentlich* zu! (食べ物をすすめて:) さあどんどん取りなさい. ⑤《口語》なかなかよい. Sein Aufsatz war recht *ordentlich*. 彼の作文はなかなかよかった.
II 副《口語》本当に, とても. Ich war *ordentlich* gerührt. 私はすっかり感激した.

Or·dent·lich·keit [オルデントりヒカイト] 女 -/ ① きちんと(整然と)していること. ② きちょうめん, 整理好き (= Ordnungsliebe).

Or·der [オルダァ órdɐr] 女 -/-s (または -n) ① 命令, 指令. *Order*⁴ geben (bekommen) 指令を出す(受ける). ②《圏 -s》《商》注文, 用命.

or·dern [オルダァン órdɐrn] 他 (h)《商》(商品⁴を)[大量]発注する.

Or·di·nal⁼zahl [オルディナーる・ツァーる] 女 -/-en 序数. (⇨「基数」は Kardinalzahl).

or·di·när [オルディネーァ ɔrdinέ:r] 形 ① 下品な, 品(%)の悪い, 低級な. ② 月並みな, ありふれた.

Or·di·na·ri·at [オルディナリアート ɔrdinariá:t] 匣 -[e]s/-e ① (ｶﾄﾘｯｸ) 司教区庁. ② [大学]正教授の職(地位).

Or·di·na·ri·us [オルディナーリウス ɔrdiná:rius] 男 -/..rien [..リエン] ① [大学]正教授. ② (ｶﾄﾘｯｸ) 裁治権者(教皇・教区司教など].

Or·di·na·te [オルディナーテ ɔrdiná:tə] 囡 -/-n《数》縦(y)座標.《ﾒﾓ》「横座標」は Abszisse.

Or·di·na·ti·on [オルディナツィオーン ɔrdinatsió:n] 囡 -/-en ①《ｶﾄﾘｯｸ》(司祭の)叙階[式];《新教》牧師就任式. ②《医》処方;《古》診察;《ｵｰｽﾄﾘｱ》診察室.

or·di·nie·ren [オルディニーレン ɔrdiní:rən] I 他 (h) ①《ｶﾄﾘｯｸ》(人⁴を司祭に)叙階する;《新教》(人⁴を)牧師に任命する. ②《医》(薬⁴を)処方する. II 自 (h)《医》診察を行う.

ord·nen [オルドネン ɔ́rdnən] du ordnest, er ordnet (ordnete, *hat*... geordnet) I 他 (完了 haben) ① (順序よく)並べる, 整理する; (考えなど⁴を)整理する, まとめる. (英) arrange). Namen⁴ alphabetisch (または **nach dem Alphabet**) *ordnen* 名前をアルファベット順に並べる/ Wir *ordnen* die Bücher nach Autoren. 私たちは本を著者別に整理する / das Material⁴ **in** die Mappen *ordnen* 資料をファイルに整理する / Blumen⁴ **zu** einem Strauß *ordnen* 花をまとめて花束を作る / Ich *muss* meine Gedanken erst *ordnen*. 私はまず考えを整理しなければならない.

② (乱れたもの⁴を)整える, きちんとする. die Haare⁴ (die Kleider⁴) *ordnen* 髪(衣服)を整える.《用件など⁴を)片づける, 整理する. den Nachlass *ordnen* 遺産(遺稿)を整理する. ◇《過去分詞の形で》in *geordneten* Verhältnissen leben 生活環境をきちんと整えて暮らす. II 再帰 (完了 haben) *sich⁴ ordnen* 整列する, 並ぶ. *sich⁴* **zum** Festzug *ordnen* パレードをするために整列する.

◇☞ geordnet

Ord·ner [オルドナァ ɔ́rdnər] 男 -s/- ① (祝祭・催物などの)整理員. (女性形: -in). ② (書類の)ファイル, バインダー. ③ (ｺﾝﾋﾟ) フォルダー.

ord·ne·te [オルドネテ] ordnen (順序よく並べる)の 過去

die **Ord·nung** [オルドヌング ɔ́rdnuŋ]

秩序	Alles in *Ordnung*!
アレス	イン オルドヌング
	万事オーケーだ.

囡 (単) -/(複) -en ①《圏 なし》秩序, きちんとしている状態, 整然[としていること].《英》order). eine musterhafte *Ordnung* 模範的な秩序 / *Ordnung⁴* halten 秩序を保つ, きちんとしておく / *Ordnung⁴* machen (または schaffen) きちんとする.

◇《in *Ordnung* の形で》In *Ordnung*, ich komme mit. 承知した, いっしょに行くよ / 囚⁴ in *Ordnung* bringen《口語》a) 囚⁴を修理する, b) 囚⁴を整理する, 処理する / in *Ordnung* kommen《口語》[再び]きちんとした(正常な)状態になる / in *Ordnung* sein《口語》a) きちんとしている, b) 健康である, c) (囚¹が)親切である, 感じがよい ⇒ Das Zimmer ist in *Ordnung*. 部屋はきちんと片づいている / Ist dein Pass in *Ordnung*? 君のパスポートは問題ないかね / Der ist in *Ordnung*! あいつはいいやつだ / [Das] geht in *Ordnung*.《口語》(注文などを受けて:)かしこまりました, わかりました, やっておきます.

②《圏 なし》規律, 規則正しい生活; 社会秩序. Ein kleines Kind braucht seine *Ordnung*. 小さい子供にはそれなりの規則正しい生活が必要だ / 囚⁴ **aus** seiner *Ordnung* bringen 囚⁴の生活の調子を乱す / **gegen** die *Ordnung* verstoßen 規律に違反する / 囚⁴ **zur** *Ordnung* rufen 囚⁴に規律を守るよう注意をする / der *Ordnung*³ **gemäß** 規則に従って, 合法的に.

③《圏 なし》順序, 序列, 配列. eine alphabetische *Ordnung* アルファベット順. ④ (社会の)機構, 組織, 体制. Eine neue politische *Ordnung* entsteht. 新しい政治体制が生まれる. ⑤《圏 なし》等級, 級. eine Straße dritter *Ordnung*² 3 級道路. ⑥《圏 なし》《集》整理, 分類. die *Ordnung* des Materials 資料の整理. ⑦《圏 なし》《数》次数, 位数. ⑧《生》目(%).

ord·nungs⸗ge·mäß [オルドヌングス・ゲメース] 形 秩序(規律)正しい, 決められたとおりの.

ord·nungs⸗hal·ber [オルドヌングス・ハルバァ] 副 規則上, 決まりを守るために.

Ord·nungs⸗lie·be [オルドヌングス・リーベ] 囡 -/ きちょうめん, 整理好き.

ord·nungs⸗lie·bend [オルドヌングス・リーベント] 形 きちょうめんな, 整理好きの.

Ord·nungs⸗ruf [オルドヌングス・ルーフ] 男 -[e]s/-e (会議の秩序を保つための議長の)注意.

Ord·nungs⸗stra·fe [オルドヌングス・シュトラーフェ] 囡 -/-n《法》秩序罰.

ord·nungs⸗wid·rig [オルドヌングス・ヴィードリヒ]《法》秩序(規律)違反の, 不法な.

Ord·nungs⸗wid·rig·keit [オルドヌングス・ヴィードリヒカイト] 囡 -/-en《法》秩序違反.

Ord·nungs⸗zahl [オルドヌングス・ツァール] 囡 -/-en ① 序数.《「基数」は Grundzahl). ②《化》元素(原子)番号.

ORF [オー・エル・エフ]《略》オーストリア放送[協会](=**Ö**sterreichischer **R**undfunk).

das **Or·gan** [オルガーン ɔrgá:n] 匣 (単 2) -s/ (複 3 格なし -en) ① (生物の)器官, 臓器.《英》organ). die inneren *Organe* 内臓 / ein *Organ⁴* verpflanzen 臓器を移植する. ② 感覚, センス. ein *Organ⁴* **für** 物⁴ 物⁴のセンスがある. ③《口語》声. ein lautes *Organ⁴* haben 声が大きい. ④《ふつう 圏》(政治的な)

機関誌(紙). ⑤(公的な)機関. ein ausführendes *Organ* 執行機関.

Or·gan⁼bank [オルガーン・バンク] 囡 -/-en 《医》臓器バンク.

die **Or·ga·ni·sa·ti·on** [オルガニザツィオーン organizatsió:n] 囡 (単) -/(複) -en 《英 organization》① [覆なし] 組織[化]; 体制, 機構. die *Organisation* der Polizei² 警察機構. ② 団体, 協会, 組合. eine politische *Organisation* 政治団体. ③《医》器質形成.

Or·ga·ni·sa·tor [オルガニザートァ organizá:tor] 男 -s/-en [..ザトーレン] 組織者, オーガナイザー; 組織力のある人. (女性形: -in).

or·ga·ni·sa·to·risch [オルガニザトーリッシュ organizató:rɪʃ] 形 組織上の, 組織化の.

or·ga·nisch [オルガーニッシュ orgá:nɪʃ] 形 ① 生体の; 《化》有機[体]の. die *organische* Chemie 有機化学 / *organische* Verbindungen 有機化合物. ②《医・生》器官の; 器質性の. ein *organisches* Leiden 器質性疾患. ③ 有機的な, 組織的な, 系統的な.

or·ga·ni·sie·ren [オルガニズィーレン organizí:ran] (organisierte, *hat*…organisiert) I 他 (定て haben) (英 organize) ① 組織する, 編成する; (催しなど⁴を)企画して)準備する. die Schulwesen⁴ neu *organisieren* 学校制度を新しく編成し直す / eine Party⁴ *organisieren* パーティーを準備する. ◇[再帰的に] sich⁴ *organisieren* (デモ・抵抗運動などが)組織される. ②(團⁴を)組織化する. den Verkehr *organisieren* 交通網を整備する. ③《口語》(團⁴を)不正に・こっそり)手に入れる, 調達する.
II 再帰 (定て haben) *sich⁴ organisieren* (人びとが)結束する. *sich⁴* **zum** Widerstand *organisieren* 抵抗運動のために組織を作る / *sich⁴* **in** Gewerkschaften *organisieren* 労働組合を組織する.

or·ga·ni·siert [オルガニズィーァト] organisieren (組織する)の 過分, 3 人称単数・2 人称親称複数 現在

or·ga·ni·sier·te [オルガニズィーァテ] organisieren (組織する)の 過去

Or·ga·nis·mus [オルガニスムス organísmus] 男 -/..nismen ① 有機体; 生体. ②[ふつう 覆] 《生》生物. ③ (社会の)有機的機構.

Or·ga·nist [オルガニスト organíst] 男 -en/-en パイプオルガン奏者, オルガニスト. (女性形: -in).

Or·gan⁼spen·de [オルガーン・シュペンデ] 囡 -/-n 《医》(移植のための)臓器提供.

Or·gan⁼spen·der [オルガーン・シュペンダァ] 男 -s/- 《医》臓器提供者, ドナー. (女性形: -in).

Or·gan⁼trans·plan·ta·ti·on [オルガーン・トランスプらンタツィオーン] 囡 -/-en =Organverpflanzung

Or·gan⁼ver·pflan·zung [オルガーン・フェァプふらンツング] 囡 -/-en 《医》臓器移植.

Or·gas·mus [オルガスムス orgásmus] 男 -/..gasmen オルガスムス(性的快感の頂点).

die **Or·gel** [オルゲる órgəl] 囡 (単) -/(複) -n 《音楽》パイプオルガン. (英 organ). 《四「(ふつうの)オルガン」は Harmonium). die *Orgel*⁴ spielen パイプオルガンを演奏する.

Or·gel⁼kon·zert [オルゲる・コンツェルト] 中 -[e]s/-e ① パイプオルガン演奏会. ②[パイプ]オルガン協奏曲.

or·geln [オルゲるン órgəln] 自 (h) ① 手回しオルガンを鳴らす; (方) 退屈な音楽を演奏する. ②《口語》(風などが)ごうごうと音をたてる. ③《狩》(鹿などが)時を鳴く.

Or·gel⁼pfei·fe [オルゲる・プふァイふェ] 囡 -/-n パイプオルガンの音管(パイプ). Die Kinder standen da wie die *Orgelpfeifen*. 《戯》子供たちが身長順にずらっと並んでいた.

Or·gel⁼spie·ler [オルゲる・シュピーらァ] 男 -s/- パイプオルガン奏者. (女性形: -in).

Or·gie [オルギエ órgiə] 囡 -/-n お祭り騒ぎ(酒神ディオニュソスの祭オルギアから). *Orgien*⁴ feiern 乱痴気騒ぎをする.

Ori·ent [オーリエント ó:riɛnt または オリエント] 男 -s/ ① オリエント, 中近東. 《四「西洋」は Okzident). der Vordere *Orient* 近東. ②《古》東, 東方 (=Osten).

Ori·en·ta·le [オリエンターれ orientá:lə] 男 -n/-n 中近東人. (女性形: Orientalin).

ori·en·ta·lisch [オリエンターリッシュ orientá:lɪʃ] 形 オリエントの, 中近東の. 《四「西洋の」は okzidental).

Ori·en·ta·list [オリエンタリスト orientalíst] 男 -en/-en オリエント学者. (女性形: -in).

ori·en·tie·ren [オリエンティーレン orientí:rən] (orientierte, *hat*…orientiert) I 再帰 (定て haben) *sich⁴ orientieren* ① 自分の位置を確認する. Ich konnte mich in dem großen Gebäude nicht mehr *orientieren*. 私はその大きな建物の中で, 自分がどこにいるのかわからなくなった / Er *orientierte* sich **an** (または **nach**) der Karte. 彼は地図を見て自分の位置を確かめた.
②[sich⁴ **über** 團⁴ ~](團⁴について)情報を得る. *sich⁴* über die politische Lage des Landes *orientieren* その国の政治情勢について情報を得る. ③[sich⁴ **an** (または **nach**) 人・物³ ~](考え方・態度などを人・物³に)見ならう. Kinder *orientieren* sich am Verhalten ihrer Eltern. 子供は親の態度を手本にする.
II 他 (定て haben) ①[[人⁴ **über** 團⁴ ~]](團⁴について人⁴に)情報を与える. Ich *orientierte* ihn über die näheren Umstände. 私は彼に詳しい事情を知らせた. ◇[目的語なしでも] über 團⁴ *orientieren* 團⁴について情報を提供する.
②[A⁴ **auf** B⁴ ~](A⁴を B⁴へ)方向づける, 集中させる. (英 orient). alle Kräfte⁴ auf die Erhaltung des Friedens *orientieren* 平和の維持に全力を傾ける. ◇[目的語なしでも] **auf** 團⁴ *orientieren* 團⁴に目標を置く.

ori·en·tiert [オリエンティーァト] I orientieren (再帰 で: 自分の位置を確認する)の 過分, 3 人称単数・2 人称親称複数 現在 II 形 ① (…の方向

へ)向けられている. Der Chor der Kirche ist **nach** Osten *orientiert.* 教会の内陣は東方へ向けられている. ② 事情に通じている.

..ori·en·tiert [..オリエンティーアト]《形容詞をつくる接尾》(…の傾向がある,…を志向する)例: links*orientiert* 左翼的な / konsum*orientiert* 消費志向の.

ori·en·tier·te [オリエンティーアテ] orientieren (再帰)で: 自分の位置を確認する(の 過去

Ori·en·tie·rung [オリエンティールング] 囡 -/-en ① 《圈 なし》方向(位置)を確かめること; 方向感覚. die *Orientierung*⁴ verlieren 方向を見失う. ② 情報提供. ③ 志向,方針;方向づけ,集中.

Ori·en·tie·rungs⸗punkt [オリエンティールングス・プンクト] 男 -[e]s/-e 方向(位置)を知る目印(地点).

Ori·en·tie·rungs⸗sinn [オリエンティールングス・ズィン] 男 -[e]s/ 方向感覚.

ori·gi·nal [オリギナーる originá:l] 形 ① **本物の**, 原作の, オリジナルの. (英 *original*). der *originale* Text eines Gedichtes 詩の原典. ◇《無語尾で》eine *original* antike Figur 本物の古代の彫像. ② 独創的な, 独自な. ③ 《放送・映》実況の, 現場での(撮影など). *original* übertragen 副⁴を実況中継する.

das **Ori·gi·nal** [オリギナーる originá:l] 匣 (単) -s/(複) -e (3格のみ -en) ① **原物**, オリジナル, 原作, 原本, 原文. (英 *original*). Das *Original* des Bildes hängt im Louvre. この絵の原画はルーブル美術館に展示されている / einen Roman **im** *Original* lesen 小説を原文で読む. ② (絵・小説などの)モデル. ③ 《口語》変わり者, 変人.

Ori·gi·nal⸗aus·ga·be [オリギナーる・アオスガーベ] 囡 -/-n (書籍の)原版, オリジナル版(著作者自身の校閲によるもの).

ori·gi·nal⸗ge·treu [オリギナーる・ゲトロイ] 形 原作(オリジナル)に忠実な.

Ori·gi·na·li·tät [オリギナリテート originalitέ:t] 囡 -/-en ①《ふつう 圈》① (文書・絵などが)本物であること. ② 独創性, オリジナリティ.

ori·gi·nell [オリギネる originέl] 形 ① **独創的な**, アイディアに富む. (英 *original*). Er ist ein *origineller* Kopf. 彼は独創的な頭脳の持ち主だ. ② 《口語》奇抜な, 変わった, おもしろい. ein *origineller* Kauz 変わったやつ.

Ori·on [オリーオン oríːon] I -[s]/《ギリ神》オリオン(巨人で星の狩人). II 男 -s/《定冠詞とともに》《天》オリオン座.

Or·kan [オルカーン orká:n] 男 -[e]s/-e 《気象》ハリケーン, 大暴風. ein *Orkan* des Beifalls 《比》拍手喝采(比), 拍手のあらし.

Or·kus [オルクス órkus] I -/《ロ神》オルクス(死の神). II 男/《ロ神》冥府(ᵐᵉⁱ), 死者の国.

Or·na·ment [オルナメント ornamέnt] 匣 -[e]s/-e 《美》(織物・建築などの)装飾[模様].

Or·nat [オルナート orná:t] 男 -[e]s/-e (特に聖職者・裁判官の)正装, 祭服.

Or·ni·tho·lo·gie [オルニトろギー ornitologíː] 囡 -/ 鳥類学.

Or·pheus [オルフォイス órfɔys] 《ギリ神》オルフェウス(歌えたて琴の名手で野獣も草木も聞きほれたという. 妻のエウリュディケを死者の国に迎えに行くが, 禁を破って振り返ったために取り戻せずに帰れなかった).

* *der* **Ort**¹ [オルト órt] 男 (単) -es (まれに -s)/(複) -e (3格のみ -en) ① **場所**, 現場, 地点; 箇所. (英 *place*). Geburts*ort* 出生地 / ein sonniger *Ort* 日当たりのよい場所 / der *Ort* des Verbrechens 犯罪現場 / *Ort* und Zeit stehen noch nicht fest. 場所と時間はまだ決まっていない / Es ist hier nicht der *Ort,* darüber zu sprechen. ここはその話をする場ではない / **an** *Ort* und Stelle a) 所定の場所で, b) 現場で, 直ちに / an einem vereinbarten *Ort* 約束の場所で / hier am *Ort* この場所に, 当地で / an öffentlichen *Orten* (街路・広場などの)公共の場所で / am angeführten *Ort* 上述の箇所で, 上掲書で(略: a. a. O.) / Bin ich hier am rechten *Ort*? 私はここにいていいのでしょうか / der rechte Mann am rechten *Ort* 適材適所 / höheren *Ort*[e]s 上級官庁(機関)で / der gewisse (または stille) *Ort* 《口語・婉曲》便所.

② **村**, 町, 地域; (総称として:)村(町)の住民. ein kleiner *Ort* 小さな村 / der ganze *Ort* 村(町)中の者 / Wir wohnen **im** selben *Ort.* 私たちは同じ村(町)に住んでいる / **von** *Ort* **zu** *Ort* 町から町へ, あちこちと, 各地を.

> 類語 der Ort: (一般にはっきりと位置が特定できる)場所, 所. der Platz: (人・物を収容できる)空き, 適切な場所. Ist hier noch ein *Platz* frei? ここにはまだ空席がありますか. die Stelle: (狭く限定された特定の)箇所, 場所. Bringen Sie das Buch an die richtige *Stelle* zurück. その本を所定の場所に戻してください. der Raum: (人・物をずっと入れておけるスペースとしての)場所, 空間, 余地. Für meine Bücher muss *Raum* geschaffen werden. 私の本を置く場所を空けなければならない.

Ort² [オルト] 男 -[e]s/Örter ◇《成句的に》geometrischer *Ort* 《数》軌跡 / astronomischer *Ort* 《天》星位.

Ort³ [オルト] 匣 -[e]s/Örter 《坑》(坑内の)切羽 (ᵏⁱʳⁱᵖᵃ). **vor** *Ort* a)《坑》坑内(切羽)で, b)《口語》(事件などの)現場で.

Ört·chen [エルトヒェン œrtçən] 匣 -s/-(Ort の縮小)) ① 小さな村(町). ②《婉曲》トイレ.

or·ten [オルテン órtən] 他 (h) 《空・海》(船・飛行機など⁴の)位置を特定する.

or·tho·dox [オルトドクス ortodóks] 形 ①《宗》正統信仰の, 正統派の. ②《ぎ教》[ギリシア]正教の. die *orthodoxe* Kirche ギリシア正教会. ③ (信仰・主義が)厳格な, 正統的な; 頑迷な, 因襲的な.

Or·tho·do·xie [オルトドクスィー ortodoksíː] 囡 -/ ①《宗》正教, 正統信仰. ②《新教》(ルターやカルヴァンの教義を信奉する)正統主義. ③《軽蔑的に》教条主義, 頑迷さ.

Or·tho·gra·fie [オルトグラふィー ortografíː]

or·tho·gra·fisch [オルトグラーふィッシュ ortográːfiʃ] 形 正書法[上]の; 正書法にかなった.

Or·tho·gra·phie [オルトグラフィー ortografíː] 女 -/..ふィーエン] =Orthgrafie

Or·tho·gra·phisch [オルトグラーふィッシュ ortográːfiʃ] 形 =orthografisch

Or·tho·pä·de [オルトペーデ ortopéːdə] 男 -n/-n 整形外科医. (女性形: Orthopädin).

Or·tho·pä·die [オルトペディー ortopedíː] 女 -/ 整形外科[学].

or·tho·pä·disch [オルトペーディッシュ ortopéːdiʃ] 形 整形外科[学]の, 整形外科医の.

ört·lich [エルトりヒ ǿrtliç] 形 ① 局部的な, 局部の. eine *örtliche* Betäubung《医》局部麻酔. ② その土地(地域)の; 局地的な.

Ört·lich·keit [エルトりヒカイト] 女 -/-en ① 地方, 地域; 場所. ② 《婉曲》トイレ.

Orts꞊an·ga·be [オルツ・アンガーベ] 女 -/-n 地名の表示.

orts꞊an·säs·sig [オルツ・アンゼスィヒ] 形 《その土地に》居住している.

Orts꞊be·stim·mung [オルツ・ベシュティンムング] 女 -/-en ① 《地理》測量による位置の割出し. ② 《言》場所の状況(規定詞).

Ort·schaft [オルトシャふト] 女 -/-en 部落, 村落, 集落.

orts꞊fremd [オルツ・ふレムト] 形 その土地の者でない; その土地に不案内の.

Orts꞊ge·spräch [オルツ・ゲシュプレーヒ] 中 -[e]s/-e (電話の)市内通話. (☞「市外通話」は Ferngespräch).

Orts꞊kran·ken·kas·se [オルツ・クランケンカッセ] 女 -/-n 地域健康保健組合.

orts꞊kun·dig [オルツ・クンディヒ] 形 その土地(地方)の事情に詳しい, 土地勘のある.

Orts꞊na·me [オルツ・ナーメ] 男 -ns (3格・4格 -n)/-n 地名, 市(町・村)名.

Orts꞊**netz** [オルツ・ネッツ] 中 -es/-e ① (電話の)市内通話網. ② (電力などの)地域供給網.

Orts꞊sinn [オルツ・ズィン] 男 -[e]s 方向感覚.

orts꞊üb·lich [オルツ・ユープりヒ] 形 《官庁》その土地の慣行となっている.

Orts꞊ver·kehr [オルツ・フェァケーァ] 男 -s/ 地域内交通(郵便・通信).

Orts꞊zeit [オルツ・ツァイト] 女 -/-en 現地時[間], 地方時. (☞「標準時」は Normalzeit).

Or·tung [オルトゥング] 女 -/-en 《空・海》測位.

Os·car [オスカァ óskar] 男 -[s]/-s 《映》オスカー (アカデミー賞[受賞者に授与される立像]).

Öse [エーゼ óːzə] 女 -/-n ① (ホックなどをかける小さな)金属リング, ひも穴, ループ; 《海》ロープの環.

Os·lo [オスろ óslo] 中 -s/ 《都市名》オスロ(ノルウェーの首都).

Os·mo·se [オスモーゼ osmóːzə] 女 -/ 《化・生》浸透.

Os·na·brück [オスナ・ブリュック osna-brýk] 中 -s/ 《都市名》オスナブリュック(ドイツ, ニーダーザクセン州. ☞《地図》D-2).

Os·si [オッスィ ósi] 男 -s/-s (女 -/-s) 《口語》 (ふつう軽蔑的に:) 旧東ドイツの人. (☞「旧西ドイツの人」は Wessi).

der **Ost** [オスト ɔst] 男 (単 2) -[e]s/(複) -e (3のみ -en) ① 《冠なし; 冠詞なし; 無変化》《海・気象》東 (=Osten) (略: O). (☞「西」は West). Der Wind kommt *aus* (または *von*) *Ost*. 風が東から吹いている. ② 《地名のあとにつけて》東方, 東部. Neustadt *Ost* (または Neustadt-*Ost*) (駅名で:)ノイシュタット東. ③ 《政》東側[陣営]. ④ 《詩》《海・詩》東風 (=*Ost*wind).

Os·tal·gie [オスタるギー ɔstalgíː] 女 -/ 《口語・戯》旧東ドイツへのノスタルジー (=*Ost*[deutschland]+Nostalgie).

Ost꞊asi·en [オスト・アーズィエン] 中 -s/《地名》東アジア. Südo*stasien* 東南アジア.

Ost꞊ber·lin [オスト・ベルリーン] 中 -s/《都市名》旧東ベルリン. (☞「旧西ベルリン」は Westberlin).

Ost꞊block [オスト・ブろック] 男 -[e]s/ 旧東欧ブロック.

ost꞊deutsch [オスト・ドイチュ] 形 ① ドイツ東部[地域]の. ② (通称として:)[旧]東ドイツの.

Ost꞊deutsch·land [オスト・ドイチュるント] 中 -s/ ① ドイツ東部[地域]. ② (通称として:)[旧]東ドイツ.

*der **Os·ten** [オステン ɔ́stən]

> 東 Das Zimmer geht nach *Osten*.
> ダス ツィンマァ ゲート ナーハ オステン
> その部屋は東向きだ.

男 (単 2) -s/ ① 《ふつう冠詞なしで》東 (略: O). (英 *east*). (☞「北」は Norden, 「西」は Westen, 「南」は Süden). Die Sonne geht im *Osten* auf. 太陽は東に昇る / Der Wind kommt von *Osten*. 風が東から吹いて来る. ② 東部[地方]. im *Osten* der Stadt² 町の東部に. ③ 東洋, アジア. der Ferne *Osten* 極東 / der Nahe *Osten* 近東. ④ (昔の:)東側諸国.

os·ten·ta·tiv [オステンタティーふ ɔstɛntatíːf] 形 これ見よがしの, わざとらしい.

Os·te·o·po·ro·se [オステオポローゼ osteoporóːzə] 女 -/-n 《医》骨粗しょう症.

Os·ter꞊ei [オースタァ・アイ] 中 -[e]s/-er ① 復活祭(イースター)の[復活祭の贈り物や飾りとした]彩色した卵. ② 復活祭の卵形チョコレート.

Os·ter꞊fe·ri·en [オースタァ・フェーリエン] 複 復活祭(イースター)の休暇.

Os·ter꞊fest [オースタァ・フェスト] 中 -[e]s/-e 《キリスト教》復活祭(イースター)[の祝い].

Os·ter꞊glo·cke [オースタァ・グろッケ] 女 -/-n 《植》ラッパズイセン.

Os·ter꞊ha·se [オースタァ・ハーゼ] 男 -n/-n ① 復活祭(イースター)のうさぎ(子供たちに復活祭の卵を持って来るという言い伝えがある). ② 復活祭のうさぎ形チョコレート.

ös·ter·lich [エースタァりヒ] 形 復活祭(イースター)の. die *österliche* Zeit 復活節.

Os·ter⹀marsch [オースタァ・マルシュ] 男 -[e]s/..märsche (反戦・反核を訴える)復活祭のデモ行進.

Os·ter⹀mon·tag [オースタァ・モーンターク] 男 -[e]s/-e 復活祭(イースター)の月曜日(祝日).

*[das] **Os·tern** [オースタァン ó:stərn] 田 (単) -/(複)-《ふつう冠詞なして》《キリスト教》**復活祭**, イースター(キリストの復活記念祭. 3月21日以後の最初の満月後の第1日曜日). (英 Easter). **zu** (《南ドイツ・オーストリア: **an**) Ostern 復活祭に / weiße Ostern 雪の降る復活祭 / Frohe Ostern! 復活祭おめでとう / Ostern fällt dieses Jahr früh (spät). 復活祭は今年は早く(遅く)来る.

Ös·ter·reich [エースタァ・ライヒ ó:stəraɪç] 田 (単2) -s/《国名》**オーストリア**[共和国] (首都はウィーン). (英 Austria). Auch in Österreich spricht man Deutsch. オーストリアでもドイツ語が話される.

Ös·ter·rei·cher [エースタァ・ライヒャァ ó:stər-raɪçər] 男 -s/- オーストリア人. (女性形:-in).

ös·ter·rei·chisch [エースタァ・ライヒッシュ ó:stər-raɪçɪʃ] 形 オーストリア[人・方言]の.

Ös·ter·reich-Un·garn [エースタァライヒ・ウンガルン] 中 《史》《国名》オーストリア・ハンガリー帝国(1867年から1918年まで存続したハープスブルク家の君主国).

Os·ter⹀sonn·tag [オースタァ・ゾンターク] 男 -[e]s/-e 復活祭(イースター)の日曜日.

Ost⹀eu·ro·pa [オスト・オイローパ] 中 -s/《地名》東ヨーロッパ, 東欧.

ost⹀eu·ro·pä·isch [オスト・オイロペーイッシュ] 形 東ヨーロッパの, 東欧の.

*östlich [エストリヒ éstlɪç] I 形 ① 東の, 東部の. (英 eastern). (参考)「西の」は westlich. das östliche Frankreich フランス東部 / 15 Grad östlicher Länge (=15° ö. L.) 東経15度 / [50 km] östlich von Köln ケルンの東方 [50キロメートル]に. ② 《付加語としてのみ》東向きの; 東からの. in östliche[r] Richtung 東の方へ向かって / östliche Winde 東風. ③ 東洋の, アジアの; 東洋[人]特有の. ④ (昔の:)東側諸国の, [旧]東ドイツの.
II 副 《2格とともに》…の東[方]に. östlich der Grenze 国境の東方に.

Ost⹀nord⹀ost [オスト・ノルト・オスト] 男 -[e]s/-e 《用法については Ost を参照》《海・気象》東北東(略: ONO); 《ふつう 中》《海》東北東の風.

Ost⹀nord⹀os·ten [オスト・ノルト・オステン] 男 -s/《ふつう冠詞なし; ふつう前置詞とともに》東北東[部](略: ONO).

Ost⹀po·li·tik [オスト・ポリティーク] 女 -/《政》(昔の:)東方政策(特に旧西ドイツにおける旧東側社会主義国に対する政策).

Ös·tro·gen [エストロゲーン œstrogé:n] 田 -s/-e 《医》エストロゲン(発情ホルモン物質).

die **Ost·see** [オスト・ゼー ́st-ze:] 女 -/《定冠詞とともに》《海名》バルト海 (=das Baltische Meer).

Ost⹀süd⹀ost [オスト・ズュート・オスト] 男 -[e]s/-e 《用法については Ost を参照》《海・気象》東南東 (略: OSO); 《ふつう 中》《海》東南東の風.

Ost⹀süd⹀os·ten [オスト・ズュート・オステン] 男 -s/《ふつう冠詞なし; ふつう前置詞とともに》東南東[部](略: OSO).

ost⹀wärts [オスト・ヴェルツ] 副 東へ; 東[方]に.

Ost⹀wind [オスト・ヴィント] 男 -[e]s/-e 東風.

Os·wald [オスヴァるト ósvalt] -s/《男名》オスヴァルト.

Os·zil·la·ti·on [オスツィらツィオーン ɔstsɪlatsió:n] 女 -/-en ① 《物》振動. ② 《地学》(地殻の)昇降運動.

os·zil·lie·ren [オスツィリーレン ɔstsɪlí:rən] 自 (h) ① 《物》振動する. ② 《地学》(地殻が)昇降運動をする.

Os·zil·lo·graf [オスツィろグラーふ ɔstsɪlográ:f] 男 -en/-en 《物・医》オシログラフ.

Os·zil·lo·graph [オスツィろグラーふ] 男 -en/-en =Oszillograf

Ot·ter[1] [オッタァ ótər] 男 -s/- 《動》カワウソ.

Ot·ter[2] [オッタァ] 女 -/-n 《動》マムシ.

Ot·ti·lie [オティーリエ ɔtí:liə] -[n]s/《女名》オッティーリエ.

Ot·to [オット óto] -s/《男名》オットー.

Ot·to⹀mo·tor [オット・モートァ] 男 -s/-en [..モートーレン] 《工》オットー・エンジン(発明者 N. Otto 1832-1891 の名から).

out [アォト áut] 形 ① 《成句的に》 out sein 《口語》a) 流行遅れである, b) (人気が)落ちた である. ② 《バスケットボール・テニス》《ラグビー》(ボールが)アウトの, ラインの外に.

ou·ten [アォテン áutən] I 再帰 (h) sich⁴ outen (隠語) カミング・アウトする. sich⁴ als Alkoholiker outen 自分がアルコール中毒であると告白する. II 他 (h) (人⁴を[…であると])暴露する.

Out⹀put [アォト・プット áut-put] [英] 男 田 -s/-s ① 《コンピュータ》アウトプット, 出力. (⇔「入力」は Input). ② 《経》産出; 生産高.

Out⹀si·der [アォト・ザイダァ] [英] 男 -s/- アウトサイダー, 一匹おおかみ (=Außenseiter). (女性形: -in).

Out⹀sour·cing [アォト・ソーァスィング áutso:rsɪŋ] [英] 田 -[s]/-s 《経》アウトソーシング, 社外委託.

Ou·ver·tü·re [ウヴェルテューレ uvertý:rə] 女 -/-n 《音楽》(オペラなどの)序曲.

oval [オヴァーる ová:l] 形 卵形の, 楕円(だん)形の.

Oval [オヴァーる] 田 -s/-e 卵形, 楕円(だん)形; 楕円形の施設(公園・競技場など).

Ova·ti·on [オヴァツィオーン ovatsió:n] 女 -/-en 大喝采(かっさい). stehende Ovationen スタンディング・オベーション.

Over·all [オーヴェラーる ó:vəra:l または ..らる] [英] 男 -s/-s つなぎ(上下一体の作業服型); (子供用の)オーバーオール.

ÖVP [エー・ファオ・ペー] 女 -/《略》オーストリア国民党 (=Österreichische Volkspartei).

Ovu·la·ti·on [オヴらツィオーン ovulatsió:n] 因 -/-en 《動・医》排卵.

Oxid [オクスィート ɔksí:t] 甲 -[e]s/-e 《化》酸化物.

Oxi·da·ti·on [オクスィダツィオーン ɔksidatsió:n] 因 -/-en 《化》酸化[作用].

oxi·die·ren [オクスィディーレン ɔksidí:rən] I 目 (h, s) ① 《化》酸化する; さびる. ② 《化》電子を放出する. II 他 (h) 《化》(圈⁴を)酸化させる.

Oxyd [オクスュート ɔksý:t] 甲 -[e]s/-e =Oxid

Oxy·ge·ni·um [オクスュゲーニウム ɔksygé:nium] 甲 -s/ 《化》酸素 (記号: O) (=Sauerstoff).

der **Oze·an** [オーツェアーン ó:tsea:n または オツェアーン] 男 (単2) -s/(複) -e (3格のみ -en) 大洋, 海洋. (英 ocean). der Pazifische *Ozean* 太平洋 / der Atlantische *Ozean* 大西洋 / der Indische *Ozean* インド洋 / den *Ozean* durchqueren 大洋を横断する / über den *Ozean* fliegen 飛行機で大洋を渡る. (☞ 類語 Meer).

Oze·an゠damp·fer [オーツェアーン・ダンプふァァ] 男 -s/- 大洋[航海]汽船.

Oze·a·ni·en [オツェアーニエン otseá:niən] 甲 -s/ 《地名》オセアニア, 大洋州.

oze·a·nisch [オツェアーニッシュ otseá:nıʃ] 形 ① 大洋の, 海洋性の. *ozeanisches* Klima 海洋性気候. ② オセアニアの.

Oze·lot [オーツェろット ó:tselɔt または オッツェ.. ótse..] 男 -s/-e (または -s) ① 《動》オセロット (メキシコ産のオオヤマネコ). ② オセロットの毛皮.

Ozon [オツォーン otsó:n] 甲 (または 男) -s/ ① オゾン. ② 《口語》新鮮な空気.

Ozon゠kil·ler [オツォーン・キらァ] 男 -s/- 《隠語》オゾン破壊要因(フロンガスなど).

Ozon゠loch [オツォーン・ろッホ] 甲 -[e]s/..löcher オゾンホール.

Ozon゠schicht[オツォーン・シヒト]因-/《気象》オゾン層

P p

p¹, **P**¹ [ペー pé:] 中 –/- ペー(ドイツ語アルファベットの第16字).

p² [ピアーノ] 《記号》《音楽》ピアノ, 弱く (= piano).

P² [ペー] 《化・記号》燐(%) (= Phosphor).

P. 《略》① [パストァ または ..トーァ] 牧師 (= Pastor). ② [パーターァ] 神父 (= Pater).

Pa [ペー・アー] 《化・記号》プロトアクチニウム (= Protaktinium).

p. a. [プロー アンノ] 《略》毎年, 年ごとに (= pro anno).

p. A. [ペル アドレッセ] 《略》…気付 (= per Adresse).

＊paar [パール pá:r] **I** 形《不定数詞; 無語尾で》① 〘ein paar の形で〙二三の, いくつかの, 若干の. (英 a few). ein paar Freunde 二三人の友だち / Bitte, warten Sie noch ein paar Minuten! あと二三分待ってください / nach ein paar Jahren 二三年後に / vor ein paar Tagen 二三日前に. ② 〘**die, diese, alle, meine** などとともに〙die paar Sommermonate 夏の二三か月 / alle paar Wochen 二三週ごとに / mit diesen paar Cents これっぽっちのはした金では[どうしようもない]. **II** 形《生》《植》対になった, 対生の. paare Blätter 対を成す2枚の葉.
▶ **paar#mal**

＊das Paar [パール pá:r] **I** 中 (単2) –[e]s/(複) –e (3格のみ –en) (英 pair) ① (男女の)一組, ペア, ein Ehepaar 夫婦 / ein junges Paar 若いカップル / Die beiden werden bald ein Paar. その二人は間もなく結婚する. ② (動物の2頭の)一組; つがい. ein Paar⁴ Ochsen vor|spannen 2頭の雄牛を車の前につなぐ. **II** 中 (単2) –[e]s/(複) – (二つのものから成る)一組, 一対, 一足. ein Paar Ohrringe 一組のイヤリング / Das sind zwei Paar Stiefel. 《口語》その二つはまったく別の事柄だ.

paa·ren [パーレン pá:rən] **I** 他 (h) ① 《動》(家畜など⁴を)交配する. ② (A⁴ mit B³ ~)(A⁴をB³と)組み合わせる, 一対(一組)にする. Er paart in seinem Stil Treffsicherheit mit Witz. 彼の文体は的確さとウイットが一体となっている. **II** 再帰 (h) sich⁴ paaren ① (動物が)交尾する. ② [sich⁴ mit ~³ ~](中³と)結び付いている, 一対(一体)になっている. Bei ihr paart sich Anmut mit Geist. 彼女は優美と才気を兼ね備えている.

paa·rig [パーリヒ pá:rɪç] 形《生・医》対になった, 二つで一組の. ein paariges Organ 対をなす器官(耳・目など).

Paar≠lauf [パール・らオふ] 男 –s/ ペアスケーティング.

paar≠mal, paar Mal [パール・マール] 副〘成句的に〙ein paarmal 二三度, 数回. (注意 ein paar Male とつづる場合は必ず分かち書きになる).

Paa·rung [パールング] 囡 –/–en ① 交尾; 交配. ② (二つのものの)組み合わせ. ③ 結合. ④ 《スポ》対戦.

Paa·rungs≠zeit [パールングス・ツァイト] 囡 –/–en (動・狩)交尾期.

paar≠wei·se [パール・ヴァイゼ] 副 対(組)になって, ペアで, 二人(二つ)ずつ. 物⁴ paarweise legen 物⁴を二つずつ置く.

Pacht [パハト páxt] 囡 –/–en ① 〘ふつう単〙(土地・建物などの)賃貸借[契約]. (注意「家・部屋などの」賃貸借[契約]は Miete). 物⁴ in Pacht geben (nehmen) 物⁴を賃貸(賃借)する. ② 賃貸借契約書. ③ 賃貸借(小作)料.

pach·ten [パハテン páxtən] 他 (h) (農地・建物など⁴を)賃借する. ◇〘過去分詞の形で〙人・物⁴ [für sich] gepachtet haben 《口語・比》人・物⁴をひとり占めしている.

Päch·ter [ペヒタァ péçtər] 男 –s/– (特に地所の)賃借人, 借地(小作)人. (女性形: –in).

Pacht≠geld [パハト・ゲルト] 中 –[e]s/–er [用益]賃貸料; 借地(小作)料.

Pacht≠ver·trag [パハト・フェアトラーク] 男 –[e]s/..träge 賃貸借契約; 借地(小作)契約.

Pacht≠zins [パハト・ツィンス] 男 –es/–en [用益]賃貸料; 借地(小作)料.

Pack¹ [パック pák] 男 –[e]s/–[e] [または Päcke] 束, [小]包み. ein Pack Bücher 一包みの本 / mit Sack und Pack ab|ziehen 《口語》家財道具をまとめて引っ越す.

Pack² [パック] 中 –[e]s/《俗》(集合的に:)やくざ, ならず者. Pack schlägt sich, Pack verträgt sich. 《ことわざ》下衆(?)はけんかも早いが, 仲直りも早い.

＊das Päck·chen [ペックヒェン pékçən] 中 (単2) –s/(複) – (Pack の縮小) ① (郵)(2kg までの)小型包装物, 小型小包. (注意「ふつうの」小包」は Paket). ein Päckchen⁴ zur Post bringen 小型小包を郵便局へ持って行く / Er als Päckchen schicken 物⁴を小型小包として送る.
② 小さな包み(束). (英 small package). ein Päckchen alter Briefe² 古い手紙の束 / Wir haben alle unser Päckchen zu tragen.《口語》われわれみんなにそれぞれの苦労がある. ③ (商品などの)袋, パック. ein Päckchen Backpulver ベーキングパウダー一袋.

Pack·eis [パック・アイス] 田 -es/ (大規模な)流氷.

***pa·cken** [パッケン pákən] (packte, hat gepackt) I 他 (完了 haben) ① (トランクなど⁴に)荷物を詰める. (英 pack). Er packt den Koffer. 彼はスーツケースに荷物を詰める / ein Paket⁴ packen 小包を作る. ◇『目的語なしでも』 Ich *muss* noch *packen*. 私はこれから荷物作りしなければならない.
② 『方向を表す語句とともに』 (四⁴をトランク・箱などへ)詰める, しまう. Er *packt* den Mantel **in** den Koffer. 彼はコートをスーツケースに詰める / das Gepäck⁴ in (または **auf**) den Wagen *packen* 荷物を車に積む / 四⁴ **ins** Bett *packen* 《口語・比》四⁴をベッドに寝かせる.
③ (ぎゅっと)つかむ, (犬などが人・物⁴に)かみつく. Sie *packte* ihn **am** (または **beim**) Arm. 彼女は彼の腕をぎゅっとつかんだ / Der Hund *packte* den Dieb am Bein. 犬は泥棒の脚にかみついた. (☞ 類語 fangen).
④ 《比》(感動・発熱などが) 襲う; 感動させる, (四⁴の)心をとらえる. Angst *hat* sie *gepackt*. 不安が彼女を襲った / Das Buch *hat* mich sehr *gepackt*. その本に私はたいへん感動した. ◇『現在分詞の形で』 ein *packender* Film 感動的な映画.
⑤ 『**es** を目的語として成句的に』 Hast du's (=du es) endlich *gepackt*? 《俗》やっとわかった？ ⑥ 《口語》(仕事など⁴をかたづける; (バスなど⁴に)間に合う. *Packen* wir den Zug noch? その列車にまだ間に合うかな.
II 再帰 (完了 haben) *sich*⁴ *packen* 《口語》さっさと立ち去る. *Pack dich!* とっととうせろ.

Pa·cken [パッケン] 男 -s/- 包み, 束. ein *Packen* Wäsche 一抱えの洗濯物.

Pa·cker [パッカァ pákər] 男 -s/- ① 荷造り人, 包装係; (引っ越しの際の)家具荷造り(運搬)業者. (女性形: -in). ② 《狩》いのしし狩りの猟犬.

Pack≠esel [パック・エーゼる] 男 -s/- 《口語》荷を運ぶろば; 《比》荷物持ち.

Pack≠pa·pier [パック・パピーァ] 田 -s/-e 包み紙, 包装紙.

pack·te [パックテ] ＊ packen (荷物を詰める)の 過去

die **Pa·ckung** [パックング pákʊŋ] 囡 (単)-/(複)-en ① 一包み, 一箱; 包装[紙], パッケージ, パック. (英 packet). Frischhaltepackung (食品の)真空パック / eine *Packung* Zigaretten たばこ一箱 / eine *Packung*⁴ öffnen (aufreißen) 包み紙を開ける(破いて開ける). ② 《医》湿布. ③ 《スプ・隠語》大敗. eine *Packung*⁴ bekommen 大敗を喫する. ④ 《工》パッキング, 詰め物. ⑤ 《建》(道路の)砕石路床. ⑥ (スス) [手]荷物, 《軍》行軍装備.

Päd·a·go·ge [ペダゴーゲ pɛdagó:gə] 男 -n/-n ① 教育者, 教師 (=Lehrer). (女性形: Pädagogin). ② 教育学者.

Päd·a·go·gik [ペダゴーギク pɛdagó:gɪk] 囡 -/ 教育学.

päd·a·go·gisch [ペダゴーギッシュ pɛdagó:gɪʃ] 形 ① 教育学の. eine *pädagogische* Hochschule 教育大学. ② 教育[上]の; 教育的な.

Pad·del [パッデる pádəl] 田 -s/- (カヌーなどの)かい(櫂), パドル.

Pad·del≠boot [パッデる・ボート] 田 -[e]s/-e 手こぎボート(カヌー・カヤックなど).

pad·deln [パッデるン pádəln] 自 (h, s) ① (h, s) パドルで舟をこぐ; カヌー(カヤック)に乗る. ② (s) (…へ)パドルで行く; 犬かきで泳いで行く.

Päd·e·rast [ペデラスト pɛderást] 男 -en/-en (少年を好む)男色家, ホモ.

Päd·i·a·trie [ペディアトリー pɛdiatríː] 囡 -/ 《医》小児科学 (=Kinderheilkunde).

paff! [パふ páf] 間 (爆音・銃声など:)ぱん, ばーん.

paf·fen [パッふェン páfən] I 自 (h) 《口語》たばこ(パイプ)をぷかぷか吹かす. II 他 (h) (たばこ・パイプ⁴を)ぷかぷか吹かす.

Pa·ge [パージェ páːʒə] [ミス] 男 -n/-n ① (ホテルなどの)ボーイ. ② 《史》小姓(こしょう).

Pa·gen≠kopf [パージェン・コプふ] 男 -[e]s/..köpfe おかっぱ頭. (☞ Haar 図).

Pa·ger [ページャァ pé:dʒər] 《英》男 -s/- ポケットベル.

pa·gi·nie·ren [パギニーレン paginí:rən] 他 (h) 《製本》(原稿など⁴に)ページ数を打つ.

Pa·go·de [パゴーデ pagó:də] I 囡 -/-n (東アジア諸国の)寺院の塔, 仏塔, パゴダ. II 男 -n (または 囡 -n/-n)《古》(東アジアの)神仏座像 (小さい陶磁器製で, 手・首が動く).

pah! [パー páː] 間 (軽蔑を表して:)へん, ぺっ.

＊*das* **Pa·ket** [パケート paké:t]

小包

Ich bringe das *Paket* zur Post.
イヒ　ブリンゲ　ダス　パケート　ツア　ポスト
私はその小包を郵便局へ持って行きます.

田 (単2) -[e]s/(複) -e (3格のみ -en) ① 《郵》(2-20kg までの)[郵便]小包. (英 package, parcel). (☞ 「(2kg 以下の)小型郵便物」は Päckchen). ein *Paket*⁴ packen 小包を作る / ein *Paket*⁴ bei der Post aufgeben 郵便局に小包を出す / Er hat ein *Paket* an seinen Sohn geschickt. 彼は息子に小包を送った.
② 包み, 束. ein *Paket* Bücher 一包みの本.

Pa·ket≠an·nah·me [パケート・アンナーメ] 囡 -/-n 《郵》① 《複 なし》(郵便局の)小包受け付け. ② 小包受付窓口.

Pa·ket≠kar·te [パケート・カルテ] 囡 -/-n 《郵》小包の送り状, 小包伝票.

Pa·ki·stan [パーキスターン páːkɪstaːn または ..スタン] 田 -s/《国名》パキスタン [・イスラム共和国] (首都はイスラマバード).

der **Pakt** [パクト pákt] 男 (単2) -[e]s/(複) -e (3格のみ -en) (英 pact) ① (国家間の)条約, 協定. Sicherheits*pakt* 安全保障条約 / einen *Pakt* **mit** einem Staat schließen ある国と条約を結ぶ. ② (個人間の)契約. Fausts

Pakt mit dem Teufel ファウストの悪魔との契約.

pak·tie·ren [パクティーレン paktí:rən] 自 (h)《mit 人³ ～》(ふつう軽蔑的に):(人³と)協定を結ぶ, 手を組む.

PAL [パール]《略》(ビデオなどの)パル[方式] (= phase alternation line).

Pa·lais [パレー palé:] [ジス] 中 - [パレーズ]/- [パレース] 宮殿, 館(ゃかた) (=Palast).

Pa·lä·on·to·lo·gie [パレオントろギー palɛontologí:] 女/- 古生物学.

Pa·läo·zo·i·kum [パレオツォーイクム palɛotsó:ikum] 中 -s/《地学》古生代.

Pa·las [パらス pálas または パ..] 男 -/..lasse 《建》(中世の城の)本丸, 館. (☞ Burg 図).

der **Pa·last** [パらスト palást] 男 (単 2) -es (まれに -s)/(複) ..läste [パれステ] (3 格のみ ..lästen) 宮殿, 館(ゃかた) (英 palace). ein prunkvoller *Palast* 華麗な宮殿.

Pa·läs·te [パれステ] Palast (宮殿) の複.

Pa·läs·ti·na [パれスティーナ palɛstí:na] 中 -s/《地名》パレスチナ (ヨルダン西方の地中海沿岸地方. 古称カナン).

Pa·läs·ti·nen·ser [パれスティネンザァ palɛstinénzɐr] 男 -s/- パレスチナ人. (女性形: -in).

Pa·la·tschin·ke [パらチンケ palatʃínkə] 女/-n 《オーストリア》パラチンケ(クレープ風の卵入りパンケーキ).

Pa·la·ver [パらーヴァァ palá:vɐr] 中 -s/-《口語》とめどないおしゃべり;(結論の出ない)長談義.

pa·la·vern [パらーヴァァン palá:vɐrn] (區分 palavert) 自 (h)《口語》とめどないおしゃべりをする; 長々とむだな話し(交渉)をする.

Pa·le·tot [パルトー pálətot または パるトー paltó:] [ジス] 男 -s/-s [..トー]《服飾》(丈の短い)ダブルのコート.

Pa·let·te [パれッテ palétə] 女 -/-n ① (絵画用の)パレット;(比)色とりどり, 多彩. ②《工・経》パレット(フォークリフト用の荷台).

Pa·li·sa·de [パリザーデ palizá:də] 女 -/-n ①《ふつう複》先のとがった柵(さく), 矢来(やらい). ② 防御柵(さく).

Pal·la·di·um [パらーディウム palá:dium] 中 -s/《化》パラジウム (記号: Pd).

Pal·me [パるメ pálmə] 女 -/-n ①《植》ヤシ, シュロ. 人⁴ auf die *Palme* bringen《口語》人⁴をかんかんに怒らせる / auf die *Palme* gehen《口語》かんかんに怒る. ②《雅》勝利の象徴としてのしゅろの葉.

Palm·öl [パるム・エーる] 中 -[e]s/-e やし油, パーム油(油やしの果肉から取る).

Palm≠sonn·tag [パるム・ゾンターク] 男 -[e]s/-e《キリスト教》しゅろの聖日, 枝の主日 (復活祭直前の日曜日).

PAL-Sys·tem [パーる・ズュステーム] 中 -s/ (ビデオなどの)パル方式 (ドイツなどのカラー放送システム).

Pam·pe [パンペ pámpə] 女 -/《北ドイツ・中部ドイツ》① どろどろのかゆ. ② 泥.

Pam·pel·mu·se [パンペるムーゼ pámpəlmu:zə または ..ムーゼ] 女 -/-n《植》グレープフルーツ[の木].

Pam·phlet [パムふれート pamflé:t] 中 -[e]s/-e (政治的な)中傷(攻撃・誹謗(ひぼう))文書.

Pan [パーン pá:n] 男 -s/《ギリシャ神》パン, 牧羊神(牧人・狩人の守護神. 上半身は人間, 下半身はやぎの姿をしている. ローマ神話のファウヌスに当たる).

pan.., Pan.. [パン.. pan..]《形容詞・名詞につける接頭》《全・汎(はん)》例: *pan*arabisch 汎アラブ主義の.

Pa·na·ma [パナマ pánama または パー..] I 男 -s/①《国名》パナマ[共和国]. ②《都市名》パナマ・シティ (パナマ共和国の首都). II 男 -s/ ①《織》パナマ織り. ② パナマ帽.

der **Pa·na·ma·ka·nal** [パナマ・カナーる] 男 -s/《定冠詞とともに》パナマ運河.

Pan·da [パンダ pánda] 男 -s/-s《動》① パンダ. ② レッサーパンダ.

Pan·de·mie [pandemí: パンデミー] 女 -/-n [..ミーエン]《医》パンデミック(世界的・広域的な大流行病).

Pan·do·ra [パンドーラ pandó:ra] 女 -s/《ギリシャ神》パンドラ(地上最初の女性で, 地上のあらゆる災いをもたらしたとされている). die Büchse der *Pandora*² パンドラの箱 (パンドラが開けてしまった, 災いの封じ込められていた箱).

Pa·neel [パネーる pané:l] 中 -s/-e 羽目板, 鏡板.

Pa·nier [パニーァ paní:r] 中 -s/-e ①《雅》標語, モットー. ②《古》軍旗.

pa·nie·ren [パニーレン paní:rən] 他 (h)《料理》(肉・魚など⁴にフライ用の)ころもを付ける.

Pa·nier≠mehl [パニーァ・メーる] 中 -[e]s/ (フライ用の)パン粉.

Pa·nik [パーニク pá:nɪk] 女 -/-en《ふつう単》パニック, 恐慌[状態]. Eine *Panik* bricht aus. パニックが起こる / in *Panik* geraten パニック状態に陥る / Nur keine *Panik*! まあ落ち着いて.

Pa·nik≠ma·che [パーニク・マッヘ] 女 -/ (意図的に)パニック状態をつくり出すこと.

pa·nisch [パーニッシュ pá:nɪʃ] 形 パニックのような, あわてふためいた. *panische* Angst 突然の激しい不安.

Pan·kre·as [パンクレアス páŋkreas] 中 -/ ..kreaten [..クレアーテン]《医》膵臓(すいぞう) (= Bauchspeicheldrüse).

die **Pan·ne** [パンネ pánə] 女 (単) -/(複) -n ① (車・機械などの不意の)故障. (英 breakdown). Reifen*panne* タイヤのパンク / Der Wagen hatte eine *Panne*. 車が故障した. ② (不注意による)失敗, ミス.

Pan·nen·dienst [パンネン・ディーンスト] 男 -[e]s/-e (故障車の)道路サービス[機関].

Pan·op·ti·kum [パノプティクム panóptikum] 中 -s/..tiken 骨董品(こっとうひん)陳列室.

Pan·o·ra·ma [パノラーマ panorá:ma] 中 -s/..ramen ① 広々とした眺望, パノラマ, 全景. ② パノラマ写真, 全景画.

pan·schen [パンシェン pánʃən] I 他 (h)《口語》(酒・ミルクなど⁴を)水で薄める. II 自 (h)《口語》

(子供が)水をぱちゃぱちゃさせて遊ぶ.

Pan·sen [パンゼン pánzən] 男 -s/- ① 《動》瘤胃(りゅうい)(反芻動物の第1胃). ② 《方・戯》胃.

Pan·ta·lons [パンタローンス pātaló:s または パン..pan..] [复] 圈 《服飾》パンタロン(フランス革命中に流行した長いズボン).

Pan·ter [パンタァ pántər] 男 -s/- =Panther

Pan·the·is·mus [パン・テイスムス pan-teísmus] 男 -/- 《哲・宗》汎神(はんしん)論.

Pan·the·on [パンテオン pánteɔn] 中 -s/-s ① パンテオン(古代ギリシア・ローマの万神殿); (国家的偉人を祭る)英霊廟(びょう). ② 《宗》(ある宗教の)すべての神々.

Pan·ther [パンタァ pántər] 男 -s/- 《動》ヒョウ(豹) (=Leopard).

Pan·ti·ne [パンティーネ pantí:nə] 女 -/-n (北ドイツ)木のサンダル (=Holzpantoffel).

der **Pan·tof·fel** [パントッふェる pantófəl] 男 (単2) -s/(複) -n スリッパ, 上履き. (にぎ Schuh 図). 《英》 slipper. die *Pantoffeln*⁴ an|ziehen (aus|ziehen) スリッパをはく(脱ぐ)/ den *Pantoffel* schwingen 《口語》亭主を尻(しり)に敷く(←スリッパを振り上げる)/ **unter** dem *Pantoffel* stehen 《口語》女房の尻に敷かれている.

Pan·tof·fel⹀held [パントッふェる・ヘるト] 男 -en/-en 《口語》女房の尻(しり)に敷かれた亭主.

Pan·tof·fel⹀ki·no [パントッふェる・キーノ] 中 -s/-s 《口語・戯》テレビ (=Fernsehen).

Pan·to·let·te [パントれッテ pantolétə] 女 -/-n 《ふつう 複》ヘップサンダル. (△⇒ *Panto*ffel と Sand*alette* の合成語).

Pan·to·mi·me [パントミーメ pantomí:mə] I 女 -/-n パントマイム. II 男 -n/-n パントマイムの俳優. (女性形: Pantomimin).

pan·to·mi·misch [パントミーミッシュ pantomí:mɪʃ] 形 パントマイムの, 無言劇の; 身ぶりによる.

pant·schen [パンチェン pántʃən] 他 (h)·自 (h) =panschen

der **Pan·zer** [パンツァァ pántsər] 男 (単2) -s/(複) - (3格のみ -n) ① 《軍》戦車, タンク. 《英》 tank. *Panzer* stoßen vor. 戦車は出撃する. ② 装甲[板]. ③ 《動》(甲虫・カメなどの)甲皮, 甲殻. ④ (昔の)甲冑(かっちゅう)で武装させる. ◊《再帰的に》 sich⁴ **gegen** 圈⁴ *panzern* 圈⁴に対して防衛を固める.

Pan·zer⹀plat·te [パンツァァ・プらッテ] 女 -/-n 装甲鋼板.

Pan·zer⹀schrank [パンツァァ・シュランク] 男 -[e]s/..schränke 鋼鉄製の金庫.

Pan·ze·rung [パンツェルング] 女 -/-en 装甲.

Pan·zer⹀wa·gen [パンツァ・ヴァーゲン] 男 -s/- 《軍》戦車; 装甲車両.

Pa·pa [パパー papá: または パッパ] 男 -s/-s パパ, お父さん. (≧「ママ」は Mama).

Pa·pa·gei [パパガイ papagái または パッパ..] 男 -en (または -s)/-en (まれに -e) 《鳥》オウム.

Pa·pa·gei⹀en⹀krank·heit [パパガイエン・クランクハイト] 女 -/-en 《医》オウム病.

Pa·pa·raz·zo [パパラッツォ paparátso] 男 -s/..razzi 《口語》しつこい追っかけカメラマン(レポーター).

Pa·per⹀back [ペーパァ・ベック] 《英》 中 -s/-s ペーパーバック, 略装本.

Pa·pi [パッピー pápi] 男 -s/-s 《幼児》パパ (=Papa).

das **Pa·pier** [パピーァ papí:r]

紙	Gib mir bitte ein Blatt *Papier*!
	ギープ ミァ ビッテ アイン ブらット パピーァ
	紙を1枚くれないか.

中 (単2) -s/(複) -e (3格のみ -en) ① 《複なし》紙. 《英》 paper. weißes *Papier* 白い紙 / glattes (raues) *Papier* つるつるした紙(ざら紙) / ein Blatt (ein Stück) *Papier* 1枚の(一片の)紙 / Das steht nur **auf** dem *Papier*. それは机上の空論にすぎない(←紙の上だけのこと) / 物⁴ **in** *Papier* ein|wickeln 物⁴を紙に包む / 圈⁴ **zu** *Papier* bringen 圈⁴を書き留める / *Papier* ist geduldig. 《諺》 [何を書いても紙は怒らない(「書かれているからといってそれをうのみにしてはいけない」という戒め).

② 書類, 文書, 資料. ein wichtiges *Papier* 重要書類 / geheime *Papiere* 機密文書 / die *Papiere*⁴ ordnen 書類を整理する / ein *Papier*⁴ unterzeichnen 書類に署名する.

③ 《ふつう 複》(公的な)証明書, 許可証, 免許証, 旅券, 身分証明書. Darf ich mal Ihre *Papiere* sehen? 身分証明書をお見せください.

④ 《経》有価証券 (=Wert*papier*).

△⇒ ..papier のいろいろ: Altpapier 古紙 / Briefpapier 便箋 / Buntpapier 色紙 / Konzeptpapier 下書き用紙 / Linienpapier 罫紙 / Notenpapier 五線紙 / Packpapier 包装紙 / Schreibpapier 筆記用紙 / Toilettenpapier トイレットペーパー / Wertpapier 有価証券 / Zeichenpapier 画用紙 / Zeitungspapier 新聞紙.

Pa·pier⹀bo·gen [パピーァ・ボーゲン] 男 -s/- 《印》全紙.

Pa·pier⹀deutsch [パピーァ・ドイチュ] 中 -[s]/ (軽蔑的に)無味乾燥なドイツ語(官庁ドイツ語など).

pa·pie·ren [パピーレン papí:rən] 形 ①《付加

語としてのみ》紙製の. eine *papierene* Serviette 紙ナプキン. ②紙のような；《比》(話し方・文体などの)無味乾燥な. ein *papierener* Stil 味気ない文体.

Pa·pier⹀fa·brik [パピーァ・ファブリーク] 囡 -/-en 製紙工場.

Pa·pier⹀geld [パピーァ・ゲルト] 回 -[e]s/ 紙幣 (=Banknoten). 《ce》「硬貨」は Hartgeld).

Pa·pier⹀hand·tuch [パピーァ・ハントトゥーフ] 回 -[e]s/..tücher 紙タオル.

Pa·pier⹀korb [パピーァ・コルプ] 男 -[e]s/..körbe 紙くずかご. 物⁴ in den *Papierkorb* werfen 物⁴を紙くずかごにほうり込む.

Pa·pier⹀kram [パピーァ・クラーム] 男 -[e]s/ 《口語》(役所の)煩雑な書類による手続き).

Pa·pier⹀krieg [パピーァ・クリーク] 男 -[e]s/-e 《口語》(役所相手の)文書合戦(煩雑な書類の果てしないやり取り).

Pa·pier⹀ma·ché [パピエ・マシェー] 回 -s/-s =Papiermaschee

Pa·pier⹀ma·schee [パピーァ・マシェー] 回 -s/-s 混凝(ミト)紙(張り子の材料. 水に溶かした紙に糊などを混ぜたもの).

Pa·pier⹀schnit·zel [パピーァ・シュニッツェル] 回(オストリ:) -s/- 紙片, 紙の切りくず.

Pa·pier⹀ser·vi·et·te [パピーァ・ゼルヴィエッテ] 囡 -/-n 紙ナプキン.

Pa·pier⹀ta·schen·tuch [パピーァ・タッシェントゥーフ] 回 -[e]s/..tücher ティッシュペーパー.

Pa·pier⹀ti·ger [パピーァ・ティーガァ] 男 -s/- 張り子の虎((見かけは強そうだが, 実際は何の力もない人(もの)).

Pa·pier⹀tü·te [パピーァ・テューテ] 囡 -/-n 紙袋.

Pa·pier⹀wa·ren [パピーァ・ヴァーレン] 複 紙製品; 文房具の紙類.

Papp [パップ páp] 男 -s/-e 《ふつう 無》《方》① かゆ. ② 糊(リ).

Papp⹀band [パップ・バント] 男 -[e]s/..bände 厚紙装丁(ハードカバー)の本(略: Pp., Pab., Ppbd.).

Papp⹀de·ckel [パップ・デッケル] 男 -s/- 厚紙[表紙], ボール紙.

die **Pap·pe** [パッペ páːpə] 囡 (単) -/(複) -n ① 厚紙, ボール紙. 《米》cardboard). *Wellpappe* 段ボール紙 / *steife Pappe* 堅い厚紙. ②《口語》かゆ; 糊(ペ) (=Papp). Das ist nicht *von* (または *aus*) *Pappe*. 《口語》そいつはばかにならない, それはなかなかたいしたものだ.

Pap·pel [パッペル pápəl] 囡 -/-n ①《植》ポプラ. ②《物⁴》ポプラ材.

päp·peln [ペッペルン péppəln] 他 (h)《口語》(子供・病人など⁴に)栄養のあるものを食べさせる.

pap·pen [パッペン pápən] I 他 (h)《口語》(物⁴を糊(°)などで…⁴に)貼(ゴ)り付ける, くっつける. einen Zettel **auf** die Kiste *pappen* レッテルを箱に貼る. II 自 (h)《口語》(雪などが)くっつく.

Papp·pen·de·ckel [パッペン・デッケル] 男 -s/- 厚紙[表紙], ボール紙 (=Pappdeckel).

Papp·pen·hei·mer [パッペン・ハイマァ pápənhaimər] 男《成句的に》Ich kenne meine *Pappenheimer*.《口語》私は自分の部下(子供・生徒)がやりそうなことは十分心得ている.《ce》30年戦争の将軍 *Pappenheim* の名から).

Pap·pen·stiel [パッペン・シュティール] 男《成句的に》Das ist [doch] kein *Pappenstiel*.《口語》そいつはばかにできないぞ. / Das ist keinen *Pappenstiel* wert.《口語》それは何の値打ちもない. 《ce》*Pappenstiel* は「たんぽぽの茎」).

pap·per·la·papp! [パッパァらパップ pápərlapáp]《くだらないおしゃべりに対して)ばかばかしい, もうやめてくれ.

pap·pig [パピヒ pápiç] 形《口語》① ねばねば(べとべと)した. ② どろどろした, かゆ状の. ③ (パンなどが)生焼けの.

Papp·kar·ton [パップ・カルトーン] 男 -s/-s ボール箱.

Papp⹀ma·ché [パップ・マシェー] 回 -s/-s = Papiermaschee

Papp⹀ma·schee [パップ・マシェー] 回 -s/-s 混凝(ミト)紙 (=Papiermaschee).

Papp⹀schach·tel [パップ・シャハテル] 囡 -/-n (小さめの)厚紙の箱.

Papp⹀schnee [パップ・シュネー] 男 -s/ べた雪.

Papp⹀tel·ler [パップ・テらァ] 男 -s/- 紙皿.

der **Pa·pri·ka** [パプリカ または パー..] 男 (単 2)-s/(複)-s ①《植》ピーマン, パプリカ. ②《囡 も》ピーマン(パプリカ)の実. gefüllte *Paprika* 肉詰めピーマン. ③《獨 なし》パプリカ(香辛料の一種).

der **Papst** [パープスト páːpst] 男 (単2) -es (まれに -s)/(複) Päpste [ペープステ] (3格のみ Päpsten)《カック》《ローマ》教皇, 法王. 《英》pope). der Segen des *Papstes* 教皇の祝福 / ein *Papst* auf dem Gebiet der Mode²《比》ファッション界の最高権威.

Päps·te [ペープステ] Papst (教皇)の複

Päps·tin [ペープスティン péːpstɪn] 囡 -/..tinnen《カック》(伝説上の)女教皇[ヨハンナ];《比》(女性の)最高権威.

päpst·lich [ペープストリヒ] 形《ローマ》教皇の. der *päpstliche* Segen 教皇の祝福 / Er ist *päpstlicher* als der Papst.《口語》彼は必要以上に厳格だ(←教皇よりも教皇的の).

Papst·tum [パープストトゥーム] 回 -s/ 教皇職, 教皇権(制度).

Pa·py·rus [パピュールス papýːrus] 男 -/..pyri ①《植》パピルス. ②(古代の)パピルス紙. ③ パピルス写本(古文書).

pa·ra..., Pa·ra.., [パラ.. para.. または パーラ..]《形容詞・名詞につける》接頭》①《並列・付随・副》例: *parallel* 平行の. ②《反対・倒錯》例: *paradox* 矛盾した.

Pa·ra·bel [パラーベル paráːbəl] 囡 -/-n ①《文学》たとえ話, 寓話. ②《数》放物線.

Pa·ra·bol·an·ten·ne [パラボール・アンテンネ] 囡 -/-n 《電》パラボラアンテナ.

pa·ra·bo·lisch [パラボーリッシュ parabóːlɪʃ] 形 ① たとえ話の(ような), 寓話的な. ②《数》

Pa·ra·bol·spie·gel [パラボール・シュピーゲる] 男 -s/- 《光》放物面鏡.

Pa·ra·cel·sus [パラツェるズス paratsélzus] 男《人名》パラケルスス (Philippus Aureolus *Paracelsus*, 本名 Theophrastus Bombastus von Hohenheim 1493–1541; スイスの医者・思想家).

Pa·ra·de [パラーデ pará:də] [22] 女 -/-n ①《軍》観兵式, 閲兵[式], パレード. ②《フェンシング》かわし, 防衛;《サッカーで:》(キーパーの)セービング. △ ³ in die *Parade* fahren a) 囚³ に真っ向から反論(反対)する, b) 囚³ のじゃまをする. ③《馬術で:》停止.

Pa·ra·de·bei·spiel [パラーデ・バイシュピーる] 中 -[e]s/-e 典型的な(模範的な)例.

Pa·ra·dei·ser [パラダイザァ paradáizər] 男 -s/- (オスタ)トマト (=Tomate).

Pa·ra·de·schritt [パラーデ・シュリット] 男 -[e]s/ 《軍》観兵式行進の歩調(伸ばした脚をけり出す).

pa·ra·die·ren [パラディーレン paradí:rən] 自 (h) ①《軍》分列行進をする. ②《雅》(目だつように…に)展示されている. ③ 〖mit 男³ ~〗《雅》(男³を)見せびらかす, ひけらかす.

das **Pa·ra·dies** [パラディース paradí:s] 中(単2) -es/(複) -e (3格のみ -en) ①《冠なし》《宗》楽園, パラダイス, 極楽. (英 paradise). die Vertreibung **aus** dem *Paradies* (アダムとエバの)楽園追放 / **ins** *Paradies* kommen (死んで)天国へ行く / das *Paradies*⁴ auf Erden haben 《比》この上なく幸せである. ②(楽園のように)すばらしい所. ein *Paradies* für Skiläufer スキーヤーにとっての絶好の場所. ③《建》パラダイス (中世の教会の柱廊に囲まれた中庭).

pa·ra·die·sisch [パラディーズィッシュ paradí:zɪʃ] 形 ①楽園の, パラダイスの. ②楽園のような, この上なくすばらしい.

Pa·ra·dies·vo·gel [パラディース・フォーゲる] 男 -s/..vögel 《鳥》フウチョウ(風鳥), ゴクラクチョウ(極楽鳥).

Pa·ra·dig·ma [パラディグマ paradígma] 中 -s/..digmen (または ..digmata) ①模範, 手本. ②《言》連合関係, 語形変化一覧;(一定の文脈内での)交換可能語例. ③ パラダイム, 理論的枠組.

pa·ra·dox [パラドクス paradóks] 形 ①逆説的な, 矛盾した. ②《口語》理不尽な, ばかげた.

Pa·ra·dox [パラドクス] 中 -es/-e =Paradoxon

Pa·ra·do·xon [パラードクソン pará:dɔksɔn] 中 -s/..doxa ①矛盾, 背理. ②《哲・修》逆説, パラドクス.

Par·af·fin [パラふィーン parafí:n] 中 -s/-e パラフィン, 石ろう. 〖ふつう 冠〗《化》メタン列炭化水素.

Pa·ra·graf [パラグラーふ paragrá:f] 男 -en/-en (文章の)パラグラフ, 段落, 文節;(法規の)条文; パラグラフ記号 (記号: §, 複 §§). **nach** *Paragraf* 8 第8条によって.

Pa·ra·gra·fen·rei·ter [パラグラーフェン・ライタァ] 男 -s/- (軽蔑的に:)規則一辺倒の人.(女性形: -in).

Pa·ra·graph [パラグラーふ paragrá:f] 男 -en/-en =Paragraf

Pa·ra·gra·phen·rei·ter [パラグラーフェン・ライタァ] 男 -s/- =Paragrafenreiter

Pa·ra·gu·ay [パーラグヴァイ pá:ragvaɪ または パラグアイ paraguáɪ] 中 -s/《国名》パラグアイ[共和国](南アメリカ中南部. 首都はアスンシオン).

Par·al·la·xe [パラクセ paralákse] 女 -/-n 《物・天・写》視差, パララックス.

par·al·lel [パラれール paralé:l] 形 ①平行の, 平行した.(英 *parallel*). *parallele* Linien 平行線 / Die Bahn läuft *parallel* **mit** dem (または **zum**) Fluss. 鉄道は川と平行に走っている. ②並行して(同時に)行われる. *parallele* Vorgänge 同時に進行している出来事.

Par·al·le·le [パラれーれ paralé:lə] 女 -/-n ①《数》平行線. die *Parallele*⁴ **zu** einer Geraden ziehen ある直線に平行線を引く. ②《比》対比[物], 類似[物], 匹敵する人(もの). A⁴ **mit** B³ **in** *Parallele* bringen (または stellen) A⁴ を B³ と比較する. ③《音楽》平行.

Par·al·le·li·tät [パラれリテート paralelité:t] 女 -/-en ①《冠なし》《数》平行. ②相似, 相似(類似)点.

Par·al·le·lo·gramm [パラれろグラム paralelográm] 中 -s/-e 《数》平行四辺形.

Par·al·lel·schal·tung [パラれール・シャるトゥング] 女 -/-en 《電》並列接続.

Pa·ra·lym·pics [パラリュンピクス paralýmpıks] 複 パラリンピック, 国際障害者スポーツ大会.

Pa·ra·ly·se [パラリューゼ paralý:zə] 女 -/-n 《医》〔完全〕麻痺(ひ), 不随. progressive *Paralyse* 進行性麻痺.

pa·ra·ly·sie·ren [パラリュズィーレン paralyzí:rən] 他 (h) ①《医》(人・物⁴を)麻痺(ひ)させる, 不随にする (=lähmen). ②(国家など⁴の)機能を麻痺(ひ)させる, 弱体化する.

pa·ra·ly·tisch [パラリューティッシュ paralý:tɪʃ] 形 《医》麻痺(ひ)性の, 麻痺した.

Pa·ra·noia [パラノイア paranóya] 女 -/ 《医》パラノイア, 偏執症, 妄想症.

Pa·ra·nuss [パーラ・ヌス] 女 -/..nüsse 《植》ブラジルナッツ.

pa·ra·phie·ren [パラふィーレン parafí:rən] 他 (h) (条約など⁴に)イニシャルでサインする, 仮調印する.

Pa·ra·phra·se [パラふラーゼ parafrá:zə] 女 -/-n ①《言》パラフレーズ(原文の意を平易に言い換えること); 意訳. ②《音楽》パラフレーズ.

pa·ra·phra·sie·ren [パラふラズィーレン parafrazí:rən] 他 (h) ①《言》(文・表現など⁴を)パラフレーズする; 意訳する. ②《音楽》パラフレーズする.

Pa·ra·sit [パラズィート parazí:t] 男 -en/-en ①《生》寄生植物(動物). ②《文学》(古代ギリシア喜劇に登場する)寄食者, 居候.

pa·ra·si·tär [パラズィテーァ parazité:r] 形 ①

《生》寄生[生物]の. ② 《比》寄生虫のような, 居候のような.

pa·rat [パラート pará:t] 形 準備(用意)のできた, すぐ使える. Er hat immer eine Antwort parat. 彼はいつもああ言えばこうだ.

Pär·chen [ペールヒェン ....] 中 -s/- (Paar の 縮小) (若い男女の)カップル; (小鳥などの)つがい.

Par·don [パルドーン pardɔ́] [汉] 男中 -s/ 許し, 容赦. Pardon! [間投詞的に] ごめんなさい, 失礼 (=Verzeihung!). kein Pardon⁴ (または keinen Pardon) kennen 情け容赦もない.

Par·en·the·se [パレンテーゼ parεnté:zə] 女 -/-n 《言》① 挿入語句(文). ② 挿入記号 (ダッシュ・かっこなど). einen Satz in Parenthese setzen 文をかっこに入れる / in Parenthese くちでいる, ついでに言える.

par ex·cel·lence [パレクセラーンス parεksεlá:s] [汉] 副 真の意味での, この上ない, …そのもの. Er ist ein Dandy par excellence. 彼はダンディそのものだ.

Par·fum [パルフューエン parfœ̃:] [汉] 中 -s/-s =Parfüm

das **Par·füm** [パルフューム parfý:m] 中 (単2)-s/(複)-e (3格のみ -en) または (複) -s 香水; 《雅・比》芳香. ein Duft von Parfüm 香水の香り / Parfüm⁴ sprayen (または zerstäuben) 香水をスプレーする.

Par·fü·me·rie [パルフューメリー parfymərí:] 女 -/-n [..リーエン] ① 香水(化粧品)店. ② 香水製造所.

par·fü·mie·ren [パルフューミーレン parfymí:rən] 他 (h) ((人物⁴に)香水を振りかける; (石けんなど⁴に)香料を入れる.

pa·ri [パーリ pá:ri] [汉] 副 ① 《成句的に》 **über** (unter) pari 《経》 額面価格以上(以下) で / **zu** pari 額面価格で. ② 《成句的に》 pari stehen どちらとも言えない, 五分五分である.

Pa·ria [パーリア pá:ria] 男 -s/-s ① パリア(インドの最下層賤民). ② 《比》社会ののけ者.

pa·rie·ren¹ [パリーレン parí:rən] 他 (h) ① (攻撃など⁴を)かわす, 防ぐ. den Schuss parieren シュートを防ぐ. ② 《比》 (質問など⁴ を)かわす.

pa·rie·ren² [パリーレン] 自 (h) 《口語》 言うことを聞く, (人³に)従順である. 人³ **aufs** Wort parieren 人³の言うとおりにする.

Pa·ris¹ [パーリス pá:rɪs] [ギ神] パリス(トロヤの王子. スパルタの王妃ヘレナを奪い去ったためトロヤ戦争が起こった).

Pa·ris² [パリース parí:s] 中 [都市名] パリ (フランスの首都).

Pa·ri·ser [パリーザァ parí:zər] I 男 -s/- ① パリの市民(出身者), パリっ子, パリジャン. (女性形 -in). ② 《俗》 コンドーム. II 形 [無語尾で] パリ[市民]の. Pariser Mode パリの流行.

Pa·ri·tät [パリテート parité:t] 女 -/-en 《ふつう単》 ① 同等, 同格, 同権. ② 《経》 (外貨または金の)平価, 等価.

pa·ri·tä·tisch [パリテーティッシュ parité:tɪʃ] 形 同等の, 同格の.

der **Park** [パルク párk]

> 公園
> Gehen wir im *Park* spazieren!
> ゲーエン ヴィア イム パルク シュパツィーレン
> 公園を散歩しましょう.

男 (単2)-s/(複)-s まれに (複)-e (3格のみ -en) (スイス: 複: Pärke) ① 公園, (大きな)庭園. (英 park). Nationalpark 国立公園 / in den Park gehen 公園へ行く / Der Park ist im englischen Stil. この庭園はイギリス式だ. ② (企業・部隊などの) 総保有車両[数] (=Fuhrpark, Wagenpark).

Par·ka [パルカ párka] 男 -[s]/-s (または 女 -/-s) パーカ (フードつきで, ひざまであるアノラック).

Park-and-ride-Sys·tem [パルク・エント・ライト・ズュステーム] [英] 中 パーク・アンド・ライド方式 (市街地の混雑緩和のため, 最寄の駅にマイカーを駐車し, そこから電車などを利用する).

Park·an·la·ge [パルク・アンラーゲ] 女 -/-n 公園, [大]庭園.

par·ken [パルケン párkən] (parkte, hat ...geparkt) (英 park) I 自 (定了 haben) 《場所を表す語句とともに》 (人が…に)駐車する; (車などが…に)駐車している. Kann ich hier parken? ここに駐車できますか. ◇ [名詞的に] Parken verboten! 駐車禁止! II 他 (定了 haben) 《場所を表す語句とともに》 (車などを…に)駐車させる. Er parkte den Wagen vor dem Laden. 彼は車をその店の前に止めておいた.

Par·kett [パルケット parkét] 中 -[e]s/-e (または -s) ① 寄せ木張りの床; 《比》 (政治などの)[表]舞台. ② 《劇》(劇場などの) 1 階[前方]席, 平土間; 《比》平土間席の客. (☞ Theater 図). (オーストリア「1 階後方席」は Parterre). ③ 《経》 証券取引[市]場. ④ 《口語・比》 舞台, 場. das internationale Parkett 国際的な場.

Park⸗haus [パルク・ハオス] 中 -es/..häuser パーキングビル.

Park⸗licht [パルク・リヒト] 中 -[e]s/-er パーキングライト, 駐車表示灯.

Park⸗lü·cke [パルク・リュッケ] 女 -/-n (駐車している車の間の)駐車できる余地.

der **Park⸗platz** [パルク・プラッツ párkplats] 男 (単2)-es/(複)..plätze [..プレッツェ] (3格のみ ..plätzen) 駐車場; 駐車できる場所. (英 parking lot, car park). einen Parkplatz suchen 駐車場(スペース)を探す / den Wagen **auf** dem Parkplatz ab|stellen 車を駐車場に置く.

Park⸗sün·der [パルク・ズュンダァ] 男 -s/- 《口語》 違法駐車をする人. (女性形: -in).

park·te [パルクテ] ≫ **parken** (駐車する)の 過去

Park⸗uhr [パルク・ウーァ] 女 -/-en (駐車場の)

パーキングメーター.

Park꞊ver·bot [パルク・フェアボート] 中 -[e]s/-e 駐車禁止[区域].

das **Par·la·ment** [パルラメント parlamént] 中 (単2) -[e]s/(複) -e (3格のみ -en) ① 議会, 国会. (英 *parliament*). das *Parlament*⁴ ein|berufen (auf|lösen) 議会を召集する(解散する) / ein neues *Parlament*⁴ wählen 国会の総選挙を行う. ② [国会]議事堂. (ドイツ連邦議会議事堂」は Bundeshaus).

Par·la·men·tär [パルラメンテーア parlamentέːr] 男 -s/-e 軍使. (女性形: -in).

Par·la·men·ta·ri·er [パルラメンターリアァ parlamentáːriər] 男 -s/- 国会議員, 代議士. (女性形: -in).

par·la·men·ta·risch [パルラメンターリッシュ parlamentáːrɪʃ] 形 議会の, 国会の, 議会制度による.

Par·la·men·ta·ris·mus [パルラメンタリスムス parlamɛntarísmuːs] 男 -/ 議会政治.

Par·me·san [パルメザーン parmezáːn] 男 -[s]/ パルメザンチーズ.

der **Par·nass** [パルナス parnás] 男 -[es]/ 《定冠詞とともに》《詩》〖山名〗パルナソス(ギリシア中部の山. 2457 m. アポロンやムーサの居住地と伝えられる). 《比》詩歌の中心地, 文学界.

Par·o·die [パロディー parodíː] 女 -/-n [..ディーエン] ① パロディー, もじり[詩文]. eine *Parodie*⁴ auf einen Roman schreiben ある小説のパロディーを書く. ② 替え歌. 《音楽》パロディー.

par·o·die·ren [パロディーレン parodíːrən] 他 (h) (作品など⁴の)パロディーを作る; (人·物⁴の)物まねをしてからかう.

par·o·dis·tisch [パロディスティッシュ parodístɪʃ] 形 パロディー[風]の, 替え歌[風]の.

Par·o·don·to·se [パロドントーゼ parodɔntóːzə] 女 -/-n 《医》歯周症.

Pa·ro·le I [パローレ paróːlə] 女 -/-n ① 標語, スローガン. politische *Parolen* 政治的スローガン. ② 合い言葉. ③ デマ. **II** [パロる parɔ́l] 女 -/ 《言》パロール(個人の具体的な言語運用. ラング Langue との対概念).

Pa·ro·li [パローリ paróːli] [况] 中 《成句的に》人·物³ *Paroli*⁴ bieten a)人³と互角に張り合う, b)物³に屈しない.

Par·si·fal [パルズィふァる párzifal] -s/ 《人名》パルジファル(ヴァーグナーの神聖舞台祝祭劇およびその主人公. 素材となった中世叙事詩では Parzival).

Part [パルト párt] 男 -s/-s (または -e または -en) ① 《音楽》声部, パート; 《劇》(俳優の)役[割]. ② 《商》-en](商)(船舶共有財産の)出資分担.

*die **Par·tei** [パルタイ partáɪ] 女 (単) -/(複) -en ① 政党, 党. (英 *party*). (「ドイツ·ミニ情報 28」, 下段). eine liberale *Partei* aus einer *Partei* aus|treten 脱党する / in eine *Partei* ein|treten 入党する.

② 党派, 一派, 味方. für 人⁴ *Partei*⁴ ergreifen (または nehmen) 人⁴に味方する / gegen 人⁴ *Partei* ergreifen (または nehmen) 人⁴に敵対する, 反対する / über den *Parteien* stehen 中立を保つ.

③ (訴訟·契約の)当事者, 相手方. die streitenden *Parteien* 係争者. ④ (同一建物に居住する)借家人, 所帯. Auf unserem Stockwerk wohnen fünf *Parteien*. うちの階には 5 所帯住んでいる.

ドイツの主な政党: **CDU** キリスト教民主同盟 / **CSU** キリスト教社会同盟 / **FDP** 自由民主党 / **Die Linke** 左派党 / **SPD** ドイツ社会民主党 / **Die Grünen** 緑の党

Par·tei꞊buch [パルタイ·ブーフ] 中 -[e]s/..bücher 党員手帳.

Par·tei꞊füh·rer [パルタイ·ふューラァ] 男 -s/- 党首. (女性形: -in).

Par·tei꞊gän·ger [パルタイ·ゲンガァ] 男 -s/-

ドイツ・ミニ情報 28

政党 Partei

ドイツの選挙は比例代表制が基本である. 各党の獲得票に応じて議席数が決まり, 候補者名簿の上位から当選する. 連邦議会では, 小選挙区制を併用する二票制を採っており, 第一票は候補者, 第二票は政党名で投票する. 小選挙区の最多票獲得者は, 名簿の何位にいても当選できる. ただし小党分立を避けるための条項により, 第二票の得票の 5% 以上, ないし 3 選挙区以上にトップ当選者を得られなかった政党は, 第二票による議席配分を受けられない.

このような選挙制度を採る理由は, 議会は政党政治であって個人では動かせないという認識があるからだろう. 選挙戦に入ると各党はおのおのの公約を掲げ, 有権者はそれをもとに支持政党を決定する. 公約を守れば○, 破れば×と明確に判断を下せるので, 政治がわかりやすいという利点が比例代表制にはある. どの党が政権を握るかによって政策が大きく変わるため, 有権者は自ずと政治に興味を持つことになり, 選挙の投票率は毎回非常に高い.

2013 年秋の連邦議会選挙で 5% 条項をクリアして議会入りを果たしたのは, CDU / CSU (キリスト教民主・社会同盟), SPD (社会民主党), Die Linke (左派党), Bündnis 90/Die Grünen (同盟 90/緑の党) の各党. メルケル首相が率いる与党 CDU/CSU が大勝した一方で, 戦後連立政権のキャスティング・ボートを握る存在として影響力を保ってきた FDP (自由民主党) が議席を失う結果になった.

党の信奉者, 忠実な党員. (女性形: -in).

Par·tei≠ge·nos·se [パルタイ・ゲノッセ] 男 -n/-n ① (昔の:)ナチ党員. (女性形: ..genossin). ② 《騒》(一般に:)党員.

par·tei·isch [パルタイイッシュ partáɪɪʃ] 形 かたよった, 不公平な; 党派的な. ein *parteiisches* Urteil かたよった判断.

par·tei·lich [パルタイリヒ] 形 ① 政党の. ② (旧東ドイツで:)党を代表する; (共産主義で:)ある階級の利害を代表する.

par·tei·los [パルタイ・ロース] 形 党派に属さない, 無所属の.

Par·tei≠mit·glied [パルタイ・ミットグリート] 中 -[e]s/-er 党員.

par·tei≠nah·me [パルタイ・ナーメ] 女 -/ 味方(支持)すること.

Par·tei≠pro·gramm [パルタイ・プログラム] 中 -s/-e 政党の綱領.

Par·tei≠tag [パルタイ・ターク] 男 -[e]s/-e ① 党中央委員会. ② 党[中央]大会.

par·terre [パルテル partér] 副 1階に.

Par·terre [パルテル] 中 -s/-s ① 1階 (= Erdgeschoss). im *Parterre* wohnen 1 階に住んでいる. ② (劇)場などの) 1 階[後方]席. (☞ Theater 図). (✍「1 階前方席」は Parkett).

die **Par·tie** [パルティー partí:] 女 (単) -/(複) -n [..ティーエン] ① 部分, 箇所. (英 part). die obere *Partie* des Gesichts 顔の上の部分 / Die Erzählung zerfällt in drei *Partien*. その物語は 3 部に分かれる.
② (劇)(オペラなどの)役. Sie singt die *Partie* der Carmen. 彼女はカルメンの役を歌う.
③ (チェスなどの)一勝負, 一番. eine *Partie*[4] Schach spielen チェスを一番さす. ④《商》(商品取引の)一口, 一まとめ. ⑤《口語》縁組, 結婚相手. eine gute *Partie*[4] machen 金持ちの相手と結婚する. ⑥(家族などである) 遠足, ハイキング. mit **von** der *Partie* sein《口語》いっしょにやる, 仲間に加わっている.

par·ti·ell [パルツィエル partsiɛ́l] 形 部分的な, 局部的な. *partielle* Lähmung 局部麻痺(ま).

Par·ti·kel[1] [パルティーケル partí:kəl または ..ティッケル ..tíkəl] 女 -/-n 《言》不変化詞(前置詞・副詞・接続詞などの総称).

Par·ti·kel[2] [パルティーケル または ..ティッケル] 中 -s/- (または 女 -/-n) 《理》[微]粒子.

Par·ti·ku·la·ris·mus [パルティクらリスムス partikularísmus] 男 - /《ふつう軽蔑的に:》地方分権主義(地域の利益を強く主張する主義).

Par·ti·san [パルティザーン partizá:n] 男 -s (または -en)/-en パルチザン, ゲリラ隊員. (女性形: -in).

Par·ti·tur [パルティトゥーア partitú:r] 女 -/-en《音楽》総譜, スコア.

Par·ti·zip [パルティツィープ partitsí:p] 中 -s/..zipien [..ツィービエン] 《言》分詞. *Partizip* Präsens (Perfekt) 現在分詞(過去分詞).

par·ti·zi·pie·ren [パルティツィピーレン partitsipí:rən] 自 (h)《an 物·事[3] ~》(国[3](利益など)にあずかり, (国[3](喜びなど)を分かち合う.

der **Part·ner** [パルトナァ pártnər] [英] 男 (単) -s/(複) - ① (劇・スポーツ・ダンスなどの) パートナー, 相棒, 連れ; (劇の)相手役; (ﾋ5ﾁｬ) 対戦相手. Ehe*partner* 配偶者 / einen *Partner* fürs Leben suchen 生涯の伴侶を探す.

Part·ne·rin [パルトネリン pártnərɪn] 女 -/..rinnen パートナー[の女性].

Part·ner·schaft [パルトナァシャフト] 女 -/ パートナーシップ, 協力関係; 共同経営.

Part·ner≠stadt [パルトナァ・シュタット] 女 -/..städte [..シュテーテ] 姉妹都市.

par·tout [パルトゥー partú:] 副《口語》絶対に, どうしても.

die **Par·ty** [パールティ pá:rti] [英] 女 (単) -/(複) -s パーティー. Cocktail*party* カクテルパーティー / eine *Party*[4] geben パーティーを開く / **auf** eine *Party* (または **zu** einer *Party*) gehen パーティーに行く.

Par·ze [パルツェ pártsə] -/-s《ふつう 複》(ﾛｰ神) パルカ[たち] (運命の 3 女神. ギリシア神話のモイラに当たる).

Par·zel·le [パルツェレ partsɛ́lə] 女 -/-n (土地の)一区画, (土地台帳の)一筆.

par·zel·lie·ren [パルツェリーレン partselí:rən] 他 (h) (土地[4]を)分割する, 分筆する.

Par·zi·val [パルツィファル pártsifal] (人名) パルツィファル(アーサー王伝説の英雄. ヴォルフラム・フォン・エッシェンバハに同名の叙事詩がある. ヴァーグナーの神聖舞台祝祭劇『パルジファル』 "Parsifal" の素材).

Pas·cal [パスカる paskál] Ⅰ -s/ (人名) パスカル (Blaise *Pascal* 1623-1662; フランスの哲学者・数学者・物理学者). Ⅱ 中 -s/-《物》パスカル(圧力単位; 記号: Pa).

Pasch [パッシュ páʃ] 男 -[e]s/-e (または Päsche) 2 個以上のさいころで同じ目が出ること; (ドミノの)両面とも同じ目を持つボーン.

Pa·scha [パシャ páʃa] 男 -s/-s ① パシャ(中近東の高官[の称号]). ②《俗》女性をかしずかせる男, 亭主関白.

Pas·pel [パスぺる páspəl] 女 -/-n (まれに 男 -s/-) 《服飾》(制服・婦人服の)パイピング, 縁飾り, 縁取り.

der **Pass** [パス pás] 男 (単) -es/(複) Pässe [ペッセ] (3 格のみ Pässen) ① パスポート, 旅券 (= Reise*pass*). (英 *passport*). den *Pass* beantragen (aus|stellen) 旅券を申請する(発行する) / den *Pass* vor|zeigen (kontrollieren) パスポートを提示する(検査する) / Ihren *Pass*, bitte! パスポートを拝見させていただきます / Mein *Pass* ist abgelaufen.《現在完了》私のパスポートは期限が切れた.
② 峠[道], 山間(誓)の道. (英 *pass*). über einen *Pass* fahren 峠を越えて行く.
③ (サッカーなどの)パス. ein genauer *Pass* 正確なパス. ④ (建)パス(ゴシック建築の窓の飾り格子にある円弧図形). (☞「建築様式 (2)」, 1744 ページ). ⑤《狩》(うさぎなどの)通り道, けもの道. ⑥ (馬などの)側対歩.

Paß [パス] Pass の古い形（☞ daß 〈中変〉）.

pas·sa·bel [パサーベル pasáːbəl] 形 まずまずの.

Pas·sa·ge [パサージェ pasáːʒə] [築] 女 -/-n ① 【複 なし】通過[すること]. ② アーケード（商店が並ぶ屋根つきの狭い街路）；路地. ③ 《海外》旅行，渡航. ④ （スピーチ・テキストなどの）一節，章句；《音楽》パッセージ，経過句. ⑤ 《天》（天体の）子午線通過.

der **Pas·sa·gier** [パサジーァ pasaʒíːr] 男 〈単2格〉-s/〈複〉-e（3格のみ -en）乗客，旅客（= Fahrgast）. Die *Passagiere* gehen an Bord. 乗客たちが乗船(搭乗)する / ein blinder *Passagier* 密航者.

Pas·sa·gier·flug·zeug [パサジーァ・ふるーク ツォイク] 中 -[e]s/-e 《空》旅客機.

Pas·sa·gie·rin [パサジーリン pasaʒíːrɪn] 女 -/..rinnen（女性の）乗客，旅客.

Pas·sah [パサー pása] 中 -s/ 《ユ教》過越（すぎこし）祭（ユダヤ人のエジプト脱出を記念する祭り）.

Paß·amt [パス・アムト] 中 -[e]s/..ämter 旅券課.

Pas·sant [パサント pasánt] 男 -en/-en ① 通りがかりの人，通行人.（女性形：-in）. ② 《スイ》通過旅行者.

Pas·sat [パサート pasáːt] 男 -[e]s/-e 貿易風.

Pas·sau [パッサオ pásau] 中 -s/〈都市名〉パッサウ（ドイツ，バイエルン州，ドナウ，イン，イルツの3つの川の合流点にあり古い教会が多い：☞ 地図 F-4）.

Pass·bild [パス・ビルト] 中 -[e]s/-er パスポート（身分証明書）用の写真.

pas·sé [パセー pasé:] [築] 形 《無語尾で；述語としてのみ》《口語》過ぎ去った，時代(流行)遅れの.

Pas·se [パッセ pása] 女 -/-n 《服飾》ヨーク（衣服の肩や腰につける当て布）.

Päs·se [ペッセ] ＊Pass（パスポート）の 複

pas·see [パセー pasé:] 形 ＝passé

＊**pas·sen** [パッセン pásən]

ぴったり合う
Diese Schuhe *passen* mir.
ディーゼ　シューエ　パッセン　ミァ
この靴は私にぴったりだ.

---

du passt, er passt（passte, *hat*…gepasst）**I** 自 (完了 haben) ① （サイズなどが）ぴったり合う. 《英》*fit*). Das Kleid passt mir schlecht. このワンピースは私には合わない / **auf**(**in**)4 *passen* 物4の上に（中に）ぴったりはまる ⇒ Dieser Deckel *passt* nicht auf den Topf. このふたはこの鍋(½)には合わない. ② 【**zu** 人・物³÷】（人・物³に）似合う，調和する，ふさわしい. Die Farbe *passt* nicht zu dir. その色は君には似合わない / Die Schuhe *passen* gut zu diesem Kleid. その靴はこのワンピースによく合う. ③ （人3にとって）都合がよい，好ましい. Der neue Mann *passt* dem Chef nicht. その新人は社長の気に入らない. ◇《非人称の **es** を主語として》Um drei Uhr *passt* es mir gut. 3時だと好都合です. ④ （球技で:）パスする；《ジョ》パスする；《口語》答えをパスする. **II** 他 (完了 haben) ① 〖A^4 **in** B^4 ~〗（A^4 を B^4 に）ぴったりはめ込む（合わせる）. ② （球技で:）（ボール4を）パスする. **III** 再帰 (完了 haben) *sich*⁴ *passen* 《口語》ふさわしい. So ein Benehmen *passt sich* nicht. そんなふるまいはまずい(不作法だ).

pas·send [パッセント pásənt] **I** ＊passen （現分）
II 形 ① （サイズなどが）ぴったり合っている. 《英》*fitting*). den Rock *passend* machen スカートの寸法を合うように仕立て直す. ② （色・柄（がら）などが）似合っている，調和している. die zum Anzug *passende* Krawatte⁴ tragen スーツに合うネクタイをする. ③ 適切な，ふさわしい. bei *passender* Gelegenheit 適当な機会に / Haben Sie es nicht *passend*?（店員が客に：）小銭のお持ち合わせはございませんか.

Passe·par·tout [パス・パルトゥー pas-partú:] [築] 中 -s/-s ① （写真などを入れる）厚紙製の額縁. ② 《スイ》定期券. ③ 《スイ》マスターキー.

Pass·gang [パス・ガング] 男 -[e]s/ （馬などの）側対歩，アンブル（片側の前脚と後脚を同時に上げる歩き方）.

pass·ge·recht [パス・ゲレヒト] 形 寸法どおりの，大きさがぴったりの.

pas·sier·bar [パスィーァバール] 形 通行可能な（道路・橋など）.

＊**pas·sie·ren** [パスィーレン pasíːrən]（passierte, *ist/hat*…passiert）**I** 自 (完了 sein) （事故・災厄などが）起こる，生じる；（人³の身に）ふりかかる. 《英》*happen*）. Dort *ist* ein Unglück *passiert*. (現在完了) あそこで事故が起こった / Mir *ist* ein Missgeschick *passiert*. (現在完了) 私は不運な目に遭った / …, sonst *passiert* [dir] was!（脅して：）…さもないとひどい目に遭うぞ（←[お前に]何かが起こる）/ Nichts *passiert*! （故意でない失敗で謝られて：）大丈夫ですよ，お気つかいなく.（☞ 類語 geschehen）.
II 他 (完了 haben) ① （国境・橋⁴を）通過する，越える. 《英》*pass*）. eine Brücke⁴ *passieren* 橋を渡る / Der Zug *ist* gerade die Grenze *passiert*. (現在完了) 列車はたった今国境を通過した / die Zensur⁴ *passieren* 《比》検閲をパスする. ◇《目的語なしでも》Diese Ware *passiert* zollfrei. この品物は無税でパスする.
② （料理）（野菜など⁴を）裏ごしにする. ③ （テニスで:）（ショットなどを放って人⁴の）横を抜く.

Pas·sier·schein [パスィーァ・シャイン] 男 -[e]s/-e 通行許可証，入構証.

pas·siert [パスィーァト] ＊passieren（起こる）の 過分, 3人称単数・2人称親称複数 現在

pas·sier·te [パスィーァテ] ＊passieren（起こる）の 過去

Pas·si·on [パスィオーン pasióːn] 女 -/-en ①

熱情, 熱愛, [熱狂的]道楽. eine *Passion*[4] für 物[4] haben 物[4]を熱列に愛好している. ③《(宗教)》キリストの受難[図像];《音楽》受難曲.

pas·si·o·niert [パスィオニーアト pasioníːrt] 形《付加語としてのみ》熱中した, 熱狂的な.

Pas·si·ons⹀spiel [パスィオーンス・シュピーる] 田 -(e)s/-e キリスト受難劇(14世紀以後ヨーロッパに広がった宗教劇. オーバーアンマーガウのものが有名).

Pas·si·ons⹀zeit [パスィオーンス・ツァイト]女 -/《(宗教)》受難節; 四旬節.

pas·siv [パッスィーふ pásiːf または パスィーふ]形《(英) passive》① 受け身の, 消極(受動)的な.《(メモ)》「積極的な」は aktiv). das *passive* Wahlrecht 被選挙権《(メモ)》「選挙権」は das aktive Wahlrecht) / *passiv* rauchen 受動喫煙する. ② (性格などが)消極的な, おとなしい. Das Kind hat eine *passive* Natur. その子供は消極的な性格だ. ③ 実際には活動していない. ein *passives* Mitglied (活動しない)名目会員. ④ 《(言)》受動[態]の(= passivisch).

Pas·siv [パスィーふ -fまたは[..ヴェ]]中 《(言)》受動態.《(メモ)》「能動態」は Aktiv).

Pas·si·va [パスィーヴァ pasíːva] 複《(経)》貸方, 負債.《(メモ)》「借方」は Aktiva).

Pas·si·ven [パスィーヴェン pasíːvən] 複《(スポーツ)》= Passiva

Pas·siv⹀haus [パスィーふ・ハオス] 中 -es/..häuser (高性能の)省エネ住宅(アクティブな冷暖房器具を必要としないことから「パッシブ」と呼ばれる).

pas·si·visch [パッスィーヴィッシュ pásiːvɪʃ または パスィー..]形《(言)》受動態の.

Pas·si·vi·tät [パスィヴィテート pasiviːtɛ́ːt] 女 -/① 受動性, 消極性. ② 《(化)》不動態.

Pas·siv⹀rau·chen [パスィーふ・ラオヘン] 中 -s/ 受動喫煙.

Pas·siv⹀rau·cher [パスィーふ・ラオハァ] 男 -s/- 受動喫煙者.(女性形: -in).

Pass·kon·trol·le [パス・コントロれ] 女 -/-n 旅券(パスポート)検査[所].

passt [パスト] ＊passen (ぴったり合う)の2人称親称単数・3人称単数・2人称親称複数 現在

pass·te [パステ] ＊passen (ぴったり合う)の過去

Pas·sus [パッスス pásus] 男 -/- (書物の)章句, 箇所.

Pass⹀wort [パス・ヴォルト] 中 -(e)s/..wörter ① 合言葉. ② 《(コンピュ)》パスワード.

Pas·ta [パスタ pásta] 女 -/Pasten ① 《(複なし)》(総称として:)パスタ. ② ペースト状のもの,(特に:)練り歯磨き(= Zahn*pasta*).

Pas·te [パステ pástə] 女 -/-n ① 《(料理)》ペースト. ② 《(薬)》泥膏(でいこう).

Pas·tell [パステる pastél] 中 -(e)s/-e ①《(複なし)》パステル画法. ② パステル画.

Pas·tell⹀far·be [パステる・ふァルベ] 女 -/-n ① パステル. ② 《(ふつう複)》パステルカラー.

Pas·te·te [パステーテ pastéːtə] 女 -/-n 《(料理)》(肉・野菜などを詰めた)パテ[料理].

Pas·teur [パストァ pastœːr] -s/-《(人名)》パスツール (Louis *Pasteur* 1822-1895; フランスの化学者・細菌学者).

pas·teu·ri·sie·ren [パステリズィーレン pastøriziːrən] 他 (h) (牛乳などを[4])低温殺菌する.

der **Pas·tor** [パストァ pástɔr または ..トーァ ..tóːr] 男 (単2) -s/(複) -en [..トーレン] 《(北ドイツ)》: (複) -e, 俗: (複) ..töre [..テーレ] 《(北ドイツ)》《(新教)》牧師; 《(方)》《(カトリック)》司祭.(英 *pastor*).(略: P.).

pas·to·ral [パストラーる pastorá:l] 形 ① 牧師の. ② もったいぶった. ③ 田園風の, 牧歌的な.

Pas·to·ra·le [パストラーれ pastorá:lə] 中 -s/-s (または 女 -/-n) ① 《(音楽)》パストラル; 田園曲, 牧歌曲. ② 《(劇)》牧歌劇. ③《(美)》田園(牧人)画.

Pas·to·rin [パストーリン pastóːrɪn] 女 -/..rinnen ① 《(北ドイツ)》《(新教)》(女性の)牧師. ② 《(口語)》牧師の妻.

Pa·te [パーテ pá:tə] 男 -n/-n ① (幼児洗礼に立ち会う)代父(だいふ), 名付け親. bei einem Kind *Pate* stehen ある子供の代父になる. ② 《(方)》= Patenkind

Pa·ten⹀kind [パーテン・キント] 中 -(e)s/-er 代子(だいし), 名付け子(自分が代父(代母)として洗礼に立ち会った子).

Pa·ten⹀on·kel [パーテン・オンケる] 男 -s/- 代父(だいふ)(= Pate).

Pa·ten⹀schaft [パーテンシャふト] 女 -/-en 代父(だいふ)(代母(だいぼ))であること; 代父(代母)の責任(名付け親は名付け子の宗教教育を引き受ける).

pa·tent [パテント patént] 形《(口語)》① 有能な, 働き者の. Sie ist eine *patente* Hausfrau. 彼女はすばらしい主婦だ. ② 有用な, 実用的な(アイディアなど). ③《(方)》しゃれた(服装など).

Pa·tent [パテント] 中 -(e)s/-e ① 特許[権], パテント; 特許証; 特許品. 物[4] *zum Patent* an|melden 物[4]の特許を出願する / auf 物[4] ein *Patent*[4] haben 物[4]の特許を持っている. ② 《(スィス)》(営業などの)許可[証].

Pa·tent⹀amt [パテント・アムト] 中 -(e)s/..ämter 特許局.

Pa·tent⹀an·mel·dung [パテント・アンメるドゥング] 女 -/-en 特許出願.

Pa·ten⹀tan·te [パーテン・タンテ] 女 -/-n 代母(だいぼ)(= Patin).

Pa·tent⹀an·walt [パテント・アンヴァるト] 男 -(e)s/..wälte 弁理士.(女性形: ..anwältin).

pa·ten·tie·ren [パテンティーレン patentíːrən] 他 (h) ① 《(物[4])》に特許[権]を与える. ② 《(工)》(鋼線[4]に)強熱・急冷のパテンティング処理をする.

Pa·tent⹀lö·sung [パテント・れーズング] 女 -/-en 万能の解決策, 妙案.

Pa·ter [パータァ páːtər] 男 -s/- (または Patres [パトレス]) 《(カトリック)》神父(略: P., 複 PP.).

Pa·ter⹀nos·ter [パタァ・ノスタァ] I 中 -s/-《(宗教)》主の祈り(マタイによる福音書 6, 9). II 男 -s/- 循環エレベーター(ドアのない箱がじゅず状に連なって, 止まらずに同一方向に動いている.「主の祈り」に用いるじゅず(ロザリオ)の形から).

pa·the·tisch [パテーティッシュ patéːtɪʃ] 形 ひどく感情的な, 仰々しい(身ぶりなど).

Pa·tho·lo·ge [パトローゲ patolóːgə] 男 -n/-n 《医》病理学者. (女性形: Pathologin).

Pa·tho·lo·gie [パトロギー patologíː] 女 -/-n [..ギーエン] (① 《複 なし》病理学. ② 病理学研究室(所).

pa·tho·lo·gisch [パトローギッシュ patolóːgɪʃ] 形 ① 《医》病理学[上]の. ② 病的な.

Pa·thos [パートス páːtɔs] 中 -/ 激情, 仰々しい感情表出, パトス.

der Pa·ti·ent [パツィエント patsiént]

> 患者
>
> Er ist *Patient* bei Doktor Beck.
> エァ イスト パツィエント バイ ドクタァ ベック
> 彼はベック先生の患者です.
>
> | 格 | 単 | 複 |
> |---|---|---|
> | 1 | der Patient | die Patienten |
> | 2 | des Patienten | der Patienten |
> | 3 | dem Patienten | den Patienten |
> | 4 | den Patienten | die Patienten |

男 (単 2·3·4) -en/(複) -en 患者. (英 patient). ein geduldiger (schwieriger) *Patient* 辛抱強い(扱いにくい)患者 / ein schwerkranker (または schwer kranker) *Patient* 重病患者 / einen *Patienten* behandeln 患者を治療する / Dem *Patienten* geht es besser. この患者は快方へ向かっている.

Pa·ti·en·tin [パツィエンティン patsiéntɪn] 女 -/..tinnen (女性の)患者.

Pa·tin [パーティン páːtɪn] 女 -/..tinnen (幼児洗礼に立ち会う)代母(ぼ), 名付け親.

Pa·ti·na [パーティナ páːtina] [ラテン] 女 -/ 緑青(ろくしょう); 《比》古色.

Pa·tri·arch [パトリアルヒ patriárç] 男 -en/-en ① 《宗》(ユダヤ民族の)太祖; (一般に):族長, 家長. ② 《カトリック》総大司教. ③ (ギリシア正教の)総主教.

pa·tri·ar·cha·lisch [パトリアルヒャーリッシュ patriarçáːlɪʃ] 形 ① 家父長制の, 父権制の; 家長の, 《カトリック》総大司教の. ② 《比》家長然とした, 敬虔(けい)すべき.

Pa·tri·ar·chat [パトリアルヒャート patriarçáːt] 中 -[e]s/-e ① 家父長制, 父権制. (⇔ 「母権性」は Matriarchat). ② 《複 も》《カトリック》総大司教職; (ギリシア正教の)総主教職.

Pa·tri·ot [パトリオート patrióːt] 男 -en/-en 愛国者. (女性形: -in). ein glühender *Patriot* 熱烈な愛国者.

pa·tri·o·tisch [パトリオーティッシュ patrióːtɪʃ] 形 愛国的な, 愛国の.

Pa·tri·o·tis·mus [パトリオティスムス patriotísmʊs] 男 -/ 愛国心, 祖国愛.

Pa·tri·zi·er [パトリーツィア patríːtsiər] 男 -s/- ① (古代ローマの)貴族. (女性形: -in). ② (中世の)都市貴族.

Pa·tron [パトローン patróːn] 男 -s/-e ① 《カトリック》守護聖人; 教会創立(寄進)者. (女性形: -in). ② 《史》(古代ローマの解放奴隷の)保護者; 《古》後援者, パトロン. ③ 《口語》やつ.

Pa·tro·nat [パトロナート patronáːt] 中 -[e]s/-e ① 後援, 協賛. ② 《カトリック》教会創建者の権利(義務). ③ 《史》(古代ローマの解放奴隷の)保護者の職.

Pa·tro·ne [パトローネ patróːnə] 女 -/-n ① 弾薬筒, 薬きょう. ② (フィルムの)パトローネ; (インクの)カートリッジ.

Pa·trouil·le [パトルィエ patrúljə] [フランス] 女 -/-n ① 《軍》(兵士たちによる)偵察, パトロール. ② 偵察(パトロール)隊.

pa·trouil·lie·ren [パトルィイーレン patruljíːrən または ..リーレン ..líːrən] 自 (h, s) パトロールする.

patsch! [パッチュ pátʃ] 間 (両手を合わせる音·水をはねる音):ぴしゃっ, ぱちゃっ.

Pat·sche [パッチェ pátʃə] 女 -/-n 《口語》 ① (特に子供の)手. ② 火たたき. ③ 《複 なし》水たまり, ぬかるみ. ④ 《ふつう 単》苦境. 囚³ aus der *Patsche* helfen 囚³を苦境から救い出す / in der *Patsche* sitzen 苦境に陥っている.

pat·schen [パッチェン pátʃən] 自 (h, s) 《口語》 ① (h) ぴしゃっ(ばしゃっ)と音をたてる. ② (h) 〖auf(または in)物⁴ ~〗〖物⁴を平手で〗ぱちっと たたく. 囚³ ins Gesicht *patschen* 囚³の顔をぴしゃっとたたく. ③ (s) 〖auf(または gegen)物⁴ ~〗(雨などが物⁴へ)ばちゃばちゃと当たる. Der Regen *patschte* gegen die Fenster. 雨が窓にばちゃばちゃと当たった. ④ (s) 〖durch 物⁴ ~〗(物⁴(水たまりなど)を)ばちゃばちゃ音をたてて歩く.

Patsch∠hand [パッチュ·ハント] 女 -/..hände 《幼児》お手々.

patsch∠nass [パッチュ·ナス] 形 《口語》びしょぬれの.

patt [パット pát] 形 《述語としてのみ》(チェスで):手詰まりの.

Patt [パット] 中 -s/-s ① (チェスの)手詰まり, ステールメイト. ② 《比》(政治的·軍事的な)手詰まり状態.

Pat·tern [ペッタァン pétərn] [英] 中 -s/-s パターン; 《心·社》心理(思考)パターン; 《言》文型.

pat·zen [パッツェン pátsən] 自 (h) ① 《口語》失敗する, しくじる. ② 《南ドイツ·オーストリア》(インクなどで)染みをつくる.

Pat·zer [パッツァァ pátsər] 男 -s/- ちょっとしたミス(へま).

pat·zig [パツィヒ pátsıç] 形 《口語》 ① つっけんどんな(返事など), 横柄な(態度など). ② 《オーストリア》ねばっこい, どろどろした.

Pau·ke [パオケ páukə] 女 -/-n 《音楽》ティンパニー. die *Pauken*⁴ schlagen ティンパニーをたたく / auf die *Pauke* hauen 《口語》a) どんちゃん騒ぎをする, b) 大口をたたく, c) あからさまに批難する / mit *Pauken* und Trompeten 《口語》a) もののみごとに, b) 仰々しく.

pau·ken [パオケン páukən] I 自 (h) ① 《口語》猛勉強をする. ② ティンパニーをたたく. ③

(学生言葉:)決闘する. **II** 他 (h)《口語》《俚 ^{4}を》猛勉強して覚える, 頭に詰め込む.

Pau·ker [パオカァ páukər] 男 -s/- ① ティンパニー奏者. (女性形: -in). ②《生徒言葉》(生徒の尻(り)をたたく)教師.

Paul [パォる pául] -s/ ① (男名) パウル. ②《聖》(人名) パウロ(異邦人の使徒と呼ばれた初期キリスト教の伝道者).

Pau·lus [パォるス páulus] [-]/(古: Pauli)/《聖》(人名) パウロ (=Paul).

Paus≠ba·cke [パォス・バッケ] 女 -/-n《ふつう 複》《口語》[ふっくらした]りんごのようなほっぺた.

paus≠ba·ckig [パォス・バキヒ] 形 =pausbäckig

paus≠bä·ckig [パォス・ベキヒ] 形 頬(ﾎﾎ)がふっくらとした, 丸ぽちゃの.

pau·schal [パォシャーる pauʃá:l] 形 ① ひっくるめた, 一括した(費用など). eine *pauschale* Summe 総額 / 動^4 *pauschal* berechnen 動^4[の費用]を一括して計算する. ② 概括的な, 大まかな(判断など).

Pau·schal≠be·trag [パォシャーる・ベトラーク] 男 -[e]s/..träge 一括料金 (=Pauschale).

Pau·scha·le [パォシャーれ pauʃá:lə] 女 -/-n 一括料金, 総額.

pau·scha·li·sie·ren [パォシャりズィーレン pauʃalizí:rən] 他 (h) (俚^{4}を)十把ひとからげに扱う, 一般化しすぎる.

Pau·schal≠rei·se [パォシャーる・ライゼ] 女 -/-n パッケージツアー, パック旅行.

*die **Pau·se**^{1} [パオゼ páuzə]

> 休憩 Machen wir eine *Pause*!
> マッヘン　ヴィア　アイネ　パォゼ
> 一休みしよう.

女 (単) -/(複) -n ① 休憩, 中休み, 休止. (英 break). Mittags*pause* 昼休み / Fünf Minuten *Pause*! 5分間休憩! / eine *Pause*^{4} ein|legen 中休みを置く / [eine] *Pause*^{4} machen 一休みする / Es folgt jetzt eine *Pause* von zehn Minuten. これから10分間の休憩です / **nach der** *Pause* 休憩のあとで / **ohne** *Pause* 休みなしに / Es klingelt **zur** *Pause*. 休み時間のベルが鳴る.
② (音楽) 休止; 休符; (詩学) 間(ﾏ).

Pau·se^2 [パォゼ] 女 -/-n 透写(複写)図, トレーシング, 青写真.

pau·sen [パォゼン páuzən] 他 (h) (俚^{4}を)透写(トレース)する, 俚^{4}の青写真をとる.

pau·sen·los [パォゼン・ろース] 形 休みなしの;《口語》ひっきりなしの.

Pau·sen≠stand [パォゼン・シュタント] 男 -[e]s/(ｽﾀｯ) ハーフタイム時点のスコア.

Pau·sen≠zei·chen [パォゼン・ツァイヒェン] 中 -s/- ① (音楽) 休符. ② (放送) (番組間の)休止のしるし(メロディー・シグナルなど).

pau·sie·ren [パォズィーレン pauzí:rən] 自 (h) 中休みする, 休憩する; (しばらく)休養する.

Paus≠pa·pier [パォス・パピーァ] 中 -s/ トレーシングペーパー, 透写紙; カーボン紙.

Pa·vi·an [パーヴィアーン pá:via:n] 男 -s/-e (動) ヒヒ(狒々).

Pa·vil·lon [パヴィリヨン pávɪljõ または ..ヨーン] [フラ] 男 -s/-s ① (庭園内の)東屋(ｱｽﾞﾏﾔ). (☞ 図). ② (建) (大建築物の)翼, 分棟. (☞ Schloss 図). ③ (園遊会などの)大テント, (博覧会などの)展示館, パビリオン.

Pavillon

der **Pa·zi·fik** [パツィーふィク patsí:fɪk または パーツィ..] 男 (単2) -s/《定冠詞とともに》(海名) **太平洋**. (英 *the Pacific*). (☞「大西洋」は der Atlantik). Der *Pazifik* ist der größte Ozean. 太平洋はいちばん大きな海洋だ.

pa·zi·fisch [パツィーふィッシュ patsí:fɪʃ] 形 太平洋の. der *Pazifische* Ozean 太平洋.

Pa·zi·fis·mus [パツィふィスムス patsifísmus] 男 -/ 平和主義, 平和運動.

Pa·zi·fist [パツィふィスト patsifíst] 男 -en/-en 平和主義者, 平和運動家. (女性形: -in).

pa·zi·fis·tisch [パツィふィスティッシュ patsifístɪʃ] 形 平和主義の, 平和主義的な.

Pb [ぺー・ベー] (化・記号) 鉛 (=Plumbum).

PC [ぺー・ツェー] 男 -[s]/-[s] (略) パーソナルコンピュータ, パソコン (=Personal Computer).

p. c. [プロー ツェントゥム] (略) パーセント (=pro centum).

p. Chr. [ポスト クリストゥム] (略) 紀元後, 西暦 (=post Christum).

Pd [ぺー・デー] (化・記号) パラジウム (=Palladium).

PDF [ぺー・デー・エふ] [英] 中 -s/ (ｺﾝﾋﾟｭ) PDF (異なるシステムにおいても文書の体裁を保つファイルフォーマット) (=Portable Document Format).

PDS [ぺー・デー・エス] 女 /- (略) (ドイツの)民主社会党(前身は旧東ドイツの SED) (=Partei des Demokratischen Sozialismus).

das **Pech** [ペヒ péç] 中 -[e]s (まれに -es)/ (種類を表すときのみ: 複) -e ① (複 なし) **不運**, 災難. (英 *bad luck*). (☞「幸運」は Glück). *Pech*^{4} haben 運が悪い / Er hat beim Examen (im Spiel) *Pech* gehabt. 彼は試験に落ちた(ゲームに負けた). / **mit** 人·物^3 *Pech*^{4} **haben** 人·物^3 に関してついていない / So ein *Pech*! なんてついてないんだ.
② ピッチ, 瀝青(ﾚｷｾｲ). (英 *pitch*). schwarz wie *Pech* ピッチのように黒い / wie *Pech* und

Schwefel zusammen|halten 《口語》切っても切れないほど固く結ばれている(←ピッチと硫黄のように) / *Pech*[4] an den Hosen haben 《口語》《客が長っ尻(ﾁﾞﾘ)である(←ズボンにピッチを付けている).

Pech=blen・de [ペヒ・ブレンデ] 囡 -/《鉱》瀝青(ﾚｷ)ウラン鉱, 閃ウラン鉱.

pech=schwarz [ペヒ・シュヴァルツ] 形 《口語》真っ黒な.

Pech=sträh・ne [ペヒ・シュトレーネ] 囡 -/-n 不運続き.

Pech=vo・gel [ペヒ・フォーゲる] 男 -s/..vögel 《口語》運の悪い人.

das **Pe・dal** [ペダーる pedá:l] 中 (単2) -s/(複) -e (3格のみ -en) ① (自転車などの)ペダル. 《*pedal*》. kräftig in die *Pedale* treten 懸命にペダルを踏む. ② (自動車の)ペダル. *Gaspedal* アクセル[ペダル]. ③ 《音楽》(ピアノなどの)ペダル, (パイプオルガンの)足鍵盤(ｹﾝﾊﾞﾝ).

Pe・dant [ペダント pedánt] 男 -en/-en (軽蔑的に:)細かいことにこだわる人, 杓子(ｼｬｸｼ)定規の人. (女性形: -in).

Pe・dan・te・rie [ペダンテリー pedantərí:] 囡 -/-n [..リーエン] 《ふつう 単》 (軽蔑的に:)細かいことにこだわること, 杓子(ｼｬｸｼ)定規.

pe・dan・tisch [ペダンティッシュ pedántɪʃ] 形 (軽蔑的に:)細かいことにこだわる, 杓子(ｼｬｸｼ)定規の.

Pe・di・kü・re [ペディキューレ pediký:rə] 囡 -/-n ① 《複 なし》ペディキュア (=Fußpflege). ② (女性の)ペディキュア師.

pe・di・kü・ren [ペディキューレン pediký:rən] (過分 pedikürt) 他 (h) (人・物[4]に)ペディキュアをする.

Pe・ga・sus [ペーガズス pé:gazʊs] 男 ① 《ｷﾞﾘｼ神》ペガソス(詩神たちが乗る翼のある天馬). ② 詩的インスピレーション. den *Pegasus* besteigen 《戯》詩を作る. ③ 《定冠詞とともに》《天》ペガサス座.

Pe・gel [ペーゲる pé:gəl] 男 -s/- 水位計, 量水標; 水位, 水高.

Pe・gel=stand [ペーゲる・シュタント] 男 -[e]s/..stände 水位.

pei・len [パイれン páilən] I 他 (h) 《海》(物[4]の)位置(方位)を測定する. II 自 (h) ① 《海》水深を測る. ② 《口語》(…の方に)目をやる.

Pein [パイン páin] 囡 -/-en 《ふつう 単》《雅》苦痛, 苦悩.

pei・ni・gen [パイニゲン páinɪgən] 他 (h) 《雅》(人[4]を)苦しめる, 困らせる, 責めさいなむ. 人[4] mit Fragen *peinigen* 人[4]を質問攻めにする.

Pei・ni・ger [パイニガァ páinɪgər] 男 -s/- 《雅》苦しめる人, 虐待者. (女性形: -in).

pein・lich [パインりヒ páinlɪç] I 形 ① 気まずい, ばつの悪い, 心苦しい. (英 *embarrassing*). eine *peinliche* Lage ばつの悪い状況 / Es ist mir sehr *peinlich*, aber ... たいへん言いにくいことですが, … (☞ 類語 weh). ② ひどくちょうめんな, 神経質なまでの. Überall herrschte *peinliche* Ordnung. どこも神経質なほどきちんと片づいていた / 圏[4] *peinlich* befolgen 圏[4]に

杓子(ｼｬｸｼ)定規に従う. ③ 《古》《法》刑事罰の; 拷問を伴う.
II 副 非常(極度)に. Er ist *peinlich* korrekt. 彼は恐ろしくきちょうめんだ.

Pein・lich・keit [パインりヒカイト] 囡 -/-en 《複 なし》心苦しいこと, ばつの悪いこと, 気まずさ. ② ばつの悪い言動, 気まずい事態.

Peit・sche [パイチェ páitʃə] 囡 -/-n むち(笞, 鞭). 人[4] mit der *Peitsche* schlagen 人[4]をむちで打つ.

peit・schen [パイチェン páitʃən] I 他 (h) むち打つ; 《比》(風雨が)激しく打つ. Der Regen *peitscht* die Bäume. 雨が激しく木々を打つ. II 自 (s) (…へ)激しく当たる. Der Regen *peitschte* an (または gegen) die Scheiben. 雨が窓ガラスにばちばちと当たった.

Peit・schen=hieb [パイチェン・ヒープ] 男 -[e]s/-e むち打ち.

Pe・ki・ne・se [ペキネーゼ pekiné:zə] 男 -n/-n 《動》ペキニーズ(中国原産の愛玩犬).

Pe・king [ペーキング pé:kɪŋ] 中 -s/ 《都市名》北京(ﾍﾟｷﾝ) (中華人民共和国の首都).

Pe・king=oper [ペーキング・オーパァ] 囡 -/-n 《劇》京劇.

Pek・tin [ペクティーン pektí:n] 中 -s/-e 《生》ペクチン.

pe・ku・ni・är [ペクニエーァ pekunié:r] 形 金銭上の, 財政上の.

Pe・le・ri・ne [ペれリーネ pelərí:nə] 囡 -/-n 《服飾》ペルリーン(コートの上に着る婦人用袖なしケープ).

Pe・li・kan [ペーりカーン pé:lika:n または ペりカーン] 男 -s/-e 《鳥》ペリカン.

Pel・le [ペれ péla] 囡 -/-n 《北ﾄﾞｲﾂ》(じゃがいもなどの)薄皮, ソーセージの皮. Kartoffeln[4] in (または mit) der *Pelle* kochen じゃがいもを皮ごとゆでる / 人[3] auf die *Pelle* rücken (俗) a) 人[3]にぴったりくっつく, b) 人[3]にしつこく迫る, c) 人[3]に襲いかかる.

pel・len [ペれン pélən] 《北ﾄﾞｲﾂ》他 (h) (じゃがいもなどの)皮をむく, (菓子の銀紙などを)むいて取る. ◇《再帰的に》 sich[4] *pellen* 皮がむける(取れる).

Pell=kar・tof・fel [ペる・カルトッふェる] 囡 -/-n 《ふつう 複》皮ごとゆでたじゃがいも.

der (die) **Pe・lo・pon・nes** [ペろポネース peloponé:s] 男 -[es]/ (または 囡 -/) 《定冠詞とともに》《地名》ペロポネソス半島(ｷﾞﾘｼｬ南部の半島).

der **Pelz** [ペるツ pélts] 男 (単2) -es/(複) -e (3格のみ -en) ① (動物の)毛皮; 《複 なし》(なめした)毛皮. (英 *fur*). eine Mütze aus *Pelz* 毛皮の帽子 / 物[4] mit *Pelz* füttern 物[4]に毛皮の裏地を付ける. ② (毛皮の衣類:)毛皮のコート, 毛皮の襟巻き. Sie trägt einen echten *Pelz*. 彼女は本物の毛皮を着ている. ③ 《口語・古》(人間の)皮膚. 人[3] auf den *Pelz* rücken 人[3]にしつこくせがむ.

pelz=ge・füt・tert [ペるツ・ゲフュッタァト] 形 毛皮の裏地のついた.

pel・zig [ペるツィヒ péltsɪç] 形 ① 毛皮のような, 柔毛で覆われた(葉など). ② ざらざら(からから)

の(口など), 舌苔(ぜったい)のできた; しびれた(唇など). ③ 《方》(果物などの)かすかすした.

Pelz≈kra·gen [ペるツ・クラーゲン] 男 -s/- 毛皮の襟[巻き].

Pelz≈man·tel [ペるツ・マンテる] 男 -s/..mäntel 毛皮のコート.

Pelz≈müt·ze [ペるツ・ミュッツェ] 女 -/-n 毛皮の帽子.

Pelz≈tier [ペるツ・ティーァ] 中 -[e]s/-e 毛皮物(ミンクなど).

PEN-Club, P.E.N.-Club [ペン・クるップ] [英] 男 -s/ [国際]ペンクラブ(1921年ロンドンで設立された).

Pen·dant [パンダーン pãdā:] [フランス] 中 -s/-s 対をなすもの, (対の)片方.

Pen·del [ペンデる péndəl] 中 -s/- 《物》振り子.

pen·deln [ペンデるン péndəln] 自 (h, s) ① (h)(振り子のように2点間を)揺れ動く. die Beine⁴ pendeln lassen 両足をぶらぶらさせる. ② (s) (居住地と勤務地などとの間を)行ったり来たりする; (電車・バスなどが)往復運行する. Er pendelt täglich zwischen Köln und Aachen. 彼は毎日通勤(通学)でケルンとアーヘンの間を往復している.

Pen·del≈tür [ペンデる・テューァ] 女 -/-en スイングドア.

Pen·del≈uhr [ペンデる・ウーァ] 女 -/-en 振り子時計.

Pen·del≈ver·kehr [ペンデる・フェァケーァ] 男 -s/ 折り返し運転; 通勤(通学)のための往復[居住地と勤務地・学校の間を大量の通勤通学者が電車やバスで往復するようになった現象から).

Pend·ler [ペンドらァ péndlər] 男 -s/- (振り子のように)自宅と職場(学校)の間を往復する人. (女性形: -in).

pe·ne·trant [ペネトラント penetránt] 形 ① (においなどが)染み通るような, 鼻をつく. ein penetranter Geruch 刺すようなにおい. ② 《比》あつかましい, ずうずうしい.

peng! [ペング péŋ] 間 (発砲などの音:)ばーん, ずどん.

pe·ni·bel [ペニーベる pení:bəl] 形 きちょうめんな, ひどく細かい.

Pe·ni·cil·lin [ペニツィりーン penitsilí:n] 中 -s/-e (薬学) = Penizillin

Pe·nis [ペーニス pé:nɪs] 男 -/.nisse (またはPenes [ペーネース]) 《医》ペニス, 男根.

Pe·ni·zil·lin [ペニツィりーン penitsilí:n] 中 -s/-e 《薬》ペニシリン.

Pen·nä·ler [ペネーらァ penɛ́:lər] 男 -s/- (ギムナジウムなどの)生徒. (女性形: -in).

Penn≈bru·der [ペン・ブルーダァ] 男 -s/..brüder 《口語》 = Penner

Pen·ne¹ [ペネ péne] 女 -/-n 《口語》安宿. ② 《俗》売春婦.

Pen·ne² [ペネ] 女 -/-n (生徒言葉:)高等学校.

pen·nen [ペンネン pénən] 自 (h) 《口語》① 眠る, 寝る. ② ぼんやりしている.

Pen·ner [ペンナァ pénər] 男 -s/- 《俗》① 浮浪者. (女性形: -in). ② よく眠る(ぼんやりしている)人.

Pen·ny [ペニー péni] 中 -s/Pennys [ペニーズ] (単位: -s/Pence [ペンス]) ペニー(イギリスの貨幣[単位]; 略: p).

***die Pen·si·on** [パンズィオーン pãzió:n または ペン.. pɛn..] [フランス] 女 (南ドイツ sion) ① (公務員などの)年金, 恩給. eine gute Pension⁴ bekommen 十分な年金を受ける / Er lebt jetzt von seiner Pension. 彼は今は年金暮らしだ.

② 〔圏 なし〕年金(恩給)生活. Er geht in Pension. 彼は年金生活に入る.

③ ペンション, 民宿, 簡易ホテル. Wir wohnen in einer kleinen Pension. 私たちは小さなペンションに泊まっています. (〔類語〕 Hotel).

④ 〔圏 なし〕(ペンションなどの)食事付き宿泊[料金]. halbe Pension 2食付き宿泊料 / ein Zimmer mit voller Pension. 3食付きの部屋.

Pen·si·o·när [パンズィオネーァ pãzioné:r または ペン.. pɛn..] 男 -s/-e ① (特に退職公務員の)年金生活者. (女性形: -in). ② 《方》(一般に:)年金(恩給)生活者. ③ (フランス) ペンション(民宿)の宿泊者.

Pen·si·o·nat [パンズィオナート pãzioná:t または ペン.. pɛn..] 中 -[e]s/-e (特に女子の)寄宿学校.

pen·si·o·nie·ren [パンズィオニーレン pãzioní:rən または ペン.. pɛn..] 他 (h) (年金・恩給を与えて 4格に)退職させる. sich⁴ pensionieren lassen 退職する, 年金生活を始める. ◇〔過去分詞の形で〕 ein pensionierter Beamter 退職公務員.

Pen·si·o·nie·rung [パンズィオニールング または ペン..] 女 -/-en (年金付きで)退職(させられる)こと.

pen·si·ons≈be·rech·tigt [パンズィオーンス・ベレヒティヒト] 形 年金(恩給)受給資格のある.

Pen·sum [ペンズム pénzʊm] 中 -s/Pensen (またはPensa) (一定時間内の)割当仕事, ノルマ; 《教》教科書.

Pen·ta·gon [ペンタゴン péntagɔn] 中 -s/-e ① 《数》5角形. ② 〔圏 なし〕(通称として:)アメリカ国防総省, ペンタゴン.

Pen·ta·gramm [ペンタグラム pɛntagrám] 中 -s/-e 5角の星形(魔よけの印としても用いられる).

Pen·ta·me·ter [ペンターメタァ pɛntá:metər] 男 -s/- 《詩学》5歩格の詩行.

Pent≈haus [ペント・ハオス] 中 -es/..häuser = Penthouse

Pent≈house [ペント・ハオス] 中 -/-s [..ズィス] ペントハウス(ビルの屋上に作った高級住宅).

Pep [ペップ pép] [英] 男 -[s]/ 活気, 迫力.

Pep·sin [ペプスィーン pɛpsi:n] 中 -s/-e 《医・生》ペプシン.

per [ペル pér] 前 〔4格とともに〕 ① …で, …によって. per Bahn 鉄道で / per Luftpost 航空便で / Ich fahre per Anhalter nach München. ぼくはヒッチハイクでミュンヒェンへ行く / per Adresse (手紙で:)…気付 (略: p. A.)

⇒ Herrn Schulze *per* Adresse Familie Meier マイアー様方シュルツェ様 / mit 人³ *per du* (または Du) sein 人³と du で呼び合う間柄である.
② 《商》…[まで]に. *per* ersten April 4月1日[まで]に / *per* sofort ただちに. ③ 《商》…ごとに,…につき. fünf Euro *per* Stück 1個につき5ユーロ.

Pe·res·troi·ka [ペレストロイカ perɛstróyka] 女 (旧ソ連邦の)ペレストロイカ, 改革 (1980年代後半を中心に).

per·fekt [ペルフェクト pɛrfékt] 形 (比較 perfekter, 最上 perfektest) ① 完全な, 申し分のない, 完璧(なぺ)な. 《英 perfect》. Sie ist eine *perfekte* Sekretärin. 彼女は非の打ちどころのない秘書だ / Sie ist *perfekt* im Kochen. 彼女は料理にかけては申し分ない / ein *perfektes* Verbrechen 完全犯罪 / Er spricht *perfekt* Englisch. 彼は完璧な英語を話す. ② 《口語》決定した, 確定した. Der Vertrag ist *perfekt*. 契約は締結された.

Per·fekt [ペルフェクト] 中 -s/-e 《言》[現在]完了時称(形).

Per·fek·ti·on [ペルフェクツィオーン pɛrfɛktsióːn] 女 -/ 完全さ, 申し分のなさ, 完璧(なぺ).

per·fid [ペルフィート pɛrfíːt] 形 陰険な, 卑劣な.

per·fi·de [ペルフィーデ pɛrfíːdə] 形 =perfid

Per·fi·die [ペルフィディー pɛrfidíː] 女 -/-n [..ディーエン] ① 《複 なし》陰険, 卑劣. ② 陰険(卑劣)な言動.

Per·fo·ra·ti·on [ペルフォラツィオーン pɛrforatsióːn] 女 -/-en (切手などの)ミシン目; パーフォレーション(フィルムの送り穴).

per·fo·rie·ren [ペルフォリーレン pɛrforíːrən] 他 (h) (物⁴に)等間隔に穴をあける; ミシン目を入れる.

Per·for·mance [ペーァフォーアメンス pøːrfóːrməns または ペルフォルム.. pœrfɔ́rm..] 女 -/[..スィズ] 《芸》パフォーマンス; 《コンピュータ》演算能力.

Per·ga·ment [ペルガメント pɛrgamént] 中 -[e]s/-e 羊皮紙; 羊皮紙に書かれた古文書.

Per·ga·ment·pa·pier [ペルガメント・パピーァ] 中 -s/-e 硫酸紙, 模造羊皮紙.

die **Pe·ri·o·de** [ペリオーデ perióːdə] 女 (単) -/(複) -n ① 時期, 期間, 時代; 《地学》紀. 《英 period》. Eine neue *Periode* beginnt. 新時代が始まる / die *Periode* der Kreide² 白亜紀. ② 《数》(循環小数などの)周期; 《物・天》周期; 《医》月経. ③ 《音楽》楽節; 楽章, 大楽節; 《言・修》双対文, 総合文.

Pe·ri·o·den·sys·tem [ペリオーデン・ズュステーム] 中 -s/ 《化》(元素の)周期系.

Pe·ri·o·di·kum [ペリオーディクム perióːdikum] 中 -s/..dika [..ディカ] 定期刊行物.

pe·ri·o·disch [ペリオーディッシュ perióːdiʃ] 形 周期的な(現象など); 定期的な(刊行物など).

pe·ri·pher [ペリフェーァ periféːr] 形 ① 周辺の, 周囲の; 《比》副次的な. eine *periphere* Frage 瑣末(まっ)な問題. ② 《医》末梢(まっしょう)[性]の. 《コンピュータ》周辺装置の.

Pe·ri·phe·rie [ペリフェリー periferíː] 女 -/-n [..リーエン] ① 周辺部, 周辺地区. an der *Peripherie* der Stadt² 町の周辺部で. ② 《数》円周. ③ 《コンピュータ》周辺機器.

Pe·ri·skop [ペリスコープ perisːkóːp] 中 -s/-e (潜水艦の)潜望鏡.

die **Per·le** [ペルレ pérlə] 女 (単) -/(複) -n ① 真珠. 《英 pearl》. Zucht*perle* 養殖真珠 / eine echte *Perle* 本物の真珠 / eine imitierte (künstliche) *Perle* 模造(人工)真珠 / eine Kette aus *Perlen* パールのネックレス / *Perlen*⁴ vor die Säue werfen 《俗》豚に真珠[を投げ与える].
② (真珠のような)小さい玉; 露, 滴. Der Schweiß stand ihm in *Perlen* auf der Stirn. 彼の額には玉のような汗が浮かんでいた. ③ (真珠のように)貴重なもの; 珠玉, 精華, 逸品. eine *Perle* der deutschen Musik² ドイツ音楽の珠玉. ④ 《口語・戯》よく働くお手伝いさん. ⑤ 《古》(若者言葉):(大切な)ガールフレンド.

per·len [ペルレン pérlən] 自 (h, s) ① (h, s) (汗などが)玉[状]になる. ② (s) **von** 物³ ~》(露・汗などが物³から)滴り落ちる. ③ (h) (シャンパンなどが)泡立つ. ④ (h) (歌声などが)玉を転がすように響く.

Per·len·ket·te [ペルレン・ケッテ] 女 -/-n 真珠のネックレス.

Perl·huhn [ペルる・フーン] 中 -[e]s/..hühner 《鳥》ホロホロチョウ.

Perl·mu·schel [ペルる・ムッシェる] 女 -/-n 真珠貝.

Perl·mutt [ペルる・ムット] 中 -s/=Perlmutter

Perl·mut·ter [ペルる・ムッタァ] 女 -/ (または 中 -s/) 真珠層(真珠貝の殻の内側).

perl·mut·tern [ペルる・ムッタァン] 形 ① 〖付加語としてのみ〗真珠層で作った. ② 真珠層の.

Per·lon [ペルろン pérlɔn] 中 -s/ 《商標》ペルロン, パーロン(合成繊維の一種).

Perl·zwie·bel [ペルる・ツヴィーベる] 女 -/-n 《植》ラッキョウ(ピクルスの材料).

per·ma·nent [ペルマネント pɛrmanént] 形 ① 持続的な, 永続的な. eine *permanente* Krise 絶えざる危機. ② (軽蔑的に)しつこい.

Per·ma·nenz [ペルマネンツ pɛrmanénts] 女 -/ 持続, 永続. in *Permanenz* 永続的に, 常時.

per pe·des [ペル ペーデース pɛr péːdeːs] 副 徒歩で, てくてく歩いて (=zu Fuß).

Per·pen·di·kel [ペルペンディーケる pɛrpɛndíːkəl] 男中 -s/- 時計の振り子.

per·plex [ペルプれクス pɛrpléks] 形 《口語》唖然(なぜ)とした, びっくりした, うろたえた.

Per·ron [ペローン pɛrɔ̃ː] [スイス] 中 男 -s/-s (スイ) プラットホーム (=Bahnsteig).

Per·sen·ning [ペルゼンニング pɛrzénɪŋ] 女 -e[n] (または -s) ① 《海》(タールを塗った)防水

persönlich

シート. ② 〖覆 なし〗(織) 防水シート用の帆布.
Per·ser [ペルザァ pérzər] I 男 -s/- ① ペルシア人. (女性形: -in). ② 《口語》=Perserteppich　II 形 〖無語尾〗 ペルシアの.

Per·ser·tep·pich [ペルザァ・テピヒ] 男 -s/-e ペルシアじゅうたん.

Per·si·a·ner [ペルズィアーナァ pɛrziá:nər] 男 -s/- ペルシア子羊の毛皮[のコート].

Per·si·en [ペルズィエン pérziən] 田 -s/《国名》ペルシア(イランの旧称).

Per·si·fla·ge [ペルズィふらージェ pɛrziflá:ʒə] 〖仏〗 女 -/-n 風刺, あてこすり, パロディー.

per·si·flie·ren [ペルズィふりーレン perzifli:ran] 他 (h) (人・物4を)風刺する, 茶化する.

per·sisch [ペルズィッシュ pérziʃ] 形 ペルシア[人・語]の. der *Persische* Golf ペルシア湾.

die Per·son [ペルゾーン pɛrzó:n]

人[員]

Er ist eine wichtige *Person*.
エァ イスト アイネ ヴィヒティゲ ペルゾーン
彼は重要人物だ.

女 (単) -/(複) -en ① 人, 人員; 人間, 人物. (英 *person*). eine bekannte (gefährliche) *Person* 有名な(危険な)人物 / eine juristische (natürliche) *Person* 〖法〗法人(自然人) / jede *Person* 各人 / die eigene *Person* 自分自身 / ich **für** meine *Person* 私個人としては / **in** [eigener] *Person* 本人自ら / Sie ist die Geduld in *Person*. 彼女は忍耐の化身だ(←人の姿をした忍耐) / Der Eintritt kostet drei Euro **pro** *Person*. 入場料は一人当たり3ユーロで.
◇〖数詞とともに〗(人数を表して:) …人. Wir sind drei *Personen*. 私たちは3人[連れ]です / Der Wagen fasst fünf *Personen*. その車には5人乗れる.
② (肉体的・外見的に…の)人. eine männliche (weibliche) *Person* 男の(女の)人 / eine stattliche *Person* かっぷくのいい人.
③ (劇・映画などの)登場人物, 役. die *Personen* eines Dramas ドラマの登場人物たち.
④ 女[の子]. eine hübsche *Person* かわいい女の子 / So eine freche *Person*! なんてあつかましい娘だろう. ⑤ 〖覆 なし〗(言) 人称. die erste (zweite) *Person* 第1(第2)人称.

Per·so·nal [ペルゾナーる pɛrzoná:l] 男 -s/(総称として:)職員, 従業員. die technische *Personal* der Bahn² 鉄道の技術スタッフ.

Per·so·nal⁀ab·tei·lung [ペルゾナーる・アップタイるンゲ] 女 -/-en 人事部(課).

Per·so·nal⁀ak·te [ペルゾナーる・アクテ] 女 -/-n 人事記録, 身上書.

der **Per·so·nal⁀aus·weis** [ペルゾナーる・アオスヴァイス pɛrzoná:l-ausvaɪs] 男 (単2) -es/(複) -e (3格のみ -en) 身分証明書. (英 *identity card*). den Personalausweis vorzeigen 身分証明書を提示する.

Per·so·nal Chef [ペルゾナーる・シェふ] 男 -s/-s 人事部長(課長).

Per·so·nal Com·pu·ter [ペーァゼネるコンピュータァ] [英] 男 -s/- パーソナルコンピュータ, パソコン(略: PC).

Per·so·na·li·en [ペルゾナーリエン pɛrzoná:liən] 覆 個人データ(氏名・住所など); 身上書.

per·so·nal⁀in·ten·siv [ペルゾナーる・インテンズィーふ] 形 《経》多くのスタッフを必要とする.

Per·so·nal⁀pro·no·men [ペルゾナーる・プロノーメン] 田 -s/- (または …nomina)《言》人称代名詞.

Per·so·nal⁀uni·on [ペルゾナーる・ウニオーン] 女 -/-en ① 兼務. *in Personalunion* 兼務(兼任)で. ② 《政》同君連合(共通の君主を持つ国家連合).

per·so·nell [ペルゾネる pɛrzonél] 形 ① 職員の, 人事の. ② 《心》性格の, 人格の.

Per·so·nen⁀auf·zug [ペルゾーネン・アオふツーク] 男 -[e]s/..züge (人が乗る)エレベーター.

Per·so·nen⁀be·för·de·rung [ペルゾーネン・ベふェルデルング] 女 -/-en 《交通》旅客輸送.

Per·so·nen⁀kraft·wa·gen [ペルゾーネン・クラふトヴァーゲン] 男 -s/-《官庁》乗用車(略: Pkw, PKW). 〈メモ〉「トラック」は Lastkraftwagen).

Per·so·nen⁀kult [ペルゾーネン・クルト] 男 -[e]s/-e 《ふつう 単》(軽蔑的に:)個人崇拝.

Per·so·nen⁀na·me [ペルゾーネン・ナーメ] 男 -ns (3格・4格 -n)/-n 人名.

Per·so·nen⁀scha·den [ペルゾーネン・シャーデン] 男 -s/..schäden 《法》人的損害.

Per·so·nen⁀stand [ペルゾーネン・シュタント] 男 -[e]s/《法》婚姻状況(未婚・既婚などの区別).

Per·so·nen⁀ver·kehr [ペルゾーネン・フェァケーァ] 男 -s/《交通》旅客輸送.

Per·so·nen⁀waa·ge [ペルゾーネン・ヴァーゲ] 女 -/-n 体重計.

Per·so·nen⁀wa·gen [ペルゾーネン・ヴァーゲン] 男 -s/- ① 乗用車. ②《鉄道》客車.

Per·so·nen⁀zug [ペルゾーネン・ツーク] 男 -[e]s/..züge ① (昔の:)(各駅停車の)普通列車. ② (貨物列車に対して:)旅客列車.

Per·so·ni·fi·ka·ti·on [ペルゾニふィカツィオーン pɛrzonifikatsió:n] 女 -/-en ① 擬人化, 人格化. ② 化身, 権化.

per·so·ni·fi·zie·ren [ペルゾニふィツィーレン pɛrzonifitsí:rən] 他 (h) ① (概念・事柄など4を)擬人化(人格化)する. ② 体現(具現)している. ◇〖過去分詞の形で〗Sie ist die *personifizierte* Geduld. 彼女は忍耐の化身だ.

Per·so·ni·fi·zie·rung [ペルゾニふィツィールンク] 女 -/-en 擬人化, 人格化; (貌) 化身, 権化 (=Personifikation).

*****per·sön·lich** [ペルゼーンリヒ pɛrzö:nlɪç] 形 《英 *personal*》 ① 個人的な, 個人の; 私的な, 一身上の; 個人に向けられた. Das ist meine *persönliche* Meinung. これは私の個人的な意見です / die *persönliche* Freiheit 個人

の自由 / aus *persönlichen* Gründen 一身上の理由から / *persönlich* werden (感情的な)個人攻撃をする / 囲⁴ *persönlich* nehmen 囲⁴を個人攻撃と受けとる. ② **個性的な**. Sie schreibt einen ganz *persönlichen* Stil. 彼女の文章はとても個性的だ. ③ 本人[直接]の, 自らの. *persönliches* Erscheinen (代理などでなく)本人の出頭(来席) / *Persönlich!*(手紙の上書きで):親展/ Ich kenne ihn *persönlich*. 私は彼と個人的に面識がある / Der Minister kam *persönlich*. 大臣が自らやって来た. ④ 打ち解けた, 親しみのある. in einem *persönlichen* Ton sprechen 打ち解けた調子で話す / *persönliche* Anteilnahme 心からの同情. ⑤《言》人称の. *persönliches* Fürwort 人称代名詞.

die **Per·sön·lich·keit** [ペルゼーンリヒカイト pɛrzǿːnlɪçkaɪt] 囡(単) -/(複) -en ① 《圈なし》**人格**, パーソナリティー, 個性, 人柄. (英 *personality*). Ausbildung der *Persönlichkeit*² 人格の陶冶(⅔) / die *Persönlichkeit*⁴ respektieren 人格を尊重する. ②(ある性格を持った)人物; (重要な)人物. eine bedeutende *Persönlichkeit* 重要人物 / Er ist eine *Persönlichkeit*. 彼は[なかなかの]人物だ.

Per·spek·ti·ve [ペルスペクティーヴェ pɛrspɛktíːvə] 囡 -/-n ① 《美·数》遠近法, 透視画法(図法). ② 視角, 観点, パースペクティブ. ③ (将来への)見通し, 展望.

per·spek·ti·visch [ペルスペクティーヴィッシュ pɛrspɛktíːvɪʃ] 形 ① 遠近法の. ② 観点による. ③ 将来を見通した.

Pe·ru [ペルー perúː またはペールー péːru] 田 -s/《国名》ペルー[共和国]《南アメリカ北西部. 首都はリマ》.

Pe·rü·cke [ペリュッケ perʏ́kə] 囡 -/-n かつら. eine *Perücke*⁴ auf|setzen (tragen) かつらをかぶる(かぶっている).

per·vers [ペルヴェルス pɛrvɛ́rs] 形 ① [性的に]倒錯した, 変態の. ②《口語》度を過ぎた.

Per·ver·si·on [ペルヴェルズィオーン pɛrvɛrzióːn] 囡 -/-en [性的]倒錯, 変態.

Per·ver·si·tät [ペルヴェルズィテート pɛrvɛrzitɛ́ːt] 囡 -/-en ①《圈なし》[性的]倒錯, 変態. ② 倒錯的言動.

pe·sen [ペーゼン péːzən] 圓(s)《口語》走る, 突っ走る (=rennen).

Pes·sar [ペサール pɛsáːr] 田 -s/-e《医》(避妊用の)ペッサリー, 子宮栓.

der **Pes·si·mis·mus** [ペスィミスムス pesimísmus] 男 (単 2) - **ペシミズム**, 悲観論(主義), 厭世(🄴)主義. (英 *pessimism*). (📝「オプティミズム」は Optimismus)

Pes·si·mist [ペスィミスト pesimíst] 男 -en/-en ペシミスト, 悲観論(主義)者, 厭世(🄴)主義者. (女性形: -in). (📝「オプティミスト」は Optimist).

pes·si·mis·tisch [ペスィミスティッシュ pesimístɪʃ] 形 悲観的な, 厭世(🄴)的な.

Pest [ペスト pɛ́st] 囡 -/《医》ペスト, 黒死病; 《比》(一般に:)悪疫; 《いやなもの(人). 》 囚⁴ wie die *Pest*⁴ hassen《俗》囚⁴をひどく嫌う(憎む).

Pes·ta·loz·zi [ペスタロッツィ pɛstalótsi] -s/《人名》ペスタロッチ (Johann Heinrich *Pestalozzi* 1746-1827; スイスの教育家).

Pest*beu·le [ペスト·ボイレ] 囡 -/-n《医》ペスト腺腫(嶌).

Pes·ti·zid [ペスティツィート pɛstitsíːt] 田 -s/-e 殺虫(殺菌)剤.

Pe·ter [ペータァ péːtər] Ⅰ -s/《男名·人名》ペーター. *Peter* der Große ピョートル大帝 (1672-1725; ロシア皇帝) / St. *Peter* 聖ペテロ. Ⅱ -s/-《口語》男, やつ. ein langweiliger *Peter* 退屈なやつ / schwarzer (または Schwarzer) *Peter* ばば抜き / 囚³ den schwarzen (または Schwarzen) *Peter* zu|schieben 囚³に責任をなすりつける.

Pe·ters·burg [ペータァス·ブルク péːtərsbʊrk] 田 -s/《都市名》《サンクト·》ペテルブルク (ロシア北東部. 名称は 1914-1924 ペトログラード, 1924-1991 レニングラード).

Pe·ter·si·lie [ペタァズィーリエ petərzíːliə] 囡 -/-n《植》パセリ. Ihm ist die *Petersilie* verhagelt.《現在完了》《口語》彼はひどくがっかりしている(←パセリがひょうでやられた).

PET-Fla·sche [ペット·ふらッシェ] 囡 -/-n ペットボトル.

Pe·ti·ti·on [ペティツィオーン petitsióːn] 囡 -/-en 請願[書], 申請[書].

Pe·tra [ペートラ péːtra] -/《女名》ペートラ.

Pe·tro·dol·lar [ペトロ·ドらァ péːtrodɔlar] 男 -[s]/-[s]《経·隠語》(産油国が得る)オイルダラー.

Pe·tro·le·um [ペトローれウム petrǿːleʊm] 田 -s/ 石油; 灯油.

Pe·tro·le·um*lam·pe [ペトローれウム·らンペ] 囡 -/-n 石油ランプ.

Pe·trus [ペートルス péːtrʊs] [-] (古: *Petri*);《聖》《人名》ペテロ (十二使徒の一人). *Petri* Heil! 大漁を祈る (釣り人·猟師のあいさつ. ペテロが漁師だったことから).

Pet·schaft [ペッチャふト pɛ́tʃaft] 田 -s/-e 封印, 印章.

Pet·ting [ペッティング pɛ́tɪŋ] [英] 田 -[s]/-s ペッティング.

pet·to [ペット- péto] [伊]《成句的に》囲⁴ in *petto* haben《口語》囲⁴をもくろんでいる, ひそかに用意している.

Pe·tu·nie [ペトゥーニエ petúːniə] 囡 -/-n《植》ペチュニア.

Petz [ペッツ pɛ́ts] 男 -es/-e《戯》(童話に登場する)熊. Meister *Petz* 熊さん, 熊公.

Pet·ze [ペッツェ pɛ́tsə] 囡 -/-n (生徒言葉》告げ口屋.

pet·zen [ペッツェン pɛ́tsən] 他 (h)·圓 (h) (生徒言葉:)(先生·親に)告げ口する.

peu à peu [ペ ア ペ pø a pǿ] [仏] 少しずつ, しだいに.

Pf. [ブふェニヒ]《略》ペニヒ (2001 年までのドイツの通貨単位. 100 分の 1 マルク) (=**Pfennig**).

der **Pfad** [プファート pfáːt] 男 (単2) -es (まれに -s)/(複) -e (3格のみ -en) 小道, 細道; 《比》人生行路. 《英 path》. ein steiler *Pfad* 険しい小道/ ein dorniger *Pfad* 《雅》（人生の）いばらの道/ die ausgetretenen *Pfade*⁴ verlassen 《雅》独自の道を歩む(←一路みならされた道を離れる)/ **auf dem** *Pfad* **der Tugend**² **wandeln** 《雅》正直である(← 善の道を歩む)/ **vom rechten** *Pfad* **ab|kommen** 正道からそれる.

Pfad=fin・der [プファート・フィンダァ] 男 -s/- ボーイスカウト[の団員].

Pfad=fin・de・rin [プファート・フィンデリン] 女 -/..rinnen ガールスカウト[の団員].

Pfaf・fe [プファッフェ pfáfə] 男 -n/-n 《軽蔑的に:》 僧侶, 坊主.

Pfahl [プファール pfáːl] 男 -[e]s/Pfähle くい, 支柱. einen *Pfahl* in den Boden ein|schlagen くいを地面に打ち込む.

Pfahl=bau [プファール・バオ] 男 -[e]s/-ten (水辺の)杭上(ミッッ)家屋(住居).

pfäh・len [プフェーれン pfɛ́ːlən] 他 (h) ① 《物⁴》をくいで支える. ② くい打ちの刑に処する.

Pfahl=wur・zel [プファール・ヴルツェる] 女 -/-n 《植》主根, 直根.

Pfalz [プファるツ pfálts] I 女 -/-en 《史》王城, 王宮(中世の皇帝・王が領内を移動する際に使用した居城). II 女 -/ 〔定冠詞とともに〕《地名》プファルツ(ドイツ, ラインラント・プファルツ州の行政区画).

Pfalz=graf [プファるツ・グラーふ] 男 -en/-en 《史》宮中伯. (女性形: ~gräfin).

das **Pfand** [プファント pfánt] 中 (単2) -es (まれに -s)/(複) Pfänder [プフェンダァ] (3格のみ Pfändern) ① 担保, 抵当. 《英 security》. 《人⁴》ein *Pfand* geben 《人³》に担保を渡す/ **als** *Pfand* **behalten** 《物⁴》を担保として取っておく/ ein *Pfand* ein|lösen 質を請け出す. ② (空容器のリサイクルやレンタル品などの)デポジット, 保証金. Flaschen*pfand* 空きびん代/ für eine Flasche *Pfand*⁴ bezahlen びんにデポジットを支払う. ③ 《雅》しるし, あかし.

pfänd・bar [プフェントバール] 形 担保(抵当)になりうる.

Pfand=brief [プファント・ブリーふ] 男 -[e]s/-e 《経》抵当証券.

pfän・den [プフェンデン pfɛ́ndən] 他 (h) 《物⁴》を差し押さえる; 《人⁴》の財産を差し押える.

Pfän・der [プフェンダァ] Pfand (担保)の 複.

Pfän・der=spiel [プフェンダァ・シュピーる] 中 -[e]s/-e 罰金ゲーム(間違えると持物を取られ, 最後に余興をすると返してもらえる).

Pfand=fla・sche [プファント・ふらッシェ] 女 -/-n デポジットボトル.

Pfand=haus [プファント・ハオス] 中 -es/..häuser 質屋(=Leihhaus).

Pfand=lei・he [プファント・らイエ] 女 -/-n ① 〔複なし〕質屋業. ② 質屋.

Pfand=lei・her [プファント・らイアァ] 男 -s/- 質屋[の主人]. (女性形: -in).

Pfand=recht [プファント・レヒト] 中 -[e]s/-e 《法》担保権; 質権.

Pfand=schein [プファント・シャイン] 男 -[e]s/-e 質札.

Pfän・dung [プフェンドゥング] 女 -/-en 《法》差し押さえ.

die **Pfan・ne** [プファンネ pfánə] 女 (単) -/(複) -n ① フライパン, (長い柄の付いた)平鍋(%). 《英 pan》. 《物⁴》**in der** *Pfanne* **braten** 《物⁴》をフライパンで焼く/ ein Ei⁴ in die *Pfanne* schlagen 卵を割ってフライパンに落とす/ 《人⁴》 **in die** *Pfanne* **hauen** 《人⁴》をこっぴどくやっつける; 散々にこきおろす. ② 《医》関節臼(ポ). ③ 《建》桟がわら, パンタイルがわら. ④ 《地理》くぼ地, 小盆地. ⑤ (昔の:)(火縄銃の)火薬皿. ⑥ **auf der** *Pfanne* **haben** 《口語》《物⁴》の用意ができている.

Pfann=ku・chen [プファン・クーヘン] 男 -s/- 《料理》パンケーキ. Berliner *Pfannkuchen* (ジャム入りの)揚げパン.

Pfarr=amt [プファル・アムト] 中 -[e]s/..ämter 《キリ教》牧師(主任司祭)の職; 牧師(主任司祭)館.

Pfarr=be・zirk [プファル・ベツィルク] 男 -[e]s/-e 《新教》教区; 《カッル》聖堂区.

Pfar・re [プファレ pfárə] 女 -/-n 《方》 =Pfarrei.

Pfar・rei [プファライ pfaráI] 女 -/-en ① 《キリ教》牧師(主任司祭)の職; 牧師(主任司祭)館 (=Pfarramt). ② 《新教》教区; 《カッル》聖堂区 (=Pfarrbezirk).

der **Pfar・rer** [プファレァ pfárər] 男 (単2) -s/- (3格のみ -n) 《新教》牧師; 《カッル》主任司祭.

Pfar・re・rin [プファレリン pfárərIn] 女 -/..rinnen 《新教》(女性の)牧師; 《カッル》(女性の)主任司祭.

Pfarr=haus [プファル・ハオス] 中 -es/..häuser 牧師館; 主任司祭館.

Pfarr=kir・che [プファル・キルヒェ] 女 -/-n 教区(聖堂区)教会.

Pfarr=stel・le [プファル・シュテれ] 女 -/-n 牧師(主任司祭)の地位.

Pfau [プファオ pfáu] 男 -[e]s/-en 《カッル: -en/-e) (鳥) クジャク(孔雀). Der *Pfau* schlägt ein Rad. くじゃくが尾を広げる/ Er ist eitel wie ein *Pfau*. 《雅》彼は虚栄心のかたまりだ.

Pfau・en=au・ge [プファオエン・アオゲ] 中 -s/-n 《昆》クジャクチョウ.

Pfd. [プフント] 《略》ポンド(重量の単位. 500 g) (=**Pfund**).

der **Pfef・fer** [プフェッふァァ pféfər] 男 (単2) -s/(種類を表すときのみ: 複) - ① 《植》コショウ, ペッパー. 《英 pepper》. schwarzer (weißer) *Pfeffer* 黒(白)こしょう/ die Soße⁴ mit *Pfeffer* würzen ソースをこしょうで味付けする/ ein Anzug in *Pfeffer* und Salz 《織》霜降り模様スーツ/ Der *Pfeffer* brennt auf der Zunge. こしょうで舌がひりひりする/ 《人³》 *Pfeffer*⁴ geben 《人³》にはっぱをかける/ *Pfeffer*⁴ im Hintern haben 《俗》そわそわしている/ Geh doch hin,

Pfefferkuchen

wo der *Pfeffer* wächst!《口語》どこか遠い所へ行っちまえ(←こしょうの生える所へ).
② 《口語》生気, 活力.

Pfef·fer·ku·chen [プフェッファァ・クーヘン] 男 -s/- ペッパークーヘン(クリスマスに食べる蜂蜜・香辛料入りのケーキ). (=Lebkuchen).

Pfef·fer⹀minz [プフェッファァ・ミンツ] I 中 -es/-e ①《冠詞なし;無変化》ペーパーミントの味(香り). ② ペーパーミントキャンデー. II 男 -es/-e (単位: -/-) ペーパーミントリキュール.

Pfef·fer⹀min·ze [プフェッファァ・ミンツェ] 囡 -/《植》ペパーミント, セイヨウハッカ.

pfef·fern [プフェッファァン pféfərn] 他 (h) ① (圏⁴に)こしょうを振りかける;《比》スパイスを効かせる. ②《口語》(圏⁴を…へ)力いっぱいほうり投げる. ③《成句的に》[人]³ eine⁴ *pfeffern*《俗》[人]³に一発くらわす.

◇☞ **gepfeffert**

die **Pfei·fe** [プファイフェ pfáifə] 囡 (単) -/(複) -n ① 笛, ホイッスル, 呼び子;汽笛.《英 whistle). die *Pfeife*⁴ (または auf der *Pfeife*) blasen ホイッスルを吹く / Wir mussten nach seiner *Pfeife* tanzen. 私たちは彼の言いなりにならざるをえなかった(←彼の笛にしたがって踊る).
② (たばこの)パイプ.《英 pipe). [eine] *Pfeife*⁴ rauchen パイプをくゆらす / sich³ eine *Pfeife*⁴ an|zünden パイプに火を付ける.
③ (パイプオルガンの)音管. ④《俗》役立たず, 能なし.

pfei·fen* [プファイフェン pfáifən] (pfiff, hat …gepfiffen) I 国 (完了 haben) ① 口笛を吹く; (口笛を鳴らして)ブーイングする; 笛を吹く, ホイッスルを鳴らす.《英 whistle). Er *pfeift* immer bei der Arbeit. 彼は仕事をしながらいつも口笛を吹いている / Er *pfiff* [nach] seinem Hund. 彼は口笛で犬を呼んだ / Der Schiedsrichter *pfeift*. 審判がホイッスルを吹く / auf zwei Fingern *pfeifen* 2本の指で指笛を鳴らす.
② (風などが)ぴゅーぴゅー鳴る; (息などが)ひゅーひゅーいう; (鳥・ねずみなどが)ぴーぴー(ちゅーちゅー)鳴く. Der Wind *pfeift* im Schornstein. 風が煙突の中でぴゅーぴゅー鳴っている. ◇《現在分詞の形で》ein *pfeifender* Atem ひゅーひゅーいう呼吸. ③《auf [人・物]⁴ ~》《口語》([人・物]⁴を)問題(当て)にしない. Ich *pfeife* darauf. そんなことはどうでもいい. ④《スポ》(笛を吹いて)試合の審判をする.

II 他 (完了 haben) ① (メロディーなど⁴を)口笛で吹く, 笛で吹く. einen Schlager *pfeifen* 流行歌を口笛で吹く / sich³ eins⁴ *pfeifen*《口語》a) なんとはなしに口笛を吹く, b) 知らん顔をする / [人]³ [et]was⁴ *pfeifen*《口語》[人]³の願いを無視する.
②《スポ》(笛を吹いて試合⁴の)審判をする; (笛を吹いて圏⁴を)知らせる. ein Foul⁴ *pfeifen* ファウルの笛を吹く. ③《口語》(秘密など⁴を)漏らす, ばらす.

Pfei·fen⹀kopf [プファイフェン・コプふ] 男 -[e]s/..köpfe ① パイプのがん首. ②《俗》役立たず, 能なし.

Pfei·fer [プファイファァ pfáifər] 男 -s/- [口]笛を吹く人;管楽器奏者. (女性形: -in).

Pfeif⹀kon·zert [プファイふ・コンツェルト] 中 -[e]s/-e (観客が口笛を鳴らす)ブーイングの嵐.

der **Pfeil** [プファイる pfáil] 男 (単 2) -[e]s/(複) -e (3格のみ -en) ① 矢.《英 arrow). *Pfeil* und Bogen 矢と弓 / ein vergifteter *Pfeil* 毒矢 / einen *Pfeil* ab|schießen 矢を放つ / Der *Pfeil* schwirrt durch die Luft. 矢がひゅーっと空中を飛んで行く / schnell wie ein *Pfeil*《雅》矢のように速く / Er hat alle *Pfeile* verschossen. 彼はできるだけの手は尽くした(←すべての矢を射尽くした).
② 矢印. Der *Pfeil* zeigt nach Norden. 矢印は北を指している.

Pfei·ler [プファイらァ pfáilər] 男 -s/- ① 柱, 支柱; 橋脚;《比》支え, よりどころ. ein *Pfeiler* aus Beton コンクリートの柱 / Die Brücke ruht auf sechs *Pfeilern*. その橋は6本の橋脚で支えられている. ②《坑》鉱柱, 炭柱.

pfeil⹀ge·ra·de [プファイる・ゲラーデ] 形 矢のようにまっすぐな.

pfeil⹀schnell [プファイる・シュネる] 形 矢のように速い.

der **Pfen·nig** [プふェニヒ pfénɪç] 男 (単 2) -s/-(複) -e(3格のみ -en)《数量単位としては: (複) -》ペニヒ(2001年までのドイツの通貨単位, 100分の1マルク).《省: Pf.). Das kostet zehn *Pfennig*. それは10ペニヒだ / Ich habe keinen *Pfennig*. 私は一文なしだ / Das ist keinen *Pfennig* wert.《口語》それは一文の値打ちもない / für [人・物]⁴ keinen *Pfennig* geben《口語・比》[人・物]⁴をもうだめだと思う(←1ペニヒも出してやらない) / jeden *Pfennig* um|drehen または auf den *Pfennig* sehen《口語》けちけちする / Wer den *Pfennig* nicht ehrt, ist des Talers nicht wert.《諺》小事をゆるがせにする者は大事に役立たない(←1ペニヒを尊ばぬ者は1ターラーを持つに値しない).

Pfen·nig⹀ab·satz [プふェニヒ・アップザッツ] 男 -es/..sätze (かかとの)細いハイヒール(かかとの底がペニヒ硬貨くらいの大きさであることから).

Pfen·nig⹀fuch·ser [プふェニヒ・ふクサァ] 男 -s/-《口語》守銭奴, けちん坊. (女性形: -in).

Pferch [プふェルヒ pférç] 男 -[e]s/-e (羊などを夜間入れておく)柵(?), 囲い[地].

pfer·chen [プふェルヒェン pférçən] 他 (h) (捕虜などを狭い場所⁴に)押し込む, 詰め込む.

*das **Pferd** [プふェート pfé:rt] 中 (単 2) -es (まれに -s)/(複) -e (3格のみ -en) ①《動》ウマ(馬).《英 horse). Reit*pferd* 乗用馬 / Renn*pferd* 競走馬 / ein braunes *Pferd* 褐色の馬 / ein schnelles *Pferd* 足の速い馬 / das beste *Pferd* im Stall《口語・比》いちばん有能な働き手 / Trojanisches *Pferd*《ギ神》トロヤの木馬 / trojanisches *Pferd*《コンピ》トロヤの木馬(ウイルスの一種).

◇《動詞とともに》⑦《主語として》Das **hält** ja kein *Pferd* **aus**! それはだれだって我慢がならない(←馬も耐えられない) / Mich **bringen** keine zehn *Pferde* dorthin.《口語》私はどんなことがあってもそこへは行かない(←10頭の馬でも私を連れて行けない) / Ihm sind die *Pferde* **durchgegangen**.《現在完了》《口語・比》彼は自制心を失った / Das *Pferd* **galoppiert**. 馬がギャロップで走る / Das *Pferd* **rennt** (**trabt**). 馬が駆ける(速足で走る) / Das *Pferd* **schnaubt** (**wiehert**). 馬が荒い鼻息をたてる(いななく). ④《目的語として》ein *Pferd* **an**·**spannen** (**aus**·**spannen**) 馬を馬車につなぐ(馬車から解く) / das *Pferd*⁴ beim Schwanz **auf**|**zäumen**《口語・比》あべこべなことをする(←馬のしっぽに手綱を付ける) / ein *Pferd*⁴ **besteigen** 馬にまたがる / dem *Pferd* in die Zügel **fallen** (走って来る)馬を無理に止めようとする / *Pferde*⁴ **halten** 馬を飼っている / ein *Pferd*⁴ **lenken** 馬を操る / ein *Pferd*⁴ **reiten** (**satteln**) 馬に乗って行く(馬に鞍(۬ら)を置く) / mit ⋏³ *Pferde*⁴ **stehlen** können《口語・比》⋏³となら何でもやれる(←馬でも盗める) / *Pferde*⁴ **züchten** 馬を飼育する.
◇《前置詞とともに》sich⁴ **aufs** *Pferd* schwingen 馬にひらりとまたがる / aufs falsche (richtige) *Pferd* setzen《口語》しくじる(うまくやる) / **vom** *Pferd* steigen 馬から降りる / Sie sitzt gut **zu** *Pferd*. 彼女は乗馬の姿勢がよい.
② (体操の)鞍馬(ﾎﾞ). ③ (チェスの)ナイト.

Pfer·de≈ap·fel [プフェーァデ・アプフェる] 男 -s/..äpfel《ふつう榎》馬糞.

Pfer·de≈**de·cke** [プフェーァデ・デッケ] 女 -/-n 毛の粗い毛布.

Pfer·de≈**fleisch** [プフェーァデ・ふらイシュ] 中 -[e]s/ 馬肉.

Pfer·de≈**fuß** [プフェーァデ・ふース] 男 -es/..füße ① 馬の足;(悪魔などの)ひづめのある足;《比》(隠れていた)欠点, 馬脚. ② 《医》尖足(ﾋﾞﾙ)(人間の足の奇形).

Pfer·de≈**kop·pel** [プフェーァデ・コッペる] 女 -/-n (柵(ﾋﾟ)で囲った)馬の放牧場.

Pfer·de≈**län·ge** [プフェーァデ・れンゲ] 女 -/-n (競馬で:)馬身.

Pfer·de≈**ren·nen** [プフェーァデ・レンネン] 中 -s/- 競馬.

Pfer·de≈**schwanz** [プフェーァデ・シュヴァンツ] 男 -es/..schwänze ① 馬の尾. ② (髪型の)ポニーテール.(☞ Haar 図).

Pfer·de≈**stall** [プフェーァデ・シュタる] 男 -[e]s/..ställe 馬小屋, 厩舎(ﾀﾞﾋｭｳ).

Pfer·de≈**stär·ke** [プフェーァデ・シュテルケ] 女 -/-n《工》馬力(記号: PS).

Pfer·de≈**zucht** [プフェーァデ・ツフト] 女 -/ 馬の飼育.

pfiff [プふィふ] pfeifen (口笛を吹く)の過去.

Pfiff [プふィふ pfif] 男 -[e]s/-e ① 口笛; 笛の音;(笛から出るような)鋭い音. ②《口語》チャームポイント, 魅力. ③ 要領, こつ. Er hat den *Pfiff* heraus.《口語》彼はこつを心得ている.

pfif·fe [プふィッふェ] pfeifen (口笛を吹く)の接2

Pfif·fer·ling [プふィッふェァりング pfífərlɪŋ] 男 -s/-e《植》アンズタケ. Das ist keinen *Pfifferling* wert.《口語》それはなんの価値もない.

pfif·fig [プふィふィヒ pfífɪç] 形 抜け目のない, 機転のきく, 要領のいい.

Pfif·fi·kus [プふィふィクス pfífikus] 男 - (または..kusses)/..kusse《口語・戯》抜け目のないやつ.

*[das] **Pfings·ten** [プふィングステン pfɪŋstən] 中 (単2) -s/(複) -《ふつう冠詞なしで》《ﾋﾟｪ教》聖霊臨祭(復活祭後の第7日曜日. もとは復活祭から50日目. 使徒たちへの聖霊降臨を祝う).《英 Whitsunday》. *Pfingsten* fällt dieses Jahr früh. 聖霊降臨祭が今年は早く来る.

Pfingst≈mon·tag [プふィングスト・モーンターク] 男 -[e]s/-e 聖霊降臨祭の月曜日(第2祝日).

Pfingst≈**ro·se** [プふィングスト・ローゼ] 女 -/-n《植》シャクヤク.

Pfingst≈**sonn·tag** [プふィングスト・ゾンターク] 男 -[e]s/-e 聖霊降臨祭の日曜日(第1祝日).

*der **Pfir·sich** [プふィルズィヒ pfírzɪç] 男 (単2) -s/(複) -e (3格のみ -en)《植》モモ(桃); モモの木.《英 peach》. ein reifer *Pfirsich* 熟した桃.

*die **Pflan·ze** [プふらンツェ pflántsə] 女 (単) -/(複) -n ① 植物, 草木.《英 plant》.《☞「動物」は Tier). Heil*pflanze* 薬用植物 / eine einjährige *Pflanze* 一年生植物 / *Pflanzen*⁴ sammeln 植物を採集する / Die *Pflanze* wächst (wuchert). 植物が成長する(繁茂する). ② 《口語》(風変わりな人, やつ. eine seltsame *Pflanze* 風変りなやつ / Sie ist eine Berliner *Pflanze*. 彼女は生粋のベルリンっ娘だ.

pflan·zen [プふらンツェン pfléntsən] du pflanzt (pflanzte, *hat* ... gepflanzt) **I** 他 《完了 haben》 ① (木・花など4を)**植える**, 植え付ける. 《英 plant》. Wir *pflanzen* **im** Garten einen Baum. 私たちは庭に木を植える / **Auf** dieses Beet (または diesem Beet) *wollen* wir Astern *pflanzen*. この花壇にはアスターを植えよう.
② (A⁴ **auf** B⁴ →) (A⁴をB⁴の上へ)立てる. die Trikolore⁴ **auf** das Gebäude *pflanzen* 三色旗を建物の上に立てる. ③《ﾄﾘｯｸ・口語》(⋏⁴を)からかう.
II 再帰《完了 haben》 sich⁴ *pflanzen*『方向を表す語句とともに』《口語》(…へ)どっかと腰を下ろす. sich⁴ **aufs** Sofa *pflanzen* ソファーにどっかと腰を下ろす.

Pflan·zen≈fa·ser [プふらンツェン・ふァーザァ] 女 -/-n 植物繊維.

Pflan·zen≈**fett** [プふらンツェン・ふェット] 中 -[e]s/-e 植物性脂肪.

Pflan·zen≈**fres·ser** [プふらンツェン・ふレッサァ] 男 -s/-《動》草食動物.

Pflan·zen≈**kun·de** [プふらンツェン・クンデ] 女 -/ 植物学(＝Botanik).

Pflan·zen≈**öl** [プふらンツェン・エーる] 中 -[e]s/-e 植物油.

Pflan·zen⋲reich [プふらンツェン・ライヒ] 中 -[e]s/《生》植物界.
Pflan·zen·schutz⋲mit·tel [プふらンツェンシュッツ・ミッテる] 中 -s/- 植物用殺虫(殺菌)剤.
Pflan·zen⋲welt [プふらンツェン・ヴェるト] 女 -/ 植物界.
Pflan·zer [プふらンツァァ pfl̩ántsər] 男 -s/- 大農園主; (植民地の)農園の経営者. (女性形: -in).
pflanz·lich [プふらンツりヒ] 形 植物[性]の.
pflanz·te [プふらンツテ] pflanzen(植える)の過去
Pflan·zung [プふらンツンク] 女 -/-en ① 植え付け. ② (小規模)プランテーション.

das **Pflas·ter** [プふらスタァ pfl̩ástər] 中 (単2) -s/(複) - (3格のみ -n) ① (道路などの)舗石, 舗装敷石. (英 pavement). Kopfstein-pflaster 円頭石舗装/ Pflaster⁴ legen 舗石を敷く/ das Pflaster⁴ erneuern 舗装をしなおす/ Pflaster⁴ treten 《口語》(脚が棒になるほど)町を歩き回る/ ein heißes Pflaster《比》危険の多い町/ Tokio ist ein teures Pflaster.《比》東京は物価が高い.
② こう薬, 絆創(ばんそう)こう, プラスター;《比》慰め. ein Pflaster⁴ auflegen 絆創(ばんそう)こうを貼(は)る/ Ich gab ihm ein Geschenk als Pflaster. 私は慰めになればと思って彼に贈り物をした.

Pflas·ter⋲ma·ler [プふらスタァ・マーらァ] 男 -s/- (舗道などに絵をかく)大道絵かき. (女性形: -in).
pflas·tern [プふらスタァン pfl̩ástərn] 他 (h) ① (道路などに)舗石を敷く, (道路⁴を)舗装する. ② 《口語・戯》(傷など⁴に)絆創(ばんそう)こうを貼(は)る.
Pflas·ter⋲stein [プふらスタァ・シュタイン] 男 -[e]s/-e ① (道路の)舗石, 敷石. ② ペッパークーヘン(香辛料入りの丸いケーキ). (=Pfefferkuchen).

die **Pflau·me** [プふらオメ pfl̩áumə] 女 (単) -/(複) -n ① 《植》スモモ, プラム; スモモの木. (英 plum). eine reife Pflaume 熟したプラム. ② 《卑》女性の外陰部. ③ 《俗》能なし.
Pflau·men⋲baum [プふらオメン・バオム] 男 -[e]s/..bäume 《植》スモモの木.
Pflau·men⋲**mus** [プふらオメン・ムース] 中 -es/-e 《料理》プラムのムース.

die **Pfle·ge** [プふれーゲ pfl̩é:gə] 女 (単) -/ ① (病人・子供などの)世話, 看護, ケア. (英 care). die Pflege eines Kranken 病人の看護/ ein Kind⁴ in Pflege geben (nehmen) 子供を里子に出す(里子として引き受ける). ② 手入れ. Körperpflege ボディーケア/ die Pflege des Haares 髪の手入れ. ③ (文化財などの)保護, 育成.
pfle·ge⋲be·dürf·tig [プふれーゲ・ベデュルふティヒ] 形 看護(介護)の必要な; 手入れの必要な.
Pfle·ge⋲dienst [プふれーゲ・ディーンスト] 男 -[e]s/-e 介護サービス[業].
Pfle·ge⋲el·tern [プふれーゲ・エるタァン] 複 里親, 養父母.
Pfle·ge⋲**fall** [プふれーゲ・ふァる] 男 -[e]s/..fälle《法》要介護者.
Pfle·ge⋲heim [プふれーゲ・ハイム] 中 -[e]s/-e 介護ホーム(日本の特別養護老人ホームに相当).
Pfle·ge⋲kind [プふれーゲ・キント] 中 -[e]s/-er 里子, 養子.
pfle·ge⋲leicht [プふれーゲ・らイヒト] 形 手入れの簡単な(衣類など);《比》手のかからない(赤ん坊など).
Pfle·ge⋲mut·ter [プふれーゲ・ムッタァ] 女 -/..mütter 養母, (女性の)里親.
***pfle·gen**(*) [プふれーゲン pfl̩é:gən] (pflegte, *hat* ... gepflegt (雅: pflog, *hat* ... gepflogen)) **I** 他 (〈了〉haben) ① 《規則変化》世話をする, 面倒をみる. (英 care for). Sie *pflegt* ihre alte Mutter. 彼女は老母の面倒をみている/ einen Kranken *pflegen* 病人を看護(介護)する.
② 《規則変化》(物⁴の)手入れをする, (物⁴を)大切にする. Er *pflegt* den Garten. 彼は庭の手入れをする/ das Haar⁴ *pflegen* 髪の手入れをする/ sein Äußeres⁴ *pflegen* 身なりに気をつける.
③ 《ふつう規則変化》《雅》(文化・友情など⁴を)はぐくむ, 育成する, 大切にする. die Künste⁴ und Wissenschaften⁴ *pflegen* 芸術と学問を振興する/ Freundschaften⁴ *pflegen* 友情をはぐくむ/ Er *pflegt* die Musik. 彼は音楽に打ち込んでいる.
④ 《規則変化》《*zu* 不定詞[句]とともに》(…するのが)常である, (…する)習慣がある. Er *pflegte* jeden Morgen einen Spaziergang zu machen. 彼は毎朝散歩をするのが習慣だった/ wie man zu sagen *pflegt* よく言われるように. **II** 再帰 (〈了〉haben) *sich*⁴ *pflegen*《規則変化》健康に留意する; 身だしなみに気を配る.
◇⟨英⟩ **gepflegt**
Pfle·ge⋲per·so·nal [プふれーゲ・ペルソナーる] 中 -s/ 介護(看護)スタッフ.
Pfle·ger [プふれーガァ pfl̩é:gər] 男 -s/- ① 介護士, (動物の)飼育係. (女性形: -in). ②《法》保護者. ③(スポーツ)(イベントなどの)世話人.
Pfle·ge⋲va·ter [プふれーゲ・ふァータァ] 男 -/..väter 養父, (男性の)里親.
Pfle·ge⋲ver·si·che·rung [プふれーゲ・ふェアズィッヒェルンク] 女 -/-en 介護保険.
pfleg·lich [プふれークりヒ] 形 注意深い, 細心の, 入念な.
Pfleg·ling [プふれークリング pfl̩é:klɪŋ] 男 -s/-e ① 飼育している動物(植物). ② 《法》被保護者, 被後見人.
Pfleg·schaft [プふれークシャふト] 女 -/-en 《法》保護, 後見.
pfleg·te [プふれークテ] *pflegen (世話をする)の過去

*die **Pflicht** [プふりヒト]

義務	Das ist deine *Pflicht*.
	ダス イスト ダイネ プふりヒト
	これは君の責務だ.

囚 (単) -/(複) -en ① **義務**, 責務, 本分; 職務. 《英 duty》. 《反》「権利」は Recht》. Schulpflicht 就学の義務 / berufliche Pflichten 職責 / elterliche Pflicht 親としての義務 / eine selbstverständliche Pflicht 当然の義務 / Er hat seine Pflicht erfüllt (versäumt). 彼は義務を果たした(怠った) / 囚³ die Pflicht⁴ auferlegen 囚³に義務を課す / Wir haben die traurige Pflicht, Ihnen mitzuteilen, dass … お気の毒ですが私たちはあなたに…とお伝えしなければなりません / 囚⁴ in [die] Pflicht nehmen 《雅》囚⁴に義務を負わせる / 囚³ 囚⁴ zur Pflicht machen 囚³に囚⁴の義務とする / Die Pflicht ruft. 《口語》私は仕事に行かなければならない(←義務が呼んでいる).
② 《スポ》 (体操・フィギュアスケートなどの)規定演技. 《反》「自由演技」は Kür》.

pflicht‗be‧wusst [プフリヒト・ベヴスト] 形 義務(責任)感のある.

Pflicht‗be‧wusst‧sein [プフリヒト・ベヴストザイン] 囲 -s/ 義務感, 責任感.

Pflicht‗ei‧fer [プフリヒト・アイファァ] 男 -s/ 強い義務(責任)感, 職務熱心.

pflicht‗eif‧rig [プフリヒト・アイフリヒ] 形 義務(責任)感の強い, 職務熱心な.

Pflicht‗er‧fül‧lung [プフリヒト・エァフュルング] 囲 -/ 義務(責任)の遂行.

Pflicht‗fach [プフリヒト・ファッハ] 囲 -[e]s/ ..fächer 必修科目. 《反》「選択科目」は Wahlfach》.

..pflich‧tig [プフリヒティヒ ..pflıçtıç] 《形容詞をつくる 接尾》 《…の義務のある》 例: schulpflichtig 就学義務のある.

Pflicht‗schul‧dig [プフリヒト・シュルディヒ] 副 義務的に, 儀礼上. ◊《最上級の形で》 pflichtschuldigst lachen 儀礼的に笑う.

Pflicht‗teil [プフリヒト・タイル] 男 -[e]s/-e 《法》(財産相続の)遺留分.

pflicht‗treu [プフリヒト・トロイ] 形 義務に忠実な.

Pflicht‗übung [プフリヒト・ユーブング] 囚 -/-en 《スポ》(体操などの)規定演技. ②《口語・比》せざるをえないこと.

pflicht‗ver‧ges‧sen [プフリヒト・フェァゲッセン] 形 義務(本分)を忘れた.

Pflicht‗ver‧si‧che‧rung [プフリヒト・フェァズィッヒェルング] 囚 -/-en 強制保険.

pflicht‗wid‧rig [プフリヒト・ヴィードリヒ] 形 義務に反する.

Pflock [プフロック pflók] 男 -[e]s/Pflöcke (太く短い)くい, 棒くい. einen Pflock in die Erde ein|schlagen くいを地面に打ち込む / einen Hund an einen Pflock binden 犬をくいにつなぐ / einige (または ein paar) Pflöcke⁴ zurück|stecken 《口語》要求をいくらか控えめにする.

pflö‧cken [プフレッケン pflǽkən] 他 (h) 《物》⁴ をくいで固定する.

pflog [プフローク] *pflegen (はぐくむ)の 過去 《雅》

pflö‧ge [プフレーゲ] *pflegen (はぐくむ)の 接2 《雅》

pflü‧cken [プフリュッケン pflýkən] (pflückte, hat … gepflückt) 他 (完了 haben) (花・果物など⁴を)摘む, 摘み取る. 《英 pick》. Kirschen⁴ vom Baum pflücken さくらんぼを木から摘み取る / einen Strauß pflücken 花を摘んで花束を作る.

pflück‧te [プフリュックテ] pflücken (摘む)の 過去

Pflug [プフルーク pflú:k] 男 -[e]s/Pflüge ① 《農》すき(犁). den Pflug führen すきを使う / unter den Pflug kommen 《雅》耕地になる, すきが入る. ② (スキーの)ブルーク, 全制動[滑降].

pflü‧gen [プフリューゲン pflý:gən] (pflügte, hat … gepflügt) 他 (完了 haben) (すきなどで畑⁴を)耕す. 《英 plow》. den Acker mit dem Traktor pflügen 畑をトラクターで耕す / Das Schiff pflügt die Wellen. 《比》船が波を切って進む. ◊《目的語なしでも》 mit dem Traktor pflügen トラクターで耕す.

Pflug‧schar [プフルーク・シャール] 囚 -/-en (方: 囲 -[e]s/-e) 《農》すき(犁)の先.

pflüg‧te [プフリュークテ] pflügen (耕す)の 過去

die **Pfor‧te** [プフォルテ pfɔ́rtə] 囚 (単) -/(複) -n ① [小]門, 木戸, 通用門. (英 gate). die Pforte⁴ zum Garten öffnen 庭木戸を開ける. ② (病院などの)守衛のいる入口. ③ (隣国などへの入口となる)谷. Westfälische Pforte ヴェストファーレン山峡.

Pfört‧ner [プフエルトナァ pfǽrtnər] 男 -s/- ① 門衛, 守衛; 受付係. (女性形: -in). ② 《医》(胃の)幽門.

Pfos‧ten [プフォステン pfóstən] 男 -s/- ① (木の)柱, 支柱, 棒. ② 《スポ》 ゴールポスト.

Pfo‧te [プフォーテ pfó:tə] 囚 -/-n ① (犬・猫などの)前足. ② 《俗》手. Wasch dir erst die Pfoten! まず手を洗っておいで. ③ 《複 なし》下手な筆跡, 悪筆.

Pfriem [プフリーム pfrí:m] 男 -[e]s/-e (靴屋の突き錐(ぎり)) (= Ahle).

Pfropf [プフロプフ pfrópf] 男 -[e]s/-e (管などに詰まった)凝固物, 《医》血栓(はん).

pfrop‧fen¹ [プフロプフェン pfrópfən] 他 (h) 《園芸》(接ぎ穂を果樹などに⁴)接ぎ木する.

pfrop‧fen² [プフロプフェン] 他 (h) ① (びんなど⁴に)栓をする. ②《A⁴ in B⁴ ~》《口語》(A⁴ を B⁴の中に)詰め込む. alles⁴ in einen Koffer pfropfen 何もかもトランクに詰め込む. ◊《過去分詞の形で》 Der Saal war gepfropft voll. ホールはぎゅうぎゅう詰めだった.

Pfrop‧fen [プフロプフェン] 男 -s/- (びんなどの)栓.

Pfropf‗reis [プフロプフ・ライス] 囲 -es/-er 《園芸》接ぎ穂, 接ぎ枝.

Pfrün·de [プフリュンデ pfrýndə] 囡 -/-n ① (😉)(給与を支給される)聖職的地位; 聖職禄(ぞ). ② (比) 役得の多い職務.

Pfuhl [プフール pfúːl] 男 -[e]s/-e 汚い水たまり. ein *Pfuhl* der Sünde² 《雅》罪のどろ沼.

pfui! [プフイ pfúi] 間 (嫌悪・不快・非難を表して:) ぺっ, ちぇっ, へん. *Pfui* Teufel! こんちくしょう.

*das **Pfund** [プフント pfúnt] 中 (単 2) -[e]s/ (複) -e (3格の数 -en) 〖数量単位としては; (複) -〗 ① ポンド (重量単位. 500 g; 略: Pfd.). (= *pound*). ein *Pfund* Fleisch 1ポンドの肉 / ein halbes *Pfund* Butter 半ポンドのバター / fünf *Pfund* Kartoffeln 5 ポンドのじゃがいも / Dieses Brot hat drei *Pfund*. このパンは3ポンドだ / überflüssige *Pfunde*⁴ ab|trainieren トレーニングをしてぜい肉を取る.
② ポンド(イギリスなどの通貨単位). ③〖成句的に〗 mit seinem *Pfunde* wuchern《雅》才能をうまく生かす(ルカによる福音書 19, 11-28).

pfun·dig [プフンディヒ pfúndɪç] 形《口語》すばらしい, すてきな, ものすごい.

Pfunds=kerl [プフンツ・ケルる pfúnts-] 男 -[e]s/-e 《口語》① いかつい男. ② (タフで)有能な男.

pfund=wei·se [プフント・ヴァイゼ] 副 (重量を)ポンド単位で; 大量に.

Pfusch [プフッシュ pfúʃ] 男 -[e]s/ 《口語》そんざいな仕事, やっつけ仕事. ②(ホッコミ)もぐりの仕事.

pfu·schen [プフッシェン pfúʃən] 自 (h) ①《口語》そんざいな仕事をする. ②(ホッコミ)もぐりで仕事をする.

Pfu·scher [プフッシァァ pfúʃər] 男 -s/- 《口語》そんざいな仕事をする人. (女性形: -in). ②(ホッコミ)もぐりの仕事をする人. ③《方》いかさま師.

Pfu·sche·rei [プフッシェライ pfuʃərái] 囡 -/-en 《口語》そんざいな仕事, やっつけ仕事.

Pfüt·ze [プフュッツェ pfýtsə] 囡 -/-n 水たまり.

pH [ぺー・ハー] (記号) ペーハー(水素イオン濃度指数) (= *potentia* Hydrogenii).

PH [ぺー・ハー] (略) 教員養成大学 (= *p*ädagogische *H*ochschule).

Pha·e·thon [ふァーエトン fáːeton] -s/ (ギ神) パエトン(太陽神ヘリオスの子).

Pha·lanx [ふァーらンクス fáːlanks] 囡 -/ ..langen [ふァランゲン] ① (古代ギリシアの)密集方陣. ②《比》結束の固い集団(前線).

Phal·lus [ふァるス fálus] 男 -/Phalli (または Phallen, Phallusse) 勃起(ぼっき)した男根(男性の生殖能力の象徴).

Phä·no·men [ふェノメーン fenoméːn] 中 -s/-e ① (注目すべき)現象; 特異な出来事, 珍事. Natur*phänomen* 自然現象 / ein physikalisches *Phänomen* 物理学的な現象. ②《哲》現象. ③ 非凡な人, 天才.

phä·no·me·nal [ふェノメナーる fenomenáːl] 形 ①《哲》現象に関する. ② 驚くべき, 比類のない(業績・能力など).

Phä·no·me·no·lo·gie [ふェノメノろギー fe- nomenoloɡíː] 囡 -/《哲》現象学.

Phan·ta·sie [ふァンタズィー fantazíː] 囡 -/-n [..ズィーエン] 想像力, 空想力; 空想の産物. (= *Fantasie*).

phan·ta·sie=los [ふァンタズィー・ロース] 形 想像力のない (= *fantasielos*).

phan·ta·sie·ren [ふァンタズィーレン fanta- zíːrən] 自 (h) 空想する (= *fantasieren*).

phan·ta·sie=voll [ふァンタズィー・ふォる] 形 想像力の豊かな (= *fantasievoll*).

Phan·tast [ふァンタスト fantást] 男 -en/-en (軽蔑的に:)空想家 (= *Fantast*). (女性形: -in).

phan·tas·tisch [ふァンタスティッシュ fantás- tɪʃ] 形 空想的な, 《口語》すばらしい. (= *fantas- tisch*).

Phan·tom [ふァントーム fantóːm] 中 -s/-e ① 幻影, まぼろし. einem *Phantom* nach| jagen 幻影を追う. ②《医》 人体模型. Übungen am *Phantom* 人体模型による実習.

Phan·tom=bild [ふァントーム・ビるト] 中 -[e]s/-er (犯人像の)モンタージュ写真.

Pha·rao [ふァーラオ fáːrao] 男 -s/-nen [ふァラオーネン] ファラオ(古代エジプトの王の称号).

Pha·ri·sä·er [ふァリゼーァァ farizéːər] 男 -s/- ①《聖》パリサイ人(じん)(古代ユダヤの律法を厳守した宗派の人. イエスにより偽善者の典型として非難された). ②《雅》(高慢な)独善家, 偽善者. (女性形: -in). ③ パリサイコーヒー(ラム酒とホイップクリームを入れた熱いコーヒー).

pha·ri·sä·isch [ふァリゼーイッシュ farizéːɪʃ] 形《雅》① パリサイ人(じん)のような]. ②《雅》(高慢で)独善的な, 偽善的な.

Phar·ma·ko·lo·ge [ふァルマコろーゲ farma- kolóːɡə] 男 -n/-n 薬物(薬理)学者. (女性形: Pharmakologin).

Phar·ma·ko·lo·gie [ふァルマコろギー farma- koloɡíː] 囡 -/ 薬物学(薬理)学.

Phar·ma·zeut [ふァルマツォイト farmatsɔ́ʏt] 男 -en/-en 薬学者; 薬剤師. (女性形: -in).

Phar·ma·zeu·tik [ふァルマツォイティク far- matsɔ́ʏtɪk] 囡 -/ 薬学, 薬剤学; 調剤(製剤)学 (= *Pharmazie*).

phar·ma·zeu·tisch [ふァルマツォイティッシュ farmatsɔ́ʏtɪʃ] 形 薬学の, 製薬の, 薬剤による.

Phar·ma·zie [ふァルマツィー farmatsíː] 囡 -/ 薬学; 薬剤学; 調剤(製剤)学.

Pha·se [ふァーゼ fáːzə] 囡 -/-n ① (変化・発達の)段階, 様相, 局面. in die entscheidende *Phase* kommen 決定的な段階に入る. ②《物》位相. ③《化》物質の凝集状態, 相. ④《天》(天体の)位相.

Phe·nol [ふェノーる fenóːl] 中 -s/《化》フェノール, 石炭酸.

Phe·ro·mon [ふェロモーン feromóːn] 中 -s/-e《生》フェロモン, 誘引物質.

..phil [..ふィーる ..fiːl] 〖形容詞をつくる 接尾〗 (…を好む) 例: franko*phil* フランスびいきの.

Phil·an·throp [ふィらントロープ filantróːp] 男 -en/-en 博愛主義者, 慈善家. (女性形: -in).

Phil·an·thro·pie [ふィラントロピー filantropí:] 囡 -/ 博愛, 慈善.

phil·an·thro·pisch [ふィラントローピッシュ filantró:pɪʃ] 形 博愛[主義]の, 慈善心のある.

Phil·a·te·lie [ふィラテリー filatelí:] 囡 -/ [郵便]切手研究(収集).

Phil·a·te·list [ふィラテリスト filatelíst] 男 -en/-en [郵便]切手研究(収集)家. (女性形: -in).

Phil·har·mo·nie [ふィル・ハルモニー fɪlharmoní: または ふィ..る.. fi:l..] 囡 -/-n [..ニーエン] フィルハーモニー (音楽協会・管弦楽団・コンサートホールの名称として用いられる).

Phil·har·mo·ni·ker [ふィル・ハルモーニカァ fɪl-harmó:nikər または ふィ..る.. fi:l..] 男 -s/- ① フィルハーモニー楽団のメンバー. (女性形: -in). ② 〘圏 で〙フィルハーモニー管弦楽団. die Wiener *Philharmoniker* ウィーン・フィルハーモニー管弦楽団.

phil·har·mo·nisch [ふィル・ハルモーニッシュ fɪl-harmó:nɪʃ または ふィ..る.. fi:l..] 形 フィルハーモニーの. das Berliner *Philharmonische* Orchester ベルリン・フィルハーモニー管弦楽団.

Phil·ipp [ふィーリプ fí:lɪp] -s/ 《男名》 フィーリプ.

die **Phil·ip·pi·nen** [ふィリピーネン filɪpí:nən] 圏 《定冠詞とともに》《国名》フィリピン[共和国] (首都はマニラ. 1521年マゼランが来航, 当時のスペイン皇太子フェリペ2世にちなんだ国名が付けられた).

Phi·lis·ter [ふィリスタァ filístər] 男 -s/- ① (教養のない)俗物, 小市民. (女性形: -in). ② (学生言葉:)(社会人となった)学生組合 OB; 大学教育を受けていない人.

phi·lis·ter·haft [ふィリスタァハふト] 形 俗物的な, 小市民的な.

Phi·lo·lo·ge [ふィろローゲ filoló:gə] 男 -n/-n 文献学者; 文学語学研究者. (女性形: Philologin).

Phi·lo·lo·gie [ふィろろギー filologí:] 囡 -/-n [..ギーエン] 文献学, 文学語学研究.

phi·lo·lo·gisch [ふィろローギッシュ filoló:gɪʃ] 形 ① 文献学の, 文学語学研究の. ② 《比》あまりにも厳密(学問的)すぎる.

der **Phi·lo·soph** [ふィろゾーふ filozó:f] 男 (単2·3·4)-en/(複)-en ① 哲学者. 《英 *philosopher*). Kant war ein großer *Philosoph*. カントは偉大な哲学者だった. ② (口語)哲学好きな人, 思索家.

die **Phi·lo·so·phie** [ふィろゾフィー filozofí:] 囡(単) -/(複) -n [..ふィーエン] ① 哲学. (英 *philosophy*). Geschichts*philosophie* 歴史哲学 / die *Philosophie* Hegels ヘーゲルの哲学. ② (個人の)人生哲学, 人生(世界)観.

phi·lo·so·phie·ren [ふィろゾふィーレン filozofí:rən] 自 (h) 哲学する; 哲学的に考察する(論ずる).

Phi·lo·so·phin [ふィろゾーふィン filozó:fɪn] 囡 -/..phinnen (女性の)哲学者.

phi·lo·so·phisch [ふィろゾーふィッシュ filozó:fɪʃ] 形 ① 哲学[上]の, 哲学的な. (英 *philosophical*). die *philosophische* Fakultät 哲学部(日本の文学部に当たる). ② 思索的な, 思慮深い; 哲学者風の, 賢い. ein *philosophischer* Mensch 思索的な人.

Phi·o·le [ふィオーれ fió:lə] 囡 -/-n フラスコ, 細首びん.

Phleg·ma [ふれグマ flégma] 甲 -s (ﾌﾟﾗｽ: -)/ 粘液質(な気質); 鈍重, 不活発.

Phleg·ma·ti·ker [ふれグマーティカァ flegmá:tikər] 男 -s/- 粘液質の人; 鈍重な(不活発な)人. (女性形: -in).

phleg·ma·tisch [ふれグマーティッシュ flegmá:tɪʃ] 形 粘液質の; 鈍重な, 不活発な.

Phö·bus [ふェーブス fǿ:bʊs] 《ｷﾞﾘｼｬ神》ポイボス(「輝ける者」の意でアポロンの呼称).

Phon [ふォーン fó:n] 甲 -s/-s (単位: -/-) フォーン, ホン(音の強さの単位; 記号: phon).

Pho·ne·tik [ふォネーティク fonéːtɪk] 囡 -/ 音声学.

pho·ne·tisch [ふォネーティッシュ fonéːtɪʃ] 形 音声[学]の; 発音上の. *phonetische* Schrift 音標文字.

Phö·nix [ふェーニクス fǿːnɪks] 男 -[es]/-e ① 《神》フェニックス, 不死鳥(500年ごとに焼死して, その灰の中からよみがえるといわれる. 不死・永生の象徴). wie ein *Phönix* aus der Asche steigen (または auf|steigen) 《雅》不死鳥のように灰の中からよみがえる. ② 〘圏 なし; 定冠詞とともに〙《天》鳳凰(ほうおう)座.

Phö·ni·zi·en [ふェーニツィエン fǿːnitsiən] 甲 -s/ 《地名》 フェニキア(古代シリアの地中海沿岸にあった国).

Pho·no·lo·gie [ふォノろギー fonologí:] 囡 -/ 音韻論.

Phos·phat [ふォスふァート fɔsfáːt] 甲 -[e]s/-e 《化》燐酸(りんさん)塩.

Phos·phor [ふォスふォァ fɔ́sfɔr] 男 -s/-e ① 《ふつう 圏》《化》燐(りん) (記号: P). ② 燐光(りんこう)体.

phos·pho·res·zie·ren [ふォスふォレスツィーレン fɔsforɛstsíːrən] 自 (h) 燐光(りんこう)を発する.

Pho·to [ふォート fóːto] 甲 -s/-s (ｽｲｽ: 囡 -/-s) 《古》写真 (=Foto).

Pho·to∞ap·pa·rat [ふォート・アパラート] 男 -[e]s/-e カメラ, 写真機 (=Fotoapparat, Kamera).

pho·to·gen [ふォトゲーン fotogéːn] 形 写真写りのいい, 写真向きの (=fotogen).

Pho·to·graph [ふォトグラーふ fotográːf] 男 -en/-en カメラマン, 写真家 (=Fotograf). (女性形: -in).

Pho·to·gra·phie [ふィトグラふィー fotografíː] 囡 -/-n [..ふィーエン] (=Fotografie) ① 〘圏 なし〙写真撮影, 写真術. ② 写真.

pho·to·gra·phie·ren [ふォトグラふィーレン fotografíːrən] (=fotografieren) I 他 (h) (人·物4)を撮影する. II 自 (h) 写真を撮る. III 再帰 (h) sich4 *photographieren* 写真写りが…である.

Pho·to·ko·pie [フォト・コピー] 囡 -/-n [..コピーエン] 写真複写, コピー (=Fotokopie).

Pho·to·mon·ta·ge [フォート・モンタージェ] 囡 -/-n (写真による)モンタージュ[技法]; モンタージュ写真. (=Fotomontage).

Pho·to·syn·the·se [フォート・ズュンテーゼ] 囡 -/《生》光合成 (=Fotosynthese).

Pho·to·zel·le [フォート・ツェレ] 囡 -/-n《電》光電管; 光電池 (=Fotozelle).

Phra·se [フラーゼ frá:zə] 囡 -/-n ① (中身のない)決まり文句; 成句, 慣用句. hohle *Phrasen* 空疎な決まり文句 / *Phrasen*⁴ dreschen《口語》中身のない美辞麗句を連ねる. ②《言》(文を構成する)句. ③《音楽》フレーズ, 楽句.

Phra·sen·dre·scher [フラーゼン・ドレッシャァ] 男 -s/- 美辞麗句を並べる人. (女性形: -in).

phra·sen·haft [フラーゼンハフト] 形 決まり文句ばかりの, 内容のない(話など).

Phra·seo·lo·gie [フラゼオろギー frazeologí:] 囡 -/-n [..ギーエン]《言》慣用語法; 慣用語集.

phra·sie·ren [フラズィーレン frazí:rən] 他 (h)《音楽》(旋律⁴を)フレーズに区切る.

Phy·lo·ge·ne·se [フュろ・ゲネーゼ fylogené:zə] 囡 -/《生》系統発生. (⇔「個体発生」は Onthogenese).

*die **Phy·sik** [フュズィーク fyzí:k] 囡《単》-/
物理学. (英 physics). Kern*physik* 核物理学 / die theoretische (experimentelle) *Physik* 理論(実験)物理学.

phy·si·ka·lisch [フュズィカーリッシュ fyziká:lɪʃ] 形 物理学の; 物理的な. (英 physical). die *physikalische* Chemie 物理化学 / eine *physikalische* Therapie 物理療法.

Phy·si·ker [フューズィカァ fý:zikər] 男 -s/- 物理学者. (女性形: -in).

Phy·si·kum [フューズィクム fý:zikum] -s/..sika 医学部前期試験 (基礎科修了後に受ける解剖学・生理学などの中間試験).

Phy·sio·gno·mie [フュズィオグノミー fyziognomí:] 囡 -/-n [..ミーエン] ① 人相, 容貌 (ほう), 顔つき. ② (動植物の)形状, 外観.

Phy·sio·lo·ge [フュズィオろーゲ fyzióló:gə] -n/-n 生理学者. (女性形: Physiologin).

Phy·sio·lo·gie [フュズィオろギー fyziologí:] 囡 -/ 生理学.

phy·sio·lo·gisch [フュズィオろーギッシュ fyzióló:gɪʃ] 形 生理学の; 生理[学]的な.

Phy·sio·the·ra·pie [フュズィオ・テラピー fyzio-terapí:] 囡 -/ 理学療法.

phy·sisch [フューズィッシュ fý:zɪʃ] 形 ① 肉体的な, 肉体の, 身体の. (英 physical). (⇔「精神的な」は psychisch). ein *physischer* Schmerz 肉体的苦痛. ②《地理》自然[界]の. *physische* Geographie 自然地理学.

Pi [ピー pí:] 匣 -[s]/-s ① ピー, パイ(ギリシア語アルファベットの第 16 字: Π, π). ②《冠 なし》《数》円周率, パイ (記号: π).

Pi·a·ni·no [ピアニーノ pianí:no] [ピア] 匣 -s/-s 《音楽》(小型の)アップライトピアノ.

pi·a·nis·si·mo [ピアニッスィモ pianísimo] [ピア] 副《音楽》ピアニッシモ, きわめて弱く (記号: pp).

Pi·a·nist [ピアニスト pianíst] 男 -en/-en ピアニスト. (女性形: -in).

pi·a·no [ピアーノ piá:no] [ピア] 副《音楽》ピアノ, 弱く (記号: p).

Pi·a·no [ピアーノ] [ピア] I 匣 -s/-s《戯》ピアノ (=Klavier). II 匣 -s/-s (または Piani)《音楽》弱奏[される楽節].

Pi·cas·so [ピカッソ pikáso] -s/《人名》ピカソ (Pablo *Picasso* 1881–1973; スペインの画家).

Pic·co·lo [ピッコろ píkolo] 匣 -s/-s =Pikkolo

pi·cheln [ピッヒェるン píçəln] 他 (h)・自 (h)《口語》一杯やる. einen *picheln* gehen 一杯やりに行く.

Pi·cke [ピッケ píkə] 囡 -/-n =Pickel¹

Pi·ckel¹ [ピッケる píkəl] 男 -s/- つるはし; [アイス]ピッケル.

Pi·ckel² [ピッケる] 男 -s/- にきび, 吹き出物.

Pi·ckel·hau·be [ピッケる・ハオベ] 囡 -/-n ピッケルヘルメット (プロイセンの軍隊が用いた上部にとがった金具のついた革製ヘルメット).

pi·cke·lig [ピッケりヒ píkəlıç] 形 吹き出物のある, にきびだらけの.

pi·cken [ピッケン píkən] ① 自 (h) (鳥がくちばしでつつく. II 他 (h) (くちばしで餌(を)⁴を)ついばむ;《口語》(とがった物で⁴を)つまみ取る.

Pick·nick [ピック・ニック pík·nɪk] 匣 -s/-e (または -s) (ピクニックのときの)野外の食事. *Picknick*⁴ machen [ピクニックの]食事をする.

pick·ni·cken [ピックニケン píknɪkən] 自 (h) (ピクニックに出かけて)野外で食事をする.

pi·co·bel·lo [ピコ・べろ piko-bélo] [ピア] 形《無語尾で》[口語] 申し分のない, すばらしい.

piek·fein [ピーク・ファイン] 形《口語》極上の, とびきり上等の.

piek·sau·ber [ピーク・ザオバァ] 形《口語》とても清潔な.

piep! [ピープ pí:p] 間 (ひな鳥・ねずみなどの鳴き声:)ぴーぴー, ちゅーちゅー. nicht *piep* (または *Piep*) sagen《口語》うんともすんとも言わない.

Piep [ピープ] 男 -s/-e (口語) ぴーぴー (ちゅーちゅー)鳴く声. keinen *Piep* mehr sagen a) もううんともすんとも言わない, b) 死んでいる / Du hast wohl einen *Piep*? 君は頭がおかしいんじゃない?

pie·pe [ピーペ pí:pə] 形《述語としてのみ》《口語》=piepegal

piep·egal [ピープ・エガーる] 形《述語としてのみ》《口語》どうでもいい. Das ist mir *piepegal*! そんなことは私にはどうでもいい.

pie·pen [ピーペン pí:pən] 自 (h) (ひな鳥などが)ぴーぴー鳴く, (ねずみなどが)ちゅーちゅー鳴く. ◇《非人称の es を主語として》Bei dir *piept*'s (=*piept* es) wohl?《口語》君は頭がおかしいんじゃない?

Piep·matz [ピープ・マッツ] 男 -es/-e (または

..mätze)《口語》小鳥ちゃん、ぴー子ちゃん.

piep·sen [ピープゼン píːpsən] **I** 圓 (h) ① (ひな鳥などが)ぴーぴー鳴く、(ねずみなどが)ちゅーちゅー鳴く(＝piepen). ② かん高い声で話す(歌う). **II** 他 (h) 《*④*を》かん高い声で言う(歌う).

piep·sig [ピープスィヒ píːpsɪç] 形《口語》① (声・音などが)高く細い. ② とてもきゃしゃな(体つきなど).

Pier [ピーァ píːr] 〔英〕男 -s/-e (または -s) (海図) 桟橋、突堤.

Pier·cing [ピァスィング píːrsɪŋ] 〔英〕 甲 -s/-s ピアス[をすること].

pie·sa·cken [ピーザケン píːzakən] 他 (h)《口語》《④を》苦しめる、悩ます、いじめる.

Pi·e·ta [ピエタ pietá] 囡 -/-s 《美》ピエタ(磔刑(たっけい)直後のキリストをひざに抱いて嘆く聖母マリアの像).

Pi·e·tà [ピエタ pietá] 〔伊〕 囡 -/-s ＝Pieta

Pi·e·tät [ピエテート pietέːt] 囡 -/-《雅》敬虔(けいけん)、畏敬(いけい)の念.

pi·e·tät·los [ピエテート・ろース] 形《雅》敬虔(けいけん)さのない、畏敬(いけい)の念に欠けた.

pi·e·tät·voll [ピエテート・ふぉる] 形《雅》敬虔(けいけん)な、篤信(とくしん)の.

Pi·e·tis·mus [ピエティスムス pietísmus] 男 -/《新教》敬虔(けいけん)主義(17・18世紀の新教の改革運動).

Pi·e·tist [ピエティスト pietíst] 男 -en/-en《新教》敬虔(けいけん)主義者;《軽蔑的に:》信心ぶる人. (女性形: -in).

pi·e·tis·tisch [ピエティスティッシュ pietístɪʃ] 形 敬虔(けいけん)主義の; 敬虔主義者のような.

Pig·ment [ピグメント pɪgmént] 甲 -[e]s/-e ①《生・医》色素. ②《化》顔料.

Pik[1] [ピーク píːk] 男 -s/-e (または -s) ① 山頂、峰. ②《成句的に》einen *Pik auf ④*[4] haben ④[4]にひそかに恨みをいだく.

Pik[2] [ピーク] 甲 -[s]/-[s] ① スペード形. ②〚複 なし; 冠詞なしで〛(トランプの)スペード. ③〚複 -〛スペードが切り札のゲーム; スペードの札.

pi·kant [ピカント pikánt] 形 ① 薬味のきいた、ぴりっとする(ソースなど). ② いかがわしい、きわどい(冗談・小話など). ③ 魅力的な.

Pi·kan·te·rie [ピカンテリー pikantərí:] 囡 -/-n [..リーエン]〚複 なし〛独特の魅力.

Pi·ke [ピーケ píːkə] 囡 -/-n (中世後期の)歩兵の槍(やり). von der *Pike* auf dienen (または lernen)《口語》下積みから身を起こす.

pi·ken [ピーケン píːkən] 他 (h)《④を》(とげや針などで)[ちくっと]刺す.

pi·kiert [ピキーァト pikíːrt] 形 気を悪くした、不機嫌な.

Pik·ko·lo [ピッコロ píkolo] 男 -s/-s ① 見習い(給仕). ②《口語》シャンパンの小びん.

Pik·ko·lo=flö·te [ピッコロ・ふれーテ] 囡 -/-n《音楽》ピッコロ.

Pik·to·gramm [ピクトグラム pɪktográm] 甲 -s/-e ピクトグラム(交通標識のように国際的に通用する絵文字).

Pi·la·tes [ピらーテス piláː tes] 〔英〕 甲 -/ ピラティス(フィットネス運動の一種. 考案者 J. H. *Pilates* 1880-1967の名から).

Pi·la·tus [ピらートゥス piláː tus]《聖》《人名》ピラト(Pontius *Pilatus* ?–39; ユダヤを統治したローマの総督で、イエスをユダヤ人に引き渡し処刑した).

Pil·ger [ピるガァ pílɡər] 男 -s/- 聖地巡礼者. (女性形: -in).

Pil·ger=fahrt [ピるガァ・ふァールト] 囡 -/-en 聖地巡礼[の旅].

pil·gern [ピるガァン pílɡərn] 圓 (s) ①《…へ》巡礼する. **nach Rom** *pilgern* ローマへ巡礼の旅をする. ②《口語》《…へ》のんびりと歩いて行く.

die **Pil·le** [ピれ pílə] 囡《単》-/《複》-n ① 錠剤、丸薬. (英 *pill*). eine **Pille gegen** Kopfschmerzen 頭痛用の錠剤 / eine **Pille zum** Schlafen 睡眠薬の錠剤 / *Pillen*[4] nehmen (または schlucken)錠剤を飲む / eine bittere *Pille*[4] schlucken《口語》いやなことを我慢する(←にがい丸薬を飲み込む). **◇** 〚複 なし; 定冠詞とともに〛《口語》経口避妊薬、ピル(＝Antibabypille). die *Pille*[4] **nehmen** ピルを服用する.

der **Pi·lot** [ピろート pilóː t] 男《単 2・3・4》-en/《複》-en ①《空》パイロット、操縦士. (英 *pilot*). Er ist *Pilot* bei der Lufthansa. 彼はルフトハンザのパイロットだ. ② カーレーサー. ③《古》《海》水先案内人. ④《魚》パイロットフィッシュ. ⑤《織》パイロットクロス.

Pi·lo·tin [ピろーティン pilóː tɪn] 囡 -/..tinnen ①《空》(女性の)パイロット. ②《女性の》カーレーサー.

Pi·lot=stu·die [ピろート・シュトゥーディエ] 囡 -/-n 予備(試験的)研究.

Pils [ピるス píls] 甲 -/- ピルゼンビール(＝Pilsener).

Pil·sen [ピるゼン pílzən] 甲 -s/《都市名》ピルゼン(チェコの工業都市. チェコ語ではプルゼニ: ☞(地図) F-4).

Pil·se·ner [ピるゼナァ pílzənər] 甲 -s/- ピルゼンビール(ホップのきいた淡色のビール).

Pils·ner [ピるスナァ pílznər] 甲 -s/- ＝Pilsener

der **Pilz** [ピるツ pílts] 男《単 2》-es/《複》-e (3格のみ -en)《植》① キノコ. (英 *mushroom*). ein essbarer (giftiger) *Pilz* 食用きのこ(毒きのこ) / *Pilze*[4] suchen (または sammeln)きのこ狩りをする / Sie gehen **in die** *Pilze*. 彼らはきのこ狩りに行く / wie *Pilze* aus der Erde (または aus dem Boden) schießen《俗》(ビルなどが)によきによきと建つ(←きのこが生えるように). ②《植・医》菌類. ③〚複 なし〛《口語》皮膚糸状菌(＝Hautpilze). Fußpilz 水虫.

Pi·ment [ピメント pimént] 男/甲 -[e]s/-e ピメント、ジャマイカペッパー、オールスパイス.

pim·pe·lig [ピンペりヒ pímpəlɪç] 形《口語》弱虫の、めそめそした.

PIN [ピン pín] 囡 -/-s《略》個人認証番号、(キャッシュカードなどの)暗証番号(＝personal identification number).

Pi·na·ko·thek [ピーナテーク pinakotéː k] 囡 -/-en 絵画館(ドイツでは特にミュンヒェンの Alte *Pinakothek* と Neue *Pinakothek* が有名).

pin・ge・lig [ピンゲりヒ pínəlıç] 形《口語》細かいことにこだわる,小さなことを気にする.

Ping・pong [ピング・ポング píŋ-pɔŋ] 中 -s/ (ふつう軽蔑的に:)ピンポン (=Tischtennis).

Pin・gu・in [ピングイーン píŋguiːn] 男 -s/-e 《鳥》ペンギン.

Pi・nie [ピーニエ píːniə] 女 -/-n 《植》カサマツ.

pink [ピンク píŋk] [英]形《無語尾で》ピンクの.

Pin・ke [ピンケ píŋkə] 女 -/《口語》金(な),銭 (=Geld).

Pin・kel [ピンケる píŋkəl] 男 -s/-[s]《口語》(つまらない)男.ein feiner *Pinkel* 気取り屋.

pin・keln [ピンケるン píŋkəln] I 自 (h)《俗》おしっこをする. II 非人称 (h) Es *pinkelt*.《俗》雨がぱらつく.

Pin・ke≠pin・ke [ピンケ・ピンケ] 女 -/《口語》金(な),銭 (=Pinke).

Pin・ne [ピンネ pínə] 女 -/-n ① 《海》舵柄(なぃ). ② (羅針盤の)心軸. ③《北ドィッ》小さなくぎ,ピン,鋲(びょう). ④ (金づちの)とがった部分.

pin・nen [ピンネン pínən] 他 (h)《口語》《物[4]を》ピンで留める.

Pinn≠wand [ピン・ヴァント] 女 -/..wände (伝言メモなどをピンで留めるための)掲示板.

Pin・scher [ピンシャァ pínʃər] 男 -s/- ① ピンシャー(ドイツ産テリア犬). ②《口語》つまらぬやつ.

der **Pin・sel** [ピンぜる pínzəl] 男 (単2) -s/- (複 - (3格のみ -n) ① 筆,刷毛(は);《比》筆のタッチ,画法. 《英 brush》. ein feiner *Pinsel* 細い筆 / den Lack mit einem *Pinsel* auftragen ラッカーを刷毛で塗る. ②《口語》間抜け,あほう. ein eingebildeter *Pinsel* 愚かなうぬぼれ屋. ③《狩》(動物の尾・耳などの)毛の房.

pin・seln [ピンぜるン pínzəln] I 他 (h) ①《口語》(絵などを[4]に)筆で描く,(文字など[4]に)丹念に書く. ②《口語》《物[4]に》刷毛(は)で塗料を塗る. ③ (傷口など[4]に)刷毛(は)で薬を塗る. II 自 (h)《口語》筆で絵を描く.

Pin・sel≠strich [ピンぜる・シュトリヒ] 男 -[e]s/-e 一筆,一塗り;筆さばき,筆のタッチ.

Pin・zet・te [ピンツェッテ pıntsétə] 女 -/-n ピンセット.

Pi・o・nier [ピオニーァ pioníːr] 男 -s/-e ①《軍》工兵. ② パイオニア,開拓者,先駆者. (女性形: -in). ③ (旧東ドイツの)少年団[員],ピオニール.

Pipe≠line [パイプ・らィン] [英] 女 -/-s パイプライン.

Pi・pet・te [ピペッテ pipétə] 女 -/-n《化》ピペット.

Pi・pi [ピピー pipíː] 中 -s/《幼児》おしっこ. *Pipi*[4] machen おしっこする.

Pi・rat [ピラート piráːt] 男 -en/-en 海賊 (=Seeräuber). (女性形: -in).

Pi・ra・ten≠par・tei [ピラーテン・パルタイ] 女 -/-en 海賊党(スウェーデンに発祥,インターネットを武器にして政治の透明性を主張する).

Pi・ra・ten≠sen・der [ピラーテン・ゼンダァ] 男 -s/-《隠語》(無認可の)海賊放送局.

Pi・ra・te・rie [ピラテリー piratəríː] 女 -/-n [..ríːən] ① 海賊行為. ② (船舶・航空機などの)乗っ取り,シージャック,ハイジャック.

Pi・rol [ピローる piróːl] 男 -s/-e《鳥》コウライウグイス.

Pi・rou・et・te [ピルエッテ piruétə] 《フランス》女 -/-n ① (バレエ・スケートの)ピルエット(つま先旋回). ② (馬術のあと脚中心の)施回.

Pirsch [ピルシュ pírʃ] 女 -/《狩》忍び足で獲物に忍び足で接近する.

pir・schen [ピルシェン pírʃən] I 自 (h, s) ① (h)《狩》忍び寄って猟をする. ② (s) (…へ)忍び足で行く,忍び足で行く,忍び寄る. II 再帰 (h) sich[4] *pirschen* (…へ)忍び足で行く,忍び寄る.

Pis・se [ピッセ písə] 女 -/《俗》小便,放尿.

pis・sen [ピッセン písən] 自 (h)《俗》小便をする.

Pis・soir [ピソアール písoáːr] 《フランス》中 -s/-e (または -s) 男性用公衆トイレ.

Pis・ta・zie [ピスターツィエ pıstáːtsiə] 女 -/-n《植》ピスタッチオ(実は食用・香料になる).

Pis・te [ピステ pístə] 女 -/-n ①《スポーッ》(自転車競争などの)走路;(スキー・リュージュなどの)滑走路. ②《空》滑走路. ③ (砂漠などを横切る)舗装していない道路.

die **Pis・to・le** [ピストーれ pıstóːlə] 女 (単) -/ (複) -n ピストル,拳銃(けんじゅう). 《英 pistol》. Die *Pistole* geht los. ピストルの引き金が引かれる / die *Pistole*[4] laden ピストルに弾丸を込める / 人[4] mit der *Pistole* bedrohen 人[4]をピストルで脅す / mit der *Pistole* auf 人[4] schießen ピストルで人[4]を撃つ / 人[3] die *Pistole*[4] auf die Brust setzen《口語》人[3]に無理やり決断を迫る(←胸にピストルを突きつける) / wie **aus der** *Pistole* geschossen《口語》即座に,たちどころに(←ピストルから発射されたように).

Pis・to・len≠ta・sche [ピストーれン・タッシェ] 女 -/-n (腰につける革製の)ピストル入れ,ホルスター.

pitsch≠nass [ピッチュ・ナス] 形 びしょぬれの.

pitsch, patsch! [ピッチュ パッチュ pítʃ pátʃ] 間《幼児》(水がはねる音:)ぴちゃぴちゃ,ちゃぷちゃぷ.

pit・to・resk [ピトレスク pıtorésk] 形 絵のような,絵のように美しい.

Piz・za [ピッツァ pítsa]《イタリア》女 -/-s (または Pizzen)《料理》ピザ.

Piz・ze・ria [ピツェリーァ pıtseríːa]《イタリア》女 -/-s ピザハウス,ピザレストラン.

piz・zi・ca・to [ピツィカートー pıtsikáːto]《イタリア》副《音楽》ピチカート(指先で弦をはじく奏法で)(略: pizz.).

Pkt. [プンクト]《略》点,項目 (=Punkt).

Pkw, PKW [ペー・カー・ヴェー または ..ヴェー] 男 -[s]/-s《略》乗用車 (=Personenkraftwagen).

pl. [プるラーる]《略》《言》複数の (=plural).

Pl. [プるラーる]《略》《言》複数 (=Plural).

Pla・ce・bo [プらツェーボ platséːbo] 中 -s/-s《医》プラセボ,プラシーボ(薬の効果を判定するために用いる偽薬).

pla・cie・ren [プらスィーレン] platzieren の古い

Planimetrie

形.
pla·cken [プラッケン plákən] 再帰 (h) *sich*[4] *placken*《口語》苦労する,骨を折る.

Pla·cke·rei [プラッケライ plakərái] 囡 -/-en《口語》苦労,骨折り.

plä·die·ren [プレディーレン plɛdíːrən] 自 (h) ① 〖**auf**(または**für**)囲[4] ~〗(法)(囲[4]の)最終弁論(論告)を行う. *auf*〖**für**)„schuldig" *plädieren* 有罪の論告[求刑]を行う. ② 〖**für** 人·事[4] ~〗(人·事[4]を支持(弁護)する.

Plä·doy·er [プレドアイエー plɛdoajéː] 囲 -s/-s ① (法)(弁護側の)最終弁論,(検察側の)論告. ② (賛成·反対の)意見表明(演説).

Pla·ge [プラーゲ pláːɡə] 囡 -/-n 骨折り,苦労;悩みの種. Sie hat ihre *Plage* mit den Kindern. 彼女は子供のことで苦労している.

Pla·ge·geist [プラーゲ·ガイスト pláːɡəɡaɪst] 囲 -[e]s/-er《口語》うるさくせがむやつ,だだっ子.

pla·gen [プラーゲン pláːɡən] (plagte, hat... geplagt) I 他 (完了 haben) ① **困らせる**,悩ませる.(愛 *plague*). Die Kinder *plagen* die Mutter den ganzen Tag mit ihren Wünschen. 子供たちは1日中あれこれねだって母親を困らせる. ②(肉体的に)**苦しめる**. Mich *plagt* das Kopfweh. 私は頭痛に苦しんでいる. ③(考えごとが人[4]を)いらいらさせる.
II 再帰 (完了 haben) *sich*[4] *plagen* ① 懸命に(あくせく)働く. ②〖*sich*[4] 人·事[3] ~〗(人·事[3]に)苦労する,(人·事[3]に)悩まされる.

Pla·gi·at [プラギアート plaɡiáːt] 中 [況] 囲 -s (まれに -es)/-e 剽窃(ひょうせつ),盗作.

pla·gi·ie·ren [プラギイーレン plaɡiíːrən] 他 (h)·自 (h) 剽窃(ひょうせつ)する,盗作する.

plag·te [プラークテ] plagen (困らせる)の 過去.

Plaid [プレート pléːt][英] 囲 -s/-s ①(タータンチェックの)旅行用毛布. ②(大きなウールの)肩かけ.

das **Pla·kat** [プラカート plakáːt] 中 (単2) -[e]s/-e (3格のみ -en) (広告·宣伝用の)**ポスター**.(愛 *poster*). *Plakate*[4] an|kleben ポスターを貼り付ける.

pla·ka·tie·ren [プラカティーレン plakatíːrən] I 自 (h) ポスターを貼(は)る. II 他 (h) (囲[4]を)ポスターで知らせる.

pla·ka·tiv [プラカティーフ plakatíːf] 形 ① ポスターのような. ②《比》よく目だつ(色彩など).

Pla·kat·säu·le [プラカート·ゾイレ plakáːtzɔʏlə] 囡 -/-n 広告柱(塔)(=Litfaßsäule).

Pla·ket·te [プラケッテ plakétə] 囡 -/-n ① 記念バッヂ(メダル). ②(美)銘板,レリーフ.

plan [プラーン pláːn] 形 平らな. eine *plane* Fläche 平面.

‡*der* **Plan**[1] [プラーン pláːn]

> 計画 Ich habe schon einen *Plan*.
> イヒ ハーベ ショーン アイネン プラーン
> 私にはすでに計画が一つあります.

囲 (単2) -[e]s/(複) Pläne [プレーネ] (3格のみ Plänen) ① **計画**,企画,プラン,意図,予定.(英 *plan*). ein kühner *Plan* 大胆な計画 / einen *Plan* aus|führen (entwerfen) 計画を遂行する(立案する) / einen *Plan* erfüllen (fallen|lassen または fallen lassen) 予定を履行する(とりやめる) / Hast du schon *Pläne* für den Sommer? 君はもう夏の計画を立てている? / Wir haben den *Plan*, uns ein Haus zu bauen. 私たちは自分たちの家を建てるつもりです / *Pläne*[4] machen (schmieden) 計画を立てる(練る) / einen *Plan* verwirklichen 計画を実行に移す.

② 設計図,図面. einen *Plan* für ein Theater zeichnen 劇場の設計図を書く / Nun steht eine Japanreise **auf** dem *Plan*. 日本旅行が今,計画にあがっている.

③(都市などの)地図. Stadt*plan* 市街地図 / ein *Plan* im Maßstab 1: 5 000 (=eins zu fünftausend) 縮尺 5,000 分の 1 の地図.

> ..**plan** のいろいろ. **Bauplan** 建築計画(設計図) / **Fahrplan**（列車などの)時刻表 / **Lehrplan** 授業計画 / **Reiseplan** 旅行計画 / **Spielplan** 上演計画(予定表) / **Stadtplan** 市街地図 / **Studienplan** 研究計画 / **Stundenplan** (仕事·授業の)時間割 / **Wirtschaftsplan** 経済計画 / **Zukunftsplan** 将来計画.

Plan[2] [プラーン] 囲〖成句的に〗人·物[4] **auf** den *Plan* rufen《比》人·物[4]を登場させる / auf den *Plan* treten《比》現れる.

Planck [プランク plánk] -s/《人名》プランク (Max *Planck* 1858–1947; ドイツの理論物理学者).

Pla·ne [プラーネ pláːnə] 囡 -/-n (トラックなどの)防水シート.

Plä·ne [プレーネ] *Plan*[1](計画)の 複.

*‡*pla·nen** [プラーネン pláːnən] (plante, hat...geplant) 他 (完了 haben) (愛 *plan*) ①（囲[4]を**計画する**,立案する; 設計する. den Bau einer Bibliothek *planen* 図書館の建設を計画する.◇過去分詞の形で) wie *geplant* 計画どおりに.(☞ 類語 vor|haben). ②（囲[4]を)予定している,するつもりである. Wir *planen* eine Reise nach Deutschland. 私たちはドイツへの旅行を予定しています.

der **Pla·net** [プラネート planéːt] 囲 (単2·3·4) -en/(複) -en (天)**惑星**,遊星.(愛 *planet*). unser *Planet* または der Blaue *Planet* 地球 (←われわれの(青い)惑星).

> 太陽系の **Planeten**: der **Merkur** 水星 / die **Venus** 金星 / die **Erde** 地球 / der **Mars** 火星 / der **Jupiter** 木星 / der **Saturn** 土星 / der **Uranus** 天王星 / der **Neptun** 海王星.

pla·ne·ta·risch [プラネターリッシュ planetáːrɪʃ] 形 惑星の; 地球的規模の,グローバルな.

Pla·ne·ta·ri·um [プラネターリウム planetáːrium] 中 -s/..rien [..リエン] プラネタリウム.

pla·nie·ren [プラニーレン planíːrən] 他 (h) (土地など[4]を)平らにする,ならす.

Pla·nier·rau·pe [プラニーァ·ラオペ planíːɐraʊpə] 囡 -/-n ブルドーザー.

Pla·ni·me·trie [プラニメトリー planimetríː]

Plan·ke [プランケ plánkə] 囡 -/-n ① (長い)厚板. ② (高い)板塀, 板囲い.

Plän·ke·lei [プレンケらイ plɛŋkəlái] 囡 -/-en ① 軽いロげんか. ② (軍)小競り合い.

plän·keln [プレンケるン plénkəln] 圓 (h) ① 軽いロげんかをする. ② (軍)小競り合いをする.

Plank·ton [プランクトン pláŋktɔn] 田 -s/(生)(総称として:) プランクトン, 浮遊生物.

plan·los [プラーン・ロース] 形 無計画な.

plan·mä·ßig [プラーン・メースィヒ plá:nmɛ:sɪç] Ⅰ 形 ① 時刻表どおりの, 定刻の. (英 planned). die planmäßige Abfahrt des Zuges 列車の定刻発車. ② 計画的な, 組織的な. Ⅱ 副 時刻表どおりに, 定刻に. planmäßig an|kommen 定刻に到着する.

Plansch·be·cken [プランシュ・ベッケン] 田 -s/- (浅い)幼児用プール.

plan·schen [プランシェン plánʃən] 圓 (h) (子供が)水をばちゃばちゃさせる.

Plan·stel·le [プラーン・シュテれ] 囡 -/-n (予算で認められた)定員ポスト.

Plan·ta·ge [プランタージェ plantá:ʒə] [仏] 囡 -/-n プランテーション, 企業農園.

plan·te [プランテ] *planen (計画する)の 過圓

Pla·nung [プラーヌング] 囡 -/-en ① 計画[すること], プランニング, 立案; 設計. Stadtplanung 都市計画. ② (作成された)計画.

Plan·wa·gen [プラーン・ヴァーゲン] 男 -s/- 幌(ほろ)付きトラック, 幌馬車.

Plan·wirt·schaft [プラーン・ヴィルトシャふト] 囡 -/(経)計画(統制)経済. (←→「市場経済」は Marktwirtschaft).

Plap·per·maul [プラッパァ・マオる] 田 -[e]s/..mäuler (口語)(軽蔑的に:)おしゃべりな人.

plap·pern [プラッパァン pláparn] Ⅰ 圓 (h) (口語)(子供などが)ぺちゃくちゃしゃべる. Ⅱ 囮 (h) (口語)(くだらないこと⁴を)しゃべりまくる.

plär·ren [プレレン plérən] Ⅰ 圓 (h) わめきたてる; (ラジオなどが)がなりたてる; (子供などが)泣き叫ぶ. Ⅱ 囮 (h) (歌など⁴を)がなる.

Plas·ma [プラスマ plásma] 田 -s/Plasmen ① (生)原形質. ② (医)血漿(けっしょう)(=Blutplasma), リンパ漿. ③ (物)プラズマ.

Plast [プラスト plást] 男 -[e]s/-e (旧東ドイツで:) プラスチック, 合成樹脂 (=Kunststoff).

*das **Plas·tik**¹ [プラスティク plástɪk] 田 (単 2) -s/ (ふつう冠詞なして) プラスチック, 合成樹脂 (=Kunststoff). (英 plastic). ein Eimer aus Plastik ポリバケツ.

die **Plas·tik**² [プラスティク plástɪk] 囡 (単) -/ (複) -en ① 彫刻[作]品. (英 sculpture). eine altgriechische Plastik 古代ギリシアの彫刻. ② [複なし]彫刻[術], 造形美術. ③ [複なし]具象性. ④ (医)形成[外科]手術.

Plas·tik·be·cher [プラスティク・ベッヒャァ] 田 -s/- プラスチックのコップ.

Plas·tik·beu·tel [プラスティク・ボイテる] 男 -s/- ビニール(ポリ)袋.

Plas·tik·bom·be [プラスティク・ボンベ] 囡 -/-n プラスチック爆弾.

Plas·tik·fla·sche [プラスティク・ふらッシェ] 囡 -/-n ペットボトル, プラスチックのボトル.

Plas·tik·fo·lie [プラスティク・ふォーリエ] 囡 -/-n (包装用の)ラップフィルム.

Plas·tik·geld [プラスティク・ゲるト] 田 -[e]s/ (口語)クレジットカード (←プラスチックのお金).

Plas·tik·müll [プラスティク・ミュる] 男 -s/ プラスチックごみ.

Plas·tik·tü·te [プラスティク・テューテ] 囡 -/-n ビニール(ポリ)袋.

Plas·ti·lin [プラスティリーン plastilí:n] 田 -s/ プラスティリーン(工作用の色付き粘土).

plas·tisch [プラスティッシュ plástɪʃ] 形 ① (付加語としてのみ) 造形的な, 彫刻の, 彫塑の. (英 plastic). die plastische Kunst 造形芸術. ② 立体的な; (比)具象的な, 目に見えるような. ein plastischer Film 立体映画 / 図⁴ plastisch dar|stellen 図⁴を生き生きと描写する. ③ 自由な形になる, 塑造できる. plastisches Material 可塑的な材料. ④ (付加語としてのみ)(医)形成の. die plastische Chirurgie 形成外科.

Plas·ti·zi·tät [プラスティツィテート plastitsitɛ́:t] 囡 -/ ① 具象性. ② 可塑性.

Pla·ta·ne [プラターネ plátá:nə] 囡 -/-n (植)プラタナス, スズカケノキ.

Pla·teau [プらトー plató:] [仏] 田 -s/-s (地理)高原, 台地; 山頂の平たん地.

Pla·tin [プラティーン plá:ti:n または プらティーン] 田 -s/ (化)プラチナ, 白金 (記号: Pt).

Pla·ti·tu·de [プラティテューデ platity:də または ..テュード ..ty:d] 囡 -/-n =Plattitüde

Pla·ti·tü·de [プラティテューデ] Plattitüde の古い形.

Pla·to [プラートー plá:to] -s/ =Platon

Pla·ton [プラートン plá:tɔn] -s/ (人名)プラトン(前 427-前 347; ギリシアの哲学者).

pla·to·nisch [プらトーニッシュ plató:nɪʃ] 形 ① プラトン哲学の, プラトン的な. ② 純粋に精神的な; (皮肉って:)実体のない, 空疎な. eine platonische Liebe プラトニックラブ.

platsch! [プらッチュ plátʃ] 間 (水をはねる音・水気のあるものが床などに落ちる音:)ぴちゃ, ぱちゃ.

plat·schen [プらッチェン plátʃən] Ⅰ 圓 (h, s) ① (h) (口語)ぴちゃぴちゃ音をたてる. ② (s) (…へ)ぴしゃっとぶつかる. Der Regen platscht gegen die Scheiben. 雨がぱちゃぱちゃと窓ガラスに当たる. ③ (s) (auf (in) 図⁴ ~) (口語) (図⁴の上に(中に))ばしゃっ(どぼん)と落ちる. Ⅱ 非人称 (h) Es platscht. (方)土砂降りだ.

plät·schern [プれッチァン plétʃərn] 圓 (h, s) ① (h) ぴちゃぴちゃ音をたてる. Der Brunnen plätschert. 噴水がぴちゃぴちゃ音をたてている. ② (h) (in 図³ ~) (…の中で)ぴちゃぴちゃ水遊びをする. ③ (s) (方向を表す語句とともに) (小川・雨などが…へ)ぴちゃぴちゃ流れる(当たる);

《比》(議論・会話などが)とりとめもなく続く.

platt [プラット plát] 形 (比較) platter, (最上) plattest) ① 平らな, 平べったい, ぺちゃんこの. (英 *flat*). ein *plattes* Land 平地 / eine *platte* Nase 低い鼻 / Der Reifen ist *platt*. そのタイヤはパンクしている. ② 平凡な, 月並みな. eine *platte* Konversation 退屈な会話. ③《付加語としてのみ》明白な, まったくの. eine *platte* Lüge 真っ赤なうそ. ④《成句的に》*platt* sein《口語》a) あっけにとられている, b) 疲れきっている.

Platt [プラット] 中 -[s] / 低地ドイツ語;《方》方言. Hamburger *Platt* ハンブルク方言.

platt≠deutsch [プラット・ドイチュ] 形《言》低地ドイツ語の(=niederdeutsch).

die **Plat・te** [プラッテ pláta] 女 (単) -/(複) -n ① 板, プレート, タイル.(英 *plate*). eine Platte aus Metall (Stein) 金属板(石板). ② レコード (=Schall*platte*). eine Platte⁴ hören (spielen) レコードを聞く(かける) / eine neue *Platte*⁴ auf|legen a) 新しいレコードをかける, b)《口語》話題を変える / die *Platte*⁴ kennen《口語》事情を知っている / ständig dieselbe *Platte*⁴ laufen lassen《口語》いつも同じことばかり話す /単⁴ **auf** der Platte haben《口語》単⁴をマスターしている. ③ 皿料. 皿盛りにした料理. eine kalte *Platte* ハム・ソーセージ類の盛り合わせ. ④ (登山に)岩棚. ⑤《口語》はげ頭. ⑥《写》乾板. nicht **auf** die *Platte* kommen《口語》問題にならない.

Plätt≠ei・sen [プレット・アイゼン] 中 -s/-《北ドン・中部ドン》アイロン(=Bügeleisen).

plät・ten [プレッテン plétən] 他 (h)《北ドン・中部ドン》(洗濯物など⁴に)アイロンをかける(=bügeln).

Plat・ten≠spie・ler [プラッテン・シュピーらァ] 男 -s/- レコードプレーヤー.

plat・ter・dings [プラッタァ・ディングス] 副《口語》まったく, 絶対に, どうしても. Das ist *platterdings* unmöglich. それはまったく不可能だ.

Platt≠form [プラット・フォルム] 女 -/-en ① (山・塔などの)展望台. ② (電車・列車の)乗降口, デッキ. (注意「(駅の)プラットホーム」は Bahnsteig). ③ (考え方・行動の)基盤, 出発点. ④ (コンピ) プラットホーム (ハードウェアやソフトウェアによって構成されるコンピュータ利用のための基盤[的環境]).

Platt≠fuß [プラット・フース] 男 -es/..füße ① 《ふつう複》《医》扁平(なん)足. ②《口語》パンクしたベしゃんこの)タイヤ.

platt≠fü・ßig [プラット・フュースィヒ] 形 扁平(なん)足の.

Platt・heit [プラットハイト] 女 -/-en ①《複 なし》平たん;《比》平凡, 単調, 陳腐. ② 月並みな言葉(=Plattitüde).

plat・tie・ren [プラティーレン platí:rən] 他 (h) ①《工》(物⁴に)めっきする. ②《織》(物⁴に)混紡する.

Plat・ti・tü・de [プラティテューデ platitý:də] 女 -/-n《雅》月並みな言葉, 陳腐な表現.

der Platz [プラッツ pláts]

広場; 座席

Ist dieser *Platz* noch frei?
イスト ディーザァ プラッツ ノッホ フライ
この席はまだ空いていますか.

格	単	複
1	der Platz	die Plätze
2	des Platzes	der Plätze
3	dem Platz	den Plätzen
4	den Platz	die Plätze

男 (単 2) -es/(複) Plätze [プレッツェ] (3 格のみ Plätzen) ① (町の)**広場**.(英 *town square*). ein runder *Platz* 円形の広場 / Vor dem Schloss ist ein großer *Platz*. 宮殿の前に大きな広場がある / Auf dem *Platz* steht ein Kiosk. その広場に売店がある. ② **座席**; 席.(英 *seat*). ein guter *Platz* 良い席 / Hier sind noch zwei *Plätze* frei. ここにまだ二つ席が空いている / ***Platz***⁴ **nehmen**《雅》座る, 腰を下ろす ⇒ Bitte, nehmen Sie *Platz*! どうぞおかけください / *Platz*⁴ **behalten**《雅》そのまま席に着いている / einen *Platz* im Theater bestellen 劇場の席を予約する / den *Platz* wechseln 席を替える / *Platz*! (犬に向かって):お座り! ③ (特定の)**場所**, 位置; 当地. (英 *place*). ein *Platz* an der Sonne 陽の当たる場所;《比》人生における成功(幸福) / Die Bücher stehen nicht **an** ihrem *Platz*. それらの本はしかるべき場所にない / fehl am *Platz*[e] sein 場違いである / das beste Geschäft am *Platz* 当地最高の店 / **Auf** die *Plätze*, fertig, los! (陸上競技で:)位置について, 用意, どん. (☞ 類語 Ort). ④ 競技場, フィールド, グラウンド. Der Klub hat keinen eigenen *Platz*. そのスポーツクラブはホームグラウンドを持っていない. ⑤《複 なし》余地, スペース. (英 *space*). Hier ist *Platz* **für** vier Personen. ここは4人分のスペースがある / Ich habe keinen *Platz* mehr für neue Bücher. 新しい本を置くスペースがもうない /人³ *Platz*⁴ machen 人³のために場所を空ける. ⑥ (競技) 地位, ポジション; [先着]順位. 人⁴ **auf** die *Plätze* verweisen 人⁴を抑えて優勝する / den ersten *Platz* ein|nehmen (競技で:) 1 位になる.

▶ **platz≠sparend**

(注意) ..platz のいろいろ: **Arbeitsplatz** 職場 / **Bauplatz** 建築用地 / **Campingplatz** キャンプ場 / **Ehrenplatz** 貴賓席 / **Fensterplatz** 窓側の席 / **Festplatz** (祝祭の)式場 / **Flugplatz** 飛行場 / **Fußballplatz** サッカー競技場 / **Marktplatz** (市のたつ)[中央]広場 / **Parkplatz** 駐車場 / **Sitzplatz** 座席 / **Spielplatz** 遊び場 / **Sportplatz** 運動場 / **Stehplatz** 立ち見席 / **Tennisplatz** テニスコート

Platz⹀angst [プラッツ・アングスト] 囡 -/ ① 《口語》閉所恐怖[症]. ② 《心・医》広場恐怖[症](広場や通りを渡るときに覚える病的不安感).

Platz·an·wei·ser [プラッツ・アンヴァイザァ] 男 -s/- (劇場などの)座席案内係. (女性形: -in).

Plätz·chen [プレッツヒェン plétsçən] 匣 -s/- (Platz の 縮小) ① 小さな場所; 小さな広場, ささやかな地位. ② (平たくて小さな)ビスケット (クッキー).

Plät·ze [プレッツェ] ¦¦Platz (広場)の 複

plat·zen [プラッツェン plátsən] du platzt (platzte, ist ... geplatzt) 圓 (完了 sein) ① (風船・導管などが)破裂する, はち切れる; (衣服がび りっと裂ける. (英) burst). Bomben *platzen*. 爆弾が破裂する / Der Reifen *ist geplatzt*. 〘現在完了〙タイヤがバーストした / vor Lachen *platzen*(比)爆笑する / vor Wut *platzen* 怒り を爆発させる.
② 《口語》(計画などが)だめになる, つぶれる; (う そなどが)ばれる. Ihre Verlobung *ist geplatzt*. 〘現在完了〙彼らの婚約はおじゃんになった. ③ 〘in 人³⁴ ~〙《口語》(人³へ)突然やって来る. 人³ ins Haus *platzen* 人³の家へ突然やって来 る.

plat·zie·ren [プラツィーレン platsí:rən] I 他 (h) ① (人⁴を…へ)座らせる, 配置する. ② (スポ)(ボールなど⁴を…へ)ねらって打ち込む. ③ (商) 投資する. II 再帰 (h) *sich⁴ platzieren* (スポ)(1位を除く上位に)入賞する.

Platz⹀kar·te [プラッツ・カルテ] 囡 -/-n (列車 などの)座席指定券.

Platz⹀kon·zert [プラッツ・コンツェルト] 匣 -[e]s/-e (ブラスバンドなどの)野外演奏会.

Platz⹀man·gel [プラッツ・マンゲる] 男 -s/- 座席の不足; 場所(スペース)の不足.

Platz⹀pa·tro·ne [プラッツ・パトローネ] 囡 -/-n (演習・合図などに用いる)空包.

Platz⹀re·gen [プラッツ・レーゲン] 男 -s/- (局地的な)土砂降り, (激しい)にわか雨.

platz⹀spa·rend, Platz spa·rend [プラッツ・シュパーレント] 形 場所を取らない, かさばらない.

platz·te [プラッツテ] platzen (破裂する)の 過去

Platz⹀ver·weis [プラッツ・フェアヴァイス] 男 -es/-e (スポ)(球技などで:)退場命令.

Platz⹀wech·sel [プラッツ・ヴェクセる] 男 -s/- ① 席の交換(変更). ② (球技で:)コートチェンジ; ポジションの交替.

Platz⹀wun·de [プラッツ・ヴンデ] 囡 -/-n (医) 裂傷.

Plau·de·rei [プらオデライ plaudərái] 囡 -/ -en おしゃべり, 雑談; (新聞などの)漫筆. (☞ 類語 Gespräch).

Plau·de·rer [プらオデラァ pláudərər] 男 -s/- ① 話し上手[な人]. (女性形: Plauderin). ②

plau·dern [プらオダァン pláudərn] (plauderte, hat ... geplaudert) 圓 (完了 haben) ① おしゃべりする, 雑談する; (話題などについて)気楽にしゃべる. (英) chat). mit dem Nachbarn *plaudern* 隣人とおしゃべりする / Er *plauderte* von seinen Erlebnissen. 彼は自分の体験をあ れこれしゃべった. ② 口外する, 秘密を漏らす.

Plau·der·stünd·chen [プらオダァ・シュテュンティヒェン] 匣 -s/- (気楽な)おしゃべりのひと時.

Plau·der·ta·sche [プらオダァ・タッシェ] 囡 -/ -n 《戯》(軽蔑的に:)おしゃべり[な人].

plau·der·te [プらオダァテ] plaudern (おしゃべり する)の 過去

Plau·der·ton [プらオダァ・トーン] 男 -[e]s/- (話し方・文体の)くだけた調子, 雑談風の調子.

Plausch [プらオシュ pláuʃ] 男 -[e]s/-e 《ふつう 単》(南ド・オストリ)(気楽な)おしゃべり, 雑談. ② (スイス)楽しみ, 愉快さ.

plau·schen [プらオシェン pláuʃən] 圓 (h) ① 《南ド・オストリ》(気楽に)おしゃべりする, 雑談する. ② (オストリ)はったりを言う; 秘密をぺらぺらしゃべる.

plau·si·bel [プらオズィーベる plauzí:bəl] 形 納得のいく, もっともな. eine *plausible* Er-klärung 納得のいく説明 / 人³ 男⁴ *plausibel* machen 人³に男⁴をなるほどと思わせる.

Play⹀back, Play-back [プれー・ベック] 〈英〉 匣 -/-s ① プリレコ(番組収録前に作られる伴奏な どの録音). ② (録音・録画などの)再生, プレー バック.

Play·boy [プれー・ボイ plé:-bɔɪ] 〈英〉男 -s/-s プレーボーイ, 道楽者, 遊び人. (女性形: Playgirl).

Pla·zen·ta [プらツェンタ platsénta] 囡 -/-s ま たは ..zenten) ① (医)胎盤. ② (植)胎座.

Pla·zet [プらーツェット plá:tset] 匣 -s/-s 承認, 同意. sein *Plazet⁴ zu* 男³ (または *für* 男⁴) geben 男³(または男⁴)に同意する.

pla·zie·ren [プらツィーレン] platzieren の古い形.

Ple·be·jer [プれベーヤァ plebé:jər] 男 -s/- ① (古代ローマの)平民. (女性形: -in). ② 《比》粗野(無教養)な人.

ple·be·jisch [プれベーイッシュ plebé:jɪʃ] 形 ① 〈史〉(古代ローマの)平民の, 庶民の. ② 《比》無教養な, 粗野な.

Plebs [プれップス pléps] I 囡 -/ (古代ローマの)平民 II 男 -es/ (ケイベツ 囡 -/)《比》愚民, 無教養な大衆.

plei·te [プらイテ plátə] 形 《成句的に》 *pleite sein* 《口語》a) 破産している, b) 一文無しで ある.

▶ pleite|gehen

Plei·te [プらイテ] 囡 -/-n 《俗》① 破産, 倒産. *Pleite machen* 破産する / kurz vor *Pleite* stehen 破産しかかっている. ② 不首尾, 失敗.

plei·te|ge·hen* [プらイテ・ゲーエン plátə-gè:ən] 圓 (s) 《口語》破産する.

Plei·te⹀gei·er [プらイテ・ガイアァ] 男 -s/ 《口 語》(破産の象徴としての)はげたか.

plem·plem [プれム・プれム plɛm-plém] 形 《俗》気の狂った, 頭のおかしい.

Ple·nar·sit·zung [プれナール・ズィッツング] 囡 -/-en 総会, 全体会議.

Ple·num [プれーヌム pléːnum] 甲 -s/Plenen 総会, 全体会議.

Ple·o·nas·mus [プれオナスムス pleonásmus] 男 -/..nasmen 《修》冗語[法](„weißer Schimmel"「白い白馬」など).

Pleu·el·stan·ge [プロイエる・シュタンゲ] 囡 -/-n 《工》連接棒, コネクティングロッド.

Ple·xi·glas [プれクスィ・グらース] 甲 -es/《商標》プレキシガラス(アクリル樹脂製のガラス).

Plis·see [プリセー plisé:] 甲 -s/-s 《服飾》① プリーツ. ② プリーツ(ひだ)をつけた布地.

Plis·see⸗rock [プリセー・ロック] 男 -[e]s/..röcke プリーツスカート.

plis·sie·ren [プリスィーレン plisí:rən] 他 (h) (スカートなどに)プリーツ(ひだ)をつける.

PLO [ペー・エる・オー] 囡 -/《略》パレスチナ解放機構 (=Palestine Liberation Organization).

Plom·be [プロンベ plómbə] 囡 -/-n ① (鉛の)封印. ② (虫歯の)充塡(じゅうてん)材.

plom·bie·ren [プロンビーレン plombí:rən] 他 (h) ① (物⁴に)鉛の封印をする. ② (歯⁴に)充塡(じゅうてん)する.

Plot [プロット plót] [英] 甲 -s/-s ① 《文学》(小説・劇などの)筋, プロット. ② 《コンピュ》プロッターを用いた作図.

Plot·ter [プロッタァ plótər] [英] 男 -s/- 《コンピュ》プロッター(コンピュータ制御の作図装置).

Plöt·ze [プレッツェ plǽtsə] 囡 -/-n 《魚》ローチ(ヨーロッパ産, コイ科の淡水魚).

*★**plötz·lich** [プれッツりヒ plǽtslɪç] I 副 突然, 急に, 不意に;《口語》突然に). Er stand *plötzlich* auf. 彼は突然立ち上がった / *Plötzlich* fing es an zu regnen. 急に雨が降りだした / Nun aber ein bisschen *plötzlich*!《口語》さあ, もう少し急いで.
II 形 突然の, 急の, 不意の. 《英》sudden). ein *plötzlicher* Besuch 不意の客 / ein *plötzlicher* Stromausfall 突然の停電.

Plötz·lich·keit [プれッツりヒカイト] 囡 -/ 突然なこと, 突発性, 不意.

Plu·der⸗ho·se [プるーダァ・ホーゼ] 囡 -/-n (ひざ下または足首でくくる)幅広の[半]長ズボン, ニッカーボッカーズ.

Plu·meau [プりュモー plymó:] [ラシス] 甲 -s/-s (小さな)羽布団.

plump [プるンプ plúmp] 形 ① (太って)不格好な. ② 鈍重な, ぎこちない, もたもたした(動き・歩き方など). ③ 見えすいた(うそ・お世辞など); 無作法な.

Plump·heit [プるンプハイト] 囡 -/-en ① 《閘なし》不器用. ② 不器用な言動.

plumps! [プるンプス plúmps] 間 (落下の音に)どしん, どぼん, ばたん.

Plumps [プるンプス] 男 -es/-e 《口語》どしん(どぼん)という音; どしんと落ちること.

plump·sen [プるンプセン plúmpsən] I 非人称 (h) 《口語》Es *plumpst*. どしんどぼんと音がする. II 自 (s) 《口語》(…へ)どしん(どぼん)と落ちる.

Plun·der [プるンダァ plúndər] 男 -s/ ①《口語》がらくた. ② イースト生地の菓子.

Plün·de·rer [プりュンデラァ plýndərər] 男 -s/- 略奪者(兵). (女性形: Plünderin).

plün·dern [プりュンダァン plýndərn] I 他 (h) (店などを)略奪する. die Stadt⁴ *plündern* (侵略軍などが)町を略奪する / den Kühlschrank *plündern*《戯》冷蔵庫の食べ物を全部平らげてしまう. II 自 (h) 略奪をする.

Plün·de·rung [プりュンデルンゲ] 囡 -/-en 略奪.

Plu·ral [プるーらーる plúːraːl] 男 -s/-e 《言》① 複数 (略: Pl.). (AE)「単数」は Singular). ② 複数形(の語).

Plu·ra·lis·mus [プるラリスムス pluralísmus] 男 -/ 《政・社》多元性, 多党政主義;《哲》多元論.

plu·ra·lis·tisch [プるラリスティッシュ pluralístɪʃ] 形《政・社》多元的な, 多党政主義の;《哲》多元論的な.

plus [プるス plús] I 接《数》プラス, 足す. (AE)「マイナス」は minus). Fünf *plus* drei ist (または macht または gibt) acht. 5 足す 3 は 8.
II 副《数・電》プラス, 正;(温度が:)プラス. (AE「マイナス」は minus). *plus* drei Grad または drei Grad *plus* プラス 3 度.
III 前《2格とともに》《商》…を加えて. (AE「…を差し引いて」は minus).

Plus [プるス] 甲 -/- ①《商》剰余金, 利益, 黒字. ② 長所, 利点, プラス; プラスの評価. (AE「マイナス」は Minus).

Plüsch [プりュッシュ plýʃ または プりューシュ plýːʃ] 男 -[e]s/-e 《種類:》-e 《織》プラッシュ, フラシ天(けばの長いビロードの一種. 家具の上張りなどに用いる).

Plüsch⸗tier [プりュッシュ・ティーァ] 甲 -[e]s/-e (フラシ天で作った)動物のぬいぐるみ.

Plus⸗pol [プるス・ポーる] 男 -s/-e 《電》陽極. (AE「陰極」は Minuspol).

Plus⸗punkt [プるス・プンクト] 男 -[e]s/-e ① 得点, ポイント. ②《比》利点, 強み.

Plus·quam·per·fekt [プるスクヴァム・ペルふェクト plúskvam-pɛrfɛkt] 甲 -s/-e《言》過去完了[形].

Plus⸗zei·chen [プるス・ツァイヒェン] 甲 -s/- 《数》プラス記号 (記号: +).

Plu·to [プるート plúːto] I -s/《ギリシャ神》プルトン (死者の国の支配者ハデスの別名). II 男 -/《定冠詞とともに》《天》冥王(めいおう)星.

Plu·to·ni·um [プるトーニウム plutóːnium] 甲 -s/《化》プルトニウム (記号: Pu).

PLZ [ペー・エる・ツェット] 囡 -/《略》郵便番号 (= Postleitzahl).

Pm [ペー・エム]《化・記号》プロメチウム (=Promethium).

p. m.《略》① [ピー エム] 午後 (=post meridiem). ② [プロー ミれ] 1,000 につき (=pro mille; 記号: ‰).

Pneu·ma·tik [プノイマーティク pnɔyːmáːtɪk] I 囡 -/-en ① 《閘なし》《物》気体力学. ②

pneumatisch

《工》圧縮空気機械. **II** 男 -s/-s (ﾀｲﾔｰ:) 囡 -/-en) 圧縮空気タイヤ.

pneu·ma·tisch [プノイマーティッシュ pnɔymá:tiʃ] 形 ① 《工》圧縮空気による; 《生》空気の入った, 含気性の. eine *pneumatische* Bremse エアブレーキ. ② 《神学》霊的な, 聖霊の; 《哲》プネウマの.

Po[1] [ペー・オー] 《化・記号》ポロニウム (=Polonium).

Po[2] [ポー pó:] 男 -s/-s 《口語》お尻(ｼﾘ) (=Popo).

Pö·bel [ペーべる pǿ:bəl] 男 -s/ 賤民(ｾﾝﾐﾝ), 下層民; 暴徒.

pö·bel·haft [ペーべるハフト] 形 賤民(ｾﾝﾐﾝ)のような, 野卑な.

po·chen [ポッヘン pɔ́xən] (pochte, hat... gepocht) 自 《完了 haben》《雅》① とんとんたたく, ノックする. 《英 knock》. **an** die Tür *pochen* ドアをノックする. ◇《非人称の **es** を主語として》Es *pocht*. ノックの音がする.
② (心臓・血管などが)どきどき(鼓動)する. Mein Herz *pochte* vor Angst. 私の心臓は不安のあまりどきどきした. ③〖**auf** 囲[4] ~〗(囲[4]を)主張する; 自慢する. Er *pocht* auf sein Recht. 彼は自分の権利を主張する.

poch·te [ポッホテ] pochen (とんとんたたく)の過去

Po·cken [ポッケン pɔ́kən] 複 《医》天然痘(ﾄｳ), 痘瘡(ﾄｳｿｳ).

Po·cken⸗imp·fung [ポッケン・インプフング] 囡 -/-en 《医》種痘(ｼｭﾄｳ).

Po·cken⸗nar·be [ポッケン・ナルベ] 囡 -/-n 《医》痘痕(ﾄｳｺﾝ), あばた.

po·cken⸗nar·big [ポッケン・ナルビヒ] 形 痘痕(ﾄｳｺﾝ)(あばた)のある.

Po·cket⸗ka·me·ra [ポケット・カメラ] 囡 -/-s ポケットカメラ.

Pod·a·gra [ポーダグラ pó:dagra] 中 -s/ 《医》足部痛風.

Po·dest [ポデスト podést] 中男 -[e]s/-e ① 小さな台, 小演壇. ② 《方》(階段の)踊り場.

Po·dex [ポーデクス pó:dɛks] 男 -[es]/-e 《口語·戲》尻(ｼﾘ), けつ (=Gesäß).

Po·di·um [ポーディウム pó:dium] 中 -s/..dien [..ディーエン] 壇, (小さめの)[仮設]ステージ; 演壇, [表彰]台; 《建》神殿などの基壇.

Po·di·ums⸗dis·kus·si·on [ポーディウムス・ディスクスィオーン] 囡 -/-en パネルディスカッション.

die **Po·e·sie** [ポエズィー poezí:] 囡 《単》-/《複》-n [..ズィーエン] 《英 poetry》① 《複 なし》(ジャンルとしての)詩, 詩文学. ② (作品としての)詩. Goethes *Poesie* ゲーテの詩. ③〖複 なし〗詩情, 詩趣.

Po·e·sie⸗al·bum [ポエズィー・アるブム] 中 -s/..alben 寄せ書き帳(記念に友人たちが金言や詩を書き入れる).

Po·et [ポエート poé:t] 男 -en/-en 《戲》詩人 (=Dichter). (女性形: -in).

Po·e·tik [ポエーティク poé:tɪk] 囡 -/-en ①〖複 なし〗詩学, 詩論. ② 詩学概論.

po·e·tisch [ポエーティッシュ poé:tɪʃ] 形 ① 詩の, 韻文の, 詩文学の. 《英 poetic》. ein *poetisches* Werk 詩作品. ② 詩的な, 詩情豊かな. eine *poetische* Schilderung 詩的な叙述.

Po·grom [ポグローム pogró:m] 男 -s/-e (少数民族・特定の集団に対する)迫害.

Poin·te [ポエーンテ poɛ̃:ta] 《仏》囡 -/-n 要点, 眼目; (物語の)やま, (しゃれの)落ち. eine geistreiche *Pointe* 機知に富んだ落ち.

poin·tie·ren [ポエンティーレン poɛ̃tí:rən] 他 (h) (囲[4]を)際だたせる, 強調する.

poin·tiert [ポエンティーアト] **I** pointieren (際だたせる)の過分 **II** 形 的を射た, 的確な(コメントなど).

Po·kal [ポカール poká:l] 男 -s/-e ① 脚付きの杯; 《ｽﾎﾟｰﾂ》優勝杯(カップ). ②〖複 なし〗優勝杯争奪戦.

Po·kal⸗spiel [ポカール・シュピーる] 中 -[e]s/-e 《ｽﾎﾟｰﾂ》優勝杯(カップ)争奪戦.

Pö·kel [ペーける pǿ:kəl] 男 -s/- 《農》(肉などを漬ける)塩汁.

Pö·kel⸗fleisch [ペーける・ふらイシュ] 中 -[e]s/ 塩漬け肉.

Pö·kel⸗he·ring [ペーける・ヘーリング] 男 -s/-e 塩漬けにしん.

pö·keln [ペーけるン pǿ:kəln] 他 (h) (肉・魚などを[4])塩漬けにする.

Po·ker [ポーカァ pó:kər] 《英》中 男 -s/ ポーカー(トランプ遊びの一種).

po·kern [ポーカァン pó:kərn] 自 (h) ① ポーカーをする. ② (商売などで)思いきった手をうつ.

der **Pol** [ポーる pó:l] 男 (単2)-s/(複)-e (3格のみ-[e]n) ① 極; 《天》極. 《英 pole》. Nord*pol* 北極 / Süd*pol* 南極. ② 《物》極, 磁極; 《電》電極. der positive (negative) *Pol* 陽極(陰極). ③ 《数》(球形などの)極. der ruhende *Pol* 《比》ものに動ぜず頼りになる人(←不動の極).

po·lar [ポらール polá:r] 形 ① 北極(南極)の, 両極の, 極地の. ② 《比》対極的な, 正反対の. *polare* Begriffe 正反対の概念.

Po·la·ri·sa·ti·on [ポらリザツィオーン polarizatsió:n] 囡 -/-en ① 《化》分極; 《物》偏光. ② (意見・思想などの)対極化, 分極化.

po·la·ri·sie·ren [ポらリズィーレン polarizí:rən] **I** 他 (h) 《化》(分子など[4]を)分極させる; 《物》(光[4]を)偏光させる. **II** 再帰 (h) *sich*[4] *polarisieren* (意見・思想などが)対極化(分極化)する.

Po·la·ri·tät [ポらリテート polarité:t] 囡 -/-en ① 《地理・物・天》[両]極性. ② 対極性, 二元性, 両極的対立.

Po·lar⸗kreis [ポらール・クライス] 男 -es/-e 《地理》極圏. der nördliche (südliche) *Polarkreis* 北極(南極)圏.

Po·lar⸗licht [ポらール・リヒト] 中 -[e]s/-e オーロラ, 極光.

Po·lar⸗nacht [ポらール・ナハト] 囡 -/..nächte

白夜, 極夜(太陽が常に地平線下にある).
der **Po·lar⹀stern** [ポラール・シュテルン] 男
 -[e]s/ 《定冠詞とともに》(天) 北極星.
Pol·der [ポルダァ póldər] 男 -s/- 干拓地(特に東フリースラントとオランダ沿岸のもの).
Po·le [ポーレ pó:lə] -n/-n ポーランド人. (女性形: Polin).
Po·le·mik [ポレーミク polé:mɪk] 囡 -/-en ① 論争, 論戦; 《個人》攻撃. ② 《腹 なし》(発言などの)論争的性格.
po·le·misch [ポレーミッシュ polé:mɪʃ] 形 論争の; 論争好きな, 攻撃的な.
po·le·mi·sie·ren [ポレミズィーレン polemizí:rən] 自(h) 論争する. **gegen** 人・事⁴ polemisieren 人・事⁴に対して反論する.
po·len [ポーレン pó:lən] 他(h) 《物・電》《物⁴を》電極につなぐ.
Po·len [ポーレン pó:lən] 囲 (単)-s/ 《国名》ポーランド[共和国](首都はワルシャワ).
Po·len·te [ポレンテ poléntə] 囡 -/ 《俗》ポリ公, さつ(警官).
Po·lice [ポリーセ polí:sə] [フラ] 囡 -/-n 《商》保険証券.
Po·lier [ポリーァ polí:r] 男 -s/-e (建築現場の)現場監督, 職人頭. (女性形: -in).
po·lie·ren [ポリーレン polí:rən] 他(h) 《物⁴を》ぴかぴかに磨く, 研磨する;《比》(文章など⁴に)磨きをかける. das Auto⁴ polieren 車を磨く. ◇《過去分詞の形で》polierte Möbel 磨き上げられた家具.
Po·li·kli·nik [ポーリ·クリーニク pó:li·kli:nɪk] 囡 -/-en (総合病院の)外来診療部.
Po·lio [ポーリオ pó:lio] 囡 -/ = **Poliomyelitis**.
Po·lio·my·e·li·tis [ポリオミュエリーティス poliomyelí:tɪs] 囡 -/..litiden [..リティーデン] 《医》ポリオ, [脊髄性]小児麻痺(ひ).
Po·lit·bü·ro [ポリット・ビューロ] 匣 -s/-s (共産党などの)中央委員会政治局 (= **Politisches Büro**).
Po·li·tes·se [ポリテッセ polítɛsə] 囡 -/-n 婦人交通巡視員(主に駐車違反などを取り締まる).
*die **Po·li·tik** [ポリティーク polití:k] 囡 (単)-/-en《ふつう 腹》① 政治; 政策. (英 *politics*). (☞「ドイツ連邦共和国の政治機構」, 1747 ページ). die innere (auswärtige) Politik 内政(外交) / die internationale Politik 国際政治 / eine Politik der Entspannung² 緊張緩和政策 / eine gemeinsame Politik⁴ betreiben 共同政策をとる / in die Politik gehen 政界に入る. ② 策略, 駆け引き, 手口. eine kluge Politik 巧妙な策略.
*der **Po·li·ti·ker** [ポリーティカァ polí:tikər] 男 (単2)-s/- (単3-n) 政治家. (英 *politician*). ein konservativer Politiker 保守的な政治家.
Po·li·ti·ke·rin [ポリーティケリン polí:tikərɪn] 囡 -/-nen 政治家. (女性形の一つ).
Po·li·ti·kum [ポリーティクム polí:tikum] 匣 -s/..tika 政治問題(案件).

po·li·tisch [ポリーティッシュ polí:tɪʃ] 形 ① 政治の, 政治的な; 政策の. (英 *political*). politische Parteien 政党 / ein politisches Verbrechen 政治犯罪 / die politische Lage 政治情勢 / Er ist politisch tätig. 彼は政治活動をしている. ② 政略的な, 巧妙な, 賢明な. politisch handeln 政略的に行動する / Diese Entscheidung war nicht sehr politisch. この決定はあまり得策ではない.
po·li·ti·sie·ren [ポリティズィーレン politizí:rən] I 自(h)《素人(ら²)が》政治を論じる; 政治活動をする. II 他(h) 《人⁴に》政治的関心を持たせる. ② 《事⁴を》政治問題化する.
Po·li·to·lo·ge [ポリトローゲ politoló:gə] 男 -n/-n 政治学者. (女性形: Politologin).
Po·li·to·lo·gie [ポリトロギー politologí:] 囡 -/ 政治学.
Po·li·tur [ポリトゥーァ politú:r] 囡 -/-en ① 光沢, つや. ② ワニス, ニス(光沢塗料).
die **Po·li·zei [ポリツァイ politsái]

| 警察 | Bitte rufen Sie die *Polizei*!
ビッテ ルーフェン ズィー ディ ポリツァイ
警察を呼んでください. |

囡 (単)-/(複)-en《ふつう 腹》① 警察. (英 *police*). sich⁴ der *Polizei*³ stellen 警察に出頭(自首)する /人⁴ der *Polizei*³ übergeben 人⁴を警察に引き渡す / sich⁴ bei der *Polizei* melden (転入・住所などを)警察に届け出る. ② 《腹 なし》(総称として:)警官, 警察官. die *Polizei*⁴ holen 警官を連れてくる / Die *Polizei* regelt den Verkehr. 警官が交通整理をしている. ③ 《腹 なし》警察署. zur *Polizei* gehen 警察署に行く.
Po·li·zei⹀auf·sicht [ポリツァイ・アオフズィヒト] 囡 -/ 警察による保護観察.
Po·li·zei⹀be·am·te[r] [ポリツァイ・ベアムテ (..タァ)] 男《語尾変化は形容詞と同じ》警官. (女性形: ..beamtin).
Po·li·zei⹀dienst·stel·le [ポリツァイ・ディーンストシュテレ] 囡 -/-n 警察署.
Po·li·zei⹀hund [ポリツァイ・フント] 男 -[e]s/-e 警察犬.
po·li·zei·lich [ポリツァイリヒ politsáilɪç] 形 警察の, 警察による; 警察への. (英 *of the police*). polizeiliche Ermittlungen 警察による捜査 / unter polizeilicher Aufsicht 警察の監督のもとで / Die Straße ist polizeilich gesperrt. 〖状態受動・現在〗その通りは警察によって遮断されている / sich⁴ polizeilich an|melden (転入などを)警察に届け出る.
Po·li·zei⹀prä·si·dent [ポリツァイ・プレズィデント] 男 -en/-en 警視総監, (大都市の)警察本部長. (女性形: -in).
Po·li·zei⹀prä·si·di·um [ポリツァイ・プレズィーディウム] 匣 -s/..dien [..ディエン] 警視庁, (大都市の)警察本部.

Po·li·zei≠re·vier [ポリツァイ・レヴィーア] 匣 -[e]s/- ① (管区の)警察署. ② 警察管区.

Po·li·zei≠spit·zel [ポリツァイ・シュピッツェる] 男 -s/- (軽蔑的に)警察への内報者.

Po·li·zei≠staat [ポリツァイ・シュタート] 男 -[e]s/-en 警察国家.

Po·li·zei≠strei·fe [ポリツァイ・シュトライフェ] 女 -/-n 警察のパトロール; パトロールの警官.

Po·li·zei≠stun·de [ポリツァイ・シュトゥンデ] 女 -/-n 《ふつう 単》(飲食店などの)法定閉店時刻.

Po·li·zei≠wa·che [ポリツァイ・ヴァッヘ] 女 -/-n [警察]派出所, 交番.

po·li·zei≠wid·rig [ポリツァイ・ヴィードリヒ] 形 警察の命令(指示)に違反した.

der **Po·li·zist** [ポリツィスト politsíst] 男 (単2·3·4) -en/(複) -en 警官, 巡査. (＝ *policeman*). Verkehrs*polizist* 交通警官 / Die *Polizisten* regeln den Verkehr. 警官たちが交通整理をしている / Er fragt den *Polizisten* nach dem Weg. 彼は警官に道を尋ねる.

Po·li·zis·tin [ポリツィスティン politsístɪn] 女 -/..tinnen (女性の)警官, 婦人警官.

Pol·ka [ポるカ pólka] 女 -/-s ポルカ(快活な2/4拍子のボヘミアの輪舞[曲]).

Pol·len [ポれン pólən] 男 -s/- (植) 花粉 (= Blütenstaub).

Pol·len≠all·er·gie [ポれン・アれルギー] 女 -/-n [..ギーエン] (医) 花粉症, 花粉アレルギー.

pol·nisch [ポるニッシュ pólnɪʃ] 形 ポーランド[人·語]の.

Po·lo [ポーろ pó:lo] 中 -s/- (スポ) ポロ.

Po·lo≠hemd [ポーろ・ヘムト] 中 -[e]s/-en (服飾) ポロシャツ.

Po·lo·nai·se [ポろネーゼ poloné:zə] (フラ) 女 -/-n ポロネーズ(3/4拍子のポーランドの舞踏[曲]).

Po·lo·nä·se [ポろネーゼ poloné:zə] 女 -/-n = Polonaise

Po·lo·ni·um [ポローニウム poló:nium] 中 -s/- (化) ポロニウム (記号: Po).

Pols·ter [ポるスタァ pólstər] I 中 -s/- ① (ソファーなどのクッション; (衣服の)パッド; (工) 当て物; クッション. ② (口語) (資金などの)予備[額], (まさかの時の)蓄え. II 中 男 -s/- (または Pölster) (オーストリア) クッション, 枕(ᵏˡ̥).

Pols·ter≠mö·bel [ポるスタァ・メーべる] 中 -s/- (クッションの付いた)家具(いす·ソファーなど).

pols·tern [ポるスタァン pólstərn] 他 (h) (いすなど⁴に)クッションを付ける. ◊(過去分詞の形で) gut *gepolstert* (または gut*gepolstert*) sein (口語·戯) a) 肉付きがいい, b) 十分なお金がある.

Pols·ter≠ses·sel [ポるスタァ・ゼッセる] 男 -s/- (クッションの付いた)安楽いす.

Pols·te·rung [ポるステルング] 女 -/-en ① クッションを付けること. ② クッション.

Pol·ter≠abend [ポるタァ・アーベント] 男 -s/-e 婚礼の前夜祭(花嫁の家の前でつぼ·食器などを砕いて新郎新婦の幸運を祈る).

Pol·ter≠geist [ポるタァ・ガイスト] 男 -[e]s/-er ポルターガイスト(家の中で騒がしい音をたてる幽霊).

pol·tern [ポるタァン póltərn] 自 (h, s) ① (h) ごとごと(がたがた)音をたてる. **an die Tür** *poltern* ドアをどんどんたたく. ◊(非人称の *es* を主語として) Draußen *poltert* es. 外でがたがた音がする. ② (s) (...へ)ごとごと(がたがた)音をたてて行く(来る·落ちる). ③ (h) がみがみどなる. ④ (h) (口語) 婚礼の前夜を大騒ぎして祝う.

po·ly··, Po·ly·· [ポリュ·· poly·· または ポーりュ··] (形容詞·名詞につける 接頭) (多数) 例: *Poly*gamie 複婚.

Po·ly·amid [ポリュ・アミート poly-amí:t] 中 -s/-e (化·工) ポリアミド(ナイロンなど化学繊維の原料).

Po·ly·äthy·len [ポリュ・エテュれーン poly-ɛtylé:n] 中 -s/-e (化·工) ポリエチレン.

Po·ly·eder [ポリュエーダァ polyé:dər] 中 -s/- (数) 多面体.

Po·ly·es·ter [ポリュ・エスタァ poly-éstər] 男 -s/- (化·工) ポリエステル.

po·ly·fon [ポリュふオーン polyfó:n] 形 (音楽) ポリフォニーの, 多声の.

Po·ly·fo·nie [ポリュふオニー polyfoní:] 女 -/- (音楽) ポリフォニー, 多声音楽. (参照 「単声音楽」は Homophonie).

Po·ly·ga·mie [ポリュガミー polygamí:] 女 -/- ① 複婚[制](一夫多妻制·一妻多夫制). (参照 「一夫一婦[制]」は Monogamie). ② (植) 雌雄混種.

po·ly·glott [ポリュ・グろット poly-glót] 形 数か国語で書かれた(本など); 数か国語に通じた.

po·ly·mer [ポリュメーァ polymé:r] 形 (化·工) 重合体の, ポリマーの.

Po·lyp [ポリューブ polý:p] 男 -en/-en ① (動) ポリープ; (古·口語) 蛸(ᵗ̥), いか, くらげ. ② (医) ポリープ, 茸腫(ᵇˡ̥ᵘ̥). ③ (俗) 警官.

po·ly·phon [ポリュふオーン polyfó:n] 形 = polyfon

Po·ly·pho·nie [ポリュふオニー polyfoní:] 女 -/- = Polyfonie

Po·ly·tech·ni·kum [ポリュ・テヒニクム poly-téçnikum] 中 -s/..nika (または ..niken) 工業専門学校.

po·ly·tech·nisch [ポーりュ・テヒニッシュ pó:ly-tɛçnɪʃ または ポリュ・テヒ..] 形 総合技術的な.

Po·ly·the·is·mus [ポリュ・テイスムス polyteísmus] 男 -/- (哲·宗) 多神論, 多神教. (参照 「一神論」は Monotheismus).

Po·ma·de [ポマーデ pomá:də] 女 -/-n ポマード, 髪油.

po·ma·dig [ポマーディヒ pomá:dɪç] 形 ① ポマードをつけた. ② (口語) のろい, だらだらした.

Po·me·ran·ze [ポメランツェ pomərántsə] 女 -/-n (植) ダイダイ[の実].

Pom·mern [ポメルン pómərn] 中 -s/ (地名) ポンメルン(バルト海沿岸の旧ドイツの州. 1945年に旧東ドイツとポーランドに分割された).

Pom·mes [ポムメス póməs] 複 (口語) ポンフリ (= Pommes frites).

Pommes frites [ポム ふリット pɔm frít] (フラ) 複 (料理) ポンフリ, フライドポテト.

Pomp [ポンプ pómp] 男 -[e]s/ 華やかさ, 華麗, 豪華; 見せびらかし, 虚飾.

Pom·pe·ji [ポンペーイ pompé:ji] 中 -s/《地名》ポンペイ(紀元79年ベスビオ山の噴火で埋没したイタリアの古都).

pomp·haft [ポンプハフト] 形 (ふつう軽蔑的に:)華美な, はでな, けばけばしい.

pom·pös [ポンペース pompǿ:s] 形 華麗な, 豪華な; 大げさな, これ見よがしの.

Pon·cho [ポンチョ póntʃo] [スペ] 男 -s/-s ポンチョ(中南米の民族衣装で, 頭だけ出してすっぽりかぶる四角い外衣).

Pon·ti·fi·kat [ポンティふィカート pontifiká:t] 中 -[e]s/-e (カトリック) 司教(教皇)の職(任期).

Pon·ton [ポントーン põtõ:または ポン.. pon..] [フラ] 男 -s/-s 《海・軍》(架橋用の)平底船.

Pon·ton·brü·cke [ポントン・ブリュッケ] 女 -/-n 《海・軍》船橋, 浮き橋.

Po·ny [ポニー póni] [英] I 中 -s/-s ポニー, 小型の馬. II 男 -s/-s おかっぱの前髪.

Pool¹ [プーる pú:l] [英] 男 -s/-s 《経》① プール, 共同出資. ② 企業連合.

Pool² [プーる] [英] 男 -s/-s [略] [スイミング]プール(=Swimming*pool*).

Pop [ポップ póp] 男 -[s]/ ① ポップアート(=*Pop-*Art). ② ポップス, ポピュラー音楽(=*Pop*musik).

Po·panz [ポーパンツ pó:pants] 男 -es/-e ① 《古》お化けの[わら]人形; (軽蔑的に:)こけおどし. ② 人の言いなりになる人.

Pop-Art [ポップ・アールト] [英] 女 -/ ポップアート.

Pop*corn [ポップ・コルン] [英] 中 -s/ ポップコーン.

Po·pe [ポーペ pó:pə] 男 -n/-n ① (ギリシア正教会で:)教区司祭. ② (軽蔑的に:)坊主.

Po·pel [ポーぺる pó:pəl] 男 -s/- ① 《口語》鼻くそ. ② (方)鼻たれ小僧; つまらぬ奴.

po·pe·lig [ポーぺリヒ pó:pəlɪç] 形 《口語》しみったれた, けちな, 乏しい, 貧弱な.

Po·pe·lin [ポぺリーン popəlí:n] 男 -s/-e =Popeline

Po·pe·li·ne [ポぺリーネ popəlí:nə] 女 -/- (または 男 -s/-)《織》ポプリン.

po·peln [ポーぺるン pó:pəln] 自 (h) 《口語》鼻をほじくる.

pop·lig [ポープリヒ pó:plɪç] 形 =popelig

Pop*mu·sik [ポップ・ムズィーク] 女 -/ ポップス, ポピュラー音楽.

Po·po [ポーポー popó:] 男 -s/-s 《口語》お尻(じり).

pop·pig [ポピヒ pópɪç] 形 ポップアート風の.

der **po·pu·lär** [ポプれーア populɛ́:r] 形 (変 *popular*) ① (一般大衆に) 人気のある, (世間に)よく知られた; 大衆に歓迎される. eine *populärer* Schlager ポピュラーソング / Der Politiker ist sehr *populär*. その政治家はたいへん人気がある. ② だれにでもわかる, 大衆向きの. eine *populäre* Ausdrucksweise 平易な言い回し / *populär* schreiben だれにでもわかるように書く.

po·pu·la·ri·sie·ren [ポプらリズィーレン popularizí:rən] 他 (h) ① (物4を)一般に普及させる, 世間に広める. ② (論文など4を)大衆向けにする.

Po·pu·la·ri·tät [ポプらリテート popularitɛ́:t] 女 -/ 人気, 一般受け*l*ナ; 大衆性. große (keine) *Popularität* genießen 非常に人気がある(人気がない).

po·pu·lär*wis·sen·schaft·lich [ポプれーア・ヴィッセンシャふトリヒ] 形 通俗科学的な.

Po·pu·la·ti·on [ポプらツィオーン populatsió:n] 女 -/-en 《生》(一定地域の)個体群.

Po·re [ポーレ pó:rə] 女 -/-n 《ふつう 複》孔, 毛穴, 汗孔(カンコウ); (岩石などの)細孔.

Por·no [ポルノ pórno] 男 -s/-s 《口語》ポルノ映画(小説).

Por·no*film [ポルノ・ふィるム] 男 -[e]s/-e ポルノ映画.

Por·no·gra·fie [ポルノグラふィー pornografí:] 女 -/-en [..ふィーエン] ① [《複》なし] ポルノ[グラフィー]. ② ポルノ写真(映画, 小説).

por·no·gra·fisch [ポルノグラーふィッシュ pornográ:fɪʃ] 形 ポルノ[グラフィー]の.

Por·no·gra·phie [ポルノグラふィー pornografí:] 女 -/-n [..ふィーエン] =Pornografie

por·no·gra·phisch [ポルノグラーふィッシュ pornográ:fɪʃ] 形 =pornografisch

po·rös [ポレース porǿ:s] 形 ① 透過性の; 多孔性の. ② 小さな穴のあいた.

Po·ro·si·tät [ポロズィテート porozitɛ́:t] 女 -/ 透過性; 多孔性.

Por·phyr [ポルふューア pórfy:r または ..ふュー ア] 男 -s/(種類:) -e 《地学》斑岩(はんがん).

Por·ree [ポレ póre] 男 -s/-s 《植》リーキ, ポロネギ, セイヨウネギ. (⇨ Gemüse 図).

Por·sche [ポルシェ pórʃə] 男 -s/-s 《商標》ポルシェ(ドイツ, ポルシェ社製の自動車).

Por·ta·ble [ポルテブる pórtəbl] [英] 男中 -s/-s ポータブルラジオ(テレビ).

Por·tal [ポルターる portá:l] 中 -s/-e ① 《建》(寺院・城などの壮大な)正面玄関. (⇨「建築様式(2)」, 1744ページ). ② (コンピュータ) ポータル(インターネット上の情報にアクセスするため入口となるサイト).

Por·ta Ni·gra [ポルタ ニーグラ pórta ní:gra] 女 -/- ポルタ・ニーグラ(トリアーにある古代ローマ時代の市門の遺跡で, 世界文化遺産. 「黒い門」の意).

Porte·feuille [ポルトふユーイ portfɶ:j または ポルテ.. pɔrtə..] [フラ] 中 -s/-s ① 《政》大臣の管轄範囲(職務). ein Minister ohne *Portefeuille* 無任所大臣. ② 《経》金融資産, 保有有価証券類. ③ 《古》紙入れ, 札入れ, 大型かばん.

Porte·mon·naie [ポルトモネー pɔrtmoné:] または ポルト..] [フラ] 中 -s/-s (小型の)財布. ein dickes *Portemonnaie* haben 《口語》大金持ちである.

Port·e·pee [ポルテペー portepé:] 中 -s/-s (昔の:)(サーベルの)飾りひも(士官・上級下士官の目印).

der **Por·ti·er** [ポルティエー portié:] [フラ] 男 (単2) -s/(複) -s (スイス: -e) ① (ビル・アパートなどの)守衛, 門番 (ホテルの)ドアマン. (変 *porter*).

Er ist *Portier* in einem großen Hotel. 彼は大きなホテルのドアマンだ. ② (アパートなどの)管理人.

Por·ti·e·re [ポルティエーレ pɔrtiɛ́:rə] 囡 -/-n 戸口の重いカーテン.

Por·ti·er=frau [ポルティエー・フラオ] 囡 -/-en ① (女性の)守衛, 門番; 管理人. ② 守衛(門番・管理人)の妻.

die **Por·ti·on** [ポルツィオーン pɔrtsió:n] 囡 (単) -/(複) -en (飲食物の) **一人前**.《葵 portion》. eine *Portion* (zwei *Portionen*) Suppe スープ一人前(二人前) / eine halbe *Portion* a) 半人前の食事, b)《口語》半人前の人間. ③《口語》(かなりの)分量. eine große *Portion* Mut 相当な勇気.

por·ti·ons=wei·se [ポルツィオーンス・ヴァイゼ] 副 (料理について:) 一人前ずつ.

Port·mo·nee [ポルトモネー pɔrtmɔné:または ポルト..] 田 -s/-s =Portemonnaie

Por·to [ポルトー pɔ́rto] 田 -s/-s (または Porti) 郵便料金. *Porto*[4] zahlt Empfänger. 郵送料は受取人払い.

por·to=frei [ポルト・フライ] 形 郵便料金不要の.

por·to=pflich·tig [ポルト・プふリヒティヒ] 形 郵便料金の必要な.

Por·trait [ポルトレー pɔrtrέ:] 田 -s/-s《古》=Porträt

das **Por·trät** [ポルトレー pɔrtrέ:] 田 (単2) -s/(複) -s [..レース] **肖像[画]** (=Bildnis);《比》人物描写. ein fotografisches *Porträt* 肖像写真 / 人[3] *Porträt* sitzen《美》人[3]に肖像を描いてもらう / von 人[3] ein *Porträt* machen 人[3] の肖像を描く.

por·trä·tie·ren [ポルトレティーレン pɔrtrɛtí:rən] 他 (h) (人[4]の)肖像画を描く, 肖像写真を撮る;《比》(人[4]の)人物(性格)描写をする.

Por·tu·gal [ポルトゥガる pɔ́rtugal] 田 -s/《国名》ポルトガル[共和国](首都はリスボン).

Por·tu·gie·se [ポルトゥギーゼ pɔrtugí:zə] 男 -n/-n ポルトガル人.(女性形: Portugiesin).

por·tu·gie·sisch [ポルトゥギーズィッシュ pɔrtugí:zɪʃ] 形 ポルトガル[人・語]の.

Port=wein [ポルト・ヴァイン] 男 -[e]s/-e ポートワイン(ポルトガル産の赤ワイン).

das **Por·zel·lan** [ポルツェらーン pɔrtsɛlá:n] 田 (単2) -s/(複) -e (3格のみ -en) ① **磁器**.《荚 porcelain, china》.（⇔表）「陶器」は Keramik. eine Vase aus *Porzellan* 磁器製の花びん / Sie ist wie aus *Porzellan*. 彼女はたいへんきゃしゃだ(←磁器でできているように). ②《圈 なし》磁器製の食器[一式]. *Porzellan*[4] zerschlagen《口語》(不用意にもぶち こわしになるようなことをする(言う). ③《ふつう 圈》[陶]磁器類.

Por·zel·lan=ge·schirr [ポルツェらーン・ゲシル] 田 -[e]s/ 陶磁[器]製の食器.

Por·zel·lan=la·den [ポルツェらーン・らーデン] 男 -s/..läden (まれに -) 陶磁器店.

Po·sau·ne [ポザオネ pozáunə] 囡 -/-n《音楽》トロンボーン. [die] *Posaune*[4] blasen (または spielen) トロンボーンを吹く / die *Posaunen* des Jüngsten Gerichts《聖》最後の審判を告げるらっぱ.

po·sau·nen [ポザオネン pozáunən] (過分 posaunt) I 自 (h) トロンボーンを吹く. II 他 (h)《口語》言いふらす. 人[4] in die (または alle) Welt *posaunen* 人[4]を世間に言いふらす.

Po·sau·nist [ポザオニスト pozaunɪ́st] 男 -en/-en トロンボーン奏者. (女性形: -in).

Po·se[1] [ポーゼ pó:zə] 囡 -/-n 姿勢, ポーズ, 身構え. eine *Pose*[4] ein|nehmen (または an|nehmen) ポーズをとる.

Po·se[2] [ポーゼ] 囡 -/-n (釣りの)浮き.

Po·sei·don [ポザイドン pozáɪdɔn] -s/《ギ神》ポセイドン(海の神. ローマ神話のネプトゥヌスに当たる).

po·sie·ren [ポズィーレン pozí:rən] 自 (h) ポーズをとる, ポーズをつくる.

die **Po·si·ti·on** [ポズィツィオーン pozitsió:n] 囡 (単) -/(複) -en《position》① (職業上の)**地位**, ポスト;《ス》順位. Er hat eine führende *Position* in dieser Firma. 彼はこの会社で指導的地位にある.

② (スイッチ・ギアなどの)位置; (船・飛行機などの)[現在]位置, 定位置, ポジション. in (または auf) *Position* gehen ポジションにつく. ③ 立場, 見解; 局面. Sie ist ihm gegenüber in einer starken *Position*. 彼女は彼に対して強い立場にある. ④ (特定の)姿勢, 体位. ⑤《経》(予算などの)項目(略: Pos.).

*****po·si·tiv**[1] [ポーズィティーふ pó:ziti:f または ポズィティーふ]《positive》① **肯定の**, 肯定的な.《⇔ positive》.（⇔表）「否定の」は negativ. eine *positive* Antwort 肯定的な返事.

② **好ましい**, 有利な, プラスになる. ein *positiver* Einfluss 好ましい影響 / die *positive* Seite der Sache[2] 物事のプラス面 / sich[4] aus|wirken 有利に作用する.

③《数》**プラスの**, 正の;《物》陽の, 正の. eine *positive* Zahl 正の数 / der *positive* Pol 陽極. ④《医》陽性の(反応など). ein *positiver* Befund 陽性の検査結果. ⑤《写》ポジ(陽画)の. ⑥ 実証的な, 実際的な. *positive* Kenntnisse 実際的な知識 / *positives* Recht《法》実定法. ⑦《口語》確かな, 確定的な. Ich weiß das *positiv*. 私はそれを確かに知っている.

Po·si·tiv[1] [ポーズィティーふ] 男 -s/-e [..ヴェ]《言》(形容詞・副詞の)原級.（⇔表）「比較級」は Komparativ,「最上級」は Superlativ).

Po·si·tiv[2] [ポーズィティーふ または ポズィティーふ] 田 -s/-e [..ヴェ] ①《音楽》(ペダルのない)小型オルガン. ②《写》ポジ, 陽画.（⇔表）「陰画」は Negativ).

Po·si·ti·vis·mus [ポズィティヴィスムス pozitivɪ́smʊs] 男 -/《哲》実証説, 実証主義.

po·si·ti·vis·tisch [ポズィティヴィスティッシュ pozitivɪ́stɪʃ] 形 実証論の, 実証主義の.

Po·si·tron [ポーズィトローン pó:zitro:n] 囲 -s/-en [ポズィトローネン]《物》陽電子.

Po·si·tur [ポズィトゥーァ pozitú:r] 囡 -/-en ①《ふつう囲》ポーズ, 身構え. sich⁴ in *Positur* setzen ポーズをとる, 身構える. ②《スポ》(ボクシングなどの)構え.

Pos·se [ポッセ pósə] 囡 -/-n 道化芝居, 狂言, 茶番劇.

Pos·sen [ポッセン pósən] 囲 -s/- 《ふつう圏》いたずら, 悪ふざけ. *Possen*⁴ reißen 悪ふざけをする / 囚³ einen *Possen* spielen 囚³をからかう, 囚³にいたずらをする.

pos·sen·haft [ポッセンハフト] 形 おどけた, こっけいな, ばけた.

Pos·sen·rei·ßer [ポッセン・ライサァ] 囲 -s/- おどけ者, 道化者.(女性形: -in).

pos·ses·siv [ポッセスィーふ pósési:f または ..スィーふ] 形《言》所有の, 所有を表す. ein *possessives* Fürwort 所有代名詞.

Pos·ses·siv·pro·no·men [ポッセスィーふ・プロノーメン] 囲 -s/-(または ..mina)《言》所有代名詞.

pos·sier·lich [ポスィーァリヒ] 形《小動物のしぐさなどの》おどけた, かわいらしい.

das Post [ポスト póst]

郵便; 郵便局

Wo ist hier die *Post*?
ヴォー イスト ヒーァ ディ ポスト
この辺りで郵便局はどこにありますか.

囡 (単) -/(複) -en (英 *post*) ① 郵便[制度]. die Deutsche *Post* [AG] ドイツ郵便[株式会社] / Er ist (または arbeitet) bei der *Post*. 彼は郵便局に勤めている / 郵⁴ mit der *Post* (または durch die *Post* または per *Post*) schicken 郵⁴を郵便で送る.
② 郵便局(=*Post*amt).(☞ 図 A). auf die *Post* (または zur *Post*) gehen 郵便局へ行く / einen Brief zur *Post* bringen 手紙を郵便局へ持って行く.
③《圏 なし》郵便[物], 手紙, 便り. Ist *Post* für mich da? 私に郵便物が来ていますか / Ich habe viel *Post* von ihr bekommen. 私は彼女からたくさん手紙をもらった / mit gleicher *Post*(同時発送の)別便で. ④《圏 なし》《口語》郵便の配達. ⑤ (昔の:)郵便馬車.

| ..post のいろいろ: **Eilpost** 速達[郵便] / **Flugpost** または **Luftpost** 航空便 / **Geschäftspost** 業務用郵便[物] / **Hauptpost** 中央郵便局 / **Paketpost** 小包郵便[制度]

A Post B Posthorn

―使ってみよう―
1 ユーロ切手を5枚ください.
   Geben Sie mir bitte fünf Briefmarken zu einem Euro!
この小包を日本に送りたいのですが.
   Ich möchte das Paket nach Japan schicken.
この手紙は日本までいくらですか.
   Wie viel kostet dieser Brief nach Japan?
この手紙は日本まで何日かかりますか.
   Wie lange braucht dieser Brief nach Japan?
---

post.., Post.. [ポスト.. post.. または ポスト..]《形容詞・名詞につける》接頭《(あとの)》例: *post*modern ポストモダンの.

pos·ta·lisch [ポスターリッシュ postá:lɪʃ] 形 郵便の; 郵便による.

Pos·ta·ment [ポスタメント postamént] 囲 -[e]s/-e《建》(影像などの)台座;《比》土台.

das **Post·amt** [ポスト・アムト póst-amt] 囲 (単2) -[e]s/(複) ..ämter [..エムタァ] (3格のみ ..ämtern).(英 *post office*). 郵便局.(☞ *post*). Er geht aufs *Postamt* (または zum *Postamt*). 彼は郵便局へ行く.

Post·an·ge·stell·te[r] [ポスト・アンゲシュテルテ(..タァ)] 囲 囡《語尾変化は形容詞と同じ》郵便局員.

Post·an·wei·sung [ポスト・アンヴァイズング] 囡 -/-en (昔の:)郵便為替[用紙].

Post·bank [ポスト・バンク] 囡 -/-en 郵便銀行, ポストバンク(1995年旧ドイツ連邦郵便から民営化).

Post·be·am·te[r] [ポスト・ベアムテ(..タァ)] 囲《語尾変化は形容詞と同じ》郵便局員.(女性形: ..beamtin).

Post·bo·te [ポスト・ボーテ] 囲 -n/-n《口語》郵便集配人(=Briefträger).(女性形: ..botin).

Post·dienst [ポスト・ディーンスト] 囲 -[e]s/-e ① 郵便事業. ②(個々の)郵便業務.

der **Pos·ten** [ポステン pósten] 囲 (単2) -s/(複) - ① (職業上の)地位, ポスト, 持ち場, 職[場].(英 *post*). Er hat bei der Firma einen guten *Posten*. 彼は会社でいいポストについている. ②《スポ》ポジション. ③《軍》歩哨(ほしょう); 哨所. [auf] *Posten* stehen 歩哨に立つ / auf *Posten* sein《口語》a) 体の調子がよい, b) 用心深い / auf verlorenem *Posten* stehen (または kämpfen) 勝つ見込みのない戦いをする, 絶望的な状況にある. ④《商》(予算の)項目; 一口(½)(一回に取り引きする商品の量). ⑤ 派出所, 交番.

Pos·ter [ポースタァ pó:star] [英] 囲 -s/-[s] (室内に飾る)アート・ポスター.

Post·fach [ポスト・ふァッハ] 囲 -[e]s/..fächer 郵便私書箱.

Post·ge·bühr [ポスト・ゲビューァ] 囡 -/-en 郵便料金.

Post‧ge‧heim‧nis [ポスト・ゲハイムニス] ..nisses/《法》通信の秘密(郵便関係者の守秘義務).

Post゠gi‧ro‧amt [ポスト・ジーロアムト] 田 -(e)s/..ämter (昔の:)郵便振替為替局 (略: PGiroA).

Post゠gi‧ro‧kon‧to [ポスト・ジーロコントー] 田 -s/..konten (または -s, ..konti) 郵便振替口座.

Post゠horn [ポスト・ホルン] 田 -(e)s/..hörner ① 郵便馬車のらっぱ(ドイツ郵便株式会社のシンボルマークの原形). (☞ Post 図 B). ② 《音楽》(昔の:)ポストホルン.

post‧hum [ポストゥーム pɔst-húːm または ポストゥーム pɔstúːm] 形 =postum

pos‧tie‧ren [ポスティーレン pɔstíːrən] 他 (h) (見張りなどを…に)立たせる, 配置する. ◇《再帰的に》sich⁴ postieren (見張りなどが…へ/…に)立つ, 部署につく.

Pos‧til‧li‧on [ポスティリヨーン pɔstiljóːn または ポス..] 男 -s/-e (昔の:)郵便馬車の御者. ② 《昆》ダイダイモンキチョウ.

die **Post゠kar‧te** [ポスト・カルテ pɔ́st-kartə] 女 (単) -/(複) -n ① 郵便はがき. (英 postcard). Er schickte eine Postkarte aus dem Urlaub. 彼は休暇先からはがきを出した. ② 絵はがき (=Ansichtskarte).

Post゠kas‧ten [ポスト・カステン] 男 -s/..kästen 《北ドツ》郵便ポスト (=Briefkasten).

Post゠kut‧sche [ポスト・クッチェ] 女 -/-n (昔の:)[乗合]郵便馬車.

post゠la‧gernd [ポスト・らーガァント] 形 《郵》局留めの. postlagernde Briefe 局留めの手紙.

Post゠leit‧zahl [ポスト・ライトツァーる] 女 -/-en 《郵》郵便番号(略: PLZ).

Post゠ler [ポストァ pɔ́stlər] 男 -s/- 《口語》郵便局員. (女性形: -in).

Post゠mo‧der‧ne [ポスト・モデルネ] 女 -/ ポストモダン, 脱近代.

Post゠pa‧ket [ポスト・パケート] 田 -(e)s/-e 郵便小包.

Post゠scheck [ポスト・シェック] 男 -s/-s 郵便[振替]為替, 郵便小切手.

Post゠schließ‧fach [ポスト・シュりースふァッハ] 田 -(e)s/..fächer 郵便私書箱.

Post‧skript [ポスト・スクリプト pɔst-skrípt] 田 -(e)s/-e (手紙の)追伸 (略: PS).

Post‧skrip‧tum [ポスト・スクリプトゥム pɔst-skríptum] 田 -s/..skripta 《ラテン語》 =Postskript

Post゠spar‧buch [ポスト・シュパールブーフ] 田 -(e)s/..bücher 郵便貯金通帳.

Post゠spar‧kas‧se [ポスト・シュパールカッセ] 女 -/-n (昔の:)郵便貯金[局].

Post゠stem‧pel [ポスト・シュテンペる] 男 -s/- 郵便の消印(スタンプ).

Pos‧tu‧lat [ポストゥらート pɔstuláːt] 田 -(e)s/-e ① (必要不可欠・絶対的な)要請. ein ethisches Postulat 倫理的要請. ②《哲》要請, 公準; 《数》公理. ③《カトリック》修道志願者の修練期. ④《ベトナム》(国会が政府に対して出す)要請(報告や活動の促進を求める).

pos‧tu‧lie‧ren [ポストゥりーレン pɔstulíːrən] 他 (h) ① (…⁴を必須のものとして)求める. ② (…⁴を)真と見なす, 公準とする.

pos‧tum [ポストゥーム pɔstúːm] 形 死後(没後)の, 死後に残された(作品など); 父親の死後に生まれた. postume Werke 遺作.

Post゠weg [ポスト・ヴェーク] 男 -(e)s/ (輸送手段としての)郵便. ③ **auf dem** Postweg[e] schicken …⁴を郵送する.

post゠wen‧dend [ポスト・ヴェンデント] 副 折り返し[の便で]; 《比》すぐに. Schreiben Sie mir bitte postwendend! 折り返しご返事ください.

Post゠wert‧zei‧chen [ポスト・ヴェーァトツァイヒェン] 田 -s/- 《郵》郵便切手 (=Briefmarke).

Post゠wurf‧sen‧dung [ポスト・ヴルふゼンドゥング] 女 -/-en 《郵》ダイレクトメール.

Pot [ポット pɔ́t] [英] 田 -s/ 《隠語》マリファナ.

po‧tent [ポテント pоtént] 形 ① (男性が)生殖能力のある. ② 影響力のある; 財力のある.

Po‧ten‧tat [ポテンタート pоtentáːt] 男 -en/-en (軽蔑的に:)権力者, 支配者. (女性形: -in).

Po‧ten‧ti‧al [ポテンツィアーる pоtentsiáːl] 田 =potenzial

Po‧ten‧ti‧al [ポテンツィアーる] 田 -s/-e =Potenzial

po‧ten‧ti‧ell [ポテンツィエる pоtentsiέl] 形 =potenziell

Po‧tenz [ポテンツ pоténts] 女 -/-en ① 《複なし》(男性の)生殖力, 性的能力. ② 能力, 潜在力; 能力ある人. ③《数》冪(べき), 累乗(るいじょう). eine Zahl⁴ in die dritte Potenz erheben ある数を3乗する. ④ 《医》(薬品の)希釈度.

po‧ten‧zi‧al [ポテンツィアーる pоtentsiáːl] 形 ① 可能性をもった, 潜在的可能性のある. ② 《言》可能法の, 可能を表す.

Po‧ten‧zi‧al [ポテンツィアーる] 田 -s/-e ① 可能性, 潜在力. ②《物》電位, ポテンシャル.

po‧ten‧zi‧ell [ポテンツィエる pоtentsiέl] 形 可能性のある, 潜在的な. potenzielle Energie 《物》位置エネルギー.

po‧ten‧zie‧ren [ポテンツィーレン pоtentsíːrən] 他 (h) ① (能力など⁴を)強める, 高める. ◇《再帰的に》sich⁴ potenzieren (効き目などが)強まる, 高まる. ②《数》累乗(るいじょう)する.

Pot‧pour‧ri [ポトプリ pɔtpuri] [フランス語] 田 -s/-s (ヒット曲などの)メドレー; 《比》バラエティー.

Pots‧dam [ポッ・ダム pɔ́ts-dam] 田 -s/ (都市名)ポツダム(ドイツ, ブランデンブルク州の州都. ベルリンの南西. 1945年「ポツダム会議」の開催地: ☞ 地図 F-2).

Pots‧da‧mer [ポッ・ダンマァ pɔ́ts-damər] I 男 -s/- ポツダムの市民(出身者). (女性形: -in). II 形 《無語尾で》ポツダムの. das Potsdamer Abkommen ポツダム協定 (1945年).

Pott [ポット pɔ́t] 男 -(e)s/Pötte 《口語》 ① つぼ, 深鍋(ふかなべ). ② おまる. ③ 汽船.

Pott゠asche [ポット・アッシェ] 女 -/ 《化》炭酸カリウム.

Pott⹀wal [ポット・ヴァーる] 男 -[e]s/-e 《動》マッコウクジラ.

Pou·lar·de [プらルデ pulárdə] 女 -/-n 肥育[された]若鶏.

Pow·er [パオアァ páuər] [英] 女 -/ 《隠語》(オートバイなどの)パワー, 馬力; (人の)エネルギー, パワー

pp [ピアニッシモ]《記号》《音楽》ピアニッシモ, きわめて弱く (=pianissimo).

pp. [ペル プロクーラ]《略》代理で (=per procura).

Pp. [パップ・バント]《略》ハードカバーの本 (=Pappband).

P. P. [プレミッスィース プレミテンディース]《略》(手紙などで:)敬称略 (=praemissis praemittendis).

ppa. [ペル プロクーラ]《略》=pp.

Ppbd. [パップ・バント]《略》=Pp.

Pr [ペー・エル]《化・記号》プラセオジム (=Praseodym).

PR [ペー・エル] [英] 女 -/ ピーアール, 広報活動 (=Public Relations).

prä.., **Prä..** [プレ.. prɛ..]《形容詞・名詞につける》接頭《前の》例: *Prä*position 前置詞.

Prä·am·bel [プレアンベる preámbəl] 女 -/-n (条約・憲法などの)前文.

die **Pracht** [プらハト práxt] 女《単》-/ 華やかさ, 壮麗, 華麗, 豪華.《笑》*splendor*. die *Pracht* eines Barockschlosses バロック式宮殿の壮麗さ / Es ist eine [wahre] *Pracht*.《口語》これは実にすばらしい.

Pracht⹀aus·ga·be [プらハト・アオスガーベ] 女 -/-n (本の)豪華版.

Pracht⹀ex·em·plar [プらハト・エクセンプらール] 中 -s/-e《口語》《超》一級品, 逸品.

präch·tig [プレヒティヒ préçtɪç] 形 ① 壮麗な, 華麗な, 豪華な.《笑》*splendid*. eine *prächtige* Kirche 壮麗な教会 / *prächtige* Kleider 豪華な衣装. ② すばらしい, みごとな. eine *prächtige* Idee すばらしい思いつき / Das hast du *prächtig* gemacht. それを君はみごとにやってのけたね.

Pracht⹀kerl [プらハト・ケルる] 男 -[e]s/-e《口語》すばらしいやつ, 好漢.

Pracht⹀stück [プらハト・シュテュック] 中 -[e]s/-e《口語》《超》一級品, 逸品.

pracht⹀voll [プらハト・ふォる] 形 壮麗な, 華麗な; すばらしい, みごとな.

Prä·des·ti·na·ti·on [プレデスティナツィオーン prɛdɛstinatsió:n] 女 -/ ① 《宗》(特にカルバン派の)予定説. ② 天命, 宿命.

prä·des·ti·niert [プレデスティニーァト prɛdɛstiní:rt] 形 宿命づけられた. **für** einen Sport (**zum** Politiker) *prädestiniert* sein あるスポーツをするように(政治家になるように)生まれついている.

Prä·di·kat [プレディカート prɛdiká:t] 中 -[e]s/-e ① (よい)成績, 評点; (産物の)[品質]評価的. Qualitätswein **mit** *Prädikat* 肩書き付き優良ワイン. ② (貴族の)称号, 爵位. ③ 《言》述語. ④ 《哲》賓辞(ʰⁱⁿ).

prä·di·ka·tiv [プレディカティーふ préːdikatiːf または プレディカティーふ] 形《言》述語的な.

Prä·fekt [プレフェクト prɛfékt] 男 -en/-en ① (古代ローマの)長官. ② (フランス・イタリアの)知事, [地方]長官. (女性形: -in).

Prä·fe·renz [プレふェレンツ prɛferɛ́nts] 女 -/-en ① 《経》(貿易上の)特恵;(消費者の)好み. ② 優先, 優位. ③ 《トランプ》切り札.

Prä·fix [プレーふィクス préːfɪks または プレふィクス] 中 -es/-e《言》接頭辞, 前つづり (=Vorsilbe). (☞「接尾辞」は Suffix.

Prag [プラーク práːk] 中 -s/ (都市名)プラハ (チェコの首都, 旧チェコ・スロバキアの首都. チェコ語では Praha:《地図》G-3).

prä·gen [プレーゲン préːɡən] (prägte, *hat* ... geprägt) 他 (完了 haben) ① (型に)型押し加工をする. Leder⁴ *prägen* 革に文様を型押しする.

② 《A⁴ **auf** (または **in**) B⁴ ～》(A⁴ を B⁴ に)刻印する. das Staatswappen⁴ in eine Münze *prägen* 国の紋章を硬貨に刻印する / sich³ B⁴ ins Gedächtnis *prägen* 記 中⁴を記憶に刻み込む. ③ (硬貨⁴を)鋳造する. Münzen⁴ **in** Gold *prägen* 金貨を鋳造する. ④ (新語・概念など⁴を)作り出す, 生みだす. ⑤ (人・物⁴を)特徴づける, (人・物⁴に)影響を与える. Das Elternhaus *prägt* den Charakter. 家庭が人の性格を形成する.

Pra·ger [プラーガァ práːɡər] I 男 -s/- プラハの市民(出身者).(女性形: -in). II 形《無語尾で》プラハの.

Prä·ge·stem·pel [プレーゲ・シュテンペる] 男 -s/- 《印》押し型, [鍛造]打ち型.

Prag·ma·tik [プらグマーティク praɡmáːtɪk] 女 -/-en ① 《圏なし》実利志向, 実用主義. ② 《トランプ》《官庁》公務員の服務規程. ③ 《圏なし》《言》語用論.

Prag·ma·ti·ker [プらグマーティカァ praɡmáːtɪkɐ] 男 -s/- 実利(実用)主義者.(女性形: -in).

prag·ma·tisch [プらグマーティッシュ praɡmáːtɪʃ] 形 ① 実用的な, 実際的な, 実務的な; 実用主義的な. ② 《言》語用論の.

Prag·ma·tis·mus [プらグマティスムス praɡmatísmʊs] 男 -/ 《哲》実用主義, プラグマティズム.

prä·gnant [プレグナント prɛɡnánt] 形 簡明な, 簡にして要を得た, 的確な(表現など).

Prä·gnanz [プレグナンツ prɛɡnánts] 女 -/ (表現などの)簡明さ.

präg·te [プレークテ] prägen (型押し加工をする)の 過去

Prä·gung [プレーグング] 女 -/-en ① 押型による浮き彫り; (貨幣の)鋳造, 刻印. ② 特徴, 型. ein Mensch von eigener *Prägung* 独特な性格の持ち主. ③ 新[造]語, 新しく作られた表現.

prä·his·to·risch [プレー・ヒストーリッシュ préː-

hɪstoːrɪʃ または プレ・ヒストー..] 形 有史以前の, 先史時代の.

prah·len [プラーれン práːlən] (prahlte, *hat* …geprahlt) 自 (完了 haben) 自慢する, ひけらかす. (英 boast). **Er hat mit seinem Auto** *geprahlt*. 彼は自分の車を自慢した.

Prah·ler [プラーらァ práːlɐr] 男 -s/- 自慢家, ほら吹き, いばり屋. (女性形: -in).

Prah·le·rei [プラーれライ praːləráɪ] 因 -/-en 自慢, ほら.

prah·le·risch [プラーれリッシュ práːləriʃ] 形 すぐに自慢したがる, ほら吹きの, いばり屋の.

Prahl≠hans [プラーる・ハンス] 男 -es/..hänse 《口語》自慢家, ほら吹き, いばり屋 (=Prahler).

prahl·te [プラーるテ] prahlen (自慢する)の 過去

Prahm [プラーム práːm] 男 -[e]s/-e (または Prähme) (荷物を運ぶ)平底船.

Prak·tik [プラクティク práktɪk] 因 -/-en ① 実施方法, 処置法; 《ふつう複》策略. ② (15-17世紀の)農事暦(農事・星占い・金言などが書かれていた).

Prak·ti·ka [プラクティカ] *Praktikum (実習)の 複

prak·ti·ka·bel [プラクティカーべる praktikáːbəl] 形 ① 実際に役にたつ, 実用的な. ② 《劇》(背景に描いたのではなく)実際に使える(舞台装置).

der **Prak·ti·kant** [プラクティカント praktikánt] 男 (単2·3·4格) -en/-en (単/複) -en 実習生. **Er arbeitet als *Praktikant* in einer Fabrik.** 彼はある工場で実習生として働いている.

Prak·ti·kan·tin [プラクティカンティン praktikántɪn] 因 -/..tinnen (女性の)実習生.

Prak·ti·ken [プラクティケン] *Praktikum (実習)の 複

Prak·ti·ker [プラクティカァ práktikɐr] 男 -s/- ① 実務家, 実際家.(女性形: -in). (⇔「理論家」ist Theoretiker). ② 《医・隠語》開業医.

*das **Prak·ti·kum** [プラクティクム práktikʊm] 田 (単2) -s/(複) ..tika (または ..tiken) 実習, 演習. ein pädagogisches *Praktikum* 教育実習 / ein *Praktikum*⁴ machen 実習をする.

Prak·ti·kus [プラクティクス práktikʊs] 男 -/..kusse 《戯》何でも屋(何にでも通じている人).

***prak·tisch** [プラクティッシュ práktɪʃ] **I** 形 《英 practical》① 実際の, 実地の. (⇔「理論の」ist theoretisch). ein *praktisches* Beispiel 実例 / eine *praktische* Übung 実習, 実地訓練 / im *praktischen* Leben 実生活では / ein *praktischer* Arzt (全科にわたって診察する)開業医, 一般医. (⇔「専門医」ist Facharzt) / 物⁴ *praktisch* erproben 物⁴を実地にテストする. ② 実用的な, 実際の役にたつ, 便利な. ein *praktisches* Gerät 便利な道具 / eine *praktische* Erfindung 実用的な発明 / Das ist sehr *praktisch*. それはとても便利だ.
③ 実際的な, 手際のいい. ein *praktischer* Mensch (雑事をてきぱきこなす)手際のいい人 / Sie ist sehr *praktisch*. 彼女はとても実務的だ / *praktisch* denken 実際的な考え方をする. **II** 副 《文全体にかかって》《口語》事実上, 実際には. (英 practically). **Sie macht *praktisch* alles alleine.** 彼女が実際には何もかもひとりでしている.

prak·ti·zie·ren [プラクティツィーレン praktitsíːrən] **I** 他 (h) ① (方法などを)実践する, 実施する, 実地に行う. ② 《口語》《物⁴を人物などへ》巧みに移し入れる. **II** 自 (h) (医者・弁護士が)開業している. ◇《現在分詞の形で》 ein *praktizierender* Arzt 開業医.

Prä·lat [プレラート prɛláːt] 男 -en/-en 《キ教》 高位聖職者.(女性形: -in).

Prä·li·mi·na·ri·en [プレ・リミナーリエン prɛliminaːriən] 複 (外交上の)予備折衝(交渉).

Pra·li·ne [プラリーネ praliːnə] 因 -/-n プラリネ(クリーム・木の実などが入った一口大のチョコレート).

prall [プラる prál] 形 ① ぱんぱんにふくらんだ(張った). pralle Arme 筋肉隆々とした腕 / das *pralle* Leben 《比》 充実した生活. ② (日光などが)強烈な, ぎらぎら照りつける.

Prall [プラる] 男 -[e]s/-e 《ふつう単》衝突, 衝撃, はね返り.

pral·len [プラれン práːlən] 自 (s, h) ① (s) (…へ)衝突する, ぶつかる, (当たって)はね返る. **auf** (または **gegen**) 人物⁴ *prallen* 人·物⁴にぶつかる. ② (h) (太陽が)ぎらぎら照りつける.

Prä·lu·di·um [プレるーディウム prɛlúːdium] 田 -s/..dien [..ディエン] 《音楽》前奏曲, プレリュード; 《比》前触れ, 前兆; 序幕.

die **Prä·mie** [プレーミエ préːmiə] 因 (単) -/ (複) -n ① 賞金, 特別賞与, 報奨金. (英 premium). eine *Prämie*⁴ erhalten 賞金をもらう. ② 《経》(ノルマ以上の仕事に対する)特別手当. ③ 保険料. ④ (宝くじなどの)割増金.

prä·mi·en≠be·güns·tigt [プレーミエン・ベギュンスティヒト] 形 割増金付きの.

prä·mie·ren [プレミーレン prɛmíːrən] 他 (h) =prämiieren

prä·mi·ie·ren [プレミイーレン prɛmiíːrən] 他 (h) (人·物⁴に)賞(賞金)を与える.

Prä·mis·se [プレミッセ prɛmísə] 因 -/-n 前提[条件]; 《哲》前提.

pran·gen [プランゲン práŋən] 自 (h) ① (…に)目だつように置いて(掛けて)ある. ② 《雅》光り輝く, きらびやかである.

Pran·ger [プランガァ práŋɐr] 男 -s/- (昔の)罪人のさらし柱. 人·物⁴ **an den *Pranger* stellen** 人·物⁴をさらし者(嘲笑の的)にする.

Pran·ke [プランケ práŋkə] 因 -/-n ① (猛獣の)前脚, けづめ. ② 《俗・戯》(人間の)でかい手.

Prä·pa·rat [プレパラート prɛparáːt] 田 -[e]s/-e ① [調合]薬剤. ② 《生・医》標本, プレパラート.

prä·pa·rie·ren [プレパリーレン prɛpaʀíːrən] **I** 他 (h) ① 《生・医》(動植物⁴を)標本にする; (物⁴の)解剖実習をする. ② (物⁴を)準備する;

Preis

(授業など4の)下調べをする. II 再帰 (h) 〖sich4 für 車4 ~〗(車4の)準備(予習)をする.

Prä·po·si·ti·on [プレポズィツィオーン prɛpozitsióːn] 女 -/-en 〖言〗前置詞.

Prä·rie [プレリー prɛríː] 女 -/-n [..リーエン] (北米の)大草原, プレーリー.

Prä·sens [プレーゼンス préːzɛns] 中 -/..sentia [プレゼンツィア] (または ..senzien [プレゼンツィエン]) 〖言〗現在時称; (動詞の)現在形.

prä·sent [プレゼント prɛzɛ́nt] 形 ① 居合わせている, 出席している. ② 〖成句的に〗車4 präsent haben 車4を記憶している.

Prä·sent [プレゼント prɛzɛ́nt] 中 -[e]s/-e [ちょっとした]贈り物, プレゼント (=Geschenk). 人3 ein Präsent4 machen 人3に贈り物をする.

Prä·sen·ta·ti·on [プレゼンタツィオーン prezentatsióːn] 女 -/-en ① (新商品などの)プレゼン[テーション], 提示. ② 〖経〗手形の呈示. ③ 官職への推挙.

prä·sen·tie·ren [プレゼンティーレン prezentíːrən] I 他 (h) ① さし出す, 提供する; (手形などを)呈示する. 人3 Tee4 präsentieren 人3に紅茶を差し出す / 人3 die Rechnung4 für 車4 präsentieren (比)人3に車4の責任をとらせる(←勘定書をさし出す). ② (A3 に B4 を)紹介する. ③ 〖軍〗ささげ持つ. das Gewehr4 präsentieren ささげ銃(ご)をする. II 再帰 (h) sich4 präsentieren 姿を見せる.

Prä·sen·tier·tel·ler [プレゼンティーァ・テらァ] 男 〖成句的に〗auf dem Präsentierteller sitzen 《口語》衆目にさらされている(←名刺などをさし出す盆の上に座っている).

Prä·senz [プレゼンツ prezɛ́nts] 女 -/ ① 出席して[居合わせて]いること, 存在; 現員数. ② 《隠語》(精神的・肉体的な)存在感.

Prä·senz⹀bi·blio·thek [プレゼンツ・ビブりオテーク] 女 -/-en 館内閲覧制図書館.

Prä·ser·va·tiv [プレゼルヴァティーふ prezervatíːf] 中 -s/-e [..ヴェ] コンドーム.

***der* Prä·si·dent** [プレズィデント prɛzidɛ́nt] 男 (単 2·3·4) -en/-en (= 英 president). Bundespräsident 連邦大統領. ② (組織・団体などの)議長, 長官, 会長, 理事長, 総裁, 学長. Ministerpräsident 総理大臣.

Prä·si·den·ten⹀wahl [プレズィデンテン・ヴァーる] 女 -/-en 大統領選挙, 議長(長官・理事長・総裁・学長)選挙.

Prä·si·den·tin [プレズィデンティン prɛzidɛ́ntɪn] 女 -/..tinnen (女性の)大統領, 議長, 長官, 会長, 理事長, 総裁, 学長.

prä·si·die·ren [プレズィディーレン prezidíːrən] 自 (h) (会議などの3の)議長(会長)を務める.

Prä·si·di·um [プレズィーディウム prezíːdium] 中 -s/..dien [..ディエン] 〖ふつう 車〗 ① 議長の職; 議長団. das Präsidium4 führen 議長を務める. ② 警察本部.

pras·seln [プラッセるン prásəln] 自 (h, s) ① (h, s) (雨などが…へ)ばらばらと降りかかる. Der Regen *prasselt* **auf** das Dach (**gegen** die Scheiben). 雨がばらばらと音をたてて屋根に(窓ガラスに)降りかかる. ② (h) (火などが)ぱちぱち音をたてる.

pras·sen [プラッセン prásən] 自 (h) ぜいたく三昧(ぎょ)の暮らしをする.

prä·ten·ti·ös [プレテンツィエース prɛtɛntsiǿːs] 形 もったいぶった, 気負った, 自信たっぷりの.

***der* Pra·ter** [プラータァ práːtɐr] 男 -s/ 《定冠詞とともに》(地名) プラーター(ウィーンにある公園).

Prä·ter·i·tum [プレテーリトゥム preté:ritum] 中 -s/..rita 〖言〗過去時称; (動詞の)過去形.

prä·ven·tiv [プレヴェンティーふ prɛventíːf] 形 予防的な. *präventive* Maßnahmen4 greifen 予防措置を講じる.

Pra·xen [プラクセン] Praxis (診療所)の 複

die **Pra·xis** [プラクスィス práksɪs] 女 (単) -/(複) Praxen ① 〖複 なし〗実践, 実行, 実地. (英 *practice*). (ロマ「理論」は Theorie). einen Plan **in** die *Praxis* umsetzen 計画を実行に移す / in der *Praxis* 実際には. ② 〖ふつう 車〗実施方法. ③ 〖複 なし〗[実地]経験, キャリア. Er hat viel *Praxis* auf diesem Gebiet. 彼はこの分野ではかなり場数を踏んでいる. ④ (医師などの)診療所(室); (弁護士の)事務所. (ロマ 類語 Krankenhaus).

Prä·ze·denz⹀fall [プレツェデンツ・ふァる] 男 -[e]s/..fälle 前例, 先例.

prä·zis [プレツィース prɛtsíːs] 形 =präzise

prä·zi·se [プレツィーゼ prɛtsíːzə] 形 精確な, 明確な, 精密な. (ロマ 類語 genau).

prä·zi·sie·ren [プレツィズィーレン prɛtsizíːrən] 他 (h) (車4を)より精確に述べる(説明する).

Prä·zi·si·on [プレツィズィオーン prɛtsizióːn] 女 -/ 精確さ, 明確さ, 精密さ.

pre·di·gen [プレーディゲン préːdigən] (predigte, *hat* ... gepredigt) I 自 (定了) haben) (ぎょ教) (牧師・司祭が)説教をする. (英 *preach*). Der Pfarrer *predigte* **über** die Liebe. 牧師は愛について説教をした. II 他 (定了) haben) ① (ぎょ教) (福音など4を)説く, 伝える. ② 《口語》(…と)お説教をする, (車4を)言って聞かせる. 人3 Vernunft4 *predigen* 人3に分別をわきまえるようにと言って聞かせる.

Pre·di·ger [プレーディガァ préːdigɐr] 男 -s/- ① (ぎょ教) 説教者; 伝道者. (女性形: -in). ② 《口語》(長々と)訓戒をたれる人.

die **Pre·digt** [プレーディヒト préːdɪçt] 女 (単) -/(複) -en (ぎょ教) 説教. (英 *sermon*). ② 《口語》お説教, くどい小言. 人3 eine *Predigt*4 halten 人3にお説教する.

pre·dig·te [プレーディヒテ] predigen (説教をする)の 過去

***der* Preis** [プライス práis]

値段	Der *Preis* ist mir zu hoch.
	デァ プライス イスト ミァ ツー ホーホ
	その値段は私には高すぎる.

男 (単2) -es/(複) -e (3格のみ -en) ① 値段, 価格; 物価, 市価. (英 price). Erzeuger*preis* 生産者価格 / ein hoher (niedriger) *Preis* 高い(低い)価格 / Die *Preise* fallen (steigen). 物価が下がる(上がる) / Wie hoch ist der *Preis*? 値段はいかほどですか / Wie der *Preis*, so die Ware. (諺) 安かろう悪かろう / Die Waren fallen (steigen) im *Preis*. 商品が値下がり(値上がり)する / hoch (または gut) im *Preis* stehen 高値である / **um jeden** *Preis* ぜひとも, どんなことがあっても(←どんな代価を払っても) / **um keinen** *Preis* どんなことがあっても…しない / 物⁴ **unter dem** *Preis* verkaufen 物⁴を値引きして売る / 物⁴ **zum halben** *Preis* **er-werben** 物⁴を半値で手に入れる.
② 賞, 賞品, 賞金. (英 prize). Nobel*preis* ノーベル賞 / der erste *Preis* 一等賞 / den *Preis* gewinnen 賞をもらう / 人⁴ **mit einem** *Preis* **aus|zeichnen** 人⁴に賞を与えて表彰する.
③ 《雅》称賛, 賛美. Gott³ sei Lob und *Preis*! 神に栄光あれ.

Preis≠an·ga·be [プライス・アンガーベ] 男 -/-n 価格表示.

Preis≠**auf·ga·be** [プライス・アオフガーベ] 囡 -/-n 懸賞[問題].

Preis≠aus·schrei·ben [プライス・アオスシュライベン] 中 -s/- 懸賞募集.

preis≠be·wusst* [プライス・ベヴスト] 形 (買い物客について:)値段を意識した, 値段に関心をもった.

Preis≠bin·dung [プライス・ビンドゥング] 囡 -/-en 《経》(協定などによる)価格拘束.

Preis≠**bre·cher** [プライス・ブレッヒァ] 男 -s/- 安売り業者, 価格協定違反者. (女性形: -in).

Prei·sel≠bee·re [プライぜる・ベーレ] 囡 -/-n (植) ツルコケモモ(ツツジ科の低木. 実は暗紅色で小粒). (☞ Beere 図).

Preis≠emp·feh·lung [プライス・エンプフェーるング] 囡 -/-en 《商》メーカー希望小売価格.

prei·sen* [プライゼン präzən] du preist (pries, hat…gepriesen) 他 《定了 haben》《雅》 (人・物⁴を)**称賛する**, ほめたたえる. (英 praise). Gott⁴ *preisen* 神をたたえる / Man pries ihn **als** den besten Kenner auf diesem Gebiet. 人々は彼のことをこの分野で最も造詣が深いとほめた / 人⁴ **glücklich** *preisen* 人⁴を幸せ者だと言う. ◇《再帰的に》 *sich*⁴ **als** [ein] guter Lehrer (まれに [einen] guten Lehrer) *preisen* いい教師であると自画自賛する. (☞ 類語 loben).

Preis≠ent·wick·lung [プライス・エントヴィックるング] 囡 -/-en 物価の動向.

Preis≠**er·hö·hung** [プライス・エァヘーウング] 囡 -/-en 値上げ.

Preis≠**er·mä·ßi·gung** [プライス・エァメースィグング] 囡 -/-en 価格の割引, 値引き.

Preis≠**fra·ge** [プライス・フラーゲ] 囡 -/-n ① 懸賞問題; 《口語》 やっかいな問題, 難題. ② 値段の問題.

Preis≠**ga·be** [プライス・ガーベ] 囡 -/ 放棄, 断念; (秘密を)漏らすこと.

preis|ge·ben* [プライス・ゲーベン präs-ge:bən] du gibst…preis, er gibt…preis (gab…preis, hat…preisgegeben) 他 《定了 haben》《雅》 ① (人・物を敵・危険などに³)**ゆだねる**, さらす. Sie *haben* ihn seinen Gegnern *preis-gegeben*. 彼らは彼を敵の手に引き渡した / 人⁴ **dem Gespött der Leute**² *preisgegeben* 人⁴を世間の笑いものにする. ◇《再帰的に》 *sich*⁴ **der Kälte**³ *preisgeben* 寒さに身をさらす.
② **見捨てる**, 放棄する, 断念する. Er *hat* seine Ideale *preisgegeben*. 彼は自分の理想を放棄した. ③ (秘密など⁴を)漏らす, 明かす.

preis·ge·ge·ben [プライス・ゲゲーベン] preis|geben (ゆだねる)の 過分.

preis·ge·krönt [プライス・ゲクレーント] 形 賞を授けられた, 受賞した.

Preis≠ge·richt [プライス・ゲリヒト] 中 -[e]s/-e (受賞者を選ぶ)審査委員会.

preis·güns·tig [プライス・ギュンスティヒ] 形 割り安の, 値段の手ごろな.

Preis≠la·ge [プライス・らーゲ] 囡 -/-n 値段の程度, 価格のグレード, 価格帯.

preis·lich [プライスりヒ] 形 価格に関する.

Preis≠lis·te [プライス・リステ] 囡 -/-n 価格表.

Preis≠**nach·lass** [プライス・ナーハらス] 男 -es/-e (または ..lässe) 値引き, 割引.

Preis≠**rät·sel** [プライス・レーツぇる] 中 -s/- 懸賞クイズ.

Preis≠**rich·ter** [プライス・リヒタァ] 男 -s/- コンクールの審査員. (女性形: -in).

Preis≠**schild** [プライス・シるト] 中 -[e]s/-er 値札, 定価票.

Preis≠**schla·ger** [プライス・シュらーガァ] 男 -s/- 《口語》特売品.

Preis≠**sen·kung** [プライス・ゼンクング] 囡 -/-en 値下げ, 価格の引き下げ.

Preis≠**stei·ge·rung** [プライス・シュタイゲルング] 囡 -/-en 値上げ, 物価の上昇.

Preis≠**sturz** [プライス・シュトゥルツ] 男 -es/..stürze 価格の暴落.

Preis≠**trä·ger** [プライス・トレーガァ] 男 -s/- 受賞者. (女性形: -in).

Preis≠**trei·be·rei** [プライス・トライベライ] 囡 -/ 価格のつり上げ.

***preis≠wert** [プライス・ヴェーァト präs-ve:rt] 形 (比較 preiswerter, 最上 preiswertest) 買い得の, 手ごろな値段の, 割り安な. ein *preiswerter* Mantel 買い得のコート / Das Zimmer war sehr *preiswert*. その部屋はとても割り安だった. (☞ 類語 billig).

pre·kär [プレケーァ prekέːɐ̯] 形 扱いの難しい, 容易ならぬ(問題・状況など).

Prell≠bock [プレる・ボック] 男 -[e]s/..böcke 《鉄道》(線路終点の)車止め; 《比》いやな役割をさせられる人.

prel·len [プレれン prέlən] 他 (h) ① (人・物⁴を)だます, ごまかす. 人⁴ **um sein Geld** *prellen* 人⁴からお金をだましとる / die Zeche⁴ *prellen*

飲み代を踏み倒す. ② (体の一部⁴を)激しくぶつけて傷める. sich³ das Knie *prellen* ひざを激しくぶつけて傷める. ◇[再帰的に] sich⁴ **an der** Schulter *prellen* 肩をどくぶつけてけがをする.

Prell·stein [プレる・シュタイン] 男 -[e]s/-e (家の角などを車の衝突から守る)縁石.

Prel·lung [プレるング] 女 -/-en 〔医〕打撲傷.

Pre·mi·er [プレミエー prəmié: または pre..] 男 -/-s = *Premier*minister[in]

Pre·mi·e·re [プレミエーレ prəmié:rə または pre..] 女 -/-n (劇の)初演, (映画の)封切り; (興業·劇などの)初日.

Pre·mi·er·mi·nis·ter [プレミエー・ミニスタァ] 男 -s/- 総理大臣, 首相. (女性形: -in).

pre·schen [プレッシェン préʃən] 自(s) 大急ぎで駆けて行く, 疾走する.

***die Pres·se** [プレッセ présə] 女 (単) -/(複) -n (英 press) ① 〔醜 なし〕 (総称として:) **新聞[雑誌]**, ジャーナリズム; 報道機関; (新聞·雑誌の)論評. die Freiheit der *Presse²* 報道の自由 / die inländische *Presse* 国内の新聞雑誌 / eine gute (schlechte) *Presse⁴* haben 新聞での評判が良い(悪い) / **in der** *Presse* stehen 新聞(雑誌)に出ている / Er ist **von der** *Presse.* 彼は新聞社(報道関係)の方です.
② プレス, 加圧機; 圧搾機; 印刷機. Obst **in die** *Presse* geben 果物を搾り機に入れる.
③ 〔口語〕(軽蔑的に:)(生徒をしごく)学習塾.

Pres·se⹀agen·tur [プレッセ・アゲントゥーァ] 女 -/-en 通信社.

Pres·se⹀amt [プレッセ・アムト] 中 -[e]s/..ämter 政府の広報室.

Pres·se⹀frei·heit [プレッセ・フライハイト] 女 -/ 〔法〕報道(出版)の自由.

Pres·se⹀kon·fe·renz [プレッセ・コンフェレンツ] 女 -/-en 記者会見.

pres·sen [プレッセン présən] du presst, er presst (presste, hat ... gepresst) (過去 haben) (英 press) ① **加圧する**, プレスする; プレスして作る, 搾り出す. Metalle⁴ *pressen* 金属をプレスする / Trauben⁴ *pressen* ぶどうを搾る / Saft⁴ **aus** einer Zitrone *pressen* レモンから果汁を搾り出す.
② 〔方向を表す語句とともに〕((人·物を…へ)**押しつける**, 押し込む. Er presste das Kind **an** seine Brust. 彼はその子供を強く抱きしめた / die Kleider⁴ **in** einen Koffer *pressen* 衣類をスーツケースに詰め込む. ◇[再帰的に] sich⁴ **an** [人·物] *pressen* 自分の体を[人·物]に押しつける. ③ 〔[人]⁴ **zu** [物]³ ～〕 ([人]に[物]³を)強いる, 強制する. [人]⁴ zum Wehrdienst *pressen* [人]⁴に兵役を強いる.
◇[形容詞的に] gepresst

Pres·se⹀spre·cher [プレッセ・シュプレッヒャァ] 男 -s/- (官庁·企業などの)スポークスマン, 広報係. (女性形: -in).

pres·sie·ren [プレスィーレン presí:rən] 自(h) 〔南ドッ·オーストッ·スィス〕(事が)急を要する, 切迫している. ◇[非人称の **es** を主語として] Es *pressiert*

mir. 私は急いでいる.

Pres·si·on [プレスィオーン presió:n] 女 -/-en プレッシャー, 圧力, 強要.

Press·luft [プレス・るフト] 女 -/ 圧縮空気.

Press·luft⹀boh·rer [プレスるフト・ボーラァ] 男 -s/- 〔工〕空気ドリル.

Press·luft⹀ham·mer [プレスるフト・ハンマァ] 男 -s/..hämmer 〔建〕空気(エア)ハンマー.

press·te [プレステ] pressen (加圧する)の 過去

Pres·ti·ge [プレスティージェ prestí:ʒə] [フラ] 中 -s/ 名声, 信望; 威信, 面目.

pres·to [プレストー présto] [イタ] 副 〔音楽〕プレスト, きわめて早く (=schnell).

pre·ti·ös [プレツィエース pretsió:s] 形 = preziös

Preu·ße [プロイセ próysə] 男 -n/-n ① プロイセン人. (女性形: Preußin). ② (軍人的·官僚的な)規律正しい(厳格な)人.

Preu·ßen [プロイセン próysən] 中 -s/ 〔地名〕プロイセン(ドイツ北部の旧王国名. 1701-1871 年. その後は旧ドイツ帝国の州. 1947 年解消).

preu·ßisch [プロイスィッシュ próysɪʃ] 形 プロイセン[人·方言]の, プロイセン的な.

pre·zi·ös [プレツィエース pretsió:s] 形 わざとらしい, 不自然な, 気取った, きどりました.

pri·ckeln [プリッケるン príkəln] 自(h) ① (炭酸水などが)泡立つ. ② むずむず(ちくちく)する. Die Füße *prickeln* mir. 私は足がむずむずする. ◇[現在分詞の形で] eine *prickelnde* Erwartung 〔口語〕わくわくするような期待感.

Priel [プリーる prí:l] 男 -[e]s/-e 潮路(干潟内で干潮時でも残っている狭い水路).

Priem [プリーム prí:m] 男 -[e]s/-e かみたばこ.

prie·men [プリーメン prí:mən] 自(h) かみたばこをかむ.

pries [プリース] preisen (称賛する)の 過去

prie·se [プリーゼ] preisen (称賛する)の 接2

der **Pries·ter** [プリースタァ prí:stər] 男 (単) -s/(複) - (3格のみ -n) 〔宗〕**聖職者**, 僧侶(⁂), 神官; 〔カトッ〕**司祭**. (英 priest). [人]⁴ **zum** *Priester* weihen [人]⁴を司祭に任ずる / der Hohe *Priester* (または Hohe*priester*) (ユダヤ教の)大司祭.

Pries·ter⹀amt [プリースタァ・アムト] 中 -[e]s/ 聖職者の職, 司祭職.

Pries·te·rin [プリーステリン prí:stərɪn] 女 -/..rinnen 〔宗〕(女性の)聖職者, 司祭.

pries·ter·lich [プリースタァりヒ] 形 聖職者の, 司祭の.

Pries·ter·schaft [プリースタァシャフト] 女 -/ (総称として:)聖職者, 司祭.

Pries·ter·tum [プリースタァトゥーム] 中 -s/ 聖職者(司祭)の職(身分·地位).

Pries·ter⹀wei·he [プリースタァ・ヴァイエ] 女 -/-n 〔カトッ〕司祭叙階[式].

***pri·ma** [プリーマ prí:ma] 形 〔無語尾で〕 ① 〔口語〕**すばらしい**, すてきな. [Das ist ja] *prima*! これはすばらしい / Er ist ein *prima* Kerl. 彼は実にいいやつだ / Das schmeckt *prima.* こ

Prima

れはすごくおいしい. ② 《商》 極上の (略: pa., Ia). ein *prima* Tee 極上の紅茶.

Pri·ma [ブリーマ] prí:ma] 囡 -/Primen ① (9年制ギムナジウムの)最上級(第8学年が Unter*prima*, 第9学年が Ober*prima*. それぞれ日本の高校3年, 大学1年に相当). ② 《(ラテ)》(ギムナジウムの)第1学年(日本の小学5年に相当). (☞ Gymnasium).

Pri·ma≠bal·le·ri·na [プリマ・バレリーナ] 囡 -/..rinen 《劇》 プリマバレリーナ.

Pri·ma·don·na [プリマ・ドンナ prima-dóna] 囡 -/..donnen ① 《劇》 プリマドンナ, 歌劇の主役女性歌手. ② (甘やかされた)だだっ子[のような人].

Pri·ma·ner [プリマーナァ primá:nɐr] 男 -s/- ① (9年制ギムナジウムの)最上級の生徒. (女性形: -in). ② 《(ラテ)》(ギムナジウムの)1年生.

pri·mär [プリメーァ primέ:r] I 形 ① 最初の, いちばん初めの; 第一義的な, 主要な, 根本的な. das *primäre* Stadium einer Krankheit² 病気の初期段階. ② 《化》第1の; 《電》1次の. II 副 まず第一に, とりわけ.

Pri·mär·li·te·ra·tur [プリメーァ・リテラトゥーァ] 囡 -/ 一次文献.

Pri·mas [プリーマス prí:mas] 男 -/..masse (または -maten [プリマーテン]) ① 《(カトリック)》首座大司教[の称号]. ② 《(複)》..masse) (ジプシー楽団の)第一バイオリン奏者.

Pri·mat [プリマート primá:t] I 男 中 -[e]s/-e ① 優位, 優先. ② 《(カトリック)》教皇首位権. ③ 《法》長子相続権. II 男 -en/-en 《ふつう 複》《動》霊長類.

Pri·me [プリーメ prí:mə] 囡 -/-n ① 《音楽》1度[音程]; 主音. ② 《(複)》 折帖(ちょう)番号(印刷全紙の第1ページ下に記される).

Pri·mel [プリーメる prí:məl] 囡 -/-n 《植》サクラソウ. ein|gehen wie eine *Primel* 《俗》 大損する, 大敗する(必ずサクラソウのように枯れる).

pri·mi·tiv [プリミティーフ primití:f] 形 ① 原始の, 未開の; 原初の. (英 primitive). die *primitiven* Völker 未開民族 / *primitive* Kulturen 原始の諸文化. ② 質素な, 粗末な. eine *primitive* Methode 原始的な方法 / eine *primitive* Hütte 粗末な小屋. ③ 幼稚な, 低級な. ein *primitiver* Mensch 幼稚な人.

Pri·mi·ti·vi·tät [プリミティヴィテート primitivité:t] 囡 -/-en ① 《複 なし》原始的なこと; 単純, 素朴. ② 幼稚(粗野)な言動.

Pri·mus [プリームス prí:mus] 男 -/Primi (または Primusse) 首席の男子生徒. (女性形: Pri·ma).

Prim≠zahl [プリーム・ツァーる] 囡 -/-en 《数》素数.

Prin·te [プリンテ prínta] 囡 -/-n プリンテ(香辛料入りのクッキー. アーヘンの銘菓).

der **Prinz** [プリンツ prínts] 男 (単2·3·4) -en/(複) -en 王子, 皇子, プリンス, 公子. (英 prince). Kron*prinz* 皇太子 / der *Prinz* von Wales ウェールズ公(イギリス皇太子).

die **Prin·zes·sin** [プリンツェッスィン prɪntsέsɪn] 囡 (単) -/(複) ..zessinnen 王女, 皇女, プリンセス, 公女. (英 princess).

Prinz≠ge·mahl [プリンツ・ゲマーる] 男 -[e]s/-e 《ふつう 単》 女王の夫君.

das **Prin·zip** [プリンツィープ prɪntsí:p] 中 (単2) -s/(複) ..zipien [..ツィーピエン] まれに (複) -e 原理, 原則; 主義, 信条. (英 principle). ein demokratisches *Prinzip* 民主主義の原理 / aus *Prinzip* 原則に従って, 主義として / im *Prinzip* 原則的には / nach *Prinzipien* handeln 主義に従って行動する / Er ist ein Mensch von (また mit) *Prinzipien*. 彼は自分の主義(信条)を持った人だ / sich³ 中⁴ zum *Prinzip* machen 中⁴を自分の主義にする.

Prin·zi·pal [プリンツィパーる prɪntsipá:l] I 男 -s/-e 《劇場・劇団の》座長. II 中 -s/-e 《音楽》プリンシパル(パイプオルガンの主要音栓).

prin·zi·pi·ell [プリンツィピエる prɪntsipiέl] 形 原理(原則)上の; 主義(信条)上の; 根本的な. eine *prinzipielle* Frage 原理上の(根本的な)問題 / *Prinzipiell* bin ich einverstanden. 私は原則的なところは同意します.

Prin·zi·pi·en [プリンツィーピエン] Prinzip (原理)の 複.

Prin·zi·pi·en≠rei·ter [プリンツィーピエン・ライタァ] 男 -s/- 《口語》(主義・原則などをやたらにふりまわす)杓子(しゃくし)定規な人, 教条主義者. (女性形: -in).

Pri·or [プリーオァ prí:ɔr] 男 -s/-en [プリオーレン] 修道院[分院]長. (女性形: -in).

Pri·o·ri·tät [プリオリテート priorité:t] 囡 -/-en ① 《複 なし》(時間的に)先立つこと; (順位が)上であること, 優先, 上位. ② 《(複)》 優先順位. ③ 《法·経》優先権. ④ 《(複で)》 《経》優先株.

Pri·se [プリーゼ prí:zə] [泿] 囡 -/-n ① 一つまみ. eine *Prise* Salz 一つまみの塩. ② 《海》 (敵艦からの)捕獲物.

Pris·ma [プリスマ prísma] 中 -s/Prismen ① 《光》 プリズム. ② 《数》 角柱.

pris·ma·tisch [プリスマーティッシュ prɪsmá:tɪʃ] 形 プリズムのような; プリズムによる(分光など).

Prit·sche [プリッチェ prítʃə] 囡 -/-n ① 板張り寝台. ② トラックの荷台. ③ (道化師の)打ちべら(相手役を打つまねをして音をたてる道具).

*** pri·vat** [プリヴァート privá:t] 形 《比較》 priva·ter, 《最》 privatest) (英 private) ① 個人的な; 私的(非公式)な; 内々の, 内輪の. (「公的な」は öffentlich). *private* Angelegenheiten 私事 / Das ist meine *private* Meinung. これは私の個人的な意見です / aus *privaten* Gründen 個人的な理由から / eine Feier in *privatem* Kreis 内輪でのお祝い / Kann ich Sie einmal *privat* sprechen? 一度非公式にお話しできませんか / Ich kenne ihn nur beruflich, nicht *privat*. 私は彼を仕事上知っているだけであって, 個人的には知らない.

Probezeit

② 私用の, 自家用の. ein *privater* Strand プライベートビーチ.
③ 私有の, 私立の, 民間の. *Privat*schule 私立学校 / ein *privates* Grundstück 私有地 / 物⁴ an *privat* verkaufen 物⁴を個人に売る / 物⁴ von *privat* erwerben 物⁴を個人から入手する.

Pri·vat⸗adres·se [プリヴァート・アドレッセ] 囡 -/-n 自宅の住所.

Pri·vat⸗an·ge·le·gen·heit [プリヴァート・アンゲレーゲンハイト] 囡 -/-en 私事, 私用.

Pri·vat⸗be·sitz [プリヴァート・ベズィッツ] 男 -es/ 私有[物·財産].

Pri·vat⸗de·tek·tiv [プリヴァート・デテクティーフ] 男 -s/-e [..ヴェ] 私立探偵. (女性形: -in).

Pri·vat⸗do·zent [プリヴァート・ドツェント] 男 -en/-en (定員外の)大学私講師. (女性形: -in).

Pri·vat⸗ei·gen·tum [プリヴァート・アイゲントゥーム] 中 -s/ 私有財産.

Pri·vat⸗ge·spräch [プリヴァート・ゲシュプレーヒ] 中 -[e]s/-e 私的な会話; 私用通話(電話).

pri·va·tim [プリヴァーティム privá:tim] 副 私的に, 非公式に; 内密に, こっそり.

pri·va·ti·sie·ren [プリヴァティズィーレン privatizí:rən] I 他 (h) (経) (物⁴を)私有[財産]化する, (企業など⁴を)民営化する. II 自 (h) (職に就かず)金利(個人資産)で生活をする.

Pri·vat⸗le·ben [プリヴァート・れーベン] 中 -s/ 私生活. sich⁴ ins *Privatleben* zurück|ziehen 引退する.

Pri·vat⸗leh·rer [プリヴァート・れーラァ] 男 -s/- 家庭教師, 個人レッスンをする教師. (女性形: -in).

Pri·vat⸗pa·ti·ent [プリヴァート・パツィエント] 男 -en/-en 自費[診療]患者(自費や任意保険でより高額の医療を賄う患者). (女性形: -in).

Pri·vat⸗per·son [プリヴァート・ベルゾーン] 囡 -/-en 私人.

Pri·vat⸗recht [プリヴァート・レヒト] 中 -[e]s/ 《法》私法.

Pri·vat⸗sa·che [プリヴァート・ザッヘ] 囡 -/-n 私事.

Pri·vat⸗schu·le [プリヴァート・シューれ] 囡 -/-n 私立学校.

Pri·vat⸗sphä·re [プリヴァート・スフェーレ] 囡 -/ プライバシーの領域.

Pri·vat⸗stun·de [プリヴァート・シュトゥンデ] 囡 -/-n =Privatunterricht

Pri·vat⸗uni·ver·si·tät [プリヴァート・ウニヴェルズィテート] 囡 -/-en 私立大学.

Pri·vat⸗un·ter·richt [プリヴァート・ウンタァリヒト] 男 -[e]s/-e 《ふつう 単》個人教授(レッスン).

Pri·vat⸗weg [プリヴァート・ヴェーク] 男 -[e]s/-e 私道.

Pri·vat⸗wirt·schaft [プリヴァート・ヴィルトシャフト] 囡 -/ 私経済.

Pri·vi·leg [プリヴィれーク privilé:k] 中 -[e]s/..legien [..れーギエン] (または -e) 特権, 特典.

pri·vi·le·gie·ren [プリヴィれギーレン privilegí:rən] 他 (h) ((人⁴に)特権(特典)を与える.

pri·vi·le·giert [プリヴィれギーアト] I privilegieren (特権を与える)の 過分 II 形 特権(特典)を与えられた. die *privilegierte* Klasse 特権階級.

*pro** [ブロー pró:] I 前《4格とともに》…につき, ごとに. (英 *per*). *pro* Kopf (または Person) 一人当たり / 100 km *pro* Stunde 時速 100 キロ / einmal *pro* Tag 1 日に 1 回.
II 副《口語》賛成(同意)して. Bist du *pro* oder kontra? 君は賛成, それとも反対?

Pro [ブロー] 中 -s/ 賛成. das *Pro* und [das] Kontra 賛否.

pro.., Pro.. [ブロー pro.. または ブロー..]《形容詞·名詞につける 接頭》① 《賛成》例: *pro*-amerikanisch 親アメリカ派の. ② 《前へ》例: *Pro*gression 前進.

pro·bat [プロバート probá:t] 形 試験済みの, (有効性が)証明された; 効果的な.

die **Pro·be** [プローベ pró:bə] 囡 (単) -/(複) -n ① 試し, テスト, 検査, 吟味. (英 *test*). Wein*probe* ワインの試飲[会] / eine *Probe*⁴ machen (bestehen) 検査する(検査に合格する) / auf *Probe* 試しに, 試験的に / Ich stelle das Gerät auf eine harte *Probe*. 私はその器具を厳しくテストする / auf die *Probe* stellen 人⁴[の能力]を試す, テストする / *Probe* fahren [乗り物⁴を]試運転する / *Probe*⁴ singen 歌のオーディションを受ける.
② 見本, 標本, サンプル. (英 *sample*). Waren*probe* 商品見本 / eine *Probe* vom Stoff 布地の見本 / eine *Probe*⁴ von Tapferkeit geben《比》勇敢さを実証する.
③ 《劇》リハーサル. Der Chor hat jeden Tag *Probe*. その合唱団は毎日リハーサルをする.

Pro·be⸗ab·zug [プローベ・アップツーク] 男 -[e]s/..züge ① 《印》見本(試し)刷り, 校正刷り. ② 《写》試し焼き.

Pro·be fah·ren* ☞ Probe ①

Pro·be⸗fahrt [プローベ・ファールト] 囡 -/-en 試運転, 試乗.

Pro·be⸗jahr [プローベ・ヤール] 中 -[e]s/-e [1 年の]見習(仮採用)期間.

pro·ben [プローベン pró:bən] (probte, *hat* …geprobt) I 他 (完了 haben) (劇などの)リハーサルをする. 下げいこをする. (英 *rehearse*). eine Rolle⁴ *proben* ある役の下げいこをする.
II 自 (完了 haben) リハーサルをする. 下げいこをする. Der Chor *hat* stundenlang *geprobt*. 合唱団は数時間にわたってリハーサルをした.

Pro·be⸗lauf [プローベ・らオフ] 男 -[e]s/..läufe (機械などの)試運転.

Pro·be⸗num·mer [プローベ・ヌンマァ] 囡 -/-n (新聞·雑誌の)見本号.

Pro·be sin·gen* ☞ Probe ①

Pro·be⸗stück [プローベ・シュテュック] 中 -[e]s/-e 見本[品], サンプル, 試供品.

pro·be⸗wei·se [プローベ・ヴァイゼ] 副 試験的に, 試しに.

Pro·be⸗zeit [プローベ・ツァイト] 囡 -/-en 見習

probieren

(試補・仮採用)期間.

*pro·bie·ren [プロビーレン probíːrən] (probierte, *hat* ... probiert) 他 (完了 haben) (*try*) ① 試す, 試しにやってみる. das Radfahren[4] *probieren* 自転車に乗ってみる / Probier[es] mal, ob du es kannst! 君にそれができるかやってみろ. ◊《名詞的に》Probieren geht über studieren (または Studieren). 《諺》習うよりは慣れよ. (☞ 類語 versuchen).

② (圏[4]を)試食(試飲)する; (薬などを)試用する. ein Stück Wurst[4] *probieren* ソーセージを一切れ食べてみる / Er probierte den Wein. 彼はそのワインを試飲した / ein neues Medikament[4] *probieren* 新薬のテストをする.

③ (圏[4]を)試着する (＝an|probieren). Sie *probierte* das neue Kleid. 彼女はその新しいワンピースを試着した. ④ (劇・隠語)(劇など[4]の)リハーサル(下げいこ)をする.

pro·biert [プロビーアト] *probieren (試す)の 過分, 3人称単数・2人称親称複数 現在

pro·bier·te [プロビーアテ] *probieren (試す)の 過去

das **Pro·blem [プロブれーム probléːm]

| 問題 | Kein *Problem*! 問題ありませんよ.
カイン プロブれーム |

田 (単2) -s/(複) -e (3格のみ -en) ① (解決すべき)問題, 課題. (英 problem). ein politisches *Problem* 政治上の問題 / ökologische *Probleme* エコロジー上の諸問題 / ein *Problem* unserer Zeit[2] 現代の課題 / ein *Problem*[4] lösen 問題を解決する / Das ist dein *Problem*! それは君の問題だよ. (☞ 類語 Frage).

② 《ふつう 複》困難なこと, めんどう. Sie hat *Probleme* **mit** ihrem Sohn. 彼女は息子のことで困っている.

Pro·ble·ma·tik [プロブれマーティク problemáːtɪk] 囡 -/ 問題性; (関連する)諸問題.

pro·ble·ma·tisch [プロブれマーティッシュ problemáːtɪʃ] 形 ① 問題のある, 問題点の多い. (英 problematic). eine *problematische* Ehe 問題ある結婚 / Das Kind ist *problematisch*. その子は問題児だ. ② 不確実な, 疑わしい.

pro·ble·ma·ti·sie·ren [プロブれマティズィーレン problematizíːrən] 他 (h) (圏[4]を)問題化する, 問題として扱う.

Pro·blem⸗los [プロブれーム・ロース] 形 問題のない.

prob·te [プローブテ] proben (リハーサルをする)の 過去

*das **Pro·dukt** [プロドゥクト prodúkt] 田 (単2) -[e]s/(複) -e (3格のみ -en) ① 生産物; 製品; 《比》所産. (英 product). Industrieprodukt 工業製品 / landwirtschaftliche *Produkte* 農産物 / Das ist ein *Produkt* ihrer Fantasie. これは彼女の空想の産物だ.

② 《数》積.

Pro·duk·ten⸗han·del [プロドゥクテン・ハンデる] 男 -s/ 《商》(地元)農産物の取り引き.

*die **Pro·duk·ti·on** [プロドゥクツィオーン produktsióːn] 囡 (単) -/(複) -en (英 production) (経) ① 〖圏 なし〗生産, 製造, (映画などの)制作. Massen*produktion* 大量生産 / die industrielle *Produktion* 工業生産 / die *Produktion*[4] steigern (ein|stellen) 生産を増やす(停止する) / Der Film ist **in** *Produktion*. その映画は制作中だ / **in** *Produktion* gehen 生産される.

② 生産物, 製品, 制作品. ③ 〖圏 なし〗(口語)(企業などの)生産部門. Er arbeitet in der *Produktion*. 彼は生産部門で働いている.

Pro·duk·ti·ons⸗aus·fall [プロドゥクツィオーンス・アオスふァる] 男 -[e]s/..fälle 生産停止(中断).

Pro·duk·ti·ons⸗ka·pa·zi·tät [プロドゥクツィオーンス・カパツィテート] 囡 -/-en 生産能力.

Pro·duk·ti·ons⸗kos·ten [プロドゥクツィオーンス・コステン] 複 生産コスト.

Pro·duk·ti·ons⸗mit·tel [プロドゥクツィオーンス・ミッテる] 複 (経)生産手段.

pro·duk·tiv [プロドゥクティーふ produktíːf] 形 生産的な, 実りの多い; 創造的な. (英 productive). eine *produktive* Arbeit 生産的な仕事 / ein *produktiver* Künstler 創造的な芸術家.

Pro·duk·ti·vi·tät [プロドゥクティヴィテート produktivitέːt] 囡 -/ 生産力(性); 創造力.

Pro·du·zent [プロドゥツェント produtsént] 男 -en/-en ① (経) 生産者, 製造者. (女性形: -in). (⇔「消費者」は Konsument). ② (映画などの)プロデューサー.

***pro·du·zie·ren** [プロドゥツィーレン produtsíːrən] (produzierte, *hat* ... produziert) I 他 (完了 haben) ① (経) 生産する, 製造する, 制作する. (英 produce). Dieser Betrieb *produziert* Kleidung. この企業は衣服を製造している. ◊《目的語なしでも》nach Bedarf *produzieren* 需要に応じて生産する. ② (口語)してかす. Unsinn[4] *produzieren* ばかなことをする. II 再帰 (完了 haben) *sich*[4] *produzieren*《口語》自分[の能力]をひけらかす, 目だちたがる.

pro·du·ziert [プロドゥツィーアト] *produzieren (生産する)の 過分, 3人称単数・2人称親称複数 現在

pro·du·zier·te [プロドゥツィーアテ] *produzieren (生産する)の 過去

Prof. [プロフェッソァ] 《略》教授 (＝Professor[in]).

pro·fan [プロふァーン profáːn] 形 ① 〖付加語としてのみ〗世俗的な. ② 《比》平凡な, 日常的な.

pro·fa·nie·ren [プロふァニーレン profaníːrən] 他 (h) (宗教的なもの[4]を)世俗化する; 冒涜(ぼうとく)する.

Pro·fes·si·on [プロふェスィオーン professióːn] [ふる] 囡 -/-en (古語) 職業, 生業 (＝Beruf).

Pro·fes·si·o·nal [プロフェスィオナーる profesioná:l または ..ふェッシェネる ..féʃənel] [英] 男 -s/-s (囡 -/-s) 職業選手, プロの選手 (略: Profi); (一般に:)プロ[の人]. (☞「アマチュアの選手」は Amateur[in]).

pro·fes·si·o·nell [プロフェスィオネる profesionél] 形 ① (付加語としてのみ) 本職の, プロの (スポーツ選手など). ② 専門家の, 専門家による (判定など). ■ 専門家用の.

der **Pro·fes·sor** [プロフェッソァ profésɔr] 男 (単2) -s/(複) -en [..ゾーレン] ① (大学の) 教授 (略: Prof.). (英 *professor*). *Professor* der Medizin² 医学の教授 / Er ist *Professor* für Philosophie an der Universität Bonn. 彼はボン大学の哲学の教授だ / ordentlicher *Professor* 正教授 (略: o. Prof.) / außerordentlicher *Professor* 助(准)教授 (昔の)嘱託(員外)教授 (略: a. o. Prof., ao. Prof.) / ein zerstreuter *Professor* 《口語・戯》ぼけなす. ② 《ｵｰｽﾄﾘｱ》ギムナジウムの教師.

pro·fes·so·ral [プロフェソラーる profesorá:l] 形 ① 教授の, 教授らしい. ② 学者ぶった, もったいぶった; 浮き世離れした.

Pro·fes·so·rin [プロフェソーリン profésó:rɪn または ..ふェッソリン] 囡 -/..rinnen (女性の)教授.

Pro·fes·sur [プロフェスーァ profesú:r] 囡 -/-en 教授の職(地位).

der **Pro·fi** [プロふィ pró:fi] 男 (単2) -s/(複) -s 職業選手, プロの選手; (一般に:)プロ[の人]. (=Professional). (☞ 男性も女性も指す;「アマチュアの選手」は Amateur[in]). Er spielt wie ein *Profi*. 彼はプロ選手のようなプレーをする.

Pro·fil [プロふィーる profí:l] 囲 -s/-e ① 横顔, プロフィール. ein hübsches *Profil* かわいらしい横顔 / 囚³ *im Profil* zeichnen 囚⁴の横顔を描く. ② 際だった特色, 明確な個性. Seine Politik hat kein *Profil*. 彼の政策にはこれといった特色がない. ③ (工・建) 見取図, 縦(横)断面図. ④ (タイヤ・靴底などの)刻み目. ⑤ (地学) 断面図.

pro·fi·lie·ren [プロふィリーレン profilí:rən] I 他 (h) ① (タイヤ・靴底など⁴に)刻み目を付ける. ② (人・物⁴に)特色を与える. II 再帰 (h) *sich*⁴ *profilieren* 能力を発揮して認められる, 名を成す.

pro·fi·liert [プロふィリーァト] I profilieren (刻み目を付ける)の 過分 II 形 ① 個性的な, 際だった(人物など). ② 刻み目を付けた(タイヤ・靴底など).

Pro·fit [プロふィート profí:t または ..ふィット ..fít] [学生] 男 -[e]s/-e (ふつう軽蔑的に:)利益, 利潤, もうけ (=Gewinn). *Profit*⁴ aus 囲³ ziehen 囲³でもうける (得をする) / 囲⁴ mit *Profit* weiter|verkaufen 囲⁴を転売して利益を得る.

pro·fi·tie·ren [プロふィティーレン profití:rən] 自 (h) **{von** (人・事³ から}: 囲³から)利益を得る; (囚³から)有益なことを学ぶ.

pro for·ma [プロー ふォルマ pro: fórma] [ﾗﾃﾝ] 副 形式上; 体裁上, 形だけ.

pro·fund [プロフント profúnt] 形 深遠な. *profunde* Kenntnisse 深遠な学識.

Pro·gno·se [プログノーゼ prognó:zə] 囡 -/-n (学問的な裏づけのある)予測, 予知; (天気の)予報; (医)(病気の)予後(治療後の経過見通し).

pro·gnos·tisch [プログノスティッシュ prognósti] 形 将来の経過を予測した, 予知的な.

das **Pro·gramm** [プログラム prográm] 囲 (単2) -[e]s/(複) -e (3格のみ -en) ① (放送・演劇などの)番組, プログラム. (米 *program*). Was steht heute **auf** dem *Programm*? きょうはどんな番組がありますか / eine Oper⁴ **in** das *Programm* auf|nehmen オペラをプログラムに組み入れる. ② 計画, 予定. Hast du für heute Abend ein *Programm*? 今夜何か予定がある? / **nach** *Programm* 予定どおりに. ③ プログラム冊子. Das steht nicht **auf** meinem *Programm*. 私はそういうことをするつもりはない. ④ (政党などの)綱領, 基本政策. ⑤ [ｺﾝﾋﾟｭｰﾀ]. dem Computer ein *Programm*⁴ ein|geben コンピュータにプログラムを入力する. ⑥ (商)(商品の)シリーズ.

pro·gram·ma·tisch [プログラマーティッシュ programá:tɪʃ] 形 ① 綱領(主義)に則した. ② 基本方針(目標)を示した.

pro·gramm·ge·mäß [プログラム・ゲメース] 形 プログラム(予定)どおりの.

Pro·gram·mie·ren [プログラミーレン programí:rən] 他 (h) ① (囲⁴を)プログラム(計画・予定)に組み込む. ② [ｺﾝﾋﾟｭｰﾀ] (囲⁴を)プログラミングする.

Pro·gram·mie·rer [プログラミーラァ programí:rər] 男 -s/- [ｺﾝﾋﾟｭｰﾀ] プログラマー. (女性形 -in).

Pro·gramm·mier·spra·che [プログラミーァ・シュプラーヘ] 囡 -/-n [ｺﾝﾋﾟｭｰﾀ] プログラム言語.

Pro·gramm·vor·schau [プログラム・ふォーァシャオ] 囡 -/-en (テレビ・映画などの)番組予告[編], 次回上映紹介.

Pro·gres·si·on [プログレスィオーン progresió:n] 囡 -/-en ① 前進, 進歩. ② (経)(課税の)累進(ﾙｲｼﾝ). ③ (数) 数列.

pro·gres·siv [プログレスィーふ progresí:f] 形 ① 進歩(前進)的な, 進歩主義の. ein *progressiver* Politiker 進歩的な政治家. ② 漸進的な, 段階的な, 累進(ﾙｲｼﾝ)の; (医) 進行性の. *progressive* Steuern 累進税.

Pro·hi·bi·ti·on [プロヒビツィオーン prohibitsió:n] 囡 -/- 酒類の製造販売禁止.

das **Pro·jekt** [プロイェクト projékt] 囲 (単2) -[e]s/(複) -e (3格のみ -en) (大規模な)計画, 企画, プロジェクト. ein *Projekt*⁴ realisieren 計画を実行する / ein *Projekt* **zur** Nutzung der Sonnenenergie² 太陽エネルギー利用プロジェクト.

pro·jek·tie·ren [プロイェクティーレン projɛktí:rən] 他 (h) (囲⁴を)計画する, 企てる, (囲⁴

の)建設(開発)計画をたてる.

Pro·jek·ti·on [プロイェクツィオーン projɛktsió:n] 囡 -/-en ① 《光》(スライドなどの)映写. ② 《数》射影; 《地理》投影[図]. ③ 《心》転移, 投影.

Pro·jek·ti·ons·ap·pa·rat [プロイェクツィオーンス・アパラート] 男 -[e]s/-e =Projektor

Pro·jek·tor [プロイェクトァ projéktɔr] 男 -s/-en [..トーレン] プロジェクター, 映写機.

pro·ji·zie·ren [プロイツィーレン projitsí:rən] 他 (h) ① 《光》(スライドなど⁴を)映写する. ② 《数》(物⁴を)射影する. ③ 《心》投影する.

Pro·kla·ma·ti·on [プロクラマツィオーン proklamatsió:n] 囡 -/-en 宣言, 公布, 布告.

pro·kla·mie·ren [プロクらミーレン proklamí:rən] 他 (h) (事⁴を)宣言する, 公布(布告)する; (声明など⁴を)発表する.

Pro·krus·tes·bett [プロクルステス・ベット] 中 -[e]s/ 強引にあてはめられる規準(古代ギリシアの伝説上の強盗プロクルステスが, 立ち寄った旅人の体をベッドに合わせて切ったり引き延ばしたりしたことから).

Pro·ku·ra [プロクーラ prokú:ra] 囡 -/..kuren 《商》代理権, 業務代行権.

Pro·ku·rist [プロクリスト prokurÍst] 男 -en/-en 《商》業務代行人. (女性形: -in).

Pro·let [プロれート prolé:t] 男 -en/-en ① 《口語》プロレタリアート. (女性形: -in). ② 不作法者.

Pro·le·ta·ri·at [プロレタリアート proletariá:t] 中 -[e]s/-e 《ふつう 単》プロレタリア階級, 無産者階級.

Pro·le·ta·ri·er [プロレターリァァ proletá:riər] 男 -s/- プロレタリア, 無産者. (女性形: -in).

pro·le·ta·risch [プロれターリッシュ proletá:rɪʃ] 形 プロレタリアの, 無産者の.

Pro·log [プロろーク proló:k] 男 -[e]s/-e 《劇》プロローグ, 序幕, 前口上; (文学作品などの)序言, 前書き. (⇔「エピローグ」は Epilog).

pro·lon·gie·ren [プロろンギーレン prolɔŋgí:rən] 他 (h) ① 《経》(手形など⁴の)支払期限を延期する. ② 《ふつう》(単⁴の)期間を延長する.

Pro·me·na·de [プロメナーデ promɘná:də] [発] 囡 -/-n ① 遊歩道, プロムナード. ② 散歩, そぞろ歩き.

Pro·me·na·den·mi·schung [プロメナーデン・ミッシュング] 囡 -/-en 《戯》雑種犬.

pro·me·nie·ren [プロメニーレン promɘní:rən] 自 (s, h) 《雅》散策する, そぞろ歩く.

Pro·me·theus [プロメートイス promé:tɔʏs] (ギリシャ神) プロメテウス(ティタン族の一人. 天界から火を盗み人間に与えたために, ゼウス神の怒りにふれ, その罰として岩に縛られて日々はげたかに肝臓を食われた).

Pro·mi [プロミ prómi] 男 -s/-s (囡 -/-s) 《口語》有名人, 名士 (=**Prominente**[r]).

Pro·mil·le [プロ・ミれ pro·míɭə] 中 -[s]/- 1,000 分の1, 1,000 分率, パーミル. ② 《団でp》《口語》血中アルコール濃度. Er fährt nur ohne *Promille*. 彼は絶対に飲酒運転をしない.

Pro·mil·le·gren·ze [プロミれ・グレンツェ] 囡 -/-n (ドライバーの)血中アルコール許容限界.

pro·mi·nent [プロミネント prominént] 形 著名な, 抜きん出た; 重要な. eine *prominente* Persönlichkeit 名士.

Pro·mi·nen·te[**r**] [プロミネンテ (..タァ) prominénte (..tər)] 男 囡 《語尾変化は形容詞と同じ》名士, 著名人.

Pro·mi·nenz [プロミネンツ prominénts] 囡 -/-en ① (総称として:)名士. ② 傑出, 卓越.

Pro·mis·ku·i·tät [プロミスクイテート promɪskuité:t] 囡 -/ 乱交, 乱婚.

Pro·mo·ti·on¹ [プロモツィオーン promotsió:n] 囡 -/-en ① 博士号の取得(授与). ② 《ふつう》博士号授与式.

Pro·mo·tion² [プロモーシェン promó:ʃən] [英] 囡 -/ 《商》販売促進, [セールス]プロモーション.

pro·mo·vie·ren [プロモヴィーレン promoví:rən] I 自 (h) 博士号を取得する; 博士論文を書く. II 他 (h) (人⁴に)博士号を授与する.

prompt [プロンプト prɔmpt] I 形 すばやい, 敏速な, 即座の. eine *prompte* Antwort 即答. II 副 《口語》(ふつう皮肉って:)案の定, やっぱり. Er kam *prompt* wieder zu spät. 彼は案の定また遅れて来た.

Pro·no·men [プロノーメン pronó:mən] 中 -s/- (または ..mina) 《言》代名詞 (=Fürwort). Personal*pronomen* 人称代名詞.

pro·no·mi·nal [プロノミナーる pronominá:l] 形 《言》代名詞の, 代名詞的な.

Pro·pa·gan·da [プロパガンダ propagánda] 囡 -/ ① (組織的な思想上の)宣伝[活動], プロパガンダ. ② 《経》(商品の)宣伝, 広告. *Propaganda*⁴ **für** 物⁴ machen 物⁴を宣伝する. (☞ 類語 Werbung).

Pro·pa·gan·dist [プロパガンディスト propagandÍst] 男 -en/-en ① (主義・思想の)宣伝者. (女性形: -in). ② (旧東ドイツで:)(ドイツ社会主義統一党の)宣伝担当者. ③ 《経》(企業の)広告係.

Pro·pa·gan·dis·tisch [プロパガンディスティッシュ propagandÍstɪʃ] 形 ① 宣伝[上]の. ② 《経》広告に関する.

pro·pa·gie·ren [プロパギーレン propagí:rən] 他 (h) (政治思想・新商品など⁴の)宣伝をする, キャンペーンをする.

Pro·pan [プロパーン propá:n] 中 -s/ 《化》プロパンガス.

Pro·pan·gas [プロパーン・ガース] 中 -es/ =Propan

Pro·pel·ler [プロペらァ propélər] [英] 男 -s/- (飛行機の)プロペラ; (船の)スクリュー.

pro·per [プロッパァ própər] 形 きちんとした, こぎれいな(身なりなど); よく整頓(設)された(部屋など); 入念な(仕事ぶりなど).

der **Pro·phet** [プロフェート profé:t] 男 《単 2·3·4》-en/《複》-en ① 予言者; 《宗》預言者; 警世家. Der *Prophet* gilt nichts in seinem Vaterlande. 《諺》預言者は自分の故郷では重んじられない(マタイによる福音書 13, 57). ② 《ふつう

閣》(旧約聖書の)預言書.

Pro·phe·tie [プロフェティー profetí:] 囡 -/-n [..ティーエン]《雅》予言 (=Weissagung).

Pro·phe·tin [プロフェーティン profé:tɪn] 囡 -/..tinnen (女性の)預言者;《宗》預言者; 警世家.

pro·phe·tisch [プロフェーティッシュ profé:tɪʃ] 形 予言[者]の, 預言者の; 予言的な.

pro·phe·zei·en [プロフェツァイエン profetsáɪən] (過分 prophezeit) 他 (h) (弱[4]を)予言する. den Untergang der Welt[2] *prophezeien* 世界の滅亡を予言する.

Pro·phe·zei·ung [プロフェツァイウング] 囡 -/-en 予言, 予告, 予報.

pro·phy·lak·tisch [プロフュらクティッシュ profyláktɪʃ] 形 ①《医》予防の, 防疫の. ② 予防的な.

Pro·phy·la·xe [プロフュらクセ profyláksə] 囡 -/-n 《ふつう単》《医》予防.

Pro·por·ti·on [プロポルツィオーン proportsióːn] 囡 -/-en ① 割合, 比率; 均整, プロポーション. ②《数》比例[式].

pro·por·ti·o·nal [プロポルツィオナーる proportsioná:l] 形 ① 釣り合いのとれた. ②《数》比例した. umgekehrt *proportional* 反比例の.

pro·por·ti·o·niert [プロポルツィオニーアト proportsioní:rt] 形 釣り合い(均整)のとれた.

Pro·porz [プロポルツ propórts] 男 -es/-e ①《政》(得票数による)役職比例配分. ②《オーストリア・スイス》比例代表制運動.

prop·pen·voll [プロッペン・ふォる] 形《口語》すし詰めの, ぎゅうぎゅう詰めの.

Propst [プロープスト propst] 男 -[e]s/Pröpste (カトリック)司教座聖堂首席司祭職; (新教) 監督教区長[職]. (女性形: Pröpstin).

die Pro·sa [プローザ pró:za] 囡《単》-/ ①《文学》散文.《英 prose》.《対》「韻文」は Vers. ein Epos in *Prosa* 散文叙事詩. ②《雅・比》散文的であること, 無味乾燥. die *Prosa* des Alltags 日常生活の味気なさ.

Pro·sa·i·ker [プロザーイカァ prozá:ɪkɐ] 男 -s/- ① 散文作家 (=Prosaist). (女性形: -in). ②《雅》(ふつう軽蔑的に:)散文的(無味乾燥)な人.

pro·sa·isch [プロザーイッシュ prozá:ɪʃ] 形《雅》(ふつう軽蔑的に:)散文的な, 無味乾燥な.

Pro·sa·ist [プロザイスト prozaíst] 男 -en/-en 散文作家. (女性形: -in).

Pro·se·lyt [プロゼりュート prozely:t] 男 -en/-en (異教の)改宗者(特にユダヤ教に改宗した異邦人). (女性形: -in).

Pro·se·mi·nar [プロー・ゼミナール pró:-zemina:r] 匣 -s/-e (大学での)初級ゼミナール(上級ゼミナール Hauptseminar の前段階).

pro·sit! [プロージット pró:zɪt] 間《口語》乾杯, おめでとう (=prost!). *Prosit* allerseits! 一同の健康を祝して[乾杯]! / *Prosit* Neujahr! 新年おめでとう!

Pro·sit [プロージット] 匣 -s/-s《ふつう単》乾杯(おめでとう)[のあいさつ]. Ein *Prosit* dem Gastgeber! ご主人の健康を祝して.

der Pro·spekt [プロスペクト prospékt] 男 (オーストリア:匣 も)《単》-[e]s/《複》-e (3格のみ -en) ① (宣伝用の)パンフレット, (新製品などの)カタログ,《英 brochure》. Reise*prospekt* 旅行パンフレット / ein *Prospekt* über ein elektrisches Gerät 電気器具のパンフレット. ②《劇》(舞台の背景[のたれ幕](風景などが描いてある). ③《美》(都市や広場の)全景図[版]. ④ パイプオルガンの前面. ⑤《経》目論見(ろんみ)書.

Pro·spe·ri·tät [プロスペリテート prosperitéːt] 囡 -/《経済的》繁栄, 好景気.

prost! [プロースト pró:st] 間《口語》乾杯, おめでとう. *Prost!* Auf eure Gesundheit! 諸君の健康に乾杯! / Na dann *prost*!《口語》(皮肉って:)これは困ったことになりそうだ.

Pro·sta·ta [プロスタタ próstata] 囡 -/..statae [..タテ]《医》前立腺(せん) (=Vorsteherdrüse).

pro·sti·tu·ie·ren [プロスティトゥイーレン prostituí:rən] I 他 (h) ① [卑しい目的のために]名誉などを[4]汚す, (才能・節操などを)売る. II 再帰 (h) sich[4] *prostituieren* 売春をする; 節操を売る.

Pro·sti·tu·ier·te[r] [プロスティトゥイーアテ(..ター)prostituí:rta (..tər)] 囡男《語尾変化は形容詞と同じ》売春婦; 男娼(しょう).

Pro·sti·tu·ti·on [プロスティトゥツィオーン prostitutsió:n] 囡 -/ 売春.

Pro·sze·ni·um [プロスツェーニウム prostsé:nium] 匣 -s/..nien [..ニエン]《劇》(劇場の)舞台の最前部, プロセニアム.

prot.《プロテスタンティッシュ》《略》プロテスタントの (=protestantisch).

Prot·a·go·nist [プロタゴニスト protagoníst] 男 -en/-en ① (古代ギリシア劇の)主役. (女性形: -in). ② 中心人物, パイオニア.

Pro·te·gé [プロテジェー protezé:] [仏] 男 -s/-s (有力者などの)お気に入り.

pro·te·gie·ren [プロテジーレン protezí:rən] 他 (h) (弱[4]を)引きたてる, ひいきにする.

Pro·te·in [プロテイーン proteí:n] 匣 -s/-e《生化》蛋白(たんぱく)質 (=Eiweiß).

Pro·tek·ti·on [プロテクツィオーン protektsió:n] 囡 -/-en《ふつう単》引きたて, 後援; 保護.

Pro·tek·ti·o·nis·mus [プロテクツィオニスムス protektsionísmus] 男 -/《経》保護貿易主義.

Pro·tek·tor [プロテクトァ protéktor] 男 -s/-en [..トーレン] ① 保護者, 後援者, パトロン; 名誉会長. (女性形: -in). ②《法》保護供与国.

Pro·tek·to·rat [プロテクトラート protektorá:t] 匣 -[e]s/-e ① 保護, 後援. ②《法》(国家間の)保護関係; 保護領(国).

der Pro·test [プロテスト protést] 男《単》-[e]s/《複》-e (3格のみ -en) ① 抗議, 異議.《英 protest》. ein heftiger *Protest* 激しい抗議 / gegen 人・事[4] *Protest*[4] erheben 人・事[4]に

抗議する / unter *Protest* den Raum verlassen 異議を表明して会場を出て行く. ② 《経》(手形などの)拒絶証書.

der **Pro·tes·tant** [プロテスタント protɛstánt] 男(単2·3·4) -en/(複) -en ① 《キᵣ教》**プロテスタント**, 新教徒. (奥 *Protestant*), (《スミ》「カトリック教徒」は Katholik). lutherische *Protestanten* ルター派のプロテスタント. ② 抗議する人.

Pro·tes·tan·tin [プロテスタンティン protɛstántɪn] 囡 -/..tinnen ① 《キᵣ教》(女性の)プロテスタント, 新教徒. ② (女性の)抗議する人.

pro·tes·tan·tisch [プロテスタンティッシュ protɛstántɪʃ] 形 (比な) **プロテスタントの**, 新教の(=evangelisch) (略: prot.). (奥 *Protestant*). (《スミ》「カトリックの」は katholisch). die *protestantische* Kirche プロテスタントの教会.

Pro·tes·tan·tis·mus [プロテスタンティスムス protɛstantísmus] 男 -/ 《キᵣ教》プロテスタンティズム; (総称として:)プロテスタント教会(ルター派·改革派教会など).

***pro·tes·tie·ren** [プロテスティーレン protɛstí:rən] (protestierte, *hat*... protestiert) Ⅰ 自 (完了 haben) **抗議する**, 異議を申したてる. (奥 *protest*). öffentlich *protestieren* 公然と抗議する / **gegen** einen Beschluss *protestieren* ある決定に対して異議を申したてる.
Ⅱ 他 (完了 haben) 《経》(手形⁴の)拒絶証書を作成する.

pro·tes·tiert [プロテスティーアト] 形 *protestieren (抗議する)の 過分, 3人称単数·2人称親称複数 現在.

pro·tes·tier·te [プロテスティーアテ] *protestieren (抗議する)の 過去.

Pro·teus [プロートイス pró:tɔys] Ⅰ 《ギᵣ神》プロテウス(自在に姿を変える海神). Ⅱ 男 -/ (比)移り気な人, 変わり身の早い人.

Pro·the·se [プロテーゼ proté:zə] 囡 -/-n ① 人工補装具, プロテーゼ(特に義足·義手·義眼など). ② 《言》語頭音添加.

Pro·to·koll [プロトコる protokɔ́l] 囲 -s/-e ① 記録; (警察·裁判所などの)調書; 議事録; (実験などの)観察記録. ein polizeiliches *Protokoll* 警察の調書 / ein *Protokoll*⁴ auf|nehmen 調書をとる / [das] *Protokoll* führen 議事録をとる / 囲⁴ **zu** *Protokoll* geben (nehmen) 囲⁴を記録に取らせる(取る). ② 《政》外交儀礼.

Pro·to·koll·la·risch [プロトコらーリッシュ protokolá:rɪʃ] 形 ① 調書(記録)による. ② 外交儀礼上の, 外交儀礼にかなった.

Pro·to·koll≈füh·rer [プロトコる·フューラァ] 男 -s/- 調書作成者; (会議などの)記録係. (女性形: -in).

pro·to·kol·lie·ren [プロトコりーレン protokɔlí:rən] Ⅰ 他 (h) (発言·供述など⁴を)記録する, 議事録(調書)にとる. Ⅱ 自 (h) 議事録をとる, 調書を作成する.

Pro·ton [プロートン pró:tɔn] 囲 -s/-en [プロトーネン] 《物》プロトン, 陽子.

Pro·to·plas·ma [プロト·プらスマ protoplásma] 囲 -s/ 《生》原形質.

Pro·to·typ [プロート·テューブ pró:to·ty:p または プロト·テューブ] 男 -s/-en ① 原型, 典型, 模範. ② (エ)試作品, プロトタイプ.

Protz [プロッツ prɔts] 男 -es (または -en)/-e[n] 《口語》① 自慢する人, いばり屋. ② (複 なし) いばること.

prot·zen [プロッツェン prɔ́tsən] 自 (h) [**mit** 囲³ ~] 《口語》(囲³を)自慢する, 鼻にかける. Er *protzt* mit seinen Kenntnissen. 彼は自分の知識をひけらかす.

prot·zig [プロッヒ prɔ́tsɪç] 形 ① 《口語》これ見よがしの, 自慢げな. ② 成金趣味の.

Prov. [プロヴィンツ] (略) 州, 県; (ヵᵗ) 管区. (= Provinz).

Pro·ve·ni·enz [プロヴェニーエンツ provɛniénts] 囡 -/-en 産地; 由来, 起源 (= Herkunft).

Pro·vi·ant [プロヴィアント proviánt] 男 -s/-e 《ふつう 複》(携帯用の)食料; (軍)糧食.

Pro·vi·der [プロヴァイダァ prováɪdər] (英) 男 -s/- (ᴄᴏᴍᴘ) プロバイダー.

Pro·vinz [プロヴィンツ provínts] 囡 -/-en ① 州, 県; (ヵᵗ) 管区. (略: Prov.). ② (複 なし) (ふつう軽蔑的に:)田舎, 地方. Er kommt **aus** der *Provinz*. 彼は田舎の出だ.

pro·vin·zi·ell [プロヴィンツィエる provɪntsiɛ́l] 形 ① (ふつう軽蔑的に:)地方的な, 田舎の. ② 方言の.

Pro·vinz·ler [プロヴィンツらァ províntslər] 男 -s/- 《口語》(軽蔑的に:)田舎者; 視野の狭い人. (女性形: -in).

Pro·vinz≈stadt [プロヴィンツ·シュタット] 囡 -/..städte [..シュテーテ] 地方都市, 田舎町.

Pro·vi·si·on [プロヴィズィオーン provizió:n] 囡 -/-en 《商》(取引·仲介などの)手数料.

pro·vi·so·risch [プロヴィゾーリッシュ provizó:rɪʃ] 形 仮の, 一時的な, 臨時の, 暫定的な. eine *provisorische* Lösung 一時的な解決 / 物⁴ *provisorisch* reparieren 物⁴を応急修理する.

Pro·vi·so·ri·um [プロヴィゾーリウム provizó:rium] 囲 -s/..rien [..リエン] 暫定措置, 臨時の制度(とり決め).

pro·vo·kant [プロヴォカント provokánt] 形 挑発的な.

Pro·vo·ka·teur [プロヴォカテーァ provokatǿ:r] 男 -s/-e 挑発者, 扇動者. (女性形: -in).

Pro·vo·ka·ti·on [プロヴォカツィオーン provokatsió:n] 囡 -/-en ① 挑発. ② 《医》誘発.

pro·vo·ka·to·risch [プロヴォカトーリッシュ provokató:rɪʃ] 形 挑発的な.

pro·vo·zie·ren [プロヴォツィーレン provotsí:rən] 他 (h) ① (争い·抵抗など⁴を意図的に)引き起こす; 《医》(症状⁴を人工的に)誘発する. ② (人⁴を)挑発する. 人⁴ **zu** 囲³ *provozieren* 人⁴をそそのかして 囲³をさせる.

Pro·ze·dur [プロツェドゥーァ protsedú:r] 囡 -/-en (めんどうな)手続き.

Prügelknabe

das **Pro·zent** [プロツェント protsént] 中 (単2) -[e]s/(複) -e (3格のみ -en)『数量単位としては: (複) -』① パーセント,百分率 (略: p. c.; 記号: %). (英 percent, percentage). Der Likör hat (または enthält) 40 Prozent Alkohol. そのリキュールは40％のアルコール分を含んでいる / 物4 in Prozenten aus|drücken 物4をパーセントで表す / den Plan mit (または zu) 90 Prozent erfüllen 計画を90パーセント達成する. ② 【圏】で）（口語）(一定パーセントの)利潤, 歩合; 割引. Prozente4 bekommen (geben) 割り引いてもらう(割り引いてあげる).

..pro·zen·tig [..プロツェンティヒ ..protsεntɪç] 『形容詞をつくる接尾』(…パーセントの)例: dreiprozentig (=3-prozentig) 3パーセントの.

Pro·zent≠satz [プロツェント・ザッツ] 男 -es/..sätze パーセンテージ,百分率.

pro·zen·tu·al [プロツェントゥアール protsεntuá:l] 形 パーセント(百分率)による. der prozentuale Anteil パーセンテージ / prozentual an|rechnen 物4を百分率で算出する.

der **Pro·zess** [プロツェス protsés] 男 (単2) -es/(複) -e (3格のみ -en) ① 訴訟. (英 law-suit). Zivilprozess 民事訴訟 / einen Prozess gegen 人4 an|strengen (または führen) 人4に対して訴訟を起こす / einen Prozess gewinnen (verlieren) 訴訟に勝つ(負ける) / 人3 den Prozess machen 人3を告訴する / mit 人・事3 kurzen Prozess machen《口語》人・事3をあっさりと片づける.

② 過程, 経過, プロセス. (英 process). ein geschichtlicher Prozess 歴史的プロセス / ein Prozess des Wachstums 成長の過程.

pro·zes·sie·ren [プロツェスィーレン protsεsí:rən] 自 (h) 訴訟を起こす. **gegen** 人4 prozessieren 人4に対して訴訟を起こす.

Pro·zes·si·on [プロツェスィオーン protsεsió:n] 女 -/-en (ｶﾀｲ) (葬式・祝祭などの)行列.

Pro·zess≠kos·ten [プロツェス・コステン] 複 (法) 訴訟費用.

Pro·zes·sor [プロツェッソァ protsέsɔr] 男 -s/-en [..ソーレン] (ﾕﾆｯｸ) プロセッサー, CPU (中央処理装置).

prü·de [ブリューデ prý:də] 形 (性的なことに対して)過度にとり澄ました(上品ぶった).

Prü·de·rie [ブリューデリー pry:dərí:] 女 -/-n [..リーエン] (性的なことに対して)過度にとり澄ます(上品ぶる)こと.

***prü·fen** [ブリューフェン prý:fən] (prüfte, hat …geprüft) I 他 (完了 haben) ① 検査する, 調べる, (じろじろ)観察する. (英 test). den Reisepass prüfen パスポートを検査する / eine Maschine4 prüfen 機械を点検する / den Geschmack des Weins prüfen ワインの味見をする / Er prüfte das Gold auf seine Echtheit. 彼は金が本物かどうかを調べた. ◇(現在分詞の形で) mit prüfenden Blicken 探るような目つきで. (☞ 類語 untersuchen).

② (人4に)試験をする; (ある科目4の)試験をする. (英 examine). Der Lehrer prüft die Schüler **in** Mathematik. 先生は生徒たちに数学の試験をする / einen Studenten schriftlich (mündlich) prüfen ある学生に筆記(口頭)試験をする / Englisch4 prüfen 英語の試験をする.

③ (雅)(人生・運命などが人4に)試練を与える. II 再帰 (完了 haben) sich4 prüfen 自分自身のことを考えてみる, 自省する.

Prü·fer [ブリューファ prý:fər] 男 -s/- 検査官; 試験官. (女性形: -in).

Prüf·ling [ブリューフりング prý:flɪŋ] 男 -s/-e 受験者.

Prüf·stand [ブリューフ・シュタント] 男 -[e]s/..stände (工) 試験台.

Prüf≠stein [ブリューフ・シュタイン] 男 -[e]s/-e 試金石. ein Prüfstein für 事4 sein 事4の試金石である.

prüf·te [ブリューフテ] *prüfen (検査する)の過去

‡*die* **Prü·fung** [ブリューフング prý:fʊŋ]

| 試験 | Wie war die *Prüfung*? ヴィー ヴァール ディ ブリューフング 試験はどうだった？ |

女 (単) -/(複) -en ① 試験, テスト. (英 examination, test). Zwischenprüfung 中間テスト / eine leichte (schwere) Prüfung 易しい(難しい)試験 / die schriftliche (mündliche) Prüfung 筆記(口頭)試験 / Ich muss noch eine Prüfung ablegen (または machen). 私はもう一つ試験を受けなければならない / eine Prüfung4 bestehen 試験に合格する / sich4 **auf** (または **für**) eine Prüfung vor|bereiten 試験の準備をする / für eine Prüfung lernen (または arbeiten) 試験勉強をする / **in** (または **bei**) der Prüfung durch|fallen 試験に落第する.

② 検査. die Prüfung von Lebensmitteln 食品検査 / 物4 einer Prüfung3 unterziehen 物4を検査する.

③ (雅) 試練. schwere Prüfungen4 durch|stehen 苦しい試練に耐える.

Prü·fungs≠ar·beit [ブリューフングス・アルバイト] 女 -/-en 試験答案.

Prü·fungs≠auf·ga·be [ブリューフングス・アオフガーベ] 女 -/-n 試験問題.

Prü·fungs≠aus·schuss [ブリューフングス・アオスシュス] 男 -es/..schüsse (国家試験などの)試験委員会.

Prü·fungs≠kom·mis·si·on [ブリューフングス・コミスィオーン] 女 -/-en (国家試験などの)試験委員会.

Prü·gel [ブリューゲる prý:gəl] 男 -s/- ① (方) こん棒. ② (圏で)(口語) 殴打. Prügel4 bekommen (geben) なぐられる.

Prü·ge·lei [ブリューゲらイ pry:gəláɪ] 女 -/-en なぐり合い.

Prü·gel≠kna·be [ブリューゲる・クナーベ] 男

prügeln

-n/-n 身代わり, 他人の罪を背負う人(昔の王侯の子弟の身代わりに笞打たれた少年にちなむ).

prü·geln [プリューゲルン prýːgəln] (prügelte, hat … geprügelt) **I** 他 (定了 haben) (棒などで)なぐる. 囚⁴ **zu Tode prügeln** 囚⁴をなぐり殺す / 囚⁴ **aus dem Lokal prügeln** 囚⁴を飲食店からたたき出す.
II 再帰 (定了 haben) [*sich*⁴ [*mit* 囚³] ~] ([囚³と]なぐり合いをする. Die Schüler *prügeln sich* auf dem Schulhof. 生徒たちが校庭でなぐり合いをしている.

Prü·gel⊱stra·fe [プリューゲル・シュトラーフェ] 囡 -/-n 《ふつう 単》体刑(棒刑・笞打ち刑など).

prü·gel·te [プリューゲルテ] prügeln (なぐる)の 過去.

prüg·le [プリューゲルレ] prügeln (なぐる)の 1 人称単数 現在.

Prunk [プルンク prúŋk] 男 -[e]s/ 華麗, 豪華.

prun·ken [プルンケン prúŋkən] 自 (h) ① 《雅》光り輝いている, 華麗である. ② [*mit* 囚³ ~] 囚³を)ひけらかす.

Prunk⊱sucht [プルンク・ズフト] 囡 -/ (過度な)はで好み.

prunk⊱voll [プルンク・ふぉる] 形 華麗な, 豪華な, 豪奢な.

prus·ten [プルーステン prúːstən] **I** 自 (h) (息を切らしてふうふう言う, あえぐ; (口から)ぶーっと息を吐く. vor Lachen *prusten* ぷっと吹き出す. **II** 他 (h) (水など⁴を)激しく吹きかける.

PS [ペー・エス] ① (記号) 馬力(ぱ。) (=**P**ferde**s**tärke). ② 《略》追伸 (=**P**ost**s**kript[um]).

Psalm [プサルム psálm] 男 -s/-en (旧約聖書中の[個々の])詩篇. die *Psalmen* Davids ダビデの詩篇.

Psal·ter [プサるタァ psáltər] 男 -s/- ① (旧約聖書中の)詩篇. ② 《音楽》プサルテリウム(ハープのような中世の擦弦楽器).

pseu·do.., Pseu·do.. [プソイド.. psɔydo.. または プソイド..] 〖形容詞・名詞につける 接頭〗; 母音の前で pseud..] (仮の・にせの・擬似の) 例: *pseudo*wissenschaftlich えせ科学的な.

pseud·o·nym [プソイドニューム psɔydoný:m] 形 仮名の, 偽名の, ペンネームの.

Pseud·o·nym [プソイドニューム] 田 -s/-e 仮名, 偽名, ペンネーム (=Deckname). unter einem *Pseudonym* 仮名(ペンネーム)で.

pst! [プスト pst] 間 しっ, 黙って, 静かに.

Psy·che [プスューヒェ psýːçə] **I** -/ (ギリ神) プシュケ(ちょうの羽をもつ美少女でエロスの妻. 霊魂の化身と見なされる). **II** 囡 -/-n 魂, 精神, 心 (=Seele).

psy·che·de·lisch [プスユヒェデーリッシュ psyçedéːlɪʃ] 形 幻覚を起こさせる, サイケデリックな; 幻覚状態にある.

Psych·i·a·ter [プスユヒアータァ psyçiáːtər] 男 -s/- 精神科医. (女性形: -in).

Psych·i·a·trie [プスユヒアトリー psyçiatríː] 囡 -/-n [..リーエン] ① (覆なし) 精神科[学], 精神病学. ② 《隠語》精神病院, (病院の)精神科.

psych·i·a·trisch [プスユヒアートリッシュ psyçiáːtrɪʃ] 形 《医》精神病[学]の.

psy·chisch [プスューヒッシュ psýːçɪʃ] 形 精神的な, 心的な. (茨 *psychic*). (⇒ 「肉体的な」は *physisch*). die *psychische* Entwicklung des Kindes 子供の精神の発達 / Er ist *psychisch* krank. 彼は精神病だ.

psy·cho.., Psy·cho.. [プスユヒョ.. psyço.. または プスユヒョ..] 〖形容詞・名詞につける 接頭〗《心・精神》例: *psycho*pathisch 精神病質の / *Psycho*analyse 精神分析.

Psy·cho·ana·ly·se [プスューヒョ・アナリューゼ psý·ço-analyːzə または プスユヒョ・アナリューゼ] 囡 -/-n 《心》① 精神分析[学]. ② 精神分析による治療.

Psy·cho·ana·ly·ti·ker [プスユヒョ・アナリューティカァ psyço-analýːtikər] 男 -s/- 精神分析医, 精神分析学者. (女性形: -in).

psy·cho·ana·ly·tisch [プスユヒョ・アナリューティッシュ psyço-analýːtɪʃ] 形 精神分析[学]の.

psy·cho·gen [プスユヒョゲーン psyçogéːn] 形 《医・心》心因性の.

Psy·cho·lo·ge [プスユヒョローゲ psyçolóːgə] 男 -n/-n 心理学者. (女性形: Psychologin).

die **Psy·cho·lo·gie** [プスユヒョロギー psyçologíː] 囡 (単) ① 心理学. (茨 *psychology*). Tiefen*psychologie* 深層心理学 / pädagogische *Psychologie* 教育心理学. ② 人間の心理の洞察. ③ 心理[状態]. die *Psychologie* des Kindes 子供の心理.

psy·cho·lo·gisch [プスユヒョローギッシュ psyçolóːgɪʃ] 形 ① 心理学の, 心理学上の. (茨 *psychological*). die *psychologische* Forschung 心理学の研究. ② 心理的な. ein *psychologischer* Roman 心理小説. ③ (口頭) 心理的に巧妙な.

Psy·cho·path [プスユヒョパート psyçopáːt] 男 -en/-en 《心》精神病質者. (女性形: -in).

psy·cho·pa·thisch [プスユヒョパーティッシュ psyçopáːtɪʃ] 形 《心》精神病質の.

Psy·cho·phar·ma·kon [プスユヒョ・ふァルマコン psyço-fármakɔn] 田 -s/..maka 《医・心》向精神薬(精神機能に作用する鎮静剤など).

Psy·cho·se [プスユヒョーゼ psyçóːzə] 囡 -/-n ① 《医・心》(強度の)精神病. ② (一時的な)極度の精神不安, 異常心理.

Psy·cho·so·ma·tik [プスユヒョ・ゾマーティク psyço-zomáːtik] 囡 -/ 《医》精神身体医学.

psy·cho·so·ma·tisch [プスユヒョ・ゾマーティッシュ psyço-zomáːtɪʃ] 形 《医》精神身体[医学]の, 心身の. *psychosomatische* Krankheiten 心身症.

Psy·cho·the·ra·peut [プスユーヒョ・テラポイト psýːço-terapɔyt または プスユヒョ・テラポイト] 男 -en/-en 精神(心理)療法医. (女性形: -in).

psy·cho·the·ra·peu·tisch [プスユーヒョ・テラポイティッシュ psýːço-terapɔytɪʃ または プスユ

ヒョ・テラポイ..] 形 《心・医》 精神(心理)療法[上]の.

Psy·cho·the·ra·pie [プスユーヒョ・テラピー psýːço-terapi: または プスヒョ・テラピー] 女 -/-n [..ピーエン または ..ピーエン] 《心・医》精神(心理)療法.

Pt [ペー・テー] 《化・記号》白金 (=Platin).

Pu [ペー・ウー] 《化・記号》プルトニウム (=Plutonium).

pu·ber·tär [プベルテーァ puberté:r] 形 思春期特有の; 思春期の.

Pu·ber·tät [プベルテート puberté:t] 女 -/ 思春期.

Pu·bli·ci·ty [パブリスィティ pablísiti] 《英》 女 -/ ① 世間に知れ渡っていること, 周知. ② 宣伝, 広告.

Public Re·la·tions [パブリク リネーシェンス] 《英》 複 広報活動, ピーアール. (略: PR).

pu·blik [プブリーク publíːk] 形 《成句的に》 *publik* werden (sein) 一般に知れ渡る(知れ渡っている) / 動 *publik* machen (または *publik*|machen) 動⁴を公にする.

Pu·bli·ka·ti·on [プブリカツィオーン publikatsióːn] 女 -/-en ① 出版物, 刊行物. ② 発表, 公表; 刊行, 刊行物.

das **Pu·bli·kum** [プーブリクム púːblikum] 中 (単2) -s/ ② 観客, 聴衆, 観衆, 視聴者; 読者. 《英》 *audience*). ein kritisches *Publikum* 批判眼のある観客 / Sie spielt vor einem großen *Publikum*. 彼女は大観衆を前にプレー(演奏)する. ② (総称として:)(レストラン・保養地などの)客. In diesem Lokal verkehrt ein gutes *Publikum*. このレストランは客筋が良い. ③ 《口語》話をよく聞いてくれる人.

pu·bli·kums·wirk·sam [プーブリクムス・ヴィルクザーム] 形 観客(聴衆)に受ける.

pu·bli·zie·ren [プブリツィーレン publitsíːrən] 他 (h) (本など⁴を)出版する, 刊行する, (論文など⁴を)発表する.

Pu·bli·zist [プブリツィスト publisíst] 男 -en/-en ジャーナリスト. (女性形 -in).

Pu·bli·zis·tik [プブリツィスティク publisístik] 女 -/ ジャーナリズム; 新聞(マスメディア)学.

pu·bli·zis·tisch [プブリツィスティッシュ publisístiʃ] 形 ジャーナリズムの; 新聞(マスメディア)学の.

Pu·bli·zi·tät [プブリツィテート publitsitéːt] 女 -/ ① 世間に知れ渡っていること, 周知. ② 公然, 公開; (経) (企業の)広報, 宣伝.

Puck [プク púk] 《英》 男 -s/-s ① いたずら好きの小妖精(シェークスピアの『真夏の夜の夢』に登場する). ② (アイスホッケーの)パック.

Pud·ding [プディング púdiŋ] 《英》 男 -s/-e (または -s) 《料理》プディング; プディング料理(ソースに卵と肉・魚などを加えて湯煎(ゆせん)した料理).

Pud·ding⁼pul·ver [プッディング・プルファァ] 中 -s/- プディングパウダー.

Pu·del [プーデル púːdəl] 男 -s/- ① プードル, むく犬. wie ein begossener *Pudel* 《俗》しょ

んぼりと, すごすごと(←水をかけられたむく犬のように). ② 《口語》 (九柱戯での)失投. (《※》「九桂戯」についてはKegelspielの項参照).

Pu·del⁼müt·ze [プーデル・ミュッツェ] 女 -/-n 毛糸の帽子, スキー(スケート)帽.

pu·del⁼nackt [プーデル・ナックト] 形 《口語》素っ裸の.

pu·del⁼nass [プーデル・ナス] 形 《口語》びしょぬれの.

pu·del⁼wohl [プーデル・ヴォール] 副 《成句的に》 sich⁴ *pudelwohl* fühlen 《口語》とても気分がいい.

der **Pu·der** [プーダァ púːdɐr] 男 《口語: 中 も》 (単2) -s/(複) - (3格のみ -n) (美容・医療用の) パウダー, 粉末; 《医》散薬. (《※》 *powder*). *Puder*⁴ auftragen 粉おしろいをつける.

Pu·der⁼do·se [プーダァ・ドーゼ] 女 -/-n (化粧用の)コンパクト.

pu·dern [プーダァン púːdɐrn] 他 (h) (人・物⁴に)パウダー(おしろい)をつける. ◊ (再帰的に) sich⁴ *pudern* パウダーをはたく.

Pu·der⁼quas·te [プーダァ・クヴァステ] 女 -/-n (化粧用の)パフ.

Pu·der⁼zu·cker [プーダァ・ツッカァ] 男 -s/ 粉砂糖, パウダーシュガー.

puff! [プフ púf] 間 (小さな爆発・発砲などの音:)ぽん, ぱん.

Puff [プフ púf] I 男 -[e]s/Püffe (まれに -e) 《口語》 (こぶしなどで)ほんと突くこと(音). einen *Puff* bekommen 一発くらう. II 男 -[e]s/-e (または -s) クッションスツール[型の洗濯物入れ]. III 男 中 -s/-s 《俗》売春宿.

Puff⁼är·mel [プフ・エルメる] 男 -s/- パフスリーブ(ふくらみを付けた袖(そで)).

puf·fen [プッフェン púfən] I 他 (h) 《口語》 (人⁴をひじなどで)こづく. 人⁴ in die Seite *puffen* 人⁴のわき腹をひじで突く. II 自 (h) (口語) ほん(ぽっぽ)と音をたてる. III 再 (h) sich⁴ *puffen* 《口語》なぐり合う.

Puf·fer [プッファァ púfɐr] 男 -s/- ① (鉄道車両などの)緩衝器(装置); (比) 仲介者. ② (料理) ポテトパンケーキ. ③ (ﾆﾉｼﾞ) バッファー, 緩衝記憶装置.

Puf·fer⁼staat [プッファァ・シュタート] 男 -[e]s/-en 緩衝国.

puh! [プー púː] 間 ① (嫌悪を表して:)ふん, へっ. ② (疲労を表して:)やれやれ, ふー.

pu·len [プーレン púːlən] I 他 (h) (北ﾄﾞｲﾂ・口語) (指で)ほじって(取り)出す. Rosinen⁴ aus dem Kuchen *pulen* レーズンをケーキからつまみ出す. II 自 (h) (北ﾄﾞｲﾂ・口語) (指で)ほじる, つまむ. an einem Etikett *pulen* レッテルをはがす / in der Nase *pulen* 鼻をほじる.

Pulk [プルク púlk] 男 -[e]s/-s (まれに -e) ① 《軍》(戦車などの)部隊; (軍用機の)編隊. ② (人などの)集団.

Pul·le [プレ púlə] 女 -/-n 《俗》(酒類の)びん (=Flasche).

pul·len [プレン púlən] 自 (h) ① 《海》ボートを

こく. ② (馬が)旗手の手綱に逆らって突進する.

Pul·li [プリ púli] 男 -s/-s 《口語》=Pullover

der **Pull·o·ver** [プローヴァァ puló:vər または プる·オー.. pul-ó:..] 男 (単2) -s/-s (3格のみ -n) プルオーバー, セーター. (英 *pullover*). einen *Pullover* stricken プルオーバーを編む.

Pull·un·der [プランダァ pulúndər または プる·ウン·un..] [英] 男 -s/-s 袖(ミ)なしプルオーバー, ベスト.

der **Puls** [プるス púls] 男 (単2) -es/(複) -e (3格のみ -en) (英 *pulse*) ① 脈, 脈拍; 脈拍数; (比) 生気, 鼓動. ein unregelmäßiger *Puls* 不整脈 / den *Puls* messen 脈を測る / 人³ den *Puls* fühlen a) 人³の脈を見る, b) 《口語·比》人³の意向を探る, c) 《口語·比》人³が正気かどうか確かめる / Der *Puls* geht schnell. 脈が速い. ② (手首の内側の)脈をみる箇所. ③ 《電》パルス.

Puls≠ader [プるス·アーダァ] 囡 -/-n 動脈 (= Arterie). sich³ die *Pulsadern* auf|schneiden (自殺するために)動脈を断ち切る.

Pul·sar [プるザール pulzá:r] 男 -s/-e 《天》パルサー(パルス状電波を発する小天体).

pul·sen [プるゼン púlzən] 自 (h) = pulsieren

pul·sie·ren [プるズィーレン pulzí:rən] 自 (h) (血管が)脈打つ; (比) 躍動している. ◇現在分詞の形で〕 das *pulsierende* Leben der Großstadt² 大都会の活気ある生活.

Puls≠schlag [プるス·シュらーク] 男 -[e]s/..schläge 脈拍, 拍動.

Puls≠wär·mer [プるス·ヴェルマァ] 男 -s/- (保温用の)手首覆い.

Puls≠zahl [プるス·ツァーる] 囡 -/-en 《医》脈拍数.

Pult [プるト púlt] 中 -[e]s/-e 斜面机; 譜面台.

das **Pul·ver** [プるファァ púlfər または プる..vər] 中 (単2) -s/-(複) (3格のみ -n) ① 粉, 粉末; 粉薬, 散薬. (英 *powder*). Wasch*pulver* 粉末洗剤 / ein *Pulver* gegen Kopfschmerzen 頭痛用の粉薬 / 物⁴ zu *Pulver* zerreiben (mahlen) 物⁴をつぶして(ひいて)粉にする.

② 火薬, 弾薬. Er ist keinen Schuss *Pulver* wert. 《俗》彼はなんの役にもたたない / Er hat sein *Pulver* schon verschossen. 《口語》 a) 彼は万策尽きている, b) (議論などで)彼は持ちごまを出し尽くした(←弾薬を使い果たした) / Er hat das *Pulver* nicht erfunden. 《口語》彼はあまり利口ではない(←火薬を発明したわけではない). ③ 《俗》金(益), 銭.

Pul·ver≠fass [プるファァ·ファス] 中 -es/..fässer (昔の:)火薬樽(益). auf einem *Pulverfass* sitzen 危機に瀕(ひん)している(←火薬樽の上に座っている).

pul·ver≠för·mig [プるファァ·フェルミヒ] 形 粉末状の.

pul·ve·rig [プるフェリヒ púlfəriç または プるヴェ.. púlvə..] 形 粉末[状]の, 粉のような.

pul·ve·ri·sie·ren [プるヴェリズィーレン pulverizí:rən] 他 (h) 物⁴を粉末にする, こなごなに砕く.

Pul·ver≠kaf·fee [プるファァ·カフェェ] 男 -s/- (粉末状の)インスタントコーヒー.

Pul·ver≠schnee [プるファァ·シュネー] 男 -s/- 粉雪.

pulv·rig [プるふリヒ púlfriç または プるヴ.. púlv..] 形 = pulverig

Pu·ma [プーマ pú:ma] 男 -s/-s 《動》ピューマ.

Pum·mel [プメる púməl] 男 -s/- 《口語》丸丸とした子供, 丸ぽちゃ娘.

pum·me·lig [プメリヒ púməliç] 形 《口語》 丸々と太った, ずんぐりした, 丸ぽちゃの.

Pump [プンプ púmp] 男 《成句的に》 auf *Pump* 《口語》借金で / 物⁴ auf *Pump* leben 借金生活をする / 物⁴ auf *Pump* kaufen 物⁴を掛けで買う.

die **Pum·pe** [プンペ púmpə] 囡 (単) -/(複) -n ① ポンプ. (英 *pump*). Luft*pumpe* 空気ポンプ. ② 《俗》心臓. ③ 《俗》(麻薬用の)注射器.

pum·pen [プンペン púmpən] I 他 (h) ① (水など⁴を…へ)ポンプで送る, (…から)ポンプでくみ出す. Luft⁴ in den Schlauch *pumpen* タイヤチューブに空気を入れる / Millionen⁴ in ein Unternehmen *pumpen* 《口語·比》数百万[ユーロ]のお金を事業につぎ込む. ② 《俗》(人³に)物⁴を貸す. *Kannst* du mir ein bisschen Geld *pumpen?* 少しお金を貸してくれないか. II 再帰 (h) sich³ 物⁴ *pumpen* 《俗》物⁴を借りる. III 自 (h) (機械などが)ポンプとして働く.

Pum·per≠ni·ckel [プンパァ·ニッケる] 男 -s/- 《ふつう単》ライ麦の黒パン.

Pump≠ho·se [プンプ·ホーゼ] 囡 -/-n 《服飾》 (ひざ下でくくる)幅広の半長ズボン, ニッカーボッカー[ズ].

Pumps [ペンプス pǿmps] [英] 男 -/- パンプス (ひもや留め金がなくヒールが高い婦人靴). (⇨ Schuh 図).

Punch [パンチュ pántʃ] [英] 男 -s/-s 《ボクシングで:》パンチ.

Punk [パンク páŋk] [英] 男 -[s]/-s ① 《複なし, ふつう冠詞なし》パンク(パンクロックを愛好する若者たちの反体制運動. 1970年代後半にイギリスで起こった). ② パンク族[の若者]. ③ 《園 なし》パンクロック.

Pun·ker [パンカァ páŋkər] [英] 男 -s/- ① パンクロックのアーチスト. (女性形: -in). ② パンク族[の若者].

der **Punkt** [プンクト púŋkt]

点	Das Kleid hat rote *Punkte*.
	ダス クらイト ハット ローテ プンクテ
	そのワンピースには赤い水玉模様がある.

男 (単2) -es (または -s)/(複) -e (3格のみ -en) (英 *point*) ① 点, 斑点(益); 水玉模様. ein schwarzer *Punkt* 黒い点 / ein weißer Stoff mit blauen *Punkten* 青い水玉模様のついた白

い布地 / der grüne (または Grüne) *Punkt* グリーンポイント(リサイクル容器のマーク) / der springende *Punkt* 肝心要の点 / ein dunkler *Punkt* うさんくさい(いかがわしい)点.
② ピリオド, 終止符;《音楽》(音符の)付点. einen *Punkt* setzen (または machen) ピリオドを打つ / der *Punkt* auf dem i 最後の仕上げ / Nun mach mal einen *Punkt*!《口語・比》もうやめろ / ohne *Punkt* und Komma reden《口語・比》とめどなくしゃべる.
③ 地点; 箇所;《数》点. der höchste *Punkt* Deutschlands ドイツの最高地点 / Zwei Geraden schneiden sich in einem *Punkt*. 二つの直線が1点で交わる / ein schwacher *Punkt* ウィークポイント / sein wunder *Punkt* 彼の急所(痛い所) / der tote *Punkt*《比》a)《工》(クランクの)死点, b) 行き詰まり, c) 極度の疲労.
④ 時点. *Punkt* 8 Uhr 8時きっかりに / auf den *Punkt* kommen 時間どおりにやって来る.
⑤ 論点, 問題点; 項目; ein strittiger *Punkt* 争点 / auf den *Punkt* (または zum *Punkt*) kommen 問題の核心に触れる / In diesem *Punkt* bin ich anderer Meinung². この点では私は意見を異にする / *Punkt* für *Punkt* 1項目ずつ, 逐一.
⑥ 評点;《スゥ》得点, ポイント. Er siegte mit 228 *Punkten*. 彼は228点を取って勝った / den Gegner nach *Punkten* schlagen 相手にポイント差で勝つ(判定勝ちする). ⑦《圏 –》《印》ポイント(活字の大きさ).

> ..punkt のいろいろ: **Brennpunkt** 焦点 / **Doppelpunkt** コロン / **Gefrierpunkt** 氷点 / **Höhepunkt** 頂点 / **Kernpunkt** 核心 / **Mittelpunkt** 中心 / **Streitpunkt** 争点 / **Strichpunkt** セミコロン / **Tiefpunkt** 最下点 / **Treffpunkt** 待ち合わせ場所

punk·ten [プンクテン púŋktən]自 (h)《スゥ》① 採点する. ② (ボクシングなどで:)ポイントをかせぐ. ◇☞ **gepunktet**

punkt⸗gleich [プンクト・グライヒ] 形《スゥ》同点の.

punk·tie·ren [プンクティーレン puŋktíːrən] 他 (h) ①《圏⁴に》点を打つ;《圏⁴を》点描する. ②《過去分詞の形で》eine punktierte Linie 点線. ②《医》(脊髄(セキ)など⁴に)穿刺(サシ)をする. ③《音楽》(音符⁴に)付点を付ける. ◇《過去分詞の形で》ein punktiertes Achtel 付点8分音符.

Punk·ti·on [プンクツィオーン puŋktsióːn] 囡 –/–en《医》穿刺(サシ)[法].

*****pünkt·lich** [ピュンクトリヒ pýŋktlɪç] 形 ① 時間どおりの, 時間厳守の.《感 punctual》. Er ist immer *pünktlich*. 彼はいつも時間に正確だ / *pünktlich* um 12 Uhr 12時きっかりに / *pünktlich* ins Büro gehen 時間に遅れずにオフィスへ行く / *pünktlich* auf die Minute 1分もたがわずに. ②《古》きちょうめんな, 厳格な.

Pünkt·lich·keit [ピュンクトリヒカイト] 囡 –/ 時間厳守の, 時間に正確なこと.

Punkt⸗rich·ter [プンクト・リヒタァ] 男 –s/– 《スゥ》(ボクシング・体操などの)審判員(得点によって評価する審判).《女性形: –in》.

Punkt⸗schrift [プンクト・シュリフト] 囡 –/–en (盲人のための)点字; 点訳文書.

Punkt⸗sieg [プンクト・ズィーク] 男 –[e]s/–e (ボクシングなどの)判定勝ち.

Punkt⸗spiel [プンクト・シュピーる] 中 –[e]s/–e 《スゥ》点数(ポイント)制による試合(競技).

punk·tu·ell [プンクトゥエる puŋktuél] 形 個々の点に関する, ある点に関する, 逐一の.

Punk·tur [プンクトゥーァ puŋktúːr] 囡 –/–en 《医》穿刺(サシ)[法](=Punktion).

Punkt⸗zahl [プンクト・ツァーる] 囡 –/–en《スゥ》得点数, スコア.

Punsch [プンシュ púnʃ] 男 –es (まれに –s)/–e (または Pünsche) ポンチ, ポンス(アラク酒・ラム酒などにレモン・砂糖・香料などを混ぜた熱い飲料).

Pun·ze [プンツェ púntsə] 囡 ① 押し抜き器, ポンチ. ②(金含有量を示す)刻印, 極印.

pun·zen [プンツェン púntsən] 他 (h) ①《圏⁴を》ポンチで加工する. ②(貴金属⁴に)純度保証の刻印を打つ.

Pu·pil·le [プピれ pupílə] 囡 –/–n《医》瞳孔(ドゥ), ひとみ.

die **Pup·pe** [プッペ púpə] 囡 (単) –/(複) –n ① 人形.《感 doll》. Das Mädchen spielt mit *Puppen*. その女の子は人形で遊んでいる. ② 操り人形 (=Marionette). die *Puppen*⁴ führen 人形を操る / die *Puppen*⁴ tanzen lassen《口語》a) 祝宴の思うままに扱う, b) 浮かれて騒ぐ. ③ マネキン人形. ④《俗》女の子. eine niedliche *Puppe* かわい子ちゃん. ⑤《昆》さなぎ. ⑥《中東部⁵》穀物の刈り束の山. ⑦《成句的に》bis in die *Puppen*《口語》ずいぶん長く, とても遅くまで.

Pup·pen⸗haus [プッペン・ハオス] 中 –es/..häuser 人形遊びの家.

Pup·pen⸗spiel [プッペン・シュピーる] 中 –[e]s/–e 操り人形芝居, 人形劇; 人形劇場.

Pup·pen⸗spie·ler [プッペン・シュピーらァ] 男 –s/– 人形使い.《女性形: –in》.

Pup·pen⸗the·a·ter [プッペン・テアータァ] 中 –s/– 人形劇場.

Pup·pen⸗wa·gen [プッペン・ヴァーゲン] 男 –s/– 人形[用]の乳母車.

pur [プーァ púːr] 形 ①《付加語としてのみ》混じり気のない, 純粋な. *pures* Gold 純金. ②《無語尾で》(アルコール飲料が)生(キ)の. Whisky⁴ *pur* ウイスキーをストレートで飲む. ③《付加語としてのみ》《口語》まったくの. aus *purer* Neugier まったくの好奇心から.

Pü·ree [ピュレー pyréː] 中 –s/–s《料理》ピューレ(煮て裏ごしにした食品のマッシュポテトなど).

pü·rie·ren [ピュリーレン pyríːrən] 他 (h)《料理》(じゃがいもなど⁴を)ピューレにする.

Pu·ris·mus [プリスムス purísmus] 男 –/ ①《言》国語浄化主義, 外国語排斥運動. ②《美》純粋主義.

Pu·rist [プリスト purísst] 男 –en/–en ①《言》

国語浄化主義者.(女性形: -in). ② 《美》純粋主義者.

Pu·ri·ta·ner [プリターナァ purită:nər] 男 -s/- ① 《宗教》清教徒, ピューリタン.(女性形: -in). ② (ふつう軽蔑的に:) (道徳的に)極めて潔癖な人.

pu·ri·ta·nisch [プリターニッシュ purită:nɪʃ] 形 清教徒の, ピューリタンの; (ふつう軽蔑的に:) (道徳的に)極めて潔癖な; 極めて簡素な.

Pur·pur [プルプァ púrpʊr] 男 -s/ ① (紫に近い)深紅色, 緋色(ひぃろ); 《雅》緋衣, 紫衣(昔は王や枢機卿が専用した).

pur·pur·far·ben [プルプァ・ファルベン] 形 (紫に近い)深紅色の, 緋色(ひぃろ)の.

pur·purn [プルプルン púrpʊrn] 形 =purpurfarben

pur·pur=rot [プルプァ・ロート] 形 深紅色の.

Pur·zel=baum [プルツェる・バオム] 男 -[e]s/..bäume 《口語》でんぐり返り. einen *Purzelbaum* machen (または schlagen) でんぐり返りをする.

pur·zeln [プルツェるン púrtsəln] 自(s) 《口語》(…へ/…で)ひっくり返る, (…から)転げ落ちる; 《比》(価格などが)暴落する.

pu·schen [プッシェン púʃən] 他 (h) =pushen

pu·shen [プッシェン púʃən] 他 (h) 《隠語》① (はでな宣伝で商品⁴を)強引に売り込む. ② (麻薬⁴を)密売する.

pus·se·lig [プッセりヒ púsəlɪç] 形 ① 根気の要る(仕事など). ② 細かな点にこだわりすぎる.

Pus·te [プステ pú:stə] 女 -/ ① 《俗》息, 呼吸; 《比》力, 金銭. ② 《隠語》ピストル.

Pus·te=ku·chen! [プーステ・クーヘン] 間 《成句的に》 [Ja,] *Pustekuchen*! 《口語》まっぴらだ, ごめんだよ, とんでもない.

Pus·tel [プステる pústəl] 女 -/-n 《医》膿疱(のうほう), 吹き出物.

pus·ten [プーステン pú:stən] I 自 (h) 《口語》① (口をすぼめて)ふっと息を吹き込む; 息を吹きかける. in die Suppe *pusten* (冷ますために)ふーふースープを吹く. ② (息を切らして)ふーふーあえぐ. II 他 (h) 《口語》(ほこりなど⁴を…から)吹き払う; (物⁴を…へ)吹き込む, 吹きかける. 人³ den Rauch ins Gesicht *pusten* 人³の顔にたばこの煙を吹きかける.

Pu·te [プーテ pú:tə] 女 -/-n ① 七面鳥の雌(=Truthenne). ② 《俗》思いあがった愚かな女.

Pu·ter [プータァ pú:tər] 男 -s/- 七面鳥の雄(=Truthahn).

pu·ter=rot [プータァ・ロート] 形 (怒りや恥ずかしさのために顔が)真っ赤になった.

Putsch [プッチュ pútʃ] 男 -[e]s/-e ① クーデター, 反乱. ② (ズス・口語)突き, 衝突.

put·schen [プッチェン pútʃən] 自 (h) クーデター(反乱)を起こす.

Put·schist [プチスト putʃíst] 男 -en/-en クーデター(反乱)の首謀(加担)者.(女性形: -in).

Put·te [プッテ pútə] 女 -/-n 《美》(特にバロック・ロココ期造形美術の)童子裸像(しばしば翼を持つ).

put·ten [プッテン pútən] 自 (h)・他 (h) (ゴルフで)パットする.

Putz [プッツ púts] 男 -es/ ① 《建》モルタル, プラスター, しっくい. eine Wand⁴ mit *Putz* bewerfen 壁にモルタルを塗る / auf den *Putz* hauen 《口語》 a) 自慢する, b) 浮かれて騒ぐ, 大盤振る舞いをする. ② 《古》(飾りたてた)晴れ着; (はでな)アクセサリー.

***put·zen** [プッツェン pútsən] du putzt (putzte, *hat* … geputzt) 他 (完了 haben) ① (磨いて・こすって)**きれいにする**, (物⁴の)汚れを取る. (米 clean). Schuhe⁴ (das Fenster⁴) *putzen* 靴を磨く(窓をふく) / putz dir die Zähne! 歯を磨きなさい; sich³ die Nase⁴ *putzen* 鼻をかむ / Spinat⁴ *putzen* ほうれん草の傷んだ部分を取り除く / eine Kerze⁴ *putzen* ろうそくのしんの燃えかすを切ってきれいにする. ◇《再帰的に》Die Katze *putzt sich*. 猫が体をなめて毛づくろいをする. (☞ 類語 reinigen). ② 《南ドイツ・スイス》掃除をする; (衣類に)ドライクリーニングをする. die Wohnung⁴ *putzen* 住まいを掃除する. ③ (物⁴を)飾りたてる, (人に)おめかしをさせる. den Christbaum *putzen* クリスマスツリーに飾り付けをする.

Putz=frau [プッツ・フラオ] 女 -/-en 掃除婦.

put·zig [プツィヒ pútsɪç] 形 《口語》① 小さくてかわいい, おどけた. ② 奇妙な, 風変わりな.

Putz=lap·pen [プッツ・らッペン] 男 -s/- ぞうきん, (窓などの)磨き布.

Putz=mann [プッツ・マン] 男 -[e]s/..männer または ..leute 掃除夫.

Putz=mit·tel [プッツ・ミッテる] 中 -s/- 清掃用洗剤.

putz=mun·ter [プッツ・ムンタァ] 形 上機嫌の, 喜び勇んだ.

Putz=sucht [プッツ・ズフト] 女 -/ やたらに着飾りたがる癖.

putz=süch·tig [プッツ・ズュヒティヒ] 形 やたらに着飾りたがる.

putz·te [プッツテ] *putzen (きれいにする)の 過去

Putz=teu·fel [プッツ・トイふェる] 男 -s/- 《口語》(特に女性の)掃除魔.

Putz=wol·le [プッツ・ヴォれ] 女 -/ (機械掃除用の)くず綿糸.

Putz=zeug [プッツ・ツォイク] 中 -s/ (総称として)掃除道具.

puz·zeln [パズるン pázln または パスるン pásln] 自 (h) ジグソーパズルをする.

Puz·zle [パズる pázl または パスる pásl] [英] 中 -s/-s ジグソーパズル.

Puz·zle=spiel [パズる・シュピーる] 中 -[e]s/-e =Puzzle

PVC [ペー・ふァオ・ツェー] 中 -[s]/ 《略》ポリ塩化ビニール(=Polyvinylchlorid).

Pyg·mäe [ピュグメーエ pygmέ:ə] 男 -n/-n (中央アフリカの)ピグミー族.(女性形: Pygmäin).

Py·ja·ma [ピュヂャーマ pydʒá:ma または ピ·pi..] [英] 男 -s/-s パジャマ (=

Schlafanzug).

py·knisch [ピュクニッシュ pýknɪʃ] 形 《医》肥満型の.

Py·ra·mi·de [ピュラミーデ pyramíːdə] 囡 -/-n ① (エジプトの)ピラミッド. ② (ピラミッド形のもの;) 《数》角錐(ｽｲ); 《医》錐体.

py·ra·mi·den≈för·mig [ピュラミーデン・フェルミヒ] 形 ピラミッド形の.

die **Py·re·nä·en** [ピュレネーエン pyreněːən] 複 《定冠詞とともに》《山名》ピレネー山脈(フランスとスペインの国境にある).

Py·ro·ma·ne [ピュロマーネ pyromáːnə] 男 -n/-n 《医・心》放火癖のある人. (女性形: Pyromanin).

Py·ro·ma·nie [ピュロマニー pyromaníː] 囡 -/ 《医・心》放火癖(症).

Py·ro·tech·nik [ピューロ・テヒニク pýːroteçnɪk または ピュロ・テヒ..] 囡 -/ 花火製造術.

Pyr·rhus≈sieg [ピュルス・ズィーク] 男 -[e]s/-e ピュロスの勝利, (多くの犠牲を伴う)表面上の勝利(ピェロス王が紀元前279 年ローマ軍を破ったとき多大の犠牲を払ったことから).

Py·tha·go·ras [ピュターゴラス pytáːgoras] 《人名》ピタゴラス(前582 ?-前500 ?; 古代ギリシアの哲学者・数学者).

py·tha·go·re·isch [ピュタゴレーイッシュ pytagoréːɪʃ] 形 ピタゴラス[学派]の. *der pythagoreische* Lehrsatz 《数》ピタゴラスの定理.

Py·thon [ピュートン pýːtɔn] 男 -s/-s または 囡 -/-s 《動》ニシキヘビ(ギリシア神話のアポロンに退治された大蛇の名から).

Q q

q, Q [クー kúː] 匣 –/– クー(ドイツ語アルファベットの第17字).

qkm [クヴァドラート・キロメータァ] 《記号》平方キロメートル (=Quadratkilometer).

qm [クヴァドラート・メータァ] 《記号》平方メートル (=Quadratmeter).

quab·be·lig [クヴァッベリヒ kvábəlıç] 形 (北ドイツ・口語) ぷよぷよ(ぶりぶり)した, ぐにゃぐにゃの.

quab·beln [クヴァッベるン kvábəln] 自 (h) (北ドイツ・口語) (プディングなどが)ぷよぷよしている.

Quack·sal·ber [クヴァック・ザるバァ] 男 –s/– にせ(やぶ)医者. (女性形: –in).

Quack·sal·be·rei [クヴァック・ザるベライ] 女 –/ いんちき療法.

quack·sal·bern [クヴァック・ザるバァン kvákzalbərn] 自 (h) いんちき治療をする.

Qua·der [クヴァーダァ kváːdər] 男 –s/– (まれに 女 –/–n; オーストリア 中 –s/–n) ① 〖建〗角石(かどいし). ② 〖数〗直方体, 直六面体.

Qua·der·stein [クヴァーダァ・シュタイン] 男 –[e]s/–e 〖建〗角石(かどいし) (=Quader ①).

Qua·drant [クヴァドラント kvadránt] 男 –en/–en ① 〖数・地理・天〗4分円[弧], 象限(しょうげん). ② 〖天・海〗象限(しょうげん)儀.

das **Qua·drat** [クヴァドラート kvadráːt] 中 (単2) –[e]s/(複) –e ① **正方形**. 《英 *square*》. die Fläche⁴ eines *Quadrats* berechnen 正方形の面積を計算する / magisches *Quadrat* 魔方陣.

② **2乗**, 平方. eine Zahl⁴ ins *Quadrat* erheben ある数を2乗する / drei **im** (または **zum**) *Quadrat* 3の2乗 (=3²; 数字の場合は drei hoch zwei とも読む) / **im** (または **zum**) *Quadrat* 《口語》正真正銘の, まったく. ③ 《街路に囲まれた》方形の一画, 街区. ④ 矩(く)(太陽と惑星の黄経の差が90度になること). ⑤ 〖印〗 –en/《印》クワタ(字間の込め物の一種).

qua·dra·tisch [クヴァドラーティッシュ kvadráːtıʃ] 形 ① 正方形の. ② 〖数〗2次の, 2乗の. eine *quadratische* Gleichung 2次方程式.

Qua·drat·ki·lo·me·ter [クヴァドラート・キロメータァ] 男 –s/– 平方キロメートル (記号: km²).

Qua·drat·me·ter [クヴァドラート・メータァ] 男 中 –s/– 平方メートル (記号: m²).

Qua·dra·tur [クヴァドラトゥーァ kvadratúːr] 女 –/–en ① 〖数〗求積法. die *Quadratur* des Kreises (または des Zirkels) a) 円積法, b) 〖比〗解決できない問題. ② 矩(く) (=Quadrat ④).

Qua·drat·wur·zel [クヴァドラート・ヴルツェる] 女 –/–n 〖数〗平方根.

Qua·drat·zahl [クヴァドラート・ツァーる] 女 –/ 《数》自乗数, 平方数 (例: 4 (=2²), 9 (=3²)).

Qua·drat·zen·ti·me·ter [クヴァドラート・ツェンティメータァ] 男 中 –s/– 平方センチメートル (記号: cm²).

qua·drie·ren [クヴァドリーレン kvadríːrən] 他 (h) ① 《数》(数)⁴を2乗する. ② (フレスコ画を描くために壁⁴を)方眼に区切る.

Qua·dril·le [クヴァドリリエ kvadríljə または カド.. kad..] 《仏》女 –/–n カドリーユ(4組が方陣を作って踊るフランス舞踏[曲]).

Qua·dro·fo·nie [クヴァドロフォニー kvadrofoníː] 女 –/ 〖放送〗4チャンネルステレオ[方式].

Qua·dro·pho·nie [クヴァドロフォニー kvadrofoníː] 女 –/ =Quadrofonie

quak! [クヴァーク kváːk] 間 ① (蛙の鳴き声:)げろげろ. ② (あひるなどの鳴き声:)がーがー.

qua·ken [クヴァーケン kváːkən] 自 (h) (蛙・あひるなどが)げろげろ(がーがー)鳴く.

quä·ken [クヴェーケン kvέːkən] 自 (h) (赤ん坊などが)ぎゃーぎゃー泣く; (楽器・レコードなどが)がーがー音をたてる.

Quä·ker [クヴェーカァ kvέːkər] 男 –s/– 《新教》クエーカー教徒. (女性形: –in).

die **Qual** [クヴァーる kváːl] 女 (単) –/(複) –en 苦しみ, 苦痛; 苦悩, 心痛. 《英 *pain*》. Das Warten war eine *Qual*. 待つのは苦痛だった / körperliche (seelische) *Qualen*⁴ ertragen 肉体的(精神的)苦しみに耐える / 人³ *Qualen*⁴ bereiten 人³に苦痛を与える / die *Qual*⁴ der Wahl[²] haben (戯) どれを選んでよいか悩む. (☞ 類語 Schmerz).

quä·len [クヴェーれン kvέːlən] (quälte, hat ... gequält) I 他 (完了 haben) ① (人・物⁴を肉体的・精神的に)苦しめる, 痛めつける; (動物⁴を)いじめる. 《英 *torment*》. ein Tier⁴ zu Tode *quälen* 動物⁴を苦しめ殺す / Die Kopfschmerzen *quälten* ihn sehr. 彼はひどい頭痛に悩まされた. ② (人⁴を)**わずらわす**, 困らせる. 人⁴ **mit** Bitten *quälen* うるさくせがんで人⁴をてこずらせる.

II 再帰 (完了 haben) *sich*⁴ *quälen* ① 苦しむ, 悩む; 苦労する. Der Kranke quälte sich die ganze Nacht. 病人は一晩中苦しんだ / Er *quält* sich immer **mit** seinen Hausaufgaben. 彼はいつも宿題にてこずっている. ② 《方向を表す語句とともに》(…へ)苦労して進む. Wir *quälten uns* **durch** den Schnee. 私たちは苦労して雪をかき分けて進んだ.

◊☞ gequält

Quä·le·rei [クヴェーれライ kvεːləráı] 女 –/–en ① 苦しめる(いじめる)こと. ② (せがんだりして)困らせること. ③ 《複 なし》苦しみ; 《口語》つらい

仕事.

Quäl≠geist [クヴェーる・ガイスト] 男 -[e]s/-er 《口語》困り者, やっかい者, (特に:)だだっ子.

Qua·li·fi·ka·ti·on [クヴァリフィカツィオーン kvalifikatsió:n] 女 -/-en ① 資格を取ること. ② 《ふつう 圏》 資格, 能力; 資格証明. die *Qualifikation*⁴ für eine Tätigkeit besitzen ある業務の資格を持っている ③ 《ふつう 圏》《スポ》出場資格; 予選.

qua·li·fi·zie·ren [クヴァリフィツィーレン kvalifitsí:rən] I 再帰 (h) ① 《*sich* **für** 圏⁴ (または **zu** 圏³) ~》 (圏⁴(または圏³)の)資格を取る. Er *hat sich* zum Facharbeiter *qualifiziert*. 彼は熟練工の資格を得た. ② 《*sich* **für** 圏⁴ ~》《スポ》(圏⁴(決勝リーグなど)への)出場資格を得る. II 他 (h) ① (経験・免許などが 人⁴の)資格(能力)を示している. Seine Berufserfahrung *qualifiziert* ihn **für** diesen Posten (または **zu** diesem Posten). 彼の職業経験を見れば彼がこのポストにふさわしいことがわかる. ②《成句的に》人・物⁴ **als** … *qualifizieren* 人・物⁴を…と判定する, 認める, 分類する. (メモ …には4格の名詞や形容詞がくる).

qua·li·fi·ziert [クヴァリフィツィーアト] I qualifizieren (再帰 で: 資格を取る)の 過去 II 形 ① 特殊な能力を必要とする(仕事など). ② 専門知識を有していることを証明する(見解など). ③《法》特別な. *qualifizierte* Mehrheit 有効多数(単なる過半数ではなく例えば3分の2以上の得票など).

*die ***Qua·li·tät*** [クヴァリテート kvalité:t] 女 (単) -/(複) -en ① 質, 品質; 優良品. 《英 *quality*》. bei Qualität. Waren guter (schlechter) *Qualität*² 品質の良い(悪い)品 / Diese Ware ist erste *Qualität*. この商品は一級品だ / auf *Qualität* achten (または sehen) 質を重視する / ein Stoff **von** bester *Qualität* 最高品質の布地. ② 特質, 特性;《ふつう 圏》(優れた)資質. Er hat menschliche *Qualitäten*. 彼は人間的にいいところを持っている. ③《言》音質.

qua·li·ta·tiv [クヴァリタティーふ kválitati:f または ..ティーふ] 形 質の, 質的な, 品質上の; 良質な.

Qua·li·täts≠ar·beit [クヴァリテーツ・アルバイト] 女 -/-en 優れた仕事; 優良品, 高級品.

Qua·li·täts≠er·zeug·nis [クヴァリテーツ・エァツォイクニス] 中 -nisses/..nisse 優良品.

Qua·li·täts≠kon·trol·le [クヴァリテーツ・コントロれ] 女 -/-n 品質管理.

Qua·li·täts≠wa·re [クヴァリテーツ・ヴァーレ] 女 -/-n 優良品, 高級品.

Qua·li·täts≠wein [クヴァリテーツ・ヴァイン] 男 -[e]s/-e 優良ワイン. *Qualitätswein* mit Prädikat 肩書き付き優良ワイン. (「ワインのいろいろ」☞ Wein …).

Qual·le [クヴァれ kválə] 女 -/-n 《動》クラゲ.

*der ***Qualm*** [クヴァるム kválm] 男 (単2) -[e]s/ ①(もうもうとした)煙, 濃い煙. 《英 *smoke*》. beißender *Qualm* ひりひりと目に染みる濃煙. ②《南ド》(もうもうたる)蒸気; もや. ③《俗》いざこざ, 不和. Bei ihnen ist *Qualm* in der Küche (または Bude). 彼らのところではもめごとが起きている.

qual·men [クヴァるメン kválmən] (qualmte, hat … gequalmt) I 自 (完了 haben)《英 *smoke*》① (煙突などがもうもうと)**煙を出す**. Der Schornstein *qualmt*. 煙突からもうもうと煙が出ている. ◇《非人称の **es** を主語として》In der Küche *qualmt* es. 台所にはもうもうと煙が立ち込めている. ②《口語》すぱすぱたばこをふかす.

II 他 (完了 haben)《口語》(たばこ⁴を)すぱすぱふかす.

qual·mig [クヴァるミヒ kválmıç] 形 煙が立ちこめた, 煙でもうもうとした.

qualm·te [クヴァるムテ] qualmen (煙を出す)の 過去

quäl·te [クヴェーるテ] quälen (苦しめる)の 過去

qual≠voll [クヴァール・ふォる] 形 苦痛(苦悩)に満ちた, ひどく苦しい; せつない.

Quant [クヴァント kvánt] 中 -s/-en 《物》量子.

Quänt·chen [クヴェンティヒェン kvéntçən] 中 -s/-《ふつう 単》ごく少量. ein *Quäntchen* Zucker ほんの少しの砂糖.

Quan·ten [クヴァンテン] Quant (量子), Quantum (量)の 複

Quan·ten≠me·cha·nik [クヴァンテン・メヒャーニク] 女 -/《物》量子力学.

Quan·ten≠the·o·rie [クヴァンテン・テオリー] 女 -/《物》量子論.

quan·ti·fi·zie·ren [クヴァンティフィツィーレン kvantifitsí:rən] 他 (h) (物⁴を)数量化する.

*die ***Quan·ti·tät*** [クヴァンティテート kvantité:t] 女 (単) -/(複) -en ① 《複 なし》量; (ある)分量, 数量. 《英 *quantity*》. (メモ「質」は Qualität). eine kleine *Quantität* Nikotin 少量のニコチン / eine größere *Quantität*⁴ von einer Ware kaufen ある商品を相当量(数)買う / Nicht die *Quantität*, sondern die Qualität entscheidet. 量ではなく, 質が決め手だ. ②《言》音の長さ;《詩学》音長(音節の長短). die *Quantität* der Vokale² 母音の長短.

quan·ti·ta·tiv [クヴァンティタティーふ kvántitati:f または ..ティーふ] 形 量の, 量的な.

Quan·tum [クヴァントゥム kvántum] 中 -s/ Quanten 量, 数量. ein großes *Quantum* 多量.

Quap·pe [クヴァッペ kvápə] 女 -/-n ①《動》オタマジャクシ. ②《魚》カワメンタイ(タラ科の淡水魚).

Qua·ran·tä·ne [カランテーネ karanté:nə まれに カラン.. karā..] 女 -/-n (検疫・防疫のための)隔離. **in** (または **unter**) *Quarantäne* sein (または stehen) 検疫中である.

Quark [クヴァるク kvárk] 男 -s/ ① カード, 凝乳. ②《俗》つまらぬこと, くだらぬこと. So ein *Quark*! ばかばかしい / einen *Quark*《口語》まっ

たく…ない ⇨ Das interessiert mich einen *Quark*. 私はそれには全然興味がない.

Quart [クヴァルト kvárt] **I** 囡 -/-en ① (音楽) 4 度[音程] (=Quarte). ② (フェンシングで:)カルト(第4の構え). **II** 田 -s/-e (単位: -/-) ① クォート(昔の液量の単位). ② 〘阃 なし〙(書籍) 四つ折判(記号: 4°).

Quar·ta [クヴァルタ kvárta] 囡 -/Quarten ① (9年制ギムナジウムの)第3学年(日本の中学1年に相当). ② (ﾄﾞｨﾂ)(ギムナジウムの)4年生(日本の中学2年に相当). (☞ Gymnasium).

Quar·tal [クヴァルターる kvartá:l] 回 -s/-e (1年の)四半期, 3か月, 1季.

Quar·tals=säu·fer [クヴァルターるス・ゾイふァァ] 男 -s/- (口語) 渇酒(ﾀﾞﾂ)癖の人(周期的に大酒を飲む癖の人). (女性形: -in).

Quar·ta·ner [クヴァルターナァ kvartá:nər] 男 -s/- ① (9年制ギムナジウムの)3年生. (女性形: -in). ② (ﾄﾞｨﾂ)(ギムナジウムの)4年生.

Quar·tär [クヴァルテーァ kvarté:r] 田 -s/ (地学) 第四紀.

Quar·te [クヴァルテ kvárta] 囡 -/-n (音楽) 4 度[音程].

Quar·tett [クヴァルテット kvartétt] 田 -[e]s/-e ① (音楽) 四重奏(唱)曲; 四重奏(唱)団, カルテット. ② (皮肉の:) 4人組. ③ 〘阃 なし〙(トランプの)カルテットゲーム.

das **Quar·tier** [クヴァルティーァ kvartí:r] 田 (単2) -s/(複) -e (3格のみ -en) ① (一時的な)宿, 宿泊所; (軍)(軍隊の)仮兵舎. (英 *accommodation*). ein *Quartier*⁴ für eine Nacht suchen 一夜の宿を探す / bei 囚³ *Quartier*⁴ nehmen 囚³の所に泊まる. ② (ｽｲｽ・ｵｰｽﾄﾘｱ)市区.

Quarz [クヴァールツ kvá:rts] 男 -es/-e (鉱) 石英.

Quarz=glas [クヴァールツ・グらース] 田 -es/ (工) 石英ガラス.

Quarz=lam·pe [クヴァールツ・らンペ] 囡 -/-n (工) 石英[水銀]灯.

Quarz=uhr [クヴァルツ・ウーァ] 囡 -/-en クオーツ時計.

qua·si [クヴァーズィ kvá:zi] [ﾗﾃﾝ] 副 いわば, あたかも, ほとんど. Er hat es mir *quasi* versprochen. 彼はそれを私に約束したも同然だ.

Quas·se·lei [クヴァッセらイ kvasəlái] 囡 -/-en (口語) (長々と続く)くだらないおしゃべり.

quas·seln [クヴァッセるン kvásəln] **I** 自 (h) (口語) (長々と)くだらないおしゃべりをする. **II** 他 (h) (口語) (長々とくだらないこと⁴を)しゃべる.

Quas·sel=strip·pe [クヴァッセる・シュトリッペ] 囡 -/-n ① (俗・戯) 電話[器]. ② (戯) (長々とくだらないおしゃべりをする人.

Quast [クヴァスト kvást] 男 -[e]s/-e (北ﾄﾞｲﾂ) ① 刷毛(ﾊｹ). ② 房飾り.

Quas·te [クヴァステ kvástə] 囡 -/-n ① 房飾り. ② (北ﾄﾞｲﾂ)刷毛(ﾊｹ).

der **Quatsch** [クヴァッチュ kvátʃ] 男 (単2) -[e]s/ 《俗》ばかげたこと, くだらないこと. (英 *rubbish*). Ach *Quatsch*! ばかばかしい, くだらない / Red keinen *Quatsch*! ばかげた話はよしてくれ / Das ist doch *Quatsch* mit Soße! まったくばかげているよ.

quat·schen [クヴァッチェン kvátʃən] **I** 他 (h) 《俗》(くだらないこと⁴を)しゃべる. **II** 自 (h) 《俗》① くだらないおしゃべりをする. ② 楽しくおしゃべりをする. ③ 秘密をしゃべる.

Quatsch=kopf [クヴァッチュ・コプふ] 男 -[e]s/..köpfe 《俗》おしゃべり屋.

quatsch=nass [クヴァッチュ・ナス] 形 《口語》 びしょぬれの.

Que·cke [クヴェッケ kvékə] 囡 -/-n (植) カモジグサ.

Queck=sil·ber [クヴェック・ズィるバァ] 田 -s/ (化) 水銀(記号: Hg). Er hat *Quecksilber* im Leib (または Hintern). 《俗》彼は落ち着きがない(ちっともじっとしていない).

Queck·sil·ber=säu·le [クヴェックズィるバァ・ゾイれ] 囡 -/-n 水銀柱.

queck=sil·be·rig [クヴェック・ズィるベリヒ] 形 =quecksilbrig

queck=silb·rig [クヴェック・ズィるブリヒ] 形 ① 水銀のような. ② 落ち着きのない, 少しもじっとしていない(子供など).

Quell [クヴェる kvél] 田 -[e]s/-e 〘ふつう 単〙《雅》(詩) 泉, 水源 (=Quelle). ② 《比》源. ein *Quell* der Freude² 喜びの源.

*die **Quel·le** [クヴェれ kvélə] 囡 (単) -/(複) -n ① 泉, 源泉; 湧水, 泉水, 清水. (英 *spring*). eine heiße (kalte) *Quelle* 温泉(冷泉) / die *Quelle* des Rheins ライン川の源 / Die *Quelle* springt (または sprudelt) aus dem Felsen. 岩間から泉がわき出ている / Das ist die *Quelle* allen (または alles) Übels. 《比》それが諸悪の根源だ.
② (研究上の)出典, 原典, 文献. (英 *source*). historische *Quellen* 史料 / die *Quellen*⁴ angeben (studieren) 出典を示す(原典を研究する). ③ (情報・製品などの)供給源, 出所, ソース. (英 *source*). an der *Quelle* sitzen 《口語》情報などを手に入れやすい立場にある(←供給源のそばに座っている) / Ich weiß es **aus** guter *Quelle*. 私はそれを確かな筋から聞いて知っている.

|⇨ ..quelle のいろいろ: Energiequelle エネルギー源 / Erwerbsquelle 収入源 / Heilquelle 薬用泉 / Informationsquelle 情報源 / Lichtquelle 光源 / Mineralquelle 鉱泉 / Thermalquelle 温泉

quel·len¹* [クヴェれン kvélən] es quillt (quoll, *ist* gequollen) 自 (完了 sein) ① [**aus** 回³ ~] (回³から)わき出る, 流れ(あふれ)出る. (英 *well*). Wasser *quillt* aus dem Boden. 水が地面からわき出る / Tränen *quollen* ihr aus den Augen. 彼女の目から涙があふれ出た. ② 《比》(体の一部が)飛び出す, 浮き出る. Ihm *quollen* vor Zorn fast die Augen **aus** dem Kopf. 彼は目の玉が飛び出さんばかりに怒った. ③ (豆・木材などが水分)

吸って)ふくれる, ふやける.

quel·len² [クヴェルン] (quellte, *hat* ... gequellt) 他 (h) (豆など⁴を水に浸して)ふくらませる, ふやかす.

Quel·len=an·ga·be [クヴェレン・アンガーベ] 女 -/-n 《ふつう 複》出典(引用文献)一覧, 参考文献一覧.

Quel·len·for·schung [クヴェレン・フォルシュング] 女 -/-en 史料(原典)の研究.

Quel·len=steu·er [クヴェレン・シュトイアァ] 女 -/-n 源泉課税.

Quell=ge·biet [クヴェる・ゲビート] 中 -[e]s/-e 〔地理〕水源(地域).

Quell=was·ser [クヴェる・ヴァッサァ] 中 -s/- 泉の水, わき水.

Quen·ge·lei [クヴェングらイ kvɛŋəláɪ] 女 -/-en ①《口語》《複 なし》だだをこねる(不平をこぼす)こと. ②《ふつう 複》不平, 愚痴.

quen·ge·lig [クヴェングりヒ kvéŋəlɪç] 形《口語》① だだをこねる, ぐずる(子供など). ② 不平の多い, 愚痴っぽい.

quen·geln [クヴェングるン kvéŋəln] 自 (h)《口語》①(子供が)だだをこねる, ぐずる. ② 愚痴をこぼす.

Quent·chen [クヴェンティヒェン] Quäntchen の古い形.

***quer** [クヴェーァ kveːr] I 副 ① 横に, 横向きに. (英 crosswise). (\生「縦」は längs). Der Wagen steht *quer* zur Fahrbahn. 車が車道に横向きに停まっている / kreuz und *quer*《口語》あちこちに, 縦横に.
② 〔durch, über とともに〕[斜めに]横切って. *quer* durch den Park gehen 公園を横切って行く / Er lief *quer* über die Straße. 彼は通りを駆け抜けった.
II 形 (表) ①〔付加語としてのみ〕横[向き]の. *quere* Falten 横のしわ. ②〔比〕変わった, ひねくれた. *quere* Gedanken 変わった考え.
► **quer=gestreift**

Quer=bal·ken [クヴェーァ・バるケン] 男 -s/- ①〔建〕横梁(はり), 根太(ね). ②〔音楽〕(音符をつなぐ)連鉤(ぎょう). ③ 〔スザ〕(ゴールの)クロスバー.

Quer=den·ker [クヴェーァ・デンカァ] 男 -s/- つむじ曲がりの人, へそ曲がり. (女性形: -in).

Que·re [クヴェーレ kvéːrə] 女 -/ ① 横(斜め, 横)の方向). 人³ in die *Quere* kommen a) 人³のじゃまをする, b) 人³にばったり出会う, c) 人³の道をさえぎる.

que·ren [クヴェーレン kvéːrən] 他 (h) (道など⁴を)横切る, 横断する.

quer=feld·ein [クヴェーァ・ふェるトアイン] 副 野原を横切って, 道なき道を通って.

Quer=feld·ein=lauf [クヴェーァふェるトアインらオふ] 男 -[e]s/..läufe 〔スザ〕(陸上競技の)クロスカントリーレース.

Quer=flö·te [クヴェーァ・ふれーテ] 女 -/-n 〔音楽〕横笛, フルート.

Quer=for·mat [クヴェーァ・フォルマート] 中 -[e]s/-e (本・写真などの)横長判.

quer|ge·hen* [クヴェーァ・ゲーエン kvéːr-gèːən] 自 (s)《口語》① (人³の)癪(しゃく)に障る. ② うまくいかない.

quer=ge·streift, quer ge·streift [クヴェーァ・ゲシュトらイフト] 形 横縞(しま)のある. ein *quergestreifter* Pullover 横縞のセーター.

Quer=kopf [クヴェーァ・コプふ] 男 -[e]s/ ..köpfe《口語》へそ曲がり, あまのじゃく.

quer=köp·fig [クヴェーァ・ケプふィヒ] 形《口語》へそ曲がりの, あまのじゃくの.

Quer=lat·te [クヴェーァ・らッテ] 女 -/-n 〔スザ〕(ゴールの)クロスバー.

Quer=pfei·fe [クヴェーァ・プふァイふェ] 女 -/-n 〔音楽〕(小型の)横笛(鼓笛隊などで用いる).

Quer=ru·der [クヴェーァ・ルーダァ] 中 -s/- 〔空〕(飛行機の)補助翼.

quer|schie·ßen* [クヴェーァ・シーセン kvéːrʃiːsən] 自 (h) じゃまをする, 妨害する.

Quer=schiff [クヴェーァ・シふ] 中 -[e]s/-e 〔建〕(教会の)翼廊(十字形教会の左右の翼部). (☞「建築様式(1)」, 1744 ページ).

Quer=schlä·ger [クヴェーァ・シュれーガァ] 男 -s/- ① 跳ね返り弾, 流れ弾. ②《口語》つむじ曲がり[な人]. (女性形: -in).

Quer=schnitt [クヴェーァ・シュニット] 男 -[e]s/-e ① 横断面[図]. (\生「縦断面[図]」は Längsschnitt). ② (ある事柄の)代表的側面, 縮図, 概観; (作品の)名場面集.

Quer=schnitt[s]=läh·mung [クヴェーァシュニッツ・れームング(クヴェーァシュニット..)] 女 -/-en 〔医〕横断麻痺(ま).

Quer=stra·ße [クヴェーァ・シュトラーセ] 女 -/-n (大通りと)交差している道, 横の通り.

Quer=strich [クヴェーァ・シュトリヒ] 男 -[e]s/-e 横線, 斜線.

Quer=sum·me [クヴェーァ・ズンメ] 女 -/-n 〔数〕(2 けた以上の数字の)各けたの和. Die *Quersumme* von 253 ist 10. 253 の各けたの和は 10 である (2+5+3=10).

Quer=trei·ber [クヴェーァ・トライバァ] 男 -s/- 《口語》(他人の計画などにつねに)横槍(やり)を入れる人, 妨害者. (女性形: -in).

quer=über [クヴェーァ・ユーバァ] 副 斜め向かいに; 斜めに横切って.

Que·ru·lant [クヴェルらント kverulánt] 男 -en/-en 不平家, すぐに文句をつける人. (女性形: -in).

Quer=ver·bin·dung [クヴェーァ・フェァビンドゥング] 女 -/-en ① (テーマや領域などの)横のつながり. ② (二つの地域を結ぶ)交通ライン.

Quet·sche¹ [クヴェッチェ kvétʃə] 女 -/-n 《中西部ドラ・南ドラ》〔植〕セイヨウスモモ (=Zwetsche).

Quet·sche² [クヴェッチェ] 女 -/-n ①《方》マッシャー(じゃがいもなどをつぶす調理器具). ②《口語》(軽蔑的に:)小さな町(村); ぱっとしない店(会社).

quet·schen [クヴェッチェン kvétʃən] (quetschte, *hat* ... gequetscht) I 他 (完了 haben) ①〔方向を表す語句とともに〕(人・物⁴を

…へ)押しつける, 押し込む. (圖 *squeeze*). 人⁴ an (または gegen) die Mauer *quetschen* 人⁴を壁にぐいと押しつける / 物⁴ in den Koffer *quetschen* 物⁴をスーツケースにぎゅうぎゅう詰め込む.
② (押しつぶして・はさんで人の手など⁴に)けがを負わせる. sich³ den Finger [in der Tür] *quetschen*[ドアに]指をはさんでけがをする. ◇〔再帰的に〕Ich *habe* mich in der Tür ge*quetscht*. 私はドアにはさまれてけがをした. ③《方》(じゃがいもなど⁴を)押しつぶす; (果汁⁴を)搾り出す.
II 再帰(完了 haben) *sich⁴ quetschen* (…へ)ぎゅうぎゅう体を押し込む, (…から)人ごみを押し分けて出る.

Quetsch・kar・tof・feln [クヴェッチュ・カルトッフェルン] 複《方》《料理》マッシュポテト (= Kartoffelpüree).

Quetsch・kom・mo・de [クヴェッチュ・コモーデ] 女 -/-n《俗・戯》アコーディオン (= Ziehharmonika).

quetsch・te [クヴェッチュテ] quetschen (押しつける)の過去.

Quet・schung [クヴェッチュング] 女 -/-en《医》挫傷(ぎ゙).

Quetsch・wun・de [クヴェッチュ・ヴンデ] 女 -/-n《医》挫傷(ぎ゙).

Queue [ケー kǿː] 〔フラ〕中 (南ド・オーストリ: 男 も) -s/-s (ビリヤードの)キュー.

quick [クヴィック kvík] 形《北ド》活発な, 活気のある.

quick・le・ben・dig [クヴィック・レベンディヒ] 形 元気いっぱいの, ぴんぴんした, 活発な.

quiek! [クヴィーク kvíːk] 間 (子豚・ねずみなどの鳴き声:) きーきー, ちゅーちゅー.

quie・ken [クヴィーケン kvíːkən] 自 (h) (子豚・ねずみなどが)きーきー(ちゅーちゅー)鳴く;《比》(子供などが)きゃーきゃー叫ぶ.

quiek・sen [クヴィークセン kvíːksən] 自 (h) = quieken

Qui・e・tis・mus [クヴィエティスムス kvietísmus] 男 -/《カト》静寂主義 (17世紀末の神秘主義的宗教運動).

quiet・schen [クヴィーチェン kvíːtʃən] 自 (h) ① (ブレーキが)きーっという, (戸・ベッドなどが)ぎーぎーいう, きしむ. ②《口語》(子供などが)きゃーきゃー叫ぶ.

quietsch・ver・gnügt [クヴィーチュ・フェアグニュークト] 形《口語》とても上機嫌な.

quillt [クヴィルト] quellen¹ (わき出る)の3人称単数 現在.

Quint [クヴィント kvínt] 女 -/-en ①《音楽》5度[音程]. ② (フェンシングで:)キント(第5の構え).

Quin・ta [クヴィンタ kvínta] 女 -/Quinten ① (9年制ギムナジウムの)第2学年(日本の小学6年に相当). ②(オーストリ)(ギムナジウムの)第5学年(日本の中学3年に相当)(☞ Gymnasium).

Quin・ta・ner [クヴィンターナァ kvintáːnɐ] 男 -s/- ① (9年制ギムナジウムの)2年生. (女性形: -in). ②(オーストリ)(ギムナジウムの)5年生.

Quin・te [クヴィンテ kvíntə] 女 -/-n《音楽》5度[音程].

Quint・es・senz [クヴィンテセンツ kvíntɛsɛnts] 女 -/-en (事柄の)核心, エッセンス.

Quin・tett [クヴィンテット kvintét] 中 -[e]s/-e《音楽》五重奏(唱)曲; 五重奏(唱)団.

Quirl [クヴィルる kvírl] 男 -s (まれに -es)/-e ①《料理》泡立て器, 撹拌(ポネ)棒. ②《口語》ちょこまかする人. ③《植》輪生体.

quir・len [クヴィルれン kvírlən] I 他 (h) (卵など⁴を泡立て器などで)かき混ぜる. II 自 (h, s) ① (h) (水などが)渦を巻く. ② (s) (川などが…へ)渦を巻いて流れる.

quir・lig [クヴィルりヒ kvírlɪç] 形《口語》少しもじっとしていない, せかせかと動き回る(子供など).

Quis・ling [クヴィスリング kvíslɪŋ] 男 -s/-e 売国奴, 裏切り者(ナチスに協力したノルウェーのファシスト V. *Quisling* 1887–1945 の名から).

quitt [クヴィット kvít] 形《成句的に》mit 人⁴ *quitt* sein a) 人⁴と貸し借りがない, (人⁴)と縁が切れている / mit 人³ *quitt* werden 人³と話し(片)がつく 人・物⁴ *quitt* sein a) 人・物⁴から解放されている, b) 人・物⁴を失っている / 人・物⁴ *quitt* werden a) 人・物⁴から解放される, b) 人・物⁴を失う.

Quit・te [クヴィッテ kvítə] 女 -/-n《植》マルメロの木・実].

quit・ten・gelb [クヴィッテン・ゲるプ] 形 マルメロ色の, 淡黄色の.

quit・tie・ren [クヴィッティーレン kvɪtíːrən] 他 (h) ① (物⁴の)受領(収)書にサインする. den Empfang des Geldes *quittieren* お金の受領に領収書を書く / eine Rechnung⁴ *quittieren* 勘定書に受領サインをする. ◇〔目的語なしでも〕über hundert Euro *quittieren* 100ユーロの領収書を書く / Würden Sie bitte *quittieren*? 領収書を書いていただけますか. ②〔A⁴ mit B³ ~〕(A⁴に B³ で)応答する, 応じる. Diesen Vorschlag *quittierte* er mit einem Lächeln. この申し出に彼は笑顔でこたえた. ③ (職など⁴を)辞める.

die **Quit・tung** [クヴィットゥング kvítʊŋ] 女 (単) -/(複) -en ① 領収書, 受領証. (英 *receipt*). 人³ eine Quittung⁴ über 300 Euro aus|stellen 人³に300ユーロの領収書を出す. ②(比)(不快な)報い, しっぺ返し. Das ist die *Quittung* für deine Faulheit. それは君の怠惰に対する報いだ.

Quiz [クヴィス kvís] [英] 中 -/- クイズ[番組].

Quiz・mas・ter [クヴィス・マスタァ] 男 -s/- クイズ番組の司会者. (女性形: -in).

quoll [クヴォる] quellen¹ (わき出る)の過去.

quöl・le [クヴェれ] quellen¹ (わき出る)の接続II.

Quo・te [クヴォーテ kvóːtə] 女 -/-n 割合, 比率; 割当額, 分配額; (テレビの)視聴率, (ラジオの)聴取率.

Quo・ti・ent [クヴォツィエント kvotsiént] 男 -en/-en《数》商; 比の表記 (⁶/ₐ, ⁶:ₐ など).

quo・tie・ren [クヴォティーレン kvotíːrən] 他 (h)《経》(物⁴に)値段(相場)をつける.

R r

r¹, R¹ [エル ér] 中 -/- エル(ドイツ語アルファベットの第18字).

r², R² [ラーディウス]《記号》半径 (=**R**adius).

R³ [レーオミューァ]《記号》(温度計の)列氏 (=**R**eaumur).

r. [レヒツ]《略》右に, 右側に (=rechts).

Ra [エル・アー]《化・記号》ラジウム (=**R**adium).

Raa·be [ラーベ rá:bə] -s/《人名》ラーベ (Wilhelm Raabe 1831-1910; ドイツの作家).

Ra·batt [ラバット rabát] 男 -[e]s/-e《商》値引き, 割引. 30% *Rabatt*⁴ geben (または gewähren) 3割引きにする.

Ra·bat·te [ラバッテ rabátə] 女 -/-n (道路や庭園を縁取る)細長い花壇, 縁取り花壇.

Ra·batt⚡mar·ke [ラバット・マルケ] 女 -/-n (商店の)割引券.

Ra·batz [ラバッツ rabáts] 男 -es/《口語》大騒ぎ, 騒動; 声高な抗議.

Ra·bau·ke [ラバオケ rabáukə] 男 -n/-n《口語》粗暴な若者.

Rab·bi [ラッビ rábi] 男 -[s]/-s (または -nen ラビーネン) ラビ(ユダヤ教の教師・学者の称号).

Rab·bi·ner [ラビーナァ rabí:nər] 男 -s/- (ユダヤ教の教師, 律法学者. (女性形: -in).

Ra·be [ラーベ rá:bə] 男 -n/-n (鳥)(大型の)カラス, (俗て)「(中型のカラス)」は Krähe). ein weißer *Rabe*《比》珍品, 変わり種(←白いからす) / schwarz wie ein *Rabe* a)《口語》からすのように黒い, b)《口語・戯》(子供が)泥まみれの.

Ra·ben⚡el·tern [ラーベン・エルタァン] 複 無情(冷酷)な親.

Ra·ben⚡mut·ter [ラーベン・ムッタァ] 女 -/..mütter 無情(冷酷)な母親.

ra·ben⚡schwarz [ラーベン・シュヴァルツ] 形 真っ黒な, 漆黒(とつ)の; 真っ暗な, 暗黒の.

Ra·ben⚡va·ter [ラーベン・ファータァ] 男 -s/..väter 無情(冷酷)な父親.

ra·bi·at [ラビアート rabiá:t] 形 ① 荒っぽい, 狂暴な. ② 怒り狂った, 憤激した.

Ra·bu·list [ラブリスト rabulíst] 男 -en/-en へ理屈をこねる人, 三百代言. (女性形: -in).

die **Ra·che** [ラッヘ ráxə] 女 (単) -/《復讐(ふくしゅう)》, 仕返し, 報復.《英 *revenge*》. eine blutige *Rache* 血なまぐさい復讐 / an 人³ *Rache*⁴ nehmen 人³に仕返しをする / auf *Rache* sinnen または *Rache*⁴ brüten 復讐心をいだいている / die *Rache* des kleinen Mannes《口語・戯》かなわない相手へのせめてもの仕返し.

Ra·che⚡akt [ラッヘ・アクト] 男 -[e]s/-e《雅》復讐(ふくしゅう)行為, 仕返し.

Ra·che⚡durst [ラッヘ・ドゥルスト] 男 -[e]s/《雅》復讐(ふくしゅう)心.

der **Ra·chen** [ラッヘン ráxən] 男 (単2) -s/(複) -《(のど, 咽頭(いんとう).《英 *throat*》. eine Entzündung des *Rachens* のどの炎症. ② (特に猛獣の)大きく開いた口. 人³ 物⁴ aus dem *Rachen* reißen《俗》人³から物⁴を強奪する / 物⁴ in den *Rachen* werfen《俗》人³に物⁴を与えてなだめる. ③《雅・比》深淵, 奈落.

rä·chen [レッヒェン réçən] (rächte, *hat* ... gerächt) I 他 《完了》haben) (人・事⁴の)《復讐(ふくしゅう)》をする, 仕返しをする.《英 *avenge*》. den Freund *rächen* 友人のあだを討つ / eine Beleidigung⁴ an 人³ *rächen* 人³に侮辱された仕返しをする.

II 再帰《完了》haben) sich⁴ *rächen* ① 復讐(ふくしゅう)をする, 仕返しをする. sich⁴ an 人³ für 事⁴ *rächen* 人³に事⁴のことで復讐(仕返し)をする. ② (軽率な行為などが)報いを受ける, しっぺ返しをくらう. Sein Übermut *rächte sich* bitter. 彼の高慢さは手痛い報いを受けた.

Ra·chen⚡ka·tarr [ラッヘン・カタル] 男 -s/-e =Rachenkatarrh

Ra·chen⚡ka·tarrh [ラッヘン・カタル] 男 -s/-e《医》咽頭(いんとう)カタル.

Ra·chen⚡man·del [ラッヘン・マンデる] 女 -/-n《医》咽頭扁桃(いんとうへんとう).

Ra·chen⚡put·zer [ラッヘン・プッツァァ] 男 -s/-《口語・戯》酸っぱいワイン, (のどがひりひりする)強い火酒(←のどの掃除人).

Rä·cher [レッヒァァ réçər] 男 -s/-《復讐(ふくしゅう)》者, 報復者. (女性形: -in).

Rach⚡gier [ラッハ・ギーァ] 女 -/《雅》(燃えるような)復讐(ふくしゅう)心.

rach⚡gie·rig [ラッハ・ギーリヒ] 形《雅》復讐(ふくしゅう)心に燃えた.

Ra·chi·tis [ラヒーティス raxí:tɪs] 女 -/..tiden [ラヒティーデン]《医》佝僂(くる)病.

ra·chi·tisch [ラヒーティッシュ raxí:tɪʃ] 形《医》佝僂(くる)病の, 佝僂病にかかった.

Rach⚡sucht [ラッハ・ズフト] 女 -/《雅》(燃えるような)復讐(ふくしゅう)心 (=Rachgier).

rach⚡süch·tig [ラッハ・ズュヒティヒ] 形《雅》復讐(ふくしゅう)心に燃えた (=rachgierig).

räch·te [レヒテ] rächen (復讐をする)の過去.

Ra·cker [ラッカァ rákər] 男 -s/- わんぱく小僧, いたずらっ子.

ra·ckern [ラッカァン rákərn] 自 (h)《口語》あくせく働く, 骨身を惜しまず働く.

Ra·cket [レケット rékət または ラケット rakét] [英] 中 -s/-s (テニスの)ラケット.

das **Rad**¹ [ラート rá:t] 中 (単2) -es (まれに -s)/(複) Räder [レーダァ] (3格のみ Rädern) ① (乗り物の)《車輪》.《英 *wheel*》. das vordere

(hintere) *Rad* 前輪(後輪) / ein Karren mit zwei *Rädern* 2 輪手押し車 / Die *Räder* quietschen. 車輪がきしむ / ein *Rad*⁴ aus|tauschen (または wechseln) 車輪を取り替える / „Unterm *Rad*"『車輪の下』(ヘルマン・ヘッセの小説名) / das fünfte *Rad* am Wagen《口語》無用の長物(←車の五番目の車輪かり) / **unter die *Räder* kommen** a) 車にひかれる, b)《口語・比》(道徳的・経済的に)落ちぶれる / Das *Rad* der Geschichte steht nie still.《雅・比》歴史の流れは決して止まらない.
② 自転車(=Fahr*rad*). Wir fahren mit dem Rad nach Holland. 私たちは自転車でオランダへ行く / *Rad*⁴ **fahren** a) 自転車に乗る, サイクリングする, b)《口語》(軽蔑的に)部下にはいばって上役にはぺこぺこする. ③ (車輪状のもの:) 歯車, ハンドル, 水車の輪, (くじゃくなどの)広げた尾羽; (体操で:)側方転回. ◇**成句的に** ein *Rad*⁴ **schlagen** a) [ゆっくりと一度]側方転回をする, b) (くじゃくが)尾羽を広げる / *Rad*⁴ schlagen (何度も連続して)側方転回をする. ④《史》(中世:)車裂き用の刑車.

> ..rad のいろいろ: **Drei*rad*** 三輪車 / **Ersatz*rad*** スペアタイヤ / **Fahr*rad*** 自転車 / **Hinter*rad*** 後輪 / **Renn*rad*** レース用自転車 / **Reserve*rad*** スペアタイヤ / **Riesen*rad*** 大観覧車 / **Steuer*rad*** (自動車などの)ハンドル / **Vorder*rad*** 前輪 / **Zahn*rad*** 歯車.

Rad² [ラット rát] 中 –[s]/–《理》(昔の:)ラド(放射線の単位; 吸収線量の単位; 記号: rad, rd).

Ra·dar [ラダール radá:r または ラー..] 中男 –s/–e《工》①《複 なし》レーダー, 電波探知法(=radio detecting and ranging). ② レーダー装置, 電波探知機.

Ra·dar=an·la·ge [ラダール・アンラーゲ] 女 –/–n《工》レーダー施設(設備).

Ra·dar=fal·le [ラダール・ふァれ] 女 –/–n《口語》(警察による)ねずみ取り(レーダーを用いてスピード違反車を取り締まること).

Ra·dar=ge·rät [ラダール・ゲレート] 中 –[e]s/–e レーダー装置.

Ra·dar=kon·trol·le [ラダール・コントろれ] 女 –/–n《交通》レーダーによるスピード違反取り締まり.

Ra·dar=schirm [ラダール・シルム] 男 –[e]s/–e レーダースクリーン.

Ra·dar=sta·ti·on [ラダール・シュタツィオーン] 女 –/–en レーダー基地.

Ra·dau [ラダオ radáu] 男 –s/《俗》騒ぎ, 騒動. *Radau*⁴ **machen** 大騒ぎする.

Ra·dau·bru·der [ラダオ・ブルーダァ] 男 –s/..brüder《俗》不穏分子, 暴徒.

Rad=ball [ラート・バる] 男 –[e]s/《球技》自転車ポロ.

Räd·chen [レーティヒェン ré:tçən] 中 –s/– (またはRäderchen) (Rad の 縮小) ① 小車輪, 小輪; 小さな歯車. Bei dir ist wohl ein *Rädchen* **locker**?《口語》おまえはちょっとおかしいんじゃないか. ②《複 –》(料理・裁縫用の)ルレット(生地にしるしをつける道具).

Rad=damp·fer [ラート・ダンプふァァ] 男 –s/– 外輪蒸気船.

ra·de·bre·chen [ラーデ・ブレッヒェン rá:dəbrɛçən] (radebrechte, *hat* ...geradebrecht) 他 (h)・自 (h) 外国語を片言で話す, たどたどしく話す. [in] Deutsch *radebrechen* たどたどしいドイツ語を話す.

ra·deln [ラーデるン rá:dəln] 自 (s)《南ドゥ・口語》自転車に乗る; (...へ)自転車で行く.

Rä·dels·füh·rer [レーデるス・ふューラァ] 男 –s/– (暴動などの)首謀者, 扇動者. (女性形: –in).

Ra·der [レーダァ] Rad¹ (車輪)の 複.

rä·dern [レーダァン ré:dərn] 他 (h)《史》(中世:) (囚⁴を)車裂きの刑に処する.
◇☞ **gerädert**

Rä·der·werk [レーダァ・ヴェルク] 中 –[e]s/–e ① (総称として:)機械の歯車装置. ②《比》(ふつう軽蔑的に:)(官庁などの)機構, からくり.

Rad fah·ren* ☞ Rad ②

Rad=fah·ren [ラート・ふァーレン] 中 –s/ サイクリング. (☞「ドイツ・ミニ情報 29」, 1049 ページ).

Rad=fah·rer [ラート・ふァーラァ] 男 –s/– ① 自転車に乗る人, サイクリスト. (女性形: –in). ②《口語》部下にはいばるが上役にはぺこぺこする人.

Rad=fahr=weg [ラート・ふァール・ヴェーク] 男 –[e]s/–e 自転車専用道路.

Ra·di [ラーディ rá:di] 男 –s/–《南ドゥ・オッテ・口語》大根 (=Rettich).

ra·di·al [ラディアーる radiá:l] 形《工》放射の, 輻射(ふくしゃ)状の.

Ra·di·a·tor [ラディアートァ radiá:tɔr] 男 –s/–en [..アトーレン] 放熱器, ラジエーター.

ra·die·ren [ラディーレン radí:rən] (radierte, *hat* ...radiert) 他 (定下 haben) ① (消しゴムやナイフで文字など⁴を)消す, 削り落とす.《英 rub out》. einen Schreibfehler *radieren* 書き間違いを消す. ◇**目的語なしでも** Er *hat* in seinem Aufsatz oft *radiert*. 彼は作文を書きながら何度も消しゴムで消した. ②《美》(銅⁴を)エッチング(銅版画)にする.

Ra·die·rer [ラディーラァ radí:rər] 男 –s/– エッチング(腐食銅版画)製作者. (女性形: –in).

Ra·dier=gum·mi [ラディーァ・グンミ] 男 –s/–s 消しゴム.

Ra·dier=mes·ser [ラディーァ・メッサァ] 中 –s/– 削字ナイフ, 削字ペン.

Ra·dier=na·del [ラディーァ・ナーデる] 女 –/–n エッチング用の針.

ra·dier·t[e] [ラディーァト] radieren (消す)の 過分, 3人称単数・2人称親称複数 現在.

ra·dier·te [ラディーァテ] radieren (消す)の 過去.

Ra·die·rung [ラディールング] 女 –/–en《美》①《複 なし》エッチング, 腐食銅版画技法. ② エッチング作品, 腐食銅版画.

Ra·dies·chen [ラディースヒェン radí:sçən] 中 –s/– (植) ラディッシュ, ハツカダイコン. (☞ Gemüse). **die *Radieschen*⁴ von unten an|schauen**《俗・戯》死んで墓の下に眠っている(←

地面の下からラディッシュを見つめている).

ra・di・kal [ラディカーる radiká:l] 形 (英 radical) ① **根本的な**, 徹底的な; 断固とした. eine *radikale* Änderung 根本的な改変 / 図⁴ *radikal* beseitigen 図⁴を徹底的に除去する / *radikale* Forderungen 断固とした要求. ② (政治的・思想的に)**過激な**, 急進的な, ラジカルな. eine *radikale* Partei 急進的な政党 / *radikal* denken ラジカルな考え方をする.

Ra・di・kal [ラディカーる] 匣 -[e]s/-e ① 《化》基. ② 《数》根, ルート (記号: √ ̄).

Ra・di・ka・le[r] [ラディカーれ (..らァ) radiká:lə (..lər)] 男《語尾変化は形容詞と同じ》急進主義者, 過激派.

ra・di・ka・li・sie・ren [ラディカりズィーレン radikalizí:rən] 他 (h) (囚⁴・見解など⁴を)過激化させる, 急進化させる.

Ra・di・ka・lis・mus [ラディカりスムス radikalísmus] 男 -/..lismen《ふつう 単》急進主義, 過激論.

Ra・di・ka・list [ラディカりスト radikalíst] 男 -en/-en 過激派(急進派)の人, ラジカリスト. (女性形: -in).

Ra・di・kal・kur [ラディカーる・クーァ] 囡 -/-en 根治療法;《口語・比》荒療治.

*das **Ra・dio** [ラーディオ rá:dio] 匣 (単2) -s/(複) -s (英 radio) ① 《冠 なし》**ラジオ**[放送] (=Rundfunk). Er hört *Radio*. 彼はラジオ[放送]を聞いている / Was bringt (または sendet) das *Radio* heute? きょうはラジオでどんな放送がありますか.
② 《南ド・オースト・スイス: 男》も ラジオ[受信機]. das *Radio*⁴ ein|schalten (aus|schalten) ラジオのスイッチを入れる(切る). ③《冠詞なしで; 地名とともに》放送局. *Radio* Zürich チューリヒ放送[局].

ra・dio╶ak・tiv [ラーディオ・アクティーふ] 形《物》放射性の, 放射能のある. *radioaktive* Strahlen 放射線 / *radioaktiver* Müll 放射性廃棄物.

Ra・dio╶ak・ti・vi・tät [ラーディオ・アクティヴィテート] 囡 -/《理》放射能. die *Radioaktivität*⁴ messen 放射能を測定する.

Ra・dio╶ap・pa・rat [ラーディオ・アパラート] 男 -[e]s/-e ラジオ[受信機].

Ra・dio╶ge・rät [ラーディオ・ゲレート] 匣 -[e]s/-e ラジオ[受信機] (=Radioapparat).

Ra・dio・lo・gie [ラディオろギー radiologí:] 囡 -/ 放射線学;《医》放射線医学.

Ra・dio╶re・kor・der [ラーディオ・レコルダァ] 男 -s/- ラジオカセットレコーダー, ラジカセ.

Ra・dio╶te・le・skop [ラーディオ・テレスコープ] 匣 -s/-e《天》電波望遠鏡.

Ra・dio╶the・ra・pie [ラーディオ・テラピー] 囡 -/-n [..ピーエン]《医》放射線療法.

Ra・dio╶wel・le [ラーディオ・ヴェれ] 囡 -/-n《ふつう 複》《工・物》電波.

Ra・di・um [ラーディウム rá:dium] 匣 -s/《化》ラジウム (記号: Ra).

Ra・di・us [ラーディウス rá:dius] 男 -/..dien [..ディエン] ① 《数》半径 (記号: r, R). ein Kreis mit einem *Radius* von 5cm 半径5センチの円. ② 行動半径, 活動範囲; (船・飛行機の)航続距離 (=Aktions*radius*).

ra・di・zie・ren [ラディツィーレン raditsí:rən] 他 (h) 《数》(数値⁴の)根を求める.

Rad╶kap・pe [ラート・カッペ] 囡 -/-n (自動車の)ホイールキャップ.

Rad╶kranz [ラート・クランツ] 男 -es/..kränze《工》(車輪の)輪縁(ふち), リム; (ぎざぎざのついた)歯車の縁.

Rad・ler [ラードらァ rá:dlər] 男 -s/- ① 自転車に乗る人. (女性形: -in). ② 《南ド》レモネード入りビール.

Ra・don [ラードン rá:dɔn または ラドーン radó:n] 匣 -s/《化》ラドン (記号: Rn).

Rad╶renn・bahn [ラート・レンバーン] 囡 -/-en 自転車競技場のバンク.

ドイツ・ミニ情報 29

サイクリング Radfahren

ドイツは典型的な車社会だが, 健康に良く, 環境に優しく, 経済的だという理由から, 自転車の愛用者も非常に多い. いたるところにサイクリングロードがあり, 天気のいい週末には, 夫婦あるいは親子連れでのんびり自転車をこぐ光景がよく見られる. 郊外だけでなく, 町中でも歩道に沿って自転車専用道が併設されており, 自分の道だといわんばかりの猛スピードで走り抜けるので要注意. うっかり歩いていたりすると危ない.

自転車の事故があとを絶たないため, 車と同じくらい取り締まりが厳しい. ドイツは車も自転車も右側通行だが, 左を走っているところを警官に見つかると, 現行犯で罰金をとられる. 信号無視も即罰金. 違反が生じやすいところに警官が潜んで待ちかまえ, 摘発することもある. アップダウンがほとんどない平らな地形の北部では, 自転車の利用率がきわだって高いが, それに比例して盗難も多いため, みな損害保険に入っている.

基本的にドイツ人はアウトドア派で, 夏でも冬でも家に閉じこもることを嫌う. サイクリングとならんで人気の高い気分転換は散歩であろう. とりたててどこへ行くという目的もなく, 暇を見つけては散歩に出かけ, 外の空気を吸って解放感にひたる. 一時間近くをかけて, 森一つ越えるほど遠くまで歩くこともまれではない. 周りに緑が多く, 街並みもきれいで歩くだけで楽しいという環境も, ドイツ人の散歩好きに関係があるだろう.

Rad･ren･nen [ラート・レンネン] 田 -s/- 自転車レース.

Rad schla･gen* ☞ Rad ③

Rad≠sport [ラート・シュポルト] 男 -(e)s/ 自転車競技.

Rad≠stand [ラート・シュタント] 男 -(e)s/..stände 《自動車》ホイールベース, 軸間距離.

Rad≠tour [ラート・トゥーァ] 女 -/-en サイクリング.

Rad≠wech･sel [ラート・ヴェクセる] 男 -s/- 車輪の交換, (ホイールごとの)タイヤ交換.

Rad≠weg [ラート・ヴェーク] 男 -(e)s/-e 自転車専用道路.

Raf･fa･el [ラファエーる ráfae:l または ..エる ..el] -s/ 《人名》 ラファエロ (Raffaello のドイツ語表記; 1483–1520; イタリア・ルネサンスの画家・建築家).

raf･fen [ラッふェン ráfən] 他 (h) ① (物⁴を)ごそっと取る, かき集める. die Kleider⁴ in den Koffer *raffen* 衣類をかき集めてスーツケースに詰める. ② (お金など⁴を)貪欲に自分のものにする. ③ (服など⁴を)からげる; (カーテンなどの)ひだを寄せる. ④ (報告など⁴を)要約する. ⑤ 《俗》理解する, 分かる.

Raff≠gier [らふ・ギーァ] 女 -/ 強欲, 貪欲(どん).

raff≠gie･rig [らふ・ギーリヒ] 形 強欲な, 貪欲(どん)な.

Raf･fi･na･de [ラふィナーデ rafináːdə] 女 -/-n 精製糖.

Raf･fi･ne･rie [ラふィネリー rafinərí:] 女 -/-n [..リーエン] (砂糖などの)精製工場; 精油所.

Raf･fi･nes･se [ラふィネッセ rafinɛ́sə] 女 -/-n ① 《圏なし》狡猾(こう)さ, 抜け目のなさ. ② 《ふつう圏》(最新技術による)快適装備.

raf･fi･nie･ren [ラふィニーレン rafiníːrən] 他 (h) (砂糖・石油など⁴を)精製する; (金属⁴を)製錬する.

raf･fi･niert [ラふィニーァト] I raffinieren (精製する)の 過分 II 形 ① 洗練された, あか抜けした; きめ細かい. ② 狡猾(こう)な, 抜け目のない.

Raff≠ke [ラふケ ráfkə] 男 -s/-s 《口語》ごうつくばり; 成金.

Ra･ge [ラージェ ráːʒə] 《逐》女 -/ 《口語》激怒. in *Rage* kommen (または geraten) 怒り狂う.

ra･gen [ラーゲン ráːgən] (ragte, *hat*..geragt) 自 (まれ haben) (高く)そびえている, 突き出ている. 《英 tower》. Vor uns *ragte* das Gebirge. 私たちの前に山脈がそびえていた / Felsblöcke *ragen* aus dem Wasser. 岩塊が水面から突き出ている.

Ra･gout [ラグー ragúː] 《逐》田 -s/-s 《料理》ラグー(肉・魚などを煮込んだフランス風シチュー).

Ra･goût fin [ラグー ふェーン ragúː fɛ́ː] 《逐》田 --/--s =s [ラグー ふェーン] 《料理》 ラグーファン(ラグーのパイ包み, または貝がらに入れたオーブン焼き).

rag･te [ラークテ] ragen (そびえている)の 過去

Rah [ラー ráː] 女 -/-en =Rahe

Ra･he [ラーエ ráːə] 女 -/-n 《海》(マストの)帆桁(ほ).

Rahm [ラーム ráːm] 男 -(e)s/ 《中西部ドイツ・南ドイツ・オーストリア・スイス》クリーム, 乳脂 (=Sahne). den *Rahm* ab|schöpfen (《口語・比》うまい汁を吸う).

rah･men [ラーメン ráːmən] 他 (h) (絵・写真など⁴を)枠にはめる, 額縁に入れる. einen Spiegel *rahmen* 鏡を枠にはめる.

der **Rah･men** [ラーメン ráːmən] 男 (単2) -s/(複) - 《英 frame》 ① 枠; (絵の)額縁 (=Bilderrahmen); 窓枠 (=Fensterrahmen). ein Bild⁴ **aus** dem *Rahmen* nehmen 絵を額縁からはずす / ein Bild⁴ **in** einen *Rahmen* fassen 絵を額縁にはめ込む.

② 《工》フレーム; (自動車などの)シャーシ, 車台. ③ 《圏なし》《比》範囲, 限度; 枠組み. **aus** dem *Rahmen* fallen または nicht **in** den *Rahmen* passen 通常の枠にはまらない, 型破りである / im *Rahmen* des Möglichen 可能な範囲で / im *Rahmen* bleiben 通常の枠を越えない / den *Rahmen* sprengen 枠を破る. ④ 《文学》(枠物語の)枠に当たる部分.

Rah･men≠er･zäh･lung [ラーメン・エァツェーるンク] 女 -/-en 《文学》枠物語(物語の中に物語がはめ込まれた文学形式).

Rah･men≠ge･setz [ラーメン・ゲゼッツ] 田 -es/-e 《法》大綱的法律(大綱のみを定め, 細目は他の立法で補われることを予定した法律).

rah･mig [ラーミヒ ráːmɪç] 形 《南ドイツ・オーストリア・スイス》生クリームをたっぷり含んだ.

Rahm≠kä･se [ラーム・ケーゼ] 男 -s/- 《南ドイツ》クリームチーズ.

Rail≠jet [レイる・チェット] 男 -[s]/-s レールジェット(略: RJ). (オーストリア連邦鉄道の高速遠距離特急. 2008 年から運行).

Rain [ライン ráin] 男 -(e)s/-e (田畑の)あぜ.

die **Ra･ke･te** [ラケーテ rakéːtə] 女 (単2) -/(複) -n ① ロケット; 《軍》ミサイル. 《英 rocket》. eine mehrstufige *Rakete* 多段式ロケット / eine *Rakete*⁴ in den Weltraum schießen ロケットを宇宙に打ち上げる. ② 打ち上げ花火. Raketen⁴ ab|brennen 花火を打ち上げる.

Ra･ke･ten≠ab･schuss≠ba･sis [ラケーテン・アップシュス・バーズィス] 女 -/..basen 《軍》ミサイル発射基地.

Ra･ke･ten≠ab･wehr [ラケーテン・アップヴェーァ] 女 -/ 《軍》ミサイル防衛.

Ra･ke･ten≠an･trieb [ラケーテン・アントリープ] 男 -(e)s/-e ロケット推進.

Ra･ke･ten≠flug･zeug [ラケーテン・ふルークツォイク] 田 -(e)s/-e ロケット推進飛行機.

Ra･ke･ten≠start [ラケーテン・シュタルト] 男 -es/-s (まれに -e) ロケットの発射.

Ra･ke･ten≠trieb･werk [ラケーテン・トリープヴェルク] 田 -(e)s/-e 《工》ロケットエンジン.

Ra･ke･ten≠wer･fer [ラケーテン・ヴェルふァァ] 男 -s/- 《軍》ロケット砲.

Ra･kett [ラケット rakɛ́t] 田 -(e)s/-e (または -s) (テニスの)ラケット (=Racket).

Ral･lye [ラリ ráli または réli] 《英》女 -/-s (スイス: 田 -s/-s) 《競》(自動車の)ラリー.

RAM [ラム rám] 田 -[s]/-[s] 《コンピュータ》RAM, ラン

ダムアクセスメモリー (=random access memory).

ramm≠dö·sig [ラム・デーズィヒ] 形 (俗) ① 頭がぼうっとした, もうろうとした. ② (方) 愚かな.

Ram·me [ランメ rámə] 女 -/-n (建) くい打ち機; (地固め用の)たこ.

ram·meln [ランメルン rámə|n] I 他 (h) ① 〖an 物³ ~〗(口語)(物³(ドア・窓など)を)激しく揺さぶる. ② (狩) (うさぎなどが)交尾する; (俗) セックスする. ③ (口語) 突き進む. II 再帰 ① sich⁴ rammeln (口語) ① つかみ合いのけんかをする. ② 〖sich⁴ an 物³ ~〗(物³に)激しくぶつかる.

◇☞ **gerammelt**

ram·men [ランメン rámən] I 他 (h) ①〖A⁴ in B⁴ ~〗(A⁴(くいなど)をB⁴の中へ)打ち込む. einen Pfahl in den Boden rammen くいを地中に打ち込む. ②(車・船などの側面にぶつける. II 自 (h) 〖gegen (または auf) 物⁴ ~〗(物⁴に)激突する.

Ramm·ler [ラムらァ rámlər] 男 -s/- (狩)(特にうさぎの)雄.

Ram·pe [ランペ rámpə] 女 -/-n ① (台になった)貨物用車寄せ場; (玄関の前の)スロープ; (高速道路の)ランプ; 傾斜した岩棚. ② (劇) (ステージの)エプロン. über die Rampe kommen (隠語)(観客の)人気を博する.

Ram·pen≠licht [ランペン・リヒト] 中 -[e]s/-er ① 〖複 なし〗(劇) 脚光, フットライト; (比)(世間の)注目. im Rampenlicht stehen 脚光を浴びている. ② フットライトの光源.

ram·po·nie·ren [ランポニーレン ramponí:rən] 他 (h) (口語) ひどく傷つける, 破損する.

Ramsch [ラムシュ rámʃ] 男 -[e]s/-e ① 〖ふつう 単〗(口語) 見切り品, がらくた. 〖物⁴ im Ramsch kaufen (verkaufen) 物⁴をまとめて安く買う(売る).

ram·schen [ラムシェン rámʃən] 他 (h) (口語) まとめて安く買う; 貪欲(どん)に手に入れる.

Ramsch≠la·den [ラムシュ・ラーデン] 男 -s/..läden (口語)(軽蔑的に:)バーゲン専門店.

Ramsch≠wa·re [ラムシュ・ヴァーレ] 女 -/-n 《口語》見切り品.

ran [ラン rán] 副 (口語) (こっちの)際へ (=heran); (あっちの)際へ.

der **Rand** [ラント ránt] 男 (単2) -es (まれに -s)/(複) Ränder [レンダァ] (3格のみ Rändern) ① 縁, へり, 端; はずれ, 周辺. (英) edge). der Rand eines Tisches 机のへり / Er wohnt am Rande der Stadt. 彼は町のはずれに住んでいる / Er steht am Rand des Grabes. (比) 彼は死にかけている(←墓穴の縁に立っている) / am Rande (比) ついでに / am Rand liegen (比) それほど重要ではない(←端の方にある) / außer Rand und Band sein (口語) うれしくてはめをはずしている, われを忘れている(←縁とたがからは出している) / eine Brille ohne Rand 縁なし眼鏡 / ein Glas⁴ bis zum Rand füllen グラスになみなみとつぐ / 物⁴ zu Rande bringen (口語)⁴を成し遂げる / mit 人・事³ zu Rande kommen a) 〖物³と〗うまくやっていく, b) 〖事³と〗うまく処理する. ② (本などの)余白, 欄外. 〖複〗an den Rand schreiben 〖複〗を余白に書く. ③ (目のふちの)くま; (輪状の)しみ. ④ (俗) 口. Halt den Rand! 黙れ.

► **zu-rande**

ran·da·lie·ren [ランダリーレン randalí:rən] 自 (h) (集団で)大騒ぎする, 大暴れする.

Rand≠be·mer·kung [ラント・ベメルクング] 女 -/-en ① ついでの発言, ちょっとした付け足し. ② 欄外の註, 傍註; 欄外の書き込み.

Rän·der [レンダァ] Rand (縁)の複

Rand≠ge·biet [ラント・ゲビート] 中 -[e]s/-e ① 周辺の地域. ②(学問の)周辺分野.

Rand≠grup·pe [ラント・グルッペ] 女 -/-n (社) (社会的に疎外された)周辺集団.

Rand≠stein [ラント・シュタイン] 男 -[e]s/-e (歩道の)縁石.

Rand≠strei·fen [ラント・シュトライふェン] 男 -s/- (特に高速道路の)路肩.

rand≠voll [ラント・ふォる] 形 縁までいっぱいの. ein randvolles Glas なみなみとつがれたグラス.

Ranft [ランふト ránft] 男 -[e]s/Ränfte (方) パンの切れ端; パンの皮(耳).

rang [ラング] ringen (格闘する)の過去

der **Rang** [ラング ráŋ] 男 (単2) -es (まれに -s)/(複) Ränge [レンゲ] (3格のみ Rängen) (英) rank) ① 地位, 身分, 階級, 序列. ein hoher (niedriger) Rang 高い(低い)身分 / Er steht im Rang eines Generals. 彼は将軍の地位にある / alles, was Rang und Namen hat すべての名士(←地位と名声を持つすべての人). ② 〖複 なし〗(価値などの)等級, 格, ランク; (高い)水準. ein Dirigent ersten Ranges 一流の指揮者 / ein Hotel zweiten Ranges 二流のホテル / ein Physiker von [hohem] Rang 第一級の物理学者. ③ (劇) 階上席. (☞ Theater 図). ein Platz im zweiten Rang 3階の席. ④ (くじなどの)賞金順位. im ersten Rang gewinnen 1等のくじが当たる. ⑤ 〖スポ〗ランキング. ⑥ 〖成句的に〗 人³ den Rang ab|laufen 人³をしのぐ, 人³に勝つ.

Rang≠ab·zei·chen [ラング・アップツァイヒェン] 中 -s/- (昔の:)階級章.

Rang≠äl·tes·te[r] [ラング・エルテステ (..タァ)] 男 女 〖語尾変化は形容詞と同じ〗(同じ地位の)最古参, 最長老.

Ran·ge [ラング ráŋə] 女 -/-n (まれに: 男 -n/-n) (方) わんぱく小僧; おてんば娘.

rän·ge [レンゲ] ringen (格闘する)の接2

Rän·ge [レンゲ] Rang (地位)の複

ran≠ge·hen* [ラン・ゲーエン rán-gèː ən] 自 (s) (口語) ①〖an 人・物⁴ ~〗(人・物⁴に)近寄る (= heran|gehen ①). ②(目標に向かって)どんどん進む.

ran·geln [ランゲルン ráŋə|n] 自 (h) (口語) とっ組み合い(つかみ合い)をする. um 物⁴ ran-

Ran·gier·bahn·hof [ランジーァ・バーンホーふ] 男 -[e]s/..höfe 《鉄道》(車両の)操車場.

ran·gie·ren [ランジーレン rãʒíːrən] I 他 (h) ① (車両など⁴を)入れ替える, 操車する. ② 《方》整理する, 整頓する. II 自 (h) (…の)地位にある, (…に)格づけされている. **an** letzter Stelle *rangieren* 最下位である / Er *rangiert* vor (hinter) mir. 彼は私より上位(下位)だ.

Ran·gier·gleis [ランジーァ・グライス] 中 -es/-e 《鉄道》仕分け線.

Rang⹀lis·te [ラング・リステ] 女 -/-n ① 《スポ》ランキングリスト. ② (階級別)将校(官僚)名簿.

Rang⹀ord·nung [ラング・オルドヌング] 女 -/-en 序列, 等級; 順位. der *Rangordnung*³ **nach** 序列順に.

Rang⹀stu·fe [ラング・シュトゥーフェ] 女 -/-n (序列内の個々の)地位, 席次.

rank [ランク ráŋk] 形 《雅》(若い人の体つきが)しなやかな, すらりとした. *rank* und schlank とてもすらりとした.

Rank [ランク] 男 -[e]s/Ränke ① 《圏 で》《雅》策略, たくらみ. *Ränke*⁴ schmieden 陰謀をめぐらす. ② 《スイ》曲がり道, カーブ; 《比》こつ, 術策. den *Rank* finden 方策を見つける.

Ran·ke [ランケ ráŋkə] 女 -/-n 《植》巻きひげ, 蔓(つる). *Ranken*⁴ treiben 蔓を伸ばす.

ran·ken [ランケン ráŋkən] I 再帰 (h) *sich*⁴ *ranken* 蔓(つる)をはわせて伸びる; 《比・雅》(伝説などが)まつわる. II (h, s) ① (h) 蔓(つる)を伸ばす. ② (s) 蔓(つる)で巻きつく.

Ran·ken⹀ge·wächs [ランケン・ゲヴェクス] 中 -es/-e 《植》蔓(つる)植物, 巻きひげ植物.

Ran·ken⹀werk [ランケン・ヴェルク] 中 -[e]s/-e 絡み合った蔓草(つるくさ); 唐草模様.

Rän·ke⹀schmied [レンケ・シュミート] 男 -[e]s/-e 《雅》策略家, 策士. (女性形: -in).

ran|kom·men* [ラン・コッメン rán-kòmən] 自 (s) 《口語》① 近寄って来る (=heran|kommen). ② 《**an** 人・物⁴ ~》人・物⁴に手が届く, 物⁴を手に入れる.

ran|ma·chen [ラン・マッヘン rán-màxən] 再帰 (h) *sich*⁴ **an** 人・物⁴ *ranmachen* 《口語》人⁴にとり入ろうとする, 事⁴にとりかかる (=heran|machen).

rann [ラン] rinnen (流れる)の 過去

rän·ne [レンネ] rinnen (流れる)の 接2

rann·te [ランテ] *rennen (走る)の 過去

Ra·nun·kel [ラヌンケる ranúŋkəl] 女 -/-n 《植》ウマノアシガタ(キンポウゲ科).

der **Ran·zen** [ランツェン rántsən] 男 (単2) -s/(複) - ① ランドセル. (英 satchel). den *Ranzen* packen (学用品などを)ランドセルに詰める. ② 《登》リュックサック, 背嚢(はいのう). ③ 《俗》[太鼓腹]. sich³ den *Ranzen* voll|schlagen たらふく食う. ④ 《俗》背中. 人³ den *Ranzen* voll|hauen 人³をさんざんなぐる.

ran·zig [ランツィヒ rántsɪç] 形 (バターなどが)悪くなった, 腐った. Das Öl riecht *ranzig*. その油は腐ったにおいがする.

Rap [レップ rep] [英] -[s]/-s 《音楽》ラップ.

Ra·pha·el [ラーふァエーる ráːfaeːl または ..エる ..ɛl] -s/ ① 《男名》ラーファエール. ② 《聖》ラファエル(大天使の一人. 巡礼を保護する).

ra·pid [ラピート rapíːt] 形 《ちょっ・南ドッ》=rapide

ra·pi·de [ラピーデ rapíːdə] 形 急速な, 迅速な. eine *rapide* Entwicklung 急速な進歩.

Ra·pier [ラピーァ rapíːr] 中 -s/-e: 《昔の:》(細身の)長剣; 《古》(フェンシングの)ラピエール.

Rap·pe [ラッペ rápə] 男 -n/-n 黒馬.

Rap·pel [ラッペる rápəl] 男 -s/- 《ふつう 単》《口語》(一時的・発作的な)狂気, 錯乱. einen *Rappel* kriegen 頭がおかしくなる.

rap·pe·lig [ラッペりヒ rápəlɪç] 形 《方・口語》気の触れたような, いらいらした; がたついた.

rap·peln [ラッペるン rápəln] I (h, s) 《口語》① (h) がたがた(かたかた)音をたてる. Der Wecker *rappelt*. 目覚し時計ががたかた鳴っている / **an** 物³ *rappeln* 物³をがたがたいわせる. ◇《非人称の **es** を主語として》Es *rappelt* an der Tür. ドアがたがた鳴っている / Es *rappelt* bei ihm. 《俗》あいつは頭が少しおかしい. ② (s) (列車などが)がたがた音をたてながら進む. II 再帰 (h) *sich*⁴ *rappeln* 《方・口語》体を動かす; やっと立ち(起き)上がる.

rap·pen [レッペン répən] 自 (h) 《音楽》ラップで歌う.

Rap·pen [ラッペン rápən] 男 -s/- ラッペン(スイスの通貨単位. 100 分の 1 フランケン; 略: Rp.).

Rap·per [レッパァ répər] 男 -s/- 《音楽》ラッパー. (女性形: -in).

Rap·port [ラポルト rapɔ́rt] 男 -[e]s/-e ① 報告[書]; 《軍》報告. sich⁴ **zum** *Rapport* melden 報告のために出頭する. ② 関連, 相互関係; 《心》(意志の)疎通性. ③ 《美・織》模様の繰り返し, リピート.

Raps [ラップス ráps] 男 -es/(種類:) -e 《植》① セイヨウアブラナ. ② ナタネ(菜種).

Ra·pun·zel [ラプンツェる rapúntsəl] 女 -/-n 《ふつう 圏》《植》ノヂシャ.

rar [ラール ráːr] 形 まれな, 珍しい, めったにない. *rare* Waren 珍しい品.
▶ rar|machen

Ra·ri·tät [ラリテート raritέːt] 女 -/-en ① 《ふつう 圏》珍しいもの(こと); 貴重品. ② (収集品・骨董(こっとう)品の)珍品. ③ 《圏 なし》《稀》まれなこと, 珍奇.

rar|ma·chen [ラール・マッヘン ráːr-màxən] 再帰 (h) *sich*⁴ *rarmachen* 《口語》めったに姿を現さない.

ra·sant [ラザント razánt] 形 ① 《口語》ものすごく速い; 急激な(変化など). ein *rasantes* Tempo 猛スピード. ② 《口語》流線形の, かっこいい(スポーツカーなど). ③ (さっそうとして)魅力的な(女性など). ④ 《軍》(弾道が)水平に近い.

Ra·sanz [ラザンツ razánts] 女 -/ 《口語》猛スピード; (さっそうとした)魅力.

rasch [ラッシュ ráʃ] 形 (比較) rascher, (最上) rasch[e]st) ① (動作などが)速い, すばやい. (英 *quick, swift*). Er hat einen *raschen* Gang. 彼は歩くのが速い / ein *rascher* Entschluss すばやい決断 / so *rasch* wie möglich できるだけ速く. (⇒類語 schnell).
② 即座の, 手早い, てきぱきした. Er ist nicht sehr *rasch*. 彼は仕事をてきぱき片づけるほうではない / *Rasches* Handeln ist nötig. すぐに行動することが必要だ.

ra·scheln [ラッシェルン ráʃəln] 自 (h) ① (木の葉などが)かさかさ(がさがさ)音をたてる. ◊[非人称の **es** を主語として] Es *raschelte* im Gebüsch. やぶの中でがさがさ音がした. ② 〖mit 物³ ~〗(物³を)かさかさ(がさがさ)いわせる.

ra·sen [ラーゼン rá:zən] 自 (完了 sein または haben) ① (s) 《口語》(人・車などが)疾走する, 猛スピードでとばす. (英 *race*). Wir *sind gerast*, um nicht zu spät zu kommen.〚現在完了〛私たちは遅刻しないように猛スピードで走って来た / **gegen** 物⁴ *rasen* 物⁴に激突する / Die Zeit *rast*. 《比》時がまたたく間に過ぎる. (⇒類語 laufen).
② (h) 荒れ狂う, たけり狂う, 暴れ回る. **vor** Wut *rasen* 怒り狂う, 逆上する / **im** Fieber *rasen* 熱に浮かされる.
◊☞ resend

der **Rasen** [ラーゼン rá:zən] 男(単2) -s/(複) - 芝生. 芝; 《俗・隠語》(芝の)ピッチ. (英 *lawn*). ein grüner *Rasen* 緑の芝生 / **auf dem** *Rasen* liegen 芝生に横たわっている / Betreten des *Rasens* verboten! (立て札で:)芝生に入らないでください / den *Rasen* mähen (または schneiden) 芝を刈る / Ihn deckt schon lange der grüne *Rasen*. 《雅・婉曲》彼が死んでもう久しい (←緑の芝生が覆っている).

ra·send [ラーゼント] I rasen (疾走する)の 現分 II 形 ① 非常に速い. in *rasender* Geschwindigkeit 猛スピードで. ② 激しい, ものすごい. *rasender* Beifall 熱狂的な拍手. III 副《口語》ひどく, すごく. Er ist *rasend* verliebt in sie. 彼は彼女にぞっこんほれている.

Rasen⹀mä·her [ラーゼン・メーアァ] 男 -s/- 芝刈り機.

Rasen⹀**spren·ger** [ラーゼン・シュプレンガァ] 男 -s/- 芝生用スプリンクラー.

Ra·ser [ラーアァ rá:zər] 男 -s/- 《口語》スピード狂, 飛ばし屋. (女性形: -in).

Ra·se·rei [ラーゼライ ra:zərái] 女 -/-en ① 〖複なし〗狂乱, 激怒. in *Raserei* geraten 逆上する. ② 《口語》(車などの)暴走.

Ra·sier⹀ap·pa·rat [ラズィーァ・アパラート] 男 -[e]s/-e ① 安全かみそり. ② 電気かみそり.

Ra·sier⹀**creme** [ラズィーァ・クレーム] 女 -/-s (キッチョ・ネ゛: -n [..メン]) シェービングクリーム.

***ra·sie·ren** [ラズィーレン razí:rən] (rasierte, *hat* ... rasiert) 他 (完了 haben) ① (人⁴の)ひげをそる. (英 *shave*). Der Friseur *hat* ihn *rasiert*. 理容師は彼のひげをそった / Ich *ließ* mich *rasieren*. 私はひげをそってもらった. ◊《再帰的に》Er *rasiert sich*⁴ elektrisch. 彼は電気かみそりでひげをそる.
② (ひげ・あごなど⁴を)そる. 〖人³ (sich³) den Bart *rasieren* 〖人³の(自分の)ひげをそる. ③《口語・比》(そり落としたように)破壊しつくす. ④《俗》だます, ペテンにかける.

Ra·sie·rer [ラズィーラァ razí:rər] 男 -s/- 《口語》電気かみそり.

Ra·sier⹀klin·ge [ラズィーァ・クリンゲ] 女 -/-n 安全かみそりの刃.

Ra·sier⹀**mes·ser** [ラズィーァ・メッサァ] 中 -s/- (折りたたみ式の)かみそり.

Ra·sier⹀**pin·sel** [ラズィーァ・ピンゼル] 男 -s/- ひげそり用ブラシ.

Ra·sier⹀**schaum** [ラズィーァ・シャオム] 男 -[e]s/ シェービングクリーム.

ra·siert [ラズィーァト] * rasieren (ひげをそる)の 過分, 3 人称単数・2 人称親称複数 現在

ra·sier·te [ラズィーァテ] * rasieren (ひげをそる)の 過去

Ra·sier⹀was·ser [ラズィーァ・ヴァッサァ] 中 -s/- (または ..wässer) アフターシェーブローション.

Ra·sier⹀**zeug** [ラズィーァ・ツォイク] 中 -[e]s/ ひげそり道具.

Rä·son [レゾーン rɛzɔ́:] 女 〖成句的に〗〖人⁴ **zur** *Räson* bringen〗人⁴に道理をわからせる / **zur** *Räson* kommen 道理がわかる.

rä·so·nie·ren [レゾニーレン rɛzoní:rən] 自 (h)《口語》不平不満を並べる.

Ras·pel [ラスペル ráspəl] 女 -/-n ① 目の粗いやすり. ② 《料理》おろし金(⁂).

ras·peln [ラスペルン ráspəln] 他 (h) ① (物⁴に)目の粗いやすりをかける. ② (野菜・果物など⁴を)おろし金(⁂)でおろす.

die **Ras·se** [ラッセ rásə] 女 (単) -/(複) -n (英 *race*) ① 人種, 種族. die gelbe (weiße) *Rasse* (古) 黄色(白色)人種. (注意 今日ではMenschen anderer Hautfarbe「肌の色の違う人間」などに言い換えられることが多い).
② 〖生〗品種 (Art (種)の下位区分). eine neue *Rasse*³ züchten 新しい品種を作り上げる / Was für eine *Rasse* ist der Hund? その犬はどういう品種ですか. ③〖成句的に〗*Rasse*⁴ **haben** また *Rasse* sein《俗》(馬が)気性の荒い; (女性が)気性が激しい; 《比》(ワインなどが)独特の香りがある; (車などが)かっこいい / eine Frau **von** (または **mit**) *Rasse*《俗》生気にあふれた女性.

Ras·se⹀hund [ラッセ・フント] 男 -[e]s/-e 純血種の犬.

Ras·sel [ラッセル rásəl] 女 -/-n ① 鳴子; (音楽)マラカス. ② (おもちゃの)がらがら.

Ras·sel⹀ban·de [ラッセル・バンデ] 女 -/-n 《口語・戯》いたずらっ子たち, 悪童連.

ras·seln [ラッセルン rásəln] 自 (h, s) ① (h) がらがら(がちゃがちゃ)音をたてる; 《比》ラッセル音を発する. **mit** den Ketten *rasseln* 鎖をがちゃがちゃいわせる / Der Wecker *rasselte*. 目ざま

Rassendiskriminierung

しがじりじりと鳴った. ② (s)(車などが)がたがた音をたてて行く(進む). ③ (s)《俗》(試験などに)落ちる. **durch die Prüfung** *rasseln* 試験に落ちる.

Ras·sen⁼dis·kri·mi·nie·rung [ラッセン・ディスクリミニールンゲ] 囡 -/ 人種差別.

Ras·sen⁼fra·ge [ラッセン・フラーゲ] 囡 -/ 人種問題.

Ras·sen⁼hass [ラッセン・ハス] 男 -es/ 人種の憎悪, 人種的反感(偏見).

Ras·sen⁼tren·nung [ラッセン・トレンヌンゲ] 囡 -/ 人種隔離, アパルトヘイト.

ras·se⁼rein [ラッセ・ライン] 形 純血種の.

ras·sig [ラスィヒ rásıç] 形 生気にあふれた(女性); 気性の荒い(馬); 独特の香りのある(ワインなど); かっこいい(車など).

ras·sisch [ラスィッシュ rásıʃ] 形 人種の, 人種的な.

Ras·sis·mus [ラスィスムス rasísmus] 男 -/ 人種差別主義.

ras·sis·tisch [ラスィスティッシュ rasístıʃ] 形 人種差別主義の.

die **Rast** [ラスト rást] 囡 (単)-/(複)-en ① (ドライブ・ハイキングなどでの)**休息**, 休憩, 中休み. (英 *rest*). **eine kurze Rast** 小休止 / *Rast*⁴ **machen** 休憩する / **ohne Rast und Ruh**《雅》うまずたゆまず. ② 〖工〗ノッチ; 〖冶〗(溶鉱炉の)炉腹.

ras·te [ラーステ] rasen (疾走する)の 過去

ras·ten [ラステン rástən] du rastest, er rastet (rastete, hat ... gerastet) 圁 (完了 haben) (ドライブなどの途中で)**休息(休憩)する**, 休む. (英 *rest*). **auf einer Bank** *rasten* ベンチで休む / **Wer** *rastet***, der rostet.**《ことわざ》休む体にさびがつく. (☞ 類語 ruhen).

Ras·ter [ラスタァ rástɐɐ] I 男 -s/- ① 〖印〗網目スクリーン. ② 〖写〗しぼり; (照明器具などの)ルーバー. ③ 〖建〗(設計用の)方眼. II 中 -s/- ① (テレビの)テストパターン, ラスター. ② 思考パターン, 思考上の枠組み.

ras·te·te [ラステテ] rasten (休息する)の 過去

Rast·haus [ラスト・ハオス] 中 -es/..häuser (特に高速道路のレストハウス, ドライブイン.

rast⁼los [ラスト・ロース] 形 ① 休みない, 不断の(活動など). ② 休みなく働く(人など). ② 落ち着きのない, せわしない.

Rast·lo·sig·keit [ラスト・ローズィヒカイト] 囡 -/ 休みない動き(活動); 落ち着かないこと.

Rast⁼platz [ラスト・プラッツ] 男 -es/..plätze 休憩所, (特に高速道路の)パーキングエリア.

Rast⁼stät·te [ラスト・シュテッテ] 囡 -/-n (特に高速道路の)レストハウス, ドライブイン (=Rasthaus).

Ra·sur [ラズーァ razú:r] 囡 -/-en ① ひげをそること, ひげそり. ② (削しゴムなどで)消すこと, 削り取ること; 消した(削除した)箇所.

der **Rat** [ラート rá:t] 男 (単2)-[e]s/(複) Räte [レーテ] (3格のみ Räten) ① 〖複なし〗**助言**, 忠告, アドバイス. (英 *advice*). (ことわざ)「(個々の)助言」 Ratschlag). **ein guter Rat** 適切な助言 / **ein wohlmeinender** *Rat* 好意的なアドバイス / **Da ist guter** *Rat* **teuer.** さてこれは困ったものだ(←ここではよい助言は高くつく).

◇〖動詞の目的語として〗**einen** *Rat* **an|nehmen** 忠告を受け入れる / **einen** *Rat* **befolgen** 助言に従う / **Sie folgte seinem** *Rat*. 彼女は彼の助言に従った / 〖人³〗**einen** *Rat* **geben** 〖人³〗にアドバイスする / **sich³ bei** 〖人³〗 *Rat* **holen** 〖人³〗の助言を受ける / **bei** 〖人³〗 *Rat*⁴ **suchen** 〖人³〗に助言を求める(相談する).

◇〖前置詞とともに〗**Er hörte nicht auf den** *Rat* **seines Vaters.** 彼は父親の忠告に従わなかった / **Sie handelte gegen den** *Rat* **der Eltern.** 彼女は両親の忠告に反した行動をした / 〖人³〗**mit** *Rat* **und Tat bei|stehen** 〖人³〗を全面的に支援する(←助言や行動で) / 〖人⁴〗**um** *Rat* **bitten** 〖人⁴〗に助言を求める / **Er fragte mich um** *Rat*. 彼は私に助言を求めた / 〖人⁴〗 **zu** *Rate* **ziehen**《雅》〖人⁴〗と相談する / **ein Buch**⁴ **zu** *Rate* **ziehen**《雅》本を参照する. ② 〖複なし〗(解決の)**方策**, (窮地からの)抜け道, 手段. *Rat*⁴ **schaffen** (窮地から逃れる)方策を見つける / **Ich weiß mir keinen** *Rat* **mehr.** 私は途方に暮れている / **Kommt Zeit, kommt** *Rat*. 《ことわざ》待てば海路の日和あり(←時が来れば名案も来る).

③ 〖ふつう単〗**評議会**, 協議会, 委員会. **Bundes***rat* (ドイツの)連邦参議院 / **der** *Rat* **der Stadt**² 市(町)議会 / **im** *Rat* **sitzen** 市(町)議会のメンバーである.

④ 評議員, 委員; 理事; 顧問官. **Geheim***rat* 枢密顧問官 / 〖人⁴〗**zum** *Rat* **wählen** 〖人⁴〗を評議員に選ぶ. ⑤ 〖複なし〗(官職の称号として:)…[事務]官, …教諭. **Regierungs***rat* 参事官.

► **zu⁼rate**

rät [レート] *raten* (忠告する)の 3人称単数 現在

die **Ra·te** [ラーテ rá:tə] 囡 (単)-/(複)-n ① **分割払い**; (1回分の)分割払い額. (英 *installment*). 物⁴ **auf** *Raten* **kaufen** 物⁴を分割払いで買う / 物⁴ **in** *Raten* **bezahlen** 物⁴の代金を分割で支払う. ② **割合**, 率. **Geburten***rate* 出生率.

Rä·te [レーテ] * Rat (評議員)の 複

* **ra·ten*** [ラーテン rá:tən]

> 忠告する; 言い当てる
> *Rate* **mal!** 当ててごらん.
> ラーテ　マール

du rätst, er rät (riet, hat ... geraten) I 他 (完了 haben) ① (〖人³〗に 囲⁴を)**忠告する**, 助言する, 勧める. (英 *advise*). **Ich** *rate* **dir Geduld.** 君, 我慢が肝心だよ / **Ich** *rate* **Ihnen, Sport zu treiben.** 私はあなたにスポーツを勧めます. ② **言い当てる**, 推測する. (英 *guess*). **ein Rätsel** *raten* なぞを解く / *Rate* **mal, wie alt ich bin!** 私が何歳か当ててごらん. ◇〖目的語などを〗**richtig** *raten* ぴたりと言い当てる.

Rattenfänger

II 自 (完了 haben) 忠告する, 助言する. 人³ klug raten 人³に賢明なアドバイスをする / 人³ zu 事³ raten 人³に事³を[するように]勧める ⇒ Ich rate Ihnen zu diesem Anzug. 私はこちらのスーツをお勧めします / 人³ ist nicht zu raten. 人³は他人の助言に耳を傾けない / sich³ nicht zu raten wissen 途方に暮れる.

◇☞ geraten

Ra·ten⇄kauf [ラーテン・カオフ] 男 -[e]s/ ..käufe ローン購入, 分割払い購入.

ra·ten⇄wei·se [ラーテン・ヴァイゼ] 副 分割払いで.

Ra·ten⇄zah·lung [ラーテン・ツァールング] 女 -/-en 分割払い.

Rat⇄ge·ber [ラート・ゲーバァ] 男 -s/- ① 助言者. (女性形: -in). ② 案内書, 入門書.

das **Rat⇄haus** [ラート・ハオス] 中 (単 2) -es/(複) ..häuser [..ホイザァ] (3格のみ ..häusern) 市役所, 市庁舎; 町(村)役場. (英) *city hall*). ins Rathaus (または aufs Rathaus) gehen 市役所へ行く / 人³ ins Rathaus wählen 人⁴を市議会議員に選出する.

Ra·ti·fi·ka·ti·on [ラティフィカツィオーン] 女 -/-en (法) (条約の)批准.

ra·ti·fi·zie·ren [ラティフィツィーレン] ratifi-tsí:rən] 他 (h) (法) (条約など⁴を)批准する.

Ra·tio [ラーツィオ rá:tsio] 女 -/ (哲) 理性; 知性.

Ra·ti·on [ラツィオーン ratsió:n] 女 -/-en (食糧などの)割当量, 配給量; (軍) 1日分の食糧. eiserne Ration (非常用)の携帯食糧.

ra·ti·o·nal [ラツィオナール ratsioná:l] 形 ① 理性的な; 合理的な. ② (数) 有理の. eine rationale Zahl 有理数.

ra·ti·o·na·li·sie·ren [ラツィオナリズィーレン ratsionalizí:rən] I 他 (h) ① 合理化する. Arbeitsvorgänge⁴ rationalisieren 作業過程を合理化する. ②(心)(行為など⁴を)正当化する, 理由づける. II 自 (h) 合理化を行う.

Ra·ti·o·na·li·sie·rung [ラツィオナリズィールング] 女 -/-en 合理化.

Ra·ti·o·na·lis·mus [ラツィオナリスムス ratsionalísmus] 男 -/ ① (哲) 合理主義. ② 合理主義的な態度.

ra·ti·o·na·lis·tisch [ラツィオナリスティッシュ ratsionalístiʃ] 形 ① (哲) 合理主義の. ② 合理的な.

Ra·ti·o·na·li·tät [ラツィオナリテート ratsionalitέ:t] 女 -/ ① 合理性. ② (数) 有理性.

ra·ti·o·nell [ラツィオネる ratsionέl] 形 効率のよい, 能率的な; 合理的な. eine rationelle Arbeitsweise 効率的な作業のやり方.

ra·ti·o·nie·ren [ラツィオニーレン ratsioní:-rən] 他 (h) (食料品など⁴を)配給する, 配給制にする.

rat⇄los [ラート・ろース rá:t-lo:s] 形 途方に暮れた, どうしてよいかわからない; 困惑した(表情など). (英 *helpless*). Ich war ganz ratlos. 私はどうしてよいかまったくわからなかった / ein ratloses Gesicht⁴ machen 困った顔をする.

Rat⇄lo·sig·keit [ラート・ろーズィヒカイト] 女 -/ 途方に暮れた(困惑した)状態.

rä·to·ro·ma·nisch [レート・ロマーニッシュ] 形 レトロマン[人・語]の.

rat⇄sam [ラートザーム] 形 (...するほうが)賢明である. Es ist ratsam zu schweigen. 黙っているほうがよい.

Rat⇄schlag [ラート・シュらーク] 男 -[e]s/ ..schläge 忠告, 助言. 人³ Ratschläge⁴ erteilen (または geben) 人³に助言を与える.

Rat⇄schluss [ラート・シュるス] 男 -es/ ..schlüsse (雅) (神の)御心(みこころ), 神意. Gottes Ratschluss 神のおぼし召し.

das **Rät·sel** [レーツェる rέ:tsəl] 中 (単 2) -s/ (複) - (3格のみ -n) ① なぞ(謎), なぞなぞ, パズル, クイズ. (英 *riddle*). ein schwieriges Rätsel 難しいなぞ / ein Rätsel⁴ raten (または lösen) なぞを解く / 人³ [ein] Rätsel⁴ auf-geben 人³になぞをかける / Du sprichst in Rätseln. 君の言うことはわからない / vor einem Rätsel stehen なぞ(わからないこと)に直面している. ② 不可解なこと(人), 神秘. das Rätsel des Weltraums 宇宙の神秘.

rät·sel·haft [レーツェるハふト rέ:tsəlhaft] 形 (比較) rätselhafter, (最上) rätselhaftest なぞのような, 不可解な, 不思議な. (英 *mysterious*). ein rätselhafter Zufall なぞめいた出来事 / Es ist mir rätselhaft, wie ich das machen soll. それをどうすべきか私には分からない.

rät·seln [レーツェるン rέ:tsəln] 自 (h)《über 事⁴ (または an 事³) ~》(事⁴(または 事³)について)あれこれ考える.

Rät·sel⇄ra·ten [レーツェる・ラーテン] 中 -s/ ① なぞ解き. ② 当て推量.

Rats⇄herr [ラーツ・ヘル] 男 -n/-en 市参会員. (女性形: -in).

Rats⇄kel·ler [ラーツ・ケらァ] 男 -s/- 市庁舎の地下レストラン.

Rats⇄sit·zung [ラーツ・ズィッツング] 女 -/-en 市参会会議.

rätst [レーツト] ※raten (忠告する)の 2人称親称単数 現在

die **Rat·te** [ラッテ rátə] 女 (単) -/(複) -n ① (動) ネズミ, イエネズミ. (英 *rat*). Ratten pfeifen. ねずみがちゅーちゅー鳴いている / eine Ratte⁴ fangen ねずみを捕まえる / wie eine Ratte schlafen (口語) ぐっすり眠る / Die Ratten verlassen das sinkende Schiff. (諺) いいかげんなやつはいざというとき職場(同僚)を見捨てる(←ねずみは沈没する船を見捨てる). ② (俗) いやなやつ.

Rat·ten⇄fal·le [ラッテン・ふァれ] 女 -/-n ねずみ捕り[器].

Rat·ten⇄fän·ger [ラッテン・ふェンガァ] 男 -s/- ① ねずみを捕まえる人; (比) 誘惑者, 民衆をまどわす人(伝説の「ハーメルンの笛吹き男」der Rattenfänger von Hameln から). (女性形: -in). ② (動) ラットテリア(捕鼠(ほそ)犬).

Rat·ten≠gift [ラッテン・ギフト] 中 -[e]s/-e 殺鼠(ᵉ⁰)剤, 猫いらず.

Rat·ten≠schwanz [ラッテン・シュヴァンツ] 男 -es/..schwänze ① ねずみの尾. ② 《比》(尾を引く)不快な連鎖.

rat·tern [ラッタァン rátərn] 自 (h, s) ① (h)(機械などが)がたがた音をたてる, (機関銃などが)だっだっだっと鳴る. ② (s)(車・列車などが)がたがた音をたてて進む.

rat·ze≠kahl [ラッツェ・カール] 副 《口語》一つ残らず, 跡形もなく.

rau [ラオ ráu] 形 《比較》rauer, 最上 rau[e]st ① (表面が)粗い, ざらざらした; でこぼこの. (英 rough). eine *raue* Wand ざらざらした壁 / *raue* Hände 荒れた手 / ein *rauer* Weg でこぼこの道.
② (天候が)厳しい; (土地などが)荒涼とした. ein *raues* Klima 厳しい気候 / eine *raue* Gegend 荒涼とした地方.
③ (声が)しわがれた, かすれた; (のどが)かれた, 炎症を起こしている. einen *rauen* Hals haben のどがひりひりする. ④ 荒っぽい, 無作法な, 粗野な, がさつな. ein *rauer* Bursche 荒っぽい若者 / *raue* Worte がさつな言葉.

der **Raub** [ラオプ ráup] 男 (単2) -es (まれに -s)/(複) -e (3格のみ -en)【ふつう単】① **強奪**, 略奪; 強盗, 誘拐. (英 *robbery*). einen *Raub* begehen 強盗を働く. ② 奪ったもの, 略奪品; 獲物. ein *Raub* der Flammen² werden 《雅》灰燼(ｼﾞﾝ)に帰する.

Raub≠bau [ラオプ・バオ] 男 -[e]s/ ①(坑)(鉱山の)乱掘;(農)乱作, 略奪農法;(林)乱伐. *Raubbau* treiben 乱掘(乱作・乱伐)する. ② 乱用; 酷使.

Raub≠druck [ラオプ・ドルック] 男 -[e]s/-e 海賊版, 不法出版.

Rau≠bein [ラオ・バイン] 中 -[e]s/-e ①(根は親切な)無骨者. ②《ｽﾎﾟｰﾂ・隠語》ラフプレーをする選手.

rau≠bei·nig [ラオ・バイニヒ] 形 ① 無骨だが根は親切な. ②《ｽﾎﾟｰﾂ・隠語》ラフプレーの.

rau·ben [ラオベン ráubən] (raubte, *hat*... geraubt) I 他 《完了》haben) ① ([人³から]物⁴を)**奪う**, 強奪(略奪)する. (英 *rob*). Geld⁴ *rauben* お金を奪う / Er *raubte* dem Mädchen einen Kuss *geraubt*.《雅・戯》彼はその少女にいきなりキスをした. ②(人⁴を)さらう, 誘拐する. ③《雅》(人³から落ち着き・健康など⁴を)奪う.(人³ Ruhe⁴ *rauben* (人³の落ち着きを失わせる / Die Sorge *raubte* ihm allen Schlaf. 心配で彼はまったく眠れなかった.
II 自 《完了》haben) 強盗(略奪)を働く.

der **Räu·ber** [ロイバァ róybər] 男 (単2) -s/(複) - (3格のみ -n) **強盗**, 盗賊. (英 *robber*). Er ist *Räubern*³ in die Hände gefallen.《現在完了》彼は強盗に襲われた / *Räuber* und Gendarm (方: Polizei) (子供の遊び で: 泥棒ごっこ / *unter* die *Räuber* gefallen sein《口語》食いものにされる.

Räu·ber≠ge·schich·te [ロイバァ・ゲシヒテ] 女 -/-n 盗賊物語;《口語》荒唐無稽(ᴷᴱ)な話.

Räu·ber≠höh·le [ロイバァ・ヘーレ] 女 -/-n 《古》盗賊の巣窟(ｿｳｸﾂ).

Räu·be·rin [ロイベリン róybərɪn] 女 -/..rinnen (女性の)強盗, 盗賊.

räu·be·risch [ロイベリッシュ róybərɪʃ] 形 ① 強盗の[ような], 略奪的な. ②《動》捕食性の.

Raub≠fisch [ラオプ・フィッシュ] 男 -es/-e 肉食魚.

Raub≠gier [ラオプ・ギーァ] 女 -/ 略奪欲.

raub≠gie·rig [ラオプ・ギーリヒ] 形 強奪を好む, 強欲な.

Raub≠ko·pie [ラオプ・コピー] 女 -/-n [..コピーエン] (DVD・ビデオなどの)違法コピー, 海賊版.

Raub≠mord [ラオプ・モルト] 男 -[e]s/-e 強盗殺人.

Raub≠rit·ter [ラオプ・リッタァ] 男 -s/-《史》(14-15世紀の)盗賊騎士.

raub·te [ラオプテ] rauben (奪う)の過去

Raub≠tier [ラオプ・ティーァ] 中 -[e]s/-e 肉食獣, 猛獣.

Raub≠über·fall [ラオプ・ユーバァふァる] 男 -[e]s/..fälle 略奪のための襲撃.

Raub≠vo·gel [ラオプ・フォーゲる] 男 -s/..vögel 《古》《動》肉食鳥, 猛禽(ﾓｳｷﾝ).

der **Rauch** [ラオホ ráux] 男 (単2) -[e]s/ **煙**. (英 *smoke*). dicker *Rauch* もうもうたる煙 / der *Rauch* der Zigarette² たばこの煙 / Der *Rauch* steigt auf. 煙が立ち昇る / **in** *Rauch* [**und** Flammen] auf|gehen 灰燼(ｼﾞﾝ)に帰する, 完全に焼失する / sich⁴ in *Rauch* auf|lösen または in *Rauch* auf|gehen 《比》(計画などが)はかなく消える / Kein *Rauch* ohne Flamme. (ﾎﾞｼﾞ) 火のない所に煙は立たぬ.

Rauch≠ab·zug [ラオホ・アップツーク] 男 -[e]s/..züge 煙出し, 煙突.

Rauch≠bier [ラオホ・ビーァ] 中 -[e]s/-e ラオホビール(いぶした麦芽を使うためスモークの香りがする独特のビール. バンベルクの特産).

rau·chen [ラオヘン ráuxən]

たばこを吸う	Darf ich *rauchen*?
ダルフ イヒ ラオヘン	
	たばこを吸ってもいいですか.

(rauchte, *hat*... geraucht) I 自 《完了》haben) ① **たばこを吸う**, 喫煙する. (英 *smoke*). Er *raucht* viel. 彼はたくさんたばこを吸う / passiv *rauchen* 受動喫煙する.
② 煙を出す, 煙る. Der Vulkan *raucht*. 火山が噴煙を上げている. ◇【非人称の **es** を主語として】Es *raucht* in der Küche. 台所が煙っている / Sonst *raucht* es!《口語》そうしないと怒るぞ(←頭から煙を出す).
II 他 《完了》haben) ① (たばこ⁴を)吸う, (パイプ⁴を)ふかす. Er *raucht* gern eine gute Zigarre. 彼は好んで上等の葉巻を吸う / Pfei-

fe⁴ *rauchen* パイプをふかす. ② (魚・肉など⁴を)くん製にする.

Rau·chen [ラオヘン] 田 -s/ 喫煙. (☞「ドイツ・ミニ情報 30」，下段). das *Rauchen*⁴ auf|geben たばこをやめる / sich³ das *Rauchen*⁴ ab|gewöhnen 喫煙の習慣をやめる / *Rauchen* verboten! (掲示などで:)禁煙.

der **Rau·cher** [ラオハァ ráuxər] 男 (単 2) -s/(複) - (3格のみ -n) ① 喫煙者. (☞ *smoker*). (☞「たばこを吸わない人」は Nichtraucher). Er ist ein starker *Raucher*. 彼はヘビースモーカーだ. ② [冠詞なしで] (列車の)喫煙車[室]. ≠「禁煙車[室]」は Nichtraucher).

Rau·cher=ab·teil [ラオハァ・アップタイル] 田 -s/-e (列車の)喫煙車室.

Rau·che·rin [ラオヘリン ráuxərin] 囡 /..rinnen (女性の)喫煙者.

Räu·cher=kam·mer [ロイヒャァ・カンマァ] 囡 -/-n くん製室.

Räu·cher=ker·ze [ロイヒャァ・ケルツェ] 囡 -/-n 香[入り]ろうそく.

Räu·cher=lacks [ロイヒャァ・らクス] 男 -es/-e スモークサーモン.

räu·chern [ロイヒャァン róyçərn] (räucherte, *hat* ... geräuchert) I 他 (完了 haben) ① (魚・肉など⁴を)くん製にする. (英 *smoke*). Aale⁴ *räuchern* うなぎをくん製にする. ◇[過去分詞の形で] *geräucherter Schinken* くん製のハム. ② (部屋など⁴を)くん蒸消毒する. II 自 (完了 haben) [*mit* 物³ ~] (物³(香など)を)たく.

Räu·cher=stäb·chen [ロイヒャァ・シュテープヒェン] 田 -s/- 線香.

räu·cher·te [ロイヒャァテ] räuchern (くん製にする)の 過去

Räu·cher=wa·re [ロイヒャァ・ヴァーレ] 囡 -/-n ふつう 複 くん製品.

Rauch=fah·ne [ラオホ・ふァーネ] 囡 -/-n (船・煙突などの)長くたなびいた煙.

Rauch=fang [ラオホ・ふァング] 男 -[e]s/..fänge ① 煙道(かまどと煙突の間中間部), レンジフード. ② (オースト) 煙突.

Rauch=fleisch [ラオホ・ふらイシュ] 田 -es/ くん製肉.

rau·chig [ラオヒヒ ráuxiç] 形 ① 煙でいっぱいの. ② 曇った(ガラスなど). ③ スモーク風味の(ウイスキーなど). ④ しわがれ声の.

rauch=los [ラオホ・ろース] 形 無煙の.

rauch·te [ラオホテ] ↕ rauchen (たばこを吸う)の 過去

Rauch=ver·bot [ラオホ・ふェァボート] 田 -[e]s/-e 禁煙.

Rauch=ver·gif·tung [ラオホ・ふェァギふトゥング] 囡 -/-en 煙による中毒.

Rauch=ver·zeh·rer [ラオホ・ふェァツェーラァ] 男 -s/- (空気浄化のための)吸煙(消煙)装置.

Rauch=wa·ren [ラオホ・ヴァーレン] 複 ①たばこ類. ② 毛皮製品.

Rauch=wol·ke [ラオホ・ヴォるケ] 囡 -/-n 煙雲, もうもうとした煙.

Räu·de [ロイデ róydə] 囡 -/-n (家畜の)疥癬(せん).

räu·dig [ロイディヒ róydiç] 形 疥癬(せん)にかかった; (毛皮などが)所々はげた.

rauf [ラオふ ráuf] 副 (口語)(こっちの)上へ (= herauf); (あっちの)上へ (= hinauf).

Rauf=bold [ラオふ・ボルト] 男 -[e]s/-e (軽蔑的に:)けんか好きな人, 暴れん坊.

Rau·fe [ラオふェ ráufə] 囡 -/-n (うまやの)干草掛け, 飼料棚.

rau·fen [ラオふェン ráufən] I 他 (h) (雑草など⁴を)むしり取る, 引き抜く. Unkraut⁴ *raufen* 雑草を引き抜く / sich³ die Haare⁴ *raufen* (比)(怒って・いらいらして)髪をかきむしる. II 自 (h) 再帰 (h) sich⁴ *raufen* つかみ(なぐり)合いのけんかをする.

Rau·fe·rei [ラオふェライ rauuərái] 囡 -/-en つかみ合い, なぐり合い.

ドイツ・ミニ情報 30

喫煙 Rauchen

世界的に広がる嫌煙運動の影響を受けて，ドイツでも公共の場を全面禁煙にする法案が検討されたが，地方分権が強いために結局州によりさまざまに異なる禁煙令が定められた．官庁，病院，学校など多くの人々が集まる場所では分煙が徹底されている．たとえばバーデン・ヴュルテンベルク州では，飲食店の内部では全面的に禁煙，店の外に出してあるテーブルでは喫煙可である．

最大の争点になったのはアルコール類を提供する飲食店の扱いで，禁煙にすると客の入りが少なくなるのではないかと心配された．ただし，欧州諸国に先駆けて飲食店を全面禁煙にしたイタリアやアイルランドでは，かえってたばこ吸わない客が増え，繁盛しているという．世界最大のビール祭りが開かれることで有名なミュンヒェン(バイエルン州)では，テント小屋ごとに禁煙にするかどうかが決められることになっている．

ドイツではこれまで 16 歳以上から法的に喫煙が許されていたが，2009 年から 18 歳以上に引き上げられた．未成年者の自販機での購入を取り締まるため，生年月日を確認する IC チップが組み込まれたカードがないとたばこは買えない．テレビ，ラジオ，新聞，雑誌への広告掲載だけでなく，2007 年からはたばこ業者の各種イベントへのスポンサー参加も禁じられた．価格も以前よりかなり高く設定されており，喫煙の習慣をやめる人がますます増えている．

子供を守ろう—あなたのたばこの煙を子供たちに吸わせないで！

Rauf=lust [ラオフ・ルスト] 囡 -/ けんか好き, 闘争欲.

rauf=lus・tig [ラオフ・ルスティヒ] 形 けんか好きな, 闘争心の強い.

rauh [ラオ] rau の古い形.

rau=haa・rig [ラオ・ハーリヒ] 形 毛のごわごわした, 剛毛の.

Rauh=bein [ラオ・バイン] Raubein の古い形.

rauh=bei・nig [ラオ・バイニヒ] raubeinig の古い形.

Rau・heit [ラオハイト ráuhaıt] 囡 -/-en 《ふつう 圏》① 粗いこと, ざらつき. ② 〈天候が〉厳しいこと. ③ 〈声の〉しわがれていること. ④ 粗野.

rauh=haa・rig [ラオ・ハーリヒ] rauhaarig の古い形.

Rauh=reif [ラオ・ライフ] Raureif の古い形.

****der Raum** [ラオム ráum] 男 (単2) -es (まれに -s)/(複) Räume [ロイメ] (3格のみ Räumen) ① 部屋, 室. 《寒 room》. ein großer (kleiner) *Raum* 大きい(小さい)部屋 / ein *Raum* mit guter Akustik 音響効果のいい部屋 /《圏》 **im** *Raum* stehen|lassen (または stehen lassen) 《比》物4をペンディングにしておく / Das Problem steht noch im *Raum*. 《比》その問題はまだ解決されていない. (☞ 類語 Zimmer).

② 空間;《圏 なし》宇宙[空間](=Weltraum). 《寒 space》.《寒 「時間」は Zeit》. umbauter *Raum* 《建》建築容積 / ein luftleerer *Raum* 《物》真空 / der dreidimensionale *Raum* 《数》三次元空間 / eine Rakete4 **in** den *Raum* schießen ロケットを宇宙へ打ち上げる.

③ 《圏 なし》《雅》スペース, (活動の)場所; 余地. 《寒 space》. Ich habe keinen *Raum* für meine Bücher. 私には本を収納するスペースがない / Dieses Auto bietet viel *Raum*. この自動車は車内がゆったりとしている /《物》3 *Raum* geben 物3に活動の場を与える. (☞ 類語 Ort).

④ 地域, 領域;《比》…界. der *Raum* [um] Berlin ベルリン[周辺]地域 / im politischen *Raum*《比》政界で.

▶ **raum=sparend**

|《さ》..raum のいろいろ: **Abstellraum** 物置 / **Innenraum** 内部[空間] / **Kofferraum** (自動車の)トランクルーム / **Luftraum** 領空 / **Maschinenraum** 機械室 / **Spielraum** (活動の)余地 / **Sprachraum** 言語[使用]圏 / **Weltraum** 宇宙空間 / **Wohnraum** 居住空間

Raum=an・zug [ラオム・アンツーク] 男 -[e]s/..züge 宇宙服.

Raum=bild [ラオム・ビルト] 甲 -[e]s/-er 《光》立体画(写真).

Räu・me [ロイメ] *Raum (部屋)の 圏.

räu・men [ロイメン róymən] (räumte, hat ...geräumt) 他 《亳) haben》 ①『方向を表す語句とともに』《圏》物4を…から(…へ)片づける, 取り除く. Missverständnisse4 **aus** dem Weg *räumen*《比》誤解を取り除く / die Wäsche4 **in** den Schrank *räumen* 洗濯した物をたんすにしまう / Bücher4 **vom** Tisch *räumen* 本を机から片づける /《物》4 **zur** Seite *räumen* 物4を取りのける.

② (片づけて場所4を)空ける, 空にする; (場所4から人を)立ち退かせる. den Schrank *räumen* たんすを空にする / Polizei *räumte* die Straße von Demonstranten. 警察はデモ隊を通りから排除した. ③ (ある場所4から)立ち退く, 立ち去る; (部屋など4を)明け渡す. Die Zuschauer *räumten* den Saal. 観客はホールを立ち去った / die Wohnung4 *räumen* 住居を明け渡す.

Raum=er・spar・nis [ラオム・エァシュパルニス] 囡 -/ スペースの節約.

Raum=fäh・re [ラオム・フェーレ] 囡 -/-n スペースシャトル.

Raum=fah・rer [ラオム・ファーラァ] 男 -s/- 宇宙飛行士. (女性形: -in).

Raum=fahrt [ラオム・ファールト] 囡 -/-en 宇宙飛行.

Raum=fahr・zeug [ラオム・ファールツォイク] 甲 -[e]s/-e 宇宙船.

Raum=flug [ラオム・フルーク] 男 -[e]s/..flüge 宇宙飛行.

Raum=for・schung [ラオム・フォルシュング] 囡 -/ ① 宇宙研究. ② 地域研究.

Raum=in・halt [ラオム・インハルト] 男 -[e]s/-e 《数》体積, 容積.

Raum=kap・sel [ラオム・カプセる] 囡 -/-n (無人の)小型宇宙船; 宇宙船のカプセル(船室の部分).

räum・lich [ロイムりヒ] 形 ① 空間の, 場所の. *räumliche* Ausdehnung 場所の広がり. ② 立体の, 立体的な. *räumlich* hören ステレオで聴く.

Räum・lich・keit [ロイムりヒカイト] 囡 -/-en ① 《ふつう 圏》(美術館などの大きくて連なっている)部屋, ホール. ② 《圏 なし》《美》空間性, 立体[性]効果.

Raum=man・gel [ラオム・マンゲる] 男 -s/ スペース(部屋・場所)の不足.

Raum=ord・nung [ラオム・オルドヌング] 囡 -/ 《官庁》国土(地域)開発計画.

Raum=pfle・ge・rin [ラオム・プふれーゲリン] 囡 -/..rinnen 掃除婦(=Putzfrau).

Raum=schiff [ラオム・シふ] 甲 -[e]s/-e (大型の)宇宙船.

Raum=son・de [ラオム・ゾンデ] 囡 -/-n (無人の)宇宙探査機.

raum=spa・rend, Raum spa・rend [ラオム・シュパーレント] 形 場所(スペース)を取らない.

Raum=sta・ti・on [ラオム・シュタツィオーン] 囡 -/-en 宇宙ステーション.

räum・te [ロイムテ] räumen (片づける)の 過去.

Räu・mung [ロイムング] 囡 -/ ① 取り除き, 片づけ, 除去. ② 明け渡し, 立ち退き, 撤退.

Räu・mungs=kla・ge [ロイムングス・クらーゲ] 囡 -/-n 《法》(土地・家屋の)明け渡しの訴え.

Räu・mungs=ver・kauf [ロイムングス・フェァカオふ] 男 -[e]s/..käufe 《商》在庫一掃セール.

rau・nen [ラオネン ráunən] **I** 《亳) haben》《雅》《圏》(物4を)ささやく, つぶやく. 《人》3 **ins** Ohr *raunen* 《人》3 《物》4を耳打ちする. **II** 自 《亳) haben》《雅》①

《über 人・事⁴ ～》（人・事⁴ について）ないしは話をする. ② 《比》（林などが）ざわざわいう, （小川などが）さらさら音をたてる.

Rau·pe [ラオペ ráupə] 囡 -/-n ① 《昆》（ちょうなどの）幼虫, いも虫, 毛虫. *Raupen*⁴ im Kopf haben 《口語》少し頭がおかしい. ② ブルドーザー（=Planier*raupe*）; キャタピラー. ③ （肩章の）房飾り.

Rau·pen≠fahr·zeug [ラオペン・ファールツォイク] 中 -[e]s/-e キャタピラー車, 無限軌道車.

Rau≠reif [ラオ・ライふ] 男 -[e]s/ （粗目(ざらめ)の）霜, 樹霜.

raus [ラオス ráus] 副《口語》① （こっちの）外へ（=heraus）. ② （あっちの）外へ（=hinaus）.

der **Rausch** [ラオシュ ráuʃ] 男 (単2) -es (まれに -s)/(複) Räusche [ロイシェ] (3格のみ Räuschen) に 酔い, 酩酊(めいてい). 《英》state of drunkenness). Er hat einen schweren *Rausch*. 彼はずいぶん酔っ払っている / sich³ einen *Rausch* an|trinken 《口語》 酒を飲んで酔っ払う. ② 陶酔, 有頂天, 熱狂. im *Rausch* des Sieges 勝利に酔って.

Räu·sche [ロイシェ] Rausch (酔い)の 複

rau·schen [ラオシェン ráuʃən] (rauschte, hat/ist … gerauscht) (完了 haben) ① (h)（木の葉・風などが）ざわざわ(さらさら)と音をたてる, ざわめく. 《英》murmur). Der Bach *rauscht*. 小川がさらさらと音をたてる. ◇《非人称の es を主語とし》Es *rauscht* mir in den Ohren. 私は耳鳴りがする. ◇《現在分詞の形で》*rauschender* Beifall 《比》嵐のような拍手. ② (s)《方向を表す語句とともに》(…へ)ざわざわ音をたてて進む(流れる・降る・吹く); （人目をひく様子で）去って行く. Das Boot *rauscht* durch die Wellen. ボートがしゃぱしゃぱと波を切って進んで行く / Sie *rauschte* beleidigt aus dem Zimmer. 彼女はむっとして荒々しく部屋から出て行った.

Rausch≠gift [ラオシュ・ギふト] 中 -[e]s/-e 麻薬.

rausch·gift≠süch·tig [ラオシュぎふト・ズュヒティヒ] 形 麻薬中毒の.

Rausch≠gold [ラオシュ・ゴルト] 中 -[e]s/ （さらさらと音をたてる）金色の箔（クリスマスツリーの飾りなどに用いる）.

rausch·te [ラオシュテ] rauschen (ざわざわと音をたてる)の 過去

räus·pern [ロイスパァン rɔ́yspərn] (räusperte, hat … geräuspert) 再帰 (完了 haben) sich⁴ *räuspern* せき払いをする. Er *räusperte* sich und begann zu sprechen. 彼はせき払いをして, それから話し始めた.

räus·per·te [ロイスパァテ] räuspern (再帰 で:せき払いをする)の 過去

raus|schmei·ßen* [ラオス・シュマイセン ráus-ʃmaɪsən] 他 (h)《口語》① 追い出す; 解雇する. ② くびを投げ捨てる.

Rau·te [ラオテ ráutə] I 囡 -/-n《数》ひし形. II 囡 -/-n《植》ヘンルーダ[属].

rau·ten≠för·mig [ラオテン・ふェルミヒ] 形 ひし形の.

Ra·vi·o·li [ラヴィオーり ravió:li] 複《料理》ラビオリ（ひき肉などを小麦粉の皮で包んだもの）.

Raz·zia [ラッツィア rátsia] 囡 -/Razzien [..ツィエン]（まれに -s）《警察の不意の》手入れ.

Rb [エル・ベー]《化・記号》ルビジウム（=**Rubidium**）.

RB [エル・ベー]《略》近距離列車（=**Regionalbahn**）.

Rbl [ルーベる]《略》ルーブル（ロシアの通貨単位）（=**Rubel**）.

rd. [ルント]《略》およそ, 約（=**rund**）.

Re [エル・エー]《化・記号》レニウム（=**Rhenium**）.

RE [エル・エー]《略》近距離急行列車（=**Regionalexpress**）.

re.., Re.. [レ.. re..]《動詞・名詞などにつける接頭辞》① 《反対》例: *Re*aktion 反作用. ② 《再現》例: *re*produzieren 再生産する.

Re·a·gens [レアーゲンス reá:gens] 中 -/..genzien [レアゲンツィエン]《化》試薬.

Re·a·genz≠glas [レアゲンツ・グラース] 中 -es/..gläser 試験管.

***re·a·gie·ren** [レアギーレン reagí:rən] (reagierte, hat … reagiert) 自 (完了 haben)《英》react) ① 反応する, 応じる. Er *reagiert* schnell. 彼は反応が速い / Sie *reagierte* auf diese Ansteckerei sehr empfindlich. 彼女はこのあてこすりに非常に敏感に反応した / auf einen Brief nicht *reagieren* 手紙に返事を出さない. ② 《化》反応する. sauer (basisch) *reagieren* 酸性(塩基性)反応を示す.

re·a·giert [レアギーァト] *reagieren (反応する)の 過分, 3人称単数・2人称親称複数 現在

die **Re·ak·ti·on** [レアクツィオーン reaktsió:n] 囡 (単) -/(複) -en《英》reaction) ① 反応, 反響;《化》反応. Kern*reaktion* 核反応 / eine chemische *Reaktion* 化学反応 / eine *Reaktion*⁴ aus|lösen 反応を起こさせる / keine *Reaktion*⁴ zeigen 反応を示さない. ② 《複 なし》(政治的な)反動[勢力].

re·ak·ti·o·när [レアクツィオネーァ reaktsioné:r] 形 反動的な, 保守反動的な.

Re·ak·ti·o·när [レアクツィオネーァ] 男 -s/-e 反動主義者, 反動的な人. (女性形: -in).

Re·ak·tor [レアクトァ reáktɔr] 男 -s/-en [..トーレン]《物》① 原子炉. ② 反応装置.

re·al [レアーる reá:l] 形《英》real) ① 現実の, 実在する, 実体のある.（《英》"想像上の"はideal）. die *reale* Welt 現実の世界. ② 現実的な, 実際的な. *real* denken 現実的なものの考え方をする. ③ 《経》実質の. die *realen* Einkommen 実質所得.

Re·al≠ein·kom·men [レアーる・アインコンメン] 中 -s/-《経》実質所得.

re·a·li·sier·bar [レアりズィーァバール] 形 実

現可能な.

re·a·li·sie·ren [レアリズィーレン realizíːrən] 他 (h) ① 実現する, 現実化する. einen Plan *realisieren* 計画を実現する. ② 理解する, 実感する. Ich *kann* das alles noch nicht *realisieren*. 私はその一部始終がまだよく理解できない. ③《経》現金化する.

Re·a·li·sie·rung [レアリズィールング] 囡 -/-en ① 実現, 具体化. ②《経》現金化.

Re·a·lis·mus [レアリスムス realísmus] 男 -/ ① 現実主義, 実利主義. ②《文学・美》写実主義, リアリズム. ③《哲》実在論.

Re·a·list [レアリスト realíst] 男 -en/-en 現実(利)主義者;《文学・美》写実主義者;《哲》実在論者. (女性形: -in).

Re·a·lis·tik [レアリスティク realístɪk] 囡 -/ (描写の)写実性, リアリズム.

re·a·lis·tisch [レアリスティッシュ realístɪʃ] 形 ① 写実的な(描写など); 現実的な, 冷静な(観察など).《英》realistic). eine *realistische* Schilderung 写実的な描写. ② 写実主義の, リアリズムの(絵画・文学など).

Re·a·li·tät [レアリテート realitέːt] 囡 -/-en ①《圏なし》現実, リアリティー; 実在, 実在. ②事実. ③《圏で》《オーストリア》不動産.

Re·a·li·ty-TV [リエリティ・ティーヴィー riélɪti-tiːviː]/ 匣 -[s]/ (テレビ番組のジャンルで:)(事件・事故などの)特番.

Re·al·le·xi·kon [レアーる・れクスィコン] 匣 -s/..lexika (または ..lexiken) 専門用語事典.

Re·al‡lohn [レアーる・ローン] 男 -[e]s/..löhne 《経》実質賃金.

Re·al‡po·li·tik [レアーる・ポリティーク] 囡 -/ 現実的政策.

Re·al‡schu·le [レアーる・シューれ] 囡 -/-n 実科学校(ドイツでは Mittelschule とも言われ, ふつう6年制, オーストリアでは8年制の学校). ☞「ドイツ連邦共和国の教育制度」, 1175ページ).

Re·be [レーベ réːbə] 囡 -/-n ① ブドウ[の枝]. ②《雅》ぶどうの木.

Re·bell [レベる rebέl] 男 -en/-en 反乱者, 反逆者; (体制などへの)反逆児. (女性形: -in).

re·bel·lie·ren [レベリーレン rebelíːrən] 自 (h) 反乱(謀反)を起こす; 反抗する. **gegen** den Diktator *rebellieren* 独裁者に対して反乱を起こす / Mein Magen *rebelliert*.《比》私は胃の具合が悪い.

Re·bel·li·on [レベリオーン rebεliόːn] 囡 -/-en 反乱, 反逆; 反抗.

re·bel·lisch [レベりッシュ rebέlɪʃ] 形 反乱した, 反抗的な.

Re·ben‡saft [レーベン・ザふト] 男 -[e]s/《雅》ぶどう酒, ワイン(= Wein).

Reb‡huhn [レプ・フーン] 匣 -[e]s/..hühner《鳥》ヨーロッパヤマウズラ.

Reb‡laus [レーブ・らオス] 囡 -/..läuse《昆》ブドウネアブラムシ.

Reb‡stock [レープ・シュトック] 男 -[e]s/..stöcke ぶどうの木.

Re·bus [レーブス réːbʊs] 男 匣 -/..busse 判じ絵.

Re·chaud [レショー reʃóː] [ジョ] 男 匣 -s/-s ① (料理・飲み物の)保温台. ②《南ドシ・オーストリ・スイス》ガスこんろ.

re·chen [レッヒェン réçən] 他 (h)《南ドシ・オーストリ・スイス》熊手でかき集める(かきならす).

Re·chen [レッヒェン] 男 -s/- ①《南ドシ・オーストリ・スイス》熊手, レーキ. ② (水路などの)ちりよけ格子.

Re·chen‡auf·ga·be [レッヒェン・アオフガーベ] 囡 -/-n 計算(算数)問題.

Re·chen‡buch [レッヒェン・ブーフ] 匣 -[e]s/..bücher 算数の本(教科書).

Re·chen‡feh·ler [レッヒェン・フェーらァ] 男 -s/- 計算間違い, 誤算.

Re·chen‡ma·schi·ne [レッヒェン・マシーネ] 囡 -/-n 計算機; そろばん. eine elektronische *Rechenmaschine* 電子計算機.

die **Re·chen·schaft** [レッヒェンシャふト réçənʃaft] 囡 《単》-/ 釈明, 弁明; 報告.《英》account). Ich bin dir keine *Rechenschaft* schuldig. 私は君に釈明する必要はない /《人》über《人》*Rechenschaft*[4] **geben**《人》[3]に《人》[4]の釈明をする / **von**《人》[3] *Rechenschaft*[4] fordern (または verlangen)《人》[3]に釈明を求める /《人》für《人》[4] **zur** *Rechenschaft* ziehen《人》[4]に《人》[4]の責任を問う.

Re·chen·schafts‡be·richt [レッヒェンシャふツ・ベリヒト] 男 -[e]s/-e 事業報告書.

Re·chen·schie·ber [レッヒェン・シーバァ] 男 -s/- 計算尺.

Re·chen‡zen·trum [レッヒェン・ツェントルム] 匣 -s/..zentren 計算機センター.

Re·cher·che [レシェルシェ reʃέrʃə] [ジョ] 囡 -/-n《ふつう圏》調査, 捜査. *Recherchen*[4] anstellen 調査(捜査)する.

re·cher·chie·ren [レシェルシーレン reʃεrʃíːrən] 他 (h)・自 (h) 調査(捜査)する.

＊rech·nen [レヒネン réçnən]

計算する

Du *rechnest* aber schnell!
ドゥー レヒネスト アーバァ シュネる
君は計算が速いなあ.

---

du rechnest, er rechnet (rechnete, hat ... gerechnet) I 自 (完了 haben) ① 計算する.《英》calculate). Er *rechnet* mit dem Taschenrechner. 彼はポケット電卓で計算する / schriftlich (im Kopf) *rechnen* 筆算(暗算)する.

②《**mit**《人》・事》[3]~》(《人》・事》[3]を)**考慮に入れる**, 予期する. Ich *rechne* mit Ihrer Teilnahme. 私はあなたが参加されるものと思っています / mit dem Schlimmsten *rechnen* 最悪の事態を覚悟する.

③《**auf**《人》・事》[4]~》(《人》・事》[4]を)当てにする, 頼りにする. Auf ihn *kann* man *rechnen*. 彼は当てにできる.

④《**zu** 人・物⁴〜》(人・物³の)一人(一つ)に数えられる. Er *rechnet* zu den bekanntesten Dirigenten. 彼はもっとも有名な指揮者の一人だ. ⑤ (倹約して)やりくりする. Sie *rechnet* **mit** jedem Cent. 彼女は1セントもむだにしない.
II 他《完了 haben》① 《他⁴を》**計算する**, 算出する. Zinsen⁴ *rechnen* 利息を計算する / die Entfernung⁴ *rechnen* **nach** (または **in**) Lichtjahren *rechnen* 距離を光年で計算する. ◇《過去分詞の形で》vom ersten Mai an *gerechnet* 5月1日から計算すると.
② 見積もる, 見込む. Ich *rechne* eine Flasche Wein **für** jeden Gast. 私はお客一人にワイン1本を見積もっている / für den Rückweg zwei Stunden⁴ *rechnen* 帰路に2時間を見込む. ◇《過去分詞の形で》alles⁴ in allem *gerechnet* 全部ひっくるめて / grob *gerechnet* ざっと見積もって.
③《A⁴ **zu** B³ (または **unter** B⁴) 〜》(A⁴をB³(またはB⁴)の)一人(一つ)に数える. Ich *rechne* ihn zu meinen Freunden. 私は彼を友人の一人とみなしている / 人⁴ unter die Fachleute *rechnen* 人⁴を専門家の一人に数える. ④ 数に入れる. ◇《過去分詞の形で》Wir sind zehn Personen, die Kinder nicht *gerechnet*. 子供たちは数に入れないで私たちは10名です. ⑤(算数の問題など⁴を)解く, 計算する. eine Aufgabe⁴ *rechnen* 計算問題を解く.

Rech·nen [レヒネン] 中 -s/ 計算; 算数. Wir haben heute *Rechnen*. きょうは算数の授業がある.

Rech·ner [レヒナァ réçnər] 男 -s/- ① 計算する人. (女性形: -in). ② (コンピュ)[電子]計算機.

rech·ne·risch [レヒネリッシュ réçnərɪʃ] 計算による, 計算上の.

rech·ne·te [レヒネテ] *rechnen (計算する)の 過去

***die* Rech·nung** [レヒヌング réçnʊŋ]

計算; 勘定[書]
Herr Ober, die *Rechnung* bitte!
ヘル オーバァ ディ レヒヌング ビッテ
ボーイさん, お勘定をお願いします.

囡 (単) -/(複) -en ① 計算; 計算問題. (愛 calculation). eine schwierige (einfache) *Rechnung* 難しい(簡単な)計算[問題] / Die *Rechnung* geht auf. a) 計算が合う, b)《比》事が思惑どおりに進む / Die *Rechnung* ist richtig (falsch). その計算は正しい(間違っている).
② 勘定[書], 計算書, 請求書. (愛 bill). eine unbezahlte *Rechnung* 未払いの勘定 / eine *Rechnung* **über** 100 Euro 100ユーロの勘定書 / Die *Rechnung* macht (または beträgt) 20 Euro. 勘定は20ユーロになる / eine *Rechnung*⁴ bezahlen 勘定を払う / die *Rechnung*⁴ quittieren 勘定書に領収のサインをする / die *Rechnung*⁴ ohne den Wirt machen (肝心な点で)見込み違いをする(←店の主人抜きで勘定を計算する).
◇《前置詞とともに》Das geht **auf** meine *Rechnung*. それは私が払います / eine Ware⁴ **auf** *Rechnung* kaufen 商品をつけて買う / **auf** die *Rechnung* setzen (または schreiben) 他⁴を請求書につける / auf (または **für**) eigene *Rechnung* a) 自己負担で, b)《比》自分の責任において / auf (または **gegen**) *Rechnung* arbeiten 出来高払いで働く / 他³ 他⁴ **in** *Rechnung* stellen 他⁴の勘定を人³につける.
③ 算定, 考慮. 他³ *Rechnung*⁴ tragen 他³を顧慮する / 他⁴を **außer** *Rechnung* lassen 他³を無視する / 他⁴ **in** *Rechnung* ziehen (または stellen) 他⁴を考慮に入れる / **nach** meiner *Rechnung* 私の目算では.

Rech·nungs≠füh·rer [レヒヌングス・フューラァ] 男 -s/- 会計(係); 簿記係. (女性形: -in).

Rech·nungs≠hof [レヒヌングス・ホーフ] 男 -[e]s/..höfe 会計検査院.

Rech·nungs≠jahr [レヒヌングス・ヤール] 中 -[e]s/-e 会計年度.

Rech·nungs≠prü·fer [レヒヌングス・プリューファァ] 男 -s/- 会計検査官, 会計監査人. (女性形: -in).

Rech·nungs≠we·sen [レヒヌングス・ヴェーゼン] 中 -s/《経》会計[事務・制度].

***recht**¹ [レヒト réçt]

正しい　Ganz *recht*! まさにそのとおり.
　　　　ガンツ　レヒト

I 形 ① 適切な, 目的に合った, ふさわしい. (愛 right). der *rechte* Zeitpunkt für 他⁴ 他⁴に最適な時 / zur *rechten* Zeit ちょうどよいときに / Er ist der *rechte* Mann am *rechten* Ort. 彼こそ適材適所だ / Du kommst mir gerade *recht*. a) 君はちょうどよいときに来てくれた, b)《口語》(反語的に:)君はまさにタイミングの悪いときに来た / Ihm ist jedes Mittel *recht*. 彼は手段を選ばない(←どんな手段も適切だ). (☞類語 richtig).
② 正しい, 間違っていない. Das ist *recht*. それはいい(すばらしい) / Bin ich hier *recht*?《方》この道(場所)でよいのでしょうか / So ist es *recht*! それでよろしい / *Recht* so! その調子だ / Wenn ich mich *recht* erinnere, … 私の記憶に間違いがなければ… / Ich verstehe seine Einstellung nicht *recht*. 私は彼の考え方がよくわからない.
◇《名詞的に》*recht* (または *Recht*) haben (言ったこと・考えたことが)正しい ⇒ Du hast *recht* (または *Recht*). 君の言うとおりだ / *recht* (または *Recht*) bekommen (言っていることが)正しいと認められる / 人³ *recht* (または *Recht*) geben 人³に賛成する / nach dem *Rechten* sehen 万事うまくいっているかどうか調べてみる / das *Rechte*⁴ treffen 正鵠(ﾃ)を射る.
③ 正当な, 当然の. Es ist nicht *recht* [von

dir], so zu sprechen. そんな口のきき方はよくないぞ / Das ist nur *recht*, dass … …は当然すぎるほど当然だ / Das geschieht dir *recht*! そら見たことか(←それが君に起こるのは当然だ) / alles, was *recht* ist [, aber …]《口語》確かにそうだ[がしかし…].

④《人³にとって》都合のよい. Wenn es Ihnen *recht* ist, … もしご都合がよければ, … / Ist Ihnen dieser Termin *recht*? この日程でよろしいですか / Mir ist heute gar nicht *recht*.《方》私はきょうは体調が悪い.

⑤ 真の, 本当の, 本物の. ein *rechter* Mann 真の男 / ihr *rechtes* Kind《旧》彼女の実子 / Sie ist noch ein *rechtes* Kind. 彼女はまだほんの子供だ. ◇《名詞的に》etwas (nichts) *Rechtes*⁴ können まっとうなことができる(まともなことができない).

II 副 相当に, かなり, なかなか. *recht* gut なかなか良い / erst *recht* ますますもって, なおのこと / *recht* und schlecht 曲がりなりにも, どうにかこうにか / Er weiß *recht* viel darüber. 彼はそれについて本当にたくさんのことを知っている / Ich danke Ihnen *recht* herzlich. 私はあなたに心から感謝します.

＊**recht**² [レヒト réçt] 形《付加語としてのみ》① 右の, 右側の.《英》right).（⇔「左の」は link). der *rechte* Arm 右腕 / Das Haus liegt auf der *rechten* Seite der Straße. その家は通りの右側にある / Er ist die *rechte* Hand des Chefs.《比》彼は上役の右腕だ.

② (政治的に)右派の, 右翼の. der *rechte* Flügel einer Partei² 党の右派. ③ (布地・硬貨などの)表側の, 上側の. die *rechte* Seite eines Pullovers プルオーバーの表側. ④《数》直角の. ein *rechter* Winkel 直角.

＊*das* **Recht** [レヒト réçt] 中 (単2) -s (まれに -es)/(複) -e (3格のみ -en) ① 権利.《英》right);（⇔「義務」は Pflicht) Wahl*recht* 選挙権. / *Rechte* und Pflichten 権利と義務 / die *Rechte* der Bürger² 市民の権利 / ein *Recht*⁴ aus|üben 権利を行使する / sein *Recht*⁴ fordern 権利を要求する / Jeder hat ein *Recht* auf Arbeit. だれにでも働く権利がある / Er besteht auf seinem *Recht* (または pocht auf sein *Recht*). 彼は自分の権利を主張する / Mit welchem *Recht* tut er das? 何の権利があって彼はそんなことをするのか / Er macht von seinem *Recht* Gebrauch. 彼は自分の権利を行使する / Er wird schon zu seinem *Recht* kommen. 彼には相応の権利が認められるだろう / Du hast nicht das *Recht*, das zu tun. 君にはそれをする権利はない.

②《圏 なし; 2 格 -s》(総称として)法, 法律.《英》law). das bürgerliche *Recht* 民法 / das öffentliche *Recht* 公法 / das römische *Recht* ローマ法 / das *Recht*⁴ beugen (brechen) 法を曲げる(犯す) / das *Recht*⁴ mit Füßen treten 法を踏みにじる / *Recht*⁴ sprechen 判決を下す / *gegen* (または *wider*) das *Recht* 法に違反して / nach dem geltenden *Recht* 現行法により / von *Rechts* wegen a) 法律上[は], b)《比》本来[は].

③《圏 なし》正当さ, 正当性, 正義.《英》right, justice).（⇔「不正」は Unrecht). *Recht*⁴ haben (言ったこと・考えたことが)正しい ⇒ Du hast *Recht*. 君の言うとおりだ / *Recht*⁴ bekommen (言っていることが)正しいと認められる / 人³ *Recht*⁴ geben 人³に賛成する / 圏⁴ für *Recht* erkennen《官庁》圏⁴を正当と認める / Er ist im *Recht*. 彼の言う(行う)ことは正しい / mit (または zu) *Recht* もっともなことに, 正当にも / nach *Recht* und Gewissen handeln 正義と良心に従って行動する.

Rech・te [レヒテ réçtə] 囡《語尾変化は形容詞と同じ》① 《ふつう 圏》右手.（⇔「左手」は Linke). 圏⁴ in der *Rechten* halten 圏⁴を右手に持っている / zur *Rechten* 右側に ⇒ Sie saß zu seiner *Rechten*. 彼女は彼の右側に座っていた. ② (ボクシングの)右パンチ. ③《ふつう 圏》《政》右派, 右翼.

Recht≠eck [レヒト・エック] 中 -[e]s/-e 長方形.

recht≠eckig [レヒト・エキヒ] 形 長方形の.

rech・ten [レヒテン réçtən] 自(h)《mit 人³ 〜》《雅》《人³と》論争する. mit 人³ über 圏⁴ *rechten* 人³と圏⁴について論争(口論)する / mit 人³ um 圏⁴ *rechten* 人³と圏⁴をめぐって争う.

rech・tens [レヒテンス réçtəns] 副 ① 当然. ②《成句的に》*rechtens* sein 正当(合法的)である.

rech・ter・seits [レヒタァ・ザイツ] 副 右側に, 右に, 右の方に.

recht・fer・ti・gen [レヒト・フェルティゲン réçt-fertigən] (rechtfertigte, hat … gerechtfertigt) I 他 (完了) haben)《英》justify). 正当化する; 弁明する.《人・事⁴を》正当化する; 弁明する. Der Anlass *rechtfertigt* den Aufwand. そのような理由であればこの出費もやむをえない / Ich *habe* sein Benehmen gerechtfertigt. 私は彼の態度を弁護した.

II 再帰 (完了) haben) *sich* ⁴ *rechtfertigen* ① (自分の行為を)弁明する, 弁解する. Er braucht *sich* nicht zu *rechtfertigen*. 彼は弁解する必要はない. ② (ある事が)正当化される.
◇☞ gerechtfertigt

recht・fer・tig・te [レヒト・フェルティヒテ] rechtfertigen (正当化する)の 過去

Recht・fer・ti・gung [レヒト・フェルティグング] 囡 ① 正当化; 弁明, 釈明. von 人³ *Rechtfertigung* fordern 人³に釈明を求める.

recht≠gläu・big [レヒト・グろイビヒ] 形 正教の, 正信仰の.

Recht≠ha・be・rei [レヒト・ハーベライ] 囡 独善, ひとりよがり.

recht≠ha・be・risch [レヒト・ハーベリッシュ] 形 独善的な, ひとりよがりな.

recht・lich [レヒトリヒ] 形 ① 法的な; 合法の. im *rechtlichen* Sinne 法的な意味で. ② 正直な, 実直な.

recht∠los [レヒト・ロース] 形 法的権利のない,法律の保護を受けない.

Recht∠lo·sig·keit [レヒト・ローズィヒカイト] 女 -/ 法的権利のない(法律の保護を受けない)こと.

recht∠mä·ßig [レヒト・メースィヒ] 形 法に基づく, 合法的な.

Recht∠mä·ßig·keit [レヒト・メースィヒカイト] 女 -/ 合法[性], 適法[性].

rechts [レヒツ réçts]

> 右に Gehen Sie nach *rechts*!
> ゲーエン ズィー ナーハ レヒツ
> 右の方へ行きなさい.

I 副 ① 右に, 右側に. (英 *on the right*). (⇔「左に」は links). Das Auto biegt *rechts* ab. その自動車は右に曲る / *rechts* gehen 右側を歩く / von *rechts* [her] 右から / nach *rechts* [hin] 右へ / nach *rechts* und links schauen 右左を見る / Augen *rechts*!(軍)(号令で:)かしら右! / weder *rechts* noch links schauen 《比》 わき目もふらずに進む / Er weiß nicht mehr, was *rechts* und links ist.《口語》彼はもうどうしてよいかわからない(←右も左も).

② (布地などの)表側に;《手芸》表編みで. den Stoff [von] *rechts* bügeln 布の表側からアイロンをかける.

③ (政治的に)右翼に, 右派に. Er steht *rechts*. 彼は右派である.

II 前 《2格とともに》…の右側に. *rechts* des Rheines ライン川の右岸に.

Rechts∠an·spruch [レヒツ・アンシュプルフ] 男 -[e]s/..sprüche 法律上の請求権.

der **Rechts∠an·walt** [レヒツ・アンヴァルト] 男 (単2) -[e]s/(複) ..wälte [..ヴェるテ] (3格のみ ..wälten) 弁護士. (英 *lawyer*). [sich] einen *Rechtsanwalt* nehmen 弁護士を雇う.

Rechts∠an·wäl·tin [レヒツ・アンヴェるティン] 女 -/..tinnen (女性の)弁護士.

Rechts∠au·ßen [レヒツ・アオセン] 男 女 -/- (サッカーなどの)ライトウイング.

Rechts∠bei·stand [レヒツ・バイシュタント] 男 -[e]s/..stände (弁護士の資格のない)法律上の相談役, 法律顧問.

Rechts∠be·ra·tung [レヒツ・ベラートゥング] 女 -/-en 法律相談.

Rechts∠bruch [レヒツ・ブルフ] 男 -[e]s/..brüche 法律違反.

recht∠schaf·fen [レヒト・シャッふェン réçtʃafən] I 形 ① 正直な, 誠実な. ein *rechtschaffener* Mensch 正直な人. ② 非常な, ひどい(空腹など). II 副 非常に, ひどく.

Recht·schaf·fen·heit [レヒト・シャッふェンハイト] 女 -/ 正直さ, 誠実さ.

Recht∠schrei·bung [レヒト・シュライブング] 女 -/-en 正書(正字)法(=Orthografie).

Recht·schreib∠re·form [レヒトシュライブ・レふォルム] 女 -/-en 正書(正字)法改正.

Rechts∠emp·fin·den [レヒツ・エンプふィンデン] 中 -s/ 法意識, 正義感.

Rechts∠ex·tre·mist [レヒツ・エクストレミスト] 男 -en/-en 《政》極右主義者. (女性形: -in).

rechts∠fä·hig [レヒツ・ふェーイヒ] 形 《法》(法律上の)権利能力のある. ein *rechtsfähiger* Verein 社団法人.

Rechts∠fall [レヒツ・ふァる] 男 -[e]s/..fälle 《法》法律(訴訟)事件.

rechts∠ge·rich·tet [レヒツ・ゲリヒテット] 形 (政治的に)右寄りの, 右傾している.

rechts∠gül·tig [レヒツ・ギュるティヒ] 形 《法》法律上有効な.

Rechts∠hän·der [レヒツ・ヘンダァ] 男 -s/- 右利きの人. (女性形: -in). (⇔「左利きの人」は Linkshänder).

rechts∠hän·dig [レヒツ・ヘンディヒ] 形 ① 右利きの. ② 右手による.

rechts∠her·um [レヒツ・ヘルム] 副 右回りに.

Rechts∠kraft [レヒツ・クラふト] 女 -/ 《法》確定力.

rechts∠kräf·tig [レヒツ・クレふティヒ] 形 《法》法律上有効な, 確定力のある.

Rechts∠kur·ve [レヒツ・クルヴェ] 女 -/-n 右カーブ.

Rechts∠la·ge [レヒツ・らーゲ] 女 -/ 《法》法的状態.

Rechts∠mit·tel [レヒツ・ミッテる] 中 -s/- 《法》法的手段(判決に対する控訴・上告・抗告).

Rechts∠nach·fol·ger [レヒツ・ナーハふォるガァ] 男 -s/- 《法》権利(義務)承継者. (女性形: -in).

Rechts∠pfle·ge [レヒツ・プふれーゲ] 女 -/ 《法》司法; 法の執行, 裁判.

Recht∠spre·chung [レヒト・シュプレッヒュング] 女 -/-en 『ふつう 単』 判決, 裁判; 司法.

rechts∠ra·di·kal [レヒツ・ラディカーる] 形 《政》極右の.

rechts∠sei·tig [レヒツ・ザイティヒ] 形 右側の.

Rechts∠spruch [レヒツ・シュプルフ] 男 -[e]s/..sprüche 判決.

Rechts∠staat [レヒツ・シュタート] 男 -[e]s/-en 《政》法治国家.

rechts∠staat·lich [レヒツ・シュタートりヒ] 形 法治国家の.

Rechts∠streit [レヒツ・シュトライト] 男 -[e]s/-e 《法》法律上の争い(論争).

rechts∠um [レヒツ・ウム] 副 (特に軍隊で:)右へ回って, 右の方へ. *Rechtsum* kehrt! (号令で:)回れ右!

rechts∠un·gül·tig [レヒツ・ウンギュるティヒ] 形 《法》法律上無効の.

rechts∠ver·bind·lich [レヒツ・ふェアビントりヒ] 形 《法》法的に拘束力のある.

Rechts∠ver·dre·her [レヒツ・ふェアドレーアァ] 男 -s/- ① (軽蔑的に:)法律曲解者, 法を曲げる人. (女性形: -in). ② 《口語・戯》法律

家, 弁護士.

Rechts*ver·kehr[1] [レヒツ・フェァケーァ] 男 -s/ (車両の)右側通行. (⇨「左側通行」は Linksverkehr).

Rechts*ver·kehr[2] [レヒツ・フェァケーァ] 男 -s/《法》(国際間の)法律関係の交流.

Rechts*weg [レヒツ・ヴェーク] 男 -[e]s/-e《法》法的手段. den *Rechtsweg* beschreiten (または ein|schlagen) 法に訴える, 訴訟を起こす.

rechts*wid·rig [レヒツ・ヴィードリヒ] 形 違法の, 不法の.

Rechts*wis·sen·schaft [レヒツ・ヴィッセンシャフト] 女 -/ 法学, 法律学 (=Jura).

recht*win·ke·lig [レヒト・ヴィンケリヒ] 形 = rechtwinklig

recht*wink·lig [レヒト・ヴィンクリヒ] 形《数》直角の. ein *rechtwinkliges* Dreieck 直角三角形.

***recht*zei·tig** [レヒト・ツァイティヒ] réçttsaɪtɪç] **I** 副 ちょうどよいときに, 折よく; 遅れずに. 《英 *in time*》. rechtzeitig kommen ちょうどよいときに来る / eine Krankheit[4] *rechtzeitig* erkennen ある病気を早期に発見する. **II** 形 時宜を得た, ちょうどよいときの; 時間に遅れない. 《英 *timely*》. eine *rechtzeitige* Hilfe 時宜を得た援助.

Reck [レック rék] 中 -[e]s/-e (または -s)《スポ》鉄棒. *Reck*[4] (または am *Reck*) turnen 鉄棒をする.

Re·cke [レッケ rékə] 男 -n/-n《雅》(伝説中の)戦士, 勇士, 英雄.

re·cken [レッケン rékən] **I** 他 (h) (手足など[4]を)伸ばす. den Hals *recken* (見ようとして)首を伸ばす. **II** 再他 (h) *sich*[4] *recken* 背伸びをする, 体を伸ばす.

Re·cor·der [レコルダァ rekɔ́rdər または リ..ri..] [英] 男 -s/- レコーダー, 録音(録画)器 (= Rekorder).

re·cy·cel·bar [リサイクる・バール risáɪklba:r] 形 リサイクル可能な.

re·cy·cel·fäh·ig [リサイクる・フェーイヒ] 形 = recycelbar

re·cy·celn [リサイクるン risáɪkln]《過分》recycelt) 他 (h) (古紙・空缶など[4]を)リサイクルする.

Re·cy·cling [リサイクりング risáɪklɪŋ] [英] 中 -s/ リサイクリング, 廃品再生.

Re·cy·cling·pa·pier [リサイクリング・パピーァ] 中 -s/ 再生紙.

Re·dak·teur [レダクテーァ redaktǿ:r] 男 -s/-e (新聞・雑誌の)編集者. (女性形: -in). Chef*redakteur* 編集長.

Re·dak·ti·on [レダクツィオーン redaktsió:n] 女 -/-en ① 《複なし》編集. ② 編集部員; 編集局(室).

re·dak·ti·o·nell [レダクツィオネる redaktsionéll] 形 編集の, 編集者の手による.

*die **Re·de** [レーデ ré:də] 女 (単) -/(複) -n ① 演説, スピーチ, 講演; 弁舌. 《英 *speech*》. Wahl*rede* 選挙演説 / eine lange *Rede* 長いスピーチ / eine *Rede*[4] halten 演説をする / die Kunst der *Rede*[2] 弁論術 / große *Reden* schwingen《口語》大口をたたく, 大言壮語する. (⇨ 類語 Gespräch).

② 話, 話すこと; 意見; 話題. *Rede* und Gegenrede 論戦(← 発言と反論) / lose *Reden*[4] führen 軽率な口をきく / Das ist nicht der *Rede*[2] wert. それは言うに足らないことだ / 人[3] *Rede* [und Antwort] stehen 人[3]に釈明する / [Das war schon immer!] meine *Rede*!《口語》それは私がいつも言ってることじゃないか / die *Rede*[4] auf 人[4] bringen 人[4]を話題にする / 人[3] in die *Rede* fallen 人[3]の話をさえぎる / von 人·事[3] die *Rede* sein 人·事[3]のことが話題になっている ⇒ Von wem ist die *Rede*? だれのことが話題になっているのですか / Davon kann keine *Rede* sein. それはお話にならない / 人[4] zur *Rede* stellen 人[4]に釈明を求める.

③ 《ふつう 複》うわさ, 評判. Es geht die *Rede*, dass … …といううわさである. ④《言》話法, 説話; 話し方; 文体. direkte (indirekte) *Rede* 直接(間接)話法 / erlebte *Rede* 体験話法 / gebundene (ungebundene) *Rede* 韻文 (散文). ⑤《言》パロール, 発話.

Re·de·fluss [レーデ・ふるス] 男 -es/..flüsse《ふつう 単》とめどない弁舌, 長口舌.

Re·de·frei·heit [レーデ・ふライハイト] 女 -/ 言論の自由; 発言権.

re·de·ge·wandt [レーデ・ゲヴァント] 形 能弁な, 雄弁な, 弁舌さわやかな.

Re·de·kunst [レーデ・クンスト] 女 -/ ① 雄弁術. ② 修辞学 (=Rhetorik).

***re·den** [レーデン ré:dən]

| 話す | Ich muss mit dir *reden*. どうしても君と話さなければならない. |

du redest, er redet (redete, *hat* … geredet) **I** 自 (完了 haben) ① 話す, 語る, しゃべる. 《英 *talk*》. Er redet laut (leise). 彼は大声で(小声で)話す / mit den Händen *reden* 手ぶりを交えて(手話で)話す / mit 人[3] *reden* 人[3]と話をする, 話し合う ⇒ Er *redet* mit seinem Nachbarn. 彼は隣りの人と話している / mit *sich* selbst *reden* ひとり言を言う / über 人·事[4] (または von 人·事[3]) *reden* 人·事[4](または 人·事[3])について話す ⇒ Man *redet* über dich. みんなが君のうわさ話をしている / Niemand *redet* mehr von den Ereignissen. だれももうそれらの事件のことを話さない. (⇨ 類語 sagen).

◇《lassen とともに》 Lass die Leute *reden*! 世間の人には勝手に言わせておけ! / Er *lässt* mit sich *reden*. 彼は話がわかる男だ / Über diesen Vorschlag *lässt* sich *reden*. この提案は話し合う価値がある. ◇《haben または machen とともに》 Du *hast* gut *reden*. 彼は他人事だからそう言えるんだ / Er *machte* von sich *reden*. 彼は世間の注目を浴びた.

② 演説する, 講演する. Der Minister *redete* vor Studenten. 大臣は学生たちの前で演説した / frei *reden* 原稿なしで演説(講演)する.

II 佗(完了 haben) (鬪^{4}を)話す, 言う, しゃべる. Er *redet* oft Unsinn. 彼はよくばかなことを言う / kein Wort^4 *reden* ひとこともしゃべらない / Gutes^4 (Schlechtes^4) über 人^4 *reden* 人^{4}のことをよく(悪く)言う.

III 佴(完了 haben) *sich*^{4} *reden* 話していて[その結果]…になる. Ich *redete* mich in Wut (または Zorn). 私は話していて腹が立ってきた / *sich*^{4} heiser *reden* しゃべりすぎて声をからす.

Re·den [レーデン] **I** *Rede (演説)の鬪 **II** 田 -s/ 話す(語る)こと. *Reden* ist silber, Schweigen ist Gold. (ことわざ) 雄弁は銀, 沈黙は金.

Re·dens=art [レーデンス・アールト] 囡 -/-en ① 慣用句, 成句. eine sprichwörtliche *Redensart* ことわざ風の慣用句. ② 『鬪で決まり文句』お世辞. Das sind doch nur bloße *Redensarten*! それは単なる社交辞令だ.

Re·de·rei [レーデライ re:dərái] 囡 -/-en ① 『鬪なし』おしゃべり. ② うわさ, ゴシップ.

Re·de=schwall [レーデ・シュヴァる] 男 -[e]s/-e 『ふつう鬪』べらべらとまくしたてること, 冗舌.

re·de·te [レーデテ] *reden (話す)の過去

Re·de·wei·se [レーデ・ヴァイゼ] 囡 -/-n 話し方, 言い回し, 表現方法.

Re·de=wen·dung [レーデ・ヴェンドゥング] 囡 -/-en ① 慣用句, 成句. ② (言)(いくつかの単語から成るふつう比喩的な)慣用表現, イディオム.

re·di·gie·ren [レディギーレン redigí:rən] 他 (h) (原稿など^{4}を)校閲する, 編集する.

red·lich [レートリヒ] **I** 形 ① 正直な, 誠実な. ein *redlicher* Mann 正直な人. ② (比)たいへん. sich^3 *redliche* Mühe^4 geben たいへんな苦労をする. **II** 副 ひどく, 大いに. Jetzt bin ich *redlich* müde. 今, 私はとても疲れている.

Red·lich·keit [レートリヒカイト] 囡 -/ 正直さ, 誠実さ.

Red·ner [レードナァ ré:dnər] 男 -s/- 話し手, 講演者, 演説者; 雄弁家. (女性形: -in).

Red·ner=büh·ne [レードナァ・ビューネ] 囡 -/-n 演壇.

red·ne·risch [レードネリッシュ ré:dnərɪʃ] 形 演説[家]の; 雄弁な.

red=se·lig [レート・ゼーリヒ] 形 おしゃべりな, 多弁な, 口数の多い.

Red·se·lig·keit [レート・ゼーリヒカイト] 囡 -/ おしゃべり, 多弁.

Re·duk·ti·on [レドゥクツィオーン reduktsió:n] 囡 -/-en ① 縮小; 簡素化; 制限, 削減. eine *Reduktion* der Arbeitszeit^2 労働時間の削減. ② (哲)還元法. ③ (言)(母音・子音の)弱化. ④ (化)還元.

re·du·zie·ren [レドゥツィーレン redutsí:rən] **I** 他 (h) ① (数量・価値など^{4}を)減らす, 下げる, 縮小(削減)する. Preise^4 auf (または um) die Hälfte *reduzieren* 値段を半額にする. ② 『A^4 auf B^4 ~』(A^4 を B^{4}に)還元する, 簡略化する. ③ (化)還元する; (数)約分する. **II** 再鬪 (h) *sich*^{4} *reduzieren* 減少する, 縮小する. Die Zahl der Unfälle *hat sich reduziert*. 事故の数は減少した.

Ree·de [レーデ ré:də] 囡 -/-n (海)(港外の)投錨(とうびょう)地, 停泊地. auf der *Reede* liegen (船が)停泊している.

Ree·der [レーダァ ré:dər] 男 -s/- 船主; 海運業者. (女性形: -in).

Ree·de·rei [レーデライ re:dəráɪ] 囡 -/-en 海運業, 船会社.

re·ell [レエる reéll] 形 ① 信頼できる, 堅実な, きちんとした; 《口語》ちゃんとした(食事など). ein *reelles* Geschäft 信頼できる店. ② 実際の, 現実の. *reelle* Aussichten 確かな見通し / *reelle* Zahlen (数) 実数.

Reep [レープ ré:p] 中 -[e]s/-e (海) ロープ, 綱.

Re·fek·to·ri·um [レフェクトーリウム refektó:rium] 中 -s/..rien (..リエン) 《カトリック》(修道院・神学校などの)食堂.

Re·fe·rat [レフェラート referá:t] 中 -[e]s/-e ① 研究(調査)報告, (ゼミナールなどでの)発表, 小講演; (新刊書などの)批評. ein *Referat*^{4} schreiben 研究報告書を書く / ein *Referat*^{4} halten 研究発表を行う. ② (官庁などの)担当[部門], …課.

Re·fe·ren·dar [レフェレンダール referɛndá:r] 男 -s/-e 試補見習(第1次国家試験に合格した上級公務員候補者). (女性形: -in).

Re·fe·ren·dum [レフェレンドゥム referɛ́ndum] 中 -s/..renden (または ..renda) (特にスイスの)国民(住民)投票.

Re·fe·rent [レフェレント referɛ́nt] 男 -en/-en ① 研究(調査)報告者, (学会などの)研究発表者; (論文などの)審査員. (女性形: -in). ② (官庁などの)担当官. ③ (言)指示対象.

Re·fe·renz [レフェレンツ referɛ́nts] 囡 -/-en ① 『ふつう鬪』推薦[状], 紹介[状], 身元証明書. *Referenzen*^{4} ein|holen 紹介状をもらう. ② 身元保証人; 推薦者. 人^4 als *Referenz*^{4} an|geben 人^{4}を身元保証人にたてる.

re·fe·rie·ren [レフェリーレン referí:rən] **I** 他 (h) (鬪^{4}を)研究(調査)報告する. **II** 佴 (h) ① 報告(研究発表)をする. ② 『über 鬪^4 ~』 (鬪^{4}について)研究(調査)報告する.

re·flek·tie·ren [レふレクティーレン reflektí:rən] **I** 他 (h) ① (光など^{4}を)反射する; (比)反映する. ② (鬪^{4}を)深く考える. **II** 佴 (h) ① 『über 鬪^4 ~』(鬪^{4}について)熟考する. ② 『auf 鬪^4 ~』《口語》(鬪^{4}を)手に入れようと思う, (鬪^{4}に)目をつける.

Re·flek·tor [レふレクトァ refléktɔr] 男 -s/-en [..トーレン] ① 反射鏡; 反射器; 反射望遠鏡. ② (物)(原子炉の)反射体. ③ (電)反射電極.

re·flek·to·risch [レふレクトーリッシュ reflɛktó:rɪʃ] 形 反射性の, 反射による.

Re·flex [レふれクス refléks] 男 -es/-e ① (光

の)反射;《比》反映. *Reflexe* des Sonnenlichts 太陽光線の反射. ② 《生》反射作用. ein bedingter *Reflex* 条件反射 / gute *Reflexe*⁴ haben 反射神経がよい.

Re·flex·be·we·gung [レふれクス・ベヴェーグング] 囡 -/-en 《生》反射運動.

Re·fle·xi·on [レふれクスィオーン refleksió:n] 囡 -/-en ① (光・音などの)反射, 反響. ② 反省, 省察, 沈思. *Reflexionen*⁴ an|stellen 省察する.

re·fle·xiv [レーふれクスィーふ ré:flɛksi:f または レふれクスィーふ] 形 ①《言》再帰的な. ein *reflexives* Pronomen 再帰代名詞 / ein *reflexives* Verb 再帰動詞. ② 内省的な.

Re·fle·xiv [レクスィーふ] 中 -[e]s/- [..ヴェ]《言》再帰代名詞 (=*Reflexiv*pronomen).

Re·fle·xiv·pro·no·men [レふれクスィーふ・プロノーメン] 中 -s/- (または ..nomina)《言》再帰代名詞.

die **Re·form** [レふォルム refórm] 囡 (単) -/(複) -en 改革, 改良; 革新, 刷新. (英 *reform*). soziale *Reformen* 社会改革 / *Reformen*⁴ durch|setzen 改革を成し遂げる.

Re·for·ma·ti·on [レふォルマツィオーン reformatsió:n] 囡 -/《史》宗教改革.

Re·for·ma·tor [レふォルマートァ reformá:tɔr] 男 -s/-en [..マトーレン] ①《史》宗教改革者(特にルター, カルバン). ② 改革者; 革新者. (女性形: -in).

re·for·ma·to·risch [レふォルマトーリッシュ reformató:rɪʃ] 形 ① 宗教改革の. ② 改革[者]の.

re·form·be·dürf·tig [レふォルム・ベデュルふティヒ] 形 改革を必要とする.

Re·for·mer [レふォルマァ refórmɐr] 男 -s/- 改革者;《政》改革(革新)論者. (女性形: -in).

Re·form·haus [レふォルム・ハオス] 中 -es/..häuser 健康(自然)食品の店.

re·for·mie·ren [レふォルミーレン reformí:rən] 他 (h) 改革する, 改良する. das Schulwesen⁴ *reformieren* 学制を改革する. ◇《過去分詞の形で》die *reformierte* Kirche 改革(カルバン)派教会.

Re·form·kost [レふォルム・コスト] 囡 -/ 健康(自然)食品.

Re·frain [レふレーン rəfrɛ̃: または re..]《詩》男 -s/-s (詩や楽曲の)リフレイン, 反復句.

Re·fu·gi·um [レふーギウム refú:gium] 中 -s/..gien [..ギエン] 避難所.

*das **Re·gal** [レガール regá:l] 中 (単2) -s/(複) -e (3格のみ -en) ① (数段から成る)棚; 本棚 (=Bücher*regal*); 書類棚; 商品棚. (英 *shelf*). Er nimmt **aus** dem *Regal* ein Buch. 彼は書架から本を取り出す / ein Buch⁴ **ins** *Regal* stellen 本を書架に立てる.
② 《音楽》リーガル(16-18世紀の携帯オルガン).

Re·gat·ta [レガッタ regáta] 囡 -/..gatten (スポ)ボート(ヨット)レース, レガッタ.

Reg.-Bez. [レギールングス・ベツィルク]《略》行政区域 (=**Reg**ierungs**bez**irk).

re·ge [レーゲ ré:gə] 形 活気のある, 活発な, 生き生きした; 活動的な, 旺盛(おうせい)な. ein *reger* Verkehr 激しい交通 / eine *rege* Diskussion 活発な討論 / Er ist für sein Alter noch sehr *rege*. 彼は年齢のわりにまだとても元気だ.

die **Re·gel** [レーゲる ré:gəl] 囡 (単) -/(複) -n ① 規則, 規定, ルール. (英 *rule*). allgemeine *Regeln* 通則 / grammatische *Regeln* 文法規則 / die *Regeln* eines Spiels ゲームのルール / eine *Regel*⁴ auf|stellen (an|wenden) 規則をたてる(適用する) / eine *Regel*⁴ befolgen (verletzen) 規則に従う(違反する) / sich⁴ **an** eine *Regel* halten 規則を守る / Das ist **gegen** die *Regel*. (ゲームで:)それは反則だ / **nach** allen *Regeln* der Kunst² a) 完全に規則どおりに, b)《口語・比》徹底的に / Keine *Regel* **ohne** Ausnahme. 《諺》例外のない規則はない.
②《複なし》習慣, 通例. Das ist hier nicht die *Regel*. それはここの習慣ではない / **in** der (または in aller) *Regel* 通例[は], 通常 / sich³ 囲⁴ **zur** *Regel* machen 囲⁴を習慣とする. ③ 月経 (=Menstruation). die *Regel*⁴ haben (bekommen) 月経がある(月経になる).

re·gel·bar [レーゲる・バール] 形 調整(調節・制御)できる.

Re·gel·fall [レーゲる・ふァる] 男 -[e]s/ 通常例, ごく普通のケース.

re·gel·los [レーゲる・ろース] 形 規則のない, 不規則な; 無秩序な.

***re·gel·mä·ßig** [レーゲる・メースィヒ ré:gəl-mɛːsɪç] I 形 (英 *regular*) ① 規則正しい, 規則的な; 定期的な, 定例の, いつもの. Er führt ein *regelmäßiges* Leben. 彼は規則正しい生活を送っている / *regelmäßige* Rhythmen 規則的なリズム / *regelmäßiger* Unterricht 定期的な授業. ② 均整のとれた, 整った. *regelmäßige* Gesichtszüge 整った顔だち. ③《言》規則変化の. *regelmäßige* Verben 規則動詞.
II 副 定期的に, いつも. *regelmäßig* zum Zahnarzt gehen 定期的に歯医者に行く / Er kommt *regelmäßig* zu spät. 彼はいつも遅刻する.

Re·gel·mä·ßig·keit [レーゲる・メースィヒカイト] 囡 -/ 規則正しさ.

re·geln [レーゲるン ré:gəln] ich regle (regelte, hat ... geregelt) I 他 (完了 haben)《英 *regulate*》① 規制する, (規則で)取り締まる, 整理する; (問題・要件など⁴を)片づける. den Verkehr *regeln* 交通整理をする / eine Sache⁴ vernünftig *regeln* 問題を理性的に処理する.
② 調整する, 制御する.
II 再帰 (完了 haben) *sich*⁴ *regeln* (用件などが)片がつく; (計画どおりに)きちんと行われる.
◇ ☞ **geregelt**

re·gel·recht [レーゲる・レヒト] 形 ① 規則に

re·gel·te [レーゲルテ] regeln (規制する)の過去.

Re·ge·lung [レーゲルング] 囡 -/ ① 取り締まり, 整理; 規制, 規定. Verkehrs*regelung* 交通規制. ② (工) 調整, 制御.

re·gel·wid·rig [レーゲル・ヴィードリヒ] 形 規則に反する, 反則の.

re·gen [レーゲン ré:gən] (regte, hat ... regt) I 再帰 (定了 haben) *sich*⁴ *regen* ① (わずかに)動く. (英) stir). Kein Blatt *regte sich*. 木の葉一枚動かなかった / Vor Angst *regte* er *sich* nicht. こわくて彼は身動きできなかった. ② (雅)(感情などが)生じる, 起こる. Ein Zweifel *regte sich* **in** ihm. 彼の心に疑念が生じた.
II 他 (定了 haben)(雅)(手·足など⁴を)動かす. Er konnte vor Kälte kein Glied mehr *regen*. 寒くて彼はもう身動きできなかった.

der Re·gen [レーゲン ré:gən] 男 (単2) -s/(複) - 《ふつう無》 ① 雨. (英 *rain*). ein starker *Regen* 激しい雨 / saurer *Regen* 酸性雨 / Es wird *Regen* geben. 雨になるだろう (メモ 「雨が降る」は Es regnet.) / Der *Regen* hört auf. 雨がやむ / ein warmer *Regen* (口語)(困窮時の)思いがけない入金 / **Auf *Regen* folgt Sonnenschein. (諺) 苦あれば楽あり (←雨のあとに太陽が輝く) / **aus dem** (または **vom**) *Regen* **in die Traufe kommen** (口語・比) 小難を逃れて大難に出遭う (←雨を逃れて雨どいの水の中へ入る) / **bei strömendem** *Regen* 土砂降りの中を.
② 雨のように降るもの. ein *Regen* von Blumen 花吹雪.

re·gen·arm [レーゲン・アルム] 形 雨量の少ない.

Re·gen·bo·gen [レーゲン・ボーゲン] 男 -s/- 虹.

re·gen·bo·gen·far·ben [レーゲンボーゲン・ファルベン] 形 虹色の.

Re·gen·bo·gen·haut [レーゲンボーゲン・ハオト] 囡 -/..häute (医)(眼)虹彩(弧).

Re·gen·bo·gen·pres·se [レーゲンボーゲン・プレッセ] 囡 -/ (隠語)(総称として:)(色使いがけばけばしい)娯楽週刊誌.

re·gen·dicht [レーゲン・ディヒト] 形 雨の漏らない, 防水の.

Re·ge·ne·ra·ti·on [レゲネラツィオーン regeneratsió:n] 囡 -/-en ① 再生, 回復. ② (生·医)(失われた部分の)再生. ③ (工)(原料などの)再生, 回生.

re·ge·ne·ra·tiv [レゲネラティーふ regenerati:f] ① (生·医) 再生の, 再生による. ② (工) 再生可能な. *regenerative* Energie 再生可能エネルギー.

re·ge·ne·rie·ren [レゲネリーレン regenerí:rən] I 他 (h) ① 再生させる, 回復させる. ② (工) 再生する. II 再帰 (h) *sich*⁴ *regenerieren* (生·医)(個体の一部が)再生する;(体が)回復する.

Re·gen=fall [レーゲン・ふァル] 男 -[e]s/..fälle 《ふつう複》降雨.

Re·gen=guss [レーゲン・グス] 男 -es/..güsse 土砂降り.

Re·gen=haut [レーゲン・ハオト] 囡 -/..häute レインコート(ビニールなどの薄手のもの).

der Re·gen=man·tel [レーゲン・マンテる ré:gən-mantəl] 男 (単2) -s/(複) ..mäntel [..メンテる] (3格のみ ..mänteln) レインコート. (英) *raincoat*). einen Regenmantel tragen レインコートを着ている.

Re·gen=pfei·fer [レーゲン・プふァイふァァ] 男 -s/- 《鳥》チドリ(千鳥).

re·gen·reich [レーゲン・ライヒ] 形 雨の多い.

Re·gens·burg [レーゲンス・ブルク ré:gənsburk] 囲 -s/ (都市名) レーゲンスブルク(ドイツ, バイエルン州. ドナウ河畔の古都; 📖(地図) F-4).

Re·gen=schau·er [レーゲン・シャオァァ] 男 -s/- にわか雨.

*der Re·gen=schirm [レーゲン・シルム ré:gən-ʃɪrm] 男 (単2) -[e]s/(複 -en) 雨傘. (英 *umbrella*). den *Regenschirm* auf|spannen (zu|klappen) 雨傘を開く(閉じる) / Ich bin gespannt wie ein *Regenschirm*. (口語·戯) 私は好奇心でわくわくしている.

Re·gent [レゲント regént] 男 -en/-en ① 君主.(女性形: -in). ② 摂政.

Re·gen=trop·fen [レーゲン・トロプふェン] 男 -s/- 雨滴, 雨粒.

Re·gent·schaft [レゲントシャふト] 囡 -/-en 君主(摂政)の統治[時代].

Re·gen=wald [レーゲン・ヴァるト] 男 -[e]s/..wälder (地理) 熱帯雨林.

Re·gen=was·ser [レーゲン・ヴァッサァ] 囲 -s/ 雨水.

Re·gen=wet·ter [レーゲン・ヴェッタァ] 囲 -s/ 雨天.

Re·gen=wol·ke [レーゲン・ヴォるケ] 囡 -/-n 雨雲.

Re·gen=wurm [レーゲン・ヴルム] 男 -[e]s/..würmer (動) ミミズ.

Re·gen=zeit [レーゲン・ツァイト] 囡 -/-en 雨季. (メモ 「乾季」は Trockenzeit).

Re·gie [レジー reʒí:] 囡 -/ ① (映画などの)監督;(ドラマなどの)演出. *Regie*⁴ führen 演出(監督)をする. ② 管理, 経営. in eigener *Regie* a) 直営で, b) (口語) 独力で.

re·gie·ren [レギーレン regí:rən] (regierte, hat ... regiert) I 自 (定了 haben) 統治する, 治める, 支配する. (英) *govern*). Der König *regierte* 10 Jahre. その国王は 10 年間統治した / **über** ein Land *regieren* 一国を治める.
II 他 (定了 haben) ① (国・国民など⁴を)統治する, 支配する. (英) *govern*). einen Staat *regieren* 国家を統治する / Welche Partei *regiert* gerade das Land? どの政党が今の国(州)の政権を握っていますか.
② (言)(特定の格⁴を)必要とする, 支配する. Die Präposition „mit" *regiert* den Dativ.

前置詞 mit は3格を必要とする. ③ (乗り物・機械など⁴を)操縦する, 操作する.

re·giert [レギーァト] regieren (統治する) の過分, 3人称単数・2人称親称複数 現在

re·gier·te [レギーァテ] regieren (統治する) の過去

***die Re·gie·rung** [レギールング regíːrʊŋ] 囡 (単) -/(複) -en (箋 government) ① 政府, 内閣. Bundes*regierung* 連邦政府 / eine *Regierung*⁴ bilden 組閣する.
② 統治, 支配, 政権. an der *Regierung* sein 政権の座にある / unter der *Regierung* Napoleons ナポレオンの治世下に / die *Regierung*⁴ an|treten 政権の座につく.

Re·gie·rungs⸗an·tritt [レギールングス・アントリット] 男 -[e]s/-e 政権の座につくこと, (首相・閣僚などの)就任.

Re·gie·rungs⸗be·zirk [レギールングス・ベツィルク] 男 -[e]s/-e 行政区域(ドイツの州の行政区画; 略: Reg.-Bez.).

Re·gie·rungs⸗chef [レギールングス・シェふ] 男 -s/-s 内閣首班, 首相. (女性形: -in).

Re·gie·rungs⸗ko·a·li·ti·on [レギールングス・コアリツィオーン] 囡 -/-en 連立政権(政府).

Re·gie·rungs⸗par·tei [レギールングス・パルタイ] 囡 -/-en 政府与党.

Re·gie·rungs⸗rat [レギールングス・ラート] 男 -[e]s/..räte ① 参事官(略: Reg.-Rat). (女性形: ..rätin). ② (^スイス) 州政府の閣僚.

Re·gie·rungs⸗sitz [レギールングス・ズィッツ] 男 -es/-e 政府官庁[所在地].

Re·gie·rungs⸗spre·cher [レギールングス・シュプレッヒャァ] 男 -s/- 政府のスポークスマン. (女性形: -in).

Re·gie·rungs⸗wech·sel [レギールングス・ヴェクセる] 男 -s/- 政権交替.

Re·gime [レジーム reʒíːm] (ſラス) 田 -[s]/- (まれに -s) (ふつう軽蔑的に)政体, 政権. ein autoritäres *Regime* 独裁政権.

Re·gi·ment [レギメント regimént] 田 -[e]s/-er (または -e) ① (圏 -e) 支配, 統治. das *Regiment*⁴ führen 支配する / ein strenges *Regiment*⁴ führen きわめて厳格である. ② (圏 -er) (軍) 連隊. ein *Regiment*⁴ führen 1個連隊を統率する.

Re·gi·on [レギオーン regióːn] 囡 -/-en ① 地方; 地域, 地帯. Aus welcher *Region* kommen Sie? どの地方のご出身ですか. ② (雅) 分野, 領域. die *Region* der Kunst² 芸術の分野 / in höheren *Regionen* schweben (戯) 現実離れしている.

re·gi·o·nal [レギオナーる regionáːl] 形 地方の, 地域的な. eine *regionale* Sendung ローカル放送. (医) 局所の, 局部的な.

Re·gi·o·nal⸗bahn [レギオナーる・バーン] 囡 -/-en 近距離列車(略: RB).

Re·gi·o·nal⸗ex·press [レギオナーる・エクスプレス] 男 -es/-e 近距離急行列車(略: RE).

Re·gis·seur [レジセァ reʒisǿːr] 男 -s/-e 映画(舞台)監督, 演出家; (テレビなどの)ディレクター. (女性形: -in).

das **Re·gis·ter** [レギスタァ regístər] 田 (単2) -s/(複) - (3格のみ -n) ① (本などの)索引, インデックス; (辞書などで切り込みを入れてアルファベット順を示した)爪(つめ). (箋 *index*). im *Register* nach|schlagen 索引で調べる.
② 登記(登録)簿. (箋 *register*). das *Register* des Standesamtes (戸籍役場の)戸籍簿.
③ (音楽) (オルガンの)音栓; 声域. alle *Register*⁴ ziehen (比) あらゆる手を尽くす(←すべての音栓を引く).

Re·gis·tra·tur [レギストラトゥーァ registratúːr] 囡 -/-en ① 登録(登記)保管室; (文書などの)保管棚. ② (音楽) (オルガンなどの)音栓.

re·gis·trie·ren [レギストリーレン registríːrən] I 他 (h) ① 記録する; 登記(登録)する. Namen⁴ *registrieren* 名前を登録する. ② (計器などが自動的に)記録する. ③ (比) 心に留める; (事実として)確認する. II 自 (h) (音楽) (オルガンなどで)音栓を操作する.

Re·gis·trier⸗kas·se [レギストリーァ・カッセ] 囡 -/-n レジスター, 自動金銭登録器.

reg·le [レーグれ] regeln (規制する) の1人称単数 現在

Re·gle·ment [レグるマーン regləmãː] (ſラス) 田 -s/-s (^スイス -e) 服務規程, 義務規程; (軍) 勤務令. (^スイス) ルール.

re·gle·men·tie·ren [レグれメンティーレン reglemɑ̃ntíːrən] 他 (h) (人・事⁴を)規則で取り締まる, 規制する.

Reg·ler [レーグらァ réːglər] 男 -s/- (工) 調節(調整)器. Temperatur*regler* サーモスタット.

reg·los [レーク・ろース] 形 じっと動かない, 身動きしない (=regungslos).

‡**reg·nen** [レーグネン réːgnən]

雨が降る	*Regnet* es noch?
	レーグネット エス ノッホ
	まだ雨が降っていますか.

es regnet (regnete, *hat*/*ist* ... geregnet) I 非人称 (完了 haben) ① Es *regnet*. 雨が降る. (箋 *It rains*). Es *regnet* leise (heftig). 雨がしとしと(激しく)降っている / Es fängt an zu *regnen*. 雨が降り始める / Es hört auf zu *regnen*. 雨がやむ / Es *hat* die ganze Nacht *geregnet*. 一晩中雨が降った.
② 《es *regnet* 物³の形で》物⁴が[雨のように]降る. Es *regnete* große Tropfen. 大粒の雨が降った / Es *regnete* Vorwürfe. (比) 非難が殺到した.
II 自 (完了 sein) 〖方向を表す語句とともに〗(…へ/…から雨のように)降る, 降って来る. Die Blumenblätter *regnen* vom Baum. 花びらが木から舞い落ちる.

reg·ne·risch [レーグネリッシュ réːgnərɪʃ] 形 雨がちの, 雨模様の; 雨の多い.

reg·ne·te [レーグネテ] ‡regnen (非人称で: 雨が降る)の過去

Reg.-Rat [レギールングス・ラート] 《略》参事官 (＝Regierungsrat).

Re·gress [レグレス regrés] 男 -es/-e ① 《法》遡及(きゅう), 償還請求[権]. **auf** 人⁴ einen *Regress* nehmen 人⁴に償還を請求する. ② 《哲》(結果から原因への)後退.

Re·gres·si·on [レグレスィオーン regressió:n] 囡 -/-en 逆行, 後退; 《生》退化; 《心》退行.

re·gres·siv [レグレスィーふ regresí:f] 形 ① 逆行(後退)的な. ② 《心》退行的な. ③ 《法》遡及(きゅう)的な. ④ 《哲》後退的な.

re·gress·pflich·tig [レグレス・プふリヒティヒ] 形 《法》遡及(きゅう)義務(償還義務)のある.

reg·sam [レークザーム] 形 《雅》活気のある, 活発な, 元気な; 活動的な, 俊敏(しゅん)な.

Reg·sam·keit [レークザームカイト] 囡 -/ 活気, 活発, 元気.

reg·te [レークテ] regen (再帰 で: 動く)の過去

re·gu·lär [レグれェーァ regulé:r] 形 規則にかなった, 規定どおりの, 正規の; 普通の, 通常の. die *reguläre* Arbeitszeit 正規の勤務時間 / der *reguläre* Preis 定価.

Re·gu·la·tiv [レグらティーふ regulatí:f] 形 調整(調節)的な; 規制的な.

Re·gu·la·tor [レグらートァ regulá:tɔr] 男 -s/-en [..トーレン] ① 《工》調整(調節)器. ② 振り子時計.

re·gu·lie·ren [レグリーレン regulí:rən] I 他 (h) ① 調整(調節)する. die Uhr⁴ *regulieren* 時計を調整する / den Verkehr *regulieren* 交通を制御する. ② (河川などを)改修する. II 再帰 (h) sich⁴ *regulieren* 自己制御(調整)する.

Re·gu·lie·rung [レグリールング] 囡 -/-en ① 調整, 調節; (交通の)制御. ② (河川の)改修.

Re·gung [レーグング] 囡 -/-en 《雅》① (かすかな・軽い)動き, 運動. eine *Regung* der Luft² 空気のそよぎ / ohne jede *Regung* ぴくりとも動かずに. ② (突然の)心の動き, 感情.

re·gungs·los [レーグングス・ろース] 形 じっと動かない, 身動きしない.

Reh [レー ré:] 田 -[e]s/-e 《動》ノロジカ.

Re·ha·bi·li·ta·ti·on [レハビりタツィオーン rehabilitatsió:n] 囡 -/-en ① 《医》リハビリ[テーション], 社会復帰[訓練]. die *Rehabilitation* von Körperbehinderten 身体障害者のリハビリ[テーション]. ② 《法》名誉回復, 復権.

re·ha·bi·li·tie·ren [レハビりティーレン rehabilití:rən] 他 (h) ① (病人など⁴を)社会復帰させる. ② (法⁴の)名誉を回復する; 復権させる. ◇《再帰的に》*sich⁴ rehabilitieren* 自分の名誉を回復する, 復権する.

Re·ha·bi·li·tie·rung [レハビりティールング] 囡 -/-en ① 《医》リハビリ[テーション], 社会復帰[訓練]. ② 《法》名誉回復, 復権.

Reh·bock [レー・ボック] 男 -[e]s/..böcke 《動》ノロジカの雄.

Reh·bra·ten [レー・ブラーテン] 男 -s/- 《料理》のろ鹿の焼き肉.

Reh·keu·le [レー・コイれ] 囡 -/-n のろ鹿のもも肉.

Rei·be [ライベ ráibə] 囡 -/-n 《方》おろし金(がね).

Reib·ei·sen [ライブ・アイゼン] 田 -s/- 《方》＝Reibe

Rei·be·laut [ライベ・ラォト] 男 -[e]s/-e 《言》摩擦音 ([f, v, s, z, ʃ, ʒ, ç, x, h] など).

rei·ben* [ライベン ráibən] (rieb, hat...gerieben) I 他 (完了 haben) ① こする, 摩擦する. 《英 rub》. Die Wolle *darf* man nicht *reiben*. ウールはもみ洗いしてはいけない / 人³ (sich³) die Glieder⁴ *reiben* 人³の(自分の)手足をこする / sich³ die Hände⁴ *reiben* (うれしくて・寒くて)手をこすり合わせる / Ich *rieb* mir die Augen. (眠くて)私は目をこすった. ◇《再帰的に》Der Hund *reibt sich⁴* an der Mauer. 犬が壁に体をこすりつける.
② (物⁴を…になるほど)こする, 磨く. die Fenster⁴ blank *reiben* (または blank|*reiben*) 窓をぴかぴかに磨く.
③ 〖A⁴ *aus* (または von) B³ ～〗(A⁴を B³ から)こすり取る, ぬぐい取る. einen Fleck aus dem Kleid *reiben* ワンピースの汚れをふき取る / Sie *rieb* sich³ den Schlaf aus den Augen. 《比》彼女は目をこすって眠気を払った.
④ 〖A⁴ *auf* (または in) B⁴ ～〗(A⁴を B⁴ に)すり込む. die Creme⁴ auf (または in) die Haut *reiben* クリームを肌にすりこむ. ⑤ (おろし金(がね)で)すりおろす, すりつぶす. einen Apfel *reiben* りんごをすりおろす.
II 自 (完了 haben) ① こする. **an** den Fingern *reiben* 指をこする / Sie *rieb* mit einem Tuch *über* die Schuhe. 彼女は布で靴を磨いた. ② (服・靴などが)こすれる, こすれて痛い. Der Schuh *reibt* an der Ferse. この靴はかかとがすれて痛い.
III 再帰 (完了 haben) 〖*sich⁴ an* (または mit) 人·事³ ～〗(人·事³と)摩擦(もめ事)を起こす.
◇☞ gerieben

Rei·be·rei [ライベライ raibərái] 囡 -/-en 《ふつう複》《口語》不和, いざこざ, 摩擦.

Rei·bung [ライブング] 囡 -/-en ① 摩擦; 研磨. ② 不和, 軋轢(あつれき).

Rei·bungs·flä·che [ライブングス・ふれッヒェ] 囡 -/-n ① 摩擦面. ② 不和(いざこざ)のもと.

rei·bungs·los [ライブングス・ろース] 形 摩擦のない; 円滑な, 順調な. eine *reibungslose* Zusammenarbeit スムーズな共同作業

Rei·bungs·wär·me [ライブングス・ヴェルメ] 囡 -/ 《物》摩擦熱.

Rei·bungs·wi·der·stand [ライブングス・ヴィーダァシュタント] -[e]s/..stände 《物》摩擦抵抗.

***reich [ライヒ ráiç]

金持ちの	Er ist sehr *reich*. エァ イスト ゼーァ ライヒ 彼はたいへん金持ちだ.

形 比較 reicher, 最上 reichst) (英 rich) ① 金持ちの, 裕福な. (人メモ 「貧しい」は arm). ein reicher Mann 金持ちの男性 / Er hat reich geheiratet. 彼は金持ちの女性と結婚した. ◇《名詞的に》Arm und Reich だれもかれも(←貧しい者も金持ちも).

② 豊かな, 豊富な, たくさんの. eine reiche Ernte 豊作 / reiche Erfahrungen 豊富な経験 / an 3格 reich sein 3格に富んでいる ⇒ Die Früchte sind reich an Vitaminen. これらの果物はビタミンが豊富だ / 人4格 reich beschenken 人4格にたくさんプレゼントをする.

③ 多様な. eine reiche Auswahl 多様な選択の可能性 / Er ist reich begabt (または reichbegabt). 彼は多芸多才だ.

④ 豪華な, りっぱな, 華美な. eine reiche Ausstattung 豪華な家具調度品.

..reich [..ライヒ ..raɪç]《形容詞をつくる 接尾》(…に富んだ)例: kinderreich 子だくさんの.

das **Reich** [ライヒ ráɪç] 中 (単2) -es (まれに -s)/(複) -e (3格のみ -en) ① 国, 国家; 国. (英 empire). Königreich 王国 / das Römische Reich ローマ帝国 / das Dritte Reich 第三帝国(ヒトラー統治下のナチスドイツ. 1933–1945) / das Heilige Römische Reich [Deutscher Nation²] 《史》ドイツ国民の神聖ローマ帝国 (962–1806) / das Deutsche Reich 《史》ドイツ帝国(962–1806 の神聖ローマ帝国または 1871–1918 の第二帝国. 後者を指すことが多い) / das Reich der Mitte² 中国 (=China) / das Reich Gottes 神の国.

② 《雅》領域, …界. das Reich der Träume² 夢の世界 / das Reich der Frau² 女性の領域 / Das gehört ins Reich der Fabel. それは作り話だ(←寓話の領域に属する).

rei·chen [ライヒェン ráɪçən] (reichte, hat ... gereicht) I 他 (完了 haben) (英 to give) …をさし出す, 手渡す. (英 hand). 3格 die Hand⁴ reichen (握手を求めて)3格に手をさし出す / Reichen Sie mir bitte das Salz! (食卓で:)塩を取ってください / Sie reichte den Gästen Getränke. 彼女は客たちに飲み物を出した.

II 自 (完了 haben) ① 足りる, 十分である. Das Geld reicht nicht. このお金では足りない / Reicht die Butter für einen Kuchen? ケーキを作るのにバターは足りますか / Ich reiche mit dem Geld nicht bis zur nächsten Woche. 私はこのお金では来週までやって行けない. ◇《非人称の es を主語として》 Danke, es reicht! (食卓などで:)ありがとう, もう十分です / Mir reicht's (=reicht es)! 《口語》もうたくさんだ(うんざりだ).

② (方向を表す語句とともに) (…へ)達する, 届く. (英 reach). Das Wasser reichte mir bis an die Hüften. 水は私の腰まで達した / Ich reiche mit der Hand bis zur Decke. 私は天井に手が届く / so weit der Himmel reicht 見渡すかぎり.

Rei·che[r] [ライヒェ ..ヒャァ ráɪçə (..çɐr)] 男

因 《語尾変化は形容詞と同じ》金持ち. die Armen und die Reichen だれもかれも(←貧しい者も富める者も).

reich≠hal·tig [ライヒ・ハルティヒ] 形 内容豊富な, 盛りだくさんの.

reich·lich [ライヒリヒ ráɪçlɪç] I 形 十分の, たっぷりの. (英 ample). ein reichliches Trinkgeld たっぷりのチップ. ◇《無語尾で》reichlich Zeit⁴ (Platz)⁴ haben 時間(場所)がたっぷりある. ② …以上の, …を上回る. eine reichliche Million Touristen 優に 100 万人を数える観光客 / seit reichlich einem Jahr 1 年以上前から.

II 副 《口語》相当に, かなり. Du kommst reichlich spät. 君はずいぶん遅れて来たものだね.

Reichs≠ad·ler [ライヒス・アードラァ] 男 -s/- 帝国の鷲の紋章(旧ドイツ帝国は 1945 年まで, オーストリアは 1918 年まで, 旧ロシアは 1917 年まで使用).

Reichs≠bahn [ライヒス・バーン] 女 -/ ① (旧ドイツ帝国の)国有鉄道 (1920–1945). ② (旧東ドイツの)国有鉄道 (=Deutsche Reichsbahn) (略: DR).

Reichs≠ge·richt [ライヒス・ゲリヒト] 中 -[e]s/ (旧ドイツ帝国の)最高裁判所 (1879–1945).

Reichs≠kanz·ler [ライヒス・カンツラァ] 男 -s/- 《史》 ① (旧ドイツ帝国の)宰相 (1871–1918). ② (ヴァイマル共和国の)首相; (第三帝国の)総統.

Reichs≠mark [ライヒス・マルク] 女 -/- ライヒスマルク(ドイツの通貨単位. 1924–1948; 略: RM).

Reichs≠stadt [ライヒス・シュタット] 女 -/ ..städte [..シュテーテ] 《史》 (1806 年までの神聖ローマ帝国の)直属都市, 帝国自由都市.

Reichs≠tag [ライヒス・ターク] 男 -[e]s/-e ① 《史》(旧ドイツ帝国の)議会 (1806 まで, また 1871–1918); (ヴァイマル共和国・第三帝国の)ドイツ議会. ② (ドイツ連邦共和国の)国会議事堂 (1999 年以後).

reichs≠un·mit·tel·bar [ライヒス・ウンミッテルバール] 形 《史》神聖ローマ帝国直属の.

Reichs≠wehr [ライヒス・ヴェーァ] 女 《史》ドイツ国防軍 (1921–1935).

reich·te [ライヒテ] reichen (さし出す)の 過去

der **Reich·tum** [ライヒトゥーム ráɪçtuːm] 男 (単2) -s/(複) ..tümer [..テューマァ] (3格のみ ..tümern) (英 wealth) ① 《複 なし》富, 富裕. (人メモ 「貧乏」は Armut). Reichtum⁴ erwerben 富を手に入れる / zu Reichtum kommen 金持ちになる. ② 《複で》財産, 資産. die Reichtümer der Erde² 地下資源. ③ 《複なし》豊かさ, 豊富さ. der Reichtum an Ideen アイディアの豊かさ.

Reich·tü·mer [ライヒ・テューマァ] 複 財産, 資産 (=Reichtum ②).

Reich≠wei·te [ライヒ・ヴァイテ] 女 -/-n ① (手のとどく)範囲, 到達距離; 活動範囲. in Reichweite sein 手のとどく範囲にある. ② 《空》航続距離; (放送の)サービスエリア.

reif [ライふ ráif] 形 (英 ripe) ① (果物などが) **熟した**, (穀物などが)実った; (チーズ・ワインなどが) 熟成した. reife Äpfel 熟したりんご / Das Obst ist reif. その果物は熟している / Sie brauchte nur die reife Frucht zu pflücken.《比》彼女は努力もしないで成果を手に入れた(←熟した果実を摘むだけでよかった) / Er ist reif für den Urlaub.《口語》彼にはぜひとも休暇が必要だ.
② 成熟した, 男(女)盛りの; 円熟した(作品など). ein reifer Mann 分別盛りの男性 / ein reifes Werk dieses Künstlers この芸術家の円熟した作品.
③ 機の熟した, 用意のできた; 能力のある. Der Plan ist noch nicht reif. その計画はまだ機が熟していない / **für**4 (または **zu**3) reif sein a) 囲4(または3)に対して機の熟した, 準備のできた, b) 囲4(または3)におさめる能力のある ⇒ Dafür ist die Zeit noch nicht reif. それをするにはまだ時期尚早(しょうそう)だ.

..reif [..ライふ ..raif] 形 〔形容詞をつくる 接尾〕《熟している》例: museumsreif 博物館行きの, 時代遅れの.

Reif¹ [ライふ ráif] 男 -[e]s/ 霜. Auf den Wiesen liegt Reif. 草原に霜が降りている.

Reif² [ライふ ráif] 男 -[e]s/-e《雅》輪状の装身具, (特に:)指輪, 腕輪.

die **Rei·fe** [ライふェ ráifə] 女 (単) -/《英 ripeness》① (果実などの) **成熟**, 熟すること. zur Reife kommen 熟する. ② (肉体的・精神的な)成熟, 円熟. die geschlechtliche Reife 性的成熟. ③〔修了〕資格. mittlere Reife a) (実科学校の)卒業資格, b) ギムナジウムの第6学年修了資格.

rei·fen¹ [ライふェン ráifən] (reifte, ist/hat... gereift) (英 ripen) I 自 (完了 sein) ① (果実などが)**熟する**, 実る. Das Obst reift. 果物が熟する. ②《雅》(肉体的・精神的に)成熟する, 円熟する; (考え・機が)熟する. In ihm reifte ein Plan. 彼の頭の中である計画が熟していった.
II 他 (完了 haben)《雅》① (果実など4を)熟させる. ② (囚4を精神的に)成熟させる, 成長させる. Diese Erfahrung hat ihn gereift. この経験が彼を成長させた.
◇☞ gereift

rei·fen² [ライふェン] 非人称 (h) Es reift. 霜が降りる.

der **Rei·fen** [ライふェン ráifən] 男 (単2) -s/ (複) - ① **タイヤ**.《英 tire, tyre》. schlauchlose Reifen チューブレスタイヤ / den Reifen wechseln タイヤを取り替える.
② (樽)などのたが; (体操用の)フープ. Reifen4 um ein Fass legen (または schlagen) 樽にたがをはめる. ③ ブレスレット, (髪に付ける)リング.

Rei·fen·pan·ne [ライふェン・パンネ] 女 -/-n タイヤのパンク.

Rei·fen·wech·sel [ライふェン・ヴェクセる] 男 -s/- タイヤ交換.

Rei·fe·prü·fung [ライふェ・プリューフング] 女 -/-en ギムナジウムの卒業試験 (=Abitur).

Rei·fe·zeit [ライふェ・ツァイト] 女 -/-en 成熟期; 思春期.

Rei·fe·zeug·nis [ライふェ・ツォイクニス] 中 ..nisses/..nisse ギムナジウム卒業証書 (=Abiturzeugnis).

reif·lich [ライふリヒ] 形 十分な, 徹底的な. nach reiflicher Überlegung 十分に考慮して.

Reif·rock [ライふ・ロック] 男 -[e]s/..röcke《服飾》フープスカート(すそを輪骨でふくらませた18世紀のスカート).

reif·te [ライふテ] reifen¹ (熟する)の 過去

Rei·gen [ライゲン ráigən] 男 -s/- 輪舞, 円舞. einen Reigen tanzen 輪舞を踊る / den Reigen öffnen (beschließen)《比》一番手を(しんがりを)つとめる.

die **Rei·he** [ライエ ráiə]

> 列 Sie sitzt in der ersten Reihe.
> ズィー・ズィッツト・インデア・エアステン・ライエ
> 彼女は1列目に座っている.

女 (単) -/(複) -n ① **列**, 並び, 行列.《row》. eine lange Reihe 長い列 / die erste Reihe 第1列 / eine Reihe hoher Bäume² 一列に沿った高い樹木 / Reihe 3, Nr. 10 (劇場などの座席で:) 3列目, 10番 / eine Reihe⁴ bilden 列を作る / **aus** der Reihe tanzen《口語》自分だけ勝手な行動をする(←列からはずれて踊る) / **in** der zweiten Reihe 2列目に / Gläser⁴ in eine Reihe stellen グラスを一列に並べる / in einer Reihe stehen 一列に並んでいる / Salat⁴ in Reihen säen サラダ菜の種を筋まきする / 囚⁴ in die Reihe bringen《口語》囚⁴を再び健康にする / 囫⁴ in die Reihe bringen 囫⁴を元どおりにする, 修復する / [wieder] in die Reihe kommen《口語》a) 再び健康になる, b) 元どおりになる, 修復される / in Reih und Glied 整列して, 整然と並んで / Du kannst dich nicht mit ihm in eine Reihe stellen.《比》君は彼とは格が違う(←自分を彼と同列に扱うことはできない).
② 一連[のもの]; 多数; (刊行物などの)シリーズ. eine [ganze] Reihe Kinder 多くの子供たち / eine Reihe [**von**] Fragen たくさんの質問.
③ 〔複 なし〕**順番**, 順序.《英 order》. Die Reihe ist **an** mir. 今度は私の番だ / Du bist an der Reihe.《口語》君の番だ / an die Reihe kommen 順番になる / Ich bin ganz **aus** der Reihe.《口語》私はすっかり頭が混乱してしまった / **außer** der Reihe 番外で, 飛び入りで / der Reihe³ **nach** 順番に, 順序どおりに. ④〔圏で〕グループ, 同列; 戦列; 党派》チームのメンバー. ⑤《数》級数. ⑥《音楽》音列, セリー.

rei·hen [ライエン ráiən] I 他 (h)《A⁴ **auf** B⁴ ~》《雅》(A⁴をB⁴に) 連ねる, 並べる. Perlen⁴ auf eine Schnur reihen 真珠を糸に通す.

Reihenfolge

II 再帰 (h)《sich⁴ **an** 物⁴ ~》(雅)(物⁴に)続く, 連なる. Ein Unglück *reihte* sich ans andere. 不幸が次々に起きた.

Rei·hen≠fol·ge [ライエン・フォルゲ] 女 -/-n 順序, 順番. **in** bestimmter (umgekehrter) *Reihenfolge* 一定の順番で(逆の順番で).

Rei·hen≠haus [ライエン・ハオス] 中 -es/..häuser《建》棟割り住宅, (棟続きの)テラスハウス. (☞ Haus 図).

Rei·hen≠schal·tung [ライエン・シャルトゥング] 女 -/-en《電》直列接続.

Rei·hen≠un·ter·su·chung [ライエン・ウンタァズーフング] 女 -/-en《医》集団検診.

rei·hen≠wei·se [ライエン・ヴァイゼ] 副 ① 列をなして, 次々に. ②《口語》大量に, たくさん.

Rei·her [ライアァ ráıɐr] 男 -s/《鳥》[アオ]サギ.

..rei·hig [..ライイヒ ..raııç] 形容詞をつくる《接尾》(…列の)例: einreihig 1列の.

reih≠um [ライ・ウム] 副 順ぐりに, 順番に.

der **Reim** [ライム ráım] 男 (単2) -[e]s/(複) -e (3格のみ -en)《詩学》韻, (特に:)脚韻 (= End*reim*).《英》rhyme). ein männlicher (weiblicher) *Reim* 男性(女性)韻 / *Reime*⁴ bilden (または machen) 韻を踏む / *Reime*⁴ schmieden 下手な詩を作る / Darauf kann ich keinen *Reim* finden.《比》それは私にはわからない.

rei·men [ライメン ráımən] I 自 (h) 韻文を作る. II 他 (h) ① 韻文で書く. ②《A⁴ **auf** B⁴ ~》(A⁴に B⁴の)韻を踏ませる. III 再帰 (h) *sich*⁴ *reimen* 韻を踏んでいる. „Baum" *reimt* sich **auf** „Raum". Baum は Raum と韻が合う.

rein¹ [ライン ráın]

純粋な Das ist *reines* Gold.
ダス イスト ライネス ゴルト
それは純金製だ.

I 形 ① 純粋な, 混じりけのない.《英》pure). *reine* Butter 純良バター / der *reine* Gewinn 純益 / ein Kleid aus *reiner* Wolle 純毛のワンピース / *reiner* Orangensaft 果汁 100 パーセントのオレンジジュース / Er spricht ein *reines* Deutsch. 彼は訛(なま)りのないドイツ語を話す.

② 清潔な, きれいな, 潔白な. *reine* Wäsche 清潔な下着 / *reine* Luft 澄んだ空気 / Sie hat eine *reine* Haut. 彼女はきれいな肌をしている / Er hat ein *reines* Gewissen.《比》彼は心にやましいところがない / *reine* Hände⁴ haben a) 清潔な手をしている, b)《比》潔白である. ◊《名詞的に》物⁴ **ins** *Reine* bringen 物⁴(不和など)を解決する / mit 人³ **ins** *Reine* kommen 人³と話がつく / mit 物³ **ins** *Reine* kommen 物³が明解になる, すっきりする / 物⁴ **ins** *Reine* schreiben 物⁴を清書する / mit 物³ **im** *Reinen* sein 物³が明解になっている, すっきりしている / mit 人³ **im** *Reinen* sein 人³と話がついている.

③《付加語としてのみ》純然たる, まったくの; 純粋な(理論など). Das war ein *reiner* Zufall. それはまったくの偶然だった. ◊《最上級で》…も同然の. Das war ja die *reinste* Völkerwanderung! それはまさに民族大移動も同然だった. II 副 ① もっぱら, ただ. **aus** *rein* persönlichen Gründen もっぱら個人的な理由で. ②《口語》まったく. Das habe ich *rein* vergessen. 私はそれをまったく忘れてしまった.

➤ **rein|waschen²**

rein² [ライン] 副《口語》(こっちの)中へ (= herein); (あっちの)中へ (= hinein). Komm *rein*! お入り.

Rei·ne·clau·de [レーネクローデ rɛːnəklóːdə][仏] 女 -/-n《植》レーヌクロード(セイヨウスモモの一種) (= Reneklode).

Rei·ne·ke Fuchs [ライネケ フクス ráınəkə fúks] 男 --/《文学》ライネケぎつね(中世の動物寓話のきつねの名).

Rei·ne·ma·che·frau [ライネマッヘ・フラオ] 女 -/-en (通いの)掃除婦.

Rei·ne·ma·chen [ライネ・マッヘン] 中 -s/《方》掃除, 清掃.

Rein·er·trag [ライン・エァトラーク] 男 -[e]s/..träge 純益 (=Reingewinn).

Rein·fall [ライン・ファル] 男 -[e]s/..fälle《口語》失望, 期待はずれ, 幻滅.

rein|fal·len* [ライン・ファレン ráın-falən] 自《口語》① (雨などが)[中へ]落ちて来る(行く); (光が)差し込む. ② だまされ[て損をす]る. ③《**auf** 人・事⁴ ~》(人・事⁴に)ひっかかる.

Rein·ge·winn [ライン・ゲヴィン] 男 -s/-e 純益.

Rein·hard [ライン・ハルト ráın-hart] -s/《男名》ラインハルト.

Rein·heit [ラインハイト] 女 -/ 純粋さ, 混じり気のなさ; 清浄. die *Reinheit* seiner Absichten² 彼の意図の純粋さ.

Rein·heits·ge·bot [ラインハイツ・ゲボート] 中 -[e]s/-e ビール純粋令(ドイツで 1516 年に定められた法規. ビールはホップ・大麦・酵母・水以外のものから作ってはならないとする).

Rein·hold [ライン・ホルト ráın-hɔlt] -s/《男名》ラインホルト.

rei·ni·gen [ライニゲン ráınıgən] (reinigte, *hat*… gereinigt) 他《丁寧で》haben) きれいにする; 掃除する, 洗う, 浄化する; クリーニングする.《英》clean). Mutter *reinigt* das Zimmer. お母さんは部屋を掃除している / eine Wunde⁴ *reinigen* 傷を消毒する / Du *musst* dir die Hände *reinigen*. おまえは手をきれいに洗わなくてはいけないよ / ein Kleid chemisch *reinigen* lassen ワンピースをドライクリーニングに出す. ◊《再帰的に》*sich*⁴ *reinigen* 自分の身体を洗い清める / *sich*⁴ **von** einem Verdacht *reinigen* 自分の嫌疑を晴らす.

類語 reinigen:「きれいにする」の意味で最も一般的な語. säubern: (とくに物の表面や外側から汚れを取り除いて)きれいにする. putzen: (磨いたり, こすったりして)きれいにする, 掃除する.

Rei·ni·gen [ライニゲン] 中 -s/ 掃除する(洗う)

こと. den Anzug *zum Reinigen* bringen スーツをクリーニングに出す.

rei·nig·te [ライニヒテ] reinigen（きれいにする）の過去

die **Rei·ni·gung** [ライニグング ráinigʊŋ] 囡 (単) -/(複) -en ① 《ふつう囲》 掃除, 清掃; 浄化; クリーニング. (英 cleaning). ② クリーニング店. den Anzug *in die Reinigung* bringen スーツをクリーニング屋に持って行く.

Rei·ni·gungs꞊mit·tel [ライニグングス・ミッテる] 囲 -s/- クリーニング液.

Rein꞊kul·tur [ライン・クるトゥーア] 囡 -/-en ① (農) 単式農業（栽培）. ② (生) (細菌の) 純粋培養. *in Reinkultur* 純粋培養である / Das ist Kitsch *in Reinkultur*. それは正真正銘のキッチュ（低俗作品）だ.

rein·lich [ラインりヒ] 形 ① きれい好きの, 潔癖な. ② 清潔な.

Rein·ma·che·frau [ラインマッヘ・フラオ] 囡 -/-en （通いの）掃除婦.

Rein꞊ma·chen [ライン・マッヘン] 囲 -s/ 掃除, 清掃.

rein꞊ras·sig [ライン・ラスィヒ] 形 純血種の.

Rein꞊schrift [ライン・シュリふト] 囡 -/-en 清書.

rein|wa·schen*1 [ライン・ヴァッシェン ráinvàʃən] 他 (h) (人⁴の)疑いを晴らす. ◊《再帰的に》 *sich⁴ reinwaschen* 身の潔白を証明する.

rein|wa·schen꞊ rein wa·schen* [ライン・ヴァッシェン] 他 (h) 入念に洗濯する.

der **Reis**¹ [ライス ráɪs] 囲 (単) -es/(種類を表すときのみ: 複) -e (英 rice) ① 米. polierter *Reis* 精白米 / *Reis*⁴ kochen ご飯を炊く / Wir leben *vom Reis*. 私たちは米を食べて生きている. ② 稲. *Reis*⁴ an|bauen 稲作をする / *Reis*⁴ ernten 稲を収穫する.

Reis² [ライス] 囲 -es/-er ① (雅) 小枝; 若芽. ② 接ぎ穂.

Reis꞊brei [ライス・ブライ] 囲 -[e]s/-e 米がゆ.

die **Rei·se** [ライゼ ráɪzə]

> 旅 Gute *Reise*!
> グーテ　ライゼ
> （旅に出る人に:）よいご旅行を!

囡 (単) -/(複) -n ① 旅, 旅行. (英 journey, trip). eine kurze (lange) *Reise* 短い（長い）旅 / eine angenehme *Reise* 快適な旅 / eine *Reise* an die See 海辺への旅 / eine *Reise* ins Ausland 外国への旅行 / eine *Reise* im (または mit dem) Auto 自動車での旅行 / eine *Reise* mit der Eisenbahn 鉄道旅行 / eine *Reise* nach Deutschland ドイツ(への)旅行 / eine *Reise* um die Welt 世界一周旅行 / eine *Reise* zu Fuß 徒歩旅行 / eine *Reise* zu Schiff 船旅. ◊《動詞とともに》 eine *Reise*⁴ an|treten 旅に出る / Wohin geht die *Reise*? 《口語》どちらへご旅行ですか / eine *Reise*⁴ **machen** 旅行をする ⇒ Wir machen eine *Reise* durch Europa. 私たちはヨーロッパ旅行をしています / eine *Reise*⁴ **planen** 旅行の計画をたてる / eine *Reise*⁴ **vor|haben** 旅行を計画している / Wie *war* die *Reise*? 旅行はどうでしたか. ◊《前置詞とともに》 Er ist *auf Reisen*. 彼は旅行中です / *auf Reisen* gehen または *sich*⁴ *auf die Reise* machen 旅行に出る / *von einer Reise* zurück|kehren 旅行から帰って来る / Vorbereitungen⁴ *zur Reise* treffen 旅支度をする.
② 《隠語》トリップ（麻薬などによる陶酔感）.

（参） ..reise のいろいろ: **Abreise** 旅立ち / **Anreise** (旅からの)到着 / **Auslandsreise** 外国旅行 / **Dienstreise** 出張 / **Entdeckungsreise** 探検旅行 / **Ferienreise** 休暇旅行 / **Flugreise** 空の旅 / **Forschungsreise** 研究(調査)旅行 / **Geschäftsreise** 商用旅行 / **Gruppenreise** グループ旅行 / **Hochzeitsreise** 新婚旅行 / **Pauschalreise** パック旅行 / **Rundreise** 周遊旅行 / **Studienreise** 研修旅行 / **Urlaubsreise** 休暇旅行 / **Weltreise** 世界旅行

(類語) die Reise: (広く一般的な意味での)旅行. die **Fahrt**: (主に車や列車・船などによる)旅, ドライブ, 旅路. eine *Fahrt* mit dem Auto machen 車でドライブする. der **Ausflug**: (日帰りまたは二三日程度の)遠足, ハイキング. einen *Ausflug* ins Grüne machen 郊外へハイキングする. die **Exkursion**: (研究や研修のためのグループ)旅行. die **Tour**: ツアー, ハイキング. eine *Tour* durch Spanien スペイン・ツアー.

Rei·se꞊an·den·ken [ライゼ・アンデンケン] 囲 -s/- 旅行の記念品.

Rei·se꞊apo·the·ke [ライゼ・アポテーケ] 囡 -/-n 旅行用救急箱.

Rei·se꞊be·darf [ライゼ・ベダルふ] 囲 -[e]s/ 旅行用品.

Rei·se꞊be·glei·ter [ライゼ・ベグらイタァ] 囲 -s/- 添乗員; 旅の道連れ(同行者). (女性形: -in).

Rei·se꞊be·schrei·bung [ライゼ・ベシュライブング] 囡 -/-en 旅行記, 紀行文.

das **Rei·se꞊bü·ro** [ライゼ・ビュロー ráɪzəbyro:] 囲 (単2) -s/(複) -s 旅行代理店, 旅行社, 旅行案内所. *zum Reisebüro* (または *ins Reisebüro*) gehen 旅行代理店へ行く.

rei·se꞊fer·tig [ライゼ・フェルティヒ] 形 旅行の用意のできた.

Rei·se꞊füh·rer [ライゼ・フューラァ] 囲 -s/- ① 旅行案内人, ガイド. (女性形: -in). ② 旅行案内書, ガイドブック.

Rei·se꞊ge·päck [ライゼ・ゲペック] 囲 -[e]s/ 旅客手荷物.

Rei·se꞊ge·sell·schaft [ライゼ・ゲゼるシャふト] 囡 -/-en ① (団体旅行の)一行. ② 《囲なし》旅の道連れ, 同行.

Rei·se꞊grup·pe [ライゼ・グルッペ] 囡 -/-n (団体旅行の)一行.

Rei·se⸗kof·fer [ライゼ・コッファァ] 男 -s/- 旅行用トランク, スーツケース.

Rei·se⸗kos·ten [ライゼ・コステン] 複 旅行費用.

Rei·se⸗land [ライゼ・らント] 中 -[e]s/..länder 旅行先として好まれる国.

Rei·se⸗lei·ter [ライゼ・らイタァ] 男 -s/- 旅行ガイド, 添乗員. (女性形: -in).

rei·se⸗lus·tig [ライゼ・るスティヒ] 形 旅行好きの.

ǂrei·sen [ライゼン ráizən]

旅行する	Ich *reise* gern. イヒ　ライゼ　ゲルン 私は旅行が好きです.	
人称	単	複
1	ich reise	wir reisen
2	{du reist {Sie reisen	{ihr reist {Sie reisen
3	er reist	sie reisen

(reiste, *ist*…gereist) 自 (完了 sein) ① 旅行する, 旅をする; 旅立つ. (英 *travel*). geschäftlich *reisen* 商用で旅行する / Sie *reist* immer erster Klasse². 彼女はいつも 1 等で旅行する / Er *ist* viel gereist. 〖現在完了〗彼はいろんな所を旅してきた / Ich *reise* morgen. 私はあす旅に出ます / **ans** Meer *reisen* 海へ旅行する / **ins** Ausland *reisen* 外国へ旅行する / in die Ferien (または den Urlaub) *reisen* 休暇旅行をする / Sie *reist* lieber in Gesellschaft. 彼女は団体で旅行するほうが好きだ / Wir *reisten* **mit** der Bahn (dem Flugzeug). 私たちは鉄道で(飛行機で)旅行した / Ich *reise* im Sommer **nach** Deutschland (Berlin). 私は夏にドイツ(ベルリン)へ旅行します.
② 行商する, 外交販売する. Er *reist* in Stoffen. 彼は布地を売り歩いている ◇〖現在分詞の形で〗*reisende* Kaufleute 行商人, 外交販売員.

Rei·sen·de[r] [ライゼンデ (..ダァ) ráizəndə (..dər)] 男 女 〖語尾変化は形容詞と同じ ☞ Alte[r]〗(例: 1 格 der Reisende, ein Reisender) ① 旅行者, 旅客. (英 *traveller*). ② 外交[販売]員, セールスマン, セールスウーマン.

Rei·se⸗pass [ライゼ・パス] 男 -es/..pässe パスポート, 旅券. 3格 einen *Reisepass* aus|stellen 3格にパスポートを発行する.

Rei·se⸗plan [ライゼ・プらーン] 男 -[e]s/..pläne 旅行計画.

Rei·se⸗pro·spekt [ライゼ・プロスペクト] 男 -[e]s/-e 旅行案内パンフレット.

Rei·se⸗scheck [ライゼ・シェック] 男 -s/-s 旅行小切手, トラベラーズチェック.

Rei·se⸗ta·sche [ライゼ・タッシェ] 女 -/-n 旅行かばん.

Rei·se⸗ver·kehr [ライゼ・フェァケーァ] 男 -s/- 旅行者の交通(往来).

Rei·se⸗wel·le [ライゼ・ヴェれ] 女 -/-n (バカンスの始まりと終わりの)交通集中(渋滞).

Rei·se⸗ziel [ライゼ・ツィーる] 中 -[e]s/-e 旅行の目的地, 行先.

Reis⸗feld [ライス・フェるト] 中 -[e]s/-er 水田, たんぼ.

Rei·sig [ライズィヒ ráiziç] 中 -s/ 柴(しば)[の束], たき木.

Rei·sig⸗be·sen [ライズィヒ・ベーゼン] 男 -s/- 柴(しば)ぼうき.

Reis⸗korn [ライス・コルン] 中 -[e]s/..körner 米粒.

Reiß⸗aus [ライス・アオス] 男〖成句的に〗*Reißaus*⁴ nehmen 〖口語〗逃亡する, ずらかる.

Reiß⸗brett [ライス・ブレット] 中 -[e]s/-er 製図板.

ǂrei·ßen* [ライセン ráisən] du reißt (riss, *hat*/*ist*…gerissen) **I** 他 (完了 haben) ① 引き裂く, ちぎる. (英 *tear*). 物⁴ in Stücke *reißen* 物⁴をずたずたに引き裂く / Ich *habe* den Brief mittendurch *gerissen*. 私は手紙を真っ二つに引き裂いた. ◇〖非人称の **es** を主語として〗Es *reißt* mich **in** allen Gliedern. 〖話〗(リューマチなどで)私は手足の節々が痛い. (☞ 類語 brechen).
② 〖A⁴ aus (または von) B³ ～〗(A⁴ を B³ から) 引き抜く, ちぎり取る, ひったくる. Unkraut⁴ aus der Erde *reißen* 雑草を地面から引き抜く / Er *hat* mir den Brief aus den Händen *gerissen*. 彼は私の手から手紙をひったくった / 人⁴ aus dem Schlaf *reißen* 〖比〗人⁴の眠りを破る / einen Zweig vom Baum *reißen* 木から小枝を折り取る.
③ 〖方向を表す語句とともに〗(人·物⁴を…へ)引き寄せる, 引き入れる. Ich *habe* sie **an** mich *gerissen*. 私は彼女を強く抱き寄せた / die Macht⁴ an sich⁴ *reißen* 権力を奪取する / Sie *rissen* ihn **ins** Auto. 彼らは彼を車の中へ引っぱり込んだ / 人⁴ ins Verderben *reißen* 〖比〗人⁴を破滅へ引きずり込む / Der Hund riss das Kind **zu** Boden. 犬は子供を引きずり倒した.
④ (引き裂いて穴・傷などを⁴)作る. Ich *habe* mir eine Wunde **am** Bein *gerissen*. 私は足に裂傷を負った / ein Loch⁴ **in** die Hose *reißen* ズボンにかぎ裂きを作る. ⑤ 強く引っぱる. 人⁴ **an** den Haaren *reißen* 人⁴の髪を強く引っぱる. ⑥〖成句的に〗Possen⁴ *reißen* ふざける / Witze⁴ *reißen* ジョークをとばす. ⑦ (陸上競技で:)(バーなど⁴を)ひっかけて落とす; (重量挙げで:)(バーベル⁴を)スナッチであげる. ⑧ (獲物⁴を)襲って食い殺す.
II 自 (完了 sein または haben) ① (s) 裂ける, ちぎれる, (ぶっつり)切れる. Dieses Seil *reißt* niemals. このロープは決して切れません / Jetzt *reißt* mir die Geduld! 〖比〗もう堪忍袋の緒が切れたぞ. ② (h) 〖**an** 物³ ～〗(物³を)強く引っぱる. Der Hund *riss* an der Leine. 犬は

ひもをぐいぐい引っぱった.

III 再帰 (完了) haben) sich⁴ reißen ① 裂傷を負う. Ich *habe* mich **an** einem Nagel ge*rissen*. 私はくぎで皮膚を裂く傷を負った. ② [*sich*⁴ **um** 人物⁴ ~] ぜひとも得ようとする. Sie *reißen sich* um die Eintrittskarten. 彼らは何が何でも入場券を手に入れようとしている. ③ [*sich*⁴ **aus** (または **von**) 物³~] (物³から)身を振りほどく. Der Hund *hat sich* von der Kette *gerissen*. 犬は鎖を切って逃げた.

◇☞ **reißend**
 ☞ **gerissen**

Rei·ßen [ライセン] 中 -s/《口語》リューマチ[痛], 激痛. das *Reißen*⁴ im Bein haben リューマチで足が痛む.

rei·ßend [ライセント] **I** *reißen (引き裂く)の現分 **II** 形 ① (流れが)速い; (痛みなどが)激しい. ② (売れ行きが)飛ぶような. *reißenden* Absatz finden 飛ぶように売れる. ③ (動物が)肉食の. ein *reißendes* Tier 肉食獣.

Rei·ßer [ライサァ ráɪsər] 男 -s/《口語》(ふつう軽蔑的に:)俗受けする書物(映画・劇); 売れ行きのよい商品, ヒット商品.

rei·ße·risch [ライセリッシュ ráɪsərɪʃ] 形 俗受けする, 安っぽい, どぎつい(広告など).

Reiß·fe·der [ライス・フェーダァ] 女 -/-n 製図用のペン, からす口.

reiß·fest [ライス・フェスト] 形 裂けにくい, 耐裂性の(布地など).

Reiß·lei·ne [ライス・らイネ] 女 -/-n (落下傘・気球の排気弁を開くための)リップコード, 曳索(えいさく).

Reiß·na·gel [ライス・ナーゲる] 男 -s/..nägel 押しピン, 画鋲(びょう) (=Reißzwecke).

Reiß·schie·ne [ライス・シーネ] 女 -/-n (製図用の)T定規.

Reiß·ver·schluss [ライス・フェアシュるス] 男 -es/..schlüsse ファスナー, ジッパー, チャック. den *Reißverschluss* öffnen (schließen) ファスナーを開ける(閉める).

Reiß·wolf [ライス・ヴォるふ] 男 -[e]s/..wölfe (書類などの)裁断機, シュレッダー.

Reiß·zwe·cke [ライス・ツヴェッケ] 女 -/-n 押しピン, 画鋲(びょう). 物⁴ mit *Reißzwecken* befestigen 物⁴を押しピンで留める.

reis·te [ライステ] ‡reisen (旅行する)の過去

Reis·wein [ライス・ヴァイン] 男 -s/-e ライスワイン, 日本酒.

Reit·bahn [ライト・バーン] 女 -/-en 馬場.

rei·ten [ライテン ráɪtən] du reitest, er reitet (ritt, ist/hat ... geritten) **I** 自 (完了) sein または haben) 乗る, 乗って行く; またがる. (英 ride). Sie *reitet* gut. 彼女は乗馬がうまい / Wie lange *reiten* Sie schon? もうどのくらい乗馬していますか / **auf** einem Pferd *reiten*. 馬に乗って行く / [**im**] Galopp *reiten* ギャロップで馬を進める.

◇《時間・距離などを表す4格とともに》Ich bin (または *habe*) heute zwei Stunden *geritten*. 《現在完了》私はきょう2時間ほど馬に乗った.

◇《様子・状態などを表す4格とともに》Er *ist* (または *hat*) ein schnelles Tempo *geritten*.《現在完了》彼はスピードを上げて馬を走らせた / ein Rennen⁴ *reiten* 競馬に出場する. (←完了の助動詞は「場所の移動」に重点が置かれるときは sein を,「乗馬する行為」に重点があれば haben を用いる).

II 他 (完了) haben) ① (馬など⁴に)乗る, 乗って行く. Er *reitet* einen Schimmel. 彼は白馬に乗っている.

② 《方向を表す語句とともに》(馬など⁴を…へ)乗って連れて行く. das Pferd⁴ in den Stall *reiten* 馬を馬小屋に連れて行く. ③ (馬・ひざなど⁴が…になるまで)乗馬する. Ich *habe* mein Pferd müde *geritten*. (馬が)疲れるまで乗り回した. ◇《再帰的に》*sich*⁴ wund *reiten* 馬に乗って鞍(くら)ずれができる. ④ (悪魔などが人⁴に)乗り移っている. Dich *reitet* wohl der Teufel? (そんなことを考える(する)なんて)君は悪魔にでも取りつかれたのか.

III 再帰 (完了) haben) [*es reitet sich*⁴ ...の形で] 乗馬の調子が…である. Bei Regen *reitet es sich* schlecht. 雨の時は乗馬がしにくい.

Rei·ter [ライタァ ráɪtər] 男 -s/- (馬などの)乗り手, 騎手; (軍)(昔の)騎兵. (女性形: -in).

Rei·te·rei [ライテライ raɪtəráɪ] 女 -/《口語》乗馬, 騎行.

Reit·ger·te [ライト・ゲルテ] 女 -/-n (小さな)乗馬用のむち.

Reit·ho·se [ライト・ホーゼ] 女 -/-n 乗馬ズボン.

Reit·pferd [ライト・プフェーアト] 中 -[e]s/-e 乗馬用の馬.

Reit·schu·le [ライト・シューれ] 女 -/-n ① 馬術(乗馬)学校. ②《南ドイツ》メリーゴーラウンド.

Reit·sport [ライト・シュポルト] 男 -[e]s/- 馬術競技.

Reit·stie·fel [ライト・シュティーふェる] 男 -s/- 《ふつう複》乗馬[用長]靴.

Reit·tur·nier [ライト・トゥルニーァ] 中 -s/-e 馬術競技.

Reit·weg [ライト・ヴェーク] 男 -[e]s/-e 乗馬道.

der **Reiz** [ライツ ráɪts] 男 (単2) -es/(複) -e (3格のみ -en) ① 刺激. 英 *stimulus*). ein chemischer *Reiz* 化学的な刺激 / **auf** einen *Reiz* an|sprechen (または reagieren) 刺激に反応を示す. ② 魅力. (英 *attraction*). der *Reiz* des Verbotenen 禁じられているものの魅力 / die weiblichen *Reize* 女性の[性的]魅力 / **auf** 人⁴ einen *Reiz* aus|üben 人⁴の心を引きつける.

reiz·bar [ライツバール] 形 神経過敏な, 怒りっぽい, いらだちやすい.

Reiz·bar·keit [ライツバールカイト] 女 -/ 敏感さ, 神経過敏.

rei·zen [ライツェン ráɪtsən] du reizt (reizte, hat ... gereizt) 他 (完了) haben) ① (目・神経など⁴を)刺激する, (食欲など⁴を)そそる. (英 *sti-*

mulate). Der Rauch *reizt* die Augen. 煙が目に染みる / den Appetit *reizen* 食欲をそそる. ② いらいらさせる, 怒らせる. Er hat mich sehr *gereizt*. 彼は私をひどくいらだたせた.

③ (人4の心をそそる, 魅了する. Das Leben auf dem Lande *reizt* mich sehr. 田舎の生活に私は非常にひかれる / Seine Worte *reizten* ihre Neugierde. 彼の言葉が彼女の好奇心をそそった / Es *reizt* mich, ihn zu foppen. 私は彼をからかってやりたい気持ちになる / Der Anblick *reizte* mich **zum** Lachen. それを見て私は思わず笑った.

◊⌫ gereizt

rei·zend [ライツェント ráitsənt] I ＊reizen (刺激する)の現分
II 形 魅力的な, 素敵な, チャーミングな. (英 *charming*). ein *reizendes* Mädchen チャーミングな女の子 / ein *reizender* Anblick すばらしい光景 / Das ist ja *reizend*. 《口語》(反語的に:) いやはや結構なことですな.

Reiz⹀kli·ma [ライツ・クリーマ] 中 -s/-s (または ..mata)《医・気象》(寒暖の差の激しい)刺激性気候.

reiz⹀los [ライツ・ろース] 形 ① (飲食物が)味のない, 気の抜けた. ② 魅力のない, 退屈な.

Reiz⹀mit·tel [ライツ・ミッテる] 中 -s/-《医・薬》刺激薬, 興奮剤;《比》刺激(誘惑)物.

Reiz⹀stoff [ライツ・シュトふ] 男 -[e]s/-e 刺激物質.

reiz·te [ライツテ] ＊reizen (刺激する)の過去

Rei·zung [ライツング] 女 -/-en ① 刺激, 挑発; 興奮. ②《医》刺激性炎症.

reiz⹀voll [ライツ・ふォる] 形 魅力のある, 魅惑的な, 心をそそる, やりがいのある(仕事など).

Reiz⹀wä·sche [ライツ・ヴェッシェ] 女 -/《口語》セクシーなランジェリー(下着).

re·ka·pi·tu·lie·ren [レカピトゥりーレン rekapitulíːrən] 他 (h) 要約して繰り返す.

re·keln [レーケるン réːkəln] 再帰 (h) *sich⁴ rekeln*《口語》思いきり伸びをする.

Re·kla·ma·ti·on [レクらマツィオーン reklamatsióːn] 女 -/-en 異議, 苦情, クレーム.

die Re·kla·me [レクらーメ rekláːmə] 女 (単) -/(複) -n ① 宣伝, 広告 (=Werbung). (英 *advertisement*). eine auffällige *Reklame* 人目をひく広告 / *Reklame* im Fernsehen テレビコマーシャル / für 物4 *Reklame*⁴ machen 物4の宣伝をする / mit 人・物³ *Reklame*⁴ machen《口語》人・物³ を自慢する. ② 《口語》宣伝ビラ, チラシ, 宣伝パンフレット(映画); テレビコマーシャル. (⌫ 類語 Werbung).

re·kla·mie·ren [レクらミーレン reklamíːrən] I 自 (h) 異議を申したてる, クレームをつける. gegen die Entscheidung *reklamieren* 決定に対して抗議する. II 他 (h) ① (物⁴に)異議を申したてる, クレームをつける. ② (物⁴の)返還を要求する.

re·kon·stru·ie·ren [レコンストルイーレン rekonstruíːrən] 他 (h) ① 再建する, 復元する.

einen antiken Tempel *rekonstruieren* 古代の寺院を復元する. ② 再構成する, 再現する. einen Unfall *rekonstruieren* 事故を再現する.

Re·kon·struk·ti·on [レコンストルクツィオーン rekɔnstruktsióːn] 女 -/-en ① 復元[されたもの]. ② 再現[されたもの]

Re·kon·va·les·zent [レコンヴァれスツェント rekɔnvalɛstsént] 男 -en/-en《医》回復期の病人. (女性形: -in).

Re·kon·va·les·zenz [レコンヴァれスツェンツ rekɔnvalɛstsénts] 女 -/《医》病気からの回復[期].

der Re·kord [レコルト rekɔ́rt] 男 (単) -[e]s/(複) -e (3格のみ -en) 《スポ》[最高]記録, レコード. (英 *record*). Weltrekord 世界記録 / ein olympischer *Rekord* オリンピック記録 / einen *Rekord* auf|stellen (brechen) 新記録を樹立する(記録を破る) / einen *Rekord* halten (verbessern) 記録を保持する(更新する).

Re·kor·der [レコルダァ rekɔ́rdər] 男 -s/- レコーダー, 録音(録画)器. Videorekorder ビデオレコーダー.

Re·kord⹀hal·ter [レコルト・ハるタァ] 男 -s/-《スポ》記録保持者. (女性形: -in).

Re·kord⹀zeit [レコルト・ツァイト] 女 -/-en 最高記録タイム, レコードタイム.

Re·krut [レクルート rekrúːt] 男 -en/-en《軍》新兵;《比》新参者, 新米. (女性形: -in).

re·kru·tie·ren [レクルティーレン rekrutíːrən] I 他 (h) ① (従業員など⁴を)新しく採用する. ② 《A⁴ aus B³ ~》(A⁴(グループなど)を B³ で)編成する, 補充する. II 再帰 (h) 《*sich⁴ aus* 人·物³ ~》(人·物³から)編成されている, 補充される. Der Verein *rekrutiert sich* hauptsächlich aus Studenten. その団体は主に学生から成っている.

Re·kru·tie·rung [レクルティールング] 女 -/-en [新規]採用.

rek·tal [レクターる rɛktáːl] 形《医》直腸の.

Rek·ti·on [レクツィオーン rɛktsióːn] 女 -/-en《言》格支配.

Rek·tor [レクトァ réktɔr] 男 -s/-en [..トーレン] ① (大学の)学長, 総長. (女性形: -in). ② (小・中学校などの)校長. ③ 《カトリック》院長.

Rek·to·rat [レクトラート rɛktɔráːt] 中 -[e]s/-e ① 学長(校長)の職. ② 学長(校長)室.

Re·lais [レれー rəlέː] 《フランス》 中 - [レれー[ス]] ①《電》継電器, リレー. ② 中継.

Re·la·ti·on [レらツィオーン relatsióːn] 女 -/-en 関係, 関連;《数》関係. die *Relation* zwischen Theorie und Praxis 理論と実践との相互関連.

re·la·tiv [レーらティーふ réːlatiːf または レらティーふ] I 形 ① 相対的な, 比較上の; 条件付きの. (英 *relative*). (⌫ 「絶対的な」は absolut). ein *relativer* Wert 相対的価値 / die *relative* Mehrheit 相対(比較)多数. ② 関係の, 関連を表す. ein *relatives* Pronomen

関係代名詞.
II 副 比較的，わりあいに．Er ist *relativ* groß. 彼はわりと背が高い方だ．
re·la·ti·vie·ren [レラティヴィーレン relativíːrən] 他 (h) (価値など⁴を)相対化する．
Re·la·ti·vis·mus [レラティヴィスムス relativísmus] 男 -/ (哲) 相対主義，相対論．
Re·la·ti·vi·tät [レラティヴィテート relativitéːt] 女 -/-en (ふつう 単) 相関性; 相対性．
Re·la·ti·vi·täts·the·o·rie [レラティヴィテーツ・テオリー] 女 -/ (理) 相対性理論．
Re·la·tiv·pro·no·men [レラティーフ・プロノーメン] 中 -s/- (または ..nomina) 《言》関係代名詞．
Re·la·tiv·satz [レラティーフ・ザッツ] 男 -es/..sätze 《言》関係文．
re·la·xen [リラクセン riléksən] (過分 relaxt) 自 (h) リラックスする，くつろぐ．
Re·le·ga·ti·on [レレガツィオーン relegatsióːn] 女 -/-en 退学処分．
re·le·gie·ren [レレギーレン relegíːrən] 他 (h) (生徒など⁴を)退学処分にする．
re·le·vant [レレヴァント relevánt] 形 (特定の視点から見て) 重要な，有意義な．
Re·le·vanz [レレヴァンツ relevánts] 女 -/ (特定の視点から見た) 重要性．
Re·li·ef [レリエフ reliéf] 中 -s/-s (または -e) ① (美) 浮き彫り，レリーフ．形³ *Relief*⁴ geben (比) 形³を際だたせる，浮き彫りにする．② (地理) (土地の)起伏; レリーフマップ，立体地図．
Re·li·ef·kar·te [レリエフ・カルテ] 女 -/-n (地理) レリーフマップ，立体地図．
*die **Re·li·gi·on** [レリギオーン religióːn] 女 (単) -/(複) -en ① 宗教．(英 religion). (☞ 「ドイツ・ミニ情報 31」，下段). die christliche (buddhistische) *Religion* キリスト教(仏教). ② 《複 なし》信仰，信仰心．ein Mensch ohne *Religion* 信仰[心]を持たない人間. ③ 《複; 冠詞なし》(学校での)宗教の時間．
Re·li·gi·ons·be·kennt·nis [レリギオーンス・ベケントニス] 中 ..nisses/..nisse 信仰告白．
Re·li·gi·ons·frei·heit [レリギオーンス・フライハイト] 女 -/ 信教の自由．
Re·li·gi·ons·ge·mein·schaft [レリギオーンス・ゲマインシャフト] 女 -/-en 宗教集団．
re·li·gi·ons·los [レリギオーンス・ロース] 形 無宗教の，宗教を持たない．
Re·li·gi·ons·un·ter·richt [レリギオーンス・ウンタァリヒト] 男 -[e]s/-e《ふつう 単》宗教の授業．
re·li·gi·ös [レリギエース religióːs] 形 ① 宗教の，宗教に関する，宗教的な．(英 religious). eine *religiöse* Bewegung 宗教運動． ② 信心深い，敬虔(ケィケン)な．ein *religiöser* Mensch 信心深い人．
Re·li·gi·o·si·tät [レリギオズィテート religiozitéːt] 女 -/ 信心深いこと，敬虔(ケィケン); 宗教心．
Re·likt [レリクト relíkt] 中 -[e]s/-e 遺物，残存物; (生) 残存体．
Re·ling [レーリング réːlɪŋ] 女 -/-s (または -e)《ふつう 単》(海) (船の)手すり，欄干(ランカン)．
Re·li·quie [レリークヴィエ relíːkvia] 女 -/-n (ケミッ) 聖遺物 (聖徒の遺骨・記念物など)．
Re·make [リメーク rimé:k または リー..] (英) 中 -s/-s (往年の名画・音楽の)リメーク．
Rem·brandt [レンブラント rémbrant] -s/《人名》レンブラント (Rembrandt van Rijn 1606–1669; オランダの画家).
Re·mi·li·ta·ri·sie·rung [レミリタリズィールング] 女 -/ 再軍備．
Re·mi·nis·zenz [レミニスツェンツ reministsénts] 女 -/-en ① (大切な)思い出，回想． ② 連想させるもの; 類似[性]．
re·mis [レミー rəmíː] [仏] 形 (競技・チェスなどが)勝負なし(引き分け)である．Das Spiel en-

---

ドイツ・ミニ情報 31

宗教 Religion

ドイツの憲法にあたる『基本法』の第4条で信仰の自由を認めており，これまでさまざまな宗教に対して寛容な態度を示してきたが，オウム真理教がボンに支部をかまえていたことが表面化して以来，宗教団体の受け入れに慎重になった．アメリカの新興宗教サイエントロジー教団の活動を監視し，違憲と認められた場合は宗教法人の許可を取り下げる方針だが，アメリカ政府からナチ時代の思想統制と同じだと非難されるなど，賛否両論がみられる．

国内ではキリスト教徒が最も多く，プロテスタントが3,000万人，ローマ・カトリックが2,800万人．住民登録の際に自己申告し，所得税の8〜9％にあたる教会税の支払義務を負う．学校では両宗派に分かれて宗教の授業があり，どちらにも属さない子供は倫理の授業を受ける．しかし，若い世代では教会離れが進んでおり，教会税の支払いを嫌って棄教する人も少なくない．

経済成長期に外国人労働者を招聘する政策をとった結果，外国からの移住者が著しく増え，ギリシア正教やイスラム教も重要な宗教団体になった．現在ドイツには約170万人のイスラム教徒が住んでいるが，その多くがトルコ人である．ユダヤ人も戦前は53万人がいたが，ナチの迫害にあって3万人に減り，現在はベルリンに約6,800人，フランクフルトに約5,000人が住んでいる．

Re·mis dete *remis*. 試合は引き分けに終わった.

Re·mis [レミー] [呂] 囲 – [レミー[ス]] / – [レミース] (チェスで: -en [..ゼン])(競技・チェスなどの)引き分け.

Re·mit·ten·de [レミテンデ remiténdə] 囡 –/–n《書籍》(落丁本・乱丁本の)返品, 返本.

re·mit·tie·ren [レミティーレン remití:rən] I 他 (h)(落丁本など4を)返品する, 返本する. II 圓(医)《病気の徴候が》収まる,《熱が》下がる.

Re·mou·la·de [レムラーデ remulá:də] [呂] 囡 –/–n(料理)レムラード(マヨネーズにハーブやピクルスを加えたソース).

rem·peln [レンペルン rémpəln] 他 (h) ①(口語)《人4》をわざと)突きとばす. ②(サッカーで:)(相手4に)ショルダーチャージする.

Ren [レン rén または レーン ré:n] 囲 –s/–e [レーネ](または –s)(動)トナカイ.

Re·nais·sance [ルネサーンス rənɛsɑ́:s] [呂] 囡 –/–n [..セン] ①(圓 なし)(史)ルネサンス, 文芸復興[期]. ルネサンス様式. (ロア「建築様式(3)」, 1745 ページ). die Malerei der *Renaissance*[2] ルネサンスの絵画. ②(風俗・モードなどの)復活, リバイバル, 復興.

Re·na·te [レナーテ renɑ́:tə] –[n]s/《女名》レナーテ.

Ren·dez·vous [ランデヴー rɑ̃devú: または ラーンデヴァー rɑ̃:devu] [呂] 囲 – [..ヴー[ス] または ..ヴー[ス]]/ – ..ヴース または ..ヴース] ①(戯)ランデブー, デート, 密会. ein *Rendezvous*[4] verabreden デートの約束をする. ②(宇宙船の)ランデブー.

Ren·di·te [レンディーテ rɛndí:tə] 囡 –/–n(経)(投下資本の)利回り.

Re·ne·gat [レネガート renegá:t] 囲 –en/–en 背教者;《比》(政治上の)変節者, 脱党者.(女性形: -in).

Re·ne·klo·de [レーネクローデ re:nəkló:də] 囡 –/–n(植)レーヌクロード(セイヨウスモモの一種).

Re·net·te [レネッテ rɛnétə] 囡 –/–n(植)レネット(小型リンゴの一種).

re·ni·tent [レニテント renitént] 形 反抗的な. ein *renitenter* Schüler 反抗的な生徒.

Renn∘bahn [レン・バーン] 囡 –/–en(モーターレース・競馬・競輪などの)サーキット.

Renn∘boot [レン・ボート] 囲 –[e]s/–e レース用の(モーター)ボート.

ren·nen [レンネン rénən] (rannte, ist/hat ... gerannt) I 圓 (完了 sein) ①走る, 駆ける, 疾走する. (英 *run*). Warum *rennst* du so schnell? 何をそんなに急いで走っているの? / Sie *rannte* rasch nach Hause. 彼女は大急ぎで家に戻った / mit 人3 um die Wette *rennen* 人3と競走する. (ロア類語 laufen).

② 〚*an* (または *gegen*)人・物4~〛(人・物4に)ぶつかる, 衝突する. Er *ist* mit dem Kopf an (または *gegen*) die Wand *gerannt*.〚現在完了〛彼は頭から壁にぶつかった.

③〚方向を表す語句とともに〛(口語)(何かについてすぐ…へ)行く, 駆けつける. dauernd ins Kino *rennen* しょっちゅう映画に行く / Sie *rennt* wegen jeder Kleinigkeit **zum** Arzt. 彼女はちょっとしたことでも医者に駆けつける.

II 他 (完了 haben)〚方向を表す語句とともに〛(口語)(人の胸などへ刃物4を)突き刺す. das Messer4 in den Leib *rennen* 人3の体へナイフを突き刺す.

III 再帰 (完了 haben) ① *sich*4 *rennen* 走って[その結果]…になる. Ich *habe mich* müde *gerannt*. 私は走り疲れた. ② *sich*3 物4 *rennen*〚方向を表す語句とともに〛ぶつかって囲(けがなど)を…へ負う. Ich *habe mir* ein Loch **in** den Kopf *gerannt*. 私はぶつかって頭にけがをした.

Ren·nen [レンネン] 囲 –s/–(スポ)レース, 競走; 走ること. Auto*rennen* カーレース / Pferde*rennen* 競馬 / ein *Rennen* mit Hindernissen 障害物競走 / ein *Rennen*[4] gewinnen (verlieren) 競走に勝つ(負ける) / das *Rennen*[4] machen (口語・比)(企画などで)成功を収める / Das *Rennen* ist gelaufen. 〚現在完了〛(口語)すべてが終わった, 決着がついた.

Ren·ner [レンナァ rénər] 囲 –s/– ①(強い)競走馬. ②(隠語)ヒット商品(作品), ベストセラー.

Renn∘fah·rer [レン・ファーラァ] 囲 –s/–(自動車・自転車などの)レーサー.(女性形: -in).

Renn∘pferd [レン・プフェーァト] 囲 –[e]s/–e 競走馬.

Renn∘platz [レン・プラッツ] 囲 –es/..plätze(モーターレース・競馬・競輪などの)サーキット(= Rennbahn).

Renn∘rad [レン・ラート] 囲 –[e]s/..räder 競走用自転車.

Renn∘sport [レン・シュポルト] 囲 –[e]s/(総称として:)競技スポーツ(オートレース・競馬・競輪など).

Renn∘stall [レン・シュタる] 囲 –[e]s/..ställe ① 厩舎(?ゅぅ)所属の競走馬. ②(モーターレースなどの)レーシングチーム.

Renn∘stre·cke [レン・シュトレッケ] 囡 –/–n 競走コース(距離).

renn·te [レンテ] *rennen (走る)の 接2*.

Renn∘wa·gen [レン・ヴァーゲン] 囲 –s/– レーシングカー, 競走用自動車.

Re·noir [レノアール rənoɑ́:r] –s/《人名》ルノアール (Auguste *Renoir* 1841–1919; フランスの画家).

Re·nom·mee [ルノメー renomé:] 囲 –s/–s 〚ふつう 圓〛評判, 名声. ein gutes *Renommee*[4] haben 評判が良い.

re·nom·mie·ren [ルノミーレン renomí:rən] 圓 (h) 自慢する; 大言壮語する. **mit** 人・物3 *renommieren* 人・物3をひけらかす.

re·nom·miert [ルノミーァト] I *renommieren (自慢する)の* 過分. II 形 名声のある, 評判の良い. ein *renommiertes* Hotel 評判の良いホテル.

re·no·vie·ren [ルノヴィーレン renoví:rən] 他 (h)(住まいなど4を)修復する, リフォームする, (部屋など4を)改装する. eine Wohnung4 *renovieren* 住まいをリフォームする.

Re·no·vie·rung [レノヴィールング] 囡 -/-en (建物などの)修復, リフォーム, 改装.

ren·ta·bel [レンターベる rεntáːbəl] 形 利子を生む; 利益のある, もうかる.

Ren·ta·bi·li·tät [レンタビりテート rεntabilitέːt] 囡 -/ 《経》採算性, 収益性.

die **Rent·te** [レンテ rέntə] 囡 (単) -/(複) -n ① 年金, 恩給. (英 *pension*). Alters*rente* 老齢年金 / eine hohe *Rente* 高額の年金 / eine *Rente*[4] bekommen 年金をもらう / **auf** (または **in**) *Rente* gehen 《口語》年金生活に入る / **auf** (または **in**) *Rente* sein 《口語》年金生活をしている / von einer kleinen *Rente* leben わずかな年金で生活する. ② (投資資本から生ずる)利子(地代・家賃など).

Ren·ten=al·ter [レンテン・アるタァ] 中 -s/ 年金受給年齢.

Ren·ten=emp·fän·ger [レンテン・エンプふェンガァ] 男 -s/- 年金受給者. (女性形: -in).

Ren·ten=ver·si·che·rung [レンテン・フェアズィッヒェルング] 囡 -/-en 年金保険.

Ren=tier [レン・ティーァ] 中 -[e]s/-e 《動》トナカイ (=Ren).

ren·tie·ren [レンティーレン rεntíːrən] 再帰 (h) *sich*[4] *rentieren* 利益がある, もうかる; (努力などが)報われる, 割に合う.

Rent·ner [レントナァ réntnər] 男 -s/- 年金生活者. (女性形: -in).

Re·or·ga·ni·sa·ti·on [レ・オルガニザツィオーン re-ɔrganizatsióːn] 囡 -/-en 《ふつう 単》(組織などの)再編成, 改造, 改組.

re·or·ga·ni·sie·ren [レ・オルガニズィーレン re-ɔrganizíːrən] 他 再編成する, 改組する.

re·pa·ra·bel [レパラーベる reparáːbəl] 形 修理可能な, 直せる.

Re·pa·ra·ti·on [レパラツィオーン reparatsióːn] 囡 -/-en ① 《圈》(敗戦国に課せられる)賠償. ② 《生・医》(組織・細胞の)修復.

die **Re·pa·ra·tur** [レパラトゥーァ reparatúːr] 囡 (単) -/(複) -en 修理, 修繕. (英 *repair*). 物[4] **in** *Reparatur* geben 物[4]を修理に出す / Schuhe[4] **zur** *Reparatur* bringen 靴を修理に持って行く.

re·pa·ra·tur=be·dürf·tig [レパラトゥーァ・ベデュルふティヒ] 形 修繕(修理)の必要な.

Re·pa·ra·tur=werk·statt [レパラトゥーァ・ヴェルクシュタット] 囡 -/..stätten 修理工場.

***re·pa·rie·ren** [レパリーレン reparíːrən] 他 (reparierte, *hat* ... repariert) (完了) haben 修理する, 修復する. (英 *repair*). das Fahrrad[4] *reparieren* 自転車を修理する / die Schuhe[4] *reparieren* lassen 靴を修理してもらう / Er hat das Auto notdürftig *repariert*. 彼は車を応急修理した.

re·pa·riert [レパリーァト] *reparieren (修理する)の過分, 3人称単数・2人称親称複数 現在

re·pa·rier·te [レパリーァテ] *reparieren (修理する)の過去

re·pa·tri·ie·ren [レパトリイーレン repatriíː-] rən] 他 (h) 《政・法》(捕虜など[4]を)本国へ送還する; (国籍を失った者[4]に)再び国籍を与える.

Re·per·toire [レペルトアール repertoáːr] [況] 中 -s/-s 《劇・音楽》レパートリー, 演目. Sein *Repertoire* ist umfangreich. 彼のレパートリーは広い.

re·pe·tie·ren [レペティーレン repetíːrən] I 他 (h) 復習する, 反復練習する. II 自 (h) 落第(留年)する.

Re·pe·ti·tor [レペティートァ repetíːtɔr] 男 -s/-en [..ティートーレン] (特に法学部学生の受験指導のための)補習教師; 《劇・音楽》コレペティートル (オペラやミュージカルの独唱者にピアノを弾いてけいこをつける人).

Re·plik [レプリーク replíːk] 囡 -/-en ① 答弁, 反論; 《法》再抗弁. ② 《美》(原作者自身による)模写, 模作, レプリカ.

Re·port [レポルト repórt] 〔英〕 男 -s/-e 報告[書], 報道[記事], レポート.

Re·por·ta·ge [レポルタージェ reportáːʒə] [況] 囡 -/-n ルポルタージュ, 現地報告. eine *Reportage*[4] schreiben ルポルタージュを書く.

Re·por·ter [レポルタァ repórtər] 男 -s/- (新聞・テレビなどの)報道記者, ルポライター, 通信員. (女性形: -in).

Re·prä·sen·tant [レプレゼンタント reprεzεntánt] 男 -en/-en ① 代表者; 代理人. (女性形: -in). ② 代議士.

Re·prä·sen·ta·ti·on [レプレゼンタツィオーン reprεzεntatsióːn] 囡 -/-en ① 代表[すること]. ②《複 なし》代表機関. ③ (社交上の)体面[の維持].

re·prä·sen·ta·tiv [レプレゼンタティーふ reprεzεntatíːf] 形 ①《政》代表制の, 代議制の. eine repräsentative Demokratie 代表制[間接]民主主義. ② 代表の, 代理の; 代表的な, 典型的な. ③ 品位のある, りっぱな; 地位(身分)にふさわしい.

re·prä·sen·tie·ren [レプレゼンティーレン reprεzεntíːrən] I 他 (h) ① 代表する. Sie *repräsentiert* eine führende Firma. 彼女はある一流会社の代表である. ② (価値[4]を)表す; (価値など[4]を)持つ. Dieses Bild *repräsentiert* einen Wert von 10 000 Euro. この絵は1万ユーロである. II 自 (h) (地位にふさわしい)りっぱな態度をとる, 体面を保つ. Er hat immer ausgezeichnet *repräsentiert*. [現在完了] 彼の態度はいつも堂々としていた.

Re·pres·sa·lie [レプレサーりエ reprεsáːliə] 囡 -/-n《ふつう 複》報復措置. gegen 人[4] *Repressalien*[4] ergreifen 人[4]に報復する.

Re·pres·si·on [レプレスィオーン reprεsióːn] 囡 -/-en 抑圧, 抑止.

re·pres·siv [レプレスィーふ reprεsíːf] 形 抑圧的な, 抑止的な.

Re·pri·se [レプリーゼ repríːzə] [況] 囡 -/-n ①《劇》再演. ②《音楽》繰り返し, 反復; 再現部.

Re·pro·duk·ti·on [レプロドゥクツィオーン reproduktsióːn] 囡 -/-en ① 再生. ② 複写,

コピー. ③《美》複写; 摹写. ④《経》再生産.

re·pro·du·zie·ren [レプロドゥツィーレン reprodutsí:rən] 他 (h) ① (状況など⁴を)再現する. ② 複製[複刻]する, 複写する. ③ 再生産する.

Rep·til [レプティール reptí:l] 中 -s/..tilien [..ティーリエン]《動》爬虫(はちゅう)類.

die **Re·pu·blik** [レプブリーク republí:k] 囡 (単) -/(複) -en 共和国; 共和制[政体]. (☞ *republic*). (☞「君主国」は Monarchie). die Bundes*republik* Deutschland ドイツ連邦共和国 / *Republik* Österreich オーストリア共和国.

Re·pu·bli·ka·ner [レプブリカーナァ republikánər] 男 -s/- ① 共和主義者. (女性形: -in). ② (特にアメリカの)共和党員.

re·pu·bli·ka·nisch [レプブリカーニッシュ republikáːnɪʃ] 形 ① 共和国の; 共和主義の. ② (特にアメリカの)共和党の.

Re·pu·ta·ti·on [レプタツィオーン reputatsióːn] 囡 -/ 名声, 評判.

Re·qui·em [レークヴィエム réːkviem] 中 -s/-s (ラテン: ..quien [..クヴィエン] も) ①《カト》死者のためのミサ, レクイエム. ②《音楽》死者のためのミサ曲, レクイエム, 鎮魂曲.

re·qui·rie·ren [レクヴィリーレン rekvirí:rən] 他 (h) (軍用に)接収する, 徴発する.

Re·qui·sit [レクヴィズィート rekvizíːt] 中 -[e]s/-en ①《ふつう複》《劇》小道具. ② 必要な部品, 付属部品.

Re·qui·si·teur [レクヴィズィテーァ rekvizitǿːr] 男 -s/-e《劇》小道具係. (女性形: -in).

Re·se·da [レゼーダ rezéːda] 囡 -/..seden《植》モクセイソウ.

Re·ser·vat [レゼルヴァート rezɛrváːt] 中 -[e]s/-e ① (動植物の)保護地域. ② (原住民の)特別居留地.

Re·ser·ve [レゼルヴェ rezɛ́rvə] 囡 -/-n ①《ふつう複》蓄え, 予備[品]. die *Reserven* an Lebensmitteln 食料品の蓄え / offene *Reserven* (帳簿に載せた)正規の予備金 / stille *Reserven* a) (帳簿に載せない)予備金, 裏金, b)《口語》へそくり /複⁴ in *Reserve* haben (または halten) 複⁴を蓄えておく. ②《ふつう複》《軍》(軍)予備役, 予備軍;《スポ》補欠チーム[選手]. ③《複なし》控えめな態度, 打ち解けない態度.

Re·ser·ve=rad [レゼルヴェ・ラート] 中 -[e]s/..räder スペアタイヤ[を装着した車輪].

Re·ser·ve=**rei·fen** [レゼルヴェ・ライフェン] 男 -s/- スペアタイヤ.

*****re·ser·vie·ren** [レゼルヴィーレン rezɛrvíːrən] (reservierte, *hat* ... reserviert) 他 (完了 haben) (奥 *reserve*) ① (ホテル・座席など⁴を)予約する; 空けておく. Er *hat* für mich einen Platz im Zug *reserviert*. 彼は私のために列車の座席を予約してくれた / ein Zimmer⁴ im Hotel *reservieren lassen* ホテルの部屋を予約する. ② (予約済みのものとして)取っておく, 残しておく. Können Sie mir den Mantel bis morgen *reservieren*? このコートをあすまで取っておいていただけませんか.

*****re·ser·viert** [レゼルヴィーァト rezɛrvíːrt]
I *reservieren* (予約する)の過分, 3人称単数・2人称親称複数 現在
II 形 (奥 *reserved*) ① 予約した, 取っておいた. Dieser Tisch ist *reserviert*. このテーブルは予約済みだ. ② 控えめな, 打ち解けない. sich⁴ *reservier* verhalten 控えめにふるまう, 打ち解けない態度をとる.

re·ser·vier·te [レゼルヴィーァテ] *reservieren* (予約する)の過去

Re·ser·vist [レゼルヴィスト rezɛrvíst] 男 -en/-en ①《軍》予備役軍人. (女性形: -in). ②《スポ・隠語》補欠.

Re·ser·voir [レゼルヴォアール rezɛrvoáːr] 中 -s/-e 貯水槽, 貯え; 貯え, ストック.

Re·si·denz [レズィデンツ rezidɛ́nts] 囡 -/-en ① (君主・高位聖職者などの)居城, 王宮. (☞ 類語 Burg). ② (君主などの)居住地, 首都.

re·si·die·ren [レズィディーレン rezidíːrən] 自 (h) (君主などが…に)居住する, 城を構えている.

Re·si·gna·ti·on [レズィグナツィオーン rezignatsióːn] 囡 -/-en 断念, あきらめ.

re·si·gnie·ren [レズィグニーレン rezignírən] 自 (h) 断念する, あきらめる.

re·si·gniert [レズィグニーァト] I resignieren (断念する)の過分 II 形 あきらめた, 断念した.

re·sis·tent [レズィステント rezistɛ́nt] 形《生・医》抵抗力のある, 耐性の(病原体など).

Re·sis·tenz [レズィステンツ rezistɛ́nts] 囡 -/-en ①《生・医》抵抗力, 耐性. ② レジスタンス, 抵抗[運動].

re·so·lut [レゾルート rezolúːt] 形 決然とした, 断固たる, 果敢な.

Re·so·lu·ti·on [レゾルツィオーン rezolutsióːn] 囡 -/-en 決議; 決議文. eine *Resolution*⁴ entwerfen 決議案を起草する / eine *Resolution*⁴ verabschieden 決議を可決する.

Re·so·nanz [レゾナンツ rezonánts] 囡 -/-en ①《物・音楽》共鳴, 共振. ② (他人の考えなどに対する)共鳴, 賛成, 反響. *Resonanz*⁴ finden 共感を呼ぶ.

Re·so·nanz=bo·den [レゾナンツ・ボーデン] 男 -s/..böden《音楽》(楽器の)共鳴板.

re·sor·bie·ren [レゾルビーレン rezorbíːrən] 他 (h)《生・医》(養分などを)吸収する.

Re·so·zi·a·li·sie·rung [レ・ゾツィアリズィールング] 囡 -/-en (犯罪人などの)社会復帰.

resp. [レスペクティーヴェ] (略) あるいは, または, もしくは (= **respektive**).

Re·spekt [レスペクト respékt または rɛ..] 男 -[e]s/ 尊敬[の念], 敬意; 畏敬(いけい)[の念]. Wir haben **vor** dem Lehrer *Respekt*. 私たちは先生を尊敬している / 囚³ *Respekt*⁴ ein|flößen 囚³に尊敬の念を起こさせる / *Respekt*! たいしたものだ.

re·spek·ta·bel [レスペクターベる respektáːbəl または rɛ..] 形 ① 尊敬すべき, りっぱな. ②

Resümee

かなりの, 相当の.

re·spek·tie·ren [レスペクティーレン respεktí:rən または rε..] 他 (h) 尊敬する; (囚⁴に)敬意を表する; (意見・法律などを)尊重する.

re·spek·ti·ve [レスペクティーヴェ respεktí:və または rε..] 副 あるいは, または, もしくは (略: resp.).

re·spekt≠los [レスペクト・ロース] 形 敬意を欠いた, 失敬な, 無礼な.

Re·spekts·per·son [レスペクツ・ペルゾーン] 囡 -/-en 尊敬すべきりっぱな人, 名士.

re·spekt≠voll [レスペクト・ふォる] 形 うやうやしい, 丁重な.

Res·sen·ti·ment [レサンティマーン rεsãtimã:] [発] 中 -s/-s ルサンチマン(無自覚的なねたみ・劣等感などから生じる憎悪などの総称).

Res·sort [レゾーr rεsó:r] [発] 中 -s/-s 管轄, 権限; 管轄部局(部門).

*der Rest [レスト rέst]

> 残り　Der *Rest* ist für Sie!
> デァ レスト イスト ふューァ ズィー
> お釣りは取っておいてください.

男 (単2) -es/(複) -e (3格のみ -en) (スイ: 複) -en) ① **残り**, 残余. (英 rest). Speise*rest* 食べ残し / ein *Rest* Brot パンの残り / Den *Rest* des Weges gehe ich zu Fuß. 残りの道のりを私は歩いて行く / Von dem Wein ist noch ein *Rest* da. ワインの残りがまだある / Das ist der *Rest* vom Schützenfest. 《口語》残ったのはもうこれだけだ / einem Tier den *Rest* geben 《口語》動物にとどめを刺す / 人・物³ den *Rest* geben 《口語》人・物³を破滅させる / sich³ den *Rest* holen 《口語》重い病気にかかる / Der *Rest* ist Schweigen. a) あとはもう何も言わぬ(ハムレットの言葉), b) もうこれについては何も言わないほうがいい. ② 《ふつう圈》遺跡, 遺物. fossile *Reste* 化石化した遺物. ③ 〔数〕(割り算の)剰余, 余り; 〔化〕[残]基. ④ 〔圈-er も〕《商》売れ残り, 半端物.

*das Re·stau·rant [レストラーン rεstorá:] [発] 中 (単2) -s/(複) -s レストラン, 料理店. (英 restaurant). ein italienisches *Restaurant* イタリアンレストラン / im *Restaurant* essen レストランで食事をする / ins *Restaurant* gehen レストランに行く.

| 類語 das **Restaurant**: (比較的高級でモダンな)レストラン. die **Gaststätte**: 飲食店. das **Gasthaus**: レストラン兼ホテル, 宿屋. das **Lokal**: 飲食店, 居酒屋.

―使ってみよう―

メニューをください.
　Kann ich bitte die Speisekarte haben?
子牛の焼肉にします.
　Ich nehme einen Kalbsbraten.
(給仕が:)お飲み物は?
　Was trinken Sie?
赤ワインにします.
　Ein Glas Rotwein, bitte!
(給仕が:)どうぞおいしくお召し上がりください.
　Guten Appetit!
ありがとう.
　Danke!
お勘定をお願いします.
　Kann ich jetzt zahlen?

Re·stau·ra·ti·on [レスタオラツィオーン rεstauratsió:n または rε..] 囡 -/-en ① (美術品・建物などの)修復, 復元. ② 《政》(旧体制の)復活; 王制復古.

re·stau·ra·tiv [レスタオラティーふ rεstauratí:f または rε..] 形 復古的な, 旧体制復活を目指す.

Re·stau·ra·tor [レスタオラートァ rεstaurá:tɔr または rε..] 男 -s/-en [..ラトーレン] (美術品などの)修復技術者. (女性形: -in).

re·stau·rie·ren [レスタオリーレン rεstaurí:rən または rε..] 他 (h) ① (美術品⁴などを)修復する, 補修する. ② (旧体制⁴を)復活させる; 復興させる.

Rest≠be·stand [レスト・ベシュタント] 男 -[e]s/..stände (在庫品などの)残部, 残高.

Rest≠be·trag [レスト・ベトラーク] 男 -[e]s/..träge 残額, 残高.

rest·lich [レストリヒ] 形 《付加語としてのみ》残りの, 残った, 余った. das *restliche* Geld 余ったお金.

rest≠los [レスト・ロース] I 副 残らず, 全部, すっかり. Die Eintrittskarten waren *restlos* ausverkauft. 入場券は残らず売り切れていた. II 形 残りのない, 余す所のない, 徹底的な.

Rest≠müll [レスト・ミュる] 男 -s/ (分別対象外の)その他のごみ.

Rest≠pos·ten [レスト・ポステン] 男 -s/- 《商》売れ残り品, 残品.

Re·strik·ti·on [レストリクツィオーン rεstriktsió:n または rε..] 囡 -/-en ① 制限, 抑制. ② (経済の)引き締め.

Re·sul·tat [レズるタート rεzultá:t] 中 -[e]s/-e ① 結果, 成果. die neuesten *Resultate* der Forschung² 研究の最新の成果. ② 《数》解答. das *Resultat* einer Rechenaufgabe² 計算問題の解答.

re·sul·tie·ren [レズるティーレン rεzultí:rən] 自 (h) ① 〔**aus** 圏³ ~〕(圏³から)結果として生じる. Dieser Erfolg *resultiert* aus seinem ständigen Fleiß. この成功は彼のたゆまぬ努力のたまものである. ② 〔**in** 圏³ ~〕(圏³という)結果に終わる.

Re·sü·mee [レズュメー rεzymé:] 中 -s/-s 要約, 要旨, レジュメ; (総括的な)結論, 要点. ein *Resümee* in deutscher Sprache ドイツ語のレジュメ / das *Resümee*⁴ ziehen 総括する / Er gab ein kurzes *Resümee* des Vortrags. 彼は講演の要旨を述べた.

re·sü·mie·ren [レズミーレン rezymíːrən] 他 (h) 要約する、(話[4]の)要旨を述べる. einen Vortrag *resümieren* 講演を要約する.

re·tar·die·ren [レタルディーレン retardíːrən] 他 (h) (発達など[4]を)遅らせる.

Re·tor·te [レトルテ retórtə] 女 -/-n (化)レトルト、蒸留器. **aus der** *Retorte* 《口語》(ふつう軽蔑的に》人工の, 人工的につくられた.

Re·tor·ten⚬ba·by [レトルテン・ベービ] 中 -s/-s 《隠語》試験管ベビー.

re·tour [レトゥーア retúːr] [スイス] 副 (オーストリ・スイス) 戻って、帰って. eine Fahrkarte hin und *retour* 往復切符.

Re·tour⚬kut·sche [レトゥーア・クッチェ] 女 -/-n 《口語》(非難などに対する)しっぺい返し, (売り言葉に対する)買い言葉.

Re·tro⚬look [レトロ・ろック] 男 -s/ レトロルック.

*****ret·ten** [レッテン rétən] (rettete, *hat*…gerettet) I 他 《完了》haben) (人・物[4]を)救う, 救助する, 助ける; (文化財など[4]を損害・遺失から)守る. (英 save). 人[3] das Leben[4] *retten* 人[3]の命を救う / Der Arzt konnte sie nicht mehr *retten*. 医者は彼女をもう救えなかった / 人[4] **aus** einem brennenden Wagen *retten* 人[4]を燃えている車の中から救い出す / 人[4] **vor** dem Ertrinken *retten* 人[4]がおぼれそうになっているのを救助する / Bist du noch zu *retten*?《口語》君は気は確かか(←まだ救いようがあるか) / das Gemälde[4] *retten* (損害・遺失などから)絵画を守る. ◇《現在分詞の形で》ein *rettender* Gedanke 打開案.

II 再帰 《完了》haben) *sich*[4] *retten* 助かる, 逃れる, 脱出する. *sich*[4] **aufs** Dach *retten* 屋根の上に逃げる / Er *rettete sich* **ins** Ausland. 彼は外国へ脱出した / *Rette sich*, wer kann!《戯》逃げるが勝ちだ(←逃げられる者は逃げよ) / Sie *kann sich* **vor** Anrufen kaum noch *retten*. 彼女は電話がうるさくかかってきて困り果てている.

Ret·ter [レッタァ rétər] 男 -s/- 救助者, 救い主. (女性形: -in). *Retter* in der Not 困ったときの助け舟.

ret·te·te [レッテテ] *retten (救う)の過去

Ret·tich [レティヒ rétiç] 男 -s/-e 《植》ダイコン(大根).

die **Ret·tung** [レットゥング rétuŋ] 女 (単) -/ (複) -en ① 救助, 救出; 救援, 救護. (英 rescue). 人[3] *Rettung*[4] bringen 人[3]を救助する / **auf** *Rettung* hoffen 救助を期待している / Das ist meine letzte *Rettung*.《口語》これは私の最後の頼みの綱だ. ② (文化財などの)保全. ③ (オーストリア) 救助隊; 救急車.

Ret·tungs⚬boot [レットゥングス・ボート] 中 -[e]s/-e 《海》救命艇, (船に備えつけの)救命ボート.

Ret·tungs⚬dienst [レットゥングス・ディーンスト] 男 -[e]s/-e ① 《園なし》救助作業(活動). ② 救助隊.

Ret·tungs⚬gür·tel [レットゥングス・ギュルテる] 男 -s/- 救命帯, ライフベルト.

Ret·tungs⚬los [レットゥングス・ろース] I 形 助かる見込みのない, 絶望的な. II 副《口語》どうしようもなく, ひどく.

Ret·tungs⚬mann·schaft [レットゥングス・マンシャフト] 女 -/-en 救助隊.

Ret·tungs⚬ring [レットゥングス・リング] 男 -[e]s/-e 救命浮き輪.

Ret·tungs⚬schwim·men [レットゥングス・シュヴィンメン] 中 -s/ 人命救助泳法.

Ret·tungs⚬wa·gen [レットゥングス・ヴァーゲン] 男 -s/- 救急車.

Ret·tungs⚬wes·te [レットゥングス・ヴェステ] 女 -/-n 救命胴衣.

Re·tu·sche [レトゥッシェ retúʃə] 女 -/-n (写・印)(写真などの)修整; 修整箇所.

re·tu·schie·ren [レトゥシーレン retuʃíːrən] 他 (h) (写真など[4]を)修整する.

Reue [ロイエ rɔ́yə] 女 -/ 後悔, 悔恨. keine *Reue*[4] zeigen 改悛(かいしゅん)の色がない / **über** [4] tiefe *Reue*[4] empfinden 罪[4]を深く後悔する.

reu·en [ロイエン rɔ́yən] (reute, *hat*…gereut) 他 《完了》haben) (物事が)(人[4]に)**後悔させる**, 悔やませる. Die Tat *reut* ihn. 彼はそれをしたことを後悔している / Das Geld *reut* mich. 私はそのお金を使うんじゃなかった / *Reut* es dich, mitgefahren zu sein? 君はいっしょに行ったことを後悔しているの.

reue⚬voll [ロイエ・ふぉる] 形 《雅》後悔の念に満ちた, ひどく悔やんでいる.

reu·ig [ロイイヒ rɔ́yiç] 形 《雅》後悔している, 改悛(かいしゅん)した.

reu⚬mü·tig [ロイ・ミューティヒ] 形 後悔している, 悔やんでいる.

Reu·se [ロイゼ rɔ́yzə] 女 -/-n ① 《漁》やな. ② 《狩》(鳥の)わな.

reu·te [ロイテ] reuen (後悔させる)の過去

Reu·ter [ロイタァ rɔ́ytər] 《姓》-s/-s ロイター.

Re·van·che [レヴァーンシュ (..シェ) revɑ̃ːʃ] [フランス] 女 -/-n [..シェン] ① (軍事的な)報復; 復讐(ふくしゅう). ② 返礼, お礼. ③ (スポーツ) リターンマッチ, 雪辱[戦], リベンジ.

Re·van·che⚬spiel [レヴァーンシュ・シュピーる] 中 -[e]s/-e (スポーツ) リターンマッチ, 雪辱戦, リベンジ.

re·van·chie·ren [レヴァンシーレン revɑ̃ʃíːrən] 再帰 (h) *sich*[4] *revanchieren* ① 《*sich*[4] **für** [4] ~》([4]に対して)報復(仕返し)をする; ([4]に対して感謝の)お返しをする. ② (スポーツ) 雪辱を遂げる.

Re·van·chis·mus [レヴァンシスムス revɑ̃ʃísmus] 男 -/ (政) 報復主義.

Re·ve·renz [レヴェレンツ reveréns] 女 -/-en 敬意, 尊敬の念. 人[3] seine *Reverenz*[4] erweisen 人[3]に敬意を表する.

Re·vers I [レヴェーァ revéːr または revéːr] [フランス] 中 (オーストリア: 男) - [レヴェーァ[ス]]/- [レヴェーァス] (背広・コートなどの襟の)折り返し. II [レヴェルス revérs] 男 -es/-e (貨幣メダルの)裏面. III [レヴェルス] 男 -es/-e (商) 債務証書.

re·vi·die·ren [レヴィディーレン revidíːrən] 他 (h) ① 検査する, 監査する. ② 訂正[修正]する; 改訂する. seine Meinung⁴ *revidieren* 考えを改める. ◊[過去分詞の形で] die *revidierte* Auflage eines Buches ある本の改訂版.

Re·vier [レヴィーァ revíːr] 中 -s/-e ① 区域, 管区; 警察署[管内]; 猟区; 営林区; 鉱区. ② 《動》(動物などの)なわばり.

Re·vi·si·on [レヴィズィオーン reviziːón] 女 -/-en ① 検査, (帳簿の)監査. ②《印》最終校正, 念校. ③ (見解などの)変更, 修正. eine *Revision* seiner Meinung² 彼の意見の修正. ④《法》上告. *Revision*⁴ einlegen 上告する.

Re·vi·si·o·nis·mus [レヴィズィオニスムス revizionísmus] 男 -/ ①《政》改良論, 修正論. ② (特にマルクス主義で:)修正主義.

Re·vi·sor [レヴィーゾァ revíːzɔr] 男 -s/-en [レヴィゾーレン] ① (帳簿の)監査人. (女性形: -in). ②《印》最終校正者.

Re·vol·te [レヴォるテ revólta] 女 -/-n 反乱, 暴動. eine *Revolte*⁴ machen 暴動を起こす.

re·vol·tie·ren [レヴォるティーレン revoltíːrən] 自 (h) 反乱[暴動]を起こす; 反抗する. gegen 人・事⁴ *revoltieren* 人・事⁴に対して反乱を起こす.

die **Re·vo·lu·ti·on** [レヴォるツィオーン revolutsióːn] 女 (単) -/(複) -en 《英 *revolution*》革命; 革命的な変革. die Französische *Revolution*《史》フランス革命 / die industrielle *Revolution* 産業革命 / eine *Revolution* in der Mode モードの革命 / Eine *Revolution* bricht aus. 革命が起こる.

re·vo·lu·ti·o·när [レヴォるツィオネーァ revolutsionέːr] 形 ① 革命の. eine *revolutionäre* Bewegung 革命運動. ② 革命的な, 画期的な. eine *revolutionäre* Entdeckung 画期的な発見.

Re·vo·lu·ti·o·när [レヴォるツィオネーァ revolutsionέːr] 男 -s/-e ① 革命家. (女性形: -in). ② 革命的な人, 革新者.

re·vo·lu·ti·o·nie·ren [レヴォるツィオニーレン revolutsioníːrən] 他 (h) (事⁴に)革命[的変革]を起こす.

Re·vo·luz·zer [レヴォるッツァァ revolútsər] 男 -s/- えせ革命家. (女性形: -in).

Re·vol·ver [レヴォるヴァァ revólvər] [英] 男 -s/- 回転式連発ピストル; リボルバー.

Re·vol·ver·blatt [レヴォるヴァァ・ブらット] 中 -[e]s/..blätter 俗悪新聞, スキャンダル紙.

Re·vue [レヴュー revý: または rəː] [仏] 女 -/-n [レヴューエン] ①《劇》レビュー. ② (雑誌のタイトルの一部として:) 評論雑誌, 総合雑誌. ③《古》《軍》閲兵. 人・物⁴ *Revue* passieren lassen《比》人・物⁴を次々に思い浮かべる.

Re·zen·sent [レツェンゼント retsɛnzέnt] 男 -en/-en (書物・映画などの)批評家, 評論家. (女性形: -in).

re·zen·sie·ren [レツェンズィーレン retsɛnzíːrən] 他 (h) 批評する, 批評する. Bücher⁴ *rezensieren* 本の批評をする.

Re·zen·si·on [レツェンズィオーン retsɛnzióːn] 女 -/-en ① 批評, 論評, 書評. ② (異本のあるテキストなどの)校訂.

das **Re·zept** [レツェプト retsέpt] 中 (単2) -[e]s/(複 3格のみ -en) ① (医者の)処方箋(ﾎｳ).《英 *prescription*》. ein *Rezept*⁴ schreiben 処方箋を書く. ② 料理の手引き, レシピ (= Kochrezept). nach *Rezept* kochen レシピどおりに料理する. ③ 《口語・比》対策, 解決法. Dafür gibt es kein *Rezept*. それには打つ手がない.

re·zept·frei [レツェプト・フらイ] 形 (薬が)処方箋(ﾎｳ)なしで入手できる.

Re·zep·ti·on [レツェプツィオーン retsɛptsióːn] 女 -/-en ① (思想・文化の)受け入れ, 受容. ② (芸術・文学作品などの)受容. die *Rezeption* eines Romans ある小説の受容. ③ (ホテルの)フロント, 受付. Bitte bei der *Rezeption* melden! フロントにお申し出ください.

re·zept·pflich·tig [レツェプト・プふりヒティヒ] 形 (薬が)処方箋(ﾎｳ)の必要な.

Re·zes·si·on [レツェスィオーン retsɛsióːn] 女 -/-en《経》景気後退.

re·zes·siv [レツェスィーふ retsɛsíːf] 形《生》劣性の.

re·zi·pie·ren [レツィピーレン retsipíːrən] 他 (h) (芸術作品・外国の文化など⁴を)受容する, 受け入れる.

re·zi·prok [レツィプローク retsipróːk] 形 相互の, 相関の.

Re·zi·ta·ti·on [レツィタツィオーン retsitatsióːn] 女 -/-en (詩・歌の)朗読, 朗誦.

Re·zi·ta·tiv [レツィタティーふ retsitatíːf] 中 -s/-e [..ヴェ]《音楽》レチタティーボ, 叙唱.

Re·zi·ta·tor [レツィタートァ retsitáːtɔr] 男 -s/-en [..タトーレン] (詩・歌などの)朗読者, 朗詠者. (女性形: -in).

re·zi·tie·ren [レツィティーレン retsitíːrən] 他 (h) (詩・歌など⁴を)朗読する, 朗唱する.

R-Ge·spräch [エル・ゲシュプレーヒ] 中 -[e]s/-e コレクトコール, 料金受信人払い通話 (= Rückfrage-Gespräch).

Rh [エル・ハー]《化・記号》ロジウム (= Rhodium).

Rha·bar·ber [ラバルバァ rabárbər] 男 -s/-《植》ダイオウ(薬用植物).

Rhap·so·die [ラプソディー rapsodíː または ..ゾディー ..zodíː] 女 -/-n [..ディーエン] ① (吟遊詩人が吟唱する)叙事詩; (特にシュトゥルム・ウント・ドラング時代の)狂想詩. ②《音楽》狂詩曲, ラプソディー.

*der **Rhein** [ライン ráin] 男 (単2) -[e]s/《定冠詞とともに》《川名》ライン川 (略: Rh.) (スイスに源を発し, フランスの国境からドイツを流れ, オランダを経て北海に注ぐ川. 全長 1232 km: ☞地図 B~D-3 ~5).《英 *the Rhine*》. Vater *Rhein* 父なるライン / am *Rhein* ライン河畔で.

der **Rhein·fall** [ライン・ふァる ráin-fal] 男

—[e]s/《定冠詞とともに》《地名》ライン瀑布(${}^{\text{ばふ}}_{\text{ふ}}$)(スイスのシャフハウゼン近くにあるライン川の滝. 落差 24 m).

der (*das*) **Rhein·gau** [ライン·ガオ ráin-gau] 男(方:田) −[e]s/《定冠詞とともに》《地名》ラインガウ(独, ヘッセン州. ライン川右岸のぶどう栽培のさかんな丘陵地帯).

Rhein·hes·sen [ライン·ヘッセン ráin-hɛsən] 田 −s/《地名》ラインヘッセン(ドイツ, ラインラント·プファルツ州のヴォルムスからビンゲンにいたる丘陵地帯. ワインの産地として有名).

rhei·nisch [ライニッシュ ráiniʃ] 形 ライン[川·地方]の.

das **Rhein·land** [ライン·ラント ráin-lant] 田 −[e]s/《定冠詞とともに》《地名》ラインラント(旧プロイセンのライン州の俗称. 1946 年ノルトライン·ヴェストファーレン, ラインラント·プファルツ両州に分割された).

die **Rhein·lan·de** [ライン·ランデ ráin-landə] 複《定冠詞とともに》《史》ラインランデ(ライン川沿岸のフランク族の居住地).

Rhein·län·der [ライン·レンダァ ráin-lɛndər] 男 −s/− ① ライン[川沿岸]地方の住民(出身者). (女性形: -in). ② 《音楽》ライン·ポルカ (2/4 拍子の舞踏).

rhein·län·disch [ライン·レンディッシュ ráinlɛndiʃ] 形 ラインラントの.

Rhein·land-Pfalz [ラインラント·プファルツ ráinlant-pfálts] 田《地名》ラインラント·プファルツ(ドイツ 16 州の一つ. 州都はマインツ: ☞ 地図 C〜D−3〜4).

Rhein⸗wein [ライン·ヴァイン] 男 −[e]s/−e ラインワイン(ライン川流域で産する白ワイン).

Rhe·ni·um [レーニウム ré:nium] 田 −s/《化》レニウム(記号: Re).

Rhe·to·rik [レトーリク retó:rɪk] 女 −/−en ①《ふつう単》修辞学; 雄弁術. ② 修辞学の教本.

Rhe·to·ri·ker [レトーリカァ retó:rikər] 男 −s/− 修辞学者; 雄弁家. (女性形: -in).

rhe·to·risch [レトーリッシュ retó:riʃ] 形 ① 修辞学的な; 弁舌の, 雄弁の. eine *rhetorische* Frage 修辞疑問(返事を期待しない問い). ② 美辞麗句を並べた, おおげさな.

Rheu·ma [ロイマ rɔ́yma] 田 −s/《口語》リューマチ(＝Rheumatismus).

Rheu·ma·ti·ker [ロイマーティカァ rɔymá:tikər] 男 −s/− 《医》リューマチ患者. (女性形: -in).

rheu·ma·tisch [ロイマーティッシュ rɔymá:tiʃ] 形《医》リューマチ[性]の; リューマチにかかっている.

Rheu·ma·tis·mus [ロイマティスムス rɔymatísmus] 男 −/..tismen《医》リューマチ. **an** *Rheumatismus* leiden リューマチをわずらっている.

Rhi·no·ze·ros [リノーツェロス rinó:tserɔs] 田 − (−..rosses)/..rosse ①《動》サイ(犀). ②《俗》のろま, ばか.

Rho·di·um [ローディウム ró:dium] 田 −s/《化》ロジウム(記号: Rh).

Rho·do·den·dron [ロドデンドロン rododéndrɔn] 田 −s/Rhododendren《植》シャクナゲ.

Rhom·bus [ロンブス rómbus] 男 −/Rhomben《数》ひし形, 斜方形, 菱形(${}^{\text{りょう}}_{\text{}}$).

Rhyth·men [リュトメン] Rhythmus (リズム) の複

Rhyth·mik [リュトミク rýtmɪk] 女 −/ ① 律動性. ② リズム法; 律動学. ③《教》リトミック, リズム体操.

rhyth·misch [リュトミッシュ rýtmiʃ] 形 ① リズミカルな, 律動的な. ein *rhythmischer* Tanz リズミカルな踊り. ② リズムの, リズムに関する. *rhythmisches* Gefühl^4 haben リズム感がある.

der **Rhyth·mus** [リュトムス rýtmus] 男 《単 2》−/《複》Rhythmen ①《音楽·詩学》リズム, 律動, (詩の)韻律;《言》リズム. 《英 rhythm》. ein schneller *Rhythmus* 速いリズム / freie *Rhythmen* 自由律[の詩形]. ② 周期的反復. der *Rhythmus* der Jahreszeiten^2 季節の移り変わり.

Ri·chard [リヒャルト ríçart] −s/《男名》リヒャルト.

Richt·an·ten·ne [リヒト·アンテンネ] 女 −/−n《放送》指向性アンテナ, ビームアンテナ.

***rich·ten** [リヒテン ríçtən] du richtest, er richtet (richtete, *hat*…gerichtet) **I** 他《定で haben》①《方向を表す語句とともに》(人·物^4 を…へ)**向ける**. 《英 direct》. das Fernrohr^4 **auf** 人·物^4 *richten* 望遠鏡を人·物に向ける / das Schiff^4 **nach** Norden *richten* 船の進路を北に向ける / Sie *richtete* ihre Blicke **zum** Himmel. 彼女は視線を空に向けた / 人·物^4 zugrunde (または zu Grunde) *richten* 《比》人·物^4 を破滅させる.

②《人·物^4 **an** 人·物^3 〜》(人^4 願い·発言などを人·物^3 に)向ける. eine Bitte^4 (eine Frage^4) **an** 人·物^3 *richten* 人·物^3 に依頼(質問)する / Der Brief *war* an dich *gerichtet*.《状態受動·過去》その手紙は君にあてられたものだった. ③ まっすぐにする, 直す; (時計·望遠鏡など^4 を)合わせる, 調節する. einen Knochenbruch *richten* 骨折箇所をまっすぐにする / die Antenne^4 *richten* アンテナの向きを調整する / Er *richtet* seine Uhr **nach** der Bahnhofsuhr. 彼は時計を駅の時計に合わせる. ④ 立てる; (家^4 の)棟上げをする. einen Mast *richten* マストを立てる. ⑤《南ドゥ·オースト·スイス》(きちんと)整える; 用意する. sich^3 den Schlips *richten* ネクタイを締め直す / 人^3 das Essen^4 *richten* 人^3 に食事の用意をする / das Betten^4 für die Gäste *richten* 客のためにベッドを用意する. ◇《再帰的に》*sich richten* 身支度をする. ⑥《雅》処刑する.

II《再帰》《定で haben》*sich^4 richten* ①《方向を表す語句とともに》(視線·光などが…に)**向けられる**;《比》(批判などが…へ)向けられる. Ihre Augen *richteten* sich **auf** mich. 彼女の視線は私に向けられた / Seine Kritik *richtete* sich **gegen** die Politik der Regierung. 彼の批判は政府の政策に向けられた.

②《*sich^4 nach* 人·事^3 〜》(人·事^3 に)従う, 合

わせる；(囲³に)左右される．Ich *richte mich nach dir* (deinen Wünschen). ぼくは君(君の希望)に従おう / *Das richtet sich nach dem Wetter*. それは天気しだいだ． ③ 身を起こす，立ち上がる． *Der Kranke konnte sich nur mühsam in die Höhe richten*. 病人はやっとのことで身を起こした．

III 自 (完了 haben)《雅》判決を下す，裁く． **über** 人・事⁴ *richten* 人・事⁴を裁く．

der **Rich·ter** [リヒタァ rícʧər] 男 (単 2) -s/ (複) - (3格のみ -n) ① 裁判官，判事．(英 *judge*). ein gerechter *Richter* 公正な裁判官/ 人⁴ vor den *Richter* bringen 人⁴を訴える (←裁判官の前に連れて来る) / Wo kein Kläger ist, da ist auch kein *Richter*.《ことわざ》まかぬ種は生えぬ(←訴訟人がいなければ裁き手もいない)． ② 裁く人，審判者． der höchste *Richter* 《比》神(←最高の審判者)．

Rich·ter⚡amt [リヒタァ・アムト] 中 -[e]s/ 裁判官の職[権]．

Rich·te·rin [リヒテリン ríçtərɪn] 女 -/..rinnen (女性の)裁判官，判事．

rich·ter·lich [リヒタァリヒ] 形 裁判官の；裁判[所]の，司法の． die *richterliche* Gewalt 司法権．

Rich·ter⚡spruch [リヒタァ・シュプルフ] 男 -[e]s/..sprüche 判決．

Rich·ter⚡stuhl [リヒタァ・シュトゥール] 男 -[e]s/ 裁判官(判事)の職[席]．

rich·te·te [リヒテテ] *richten (向ける)の過去

Richt⚡fest [リヒト・フェスト] 中 -[e]s/-e 《建》(新築家屋の)上棟式．

Richt⚡ge·schwin·dig·keit [リヒト・ゲシュヴィンディヒカイト] 女 -/-en (アウトバーンでの)推奨[最高]速度．

rich·tig [リヒティヒ ríçtɪç]

正しい Ja, das ist *richtig*!
ヤー ダス イスト リヒティヒ
ええ，そのとおりです．

I 形 ① 正しい，正確な．(英 *right*). (⇔「間違った」は falsch. eine *richtige* Aussprache (Lösung) 正しい発音(正解) / Ist dies der *richtige* Weg nach Bonn? ボンへ行くにはこの道でいいですか / [Sehr] *richtig*! (あいづちを打って:)そのとおり / Die Antwort ist *richtig*. その答えは正しい / Ich finde das nicht *richtig*. 私はそれは正しくないと思う / Sehe ich das *richtig*? 私の見方は合っていますか / Die Uhr geht *richtig*. 時計は正確に動いている． ◇《名詞的に》das *Richtige*⁴ treffen《比》的を射る．(☞ 類語 genau).

② 適切な，ふさわしい． Er kam gerade im *richtigen* Augenblick. 彼はちょうどよい時に来た / der *richtige* Mann am *richtigen* Platz そのポストにうってつけの男． ◇《名詞的に》Für diese Arbeit ist sie die *Richtige*. 彼女はこの仕事にうってつけの人だ．

③ 本式の，まともな． ein *richtiger* Beruf まともな職業 / Das ist ein *richtiger* Winter. まさに冬らしい冬だ / Er ist nicht ganz *richtig* im Kopf.《口語》彼は少々頭がおかしい / Unser Nachbar ist ein *richtiger* Mensch. 私たちの隣人はつきあいやすい人だ(←まともな人). ◇《名詞的に》Ich habe schon lange nichts *Richtiges* mehr gegessen. 私はもう長い間まともな食事をとっていない．

④ 本当の，本物の． Das ist nicht ihr *richtiger* Name. それは彼女の本名ではない / Er ist ihr *richtiger* Sohn. 彼は彼女の実の息子だ．

II 副 ①《口語》とても，非常に． Er war *richtig* froh. 彼はとても喜んでいた．

② 実際に，[あきれたことに]本当に． Er hat es doch *richtig* wieder vergessen! 彼は案の上それをまた忘れてしまった．

▶ **richtig⚡gehend²**

類語 **richtig**: (論理的間違い・矛盾を含んでいないという意味で)正しい． **recht**: (目的にかなう適切な状態にあるという意味で)正しい． Es steht alles am *rechten* Ort. すべてのものがあるべき場所にある． **gerecht**: (規則・法則に基づいているという意味で)正しい． Das Urteil ist *gerecht*. その判断は正しい．

rich·tig⚡ge·hend¹ [リヒティヒ・ゲーエント] 形 完全な，まったくの，まぎれもない．

rich·tig⚡ge·hend², rich·tig ge·hend [リヒティヒ・ゲーエント] 形 (時計が)正確な，合っている．

die **Rich·tig·keit** [リヒティヒカイト ríçtɪçkaɪt] 女(単) -/ 正しさ，正確さ；本物であること．(英 *correctness*). die *Richtigkeit* einer Rechnung² 計算の正しさ．

rich·tig|lie·gen* [リヒティヒ・リーゲン ríçtɪçliːɡən] 自 (h) (推測などが)間違っていない；(周囲の)期待に沿っている．

rich·tig|stel·len [リヒティヒ・シュテレン ríçtɪç-ʃtɛlən] 他 (h) (誤りなど⁴を)正す，是正する．

Rich·tig⚡stel·lung [リヒティヒ・シュテルング] 女 -/-en 訂正，直し．

Richt⚡li·nie [リヒト・リーニエ] 女 -/-n《ふつう 複》(当局が定める)指針，規準，指導要綱．

Richt⚡preis [リヒト・プライス] 男 -es/-e 《経》公定(標準)価格；(生産者の)希望価格．

Richt⚡schnur [リヒト・シュヌーァ] 女 -/-en ①《建》錘糸(すいし); 墨縄(すみなわ). ②《ふつう 単》《比》規範，規準，規律．

Richt⚡strah·ler [リヒト・シュトラーラァ] 男 -s/- 《放送》(送信用の)ビームアンテナ．

*die **Rich·tung** [リヒトゥング ríçtʊŋ]

方向
Fahren Sie in *Richtung* Bonn!
ふァーレン ズィー イン リヒトゥング ボン
(タクシーで:)ボンの方向へやってください．

女 (単) -/(複) -en ① 方向，方角；進路．(英 *direction*). Fahrt*richtung* (車の)進行方向 / die *Richtung* eines Flusses 川の流れの方向 /

die *Richtung*⁴ ändern 方向を変える / 入³ die *Richtung*⁴ zeigen 入³に進路を指示する / eine bestimmte *Richtung*⁴ geben 囲³に一定の方針(方向)を与える / **aus** allen *Richtungen* 四方八方から / **in** *Richtung* [auf] Berlin ベルリンの方向へ / in nördliche[r] *Richtung* fahren 北の方へ行く.

② 傾向, すう勢; 主義, 見解. eine politische *Richtung* 政治上の路線(見解) / die vielfältigen *Richtungen* in der Kunst 芸術における多様な傾向.

rich·tung·wei·send [リヒトゥング・ヴァイゼント] 形 方向を示す, 方針を示す.

Richt·wert [リヒト・ヴェーアト] 男 -[e]s/-e 標準(基準)値.

Ri·cke [リッケ ríkə] 女 -/-n (動) ノロジカの雌.

rieb [リープ] reiben (こする)の 過去

rie·be [リーベ] reiben (こする)の 接2

rie·chen [リーヒェン ríːçən] (roch, *hat*... gerochen) (英 smell) **I** 自 (完了 haben) ① におう; (…の)においがする; 臭い. Diese Blumen *riechen* nicht. この花は香りがない / Der Kaffee *riecht* aber gut! このコーヒーはとてもいい香りがする / Der Käse *riecht* stark. このチーズはにおいが強い / Das Ei *riecht* schon. この卵は[腐って]もう臭い / Diese Sache *riecht* faul. 《口語》この件はどうもうさんくさい / **nach** 物³ *riechen* 物³のにおいがする ⇒ Er *roch* nach Alkohol. 彼はアルコールのにおいがした. ◊〖非人称の **es** を主語として〗Hier *riecht* es nach Gas. ここはガス臭い.

② 〖**an** 物³ ~〗(物³の)においをかぐ, かいでみる. an einer Rose *riechen* ばらの香りをかいでみる. **II** 他 (完了 haben) (物⁴の)においをかぐ, においを感じる; (比)感づく. Sie *roch* diesen Duft gern. 彼女はこの香りをかぐのが好きだった / Ich *rieche* Gas. ガスのにおいがする / Den kann ich nicht *riechen*. 《俗》あいつには我慢できない / die Gefahr⁴ *riechen* 《口語》危険を察する.

Rie·cher [リーヒャァ ríːçɐr] 男 -s/- 《俗》① 鼻 (=Nase). ② (比)(物事をかぎつける)勘. einen guten *Riecher* haben 勘がいい.

Ried [リート ríːt] 中 -[e]s/-e ① (植) アシ, ヨシ. ② 葦(𝑎しの生えている湿原.

rief [リーフ] *rufen (叫ぶ)の 過去

rie·fe [リーフェ] *rufen (叫ぶ)の 接2

Rie·fe [リーフェ ríːfə] 女 -/-n (表面に刻んだ)溝, 刻み目 (=Rille).

rie·feln [リーフェるン ríːfəln] 他 (h) (物⁴に)溝を彫る.

Rie·ge [リーゲ ríːɡə] 女 -/-n (体操などの)チーム.

Rie·gel [リーゲる ríːɡəl] 男 -s/- ① かんぬき, 差し錠, 錠のボルト. den *Riegel* vor|legen かんぬきを掛ける / 囲³ einen *Riegel* vor|schieben (比) 囲³を妨げる. ② (等間隔に切れ目の入った)棒状のもの. ein *Riegel* Schokolade チョコレートバー.

der **Rie·men**¹ [リーメン ríːmən] 男 (単2) -s/(複) - ① (革・布などの)ひも, 帯, ベルト. (英 belt). ②¹ **mit** einem *Riemen* fest|schnallen 物⁴をひもでしっかり締める / den *Riemen* enger schnallen 《口語》出費を切り詰める / Reiß dich **am** *Riemen*! 《口語》元気を出せ, がんばれ. ② (機械の)動輪ベルト.

Rie·men² [リーメン] 男 -s/- (海) オール, 櫂(𝑘). sich⁴ **in** die *Riemen* legen a) 力漕する, b) 《口語・比》全力を尽くす.

Rie·men·schei·be [リーメ・シャイベ] 女 -n (工) ベルト車, プーリー.

Rie·men·schnei·der [リーメン・シュナイダァ ríːmən-ʃnaɪdər] -s/ 《人名》リーメンシュナイダー (Tilmann *Riemenschneider* 1460?-1531; ドイツの彫刻家).

der **Rie·se** [リーゼ ríːzə] 男 (単2·3·4) -n/(複) -n (英 giant) ① (伝説・神話の)巨人; (比)大男; 偉大な人物. 《口》「小人」は Zwerg. ein *Riese* an Geist 才気に満ちた人 / die *Riesen* der Alpen² アルプスの巨峰. ② (天)巨星. ③ 《ミシラ・隠語》(体操の)大車輪.

Rie·sel·feld [リーゼる・フェるト] 中 -[e]s/-er (都市近郊の)下水灌漑(𝑘ん)農場 (浄化した下水を用いる).

rie·seln [リーゼるン ríːzəln] 自 (s, h) ① (s, h) (川などが)さらさら(ちょろちょろ)流れる, (血などが)ぽたぽた滴る; (粉雪・砂などが)さらさら降る. (⑫ 方向を表す語句があれば完了の助動詞は sein を用いる). Ein Bächlein *rieselt* **durch** die Wiese. 小川が野原をさらさら流れる / Leise *rieselte* der Schnee. 静かに雪が降っていた. (☞ 類語 fließen). ② (s) (比)(恐怖などが体を)走り抜ける. Ein Schauder *rieselte* ihm **über** den Rücken. 彼は背筋がぞくっとした.

rie·sen.., Rie·sen.. [リーゼン.. ríːzən..] 〖形容詞・名詞などにつける 接頭〗〖巨大な・ものすごい〗例: *riesen*groß ものすごく大きな / *Riesen*schlange 大蛇.

Rie·sen-er·folg [リーゼン・エァフォるク] 男 -s/-e 《口語》大成功.

rie·sen-groß [リーゼン・グロース] 形 《口語》ものすごく大きな, 巨大な.

rie·sen·haft [リーゼンハフト] 形 巨人のような, 巨大な; ものすごい(努力など).

Rie·sen·rad [リーゼン・ラート] 中 -[e]s/..räder 大観覧車.

Rie·sen·schlan·ge [リーゼン・シュらンゲ] 女 -/-n 大蛇, うわばみ.

Rie·sen-sla·lom [リーゼン・スらーろム] 男 -s/-s (スキーの)大回転[競技].

rie·sig [リーズィヒ ríːzɪç] **I** 形 ① 巨大な. (英 gigantic). ein *riesiges* Gebäude 巨大な建物. ② ものすごい, 非常な. Ich habe *riesigen* Hunger. 私はものすごくおなかがすいている. ③ 《口語》すばらしい. eine *riesige* Party すばらしいパーティー.

II 副 《口語》ものすごく, とても. Der Film war *riesig* interessant. その映画はすごくおもしろかった / sich⁴ *riesig* freuen 大喜びする.

Rie·sin [リーズィン ríːzin] 囡 -/..sinnen (女性の)巨人.

Ries·ling [リースリング ríːslɪŋ] 男 -s/-e ① 〖匐 なし〗リースリング(ワイン用の良質ぶどうの一種). ② リースリング種のワイン.

riet [リート] *raten (忠告する)の過去

rie·te [リーテ] *raten (忠告する)の接2

Riff [リふ rɪf] 田 -[e]s/-e 岩礁，砂洲(ボ)，浅瀬.

rif·feln [リッふェるン ríːfəln] 他 (h) ① (板などに)波形(溝彫り)を付ける. ② (亜麻など⁴を)すく，こく.

Ri·ga [リーガ ríːga] 田 -s/《都市名》リガ(ラトビアの首都).

ri·gid [リギート rigíːt] 形《雅》厳格な.

ri·gi·de [リギーデ rigíːdə] 形 =rigid

ri·go·ros [リゴロース rigoróːs] 形 厳格な，仮借ない.

Ri·go·ro·sum [リゴローズム rigoróːzum] 田 -s/..rosa (学位取得のための)口頭試問.

Ril·ke [りるケ rílkə] 男/《人名》リルケ (Rainer Maria Rilke 1875–1926; オーストリアの詩人・作家).

Ril·le [りれ rílə] 囡 -/-n (表面に刻んだ)溝，刻み目.

das **Rind** [リント rɪnt] 田 (単2) -es (まれに -s)/(複) -er (3格のみ -ern) ① 牛. 《集》*cattle. Rinder*⁴ züchten 牛を飼う / Die *Rinder* grasen. 牛が草を食べる. (☞ 類語 Kuh). ②〖匐 なし〗《口語》牛肉 (=Rindfleisch). ③〖動〗ウシ亜科 (ヤギュウ・スイギュウなど).

Rin·de [リンデ ríndə] 囡 -/-n ① 木の皮, 樹皮. die *Rinde*⁴ vom Stamm ab|lösen 幹の皮をむく. ② (パン・チーズなどの)皮.

Rin·der [リンダァ] Rind (牛)の複.

Rin·derぶbra·ten [リンダァ・ブラーテン] 男 -s/-《料理》ローストビーフ.

Rin·der·wahn[·sinn] [リンダァ・ヴァーンズィン] 田《口語》狂牛病, BSE.

Rin·derぶzucht [リンダァ・ツフト] 囡 -/-en 牛の飼育.

Rindぶfleisch [リント・ふらイシュ] 田 -[e]s/ 牛肉, ビーフ.

Rindsぶle·der [リンツ・れーダァ] 田 -s/- 牛革.

Rindぶvieh [リント・ふィー] 田 -[e]s/..viecher ①〖匐 なし〗(総称として:)(農家の飼っている)牛. ② (ののしって:)間抜け, とんま.

***der* Ring** [リング rɪŋ] 男 (単2) -es (まれに -s)/(複) -e (3格のみ -en) 《英》*ring* ① 指輪 =Fingerring. Ehering 結婚指輪 / ein goldener *Ring* 金の指輪 / [sich³] einen *Ring* an den Finger stecken 指輪をはめる / Er schenkt ihr einen *Ring*. 彼は彼女に指輪をプレゼントする / Sie zieht den *Ring* vom Finger. 彼女は指輪をはずす / die *Ringe*⁴ tauschen (または wechseln)《雅》結婚する(←結婚指輪を交換する).

② 輪; イヤリング (=Ohrring); ブレスレット (=Armring);（牛などの)鼻輪. Der Stier hat einen *Ring* durch die Nase. 雄牛は鼻輪を付けている.

③ (輪状のもの:)環状道路; (樹木の)年輪; (土星の)環. Wir wohnen am *Ring*. 私たちは環状道路沿いに住んでいる / Sie hat dunkle *Ringe* unter den Augen. 彼女は目の下に黒いくまができている. ④〖⁽ⁿᵍ⁾〗(ボクシングの)リング (=Boxring); 〖匐 で〗(体操の)つり輪. ⑤ サークル, 同好会; 一味, 徒党; (企業などの)連合[体].

Rin·gel [リンゲる ríŋəl] 男 -s/- (Ring の縮小) [渦巻き状の]小さい輪; 巻き毛.

Rin·gelぶblu·me [リンゲる・ブるーメ] 囡 -/-n 〖植〗キンセンカ属.

rin·geln [リンゲるン ríŋəln] I 他 (h) 環状(輪)にする, (犬がしっぽを⁴)丸くする; (髪⁴を)カールする. II 再帰 (h) *sich*⁴ *ringeln* 輪になる; (蛇が)とぐろを巻く; (髪が)カールする.

Rin·gelぶnat·ter [リンゲる・ナッタァ] 囡 -/-n 〖動〗ヨーロッパヤマカガシ (首に黄色い輪模様のあるユウダ属のヘビ).

Rin·gelぶrei·hen [リンゲる・ライエン] 男 -s/- (子供の)輪踊り(手をつないで輪になって踊る).

Rin·gelぶspiel [リンゲる・シュピーる] 田 -[e]s/-e 〖ᵒˢᵗʳ〗メリーゴーラウンド (=Karussell).

Rin·gelぶtau·be [リンゲる・タオベ] 囡 -/-n 〖鳥〗モリバト.

rin·gen* [リンゲン ríŋən] (rang, *hat* ... gerungen) I 自 (完了 haben) ① 格闘する; レスリングをする; 対決する. 《英》*wrestle*. **mit** *jn-gen* 〖人³と格闘(レスリング)をする / mit dem Tode *ringen*《比》死と戦う / mit einem Problem *ringen* ある問題にとり組む / mit sich³ *ringen* (決心がつきかねて)自分の心と戦う. ② [**nach** 物³ (または **um** 物⁴) ~] 物³ (または 物⁴を求めて)奮闘する，努力する.《英》*struggle*). nach Atem (または Luft) *ringen* あえぐ / nach Worten (または um Worte) *ringen* 適切な言葉を探そうと苦しむ / um Erfolg *ringen* 成果を上げようと努力する.

II 他 (完了 haben) 《雅》① 〖成句的に〗die Hände⁴ *ringen* (困惑・絶望して)手をもみ合わせる. ② (人³から物⁴を)もぎ取る. Er *rang* ihr das Messer **aus** der Hand. 彼は彼女の手からナイフをもぎ取った.

III 自 (完了 haben) [*sich*⁴ **aus** (または **von**) 物³ ~]《雅》(ため息などが 物³(口など)から)ふっと漏れ出る.

Rin·gen [リンゲン] 田 -s/ レスリング, 格闘.

Rin·ger [リンガァ ríŋər] 男 -s/- レスリングの選手, レスラー. (女性形: -in).

Ringぶfin·ger [リング・ふィンガァ] 男 -s/- 薬指.

ringぶför·mig [リング・ふェルミヒ] 形 環状の, 輪の形をした.

Ringぶkampf [リング・カンプふ] 男 -[e]s/..kämpfe レスリング; 取っ組み合い.

Ringぶmau·er [リング・マオァ] 囡 -/-n (城・都市の)環状囲壁, 周壁. (☞ Burg 図).

Ringぶrich·ter [リング・リヒタァ] 男 -s/- (ボクシングなどの)審判, レフェリー. (女性形: -in).

rings [リングス ríŋs] 副 周りに, ぐるりと, 周囲に. *Rings um die Kirche stehen schöne alte Häuser.* 教会の周りにきれいな古い家々が建っている / *sich⁴ rings im Kreis um|sehen* 周囲をぐるりと見回す.

rings=her・um [リングス・ヘルム] 副 周りに, あたり一面(四方八方)に.

Ring=stra・ße [リング・シュトラーセ] 女 -/-n 環状道路.

rings=um [リングス・ウム] 副 周りに, あたり一面(四方八方)に.

rings=um・her [リングス・ウムヘーァ] 副 周りに, あたり一面(四方八方)に.

Rin・ne [リンネ rínə] 女 -/-n ① 溝; 用水(排水)溝(ぞう); 下水溝. ② 雨樋(あまどい).

rin・nen* [リンネン rínən] (rann, *ist/hat...* geronnen) 自 (完了) sein または haben) ① (s) (水・涙などが)流れる, 流れ出る, 滴る. *Der Regen rinnt vom Dach.* 雨水が屋根から流れ落ちる / *Aus der Wunde rann noch etwas Blut.* 傷口からはまだ少し血が流れていた / *Das Geld rinnt ihm nur so durch die Finger.* 《比》彼はお金を浪費する(←お金が指の間から漏れる). (類語 fließen). ② (h) 水漏れがする. *Der Eimer rinnt.* このバケツは漏る.

Rinn・sal [リンザール rínzaːl] 中 -[e]s/-e 《雅》細い流れ, 小川, せせらぎ. *ein Rinnsal von Tränen* 一筋の涙.

Rinn=stein [リン・シュタイン] 男 -[e]s/-e (道路の側溝(そっ)).

Ripp・chen [リップヒェン rípçən] 中 -s/- (Rippe の 縮小) ① 小さいあばら骨. ② 《料理》スペアリブ, 骨つきのあばら肉(特に豚の).

die **Rip・pe** [リッペ rípa] 女 (単)-/(複)-n ① 肋骨(ろっこつ), あばら骨. 《英 rib》. *sich³ eine Rippe⁴ brechen* 肋骨を折る / *J⁴ in die Rippen stoßen* Jの脇腹をつつく(注意・激励などのために) / *Man kann bei ihm alle Rippen zählen.* または *Er hat nichts auf den Rippen.* 《口語》彼はひどくやせている / *Ich kann mir's doch nicht aus den Rippen schneiden.* 《口語》私はそれをどうしても調達できないよ(←神がアダムの肋骨を切り取ってエバを作ったようにはできない). ② (植)葉脈の降起, 脈(みゃく). ③ (建)肋材(ろく), リブ, (工)(冷却機・放熱機の)フィン, ひれ, 《空》(飛行機の翼の)リブ.

Rip・pen=bruch [リッペン・ブルフ] 男 -[e]s/..brüche (医)肋骨(ろっこつ)骨折.

Rip・pen=fell [リッペン・フェル] 中 -[e]s/-e 《医》肋膜(ろくまく), 胸膜.

Rip・pen=fell=ent・zün・dung [リッペンフェル・エントツュンドゥング] 女 -/-en (医)肋膜(ろくまく)炎, 胸膜炎.

Rip・pen=speer [リッペン・シュペーァ] 男 中 -[e]s/- 《料理》塩漬けした豚のあばら肉.

Rip・pen=stoß [リッペン・シュトース] 男 -es/..stöße わき腹をつつくこと. *J³ einen Rippenstoß geben* Jのわき腹をつつく(注意・激励などのために).

Rips [リップス ríps] 男 -es/-e (織)畝織りの生地.

Ri・si・ken [リーズィケン] *Risiko (危険)の 複.

das **Ri・si・ko** [リーズィコ ríːziko] 中 (単)-s/(複)-s (または Risiken; オーストリア: Risken も) 危険, リスク. 《英 risk》. *ein Risiko⁴ ein|gehen* 危険を冒す / *auf eigenes Risiko* 自己の責任で / *ein Risiko⁴ auf sich⁴ nehmen* 危険を冒す.

Ri・si・ko=fak・tor [リーズィコ・ファクトーァ] 男 -/-en 危険要因.

ri・siko=frei [リーズィコ・フライ] 形 危険のない.

ri・si・ko=los [リーズィコ・ロース] 形 危険のない.

ris・kant [リスカント rɪskánt] 形 危険な, リスクを伴う, 大胆な.

ris・kie・ren [リスキーレン rɪskíːrən] (riskierte, *hat...riskiert*) 他 (完了 haben) 《英 *risk*》 ① (4格)を危険を冒してあえてする. *einen Eingriff riskieren* あえて介入する / *Sie riskierte einen Blick.* 彼女はそっと盗み見た. ② (4格の)危険を冒す. *einen Unfall riskieren* 事故を招くような危険を冒す. ③ 《地位・お金など4格を》危険にさらす. *Er riskiert sein Leben.* 彼は命にかかわる危険を冒す.

ris・kiert [リスキーァト] riskieren (あえてする)の 過分. 3人称単数・2人称親称複数現在.

ris・kier・te [リスキーァテ] riskieren (あえてする)の 過去.

Ri・sot・to [リゾット rizóto] [イタリア] 男 -[s]/-s (オーストリア: 中 -s/-[s] も) 《料理》リゾット(イタリアの米料理).

Ris・pe [リスペ ríspə] 女 -/-n 《植》円錐(えんすい)花序.

riss [リス] *reißen (引き裂く)の 過去.

der **Riss** [リス rís] 男 (単)-es/(複)-e (3格のみ -en) ① 裂け目, 割れ目; 《比》(友情などの) ひび, 亀裂(きれつ), 《医》切断. 《英 tear》. *ein Riss in der Wand* 壁のひび / *einen Riss flicken* (衣服の)裂け目を繕う / *einen Riss bekommen* (友情などが)亀裂を生じる. ② 《工・数》設計図, 図面.

ris・se [リッセ] *reißen (引き裂く)の 接2.

ris・sig [リスィヒ rísɪç] 形 裂け目(亀裂)のある, ひびの入った(壁・手など).

Rist [リスト ríst] 男 -es/-e (足(か)) 足の甲, 手の甲.

ri・tar・dan・do [リタルダンド ritardándo] [イタリア] 副 《音楽》リタルダンド, しだいに緩やかに.

ritt [リット] *reiten (馬などに乗る)の 過去.

Ritt [リット rít] 男 -es (まれに -s)/-e 乗馬, 騎行; 遠乗り. *auf einen Ritt* または *in einem Ritt* 《口語》一気に.

rit・te [リッテ] *reiten (馬などに乗る)の 接2.

der **Rit・ter** [リッタァ rítər] 男 (単)-s/(複)- (3格のみ -n) ① (中世の)騎士. 《英 *knight*》. *ein fahrender Ritter* 遍歴の騎士 / *ein Ritter ohne Furcht und Tadel* a) 騎士の鑑(かがみ), b) 《比》模範的で勇気のある男 / *J⁴ zum Ritter schlagen* Jに騎士の位を授ける / *ein Ritter des Pedals* 《戯》競輪選手(←ペダルの騎士).

② (高位勲章の)受勲者. ③ 騎士団所属の騎士 (=Ordens*ritter*). ④ (特に女性に親切な)紳士, ナイト (=Kavalier). ⑤ 〖成句的に〗arme(または Arme) *Ritter* 〖料理〗パンフリッター, フレンチトースト(牛乳にひたしたパンに卵をからめてフライパンで焼く).

Rit·ter‗burg [リッタァ・ブルク] 囡 -/-en 騎士の城.

Rit·ter‗gut [リッタァ・グート] 田 -[e]s/..güter 〖史〗騎士領, 騎士の領地.

rit·ter·lich [リッタァリヒ] 囮 ① 騎士の. ② 騎士のように気高い; (女性に対して)優しい, 親切な. Er bot ihr *ritterlich* den Arm. 彼は彼女に優しく腕を貸した.

Rit·ter·or·den [リッタァ・オルデン] 男 -s/- 〖史〗騎士修道会, 騎士団.

Rit·ter‗schlag [リッタァ・シュルーク] 男 -[e]s/..schläge 〖史〗刀礼(騎士に任ずる儀式).

Rit·ter‗sporn [リッタァ・シュポルン] 男 -[e]s/-e 〖植〗ヒエンソウ.

Rit·ter·tum [リッタァトゥーム] 田 -s/ ① 騎士制度; 騎士道. ② (総称として:)騎士[階級].

ritt·lings [リットリングス rítlɪŋs] 副 馬乗りになって.

Ri·tu·al [リトゥアール rituá:l] 田 -s/-e (または ..alien [..アーリエン]) ① 〖宗〗(教会の)儀式書; 儀式, 祭式. ② 儀式的な行為, 慣例.

ri·tu·ell [リトゥエる rituéll] 圏 ① 〖宗教の〗儀式[上]の; 儀式にかなった. ② 儀礼化した.

Ri·tus [リートゥス rí:tus] 男 -/Riten 〖宗〗儀式; 祭式の典礼.

Ritz [リッツ ríts] 男 -es/-e ① (ガラスなどの)引っかき傷. ② 裂け目, 割れ目.

Rit·ze [リッツェ rítsə] 囡 -/-n 裂け目, 割れ目.

rit·zen [リッツェン rítsən] 他 (h) ① 〖囮[4]に〗かき傷を付ける; (囚[4]に)かき傷を負わせる. 囮[4] *mit* einem Messer *ritzen* 囮[4]にナイフでかき傷を付ける / Die Dornen *ritzten* ihm die Haut. とげが彼の肌に引っかき傷をつくった. ◇再帰的に〗*sich*[4] *mit* einer Nadel *am* Finger *ritzen* 針で指にかき傷を負う. ② 〖A[4] in B[4] ~〗(A を B[4] に)刻み付ける. ein Zeichen[4] in einen Baum *ritzen* 目印を木に刻み付ける.

Ri·va·le [リヴァーれ rivá:lə] 男 -n/-n 競争相手, ライバル. (女性形: Rivalin).

ri·va·li·sie·ren [リヴァりズィーレン rivalizí:rən] 圓 (h) 〖[mit 囚[3]] ~〗(囚[3]と)競争する, 張り合う.

Ri·va·li·tät [リヴァりテート rivalité:t] 囡 -/-en 競争, 対抗, 張り合い, 対立.

die **Ri·vie·ra** [リヴィエーラ riviéːra] 囡 -/..vieren 〖ふつう 囲〗定冠詞とともに〗〖地名〗リビエラ地方(フランスからイタリア北西部にかけての地中海沿岸の, 観光·保養地として有名).

Ri·zi·nus‗öl [リーツィヌス·エール] 田 -[e]s/ ひまし油(下剤).

RJ [エル·ヨット] 〖略〗レールジェット(オーストリア連邦鉄道の高速遠距離特急) (=Railjet).

rm [ラオム·メータァ] 〖略〗立方メートル(積んだ木材の体積単位). (=Raummeter).

Rn [エル·エン] 〖化·記号〗ラドン (=Radon).

Roast‗beef [ローストˑビーふ] 〖英〗田 -s/-s 〖料理〗ローストビーフ.

Rob·be [ロッペ róbə] 囡 -/-n 〖動〗鰭脚(きゃく)類(アザラシ·アシカ·オットセイなど).

rob·ben [ロッベン róbən] 圓 (s, h) 腹ばいになって進む, はって行く.

Rob·ben‗fang [ロッベン·ふァング] 男 -[e]s/ あざらし(オットセイ)狩り.

Ro·be [ローベ róːbə] 囡 -/-n ① 〖雅〗(婦人用の)夜会服, ローブ·デコルテ. ② 〖麗〗(裁判官·聖職者などの)ガウン, 官服.

Ro·bert [ローベルト róːbɛrt] -s/ 〖男名〗ローベルト.

Ro·bin·so·na·de [ロビンゾナーデ robɪnzoná:də] 囡 -/-n ① 〖文学〗ロビンソン·クルーソー風の冒険小説. ② ロビンソン·クルーソー風の冒険, 冒険的な行動(事業).

ro·bo·ten [ロボテン róbətən] 圓 (h) 〖口語〗つらい仕事をする, あくせく働く.

Ro·bo·ter [ロボタァ róbətər] 男 -s/- ① 〖工〗ロボット, 人造人間. ② 〖口語〗命じられるままに働く人.

ro·bust [ロブスト robúst] 圏 ① たくましい, がっしりした. ② (物が)頑丈な, 長持ちする. ein *robuster* Motor タフなエンジン.

Ro·bust·heit [ロブストハイト] 囡 -/ ① たくましさ. ② 頑丈さ.

roch [ロッホ] *riechen (におう)の 過去

Ro·cha·de [ロハーデ roxáːdə または ロシャーデ rɔʃáːdə] 囡 -/-n (チェスの) キャスリング(キングとルークの位置を替える方法); 〖スポ〗守備位置の修正.

rö·che [レッヒェ] *riechen (におう)の 接2

rö·cheln [レッヒェるン rǽçəln] 圓 (h) (重病人などが)あえぐ, のどをごろごろ鳴らして息をする.

Ro·chen [ロッヘン róxən] 男 -s/- 〖魚〗エイ.

ro·chie·ren [ロヒーレン roxí:rən または ロシー.. rɔʃí:..] 圓 (h, s) ① (h) (チェスで:)キャスリングする. ② (h, s) 〖スポ〗守備位置を修正する.

der **Rock[1] [ロック rɔ́k]

> スカート
>
> Der *Rock* steht dir gut.
> デァ ロック シュテート ディァ グート
> そのスカートは君によく似合っているよ.

男 (単2) -es (まれに -s)/(複) Röcke [レッケ] (3格のみ Röcken) ① **スカート**. (奥 skirt). Mini*rock* ミニスカート / ein kurzer (langer) *Rock* 短い(長い)スカート / ein plissierter *Rock* プリーツスカート / Sie trägt meist *Rock* und Bluse. 彼女はたいていスカートとブラウスを着ている / den *Rock* an|ziehen (aus|ziehen) スカートをはく(脱ぐ) / Er ist *hinter* jedem *Rock* her. 〖口語〗彼は女の尻(けつ)を追いかけてばかりいる.

② (男)(背広の)上着, ジャケット.

Rock[2] [ロック] 〖英〗男 -[s]/-[s] ① 〖複 なし〗〖音楽〗ロック[ミュージック]. (=*Rock*musik).

② ロックンロール (=Rock and Roll).

Rock and Roll [ロックン ローる rɔkn ró:l] [英] 男 ---/---[s] 《音楽》ロックンロール.

Rö·cke [レッケ] ※Rock¹ (スカート)の 複.

Ro·cker [ロッカァ rɔ́kər] [英] 男 -s/- ① (黒の皮ジャンパーを着てオートバイを乗り回す)暴走族. ② ロックミュージシャン. (女性形: -in).

Rock♢mu·sik [ロック・ムズィーク] 女 -/《音楽》ロック[ミュージック].

Rock 'n' Roll [ロックン ローる rɔkn ró:l] [英] 男 ---/---[s] =Rock and Roll.

Rock♢zip·fel [ロック・ツィプふェる] 男 -s/- スカートのすそ.

Ro·del [ローデる ró:dəl] I 男 -s/-《南ド》そり, リュージュ. II 女 -/-n (オストリア》小型そり.

Ro·del♢bahn [ローデる・バーン] 女 -/-en リュージュのコース.

ro·deln [ローデるン ró:dəln] 自 (h, s)《方》① (h, s) そり(リュージュ)で滑って遊ぶ. ② (s) (…へ)そりで滑って行く.

Ro·del♢schlit·ten [ローデる・シュリッテン] 男 -s/- そり, リュージュ.

ro·den [ローデン ró:dən] 他 (h) (森・荒地などを)開墾する.

Ro·din [ロデン rɔdɛ̃] -s/《人名》ロダン (Auguste Rodin 1840-1917; フランスの彫刻家).

Ro·dung [ロードゥング] 女 -/-en 開墾[地].

Ro·gen [ローゲン ró:gən] 男 -s/- 魚の卵, 腹子(キャビアなど).

der **Rog·gen** [ロッゲン rɔ́gən] 男 (単2) -s/(種類を表すときのみ: 複) -《植》ライ麦(寒さに強く, 黒パン・ウィスキーなどの原料や飼料として用いられる). 《英 rye》. Roggen⁴ zu Mehl verarbeiten ライ麦を粉に加工する.

Rog·gen♢brot [ロッゲン・ブロート] 中 -[e]s/-e ライブレッド(ライ麦のパン).

＊**roh** [ロー ro:] 形 ① 生(ナマ)の, 調理されていない. 《英 raw》. ein rohes Ei 生卵 / roher Schinken 生ハム / rohes Gemüse 生野菜 / Fleisch⁴ roh essen 肉⁴を生で食べる.

② 加工していない, 原料のままの. 《英 rough》. rohes Holz 原木 / rohes Material 原料 / rohe Felle なめしていない革.

③ 大ざっぱな. ein roher Entwurf 大ざっぱな計画. ◇《名詞的に》Die Arbeit ist im Rohen fertig. 仕事はあらかた終わっている.

④ 《軽蔑的に》粗野な, 粗暴な. ein roher Mensch 粗野な人間 / rohe Pferde 調教していない馬 / rohe Worte 乱暴な言葉 / mit roher Gewalt 腕ずくで / sich⁴ roh benehmen 粗暴なふるまいをする. ⑤《付加語としてのみ》(皮膚が破れて)むき出しの(肉など).

Roh♢bau [ロー・バオ] 男 -[e]s/-ten (新築の建物の屋根・天井などの)骨組み. im Rohbau sein 《比》粗削りのままである.

Roh♢**ei·sen** [ロー・アイゼン] 中 -s/《冶》銑鉄.

Ro·heit [ローハイト] = Rohheit の古い形.

Roh·heit [ローハイト] 女 -/-en ①《複なし》粗暴, 無作法. ② 粗暴な言動.

Roh♢kost [ロー・コスト] 女 -/ 生(ナマ)の食物, (特に:) 生野菜, 果物.

Roh·ling [ローリング ró:lɪŋ] 男 -s/-e ① 粗野な人, 野人. ②《工》未加工品.

Roh♢ma·te·ri·al [ロー・マテリアーる] 中 -s/..alien [..アーリエン] 原料, 素材.

Roh♢öl [ロー・エーる] 中 -[e]s/-e 原油.

Roh♢pro·dukt [ロー・プロドゥクト] 中 -[e]s/-e (生産過程半ばの)中間製品, 半製品.

das **Rohr** [ロー ro:r] 中 (単2) -es (まれに -s)/(複) -e (3格のみ -en) ① 管, パイプ; 導管; 砲身, 銃身. 《英 pipe》. Wasserrohr 水道管 / Rohr⁴ legen (または verlegen) 導管を敷設する / voll[es] Rohr fahren 《口語》スロットル全開で走る.

②《ふつう 単》《植》アシ(葦), ヨシ;《複なし》葦の茂み. Matten⁴ aus Rohr flechten 葦でござを編む / Er ist wie ein schwankendes Rohr im Wind. 彼は優柔不断だ《一風にそよぐ葦のようだ; ルカによる福音書 7, 24》. ③《南ド・オストリア》オーブン.

Rohr♢bruch [ロー・ブルフ] 男 -[e]s/..brüche 管(チューブ・パイプ)の破裂.

Röhr·chen [レーァヒェン rǿ:rçən] 中 -s/- (Rohr, Röhre の 縮小) 小さな管(チューブ・パイプ); 試験管, 毛細管.

die **Röh·re** [レーレ rǿ:rə] 女 (単) -/(複) -n ① 管, チューブ, パイプ. 《英 pipe》. Speiseröhre 《医》食道 / kommunizierende Röhren《物》連通管.

② チューブ状の容器. ③ オーブン, 天火(テンピ). Fleisch⁴ in der Röhre backen 肉⁴をオーブンで焼く / in die Röhre sehen (または gucken) 《口語》指をくわえて見ている, 分け前にあずかれない. ④ 電子管; 真空管; ネオン管. ⑤《口語》《ふつう軽蔑的に》テレビ. den ganzen Tag in die Röhre gucken 一日中テレビにかじりつく.

röh·ren [レーレン rǿ:rən] 自 (h) (発情期の雄鹿が)鳴く,《比》(エンジンなどが)うなる, (人が)大声をあげる.

röh·ren♢för·mig [レーレン・ふェルミヒ] 形 管状の, チューブ状の.

Röh·richt [レーリヒト rǿ:rɪçt] 中 -s/-e 葦(アシ)(よし)の茂み.

Rohr♢kol·ben [ローァ・コるベン] 男 -s/-《植》ガマ(蒲)属.

Rohr♢lei·tung [ローァ・らイトゥング] 女 -/-en 導管, 配管, パイプライン.

Rohr♢post [ローァ・ポスト] 女 -/ シューター(書類などを圧縮空気で送る装置).

Rohr♢sän·ger [ローァ・ゼンガァ] 男 -s/-《鳥》ヨシキリ.

Rohr♢spatz [ローァ・シュパッツ] 男 -en (または -es)/-en《鳥》オオヨシキリ.

Rohr♢stock [ローァ・シュトック] 男 -[e]s/..stöcke 籐(トウ)の笞(シモト).

Rohr♢stuhl [ローァ・シュトゥーる] 男 -[e]s/..stühle 籐(トウ)いす.

Rohr♢zu·cker [ローァ・ツッカァ] 男 -s/ 蔗糖(ショトウ).

Roh･sei･de [ロー・ザイデ] 囡 -/-n《織》生糸(きいと); 生糸の織物.

Roh･stoff [ロー・シュトふ] 男 -[e]s/-e 原料.

Ro･ko･ko [ロッココ rókoko または ロココ rokóko] 囲 -[s]/ ① ロココ様式(バロックに続く,優美な曲線的様式を特徴とした 18 世紀の美術様式で,同時代の音楽・文学の様式をも示す; ☞「建築様式(5)」, 1745 ページ). die Mode des *Rokoko*[s] ロココのファッション. ② ロココ[様式の]時代. die Musik im *Rokoko* ロココ時代の音楽.

Ro･land [ローらント ró:lant] I -s/ ①《男名》ローラント. ②《人名》ローラント(?-788; カール大帝に仕えた伝説的武将). II 男 -[e]s/-e ローラント立像(特に北ドイツの都市の中央広場に多く見られる抜き身の剣を持つ騎士の立像で市場権・司法権の象徴. ブレーメンのものが特に有名).

Rolla･den [ロる･らーデン] Rollladen の古い形.

Roll･la･tor [ロらートァ rolá:tɔr] 男 -s/-en [ロらトーレン] (歩行補助の)手押し車.

Roll･bahn [ロる･バーン] 囡 -/-en《空》(飛行機の)滑走路; 誘導路.

die **Rol･le** [ロれ rɔ́lə] 囡《単》-/《複》-n ① (俳優の)役 (⊗ role). Haupt*rolle* 主役 / die *Rolle* des Hamlet ハムレットの役 / eine *Rolle*[4] spielen ある役を演じる.

② 役割, 役目. die *Rolle* der Frau[2] 女性の役割 / eine wichtige (führende) *Rolle*[4] spielen 重要な(指導的な)役割を演じる / **aus** der *Rolle* fallen へまをする, 失態をやらかす / Sie will immer eine große *Rolle* spielen. 彼女はいつも脚光を浴びたがる / Geld spielt bei ihm keine *Rolle*. 金銭は彼にとっては問題ではない.

③ (円筒形に)巻いた物, 一巻き. eine *Rolle* Draht 一巻きの針金 / eine *Rolle* Toilettenpapier 一巻きのトイレットペーパー. ④ (家具などの)キャスター, ころ;《工》滑車. Stühle auf *Rollen* キャスター付きのいす. ⑤ (体操の)回転;《空》(曲芸飛行の)横転.

****rol･len** [ロれン rɔ́lən] (rollte, *ist/hat …* gerollt) (⊗ roll) I 自 (完了) sein または haben) ① (s) 転がる, 回転しながら進む. Der Würfel *rollt*. さいころが転がる / Der Ball *ist* unter den Tisch *gerollt*.《現在完了》ボールがテーブルの下へ転がって行った / Tränen *rollten* ihr **über** die Wangen. 涙が彼女の頬(ほお)を伝って流れ落ちた / Eine Lawine *rollte* zu Tal. 雪崩が谷へと突き進んだ / Die Sache *rollt* schon.《比》その件はもう動き始めている.

② (s) (乗り物が)ゆっくり進む. Der Zug *rollt* **aus** dem Bahnhof. 列車が駅から出て行く.

③ (h) (雷・銃声などが)鳴り響く, とどろく; (カナリアが)さえずる. Der Donner *rollt*. 雷がとどろく. ④ (h)《海》(船が)ローリングする.

II 他 (完了 haben) ① 転がす. Er *hat* das Fass **in** den Keller *gerollt*. 彼は樽(たる)を地下室へ転がして行った. ◇《再帰的に》Die Hunde *rollten* sich im Gras. 犬が草むらで転げ回っていた.

② (目・頭など[4]を)回す. Er *hat* wütend die Augen *gerollt*. 彼は怒って目をぎょろつかせた.

③ (じゅうたんなど[4]を)巻く, 丸める. das Plakat[4] *rollen* ポスターを丸める. ④《料理》(生地など[4]を)めん棒で伸ばす;《方》(洗濯物[4]に)仕上げローラーをかけてしわを伸ばす. ⑤《成句的に》das R[4] *rollen* 巻き舌で R を発音する. III (再帰) (完了 haben) *sich*[4] *rollen* (紙などが)まくれる, 巻く. Die Schlange *rollt* sich. 蛇がとぐろを巻く.

Rol･len [ロれン] 囲 -s/ 回転; 進行. Die Sache kommt **ins** *Rollen*.《口語》その件が動き始める /《口語》[4] ins *Rollen* bringen《口語》[4]を進行させる(始める).

Rol･len･be･set･zung [ロれン･ベゼッツング] 囡 -/-en《劇･映》キャスト, 配役.

Rol･len･spiel [ロれン･シュピーる] 囲 -[e]s/-e《社》ロールプレイ.

Rol･ler [ロらァ rɔ́lɐr] 男 -s/- ① キックボード. ② スクーター (=Motor*roller*).

Roll･feld [ロる･ふェるト] 囲 -[e]s/-er《空》離着陸場.

Roll･film [ロる･ふィるム] 男 -[e]s/-e《写》巻きフィルム, ロールフィルム.

Roll･kom･man･do [ロる･コマンド] 囲 -s/-s (軍隊・警察などの)機動隊.

Roll･kra･gen [ロる･クラーゲン] 男 -s/-《服飾》タートルネック.

Roll･la･den [ロる･らーデン] 男 -s/..läden (または -) 巻き上げ式のブラインド(シャッター).

Roll･mops [ロる･モップス] 男 -es/..möpse《料理》ロールモップス(酢漬けのにしんできゅうり・玉ねぎなどを巻いたもの).

Rol･lo [ロろ rɔ́lo または ロろー] 囲 -s/-s 巻き上げ式ブラインド.

Roll･schrank [ロる･シュランク] 男 -[e]s/..schränke 巻き込みシャッターのついた戸棚.

Roll･schuh [ロる･シュー] 男 -[e]s/-e ローラースケート[靴].

Roll･sitz [ロる･ズィッツ] 男 -es/-e (競漕用ボートの)スライディングシート.

der **Roll･stuhl** [ロる･シュトゥーる rɔ́l-ʃtu:l] 男《単》-[e]s/《複》..stühle [..シュテューれ] (3 格のみ ..stühlen) 車いす. **im** *Rollstuhl* fahren 車いすで行く.

Roll･stuhl･fah･rer [ロるシュトゥーる･ふァーラァ] 男 -s/- 車いす使用者. (女性形: -in).

roll･stuhl･ge･recht [ロる･シュトゥーる･ゲレヒト] 形 車いすに適した(住居・トイレなど).

roll･te [ロるテ] *rollen (転がる) の過去

die **Roll･trep･pe** [ロる･トレッペ rɔ́l-trepə] 囡《単》-/《複》-n エスカレーター. die *Rolltreppe*[4] benutzen (または nehmen) エスカレーターに乗る.

Rom [ローム ró:m] 囲 -s/《都市名》ローマ(イタリアの首都). *Rom* ist [auch] nicht an (または in) einem Tage erbaut worden.《受動・現在完

了』(诸) ローマは1日にしてならず / Alle (または Viele) Wege führen nach *Rom.* (諺) すべての道はローマに通ず.

ROM [ロム róm] 甲 -[s]/-[s] (略) (電算) ROM, 読み出し専用メモリー (=read only memory).

Ro·ma [ローマ ró:ma] 複 ロマ(ジプシーの自称. かつては Zigeuner と呼ばれた). Sinti und *Roma* シンティーとロマ(ドイツのジプシー全体の自称).

*der **Ro·man** [ロマーン romá:n] 男 (単2) -s/(複) -e (3格のみ -en) 《文学》 [長編]小説. (英 *novel*). Kriminal*roman* 推理(探偵)小説 / ein historischer *Roman* 歴史小説 / einen *Roman* lesen 小説を読む / Erzähl doch keine *Romane*! a) 作り話はよしてくれ, b) 手短に話してくれ.

Ro·man·ci·er [ロマンスィエー romãsié:] (フ) 男 -s/-s 長編小説作家, 小説家.

Ro·ma·ne [ロマーネ romá:nə] 男 -n/-n ロマン[ス]語系民族の人(フランス・スペイン・イタリア・ルーマニアなどのラテン語系民族). (女性形: Romanin).

ro·man·haft [ロマーンハフト] 形 小説風の; 作り話めいた.

Ro·ma·nik [ロマーニク romá:nɪk] 女 -/ ロマネスク様式(10世紀末から12世紀にかけてのヨーロッパの芸術様式で, 円蓋などによる重厚な外観の建物が特徴; ☞「建築様式(1)」, 1744ページ).

ro·ma·nisch [ロマーニッシュ romá:nɪʃ] 形 ① 《言》 ロマン[ス]語の; ロマン[ス]人の, ラテン民族の. die *romanischen* Sprachen ロマン[ス]語(フランス語・スペイン語・イタリア語・ルーマニア語など). ② ロマネスク[様式]の.

Ro·ma·nist [ロマニスト romaníst] 男 -en/-en ① ロマン[ス]語学・文学研究者. (女性形: -in). ② ローマ法学者.

Ro·ma·nis·tik [ロマニスティク romanístɪk] 女 -/ ① ロマン[ス]語学・文学. ② ローマ法学.

Ro·man·schrift·stel·ler [ロマーン・シュリフトシュテラァ] 男 -s/- 長編小説作家. (女性形: -in).

Ro·man·tik [ロマンティク romantík] 女 -/ ① ロマン主義[運動・時代], ロマン派(18世紀末から19世紀前半にかけてヨーロッパ, 特にドイツに起こった文学・思想・美術・音楽上の運動). ② ロマンチック(夢幻的・神秘的)なもの(傾向).

Ro·man·ti·ker [ロマンティカァ romántikər] 男 -s/- ① ロマン主義者, ロマン派の作家(画家・音楽家). (女性形: -in). ② 空想家, ロマンチスト.

ro·man·tisch [ロマンティッシュ romántɪʃ] 形 ① ロマン主義の, ロマン派の. (英 *romantic*). die *romantische* Schule ロマン派 / die *romantische* Musik (Dichtung) ロマン派の音楽(文学). ② ロマンチックな, 夢想的な; 情趣に満ちた, 絵のように美しい(景色など). ein *romantischer* Mensch 夢想的な人 / die *Romantische* Straße ロマンチック街道(ドイツのヴュルツブルクからフュッセンに至る観光ルート).

Ro·man·ze [ロマンツェ romántsə] 女 -/-n ① 《文学》 ロマンツェ(14世紀にスペインに起こった民謡調の叙事詩). ② 《音楽》 ロマンス(叙情的な歌曲・器楽曲). ③ 恋のロマンス.

Rö·mer[1] [レーマァ rǿ:mər] 男 -s/- ① ローマ市民; 古代ローマ人. (女性形: -in). ② 《複》 なし; 定冠詞とともに)レーマー(フランクフルト・アム・マインの旧市庁舎).

Rö·mer[2] [レーマァ] 男 -s/- 高脚のワイングラス. (☞ trinken 図).

rö·misch [レーミッシュ rǿ:mɪʃ] 形 [古代]ローマの, [古代]ローマ人の. das *römische* Recht ローマ法 / *römische* Ziffern ローマ数字 / das *Römische* Reich ローマ帝国.

rö·misch-ka·tho·lisch [レーミッシュ・カトーリッシュ] 形 ローマ・カトリック[教会]の(略: röm.-kath.).

röm.-kath. [レーミッシュ・カトーリッシュ] (略) ローマ・カトリック[教会]の(=**römisch-katholisch**).

Rom·mé [ロンメ róme または ロメー romé:] (フ) 甲 -s/ (遊) ラミー(日本では「ブリッジ」ともいう).

Rom·mee [ロンメ róme または ロメー romé:] 甲 -s/ =Rommé.

Ron·de [ロンデ róndə または ローンデ rɔ̃́:də] (フ) 女 -/-n ① 《軍》夜警, パトロール; 巡察将校. ② 《工》円形板金.

Ron·dell [ロンデる rondél] 甲 -s/-e ① (庭園などの)円形花壇. ② (庭園内の)環状の道. ③ (建) (城の)円塔. (☞ Burg 図).

Ron·do [ロンド róndo] 甲 -s/-s ① 《音楽》ロンド. ② 《文学》ロンド(中世の舞踏歌).

rön·ne [レンネ] *rinnen (流れる)の 接2 (希).

rönt·gen [レントゲン rœ́ntgən] (過分 geröntgt [ゲレントクト]) 他 (h) (人・物[4]の)レントゲン検査をする, X線撮影をする.

Rönt·gen [レントゲン] I -s/ 《人名》レントゲン (Wilhelm Conrad *Röntgen* 1845-1923; ドイツの物理学者でX線の発見者). II 甲 -s/- 《物》レントゲン(照射線量の単位; 記号: R).

Rönt·gen‿auf·nah·me [レントゲン・アオフナーメ] 女 -/-n レントゲン撮影(写真).

Rönt·gen‿be·strah·lung [レントゲン・ベシュトラーるング] 女 -/-en (治療のための)放射線照射, 放射線療法.

Rönt·gen‿bild [レントゲン・ビるト] 甲 -[e]s/-er レントゲン(X線)写真.

Rönt·ge·no·lo·gie [レントゲノろギー rœntgenologí:] 女 -/ レントゲン(放射線)医学.

Rönt·gen‿strah·len [レントゲン・シュトラーれン] 複 《物》レントゲン線, X線.

Rönt·gen‿un·ter·su·chung [レントゲン・ウンタァズーフング] 女 -/-en レントゲン(X線)検査.

Roque·fort [ロック・フォーァ rók-fo:r または ..フォーァ] (フ) 男 -s/-s ロクフォル, ロックフォール(羊乳から作った風味の強い青かびチーズ).

ro·sa [ローザ ró:za] 形 《無語尾で》 ① ばら色の, ピンクの. ein *rosa* Kleid ピンクのドレス. ② 《婉曲》同性愛の.

Ro·sa[1] [ローザ] 田 -s/- 《口語: -s》ばら色, ピンク.
Ro·sa[2] [ローザ] -s/ 《女名》ローザ.
ro·sa≠rot [ローザ・ロート] 形 ばら色の, 淡紅色の.
rösch [レーシュ rǿ:ʃ] 形 ① (南ドg) ぱりっと焼けた(パンなど); 元気のいい. ② (坑) 粗なの.
Rös·chen [レースヒェン rǿ:sçən] 田 -s/- (Rose の 縮小) 小さいばら (=Röslein).
die **Ro·se** [ローゼ rǿ:zə] 囡 (単) -n/(複) -n ① 《植》バラ; ばらの花. (英 rose). eine rote *Rose* 赤いばら(美・愛の象徴) / eine wilde *Rose* 野ばら / ein Strauß *Rosen* 一束のばら / eine *Rose*[4] brechen ばらの花を折る (=Rosette) / die *Rosen* blühen (duften). ばらの花が咲いている(におう) / Sie ist nicht **auf** *Rosen* gebettet. 《状態受動・現在》《雅》彼女は安楽に暮らしているわけではない(彼女の上に寝かされているわけではない) / Keine *Rose* ohne Dornen. 《諺》とげのないばらはない. ② (ばらの形に似たもの):ばら模様; (建) ばら窓(ばら型の飾り格子のついた丸窓) (=Rosette); (宝石の) ローズ形; (ギターなどの) 響き穴; (羅針盤の)コンパスカード. ③ (医) 丹毒.
ro·sé [ロゼー rozé:] 《仏》形 《無変化で》ばら色の, 薄桃色の.
Ro·sé [ロゼー] 《仏》男 -s/-s ロゼワイン.
Ro·sen≠holz [ローゼン・ホルツ] 田 -es/..hölzer ローズウッド, 紫檀(たん)《木材名》.
Ro·sen≠kohl [ローゼン・コール] 男 -[e]s/ 《植》メキャベツ.
Ro·sen≠kranz [ローゼン・クランツ] 男 -es/..kränze 《カトリ》① ロザリオ(小珠53個, 大珠6個をつないだ数珠. これを繰りながら祈りを唱える). ② ロザリオの祈り.

Rosenkranz

Ro·sen≠mon·tag [ローゼン・モーンターク] 男 -[e]s/-e 《宗》ばらの月曜日 (=Fastnachtsmontag) (謝肉祭の中心になる日でライン川下流地方の呼び名. rasender Montag, Rasenmontag 「荒れ狂う月曜日」が転訛(でん)した形).
Ro·sen≠öl [ローゼン・エール] 田 -[e]s/-e ローズオイル, ばら油.
ro·sen≠rot [ローゼン・ロート] 形 ばら色の, 淡紅色の.
Ro·sen≠stock [ローゼン・シュトック] 男 -[e]s/..stöcke 《植》バラの木.
Ro·set·te [ロゼッテ rozétə] 囡 -/-n ① (建) ばら模様装飾; ばら窓(ばら型の飾り格子のついた丸窓). (ほか「建築様式 (2)」, 1744ページ). ② (服飾用の) ばら飾り. ③ ロゼット形の宝石.
ro·sig [ローズィヒ rǿ:zɪç] 形 ① ばら色の. eine *rosige* Haut ピンク色の肌. ② (比) 楽観的な. 囲[4] **in** *rosigem* Licht sehen 囲[4] を楽観的に見る.
Ro·si·ne [ロズィーネ rozí:nə] 囡 -/-n 干しぶどう, レーズン. ein Kuchen **mit** *Rosinen* レーズン入りのケーキ / **große** *Rosinen* **im** Kopf haben 《口語・比》大それたことを望んでいる / sich[3] die *Rosinen*[4] aus dem Kuchen picken 《口語》いちば

んよいところをせしめる(←ケーキの中から干しぶどうをつまみ取る).
Rös·lein [レースらイン rǿ:slaɪn] 田 -s/- (Rose の 縮小) 小さいばら (=Röschen).
Ros·ma·rin [ロース・マリーン rós:s-marí:n または ..マリーン] 男 -s/ 《植》ローズマリー, マンネンロウ(シソ科の低木. 調味料・香料に用いられる).
Ross [ロス rós] 田 -es/-e (南ドg・口語: Rösser) ① 《雅 Rosse》《雅》駿馬(しゅんめ), 馬. **auf dem hohen** *Ross* sitzen お高くとまっている. ② 《南 Rösser》(南ドg・オーストリ・スイス) 馬 (=Pferd).
Ross≠haar [ロス・ハール] 田 -[e]s/ (詰め物などに使う)馬の毛.
Ros·si·ni [ロスィーニ rosí:ni] -s/ 《人名》ロッシーニ (Gioacchino *Rossini* 1792–1868; イタリアの作曲家).
Ross≠kas·ta·nie [ロス・カスターニエ] 囡 -/-n 《植》セイヨウトチノキ.
Ross≠kur [ロス・クーア] 囡 -/-en 《口語》荒療治.
der **Rost**[1] [ロスト róst] 男 (単2) -[e]s/(複) -e (3格のみ -en) ① (肉などを焼く)グリル, 焼き網. (英 grill). Würste[4] **auf dem** *Rost* braten ソーセージを焼き網で焼く. ② (ストーブなどの) 火格子.
der **Rost**[2] [ロスト] 男 (単2) -[e]s/(複) -e (3格のみ -en) ① 《複 なし》さび(錆). (英 rust). Mein Fahrrad setzt *Rost* an. 私の自転車はさびが出ている / 囲[4] **vor** *Rost* schützen 囲[4] がさびないようにする. ② 《植》さび病.
Rost≠bra·ten [ロスト・ブラーテン] 男 -s/- (グリルで焼いた) 焼き肉.
rost≠braun [ロスト・ブラオン] 形 赤さび色の, 赤茶色の.
ros·ten [ロステン róstən] es rostet (rostete, ist/hat ... gerostet) 自 《完了》sein または haben さびる; 《比》(能力などが)さびつく, 鈍る. Das Auto fängt an zu *rosten*. 車にさびが出始める. ◇《現在分詞の形で》nicht *rostender* (または nicht*rostender*) Stahl ステンレス鋼.
rös·ten [レーステン rǿ:stən または レス.. rǿs..] du röstest, er röstet (röstete, hat ... geröstet) 他 《完了》haben ① (油などを加えずに肉などを)あぶる, 焼く, ローストにする, (コーヒー豆など[4] を)炒(い)る. (英 roast). Brot[4] *rösten* パンをトーストにする. ◇《再帰的に》*sich*[4] **in** der Sonne *rösten* 《戯・比》日光で肌を焼く. ◇《過去分詞の形で》frisch *gerösteter* Kaffee 炒りたてのコーヒー. (ほか 類語 backen).
② 《方》(油で)いためる, 揚げる, フライにする (=braten). ③ 《冶》(鉱石[4] を)焙焼(ばいしょう)する. ④ (繊維を採るために亜麻など[4] を)水にさらす.
ros·te·te [ロステテ] 《rosten の 過去》
rös·te·te [レーステテ または レス..] rösten (あぶる) の 過去
rost≠far·ben [ロスト・ファルベン] 形 さび色の.
rost≠frei [ロスト・フライ] 形 さびない, ステンレスの. *rostfreier* Stahl ステンレス鋼.
Rös·ti [rǿ:sti] 囡 -/ 《スイ》=Röstkartoffeln

ros・tig [ロスティヒ róstıç] 形 さびた. *rostige* Nägel さびたくぎ / eine *rostige* Stimme《比》しわがれた声.

Röst・kar・tof・feln [レースト・カルトッフェルン] 複《方》ローストポテト(細かく切ったじゃがいもを成形して両面をこんがり焼いた料理).

Ros・tock [ロストク róstɔk] 中 -s/《都市名》ロストック(バルト海沿いの港湾・工業都市: ☞ 地図 F-1).

rost=rot [ロスト・ロート] 形 赤さび(赤茶)色の.

Rost=schutz [ロスト・シュッツ] 男 -es/ さび止め[剤].

Rost・schutz=mit・tel [ロストシュッツ・ミッテる] 中 -s/- さび止め剤.

:rot [ロート ró:t]

赤い

Diese Tomate ist schon *rot*.
ディーゼ　トマーテ　イスト　ショーン　ロート
このトマトはもう赤い.

形 (比較) röter, (最上) rötest まれに (比較) roter, (最上) rotest (寒 *red*) ① **赤い**, 赤色の. eine *rote* Bluse 赤いブラウス / eine *rote* Rose 赤いばら / *rote* Tinte 赤インク / das *Rote* Kreuz 赤十字 / das *Rote* Meer 紅海 / *roter* Wein 赤ワイン / einen *roten* Kopf bekommen 顔が真っ赤になる / Sie hat *rote* Augen vom Weinen. 彼女は目を真っ赤に泣きはらしている / Er wurde vor Zorn *rot*. 彼は怒りで真っ赤になった / Heute *rot*, morgen tot. (諺)朝(ぱ)には紅顔, 夕(ゅぅ)には白骨.
②《口語》《政・隠語》(思想的に)赤の, 共産(社会)主義の. die *Rote* Armee 赤軍.
▶ **rot=glühend**

Rot [ロート] 中 -s/- (口語: -s) ① 赤色, 赤; 赤信号; 口紅, 頬紅(襞). *Rot*⁴ auf|legen 口紅を塗る / Die Ampel steht auf *Rot*. 交通信号は今赤になっている. ②〖複なし; 冠詞なしで〗(とら)(ドイツ式トランプの)ハート; ハートが切り札のゲーム.

Ro・ta・ti・on [ロタツィオーン rotatsió:n] 囡 -/-en ① 回転; 《天》自転. ②(バレーボールの)ローテーション.

Ro・ta・ti・ons=druck [ロタツィオーンス・ドルク] 男 -[e]s/《印》輪転印刷.

rot=ba・ckig [ロート・バキヒ] 形 頬(譻)の赤い.

rot=bä・ckig [ロート・ベキヒ] 形 =rotbackig

Rot=bart [ロート・バールト] 男 -[e]s/..bärte (口語)赤ひげ[の人]. Kaiser *Rotbart*《史》赤ひげ帝バルバロッサ(ドイツ皇帝フリードリヒ1世(1122-1190)のあだ名).

rot=blond [ロート・ブロント] 形 赤みがかったブロンドの(髪); 赤みがかったブロンドの髪の(人).

rot=braun [ロート・ブラオン] 形 赤褐色の, 赤茶色の.

Rot=bu・che [ロート・ブーヘ] 囡 -/-n《植》ヨーロッパブナ.

Rot=dorn [ロート・ドルン] 男 -[e]s/-e《植》セイヨウサンザシ.

Rö・te [レーテ rǿ:tə] 囡 -/- ①〖複なし〗赤色, 赤[さき]; 赤面. die *Röte* des Abendhimmels 夕焼け / Die *Röte* stieg ihr ins Gesicht. 彼女の顔は赤くなった. ②《植》アカネ.

Ro・te-Ar・mee-Frak・ti・on [ローテ・アルメー・フラクツィオーン] 囡 -/ 赤軍派(略: RAF).

Rö・tel [レーテル rǿ:tal] 男 -s/- ①〖複なし〗(鉱)代赭(だい)石(顔料などに用いられる). ② 赤茶色のパステル鉛筆, 赤チョーク.

Rö・teln [レーテるン rǿ:təln] 複《医》風疹(たん).

rö・ten [レーテン rǿ:tən] I 他 (h)《雅》赤く染める, 赤くする. II 再帰 (h) *sich*⁴ *röten* 赤く染まる, 紅潮する. Sein Gesicht *rötete* sich vor Zorn. 彼の顔は怒りで真っ赤になった.

rö・ter [レータァ] :rot (赤い)の 比較

rö・test [レーテスト] :rot (赤い)の 最上

Rot=fuchs [ロート・フクス] 男 -es/..füchse ①《動》アカギツネ; 赤ぎつねの毛皮. ② 栗毛の馬. ③《口語》(ふつう軽蔑的に)赤毛の人.

rot=glü・hend, rot glü・hend [ロート・グりューエント] 形 赤熱した.

rot=haa・rig [ロート・ハーリヒ] 形 赤い髪の, 赤毛の.

Rot=haut [ロート・ハオト] 囡 -/..häute《戯》アメリカンインディアン(体を赤く塗る風習から).

Ro・then・burg [ローテン・ブルク ró:tən-burk] 中 -s/《都市名》ローテンブルク(正式な名称はローテンブルク・オプ・デア・タウバー. ドイツ, バイエルン州. 中世の面影を残す古都: ☞ 地図 E-4).

Rot=hirsch [ロート・ヒルシュ] 男 -[e]s/-e《動》アカシカ(赤鹿).

ro・tie・ren [ロティーレン rotí:rən] 自 (h) ① 回転する, ぐるぐる回る. ②《口語》あたふた動き回る. ③(バレーボールで)ローテーションをする.

Rot=käpp・chen [ロート・ケップヒェン] 中 -s/- 赤頭巾(ぎん)ちゃん(グリム童話に出てくる少女).

Rot=kehl・chen [ロート・ケーるヒェン] 中 -s/-《鳥》ヨーロッパコマドリ.

Rot=kohl [ロート・コーる] 男 -[e]s/《植》ムラサキキャベツ.

Rot=kraut [ロート・クラオト] 中 -[e]s/《南ドイツ・トリア》=Rotkohl

röt・lich [レートりヒ] 形 赤みがかった.

Rot=licht [ロート・りヒト] 中 -[e]s/ (現像作業用・治療用の)赤色光線, 赤色灯.

Ro・tor [ロートァ ró:tɔr]《英》男 -s/-en [ロトーレン]《工》(ヘリコプターなどの)ローター, 回転翼; (モーターなどの)回転子.

Rot=schwanz [ロート・シュヴァンツ] 男 -es/..schwänze《鳥》=Rotschwänzchen

Rot=schwänz・chen [ロート・シュヴェンツヒェン] 中 -s/-《鳥》ジョウビタキ(ツグミ科の鳴鳥).

Rot=stift [ロート・シュティふト] 男 -[e]s/-e 赤鉛筆, 赤のボールペン. den *Rotstift* an|setzen《比》予算を削減する / dem *Rotstift* zum Opfer fallen《比》(経費などが)削減される.

Rot=tan・ne [ロート・タンネ] 囡 -/-n《植》ドイツトウヒ (=Fichte).

Rot·te [ロッテ rótə] 囡 -/-n (軽蔑的に:)集団, 群れ, 一味.

Rot·ter·dam [ロッタァ・ダム rotər-dám または ロッタァ..] 囲 -s/ 《都市名》 ロッテルダム (オランダ南西部の商工業・港湾都市; ☞〖地図〗B-3).

Ro·tun·de [ロトゥンデ rotúndə] 囡 -/-n (建) (丸屋根のある)円形の建物, ロトンダ.

rot≠wan·gig [ロート・ヴァンギヒ] 形 (雅) 頰(ﾎﾎ)の赤い (=rotbackig).

Rot≠wein [ロート・ヴァイン] 囲 -[e]s/-e 赤ワイン.

Rot≠welsch [ロート・ヴェるシュ] 囲 -[s]/ (盗賊・悪党などの間での)隠語.

Rot≠wild [ロート・ヴィルト] 囲 -[e]s/ (狩) 赤鹿.

Rotz [ロッツ róts] 囲 -es/ (俗) 鼻汁. *Rotz* und Wasser heulen (特に子供が:)わんわん泣く / der ganze *Rotz* いっさいがっさい.

Rotz≠ben·gel [ロッツ・ベンゲる] 囲 -s/- (俗) (生意気な)鼻たれ小僧.

rot·zig [ロツィヒ rótsɪç] 形 ① (俗) 鼻水をたらした. ② (俗) ずうずうしい; 生意気な.

Rotz·na·se [ロッツ・ナーゼ] 囡 -/-n (俗) ① 鼻水をたらした鼻. ② (生意気な)鼻たれ小僧.

Rouge [ルーシュ rú:ʃ] [ﾌﾗ] 囲 -s/ 《ふつう囲》 ルージュ, 口紅, 頰紅(ﾎﾎべに). *Rouge*⁴ aufǀlegen 紅をさす.

Rou·la·de [ルらーデ rulá:də] [ﾌﾗ] 囡 -/-n (料理) 肉のロール巻き.

Rou·leau [ルろー ruló:] [ﾌﾗ] 囲 -s/-s 巻き上げ式ブラインド.

Rou·lett [ルれット rulét] 囲 -[e]s/-s (または -e) =Roulette

Rou·lette [ルれット rulét または ..テ..tə] [ﾌﾗ] 囲 -s/-s ルーレット.

Rous·seau [ルソー rusó:] -s/ 《人名》 ルソー (Jean-Jacques *Rousseau* 1712-1778; フランスの思想家).

Rou·te [ルーテ rú:tə] [ﾌﾗ] 囡 -/-n コース, ルート, 進路.

Rou·ti·ne [ルティーネ rutí:nə] [ﾌﾗ] 囡 -/-n ① 熟練. große (keine) *Routine*⁴ haben 手際がいい(悪い). ② (ふつう軽蔑的に:)型どおりの仕事. ③ (ｺﾝﾋﾟｭ) ルーチン, 手順(定型的なプログラム).

rou·ti·ne·mä·ßig [ルティーネ・メースィヒ] 形 決まりきった, 型どおりの. *routinemäßig* antworten 型どおりの答えをする.

Rou·ti·ne·un·ter·su·chung [ルティーネ・ウンタァズーフング] 囡 -/-en 定期検査(検診).

Rou·ti·ni·er [ルティニエー rutinié:] [ﾌﾗ] 囲 -s/-s 熟練者, ベテラン.

rou·ti·niert [ルティニーァト rutiní:rt] 形 経験を積んだ, 熟練した, 老練な.

Row·dy [ラオディ ráudi] [英] 囲 -s/-s 乱暴者, 暴れ者.

Row·dy·tum [ラオディトゥーム] 囲 -s/ 乱暴[なふるまい].

Rp. 《略》 ① [レーツィペ] (処方箋で:)服用のこと (=recipe!). ② [ラッペン] ラッペン(スイスの通貨単位) (=**Rappen**).

RT [エル・テー] 《略》 (船の)登録トン数 (=Registertonne).

Ru [エル・ウー] 《化・記号》 ルテニウム (=**Ruthenium**).

rub·beln [ルッベるン rúbəln] 他 (h) (北ﾄﾞ) (物⁴を)ごしごしこする.

die **Rü·be** [リューベ rý:bə] 囡 (単) -/(複) -n ① 《植》 カブ[類], テンサイ[類]. (英 *turnip*). Gelbe *Rübe* (南ﾄﾞ) にんじん (=Möhre) / Rote *Rübe* 赤かぶ, ビート. ② (俗) 頭. eins⁴ auf die *Rübe* bekommen 頭に一発くらう.

Ru·bel [ルーベる rú:bəl] 囲 -s/- ルーブル(ロシアの通貨単位; 略: Rbl).

Ru·bens [ルーベンス rú:bəns] 《人名》 ルーベンス (Peter Paul *Rubens* 1577-1640; フランドルの画家).

Rü·ben≠zu·cker [リューベン・ツッカァ] 囲 -s/ 甜菜(ﾃﾝｻｲ)糖.

rü·ber [リューバァ rý:bər] 副 (口語) (こっちへ)渡って (=herüber); (あっちへ)渡って (=hinüber).

Ru·bi·di·um [ルビーディウム rubí:dium] 囲 -s/ 《化》 ルビジウム (記号: Rb).

Ru·bin [ルビーン rubí:n] 囲 -s/-e 〈鉱〉 ルビー, 紅玉.

ru·bin·rot [ルビーン・ロート] 形 ルビーのように赤い, 鮮紅色の.

Ru·brik [ルブリーク rubrí:k] 囡 -/-en ① (図表・新聞などの)段, 欄. ② 分類項目, 部類.

Rüb≠sa·men [リューブ・ザーメン] 囲 -s/ 《植》 アブラナ.

ruch·bar [ルーフバール または ルフ..] 形 《成句的に》 *ruchbar* werden 知れ渡る.

ruch·los [ルーフ・ろース または ルフ..] 形 (雅) 邪悪な, 非道な. eine *ruchlose* Tat 残虐な行為.

ruck! [ルック rúk] 間 (重い物などを皆で持ち上げるときなどに:)よいしょ. Hau ruck! それ, それ.

Ruck [ルック] 囲 -[e]s/-e (ひもなどを)急激に引くこと, 急な突き(押し). in einem *Ruck* 《口語》 ひと息に, 中断せずに / mit einem *Ruck* 急に, 突然 / sich³ einen *Ruck* geben 《口語》 いやいやながら決心する, 重い腰を上げる / 囲³ einen *Ruck* geben 囲³にてこ入れをする.

rück.., Rück.. [リュック.. rýk..] 《動詞・名詞などにつける接頭》 ① (後方へ・もとへ・逆戻りの)例: *Rück*fahrt 帰路. ② (背後の)例: *Rück*seite 裏面.

Rück≠an·sicht [リュック・アンズィヒト] 囡 -/-en (建物などの)背面[図].

Rück≠ant·wort [リュック・アントヴォルト] 囡 -/-en ① 返信. ② (郵) 返信用はがき.

ruck·ar·tig [ルック・アールティヒ] 形 ぐいっ(ぴくっ)という感じの(動きをした), 不意の, 突然の.

rück·be·züg·lich [リュック・ベツーク・りヒ] 形 〈言〉 再帰の, 再帰的な (=reflexiv). ein *rückbezügliches* Fürwort 再帰代名詞.

Rück≠bil·dung [リュック・ビるドゥング] 囡 -/-en 〈生〉 退化; 〈医〉 (症候の)後退, 退縮.

Rück≠blen·de [リュック・ブれンデ] 囡 -/-n

《映》カットバック, フラッシュバック.

Rück-blick [リュック・ブリック] 男 -[e]s/-e 回顧, 追想. *im Rückblick auf* 人4 人4を回顧して.

rück-bli-ckend [リュック・ブリッケント] 形 回顧的な.

rück|da-tie-ren [リュック・ダティーレン] rýkdatì:rən] 他 (h) 〖不定詞・過去分詞でのみ用いられる〗〖文書など4を実際よりも〗前の日付にする.

ru-cken [ルッケン rúkən] I 自 (h) 〖列車などが〗がたんと動く. II 他 (h) がた(くい)と動かす.

rü-cken [リュッケン rýkən] (rückte, *hat/ist*...gerückt) I 他 (完了 haben) 〖押したり引いたりして〗動かす, ずらす, 寄せる. Sie *rückten die Möbel an die Wand*. 彼らは家具を壁ぎわへ寄せた / *den Hut rücken* ちょっと帽子をずらす.

II 自 (完了 sein または haben) ① (s) 〖ずれるように〗動く, 移動する. *Kannst du ein bisschen rücken?* ちょっと詰めてくれないか / *Der Zeiger rückte auf 12*. 時計の針が12時の所へ動いた / *Das Projekt ist in weite Ferne gerückt*. 〖現在完了〗《比》そのプロジェクトは実現が遠のいた / *zur Seite rücken* わきへ寄る.
② (h) 〖*an* (または *mit*) 物3 ~〗 物3をしきりに〗動かす, ずらす. *Er rückte nervös an seiner Krawatte.* 彼は神経質にネクタイを直した / *mit den Stühlen rücken* いすをがたがたさせる.
③ (s) 〖方向を表す語句とともに〗《軍》(…へ)出動する. *ins Feld rücken* 出征する.

**der Rü-cken [リュッケン rýkən]

> 背 Mir tut der *Rücken* weh.
> ミァ トゥート デァ リュッケン ヴェー
> 私は背中が痛い.

男 (単2) -s/(複) - ① 〖人間・動物の〗背, 背中. (英 *back*). (☞ Körper 図). *ein breiter Rücken* 幅の広い背中 / *einen krummen Rücken machen* a) 背を丸める, b) 《比》卑屈な態度をとる / *Er hat einen breiten Rücken*. a) 彼は肩幅が広い, b) 《比》〖批判などに対して〗彼は忍耐強い / sich3 *den Rücken decken* 《比》人3を援護する / sich3 *den Rücken frei|halten* (比) 逃げ道を作っておく / *den Rücken stärken* (または *steifen*) 《比》人3を支援する, 激励する / 人・物3 *den Rücken kehren* (または *wenden*) a) 人・物3に背を向ける, b) 《比》人・物3を見捨てる.
◊〖前置詞とともに〗 *Rücken an Rücken stehen* 背中合わせに立っている / *Er trägt den Rucksack auf den Rücken.* 彼はリュックサックを背中に背負っている / *auf dem Rücken schwimmen* 背泳ぎする / *auf dem Rücken liegen* a) あおむけに寝ている, b) 《比》のらくらしている / *Legen Sie sich bitte auf den Rücken!* あおむけに寝てください / *Ich fiel beinahe auf den Rücken!* 《口語》びっくり仰天したよ(←あおむけに倒れそうだった) / *Das hat er hinter unserem Rücken getan*. 《比》それを彼は私たちに隠れてやった / 人・物4 *im Rücken haben* 《口語》人・物4を後ろ盾にしている(←背中に持っている) / 人3 *in den Rücken fallen* a) 人3を背後から襲う, b) 《比》人3を裏切る / *Er steht mit dem Rücken an der* (または *zur*) *Wand*. 《比》彼は窮地に立っている, 進退きわまっている / *Es lief mir kalt über den Rücken*. 私は背筋がぞっとした / *den Rucksack vom Rücken nehmen* リュックサックを背中から降ろす.
② 〖物の〗背, 背面. *der Rücken eines Buches* 本の背 / *der Rücken eines Berges* 山の尾根 / *der Rücken des Fußes* 足の甲.
③ 〖複 なし〗〖料理〗背肉, ロース. ④ 〖複 なし〗〖冠詞なし〗 ("スﾎﾟ) 背泳ぎ (= *Rückenschwimmen*). *Rücken schwimmen* 背泳ぎで泳ぐ.

Rü-cken-de-ckung [リュッケン・デックング] 囡 -/ ① 《軍》背面援護. ② 援護, 支援. 人3 *Rückendeckung*4 *geben* 人3を援護する.

Rü-cken-flos-se [リュッケン・フロッセ] 囡 -/-n 〖魚の〗背びれ.

Rü-cken-la-ge [リュッケン・ラーゲ] 囡 -/-n ① あおむけ[の姿勢]. ② 〖スキーで〗後傾姿勢.

Rü-cken-leh-ne [リュッケン・レーネ] 囡 -/-n 〖いすの〗背もたれ.

Rü-cken-mark [リュッケン・マルク] 中 -[e]s/ 《医》脊髄(せきずい).

rü-cken-schwim-men* [リュッケン・シュヴィンメン] 自 (h, s) 〖ふつう不定詞で用いる〗背泳ぎで泳ぐ. (☞ Rücken schwimmen ともつづる).

Rü-cken-schwim-men [リュッケン・シュヴィンメン] 中 -s/ 背泳ぎ.

Rü-cken-stär-kung [リュッケン・シュテルクング] 囡 -/ 精神的なバックアップ.

Rü-cken-wind [リュッケン・ヴィント] 男 -[e]s/ 追い風.

Rück-er-stat-tung [リュック・エァシュタットゥング] 囡 -/-en 払い戻し, 返済.

*die Rück-fahr-kar-te [リュック・ファールカルテ rýk-fa:rkartə] 囡 (単)-/(複)-n 往復切符. *eine verbilligte Rückfahrkarte* 割引の往復切符.

*die Rück-fahrt [リュック・ファールト rýk-fa:rt] 囡 (単)-/(複)-en 〖乗り物での〗帰路, 帰りの旅. (英 *return journey*). (☞ 「往路」は Hinfahrt). *die Rückfahrt*4 *an|treten* 帰途につく.

Rück-fall [リュック・ファる] 男 -[e]s/..fälle ① 《医》〖病気の〗再発. *einen Rückfall bekommen* 病気が再発する. ② 〖元の悪い状態への〗逆戻り. *ein Rückfall in alte Fehler* 昔の過ちの繰り返し.

rück-fäl-lig [リュック・ふェりヒ] 形 ① 《医》再発[性]の. ② 逆戻りの; 再犯の. *rückfällig werden* 逆戻りする.

Rück-flug [リュック・ふるーク] 男 -[e]s/..flüge

帰りの飛行, 帰還飛行. (⇔「行きの飛行」は Hinflug).

Rück‧fra‧ge [リュック・フラーゲ] 囡 -/-n (確認のための)問い合わせ, 照会.

rück|fra‧gen [リュック・フラーゲン rýk-frà:gən] 自 (h)『不定詞・過去分詞でのみ用いられる』『bei 人³ ~』(人³に確認のために)問い合わせる, 照会する.

Rück‧füh‧rung [リュック・フューレルング] 囡 -/ (部隊の)撤退; 《法》(捕虜などの)送還.

Rück≈ga‧be [リュック・ガーベ] 囡 -/-n 《ふつう囲》① 返却, 返還. **gegen** *Rückgabe* **der Eintrittskarte²** 入場券と引き換えに. ② 《スㇽ》(サッカーなどで:)バックパス.

Rück≈gang [リュック・ガング] 男 -[e]s/..gänge 後退; 減少, 低下; (価格などの)下落. **wirtschaftlicher** *Rückgang* 景気の後退 / **ein** *Rückgang* **der Bevölkerung²** 人口の減少.

rück≈gän‧gig [リュック・ゲンギヒ] 形 ① 後戻りの, 逆行の, 減少する. ② 『成句的に』囲⁴ *rückgängig* **machen** 囲⁴(契約などを)キャンセルする, とり消す.

Rück≈ge‧win‧nung [リュック・ゲヴィヌング] 囡 -/ 取り戻し, 奪還; 回収.

Rück≈grat [リュック・グラート] 中 -[e]s/-e 《医》背骨, 脊柱(セキチュウ); 《比》支柱, 基盤, バックボーン. 人³ **das** *Rückgrat*⁴ **brechen** 《口語》a) 人³の意志をくじく, b) 人³を破滅させる / **ein Mensch ohne** *Rückgrat*⁴ 《比》気骨のない人 / *Rückgrat*⁴ **haben** (または **zeigen**) 《比》気概がある / 人³ **das** *Rückgrat*⁴ **stärken** 人³を支援する.

Rück≈griff [リュック・グリフ] 男 -[e]s/-e ① 《法》遡求(ソキュウ), 償還請求. ② (過去の理念や様式などに)立ち戻ること.

Rück≈halt [リュック・ハルト] 男 -[e]s/-e 『ふつう囲』① 支え, 支持, 援助. **an** 人³ **einen finanziellen** *Rückhalt* **haben** 人³に財政的援助を受ける. ② 『成句的に』 **ohne** *Rückhalt* a) 遠慮(腹蔵)なく, b) 全面的に.

rück‧halt‧los [リュックハルト・ロース] 形 遠慮(腹蔵)のない; 全面的な(信頼など). **eine** *rückhaltlose* **Kritik** 無遠慮な批評 / 人³ *rückhaltlos* **vertrauen** 人³を全面的に信用する.

Rück≈hand [リュック・ハント] 囡 -/ 《スㇽ》(テニス・卓球などの)バックハンド[ストローク]. (⇔「フォアハンド」は Vorhand).

Rück≈kauf [リュック・カオフ] 男 -[e]s/..käufe 《商》買い戻し.

die **Rück≈kehr** [リュック・ケーァ rýk-ke:r] 囡 (単) -/ 帰還; 復帰. (英 return). **die** *Rückkehr* **in die Heimat** (**nach München**) 故郷(ミュンヒェン)への帰還.

Rück≈keh‧rer [リュック・ケーラァ] 男 -s/- 帰還者, (外地からの)引き揚げ者. (女性形: -in).

Rück≈kopp‧lung [リュック・コップルング] 囡 -/-en 《電・工》フィードバック.

Rück≈kunft [リュック・クンフト] 囡 《雅》帰還; 帰受(=Rückkehr).

Rück≈la‧ge [リュック・ラーゲ] 囡 -/-n ① 《商》準備金, 積立金. ② (スキーで:)後傾姿勢.

Rück≈lauf [リュック・ラオフ] 男 -[e]s/..läufe ① 逆行, 逆流; 後退. ② 《化》還流. ③ (機械の)戻り行程. ④ (テープなどの)巻き戻し.

rück≈läu‧fig [リュック・ロイフィヒ] 形 後退の, 逆行の; 回帰的な. **ein** *rückläufiges* **Wörterbuch** 《言》逆引き辞典.

Rück≈licht [リュック・リヒト] 中 -[e]s/-er (列車・自動車などの)テールライト.

rück‧lings [リュックリングス] 副 後ろへ; 後ろから; あおむけに.

Rück≈mel‧dung [リュック・メルドゥング] 囡 -/-en ① (問いかけに対する)反応. ② フィードバック.

Rück≈nah‧me [リュック・ナーメ] 囡 -/-n 《ふつう囲》取り下げ, 撤回.

Rück≈por‧to [リュック・ポルトー] 中 -s/-s 返信[用郵便]料金.

Rück≈rei‧se [リュック・ライゼ] 囡 -/-n (旅の)帰途, 帰路. (⇔「往路」は Hinreise). **auf der** *Rückreise* **sein** 帰途にある.

Rück≈ruf [リュック・ルーフ] 男 -[e]s/-e ① (返事のための)折り返しの電話. ② (欠陥商品などの)回収, リコール.

der **Ruck≈sack** [ルック・ザック rúk-zak] 男 (単) -[e]s/(複) ..säcke [..ゼッケ] (3格のみ ..säcken) リュックサック. (英 rucksack). **mit dem** *Rucksack* **wandern** リュックを背負って徒歩旅行する.

Rück≈schau [リュック・シャオ] 囡 -/ 回顧.

Rück≈schlag [リュック・シュラーク] 男 -[e]s/ ..schläge ① (情勢の)急激な悪化; 《経》景気後退. **einen** *Rückschlag* **erleiden** 急に悪化する. ② 《スㇽ》(ボールの)打ち返し, リターン.

Rück≈schluss [リュック・シュルス] 男 -es/ ..schlüsse 《ふつう複》(一定の事実から原因を求める)推論, 帰納的推論.

Rück≈schritt [リュック・シュリット] 男 -[e]s/-e 後退; 反動. (⇔「進歩」は Fortschritt).

rück≈schritt‧lich [リュック・シュリットリヒ] 形 反動的な, 後退的な; 時代遅れの, 古めかしい.

Rück≈sei‧te [リュック・ザイテ] 囡 -/-n 裏側, 背面, 後ろ. (⇔「表側」は Vorderseite).

die **Rück≈sicht** [リュック・ズィヒト rýk-zıçt] 囡 (単) -/(複) -en (英 consideration) ① 《ふつう囲》配慮, 顧慮; 思いやり. **Er kennt keine** *Rücksicht*. 彼は思いやりがない / **auf** 人・物⁴ *Rücksicht* **nehmen** 人・物⁴に気を配る / **mit** *Rücksicht* **auf seine Gesundheit** 彼の健康を顧慮して / **ohne** *Rücksicht* **auf** 囲⁴ 囲⁴を顧みないで / **ohne** *Rücksicht* **auf Verluste** 《口語》何がなんでも(一損失を顧慮せず). ② 《複》で 考慮すべき事情. **aus politischen** *Rücksichten* 政治的な事情で. ③ 《複 なし》(自動車からの)後方視界.

Rück≈sicht≈nah‧me [リュックズィヒト・ナーメ] 囡 -/ 考慮, 顧慮.

rück‧sichts≈los [リュックズィヒツ・ロース

rýkzɪçts-loːs] 形 (比較 rücksichtsloser, 最上 rücksichtslosest) ① 思いやりのない，配慮に欠けた．ein *rücksichtsloses* Verhalten 思いやりのない態度 / *rücksichtslos* fahren 無謀な運転をする．② 容赦ない，仮借ない．eine *rücksichtslose* Kritik 仮借のない批評．

rück·sichts·voll [リュックズィヒツ・フォるる] 形 思いやりのある，配慮の行き届いた．

Rück·sitz [リュック・ズィッツ] 男 -es/-e (自動車の)後部座席，リアシート．(⇔「前部座席」は Vordersitz).

Rück·spie·gel [リュック・シュピーゲる] 男 -s/- (自動車などの)バックミラー．

Rück·spiel [リュック・シュピーる] 中 -[e]s/- (スボーツ) (2 回戦の) 2 戦目．

Rück·spra·che [リュック・シュプラーヘ] 女 -/-n (未解決の問題に関する)協議，相談．人³ *Rücksprache*⁴ nehmen (または halten) 人³と協議する．

Rück·stand [リュック・シュタント] 男 -[e]s/..stände ① 残りかす，残滓(さい)，残留物．② 〖ふつう 複〗(支払いの)滞り，延滞(未払)金．*Rückstände*⁴ bezahlen 未払金を支払う．③ (仕事などの)遅れ，(スポーツ)負け越し．Er ist mit der Arbeit zwei Wochen *im Rückstand*. 彼は仕事が 2 週間遅れている．

rück·stän·dig [リュック・シュテンディヒ] 形 進歩(開発)の遅れた(国など); 時代遅れの．

Rück·stän·dig·keit [リュック・シュテンディヒカイト] 女 -/ たち遅れ; 時代遅れ．

Rück·stau [リュック・シュタオ] 男 -[e]s/-s (まれに -e) ① (川などを)せき止めること．② 渋滞．

Rück·stoß [リュック・シュトース] 男 -es/..stöße ① 《物》反発作用，反跳．② (銃などを発射する際の)反動．

Rück·strah·ler [リュック・シュトラーらァ] 男 -s/- (自転車などの)反射板(鏡); キャッツアイ．

rück·te [リュックテ] rücken (動かす) 過去

Rück·tritt [リュック・トりット] 男 ① 辞職，退職，辞任．der *Rücktritt* des Ministers 大臣の辞任．② 〖法〗(契約の)解除．③ (自転車にブレーキをかける)ペダルの逆踏み．

Rück·tritt·brem·se [リュック・トりット・ブレムゼ] 女 -/-n (自転車の)コースターブレーキ．

rück·ver·gü·ten [リュック・フェアギューテン] rýk-fɛrgyːtən] (過分 rückvergütet) 他 (h) 〖不定詞・過去分詞での用いられる〗(経) 割り戻す．

Rück·ver·gü·tung [リュック・フェアギュートゥング] 女 -/-en (経) 割り戻し[金]，配当．

rück·ver·si·chern [リュック・フェアズィッヒャァン rýk-fɛrziːçərn] (過分 rückversichert) 〖不定詞・過去分詞での用いられる〗I 他 (h) (元請け保険の)再保険を引き受ける．II 再帰 (h) *sich*⁴ *rückversichern* 周到に身の安全をはかる，後ろ楯を取り付ける．

Rück·wand [リュック・ヴァント] 女 -/..wände 後ろの壁．

rück·wär·tig [リュック・ヴェルティヒ] 形 後方の，背後の．

rück·wärts [リュック・ヴェルツ rýk-vɛrts] 副 ① 後ろへ，後方へ; 後ろ向きに．(⇔ backward). *rückwärts* ein|parken バックして(車と車の間などに)駐車する．② 逆方向に，後ろから前へ; (過去に)さかのぼって．ein Band⁴ *rückwärts* laufen lassen テープを逆に回す．③ 《南ド・ｵｰｽﾄ》後ろで．*rückwärts* am Haus 家の後ろで．
► **rückwärts|gehen** ①

Rück·wärts·gang [リュックヴェルツ・ガング] 男 -[e]s/..gänge ① 〖工〗(自動車の)バックギア．den *Rückwärtsgang* ein|schalten ギアをバックに入れる．② 後ろ向きに歩くこと．

rück·wärts|ge·hen* [リュックヴェルツ・ゲーエン rýkverts-gèːən] 自 (s) ① 後ろ向きに歩く．② 《比》(経営などが)悪化する，不振になる．◇〖非人称の es を主語として〗Mit seinem Geschäft wird es *rückwärtsgehen*. 彼の商売は不振に陥るだろう．

Rück·weg [リュック・ヴェーク] 男 -[e]s/-e 帰路，家路．(⇔「往路」は Hinweg). auf dem *Rückweg* 帰る途中で．

ruck·wei·se [ルック・ヴァイゼ] 副 ぐいっと，とっと．

rück·wir·kend [リュック・ヴィルケント] 形 (法律などが)過去にさかのぼって有効な，遡及(そきゅう)的な．Das Gesetz gilt *rückwirkend* vom 1. (=ersten) April. その法律は 4 月 1 日にさかのぼって適用される．

Rück·wir·kung [リュック・ヴィルクング] 女 -/-en ① 反応，反作用．② 〖法〗遡及(そきゅう)効．

Rück·zah·lung [リュック・ツァーるング] 女 -/-en (借金などの)返済，〖商〗(株式などの)償還．

Rück·zie·her [リュック・ツィーアァ] 男 -s/- ① (口語)(要求などの)撤回，とり消し．einen *Rückzieher* machen 下げる，撤回する．② (サッカーの)オーバーヘッドキック．

Rück·zug [リュック・ツーク] 男 -[e]s/ (特に軍隊での)退却; (政界などからの)引退，撤退．den *Rückzug* an|treten 退却する．

Rück·zugs·ge·fecht [リュックツークス・ゲふェヒト] 中 -[e]s/-e 退却援護の戦闘．

rü·de [リューデ rýːdə] 形 粗野な，無作法な．

Rü·de [リューデ] 男 -n/-n (犬・きつねなどの)雄．

Ru·del [ルーデる rúːdəl] 中 -s/- (かもしかなどの)群れ，大群，(口語)(人の)群れ，一団．im *Rudel* または in *Rudeln* 群れをなして．

ru·del·wei·se [ルーデる・ヴァイゼ] 副 群れをなして．

das **Ru·der** [ルーダァ rúːdər] 中 (単 2) -s/ (複) - (3 格の n) 《英 oar》① (ボートの)オール，櫂(かい)．die *Ruder*⁴ aus|legen (ein|ziehen) オールを出す(引っ込める) / sich⁴ in die *Ruder* legen a) 力漕する，b) 《口語》仕事に励む．
② 《海》(船の)舵(かじ)，《空》(飛行機の)方向舵，《比》支配権，政権．das *Ruder*⁴ führen 舵を取る / **ans** *Ruder* kommen 《口語》実権を握る / **am** *Ruder* sein (または bleiben) 《口語》権力の座にある / **aus dem** *Ruder* laufen 手に

利かなくなる, b)《政治的に》制しきれなくなる.

Ru·der=boot [ルーダァ・ボート] 中 -[e]s/-e 漕艇, 手こぎボート.

Ru·de·rer [ルーデラァ rú:dərər] 男 -s/- (ボートの)こぎ手.（女性形: Ruderin）.

ru·dern [ルーダァン rú:dərn] (ruderte, *ist*/*hat*...gerudert) (英 row) I 自 (完了 sein または haben) ① (s, h)《ボートを》こぐ. Er *rudert* gern. 彼はボートをこぐのが好きだ / Wir *sind* (または *haben*) zwei Stunden *gerudert*.《現在完了》私たちは 2 時間ボートをこいだ / **mit** den Armen *rudern*《口語》腕を振って歩く.（⇦完了の助動詞は「場所の移動」に重点があれば sein を,「こぐ行為」に重点があれば haben を用いる）.
② (s)《方向を表す語句とともに》(…へ)こいで進む. **über** den Fluss *rudern* ボートをこいで川を渡る. ③ (h, s) ボートレースに参加する.
II 他 (完了 haben) ①《ボートなど⁴を》こぐ. Ich *habe* das Boot selbst *gerudert*. 私はボートを自分でこいだ. ②《方向を表す語句とともに》《人・物⁴を…へ》ボートで運ぶ. Leute⁴ über den Fluss *rudern* 人々をボートで川向こうへ渡す. ③ (ボート競技で記録など⁴を)出す.

Ru·der=pin·ne [ルーダァ・ピンネ] 女 -/-n (ヨットなどの) 舵柄(だ).

Ru·der=re·gat·ta [ルーダァ・レガッタ] 女 -/-..gatten ボート競技, レガッタ.

ru·der·te [ルーダァテ] rudern (こぐ)の過去

Ru·di·ment [ルディメント rudimént] 中 -[e]s/-e ①《前時代の》遺物. ②《生》退化(痕跡)器官.

ru·di·men·tär [ルディメンテーァ rudimɛntέːr] 形 初歩的な, (発達が)不完全な;《生》痕跡(にき)の, 退化した.

Ru·dolf [ルードるふ rú:dɔlf] -s/《男名》ルードルフ.

der **Ruf** [ルーふ rú:f] 男 (単 2) -[e]s/(複) -e (3 格のみ -en) ① 叫び声 (英 shout, cry). einen entsetzten *Ruf* aus|stoßen 驚いて叫び声をあげる
② 呼び声, (鳥などの)鳴き声; (鐘・らっぱなどによる)合図.（英 call）. der *Ruf* des Kuckucks かっこうの鳴き声 / der *Ruf* der Glocke² zum Kirchgang (教会の)礼拝へ誘う合図の鐘. ③〖複 なし〗呼びかけ, 要請, アピール. der *Ruf* **nach** Freiheit 自由を求める声(世論). ④《ふつう 単》(教授などへの)招聘(へる). Er erhielt einen *Ruf* **an** die Universität Bonn. 彼はボン大学へ招聘された. ⑤〖複 なし〗評判, 名声. einen guten (schlechten) *Ruf* haben 評判がよい(悪い). ⑥〖複 なし〗《書》電話番号 (=*Ruf*nummer).

ru·fen [ルーふェン rú:fən]

> 叫ぶ; 呼ぶ
> *Rufen* Sie bitte ein Taxi!
> ルーふェン ズィー ビッテ アイン タクスィ
> タクシーを呼んでください.

(rief, *hat* ... gerufen) I 自 (完了 haben) ① 叫ぶ; (鳥などが)鳴く.（英 shout, call）. laut *rufen* 大声で叫ぶ / *Ruft* da nicht jemand? だれかの呼び声がしないか / Der Kuckuck *ruft*. かっこうが鳴いている.（⇨ 頭韻 schreien）.
②〖**nach** 人・物³〗(または **um** 単⁴)《人・物³(または 単⁴)を求めて》呼ぶ. Das Kind *ruft* nach der Mutter. 子供が母親を呼ぶ / Er *rief* nach einem Glas Wasser. 彼は水を一杯くれと叫んだ / um Hilfe *rufen* 大声で助けを求める.
③〖**zu** 単³〗~〖単³を〗呼びかける. Die Mutter *ruft* zum Essen. 母親が食事ですよと呼ぶ / Die Glocke *rief* zum Gebet. 鐘が礼拝の時間を告げた.
II 他 (完了 haben) ① 《人⁴を》呼ぶ, 呼び寄せる, (電話などをして)来てもらう.（英 call）. *Rufen* Sie bitte die Polizei! 警察を呼んでください / Der Kranke ließ den Arzt *rufen*. 病人は医者を呼んでもらった / Soll ich ihn *rufen*? 彼に来てもらいましょうか /《人³単⁴》**ins** Gedächtnis *rufen*《比》《人³に単⁴を思い起こさせる / Dringende Geschäfte *riefen* ihn **nach** München.《比》彼は急用でミュンヒェンへ行かねばならなかった /《単⁴》**zu** sich《単⁴を自分の所へ呼びつける / 《単⁴》**zu** Hilfe *rufen*《単⁴に助けを求める. ◇〖過去分詞の形で〗Du kommst wie *gerufen*!《口語》君はちょうどよい時に来た(＝望んでいたように).
② (...と)叫ぶ, 大声で言う. „Komm schnell!", *rief* er.「早くおいで」と彼は大声で言った / Feuer⁴ *rufen* 火事だと叫ぶ.
③ (A⁴ を B⁴ と)呼ぶ (＝nennen). Er heißt Johannes, aber man *ruft* ihn Hans. 彼はヨハネスという名前だが, みんなはハンスと呼んでいる.
④《人・物⁴に》電話をかける. *Rufen* Sie mich unter der Nummer 58 27 16! お電話ください, 番号は 58 27 16 です.
III 再帰 (完了 haben)〖成句的に〗sich⁴ heiser *rufen* 叫びすぎて[その結果]声をからす.

Rüf·fel [リュッふェる rýfəl] 男 -s/- 《口語》(上司などからの)叱責(しき), 小言.

rüf·feln [リュッふェるン rýfəln] 他 (h)《口語》《単⁴を》しかりつける.

Ruf=mord [ルーふ・モルト] 男 -[e]s/-e (うわさなどによる)ひどい中傷, 誹謗(ひぼ).

Ruf=na·me [ルーふ・ナーメ] 男 -ns (3 格・4 格 -n)/-n 呼び名, 通称.

Ruf=num·mer [ルーふ・ヌンマァ] 女 -/-n 《官庁》電話番号 (＝Telefonnummer).

Ruf=wei·te [ルーふ・ヴァイテ] 女 -/-n 声の届く距離(範囲). **in** *Rufweite* bleiben 呼べば聞こえる所にいる.

Ruf·zei·chen [ルーふ・ツァイヒェン] 中 -s/- ①（電話の）呼び出し音;《放送》コールサイン. ②《言》感嘆符 (＝Ausrufezeichen).

Rug·by [ラクビ rákbi]《英》中 -[s]/《スポ》ラグビー.

Rü·ge [リューゲ rý:gə] 女 -/-n 叱責(しき), 非難. 《人³》eine *Rüge* erteilen 《人³を叱責する.

rü·gen [リューゲン rýːgən] 他 (h) ① (人⁴を)叱責(しっせき)する. ② (事⁴を)厳しく批判する.

Rü·gen [リューゲン rýːgən] 田 -s/《島名》リューゲン島 (バルト海にあるドイツ最大の島: ⇨ 地図 F-1).

*die **Ru·he** [ルーエ rúːə] 囡(単)/ ① 静けさ, 静寂. (英 quiet). die nächtliche *Ruhe* 夜の静寂 / die *Ruhe* vor dem Sturm あらしの前の静けさ / Gib doch endlich *Ruhe*! いいかげんに静かにしてくれよ.

② **休息**, 休養, 安静, 睡眠. (英 rest). die *Ruhe* nach der Arbeit 仕事のあとの休憩 / *Ruhe*⁴ suchen 休息を求める / Er braucht *Ruhe*. 彼には休息が必要だ / Er gönnt sich³ keine *Ruhe*. 彼は少しも休まない / Angenehme *Ruhe*!〔寝ようとする人に:〕おやすみなさい / **ohne** Rast und *Ruhe* 少しも休まずに / sich⁴ **zur** *Ruhe* legen 就寝する / sich⁴ zur *Ruhe* setzen 年金生活に入る / die ewige *Ruhe* 《雅》永眠.

③ 平穏, 平安; 平静, 落ち着き. (英 calm). eine innere *Ruhe* 心の安らぎ / die *Ruhe*⁴ bewahren (verlieren) 平静を保つ(失う) / *Ruhe*⁴ geben 静かにする, (周囲の)じゃまをしない / 人³ keine *Ruhe*⁴ lassen 人³を落ち着かせない / 人³にしつこくせがむ / **in** Ruhe und Frieden leben 平穏に暮らす / Lass mich *in Ruhe*! 私に構わないでくれ, ほっといてくれ / eine Arbeit⁴ *in Ruhe* erledigen 仕事を[時間をかけて]ゆっくり片づける / in aller *Ruhe* 落ち着きはらって / Immer **mit** der *Ruhe*!《口語》あわてないで! / **zur** *Ruhe* kommen (気持ちが)落ち着く.

④ (機械などの)静止[状態], 停止. Das Pendel ist *in Ruhe*. 振り子が止まっている.

Ru·he≈be·dürf·nis [ルーエ・ベデュルフニス] 中 ..nisses/..nisse 休養の必要.

ru·he≈be·dürf·tig [ルーエ・ベデュルフティヒ] 形 休息の必要な.

Ru·he≈ge·halt [ルーエ・ゲハルト] 中 -[e]s/..hälter (公務員の)年金, 恩給 (= Pension).

Ru·he≈geld [ルーエ・ゲルト] 中 -[e]s/-er (勤労者保険の)老齢年金.

Ru·he≈la·ge [ルーエ・ラーゲ] 囡 -/ ① 静止位置(状態). ② (医)安静位.

ru·he·los [ルーエ・ロース] 形 落ち着かない, じっとしていない; 安らぎのない, 不安な.

ru·hen [ルーエン rúːən] (ruhte, *hat*...geruht) I 自 (完了 haben) (英 rest) ① **休息する**, 休む, 休息する; 《雅》永眠する, 眠る. auf dem Sofa *ruhen* ソファーで休んでいる / nach der Arbeit *ruhen* 仕事を終えて休息する / den Körper *ruhen lassen* 身体を休める / im Grabe *ruhen* 《雅》墓の下に眠っている / *Ruhe* sanft! または *Ruhe* in Frieden!〔墓碑銘として:〕安らかに眠れ.

② (活動が一時)止まっている, 休止している. Die Maschine *ruht*. 機械が止まっている / Die Arbeit *ruht*. 仕事は中断している / Die Waffen *ruhen*. 《雅》停戦中である. / Seine Hände *ruhen* nie. 《雅》彼の手は片時も休まない / Der Acker *ruht*. その畑は休耕中だ. ③〔場所を表す語句とともに〕(…に)置かれている. **auf** 物³ *ruhen* 物³の上に載っている ⇨ Die Brücke *ruht* auf drei Pfeilern. その橋は3本の橋脚に支えられている / Die ganze Last *ruht* auf seinen Schultern. 《雅》全責任が彼の双肩にかかっている / **im** Tresor *ruhen* 金庫に保管されている. ④ **auf** 人・物³〔視線が人・物³に〕注がれている. Sein Blick *ruhte* auf dem Bild. 彼の視線はその絵に注がれていた.

II 再帰 (完了 haben)〚*es ruht sich*⁴... の形で〛休み心地が…である. Auf diesem Sofa *ruht es sich* gut. このソファーは体がよく休まる.

▶ **ruhen|lassen**

類語 **ruhen**:「休む」の意味で最も一般的な語. **sich**⁴ **ausruhen**: 休んで元気を回復する. **Ich muss mich ein wenig ausruhen**. 私は少し休まなければならない. **rasten**: (運転の途中で)休息をとる.

ru·hen|las·sen*, ru·hen las·sen* [ルーエン・ラッセン rúːən-làsən] (区分 *ruhen* [ge]lassen / *ruhen* [ge]lassen) 他 (h) (問題など⁴を手をつけずに)[ひとまず]放置しておく.

Ru·he≈pau·se [ルーエ・パオゼ] 囡 -/-n 休憩[時間], 中休み.

Ru·he≈stand [ルーエ・シュタント] 男 -[e]s/ 〔定年〕退職(退役)の身分. **in** den *Ruhestand* gehen (または treten) 引退する / Er ist Beamter *im Ruhestand*. 彼は退職した公務員だ.

Ru·he≈ständ·ler [ルーエ・シュテンドラァ] 男 -s/ 退職者, 年金生活者. (女性形: -in).

Ru·he≈stät·te [ルーエ・シュテッテ] 囡 -/-n 《雅》墓. die letzte *Ruhestätte* 墓場.

Ru·he≈stö·rer [ルーエ・シュテーラァ] 男 -s/- 静けさ(平安・安眠)をかき乱す者. (女性形: -in).

Ru·he≈stö·rung [ルーエ・シュテールング] 囡 -/-en 静けさ(平安)をかき乱すこと(安眠妨害など).

Ru·he≈tag [ルーエ・タ−ク] 男 -[e]s/-e (店などの)休業日; 休日〔日曜・祭日など〕.

Ru·he≈zeit [ルーエ・ツァイト] 囡 -/-en 憩いの時間.

***ru·hig** [ルーイヒ rúːɪç] I 形 (英 quiet) ① (動かずに)**静かな**. Die See war *ruhig*. 海はないでいた / *ruhiges* Wetter 穏やかな(風などのない)天気 / *ruhig* sitzen じっと座っている. (⇨ 類語 still).

② (音の)**静かな**, 閑静な; 騒がしくない. eine *ruhige* Wohnung 静かな住まい / Das Hotel liegt sehr *ruhig*. このホテルはたいへん閑静な所にある / Sei doch mal *ruhig*! ちょっと静かにしなさい.

③ **平穏な**, 無事な; ゆったりした. *ruhige* Zeiten 平穏な時代 / Man kann hier *ruhig* arbeiten. ここならじゃまされずに仕事ができる / Sie führen ein *ruhiges* Leben. 彼らは平穏な生活を送っている.

④ **落ち着いた**, 冷静な. ein *ruhiger* Mensch 落ち着いた人 / bei *ruhiger* Überlegung じっくり考えてみると / Sei *ruhig*, es wird dir nichts geschehen! 心配するな, 君には何も起こらな

いよ / Er hat *ruhig* gesprochen. 彼は落ち着いて話した / *ruhige* Farben 《比》落ち着いた色. **II** 副 《文中でのアクセントなし》《無関心・了解・勇気づけなどを表して》《口語》**かまわずに**, 気にしないで, 安心して. Soll sie *ruhig* schreien. 彼女は泣きたいだけ泣けばいいさ / Du kannst *ruhig* kommen. 君もいっしょに来たってかまわないよ / Dir kann ich es ja *ruhig* sagen. 君になら安心してこのことを話せるよ.
▶ ruhig|stellen²

ru·hig|stel·len¹ [ルーイヒ・シュテレン rúːɪç-ʃtɛlən] 他 (h) (人⁴を鎮静剤などで)静める.

ru·hig|stel·len², **ru·hig stel·len** [ルーイヒ・シュテレン] 他 (h) (骨折部位⁴などを)固定する.

der **Ruhm** [ルーム rúːm] 男 《単2》-[e]s/ **名声**, 栄誉. 《英 fame》. unsterblicher *Ruhm* 不滅の名声 / *Ruhm*⁴ erlangen (または erwerben) 名声を得る / Er ist auf dem Gipfel seines *Ruhmes* angelangt. 《現在完了》彼は名声の頂点に達した / Da hast du dich ja nicht [gerade] mit *Ruhm* bekleckert. 《口語》 (皮肉って:)君はうまくいったとは言えないようだね.

rüh·men [リューメン rýːmən] (rühmte, *hat*... gerühmt) **I** 他 《完了》haben) **ほめたたえる**, 称賛する. 《英 praise》. Man *rühmte* seine Großmut. または Man *rühmte* ihn **wegen** seiner Großmut. 人々は彼の寛大さをほめたえた / **an** 人³ 事⁴ *rühmen* 人³の事⁴をほめる ⇨ Ich *muss* an ihm seinen Fleiß *rühmen*. 私は彼の勤勉さを高く評価しないわけにはいかない. (☞類語 loben).
II 再帰 《完了》haben) *sich*⁴ 事² *rühmen* 事²を**自慢する**, 誇る. Er *hat sich* nie seines Erfolges *gerühmt*. 彼は決して自分の成功を鼻にかけなかった.

rüh·mens=wert [リューメンス・ヴェーァト] 形 称賛に値する.

Ruh·mes=blatt [ルーメス・ブラット] 中 《成句的に》kein *Ruhmesblatt* **für** 人⁴ sein [人⁴にとって]名誉なことではない.

rühm·lich [リュームリヒ] 形 称賛すべき, りっぱな, 名誉ある. kein *rühmliches* Ende⁴ nehmen 《口語》有終の美を飾れない.

ruhm=los [ルーム・ローㇲ] 形 不名誉な, 面目ない.

ruhm=re·dig [ルーム・レーディヒ] 形 《雅》自慢気な, 自慢たらたらの.

ruhm=reich [ルーム・ライヒ] 形 栄光に満ちた, 栄誉ある, 輝かしい.

rühm·te [リュームテ] rühmen (ほめたたえる)の過去.

Ruhr¹ [ルーァ rúːr] 女 -/-en 《ふつう 単》《医》赤痢.

die **Ruhr**² [ルーァ] 女 -/- 《定冠詞とともに》《川名》ルール川(ライン川の支流).

Rühr=ei [リューァ・アイ] 中 -s/-er 《ふつう 単》《料理》スクランブルエッグ, いり卵.

rüh·ren [リューレン rýːrən] (rührte, *hat* gerührt) **I** 他 《完了》haben) ① **かき混ぜる**; かき回しながら加える. 《英 stir》. die Suppe⁴ *rühren* スープをかき混ぜる / ein Ei⁴ in die Suppe *rühren* 卵をスープにかき回しながら加える.

② (手足など⁴を)**動かす**. Er *konnte* vor Müdigkeit kein Glied mehr *rühren*. 疲れ果てて彼はもう動けなかった / keinen Finger *rühren* 《口語》指一本動かさない, 何ひとつしようとしない.

③ **感動させる**, (人⁴の)心を動かす. Seine Rede *rührte* die Zuhörer **zu** Tränen. 彼は涙を誘うほど聴衆を感動させた / Es *rührte* ihn gar nicht, dass… …ということがあっても彼はまったく動じなかった. ◇《名詞的に》ein menschliches *Rühren*⁴ verspüren (または fühlen)《婉曲・戯》便意を催す.

④ (卒中などが 人⁴を)襲う. Ihn *hat* der Schlag *gerührt*. 彼は卒中を起こした. ⑤ 《雅》(楽器など⁴を)打ち鳴らす.
II 自 《完了》haben) ① [**in** 物⁴ ~] (物³の中を)**かき混ぜる**. mit dem Löffel im Kaffee *rühren* スプーンでコーヒーをかき混ぜる.

② [**an** 事・物⁴ ~]《雅》(事⁴に)**触れる**, 触る. 《比》(事⁴に)言及する. *Rühre* besser nicht an diese Wunde! この傷には触らないほうがいい / an den Kern der Angelegenheit² *rühren* 問題の核心に触れる.

③ [**von** 人・事³ ~]《雅》(人・事³に)起因する. Diese Krankheit *rührt* von einer Erkältung. この病気は風邪から来ている.
III 再帰 《完了》haben) *sich*⁴ *rühren* **動く**. Der Verunglückte *rührte sich* nicht mehr. 事故にあった人はもはや動かなかった(死んだ) / *Rühren* Sie *sich* nicht **von** der Stelle! その場から動かないでください / *Rührt euch!*《軍》(気をつけの姿勢に対して:)休め / Ich *kann* mich nicht *rühren*. 《口語》私はにっちもさっちもいかない.

◇☞ gerührt

rüh·rend [リューレント rýːrənt] **I** rühren (かき混ぜる)の現分
II 形 **感動的な**, 心を打つ. 《英 touching》. ein *rührender* Anblick 胸を打つ光景 / Er sorgt in *rührender* Weise für seine kranke Mutter. 彼は献身的に病気の母親の世話をする.

das **Ruhr·ge·biet** [ルーァ・ゲビート rúːr-ɡəbiːt] 中 -[e]s/ 《定冠詞とともに》《地名》ルール地方(ドイツ, ノルトライン・ヴェストファーレン州にあるヨーロッパ最大の重工業地帯. 中心都市としてはエッセン, ドルトムントなどがある).

rüh·rig [リューリヒ rýːrɪç] 形 活動的な, ばりばり働く, 意欲の盛んな(実業家・企業など).

rühr=se·lig [リューァ・ゼーリヒ] 形 ① センチメンタルな, 感傷的な, 涙もろい. ② お涙ちょうだいの(劇・映画など).

Rühr=stück [リューァ・シュテュック] 中 -[e]s/-e 《文学》お涙ちょうだい劇, メロドラマ.

rühr・te [リューァテ] rühren (かき混ぜる)の過去

Rühr・teig [リューァ・タイク] 男 -[e]s/-e (小麦粉・牛乳・砂糖などをこね合わせた)ケーキ生地.

Rüh・rung [リュールング] 女 -/ 感激, 感動. eine tiefe *Rührung*[4] fühlen 深い感動を覚える / vor *Rührung* weinen 感動のあまり泣く.

ruh・te [ルーテ] ruhen (休息する)の過去

Ru・in [ルイーン ruí:n] 男 -s/ 破滅, 破産. ein finanzieller *Ruin* 財政の破綻(たん) / Der Alkohol war sein *Ruin*. 酒が彼の身を滅ぼした.

die **Ru・i・ne** [ルイーネ ruí:nə] 女 (単) -/(複) -n ① 廃墟(きょ). (英 ruin). die *Ruine* einer gotischen Kirche[2] ゴシック式教会の廃墟 / eine menschliche *Ruine* [比] 廃人[同様の人]. ② (圏 で) がれきの山, 残骸(がい). die *Ruinen* des Krieges 戦争によるがれきの山.

ru・i・nie・ren [ルイニーレン ruiní:rən] 他 (h) ① [人・物]を破滅させる, そこなう; 破産させる. Der Stress *ruinierte* seine Gesundheit. ストレスが彼の健康をそこなった. ◇《再帰的に》sich[4] finanziell (gesundheitlich) *ruinieren* 財政的に破綻(たん)する(健康をそこなう). ② (物[4]を)すっかりだめにする, 使い物にならなくする.

ru・i・nös [ルイネース ruinö:s] 形 経済的破滅をもたらす, 破産へ導く; 倒壊しそうな.

rülp・sen [リュるプセン rýlpsən] 自 (h) 《口語》げっぷをする.

Rülp・ser [リュるプサァ rýlpsər] 男 -s/- 《口語》げっぷ.

rum [ルム] 副 《口語》周りに, 回って (=herum).

Rum [ルム rúm] 男 -s/-s ラム酒.

Ru・mä・ne [ルメーネ rumé:nə] 男 -n/-n ルーマニア人. (女性形: Rumänin).

Ru・mä・ni・en [ルメーニエン rumé:niən] 中 -s/ 《国名》ルーマニア(首都はブカレスト).

ru・mä・nisch [ルメーニッシュ rumé:niʃ] 形 ルーマニア[人・語]の.

Rum・ba [ルンバ rúmba] 女 -/-s (口語・オーストリア: 男 -s/-s) ルンバ(社交ダンスの一種).

rum・hän・gen* [ルム・ヘンゲン rúm-hèŋən] 自 (h) 《口語》(若者が)定職を持たない; (時間を持てあまして…に)たむろしている.

Rum・mel [ルンめる rúməl] 男 -s/ 《口語》① にぎわい, 雑踏, けん騒, 騒ぎ. ② 《北ドイツ》年の市 (½) (=Jahrmarkt).

Rum・mel・platz [ルンめる・プらッツ] 男 -es/..plätze 《北ドイツ・口語》年の市(½)のたつ広場, 遊園地.

ru・mo・ren [ルモーレン rumó:rən] 過分 rumort) 自 (h) がたがた音をたてる; (腹が)ごろごろ鳴る. ◇《非人称の *es* を主語として》Es *rumorte* in seinem Bauch. 彼の腹がごろごろ鳴った.

Rum・pel・kam・mer [ルンぺる・カンマァ] 女 -/-n 《口語》がらくた部屋, 物置.

rum・peln [ルンぺるン rúmpəln] 自 (h, s) 《口語》① (h) がたがた(ごとごと)音をたてる. ② (s) (車などへ…へ)がたがた走って行く.

der **Rumpf** [ルンプふ rúmpf] 男 (単 2) -[e]s/(複) Rümpfe [リュンプふェ] (3 格のみ Rümpfen) ① (人・動物の)胴, 胴体. (英 trunk). (☞ Körper 図). Kopf, *Rumpf* und Glieder 頭と胴と手足 / den *Rumpf* beugen 上体を曲げる. ② 船体 (=Schiffs*rumpf*); (飛行機の)胴体, ボディー.

Rümp・fe [リュンプふェ] Rumpf (胴)の複

rümp・fen [リュンプふェン rýmpfən] 他 (h) (鼻・眉(ॉ)など[4]に)しわを寄せる(不満・軽蔑の表情). über [人・物][4] die Nase[4] *rümpfen* [比] [人・物][4]を小ばかにする.

Rump・steak [ルンプ・ステーク] 中 -s/-s (料理) ランプステーキ(牛の尻肉のステーキ).

Run [ラン rán] [英] 男 -s/-s (数少ないものへの)突進, 殺到; (市場などへの)買いあさり.

***rund** [ルント rúnt]

丸い	Sie hat ein *rundes* Gesicht.
	ズィー ハット アイン ルンデス ゲズィヒト
	彼女は丸顔だ.

I 形 (比較) runder, (最上) rundest) (英 round) ① 丸い, 円形の; 球形の. (参考 「角ばった」は eckig. ein *rundes* Fenster 丸窓 / Die Erde ist *rund*. 地球は丸い / Das Kind machte *runde* Augen. 《口語》(驚いて)その子供は目を丸くした.
② 丸々とした, 太った, 肥えた. *runde* Arme 丸々とした腕 / Das Kind hat *runde* Bäckchen. その子供は頬(ध)がふっくらしている / dick und *rund* werden 丸々と太る.
③ 《口語》(数・量が)ちょうどの, 端数のない, まとまった. eine *rundes* Dutzend ちょうど1ダース / *runde* fünf Jahre まる5年 / eine *runde* Zahl 端数のない数 / die *runde* Summe von 5000 Euro ぴったり5,000 ユーロ. ④ 完全な; 朗々たる(音など); まろやかな(味). ein *runder* Ton 朗々とした音 / Der Wein hat einen *runden* Geschmack. そのワインはまろやかな味がする / *rund* laufen a) 《口語》うまく行く, b) 《自動車・隠語》(エンジンが)滑らかに回る.
II 副 ① 《口語》およそ, 約. *rund* 50 Euro 約 50 ユーロ / in *rund* 3 Stunden 約 3 時間後に / *rund* gerechnet 概算で. ② 《比喩的に》*rund* um [人・物][4] [人・物][4]の周りを, [人・物][4]を巡って ⇨ ein Flug *rund* um die Welt 世界一周飛行 / *rund* um die Uhr 四六時中, つねに.

Rund [ルント] 中 -[e]s/-e 円形, 丸み; 周り, 周囲.

Rund・bau [ルント・バオ] 男 -[e]s/-ten 《建》(丸屋根のある)円形の建物, ロトンダ.

Rund・blick [ルント・ブリック] 男 -[e]s/-e パノラマ, (四方の)全景.

Rund・bo・gen [ルント・ボーゲン] 男 -s/- 《建》半円アーチ. (☞「建築様式 (1)」, 1744 ページ).

Rund・brief [ルント・ブリーフ] 男 -[e]s/-e (公的な)回状, 通達.

runzle

die **Run·de** [ルンデ rúndə] 囡(単)-/(複)-n ① 仲間[の集い], グループ. (英) *circle*). eine heitere *Runde* von Zechern 愉快な酒飲み仲間 / Sie nahmen ihn in ihre *Runde* auf. 彼らは彼を自分たちの仲間に入れた.
② 周囲, 辺り. **in** der *Runde* 周りに, ぐるりと / in die *Runde* blicken 周囲を見回す.
③ 一巡, 一周. eine *Runde*[4] durch die Stadt machen 町を一巡する / die *Runde* machen《口語》(うわさなどが)広まる. ④ (⁓に) (トラックの)1周; (ボクシング・ゴルフなどのラウンド; (トーナメントの)回戦. **in** die letzte *Runde* gehen 最終ラウンドに入る / **über** die Runden kommen《口語》困難を乗り切る / ⁓[4] **über** die Runden bringen《口語》⁓[4]をうまく切り抜ける. ⑤《居合わせた人たちへの》ふるまい酒. eine *Runde*[4] Bier aus|geben (居合わせた人たちに)ビールをおごる.

run·den [ルンデン rúndən] I 他 (h) ① 丸くする. die Lippen[4] runden 唇を丸くとがらす. ②(比)仕上げる, (ある数々の端数を切り上げる (下げる). II 再帰 (h) *sich*[4] *runden* ① 丸くなる. ②(比)出来上がる.

rund|er·neu·ern [ルント・エァノイアァン rúnt-ɛrnɔyərn] (過去) *runderneuert*) 他 (h)《自動車》(摩耗したタイヤ[4]の)トレッドを付け直す.

die **Rund≠fahrt** [ルント・ファールト rúnt-fa:rt] 囡(単)-/(複)-en (乗り物による)周遊, 遊覧, 一周. (英) *tour*). eine *Rundfahrt* im Hafen 港内一周クルージング.

Rund≠flug [ルント・ふルーク] 男 -[e]s/..flüge 遊覧飛行.

Rund≠fra·ge [ルント・ふラーゲ] 囡 -/-n アンケート.

der **Rund≠funk** [ルント・ふンク rúnt-fuŋk] 男(単2)-s/ ① ラジオ[放送]. (英) *radio*, *broadcasting*).「テレビ」は Fernsehen). den *Rundfunk* hören ラジオを聞く / den *Rundfunk* aus|schalten (ein|schalten) ラジオのスイッチを切る(入れる) / ⁓[4] **aus** dem *Rundfunk* erfahren ⁓[4]をラジオで知る / Das habe ich im *Rundfunk* gehört. それを私はラジオで聞いた.
② 放送局. der Norddeutsche *Rundfunk* 北ドイツ放送[局] / Der *Rundfunk* übertragt das Fußballspiel. ラジオ[放送局]がサッカーの試合を放送する.

Rund·funk≠an·stalt [ルントふンク・アンシュタるト] 囡 -/-en ラジオ放送局.

Rund·funk≠**emp·fän·ger** [ルントふンク・エンプふェンガァ] 男 -s/- ラジオ[受信機].

Rund·funk≠**ge·bühr** [ルントふンク・ゲビューァ] 囡 -/-en ラジオ放送受信料.

Rund·funk≠**ge·rät** [ルントふンク・ゲレート] 田 -[e]s/-e ラジオ[受信機].

Rund·funk≠**hö·rer** [ルントふンク・ヘーラァ] 男 -s/- (ラジオの)聴取者. (女性形: -in).

Rund·funk≠**pro·gramm** [ルントふンク・プログラム] 田 -s/-e ラジオ番組[案内誌].

Rund·funk≠sen·der [ルントふンク・ゼンダァ] 男 -s/- ラジオ放送局.

Rund·funk≠sen·dung [ルントふンク・ゼンドゥング] 囡 -/-en (個々の)ラジオ放送(番組).

Rund≠gang [ルント・ガング] 男 -[e]s/..gänge ① 一巡, 巡回. einen *Rundgang* machen 一巡する. ② 回廊, 歩廊.

rund|ge·hen* [ルント・ゲーエン rúnt-gè:ən] I 自 (s) ① 巡回する. ②(比)(次々に手渡されて)回される, 回覧される; (比)(うわさなどが)広まる. II 非人称 (s) Es *geht* rund.《口語》大忙しである.

rund≠her·aus [ルント・ヘラオス] 副 率直に, あけすけに. ⁓[4] *rundheraus* bekennen 事[4]を率直に告白する.

rund≠her·um [ルント・ヘルム] 副 ① 周囲に, まわりに; ぐるりと. *rundherum* blicken 四方を見回す. ② すっかり, まったく.

Rund≠holz [ルント・ほるツ] 田 -es/..hölzer 丸太, 丸材.

Rund≠lauf [ルント・らおふ] 男 -[e]s/..läufe ① 回転, 循環. ② 回転ぶらんこ.

rund·lich [ルントりヒ] 形 丸みのある; ふっくらした, ふくよかな.

Rund≠rei·se [ルント・ライゼ] 囡 -/-n 周遊旅行.

Rund≠schau [ルント・シャオ] 囡 -/ ①《雅》展望. ② (新聞・雑誌の表題として:)評論.

Rund≠schrei·ben [ルント・シュライベン] 田 -s/- (公的な)回状 (=Rundbrief).

rund≠um [ルント・ウム] 副 ① 周りに, 周囲に. ② すっかり, まったく.

rund≠um·her [ルント・ウムヘーァ] 副 ぐるりと, 周りに.

Run·dung [ルンドゥング] 囡 -/-en 丸み, 円形; ふくらみ. die weiblichen *Rundungen* (体形について:)女性的な丸み.

rund≠weg [ルント・ヴェック] 副 ためらわずに, きっぱりと.

Ru·ne [ルーネ rú:nə] 囡 -/-n ルーネ(ルーン)文字(古代ゲルマン人の用いた文字).

run·ter [ルンタァ rúntər] 副《口語》(こっちへ)下って (=herunter); (あっちへ)下って (=hinunter).

Run·zel [ルンツェる rúntsəl] 囡 -/-n 《ふつう 複》(皮膚にできる深い)しわ. *Runzeln*[4] auf der Stirn haben 額にしわがある.

run·ze·lig [ルンツェりヒ rúntsəliç] 形 しわのある, しわだらけの (=runzlig).

run·zeln [ルンツェるン rúntsəln] ich runzle (runzelte, *hat*...gerunzelt) I 他 (完了 haben) (額など[4]に)しわを寄せる. (英) *wrinkle*). Nachdenklich *runzelte* er die Stirn. 彼は考え込んで額にしわを寄せた.
II 再帰 (完了 haben) *sich*[4] *runzeln* しわが寄る.

run·zel·te [ルンツェるテ] runzeln (しわを寄せる)の過去

runz·le [ルンツれ] runzeln (しわを寄せる)の1

人称単数現在.

runz·lig [ルンツリヒ rúntslɪç] 形 しわのある、しわだらけの.

Rü·pel [リューペる rýːpəl] 男 -s/- がさつな男，不作法者.

Rü·pe·lei [リューぺらイ ryːpəlaɪ] 女 -/-en ① 〖複なし〗がさつな態度, 不作法. ② 不作法な行為.

rü·pel·haft [リューペるハふト] 形 がさつな, 不作法な.

rup·fen [るプふェン rúpfən] 他 (h) ① (草など[4]を)引き抜く, むしる. Gras[4] rupfen 草を引き抜く / die Blätter[4] vom Stiel rupfen 茎から葉をむしり取る. ② (鶏などの)羽をむしる. ③ 《口語》(人[4]から)多額の金(なべ)を巻き上げる.

Rup·fen [るプふェン] 男 -s/- ジュート, 粗麻布.

Ru·pie [ルーピエ rúːpiə] 女 -/-n ルピー(インド・パキスタン・スリランカの通貨単位).

rup·pig [るピヒ rúpɪç] 形 がさつな, 粗野な, 生意気な; ラフな(プレイなど).

Ru·precht [ルーブレヒト] ① 《男名》ループレヒト. ② 《成句的に》Knecht Ruprecht 《方》従者ループレヒト(聖ニコラウスまたは幼児キリストの従者で, 12月6日に答と贈り物を持って現れる).

Rü·sche [リューシェ rýːʃə] 女 -/-n ルーシュ, フリル(婦人服の襟・袖などを飾るひだ飾り).

Rush-hour [ラッシュ・アオアァ ráʃ-aʊɐ] [英] 女 -/-s ラッシュアワー.

Ruß [ルース rúːs] 男 -es/-e 〖ふつう単〗すす, 煤煙(なべ); 《化》カーボンブラック.

Rus·se [ルッセ rúsə] 男 -n/-n ロシア人. (女性形: Russin).

Rüs·sel [リュセる rýsəl] 男 -s/- ① (象・豚などの)鼻; (昆虫の)吻(な). ② 《俗》(人間の)[大きい]鼻.

ru·ßen [ルーセン rúːsən] 自 (h) すすを出す.

ru·ßig [ルースィヒ rúːsɪç] 形 すすけた, すすで黒くなった.

rus·sisch [ルスィッシュ rúsɪʃ] 形 ロシア[共和国]の; ロシア人の, ロシア語の. (英 Russian). die russische Sprache または das Russische ロシア語 / russische Eier 《料理》デビルドエッグ(オードブルの一種).

Rus·sisch [ルスィッシュ] 中 -[s]/ ロシア語. (△ 用法については Deutsch の項参照).

Russ·land [ルス・らント rús-lant] 中 (単2) -s/ 《地名》① (通称として:)ロシア(正式の国名は Russische Föderation ロシア連邦). ② 《史》ロシア(1917年の革命までのロシア帝国). ③ 《口語》旧ソ連邦.

rüs·ten [リュステン rýstən] du rüstest, er rüstet (rüstete, hat...gerüstet) Ⅰ 自 (haben) ① 軍備を整える, 武装する. (英 arm). Die Staaten rüsten zum Krieg. 国々が戦争のために軍備を整える. ② 《雅》準備をする. zum Aufbruch rüsten 出発の準備をする. Ⅱ 再帰 (定下 haben) 《sich[4] zu 中[3] 》(または für 中[4] 》~)《雅》(中[3] または 中[4] の)準備(用意)をする. Wir müssen uns zur Reise rüsten. 私たちは旅行の準備をしなければならない. Ⅲ 他 (定下 haben) 《雅》(中[4] の)準備(用意)をする. das Essen[4] rüsten 食事の用意をする.

Rüs·ter [リュスタァ rýstɐ] 女 -/-n ① ニレ(=Ulme). ② にれ材.

rüs·te·te [リュステテ] rüsten (軍備を整える)の過去.

rüs·tig [リュスティヒ rýstɪç] 形 かくしゃくとした, (年のわりに)元気な. eine rüstige alte Dame かくしゃくとした老婦人.

rus·ti·kal [ルスティカーる rustikáːl] 形 田舎風の; 質素で堅牢(な)な. rustikale Möbel 田舎風の家具.

die **Rüs·tung** [リュストゥング rýstʊŋ] 女 (単) -/(複) -en ① 軍備, 武装. (英 armament). die nukleare Rüstung 核武装 / die Rüstung[4] beschränken 軍備を縮小する. ② (中世騎士の)甲冑(な).

Rüs·tungs·be·schrän·kung [リュストゥングス・ベシュレンクング] 女 -/-en 軍備制限.

Rüs·tungs·in·dus·trie [リュストゥングス・インドゥストリー] 女 -/-n [..リーエン] 軍需産業.

Rüs·tungs·kon·trol·le [リュストゥングス・コントロれ] 女 -/-n (国際間の)軍備管理.

Rüst·zeug [リュスト・ツォイク] 中 -[e]s/-e ① (あることに必要な)知識, 技能. ② (ある目的のための)道具一式; 装備, 必需品.

die **Ru·te** [ルーテ rúːtə] 女 (単) -/(複) -n ① しなやかな小枝; (懲罰用の)答(な). (英 switch). die Ruten der Weide[2] 柳の小枝 / Er herrschte mit eiserner Rute. 彼は過酷な統治をした(←鉄の答で). ② 釣りざお(=Angelrute). ③ (地下の鉱脈や水脈を探し当てるための杖) (=Wünschelrute). ③ ルーテ(昔の長さの単位. 2.92〜4.67 m).

Ru·ten·gän·ger [ルーテン・ゲンガァ] 男 -s/- 水脈(鉱脈)占い師(占い杖を使って鉱脈や地下水脈を探し歩く). (女性形: -in).

Ru·the·ni·um [ルテーニウム ruteːnium] 中 -s/ 《化》ルテニウム(記号: Ru).

Rutsch [ルッチュ] 男 -[e]s/-e ① 滑り落ちること; 山崩れ, がけ崩れ (=Bergrutsch); 地滑り (=Erdrutsch). auf einen Rutsch または in einem Rutsch 《口語》一気に / Guten Rutsch! 《口語》(旅立つ人に向かって:)よい旅行を / Guten Rutsch [ins neue Jahr]! 《口語》どうぞよいお年を. ② 《口語》小旅行, 遠足, ドライブ.

Rutsch·bahn [ルッチュ・バーン] 女 -/-en ① 滑り台. ② 《口語》(雪・氷の上のスケート遊びのための)滑走路, スケートリンク.

Rut·sche [ルッチェ rútʃə] 女 -/-n ① シュート (すべり式の荷物の搬送設備). ② 滑り台 (=Rutschbahn).

rut·schen [ルッチェン rútʃən] (rutschte, ist...gerutscht) 自 (定下 sein) (英 slip) ① (つるりと)滑る; 滑って転ぶ; (車などが)スリップする. Er ist mit dem Auto in den Graben *gerutscht.* 〖現在完了〗彼はスリップして車ごと溝に落ち込んだ. ② 滑り落ちる, ずり落ちる. **vom Stuhl** *rutschen* いすから滑り落ちる / **Die Brille** *rutscht.* 眼鏡がずり落ちる / **Das Essen** *rutscht* **nicht.** 《口語》食事がまずい（←うまくのどを通らない）. ③《口語》席を詰める. *Rutsch* **mal!** ちょっと詰めてくれ.

rutsch≠fest [ルッチュ・フェスト] 形 滑り止めを施した, 滑らない（床材など）.

rut·schig [ルチヒ rútʃɪç] 形 滑りやすい, つるつるの.

Rutsch≠par·tie [ルッチュ・パルティー] 女 -/-n [..ティーエン]《口語》足を滑らすこと, スリップ.

rutsch·te [ルッチュテ] rutschen（つるりと滑る）の 過去

rüt·teln [リュッテるン rýtəln] **ich rüttle** (rüt- telte, *hat*/*ist*…gerüttelt) **I** 他 （完了 haben) 揺する, 揺り動かす.（英 shake). 人⁴ **am Arm** *rütteln* 人⁴の腕をつかんで揺さぶる / 人⁴ **aus dem Schlaf** *rütteln* 人⁴を揺さぶって起こす.
II 自 （完了 haben または sein) ① (h) 揺れる, 動揺する. **Der Wagen** *hat* **sehr gerüttelt.** その車はひどく揺れた. ② (h)〖**an** 物・事³ ~〗（物³を)がたがた揺さぶる《比》（囲³を）修正(変更)する. **an der Tür** *rütteln* ドアをがたがた揺する / **Daran ist nicht zu** *rütteln.* それは変更できない. ③ (s)（車などが…へ）がたがた揺れながら走る.
◊☞ **gerüttelt**

rüt·tel·te [リュッテるテ] rütteln（揺する）の 過去

rütt·le [リュットれ] rütteln（揺する）の1人称単数 現在

S s

s¹, S¹ [エス és] 中 -/- エス(ドイツ語アルファベットの第19字).

s² [(記号)] ① [ゼクンデ] 秒 (=Sekunde). ② [シリング] シリング(イギリスの通貨単位) (=Shilling).

S² ① [エス] 《化·記号》硫黄(ぃぉぅ) (=Schwefel). ② [シリング] [(記号)] シリング(オーストリアの旧通貨単位) (=Schilling). ③ [ズュートまたはズューデン] [(記号)] 南, 南風 (=Süd[en]).

s. [ズィーエ] 《略》…を見よ, 参照せよ(=sieh[e]!).

S. 《略》① [ザイテ] ページ (=Seite). ② [サンまたはサント'またはサンタまたはサントー] 聖… (=San, Sant', Santa, Santo). ③ [ザイネ] (高位高官の人の称号に添えて:) (=Seine). *S.* Exzellenz 閣下.

's [ス] 《略》《口語·詩》=es, das. Ist *'s* wahr? それは本当か.

Sa. 《略》① [ザムス·タークまたはゾン·アーベント] 土曜日 (=Samstag, Sonnabend). ② [ズンマ] 総計 (=Summa). ③ [ザクセン] ザクセン[州·地方] (=Sachsen).

SA [エス·アー] 《略》(ナチスの)突撃隊 (=Sturmabteilung).

s. a. 《略》① [ズィーエ アオホ] …も見よ, …も参照せよ(=sieh[e] auch!). ② [ズィーネ アンノ] 刊行年記載なし (=sine anno).

der **Saal** [ざーる zá:l] 男 (単2) -[e]s/(複) Säle [ゼーれ] (3格のみ Sälen) ① **ホール**, [大]広間. (英 *hall*). Hör*saal* (大学の)講義室 / Der *Saal* war völlig überfüllt. ホールは超満員だった. ② ホールに集まった人々.

die **Saa·le** [ざーれ zá:lə] 女 -/ 《定冠詞とともに》(川名) ザーレ川(エルベ川の支流. 別称ザクセン·ザーレ川; 地図 E-3). ザーレ川(マイン川の支流. 別称フランケン·ザーレ川).

Saal⹀toch·ter [ざーる·トホタァ] 女 -/..töchter (たた) ウエートレス (=Kellnerin).

die **Saar** [ザール zá:r] 女 -/ 《定冠詞とともに》(川名) ザール川(モーゼル川の支流. 地図 C-4).

Saar·brü·cken [ザール·ブリュッケン za:r-brýkən] 中 -s/ (都市名) ザールブリュッケン(ドイツ, ザールラント州の州都. 地図 C-4).

das **Saar⹀ge·biet** [ザール·ゲビート zá:r-gəbi:t] 中 -[e]s/ 《定冠詞とともに》(地名) ザール地方(1920-1935年国際管理下, 1935年ドイツへ帰属, 第二次大戦後フランスの管理下におかれ, 1957年旧西ドイツに帰属した. 今日のザールラントに当たる).

Saar·land [ザール·ラント zá:r-lant] 中 -[e]s/ (地名) ザールラント(ドイツ16州の一つ. 州都はザールブリュッケン: 地図 C-4).

die **Saat** [ザート zá:t] 女 (単) -/(複) -en ① 《複 なし》 **種まき**, 播種(はしゅ). (英 *sowing*). Es ist Zeit zur *Saat*. 種まき時だ. ② 《ふつう 複》(特に穀物の)**種**, 種子; 球根. (英 *seed*). die *Saat*⁴ in die Erde bringen 種をまく, 球根を植える / Die *Saat* geht auf. a) 種が芽を出す, b) 〈比〉(行為の)結果が現れる / Wie die *Saat*, so die Ernte. 〈ことわざ〉因果応報. ③ 苗(発芽した種). Die *Saat* steht gut. 苗のできばえがよい / die *Saat* des Hasses 〈比〉憎しみの種.

Saat⹀gut [ザート·グート] 中 -[e]s/ 種, 種物.

Saat⹀krä·he [ザート·クレーエ] 女 -/-n 〈鳥〉 ミヤマガラス.

Sab·bat [ザバット zábat] 男 -s/-e (ユダヤ教の)安息日(ユダヤ教徒は金曜日の日没から土曜日の日没までいっさいの仕事を休む).

sab·bern [ザッバァン zábərn] 自 (h) 《口語》① よだれをたらす. ② ぺちゃくちゃしゃべる.

Sä·bel [ゼーベる zé:bəl] 男 -s/- ① サーベル. mit dem *Säbel* rasseln 武力で脅す(←サーベルをがちゃつかせる). ② (フェンシングの)サーブル.

sä·beln [ゼーべるン zé:bəln] 他 (h) 《口語》(肉·パンなど⁴を)不器用に切る.

Sa·bi·ne [ザビーネ zabí:nə] -[n]s/ 《女名》 ザビーネ.

Sa·bo·ta·ge [ザボタージェ zabotá:ʒə] [(フランス語)] 女 -/-n 《ふつう 単》 サボタージュ(おもに政治的な目的の妨害·破壊活動). *Sabotage*⁴ treiben サボタージュする.

Sa·bo·teur [ザボテーァ zabotǿ:r] 男 -s/-e サボタージュする人. (女性形: -in).

sa·bo·tie·ren [ザボティーレン zabotí:rən] 他 (h) (事⁴を)サボタージュする; サボタージュして妨害する.

Sac·cha·rin [ザハリーン zaxarí:n] 中 -s/ 《化》サッカリン(人工甘味料).

Sa·cha·lin [ザハリーン zaxalí:n] 中 -s/ (地名) サハリン[島](ロシア領. 第二次大戦までは南半分が日本領で樺太と呼ばれていた).

Sach·be·ar·bei·ter [ザッハ·ベアルバイタァ] 男 -s/- (官庁などの専門の)担当員, 係官. (女性形: -in).

Sach⹀be·schä·di·gung [ザッハ·ベシェーディグング] 女 -/-en 〈法〉(刑事上の)器物損壊.

sach⹀be·zo·gen [ザッハ·ベツォーゲン] 形 本題に関連した(即した), 当該のことに関した.

Sach⹀buch [ザッハ·ブーフ] 中 -[e]s/..bücher 実用書, (特定の分野の)解説書.

sach⹀dien·lich [ザッハ·ディーンりヒ] 形 (官庁)(問題·事件の解明に)役立つ, 有益な.

* *die* **Sa·che** [ザッヘ záxə] 女 -/(複) -n ① 事, 事柄, 事件, 事項, 問題. (英 *matter*). eine wichtige *Sache* 大事なこと / eine lästige *Sache* やっかいなこと / eine *Sache*⁴ erledigen

用件を片づける / In welcher *Sache* kommen Sie? どのようなご用件でいらっしゃいましたか / Das ist meine *Sache*! それは私の問題だ(他人には関係のないことだ) / Die *Sache* ist die, dass … 実はこういうことなんだ、つまり… / Wie ist die *Sache* mit dem Auto ausgegangen?〖現在完了〗車の件はどうなったの / Es ist die natürlichste *Sache* [von] der Welt. それは当然至極だ / Die *Sache* der Jugend ist es, zu lernen. 若者のなすべき事は勉強だ / Das ist eine *Sache* für sich. それはまた別問題だ / Das ist so eine *Sache*. それは難しい問題だ / [Das ist] *Sache*! (若者言葉:) a) オーケーだ, b) そいつはすごい / Mach keine *Sachen*! a) ばかなまねはよせ, b) まさかそんなことはあるまい.

② 〖複 で〗**物**; 持ち物(衣類・家具・道具など), 品物(商品・芸術作品・飲食物など). (☞ things). preiswerte *Sachen* 値段の手ごろな品物 / Pass auf deine *Sachen* auf! 自分の持ち物に気をつけなさい / scharfe *Sachen* 強い酒 / bewegliche (unbewegliche) *Sachen*《法・経》動産(不動産). (☞類語 Ding).

③ (話などの)本題. bei der *Sache* bleiben 本題からそれない / zur *Sache* kommen 本題に入る, 本題にふれる / Zur *Sache*! (会議などで:)本題に戻ってください / Der Name tut nichts zur *Sache*. 名前はどうでもよい(本題に関係がない).

④《法》法律問題, 司法事件, (訴訟の)[案]件(=Rechts*sache*). eine schwebende *Sache* 係争中の事件. ⑤ 〖複 なし〗(…の)目的. für die gerechte *Sache* kämpfen 正義のために戦う. ⑥ 〖複 で〗《口語》キロメートル時. Er fuhr mit 100 *Sachen*. 彼は時速100キロで車を走らせた.

〖メモ〗..sache のいろいろ: Ansichtssache 見解の問題(郵便で?)/ Drucksache 印刷物 / Geldsache 金銭上の事柄 / Geschmackssache 趣味(好み)の問題 / Hauptsache 主要な事柄 / Nebensache 副次的な事柄 / Privatsache 私事 / Schmucksache 装飾品 / Strafsache 刑事事件 / Zivilsache 民事事件

Sa·cher⸗tor·te [ザッハァ・トルテ] 囡 –/–n《料理》ザッハートルテ(チョコレートケーキの一種. ウィーンのホテル経営者 F. Sacher 1816-1907 の名から).

Sach⸗fra·ge [ザッハ・フラーゲ] 囡 –/–n《ふつう 単》事実関係に関する質問.

Sach⸗ge·biet [ザッハ・ゲビート] 中 –[e]s/–e 専門分野.

sach⸗ge·mäß [ザッハ・ゲメース] 形 事態に即した, 適切な, 目的にかなった.

Sach⸗kennt·nis [ザッハ・ケントニス] 囡 –/..nisse 専門的知識, 造詣(ぞうけい).

sach⸗kun·dig [ザッハ・クンディヒ] 形 専門的知識のある, 造詣の深い, 精通した.

Sach⸗la·ge [ザッハ・ラーゲ] 囡 –/ 事態, 状況.

Sach⸗leis·tung [ザッハ・ライストゥング] 囡 –/–en《ふつう 単》(官庁)現物給付.

sach·lich [ザッハリヒ záxlɪç] 形 ① **客観的な**, 私情をさしはさまない, 冷静な. (☞ objective). ein *sachlicher* Bericht 客観的な報告 / *sachlich* diskutieren 感情を交えずに議論する. ② **事実に関する**, 実質的な. ein *sachlicher* Unterschied 実質的な相違 / Seine Meinung ist *sachlich* falsch. 彼の意見は事実に関して誤りがある. ③ 実用本位の, 飾り気のない(建築・デザインなど). eine sehr *sachliche* Einrichtung (装飾がなく)まったく実用本位の家具調度.

säch·lich [ゼヒリヒ] 形《言》中性の.

Sach·lich·keit [ザッハリヒカイト] 囡 –/ 客観性, 公正さ; 即物性. die Neue *Sachlichkeit*《文学・美》新即物主義(1920年代のドイツの客観的表現を重視する芸術運動).

Sach⸗re·gis·ter [ザッハ・レギスタァ] 中 –s/– (図書の)事項索引.

Sachs [ザクス záks]《人名》ハンス・ザックス(Hans Sachs 1494–1576; ニュルンベルクの職匠歌人).

Sach⸗scha·den [ザッハ・シャーデン] 男 –s/..schäden (事故・災害などの)物的損害.

Sach·se [ザクセ záksə] 男 –n/–n ① ザクセン人(ゲルマン民族の一部族). (女性形: Sächsin). ② ザクセンの人.

säch·seln [ゼクセルン zéksəln] 圓 (h) ザクセン方言(訛(なま)り)で話す.

Sach·sen [ザクセン záksən] 中 –s/《地名》① ザクセン(ドイツ16州の一つ. 州都はドレスデン: ☞地図 F–G–3). ② ザクセン地方(ドイツ南東部, エルベ川中流以南の地方. 旧王国).

Sach·sen-An·halt [ザクセン・アンハルト záksən-ánhalt] 中 –s/《地名》ザクセン・アンハルト(ドイツ16州の一つ. 州都はマクデブルク: ☞地図 E–2～3).

säch·sisch [ゼクスィッシュ zéksɪʃ] 形 ザクセン[人・方言]の.

sacht [ザハト záxt] 形 ①(動作が)穏やかな, 物静かな. mit *sachtem* Druck そっと押して / Sie befreite sich *sacht* aus seinen Armen. 彼女は彼の腕からそっと身をほどいた. ② かすかな(音・動きなど), 緩やかな(傾斜など).

sach·te [ザハテ záxtə] I 副《口語》落ち着いて, 用心して, あわてずに. *Sachte, sachte*! まあまあ落ち着いて. II 形 =sacht

Sach⸗ver·halt [ザッハ・フェァハルト] 男 –s/–e 実態, 真相. einen *Sachverhalt* durchschauen 真相を見破る.

Sach⸗ver·stand [ザッハ・フェァシュタント] 男 –[e]s/ 専門的知識, 造詣(ぞうけい).

sach⸗ver·stän·dig [ザッハ・フェァシュテンディヒ] 形 専門的知識のある, 造詣の深い.

Sach⸗ver·stän·di·ge[r] [ザッハ・フェァシュテンディゲ (..ガァ)] 男 (語尾変化は形容詞と同じ) 専門家, (その道の)エキスパート, 大家.

Sach⸗wert [ザッハ・ヴェールト] 男 –[e]s/–e ① 〖複 なし〗実質価値. ② 〖ふつう 複〗有価物.

Sach⸗zwang [ザッハ・ツヴァング] 男 –[e]s/..zwänge 〖ふつう 複〗《社・政》(客観情勢による)やむをえない事情.

Sack

der **Sack** [ザック zák] 男 (単2) -es (まれに -s)/(複) Säcke [ゼッケ] (3格のみ Säcken)【数量単位としては:(複)-も】① 袋. (英 sack). Rucksack リュックサック / ein voller (leerer) Sack いっぱいに詰まった(空の)袋 / ein Sack Kartoffeln じゃがいも 1 袋 / drei Säcke (または Sack) Mehl 小麦粉 3 袋 / einen Sack auf|binden (zu|binden) 袋の口をほどく(締める) / ein Sack voll Geld (Fragen) 《口語》たくさんのお金(質問) / in einen Sack stecken 袋に詰める / 人⁴ in den Sack stecken《口語》a) 人⁴に勝る, b) 人⁴をだます / 人・物⁴ im Sack haben《俗》a) 人⁴を手なずけている, b) 物⁴を征服している / mit Sack und Pack 何もかも全部持って / Ich habe geschlafen wie ein Sack.《俗》私はぐっすり眠った(←袋のように).
② 《南ド・オースト・スイス》ズボンのポケット (＝Hosentasche); 財布 (＝Geldbeutel). ③《俗》野郎, やつ. So ein blöder Sack! このろくでなしめ. ④《俗》陰嚢(いんのう) (＝Hoden*sack*).

Sack·bahn·hof [ザック・バーンホーフ] 男 -(e)s/..höfe (行き止まり式の)ターミナル駅 ＝Kopfbahnhof.

Säcke [ゼッケ] *Sack (袋)の複

Sä·ckel [ゼッケる zékal] 男 -s/－《南ド・オースト》① ズボンのポケット; 財布. ②《俗》野郎.

sa·cken [ザッケン] 自 (s) (ぐったりと)倒れ込む, くずおれる; (地盤などが)沈下する.

sack≠för·mig [ザック・フェルミヒ] 形 袋状の.

Sack≠gas·se [ザック・ガッセ] 女 -/-n 袋小路;《比》行き詰まり. in eine *Sackgasse* geraten (交渉などが)行き詰まる.

Sack≠hüp·fen [ザック・ヒュプフェン] 中 -s/ 袋跳び競走(両足を袋に入れて跳ぶ子供の遊び).

Sack≠lei·nen [ザック・らイネン] 中 -s/ (袋地に使う)ズック地.

Sack≠pfei·fe [ザック・プファイフェ] 女 -/-n《音楽》バッグパイプ (＝Dudelsack).

Sack≠tuch [ザック・トゥーフ] 中 -(e)s/..tücher《南ド・オースト・スイス》ハンカチ (＝Taschentuch).

Sa·dis·mus [ザディスムス zadísmus] 男 -/ ..dismen ①《複 なし》サディズム(異性を虐待することで快感を覚える変態性欲. フランスの作家 Marquis de Sade 1740-1814 の名から). ② 《一般》「マゾヒズム」は Masochismus. ② サディスティックな行為.

Sa·dist [ザディスト zadíst] 男 -en/-en サディスト. (女性形: -in).

sa·dis·tisch [ザディスティッシュ zadístiʃ] 形 サディズムの, 加虐愛の; サディスト的な.

Sa·do≠ma·so·chis·mus [ザド・マゾヒスムス] 男 -/..chismen サドマゾヒズム.

sä·en [ゼーエン zé:ən] 他 (säte, *hat* ... gesät) (花で種を)まく, 《種をまく. (英 sow). Getreide⁴ *säen* 穀物の種をまく / Hass⁴ *säen*《比》憎悪の種をまく / Was der Mensch *sät*, das wird er ernten.《ことわざ》自業自得, 因果応報(←人は自分がまいた種を刈り取ることになろう); 聖書 ガラテヤ人への手紙 6, 7). ◇《目的語なしでも》ma-schinell *säen* 機械で種をまく. ◇《過去分詞の形で》dünn *gesät* まばらである, ごく少ない / wie *gesät* 《比》(種をまいたように)一面に, ぎっしりと.

Sa·fa·ri [ザファーリ zafá:ri] 女 -/-s サファリ(特にアフリカ東部での狩猟・動物観察旅行).

Safe [ゼーふ zé:f]《英》男 中 -s/-s 金庫.

Sa·fran [ザふラーン záfra:n または ..フラン] 男 -s/-e ①《植》サフラン. ②《複 なし》サフラン(香辛料).

der **Saft** [ザふト záft] 男 (単2) -(e)s/(複) Säfte [ゼふテ] (3格のみ Säften) ① ジュース, 果汁. (英 juice). der *Saft* von Tomaten トマトジュース / der *Saft* der Reben²《詩》ワイン(←ぶどうの汁) / den *Saft* aus der Zitrone aus|pressen レモンの汁を搾る / Er trank ein Glas *Saft*. 彼はジュースを 1 杯飲んだ.
② 樹液; 体液;《比》生気. Die Wiesen stehen **in** vollem *Saft*. 草原は青々としている / ohne *Saft* und Kraft 生気(活気)のない, 生彩を欠いた. ③ 肉汁;《一般》ソース. Fleisch⁴ **im** eigenen *Saft* schmoren 肉を焼いてそれ自体から出た肉汁で煮込む / im eigenen *Saft* schmoren《口語・比》a) ひとりで思い悩む, b) (問題などが)煮詰まってにっちもさっちも行かない / 人⁴ im eigenen *Saft* schmoren lassen《口語・比》人⁴を[身から出たさびだと]苦境に放っておく. ④《俗》動力源(電気・ガスなど).

◆..saft のいろいろ: **Apfelsaft** りんごジュース / **Fruchtsaft** フルーツジュース / **Gemüsesaft** 野菜ジュース / **Kräutersaft** 薬草の汁 / **Obstsaft** 果汁 / **Orangensaft** オレンジジュース / **Tomatensaft** トマトジュース / **Traubensaft** グレープジュース / **Zitronensaft** レモン汁.

Säf·te [ゼふテ] *Saft (ジュース)の複

saf·tig [ザふティヒ záftıç] 形 ① 果汁(汁気)の多い; みずみずしい. (英 juicy). ein *saftiger* Pfirsich 果汁たっぷりの桃 / eine *saftige* Weide 青々とした牧草地. ②《口語・比》ひどい, べらぼうな(値段など); 品のない, 卑猥(ひわい)な. ein *saftiger* Witz 卑猥なジョーク.

Saft≠la·den [ザふト・らーデン] 男 -s/..läden《ふつう 単》《俗》(経営などが)ひどい会社.

Sa·ga [ザーガ zá:ga または ザガ] 女 -/-s《文学》サガ(12-14 世紀に書かれた古代アイスランド語の散文物語).

die **Sa·ge** [ザーゲ zá:gə] 女 (単) -/(複) -n ①《文学》伝説, 言い伝え, 説話. (英 legend). Helden*sage* 英雄伝説 / *Sagen*⁴ sammeln 伝説を集める. ②《比》うわさ. Es geht die *Sage*, dass... ...といううわさがある.

Sä·ge [ゼーゲ zé:gə] 女 -/-n のこぎり.

Sä·ge≠blatt [ゼーゲ・ブらット] 中 -(e)s/..blätter のこぎりの刃, 鋸身(きょしん).

Sä·ge≠bock [ゼーゲ・ボック] 男 -(e)s/..böcke ① 木びき台. ②《昆》ノコギリカミキリ.

Sä·ge≠mehl [ゼーゲ・メーる] 中 -(e)s/ おがくず.

Sä·ge≠müh·le [ゼーゲ・ミューれ] 女 -/-n 製材所 (＝Sägewerk).

sa‧gen [ザーゲン zá:gən]

> 言う Er *sagt* kein Wort.
> エァ ザークト カイン ヴォルト
> 彼はひと言も言わない.

(sagte, *hat*…gesagt) **I** 他 (完了 haben) ① (他4を他3に) 言う, 述べる; 伝える; 主張する. (英 *say*). ja (または Ja) *sagen* はいと言う / guten (または Guten) Tag *sagen* こんにちはと言う / 人3 die Wahrheit4 *sagen* 人3に本当のことを言う / Wie *sagt* man das auf Deutsch? それはドイツ語で何と言うのですか / So etwas *sagt* man nicht! そんなことは言うものではない / Was hast du eben *gesagt*? 今何て言ったのか / Können Sie mir *sagen*, wie ich zum Bahnhof komme? 駅へはどう行くのか教えてくださいませんか / Das musste einmal *gesagt* werden. それは一度はだれかが言っておかないといけないことだった / Das *ist* leichter *gesagt* als getan.《状態受動‧現在》言うは行うよりやすい / Was Sie nicht *sagen*!《口語》まあ何てことをおっしゃるのですか.

◊《引用文とともに》Sie *sagte* zu mir:„Ich muss jetzt gehen." 彼女は私に「私はもう行かないといけません」と言った / Er *sagte* mir, er sei krank. 彼は私に自分は病気だと言った / Man *sagt*, dass er sehr reich sei (または ist). 彼はとても金持ちだといううわさだ.

◊《前置詞とともに》Haben Sie etwas da*gegen* zu *sagen*? それに何か異論がおありですか / 他4 im Ernst (Scherz) *sagen* 他4を本気で(冗談で)言う / Was *wollen* Sie damit *sagen*? どういう意味でそうおっしゃるのですか / Da*rüber* (または davon) *hat* er nichts *gesagt*. そのことを彼は何も言わなかった / Was *sagen* Sie dazu? それについてはあなたはどうお考えですか.

◊《lassen とともに》Ich habe mir *sagen* lassen, dass… 私は…ということを聞いて[知って]いる / Lass dir das *gesagt* sein!《口語》このことを肝に銘じておくこと.

◊《会話文にはさんで》*Sag* mal, kennst du ihn? ねえ君, 彼を知っているかい / Ich komme, *sagen* wir, um zehn Uhr zu Ihnen. あなたのところに参ります, そうですね, 10時に / *sage* und *schreibe*《口語》(信じられないことだが)本当に.

◊《目的語なしでも》wie man *sagt* 世間でよく言うように / wenn ich so *sagen* darf こう言ってよければ.

◊《過去分詞の形で》**offen** *gesagt* 実を言うと / nebenbei *gesagt* ついでに言うと / wie *gesagt* すでに言ったように / unter uns *gesagt* ここだけの話だが.

② 《A4 zu B3 ～》(B3 のことを A4 と)言う, 呼ぶ. *Sag* doch nicht immer „Dicker" zu mir! ぼくのことをいつも「でぶ」って言うなよ / du4 (または Du4) zu 人3 *sagen* 人3 を du (君)で呼ぶ.

③ (物事が他4を)意味する, 示す. Sein Gesicht *sagte* alles. 彼の表情がすべてを物語っていた / Dieses Bild *sagt* mir nichts. この絵は私に何の感銘も与えない / Das hat nichts zu *sagen*. それはたいしたことではない.

④ 指示する, 命令する. Du hast mir gar nichts zu *sagen*! 君に命令される筋合いはまったくない. ◊《lassen とともに》Das Kind *lässt* sich3 nichts *sagen*. その子供は人の言うことを聞かない / Das *ließ* ich mir nicht zweimal *sagen*. その話に私は二つ返事で飛びついた.

II 再帰 (完了 haben) ① sich3 他4 *sagen* 他4を自分に言って聞かせる, 他4を思う. Da *habe* ich mir *gesagt*, dass… その時私は…だと思った.

② sich4 *sagen*《口語》口で言うのが…である. Das *sagt sich* so leicht. それは口で言うのはやさしい(実行は難しい).

◊ ☞ **gesagt**

類語 **sagen**: (あることを相手に口頭で)言う, 述べる, 伝える. (伝えられる内容に重点が置かれる). **sprechen**: (音声として)話す, しゃべる. (話す行為自体に重点が置かれる). Kann das Kind schon *sprechen*? その子はもうしゃべれますか. **reden**: (ある考えを)話す, 論じる. Wir *redeten* über Politik. 私たちは政治について論じあった. **meinen**: (心に思っていることを)言う. *Meinst* du das im Ernst? 君は本気でそう言っているの?

Sa‧gen [ザーゲン] **I** Sage (伝説) の 複 **II** 田《成句的に》das *Sagen*4 haben《口語》実権を握っている.

sä‧gen [ゼーゲン zé:gən] (sägte, *hat*…gesägt) **I** 他 (完了 haben) ① のこぎりでひく(切る). (英 *saw*). Holz4 *sägen* 材木をのこぎりで切る. ② のこぎりでひいて作る. Bretter4 *sägen* のこぎりでひいて板を作る.

II 自 (完了 haben) ① のこぎりをひく. ②《俗》いびきをかく.

sa‧gen‧haft [ザーゲンハフト] **I** 形 ① 伝説[上]の, 伝説的な. ②《口語‧比》信じられないほどの, 途方もない. **II** 副《口語》信じられないほど, とても. Er kann *sagenhaft* gut kochen. 彼は信じられないほど料理がうまい.

sa‧gen=um‧wo‧ben [ザーゲン‧ウムヴォーベン] 形《雅》伝説に包まれた.

Sä‧ge=spä‧ne [ゼーゲ‧シュペーネ] 複 おがくず.

Sä‧ge=werk [ゼーゲ‧ヴェルク] 田 -[e]s/-e 製材所.

Sa‧go [ザーゴ zá:go] 男 (オースト: 田) -s/ サゴ(サゴやしの髄から採るでん粉).

sag‧te [ザークテ] ‡sagen (言う)の 過去

säg‧te [ゼークテ] sägen (のこぎりでひく)の 過去

sah [ザー] ‡sehen (見える)の 過去

die **Sa‧ha‧ra** [ザハーラ zahá:ra または ザーハラ] 女 -/《定冠詞とともに》《地名》サハラ砂漠(北アフリカ).

sä‧he [ゼーエ] ‡sehen (見える)の 接2

die **Sah‧ne** [ザーネ zá:nə] 女 (単) -/ ① 生クリーム, 乳脂. (英 *cream*). die *Sahne*4 schlagen 生クリームを泡立てる(ホイップする) / Kaffee mit Zucker und *Sahne* 砂糖と生ク

Sahnebonbon

リームを入れたコーヒー. ② 泡立てた生クリーム, ホイップクリーム (=Schlag*sahne*).

Sah・ne・bon・bon [ザーネ・ボンボーン] 男 -s/-s クリームボンボン.

sah・nig [ザーニヒ zá:nɪç] 形 ① 生クリームをたっぷり含んだ. ② 生クリーム状の.

die **Sai・son** [ゼゾーン zεzɔ̃:] 〖弱〗 女 (単) -/(複) -s (ネュハで) : -en [ゼゾーネン] ① (催し・スポーツなどの) **最盛期**, シーズン; (果物などの) 出回り期, 旬. die *Saison* für Reisen 旅行シーズン / **während** (**außerhalb**) der *Saison* シーズン中(シーズンオフ)は / *Saison*⁴ haben《口語》需要が多い, よく売れる. ② (ファッションなどの)時期, 季節.

sai・so・nal [ゼゾナーる zεzoná:l] 形 シーズンの, 季節的な.

Sai・son*ar・beit [ゼゾーン・アルバイト] 女 -/ 季節労働.

Sai・son*ar・bei・ter [ゼゾーン・アルバイタァ] 男 -s/- 季節労働者. (女性形: -in).

Sai・son*aus・ver・kauf [ゼゾーン・アオスふェァカオふ] 男 -[e]s/..käufe 期末大売り出し.

sai・son*be・dingt [ゼゾーン・ベディングト] 形 シーズン(季節)に左右される.

die **Sai・te** [ザイテ záɪtə] 女 (単) -/(複) -n ①《音楽》(楽器の) **弦**. (英 *string*). Geigen*saite* バイオリンの弦 / eine neue *Saite*⁴ aufziehen 新しい弦を張る / eine *Saite*⁴ stimmen 弦を調律する / andere *Saiten*⁴ aufziehen《俗・比》これまでよりも厳しくする(←別の弦に張り替える) / **in die** *Saiten* **greifen** (弦楽器を)弾き始める. ② (ラケットの)ガット.

Sai・ten*in・stru・ment [ザイテン・インストルメント] 中 -[e]s/-e《音楽》弦楽器.

Sak・ko [ザッコ záko] 男 中 -s/-s《服飾》ジャケット, (スーツの)替え上着.

sa・kral [ザクラーる zakrá:l] 形《宗》礼拝に関する, 宗教上の; 神聖な, 荘厳な.

Sa・kral*bau [ザクラール・バオ] 男 -[e]s/-ten 宗教的建築[物].

Sa・kra・ment [ザクラメント zakramént] 中 -[e]s/-e (カトリック) 秘跡(洗礼・堅信・聖餐・告解・終油・叙階・結婚の七つの儀式); (新教) 聖礼典(洗礼・聖餐の二つの儀式). ②〖成句的に〗*Sakrament* [noch mal]!《口語》いまいましい, ちくしょう.

Sa・kri・leg [ザクリレーク zakrilé:k] 中 -s/-e 神聖冒瀆(ぼうとく), 瀆聖.

Sa・kris・tei [ザクリスタイ zakristáɪ] 女 -/-en (カトリック)(教会内の)香(こう)部屋, 聖具室.

sä・ku・lar [ゼクラール zεkulá:r] 形《雅》〖付加語としてのみ〗① 百年ごとの, 百年に一度の, 百年続く. ② 世俗の. ③ めったにない, 傑出した. ein *säkulares* Ereignis 空前絶後の出来事.

Sä・ku・la・ri・sa・ti・on [ゼクラリザツィオーン zεkularizatsió:n] 女 -/-en ① (教会財産の)国有化. ② (個人・国家などの)世俗化.

sä・ku・la・ri・sie・ren [ゼクラリズィーレン zεkularizí:rən] 他 (h) ① (教会財産⁴を)国有化する. ② 世俗化する.

Sä・ku・la・ri・sie・rung [ゼクラリズィールング] 女 -/-en ① (教会財産の)国有化. ② (個人・国家などの)世俗化.

..sal [..ザール ..za:l]《中性名詞 または 女性名詞をつくる接尾》《状態・…されたもの》例: Schick*sal* 運命 / Müh*sal* 苦労.

Sa・la・man・der [ザラマンダァ zalamándər] 男 -s/- 《動》イモリ; サンショウウオ.

Sa・la・mi [ザラーミ zalá:mi] 女 -/-[s] (ネュハで: 男 -s/-も) サラミソーセージ.

Sa・la・mi*tak・tik [ザラーミ・タクティク] 女 -/ 《口語》サラミ戦術(サラミを薄く切るように小さな要求や交渉を重ねながら, 結局はより大きな[政治的]目標を達成するやり方).

Sa・lär [ザレーァ zalέ:r] 中 -s/-e《南ドイツ・オーストリア》給与, サラリー.

der **Sa・lat** [ザラート zalá:t] 男 (単 2) -[e]s/(複) -e (3格のみ -en) ①《料理》**サラダ**. (英 *salad*). Obst*salat* フルーツサラダ / gemischter *Salat* ミックスサラダ / den *Salat* anmachen サラダを作る. ②〖複なし〗サラダ菜, レタス. ein Kopf *Salat* レタス一玉. ③〖複なし〗《口語》めちゃくちゃ, 混乱. Da haben wir den *Salat*! 案の定, やっかいなことになった.

Sa・lat*be・steck [ザラート・ベシュテック] 中 -[e]s/-e サラダ用サーバー(長柄のスプーンとフォークの一組).

Sa・lat*kopf [ザラート・コプふ] 男 -[e]s/..köpfe レタスの玉.

Sa・lat*öl [ザラート・エーる] 中 -[e]s/-e サラダ油.

Sa・lat*schüs・sel [ザラート・シュッセる] 女 -/-n サラダボウル.

sal・ba・dern [ザるバーダァン zalbá:dərn] (過分 salbadert) 自 (h)《口語》もったいぶって長々と話す.

die **Sal・be** [ザるベ zálbə] 女 (単) -/(複) -n 軟膏(なんこう). (英 *ointment*). *Salbe*⁴ auftragen 軟膏を塗る / die *Salbe*⁴ verreiben 軟膏をくすり込む.

Sal・bei [ザるバイ zálbaɪ または ..バイ] 男 -s/ (ネュハで: 女 -/) 《植》サルビア.

sal・ben [ザるベン zálbən] 他 (h) ①《雅》(人・物⁴に)軟膏(なんこう)を塗る. ②《カトリック》(人⁴に)塗油の秘跡を施す; 聖油を塗って聖別する. einen Sterbenden *salben* 臨終の人に終油を施す / 人⁴ **zum** Priester *salben* [聖油を塗って]人⁴を司祭に任ずる.

Sal・bung [ザるブング] 女 -/-en ① 軟膏(なんこう)を塗ること. ② 塗油[式].

sal・bungs*voll [ザるブングス・ふォる] 形 もったいぶった, 大げさな.

sal・die・ren [ザるディーレン zaldí:rən] 他 (h) ①《経》(口座などの残高を出す, 計算する. ②《経》(勘定・借金など⁴を)決算(清算)する, 返済する; 《ビジネス》(請求書⁴の)支払いを確認する.

Sal・do [ザるド záldo] 男 -s/Salden (または -s または Saldi) ①《経》差引残高. ②《商》負債[額], 借金. **im** *Saldo* sein 借りになっている.

Sä・le [ゼーれ] Saal (ホール)の 複

Sa·li·ne [ザリーネ zalíːnə] 囡 -/-n 製塩所.

Salm [ザるム zálm] 男 -[e]s/-e 《魚》サケ(鮭). (=Lachs).

Sal·mi·ak [ザるミアック zalmiák または ザる..] 男 田 -s/《化》塩化アンモニウム.

Sal·mi·ak≠geist [ザるミアック・ガイスト] 男 -[e]s/ アンモニア水.

Sal·mo·nel·le [ザるモネれ zalmonélə] 囡 -/-n 《ふつう圈》《生》サルモネラ菌(アメリカの細菌学者 D. E. *Salmon* 1850–1914 の名から).

Sa·lo·me [ザーろメ záːlome または ザろメ zalóːmə] -s/ ① 《女名》サロメ. ② 《聖》《人名》サロメ(ユダヤ王ヘロデの後妻ヘロデアの娘; マタイによる福音書 14, 1–11).

Sa·lo·mo [ザーろモ záːlomo] -s (または ..monis [ザろモーニス])/《聖》《人名》ソロモン(古代イスラエルの王. 在位前 965?–前 925?. 後世賢王として理想化された); 《比》賢者, 名君. die Sprüche *Salomos* 《聖》ソロモンの箴言(紀).

Sa·lo·mon [ザーろモン záːlomɔn] -s (または ..monis [ザろモーニス])/ =Salomo

sa·lo·mo·nisch [ザろモーニッシュ zalomóːnɪʃ] 形 ソロモンのような; (ソロモンのように)賢明な.

Sa·lon [ザろーン zalɔ̃ː または ザろーン zalóːŋ] [発] 男 -s/-s ① (ファッション・美容などのエレガントな)店. Friseur*salon* 美容院. ② 客間; (船・ホテルなどの)サロン, 談話室. ③ (17–19 世紀の)サロン(文学者・芸術家仲間の集まり). ein literarischer *Salon* 文学サロン. ④ 展示場; 美術展.

sa·lon≠fä·hig [ザろーン・フェーイヒ] 形 社交界にふさわしい, 規範にかなった(服装・言動など).

Sa·lon≠lö·we [ザろーン・れーヴェ] 男 -n/-n (軽蔑的に:)社交界の花形. (女性形: ..löwin).

Sa·lon≠wa·gen [ザろーン・ヴァーゲン] 男 -s/- (鉄道)デラックス車両, パーラーカー.

sa·lopp [ザろップ zalɔ́p] 形 ① (服装が)くつろいだ, カジュアルな. eine *saloppe* Jacke カジュアルな上着 / sich⁴ *salopp* kleiden ラフな身なりをする. ② (言動が)ぞんざいな.

Sal·pe·ter [ザるペータァ zalpéːtər] 男 -s/《化》硝石, 硝酸カリ.

Sal·pe·ter≠säu·re [ザるペータァ・ゾイレ] 囡 -/《化》硝酸.

Sal·to [ザるトー zálto] [伊] 男 -s/-s (または Salti) (スポ)宙返り. einen *Salto* machen (または springen) 宙返りをする.

Sal·to mor·ta·le [ザるトー モルターれ zálto mortáːlə] [伊] 男 --/-- (または Salti mortali) (体操などの) 3 回転(または 2 回転)宙返り; 《比》危険な企て.

Sa·lut [ザるート zalúːt] 男 -[e]s/-e (軍) 礼砲. *Salut*⁴ schießen 礼砲を発射する.

sa·lu·tie·ren [ザるティーレン zalutíːrən] 自 (h) (軍) 敬礼する.

Sal·ve [ザるヴェ zálvə] [発] 囡 -/-n (軍) いっせい射撃(礼砲). eine *Salve* des Beifalls 《比》いっせいに沸き上がる拍手喝采(紹).

*das **Salz** [ザるツ zálts]

> 塩
>
> Kann ich bitte das *Salz* haben?
> カン イヒ ビッテ ダス ザるツ ハーベン
> その塩を取っていただけませんか.

田 (単2) -es/(複) -e (3 格のみ -en) ① 《圈なし》塩, 食塩 (=Koch*salz*). (栄) salt). (料理)「砂糖」は Zucker). grobes *Salz* 粗塩 / eine Prise *Salz* 一つまみの塩 / *Salz*⁴ an die Speise (in die Suppe) tun 料理に(スープに)塩を加える / *Salz*⁴ auf (または in) die Wunde streuen (比)(苦境にある人に)追い打ちをかける (←傷に塩を振りかける) / Fisch⁴ in *Salz* legen 魚を塩漬けにする / (料)⁴ mit *Salz* ab|schmecken (料)⁴を塩で味つけする / Sie haben nicht das *Salz* zur Suppe. 《口語》彼らは生活に困っている(←スープに入れる塩もない) / *Salz* und Brot macht Wangen rot. (諺) 簡素な食事は健康のもと(←塩とパンは頬を赤くする).

② 《化》塩(_ﾞ), 塩類. ein neutrales *Salz* 中性塩.

salz≠arm [ザるツ・アルム] 形 塩分の少ない.

Salz≠berg·werk [ザるツ・ベルグヴェルク] 田 -[e]s/-e 岩塩坑.

Salz≠burg [ザるツ・ブルク zálts-burk] 田 -s/《地名・都市名》ザルツブルク(オーストリア 9 州の一つ, またその州都. 標高 425 m にある古都. 古い教会が多く風光明媚. モーツァルトの生地: (◯地図) F-5).

sal·zen(*) [ザるツェン záltsən] du salzt (salzte, *hat* ... gesalzen (まれに gesalzt)) 他 (完了 haben) (料)⁴に塩味をつける; (料)⁴を塩漬けにする. die Kartoffeln⁴ *salzen* じゃがいもに塩味をつける.

◇☞ gesalzen

Salz≠fäss·chen [ザるツ・フェスヒェン] 田 -s/- (食卓用の)塩入れ.

Salz≠gur·ke [ザるツ・グルケ] 囡 -/-n 塩漬けきゅうり.

salz≠hal·tig [ザるツ・ハるティヒ] 形 塩を含んだ, 塩気のある.

Salz≠he·ring [ザるツ・ヘーリング] 男 -s/-e 塩漬けにしん.

sal·zig [ザるツィヒ záltsɪç] 形 ① 塩を含んだ, 塩気のある. (栄) salty). *salziges* Wasser 塩水. ② 塩辛い, しょっぱい. Die Suppe ist zu *salzig*. そのスープはしょっぱすぎる.

Salz≠kam·mer·gut [ザるツ・カンマァグート zálts-kamɐrgut] 田 -[e]s/《地名》ザルツカンマーグート(オーストリアのザルツブルク南東に広がる山と湖の多い景勝地. この地のハルシュタットとダッハシュタインは世界文化遺産).

Salz≠kar·tof·fel [ザるツ・カルトッフェる] 囡 -/-n 《ふつう圈》(皮をむいた)塩ゆでのじゃがいも.

Salz≠la·ke [ザるツ・らーケ] 囡 -/-n (塩漬け用の)塩水.

salz≠los [ザるツ・ろース] 形 塩分抜きの, 塩の入っていない.

Salz‧säu‧re [ザるツ・ゾイレ] 囡 -/ 《化》塩酸.
Salz‧see [ザるツ・ゼー] 男 -s/-n [..ゼーエン] 《地理》塩湖(⁂)(海への出口がなくその水が塩分を含んだ湖).
Salz‧stan‧ge [ザるツ・シュタンゲ] 囡 -/-n プレッツェル(塩をまぶした棒状のスナック菓子).
Salz‧streu‧er [ザるツ・シュトロイアァ] 男 -s/- (食卓用の)塩入れ.
salz‧te [ザるツテ] salzen (塩味をつける)の 過去
Salz‧was‧ser [ザるツ・ヴァッサァ] 匣 -s/..wässer ① 《圈 なし》(調理用の)食塩水. ② 海水. (☞「淡水」は Süßwasser).
..sam [..ザーム ..za:m] 《形容詞・副詞をつくる 接尾》《性質・傾向》例: furcht*sam* 臆病(ポ)な / lang*sam* ゆっくりと.
Sa‧ma‧ri‧ter [ザマリータァ zamaríːtər] 男 (女性形: -in). ein barmherziger *Samariter* 善きサマリア人(献身的な奉仕をしたサマリア人の話から; ルカによる福音書 10, 33–37). ② (ˀ) 救急隊員 (=Sanitäter).
Sa‧ma‧ri‧um [ザマーリウム zamá:rium] 匣 -s/ 《化》サマリウム(記号: Sm).
Sam‧ba [ザンバ zámba] 囡 -/-s 《口語・⁝⁝ː 男 -s/-s》サンバ(4分の2拍子の軽快な舞踏).
der **Sa‧men** [ザーメン zá:mən] 男 (単 2) -/(複) - ① (植物の)種, 種子. (英 *seed*). *Samen*⁴ säen 種をまく / Der *Samen* keimt (または geht auf). 種が発芽する / der *Samen* der Zwietracht² 《雅・比》不和の種. ② 《圈 なし》精液 (=Sperma).
Sa‧men‧bank [ザーメン・バンク] 囡 -/-en 《医》精子銀行.
Sa‧men‧er‧guss [ザーメン・エァグス] 男 -es/..güsse 射精.
Sa‧men‧fa‧den [ザーメン・ふァーデン] 男 -s/..fäden 《医》精子, 精虫 (=Samenzelle).
Sa‧men‧korn [ザーメン・コルン] 匣 -[e]s/..körner 穀粒, 種子.
Sa‧men‧zel‧le [ザーメン・ツェれ] 囡 -/-n 精子, 精虫.
Sä‧me‧rei [ゼーメライ zɛːməráɪ] 囡 -/-en ① 《圈 で》種子, 種物[類]. ② 種物屋.
sä‧mig [ゼーミヒ zɛ́ːmɪç] 形 どろっとした(スープ・ソースなど).
Säm‧ling [ゼームリング zɛ́ːmlɪŋ] 男 -s/-e 実生(ポ)の苗木(若木).
Sam‧mel‧band [ザメる・バント] 男 -[e]s/..bände 著作集, 論[文]集.
Sam‧mel‧be‧griff [ザメる・ベグりふ] 男 -[e]s/-e 集合概念.
Sam‧mel‧be‧stel‧lung [ザメる・ベシュテるング] 囡 -/-en (商品の)共同注文.
Sam‧mel‧büch‧se [ザメる・ビュクセ] 囡 -/-n 募金(献金)箱.
Sam‧mel‧fahr‧kar‧te [ザメる・ふァールカルテ] 囡 -/-n (電車などの)グループ乗車券, 回数券.
Sam‧mel‧la‧ger [ザメる・らーガァ] 匣 -s/- (避難民などの)収容所.
Sam‧mel‧lin‧se [ザメル・リンゼ] 囡 -/-n 《光》凸レンズ.
Sam‧mel‧map‧pe [ザメル・マッペ] 囡 -/-n (書類などをとじる)バインダー, ファイル.

＊sam‧meln [ザメるン zámələn]

> 集める Sie *sammelt* Briefmarken.
> ズィー ザメるト ブリーふマルケン
> 彼女は切手を収集している.

ich sammle (sammelte, *hat*... gesammelt) **I** 他 (完了 haben) (英 *collect*) ① (探して)集める, 採集する; (切手など⁴を)収集する. Altpapier⁴ *sammeln* 古紙を集める / Pilze⁴ *sammeln* きのこ狩りをする / Material⁴ *sammeln* 《比》資料を集める. ◇《目的語なしでも》Er *sammelt* leidenschaftlich gern. 彼は熱心な収集家だ.
② (慈善のための金品など⁴を)集める, 募る. Geld⁴ *sammeln* 募金する. ◇《目的語なしでも》**für** das Rote Kreuz *sammeln* 赤十字のために募金活動をする.
③ 蓄える, ためる; (精神など⁴を)集中する. Reichtümer⁴ *sammeln* 富を蓄える / Erfahrungen⁴ *sammeln* 《比》経験を積む / Ich muss meine Gedanken *sammeln*. 私はじっくり考えてみなければならない.
④ 呼び集める, 集合させる. die Fans⁴ **um** sich *sammeln* ファンを自分の周りに呼び集める.
II 再帰 (完了 haben) *sich*⁴ *sammeln* ① 集まる; たまる. Die Gäste *sammelten* sich **in** der Halle. 客たちがホールに集まった / *sich*⁴ **um** A⁴ *sammeln* A⁴の周りに集まる. ② 精神を集中する, 気持ちを落ち着ける. *sich*⁴ **zu** einer Aufgabe *sammeln* ある任務のために精神を集中する.

◇☞ **gesammelt**

Sam‧mel‧num‧mer [ザメる・ヌンマァ] 囡 -/-n (電話の)代表番号.
Sam‧mel‧platz [ザメる・プらッツ] 男 -es/..plätze 集合場所; 集積場所.
Sam‧mel‧punkt [ザメる・プンクト] 男 -[e]s/-e =Sammelplatz
Sam‧mel‧su‧ri‧um [ザメる・ズーリウム zaməl-zúːrium] 匣 -s/..rien [..リエン] 《口語》寄せ集め, ごたまぜ.
sam‧mel‧te [ザメるテ] ＊sammeln (集める)の 過去
Sam‧mel‧trans‧port [ザメる・トランスポルト] 男 -[e]s/-e (人の)集団輸送; (貨物などの)一括輸送.
Sam‧mel‧werk [ザメる・ヴェルク] 匣 -[e]s/-e (複数の著者によって書かれた)著作, 論[文]集, アンソロジー.
samm‧le [ザムれ] ＊sammeln (集める)の 1人称単数 現在
Samm‧ler [ザムらァ zámlər] 男 -s/- ① 収集家, コレクター. (女性形: -in). Briefmarken-*sammler* 切手収集家. ② 募金活動家.

die Samm·lung [ザムるング zámluŋ] 囡 (単) -/(複) -en ① 収集, 採集; 募金. (英 collection). die Sammlung von Gemälden 絵画の収集 / eine Sammlung⁴ für das Rote Kreuz durch|führen 赤十字のための募金を行う. ② 収集品, コレクション; 選集, アンソロジー. Gedicht*sammlung* 詩集 / eine wertvolle Sammlung von Münzen コインの貴重なコレクション. ③ 博物館, 美術館. ④ (精神の)集中.

Sa·mo·war [ザンモヴァール zámova:r または ..ヴァール] [ロシア] 男 -s/-e サモワール(ロシアの卓上湯わかし器).

Sam·ple [ザンプる zámpl] [英] 中 -[s]/-s ① (統計のための)サンプル; 標本. ② (経) 商品見本.

der Sams·tag [ザムス・ターク záms-ta:k] 男 (単2) -[e]s/(複) -e (3格のみ -en) 《西部ドィッ・南ドィッ・オーストリア・スイス》 土曜日 (略: Sa.). (英 Saturday). (⇔北ドイツ・中部ドイツでは Sonnabend; 曜日名 ☞ Woche). am Samstag 土曜日に / am Samstag früh 土曜日の早朝に / Morgen ist Samstag. あすは土曜日だ.

Sams·tag·abend [ザムスターク・アーベント] 男 -s/-e 土曜日の晩. [am] Samstagabend 土曜日の晩に.

sams·tag·abends [ザムスターク・アーベンツ] 副 [毎週]土曜日の晩に.

sams·tags [ザムス・タークス] 副 [毎週]土曜日に, 土曜日ごとに.

samt [ザムト zámt] I 前 《3格とともに》…といっしょに, …ともども. Ich habe mein Geld samt der Brieftasche verloren. 私は財布ごとお金をなくした. II 副 《成句的に》samt und sonders 一人残らず, 例外なく.

Samt [ザムト] 男 -es (まれに -s)/-e ビロード. sich⁴ in Samt und Seide kleiden 《口語》豪奢(ごうしゃ)な身なりをする.

sam·ten [ザムテン zámtən] 形 ① 《付加語としてのみ》ビロード[製]の. ② ビロードのような.

Samt·hand·schuh [ザムト・ハントシュー] 男 -[e]s/-e ビロードの手袋. 囡⁴ mit Samthandschuhen an|fassen 《口語》囡⁴を丁重に扱う.

sam·tig [ザムティヒ zámtɪç] 形 ① ビロードのような, すべすべした. ② 低くて柔らかい(声).

sämt·lich [ゼムトりヒ zémtlɪç] I 形 全部の, すべての. (英 all). ㋐ 《物質名詞などの単数形と》sämtliches vorhandene Geld 手持ちのお金全部. ㋑ 《複数名詞と》Schillers sämtliche Werke シラー全集 / sämtliche Mitglieder 全メンバー / die Liste sämtlicher vorhandener (まれに vorhandenen) Bücher² 手元にあるすべての本のリスト.
II 副 全部, 残らず. Die Mitglieder sind sämtlich da. メンバーはみんな来ている.

samt·weich [ザムト・ヴァイヒ] 形 ビロードのように柔らかい.

Sa·na·to·ri·um [ザナートーリウム zanató:riʊm] 中 -s/..rien [..リエン] サナトリウム, 療養所.

der Sand [ザント zánt] I 男 (単2) -es (まれに -s)/(種類を表すときのみ: 複) -e ① 《複 なし》砂; 砂地, 砂原. (英 sand). feiner (grober) Sand 細かい(粗い)砂 / der Sand des Meeres 海の砂 / der Sand im Getriebe《口語》目に見えない障害（←歯車の中の砂）/ wie Sand am Meer《口語》浜の真砂(まさご)のように, 大量に / 囡³ Sand⁴ in die Augen streuen《口語》囡³の目をごまかす, 囡³をたぶらかす / Seine Pläne sind auf Sand gebaut.《状態受動・現在》彼の計画は砂上の楼閣だ / Kinder spielen gern im Sand. 子供は砂場で遊ぶのが好きだ / 囡⁴ in den Sand setzen《口語》囡⁴をだいなしにする / im Sand[e] verlaufen《口語》失敗に終わる / einen Topf mit Sand reiben 鍋(なべ)を砂で磨く.
② 《地学》(さまざまな種類の)砂.
II 男 (単2) -[e]s/(複) -e (3格のみ -en) または (複) Sände (3格のみ Sänden)《海》砂州(さす).
auf [den] Sand geraten a) 浅瀬に乗り上げる, b)《比》にっちもさっちもいかなくなる.

San·da·le [ザンダーれ zandá:lə] 囡 -/-n (ふつう平底の)サンダル. (☞ Schuh 図).

San·da·let·te [ザンダれッテ zandaléta] 囡 -/-n (ヒールのついた)サンダルシューズ. (☞ Schuh 図).

Sand·bank [ザント・バンク] 囡 -/..bänke 砂州(さす), 浅瀬.

Sand·bo·den [ザント・ボーデン] 男 -s/..böden 砂地.

Sand·dorn [ザント・ドルン] 男 -[e]s/-e 《植》グミ.

san·dig [ザンディヒ zándɪç] 形 ① 砂地の, 砂でできた. sandiger Boden 砂の多い土壌. ② 砂だらけの, 砂にまみれた(手など).

Sand·kas·ten [ザント・カステン] 男 -s/..kästen (まれに -) ① (中で子供が遊べる)砂場. ②《軍》(机上演習のための)砂盤(さばん).

Sand·korn [ザント・コルン] 中 -s/..körner 砂粒.

Sand·ku·chen [ザント・クーヘン] 男 -s/- (プレーンの)パウンドケーキ.

Sand·mann [ザント・マン] 男 -[e]s/ 砂男, 眠りの精(子供の目に砂をまいて眠らせるという小人).

Sand·männ·chen [ザント・メンヒェン] 中 -s/- =Sandmann

Sand·pa·pier [ザント・パピーァ] 中 -s/-e サンドペーパー, 紙やすり.

Sand·sack [ザント・ザック] 男 -[e]s/..säcke ① 砂袋. ② (ボクシングの)サンドバッグ.

Sand·stein [ザント・シュタイン] 男 -[e]s/-e ① 《複 なし》《地学》砂岩. ② (建材用の)砂岩.

Sand·strand [ザント・シュトラント] 男 -[e]s/..strände 砂浜.

Sand·sturm [ザント・シュトゥルム] 男 -[e]s/..stürme 砂嵐.

sand·te [ザンテ] *senden (送る)の過去

Sand·uhr [ザント・ウーァ] 囡 -/-en 砂時計.

Sand·wich [ザント・ヴィッチュ zént-vɪtʃ] [英]

男田 -[e]s (または -)/-[e]s (または -e) サンドイッチ.

Sand‗wüs·te [ザント・ヴュステ] 囡 -/-n 砂漠.

sanft [ザンふト zánft] 形 (比較 sanfter, 最上 sanftest) ① (人柄などが)優しい, 温和な, 柔和な; (態度などが)ソフトな, 穏やかな. (英 gentle). sanfte Augen 柔和な目 / Sie hat ein sanftes Herz. 彼女は気だてが優しい / ein sanftes Pferd おとなしい馬 / sanft lächeln 優しくほほえむ.
② (色・音声などが)柔らかな, ソフトな, しっとりした. eine sanfte Melodie しっとりとしたメロディー / ein sanftes Licht 柔らかな光.
③ (風雨などが)穏やかな, 静かな. ein sanfter Regen 静かな雨 / ein sanftes Rauschen (風の)かすかなざわめき.
④ (眠りなどが)安らかな. ein sanfter Schlaf 安らかな眠り / Ein gutes Gewissen ist ein sanftes Ruhekissen. (諺)心やましからざれば眠りもまた安らかなり(← 良心は柔らかいまくら) / sanft schlafen 安眠する / Ruhe sanft! (墓碑に)安らかに眠れ. ⑤ (傾斜が)緩やかな. ein sanfter Hügel なだらかな丘.

Sänf·te [ゼンふテ zénftə] 囡 -/-n (昔の)いすかご, 輿(こし).

Sanft‗mut [ザンふト・ムート] 囡 -/ 優しさ, 柔和, 温和.

sanft‗mü·tig [ザンふト・ミューティヒ] 形 優しい, 柔和な.

sang [ザング] ≠singen (歌う)の 過去

sän·ge [ゼンゲ] ≠singen (歌う)の 接2

*der **Sän·ger** [ゼンガァ zéŋər] 男 (単2) -s/(複) - (3格のみ -n) ① 歌手, 声楽家. (英 singer). Opernsänger オペラ歌手. ② (雅) 歌人, 詩人. ein fahrender Sänger 吟遊詩人. ③ (雅) 歌でたたえる人, 賛美者.

Sän·ge·rin [ゼンゲリン zéŋərɪn] 囡 -/..rinnen (女性の)歌手, 声楽家.

san·gu·i·nisch [ザングイーニッシュ zaŋguíːnɪʃ] 形 快活な, 楽天的な.

sang- und klang‗los [ザング ウント クラング・ロース] 副 (口語)こっそりと.

sa·nie·ren [ザニーレン zaníːrən] I 他 (h) ① (医) (患部などを)に処置する. einen Zahn sanieren 歯の治療をする. ② (古い建物などを)改修する, (旧市街などを)再開発する;(制度などを)近代化する. ③ (経) (財政・企業などを)再建する, 立て直す. II 再帰 sich⁴ sanieren 財政的に立ち直る. (比)懐を肥やす.

Sa·nie·rung [ザニールング] 囡 -/-en ① (医)治療;予防. ② (市街・施設などの)再開発, 近代化. ③ (経)再建, 立て直し.

sa·ni·tär [ザニテーァ zanitɛ́ːr] 形 衛生上の, 保健の. sanitäre Einrichtungen 衛生設備.

Sa·ni·tä·ter [ザニテータァ zanitɛ́ːtər] 男 -s/- ① 救急隊員. (女性形: -in). ② (軍)衛生兵.

Sa·ni·täts‗dienst [ザニテーツ・ディーンスト] 男 -[e]s/-e ① (複 なし) 救急業務(活動). ② (ふつう 囲) (軍)衛生部.

Sa·ni·täts‗we·sen [ザニテーツ・ヴェーゼン] 囲 -s/ (ふつう・軍)保健衛生[制度].

sank [ザンク] ≠sinken (沈む)の 過去

sän·ke [ゼンケ] ≠sinken (沈む)の 接2

Sankt [ザンクト zaŋkt] 形 [無語尾で] 聖なる, 聖…(人名・地名などにつける; 略: St.). (英 saint). Sankt Nikolaus 聖ニコラウス / Sankt-Elisabeth-Kirche 聖エリーザベト教会 / Sankt Moritz サン・モーリッツ(スイスの保養地).

Sankt Gal·len [ザンクト ガれン zaŋkt gálən] 囲 - -s/ 《地名・都市名》ザンクト・ガレン(スイス 26 州の一つ, またその州都). (☞ 地図 D-5).

Sank·ti·on [ザンクツィオーン zaŋktsióːn] 囡 -/-en ① (ふつう 囲) 承認, 認可; (法) 同意. ② (ふつう 複) (法) (国際法上の)制裁. ③ (法) (法令などの)制裁規定.

sank·ti·o·nie·ren [ザンクツィオニーレン zaŋktsioníːrən] 他 (h) 承認する, 認可する; (法) (法案などを)同意(承認)する.

Sankt Pe·ters·burg [ザンクト ペータァスブルク zaŋkt péːtərsburk] 囲 - -s/ 《都市名》サンクト・ペテルブルク (ロシア北西部. 名称は 1914-1924 ペトログラード, 1924-1991 レニングラード).

sann [ザン] ≠sinnen (思索する)の 過去

sän·ne [ゼンネ] ≠sinnen (思索する)の 接2

Sans·krit [ザンスクリット zánskrɪt] 囲 -s/ サンスクリット, 梵語(ぼんご)(古代インドの文章語. インド・ヨーロッパ語族に属する).

Sans·sou·ci [ザーン・スースィ záː-susi または ザン・スースィー] [区] 囲 -s/ サンスーシー宮, 無憂宮(ドイツのポツダムにある. かつてのフリードリヒ大王の離宮).

Sa·phir [ザーふィーァ záːfiːr または ..ふィーァ ..fíːr] 男 -s/-e (鉱)サファイア.

Sap·pho [ザッふォ zápfo または ザふォ záfo] -s/ 《人名》サッフォー(前 600 年頃のギリシアの女流詩人).

Sar·del·le [ザルデれ zardélə] 囡 -/-n (魚)カタクチイワシ(科), (特に)アンチョビー.

Sar·del·len‗pas·te [ザルデれン・パステ] 囡 -/-n アンチョビーペースト.

Sar·di·ne [ザルディーネ zardíːnə] 囡 -/-n (魚)サージン, イワシ.

Sar·di·ni·en [ザルディーニエン zardíːniən] 囲 -s/ 《島名》サルデーニア島(イタリア西方, 地中海第 2 の島. イタリア領).

*der **Sarg** [ザルク zárk] 男 (単2) -es (まれに -s)/(複) Särge [ゼルゲ] (3 格のみ Särgen) 棺, ひつぎ. (英 coffin). den Toten in den Sarg legen 死者をひつぎに納める.

Sär·ge [ゼルゲ] Sarg (棺)の 複

Sar·kas·mus [ザルカスムス zarkásmus] 男 -/..kasmen ① (複 なし)辛らつなあざけり. ② あざけりの言葉.

sar·kas·tisch [ザルカスティッシュ zarkástɪʃ] 形 辛らつな, あざけりの.

Sar·ko·phag [ザルコふァーク zarkofáːk] 男 -s/-e (豪華な)石棺.

saß [ザース] ≠sitzen (座っている)の 過去

sä·ße [ゼーセ] ≠sitzen (座っている)の 接2

Sa·tan [ザータン zá:tan] 男 -s/-e ① 《複なし》《聖》サタン,悪魔. Hol' dich der *Satan*! 《俗》おまえなんかかくれちまえ. ② 《口語》極悪非道なやつ.

sa·ta·nisch [ザターニッシュ zatá:nɪʃ] 形 サタンの,悪魔の[ような]; 極悪の.

sä·te [ゼーテ] säen（種をまく）の過去

der **Sa·tel·lit** [ザテリート zatelí:t] 男 （単2・3・4) -en/(複) -en ① 《天》衛星; 《宇宙》人工衛星. （＊ *satellite*). 気象衛星 / ein unbemannter *Satellit* 無人人工衛星 / die *Satelliten* des Jupiters 木星の衛星 / einen *Satelliten* in eine Umlaufbahn bringen 人工衛星を軌道に乗せる. ② 衛星国（＝Satellitenstaat).

Sa·tel·li·ten≠bild [ザテリーテン・ビルト] 中 -[e]s/-er 〖気象〗衛星写真.

Sa·tel·li·ten≠fern·se·hen [ザテリーテン・フェルンゼーエン] 中 -s/ 衛星テレビ放送.

Sa·tel·li·ten≠schüs·sel [ザテリーテン・シュッセる] 女 -/-n （衛星放送受信用の)パラボラアンテナ.

Sa·tel·li·ten≠staat [ザテリーテン・シュタート] 男 -[e]s/-en 衛星国.

Sa·tel·li·ten≠stadt [ザテリーテン・シュタット] 女 -/..städte [..シュテーテ] 衛星都市.

Sa·tel·li·ten≠über·tra·gung [ザテリーテン・ユーバァトラーグング] 女 -/-en 〖放送〗衛星中継.

Sa·tin [ザテーン zatɛ̃:] 男 -s/-s 〖織〗サテン,しゅす.

Sa·ti·re [ザティーレ zatí:rə] 女 -/-n ① 《複なし》風刺,あてこすり. eine beißende *Satire* 痛烈な風刺. ② (文学・絵画などの)風刺的な作品,風刺詩.

Sa·ti·ri·ker [ザティーリカァ zatí:rikər] 男 -s/- 風刺作家(詩人); 風刺家,皮肉屋. (女性形: -in).

sa·ti·risch [ザティーリッシュ zatí:rɪʃ] 形 風刺的な; 辛らつな(批評など).

***satt** [ザット zát] 形 (比較級 satter, 最上級 sattest) ① 満腹した,おなかいっぱいの. 《＊ *full*). ein *satter* Gast 満腹した客人 / Bist du *satt*? おなかいっぱいになった？ / von 物3 nicht *satt* werden 物3では満腹にならない / sich4 *satt* essen 腹いっぱい食べる.

② 満足した,満ち足りた. ein *sattes* Lächeln 満足げなほほえみ / das *satte* Bürgertum 満ち足りた市民階級.

③ 《成句的に》人・事4 《雅: 人・事2》 *satt* sein 人・事4 《雅: 人・事2》に飽き飽きしている / nicht *satt* werden, zu 不定詞[句] …して飽きることがない ⇨ Sie wird nicht *satt*, ihn zu loben. 彼女は彼をほめ飽きることがない. ④ 《付加語としてのみ》(色が)濃い. ein *sattes* Blau 濃い青色. ⑤ 《口語》相当の,かなりの. eine *satte* Summe かなりの金額.

▶ satt|bekommen, satt|haben, satt|sehen

der **Sat·tel** [ザッテる zátəl] 男 (単2) -s/(複) Sättel [ゼッテる] (3格のみ Sätteln [ゼッテるン]) ① (馬の)鞍(くら). （＊ *saddle*). dem Pferd den *Sattel* auflegen 馬に鞍を置く / 人3 in den *Sattel* helfen 人3が馬から降りるのに手を貸す / 人4 aus dem *Sattel* heben a) 人4を馬から突き落とす, b) 《比》人4を権力の座から追い落とす / 人4 in den *Sattel* heben a) 人4を助けて馬に乗せる, b) 《比》人4を権力の座に押し上げる / fest im *Sattel* sitzen a) しっかりと鞍にまたがっている, b) 《比》確固たる地位を保っている / Er ist in allen *Sätteln* gerecht. 《比》彼は何でもやりこなす(←すべての鞍に対応する) / ohne *Sattel* reiten 裸馬に乗る.

② (自転車・バイクなどの)サドル. ③ 《地理》(山の)鞍部(ぁんぶ).

satt|be·kom·men* [ザット・ベコンメン zát-bəkɔmən] 他 (h) 《口語》(人・事4に)飽き飽きする.

Sät·tel [ゼッテる] Sattel (鞍)の複

Sat·tel≠dach [ザッテる・ダッハ] 中 -[e]s/..dächer 《建》切妻屋根. (☞ Dach 図).

sat·tel·fest [ザッテる・フェスト] 形 (ある分野に)精通した,熟練の.

sat·teln [ザッテるン zátəln] 他 (h) (馬などに)鞍(くら)を置く.

Sat·tel≠schlep·per [ザッテる・シュれッパァ] 男 -s/- 牽引(けんいん)用トラック,トラクタートラック.

Sat·tel≠ta·sche [ザッテる・タッシェ] 女 -/-n ① (鞍(くら)の両側の)鞍袋. ② (自転車の)サドルバッグ.

satt|ha·ben* [ザット・ハーベン zát-hà:bən] 他 (h) (人・事4に)うんざりしている.

sät·ti·gen [ゼッティゲン zétɪgən] 他 (h) 《雅》(人4を)満腹させる; 《比》(欲求など4を)満足させる. 人4 mit 物3 *sättigen* 人4を物3で満腹させる / die Neugier4 *sättigen* 好奇心を満足させる. 《再帰的に》sich4 *sättigen* 満腹する. ◇《目的語なしでも》Das Gericht *sättigt*. その料理はおなかがふくれる.

▶ gesättigt

Sät·ti·gung [ゼッティグング] 女 -/-en 《ふつう単》① 満腹[させること]; 《比》満足. ② 《化》飽和[状態].

Satt·ler [ザットらァ zátlər] 男 -s/- (鞍(くら)・馬具・トランクなどを作る)革職人. (女性形: -in).

Satt·le·rei [ザットれライ zatlərái] 女 -/-en ① 《複なし》(鞍(くら)などの)革製品製造業. ② 革製品製造工場.

satt·sam [ザットザーム] 副 いやというほど,うんざりするほど.

satt|se·hen* [ザット・ゼーエン zát-zè:ən] 再帰 (h) *sich4* an 物3 nicht ~ können 物3をいくら見ても見飽きることがない.

sa·tu·riert [ザトゥリーァト zaturí:rt] 形 《軽蔑的に》現状に満足しきった,ぬくぬくとした(裕福な市民など).

Sa·turn [ザトゥルン zatúrn] -s/ Ⅰ 《ローマ神》サトゥルヌス(農業の神. ギリシア神話のクロノスに当たる). Ⅱ 男 -s/ 《天》土星.

Sa·tyr [ザーテュア zá:tyr] Ⅰ 男 《ギ神》サテュロス(やぎもしくは馬の足

と尾をもつ好色な山の精で,ディオニュソスの従者).　**II** 男 -s (または -n)/-n (または -e) 〔覆〕好色漢.
*_der_ **Satz** [ザッツ záts]

文	Dieser _Satz_ ist zu lang.
	ディーザァ　ザッツ　イスト　ツー　らンぐ
	この文は長すぎる.

格	単	複
1	der Satz	die Sätze
2	des Satzes	der Sätze
3	dem Satz	den Sätzen
4	den Satz	die Sätze

男 (単 2) -es/(複) Sätze [ゼッツェ] (3 格のみ Sätzen) ① **文**, 文章. (英 _sentence_). Frage_satz_ 疑問文 / ein kurzer (langer) _Satz_ 短い(長い)文 / einen _Satz_ schreiben 文を書く / einen _Satz_ bilden (konstruieren) 文を作る(構成する) / 物⁴ _Satz_ für _Satz_ lesen 物⁴を一文一文(忠実に)読む / Das lässt sich nicht **in** (または **mit**) einem _Satz_ erklären. それは簡単には説明できない.

② 〔ふつう 単〕**命題**; 定理, 法則; 教義. der _Satz_ des Pythagoras ピタゴラスの定理 / einen _Satz_ auf|stellen 命題を立てる.

③ 〔複 なし〕(印) 組み版. ein Manuskript⁴ **in** _Satz_ geben 原稿を組み版に回す.

④ 《音楽》楽章; 楽節; 作曲法. der erste _Satz_ einer Sonate² ソナタの第 1 楽章 / Die Sinfonie hat vier _Sätze_. その交響曲は 4 楽章から成る.

⑤ 《スポ》(テニスなどの)セット. einen _Satz_ gewinnen 1 セット取る / Er verlor **in** drei _Sätzen_. 彼は 3 セット取られた.

⑥ 〔官庁〕[定]率; [定]額, レート; 定量, 適量. Steuer_satz_ 税率 / Der Preis ist höher als der _Satz_. その値段は定価より高い.

⑦ (道具などの)ワンセット, 一組; (狩) 一腹[の子]. ein _Satz_ Schüssel ワンセットの深皿 / ein _Satz_ Briefmarken 1 シートの切手. ⑧ 沈澱物, おり. der _Satz_ von Kaffee コーヒーかす. ⑨ 跳躍. einen großen _Satz_ machen 大きく跳ぶ / **in** (または **mit**) einem _Satz_ 一跳びで. ⑩ 〔コンピ〕(ファイルに書き込まれた)データ.

Satz꞉**aus·sa·ge** [ザッツ・アオスザーゲ] 女 -/ 《言》述語 (=Prädikat).

Satz꞉**ball** [ザッツ・バる] 男 -[e]s/‥bälle (テニス・バレーボールなどの)セットポイント.

Satz꞉**bau** [ザッツ・バオ] 男 -[e]s/ 《言》文構造, 構文.

Sät·ze [ゼッツェ] *Satz (文)の 複

Satz꞉**er·gän·zung** [ザッツ・エァゲンツング] 女 -/-en 《言》目的語 (=Objekt).

Satz꞉**ge·fü·ge** [ザッツ・ゲふューゲ] 中 -s/- 《言》複合文(主文と一つ以上の副文からなる).

Satz꞉**ge·gen·stand** [ザッツ・ゲーゲンシュタント] 男 -[e]s/‥stände 《言》主語 (=Subjekt).

Satz꞉**glied** [ザッツ・グリート] 中 -[e]s/-er 《言》文肢, 文成分 (=Satzteil).

Satz꞉**leh·re** [ザッツ・れーレ] 女 -/ ①《言》シンタックス, 統語論 (=Syntax). ②《音楽》作曲理論.

Satz꞉**spie·gel** [ザッツ・シュピーゲる] 男 -s/- (印) 版面.

Satz꞉**teil** [ザッツ・タイる] 男 -[e]s/-e 《言》文肢, 文成分(主語・述部・目的語など).

Sat·zung [ザッツング] 女 -/-en 《法》定款(ﾃｲ), 規約; (市町村の)条例.

Satz꞉**zei·chen** [ザッツ・ツァイヒェン] 中 -s/- 《言》句読点. Satzzeichen⁴ setzen 句読点を打つ.

Sau [ザオ záu] 女 -/Säue (または -en) ① 〔覆〕Säue〕雌豚; (方) (一般に꞉)豚 (=Schwein). 人⁴ **zur** _Sau_ machen (俗) 人⁴をこっぴどくしかる / wie eine gesengte _Sau_ (俗) a) ひどく下手に, b) 猛スピードで / Das ist **unter aller** _Sau_. (俗)これはとてもひどくて使いものにならない. ② 〔覆 Säue〕(俗) 不潔なやつ; 卑劣なやつ, 野郎. ③ 〔覆 Sauen〕[雌]いのしし.

***sau·ber** [ザオバァ záubər]

清潔な	Das Hemd ist _sauber_.
	ダス　ヘムト　イスト　ザオバァ
	このシャツは清潔だ.

形 (比較) saub[e]rer, (最上) sauberst; 格変化語尾がつくときは saub[e]r-) ① **清潔な**, 汚れていない, きれいな. (英 _clean_). (⇔「不潔な」は schmutzig). _saubere_ Wäsche 清潔な下着 / _sauberes_ Wasser きれいな水 / 物⁴ _sauber_ halten 物⁴を清潔に(きれいに)しておく / sich⁴ _sauber_ halten 身の回りを清潔に保つ / 物⁴ [von 物³] _sauber_ halten 物⁴を物³(雑草・害虫など)から守る / _sauber_ sein 〔口語・比〕麻薬をもはや使っていない / Das Kind ist schon _sauber_. その子はもうおしめがとれた.

② (仕上がりが)完璧(ﾍｷ)な, みごとな. eine _saubere_ Arbeit 申し分のない仕事 / Sie führt ihre Hefte sehr _sauber_. 彼女はノートをとてもきちんととっている.

③ (道徳的に)潔癖な, 公正な; 問題のない. eine _saubere_ Haltung フェアな態度 / Er hat einen _sauberen_ Charakter. 彼は清廉潔白な人だ / ein _sauberer_ Vorschlag (皆が納得できるような)問題のない提案.

④ (反語的に꞉)ごりっぱな, すばらしい. ein _sauberes_ Pärchen とんでもないカップル. ⑤ 〔南ドｯ・オーストﾘ・スイ・口語〕かなりの, 相当な. [Das ist] _sauber!_ [これは]すごい, すてき / Das ist ein _sauberes_ Sümmchen. これはかなりの金額だ. ⑥ 〔南ドｯ・オーストﾘ・スイ〕かわいらしい, 感じのよい(女の子など).

▶ sauber|machen

sau·ber hal·ten* ☞ sauber ①

Sau·ber·keit [ザオバァカイト] 女 -/ ① 清潔さ, 整然(きちん)としていること. ② (仕事の)入念

さ. ③ 清廉潔白.

säu・ber・lich [ゾイバァリヒ] 形 きちんとした, 念入りな. 例⁴ *säuberlich* verpacken 例⁴をていねいに包装する.

sau・ber ma・chen, sau・ber ma・chen [ザオバァ・マッヘン záubər-màxən] 他 (h)・自 (h) きれいにする, 掃除する.

säu・bern [ゾイバァン zóybərn] (säuberte, *hat* ... gesäubert) 他 (完了 haben) ① **きれいにする**, 掃除した. (英 clean). die Schuhe⁴ mit der Bürste *säubern* 靴にブラシをかける / die Wohnung⁴ *säubern* 住まいを掃除する. ◆《再帰的に》*sich* **vom** Schmutz *säubern* 体の汚れをきれいに洗う. (☞類語 reinigen).
② 〖A⁴ **von** B³ ～〗(A⁴からB³を)取り除く. das Beet⁴ von Unkraut *säubern* 花壇の雑草を取る / das Viertel⁴ von Kriminellen *säubern* その地域から犯罪者を一掃する.

säu・ber・te [ゾイバァテ] säubern (きれいにする)の

Säu・be・rung [ゾイベルング] 囡 -/-en ① 清掃, 掃除. ② 除去, 駆除; 追放.

Sau・boh・ne [ザオ・ボーネ] 囡 -/-n 〔植〕ソラマメ.

Sau・ce [ゾーセ zó:sə] [ﾌﾗﾝｽ] 囡 -/-n 〔料理〕ソース (=Soße).

Sau・di-Ara・bi・en [ザオディ・アラービエン zaudi-ará:biən] 匣 -s/《国名》サウジアラビア王国 (首都はリヤド).

sau・dumm [ザオ・ドゥム] 形 《口語》大ばかの, ひどく間の抜けた.

✱sau・er [ザオァァ záuər]

酸っぱい　Der Apfel ist *sauer*!
ディ ァプフェル イスト ザオァァ
このりんごは酸っぱいな.

形 (比較 saurer, 最上 sauerst; 格変化語尾がつくときは saur-) ① **酸っぱい**; 酢漬けの; (発酵して)酸味のある. (英 sour). (⚠「甘い」は süß). *saure* Drops 酸っぱいキャンデー / *saure* Gurken 酢漬けのきゅうり(ピクルス) / *saure* Milch 発酵乳 / Der Wein schmeckt *sauer*. そのワインは酸っぱい味がする.
② 〖比〗つらい, 骨の折れる(仕事など). eine *saure* Pflicht つらい義務 / Er hat sich³ das Geld *sauer* verdient. 彼は苦労してお金を稼いだ / Die Arbeit wurde mir *sauer*. または Die Arbeit kam mich *sauer* an. その仕事は私にはつらいものになった.
③ 〖比〗不機嫌な(顔・表情など); 《口語》腹を立てた. ein *saures* Gesicht⁴ machen 不機嫌な顔をする / Er ist sehr *sauer* auf seinen Chef. 彼は課長にすごく腹を立てている / *sauer* auf 囲⁴ reagieren 囲⁴にむっとする.
④ 《化》酸性の. *saurer* Regen 酸性雨 / Diese Stoffe reagieren leicht *sauer*. これらの物質は弱酸性の反応を示す.

Sau・er・amp・fer [ザオァァ・アンプふァァ] 男 -s/- 〔植〕スイバ.

Sau・er・bra・ten [ザオァァ・ブラーテン] 男 -s/- 〔料理〕ザウアーブラーテン(マリネした肉のロースト).

Sau・e・rei [ザオエライ zauərái] 囡 -/-en 《俗》汚い(乱雑な)こと, 不潔; 卑劣なこと; みだらな行為, 猥談(ﾜｲﾀﾞﾝ).

Sau・er・kir・sche [ザオァァ・キルシェ] 囡 -/-n 〔植〕スミノミザクラ(の実).

Sau・er・kohl [ザオァァ・コール] 男 -[e]s/ 《方》=Sauerkraut

Sau・er=kraut [ザオァァ・クラオト] 匣 -[e]s/ 《料理》ザウアークラウト(塩漬けにして発酵させた酸味のあるキャベツ).

säu・er・lich [ゾイァァリヒ] 形 ① ちょっと酸っぱい, 酸味のある. ② にがにがしげな, 不機嫌な. *säuerlich* lächeln にが笑いする.

Sau・er=milch [ザオァァ・ミるヒ] 囡 -/ サワーミルク, 発酵乳, 凝乳.

säu・ern [ゾイァァン zóyərn] I 他 (h) ① (保存・貯蔵のためキャベツなど⁴を)発酵させて酸っぱくする. ② 〔料理〕(酢・レモン汁で魚など⁴に)酸味をつける. II 自 (s, h) (発酵して)酸っぱくなる.

Sau・er=stoff [ザオァァ・シュトふ] 男 -[e]s/ 《化》酸素 (=Oxygenium; 記号: O).

Sau・er・stoff=fla・sche [ザオァァシュトふ・ふらッシェ] 囡 -/-n 酸素ボンベ.

Sau・er・stoff=ge・rät [ザオァァシュトふ・ゲレート] 匣 -[e]s/-e 酸素吸入器.

Sau・er・stoff=man・gel [ザオァァシュトふ・マンゲる] 男 -s/ 酸素欠乏.

Sau・er=süß [ザオァァ・ズース] 形 ① 甘酸っぱい. ② 《口語》無理に愛想をしているような.

Sau・er=teig [ザオァァ・タイク] 男 -[e]s/ パン種, 酵母.

sau・er=töp・fisch [ザオァァ・テプふィッシュ] 形 《口語》気難しい, むっつりした.

sau・fen* [ザオふェン záufən] du säufst, er säuft (soff, *hat* ... gesoffen) I 他 (完了 haben) ① (動物が水など⁴を)飲む. Die Kühe *saufen* Wasser. 雌牛が水をがぶがぶ飲んでいる. ② 《俗》(人が酒など⁴をがぶがぶ)飲む. (⚠「ふつうに飲む」は trinken). Er *säuft* Cola. 彼はコーラをがぶ飲みする / einen *saufen* 一杯やる.
II 自 (完了 haben) ① (動物が)水を飲む. ② 《俗》(人が)大酒を飲む, 飲んだくれる.
III 再帰 (完了 haben) *sich*⁴ *saufen* 酒を飲んで[その結果]…になる. *sich*⁴ krank *saufen* 酒を飲みすぎて病気になる.

Säu・fer [ゾイふァァ zóyfər] 男 -s/- 《俗》大酒飲み, 飲んだくれ. (女性形: -in).

Sau・fe・rei [ザオふェライ zaufərái] 囡 -/-en ① (複 なし)暴飲. ② 酒宴.

säufst [ゾイふスト] saufen (飲む)の2人称単数 現在

säuft [ゾイふト] saufen (飲む)の3人称単数 現在

sau・gen(*) [ザオゲン záugən] (sog, *hat* ... gesogen または saugte, *hat* ... gesaugt) I 他 (完了 haben) ① (液体・気体⁴を)**吸う**, 吸い

säugen

取る, 吸い上げる. A⁴ **aus** B³ *saugen* B³から A⁴を吸う ⇨ Die Bienen *saugen* Honig aus den Blüten. 蜜蜂(ﾐﾂﾊﾞﾁ)が花から蜜を吸う. ◊〖目的語なしでも〗Das Baby begann sofort zu *saugen*. 赤ん坊はすぐに乳を吸い始めた. ② 〖規則変化〗(ほこりなど⁴を掃除機で)吸い取る, (圏⁴に)掃除機をかける. den Teppich *saugen* じゅうたんに掃除機をかける. ◊〖目的語なしでも〗Der Staubsauger *saugt* gut. この掃除機は吸い込みがいい.

II 圁(完了 haben)〖**an** 圏³ ～〗圏³を吸う, しゃぶる. an der Zigarette *saugen* 巻きたばこを吸う / an den Fingern *saugen* 指をしゃぶる.

säu·gen [ゾイゲン zɔ́ʏgən] 囲 (h) (乳児・動物の子⁴に)乳を飲ませる, 授乳する.

Sau·ger [ザオガァ záʊgər] 團 -s/- ① (哺乳(ﾎﾆｭｳ)びんの)乳首; (赤ん坊の)おしゃぶり. ② サイホン; ピペット. ③《口語》電気掃除機.

Säu·ger [ゾイガァ zɔ́ʏgər] 團 -s/- ＝Säugetier

Säu·ge·tier [ゾイゲ・ティーァ] 囲 -[e]s/-e 《動》哺乳(ﾎﾆｭｳ)動物.

saug·fä·hig [ザオク・フェーヒト] 圏 吸水力のある, 吸湿性の(紙・生地など).

Saug·fla·sche [ザオク・ふらッシェ] 囡 -/-n 哺乳(ﾎﾆｭｳ)びん.

Saug·he·ber [ザオク・ヘーバァ] 團 -s/- サイホン.

Säug·ling [ゾイクリング zɔ́ʏklɪŋ] 團 -s/-e 乳児, 乳飲み子.

Säug·lings·schwes·ter [ゾイクリングス・シュヴェスタァ] 囡 -/-n 乳児専門の女性看護師.

Säug·lings·sterb·lich·keit [ゾイクリングス・シュテルプリヒカイト] 囡 -/ 乳児死亡率.

Saug·napf [ザオク・ナプふ] 團 -[e]s/..näpfe 《動》(ヒルなどの)吸盤.

Saug·rohr [ザオク・ローァ] 囲 -[e]s/-e 吸い上げ管, ピペット.

saug·te [ザオクテ] saugen (吸う)の過去

säu·isch [ゾイィッシュ zɔ́ʏɪʃ] I 圏《俗》① 下品な, 卑猥(ﾋﾜｲ)な. ② ものすごい, ひどい(寒さなど). II 圓《俗》ものすごく, ひどく.

die **Säu·le** [ゾイレ zɔ́ʏlə] 囡 (単) -/(複) -n ① 円柱; 支柱;《比》大黒柱. (英 column). eine marmorne *Säule* 大理石の円柱 / eine dorische (ionische) *Säule* ドーリス式(イオニア式)の円柱 / Er stand da wie eine *Säule*. 彼はじっと動かず突っ立っていた(← 円柱のように) / Er ist die *Säule* der Wissenschaft.《比》彼は学界の大黒柱だ. ② (ガソリンスタンドの)計量給油器(＝Zapf*säule*). ③ (行進の)隊列(＝Marsch*säule*). ④ (円柱形のもの:)広告塔(＝Anschlag*säule*); 火柱(＝Feuer*säule*); 戦勝記念塔(＝Sieges*säule*); 水柱(＝Wasser*säule*).

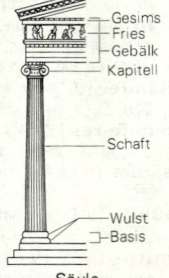

— Gesims
— Fries
— Gebälk
— Kapitell
— Schaft
— Wulst
— Basis
Säule

säu·len·för·mig [ゾイレン・フェルミヒ] 圏 円柱状の.

Säu·len·gang [ゾイレン・ガング] 團 -[e]s/..gänge《建》柱廊, コロネード.

Säu·len·hal·le [ゾイレン・ハレ] 囡 -/-n《建》柱廊ホール(主として柱から成る広間).

Sau·lus [ザオるス záʊlus] 《聖》《人名》サウロ (使徒パウロの改宗前のヘブライ名; 使徒行伝 9).

Saum [ザオム záʊm] 團 -[e]s/Säume ① (衣服の)すそ, 縁, へり. den *Saum* um|schlagen 縁を折り返す. ② 《雅》(一般に:) 縁, へり(＝Rand). der *Saum* des Waldes 森のへり.

sau·mä·ßig [ザオ・メースィヒ] I 圏《俗》ひどく悪い, ひどい. II 圓《俗》ひどく, とても.

säu·men¹ [ゾイメン zɔ́ʏmən] 囲 (h) ① (衣服など⁴に)へりをつける, 縁縫いをする. einen Rock *säumen* スカートに縁取りをする. ② 《雅》縁取る. Pappeln *säumen* die Allee. ポプラが並木通りを縁取っている.

säu·men² [ゾイメン] 圁 (h)《雅》ぐずぐずする. ohne zu *säumen* ためらうことなく, さっさと.

säu·mig [ゾイミヒ zɔ́ʏmɪç] 圏《雅》(支払いなどが)遅れがちな, 滞りがちな. ein *säumiger* Zahler 支払いの悪い人.

saum·se·lig [ザオム・ゼーリヒ] 圏《雅》のろまな, ぐずぐずした.

Sau·na [ザオナ záʊna] 囡 -/-s (または Saunen) サウナ〖ぶろ〗.

Säu·re [ゾイレ zɔ́ʏrə] 囡 -/-n ① 〖圈 なし〗酸味, 酸っぱさ. die *Säure* eines Apfels りんごの酸味. ② 《化》酸. Kohlen*säure* 炭酸 / *Säure* ätzt Metall. 酸は金属を腐食する.

säu·re·be·stän·dig [ゾイレ・ベシュテンディヒ] 圏 耐酸性の(＝säurefest).

säu·re·fest [ゾイレ・ふェスト] 圏 耐酸性の.

Sau·re·gur·ken·zeit, Sau·re-Gur·ken-Zeit [ゾオレグルケン・ツァイト] 囡 -/-en《口語》(商売などの)夏枯れ時; (政治・文化活動などの)閑散期(元の意味は「きゅうりの酢漬け時期」).

säu·re·hal·tig [ゾイレ・ハルティヒ] 圏 酸を含む, 酸性の.

Sau·ri·er [ザオリァァ záʊriər] 團 -s/- (中生代の)恐竜[類].

Saus [ザオス záʊs] 團《成句的に》in *Saus* und Braus leben ぜいたく三昧(ｻﾞﾝﾏｲ)に暮らす.

säu·seln [ゾイゼるン zɔ́ʏzəln] I 圁(h) (木の葉などが)さらさら(ざわざわ)と音をたてる, (風が)そよぐ.《非人称の **es** を主語として》Es *säuselte* in den Zweigen. 風で小枝がさらさらと鳴っていた. II 他 (h) (皮肉って:)ささやく, 低い声で言う.

sau·sen [ザオゼン záʊzən] du saust (sauste, hat/ist ... gesaust) 圁(完了 haben または sein) ① (h) ざわざわと音をたてる, ごーごー(ひゅーひゅー)と鳴る. Der Wind *saust* in den Bäumen.

風が樹木の間でひゅーひゅー鳴っている. ◊《非人称の **es** を主語として》Es *saust* mir in den Ohren. 私は耳鳴りがする.
② (s)《方向を表す語句とともに》(…へ)ごーごー(ひゅー)と進む(走って行く), ばく進する.　mit dem Auto **durch** die Stadt *sausen* 自動車で町を突っ走る / Mutter *sauste* **in** die Küche. 母は台所へすっ飛んで行った.
▶ **sausen**|**lassen**

sau·sen|**las·sen***, **sau·sen las·sen*** [ザオゼン・ラッセン záuzən-làsən] 《過分》sausen[ge]lassen / sausen [ge]lassen 《他》(h)《口語》① (計画など)をあきらめる, 断念する. ② (人¹との)関係を断つ.

Sau»stall [ザオ・シュタる] 《男》-[e]s/..ställe ① 豚小屋　② 《俗》汚ない部屋(家).

saus·te [ザオステ] sausen (ざわざわと音をたてる)の過去

Sau»wet·ter [ザオ・ヴェッタァ] 《中》-s/《俗》悪天候(特に寒いじめじめした天気).

sau»wohl [ザオ・ヴォーる] 《副》《成句的に》sich⁴ *sauwohl* fühlen 《俗》すごく気分がいい.

Sa·van·ne [ザヴァンネ zavánə] 《女》-/-n《地理》サバンナ(熱帯地方の草原).

Sa·xo·fon [ザクソふォーン zaksofó:n] 《中》-s/-e《音楽》サキソホン.

Sa·xo·fo·nist [ザクソふォニスト zaksofoníst] 《男》-en/-en サキソホン奏者.(女性形: -in).

Sa·xo·phon [ザクソふォーン zaksofó:n] 《中》-s/-e =Saxofon

Sa·xo·pho·nist [ザクソふォニスト zaksofoníst] 《男》-en/-en =Saxofonist

Sb [エス・ベー]《化・記号》アンチモン (=Stibium).

S-Bahn [エス・バーン] 《女》-/-en (都市と郊外住宅地を結ぶ)都市高速鉄道　(=Schnellbahn, Stadtbahn).

SBB [エス・ベー・ベー]《略》スイス連邦鉄道(=Schweizerische Bundesbahnen).

s. Br. [ズュートりヒァ ブライテ]《略》南緯[の] (=südlicher Breite).

SB-Tank»stel·le [エスベー・タンクシュテれ] 《女》-/-n セルフサービスガソリンスタンド(=Selbstbedienungstankstelle).

S-Bahn

Sc [エス・ツェー]《化・記号》スカンジウム (=Scandium).

Scan·di·um [スカンディウム skándium] 《中》-s/《化》スカンジウム (記号: Sc).

scan·nen [スケンネン skénən]《他》(h) スキャンする, スキャナーで読み取る.

Scan·ner [スケンナァ skénər] [英]《男》-s/- スキャナー.

sch! [シュ ʃ]《間》① (人を黙らせる声)しーっ, 静かに, 黙って.　② (人・動物を追い払う声)しっ.

Scha·be [シャーベ ʃá:bə] 《女》-/-n ① 《昆》ゴキブリ;《南ドイツ・スイス》《昆》ガ(蛾).　② スクレーパー(表面仕上げ用の工具).

scha·ben [シャーベン ʃá:bən]《他》(h) ①《物⁴》の皮をそぎ落とす;(野菜・肉⁴)を刻む, ミンチにする.　Möhren⁴ *schaben* にんじんの皮をむく. ◊《再帰的に》sich⁴ *schaben* または sich³ den Bart *schaben* 《口語・戯》ひげをそる. ②《A⁴ **aus**(または **von**) B³ ~》(A⁴ を B³ から)削り(かき)取る, そぎ落とす.　das Fleisch⁴ von den Knochen *schaben* 骨から肉をそぎ落とす.

Scha·ber·nack [シャーバァナック ʃá:bərnak]《男》-[e]s/-e ① いたずら, 悪ふざけ.　*Schabernack*⁴ treiben いたずらをする.　②《方・戯》いたずらっ子.

schä·big [シェービヒ ʃɛ́:biç]《形》① (使い古して)ぼろぼろの; みすぼらしい(衣服など).　② 卑劣な, 卑しい.　③ わずかばかりの; しみったれた.

Schä·big·keit [シェービヒカイト] 《女》-/-en ① 《複なし》みすぼらしさ; 卑劣さ; けち.　② 卑劣な(けち臭い)言動.

Scha·blo·ne [シャブろーネ ʃabló:nə] 《女》-/-n ① (文字・模様などの)型紙, ひな型;(工)型板.　②(ふつう軽蔑的に:) 紋切り型, 決まり文句. nach *Schablone* arbeiten 型にはまった仕事をする.

scha·blo·nen·haft [シャブろーネンハふト]《形》型にはまった, 型どおりの.

Scha·bra·cke [シャブラッケ ʃabrákə] 《女》-/-n ①(飾りたてた)鞍(くら)敷き;(カーテンの)上飾り.　②《俗》おいぼれ馬;(醜い)老婆; がらくた.

das **Schach** [シャッハ ʃáx] 《中》(単1) -s/(複)-s ① 《複なし》**チェス**.（英 *chess*). *Schach*⁴ spielen チェスをする / eine Partie *Schach* チェスの一勝負.　②（チェスの)王手. 《人・物³》*Schach*⁴ bieten 《雅》《人・物³》の動きを封じる(←王手をかける) /《人⁴》**in** *Schach* halten 《口語》《人⁴》の動きを封じている.　③《口語》チェスのセット(盤とこま).

Schach»brett [シャッハ・ブレット] 《中》-[e]s/-er チェス盤(8×8=64 のますがある).

Scha·cher [シャッハァ ʃáxər] 《男》-s/ がめつい商い, 悪徳商法.

Schä·cher [シェッヒャァ ʃɛ́çər] 《男》-s/-《聖》盗賊, 強盗(特にキリストとともに十字架につけられた二人の盗賊).

scha·chern [シャッハァン ʃáxərn]《自》(h) がめつい取り引き(駆け引き)をする.　um《物⁴》*schachern*《物⁴》をとことん値切る.

Schach»fi·gur [シャッハ・ふィグーァ] 《女》-/-en チェスのこま.

schach»matt [シャッハ・マット]《形》①（チェスで)王手詰めとなった.　《A⁴》*schachmatt* setzen a)《人⁴》を王手詰めにする, b)《比》《人⁴》を封じ込める.　②《比》くたくたの, 疲れきった.

Schach»par·tie [シャッハ・パルティー] 《女》-n [..ティーエン] チェスの一勝負(一局).

Schach»spiel [シャッハ・シュピーる] 《中》-[e]s/-e ①《複なし》チェス[遊び].　② チェスの一勝

負. ③ チェスのセット(盤とこま).

Schach=spie·ler [シャッハ・シュピーらァ] 男 -s/- チェスをする人, チェスの選手. (女性形: -in).

Schacht [シャハト] ʃaxt] 男 -[e]s/Schächte ① 縦穴(坑) 立坑(だう). ② 深い穴(空洞); エレベーターシャフト; マンホール; (冶)(高炉の)シャフト. ③ (四方を壁に囲まれた)狭い空間(部屋).

die **Schach·tel** [シャハテる] ʃáxtəl] 女 (単) -/(複) -n ① (ボール紙などで作られたふた付きの)箱; 箱詰めの商品. (英 carton, box). Streichholz*schachtel* マッチ箱 / eine leere *Schachtel* 空箱 / eine *Schachtel* Zigaretten たばこ一箱 / 男[4] in einer *Schachtel* aufbewahren 男[4]を箱にしまっておく. ② 〖成句的に〗alte *Schachtel* 《俗》ばばあ.

Schach·tel=halm [シャハテる・ハるム] 男 -[e]s/-e (植)トクサ.

Schach·tel=satz [シャハテる・ザッツ] 男 -es/..sätze (ふつう軽蔑的に:)長ったらしい複雑極まりない文; (言)(副文が重なりあっている)箱入り文.

schäch·ten [シェヒテン] ʃéçtən] 他 (h) (ユダヤ教の典礼に従い首を切って家畜[4]を)屠殺(とっ)する.

Schach·tur·nier [シャッハ・トゥるニーァ] 中 -s/-e (トーナメント方式の)チェスの試合.

Schach=zug [シャッハ・ツーク] 男 -[e]s/..züge ① チェスのこまの動き. ② (比)巧みな方策.

***scha·de** [シャーデ ʃá:də]

┌─────────────────────────┐
│ 残念な Wie *schade*! 本当に残念だ. │
│   ヴィー シャーデ   │
└─────────────────────────┘

形 〖述語としてのみ〗① 残念な. (英 too bad). [Es ist] *schade*, dass du nicht kommen kannst. 君が来られないのは残念だ.
② 〖es ist *schade* um 人・物[4] の形で〗人・物[4]のことが残念だ, 惜しまれる. Es ist *schade* um ihn. 彼を失ったのは残念だ / Es ist *schade* um die Mühe. むだ骨を折ったことが惜しまれる.
③ 〖人・物[1] ist zu *schade* für 人・物[4] (または zu 物[3]) の形で〗人・物[1]は人・物[4](または物[3])にはあまりにも惜しい, もったいない. Für diese Arbeit ist der Anzug zu *schade*. この仕事にそのスーツはもったいない / Diese Frau ist zu *schade* für dich. こんな奥さんは君にはもったいない.
④ 〖人・物[1] ist sich[3] für 人・物[4] (または zu 物[3]) zu *schade* の形で〗人・物[1]は人・物[4](または物[3])にはもったいない. Dazu bin ich mir zu *schade*. 私はそんなことをするには自分がもったいない(←そんなことをするには自分がもったいない) / Er ist sich[3] für keine Arbeit zu *schade*. 彼はどんな仕事でも喜んでする.

der **Schä·del** [シェーデる ʃé:dəl] 男 (単) -s/(複) - (3格のみ -n) ① 頭蓋(ざぃ)[骨]; (医) 頭蓋(ざぃ)[骨]. (英 skull). (☞ 類語 Kopf). ② (口語)頭. 人[3] eins[4] auf den *Schädel* geben 人[3]の頭に一撃を加える / einen dicken (または harten) *Schädel* haben 頭が固い, 頑固である /

Mir brummt der *Schädel*. 私は頭ががんがんする.

Schä·del=bruch [シェーデる・ブルフ] 男 -[e]s/..brüche (医)頭蓋(ざぃ)骨折.

scha·den [シャーデン ʃá:dən] du schadest, er schadet (schadete, *hat* ... geschadet) 自 (完了 haben) 〖3格とともに〗(人・物[3]を)害する, 傷つける, だめにする. (英 damage). Rauchen *schadet* deiner Gesundheit. 喫煙は君の健康によくない / Der kalte Sommer *hat* dem Obst sehr *geschadet*. 冷夏のため果物に大きな被害があった.
◇〖否定を表す語句とともに〗nicht[s] *schaden* にはならない, 悪くはない ⇒ Ein Glas Wein *schadet* nicht. ワインをグラス1杯程度ならかまわない / Das *schadet* ihm nichts. 《口語》彼にはそれが当然の報いだ / Es *schadet* nicht[s], wenn ... ...するのも悪くない.

der **Scha·den** [シャーデン ʃá:dən] 男 (単 2) -s/(複) Schäden [シェーデン] ① 損害, 被害; 不利益, 損. (英 damage). ein kleiner *Schaden* ちょっとした損害 / *Schaden*[4] erleiden (bringen) 損害を受ける(もたらす) / 人[3] einen *Schaden* zu|fügen 人[3]に損害を与える / den *Schaden* ersetzen 損害を賠償する / Es ist dein eigener *Schaden*. それは君自身の損になる / mit *Schaden* verkaufen 損をして(原価以下で)売る / Es ist vielleicht gar kein *Schaden*, dass ... ...は決して悪いことではない(むしろいいこと)かもしれない / Ab (または Fort) mit *Schaden*! 《口語》とにかくもうやめろ, いいかげんにしろ.
② 損傷, 破損[箇所], 故障. einen *Schaden* am Auto haben 車に損傷を受けている / einen *Schaden* reparieren 故障を修理する.
③ (身体の)損傷, 障害, 疾患. ein *Schaden* am Auge 目の障害 / zu *Schaden* kommen 負傷する.
▶ zu=schaden

Schä·den [シェーデン] *Schaden (損害)の 複

Scha·den=er·satz [シャーデン・エァザッツ] 男 -es/ 《法》損害賠償. auf *Schadenersatz* klagen 損害賠償の訴訟を起こす.

Scha·den=freu·de [シャーデン・ふロイデ] 女 -/ 他人の不幸(失敗)をひそかに喜ぶ気持ち.

scha·den=froh [シャーデン・ふロー] 形 他人の不幸を喜ぶ, 意地の悪い. *schadenfroh* lächeln いい気味だと思ってにやりとする.

Scha·dens=er·satz [シャーデンス・エァザッツ] 男 -es/ 《法》=Schadenersatz

scha·de·te [シャーデテ] schaden (害する)の 過去

schad·haft [シャートハふト] 形 傷んだ, 破れた, 破損した.

schä·di·gen [シェーディゲン ʃé:dɪɡən] 他 (h) そこなう, (名声など[4]を)傷つける, (人・物[4]に)損害を与える. *Schädigt* deine Gesundheit. そんなことをすると君の健康を害するよ.

Schä·di·gung [シェーディグング] 女 -/-en ①

傷つける(そこなう)こと. ② 損害, 損傷; (身体的な)障害.

schäd·lich [シェートリヒ ʃɛ:tlɪç] 形 **有害な**, 害を及ぼす. (英 harmful). (⇔「役にたつ」は nützlich). schädliche Zusätze 有害添加物 / Dieser Stoff ist **für** den Menschen schädlich. この物質は人間に有害だ.

Schäd·lich·keit [シェートリヒカイト] 女 −/ 有害であること.

Schäd·ling [シェートリング ʃɛ:tlɪŋ] 男 −s/−e 害虫, 害鳥, 害獣; 雑草. Schädlinge⁴ vernichten 害虫(鳥・獣)を根絶する.

Schäd·lings·be·kämp·fung [シェートリングス・ベケンプフング] 女 害虫駆除; 除草.

Schäd·lings·be·kämp·fungs=mit·tel [シェートリングスベケンプフングス・ミッテル] 中 −s/− 殺虫剤; 除草剤.

schad·los [シャート・ろース] 形 《成句的に》 sich⁴ **an** 人・物³ schadlos halten (損した分を)人³から取る, (足りないものの代償に)物³をむさぼる(せしめる).

Schad=stoff [シャート・シュトふ] 男 −[e]s/−e (動植物・人間に対する)有害物質.

das **Schaf** [シャーふ ʃaːf] 中 (単 2) −[e]s/(複) −e (3格のみ −e) ① 《動》 **ヒツジ**(羊). (英 sheep). Das Schaf blökt. 羊がメェーと鳴く / Schafe⁴ halten (hüten) 羊を飼う(羊の番をする) / Schafe⁴ scheren 羊の毛を刈る / Er ist sanft (geduldig) wie ein Schaf. 羊のようにおとなしい(辛抱強い) / das schwarze Schaf sein 《口語》変わり者(異分子)である. ② 《口語》お人よし; 間抜け.

Schaf=bock [シャーふ・ボック] 男 −[e]s/..böcke 雄羊.

Schäf·chen [シェーふヒェン ʃɛːfçən] 中 −s/− (Schaf の 縮小) ① 小羊. sein[e] Schäfchen⁴ ins Trockene bringen 《口語》ちゃっかり自分の利益を確保する, 私腹を肥やす. ② 《口語》 (愛称として:)かわいい子. ③ 《ふつう 複》羊雲(= Schäfchenwolke.

Schäf·chen·wol·ke [シェーふヒェン・ヴォるケ] 女 −/−n 《ふつう 複》羊雲.

Schä·fer [シェーふァァ ʃɛːfər] 男 −s/− 羊飼い, 牧羊者. (女性形: −in).

Schä·fer=hund [シェーふァァ・フント] 男 −[e]s/−e 《動》シェパード. ein Deutscher Schäferhund ドイツシェパード. ② 牧羊犬.

Schä·fer=stünd·chen [シェーふァァ・シュテュントヒェン] 中 −s/− (恋人どうしの)つかの間の逢瀬(おうせ).

Schaf=fell [シャーふ・ふェる] 中 −[e]s/−e 羊の毛皮.

***schaf·fen**¹ [シャッふェン ʃafən] (schaffte, hat...geschafft) **I** 他 《完了》 haben) ① **やり遂げる**, 達成する. (英 manage). Er kann seine Arbeit allein nicht mehr schaffen. 彼一人ではもう仕事が片づけられない / den Zug schaffen 列車に間に合う / die Prüfung schaffen 《口語》試験に合格する / Er hat es geschafft, sie zum Mitkommen zu überreden. 彼は彼女を口説いていっしょに連れ出すことに成功した. ◇《es を目的語として成句的に》Wir haben es geschafft! やったぞ!(← 目的を達した).

② 《方向を表す語句とともに》(人・物³ を…へ/…から)**運ぶ**, 持って行く(来る). 物⁴ **aus** dem Haus schaffen 物⁴を家から運び出す / Sie schaffen die Verwundeten ins Krankenhaus. 彼らはけが人たちを病院に連れて行った / Wir haben das Paket **zur** Post geschafft. 私たちはその小包を郵便局へ持って行った.

③ 《口語》(人⁴を)くたくたに[疲れ]させる, 参らせる. Die Arbeit hat mich heute geschafft. 私はきょうは仕事でくたくたになった / Ich bin geschafft. 《状態受動・現在》私はへとへとだ.

II 自 《完了 haben》 《南ド》 働く, 仕事をする, 勤めている. (=arbeiten). Er schafft den ganzen Tag. 彼は一日中働いている. ◇《**zu** 不定詞の形で》人³ **zu** schaffen machen 人³ を困らせる, 悩ませる / sich³ **zu** schaffen machen a) 忙しそうに働く, b) ごそごそする ⇒ Was machst du dir an meinem Schreibtisch zu schaffen? 君は私の机で何をしているのだ / mit 人³ etwas⁴ (nichts⁴) zu schaffen haben 人・事³とかかわりあいがある(ない).

III 《再帰》 《完了 haben》 《南ド》 ① sich⁴ schaffen 働いて[その結果]…になる. sich⁴ müde schaffen 働いて疲れる. sich³ 物⁴ schaffen 働いて[その結果]物⁴(手など)を…にする. sich³ die Hände⁴ wund schaffen 働いて両手にまめができる. ② 《sich³ **an** 物³ **zu** ～ machen》物³をごそごそいじくり回す. ③ 《**es** schafft sich⁴ … の形で》働きぐあいが…である. Mit dem Gerät schafft es sich leichter. この道具を使うと仕事がずっと楽だ.

***schaf·fen**²(*) [シャッふェン ʃafən] (schuf, hat...geschaffen または schaffte, hat...geschafft) 他 《完了 haben》① 《不規則変化》**創造する**, 創作する. (英 create). ein Kunstwerk⁴ schaffen 芸術作品を創作する / Gott schuf den Menschen. 神は人間を創造した. ◇《現在分詞の形で》der schaffende Mensch 創造的人間. ◇《過去分詞の形で》Er ist **für** diese Arbeit wie geschaffen. 彼はこの仕事のために生まれたようなのだ(うってつけだ). (☞ 類語 machen).

② 《ふつう不規則変化》(条件・状態など⁴を)**生じさせる**, 作り出す; (施設など⁴を)創立する. Kaminfeuer schafft eine gemütliche Atmosphäre. 暖炉の火はくつろいだ雰囲気をかもし出す / Ordnung⁴ schaffen a) 秩序をもたらす, b) 整頓(とん)する / Platz⁴ **für** 物⁴ schaffen 物⁴のためのスペースを空ける / Abhilfe⁴ schaffen 救済策を講じる. ◇《再帰的に》 sich³ Freunde⁴ (Feinde⁴) schaffen 味方(敵)をつくる / sich³ ein großes Vermögen⁴ schaffen くだいな財産を築く.

Schaf·fen [シャッふェン] 中 −s/ (総称として:)(一

Schaffensdrang

芸術家の)[全]作品; 創作活動.

Schaf·fens=drang [シャッフェンス・ドラング] 男 -[e]s/ 創造(創作)意欲.

Schaf·fens=kraft [シャッフェンス・クラフト] 囡 -/ 創造(創作)力.

Schaff·hau·sen [シャフ・ハオゼン] ʃáf-hauzən] 匣 -[s]/《地名》シャフハウゼン(スイス 26 州の一つ, またその州都).

der **Schaff·ner** [シャフナァ] ʃáfnər] (単2) -s/(複) - (3格のみ -n) (列車・バスなどの) 車掌. (英 conductor).

Schaff·ne·rin [シャフネリン] ʃáfnərin] 囡 -/..rinnen (女性の)車掌.

schaff·ner·los [シャフナァ・ロース] 形 車掌の乗っていない, ワンマンの(バス・電車など).

schaff·te [シャフテ] *schaffen¹ (やり遂げる), *schaffen² (生じさせる)の 過去

Schaf=gar·be [シャーフ・ガルベ] 囡 -/-n 《植》セイヨウノコギリソウ.

Schaf=her·de [シャーフ・ヘーァデ] 囡 -/-n 羊の群れ.

Schaf=hirt [シャーフ・ヒルト] 男 -en/-en 羊飼い, 牧羊者 (=Schäfer). (女性形: -in).

Schaf=kä·se [シャーフ・ケーゼ] 男 -s/- 羊乳チーズ(=Schafskäse).

Schaf=kopf [シャーフ・コプフ] 男 -[e]s/..köpfe ① 《複 なし》羊の頭ゲーム(トランプ遊びの一種). ② 《口語》(ののしって:)とんま, 愚か者.

Scha·fott [シャフォット] ʃafɔ́t] 匣 -[e]s/-e (昔の:)断頭台.

Schaf=pelz [シャーフ・ぺるツ] 男 -es/-e 羊の毛皮.

Schaf=schur [シャーフ・シューァ] 囡 -/-en 羊毛刈り.

Schafs=kä·se [シャーフス・ケーゼ] 男 -s/- 羊乳チーズ.

Schafs=kopf [シャーフス・コプフ] 男 -[e]s/..köpfe =Schafkopf

Schaft [シャフト] ʃáft] 男 -es (まれに -s)/Schäfte ① (道具・槍(ﾔﾘ)などの)柄, (旗の)さお, 軸; 心棒; 銃床. der *Schaft* eines Messers ナイフの柄. ② (樹の根から枝までの)樹幹; (植物の)茎. ③ (鳥の)羽軸 (=Federschaft). ④ (長靴・靴下の)胴部. ⑤ 《建》柱身. (☞ Säule 図).

..schaft [..シャフト ..ʃaft] 《女性名詞をつくる 接尾》① 《抽象》例: Freundschaft 友情. ② 《集合》例: Bürgerschaft 市民.

schäf·ten [シェフテン] ʃéftən] 他 (h) ① (物⁴に)柄を付ける. ② (植物⁴に)接ぎ木する.

Schaft=stie·fel [シャフト・シュティーふェる] 男 -s/- (胴部の長い)長靴, ロングブーツ.

Schaf=wol·le [シャーフ・ヴォれ] 囡 -/-[n] 羊毛.

Schaf=zucht [シャーフ・ツフト] 囡 -/ 牧羊.

Schah [シャー] ʃáː] 男 -s/-s シャー(ペルシアの君主[の称号]).

Scha·kal [シャカーる] ʃakáːl または シャー..] 男 -s/-e《動》ジャッカル.

Schä·ker [シェーカァ] ʃéːkər] 男 -s/-《戯》(異

性と)いちゃつく人. (女性形: -in).

schä·kern [シェーカァン] ʃéːkərn] 自 (h) 《mit 人³ ~》(口語)(人³と)いちゃつく, ふざける.

schal [シャーる] ʃáːl] 形 (飲み物が)気の抜けた, 風味のない. (比) 味気ない, つまらない(しゃれなど). *schales* Bier 気の抜けたビール.

der **Schal** [シャーる] ʃáːl] 男 (単2) -s/(複) -s まれに (複) -e ① マフラー, スカーフ, ショール. (英 scarf). ein wollener *Schal* ウールのマフラー / Ich wickelte mir einen *Schal* um den Hals. 私は首にマフラーを巻いた. ② (二重カーテンの)内側(室内側)のカーテン.

die **Scha·le**¹ [シャーれ] ʃáːlə] 囡 (単) -/(複) -n ① 深皿, (平たい)鉢. (英 bowl). (☞ Schüssel 図). eine silberne *Schale* 銀の深皿. (☞ 類語 Teller). ② 天秤(ﾃﾝﾋﾞﾝ)の皿;《化》シャーレ; 《ｶｯﾌﾟ》コーヒーカップ.

die **Scha·le²** [シャーれ] ʃáːlə] 囡 -/-n ① (果物などの)皮, 外皮. (英 peel). die *Schale* einer Banane² バナナの皮 / die *Schale⁴* abziehen (または entfernen) 皮をむく. ② (くるみ・卵などの)殻, (かになどの)甲羅. (英 shell). ③ 《比》礼装. in *Schale* sein《口語》正装している / sich⁴ in *Schale* werfen《口語》よそ行きの服を着る.

schä·len [シェーれン] ʃéːlən] (schälte, *hat* geschält) I 他 (完了 haben) ① (物⁴の)皮をむく, 殻(さや)を取り除く. (英 peel, shell). einen Apfel *schälen* りんごの皮をむく. ②《A⁴ aus B³ ~》(A⁴ を B³ から)取り出す, えぐり出す. den Knochen aus einem Schinken *schälen* ハムから骨を取り除く. ③《A⁴ von B³ ~》(A⁴(皮など)を B³ から)むく, はぐ. die *Schale⁴* von den Kartoffeln *schälen* じゃがいもの皮をむく.

II 再帰 (完了 haben) *sich⁴ schälen* ① (皮膚が)むける. Die Haut *schält sich*. 皮膚がむける / Er *schält sich* auf der Nase. 彼は鼻の皮がむけている / *sich⁴* aus dem Mantel *schälen*《戯》コートを脱ぐ. ② 皮が…にむける. Die Mandarinen *schälen sich* gut. または Die Mandarinen *lassen sich* leicht *schälen*. このみかんは皮が簡単にむける.

Scha·len·tier [シャーれン・ティーァ] 匣 -[e]s/-e《ふつう 複》《料理》甲殻類(カニ・エビなど).

Schalk [シャるク] ʃálk] 男 -[e]s/-e (または Schälke) ひょうきん者, いたずらっ子. Er hat den *Schalk* im Nacken. または Ihm sitzt der *Schalk* im Nacken. 彼はひょうきん者だ.

schalk·haft [シャるクハフト] 形《雅》いたずらっぽい, おちゃめな.

der **Schall** [シャる] ʃál] 男 (単2) -[e]s/(複) -e (3格のみ -n) または (複) Schälle [シェれ] (3格のみ Schällen)(英 sound) ① 《雅》(響く)音, 響き, 音響. ein heller (dumpfer) *Schall* さえた(鈍い)音 / der *Schall* der Glocken² 鐘の音 / Das ist leerer *Schall*. それは無意味な(たわごと)だ. ② 《複 なし》《物》音. die Lehre vom *Schall* 音響学.

Schall⹀dämp⸱fer [シャる・デンプファァ] 男 -s/- ① 《工》消音器(装置); (自動車の)マフラー. ② 《音楽》弱音器.

schall⹀dicht [シャる・ディヒト] 形 防音(遮音)性の(ドア・部屋など).

Schäl⸱le [シェレ] 女 Schall (音)の 複

schal⸱len(*) [シャلレン] ʃálən (schallte または scholl, *hat* ... geschallt) 自 (定了) haben) (音声が)響く, 響き渡る, 反響する. (英 sound). Lautes Gelächter *schallte aus* dem Nebenraum. 大きな笑い声が隣室から響いてきた / Der Saal *schallte vom* Gelächter. ホールは笑い声に包まれた. ◇[非人称の es を主語として] Hier *schallt* es sehr. ここは音がよく反響する.

schal⸱lend [シャレント] I *schallen (響く)の 現分 II 形 鳴り響く. *schallender* Beifall 割れんばかりの拍手喝采(はくしゅ) / *schallendes* Gelächter 高笑い.

Schall⹀ge⸱schwin⸱dig⸱keit [シャる・ゲシュヴィンディヒカイト] 女 -/-en 《ふつう 単》音速.

Schall⹀mau⸱er [シャる・マオアァ] 女 -/ 音速の壁(飛行機が音速に近づく時の空気の抵抗). die *Schallmauer* durch|brechen 音速の壁を突破する.

die **Schall⹀plat⸱te** [シャる・プらッテ ʃálplatə] 女 (単)-/(複)-n レコード. (英 record). eine *Schallplatte* ab|spielen (auf|legen) レコードをかける(セットする) / *Schallplatten* hören レコード音楽を聞く / eine Oper *auf Schallplatte* auf|nehmen オペラをレコードに録音する.

schall⹀schlu⸱ckend [シャる・シュるッケント] 形 吸音性の(建材など).

schall⸱te [シャるテ] schallen (響く)の 過去

Schall⹀wel⸱le [シャる・ヴェレ] 女 -/-n 《物》音波.

Schall⸱mei [シャるマイ] ʃalmái 女 -/-en 《音楽》ショーム, シャルマイ(ダブルリードをもつ古管楽器); (パイプオルガンの)リード音栓.

Scha⸱lot⸱te [シャろッテ ʃalɔ́tə] 女 -/-n 《植》エシャロット, シャロット(ユリ科ネギ属).

schalt [シャるト] schelten (しかる)の 過去

Schalt⹀an⸱la⸱ge [シャるト・アンらーゲ] 女 -/-n 《電》切り替え(開閉)装置.

Schalt⹀brett [シャるト・ブれット] 中 -[e]s/-e 《電》配電盤(=Schalttafel).

schäl⸱te [シェーるテ] schälen (皮をむく)の 過去

schal⸱ten [シャるテン] du schaltest, er schaltet (schaltete, *hat* ... geschaltet) I 他 (定了) haben) ① (スイッチ・ギア[4] を)切り替える, (物[4]の)スイッチを操作する. (英 switch). einen Schalter auf "aus" *schalten* スイッチを「切」にする / Er *schaltete* die Heizung auf „warm". 彼は暖房のスイッチを「暖」に入れた. ② 《電》接続する.

II 自 (定了) haben) ① スイッチ(ギア)を切り替える; (他の放送局などへ)切り替える. auf (または in) den 3. (=dritten) Gang *schalten* サードギアに入れる. ② スイッチ(ギア)が切り替わる. ③ 《雅》(…に)ふるまう. Ich kann hier *schalten* und walten, wie ich will. ここでは私は思いのままにふるまえる / mit 物[3] frei *schalten* 物[3]を自由に処理する. ④ 《口語》理解する. Er *schaltet* langsam. 彼は頭の回転が鈍い.

III 再帰 (定了) haben) *sich*[4] *schalten* スイッチ(ギア)が…に操作される. Der Wagen *schaltet sich* schwer. この車はギアが入りにくい.

der **Schal⸱ter**[1] [シャるタァ ʃáltər] 男 (単2)-s/(複) - (3格のみ -n) (電気器具の)スイッチ. (英 switch). den *Schalter* an|machen (aus|machen) 《口語》スイッチを入れる(切る) / am *Schalter* drehen スイッチをひねる.

der **Schal⸱ter**[2] [シャるタァ ʃáltər] 男 (単2)-s/(複) - (3格のみ -n) (郵便局・銀行などの)窓口; (駅の)出札口, 乗車券売場(=Fahrkarten*schalter*); (劇場の)切符売り場. (英 counter). Pakete bitte **am** *Schalter* 4 aufgeben. 小包みは4番窓口でお出しください / **vor** dem *Schalter* warten 窓口の前で待つ.

Schal⸱ter⹀be⸱am⸱te[r] [シャるタァ・ベアムテ(..タァ)] 男 《語尾変化は形容詞と同じ》窓口係; (駅の)出札係. (女性形: ..beamtin).

Schal⸱ter⹀hal⸱le [シャるタァ・ハれ] 女 -/-n (駅の)出札ホール; (郵便局などの)窓口ホール.

Schal⸱ter⹀stun⸱den [シャるタァ・シュトゥンデン] 複 窓口事務取扱(受付)時間.

schal⸱te⸱te [シャるテテ] schalten (切り替える)の 過去

Schalt⹀he⸱bel [シャるト・ヘーベる] 男 -s/- ① 《電》スイッチレバー. ② (自動車などの)変速レバー, シフトレバー.

Schalt⹀jahr [シャるト・ヤール] 中 -[e]s/-e うるう年.

Schalt⹀knüp⸱pel [シャるト・クニュッペる] 男 -s/- (自動車の)変速レバー.

Schalt⹀plan [シャるト・プらーン] 男 -[e]s/..pläne 《電》配線(回路)図.

Schalt⹀ta⸱fel [シャるト・ターふェる] 女 -/-n 《電》配電盤(=Schaltbrett).

Schalt⹀tag [シャるト・ターク] 男 -[e]s/-e うるう日(2月29日).

Schal⸱tung [シャるトゥング] 女 -/-en ① 《電》回路, 回線; 配線図. eine integrierte *Schaltung* 集積回路. ② (スイッチの)切り替え, (電話などの)接続; 変速, ギアチェンジ.

Scha⸱lung [シャーるング] 女 -/-en 《建》(コンクリートを打ち込むときの)型枠.

Scha⸱lup⸱pe [シャるッペ ʃalúpə] 女 -/-n 《海》① (昔の:)(1本マストの)スループ型小帆船. ② (艦船付属の)小型ボート.

die **Scham** [シャーム ʃáːm] 女 (単)-/ ① 恥ずかしさ, 羞恥(しゅうち)心, 恥じらい. (英 shame). *Scham*[4] empfinden 恥ずかしく思う / Er hat keine *Scham* [im Leib]. 彼は羞恥心を持っていない / 雅[4] ohne *Scham* sagen 雅[4]を恥ずかしげもなく言う / vor *Scham* rot werden 恥ずか

しくて赤面する / Ich möchte vor *Scham* in die Erde sinken. 私は恥ずかしくて穴があったら入りたいほどだ. ② 《雅・婉曲》恥部, 陰部.

Scha·ma·ne [シャマーネ ʃaˈmaːnə] 男 -n/-n 《民俗》シャーマン, 巫術(ふじゅつ)師. (女性形: Schamanin).

Scham⹀bein [シャーム・バイン] 中 -[e]s/-e 《医》恥骨.

schä·men [シェーメン ˈʃɛːmən] (schämte, hat ... geschämt) 再帰 (完了 haben) *sich*[4] *schämen* ① 恥じる, 恥ずかしく思う. (英 be ashamed). Schäm dich!《口語》(そんなこと言って・して)恥ずかしいと思いなさい / Ich *schäme mich für dich*! 私は君のことで恥ずかしい思いをしている / *sich*[4] *vor*[3] *schämen* 人[3]に対して恥ずかしく思う / *sich*[4] *[wegen]* 人・物[2] *schämen* 人・物[2]のことで恥ずかしく思う ⇒ Er *schämt sich* [wegen] seines Betragens. 彼は自らのふるまいを恥じる / *sich*[4] *zu Tode schämen* 死ぬほど恥じる.
② [*zu* 不定詞[句]とともに] (…することを)はばかる, 恐れる. Das Kind *schämte sich*, dies alles seinen Eltern zu erzählen. その子供は事の一切を両親に話すのをいやがった.

Scham⹀ge·fühl [シャーム・ゲフュール] 中 -[e]s/ 羞恥(しゅうち)心, 恥ずかしさ.

Scham⹀ge·gend [シャーム・ゲーゲント] 女 -/ 恥部, 陰部.

Scham⹀haar [シャーム・ハール] 中 -[e]s/-e 恥毛, 陰毛.

scham·haft [シャームハフト] 形 恥ずかしがりの, 恥ずかしそうな, はにかんだ. ein *schamhafter* Blick 恥ずかしそうなまなざし.

Scham·haf·tig·keit [シャームハフティヒカイト] 女 -/ 恥ずかしがり, はにかみ, 内気.

Scham⹀lip·pe [シャーム・リッペ] 女 -/-n [ふつう複]《医》陰唇.

scham⹀los [シャーム・ロース] 形 恥知らずな; あつかましい, ずうずうしい. eine *schamlose* Lüge あつかましいうそ.

Scham·lo·sig·keit [シャーム・ローズィヒカイト] 女 -/-en ① [複なし] 恥知らずなこと. ② 恥知らずな言動.

Scha·mott [シャモット ʃaˈmɔt] 男 -s/ 《口語》がらくた.

Scha·mot·te [シャモッテ ʃaˈmɔtə] 女 -/ 《建》(耐火れんが用の)耐火粘土.

Scham·pon [シャンポン ˈʃampɔn] 中 -s/-s シャンプー (=Shampoo).

scham·po·nie·ren [シャンポニーレン ʃampɔˈniːrən] 他 (h) (髪など[4]を)シャンプーで洗う.

Scham·pus [シャンプス ˈʃampʊs] 男 -/《口語》シャンパン (=Champagner).

scham⹀rot [シャーム・ロート] 形 (恥ずかしくて)赤面した.

Scham⹀rö·te [シャーム・レーテ] 女 / (恥ずかしさからの)赤面.

schäm·te [シェーメテ] schämen (再帰 で: 恥じる)の 過去.

Scham⹀tei·le [シャーム・タイれ] 複《医》[黙]恥部, 陰部.

schand·bar [シャントバール] I 形 ① 恥ずべき, 不面目な, あさましい(ふるまいど). ②《口語》ひどい, いやな. ein *schandbares* Wetter ひどい天気. II 副《口語》ひどく, ものすごく.

die **Schan·de** [シャンデ ˈʃandə] 女 (単) -/ 恥, 不名誉, 不面目. (英 shame). eine unerträgliche *Schande* 耐えがたい恥辱 / 人[3]³ *Schande*[4] bringen 人[3]に恥をかかせる / Mach mir keine *Schande*! (ふつう冗談で)私に恥をかかさないでくれよ / Das ist keine *Schande*. それはどうということではないさ / Er hat seiner Familie[3] *Schande* gemacht. 彼は一家の名を汚した / **Zu** meiner *Schande* muss ich gestehen, dass ... 恥ずかしいしだいですが実を申せば …
◇《成句的に》人[4] *zu Schanden machen* 人[4]をだいなしにする / *zu Schanden* werden (または gehen) だめになる.

▶ **zu⹀schanden**

schän·den [シェンデン ˈʃɛndən] 他 (h) ① 冒瀆(ぼうとく)する. ein Grab[4] *schänden* 墓を冒瀆する. ② (名声・名誉など[4]を)けがす, (人[4]に)汚名を着せる. ③《古》(女性[4]を)凌辱(りょうじょく)する.

Schand⹀fleck [シャント・ふれック] 男 -[e]s/-e 汚点; 汚名, 不名誉.

schänd·lich [シェントりヒ] I 形 ① 恥ずべき, 不面目な, 破廉恥な, 卑劣な. eine *schändliche* Tat 破廉恥な行為. ②《口語》ひどく悪い(天気など). II 副《口語》ひどく, ものすごく. Das Kleid ist *schändlich* teuer. そのドレスはものすごく高い.

Schänd·lich·keit [シェントりヒカイト] 女 -/-en ① [複なし] 恥ずべきこと, 卑劣. ② 恥ずべき(卑劣な)言動.

Schand⹀mal [シャント・マール] 中 -[e]s/-e (まれに ..mäler) (昔の:)(罪人の)烙印(らくいん);《雅》汚名.

Schand⹀tat [シャント・タート] 女 -/-en 恥ずべき行為;《口語・戯》軽率な行為.

Schän·dung [シェンドゥング] 女 -/-en 辱めること; 冒瀆(ぼうとく); 凌辱(りょうじょく).

Schank [シャンク ʃaŋk] 女 -/-en (オースト)(小さな)飲み屋; 酒場のカウンター.

Schank⹀bier [シャンク・ビーア] 中 -[e]s/-e 生ビール(樽から直接つがれるビール).

Schän·ke [シェンケ ˈʃɛŋkə] 女 -/-n (小さな)飲み屋, 居酒屋 (=Schenke).

Schan·ker [シャンカァ ˈʃaŋkər] 男 -s/- 《医》下疳(げかん)(性病の一種).

Schank⹀kon·zes·si·on [シャンク・コンツェスィオーン] 女 -/-en 酒場営業許可.

Schank⹀tisch [シャンク・ティッシュ] 男 -[e]s/-e 酒場のカウンター.

Schank⹀wirt [シャンク・ヴィルト] 男 -[e]s/-e 酒場のマスター. (女性形: -in).

Schank⹀wirt·schaft [シャンク・ヴィルトシャふト] 女 -/-en 飲み屋, 酒場.

Schan·ze [シャンツェ ˈʃantsə] 女 -/-n ① (スキ

—の)シャンツェ, ジャンプ台 (＝Sprung*schanze*). ② 《軍》(昔の:)堡塁(ほう).

die Schar¹ [シャール ʃáːr] 囡 -/(複) -en (人・動物の)**群れ**; 多数. 《英 *crowd*》. eine *Schar* Vögel 鳥の群れ / eine *Schar* von Menschen 大勢の人々 / **in** [großen または hellen] *Scharen* 群れをなして, 大挙して.

Schar² [シャール] 囡 -/-en (または 田 -[e]s/-e) 《農》鋤先.

Scha·ra·de [シャラーデ ʃaráːdə] 囡 -/-n (ジェスチャーによる)言葉(つづり)当てゲーム.

Schä·re [シェーレ ʃéːrə] 囡 -/-n (ふつう 複) (北欧海岸の)岩礁島.

scha·ren [シャーレン ʃáːrən] I 再帰 (h) *sich*⁴ *scharen* 《雅》群がる, 集まる. *sich*⁴ **um** den Lehrer *scharen* 先生の周りに集まる. II 他 (h)《雅》(囚⁴を)集める. 囚⁴ um sich *scharen* 囚⁴を自分の周りに集める.

scha·ren·wei·se [シャーレン・ヴァイゼ] 副 群れをなして, 一団となって.

**scharf [シャルふ ʃárf]

> 鋭い Das Messer ist sehr *scharf*.
> ダス メッサァ イスト ゼーァ シャルふ
> そのナイフは非常に切れ味がよい.

I 形 (比較 schärfer, 最上 schärfst) ① 〔刃物などが〕**鋭い**, 鋭利な; [先の]とがった.《英 *sharp*》.(⇔「鈍い」は stumpf). eine *scharfe* Schere よく切れるはさみ / *scharfe* Zähne 鋭い歯 / ein Messer⁴ *scharf* machen (または *scharf*|machen) ナイフを研ぐ.

② (味が)**舌を刺すような**, 辛い, ぴりっとする; 鼻をつくような, 刺激性の. *scharfer* Senf ぴりっと辛いからし / eine *scharfe* Soße 辛いソース / *scharfe* Sachen《口語》きつい酒 / Die Suppe ist zu *scharf*. スープは香辛料が効きすぎている.

③ かん高い(音・声など); 強烈な(光など); 身を切るような(風など). ein *scharfer* Winter 寒さの厳しい冬.

④ (視覚的に)鮮明な, はっきりした; (カメラの)ピントが合った; くっきりした(顔だちなど). *scharfe* Umrisse 鮮明な輪郭 / Sie hat *scharfe* Gesichtszüge. 彼女の顔は彫りが深い.

⑤ (頭脳が)鋭敏な, 明敏な, シャープな. einen *scharfen* Verstand haben 明敏な理解力を持っている.

⑥ (感覚器官が)鋭敏な; (眼鏡が)度の強い. *scharfe* Augen⁴ haben 鋭い眼力がある.

⑦ 激しい(抵抗など); 厳しい(判決など); 熾烈(しれつ)な(戦いなど). *scharfe* Kämpfe 熾烈な戦い.

⑧ 辛らつな, 痛烈な. eine *scharfe* Kritik 痛烈な批判 / eine *scharfe* Zunge⁴ haben 言うことが辛らつである, 口が悪い / in *scharfem* Ton 激しい口調で / 囚⁴ *scharf* tadeln 囚⁴を激しく非難する.

⑨ 迅速な, きわめて速い; 急な. ein *scharfer* Lauf 全力疾走 / eine *scharfe* Kurve 急カーブ / *scharf* bremsen 急ブレーキをかける.

⑩ (犬などが)かみつくくせのある. ⑪ 実弾の. ⑫ (スポ)強烈な(シュートなど). ⑬ アクセントのはっきりした(発音). ⑭《口語》すごい, すばらしい. ein *scharfes* Auto すごい車. ⑮ セクシーな; 好色な. ein *scharfer* Bikini セクシーなビキニ. ⑯ 〔成句的に〕**auf** 囚⁴ *scharf* sein《口語》囚⁴が欲しくてたまらない / auf 囚⁴ *scharf* sein《口語》a) 囚⁴を(性的に)欲しくてたまらない, b) 囚⁴に悪意をいだいている.

II 副 すれすれに. Das Auto fuhr *scharf* an ihm vorbei. その車は彼のすぐわきを走っていった.

Scharf‡blick [シャルふ・ブリック] 男 -[e]s/ 炯眼(けいがん), 鋭い洞察力.

Schär·fe [シェルふェ ʃérfə] 囡 -/-n ① 〔複なし〕鋭さ, 鋭利. die *Schärfe*⁴ einer Schneide² prüfen 刃の鋭さを試す. ② 〔複なし〕辛み, 酸味(におい)の強烈さ. die *Schärfe* des Senfs からしのぴりっとした辛み. ③ 〔複なし〕(声音の)かん高さ; (光の)強烈さ; (寒さの)厳しさ. ④ 〔複なし〕(目・鼻・耳の)明敏さ. die *Schärfe* des Gehörs 耳の鋭さ. ⑤ (輪郭・写真などの)鮮明度. ⑥ 〔複なし〕(理解力の)明敏さ, 精密さ. ⑦ 〔複なし〕厳格さ; (批判などの)辛らつさ, 仮借のなさ.

schär·fen [シェルふェン ʃérfən] (schärfte, hat ... geschärft) 他 (haben) 《英 *sharpen*》① **鋭くする**, 〔刃物などを⁴を〕研ぐ, とがらせる. ein Messer⁴ *schärfen* ナイフを研ぐ. ② (感覚・精神など⁴を)鋭敏にする, 敏感にする; (理解・意識などを)深める. das Gehör⁴ *schärfen* 耳を澄ます. ◇〔再帰的に〕*sich*⁴ *schärfen* (感覚などが)鋭くなる, 鋭敏になる ⇒ Sein Sinn für Musik hat sich allmählich geschärft. 音楽に対する彼の感覚はしだいに鋭くなってきた.

schär·fer [シェルふァァ] ‡scharf (鋭い)の 比較

scharf‡kan·tig [シャルふ・カンティヒ] 形 角(かど)のとがった, へりの鋭い.

scharf|ma·chen [シャルふ・マッヘン ʃárf-màxən] 他 (h)《口語》① (犬⁴を)けしかける. ② そそのかす, 扇動する.

Scharf‡ma·cher [シャルふ・マッハァ] 男 -s/- 《口語》扇動者. (女性形: -in).

Scharf‡rich·ter [シャルふ・リヒタァ] 男 -s/- 死刑執行人. (女性形: -in).

Scharf‡schie·ßen [シャルふ・シーセン] 田 -s/ 実弾射撃.

Scharf‡schüt·ze [シャルふ・シュッツェ] 男 -n/-n ① 《軍》狙撃(そげき)兵. ② (スポ)ポイントゲッター.

scharf‡sich·tig [シャルふ・ズィヒティヒ] 形 鋭い眼力のある, 炯眼(けいがん)の.

Scharf‡sinn [シャルふ・ズィン] 男 -[e]s/ 明敏さ, 鋭い洞察力.

scharf‡sin·nig [シャルふ・ズィニヒ] 形 明敏な, 洞察力の鋭い.

schärfst [シェルふスト] ‡scharf (鋭い)の 最上

schärf·te [シェルふテ] schärfen (鋭くする)の

[過去]
scharf‧zün‧gig [シャルフ・ツュンギヒ] 形 辛らつな, 毒舌の(論評など).

Schar‧lach [シャルらッハ *ʃárlax*] I 男 (弱2: 旺) ‒s/‒ 《ふつう 単》深紅色, 緋色(ஃ). II 男 ‒s/ 《医》猩紅(ஃ)熱.

schar‧lach‧rot [シャルらッハ・ロート] 形 深紅色の, 緋色(ஃ)の.

Schar‧la‧tan [シャルラタン *ʃárlatan*] 男 ‒s/‒e いかさま師, 山師, 詐欺師. (女性形: ‒in).

Scharm [シャルム *ʃárm*] 男 ‒s/ 魅力(= Charme).

Schar‧nier [シャルニーア *ʃarníːr*] 中 ‒s/‒e ちょうつがい.

Schär‧pe [シェルペ *ʃέrpə*] 女 ‒/‒n 《服飾》飾り帯; 《軍》肩帯.

schar‧ren [シャレン *ʃárən*] I 自 (h) (足・爪などで)がりがりとひっかく. Das Pferd *scharrt* mit den Hufen. 馬がひづめで地面をひっかく / Die Studenten *scharrten* [mit den Füßen]. 学生たちが足で床をがりがりこすった(講義に対する不満の表明). II 他 (h) (動物が穴など⁴を)足でひっかいて掘る.

Schar‧te [シャルテ *ʃárta*] 女 ‒/‒n ① 刃こぼれ. eine *Scharte*⁴ aus|wetzen a) 刃こぼれを研ぐ, b)《比》失敗を取り返す, 恥をそそぐ / Das Messer hat *Scharten* bekommen. そのナイフは刃こぼれしている. ②《古》(皮膚のあかぎれ, 裂け目. ③ 銃眼. ④ 山の鞍部(ஃ).

schar‧tig [シャルティヒ *ʃártiç*] 形 ① 刃こぼれした. ② 刻み目のある, ぎざぎざの.

schar‧wen‧zeln [シャルヴェンツェルン *ʃarvéntsəln*] ([過分] scharwenzelt) 自 (s, h) [um 人⁴(または vor 人³) ~]《口語》(人⁴(または人³)に)ぺこぺこする.

Schasch‧lik [シャシュリク *ʃáʃlik*] 男 中 ‒s/‒s 《料理》シャシュリク(羊肉の串焼き料理. 間にベーコンと玉ねぎをはさむ).

schas‧sen [シャッセン *ʃásən*] 他 (h) 《口語》追い出す, 首にする.

der **Schat‧ten** [シャッテン *ʃátən*] 男 (単2) ‒s/(複) ‒ ① **影**, 影法師, シルエット. 《英 *shadow*》. Licht und *Schatten* 光と影 / die *Schatten* der Berge² 山並みの影 / lange *Schatten*⁴ werfen 長い影を落とす / Die *Schatten* werden länger. 影が長くなる / Sie folgt ihm wie ein *Schatten*. 彼女は影のように彼のあとについて行く / Er ist nur noch der (または ein) *Schatten* seiner selbst. 彼はやつれ果てて見る影もない(←自分の影でしかない) / Er kann nicht **über** seinen [eigenen] *Schatten* springen. 彼は自分の性分に合ったことしかできない(←自分の影を越えられない) / sich⁴ **vor** seinem eigenen *Schatten* fürchten ひどくびくびくしている(←自分の影におびえる).

②《圏 なし》**陰**, 日陰, 物陰.《英 *shade*》. kühler *Schatten* 涼しい日陰 / Die Bäume geben *Schatten* (または spenden) genug *Schatten*. 樹木が十分に陰を作っている / **im** *Schatten* sitzen [木]陰に座っている / aus der Sonne in den *Schatten* gehen ひなたから日陰へ行く / im *Schatten* leben 《比》ひっそりと暮らす / 人・物⁴ in den *Schatten* stellen 《比》人・物⁴をはるかにしのぐ(←日陰に置く) / Er stand im *Schatten* seines Vaters. 彼は父の陰でかすんでいた.

③ 暗い箇所, 黒ずんだ部分;《比》汚点. Sie hatte dunkle *Schatten* unter den Augen. 彼女は目の下に黒いくまができていた / einen *Schatten* auf der Lunge haben (レントゲン検査で:)肺に影がある / der *Schatten* der Vergangenheit²《比》過去の暗い影 / einen *Schatten* haben《口》頭がちょっとおかしい.

④ 幻影; 亡霊; 尾行者. einem *Schatten* nach|jagen《雅》幻影を追い求める / das Reich der *Schatten*² 死者の国, 冥府(ஃ).

Schat‧ten‧bild [シャッテン・ビるト] 中 ‒[e]s/‒er ① 影, 影法師. ②《美》影絵, シルエット.

Schat‧ten‧da‧sein [シャッテン・ダーザイン] 中 ‒s/ 影のような存在, (世間から顧みられない)埋もれた境遇. [nur] ein *Schattendasein*⁴ führen ひっそりと暮らす.

schat‧ten‧haft [シャッテンハフト] 形 《雅》影のような, ぼんやりした(記憶など).

Schat‧ten‧ka‧bi‧nett [シャッテン・カビネット] 中 ‒s/‒e《政》シャドーキャビネット, 影の内閣.

Schat‧ten‧riss [シャッテン・リス] 男 ‒es/‒e《美》影絵, シルエット.

Schat‧ten‧sei‧te [シャッテン・ザイテ] 女 ‒/‒n ①《ふつう 単》陰になる側;《比》暗い面, 裏面. ②《ふつう 複》短所, 欠点. (⇔=「光の当たる側」は Lichtseite).

Schat‧ten‧spiel [シャッテン・シュピーる] 中 ‒[e]s/‒e ① 影絵芝居[の台本]. ②《ふつう 複》(手による)影絵.

schat‧tie‧ren [シャティーレン *ʃatíːrən*] 他 (h) (物⁴に)陰影(明暗)をつける.

Schat‧tie‧rung [シャティールング] 女 ‒/‒en ① 陰影(明暗)をつけること. ② 陰影, 明暗. ③《ふつう 複》(いろいろな)傾向, 立場; ニュアンス.

schat‧tig [シャティヒ *ʃátiç*] 形 日陰になった, [木]陰の; 陰を作る. eine *schattige* Bank 木陰のベンチ.

Scha‧tul‧le [シャトゥれ *ʃatúlə*] 女 ‒/‒n (鍵のかかる小さな)貴重品箱.

der **Schatz** [シャッツ *ʃáts*] 男 (単2) ‒es/(複) Schätze [シェッツェ] (3格のみ Schätzen) ① **宝**, 宝物; 財宝.《英 *treasure*》. ein kostbarer *Schatz* 高価な財宝 / einen *Schatz* aus|graben 宝を掘り出す.

②《ふつう 複》(貴重な)コレクション; (経験などの)蓄積. Er hat viele *Schätze* gesammelt. 彼は数々の貴重な品を収集した / ein reicher *Schatz* **an** (または **von**) Erfahrungen 豊富な経験. ③《雅》(国・地方などの)宝(景勝地・文化財など). ④《口語》最愛の人, 恋人; かわいい子; 親切な人.

Schätz‧chen [シェッツヒェン *ʃέtsçən*] 中 ‒s/

(Schatz の縮小) かわいい人, 恋人.

Schät·ze [シェッツェ] Schatz (宝)の複

schät·zen [シェッツェン ʃɛtsən] du schätzt (schätzte, *hat*…geschätzt) 他 (完了) haben) ① (人・物⁴を)見積もる, 評価(査定)する. (英 *estimate*). die Entfernung⁴ *schätzen* 距離を推定する / Man *schätzte* den Schaden **auf** tausend Euro. 損害は 1,000 ユーロと見積もられた / Ich *schätze* sie auf 30 [Jahre]. 私は彼女を 30 歳ぐらいだと思う. ◇過去分詞の形で) grob *geschätzt* おおまかに見積もって.
② (人・物⁴を)高く評価する, 重んじる, 尊重する. Ich *schätze* ihn sehr. 私は彼をたいへん買っている / 人・物⁴ *schätzen* lernen 人・物⁴の価値を認めるようになる / Er *schätzt* einen guten Wein. 彼はよいワインをたしなむ. ◇(再帰的に) Ich *schätze mich* glücklich, wenn … 《雅》もし…であればたいへんうれしい. ③ 《口語》(…と)推測する, (…であると)思う. Ich *schätze*, dass er heute noch kommt. 彼はきょうにも来ると思う.

schät·zen ler·nen [――――] ☞ schätzen

schät·zens·wert [シェッツェンス・ヴェーアト] 形 高く評価すべき, 尊敬に値する.

Schatz·grä·ber [シャッツ・グレーバァ] 男 -s/- (戯)(地下での)宝探しをする人. (女性形: -in).

Schatz·kam·mer [シャッツ・カンマァ] 女 -/-n (史)(王侯の)宝蔵; (比)(資源などの)宝庫; 宝物館.

Schatz·meis·ter [シャッツ・マイスタァ] 男 -s/- (協会・党などの)会計主任, 出納係. (女性形: -in).

schätz·te [シェッツテ] schätzen (見積もる)の過去

Schät·zung [シェッツング] 女 -/-en ① 見積もり, 評価; (家屋などの価格の)査定, 値踏み. nach meiner *Schätzung* または meiner *Schätzung* nach 私の見積もりでは. ② 高い評価, 尊重, 重視.

schät·zungs·wei·se [シェッツングス・ヴァイゼ] 副 見積もりでは, ざっと, およそ.

die **Schau** [シャオ ʃáu] 女 (単)-/(複)-en ① 展示, 展覧; 展示(展覧)会; (ショー), 見せ物. (英 *show*). Moden*schau* ファッションショー / eine *Schau* mit vielen Stars たくさんのスターが出るショー番組 / 物⁴ **auf** einer *Schau* aus|stellen 物⁴を展示会に出品する / 物・事⁴ **zur** *Schau* stellen a) 物⁴を展示する, 陳列する, b) 物⁴(感情など)をあらわにする, 表面に出す / 物・事⁴ zur *Schau* tragen a) 物⁴を見せびらかす, b) 物⁴を装う(見せかける) / Seine Schwester ist [eine] große *Schau*. (若者言葉:) 彼の妹はすごくきれいだ / eine [große] *Schau* ab|ziehen (口語) a) すごくばる, b) 人目を引こうとする / eine *Schau*⁴ machen (若者言葉:)気取る, もったいぶる / 人³ die *Schau*⁴ stehlen (口語) 人³を出し抜く(←見せ場を盗み取る).
② 《雅》直観; 観点, 視点. 物⁴ **aus** historischer *Schau* betrachten 物⁴を歴史的な観点から考察する.

Schau·bild [シャオ・ビルト] 中-[e]s/-er 図表, グラフ; (展示用などの)縮尺模型(見取図).

Schau·bu·de [シャオ・ブーデ] 女 -/-n (年の市(いち)の)見せ物小屋.

Schau·der [シャオダァ ʃáudər] 男 -s/- 《雅》① 悪感(ぉゕん), 寒け. ② (恐怖・畏怖(ぃ ふ))などによる)身震い, 戦慄(せんりつ). Mich befällt (または ergreift) ein *Schauder*. 私はぞっとする.

schau·der·haft [シャオダハフト] I 形 《口語》ぞっとする, 身の毛のよだつような; ひどい, ものすごい. ein *schauderhaftes* Verbrechen 恐るべき犯罪. II 副 《口語》ひどく, ものすごく. Es war *schauderhaft* kalt. ものすごく寒かった.

schau·dern [シャオダァン ʃáudərn] I 非人称 (h)《*es schaudert* 人⁴(または人³)の形で》人⁴(または人³)は身震いする; ぞっとする. **Es** *schaudert* mich (または mir) **bei** diesem Anblick. この光景に私はぞっとする / Mich (または Mir) *schaudert* **vor** ihm. 彼にはぞっとするよ. (人称 es は文頭以外ではふつう省かれる). II 自 (h) (寒くて)身震いする; ぞっとする. Ich schauderte vor Kälte. 私は寒くてぶるぶる震えた.

***schau·en** [シャオエン ʃáuən] (schaute, *hat*…geschaut) I 自 (完了) haben) 《南ド・オーストリア・スイス》①《方向を表す語句とともに》(…の方を)見る, 眺める. (英 *look*). **auf** die Uhr *schauen* 時計を見る / Die Fenster des Zimmers *schauen* auf die Straße. 《南ド》その部屋の窓は通りに面している / Er schaut **aus** dem Fenster. 彼は窓から外を見ている / 人³ **in** die Augen (ins Gesicht) *schauen* 人³の目(顔)を見つめる / **nach** rechts *schauen* 右の方を見る / **um** sich⁴ *schauen* 辺りを見回す / **zur** Seite *schauen* わきを見る. (☞類語 sehen).
② (…の)目つき(表情)をする. traurig (fragend) *schauen* 悲しげな(もの問いたげな)表情をする. ③《**nach** 人・物³ ~》(人・物³の)面倒を見る, 世話をする. nach dem Kranken *schauen* 病人の世話をする. ④《**auf** 事⁴ ~》(事⁴に)注意を払う, 留意する. auf Ordnung *schauen* 秩序を重んじる.

II 他 (完了) haben) 《南ド・オーストリア・スイス》① 《物⁴を注意して)見る. Bilder⁴ *schauen* 絵を鑑賞する. ◇《目的語なしでも》*Schau* [doch] *mal*! ちょっとこれ見てよ / *Schau, schau*!《驚いて:》おやおや. ②（…するように)気をつける, 努める. *Schau*, dass du bald fertig bist! もうすぐ終わるようにしなさい. ③ 確かめる, 調べてみる. *Schau mal*, wer da ist! だれが来たのか見てきてちょうだい.

der **Schau·er** [シャオァァ ʃáuər] 男 (単 2) -s/-(複 3-6のみ)-n ① (気象)にわか雨, 夕立 (=Regen*schauer*); にわか雪(あられ). (英 *shower*). örtliche *Schauer* 局地的なにわか雨 / in einen *Schauer* geraten にわか雨にあう. ② 《雅》悪寒(ぉかん); 戦慄(せんりつ). (=Schauder).

Schau·er·ge·schich·te [シャオァァ・ゲシヒテ] 女 -/-n ぞっとする話, 怪談.

schau·er·lich [シャオアァリヒ] **I** 形 ① ぞっとする, 身の毛もよだつ. eine *schauerliche* Tat むごたらしい犯行. ②《口語》ひどい, すさまじい. *schauerliche* Zahnschmerzen ひどい歯痛. **II** 副《口語》ひどく, ものすごく. Es war *schauerlich* kalt. ひどく寒かった.

Schau·er·mann [シャオアァ・マン] 男 -[e]s/..leute《海》港湾労働者, 沖仲仕.

schau·ern [シャオアァン ʃáuərn] **I** 自 (h) (寒くて)身震いする; ぞっとする (=schaudern). **II** 非人称 (h) ① 〖es *schauert* 人⁴ (または 人³)の形で〗人⁴ (または 人³)は身震いする; ぞっとする. ② Es *schauert*. にわか雨(雪)が降る.

die **Schau·fel** [シャオふェる ʃáufəl] 女 (単) -/(複) -n ① シャベル, スコップ. (英 shovel). eine *Schaufel* [voll] Sand シャベル一杯の砂 / 物⁴ **auf** die *Schaufel* nehmen 物⁴をシャベルですくう. ② (シャベル状のもの:) ちり取り; (水車の)水受け; (オールの)水かき; (スキーのトップベンド. die *Schaufeln* einer Turbine² タービンの羽根.

schau·feln [シャオふェるン ʃáufəln] **I** 他 (h) ① シャベル(スコップ)ですくう. Schnee⁴ *schaufeln* スコップで雪をかく / Kohlen⁴ in den Keller *schaufeln* 石炭をシャベルで地下室に入れる. ② (穴・溝など⁴を)シャベル(スコップ)で掘る. **II** 自 (h) シャベル(スコップ)で仕事をする(遊ぶ). Schnee⁴ *schaufeln* 雪かきをする.

Schau·fel·rad [シャオふェる・ラート] 中 -[e]s/..räder《海》(外輪船の)外輪;《工》(タービンの)羽根車.

das **Schau·fens·ter** [シャオ・フェンスタァ ʃáu-fɛnstər] 中 (単) -s/(複) - (3格のみ -n) ショーウインドー. (英 shopwindow). 物⁴ **im** *Schaufenster* aus|stellen 物⁴をショーウインドーに陳列する.

Schau·fens·ter·bum·mel [シャオふェンスタァ・ブンメる] 男 -s/- ウインドーショッピング.

Schau·fens·ter·de·ko·ra·ti·on [シャオふェンスタァ・デコラツィオーン] 女 -/-en ショーウインドーの飾りつけ.

Schau·ge·schäft [シャオ・ゲシェふト] 中 -[e]s/ ショービジネス.

Schau·kas·ten [シャオ・カステン] 男 -s/..kästen 陳列(展示)ケース, ショーケース.

die **Schau·kel** [シャオケる ʃáukəl] 女 (単) -/(複) -n ① ぶらんこ. (英 swing). **auf** der *Schaukel* hin und her schwingen ぶらんこをゆらゆらこぐ. ②《方》シーソー (= Wippe).

schau·keln [シャオケるン ʃáukəln] ich schaukle (schaukelte, *hat/ist*...geschaukelt) **I** 自 (完了 haben または sein) ① (h) (前後・左右に)揺れる; ぶらんこに乗って遊ぶ. (英 swing). Das Boot *schaukelt* **auf** den Wellen. そのボートは波間に揺れている / Die Kinder *schaukelten* auf dem Hof. 子供たちは中庭でぶらんこに乗っていた. (⇨ 類語 schwanken). ② (s)《口語》(...へ/...から)揺れながら進む, よろけながら歩いて行く.

II 他 (完了 haben) ① (前後・左右に:揺り動かす, 揺する. die Wiege⁴ *schaukeln* 揺りかごを揺する / ein Kind⁴ auf den Knien *schaukeln* 子供をひざの上で揺する. ②《口語》(事⁴を)うまく片づける.

Schau·kel·pferd [シャオケる・プふェアト] 中 -[e]s/-e 揺り木馬.

Schau·kel·po·li·tik [シャオケる・ポリティーク] 女 -/ (定見のない)日和見政治(政策).

Schau·kel·stuhl [シャオケる・シュトゥール] 男 -[e]s/..stühle ロッキングチェア. (⇨ Stuhl 図).

Schau·kel·te [シャオケるテ] schaukeln (揺れる)の 過去

schauk·le [シャオクれ] schaukeln (揺れる)の 1人称単数 現在

Schau·lust [シャオ・るスト] 女 -/ やじ馬根性, 物見高いこと.

schau·lus·tig [シャオ・るスティヒ] 形 やじ馬根性の, 物見高い.

Schau·lus·ti·ge[r] [シャオ・るスティゲ(..ガァ)] 男 女〖語尾変化は形容詞と同じ〗やじ馬, 物見高い人.

der **Schaum** [シャオム ʃáum] 男 (単 2) -[e]s/(複) Schäume [ショイメ] (3格のみ Schäumen) ①《ふつう単》① 泡, あぶく; (口から出る)泡, つばき. (英 bubble, foam). Seifen*schaum* せっけんの泡 / den *Schaum* vom Bier ab|trinken ビールの泡をすする / Eiweiß⁴ **zu** *Schaum* schlagen 卵白を泡立てる / *Schaum*⁴ schlagen《俗》大口をたたく. ②《詩》泡のようにはかない(むなしい)もの. **zu** *Schaum* werden はかなく消える / Träume sind *Schäume*. 《諺》夢はうたかた(はかないものだ.

Schaum·bad [シャオム・バート] 中 -[e]s/..bäder バブルバス用の入浴剤; バブルバス[に入ること].

Schäu·me [ショイメ] Schaum (泡)の 複

schäu·men [ショイメン ʃɔ́ymən] 自 (h, s) ① (h) (ビールなどが)泡立つ, (波が)しぶきを上げる. Der Sekt *schäumte* in den Gläsern. シャンパンがグラスの中でぶくぶく泡立った. ② (s) (...へ)泡を立てて(しぶきをあげて)流れる. ③ (h)《雅》激昂する. Er *schäumt* **vor** Wut. 彼はかんかんに怒っている.

Schaum·ge·bäck [シャオム・ゲベック] 中 -[e]s/-e〖料理〗メレンゲ(卵白と砂糖で作ったふっくらとしたクッキー).

Schaum·gum·mi [シャオム・グンミ] 男 -s/-s 気泡ゴム, フォームラバー.

schau·mig [シャオミヒ ʃáumɪç] 形 泡だらけの, 泡でできた, 泡立つ. *schaumiges* Bier 泡立つビール / Eiweiß⁴ *schaumig* rühren 卵白を泡立てる.

Schaum·kro·ne [シャオム・クローネ] 女 -/-n ① 白い波頭. ② (ビールなどの)盛り上がった泡.

Schaum·löf·fel [シャオム・れッふェる] 男 -s/- (あくなどをとる)網じゃくし.

Schaum·schlä·ger [シャオム・シュれーガァ]

Schaum[男]-s/- ① (卵などの)泡立て器 (=Schneebesen). ② (比)ほら吹き. (女性形: -in).

Schaum≠stoff[シャオム・シュトふ][男]-[e]s/-e 発泡プラスチック.

Schaum≠wein[シャオム・ヴァイン][男]-[e]s/-e 発泡ワイン;《口語》シャンパン (=Sekt).

Schau≠platz[シャオ・プらッツ][男]-es/..plätze (あることが行われる)場所, (事故などの)現場;(小説などの)舞台. der *Schauplatz* eines Unglücks 事故の現場 / vom *Schauplatz* ab|treten a) 公的活動から引退する, b)《雅・婉曲》死ぬ.

Schau≠pro·zess[シャオ・プロツェス][男]-es/-e (見せしめのための)公開裁判.

schau·rig[シャオりヒ ʃáurɪç] **I** [形] ① 身の毛もよだつ, ぞっとする, 恐ろしい. ②《口語》ひどい(天気)など. **II** [副]《口語》ひどく.

das **Schau≠spiel**[シャオ・シュピーる ʃáuʃpiːl][中](単2)-[e]s/(複)-e (3格のみ -en) ①《複 なし》劇, 演劇, 芝居.《英 drama》. ein historisches *Schauspiel*/ein *Schauspiel*⁴ auf|führen 劇を上演する / sich³ ein *Schauspiel*⁴ an|sehen 劇を鑑賞する / in ein *Schauspiel* gehen 芝居を見に行く. ②《文学》シャウシュピール(内容は深刻だがハッピーエンドで終わる劇のジャンル). ③《ふつう[単]》《雅》(印象的な)光景, 見もの (=Anblick).

der **Schau≠spie·ler**[シャオ・シュピーらァ ʃáuʃpiːlər][男]-s/(複)-(3格のみ-n) 俳優, 役者.《英 actor》. ein begabter *Schauspieler* 有能な俳優 / Er ist ein schlechter *Schauspieler*.《比》彼はお芝居が下手だ(うわべを装うことができない).

Schau·spie·le·rin[シャオ・シュピーれリン][女]-/..rinnen 女優.

schau·spie·le·risch[シャオ・シュピーれリッシュ][形] 俳優(役者)としての; 演技上の.

schau·spie·lern[シャオ・シュピーれるン ʃáuʃpiːlərn][過分 geschauspielert][自](h) ①《口語》(素人が)役者のまねごとをする. ②《軽蔑的に》(うわべを装うために)お芝居をする.

Schau·spiel≠haus[シャオ・シュピーる・ハオス][中]-es/..häuser 劇場 (=Theater).

Schau·spiel≠kunst[シャオ・シュピーる・クンスト][女]-/ 演劇[芸術]; 演技力.

Schau·spiel≠schu·le[シャオ・シュピーる・シューれ][女]-/-n 演劇学校.

Schau·stel·ler[シャオ・シュテらァ][男]-s/-(年の市[いち]などの)興行師.(女性形: -in).

Schau≠stück[シャオ・シュテュック][中]-[e]s/-e (珍しい・貴重な)展示品, 陳列品.

schau·te[シャオテ][動] *schauen (見る)の[過去]

der **Scheck**[シェック ʃɛk][男](単2)-[e]s/(複)-s 小切手, チェック.《英 check》.(《口語》「現金」は Bargeld). einen *Scheck* über 200 Euro aus|stellen (ein|lösen) 額面 200 ユーロの小切手を振り出す(現金化する)/ Ich habe mit [einem] *Scheck* bezahlt. 私は小切手で支払った.

Sche·cke¹[シェッケ ʃɛ́kə][男]-n/-n まだらの雄馬(雄牛).

Sche·cke²[シェッケ ʃɛ́kə][女]-/-n まだらの雌馬(雌牛).

Scheck≠heft[シェック・ヘふト][中]-[e]s/-e 小切手帳.

sche·ckig[シェキヒ ʃɛ́kɪç][形] まだらの, ぶちの(馬・牛など). ◇《成句的に》sich⁴ *scheckig* lachen (または *scheckig*|lachen)《口語》ばか笑いする.

die **Scheck≠kar·te**[シェック・カルテ ʃɛ́kkartə][女](単)-/(複)-n (銀行の)キャッシュカード. mit der *Scheckkarte* Geld⁴ ab|heben キャッシュカードでお金を下ろす.

scheel[シェーる ʃeːl][形]《口語》(目つきが)ねたましげな; 疑い深い; 見くびったような.

Schef·fel[シェッふェる ʃɛ́fəl][男]-s/- シェッフェル(昔の穀物などの単位: 50〜222 リットル). ②《方》大升, (大きな)桶(おけ). in *Scheffeln*《比》大量に / Warum stellst du dein Licht unter den *Scheffel*?《比》なぜ君は謙遜(けんそん)して自分の才能を隠すのか(←自分の明かりを升の下に置く; マタイによる福音書 5, 15).

schef·feln[シェッふェるン ʃɛ́fəln][他](h)《口語》(お金・財産⁴を)がっぽり手に入れる.

die **Schei·be**[シャイベ ʃáibə][女](単)-/(複)-n ① 円板, 円盤;《工》プーリー, パッキンリング, 座金(ざがね).《英 disk》. Dreh*scheibe* 回転盤.
② スライス, 薄片, 薄切り.《英 slice》. eine *Scheibe* Brot 一切れのパン / die Zitrone⁴ in *Scheiben* schneiden レモンをスライスする / Von ihm kannst du dir eine *Scheibe* ab|schneiden.《口語》君は彼をお手本にするとよいね(←彼の身を一切れ切り取ってもらう).
③ 窓ガラス, ガラス板 (=Fenster*scheibe*). die *Scheiben*⁴ ein|werfen (石を投げて)窓ガラスを壊す.
④《ジラ・軍》(射撃の)標的 (=Schieß*scheibe*); (投てき用の)円盤. nach der *Scheibe* schießen 標的を撃つ. ⑤《口語》CD, レコード (=Schallplatte).

Schei·ben≠brem·se[シャイベン・ブレムゼ][女]-/-n《自動車》ディスクブレーキ.

Schei·ben≠ho·nig[シャイベン・ホーニヒ][男]-s/ ①(巣をスライスした)天然蜂蜜(はちみつ). ②《口語・婉曲》くだらないこと, つまらないもの (=Scheiße ②).

Schei·ben≠schie·ßen[シャイベン・シーセン][中]-s/ 標的射撃.

Schei·ben≠wasch·an·la·ge[シャイベン・ヴァッシュアンらーゲ][女]-/-n《自動車》ウインドーウォッシャー.

Schei·ben≠wi·scher[シャイベン・ヴィッシャァ][男]-s/- (自動車などの)ワイパー.

Scheich[シャイヒ ʃaiç][男]-s/-e (または -s) ①(イスラム社会の)族長, 首長[の称号]. ②(若者言葉)ボーイフレンド.

Schei·de[シャイデ ʃáidə][女]-/-n ①(刀の)さ

や．den Degen aus der *Scheide* ziehen 刀を[さやから]抜く．②《医》腟(ち)．ワギナ．

schei·den* [シャイデン ʃáɪdən] du scheidest, er scheidet (schied, *hat*/*ist ...* geschieden) **I** 他 (定了 haben) ① (裁判所が **A**⁴を)**離婚させる** (英 *divorce*). eine Ehe⁴ *scheiden* 夫婦を離婚させる / sich⁴ [**von** 人³] *scheiden lassen* [人³と]離婚する. ◇[過去分詞の形で] *geschieden* sein 離婚している．

② [**A**⁴ **von** (または **aus**) **B**³ ~] (**A**⁴ を **B**³ から)**分ける**，隔てる，区別する；より分ける．(英 *separate*). Eine Wand *schied* die Kammer von der Küche. 壁は部屋を台所と隔てられていた / die faulen Äpfel⁴ von den guten *scheiden* よいりんごと腐ったりんごをより分ける．③ [**A**⁴ **in B**⁴ ~] (**A**⁴ を **B**⁴(グループなど)に)**分ける**，区分する．

II 自 (定了 sein) 《雅》別れる；立ち去る；《比》退く．aus dem Dienst (または dem Amt) *scheiden* 退職する / aus dem Leben *scheiden* 世を去る / **von** 人³ *scheiden* 人³と別れる．

III 再帰 (定了 haben) *sich*⁴ *scheiden* 分かれる．An dieser Frage *scheiden sich* die Meinungen. この問題では意見が分かれている．

◇☞ **geschieden**

Schei·de=wand [シャイデ・ヴァント] 女 -/..wände 隔壁, 仕切り壁；《医》隔膜．

Schei·de=**was·ser** [シャイデ・ヴァッサァ] 中 -s/《化》硝酸．

Schei·de=**weg** [シャイデ・ヴェーク] 男 -[e]s/-e 別れ道, 岐路. am *Scheideweg* stehen 岐路に立つ(決心を迫られる).

die **Schei·dung** [シャイドゥング ʃáɪdʊŋ] 女 (単) -/(複) -en ① 離婚．(英 *divorce*). die *Scheidung*⁴ ein|reichen 離婚届けを出す / in eine *Scheidung*⁴ ein|willigen 離婚に同意する / in *Scheidung* leben (夫婦が)別居生活をしている．② 区分, 区別；分離．

Schei·dungs=grund [シャイドゥングス・グルント] 男 -[e]s/..gründe 離婚の原因(理由)．

Schei·dungs=**kla·ge** [シャイドゥングス・クラーゲ] 女 -/-n 離婚請求の訴え．

Schei·dungs=**pro·zess** [シャイドゥングス・プロツェス] 男 -es/-e 離婚[請求]訴訟．

der **Schein** [シャイン ʃáɪn] 男 (単 2) -[e]s/(複) -e (3格のみ -en) ① [複 なし]**光**, 輝き, 明かり．(英 *light*). der warme *Schein* der Sonne² 太陽の暖かい光 / der milde *Schein* des Mondes 月の柔らかい光 / **beim** (または **im**) *Schein* der Lampe² lesen ランプの明かりで読書する．

② [複 なし] **外見**, 外観, 見せかけ；《哲》仮象．(英 *appearance*). Der *Schein* spricht gegen ihn. 情勢は彼にとって不利に見える / Der *Schein* lügt. 見かけは当てにならない(←うそをつく) / dem *Schein* **nach** 外見上は, 見たところ / nur **zum** *Schein* 見せかけだけ / *Schein* und Sein 仮象と実在．

③ **証明書**, 証書；受領証．(英 *certificate*).

einen *Schein* aus|stellen (unterschreiben) 証明書を発行する(証書にサインをする).

④ 紙幣 (=Geld*schein*). ein falscher *Schein* 偽札 / große (kleine) *Scheine* 高額(小額)の紙幣．

..**schein** のいろいろ: **Empfangsschein** 受領証 / **Fahrschein** 乗車券 / **Führerschein** 運転免許証 / **Garantieschein** 保証書 / **Geldschein** 紙幣 / **Gepäckschein** 手荷物預かり証 / **Gutschein** 商品引換券 / **Hunderteuroschein** 100ユーロ紙幣 / **Krankenschein** 健康保険証 / **Mondschein** 月光 / **Seminarschein** ゼミナール参加証明書 / **Sonnenschein** 日光 / **Widerschein** 反射光

schein.., Schein.. [シャイン.. ʃáɪn..]《形容詞・名詞につける接頭》《偽りの・見せかけの》例: *schein*heilig ねこかぶりの / *Schein*ehe 擬装結婚

Schein=an·griff [シャイン・アングリフ] 男 -[e]s/-e (陽動作戦による)見せかけの攻撃．

schein·bar [シャインバール ʃáɪnbaːr] **I** 形 **外見上の**, 見かけの, うわべの．(英 *seeming*). ein *scheinbarer* Widerspruch 見かけ上の矛盾 / mit *scheinbarer* Ruhe 平静を装って．

II 副 ① うわべだけ, 外見上は. Er gab nur *scheinbar* nach. 彼はただうわべだけ譲歩した．② [文全体にかかって]《口語》(見たところ)どうやら…らしい. *Scheinbar* kennt sie mich. どうも彼女は私のことを知っているらしい．

Schein=ehe [シャイン・エーエ] 女 -/-n 偽装結婚

schei·nen [シャイネン ʃáɪnən]

輝く Die Sonne *scheint* hell.
 ディ ゾンネ シャイント ヘル
 太陽が明るく輝いている．

(…であるように)見える
 Sie *scheint* glücklich zu sein.
 ズィー シャイント グリュックリヒ ツー ザイン
 彼女は幸福そうだ．

(schien, *hat ...* geschienen) 自 (定了 haben) ① **輝く**, 光る, 照る．(英 *shine*). Die Lampe *scheint* matt. 電灯がほの暗く光っている / Der Mond *scheint* **ins** Zimmer. 月の光が部屋に差し込んでいる．

② [ふつう **zu** 不定詞[句]とともに] (…であるように)**見える**, 思われる, …らしい．(英 *seem*). Er *scheint* krank [zu sein]. 彼は病気のようだ / Sie *schien* ihn zu kennen. 彼女は彼を知っているように見えた / Er ist jünger, als er *scheint*. 彼は見かけより若い．

◇[**dass** 文とともに] Es *scheint* (または Mir *scheint*), dass er nicht die Wahrheit sagt. どうも彼は本当のことを言っていないようだ．

◇[非人称の **es** を主語として] Sie sind viel reicher, als es *scheint*. 彼らは見かけよりもずっと金持ちだ / wie es *scheint* 見たところ．

類語 **scheinen**: (…であるように)見える, 思われる．(ふつう **zu** 不定詞[句]とともに用いられる)．**aus**|-

sehen:(人や物の外見が…のように)見える. Er *sieht* müde *aus*. 彼は疲れているように見える. **er-scheinen**:(ある事の内容が…に)思える. Seine Erklärung *erscheint* mir seltsam. 彼の説明は私には妙に思える. **vor|kommen**:(人³にとって…のような)気がする.

Schein-ge-schäft [シャイン・ゲシェフト] 匣 -(e)s/-e《商》偽装取引.

schein-hei-lig [シャイン・ハイリヒ] 形《口語》善人ぶった, 偽善的な; なにくわぬ顔をした.

Schein-tod [シャイン・トート] 男 -(e)s/《医》仮死[状態].

schein-tot [シャイン・トート] 形 ① 《医》仮死[状態]の. ② 《俗・戯》ものすごく年をとっている.

der **Schein⇔wer-fer** [シャイン・ヴェルファァ ʃáɪn-vɛrfər] 男 (単2) -s/(複) − (3格のみ -n)(車の)**ヘッドライト**; サーチライト, 投光器; (劇場の)スポットライト. 《英》 *headlight, searchlight*. die *Scheinwerfer* ab|blenden (auf|blenden) / ヘッドライトを下向き(上向き)にする / ein Gebäude⁴ mit *Scheinwerfern* an|strahlen 建物を投光器で照らす.

Schei-ße [シャイセ ʃáɪsə] 囡 -/《俗》① くそ(糞)(=Kot). **aus der *Scheiße* ziehen**《比》人⁴を苦境から救い出す / **in der *Scheiße* sitzen** (または stecken) 《比》苦境にある. ② だらないこと, つまらないもの. [So eine] *Scheiße!* くそっ, いまいましい.

scheiß⇔egal [シャイス・エガール] 形《述語としてのみ》《俗》まったくどうでもいい.

schei-ßen* [シャイセン ʃáɪsən] (schiss, *hat*...geschissen) 圓 ① 《俗》くそをする; おならをする. ② 《auf 人・事⁴～》人・事⁴を屁とも思わない, まったく無視する.

Schei-ßer [シャイサァ ʃáɪsər] 男 -s/《俗》(のしって:)くそったれ, げす野郎 (=Scheißkerl). (女性形: -in).

scheiß⇔freund-lich [シャイス・フロイントリヒ] 形《俗》いやに親切な.

Scheiß⇔kerl [シャイス・ケルる] 男 -(e)s/-e《俗》(ののしって:)くそったれ, げす野郎.

Scheit [シャイト ʃáɪt] 匣 -(e)s/-e (オーストリア・スイス: -er) (南ドイツ・オーストリア・スイス) まき, たき木. Holz⁴ in *Scheite* hacken 木をまきにする.

der **Schei-tel** [シャイテる ʃáɪtəl] 男 (単2) -s/(複) − (3格のみ -n) ① **頭髪の分け目**. 《英》 *parting*. einen *Scheitel* ziehen 髪を分ける / den *Scheitel* links tragen 髪を左側で分けている. ② 頭のてっぺん, 頭頂; (詩)頭髪. vom *Scheitel* bis zur Sohle 頭のてっぺんからつま先まで. ③ 最高地点, 頂点, (山の)頂上; (天)天頂; (数)頂点. der *Scheitel* eines Bogens 弧の頂点.

schei-teln [シャイテるン ʃáɪtəln] 他 (h) (髪⁴を)分ける.

Schei-tel⇔punkt [シャイテる・プンクト] 男 -(e)s/-e (天)天頂; (数)頂点.

Schei-ter⇔hau-fen [シャイタァ・ハオフェン] 男 -s/− (中世の火刑用の)まきの山.

schei-tern [シャイタァン ʃáɪtərn] (scheiterte, *ist*...gescheitert) 圓 (完了) sein) **失敗する**, 挫折(ざせつ)する, だめになる. 《英》 *fail*. Sein Plan *scheiterte* am Widerstand der Familie. 彼の計画は家族の抵抗にあって挫折した / Er *ist* mit seinem Plan *gescheitert*. 《現在完了》彼は計画に失敗した. ◊過去分詞の形で) eine *gescheiterte* Existenz 人生の敗残者.

schei-ter-te [シャイタァテ] scheitern (失敗する)の過去

Schelf [シェるフ ʃɛlf] 男匣 -s/-e (地理) 大陸棚.

Schel-lack [シェらック ʃɛlak] 男 -(e)s/-e シェラック(ワニスの原料となる樹脂).

Schel-le¹ [シェれ ʃɛlə] 囡 -/-n (導管などの)固定金具.

Schel-le² [シェれ] 囡 -/-n ① 鈴; 小さい鐘. ② (方)玄関ベル, 呼び鈴. ③ 《圏》で; 冠詞なし; 中性単数で)(ドイツ式トランプの)ダイヤ.

schel-len [シェれン ʃɛlən] 圓 (h) (方)① (電話などが)鳴る. 《非人称の es を主語として》 An der Haustür *schellt* es. 玄関の呼び鈴が鳴る. ② ベル(呼び鈴)を鳴らす. mit der Glocke *schellen* 手に持った鈴を鳴らす.

Schel-len⇔baum [シェれン・バオム] 男 -(e)s/..bäume (音楽)ターキッシュ・クレッセント(長い柄に多くの鈴を付けたトルコの打楽器. 軍楽隊などで用いる).

Schell⇔fisch [シェる・ふィッシュ ʃɛl-] 男 -(e)s/-e (魚)タラ[の一種].

Schel-ling [シェリング ʃɛlɪŋ] -s/ シェリング (Friedrich Wilhelm von *Schelling* 1775-1854; ドイツの哲学者).

Schelm [シェるム ʃɛlm] 男 -(e)s/-e いたずら者, ひょうきん者 (=Schalk). (女性形: -in). Er hat den *Schelm* im Nacken. 《比》彼はいたずら好きだ.

Schel-men⇔ro-man [シェるメン・ロマーン] 男 -s/-e (文学) ピカレスク小説, 悪漢小説.

Schel-men⇔streich [シェるメン・シュトライヒ] 男 -(e)s/-e [悪]ふざけ.

schel-misch [シェるミッシュ ʃɛlmɪʃ] 形 いたずらっぽい, おちゃめな.

Schel-te [シェるテ ʃɛltə] 囡 -/-n 《ふつう 匣》(雅) 叱責(しっせき), 小言. *Schelte*⁴ bekommen 小言をくらう.

schel-ten* [シェるテン ʃɛltən] du *schiltst*, er schilt (schalt, *hat*...gescholten) I 他 (完了) haben) (雅) 《人・事⁴を》**しかる**, たしなめる. 《英》 *scold*. Sie *schalt* sein Betragen. 彼女は彼のふるまいをとがめた. ② (人⁴を…だと)けなす, ののしる. 人⁴ einen Faulpelz (または faul) *schelten* いう者をののしる.

II 圓 (完了 haben) (雅) **ののしる**, 悪態をつく; しかる. **auf** (または **über**) 人・事⁴ *schelten* 人・事⁴をののしる / **mit** 人³ *schelten* 人³をしかる.

das **Sche-ma** [シェーマ ʃéːma] 匣 -(s) / (複) -s または (複) Schemata または (複) Schemen ① (基準となる)**型**, シェーマ, 手本; 規準,

パターン. (英 pattern). 物⁴ **in ein** *Schema* **pressen** 物⁴を無理に型にはめる / **sich⁴ nach einem** *Schema* **richten** ある手本にならう / **nach** *Schema* **F** (軽蔑的に:)型どおりに, 判で押したように (F はプロイセン軍が使った前線報告書 Frontrapporte の頭文字. これが非常に形式にうるさかったことから).

② 図面, 見取り図. **das** *Schema⁴* **einer elektrischen Schaltung² auf|zeichnen** 電気回路図を描く.

Sche·ma·ta [シェーマタ] Schema (型)の複
sche·ma·tisch [シェマーティッシュ ʃemáːtɪʃ] 形 ① 図式的, 図式による. ② 型どおりの, 型にはまった.
sche·ma·ti·sie·ren [シェマティズィーレン ʃematiːzíːrən] 他 (h) 図式化する, 図解する.
Sche·ma·tis·mus [シェマティスムス ʃematísmʊs] 男 -/..tismen ① (複 なし)(軽蔑的に:)形式主義, 画一主義. ② (ｵｰｽﾄﾘｱ)公務員職階別名簿. ③ (ｶﾄﾘｯｸ)教区統計要覧.
Sche·mel [シェーメル ʃéːməl] 男 -s/- (背もたれ・ひじ掛けのない)いす, スツール; (南ドイツ)足台.
Sche·men¹ [シェーメン] Schema (型)の複
Sche·men² [シェーメン ʃéːmən] 男 中 -s/- 幻, 幻影.
sche·men·haft [シェーメンハフト] 形 《雅》幻のような, おぼろな.
Schen·ke [シェンケ ʃéŋkə] 女 -/-n (小さな)飲み屋, 居酒屋.
der **Schen·kel** [シェンケる ʃéŋkəl] 男 (単 2) -s/(複) - (3 格–n) ① **太もも**, 大腿(だいたい), 上腿(じょうたい); 下腿(かたい). (英 thigh). **sich³ auf die** *Schenkel* **schlagen** (喜んで)ひざをたたく. ② (コンパスなどの)脚. ③ (数)(角をはさむ)辺.

schen·ken [シェンケン ʃéŋkən]

贈る

Was soll ich ihr *schenken*?
ヴァス ゾる イヒ イーァ シェンケン
何を彼女にプレゼントしようかな.

(schenkte, hat ... geschenkt) 他 (完了) haben) ① (人³に物⁴を)**贈る**, プレゼントする. (英 present). **Was** *schenkst* **du ihm zum Geburtstag (zu Weihnachten)?** 誕生日(クリスマス)に君は彼に何を贈るの / **人³ 物⁴ als Andenken** *schenken* 人³に物⁴を記念品として贈る / **Das ist [fast]** *geschenkt*. 〔状態受動・現在〕《口語》これはただみたいに安い. ◊〔目的語をしめても〕**Sie** *schenkt* **gerne.** 彼女はプレゼントをするのが好きだ. ◊〔過去分詞の形で〕**物⁴** *geschenkt* **bekommen** 物⁴を贈りものとしてもらう. ② 〔特定の名詞を目的語として〕**人·物³ Aufmerksamkeit⁴** *schenken* 人·物³に注意を払う / **Sie** *schenkte* **mir keinen Blick.** 《雅》彼女は私に目もくれなかった / **人³ Gehör⁴** *schenken* 《雅》人³の話に耳を傾ける / **人³ Vertrauen⁴** *schenken* 《雅》人³を信頼する.

③ (人³に 囲⁴を)免除する. **Die Strafe hat man ihm** *geschenkt*. 彼は罰を免れた. ◊〔再帰的に〕**sich³ 物⁴** *schenken* 囲⁴をしないで済ませる. ⇒ **Das** *kannst* **du** *dir schenken*. そんなことをするにはおよばない. ◊〔過去分詞の形で〕*Geschenkt*! 《口語》(それは)話題にするほどのことじゃないよ. ④ 〔A⁴ **in** B⁴ ~〕《雅》(A⁴をB⁴につぐ. **Wein⁴ ins Glas** *schenken* ワインをグラスにつぐ.

schenk·te [シェンクテ] ‡schenken (贈る)の過去
Schen·kung [シェンクング] 女 -/-en 〔法〕贈与金(物).
schep·pern [シェッパァン ʃépərn] 自 (h) (物が)がちゃんと音をたてる.
die **Scher·be** [シェルベ ʃérbə] 女 (単) -/(複) -n 《ふつう複》(ガラス・陶器などの)**破片**, かけら. **Glas***scherben* ガラスの破片 / **die** *Scherben⁴* **zusammen|kehren** 破片を掃き寄せる / **sich⁴ an einer** *Scherbe* **schneiden** 破片で切ってけがをする / **in** *Scherben* **gehen** こなごなに砕ける / *Scherben* **bringen Glück.** (諺)陶器が割れるのは縁起が良い(だれかが陶器を壊したときに, 慰めに言う).
die **Sche·re** [シェーレ ʃéːrə] 女 (単) -/(複) -n ① **はさみ**. (英 scissors). **Nagel***schere* 爪(つめ)切りばさみ / **eine scharfe** *Schere* 切れ味のいいはさみ / **die** *Schere⁴* **schleifen** はさみを研ぐ / **Die** *Schere* **schneidet gut.** はさみは良く切れる / **ein Stück Stoff⁴ mit der** *Schere* **ab|schneiden** (または **aus|schneiden**) 一片の布地をはさみで切り取る(裁断する).

② (動)(カニ・エビの)はさみ. ③ (体操の)開脚交差運動. (レスリングの)ヘッドシザーズ. ④ (二つの事柄の間の)差, 格差.

sche·ren¹⁽*⁾ [シェーレン ʃéːrən] (schor, hat ... geschoren (まれに scherte, hat ... geschert)) 他 (h) ① (髪・毛など⁴を)刈る, 短く切る. (人·物)の髪(毛)を刈る. **人³ den Bart (das Haar⁴)** *scheren* (人³のひげ(髪)を刈り込む / **einem Schaf die Wolle⁴** *scheren* 羊の毛を刈り取る / **Er ließ sich³ die Haare** *scheren*. 彼は髪を刈ってもらった. ② (生垣・芝生など⁴を)刈り込む, せんていする.
sche·ren² [シェーレン] 再帰 (h) **sich⁴** *scheren* (... へ)さっさと行く. *Scher* **dich ins Bett!** さっさと寝ろ / *Scher* **dich zum Teufel!** 《口語》とっととうせろ, くたばっちまえ.
sche·ren³ [シェーレン] **I** 他 (h) 《口語》(人⁴の)気にかかる. **Es** *scherte* **sie nicht, dass das Essen kalt war.** 食事が冷めていることを彼女は気にしなかった. **II** 再帰 (h) 〔成句的に〕**sich⁴ nicht um 人·物⁴** *scheren* 《口語》人·物⁴のことを気にかけない ⇒ **Er** *schert* **sich nicht um die Vorschriften.** 彼は規則など介さない.
Sche·ren≤schlei·fer [シェーレン・シュらイファァ] 男 -s/- はさみ(刃物)研ぎ師. (女性形: -in).
Sche·ren≤schnitt [シェーレン・シュニット] 男

−[e]s/-e 切り抜き[影]絵.

Sche·re·rei [シェーレライ ʃeːrərái] 囡 -/-en 【ふつう覆】《口語》めんどう[なこと], もめごと.

Scherf·lein [シェルふらイン ʃérflaɪn] 甲 -s/- 【ふつう単】《雅》小額[の寄付].

Scher·ge [シェルゲ ʃérgə] 男 -n/-n (軽蔑的に:)権力の手先.

Scher⸗kopf [シェーア・コフ] 男 -[e]s/..köpfe (電気かみそりの)ヘッド.

der **Scherz** [シェルツ ʃérts] 男 (単 2) -es/(複) -e (3格のみ -en) 冗談, ジョーク, ふざけ; からかい. (⚡ joke). (⚠ 「本気」は Ernst). ein harmloser *Scherz* 罪のない冗談 / einen *Scherz* machen 冗談を言う / Es war doch nur [ein] *Scherz*. ほんの冗談だったんだよ / Er treibt gern seinen *Scherz* mit anderen. 彼はよく他人をからかう 用 **aus** または **zum**) *Scherz* 冗談を言う, ふざける, からかう. / halb im *Scherz*, halb im Ernst 半ば冗談で, 半ばまじめに / *Scherz* beiseite! a) 冗談はさておき, b) 冗談はよせ / Mach keine *Scherze*! 《口語》冗談はよせ.

scher·zan·do [スケルツァンド skertsándo] [伊] 副《音楽》スケルツァンド, 諧謔(かいぎゃく)的に.

Scherz⸗ar·ti·kel [シェルツ・アルティーケル] 男 -s/- (カーニバルなどで使う)いたずら小道具(つけ鼻・爆竹など).

scher·zen [シェルツェン ʃértsən] du scherzt (scherzte, hat ... gescherzt) 自 (完了) haben) 《雅》冗談を言う, ふざける, からかう. (⚡ joke). Sie *scherzen* wohl! ご冗談を! / Ich *scherze* nicht! 私は本気だ / **mit** den Kindern *scherzen* 子供たちをからかう / Damit ist nicht zu *scherzen*. それは笑い事ではない / **über** 人・事⁴ *scherzen* 人・事⁴をちゃかす.

Scherz⸗fra·ge [シェルツ・フラーゲ] 囡 -/-n とんち(意地悪)クイズ.

scherz·haft [シェルツハフト] 形 冗談半分の, ふざけた; こっけいな, おどけた.

Scher·zo [スケルツォ skértso] [伊] 甲 -s/-s (または Scherzi)《音楽》スケルツォ, 諧謔(かいぎゃく)曲.

scherz·te [シェルツテ] scherzen (冗談を言う)の 過去.

scheu [ショイ ʃɔʏ] 形 (比較 scheuer, 最上 scheu[e]st) ① 物おじする, はにかみやの, おどおどした. (⚡ shy). ein *scheuer* Mensch 内気な人 / ein *scheuer* Blick おどおどした視線. ② (動物が)臆病(おくびょう)な, ものに驚きやすい. ein *scheues* Reh 警戒心の強いのろ鹿 / Das Pferd wurde plötzlich *scheu*. その馬は突然おびえて興奮した.

Scheu [ショイ] 囡 -/ ① 物おじ, 臆病(おくびょう)さ. にかみ. ohne *Scheu* 平気で, 遠慮なく. ② (動物の)警戒心.

scheu·chen [ショイヒェン ʃɔʏçən] 他 (h) ① (動物など⁴を脅かして)追い払う. die Katze⁴ **vom** Tisch *scheuchen* 猫をテーブルから追い払う. ② (人⁴を…へ行くように)せきたてる.

scheu·en [ショイエン ʃɔʏən] (scheute, hat ... gescheut) **I** 他 (完了 haben) (事⁴をいやがって)しり込みする, はばかる, 恐れる. 《⚡ shy). Er *scheut* die Entscheidung. 彼は決断をしぶっている / keine Mühe⁴ *scheuen* 労をいとわない.

II 再帰 (完了 haben) [*sich⁴* **vor** 事³ ~) 用⁴にしり込みする, ちゅうちょする. Er *scheute sich* **vor** keiner Aufgabe. 彼はどんな任務にもしり込みしない / Er *scheute sich* [davor], ihr die Wahrheit zu sagen. 彼は彼女に本当のことを言うのをはばかった.

III 自 (完了 haben) (馬などが)おびえてしり込みする, こわがって暴れる.

Scheu·er⸗lap·pen [ショイアァ・ラッペン] 男 -s/- ぞうきん.

scheu·ern [ショイアァン ʃɔʏərn] 他 (h) ① こすってきれいにする, ごしごし磨く. den Fußboden *scheuern* 床を磨く / die Fliesen⁴ blank *scheuern* (または blank|*scheuern*) タイルをぴかぴかに磨く. ② [A⁴ von B³ ~] (A⁴ を B³ から)こすり落とす. die Farbe⁴ von der Wand *scheuern* 壁から塗料をこすり落とす. ③ (人⁴・体の一部⁴に)すれる; (体の一部⁴を)こすって傷める. Der Riemen *scheuert* mich (または meine Haut). ベルトがすれて痛い / Der Schuh *scheuert* mir die Ferse wund. 靴はかかとに靴ずれがする. ◇[再帰的に] *sich⁴* **am** Knie wund *scheuern* ひざをすりむく. ◇[目的語なしでも] Der Kragen *scheuert* am Hals. カラーが首にする. ④ [A⁴ **an** B³ ~] (A⁴(体の一部)を B³ に)こすりつける. den Rücken an der Stuhllehne *scheuern* 背中をいすの背もたれにこすりつける. ◇[再帰的に] Das Pferd *scheuert sich⁴* **an** der Mauer. 馬が壁に体をこすりつけている. ⑤ [成句的に] 人³ eine⁴ *scheuern* 《俗》人³に一発くらわす.

Scheu·er⸗tuch [ショイアァ・トゥーフ] 甲 -[e]s/..tücher ぞうきん (= Scheuerlappen).

Scheu⸗klap·pe [ショイ・クラッペ] 囡 -/-n 【ふつう覆】(馬の)目隠し(革). *Scheuklappen*⁴ haben (または tragen)《比》視野が狭い.

Scheu·ne [ショイネ ʃɔʏnə] 囡 -/-n (農家の)納屋, 干し草小屋.

Scheu·nen⸗dre·scher [ショイネン・ドレシャァ] 男 【成句的に】 wie ein *Scheunendrescher*⁴ essen 《俗》ものすごくたくさん食べる.

Scheu·sal [ショイザール ʃɔʏzaːl] 甲 -s/-e (口語: ..säler) 化け物, 怪物; 残忍な(いやな)やつ.

scheuß·lich [ショイスリヒト ʃɔʏslɪç] **I** 形 ① ぞっとするような, 醜悪な; 卑劣な, 忌まわしい(犯罪など). ein *scheußlicher* Anblick (Kerl) ぞっとするような光景(ぞっとするほどいやなやつ). ② 《口語》不快な, 耐えられないほどの. Das Wetter ist *scheußlich*. なんともいやな天気だ.

II 副《口語》ひどく, ものすごく. Es war *scheußlich* kalt. ひどく寒かった.

Scheuß·lich·keit [ショイスリヒカイト] 囡 -/-en 【覆 なし】忌まわしさ, 醜悪. ② 【ふつう覆】忌まわしい出来事(言動).

scheu・te [ショイテ] scheuen (しり込みする)の過去

Schi [シー] fíː] 男 -s/-er (まれに -) スキー (= Ski). Schi⁴ fahren (または laufen) スキーをする.

die **Schicht** [シヒト] ʃiçt] 女 (単) -/(複) -en ① **層**, 皮膜. (英 layer). Ozon*schicht* オゾン層 / eine dünne *Schicht* 薄い層 / die untere (obere) *Schicht* 下層(上層). ② (社会の)階層. die führende *Schicht* 指導者階層. ③ (工場などの)交替制勤務; (交替制勤務の)組. Früh*schicht* 早番 / Spät*schicht* 遅番 / **in** drei *Schichten* arbeiten 3 交替で働く / *Schicht*⁴ **machen** (口語)仕事じまいにする(←その日の交替制勤務を終える).

Schicht⁼ar・beit [シヒト・アルバイト] 女 -/ [時間]交替制労働(作業).

Schicht⁼ar・bei・ter [シヒト・アルバイタァ] 男 -s/- [時間]交替勤務労働者. (女性形: -in).

schich・ten [シヒテン] ʃíçtən] 他 (h) (層状に)積み重ねる, 積み重ねて置く(しまう).

Schich・tung [シヒトゥング] 女 -/-en 層の形成; 成層; (社会の)階層分化.

Schicht⁼un・ter・richt [シヒト・ウンタァリヒト] 男 -(e)s/ 交替制(二部)授業.

Schicht⁼wech・sel [シヒト・ヴェクセル] 男 -s/- (交替制勤務の)勤務交替.

schicht⁼wei・se [シヒト・ヴァイゼ] 副 ① 層を成して, 重なり合って. ② 班ごとに交替で.

＊**schick** [シック ʃík] 形 ① (服装などが)**シックな**, しゃれた, 粋(ショ)な. (英 chic). ein *schickes* Kleid 粋なワンピース / sich⁴ *schick* an|ziehen シックな身なりをする. ② あか抜けした, スマートな(女性など). ③ (口語)(トレンディーで)かっこいい, いい感じの. ein *schickes* Auto かっこいい車.

Schick [シック] 男 -s/ 粋(ショ), エレガンス, 洗練, 優雅. Sie hat *Schick*. 彼女はおしゃれのセンスがいい.

＊**schi・cken** [シッケン ʃíkən]

> 送る Ich *schicke* dir ein Paket.
> イヒ シッケ ディア アイン パケート
> 君に小包を送るよ.

(schickte, *hat* ...geschickt) **I** 他 (定了 haben) ① (物⁴を)**送る**, 届ける, 送り届ける. (英 send). 人³ Blumen⁴ *schicken* 人³に花を届ける / 人³ (または **an** 人⁴) einen Brief *schicken* 人³ (または 人⁴)に手紙を出す / Wie **kann** ich **das** Paket **nach** Japan *schicken*? この小包を日本へ送るにはどうしたらいいですか.

② (人⁴を)**行かせる**, 派遣する. (人⁴に)...をさせに行かせる / ein Kind⁴ **in** die Schule (ins Bett) *schicken* 子供を学校へ通わせる(寝かせる) / Er *schickte* seinen Sohn **zum** Bäcker. 彼は息子をパン屋に使いにやった. ◇〖zu のない不定詞とともに〗Die Mutter *schickte* das Mädchen einkaufen. その母親は女の子を買い物に行かせた.
◇〖目的語なしでも〗[人⁴] **nach** 人³ *schicken* [人⁴に]人³を呼びに行かせる ⇒ Ich *schickte* [den Nachbarn] nach dem Arzt. 私は[隣人に]医者を呼びに行かせた.

II 再帰 (定了 haben) *sich*⁴ *schicken* ① 〖*sich*⁴ **in** 事⁴ ～〗(事⁴に)順応する, 従う. Er *schickte* sich in sein Schicksal. 彼は運命に従った. ② ふさわしい, 適切である. Ein solches Benehmen *schickt sich* nicht für dich. そんなふるまいは君にふさわしくない.

◇☞ **geschickt**

> 類語 **schicken**: 「送る, 送り届ける」の意味で最も一般的な語. **senden**: schicken よりはやや上品な言い回し. Er *sandte* den Brief per Luftpost. 彼はその手紙を航空便で発送した. **ab|schicken**: (ある所から)発送(送付)する. **versenden**: (大勢の人にカタログなどを)発送する, 送付する.

Schi・cke・ria [シッケリーア ʃikərí:a] 女 -/ 《隠語》(社交界などの)上流階級.

Schi・cki・mi・cki [シッキ・ミッキー ʃiki-míki] 男 -s/-s 流行の服を着たがる人.

schick・lich [シックリヒ] 形 《雅》適切な, しかるべき, 礼儀作法にかなった. ein *schickliches* Benehmen 礼儀にかなった態度.

Schick・lich・keit [シックリヒカイト] 女 -/ 《雅》適切, 適当; 礼儀(作法)にかなったこと.

das **Schick・sal** [シックザール ʃíkza:l] 中 (単2) -s/(複) -e (3格のみ -en) ① **運命**, 宿命. (英 fate). das *Schicksal* eines Volkes 一民族の運命 / ein trauriges *Schicksal*⁴ haben 悲しい宿命を背負う / Er folgte seinem *Schicksal*. 彼は己の運命に従った / 人⁴ seinem *Schicksal* überlassen 人⁴を見捨てる. ② 〖複 なし〗神の摂理, 天命. Das müssen wir dem *Schicksal* überlassen. それは天命に任せるほかはない.

schick・sal・haft [シックザールハフト] 形 運命の, 宿命的な, 一生を決定するような.

Schick・sals⁼glau・be [シックザールス・グラウベ] 男 -ns (3格・4格 -n)/ 運命(宿命)論.

Schick・sals⁼schlag [シックザールス・シュラーク] 男 -(e)s/..schläge 運命の一撃, 悲運.

schick・te [シックテ] ：schicken (送る)の過去

Schie・be⁼dach [シーベ・ダッハ] 中 -(e)s/..dächer (自動車の)スライディング(サン)ルーフ.

Schie・be⁼fens・ter [シーベ・フェンスタァ] 中 -s/- 引き窓, スライディングウインドー.

＊**schie・ben*** [シーベン ʃíːbən] (schob, *hat/ist* ...geschoben) **I** 他 (定了 haben) ① **押す**, 押して動かす; 押しやる, 押し込む. (英 push). einen Kinderwagen *schieben* ベビーカーを押す / Er *schiebt* sich³ die Brille **auf** die Stirn. 彼は眼鏡を額の上へ押し上げる / Kuchen⁴ **in** den Mund *schieben* ケーキを口の中に押し込む / Wir *schoben* ihn ins Zimmer. 私たちは彼を部屋の中に押しやった / 物⁴ **nach** oben *schieben* 物⁴を上へ押し上げる / 人・物⁴ **zur** Seite *schieben* 人・物⁴をわきへ押しのける.
② 〖事⁴ **auf** 人・物⁴ ～〗(事⁴(責任など)を)人・物⁴

に)押しつける, 転嫁する. Er *schiebt* die Schuld gern auf andere. 彼は責任をすぐ他人になすりつける. ③《俗》(外貨など⁴を)闇(ﾔﾐ)取り引きする.
II (完了 haben) *sich⁴ schieben* ① 〖*sich⁴ durch* 物⁴ ~〗(物⁴の中を)押し分けて進む. Er *schob sich* durchs Gewühl. 彼は雑踏をかき分けて進んだ. ②『方向を表す語句とともに』(滑るように…へ)動いて行く. Eine Kaltfront *schiebt sich* **über** Mitteleuropa. 寒冷前線がゆっくり中部ヨーロッパに張り出してくる.
III (完了 sein または haben) 《俗》 ① (s) 足を引きずるように歩いて行く. ② (h) 闇(ﾔﾐ)取り引きをする. **mit** Rauschgift *schieben* 麻薬を密売する.

Schie·ber [シーバァ ʃiːbər] 男 -s/- ① (左右に開く)引き戸; スライド式のふた; (ドアの)かんぬき, 差し錠; (ファスナーの)スライダー. ②《口語》闇(ﾔﾐ)ブローカー.(女性形: -in).

Schie·be·tür [シーベ・テューァ] 囡 -/-en 引き戸.

Schie·bung [シーブング] 囡 -/-en 《口語》① 闇(ﾔﾐ)取り引き. ② えこひいき.

schied [シート] *scheiden*(離婚させる)の 過去

schie·de [シーデ] *scheiden*(離婚させる)の 接2

Schieds=ge·richt [シーツ・ゲリヒト] 中 -[e]s/-e ① 《法》仲裁裁判所. ②(ｽﾎﾟ)審判団.

Schieds=rich·ter [シーツ・リヒタァ] 男 -s/- ①《法》仲裁裁判官; 仲裁人. (女性形: -in). ②(ｽﾎﾟ)審判員, レフェリー.

Schieds=spruch [シーツ・シュプルフ] 男 -[e]s/..sprüche 《法》仲裁裁定.

schief [シーフ ʃiːf] 形 ① **傾いた**, 斜めの; ゆがんだ. eine *schiefe* Wand 傾いた壁 / eine *schiefe* Ebene《数》斜面 / der *Schiefe* Turm von (または zu) Pisa ピサの斜塔 / eine *schiefe* Schulter⁴ 肩が傾いている / Sie machte ein *schiefes* Gesicht. 彼女は顔をしかめた. 〖囚⁴ *schief* an|sehen《口語・比》囚⁴を横目で見る (軽蔑・ねたみなどから)〗 / Das Bild hängt *schief*. 絵が傾いて掛かっている / Der Teppich liegt *schief*. カーペットが斜めになっている.
② 的はずれの, 誤った. ein *schiefer* Ausdruck 的はずれの表現 / Das war ein *schiefer* Vergleich. それはピントはずれの比較だった.
▶ schief|treten

Schie·fer [シーファァ ʃiːfər] 男 -s/- ① 頁岩(ｹﾂｶﾞﾝ); スレート. ein Dach⁴ mit *Schiefer* decken 屋根をスレートでふく. ②(ｵｰｽﾄﾘｱ) 小木片, (木の)とげ.

Schie·fer·dach [シーファァ・ダッハ] 中 -[e]s/..dächer スレート屋根.

Schie·fer=gas [シーファァ・ガース] 中 -es/-e シェールガス. (英 *shale gas*). (頁岩(ｹﾂｶﾞﾝ)層に含まれる天然ガス. 非在来型の資源として注目されている).

Schie·fer·ta·fel [シーファァ・ターフェル] 囡 -/-n (昔の:)(筆記用の)石板.

schief|ge·hen* [シーフ・ゲーエン ʃiːf-ɡeːən] 自 (s)《口語》(仕事などが)うまく行かない, 失敗する.

schief=ge·wi·ckelt [シーフ・ゲヴィッケルト] 形 〖成句的に〗 *schiefgewickelt* sein《口語》とんだ思い違いをしている.

schief=la·chen [シーフ・ラッヘン ʃiːf-laxən] 再帰 (h) *sich⁴ schieflachen*《口語》(身をよじって)大笑いする.

schief|lie·gen* [シーフ・リーゲン ʃiːf-liːɡən] 自 (h)〖*mit* 物³ ~〗《口語》〖物³(意見など)において〗考え違いをしている, 的はずれである.

schief|tre·ten*, schief tre·ten* [シーフ・トレーテン ʃiːf-treːtən] 他 (h) (靴のかかとなど⁴を)斜めにはき減らす.

Schie·le [シーレ ʃiːlə] -s/-《人名》シーレ (Egon *Schiele* 1890-1918; オーストリアの画家).

schie·len [シーレン ʃiːlən] 自 (h) ① 斜視(ﾔﾌﾞﾆﾗﾐ)である. Er *schielt* auf dem rechten Auge. 彼は右目が斜視である. ②《口語》(…の方を)ちらっと横目で見る, 盗み見る. durchs Schlüsselloch *schielen* 鍵穴(ｶｷﾞｱﾅ)からのぞき見る. ③〖*nach* 物³ ~〗《口語》(物³を)もの欲しそうに見る. (物³を)欲しがる.

schien [シーン] *scheinen*(輝く)の 過去

Schien·bein [シーン・バイン] 中 -[e]s/-e《医》脛骨(ｹｲｺﾂ); 向こうずね.

schie·ne [シーネ] *scheinen*(輝く)の 接2

die **Schie·ne** [シーネ ʃiːnə] 囡 (単) -/(複) -n ① (鉄道の)**レール**; 鉄道. (英 *rail*). aus den *Schienen* springen 脱線する. ②(カーテン・引き戸などの)レール; (金属の)枠縁. ③《医》(接骨用の)副木(ｿｴｷﾞ). ④ T 定規.

schie·nen [シーネン ʃiːnən] 他 (h)《医》(骨折した腕など⁴を)副木(ｿｴｷﾞ)で固定する.

Schie·nen=bus [シーネン・ブス] 男 ..busses/..busse レールバス.

Schie·nen=fahr·zeug [シーネン・ファールツォイク] 中 -[e]s/-e レール走行車両.

Schie·nen=netz [シーネン・ネッツ] 中 -es/-e 鉄道網.

Schie·nen=weg [シーネン・ヴェーク] 男 -[e]s/-e (いくつかの場所を結ぶ)鉄道路線.

schier¹ [シーァ ʃiːr] 副 ほとんど (=fast, beinahe). Das ist *schier* unmöglich. それはほとんど不可能だ.

schier² [シーァ] 形《方》① 純粋な, 混じり気のない. *schieres* Gold 純金. ②《比》まったくの.

Schier·ling [シーァリング ʃiːrlɪŋ] 男 -s/-《植》ドクニンジン(毒人参).

Schieß·bu·de [シース・ブーデ] 囡 -/-n (年の市(ｲﾁ)などの)射的場.

Schieß·bu·den=fi·gur [シースブーデン・フィグーァ] 囡 -/-en《口語》(容姿が)変な(おかしな)やつ (←射的場のがの人形).

schie·ßen* [シーセン ʃiːsən] du schießt (schoss, *hat/ist* ... geschossen) I 自 (完了 haben または sein) ① (h) **撃つ**, 射撃する(弓で矢を)射る; (銃などが…に)撃てる.《英 *shoot*》. Er *schießt* gut. 彼は射撃がうまい / Hände hoch oder ich *schieße*! 両手を上げろ, そうし

ないと撃つぞ / **auf** 囚⁴ *schießen* 囚⁴をねらって撃つ / **in die Luft** *schießen*（威嚇のため）空へ向けて発砲する / Sie *schoss* ihm ins Bein. 彼女は彼の足を撃った / **mit der Pistole** *schießen* ピストルで撃つ / **nach der Scheibe** *schießen* 標的をめがけて撃つ / Das Gewehr *schießt* gut (nicht mehr). この銃はよく当たる（もう撃てない）.
② (s)〚方向を表す語句とともに〛（…へ/…から）勢いよく動く（飛ぶ, 走る）;（水などが）吹き出る;《比》（考えが）ひらめく. Das Wasser *schießt* **aus** der Leitung. 水が水道管から吹き出る / Ein Gedanke *schoss* ihm **durch** den Kopf. ある考えが突然彼の頭にひらめいた / Eine Rakete *schoss* **in** die Luft. ロケットが空へ発射された / Ein Sportwagen *schoss* **um** die Ecke. スポーツカーがものすごい速さでコーナーを曲がった. ③ (s) ぐんぐん成長する. Der Spargel *schießt*. アスパラガスがにょきにょき伸びる / *Der Junge ist* mächtig *geschossen*.〚現在完了〛その少年はぐんぐん背が伸びた. ④ (h) 勢いよくボールをける（投げる）. **ins Tor** *schießen* ゴールへシュートする.
II 他（完了 haben）① （人・動物など⁴を）撃つ;（獲物⁴を）射とめる. 囚⁴ **in den Arm** *schießen* 囚⁴の腕を撃つ / Er *hat* einen Hasen *geschossen*. 彼はうさぎを射とめた / 囚³ **eine**⁴ *schießen* 《俗》囚³に一発くらわす.
② 〚方向を表す語句とともに〛（ボール⁴を…へ）勢いよくける（投げる）. Er *schoss* den Ball **ins Tor**. 彼はボールをゴールにシュートした. 〚方向を表す語句とともに〛（弾丸・矢など⁴を…へ）発射する. einen Satelliten **in die Umlaufbahn** *schießen* 人工衛星を軌道に打ち上げる / 囚⁴ **eine** Kugel⁴ **in** Herz *schießen* 囚⁴の心臓に弾丸を撃ち込む. ④〚A⁴ **in** B⁴ ～〛(A⁴（穴など）を B⁴ に）撃ってあける. Löcher⁴ **in die Tür** *schießen* 銃を撃ってドアにいくつも穴をあける. ⑤（射撃・シュートで得点など⁴を）獲得する. ein Tor⁴ *schießen* シュートを決める. ⑥（スナップ写真⁴を）ぱちぱち撮る.
▶ **schießen|lassen**

Schie·ßen [シーセン] 田 -s/- 射撃[競技会].

schie·ßen|las·sen*, **schie·ßen las·sen*** [シーセン・ラッセン ʃiːsən-làsən]（過分 schießen|gelassen, schießen [ge]lassen）他 (h) 《口語》（計画など⁴を）ほうり出す, 断念する.

Schie·Be·rei [シーセライ ʃiːsəràɪ] 囡 -/-en （激しい）撃ち合い.

Schieß⸗ge·wehr [シース・ゲヴェーァ] 田 -[e]s/-e 《幼児》鉄砲.

Schieß⸗hund [シース・フント] 男 -[e]s/-e《古》《狩》猟犬. wie ein *Schießhund* aufpassen《口語》（猟犬のように）油断なく見張っている.

Schieß⸗platz [シース・ブラッツ] 男 -es/..plätze 射撃練習場.

Schieß⸗pul·ver [シース・プルファァ] 田 -s/- 火薬.

Schieß⸗schar·te [シース・シャルテ] 囡 -/-n （城壁などの）銃眼, 砲門.

Schieß⸗schei·be [シース・シャイベ] 囡 -/-n （射撃の）標的.

Schieß⸗stand [シース・シュタント] 男 -[e]s/..stände 射撃[練習]場.

*das **Schiff** [シフ ʃif]

| 船 | Wir fahren mit dem *Schiff*.
ヴィァ ファーレン ミット デム シフ
私たちは船で行きます. |

田 （単2) -es（まれに -s)/（複) -e (3格のみ -en)
① 船, 船舶. (英 ship). ein schnelles *Schiff* 速い船 / ein *Schiff* bauen 船を建造する / Das *Schiff* läuft vom Stapel. 船进水する / Das *Schiff* liegt im Hafen vor Anker. 船が錨を降ろして港に停泊している / **an** (**von**) Bord eines *Schiffes* gehen 上船（下船）する / klar *Schiff*⁴ machen a)《海》甲板を掃除する, b)《口語》用事を片づける.
②《建》（教会堂の）身廊（ふう）, ネーブ.（☞「建築様式 (1)」, 1744 ページ）.

> ..schiff のいろいろ: **Dampfschiff** 汽船 / **Frachtschiff** 貨物船 / **Handelsschiff** 商船 / **Kriegsschiff** 軍艦 / **Segelschiff** 大型帆船 / **Mittelschiff** (教会の)身廊 / **Seitenschiff** (教会の)側廊

Schiffahrt [シフ・ファールト] Schifffahrt の古い形.

schiff·bar [シフ・バール] 形 航行可能の（水路・運河など）.

Schiff⸗bau [シフ・バオ] 男 -[e]s/ 造船[業].

Schiff⸗bruch [シフ・ブルフ] 男 -[e]s/..brüche 《古》海難事故, 難破[船]. **mit** 男³ *Schiffbruch*⁴ erleiden《比》男³に失敗する.

schiff·brü·chig [シフ・ブリュヒヒ] 形 海難事故に遭った, 難破した.

Schiff·chen [シフヒェン ʃifçən] 田 -s/- (Schiff の 縮小) ① 小舟; おもちゃの舟. ②《口語・軍》（両端のとがった）舟型帽. ③《織》（織機の）杼（ひ）,（ミシンの）ボビンケース,《手芸》（タッチングの）シャトル. ④《植》竜骨弁.

schif·fen [シッフェン ʃifən] I 自 (h)《俗》小便をする. II 非人称 (h) Es *schifft*.《俗》（雨が）ざーざー降る.

Schif·fer [シッファァ ʃifər] 男 -s/- （主として内陸航行船の）船長, 船頭, 船員.（女性形: -in).

Schif·fer⸗kla·vier [シッファァ・クらヴィーァ] 田 -s/-e《戯》アコーディオン.

Schiff⸗fahrt [シフ・ファールト] 囡 -/ 航海, 船舶航行, 海運.

Schiff·fahrts⸗li·nie [シフファールツ・リーニエ] 囡 -/-n [定期]航路.

Schiffs⸗arzt [シフス・アールツト] 男 -es/..ärzte 船医.（女性形: ..ärztin).

Schiffs⸗schau·kel [シフス・シャオケる] 囡 -/- （年の市(いち)・村祭りなどの）小舟形ぶらんこ.

Schiffs⸗fracht [シフス・フラハト] 囡 -/-en 船荷.

Schiffs‗jun·ge [シふス・ユンゲ] 男 -n/-n 見習船員(水夫).

Schiffs‗koch [シふス・コッホ] 男 -[e]s/..köche 船のコック.

Schiffs‗la·dung [シふス・らードゥング] 囡 -/-en 船荷, 船の積み荷.

Schiffs‗mann·schaft [シふス・マンシャふト] 囡 -/-en 船の乗組員(クルー).

Schiffs‗schrau·be [シふス・シュラオベ] 囡 -/-n (船の)スクリュー, 推進器.

Schiffs‗tau·fe [シふス・タオフェ] 囡 -/-n 船の命名式, 進水式.

Schiffs‗werft [シふス・ヴェルふト] 囡 -/-en 造船所, ドック.

Schiffs‗zwie·back [シふス・ツヴィーバック] 男 -[e]s/-e (または ..bäcke) (船舶の)非常用乾パン.

Schi·ka·ne [シカーネ ʃikáːnə] 囡 -/-n ① (弱者に対する権力者の)いやがらせ, ハラスメント. ② 《成句的に》 mit allen *Schikanen* 《口語》ありとあらゆる装備を備えた(車・キッチンなど). ③ 《ｽﾎﾟｰﾂ》(サーキットの)シケイン.

schi·ka·nie·ren [シカニーレン ʃikaníːrən] 他 (h) (人⁴に)いやがらせをする, いじめる.

schi·ka·nös [シカネース ʃikanǿːs] 形 いやがらせの, 意地の悪い.

Schi·ko·ree [シッコレ ʃíkoreː または シコレー ʃikoréː] 男 -/ (または 囡 -s/) 《植》チコリー, キクニガイモ(タンポポに似たサラダ用野菜) (=Chicorée).

Schi‗lauf [シーらおふ] 男 -s/ (スポーツとしての)スキー (=Skilauf).

Schi‗läu·fer [シーろイふァァ] 男 -s/- スキーヤー (=Skiläufer). (女性形: -in).

das **Schild**¹ [シふト ʃilt] 甲 (単2) -es (まれに -s)/(複) -er (3格のみ -ern) ① 表示板, 標識; 看板, 表札, プレート. Verkehrs*schild* 交通(道路)標識 ein *Schild*⁴ an[den]baum *Schild* を取り付ける. ② ラベル; 値札. das *Schild*⁴ von einer Flasche entfernen びんのラベルをはぐ.

der **Schild**² [シふト ʃilt] 男 (単2) -es (まれに -s)/(複) -e (3格のみ -en) ① 盾. 《英》 *shield*). *Schild* und Speer 盾と槍(⁷ч)/ 人⁴ auf den *Schild* heben 《雅》 人⁴を指導者として祭りあげる/ 人⁴ gegen 人⁴ im *Schild* führen 人⁴に対して[計略⁴を]ひそかにたくらむ / sich⁴ mit dem *Schild* decken 盾で身を守る. ② 盾形紋地. ③ 《軍》 防護板, 《工》 (原子炉の)放射線遮蔽(⁷ⁿ)盤.

Schild‗bür·ger [シふト・ビュルガァ] 男 -s/- 愚か者, ばかな事をする人(ザクセンの小都市シルダの町民の愚行を書いた 16 世紀の民衆本にちなむ). (女性形: -in).

Schild‗bür·ger‗streich [シふトビュルガァ・シュトライヒ] 男 -[e]s/-e 愚行.

Schild‗drü·se [シふト・ドリューゼ] 囡 -/-n 《医》甲状腺(⁷ч).

Schil·der [シるダァ] Schild¹ (表示板)の 複

schil·dern [シるダァン ʃíldərn] (schilderte, hat ... geschildert) 他 《完了》 haben) (ありあり と)**描写する**, (詳しく)述べる. 《英》 *describe*). Bitte *schildern* Sie mir den Vorgang in allen Einzelheiten. その経過を詳細に述べてください.

schil·der·te [シるダァテ] schildern (描写する)の 過去

Schil·de·rung [シるデルング] 囡 -/-en 描写, 叙述.

Schil·der‗wald [シるダァ・ヴァるト] 男 -[e]s/ 《口語》林立する交通標識(←標識の森).

Schild‗krö·te [シるト・クレーテ] 囡 -/-n 《動》カメ[類].

Schild‗krö·ten‗sup·pe [シるトクレーテン・ズッペ] 囡 -/-n 《料理》海亀(ﾊﾞﾐ)のスープ.

Schild‗patt [シるト・パット] 甲 -[e]s/ べっ甲.

Schild‗wa·che [シるト・ヴァッヘ] 囡 -/-n 《軍》歩哨(ﾎﾟｰ)[勤務].

Schilf [シるふ ʃilf] 甲 -[e]s/-e 《ふつう 単》《植》ヨシ, アシ.

Schi‗lift [シー・りふト] 男 -[e]s/-e (または -s) スキーリフト (=Skilift).

Schil·ler [シらァ ʃílər] -s/ 《人名》シラー(Friedrich von *Schiller* 1759-1805; ドイツの詩人・劇作家).

Schil·ler‗lo·cke [シらァ・ろッケ] 囡 -/-n ① クリームホーン(クリームを詰めた円錐型の小型パイ). ② (つのざめなどの)腹肉のくん製.

schil·lern [シらァン ʃílərn] 自 (h) さまざまな色に輝く, 玉虫色に光る.

schil·lernd [シらァント] I schillern (さまざまな色に輝く)の 現分 II 形 ① さまざまな色に輝く. ② 《比》とらえどころのない. ein *schillernder* Charakter とらえどころのない性格[の人].

der **Schil·ling** [シリング ʃílɪŋ] 男 (単2) -s/ (複) -e (3格のみ -en) 【数量単位としては: (複) -】 ① **シリング**(オーストリアの旧通貨[単位]; 1 Schilling =100 Groschen) (略: S または ö.S.). 《英》 *shilling*). Das Buch kostet 50 Schilling. その本は 50 シリングです. ② シリング(昔のヨーロッパの小額通貨[単位]).

schil·pen [シるペン ʃílpən] 自 (h) (すずめが)ちゅんちゅん鳴く.

schilt [シるト] I schelten (しかる)の 3 人称単数現在 II schelten (しかる)の du に対する 命令

schiltst [シるツト] schelten (しかる)の 2 人称親称単数 現在

Schi·mä·re [シメーレ ʃimɛ́ːrə] 囡 -/-n 幻影, 妄想(ライオンの頭・蛇の尾・やぎの胴をもち, 口から火炎を吐くギリシア神話の怪獣キマイラの名から).

Schim·mel [シンメる ʃíməl] 男 -s/- ① 【複なし】《植》カビ. Das Brot war mit *Schimmel* bedeckt. そのパンにはかびが生えていた. ② 白馬. Ich habe ihr zugeredet wie einem lahmen *Schimmel*. 《俗》私は彼女にしっかり言って聞かせた(←足の悪い白馬に言い聞かすように).

schim·me·lig [シンメりヒ ʃíməlɪç] 形 かびの生えた. *schimmeliges* Brot かびの生えたパン.

schim·meln [シンメるン ʃíməln] 自 (h, s) かびが生える.

Schim·mel⹀pilz [シンメる・ぴるツ] 男 -es/-e 〖植〗糸状菌, カビ[菌].

Schim·mel⹀rei·ter [シンメる・ライタァ] 男 -s/- 白馬の騎士(ゲルマン伝説・民間信仰で冬至ごろの夜, 幽鬼の軍勢をひきいて空を駆けまわされるといわれる幽霊騎士. シュトルムの小説の表題にもなっている).

Schim·mer [シンマァ ʃímər] 男 -s/- 〖ふつう 単〗① ちらちらする光, ほのかな光, 微光. der *Schimmer* der Sterne² 星のまたたき / beim *Schimmer* der Kerzen² ろうそくのほのかな光のもとで. ② ほのかな兆し, かすかな気配, 微候. der *Schimmer* eines Lächelns かすかな微笑 / keinen *Schimmer* von 事³ haben 《口語》a) 事³についてまったくわからない, b) 事³をまるで知らない.

schim·mern [シンマァン ʃímərn] 自 (h) ほのかに光る(輝く), ちらちら光る. Die Sterne schimmerten. 星がちらちら光っていた.

schimm·lig [シムリヒ ʃímlıç] 形 =schimmelig

Schim·pan·se [シンパンゼ ʃımpánzə] 男 -n/-n 《動》チンパンジー.

Schimpf [シンふ ʃímpf] 男 -[e]s/-e 〖ふつう 単〗《雅》侮辱, 辱め. 人³ einen *Schimpf* an|tun 人³を侮辱する / mit *Schimpf* und Schande さんざん侮辱して.

schimp·fen [シンぷふェン ʃímpfən] (schimpfte, *hat*...geschimpft) I 自 (完了 haben) ① ののしる, どなり散らす, 悪態をつく. 《英 curse》. laut *schimpfen* 大声でどなる / **auf**(または **über**) 人・物⁴ *schimpfen* 人・物⁴をののしる ⇒ Er *schimpfte* maßlos über das Essen. 彼はその料理にひどく悪態をついた / **gegen** die Regierung *schimpfen* 政府を罵倒(ば)する.

② 〖**mit** 人³ ~〗 (人³を)きつくしかる. Die Mutter *schimpfte* mit dem Kind. 母親はその子をきつくしかった.

II 他 (完了 haben) 《雅》 (A⁴ を B⁴ だと)ののしる. 人⁴ einen Betrüger *schimpfen* 人⁴をうそつきとののしる.

III 再帰 (完了 haben) *sich*⁴ 人⁴ *schimpfen* 《俗》(不当にも)人⁴(専門家など)であると自称する.

schimpf·lich [シンぷふりヒ] 形 恥ずべき, 不名誉な, 屈辱的な.

Schimpf⹀na·me [シンぷふ・ナーメ] 男 -ns (3 格・4 格 -n)/-n 侮辱的なあだ名.

schimpf·te [シンぷふテ] schimpfen (ののしる)の 過去

Schimpf⹀wort [シンぷふ・ヴォルト] 中 -[e]s/..wörter (または -e) ののしりの言葉, 悪態.

Schin·del [シンデる ʃíndəl] 女 -/-n (屋根の)こけら板.

Schin·del⹀dach [シンデる・ダッハ] 中 -[e]s/..dächer こけらぶきの屋根.

schin·den⁽ˣ⁾ [シンデン ʃíndən] (schindete: まれに schund], *hat*...geschunden) I 他 (h) ① (人・動物⁴を)酷使する, 搾取する; 虐待する, しごく. ② 《口語》(ごまかして)せしめる, まんまと手

に入れる. das Fahrgeld⁴ *schinden* ただ乗りする / Zeit⁴ *schinden* 時間かせぎをする / bei 人³ Eindruck⁴ *schinden* [wollen] 人³にどうにかして気に入られようとする. II 再帰 (h) *sich schinden* 《口語》さんざん苦労する. *sich* **mit** der Arbeit *schinden* 仕事でさんざん苦労する.

Schin·der [シンダァ ʃíndər] 男 -s/- ① (軽蔑的に:)虐待者, しごき役. (女性形: -in). ② 《古》皮はぎ[職]人.

Schin·de·rei [シンデライ ʃındəráı] 女 -/-en ① 虐待, 酷使, しごき. ② 苦役, つらい仕事.

Schind⹀lu·der [シント・るーダァ] 中 〖成句的に〗 mit 人・物³ *Schindluder*⁴ treiben 《口語》人・物³ を侮辱(虐待・酷使)する.

＊**der Schin·ken** [シンケン ʃíŋkən] 男 (単 2) -s/(複) ① ハム; (豚の)もも肉. 《英 ham》. roher (geräucherter) *Schinken* 生ハム(スモークハム) / eine Scheibe *Schinken* 一切れのハム / Eier mit *Schinken* ハムエッグ / mit der Wurst nach dem *Schinken* werfen 《口語》 えびでたいを釣ろうとする(←ハムをねらってソーセージを投げる). ② 《口語・戯》分厚い本; ただ大きいだけの絵; (映画・劇などの)こけおどしの大作.

Schin·ken⹀brot [シンケン・ブロート] 中 -[e]s/-e ハムをのせた(はさんだ)パン.

Schin·ken⹀bröt·chen [シンケン・ブレーティヒェン] 中 -s/- ハムをのせた(はさんだ)ブレートヒェン(小型の丸型パン).

Schin·ken⹀wurst [シンケン・ヴルスト] 女 -/..würste ハムソーセージ(粗びきの豚肉・ハム・ベーコンなどの入ったソーセージ).

Schip·pe [シッペ ʃípə] 女 -/-n ① (北ドイ・中部ドイ)シャベル, スコップ (=Schaufel). 人³ auf die *Schippe* nehmen (または laden) 《俗》 人⁴をからかう. ② 《口語・戯》(不満そうに)突き出した下唇. eine *Schippe*⁴ ziehen (または machen) ふくれっつらをする.

schip·pen [シッペン ʃípən] 他 (h) (北ドイ・中部ドイ)シャベル(スコップ)ですくう(掘る).

Schi·ri [シーリ ʃí:ri] 男 -s/-s (女 -/-s) 《略》 《ユー・隠語》 (サッカーなどの)審判員 (=Schiedsrichter[in]).

der **Schirm** [シルム ʃírm] 男 (単 2) -[e]s/ (複) -e (3 格のみ -en) ① 傘. 《英 umbrella》. Regen*schirm* 雨傘 / den *Schirm* auf|spannen (zu|klappen) 傘を広げる(たたむ) / Sie hat ihren *Schirm* vergessen. 彼女は傘を忘れた / einen *Schirm* mit|nehmen 傘を持って出かける.

② ランプの傘 (=Lampen*schirm*), 帽子のひさし (=Mützen*schirm*); (放射線などの)遮蔽(しゃへい)板; パラシュート (=Fall*schirm*). ③ (テレビなどの)画面 (=Bild*schirm*). ④ 《雅》保護.

Schirm⹀bild [シルム・びるト] 中 -[e]s/-er (体にレントゲンの)モニター映像; レントゲン写真.

schir·men [シルメン ʃírmən] 他 (h) 《雅》 (人・物⁴を)保護する.

Schirm⹀herr [シルム・ヘル] 男 -n/-en (文化事業などの)後援者, 保護者, パトロン. (女性形:

-in).

Schirm꞊herr·schaft [シルム・ヘルシャふト] 囡 -/-en 後援, 支援.

Schirm꞊müt·ze [シルム・ミュッツェ] 囡 -/-n ひさしのある帽子.

Schirm꞊stän·der [シルム・シュテンダァ] 男 -s/- 傘立て.

Schi·rok·ko [シロッコ ʃiróko] 男 -s/-s 《気象》シロッコ(アフリカ内陸から地中海沿岸へ吹く熱風).

Schis·ma シスマ ʃísma または スヒスマ scísma] 中 -s/Schismen (まれに Schismata) 《宗教》教会分裂; 離教.

Schi꞊sport [シー・シュポルト] 男 -[e]s/ スキースポーツ(=Skisport).

Schi꞊sprin·gen [シー・シュプリンゲン] 中 -s/ スキーのジャンプ(=Skispringen).

schiss [シス] (くそをする)の過去

Schiss [シス ʃís] 男 -es/-e 《俗》① 《ふつう 単》くそ, 排便. ② 〘覆なし〙不安, 恐怖.

schis·se [シッセ] scheißen (くそをする)の接2

schi·zo·phren [シツォふレーン ʃitsofré:n または スヒ..sçi..] 形 ① 《心・医》統合失調症の. ② 《比》きわめて矛盾した; ばかげた.

Schi·zo·phre·nie [シツォふレニー ʃitsofreníː または スヒ..sçi..] 囡 -/-n [..ニーエン] 《心・医》統合失調症, (旧称:)精神分裂症.

schlab·be·rig [シュラッベリヒ ʃlábərɪç] 形 《口語》(布地などが)柔らかくしなやかな, (服が)ゆったりした.

schlab·bern [シュラッバァン ʃlábərn] I 他 (h) 《口語》(動物がミルクなど4を)ぴちゃぴちゃ音をたててすする. II 自 (h) 《口語》(柔らかい布地の衣服が)ゆらゆら揺れる.

schlab·rig [シュラブリヒ ʃlábrɪç] 形 =schlabberig

die **Schlacht** [シュラハト ʃláxt] 囡 (単) -/(複) -en (大規模な)戦い, 戦闘, 会戦. 《英 battle》. Luftschlacht 空中戦 / eine blutige Schlacht 血なまぐさい戦い / eine Schlacht⁴ gewinnen (verlieren) 会戦に勝つ(敗れる). (☞ 類語 Kampf).

schlach·ten [シュラハテン ʃláxtən] du schlachtest, er schlachtet (schlachtete, hat ... geschlachtet) 他 (完了 haben) (家畜⁴を)屠殺(とさつ)する, 屠殺する. 《比》(囚⁴を)虐殺する. ein Schwein⁴ schlachten 豚を屠殺する.

Schlach·ten꞊bumm·ler [シュラハテン・ブムらァ] 男 -s/- 《スヅ・隠語》(ひいきチームの遠征試合にまでついて行く)熱狂的ファン (元の意味は「戦場をうろつく従軍記者」). (女性形: -in).

Schlach·ter [シュラハタァ ʃláxtɐr] 男 -s/- 《北ド》肉屋; 屠殺(とさつ)業者. (女性形: -in).

Schläch·ter [シュレヒタァ ʃléçtɐr] 男 -s/- ① =Schlachter ② (多くの人を殺害した)虐殺犯人.

Schlach·te·rei [シュらハタライ ʃlaxtərái] 囡 -/-en ① 《北ド》肉屋. ② 大量虐殺.

Schläch·te·rei [シュレヒタライ ʃleçtərái] 囡 -/-en =Schlachterei

Schlach·te·te [シュらハテテ] schlachten (屠殺(とさつ)する)の過去

Schlacht꞊feld [シュラハト・ふェるト] 中 -[e]s/-er 戦場.

Schlacht꞊haus [シュラハト・ハオス] 中 -es/..häuser 屠殺(とさつ)場.

Schlacht꞊hof [シュラハト・ホーふ] 男 -[e]s/..höfe 食肉解体場.

Schlacht꞊op·fer [シュラハト・オプふァァ] 中 -s/- 《宗》生けにえ[の動物].

Schlacht꞊ord·nung [シュラハト・オルドヌング] 囡 -/-en 《軍》(昔の)戦闘隊形, 戦列.

Schlacht꞊plan [シュラハト・プらーン] 男 -[e]s/..pläne 《軍》戦闘計画; 《比》作戦.

schlacht꞊reif [シュラハト・ライふ] 形 (生育して)屠殺(とさつ)に適した.

Schlacht꞊ruf [シュラハト・ルーふ] 男 -[e]s/-e (試合前の)喊声(かんせい), ウォークライ.

Schlacht꞊schiff [シュラハト・シふ] 中 -[e]s/-e 《軍》戦艦.

Schlach·tung [シュラハトゥング] 囡 -/-en 屠殺(とさつ).

Schlacht꞊vieh [シュラハト・ふィー] 中 -[e]s/ 屠殺(とさつ)用家畜, 屠畜(とちく).

Schla·cke [シュらッケ ʃlákə] 囡 -/-n ① (石炭などの)燃えかす, 石炭がら; 鉱滓(こうさい). ② 《地学》噴石, 溶岩.

schla·ckern [シュラッカァン ʃlákɐrn] 自 (h) 《北ド・中西部ド》① ぶらぶら揺れる; (ひざなどが)がくがく震える. ② 〘mit 物³ ~〙(物³を)ぶらぶらさせる.

schla·ckig [シュラキヒ ʃlákɪç] 形 鉱滓(こうさい)の多い, 燃えがらの多い.

der **Schlaf** [シュらーふ ʃláːf] 男 (単 2) -[e]s/ ① 眠り, 睡眠. 《英 sleep》. ein fester Schlaf 熟睡 / Er hat einen leichten Schlaf. 彼は眠りが浅い / einen guten Schlaf haben ぐっすり眠る / keinen Schlaf finden 《雅》寝つかれない / aus dem Schlaf erwachen 眠りから覚める / Er liegt in tiefem Schlaf. 彼は熟睡している / in Schlaf sinken 眠りに落ちる / Er spricht im Schlaf. 彼は寝言を言う / ein Kind⁴ in den Schlaf singen 歌って子供を寝かしつける / Das fällt mir nicht im Schlaf ein. そんなことは私は夢にも思わない / Das kann ich im Schlaf. 《口語・比》そんなことは朝飯前だ(←眠っていてもできる) / vom Schlaf erwachen 眠りから覚める / den Schlaf des Gerechten schlafen 《口語》心安らかにぐっすり眠る(←正しい者の眠りを眠る).
② 《戯》目やに.

Schlaf꞊an·zug [シュらーふ・アンツーク] 男 -[e]s/..züge 寝巻, パジャマ.

Schläf·chen [シュれーふヒェン ʃléːfçən] 中 -s/- (Schlaf の 縮小) 居眠り, うたた寝.

Schlaf꞊couch [シュらーふ・カオチュ] 囡 -/-s ソファーベッド.

Schlä·fe [シュれーふェ ʃléːfə] 囡 -/-n 《医》こめかみ, 側頭[部]. Ihm pochten die Schlä-

fen. 彼はこめかみがずきずきした.

schla·fen* [シュラーフェン] ʃláːfən]

眠る	*Schlaf* gut! シュラーフ グート [ぐっすり]おやすみなさい.	
人称	単	複
1	ich schlafe	wir schlafen
2	{du **schläfst** / Sie schlafen	{ihr schlaft / Sie schlafen
3	er **schläft**	sie schlafen

(schlief, *hat* ... geschlafen) **I** 自 (完了 haben) ① 眠る, 眠っている. (英 *sleep*). fest (または tief) *schlafen* ぐっすり眠る / *Haben* Sie gut *geschlafen*? よくおやすみになれましたか / *schlafen gehen* 床に就く / *Darüber will* ich noch *schlafen.* それについては一晩寝て考えるよ / Die Sorge *ließ* ihn nicht *schlafen.* 心配で彼は眠れなかった / Im Winter *schläft* die Natur. 《比》冬になると自然は活動を停止する. ◊〖現在分詞の形で〗sich⁴ *schlafend* stellen 眠ったふりをする.
② 〖場所を表す語句とともに〗(…に)泊まる. Du *kannst* bei uns *schlafen*. 君はぼくたちの所に泊まっていいよ / im Hotel *schlafen* ホテルに泊まる. ③ 《口語・比》ぼんやりしている. *Schlaf* nicht! ぼんやりするな. ④ 〖mit 人³ ~〗《婉曲》(人³と)寝る.
II 再帰 (完了 haben) sich⁴ *schlafen* ① 眠って[その結果]…になる. sich⁴ gesund *schlafen* 十分に睡眠をとって元気を回復する. ② 〖es *schläft sich*⁴ ...の形で〗…に眠れる. In diesem Bett *schläft* es *sich* gut. このベッドは寝心地が良い / Bei dem Lärm *schläft* es *sich* schlecht. この騒音ではよく眠れない.
類語 **schlafen:**「眠る」という意味で最も一般的な語. **ein|schlafen:** 眠りこむ. Ich *bin* über dem Lesen *eingeschlafen.* 私は本を読みながら眠りこんでしまった. **aus|schlafen:** (十分に)眠る, 熟睡する. **schlummern:** まどろむ.

Schla·fens≈zeit [シュラーフェンス・ツァイト] 女 -/-en 《ふつう 単》就寝時刻. Jetzt ist *Schlafenszeit.* もう寝る時間だ.
schlaff [シュラフ] 形 ① 緩んだ, たるんだ, 張りのない. ein *schlaffes* Seil 緩んだザイル. ② 力の抜けた, ぐったりした; 無気力な, だらけた. ③ 《若者言葉》おもしろくない, 退屈な(音楽など).
Schlaf≈ge·le·gen·heit [シュラーフ・ゲレーゲンハイト] 女 -/-en 寝る場所(ベッド・寝いすなど).
Schla·fitt·chen [シュラフィッティヒェン] ʃlafítçən] 中 〖成句的に〗人⁴ am (または beim) *Schlafittchen* packen (または nehmen または kriegen) 《口語》(文句を言うために)人⁴をとっつかまえる.
Schlaf≈krank·heit [シュラーフ・クランクハイト] 女 -/-en 《医》睡眠病.
Schlaf≈lied [シュラーフ・リート] 中 -[e]s/-er 子守歌 (=Wiegenlied).
Schlaf≈los [シュラーフ・ローズ] 形 不眠の, 眠れない. *schlaflos* liegen まんじりともせず横になっている.
Schlaf≈lo·sig·keit [シュラーフ・ローズィヒカイト] 女 -/ 不眠[症].
Schlaf≈man·gel [シュラーフ・マンゲる] 男 -s/ 睡眠不足.
Schlaf≈mit·tel [シュラーフ・ミッテる] 中 -s/- 《薬》睡眠薬.
Schlaf≈müt·ze [シュラーフ・ミュッツェ] 女 -/-n ① (昔の:)ナイトキャップ (=Nachtmütze). ② 《口語》寝坊助; のろま.
schlaf≈müt·zig [シュラーフ・ミュツィヒ] 形 《口語》のろまの, ぐずの.
schläf·rig [シュレーふリヒ ʃléːfrɪç] 形 ① 眠い, 寝ぼけた. (英 *sleepy*). Ich bin noch *schläfrig.* 私はまだ眠い. ② 眠気を誘うような; 眠そうな, ものうげな, ぼんやりした. *schläfrige* Stimme 眠気を誘うような声.
Schläf·rig·keit [シュレーふリヒカイト] 女 -/ 眠気; けだるさ.
Schlaf≈rock [シュラーフ・ロック] 男 -[e]s/ ..röcke ① [ナイト]ガウン, 寝室(部屋)着. ② 《料理》パイ皮包み.
Schlaf≈saal [シュラーフ・ザーる] 男 -[e]s/..säle (昔のユースホステルなどの)共同寝室.
Schlaf≈sack [シュラーフ・ザック] 男 -[e]s/..säcke シュラーフザック, 寝袋.

:**schläfst** [シュレーふスト ʃléːfst] :schlafen (眠る)の 2 人称親称単数 現在. Warum *schläfst* du so lange? 君はなぜそんなに長く眠るの?

:**schläft** [シュレーふト ʃléːft] :schlafen (眠る)の3人称単数 現在. Das Kind *schläft* fest. その子はぐっすり眠っている.
Schlaf≈ta·blet·te [シュラーフ・タブレッテ] 女 -/-n (錠剤の)睡眠薬.
schlaf≈trun·ken [シュラーフ・トルンケン] 形 《雅》寝ぼけた.
Schlaf≈wa·gen [シュラーフ・ヴァーゲン] 男 -s/- 《鉄道》寝台車.
schlaf·wan·deln [シュラーフ・ヴァンデるン ʃláːf-vandəln] (過分 geschlafwandelt) 自(h, s) 夢遊する, 夢中歩行する.
Schlaf·wand·ler [シュラーフ・ヴァンドら7] 男 -s/- 夢遊病者. (女性形: -in).
schlaf·wand·le·risch [シュラーフ・ヴァンドれリッシュ] 形 夢遊病者の[ような].

das **Schlaf≈zim·mer** [シュラーフ・ツィンマァ ʃláːf-tsɪmər] 中 (単2) -s/(複) -(3格のみ -n) ① 寝室, ベッドルーム. (英 *bedroom*). ② 寝室の家具調度.

der **Schlag** [シュラーク ʃláːk] 男 (単2) -es (まれに -s)/(複) Schläge [シュレーゲ] (3格のみ Schlägen) ① 一撃, 一打ち, 打撃; (精神的な)ショック. (英 *blow*). Faust*schlag* こぶし打ち, パンチ / ein tödlicher *Schlag* 致命的な一撃 / ein *Schlag* auf den Kopf 頭への一撃 /

ein *Schlag* ins Gesicht 顔面への一撃; 《比》ひどい屈辱 / ein *Schlag* mit der Hand 平手打ち / Das war ein *Schlag* ins Wasser. それは無駄な骨折りだった (← 水中への一撃) / einen *Schlag* haben 《口語》頭が少々おかしい / 人³ einen *Schlag* versetzen a) 人³に一撃を加える, b) 《比》人³をひどく失望させる / Das war ein *Schlag* ins Kontor. 《口語》それはショックだった (←帳場への一撃) / *Schlag* auf *Schlag* 矢継ぎ早に, たて続けに / auf einen *Schlag* 《口語》a) 何もかもいっぺんに, b) 突然 / mit einem *Schlag* 《口語》一挙に, 突然.
② 打つ音, 衝撃音; 《圈なし》(鳥などの連打するような)鳴き声. Glocken*schlag* 鐘を打つ音 / ein *Schlag* an der Haustür 玄関のドアをたたく音 / *Schlag* 12 Uhr 12時きっかりに / der *Schlag* der Nachtigall² ナイチンゲールの鳴き声.
③ (規則的に)打つこと, 打つ運動;《スポ》(水泳・ボートの)ストローク. Herz*schlag* 心臓の鼓動 / der *Schlag* eines Pendels 振り子の振動. ④ 落雷; 電撃. einen [elektrischen] *Schlag* bekommen 感電する. ⑤《口語》卒中(の発作) (=*Schlag*anfall). Gehirn*schlag* 脳卒中. ⑥ (運命の)打撃, ショック. ⑦《林》(樹木の)伐採; (樹木を伐採した空地;《農》(作物の)作付け区域. ⑧ (人間の)タイプ, 型; (家畜の)種. Sie sind alle vom gleichen *Schlag*. 彼らは皆同じタイプだ. ⑨《口語》(杓子(しゃく)などですくった料理の)一人分. ein *Schlag* Suppe 一人分のスープ. ⑩ (鳩(はと)などの)小屋.

Schlag⸗ader [シュラーク・アーダァ] 囡 -/-n 《医》動脈 (=Arterie).

Schlag⸗an·fall [シュラーク・アンふァる] 男 -[e]s/..fälle 《医》卒中発作.

schlag⸗ar·tig [シュラーク・アールティヒ] 形 突然の, 急激な.

Schlag⸗baum [シュラーク・バオム] 男 -[e]s/..bäume (特に国境の)遮断機.

Schlag⸗boh·rer [シュラーク・ボーラァ] 男 -s/- (電動式の)削岩機, ハンマードリル.

Schlä·ge [シュレーゲ] *Schlag* (一撃)の 複

Schlä·gel [シュレーゲる] [ʃlɛːɡəl] 男 -s/- ① つち, 木づち; (坑夫用の)ハンマー. ②《楽》(打楽器の)ばち.

＊schla·gen＊ [シュラーゲン] [ʃláːɡən]

打つ

Warum *schlägst* du den Hund?
ヴァルム　シュレークスト　ドゥ　デン　フント
なぜ犬をたたいたりするんだい.

du schlägst, er schlägt (schlug, *hat/ist*... geschlagen) **I** 他 《完了》haben) ① 打つ, たたく, なぐる. 《英》*strike*). Sie *schlägt* ihn mit der Hand. 彼女は彼に平手打ちをくらわす / 人⁴ bewusstlos *schlagen* 人⁴をたたくて気絶させる / 物⁴ **in** Stücke *schlagen* 物⁴をこなごなに打ち砕く / 人⁴ **zu** Boden *schlagen* 人⁴をなぐり倒す.

② 《方向を表す語句とともに》(物⁴を…へ)打ちつける, 打ち込む, たたきつける. ein Plakat⁴ **an** die Wand *schlagen* ポスターを壁に張り付ける / einen Nagel **in** die Wand *schlagen* くぎを壁に打ち込む / ein Ei⁴ in die Pfanne *schlagen* 卵を割ってフライパンに落とす / einen Tennisball **über** das Netz *schlagen* ネットを越えるようにテニスボールを打つ / die Hände⁴ **vors** Gesicht *schlagen* 両手で顔を覆う / die Decke⁴ **zur** Seite *schlagen* 毛布(掛け布団)をわきへはねる.

③ 打ち負かす, 打ち破る;《雅》(運命などが)襲う, 打ちのめす. Unsere Mannschaft *schlug* den Gegner 2:1 (=zwei zu eins). 私たちのチームは相手を2対1で打ち負かした. ◇《過去分詞の形で》sich⁴ *geschlagen* geben 敗北を認める.

④《A⁴ **aus** (または **von**) B³ ~》(A⁴をB³から)たたき落とす. Er *hat* mir den Ball aus der Hand *geschlagen*. 彼は私の手からボールをたたき落とした.

⑤ (打楽器⁴を)打ち鳴らす, (弦楽器⁴を)かき鳴らす. die Trommel⁴ *schlagen* 太鼓をたたく.

⑥《方向を表す語句とともに》打って(穴など⁴を…に)生じさせる. ein Loch⁴ **ins** Eis *schlagen* 氷を割って穴をあける / einen Durchbruch **durch** die Wand *schlagen* 壁を打ち破る.

⑦ (卵白など⁴を)泡立てる, かき混ぜる. Sahne⁴ *schlagen* 生クリームを泡立てる.

⑧ (時⁴を)打つ. Die Uhr *schlägt* drei Uhr (Mitternacht). 時計が3時(真夜中)を打つ.

⑨《方向を表す語句とともに》(物⁴をさっさと…へ)かぶせる, 重ねる, 包み込む, くるむ. 物⁴ **in** Papier *schlagen* 物⁴を紙に包む / Er *schlug* eine Decke **über** die Waren. 彼は商品に覆いをかぶせた / ein Bein⁴ über das andere *schlagen* 脚を組む / ein Tuch⁴ **um** die Schultern *schlagen* 肩にショールをかける.

⑩《特定の名詞を目的語として》Alarm⁴ *schlagen* 警鐘を鳴らす / eine Brücke⁴ über einen Fluss *schlagen* 川に橋を架ける / Die Hose *schlägt* Falten. ズボンにしわができる / mit dem Zirkel einen Kreis *schlagen* コンパスで円を描く / ein Kreuz⁴ *schlagen* 十字を切る / den Takt *schlagen* 拍子をとる / Die Pflanzen *schlagen* Wurzeln. 植物が根づく.

⑪《A⁴ **auf** B⁴ (または **zu** B³) ~》《比》(A⁴をB⁴ (またはB³)に)加算する, 加える. die Unkosten⁴ auf den Preis *schlagen* 経費を値段に加算する / die Zinsen⁴ zum Kapital *schlagen* 利息を元金に加える. ⑫ (木など⁴を)切り倒す, 伐採する. ⑬ (チェスなどで:)(相手のこま⁴を)取る.

II 自 《完了》haben または sein) ① (h) 《方向を表す語句とともに》(…に)打つ, たたく. 《英》*strike*). Er *schlug* mit der Faust **auf** den Tisch. 彼はこぶしでテーブルをたたく / 人³ **auf** die Schulter *schlagen* 人³の肩をたたく / 人³ **ins** Gesicht *schlagen* 人³の顔をなぐりつける /

nach 人³ *schlagen* 人³になぐりかかる / Er *schlug* wild **um** sich. 彼は乱暴にこぶしを振り回した.
② (s) (激しく)ぶつかる. Er *ist* mit dem Kopf **gegen** die Tür *geschlagen*.〖現在完了〗彼はドアに頭をうった.
③ (h, s)〖方向を表す語句とともに〗(雨などが…へ)打ち当たる; (雷・砲弾などが…に)命中する. Der Regen *schlug* heftig **ans** Fenster. 雨が激しく窓をたたいていた / Der Blitz *ist* **in** den Baum *geschlagen*.〖現在完了〗雷が木に落ちた.
④ (h) がたがた(ばたばた)音をたてる. Die offene Tür *schlägt* im Wind. 開いたドアが風でがたがた音をたてている / **mit** den Flügeln *schlagen* (鳥が)はばたく.
⑤ (h) (脈が)打つ, (心臓が)鼓動する; (打って)音を出す, 鳴る; (打つように)鳴く. Sein Puls *schlägt* schnell. 彼の脈拍は速い / Die Uhr *schlägt* genau. 時計が正確に時を告げる / Die Nachtigall *schlug* im Park. ナイチンゲールが公園で鳴いていた. ⑥ (s, h)〖方向を表す語句とともに〗(炎・煙などが…から)噴き出る, (…へ)噴き上がる. Die Flammen *schlugen* **aus** dem Fenster (**zum** Himmel). 炎が窓から噴き出ていた(空へ立ち昇っていた). ⑦ (s)〖**nach** 人³ ~〗(人³に)似てくる. Sie *schlägt* ganz nach dem Vater. 彼女は父親そっくりになってくる. ⑧ (h, s)〖**in** 事⁴ ~〗(比)(事⁴の専門領域などに)属する. Das *schlägt* nicht in mein Fach. それは私の専門ではない. ⑨ (s)〖人³ **auf**物⁴ ~〗(人³の物⁴(胃など)にこたえる. Diese Nachricht *ist* mir auf den Magen *geschlagen*.〖現在完了〗この知らせを聞いて私は胃の調子がおかしくなった.

III 再帰 (完了) haben) *sich*⁴ *schlagen* ①〖*sich*⁴ [**mit** 人³] ~〗([人³と])取っ組み合う. Er *schlug* sich oft mit seinen Mitschülern. 彼はよく同級生たちとなぐり合いをした. ② (…のくあいに)戦う, がんばり通す. Er *hat* sich im Wettbewerb gut *geschlagen*. 彼は試合でよく戦った. ③〖*sich*⁴ **um** 物⁴ ~〗(口語)(物⁴を)奪い合う. *sich*⁴ um die besten Plätze *schlagen* いちばんいい席を奪い合う. ④〖方向を表す語句とともに〗(…へ)向きを変える, 身を転じる. *sich*⁴ **nach** links (rechts) *schlagen* 左へ(右へ)向きを変える.

◇☞ **geschlagen**

schla·gend [シュラーゲント] **I** *schlagen* (打つ)の 現分 **II** 形 ① 決定的な, 納得のいく. ein *schlagender* Beweis 決定的な証拠. ② (坑)(坑内ガスが)爆発性の.

der **Schla·ger** [シュラーガァ ʃláːɡɐr] 男 (単2) -s/(複) - (3格のみ -n) (英 *hit*) ① 流行歌 (特に1970年代までのものを指す). ein beliebter *Schlager* 人気のある流行歌 / einen *Schlager* singen 流行歌を歌う. ② ヒット商品, 大当たりの映画(芝居). Sein Buch ist der *Schlager* der Saison. 彼の本は今シーズン

のベストセラーだ.

Schlä·ger [シュレーガァ ʃlɛːɡɐr] 男 -s/- ① (野球などの)バッター, 打者. (女性形: -in). ② (器)(打つ道具:)(野球の)バット; ゴルフのクラブ (=Golf*schläger*); テニスのラケット (=Tennis*schläger*). ③ (方)(クリームなどの)泡立て器. ④ (すぐに手をあげる)乱暴者.

Schlä·ge·rei [シュレーゲライ ʃlɛːɡərái] 女 -/-en なぐり合い, けんか.

Schla·ger⹀sän·ger [シュラーガァ・ゼンガァ] 男 -s/- 流行歌手. (女性形: -in).

Schla·ger⹀star [シュラーガァ・シュタール] 男 -s/-s スター(流行)歌手.

schlag·fer·tig [シュラーク・フェルティヒ] 形 打てば響くような, 機転の利く, 当意即妙の. *schlagfertig* antworten 当意即妙に答える.

Schlag·fer·tig·keit [シュラーク・フェルティヒカイト] 女 -/ 機知, 機転, 当意即妙.

Schlag⹀in·stru·ment [シュラーク・インストルメント] 中 -[e]s/-e (音楽)打楽器.

Schlag⹀kraft [シュラーク・クラフト] 女 -/ ① 打(撃)力; 攻撃(戦闘)力. ② 説得力.

schlag⹀kräf·tig [シュラーク・クレフティヒ] 形 ① 打(撃)力のある; 攻撃(戦闘)力のある. ② 説得力のある.

Schlag⹀licht [シュラーク・リヒト] 中 -[e]s/-er (美・写)(対象物を際だたせるための)強い光(線). ein *Schlaglicht* **auf** 人・物⁴ werfen 人・物⁴を際だたせる.

Schlag⹀loch [シュラーク・ロッホ] 中 -[e]s/..löcher (道路の)くぼみ, 穴ぼこ.

Schlag⹀mann [シュラーク・マン] 男 -[e]s/..männer (ボートの)コックス; (野球の)バッター. (女性形: ..frau).

Schlag⹀obers [シュラーク・オーバァス] 中 -/ (遗)ホイップクリーム (=Schlagsahne).

Schlag⹀rahm [シュラーク・ラーム] 中 -/ (南ド)ホイップクリーム (=Schlagsahne).

Schlag⹀sah·ne [シュラーク・ザーネ] 女 -/ ホイップクリーム, (泡立てた)生クリーム.

Schlag⹀schat·ten [シュラーク・シャッテン] 男 -s/- (美・写)くっきりした影.

Schlag⹀sei·te [シュラーク・ザイテ] 女 -/ 〘ふつう冠詞なして〙(海)(船体の)傾斜. *Schlagseite*⁴ haben a) (船体が)傾く, b) (戯)(人が酔っ払って)千鳥足で歩く.

schlägst [シュレークスト] *schlagen* (打つ)の2人称親称単数 現在

Schlag⹀stock [シュラーク・シュトック] 男 -[e]s/..stöcke (特に警官の)警棒.

schlägt [シュレークト] *schlagen* (打つ)の3人称単数 現在

Schlag⹀werk [シュラーク・ヴェルク] 中 -[e]s/-e (時計の)打鐘装置.

das **Schlag⹀wort** [シュラーク・ヴォルト ʃláːk-vɔrt] 中 (単2) -[e]s/(複) -e (3格のみ ..wörtern) (複) -e または ..wörter スローガン, 標語, キャッチフレーズ; (軽蔑的に:)(政治的

な)決まり文句. (英 slogan). die Schlagworte der Französischen Revolution² フランス革命のスローガン. ② 〚図〛..wörter》〘索引カードなどの〙見出し語, 検索語.

Schlag·wort≠ka·ta·log [シュラークヴォルト・カタローク] 男 -[e]s/-e 〘図書館の〙件名目録.

Schlag≠zei·le [シュラーク・ツァイレ] 女 -/-n 〘新聞の〙大見出し. *Schlagzeilen*⁴ machen〘メディアによって〙大きく報じられる, 大評判になる.

Schlag≠zeug [シュラーク・ツォイク] 中 -[e]s/-e 《音楽》(一人の演奏者のための)ドラムス, 打楽器群.

Schlag≠zeu·ger [シュラーク・ツォイガァ] 男 -s/- ドラマー, 打楽器奏者. (女性形: -in).

schlak·sig [シュラークスィヒ ʃláːksɪç] 形 《口語》のっぽでのろまな.

Schla·mas·sel [シュラマッセル ʃlamásəl] (ｵｽﾄﾘｱ: 中) -s/- 《口語》やっかいなこと(状態), 窮地.

***der* Schlamm** [シュラム ʃlám] 男 (単 2)-[e]s/(複)-e (3格のみ -en) または (複) Schlämme [シュレンメ] (3格のみ Schlämmen) 泥, ぬかるみ; ヘドロ. (英 mud). im *Schlamm* stecken bleiben ぬかるみにはまっている.

Schlamm≠bad [シュラム・バート] 中 -[e]s/..bäder (治療のための)泥浴.

schläm·men [シュレンメン ʃlémən] 他 (h) ① 〚図〛⁴の泥をさらう, 浚渫(しゅんせつ)する. ② 〚工〛(水中でかき混ぜて)泥を)えり分ける.

schlam·mig [シュラミヒ ʃlámɪç] 形 泥を含んだ; 泥だらけの, ぬかるんだ.

Schlämm≠krei·de [シュレム・クライデ] 女 -/- 《化》精製白亜(塗料・磨きがき剤に用いる).

Schlamm≠schlacht [シュラム・シュラハト] 女 -/-en 《隠語》(政争などの)泥試合.

Schlam·pe [シュランペ ʃlámpə] 女 -/-n 《口語》① 服装などがだらしない女. ② ふしだら女.

schlam·pen [シュランペン ʃlámpən] 自 (h) 《口語》① いいかげんな仕事をする. ② 〘mit 図³ ~〙 図³をぞんざいに扱う. ③ 〚方〛(ズボンなどが)だぶだぶである.

Schlam·pe·rei [シュランペライ ʃlampəráɪ] 女 -/-en 《口語》だらしなさ, ずさんさ.

schlam·pig [シュランピヒ ʃlámpɪç] 形 《口語》(服装などが)だらしない; (仕事ぶりなどが)いいかげんな, そんざいな.

schlang [シュラング] schlingen¹ (巻きつける)の 過去

***die* Schlan·ge** [シュランゲ ʃláŋə] 女 (単) -/(複)-n ① 〚動〛ヘビ(蛇). (英 snake). eine giftige *Schlange* 毒蛇 / Die *Schlange* windet sich durch das Gras 蛇が草の中を身をくねらせて進む / eine *Schlange*⁴ am Busen nähren 〘雅・比〙獅子身中の虫を養う(←蛇を自分の懐で養う). ② 《口語》陰険な女. ③ 〘人の〙長蛇の列 (=Menschen*schlange*), 〘渋滞などの〙自動車の列 (=Auto*schlange*). *Schlange*⁴ stehen (人が窓口などで)延々と行列を作る.

schlän·ge [シュレンゲ] schlingen¹ (巻きつける)の 接２

schlän·geln [シュレンゲルン ʃléŋəln] 再帰 (h) sich⁴ *schlängeln* ① 〘蛇などが〙くねくねと進む; 〘川などが〙蛇行している. ② 〘sich⁴ durch 図~〙〘図⁴の間を〙すり抜けて進む.

Schlan·gen≠biss [シュランゲン・ビス] 男 -es/-e 〘毒〙蛇がかむこと; 蛇にかまれた傷.

Schlan·gen≠gift [シュランゲン・ギフト] 中 -[e]s/-e 蛇の毒.

Schlan·gen≠li·nie [シュランゲン・リーニエ] 女 -/-n 蛇行(だこう)線, 波状線. in *Schlangenlinien* fahren じぐざぐ運転する.

Schlan·gen≠mensch [シュランゲン・メンシュ] 男 -en/-en (体を自由自在に曲げる)アクロバット曲芸師.

*****schlank** [シュランク ʃláŋk] 形 すらりとした, ほっそりした, スリムな. (英 slim). (反) 「太った」は dick). Er ist groß und *schlank*. 彼は背が高くすらりとしている / *schlanke* Arme ほっそりした腕 / Das Kleid macht dich *schlank*. そのワンピースを着ると君はスリムに見える. (☞ 類語 dünn).

Schlank·heit [シュランクハイト] 女 -/- ほっそりしていること, すらりとしていること.

Schlank·heits≠kur [シュランクハイツ・クーァ] 女 -/-en 痩身(そうしん)療法, 減量療法.

schlank≠weg [シュランク・ヴェック] 副 《口語》即座に, 無造作に, あっさりと; まったく.

schlapp [シュラップ ʃláp] 形 《口語》① ぐったりした; 無気力な. ② (ひもなどが)緩んだ, たるんだ.

Schlap·pe [シュラッペ ʃlápə] 女 -/-n 敗北, 痛手. eine *Schlappe*⁴ erleiden 敗北を喫する.

schlap·pen [シュラッペン ʃlápən] I 自 (h, s) 《口語》① (h) だらりとたれ下がっている, (靴が)ぶかぶかである. ② (s) 〘…へ〙足を引きずって歩く. II 他 (h) 《口語》(犬などが水など⁴を)ぴちゃぴちゃ[音をたてて]する.

Schlap·pen [シュラッペン] 男 -s/- 《口語》スリッパ (=Pantoffel).

Schlapp≠hut [シュラップ・フート] 男 -[e]s/..hüte つばの広いソフト帽.

schlapp≠ma·chen [シュラップ・マッヘン ʃlápmaxən] 自 (h) 《口語》へたばる, ぐったりする.

Schlapp≠schwanz [シュラップ・シュヴァンツ] 男 -es/..schwänze 《俗》いくじなし, 弱虫.

Schla·raf·fen≠land [シュララッフェン・ラント] 中 -[e]s/..länder 怠け者の天国(パラダイス) (働かずに飲み食いのできる夢の国).

Schla·raf·fen≠le·ben [シュララッフェン・レーベン] 中 -s/- 怠惰な(享楽的な)生活.

*****schlau** [シュラオ ʃláʊ] 形 (比較) schlauer, (最上) schlau[e]st) ① 抜け目のない, ずる賢い. (英 cunning). Er ist ein *schlauer* Kopf. 彼は抜け目のないやつだ. (☞ 類語 klug). ② 〘方〙賢い. ③ 〘成句的に〙 aus 人・事³ nicht *schlau* werden 《口語》 人・事³がわからない, 理解できな

Schlau·ber·ger [シュロオ・ベルガァ ʃláu-bɐrɡɐr] 男 -s/-《口語・戯》抜け目のないやつ, ずる賢いやつ. (女性形: -in).

der **Schlauch** [シュロオホ ʃláux] 男 (単2) -[e]s/(複) Schläuche [シュロイヒェ] (3格のみ Schläuchen) ① ホース, 管(½).(＊ hose). Gummi*schlauch* ゴムホース / einen *Schlauch* auf|rollen (または aus|rollen) (巻いてある)ホースを伸ばす / einen *Schlauch* an eine Leitung an|schließen ホースを水道[管]につなぐ / **auf** dem *Schlauch* stehen 《俗》のみ込みが悪い. ② (タイヤの)チューブ; (昔の:)(ワインなどの)革袋. einen *Schlauch* auf|pumpen チューブに空気を入れる. ③《口語》狭く細長い部屋. ④《口語》長く続くつらい仕事.

Schlauch*boot [シュロオホ・ボート] 田 -[e]s/ -e ゴムボート.

Schläu·che [シュロイヒェ] Schlauch (ホース)の 複

schlau·chen [シュロオヘン ʃláuxən] 他 (h) ①《口語》(仕事などが人4を)くたくたに疲れさせる. ② (液体4を容器へ)ホースで入れる.

schlauch*los [シュロオホ・ロース] 形 チューブレスの(タイヤなど).

Schläue [シュロイエ ʃlɔ́ʏə] 囡 -/ 抜け目のなさ, ずる賢さ.

Schlau·fe [シュロオフェ ʃláufə] 囡 -/-n ① (電車などの)つり革, (荷物の)つり手. ② (ベルトを通す)止め輪, (ボタンの)ループ.

Schlau·heit [シュロオハイト] 囡 -/ 抜け目のなさ, ずる賢さ (＝Schläue).

Schlau·mei·er [シュロオ・マイアァ] 男 -s/-《口語》抜け目のないやつ, ずる賢いやつ. (女性形: -in).

Schla·wi·ner [シュラヴィーナァ ʃlaví:nɐr] 男 -s/-《口語》ずる賢いやつ, 海千山千. (女性形: -in).

★★★ schlecht [シュレヒト ʃlɛçt]

> 悪い Er ist *schlecht* in Physik.
> エア イスト シュレヒト イン ふュズィーク
> 彼は物理の成績が悪い.

I 形 (比較 schlechter, 最上 schlechtest) ① (質などが)悪い, 粗悪な, 粗末な; 下手な; だめな.(＊ bad). (⇔「良い」は gut). eine *schlechte* Ware 粗悪品 / *schlechtes* Essen 粗末な食事 / Er spricht ein *schlechtes* Englisch. 彼はブロークンな英語を話す / Das Fleisch ist *schlecht* geworden.《現在完了》その肉は腐ってしまった / Der Kaffee schmeckt *schlecht*. このコーヒーはまずい.

② (機能が)悪い, 健全でない. Ich habe einen *schlechten* Magen. 私は胃の調子が悪い / *schlecht* sehen (hören) 目がよく見えない(耳がよく聞こえない).

③ (数量的に)乏しい, 貧弱な. ein *schlechtes* Gehalt 乏しい給料 / Der Besuch der Veranstaltung war *schlecht*. イベントの客の入りは悪かった.

④《*nicht schlecht* の形で》⑦ 悪くない, とてもよい. [Das ist] nicht *schlecht*. それはなかなかいい, 結構じゃないか. ⑦《口語》少なからず, 大いに. Da staunten sie nicht *schlecht*. そのとき彼らは少なからず驚いた.

⑤ 都合の悪い, 不利な. eine *schlechte* Nachricht 悪いニュース / *schlechtes* Wetter 悪天候 / Sie hat eine *schlechte* Presse. 彼女は新聞で悪評を浴びている / Heute passt es mir *schlecht*. きょうは私は都合が悪い.

⑥ いやな, 不愉快な, 好ましくない. ein *schlechter* Geruch いやなにおい / eine *schlechte* Angewohnheit 悪い癖.

⑦ (道徳的に)悪い, いかがわしい. ein *schlechter* Mensch 悪人 / einen *schlechten* Ruf haben 評判が悪い / mit *schlechtem* Gewissen 良心の呵責(か̚.)を覚えながら.

⑧《人³ ist (wird) *schlecht* の形で》人³の気分・体調が悪い(悪くなる). Mir ist (wird) *schlecht*. 私は気分が悪い(悪くなる).

II 副 ①《ふつう **können** とともに; 文全体にかかって》なかなか…しない. Das kann ich ihm *schlecht* sagen. 私はなかなかそのことを彼に言えない / Ich kann *schlecht* nein (または Nein) sagen. 私はなかなかいやとは言えないんです.

②《成句的に》*schlecht* und recht どうにか[こうにか], 曲がりなりにも / mehr *schlecht* als recht かろうじて.

▶ schlecht|gehen, schlecht*gelaunt

類語 **schlecht**: (ある状態・品質などが客観的に見てよくない意味で)悪い, だめな. **schlimm**: (主観的に見て, 事態が重大で悪い結果を引き起こすという意味で)悪い, 困った. Die Sache nahm eine *schlimme* Wendung. 事態は悪い方へ傾いた. **böse**: (本性の上から・道徳的に)悪い, たちの悪い. ein *böser* Mann 意地悪な男. **übel**: a) (道徳的に)悪い, b) (気分などが)悪い. Mir ist *übel*. 私は気分が悪い.

schlech·ter·dings [シュレヒタァ・ディングス] 副 全然, まったく. Das ist *schlechterdings* unmöglich. それはまったく不可能だ.

schlecht|ge·hen*, **schlecht ge·hen*** [シュレヒト・ゲーエン ʃlɛçt-gèːən] 非人称 (s)《es geht 人³ *schlecht* の形で》人³の健康(経済)状態がよくない.

schlecht*ge·launt, schlecht ge·launt [シュレヒト・ゲらオント] 形 不機嫌な.

schlecht*hin [シュレヒト・ヒン] 副 ①《名詞のあとに置かれて》そのものずばり, まさに, 正真正銘の. Er ist der Idealist *schlechthin*. 彼はまさに理想主義者だ. ② まったく, すっかり, 完全に. Das ist *schlechthin* unmöglich. それはまったく不可能だ.

Schlech·tig·keit [シュレヒティヒカイト] 囡 -/ -en ①《複 なし》粗悪なこと, 堕落, 下等, 劣等. ② 悪行, 悪事.

schlecht|ma・chen [シュレヒト・マッヘン ˈʃlɛçt-màxən] 他 (h) 《口語》《人・物⁴を》悪く言う, 中傷する, けなす.

schlecht╤weg [シュレヒト・ヴェック] 副 全然, まったく.

Schlecht╤wet・ter [シュレヒト・ヴェッタァ] 甲 -s/ 悪天候.

Schlecht・wet・ter╤geld [シュレヒトヴェッタァ・ゲルト] 甲 -[e]s/-er (建設作業員に国から支給される)悪天候休業手当.

schle・cken [シュレッケン ˈʃlɛkən] I 他 (h) 《南ドツ》(アイスクリームなど⁴を)ぺろぺろなめる. II 自 (h) ① (北ドツ) 甘い物を食べる. ② 《**an** 物³ ~》《南ドツ》(物³をぺろぺろなめる.

Schle・cke・rei [シュレッケライ ˌʃlɛkəˈraɪ] 囡 -/-en 《南ドツ・オストル》甘いもの, スイーツ (=Süßigkeit).

Schle・cker╤maul [シュレッカァ・マオル] 甲 -[e]s/..mäuler 《口語・戯》甘い物好き, 甘党.

Schle・gel¹ [シュレーゲル ˈʃleːɡəl] 男 -s/- 《南ドツ・オストル》(子牛・鳥など)のもも肉.

Schle・gel² [シュレーゲル] Schlägel の古い形.

Schle・gel³ [シュレーゲル] -s/ 《人名》シュレーゲル (兄 August Wilhelm von *Schlegel* 1767–1845; ドイツの批評家, シェイクスピアの翻訳者: 弟 Friedrich von *Schlegel* 1772–1829; ドイツの文学者).

Schleh╤dorn [シュレー・ドルン] 男 -[e]s/-e 《植》リンボク.

Schle・he [シュレーエ ˈʃleːə] 囡 -/-n 《植》① =Schlehdorn ② リンボクの実.

schlei・chen* [シュライヒェン ˈʃlaɪçən] (schlich, *ist/hat* … geschlichen) I 自 (完了 sein) 忍び足で歩く, こっそり歩く; (疲れて)足を引きずるように歩く. 《英》auf Zehenspitzen *schleichen* つま先立ちでそっと歩く / **ins** Haus *schleichen* 家の中へ忍び込む / **nach** Beute *schleichen* 獲物に忍び寄る / Die Zeit *schleicht*. 《比》時間がゆっくり過ぎて行く. II 再帰 (完了 haben) *sich⁴ schleichen*《ふつう方向を表す語句とともに》(…へ)忍び寄る, (…から)忍び出る. *sich⁴* **aus** dem Haus *schleichen* こっそり家から抜け出す.

schlei・chend [シュライヒェント] I *schleichen* (忍び足で歩く)の現分 II 形 忍び寄る, 徐徐に進行する, 潜行性の(病気・インフレなど).

Schlei・cher [シュライヒャァ ˈʃlaɪçər] 男 -s/- (軽蔑的に:) 陰でこそこそやる人, 陰謀家. (女性形: -in).

Schleich╤han・del [シュライヒ・ハンデル] 男 -s/ 密貿易, 闇(⁰̈ぅ̈)商売, 不法売買.

Schleich╤weg [シュライヒ・ヴェーク] 男 -[e]s/-e (人目につかない)間道, 抜け道. **auf** Schleichwegen 不正なルートで, こっそりと.

Schleich╤wer・bung [シュライヒ・ヴェルブング] 囡 -/ 《放送・テレ》もぐり宣伝 (通常の報道の中にこっそり宣伝文を入れること).

Schleie [シュライエ ˈʃlaɪə] 囡 -/-n 《魚》テンチ (ヨーロッパ産コイ科の淡水魚の一種).

der **Schlei・er** [シュライアァ ˈʃlaɪər] 男 (単2) -s/(複) - (3格のみ -n) ① ベール. 《英》*veil*). Braut*schleier* ウェディングベール / Die Braut trägt einen langen *Schleier*. 花嫁は長いベールを着けている / den *Schleier* nehmen 《雅》修道女になる / den *Schleier* des Geheimnisses lüften 《雅》秘密のベールをはがす / Ich sehe alles wie durch einen *Schleier*. 私には何にもぼんやりとしか見えない (←ベールを通したように見える).
② 覆うもの; もや, 霧. der *Schleier* der Dämmerung² 夕暮れのとばり. ③ 《写》かぶり. ④ 《鳥》顔盤 (フクロウなどの目をとりまく羽).

Schlei・er╤eu・le [シュライアァ・オイレ] 囡 -/-n 《鳥》メンフクロウ.

schlei・er・haft [シュライアァハフト] 形 《成句的に》人³ *schleierhaft* sein 《口語》(人³にとって)はっきりしない, 不可解である.

die **Schlei・fe** [シュライフェ ˈʃlaɪfə] 囡 (単) -/(複) -n ① (リボンなどの)ちょう結び; ちょう結びのリボン; ちょうネクタイ. 《英》*bow*). ein Kranz mit *Schleife* ちょう結びリボンの付いた花輪 / eine *Schleife* binden (lösen) ちょう結びをつくる (解く) / Sie trägt eine *Schleife* im Haar. 彼女は髪にリボンを付けている. ② (大きな)カーブ, ヘアピンカーブ. Die Straße macht hier eine *Schleife*. その通りはここで大きく環状に曲がっている.

schlei・fen¹* [シュライフェン ˈʃlaɪfən] (schliff, *hat* … geschliffen) 他 (h) ① (刃物⁴を)研ぐ; (宝石・ガラスなど⁴を)磨く, 研磨する. die Schere⁴ *schleifen* はさみを研ぐ / Diamanten⁴ *schleifen* ダイヤモンドを磨く (カットする). ② 《軍》しごく, 鍛える.
◇☞ **geschliffen**

schlei・fen² [シュライフェン] (schleifte, *hat/ist*…geschleift) I 他 (h) ① 引きずる, 引っぱって行く. einen Sack **hinter** sich her *schleifen* 袋を引きずって行く / Er *schleift* sie **von** einer Party **zur** anderen. 《比》彼は彼女をパーティーからパーティーへと連れ回す. ② (建物など⁴を)取り壊す. II 自 (h, s) (衣服などが)引きずる; すれる, こすれる. Das Kleid *schleift* **auf** dem Boden (または **über** den Boden). ドレスが床の上を引きずっている / **am** Schutzblech *schleifen* (車輪が)泥よけにすれる.

Schlei・fer [シュライファァ ˈʃlaɪfər] 男 -s/- ① (刃物の)研ぎ師, 研磨工; 宝石細工師. (女性形: -in). ② 《軍》鬼軍曹, しごき屋. ③ 《音楽》シュライファー (装飾音の一種); シュライファー (ドイツの古い農民の踊り).

Schleif╤lack [シュライフ・ラック] 男 -[e]s/-e (家具用の)つや出しワニス.

Schleif╤ma・schi・ne [シュライフ・マシーネ] 囡 -/-n グラインダー, 研削(研磨)機.

Schleif╤pa・pier [シュライフ・パピーァ] 甲 -s/-e 紙やすり, サンドペーパー.

Schleif╤stein [シュライフ・シュタイン] 男 -[e]s/-e 砥石(⁰̈ぃ̈).

Schleim [シュライム ˈʃlaɪm] 男 -[e]s/-e ①

schleimen 1146

(動・植物の)粘液、たん. Nasen*schleim* 鼻汁. ② 《料理》(胃弱者用の)かゆ. Hafer*schleim* オートミールのかゆ.

schlei·men [シュライメン ʃláimən] 自(h) ① 粘液を分泌する. ② おべっかを使う.

Schleim═haut [シュライム・ハオト] 囡 -/ ..häute 《医》粘膜.

schlei·mig [シュライミヒ ʃláimiç] 形 ① 粘液の多い; ねばねばした. ②《比》お世辞たらたらの.

Schleim═schei·ßer [シュライム・シャイサァ] 男 -s/- 《俗》おべっか使い. (女性形: -in).

Schleim═**sup·pe** [シュライム・ズッペ] 囡 -/-n 《料理》(乳児・病人用の)薄いかゆ, 重湯(おもゆ).

schlem·men [シュレンメン ʃlémən] I 自(h) うまい物をたらふく飲み食いする. II 他(h) (高級なもの⁴を)たっぷり食べる.

Schlem·mer [シュレンマァ ʃlémər] 男 -s/- 美食家, 食い道楽. (女性形: -in).

Schlem·me·rei [シュレンメライ ʃleməráI] 囡 -/ 美食, 飽食.

schlen·dern [シュレンダァン ʃléndərn] 自(s) ぶらぶら歩く. durch die Straßen *schlendern* 通りをぶらつく.

Schlen·dri·an [シュレンドリアーン ʃléndriaːn] 男 -[e]s/ 《口語》だらだらした仕事ぶり(態度).

schlen·kern [シュレンカァン ʃléŋkərn] I 他 (h) ぶらぶら動かす(振る). eine Tasche *schlenkern* かばんをぶらぶら振る. II 自 (h, s) ① (h) ぶらぶら揺れる. ② (h) 〘mit 物³ ~〙(物³を)ぶらぶら動かす. mit den Armen *schlenkern* 腕をぶらぶらさせる.

Schlepp [シュレップ ʃlép] 男〘成句的に〙物⁴ in *Schlepp* nehmen 物⁴を曳航(えいこう)する, 牽引(けんいん)する / 人⁴ in *Schlepp* nehmen 人⁴を無理に引っぱって行く / 人・物⁴ im *Schlepp* haben a) 人・物⁴を引っぱっている, b) 人・物⁴を引き連れている.

Schlepp═damp·fer [シュレップ・ダンプファァ] 男 -s/- 蒸気引き船, タグボート.

Schlep·pe [シュレッペ ʃlépə] 囡 -/-n ① (婦人服の長い)引きすそ. ②《農》(トラクターなどに引かれる)金すき.

schlep·pen [シュレッペン ʃlépən] (schleppte, *hat* ...geschleppt) I 他 (完了 haben) ① **引きずるようにして運ぶ** (英 drag). Kisten⁴ in den Keller *schleppen* 荷箱を引きずって地下室に運び込む / Er *schleppte* seinen Koffer zum Bahnhof. 彼はトランクを引きずるようにして駅まで運んだ. (☞ 類語 bringen).
② (船⁴を)曳航(えいこう)する, (自動車⁴を)牽引(けんいん)する. ein Auto⁴ in die Werkstatt *schleppen* 自動車を修理工場へ牽引する. ③〘方向を表す語句とともに〙《口語》(人⁴を…へ)無理やりに連れて行く. Er *schleppte* sie zu der Party. 彼は彼女を無理にそのパーティーに連れて行った.
II 再帰 (完了 haben) sich⁴ *schleppen* ①〘方向を表す語句とともに〙(…へ)体を引きずるようにして歩く(進む). Der Kranke *schleppte sich* mühsam zum Bett. 病人はやっとの思いでベッドにたどり着いた. ②〘*sich*⁴ mit 物・事³ ~〙《方》(物³を)苦労して運ぶ;《比》(囲⁴)(病気なども)を引きずる. ③ 長引く. Der Prozess *schleppt sich* nun schon über fünf Jahre. 裁判はもう5年以上続いている.
III 自 (完了 haben) (すそなどが床の上を)引きずる. Das Kleid *schleppt*. ドレスのすそが引きずっている.

schlep·pend [シュレッペント] I *schleppen (引きずるようにして運ぶ)の現分 II 形 ① 引きずるような(歩みなど). mit *schleppenden* Schritten 引きずるような足取りで. ② 間延びした(歌など). Er spricht ein wenig *schleppend*. 彼の話し方は少々間延びしている. ③ 緩慢な, のろい(仕事など).

Schlep·per [シュレッパァ ʃlépər] 男 -s/- ① 引き船, タグボート; 牽引(けんいん)車, トラクター. ②《口語》客引き; (逃亡などの)手引きをする人. (女性形: -in).

Schlepp═lift [シュレップ・リフト] 男 -[e]s/- (または -s) (スキーの)ティーバーリフト(スキーヤーがスキーをはいたままロープにつかまって引き上げてもらうリフト).

Schlepp═**netz** [シュレップ・ネッツ] 中 -es/-e 《漁》底引き網, トロール網.

Schlepp═**tau** [シュレップ・タオ] 中 -[e]s/-e 引き綱. 物⁴ im *Schlepptau* haben 物⁴を曳航(えいこう)(牽引(けんいん))している / 人⁴ im *Schlepptau* haben 人⁴を引き連れている / 人⁴ ins *Schlepptau* nehmen《口語》(一人では心もとない)人⁴に手を貸す.

schlepp·te [シュレップテ] schleppen (引きずるようにして運ぶ)の過去.

Schle·si·en [シュレーズィエン ʃléːziən] 中 -s/ 《地名》シュレージエン, シュレジア(オーダー川中・上流の地方名. 旧プロイセンの州名. 現在はその大半がポーランド領).

Schle·si·er [シュレーズィアァ ʃléːziər] 男 -s/- シュレージエンの人. (女性形: -in).

schle·sisch [シュレーズィッシュ ʃléːzɪʃ] 形 シュレージエン〔人・方言〕の.

Schles·wig [シュレースヴィヒ ʃléːsvɪç] 中 -s/ 《地名・都市名》シュレースヴィヒ(ドイツ, シュレースヴィヒ・ホルシュタイン州の北部地方およびその都市: ☞ 地図 D–1).

Schles·wig-Hol·stein [シュレースヴィヒ・ホルシュタイン ʃléːsvɪç-hólʃtaɪn] 中 -s/《地名》シュレースヴィヒ・ホルシュタイン(ドイツ北方の州. 州都はキール: ☞ 地図 D–E–1~2).

Schleu·der [シュロイダァ ʃlɔ́ʏdər] 囡 -/-n ① 投石器; (おもちゃの)ぱちんこ. ② (洗濯機の)脱水機 (= Wäsche*schleuder*); 遠心分離器.

Schleu·der═ball [シュロイダァ・バル] 男 -[e]s/..bälle (複なし) シュロイダー・バル(ボールを投げ合うチーム競技の一種). ② シュロイダー・バル用のボール.

Schleu·der·ma·schi·ne [シュロイダァ・マシーネ] 女 -/-n 遠心分離機 (=Zentrifuge).

schleu·dern [シュロイダァン] ʃlɔ́ydərn] (schleuderte, *hat/ist*…geschleudert) **I** 他 (完了 haben) ① (力いっぱい)**投げる**, 投げ飛ばす. (英 *hurl*). einen Ball *schleudern* ボールをほうり投げる / Er *hat* den Diskus 60 m weit *geschleudert*. 彼は円盤を60メートル投げた / 囲⁴ **an die Wand** *schleudern* 囲⁴を壁に投げつける. ② 遠心分離器(脱水機)にかける. Wäsche⁴ **in** (または **mit**) der Maschine *schleudern* 洗濯物を脱水機にかける.
II 自 (完了 sein または haben) (自動車などが)横滑りする, スリップする. (英 *skid*). In der Kurve *ist* (または *hat*) das Motorrad *geschleudert*. 《現在完了》カーブでそのオートバイは横滑りした.

Schleu·dern [シュロイダァン] 中 《成句的に》 **ins** *Schleudern* geraten (または kommen) a) (車が)スリップする, b) 《口語》あたふたする / 人⁴ **ins** *Schleudern* bringen 《口語》人⁴をあたふたさせる.

Schleu·der·preis [シュロイダァ・プライス] 男 -es/-e 《口語》捨て値, 超安値.

Schleu·der·sitz [シュロイダァ・ズィッツ] 男 -es/-e 《空》(緊急脱出用の)射出座席.

schleu·der·te [シュロイダァテ] schleudern (投げる)の 過去

schleu·nig [シュロイニヒ ʃlɔ́yniç] 形 《雅》早速の, 即刻の; 急ぎの, 迅速な.

schleu·nigst [シュロイニヒスト ʃlɔ́yniçst] 副 大至急, 大急ぎで.

Schleu·se [シュロイゼ ʃlɔ́yzə] 女 -/-n ① 水門(川や運河の水位を調節して船を通航させる装置). durch eine *Schleuse* fahren 水門を通る. ② (気密室の入口にある)エアロック, 気閘(きこう).

schleu·sen [シュロイゼン ʃlɔ́yzən] 他 (h) ① (船⁴を)水門を開いて通航させる. ② 《人・物⁴ **durch** (または **über**) 囲⁴ ~》《人・物⁴に囲⁴(税関など)を》通過させる. ③ (不法に…へ)潜入させる, 持ち出す(持ち込む).

Schleu·sen·tor [シュロイゼン・トーァ] 中 -[e]s/-e 水門, 水門の入口(出口).

schlich [シュリヒ] schleichen (忍び足で歩く)の 過去

schli·che [シュリッヒェ ʃlíçə] schleichen (忍び足で歩く)の 接2

Schli·che [シュリッヒェ] 複 策略, 計略, トリック. 人³ **auf** die *Schliche* kommen 人³の策略を見抜く.

schlicht [シュリヒト ʃlíçt] **I** 形 (比較 schlichter, 最上 schlichtest) (英 *simple*) ① **簡素な**, 質素な. *schlichte* Kleidung 地味な服装 / eine *schlichte* Mahlzeit 質素な食事. ② 素朴な, 飾り気のない, 率直な. ein *schlichter* Mensch 素朴な人 / mit *schlichten* Worten 率直な言葉で / *schlichtes* Haar 《雅》滑らかな髪. (☞ 類語 naiv). ③ 純然たる, 単なる. Das ist eine *schlichte* Tatsache. それは純然たる事実だ.
II 副 まったく. Das ist *schlicht* falsch. それはまったく誤りだ. ◇《成句的に》 *schlicht* und einfach 《口語》まったく, まさに / *schlicht* und ergreifend 《口語・戯》まったく, すっかり.

schlich·ten [シュリヒテン ʃlíçtən] 他 (h) ① (争い⁴を)調停する, 仲裁する. ② 《囲⁴の表面を)なめらかにする, 平らにする; (皮⁴を)なめす.

Schlich·ter [シュリヒタァ ʃlíçtər] 男 -s/- 調停者, 仲裁者. (女性形: -in).

Schlicht·heit [シュリヒトハイト] 女 -/ 簡素, 質素; 朴.

Schlich·tung [シュリヒトゥング] 女 -/-en 《ふつう単》調停, 仲裁.

schlicht·weg [シュリヒト・ヴェック] 副 全然, まったく (=schlechtweg).

Schlick [シュリック ʃlík] 男 -[e]s/-e (川底などの)泥土.

schlief [シュリーフ] ǁschlafen (眠る)の 過去

schlie·fe [シュリーフェ] ǁschlafen (眠る)の 接2

Schlie·mann [シュリーマン ʃlíːman] -s/ 《人名》シュリーマン (Heinrich *Schliemann* 1822-1890; ドイツの考古学者).

schlie·rig [シュリーリヒ ʃlíːrɪç] 形 《方》ねばねばした, ぬるぬるした, 滑りやすい.

Schlie·ße [シュリーセ ʃlíːsə] 女 -/-n 締め金, 留め金, 掛け金, バックル.

schlie·ßen [シュリーセン ʃlíːsən]

> 閉める
> *Schließen* Sie bitte die Tür!
> シュリーセン ズィー ビッテ ディ テューァ
> ドアを閉めてください.

du schließt (schloss, *hat*…geschlossen) **I** 他 (完了 haben) ① **閉める**, 閉じる, (服など⁴の)ボタンを掛ける. (英 *close, shut*). (対義 「開ける」は öffnen). das Fenster⁴ *schließen* 窓を閉める / Sie *schloss* das Buch. 彼女は本を閉じた / die Augen⁴ *schließen* 目を閉じる / einen Schrank *schließen* たんすの扉を閉める / eine Flasche⁴ [mit einem Korken] *schließen* びんに[コルクで]栓をする.
② (店など⁴を)**閉める**, 終業にする; (店・学校など⁴を)閉鎖する. Wir *schließen* den Laden um 18 Uhr. 私たちは店を18時に閉めます / Das Museum *ist* heute *geschlossen*. 《状態受動・現在》博物館はきょうは閉まっている / die Grenze⁴ *schließen* 国境を閉鎖する.
③ 《A⁴ **in** B⁴ ~》(A⁴をB⁴に)**しまい込む**, 閉じ込める. Geld⁴ in die Schublade *schließen* お金を引き出しにしまい込む / 人⁴ in einen Keller *schließen* 人⁴を地下室に閉じ込める / Er *schloss* sie in seine Arme. 彼は彼女を腕に抱き締めた / 囲⁴ in sich *schließen* 囲⁴を内に含む ⇒ Die Aussage *schließt* einen Widerspruch in sich. その発言は矛盾を含んでいる.
④ 《A⁴ **an** B⁴ ~》(A⁴をB⁴に)**つなぐ**. Er

schloss den Hund an die Kette. 彼は犬を鎖につないだ.
⑤ **終える**, 終わりにする; 締めくくる. eine Sitzung⁴ *schließen* 会議を終了する / Er *schloss* seine Rede mit den Worten... 彼は演説を…という言葉で締めくくった.
⑥ (契約・関係など⁴を)**結ぶ**. einen Vertrag *schließen* 契約を結ぶ / mit 人³ die Ehe⁴ *schließen* 人³と結婚する / Wir *schlossen* Freundschaft mit ihm. 私たちは彼と親交を結んだ.
⑦ 【A⁴ **aus** B³ ~】(A⁴をB³から)**推論する**, 結論する. Ich *schließe* aus seinem Verhalten, dass... 彼の態度から私は…だと考えます.
⑧ (すき間・穴など⁴を)埋める, ふさぐ; (閉じて壁など⁴を)完成させる. die Reihen⁴ *schließen* 列を詰める / einen Damm *schließen* (最後のすき間を埋めて)ダムを完成させる / einen Stromkreis *schließen* 回路を閉じる.
II 自 (完了 haben) ① (ドアなどが…のくあいに)**閉まる**, 閉じる; (鍵が)鍵などが…のくあいに)かかる. Die Tür *schließt* automatisch. このドアは自動的に閉まる / Der Schlüssel *schließt* nicht richtig. 鍵がきちんとかからない.
② (店などが)**閉まる**, 閉館する; 閉鎖される. Die Bibliothek *schließt* um 17 Uhr. 図書館は17時に閉まる.
③ 【mit 事³ ~】(事³で)**終わる**. Mit dieser Szene *schließt* das Stück. このシーンでその劇は終わる. (☞ 類語 enden).
④ 【**von** (または **aus**) A³ **auf** B⁴ ~】(A³からB⁴を)**推論する**, 推し量る. vom Stil auf den Autor *schließen* 文体から著者がだれかを推論する / Du *schließt* von dir auf andere. 君は自分を基準にして他の人を推し量っているよ. ⑤ (鍵穴に差し込んだ)鍵を回す. zweimal *schließen* (鍵穴に差し込んだ鍵を)2回鍵を回す.
III 再帰 (完了 haben) *sich*⁴ *schließen* ① **閉まる**, 閉じる. Die Tür *schließt sich* von selbst. ドアがひとりでに閉まる. ② 【*sich*⁴ **an** 事⁴ ~】(事⁴のあとに)続く, 引き続いて行われる. An den Vortrag *schloss sich* eine Diskussion. 講演に引き続いて討論が行われた.
◇☞ **geschlossen**

Schlie·ßer [シュリーサァ ʃíːsər] 男 -s/- 牢番(ばん), 看守; 門番; ドア係. (女性形: -in).

Schließ⸗fach [シュリース・ふァッハ] 中 -[e]s/..fächer ① コインロッカー. 物⁴ **in** einem *Schließfach* deponieren 物⁴をコインロッカーに預ける. ② (郵)私書箱.

***schließ·lich** [シュリースりヒ ʃíː.slɪç] 副 ① **最後に**, ついに, とうとう. (英 *finally*). *Schließlich* gab er nach. ついに彼は譲歩した / ...und *schließlich* ~ (いくつか列挙して:)そして最後に~ / *schließlich* und endlich 《口語》最後の最後に, やっとのことで. (☞ 類語 endlich).
② **結局**[のところは], しょせんは, なんと言っても. (英 *after all*). Er ist *schließlich* mein Bruder. なんだかんだ言っても彼はやはり私の弟なのだ / *Schließlich* hat er doch Recht. 結局は彼の言うとおりだ.

Schließ⸗mus·kel [シュリース・ムスケる] 男 -s/-n ① (医) 括約(やく)筋. ② (動) (貝などの)閉介筋, 貝柱.

Schlie·ßung [シュリースング] 女 -/-en 《ふつう単》① (門・ドアなどを)閉めること, 閉鎖; 閉店; 閉会. ② (条約などの)締結.

schliff [シュりふ] **schleifen**¹ (研ぐの) 過去

Schliff [シュりふ ʃlɪf] 男 -[e]s/-e ① (複 なし) (宝石などを)磨くこと, 研磨; (刃物を)研ぐこと. ② 研磨された面, カット面. ③ (複 なし) 洗練[された社交態度], 上品[なふるまい]. Er hat keinen *Schliff*. 彼は作法をわきまえていない.

schlif·fe [シュりッふェ] **schleifen**¹ (研ぐの) 接²

***schlimm** [シュりム ʃlɪm]

| 悪い | Das ist nicht so *schlimm*.
ダス イスト ニヒト ゾー シュリム
そんなにたいしたことではありません. |

I 形 (比較 schlimmer, 最上 schlimmst) ① (事態などが)**悪い**, ゆゆしい, ひどい. (英 *bad*). (反意 「良い」は gut). ein *schlimmer* Fehler (Unfall) ひどい間違い(重大な事故) / eine *schlimme* Situation 憂慮すべき状況 / im *schlimmsten* Fall 最悪の場合には. ◇〖名詞的に〗Ich kann nichts *Schlimmes* daran finden. それはなかなかいいじゃないか(←何も悪い所を見出せない) / Es gibt *Schlimmeres* als das. それよりももっと悪いことがあるんだよ / Ich bin auf das *Schlimmste* gefasst. 私は最悪の事態を覚悟している / Das *Schlimmste* ist, dass... いちばんいけないのは…だ. (☞ 類語 schlecht).
② 不[愉]快な, 都合の悪い, 困った. Ist nicht *schlimm*! (相手が謝ったときに:)たいしたことはありません, ご心配なく / Das ist *schlimm* **für** ihn. それは彼にとっては困ったことだ / Es steht *schlimm* **mit** ihm (または **um** ihn). 彼は苦境にある / Es ist *schlimm*, wenn ich nicht komme? 私が行かないとまずいですか.
③ (道徳的に)悪い; (性格的に)たちの悪い. eine *schlimme* Tat 悪事 / Er hat *schlimme* Gedanken. 彼はよこしまな考えを持っている.
④ 《付加語としてのみ》《口語》(体の部分が)炎症を起こした, けがをした, 痛みのある. Ich habe einen *schlimmen* Finger. 私は指を痛めている.
II 副 《口語》とても, ものすごく. Heute ist es *schlimm* kalt. きょうはやけに寒い.

schlimms·ten⸗falls [シュリムステン・ふァるス] 副 最悪の場合には; どんなに悪くても.

Schlin·ge [シュリンゲ ʃlíŋə] 女 -/-n ① (ひも・針金などを巻いて作った)輪. eine *Schlinge*⁴ knüpfen (または machen) 輪に結ぶ. ② (針金で作った)わな. *Schlingen*⁴ legen (または stellen) わなを仕掛ける / *sich*⁴ **aus** der *Schlinge* ziehen 《比》窮地を脱する.

Schlin·gel [シュリンゲる ʃlíŋəl] 男 -s/- (戯)

やんちゃ坊主, いたずらっ子.

schlin·gen¹* [シュリンゲン] ʃlíŋən] (schlang, hat ... geschlungen) I 他 (完了 haben) ① 〖A⁴ um B⁴ ~〗(A⁴ を B⁴ の周りに) 巻きつける, からませる. einen Schal um den Hals schlingen マフラーを首に巻く / Sie schlang die Arme um ihn. 彼女は彼に抱きついた (←両腕を巻きつけた).
② 〖A⁴ in (または durch) B⁴ ~〗(A⁴ を B⁴ に)編み込む, 結びつける. ein Band⁴ in den Zopf schlingen お下げ髪にリボンを結ぶ. ③ 結ぶ; 結んで作る. einen Knoten schlingen 結び目を作る / A⁴ zu B³ schlingen A⁴ を結んで B³ にする ⇨ das Haar⁴ zu einem Knoten schlingen 髪を束ねて結う.
II 再帰 (完了 haben) 〖sich⁴ um 物⁴ ~〗(物⁴ に)巻きつく, からみつく. Das Efeu schlingt sich um den Baumstamm. つたが木の幹に巻きついている.

schlin·gen²* [シュリンゲン] 他 (h)·自 (h) (よくかまずに)がつがつ食べる, むさぼり食う.

schlin·gern [シュリンガァン] ʃlíŋərn] 自 (h, s) ① (h) (船が)横揺れする, ローリングする. ② (s) (船が…で)横揺れしながら進む.

Schling=pflan·ze [シュリング・プフランツェ] 女 -/-n 蔓(ぷる)植物 (朝顔・ホップなど).

der **Schlips** [シュリップス ʃlíps] 男 (単2) -es/(複) -e (3格のみ -en) 〔口語〕ネクタイ (= Krawatte). (英 tie). einen Schlips tragen ネクタイをしている / einen Schlips um|binden (ab|binden) ネクタイを締める(ほどく) / 人³ auf den Schlips treten 人³の気持ちを傷つける (←ネクタイを踏みつける).

der **Schlit·ten** [シュリッテン ʃlítən] 男 (単2) -s/(複) - ① そり. (英 sled). Hundeschlitten 犬ぞり / Die Kinder fahren Schlitten. 子供たちがそりに乗っている / mit 人³ Schlitten fahren 〔口語〕 a) 人³に意地悪をする, b) 人³をがみがみしかりつける. ② 〔口語〕車, 二輪車. ③ 〔工〕送り台, (タイプライターの)キャリッジ. ④ 〔造船〕(船の)進水台.

Schlit·ten=fahrt [シュリッテン・ファールト] 女 -/-en そりで行くこと, 馬ぞりでの遠乗り.

schlit·tern [シュリッタァン ʃlítərn] 自 (s) (…へ)滑って行く; (車が)スリップする.

der **Schlitt=schuh** [シュリット・シュー ʃlít-ʃuː] 男 (単2) -[e]s/(複) -e (3格のみ -en) スケート[靴]. (英 skate). Die Kinder laufen Schlittschuh. 子供たちがスケートをしている.

Schlitt·schuh=läu·fer [シュリットシュー・ろイファァ] 男 -s/- スケーター. (女性形: -in).

Schlitz [シュリッツ ʃlíts] 男 (単2) -es/(複) -e ① 細長い切り口, すき間, 裂け目; (自動販売機などの)料金投入口, (郵便ポストの)投函(はん)口. ② 〔服飾〕(衣服のわきなどにつける)スリット, 切り込み.

Schlitz=au·ge [シュリッツ・アオゲ] 中 -s/-n 〔ふつう 複〕(モンゴロイド系の)細い目, 切れ長の目.

schlitz=äu·gig [シュリッツ・オイギヒ] 形 細い目の, 切れ長の目をした.

schlit·zen [シュリッツェン ʃlítsən] 他 (h) (物⁴ に)細長い切れ目をつける, (スカートなど⁴に)スリットを入れる.

Schlitz=ohr [シュリッツ・オーァ] 中 -[e]s/-en 〔口語〕ずるいやつ (昔, 詐欺師の耳たぶに刑罰の印として切れ目をいれたことから).

schlitz=oh·rig [シュリッツ・オーリヒ] 形 〔口語〕ずるい, 抜け目のない.

schloh=weiß [シュロー・ヴァイス] 形 真っ白な (老人の髪など).

schloss [シュロス] ⁎schließen (閉める)の 過去

das **Schloss**¹ [シュロス ʃlɔ́s]

宮殿

Das *Schloss* liegt am Fluss.
ダス シュロス リークト アム ふるス
その宮殿は川沿いにある.

格	(単)		(複)	
1	das	Schloss	die	Schlösser
2	des	Schlosses	der	Schlösser
3	dem	Schloss	den	Schlössern
4	das	Schloss	die	Schlösser

中 (単2) -es/(複) Schlösser [シュレッサァ] (3格のみ Schlössern) 宮殿, 王宮, 城館. (英 palace, castle). (☞ 類語 Burg). ein prunkvolles Schloss 華麗な宮殿 / ein barockes Schloss バロック式宮殿 / Ich möchte das Heidelberger Schloss besichtigen. 私はハイデルベルク城を見物したい / auf einem Schloss wohnen 宮殿に住んでいる / ein Schloss auf dem (または im) Mond 〘比〙空中楼閣 (=月の上の城) / Schlösser⁴ in die Luft bauen 〘比〙空中に楼閣を築く, 夢想する.

Pavillon

Schloss

das **Schloss**² [シュロス ʃlɔ́s] 中 (単2) -es/(複) Schlösser [シュレッサァ] (3格のみ Schlössern) ① 錠, 錠前. (英 lock). (☞「鍵」は Schlüssel). das Schloss des Koffers トランクの錠 / das Schloss⁴ öffnen 錠を開ける / den Schlüssel ins Schloss stecken 鍵(変)を錠に差し込む / Er hat ein Schloss vor dem Mund. 《口語》彼は口を開こうとしない (←口の前に錠を付けている) / hinter Schloss und Riegel sitzen 《口語》投獄されている.
② 留め金, (ベルトの)バックル.

Schloß [シュロス] Schloss¹,² の古い形 (☞ daß 参考).

schlös·se [シュレッセ] ⁎schließen (閉める)の

Schlos·ser [シュロッサァ ʃlɔ́sər] 男 -s/- 機械[修理]工. (女性形: -in). Auto*schlosser* 自動車修理工.

Schlös·ser [シュレッサァ] *Schloss¹ (宮殿), *Schloss² (錠)の複

Schlos·se·rei [シュロッセライ ʃlɔsəráɪ] 女 -/-en ① 機械組立(修理)工場. ② 『複 なし』機械いじり; 機械(金属)工の仕事. ③ 『複 なし』ロッククライミング用具セット.

Schloss⇆herr [シュロス・ヘル] 男 -n/-en 城主, 館(やかた)の主人. (女性形: -in).

Schloss⇆**hof** [シュロス・ホーフ] 男 -[e]s/..höfe 宮殿(城)の中庭.

Schloss⇆**hund** [シュロス・フント] 男 『成句的に』wie ein *Schlosshund* heulen《口語》(番犬のように)大声で泣きわめく.

Schlot [シュロート ʃloːt] 男 -es (まれに -s)-e (まれに Schlöte) ① 『方』(高い)煙突. ② 『地学』(火山の)火道(マグマが火口に上ってくる通路); (石灰岩地の)ドリーネ. ③ 《口語》軽薄なやつ, 役にたず.

schlot·te·rig [シュロッテリヒ ʃlɔ́tərɪç] 形 = schlottrig

schlot·tern [シュロッタァン ʃlɔ́tərn] 自 (h) ① がたがた震える. ② (衣服が)だぶだぶである.

schlott·rig [シュロットリヒ ʃlɔ́trɪç] 形 ① がたがた震えている. ② (衣服が)だぶだぶの.

Schlucht [シュルフト ʃlʊxt] 女 -/-en 《詩》山峡, 峡谷.

schluch·zen [シュルフツェン ʃlʊ́xtsən] du schluchzt (schluchzte, hat ... geschluchzt) 自 《定了》 haben) すすり泣く, むせび泣く, しゃくりあげて泣く. 《英》sob). laut *schluchzen* 大きな声で泣きじゃくる. ◇『現在分詞の形で』 eine *schluchzende* Melodie むせび泣くような(センチメンタルな)メロディー.

Schluch·zer [シュルフツァァ ʃlʊ́xtsər] 男 -s/- すすり泣き, むせび泣き, 泣きじゃくり. einen *Schluchzer* unterdrücken ぐっと涙をこらえる.

schluchz·te [シュルフツテ] schluchzen (すすり泣く)の過去

der **Schluck** [シュルック ʃlʊk] 男 (単2) -[e]s/(複) -e (3格のみ -en) まれに (複) Schlücke [シュリュッケ] 一飲み, 一飲み分[の量]. einen *Schluck* Wein trinken ワインを一口飲む / Gib mir einen *Schluck* Wasser! 水を一口くれないか / 人4 **auf** einen *Schluck* ein|laden 《口語》人4を一杯飲みに誘う / *Schluck* **für** (または **um**) *Schluck* 一飲み一飲み, 一口一口 / **in** (または **mit**) kleinen *Schlücken* trinken ちびりちびり飲む.

Schluck⇆auf [シュルック・アオフ] 男 -s/ しゃっくり.

Schluck⇆**be·schwer·den** [シュルック・ベシュヴェーァデン] 複《医》嚥下(えんげ)困難.

schlu·cken [シュルッケン ʃlʊ́kən] (schluckte, *hat* ... geschluckt) I 他 《定了》 haben) ① 飲み込む, 飲み下す. 《英》swallow). eine Tablette⁴ *schlucken* 錠剤を飲み込む / Er *hat* beim Schwimmen Wasser *geschluckt*. 彼は泳いでいて水を飲み込んだ.

② 《俗》(酒など⁴を)飲む. ③ 《口語》(ほこりなど⁴を)吸い込む, 吸収する. Staub⁴ *schlucken* ほこりを吸い込む / Der Teppich *schluckt* den Schall. じゅうたんが音を吸収する. ④ 《口語》(会社など⁴を)吸収合併する. ⑤ 《口語》(非難など⁴を)黙って受け入れる. eine Benachteiligung⁴ *schlucken* 不利益を甘受する.

II 自 《定了》 haben) 物(唾(つば))を飲み込む; (驚いて)息を飲む.

Schlu·cker [シュルッカァ ʃlʊ́kər] 男 《成句的に》ein armer *Schlucker*《口語》哀れなやつ.

Schluck⇆imp·fung [シュルック・インプフング] 女 -/-en《医》経口ワクチンの投与.

schluck·te [シュルックテ] schlucken (飲み込む)の過去

schluck⇆wei·se [シュルック・ヴァイゼ] 副 一飲み一飲み, 一口一口.

schlu·de·rig [シュルーデリヒ ʃlúːdərɪç] 形《口語》= schludrig

schlu·dern [シュルーダァン ʃlúːdərn] 自 (h)《口語》ぞんざいな仕事をする.

schlud·rig [シュルードリヒ ʃlúːdrɪç] 形《口語》(仕事ぶりなどが)ぞんざいな, いいかげんな; (服装が)だらしない.

schlug [シュルーク] *schlagen (打つ)の過去

schlü·ge [シュリューゲ] *schlagen (打つ)の接2

Schlum·mer [シュルンマァ ʃlʊ́mər] 男 -s/《雅》まどろみ, うたた寝. in *Schlummer* sinken うとうとと眠り込む.

schlum·mern [シュルンマァン ʃlʊ́mərn] (schlummerte, *hat* ... geschlummert) 自 《定了》 haben) ①《雅》まどろむ, うたた寝する. 《英》slumber). im Sessel *schlummern* 安楽いすでうたた寝する. (類語 schlafen). ② (才能・資源などが)眠っている, (病気などが)潜伏している.

schlum·mer·te [シュルンマァテ] schlummern (まどろむ)の過去

Schlund [シュルント ʃlʊnt] 男 -[e]s/Schlünde [シュリュンデ] ① のど, 咽頭(いんとう); (猛獣のあんぐり開けた)口. ②《雅》深淵(しんえん).

Schlupf [シュルブフ ʃlʊpf] 男 -[e]s/-e (または Schlüpfe)『ふつう単』《工》(機械の)空転, 滑り, スリップ.

schlüp·fen [シュリュプフェン ʃlʏ́pfən] (schlüpfte, *ist* ... geschlüpft) 自 《定了》 sein) ①『方向を表す語句とともに』(…から)するりと抜け出す, (…へ)するりと入り込む. Er *schlüpfte* aus dem Zimmer. 彼はするりと部屋から抜け出した / Die Maus *schlüpft* ins Loch. ねずみがするりと穴の中へ入る / 人³ aus der Hand *schlüpfen*《比》人³の手からするりと滑り落ちる. ②『in 物³ ~』(物³(衣服など)をさっと着る(はく). in einen Mantel *schlüpfen* コートをさっと着る. ③『aus 物³ ~』(物³(衣服など)をさっと脱ぐ.

Er *schlüpfte* aus den Schuhen. 彼はさっと靴を脱いだ. ④ (ひなが卵から)孵化(ホ)する;羽化する.

Schlüp·fer [シュリュプファァ ʃlýpfɐr] 男 -s/- 《ふつう単数の意味で》《服飾》(女性用の)ショーツ,(男性用の)ブリーフ,(子供用の)パンツ.

Schlupf⸗loch [シュルプフ・ロッホ] 中 -[e]s/..löcher ＝Schlupfwinkel

schlupf·rig [シュルプフリヒ ʃlýpfrɪç] 形 ① ぬれていて滑りやすい,つるつるする. ② 《比》いかがわしい,きわどい(冗談など).

Schlüpf·rig·keit [シュリュプフリヒカイト] 女 -/-en ① 《複なし》滑りやすいこと. ② (本などの)みだらな表現(箇所).

schlüpf·te [シュリュプフテ] schlüpfen (するりと抜け出す)の過去

Schlupf⸗win·kel [シュルプフ・ヴィンケル] 男 -s/- ① (ねずみなどの)隠れ場所. ② (犯罪者などの)隠れ家,潜伏所.

schlur·fen [シュるルフェン ʃlʊ́rfən] 自 (s) ずるずると足をひきずって歩く.

schlür·fen [シュリュルフェン ʃlýrfən] I 他 (h) ① (コーヒー・スープなど⁴を)ずるずる音をたてて飲む. II 自 (s) ずるずる音をたてて飲む.

∗der Schluss [シュるス ʃlʊ́s]

> 終わり *Schluss* für heute!
> シュるス フューァ ホイテ
> きょうはこれで終わり.

男 (単2) -es/(複) Schlüsse [シュリュッセ] (3格のみ Schlüssen) ① 《複なし》**終わり**,終了,終結;(劇などの)結末,(手紙などの)結び. (英 *end*). (☞ 「初め」は Anfang). ein plötzlicher *Schluss* 突然の終結 / *Schluss*⁴ machen a) (仕事などを)終わりにする,b) 《口語》職をやめる / **beim** Erzählen keinen *Schluss* finden [können] いつまでも話し続ける / *Schluss* jetzt! もうやめてくれ,もうたくさんだ / **Mit** dem Rauchen ist jetzt *Schluss*. たばこはまだ吸いやめた / Mit mir ist noch nicht *Schluss*. 《口語》おれはまだくたばらないぞ / Mit dem Streit ist nun *Schluss*! いさかいはもうやめてくれ / mit 男³ *Schluss*⁴ machen 男³をやめる,断つ / mit 囚³ *Schluss*⁴ machen 囚³との関係を断つ / [mit sich³] *Schluss*⁴ machen《口語》自殺する.

◇ 《前置詞とともに》**am** *Schluss* des Jahres 1年の終わりに / am *Schluss* des Zuges 列車の最後尾に / **nach (vor)** *Schluss* der Vorstellung² 上演の終了後に(前に) / **zum** *Schluss* 最後に,終わりに ⇒ Komm endlich zum *Schluss*! いいかげんにやめろ / Noch eine Bemerkung zum *Schluss*. おしまいにもう一言述べます / bis zum *Schluss* bleiben 終わりまでとどまる.

② **推論**,帰結,結論. (英 *conclusion*). ein logischer *Schluss* 論理的な推論 / **aus** 男³ einen *Schluss* ziehen 男³から結論を引き出

す / Er kam **zu** dem *Schluss*, dass... 彼は…という結論に達した.

③ 《《複なし》(ドアなどの)閉まり具合;(乗馬の際の)脚の締まり.

Schluß [シュるス] Schluss の古い形 (☞ daß ☞).

Schluss⸗be·mer·kung [シュるス・ベメルクング] 女 -/-en (著作などの)結語,結び.

Schlüs·se [シュリュッセ] ∗∗Schluss (結論)の複

∗der Schlüs·sel [シュリュッセる ʃlýsəl]

> 鍵(鱣) Der *Schlüssel* passt nicht.
> デァ シュリュッセる パスト ニヒト
> この鍵は合わない.

男 (単2) -s/(複) - (3格のみ -n) ① **鍵**(鱣),**キー**. (英 *key*). (☞「錠」は Schloss). *Autoschlüssel* 自動車のキー / ein *Schlüssel* für den Koffer トランクの鍵 / der *Schlüssel* zur Haustür 玄関の鍵 / den *Schlüssel* ins Schloss stecken 鍵を錠に差し込む / den *Schlüssel* ein|stecken (ab|ziehen) 鍵を差し込む(引き抜く) / Der *Schlüssel* steckt noch im Schloss. 鍵はまだ錠に差したままだ / Ich habe meinen *Schlüssel* verloren. 私は鍵をなくした.

② (問題を解く)**手がかり**,キーポイント;(解読の)鍵(鱣),秘訣(ヒツ). Das ist der *Schlüssel* zum Erfolg. これが成功の秘訣だ.

③ (問題集などの)解答編;暗号解読表. ein Geheimschreiben⁴ **mit** (または **nach**) einem *Schlüssel* entziffern 秘密文書を暗号解読表で解読する. ④ 配分律. ⑤ 《音楽》音部記号. ⑥ 《工》《自在》スパナ.

Schlüs·sel⸗bein [シュリュッセる・バイン] 中 -[e]s/-e 《医》鎖骨.

Schlüs·sel⸗blu·me [シュリュッセる・ブるーメ] 女 -/-n 《植》セイヨウサクラソウ,プリムラ.

Schlüs·sel⸗bund [シュリュッセる・ブント] 男 中 -[e]s/-e 鍵束(ヒュッ).

Schlüs·sel⸗er·leb·nis [シュリュッセる・エァれープニス] 中 ..nisses/..nisse 《心》(人生を左右する)決定的な体験.

schlüs·sel⸗fer·tig [シュリュッセる・フェルティヒ] 形 即時入居可能な(建物など).

Schlüs·sel⸗fi·gur [シュリュッセる・フィグーァ] 女 -/-en (ある問題の鍵(鱣)を握る)重要人物,キーパーソン.

Schlüs·sel⸗in·dus·trie [シュリュッセる・インドゥストリー] 女 -/-n [..リーエン] 基幹産業.

Schlüs·sel⸗kind [シュリュッセる・キント] 中 -[e]s/-er 《隠語》鍵(ヒュ)っ子.

Schlüs·sel⸗loch [シュリュッセる・ロッホ] 中 -[e]s/..löcher 鍵穴(鱣ヒュ).

Schlüs·sel⸗po·si·ti·on [シュリュッセる・ポズィツィオーン] 女 -/-en 重要な地位(ポスト).

Schlüs·sel⸗ro·man [シュリュッセる・ロマーン] 男 -s/-e 《文学》モデル小説.

Schlüs·sel⸗stel·lung [シュリュッセる・シュテ

ング] 因 -/-en ① 重要な地位(ポスト). ② 《軍》重要地点.
Schlüs‧sel⹁wort [シュリュッセル・ヴォルト] 田 -[e]s/..wörter ① (組み合わせ錠・暗号などの)キーワード. ② 〖圏 -e も〗(ある分野の)キーワード; 暗号化された文字(数字). ③ 〖ミジ〗キーワード; パスワード.
Schluss⹁fol‧ge‧rung [シュるス・ふォるゲルング] 因 -/-en 推論,(推論の結果としての)結論.
schlüs‧sig [シュリュスィヒ ʃlýsɪç] 形 ① 筋の通った, 説得力のある(論証など). ② 〖成句的に〗sich³ [**über** 囲⁴] *schlüssig* sein (werden) [囲⁴について]決心している(決心がつく).
Schluss⹁läu‧fer [シュるス・ろイふァ ァ] 男 -s/- (陸上競技で:)(リレーなどの)アンカー, 最終走者. (女性形: -in).
Schluss⹁licht [シュるス・リヒト] 田 -[e]s/-er ① (自動車などの)尾灯, テールライト. ② 《口語》(行列などの)しんがり; (成績などの)びり. das *Schlusslicht*⁴ machen しんがりをつとめる.
Schluss⹁pfiff [シュるス・プふィふ] 男 -[e]s/-e (球技で:)ファイナルホイッスル.
Schluss⹁punkt [シュるス・プンクト] 男 -[e]s/-e ① (文章の)終止符, ピリオド. ② 結着. einen *Schlusspunkt* **unter** (または **hinter**) 囲⁴ setzen 囲⁴(不快なことなど)に結着をつける, けりをつける.
Schluss⹁rech‧nung [シュるス・レヒヌング] 因 -/-en ① 〖経・法〗決算. ② 〖数〗比例算.
Schluss⹁run‧de [シュるス・ルンデ] 因 -/-n 〖スポ〗最終ラウンド, ファイナル; 最後の一周.
Schluss⹁satz [シュるス・ザッツ] 男 -es/..sätze ① 結びの文, 結語;〖哲〗結論. ② 〖音楽〗最終楽章, 終曲.
Schluss⹁stein [シュるス・シュタイン] 男 -[e]s/-e ① 〖建〗(アーチの頂上の)かなめ石. (☞ Bogen 図). ② 〖比〗最後の仕上げ; 頂点.
Schluss⹁strich [シュるス・シュトリヒ] 男 -[e]s/-e (文書・計算書を締めくくる)終止線. einen *Schlussstrich* **unter** 囲⁴ ziehen 囲⁴(不快なことなど)にけりをつける.
Schluss⹁ver‧kauf [シュるス・フェアカオふ] 男 -[e]s/..käufe (夏と冬の)期末バーゲンセール.
Schluss⹁wort [シュるス・ヴォルト] 男 -[e]s/-e 結びの言葉, 閉会の辞; あと書き.
Schmach [シュマーハ ʃmáːx] 因 -/ 《雅》恥辱, 屈辱, 不名誉. [eine] *Schmach*⁴ ertragen 屈辱に耐える / 囚³ [eine] *Schmach*⁴ an|tun (または zu|fügen) 囚³を侮辱する / *Schmach* und Schande über dich!《戯》恥を知れ!
schmach‧ten [シュマハテン ʃmáxtən] 圓 (h) 《雅》① (飢え・渇きなどに)苦しむ, あえぐ. ② [**nach** 囚・物³ ~] (囚・物³を)渇望する, 思い焦がれる. ◇〖現在分詞の形で〗ein *schmachtender* Blick 思い焦がれたまなざし.
Schmacht‧fet‧zen [シュマハト・ふェッツェン] 男 -s/- 《俗》(歌・映画・本などの)お涙ちょうだいもの.

schmäch‧tig [シュメヒティヒ ʃméçtɪç] 形 ほっそりした, きゃしゃな.
schmach⹁voll [シュマーハ・ふォる] 形 《雅》恥ずべき, 不名誉な, 屈辱に満ちた.
schmack‧haft [シュマックハふト] 形 おいしい, 風味のよい. 囚³ 物⁴ *schmackhaft* machen 《口語》囚³に物⁴を魅力あるものに思わせる.
schmä‧hen [シュメーエン ʃméːən] 他 (h) 《雅》中傷する, のの しる, 悪く言う.
schmäh‧lich [シュメーリヒ] 形 《雅》恥ずべき, 不名誉な, 屈辱的な.
Schmäh⹁re‧de [シュメー・レーデ] 因 -/-n ① 中傷(誹謗(ʰʙɔɔ))演説. ② 〖ふつう 複〗中傷, 誹謗(ʰʙɔɔ). *Schmähreden*⁴ führen 悪口を言う.
Schmäh⹁schrift [シュメー・シュリふト] 因 -/-en 中傷文[書], 誹謗(ʰʙɔɔ)文[書].
Schmä‧hung [シュメーウング] 因 -/-en 中傷, 誹謗(ʰʙɔɔ), 悪口. gegen 囚・物⁴ *Schmähungen*⁴ aus|stoßen 囚・物⁴に対して罵詈(ʙʀ)雑言を浴びせる.
Schmäh⹁wort [シュメー・ヴォルト] 田 -[e]s/-e 悪口.
****schmal** [シュマーる ʃmáːl]

> 幅の狭い　Das Bett ist zu *schmal*.
> ダス　ベット　イスト　ツー　シュマーる
> そのベッドは幅が狭すぎる.

形 (比較) schmaler, (最上) schmalst または (比較) schmäler, (最上) schmälst) ① 幅の狭い, 細長い; 薄い; (人が)ほっそりした, やせた. (英 *narrow*, *slim*). (☞「幅の広い」は breit). ein *schmaler* Weg 狭い道 / ein *schmales* Büchlein 薄い小冊子 / *schmale* Lippen 薄い唇 / Sie hat ein *schmales* Gesicht. 彼女は細面だ / Sie hat *schmale* Hände. 彼女はほっそりした手をしている / Er ist recht *schmal* geworden.《現在完了》彼はだいぶやせた. (☞ 類語 eng, dünn). ② 《雅》わずかな, 乏しい, 貧弱な. ein *schmales* Einkommen わずかな収入 / *schmale* Kost 貧弱な食事.
schmä‧ler [シュメーらァ] *schmal (幅の狭い)の (比較)
schmä‧lern [シュメーらァン ʃméːlərn] 他 (h) 少なくする, 削減する; (功績など⁴に)けちをつける.
Schmal⹁film [シュマーる・ふィるム] 男 -[e]s/-e 8ミリ(16ミリ)フィルム, 小型フィルム.
Schmal‧film⹁ka‧me‧ra [シュマーるふィるム・カメラ] 因 -/-s 8ミリ(16ミリ)カメラ.
Schmal⹁sei‧te [シュマーる・ザイテ] 因 -/-n (部屋など長方形の)幅の狭い側.
Schmal⹁spur [シュマーる・シュプーァ] 因 -/ 〖鉄道〗狭軌.
Schmal‧spur⹁bahn [シュマーるシュプーァ・バーン] 因 -/-en 狭軌鉄道.
schmal‧spu‧rig [シュマーる・シュプーリヒ] 形 狭軌の(鉄道); (スキーで:)シュプールの幅の狭い.
schmälst [シュメーるスト] *schmal (幅の狭い)の (最上)

Schmalz[1] [シュマるツ ʃmálts] 匣 -es/(種類:)-e (豚などの脂肪を溶かしてとった)食用油脂(ヘット・ラードなど); (方)溶かしバター.

Schmalz[2] [シュマるツ] 男 -es/《口語》(軽蔑的に)感傷; お涙ちょうだいもの(流行歌など).

schmal·zig [シュマるツィヒ ʃmáltsɪç] 形《比》ひどくセンチメンタルな, いや に甘ったるい(流行歌など).

schma·rot·zen [シュマロッツェン ʃmarótsən] 過分 schmarotzt 自 (h) ① 《bei 人[3] ~》(人[3] の所に)居候(寄食)する. ②《生》(…に)寄生する.

Schma·rot·zer [シュマロッツァァ ʃmarótsər] 男 -s/- ① 居候, 寄食者, 食客. (女性形: -in). ②《生》寄生植物(動物).

Schma·rot·zer·tier [シュマロッツァァ・ティーァ] 匣 -[e]s/-e 寄生動物.

Schmar·re [シュマレ ʃmárə] 匣 -/-n《口語》切り傷; 傷跡.

Schmar·ren [シュマレン ʃmárən] 男 -s/- ①《南ドイツ・オーストリア》シュマレン(パンケーキの一種). ②《口語》くだらないもの; きわもの(映画・芝居など), ナンセンスな話.

Schmatz [シュマッツ ʃmáts] 男 -es/-e (または Schmätze)《口語》(ちゅっと音をたてる)キス. 人[3] einen Schmatz geben 人[3] にちゅっとキスをする.

schmat·zen [シュマッツェン ʃmátsən] I 自 (h)(食べるときなどに)ぴちゃぴちゃ音をたてる. II 他 (h)(匐 h)(ぴちゃぴちゃ)音をたてて食べる(飲む); (人[4] に)ちゅっとキスする.

schmau·chen [シュマオヘン ʃmáʊxən] 他 (h)(パイプ・たばこ[4] を)くゆらす.

Schmaus [シュマオス ʃmáʊs] 男 -es/Schmäuse《戯》ごちそう; 宴会.

schmau·sen [シュマオゼン ʃmáʊzən] 自 (h) ごちそうを食べる.

schme·cken [シュメッケン ʃmékən]

> …の味がする
> Die Suppe *schmeckt* gut.
> ディ ズッペ シュメックト グート
> このスープはおいしい.

(schmeckte, hat … geschmeckt) I 自 (定了 haben) ①(飲食物が…の)味がする.《英 taste》. Das Essen *schmeckt* gut (schlecht). この食事はおいしい(まずい) / Das *schmeckt* salzig (bitter). これは塩辛い(にがい) / nach 物[3] *schmecken* 物[3] の味がする ⇨ Der Wein *schmeckt* nach [dem] Fass. このワインは樽(な)の味がする / nach nichts *schmecken* 味がしない / Das *schmeckt* nach mehr.《口語》これはもっと食べたくなるほどおいしい.

②([人[3] にとって])おいしい, ([人[3] の])口に合う. Das Essen *hat geschmeckt*. 食事はおいしかった / *Lassen* Sie sich's (=sich es) [gut] *schmecken*! おいしく召しあがれ / Diese Arbeit *schmeckt* ihm nicht.《比》この仕事は彼の性に合わない.

◇〖非人称の es を主語として〗*Schmeckt* es Ihnen? — Danke, [es *schmeckt*] gut. お口に合いますか — ありがとう, おいしいですよ / *Schmeckt es*? または *Schmeckt's*? おいしい?

II 他 (定了 haben) ①(食べ物など[4] の)味を感じる; (匐 の)味をみる. Ich *schmecke* dieses Gewürz nicht. 私にはこの香辛料の味がわからない / die Suppe[4] *schmecken* スープの味をみる. ②《南ドイツ・オーストリア・スイス》(匐[4] の)においに気づく.

schmeck·te [シュメックテ] ≟schmecken (…の味がする)の 過去

Schmei·che·lei [シュマイヒェらイ ʃmaɪçəláɪ] 囡 -/-en お世辞, おべっか, 追従(?). 人[3] *Schmeicheleien*[4] sagen 人[3] にお世辞を言う.

schmei·chel·haft [シュマイヒェるハフト] 形 自尊心をくすぐるような, いい気持ちにさせる, 心地よく響く(言葉など). ein *schmeichelhaftes* Foto《比》実物よりよく撮れている写真.

schmei·cheln [シュマイヒェるン ʃmáɪçəln] 他 geschmeichelt 自 (定了 haben) ①(人[3] に)お世辞を言う, おもねる; (言葉などが人[3] を)うれしがらせる, (お世辞などが自尊心[3] を)くすぐる.《英 flatter》. Sie hat ihrem Chef *geschmeichelt*. 彼女は所長にごまをすった / Es *schmeichelt* 人[3], dass … …で人[3] は気をよくする. ◇〖過去分詞の形で〗sich[4] *geschmeichelt* fühlen 悪い気がしない.

②(写真などが人・物[3] を)実物以上によく見せる, (衣服などが人・物[3] を)引きたたせる. Das Foto *schmeichelt* ihm. この写真では彼は実際以上によく写っている / Die Frisur *schmeichelt* ihr. この髪型だと彼女はいちだんときれいに見える. ◇〖過去分詞の形で〗Die Aufnahme ist *geschmeichelt*. その写真は実際よりもよく写っている.

③《mit 人[3] 》(人[3] に)甘える.《現在分詞の形で〗物[4] *schmeichelnd* sagen 物[4] を甘えるように言う.

II 再帰 (定了 haben) ① *sich*[3] *schmeicheln*, zu 不定詞[句] …であると自負する, 得意がる. Ich *schmeichle mir*, ein guter Tänzer zu sein. ぼくは自分でダンスが上手だと思っている. ②《成句的に》*sich*[4] *ins Ohr schmeicheln* (音楽などが)耳に快く響く.

schmei·chel·te [シュマイヒェるテ] ≟schmeicheln (お世辞を言う)の 過去

schmeich·le [シュマイヒェる] ≟schmeicheln (お世辞を言う)の 1 人称単数 現在

Schmeich·ler [シュマイヒらァ ʃmáɪçlər] 男 -s/- おべっか使い, 追従(?)者. (女性形: -in).

schmeich·le·risch [シュマイヒレリッシュ ʃmáɪçlərɪʃ] 形 お世辞たらたらの, おもねるような.

schmei·ßen[*] [シュマイセン ʃmáɪsən] du schmeißt (schmiss, hat … geschmissen) I 他 (定了 haben)《口語》①《方向を表す語句とともに》(人・物[4] を)勢いよく…から投げる, 投げつける, ほうり投げる.《英 fling》. 匐 *auf* den Boden *schmeißen* 匐[4] を地面(床)にたたきつけ

る / 囚⁴ **aus dem Zimmer** *schmeißen*《比》囚⁴を部屋から追い出す / Der Junge *schmiss* den Stein **ins Wasser**. 少年は水の中に石を投げた / die Tür [**ins Schloss**] *schmeißen* ドアをばたんと閉める /《再帰的に》*sich*⁴ *schmeißen*（… へ）体を投げ出す ⇒ Sie *schmiss sich* weinend aufs Bett. 彼女は泣きながらベッドに身を投げた / *sich*⁴ **in Schale** *schmeißen* 盛装する.

② (仕事・学業など⁴を)投げ出す. ③ (仕事など⁴を)やってのける，とり仕切る. den Haushalt *schmeißen* 所帯を切り盛りする / Sie *schmeißt* den Laden ganz allein. 彼女はその店をたった一人でとり仕切っている. ④ おごる. eine Lage⁴ (または eine Runde⁴) Bier *schmeißen* 一座の人々にビールをおごる. ⑤《劇・放送》(へまをして)台なしにする.

II 自 (完了 haben)【**mit** 物³ ~】《口語》物³を投げ[つけ]る，ほうり投げる. Er *hat* mit Steinen [**nach mir**] *geschmissen*. 彼は[私に]石を投げつけた.

Schmeiß·flie·ge [シュマイス・ふりーゲ] 女 -/ -n 《昆》クロバエ.

Schmelz [シュメルツ ʃmɛlts] 男 -es/-e ① エナメル，ほうろう，(陶器の)うわ薬；(歯のほうろう質. ② (声・色などの)柔らかな張り，つや.

schmelz·bar [シュメルツバール] 形 (容易に)融解する，可融性の.

schmel·zen* [シュメルツェン ʃmɛltsən] du schmilzt, er schmilzt (schmolz, *ist/hat* … geschmolzen) I 自 (完了 sein) ① (熱で)溶ける.《英 melt》. Das Eis *ist geschmolzen*.《現在完了》氷が溶けた. ② 《比》(気持ちが)和らく. Ihr Herz *schmolz*, als sie das hörte. それを聞いて彼女の心は和らいだ.

II 他 (完了 haben) ① (氷・鉱石など⁴を)溶かす，融解する. Die Sonne *schmilzt* den Schnee. 太陽が雪を溶かす. ② 《比》(気持ち⁴を)和らげる.

schmel·zend [シュメルツェント] I schmelzen (溶ける)の 現分 II 形 心をとろかすような，甘美な. eine *schmelzende* Stimme 心をとろかすような声.

Schmelz⊹hüt·te [シュメルツ・ヒュッテ] 女 -/ -n 溶鉱所，製錬所.

Schmelz⊹kä·se [シュメルツ・ケーゼ] 中 -s/- (パンなどに塗る)スプレッドチーズ.

Schmelz⊹ofen [シュメルツ・オーふェン] 男 -s/ ..öfen《工》溶鉱炉，溶解炉.

Schmelz⊹punkt [シュメルツ・プンクト] 男 -[e]s/-e《物》融[解]点.

Schmelz⊹tie·gel [シュメルツ・ティーゲる] 男 -s/- るつぼ.

Schmelz⊹was·ser [シュメルツ・ヴァッサァ] 中 -s/- 雪解け水.

Schmer·bauch [シュメーァ・バオホ] 男 -[e]s/ ..bäuche《口語・戯》太鼓腹[の人].

Schmer·le [シュメルれ ʃmɛrlə] 女 -/-n《魚》ドジョウ.

****der Schmerz** [シュメルツ ʃmɛrts]

痛み	Wo haben Sie *Schmerzen*?
ヴォー ハーベン ズィー シュメルツェン どこが痛みますか.	

男 (単2) -es/(複) -en ① (身体の)**痛み**，苦痛.《英 pain》. ein brennender *Schmerz* ひりひりする痛み / Ich habe *Schmerzen* im Arm. 私は腕が痛い / *Schmerzen*⁴ spüren (または fühlen) 痛みを覚える / *Schmerzen*⁴ erdulden (または ertragen) 痛みをこらえる / *Schmerzen* lindern 痛みを和らげる / Der *Schmerz* lässt nach. 痛みが和らぐ / **vor** *Schmerzen* stöhnen 苦痛のあまりうめき声をあげる.

② (精神的な)**苦痛**，悲しみ，心痛，悲痛.《英 grief》. ein tiefer *Schmerz* 深い悲しみ / der *Schmerz* über den Tod des Kindes 子供を失ったことの悲しみ / 囚³ *Schmerzen*⁴ bereiten《口語》囚³を苦しめる / 囚⁴ **mit** *Schmerzen* erwarten《口語》囚⁴を待ち焦がれる / Geteilter *Schmerz* ist halber *Schmerz*.《諺》悲しみも分かち合えば半分[の悲しみ] / Hast du sonst noch *Schmerzen*?《口語》ほかにまだ頼みたいことがある?

メモ ..schmerz のいろいろ: **Abschiedsschmerz** 別れの悲しみ/**Augenschmerzen** 目の痛み/**Bauchschmerzen** 腹痛 / **Halsschmerzen** のどの痛み / **Kopfschmerzen** 頭痛 / **Magenschmerzen** 胃痛 / **Nervenschmerzen** 神経痛 / **Rückenschmerzen** 背中の痛み / **Zahnschmerzen** 歯痛

類語 der **Schmerz**: (心身が感じる)痛み，苦しみ. (肉体的な痛みの場合は，ふつう複数になる). die **Qual**: (肉体的・精神的に耐え難い)苦しみ. die **Not**: (欠乏や不安に迫られた状態からくる)困窮.

schmerz⊹emp·find·lich [シュメルツ・エンプふィントりヒ] 形 痛みを感じやすい.

schmer·zen [シュメルツェン ʃmɛrtsən] (schmerzte, *hat* … geschmerzt) I 自 (完了 haben) (体の部分・傷などが)**痛む**.《英 hurt》. Mein Zahn *schmerzt*. 私は歯が痛い / Der Kopf *schmerzt* ihm. 彼は頭痛がする. ◊《現在分詞の形で》den *schmerzenden* Zahn herausziehen 痛む歯を抜く.

II 他 (完了 haben) ① (囚⁴にとって)痛い. Die Wunde *schmerzt* ihn sehr. 彼は傷がたいへん痛む. ② (物事が囚⁴を精神的に)苦しめる，悲しませる. Die harten Worte *schmerzten* ihn sehr. その厳しい言葉が彼にはたいへんつらかった.

Schmer·zens⊹geld [シュメルツェンス・ゲると] 中 -[e]s/《法》慰謝料，補償金.

Schmer·zens⊹schrei [シュメルツェンス・シュライ] 男 -[e]s/-e 苦痛の叫び，悲鳴.

schmerz⊹frei [シュメルツ・ふライ] 形 痛みを感じない，痛みのない.

schmerz·haft [シュメルツハふト ʃmɛrtshaft] 形 (比較 schmerzhafter, 最上 schmerzhaftest) (㊇ *painful*) ① (肉体的に)痛い, 苦痛を与える. Die Behandlung ist nicht *schmerzhaft*. その治療は痛くない. (☞ 類語 weh). ② (精神的に)苦しい, つらい. ein *schmerzhaftes* Erleben つらい体験.

schmerz·lich [シュメルツリヒ ʃmértslɪç] 形 痛ましい, 悲痛な, 苦しい, 手痛い. eine *schmerzliche* Erinnerung つらい思い出 / ein *schmerzlicher* Verlust 手痛い損失 / *schmerzlich* vermissen 人⁴がいないのがひどく寂しい. (☞ 類語 weh).

schmerz⸗lin·dernd [シュメルツ·リンダルント] 形 痛みを和らげる, 鎮痛の.

schmerz⸗los [シュメルツ·ロース] 形 痛み(苦痛)のない. die *schmerzlose* Geburt 無痛分娩(ぶんべん) / kurz und *schmerzlos* (口語) あっさりと, 無造作に.

Schmerz⸗mit·tel [シュメルツ·ミッテる] 中 -s/- 鎮痛剤.

schmerz⸗stil·lend [シュメルツ·シュティれント] 形 鎮痛の. ein *schmerzstillendes* Mittel 鎮痛剤.

schmerz·te [シュメルツテ] schmerzen (痛む)の過去.

schmerz⸗voll [シュメルツ·ふォる] 形 苦痛(苦悩)に満ちた.

Schmet·ter·ball [シュメッタァ·バる] 男 -[e]s/..bälle (テニスなどで:)スマッシュボール.

der **Schmet·ter·ling** [シュメッタァリング ʃmétərlɪŋ] 男 (単 2) -s/(複) -e (3格のみ -en) ① 《昆》 **チョウ**(蝶); ガ(蛾). (㊇ *butterfly*). Die *Schmetterlinge* flattern. ちょうがひらひら飛ぶ / *Schmetterlinge*⁴ sammeln (fangen) ちょうを採集する(捕らえる). ② (体操の)伸身(しんしん)宙返り; 《冠 なし; 冠詞なしで》(水泳の)バタフライ[泳法].

Schmet·ter·lings⸗blüt·ler [シュメッタァリングス·ブリュートらァ] 男 -s/- 《植》ちょう形花冠をつけるマメ科植物.

schmet·tern [シュメッタァン ʃmétərn] I 他 (h) ① (人·物を…へ)投げつける, たたきつける. die Tür⁴ ins Schloss *schmettern* ドアをばたんと閉める / 物⁴ zu Boden *schmettern* 物⁴を地面(床)にたたきつける. ② (テニスなどで:)(ボール⁴を)スマッシュする. ③ (曲⁴を)鳴り響かせる, (歌⁴を)朗々と歌う. Die Trompeten *schmetterten* einen Marsch. トランペットがマーチを高らかに吹き鳴らした. II 自 (h) (トランペットなどが)鳴り響く; 朗々と歌う, 大きな声でさえずる.

Schmidt [シュミット ʃmít] -s/ 《人名》シュミット (Helmut *Schmidt* 1918- ; 1974-1982 旧西ドイツ首相).

der **Schmied** [シュミート ʃmíːt] 男 (単 2) -es (まれに -s)/(複) -e (3格のみ -en) 鍛冶(かじ)屋; 金属細工師. (㊇ *smith*). Gold*schmied* 金細工師. (諺) 幸福は自分の手でつくるもの(←各人は自分の幸福の鍛冶屋である).

Schmie·de [シュミーデ ʃmíːdə] 女 -/-n 鍛治(かじ)屋の仕事場; 鉄工所. vor die rechte *Schmiede* kommen 《比》しかるべき所へ行く.

Schmie·de⸗ei·sen [シュミーデ·アイゼン] 中 -s/ 錬鉄.

Schmie·de⸗ei·sern [シュミーデ·アイザァン] 形 錬鉄[製]の.

Schmie·de⸗ham·mer [シュミーデ·ハンマァ] 男 -s/..hämmer 鍛冶(かじ)屋のハンマー.

schmie·den [シュミーデン ʃmíːdən] du schmiedest, er schmiedet (schmiedete, *hat* ... geschmiedet) 他 《完了 haben》① (鉄など⁴を)**鍛える**. den Stahl *schmieden* 鋼鉄を鍛える / Man *muss* das Eisen *schmieden*, solange es heiß ist. (諺) 鉄は熱いうちに打て. ② 鍛造する. ein Hufeisen⁴ *schmieden* (鉄を鍛えて)蹄鉄(ていてつ)を作る. ③ 《人⁴ **an** 物⁴ ~》 (人⁴を)物⁴につなぐ. einen Sträfling an eine Kette *schmieden* 受刑者を鉄の鎖につなぐ. ④ (比)(計画など⁴を)考え出す, 企てる; (下手な詩など⁴を)ひねり出す.

schmie·de·te [シュミーデテ] schmieden (鉄などを鍛える)の過去.

Schmie·din [シュミーディン ʃmíːdɪn] 女 -/..dinnen (女性の)鍛冶(かじ)屋; 金属細工師.

schmie·gen [シュミーゲン ʃmíːɡən] I 他 (h) (物⁴を…へ)押し当てる, もたせかける. das Kinn⁴ **in** die Hand *schmiegen* ほおづえをつく / das Gesicht⁴ ins Kissen *schmiegen* 顔を枕(まくら)に埋める. II 再帰 (h) *sich*⁴ *schmiegen* ①(…へ)寄り添う, もたれかかる. Das Kind *schmiegt sich* **an** die Mutter. 子供が母親に寄り添う / *sich*⁴ **in** einen Sessel *schmiegen* いすに深々と腰かける. ② (服などが体に)ぴったり合う. Das Kleid *schmiegt sich* **an** ihren Körper. このワンピースは彼女の体にぴったり合う.

schmieg·sam [シュミークザーム] 形 しなやかな, 柔軟な; 《雅》適応性のある, 従順な.

Schmieg·sam·keit [シュミークザームカイト] 女 -/-en 《ふつう 単》しなやかさ, 柔軟さ; 従順.

Schmie·re¹ [シュミーレ ʃmíːrə] 女 -/-n ① 潤滑油, グリース; 軟膏(なんこう). ② べとべと(どろどろ)したもの, ねばねばした汚物. ③ 《方》殴打(おうだ). *Schmiere*⁴ bekommen なぐられる.

Schmie·re² [シュミーレ ʃmíːrə] 女 -/ 見張り. *Schmiere*⁴ stehen (俗)(悪事を働くとき)見張りをする.

schmie·ren [シュミーレン ʃmíːrən] (schmierte, *hat* ... geschmiert) I 他 《完了 haben》① (物⁴に)**油をさす**, グリースを塗る. (㊇ *smear*). die Achsen⁴ *schmieren* 車軸に油をさす / die Stiefel⁴ *schmieren* ブーツにグリースを塗る. ◇《過去分詞の形で》Es geht wie *geschmiert*. 事がすらすらと運ぶ(←油をさしたように).
② 《方向を表す語句とともに》(バター·クリームなど⁴を…へ)**塗る**. Er *schmierte* Marmelade aufs Brot. 彼はパンにジャムを塗った / Salbe⁴ auf eine Wunde *schmieren* 軟膏(なんこう)を傷口に塗布する. ③ (パン⁴にバターなどを)塗る. ein

Brot⁴ [mit Butter] *schmieren* パンにバターを塗る. ④《口語》(字・文章⁴を)ぞんざいに書く,書きなぐる. ⑤《口語》(人³に)賄賂(ポシ)を贈る. ⑥《成句的に》人³ eine⁴ *schmieren*《俗》人³に一発くらわす.
II 自 (完了 haben) ① (万年筆などが)染みをつくる, にじむ. Der Füller *schmiert*. この万年筆はインクが出すぎる. ②《口語》なぐり書きする

Schmie·re·rei [シュミーレライ ʃmiːrəráɪ] 女 -/-en ①〖複 なし〗書きなぐること. ② 書きなぐった文章(小説), 下手な絵.

Schmier⸗fett [シュミーア・フェット] 中 -[e]s/-e グリース, 潤滑油.

Schmier⸗fink [シュミーア・フィンク] 男 -en (または -s)-en《口語》① 字の下手な子(人); すぐ服を汚す子. ② 壁にスローガンなどを落書きする人; 中傷記事を書く人.

Schmier⸗geld [シュミーア・ゲルト] 中 -[e]s/-er 〖ふつう 複〗《口語》賄賂(ポシ), 袖(モ)の下.

Schmier⸗heft [シュミーア・ヘフト] 中 -[e]s/-e《口語》雑記帳, メモ帳.

schmie·rig [シュミーリヒ ʃmíːrɪç] 形 ① べとべとした, ぺとつく. ② 油(脂)で汚れた, 不潔な. ③ 不快な, いやな; いかがわしい.

Schmier⸗mit·tel [シュミーア・ミッテる] 中 -s/- 潤滑剤.

Schmier⸗öl [シュミーア・エーる] 中 -s/-e 潤滑油.

Schmier⸗pa·pier [シュミーア・パピーア] 中 -s/-e《口語》メモ用紙, 下書き用紙.

Schmier⸗sei·fe [シュミーア・ザイフェ] 女 -/-n 軟せっけん, ソフトソープ.

schmier·te [シュミーアテ] schmieren (油をさす)の過去

schmilz [シュミるツ] schmelzen (溶ける)の du に対する命令

schmilzt [シュミるツト] schmelzen (溶ける)の 2人称親称単数・3人称単数 現在

Schmin·ke [シュミンケ ʃmíŋkə] 女 -/-n 化粧品(紅・パウダーなど).

schmin·ken [シュミンケン ʃmíŋkən] (schminkte, hat geschminkt) 他 (完了 haben) ① (人・物⁴に)化粧する, メークアップをする. (英 make up). sich³ die Lippen⁴ *schminken* 口紅を塗る / einen Schauspieler *schminken* 俳優のメークアップをする. ◇《再帰的に》sich⁴ *schminken* 化粧する. ②《比》(報告などを)粉飾する. Der Bericht *ist* stark ge*schminkt*.〖状態受動・現在〗この報告はひどく美化されている.

schmink·te [シュミンクテ] schminken (化粧する)の過去

Schmir·gel [シュミるゲる ʃmírɡəl] 男 -s/ エメリー, 金剛砂(ビ)(研磨剤に用いられる).

schmir·geln [シュミるゲるン ʃmírɡəln] 他 (h) (物⁴を)サンドペーパーで磨く.

Schmir·gel⸗pa·pier [シュミるゲる・パピーア] 中 -s/-e エメリー紙, 紙やすり, サンドペーパー.

schmiss [シュミス] schmeißen (投げる)の過去

Schmiss [シュミス ʃmís] 男 -es/-e ①(学生言葉:)(特に決闘の)切り傷, 刀傷; 傷跡. ②〖複 なし〗《口語》勢い, 活気.

schmis·se [シュミッセ] schmeißen (投げる)の接2

schmis·sig [シュミスィヒ ʃmísɪç] 形《口語》勢い(活気)のある, きびきびした.

Schmö·ker [シュメーカァ ʃmǿːkər] 男 -s/- ①《口語》娯楽本. ②《北ドツ・口語》喫煙者. (女性形: -in).

schmö·kern [シュメーカァン ʃmǿːkərn] 自 (h)・他 (h) くつろいで読書を楽しむ.

schmol·len [シュモれン ʃmɔ́lən] 自 (h) (子供などが)ふくれっ面をする. mit 人³ *schmollen* 人³に対してむくれる.

Schmoll⸗win·kel [シュモる・ヴィンケる] 男《成句的に》sich⁴ in den *Schmollwinkel* zurück|ziehen《口語》すねる / im *Schmollwinkel* sitzen《口語》すねている.

schmolz [シュモるツ] schmelzen (溶ける)の過去

schmöl·ze [シュメるツェ] schmelzen (溶ける)の接2

Schmor·bra·ten [シュモーァ・ブラーテン] 男 -s/- (料理)肉の蒸し焼き, ポットロースト(いためたあと水を加えてとろとろ煮た[牛]肉).

schmo·ren [シュモーレン ʃmóːrən] I 他 (h) (料理)(肉・野菜など⁴をいためたあとに)とろ火で煮る. II 自 (h) ① とろ火で煮える. Das Fleisch *schmort* im Topf. 肉が鍋(ボ)の中でとろとろ煮えている. ②《口語》ほったらかしにされる. ③《口語》暑さでうだる.
▶ schmoren|lassen

schmo·ren|lassen*, **schmo·ren las·sen*** [シュモーレン・らッセン ʃmóːrənlàsən] (過分 schmoren[ge]lassen / schmoren [ge]lassen) 他 (h)《口語》(人⁴を)やきもきさせる; (車⁴を)ほったらかしておく.

Schmu [シュムー ʃmúː] 男 -s/《口語》(ちょっとした)ごまかし, いんちき. *Schmu*⁴ machen ごまかす.

schmuck [シュムック ʃmúk] 形 身ぎれいな, こざっぱりした.

der **Schmuck** [シュムック ʃmúk] 男 (単2) -[e]s/(複) -e (ornament) ①〖ふつう 複〗装身具, アクセサリー. modischer *Schmuck* 流行のアクセサリー / *Schmuck*⁴ an|legen 装身具を着ける / Sie trägt einen kostbaren *Schmuck* am Hals. 彼女は高価なアクセサリーを首に着けている. ②〖複 なし〗(部屋などの)飾り, 装飾, 装い. Ein großes Gemälde war der einzige *Schmuck* des Raumes. 大きな絵がその部屋の唯一の飾りだった.

〖メモ〗装身具のいろいろ: das **Armband** ブレスレット / die **Brosche** ブローチ / der **Haarschmuck** 髪飾り / die **Halskette** ネックレス / die **Krawattennadel** ネクタイピン / der **Manschettenknopf** カフスボタン / das **Ohrgehänge** (大きめの)イヤリング /

der **Ohrring** イヤリング / der **Ohrstecker** ピアス / der **Ring** 指輪

schmü·cken [シュミュッケン ʃmýkən] (schmückte, *hat*…geschmückt) 他 (完了 haben) (人・物⁴を)飾る, (美しく)装わせる, (場所に)飾りつけをする. (英 *decorate*). Er *schmückt* das Zimmer *mit* Tannengrün. 彼は部屋を樅(ﾓﾐ)の小枝で飾る / den Christbaum *schmücken* クリスマスツリーの飾りつけをする / Ein großer Leuchter *schmückt* den Tisch. 大きな燭台(しょくだい)がテーブルを飾っている. ◊ 再帰的に Sie *schmückt sich*⁴ gern. 彼女はおめかしするのがすきだ.

Schmuck⸗käst·chen [シュムック・ケスティヒェン] 中 -s/- 宝石箱; (戯・比) 小ぎれいな家.

schmuck·los [シュムック・ロース] 形 飾り[気]のない, 簡素(質素)な.

Schmuck⸗sa·chen [シュムック・ザッヘン] 複 装飾品, アクセサリー, 貴金属宝石類.

Schmuck⸗stück [シュムック・シュテュック] 中 -[e]s/-e 装身具; (比) 逸品; (戯) 恋人.

schmück·te [シュミュックテ] schmücken (飾る)の過去.

Schmuck⸗wa·ren [シュムック・ヴァーレン] 複 (商品としての)装身具, アクセサリー.

schmud·de·lig [シュムッデリヒ ʃmúdəlıç] 形 《口語》(べとべとして)汚い, 不潔な.

schmudd·lig [シュムッドリヒ ʃmúdlıç] 形 = schmuddelig

Schmug·gel [シュムッゲる ʃmúgəl] 男 -s/ 密輸. [mit 物³] *Schmuggel*⁴ treiben [物³を]密輸する.

schmug·geln [シュムッゲるン ʃmúgəln] I 他 (h) ① (物⁴を)密輸する. Waffen⁴ *schmuggeln* 武器を密輸する. ② (人・物⁴を…へ)こっそり持ち(連れ)込む, (…から)こっそり持ち(連れ)出す. 人⁴ *ins* Haus *schmuggeln* 人を家の中へこっそり連れ込む. ◊ 再帰的に *sich*⁴ *schmuggeln* (…へ)忍び込む, (…から)忍び出る. II 自 (h) 密輸をする.

Schmug·gel⸗wa·re [シュムッゲる・ヴァーレ] 女 -/-n 密輸品.

Schmugg·ler [シュムグらァ ʃmúglər] 男 -s/- 密輸[業]者. (女性形: -in).

schmun·zeln [シュムンツェるン ʃmúntsəln] 自 (h) にやにや笑う, にんまりする, ほくそ笑む. Er *schmunzelte über* ihre Bemerkung. 彼は彼女の意見を聞いてにっこり笑った.

Schmus [シュムース ʃmu:s] 男 -es/ 《口語》おべんちゃら, おべっか.

schmu·sen [シュムーゼン ʃmú:zən] 自 (h) 《口語》① [mit 人³ ~] (人³と)いちゃつく, (人³をやさしく)愛撫する. ② [[mit] 人³ ~] (人³に)おべんちゃらを言う.

der **Schmutz** [シュムッツ ʃmuts] 男 (単 2) -es/ 汚れ, 不潔なもの, 汚いもの; 汚物, ごみ. (英 *dirt*). der *Schmutz* der Straße² 道路のごみ / den *Schmutz* von den Schuhen kratzen 靴の泥をかき落とす / *Schmutz* und Schund 低俗な[文学]作品 / 人・物⁴ *durch* (または **in**) den *Schmutz* ziehen 《比》 人・物⁴のことを中傷する / 人⁴ *mit Schmutz* bewerfen 《比》 人⁴をくさみそに言う.

schmut·zen [シュムッツェン ʃmútsən] 自 (h) (衣服などが)汚れる, 汚くなる. Der Stoff *schmutzt* leicht. その生地は汚れやすい.

Schmutz⸗fink [シュムッツ・フィンク] 男 -en (または -en) 《口語》汚らしい人; 不道徳な人.

Schmutz⸗fleck [シュムッツ・ふれック] 男 -[e]s/-e しみ, 汚れ, 汚点.

schmut·zig [シュムツィヒ ʃmútsıç] 形 (英 *dirty*) ① 汚れた, 汚い; 不潔な. (⇔「清潔な」は *sauber*). *schmutzige* Füße 汚れた足 / 物⁴ *schmutzig* machen (または *schmutzig*|machen) 物⁴を汚す ⇒ Du hast deine Jacke schon wieder *schmutzig* gemacht. おまえはまたまた上着を汚してしまったね / Er macht sich⁴ nicht gern *schmutzig*. 彼は汚れ仕事を嫌う / *schmutzige* Farben にごった(くすんだ)色. ② 無礼な, ずうずうしい. ein *schmutziges* Lachen ぶしつけな笑い. ③ けがらわしい, みだらな. *schmutzige* Worte⁴ gebrauchen みだらな言葉を使う. ④ いかがわしい. eine *schmutzige* Gesinnung 卑しい心 / *schmutziges* Geld 汚れたお金.

Schmutz⸗ti·tel [シュムッツ・ティーテる] 男 -s/- (印)(本の)前扉 (本の扉の前にあり, ふつうタイトルだけが掲げられている).

der **Schna·bel** [シュナーベる ʃná:bəl] 男 (単 2) -s/(複) Schnäbel [シュネーベる] (3 格のみ Schnäbeln) ① (鳥の)くちばし. (英 *bill*). ein langer *Schnabel* 長いくちばし / **mit** dem *Schnabel* hacken くちばしでつつく / Die jungen Vögel sperrten ihre *Schnäbel* weit auf. ひな鳥たちはくちばしを大きく開けた. ② 《口語》(人間の)口. Halt den *Schnabel*! 黙れ. ③ (くちばし状のもの:) (水差しなどの)注ぎ口; (音楽) (クラリネットなどの)マウスピース.

Schnä·bel [シュネーベる] Schnabel (くちばし) の複.

schna·bel·för·mig [シュナーベる・フェルミヒ] 形 くちばし状の.

schnä·beln [シュネーベるン ʃnɛ́:bəln] 自/再帰 (h) *sich*⁴ *schnäbeln* ① (鳥が)互いにくちばしを触れ合わせる. ② 《口語・戯》キスし合う.

Schna·bel⸗tas·se [シュナーベる・タッセ] 女 -/-n (乳児・病人用の)吸い飲み.

Schna·bel⸗tier [シュナーベる・ティーァ] 中 -[e]s/-e (動) カモノハシ.

Schnack [シュナック ʃnák] 男 -[e]s/-s (または Schnäcke) [北ドイツ] ① (楽しい)おしゃべり, 歓談. ② むだ話, たわごと.

Schna·ke [シュナーケ ʃná:kə] 女 -/-n (昆) ① ガガンボ(カの一種). ② (方) カ(蚊).

Schnal·le [シュナれ ʃnálə] 女 -/-n ① 留め(締め)金, バックル. die *Schnalle*⁴ des Gürtels öffnen ベルトの留め金をはずす. ② (ドアの)取っ手.

schnal·len [シュナレン ʃnálən] (schnallte, hat ... geschnallt) ⑩ (完了) haben) ① (ベルトなど⁴を)締める. (英 buckle). den Gürtel enger (weiter) schnallen ベルトをもっときつく締める(緩める). ② 『方向を表す語句とともに』(人・物⁴を)ベルトなどで(...へ)縛りつける. Sie schnallten den Kranken auf den Operationstisch. 彼らは患者を手術台に固定した. ③『A⁴ von B³ ～』(A⁴(縛りつけたもの)を B³から)取りはずす. ④《俗》(軍⁴を)理解する.

Schnal·len·schuh [シュナレン・シュー] 男 -[e]s/-e 留め(締め)金付きの靴.

schnall·te [シュナテ] schnallen (締める)の 過去

schnal·zen [シュナるツェン ʃnáltsən] 自 (h) ぱちっと鳴らす(音をたてる). mit den Fingern schnalzen 指をはじいて鳴らす / mit der Zunge schnalzen 舌鼓を打つ.

Schnäpp·chen [シュネプヒェン ʃnέpçən] 中 -s/-《口語》お買い得品.

schnap·pen [シュナッペン ʃnápən] (schnappte, hat/ist ... geschnappt) I 自 (完了) haben または sein) 自 ① (h) 『nach 人・物³ ～』(人・物³に)ぱくっと食いつこうとする. (英 snap at). Die Gans hat nach meinem Finger geschnappt. がちょうが私の指に食いつこうとした / nach Luft schnappen《口語》はあはあ息をする, あえぐ. ② (s) 『方向を表す語句とともに』(...へ/...から)ぱちんとはね, (ドアなどが)ばたんと閉まる. Die Tür schnappte ins Schloss. ドアがばたんと閉まった. ③ (h) ぱたん(ぱちん)と音をたてる. II ⑩ (完了) haben) ① ぱくっとくわえる. Der Hund schnappte die Wurst. 犬はソーセージをぱくっとくわえた. ②《口語》さっとつかむ, ひっつかむ. Ich schnappte [mir] meinen Mantel und ging. 私はコートをさっとつかんで出かけた. ③《口語》逮捕する, ひっ捕らえる.

Schnapp·mes·ser [シュナップ・メッサァ] 中 -s/- 折りたたみナイフ, ジャックナイフ.

Schnapp·schloss [シュナップ・シュろス] 中 -es/..schlösser ばね錠.

Schnapp·schuss [シュナップ・シュス] 男 -es/..schüsse《写》スナップ[ショット].

schnapp·te [シュナップテ] schnappen (ぱくっと食いつこうとする)の 過去

der **Schnaps** [シュナップス ʃnáps] 男 (単2) -es/(複) Schnäpse [シュネプセ] (3 格のみ Schnäpsen)《口語》シュナップス, 火酒(アルコール度の高い蒸留酒の総称. 特にブランデー・ジン・焼酎など). (英 spirits). Er trank drei Schnäpse (または drei Gläser Schnaps). 彼はシュナップスを3杯飲んだ.

Schnaps·bren·ne·rei [シュナップス・ブレネライ] 女 -/-en《口語》シュナップス蒸留工場.

Schnaps·bru·der [シュナップス・ブルーダァ] 男 -s/..brüder《口語》大酒飲み.

Schnäp·se [シュネプセ] Schnaps (シュナップス) の複

Schnaps·glas [シュナップス・グらース] 中 -es/..gläser シュナップス(火酒)用のグラス.

Schnaps·idee [シュナップス・イデー] 女 -/-n [..デーエン]《口語》ばかげた思いつき(考え).

schnar·chen [シュナルヒェン ʃnárçən] (schnarchte, hat ... geschnarcht) 自 (完了) haben) いびきをかく. (英 snore). Er schnarcht laut. 彼は大きないびきをかく.

Schnar·cher [シュナルヒャァ ʃnárçər] 男 -s/-《口語》いびきをかく人; いびきの音.《女性形: -in》.

schnarch·te [シュナルヒテ] schnarchen (いびきをかく)の 過去

Schnar·re [シュナレ ʃnárə] 女 -/-n (おもちゃの)がらがら, 鳴子(ﾅﾙｺ).

schnar·ren [シュナレン ʃnárən] 自 (h) がらがら(がたがた・りんりん)音をたてる. Die Klingel schnarrt laut. ベルがけたたましく鳴る. ◊『現在分詞の形で』mit schnarrender Stimme がらがら声で.

schnat·tern [シュナッタァン ʃnátərn] 自 (h) ①(あひるなどが)がーがー鳴く. ②《口語》ぺちゃくちゃしゃべる.

schnau·ben⁽*⁾ [シュナオベン ʃnáubən] (schnaubte, hat ... geschnaubt または schnob, hat ... geschnoben) 自 (h) (馬などが)荒い鼻息をする, 鼻を鳴らす;《比》(人)がいきりたつ. vor Zorn schnauben 激怒する.

schnau·fen [シュナオふェン ʃnáufən] 自 (h) 荒い息遣いをする, あえぐ; あえぎあえぎ言う.

Schnau·fer [シュナオふァァ ʃnáufər] 男 -s/- ①《口語》荒い息遣い, あえぎ. den letzten Schnaufer tun《婉曲》息をひきとる, 死ぬ / bis zum letzten Schnaufer《婉曲》死ぬまで. ②(ｽﾞ)青二才.

Schnau·ferl [シュナオふァァる ʃnáufərl] 中 -s/-(ｽﾞ: -n)《隠語》クラッシックカー.

Schnauz·bart [シュナウツ・バールト] 男 -[e]s/..bärte 大きな口ひげ[を生やした人]. (☞ Bart 図).

die **Schnau·ze** [シュナオツェ ʃnáutsə] 女 (単) -/(複) -n ①(動物の)鼻口部, 鼻づら.(英 muzzle). ②《俗》(軽蔑的に:)(人間の)口;(おしゃべりな)口; 顔. eine große Schnauze⁴ haben 大ぼら吹きである / frei nach Schnauze 準備もせずに, 行き当たりばったりで / Halt die Schnauze! 黙れ / Ich habe die Schnauze voll davon. 私はそれにはうんざりだ. ③《口語》(水差しなどの)注ぎ口. ④《口語》(自動車の)ボンネット;(飛行機の)機首; 船首.

schnau·zen [シュナオツェン ʃnáutsən] 自 (h)《口語》どなりつける, (...と)どなって言う.

schnäu·zen [シュノイツェン ʃnóytsən] ⑩ (h) (人³の鼻⁴を)かんでやる.《再帰的に》sich³ schnäuzen または sich³ die Nase⁴ schnäuzen 鼻をかむ.

Schnau·zer [シュナオツァァ ʃnáutsər] 男 -s/- ①《動》シュナウツァー(鼻口部の大きいテリヤ犬の一種). ②《口語》大きな口ひげ[を生やした人](=Schnauzbart).

die **Schne·cke** [シュネッケ ʃnékə] 囡 (単) -/(複) -n ① 《動》カタツムリ. (英) snail). essbare *Schnecken* 食用かたつむり / 囚⁴ **zur** *Schnecke* machen 《口語》囚⁴をこっぴどくしかりつける. ② 《口語》 髷. ③ 《うず》(耳の上にまとめた)渦巻き状の髪型. (☞ Haar 図). ④ 《医》(内耳の)蝸牛(ホゥ)殻. ⑤ (バイオリンなどの)渦巻き[装飾]. ⑥ 《建》渦巻装飾; らせん階段. ⑦ 《工》ウォーム, ねじのらせん部分.

schne·cken≠för·mig [シュネッケン・フェルミヒ] 形 らせん(渦巻き)状の.

Schne·cken≠haus [シュネッケン・ハオス] 中 -es/..häuser かたつむりの殻.

Schne·cken≠tem·po [シュネッケン・テンポ] 中 -s/ 《口語》のろいテンポ. im *Schneckentempo* gehen のろのろと進む.

der **Schnee** [シュネー ʃneː]

雪 Morgen gibt's *Schnee*.
モルゲン ギーブツ シュネー
あしたは雪だ.

男 (単 2) -s/ ① 雪. (英) snow). Neuschnee 新雪 / nasser (trockner) *Schnee* べとべとした(さらさらした)雪 / der ewige *Schnee* 万年雪 / Es fällt *Schnee*. 雪が降る / Es liegt viel *Schnee*. 雪がたくさん積もっている / *Schnee*⁴ fegen (または kehren) 除雪する, 雪かきをする / *Schnee* bedeckt das Land. 雪が大地を覆っている / Das Tal liegt in tiefem *Schnee*. 谷は深い雪に埋もれている / Ihre Haut ist weiß wie *Schnee*. 彼女の肌は雪のように白い / Das ist doch *Schnee* von gestern. 《口語》それにはだれも興味を示さない(←それはきのう降った雪だ) / aus dem Jahre *Schnee* 《ホース》 大昔の, おそろしく古い / anno (または im Jahre) *Schnee* 《ホース》大昔に. ② 《料理》(卵白を泡立てた)メレンゲ. das Eiweiß⁴ zu *Schnee* schlagen 卵の白身を泡立てる. ③ 《隠語》(白い粉末状の)コカイン, ヘロイン.

Schnee≠ball [シュネー・バル] 男 -[e]s/..bälle ① 雪玉. einen *Schneeball* machen 雪玉をつくる / sich⁴ mit *Schneebällen* bewerfen 雪合戦をする. ② 《植》ガマズミ[属](白い球状の小さな花をつける).

Schnee·ball≠schlacht [シュネーバル・シュラハト] 囡 -/-en 雪合戦.

Schnee·ball≠sys·tem [シュネーバル・ズュステーム] 中 -s/ ① 《商》ねずみ算式販売法(買手に報償を与えて他の買手を勧誘させる方式), マルチ商法. ② 連絡網[による伝達方式].

schnee≠be·deckt [シュネー・ベデックト] 形 雪に覆われた.

Schnee≠be·sen [シュネー・ベーゼン] 男 -s/- 《料理》泡立て器.

Schnee≠bril·le [シュネー・ブリレ] 囡 -/-n スノーグラス, 雪眼鏡.

Schnee≠de·cke [シュネー・デッケ] 囡 -/-n 積もった雪, 積雪.

Schnee≠fall [シュネー・ファル] 男 -[e]s/..fälle 《ふつう圏》降雪. heftige *Schneefälle* 吹雪.

Schnee≠flo·cke [シュネー・フロッケ] 囡 -/-n 《ふつう圏》雪片.

Schnee≠frä·se [シュネー・フレーゼ] 囡 -/-n ロータリー除雪車(機).

schnee≠frei [シュネー・フライ] 形 雪のない.

Schnee≠ge·stö·ber [シュネー・ゲシュテーバァ] 中 -s/ 吹雪.

Schnee≠glöck·chen [シュネー・グレックヒェン] 中 -s/- 《植》[オオ]マツユキソウ, ユキノハナ.

Schnee≠gren·ze [シュネー・グレンツェ] 囡 -/-n 雪線(万年雪の下方境界線).

Schnee≠huhn [シュネー・フーン] 中 -[e]s/..hühner 《鳥》ライチョウ(雷鳥).

schnee·ig [シュネーイヒ ʃneːɪç] 形 雪に覆われた.

Schnee≠ka·no·ne [シュネー・カノーネ] 囡 -/-n 人工降雪機.

Schnee≠ket·te [シュネー・ケッテ] 囡 -/-n 《ふつう圏》(自動車)(雪路用の)タイヤチェーン.

Schnee≠kö·nig [シュネー・ケーニヒ] 男 -[e]s/-e 《東中部》《鳥》ミソサザイ(= Zaunkönig). sich⁴ wie ein *Schneekönig* freuen 《口語》大喜びする.

Schnee≠mann [シュネー・マン] 男 -[e]s/..männer 雪だるま. einen *Schneemann* bauen 雪だるまをつくる.

Schnee≠matsch [シュネー・マッチュ] 男 -[e]s/ 雪解けのぬかるみ.

Schnee≠mo·bil [シュネー・モビール] 中 -[e]s/-e スノーモービル, 雪上車.

Schnee≠pflug [シュネー・プフルーク] 男 -[e]s/..pflüge ① 雪かきの道具; 除雪機, 除雪車. ② (スキーで:)プルーク, 全制動滑降.

Schnee≠re·gen [シュネー・レーゲン] 男 -s/ 雨まじりの雪, みぞれ.

Schnee≠schmel·ze [シュネー・シュメルツェ] 囡 -/ 雪解け.

Schnee≠schuh [シュネー・シュー] 男 -[e]s/-e かんじき.

schnee≠si·cher [シュネー・ズィッヒァァ] 形 (スキーなどをするのに)十分な積雪量の.

Schnee≠sturm [シュネー・シュトゥルム] 男 -[e]s/..stürme 猛吹雪, ブリザード.

Schnee≠trei·ben [シュネー・トライベン] 中 -s/ 吹雪.

Schnee≠ver·we·hung [シュネー・フェァヴェーウング] 囡 -/-en 雪の吹きだまり.

Schnee≠we·he [シュネー・ヴェーエ] 囡 -/-n = Schneeverwehung

schnee≠weiß [シュネー・ヴァイス] 形 雪のように白い, 純白の.

Schnee≠witt·chen [シュネー・ヴィッティヒェン] 中 -s/- 白雪姫(グリム童話の主人公).

Schneid [シュナイト ʃnaɪt] 男 -[e]s/ (南ドィ: 囡 -/) 《口語》勇気, 気力. 囚³ den (または die) *Schneid* ab|kaufen 囚³をひるませる,

囚³の勇気をくじく.

Schneid⹀bren・ner [シュナイト・ブレンナァ] 男 -s/- (エ) 切断トーチ.

Schnei・de [シュナイデ ʃnáidə] 女 -/-n ① (刃物の側) 刃身. die *Schneide* eines Messers ナイフの刃 / eine scharfe (stumpfe) *Schneide* 鋭い(なまくらな)刃 / Die Sache steht auf des Messers *Schneide*. 《比》事態は瀬戸際にある. ② (地理) 山の背, 尾根.

****schnei・den*** [シュナイデン ʃnáidən]

> 切る Soll ich das Brot *schneiden*?
> ゾる イヒ ダス ブロート シュナイデン
> パンを切りましょうか.

du schneidest, er schneidet (schnitt, *hat*/geschnitten) I 他 (完了) haben) ① 切る; 切り取る, 切り離す; 切って入れる. 《本 *cut*). Die Mutter *schneidet* den Kuchen. お母さんがケーキを切る / Papier⁴ *schneiden* 紙を切る / Blumen⁴ *schneiden* (はさみで)花を摘み取る / Wurst⁴ **in** Scheiben *schneiden* ソーセージをスライスする / Wurst⁴ **in** die Suppe *schneiden* ソーセージを刻んでスープに入れる / Zweige⁴ **vom** Baum *schneiden* 枝を木から切り落とす. ② (生け垣・髪など⁴を)刈る, 切り整える. den Rasen *schneiden* 芝生を刈る / Ich *lasse* mir die Haare *schneiden*. 私は髪をカットしてもらう.

③ 切って作る; 彫る, 刻む; (衣服⁴を)裁つ, 仕立てる. Bretter⁴ **aus** Stämmen *schneiden* 丸太をひいて板にする / Er *schnitt* ein Muster **in** das Brett. 彼はある模様を板に彫り込んだ / den Anzug *schneiden* スーツを仕立てる.

④ (囚⁴を)誤って切る, 切って傷つける. Der Friseur *hat* mich versehentlich *geschnitten*. 理容師は私の顔をうっかり傷つけた. ◇再帰的に) Ich *habe mich* **in** die Hand *geschnitten*. 私は手を切ってしまった.

⑤ (医・隠語) (人・物⁴を)切開する, 手術する. ein Geschwür⁴ *schneiden* 潰瘍(ボセ)を切除する. ⑥ (道路・線など⁴と)交差する, 交わる. ◇相互的に) Die beiden Straßen *schneiden* sich⁴. その二つの道は交差している. ⑦ (ある表情⁴を) ... eine Grimasse⁴ *schneiden* しかめっ面をする. ⑧ (映・放送) カットして編集する; 録音(録画)する. eine Sendung⁴ **auf** Tonband *schneiden* 放送番組をテープに録音する. ⑨ (囚⁴を)無視(黙殺)をする. ⑩ (カーブ⁴を)内側ぎりぎりに回る; (他の車など⁴の)前に割り込む. ⑪ (テニスなどで:)(ボール⁴を)カットする.

II 自 (完了) haben) ① (刃物が…の)切れ味がある. Das Messer *schneidet* gut (schlecht). このナイフはよく切れる(切れない).

② 《**in** 物⁴ ~》(物⁴を)誤って切る, 切って傷つける. mit der Schere in den Stoff *schneiden* はさみでうっかり生地を切ってしまう / 《sich³》in den Finger *schneiden* 囚³の(自分の)指を誤って切る. ③ (風・寒さなどが)切

るようにこたえる. Der Wind *schneidet* mir **ins** Gesicht. 風が私の顔を刺すように吹きつける. ④ 《**in** 物⁴ ~》(ベルトなどが物⁴へ)食い込む.

III 再帰 (完了) haben) *sich*⁴ *schneiden* 《方》思い違いをする.

◇☞ **schneidend**
◇☞ **geschnitten**

Schnei・den [シュナイデン] 中 〖成句的に〗 Hier ist eine Luft zum *Schneiden*. ここは空気がひどくよどんでいる(←ナイフで切れるほど).

schnei・dend [シュナイデント] I ☞**schneiden** (切る)の現分 II 形 ① 身を切るような, 刺すような(寒さ・痛みなど). ② けたたましい(音など). ③ 痛烈な, 辛らつな.

der **Schnei・der**¹ [シュナイダァ ʃnáidər] 男 (単2) -s/(複) - (3格のみ -n) ① 仕立屋, 洋服屋, テーラー. 〈英 *tailor*). einen Anzug **vom** *Schneider* an|fertigen (または machen) lassen 服を洋服屋に仕立てさせる / wie ein *Schneider* frieren 《口語》ひどく凍えている(昔, 仕立屋は病弱であると思われていた).

② (ʃ) シュナイダー. aus dem *Schneider* sein a) (スカートで:) 30 点(勝つのに必要な点)以上に達している, b) 《口語》すでにピンチを切り抜けている. ③ (卓球で:)シュナイダー(1セットの得点が 11 点に達しないこと). ④ 《口語》切る道具, カッター, 裁断機.

Schnei・der² [シュナイダァ] (姓) -s/-s シュナイダー.

Schnei・de・rei [シュナイデライ ʃnaidərái] 女 -/-en ① 洋裁店(仕立屋)[の仕事場]. ② 〖圈 なし〗洋裁, 仕立て, ドレスメーキング.

Schnei・de・rin [シュナイデリン ʃnáidərɪn] 女 -/..rinnen (女性の)洋裁師, お針子.

schnei・dern [シュナイダァン ʃnáidərn] 他 (h) (服⁴を)仕立てる, 裁断する. [sich³] einen Anzug *schneidern lassen* スーツを作ってもらう.

Schnei・der⹀pup・pe [シュナイダァ・プッペ] 女 -/-n 《服飾》(洋服屋の)人台(悋²), ボディー.

Schnei・der⹀sitz [シュナイダァ・ズィッツ] 男 -es/ あぐら.

Schnei・de・zahn [シュナイデ・ツァーン] 男 -(e)s/..zähne 《医》門歯(巳), 切歯(巳).

schnei・dig [シュナイディヒ ʃnáidɪç] 形 ① 果敢な, 決然とした; きびきびした. ② スポーティーな, さっそうとした. ③ 刃のついた.

***schnei・en** [シュナイエン ʃnáiən] (schneite, *hat*/ist ... geschneit) I 非人称 (完了) haben) Es snowt. 雪が降る. 《英 *It snows*). Es hört auf zu *schneien*. 雪が降りやむ / Es *schneit* dicke Flocken (または in dicken Flocken). ぼたん雪が降る / Auf dem Bildschirm *schneit* es. 《比》(テレビの)画面にスノーが出ている(画面がちらちらする).

II 自 (完了) sein) ① (雪のように)舞い落ちる. Blütenblätter *schneiten* **auf** die Straße. 花びらが吹雪のように舞い落ちた. ② 《口語》(…へ不意に)舞い込む, やって来る. Schon am Vormittag *schneiten* Gäste **in** die

Kneipe. 午前中早くもお客たちが酒場に押しかけた.

Schnei·se [シュナイゼ *náizə*] 囡 -/-n ① (森林の防火のための)非植林地帯. ② (空)(離着陸コースにつくられた)安全用空地.

schnei·te [シュナイテ] ‡schneien (非人称で: 雪が降る)の過去

schnell [シュネる ʃnél]

> 速い; 急いで
> Nicht so *schnell*! そんなに急がないで.
> ニヒト ゾー シュネる

形 (比較 schneller, 最上 schnellst) ① (速度が)速い. (英 *fast*) (⇔「(速度が)遅い」は langsam;「時刻などが)早い」は früh). ein *schnelles* Tempo 速いテンポ. ◇[副詞的に] Sie fährt immer zu *schnell*. 彼女はいつも車を飛ばしすぎる / Er lief so *schnell*, wie er konnte. 彼はできるかぎり速く走った / *schnell* sprechen (schreiben) 早口である(ものを書くのが速い). ② (動作などが)すばやい, 即座の. (英 *quick*). eine *schnelle* Bewegung すばやい動き / einen *schnellen* Entschluss fassen すばやく決断する. ◇[副詞的に] Ich komme so *schnell* wie möglich. 私はできるだけ急いで参ります / Wie heißt er noch *schnell*!? (度忘れしたときに)彼の名前は何ていうんだっけ / Mach *schnell*!《口語》早くしろ, 急げ. (⇒ 類語 eilig). ③ 高速の出せる(出してもよい). ein *schnelles* Auto スピードの出る車 / eine *schnelle* Straße スピードを出してよい道路. ④《口語》すぐ手に入る, すぐできる. *schnelles* Geld 手っとり早く稼げるお金. ⑤ (仕事などが)手早い, 迅速な. eine *schnelle* Bedienung 迅速なサービス / Sie ist sehr *schnell*. 彼女は仕事が速い.

| 類語 **schnell**: (速度・動作が)速い. **rasch**: (敏速で)すばやい. **flink**: (敏捷で)すばしこい.

Schnell⸗bahn [シュネる・バーン] 囡 -/-n (都市と郊外住宅地を結ぶ)高速鉄道 (略: S-Bahn).

Schnell⸗boot [シュネる・ボート] 囲 -[e]s/-e (軍用の)高速艇.

Schnell⸗dienst [シュネる・ディーンスト] 男 -[e]s/-e (クリーニング店などの)スピードサービス.

Schnel·le [シュネれ ʃnέlə] 囡 -/-n ① 急流, 早瀬. ②(腹なし)(雅)速さ, 迅速. **auf die *Schnelle***《口語》さっさと, 大急ぎで.

schnelle·big [シュネる・れービヒ] schnelllebigの古い形.

schnel·len [シュネれン ʃnέlən] I 圓 (s) (…へ/…から)はね[上が]る, はじけ飛ぶ. Er *schnellte* von seinem Sitz. 彼は席からさっと立ちあがった / Die Preise *schnellten* in die Höhe.《比》物価がはね上がった. II 他 (h) (物⁴を…へ)はじきとばす, さっと投げる. die Angelschnur⁴ ins Wasser *schnellen* 釣り糸を水中へ投げる.

schnell⸗fü·ßig [シュネる・フュースィヒ] 形 足の速い, 俊足の.

Schnell⸗ge·richt¹ [シュネる・ゲリヒト] 中 -[e]s/-e すぐ調理できる料理, 簡単レシピ, スピードメニュー.

Schnell⸗ge·richt² [シュネる・ゲリヒト] 中 -[e]s/-e (法)即決裁判所.

Schnell⸗hef·ter [シュネる・ヘフタァ] 男 -s/- ファイル, バインダー.

Schnel·lig·keit [シュネるヒカイト] 囡 -/-en ①《ふつう 単》速度, スピード. mit großer *Schnelligkeit* 大急ぎで / die *Schnelligkeit* steigern スピードを上げる. ②(腹なし)速いこと, 迅速.

Schnell⸗im·biss [シュネる・インビス] 男 -es/-e [立ち食いの]軽食堂, 簡易食堂, インビス.

Schnell⸗koch·topf [シュネる・コッホトプフ] 男 -[e]s/..töpfe 圧力鍋(㊥), 圧力鍋(㊥).

schnell⸗le·big [シュネる・れービヒ] 形 目まぐるしく変わる(時代など); 長続きしない(流行など).

schnells·tens [シュネるステンス ʃnέlstəns] 副 できるだけ速く, 大急ぎで.

schnellst⸗mög·lich [シュネるスト・メークリヒ] 形 できるだけ速い, 迅速な.

Schnell⸗stra·ße [シュネる・シュトラーセ] 囡 -/-n [都市]高速道路.

Schnell⸗ver·fah·ren [シュネる・フェアファーレン] 中 -s/- ① (工)高速処理. ② (法)即決裁判手続き. ③(成句的)他⁴ **im *Schnellverfahren* erledigen**《口語》物⁴を手早く処理する.

Schnell⸗zug [シュネる・ツーク] 男 -[e]s/..züge (昔の:)急行列車 (= D-Zug).

Schnep·fe [シュネプフェ ʃnέpfə] 囡 -/-n ①《鳥》シギ. ②《俗》(女性をののしって:)あま.

schneu·zen [シュノイツェン] schnäuzenの古い形.

Schnick⸗schnack [シュニック・シュナック] 男 -[e]s/《口語》① がらくた, くだらないもの. ② くだらないおしゃべり, むだ話.

schnie·geln [シュニーゲルン ʃníːgəln] 他 (h)《口語》(特に男性が服・髪など⁴を)飾りたてる. ◇[再帰的に] *sich⁴ schniegeln*《口語》着飾る, めかしこむ.

◇⇒ geschniegelt

Schnipp·chen [シュニップヒェン ʃnípçən] 中《成句的》人³ **ein *Schnippchen⁴* schlagen**《口語》人³に一杯くわす, 人³の裏をかく.

schnip·peln [シュニッペルン ʃnípəln] I 自 (h) 《an 物³ ~》《口語》(はさみ・ナイフなどで物³ を)細かを切る. an der Wurst *schnippeln* ソーセージを切り刻む. II 他 (h)《口語》① 細かく切る, 切り刻む. ② 《A⁴ aus B³ ~》(A⁴をB³から)切り取る. ③ 切って作る.

schnip·pen [シュニッペン ʃnípən] I 他 (h) (物⁴を指先で…へ)はじき飛ばす; (たばこの灰など⁴を指先で…から)落とす. ein Stäubchen⁴ **vom Kragen *schnippen*** 襟のほこりをはじき飛ばす. II 自 (h)《mit 物³ ~》物³をちょきちょき(ぱちっ)と鳴らす. mit der Schere *schnippen* はさみをちょきちょきさせる.

schnip·pisch [シュニピッシュ ʃnípiʃ] 形 《若い女性が》無愛想な、つんとした、小生意気な.

schnipp, schnapp! [シュニプ シュナプ ʃníp ʃnáp] 間 (はさみで切る音:)じょきじょき、ちょきちょき.

Schnip·sel [シュニプゼる ʃnípsəl] 男 中 -s/- 切れ端、小片.

schnip·seln [シュニプゼるン ʃnípsəln] 自 (h)・他 (h) 《口語》= schnippeln

schnip·sen [シュニプセン ʃnípsən] 他 (h)・自 (h) = schnippen

schnitt [シュニット ʃnít] ※schneiden (切る)の 過去

der **Schnitt** [シュニット ʃnít] 男 (単 2) -(e)s/(複) -e (3格のみ -en) ① 切ること、切断、裁断; 《医》切開[手術]. 《英》 cut. der Schnitt mit dem Messer ナイフでの切断.
② 切り傷, 切り口; 切れ目. ein tiefer Schnitt 深い切り傷(口) / einen Schnitt ins Holz machen 木に切り込みを入れる.
③ (穀物などの)刈り取り、刈り入れ. ④ (衣服の)裁ち方; (髪の)カット; (目・鼻などの)形; (宝石の)カット. ein Kleid nach neuestem Schnitt 最新モード仕立てのワンピース / der Schnitt eines Gesichts 目鼻だち. ⑤ 《書籍》(書籍の)小口(ぐち). ⑥ 切断面. ⑦ (衣服裁断用の)型紙. ⑧ 《映・放送》(テープなどの)編集, カッティング; (映画の)カットバック. ⑨ 《数》交点、交わり、共通部分. ⑩ 《口語》平均[値]. *im* Schnitt 平均して. ⑪ (球技で:)(スピンさせた球の)回転.

Schnitt‹blu·me [シュニット・ブるーメ] 女 -/-n 《ふつう 複》 切り花.

schnitt·ig [シュニティヒ ʃnítiç] 形 ※schneiden (切る)の 接2

Schnit·te [シュニッテ ʃnítə] 女 -/-n ① (ハムなどの薄切り, (薄く切った)一切れ. ② スライスパン. eine Schnitte mit Käse チーズオープンサンド. ③ (ちびう)ワッフル(ケーキ).

schnitt‹fest [シュニット・フェスト] 形 薄切りできる程度の固さのある(トマト・チーズなど).

Schnitt‹flä·che [シュニット・フれッヒェ] 女 -/-n ① 切断面, 切り口. ② 《数》 断面.

schnit·tig [シュニティヒ ʃnítiç] 形 ① (特に自動車が)スマートなデザインの, スポーティーな. ② (穀物などが)刈りごろの.

Schnitt‹lauch [シュニット・らオホ] 男 -(e)s/. 《植》アサツキ(小さく刻んでサラダの香料に用いる).

Schnitt‹mus·ter [シュニット・ムスタァ] 中 -s/- 《服飾》型紙.

Schnitt‹punkt [シュニット・ブンクト] 男 -(e)s/-e 《数》交点; (一般に:)交差点.

Schnitt‹stel·le [シュニット・シュテれ] 女 -/-n 《コンピュ》インターフェース.

Schnitt‹wun·de [シュニット・ヴンデ] 女 -/-n 切り傷, 切創(きつう).

*das **Schnit·zel** [シュニッツェる ʃnítsəl] I 中 (単 2) -s/(複) - (3格のみ -n) 肉の切り身/《料理》シュニッツェル((肉をつけた)肉の切り身を焼いたもの). 《英》 cutlet. Kalbsschnitzel 子牛の肉の切り身 / Wiener Schnitzel ウィーン風カツレツ.
II 中 (単 2) -s/(複) - (3格のみ -n) 切りくず, 切れ端.

Schnit·zel‹jagd [シュニッツェる・ヤークト] 女 -/-en [..ヤークデン] きつね狩りごっこ(逃げる人が紙片をまき, それを手がかりに追いかける).

schnit·zeln [シュニッツェるン ʃnítsəln] 他 (h) (野菜など⁴を)細かく刻む(切る).

schnit·zen [シュニッツェン ʃnítsən] du schnitzt (schnitzte, *hat* ... geschnitzt) I 他 (完下 haben) (像など⁴を)彫る, 彫刻して作る. 《英》 carve. eine Figur⁴ *aus* (*in*) Holz *schnitzen* 木彫りの像を作る(木に像を彫り込む).
II 自 (完下 haben) 彫刻をする. **an** einer Madonna *schnitzen* 聖母像を彫刻している.

Schnit·zer [シュニッツァァ ʃnítsər] 男 -s/- ① 彫刻家, (特に:)木彫(ぼり)家. (女性形: -in).
② 《口語》過失, 間違い. einen groben *Schnitzer* machen 大間違いをする.

Schnit·ze·rei [シュニッツェライ ʃnɪtsərái] 女 -/-en ① 木彫(ぼり)品, 木彫り. ② 《複なし》木彫(ぼり).

Schnitz·ler [シュニッツらァ ʃnítslər] -s/ 《人名》シュニッツラー (Arthur Schnitzler 1862-1931; オーストリアの作家).

schnitz·te [シュニッツテ] schnitzen (彫る)の 過去

schnob [シュノープ] schnauben (荒い鼻息をする)の 過去

schnö·be [シュネーベ] schnauben (荒い鼻息をする)の 接2

schnod·de·rig [シュノッデリヒ ʃnódəriç] 形 《口語》生意気な, あつかましい, ずうずうしい.

schnodd·rig [シュノッドリヒ ʃnódriç] 形 = schnodderig

schnö·de [シュネーデ ʃnǿːdə] 形 《雅》 ① 《付加語としてのみ》卑しい, 恥ずべき; つまらない. um des *schnöden* Mammons willen つまらぬ金もうけのために. ② 侮辱的な, 冷淡な. 人⁴ *schnöde* behandeln 人⁴をすげなく扱う.

Schnor·chel [シュノルヒェる ʃnórçəl] 男 -s/- シュノーケル(潜水艦の換気装置, またはダイバーの呼吸管).

Schnör·kel [シュネルケる ʃnǿrkəl] 男 -s/- 《美》渦巻き模様, からくさ模様, (署名のあとの)飾り書き.

schnor·ren [シュノレン ʃnórən] 他 (h) 《口語》たかる, ねだる. **bei** (または **von**) 人³ Zigaretten⁴ *schnorren* 人³にたばこをねだる.

Schnor·rer [シュノラァ ʃnórər] 男 -s/- 《口語》他人にたかる人, たかり屋. (女性形: -in).

Schnö·sel [シュネーぜる ʃnǿːzəl] 男 -s/- 《口語》生意気な青年(若造).

schnu·cke·lig [シュヌッケリヒ ʃnúkəliç] 形 《口語》(若い女性などが)感じのいい, かわいらしい.

schnuck·lig [シュヌックリヒ ʃnúkliç] 形 = schnuckelig

Schnüf·fe·lei [シュヌッふェらイ ʃnyfəlái] 女 -/-en ① (秘密などを)かぎ回ること; 詮索(せんさく). ② 《複なし》(常習的な)シンナーの吸引.

schnüf·feln [シュニュッフェルン ʃnýfəln] I 自 (h) ① (動物などが)くんくんにおいをかぐ。**an** 物³ *schnüffeln* 物³のにおいをくんくんかぐ。② 《口語》鼻をずるずるする。③ 《口語》こそこそかぎまわる，詮索(せんさく)する。II 他 (h) ① (におい⁴を)かぎつける，かぎ分ける。②《口語》(シンナーなど⁴を)吸う．

Schnüff·ler [シュニュふら ʃnýflər] 男 -s/- ① (口語) 他人のことをかぎまわる人，スパイ．(女性形: -in)．② (隠語) シンナー常用者．

Schnul·ler [シュヌら ʃnúlɐr] 男 -s/- (赤ん坊の)おしゃぶり; 《方》(哺乳(ほにゅう)びんの)乳首．

Schnul·ze [シュヌるツェ ʃnúltsə] 囡 -/-n 《口語》センチメンタルな流行歌；(映画などの)お涙ちょうだいもの．

schnup·fen [シュヌプフェン ʃnúpfən] I 自 (h) ① かぎたばこをかぐ．② 鼻をすすり上げる．II 他 (h) (麻薬など⁴を)鼻で吸う．

der **Schnup·fen** [シュヌプフェン ʃnúpfən] 男 (単2) -s/(複) - 〈医〉鼻風邪．(英 *cold*)．[einen] *Schnupfen* haben 鼻風邪をひいている / sich³ einen *Schnupfen* holen 鼻風邪をひく．

Schnupf·ta·bak [シュヌプふ・ターバク] 男 -s/-e かぎたばこ．

schnup·pe [シュヌッペ ʃnúpə] 形 〖成句的に〗[人³] *schnuppe* sein《口語》[人³にとって]どうでもよい．

schnup·pern [シュヌッパァン ʃnúpɐrn] I 自 (h) ① (動物などが)くんくんにおいをかぐ．② 〖**an** 物³ ~〗(物³の)においをかぐ．II 他 (h) (においなど⁴を)かぐ，かぎ分ける．

die **Schnur** [シュヌーァ ʃnúːr] 囡 (単) -/(複) Schnüre [シュニューレ] (3格のみ Schnüren) (英 *string*) ① ひも，結びひも；(服飾) 飾りひも，(金・銀の)モール．eine dünne *Schnur* 細いひも / Perlen⁴ **auf** eine *Schnur* ziehen 真珠をひもに通す / das Paket⁴ **mit** einer *Schnur* verschnüren 包みをひもで縛る / **über** die *Schnur* hauen 《口語》度を過ごす，はめをはずす．② (電気器具などの)コード．die *Schnur* des Staubsaugers 掃除機のコード．

Schnür·bo·den [シュニューァ・ボーデン] 男 -s/..böden 〈劇〉(下げ幕などを動かす)舞台天井の梁(はり)構え．

Schnür·chen [シュニューァヒェン ʃnýːrçən] 中 -s/- (Schnur の 縮小) 短くて細いひも．wie am *Schnürchen*《口語》すらすらと，とんとん拍子に ⇒ Es geht (または läuft) alles wie am *Schnürchen*. すべてがすらすらと順調に運ぶ．

Schnü·re [シュニューレ ʃnýːrə] Schnur (ひも) の 複

schnü·ren [シュニューレン ʃnýːrən] (schnürte, *hat / ist … geschnürt*) I 他 (完了) haben) ① (物⁴に)ひもをかける，(物⁴を)縛る，ゆわえる；(物⁴の)ひもを結ぶ．ein Paket⁴ *schnüren* 小包にひもをかける / einen Strick **um** das Paket⁴ *schnüren* 小包にひもをかける / alte Zeitungen⁴ **zu** Bündeln *schnüren* 古新聞を縛って束にする / Das Paket *ist nicht fest geschnürt*．〖状態受動・現在〗その小包はひもがしっかり結ばれていない / [sich³] die Schuhe⁴ *schnüren* 靴のひもを結ぶ．

② (ひもなどが 人・物⁴を)きつく締めつけている．Der Verband *schnürt* [mich]. 包帯がきつい．II 再帰 (完了) haben) 〖sich⁴ **in** 物³ ~〗(ベルトなどが物⁴に)食い込む．

III 自 (完了) sein) 〈狩〉(きつねなどが)一直線に走る．

schnur·ge·ra·de [シュヌーァ・ゲラーデ] 形 まっすぐな，一直線の(道など)．

schnur·los [シュヌーァ・ロース] 形 コードレスの(電話など)．

Schnurr·bart [シュヌル・バールト] 男 -(e)s/..bärte 口ひげ．Er trägt einen *Schnurrbart*．彼は口ひげを生やしている．

schnurr·bär·tig [シュヌル・ベーァティヒ] 形 口ひげを生やした．

Schnur·re [シュヌレ ʃnúrə] 囡 -/-n 一口話，(ちょっとした)笑い話．

schnur·ren [シュヌレン ʃnúrən] 自 (h, s) ① (h) (猫などが)ごろごろと喉を鳴らす．② (h) (機械などが)ぶんぶん(かたかた)と音をたてる；《口語》(仕事などが)はかどる．Der Ventilator *schnurrt*. 換気装置がぶーんと音をたてる．③ (s) ぶーんと音をたてて走る(飛ぶ)．

Schnür·rie·men [シュニューァ・リーメン] 男 -s/- 〈革〉ひも．

Schnür·schuh [シュニューァ・シュー] 男 -(e)s/-e ひもで結ぶ短靴．

Schnür·sen·kel [シュニューァ・ゼンケる] 男 -s/- 靴ひも．

Schnür·stie·fel [シュニューァ・シュティーふェる] 男 -s/- 編み上げ[長]靴．

schnur·stracks [シュヌーァ・シュトラックス] 副 《口語》まっすぐに，一直線に；直ちに．

schnür·te [シュニューァテ] schnüren (ひもをかける)の 過去

schnurz [シュヌルツ ʃnúrts] 形 〖成句的に〗[人³] *schnurz* sein《俗》[人³にとって]どうでもよい．

Schnu·te [シュヌーテ ʃnúːtə] 囡 -/-n ①《北ドツ》(特に子供の)口．② ふくれっつら，むくれた顔．eine *Schnute*⁴ ziehen ふくれっつらをする．

schob [ショープ] *schieben (押す)の 過去

schö·be [シェーベ] *schieben (押す)の 接2

Scho·ber [ショーバァ ʃóːbɐr] 男 -s/- ① (干し草などをしまう)納屋．②《南ドツ・オーストリア》(戸外に)積み上げた干し草または山．

der **Schock** [ショック ʃɔk] 男 (単2) -(e)s/(複) -s まれに (複) -e ショック，衝撃；〈医〉ショック，急性循環不全状態．(英 *shock*)．Kulturschock カルチャーショック / einen *Schock* erleiden ショックを受ける / sich⁴ **von** einem *Schock* erholen ショックから立ち直る．

scho·cken [ショッケン ʃɔkən] 他 (h) ① 《口語》(人⁴に)ショック(衝撃)を与える．② 〈医〉(人⁴に)ショック療法を施す．

Scho·cker [ショッカァ ʃɔkɐr] 男 -s/- 《口語》

scho·ckie·ren [ショキーレン ʃɔkíːrən] 他 (h) (人⁴に)ショック(衝撃)を与える. ◇《過去分詞の形で》**über** 再帰 *schockiert sein* 再帰⁴でショックを受けている.

scho·fel [ショーふェる ʃóːfəl] 形 《口語》あさましい, 卑劣な; けちな.

Schöf·fe [シェッふェ ʃǿfə] 男 –n/-n 《法》(民間から選ばれる)参審員. (女性形: Schöffin).

*die **Scho·ko·la·de** [ショコラーデ ʃokoláːdə] 女 (単) –/(複) -n チョコレート. (英 *chokolate*). eine Tafel *Schokolade* 板チョコ 1 枚 / Sie isst gerne *Schokolade*. 彼女はチョコレートが好きだ. ② (飲料の)ココア. eine Tasse *Schokolade*⁴ trinken 1 杯のココアを飲む.

scho·ko·la·den [ショコらーデン ʃokoláːdən] 形 《付加語としてのみ》チョコレート(製)の.

scho·ko·la·den‹braun [ショコらーデン・ブラオン] 形 チョコレート色の.

Scho·ko·la·den‹sei·te [ショコらーデン・ザイテ] 女 –/-n 《口語》(人・物の)一番いいところ, 最良の側面.

Scho·las·tik [ショらスティク ʃolástɪk] 女 –/ ① スコラ哲学. ② (軽蔑的に):机上の空論.

Scho·las·ti·ker [ショらスティカァ ʃolástɪkɐr] 男 –s/- ① スコラ哲学者. ② (比)へたに理屈をこねまわす人, 小さいことをやかましくいう人. (女性形: -in).

scholl [ショる] schallen (響く)の 過去

Schol·le [ショれ ʃólə] 女 –/-n ① 土くれ, 土; 《複 なし》耕地; (比)生まれた土地, 故郷. die Liebe zur *Scholle* 郷土愛 / auf eigener *Scholle* sitzen 自分の土地に住んでいる. ② (流氷の)氷塊 (= Eis*scholle*). ③ 《地学》地塊. ④ 《魚》カレイ(科の一種).

schöl·le [シェれ] schallen (響く)の 接②

schöl·te [シェるテ] schelten (しかる)の 接②

˚schon [ショーン ʃóːn]

> もう Ich bin *schon* müde.
> イヒ ビン ショーン ミューデ
> 私はもう疲れた.

副 **A)** ① すでに, もう. (英 *already*). (比 「まだ」 is noch). Ich warte *schon* eine Stunde. 私はもう 1 時間も待っている / Er ist *schon* da. 彼はすでに来ている / Ist es *schon* so spät? もうそんな時間なのか / *schon* immer もうずっと / *schon* lange もう長いこと / *schon* längst もうとっく[の昔]に / *schon* morgen あすにも / *schon* wieder またもや.

② [もう]…だけで. Der Ausweis genügt *schon*. 身分証明書だけで十分です / *Schon* der Gedanke daran ist mir schrecklich. それを考えただけでも私は恐ろしい.

B) 《文中でのアクセントあり》《前文の内容と対照的に》[…であるが], しかし. Er ist damit nicht zufrieden, ich *schon* [eher]. 彼はそれに満足していないが, 私は[むしろ]満足している. ◇《後続の *aber* とともに》Der Film war *schon* interessant, aber [er war] zu lang. その映画はたしかにおもしろかったのだが, 長すぎた / Das *schon*, aber… それはそうかも知れないが, しかし…

C) 《ふつう文中でのアクセントなし》① 《発言を強めて》まったく, 本当に. Es ist *schon* so! まさしくそうなんだ / Das ist *schon* ein Elend. それは本当に悲惨だ.

② 《一応の満足・同意を示して》まあ, まあまあ. *Schon* gut! まあいいよ, それでいいよ / Gefällt es dir hier? — Ja, *schon*. ここは気に入った？ — まあね.

D) 《文中でのアクセントなし》① 《疑いを打ち消して》きっと, 確かに. Er wird ja *schon* kommen. 彼はきっと来るよ / Es wird *schon* [gut] gehen. きっとうまくいくよ.

② 《**wenn** とともに》《認容・譲歩を表して》いったん…であれば, どうせ…ならば. Wenn wir das *schon* machen, dann aber ordentlich. どうせそれをするならきちんとやろう / Wenn *schon*, denn *schon*! やるからにはいっそのこと徹底的に / Und wenn *schon*! 《俗》それはそれでいいじゃないか.

③ 《命令文で》《いらだちを表して》《口語》さっさと, いいかげんに. Komm *schon*! さあ来い / Mach *schon*! 急げったら. ④ 《疑問文で》《思い出そうとして》…だったかな. Wie heißt er *schon*? 彼の名前は何といったっけ. ⑤ 《疑問文で》《反語的に》…というのか. Was kannst du *schon*? 君に何ができるというんだ.

˚schön [シェーン ʃǿːn]

> 美しい Sie hat *schöne* Augen.
> ズィー ハット シェーネ アオゲン
> 彼女は美しい目をしている.

I 形 (比較 schöner, 最上 schönst) ① 美しい, きれいな. (英 *beautiful*). (反 「醜い」 is hässlich). eine *schöne* Frau 美しい女性 / eine *schöne* Blume 美しい花 / die *schönen* Künste (総称として:)芸術(文学・美術・音楽など). ◇《副詞的に》Sie hat *sehr schön* Klavier gespielt. 彼女はとても美しくピアノを弾いた.

② すばらしい, すてきな, 楽しい. (英 *nice*). eine *schöne* Reise 楽しい旅行 / [Ich wünsche Ihnen ein] *schönes* Wochenende! 楽しい週末を[お過ごしください]! / Es war ein *schöner* Abend. すてきな夕べだった / Es ist *schön*, dass du gekommen bist. 君が来てくれてうれしいよ / Das ist zu *schön*, um wahr zu sein. それは話がうますぎて本当とは思えない. (☞ 類語 gut).

③ 天気のよい, 晴れた. ein *schöner* Tag ある晴れた日 / Heute ist *schönes* Wetter. きょうはいい天気だ.

④ 《あいさつなどで》心からの. [Bestellen Sie

ihm] einen *schönen* Gruß von mir! [彼に]私からよろしくお伝えください / **Danke *schön*!** どうもありがとう / ***Schönen* Dank!** 本当にありがとう / **Bitte *schön*!** a) どういたしまして, b) さあどうぞ, c) すみませんが. ⑤ (行いなどが)よい, 親切な; (仕事などが)りっぱな. Das ist ein *schöner* Zug an (または von) ihr. それが彼女のよいところだ / Das war nicht *schön* von ihm. 彼がそんなことをしたなんてよくないね / eine *schöne* Arbeit りっぱな仕事 / Das hast du [aber] *schön* gemacht! (子供などをほめて:)りっぱだ. ⑥《口語》(数・量が)かなりの, 相当な. eine *schöne* Summe Geld かなりの金額 / ein *schönes* Alter かなりの高齢. ⑦《口語》(反語的に:)結構な, たいした. Das ist ja eine *schöne* Geschichte! そいつは結構な話だね / Das wäre ja noch *schöner*!《接2·現在》それは一段と結構でしょうなあ(まったく問題にならないよ). ⑧《北ドゞ》おいしい. ein *schöner* Wein おいしいワイン.
II 副 ①《口語》とても, ずいぶん. Das ist *schön* teuer. それは値段がとても高い / Du hast mich *schön* erschreckt. 君はまたぼくをずいぶん驚かせたね.
②《命令文で》《口語》ちゃんと, きちんと. *Schön* der Reihe nach! ちゃんと順番どおりに! / Sei *schön* brav! ちゃんとお利口にしていなさい / *Schön* langsam fahren! さあゆっくり運転するんだよ.
③《了解を表して》いいですよ. *Schön*! いいですよ, 結構です / Na, *schön*! まあいいや.
▶ **schön|machen**[2]

|類語| **schön**: (見て·聞いて)美しい, 快い. **hübsch**: (かわいらしくて)きれいな. **attraktiv**: (身のこなしなどが)魅力的な. **niedlich**: (清楚でデリカシーがあり)かわいらしい.

Schön·berg [シェーン·ベルク ʃǿːn-bɛrk] -s/《人名》シェーンベルク (Arnold *Schönberg* 1874-1951; 十二音技法を完成したオーストリアの作曲家).

Schön·brunn [シェーン·ブルン ʃǿːn-brɔ́n] 中 -[s] / [Schloss] *Schönbrunn* シェーンブルン《宮殿》(ウィーン郊外にあるハープスブルク家の離宮).

Schö·ne [シェーネ ʃǿːnə] 女《語尾変化は形容詞と同じ》美女, 美人.

scho·nen [ショーネン ʃóːnən] (schonte, *hat* …geschont) I 他 (定了 haben) (人·物[4]を)いたわる, 大事にする, 大切に扱う. Ich *muss* meine Augen *schonen*. 私は目を大事にしなければいけない / den Kranken *schonen* 病人をいたわる. ② (洗濯物など[4]を)傷めない. Dieses Waschmittel *schont* die Wäsche. この洗剤は洗濯物を傷めない.
II 再 (定了 haben) *sich*[4] ~ 体を大事にする, 健康に留意する. Sie *schont sich* nicht. 彼女は健康に気をつけない.

scho·nend [ショーネント] I schonen (いたわる)の現分 II 形 思いやりのある, 大切にする. 物[4] *schonend* behandeln 物[4]を大切に扱う.

Scho·ner [ショーナァ] 男 -s/-《海》スクーナー (2本マスト以上の縦帆式帆船).

Schö·ne[s] [シェーネ[ス] ʃǿːnə[s]] 中《語尾変化は形容詞と同じ》美, 美しいこと(もの).

schön|fär·ben [シェーン·フェルベン ʃǿːn-fɛrbən] 他 言いつくろう, 潤色する.

Schön·fär·be·rei [シェーン·フェルベライ ʃǿːn-fɛrbərái] 女 -/-en 言いつくろい, 潤色.

Schon⹀frist [ショーン·フリスト] 女 -/-en 猶予期間.

Schön⹀geist [シェーン·ガイスト] 男 -[e]s/-er (ふつう軽蔑的に:)文芸愛好家, 文学(芸術)好きの人.

schön⹀geis·tig [シェーン·ガイスティヒ] 形《付加語としてのみ》文芸愛好家の, 文学(芸術)好きの.

die **Schön·heit** [シェーンハイト ʃǿːnhaɪt] 女 (単) -/(複) -en (英 beauty) ①《複なし》美, 美しさ. ② 美しいもの, (景色·町などの)美しい所; 美人, 美女. Sie ist eine *Schönheit*. 彼女は美人だ.

Schön·heits⹀feh·ler [シェーンハイツ·フェーラァ] 男 -s/- (美観をそこなうちょっとした)欠陥, 玉に傷.

Schön·heits⹀ide·al [シェーンハイツ·イデアール] 中 -s/-e 美の理想, 理想的美.

Schön·heits⹀kö·ni·gin [シェーンハイツ·ケーニギン] 女 -/..ginnen 美人コンテストの女王.

Schön·heits⹀ope·ra·ti·on [シェーンハイツ·オペラツィオーン] 女 -/-en 美容整形手術.

Schön·heits⹀pfle·ge [シェーンハイツ·プフレーゲ] 女 -/ 美容[術].

Schön·heits⹀wett·be·werb [シェーンハイツ·ヴェットベヴェルプ] 男 -[e]s/-e 美人コンテスト.

Schon⹀kost [ショーン·コスト] 女 -/ (ダイエット·食餌(しょくじ)療法のための)病人食.

Schön·ling [シェーン·リング ʃǿːnlɪŋ] 男 -s/-e (めかしこんだ)色男.

schön|ma·chen[1] [シェーン·マッヘン ʃǿːn-màxən] 自 (h)《口語》(犬がちんちんをする.

schön|ma·chen[2], **schön ma·chen** [シェーン·マッヘン] 再他 (h) *sich*[4] *schönmachen*《口語》おめかしする, おしゃれをする.

schön|re·den [シェーン·レーデン ʃǿːn-rèːdən] 他 (h) (欠点など[4]を)言いつくろう, 美化して言う.

Schön⹀schrift [シェーン·シュリフト] 女 -/ (学校で習う)正しい字, 習字.

schon·te [ショーンテ] schonen (いたわる)の過去.

schön|tun* [シェーン·トゥーン ʃǿːn-tùːn] 自 (h) おべっかをつかう, へつらう.

Scho·nung [ショーヌング] 女 -/-en ①《複なし》いたわる(大事にする)こと; 保護; 思いやり, 寛大. ohne *Schonung* 容赦なく / Er kennt keine *Schonung*. 彼は手加減しない. ②《林》保護林[区].

scho·nungs⹀los [ショーヌングス·ロース] 形 思いやり(仮借)のない, 無慈悲な.

Schon⹀zeit [ショーン·ツァイト] 女 -/-en《狩》

禁猟(禁漁)期.

Scho·pen·hau·er [ショーペン・ハオアァ ʃóːpən-hauər] -s/《人名》ショーペンハウアー (Arthur *Schopenhauer* 1788-1860; ドイツの哲学者).

Schopf [ショプフ ʃɔpf] 男 -[e]s/Schöpfe ① 頭髪の房; (鳥の)冠毛; (馬などの)たてがみ; 樹冠. ② 《スイ》物置き, 納屋.

schöp·fen [シェプフェン ʃépfən] (schöpfte, *hat*... geschöpft) (完了 haben) ① (水など⁴を)くむ, すくう. 《英 scoop》. Wasser⁴ aus der Quelle *schöpfen* 泉から水をくむ / Er *musste* das Wasser aus dem Boot *schöpfen*. 彼はボートの中から水をくみ出さねばならなかった / die Suppe⁴ auf die Teller *schöpfen* スープを皿にすくい入れる / Papier⁴ *schöpfen* 紙をすく. ② 《雅》(空気・息を)吸い込む. Atem⁴ *schöpfen* 息を吸い込む / wieder Luft⁴ *schöpfen* 一息つく, ほっと安心する. ③ 《雅》(知識・活力など⁴を)くみ取る. Sie *schöpfte* aus seinen Worten Trost. 彼女は彼の言葉から慰めを得た. ◇《目的語なしでも》aus jahrelanger Erfahrung *schöpfen* 《比》長年の経験から判断する / aus dem Vollen *schöpfen* 何不自由なく生活する. ④ 《狩》(猟獣が)水を飲む.

der **Schöp·fer**[1] [シェプファァ ʃépfər] 男 (単2) -s/(複) - (3格のみ -n) ① 創造者, 創設(創始・創作)者. 《英 creater》. Wer ist der *Schöpfer* dieses Gemäldes? この絵の作者はだれですか. ② 《冠なし》神, 造物主. 《英 Creator》.

Schöp·fer[2] [シェプファァ ʃépfər] 男 -s/- ひしゃく, しゃくし, お玉.

Schöp·ferin [シェプフェリン ʃépfərɪn] 女 -/..rinnen (女性の)創造者, 創設(創始・創作)者.

schöp·fe·risch [シェプフェリッシュ ʃépfərɪʃ] 形 創造(独創)的な, 創造力のある. ein *schöpferischer* Mensch 創造的な人間.

Schöpf⸗kel·le [シェプフ・ケれ] 女 -/-n = Schöpflöffel

Schöpf⸗löf·fel [シェプフ・れっふェる] 男 -s/- (クッキング用の)レードル, お玉.

schöpf·te [シェプフテ] schöpfen (くむ)の 過去

die **Schöp·fung** [シェプフング ʃépfuŋ] 女 (単)-/(複)-en 《古 creation》① 創造, 創作; 創設. die *Schöpfung* der Welt 天地創造. ② 《雅》(人間の)創作物, 芸術作品. die *Schöpfungen* der Literatur² 文学作品. ③ 《冠なし》(神の)被造物, 世界.

Schöp·fungs⸗ge·schich·te [シェプフングス・ゲシヒテ] 女 -/ 《聖》(旧約聖書創世記の)天地創造の物語.

Schop·pen [ショッペン ʃɔ́pən] 男 -s/- ① ショッペン(液量の単位. ビール・ワインの 4 分の 1 リットル, 昔は約 2 分の 1 リットル). ② 4 分の 1 (昔は 2 分の 1)リットルのグラスワイン(ビール).

Schop·pen⸗wein [ショッペン・ヴァイン] 男 -[e]s/-e ショッペンワイン(樽から 4 分の 1 (昔は 2 分の 1)リットルに入れて客に出す).

schor [ショーァ] scheren[1] (刈る)の 過去
schö·re [シェーレ] scheren[1] (刈る)の 接2

Schorf [ショルフ ʃɔrf] 男 -[e]s/-e ①《医》痂皮(か), かさぶた. ②《植》(かびなどによる植物の)瘡痂(そうか)病.

Schor·le [ショルれ ʃɔ́rlə] 中 -/-n (まれに 中 -s/-s) ショルレ(ワインまたはアップルジュースの炭酸水割り).

der **Schorn⸗stein** [ショルン・シュタイン ʃɔ́rn-ʃtaɪn] 男 (単2) -[e]s/(複)-en (3格のみ -en) 煙突. 《英 chimney》. Der *Schornstein* raucht wieder. 《口語》再び景気が盛り返してきた(←煙突からまた煙が出だした) / 物⁴ in den *Schornstein* schreiben 《口語》物⁴を失ったものとあきらめる.

Schorn·stein⸗fe·ger [ショルンシュタイン・フェーガァ] 男 -s/- 煙突掃除人. (女性形: -in).

schoss [ショス] schießen (撃つ)の 過去

Schoss [ショス ʃɔs] 男 -es/-e 若枝, 若芽. *Schosse*⁴ treiben 若芽を出す.

der **Schoß** [ショース ʃóːs] 男 (単2) -es/(複) Schöße [シェーセ] (3格のみ Schößen) ① ひざ. 《英 lap》. Das Kind klettert auf den *Schoß* der Mutter. 子供は母親のひざによじのぼる / ein Kind⁴ auf den *Schoß* nehmen 子供をひざに抱く / die Hände⁴ in den *Schoß* legen a) 両手をひざに置く, b) 《比》何もしないでいる / 人³ in den *Schoß* fallen 《比》(富などが)労せずして人³の懐に転がり込む. ② 《雅》母胎;《比》(庇護(ひご)された)内部;《婉曲》(女性の陰部. Sie trägt ein Kind in ihrem *Schoß*. 彼女は妊娠している / im *Schoß* der Erde² 大地の懐に / im *Schoß* der Familie² 家庭の庇護のもとで. ③ (紳士服・乗馬服などの)すそ.

schös·se [シェッセ] schießen (撃つ)の 接2
Schö·ße [シェーセ] Schoß (ひざ)の 複

Schoß⸗hund [ショース・フント] 男 -[e]s/-e 《動》愛玩(あいがん)犬, ペット用の犬.

Schöss·ling [シェスリング ʃǿslɪŋ] 男 -s/-e 若芽, 若枝; (苗植え用の)若木.

Scho·te [ショーテ ʃóːtə] 女 -/-n 《植》① 長角果; (豆などの)さや. ②《方》エンドウマメ.

Schott [ショット ʃɔt] 中 -[e]s/-en (まれに -e) 《海》防水隔壁.

Schot·te [ショッテ] 男 -n/-n スコットランド人. (女性形: Schottin).

Schot·ter [ショッタァ ʃɔ́tər] 男 -s/- ① (道路・線路用の)砕石, バラス. ② (川底の)玉石.

schot·tern [ショッタァン ʃɔ́tərn] 他 (h) (道路など⁴に)じゃり(砕石)を敷く.

schot·tisch [ショティッシュ ʃɔ́tɪʃ] 形 スコットランド[人・方言]の.

Schott·land [ショット・らント ʃɔ́t-lant] 中 -s/ 《地名》スコットランド.

schraf·fie·ren [シュラふィーレン ʃrafíːrən] 他 (h) (図など⁴に)ハッチングを付ける, けば(線影)を付ける.

Schraf·fie·rung [シュラふィールング] 女 -/

-en ① ハッチングをつけること、けば(線影)をつけること. ② けば線; (絵画で)陰影を表す平行線.

schräg [シュレーク ʃrɛːk] 形 ① 斜めの, 傾斜した, 傾いた, はすかいの. 《英 *oblique*》. eine *schräge* Fläche 斜面 / eine *schräge* Linie 斜線 / Er wohnt *schräg* gegenüber. 彼は筋向かいに住んでいる / den Schreibtisch *schräg* stellen (または *schräg*|stellen) 机を斜めに置く / 人⁴ *schräg* an|sehen 《比》人⁴を疑いの目で見る. ②《口語》奇妙な, 風変わりな, 変わった. *schräge* Musik (軽蔑的に:)現代音楽, フリージャズ.

Schrä・ge [シュレーゲ ʃrɛːɡə] 女 -/-n ① 斜面, 勾配(こうばい). die *Schräge* eines Daches 屋根の勾配. ② 傾斜(の状態). 物⁴ *aus* der *Schräge* auf|richten 物⁴をまっすぐに起こす.

Schräg・la・ge [シュレーク・ラーゲ] 女 -/-n 《ふつう 単》斜めに傾いた状態(姿勢); 《医》(胎児の)斜位.

Schräg・strich [シュレーク・シュトリヒ] 男 -[e]s/-e 斜線.

schrak [シュラーク] schrecken² (驚く)の 過去

schrä・ke [シュレーケ] schrecken² (驚く)の 接2

Schram・me [シュラメ ʃramə] 女 -/-n かき傷, かすり傷. *Schrammen* am Arm 腕のかき傷.

Schram・mel・mu・sik [シュラメル・ムズィーク] 女 -/ シュランメル(ウィーンの民衆音楽).

schram・men [シュラメン ʃramən] 他 (h) (物・体の一部⁴に)すり傷をつける. sich³ der Stirn⁴ *schrammen* 額にすり傷(引っかき傷)を負う.

**der Schrank [シュランク ʃraŋk]

戸棚

Die Gläser stehen im *Schrank*.
ディ グレーザァ シュテーエン イム シュランク
グラスは戸棚にありますよ.

男 (単2) -[e]s/ (複) Schränke [シュレンケ] (3格のみ Schränken) (扉の付いた)戸棚, キャビネット; たんす. 《英 *closet, cupboard*》. ein großer *Schrank* 大きな戸棚 / ein eingebauter *Schrank* 作り付けの戸棚 / einen *Schrank* öffnen (schließen) 戸棚を開ける(閉める) / 物⁴ *aus* dem *Schrank* nehmen 物⁴を戸棚から取り出す / die Kleider⁴ *in* den *Schrank* hängen 服を洋服だんすの中に掛ける / Er ist ein *Schrank*. 《比》彼がっしりした体格をしている.

🔸 ..schrank のいろいろ: **Bücherschrank** 本棚 / **Einbauschrank** 作り付け戸棚 / **Gefrierschrank** 冷凍冷蔵庫 / **Geldschrank** 金庫 / **Geschirrschrank** 食器戸棚 / **Glasschrank** ガラス戸棚 / **Kleiderschrank** 洋服だんす / **Küchenschrank** 台所戸棚 / **Kühlschrank** 冷蔵庫 / **Wandschrank** 作り付けの戸棚

Schrank・bett [シュランク・ベット] 中 -[e]s/-en (たたむと戸棚のように見える)収納式ベッド.

die **Schran・ke** [シュランケ ʃraŋkə] 女 (単) -/(複) -n ① 遮断機, (仕切り用の)横木; 柵(さく). 《英 *barrier*》. die *Schranke* des Bahnübergangs 踏切の遮断機 / Die *Schranke* geht hoch. 遮断機が上がる / 人⁴ *vor* die *Schranken* des Gerichts fordern 人⁴を法廷に引き出す(←法廷の手すりの前に) / 人⁴ *in* die *Schranken* fordern 《比》人⁴に戦いを(論争)を挑む.
② 《ふつう 複》(社会的・道徳的な)制約, 壁. rechtliche *Schranken* 法的制約 / die *Schranken* der Konvention 因襲の壁 / sich⁴ *in Schranken* halten 《雅》自制する / 人⁴ *in* seine *Schranken* weisen 人⁴の出すぎた態度をたしなめる.

Schrän・ke [シュレンケ] *Schrank (戸棚)の 複

schran・ken・los [シュランケン・ロース] 形 制約のない, 無制限の; 限りない, 無条件の. *schrankenlose* Freiheit 無制限の自由 / ein *schrankenloses* Vertrauen 絶対的な信頼.

Schrank・fach [シュランク・ファッハ] 中 -[e]s/..fächer (戸棚・たんすの)仕切り.

Schrank・wand [シュランク・ヴァント] 女 -/..wände ユニット式収納戸棚.

die **Schrau・be** [シュラオベ ʃraubə] 女 (単) -/(複) -n 《英 *screw*》① ねじ, ボルト. eine *Schraube⁴* an|ziehen (lockern) ねじを締める(緩める) / 物⁴ *mit Schrauben* befestigen 物⁴をねじで固定する / eine *Schraube* ohne Ende a)《工》無限ねじん, b)《比》いたちごっこ / Bei ihm ist eine *Schraube* locker. 《俗》彼は頭が変だ(←ねじが1本緩んでいる). ② (船の)スクリュー; (飛行機の)プロペラ. ③ 《体》(体操などでの)体のひねり; (飛行機の)きりもみ.

schrau・ben [シュラオベン ʃraubən] I 他 (h) ① ねじで留める, ねじを緩めて取りはずす. 物⁴ fester (loser) *schrauben* 物⁴をねじで締める(緩める). ② (物⁴を…へ)ねじ込む, (物⁴を…から)ねじって取る. die Glühbirne⁴ *in* die Fassung *schrauben* 電球をソケットにねじ込む / den Deckel *vom* Marmeladenglas *schrauben* ジャムのびんのふたをねじって取る. ③ (ぐるぐる回して物⁴の)高さを調節する. den Klavierschemel höher (niedriger) *schrauben* ぐるぐる回してピアノのいすを上げる(下げる) / die Preise⁴ *in* die Höhe *schrauben* 《比》物価を上昇させる. II 自 (h) (体操で:)ひねりを入れる. III 再帰 (h) sich⁴ *schrauben* (…へ)らせん状に上昇(下降)する. Das Flugzeug *schraubte sich in* die Höhe. 飛行機は旋回しながら上昇した.

◊☞ **geschraubt**

Schrau・ben・dre・her [シュラオベン・ドレーアァ] 男 -s/- ねじ回し, ドライバー.

Schrau・ben・ge・win・de [シュラオベン・ゲヴィンデ] 中 -s/- ねじ山.

Schrau・ben・kopf [シュラオベン・コプふ] 男 -[e]s/..köpfe ねじ(ボルト)の頭.

Schrau・ben・mut・ter [シュラオベン・ムッタァ] 女 -/-n 雌ねじ, ナット.

Schrau·ben·schlüs·sel [シュラオベン・シュリュッセル] 男 -s/- スパナ, レンチ.

Schrau·ben·zie·her [シュラオベン・ツィーァァ] 男 -s/- ねじ回し, ドライバー.

Schraub⚡stock [シュラオブ・シュトック] 男 -(e)s/..stöcke 万力(絞), バイス.

Schraub·ver·schluss [シュラオブ・フェァシュるス] 男 -es/..schlüsse (びんなどの)ねじぶた, ねじ栓.

Schre·ber·gar·ten [シュレーバァ・ガルテン] 男 -s/..gärten (都市郊外に設けられた)家庭菜園(創始者 D.G.M. *Schreber* 1808-1861 の名から).

der **Schreck** [シュレック ʃrέk] 男 (単2) -(e)s/(複) -e (3格のみ -en)《ふつう 単》(危険などに直面したときの)驚き, 恐怖. (英 *fright*). ein eisiger *Schreck* 身も凍る戦慄(╬) / einen *Schreck* bekommen ぎょっとする / **vor** *Schreck* 驚き(恐怖)のあまり / Oh *Schreck*, lass nach!《口語》まさか, そんなことが! / Ach du [mein] *Schreck*!《口語》しまった, これはたいへんだ.

schre·cken[1] [シュレッケン ʃrέkən] (schreckte, *hat* ... geschreckt) 他 (完了 haben) ① (完了) 驚かす, びっくりさせる. (英 *frighten*). Die Geräusche *schreckten* sie. 彼女は物音に驚いた / 人[4格] **aus** dem Schlaf *schrecken* 人[4格]をびっくりさせて目を覚まさせる. ② (ゆで卵など[4格]を)冷水で冷ます.

schre·cken[2(*)] [シュレッケン] (du schreckst, er schreckt 〈古: du schrickst, er schrickt〉 (schreckte または schrak, *ist* ... geschreckt) 自 (s) 驚く, びっくりする. **aus** dem Schlaf *schrecken* 驚いて目を覚ます.

der **Schre·cken** [シュレッケン ʃrέkən] 男 (単2) -s/(複) - (英 *fright*) ① (危険などに直面したときの)驚き, 恐怖 (=Schreck). ein panischer *Schrecken* 突然の激しい恐怖 / einen *Schrecken* bekommen ぎょっとする / 人[4格] **in** *Schrecken* versetzen 人[4格]をぎょっとさせる. ② (雅)恐ろしさ, 恐怖. die *Schrecken* des Krieges 戦争の恐ろしさ. ③《ふつう定冠詞とともに》恐怖を起こさせる(恐ろしい)人.

▶ schrecken⚡erregend

schrecken·er·re·gend, Schre·cken·er·re·gend [シュレッケン・エァレーゲント] 形 ぞっとさせる, 恐ろしい.

schre·ckens⚡bleich [シュレッケンス・ブらイヒ] 形 恐怖で青ざめた.

Schre·ckens⚡bot·schaft [シュレッケンス・ボートシャふト] 女 -/-en 恐ろしい知らせ, 悲報.

Schre·ckens⚡herr·schaft [シュレッケンス・ヘルシャふト] 女 -/-en 恐怖政治.

Schreck⚡ge·spenst [シュレック・ゲシュペンスト] 中 -es/-er ① 恐ろしい化け物; (比)(不気味で)恐ろしい人物. ② 危機, 恐怖. das *Schreckgespenst* des Krieges 戦争の危機.

schreck·haft [シュレックハふト] 形 臆病(ポッ)な, こわがりの.

***schreck·lich** [シュレックりヒ ʃrέklɪç] I 形 (英 *terrible*) ① 恐ろしい, ぞっとする. eine *schreckliche* Nachricht 恐ろしいニュース / Das ist ja *schrecklich*. ぞっとするね.
② 《口語》ひどい, がまんできない; ひどく不愉快な. eine *schreckliche* Hitze 耐えがたい暑さ / Er ist ein *schrecklicher* Mensch! 彼はなんともいやなやつだ.
II 副《口語》ものすごく, とても. Das Buch ist *schrecklich* interessant. その本はものすごくおもしろい.

Schreck⚡schrau·be [シュレック・シュラオベ] 女 -/-n《口語》いやな女.

Schreck⚡schuss [シュレック・シュス] 男 -es/..schüsse 威嚇射撃; (比)こけおどし.

Schreck⚡se·kun·de [シュレック・ゼクンデ] 女 -/- 恐怖の一瞬; (法)緊急対応時間.

schreck·te [シュレックテ] schrecken[1](驚かす)の過去

der **Schrei** [シュライ ʃraɪ] 男 (単2) -(e)s/(複) -e (3格のみ -en) 叫び[声], 泣き叫ぶ声, 悲鳴, 鳥獣の鳴き声. (英 *cry*). ein gellender *Schrei* かん高い叫び声 / ein *Schrei* der Freude[2] 喜びの叫び / einen *Schrei* aus|stoßen 叫び声をあげる / der letzte *Schrei*《口語》最新の流行.

Schreib⚡block [シュライブ・ブろック] 男 -(e)s/..blöcke (または -s) はぎ取り式メモ用紙.

schrei·ben* [シュライベン ʃraɪbən]

> 書く; 手紙を書く
> Bitte *schreiben* Sie mir mal!
> ビッテ シュライベン ズィー ミァ マール
> どうかお便りをください.

(schrieb, *hat* ... geschrieben) I 他 (完了 haben) ① (文字など[4格]を)書く, つづる; 記帳する. (英 *write*). eine Zahl[4] *schreiben* 数字を書く / Wie *schreibt* man seinen Namen? 彼の名前はどう書くのですか / in (または mit) großen Buchstaben *schreiben* 大文字で書く / einen Satz **an** die Tafel *schreiben* 文を黒板に書く / einen Betrag **auf** das Konto *schreiben* ある金額を口座に記帳する / Der Schüler *schreibt* die neuen Wörter **in** sein Heft. その生徒は新しい単語をノートに書き込む.
② (手紙・本など[4格]を)書く, (曲[4])を作曲する; (著者・新聞などが…と)報じている. Sie *schreibt* einen Roman. 彼女は小説を書いている / Er *schreibt* einen guten Stil. 彼はうまい文章を書く / 人[3] (または **an** 人[4]) einen Brief *schreiben* 人[3]に手紙を書く / eine Oper[4] *schreiben* オペラを作曲する / Sie *schreibt* mir, dass ... 彼女は私に…と書いてきている / Was *schreiben* denn die Zeitungen **über** den Vorfall? 新聞はその事件について何と言っていますか. ◇《過去分詞の形で》die *geschriebene* Sprache 書き言葉 / Wo steht das *geschrie-*

schreien

ben? それはどこに書かれていますか. ③ 日付が…てある. Wir *schreiben* heute den 2. (=zweiten) Oktober. きょうは10月2日です. ④ (医者が人4は…だと)診断書を書く. Der Arzt *hat* ihn dienstfähig *geschrieben*. 医者は彼が勤務に耐えられるという診断書を書いた.

II 自 (完了 haben) ① 書く, 書きつける. Er *schreibt* schön. 彼は字がきれいだ / Das Kind kann schon *schreiben*. その子供はもう字が書ける / **auf** blauem Papier (または blaues Papier) *schreiben* 青い紙に書く / auf (または **mit**) der Maschine *schreiben* タイプライターで書く / mit der Hand *schreiben* 手書きする / **nach** Diktat *schreiben* 口述どおりに書き取る. ② 手紙を書く, 便りをする. 人3 (または **an** 人4) *schreiben* 人3(または人4)に手紙を書く ⇒ Er *schreibt* seinen Eltern (または an seine Eltern). 彼は両親に手紙を書く. ◇〖相互的に〗 Wir *schreiben uns* regelmäßig. 私たちは定期的に手紙をやり取りしている. ③ 文章を書く, 執筆する; 著述業を営む. lebendig *schreiben* 生き生きした文章を書く / Er *schreibt* **an** seiner Dissertation. 彼は学位論文を執筆中だ / Sie *schreibt* **für** die Zeitung. 彼女は新聞に寄稿している / **über** 人・物4 *schreiben* 人・物4について書く, 執筆する. ④ (ペンなどが…の)書きぐあいである. Der Füller *schreibt* gut. この万年筆は書きやすい.

III 再帰 (完了 haben) *sich*4 *schreiben* ① 〖口語〗(名前・単語などが…と)つづられる. Wie *schreibt sich* das Fremdwort? その外来語はどうつづるのですか. ② 〖**es** *schreibt sich*4…の形〗書きぐあいが…である. Auf diesem Papier *schreibt es sich* schlecht. この紙は書きにくい. ③ 〖*sich*4 **mit** 人3 ~〗〖口語〗(人3と)文通している.

*das **Schrei·ben** [シュライベン ʃráɪbən] 中 (単2) -s/(複) - (公的な)文書, 書簡; 通達. ein amtliches *Schreiben* 公文書 / in Ihrem *Schreiben* vom 1. (=Ersten) dieses Monats 今月1日の貴信で.

Schrei·ber [シュライバァ ʃráɪbər] 男 -s/- ① 書く人, 書き手, 筆者. (女性形: -in). der *Schreiber* eines Briefes 手紙の書き手. ② (軽蔑的に:)三文文士, へぼジャーナリスト. ③ 〖口語〗筆記〖用〗具.

Schrei·ber·ling [シュライバァリング ʃráɪbərlɪŋ] 男 -s/-e (軽蔑的に:)三文文士, へぼジャーナリスト.

schreib≠faul [シュライプ・ファオル] 形 筆不精の.

Schreib≠feh·ler [シュライプ・フェーラァ] 男 -s/- 書き誤り. einen *Schreibfehler* machen 書き誤る.

Schreib≠ge·rät [シュライプ・ゲレート] 中 -(e)s/-e 筆記用具.

Schreib≠heft [シュライプ・ヘフト] 中 -(e)s/-e (罫線(けいせん)の入った)筆記帳, ノート.

Schreib≠kraft [シュライプ・クラフト] 女 -/..kräfte (特に女性の)タイピスト, 文書作成係.

Schreib≠map·pe [シュライプ・マッペ] 女 -/-n 紙ばさみ, ファイル.

die **Schreib·ma·schi·ne** [シュライプ・マシーネ ʃráɪp-maʃiːnə] 女 (単) -/(複) -n タイプライター. (英 *typewriter*). eine elektronische *Schreibmaschine* 電子タイプライター / **auf** (または **mit**) der *Schreibmaschine schreiben* タイプライターで書く / Er kann gut *Schreibmaschine schreiben*. 彼はタイプライターを打つのがうまい.

Schreib·ma·schi·nen≠pa·pier [シュライプマシーネン・パピーァ] 中 -s/-e タイプ用紙.

Schreib≠pa·pier [シュライプ・パピーァ] 中 -s/-e 筆記用紙.

Schreib≠schrift [シュライプ・シュリフト] 女 -/-en 手書きの文字;《印》筆記体(スクリプト体)の活字. (←「ブロック体」は Blockschrift).

*der **Schreib·tisch** [シュライプ・ティッシュ ʃráɪp-tɪʃ] 男 (単2) -es/(複) -e (3格のみ -en) 事務(勉強)机, デスク. Er sitzt **am** *Schreibtisch*. 彼は勉強机に座っている.

Schreib·tisch≠tä·ter [シュライプティッシュ・テータァ] 男 -s/- (犯行の)黒幕. (女性形: -in).

Schrei·bung [シュライブング] 女 -/-en 書くこと; 書き方, 表記法.

Schreib≠un·ter·la·ge [シュライプ・ウンタァラーゲ] 女 -/-n 下敷き, デスクマット.

Schreib≠wa·ren [シュライプ・ヴァーレン] 複 (商品としての)文房具.

Schreib·wa·ren≠ge·schäft [シュライプ ヴァーレン・ゲシェフト] 中 -(e)s/-e 文房具店.

Schreib≠wei·se [シュライプ・ヴァイゼ] 女 -/-n ① (単語の)つづり方. ② 文体, 文のスタイル.

Schreib≠zeug [シュライプ・ツォイク] 中 -(e)s/ 筆記[用]具.

schrei·en [シュライエン ʃráɪən] (schrie, *hat*…geschrien) **I** 自 (完了 haben) ① 叫ぶ, 叫び声をあげる; (幼児が)大声で泣く; (鳥・動物が)鳴く. (英 *cry*). Das Baby *schreit*. 赤ちゃんが大声で泣いている / **nach** 人・物3 *schreien* 人・物3を求めて叫ぶ(泣き叫ぶ) ⇒ Das Kind *schrie* nach seiner Mutter. その子は母親を求めて泣き叫んだ / Sie *haben* **um** Hilfe *geschrien*. 彼らは大声で助けを求めた / Er *schreit* **vor** Schmerzen. 彼は苦痛のあまり悲鳴をあげる / vor Lachen *schreien*《口語》大笑いする.

② 大声を張りあげる, わめく. Ich verstehe dich gut, du brauchst nicht so zu *schreien*! 君の言うことはよくわかる, そんなに大声を張りあげることはないよ.

II 他 (完了 haben) (物4を)叫ぶ, 大声で言う. Hilfe4 *schreien* 助けてと叫ぶ / Sie *schrie* ihm ihre Wut ins Gesicht. 彼女は彼にめんと向かって怒りの言葉をぶちまけた.

III 再帰 (完了 haben) *sich*4 *schreien* 叫んで

[その結果]…になる. sich⁴ heiser (müde) *schreien* 叫びすぎて声がかれる(くたくたになる).

◇☞ **schreiend**

類語 **schreien**: (大声を上げて)叫ぶ. **rufen**: (大声で呼び寄せる. Die Mutter *rief* ihren Sohn. 母親は息子を呼んだ. **brüllen**: (大声を上げて)わめく. Er *brüllt* vor Wut. 彼は怒り狂ってわめいている.

Schrei·en [シュライエン] 田 《成句的に》 Es war zum *Schreien*. 《口語》とてもこっけいだった(おかしかった).

schrei·end [シュライエント] I ＊schreien (叫ぶ)の現分 II ① (色彩などが)けばけばしい, どぎつい. Die Stoffe sind mir zu *schreiend*. この布地は私にははですぎる. ② とんでもない, ひどい. eine *schreiende* Ungerechtigkeit 許しがたい不正.

Schrei⹀hals [シュライ・ハルス] 男 –es/..hälse 《口語》わめきちらす人; 泣き虫.

Schrein [シュライン ʃráin] 男 –[e]s/–e 《雅》ひつ, 聖遺物箱. 中⁴ im *Schrein* des Herzens bewahren 中⁴を心の奥に秘める / ein schintoistischer *Schrein* (神道の)神社.

Schrei·ner [シュライナァ ʃráinər] 男 –s/– 《中西部ドゥ・南ドゥスゥ》家具職人 (=Tischler). (女性形: –in).

Schrei·ne·rei [シュライネライ ʃrainərái] 女 –/–en 《中西部ドゥ・南ドゥ》家具製造業; 家具製作所.

schrei·nern [シュライナァン ʃráinərn] I 自 (h) 《中西部ドゥ・南ドゥ》(素人が趣味で)家具を作る, 日曜大工をする. II 他 (h) 《中西部ドゥ・南ドゥ》(家具など⁴を)趣味で作る.

schrei·ten＊ [シュライテン ʃráitən] du schreitest, er schreitet (schritt, *ist ...* geschritten) 自 (完了 sein) 《雅》① (大股でゆっくり)歩く, 進む. Der Redner *schritt* zum Pult. 演説者は演壇に進み出た. ② 《zu 中³ -》(中³に)とりかかる, 着手する. zur Tat *schreiten* 実行に移る.

schrick [シュリック] schrecken² (驚く)の du に対する 命令

schrickst [シュリックスト] schrecken² (驚く)の 2人称親称単数 現在

schrickt [シュリックト] schrecken² (驚く)の 3人称単数 現在

schrie [シュリー] ＊schreien (叫ぶ)の 過去

schrieb [シュリープ] ＊schreiben (書く)の 過去

Schrieb [シュリープ ʃríːp] 男 –s/–e 《口語》(ふつう軽蔑的に:) 手紙, 書簡.

schrie·be [シュリーベ] ＊schreiben (書く)の 接2

schriee [シュリーエ] ＊schreien (叫ぶ)の 接2

die **Schrift** [シュリフト ʃríft] 女 (単) –/(複) –en ① 文字; 筆跡; 《印》活字[の字体]. 《英 *script*》. Schreib*schrift* 筆記体 / die deutsche (griechische) *Schrift* ドイツ(ギリシア)文字 / Seine *Schrift* ist schwer zu lesen. 彼の筆跡は読みにくい.

② 著書, 著作物; 文書; 論文. die gesammelten *Schriften* dieses Dichters この作家の全集 / die [Heilige] *Schrift* 聖書 (=Bibel). ③ 《圏 で》《スゥ》身分証明書.

Schrift⹀art [シュリフト・アールト] 女 –/–en 《印》活字の種類, 書体.

Schrift⹀bild [シュリフト・ビルト] 中 –[e]s/–e 《印》(活字の)字面(じら); (筆跡・活字の)書体.

schrift⹀deutsch [シュリフト・ドイチュ] 形 (標準的の)文章ドイツ語の; 《スゥ》標準ドイツ語の.

Schrif·ten⹀rei·he [シュリフテン・ライエ] 女 –/–n 叢書(もうしょ), シリーズ出版物の.

Schrift⹀füh·rer [シュリフト・フューラァ] 男 –s/– (議事の)記録係, 書記. (女性形: –in).

Schrift⹀ge·lehr·te[r] [シュリフト・ゲレーァテ(..タァ)] 男《語尾変化は形容詞と同じ》《聖》(古代ユダヤの)律法学者.

Schrift⹀grad [シュリフト・グラート] 男 –[e]s/–e 《印》活字の大きさ(ポイント).

Schrift⹀lei·ter [シュリフト・ライタァ] 男 –s/– (新聞の)編集者(長) (=Redakteur). (女性形: –in).

schrift·lich [シュリフトリヒ ʃríftlɪç] 形 **筆記**による, 文字で書かれた, 文書(書面)による. 《英 *written*》. 《反義 「口頭による」は mündlich》. eine *schriftliche* Prüfung 筆記試験 / Frage⁴ *schriftlich* beantworten 質問に書面で回答する / Das kann ich dir *schriftlich* geben. 《口語》それは確かなことだ(←証文を書いてやってもいい).

Schrift⹀pro·be [シュリフト・プローベ] 女 –/–n ① 《印》見本刷り. ② 筆跡見本.

Schrift⹀satz [シュリフト・ザッツ] 男 –es/..sätze ① 《印》植字, 組版. ② 《法》訴答書面.

Schrift⹀set·zer [シュリフト・ゼッツァァ] 男 –s/– 《印》植字工. (女性形: –in).

Schrift⹀spra·che [シュリフト・シュプラーヘ] 女 –/–n 文章語, 標準的きき言葉. 《反義 「話し言葉」は Umgangssprache》.

der **Schrift·stel·ler** [シュリフト・シュテラァ ʃríft-ʃtɛlər] 男 (単2) –s/(複) – (3格のみ –n) **作家**, 著述家, 文筆家. 《英 *writer*》. Er lebt als freier *Schriftsteller*. 彼はフリーのライターとして生活している.

Schrift·stel·le·rin [シュリフト・シュテレリン ʃríft-ʃtɛlərɪn] 女 –/..rinnen (女性の)作家, 著述家.

schrift·stel·le·risch [シュリフト・シュテレリッシュ ʃríft-ʃtɛlərɪʃ] 形 作家(著述家)としての. *schriftstellerische* Tätigkeit 作家としての活動.

Schrift·stück [シュリフト・シュテュック] 中 –[e]s/–e 公文書, 書類. ein *Schriftstück*⁴ anfertigen 書類を作成する.

Schrift⹀ver·kehr [シュリフト・フェァケーァ] 男 –[e]s/– 文書(覚え書き)交換, 文書(手紙)のやりとり; 交換文書.

Schrift⹀zei·chen [シュリフト・ツァイヒェン] 中 –s/– 文字. griechische *Schriftzeichen* ギリシア文字.

Schrift=zug [シュリフト・ツーク] 男 -(e)s/..züge ① 筆致, 字体, 書体. ② 《複》で (特徴のある)筆跡.

schrill [シュリる ʃríl] 形 かん高い, 耳をつんざくような, けたたましい. 《英 shrill》. das *schrille* Klingeln des Weckers 目覚まし時計のけたたましいベルの音.

schril·len [シュリれン ʃrílən] 自 (h) (ベルなどが)けたたましい音をたてる. Das Telefon *schrillt*. 電話のベルがけたたましく鳴っている.

Schrip·pe [シュリッペ ʃrípə] 女 -/-n (ぶ) (中央に割れ目を付けて焼いた小さな)コッペパン.

schritt [シュリット] schreiten (歩く)の過去

der **Schritt** [シュリット ʃrít] 男 (単2) -(e)s/(複) -e (3格のみ -en) ① 歩み, 足取り, 足の運び; 歩調. 《英 step》. leichte *Schritte* 軽快な足取り / Bitte treten Sie einen *Schritt* näher! どうぞもう一歩近寄ってください / einen *Schritt* vor|gehen 一歩前進する / ein paar *Schritte*⁴ gehen 《口語》散歩する / Unser Kleines hat gestern die ersten *Schritte* gemacht. うちの子はきのう初めて歩きました / den ersten *Schritt* tun 《比》着手する / der erste *Schritt* zur Besserung 改善への第一歩 / mit 人³ *Schritt*⁴ halten 人³と足並みをそろえて歩く / mit 事³ *Schritt*⁴ halten 事³に遅れをとらないようにする.

◇《前置詞とともに》auf *Schritt* und Tritt いたるところで, 絶えず / aus dem *Schritt* kommen 歩調を乱す / *Schritt* für *Schritt* 一歩一歩, 徐々に / im *Schritt* gehen 歩調をそろえて歩く / mit gemessenen *Schritten* 落ち着いた足取りで / *Schritt* um *Schritt* ますます. ② 《複 なし》歩き方. Sie hat einen leichten *Schritt*. 彼女は軽快な歩き方をする / 人⁴ am *Schritt* erkennen 歩き方を見て人⁴であることがわかる.
③ 《複 なし》(距離の単位として:)歩幅. in hundert *Schritt* entfernt 100歩離れて.
④ (車の)徐行, (馬の)並み足. im *Schritt* fahren (車が)徐行する / im *Schritt* gehen (馬が)並み足で歩く. ⑤ 措置, 処置. ein entscheidender *Schritt* 決定的な措置 / die nötigen *Schritte*⁴ tun 必要な措置を講じる. ⑥ (服飾) (ズボンの)股上 (款).

schrit·te [シュリッテ] schreiten (歩く)の接2

Schritt=ma·cher [シュリット・マッハァ] 男 -s/- ① (陸上競技などの)ペースメーカー. (女性形: -in). ② (自転車競争などの)先導車. ③ 《医》(心拍の)ペースメーカー. ④ 《比》先駆者, パイオニア.

Schritt=mes·ser [シュリット・メッサァ] 男 -s/- 万歩計, ペドメーター.

schritt=wei·se [シュリット・ヴァイゼ] 副 一歩一歩, しだいに, 徐々に. *schrittweise* voran|kommen 一歩ずつ前へ進む. ◇《付加語としても》eine *schrittweise* Annäherung 一歩ずつの接近.

Schrö·der [シュレーダァ ʃrǿːdər] -s/ 《人名》シュレーダー (Gerhard *Schröder* 1944– ; 1998–2005ドイツ首相).

schroff [シュロふ ʃróf] 形 ① 険しい, 切り立った. 《英 steep》. *schroffe* Felsen 切り立った岩壁. ② (態度が)そっけない, ぶっきらぼうな. eine *schroffe* Abweisung にべもない拒絶. ③ 唐突な, 急激な. ein *schroffer* Übergang 急激な移行. ④ 際だった, 著しい(対照など).

schröp·fen [シュレプふェン ʃrǽpfən] 他 (h) ① 《医》(人⁴に)放血(吸血)法を施す. ② 《口語》(人⁴から)お金を巻き上げる.

Schrot [シュロート ʃróːt] 男 用 -(e)s/-e ① 《複 なし》(穀物の)碾き割り麦, 粗びき麦. ② 散弾. ③ (貨幣に含まれる金銀の)総重量. von altem (または echtem) *Schrot* und Korn a) 信用のおける, 実直な, b) まさにそれらしい ⇨ ein Abenteuer von echtem *Schrot* und Korn まさに冒険と呼ぶにふさわしい冒険.

Schrot=brot [シュロート・ブロート] 中 -(e)s/-e 粗びき麦の黒パン, グラハムブレッド.

schro·ten [シュローテン ʃróːtən] 他 (h) (穀物⁴を)ひき割りにする, 粗びきする.

Schrot=flin·te [シュロート・ふりンテ] 女 -/-n 散弾銃.

Schrott [シュロット ʃrót] 男 -(e)s/-e 《ふつう 単》① スクラップ. ② 《口語》古物, がらくた.

Schrott=händ·ler [シュロット・ヘンドらァ] 男 -s/- くず鉄商, スクラップ業者. (女性形: -in).

schrott=reif [シュロット・ライふ] 形 スクラップ行きの, ぽんこつの(車など).

schrub·ben [シュルッベン ʃrúbən] 他 (h) 《口語》(床など⁴を)ブラシ(たわし)でごしごし洗う. den Schmutz vom Boden *schrubben* 床の汚れをごしごしこすり取る. ◇《再帰的に》sich⁴ *schrubben* 体をごしごし洗う.

Schrub·ber [シュルッバァ ʃrúbər] 男 -s/- (柄のついた)掃除用ブラシ, 床ブラシ.

Schrul·le [シュルれ ʃrúlə] 女 -/-n ① 気まぐれ, 奇妙な思いつき. ② 《俗》変わり者のばあさん.

schrul·lig [シュルりヒ ʃrúlɪç] 形 《口語》変な, 風変わりな(老人など); 突飛な.

schrum·pe·lig [シュルンペりヒ ʃrúmpəlɪç] 形 =schrumplig

schrump·fen [シュルンプふェン ʃrúmpfən] 自 (s) ① しなびる, 縮む; (縮んで)しわが寄る. ② (資本・蓄えなどが)減少する.

schrump·lig [シュルンプりヒ ʃrúmplɪç] 形 《口語》しわだらけの, しわくちゃの; (洗たくものなどが)しわの寄った.

Schrump·fung [シュルンプふング] 女 -/-en 縮むこと, 収縮; 減少.

Schrun·de [シュルンデ ʃrúndə] 女 -/-n 切り傷; あかぎれ.

Schub [シューブ ʃúːp] 男 -(e)s/Schübe ① 押す(突く)こと; 押し, 突き; (九柱戯などの)一投; (物)推進力. mit einem *Schub* 押して, 一気に. ② (人や物の)一群, 一団; (パンの)一かまど分. in kleinen *Schüben* 小さなグループご

とに / ein *Schub* Brötchen 一かまど分のプチパン. ③《医》(症状などの)追発, (間けつ的な)発作. ④《方》引き出し (=*Schub*lade).

Schu·ber [シューバァ ʃúːbər] 男 -s/- ① (本の)外箱, ケース. ②《キリスト教》かんぬき.

Schu·bert [シューバァト ʃúːbərt] -s/《人名》シューベルト (Franz *Schubert* 1797–1828; オーストリアの作曲家).

Schub⸗fach [シューブ・ファッハ] 中 -[e]s/..fächer 引き出し (=Schublade).

Schub⸗kar·re [シューブ・カレ] 女 -/-n = Schubkarren

Schub⸗kar·ren [シューブ・カレン] 男 -s/- (一輪の)手押し車.

Schub⸗kraft [シューブ・クラフト] 女 -/ ①《物》(ロケットなどの)推[進]力. ②《工》剪断(せん)力.

die **Schub·la·de** [シューブ・ラーデ ʃúː-plaːdə] 女 (単)-/(複)-n 引き出し.《英》*drawer*). die *Schublade*⁴ auf|ziehen 引き出しを開ける.

Schubs [シュップス ʃúps] 男 -es/-e《口語》(軽い)押し, 突き.

schub·sen [シュプセン ʃúpsən] 他 (h)《口語》(人・物⁴を)突く, 押す. 人⁴ *zur* Seite *schubsen* 人⁴をわきに押しやる.

schub⸗wei·se [シューブ・ヴァイゼ] 副 グループに分かれて, 一組(一団)ずつ; 断続的に.

schüch·tern [シュヒタァン ʃýçtərn] 形 内気な, 臆病(おくびょう)な, おずおずした; 遠慮がちな, 控えめな.《英》*shy*). ein *schüchternes* Kind 内気な子供 / einen *schüchternen* Versuch machen おそるおそる試みる / eine *schüchterne* Hoffnung 控えめな希望.

Schüch·tern·heit [シュヒタァンハイト] 女 -/ 内気, はにかみ.

schuf [シューフ] **schaffen*² (創造する)の 過去

schü·fe [シューフェ] **schaffen*² (創造する)の 接II

Schuft [シュフト ʃúft] 男 -[e]s/-e 悪党, ならず者, 不良.

schuf·ten [シュフテン ʃúftən] Ⅰ 自 (h)《口語》あくせく働く, がつがつ勉強する. Ⅱ 再帰 (h) *sich*⁴ *schuften*《口語》あくせく働いて[その結果]…になる. *sich*⁴ *krank schuften* 働きすぎて病気になる.

Schuf·te·rei [シュフテライ ʃuftəráɪ] 女 -/-en《口語》①〖複なし〗あくせく働くこと, がつがつ勉強すること. ② 骨の折れる仕事. ③ 破廉恥な行為.

schuf·tig [シュフティヒ ʃúftɪç] 形 恥知らずの, 卑劣な.

der **Schuh [シュー ʃúː]

靴 Diese *Schuhe* drücken.
ディーゼ シューエ ドリュッケン
この靴はきつい.

男 (単2)-[e]s/(複)-e (3格のみ -en) ① 靴, (特に:)短靴.《英》*shoe*).〈工業〉「長靴」は Stiefel. ein Paar *Schuhe* 1足の靴 / flache (hohe) *Schuhe* かかとの低い(高い)靴 / *Schuhe*⁴ an|haben 靴をはいている / *Schuhe*⁴ an|ziehen (aus|ziehen) 靴をはく(脱ぐ) / *Schuhe*⁴ putzen 靴を磨く / Diese *Schuhe* passen mir. この靴は私にぴったりだ / Diese *Schuhe* sind mir zu eng. この靴は私にはきつい.《人³》中⁴ *in die Schuhe* schieben《口語・比》人³に中⁴の責任をなすりつける(←靴の中に押し込む) / Ich weiß, wo ihn der *Schuh* drückt.《口語》私は彼が何を悩んでいるのかちゃんと知っている(←彼の靴のどこがきついかを) / Umgekehrt wird ein *Schuh* draus.《口語》それはまったくあべこべ(逆)だ.
② (つえなどの)石突き; 車輪止め, ストッパー;《電》ケーブルシュー.

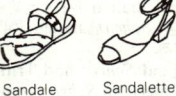

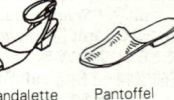

Halbschuh   Slipper

Pumps   Bergschuh   Stiefel

Sandale   Sandalette   Pantoffel

靴のいろいろ

Schuh⸗an·zie·her [シュー・アンツィーアァ] 男 -s/- 靴べら (=Schuhlöffel).

Schuh⸗band [シュー・バント] 中 -[e]s/..bänder《方》靴ひも.

Schuh⸗bürs·te [シュー・ビュルステ] 女 -/-n 靴ブラシ.

Schuh⸗creme [シュー・クレーム] 女 -/-s (キリスト教・ス式: -n) 靴クリーム, 靴墨.

Schuh⸗fa·brik [シュー・ファブリーク] 女 -/-en 製靴工場.

Schuh⸗ge·schäft [シュー・ゲシェフト] 中 -[e]s/-e 靴屋.

Schuh⸗grö·ße [シュー・グレーセ] 女 -/-n 靴のサイズ. Ich habe *Schuhgröße* 39. 私の靴のサイズは 39 です.

Schuh⸗löf·fel [シュー・レッフェる] 男 -s/- 靴べら.

Schuh⸗ma·cher [シュー・マッハァ] 男 -s/- 靴職人, 靴屋.《女性形: -in》.

Schuh⸗num·mer [シュー・ヌンマァ] 女 -/-n 靴のサイズ番号.

Schuh⸗platt·ler [シュー・プらットらァ] 男 -s/- 靴ダンス(バイエルン・チロル地方の民俗舞踊. もも・ひざ・靴のかかとをたたく).

Schuh⸗put·zer [シュー・プッツァァ] 男 -s/- ① 靴みがき[の人].《女性形: -in》. ② 自動靴みがき機.

Schuh⸗soh·le [シュー・ゾーれ] 女 -/-n 靴底. durchgelaufene *Schuhsohlen* すり減った靴

Schuh=span·ner [シュー・シュパンナァ] 男 -s/- シューキーパー.

Schuh=werk [シュー・ヴェルク] 中 -[e]s/ (総称として:) 靴. festes (gutes) *Schuhwerk* 丈夫な (良質の)靴.

Schu·ko=ste·cker [シューコ・シュテッカァ] 男 -s/- (商標)(感電防止型の)安全プラグ.

Schul=ab·gän·ger [シューる・アップゲンガァ] 男 -s/- 卒業生. (女性形: -in).

Schul=ab·schluss [シューる・アップシュるス] 男 -es/..schlüsse 卒業資格(ギムナジウム卒業資格など).

Schul=amt [シューる・アムト] 中 -[e]s/..ämter 教育庁, 学務局.

Schul=an·fän·ger [シューる・アンフェンガァ] 男 -s/- (小学校の)新入生, 新1年生. (女性形: -in).

Schul=ar·beit [シューる・アルバイト] 囡 -/-en ① 《ふつう複》宿題. Ich muss noch *Schularbeiten* machen. ぼくはまだ宿題をしなければならない. ②《オストリア》(授業中の)課題, テスト.

Schul=arzt [シューる・アールツト] 男 -es/..ärzte [学]校医. (女性形: ..ärztin).

Schul=auf·ga·be [シューる・アオフガーベ] 囡 -/-n ①《ふつう複》宿題 *Schulaufgaben*[4] machen 宿題をする. ②《方》(授業中の)課題, テスト.

Schul=bank [シューる・バンク] 囡 -/..bänke (昔の:)[腰かけ付きの]生徒用机. Er drückt noch die *Schulbank*.《口語》彼はまだ学校に通っている.

Schul=bei·spiel [シューる・バイシュピーる] 中 -[e]s/-e 模範(典型)的な例.

Schul=be·such [シューる・ベズーフ] 男 -[e]s/-e 《ふつう単》① 通学. ②《スイス》(の)授業視察, 授業参観.

Schul=bil·dung [シューる・ビるドゥング] 囡 -/- 学校教育. eine gute *Schulbildung*[4] haben よい教育を受ける.

Schul=buch [シューる・ブーフ] 中 -[e]s/..bücher 教科書.

Schul=bus [シューる・ブス] 男 -/..busses/..busse スクールバス.

schuld [シュるト ʃʊlt] 形 《成句的に》[an 囲³] *schuld* sein [囲³について]**責任がある**. Sie ist an allem *schuld*. 一切の責任は彼女にある. ◇《名詞的に》人・事³ *Schuld* geben 人・事³ のせいにする / *Schuld* haben 責任がある.

* **die Schuld** [シュるト ʃʊlt] 囡 (単) -/(複) -en ① 《複 なし》(負い目としての)**責任**; (精神的な)負担. 《英 fault》. eine moralische *Schuld* 道義的な責任 / Das ist meine *Schuld*. それは私の責任です / die *Schuld*[4] auf 囲³ wälzen (または schieben) 囲³に責任を転嫁する / die *Schuld*[4] auf sich[4] nehmen 自分の責任を引き受ける / [an 囲³] *Schuld* haben [囲³について]責任がある ⇒ Er hat (または trägt) keine *Schuld* an dem Unfall. 彼はその事故には責任はない 《人・事³》[an 囲³] *Schuld*[4] geben 《人・事³》[囲³]のせいにする / Die *Schuld* liegt an (または bei) mir. その責任は私にある. ②《複 なし》**罪**, 過ち. 《英 guilt》. *Schuld* und Sühne 罪と償い / eine *Schuld*[4] büßen 罪を償う / Er leugnet seine *Schuld*. 彼は罪を否認する. ◇《成句的に》sich³ *Schuld*[4] zu *Schulden* kommen lassen 囲⁴の罪を犯す. (☞ 類語 Sünde). ③《ふつう複》**借金**, 負債; 債務. 《英 debt》. bei 人³ *Schulden*[4] haben (machen) 人³に借金がある(借金する) / *Schulden*[4] zurück|zahlen (または ab|tragen) 借金を返済する / Auf dem Haus liegt eine *Schuld* von 30 000 Euro. その家のために3万ユーロの負債がある / Er hat mehr *Schulden* als Haare auf dem Kopf.《口語・比》彼には借金が山ほどある(=髪の毛よりも多く). ④《成句的に》Ich bin (または stehe) tief **in** seiner *Schuld*.《雅》私は彼に深い恩義がある.

▶ **zu=schulden**

Schuld=be·kennt·nis [シュるト・ベケントニス] 中 ..nisses/..nisse 罪の告白.

schuld=be·la·den [シュるト・べらーデン] 形 《雅》罪を負った, 罪のある.

schuld=be·wusst [シュるト・ベヴスト] 形 罪を意識した, 後ろめたそうな.

Schuld=be·wusst·sein [シュるト・ベヴストザイン] 中 -s/ 罪の意識, 罪悪感.

schul·den [シュるデン ʃʊldən] 動 (h) ① 〈人³に 事⁴の〉借りがある. Er *schuldet* mir noch 50 Euro. 彼は私にまだ50ユーロの借金がある. ②〈人³に 事⁴の〉義務を負っている. 〈人³〉 eine Erklärung[4] *schulden* 人³に説明をする義務がある / Ich *schulde* ihm mein Leben. 彼は私の命の恩人だ.

schul·den=frei [シュるデン・フライ] 形 負債 (借金)のない; 抵当に入っていない.

Schul·den=last [シュるデン・らスト] 囡 -/-en 負債の重荷.

schuld=fä·hig [シュるト・フェーイヒ] 形 《法》罪に対する責任能力のある.

Schuld=fra·ge [シュるト・フラーゲ] 囡 -/-n 責任(罪の有無)の問題.

schuld=frei [シュるト・フライ] 形 罪のない, 潔白な.

schuld=haft [シュるトハフト] 形 《官庁》罪になる, 有責の.

Schuld=ge·fühl [シュるト・ゲフューる] 中 -[e]s/-e 罪悪感, 罪の意識.

Schul·dienst [シュー-る・ディーンスト] 男 -[e]s/ 学校勤務, 教職. Er ist im *Schuldienst* tätig. 彼は教職についている.

schul·dig [シュるディヒ ʃʊldɪç] 形 ① **罪のある**, 有罪の; 責任のある. 《英 guilty》. Der Angeklagte war *schuldig*. 被告は有罪だった / 囲⁴ für etwas[4] *schuldig* erklären 囲⁴に事⁴の判決を下す / 囲² *schuldig* sein《雅》囲²の罪を犯している ⇒ Er ist des Diebstahls *schuldig*. 彼

Schuldige[r]

は盗みを働いた / **an** 人³ *schuldig* sein 人³に対して責任がある ⇨ **Er ist an dem Unglück** *schuldig.* 彼はその事故に責任がある.

② (人³に物⁴の)借りがある, 負債がある. **Ich bin ihm noch 50 Euro** *schuldig.* 私はまだ彼に50ユーロ借りがある / **Was bin ich Ihnen** *schuldig?* いくらお支払いすればよろしいでしょうか. ◇〚成句的に〛人³ **nichts** *schuldig* **bleiben** (または *schuldig*|**bleiben**) 人³に負けずにやり返す.

③ (人³に物⁴(弁明など)の)義務を負っている. **Ich bin ihm Dank** *schuldig.* 私は彼に礼を言わなくてはならない. ④〚付加語としてのみ〛当然なすべき, 相応の. 人³ **die** *schuldige* **Achtung**⁴ **erweisen** 人³にそれ相応の敬意を払う.
▶ **schuldig|sprechen**

Schul·di·ge[r] [シュるディゲ (..ガァ) ʃúldɪɡə (..ɡər)] 男 女〚語尾変化は形容詞と同じ〛有罪者, 罪人; 責任者.

Schul·dig·keit [シュるディヒカイト] 女 -/-en 責任, 義務. **Ich habe nur meine** *Schuldigkeit* **getan.** 私は自分の義務を果たしただけだ.

schul·dig|spre·chen*, **schul·dig spre·chen*** [シュるディヒ・シュプレッヒェン ʃúldɪç-ʃprɛçən] 他 (h) (人⁴に)有罪判決を言い渡す.

Schuld⚬kom·plex [シュるト・コンプれクス] 男 -es/-e〘心理〙罪悪感コンプレックス.

schuld⚬los [シュるト・ろース] 形 罪のない, 無実の, 潔白な.

Schuld·ner [シュるドナァ ʃúldnər] 男 -s/- 債務者. (女性形: -in). (✍)「債権者」は **Gläubiger**).

Schuld⚬schein [シュるト・シャイン] 男 -[e]s/-e 借用証, 債務証書.

Schuld⚬spruch [シュるト・シュプルフ] 男 -[e]s/..sprüche〘法〙有罪(有責)判決.

die Schu·le [シューれ ʃúːlə]

> 学校; 授業
>
> Heute ist keine *Schule*.
> ホイテ イスト カイネ シューれ
> きょうは学校が休みだ.

女 (単) -/(複) -n ① 学校. (英 school). **eine öffentliche (private)** *Schule* 公立(私立)学校 / **eine katholische (protestantische)** *Schule* カトリック系(プロテスタント系)の学校 / **eine höhere** *Schule* 高等学校 / **eine neue** *Schule*⁴ **bauen** 新しい学校を建てる / **die** *Schule*⁴ **besuchen** 学校に通う / **die** *Schule*⁴ **wechseln** 転校する / **die** *Schule*⁴ **verlassen** 学校を去る(卒業する, 退学する).

◇〚前置詞とともに〛**Er ist Lehrer an dieser** *Schule.* 彼はこの学校の先生だ / **Er geht auf die höhere** *Schule.* 彼は上級学校に進学する / **aus der** *Schule* **kommen** 学校から帰宅する / **aus der** *Schule* **plaudern**《比》仲間うちの秘密を漏らす / **hinter** (または **neben**) **die** *Schule* **gehen**《口語・比》学校をさぼる / **Er kommt in diesem Jahr in die** *Schule.* 彼は今年学校に入る / **Er geht noch in die** *Schule* (または **zur** *Schule*). 彼はまだ学校に通っている(生徒だ) / **von der** *Schule* **ab|gehen** 学校を出る(やめる) / 人⁴ **von der** *Schule* **weisen** 人⁴を退校(放校)処分にする / **Sie will später zur** *Schule* **gehen.**《口語》彼女は将来教職に就くつもりだ.

② 〚(複) なし〛(学校の)授業. **Die** *Schule* **ist aus.**《口語》授業は終わった / **Die** *Schule* **beginnt um acht Uhr.** 授業は8時に始まる /

― ドイツ・ミニ情報 32 ―

学校制度 Schulsystem

ドイツでは小さいころから将来何になるのかをみすえ, どの学校に進むかを早い段階で選択させる教育制度をとっている. 6歳で小学校に上がると, 4年間は一律のカリキュラムだが, 次の2年のオリエンテーション期間に進路を決める.

学校の選択肢には, 基幹学校 Hauptschule (5年間で終了, その後仕事に就きながら18歳まで職業学校に通うことができる), 実科学校 Realschule (6年間で終了, 中級職に必要な専門学校進学資格が得られる), ギムナジウム Gymnasium (9年間で終了, 大学入学資格が得られる)がある. また, 州によっては上記三校の特徴を併せ持った総合学校 Gesamtschule の制度もある. この学校は原則として6年間で修了できるが, 希望する生徒は在籍のまま勉強を続け, 大学進学資格を取ったり, 職業教育を受けることもできる.

義務教育は9年間で, その間は週5日, 毎日授業がある. 学校はごくわずかな例外を除いてほとんどが公立で, 授業料の納入義務はない. 生徒全体のおおよそ3分の1ずつが基幹学校, 実科学校, ギムナジウムに進学するが, 途中で進路変更したい場合は, 各学校の必修単位をそろえなければならない.

ドイツの学校は午後1時で終わり, 子供たちは家で昼食をとるのが一般的だが, 最近は午後も音楽や体育などを中心に授業を行う学校が増えてきた. また, 従来ドイツには学校単位のクラブはなかったのだが, 自然発生的に部活動も行われるようになりつつある. これに伴い, 学校で昼食がとれるように近隣の数校が共同出資して給食室を作った所もある. (☞「ドイツ連邦共和国の教育制度」, 1175ページ)

ギムナジウムの授業風景

die *Schule*[4] versäumen (または schwänzen) 授業をさぼる / Heute haben wir keine *Schule*. きょうは学校がない / Morgen fällt die *Schule* aus. あすは学校が休みだ / **nach** der *Schule* 放課後.
③ 〖複 なし〗(総称として:)教師と生徒[全員].
④ 〖複 なし〗指導, 訓練, レッスン. bei 〘人〙[3] in die *Schule* gehen 〘人〙[3]にレッスンを受ける / [die] hohe (または Hohe) *Schule* 高等馬術 / [die] hohe *Schule* 高等技術.
⑤ (芸術・学問などの)流派, 学派. die *Schule* Dürers デューラー派 / die Frankfurter *Schule* フランクフルト学派 / *Schule*[4] machen 多くの模倣者を出す.　⑥ (楽器などの)教則本.

> ..schule のいろいろ: **Abendschule** 夜間学校 / **Berufsschule** 職業学校 / **Fachschule** 専門学校 / **Fahrschule** 自動車教習所 / **Gesamtschule** 総合学校 / **Grundschule** 基礎学校 / **Handelsschule** 商業学校 / **Hauptschule** 基幹学校 / **Hochschule** (一般に:)大学 / **Klavierschule** ピアノ教則本 / **Mittelschule** 中等学校 / **Musikschule** 音楽学校 / **Privatschule** 私立学校 / **Realschule** 実科学校 / **Tanzschule** ダンス教室 / **Volkshochschule** 市民大学 / **Vorschule** 就学前教育施設

schu·len [シューレン ʃúːlən] 他 (h) ① (〘人〙[4]を専門分野について)教育する, 訓練する. 〘人〙[4] fachlich *schulen* 〘人〙[4]に専門教育を施す.　② (目・耳など[4]を)鍛える, トレーニングする. ◇〖過去分詞の形で〗mit *geschultem* Blick 経験を積んだ目で. ◇〖再帰的に〗sich[4] *schulen* 自分を鍛える.　③ (動物[4]を)調教する.

＊der Schü·ler [シューらァ ʃýːlər]

> 生徒　Er ist ein guter *Schüler*.
> エァ イスト アイン グータァ シューらァ
> 彼は出来のよい生徒だ.

男 (単2) -s/(複) – (3格のみ -n) ① (学校の)生徒, 学童. (英 *pupil*). (〈英〉「大学生」は Student; 「先生」は Lehrer). Mit*schüler* 同級生 / ein fleißiger (fauler) *Schüler* 勤勉な(怠惰な)生徒 / einen *Schüler* loben 生徒をほめる / ein fahrender *Schüler* (中世の)遍歴学生. (〈英〉Schülerinnen und Schüler (男女の生徒たち)の代わりに, Schülerschaft または Lernende が用いられることがある). ② 教え子, 弟子, 門下[生]. ein *Schüler* von Professor Schmidt シュミット教授の教え子.

Schü·ler·aus·tausch [シューらァ・アオスタオシュ] 男 –[e]s/–e (生徒の)交換留学.

＊die Schü·le·rin [シューれリン ʃýːlərɪn] 女 (単) –/(複) ..rinnen ① 女子生徒. (英 *pupil*). ② (女性の)教え子, 弟子, 門下[生]. Sie ist eine ehemalige *Schülerin* von ihm. 彼女は彼のかつての門下生です.

Schü·ler·lot·se [シューらァ・ろーツェ] 男 –n/–n (登下校する下級生のための)交通安全係の生徒. (女性形: ..lotsin).

Schü·ler·mit·ver·wal·tung [シューらァ・ミットフェァヴァるトゥング] 女 –/–en ① (学校管理への)生徒参加. ② 生徒自治会 (略: SMV).

Schü·ler·schaft [シューらァシャふト] 女 –/

年齢	学年					
		die Universität 総合大学				
		die Gesamthochschule 統合大学		die Fachhochschule 専門単科大学		
		die Hochschule 単科大学			die Fachschule 専門学校	
		《das Abitur ギムナジウム卒業試験》				
18	13	das Gymnasium ギムナジウム	das Fachgymnasium 専門ギムナジウム			
17	12					
16	11	[die Oberstufe] 上級段階		die Fachoberschule 専門上級学校	die Berufsschule 職業学校	die Berufsfachschule 職業専門学校
15	10	das Gymnasium ギムナジウム	die Realschule 実科学校		die Hauptschule 基幹学校	
14	9					
13	8	die Gesamtschule 総合学校				
12	7					
11	6	die Orientierungsstufe オリエンテーション段階				
10	5					
9	4	die Grundschule 基礎学校				
8	3					
7	2					
6	1					
		der Kindergarten 幼稚園				

ドイツ連邦共和国の教育制度

-en (総称として:)(ある学校の)全生徒, 全校生.

Schü·ler=zei·tung [シューらァ・ツァイトゥング] 囡 -/-en (生徒が編集する)学校新聞.

Schul=fach [シューる・ファッハ] 田 -[e]s/..fächer (学校の)授業科目.

Schul=fe·ri·en [シューる・フェーリエン] 履 学校の休暇.

Schul=fern·se·hen [シューる・フェルンゼーエン] 田 -s/ 学校向けテレビ放送(番組).

schul=frei [シューる・フライ] 形 授業のない,(学校が)休みの. ein *schulfreier* Tag 休校日 / Heute ist *schulfrei*. または Wir haben heute *schulfrei*. きょうは学校は休みだ.

Schul=freund [シューる・フロイント] 男 -[e]s/-e 学校の友だち, 学友. (女性形: -in).

Schul=funk [シューる・フンク] 男 -s/ 学校向けラジオ放送(番組).

Schul=geld [シューる・ゲるト] 田 -[e]s/ (学校の)授業料, 学費.

Schul=haus [シューる・ハオス] 田 -es/..häuser 校舎.

Schul=heft [シューる・ヘフト] 田 -[e]s/-e (学習)用ノート.

Schul=hof [シューる・ホーふ] 男 -[e]s/..höfe 校庭.

schu·lisch [シューりッシュ] 形 学校の, 学校関係の. *schulische* Leistungen 学業成績.

Schul=jahr [シューる・ヤーる] 田 -[e]s/-e 学年, 学年度.

Schul=jun·ge [シューる・ユンゲ] 男 -n/-n (口語)男子生徒.

Schul=ka·me·rad [シューる・カメラート] 男 -en/-en 学校の友だち (=Schulfreund). (女性形: -in).

Schul=kennt·nis·se [シューる・ケントニセ] 履 学校で学んだ知識.

Schul=kind [シューる・キント] 田 -[e]s/-er 学童, 生徒.

Schul=klas·se [シューる・クらッセ] 囡 -/-n ① 学級, クラス[の全生徒]. ② 学年.

Schul=leh·rer [シューる・れーラァ] 男 -s/- (口語)学校の先生, 教師. (女性形: -in).

Schul=lei·ter [シューる・らイタァ] 男 -s/- 校長. (女性形: -in).

Schul=mäd·chen [シューる・メートヒェン] 田 -s/ (口語)女子生徒.

Schul=map·pe [シューる・マッペ] 囡 -/-n (生徒用の)通学かばん.

schul=meis·tern [シューる・マイスタァン ʃúːlmaistərn] I 他 (h) (囚4に)教師ぶって小うるさいことを言う. II 自 (h) 教師ぶった口をきく.

Schul=ord·nung [シューる・オルドヌング] 囡 -/-en 校則, 学則.

Schul=pflicht [シューる・プふりヒト] 囡 -/ 就学義務.

schul=pflich·tig [シューる・プふりヒティヒ] 形 就学義務のある, 学齢に達した. ein *schulpflichtiges* Kind 学齢に達した児童.

Schul=ran·zen [シューる・ランツェン] 男 -s/- ランドセル.

Schul=rat [シューる・ラート] 男 -[e]s/..räte 教育庁の役人, 視学官. (女性形: ..rätin).

Schul=schiff [シューる・シふ] 田 -[e]s/-e 練習船.

Schul=schluss [シューる・シュるス] 男 -es/..schlüsse ① ((履なし)(学校の)終業, 授業終了. ②(方)卒業.

Schul=stun·de [シューる・シュトゥンデ] 囡 -/-n 授業時間.

Schul=sys·tem [シューる・ズュステーム] 田 -s/-e 学校制度. (☞「ドイツ連邦共和国の教育制度」, 1175 ページ / ☞「ドイツ・ミニ情報 32」, 1174 ページ).

Schul=tag [シューる・ターク] 男 -[e]s/-e 学校のある日, 登校日. Heute ist sein erster *Schultag*. きょうは彼が初めて学校に行く日だ.

Schul=ta·sche [シューる・タッシェ] 囡 -/-n (生徒用の)通学かばん (=Schulmappe).

＊die Schul·ter [シュるタァ ʃúltər]

| 肩 | Er hat breite *Schultern*. エァ ハット ブライテ シュるタァン 彼は肩幅が広い. |

囡 (単) -/(複) -n ① 肩. (英 shoulder). (☞ Körper 図). die rechte (linke) *Schulter* 右肩(左肩) / Sie hat schmale *Schultern*. 彼女は肩幅が狭い / die *Schultern*⁴ zucken (または hoch|ziehen) 肩をすくめる / 囚³ die kalte *Schulter* zeigen (口語) 囚³に冷淡な(よそよそしい)態度をとる.

◆[前置詞とともに] *Schulter* an *Schulter* a) 肩を寄せ合って, b) (比) 互いに協力して / 囚³ an den *Schultern* fassen 囚³の肩をつかむ / 囚³ auf die *Schulter* klopfen 囚³の肩をたたく / Er nahm das Kind auf die *Schulter*. 彼はその子供を肩車した / 匣⁴ auf seine *Schultern* nehmen (比) 匣⁴の責任を引き受ける / Er nimmt alles auf die leichte *Schulter*. (比) 彼はすべてを軽く考える / Wir stehen auf seinen *Schultern*. 私たちは彼の業績をふまえて(下敷きにして)仕事をしている / mit den *Schultern* zucken 肩をすくめる / Sie stand mit hängenden *Schultern* da. 彼女は肩を落として(がっかりして)立ちつくしていた / 囚⁴ über die *Schulter* an|sehen (比) 囚⁴を見下す.

② (衣服の)肩[の部分]. ③ (牛などの)肩肉.

Schul·ter=blatt [シュるタァ・ブらット] 田 -[e]s/..blätter (医)肩甲骨.

schul·ter=frei [シュるタァ・フライ] 形 肩の露出した; ストラップレスの(ドレスなど).

Schul·ter=klap·pe [シュるタァ・クらッペ] 囡 -/-n (ふつう 履)(軍)肩章.

schul·ter=lang [シュるタァ・らング] 形 肩まで届く(髪など).

schul·tern [シュるタァン ʃúltərn] 他 (h) ① (匣⁴を)肩にかつぐ. den Rucksack *schultern*

リュックサックを背負う. ② (レスリングで:)(相手⁴を)フォールする.

Schul=tü・te [シューる・テューテ] 囡 –/–n 小学校入学祝いの菓子筒(入学の日に親からもらう).

Schu・lung [シューるング] 囡 –/–en ① (特別な目的のための)教育, 特訓; トレーニング. ② 講習会, スクーリング. **an einer** *Schulung* **für** 匣⁴ **teil**|**nehmen** 匣⁴の講習会に参加する.

Schul=un・ter・richt [シューる・ウンタァリヒト] –[e]s/–e 《ふつう 匣》学校の授業.

Schul=weg [シューる・ヴェーク] 囲 –[e]s/–e 通学路.

Schul=weis・heit [シューる・ヴァイスハイト] 囡 –/–en 〈軽蔑的に:〉机上の知識, 頭だけの知識.

Schul=we・sen [シューる・ヴェーゼン] 囲 –s/ 学制, 学校制度.

Schulz [シュるツ] 《姓》シュルツ.

Schul=zeit [シューる・ツァイト] 囡 –/–en 《ふつう 匣》学校(学生)時代.

Schul=zeug・nis [シューる・ツォイクニス] 匣 ..nisses/..nisse (学校の)成績証明書, 通知表.

Schu・mann [シューマン] 《人名》シューマン (Robert Schumann 1810–1856; ドイツ・ロマン派の作曲家).

schum・meln [シュメるン ʃʊməln] **I** 圓 (h) 〖**bei** 匣³ ~〗(口語)(匣³(トランプなど)で)いんちきをする. **II** 囲 (h) (口語)(匣⁴をこっそり…へ)持ち込む, まぎれ込ませる.

schum・me・rig [シュメリヒ ʃʊməriç] 厖 (口語)薄暗い, 薄明るい.

schumm・rig [シュムりヒ ʃʊmriç] 厖 = schummerig

schund [シュント] schinden (酷使する)の過去

Schund [シュント] 囲 –[e]s/ ① 低俗な作品(文学・映画・美術など), エロ・グロ作品. *Schmutz* **und** *Schund* 低俗な文学[作品]. ② (口語)がらくた, 安物, 粗悪品.

schün・de [シュンデ] schinden (酷使する)の接2

Schund=li・te・ra・tur [シュント・リテラトゥーァ] 囡 –/ 俗悪(エロ・グロ)文学.

schun・keln [シュンケるン ʃʊŋkəln] 圓 (h, s) ① (h)(腕を組み合いリズムに合わせて)体を左右に揺する. ② (s)(…へ)体を揺すりながら腕を組んで歩く.

Schup・pe [シュッペ ʃʊpə] 囡 –/–n ① (魚など)のうろこ. **Es fiel mir wie** *Schuppen* **von den Augen.** 《比》私は目からうろこが落ちる思いがした(聖書, 使徒行伝 9, 18). ② (植)鱗片(りんぺん). ③ (うろこ状のもの:) (よろいの)小札(こざね). (頭の)ふけ (=**Kopf***schuppe*). **ein Haarwasser gegen** *Schuppen* ふけ止めのヘアトニック.

schup・pen [シュッペン ʃʊpən] **I** 囲 (h) (魚⁴の)うろこを落とす. **den Karpfen** *schuppen* 鯉のうろこを落とす. **II** 再帰 (h) *sich*⁴ *schuppen* (皮膚が)ぽろぽろむける; ふけが出る.

Schup・pen [シュッペン] 囲 –s/– ① 小屋, 納屋; (機関車などの)車庫; (口語)汚い(醜い)建物. ② (口語)(ロック音楽などが演奏されていて踊ることのできる)酒場, バー.

Schup・pen=flech・te [シュッペン・ふれヒテ] 囡 –/–n 《医》乾癬(かんせん).

schup・pig [シュピヒ ʃʊpiç] 厖 ① うろこのある; うろこ状の. **ein** *schuppiger* **Fisch** うろこの多い魚. ② うぶけのある.

Schur [シューァ ʃuːr] 囡 –/–en ① (羊の毛の)刈り取り; 剪毛(せんもう); 刈り取った羊毛. ② 《農》(芝生などの)刈り込み; (牧草などの)刈り入れ.

schü・ren [シューレン ʃyːrən] 囲 (h) ① (火かき棒で火⁴を)かきたてる, かき起こす. **das Feuer**⁴ **im Ofen** *schüren* 暖炉の火をかき起こす. ② 《比》(憎しみなど⁴を)あおる, かきたてる.

schür・fen [シュルふェン ʃʏrfən] **I** 圓 (h) ① 《坑》試掘する; 《比》掘り下げて考える. **nach Gold** *schürfen* 試掘して金の鉱脈を探す. ② (ドアなどが開閉のときに)ぎしぎし音をたてる. **II** 囲 (h) ① 《坑》(露天掘りで)採掘する. ② (体の一部⁴を)すりむく. *sich*³ **die Haut**⁴ *schürfen* 皮膚をすりむく. ◇《再帰的に》*sich*⁴ **am Knie blutig** *schürfen* ひざをすりむいて血が出る.

Schürf=wun・de [シュルふ・ヴンデ] 囡 –/–n すり傷, ひっかき傷.

Schür=ha・ken [シューァ・ハーケン] 囲 –s/– 火かき棒.

schu・ri・geln [シューリーゲるン ʃuːriːgəln] 囲 (h) (口語)(囚³に)意地悪(いやがらせ)をする.

Schur・ke [シュルケ ʃʊrkə] 囲 –/–n 破廉恥漢, 卑劣漢, ならず者. (女性形: Schurkin).

Schur・ken=streich [シュルケン・シュトライヒ] 囲 –[e]s/–e 卑劣な行為.

Schur=wol・le [シューァ・ヴォれ] 囡 –/–n 刈り取った羊毛.

Schurz [シュルツ ʃʊrts] 囲 –es/–e (作業用の短い)前掛け; 《方》エプロン; (熱帯地方の住民が着用する)腰布.

die **Schür・ze** [シュルツェ ʃʏrtsə] 囡 (単) –/(複) –n エプロン, 前掛け. 《英 *apron*》. [*sich*³] **eine** *Schürze*⁴ **um**|**binden** エプロンをつける / **eine** *Schürze*⁴ **ab**|**legen** エプロンをはずす / **eine** *Schürze* **voll Äpfel** エプロンいっぱいのりんご / **Er hängt noch der Mutter**³ **an der** *Schürze*. 《口語・比》彼はまだ乳離れしていない / **hinter jeder** *Schürze* **her**|**laufen** 《口語・比》女の尻(しり)を追い回す.

schür・zen [シュルツェン ʃʏrtsən] 囲 (h) ① (スカートなど⁴を)たくし上げる, からげる. **den Rock** *schürzen* スカートをからげる. ② (唇⁴を)突き出す. **die Lippen**⁴ *schürzen* (不満げに)口をとがらす. ③ 《雅》(ひもなど⁴に結び目を)作る; (結び目⁴を)作る. **den Faden zu einem Knoten** *schürzen* 糸に結び目を作る / **im Drama den Knoten** *schürzen* 《比》劇の筋に山場をつくる.

Schür・zen=band [シュルツェン・バント] 匣 –es/..bänder エプロンひも(前掛け)のひも.

Schür・zen=jä・ger [シュルツェン・イェーガァ] 囲 –s/– (口語)女の尻(しり)を追いまわす男.

der **Schuss** [シュス ʃús] 男 (単2) -es/(複) Schüsse [シュッセ] (3格のみ Schüssen) (英 *shot*) ① 射撃, 発射; 銃声, 砲声; 弾丸, 銃弾. ein scharfer (blinder) *Schuss* 実弾(空砲)射撃 / der *Schuss* aus einer Pistole ピストルからの発射 / ein *Schuss* ins Schwarze a) (標的への)命中, b) (比) 大当たり / einen *Schuss* ab|geben 発砲する / Der *Schuss* traf ihn in den Arm. 弾丸は彼の腕に当たった / Er sitzt weit [ab] (または weitab) vom *Schuss*. 《口語》 a) 彼は安全なところにいる, b) (比) 彼はまったくかやの外にいる / nicht zum *Schuss* kommen (口語) a) チャンスがつかめない, b) (比) 活躍のチャンスがない / Er ist keinen *Schuss* Pulver wert. 《口語》彼は何の値打ちもないやつだ. ② 〖圃〗(弾薬の)1発分. 5 *Schuss* Munition 5発分の弾薬. ③ 銃弾による傷. einen *Schuss* bekommen 銃創を負う. ④ 〘スポ〙(ボールの)シュート; (シュートした)ボール; 〖圃なし〗シュート力. ein kräftiger *Schuss* 強烈なシュート. ⑤ (坑) 発破[孔]. ⑥ すばやい動き, 疾走; 急速な成長. *Schuss*⁴ fahren (スキーで:) 直滑降で下る / einen *Schuss* tun (または machen) (口語) (子供が)急速に成長する / in *Schuss* kommen 《口語》a) スピードが出る, b) (勢いよく)始める. ⑦ 〖圃 -〗(飲食物などの)少量, 一つまみ. Tee mit einem *Schuss* Milch ミルクを少量入れた紅茶 / Er hat einen *Schuss* Leichtsinn im Blut. (比) 彼には生まれつき軽率なところがある. ⑧ (隠語) 麻薬(特にヘロインの)注射; 一回分の麻薬の量. ⑨ 〖成句的に〗in (まれに im) *Schuss* sein (口語) a) きちんと手入れされている, b) 体調がいい / in *Schuss* kommen (口語) a) きちんと手入れされる, b) 体調がよくなる / 物⁴ in *Schuss* bringen 《口語》物⁴をきちんと手入れ(整備)する.

schuss≈be·reit [シュス・ベライト] 形 ① 射撃準備のできた. ②《口語》撮影準備のできた.

Schüs·se [シュッセ] Schuss (射撃)の複

Schus·sel [シュッセる ʃúsəl] 男 -s/-《口語》そそっかしい人.

die **Schüs·sel** [シュッセる ʃýsəl] 女 (単) -/ (複) -n ① 深皿, [丸]鉢, ボウル. (英 *bowl*). Salatschüssel サラダボウル / eine *Schüssel* voll Obst 果物をいっぱい盛った深皿 / eine *Schüssel* aus Glas ガラスの深皿 / aus einer *Schüssel* essen 《口語·比》一致団結する(←同じ鉢のめしを食う) / vor leeren *Schüsseln* sitzen 《口語·比》すきっ腹をかかえている. (⇨ 類語 Teller). ② (深皿に入れた)料理. ③《俗》自動車(＝Auto).

Salat- | Suppen- | Schale
schüssel | schüssel |
Schüssel/Schale

schus·se·lig [シュッセリヒ ʃúsəlɪç] 形 《口語》そそっかしい, せっかちな.

Schuss≈fahrt [シュス・ふァールト] 女 -/-en (スキーの)直滑降.

Schuss≈feld [シュス・ふェるト] 中 -[e]s/-er 射界, 射程内.

schuss≈fest [シュス・ふェスト] 形 防弾の(チョッキなど).

Schuss≈li·nie [シュス・リーニエ] 女 -/-n (銃器と標的を結ぶ)射線. in die *Schusslinie* geraten a) 射線に入る, b) (比) 激しい非難の矢を浴びる.

schuss·lig [シュスリヒ ʃúslɪç] 形 ＝schusselig

Schuss≈rich·tung [シュス・リヒトゥング] 女 -/-en 射撃方向.

Schuss≈waf·fe [シュス・ヴァッふェ] 女 -/-n 銃器, 銃砲.

Schuss≈wei·te [シュス・ヴァイテ] 女 -/ 射程[距離]. in *Schussweite* sein 射程内にある.

Schuss≈wun·de [シュス・ヴンデ] 女 -/-n 銃創, 弾傷(だんしょう).

der **Schus·ter** [シュースタァ ʃúːstər] 男 (単2) -s/(複) - (3格のみ -n) ① 靴屋, 靴職人(＝Schuhmacher). (英 *shoemaker*). die Schuhe⁴ zum *Schuster* bringen 靴を靴屋に持って行く / *Schuster*, bleib bei deinen Leisten. (諺) もちはもち屋, 余計なことはするな(←靴屋さん, 自分の靴型のところについておれ) / auf *Schusters* Rappen (戯) 徒歩で, 歩いて(←靴屋の黒馬(靴のことに乗って). ② (俗) 不器用者, へたくそ.

Schus·te·rin [シュースてリン ʃúːstərɪn] 女 -/..rinnen (女性の)靴屋, 靴職人.

schus·tern [シュースタァン ʃúːstərn] 自 (h)《口語》① ぞんざいな仕事をする. ②《古》靴職人として働く.

Schu·te [シューテ ʃúːtə] 女 -/-n ①《海》はしけ, 平底船. ② ボンネット型婦人帽.

der **Schutt** [シュット ʃút] 男 (単2) -[e]s/ ① がれき, (建築工事などの)廃棄物, ごみ. (英 *rubbish*). *Schutt* abladen verboten! (立て札などで:) ごみ捨て禁止 / eine Stadt⁴ in *Schutt* und Asche legen 町をがれきの山にしてしまう. ② 《方》がれき(ごみ)集積場.

Schutt≈[ab·la·de·]platz [シュット・[アップらーデ]プらッツ] 男 -es/..plätze ごみ捨て場.

Schüt·te [シュッテ ʃýtə] 女 -/-n ① (食器棚の)小引き出し. ② (石炭などの積み落とし用)シュート. ③《方》(わらなどの)束; 敷きわら. ④ (スイ) 屋根裏の物置.

Schüt·tel≈frost [シュッテる・ふロスト] 男 -[e]s/..fröste (医) 悪寒戦慄(せんりつ), 寒け.

schüt·teln [シュッテるン ʃýtəln] ich schüttle (schüttelte, *hat* ... geschüttelt) I 他 (完了 haben) ① 振る, 揺さぶる, 揺り動かす. (英 *shake*). die Flasche⁴ vor dem Gebrauch *schütteln* 使用前にびんを振る / den Kopf *schütteln* 頭を横に振る(否定·疑い·驚きなどの身ぶり) ⇨ Er *schüttelte* ratlos den Kopf. 彼は

途方に暮れて頭を横に振った / 囚³ die Hand⁴ *schütteln* (手を激しく振って) 囚³と握手する / 囚⁴ **aus** dem Schlaf *schütteln* 囚⁴を揺り起こす / A⁴ **von** (または **aus**) B³ *schütteln* A⁴をB³から揺さぶって落とす, 振り落とす ⇒ Er *hat* die Äpfel vom Baum *geschüttelt*. 彼は木を揺すってりんごを落とした.

② (高熱・寒さなどが囚⁴を)身震いさせる. Die Kälte *schüttelte* mich. 私は寒さに震えた. ◊《非人称の **es** を主語として》 Es *schüttelte* mich **vor** Angst. 私はこわくて身震いした.

II 再帰 (完了 haben) *sich*⁴ *schütteln* 身震いする; (犬などが)体を振り動かす. Er *schüttelte sich* **vor** Lachen. 彼は体を揺すって笑った / *sich*⁴ **vor** m³ *schütteln* (身震いするほど)m³に嫌悪を感じる.

III 自 (完了 haben) 揺れる; 身震いする. **mit** dem Kopf *schütteln* 頭を横に振る.

Schüt·tel⸗reim [シュッテル・ライム] 男 -[e]s/-e 《詩学》(頭韻を互いに交換する)交換韻, 頭音交換 (例: Rinder kaufen/Kinder raufen).

schüt·tel·te [シュッテルテ] schütteln (振る)の 過去.

schüt·ten [シュッテン ʃʏtən] du schüttest, er schüttet (schüttete, *hat ... geschüttet*) I 他 (完了 haben) 《方向を表す語句とともに》(液体などを…へ/…から)つぐ, 流し込む, ざーっと空ける; (うっかり)こぼす. (英 pour). Er *schüttete* uns Wein in die Gläser. 彼は私たちのグラスにワインをついでくれた / den Zucker in die Dose *schütten* 砂糖を缶の中に入れる / Sie hat Saft **auf** die Tischdecke *geschüttet*. 彼女はテーブルクロスにジュースをこぼした.

II 自 (完了 haben) (作物が)豊作である. In diesem Jahr *schüttet* das Korn. 今年は穀物の出来がよい.

III 非人称 (完了 haben) 《口語》 Es *schüttet*. 土砂降りだ.

schüt·ter [シュッタァ ʃʏtər] 形 ① (木立などが)まばらな; (髪などが)薄い. ② 《雅》乏しい, わずかの; (声などが)弱々しい.

schüt·tern [シュッタァン ʃʏtərn] 自 (h) 揺れる; (手足などが)震える. (⇨ 類語 schwanken).

schüt·te·te [シュッテテ] schütten (つぐ)の 過去.

Schütt⸗gut [シュット・グート] 中 -[e]s/..güter ばら積みの貨物, ばら荷.

Schutt⸗hal·de [シュット・ハルデ] 女 -/-n ① がれきの山, ごみの山. ② 《地学》崖錐(ずい).

Schutt⸗hau·fen [シュット・ハオフェン] 男 -s/- がれき(ごみ)の山.

schütt·le [シュットれ] schütteln (振る)の1人称単数 現在.

der **Schutz** [シュッツ ʃʊts] 男 (単2) -es/(複) -e (3格のみ -en) 《ふつう 単》(英 *protection*) ① 【園 なし】保護, 庇護(ひご); 防御, 予防. Natur*schutz* 自然保護 / Umwelt*schutz* 環境保護 / 囚³ *Schutz*⁴ bieten 囚を保護(庇護)する / bei 囚³ *Schutz*⁴ suchen 囚³に保護

を求める / Abhärtung ist ein guter *Schutz* **gegen** Erkältung. 体を鍛えることは風邪に対する良い予防策だ / 囚⁴ **in** *Schutz* nehmen 囚⁴を弁護する / im (または **unter** dem) *Schutz* der Dunkelheit² 暗闇(くらやみ)にまぎれて / unter dem *Schutz* des Gesetzes 法の保護のもとに / ein Pelz **zum** *Schutz* gegen Kälte 防寒用の毛皮 / ein wirksames Mittel zum *Schutz* gegen (または vor) Ansteckung 伝染病に対する効果的な予防策(剤).

② (工) 防御(安全・遮蔽(しゃへい))装置.

Schutz⸗an·strich [シュッツ・アンシュトリヒ] 男 -[e]s/-e 上塗り, 保護塗装.

Schutz⸗an·zug [シュッツ・アンツーク] 男 -[e]s/..züge 防護服.

Schutz⸗blech [シュッツ・ブれヒ] 中 -[e]s/-e (自転車などの)泥よけ.

Schutz⸗brief [シュッツ・ブリーふ] 男 -[e]s/-e ① (自動車協会・保険会社発行の)[会員]保険証. ② 《史》(君主などが与える)保護状; (戦時に安全を保証する)通行券.

Schutz⸗bril·le [シュッツ・ブリれ] 女 -/-n 保護眼鏡(ゴーグルなど).

Schutz⸗dach [シュッツ・ダッハ] 中 -[e]s/..dächer ひさし, 日よけ(雨よけ)の屋根.

Schüt·ze [シュッツェ] 男 -n/-n ① 射手, 射撃者; 射撃クラブ会員; 《ホムҲ》(サッカーなどの)ポイントゲッター. (女性形: Schützin). ② 《軍》(旧ドイツ陸軍の)二等兵. ③ 《園 なし》射手(いて)座; 人馬宮. ④ 射手座生まれの人.

‡**schüt·zen** [シュッツェン ʃʏtsən]

守る

Wir müssen den Wald *schützen*.
ヴィァ ミュッセン デン ヴァるト シュッツェン
私たちは森を守らなくてはならない.

---

du schützt (schützte, *hat ... geschützt*) 他 (完了 haben) ① **守る**, [法的に]保護する. (英 *protect*). Das Gesetz *schützt* die Bürger. 法律が市民を守る / 囚⁴ **vor** aller Gefahr (または **gegen** alle Gefahr) *schützen* 囚⁴をあらゆる危険から守る / eine Erfindung⁴ **durch** ein Patent *schützen* ある発明を特許によって保護する. ◊《再帰的に》 *sich*⁴ **vor** der Kälte (または gegen die Kälte) *schützen* 寒さを防ぐ. ◊《目的語なしでも》 Diese Medizin *schützt* **vor** Erkältung. この薬は風邪を予防する. ◊《現在分詞の形で》 ein *schützendes* Dach 雨露をしのぐ屋根.

② (動植物⁴を)保護する. Tiere⁴ *schützen* 動物を保護する.

◊⇨ **geschützt**

◊ 類語 **schützen**:「(危険・脅威から)守る, 保護する」の意味で最も一般的な語. **beschützen**: (弱いもの・保護を要する者を危険から)守ってやる. **verteidigen**: (生命・財産などに対する攻撃に積極的に立ち向かうことによって)守る. **behüten**: (愛情を込めて注意深く見張って)守る. Der Hund *behütet* die

Kinder. 犬がその子たちを見張っている. **bewahren:**(人をよくないことから)守る. Gott *bewahre* dich. 神のご加護がありますように.

Schüt·zen·fest [シュッツェン・フェスト] 中 -[e]s/-e ① 射撃祭(射撃大会がメインのお祭り). ② (比喩・隠喩)(球技で:)一方的な試合(←シュートのお祭り).

Schutz·en·gel [シュッツ・エンゲる] 男 -s/- (カトリック)守護天使;(比)救いの神.

Schüt·zen·gra·ben [シュッツェン・グラーベン] 男 -s/..gräben (軍)塹壕(ざんごう).

Schüt·zen·hil·fe [シュッツェン・ヒるフェ] 女 -/-n 《口語》支援, サポート, 援護射撃.

Schüt·zen·kö·nig [シュッツェン・ケーニヒ] 男 -s/-e ① 射撃大会の優勝者. (女性形: -in). ② (サッカーなどの)得点王.

Schutz·far·be [シュッツ・ファルベ] 女 -/-n (軍)迷彩色;(工)保護塗料.

Schutz·fär·bung [シュッツ・フェルブング] 女 -/-en (動)保護色.

Schutz·ge·biet [シュッツ・ゲビート] 中 -[e]s/-e ① 自然保護区 (=Natur*schutzgebiet*). ② (史)保護領.

Schutz·ge·bühr [シュッツ・ゲビューァ] 女 -/-en ① 保証料(金)(本当に興味を持っている人にしか取らないように, パンフレットなどにつけられる料金). ② (婉曲)(暴力団などがバーなどに強制する)みかじめ料, 所場代.

Schutz·haft [シュッツ・ハフト] 女 -/(法)(婉曲)(政治的)保護検束.

Schutz·hei·li·ge[r] [シュッツ・ハイリゲ(..ガァ)] 男 女 《語尾変化は形容詞と同じ》(カトリック)守護聖人.

Schutz·helm [シュッツ・へるム] 男 -[e]s/-e (安全用の)ヘルメット.

Schutz·herr·schaft [シュッツ・へルシャフト] 女 -/ (保護領などに対する)保護(委任)統治権, 宗主権.

Schutz·hül·le [シュッツ・ヒュれ] 女 -/-n (保護)カバー, 覆い.

Schutz·hüt·te [シュッツ・ヒュッテ] 女 -/-n (山の)避難小屋.

Schutz·imp·fung [シュッツ・インプフング] 女 -/-en (医)予防接種. eine *Schutzimpfung*[4] erhalten 予防接種を受ける.

Schütz·ling [シュッツリング] 男 -s/-e 被保護者.

schutz·los [シュッツ・ろース] 形 無防備の.

Schutz·mann [シュッツ・マン] 男 -[e]s/..männer (または ..leute)《口語》警官, お巡りさん.

Schutz·mar·ke [シュッツ・マルケ] 女 -/-n 商標, トレードマーク (=Warenzeichen).

Schutz·mas·ke [シュッツ・マスケ] 女 -/-n 防毒[ガス]マスク, 保護マスク.

Schutz·maß·nah·me [シュッツ・マースナーメ] 女 -/-n 保護(保安)措置, 予防対策.

Schutz·mit·tel [シュッツ・ミッテる] 中 -s/- 防御(予防)手段; 予防薬.

Schutz·pa·tron [シュッツ・パトろーン] 男 -s/-e (カトリック)守護聖人. (女性形: -in).

Schutz·po·li·zei [シュッツ・ポリツァイ] 女 -/ 保安警察(略: Schupo).

Schutz·raum [シュッツ・ラオム] 男 -[e]s/..räume 防空壕(ごう), シェルター.

schütz·te [シュッツテ] ‡schützen(守る)の過去

Schutz·um·schlag [シュッツ・ウムシュらーク] 男 -[e]s/..schläge (本などの)カバー.

Schutz·zoll [シュッツ・ツォる] 男 -[e]s/..zölle 《政・経》保護関税.

Schw. [シュヴェスタァ] (略) (女性の)看護師 (=Schwester).

schwab·be·lig [シュヴァッベりヒ ʃvábəlıç] 形 《口語》ぶよぶよした, (ゼリーのように)ぷるんぷるんした; (腹などが)だぶだぶした.

schwab·beln [シュヴァッベるン ʃvábəln] 自 (h)《口語》(プリンなどが)ぷるんぷるん揺れる; (腹などが)だぶだぶ揺れる.

schwabb·lig [シュヴァプりヒ ʃváblıç] 形 = schwabbelig

Schwa·be [シュヴァーベ ʃváːbə] 男 -n/-n シュヴァーベンの人. (女性形: Schwäbin).

schwä·beln [シュヴェーべるン ʃvéːbəln] 自 (h) シュヴァーベン方言(訛(なま)り)で話す.

Schwa·ben [シュヴァーベン ʃváːbən] 中 -s/ 《地名》シュヴァーベン(ドイツ南西部).

Schwa·ben·streich [シュヴァーベン・シュトライヒ] 男 -[e]s/-e (戯) ばかげたまね(グリム童話の『7人のシュヴァーベン人』から).

schwä·bisch [シュヴェービッシュ ʃvéːbıʃ] 形 シュヴァーベン人・方言]の. die *Schwäbische Alb* シュヴァーベン高地 (ドイツ南西部; ☞ 地図 D~E-4)

schwach [シュヴァッハ ʃvax]

弱い

Der Patient ist noch *schwach*.
デァ パツィエント イスト ノッホ シュヴァッハ
その患者はまだ弱々しい.

形 (比較 schwächer, 最上 schwächst) (英 weak) ① (体などが)弱い, 力のない; (意志などが)弱い. (☞「強い」は stark). *schwache* Augen 視力の弱い目 / mit *schwacher* Stimme 弱々しい声で / Er ist schon alt und *schwach*. 彼は老いて体も弱っている / Mir wird *schwach*.《口語》私はめまいがしてくる / ein *schwacher* Charakter (すぐにくらつく)弱い性格 / *schwach* werden (または *schwach*|werden) 弱気になる, 誘惑などに負けそうになる. ② (強度が)弱い. ein *schwaches* Brett 薄い板 / Das Eis ist noch zu *schwach* zum Schlittschuhlaufen. 氷はスケートをするにはまだ薄すぎる.

③ 数の少ない. *schwach* bevölkerte (または *schwach*bevölkerte) Gebiete 人口の少ない地域 / eine *schwache* Beteiligung 数少ない参加者 / Die Ausstellung war nur *schwach* besucht. 《状態受動・過去》展覧会は入場者がとても少なかった. ④ (程度が)弱い, かすかな. ein *schwaches* Gedächtnis 弱い記憶力 / ein *schwacher* Beifall まばらな拍手 / eine *schwache* Hoffnung かすかな希望. ⑤ (機器などの性能が低い;効率の悪い. ein *schwaches* Fernglas 倍率の低い望遠鏡 / ein *schwacher* Motor 馬力の小さなエンジン. ⑥ (能力が低い, (学力などの)劣った;内容が乏しい. Rechnen ist meine *schwache* Seite. 《口語》私は計算は苦手です / Schokoladen sind meine *schwache* Seite. 《口語・比》私はチョコレートに目がない(←抵抗力が弱い) / Der Schüler ist besonders **in** Mathematik recht *schwach*. その生徒は特に数学がかなり弱い / ein *schwaches* Argument 説得力の弱い論拠. ⑦ (濃度の)薄い, 水っぽい. Der Kaffee ist *schwach*. このコーヒーは薄い. ⑧ 《言》弱変化の. ein *schwaches* Verb 弱変化動詞 / die *schwache* Deklination (名詞・形容詞の)弱変化.

▶ schwach|machen

..**schwach** [シュヴァッハ ..ʃvax] 《形容詞をつくる 接尾》(…が弱い・少ない) 例: charakter*schwach* 性格の弱い / geburten*schwach* 出生率が低い.

die **Schwä·che** [シュヴェッヒェ ʃvéçə] 囡 (単) -/(複) -n 《英 weakness》① 《ふつう 単》(肉体的な)弱さ, 虚弱, 衰え. (反「強さ」は Stärke). die *Schwäche* der Augen² 視力の低下. ② 弱点;(性格上の)欠点, 短所;(能力上の)弱点. Chemie ist meine *Schwäche*. 化学はぼくの弱いところだ / Jeder Mensch hat seine *Schwächen*. だれにでも欠点はあるものだ. ③ 《冠なし》偏愛;好きでたまらないもの. Sie hat eine *Schwäche* **für** schöne Kleider. 彼女はすてきな洋服には目がない.

Schwä·che⸗an·fall [シュヴェッヒェ・アンファる] 男 -[e]s/..fälle 急激な[肉体的]衰弱.

schwä·chen [シュヴェッヒェン ʃvéçən] 他 (h) ① (人・物⁴を)衰弱させる, 弱める. Das Fieber *schwächte* seinen Körper. 熱のため彼は体が弱った. ② (影響力など⁴を)弱める, 低下させる.

schwä·cher [シュヴェッヒャァ] ※schwach (弱い)の 比較.

Schwä·che⸗zu·stand [シュヴェッヒェ・ツーシュタント] 男 -[e]s/..stände 衰弱状態.

Schwach·heit [シュヴァッハハイト] 囡 -/-en ① 《冠なし》弱さ, 虚弱, 低下. die *Schwachheit* seines Körpers 彼の体力の衰え. ② 《集》(性格上の)欠点. 《口語》keine *Schwachheiten* ein! そう甘く考えるな.

Schwach⸗kopf [シュヴァッハ・コプふ] 男 -[e]s/..köpfe ばか, 低能.

schwäch·lich [シュヴェヒリヒ] 形 病弱な, ひ弱な. ein *schwächliches* Kind 病弱な子供.

Schwäch·ling [シュヴェヒリング ʃvéçlɪŋ] 男 -s/-e 病弱者;《比》弱虫, 意気地なし.

schwach|ma·chen [シュヴァッハ・マッヘン ʃváx-màxən] 他 (h) 《口語》参らせる, いらいらさせる. Mach mich nicht *schwach*! 《比》まさか, そんなわけはないだろう.

Schwach⸗punkt [シュヴァッハ・プンクト] 男 -[e]s/-e 弱点, ウイークポイント.

schwach⸗sich·tig [シュヴァッハ・ズィヒティヒ] 形 《医》弱視の.

Schwach⸗sinn [シュヴァッハ・ズィン] 男 -[e]s/ ① 《医》精神薄弱. ② 《口語》ばかげたこと, ナンセンス.

schwach⸗sin·nig [シュヴァッハ・ズィニヒ] 形 ① 《古》《医》知的障害の. ② 《口語》ばかげた, くだらない.

schwächst [シュヴェヒスト] ※schwach (弱い)の 最上.

Schwach⸗strom [シュヴァッハ・シュトローム] 男 -[e]s/..ströme 《電》弱電[流].

Schwä·chung [シュヴェッヒュング] 囡 -/ 弱めること;衰弱;(影響力などの)低下.

Schwa·de [シュヴァーデ ʃváːdə] 囡 -/-n 刈り取って並べた牧草(穀物)の列.

Schwa·den¹ [シュヴァーデン ʃváːdən] 男 -s/- =Schwade

Schwa·den² [シュヴァーデン] 男 -s/- ① 《ふつう 複》(もうもうと立ち込める)蒸気, 霧, もや, 煙. Rauch*schwaden* たばこのもうもうとした煙. ② (坑)坑内ガス, 跡ガス.

Schwa·dron [シュヴァドローン ʃvadróːn] 囡 -/-en 《軍》(昔の:)騎兵中隊.

schwa·dro·nie·ren [シュヴァドロニーレン ʃvadroníːrən] 自 (h) ぺらぺらしゃべる(まくしたてる).

schwa·feln [シュヴァーふェるン ʃváːfəln] 自 (h) 《口語》わかったような口をきく, たわごとを言う.

Schwa·ger [シュヴァーガァ ʃváːɡɐr] 男 -s/ Schwäger ① 義兄, 義弟. ② (昔の:)郵便馬車の御者.

Schwä·ge·rin [シュヴェーゲリン ʃvɛ́ːɡərɪn] 囡 -/..rinnen 義姉, 義妹.

die **Schwal·be** [シュヴァるべ ʃválbə] 囡 (単) -/(複) -n 《鳥》ツバメ. (英 swallow). Eine *Schwalbe* macht noch keinen Sommer. 《諺》早合点は禁物(←つばめが1羽来たからといってまだ夏になったわけではない).

Schwal·ben⸗nest [シュヴァるベン・ネスト] 中 -[e]s/-er つばめの巣.

Schwal·ben⸗schwanz [シュヴァるベン・シュヴァンツ] 男 -es/..schwänze ① つばめの尾. ② 《戯》燕尾(えんび)服(のそで). ③ 《昆》キアゲハ.

Schwall [シュヴァる ʃval] 男 -[e]s/ 《ふつう 単》(どっと押し寄せてくる)大波, 洪水. ein *Schwall* von Worten 《比》とうとうたる弁舌.

schwamm [シュヴァム] ※schwimmen (泳ぐ)の 過去.

der **Schwamm** [シュヴァム ʃvam] 男 (単2) -[e]s/(複) Schwämme [シュヴェンメ] (3格のみ Schwämmen) ① スポンジ, 海綿.

(英 sponge). 物⁴ mit dem *Schwamm* ab|waschen 物⁴(汚れなど)をスポンジで洗い落とす / *Schwamm* drüber!《口語》その話はもう忘れよう. ② 《動》海綿動物. ③ 《南ドナ・キラス》きのこ.

Schwäm·me [シュヴェンメ] ‡schwimmen (泳ぐ)の接2

Schwäm·me [シュヴェンメ] Schwamm (スポンジ)の複

Schwäm·merl [シュヴェンマァる ʃvámərl] 中 -s/-[n] 《南ドナ・キラス》きのこ.

schwam·mig [シュヴァミヒ ʃvámıç] 形 ① 海綿状の、スポンジのような; ふわふわした、ぶよぶよの. ein *schwammiges* Gesicht はれぼったい顔. ② はっきりしない、漠然とした. eine *schwammige* Ausdrucksweise あいまいな言い方. ③ 腐朽してきのこが生えた(家屋など).

der **Schwan** [シュヴァーン ʃvá:n] 男 (単2) -[e]s/(複) Schwäne [シュヴェーネ] (3格のみ Schwänen) ① 《鳥》ハクチョウ(白鳥). (英 swan). Die *Schwäne* schwimmen auf dem Teich. 白鳥が池で泳いでいる / Mein lieber *Schwan*!《俗》a) (驚きを表して:)おやおや, b) (相手をたしなめて:)これこれ. ② 《複なし; 定冠詞とともに》《天》白鳥座.

schwand [シュヴァント] schwinden (減る)の 過去

schwän·de [シュヴェンデ] schwinden (減る)の 接2

Schwä·ne [シュヴェーネ] Schwan (白鳥)の複

schwa·nen [シュヴァーネン ʃváːnən] 自 (h)《口語》(人³にいやなことが)予感される. Mir *schwant* nichts Gutes. 私は何かいやな予感がする(胸騒ぎがする).

Schwa·nen·ge·sang [シュヴァーネン・ゲザング] 男 -[e]s/..sänge 《雅》白鳥の歌, (詩人などの)最後の作品, 辞世の歌(白鳥は死ぬ間際に美しい歌を歌うという言い伝えから).

schwang [シュヴァング] schwingen (揺れる)の 過去

Schwang [シュヴァング ʃváŋ] 男《成句的に》 im *Schwang[e]* sein 流行している / in *Schwang* kommen 流行する, はやり出す.

schwän·ge [シュヴェンゲ] schwingen (揺れる)の 接2

schwan·ger [シュヴァンガァ ʃváŋər] 形 妊娠している, 妊娠中の. (英 pregnant). eine *schwangere* Frau 妊婦 / Sie ist im vierten Monat *schwanger*. 彼女は妊娠4か月である / mit einem Plan *schwanger* gehen (または *schwanger*|gehen)《口語・戯》計画をいだいている.

Schwan·ge·re [シュヴァンゲレ ʃváŋərə] 女《語尾変化は形容詞と同じ》妊婦.

schwän·gern [シュヴェンガァン ʃvéŋərn] 他 (h) ① (特に妻以外の女性⁴を)妊娠させる, はらませる. ② 《A⁴ mit B³ ~》《比》(A⁴(空気など)を B³(煙・香りなど)で)充満させる.

Schwan·ger·schaft [シュヴァンガァシャフト] 女 -/-en 妊娠. eine *Schwangerschaft* im dritten Monat 妊娠3か月 / die *Schwangerschaft*⁴ ab|brechen (または unterbrechen) 妊娠中絶をする.

Schwan·ger·schafts·ab·bruch [シュヴァンガァシャフツ・アップブルフ] 男 -[e]s/..brüche 妊娠中絶.

Schwan·ger·schafts·test [シュヴァンガァシャフツ・テスト] 男 -[e]s/-s (または -e) 妊娠テスト(検査).

Schwan·ger·schafts·un·ter·bre·chung [シュヴァンガァシャフツ・ウンタァブレッヒュング] 女 -/-en 妊娠中絶.

Schwan·ger·schafts·ver·hü·tung [シュヴァンガァシャフツ・フェアヒュートゥング] 女 -/ 避妊[法].

Schwank [シュヴァンク ʃváŋk] 男 -[e]s/ Schwänke ①《文学》笑劇, 笑話. ② いたずら[話].

schwan·ken [シュヴァンケン ʃváŋkən] (schwankte, *hat/ist...* geschwankt) 自《完了》haben または sein) ① (h) 揺れる; よろめく.《英 sway). Die Zweige *schwanken* im Wind. 木の枝が風に揺れている.

② (s)《方向を表す語句とともに》(…へ/…から)よろよろ歩く. Der Betrunkene *schwankte* **über** die Straße. 酔っ払いは通りをよろよろと渡って行った. ③ (h) (価格・温度などが)変動する, 定まらない. Die Temperaturen *schwanken*. 気温が一定しない. ④ (h) (決心がつかずに)迷う, ためらう. Er *schwankt* noch, ob... 彼は…かどうかまだ決心がつかない.

◇☞ **schwankend**
|類語| schwanken: (背丈の高いものが)揺れ動く.
taumeln: (酔ったように)ふらふらする. Der Verwundete *taumelte* vor Schwäche. 負傷者は弱っていたのでよろめいた. schaukeln: (ぶらんこが揺れるように)上下, 左右に揺れ動く. Das Boot *schaukelt* auf den Wellen. ボートは波間に揺れ動いている. schüttern: (乗り物・家などが)がたがた揺れる, 震動する. Der Wagen *schüttert*. 車ががたがた揺れる.

Schwan·ken [シュヴァンケン] 中《成句的に》 ins *Schwanken* geraten (または kommen) (決心・信念などが)くらつく.

schwan·kend [シュヴァンケント] I schwanken (揺れる)の 現分 II 形 ① 揺れている, ふらつく. mit *schwankenden* Schritten よろめく足取りで. ② 不安定な(健康状態など). ③ 優柔不断な(性格など).

schwank·te [シュヴァンクテ] schwanken (揺れる)の 過去

Schwan·kung [シュヴァンクング] 女 -/-en (数値などの)揺れ, 変動. Temperatur*schwankung* 気温の変動.

der **Schwanz** [シュヴァンツ ʃvánts] 男 (単2) -es/(複) Schwänze [シュヴェンツェ] (3格のみ Schwänzen) ① (動物の)尾, しっぽ;《比》(凧(たこ)・彗星(すいせい)などの)尾.《英 tail). ein langer (buschiger) *Schwanz* 長い(ふさふさした)尾 / der *Schwanz* eines Vogels 鳥の尾 / Der Hund wedelt mit dem *Schwanz*. 犬が

しっぽを振る / den *Schwanz* ein|ziehen a) しっぽを巻く, b)《俗》(すごさと)引きさがる / den *Schwanz* hängen lassen《俗》意気消沈する /人³ *auf* den *Schwanz* treten《俗》人³を侮辱する / kein *Schwanz*《俗》だれも…ない. ② (列の)しんがり, (飛行機の)尾部. ③《俗》ペニス.

Schwän・ze [シュヴェンツェ] *Schwanz* (尾)の複

schwän・zeln [シュヴェンツェルン ʃvéntsəln] 自 (h, s) ① (h) (大なども)しっぽを振る;《口語》気取った歩き方をする. ② (s) (…へ)しっぽを振って走る(走り回る); (…へ)気取った足どりで歩いて行く. ③ (h, s) {**um** 人⁴ (または **vor** 人³) ～}《口語》(人⁴または人³)にこびる.

schwän・zen [シュヴェンツェン ʃvéntsən] 他 (h)・自 (h)《口語》(学校・授業など)をずる休みする, サボる. Er *hat* gestern [die Schule] *ge-schwänzt*. 彼はきのう[学校]をサボった.

Schwanzˢfe・der [シュヴァンツ・フェーダァ] 女 -/-n (鳥の)尾羽(尾羽).

Schwanzˢflos・se [シュヴァンツ・フロッセ] 女 /-n ① (魚の)尾びれ. ②《空》(飛行機の)尾翼.

schwap・pen [シュヴァッペン ʃvápən] I 自 (h, s) ① (液体が)ぴちゃぴちゃ揺れる. ② (s) (…へ/…から)ぴちゃっとこぼれる. II 他 (h) (液体⁴を)…へぴちゃっとこぼす. Wasser⁴ *auf* den Boden *schwappen* 水を床にぴちゃっとこぼす.

schwä・ren [シュヴェーレン ʃvɛ́ːrən] 自 (h)《雅》(傷などが)化膿(かのう)する.

der **Schwarm** [シュヴァルム ʃvárm] 男 (単2) -[e]s/(複) Schwärme [シュヴェルメ] (3格が Schwärmen) ① (昆虫・魚などの)群れ, (人の)一団.《英》swarm, crowd). Bienen-*schwarm* 蜜蜂(みつばち)の群れ / ein *Schwarm* von Kindern 子供の一団. ②《ふつう単》《口語》あこがれの的, 夢中になっているもの. Der Sänger ist ihr *Schwarm*. その歌手は彼らのアイドルだ.

Schwär・me [シュヴェルメ] *Schwarm* (群れ)の複

schwär・men [シュヴェルメン ʃvɛ́rmən] (schwärmte, *hat/ist* …geschwärmt) 自 (完了 haben または sein) ① (h) 群がる, 群れをなす.《英》swarm). Die Bienen *schwärmen*. 蜜蜂(みつばち)が群がっている.
② (s) (方向を表す語句とともに)(…へ)群がって移動する. Die Mücken *schwärmten um* die Lampe. 蚊が電灯の周りに群がって来た. ③ (h) {**für** 人・事⁴ ～}《人・事⁴に》夢中になる, 熱狂する. Er *schwärmt für* eine Schauspielerin. 彼はある女優に夢中になっている. ④ (h) {**von** 事³ ～}(事³について)夢中でしゃべる. von der Reise *schwärmen* 夢中になって旅行の話をする.

Schwär・men [シュヴェルメン] 中《成句的に》ins *Schwärmen* geraten おしゃべりに夢中になる.

Schwär・mer [シュヴェルマァ ʃvɛ́rmər] 男 -s/- ① 夢想家; 熱中(熱狂)者, ファン; 狂信者. (女性形: -in). ② ねずみ花火, 爆竹. ③《昆》スズメガ.

Schwär・me・rei [シュヴェルメライ ʃvɛrmə-ráɪ] 女 -/-en 夢中, 熱中, 熱狂.

schwär・me・risch [シュヴェルメリッシュ ʃvɛ́rməriʃ] 形 熱狂的な, 夢中の; 狂信的な. ein *schwärmerischer* Freund 熱狂的なファン.

schwärm・te [シュヴェルムテ] schwärmen (群がる)の過去

Schwar・te [シュヴァルテ ʃvártə] 女 -/-n ① (豚・いのししなどの)厚い外皮; (ベーコンなどの)厚皮. ②《俗》(人の)皮膚. Er arbeitet, dass *es* ihm *bis* die *Schwar-te kracht*. 彼は猛烈に働く(←皮膚がはじける程). ③《口語》分厚くて古い本(元の意味は「豚皮装丁の本」).

Schwar・ten・ma・gen [シュヴァルテン・マーゲン] 男 -s/..mägen (または -)《料理》シュヴァルテンマーゲン(豚の胃に詰め物をしたソーセージ).

‡**schwarz** [シュヴァルツ ʃvárts]

> 黒い Sie hat *schwarzes* Haar.
> ズィー ハット シュヴァルツェス ハール
> 彼女は黒い髪をしている.

形 (比較 schwärzer, 最上 schwärzest)《英》black) ① 黒い, 黒色の.《対》「白い」は weiß). eine *schwarze* Katze 黒猫 / ein *Schwarzes* (または im *Schwarze*) Brett (大学などの)掲示板 / das *Schwarze* Meer 黒海 / *schwarz* **auf** weiß《口語》(念のため)文書で, はっきり(←白の上に黒で) / **aus** *Schwarz* Weiß⁴ machen [wollen]《比》白を黒と言いくるめ[ようとす]る / Die Straße war *schwarz* von Menschen.《比》通りは黒山の人だかりだった.

② 黒っぽい, 黒みがかった; 黒人の. *schwarzer* Pfeffer 黒こしょう / *schwarzer* Tee 紅茶 / den Kaffee *schwarz* trinken コーヒーをブラックで飲む / die *schwarze* Rasse《古》黒人種.

③《口語》汚れて黒い, 汚い. *schwarze* Hände 汚れた手 / Der Kragen ist ganz *schwarz*. 襟がひどく汚れている.

④ 暗い, 陰うつな, 不吉な; 邪悪な. alles⁴ *schwarz* in *Schwarz* sehen 物事をなんでも悲観的に考える / Er hat eine *schwarze* Seele. 彼は邪悪な心の持ち主だ / die *schwarze* Ma-gie 黒魔術. ⑤《口語》非合法の, 不正な, 闇(やみ)[取引]の. *Schwarzer* Markt 闇市 / die *schwarze* Liste ブラックリスト / 物⁴ *schwarz* kaufen 物⁴を闇で買う. ⑥《口語》(政・隠語)カトリックの(対 僧衣の色から), カトリック政党に属した; 保守的な.

Schwarz [シュヴァルツ] 中 -[es]/- ① 黒, 黒色; 黒い服, 喪服. das *Schwarz* ihres Haares 彼女の髪の黒さ(黒髪) / **aus** *Schwarz* Weiß⁴ machen [wollen]《比》黒を白と言いくるめ[ようとす]る / **in** *Schwarz* a) 黒い服を着て, b) 喪服を着て. ②《圏 なし》(チェスなどの)黒

駒.

Schwarz⸗ar·beit [シュヴァルツ・アルバイト] 囡 -/ 不正就労, もぐりの仕事.

schwarz|ar·bei·ten [シュヴァルツ・アルバイテン] ʃvárts-àrbaɪtən] 圁 (h) 不正就労をする, もぐりで仕事をする.

schwarz⸗äu·gig [シュヴァルツ・オイギヒ] 圈 黒い目の.

schwarz⸗braun [シュヴァルツ・ブラオン] 圈 黒褐色の, こげ茶色の.

Schwarz⸗bren·ner [シュヴァルツ・ブレンナァ] 閧 -s/- 蒸留酒の密造者. (女性形: -in).

Schwarz⸗brot [シュヴァルツ・ブロート] 囲 -[e]s/-e (ライ麦製の)黒パン.

Schwarz⸗dros·sel [シュヴァルツ・ドロッセる] 囡 -/-n 《鳥》クロウタドリ (=Amsel).

Schwar·ze [シュヴァルツェ ʃvártsə] 囡 -/-n ① 《複なし》黒さ, 黒色; 漆黒(ﾟﾟ), (夜の)暗さ. ② 黒色染料.

schwär·zen [シュヴェルツェン ʃvértsən] 囮 (h) ① 黒くする, 黒く染める(塗る); 黒く汚す. ② 《南ドイツ・オーストリア》密輸する.

Schwar·ze[r] [シュヴァルツェ (..ツァァ) ʃvártsə (..tsər)] 閧 囡 《語尾変化は形容詞と同じ》① 黒人. ② 《口語》黒髪の人. ② 《閧》《オーストリア》ブラックコーヒー.

schwär·zer [シュヴェルツァァ] ⁞schwarz (黒い)の 比較

Schwar·ze[s] [シュヴァルツェ[ス] ʃvártsə[s]] 囲 《語尾変化は形容詞と同じ》《複なし》(的の中央の)黒点. **ins** *Schwarze* treffen 的の中央に当てる;《比》核心を突く.

schwär·zest [シュヴェルツェスト] ⁞schwarz (黒い)の 最上

schwarz|fah·ren* [シュヴァルツ・ふァーレン ʃvárts-fà:rən] 圁 (s) ① 無賃(不正)乗車をする. ② 無免許で運転する.

Schwarz⸗fah·rer [シュヴァルツ・ふァーラァ] 閧 -s/- 無賃(不正)乗車をする人; 無免許運転者. (女性形: -in).

Schwarz⸗geld [シュヴァルツ・ゲるト] 囲 -[e]s/-er ブラックマネー, 裏金.

schwarz⸗haa·rig [シュヴァルツ・ハーリヒ] 圈 黒髪の.

Schwarz⸗han·del [シュヴァルツ・ハンデる] 閧 -s/ 闇(ﾟﾟ)取り引き, 不正売買.

Schwarz⸗händ·ler [シュヴァルツ・ヘンドらァ] 閧 -s/- 闇(ﾟﾟ)商人. (女性形: -in).

schwarz⸗hö·ren [シュヴァルツ・ヘーレン ʃvárts-hò:rən] 圁 (h) 受信料を払わずにラジオを聴く;(大学で)もぐりで聴講する.

Schwarz⸗hö·rer [シュヴァルツ・ヘーラァ] 閧 -s/- (ラジオの)不正聴取者;(大学のもぐりの)聴講者. (女性形: -in).

schwärz·lich [シュヴェルツりヒ] 圈 黒みがかった, 黒ずんだ.

Schwarz⸗markt [シュヴァルツ・マルクト] 閧 -[e]s/ 闇(ﾟﾟ)市場, ブラックマーケット.

Schwarz⸗rot⸗gold, Schwarz-Rot-Gold [シュヴァルツ・ロート・ゴるト] 囲 - (または -[e]s)/ 黒・赤・金の(3色旗)(ドイツの国旗).

schwarz⸗rot⸗gol·den, schwarz-rot-gol·den [シュヴァルツ・ロート・ゴるデン] 圈 黒・赤・金の. die *schwarzrotgoldene* (または *schwarz-rot-goldene*) Fahne 黒赤金の旗(ドイツの国旗).

schwarz|se·hen*1 [シュヴァルツ・ゼーエン ʃvárts-zè:ən] 圁 (h)《口語》受信料を払わずにテレビを見る.

schwarz|se·hen*2 [シュヴァルツ・ゼーエン] 圁 (h)《口語》悲観的に考える. **Für mein Examen** *sehe* ich *schwarz*. ぼくは試験に落ちるかもしれない.

Schwarz⸗se·her [シュヴァルツ・ゼーアァ] 閧 -s/-《口語》① 悲観論者, ペシミスト. (女性形: -in). ② (テレビの)不正聴視者.

der **Schwarz·wald** [シュヴァルツ・ヴァるト ʃvárts-valt] 閧 -[e]s/《定冠詞とともに》《地名》シュヴァルツヴァルト(ドイツ南西部の山地. 針葉樹に覆われ, 文字通り「黒い森」である: ☞ 地図 D-4 ~5).

schwarz⸗weiß, schwarz-weiß [シュヴァルツ・ヴァイス] 圈 ① 黒と白の. ② (カラーに対し写真・映画・テレビなどが)白黒の, モノクロの. *schwarzweiß* fotografieren モノクロで撮影する.

Schwarz⸗weiß⸗film, Schwarz-Weiß-Film [シュヴァルツヴァイス・ふィるム] 閧 -[e]s/-e ① 白黒(モノクロ)フィルム. ② 白黒(モノクロ)映画.

Schwarz⸗wild [シュヴァルツ・ヴィるト] 囲 -[e]s/《狩》いのしし.

Schwarz⸗wur·zel [シュヴァルツ・ヴルツェる] 囡 -/-n《植》キクゴボウ, セイヨウゴボウ.

Schwatz [シュヴァッツ ʃváts] 閧 -es/-e《口語》おしゃべり, 雑談. einen kleinen *Schwatz* halten ちょっと雑談する.

schwat·zen [シュヴァッツェン ʃvátsən] du schwatzt (schwatzte, *hat* ... geschwatzt) **I** 圁 (変了 haben)《変 chat》① (楽しく)おしゃべりをする; くだらないことをぺちゃくちゃおしゃべりする. Die Frauen stehen auf der Straße und *schwatzen*. 奥さんたちが通りに立っておしゃべりをしている. ② (授業中に)ひそひそおしゃべりをする. ③ 口をすべらせる.

II 囮 (変了 haben) (くだらないこと⁴を)ぺちゃくちゃおしゃべりする.

schwät·zen [シュヴェッツェン ʃvétsən] 圁 (h)・囮 (h)《南ドイツ》=schwatzen

Schwät·zer [シュヴェッツァァ ʃvétsər] 閧 -s/- おしゃべり[な人], 口の軽いやつ. (女性形: -in).

schwatz·haft [シュヴァッツハふト] 圈 おしゃべりな, 口の軽い.

schwatz·te [シュヴァッツテ] schwatzen (おしゃべりをする)の 過去

Schwe·be [シュヴェーベ ʃvé:bə] 囡《成句的に》**in** [der] *Schwebe* a) 平衡を保っている, b) 宙に浮いている, c)《比》(問題が)懸案になってい

る ⇒ Vorläufig bleibt alles noch in der *Schwebe*. 《比》さしあたりまだすべてが未解決だ.

Schwe·be‑bahn [シュヴェーベ・バーン] 囡 -/-en ロープウェー; 懸垂式モノレール.

Schwe·be‑bal·ken [シュヴェーベ・バるケン] 男 -s/- (体操の)平均台.

schwe·ben [シュヴェーベン] ∫véːbən] (schwebte, hat/ist … geschwebt) 圓 《完了》 haben または sein) ① (h) 漂っている, 浮かんでいる; (宙づりになって)揺れている. Ein Vogel *schwebt* **in** der Luft. 鳥が空に舞っている / Die Gondel *schwebte* **an** Seilen. ザイルにつるされてゴンドラが揺れていた / Diese Szene *schwebt* mir noch deutlich **vor** Augen.《比》この光景は今なおはっきりと私の目に浮かぶ / in Lebensgefahr *schweben*《比》危険状態にある.
② (s)〖方向を表す語句とともに〗(…へ)ふわふわ飛んで行く(漂って行く). Wolken *schweben* **nach** Süden. 雲が南の方へ漂って行く. ③ (h)《比》未決定である, 未解決である. Der Prozess *schwebt* noch. その裁判はまだ結審していない. ◊〖現在分詞の形で〗*schwebende* Fragen 未解決の諸問題.

schweb·te [シュヴェープテ] schweben (漂っている)の 過去.

Schwe·de [シュヴェーデ ∫véːdə] 男 -n/-n スウェーデン人.(女性形: Schwedin). [Du] alter *Schwede*!《口語》(親愛または軽い警告の情を表して:)ねえ君, おいおまえさん.

Schwe·den [シュヴェーデン ∫véːdən] 田 (単2)-s/《国名》スウェーデン[王国](首都はストックホルム).

schwe·disch [シュヴェーディッシュ ∫véːdɪʃ] 形 スウェーデン[人・語]の. die *schwedische* Sprache スウェーデン語.

Schwe·disch [シュヴェーディッシュ] 田 -[s]/ スウェーデン語.(用法については Deutsch の項参照).

Schwe·fel [シュヴェーふェる ∫véːfəl] 男 -s/ 《化》硫黄(記号: S).

Schwe·fel‑di·oxid [シュヴェーふェる・ディーオクスィート] 田 -[e]s/-e《化》二酸化硫黄.

schwe·fel‑hal·tig [シュヴェーふェる・ハるティヒ] 形 硫黄を含む.

schwe·feln [シュヴェーふェるン ∫véːfəln] 他 (h) ① (食品などを)二酸化硫黄で処理する. den Wein *schwefeln* 二酸化硫黄でワインの持ちをよくする. ② 二酸化硫黄で漂白する. ③ (果樹などを[4])硫黄合剤を散布して消毒する.

Schwe·fel‑säu·re [シュヴェーふェる・ゾイレ] 囡 -/《化》硫酸.

Schwe·fel‑was·ser·stoff [シュヴェーふェる・ヴァッサシュトふ] 男 -[e]s/-e《化》硫化水素.

schwef·lig [シュヴェーふりヒ ∫véːflɪç] 形 硫黄を含む, 硫黄質の; 硫黄状の, 硫黄のような. *schweflige* Säure《化》亜硫酸.

Schweif [シュヴァイふ ∫váɪf] 男 -[e]s/-e ①《雅》(鳥獣の)長いふさなすような尾. ②《天》

(彗星(::)の)尾.

schwei·fen [シュヴァイふェン ∫váɪfən] I 圓 (s)《雅》(当てもなく…へ)さまよい歩く, ぶらつく. durch die Wälder *schweifen* 森をさまよい歩く / **über** 甲[4] den Blick *schweifen lassen*《比》甲[4] に視線を走らせる. II 他 (h) (甲[4] に)反りをつける, 湾曲させる. ein Brett[4] *schweifen* 板に反りをつける.
◊☞ **geschweift**

Schwei·ge‑geld [シュヴァイゲ・ゲるト] 田 -[e]s/-er 口止め料.

Schwei·ge‑marsch [シュヴァイゲ・マルシュ] 男 -[e]s/..märsche (抗議のためや葬儀における)沈黙の行進.

Schwei·ge‑mi·nu·te [シュヴァイゲ・ミヌーテ] 囡 -/-n 1 分間の黙禱(:).

schwei·gen [シュヴァイゲン ∫váɪgən] (schwieg, hat … geschwiegen) 圓 《完了》haben) ① 黙っている, 沈黙している, 何も言わない.《反》be silent.《☞「話す」は sprechen). *Schweig*! 黙れ / Er *schwieg* einen Augenblick. 彼は一瞬黙った / *Kannst* du *schweigen*? 口外しないかい(←黙っていられるかい) / Er *schweigt* **auf** alle Fragen. 彼は何を尋ねても黙っている / **über** 甲[4] (または **von** 甲[3]) *schweigen* 甲[4] (または 甲[3]) について黙っている, 何も言わない / ganz zu *schweigen* von 人・物[3] 人・物[3] は言うまでもなく ⇒ Das Hotel war schlecht, ganz zu *schweigen* vom Essen. そのホテルはひどかった, 食事のひどさは言うまでもなく / **vor** Erstaunen *schweigen* 驚きのあまり口が利けない / **zu** 甲[3] *schweigen* 甲[3] に対して黙っている(反論・論評しない).
② (音・声などが)鳴りやむ, 静まる. Das Radio *schweigt*. ラジオの音が止まる.
◊☞ **schweigend**

Schwei·gen [シュヴァイゲン] 田 -s/ 沈黙, 無言. das *Schweigen*[4] brechen 沈黙を破る / sich[4] **in** *Schweigen* hüllen 押し黙っている / 人[4] **zum** *Schweigen* bringen a) 人[4] を黙らせる, b) (婉曲)人[4] を殺す / *Schweigen* ist auch eine Antwort. 沈黙も返事の一つ / Reden ist Silber, *Schweigen* ist Gold. 雄弁は銀, 沈黙は金.

schwei·gend [シュヴァイゲント] I *schweigen* (黙っている)の 現分 II 形 沈黙した, 暗黙の. die *schweigende* Mehrheit《政》声なき多数 / *schweigend* nicken 黙ってうなずく.

Schwei·ge‑pflicht [シュヴァイゲ・プふりヒト] 囡 -/ (医師・弁護士などの職業上の)守秘義務.

schweig·sam [シュヴァイクザーム] 形 無口な, 口数の少ない. ein *schweigsamer* Mensch 無口な人.

Schweig·sam·keit [シュヴァイクザームカイト] 囡 -/ 無口, 寡黙.

***das* Schwein** [シュヴァイン ∫váɪn] 田 (単2)-[e]s/(複) -e (3 格のみ -en) ① 豚.《複》*pig*). ein fettes *Schwein* 太った豚 / *Schweine*[4] züchten 豚を飼う / Das *Schwein* grunzt. 豚

がぶーぶー鳴く. ②〖圏なし〗《口語》豚肉 (=*Schweine*fleisch). ③《俗》げす野郎; 不潔なやつ; 哀れなやつ. ④《俗》人. ein armes *Schwein* かわいそうな人 / kein *Schwein* だれも…ない. ⑤《口語》幸運. *Schwein*[4] haben 運がいい.

der **Schwei·ne·bra·ten** [シュヴァイネ・ブラーテン ʃváɪnə-braːtən]男(単)-s/(複)-《料理》ローストポーク, 豚の焼き肉. (英 *roast pork*).

das **Schwei·ne·fleisch** [シュヴァイネ・ふらイシュ ʃváɪnə-flaɪʃ]中(単)-[e]s/豚肉. (英 *pork*).

Schwei·ne=grip·pe [シュヴァイネ・グリッペ]女-/-n 豚インフルエンザ.

Schwei·ne=hund [シュヴァイネ・フント]男-[e]s/-e《俗》(心の)卑しいやつ, 不潔なやつ. der innere *Schweinehund* 弱気.

Schwei·ne=ko·te·lett [シュヴァイネ・コテれット]中-s/-s (まれに-e)《料理》(骨付きの)豚ロース肉料理 (ソテー, かつなど).

Schwei·ne·rei [シュヴァイネライ ʃvaɪnərái]女-/-en《俗》不潔, 汚らしいこと(状態); けしからぬこと; みだら[な言動].

Schwei·ne=stall [シュヴァイネ・シュタる]男-[e]s/..ställe ① 豚小屋. ②《俗》汚い部屋(家).

Schwein=igel [シュヴァイン・イーゲる]男-s/-《俗》① 不潔なやつ. ② 卑猥(ひわい)な冗談とばすやつ.

schwein·igeln [シュヴァイン・イーゲるン ʃvaɪn-iːgəln](過分 geschweinigelt)自(h)《俗》① 汚す. ② 猥談(わいだん)をする.

schwei·nisch [シュヴァイニッシュ ʃváɪnɪʃ]形《口語》① 不潔な, 汚い. ② 卑猥(ひわい)な, いかがわしい.

Schweins=le·der [シュヴァインス・れーダァ]中-s/- 豚革.

der **Schweiß** [シュヴァイス ʃváɪs]男(単)-es/(複)-e (3格のみ-en)《ふつう 単》① 汗. (英 *sweat*). kalter *Schweiß* 冷や汗 / sich[3] den *Schweiß* trocknen 汗をぬぐう / Der *Schweiß* läuft ihm übers Gesicht. 汗が彼の顔を伝って流れる / in *Schweiß* geraten (または kommen) 汗をかく / Er war [wie] in *Schweiß* gebadet.《状態受動・過去》彼はびっしょり汗をかいていた / Die Arbeit hat ihn viel *Schweiß* gekostet.《比》彼はその仕事をたいへん苦労して成し遂げた(←汗をかいて). ②《狩》(傷ついた獣の)血.

Schweiß=aus·bruch [シュヴァイス・アオスブルフ]男-[e]s/..brüche (どっと)汗が吹き出ること.

schweiß=be·deckt [シュヴァイス・ベデックト]形 汗びっしょりの, 汗にまみれた.

Schweiß=bren·ner [シュヴァイス・ブレンナァ]男-s/- 《工》溶接バーナー.

Schweiß=drü·se [シュヴァイス・ドリューゼ]女-/-n《ふつう 複》《医》汗腺(かんせん).

schwei·ßen [シュヴァイセン ʃváɪsən] I 他(h) 溶接する. II 自(h) ① 溶接作業をする. ②《方》汗をかく. ③《狩》(傷ついた獣が)血を流す.

Schwei·ßer [シュヴァイサァ ʃváɪsər]男-s/-溶接工. (女性形: -in).

Schweiß=fuß [シュヴァイス・フース]男-es/..füße 《ふつう 複》汗をよくかく足, あぶら足.

schweiß=ge·ba·det [シュヴァイス・ゲバーデット]形 汗びっしょりの.

schwei·ßig [シュヴァイスィヒ ʃváɪsɪç]形 汗ばんだ, 汗まみれの.

Schweiß=naht [シュヴァイス・ナート]女-/..nähte《工》溶接の継ぎ目.

schweiß=trei·bend [シュヴァイス・トライベント]形 発汗を促す, 発汗性の;《比》汗だくになるような(仕事など).

schweiß=trie·fend [シュヴァイス・トリーふェント]形 汗の滴る, 汗びっしょりの.

Schweiß=trop·fen [シュヴァイス・トロプふェン]男-s/-《ふつう 複》汗の滴, 玉のような汗.

Schweit·zer [シュヴァイツァァ ʃváɪtsər]-s/-《人名》シュヴァイツァー (Albert *Schweitzer* 1875-1965; アルザス生まれの神学者・医師・オルガニスト. 1952年ノーベル平和賞).

die **Schweiz [シュヴァイツ ʃváɪts]女(単)-/《定冠詞とともに》《国名》スイス[連邦](首都はベルン). (英 *Switzerland*). in der *Schweiz* スイスで / Ich fahre in die *Schweiz*. 私はスイスに行く / die deutsche *Schweiz* スイスのドイツ語地域. (×=' 公用語はドイツ語, フランス語, イタリア語, レトロマン語. 人口の約70%がドイツ語を話す).

Schwei·zer [シュヴァイツァァ ʃváɪtsər] I 男-s/- ① スイス人. (女性形: -in). ②《腕達者な》乳搾り. ③《方》(カトリックの)教会堂番人. ④(教皇の)護衛兵. ⑤ スイス製チーズ (=*Schweizer* Käse). II 形《無語尾で》スイスの. *Schweizer* Käse スイス製チーズ.

schwei·zer=deutsch [シュヴァイツァァ・ドイチュ]形 スイス訛(なま)りのドイツ語の.

Schwei·zer=deutsch [シュヴァイツァァ・ドイチュ]中-[s]/ スイス・ドイツ語.

schwei·ze·risch [シュヴァイツェリッシュ ʃváɪtsərɪʃ]形 スイス[人・方言]の. die *Schweizerische* Eidgenossenschaft スイス連邦.

schwe·len [シュヴェーれン ʃvéːlən]自(h)(火が)くすぶっている;《比》(感情がくすぶって)うっ積している. Das Feuer *schwelt* unter der Asche. 灰の下で火がくすぶっている.

schwel·gen [シュヴェるゲン ʃvélgən]自(h) ① ぜいたくに飲み食いする. ②〖in 事・物[3] ~〗《雅》(事[3])にふける, (物[3](音楽など)にひたる. in Erinnerungen *schwelgen* 思い出にふける.

schwel·ge·risch [シュヴェるゲリッシュ ʃvélgərɪʃ]形 美食の, ぜいたく三昧(ざんまい)の; 享楽的な.

die **Schwel·le** [シュヴェれ ʃvélə]女(単)-/(複)-n ① (家の)敷居;《比》境目, 始まり. (英 *threshold*). eine hohe *Schwelle* 高い敷居 /

über die *Schwelle* treten 敷居をまたぐ / **an** der *Schwelle* des 20. (=zwanzigsten) Jahrhunderts 《雅》20世紀の初頭に. ② (鉄道の)枕木(ホンギ). ③ (心) 閾(イキ). die *Schwelle* des Bewusstseins [意]識閾. ④ (地理) 隆起部; 地脹(ルコホ), 海脹(カコウ). ⑤ (建) (木骨家屋の)横梁(ヨコハリ). (☞ Fachwerkhaus 図).

schwel·len¹* [シュヴェレン ʃvélən] du schwillst, er schwillt (schwoll, ist ... geschwollen) 自 (完了 sein) ① **ふくれる**, 膨脹する; はれ[あが]る; 《比》(喜びなどで胸が)ふくらむ. 《英 swell). Ihm *ist* die Hand *geschwollen*. 『現在完了』彼の手にはれがあった / Die Knospen *schwellen*. 《雅》つぼみがふくらむ. ◊《現在分詞の形で》 *schwellende* Lippen ふっくらした唇. ② 《雅》(水かさが)増す, (風・音が)強まる. Der Fluss *schwillt*. 川の水かさが増す.
◊☞ **geschwollen**

schwel·len² [シュヴェレン] (schwellte, *hat* ... geschwellt) 他 (h) 《雅》(帆など⁴を)ふくらませる. ◊《過去分詞の形で》 mit *geschwellter* Brust 《戯》誇らしげに, 自慢して.

Schwell≠kör·per [シュヴェる・ケルパァ] 男 -s/- 《医》海綿体.

Schwel·lung [シュヴェるング] 女 -/-en ① 《医》腫れ, 膨脹(ボウチョウ); 腫れた箇所. ② 《地理》(ドーム状の)隆起.

Schwem·me [シュヴェンメ ʃvémə] 女 -/-n ① (家畜の)洗い場, 水浴び場. ② (経) (一時的な)供給過剰. ③ (ルラリ)(デパートの)特売場.

schwem·men [シュヴェンメン ʃvémən] 他 (h) ① (水が土砂などを⁴を…へ/…から)押し流す, 洗い流す. ② 《ルラリ》(洗濯物⁴を)すすぐ.

Schwemm≠land [シュヴェム・らント] 中 -[e]s/- 《地理》沖積(チュウセキ)地.

Schwen·gel [シュヴェンゲる ʃvéŋəl] 男 -s/- ① (鐘の)舌. ② (ポンプなどの)柄, ハンドル.

Schwenk [シュヴェンク ʃvɛnk] 男 -[e]s/-s (まれに -e) ① 急転回, (急速な)方向転換. ② 《映》パン[ショット].

schwenk·bar [シュヴェンクバール] 形 向きを変えられる, 旋回式の.

schwen·ken [シュヴェンケン ʃvéŋkən] (schwenkte, *hat*/*ist* ... geschwenkt) I 他 (完了 haben) ① (ハンカチ・腕など⁴を)**振る**, 振り回す. 《英 swing, wave). Er *hat* den Hut *geschwenkt*. 彼は帽子を振った. ② (振るようにして)すすぎ洗いする. Wäsche⁴ *schwenken* 洗濯物をすすぎ洗いする. ③ 旋回させる, (向き)の向きを変える. die Kamera⁴ *schwenken* カメラをパンする. ④ 《料理》(バターなどで)さっといためる. ⑤ 《方》解雇する, 退学させる. II 自 (完了 sein) 《方向を表す語句とともに》(…へ)向きを変える, 方向転換する. Er *schwenkte* **nach** rechts. 彼は右に向きを変えた.

schwenk·te [シュヴェンクテ] schwenken (振る)の 過去.

Schwen·kung [シュヴェンクング] 女 -/-en 方向転換; 《比》変節, 転向.

schwer [シュヴェーァ ʃvéːr]

重い Der Koffer ist aber *schwer*!
デァ コッファァ イスト アーバァ シュヴェーァ
このスーツケースは重いなあ.

I 形 ① **重い**, 重量のある, ずっしりとした. 《英 heavy). 《反》「軽い」 は leicht). ein *schwerer* Stein 重い石 / Die Kiste ist *schwer* wie Blei. その箱は鉛のように重い / Der Wagen hat zu *schwer* geladen. その車は積み荷が重すぎる. ② 《数量を表す４格とともに》…の重さの. Das Brot ist drei Pfund *schwer*. このパンは３ポンドの重さだ / Wie *schwer* bist du? 《口語》君の体重はどれくらいあるの.
③ **難しい**, 難解な; 骨の折れる, つらい. 《英 difficult). 《反》「易しい」 は leicht). eine *schwere* Prüfung 難しい試験 / Das Buch ist mir zu *schwer*. この本は私には難解すぎる / Aller Anfang ist *schwer*. 《諺》何でも最初は難しい / Die Frage ist *schwer* zu beantworten. その質問は答えるのが難しい / Diese Arbeit ist zu *schwer* für sie. この仕事は彼女にはつらすぎる / Sie hat es *schwer*. 彼女は苦労している. 《英 es は形式目的語) / Er atmet *schwer*. 彼は息が苦しそうだ. ◊《副詞的に》 *schwer* arbeiten つらい仕事(重労働)をする. (☞ 類語 schwierig).
④ 重苦しい, うっとうしい. einen *schweren* Traum haben 重苦しい夢を見る / *schweren* Herzens 重い気持ちで.
⑤ 鈍重な, ぎこちない. Er schrieb mit *schwerer* Hand. 彼はぎこちない手つきで書いた / Er hat einen *schweren* Gang. 彼の足取りは重い.
⑥ **重大な**, 深刻な, ひどい. ein *schwerer* Schock ものすごいショック / eine *schwere* Krankheit 重病 / eine *schwere* Verletzung 重傷. ⑦ (食べ物などが)胃にもたれる, こってりした; (酒などが)アルコール分の強い; (匂いなどが)強い. Das Essen liegt mir *schwer* im Magen. この食べ物は胃にもたれる / ein *schweres* Parfüm 香りの強い香水. ⑧ 《海》荒々しい, 荒天の. ein *schwerer* Sturm 激しい嵐 / *schweres* Wetter 荒天.
II 副 《口語》非常に, すごく. Er ist *schwer* betrunken. 彼はひどく酔っ払っている.
▶ **schwer≠behindert**², **schwer≠beladen**, **schwer≠beschädigt**², **schwer≠bewaffnet**, **schwer≠erziehbar**, **schwer≠krank**, **schwer|machen**, **schwer≠verdaulich**, **schwer≠verletzt**, **schwer≠verständlich**, **schwer≠verwundet**, **schwer≠wiegend**.

..schwer [..シュヴェーァ ..ʃveːr] 『形容詞をつくる』 接尾 《…が重い・…の豊かな》例: bedeutungs*schwer* 重大な / kalorien*schwer* カロリーの豊かな.

Schwer≠ar·beit [シュヴェーァ・アルバイト] 女

-/ 重労働.

Schwer·ar·bei·ter [シュヴェーァ・アルバイタァ] 男 -s/- 重労働従事者. (女性形: -in).

Schwer=ath·le·tik [シュヴェーァ・アトレーティク] 女 -/ 重競技 (ボクシング・重量挙げなど).

schwer=be·hin·dert[1] [シュヴェーァ・ベヒンダァト] 形《官庁》重度身体(精神)障害の.

schwer=be·hin·dert[2], **schwer be·hin·dert** [シュヴェーァ・ベヒンダァト] 形 重い身体(精神)障害のある.

Schwer=be·hin·der·te[r] [シュヴェーァ・ベヒンダァテ (..タァ)] 男 女《語尾変化は形容詞と同じ》《官庁》重度身体(精神)障害者.

schwer=be·la·den, schwer be·la·den [シュヴェーァ・ベらーデン] 形 重い荷を積んだ.

schwer=**be·schä·digt**[1] [シュヴェーァ・ベシェーディヒト] 形《官庁》(戦争などによる)重度身体障害の.

schwer=be·schä·digt[2], **schwer be·schä·digt** [シュヴェーァ・ベシェーディヒト] 形 (戦争などで)重い身体障害のある.

Schwer=be·schä·dig·te[r] [シュヴェーァ・ベシェーディヒテ (..タァ)] 男 女《語尾変化は形容詞と同じ》《官庁》(戦争などによる)重度身体障害者.

schwer=be·waff·net, schwer be·waff·net [シュヴェーァ・ベヴァフネット] 形 重装備の(重武装の).

schwer=**blü·tig** [シュヴェーァ・ブリューティヒ] 形 鈍重な(気質など).

Schwe·re [シュヴェーレ ʃvéːrə] 女 -/《雅》① 重さ, 重量; 重力. das Gesetz der *Schwere*《物》重力の法則 / die *Schwere* des Sackes 袋の重さ. ② 困難さ, つらさ, やっかいさ. die *Schwere* der Arbeit[2] 仕事の難しさ. ③ (責任・罪の)重さ; (病気の)重さ. die *Schwere* der Verantwortung[2] 責任の重大さ. ④ (酒・香りなどの)強さ; (空気などの)重苦しさ.

schwe·re=los [シュヴェーレ・ろース] 形 無重力の;《雅》軽やかな. ein *schwereloser* Zustand 無重力状態.

Schwe·re=lo·sig·keit [シュヴェーレ・ろーズィヒカイト] 女 -/ 無重力状態;《雅》(動作などの)軽やかさ.

Schwe·re=**nö·ter** [シュヴェーレ・ネータァ] 男 -s/-《口語・戯》女たらし, くわせ者.

schwer=er·zieh·bar, schwer er·zieh·bar [シュヴェーァ・エァツィーバール] 形 通常の教育が困難な(学童など).

schwer|fal·len* [シュヴェーァ・ふァれン ʃvéːrfàlən] 自 (s)(人[3]にとって)困難である, 難しい, つらい. Diese Arbeit *fällt* mir schwer. この仕事で私は苦労しています.

schwer=fäl·lig [シュヴェーァ・ふェリヒ] 形 鈍重な, のろのろした, 無器用な. ein *schwerfälliger* Gang 重い足取り.

Schwer=fäl·lig·keit [シュヴェーァ・ふェリヒカイト] 女 -/ 鈍重さ, のろま, 無器用.

Schwer=ge·wicht [シュヴェーァ・ゲヴィヒト] 中 -[e]s/-e ①《圏 なし》ヘビー級. ② ヘビー級選手. ③《口語・戯》でぶ. ④《圏 なし》重点.

Schwer=**ge·wicht·ler** [シュヴェーァ・ゲヴィヒトらァ] 男 -s/- ヘビー級選手. (女性形: -in).

schwer|hal·ten* [シュヴェーァ・はるテン ʃvéːrhàltən] 自 (h) 難しい, 困難である. *Es hat schwergehalten*, ihn davon zu überzeugen. 彼にそれを納得させることは難しかった.

Schwer=hö·rig [シュヴェーァ・ヘーリヒ] 形 耳の遠い, 難聴の.

Schwer=hö·ri·ge[r] [シュヴェーァ・ヘーリゲ (..ガァ)] 男 女《語尾変化は形容詞と同じ》耳の遠い人, 難聴者.

Schwer=**hö·rig·keit** [シュヴェーァ・ヘーリヒカイト] 女 -/ 耳が遠いこと, 難聴.

Schwe·rin [シュヴェリーン ʃveríːn] 中 -s/《都市名》シュヴェリーン(ドイツ, メクレンブルク・フォアポンメルン州の州都; ☞《地図》E-2).

Schwer=in·dus·trie [シュヴェーァ・インドゥストリー] 女 -/ 重工業.

Schwer=**kraft** [シュヴェーァ・クラふト] 女 -/《物》重力.

schwer=krank, schwer krank [シュヴェーァ・クランク] 形 重病の, 重症の.

schwer=lich [シュヴェーァリヒ] 副 ほとんど…でない, まず…でない. Das wird *schwerlich* möglich sein. それはまず不可能だろう.

schwer|ma·chen, schwer ma·chen [シュヴェーァ・マッヘン ʃvéːrmàxən] 他 (h) (人[3]の 用[4]を)困難な(つらい)ものにする. (人[3] das Herz[4] *schwermachen* 人[3]を悲しませる. ◊(再帰的に) sich[3] 用[4] *schwermachen* 用[4]でひどく苦労する.

Schwer=me·tall [シュヴェーァ・メタる] 中 -s/-e 重金属.

Schwer=mut [シュヴェーァ・ムート] 女 -/ 憂うつ, メランコリー;《医》抑うつ[症], うつ[症]. in *Schwermut* verfallen 憂うつになる.

schwer=mü·tig [シュヴェーァ・ミューティヒ] 形 憂うつな, メランコリックな, ふさぎ込んだ; 抑うつ症の.

schwer|neh·men* [シュヴェーァ・ネーメン ʃvéːrnèːmən] 他 (h) 深刻に受けとめる. *Nimm* es nicht so *schwer*! そんなによくよくするなよ.

Schwer=öl [シュヴェーァ・エーる] 中 -[e]s/-e 重油.

Schwer=punkt [シュヴェーァ・プンクト] 男 -[e]s/-e《物》重心;《比》重点, 力点. den *Schwerpunkt* verlagern 重心を移動させる.

das **Schwert** [シュヴェーァト ʃvéːrt] 中 (単2) -es /(複) -er (3格のみ -ern) ① 刀, 剣. (英 *sword*). ein blankes *Schwert* 抜き身, 白刃 / ein scharfes *Schwert* 切れ味のいい剣 / ein zweischneidiges *Schwert*《比》両刃(¦²)の剣 / das *Schwert*[4] tragen 剣を帯びている / das *Schwert*[4] ziehen 剣を抜く / das *Schwert*[4] in die Scheide stecken a) 剣

をさやに納める．b)《雅》争いをやめる／mit 人³ die *Schwerter* kreuzen 人³と刃を交える．② 《造船・海》(ヨットなどの)センターボード，垂下竜骨．

Schwert⸗fisch [シュヴェーァト・フィッシュ] 男 -[e]s/-e《魚》メカジキ．

Schwert⸗li·lie [シュヴェーァト・リーリエ] 女 -/-n《植》アイリス(アヤメ)[属]．

schwer|tun [シュヴェーァ・トゥーン (*sich*⁴ *mit* 人・事³ ~)]《口語》(人・事³で)とても苦労する．Mit solchen Fremdwörtern *tue* ich mich immer *schwer*. こういう外来語には私はいつもとても苦労します．

Schwer⸗ver·bre·cher [シュヴェーァ・フェアブレッヒャァ] 男 -s/- 重罪犯人．(女性形: -in).

schwer⸗ver·dau·lich, schwer ver·dau·lich [シュヴェーァ・フェアダオリヒ] 形 消化の悪い，消化しにくい．

schwer⸗ver·letzt, schwer ver·letzt [シュヴェーァ・フェアレッツト] 形 重傷を負った，重傷の．

schwer⸗ver·ständ·lich, schwer ver·ständ·lich [シュヴェーァ・フェアシュテントリヒ] 形 難解な，分かりにくい．

schwer⸗ver·wun·det, schwer ver·wun·det [シュヴェーァ・フェアヴンデット] 形 重傷を負った，重傷の．

Schwer⸗ver·wun·de·te[r] [シュヴェーァ・フェアヴンデテ (..タァ)] 男 女《語尾変化は形容詞と同じ》重傷者．

schwer⸗wie·gend, schwer wie·gend [シュヴェーァ・ヴィーゲント] 形 重大な，決定的な．

**die Schwes·ter [シュヴェスタァ ʃvéstər]

姉, 妹　Ich habe eine *Schwester*.
イヒ　ハーベ　アイネ　シュヴェスタァ
私には姉(妹)が一人います．

女 (単) -/(複) -n《英》sister) ① 姉, 妹, 姉妹. Sie ist seine *Schwester*. 彼女は彼の姉(妹)です／meine ältere (jüngere) *Schwester* 私の姉(妹)／Er hat zwei *Schwestern*. 彼には二人の姉妹がいる．(☞ ドイツではふつう「年長」「年少」を区別しない；「兄弟」は Bruder, 「兄弟姉妹」は Geschwister).
② (女性の)看護師 (＝Kranken*schwester*). nach der *Schwester* rufen 看護師を呼ぶ．
③ 《カトリック》シスター, 修道女 (＝Kloster*schwester*).

schwes·ter·lich [シュヴェスタァリヒ] 形 姉妹の[ような], 仲のよい.

Schwes·ter⸗schiff [シュヴェスタァ・シフ] 中 -[e]s/-e 姉妹船(艦).

schwieg [シュヴィーク] ＊schweigen (黙っている)の過去

schwie·ge [シュヴィーゲ] ＊schweigen (黙っている)の接2

Schwie·ger⸗el·tern [シュヴィーガァ・エル タァン] 複 男(いつ)と姑(しゅうとめ), 義理の両親．

Schwie·ger⸗mut·ter [シュヴィーガァ・ムッタァ] 女 -/..mütter 姑(しゅうとめ), 義母.

Schwie·ger⸗sohn [シュヴィーガァ・ゾーン] 男 -[e]s/..söhne 婿, 義理の息子.

Schwie·ger⸗toch·ter [シュヴィーガァ・トホタァ] 女 -/..töchter 嫁, 義理の娘.

Schwie·ger⸗va·ter [シュヴィーガァ・ファータァ] 男 -s/..väter 舅(しゅうと), 義父.

Schwie·le [シュヴィーレ ʃvíːlə] 女 -/-n ①《ふつう 複》(皮膚の)たこ．②《医》胼胝(べんち).

schwie·lig [シュヴィーリヒ ʃvíːlɪç] 形 たこだらけの，たこのできた(手など).

**schwie·rig [シュヴィーリヒ ʃvíːrɪç]

難しい
Das ist eine *schwierige* Frage.
ダス　イスト　アイネ　シュヴィーリゲ　フラーゲ
これは難しい質問だ．

形 (比較 schwieriger, 最上 schwierigst) ① 難しい, 困難な；やっかいな．(英 difficult). (☞「易しい」は leicht). ein *schwieriges* Problem やっかいな問題／Es war *schwierig*, ihn zu überzeugen. 彼を納得させることは難しかった．
② (人が)気難しい, 扱いにくい．ein *schwieriger* Mensch 気難しい人／ein *schwieriges* Kind 扱いにくい子供．

類語 *schwierig*: (あることをなすのに障害や抵抗があって)難しい. (心身の努力を要して)難しい. Deutsch ist keine *schwere* Sprache. ドイツ語は難しい言葉ではない. *heikel*: (微妙な判断を要求されデリケートで)難しい. Das Problem ist zu *heikel*. その問題はとてもデリケートだ.

*die **Schwie·rig·keit** [シュヴィーリヒカイト ʃvíːrɪçkaɪt] 女 (単) -/(複) -en ① 困難, 難しさ. (英 difficulty). technische *Schwierigkeiten* 技術的な難しさ／Hierin liegt die *Schwierigkeit*. この点が難しい／auf *Schwierigkeiten* stoßen 困難に遭遇する．
②《ふつう 複》めんどう(やっかい)なこと；障害, 苦境. *Schwierigkeiten*⁴ bekommen めんどうなことになる／人³ *Schwierigkeiten*⁴ machen 人³を手こずらせる／mit 人³ *Schwierigkeiten*⁴ haben 人³に手こずる／in *Schwierigkeiten* kommen (または geraten) 苦境に陥る．
③ (体操競技などの)難度．

schwill [シュヴィる] schwellen¹ (ふくれる)の du に対する命令

schwillst [シュヴィるスト] schwellen¹ (ふくれる)の 2 人称親称単数 現在

schwillt [シュヴィるト] schwellen¹ (ふくれる)の 3 人称単数 現在

Schwie·rig·keits⸗grad [シュヴィーリヒカイツ・グラート] 男 -[e]s/-e 難度, 難易度．

**das Schwimm⸗bad [シュヴィム・バート ʃvɪmbaːt] 中 (単) -[e]s/(複) ..bäder (3格のみ..bädern) プール[施設]. ins *Schwimmbad* gehen プールへ行く．

Schwimm⸗be·cken [シュヴィム・ベッケン] 中 -s/- プール.

Schwimm⸗bla·se [シュヴィム・ブラーゼ] 女 -/-n ① (魚の)浮き袋. ② (藻の)気胞.

Schwimm⸗dock [シュヴィム・ドック] 中 -s/-s (まれに -e) (海) 浮きドック.

*****schwim·men*** [シュヴィンメン ˈʃvɪmən]

泳ぐ　Ich *schwimme* gern.
イヒ シュヴィンメ　ゲルン
私は泳ぐのが好きです.

(schwamm, *hat*/*ist* ... geschwommen) **I** 自 〖完了〗sein または haben) ① (s, h) 泳ぐ, 泳いで行く. (英 swim). Er *schwimmt* wie ein Fisch. 彼は魚のようにうまく泳ぐ / Ich *kann* nicht *schwimmen*. 私は泳げません / Wir *gehen* heute *schwimmen*. 私たちはきょう泳ぎに行く / Er *hat* (または *ist*) viel *geschwommen*. 彼はたくさん泳いだ / **auf** der Brust (dem Rücken) *schwimmen* 平泳ぎ(背泳ぎ)で泳ぐ / **im** Schmetterlingsstil *schwimmen* バタフライで泳ぐ / **gegen** den Strom *schwimmen* a) 流れに逆らって泳ぐ, b) 《比》時流に逆らう / Er *ist* **über** den See *geschwommen*. 〖現在完了〗彼は湖を泳いで渡った. ◇〖距離を表す4格とともに〗Wir *sind* drei Kilometer *geschwommen*. 〖現在完了〗私たちは3キロメートル泳いだ. (《注》完了の助動詞は「場所の移動」に重点が置かれるときは sein を,「泳ぐ行為」に重点があれば haben を用いる.)

② (h) (水に)**浮く**. Öl *schwimmt*. 油は水に浮く.

③ (h, s) 〖**auf** (または **in**) 物³ ～〗(物³(水など)に)**浮かんでいる**, 漂っている. Auf (または In) der Milch *schwimmt* eine Fliege. ミルクにはえが浮いている / Die Kinder *ließen* auf dem Teich Schiffchen *schwimmen*. 子供たちは池におもちゃの船を浮かべた. ◇〖現在分詞の形で〗ein *schwimmendes* Hotel 洋上ホテル(ホテルとして営業している豪華客船など) / *schwimmende* Waren 海上輸送中の貨物.

④ (h) 水浸しである. Das Badezimmer *schwimmt*. バスルームがびしょびしょだ / Ihre Augen *schwimmen* in Tränen. 彼女の目には涙があふれていた. ⑤ (s) 〖**in** 物³ ～〗(物³(液体など)に)浸っている. im Blut *schwimmen* 血まみれになっている / Sie *schwimmt* im (または in) Glück. 《比》彼女は幸福にひたっている / im (または in) Geld *schwimmen* 《比》大金持ちである. ⑥ (s) かすんで見える; (頭が)もうろうとする. Mir *schwimmt* alles vor den Augen. 私は目の前がかすんで見える. ⑦ (h) 《口語》(俳優などが)しどろもどろである, もたもたする. Der Redner begann zu *schwimmen*. 講演者は言葉に詰まりだした.

II 他 〖完了〗sein または haben) (泳いで記録など⁴を)出す. Sie *ist* (または *hat*) einen neuen Rekord *geschwommen*. 〖現在完了〗彼女は水泳で新記録を出した.

Schwim·men [シュヴィンメン] 中 〖成句的に〗 **ins** *Schwimmen* kommen (または geraten) 《口語》しどろもどろになる, もたつく.

Schwim·mer [シュヴィンマァ ˈʃvɪmər] 男 -s/- ① 泳ぐ人, 水泳をする人; 水泳選手. (女性形: -in). ② (釣りの)浮き. ③ 《工》フロート, 浮球; 浮き弁.

Schwimm⸗flos·se [シュヴィム・フロッセ] 女 -/-n (足に付ける水泳用・潜水用の)水かき.

Schwimm⸗fuß [シュヴィム・フース] 男 -es/..füße 《ふつう 複》(水鳥などの)水かきのある足.

Schwimm⸗gür·tel [シュヴィム・ギュルテる] 男 -s/- ① (ウレタン製の水泳練習用)浮き帯. ② 《口語・戯》救命胴衣.

Schwimm⸗hal·le [シュヴィム・ハれ] 女 -/-n 室内プール.

Schwimm⸗haut [シュヴィム・ハオト] 女 -/..häute 《鳥》(水鳥の)水かき.

Schwimm⸗kran [シュヴィム・クラーン] 男 -(e)s/..kräne クレーン船.

Schwimm⸗leh·rer [シュヴィム・れーラァ] 男 -s/- 水泳指導員(教師). (女性形: -in).

Schwimm⸗rei·fen [シュヴィム・ライフェン] 男 -s/- 浮き輪.

Schwimm⸗sport [シュヴィム・シュポルト] 男 -(e)s/ 水泳競技.

Schwimm⸗vo·gel [シュヴィム・フォーゲる] 男 -s/..vögel 《鳥》水鳥, 游禽(ゆうきん)類.

Schwimm⸗wes·te [シュヴィム・ヴェステ] 女 -/-n 救命胴衣, ライフジャケット.

der **Schwin·del** [シュヴィンデる ˈʃvɪndəl] 男 (単2) -s/- ① 《医》**めまい**. (英 dizziness). ein leichter *Schwindel* 軽いめまい / Ein heftiger *Schwindel* überkam ihn. 彼は激しいめまいに襲われた. ② 《口語》**いんちき**, 詐欺, ぺてん. **auf** einen *Schwindel* herein|fallen 詐欺にひっかかる / Den *Schwindel* kenne ich! その手はくわないよ. ③ 〖成句的に〗der ganze *Schwindel*《俗》くだらないもの(こと)一切合切.

▶ **schwindel⸗erregend**

Schwin·del⸗an·fall [シュヴィンデる・アンファる] 男 -(e)s/..fälle めまいの発作.

Schwin·de·lei [シュヴィンデらイ ʃvɪndəˈlaɪ] 女 -/-en ① 詐欺, ぺてん, ごまかし. ② 絶えずうそをいうこと(ごまかすこと).

schwin·del⸗er·re·gend, Schwin·del er⸗re·gend [シュヴィンデる・エァレーゲント] 形 めまいを起こさせるような(高い所など); 《比》目がくらむほど高い(値段など).

schwin·del⸗frei [シュヴィンデる・フライ] 形 (高い場所でも)めまいのしない, めまいを感じない.

schwin·de·lig [シュヴィンデリヒ ˈʃvɪndəlɪç] 形 = schwindlig

schwin·deln [シュヴィンデるン ˈʃvɪndəln] ich schwindele (schwindelte, und ... geschwindelt) **I** 非人称 〖完了〗haben) 〖**es** *schwindelt* 人³ (まれに 人⁴) の形で〗人³(まれに 人⁴)はめまいが

する. Es *schwindelt* mir. または Mir *schwindelt*. 私はめまいがする. (ズミ *es* は文頭以外ではふつう省かれる).
II 他 (完了 haben) ① 《口語》うそをつく, ごまかす. Du *hast* du doch *geschwindelt*! 君はやっぱりうそをついていたんだな. ② (頭が)くらくらする. ◊《現在分詞の形で》 in *schwindelnden* Höhen 目もくらむような高い所.
III 他 (完了 haben) ① 《口語》ごまかす, (…と)うそを言う. Das *hat* er *geschwindelt*. それは彼のごまかしだ. ② 《方向を表す語句とともに》(ごまかして 人・物⁴ を…へ)連れ込む, 持ち込む, (…から)連れ出す, 持ち出す. 物⁴ **durch** den Zoll *schwindeln* 物⁴をうまくごまかして税関を通過させる. ◊《再帰的に》 *sich*⁴ **durch** die Polizeikontrolle *schwindeln* うまくごまかして警察の検問を通り抜ける.

schwin·del·te [シュヴィンデルテ] schwindeln (非人称で: めまいがする)の 過去

schwin·den* [シュヴィンデン ʃvíndən] du schwindest, er schwindet (schwand, ist ... geschwunden) 自 (完了 sein) ① 《雅》減る, しだいに少なく(小さく)なる, 衰える. (笑 *fade*). Die Vorräte *schwinden*. 蓄えがしだいに少なくなる / Ihm *schwand* allmählich der Mut. 彼の勇気はしだいにしぼんでいった.
② 《雅》(しだいに)消え去る; (月日が)過ぎ去る. Sein Name *ist* mir **aus** dem Gedächtnis *geschwunden*. 《現在完了》彼の名前は私の記憶から消えていった / Die Jahre *schwinden* schnell. 年月のたつのは速い. ③ (材木・金属などが)縮む, 収縮する.

schwind·le [シュヴィンドレ] schwindeln (うそをつく)の1人称単数 現在

Schwind·ler [シュヴィンドラァ ʃvíndlər] 男 -s/- 嘘つき, 詐欺師, ぺてん師. (女性形: -in).

schwind·lig [シュヴィンドリヒ ʃvíndlıç] 形 ① めまいがする, くらくらする. Ich werde (または Mir ist) *schwindlig*. 私はめまいがする. ② 目のくらむような.

Schwind≠sucht [シュヴィント・ズフト] 女 -/ 肺結核, 消耗性疾患 (=Lungentuberkulose).

schwind≠süch·tig [シュヴィント・ズュヒティヒ] 形 肺結核の, 消耗性疾患にかかった.

Schwin·ge [シュヴィンゲ ʃvíŋə] 女 -/-n 《ふつう 圏》《雅》翼. die *Schwingen* der Hoffnung² 《比》希望の翼.

schwin·gen* [シュヴィンゲン ʃvíŋən] (schwang, *hat*/*ist* ... geschwungen) I 自 (完了 haben または sein) ① (h, s) 揺れる, 揺れ動く. (笑 *swing*). Die Schaukel *schwingt*. ぶらんこが揺れている. ② (h) (薄膜・橋などが)震動する, 振動する. ③ (h, s) 《場所を表す語句とともに》《雅》(…に)響き(鳴り)渡る. **durch** den Saal *schwingen* ホール中に響き渡る. ④ (h) (残響として)響く. ⑤ (h) 《物》(波動などが)伝わる, 伝導する. 振動する.
II 他 (完了 haben) [頭上にかざして]振る, 打ち

振る; 振り回す(上げる); (はずみをつけて)ひょいと動かす. die Fahne⁴ *schwingen* 旗を振る / die Peitsche⁴ *schwingen* むちを振り回す(上げる).
III 再帰 (完了 haben) *sich*⁴ *schwingen* ① (ブランコに乗って)体を揺らす. ② 《方向を表す語句とともに》(…へ)[ひらりと]飛び乗る(降りる). *sich*⁴ **aufs** Fahrrad *schwingen* ひらりと自転車に飛び乗る / *sich*⁴ **in** die Luft *schwingen* 空高く舞い上がる. ③ 《雅》弧を描いている. *sich*⁴ **über** den Fluss *schwingen* (橋が)川に架かっている.

◊☞ **geschwungen**

Schwin·ger [シュヴィンガァ ʃvíŋər] 男 -s/- (ボクシングの)スイング[パンチ].

Schwing≠tür [シュヴィング・テューァ] 女 -/-en (内外どちらにも開く)スイングドア.

Schwin·gung [シュヴィングング] 女 -/-en ① 揺れ, 振れ; 《物》振動. 物⁴ **in** *Schwingung* versetzen 物⁴を揺さぶる, 振動させる. ② (心の)ときめき. ③ 《雅》弓形(の曲線), 弧線.

Schwin·gungs≠zahl [シュヴィングングス・ツァール] 女 -/-en 《理》振動数; 周波数.

schwipp! [シュヴィップ ʃvíp] 間 (むちなどの音・水のはねる音に)ぴしゃっ, ぱちっ, ぱしゃっ.

Schwips [シュヴィップス ʃvíps] 男 -es/-e 《口語》ほろ酔い. einen *Schwips* haben ほろ酔い機嫌である.

schwir·ren [シュヴィレン ʃvírən] 自 (h, s) ① (h) (矢・虫などが)ひゅーっ(ぶーん)と音をたてる. Die Mücken *schwirren*. 蚊がぶんぶんいっている. ② (s) (…へ)ひゅーっ(ぶーん)と飛んで行く; 《口語》(人が…へ)すっ飛んで行く; 《比》(うわさなどが)飛び交う. ③ (h) 《雅》**von** 物³ ~ (物³で)どった返している, ざわざわしている. Der Kopf *schwirrt* ihm von den vielen Eindrücken. いろいろな印象で彼の頭はぼうっとしている.

Schwitz≠bad [シュヴィッツ・バート] 中 -[e]s/ ..bäder サウナ, 蒸しぶろ.

schwit·zen [シュヴィッツェン ʃvítsən] du schwitzt (schwitzte, *hat* ... geschwitzt) I 自 (完了 haben) ① 汗をかく, 汗ばむ. (笑 *sweat*). Er *schwitzte* **am** ganzen Körper. 彼は全身に汗をかいた / **vor** Angst *schwitzen* 不安のあまり冷や汗をかく / stark *schwitzen* ひどく汗をかく / Die Hände *schwitzten* ihm. 彼の手は汗まみれだった / Ich *schwitze* wie ein Affe. 《口語》私は大汗かきだ (← 猿のように). ◊《名詞として》 **ins** *Schwitzen* kommen 汗をかく, (不安・興奮のあまり)汗ばむ.
② (壁・窓ガラスなどが)結露する; (樹木が)やにを分泌する.
II 他 (完了 haben) 《料理》 物⁴を油でいためる.
III 再帰 (完了 haben) *sich*⁴ *schwitzen* 汗をかいて[その結果]…になる. Er *hat* sich ganz nass *geschwitzt*. 彼は汗びっしょりになった.

Schwitz≠kas·ten [シュヴィッツ・カステン] 男 -s/..kästen ① (昔の)(発汗浴用の)サウナボックス. ② (レスリングの)ヘッドロック.

Schwitz≠kur [シュヴィッツ・クーァ] 女 -/-en

《医》発汗療法.

schwitz・te [シュヴィッツテ] schwitzen (汗をかく)の過去

Schwof [シュヴォーふ ʃvóːf] 男 -[e]s/-e 《口語》ダンスパーティー.

schwo・fen [シュヴォーふェン ʃvóːfən] 自 (h) 《口語》(ダンスパーティーで)ダンスをする, 踊る (= tanzen).

schwoll [シュヴォる] schwellen¹ (ふくれる)の過去

schwöl・le [シュヴェれ] schwellen¹ (ふくれる)の接2

schwöm・me [シュヴェンメ] ‡schwimmen (泳ぐ)の接2

schwor [シュヴォーァ] schwören (誓う)の過去

schwö・ren* [シュヴェーレン ʃvǿːrən] (schwor 〈古: schwur〉, hat...geschworen) **I** 自 (完了 haben) ① 誓う, 宣誓する. (英 swear). feierlich schwören 厳かに誓う / Er schwor auf die Bibel. 彼は聖書に手を置いて誓った / vor Gericht schwören 法廷で宣誓する. 《auf 人・物⁴ ~》 (人・物⁴)に絶対の信頼をおく. Sie schwört auf ihren Arzt. 彼女はかかりつけの医者に絶対の信頼をおいている.
II 他 (完了 haben) (事⁴を)誓う; (…と)誓って言う. einen Eid schwören 宣誓する / 人³ Rache⁴ schwören 人³に復讐(ふくしゅう)を誓う / 事⁴ bei seiner Ehre schwören 事⁴を自分の名誉にかけて誓う / Ich habe mir geschworen, nicht mehr zu rauchen. 《口語》私は二度とたばこをすわないと[自分自身に]誓った / Ich schwöre [dir], dass ich nichts weiß. 誓って言うが, 私は何も知らないのだ / Ich möchte schwören, dass ich ihn gesehen habe. 《口語》ぼくが彼を見かけたことは誓ってもいいよ.
◇☞ geschworen

schwul [シュヴーる ʃvuːl] 形 《口語》(男性が)同性愛の, ホモの.

schwül [シュヴューる ʃvyːl] ① 蒸し暑い, うだるような. (英 sultry). ein schwüler Tag 蒸し暑い日 / Es war sehr schwül in dem Zimmer. その部屋はひどく蒸し暑かった. ② 重苦しい(雰囲気など). eine schwüle Stimmung 重苦しい気分. ③ 官能的な, エロチックな.

Schwu・le[r] [シュヴーれ(..らァ) ʃvuːlə(..lər)] 男 (まれに 女)〖語尾変化は形容詞と同じ〗《口語》同性愛(ホモ)の男性.

Schwu・li・tät [シュヴリテート ʃvulitɛːt] 女 -/-en 〖ふつう 複〗《口語》難儀, 苦境. in Schwulitäten sein 困っている.

Schwulst [シュヴるスト ʃvulst] 男 -es/ Schwülste 〖ふつう 単〗(軽蔑的に:) (文体・表現の)誇張, (建築物の)装飾過多.

schwuls・tig [シュヴるスティヒ ʃvulstɪç] 形 ① はれあがった, むくんだ. ② (まれ) =schwülstig

schwüls・tig [シュヴューるスティヒ ʃvyːlstɪç] 形 誇張した(文体・表現など), 装飾過多の(建築物など).

schwum・me・rig [シュヴンメリヒ ʃvuməriç] 形 《口語》① めまいのする; 気分の悪い. ② 不安な, 恐ろしい.

schwumm・rig [シュヴムりヒ ʃvumrɪç] 形 =schwummerig

Schwund [シュヴント ʃvunt] 男 -[e]s/ ① 減少, 減退, 《医》(筋肉の)萎縮(いしゅく). ② 《商》(商品の)目減り[量]. ③ 《放送》フェーディング.

der **Schwung** [シュヴング ʃvʊŋ] 男 (単2) -[e]s/(複) Schwünge [シュヴュンゲ] (3格のみ Schwüngen) ① 揺れ, スイング, 振動, (スキーなどの)ターン; 弓形の曲線, 弧. (英 swing). der Schwung des Pendels 振り子の振動 / in eleganten Schwüngen 優美な身のこなしで / in kühnem Schwung 大胆な曲線を描いて.
② 〖複なし〗活気, 生気; 勢い, はずみ. Diese Musik hat Schwung. この音楽には躍動感がある / Schwung⁴ holen (ぶらんこなどに)弾み(反動)をつける / Schwung⁴ in 物⁴ bringen または 物⁴ in Schwung bringen 《口語》物⁴を活気づける / in Schwung sein 《口語》a) 機嫌がよい, b) 好調である, 景気がよい, c) (仕事などが)はかど[ってい]る / in Schwung kommen 《口語》a) 機嫌がよくなる, b) 好調になる, 景気がよくなる, c) (仕事などが)はかどる / mit neuem Schwung 弾みをつけて / mit viel Schwung 大張り切りで.
③ 〖複なし〗《口語》多数, 多量. ein Schwung Schulkinder 大勢の学童たち.

Schwün・ge [シュヴュンゲ] Schwung (揺れ)の 複

schwung・haft [シュヴングハふト] 形 (商売などが)活気のある, 活発な. einen schwunghaften Handel [mit 物³] treiben 活発に[物³を]取り引きする.

schwungϕlos [シュヴング・ろース] 形 ① 活気(元気)のない. ② 躍動感(迫力)のない.

Schwungϕrad [シュヴング・ラート] 中 -[e]s/..räder 《工》はずみ車.

schwungϕvoll [シュヴング・ふォる] 形 ① 躍動感(迫力)のある, 熱の込もった. ② 勢いのいい(身ぶりなど). ③ 流れるような弧を描いた(筆跡・模様など).

schwupp! [シュヴップ ʃvʊp] 間 (すばやい運動の音:)さっ, ぱっ.

schwur [シュヴーァ] schwören (誓う)の過去 《古》

der **Schwur** [シュヴーァ ʃvuːr] 男 (単2) -[e]s/(複) Schwüre [シュヴューレ] (3格のみ Schwüren) 誓い, 誓約, 宣誓. (英 oath). einen Schwur brechen (halten) 誓いを破る(守る) / einen Schwur leisten (または tun) 誓いをたてる / die Hand⁴ zum Schwur erheben 宣誓のために手を上げる.

schwü・re [シュヴューレ] schwören (誓う)の接2

Schwü・re [シュヴューレ] Schwur (誓い)の 複

Schwurϕgeϕrichtϕϕϕϕϕϕϕϕϕϕϕϕϕϕϕϕϕϕϕϕϕϕϕϕϕϕϕϕϕ [シュヴーァ・ゲリヒト] 中 -[e]s/-e 陪審裁判所.

Schwyz [シュヴィーツ ʃviːts] 中 -/ 〖地名・都

市名》シュヴィーツ(スイス26州の一つ, またその州都: ☞《地図》D-5).
Sci·ence-fic·tion, Sci·ence-Fic·tion [サイエンス・フィクシェン] [英] 囡 -/ サイエンスフィクション, SF.
s. d. 《略》① [ズィー-[エ] ディース] これを見よ(参照せよ) (=sieh[e] dies!). ② [ズィー-[エ] ドルト] 同項(同書)参照 (=sieh[e] dort!).
SDR [エス・デー・エル] 《略》南ドイツ放送[局] (=Süddeutscher Rundfunk).
Se [エス・エー] 《化・記号》セレン (=Selen).
Se. [ザイネ] 《略》(高位の男性に対する尊称に添えて:) *Se.* Exzellenz 閣下 (=Seine).
Seal [ズィール zíːl] [英] 男 田 -s/-s あざらしの毛皮[で作ったコート].
Se·bas·ti·an [ゼバスティアン zebástian] -s/ 《男名》ゼバスティアン.
sec 《略》① [ゼクンデ] 秒 (=Sekunde). ② [ゼーカンス] 《数》セカント, 正割 (=Sekans).
sechs [ゼクス zéks] 殹 《基数; ふつう無語尾で》 **6** [の]. (英 *six*). *sechs* Personen 6名の人々 / zu *sechsen* 6人で / Es ist halb *sechs*. 5時半です.
Sechs [ゼクス] 囡 -/-en (数字の)6; (トランプ・さいころの)6[の目]; (成績評価の)6; 《口語》(バス・電車などの)6番[系統].
Sechs·ach·tel·takt [ゼクスアハテル・タクト] 男 -[e]s/ 《音楽》8分の6拍子の.
sechs·eck [ゼクス・エック] 田 -[e]s/-e 6角形.
sechs·eckig [ゼクス・エキヒ] 形 6角形の.
Sech·ser [ゼクサァ zéksər] 男 -s/- 《口語》① 《方》[旧] 5 ペニヒ硬貨(昔の6 グロッシェン硬貨). *nicht für einen Sechser* 少しも…ない. ② (数字くじの当たりの)六つの数字. ③ 《方》(数字の)6; (さいころの)6[の目]; (成績評価の)6; (バス・電車などの)6番[系統].
sech·ser·lei [ゼクサァライ zéksərlái] 形 《無語尾で》6種[類]の, 6通りの.
sechs≠fach [ゼクス・ファッハ] 形 6倍の, 6重の.
sechs≠hun·dert [ゼクス・フンダァト] 殹 《基数; 無語尾で》600 [の].
sechs≠jäh·rig [ゼクス・イェーリヒ] 形 《付加語としてのみ》6歳の; 6年[間]の.
sechs≠mal [ゼクス・マール] 副 6度, 6回; 6倍.
sechs≠ma·lig [ゼクス・マーリヒ] 形 《付加語としてのみ》6回の.
sechs≠mo·na·tig [ゼクス・モーナティヒ] 形 《付加語としてのみ》生後6か月の; 6か月[間]の.
sechs≠mo·nat·lich [ゼクス・モーナトリヒ] 形 6か月(半年)ごとの.
sechs≠sai·tig [ゼクス・ザイティヒ] 形 6弦の(弦楽器など).
sechs≠stö·ckig [ゼクス・シュテキヒ] 形 7階建ての; 《方》6階建ての
sechst [ゼクスト zékst] 殹 《sechs の序数; 語尾変化は形容詞と同じ》**第6[番目]の**. (英 *sixth*). zu *sechst* 6人で.
Sechs·ta·ge·ren·nen [ゼクスターゲ・レンネン] 田 -s/- (自転車競技の) 6日間耐久レース.
sechs≠tä·gig [ゼクス・テーギヒ] 形 《付加語としてのみ》6日[間]の.
sechs≠tau·send [ゼクス・タオゼント] 殹 《基数; 無語尾で》6,000[の].
sechs·tel [ゼクステル zékstəl] 形 《分数; 無語尾で》6分の1[の].
Sechs·tel [ゼクステル] 田 (ズィー: 男) -s/- 6分の1.
sechs·tens [ゼクステンス zékstəns] 副 第6に, 6番目に.
Sechs·und≠sech·zig [ゼクス・ウント・ゼヒツィヒ] 田 -/ (ノッフ) 66 (トランプのゲーム).
sech·zehn [ゼヒ・ツェーン zéç-tse:n] 殹 《基数; 無語尾で》**16** [の]. (英 *sixteen*). Er ist *sechzehn* Jahre alt. 彼は16歳です.
sech·zehnt [ゼヒ・ツェーント zéç-tse:nt] 殹 《序数》第16[番目]の.
sech·zehn·tel [ゼヒ・ツェーンテル zéç-tse:n-təl] 形 《分数; 無語尾で》16分の1[の].
Sech·zehn·tel [ゼヒ・ツェーンテル] 田 (ズィー: 男) -s/- 16分の1.
Sech·zehn·tel≠no·te [ゼヒツェーンテル・ノーテ] 囡 -/-n 《音楽》16分音符.
Sech·zehn·tel≠pau·se [ゼヒツェーンテル・パオゼ] 囡 -/-n 《音楽》16分休符.
sech·zig [ゼヒツィヒ zéçtsıç] 殹 《基数; 無語尾で》**60** [の]. (英 *sixty*).
sech·zi·ger [ゼヒツィガァ zéçtsıgər] 形 《無語尾で》60歳[代]の; 60年[代]の. die *sechziger* Jahre または die *Sechziger*jahre a) 60代, b) (ある世紀の) 60年代 / in den *sechziger* Jahren (または *Sechziger*jahren) des vorigen Jahrhunderts 前世紀の60年代の.
Sech·zi·ger [ゼヒツィガァ] **I** 男 -s/- ① 60歳[代]の男性. (女性形: -in). ② 《覆 で》60[歳]代; (ある世紀の) 60年代. ③ [19]60年産のワイン. **II** 囡 -/- 《口語》[旧] 60 ペニヒ切手.
sech·zig≠jäh·rig [ゼヒツィヒ・イェーリヒ] 形 《付加語としてのみ》60歳の; 60年[間]の.
sech·zigst [ゼヒツィヒスト zéçtsıçst] 殹 《序数》第60[番目]の.
sech·zigs·tel [ゼヒツィヒステル zéçtsıçstəl] 殹 《分数; 無語尾で》60分の1[の].
Se·cond·hand·la·den [ゼッケントヘント・ラーデン] 男 -s/..läden =Secondhandshop
Se·cond·hand≠shop [ゼッケントヘント・ショップ] [英] 男 -s/-s (特に衣類の)リサイクルショップ.
SED [エス・エー・デー] 《略》(旧East ドイツの)ドイツ社会主義統一党 (=Sozialistische Einheitspartei Deutschlands).
Se·di·ment [ゼディメント zedimént] 田 -[e]s/-e ① 《地学》堆積(タャボ)物. ② 《化・医》沈殿物, 沈渣(ショネ).
se·di·men·tär [ゼディメンテーァ zedimɛn-téːr] 形 《地学》沈積によって生じた, 堆積(タャボ)性の.

der See¹ [ゼー zéː]

> 湖　Wir baden immer im *See*.
> ヴィァ バーデン インマァ イム ゼー
> 私たちはいつも湖で泳ぎます.

男(単2) -s/(複) Seen [ゼーエン] 湖. (英 *lake*). ein offener *See* 静かな湖 / ein künstlicher *See* 人工湖 / ein Haus **am** *See* 湖畔の家 / **an** einem *See* campen 湖畔でキャンプをする / **auf** einem *See* segeln 湖でヨットに乗る.

die See² [ゼー zéː]

> 海　Ich fahre im Urlaub an die *See*.
> イヒ ファーれ イム ウーァらオブ アン ディ ゼー
> 私は休暇に海へ行きます.

女(単) -/(複) Seen [ゼーエン] ① [複なし] 海. (英 *sea*). eine tobende *See* 荒れ狂う海 / die offene *See* 公海 / **an** die *See* reisen 海辺へ旅行する / eine Stadt an der *See* 海辺の町 / **auf** *See* 海上(船上)で / **auf** hoher *See* 外海に / **in** *See* gehen (または stechen) 出航する / **zur** *See* fahren 船乗りである / **zur** *See* gehen 《口語》船員になる / der Handel zur *See* 海上貿易 / ein Leutnant zur *See* 《軍》海軍少尉. (☞ 類語 Meer).
② (海) 波[の動き], 波浪, 高波.

See-ad-ler [ゼー・アードらァ] 男 -s/- 《鳥》オジロワシ.

See=bad [ゼー・バート] 中 -[e]s/..bäder 海辺の保養地; 海水浴場; 海水浴.

See=bär [ゼー・ベーァ] 男 -en/-en ① 《動》オットセイ. ② (海) (突然の)大波, 津波. ③ 《口語・戯》老練の船乗り.

See=be·ben [ゼー・ベーベン] 中 -s/- 《地学》海底地震, 海震.

See=fah·rer [ゼー・ファーらァ] 男 -s/- 船乗り (特に帆船の船長). (女性形: -in).

See=fahrt [ゼー・ファート] 女 -/-en ① 《複なし》(貿易のための)航海. ② 船旅.

See-fahrt=schu·le [ゼーファールト・シューれ] 女 -/-n 商船学校.

see=fest [ゼー・フェスト] 形 ① 航海に適した(船). ② めったに船に酔わない(人).

See=fisch [ゼー・フィッシュ] 男 -[e]s/-e 海水魚. (☞「淡水魚」は Süßwasserfisch).

See=gang [ゼー・ガング] 男 -[e]s/- 高波, 波浪.

See=ge·fecht [ゼー・ゲフェヒト] 中 -[e]s/-e [小]海戦.

See=gras [ゼー・グラース] 中 -es/..gräser 《植》アマモ属.

See=gur·ke [ゼー・グルケ] 女 -/-n 《動》ナマコ.

See=ha·fen [ゼー・ハーフェン] 男 -s/..häfen ① 海港. ② 港町.

See=han·del [ゼー・ハンデる] 男 -s/- 海上交易.

See=herr·schaft [ゼー・ヘルシャフト] 女 -/ 制海権.

See=hund [ゼー・フント] 男 -[e]s/-e ① 《動》アザラシ. ② 《複なし》あざらしの毛皮.

See=igel [ゼー・イーゲる] 男 -s/- 《動》ウニ.

See=jung·frau [ゼー・ユングふラオ] 女 -/-en 《神》人魚.

See=kar·te [ゼー・カルテ] 女 -/-n 海図.

see=klar [ゼー・クらール] 形 《海》(船が)出航(出帆)準備の整った.

See=kli·ma [ゼー・クリーマ] 中 -s/ 《地理》海洋性気候.

see=krank [ゼー・クランク] 形 船酔いした.

See=krank·heit [ゼー・クランクハイト] 女 -/ 船酔い.

See=krieg [ゼー・クリーク] 男 -[e]s/-e 海戦.

See=lachs [ゼー・らクス] 男 -es/-e 《魚》タラ[科の魚](北大西洋産のマダラの一種).

See=land [ゼー・らント zé:-lant] 中 -s/《島名》シェラン島(デンマーク領. 首都コペンハーゲンがある).

die See·le [ゼーれ zéːlə] 女 (単) -/(複) -n ① 心, 精神. (英 *mind*). (☞「肉体」は Leib). Leib und Seele 肉体と精神, 心身 / eine zarte *Seele* 優しい心 / Sie hat keine *Seele*. 彼女には人の心というものがない / eine schwarze *Seele*⁴ haben 心根がよくない / Die beiden sind ein Herz und eine *Seele*. その二人は一心同体である / sich³ die *Seele*⁴ aus dem Leib reden 《口語》熱っぽく説く (←肉体の中から心を引き出して) / sich³ die *Seele*⁴ aus dem Leib schreien 《口語》ありったけの声を振り絞って叫ぶ / [人]³ die *Seele*⁴ aus dem Leib fragen 《口語》[人]³に根掘り葉掘り質問する.

◇[前置詞とともに] [人]³ [軍]⁴ **auf** die *Seele* binden 《口語》[人]³に[軍]⁴を心がけるように強く言い聞かせる / Es liegt (lastet) mir schwer auf die *Seele*. 《雅》それは私の心に重くのしかかっている / [人]³ auf der *Seele* knien 《口語》[人]³に強く迫る / **aus** ganzer (または tiefster) *Seele* 心の底から / Du sprichst mir aus der *Seele*. 《口語》君は私の思いを代弁してくれる / **in** tiefster (または in der) *Seele* 心底[から], 非常に / **mit** ganzer *Seele* 心をこめて, 衷心から / mit Leib und *Seele* 身も心も, 全身全霊をあげて / sich³ [軍]⁴ **von** der *Seele* reden [軍]⁴(悩みなど)を語って気持ちを軽くする.

② 魂, 霊魂. (英 *soul*). Der Mensch besitzt (または hat) eine *Seele*. 人間には魂がある / die *Seele* erlösen 魂を救済する / Meiner Seel[e]! 《南ドイツ・オーストリア》a) これは驚いた, b) 誓って言うが.

③ 人, 人間. Er ist eine treue *Seele*. 彼は誠実な人だ. ④ (精神的な)中心人物. Seine Frau ist die *Seele* des Hauses. 彼の奥さんは家庭の中心人物だ. ⑤ 《軍》銃腔 (じゅうこう); 《音楽》(弦楽器の)魂柱.

See·len·frie·den [ゼーれン・ふリーデン] 男 -s/-e 心の安らぎ.

See·len·heil [ゼーれン・ハイる] 中 -[e]s/ 《キリスト教》

See·len≠le·ben [ゼーレン・レーベン] 田 -s/《雅》(内面的な)精神生活.

see·len≠los [ゼーレン・ろース] 形《雅》① 魂(精神)を持たない(器物など). ② 心(感情)のこもっていない, 温かみのない.

See·len≠mes·se [ゼーレン・メッセ] 囡 -/-n《カトリック》死者のためのミサ, レクイエム.

See·len≠qual [ゼーレン・クヴァール] 囡 -/-en《雅》苦悩, 懊悩(おうのう).

See·len≠ru·he [ゼーレン・ルーエ] 囡 -/ 魂の安らぎ, 心の落ち着き. **in aller** *Seelenruhe* 落ち着きすまして.

see·len≠ru·hig [ゼーレン・ルーイヒ] 形 落ち着きはらった, 平然とした.

See·len≠ver·käu·fer [ゼーレン・フェァコイファァ] 男 -s/ ① (海)ぼろ船. ② (口語)(金のためなら平気で他人を裏切る)とんでもないやつ. (女性形: -in).

see·len≠ver·wandt [ゼーレン・フェァヴァント] 形 似たような気質の, 気心の通じ合った.

See·len≠ver·wandt·schaft [ゼーレン・フェァヴァントシャフト] 囡 -/ 精神的共通性, 相性.

See·len≠voll [ゼーレン・ふォる] 形《雅》心(感情)の込もった, 温かみのある.

See·len≠wan·de·rung [ゼーレン・ヴァンデルング] 囡 -/-en《宗》輪廻(りんね).

See≠leu·te [ゼー・ろイテ] *Seemann* (船乗り)の複.

see·lisch [ゼーリッシュ zéːlɪʃ] 形 心の, 魂の, 精神的な, 情緒の. *seelische* Schmerz 精神的苦痛 / das *seelische* Gleichgewicht⁴ verlieren 心のバランスを失う, 情緒不安定になる.

See·lö·we [ゼー・れーヴェ] 男 -n/-n《動》トド; [クロ]アシカ.

Seel≠sor·ge [ゼーる・ゾルゲ] 囡 -/《カトリック教》牧会(魂の世話); 司牧[職].

Seel≠sor·ger [ゼーる・ゾルガァ] 男 -s/- 牧会者; 司牧者(牧師など). (女性形: -in).

See≠luft [ゼー・るフト] 囡 -/ (新鮮な)海の空気.

See≠macht [ゼー・マハト] 囡 -/..mächte 海軍国.

See≠mann [ゼー・マン] 男 -[e]s/..leute (特に遠洋航海をする)船乗り, 船員.

see≠män·nisch [ゼー・メニッシュ] 形 船乗りの(ような), 船員用語の.

See·manns≠garn [ゼーマンス・ガルン] 田 -[e]s/ 船乗りの冒険談(ほら話). *Seemannsgarn*⁴ spinnen (船乗りが)大げさな冒険談(ほら話)をする.

See≠mei·le [ゼー・マイれ] 囡 -/-n《海》海里 (1海里は1852 m; 記号: sm).

Se·en [ゼーエン] 複 *See*¹ (湖), ※*See*² (海)の複.

See≠not [ゼー・ノート] 囡 -/ 海難. **in** *Seenot* **geraten** (海で)遭難する.

See·en≠plat·te [ゼーエン・ブらッテ] 囡 -/-n (地理)湖沼の多い平原, 湖沼地帯.

See≠pferd·chen [ゼー・プふェーァトヒェン] 田 -/-《動》タツノオトシゴ.

See≠räu·ber [ゼー・ロイバァ] 男 -s/- 海賊. (女性形: -in).

See≠räu·be·rei [ゼー・ロイベライ] 囡 -/-en 海賊行為.

See≠recht [ゼー・レヒト] 田 -[e]s/《法》海法.

See≠rei·se [ゼー・ライゼ] 囡 -/-n 船旅, 航海.

See≠ro·se [ゼー・ローゼ] 囡 -/-n ①《植》スイレン. ②《動》イソギンチャク.

See≠sack [ゼー・ザック] 男 -[e]s/..säcke (船員用の)雑嚢(ざつのう).

See≠schiff·fahrt [ゼー・シふァールト] 囡 -/ 航海.

See≠schlacht [ゼー・シュらハト] 囡 -/-en 海戦.

See≠schlan·ge [ゼー・シュらンゲ] 囡 -/-n ①《動》ウミヘビ(海蛇). ②《神》海の怪物.

See≠stern [ゼー・シュテルン] 男 -[e]s/-e《動》ヒトデ.

See≠streit·kräf·te [ゼー・シュトライトクレふテ] 複 海軍[兵力].

See≠tang [ゼー・タング] 男 -[e]s/-e《植》海藻.

see≠tüch·tig [ゼー・テュヒティヒ] 形 遠洋航海が可能な(船), 耐航性のある.

see≠wärts [ゼー・ヴェルツ] 副 海の(沖の)方へ.

See≠was·ser [ゼー・ヴァッサァ] 田 -s/ 海水.

See≠weg [ゼー・ヴェーク] 男 -[e]s/-e ① 航路. ② 〔複なし〕海路. (※「陸路」は Landweg.) **auf dem** *Seeweg* **reisen** 海路で旅行する.

See≠wind [ゼー・ヴィント] 男 -[e]s/-e 海風.

See≠zun·ge [ゼー・ツンゲ] 囡 -/-n《魚》シタビラメ.

das **Se·gel** [ゼーグる zéːɡəl] 田 (単2) -s/(複) - (3格のみ -n) ① 帆. (英 sail). die *Segel*⁴ auf|ziehen (または hissen) 帆を上げる / [die] *Segel*⁴ setzen《海》帆を上げる / die *Segel*⁴ ein|ziehen (または herunter|holen) 帆を下ろす / Der Wind schwellt die *Segel*. 風が帆をふくらませる / die *Segel*⁴ streichen《海》帆を下ろす / vor 人・事³ die *Segel*⁴ streichen《雅・比》人・事³に対して抵抗をあきらめる(屈服する) / **mit vollen** *Segeln* a) 帆にいっぱい風をはらんで, b) (口語)全力をあげて / **unter** *Segel*《海》帆をあげて / **unter** *Segel* **gehen**《海》出帆する.

② (帆状の)日よけ, 天幕.

Se·gel≠boot [ゼーグる・ボート] 田 -[e]s/-e 小型帆船, ヨット.

Se·gel≠flie·gen [ゼーグる・ふりーゲン] 田 -s/ グライダー操縦, 滑空.

Se·gel≠flie·ger [ゼーグる・ふりーガァ] 男 -s/- グライダー操縦士. (女性形: -in).

Se·gel≠flug [ゼーグる・ふるーク] 男 -[e]s/..flüge グライダー飛行, 滑空.

Se·gel≠flug·zeug [ゼーグる・ふるークツォイク] 田 -[e]s/-e グライダー.

Se·gel≠jacht [ゼーグる・ヤハト] 囡 -/-en ヨット.

se·geln [ゼーグるン zéːɡəln] ich segle (segelte, ist/hat ... gesegelt) (英 sail) I 自 (wir sein または haben) ① (s, h) (人・船が) 帆走する,

Segelregatta 1196

ヨットに乗って走る；(帆船で)航海する．Das Schiff *segelt* schnell. その船は帆走スピードが速い / Er *ist* nach Schweden *gesegelt*.〖現在完了〗彼はスウェーデンへヨットで行った / **gegen** den Wind *segeln* 風に逆らって帆走する / **mit** (または **vor**) dem Wind *segeln* 追い風を帆に受けて走る．◊〖距離・区間などを表す 4 格とともに〗 Wir *sind* (または *haben*) die Strecke in vier Stunden *gesegelt*.〖現在完了〗私たちはその区間を 4 時間で帆走した / eine Regatta[4] *segeln* ヨットレースに参加する．(⚠ 完了の助動詞は「場所の移動」に重点が置かれるときは sein を，「帆走する行為」に重点があれば haben を用いる).

② (s) (鳥などが)滑るように飛ぶ, (雲が)流れる. Der Adler *segelt* hoch **in** der Luft. 鷲(ｾ)が空高く舞っている. ③ (s, h) (グライダー・人がグライダーで)滑空する. ④ (s)《口語》落ちる；ばたばたと足早に歩く. **aus** der Hängematte *segeln* ハンモックから落ちる / **durch** eine Prüfung *segeln* 試験に落ちる.

II〖他〗〖完了〗haben (または sein) ① (h, s) (ヨットレースで記録など[4]を)出す. ② (h)《雅》(帆船[4]を)操縦する，帆走させる.

III〖再帰〗〖完了〗haben) *sich*[4] *segeln* (ヨットなどが…のぐあいに)帆走する. Die Jacht *segelt sich* gut. このヨットはよく走る. ◊〖非人称の **es** を主語として〗 Bei diesem Sturm *segelt es sich* schlecht. この暴風だと帆走しにくい.

Se·gel⸗re·gat·ta [ゼーゲる・レガッタ] 囡 -/..gatten ヨットレース.

Se·gel⸗schiff [ゼーゲる・シふ] 囲 -[e]s/-e [大型]帆船.

Se·gel⸗sport [ゼーゲる・シュポルト] 囲 -[e]s/ ヨット競技, ヨットレース.

se·gel·te [ゼーゲるテ] segeln (帆走する)の〖過去〗

Se·gel⸗tuch [ゼーゲる・トゥーフ] 中 -[e]s/-e 帆布, カンバス.

der **Se·gen** [ゼーゲン zé:gən] 囲 (単2) -s/(複) - ①《ふつう 単》《宗》祝福(祈り・言葉・しぐさなどによる).《英 *blessing*》. der päpstliche *Segen* 教皇の祝福 /〖人3〗den *Segen* geben (または erteilen)〖人3〗に祝福を与える / den *Segen* erhalten (または bekommen) 祝福を受ける / über〖人・物〗4 den *Segen* sprechen〖人・物〗4に対して祝福(祈り)の言葉を唱える.

②〖複なし〗(神の)加護；幸運, 幸せ, 成功.〖人3〗Glück und [Gottes reichen] *Segen*[4] wünschen〖人3〗が幸せであるように祈る / Es ist ein *Segen*, dass es nicht regnet. 雨が降らなくて幸いだ. ③〖複なし〗豊かな収穫, (皮肉って:)たくさん[の量]. Das ist der ganze *Segen*? (口語)(反語的に:)なんだこれだけか. ④〖複なし〗(口語)同意, 承諾. Meinen *Segen* hast du! 私は君[の考え]に賛成だよ.

▶ **segen⸗bringend**

se·gen⸗brin·gend, Se·gen brin·gend [ゼーゲン・ブリンゲント] 形《雅》(人々に)幸せをもたらす.

se·gens⸗reich [ゼーゲンス・ライヒ] 形 ① 祝福に満ちた. ② 恩恵(利益)をもたらす(発明など).

Se·gens⸗wunsch [ゼーゲンス・ヴンシュ] 囲 -[e]s/..wünsche 祝福の祈り；〖複〗で 祝福の言葉.

seg·le [ゼーグれ] segeln (帆走する)の 1 人称単数〖現在〗

Seg·ler [ゼーグらァ zé:glɐr] 囲 -s/- ① 帆船, ヨット；グライダー. ② ヨット乗り, ヨット競技者；グライダー乗り(操縦士). (女性形: -in). ③《鳥》アマツバメ.

Seg·ment [ゼグメント zɛgmént] 中 -[e]s/-e ① (分割されている)部分, 一部. ②《数》(円の一部の)弓形；球欠. ③《動・医》体節, 分節. ④《言》(発話などの)分節.

seg·nen [ゼーグネン zé:gnən] du segnest, er segnet (segnete, *hat*...gesegnet) 〖他〗〖完了〗haben) ①〖人・物〗4を祝福する.《英 *bless*》. Der Pfarrer *segnet* die Gemeinde. 牧師が礼拝の出席者を祝福する / Gott *segne* dich!〖接1・現在〗神のお恵みがありますように.

②〖〖人〗4 **mit**〖人・物〗3 ~〗《雅》(ふつう皮肉って:)〖人〗4に〖人・物〗3を授ける, 恵む. Sie *waren* mit vielen Kindern *gesegnet*.〖状態受動・過去〗彼らはたくさんの子供に恵まれていた.〖〖宗〗教〗〖人・物〗4に)十字を切る, 聖別する. Brot und Wein[4] *segnen* (ミサで:)パンとぶどう酒に十字を切って聖別する. ◊〖再帰的に〗*sich*[4] *segnen* 十字を切る.

◊☞ **gesegnet**

seg·ne·te [ゼーグネテ] segnen (祝福する)の〖過去〗

Seg·nung [ゼーグヌング] 囡 -/-en ① 祝福[して十字を切ること]. ②《ふつう 複》(ふつう皮肉って:)恵み, 恩恵, たまもの.

:se·hen* [ゼーエン zé:ən]

見える；見る

Sehen Sie das Haus dort?
ゼーエン　ズィー ダス　ハオス　ドルト
あそこの家が見えますか.

人称	単	複
1	ich sehe	wir sehen
2	{du **siehst** / Sie sehen	{ihr seht / Sie sehen
3	er **sieht**	sie sehen

(sah, *hat*...gesehen) **I**〖他〗(〖完了〗haben) ① (〖人・物〗4が)見える, (〖人・物〗4を)目にする；経験する.《英 *see*》. Ich *sehe* gar nichts. 私は何も見えません / *Siehst* du dort den Mann mit grauem Haar? あそこに立っている白髪の男の人が見えるかい / Ich *habe* dich vorhin auf der Straße *gesehen*. さっき通りで君を見かけたよ / Niemand war zu *sehen*. 人っ子一人見あたらなかった /〖人・物〗4 gern *sehen*〖人・物〗4を好ましく思う / Ich *kann* das nicht mehr *sehen*!《口

語）そんなものはもう見るのもいやだ / Er *hat* einmal bessere Zeiten (または Tage) *gesehen*. 彼には以前もっと幸せな時期があった / Ich *habe* ihn nie so böse *gesehen*. 私は彼がこんなに怒っているのを一度も見たことがない.

◊〖*zu* のない不定詞とともに〗Ich *sehe* ihn Klavier spielen. 彼がピアノを弾いているのが見える / Ich *habe* ihn tanzen *sehen*(まれに *gesehen*). 〖現在完了〗私は彼がダンスをしているのを目にした / 〖人⁴〗kommen *sehen* 〖人⁴〗を予期する / sich⁴ *am* Fenster *sehen lassen* 窓際に姿を見せる / Lass dich mal wieder [*bei uns*] *sehen*! 〖口語〗また[うちに]顔を見せてくれよ.

② (意識的に)見る, 見物する, 鑑賞する; 参照する. Haben Sie den Film schon *gesehen*? その映画をもう見ましたか / Das muss man *gesehen haben*! あれは見ものだったよ / Lass [es] mich mal *sehen*! [それを]私に見せてごらん / Es gibt in der Stadt nichts zu *sehen*. その町には何も見るものがない / *Siehe* Seite 20! 20 ページ参照!(略: s. S. 20).

③ (〖人⁴〗に)会う, 面会する. Wir *sehen* ihn selten. 私たちは彼にめったに会わない / Ich freue mich, Sie zu *sehen*. お会いできてうれしいです.

◊〖相互的に〗Wann *sehen* wir *uns*? いつ会いましょうか / Wir *haben uns* lange nicht *gesehen*. 久しぶりですね(←長い間会わなかった). (☞ 類語) *treffen*.

④ 見てとる, わかる, (〖人・物〗⁴を…の見方で)見る, とらえる. alles⁴ negativ *sehen* すべてのことを否定的に見る / Wie *siehst* du das? 君はそれをどう考える? / Ich *sehe*, dass du recht (または Recht) hast. 私には君の正しいことがわかる / in A³ B⁴ *sehen* A³ を B⁴ と見なす ⇒ Sie *sieht* in ihm nur den Gegner. 彼女は彼のことを敵だとしか考えていない. ◊〖目的語なしでも〗Wie ich *sehe*, … 私の見るところでは, … / Siehst du! らごらん(言ったとおりだろう). ◊〖過去分詞の形で〗so *gesehen* そのような見方をすれば.

⑤ (〖人・物〗が)目に浮かぶ, (〖人・物〗を…だと)思い描く. Ich *sehe* ihn noch deutlich *vor mir*. 私は彼の姿が今でもありありと目に浮かぶ / Sie *sah* ihren Sohn schon *als* großen Künstler. 彼女はもう息子はりっぱな芸術家だと思っていた. ⑥ 見てみる, 考えて(やって)みる; 確かめてみる. Kannst du mal *sehen*, wer geklopft hat? だれがノックしたのかちょっと見ておくれ / Ich *will sehen*, was ich für dich tun kann. 君のために私に何ができるか考えてみよう. ◊〖目的語なしでも〗Mal *sehen*. (成り行きを)まあ見てみよう. ⑦〖従属文とともに〗(…に)目をやる, 心がける. Wir *müssen sehen*, dass wir pünktlich sind. 私たちは時間厳守するようにしないといけない.

II 自 (完了 haben) ① 目が見える. Ich *sehe* gut (schlecht). 私は目がいい(悪い) / Wenn ich recht *sehe*, … 私の見誤りでなければ, … ② (方向を表す語句とともに)(…に)目を向ける, 視線を向ける. *auf* die Uhr *sehen* 時計に目をやる / *aus* dem Fenster *sehen* 窓から外を見

る / *durch* die Brille *sehen* 眼鏡越しに見る / Er *sah* ihr fest *in* die Augen. 彼は彼女の目をじっと見つめた / *in* die Zukunft *sehen* 〖比〗将来を見通す / *nach* oben *sehen* 上の方を見る / *vor* sich⁴ *hin sehen* ぼんやりと前方を見る / *zum* Himmel *sehen* 空を見上げる / *Sieh da*! おやおや, 何ということだ.

③ 〖*aus* 物³ ~〗(物³から少し)見えている, のぞいている. Das Boot *sah* nur ein Stück aus dem Wasser. ボートは一部分だけが水面から見えていた. ④ 〖*auf* 物⁴ (または *nach* 物³) ~〗(物⁴(または物³)に)面している. Die Fenster *sehen auf* den Garten (または nach dem Garten). 窓は庭に面している. ⑤ 〖*nach* 人・物³ ~〗(人・物³の)世話をする, ぐあいを見る. nach dem Kranken *sehen* 病人の世話をする / nach der Suppe *sehen* (火にかけた)スープの様子を見ている. ⑥ 〖*auf* 人・物⁴ ~〗(人・物⁴を)重視する, (人・物⁴に)価値をおく; (方)(人・物⁴に)気をつける. Er *sieht* nur aufs Geld. 彼はお金のことしか考えていない. ⑦ 〖成句的に〗人³ ähnlich *sehen* 人³に似ている.

III 再帰 (完了 haben) sich⁴ *sehen* 〖様態を表す語句とともに〗(自分が…だと)わかる, 思う. Ich *sah* mich betrogen. 私は自分がだまされたことがわかった / Wir *sehen uns* genötigt (または gezwungen), das Haus zu verkaufen. 私たちはこの家を売らざるを得ない.

▶ **sehen|lassen**

> 類語 **sehen**: 「見る」という意味で最も一般的な語. **schauen**: 南ドイツ・オーストリアなどで sehen の代わりに用いられる. **blicken**: (ある方向に)目を向ける. **betrachten**: (じっくりと)眺める. **beobachten**: (注意深く)観察する. **starren**: 凝視する. ins Leere *starren* 空(⁵)を見つめる. **gucken**: 〖口語〗(興味を引くものに)視線を向ける. *Guck* mal, was ich hier habe! ぼくがここに持っているものを見てごらん.

Se·hen [ゼーエン] 中 -s/ 見る(見える)こと; 視覚. Ich kenne ihn nur *vom Sehen*. 私は彼の顔だけは知っている(彼に会ったことはある).

se·hen|las·sen*, **se·hen las·sen*** [ゼーエン・ラッセン zéːən-làsən] (過分 sehenlassen / sehen lassen) (再帰) (完了 h) 〖成句的に〗sich⁴ *sehenlassen* können 人に見せても恥ずかしくない ⇒ Diese Leistung kann sich *sehenlassen*. この成績は人に見せても恥ずかしくない.

se·hens·wert [ゼーエンス・ヴェーァト] 形 見る価値のある, 一見に値する.

se·hens**·wür·dig** [ゼーエンス・ヴュルディヒ] 形 =sehenswert

* *die* **Se·hens·wür·dig·keit** [ゼーエンス・ヴュルディヒカイト zéːəns-vyrdɪçkaɪt] 女 (単) -/(複) -en 名所, 一見に値するもの(芸術作品・建造物など). die *Sehenswürdigkeiten*⁴ einer Stadt⁴ besichtigen 町の名所を見物する.

Se·her [ゼーァァ zéːər] 男 -s/ ① 予言者, 千里眼. (女性形: -in). ② 〖狩〗(うさぎなどの)目. ③ 〖俗〗〖口語〗(人間の)目.

se·he·risch [ゼーエリッシュ zéːərɪʃ] 形 予見(予言)的な.

Seh・feh・ler [ゼー・ふェーらァ] 男 -s/- 視覚障害.

Seh‗kraft [ゼー・クラふト] 女 -/ 視力.

sehn [ゼーン zé:n] =sehen

Seh・ne [ゼーネ zé:nə] 女 -/-n ① 《医》腱(ケン). Achillessehne アキレス腱 / sich³ eine Sehne zerren 筋を違える. ② (弓の)弦. ③ 《数》弦.

seh・nen [ゼーネン zé:nən] (sehnte, hat... gesehnt) 再帰 (定工 haben)《sich⁴ nach 人・物³ ~》《人・物³に》**あこがれる**, 《人・物³》を慕う, 切望する. (英) long for). Er sehnte sich nach ihr. 彼は彼女に恋い焦がれた / sich⁴ nach Frieden sehnen 平和を渇望する / sich⁴ nach Hause sehnen 望郷の念にかられる.

Seh・nen‗zer・rung [ゼーネン・ツェルング] 女 -/-en 《医》筋違え, 腱挫創(ショウ).

Seh・nerv [ゼー・ネルふ] 男 -s (または -en)/-en 視神経.

seh・nig [ゼーニヒ zé:nɪç] 形 ① 筋の多い(肉). ② 筋骨たくましい.

sehn・lich [ゼーンリヒ] 形 心からの, 切なる. mein sehnlichster Wunsch 私の切なる願い / 人⁴ sehnlich[st] erwarten 人⁴を待ち焦がれる.

die **Sehn‗sucht** [ゼーン・ズフト zé:n-zuxt] 女 (単) -/(複) ..süchte [..ズュヒテ] (3格の ..süchten)あこがれ, 憧憬(ショウケイ), 渇望. (英) longing). eine glühende Sehnsucht 燃えるようなあこがれ / Sehnsucht **in** die Ferne 遠い所へのあこがれ / Sehnsucht **nach** der Heimat (または nach Hause) 望郷の念, 郷愁 / Sehnsucht⁴ nach 人・物³ haben 人・物³にあこがれている / Du wirst schon **mit** Sehnsucht erwartet. 《受動・現在》《口語》みんな君をもう待ち焦がれているよ.

sehn・süch・tig [ゼーン・ズュヒティヒ zé:n-zʏç-tɪç] 形 あこがれた, 切望している, 思い焦がれた. mit sehnsüchtigen Augen あこがれのまなざしで / 人⁴ sehnsüchtig erwarten 人⁴を待ち焦がれる.

sehn・suchts‗voll [ゼーンズフツ・ふォる] 形 《雅》あこがれた, 切望している, 思い焦がれた (= sehnsüchtig).

sehn・te [ゼーンテ] sehnen (再帰で: あこがれる)の 過去

sehr [ゼーァ zé:r]

> 非常に Das tut mir *sehr* leid.
> ダス トゥート ミア ゼーア らイト
> それはたいへんお気の毒です.

副 《比較》mehr, 《最上》am meisten) **非常に**, とても, たいへん. (英) very). **Sehr** gut! たいへん結構, すばらしい / Er ist *sehr* reich. 彼はたいへん金持ちだ / nicht *sehr* あまり…でない ⇒ Er ist nicht *sehr* klug. 彼はたいして利口ではない / Danke *sehr*! どうもありがとう / Bitte *sehr*! a) どういたしまして, b) どうぞ / Er bestand die Prüfung mit „*sehr* gut". 彼は「優」の成績で試験に合格した / *Sehr* geehrter Herr Müller! (手紙の冒頭で:)拝啓ミュラー様 / Sie hat *sehr* geweint. 彼女はたいそう泣いた.

Seh‗schär・fe [ゼー・シェルふェ] 女 -/-n 視力.

Seh‗ver・mö・gen [ゼー・ふェアメーゲン] 中 -s/- 視力, 視覚.

sei [ザイ zái] I 《sein¹ (…である)の du に対する 命令. *Sei* brav! お行儀よくしなさい.

II *sein¹ (…である)の 接続 ① 『間接話法で』…であると. Er sagte, seine Mutter *sei* krank. 彼は母親が病気だと言った.

② 《命令・要求・とり決め》…であれ; …とする. *Seien* Sie still! 静かにしなさい / *Seien* Sie so gut und helfen Sie mir! すみませんが手伝っていただけませんか / Die Strecke AB *sei* 5 cm. 線分 AB の長さは 5 センチとする. ③ 《譲歩》…であろうと. Er sagte, man muss ihm helfen. (事態が)どうであろうと彼を助けてやらなければならない / *sei* es heute, *sei* es morgen きょうにせよあしたにせよ. ④ 《成句的に》Gott³ *sei* Dank!《口語》やれやれ(← 神に感謝あれ) / Es *sei* denn, [dass] … …の場合は別として. (⟨壬⟩ 完了の助動詞 ☞ sein¹ II A; 状態受動の助動詞 ☞ sein¹ II B).

seicht [ザイヒト záıçt] 形 《比較》seichter, 《最上》seichtest) ① (川などが)**浅い**. (⟨壬⟩「深い」は tief). (英) shallow). ein *seichter* Teich 浅い池 / Der Fluss ist hier *seicht*. 川はここで浅くなっている. ② 《比》中身のない, 浅薄な, 皮相な. ein *seichter* Mensch 浅薄な人間 / ein *seichtes* Gerede 中身のないおしゃべり.

Seicht・heit [ザイヒトハイト] 女 -/-en ① 《複なし》浅いこと. ② 《比》陳腐, 浅薄, 皮相. ③ 浅薄な言葉.

seid [ザイト záıt] I 《sein¹ (…である)の 2 人称親称複数 現在. *Seid* ihr Studenten? 君たちは大学生なの? II *sein¹ (…である)の ihr に対する 命令. *Seid* still! 静かに! (⟨壬⟩ 完了の助動詞 ☞ sein¹ II A; 状態受動の助動詞 ☞ sein¹ II B).

die **Sei・de** [ザイデ záıdə] 女 (単) -/(複) -n 絹, 絹糸; 絹布, 絹織物. (英) silk). reine *Seide* 純絹 / künstliche *Seide* 人絹, レーヨン / rohe *Seide* 生糸(キイト) / ein Kleid **aus** *Seide* 絹のドレス / Ihr Haar ist so weich wie *Seide*. 彼女の髪の毛は絹のように柔らかい.

Sei・del [ザイデる záıdəl] 中 -s/- (ビールの)ジョッキ.

Sei・del‗bast [ザイデる・バスト] 男 -[e]s/-e 《植》ジンチョウゲ.

sei・den [ザイデン záıdən] 形 ① 『付加語としてのみ』絹[製]の. eine *seidene* Krawatte 絹のネクタイ. ② (つやつやと柔らかくて)絹のような. Ihr Haar glänzte *seiden*. 彼女の髪は絹のように輝いていた.

Sei・den‗fa・den [ザイデン・ふァーデン] 男 -s/ ..fäden 絹糸.

Sei・den‗glanz [ザイデン・グらンツ] 男 -es/ 絹の[ような]光沢.

Sei·den⸗pa·pier [ザイデン・パピーァ] 田 -s/-e (包み紙などに用いる薄く透ける)薄葉(ﾚﾂﾖｳ)紙.

Sei·den⸗rau·pe [ザイデン・ラオペ] 囡 -/-n 《昆》カイコ(蚕).

Sei·den⸗spin·ner [ザイデン・シュピンナァ] 男 -s/- 《昆》カイコガ(蚕蛾).

Sei·den⸗stra·ße [ザイデン・シュトラーセ] 囡 -/-n 《史》(中国から西アジアに通じる)シルクロード.

Sei·den⸗strumpf [ザイデン・シュトルンプフ] 男 -[e]s/..strümpfe 絹の靴下(ストッキング).

sei·den⸗weich [ザイデン・ヴァイヒ] 形 絹のように柔らかな.

sei·dig [ザイディヒ záıdıç] 形 (つやつやとして)絹のような.

sei·en [ザイエン záıən] ⇒ sei II

sei·end [ザイエント] ‡sein¹(…である)の現分

‡*die* **Sei·fe** [ザイフェ záıfə]

せっけん Gib mir mal die *Seife*!
ギープ ミァ マール ディ ザイフェ
ちょっとそのせっけんを取ってよ.

囡 (単)-/(複)-n ① せっけん. (英 soap). Bade*seife* 浴用せっけん / ein Stück *Seife* せっけん 1 個 / Die *Seife* schäumt. せっけんが泡立つ / Wasch dir die Hände mit *Seife*! せっけんで手を洗いなさい.
② 《地学》(金・ダイヤモンドなどの)砂鉱床.

sei·fen [ザイフェン záıfən] 他 (h) ① 《方》《物⁴をせっけんで洗う. ② 《地学》洗鉱する.

Sei·fen⸗bla·se [ザイフェン・ブらーゼ] 囡 -/-n シャボン玉;《比》はかない夢(計画). *Seifenblasen*⁴ machen シャボン玉をつくる.

Sei·fen⸗kis·te [ザイフェン・キステ] 囡 -/-n《口語》(子供が組み立てた)木製カート.

Sei·fen⸗lau·ge [ザイフェン・らオゲ] 囡 -/-n せっけん水(液).

Sei·fen⸗oper [ザイフェン・オーパァ] 囡 -/-n《隠語》(テレビなどの)ソープドラマ, メロドラマシリーズ(洗剤会社がスポンサーになったことから).

Sei·fen⸗pul·ver [ザイフェン・プルふァァ] 田 -s/- 粉せっけん, 粉末洗剤.

Sei·fen⸗schaum [ザイフェン・シャオム] 男 -[e]s/ せっけんの泡.

Sei·fen⸗was·ser [ザイフェン・ヴァッサァ] 田 -s/ せっけん水.

sei·fig [ザイフィヒ záıfıç] 形 ① せっけんだらけの. ② せっけんのような(匂い・味など).

sei·hen [ザイエン záıən] 他 (h) (液体⁴を)こす, 5過する.

das **Seil** [ザイる záıl] 田 (単2)-[e]s/(複)-e (3格のみ -en) ロープ, 綱;(登山用の)ザイル. (英 rope). Draht*seil* ワイヤロープ / ein *Seil*⁴ spannen ロープを張る / Das *Seil* reißt. ロープがちぎれる / 物⁴ an (または mit) einem *Seil* hoch|ziehen 物⁴をロープで引き上げる / Das ist ein Tanz auf dem *Seil*.《比》それは危険な企てだ(←綱の上での踊り) / über das *Seil* springen (子供が)縄跳びをする.

Seil⸗bahn [ザイる・バーン] 囡 -/-en ケーブルカー;ロープウェー.

Seil·schaft [ザイるシャふト] 囡 -/-en ① (1 本のロープで結びあった)登山隊, ザイルパーティー. ② (政治的な)同志.

seil|sprin·gen* [ザイる・シュプリンゲン záıl-ʃprɪŋən] 自 (s, h)《不定詞・過去分詞でのみ用いる》(特に子供が)縄跳びをする.

Seil⸗sprin·gen [ザイる・シュプリンゲン] 田 -s/ (子供の)縄跳び.

seil|tan·zen [ザイる・タンツェン záıl-tàntsən] 自 (h, s)《不定詞・過去分詞でのみ用いる》綱渡りをする.

Seil·tän·zer [ザイる・テンツァァ] 男 -s/- 綱渡り師. (女性形: -in).

‡**sein**¹* [ザイン záın]

…である Ich bin Japaner.
イヒ ビン ヤパーナァ
私は日本人です.

現在人称変化
人称	単	複
1	ich bin	wir sind
2	{du bist / Sie sind	{ihr seid / Sie sind
3	er ist	sie sind

過去人称変化
人称	単	複
1	ich war	wir waren
2	{du warst / Sie waren	{ihr wart / Sie waren
3	er war	sie waren

(war, *ist*...gewesen) **I** 自 (完了 sein) ①…である, …だ. (英 be). Sie *ist* jung. 彼女は若い / Wie alt *bist* du? 君は何歳なの / Das Wetter *ist* schlecht. 天気が悪い / Er *ist* Lehrer. 彼は教師だ / Sie *ist* Deutsche. 彼女はドイツ人だ. (英に 職業・国籍などを表す場合はふつう無冠詞の名詞を用いる) / Zwei und drei *ist* fünf. 2 足す 3 は 5 / **das ist** すなわち, つまり (略: d. i.; =das heißt).

◊《前置詞とともに》Er *ist* **außer** sich³ vor Freude. 彼は喜びのあまりわれを忘れている / Er *ist* **beim** Essen. 彼は食事中だ / Ich *bin* **für** (**gegen**) diesen Plan. 私はこの計画に賛成だ(反対だ) / Alles *ist* **in** Ordnung. すべてオーケーだ / Er *ist* **ohne** Geld. 彼は無一文だ.

◊《副詞とともに》Das Fenster *ist* **auf**. 窓が開いている / Das Konzert *ist* **aus**. コンサートが終わった / Das Geschäft *ist* schon **zu**. その店はもう閉まっている.

◊《2 格とともに》Er *ist* guter Laune. 彼は上機嫌だ / Ich *bin* der Meinung, dass … 私は…という意見だ.

sein

◇〖非人称の **es** を主語として〗 Es *ist* acht Uhr. 8時です / Es *ist* schon spät. もう遅い / Es *war* Winter. 冬だった / Es *ist* kalt hier. ここは寒い / Wie *war* es in Spanien? スペインはどうでしたか.

◇〖**es ist**〖人³〗…の形で〗〖人³〗は…の気持ち(感じ)がする ⇨ Es *ist* mir kalt. または Mir *ist* kalt. 私は寒い / Mir *ist* übel. 私は気分が悪い / Es *ist* mir (または Mir *ist*), als ob ich ihn schon einmal gesehen hätte. 私は彼に前に一度会ったような気がする / Mir *ist* heute nicht **nach** Arbeiten.《口語》私はきょうは仕事をする気になれない. (⚠ es は文頭以外ではふつう省かれる).

② (…に)**ある**, いる, 存在する. Wo *ist* hier die Post? この辺りで郵便局はどこにありますか / Wer *ist* da? — Ich bin's (= *bin* es). そこにいるのはだれですか — 私です / Ich denke, also *bin* ich. われ思う, ゆえにわれあり(デカルトの言葉) / Er *ist* nicht mehr.《雅》彼はもうこの世にいない / Es *war* einmal ein König. 昔々一人の王様がいました.

◇〖前置詞とともに〗 Er *ist* gerade **bei** mir. 彼はちょうど私の所に来ている / **In** diesem Bach *sind* viele Fische. この小川には魚がたくさんいる / Sie *ist* in Berlin. 彼女はベルリンにいる / Er *war* im Ausland. 彼は外国に行っていた / Der Schlüssel *war* in meiner Tasche. 鍵(ぎ)は私のバッグの中にあった / Morgen *bin* ich **zu** Hause. あす私は自宅にいます.

③ 〖**aus** (または **von**) 〖人・物³〗 〜〗 〖人・物³〗の出身である, (〖人・物³〗に)由来する. Er *ist* aus Nagoya. 彼は名古屋の出身だ / Sie *ist* aus guter Familie. 彼女は良家の出だ / Das Paket *ist* von meiner Mutter. この小包は母から来たものだ.

④ 起こる; 行われる. Das Erdbeben *war* **im** Sommer letzten Jahres. その地震は去年の夏のことだった / Das Konzert *ist* heute Abend in der Kirche. コンサートは今晩教会で催される / Das *darf* nicht *sein*! そんなことがあってはならない / **Das** *kann sein*. そうかもしれない / Wenn etwas *ist*, ruf mich an!《口語》もし何かあったら私に電話しなさい.

⑤ 〖**zu** 不定詞[句]とともに〗 **…されうる; …されなければならない**. Diese Aufgabe *ist* leicht zu lösen. この問題は容易に解ける / Hunde *sind* an der Leine zu führen. 犬はひもにつないで連れ歩かないといけない.

⑥ 〖方向を表す語句 または zu のない不定詞とともに〗《口語》(…へ)出かけている. Er *ist* in die Stadt. 彼は町に出かけている / Fritz *ist* baden. フリッツは泳ぎに行っている. (⚠ 文末に gegangen または gefahren が略されている).

⑦ 〖3格とともに〗(方・口語)(〖人³〗の)ものである (= gehören). Das Buch *ist* mir. その本は私のです.

◇〖⌒ **gewesen**
▶ **sein|lassen**
∥〖類語〗**sein**:「ある, いる, 存在する」という意味で最も一般的な語. **es gibt** 〖人・物〗⁴: 〖人・物〗⁴がある, いる, 存在する, 〖事〗⁴が起こる. In Australien *gibt* es Kängurus. オーストラリアにはカンガルーがいる. **sich⁴ befinden**: (存在する場所を強調して)…にいる. **liegen**: 横たわっている, [横にして]置いてある. **stehen**: 立っている, [立てて]置いてある.

II 〖助動〗 **A**)〖完了の助動詞〗

…した
Sie *ist* in die Stadt gegangen.
ズィー イスト イン ディ シュタット ゲガンゲン
彼女は町へ出かけました.

〖場所の移動・状態の変化を表す自動詞や **sein**, **bleiben** および 受動の助動詞 **werden** などの過去分詞とともに完了形をつくる〗 ① 〖現在完了形で〗 ⑦ 〖過去の出来事〗 Sie *sind* gestern in München angekommen. 彼らはきのうミュンヒェンに到着した. (⚠ 日常会話などで現在と関連のある過去の出来事を表す). ④ 〖完了〗 Das Kind *ist* gerade eingeschlafen. その子供はたった今寝ついたところだ. ⑦ 〖経験〗 *Sind* Sie einmal in Deutschland gewesen? あなたはドイツに行ったことがありますか. ㊁ 〖未来完了の代用〗 Wenn du heimkommst, *bin* ich schon ins Bett gegangen (=…, *werde* ich schon ins Bett gegangen *sein*). 君が家に帰って来るころには, 私はもう寝ているよ.
② 〖過去完了形で〗 Als er kam, *war* sie schon gegangen. 彼が来たときには, 彼女はもう出かけたあとだった. (⚠ 過去のある時点よりも以前に起こった事柄を表すときに用いられる).

B)〖状態受動の助動詞; 他動詞の過去分詞とともに状態受動をつくる〗 …されている. Das Tor *ist* bis fünf Uhr geöffnet. その門は5時まで開いている. (⚠ 動作受動には werden を用いる. Das Tor *wird* um neun Uhr geöffnet. その門は9時に開けられる).

sein² [ザイン záɪn]

彼の; それの
Ist das *sein* Motorrad?
イスト ダス ザイン モートアラート
これは彼のオートバイですか.

格	男	女	中	複
1	sein	seine	sein	seine
2	seines	seiner	seines	seiner
3	seinem	seiner	seinem	seinen
4	seinen	seine	sein	seine

I 〖冠〗〖所有冠詞; 3人称男性・中性単数〗**彼の; それの**. (英) *his*; *its*). *sein* Vater und *seine* Mutter 彼の父親と彼の母親 / das Dorf und *seine* Umgebung 村とその周辺 / einer *seiner* Freunde² 彼の友人の一人 / *seiner* Meinung³ nach 彼の意見によれば / alles zu *seiner* Zeit 何ごとも適切な時に / Er hat

Seite

seinen Bus verpasst. (口語) 彼はいつものバスに乗り遅れた. ◇〖頭文字を大文字で〗(高位の男性に対する尊称に添えて:) *Seine Majestät* 陛下 / *Seine Exzellenz* 閣下.

II A〖所有代名詞〗① 彼のもの. (英 *his*). Ist das dein Hut? — Nein, das ist *seiner*. これは君の帽子かい — いや, それは彼のだ. ◇〖格語尾なしで〗Das Buch ist *sein*.《方》その本は彼のだ.

② 〖定冠詞とともに〗彼(それ)の… Das war nicht mein Wunsch, sondern der *seine*. 《雅》それは私の望みではなく, 彼の望みだった. ◇〖名詞的に〗die *seine* または die *Seine* 彼の妻 / die *seinen* または die *Seinen* 彼の家族 / das *seine* または das *Seine* a) 彼の義務, b) 彼の財産.

B〖人称代名詞; er および es の 2 格; ふつう seiner を用いる〗☞ seiner I

> 〈メモ〉格変化は定冠詞がない場合は男性 1 格で seiner, 中性 1 格・4 格で sein[e]s となるほかは上の表と同じ. 定冠詞がつく場合は男性 1 格と女性・中性 1 格・4 格で seine, 他は seinen.

Sein [ザイン] 中 -[e]s/ 存在, 実在. *Sein* und *Schein* 実在と仮象.

die **Sei·ne** [ゼーネ] zέːn または ..ネ ..nə] 女 -/〖定冠詞のみを伴う〗〖川名〗セーヌ川(北フランス・パリ市内を流れセーヌ湾に注ぐ).

sei·ne [ザイネ], **sei·nem** [ザイネム], **sei·nen** [ザイネン] 形〖所有冠詞〗☞ sein² I

sei·ner¹ [ザイナァ záɪnɐr] 代〖人称代名詞; er および es の 2 格〗statt *seiner* 彼の代わりに / Wir gedenken *seiner* oft. 私たちは彼のことをよく思い出す.

sei·ner² [ザイナァ] 形〖所有冠詞〗☞ sein² I

sei·nerz**seits** [ザイナァ・ザイツ] 副 彼の方(側)では, 彼としては.

sei·ner=**zeit** [ザイナァ・ツァイト] 副 かつて, そのころ, その当時は. (略: s. Z.). *Seinerzeit* hatten wir noch kein Auto. そのころ私たちはまだ車を持っていなかった.

sei·nes=glei·chen [ザイネス・グらイヒェン] 代〖不定代名詞; 無変化〗彼のような人; そのようなもの. 〈人〉⁴ *wie seinesgleichen* behandeln 〈人〉⁴ を分相応に扱う / Dieses Kunstwerk hat nicht *seinesgleichen*. この作品に匹敵するものはない.

sei·net=hal·ben [ザイネット・ハるベン] 副 = seinetwegen

sei·net=we·gen [ザイネット・ヴェーゲン] 副 彼のために; 彼のせいで.

sei·net=wil·len [ザイネット・ヴィれン] 副〖成句的に〗**um** *seinetwillen* 彼のために.

sei·ni·ge [ザイニゲ záɪnɪɡə] 代〖所有代名詞; 定冠詞とともに; 語尾変化は形容詞と同じ〗《雅》彼のもの. Das ist nicht mein Fahrrad, sondern das *seinige*. それはぼくの自転車ではなく彼のだ. ◇〖名詞的に〗die *seinigen* または die *Seinigen* a) 彼の義務, b) 彼の財産.

sein|las·sen*, **sein las·sen*** [ザイン・らッセン záɪn-làsən] (過分 sein[ge]lassen / sein [ge]lassen) 他 (h) (事⁴)をしないでおく, やめておく. *Lass das sein!* それはやめておきなさい.

seis·misch [ザイスミッシュ záɪsmɪʃ] 形 ① 地震の. ② 地震の, 地震による. *seismische Wellen* 地震波.

Seis·mo·graf [ザイスモグラーふ zaɪsmoɡráːf] 男 -en/-en 地震計.

Seis·mo·graph [ザイスモグラーふ zaɪsmoɡráːf] 男 -en/-en = Seismograf

Seis·mo·lo·gie [ザイスモろギー zaɪsmoloɡíː] 女 -/ 地震学.

*seit [ザイト záɪt]

> …以来 *Seit* wann bist du hier?
>   ザイト ヴァン ビスト ドゥ ヒーァ
>   君はいつからここにいるの.

I 前〖3 格とともに〗…以来, …前から. (英 *since*). Ich bin *seit* zwei Wochen hier. 私は 2 週間前からここにいます / *seit Tagen* 数日前から / *seit kurzem* (または **Kurzem**) 少し前から / *seit langem* (または **Langem**) ずっと前から / *seit damals* あのとき から / *seit gestern* きのうから / *seit eh und je* (口語) ずっと以前から.

II 接〖従属接続詞; 動詞の人称変化形は文末〗…して以来 (=seitdem). *Seit* ich hier wohne, geht es mir besser. ここに住むようになってから, 私は以前より元気です.

seit=dem [ザイト・デーム zaɪt-déːm] **I** 接〖従属接続詞; 動詞の人称変化形は文末〗…して以来. (英 *since*). *Seitdem* wir uns gestritten haben, besucht er mich nicht mehr. けんかをしてからというもの, 彼はもう私を訪ねて来ない.

II 副 それ以来. Ich habe ihn *seitdem* nicht mehr gesehen. それ以来私は彼に会っていない.

*die **Sei·te** [ザイテ záɪtə]

> 側面; ページ
>   Alles hat zwei *Seiten*.
>   アれス ハット ツヴァイ ザイテン
>   どんな物事にも両面がある.

女 (単) -/(複) -n ① (立体的な物の)側面; (…の)側(がわ). (英 *side*). Außen*seite* 外側, 外面 / die obere (untere) *Seite* einer Kiste² 木箱の上の(下の)面 / die vier *Seiten* eines Zimmers 部屋の 4 面 / die linke (rechte) *Seite* der Straße² 通りの左側(右側) / Wir wohnen **auf** der anderen *Seite* des Flusses. 私たちは川の向こう側に住んでいます / **nach (von)** allen *Seiten* 四方八方へ(から) / ein Angriff von der *Seite* 側面からの攻撃.

② (問題などの)側面, (特徴などの)面; 観点. die technische *Seite* dieses Plans この計画の技術的な面 / Das ist nur eine *Seite* der

Sache. それはこの件の一面にすぎない / Physik ist seine schwache (starke) *Seite*. 物理学は彼の苦手(得意)とするところだ / **auf** der einen *Seite* …, auf der anderen *Seite* ~ 一方では…, 他方では~ / 囲[4] **von** allen *Seiten* betrachten 囲[4]をあらゆる観点から考察する / alles[4] von der leichten *Seite* nehmen 万事気楽に考える.

③ わき, かたわら. **auf** die *Seite* gehen (または treten) わきへよける / 物[4] auf die *Seite* legen 《口語》物[4](お金などを)をためこむ / 物[4] auf die *Seite* schaffen 《口語》物[4]をくすねる / 囚[4] auf die *Seite* schaffen 《俗》囚[4]を片づける(殺す) / **zur** *Seite* gehen (または treten) わきへよける ⇨ Geh zur *Seite*! どいてくれ / die Bücher[4] zur *Seite* legen 本をわきへのける / 囚[4] zur *Seite* schieben 《比》(ある地位から)追い出す / 囚[4] zur *Seite* stehen 囚[3]を助ける.

④ (本などの)ページ(略: S.). die *Seiten*[4] umblättern ページをばらばらめくる / **auf** der ersten (letzten) *Seite* 最初(最後)のページに / Das Buch hat 80 *Seiten*. その本は 80 ページある / Bitte schlagen Sie *Seite* 10 auf! 10 ページを開けてください.

⑤ (人間・動物の)わき腹, 横腹. Mir tut die rechte *Seite* weh. 私は右のわき腹が痛い / sich[3] vor Lachen die *Seiten*[4] halten 抱腹絶倒する / *Seite* **an** *Seite* ぴったり並んで / A[4] B[3] **an** die *Seite* stellen A[4] を B[3] に比肩させる, A[4] を B[3] と同列に扱う / **auf** der rechten *Seite* schlafen 右を下にして寝ている / Ich habe Stiche **in** der linken *Seite*. 私は左のわき腹がちくちく痛む / 囚[3] **nicht** von der *Seite* gehen (または weichen) 《口語》囚[3]のそばを離れない / 囚[4] von der *Seite* an|sehen 囚[4]をさげすむ / 囚[3] **zur** *Seite* stehen 囚[3]を助ける.

⑥ (対立するものどうしの一方の)側(ホッ), 党派, 《スポ》サイド. die gegnerische *Seite* 敵側 / **Auf** welcher *Seite* stehen Sie eigentlich? あなたはいったいどちらの側についているのですか / die *Seiten*[4] wechseln コートチェンジする.

◇【**auf** *Seiten*, **von** *Seiten* の形で】auf *Seiten* der Opposition[2] 野党側に / von *Seiten* des Klägers 原告側から.

⑦ (家系の)…方(%). ein Verwandter von der mütterlichen (väterlichen) *Seite* 母方(父方)の親戚である男性. ⑧ 《数》(多角形の)辺, (多面体の)面; (方程式の)項.

▶ **auf-seiten, von-seiten**

Sei·ten≠air·bag [ザイテン・エーアベック] 囲 -s/-s (自動車の)サイドエアバッグ.

Sei·ten≠an·sicht [ザイテン・アンズィヒト] 囡 -/-en 側面図.

Sei·ten≠aus·gang [ザイテン・アオスガング] 囲 -[e]s/..gänge わきの出口, 通用口.

Sei·ten≠blick [ザイテン・ブリック] 囲 -[e]s/-e 横目, 流し目, ウインク. 囚[3] einen koketten *Seitenblick* zu|werfen 囚[3]に色っぽく目くばせする / mit einem flüchtigen *Seitenblick* auf 囚[4] 囚[4]をちらっと横目で見て.

Sei·ten≠ein·gang [ザイテン・アインガング] 囲 -[e]s/..gänge 横入り口, 通用口.

Sei·ten≠flü·gel [ザイテン・フリューゲル] 囲 -s/- 《建》(宮殿などの)側翼, 側廊.

Sei·ten≠gas·se [ザイテン・ガッセ] 囡 -/-n 横丁, 路地.

Sei·ten≠hieb [ザイテン・ヒープ] 囲 -[e]s/-e ① (フェンシングで:)サイドカット. ② 《比》当てこすり, いやみ. 囚[3] einen *Seitenhieb* versetzen 囚[3]にいやみを言う.

sei·ten≠lang [ザイテン・ラング] 形 何ページにもわたる.

Sei·ten≠li·nie [ザイテン・リーニエ] 囡 -/-n ① 《鉄道》支線. ② (一族の)傍系, 分家. ③ 《動》(魚類などの)側線. ④ (球技で:)サイドライン.

Sei·ten≠ru·der [ザイテン・ルーダァ] 囲 -s/- 《空》(垂直尾翼の)方向舵(ど).

sei·tens [ザイテンス *záitans*] 前 《2格とともに》《書》…の側から. *seitens* des Angeklagten 被告側から.

Sei·ten≠schiff [ザイテン・シフ] 囲 -[e]s/-e 《建》(教会の)側廊. (☞「建築様式(1)」, 1744 ページ).

Sei·ten≠sprung [ザイテン・シュプルング] 囲 -[e]s/..sprünge ① 浮気. ② 《古》横跳び.

Sei·ten≠ste·chen [ザイテン・シュテッヒェン] 囲 -s/- (差し込むような)わき腹の痛み.

Sei·ten≠stra·ße [ザイテン・シュトラーセ] 囡 -/-n 裏通り, 横町.

Sei·ten≠tür [ザイテン・テューァ] 囡 -/-en サイドドア, 通用ドア.

sei·ten≠ver·kehrt [ザイテン・フェアケーァト] 形 左右が逆になった(スライドなど).

Sei·ten≠wech·sel [ザイテン・ヴェクセる] 囲 -s/- (球技・フェンシングなどで:)サイドチェンジ, コートチェンジ.

Sei·ten≠weg [ザイテン・ヴェーク] 囲 -[e]s/-e わき道, 横道.

Sei·ten≠wind [ザイテン・ヴィント] 囲 -[e]s/ 横から吹きつける風, 横風.

Sei·ten≠zahl [ザイテン・ツァーる] 囡 -/-en ① (本などの)[総]ページ数. ② 《印》ノンブル, ページ番号.

seit≠her [ザイト・ヘーァ] 副 《書》その後, それ以来 (=seitdem II).

..sei·tig [..ザイティヒ ..*zaitıç*] 《形容詞をつくる接尾》 ① 《(…側の)》例: schul*seitig* 学校側の. ② 《…面の》例: viel*seitig* 多面の. ③ 《…ページの》例: drei*seitig* (=3-*seitig*) 3 ページの.

seit·lich [ザイトリヒ] I 形 わき(横)の, わき(横)からの; *seitlich* aus|weichen わきへよける. II 前 《2格とともに》…のわき(横)に. *seitlich* des Hauses 家の横に.

..seits [..ザイツ *zaits*] 《副詞をつくる接尾》 ① 《(…の側から)》例: ärztlicher*seits* 医者の側から. ② 《(…の方に)》例: beider*seits* 双方に(で).

seit≠wärts [ザイト・ヴェルツ] I 副 脇(横)へ; 脇(横)で. *Seitwärts* stehen die Kinder. 脇には子供たちが立っている. II 前 《2格とともに》

《雅》…の脇(横)に. *seitwärts der Straße* 通りの脇に.

sek., Sek. [ゼクンデ]《略》秒 (=Sekunde).

Se·kan·te [ゼカンテ zekántə] 囡 -/-n 《数》(円の)割線(ポ).

Se·kret [ゼクレート zekré:t] 甲 -[e]s/-e 《医・生》分泌液(物).

der **Se·kre·tär** [ゼクレテーァ zekreté:r] 男 (単2) -s/(複) -e (3格のみ -en) ① 秘書.《英 *secretary*》. *Privatsekretär* 私設秘書. ② (官庁などの)書記官; (政党などの)書記長. ③ ライティングデスク. ④《鳥》ヘビクイワシ.

Se·kre·ta·ri·at [ゼクレタリアート zekretariá:t] 甲 -[e]s/-e 秘書課; (団体・政党などの)事務局, 書記局.

die **Se·kre·tä·rin** [ゼクレテーリン zekreté:rɪn] 囡 -/(複) ..rinnen ① 女性[秘書].《英 *secretary*》. ② 女性書記官[長].

Se·kre·ti·on [ゼクレツィオーン zekretsió:n] 囡 -/-en ①《医・生》分泌[作用]. *die innere (äußere) Sekretion* 内分泌(外分泌). ②《地学》分泌.

der **Sekt** [ゼクト zékt] 男 (単2) -es (まれに -s)/(複) -e (3格のみ -en) スパークリングワイン(シャンパン風の発泡ワイン).《英 *sparkling wine*》. *Der Sekt* schäumt. スパークリングワインが泡立つ.

Sek·te [ゼクテ zéktə] 囡 -/-n 《宗》宗派, 分派; (政治的な)党派, セクト. *eine christliche Sekte* キリスト教の分派.

Sekt·glas [ゼクト・グラース] 甲 -es/..gläser シャンパングラス.

Sek·tie·rer [ゼクティーラァ zɛktí:rər] 男 -s/- (党派・分派の)信奉者; (政治的な)セクト主義者, (旧東ドイツ:)政治的異端者.(女性形: -in).

sek·tie·re·risch [ゼクティーレリッシュ zɛktí:rərɪʃ] 形 宗派の, 分派の; セクト的な; (旧東ドイツ:)政治的異端者の.

Sek·ti·on [ゼクツィオーン zɛktsió:n] 囡 -/-en ① (組織などの)部門, 部局. ②《医》死体解剖, 剖検. ③ (船などの建造物を構成する)ブロック. ④ (旧東ドイツ:)(大学の)学科.

Sek·tor [ゼクトァ zéktor] 男 -s/-en [..トーレン] ① 分野, 領域. ②《数》扇形; (物・電) セクタ. ③ (第二次大戦後のベルリンなどの)占領地区.

Se·kun·da [ゼクンダ zekúnda] 囡 -/..den ① (9年制ギムナジウムの)第6および第7学年 (第6学年が Unter*sekunda*, 第7学年が Ober*sekunda*. それぞれ日本の高校1年, 高校2年に相当). ②《オーストリア》ギムナジウムの第2学年(日本の小学6年に相当). (⇨ *Gymnasium*).

Se·kun·da·ner [ゼクンダーナァ zekundá:nər] 男 -s/- ① (9年制ギムナジウムの)6年および7年生. (女性形: -in). ②《オーストリア》(ギムナジウムの)2年生.

se·kun·där [ゼクンデーァ zekundé:r] 形 ① 二次的な; 副次的な. (⇔ 「一次的な」は primär). ② *in sekundäres Problem* 副次的な問題. ②《化》第2の, 2級の; 《電》二次の. *sekundäre Verbindung* 第2(2級)化合物.

Se·kun·där·li·te·ra·tur [ゼクンデーァ・リテラトゥーァ] 囡 -/ 二次文献, 参考文献.

die **Se·kun·de** [ゼクンデ zekúndə] 囡 (単) -/(複) -n ① (時間の単位:)秒 (略: Sek.; 記号: s).《英 *second*》. Eine Minute hat sechzig *Sekunden*. 1分は60秒である / zwei Stunden, acht Minuten, zehn *Sekunden* 2時間8分10秒 / **auf die *Sekunde* genau** 1秒たがわずぴったりに. ②《口語》ちょっとの間. **in ein paar *Sekunden*** まもなく, すぐに / Eine *Sekunde* [bitte]! ちょっと待ってください. ③《音楽》2度[音程]. ④《理》(角度の単位:)秒 (記号: ").

se·kun·den·lang [ゼクンデン・ラング] 形 数秒間の, 一瞬の.

Se·kun·den·schnel·le [ゼクンデン・シュネレ] 囡 -/ *in Sekundenschnelle* 一瞬のうちに, あっという間に.

Se·kun·den·zei·ger [ゼクンデン・ツァイガァ] 男 -s/- (時計の)秒針.

se·kun·die·ren [ゼクンディーレン zekundí:rən] 自 (h) ① (人・事³を)支持する, 支援する; (…に)賛成して言う. ②《音楽》(人・物³の)伴奏をする. ③ (決闘で:)(人³の)介添えを務める, (ボクシングなどで:)(人³の)セコンドを務める.

se·künd·lich [ゼキュントリヒ] 形 毎秒の, 1秒ごとの.

selb [ゼルプ zélp] 形《付加語としてのみ》同じ, 同一の. *am selben Tag* 同じ日に / *im selben Haus* 同じ家に / *zur selben Zeit* 同じ時間(時代)に.

sel·ber [ゼルバァ zélbər] 代《指示代名詞; 無変化》《口語》[自分]自身 (=selbst). *Mach es doch selber!* [それは]自分でしなさい.

selbst [ゼルプスト zélpst]

| 自分自身 | Das weiß ich *selbst*. |
| ダス ヴァイス イヒ ゼルプスト |
| それは自分でわかっています. |

I 代《指示代名詞; 無変化》《指示する語のあとに置かれて》[自分]自身, [それ]自体. ich *selbst* 私自身[で] / Den Kuchen hat sie *selbst* gebacken. このケーキは彼女が自分で焼いた / Du hast es *selbst* gesagt. それを言ったのは君自身だ / Erkenne dich *selbst*! なんじ自身を知れ / Jeder ist sich³ *selbst* der Nächste. だれでもわが身がいちばんかわいい / Er ist die Güte *selbst*. 彼は善意そのものだ / **aus sich *selbst*** 自分から, 自発的に / **von *selbst*** ひとりでに, おのずから / Das versteht sich von *selbst*. それは自明のことだ.

II 副《強調する語の前に置かれて》…すら, …さえ. *Selbst ich wusste es nicht.* 私でさえそんなことは知らなかった / **selbst wenn** たとえ…ても ⇒ Ich gehe spazieren, *selbst* wenn es regnet. たとえ雨が降っても, 私は散歩に行く.

▶ **selbst gebacken, selbst gemacht**

Selbst [ゼるプスト] 中 -/《雅》自分, 自我. mein wahres *Selbst* 本当の自分 / mein zweites *Selbst* もうひとりの私.

Selbst╱ach・tung [ゼるプスト・アハトゥング] 女 -/ 自尊心, プライド, 自負.

selb・stän・dig [ゼるプ・シュテンディヒ zélpʃtɛnɪç] 形 自立した; 独立している; 自営の (= selbstständig).

Selb・stän・di・ge[r] [ゼルプ・シュテンディゲ (..ガァ) zélpʃtɛndɪɡə (..ɡɐr)] 男女《語尾変化は形容詞と同じ》自営業者, 自由業の人 (=Selbstständige[r]).

Selb・stän・dig・keit [ゼるプ・シュテンディヒカイト] 女 -/ 自立; 独立 (=Selbstständigkeit).

Selbst╱auf・op・fe・rung [ゼるプスト・アオふオプふェルング] 女 -/-en《ふつう単》自己犠牲.

Selbst╱aus・lö・ser [ゼるプスト・アオスれーザァ] 男 -s/-《写》セルフタイマー, 自動シャッター.

die **Selbst╱be・die・nung** [ゼるプスト・ベディーヌング zélpst-bədiːnʊŋ] 女《単》-/ セルフサービス. 《英》self-service. ein Restaurant **mit** *Selbstbedienung* セルフサービスのレストラン.

Selbst・be・die・nungs╱la・den [ゼるプスト・ベディーヌングス・らーデン] 男 -s/..läden セルフサービスの[商]店.

Selbst╱be・frie・di・gung [ゼるプスト・ベふリーディグング] 女 -/ 自慰行為, オナニー.

Selbst╱be・herr・schung [ゼるプスト・ベヘルシュング] 女 -/ 克己, 自制.

Selbst╱be・stä・ti・gung [ゼるプスト・ベシュテーティグング] 女 -/《心》自己(自我)確認, 自分の価値(能力)の確認.

Selbst╱be・stim・mung [ゼるプスト・ベシュティムング] 女 -/ 自主的な決定;《政》(民族の)自決, 自治;《哲》自律.

Selbst・be・stim・mungs╱recht [ゼるプストベシュティムングス・レヒト] 中 -[e]s/《法》(個人・民族の)自決権.

Selbst╱be・tei・li・gung [ゼるプスト・ベタイりグング] 女 -/-en (保険の)免責歩合, 小損害免責(被保険者による損害の一部負担).

Selbst╱be・trug [ゼるプスト・ベトルーク] 男 -[e]s/ 自己欺瞞(ぎまん).

selbst╱be・wusst [ゼるプスト・ベヴスト] 形 ① 《哲》自意識のある, 自覚した. ② 自信(自負心)のある, うぬぼれた.

Selbst╱be・wusst・sein [ゼるプスト・ベヴストザイン] 中 -s/ ① 《哲》自意識, 自覚. ② 自信, 自負心.

Selbst╱bild・nis [ゼるプスト・ビるトニス] 中 -nisses/..nisse 自画像.

Selbst╱dis・zi・plin [ゼるプスト・ディスツィプりーン] 女 -/ 自己規制, 自制心.

Selbst╱ein・schät・zung [ゼるプスト・アインシェッツング] 女 -/-en 自己評価.

Selbst╱er・hal・tung [ゼるプスト・エァはるトゥング] 女 -/ 自己保存.

Selbst・er・hal・tungs╱trieb [ゼるプストエァはるトゥングス・トリープ] 男 -[e]s/-e 自己保存本能.

Selbst╱er・kennt・nis [ゼるプスト・エァケントニス] 女 -/ 自己認識.

Selbst╱fah・rer [ゼるプスト・ふァーラァ] 男 -s/- ① (公用車などを)自分で運転して出かける人, 運転手を必要としない人.(女性形: -in). ② (利用者が自分で操作する)エレベーター. ③ (患者などが自分で動かす)車いす.

selbst╱ge・ba・cken, selbst ge・ba・cken [ゼるプスト・ゲバッケン] 形 自分で焼いた, 手作りの(クッキーなど).

selbst╱ge・fäl・lig [ゼるプスト・ゲふェりヒ] 形 うぬぼれている, 高慢な.

Selbst╱ge・fäl・lig・keit [ゼるプスト・ゲふェりヒカイト] 女 -/ うぬぼれ, 高慢.

selbst╱ge・macht, selbst ge・macht [ゼるプスト・ゲマハト] 形 手製の, 自家製の.

selbst╱ge・nüg・sam [ゼるプスト・ゲニュークザーム] 形 自己満足した, 自足した.

selbst╱ge・recht [ゼるプスト・ゲレヒト] 形 独善的な, ひとりよがりの.

Selbst╱ge・spräch [ゼるプスト・ゲシュプレーヒ] 中 -[e]s/-e《ふつう複》ひとり言. *Selbstgespräche*[4] führen (または halten) ひとり言を言う.

selbst╱herr・lich [ゼるプスト・ヘルりヒ] 形 独断的な, 独裁的な, 自分勝手な.

Selbst╱hil・fe [ゼるプスト・ヒるふェ] 女 -/ ① 自助, 自立. ②《法》自力救済.

Selbst・kos・ten╱preis [ゼるプストコステン・プライス] 男 -es/-e《経》[仕入れ]原価.

Selbst╱kri・tik [ゼるプスト・クリティーク] 女 -/-en《ふつう単》自己批判. *Selbstkritik*[4] üben 自己批判する.

selbst╱kri・tisch [ゼるプスト・クリーティッシュ] 形 自己批判的な, 自分に対して厳しい.

Selbst╱laut [ゼるプスト・らオト] 男 -[e]s/-e《言》母音 (=Vokal).

Selbst╱lob [ゼるプスト・ろープ] 中 -[e]s/-e《ふつう単》自賛.

selbst╱los [ゼるプスト・ろース] 形 私欲のない, 利己的でない, 利他的な. ein *selbstloser* Mensch 私利私欲のない人 / *selbstlos* handeln 私欲を捨てて行動する.

Selbst╱lo・sig・keit [ゼるプスト・ろーズィヒカイト] 女 -/ 無私, 無欲, 利他主義.

Selbst╱mord [ゼるプスト・モルト] 男 -[e]s/-e 自殺. *Selbstmord*[4] begehen 自殺する.

Selbst╱mord・at・ten・tat [ゼるプストモルト・アッテンタート] 中 -[e]s/-e 自爆テロ.

Selbst╱mör・der [ゼるプスト・メルダァ] 男 -s/- 自殺者.(女性形: -in).

selbst╱mör・de・risch [ゼるプスト・メルデリッシュ] 形 ①《付加語としてのみ》《鼓》自殺を目的にした. ②《比》きわめて危険な, 自殺に等しい.

selbst╱re・dend [ゼるプスト・レーデント] 副 もちろん, 言うまでもなく.

selbst╱schlie・ßend [ゼるプスト・シュリーセント] 形 自動開閉の(ドアなど).

Selbst⇔schutz [ゼるプスト・シュッツ] 男 -es/ 自己防衛, 自衛.

selbst⇔si・cher [ゼるプスト・ズィッヒャァ] 形 自信のある, 自信たっぷりの.

*__selbst⇔stän・dig__ [ゼるプスト・シュテンディヒ zélpst-ʃtɛndɪç] 形 《英》 independent) ① <u>自立した</u>, 自主的な. ein selbstständiger Mensch 自立した人 / selbstständig denken 自分の頭で考える. ② (政治的・経済的に)独立している, 自営の. ein selbstständiger Staat 独立国家 / sich⁴ selbstständig machen a) (商売などで)ひとり立ちする, b) 《戯》消え失せる.

Selbst⇔stän・di・ge[r] [ゼるプスト・シュテンディゲ (..ガァ)] 男 女《語尾変化は形容詞と同じ》自営業者, 自由業の人.

Selbst⇔stän・dig・keit [ゼるプスト・シュテンディヒカイト] 女 -/ 自立, 独立.

Selbst⇔stu・di・um [ゼるプスト・シュトゥーディウム] 中 -s/ 独学.

Selbst⇔sucht [ゼるプスト・ズフト] 女 -/ 利己心, 我欲, エゴイズム.

selbst⇔süch・tig [ゼるプスト・ズュヒティヒ] 形 利己的な, 私欲の強い.

selbst⇔tä・tig [ゼるプスト・テーティヒ] 形 自動(式)の, オートマチックの.

Selbst⇔täu・schung [ゼるプスト・トイシュング] 女 -/ 自己欺瞞(ぎまん). sich⁴ einer Selbsttäuschung³ hin|geben 自己欺瞞に陥る.

Selbst⇔über・schät・zung [ゼるプスト・ユーバァシェッツング] 女 -/-en うぬぼれ, 思いあがり.

Selbst⇔über・win・dung [ゼるプスト・ユーバァヴィンドゥング] 女 -/-en 克己, 自己克服, 自制.

Selbst⇔ver・ges・sen [ゼるプスト・フェアゲッセン] 形 《雅》われを忘れた, 忘我の, 無我夢中の.

Selbst⇔ver・lag [ゼるプスト・フェァらーク] 男 -(e)s/ 自費出版.

Selbst⇔ver・leug・nung [ゼるプスト・フェァろイグヌング] 女 -/-en 我慢, 自制; 献身, 没我.

Selbst⇔ver・sor・ger [ゼるプスト・フェアゾルガァ] 男 -s/- 自給自足の人(特に自給自作農). (女性形: -in).

*__Selbst⇔ver・ständ・lich__ [ゼるプスト・フェァシュテントりヒ zélpst-fɛrʃtɛntlɪç] I 形 自明の, 当然の. 《英》 self-evident, self-explanatory). selbstverständliche Tatsachen 自明の事実 / Es ist selbstverständlich, dass ich dir helfe. ぼくが君を助けるのは当然のことだよ. II 副《文全体にかかって》もちろん, 言うまでもない. 《英》 of course). Selbstverständlich fahre ich dich nach Hause. もちろんぼくが君を家まで[車で]送って行くよ / Kommen Sie mit? — Selbstverständlich! あなたもいっしょにいらっしゃいますか — もちろんです.

Selbst⇔ver・ständ・lich・keit [ゼるプスト・フェァシュテントりヒカイト] 女 -/-en 自明[なこと], 当然. mit der größten Selbstverständlichkeit ごく当然のこととして, ごく自然に.

Selbst⇔ver・ständ・nis [ゼるプスト・フェァシュテントニス] 中 ..nisses/ 自己理解(認識).

Selbst⇔ver・tei・di・gung [ゼるプスト・フェァタイディグング] 女 -/-en 自己防衛, 自衛.

Selbst⇔ver・trau・en [ゼるプスト・フェアトラオエン] 中 -s/ 自信.

Selbst⇔ver・wal・tung [ゼるプスト・フェァヴァるトゥング] 女 -/-en (大学・自治体などの)自治.

Selbst⇔zu・frie・den [ゼるプスト・ツふリーデン] 形 自己満足した.

Selbst⇔zu・frie・den・heit [ゼるプスト・ツふリーデンハイト] 女 -/ 自己満足, 自足.

Selbst⇔zweck [ゼるプスト・ツヴェック] 男 -[e]s/ 自己目的, 目的そのもの.

sel・chen [ゼるヒェン zélçən] 他 (h) 《南ド・オーストリア》(肉などを⁴)くん製にする (=räuchern).

se・lek・tie・ren [ゼれクティーレン zelɛktírən] 他 (h) 選び出す, 選択する.

Se・lek・ti・on [ゼれクツィオーン zelɛktsióːn] 女 -/-en ① 《生》[自然]淘汰(ごた). ② 《複なし》選択, 選抜.

se・lek・tiv [ゼれクティーふ zelɛktíːf] 形 ① 選択的な, 選択式の. ② 《放送》(ラジオなどが)選択(選局)度の高い.

Se・len [ゼれーン zeléːn] 中 -s/ 《化》セレン, セレニウム (Se).

Se・le・ne [ゼれーネ zeléːnə] 女 -/ 《ギリシア神》セレネ(月の女神. ローマ神話のルナに当たる).

se・lig [ゼーリヒ zéːlɪç] 形 《英》 blessed) ① <u>この上なく幸せな</u>, 大喜びの. ein seliges Gefühl この上なく幸せな気持ち / Er war selig über diese Nachricht. 彼はこの知らせを聞いて非常に喜んだ. ② 《宗》至福の; 天の祝福を受けた. ein seliges Ende⁴ nehmen 安らかな最期を遂げる / selig werden 《聖》救われる. ③ 故人となった, 亡き, 故…(略: sel.). mein seliger Vater わが亡き父. ④ 《カトリック》福者とされた. ⑤ 《口語》ほろ酔い機嫌の.

..se・lig [..ゼーリヒ ..zeːlɪç] 《形容詞をつくる語尾》(…にあふれた…に酔いしれた) 例: glückselig 喜びにあふれた / weinselig ワインでほろ酔いの.

Se・li・ge[r] [ゼーリゲ (..ガァ) zéːlɪɡə (..ɡər)] 男 女《語尾変化は形容詞と同じ》① 《複》死者たち, 天国に召された人たち. ② 《複なし》《古・戯》亡き故人.

Se・lig・keit [ゼーリヒカイト zéːlɪçkaɪt] 女 -/-en ① 《複なし》《宗》(神から与えられる)至福, 浄福. die ewige Seligkeit⁴ erlangen 永遠(来世)の救いを得る. ② 無上の幸せ(歓喜).

se・lig|prei・sen* [ゼーリヒ・プライゼン zéːlɪç-praɪzən] 他 (h) ① (人⁴を)このうえなく幸せな者としてたたえる. ② 《キリスト教》(故人⁴を天国の)至福にあずかる者としてたたえる.

se・lig|spre・chen* [ゼーりヒ・シュプレッヒェン zéːlɪç-ʃprɛçən] 他(h) 《カトリック》(故人⁴を)列福する(福者として崇敬されよと教皇が宣言する).

Se・lig・spre・chung [ゼーリヒ・シュプレッヒュング] 女 -/-en 《カトリック》(故人の)列福[式].

Sel·le·rie [ゼルリ zéləri] 囡 -s/-[s] (ゼルリー: [..リー] 囡 -/- または -n [..リーエン])《植》セロリ. (☞ Gemüse 図).

**sel·ten [ゼるテン zéltən]

> まれに；まれな
> Whisky trinke ich nur *selten*.
> ヴィスキー トリンケ イヒ ヌーァ ゼるテン
> ウイスキーは私はめったに飲まない.

I 副 ① **まれに，めったに…ない**. (英 seldom). (⚐) 「しょっちゅう」は häufig; 「しばしば」は oft). Wir sehen ihn nur *selten*. 私たちはたまにしか彼とは会わない / nicht *selten* しばしば. ② 《形容詞の前に置いて》《口語》まれに見るほど…，とても…. Die Aufführung war *selten* gut. その公演はまれに見るよい出来だった.
II 形 **まれな**，めったにない，珍しい. (英 rare). ein *seltener* Gast 珍客 / ein *seltenes* Ereignis めったにない出来事 / Er ist ein *seltener* Vogel. 《口語・比》あいつは変わったやつだ. 《類語》**seltsam**: (めったになくて)珍しい. **komisch**: (期待と違っていて)おかしい. **merkwürdig**: (ひどく変わっていて)奇異(奇妙)な. **sonderbar**: (特異で)奇妙な.

Sel·ten·heit [ゼるテンハイト] 囡 -/-en ① 《複なし》まれであること, 希少性. ② 珍しい物, 珍品.
Sel·ten·heits≠wert [ゼるテンハイツ・ヴェーァト] 男 -[e]s/ 希少価値.
Sel·ters [ゼるタァス zéltərs] 中 -/ =*Selters*wasser
Sel·ter[s]≠was·ser [ゼるタァ[ス]・ヴァッサァ] 中 -s/ (種別:) ..wässer (単位: -s)《商標》ゼルター[ス]炭酸水(エムス河畔ニーダーゼルタース産の鉱泉水); (一般に:) 炭酸入りミネラルウォーター.
selt·sam [ゼるトザーム zéltza:m] 形 **奇妙な**, 変な, 風変わりな. (英 strange). ein *seltsamer* Mensch 変わった人 / Mir ist ganz *seltsam* zumute. 私はとても変な気分がする / sich⁴ *seltsam* benehmen 奇妙なふるまいをする. 《類語》**seltsam**: (めったになくて)珍しい. **komisch**: (期待と違っていて)おかしい. **merkwürdig**: (ひどく変わっていて)奇異(奇妙)な. **sonderbar**: (特異で)奇妙な.
selt·sa·mer·wei·se [ゼるトザーマァ・ヴァイゼ] 副 奇妙なことに.
Selt·sam·keit [ゼるトザームカイト] 囡 -/-en ① 《複なし》珍しい(奇妙である)こと. ② 珍しい(奇妙な)出来事.
Se·man·tik [ゼマンティク zemántɪk] 囡 -/《言》意味論.
se·man·tisch [ゼマンティッシュ zemántɪʃ] 形 《言》意味論の; 意味上の, 語義に関する.

*das **Se·mes·ter** [ゼメスタァ zeméstər] 中 (単2) -s/(複) - (3格のみ -n) ① (1年2学期制の)**学期**. (英 semester). Sommer*semester* 夏学期 / Winter*semester* 冬学期 / Ich habe sechs *Semester* Biologie studiert. 私は6学期間生物学を学んだ / Er ist (または steht) jetzt im fünften *Semester*. 彼は今5学期目だ. (⚐) ドイツでは学年ではなく学期で修学期間を示すのがふつう).
② (学生言葉:)(…の)学期目の学生. ein älteres (または höheres) *Semester* 《口語・戯》もう若くはない人(←すでに何学期も学んだ学生).

Se·mes·ter≠fe·ri·en [ゼメスタァ・フェーリエン] 複 (大学の)[学]期末休暇.
se·mi..，Se·mi.. [ゼミ.. zemi.. または ゼーミ..]《形容詞・名詞につける腰頭》《半分・セミ》例: *semi*professionell セミプロの.
Se·mi≠fi·na·le [ゼーミ・フィナーれ] 中 -s/(同) 準決勝.
Se·mi·ko·lon [ゼミ・コーろン zemi-kó:lɔn] 中 -s/-s (または ..kola)《言》セミコロン(記号: ;) (=Strichpunkt).

*das **Se·mi·nar** [ゼミナール zeminá:r] 中 (単2) -s/(複) -e (3格のみ -en) (ゼミナーㇾ: (複) ..narien [..ナーリエン] も) ① (大学の)**ゼミ[ナール]**, 演習と, (一般の)ゼミナー. (英 seminar). Pro*seminar* 入門ゼミ / an einem *Seminar* teil|nehmen ゼミに参加する. ② (大学における各学科の)研究室, 研究所. das juristische *Seminar* 法学研究室. ③ (聖職者を養成する)神学校.
Se·mi·nar≠ar·beit [ゼミナール・アルバイト] 囡 -/-en 演習(ゼミ)のレポート.
Se·mio·tik [ゼミオーティク zemió:tɪk] 囡 -/ ①《哲・言》記号論, 記号学. ②《医》症候学.
Se·mit [ゼミート zemí:t] 男 -en/-en セム族の人, セム人. (女性形: -in).
se·mi·tisch [ゼミーティッシュ zemí:tɪʃ] 形 セム族(語)の.

die **Sem·mel** [ゼンメる zéməl] 囡 (単) -/ (複) -n (ゼンメㇽ・南ドㇾ) ゼンメル(小型の丸い白パン) (=Brötchen). (英 roll). (☞ Brot 図). frische *Semmel* 焼きたてのゼンメル / Das geht weg wie warme *Semmeln*. それは飛ぶように売れる(←温かいゼンメルのように).
sem·mel≠blond [ゼンメる・ブろント] 形 淡いブロンドの[髪の].
sen. [ゼーニオァ] 《略》父の, …シニア (=senior).
Se·nat [ゼナート zená:t] 男 -[e]s/-e ① (古代ローマの)元老院. ② (アメリカなどの)上院; (ハンブルク・ブレーメン・ベルリンの)州政府; (リューベックなどの)市政府; (大学の)評議会. ③ (裁判所の)部.
Se·na·tor [ゼナートァ zená:tor] 男 -s/-en (ゼナートーレン) ① (古代ローマの)元老院議員. ② (アメリカなどの)上院議員; (ハンブルク・ブレーメン・ベルリンの)州政府大臣, (リューベックなどの)市行政官; (大学の)評議員. (女性形: -in).
Sen·de·an·la·ge [ゼンデ・アンらーゲ] 囡 -/-n 《電》送信(放送)設備.
Sen·de≠be·reich [ゼンデ・ベライヒ] 男 -[e]s/-e (放送)ラジオ・テレビのサービスエリア.
Sen·de≠fol·ge [ゼンデ・ふォるゲ] 囡 -/-n (放送) ① 放送プログラム. ②《集》シリーズ番組.
Sen·de≠ge·biet [ゼンデ・ゲビート] 中 -[e]s/-e =Sendebereich
Sen·de≠lei·ter [ゼンデ・らイタァ] 男 -s/- 放送プロデューサー. (女性形: -in).

*sen·den(*) [ゼンデン zéndən] du sendest, er sendet (sandte, *hat ... gesandt* また sendete, *hat ... gesendet*) 他 (定了) haben) ① 【ふつう不規則変化】《雅》(人4を)送る, 発送する, 送り届ける. (英 *send*). 人3 eine Karte4 *senden* 人3 にカードを送る / ein Telegramm4 *an* 人4 *senden* 人4あてに電報を打つ / Ich *habe* ihm mit der Post ein Paket *gesandt*. 私は彼に小包を郵送した. (= 頻顔 schicken). ② 【規則変化, ネ1: 不規則変化】(テレビ・ラジオで)放送(放映)する; (無線で)発信する. Das Fernsehen *sendete* ein Fußballspiel. テレビがサッカーの試合を放送した / Notrufe4 *senden* 遭難信号を発する. ③ 【ふつう不規則変化】《雅》(人4を)派遣する. einen Boten *senden* 使いをやる.

Sen·de·pau·se [ゼンデ・パオゼ] 女 -/-n 《放送》(ラジオ・テレビの)放送休止時間.

der **Sen·der** [ゼンダァ zéndɐr] 男 (単2) -s/ (複) - (3格のみ -n) ① 放送局. (英 *radio (television) station*). von einem anderen *Sender* um|schalten (ラジオ・テレビで)他の局に切り替える. ② 送信機; 送信所. (英 *transmitter*). ③ 《稀》発送(発信)人.

Sen·de·rei·he [ゼンデ・ライエ] 女 -/-n (ラジオ・テレビの)シリーズ番組.

Sen·de·rin [ゼンデリン zéndərın] 女 -/..rin·nen (稀)(女性の)発送(発信)人.

sen·de·te [ゼンデテ] I *senden (送る)の過去 II *senden (送る)の.

die **Sen·dung** [ゼンドゥング zéndʊŋ] 女 (単) -/(複) -en ① (ラジオ・テレビの)放送; 放送番組. (英 *broadcast*[*ing*]). Live*sendung* 生放送 / eine *Sendung* in Stereo ステレオ放送. ② (荒)発送, 送付; 送付物. eine postlagernde *Sendung* 局留便. ③ 【複なし】《雅》(人4の)使命, 使節. eine diplomatische *Sendung*4 erfüllen 外交的使命を果たす.

Se·ne·ca [ゼーネカ zé:neka] -s/ 《人名》セネカ (Lucius Annaeus *Seneca* 前4?–後65; スペイン生まれの古代ローマの詩人・哲学者・政治家).

der **Senf** [ゼンフ zɛnf] 男 (単2) -[e]s/(複) -e (3格のみ -en) ① からし, マスタード. (英 *mustard*). scharfer *Senf* 辛みの強いからし / Würstchen *mit Senf* からしを添えたソーセージ. ② 《口語・比》無用のおしゃべり. seinen *Senf* dazu|geben 聞かれもしないのに意見を言う / Mach keinen langen *Senf*! 長話はやめてくれ. ③ 《植》カラシナ.

Senf·gur·ke [ゼンフ・グルケ] 女 -/-n からし漬けのきゅうり.

Senf·korn [ゼンフ・コルン] 中 -[e]s/..körner 【ふつう複】からし(マスタード)の種子.

sen·gen [ゼンゲン zéŋən] I 他 (h) (鶏など4を)毛焼きする; (荒)(衣服など4を)焦がす. II 自 (h) 焦げる; (太陽が)じりじりと照りつける. ◊《現在分詞の形で》unter der *sengenden* Sonnenhitze 焼けつくような太陽の下で.

se·nil [ゼニール zení:l] 形 ① 老齢の; 老いぼれた. ② 《付加語としてのみ》《医》老人性の. *senile* Demenz 老人性認知症.

Se·ni·li·tät [ゼニリテート zenilité:t] 女 -/ 老化, 老衰.

se·ni·or [ゼニオァ zé:nɪɔr] 形 【人名のあとに置かれて: 無語尾で】父の, ...シニア, 大...(略: sen.). Johann Strauß *senior* ヨーハン・シュトラウス父. (= 「息子の」は junior).

Se·ni·or [ゼーニオァ] 男 -s/-en [ゼニオーレン] ① 【ふつう複】《戯》(息子に対して:) 父親; (商) (商店などの)先代. ② (スポ) シニアクラス[の選手]. (女性形: -in). ③ (年金で生活している)シルバーエイジの人. ④ (団体の)最年長者.

Se·ni·o·ren=ge·recht [ゼニオーレン・ゲレヒト] 形 高齢者に適した.

Se·ni·o·ren=heim [ゼニオーレン・ハイム] 中 -[e]s/-e 老人ホーム (= Altenheim).

Senk=blei [ゼンク・ブライ] 中 -[e]s/-e (建) 錘重(じゅう), 下げ振り[のおもり].

Sen·ke [ゼンケ zéŋkə] 女 -/-n くぼみ, 低地.

Sen·kel [ゼンケル zéŋkəl] 男 -s/- 靴ひも. 人4 in den *Senkel* stellen 《口語》人4を厳しくしかる.

sen·ken [ゼンケン zéŋkən] (senkte, *hat ... gesenkt*) I 他 (定了) haben) ① 下ろす, 下げる. die Arme4 heben und *senken* 腕を上げ下ろしする / den Blick (または die Augen4) *senken* 目を伏せる / den Kopf *senken* うなだれる / die Stimme4 *senken* 《雅》声をひそめる / den Sarg *ins* Grab *senken* ひつぎを墓の中に下ろす. ◊《過去分詞の形で》*gesenkten* Hauptes 《雅》うなだれて / die Augen4 *gesenkt* halten 目を伏せている. ② (価格・温度など4を)下げる. die Preise4 *senken* 価格を下げる / den Blutdruck *senken* 血圧を下げる. II 再帰 (定了) haben) *sich*4 *senken* ① 下りる, 下がる. Der Theatervorhang senkte *sich*. 劇場の幕が下りた. ② (地面などが)沈下する, (水位などが)下がる; (道などが)下り坂になる.

Senk=fuß [ゼンク・フース] 男 -es/..füße 《医》(軽い)扁平(へん)足.

Senk=gru·be [ゼンク・グルーベ] 女 -/-n (建) 汚水だめ.

senk·recht [ゼンク・レヒト zéŋk-rɛçt] 形 ① (数)垂直の; (上下に)まっすぐな, 直立した. (英 *vertical*). (= 「水平の」は waagerecht). eine *senkrechte* Linie 垂直線 / Die Mauer ist nicht *senkrecht*. その壁は傾いている / Bleib *senkrecht*! 《口語》しゃんとしなさい. ② 《スキ》正直な, 心のまっすぐな.

Senk·rech·te [ゼンク・レヒテ zéŋk-rɛçtə] 女 【語尾変化は形容詞と同じ】(数)垂直[線].

Senk·recht=star·ter [ゼンクレヒト・シュタルタァ] 男 -s/- ① (空)垂直離着陸機. ② (比)スピード出世した人; 新星. (女性形: -in). ③ 大ヒット物, ベストセラー.

senk·te [ゼンクテ] senken (下ろす)の過去

Sen·kung [ゼンクング] 囡 -/-en ①《覆 なし》沈降, 沈下, 低下; (価格などの)引き下げ. ②《地学》地盤沈下. ③《獵》くぼ地. ④《詩学》弱音部, 抑格. ⑤《医》血沈.

Senn [ゼン zén] 男 -[e]s/-e《南ドラ・オストッ・スイス》(アルプス高原の)酪農家, 牛飼い.

Sen·ne[1] [ゼンネ zénə] 男 -n/-n《南ドラ・オストッ・スイス》= Senn

Sen·ne[2] [ゼンネ] 囡 -/-n《南ドラ・オストッ》(アルプス地方の)高原牧草地 (= Alm).

Sen·ner [ゼンナァ zénər] 男 -s/-《南ドラ・オストッ》(アルプス高原の)酪農家, 牛飼い (= Senn). (女性形: -in).

die **Sen·sa·ti·on** [ゼンザツィオーン zɛnzatsióːn] 囡 (単) -/(複) -en ① センセーション, (世間の)大評判. (英 sensation). *Sensation*[4] erregen (または machen) センセーションを巻き起こす / Der Roman ist eine literarische *Sensation*. その小説は文学界のセンセーションだ. ②《医》感覚, 知覚.

sen·sa·ti·o·nell [ゼンザツィオネる zɛnzatsionέl] 形 センセーショナルな, 世間を騒がせる; ものすごい. eine *sensationelle* Nachricht センセーショナルなニュース.

sen·sa·ti·ons·lüs·tern [ゼンザツィオーンス・リュスタァン] 形 センセーショナルなものを喜ぶ(好む), 物見高い.

Sen·sa·ti·ons=pres·se [ゼンザツィオーンス・プレッセ] 囡 センセーショナルな記事を売りものにする新聞(雑誌), スキャンダル新聞(雑誌).

Sen·se [ゼンゼ zénzə] 囡 -/-n (大きな)草刈りがま, 大がま. mit der Sense mähen 大がまで草を刈る / [Jetzt ist aber] *Sense*!《俗》a) もうおしまいだ, b) もうたくさんだ.

sen·si·bel [ゼンズィーベる zɛnzíːbəl] 形 ① 感受性の強い, 敏感な, 感じやすい. ein *sensibles* Kind 感受性の強い子供. 《医》敏感などを)知覚する. *sensible* Nerven 知覚神経.

sen·si·bi·li·sie·ren [ゼンズィビリズィーレン zɛnzibilizíːrən] 他 (h) ①《囚[4] für 囲[4] ~》(囚[4]を囲[4]に対して)感じやすくする, 敏感にする. ②《写》増感する.

Sen·si·bi·li·tät [ゼンズィビリテート zɛnzibilitέːt] 囡 -/ ① 感受性, 敏感さ. ②《医》感受性. ③《写》(フィルムの)感[光]度. ④《電》(無線の)感度.

sen·si·tiv [ゼンズィティーふ zɛnzitíːf] 形 神経過敏な, 感受性の鋭い.

Sen·sor [ゼンゾァ zénzɔr] 男 -s/-en [ゼンゾーレン]《工》センサー, 感知装置.

Sen·su·a·lis·mus [ゼンズアリスムス zɛnzualísmʊs] 男 -/《哲》感覚論;《美》感覚主義.

sen·su·ell [ゼンズエる zɛnzuέl] 形 感覚[上]の, 感覚的な.

Sen·tenz [ゼンテンツ zɛnténts] 囡 -/-en ① 格言, 金言. ②《覆 で》《神学》命題論集.

sen·ti·men·tal [ゼンティメンタる zɛntimɛntáːl] 形 感傷的な, センチメンタルな, お涙ちょうだいの. ein *sentimentaler* Schlager センチメンタルな流行歌.

Sen·ti·men·ta·li·tät [ゼンティメンタリテート zɛntimɛntalitέːt] 囡 -/-en 感傷[的なこと], センチメンタルなこと.

Se·oul [ゼウーる zeúːl または ゼーウる zéːʊl] 中 -s/《都市名》ソウル(大韓民国の首都).

se·pa·rat [ゼパラート zɛparáːt] 形 分離した, 別々の; 独立した, 専用の; 単独の. ein *separates* Zimmer 個室.

Se·pa·ra·tis·mus [ゼパラティスムス zɛparatísmʊs] 男 -/ (政治上・宗教上の)分離主義.

Se·pa·ree [ゼパレー zɛparéː] 中 -s/-s (レストランなどの)特別室, 個室.

Sé·pa·rée [ゼパレー zɛparéː]《フラ》中 -s/-s = Separee

se·pa·rie·ren [ゼパリーレン zɛparíːrən] 他 (h) ① (分離器などで囲[4]を)分離させる. ② (病人など[4]を)隔離する.

Se·pia [ゼーピア zéːpia] 囡 -/Sepien [..ピエン] ①《魚》コウイカ(甲鳥賊). ②《覆 なし》セピア(元来はいかのすみからとった絵の具・染料).

Sep·sis [ゼプスィス zépsɪs] 囡 -/Sepsen《医》敗血症 (= Blutvergiftung).

Sept. [ゼプテンバァ]《略》9 月 (= **September**).

der **Sep·tem·ber** [ゼプテンバァ zɛptémbər] 男 (単 2) -[s]/(複) - (3格のみ -n)《ふつう 覆》9 月 (略: Sept.). (英 *September*). 《パ 月名 ☞ Monat》. Anfang *September* 9 月初めに / am 15. (= fünfzehnten) *September* 9 月 15 日に / Im *September* wird es schon ziemlich kühl. 9 月にはもうかなり涼しくなる.

Sep·tett [ゼプテット zɛptét] 中 -[e]s/-e《音楽》七重奏(唱)[曲]; 七重奏(唱)団.

Sep·ti·ma [ゼプティマ zéptima] 囡 -/..timen [..ティーメン]《オストッ》(ギムナジウムの)第 7 学年(日本の高校 2 年に相当). (☞ Gymnasium).

Sep·ti·ma·ner [ゼプティマーナァ zɛptimáːnər] 男 -s/-《オストッ》(ギムナジウムの)7 年生. (女性形: -in).

Sep·ti·me [ゼプティーメ zɛptíːmə] 囡 -/-n《音楽》① (音階の)第 7 音. ② 7 度[音程].

sep·tisch [ゼプティッシュ zéptɪʃ] 形《医》① 敗血症の, 敗血性の. ② 病原菌に汚染された.

Se·quenz [ゼクヴェンツ zekvénts] 囡 -/-en ① 連続, シリーズ; 順序. ②《音楽》反復進行. ③《宗》続唱. ④《映》シーケンス, シークエンス. ⑤《ゴラ》シーケンス, シークエンス.

Ser·be [ゼルべ zérbə] 男 -n/-n セルビア人. (女性形: Serbin).

Ser·bi·en [ゼルビエン zérbiən] 中 -s/《国名》セルビア[共和国](旧ユーゴスラビア連邦の一共和国. 首都はベオグラード).

ser·bisch [ゼルビッシュ zérbɪʃ] 形 セルビア[人・語]の.

Se·re·na·de [ゼレナーデ zerenáːdə] 囡 -/-n《音楽》セレナーデ, 小夜曲.

die **Se·rie** [ゼーリエ zéːriə] 囡 (単) -/(複) -n (英 *series*) ① シリーズ, (記事・番組・本などの)

シリーズもの; (同種のものの)[大量]生産. Fernseh*serie* テレビのシリーズ番組. その作品はシリーズものとして出版される. ② 《口語》一連[のもの], 連続. eine *Serie* von Unfällen 一連の事故. / eine *Serie* [von] Briefmarken シリーズ切手 / 郵⁴ in *Serie* her|stellen 郵⁴を大量生産する / in *Serie* gehen 大量生産される / Das Werk erscheint in einer *Serie*.

se·ri·ell [ゼリエる zeriél] 形 ① 《音楽》セリー技法による. ② 《コンピ》(データ転送などが)シリアルの.

se·ri·en═mä·ßig [ゼーリエン・メースィヒ] 形 連続組み立て方式の(生産), 大量生産の. einen Wagen *serienmäßig* bauen 車を組み立てラインによって生産する.

Se·ri·en═pro·duk·ti·on [ゼーリエン・プロドゥクツィオーン] 女 -/-en 《ふつう 単》(同一規格による)大量生産.

Se·ri·en═schal·tung [ゼーリエン・シャルトゥング] 女 -/-en 《電》直列接続.

se·ri·en═wei·se [ゼーリエン・ヴァイゼ] 副 ① 連続組み立て方式で; シリーズで. ② 《口語》大量に.

se·ri·ös [ゼリエース zeriö:s] 形 ① 端正な, 品位のある, 厳かな. ② (特に商売上)信頼のおける, 堅実な. ③ まじめな, 真剣な.

Ser·mon [ゼルモーン zɛrmó:n] 男 -s/-e ① 《口語》長ったらしい話, 長談義. ② 《古》説教.

Ser·pen·ti·ne [ゼルペンティーネ zɛrpɛntí:nə] 女 -/-n (山腹の)曲がりくねった坂道; (山道の)ヘアピンカーブ.

Se·rum [ゼールム zé:rum] 中 -s/Seren (または Sera)《医》血清; 免疫血清.

Ser·ver [ゼーァヴァァ zé:rvər または ゼル.. zér..] [英] 男 -s/- ① 《コンピ》サーバー. ② (テニスなどの)サーバー.

Ser·vice¹ [ゼルヴィース zɛrví:s] 《フ》中 -(または -s [..セス])/- 食器セット. Kaffee*service* コーヒーセット.

Ser·vice² [ゼーァヴィス zó:rvɪs または ゼル.. zér..] [英] 男 中 -s [..ヴィス(ィス)]/① 《複なし》(レストランなどの)サービス, 客扱い;(顧客に対する)アフターサービス. ② 《ふつう 単》(テニスなどのサーブ[ボール].

ser·vie·ren [ゼルヴィーレン zɛrví:rən] I 他 (h) ① (飲食物など⁴を)出す, 食卓に運ぶ. den Gästen Wein⁴ *servieren* 客にワインを出す. ② (サッカーなどで:)(人³にボール⁴を)出す, アシストする. II 自 (h) ① 給仕をする. ② (テニスで:)サーブをする.

Ser·vie·re·rin [ゼルヴィーレリン zɛrví:rərɪn] 女 -/..rinnen ウェートレス.

Ser·vier═tisch [ゼルヴィーァ・ティッシュ] 男 -es/-e 給仕台, サイドテーブル.

Ser·vier═wa·gen [ゼルヴィーァ・ヴァーゲン] 男 -s/- (レストランの)サービスワゴン.

die **Ser·vi·et·te** [ゼルヴィエッテ zɛrviétə] 女 (単)/(複)-n (食卓用の)ナプキン. (豪) *nap-*

kin). die *Serviette*⁴ entfalten (zusammen-|legen) ナプキンを広げる(折りたたむ).

Ser·vi·et·ten═ring [ゼルヴィエッテン・リング] 男 -[e]s/-e ナプキンリング(巻いたナプキンにはめておく輪).

ser·vil [ゼルヴィーる zɛrví:l] 形 卑屈な, ぺこぺこした.

Ser·vi·li·tät [ゼルヴィリテート zɛrvilitɛ́:t] 女 -/-en ① 《複なし》卑屈, 追従. ② 卑屈な言動.

Ser·vo═brem·se [ゼルヴォ・ブレムゼ] 女 -/-n サーボブレーキ.

Ser·vo═len·kung [ゼルヴォ・れンクング] 女 -/-en 《工》パワーステアリング, サーボステアリング.

Ser·vo═mo·tor [ゼルヴォ・モートァ] 男 -s/-en [..モートーレン]《工》サーボモーター.

ser·vus! [ゼルヴス zérvʊs] 間 《南ド・オーストリ》やあ, こんにちは; さようなら, チェアリフト.

Se·sam [ゼーザム zé:zam] 男 -s/-s 《植》ゴマ[の実]. *Sesam*, öffne dich! 《戯》開けごま(開門・宝物獲得の呪文).

der **Ses·sel** [ゼッセる zésəl] 男 (単²) -s/(複) - (3格のみ -n) ① (ひじ掛けのある)安楽いす, ひじ掛けいす. (豪) *armchair*). (☞ Stuhl 図). ein bequemer *Sessel* 座り心地のよい安楽いす / sich⁴ in einen *Sessel* setzen 安楽いすに座る / Er sitzt im *Sessel*. 彼は安楽いすに座っている. ② 《オーストリ》いす (= Stuhl).

Ses·sel═lift [ゼッセる・りフト] 男 -[e]s/-e (また -s) (スキー場などの)チェアリフト.

sess·haft [ゼスハフト] 形 定住している; 腰を落ちつけた. Er ist jetzt in Bonn *sesshaft*. 彼は今ボンに居を構えている / *sesshaft* werden 住居を定める.

Ses·si·on [ゼスィオーン zɛsió:n] 女 -/-en (長期にわたる)会議; 会期.

Set [ゼット zét] [英] 中 男 -[s]/-s ① 1組, セット. ein *Set* aus Kamm, Bürste und Spiegel くし, ブラシ, 鏡の一そろい. ② ランチョンマット. ③ 《心》[心]構え, 態度.

Set·ter [ゼッタァ zétər] 男 -s/- セッター(猟犬の一種).

Setz·ei [ゼッツ・アイ] 中 -[e]s/-er 《北東ド》《料理》目玉焼き.

***set·zen [ゼッツェン zétsən]

> (再帰で:)座る Bitte *setzen* Sie *sich*!
> ビッテ ゼッツェン ズィー ズィヒ
> どうぞお座りください.

du setzt (setzte, hat/ist ... gesetzt) I 再帰 《完了 haben》 sich⁴ *setzen* ① 座る, 腰かける. (豪) *sit down*). Darf ich *mich* hierhin *setzen*? ここに座ってもいいですか / sich⁴ an den Tisch *setzen* 机につく / sich⁴ auf einen Stuhl *setzen* いすに座る / Der Vogel *setzte* sich auf einen Zweig. 鳥は枝にとまった / sich⁴ in einen Sessel *setzen* 安楽いすに座る / Sie

Setzer

setzte sich in das Auto. 彼女はその車に乗りこんだ / *sich*⁴ *neben* 人⁴ *setzen* 人⁴の隣りに座る / *Setz dich* **zu** *uns*! ぼくたちの所に座れよ. ② 〖前置詞+特定の名詞とともに〗(…の状態に)入る. *sich*⁴ **an** die Arbeit *setzen* (座って)仕事にとりかかる / *sich*³ **in** Bewegung *setzen* 動き出す, 発車する / *sich*⁴ **zur** Ruhe *setzen* 引退する.

③ (かすが)沈殿する, (地盤が)沈下する. Der Kaffee *hat sich gesetzt*. コーヒーのかすが沈んだ. ④ 〖方向を表す語句とともに〗(においなどが…に)染みつく, 入り込む. Der Geruch *setzt sich* in die Kleider. においが服に染みつく.

II 〘他〙 (完了 haben) ① 〖方向を表す語句とともに〗(人⁴を…へ)座らせる. Sie *setzt* das Kind **auf** den Stuhl. 彼女は子供をいすに座らせる / Wen *können* wir bei Tisch **neben** Frau Müller *setzen*? 会食のときにミュラー夫人の隣りにはだれに座ってもらおうか.

② 〖方向を表す語句とともに〗(物⁴を…へ)置く, 据える. einen Stuhl **ans** Fenster *setzen* いすを窓辺に置く / das Glas⁴ **an** den Mund *setzen* グラスを口に当てる / Er *hat* seinen Koffer **auf** den Boden *gesetzt*. 彼はスーツケースを床に置いた / [sich³] den Hut auf den Kopf *setzen* 帽子をかぶる / einen Topf aufs Feuer *setzen* 深鍋(ふかなべ)を火にかける / ein Wort⁴ **in** Klammern *setzen* ある単語をかっこに入れる / Karpfen⁴ in einen Teich *setzen* 鯉(こい)を池に放す / eine Anzeige⁴ in die Zeitung *setzen* 新聞に広告を出す / 物⁴ **unter** Wasser *setzen* 物を水浸しにする / einen Stein *setzen* (チェスなどで:)こまを置く. ◊〖目的語なしでも〗Du *musst setzen*. (チェスなどで:)君の番だよ.

③ 〖前置詞+特定の名詞とともに〗(人・物⁴を…の状態にする. 人⁴ **auf freien Fuß** *setzen* 人⁴を釈放する / eine Maschine⁴ **in** (**außer**) Betrieb *setzen* 機械を作動させる(止める) / ein Gesetz⁴ in (außer) Kraft *setzen* 法律を発効させる(無効にする) / 人⁴ in Begeisterung (Erstaunen) *setzen* 人⁴を感激させる(驚かせる) / 物⁴ **in** Brand *setzen* 物⁴に火をつける / ein Gedicht⁴ in Musik *setzen* 詩に曲をつける / eine Arbeit⁴ ins Werk *setzen* 仕事にとりかかる.

④ 植える, 植えつける. Salat⁴ *setzen* サラダ菜を植える / Diese Bäume *wurden* vor 10 Jahren *gesetzt*. 【受動・過去】これらの木は10年前に植えられた.

⑤ 築く, 建てる; (帆など⁴を)上げる, 立てる, (旗など⁴を)揚げる. einen Ofen *setzen* 暖炉を築く / Man *hat* ihm ein Denkmal *gesetzt*. 彼の記念碑が建てられた / die Segel⁴ *setzen* 帆を上げる. ⑥ (期限・目標など⁴を)定める, 設定する. einen Termin *setzen* 期日を定める / 物⁴ Grenzen⁴ *setzen* 物³を制限する / Du *musst* dir ein Ziel *setzen*. 君は目標を定めなければならない. ⑦ 賭(か)ける. Ich *setze* [hundert Euro] **auf** dieses Pferd. 私は[100ユーロを]この馬に賭けよう / Er *setzte* seine Hoffnungen *auf* uns. 《比》彼は私たちに期待をかけた. ⑧ (文字など⁴を)書く, 記入する; (リストなどに)載せる. ein Komma⁴ *setzen* コンマを打つ / 人⁴ **auf** eine Liste *setzen* 人の名前をリストに載せる. ⑨ 《印》活字に組む, 植字する. ein Manuskript⁴ *setzen* 原稿を活字に組む. ⑩ (スポ) シードする. ⑪ (人・物⁴を…へ)渡す. 人⁴ **über** den Fluss *setzen* 人⁴を川向こうへ渡す.

III 〘自〙 (完了 sein または haben) 〖**über** 物⁴ ~〗(物⁴を)[跳び]越える; (物⁴(川など)を)渡る. über eine Hürde *setzen* ハードルを跳び越える / Die Römer *setzten* hier über den Rhein. ローマ人はここでライン川を渡った.

IV 非人称 (完了 haben) 〖**es** *setzt* 物⁴の形で〗《口語》物⁴(なぐり合いなど)が起こる. Gleich *setzt* es Hiebe. 今にげんこつが飛ぶぞ.

◊☞ gesetzt

Set·zer [ゼッツァァ zétsər] 男 -s/- 《印》植字工. (女性形: -in).

Set·ze·rei [ゼッツェライ zetsərái] 女 -/-en 《印》(印刷業の)製版部(所), 植字部(室).

Setz꠹kas·ten [ゼッツ・カステン] 男 -s/..kästen (まれに -) ① 《園芸》苗[入れ用の]箱. ② 《印》活字箱.

Setz·ling [ゼッツリング zétslɪŋ] 男 -s/-e ① 《園芸》苗木, 苗. ② 《養殖用の》稚魚.

Setz꠹ma·schi·ne [ゼッツ・マシーネ] 女 -/-n 《印》植字機.

setz·te [ゼッツテ] ⁝setzen (再帰 で: 座る)の過去

Seu·che [ゾイヒェ zɔ́yçə] 女 -/-n 伝染病, 疫病;《比》(好ましくないものの)流行. **an einer** *Seuche* **erkranken** 伝染病にかかる / Fremdwörter*seuche* 外来語の乱用.

seuf·zen [ゾイフツェン zɔ́yftsən] du seufzt, (seuftze, *hat*…geseuft) **I** 〘自〙 (完了 haben) ため息をつく, 嘆息する. 《比》*sigh*). Sie *seufzte* tief. 彼女は深くため息をついた / **nach** 人³ *seufzen* 人³を恋い焦がれてため息をつく / **unter** einer Last *seufzen* 重荷にあえぐ.

II 〘他〙 haben) (…と)ため息まじりに言う.

Seuf·zer [ゾイフツァァ zɔ́yftsər] 男 -s/- ため息, 吐息. einen *Seufzer* aus|stoßen ため息をつく / Er tat seinen letzten *Seufzer*.《雅》彼は息を引き取った.

seufz·te [ゾイフツテ] seufzen (ため息をつく)の過去

Sex [ゼクス zéks] [英] 男 - (まれに -es) /《口語》 ① (男女の)性, セックス. ② 性交; 性生活. ③ セックスアピール.

Sex꠹ap·peal, Sex-Ap·peal [ゼクス・エピール] [英] 男 -s/ セックスアピール.

Sex꠹bom·be [ゼクスボンベ] 女 -/-n 《俗》セックスアピールの強烈な女性(特に映画女優).

Sex·ta [ゼクスタ zéksta] 女 -/Sexten ① (9年制ギムナジウムの)第1学年(日本の小学5年に相当). ② (ギムナ)(ギムナジウムの)第6学年(日本の高校1年に相当). (☞ Gymnasium).

Sex·ta·ner [ゼクスターナァ zɛkstáːnər] 男 -s/

① (9年制ギムナジウムの) 1年生. (女性形: -in).
② (ｵｰｽﾄﾘｱ) 6年生.

Sex·tant [ゼクスタント zɛkstánt] 男 -en/-en《海》六分儀.

Sex·te [ゼクステ zɛ́kstə] 因 -/-n《音楽》6度《音程》.

Sex·tett [ゼクステット zɛkstét] 田 -[e]s/-e《音楽》六重奏(唱)[曲]; 六重奏(唱)団.

se·xu·al [ゼクスアーる zɛksuá:l] 形 (風)性の, 性的な (=sexuell).

Se·xu·al≠er·zie·hung [ゼクスアーる・エァツィーウング] 因 -/ 性教育.

Se·xu·al≠hor·mon [ゼクスアーる・ホルモーン] 田 -s/-e 性ホルモン.

Se·xu·a·li·tät [ゼクスアりテート zɛksualité:t] 因 -/ 性, 性別; セックス; 性欲.

Se·xu·al≠ver·bre·chen [ゼクスアーる・フェアブレッヒェン] 田 -s/- 性犯罪.

se·xu·ell [ゼクスエる zɛksuél] 形 性の, 性的な.

Se·xus [ゼクスス zɛ́ksʊs] 男 -/《ふつう 単》性; 性欲.

se·xy [ゼクスィ zéksi] [英] 形《無語尾で》《口語》セクシーな, 性的魅力のある.

Se·zes·si·on [ゼツェスィオーン zetsɛsió:n] 因 -/-en ① (ある国家からの)独立; (宗教・芸術などの)分離, 脱退. ② (美) 分離派, セセッション;《圈 なし》(オーストリアの)ユーゲントシュティール派.

se·zie·ren [ゼツィーレン zetsí:rən] 他 (h) ①《医》(死体 4 を)解剖する. ②《比》細かく分析する. ein Kunstwerk 4 sezieren 芸術作品を詳しく分析して解釈する.

Se·zier≠mes·ser [ゼツィーァ・メッサァ] 田 -s/-《医》解剖刀.

sfr, sFr. [シュヴァイツァァ フランケン]《略》スイスフラン (スイスの通貨単位) (=Schweizer Franken).

sg., Sg. [ズィングらール]《略》単数 (=Singular).

Shake·speare [シェーク・スピーァ ʃéːk-spiːr] -s/《人名》シェークスピア (William *Shakespeare* 1564-1616; イギリスの劇作家・詩人).

Sham·poo [シャンプー ʃámpu または ..ポ ..po] 田 -s/-s シャンプー.

Sham·poon [シャンポーン ʃampóːn または シェンプーン ʃɛmpúːn] 田 -s/-s =Shampoo

Sher·ry [シェリ ʃéri] [英] 男 -s/-s シェリー酒 (スペイン産の白ワイン).

Shil·ling [シリング ʃílɪŋ] [英] 男 -s/-s (単位: -/-) シリング (1971年まで使用されたイギリスの通貨単位. 1/20ポンドに相当した; 略: s または sh).

Shop [ショップ ʃɔ́p] [英] 男 -s/-s 店, 商店 (=Laden, Geschäft).

shop·pen [ショッペン ʃɔ́pən] 自 (h) 買い物をする.

Shop·ping [ショッピング ʃɔ́pɪŋ] [英] 田 -s/ 買い物, ショッピング.

Shop·ping≠cen·ter, Shop·ping-Cen·ter [ショッピング・センタァ] [英] 田 -s/- ショッピングセンター (=Einkaufszentrum).

Shorts [ショーァツ ʃɔ́ːrts または ショルツ ʃɔ́rts] [英]圈《服飾》ショートパンツ.

Show [ショー ʃóː] [英] 因 -/-s ショー, 見せ物.

Show≠ge·schäft [ショー・ゲシェフト] 田 -[e]s/ ショービジネス.

Show≠mas·ter [ショー・マースタァ] 男 -s/- ショーの司会者. (女性形: -in).

Si [エス・イー]《化・記号》珪素(ｹｲ) (=Silizium).

Si·am [ズィーアム zíːam] 田 -s/《国名》シャム (タイ国の旧称)

Si·bi·ri·en [ズィビーリエン zibíːriən] 田 -s/《地名》シベリア.

si·bi·risch [ズィビーリッシュ zibíːrɪʃ] 形 シベリアの.

＊**sich** [ズィヒ zíç] 代 **A)**《再帰代名詞; 3人称および2人称敬称の3格・4格》①《3格・4格で》**自分自身を**(に). Er wäscht *sich*⁴. 彼は自分の(体を)洗う / *sich*⁴ für 人・事⁴ opfern 人・事⁴のために自分を犠牲にする / Damit hat er *sich*³ geschadet. そのことで彼は損をした(←自分に損害を与えた).

②《動詞と密接に結合して再帰動詞をつくる》⑦《4格で》*sich*⁴ ärgern 腹を立てる / *sich*⁴ beeilen 急ぐ / *sich*⁴ bewegen 動く / *sich*⁴ erkälten 風邪をひく / Er erinnert *sich*⁴ gut **an** seinen Großvater. 彼はおじいさんのことをよく覚えている / *sich*⁴ freuen 喜ぶ / *sich*⁴ setzen 座る / *sich*⁴ schämen 恥じる / *sich*⁴ täuschen 思い違いをする. ④《3格で》*sich*³ 物・事⁴ an|eignen 物・事⁴を自分のものにする / *sich*³ 事⁴ ein|bilden 事⁴を思い込む / *sich*³ 事⁴ erlauben あえて事⁴をする / *sich*³ 物・事⁴ vor|stellen 物・事⁴を思い浮かべる, 想像する.

③《3格で》《所有・利害・関心を表して》Er wäscht *sich*³ die Hände. 彼は自分の手を洗う / Sie kaufte *sich*³ ein Eis. 彼女は[自分のために]アイスクリームを買った / Haben Sie *sich*³ schon die Ausstellung angesehen? もうその展示会を見ましたか.

④《4格で: 結果を表す句句とともに》*sich*⁴ satt essen たらふく食べる / *sich*⁴ zu Tode lachen 死ぬほど笑う.

⑤《4格で; 様子・状態を表す句句とともに》《受動の意味を表して》Diese CD-Platte verkauft *sich*⁴ gut. このCDはよく売れる / Das versteht *sich*⁴ von selbst. それは自明のことだ(←おのずから理解できる). ◊《**lassen** とともに》Das lässt *sich*⁴ nicht leugnen. それは否定できない / Der Wein lässt *sich*⁴ trinken. このワインはなかなかいける.

⑥《4格で; 非人称の **es** を主語として》Es handelt *sich*⁴ um unseren Sohn. (今問題になっているの)うちの息子のことなんです / Hier lebt es *sich*⁴ gut. ここは暮らしやすい.

⑦《3格・4格で; 前置詞とともに》Er denkt nur **an** *sich*⁴. 彼は自分のことしか考えない / an *sich*³ または an und für *sich*⁴ それ自体, 本来 / Er nahm die Schuld **auf** *sich*⁴. 彼は自

分で責任を負った / Das hat nichts auf *sich*³ . それは重要ではない / **außer** *sich*³ **sein** われを忘れている / **Geld⁴ bei** *sich*³ **haben** お金の持ち合わせがある / **nicht bei** *sich*³ **sein** a) 失神している, b) 正気でない / **für** *sich*³ それだけで, ひとりで / 國⁴ **hinter** *sich*³ **haben** 國⁴を済ませている / **von** *sich*³ **aus** 自発的に, 自ら / 國⁴ **vor** *sich*³ **haben** まだ國⁴をしなければならない / **wieder zu** *sich*³ **kommen** 正気に返る / Er bat sie zu *sich*³. 彼は彼女に自分の所に来るように頼んだ.

B)《相互代名詞; 3人称および2人称敬称複数の3格・4格》互いを(に). Sie lieben *sich*⁴. 彼らは愛し合っている / Sie helfen *sich*³. 彼らは互いに助け合っている.

☞ 1人称 ich, wir と2人称 du, ihr が主語の場合には sich ではなく人称代名詞の3格・4格と同じ形になる. 例: Ich wasche *mich*. 私は体を洗う.

Si·chel [ズィッヒェる zíçəl] 囡 -/-n 《三日月形の》[草刈り]かま. die *Sichel* des Mondes《比》三日月.

si·chel≠för·mig [ズィッヒェる・フェルミヒ] 形 三日月形の, かま状の.

*si·cher [ズィッヒャァ zíçɐr]

> 安全な; きっと
> *Sicher* kommt er bald.
> ズィッヒャァ コムト エァ バるト
> きっと彼はもうじき来るよ.

I 形 ① 安全な, 危険のない. (英 safe). Hier bist du *sicher*. ここにいれば君は安全だ / ein *sicherer* Weg 安全な道 / ein *sicherer* Arbeitsplatz 危険のない仕事場 / **vor** 國³ *sicher* **sein** 國³に対して安全である ⇒ In der Hütte waren wir vor dem Unwetter *sicher*. 私たちは山小屋にいたので暴風雨を避けることができた / *sicher* gehen (転ばないように)しっかり歩く / *Sicher* ist *sicher*. 《口語》用心するに越したことはない.

② 信頼できる, 安心できる. ein *sicherer* Beweis 信頼できる証拠 / aus *sicherer* Quelle 確かな筋から / ein *sicheres* Einkommen 安定した(保証されている)収入.

③ (判断などが)確かな, (熟達していて)確実な. ein *sicheres* Urteil 確かな判断[力] / Der Zahnarzt hat eine *sichere* Hand. その歯医者は腕が確かだ. ◊《副詞的に》Sie fährt sehr *sicher* Auto. 彼女は非常に慎重に車を運転する.

④ 自信に満ちた, 自信のある. Er hat ein *sicheres* Auftreten. 彼の態度は自信に満ちている.

⑤ (起こることが)確実な, 確かな. ein *sicherer* Sieg 確実な勝利 / Es ist *sicher*, dass er kommt. 彼が来るのは確実だ.

⑥ 《成句的に》[sich]³ 人・事² *sicher* sein 人・事² に確信がある. Er war [sich] des Erfolgs *sicher*. 彼は成功を確信していた / Ich bin meiner selbst nicht mehr *sicher*. 私はもう自分に自信が持てない. ◊《dass 文とともに》Ich bin [mir] *sicher*, dass ... 私は…ということを確信している.

II 副 きっと, 確かに. (英 certainly). Das ist *sicher* richtig. 確かにそのとおりさ / Kommst du auch wirklich? — Aber *sicher*! ほんとに君も来るの? — もちろんだよ.

類語 **sicher**: (信頼性、まず間違いのないという意味で)確かな. **gewiss**: (疑いなく確実に行われるという意味で)確かな. Eine Strafe ist ihm *gewiss*. 彼が罰せられることは確かだ. **bestimmt**: (内容的に正しく、はっきりしているという意味で)確かな.

..si·cher [..ズィッヒャァ ..zɪçər] 《形容詞をつくる接尾》① 《…の確実な》 例: siegess*icher* 勝利の確実な. ② 《…を防ぐ》 例: kältes*icher* 防寒の. ③ 《…に耐える》 例: waschs*icher* 洗濯のきく; kurvens*icher* カーブでも安定した.

si·cher|ge·hen* [ズィッヒャァ・ゲーエン zíçərgèːən] 自 (s) 危険を冒さない, 安全策を取る. um *sicherzugehen* 念のために.
(文法 sicher gehen は「しっかり歩く」を意味する) ☞ sicher.

*die **Si·cher·heit** [ズィッヒャァハイト zíçərhaɪt] 囡 (単) -/(複) -en ① 《圈 なし》安全, 安全性. (英 safety). Verkehrs*sicherheit* 交通安全 / die öffentliche *Sicherheit* und Ordnung 公共の安全と秩序 / **in** *Sicherheit* **sein** 安全である / 人・物⁴ **in** *Sicherheit* **bringen** 人・物⁴を安全な場所へ移す / 囚⁴ **in** *Sicherheit* **wiegen** 囚⁴を安全であると思い込ませる.

② 《圈 なし》 信頼性, 確かさ; 確信. **mit** *Sicherheit* 確信を持って, 確かに. ③ 《圈 なし》 自信, (行動などの)落ち着き. ④ 《経》 保証; 担保. *Sicherheiten*⁴ **geben** 担保を与える. ⑤ 《政》 安全保障.

Si·cher·heits≠ab·stand [ズィッヒャァハイツ・アップシュタント] 男 -[e]s/..stände 《交通》 安全車間距離.

Si·cher·heits≠bin·dung [ズィッヒャァハイツ・ビンドゥング] 囡 -/-en (スキーの)セーフティービンディング.

Si·cher·heits≠dienst [ズィッヒャァハイツ・ディーンスト] 男 -[e]s/-e ① (国家の)秘密情報機関. ② (民間企業の)警備担当部.

Si·cher·heits≠glas [ズィッヒャァハイツ・グらース] 匣 -es/..gläser 安全ガラス.

Si·cher·heits≠gurt [ズィッヒャァハイツ・グルト] 男 -[e]s/-e (乗用車・飛行機の)シートベルト; (高所作業用の)安全ベルト.

si·cher·heits≠hal·ber [ズィッヒャァハイツ・はルバァ] 副 安全のために, 念のために.

Si·cher·heits≠ket·te [ズィッヒャァハイツ・ケッテ] 囡 -/-n ドアチェーン; (時計などの)安全鎖.

Si·cher·heits≠na·del [ズィッヒャァハイツ・ナーデる] 囡 -/-n 安全ピン.

Si·cher·heits≠pakt [ズィッヒャァハイツ・パクト] 男 -[e]s/-e 安全保障条約.

Si·cher·heits=rat [ズィッヒァハイツ・ラート] 男 -[e]s/ 〔国連の〕安全保障理事会.

Si·cher·heits=ri·si·ko [ズィッヒァハイツ・リーズィコ] 中 -s/ 危険分子.

Si·cher·heits=schloss [ズィッヒァハイツ・シュロス] 中 -es/..schlösser 安全錠, セーフティーロック.

Si·cher·heits=ven·til [ズィッヒァハイツ・ヴェンティーる] 中 -s/-e 〖工〗(ボイラーの)安全弁.

Si·cher·heits=vor·keh·rung [ズィッヒァハイツ・フォーァケールング] 囡 -/-en 〖ふつう 複〗安全対策.

si·cher·lich [ズィッヒァァリヒ] 副 確かに, きっと. Er kommt *sicherlich*. 彼はきっと来るよ.

si·chern [ズィッヒァン zíçərn] (sicherte, hat ... gesichert) **I** 他 〖完了〗haben) 〖英 secure〗① 安全にする, 守る. 〖人・物〗4 gegen 〖人・物〗4 (または vor 〖人・物〗3) *sichern* 〖人・物〗4を〖人・物〗4 (または 〖人・物〗3)から守る / das Fahrrad4 [mit einem Schloss] *sichern* (盗難を防ぐために)自転車に錠をかける / die Pistole4 *sichern* ピストルに安全装置をかける. ◇〖再帰的に〗*sich4 sichern* 身を守る, 安全にする ⇒ Du musst dich gegen den Verlust des Reisegepäcks *sichern*. 君は旅行手荷物がなくならないように気をつけなくてはならない.
② (〖人〗3に)〖物〗4を)確保する; 保障する; 保証する. die Rechte4 der Frauen2 *sichern* 女性の権利を保障する / Dieser Sprung *hat* ihm den Sieg *gesichert*. このジャンプで彼の勝利が確実になった / Seine Zukunft *ist gesichert*. 〖状態受動・現在〗彼の将来は保障されている. ◇〖再帰的に〗*sich3* einen Platz *sichern* (自分のために)席を確保する. ③ 〔現場で警察が足跡・指紋4を)確保する, 採取する.
II 自 〖完了〗haben) 〖狩〗(鹿などが)じっと聞き耳を立てる.

si·cher|stel·len [ズィッヒァァ・シュテれン zíçər-ʃtɛlən] 他 (h) ① 保障する, 確保する. 〖人〗4 finanziell *sicherstellen* 金銭的に〖人〗4の面倒をみる. ② (警察などが)押収する.

Si·cher|stel·lung [ズィッヒァァ・シュテるング] 囡 -/ ① 保障, 確保. ② 押収.

si·cher·te [ズィッヒァテ] sichern (安全にする) の過去.

Si·che·rung [ズィッヒェルング] 囡 -/-en ① 保安, 保全, 安全対策. ②〖経〗担保. ③ (銃などの)安全装置. ④〖電〗ヒューズ.

die Sicht [ズィヒト zíçt] 囡 -/(複) -en (英 sight) ① 〖複 なし〗視界, 視野; 見晴らし, 眺め. Heute ist gute (schlechte) *Sicht*. きょうは見晴らしが利く(利かない) / Von hier aus hat man weite *Sicht*. ここからは遠くまで見渡せる / **auf** *Sicht* fliegen 〖空〗(飛行機で)有視界飛行をする / **außer** *Sicht* geraten 見えなくなる / **in** *Sicht* kommen 見えてくる / Ein Schiff ist in *Sicht*. 一隻の船が視界に入ってきた / Endlich ist das Ende der Arbeit in *Sicht*. ようやく仕事が完了するめどがついた.
② 〖ふつう 単〗見方, 視点, 見解. **aus** (または **in**) meiner *Sicht* 私の見方からすれば. ③ 〖複 なし〗〖商〗一覧. ein Wechsel **auf** *Sicht* 一覧払いの手形.

sicht·bar [ズィヒトバール zíçtba:r] 形 ① 目に見える, 可視の. (英 visible). die *sichtbare* Welt 目に見える世界 / Das Haus ist von der Straße aus nicht *sichtbar*. その家は通りからは見えない. ② 明らかな, 顕著な. *sichtbare* Fortschritte4 machen 目だった進歩を遂げる / 〖物〗4 *sichtbar* machen 〖物〗4をはっきりさせる / Er war *sichtbar* erfreut. 彼は見るからにうれしそうだった.

sich·ten [ズィヒテン zíçtən] 他 (h) ① (遠くに)見つける, 認める. eine Insel4 *sichten* (遠くに)島影を認める. ② (書類などに)目を通して整理する. das Material4 *sichten* 資料を整理する.

..sich·tig [..ズィヒティヒ ..zíçtıç] 〖形容詞をつくる 接尾〗〖目が...な〗例: kurz*sichtig* 近視の / weit*sichtig* 遠視の.

sicht·lich [ズィヒトリヒ] 形 明らかな, 明瞭(めいりょう)な. mit *sichtlichem* Vergnügen 満足の色を浮かべて.

Sich·tung [ズィヒトゥング] 囡 -/-en ① 〖複 なし〗(遠くに)見つけること, 発見. ② 整理, 選別, よりわけ.

Sicht=ver·hält·nis·se [ズィヒト・フェアへルトニセ] 複 視界状況, 視程.

Sicht=ver·merk [ズィヒト・フェアメルク] 男 -[e]s/-e ビザ, 査証. (=Visum).

Sicht=wei·te [ズィヒト・ヴァイテ] 囡 -/-n 視界, 視程.

si·ckern [ズィッカァン zíkərn] 自 (s) (液体が...へ)染み込む, 染み通る, (...から)にじみ出る; 〖比〗(情報などが)漏れる. Aus der Wunde sickert Blut. 傷口から血がにじみ出ている.

Si·cker=was·ser [ズィッカァ・ヴァッサァ] 中 -s/ ① (地下に染み込んだ)浸透水. ② (堤などから染み出た)漏れ水.

Sid·dhar·tha [ズィダルタ zidárta] -s/〖人名〗シッダルタ(悉達多)(釈尊の在俗時代の名).

sie[1] [ズィー zíː]

彼女は; 彼女を	
Sie ist Studentin.	1格 *sie*
ズィー イスト シュトゥデンティン	2格 ihrer
彼女は大学生です.	3格 ihr
	4格 *sie*

囲 〖人称代名詞; 3人称女性単数の1格・4格〗(注) 人だけでなく物・事でも女性名詞であればsie で受ける) ① 〖1格で〗彼女は(が); それは(が). (英 she; it). *Sie* spielt gern Tennis. 彼女はテニスをするのが好きだ / Diese Karte? *Sie* ist von meiner Freundin. このはがきのこと? これはぼくのガールフレンドからだよ.
② 〖4格で〗彼女(それ)を. (英 her; it). Ich kenne *sie* nicht. 私は彼女を知りません / Eine

schöne Bluse! Wo hast du *sie* gekauft? すてきなブラウスね. それどこで買ったの. ◇《前置詞とともに》für *sie* 彼女のために.

‡sie² [ズィー zí:]

彼らは；彼らを		
Sind *sie* Studenten? ズィント ズィー シュトゥデンテン 彼らは大学生ですか.	1格	*sie*
	2格	ihrer
	3格	ihnen
	4格	*sie*

代《人称代名詞; 3人称複数の1格・4格》(人だけでなく物・事でも複数形であれば sie で受ける) ① 《1格で》**彼らは(が), 彼女たちは(が); それらは(が)**. (英 *they*). Das sind Peter und Michael, *sie* sind meine besten Freunde. これはペーターとミヒャエルで, 私の親友です.
② 《**4格で**》**彼ら(彼女たち・それら)を**. (英 *them*). Wir kennen *sie* nicht. 私たちは彼らを知りません / Diese Blumen, hast du *sie* selbst gepflückt? この花だけど, これはおまえが自分で摘んだの? ◇《前置詞とともに》für *sie* 彼らのために.
③ 《**1格で**》**人々は, 連中は**. Hier wollen *sie* ein Atomkraftwerk bauen. ここに当局は原子力発電所を建設しようとしている.

‡Sie¹ [ズィー zí:]

あなたは；あなたを		
Wie heißen *Sie*? ヴィー ハイセン ズィー あなたのお名前は?	1格	*Sie*
	2格	Ihrer
	3格	Ihnen
	4格	*Sie*

代《人称代名詞・2人称敬称単数および複数の1格・4格》① 《**1格で**》**あなたは(が)**, あなたたちは(が). (英 *you*). Kommen *Sie* mit? いっしょにいらっしゃいますか.
② 《**4格で**》**あなた[がた]を**. (英 *you*). Darf ich *Sie* zum Essen einladen? あなた[がた]を食事にお招きしたいのですが. ◇《前置詞ともに》für *Sie* 彼女[がた]のために.

家族・親友・学生どうしなど遠慮の要らない間柄では親称 du, ihr を用いるが, そうでない成人に対しては Sie を用いる. ☞ du, ihr

Sie² [ズィー] 田 -[s]/ Sie「あなた」という呼びかけ. Die beiden sagen *Sie* zueinander. 二人は互いに Sie「あなた」で呼び合っている.

Sie³ [ズィー] 女 -/-s 《口語》女; 《動物の》雌.

Sieb [ズィープ zí:p] 中 -[e]s -es (まれに -s)/-e ① **ふるい; こし器**. Tee⁴ durch ein *Sieb* gießen 紅茶を茶こしでこす / Sein Gedächtnis ist wie ein *Sieb*. 《比》彼はとても忘れっぽい(←ふるいのような記憶力). ② 《印》シルクスクリーン.

Sieb⸗druck [ズィープ・ドルック] 男 -[e]s/-e 《印》① 《複 なし》シルクスクリーン印刷. ② シルクスクリーン印刷物.

‡sie·ben¹ [ズィーベン zí:bən] 数《基数; 無尾で》① **7[の]**. (英 *seven*). die

sieben Wochentage 1週間 / Sie ist *sieben* [Jahre alt]. 彼女は7歳だ / zu *sieben*《口語》7人で / Es ist *sieben* [Uhr]. 7時だ.
② 《成句的に》(ふつう神秘的な数として:) die *sieben* Sachen 身の回りの品々, 家財道具 / die *sieben* Weltwunder 世界の七不思議 / die *sieben* Todsünden (ヵｯ) 七つの大罪 / ein Buch mit *sieben* Siegeln 不可解なこと(七つの封印をされた本; ヨハネの黙示録 5, 1-5).

sie·ben² [ズィーベン] 動 (h) ① (粉・砂など⁴を)**ふるいにかける, ふるう**. ② 《比》**より分ける, 選考(選別)する**. Kandidaten⁴ *sieben* 候補者を選考する. ◇《目的語なしでも》bei der Prüfung *sieben* 試験でふるい落とす.

Sie·ben [ズィーベン] 女 -/- ① (数字の)7; (トランプの)7; 《口語》(バス・電車などの)7番[系統]. ② 《成句的で》eine böse *Sieben*《口語》うるさい(がみがみ言う)女.

Sie·be·ner [ズィーベナ zí:bənər] 男 -s/- 《方》(数字の)7; (トランプの)7; 《口語》(バス・電車などの)7番[系統].

sie·be·ner·lei [ズィーベナらイ zí:bənərlái] 形《無語尾で》7種[類]の, 7通りの.

sie·ben⸗fach [ズィーベン・ふァッハ] 形 7倍の, 7重の.

das **Sie·ben·ge·bir·ge** [ズィーベン・ゲビルゲ zí:bən-gəbirgə] 中 -s/ 《定冠詞とともに》《山名》ジーベンゲビルゲ(ライン川右岸, ボン近郊の連山).

Sie·ben⸗hun·dert [ズィーベン・フンダァト] 数《基数; 無語尾で》700[の].

sie·ben⸗jäh·rig [ズィーベン・イェーリヒ] 形《付加語としてのみ》7歳の; 7年[間]の. der Siebenjährige Krieg 7年戦争 (1756-1763).

sie·ben⸗mal [ズィーベン・マーる] 副 7度, 7回; 7倍.

sie·ben⸗ma·lig [ズィーベン・マーりヒ] 形《付加語としてのみ》7回の.

Sie·ben·mei·len⸗stie·fel [ズィーベンマイれン・シュティーふェる] 複 (ひとまたぎで7マイルも歩ける)**魔法の長靴**. mit Siebenmeilenstiefeln《口語・戯》a) 大股で, b) ものすごい速さで.

Sie·ben⸗sa·chen [ズィーベン・ザッヘン] 複 《口語》身の回りの品々, 家財道具. seine *Siebensachen*⁴ packen 荷物をまとめる.

Sie·ben⸗schlä·fer [ズィーベン・シュれーふァァ] 男 -s/- ① 七人の眠り聖人の祭日 (6月27日. この日の天気がその後7週間間の天気を決めると信じられている). ② 《動》ヤマネ.

sie·ben⸗stö·ckig [ズィーベン・シュテキヒ] 形 8階建ての; 《方》7階建ての.

sie·bent [ズィーベント zí:bənt] 形 第7[番目]の (=siebt).

sie·ben⸗tä·gig [ズィーベン・テーギヒ] 形《付加語としてのみ》7日[間]の.

sie·ben⸗tau·send [ズィーベン・タオゼント] 数《基数; 無尾で》7,000[の].

sie·ben·tel [ズィーベンテる zí:bəntəl] 数《分数; 無語尾で》7分の1[の] (=siebtel).

Sie·ben·tel [ズィーベンテる] 中 (ズ: 男) -s/- 7分の1 (=Siebtel).

sie・ben・tens [ズィーベンテンス zíːbəntəns] 副 第7[番目]に (=siebtens).

Sie・bold [ズィーボルト zíːbɔlt] —s/《人名》ジーボルト, シーボルト (Philipp Franz von *Siebold* 1796-1866). ドイツの医師. 出島のオランダ商館の医官として来日). (☞「ドイツ・ミニ情報 33」, 下段).

siebt [ズィープト zíːpt] 数《*sieben*¹ の序数; 語尾変化は形容詞と同じ》**第7[番目]の**. 《英 seventh》. zu *siebt* 7人[連れ]で / Heute ist der 7. (=Siebte) きょうは7日です / Sie war [wie] im *siebten* Himmel. 《口語》彼女は有頂点だった (←第7天国すなわち最高天国にいるような).

sieb・tel [ズィープテる zíːptəl] 数《分数; 無語尾で》7分の1[の].

Sieb・tel [ズィープテる zíːptəl] 中 (-ˢ; 男) —s/- 7分の1.

sieb・tens [ズィープテンス zíːptəns] 副 第7[番目]に.

⁑sieb・zehn [ズィープ・ツェーン zíːp-tseːn] 数《基数; 無語尾で》**17[の]**. 《英 *seventeen*》. Er ist *siebzehn* [Jahre alt]. 彼は17歳です.

sieb・zehnt [ズィープ・ツェーント zíːp-tseːnt] 数《序数》第17[番目]の.

⁂sieb・zig [ズィープツィヒ zíːptsɪç] 数《基数; 無語尾で》**70[の]**. 《英 *seventy*》. Er ist Anfang *siebzig*. 彼は70歳代の初めです.

sieb・zi・ger [ズィープツィガァ zíːptsɪɡɐr] 形《無語尾で》70歳代[の]; 70年[代]の. in den *siebziger* Jahren (または *Siebziger*jahren) des vorigen Jahrhunderts 前世紀の70年代の.

Sieb・zi・ger [ズィープツィガァ zíːptsɪɡɐr] 男 —s/- ① 70歳[代]の男性. (女性形: -in). ② 〖翻〗の70[歳]代; (ある世紀の)70年代. ③ [19]70年産のワイン.

sieb・zig⸗jäh・rig [ズィープツィヒ・イェーリヒ zíːptsɪç-jɛːrɪç] 形《付加語としてのみ》70歳の; 70年[間]の.

sieb・zigst [ズィープツィヒスト zíːptsɪçst] 数《序数》第70[番目]の.

sieb・zigs・tel [ズィープツィヒステる zíːptsɪçstəl] 数《分数; 無語尾で》70分の1[の].

siech [ズィーヒ zíːç] 形 《雅》(特に老人が)わずらいの, 床についたままの.

Siech・tum [ズィーヒトゥーム zíːçtuːm] 中 —s/ 《雅》長わずらい, 衰弱.

sie・deln [ズィーデるン zíːdəln] 自 (h) (…の土地に)住みつく, 入植する; 《比》(鳥などが)棲(*)みつく. Hier *haben* die Germanen *gesiedelt*. ここにゲルマン人が住みついた.

sie・den⁽*⁾ [ズィーデン zíːdən] 自 (h) 沸く, 沸騰する, 煮えたつ (=kochen). Das Wasser *siedet*. お湯が沸いている / Er *siedete vor* Wut. 《比》彼は激怒した.

sie・dend [ズィーデント zíːdənt] I sieden (沸く)の 現分 II 形 沸きたっている, 煮えたぎっている (熱湯など). *siedend* heißes Wasser 熱湯. ◇《成句的に》〚人〛³ *siedend* heiß ein|fallen 《口語》(忘れていた用事などが急に)〚人〛³の頭に浮かんでぎょっとする.

sie・dend heiß ☞ siedend II

Sie・de⸗punkt [ズィーデ・プンクト] 男 -[e]s/-e 〘物〙沸[騰]点; 《比》激高(興奮)の頂点.

Sied・ler [ズィードらァ zíːdlɐr] 男 —s/- (新しい土地に移ってきた)定住者; 入植者. (女性形: -in).

die **Sied・lung** [ズィードるング zíːdluŋ] 女 (単) -/(複) -en ① **居住地**, 集落. ② (都市郊外の)**団地**, 住宅地; (総称的に:)団地の住民. 《英 [*housing*] *estate*》. Er wohnt in einer neuen *Siedlung*. 彼は新しい団地に住んでいる. ③ 入植地, 開拓地. ④ 〖翻なし〗《書》入植. ⑤ 《動》群れ, コロニー.

der **Sieg** [ズィーク zíːk] 男 (単2) -es (まれに -s)/(複) -e (3格のみ -en) **勝利**. 《英 *victory*》. (↔「敗北」は Niederlage). ein *Sieg* im

---

ドイツ・ミニ情報 33

シーボルト Siebold

オランダ人医師として知られているシーボルトは, 実は 1796 年ヴュルツブルク生まれのドイツ人で, 江戸幕府が中国とオランダ以外との通商を認めなかったため, オランダ人と称して 1823 年に来日した. ヴュルツブルクで医学をおさめ, 開業した后, 自ら依願してオランダの外科軍医としてジャワへ赴任. 現地でオランダ東インド会社に入社し, 長崎出島商館の医官を務めながら日本の自然・人文科学研究を行うよう命ぜられた.

着任後まもなく日本人患者の治療と医学教育を始めたところ, 全国から師事を望む者が殺到した. そこでシーボルトは診療所兼学塾を開き, 西洋医学と一般科学を教えた. 研究任務も果たすべく, 商館長の江戸参府に随行して見聞を広め, 門下生を通じて日本の歴史, 地理, 民俗などに関する資料を収集する. 5 年間の任期を終えて帰国しようとした矢先, 荷物の中から国外不出の日本地図などが発見され, 1 年間軟禁されて取り調べを受けた後, 1829 年に国外追放された.

帰国後日本に関する著書を次々と発表し, ヨーロッパにおける日本研究の第一人者となった. 1858 年に日蘭通商条約が結ばれると入国禁止令も解け, 翌年オランダ商事会社の顧問として再来日した. 1862 年まで滞在し, 4 年後の 10 月, ミュンヒェンで亡くなっている.

1996 年には生誕 200 年を記念して, 生地ヴュルツブルクにシーボルト記念館が完成し, 日独の架け橋となったシーボルトの功績を讃えた.

シーボルトの記念切手

Wahlkampf 選挙戦の勝利 / einen *Sieg* feiern 勝利を祝う / den *Sieg* über 人^4 erringen 人^{4}に対して勝利をかちとる / ein *Sieg* über sich selbst《比》自己超克，克己．

das **Sie·gel** [ズィーゲる zí:gəl] 田 (単2) -s/(複) - (3格のみ -n) ① 印，印章；公印；封印．(英 seal). ein *Siegel*^{4} aufbrechen (または öffnen) 開封する，封を切る / ein *Siegel*^{4} auf 物^4 drücken 物^{4}に印を押す / unter dem *Siegel* der Verschwiegenheit^2《比》秘密厳守の約束のもとに / Das ist mir ein Buch mit sieben *Siegeln*.《比》それは私にはまったくわからない(←七つの封印をされた书，ヨハネの黙示録 5, 1-5). ② 印章の模様(図柄)．

Sie·gel⸗lack [ズィーゲる・ラック] 男 -[e]s/- 封ろう．

sie·geln [ズィーゲるン zí:gəln] 他 (h) (手紙など^{4}に)封印する，封をする．

Sie·gel⸗ring [ズィーゲる・リング] 男 -[e]s/-e 印章付きの指輪．

sie·gen [ズィーゲン zí:gən] (siegte, *hat*...gesiegt) 自 (完了 haben) 勝つ，勝利を収める．(英 win). im Kampf *siegen* 戦いに勝つ / nach Punkten *siegen* 判定で勝つ / Unsere Mannschaft *hat* mit 2:0 (=zwei zu null) *gesiegt*. 私たちのチームが2対0で勝った / über 人^4 *siegen* 人^{4}に勝つ / über eine Leidenschaft *siegen*《比》激情に打ち勝つ．

der **Sie·ger** [ズィーガァ zí:gər] 男 (単2) -s/(複) - (3格のみ -n) 勝者，勝利者；(競技などの)優勝者．(英 winner). Olympia*sieger* オリンピック競技優勝者 / den *Sieger* ehren 勝者をたたえる / zweiter *Sieger* werden《諺·隠語》試合に負ける(←二番目の勝者になる)．

Sie·ger⸗eh·rung [ズィーガァ・エーるング] 女 -/-en (スポーツなどの入賞者の)表彰[式]．

Sie·ge·rin [ズィーゲリン zí:gərɪn] 女 -/..rinnen (女性の)勝者；優勝者．

sie·ges⸗be·wusst [ズィーゲス・ベヴスト] 形 勝利を確信した，勝つ自信のある．

sie·ges⸗**ge·wiss** [ズィーゲス・ゲヴィス] 形《雅》 =siegessicher

Sie·ges⸗säu·le [ズィーゲス・ゾイれ] 女 -/-n 戦勝記念塔．

sie·ges⸗si·cher [ズィーゲス・ズィッヒァァ] 形 勝利を確信した．

sie·ges⸗**trun·ken** [ズィーゲス・トルンケン] 形《雅》勝利に酔った．

Sie·ges⸗zug [ズィーゲス・ツーク] 男 -[e]s/ (軍隊などの)勝利の行進．

Sieg·fried [ズィーク・ふりート zí:k-fri:t] -s/ ①《男名》ジークフリート．②《人名》ジークフリート(ゲルマン伝説の英雄でドイツ中世叙事詩『ニーベルンゲンの歌』の主人公。またヴァーグナーの楽劇『ニーベルングの指輪』の主人公)．

Sieg·mund [ズィーク・ムント zí:k-mʊnt] -s/《男名》ジークムント．

sieg⸗reich [ズィーク・ライヒ] 形 勝利を収めた；無敵の．

sieg·te [ズィークテ] siegen (勝つ)の 過去．

sieh [ズィー] ⁝sehen (見る)の du に対する 命令．

sie·he [ズィーエ] ⁝sehen (見る)の du に対する 命令. *Siehe* oben! 上記参照 (略: s. o.) / *Siehe* unten! 下記参照 (略: s. u.).

⁝**siehst** [ズィースト zí:st] ⁝sehen (見える)の2人称親称単数 現在. *Siehst* du den Turm dort? あそこの塔が見える?

⁝**sieht** [ズィート zí:t] ⁝sehen (見える)の3人称単数 現在. Er *sieht* **auf** die Uhr. 彼は時計を見る．

Siel [ズィーる zí:l] 男 女 -[e]s/-e《北ドツ》① 水門, せき. ② 下水溝(ミ).

Sie·mens [ズィーメンス zí:məns] I《人名》ジーメンス (Ernst Werner von *Siemens* 1816–1892; ドイツの電気技術者。II の創設者). II 男 ジーメンス (ドイツ最大の総合電機製造コンツェルン). III 田 -/- (電)ジーメンス (物体の電導率の単位；記号: S).

Si·es·ta [ズィエスタ ziésta] [汤] 女 -/Siesten (または -s) 昼の休憩, 昼寝. *Siesta*^{4} halten 昼休みをとる, 昼寝をする．

Sie·vert [ズィーヴェルト zí:vɛrt] 女 -/-《物》シーベルト (放射能の線量当量の単位；記号: Sv). (スウェーデンの物理学者 R. *Sievert* 1896–1966 の名から).

sie·zen [ズィーツェン zí:tsən] 他 (h) (相手^{4}を) Sie で呼ぶ, あなたと呼ぶ. (反対語 „du で呼ぶ" は duzen). ◊《相互的に》Wir *siezen* uns. 私たちは互いに Sie で呼び合っている．

Si·gel [ズィーゲる zí:gəl] 田 -s/- 略号, 記号；速記記号．

Sight·see·ing [ザイト・ズィーイング]《英》田 -[s]/-s 観光, 遊覧．

das **Si·gnal** [ズィグナーる zɪgná:l] 田 (単2) -s/(複) -e (3格のみ -en)《英 signal》① 合図, シグナル, 信号. (語源「(交通の)信号灯」は Ampel). Licht*signal* 灯火信号 / das akustische *Signal* 音響信号 / das *Signal* zum Angriff 攻撃の合図 / ein *Signal*^{4} blasen 合図のらっぱを吹く / ein *Signal*^{4} geben 合図する. ②《鉄道》信号機. Das *Signal* steht auf „Halt". 信号機は「止まれ」になっている. ③《^{ズイ}》(道路の)交通標識．

Si·gnal⸗an·la·ge [ズィグナーる・アンらーゲ] 女 -/-n《交通》信号設備, 信号機．

Si·gnal⸗flag·ge [ズィグナーる・ふらッゲ] 女 -/-n《海》信号旗．

Si·gnal⸗horn [ズィグナーる・ホルン] 田 -[e]s/..hörner 警笛, 車などのクラクション．

si·gna·li·sie·ren [ズィグナリズィーレン zɪɡnalizí:rən] 他 (h) ① 信号(合図)で知らせる. ②《比》(人^{3}に)《事^{4}を》伝える, 示唆する．

Si·gnal⸗lam·pe [ズィグナーる・らンペ] 女 -/-n 信号灯．

Si·gna·tar⸗macht [ズィグナタール・マハト] 女 -/..mächte《政》条約調印国, 条約加盟国．

Si·gna·tur [ズィグナトゥーァ zɪɡnatú:r] 女 -/-en ① 署名；サイン, 落款(%%). ② 記号, 地図の符号；(図書館の)分類番号. ③《印》(印

Si·gnet [ズィグネート zignéːt または ズィニエーzinjéː] 中 -s/-e [..ネーテ] (または -s [ズィニエース]) 《書籍》出版社のマーク, 社標; 商標.

si·gni·e·ren [ズィグニーレン zigníːrən] 他 (h) ① (絵画など⁴に)サインをする; (文書など⁴に)署名する. ② (宮)(図書⁴に)分類番号を付ける.

die **Sil·be** [ズィるベ zílbə] 安 (単)-/(複)-n 《言》音節, シラブル, (英 *syllable*). eine kurze (lange) *Silbe* 短(長)音節 / die *Silben* trennen 音節を分ける / Das Wort hat zwei *Silben*. その単語は 2 音節だ / Er versteht keine *Silbe* Englisch. 《比》彼は英語は全然わからない.

Sil·ben=rät·sel [ズィるベン・レーツェる] 中 -s/- つづり字のパズル.

Sil·ben=tren·nung [ズィるベン・トレヌンヌンヶ] 安 -/《言》分綴(ぶんてつ)《法》.

das **Sil·ber** [ズィるバァ zílbər] 中 (単)-s/ ① 銀 (記号: Ag). 《英 *silver*). reines *Silber* 純銀 / Gold und *Silber* 金と銀 / Die Halskette ist aus *Silber*. そのネックレスは銀製だ. ② 銀製品; 銀の食器. von *Silber* speisen 銀の食器で食べる. ③ 《冠詞なしで》《略》銀メダル (=*Silber*medaille). ④ 銀色, 銀色の輝き. das *Silber* des Mondlichts 《詩》銀色の月の光.

Sil·ber=blick [ズィるバァ・ブリック] 男 -[e]s/《口語・戯》(軽い)やぶにらみ, 斜視.

Sil·ber=fuchs [ズィるバァ・フクス] 男 -es/..füchse ① 《動》ギンギツネ. ② 銀ぎつねの毛皮.

Sil·ber=ge·halt [ズィるバァ・ゲハるト] 男 -[e]s/ 銀含有量.

Sil·ber=geld [ズィるバァ・ゲるト] 中 -[e]s/ 銀貨.

Sil·ber=ge·schirr [ズィるバァ・ゲシル] 中 -s/ 銀(製)の食器.

sil·ber=grau [ズィるバァ・グラオ] 形 銀灰色の, シルバーグレーの.

sil·ber=hal·tig [ズィるバァ・ハるティヒ] 形 銀を含んだ.

sil·ber=hell [ズィるバァ・へる] 形 ① (鈴のように)明るく澄んだ(音・声など). ② 《詩》(銀のように)きらきら輝く; 澄みきった(水など).

Sil·ber=hoch·zeit [ズィるバァ・ホッホツァイト] 安 -/ 銀婚式(結婚 25 周年の祝い).

sil·be·rig [ズィるベリヒ zílbəriç] 形 =silbrig

Sil·ber=me·dail·le [ズィるバァ・メダリエ] 安 -/-n 銀メダル.

Sil·ber=mün·ze [ズィるバァ・ミュンツェ] 安 -/-n 銀貨.

sil·bern [ズィるバァン zílbərn] 形 ① 《付加語としてのみ》銀の, 銀製の. 《英 *silver*). ein *silberner* Becher 銀の杯 / die *silberne* Hochzeit 銀婚式. ② 銀色の, 銀のように輝く. *silberne* Wellen 銀色に輝く波 / Seine Haare waren *silbern* geworden. 【過去完了】《雅》彼の髪は真っ白になっていた. ③ 《詩》(鈴のように)明るく澄んだ(音・声など).

Sil·ber=pa·pier [ズィるバァ・パピーァ] 中 -s/ 銀紙; アルミホイル.

Sil·ber=**pap·pel** [ズィるバァ・パッペる] 安 -/-n 《植》ウラジロハコヤナギ, ハクヨウ(白楊).

Sil·ber=schmied [ズィるバァ・シュミート] 男 -[e]s/-e 銀細工師. (女性形: -in).

Sil·ber=strei·fen [ズィるバァ・シュトライフェン] 男 -s/- 銀色に輝く一筋の線. einen *Silberstreifen* am Horizont sehen《比》(悲しみ・不幸の中で)一筋の光明を見いだす.

Sil·ber=wäh·rung [ズィるバァ・ヴェールンヶ] 安 -/-en 《経》銀本位制.

sil·ber=weiß [ズィるバァ・ヴァイス] 形 銀白色の.

..sil·big [..ズィるビヒ ..zılbıç] 《形容詞をつくる後綴》(…音節の)の例: zwei*silbig* 2 音節の.

silb·rig [ズィるブリヒ zílbrıç] 形 ① 銀のような, 銀色に輝く. ② 《雅》(鈴のように)明るく澄んだ (音・声など).

Sil·hou·et·te [ズィるエッテ ziluétə] 安 -/-n シルエット; 《美》影絵. 《服飾》シルエット(服の外形). ein Mantel mit schmaler *Silhouette* 細身のシルエットのコート.

Si·li·kat [ズィリカート ziliká:t] 中 -[e]s/-e 《化》珪酸(けいさん)塩.

Si·li·kon [ズィリコーン zilikóːn] 中 -s/-e 《化》シリコン(有機珪素化合物の重合体の総称).

Si·li·zi·um [ズィリーツィウム ziliːtsium] 中 -s/ 《化》珪素(けいそ) (記号: Si).

Si·lo [ズィーろ zíːlo] 男 中 -s/-s 《農》サイロ.

[der, das] **Sil·ves·ter** [ズィるヴェスタァ zılvéstər] 中 (単 2)-s/(複)-《3 格または -n》《ふつう冠詞なしで》大みそか (335 年 12 月 31 日に没した教皇 *Silvester* 1 世の名から). *Silvester*⁴ feiern 大みそかを祝う / **Zu** (または **An**) *Silvester* essen wir Karpfen. 大みそかには私たちは鯉(こい)を食べる(ドイツの風習).

Sil·ves·ter=abend [ズィるヴェスタァ・アーベント] 男 -s/-e 大みそかの晩.

Sil·via [ズィるヴィア zílvia] -s/《女名》ジルヴィア.

Sim·mel [ズィンメる zíməl] -s/《人名》ジンメル (Georg *Simmel* 1858-1918; ドイツの哲学者・社会学者).

Si·mon [ズィーモン zíːmɔn] -s/《男名》① ジーモン. ②《聖》《人名》シモン(ペテロの別名).

sim·pel [ズィンペる zímpəl] 形 ① 単純な, 簡単な; 平凡な. eine *simple* Rechenaufgabe 簡単な計算問題. ② 簡素な, 質素な. ③ 愚直な, お人よしの.

Sim·pel [ズィンペる] 男 -s/-《方・口語》愚か者, お人よし.

sim·pli·fi·zie·ren [ズィンプリふぃツィーレン zımplifitsíːrən] 他 (h) (問題・表現など⁴を)単純化する, 簡単にする.

Sims [ズィムス zíms] 男 中 -es/-e《建》コーニス, 蛇腹 (=Gesims); マントルピース.

sim·sen [ズィムゼン zímzən] 自 (h)《口語》携

Sim·son [ズィムゾン zímzɔn] -s/- ① 《男名》ジムゾン. ② 《聖》《人名》サムソン(大力無双のヘブライの英雄).

Si·mu·lant [ズィムらント zimulánt] 男 -en/-en 仮病を使う人. (女性形: -in).

Si·mu·la·ti·on [ズィムらツィオーン zimulatsióːn] 女 -/-en ① 仮病. ② シミュレーション, 模擬実験.

Si·mu·la·tor [ズィムらートァ zimuláːtɔr] 男 -s/-en [..らトーレン] シミュレーター, 模擬実験装置.

si·mu·lie·ren [ズィムリーレン zimulíːrən] 他 (h) ① (病気など⁴のふりをする, (囲⁴を)装う. eine Krankheit⁴ simulieren 仮病を使う. ◇[目的語なしで] Ich glaube, er simuliert [nur]. あいつは仮病を使っているだけだと思うよ. ② (囲⁴の)シミュレーション(模擬実験)をする.

si·mul·tan [ズィムるターン zimultáːn] 形 同時の. simultan dolmetschen (または übersetzen) 同時通訳する.

Si·mul·tan·dol·met·scher [ズィムるターン・ドるメッチァァ] 男 -s/- 同時通訳者. (女性形: -in).

sin [ズィーヌス] 《記号》《数》サイン, 正弦 (= Sinus).

der **Si·nai** [ズィーナイ zíːnai] 男 -[s] 《定冠詞とともに》 ① 《山名》シナイ山 (旧約聖書でモーセが十戒を授かったとされる山. ②の南部にある). ② 《地名》シナイ半島 (紅海北岸の半島).

sind [ズィント zínt]

> …である
>
> Sie *sind* Polizisten.
> ズィー ズィント ポリツィステン
> 彼らは警察官だ.

Ⅰ 自 《自動詞 ‡sein¹ (…である) の1人称複数・2人称敬称・3人称複数 直在》 *Sind* Sie Studenten? — Ja, wir *sind* Studenten. あなた方は学生ですか — はい, 私たちは学生です.
Ⅱ 助動 《完了の助動詞・状態受動の助動詞 ☞ sein¹ Ⅱ》

si·ne tem·po·re [ズィーネ テンポレ zíːnə témpɔra] [ラテ] 15分の遅れなしに, 定刻に. (メモ 大学の講義開始は伝統的に15分遅れだが, この遅れなしに; 略: s. t.).

Sin·fo·nie [ズィンふォニー zinfoníː] 女 -/-n [..ニーエン] ① 《音楽》交響曲, シンフォニー. (メモ Symphonie ともつづる). eine *Sinfonie* komponieren 交響曲を作曲する. ② 《雅》(多彩なものの)調和, 調和的な組み合わせ.

Sin·fo·nie·kon·zert [ズィンふォニー・コンツェルト] 中 -[e]s/-e シンフォニーコンサート.

Sin·fo·nie·or·ches·ter [ズィンふォニー・オルケスタァ] 中 -s/- 《音楽》交響楽団.

Sin·fo·ni·ker [ズィンふォーニッシュ zinfóːnikər] 男 -s/- 《音楽》① 交響曲の作曲家. (女性形: -in). ② 交響楽団の団員. ③ 〚復 で〛 (オーケストラ名として:)交響楽団. die Bamberger *Sinfoniker* バンベルク交響楽団.

sin·fo·nisch [ズィンふォーニッシュ zinfóːnɪʃ] 形 《音楽》交響[曲]的な, シンフォニーの. eine *sinfonische* Dichtung 交響詩.

Sing. [ズィングるド] 《略》単数 (= Singular).

Sin·ga·pur [ズィンガプーァ zíngapuːr] 中 -s/- 《国名》シンガポール[共和国] (首都はシンガポール).

sin·gen* [ズィンゲン zíŋən]

> 歌う Sie *singen* sehr gut !
> ズィー ズィンゲン ゼーァ グート
> あなたは歌がとてもお上手ですね.

(sang, hat ... gesungen) Ⅰ 自 (定了 haben) ① 歌う. (関 sing). hoch (tief) *singen* 高い(低い)声で歌う / Ich kann leider nicht *singen*. 残念ながら私は歌いません / **im** Chor *singen* a) 合唱する, b) 合唱団で歌う / **nach** Noten *singen* 楽譜を見て歌う / **vom** Blatt *singen* 初見で歌う / Er *sang* **zum** Klavier. 彼はピアノの伴奏で歌った. ◇[現在分詞の形で] Er spricht mit *singendem* Tonfall. 彼は歌うような調子で話す.
② (鳥などが)さえずる; (やかんなどが)ぴーぴー音をたてる; (風・エンジンなどが)うなる. Die Vögel *singen*. 小鳥がさえずっている / Die Geige *singt*. バイオリンが歌う(情感豊かに旋律を奏でる). ③ 〚**von** 人・事³ ~〛(詩) (人・事³を)詩に歌う. ④ (俗) (容疑者などが)口を割る.
Ⅱ 他 (定了 haben) (歌など⁴を)歌う. Die Kinder *singen* ein Lied. 子供たちが歌を歌っている / Sie *singt* ein Solo. 彼女は独唱する / Tenor⁴ *singen* テノールの声部を歌う / ein Kind⁴ **in** den Schlaf *singen* 歌って子供を寝かしつける.
Ⅲ 再帰 (定了 haben) *sich*⁴ *singen* ① 歌って[その結果]…になる. *sich*⁴ heiser *singen* 歌って声をからす. ② (…のぐあいに)歌える. Dieses Lied *singt sich* leicht. この歌は歌いやすい. ◇[非人称の **es** を主語として] Im Stehen *singt* es *sich* besser. 立っているほうがよく歌える.

Sin·gle [ズィングる zíŋl] [英] Ⅰ 中 -[s]/-[s] ① (テニス・バドミントンなどの)シングル. ② (ゴルフの)シングル. Ⅱ 女 -/-s (レコード・CDの)シングル盤. Ⅲ 男 -[s]/-s 独身者, シングル.

Sing·sang [ズィング・ザング] 男 -s/ 単調な歌(鼻歌); 単調なメロディー.

Sing·spiel [ズィング・シュピーる] 中 -[e]s/-e 《音楽》ジングシュピール(対話に歌が挿入された民衆的な明るいドイツの軽歌劇).

Sing·stim·me [ズィング・シュティンメ] 女 -/-n ① 《音楽》声楽のパート, 声部. ② 歌声.

Sin·gu·lar [ズィングらーァ zínguluːr] 男 -s/-e 《言》① 〚復 なし〛 単数 (略: Sing.). (メモ 「複

Sinneswandel

数」は Plural). ② 単数形[の語].

sin·gu·la·risch [ズィングらーリッシュ zɪŋɡulá:rɪʃ]形《言》単数[形]の.

Sing⹀vo·gel [ズィング・ふォーゲる]男 -s/..vö·gel《鳥》鳴き鳥, さえずる鳥.

Sing⹀wei·se [ズィング・ヴァイゼ]女 -/-n 歌い方; 節回し.

__sin·ken__ [ズィンケン zíŋkən] (sank, ist... gesunken) 自《完了》sein) ① 沈む; (ゆっくりと)降下する.《度》sink). Der Ballon *sinkt* allmählich. 気球がゆっくりと降下する / Das Boot *sank*. そのボートは沈んだ / Die Sonne *sinkt*.《雅》太陽が沈む / Sie *sanken* in den tiefen Schnee. 彼らは深い雪の中に足がめり込んだ / moralisch *sinken*《比》道徳的に堕落する. ◇《現在分詞の形で》bei *sinkender* Nacht 日暮れに.
② (水位・温度・価値などが)下がる, 低下する.《比》(気力などが)弱まる, (気分が)めいる. Das Fieber *sinkt*. 熱が下がる / Die Preise *sind gesunken*.《現在完了》物価が下がった / Sein Mut *ist gesunken*.《現在完了》彼の気力は衰えた.
③《方向を表す語句とともに》(…へ崩れるように)倒れる, 身を沈める. 人³ an die Brust *sinken* 人³の胸に倒れかかる / auf den Boden *sinken* 床に倒れる / Todmüde *sank* er ins Bett. 彼はくたくたに疲れてベッドに倒れ込んだ / in die Knie *sinken*《雅》がっくりひざをつく, ひざまずく / Sie *sanken* sich³ in die Arme. 彼らは互いに抱き合った.
④ たれ下がる. den Kopf *sinken* lassen (または *sinken*|lassen) うなだれる. ⑤ [in 中⁴ ～]《中⁴の状態に)陥る. in Schlaf *sinken* 眠りに落ちる / in Ohnmacht *sinken* 気を失う.

__der Sinn__ [ズィン zín]男 (単 2) -es (まれに -s)/ (複) -e (3格のみ -en) (⇔ *sense*) ①《圏 なし》意味, 意義, (行為の)趣旨, 意図. der *Sinn* eines Wortes 単語の意味 / der *Sinn* des Lebens 人生の意義 / den *Sinn* von 中³ verstehen 中³の意義を理解する / Was ist der *Sinn* dieser Arbeit? この仕事の目的は何ですか / in diesem *Sinne* この意味では / im eigentlichen *Sinne* 本来の意味では / im engeren (weiteren) *Sinn[e]* 狭い(広い)意味で / im *Sinne* des Gesetzes 法律の精神にのっとって / dem *Sinn[e]* nach (字句どおりではなく)その主旨に従って.
②《ふつう 圏》感覚, 知覚. die fünf *Sinne* des Menschen 人間の五感 / der sechste *Sinn* 第六感 / Ich muss meine fünf *Sinne* zusammenhalten.《口語》私は注意力を集中しなければならない.
③《圏 で》《雅》(正常な)意識, 正気. Meine *Sinne* verwirrten sich. 私の意識は混乱した / Er ist nicht bei *Sinnen*. 彼は頭がどうかしている / von *Sinnen* sein 分別を失っている.
④《圏 なし》センス, 感受性. *Sinn* für Musik 音楽に対するセンス / Ihm fehlt jeder *Sinn* für Humor. 彼にはユーモアのセンスがまるでない.
⑤《圏 なし》《雅》考え, 意識; 心情, 意向, 気質. Mir steht der *Sinn* nicht nach Abenteuern. 私には冒険をする気はない / Er hat einen geraden *Sinn*. 彼はまっすぐな考え方をする人だ.
◇《前置詞とともに》人³ aus dem *Sinn* kommen 人³の念頭から消える / Aus den Augen, aus dem *Sinn*.《諺》去る者は日々に疎し(=目から消えれば念頭からも消える) / Dieses Gedicht geht mir nicht aus dem *Sinn*. この詩が私には忘れられない / 人³ durch den *Sinn* gehen (言葉などが)人³の頭に思い浮かぶ / 人³ in den *Sinn* kommen 人³の頭に思い浮かぶ / 中⁴ im *Sinn* haben 中⁴を考えている(もくろんでいる) / Das ist nach meinem *Sinn*. それは私の好みに合っている / ohne *Sinn* und Verstand よく考えずに. ⑥《圏 で》《雅》官能, 性欲.

> メモ ..sinn のいろいろ: __Doppelsinn__ 二重の意味 / __Farbensinn__ 色彩感覚 / __Gefühlssinn__ 触覚 / __Gehörsinn__ 聴覚 / __Geruchssinn__ 嗅覚 / __Geschmackssinn__ 味覚 / __Gleichgewichtssinn__ 平衡感覚 / __Hintersinn__ 裏の意味 / __Orientierungssinn__ 方向感覚 / __Tastsinn__ 触覚 / __Unsinn__ ナンセンス

Sinn⹀bild [ズィン・ビるト] 中 -[e]s/-er 象徴, シンボル (=Symbol).

sinn⹀bild·lich [ズィン・ビるトリヒ] 形 象徴的な; 比喩的な.

__sin·nen__ [ズィンネン zínən] (sann, hat... gesonnen) 自《完了》haben)《雅》① 思案する, あれこれ考える.《度》think about). hin und her *sinnen* あれこれと考える / über 中⁴ *sinnen* 中⁴を思いめぐらす. ◇《現在分詞の形で》*Sinnend* blättert er in dem Buch. 彼はあれこれ考えながら本をめくっている. ② [auf 中⁴～]《中⁴を)もくろむ, たくらむ. auf eine List *sinnen* 策略をあれこれ考える / auf Rache *sinnen* 復讐(ﾌｸｼｭｳ)する.
◇☞ **gesonnen**

Sin·nen [ズィンネン] 中 -s/ 思案, 熟慮. in düsteres *Sinnen* kommen 暗い物思いに沈む.

Sin·nen⹀freu·den [ズィンネン・ふロイデン]複《雅》感覚的(官能的)な快楽.

sinn⹀ent·stel·lend [ズィン・エントシュテれント] 形 意味をゆがめる, こじつけの.

Sin·nen⹀welt [ズィンネン・ヴェるト] 女 -/《哲》感覚世界, 物質界, 現象界.

Sin·nes⹀än·de·rung [ズィンネス・エンデルング] 女 -/-en 気持ち(考え)の変化, 心変わり.

Sin·nes⹀art [ズィンネス・アールト] 女 -/-en 気質, 性向.

Sin·nes⹀ein·druck [ズィンネス・アインドルック] 男 -[e]s/..drücke (感覚的な)印象; 刺激.

Sin·nes⹀or·gan [ズィンネス・オルガン] 中 -s/-e《ふつう 圏》(目・耳などの)感覚器官.

Sin·nes⹀täu·schung [ズィンネス・トイシュング] 女 -/-en (視覚的・聴覚的な)錯覚, 幻視, 幻聴.

Sin·nes⹀wan·del [ズィンネス・ヴァンデる] 男

sinn・fäl・lig [ズィン・ふェりヒ] 形 わかりやすい, 明白な, 具体的な.

Sinn=ge・dicht [ズィン・ゲディヒト] 中 -[e]s/-e 《文学》格言詩, エピグラム (=Epigramm).

sinn=ge・mäß [ズィン・ゲメース] 形 意味(内容)に即した. einen Text *sinngemäß* übersetzen あるテキストを意訳する.

sinn=ge・treu [ズィン・ゲトロイ] 形 意味(内容)に忠実な(翻訳など).

sin・nie・ren [ズィニーレン zinír:ən] 自 (h) [團⁴について] 思いわずらう, あれこれと思い悩む.

sin・nig [ズィニヒ zíniç] 形 意味深い, 含蓄のある (口語的に:) よく気を利かしたりする.

sinn・lich [ズィンりヒ zínlıç] 形 ① 感覚の, 感覚的な. 《英》*sensuous*》. die *sinnliche* Welt 感性の世界 / ein *sinnlicher* Eindruck 感覚的な印象. ② 官能的な, 肉欲的な; 官能的な, 肉感的な. *sinnliches* Verlangen 性的欲望 / *sinnliche* Lippen 肉感的な唇.

Sinn・lich・keit [ズィンりヒカイト] 女 -/ ① 感覚性, 感性. ② 官能的欲望.

sinn=los [ズィン・ろース zín-lo:s] 形 《比較 *sinnloser*, 最上 *sinnlosest*》① 意味のない, 無意味な. 《英》*meaningless*》. eine *sinnlose* Handlung 愚かなふるまい / Es ist *sinnlos*, länger zu warten. これ以上待つのは無意味だ. ② 無感覚な, 正気を失った. Er war *sinnlos* betrunken. 彼はへべれけに酔っていた.

Sinn=lo・sig・keit [ズィン・ろーズィヒカイト] 女 -/-en ① 《圈 なし》無意味; 無感覚. ② 無意味な行為.

sinn=reich [ズィン・ライヒ] 形 ① よく工夫された, よく考えられた. ② 意味深い, 含蓄のある.

Sinn=spruch [ズィン・シュプルふ] 男 -[e]s/..sprüche 格言, 金言, 箴言(しん).

sinn=ver・wandt [ズィン・フェァヴァント] 形 《言》同義の, 類義の (=synonym).

sinn=voll [ズィン・ふォる zín-fɔl] 形 ① よく考えられた, (目的にかなって)合理的な. eine *sinnvolle* Einrichtung よく工夫された設備. ② 意味深い, 有意義な. ein *sinnvolles* Leben 有意義な生活. ③ 意味を持った, 含蓄のある(文など).

sinn=wid・rig [ズィン・ヴィードリヒ] 形 《雅》理に反する, つじつまの合わない.

Sinn=zu・sam・men・hang [ズィン・ツザンメンハング] 男 -[e]s/..hänge 文脈, コンテクスト.

Si・no・lo・ge [ズィノろーゲ zinoló:gə] 男 -n/-n 中国学研究者, 中国語学・文学研究者 (女性形: Sinologin).

Si・no・lo・gie [ズィノろギー zinologí:] 女 -/ 中国学, 中国語学・文学研究.

Sint=flut [ズィント・ふるート] 女 -/ 《聖》ノアの大洪水. Nach mir die *Sintflut*! 《俗》あとは野となれ山となれ / eine *Sintflut* von Briefen 《比》手紙の山.

Sin・ti [ズィンティ zínti] 覆 シンティー (15世紀以来ドイツ語圏に住むジプシーの自称. かつては Zigeuner と呼ばれた). *Sinti* und *Roma* シンティーとロマ(ドイツのジプシー全体の自称).

Si・nus [ズィーヌス zí:nus] 男 -/-[..ヌース] (または..nusse) ① 《数》正弦, サイン (記号: sin). ② 《医》洞(どう).

Si・nus=kur・ve [ズィーヌス・クルヴェ] 女 -/-n 《数》正弦曲線, サインカーブ.

Si・phon [ズィーふォン zí:fɔ または ズィふォーン] [ズィ] 男 -s/-s ① 防臭弁. ② (炭酸水を作る) サイホンびん.

Sip・pe [ズィッペ zípə] 女 -/-n ① 《民族》氏族, 血族, 部族; 《戯》親戚縁者. ② 《生》分類群.

Sipp・schaft [ズィップシャふト] 女 -/-en ① (ふつう軽蔑的に:) 親戚縁者, 一族. ② (軽蔑的に:) 一味, 徒党.

Si・re・ne [ズィレーネ ziré:nə] I 女 -/-n 《ふつう 覆》《ギ神》セイレン (上半身は女, 下半身は鳥の姿をした海の精. 美声で船乗りを誘い寄せたといわれる). II 女 -/-n ① サイレン. ② 《動》カイギュウ(海牛).

Si・re・nen=ge・heul [ズィレーネン・ゲホイる] 中 -[e]s/ (うなりをあげる)サイレンの音.

sir・ren [ズィレン zírən] 自 (h, s) ① (h) (蚊・蜂(はち)などが)ぶーんと音をたてる. ② (s) (…へ)ぶーんと音をたてて飛ぶ.

Si・rup [ズィールップ zí:rup] 男 -s/(種類:) -e 《ふつう 圈》シロップ, 糖蜜(とうみつ).

Si・sal [ズィーざる zí:zal] 男 -s/ サイザル繊維(布地) (メキシコの港町 Sisal の名から).

Si・sy・phus [ズィーズュふス zí:zyfus] 《ギ神》シシュフォス (コリントの王. 地獄において絶えず転落する大石を山上に押し上げる罰を受けた).

Si・sy・phus=ar・beit [ズィーズュふス・アルバイト] 女 -/-en 《ふつう 圈》無益な果てしのない仕事, むだ骨折り (←シシュフォスの仕事).

die **Sit・te** [ズィッテ zítə] 女 (単) -/(複) -n ① 風習, 風俗, 習慣, しきたり. 《英》*custom*》. *Sitten* und Gebräuche 風俗習慣 / eine alte *Sitte* 昔からの風習 / Das ist bei uns [so] *Sitte*. それは当地のしきたりです / Andere Länder, andere *Sitten*. 《諺》所変われば品変わる (←異なった国には異なった習慣がある). ② 風紀, 道徳. ein Verstoß gegen die guten *Sitten* 良俗違反. ③ 《圈 で》礼儀作法, マナー. gute *Sitten*⁴ haben 行儀がよい. ④ 《圈 なし》《隠語》(警察の)風紀係 (=*Sitten*polizei).

Sit・ten=bild [ズィッテン・びると] 中 -[e]s/-er ① (ある時代・社会などの)風俗描写. ② 《美》風俗画.

Sit・ten=ge・schich・te [ズィッテン・ゲシヒテ] 女 -/-n (特定の民族の)風俗史.

Sit・ten=leh・re [ズィッテン・れーレ] 女 -/-n 道徳哲学, 倫理学 (=Ethik).

sit・ten=los [ズィッテン・ろース] 形 不道徳な, 不品行な; 風紀の乱れた.

Sit・ten=lo・sig・keit [ズィッテン・ろーズィヒカイト] 女 -/ 不道徳, 不品行; 道徳の退廃.

Sit・ten=po・li・zei [ズィッテン・ポりツァイ] 女 -/-en 警察の風紀係.

Sit·ten·rich·ter [ズィッテン・リヒタァ] 男 -s/- (しばしば軽蔑的に:) 道学者, 人の品行を批評したがる人. (女性形: -in).

sit·ten·streng [ズィッテン・シュトレング] 形 道徳的に厳格な, 礼節(行儀)にやかましい.

Sit·ten·strolch [ズィッテン・シュトロるヒ] 男 -[e]s/-e 痴漢, (性的な)変質者.

sit·ten·wid·rig [ズィッテン・ヴィードリヒ] 形 《法》公序良俗に反する, 風紀を乱す.

Sit·tich [ズィティヒ zítɪç] 男 -s/-e 《鳥》インコ.

sitt·lich [ズィットりヒ zítlɪç] 形 (英 moral) ① 道徳の, 道徳上の. die sittliche Erziehung 道徳教育. ② 道徳にかなった, 倫理的な. sittliches Verhalten 道義にかなったふるまい. ③ 風俗の, 性的な. ein sittliches Vergehen 風俗(性的)犯罪.

Sitt·lich·keit [ズィットりヒカイト] 女 -/ ① 道徳[心], 倫理[性]. ② 公序良俗, 風紀.

Sitt·lich·keits≠ver·bre·chen [ズィットりヒカイツ・フェアブレッヒェン] 中 -s/- わいせつ罪, 性犯罪.

Sitt·lich·keits≠ver·bre·cher [ズィットりヒカイツ・フェアブレッヒャァ] 男 -s/- 性犯罪者. (女性形: -in).

sitt·sam [ズィットザーム] 形 ① 礼儀正しい, しつけのよい. sittsame Kinder しつけのよい子供たち. ② しとやかな, つつましい.

Sitt·sam·keit [ズィットザームカイト] 女 -/ ① 礼儀正しさ. ② しとやかさ.

*die **Si·tu·a·ti·on** [ズィトゥアツィオーン zituatsióːn] 女 (単) -/(複) -en 状況, 局面, シチュエーション; 立場, 境遇. (英 situation). eine gefährliche Situation 危険な状況 / die politische Situation 政治情勢 / in der heutigen Situation 今日の状況においては / Versetze dich bitte in meine Situation! 私の立場にもなってくれ.

Si·tu·a·ti·ons≠ko·mik [ズィトゥアツィオーンス・コーミク] 女 -/ 状況から生じるおかしさ.

si·tu·iert [ズィトゥイーァト zituíːrt] 形 ① (経済的に)…の状態にある. ② (くだけて) 金持ちの.

*der **Sitz** [ズィッツ] 男 (単) -es/(複) -e (3格のみ -en) ① 座席, シート; (劇場などの)席; (いすなどの)座席. (英 seat). Autositz 車の座席 / ein bequemer Sitz 座り心地のいいシート / ein Sitz im ersten Rang (劇場の)二階席 / Ein Sitz ist noch frei. 席がまだ一つ空いている / 人³ einen Sitz an|bieten 人³に席を勧める. ② (議会の)議席. Sitz⁴ und Stimme⁴ haben 議席と投票権を持っている. ③ 居所, 所在地, 本拠. der Sitz der Regierung² 政府の所在地. ④ (圏なし)乗馬姿勢, 乗り方. ⑤ (圏なし)(衣服などの)合い具合い, 着心地. Der Anzug hat einen guten Sitz. このスーツはぴったり合う. ⑥ (ズボンなどの)尻(しり). ⑦ 『成句的に』 auf einen Sitz《口語》一気に.

Sitz·bad [ズィッツ・バート] 中 -[e]s/..bäder 座浴, 腰湯.

---

sit·zen* [ズィッツェン zítsən]

座っている	Sitzen Sie bequem?
	ズィッツェン ズィー ベクヴェーム
	座り心地はいいですか.

人称	単	複
1	ich sitze	wir sitzen
2	{du sitzt / Sie sitzen	{ihr sitzt / Sie sitzen
3	er sitzt	sie sitzen

(saß, hat/ist…gesessen) Ⅰ 自 (完了) haben; 南ドイツ・オーストリア・スイス: sein) ① 座っている, 腰かけている; (鳥などが)とまっている. (英 sit). (反 「立っている」は stehen). Wir sitzen schon lange hier. 私たちはもう長い間ここに座っている / Bleiben Sie bitte sitzen! どうぞおかけになったままで / einem Maler sitzen 画家のモデルになる / 人⁴ sitzen lassen 人⁴に席を譲る / am Fenster sitzen 窓際に座っている / am Schreibtisch sitzen 机に向かっている / am Steuer sitzen ハンドルを握っている / an (または bei または über) einer Arbeit sitzen 仕事中である / Sie sitzt auf einem Stuhl. 彼女はいすに腰かけている / Die Henne sitzt auf den Eiern. めんどりが卵を抱いている / Er sitzt auf seinem Geld. 《俗》彼はお金を出ししぶる / Sie saßen bei Tisch (または beim Essen). 彼らは食事中だった / in einem Sessel sitzen 安楽いすに座っている / Sie sitzen im Café. 彼らは喫茶店にいる / Er saß über den Büchern. 彼は[研究のために]一心に書物を読みあさっていた / zu Hause sitzen 家にいる / sitzen bleiben 座ったままでいる / sitzen lassen 座らせておく. ◇『現在分詞の形で』 eine sitzende Tätigkeit 座ってする仕事, 座業.

② (衣服などが)体に合っている, すわりがよい. Der Anzug sitzt gut. このスーツは体によく合っている / Deine Krawatte sitzt nicht richtig. 君のネクタイは曲がっているよ.

③ 『場所を表す語句とともに』(…に)住みついている, (会社などが…に)本拠を置いている. Er sitzt zurzeit in Afrika. 彼は目下アフリカに住んでいる / Die Firma sitzt in Hamburg. その会社はハンブルクにある. ④ 『in 圏³ ~』(圏(議会など)に)席がある, (圏³の)メンバーである. Er sitzt im Ausschuss. 彼は委員会のメンバーだ. ⑤ 《口語》服役中である. Er saß sechs Monate wegen Diebstahl[s]. 彼は窃盗罪で6か月間服役した. ⑥ 『場所を表す語句とともに』(…に)ある, 付いて(掛かって)いる. An seinem Hut saß eine Feder. 彼の帽子に羽根が付いていた / Da sitzt der Fehler! そこに間違いがあるんだ / Der Schreck saß mir noch in den Gliedern. 此ショックはまだ私の全身に残っていた. ⑦ 『voll[er] とともに』(…で)いっぱいである. Der Zweig saß vol-

ler weißer Blüten². 枝には白い花がいっぱい付いていた. ⑧《口語》頭に入っている. Was er einmal gelernt hat, das *sitzt* [**bei** ihm]. 彼はいったん学んだことは忘れない. ⑨《口語》命中する; (発言などが)効く. Der Schuss *hat gesessen*. 銃弾が命中した. ⑩《成句的に》einen *sitzen* haben《俗》酔っ払っている.
Ⅱ《再帰》《完了》haben); 南ド.ホ⁴ワ.ス¹.; sein) *sich*⁴ *sitzen* ① 座っていて[の結果]…になる. *sich*⁴ lahm *sitzen* 長く座っていて足がしびれる. ②《es sitzt sich*⁴*…の形で》座り心地が…である. In diesem Sessel *sitzt* es *sich* bequem. この安楽いすは座り心地がよい.

▶ **sitzen|bleiben, sitzen|lassen**

sit·zen|blei·ben*, **sit·zen blei·ben*** [ズィッツェン・ブらイベン zítsən-blàirbən]《自》(s) ①《口語》(生徒が)留年(落第)する. Wenn er eine Fünf in Deutsch hat, *bleibt er sitzen*. 彼はドイツ語で5(不可)をもらうと留年だ. ②《口語》(ダンスパーティーで)ダンスの相手がいない. ③《auf 物³ ~》《口語》(物³を)売りさばいないでいる. ④《方》(パンの生地などが)ふくらまない.

Sit·zen⸗blei·ber [ズィッツェン・ブらイバァ]《男》-s/- (女性形: -in).

sit·zen|las·sen*, **sit·zen las·sen*** [ズィッツェン・らッセン zítsən-làsən] (過分 sitzen[ge]lassen / sitzen [ge]lassen)《他》(h) ①《口語》見捨てる, 見殺しにする. ②《口語》(人⁴に)待ちぼうけをくわせる. ③《物⁴ auf sich⁴ ~》《物⁴(非難など)を受けたまま黙っている.

Sitz⸗fleisch [ズィッツ・ふらイシュ]《中》-[e]s/ 《口語・戯》尻(笑). *Sitzfleisch*⁴ haben 長居をする / kein *Sitzfleisch*⁴ haben 尻が落ち着かない.

Sitz⸗ge·le·gen·heit [ズィッツ・ゲレーゲンハイト]《女》-/-en 座席[の設備], 腰かけ.

Sitz⸗kis·sen [ズィッツ・キッセン]《中》-s/- クッション, 座布団.

Sitz⸗platz [ズィッツ・ブらッツ]《男》-es/..plätze 座席; (劇場などのいす席. (⟺「立ち見席」は Stehplatz).

Sitz⸗streik [ズィッツ・シュトライク]《男》-[e]s/-s 座り込みストライキ.

*die Sit·zung [ズィッツング zítsuŋ]《女》(単) -/(複) -en《英》*meeting*) ① 会議, 集会. eine wichtige *Sitzung* 重要な会議 / eine *Sitzung*⁴ eröffnen (schließen) 会議を開会する(閉会する) / Heute haben wir eine *Sitzung*. きょう私たちは会議があります. ②(絵などの)モデルになること; (一回一回の)歯科(精神科)の診察(治療).

> 《類語》die Sitzung: (一般的な意味での)会議. die Konferenz: (討議・交渉などのための)会議, 会談. der Kongress: (専門家・政治家などが集まる大規模な)会議. der Wiener *Kongress* ウィーン会議. die Tagung: (専門家の)会議. das Treffen: 会合, 集会.

Sit·zungs⸗be·richt [ズィッツングス・ベリヒト]《男》-[e]s/-e 議事報告, 議事録.

Sit·zungs⸗pro·to·koll [ズィッツングス・プロトコる]《中》-s/-e 議事録.

Sit·zungs⸗saal [ズィッツングス・ザーる]《男》-[e]s/..säle 会議場(室), 議場.

si·zi·li·a·nisch [ズィツりアーニッシュ zitsiliá:nɪʃ]《形》シチリア島(人)の.

Si·zi·li·en [ズィツィーりエン zitsí:liən]《中》-s/《島名》シチリア(イタリアの南西の島).

Ska·la [スカーら ská:la]《女》-/Skalen (または -s) ① (計器類の)目盛り. die *Skala* des Thermometers 温度計の目盛り. ②(色調などの)等級, 段階. ③《音楽》音階, スケール.

Skal·de [スカるデ skáldə]《男》-n/-n スカルド(英雄をたたえた9〜14世紀のスカンジナビアの宮廷詩人).

Skalp [スカるプ skalp]《男》-s/-e (昔の;)頭髪つきの)頭皮(勝利の印に敵の頭部からはぎとった).

Skal·pell [スカるペる skalpél]《中》-s/-e (医)(小型の)外科用メス.

skal·pie·ren [スカるピーレン skalpí:rən]《他》(h) (人⁴の)頭皮をはぎ取る.

***der* Skan·dal** [スカンダーる skandá:l]《男》(単2) -s/(複) -e (3格のみ -en) ① **スキャンダル**, 醜聞.《英》*scandal*). einen *Skandal* verursachen スキャンダルを引き起こす / Es ist ein *Skandal*, wie er sich dort betrunken hat. あいつもぞこであんな酔い方をするなんて, とんでもないよ. ②《方》騒ぎ, 騒音.

skan·da·lös [スカンダれース skandaló:s]《形》スキャンダラスな, 醜聞の, けしからぬ.

Skan·dal⸗pres·se [スカンダーる・プレッセ]《女》-/ ゴシップ誌, 低俗新聞.

skan·die·ren [スカンディーレン skandí:rən]《他》(h) (詩⁴を)韻律に従って(抑揚をつけて)朗読する; (シュプレヒコールなど⁴を)抑揚をつけて叫ぶ.

Skan·di·na·vi·en [スカンディナーヴィエン skandiná:viən]《中》-s/《地名》スカンジナビア.

Skan·di·na·vi·er [スカンディナーヴィアァ skandiná:viər]《男》-s/- スカンジナビアの人. (女性形: -in).

skan·di·na·visch [スカンディナーヴィッシュ skandiná:vɪʃ]《形》スカンジナビア[人・語]の.

Skat [スカート ská:t]《男》-[e]s/-e (または -s) ①《ふつう単》スカート(トランプ遊びの一種). *Skat*⁴ spielen スカートをする. ②(スカートの)伏せ札.

Skate⸗board [スケート・ボーァト]《英》《中》-s/-s スケートボード.

Ske·lett [スケれット skelét]《中》-[e]s/-e ① 骸骨(ぶ); 骨格. ②《建》骨組み.

Skep·sis [スケプスィス sképsɪs]《女》-/ 疑心, 懐疑. mit voller *Skepsis* ひどく疑って.

Skep·ti·ker [スケプティカァ sképtikər]《男》-s/- ① 疑い深い人. (女性形: -in). ②《哲》懐疑論者.

skep·tisch [スケプティッシュ sképtɪʃ]《形》懐疑的な, 疑い深い. Ich bin wirklich *skeptisch*, ob… …かどうか本当に疑わしいものだ.

Skep·ti·zis·mus [スケプティツィスムス skeptitsísmʊs]《男》-s/ ① 不信, 懐疑. ②《哲》懐疑論.

Sketch [スケッチ skétʃ]《英》《男》-[es]/-e[s] (ま

たは -s)(バラエティーショーなどの)風刺寸劇.

der **Ski** [シー ʃiː] 男 (単2) -s/(複) -er (3格のみ -ern) または (複) － スキー. (英 ski). *Ski*⁴ laufen (または fahren) スキーをする / die *Skier*⁴ an|schnallen (ab|schnallen) スキーを着ける(はずす) / die *Skier*⁴ wachsen スキーにワックスをかける. (☞ Schi ともつづる).

Ski·an·zug [シー・アンツーク] 男 -[e]s/..züge スキーウェア.

Ski·er [シーァァ] Ski (スキー)の 複.

Ski·fah·rer [シー・ファーラァ] 男 -s/- スキーヤー (=Skiläufer). (女性形: -in).

Ski·lauf [シー・らオフ] 男 -[e]s/ =Skilaufen

Ski·lau·fen [シー・らオフェン] 中 -s/ (スポーツとしての)スキー.

Ski·läu·fer [シー・ろイふァァ] 男 -s/- スキーヤー. (女性形: -in).

Ski·leh·rer [シー・れーラァ] 男 -s/- スキー指導員. (女性形: -in).

Ski·lift [シー・りフト] 男 -[e]s/-e (または -s) (スキーヤーを運ぶ)リフト.

Ski·sport [シー・シュポルト] 男 -[e]s/ スキー競技.

Ski·sprin·gen [シー・シュプリンゲン] 中 -s/ スキーのジャンプ.

Ski·sprin·ger [シー・シュプリンガァ] 男 -s/- スキーのジャンパー. (女性形: -in).

Ski·stock [シー・シュトック] 男 -[e]s/..stöcke スキーのストック.

die **Skiz·ze** [スキッツェ skítsə] 女 -/-n (英 sketch) ① (美) スケッチ, 下絵. die *Skizze* einer Landschaft² 風景のスケッチ / eine *Skizze*⁴ machen スケッチする / Er machte von dem Modell eine *Skizze*. 彼はそのモデルをスケッチした. ② 見取り図, 略図; 草案. die *Skizze* einer Rede² 演説の草案. ③ (文学の)小品, 短篇;《音楽》(単純な形式の)描写曲, スケッチ.

Skiz·zen·buch [スキッツェン・ブーフ] 中 -[e]s/..bücher スケッチブック.

skiz·zen·haft [スキッツェンハフト] 形 スケッチ風の; あらましの, 概略の.

skiz·zie·ren [スキツィーレン skitsíːrən] 他 (h) ① (物⁴を)スケッチする;(物⁴の)見取図(略図)を描く. ② (事⁴の)概要を述べる(書く);(原稿など⁴の)草案をつくる.

Skla·ve [スクラーヴェ skláːvə または ..ふェ ..fə] 男 -n/-n (昔の:)奴隷. (女性形: Sklavin). Er war *Sklave* seiner Triebe.《比》彼は情欲のとりこになっていた.

Skla·ven·ar·beit [スクラーヴェン・アルバイト] 女 -/-en ① 苦役, 重労働. ② (昔の:)奴隷労働.

Skla·ven·han·del [スクラーヴェン・ハンデる] 男 -s/ (昔の:)奴隷売買.

Skla·ve·rei [スクラーヴェライ skla:vərái または ..フェライ ..faːrái] 女 -/ ① (昔の:)奴隷の身分(境遇). ② 苦役, 重労働.

skla·visch [スクラーヴィッシュ skláːvɪʃ または ..フィッシュ ..fɪʃ] 形 ① 奴隷のような, 盲従的な; 卑屈な. ② 主体性のない(模倣など).

Skle·ro·se [スクれローゼ skleróːzə] 女 -/-n 《医》硬化(症).

Skon·to [スコント— skónto] [伊] 男 中 -s/-s (または Skonti)《商》(即金の場合などの)割引, ディスカウント.

Skoo·ter [スクータァ skúːtər] 男 -s/- (遊園地などの)ゴーカート.

Skor·but [スコルブート skɔrbúːt] 男 -[e]s/《医》壊血病.

Skor·pi·on [スコルピオーン skɔrpióːn] 男 -s/-e ① 《昆》サソリ. ② 《暦なし》さそり座; 天蝎(うちふ)宮. ③ さそり座生まれの人.

Skript [スクリプト skrípt] 中 -[e]s/-en (または -s) ① 原稿, 草稿;(講義などを筆記した)ノート. ② 《複 ふつう -s》《映》脚本, シナリオ.

Skru·pel [スクルーペる skrúːpəl] 男 -s/- 《ふつう 複》 良心の呵責(かしゃく), ためらい. keine *Skrupel*⁴ haben ためらわない, 悪いとも思わない.

skru·pel·los [スクルーペる・ろース] 形 良心のとがめを感じない, 厚顔無恥の.

Skru·pel·lo·sig·keit [スクルーペる・ろーズィヒカイト] 女 -/ 恥知らず, 厚顔無恥.

Skulp·tur [スクるプトゥーァ] 女 -/-en ① 彫刻品, 彫像. ② 《複 なし》彫刻(術).

skur·ril [スクリーる skurí:l] 形 おどけた, こっけいな, ふざけた; 奇妙な, 奇抜な.

S-Kur·ve [エス・クルヴェ] 女 -/-n (道路の)S字型カーブ.

Sla·lom [スらーろム sláːlɔm] 男 -s/-s (スキー・カヌーなどの)スラローム, 回転(競技).

Slang [スれング slén] [英] 男 -s/-s スラング(俗語・卑語・隠語など).

Sla·we [スらーヴェ sláːvə] 男 -n/-n スラブ人. (女性形: Slawin).

sla·wisch [スらーヴィッシュ sláːvɪʃ] 形 スラブ[人・語]の.

Sla·wis·tik [スらヴィスティク slavístɪk] 女 -/ スラブ学, スラブ語学・文学研究.

Slip [スリップ slíp] [英] 男 -s/-s (男性用の)ブリーフ;(女性用の)パンティー, ショーツ.

Slip·per [スリッパァ slípər] [英] 男 -s/-[s] ① (靴ひもがなくかかとの低い)スリップオン, スリッポン. (☞ Schuh 図). ② 《複》《古了》スリッポン(スポーティーな紳士用コート).

Slo·gan [スローガン slóːgən] [英] 男 -s/-s スローガン, 標語.

Slo·wa·ke [スろヴァーケ slováːkə] 男 -/ スロバキア人. (女性形: Slowakin).

die **Slo·wa·kei** [スろヴァカイ slovakái] 女 -/ 《定冠詞とともに》《国名》スロバキア[共和国](旧チェコ・スロバキアの東部. 首都はブラチスラバ).

slo·wa·kisch [スろヴァーキッシュ slováːkɪʃ] 形 スロバキア[人・語]の.

Slo·we·ni·en [スろヴェーニエン slovéːniən] 中 -s/《国名》スロベニア[共和国](旧ユーゴスラビア連邦の一共和国. 首都はリュブリャーナ).

slo·we·nisch [スろヴェーニッシュ slovéːnɪʃ] 形 スロベニア[人・語]の.

Slum [スラム slám] [英] 男 –s/–s 《ふつう 複》スラム[街].

sm [ゼー・マイレ] 《略》海里 (=Seemeile).

Sm [エス・エム] 《化・記号》サマリウム (=Samarium).

S. M. [ザイネ マイエステート] 《略》陛下 (= Seine Majestät).

Sma·ragd [スマラクト smarákt] 男 –[e]s/–e [..ラクデ] (鉱) エメラルド, 翠玉(すいぎょく).

sma·ragd=grün [スマラクト・グリューン] 形 エメラルドグリーンの.

smart [スマールト smá:rt または スマルト] [英] 形 ① やり手の(実業家など), 抜け目のない(商売人など). ② (服装などが)あか抜けした, スマートな, 粋(いき)な.

Smart=phone, Smart Phone [スマールト・フォーン] 中 –s/–s スマートフォン, スマホ.

Smi·ley [スマイリ smáɪlɪ] [英] 中 –s/–s (電子メールの)顔文字, 絵文字 (=Emoticon).

Smog [スモック smɔ́k] [英] 男 –[s]/–s スモッグ.

Smo·king [スモーキング smɔ́:kɪŋ] [英] 男 –s/–s (服飾)スモーキング, タキシード.

SMS [エス・エム・エス] [英] 中 –/– (キラ・エス・エス: 中 –/–) 《略》(携帯電話の)伝言サービス[メール] (= Short Message Service).

Sn [エス・エン] 《化・記号》錫(すず) (=Stannum, Zinn).

Snack [スネック snɛ́k] [英] 男 –s/–s 軽食, スナック.

Snob [スノップ snɔ́p] [英] 男 –s/–s スノッブ, 紳士気取りの俗物.

Sno·bis·mus [スノビスムス snobísmus] 男 –/..bismen ① (複 なし) 紳士気取り, 俗物根性, スノビズム. ② きざな言動.

sno·bis·tisch [スノビスティッシュ snobístɪʃ] 形 紳士気取りの, きざな.

Snow=board [スノー・ボート] [英] 中 –s/–s スノーボード.

Snow=boar·der [スノー・ボーダァ] [英] 男 –s/– スノーボードで滑る人. (女性形: –in).

‡SO [ゾー zó:]

そのように	*So* geht es nicht !
	ゾー ゲート エス ニヒト
	そうはいかないよ.

I 副 **A)** 《ふつう文中でのアクセントあり》① そのように, このように. (英 so). *So* geht es in der Welt. 世の中はそうしたものだ / *So* ist das also! つまりそういうこと[だったの]か / *So* betrachtet, hat er Recht. そのような見方をすれば, 彼の言うとおりだ / wenn ich *so* sagen darf そう言ってよければ / Er spricht bald *so*, bald *so*. 彼はああ言ったりこう言ったりする / Er spricht *so*, dass man ihn gut versteht. 彼はよくわかるように話してくれる / Mir ist *so*, als ob ich ihn schon mal gesehen hätte. 私は彼に前に一度会ったことがあるような気がする / Gut *so*! または Recht *so*! それでよろしい, そのとおり / *so* oder *so* または *so* und *so* どっちみち, いずれにしても / **und *so* weiter** 等々 (略: usw.) / **und *so* fort** 等々 (略: usf.).

② 《程度を表して》それほど, そんなに. *So* einfach ist das gar nicht. 決してそれほど簡単なことはないよ / Sprich bitte **nicht *so*** laut! そんなに大声で話さないでくれ / Ich bin nicht *so* dumm, das zu glauben. 私はそれを信じるほど愚かではない / Einen *so* kalten Winter hatten wir seit Jahren nicht. こんな寒い冬は数年来初めてだ / Ich bin *so* weit. 《口語》私は準備ができて(仕事が済んで)いる / Wir sind *so* weit zufrieden. 私たちはそこまでは満足している. ◇《*so* … wie 〜 の形で》〜と同じように… Er ist *so* alt wie du. 彼は君と同い年だ / *so* bald wie (または als) möglich できるだけ早く / Er ist *so* reich wie geizig. 彼は金持ちだし, またけちでもある / Das war *so* viel wie eine Zusage. それは承諾したも同然だった / Ich gebe dir *so* viel [wie] du willst. 欲しいだけ君にやるよ / Ich habe *so* wenig Erfahrung **wie** er. 私は彼と同様に経験があまりない.

③ 《*so* …, dass 〜 の形で》たいへん…なので〜だ, 〜なほど…だ. Er war *so* müde, dass er bald ins Bett ging. 彼はたいそう疲れていたのですぐ床についた.

④ 《口語》そのような. *so* ein Mensch wie er 彼のような人間 / in *so* einem Kleid そんなワンピースを着て / *So* ein Unglück (Zufall)! なんという災難(偶然)だ / *so* etwas (または was) こんなもの / Na, *so* was! そんな, そりゃないぞ.

B) 《文中でのアクセントあり》① 《ふつう ja とともに》たいへん, とても. Es tut mir [ja] *so* leid! たいへんお気の毒です / Ich bin ja schon *so* gespannt. ぼくは今からすごくわくわくしているよ.

② 《口語》そのまま, このまま, 何もしないで. Ich habe *so* schon genug zu tun. 私はただでさえ忙しい / Er ist *so* ins Kino gekommen. (現在完了) 彼はお金を払わずにそのまま映画館に入場した.

③ 《単独で》⑦《締めくくりを表して》さあ, さて. *So*, das genügt. さてこれで十分だ / *So*, und nun? さてと, 次は? ④《疑問の気持ちを表して》本当[に]? Ich werde morgen verreisen. —*So*? 私はあす旅に出ようと思う—本当? ⑨《確認を表して》そうか. **Ach *so*!** ああ, そうか.

C) 《文中でのアクセントなし》①《引用文とともに》…と語る(語った). „Die Abrüstung", *so* der Präsident, „…". 「軍縮は…」と大統領は語った.

②《数量・時刻などをぼかして》《口語》ほぼ…ぐらい, およそ. *so* etwa (または gegen) 10 Uhr 10 時ごろに / *so* in dreißig Minuten だいたい[これから] 30 分で.

③ 《und, oder とともに》あるいはそういった, そのくらいの. Hier kommen viele Touristen her, Amerikaner und *so*. ここにはたくさんの観光客がやって来る, アメリカ人とか[そういう人たち]ね / in einer Woche oder *so* 1 週間, ある

いはそれぐらいで.

④《雅》それゆえ, だから; それなら. **Du warst nicht da, *so* habe ich das allein entschieden.** 君はいなかった, だからぼくは一人でそう決めたんだ / **Hast du einen Wunsch, *so* will ich ihn dir erfüllen.** 何か願いがあるのなら, それをかなえてあげるよ.

⑤《時間的に》間もなく. **Es dauerte nicht lange, *so* kam sie.** 間もなく彼女がやって来た.

⑥《強調して》まったく, 本当に. **Mir ist das *so* egal.** 私にはそれはまったくどうでもいいことです.

⑦《ついでに言うときに》とにかく, まあ. **Wie man *so* sagt, …** まあ, 人の言うことによると… / **Er machte sich**³ ***so* seine Gedanken.** とにかくまあ彼は彼なりにじっくり考えたんだ.

⑧〖命令文の文頭で; **doch**, **schon** などとともに〗もう, 早く. **So hör doch endlich auf!** いいかげんにやめなさい / **So komm schon!** さあおいでよ.

II 接 〖従属接続詞; 動詞の人称変化形は文末〗
① 〖しばしば **auch** とともに〗どんなに…でも. **So krank er auch ist, …** 彼の病気がどんなにひどくても… / **So leid es uns tut, wir müssen jetzt gehen.** たいへん残念ですが, 私たちはもう行かなければなりません.

② …であるかぎり. **Wir rannten, *so* schnell wir konnten.** 私たちはできるかぎり速く走った / ***so* es mir möglich ist** 私にできるかぎり.

③ 〖*so* …, *so* ~ の形で〗…であるだけに~. **So jung er ist, *so* unerfahren ist er.** 彼は若いだけに経験不足だ.

▶ **so≠dass, so≠genannt**

So. [ゾン・ターク]《略》日曜日 (=**Sonntag**).

SO [ズュート・オスト または ズュート・オステン]《略》南東 (=**Südost[en]**).

s. o. [ズィー[エ] オーベン]《略》上を見よ, 上記参照 (=**sieh[e] oben!**).

***so⇄bald** [ゾ・バルト zo-bált] 接 〖従属接続詞; 動詞の人称変化形は文末〗…するとすぐ, …するやいなや. (英 *as soon as*). ***Sobald* er kommt, werde ich ihn fragen.** 彼が来たらすぐに尋ねてみよう / **Komm, *sobald* du kannst!** できるだけ早くおいで.

die So·cke** [ゾッケ zɔ́kə] 女 (単) -/(複) -n 〖ふつう 複〗ソックス, 短い靴下. (英 *sock*).《注意》「ストッキング」は **Strumpf**. **Herren*socken 紳士用ソックス / **wollene *Socken*** ウールのソックス / **ein Paar *Socken*** 一足のソックス / ***Socken*⁴ an|ziehen (tragen)** ソックスをはく(している) / **囚³ auf den *Socken* sein** 《口語》 囚³ を追跡する / **sich⁴ auf die *Socken* machen** 《口語》出発する / **von den *Socken* sein** 《口語》びっくり仰天する.

So·ckel [ゾッケル zɔ́kəl] 男 -s/- ① (柱・銅像などの)台, 台座. ②(建物・壁などの)土台, 根積み, 壁の下部(腰). ③ 《電》ソケット.

So·da [ゾーダ zóːda] **I** 中 -/ (または 中 -s/) 《化》ソーダ, 炭酸ナトリウム. **II** 中 -s/ ソーダ水 (=*Soda*wasser).

so⇄dann [ゾ・ダン] 副 ① その後, それから. ② さらに, それ以外に.

***so⇄dass, so dass** [ゾ・ダス zo-dás] 接 〖従属接続詞; 動詞の人称変化形は文末〗だから, その結果…. **Er war krank, *sodass* er absagen musste.** 彼は病気だった, そのためキャンセルせざるをえなかった.

So·da⇄was·ser [ゾーダ・ヴァッサァ] 中 -s/..wässer ソーダ水. **Whisky⁴ mit *Sodawasser* mischen** ウイスキーをソーダ水で割る.

Sod⇄bren·nen [ゾート・ブレンネン] 中 -s/ 《医》胸焼け.

So·do·mie [ゾドミー zodomíː] 女 -/ 獣姦 (じゅうかん).

so⇄eben [ゾ・エーベン zo-éːbən] 副 たった今, 今しがた; ちょうど今. (英 *just*). **Er ist *soeben* angekommen.** 〖現在完了〗彼はたった今着いたところだ / ***Soeben* schlägt es zwölf.** ちょうど今(時計が)12時を打っている.

***das So·fa** [ゾーふァ zóːfa] 中 (単2) -s/(複) -s ソファー, 長いす. (英 *sofa*). **Sie sitzt (liegt) auf dem *Sofa*.** 彼女はソファーに腰かけている(横たわっている).

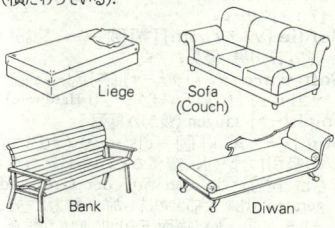

ソファーなど

Liege / Sofa (Couch) / Bank / Diwan

So·fa⇄kis·sen [ゾーふァ・キッセン] 中 -s/- ソファー用のクッション.

so⇄fern [ゾ・ふェルン zo-férn] 接 〖従属接続詞; 動詞の人称変化形は文末〗…であるかぎり, …であれば. **Wir kommen am Wochenende, *sofern* es euch passt.** 君たちの都合さえよければ, ぼくらは週末に行くよ.

soff [ゾふ] saufen (飲む)の 過去

söf·fe [ゼッふェ] saufen (飲む)の 接2

So·fia [ゾふィア zófia または ゾー.. zóː..] 中 -s/ 《都市名》ソフィア(ブルガリアの首都).

***so⇄fort** [ゾ・ふォルト zo-fɔ́rt]

すぐに	**Ich komme *sofort*.**
	イヒ コンメ ゾふォルト
	すぐに参ります.

副 すぐに, 直ちに. (英 *at once*). **Komm *sofort* her!** すぐにこっちへおいで / ***Sofort* nach der Ankunft nahm er ein Bad.** 着くとすぐに彼はひと風呂浴びた / **ab *sofort*** 今から直ちに.

類語 **sofort**: (有無を言わさず要求する気持ちを表して)すぐに. (しばしば命令文に用いられる). **auf der**

Stelle: (一瞬の状況をとらえて)その場で, 即座に. **sogleich**: (sofort とほぼ同義だが, 文章語として用いて)すぐに. Sie wusste *sogleich*, wen ich meinte. 彼女には私がだれのことを言っているのかすぐにわかった. **gleich**: (sofort や sogleich ほど強い調子を込めずに)すぐに. Ich bin *gleich* wieder da. すぐにまた戻って来るよ.

So·fort·bild⹁ka·me·ra [ゾフォルトビると・カメラ] 囡 -/-s 《写》ポラロイドカメラ.

So·fort·hil·fe [ゾフォルト・ヒるフェ] 囡 -/-n (被災者などへの)緊急援助.

so·for·tig [ゾフォルティヒ zofórtiç] 形 《付加語としてのみ》即座の, 早速の.

So·fort⹁maß·nah·me [ゾフォルト・マースナーメ] 囡 -/-n 応急処置, 緊急対策.

soft [ゾふト zɔft] 《英》形 ① 《ジャズ音楽などの演奏指示で:》ソフトな. ② (特に男性が:)やさしい, 思いやりがある.

Soft⹁drink, Soft Drink [ゾふト・ドリンク] 《英》男 -s/-s ソフトドリンク(アルコール分を含まない飲み物).

Soft·eis [ゾふト・アイス zɔ́ft-aɪs] 中 -es/ ソフト[アイスクリーム].

Sof·tie [ゾふティ zɔ́fti] 《英》男 -s/-s 《隠語》軟弱な(若い)男, 優男.

Soft⹁ware [ゾふト・ヴェーア]《英》囡 -/-s 《コンピ》ソフトウェア. (⟹「ハードウェア」は Hardware).

sog [ゾーク] saugen (吸う)の過去

Sog [ゾーク zoːk] 男 -[e]s/-e ① (プロペラなどの)吸引[力]; (水・空気などの)吸い込む流れ; 《比》誘惑. in den *Sog* der Großstadt² geraten《比》大都会の抗しがたい魅力に巻き込まれる. ② (海)(海面下の)沖へ向かう潮流.

sog. [ゾー・ゲナント] (略)いわゆる (=sogenannt).

*⹁**so⹁gar** [ゾ・ガール zo-gáːr] 副 《英》*even*) ① [それどころか]…でさえも. *Sogar* ich habe das verstanden. 私でさえそんなことはわかった / Er arbeitet *sogar* im Urlaub. 彼は休暇中ですら働く.

② しかも, それどころか. Sie ist vermögend, *sogar* sehr vermögend. 彼女は財産持ちだ, それもたいへんな財産持ちだ.

sö·ge [ゼーゲ] saugen (吸う)の接2

so⹁ge·nannt, so ge·nannt [ゾー・ゲナント zóː-gənant] 形《付加語としてのみ》いわゆる, 世に言う[ところの]; (皮肉って:)…と称する. (略: sog.)《英》*socalled*). der sogenennte Treibhauseffekt いわゆる温室効果 / Seine *sogenannte* Cousine ist in Wahrheit seine Freundin. 彼のいとこと称する女性は実は彼の恋人だ.

so⹁gleich [ゾ・グらイヒ zo-gláɪç] 副 すぐに, 直ちに. Als die Gäste ankamen, wurden sie *sogleich* in ihre Zimmer geführt.《受動・過去》お客たちは到着すると直ちに部屋に案内された. (⟸類 sofort).

die **Soh·le** [ゾーれ zóːlə] 囡 (単) -/(複) -n (《英》*sole*) ① 靴底 (=Schuh*sohle*); 靴下の底. dicke (dünne) *Sohlen* 厚い(薄い)靴底 / sich¹ *Sohlen* heften (または hängen) 囚³のあとにぴったりついて行く / eine kesse *Sohle*⁴ aufs Parkett legen《口語》さっそうと踊る.

② 足の裏 (=Fuß*sohle*). **auf leisen *Sohlen*** 足音を忍ばせて / mit nackten *Sohlen* はだしで / Es brannte ihm unter den *Sohlen*.《口語・比》彼はいらいらしていた(気がせいていた). ③ (谷・川などの)底. ④ (坑)水平坑道の1階層; 炭層直下の岩盤部.

soh·len [ゾーれン zóːlən] 他 (h) (靴⁴に)底革を張る; (靴⁴の)底を張り替える.

⹁der **Sohn** [ゾーン zóːn]

息子	Er hat einen *Sohn*.
	エア ハット アイネン ゾーン
	彼には息子が一人いる.

格	単	複
1	der Sohn	die Söhne
2	des Sohnes	der Söhne
3	dem Sohn	den Söhnen
4	den Sohn	die Söhne

男 (単2) -es (まれに -s)/(複) Söhne [ゼーネ] (3格のみ Söhnen) ① 息子, せがれ. (《英》*son*). (⟹「娘」は Tochter). Vater und *Sohn* 父と息子 / mein ältester *Sohn* 私の長男 / der einzige *Sohn* 一人息子 / Er hat zwei erwachsene *Söhne*. 彼には成人した息子が二人いる / Sie haben einen *Sohn* bekommen. 彼らに息子が生まれた / Er ist ganz der *Sohn* seines Vaters. 彼は父親そっくりだ / dieser große *Sohn* unserer Stadt² わが町が生んだこの偉大な男 / der *Sohn* Gottes または Gottes *Sohn* 神の子(キリスト) / der verlorene *Sohn*《聖》放蕩(ほうとう)息子(ルカによる福音書 15, 11–32) / Er ist ein echter *Sohn* der Berge.《比》彼は根っからの山育ちだ.

② 《成句的に》 Mein *Sohn*! (年少者への親しい呼びかけで:)ねえ君, お若いの.

Söh·ne [ゼーネ] ⹁Sohn (息子)の複

Soi·ree [ゾアレー zoaréː] [フランス] 囡 -/-n [..レーエン] 夕べの催し, 夜会.

So·ja [ゾーヤ zóːja] 囡 -/Sojen《植》ダイズ(大豆) (=*Soja*bohne). (⟹「ソーヤ」は日本語の「醤油」に由来).

So·ja⹁boh·ne [ゾーヤ・ボーネ] 囡 -/-n《植》ダイズ(大豆)の種子].

So·ja⹁so·ße [ゾーヤ・ゾーセ] 囡 -/-n 醤油(しょうゆ).

So·ja⹁spros·sen [ゾーヤ・シュプロッセン] 複 もやし.

So·kra·tes [ゾークラテス zóːkratɛs]《人名》ソクラテス(前 470?–前 399; 古代ギリシアの哲学者).

So·kra·ti·ker [ゾクラーティカァ zokráːtikɐr] 男 -s/- ソクラテス学派の人. (女性形: -in).

so·kra·tisch [ゾクラーティッシュ zokrá:tɪʃ] 形 ① ソクラテス[学派]の, ソクラテス的な. ② 《比》賢明な.

so꞊lang [ゾ・らング] 接 =solange

so·lan·ge [ゾ・らンゲ zo-láŋə] 接 《従属接続詞; 動詞の人称変化形は文末》…する間は, …するかぎりは. (英 as long as). *Solange* es regnet, bleiben wir hier. 雨が降っている間はここにいよう. ◊《否定を表す語句とともに》…しないうちは. *Solange* du nicht aufgeräumt hast, darfst du nicht spielen. 片づけが済まないうちは遊んではいけないよ.

so·lar [ゾラール zolá:r] 形 《理》太陽の, 太陽による.

So·lar꞊an·la·ge [ゾラール・アンラーゲ] 女 -/-n 太陽光発電装置.

So·lar꞊bat·te·rie [ゾラール・バッテリー] 女 -/-n [..リーエン] 《電》太陽電池.

So·lar꞊ener·gie [ゾラール・エネルギー] 女 -/ 《物》太陽エネルギー.

So·lar꞊hei·zung [ゾラール・ハイツング] 女 -/ 太陽熱暖房.

So·la·ri·um [ゾラーリウム zolá:riʊm] 中 -s/..rien (日焼け用の)太陽灯照射室.

So·lar꞊kraft·werk [ゾラール・クラフトヴェルク] 中 -[e]s/-e 太陽エネルギー[利用]発電所.

So·lar꞊mo·bil [ゾラール・モビーる] 中 -s/-e ソーラーカー, 太陽電池自動車.

So·lar꞊tech·nik [ゾラール・テヒニク] 女 -/ 太陽エネルギー利用技術.

So·lar꞊zel·le [ゾラール・ツェれ] 女 -/-n 《電》太陽電池.

Sol꞊bad [ゾーる・バート] 中 -[e]s/..bäder 塩泉浴[場].

＊solch [ゾるヒ zɔlç]

そのような

Solche Weine trinke ich gern!
ゾるヒェ ヴァイネ トリンケ イヒ ゲルン
そんな[いい]ワインなら喜んで飲むよ.

代 《指示代名詞; 語尾変化は dieser と同じ. ただし ein, kein のあとでは形容詞と同じ語尾変化. また solch ein の形では無変化》(英 *such*) ①《付加語として》そのような, この(あの)ような. ein *solcher* Mann または *solch* ein Mann そのような男 / ein *solcher* feiner Stoff または *solch* ein feiner Stoff そのような肌触りの柔らかな生地 / Mit *solchen* Leuten verkehrst du? 君はあんな連中とつき合っているのか / bei *solchem* herrlichen Wetter こんないい天気のときには. ② はなはだしい, ひどい. Ich habe *solchen* Hunger. 私はおなかがぺこぺこだ. ③《名詞的に》そのような人(もの・こと). ein *solcher* または *solch* einer そのような男 / eine *solche* または *solch* eine そのような女 / *solcher* wie er または *solche*. 《口語》こんな人もいればあんな人もいる / Er ist kein *solcher*. 彼はそんな男ではない. ◊《als とともに》Die Arbeit als *solche* ist interessant. その仕事はそれ自体としては面白いのだが, しかし… / das Thema als *solches* テーマ自体.

<small>後続の形容詞にはふつう弱変化であるが, 強変化することもある.</small>

sol·che [ゾるヒェ], **sol·chem** [ゾるヒェム], **sol·chen** [ゾるヒェン], **sol·cher** [ゾるヒャァ] 代 《指示代名詞》 ☞ solch

sol·cher·art [ゾるヒャァ・アールト] I 形 《付加語としてのみ; 無語尾》そのような. II 副 そのようなやり方で, そのようにして.

sol·cher·lei [ゾるヒャァらイ zólçərlaɪ] 形 《無語尾》そのような《種類の》.

sol·ches [ゾるヒェス] 代 《不定代名詞》 ☞ solch

Sold [ゾると zɔlt] 男 -[e]s/-e 《ふつう単》(特に兵士の)給料, 俸給.

der **Sol·dat** [ゾるダート zɔldá:t] 男 《単2·3·4》-en/《複》-en ① 軍人, 兵士. (英 *soldier*). Berufs*soldat* 職業軍人 / das Grabmal des Unbekannten *Soldaten* 無名戦士の墓標 / bei den *Soldaten* sein 《口語》兵役に就いている. ②《昆》ヘイタイアリ. ③ (チェスの)歩.

Sol·da·ten꞊fried·hof [ゾるダーテン・フリートホーフ] 男 -[e]s/..höfe 戦没兵士の墓地.

Sol·da·tin [ゾるダーティン zɔldá:tɪn] 女 -/..tinnen (女性の)軍人, 兵士.

sol·da·tisch [ゾるダーティッシュ zɔldá:tɪʃ] 形 兵士の; 軍人らしい, 軍人風の.

Sold·buch [ゾると・ブーフ] 中 -[e]s/..bücher (1945 年までの)ドイツ兵の身分証明書.

Söld·ner [ぜるドナァ zǿldnər] 男 -s/- 雇われ人, 傭兵(ﾖｳﾍｲ)(18 世紀末までは軍の中核だった). (女性形: -in).

So·le [ゾーれ zó:lə] 女 -/-n 食塩水.

so·lid [ゾリート zolí:t] 形 =solide

so·li·da·risch [ゾリダーリッシュ zolidá:rɪʃ] 形 ① 連帯した, 一致団結した. ②《法》連帯[責任]の.

so·li·da·ri·sie·ren [ゾリダリズィーレン zolidarizí:rən] I 再動 (h) 《*sich*⁴ *mit* 人·事³ ~》 (人³と)連帯する, 団結する; (事³を)支持する. II 他 (h) 《人⁴を》連帯(団結)させる.

So·li·da·ri·tät [ゾリダリテート zolidarité:t] 女 -/ 連帯, 一致団結.

so·li·de [ゾリーデ zolí:də] 形 《比較》solider, 《最上》solidest; 格変化語尾がつくときは solid-) (英 *solid*) ① 頑丈な, 堅牢な. ein *solider* Schrank しっかりした造りの戸棚. ② (暮らしなどが)手堅い, 堅実な; しっかりした, 確かな. eine *solide* Arbeit しっかりした仕事 / Er lebt *solide*. 彼は堅実な暮らしをしている.

So·li·di·tät [ゾリディテート zoliditéː] 女 -/ ① 堅固さ, 頑丈さ. ② (生活などの)堅実さ.

So·lin·gen [ゾーリンゲン zó:lɪŋən] 中 -s/ 《都市名》ゾーリンゲン(市), ノルトライン・ヴェストファーレン州. 刃物の製造で有名: ☞《地図》C-3).

So·list [ゾリスト zolíst] 男 -en/-en ① (音楽

の)ソリスト, 独唱者, 独奏者; ソロダンサー. (女性形 -in). ②《ﾈｽﾞ･隠語》(サッカーなどで:)単独突破をねらうプレーヤー.

soll [ゾル zɔl] ‡sollen¹(…すべきだ)の1人称単数・3人称単数 現在. *Soll* ich Ihnen ein Taxi bestellen? タクシーを呼びましょうか.

Soll [ゾル] 匣 -[s]/-[s] ①《商》借り[高]; 借り方; 支出. *Soll* und Haben 借り方と貸し方, 支出と収入. ②《経》基準作業量, ノルマ.

‡**sol·len**¹* [ゾルン zɔ́lən]

> …すべきだ Was *soll* ich machen?
> ヴァス ゾる イヒ マッヘン
> 私はどうすればいいだろうか.

人称	単	複
1	ich soll	wir sollen
2	{du sollst / Sie sollen	{ihr sollt / Sie sollen
3	er soll	sie sollen

助動《話法の助動詞》《完了 haben》**A**)（sollte, *hat*…gesollt）《zu のない不定詞とともに》① …すべきだ, …するのが当然だ.《英 should》. *Soll* ich gehen oder *soll* ich bleiben? 私は行くべきか, それともとどまるべきか / Man *soll* das Alter ehren. 老人は敬うものだ / Man *soll* die Angelegenheit sofort erledigen. その用件はすぐ処理した方がいい / Du *sollst* nicht töten! なんじ殺すべからず《出エジプト記 20, 13》/ Das *hättest* du nicht tun *sollen*.《接2・過去》そんなことを君はすべきではなかったのに.

②《主語以外の人の意志》⑦《話し手の意志》…して欲しい, …させよう. Ihr *sollt* still sein! 君たち, 静かにしなさい / Sie *soll* gleich zu mir kommen. 彼女をすぐ私の所に来させてくれ / Du *sollst* es haben. 君にそれをあげよう / Hoch *soll* er leben! (乾杯の言葉:)彼の健康を祝って!

⑦《ふつう疑問文で》《相手の意向を問う》…しましょうか, …すればよいのですか. *Soll* ich das Fenster aufmachen? 窓を開けましょうか / Was *soll* es denn sein? (店員が客に:)何にいたしましょうか.《注意 相手の許可を求める場合は dürfen を用る. 例: Darf ich das Fenster aufmachen? 窓を開けてもよろしいでしょうか).

⑦《第三者の意志》…するように言われている. Er *soll* kein Fleisch essen. (医者から)彼は肉を食べないように言われている / Ich *soll* dich von ihm grüßen. 彼から君によろしくとのことだよ. ◇《間接話法で》Sie sagte ihm, er *solle* dort warten.《接1・現在》彼女は彼にそこで待つように言った.

③《現在形で》…だそうだ, …といううわさだ. Er *soll* krank sein. 彼は病気だそうだ / Sie *soll* geheiratet haben. 彼女は結婚したそうだ.

④《疑問文で》…なのか. Was *soll* das heißen? それはどういうことなのか / Wer *soll* das sein? (写真などを見ながら:)これはいったいだれ

ですか / Das *soll* ich sein? これが私だって.

⑤ …する運命の; …のすることである. Er *sollte* seine Heimat nie wieder sehen. 彼は故郷を二度と見ない運命にあった / Das Konzert *soll* nächsten Montag stattfinden. そのコンサートは次の月曜日に行われることになっている.

⑥ 仮に…としておこう. Das Zeichen X *soll* die zu suchende Größe sein. 記号Xは求める値とする.

B)（sollte, *hat*…gesollt）《独立動詞として; 不定詞なしで》するべきだ; 意味する. Was *soll* ich damit? 私はそれをどうすればよいのだろう / Das *hast* du nicht *gesollt*. 君はそれをするべきではなかった / Was *soll* [denn] das? それはいったいどういうことなんだ! ◇《方向を表す語句とともに》(…へ)行くべきだ. Du *sollst* jetzt **ins** Bett. 君はもう寝なさい.

sol·len² [ゾルン] ‡sollen¹(…すべきだ)の 過分

‡**sollst** [ゾルスト zɔlst] ‡sollen¹(…すべきだ)の2人称親称単数 現在. Du *sollst* nicht alles anfassen! 何にでも手を触れてはいけないよ.

soll·te [ゾルテ zɔ́ltə] **I** ‡sollen¹(…すべきだ)の 過去

II ‡sollen¹(…すべきだ)の 接2 ①《本来は》…すべきであるのに; …した方がよい. Das *sollte* sie doch wissen. それくらい彼女は知っているべきなのに / Bei diesem Wetter *solltest* du dir einen Mantel anziehen. この天気ではコートを着たほうがいいよ. ②《条件文で》《雅》ひょっとして…ならば. *Sollte* es regnen, [dann] bleiben wir zu Hause. 万一雨が降ったら家にいよう. ③《疑問文で》(本当に)…だろうか. *Sollte* das wahr sein? それははたして本当だろうか.

so·lo [ゾーろ zóːlo] [音] 副 ①《音楽》独唱(独奏)で, ソロで. *solo* singen (spielen) 独唱(独奏)する. ②《口語》ひとりで.

So·lo [ゾーろ] 匣 -s/-s (または Soli) ①《音楽の》独唱(独奏), ソロ; ソロダンス. ②《ﾈｽﾞ･隠語》(サッカーなどで:)単独突破. ③《トランプ》ソロ.

So·lo·thurn [ゾーろ・トゥルン zóːloturn] 匣 -[s]/(地名) ゾーロトゥルン《スイス26州の一つ, またその州都》. ☞ 地図 C-5).

sol·vent [ゾるヴェント zɔlvɛnt] 形《経》支払能力のある.

Sol·venz [ゾるヴェンツ zɔlvɛnts] 囡 -/-en《経》支払能力.

so=mit [ゾ・ミット] 副 だから, したがって; これをもって. Er war dabei, *somit* weiß er darüber Bescheid. 彼はその場にいた, だから彼はその件を承知している.

‡*der* **Som·mer** [ゾンマァ zɔ́mər]

> 夏 Was machst du im *Sommer*?
> ヴァス マッハスト ドゥ イム ゾンマァ
> 夏になったら何をするの.

男 (単2) -s/(複) - (3格のみ -n)《ふつう 単》夏.《英 summer》.《注意「春」は Frühling, 「秋」は Herbst, 「冬」は Winter）. ein kühler *Sommer*

涼しい夏 / Der *Sommer* in Japan ist sehr heiß. 日本の夏はたいへん暑い / Der *Sommer* kommt. 夏が来る / Der *Sommer* geht zu Ende. 夏が終わる / diesen (nächsten) *Sommer* 今年の(来年の)夏に / Im *Sommer* fahren wir ins Gebirge. 夏には私たちは山へ行く / den *Sommer* über 夏中 / *Sommer* wie Winter 1年中(←夏も冬も).

Som·mer⹀fahr·plan [ゾンマァ・ファールプらーン] 男 -[e]s/..pläne 《鉄道》夏季列車時刻表.

*die **Som·mer·fe·ri·en*** [ゾンマァ・フェーリエン zɔ́mər-feːriən] 複 夏休み. (英 *summer vacation*). in den *Sommerferien* 夏休みに / Ich freue mich schon auf die *Sommerferien*. 私は今からもう夏休みを楽しみにしている.

Som·mer⹀fri·sche [ゾンマァ・ふりッシェ] 女 -/-n 《ふつう 囲》避暑[地].

Som·mer⹀kleid [ゾンマァ・クらイト] 中 -[e]s/-er ① サマードレス, 夏服. ② 《狩》(動物の)夏毛; (鳥の)夏羽.

som·mer·lich [ゾンマァりヒ] 形 夏の, 夏らしい; 夏向きの. *sommerliches* Wetter 夏のような天気 / sich⁴ *sommerlich* kleiden 夏向きの服装をする.

Som·mer⹀mo·nat [ゾンマァ・モーナット] 男 -[e]s/-e ① 夏の月[の一つ](特に6·7·8月). ② 〖複なし〗《古》6月.

som·mers [ゾンマァス] 副 夏に, 夏場は, 夏の間; 毎夏. *sommers* wie winters 夏も冬も, 1年中.

Som·mer⹀schluss·ver·kauf [ゾンマァ・シュるスふェァカオふ] 男 -[e]s/..käufe 夏物一掃バーゲンセール.

Som·mer⹀se·mes·ter [ゾンマァ・ゼメスタァ] 中 -s/- (大学の)夏学期.

Som·mer⹀son·nen·wen·de [ゾンマァ・ゾンネンヴェンデ] 女 -/ 夏至.

Som·mer⹀spros·se [ゾンマァ・シュプロッセ] 女 -/-n 《ふつう 複》そばかす.

som·mer⹀spros·sig [ゾンマァ・シュプロスィヒ] 形 そばかすのある.

Som·mer⹀zeit [ゾンマァ・ツァイト] 女 -/-en ① 〖複なし〗夏[期]. ② サマータイム, 夏時間.

som·nam·bul [ゾムナンブーる zɔmnambúːl] 形 《医》夢遊病の; 夢遊病者のような.

So·na·te [ゾナーテ zonáːtə] 女 -/-n 《音楽》ソナタ, 奏鳴曲. Klavier*sonate* ピアノソナタ.

So·na·ti·ne [ゾナティーネ zonatíːnə] 女 -/-n 《音楽》ソナチネ, 小奏鳴曲.

Son·de [ゾンデ zɔ́ndə] 女 -/-n ① 《医》ゾンデ, カテーテル. ② 《気象》ラジオゾンデ. ③ 宇宙探査機. ④ 《工》(石油などの)採掘設備.

son·der [ゾンダァ zɔ́ndər] 前 《4格とともに》《雅》…なしに (= ohne). *sonder* allen Zweifel なんの疑いもなく.

Son·der.. [ゾンダァ.. zɔ́ndər..] 《名詞につける 接頭》《単独の·特別の》例: *Sonderfall* 特例.

Son·der⹀an·fer·ti·gung [ゾンダァ・アンふェるティグング] 女 -/-en 特別仕様, 特注[品].

das **Son·der⹀an·ge·bot** [ゾンダァ・アンゲボート zɔ́ndər-angəboːt] 中 (単2) -[e]s/(複) -e (3格のみ -en) (商品の)安売り; 特価品. 物⁴ in *Sonderangebot* kaufen 物⁴を大安売りで買う.

Son·der⹀aus·ga·be [ゾンダァ・アオスガーベ] 女 -/-n ① (新聞·雑誌の)特別版; (書籍の)普及(兼用)版. ② 《ふつう 複》(所得額から控除される)特別経費; 臨時支出.

son·der·bar [ゾンダァバール zɔ́ndərbaːr] 形 奇妙な, 風変わりな, おかしな. (英 *strange*). ein *sonderbares* Ereignis 奇妙な出来事 / Sein Benehmen war *sonderbar*. 彼の態度は変だった. (☞ 類語 seltsam).

son·der·ba·rer·wei·se [ゾンダァバーラァ・ヴァイゼ] 副 奇妙にも, おかしなことに.

Son·der⹀be·auf·trag·te[r] [ゾンダァ・ベアオふトラークテ (..タァ)] 男 女 《語尾変化は形容詞と同じ》特別全権委員, 特別代理人.

Son·der⹀be·richt·er·stat·ter [ゾンダァ・ベリヒトエァシュタッタァ] 男 -s/- 特派員 (女性形: -in).

Son·der⹀brief·mar·ke [ゾンダァ・ブリーふマルケ] 女 -/-n 記念切手.

Son·der⹀druck [ゾンダァ・ドルック] 男 -[e]s/-e (論文などの)抜き刷り, 別刷り.

Son·der⹀fahrt [ゾンダァ・ふァールト] 女 -/-en 臨時運行(運航)便.

Son·der⹀fall [ゾンダァ・ふァる] 男 -[e]s/..fälle 特例, 特殊ケース.

Son·der⹀ge·neh·mi·gung [ゾンダァ・ゲネーミグング] 女 -/-en 特別許可(認可).

son·der⹀glei·chen [ゾンダァ・グらイヒェン] 副 《名詞のあとに置かれる》無類の, 比類のない, 前代未聞の. Das ist eine Frechheit *sondergleichen*. これは無類のあつかましさだ.

son·der·lich [ゾンダァりヒ] I 形 ① 特別な, 格別大きな. (英 ふつう否定を表す語とともに用いられる). ohne *sonderliche* Mühe たいした苦労もなしに. ② 奇妙な, 変わった. II 副 ① 特に, 格別に. (英 ふつう否定を表す語とともに用いられる). Dieses Gebäude ist nicht *sonderlich* schön. この建物はたいして美しくはない. ② 《キリッタ·*¸』》とりわけ, ことに.

Son·der·ling [ゾンダァリング zɔ́ndərlɪŋ] 男 -s/-e 変人, 奇人, 変わり者.

Son·der⹀mar·ke [ゾンダァ・マルケ] 女 -/-n 記念切手 (= Sonderbriefmarke).

Son·der⹀müll [ゾンダァ・ミュる] 男 -[e]s/ 特殊ごみ(毒性化学製品の廃棄物など).

***son·dern*¹** [ゾンダァン zɔ́ndərn]

〜ではなくて…

Nicht ich, *sondern* du bist schuld!
ニヒト　　イヒ　ゾンダァン　　ドゥー　ビスト　シュるト
ぼくのせいではなくて, 君のせいだ.

sondern 圈【並列接続詞】【nicht A, *sondern* B の形で】**A ではなくて B**. Er kommt nicht heute, *sondern* morgen. 彼が来るのはきょうではなくて、あすだ / Ich habe ihr nicht geschrieben, *sondern* sie direkt angerufen. 私は彼女に手紙を書いたのではなくて、直接電話をかけた.
◇【nicht nur A, *sondern* [auch] B の形で】A だけでなく B も. Sie spielt nicht nur Klavier, *sondern* auch Geige. 彼女はピアノだけでなく、バイオリンも弾く.

son·dern² [ゾンダァン] 他 (h)【A⁴ von B³ ～】《雅》(A⁴ を B³ から)より分ける, 隔離する.
◁☞ **gesondert**

Son·der=num·mer [ゾンダァ・ヌンマァ] 囡 -/-n (新聞・雑誌などの)特別版.

Son·der=preis [ゾンダァ・プライス] 男 -es/-e 特価.

son·ders [ゾンダァス] 副【成句的に】samt und *sonders* 残らず, ことごとく.

Son·der=schu·le [ゾンダァ・シューれ] 囡 -/-n 特殊学校(障害のある児童・生徒を対象とした学校). (☞ この語の代わりに, Förderschule (特別支援学校)が用いられる傾向がある).

Son·der=stel·lung [ゾンダァ・シュテるング] 囡 -/-en 【ふつう 単】特殊な地位. eine *Sonderstellung*⁴ ein|nehmen 特殊な地位を占める.

Son·de·rung [ゾンデルング] 囡 -/-en 《雅》選別, 隔離.

Son·der=zug [ゾンダァ・ツーク] 男 -[e]s/..züge (鉄道)特別(臨時)列車.

son·die·ren [ゾンディーレン zondíːrən] 他 (h) ① (単⁴を)入念に調査する, 探る. ② 《医》ゾンデ(消息子)で検査する; (探査機などで 動⁴を)調べる. ③ 《海》(水深⁴を)測定する.

Son·die·rung [ゾンディールング] 囡 -/-en ① ゾンデ検査[法], ゾンデ挿入[法]. ② 【ふつう 複】 =Sondierungsgespräch

Son·die·rungs=ge·spräch [ゾンディールングス・ゲシュプレーヒ] 中 -[e]s/-e (相手の意向を探る)予備会談.

So·nett [ゾネット zonét] 中 -[e]s/-e (詩学)ソネット(イタリアに起こった 14 行詩).

Song [ソング zɔŋ] [英] 男 -s/-s ① 《口語》ポピュラーソング, 歌謡曲. ② 風刺歌謡.

der Sonn·abend [ゾン・アーベント zɔ́n-aːbənt] 男 (単2) -s/(複) -e (3格のみ -en) (北ドイツ・中部ドイツ) 土曜日 (略: Sa.). (英 *Saturday*). (☞ 西部ドイツ・南ドイツ・オーストリア・スイスではふつう Samstag; 曜日名 ☞ Woche). am *Sonnabend* 土曜日に / Jeden *Sonnabend* gehen wir einkaufen. 毎土曜日に私たちは買い物に行く.

sonn·abends [ゾン・アーベンツ] 副【毎週】土曜日に, 土曜日ごとに.

die Son·ne [ゾンネ zɔ́nə]

> 太陽 Die *Sonne* scheint.
> ディ ゾンネ シャイント
> 太陽が輝いている.

囡 (単) -/(複) -n (英 *sun*) ①【冠 なし】太陽, 日; (天)恒星. (☞「月」は Mond). die aufgehende *Sonne* 昇る太陽 / Die *Sonne* geht auf (unter). 日が昇る(沈む) / Die *Sonne* steht hoch am Himmel. 太陽は空高く昇っている / **gegen** die *Sonne* fotografieren 逆光で写真を撮る(←太陽の方に向かって) / **mit** der *Sonne* im Rücken 太陽を背にして / **unter** der *Sonne* 《雅》この地上で.
②【冠 なし】日光, 陽光. Das Zimmer hat keine *Sonne*. この部屋には日が当たらない / Diese Pflanze braucht viel *Sonne*. この植物は日光をたくさん必要とする / **in** der *Sonne* sitzen [座って]ひなたぼっこをしている / **von** der *Sonne* gebräunt 日焼けした.
③ 反射式電気ストーブ (=Heizsonne); 紫外線照射灯 (=Höhensonne).

sön·ne [ゼンネ] sinnen (思索する)の 接2 《古》

son·nen [ゾンネン zɔ́nən] 再帰 (h) *sich*⁴ *sonnen* ① 日に当たる, 日光浴をする. ② 《sich⁴ in 単³ ～》【単³に満足して】ひたる. Er *sonnte* sich in seinem Erfolg. 彼は成功の(喜び)にひたった.

Son·nen=an·be·ter [ゾンネン・アンベータァ] 男 -s/- (戯)日光浴の好きな人. (女性形: -in).

Son·nen=auf·gang [ゾンネン・アオフガング] 男 -[e]s/..gänge 日の出. **vor** (**nach**) *Sonnenaufgang* 日の出前(後)に.

Son·nen=bad [ゾンネン・バート] 中 -[e]s/..bäder 日光浴. ein *Sonnenbad*⁴ nehmen 日光浴をする.

Son·nen=bat·te·rie [ゾンネン・バテリー] 囡 -/-n [..リーエン] 《物・電》太陽電池.

Son·nen=blen·de [ゾンネン・ブれンデ] 囡 -/-n ① 日よけ; サンバイザー. ② 《写》レンズフード.

Son·nen=blu·me [ゾンネン・ブるーメ] 囡 -/-n 《植》ヒマワリ.

Son·nen=brand [ゾンネン・ブラント] 男 -[e]s/..brände ① 《医》(皮膚の)日焼け. ② 植物の日照被害.

Son·nen=bril·le [ゾンネン・ブリれ] 囡 -/-n サングラス.

Son·nen=creme [ゾンネン・クレーム] 囡 -/-s (オストリァ・スイス -n) 日焼け止めクリーム.

Son·nen=dach [ゾンネン・ダッハ] 中 -[e]s/..dächer (店先などの)日よけ, サンシェード.

Son·nen=deck [ゾンネン・デック] 中 -[e]s/-s (まれに -e) 《海》(客船の)サンデッキ.

Son·nen=ener·gie [ゾンネン・エネルギー] 囡 -/ 《物》太陽エネルギー.

Son·nen=fer·ne [ゾンネン・フェルネ] 囡 -/-n 《天》遠日点.

Son·nen=fins·ter·nis [ゾンネン・フィンスタァニス] 囡 -/..nisse 《天》日食.

Son·nen=fleck [ゾンネン・フれック] 男 -[e]s/-e 【ふつう 複】《天》太陽の黒点.

son·nen=ge·bräunt [ゾンネン・ゲブロイント] 形 日焼けした.

Son·nen⹀gott [ゾンネン・ゴット] 男 -[e]s/..götter《神》太陽神.

Son·nen⹀jahr [ゾンネン・ヤール] 中 -[e]s/-e《天》太陽年.

son·nen⹀klar [形] ① [ゾンネン・クらール] さんさんと日の照る, 明るく晴れた. ② [ゾンネン・クらール]《口語》明々白々な.

Son·nen⹀kol·lek·tor [ゾンネン・コれクトァ] 男 -s/-en [..トーレン]《ふつう複》太陽熱集積装置, ソーラーコレクター.

Son·nen⹀licht [ゾンネン・リヒト] 中 -[e]s/ 日光.

Son·nen⹀nä·he [ゾンネン・ネーエ] 女 -/-n《天》近日点.

Son·nen⹀öl [ゾンネン・エーる] 中 -[e]s/ サンオイル.

der **Son·nen⹀schein** [ゾンネン・シャイン zɔ́nən-ʃain] 男 (単2) -[e]s/(複) -e (3格のみ -en) ① 《複 なし》日光. (英 sunshine). **im** *Sonnenschein* 日の光を浴びて. ②《比》心の太陽 (かわいい子供や孫など).

Son·nen⹀schirm [ゾンネン・シルム] 男 -[e]s/-e 日傘; (バルコニーなどの)パラソル.

Son·nen⹀schutz [ゾンネン・シュッツ] 男 -es/ 日よけ, ブラインド.

Son·nen⹀sei·te [ゾンネン・ザイテ] 女 -/-n《ふつう 単》(建物などの)日の当たる側; 南側;《比》(人生の)明るい面.

Son·nen⹀stich [ゾンネン・シュティヒ] 男 -[e]s/-e《医》日射病. einen *Sonnenstich* haben a) 日射病にかかっている, b)《俗》頭がおかしい.

Son·nen⹀strahl [ゾンネン・シュトラーる] 男 -[e]s/-en《ふつう複》太陽光線, 日光.

Son·nen⹀sys·tem [ゾンネン・ズュステーム] 中 -s/-e《天》太陽系.

Son·nen⹀tag [ゾンネン・ターク] 男 -[e]s/-e ① 晴天の日. ②《天》太陽日(ち) (地球の自転時間: 24時間).

Son·nen⹀uhr [ゾンネン・ウーァ] 女 -/-en 日時計.

Son·nen⹀un·ter·gang [ゾンネン・ウンタガング] 男 -[e]s/..gänge 日没. **vor (nach)** *Sonnenuntergang* 日没前(後)に.

son·nen⹀ver·brannt [ゾンネン・フェァブラント] 形 真っ黒に日焼けした.

Son·nen⹀wen·de [ゾンネン・ヴェンデ] 女 -/-n ①《天》至(い)(夏至または冬至). ②《植》ヘリオトロープ (香りのよい紫色の小花をつける).

son·nig [ゾニヒ zɔ́nıç] 形 ① 日の当たる, 日当たりのよい; 太陽の照る, 晴れた(天気など). ein *sonniger* Platz 日当たりのよい場所. ② 朗らかな, 陽気な; (皮肉って:)おめでたい.

der **Sonn·tag** [ゾン・ターク zɔ́n-ta:k] 男 (単2) -[e]s/(複) -e (3格のみ -en) 日曜日 (略: So.). (英 Sunday). (◇「平日」は Werktag; 曜日名 ☞ Woche). Heute ist *Sonntag*. きょうは日曜日だ/ [**am**] *Sonntag* 日曜日に/ [am] nächsten *Sonntag* 次の日曜日に/ An *Sonn-* und Feiertagen ist das Lokal geschlossen. 《状態受動・現在》日曜祭日はそのレストランは閉店している/ Weißer *Sonntag* (ᵂᵉⁱß) 白衣の主日 (復活祭の次の日曜日).

Sonn·tag⹀abend [ゾンターク・アーベント] 男 -s/-e 日曜日の晩. [**am**] *Sonntagabend* 日曜日の晩に.

sonn·tag⹀abends [ゾンターク・アーベンツ] 副 [毎週]日曜日の晩に.

sonn·täg·lich [ゾン・テークりヒ] 形 ① 日曜らしい. *sonntäglich* gekleidet sein 日曜らしい[よい]いでたちである. ② 日曜日ごとの.

sonn·tags [ゾン・タークス] 副 [毎週]日曜日に, 日曜日ごとに.

Sonn·tags⹀an·zug [ゾンタークス・アンツーク] 男 -[e]s/..züge (日曜日用の)[よい]服(特に男性の).

Sonn·tags⹀fah·rer [ゾンタークス・ファーラァ] 男 -s/- (軽蔑的に:)サンデードライバー (たまにしか運転しない人. (女性形: -in).

Sonn·tags⹀kind [ゾンタークス・キント] 中 -[e]s/-er ① 日曜日生まれの人. ② 幸運児 (=Glückskind).

Sonn·tags⹀kleid [ゾンタークス・クらイト] 中 -[e]s/-er (日曜日用の)[よい]服(特に女性の).

Sonn·tags⹀ru·he [ゾンタークス・ルーエ] 女 -/ ① 日曜日の静けさ. ② 日曜日の安息.

Sonn·tags⹀staat [ゾンタークス・シュタート] 男 -[e]s/《戯》(日曜日用の)[よい]服装.

Sonn·wend⹀fei·er [ゾンヴェント・ファイアァ] 女 -/-n 夏至の祭 (野外で火をたく習慣がある).

so·nor [ゾノーァ zonóːr] 形 ① 響きのよい, よく響く, 朗らたる. ②《言》有声の.

˟˟˟sonst [ゾンスト zɔ́nst]

> そのほかに
>
> Haben Sie *sonst* noch Fragen?
> ハーベン　ズィー　ゾンスト　ノッホ　ふラーゲン
> ほかにまだ質問がありますか.

副 ① そのほかに, それ以外に, さらに. (英 else). Er hat *sonst* nichts erzählt. 彼はほかに何も話さなかった / *Sonst* noch etwas (または was)? (店員が客に:)ほかにまだご入用の品は? / *sonst* niemand ほかにはだれも…ない.

◇《不定代名詞・副詞とともに》《口語》*sonst* jemand a) ほかにだれか, b)《口語》特別な人物, とんでもないやつ / *sonst* was a) ほかに何か, b)《口語》特別な物(事), とんでもない物(事) / *sonst* wer a) ほかにだれか, b)《口語》特別な人物, とんでもない人 / *sonst* wie 何かほかの方法で / *sonst* wo a) どこかほかの所で, b)《口語》特別な場所で, とんでもない所で / *sonst* wohin a) どこかほかの所へ, b)《口語》特別な所へ, とんでもない所へ.

② さもないと, そうでなければ. Schnell, *sonst* kommst du zu spät! 急ぎなさい, さもないと遅れるよ / Wer [denn] *sonst*, wenn nicht er? 彼でなかったとしたら[いったい]だれというんだ.

③ いつもは、ふだんは；かつて、以前は. Du bist doch *sonst* so lustig. 君はふだんはとても陽気なのに / Hier ist noch alles *wie sonst*. ここではまだ何もかも昔のままだ / *Sonst* stand hier doch ein Haus. 以前はここに家が建っていたのだが.

sons・tig [ゾンスティヒ zɔ́nstɪç] 形【付加語としてのみ】そのほかの，それ以外の；いつもの，平素の. die *sonstige* Arbeit そのほかの仕事.

sonst je・mand ⇨ sonst ①
sonst was ⇨ sonst ①
sonst wer ⇨ sonst ①
sonst wie ⇨ sonst ①
sonst wo ⇨ sonst ①
sonst wo・hin ⇨ sonst ①

so=oft [ゾ・オーふト] 接【従属接続詞；動詞の人称変化形は文末】…するたびに. *Sooft* er kommt, bringt er Blumen mit. 彼は来るときは、いつも花を持って来る.

So・phia [ゾふィーア zofíːa] –s/《女名》ゾフィーア.

So・phie [ゾふィー zofíː または ゾふィーエ zofíːə] –[n]s [..[エン]ス]/《女名》ゾフィー、ゾフィーエ.

So・phist [ゾふィスト zofíst] 男 –en/–en ① 詭弁(きべん)家.（女性形: –in). ② (古代ギリシアの)ソフィスト.

So・phis・te・rei [ゾふィステライ zofɪstərái] 女 –/–en 詭弁(きべん)[をもてあそぶこと].

So・phis・tik [ゾふィスティク zofístɪk] 女 –/ ① 詭弁(きべん). ② 〖哲〗ソフィスト派[の教義].

so・phis・tisch [ゾふィスティッシュ zofístɪʃ] 形 ① 詭弁(きべん)の. ② 〖哲〗ソフィスト派の.

So・pho・kles [ゾーふォクレス zóːfokles]《人名》ソフォクレス(前496?–前406?；古代ギリシアの悲劇作家).

So・pran [ゾプラーン zoprá:n] 男 –s/–e 〖音楽〗① ソプラノ(女性・少年の声の最高音域). ②【複なし】ソプラノ声部. ③ （女性の）ソプラノ歌手.

So・pra・nist [ゾプラニスト zopranís] 男 –en/–en ボーイソプラノ歌手.

So・pra・nis・tin [ゾプラニスティン zopranístɪn] 女 –/..tinnen (女性の)ソプラノ歌手.

Sor・be [ゾルベ zɔ́rbə] 男 –n/–n ソルビア人(ドイツ東部に住むスラブ系の少数民族).（女性形: Sorbin).

Sor・bet [ゾルベット zɔ́rbet または ..ベー ..béː] 男 中 –s/–s シャーベット.

Sor・bett [ゾルベット zɔrbét] 男 中 –[e]s/–e = Sorbet

*die **Sor・ge** [ゾルゲ zɔ́rgə] 女 (単) –/ (複) –n ① 心配，気がかり，不安，懸念；心配ごと.《英》worry). finanzielle *Sorgen* 金銭上の心配 / Keine *Sorge*! 心配いらないよ / Er hat große *Sorgen*. 彼にはたいへんな心配ごとがある / 〈人³ Sorgen⁴ machen 〈人³を心配させる ⇒ Das macht mir *Sorgen*. そのことが私には心配だ / Ich bin sehr **in** *Sorge* um dich. 私は君のことがとても心配だ / sich³ um 〈人・物〉⁴ *Sorgen* machen 〈人・物〉⁴のことで心配する ⇒ Ich mache mir *Sorgen* um ihn. 私は彼のことが心配です / vor *Sorgen* graue Haare⁴ bekommen 心配のあまり髪が白くなる.

② 〖複なし〗世話，配慮，心づかい.《英》care). *Sorge* für die Familie 家族の世話 / für 〈人・物〉⁴ *Sorge*⁴ tragen《雅》〈人・物〉⁴のために配慮する / die *Sorge* um das tägliche Brot 日々の生活の苦労(←毎日のパンを得るための) / Lassen Sie das meine *Sorge* sein! それは私に任せてください.

〖類語〗die **Sorge**: (困難な境遇・将来の不安などに基づく)気がかり，不安. der **Kummer**: 心配，心痛.（不幸に見舞われた人の暗い気持ちを表す）. die **Furcht**: (外部から迫ってくる特定の危険によって引き起こされる)不安，恐怖. die *Furcht* vor dem Tod 死の恐怖. die **Angst**: (何かある漠然としたものによって脅かされていだく)不安，危惧.

***sor・gen** [ゾルゲン zɔ́rgən] (sorgte, hat …gesorgt) I 自 (完了 haben) ①【für 〈人・物〉⁴ ～】〈人・物〉⁴の世話をする，面倒をみる.《英》look after). Sie *sorgt* gut für ihre kranke Mutter. 彼女は病気の母親の面倒をよくみる / Wer *sorgt* während deiner Abwesenheit für den Hund? 君のいない間だれが犬の世話をするの.

②【für 〈物〉⁴ ～】〈物〉⁴のために）気を配る. für Ruhe *sorgen* 静けさが守られるよう気を配る / Bitte *sorgen* Sie für ein Taxi! タクシーを手配してください / Ich *werde* dafür *sorgen*, dass… …するよう私がとりはからいます / Dafür *lass* mich *sorgen*! それは私に任せなさい / Für die Zukunft der Kinder *ist gesorgt*.〖状態受動・現在〗子供たちの将来については配慮されている.

③【für 〈物〉⁴ ～】(結果として)〈物〉⁴を引き起こす. Sein Erscheinen *sorgte* für Aufregung. 彼が現れると騒ぎが起こった.

II 再帰 (完了 haben)【*sich*⁴ um 〈人・事〉⁴ ～】〈人・事〉⁴のことを）心配する. Sie *sorgt sich* sehr um ihn (seine Gesundheit). 彼女は彼のことを(彼の健康のことを)たいへん心配している.

sor・gen=frei [ゾルゲン・ふライ] 形 心配(不安)のない.

Sor・gen=kind [ゾルゲン・キント] 中 –[e]s/–er (親にとって)気にかかる子供，世話のやける子；《比》悩みの種.

sor・gen=los [ゾルゲン・ろース] 形 心配(不安)のない.

sor・gen=voll [ゾルゲン・ふォる] 形 心配(不安)の多い.

Sor・ge=pflicht [ゾルゲ・プふりヒト] 女 –/《法》(子供に対する親の)保護(扶養)義務.

Sor・ge=recht [ゾルゲ・レヒト] 中 –[e]s/《法》(子供に対する親の)保護(養育)権.

Sorg・falt [ゾルクふァるト zɔ́rkfalt] 女 –/ 入念さ，綿密，細心. mit *Sorgfalt* 入念に / ohne *Sorgfalt* ぞんざいに.

sorg・fäl・tig [ゾルクふェるティヒ zɔ́rkfɛltɪç] 形 入念な，綿密な，注意深い.《英》careful). eine *sorgfältige* Arbeit 綿密な仕事 / Er ist sehr *sorgfältig*. 彼はきめ細かい配慮をする人だ.

sorg∗los [ゾルク・ロース] 形 ① 不注意な, 軽率な. ② 心配のない, 気楽な. ein *sorgloses* Leben⁴ führen のんきな生活をおくる.

Sorg∗lo·sig·keit [ゾルク・ローズィヒカイト] 囡 -/ 不注意, 軽率; 無心, 気楽.

sorg·sam [ゾルクザーム] 形 慎重な, 入念な; 心づかいのこまやかな. Sie pflegte den Kranken *sorgsam*. 彼女はこまやかに気を配って病人を看病した.

sorg·te [ゾルクテ] *sorgen (世話をする)の過去

die **Sor·te** [ゾルテ zɔ́rtə] 囡 (単) -/(複) -n ① 種類, 品種; (商品などの)品質, 等級; 《口語》(人を指して)手合い. 《俗 sort》. Obst*sorte* 果物の品種 / die beste *Sorte* 最高級品 / Dieser Kaffee ist eine gute *Sorte*. このコーヒーは良質の品だ / Stoffe in allen *Sorten* und Preislagen あらゆる種類と価格帯の布地 / Diese *Sorte* Menschen findet man überall. 《口語》この手の人間はどこにでもいる. ② 《複》で 《経》外貨.

sor·tie·ren [ゾルティーレン zɔrtíːrən] 他 (h) (種類・大きさなどによって複⁴を)仕分けする, より分ける; より分けて整理する. die Wäsche⁴ in den Schrank *sortieren* 洗濯物を仕分けてたんすに入れる.

sor·tiert [ゾルティーァト] I *sortieren* (仕分けする)の過分 II 形 ① (商店などの)品ぞろえが…な. ein reich *sortiertes* Warenangebot 豊富にとりそろえられた商品. ② (商品などが)精選された, 上質の.

Sor·tie·rung [ゾルティールング] 囡 -/-en ① 仕分け, 選別. ② (商店などの)品ぞろえ.

Sor·ti·ment [ゾルティメント zɔrtimént] 中 -[e]s/-e ① 《商》商品在庫, 品目. ein reiches *Sortiment* 商品の豊富な取りそろえ. ② 書籍販売業.

Sor·ti·men·ter [ゾルティメンタァ zɔrtiméntər] 男 -s/- 書籍販売業者. (女性形: -in).

SOS [エス・オー・エス] 中 -/ 《略》エス・オー・エス (無線による遭難信号) (=save our ship または save our souls).

so∗sehr [ゾ・ゼーァ] 接 《従属接続詞; 動詞の人称変化形は文末》《しばしば auch とともに》どんなに…しても. *Sosehr* er sich [auch] bemühte, er erreichte nichts. 彼はどんなに骨折っても, 何一つ達成できなかった.

so∗so [ゾ・ゾー] I 間 ① (皮肉・疑いを表して:) へー, ほうっ. ② (冷淡にあいづちを打って:) あ, そう. II 副 ① どうにかこうにか, まあまあ. Wie geht's? — *Soso*. 調子はどう? — まあまあだよ.

die **So·ße** [ゾーセ zóːsə] 囡 (単) -/(複) -n ① 《料理》ソース; ドレッシング. 《変 sauce》. Tomaten*soße* トマトソース / die *Soße*⁴ mit Wein verfeinern ソースにワインで上品な風味を加える. ② 《俗》汚水, 泥水.

sott [ゾット] *sieden (沸く)の過去

söt·te [ゼッテ] *sieden (沸く)の接2

Sou·bret·te [ズブレッテ zubrétə] 《ﾌﾗ》囡 -/-n 《音楽·劇》(オペラ·オペレッタなどの:)小間使役のソプラノ歌手, スブレット; 小間使役.

Souf·flé [ズふれー zuflé:] 《ﾌﾗ》中 -s/-s 《料理》スフレ.

Souf·flee [ズふれー zufléː] 《ﾌﾗ》中 -s/-s =Soufflé

Souf·fleur [ズふれーァ zufléːr] 《ﾌﾗ》男 -s/-s 《劇》(俳優の)プロンプター, 後見. (女性形: Souffleuse).

souf·flie·ren [ズフリーレン zuflíːrən] I 自 (h) (演劇などで)プロンプターを務める. II 他 (h) (俳優³にせりふ⁴を)小声で教えてやる; 《比》(人³に 事⁴を)そっと教えてやる.

Sound∗kar·te [ザオント·カルテ] 囡 -/-n 《ｺﾝﾋﾟｭ》サウンドカード.

so∗und∗so [ゾー・ウント・ゾー] I 副 《口語》これこれ, しかじか. *soundso* groß これこれの大きさの. II 形 《無語尾で: 名詞のあとに置かれる》《口語》これこれの. Paragraf *soundso* これこれの節. ◇《名詞的に》 Herr *Soundso* 某氏.

so∗und∗so∗viel [ゾー·ウント·ゾ·ふィーァﾙﾄ] 形 《付加語としてのみ》《口語》(具体的な数·日付を言わないで:) これこれの, しかじかの. am *soundsovielten* Mai 5月某日に.

Sound∗track [ザオント・トレック] [英] 男 -s/-s サウンドトラック.

Sou·per [ズペー zupéː] 《ﾌﾗ》中 -s/-s 《雅》晩餐(ばん), 夕食会.

Sou·ta·ne [ズターネ zutáːnə] 《ﾌﾗ》囡 -/-n 《ｶﾄﾘｯｸ》スータン (聖職者が着るすその長い通常服).

Sou·ter·rain [ズテレーン zuterɛ́ː] 《ﾌﾗ》中 (方: 男) -s/-s 《半》地階.

Sou·ve·nir [ズヴェニーァ zuvəníːr] 《ﾌﾗ》中 -s/-s (旅行の)記念品, 土産.

Sou·ve·nir∗la·den [ズヴェニーァ・ら-デン] 男 -s/..läden 土産物店.

sou·ve·rän [ズヴェレーン zuvərɛ́ːn] 形 ① 主権のある, 自主独立の. ein *souveräner* Staat 独立国. ② 専制的な, 絶対的な; 無制限の. ③ 《雅》自信に満ちた, 悠然とした.

Sou·ve·rän [ズヴェレーン] 男 -s/-e ① 専制君主, 統治者. (女性形: -in). ② 《ｽｲｽ》《総称として:》有権者.

Sou·ve·rä·ni·tät [ズヴェレニテート zuvərɛnitɛ́ːt] 囡 -/ ① 主権, 統治権. ②(国家の)独立[性], 自主性. ③ 《雅》悠然たる態度; 卓越.

*∗**so∗viel**¹ [ゾ·ふィーァﾙ zo-fíːl] 接 《従属接続詞; 動詞の人称変化形は文末》① …のかぎりでは. *Soviel* ich weiß, kommt er heute. 私が知っているかぎりでは, 彼はきょう来る. ② 《しばしば auch とともに》どんなに…しても. *Soviel* er [auch] arbeitete, er schaffte es nicht. どんなに働いても, 彼はそれをやり遂げられなかった.

so viel² ☞ so I A) ②

so∗weit¹ [ゾ·ヴァイト zo-váɪt] 接 《従属接続詞; 動詞の人称変化形は文末》…のかぎりで, …の範囲内で. *Soweit* ich sehe, ist niemand mehr da. 私の見るかぎりでは, もうだれもいない.

so weit² ☞ so I A) ②

so∗we·nig¹ [ゾ·ヴェーニヒ] 接 《従属接続詞;

動詞の人称変化形は文末]【しばしば auch とともに】どんなに少なく…しても. *Sowenig* ich [auch] arbeitete, ich war immer müde. どんなに少ししか仕事をしなくても, 私はいつも疲れていた.

so we·nig² ↳ so I A) ②

so⁐wie [ゾ・ヴィー zo·víː] 接 ① 【並列接続詞】および, ならびに. Mehl, Zucker *sowie* Eier 小麦粉, 砂糖および卵. ② 【従属接続詞; 動詞の人称変化形は文末】…するやいなや (= sobald). *Sowie* ich zu Hause bin, rufe ich dich an. 家に着いたらすぐに君に電話するよ.

so⁐wie⁐so 副 ① [ゾ・ヴィ・ゾー zo-vi-zóː] どっちみち, いずれにせよ. Ich nehme dein Paket mit, ich muss *sowieso* zur Post. 君の小包を持って行ってあげよう, どっちみち郵便局に行かな

ければならないんだから / Das *sowieso*! 《口語》それは言うまでもない.
② [ゾ・ヴィ・ゾー]【名詞的に】Herr (Frau) *Sowieso* 某氏(某夫人).

So·wjet [ゾヴィエット zɔvjét または ゾ..] 男 –s/–s ① 《史》革命評議会. ② ソビエト([旧]ソ連邦の立法・行政機関). der Oberste *Sowjet* [旧]ソビエト最高会議. ③ 【複で】《口語》[旧]ソ連人.

so·wje·tisch [ゾヴィエティッシュ zɔvjétiʃ または ゾヴィエー.. zɔvjéː..] 形 [旧]ソビエト[連邦]の.

So·wjet⁐rus·sisch [ゾヴィエット・ルスィッシュ] 形 《口語》[旧]ソビエトロシアの.

So·wjet⁐uni·on [ゾヴィエット・ウニオーン] 女 –/《定冠詞とともに》【地名】[旧]ソ連邦 (1922–1991年; 略: SU または UdSSR = Union der Sozialistischen Sowjetrepubliken).

So·wjet⁐zo·ne [ゾヴィエット・ツォーネ] 女 –/

福祉用語100

あ
アルコール依存症
　die **Alkoholsucht**
アルツハイマー症患者
　der **Alzheimer-Patient**
育児休業[期間]
　die **Elternzeit**

か
介護
　die **Pflege**
介護給付
　die **Pflegeleistung**
介護サービス業務
　der **Pflegedienst**
介護スタッフ
　das **Pfelgepersonal**
介護手当(=現金給付)
　das **Pflegegeld**
介護の必要な
　pflegebedürftig
介護ホーム
　das **Pflegeheim**
介護保険
　die **Pflegeversicherung**
格差社会
　die **Zweiklassengesellschaft**
学習障害
　die **Lernbehinderung**
学習障害のある
　lernbehindert
学童保育所
　der **Kinderhort**
家事援助
　die **Haushaltshilfe**
グループホーム
　die **Wohngruppe**
車いす
　der **Rollstuhl**
車いす使用者
　der **Rollstuhlfahrer**
健康保険
　die **Krankenversicherung**
現物給付(=サービス利用)
　die **Sachleistung**
(低所得者用の)公営住宅
　die **Sozialwohnung**
後見人
　der **Vormund**
高齢化社会
　die **alternde Gesellschaft**
高齢者
　der **Alte** / die **Alte**
高齢者介護
　die **Altenpflege**
高齢者に配慮した
　altersgerecht
高齢者への援助
　die **Altenhilfe**
高齢者への支援活動
　die **Altenarbeit**

さ
災害保険
　die **Unfallversicherung**
在宅介護
　die **häusliche Pflege**
在宅介護センター
　die **Sozialstation**
最低賃金
　das **Mindestlohn**
視覚障害
　die **Sehbehinderung**
自助グループ
　die **Selbsthilfegruppe**
施設介護
　die **stationäre Pflege**
失業
　die **Arbeitslosigkeit**
失業者
　der **Arbeitslose**
失業保険
　die **Arbeitslosenversicherung**
失業率
　die **Arbeitslosenquote**
疾病保険
　die **Krankenversicherung**
児童虐待
　die **Kindesmisshandlung**
社会的弱者
　die **Sozialschwäche**
社会福祉活動
　die **Sozialarbeit**
社会福祉士
　der **Sozialarbeiter**
社会福祉政策
　die **Sozialpolitik**
(ドイツの)社会福祉団体
　der **Wohlfahrtsverband**
社会保険
　die **Sozialversicherung**
社会保障
　die **soziale Sicherheit**
住宅補助金
　das **Wohngeld**
重度障害の
　schwerbehindert
重複障害の
　mehrfachbehindert

[旧]ソ連邦占領地域 (=Sowjetische Besatzungszone; 略: SBZ) (旧東ドイツのことを一時旧西ドイツではこう呼んだ).

*so･wohl [ゾ･ヴォーる zo-vóːl] 圏 〘並列接続詞〙〖sowohl A als [auch] B または sowohl A wie [auch] B の形で〗 A と同様に B も. Er spricht *sowohl* Englisch als auch Deutsch. 彼は英語もドイツ語も話す / *Sowohl* er wie [auch] sie waren dort. 彼も彼女もそこにいた.

so･zi･al [ゾツィアーる zotsiáːl] 圏 ① 社会の, 社会的な. (英 social). *soziale* Fragen 社会問題 / die *soziale* Politik 社会政策.
② 社会福祉の, 社会の福祉に役だつ. *soziale* Sicherungen 社会保障 / der *soziale* Wohnungsbau 低所得者用公営住宅建設 / *soziale* Berufe 社会福祉関係の仕事. ③〘動〙社会性の, 群居する. *soziale* Insekten 社会性昆虫.

So･zi･al=ab･ga･ben [ゾツィアーる･アップガーベン] 覆 社会保険料.

So･zi･al=amt [ゾツィアーる･アムト] 田 −[e]s/..ämter (公的な)[社会]福祉事務所.

So･zi･al=ar･beit [ゾツィアーる･アルバイト] 囡 −/ ソーシャルケースワーク, 社会福祉活動.

So･zi･al=de･mo･krat [ゾツィアーる･デモクラート] 男 −en/−en ① 社会民主主義者.(女性形: −in). ② 社会民主党員.

So･zi･al=de･mo･kra･tie [ゾツィアーる･デモクラティー] 囡 −/ 社会民主主義.

So･zi･al=de･mo･kra･tisch [ゾツィアーる･デモクラーティッシュ] 圏 社会民主主義の. die *Sozialdemokratische* Partei Deutschlands ドイツ社会民主党(略: SPD).

出生率
　die **Geburtenrate**
傷害保険
　die **Unfallversicherung**
障害者
　Menschen mit Behinderung
障害者自助
　die **Behindertenselbsthilfe**
障害者施設
　die **Behinderteneinrichtung**
障害者にふさわしい
　behindertengerecht
障害者への支援活動
　die **Behindertenarbeit**
障害のある
　behindert
少子化
　der **Rückgang der Kinderzahl**
ショートステイサービス
　die **Kurzzeitpflege**
(公的な)職業斡旋所
　die **Agentur für Arbeit**
人工ピラミッド
　die **Bevölkerungspyramide**
身体介護
　die **Körperpflege**
身体障害
　die **Körperbehiderung**
生活保護(社会扶助)
　die **Sozialhilfe**
青少年犯罪
　die **Jugendkriminalität**

精神障害
　die **psychische Behinderung**
セーフティーネット
　das **soziale Netz**
相談窓口
　die **Beratungsstelle**
ソーシャルワーカー
　der **Sozialarbeiter**
た
(乳幼児の)託児所
　die **Kinderkrippe**
知的障害
　die **geistige Behinderung**
知的障害の
　geistig behindert
聴覚障害
　die **Hörstörung**
デイケアサービス
　die **Tagespflege**
点字
　die **Blindenschrift**
特別支援学校
　die **Förderschule**
な
認知症
　die **Demenz**
認知症患者
　Menschen mit Demenz
年金保険
　die **Rentenversicherung**
は
バリアフリーの
　barrierefrei
ひきこもり　das **Cocooning**
一人親家庭
　der **alleinerziehende Haushalt**

貧困
　die **Armut**
(公的な)福祉事務所
　das **Sozialamt**
兵役代替勤務者
　der **Zivi**
兵役代替社会奉仕役
　der **Zivildienst**
訪問介護サービス
　die **ambulante Pflege**
ホームレスの人
　der **Obdachlose**
ボランティア活動
　die **ehrenamtliche Tätigkeit**
ボランティアの人
　der **Ehrenamtliche**
ま
盲導犬
　der **Blindenhund**
や
薬物依存症
　die **Drogenabhängigkeit**
要介護者
　der **Pflegebedürftige**
ら
リハビリ[テーション]
　die **Rehabilitation**
老人介護士
　der **Altenpfleger**
老人ホーム
　das **Altenheim**
わ
ワーキングプア
　das **Working Poor**

(☞「福祉用語」, 1740 ページ)

So·zi·al⸍hil·fe [ゾツィアール・ヒルフェ] 囡 -/ 社会扶助, 生活保護.

So·zi·a·li·sa·ti·on [ゾツィアリザツィオーン zotsializatsió:n] 囡 -/ (社・心) 社会化(個人が社会の一員として適応していくこと).

so·zi·a·li·sie·ren [ゾツィアリズィーレン zotsializí:rən] 他(h) ① (経)(企業など4格を)国有化する, 国営にする. ② (社・心)(人4格を)社会に適応させる, 社会化する.

So·zi·a·li·sie·rung [ゾツィアリズィールング] 囡 -/-en ① (経)(企業などの)国有化. ② (社・心) 社会化(=Sozialisation).

der **So·zi·a·lis·mus** [ゾツィアリスムス zotsialísmus] 男 (単) 社会主義. (英 *socialism*). (注意 「資本主義」は Kapitalismus.)

So·zi·a·list [ゾツィアリスト zotsialíst] 男 -en/-en ① 社会主義者. (女性形: -in). ② 社会党員.

so·zi·a·lis·tisch [ゾツィアリスティッシュ zotsialístɪʃ] 形 ① 社会主義の, 社会主義的な. die *Sozialistische* Einheitspartei Deutschlands ドイツ社会主義統一党(旧東ドイツの政権政党; 略: SED). ② (ポリテ) 社会民主党の.

So·zi·al⸍las·ten [ゾツィアール・らステン] 複 (労働者と雇用主が分担する)社会保障負担.

So·zi·al⸍leis·tun·gen [ゾツィアール・らイストゥンゲン] 複 社会保障給付, 厚生事業.

So·zi·al⸍part·ner [ゾツィアール・パルトナァ] 男 -s/- (ふつう複) 雇用者と被雇用者.

So·zi·al⸍po·li·tik [ゾツィアール・ポリティーク] 囡 -/ 社会福祉政策.

So·zi·al⸍pro·dukt [ゾツィアール・プロドゥクト] 中 -[e]s/-e (経) 国民総生産.

So·zi·al⸍psy·cho·lo·gie [ゾツィアール・プスュヒョろギー] 囡 -/ 社会心理学.

So·zi·al⸍ver·si·che·rung [ゾツィアール・ふェアズィッヒェルング] 囡 -/-en 社会保険.

So·zi·al⸍wis·sen·schaf·ten [ゾツィアール・ヴィッセンシャふテン] 複 社会科学.

So·zi·al⸍woh·nung [ゾツィアール・ヴォーヌング] 囡 -/-en (低所得者用の)公営住宅.

So·zi·o·lo·ge [ゾツィオろーゲ zotsioló:gə] 男 -n/-n 社会学者. (女性形: Soziologin).

So·zi·o·lo·gie [ゾツィオろギー zotsiologí:] 囡 -/ 社会学.

so·zi·o·lo·gisch [ゾツィオろーギッシュ zotsioló:gɪʃ] 形 社会学[上]の, 社会学的な.

So·zi·us [ゾーツィウス zó:tsius] 男 -/Sozien (または Sozii, Soziusse) ① 複 Sozien または Sozii) (経) (共同)組合員, 共同経営者. ② (複 Soziusse) (オートバイなどの)同乗者; 後部座席.

So·zi·us⸍sitz [ゾーツィウス・ズィッツ] 男 -es/-e (オートバイなどの)後部座席.

so⸍zu·sa·gen [ゾー・ツ・ザーゲン zo:-tsuzá:gən または ゾー..] 副 いわば, 言ってみれば, …も同然. (英 *so to speak*). Sie ist *sozusagen* unsere Mutter. 彼女はいわば私たちの母親のようなものだ / Ihre Verlobung ist *sozusagen* offiziell. 彼らの婚約は公認されているのも同然だ.

Space⸍lab [スペース・れップ] [英] 中 -s/-s (有人宇宙ステーションの)宇宙実験室.

Spach·tel [シュパハテる ʃpáxtəl] 男 -s/- (ポリテ: 中 -s/-n) ① (塗料などを塗る)へら, パテナイフ; (美) パレットナイフ. ② パテ, 充填(じゅうてん)剤.

Spach·tel⸍mas·se [シュパハテる・マッセ] 囡 -/-n パテ, 充填(じゅうてん)剤 (=Spachtel ②).

spach·teln [シュパヒテるン ʃpáxtəln] 他 I (h) ① (パテ・絵の具など4格を)へら(こて)で塗る. ② (壁など4格を)へら(こて)で平らに仕上げる. II 自 (h) (口語) たらふく食べる.

Spa·gat¹ [シュパガート ʃpagá:t] 男 中 -[e]s/-e (体操・バレエで:)スプリット, 前後(左右)開脚姿勢.

――― ドイツ・ミニ情報 34 ―――

社会保障 Soziale Sicherheit

戦後ドイツが奇跡の経済復興を成し遂げたのは, 旧西ドイツの初代経済相エアハルトが導入した社会的市場経済によるところが大きい. 資本主義と社会主義を融合した経済システムで, 何がどれだけ必要で, 誰がどれだけ利益を得るかは完全に市場のメカニズムにゆだねるが, 得た利益を国民が自分のためだけに使うのではなく, 困ったときに国全体で助け合う相互扶助の精神に立とうというのである.

この原理に基づいて, 医療・失業・労災・年金・介護保険の5つの保険の柱からなる社会保障制度が確立された. 各保険の毎月の支払額は所得に応じて算出され, 何らかの理由で働けなくなった時には, 該当する保険金庫から援助金を支給して国民の生活を保障する. この制度がこれまではうまく機能していたため, ドイツはヨーロッパの中でも福祉の充実した暮らしやすい国として有名だった.

しかしながら, 毎月の保険料を合計すると約20%も給料から差し引かれることになり(保険料40%のうち半分の20%は雇用者が負担), 国民の負担は大きい. しかも現在ドイツは, 10%を越える戦後最悪の失業率にあえいでおり, 失業すれば収入がないので毎月の保険料もゼロになる. 保険金庫からは金が出ていくばかりで入ってこないという状態で, ドイツ社会の根本的基盤である社会的市場経済は多かれ少なかれ危機を迎えている. (☞「福祉用語100」, 1234ページ / ☞「福祉用語」, 1740ページ).

Spa·gat² [シュパガート] 男 -[e]s/-e 《南ドイツ・オーストリア》荷造りひも.

Spa·get·ti [シュパゲッティ ʃpagéti または スパ..spa..] 複 =Spaghetti

Spa·ghet·ti [シュパゲッティ ʃpagéti または スパ..spa..] 複 《料理》スパゲッティ.

spä·hen [シュペーエン ʃpέːən] 自 (h) ① (…の方を)うかがう, のぞく. **durch die Ritze** *spähen* すき間から様子をうかがう. ② 《**nach** 人・物³ ~》 《人・物》³を待ち受ける.

Spä·her [シュペーアァ ʃpέːər] 男 -s/- 見張人, 偵察者; スパイ. (女性形: -in).

Späh=trupp [シュペー・トルップ] 男 -s/-s 《軍》偵察隊, 斥候班.

Spa·lier [シュパリーァ ʃpalíːr] 中 -s/-e ① (果樹などをはわせる)格子垣, (ぶどうなどの)棚. ② (歓迎式などの)人垣. **ein** *Spalier*⁴ **bilden** または *Spalier* **stehen** 人垣をつくる.

Spa·lier=obst [シュパリーァ・オーブスト] 中 -[e]s/- 格子垣で作る果物; 格子垣仕立ての果樹.

Spalt [シュパルト ʃpált] 男 -[e]s/-e 割れ目, 裂け目, すき間.
▶ Spalt≠breit

spalt·bar [シュパルトバール] 形 割ることができる, 裂けやすい; 《物》核分裂性の.

Spalt≠breit, Spalt breit [シュパルト・ブライト] 男 《成句的》**die Tür**⁴ **einen** *Spaltbreit* **öffnen** ドアをほんのわずかに開ける.

Spal·te [シュパルテ ʃpáltə] 女 -/-n ① (堅い物の)割れ目, すき間. ②《印》(本・新聞などの)段, 欄. **Die Buchseite hat zwei Spalten**. その本のページは左右 2 段組みである. ③ 《キルシュ》(薄い)切片.

spal·ten(*) [シュパルテン ʃpáltən] du spaltest, er spaltet (spaltete, hat … gespalten または gespaltet) I 他 《完了 haben》① 割る, 裂く. 《英 split》. **das Holz**⁴ **mit einem Beil** *spalten* まき⁴を斧⁴で割る / **Der Blitz** *hat* **den Baum** *gespalten*. 雷が木を引き裂いた. ②《比》(党などを)分裂させる; 分割する. ③《物》(原子核⁴を)分裂させる.《化》(化合物⁴を)分解する.
II 再帰《完了 haben》 *sich*⁴ *spalten* ① 割れる, 裂ける. **Das Holz** *spaltet sich gut*. このまきは割りやすい. ②《比》(組織などが)分裂する, 仲間割れする. *sich*⁴ **in zwei Gruppen** *spalten* 二つのグループに割れる.
◇ ☞ **gespalten**

spal·te·te [シュパルテテ] spalten (割る) の 過去

Spalt=pilz [シュパルト・ピルツ] 男 -es/-e 《生・医》分裂菌[類], バクテリア (= Bakterie).

Spalt=pro·dukt [シュパルト・プロドゥクト] 中 -[e]s/-e 《ふつう複》①《物》核分裂生成物. ②《化》分解生成物.

Spal·tung [シュパルトゥング] 女 -/-en ① 分裂, 分割. ②《医》(意識の)分裂;《物》核分裂;《化》(化合物の)分解. ③《比》仲間割れ, 分派.

Span [シュパーン ʃpáːn] 男 -[e]s/Späne 《ふつう複》① (木材・金属の)削りくず, おがくず. ② 《成句的》*Späne*⁴ **machen**《俗》ごたごたを起こす, あれこれ文句を言う.

Span=fer·kel [シュパーン・フェルケル] 中 -s/- (離乳前の)子豚.

Span·ge [シュパンゲ ʃpáŋə] 女 -/-n ① 留め金, バックル; ヘアクリップ (= Haar*spange*). ② (靴の)ストラップ. ③ 腕輪 (= Arm*spange*). ④ 勲章用の留め金 (= Ordens*spange*). ⑤ (婉曲用法).

Span·gen·schuh [シュパンゲン・シュー] 男 -[e]s/-e (婦人用)ストラップシューズ.

Spa·ni·el [シュパーニエル ʃpáːniəl または スペ..spέ..] 男 《英》 -s/-s スパニエル(猟犬の一種).

Spa·ni·en [シュパーニエン ʃpáːniən] 中 (単 2) -s/《国名》**スペイン**[王国](首都はマドリード). 《英 Spain》.

Spa·ni·er [シュパーニアァ ʃpáːniər] 男 -s/- スペイン人. (女性形: -in).

spa·nisch [シュパーニッシュ ʃpáːnɪʃ] 形 スペインの, スペイン人の; スペイン語の. 《英 Spanish》. **die** *spanische* **Sprache** または **das** *Spanische* スペイン語 / **auf** *Spanisch* スペイン語で / **Er spricht** *spanisch*. 彼はスペイン語で話す / **Das kommt mir** *spanisch* **vor**.《口語》 それは変だ(私には妙に思われる) / **eine** *spanische* **Wand** びょうぶ.

Spa·nisch [シュパーニッシュ] 中 -[s]/ スペイン語. (⚠ 用法については Deutsch の項参照). **Er lernt** *Spanisch*. 彼はスペイン語を学んでいる.

spann [シュパン] spinnen (紡ぐ)の 過去

Spann [シュパン ʃpán] 男 -[e]s/-e 足の甲.

Spann=be·ton [シュパン・ベトン] 男 -s/-s (または -e) 《建》プレストレスト・コンクリート (引っぱり強度を高めたコンクリート).

Span·ne [シュパンネ ʃpánə] 女 -/-n ① 短い時間, 期間. **eine** *Spanne* **lang** ほんのひと時. ② 《短い》距離; 指尺 (親指と小指または中指を張った長さ: 約 20–25 cm). ③ 《商》マージン, 価格差.

spän·ne [シュペンネ] spinnen (紡ぐ) の 接2

span·nen [シュパンネン ʃpánən] (spannte, hat … gespannt) I 他 《完了 haben》① (ひもなど⁴を)ぴんと張る; 張り渡す; (筋肉・神経など⁴を)張り詰める. 《英 stretch》. **die Saiten**⁴ **der Geige**² *spannen* バイオリンの弦を締める / **neue Saiten**⁴ **auf die Gitarre** *spannen* ギターに新しい弦を張る / **Sie spannte im Garten die Wäscheleine**. 彼女は庭に洗濯ひもを張り渡した / **die Muskeln**⁴ *spannen* 筋肉を緊張させる / **Ihre Nerven** **waren zum Zerreißen** *gespannt*.《状態受動・過去》《比》彼女の神経は引き裂けんばかりに張りつめていた.
② (方向を表す語句とともに)(馬など⁴を…へ)つなぐ. **ein Pferd**⁴ **an** (または **vor**) **den Wagen** *spannen* 馬を馬車につなぐ.
③ 《A⁴ **in** B⁴ ~》(A⁴を B⁴に)はさみ込む. **Er** *spannt* **einen Bogen in die Schreibmaschine**. 彼はタイプ用紙をタイプライターにはさむ.
④ (銃・シャッターなど⁴を)セットする. **die Pis-**

spannend

tole⁴ *spannen* ピストルの撃鉄を起こす． ⑤《南ドィ・ォーストリ》(圏⁴に)気づく，感づく．

II 再帰 (定了 haben) *sich*⁴ *spannen* ① (ぴんと)張られている; (筋肉・顔面などが)緊張する． Die Seile *spannten sich*. ロープがぴんと張られた． ②《*sich*⁴ *über* 物⁴ ～》(雅)(橋などが物⁴の上に)架かっている． Die Brücke *spannt sich über den Fluss*. 橋が川に架かっている．

III 自 (定了 haben) ① (衣類などが)窮屈である，きつい． Die Jacke *spannt* [mir]. 上着が窮屈だ．

②《*auf* 人・物⁴ ～》(口語)(人・物⁴に)注意を集中する．(緊張して)待ち受ける． Er *spannt auf* jedes ihrer Worte. 彼は彼女の一語一語に耳をそばだてている / Er *spannte* den ganzen Tag auf sie. 彼は一日中彼女を待ち受けた．

③《数量を表す 4 格とともに》(翼などの)幅が…である． Der Vogel *spannt* 1 (=ein[en]) Meter. その鳥は翼を広げると 1 メートルになる．

◊☞ **gespannt**

span·nend [シュパンネント ʃpánənt] **I** ⁎spannen (ぴんと張る)の 現分

II 形 はらはら(どきどき)させる，わくわくさせる．(英 *exciting*). ein *spannender* Kriminalfilm 手に汗握るミステリー映画 / Mach es doch nicht so *spannend*! そんなにじらすな．

Span·ner [シュパンナァ ʃpánər] 男 -s/- ① (張って形を整える器具):ズボンハンガー; 靴保存型 (=Schuh*spanner*); ラケットプレス． ② (昆)シャクガ(シャクトリムシの成虫)． ③ (俗)のぞき魔; (悪事を働くときの)見張り．

Spann≈kraft [シュパン・クラフト ʃpán-] 囡 -/..kräfte ① (ばねなどの)弾力，弾性, (蒸気などの)圧力，張力． ②《圏 なし》(比)(人間の)活力，気力．

spann·te [シュパンテ] spannen (ぴんと張る)の 過去

die **Span·nung** [シュパヌング ʃpánʊŋ] 囡 (単) -/(複) -en ① (期待による)緊張，張り詰めた気持ち，強い期待[感]; サスペンス． (英 *tension*). eine atemlose *Spannung* 息詰まるような緊張 / ein Buch⁴ *mit Spannung* lesen 胸をわくわくさせて(はらはらして)本を読む． ② (情勢の緊張状態, 緊迫． politische *Spannungen* 政治的緊張． ③《物》張力, 圧力, 応力; (電) 電圧． Hoch*spannung* 高圧． ④ (弦などの)張り; (弦) (弦などを)ぴんと張ること．

span·nungs≈ge·la·den [シュパヌングス・ゲらーデン] 形 緊張をはらんだ, はらはらさせる.

Span·nungs≈mes·ser [シュパンヌングス・メッサァ] 男 -s/- (電) 電圧計.

Spann≈wei·te [シュパン・ヴァイテ] 囡 -/-n ① (鳥・飛行機などの)両翼の長さ, 翼幅; (比)(知的活動や)の幅, 範囲． ② (建) 張間(はりま), スパン (アーチ・橋などの支点間の距離).

Spar≈buch [シュパール・ブーフ] 🀄 -[e]s/..bücher 預金(貯金)通帳． ein *Sparbuch*⁴ an|legen 預金(貯金)通帳を作る．

Spar≈büch·se [シュパール・ビュクセ] 囡 -/-n 貯金箱．

Spar≈ein·la·ge [シュパール・アインらーゲ] 囡 -/-n 預金, 貯金.

⁎**spa·ren** [シュパーレン ʃpáːrən]

┌──────────────────────────┐
│ 蓄える; 節約する   │
│ Energie *sparen*! エネルギーを節約しよう. │
│ エネルギー シュパーレン   │
└──────────────────────────┘

(sparte, *hat*...*gespart*) **I** 他 (定了 haben) ① (お金⁴を)蓄える． (英 *save*). Ich *spare* jeden Monat 300 Euro. 私は毎月 300 ユーロ貯金する．

② (物⁴を)節約する, 倹約する． Zeit⁴ (Mühe⁴) *sparen* 時間(労力)を節約する / Kraft⁴ *sparen* 余力を残しておく．

II 自 (定了 haben) ① 貯金する． bei einer Bank *sparen* 銀行に預金している / Wir sparen *auf* (または **für**) ein Auto. 私たちは車を買うために貯金をしている / Er *sparte* für seine Kinder. 彼は自分の子供たちのために貯金した．

② 倹約する, 切り詰める． Sie *spart* sogar am Essen. 彼女は食費まで切り詰めている / *mit* jedem Cent *sparen* 一銭でもむだにしない / Er *sparte* nicht mit Lob. (比) 彼は称賛を惜しまなかった．

III 再帰 (定了 haben) *sich*³ 物⁴ *sparen* 圏⁴をしないで済ませる． Die Mühe *kannst* du *dir sparen*. そんな苦労をすることはないよ / Spar dir deine Worte! 黙っていなさい．

Spa·rer [シュパーラァ ʃpáːrər] 男 -s/- 預金者, 貯金者. (女性形: -in).

Spar≈flam·me [シュパール・ふらンメ] 囡 -/ (ガスこんろなどの)弱火, ささ火.

Spar·gel [シュパルゲる ʃpárɡəl] 男 -s/- (ㆁㆍ 囡 -/-n も) (植) アスパラガス.

Spar≈gut·ha·ben [シュパール・グートハーベン] 🀄 -s/- 預金(貯金)残高.

Spar≈kas·se [シュパール・カッセ] 囡 -/-n 貯蓄銀行.

Spar≈kon·to [シュパール・コント-] 🀄 -s/..konten (または -s, ..konti) 貯畜口座． (㆜「当座預金口座」は laufendes Konto).

spär·lich [シュペーアりヒ] 形 乏しい, わずかな, 不十分な, まばらな． ein spärliches Einkommen 乏しい収入 / spärlicher Beifall まばらな拍手 / Das Gras wächst hier nur spärlich. 草はここではまばらにしか生えない．

Spar≈maß·nah·me [シュパール・マースナーメ] 囡 -/-n 経費削減措置, 引き締め策.

Spar·ren [シュパレン ʃpárən] 男 -s/- ① (建) 垂木(たるき)(屋根の棟から軒に架ける部材)． ② (口語) (少しばかり)気が変なこと． Er hat einen *Sparren* [zu viel]. 彼は頭が少しいかれている．

Spar≈ring [シュパリング ʃpárɪŋ] [英] 🀄 -s/ (ボクシングの)スパーリング.

⁎**spar·sam** [シュパールザーム ʃpárza:m] 形 ① 倹約した, 節約する, つましい; 経済的な． (英 *economical*). eine sparsame Hausfrau 倹

約家の主婦 / mit 物³ sparsam um|gehen 物³ を節約する / Sie lebt sehr *sparsam*. 彼女はたいへんつましく暮らしている / Der Motor ist *sparsam*. このエンジンは(燃費がよくて)経済的だ. ② わずかな, 乏しい; 最小限の. *sparsamer* Beifall まばらな拍手.

Spar·sam·keit [シュパールザームカイト] 囡 -/ ① 倹約, 節約. ② 乏しい(わずかな)こと.

Spar·schwein [シュパール・シュヴァイン] 囲 -[e]s/-e 豚の形をした貯金箱.

Spar·ta [シュパルタ ʃpárta または スパルタ spárta] 囲 -s/ 《地名》 スパルタ(古代ギリシアの都市国家).

spar·ta·nisch [シュパルターニッシュ ʃpartá:nɪʃ または スパル.. spar..] 形 ① スパルタ[人]の. ② 《比》 スパルタ式の, 厳格な; 質素な. eine *spartanische* Erziehung スパルタ式教育 / *spartanisch* leben 質素な暮らしをする.

spar·te [シュパールテ] ☆sparen (蓄える)の過去

Spar·te [シュパルテ ʃpárta] 囡 -/-n ① (学問などの)分野, 部門; (スポーツの)種目; 業種. ② (新聞の)欄, 面.

der **Spaß [シュパース ʃpá:s]

楽しみ; 冗談

Viel *Spaß*! 大いに楽しんでおいで!
ふぃーる シュパース

囲 (単2) -es/(複) Späße [シュペーセ] (3格のみ Späßen) ① 《複 なし》楽しみ, 慰み, 気晴らし. (英 *fun*). Singen macht *Spaß*. 歌うのは楽しい / Macht dir die Arbeit *Spaß*? 仕事は楽しいかい / *Spaß*⁴ **an** 囲³ haben (または finden) 囲³を楽しむ / Mir ist der *Spaß* vergangen. [現在完了] 私はそれに興味がなくなった. (☞ 類語 Freude).

② 冗談, ふざけ, 戯れ. (英 *joke*). ein harmloser *Spaß* 悪意のない冗談(いたずら) / Ist das *Spaß* oder Ernst? それは冗談なの, それとも本気なの? / Er macht gern einen *Spaß*. 彼はよく冗談を言う(ふざける) / Er versteht keinen *Spaß*. 彼は冗談がわからないやつだ(すぐむきになる) / Mach keine *Späße*! (驚いて)冗談だろ, まさか / Er treibt gern seinen *Spaß* mit ihr. 彼は彼女をよくからかう / *Spaß* beiseite! a) 冗談はよせ, b) 冗談はさておき / **im**⁴ **aus** (または **im** または **zum**) *Spaß* sagen 囲⁴を冗談で言う / **ohne** *Spaß* 冗談ではなく, まじめに.

Spä·ße [シュペーセ] ☆Spaß (冗談)の 複

spa·ßen [シュパーセン ʃpá:sən] 自 (h) 冗談を言う, ふざける, からかう. Sie *spaßen* wohl! ご冗談でしょう / **Mit** ihm ist nicht zu *spaßen*. または Er *lässt* nicht mit sich *spaßen*. 彼にはうっかり冗談も言えない / Damit ist nicht zu *spaßen*. これは笑いごとではない.

spa·ßes=hal·ber [シュパーセス・はルバァ] 副 《口語》冗談に, おもしろ半分に.

spaß·haft [シュパースハふト] 形 おもしろい, こっけいな.

spa·ßig [シュパースィヒ ʃpá:sɪç] 形 ① おもしろい, 愉快な, こっけいな(話など). ② 冗談好きな, ひょうきんな.

Spaß=ma·cher [シュパース・マッハァ] 囲 -s/- 冗談を言って笑わせる人, ひょうきん者. (女性形: -in).

Spaß=ver·der·ber [シュパース・フェアデルバァ] 囲 -s/- (冗談に乗らず)興をそぐ人. (女性形: -in).

Spaß=vo·gel [シュパース・フォーゲる] 囲 -s/..vögel ひょうきん者, おどけ者.

spas·tisch [シュパスティッシュ ʃpástɪʃ または スパス.. spás..] 形 《医》けいれん性の.

*spät [シュペート ʃpɛ́:t]

遅い
Wie *spät* ist es?
ヴィー シュペート イスト エス
今何時ですか.

I 形 (比較 später, 最上 spätest) ① (時刻などが)遅い; 末期の. (英 *late*). (↔「時刻などが早い」は früh; 「(速度が)遅い」は langsam). am *späten* Abend または *spät* am Abend 晩遅くに / bis in die *späte* Nacht 夜遅くまで / im *späten* Mittelalter 中世末期に / im *späten* Sommer 晩夏に / die Werke des *späten* Goethe ゲーテ晩年の作品 / Es ist schon ziemlich *spät*. もうかなり遅い.

② (予定・基準より)遅い, 遅めで; 晩生の. ein *später* Frühling 例年より遅く訪れた春 / eine *späte* Sorte Äpfel 晩生種のりんご / Ostern ist dieses Jahr *spät*. 復活祭は今年は来るのが遅い.

II 副 (比較 später, 最上 am spätesten) 遅く, 遅れて. **zu** *spät* **kommen** 遅刻する ⇒ Du kommst immer zu *spät*. 君はいつも遅刻するね / Er kam 15 Minuten zu *spät*. 彼は15分遅れて来た / **von** früh **bis** *spät* 朝から晩まで / bis *spät* in die Nacht 夜遅くまで / Er geht *spät* ins Bett. 彼は遅くなってから床に着く.

Spa·tel [シュパーテる ʃpá:təl] 囲 -s/- (まれ: 囡 -/-n) ① 《医》(軟膏(なんこう)用の)へら. ② (塗料などを塗る)パテナイフ; 《美》パレットナイフ.

Spa·ten [シュパーテン ʃpá:tən] 囲 -s/- (シャベル状の)すき(鋤), 踏みすき.

Spät=ent·wick·ler [シュペート・エントヴィックらァ] 囲 -s/- 成長の遅い子, おくて. (女性形: -in).

*spä·ter [シュペータァ ʃpɛ́:tər] (☆spät の 比較)
I 形 ① より遅い. Wir nehmen einen *späteren* Zug als diesen. 私たちはこれよりも遅く出る列車に乗ります.

② 《付加語としてのみ》のちの; 将来の. *spätere* Generationen のちの世代 / in *späteren* Jahren 後年に / ihr *späterer* Mann 将来彼女の夫になる人.

II 副 ① より遅く. Er kam *später* an als ich. 彼は私より遅く着いた.

② あとで, その後; 将来. drei Stunden *später* 3時間後に / Darüber sprechen wir *später*. それについてはのちほど話しましょう / Bis *später*! じゃあ, またあとで / früher oder *später* 遅かれ早かれ.

spä·tes·tens [シュペーテステンス ʃpéːtəstəns] 副 遅くとも. (⇔「早くとも」は frühestens). *spätestens* um fünf Uhr 遅くとも5時には.

Spät╪herbst [シュペート・ヘルプスト] 男 -[e]s/-e 《ふつう 単》 晩秋.

Spät╪le·se [シュペート・レーゼ] 女 -/-n ① (ぶどうの)遅摘み (ふつうより遅く, 秋の終わりごろ摘むこと). ② シュペートレーゼ (遅摘みぶどうを用いた優良ワイン) (=Wein).

Spät╪nach·mit·tag [シュペート・ナーハミッターク] 男 -s/-e 午後遅い時刻, 夕方 (夕方6時ごろ).

Spät╪som·mer [シュペート・ゾンマァ] 男 -s/- 《ふつう 単》 晩夏.

Spät╪win·ter [シュペート・ヴィンタァ] 男 -s/- 《ふつう 単》 晩冬.

der **Spatz** [シュパッツ ʃpáts] 男 (単2·3·4) -en または (単2) -es/(複) -en ① (鳥) スズメ (=Sperling). (英 *sparrow*). Die *Spatzen* tschilpen. すずめがちゅんちゅんとさえずっている / Er isst wie ein *Spatz*. 《口語》 彼はたいへん少食だ / Du hast wohl *Spatzen* unterm Hut? 《口語·戯》 君は帽子の下にすずめでも入れているのかい (あいさつの際に帽子を取らない人への皮肉) / Besser ein *Spatz* in der Hand als eine Taube auf dem Dach. 《ことわざ》 あすの百より今の五十 (←屋根の上の鳩より手の中のすずめの方がまし) / Das pfeifen die *Spatzen* von den Dächern. 《口語》 それはもうだれでも知っている (←屋根のすずめたちが話している).

② 《口語》 小さいり弱な子供; おちびちゃん.

Spätz·le [シュペッツレ ʃpétslə] 複 《料理》 シュペッツレ (卵入りのショートパスタ. もともとシュヴァーベン地方の料理).

Spät╪zün·der [シュペート・ツュンダァ] 男 -s/- ① 《口語·戯》 ① 理解の鈍い (のみ込みの遅い)人. (女性形: -in). ② 成長の遅い子.

Spät╪zün·dung [シュペート・ツュンドゥング] 女 -/-en ① 《工》 (エンジンなどの)点火遅れ. ② 《口語·戯》 理解 (のみ込み)の遅いこと.

***spa·zie·ren** [シュパツィーレン ʃpatsíːrən] 自 《完了》 sein) ぶらぶら歩く, ぶらつく. durch den Park *spazieren* 公園を散歩する / *spazieren* gehen 散歩をする, 散策する ⇒ Ich gehe jeden Tag *spazieren*. 私は毎日散歩します / Wir sind im Wald *spazieren* gegangen. 《現在完了》 私たちは森の中を散歩しました / *spazieren* fahren a) ドライブをする, ツーリングに出る ⇒ Wir fahren sonntags [mit dem Auto] *spazieren*. 私たちは日曜日にはドライブをします, b) (囚4を)ドライブに連れて行く / *spazieren* führen (犬など4を)散歩に連れて行く.

spa·zie·ren fah·ren* ⇨ spazieren

spa·zie·ren füh·ren ⇨ spazieren
spa·zie·ren ge·hen* ⇨ spazieren

Spa·zier╪fahrt [シュパツィーァ・ファールト] 女 -/-en ドライブ, ツーリング.

*der **Spa·zier╪gang** [シュパツィーァ・ガング ʃpatsíːrɡaŋ] 男 (単2) -[e]s/(複) [..ゲンゲ] (3格の ..gängen) 散歩, 散策. (英 *walk*). einen *Spaziergang* machen 散歩する.

Spa·zier╪gän·ger [シュパツィーァ・ゲンガァ] 男 -s/- 散歩する人. (女性形: -in).

Spa·zier╪stock [シュパツィーァ・シュトック] 男 -[e]s/..stöcke 散歩用ステッキ.

spa·ziert [シュパツィーァト] *spazieren (ぶらぶら歩く)の 過分. 3人称単数·2人称親称複数 現在

spa·zier·te [シュパツィーァテ] *spazieren (ぶらぶら歩く)の 過去

SPD [エス·ベー·デー] 女 -/ 《略》 ドイツ社会民主党 (=Sozialdemokratische Partei Deutschlands).

Specht [シュペヒト ʃpéçt] 男 -[e]s/-e 《鳥》 キツツキ.

der **Speck** [シュペック ʃpék] 男 (単2) -[e]s/- (種類を表すときのみ: 複) -e ① ベーコン, (特に豚の)脂身. (英 *bacon*). geräucherter *Speck* くん製ベーコン / Eier mit *Speck* 《料理》 ベーコンエッグ / Ran an den *Speck*! 《口語》 さあ, 仕事にかかれ. ② 《口語·戯》 (人間の)皮下脂肪. Er hat *Speck* angesetzt. 《口語》 彼は太った.

spe·ckig [シュペキヒ ʃpékɪç] 形 ① 脂でよごれた; ぎとぎとした. ② 《口語》 ぶくぶく太った. ③ 《方》 生焼けの(パンなど).

Speck╪schwar·te [シュペック·シュヴァルテ] 女 -/-n ベーコンの皮.

Speck╪sei·te [シュペック·ザイテ] 女 -/-n (豚の)大きな脂身, ベーコンのかたまり.

Speck╪stein [シュペック·シュタイン] 男 -[e]s/-e 《鉱》 凍石.

spe·die·ren [シュペディーレン ʃpedíːrən] 他 (h) (貨物など4を)運送する, 輸送する. 囚4 ins Freie *spedieren* 《口語·戯》 囚4を追い出す.

Spe·di·teur [シュペディトーァ ʃpeditǿːr] 男 -s/-e 運送業者. (女性形: -in).

Spe·di·ti·on [シュペディツィオーン ʃpeditsióːn] 女 -/-en ① 運送, 輸送. ② 運送業; 運送会社; (会社の)運送部.

Speech [スピーチュ spíːtʃ] 《英》 男 -es/-e (または -es) スピーチ, 演説, 談話.

Speed [スピート spíːt] 《英》 I 男 -[s]/-s 《スボ》 スピード, 速度; 《ラスト》 スパート. II 中 -s/-s 《隠語》 覚醒(かくせい), 興奮)剤.

Speer [シュペーァ ʃpéːr] 男 -[e]s/-e 槍(やり); 《スポ》 投げ槍.

Speer╪wer·fen [シュペーァ·ヴェルフェン] 中 -s/ 《スポ》 槍(やり)投げ.

Spei·che [シュパイヒェ ʃpáɪçə] 女 -/-n ① (車輪の)輻(や), スポーク. ② 《医》 橈骨(とうこつ).

Spei·chel [シュパイヒェル ʃpáɪçəl] 男 -s/ 唾(だ), 唾液(だえき).

Spei·chel╱drü·se [シュパイヒェる・ドゥリューゼ] 囡 -/-n〘医〙唾液腺(だえき).

Spei·chel╱le·cker [シュパイヒェる・れッカァ] 男 -s/-(いやらしい)おべっか使い, ごますり. (女性形: -in).

der **Spei·cher** [シュパイヒャァ ∫páɪçəɾ] 男 (単2) -s/(複) - (3格のみ -n) ① 倉庫, 穀物倉; (南西部ドら・南ドら)(物置き用の)屋根裏. ② 〘工〙(ダムの)貯水池. ③ 〘コンピ〙記憶装置, メモリー.

Spei·cher·ka·pa·zi·tät [シュパイヒャァ・カパツィテート] 囡 -/-en 〘コンピ〙記憶(メモリー)容量.

spei·chern [シュパイヒャァン ∫páɪçəɾn] (speicherte, hat ... gespeichert) 他 〘定了〙haben) ① 〘物4を倉庫などに〙蓄える, 貯蔵する. (英 *store*). ② 〘コンピ〙(データを)記憶させる, 保存する. Ein Computer *speichert* Daten. コンピュータがデータを保存する.

spei·cher·te [シュパイヒャァテ] speichern (蓄える)の過去

Spei·che·rung [シュパイヒェルング] 囡 -/-en 〘ふつう単〙蓄積, 貯蔵. Daten*speicherung* データの蓄積.

spei·en* [シュパイエン ∫páɪən] (spie, hat ... gespien) I 自 (h) 〘雅〙① (…へ)唾(つば)を吐く. Er spie *auf* den Boden. 彼は地面に唾を吐いた / 人3 ins Gesicht *speien* 人3の顔に唾を吐きかける. ② 吐く, もどす. II 他 (h) 〘雅〙 〘物4を〙吐く. Blut4 *speien* 血を吐く, 喀血(かっけつ)する / Der Vulkan *speit* Feuer. 〘比〙火山が噴火している.

die Spei·se [シュパイゼ ∫páɪzə] 囡 (単) -/(複) -n ① 料理, 食べ物. (英 *food*). warme *Speisen* (煮炊きした)温かい料理 / die *Speisen*4 auftragen 料理をテーブルに並べる / *Speisen* und Getränke sind im Preis inbegriffen. 食べ物と飲み物は価格の中に含まれている.(☞ 類語 Essen).
② 〘北ドら〙(甘い)デザート, プディング.

> ..speise のいろいろ: **Eierspeise** 卵料理 / **Fleischspeise** 肉料理 / **Mehlspeise** 小麦粉料理 / **Nachspeise** デザート / **Süßspeise** 甘いデザート / **Vorspeise** 前菜

Spei·se╱eis [シュパイゼ・アイス] 申 -es/ アイスクリーム.

Spei·se╱kam·mer [シュパイゼ・カンマァ] 囡 -/-n 食料貯蔵室(ふつう台所の隣にある).

die **Spei·se╱kar·te** [シュパイゼ・カルテ ∫páɪzə-kartə] 囡 (単) -/(複) -n (レストランの)メニュー, 献立表. (英 *menu*). Geben Sie mir bitte die *Speisekarte*! メニューを見せてください. (☞ ドイツ語で Menü [メニュー]は「セットメニュー」を意味する).

spei·sen [シュパイゼン ∫páɪzən] I 自 (h) 〘雅〙 食事をする (=essen). zu Abend *speisen* 夕食をとる. (☞ 類語 essen).
II 他 ① 〘雅〙〘物4を〙食べる. ② 〘雅〙〘人4に〙食事を与える(ふるまう). ③ 〘A4 mit B3 ～〙(A4 に B3 を)供給する. einen Kessel mit Wasser *speisen* ボイラーに給水する.

Spei·sen╱fol·ge [シュパイゼン・ふォるゲ] 囡 -/-n 〘雅〙フルコースの料理.

Spei·sen╱kar·te [シュパイゼン・カルテ] 囡 -/-n (レストランの)メニュー (=Speisekarte).

Spei·se╱öl [シュパイゼ・エール] 申 -[e]s/-e 食用油.

Spei·se╱rest [シュパイゼ・レスト] 男 -[e]s/-e 〘ふつう複〙食べ残し.

Spei·se╱röh·re [シュパイゼ・レーレ] 囡 -/-n 〘医〙食道.

Spei·se╱saal [シュパイゼ・ザーる] 男 -[e]s/..säle (ホテルなどの大きな)食堂[ホール].

Spei·se╱wa·gen [シュパイゼ・ヴァーゲン] 男 -s/- 〘鉄道〙(列車の)食堂車.

Spei·se╱zim·mer [シュパイゼ・ツィンマァ] 申 -s/- ダイニングルーム, 食堂 (=Esszimmer).

Spei·sung [シュパイズング] 囡 -/-en ① 〘雅〙給食. ② 〘工〙(燃料などの)供給, 給水, 給電.

spei·übel [シュパイ・ユーベる] 付 吐き気がする, むかむかする. Mir ist *speiübel*. 私は吐き気がする.

Spek·ta·kel I [シュペクターケる ∫pektáːkəl] 男 -s/- 〘ふつう単〙(口語) 大騒ぎ, 騒動; 大げんか. II [シュペクターケる または スペク.. spek..] 申 -s/- ① (センセーショナルな)見もの. ② 〘古〙(はでな)芝居, 大活劇.

spek·ta·ku·lär [シュペクタクれーァ または スペク.. spek..] 形 目をみはるような, センセーショナルな.

Spek·tral╱ana·ly·se [シュペクトラーる・アナりューゼ] 囡 -/-n 〘物・化〙スペクトル分析.

Spek·tro·skop [シュペクトロスコープ ∫pektɾoskóːp または スペク.. spek..] 申 -s/-e 〘工〙分光器, スペクトロスコープ.

Spek·trum [シュペクトルム ∫péktɾʊm または スペク.. spék..] 申 -s/Spektren (または Spektra) ① 〘物〙スペクトル, 分光. ② 〘比〙多彩さ, 多種多様.

Spe·ku·lant [シュペクらント ∫pekulánt] 男 -en/-en 投機家, 相場師. (女性形: -in).

Spe·ku·la·ti·on [シュペクらツィオーン ∫pekulatsióːn] 囡 -/-en ① 推察, 憶測; 〘哲〙思弁. metaphysische *Spekulation* 形而上学的思弁. ② 〘経〙投機, 思わく買い.

Spe·ku·la·ti·us [シュペクラーツィウス ∫pekuláːtsius] 申 - シュペクラーチウス(香辛料入りのクリスマス用クッキー. さまざまな形にかたどられている).

spe·ku·la·tiv [シュペクらティーふ ∫pekulatíːf] 形 ① 推察(憶測)による; 〘哲〙思弁的な. ② 〘経〙投機的な, 思わくの.

spe·ku·lie·ren [シュペクリーレン ∫pekulíːɾən] 自 (h) ① 〘auf 物4 ～〙(口語) 〘物4を〙手に入れようと, 当てにする. auf eine Erbschaft *spekulieren* 遺産がもらえると当てにする. ② 〘経〙投機する, 思わく買い(売り)をする. ③ 〘über 物4 ～〙〘物4について〙あれこれ推測する(思案する).

Spelt [シュペると ∫pélt] 男 -[e]s/-e 〘植〙スペルト小麦.

Spe·lun·ke [シュベルンケ ʃpelúŋkə] 因 -/-n いかがわしい酒屋; 薄汚い家(宿屋).

Spelz [シュベるツ ʃpɛlts] 男 -es/-e 《植》スペルト小麦 (=Spelt).

Spel·ze [シュベるツェ ʃpɛ́ltsə] 因 -/-n 《植》(穀物の)もみ殻; (ムギ・イネなどの)えい(穎).

spen·da·bel [シュペンダーベる ʃpɛndáːbəl] 形 《口語》気前のいい, 物惜しみしない.

Spen·de [シュペンデ ʃpɛ́ndə] 因 -/-n 寄付[金], 義援金; 寄贈品｝ *Spenden*[4] sammeln 寄付金を集める.

spen·den [シュペンデン ʃpɛ́ndən] du spendest, er spendet (spendete, *hat...gespendet*) 他 《(完了) haben》① 寄付する, 寄進する. 《(英) donate》. Blut[4] *spenden* 献血する ／ Geld[4] für 團[4] *spenden* 團[4]のために献金する. ◊《目的語なしでも》reichlich *spenden* たくさん寄付する.

② 与える, 授ける. Die Bäume *spenden* Schatten. 《雅・比》樹木が日陰を与えてくれる ／ den Segen *spenden* (聖職者が)祝福を授ける ／ 囚[3] Beifall[4] *spenden* 《雅・比》囚[3]に喝采(ネミッ)をおくる ／ 囚[3] Trost[4] *spenden* 《雅・比》囚[3]を慰める.

Spen·der [シュベンダァ ʃpɛ́ndər] 男 -s/- 寄付者, 寄贈者; 献血者 (=Blut*spender*); (臓器などの)提供者, ドナー. (女性形: -in).

spen·de·te [シュベンデテ] spenden (寄付する)の 過去

spen·die·ren [シュベンディーレン ʃpɛndíːrən] 他 (h) 《口語》(囚[3]の)飲食代など[4]を)気前よく支払ってやる, おごる.

Spen·dier·ho·sen [シュベンディーア・ホーゼン] 複 《成句的に》die *Spendierhosen*[4] an|haben 《口語・戯》気前がいい, おごる気がある.

Speng·ler[1] [シュペングらァ ʃpɛ́ŋlər] 男 -s/- 《南ドʃ・ホヌスエ・スイス》ブリキ職人, 板金工. (女性形: -in).

Speng·ler[2] [シュペングらァ] -s/- 《人名》シュペングラー (Oswald Spengler 1880-1936; ドイツの文化哲学者.『西洋の没落』の著者).

Sper·ber [シュベルバァ ʃpɛ́rbər] 男 -s/- 《鳥》ハイタカ.

Spe·renz·chen [シュペレンツヒェン ʃperɛ́ntsçən] 複 《口語》めんどう, ごたごた.

Sper·ling [シュペルリング ʃpɛ́rlɪŋ] 男 -s/-e 《鳥》スズメ (=Spatz). Die *Sperlinge* tschilpen. すずめがちゅんちゅんさえずっている.

Sper·ma [シュペルマ ʃpɛ́rma] または スペルマ spérma] 中 -s/Spermen (または Spermata) 《生》精液 (=Samen).

sperr=**an·gel**=**weit** [シュベル・アンゲるヴァイト] 副 いっぱいに開いて. Die Tür steht *sperrangelweit* offen. そのドアはいっぱいに開いている.

die **Sper·re** [シュベレ ʃpɛ́rə] 因 (単) -/(複) -n ① (通行止めの)遮断物, 遮断機, バリケード. 《英 barrier》. eine *Sperre*[4] errichten バリケードを築く, 通行止めにする ／ eine *Sperre*[4] haben 《口語・比》のみ込みが悪い. ② (駅などの)改札口. ③ 遮断, 閉鎖, 封鎖; 差し止め, 禁止. Einfuhr*sperre* 輸入禁止. ④ 《スポ》出場停止[処分].

sper·ren [シュペレン ʃpɛ́rən] (sperrte, *hat...gesperrt*) I 他 《(完了) haben》① 遮断する, 封鎖(閉鎖)する. 《英 block》. Die Polizei *sperrte* die Grenzen. 警察は国境を封鎖した ／ eine Straße[4] *sperren* 道路を通行止めにする. ◊《過去分詞の形で》*Gesperrt*! (道路標識で:)通行止め.

② (輸出入など[4]を)禁止する; (口座・ガスなど[4]を)使用停止にする, さし止める. die Ausfuhr[4] *sperren* 輸出を禁止する ／ 囚[3] das Gas[4] *sperren* 囚[3]にガスの供給を止める ／ 囚[3] den Kredit *sperren* 囚[3]に信用取引を停止する. ③ 《スポ》(相手[4]の攻撃を)ブロックする; (選手[4]を)出場停止処分にする. ④ 《人·物》**in** 《物》**~**》(人·物[4]を物[3]に)閉じ込める; 投獄する. 囚[4] in ein Zimmer *sperren* 囚[4]を部屋に監禁する. ⑤ 《印》(単語[4]の)字間を空ける. ◊《過去分詞の形で》*gesperrt* drucken 字間を空けて印刷する. ⑥ 《オーストʃ・南ドʃ》(門・窓口など[4]を)閉める.

II 自 《(完了) haben》《方》(戸·窓などが)閉まりが悪い.

III 再帰 《(完了) haben》《*sich* **gegen** 團[4] **~**》(團[4]を)拒む, (團[4]に)逆らう. Er *sperrt sich* gegen alles. 彼は何にでも反対する.

Sperr=**feu·er** [シュベル・フォイアァ] 中 -s/- 《軍》弾幕射撃(砲火).

Sperr=**frist** [シュベル・フリスト] 因 -/-en 《法》(法行為の)停止期間, 待機期間.

Sperr=**ge·biet** [シュベル・ゲビート] 中 -[e]s/-e 立入禁止区域, 封鎖区域.

Sperr=**gut** [シュベル・グート] 中 -[e]/..güter かさばる貨物; 《鉄道》濁大(ネヌ)貨物(割増料金がかかる).

Sperr=**holz** [シュベル・ホるツ] 中 -es/ 合板, ベニヤ板.

sper·rig [シュペリヒ ʃpɛ́rɪç] 形 (大きくて)場所をとる, かさばる(貨物など).

Sperr=**müll** [シュベル・ミュる] 男 -[e]s/ 粗大ごみ.

Sperr=**sitz** [シュベル・ズィッツ] 男 -es/-e (劇場・サーカスなどの)最前列席[の一つ]; (映画館の)最後列席[の一つ].

Sperr=**stun·de** [シュベル・シュトゥンデ] 因 -/-n 《ふつう (単)》(飲食店などの法定上の)閉店時刻 (=Polizeistunde).

sperr·te [シュベルテ] sperren (遮断する)の 過去

Sper·rung [シュペルング] 因 -/-en ① 遮断, 閉鎖, 封鎖; [通行]禁止. ② 《南ドʃ・オーストリ》閉店.

Spe·sen [シュペーゼン ʃpéːzən] 複 (雇い主が負担する)諸経費, 雑費. nach Abzug der *Spesen*[2] 諸経費を差し引いて.

spe·sen=**frei** [シュペーゼン・フライ] 形 諸経費なしの.

Spe·zi[1] [シュペーツィ ʃpéːtsi] 男 -s/-[s] 《南ドʃ·

Spe·zi² [シュペーツィ] 男 田 -s/-[s]《口語》シュペーツィ (レモネードとコーラを混ぜた飲み物).

spe·zi·al.., Spe·zi·al.. [シュペツィアーる ʃpetsiá:l..] 名詞につける 接頭《特別の・別個の・専門の》例: *Spezial*arzt 専門医.

Spe·zi·al≠ge·biet [シュペツィアーる・ゲビート] 田 -(e)s/-e 専門分野(領域), 専攻.

Spe·zi·al≠ge·schäft [シュペツィアーる・ゲシェフト] 田 -[e]s/-e 専門店 (=Fachgeschäft).

spe·zi·a·li·sie·ren [シュペツィアりズィーレン ʃpetsializí:rən] 再帰 (h)《*sich*⁴ *auf* 物⁴ ~》(物⁴(分野など)を)専門的に扱う, 専攻する.

Spe·zi·a·li·sie·rung [シュペツィアりズィールング] 女 -/-en 専門的に扱うこと, 専門化.

der **Spe·zi·a·list** [シュペツィアリスト ʃpetsialíst] 男 (単 2·3·4) -en/(複) -en 専門家;《口語》専門医 (=Facharzt). *Spezialist* für alte Musik 古代音楽の専門家.

Spe·zi·a·lis·tin [シュペツィアリスティン ʃpetsialístɪn] 女 -/..tinnen (女性の)専門家;《口語》(女性の)専門医.

die **Spe·zi·a·li·tät** [シュペツィアリテート ʃpetsialité:t] 女 (単)・(複) -en (英 *speciality*) ① (土地の)特産品, 名物;《口語》(土地の)名物料理. Gulasch ist die *Spezialität* des Hauses. グーラシュが当店自慢の料理です. ② 得意とするもの, 特技, おはこ.

spe·zi·ell [シュペツィエる ʃpetsiél] I 形 特別な, 特殊な, 独特の.《英 *special*》.（メモ「一般的な」は generell）. ein *spezielles* Problem 特殊な問題 / Haben Sie *speziellen* Wünsche? 何か特別なご希望がありますか. ◆《名詞的に》Auf dein *Spezielles*!《口語》(乾杯の際に): 君の健康を祈って.
II 副 特に, とりわけ. Sie liebt die Malerei, *speziell* die Ölmalerei. 彼女は絵画, 特に油絵が好きだ / Das habe ich *speziell* für dich gekauft. これは特に君のために買ったのだよ.

Spe·zi·es [シュペーツィエス ʃpé:tsɪɛs または スペー.. spé:..] 女 -/- [..ツィーエス] ① 種類. eine neue *Spezies* Mensch (または von Menschen) 新しいタイプの人間. ② 《生》種(しゅ).

Spe·zi·fi·ka·ti·on [シュペツィふィカツィオーン ʃpetsifikatsió:n または スペ.. spe..] 女 -/-en 詳細[な説明]; 明細書.

spe·zi·fisch [シュペツィーふィッシュ ʃpetsí:fɪʃ または スペ.. spe..] 形 特有の, 固有の, 独特の. ein *spezifisches* Merkmal 固有の特徴 / das *spezifische* Gewicht《物》比重 / ein *spezifisch* weibliches Verhalten 女性特有のふるまい.

..spe·zi·fisch [..シュペツィーふィッシュ ..ʃpetsí:fɪʃ または ..スペツィーふィッシュ ..spetsí:fɪʃ] 《形容詞をつくる 接尾》(…に特有の) 例: frauen*spezifisch* 女性特有の.

spe·zi·fi·zie·ren [シュペツィふィツィーレン ʃpetsifitsí:rən] 他 (h) 詳細

に述べる(記す).

Sphä·re [スふェーれ sféːrə] 女 -/-n ①(活動・勢力の)領域, 範囲. die private *Sphäre* プライベートな領域 / Das liegt nicht in meiner *Sphäre*. それは私の領分ではない. ②《天》(古代天文学で):天球.

sphä·risch [スふェーリッシュ sféːrɪʃ] 形《付加語としてのみ》① 天球の. ②《数》球面の. *sphärische* Trigonometrie 球面三角法.

Sphinx [スふィンクス sfíŋks] I 女 -/-e ① 《複なし》《ﾞｷﾞﾘｼｬ神》スフィンクス(上体は人間の女, 胴はライオンで翼を持った怪物. 通行人になぞをかけ, 解けない者を殺したという). ②《比》なぞめいた人物. II 男 -/-e (または 男 -/Sphingen) (エジプトの)スフィンクス.

Spick≠aal [シュピック・アーる] 男 -[e]s/-e くん製うなぎ.

spi·cken [シュピッケン ʃpíkən] I 他 (h) ① (焼く前に赤身肉⁴に)脂身を差し込む. ②《A⁴ mit B³ ~》《口語》(A⁴に B³を)たっぷり詰め込む. eine Rede⁴ mit Zitaten *spicken* 演説に引用をたくさん挿入する. ③《口語》(囚³に)賄賂(ﾜｲﾛ)を贈る. II 自 (h)《方》(生徒言葉:) カンニングする.

Spick≠zet·tel [シュピック・ツェッテる] 男 -s/-《方》(生徒言葉:)カンニングペーパー.

spie [シュピー] speien (唾を吐く)の 過去

spieen [シュピーエ] speien (唾を吐く)の 接2

der **Spie·gel** [シュピーゲる ʃpíːgəl] 男 (単 2) -s/(複) - (3格のみ -n) ① 鏡.《英 *mirror*》. Hand*spiegel* 手鏡 / ein blanker (trüber) *Spiegel* ひかりのよい(曇った)鏡 / in den *Spiegel* sehen 鏡を見る / Sie betrachtet sich im *Spiegel*. 彼女は自分の姿を鏡に映して見る / 囚³ einen *Spiegel* vor|halten《比》囚³に当人の欠点をあからさまに言ってやる(←鏡を目の前にさし出す) / Das kannst du dir **hinter** den *Spiegel* stecken.《口語》それをよく肝に銘じておくことだ(←毎日目にとまるように鏡の縁に差しはさんでおくとよい) / Diese Note wird er sich³ nicht hinter den *Spiegel* stecken.《口語》(恥ずかしくて)彼はこの成績を人に見せられない / Seine Romane sind ein *Spiegel* des Lebens.《比》彼の小説は人生を映し出している / Der *Spiegel* lügt nicht. 鏡はうそをつかない.
②(湖などの)水面; 水位. (=Wasser*spiegel*). der glatte *Spiegel* des Sees なめらかな湖面. ③《医》(体液中の物質)の含有量. ④(礼服の絹の)折襟;《狩》(鹿などの尻(しり)の)白っぽい斑点(はんてん). ⑤ 一覧表, リスト. ⑥ トランサム, 船尾肋板(平坦に切り落とした形の船尾). ⑦『シュピーゲル』(ドイツの週刊誌名). ⑧《史》(書名で):…典範.

Spie·gel≠bild [シュピーゲる・ビるト] 田 -(e)s/-er 鏡(水面)に映った像; 鏡像.

spie·gel≠bild·lich [シュピーゲる・ビるトりヒ] 形 鏡像のような, 左右が逆になった.

spie·gel≠blank [シュピーゲる・ブらンク] 形 鏡のようにぴかぴかの.

Spie·gel·ei [シュピーゲる・アイ] 田 -(e)s/-er

《料理》目玉焼き.

Spie·gel·fech·te·rei [シュピーゲる・フェヒテライ] 囡 -/-en 見せかけ, ごまかし, はったり.

Spie·gel⹀glas [シュピーゲる・グらース] 中 -es/..gläser（両面磨きの）鏡board 板ガラス.

spie·gel⹀glatt [シュピーゲる・グらット] 形 鏡のようになめらかな（つるつるした）.

spie·geln [シュピーゲるン ˈʃpiːgəln] ich spiegle (spiegelte, hat ... gespiegelt) **I** 再帰 (完了 haben) *sich*⁴ *spiegeln*《場所を表す語句とともに》(…に)映っている;《比》(表情に)表れている. Die Bäume *spiegeln* sich **im** Wasser. 木々の影が水に映っている / In seinem Gesicht *spiegelte sich* Freude. 彼の顔に喜びの色が表れていた.
II 他 (完了 haben) ① 映す;《比》反映する, 表す. Der Fluss *spiegelt* die Häuser. 川面に家並が映っている. ②《医》《圀⁴を》内視鏡で調べる.
III 自 (完了 haben)（床などが）ぴかぴかに光っている; 光を反射する. In allen Räumen *spiegelte* der Fußboden. どの部屋も床がぴかぴかだった.

Spie·gel⹀re·flex·ka·me·ra [シュピーゲる・レふれクス・カンメラ] 囡 -/-s《写》レフレックスカメラ.

Spie·gel⹀schrift [シュピーゲる・シュリふト] 囡 -/-en 鏡文字（左右が逆になっている）.

spie·gel·te [シュピーゲるテ] spiegeln (再帰で: 映っている)の過去.

Spie·gel·te·le·skop [シュピーゲる・テれスコープ] 中 -s/-e《光》反射望遠鏡.

Spie·ge·lung [シュピーゲるング] 囡 -/-en ① 反射, 反映. ② 映像, 鏡像.

spieg·le [シュピーグれ] spiegeln (再帰で: 映っている)の1人称単数 現在.

das **Spiel** [シュピーる ʃpiːl]

> 遊び; 試合 Wie steht das *Spiel*?
> ヴィー シュテート ダス シュピーる
> 試合はどうなっていますか.

中 (単2) -[e]s/(複) -e (3格のみ -en)（英 play, game）① 遊び, 遊戯; 戯れ. ein lustiges *Spiel* 楽しい遊び / Er lernt alles **wie im** *Spiel*. 彼はなんでもやすやすと覚える（←遊んでいるときのように）/ 圀⁴ nur **zum** *Spiel* tun 圀⁴をただ戯れにする.
② 試合, 競技,（スポーツの）ゲーム. ein hartes *Spiel* 激しい試合 / ein spannendes *Spiel* 手に汗を握るような試合 / die Olympischen *Spiele* オリンピック競技 / Das *Spiel* steht 3:1 (=drei zu eins) für die Gäste. 試合は3対1でビジターチームのリードだ / 人・事⁴ **aus** dem *Spiel* lassen《比》人・事⁴を圏外にほうっておく, 関与させない / 人・事⁴ **ins** *Spiel* bringen《比》人・事⁴をかつぎ出す, 巻き込む.
③（トランプなどの）ゲーム, 賭事（かけごと）, ギャンブル. ein *Spiel*⁴ machen 一勝負する / das *Spiel*⁴ gewinnen（トランプなどの）勝負に勝つ / mit 人・事⁴ ein leichtes *Spiel*⁴ haben《比》人・事³をあっさり片づける / viel Geld⁴ **im** *Spiel* verlieren ばくちで大金をすってしまう / **auf** dem *Spiel* stehen《比》危険にさらされている / 圀⁴ aufs *Spiel* setzen《比》圀⁴を危険にさらす.
④《圈 なし》（競技の）技（わざ）, プレー. ein faires *Spiel* フェアプレー / ein offensives *Spiel* 攻撃的なプレー.
⑤《圈 なし》（音楽家の）演奏;（俳優の）演技. dem *Spiel* der Geige² lauschen バイオリンの演奏に耳を傾ける.
⑥（簡単な）劇, 芝居. ein *Spiel*⁴ auf|führen 劇を上演する. ⑦（光・表情などの）微妙な動き, ゆらめき. das *Spiel* der Blätter² im Wind 風にゆらめく木の葉の動き. ⑧（軽はずみな）行為. Er treibt nur sein *Spiel* mit ihr. 彼は彼女をもてあそんでいるだけだ. ⑨（道具などの）一式,（カードなどの）一組, セット. ⑩（機械のかみ合わせの）遊び.

> ..**spiel** のいろいろ: **Ballspiel** 球技 / **Brettspiel** ボードゲーム / **Endspiel** 決勝戦 / **Fernsehspiel** テレビドラマ / **Fußballspiel** サッカーの試合 / **Hörspiel** ラジオドラマ / **Kartenspiel** トランプ遊び / **Kinderspiel** 子供の遊び / **Klavierspiel** ピアノ演奏 / **Lustspiel** 喜劇 / **Passionsspiel** 受難劇 / **Pokalspiel** 優勝杯争奪戦 / **Puppenspiel** 人形芝居 / **Schachspiel** チェス / **Schauspiel** 劇 / **Wettspiel** 競争

Spiel⹀art [シュピーる・アールト] 囡 -/-en 変形, 別形;《生》変種, 亜種.

Spiel⹀au·to·mat [シュピーる・アオトマート] 男 -en/-en スロットマシーン, ゲーム機.

Spiel⹀ball [シュピーる・バる] 男 -[e]s/..bälle（球技用・遊戯用の）ボール;（テニスの）ゲームポイント;《比》(操られる)手玉, もてあそばれるもの.

Spiel⹀bank [シュピーる・バンク] 囡 -/-en 賭博（とばく）場, カジノ.

Spiel⹀brett [シュピーる・ブレット] 中 -[e]s/-er ①（チェスなどの）遊戯盤, ボード. ②（バスケットボールの）バックボード.

Spiel⹀do·se [シュピーる・ドーゼ] 囡 -/-n オルゴール.

spie·len [シュピーれン ˈʃpiːlən]

> 遊ぶ;（ゲームなどを）する
> *Spielen* Sie Schach?
> シュピーれン ズィー シャッハ
> チェスをなさいますか.

人称	単	複
1	ich spiele	wir spielen
2	du spielst / Sie spielen	ihr spielt / Sie spielen
3	er spielt	sie spielen

(spielte, hat ... gespielt)（英 play）**I** 自 (完了 haben) ① 遊ぶ. **mit** dem Ball (einer

Puppe) spielen ボール(人形)で遊ぶ / Er spielt mit seinen Kindern. 彼は自分の子供たちと遊んでいる / Darf ich spielen gehen? 遊びに行ってもいい?
② 試合(競技)をする, プレーする. Japan spielt **gegen** Deutschland. 日本はドイツと対戦する / **um** einen Pokal spielen 優勝カップをかけて試合をする / Sie **haben** 2:1 (=zwei zu eins) gespielt. 彼らは2対1で試合を終えた / Er spielt **als** Stürmer. 彼はフォワードを務める.
③ 演奏する. **nach** Noten spielen 譜面を見て演奏する / Er **kann vom** Blatt spielen. 彼は初見で演奏できる.
④ (芝居で)演技をする; 出演する. Der Schauspieler spielt gut. その俳優は演技がうまい / Sie spielt **am** Burgtheater. 彼女はブルク劇場に出演している.
⑤ 〘場所・時間を表す語句とともに〙(小説など の)舞台で…である. Der Film spielt **in** Berlin. その映画の舞台はベルリンだ.
⑥ (トランプなどの)ゲームをする; 賭事(かけごと)をする. **im** Lotto spielen 宝くじで賭(か)ける / **um** Geld spielen お金を賭けて勝負事をする.
⑦ (戯れるように)動く, 揺らめく;(色・光が)微妙に変化する. Der Wind spielt **in** ihren Haaren. 風が彼女の髪に戯れている / Der Diamant spielt **in** allen Farben. ダイヤモンドはさまざまな色に輝く / **Um** seine Lippen spielte ein Lächeln. 彼の口もとには笑みが浮かんでいた.
⑧ 〘**an** (または **mit**) 物³ ~〙(物³を)いじる, なでまわす. Sie spielte an (または mit) ihrer Halskette. 彼女はネックレスをいじっていた.
⑨ 〘**mit** 人・事³ ~〙(人・事³を)もてあそぶ. Sie spielte mit seinen Gefühlen. 彼女は彼の気持ちをもてあそんだ / **mit** Worten spielen しゃれを言う, 語呂合わせをする.

II 他 (完了 haben) ① (ゲーム・遊びなど⁴を)する. Die Kinder spielen Fangen. 子供たちが鬼ごっこをしている / Karten⁴ spielen トランプをする / Lotto⁴ spielen ロット(数合わせの宝くじ)で賭(か)ける.
② (球技など⁴を)する, (あるポジション⁴を)務める. Fußball⁴ spielen サッカーをする / Sie spielt gut Tennis. 彼女はテニスが上手だ / Torwart⁴ spielen ゴールキーパーを務める.
③ 〘方向を表す語句とともに〙(ボールを…へ)出す, 送る. den Ball **vors** Tor spielen ボールをゴール前に出す.
④ (楽器・曲目⁴を)演奏する. Sie spielt gut Klavier. 彼女はピアノが上手だ / Bach⁴ spielen バッハ[の曲]を演奏する.
⑤ (俳優が役⁴を)演じる;(劇⁴を)上演する, (映画⁴を)上映する. den Hamlet spielen ハムレット[の役]を演じる / eine Komödie⁴ (Oper⁴) spielen 喜劇(オペラ)を上演する / **Was** wird heute **im** Theater gespielt? 受動・現在 きょうは劇場で何の公演がありますか.
⑥ 〘比〙(人・事⁴の)ふりをする, (人・事⁴を)装う. Er spielt immer den großen Mann. 彼はい つも大物ぶっている. ◇〘過去分詞の形で〙**mit** gespielter Gleichgültigkeit 無関心を装って.
⑦ 〘方向を表す語句とともに〙(物⁴を…へ)こっそり渡す. 人³ 物⁴ **in die Hände** spielen 人³に物⁴をこっそり手渡す.

III 再帰 (完了 haben) sich⁴ spielen ① 遊んで[その結果]…になる. sich⁴ hungrig spielen 遊んで腹をすかす / sich⁴ **beim** Roulette **um** sein Vermögen spielen ルーレットで財産をつぶす. ② 〘**es** spielt sich⁴…の形で〙試合(プレー)をするのが…である. Bei solch einem Wetter spielt es sich schlecht. この天候では試合がやりにくい. ③ 〘方向を表す語句とともに〙演技(競技)の結果…の地位につく. sich⁴ **an die** Spitze spielen トップに登りつめる.

▶ spielen|lassen

spie·lend [シュピーれント] **I** ː spielen (遊ぶ)の 現分 **II** 形 楽な, たやすい. **mit** spielender Leichtigkeit 楽々と / 4 spielend lernen 物⁴をやすやすと覚える.

spie·len|las·sen*, spie·len las·sen* [シュピーれン・ラッセン] [píːlən-làsən] 過分 spielen[ge]lassen / spielen [ge]lassen 他 (h) (物⁴の)効果を発揮させる. Sie ließ ihren Charme spielen. 彼女は自分の魅力をうまく使った / Er ließ seine Beziehungen spielen. 彼はコネにものを言わせた.

Spie·ler [シュピーらァ] [píːlər] 男 -s/- ① 選手, プレーヤー, 競技者;演奏者.(女性形: -in). Fußballspieler サッカー選手. ② (軽蔑的に:) 賭博(とばく)好き.

Spie·le·rei [シュピーレライ] [piːlərái] 女 -/-en ① 〘複 なし〙もてあそぶこと. ② 楽な仕事, 暇つぶし. ③ 子供だまし[のようなもの].

spie·le·risch [シュピーれリッシュ] [píːlərɪʃ] 形 ① 遊びの, おもしろそうな; 遊び半分の, ふざけた. ② 競技(プレー)上の.

Spiel≈feld [シュピーる・フェるト] 中 -[e]s/-er 競技場, フィールド, グラウンド, コート.

Spiel≈film [シュピーる・フィるム] 男 -[e]s/-e 劇映画.

Spiel≈ge·fähr·te [シュピーる・ゲフェーァテ] 男 -n/-n 子供の遊び友だち.(女性形: ..gefährtin).

Spiel≈geld [シュピーる・ゲるト] 中 -[e]s/-er ① 賭(か)け金. ② 賭博(とばく)用のチップ.

Spiel≈hal·le [シュピーる・ハれ] 女 -/-n ゲームセンター.

Spiel≈höl·le [シュピーる・ヘれ] 女 -/-n (軽蔑的に:)賭博(とばく)場.

Spiel≈ka·me·rad [シュピーる・カメラート] 男 -en/-en (子供の)遊び友だち.(女性形: -in).

Spiel≈kar·te [シュピーる・カルテ] 女 -/-n トランプのカード.

Spiel≈ka·si·no [シュピーる・カズィーノ] 中 -s/-s カジノ, 賭博(とばく)場.

Spiel≈lei·ter [シュピーる・らイタァ] 男 -s/- 舞台(映画)監督, 演出家 (= Regisseur);テレビのゲーム・クイズ番組の司会者;(競技の)審判員.(女性形: -in).

Spiel・mar・ke [シュピーる・マルケ] 囡 -/-n 賭博(とばく)のチップ.

Spie・lo・thek [シュピーろテーク [pi:loté:k] 囡 -/-en ゲームセンター.

Spiel⹀plan [シュピーる・プらーン] 男 -[e]s/..pläne (シーズンに予定されている)公演予定[表], 演奏曲目; (스포) 試合予定表.

der **Spiel⹀platz** [シュピーる・プらッツ [pí:lplats] 男 (単2) -es/(複) ..plätze [..プれッツェ] (3格のみ ..plätzen) (子供の)遊び場, 遊園地. (英) playground). **auf den** *Spielplatz* **gehen** 遊び場へ行く.

Spiel⹀raum [シュピーる・ラオム] 男 -[e]s/..räume (工)(機械の部品間の)遊び, 遊隙(ゆうげき); (比)活動の自由(余地). (keinen) *Spielraum* **haben** 活動の余地がある(ない).

Spiel⹀re・gel [シュピーる・レーゲる] 囡 -/-n ゲーム(競技)の規則, ルール. **die** *Spielregeln*[4] **beachten** ルールを守る / **gegen die** *Spielregeln* **verstoßen** ルールに違反する.

Spiel⹀sa・chen [シュピーる・ザッヘン] 複 遊び道具, おもちゃ (=Spielzeug).

spiel・te [シュピーる・テ] ‡spielen (遊ぶ)の過去

Spiel⹀tisch [シュピーる・ティッシュ] 男 -[e]s/-e ① (トランプ・チェスなどの)ゲーム用テーブル. ② パイプオルガンの演奏台.

Spiel⹀uhr [シュピーる・ウーァ] 囡 -/-en オルゴール[付き]時計.

Spiel⹀ver・der・ber [シュピーる・フェアデルバァ] 男 -s/- (遊びの)興をそぐ人. (女性形: -in).

Spiel⹀wa・ren [シュピーる・ヴァーレン] 複 (商品としての:)おもちゃ.

Spiel⹀zeit [シュピーる・ツァイト] 囡 -/-en ① (演劇・スポーツなどの)シーズン; (映画の)上映期間. ② (스포) 試合時間.

das **Spiel⹀zeug** [シュピーる・ツォイク [pí:ltsɔʏk] 甲 (単2) -[e]s/(複) -e (3格のみ ..zeugen) ① (複 なし)(総称として:)おもちゃ[類]. ② (個々の)おもちゃ, 玩具. (英) toy). **das** *Spielzeug*[4] **auf**|**räumen** おもちゃを片づける / **Er ist für sie nur ein** *Spielzeug*. (比)彼は彼女にとってはただのおもちゃにすぎない.

der **Spieß** [シュピース [pi:s] 男 (単2) -es/(複) -e (3格のみ -en) ① 槍(やり), 投げ槍. (英 spear). **den** *Spieß* **um**|**kehren** (または um|**drehen**)《口語》(同じ手で)やり返す(←相手の槍を逆向きにする) / **Er schrie wie am** *Spieß*. 彼はけたたましい悲鳴をあげた(←槍で突き刺されたように). ② (焼き肉用の)焼き串. **Fleisch**[4] **am** *Spieß* **braten** 肉を串に刺して焼く. ③ 《軍》曹長. ④ 《狩》(若鹿などの)枝分かれしていない角.

Spieß⹀bür・ger [シュピース・ビュルガァ] 男 -s/- 偏狭で保守的な人, 俗物. (女性形: -in).

spieß⹀bür・ger・lich [シュピース・ビュルガァりヒ] 形 偏狭で保守的な, 視野の狭い, 俗物的な.

spie・ßen [シュピーセン [pí:sən] I 他 ① 《A⁴ auf B⁴ ~》(A⁴をB⁴に)突き刺す, 突き刺して取る. **die Kartoffel**[4] **auf die Gabel** *spie-*

ßen じゃがいもをフォークに刺して取る. ② (槍(やり)・棒[4]などを《...へ》)突き立てる. II 再帰 (h) *sich*[4] *spießen* 《스포》 はさまって(つかえて)動かない.

Spie・ßer [シュピーサァ [pí:sər] 男 -s/- ① 偏狭で保守的な人, 俗物 (=Spießbürger). (女性形: -in). ② 《狩》(まだ角が枝分かれしていない)若鹿.

Spieß⹀ge・sel・le [シュピース・ゲゼれ] 男 -n/-n ① (悪事の)相棒, 共犯者. (女性形: ..gesellin). ② 《戯》仲間.

spie・ßig [シュピースィヒ [pí:sıç] 形 《口語》 偏狭で保守的な, 視野の狭い, 俗物的な (=spießbürgerlich).

Spike [シュパイク [páɪk] または スパイク spáɪk] 《英》 男 -s/-s ① (スポーツシューズの)スパイク; (タイヤの)鋲(びょう). ②《ふつう 複形》スパイクシューズ. ③ 《圏》で《自動車》スパイクタイヤ.

spi・nal [シュピナーる [piná:l または スピ.. spi..] 形 《医》脊柱(せきちゅう)の, 脊椎(せきつい)の.

der **Spi・nat** [シュピナート [piná:t] 男 (単2) -[e]s/(複) -e《種類を表すときは: 複》-e 《植》ホウレンソウ. (英 spinach). *Spinat*[4] **dünsten** ほうれん草を蒸す.

Spind [シュピント [pınt] 甲 男 -[e]s/-e (特に兵営の)ロッカー.

Spin・del [シュピンデる [píndəl] 囡 -/-n ① 《織》錘(つむ), 紡錘(ぼうすい). ② 《工》(機械の)主軸, 心棒. ③ 《建》らせん階段の親柱. ④ 《園芸》花軸, 葉軸.

spin・del⹀dürr [シュピンデる・デュル] 形 やせてひょろ長い, ひょろひょろの.

Spi・nett [シュピネット [pinét] 甲 -[e]s/-e 《音楽》 スピネット(昔の小型チェンバロ).

die **Spin・ne** [シュピネ [pína] 囡 (単) -/(複) -n ① 《昆》クモ. (英 spider). **eine giftige** *Spinne* **sehen** / **Die Spinne spinnt ihr Netz.** くもが巣をかけている / **Pfui** *Spinne*!《口語》(嫌悪を表して:)お気持ち悪い. ② (比)やせこけた意地の悪い女.

spin・ne⹀feind [シュピンネ・ファイント] 形 《成句的に》[mit] 囚³ *spinnefeind* **sein**《口語》囚³をひどく嫌っている, 囚³と犬猿の仲である.

spin・nen* [シュピネン [pínən] (spann, hat ...gesponnen) I 他 (완了 haben) ① (糸[4]を) 紡ぐ, (素材[4]を)紡いで糸にする. (英 spin). **Garn**[4] *spinnen* 糸を紡ぐ / **Wir** *spinnen* **keinen guten Faden miteinander.**《比》私たちは互いに折り合いがよくない.

② (くもなどが糸を吐いて巣など[4]を)作る. **Die Spinne** *spinnt* **ihr Netz.** くもが巣をかけている. ③ 《織》(化学繊維[4]を)生産する. ④ 《口語》(悪事など[4]を)たくらむ, もくろむ; でっち上げる. **Gedanken**[4] *spinnen* あれこれ考えをめぐらす / **Intrigen**[4] *spinnen* 陰謀をたくらむ / **Das ist doch** *gesponnen*!『状態受動・現在』それはでたらめだよ.

II 自 (완了 haben) ① 糸を紡ぐ. **maschinell** *spinnen* 機械で糸を紡ぐ. ② (くもなどが)

糸を出す. ③《口語》頭がおかしい. Du *spinnst* ja! 君はどうかしているぜ.

Spin-nen-ge-we-be [シュピンネン・ゲヴェーベ] 中 -s/- くもの巣.

Spin-nen-netz [シュピンネン・ネッツ] 中 -es/-e くもの巣.

Spin-ner [シュピンナァ ʃpínər] 男 -s/- ① 紡績工. ②《口語》頭のおかしい人. ③《古》《昆》カイコガ. ④ スピンナー(水中でくるくる回る擬餌針).

Spin-ne-rei [シュピンネライ ʃpɪnəráɪ] 女 -/-en ① 紡績[業], 紡績工場. ②《口語》ばかな考え, たわごと.

Spin-ne-rin [シュピンネリン ʃpínərɪn] 女 -/..rinnen ① 紡ぎ女, 紡績女工. ②《口語》ばかなことを考える(言う)女.

Spinn-ge-we-be [シュピン・ゲヴェーベ] 中 -s/- くもの巣.

Spinn-rad [シュピン・ラート] 中 -[e]s/..räder 紡ぎ車, 糸車.

Spinn-we-be [シュピン・ヴェーベ] 女 -/-n くもの糸(巣).

Spi-no-za [シュピノーツァ ʃpinó:tsa または スピ.. spi..] -s/《人名》スピノザ (Baruch de *Spinoza* 1632-1677; オランダの哲学者).

spin-ti-sie-ren [シュピンティズィーレン ʃpɪntizí:rən] 自 (h)〖**über** 4格 ~〗《口語》[4格について] つまらぬことをあれこれと考える.

Spi-on [シュピオーン ʃpió:n] 男 -s/-e ① スパイ, 諜報(ちょうほう)員; こっそり偵察している人. (女性形: -in). ② (ドアの)のぞき穴; (窓の)のぞき鏡(窓の外側に取り付けて, 通りや出入口を見張る).

Spi-o-na-ge [シュピオナージェ ʃpioná:ʒə] 女 -/ スパイ行為, 諜報(ちょうほう)活動. Wirtschafts-*spionage* 産業スパイ / *Spionage*⁴ treiben スパイをする.

Spi-o-na-ge-ab-wehr [シュピオナージェ・アップヴェーア] 女 -/ スパイ防止活動, 防諜(ぼうちょう)活動.

Spi-o-na-ge-netz [シュピオナージェ・ネッツ] 中 -es/-e スパイ網.

Spi-o-na-ge-ring [シュピオナージェ・リング] 男 -[e]s/-e スパイ組織.

spi-o-nie-ren [シュピオニーレン ʃpioní:rən] 自 (h) ① スパイ活動をする. ②《軽蔑的に:》こっそり探る(のぞく).

Spi-ra-le [シュピラーれ ʃpirá:lə] 女 -/-n ① らせん, 渦巻き線. ② らせん(渦巻き)状のもの; ぜんまい.

Spi-ral-fe-der [シュピラーる・フェーダァ] 女 -/-n ぜんまい.

Spi-rant [シュピラント ʃpiránt または スピ.. spi..] 男 -en/-en《言》摩擦音 ([f, s, ʃ, ç, x, h] など).

Spi-ri-tis-mus [シュピリティスムス ʃpiritísmus または スピ.. spi..] 男 -/ 心霊信仰; 交霊術.

Spi-ri-tist [シュピリティスト ʃpiritíst または スピ.. spi..] 男 -en/-en 心霊信仰者; 交霊術者. (女性形: -in).

spi-ri-tis-tisch [シュピリティスティッシュ ʃpiritístɪʃ または スピ.. spi..] 形 心霊信仰の; 交霊術の.

Spi-ri-tu-al [スピリチュエる spírɪtʃuəl] 男 無変化 -s/-s《音楽》(アメリカの)ニグロ・スピリチュアル, 黒人霊歌.

Spi-ri-tu-a-lis-mus [シュピリトゥアリスムス ʃpiritualísmus または スピ.. spi..] 男 -/ ①《哲》唯心論. ② 心霊主義.

spi-ri-tu-ell [シュピリトゥエる ʃpirituél または スピ.. spi..] 形 ① 精神の, 精神的の; 霊的な. ②《教》宗教[上]の.

Spi-ri-tu-o-se [シュピリトゥオーゼ ʃpirituó:zə または スピ.. spi..] 女 -/-n《ふつう複》強いアルコール飲料(ジン・ウイスキー・コニャックなど).

Spi-ri-tus¹ [シュピーリトゥス ʃpí:ritus] 男 -/ (種類:) ..tusse 酒精, エチルアルコール.

Spi-ri-tus² [スピーリトゥス spí:ritus] 男 -/ [..トゥース] 息; 生気; 《精》霊; 精神.

Spi-ri-tus-ko-cher [シュピーリトゥス・コッハァ] 男 -s/- [簡易]アルコールこんろ.

Spi-tal [シュピターる ʃpitá:l] 中 -s/..täler ①《オーストリア・スイス》病院 (=Krankenhaus). ②《古》養老院; 救貧院.

＊**spitz** [シュピッツ ʃpíts] 形 (比較) spitzer, (最上) spitzest) ① (先の)とがった, 先の鋭い. (⇔ pointed). ⇔「とがっていない」は stumpf. eine *spitze* Nadel (Nase) とがった針(鼻) / ein *spitzer* Turm 尖塔(せんとう) / ein *spitzer* Winkel《数》鋭角 / Der Bleistift ist *spitz*. その鉛筆はきちんと削って)とがっている.

② 鋭い, かん高い(叫び声など). ein *spitzer* Schrei 鋭い悲鳴. ③《口語》やせこけた, やつれた(顔). Sie ist nach der Krankheit recht *spitz* geworden.〖病気完了〗彼女は病後ずいぶんやせてしまった. ④《比》辛らつな, 皮肉な. *spitze* Bemerkungen⁴ machen とげのあることを言う / Er hat eine *spitze* Zunge. 彼は言うことが辛らつだ. ⑤《口語》セクシーで魅力的な; 欲望をかきたてられた. ein *spitzes* Weib セクシーな女 / **auf** 人・物⁴ **spitz sein** a) 人⁴に情欲を感じている, b) 物⁴が欲しくてたまらない.

Spitz [シュピッツ] 男 -es/-e ① スピッツ(鼻・耳のとがった小型犬). ②《方》ほろ酔い. ③《スイス》=Spitze

Spitz-bart [シュピッツ・バールト] 男 -[e]s/..bärte 先のとがったあごひげ[の人]. (⇨ Bart 図).

Spitz-bo-gen [シュピッツ・ボーゲン] 男 -s/-《建》(ゴシック建築の)尖頭(せんとう)アーチ. (⇨「建築様式(2)」, 1744 ページ).

Spitz-bu-be [シュピッツ・ブーベ] 男 -n/-n ① 泥棒, 詐欺師, ならず者. (女性形: ..bübin). ② いたずらっ子. ③《南ドイツ・オーストリア》シュピッツブーベ (ジャムをはさんだクッキー).

spitz-bü-bisch [シュピッツ・ビューピッシュ] 形 ① いたずら好きの, いたずらっぽい. ②《古》悪党の.

spit-ze [シュピッツェ ʃpítsə] 形《無語尾で》《口語》すばらしい, すごくいい, 最高[の].

die **Spit·ze** [シュピッツェ ʃpítsə] 囡 (単) -/(複) -n (英 top, peak) ① (とがった)先, 尖端(読), (先細りの)先端; 頂点, (山の)頂上. Turm*spitze* 塔の尖端 / Die Spitze des Messers ist sehr scharf. そのナイフの先は非常にとがっている /囲³ die *Spitze*⁴ ab|brechen (ま は nehmen)《比》囲³(攻撃などの)ほこ先をかわす(←切先を折り取る) /囚³ die *Spitze*⁴ bieten《比》囚³に勇敢に抵抗する(←剣の先を向ける) / die *Spitze* des Eisbergs《比》氷山の一角.
② (行列などの)先頭; (序列の)トップ, 首位, 首脳部. die *Spitze* des Zuges 列車の先頭 / **an der** *Spitze* **stehen** 先頭に立っている, トップ[の地位]にある.
③〖複〗で〗首脳部[の人たち], トップクラスの人人. die *Spitzen* der Stadt² 町の有力者たち. ④ 最高値, マキシマム, ピーク;《口語》最高にすばらしい物(人). Das Auto erreicht 200 km/h *Spitze*.《口語》この車の最高時速は 200 キロだ /囲⁴ **auf die** *Spitze* **treiben**《比》囲⁴を極端なまでに推し進める / Der neue Wagen ist *Spitze*. この新しい車は最高だ. ⑤ 辛らつな皮肉, 当てこすり. Das ist eine *Spitze* **gegen** dich. それは君に対する当てこすりだ. ⑥ (葉巻きなどの)吸い口, ホールダー. ⑦〖織〗レース.

Spit·zel [シュピッツェる ʃpítsəl] 男 -s/- 密偵, 回し者, スパイ.

spit·zeln¹ [シュピッツェるン ʃpítsəln] 自 (h) スパイをする, スパイ活動をする.

spit·zeln² [シュピッツェるン ʃpítsəln] 他 (h) (サッカーで:)(ボール⁴を)つま先で蹴る, トーキックする.

spit·zen [シュピッツェン ʃpítsən] du spitzt (spitzte, hat ... gespitzt) I 他 (完了 haben) とがらす, (先を)鋭くする. (英 *sharpen*). den Bleistift *spitzen* 鉛筆を削る / die Lippen⁴ *spitzen* 《比》唇をとがらす / die Ohren⁴ *spitzen*《比》a) (犬などが)耳をぴんと立てる, b) (口語)(人が)聞き耳を立てる.
II 再帰 (完了 haben)〖*sich*⁴ **auf** 囲⁴ ~〗(方)(囲⁴を)待ち焦がれる.
III 自 (完了 haben)(方) ①〖**auf** 囲⁴ ~〗(囲⁴を)待ち焦がれる. ② そっとうかがう(のぞく).

Spit·zen.. [シュピッツェン.. ʃpítsən..]〖名詞につける接頭〗〖先頭の・最高の〗例: *Spitzen*sportler トップクラスのスポーツ選手.

Spit·zen*ge·schwin·dig·keit [シュピッツェン・ゲシュヴィンディカイト] 囡 -/-en 最高速度 (=Höchstgeschwindigkeit).

Spit·zen*g**rup·pe** [シュピッツェン・グルッペ] 囡 -/-n トップグループ; (競)先頭グループ.

Spit·zen*k**las·se** [シュピッツェン・クらッセ] 囡 -/-n トップクラス; 最高級[品].

Spit·zen*l**eis·tung** [シュピッツェン・らイストゥング] 囡 -/-en 最高の成果(業績), (競)最高記録, (電)最大出力, ピーク電力.

Spit·zen*r**ei·ter** [シュピッツェン・ライタァ] 男 -s/- トップの選手(チーム); ヒット商品, ヒット作[品](元の意味は「トップクラスの騎手」). (女性形: -in).

Spit·zen*t**anz** [シュピッツェン・タンツ] 男 -es/..tänze (バレエの)トーダンス.

Spit·zen*t**ech·no·lo·gie** [シュピッツェン・テヒノろギー] 囡 -/ 先端科学技術.

Spit·zer [シュピッツァァ ʃpítsər] 男 -s/-《口語》鉛筆削り器 (=Bleistiftspitzer).

spitz·fin·dig [シュピッツ・フィンディヒ] 形 細かいことにこだわりすぎる, 小うるさい.

Spitz·fin·dig·keit [シュピッツ・フィンディヒカイト] 囡 -/-en ①〖複 なし〗細かいこと(小事)にこだわること. ② 小うるさい文句.

Spitz*h**a·cke** [シュピッツ・ハッケ] 囡 -/-n つるはし, ピッケル.

spitz*krie·gen** [シュピッツ・クリーゲン ʃpítskriːgən] 他 (h)(口語)(いんちきなど⁴を)見抜く.

Spitz*m**aus** [シュピッツ・マオス] 囡 -/..mäuse (動)トガリネズミ.

Spitz*n**a·me** [シュピッツ・ナーメ] 男 -ns (3 格・4 格 -n)/-n あだ名, ニックネーム. 囚³ einen *Spitznamen* geben 囚³にあだ名をつける.

spitz·te [シュピッツテ] spitzen (とがらす)の過去

spitz·win·ke·lig [シュピッツ・ヴィンケリヒ] 形 =spitzwinklig

spitz*wink·lig** [シュピッツ・ヴィンクリヒ] 形 鋭角の.

Spleen [シュプリーン ʃpliːn または スプリーン spliːn]〖英〗男 -s/-e (または -s) 気まぐれ; 奇抜(とっぴ)な考え.

splee·nig [シュプリーニヒ ʃpliːnɪç または スプリー.. spliː..] 形 奇抜な, とっぴな.

splen·did [シュプれンディート ʃplɛndiːt または スプれン.. splɛn..] 形 ① 気前のいい. ② 豪華な. ③ (印) 行間を広く開けた.

Splint [シュプリント ʃplɪnt] 男 -[e]s/-e ① (工) 割りピン. ②〖複 なし〗(林) 白木質, 白太(ロリ).

Splitt [シュプリット ʃplɪt] 男 -[e]s/(種類:) -e (コンクリートに混ぜる用の)砕石, 砂利.

der **Split·ter** [シュプリッタァ ʃplɪtər] 男 (単 2) -s/(複) - (3 格のみ -n)(木・金属などの)破片, かけら, 細片, とげ. (英 *splinter*). Glas*splitter* ガラスの破片 / **in kleine** *Splitter* **zerbrechen** こなごなに砕ける.

split·ter*frei** [シュプリッタァ・フライ] 形 割れてもこなごなにならない(安全ガラスなど).

Split·ter*grup·pe** [シュプリッタァ・グルッペ] 囡 -/-n (政党などの)分派, (分裂した)小会派.

split·te·rig [シュプリッテリヒ ʃplɪtərɪç] 形 ① 割れ(裂け)やすい. ② ささくれだった.

split·tern [シュプリッタァン ʃplɪtərn] 自 (h, s) ① (h) (木材などが細かく)割れる. ② (s) (ガラスなどが)こなごなに割れる(砕ける).

split·ter*nackt** [シュプリッタァ・ナックト] 形《口語》素っ裸の, 一糸もまとわぬ.

Split·ter*par·tei** [シュプリッタァ・パルタイ] 囡 -/-en (政党などの)分派, 小党派.

Split·ting [シュプリッティング ʃplɪtɪŋ または スプリッ.. splɪ..] 田 -s/-s ①〖複 なし〗(法) 分割課税. ②《経》(株式などの)分割. ③《政》投票

の分割(第一票と第二票を異なる政党へ投票すること).

SPÖ [エス・ペー・エー] 囡 -/《略》オーストリア社会民主党 (=Sozialdemokratische Partei Österreichs).

Spoi·ler [シュポイら῀ ʃpɔ́ylər または スポイ.. spóy..] 男 -s/- (飛行機・自動車の)スポイラー.

spön·ne [シュペンネ] spinnen (紡ぐ)の接2

spon·sern [シュポンザァン ʃpɔ́nzɐrn または スポン.. spón..] 他 (h) (選手・競技会など4の)スポンサーになる.

Spon·sor [シュポンザァ ʃpɔ́nzɐr または スポン.. spón..] [英] 男 -s/-en [..ゾーレン] (または -s) スポンサー, 後援者;《口語》パトロン. (女性形: -in).

spon·tan [シュポンターン ʃpontá:n または スポ.. spon..] 形 自発的な, 自然発生的な; 無意識的な, とっさの. ein *spontaner* Entschluss とっさの決断 / *spontan* antworten とっさに答える.

Spon·ta·ne·i·tät [シュポンタネイテート ʃpontaneitέ:t または スポン.. spon..] 囡 -/-en ① 〖複なし〗 自発性. ②《ふつう複》 自発的な言動.

Spon·ti [シュポンティ ʃpɔ́nti] 男 -s/-s 《政・隠語》ノンセクトの左翼支持者.

spo·ra·disch [シュポラーディッシュ ʃporáːdɪʃ または スポ.. spo..] 形 まばらな, ごくまれな, 散発的な.

Spo·re [シュポーレ ʃpóːrə] 囡 -/-n 《ふつう複》 〖植〗 胞子, 芽胞.

Sporn [シュポルン ʃpɔ́rn] 男 -[e]s/Sporen [シュポーレン] (または -e) ① 《複 Sporen; ふつう複》 拍車. einem Pferd die *Sporen*[4] geben 馬に拍車をかける / sich[3] die [ersten] *Sporen*[4] verdienen 《比》 初めて手柄をたてて認められる. ② 《複 Sporen または -e》 〖動〗 (雄鶏・昆虫などの)けづめ. ③ 《複 -e》 〖植〗 距(きょ) (スミレなどの萼や花冠の一部がけづめ状に飛び出した部分). ④ 《複 -e》 (合流する川の間に切り立つ)岩山, 山脚. ⑤ 〖複 -e〗 《空》尾そり.

spor·nen [シュポルネン ʃpɔ́rnən] 他 (h) (馬[4]に)拍車をかける;《比》(人[4]を)励ます, 鼓舞する.

**der Sport [シュポルト ʃpɔ́rt]

> スポーツ Ich treibe gern *Sport*.
> イヒ トライベ ゲルン シュポルト
> 私はスポーツをするのが好きです.

[英] 男 (単2) -[e]s/(種類を表すときのみ: 複) -e 《複 sport》 ① 〖複なし〗 スポーツ, 運動競技; (学校の)体育. Winter*sport* ウインタースポーツ / *Sport*[4] treiben スポーツをする / In der zweiten Stunde haben wir *Sport*. 2 時間目は体育だ.

② (種目としての)スポーツ (=*Sport*art). Fußball ist ein sehr beliebter *Sport*. サッカーは非常に人気のあるスポーツだ.

③ 《ふつう複》 趣味, 道楽. Das macht er nur **als** (または **aus** または **zum**) *Sport*. それを彼は単なる趣味でやっている / sich[3] einen *Sport* daraus machen, **zu** 不定詞[句]《口語》おもしろ半分に…をする.

Sport=ab·zei·chen [シュポルト・アップツァイヒェン] 中 -s/- (一定のスポーツ能力を認定する)スポーツバッジ.

Sport=art [シュポルト・アールト] 囡 -/-en スポーツ種目.

Sport=ar·ti·kel [シュポルト・アルティーケる] 男 -s/- 《ふつう複》 スポーツ用品.

Sport=arzt [シュポルト・アールツト] 男 -es/..ärzte スポーツ[専門]医. (女性形: ..ärztin).

spor·teln [シュポルテるン ʃpɔ́rtəln] 自 (h) 《口語》(楽しみのために)スポーツをする.

Sport=fest [シュポルト・フェスト] 中 -[e]s/-e 運

ドイツ・ミニ情報 35

スポーツクラブ Sportklub

スポーツを愛好する地域住民たちによって結成されるのがスポーツクラブだが, かつては Turnen (体操) が最も盛んな種目だったので, 地名の前に TSV (Turnsportverein 「体操スポーツクラブ」の略) を冠したクラブ名が多い. 19 世紀後半にイギリスからサッカーが伝わると, たちまち人気 No.1 のスポーツとなり, どこのクラブにもサッカー部門ができた. FC (Fußballklub 「サッカークラブ」の略) が名前に付いたクラブは, サッカーが起点となったクラブだ.

スポーツクラブは会員の年会費と, 地元企業のスポンサー収入で運営される. グラウンド, 体育館, クラブハウスの維持費や, 試合の遠征費などをまかなうには, さまざまな種目を持っていないと広く老若男女の会員を集められず, 経営が苦しくなるのだめだ. ひとつのクラブ内にいくつもの部門があるのはそのためだ. 現役を引退した会員たちも, passive Mitglieder (受動会員) として年会費を払い, 後援会の役割を果たしている.

地域の結びつきが強いドイツでは, クラブ出身者のなかに地元で事業を営む者が多いことが強みとなっている. これらの人々がスポンサーとなってクラブを応援してくれる. ただし, 最近は地元とは縁の薄い大手企業が進出したために, 出資者を見つけるのに苦労しているケースもある.

地域住民の交流の場はスポーツクラブとは限らない. スポーツのないような小さな村落では, 消防団が社交の場の役割を担っていることが多い. そこでは合唱団を結成するなどして, 住民の余暇活動を支えている. これも Sport (元の意味は「楽しみ」) といえるかもしれない.

動会, 体育祭, スポーツ大会.

Sport⸗freund [シュポルト・フロイント] 男 -[e]s/-e スポーツ愛好家(ファン); スポーツ仲間. (女性形: -in).

Sport⸗ge·rät [シュポルト・ゲレート] 中 -[e]s/-e スポーツ器具(用具).

Sport⸗hal·le [シュポルト・ハレ] 女 -/-n 体育館, 屋内競技場.

spor·tiv [スポルティーふ sportíːf または シュポル.. ʃpɔr..] 形 スポーティーな; スポーツ選手らしい.

Sport⸗klub [シュポルト・クルップ] 男 -s/-s スポーツクラブ. (☞「ドイツ・ミニ情報 35」, 1249ページ).

Sport⸗leh·rer [シュポルト・レーラァ] 男 -s/- 体育教師; (運動種目の)トレーナー, コーチ. (女性形: -in).

***der Sport·ler** [シュポルトラァ ʃpɔ́rtlər] 男 (単2)-s/(複)-(3格のみ-n) スポーツマン; スポーツ選手. (英 sportsman). Er ist ein fairer *Sportler*. 彼はフェアなスポーツマンだ.

Sport·le·rin [シュポルトレリン ʃpɔ́rtlərɪn] 女 -/..rinnen スポーツウーマン; (女性の)スポーツ選手.

***sport·lich** [シュポルトリヒ ʃpɔ́rtlɪç] 形 ① スポーツの, スポーツ(運動)に関する. (英 sporting). *sportliche* Wettkämpfe スポーツの試合. ② (体つきなどが)スポーツにふさわしい, スポーツマンらしい; (服装などが)スポーツに適した, スポーティーな. (英 sporty). Er hat eine *sportliche* Figur. 彼はスポーツマンらしい体つきをしている / sich⁴ *sportlich* kleiden スポーティーな服装をする. ③ スポーツマンシップにのっとった, フェアな (プレーなど).

Sport⸗me·di·zin [シュポルト・メディツィーン] 女 -/ スポーツ医学.

der **Sport⸗platz** [シュポルト・プラッツ] 男 (単2) -es/(複) ..plätze [..プレッツェ] (3格のみ ..plätzen) (屋外の)運動場, 競技場. (英 sports field). Die Schüler gehen auf den *Sportplatz*. 生徒たちは運動場へ行く.

Sports⸗mann [シュポルツ・マン] 男 -[e]s/ ..leute (まれに ..männer) スポーツ愛好家(ファン); スポーツマン. (女性形: ..frau).

Sport⸗ver·ein [シュポルト・フェァアイン] 男 -[e]s/-e スポーツクラブ (略: SV).

Sport⸗wa·gen [シュポルト・ヴァーゲン] 男 -s/- ① スポーツカー. ② (腰掛け式の)ベビーカー.

Sport⸗zei·tung [シュポルト・ツァイトゥング] 女 -/-en スポーツ新聞.

Sport⸗zen·trum [シュポルト・ツェントルム] 中 -s/..zentren スポーツセンター.

Spot [スポット spót または シュポット ʃpót] [英] 男 -s/-s ① (テレビ・ラジオの短い)コマーシャル. ② =*Spotlight*.

Spot⸗light [スポット・らイト] [英] 中 -s/-s 《劇・写》スポットライト. im *Spotlight* stehen スポットライトを浴びている.

der **Spott** [シュポット ʃpɔ́t] 男 (単2) -es (まれに -s)/ あざけり, 嘲笑(ちょうしょう); 物笑いの種. (英 *mockery*). [seinen] *Spott* mit 人・物³ treiben 人・物³をあざ笑う / zum *Spott* der Leute² werden 人々の笑い物になる.

Spott⸗bild [シュポット・ビルト] 中 -[e]s/-er 戯画, 風刺画, カリカチュア.

spott⸗bil·lig [シュポット・ビリヒ] 形 《口語》ばかみていに安い, 二束三文の.

Spöt·te·lei [シュペッテらイ ʃpœtəláɪ] 女 -/-en からかい, 冷やかし.

spöt·teln [シュペッテるン ʃpœtəln] 自 (h)《über 人・事⁴ ~》人・事⁴をからかう, 冷やかす.

spot·ten [シュポッテン ʃpɔ́tən] du spottest, er spottet (spottete, hat... gespottet) 自 (定了 haben) ① あざ笑う, 嘲笑(ちょうしょう)する. (英 *mock*). *Spotte* nicht! ばかにするな /《über 人・事⁴》*spotten* 人・事⁴をあざ笑う ⇒ Sie *spotten über meine Angst*. 彼らは私が心配するのをからかった.
② 《雅》(事²を)問題にしない, (事²の)及ばないことである. aller Gefahr² *spotten* どんな危険もものともしない / Das *spottet* jeder Vorstellung. それは想像を絶するものだ.

Spöt·ter [シュペッタァ ʃpœ́tər] 男 -s/- 嘲笑(ちょうしょう)する人, 皮肉屋. (女性形: -in).

spot·te·te [シュポッテテ] spotten (あざ笑う)の過去.

Spott⸗ge·dicht [シュポット・ゲディヒト] 中 -[e]s/-e 風刺詩.

spöt·tisch [シュペッティッシュ ʃpœtɪʃ] 形 あざけるような, 嘲笑(ちょうしょう)的な; 嘲笑癖のある. *spöttische* Worte あざけりの言葉 / ein *spöttischer* Mensch 他人をよくけなす人, 嘲笑家.

Spott⸗na·me [シュポット・ナーメ] 男 -ns (3格・4格 -n)/-n (人をあざける)あだ名.

Spott⸗preis [シュポット・プライス] 男 -es/-e 《口語》(驚くほどの)安値, 二束三文.

sprach [シュプラーハ] :sprechen (話す)の過去.

Sprach⸗at·las [シュプラーハ・アトらス] 男 -(または ..lasses/..lasse (または ..lanten)《言》言語地図[集].

*die **Spra·che** [シュプラーヘ ʃprá:xə]

> 言葉　Er spricht drei *Sprachen*.
> エァ シュプリヒト ドライ シュプラーヘン
> 彼は3か国語話します.

女 (単) -/(複) -n ① 言語, 言葉. (英 *language*). die deutsche *Sprache* ドイツ語 / eine lebende (tote) *Sprache* 現在使われている言語(死語) / neuere *Sprachen* 近代諸語 / eine fremde *Sprache*⁴ lernen 外国語を学ぶ / Japanisch ist eine schwierige *Sprache*. 日本語は難しい言語だ / Er beherrscht fünf *Sprachen*. 彼は5か国語を使いこなす / die gleiche *Sprache*⁴ sprechen (または reden) 《比》(考え方などが同じで)互いに話が通じやすい / eine andere *Sprache*⁴ sprechen a) まったく違う(反対の)ことを言う, b) 《比》話がまったく通じない / in einer fremden *Sprache* sprechen 外国語で話す / in sieben *Sprachen* schwei-

gen 《戯》一言も言わない(←七つの言語でも黙っている). ②『圈なし』話す能力, 言語能力. die *Sprache*[4] verlieren (ショックなどで)口が利けなくなる / Mir blieb die *Sprache* weg. (びっくりして)私は何も言えなかった / die *Sprache*[4] wieder|finden (気持ちが落ち着いて)口が利けるようになる.
③『圈なし』話し方, 言葉使い; 口調, 発音[の仕方]. eine flüssige *Sprache* よどみない話しぶり / eine natürliche *Sprache* 自然な言葉使い / eine deutliche *Sprache*[4] sprechen (ある事柄が)事実をはっきり示している / Man erkennt ihn **an** der *Sprache*. 話し方で彼だとわかる / Der *Sprache*[3] **nach** stammt er aus Berlin. 話し方からみると彼はベルリン出身だ.
④『圈なし』話すこと. die *Sprache*[4] auf 圏[4] bringen 話題を圏[4]に向ける / Heraus **mit** der *Sprache*!《口語》a) さっさと言ったらどうだ, b) いいかげんに白状しろ / **zur** *Sprache* kommen 話題になる.

> ..sprache のいろいろ: **Fachsprache** 専門用語 / **Fingersprache** 手話 / **Fremdsprache** 外国語 / **Hochsprache** 標準語 / **Kindersprache** 幼児語 / **Muttersprache** 母語 / **Schülersprache** 生徒言葉 / **Studentensprache** 学生言葉 / **Umgangssprache** 話し言葉 / **Volkssprache** 民衆語 / **Weltsprache** 国際語 / **Zeichensprache** 身振り(手振り)言語

sprä·che [シュプレーヒェ] ‡sprechen (話す)の接2
Sprach⚯er·werb [シュプラーハ・エァヴェルプ] 男 -[e]s/-e 《言》(幼児期などの)言語習得.
Sprach⚯fa·mi·lie [シュプラーハ・ファミーリェ] 女 -/-n 《言》語族.
Sprach⚯feh·ler [シュプラーハ・フェーらァ] 男 -s/- 発音上の欠陥.
Sprach⚯for·scher [シュプラーハ・フォルシャァ] 男 -s/- 言語学者, 言語研究家. (女性形: -in).
Sprach⚯füh·rer [シュプラーハ・フューラァ] 男 -s/- (特に旅行用の)外国語ハンドブック.
Sprach⚯ge·biet [シュプラーハ・ゲビート] 中 -[e]s/-e 言語圏.
Sprach⚯ge·brauch [シュプラーハ・ゲブラオホ] 男 -[e]s/ 言葉の使い方, 言語の慣用, 語法.
Sprach⚯ge·fühl [シュプラーハ・ゲフューる] 中 -[e]s/ 語感. ein gutes *Sprachgefühl*[4] haben 語感が鋭い.
sprach⚯ge·wandt [シュプラーハ・ゲヴァント] 形 言葉の巧みな, 能弁な; 外国語に堪能(%½)な.
..spra·chig [..シュプラーヒヒ ..spra:xɪç] 『形容詞をつくる 接尾』(…[か国]語を話す) 例: zweisprachig 2 か国語を話す; 2 言語による.
Sprach⚯kennt·nis·se [シュプラーハ・ケントニセ] 複 語学(外国語)の知識. Er hat gute japanische *Sprachkenntnisse*. 彼は日本語がよくできる.
sprach⚯kun·dig [シュプラーハ・クンディヒ] 形 外国語の上手な.

* *der* **Sprach**⚯**kurs** [シュプラーハ・クルス ʃprá:x-kurs] 男 (単2) -es/(複) -e (3格のみ -en) 語学講座(講習会). Er besucht einen *Sprachkurs*. 彼は語学講座に通っている.
Sprach⚯la·bor [シュプラーハ・らボーァ] 中 -s/-s (または -e) ランゲージラボラトリー, LL.
Sprach⚯leh·re [シュプラーハ・れーレ] 女 -/-n 文法[書] (=Grammatik).
sprach·lich [シュプラーハりヒ] 形 言語[上]の, 言葉に関する; 語法[上]の. die *sprachliche* Begabung 語学の才能 / Das ist *sprachlich* falsch. それは語法上間違っている.
sprach⚯los [シュプラーハ・ろース ʃprá:x-lo:s] 形 ① (びっくりして)ものも言えない, 唖然(%½)とした. (英 speechless). Er war *sprachlos* **vor** Entsetzen. 彼は驚きのあまりものも言えなかった. ②《雅》無言の, 暗黙の. in *sprachlosem* Einverständnis 暗黙の了解のもとに.
Sprach⚯pfle·ge [シュプラーハ・プふれーゲ] 女 -/ 国語育成[の施策].
Sprach⚯phi·lo·so·phie [シュプラーハ・ふィろゾふィー] 女 -/ 言語哲学.
Sprach⚯raum [シュプラーハ・ラオム] 男 -[e]s/ ..räume 言語圏.
Sprach⚯rei·se [シュプラーハ・ライゼ] 女 -/-n 語学研修旅行.
Sprach⚯rohr [シュプラーハ・ローァ] 中 -[e]s/-e メガホン;《比》(軽蔑的に:)話を受け売りする人;《比》スポークスマン.
Sprach⚯stö·rung [シュプラーハ・シュテールング] 女 -/-en《医》言語障害.
Sprach⚯stu·di·um [シュプラーハ・シュトゥーディウム] 中 -s/..dien [..ディエン] 言語研究.
Sprach⚯un·ter·richt [シュプラーハ・ウンタァリヒト] 男 -[e]s/-e 『ふつう 単』語学の授業.
Sprach⚯wis·sen·schaft [シュプラーハ・ヴィッセンシャふト] 女 -/ 言語学. vergleichende *Sprachwissenschaft* 比較言語学.
Sprach⚯wis·sen·schaft·ler [シュプラーハ・ヴィッセンシャふトらァ] 男 -s/- 言語学者, 言語研究家. (女性形: -in).
sprach⚯wis·sen·schaft·lich [シュプラーハ・ヴィッセンシャふトりヒ] 形 言語学[上]の.
Sprach⚯zen·trum [シュプラーハ・ツェントルム] 中 -s/..zentren《医》言語中枢.
sprang [シュプラング] *springen (跳ぶ)の過去
sprän·ge [シュプレンゲ] *springen (跳ぶ)の接2
Spray [シュプレー ʃpre: または スプレー spré:] [英] 男 中 -s/-s スプレー, 噴霧[液].
spray·en [シュプレーエン ʃpré:ən または スプレー·· spré:..] I 自 (h)《gegen 物[4] ~》(物[4]に)殺虫剤をスプレーする. II 他 (h)(髪などに[4])スプレーする.
Sprech⚯an·la·ge [シュプレヒ・アンらーゲ] 女 -/-n インターホン.
Sprech⚯bla·se [シュプレヒ・ブらーゼ] 女 -/-n (漫画のせりふを入れる)吹きだし.
Sprech⚯chor [シュプレヒ・コーァ] 男 -[e]s/

..chöre シュプレヒコール[を唱える集団]. in Sprechchören シュプレヒコールで.

spre·chen* [シュプレッヒェン ʃpréçən]

話す	Sprechen Sie Deutsch?
	シュプレッヒェン ズィー ドイチュ
	あなたはドイツ語を話しますか.

人称	単	複
1	ich spreche	wir sprechen
2	{du **sprichst** / Sie sprechen	{ihr sprecht / Sie sprechen
3	er **spricht**	sie sprechen

(sprach, hat ... gesprochen) **I** 自 (完了 haben) ① 話す, しゃべる; 話をする (⇔ speak). (⇔ 「黙っている」は schweigen). laut (leise) sprechen 大声で(小声で)話す / Sprechen Sie bitte langsam! ゆっくり話してください / auf Deutsch sprechen ドイツ語で話す / Unser Kind kann noch nicht sprechen. うちの子はまだ言葉がしゃべれない / Hier spricht Meier. (電話口で:)こちらはマイアーです. (⇔ 類語 sagen).
◊[前置詞とともに] **auf** 人・事⁴ zu sprechen kommen 人・事⁴を話題にする / Sie ist auf ihn schlecht zu sprechen. 彼女は彼のことを悪く思っている(嫌っている) / **für** 人・事⁴ sprechen a) 人・事⁴に賛成する, 人・事⁴を代弁(代表)する, b) 人・事⁴に有利に働く ⇒ Er hat nur für dich gesprochen. 彼はもっぱら君の弁護をした / Die Umstände sprechen für den Angeklagten. 状況は被告に有利だ / Das spricht für sich selbst. それは説明するまでもない(自明の理である) / **gegen** 人・事⁴ sprechen a) 人・事⁴に反対する, b) 人・事⁴に不利に働く / **mit** 人³ sprechen 人³と話をする ⇒ Er spricht gerade mit seinem Chef. 彼は今上役と話をしている / Wir sprechen nicht miteinander. 私たちはお互いに口をきかない / Ich habe mit dir zu sprechen. ぼくは君と話がある / mit sich³ selbst sprechen ひとり言を言う / **über** 人・事⁴ sprechen 人・事⁴について話す, 論じる ⇒ Ich möchte mit Ihnen über die Sache sprechen. 私はその件についてあなたとお話ししたい / **von** 人・事³ sprechen 人・事³について話す, 人・事³の話をする ⇒ Er sprach von seiner Vergangenheit. 彼は自分の過去について語った / Er hat schlecht von dir (または über dich) gesprochen. 彼は君のことを悪く言った.
② 演説する, 講演する. Er spricht heute im Fernsehen. 彼はきょうテレビで講演する / frei sprechen 原稿なしで話す.
③ 〔**aus** 人・物³ ~〕《雅》(人・物³から感情などが)おのずと)現れる. Aus seinen Worten spricht nur Hass. 彼の言葉には憎しみだけが現れている.
II 他 (完了 haben) ① (言葉・外国語など⁴を)話す, しゃべる; (真実など⁴を)言う. Er spricht Dialekt. 彼は方言を話す / Er sprach kein Wort. 彼はひとこともしゃべらなかった / Sie spricht fließend Deutsch. 彼女は流暢(リュゥチョゥ)にドイツ語を話す / die Wahrheit⁴ sprechen 真実を述べる / Unsinn⁴ sprechen ばかげたことを言う.
② (人⁴と)会って話をする, 面会(面談)する, 電話でじかに話をする. Ich möchte Herrn Braun sprechen. ブラウンさんにお目にかかりたいのですが / Kann ich Frau Müller sprechen? a) ミュラーさんにお会いできますか, b) (電話口で:)ミュラーさんをお願いできますか / Der Arzt ist täglich von 9 bis 13 Uhr zu sprechen. その医者の診察時間は毎日9時から13時までだ. ◊〔相互的に〕Wir sprechen uns noch! あとでまた話をつけよう.
③ (祈りなど⁴を)唱える, (詩など⁴を)朗読する. ein Gebet⁴ sprechen 祈りを唱える / ein Gedicht⁴ sprechen 詩を朗読する.
④ (判決⁴を)言い渡す. über 人⁴ das Urteil⁴ sprechen 人⁴に判決を言い渡す.
◊⇒ sprechend

Spre·chen [シュプレッヒェン] 中 〔成句的に〕人⁴ **zum Sprechen** bringen 人⁴に発言させる.

spre·chend [シュプレッヒェント] **I** ≠sprechen(話す)の 現分 **II** ① 明白な. ein sprechender Beweis 明白な証拠 / 人³ sprechend ähnlich sein 人³に生き写し(そっくり)である.
② 表情豊かな; 意味ありげな(まなざしなど). ein sprechendes Gesicht 表情に富んだ顔.

Spre·cher [シュプレッヒャァ ʃpréçər] 男 -s/- ① 話し手, 語り手; アナウンサー, ナレーター. (女性形: -in). (⇔ 「聞き手」は Hörer). ② (特定グループの)代弁者; スポークスマン, 広報担当者.

Sprech=er·zie·hung [シュプレヒ・エァツィーウング] 女 発声(発音)教育; 話し方教育.

die **Sprech·stun·de** [シュプレヒ・シュトゥンデ ʃpréç-ʃtundə] 女 (単) -/(複) -n (相談のための)**面会時間**; (医師の)診察(診療)時間. (英 office (surgery) hours). Heute ist keine Sprechstunde. 本日休診 / in die Sprechstunde gehen 面会時間に相談に行く.

Sprech·stun·den·hil·fe [シュプレヒシュトゥンデン・ヒルフェ] 女 -/-n (女性の)診療助手.

Sprech=wei·se [シュプレヒ・ヴァイゼ] 女 -/-n 話しぶり, 言い方.

Sprech=zim·mer [シュプレヒ・ツィンマァ] 中 -s/- 診察室; 面会(応接)室.

die **Spree** [シュプレー ʃpré:] 女 -/ 〔定冠詞とともに〕《川名》シュプレー川(ベルリンを流れる).

sprei·zen [シュプライツェン ʃpráitsən] **I** 他 (h) (脚・腕・指などを)広げる, 開く. Der Vogel spreizt seine Flügel. 鳥が翼を広げる.
II 再帰 (完了 haben) sich⁴ spreizen ① 気取る, もったいぶる. ② (わざとらしく・気取って)遠慮する, 拒否する.
◊⇒ gespreizt

Spreiz=fuß [シュプライツ・フース] 男 -es/..füße 《医》開張足.

Spren·gel [シュプレンゲる ʃréŋəl] 男 -s/- ① (教会の)教区, 聖堂区. ② 《オーストリア》(官庁の)行政区, 管轄区.

spren·gen [シュプレンゲン ʃpréŋən] (sprengte, hat/ist ... gesprengt) **I** 他 (完了 haben) ① 爆破する, 破裂させる. (英 blast). Felsen⁴ sprengen 岩石を爆破する. ② こじ開ける. eine Tür⁴ sprengen ドアをこじ開ける. ③ 打ち壊す(砕く), 粉砕する. die Fesseln⁴ sprengen 足かせ(束縛)を断ち切る / die Versammlung⁴ sprengen《比》集会を強制的に解散させる / Die Freude sprengte ihm fast die Brust.《比》うれしさで彼の胸は張り裂けそうだった. ④ (水など⁴を)まく; (物⁴に)水をまく. (英 sprinkle). Wasser⁴ über die Blumen sprengen 花に水を注ぎかける / den Rasen sprengen 芝生に水をまく. **II** 自 (完了 sein)《雅》(馬で…へ・…から)疾駆する.

Spreng⸗kap·sel [シュプレング・カプセる] 中 -/-n 雷管.

Spreng⸗kopf [シュプレング・コプふ] 男 -es/..köpfe《軍》弾頭.

Spreng⸗kör·per [シュプレング・ケルパァ] 男 -s/- 爆発物, 爆弾.

Spreng⸗kraft [シュプレング・クラふト] 女 -/ 爆破(爆発)力.

Spreng⸗la·dung [シュプレング・らードゥング] 女 -/-en 爆破装薬, 炸薬(さくやく).

Spreng⸗stoff [シュプレング・シュトふ] 男 -[e]s/-e 爆薬, 爆発物.

spreng·te [シュプレングテ] sprengen (爆破する)の過去.

Spren·gung [シュプレングング] 女 -/-en ① 爆破, 破裂; 粉砕. ② (集会などの)強制的解散. ③ 散水.

Spren·kel [シュプレンケる] 男 -s/- (小さな)斑点(はんてん).

spren·keln [シュプレンケるン] ʃpréŋkəln] 他 (h) (物⁴に)斑点(はんてん)をつける.
◇☞ **gesprenkelt**

Spreu [シュプロイ ʃprɔy] 女 -/ もみ殻;《比》廃物, くず. die Spreu⁴ vom Weizen sondern (または trennen)《雅》良いものと悪いものをより分ける(←もみ殻を小麦から分ける; マタイによる福音書 3, 12).

sprich [シュプリヒ] ⁑sprechen (話す)の du に対する命令.

sprichst [シュプリヒスト ʃpríçst] ⁑sprechen (話す)の 2 人称親称単数 現在. Sprichst du nur Deutsch? 君はドイツ語しか話さないの?

spricht [シュプリヒト ʃpríçt] ⁑sprechen (話す)の 3 人称単数 現在. Sie spricht immer leise. 彼女はいつも小声で話す.

das **Sprich·wort** [シュプリヒ・ヴォルト ʃpríç-vɔrt] 中 (単 2) -[e]s/(複) ..wörter [..ヴェるタァ] (3 格の ..wörtern) ことわざ, 格言. (英 proverb). Wie das Sprichwort sagt, ... ことわざにあるように, ...

sprich·wört·lich [シュプリヒ・ヴェルトりヒ] 形 ① ことわざの[ような]. ② よく知られた, 周知の. Seine Freigebigkeit ist sprichwörtlich. 彼の気前のよさはだれもが知っている.

sprie·ßen* [シュプリーセン ʃpríːsən] (spross, ist ... gesprossen) 自 (s)《雅》(植物が)発芽する, 芽ばえる; (ひげが)生え始める.

Spring⸗brun·nen [シュプリング・ブルンネン] 男 -s/- 噴水.

sprin·gen [シュプリンゲン ʃpríŋən] (sprang, ist/hat ... gesprungen) **I** 自 (完了 sein または haben) ① (s) 跳ぶ, はねる. (英 jump). weit springen 遠くへ跳ぶ / Die Fische springen. (水面から)魚が跳ねる / 人³ an den Hals springen 人³の首に飛びつく / Die Katze sprang ihm auf den Schoß. 猫が彼のひざに飛び乗った / aus dem Bett springen ベッドから飛び起きる / aus dem Fenster springen 窓から飛び降りる / in die Höhe springen 飛び上がる / ins Wasser springen 水に飛び込む / mit dem Seil springen 縄跳びをする / über einen Bach springen 小川を飛び越える / vom Pferd springen 馬から飛び下りる / zur Seite springen 跳びのく. ② (s, h)《スポーツ》跳躍(ジャンプ)する, 飛び込みをする. ◇《距離を表す 4 格とともに》Er ist (または hat) fünf Meter gesprungen.【現在完了】彼は 5 メートル跳んだ. ③ (s) (鹿などが)跳びはねて行く. Ein Reh sprang über die Wiese. 1 頭の鹿が草原を跳んで行った. ④ (s)《南ドイツ・オーストリア》(…へ)駆けつける, 急いで行く; (用を足しに)すっとんで行く. zum Bäcker springen パン屋へひとっ走りする. ⑤ (s)《aus 物³ ~》《雅》(液体が物³からほとばしり出る, (火花が物³から)飛び散る. Eine Quelle springt aus dem Felsen. 清水が岩の間からわき出ている. ⑥ (s)《aus (または von) 物³ ~》(はじけて物³から)飛び出す. Die Lok ist aus dem Gleis gesprungen.【現在完了】機関車が脱線した / Der Knopf sprang vom Mantel. ボタンがコートから取れた / 物⁴ springen lassen (または springen|lassen)《口語》物⁴を気前よく出す(ふるまう). ⑦ (s)《auf 物⁴ ~》(ぱっと変わる(動く). Die Ampel sprang von Gelb auf Rot. 信号が黄から赤へさっと変わった. ⑧ (s) (ボールなどが)弾む. ⑨ (s) (ガラスなどにひびが入る, 割れる; (弦などが)ぷつんと切れる. Dünnes Porzellan springt leicht. 薄い磁器は割れやすい. ⑩ (s)《雅》(つぼみが)ぱっと開く. **II** 他 (完了 sein または haben) ① (スポーツ)(跳んで記録など⁴を)出す. einen neuen Rekord springen 跳躍で新記録を出す. ② 《スポーツ》(ある型⁴の)跳躍をする. einen Salto springen 宙返りする.

Sprin·gen [シュプリンゲン] 中 -s/- ① 《馬なし》跳ぶこと, 跳躍. ② 《スポーツ》ジャンプ(飛び込み)競技.

Spring·er [シュプリンガァ ʃpríŋər] 男 -s/- ① ジャンプ(飛び込み)競技の選手. (女性形: -in). ② (チェスの)ナイト. ③ (企業などでの)緊急交替要員.

Spring=flut [シュプリング・ふるーㇳ] 囡 -/-en 《海》大潮.

Spring=ins=feld [シュプリング・インスふェㇽㇳ] 男 -[e]s/-e 《ふつう 単》《戯》元気のいい若者.

Spring=rei·ten [シュプリング・ライテン] 中 -s/- (馬術の)障害飛び越え.

Spring=seil [シュプリング・ザイㇽ] 中 -[e]s/-e 縄跳び用の縄.

Sprink·ler [シュプリンクらァ ʃpríŋklər] [英] 男 -s/- スプリンクラー; 自動散水消火装置.

Sprint [シュプリンㇳ ʃprínt] [英] 男 -s/-s ① 《スポ》短距離競走. ② 全力疾走; [ラスト]スパート.

sprin·ten [シュプリンテン ʃpríntən] 自 (s, h) ① (s, h) 《スポ》(短距離競走で:)全力疾走する. ② (s) 《口語》急いで走って行く.

Sprin·ter [シュプリンタァ ʃpríntər] [英] 男 -s/- 《スポ》短距離走者, スプリンター. (女性形: -in).

Sprit [シュプリッㇳ ʃprít] 男 -[e]s/-e《種類:》-e ① 《ふつう 単》《口語》ガソリン. ② 《ふつう 単》《口語》火酒, ブランデー. ③ 《園 なし》《化》エチルアルコール.

die **Sprit·ze** [シュプリッツェ ʃprítsə] 囡 《単》 -/《複》-n ① **注射**; 注射器. ② 《医》 injection). eine *Spritze*⁴ aus/kochen 注射器を煮沸消毒する / [人³に] eine *Spritze*⁴ **geben** [人³に]注射する / eine *Spritze*⁴ gegen Typhus bekommen チフスの予防注射を受ける. ③ 噴霧器, (クリームなどの)絞り出し. ④ 消防ポンプ; 《口語》放水ノズル. ⑤ 《俗》ピストル, 機関銃.

sprit·zen [シュプリッツェン ʃprítsən] du spritzt (spritzest, *hat/ist* ... gespritzt) **I** 他 《完了 haben》① 《方向を表す語句とともに》(水など⁴を…へ)**まく**, 吹き付ける; はねかける (英 sprinkle). Wasser⁴ **auf** den Rasen *spritzen* 芝生に水をまく / Die Kinder *spritzten* uns Wasser **ins** Gesicht. 子供たちは私たちの顔に水をはねかけた / Sahne⁴ auf eine Torte *spritzen* 生クリームをケーキに絞り出して付ける. ◇〔目的語なしでも〕*Spritz* doch nicht so! そんなに水をはねかけるな.
② (園⁴に)水をまく(かける); (果樹など⁴に)殺虫剤を散布する. den Hof *spritzen* 中庭に水をまく. ③ (《人³に》《人⁴に》)**注射する**; 《口語》(《人⁴に》)注射する. (《薬》inject). Der Arzt *spritzte* ihm ein Schmerzmittel. 医者は彼に鎮痛剤を注射した. ④ (車など⁴を)吹き付け塗装する. ⑤ (飲み物等⁴を)ソーダ水で割る. Apfelsaft⁴ *spritzen* りんごジュースをソーダ水で割る. ⑥ (スケートリンクなど⁴を)水をまいて(吹き付けて)作る.
II 自 《完了 haben または sein》① (h) (水などが)**飛び散る**, ほとばしる. ② 《方向を表す語句とともに》(水などが…へ)飛び散る, (…から)吹き出る. Das Wasser *ist* nach allen Seiten gespritzt.《現在完了》水が方々に飛び散った. ③ (h) 《俗》射精する. ④ (s)《方向を表す語句とともに》《口語》(…へ)大急ぎで行く(来る), 駆けつける. **zum** Telefon *spritzen* 電話の所へ大急ぎで行く. ⑤ (s) (ウェーターなどが)忙しく飛び回る.
III 非人称 《完了 haben》Es *spritzt*.《口語》霧雨が降る.

Sprit·zer [シュプリッツァァ ʃprítsər] 男 -s/- ① (インクなどの)はね, 水しぶき; 染み. ② 少量の液体. ein *Spritzer* Zitrone 少量のレモン汁. ③ 吹き付け塗装工. (女性形: -in). ④《口語》麻薬の常習者.

sprit·zig [シュプリッツィヒ ʃprítsıç] 形 ① (味・香りが)ぴりっとした, 辛口の. ② (文章・演奏などが)生き生きした, 躍動感のある. ③ 加速のよい(車).

Spritz=pis·to·le [シュプリッツ・ピストーれ] 囡 -/-n 《工》スプレーガン, 吹き付け塗装器.

spritz·te [シュプリッツテ] spritzen (水などをまく)の 過去

Spritz=tour [シュプリッツ・トゥーァ] 囡 -/-en 《口語》ちょっとしたドライブ.

sprö·de [シュプレーデ ʃprǿːdə] 形 ① (弾力がなくて)もろい, 壊れやすい, 砕けやすい. *sprödes* Material もろい材料. ② (特に女性について:)つんとすました. ③ かさかさの(皮膚など), ぼさぼさの(髪など); (声が)しわがれた. ④ 加工しにくい(材料など), 扱いにくい(材料など).

Sprö·dig·keit [シュプレーディヒカイㇳ] 囡 -/ ① もろいこと, 脆弱(ぜいじゃく); (皮膚などの)かさつき; (髪のぼさぼさ); 扱いにくさ. ② (特に女性の)とりすました態度.

sross [シュプロス] sprießen (発芽する)の 過去

Spross [シュプロス ʃprós] 男 -es/-e (または -en) ① 《園 -e》[新]芽, 若枝, 《植》苗条(びょうじょう). ② 《園 -e》《雅》子孫, 後裔(こうえい).

Spros·se [シュプロッセ ʃprósə] 囡 -/-n ① (はしごの)段, 横棒, (窓などの)桟. ② 《野菜》芽キャベツ. ③ 《狩》(鹿の)枝角.

sprös·se [シュプレッセ] sprießen (発芽する)の 接2

spros·sen [シュプロッセン ʃprósən] 自 (h, s)《雅》① (h) (樹木が)新芽を出す. ② (s) (植物が)生え出る.

Spros·sen=wand [シュプロッセン・ヴァンㇳ] 囡 -/..wände (体操の)肋木(ろくぼく).

Spröss·ling [シュプレスリング ʃprǿslıŋ] 男 -s/-e 《口語・戯》子供, (特に…)息子.

Sprot·te [シュプロッテ ʃprótə] 囡 -/-n 《魚》小イワシ(ニシンの一種).

der **Spruch** [シュプルフ ʃprúx] 男 《単2》-[e]s/《複》Sprüche [シュプリュッヒェ](3格のみ Sprüchen) ① **格言**, 金言; 箴言(しんげん). ein *Spruch* von Goethe ゲーテの金言. ② 《ふつう 園》《口語》たわ言, 大言壮語. *Sprüche*⁴ machen (または klopfen) (中身のない)大口をたたく. ③《口語》お決まりの言葉. ④ 判決; 神託.

Spruch=band [シュプルフ・バント] 甲 -[e]s/..bänder (スローガンなどを書いた)横断幕.

Sprü·che [シュプリュッヒェ] Spruch (格言)の 複

spruch=reif [シュプルフ・ライフ] 形 判決(決定)を下す段階に達した(訴訟など).

Spru·del [シュプルーデる] ʃprúːdəl] 男 -s/- (炭酸入りの)ミネラルウォーター, 炭酸水; 《ネゥガ》清涼飲料水. drei Flaschen *Sprudel*⁴ bestellen 炭酸水を3本注文する.

spru·deln [シュプルーデるン] ʃprúːdəln] (sprudelte, *hat*/*ist*...gesprudelt) I 自 《完了》haben または sein)《衾 bubble》① (s) 《方向を表す語句とともに》(わき水などが…から)わき出る, ほとばしり出る;《比》(言葉が)次から次へと口をついて出る. Eine Quelle *sprudelt* **aus** der Felswand. 岩壁から泉がわき出ている. ② (s) 《方向を表す語句とともに》(泡立って…へ)流れる, 注がれる. Das Wasser *sprudelt* **ins** Becken. 水が泡を立てて水槽に流れ込む. ③ (h) 泡立つ, 沸騰する. Sodawasser *sprudelt* im Glas. ソーダ水がグラスの中で泡立っている / **vor** guter Laune *sprudeln*《比》上機嫌である. ④ (h)《口語》まくしたてる, しゃべりまくる. II 他 《完了》haben)《ネゥガ》(泡立て器などで)かき混ぜる.

spru·delnd [シュプルーデるント] I sprudeln (わき出る)の 現分 II 形 ほとばしり出る, 泡立つ(シャンパンなど);《比》(才気などが)あふれんばかりの.

spru·del·te [シュプルーデるテ] sprudeln (わき出る)の 過去

Sprüh=do·se [シュプリュー・ドーゼ] 女 -/-n 噴霧器, スプレー[容器].

sprü·hen [シュプリューエン] ʃprýːən] (sprühte, *hat*/*ist*...gesprüht) I 他 《完了》haben) ① 《方向を表す語句とともに》(水・スプレーなど⁴を…へ)吹き付ける, かける. 《衾 spray》. Wasser⁴ **über** die Pflanzen *sprühen* 植物に水をかける. ② (火花など⁴を)散らす. Der Krater *sprüht* Funken. 火口は火花を散らしている.
II 自 《完了》haben または sein) ① (h) (しぶき・火花などが)飛び散る, 飛散する. Die Funken *sprühten*. 火花が飛び散った.
② (s) 《方向を表す語句とともに》(しぶき・火花などが…へ)飛び散る. Die Gischt *sprühte* **über** das Deck. 波のしぶきがデッキに飛び散った. ③ (h) 《**von** (または **vor**) 物³ ～》《比》(物³に)満ち満ちている. Ihre Augen *sprühten* **vor** Begeisterung. 彼女の目は感激に輝いていた / **von** Aktivität *sprühen* 活力にあふれている. ④ (h) (宝石などが)輝く, きらめく.
III 非人称 《完了》haben) Es *sprüht*. 霧雨が降る.

sprü·hend [シュプリューエント] I sprühen (吹き付ける)の 現分 II 形 才気あふれる; はつらつとした. ein *sprühender* Witz あふれんばかりの機知.

Sprüh=re·gen [シュプリュー・レーゲン] 男 -s/- 霧雨, こぬか雨.

sprüh·te [シュプリューテ] sprühen (吹き付ける)の 過去

---

der **Sprung** [シュプルング] ʃprúŋ] 男 《単2》-[e]s/《複》Sprünge [シュプリュンゲ] (3格のみ Sprüngen) ① 跳躍, ジャンプ. 《衾 jump》. Hoch*sprung* 走り高跳び / einen *Sprung* machen (または tun) ジャンプする / keine großen *Sprünge*⁴ machen können《口語》つつましいことしかできない(＝大跳躍はできない) / **auf** dem *Sprung*[e] sein (＝立ち上がる), **zu** 不定詞[句]《口語》ちょうど…しようとしているところだ / Sie ist immer auf dem *Sprung*. 彼女はいつも忙しく跳び回っている /《人³》**auf** die *Sprünge* helfen《口語》《人³》を助言して助けてやる / **in** (または **mit**) einem *Sprung* a) 一跳びで, b)《比》たちまち / ein *Sprung* ins kalte Wasser《口語・比》(準備なしの)果敢な行為 / **zum** *Sprung* an|setzen 跳ぼうと身構える.
②《比》(論理などの)飛躍. Gedanken*sprung* 思考の飛躍 / Die Schauspielerin machte einen *Sprung*. その女優はせりふを一つ飛ばした.
③ 《複 なし》《口語》(ほんの一跳びの)短い距離(時間). **auf** einen *Sprung* ちょっとの間, 短時間の予定で.
④ ひび割れ, 亀裂(ホゥ). 《衾 crack》. Der Spiegel hat einen *Sprung*. その鏡にはひびが入っている / einen *Sprung* bekommen ひびが入る / einen *Sprung* in der Schüssel haben《俗》頭がおかしい(＝鉢にひびが入っている). ⑤《狩》(鹿などの)群; (うさぎの)後脚.

Sprung=bein [シュプルング・バイン] 甲 -[e]s/-e ① 《スポ》踏み切り脚. ②《医》距骨(ホミ).

Sprung=brett [シュプルング・ブレット] 甲 -[e]s/-er ① (高飛び込みの)飛び板, (体操の)踏み切り板. ②《比》(躍進への)スプリングボード.

Sprün·ge [シュプリュンゲ] Sprung (跳躍)の 複

Sprung=fe·der [シュプルング・フェーダァ] 女 -/-n スプリング, ばね.

sprung·haft [シュプルングハフト] 形 ① とっぴな, 脈絡のない; 気が変わりやすい. ② 飛躍的な; 突然の, 急な. eine *sprunghafte* Entwicklung 飛躍的な発展.

Sprung=lauf [シュプルング・らオフ] 男 -[e]s/- (スキーの)ジャンプ[競技].

Sprung=schan·ze [シュプルング・シャンツェ] 女 -/-n (スキーの)ジャンプ台, シャンツェ.

Sprung=tuch [シュプルング・トゥーフ] 甲 -[e]s/..tücher ① 救命布, ジャンピングシーツ(火災の際高所から飛び降りる人を受け止める). ② (トランポリンの)マット.

Sprung=turm [シュプルング・トゥルム] 男 -[e]s/..türme (高飛び込みの)飛び込み台.

Spu·cke [シュプッケ] ʃpúkə] 女 -/《複なし》《口語》(吐き出された)唾(ボ)(＝Speichel). Da bleibt mir die *Spucke* weg! あきれwhich that まれたものが言えないよ.

spu·cken [シュプッケン] ʃpúkən] (spuckte, *hat*...gespuckt) I 自 《完了》haben) ① 唾(ボ)を吐く. 《衾 spit》. **auf** den Boden *spucken* 地面に唾を吐く / Sie *spuckte* ihm **ins** Ge-

Spucknapf

sicht. 彼女は彼の顔に唾を吐きかけた / Ich *spucke* darauf. 《口語》そんなものくそくらえだ. ② 《方》げっと吐く, もどす. ③ 《比》(エンジンが)ノッキングを起こす.
II (定了 haben) (唾(蒼)・血など⁴を)**吐く**; (食べた物⁴を)吐き出す. Blut⁴ *spucken* 血を吐く / Der Vulkan *spuckt* Lava. 《比》火山が溶岩を噴出している / große Töne⁴ (または Bogen⁴) *spucken* 《口語》もったいぶる, いばる.

Spuck~napf [シュプック・ナプふ] 男 -[e]s/..näpfe たんつぼ.

spuck・te [シュプックテ] spucken (唾を吐く)の 過去

Spuk [シュプーク ʃpuːk] 男 -[e]s/-e 《ふつう 単》 ① 妖怪(鬆)現象; 悪夢のような出来事. ② 《口語》ばか騒ぎ, 大騒ぎ.

spu・ken [シュプーケン ʃpúːkən] 自 (h, s) (h) 幽霊として(のように)姿を現す; 《比》(考えなどが)繰り返し思い浮かぶ. Der Alte Graf *spukt* noch im Schloss. 今でもこの館(穿)には老伯爵の幽霊が出る. ◇**es を**主語として》Hier *spukt* es. ここは幽霊が出る. ② (s) (幽霊が)すーっと歩いて行く.

Spül~be・cken [シュピューる・ベッケン] 中 -s/- (台所の)流し, シンク. (☞ Küche 図).

Spu・le [シュプーれ ʃpúːlə] 女 -/-n ① 巻き枠, ボビン; 糸巻き; (映画のフィルムなどの)リール; (タイプライターの)リボンスプール. ② 《電》コイル.

Spü・le [シュピューれ ʃpýːlə] 女 -/-n =Spülbecken

spu・len [シュプーれン ʃpúːlən] 他 (h) (糸・テープなど⁴を)リールに巻く, 巻き取る.

spü・len [シュピューれン ʃpýːlən] (spülte, *hat* ...gespült) **I** 他 (定了 haben) ① (水で)**すすぐ**, 洗う, 洗浄する. 《英 rinse》. Geschirr⁴ *spülen* 食器を洗う / Ich spülte [mir] den Mund. 私は口をすすいだ.
②『A⁴ aus B³ ~』 (A⁴を B³ から)洗い流す(落とす). Sie *spülte* das Shampoo aus den Haaren. 彼女は髪からシャンプーを洗い落とした. ③『方向を表す語句とともに』(人・物⁴を…へ)押し流す. Die Wellen *spülen* viele Muscheln **ans** Ufer. 波がたくさんの貝を岸辺へ打ち上げる.
II 自 (定了 haben) ① 洗い物をする, すすぐ. Nach dem Essen *spült* sie immer gleich. 彼女は食後いつもすぐに食器洗いをする. ② (トイレの)水を流す. ③ (波が…へ)打ち寄せる.

Spül~ma・schi・ne [シュピューる・マシーネ] 女 -/-n 食器洗い機, 食洗機.

Spül~mit・tel [シュピューる・ミッテる] 中 -s/- 食器用洗剤.

spül・te [シュピューるテ] spülen (すすぐ)の 過去

Spü・lung [シュピューるング] 女 -/-en ① 洗う(すすぐ)こと; 《医》洗浄. ② 《工》洗浄[装置]. ③ (トイレの)水洗. ④ リンス.

Spül~was・ser [シュピューる・ヴァッサァ] 中 -s/ ..wässer ① 《工》洗浄水. ② すすぎ用の水; (食器などを)洗った汚水.

Spul~wurm [シュプーる・ヴルム] 男 -[e]s/..würmer 《動》カイチュウ(回虫).

Spund [シュプント ʃpúnt] 男 -[e]s/Spünde (または -e) ① 《樽》Spünde (樽(餐)の)栓; 《木工》さね(板と板を継ぎ合わせるための突起). ② 《覆 -e》《口語》(未熟な)若造, 青二才.

die **Spur** [シュプーァ ʃpúːr] 女 (単) -/(複) -en ① **足跡**; (車のわだち; 航跡; (スキーの)シュプール; 《比》手がかり. 《英 trace》. eine *Spur* im Schnee 雪の中のわだち(シュプール) / *Spuren*⁴ hinterlassen [足]跡を残す / einer *Spur*³ folgen (または nach|gehen) 跡をつける / Der Hund verfolgt eine *Spur*. 犬が足跡を追う / die *Spur*⁴ verlieren 足跡を見失う / 人・物³ **auf** der *Spur* sein a) 人³の跡をつけている, b) 物³ をかぎつけている / 人・物³ auf die *Spur* kommen 人・物³ の手がかりをつかむ / 人⁴ auf eine *Spur* bringen 《比》人⁴にヒントを与える.
② 《ふつう 覆》痕跡(毖), 名残. die *Spuren* einer alten Kultur² 古代文化の名残 / die *Spuren* des Krieges 戦争の爪跡(麕). ③ 《交通》車線, レーン. **in** (または **auf**) der linken *Spur* fahren 左側の車線を走る. ④ (録音テープなどの)トラック. ⑤ 《自動車》両輪の間隔, トレッド. ⑥ (ハンドル操作で定められた)進行方向. Das Auto hält gut [die] *Spur*. この車はコーナリングが安定している. ⑦ 微量. eine *Spur* Salz ひとつまみの塩 / Keine *Spur*! 《口語》全然そんなことはない, とんでもない.

spür・bar [シュピューァバール] 形 ① (体に)感じられる, 知覚できる. ② 明らかにそれとわかる, 著しい.

spu・ren [シュプーレン ʃpúːrən] **I** 自 (h) ① (スキーで:)シュプールをつけて滑る. ② 《口語》素直に従う. **II** 他 (h) (スキーで:)(コースなど⁴に)シュプールをつける.

spü・ren [シュピューレン ʃpýːrən] (spürte, *hat* ...gespürt) **I** 他 (定了 haben) ① (体に)**感じる**, 知覚する. 《英 feel》. einen Schmerz im Bein *spüren* 足に痛みを感じる / die Kälte⁴ *spüren* 寒さを感じる. ◇《zu のない不定詞とともに》Er spürte eine heftige Erregung in sich aufsteigen. 彼は全身に激しい興奮がわいてくるのを感じた. (☞ 類語 fühlen).
② (心理的に)感じる, 気づく, 感じとる. Er *spürte* ihre Enttäuschung. 彼は彼女の失望を感じとった / Hast du nicht *gespürt*, dass man dir helfen wollte? 君は君を助けようとする人がいたのに気がつかなかったのか. ③ 《狩》(犬が獣など⁴の)臭跡を追う.
II 自 (定了 haben) 『**nach** 物³ ~』 《狩》(犬が物³(獣など)の)臭跡を探す.

Spu・ren~ele・ment [シュプーレン・エれメント] 中 -[e]s/-e 《ふつう 覆》《生化》(生体に必要な)微量元素, 微量栄養素.

Spu・ren~si・che・rung [シュプーレン・ズィッヒェルング] 女 -/-en 《法》(犯罪の)証拠保全.

Spür~hund [シュピューァ・フント] 男 -[e]s/-e 捜索犬, (麻薬などを捜す)警察犬.

..spu·rig [..シュプーリヒ ʃpuːrɪç]《形容詞をつくる[接尾]》《…の軌道の》例: breit*spurig* 広軌の.

spur≠los [シュプーァ・ロース] 形 痕跡(痕)のない; 跡形もない.

Spür≠na·se [シュピューァ・ナーゼ] 囡 -/-n《口語》鋭敏な鼻;《猟犬の》鋭い嗅覚(嗅);《比》(かぎつける・見つけ出す)勘の鋭い人.

Spür≠sinn [シュピューァ・ズィン] 男 -[e]s/《猟犬の》嗅覚(嗅);《人の》勘, 鋭い直感.

Spurt [シュプルト ʃpúrt][英] 男 -[e]s/-s (まれに -e)《スポ》スパート;《口語》大急ぎ. End*spurt* ラストスパート / einen *Spurt* machen スパートする.

spür·te [シュピューァテ] spüren (感じる)の過去.

spur·ten [シュプルテン ʃpúrtən] 自 (s, h) ①《スポ》スパートする. ② (s)《口語》大急ぎで走る.

Spur≠wei·te [シュプーァ・ヴァイテ] 囡 -/-n ①《自動車》トレッド, 両輪の間隔. ②《鉄道》軌間, 軌幅.

spu·ten [シュプーテン ʃpúːtən] 再帰 (h) sich⁴ *sputen*《方》(間に合うように)急ぐ.

Squash [スクヴォッシュ skvɔ́ʃ][英] 中 -/ ① スカッシュ(果汁と炭酸水を混ぜた清涼飲料). ②《スポ》スカッシュ(壁面にボールを当てて打ち合う技技).

Sr [エス・エル]《化・記号》ストロンチウム (= Strontium).

SRG [エス・エル・ゲー]《略》スイス・ラジオ・テレビ放送[局] (= Schweizerische **R**adio- und **F**ernsehgesellschaft).

Sri Lan·ka [スリー ランカ srí: láŋka] 中 -- s/《国名》スリランカ[民主社会主義共和国](首都はスリジャヤワルダナプラコッテ).

ß [エス・ツェット ɛs-tsét] 中 -/- エスツェット(ドイツ語アルファベットの文字の一つで, [s] と発音する. 例: Fuß [フース]. ただし母音のあとでは ss とつづられる. 例: Fluss [ふるス]. なお, スイスでは ß は用いられない).

SS [エス・エス]《略》(ナチスの)親衛隊 (= **S**chutz**s**taffel).

st [シュトゥンデ]《記号》時間 (= **St**unde).

st! [スト st] 間 しっ, 静かに (= pst!).

St.《略》①[ザンクト] 聖… (= **S**ank**t**). ②[シュテュック] …個 (= **St**ück). ③[シュトゥンデ] 時間 (= **St**unde).

s. t. [エス テー]《略》(大学の講義が:)時間どおりに, 定刻に (= **s**ine **t**empore).

*****der* **Staat** [シュタート ʃtáːt] 男 (単 2) -es (まれに -s)/(複) -en ① 国家, 国;《連邦国家の》州.《英》*state*). ein selbstständiger (または unabhängiger) *Staat* 独立国家 / die benachbarten *Staaten* 近隣諸国 / Die Schweiz ist ein neutraler *Staat*. スイスは中立国である / einen neuen *Staat* gründen 新しい国を建設する / den *Staat* schützen (または verteidigen) 国を守る / im Interesse des *Staates* 国家の[利益の]ために / **von** *Staats* wegen 国の命により, 国家のために.
② (昆虫の)[共同]社会. ③《覆 なし》《口語》

晴れ着, 盛装; 華美, ぜいたく. mit 覆³ *Staat*⁴ machen 覆³ を見せびらかす, ひけらかす / Es ist ein [wahrer] *Staat*.《比》それは実にすばらしい / in vollem *Staat* 仰々しくめかしこんで.

> ..**staat** のいろいろ: **Agrarstaat** 農業国 / **Bundesstaat** 連邦[国家] / **Industriestaat** 工業国 / **Kulturstaat** 文化国家 / **Polizeistaat** 警察国家 / **Rechtsstaat** 法治国家 / **Satellitenstaat** 衛星国家 / **Wohlfahrtsstaat** 福祉国家

Staa·ten≠bund [シュターテン・ブント] 男 -[e]s/..bünde《政》国家連合.

staa·ten≠los [シュターテン・ロース] 形 国籍のない, 無国籍の.

*****staat·lich** [シュタートリヒ ʃtáːtlɪç] 形 ① 国家の, 国の; 国家による. die *staatliche* Macht 国家権力 / die *staatliche* Kontrolle 国による監視. ② 国立の, 国有の. ein *staatliches* Museum 国立博物館.

Staats≠akt [シュターツ・アクト] 男 -[e]s/-e 国家的行事(儀式); 国家の行為.

Staats≠ak·ti·on [シュターツ・アクツィオーン] 囡 -/-en 国家的行動. aus 覆³ eine *Staatsaktion*⁴ machen《口語》覆³で大げさに騒ぎたてる.

Staats≠an·ge·hö·ri·ge[r] [シュターツ・アンゲヘーリゲ (..ガァ)] 男・囡《語尾変化は形容詞と同じ》国民, 国籍所有者. Er ist deutscher *Staatsangehöriger*. 彼はドイツ国民だ.

die **Staats≠an·ge·hö·rig·keit** [シュターツ・アンゲヘーリヒカイト ʃtáːts-aŋgəhøːrɪçkaɪt] 囡 (単) -/(複) -en 国籍.《英》*nationality*). Meine *Staatsangehörigkeit* ist japanisch. 私の国籍は日本です / Er besitzt die deutsche *Staatsangehörigkeit*. 彼はドイツ国籍を持っている.

Staats≠an·lei·he [シュターツ・アンらイエ] 囡 -/-n 国債.

Staats≠an·walt [シュターツ・アンヴァるト] 男 -[e]s/..wälte 検事, 検察官. (女性形: ..anwältin).

Staats≠an·walt·schaft [シュターツ・アンヴァるトシャふト] 囡 -/-en 検察庁.

Staats≠ap·pa·rat [シュターツ・アパラート] 男 -[e]s/-e 国家機構.

Staats≠be·am·te[r] [シュターツ・ベアムテ (..タァ)] 男《語尾変化は形容詞と同じ》国家公務員, 官吏. (女性形: ..beamtin).

Staats≠be·gräb·nis [シュターツ・ベグレープニス] 中 ..nisses/..nisse 国葬.

Staats≠be·such [シュターツ・ベズーフ] 男 -[e]s/-e (国家元首などの)外国訪問.

Staats≠bür·ger [シュターツ・ビュルガァ] 男 -s/- (一国の)国民, 公民. (女性形: -in).

Staats≠bür·ger·schaft [シュターツ・ビュルガァシャふト] 囡 -/-en 国籍.

Staats≠dienst [シュターツ・ディーンスト] 男 -[e]s/ 国家公務員の職務, 官職, 国務.

staats≠ei·gen [シュターツ・アイゲン] 形 国有の.

Staats≠ex·a·men [シュターツ・エクサーメン] 中 -s/- 国家試験 (= Staatsprüfung).

Staats=form [シュターツ・フォルム] 囡 -/-en 国家形態, 社会体制.

Staats=ge·biet [シュターツ・ゲビート] 田 -[e]s/-e (一国の)領土, 国土.

Staats=ge·heim·nis [シュターツ・ゲハイムニス] 田 -nisses/-nisse 国家機密.

Staats=ge·walt [シュターツ・ゲヴァるト] 囡 -/-en 《ふつう 匝》国家権力, 国権.

Staats=haus·halt [シュターツ・ハオスハるト] 男 -[e]s/-e 国家財政, 国家予算.

Staats=ho·heit [シュターツ・ホーハイト] 囡 -/ 国家主権.

Staats=kas·se [シュターツ・カッセ] 囡 -/-n 国庫. **auf Staatskosten** 国費で.

Staats=kos·ten [シュターツ・コステン] 覆 国費. **auf Staatskosten** 国費で.

Staats=mann [シュターツ・マン] 男 -[e]s/..männer 《雅》(国の重要な地位にある)政治家, 政界の実力者. (女性形: ..frau).

staats=män·nisch [シュターツ・メニッシュ] 形 政治家の, 政治家たるにふさわしい.

Staats=mi·nis·ter [シュターツ・ミニスタァ] 男 -s/- ① 国務大臣; 無任所相. (女性形: -in). ② (ドイツの)政務次官.

Staats=ober·haupt [シュターツ・オーバァハオプト] 田 -[e]s/..häupter 国家元首.

Staats=oper [シュターツ・オーパァ] 囡 -/-n 国立(州立)歌劇場.

Staats=or·gan [シュターツ・オルガーン] 田 -s/-e 国家機関.

Staats=prü·fung [シュターツ・プリューフング] 囡 -/-en 国家試験.

Staats=recht [シュターツ・レヒト] 田 -[e]s/ 国法; 憲法.

staats=recht·lich [シュターツ・レヒトりヒ] 形 国法[上]の; 憲法[上]の.

Staats=se·kre·tär [シュターツ・ゼクレテーァ] 男 -s/-e (各省の)次官. (女性形: -in).

Staats·si·cher·heits·dienst [シュターツズィッヒャハイツ・ディーンスト] 男 -[e]s/ (旧東ドイツで)国家公安局(旧東ドイツの秘密警察. 略: SSD, 口語・略: Stasi).

Staats=streich [シュターツ・シュトライヒ] 男 -[e]s/-e クーデター.

Staats=the·a·ter [シュターツ・テアータァ] 田 -s/- 国立(州立)劇場.

Staats=ver·trag [シュターツ・フェァトラーク] 男 -[e]s/..träge ① (国家間・州間の)条約. ② 《哲》国家契約.

Staats=wis·sen·schaft [シュターツ・ヴィッセンシャふト] 囡 -/-en 国家学.

der **Stab** [シュターブ] ʃtá:p] 男 (単2) -es (まれに -s)/(複) Stäbe [シュテーベ] (3格のみ Stäben) (奘) stick, staff) ① **棒**, さお, つえ, ステッキ; (格子・傘などの)骨; 《雅》指揮棒. **ein Stab aus Holz** 木製の棒 / **den Stab führen** a) 指揮棒を振る, b) 《比》指揮する / **den Stab über j⁴ brechen** 《雅》j⁴を厳しく非難する. ② (スポ)(リレーの)バトン; (棒高跳びの)ポール. ③ (スポ)(総称

として:)スタッフ; 《軍》幕僚. **der technische Stab eines Betriebes** 企業の技術スタッフ.

Stäb·chen [シュテープヒェン ʃtέ:pçən] 田 -s/- (Stab の 縮小) ① 小さな棒;《ふつう 覆》箸(ʰ) (=Essstäbchen). **Wir essen mit Stäbchen.** 私たちはお箸で食べます. ② 《医》(網膜の)桿状(ʰºʲᴼ)体. ③ 《口語·戯》[紙巻き]たばこ.

Stä·be [シュテーベ] Stab (棒)の 覆

Stab=hoch·sprung [シュターブ・ホーホシュプルング] 男 -[e]s/..sprünge (スポ) 棒高跳び.

sta·bil [シュタビーる ʃtabí:l または スタ.. sta..] 形 ① しっかりした, 頑丈な, 堅固な(家具など). **ein stabiler Schrank** 頑丈な戸棚. ② (価格・天候などが)安定した, 変動のない;《物·工》安定した. (⇨「不安定な」は labil). **eine stabile Wetterlage** 安定した気象状況. ③ 丈夫な, 抵抗力のある(体質など).

Sta·bi·li·sa·tor [シュタビリザートァ ʃtabilizá:tor または スタ.. sta..] 男 -s/-en [..ɡɪトーレン] 《工》(飛行機などの)安定装置;(自動車の)スタビライザー;《化》安定剤.

sta·bi·li·sie·ren [シュタビリズィーレン ʃtabilizí:rən または スタ.. sta..] **I** 他 (h) ① 頑丈にする. ② (通貨など⁴を)安定させる. ③ (体質など⁴を)丈夫にする. **II** 再帰 (h) *sich⁴ stabilisieren* (関係などが)安定する;(体質などが)丈夫になる.

Sta·bi·li·sie·rung [シュタビリズィールング または スタ..] 囡 -/-en 安定[固定]させること.

Sta·bi·li·tät [シュタビリテート ʃtabilitέ:t または スタ.. sta..] 囡 -/ 安定[性], 安定度; 強固.

Stab=reim [シュターブ・ライム] 男 -[e]s/-e 《詩学》頭韻. (⇨「脚韻」は Endreim).

Stabs=arzt [シュタープス・アールツト] 男 -es/..ärzte 《軍》軍医大尉. (女性形: ..ärztin).

Stabs=of·fi·zier [シュタープス・オふィツィーァ] 男 -s/-e 《軍》参謀将校.

Stab=wech·sel [シュターブ・ヴェクセる] 男 -s/- (スポ) (リレーの)バトンタッチ.

stac·ca·to [シュタカート ʃtaká:to または スタ.. sta..]《楽》副《音楽》スタッカートで (=stakkato).

stach [シュターハ] *stechen (刺す)の 過去

stä·che [シュテーヒェ] *stechen (刺す)の 接2

der **Sta·chel** [シュタッヘる ʃtáxəl] 男 (単2) -s/(複) -n (奘) thorn) ① (植物の)とげ; (はちなどの)針. **die Stacheln der Rosen²** ばらのとげ / **einen Stachel aus dem Finger ziehen** (または entfernen) 指に刺さったとげを抜く. ② (有刺鉄線の)とげ; (靴などの)スパイク. ③ 《雅》心痛[の種], 良心の呵責(ʰºʲᴼ), わだかまり; (気持ちを)駆りたてるもの. (軍)³ **den Stachel nehmen** (軍)³ のわだかまりを消す(心痛の種を取り除く).

Sta·chel=bee·re [シュタッヘる・ベーレ] 囡 -/-n 《植》スグリ[の実]. (⇨ Beere 図).

Sta·chel=draht [シュタッヘる・ドラート] 男 -[e]s/..drähte 有刺鉄線.

Sta·chel=häu·ter [シュタッヘる・ホイタァ] 男 -s/- 《ふつう 覆》《動》棘皮(ᵏʲᴼᵏ)動物(ウニなど).

sta·che·lig [シュタッヘリヒ ʃtáxəlıç] 形 とげのある(多い), ちくちくする, 手触りが粗い; 《比》とげのある, 辛らつな(言葉など).

sta·cheln [シュタッヘルン ʃtáxəln] 他 (h) (人⁴を)刺激する, 駆りたてる; (憎しみなど⁴を)あおる, かきたてる.

Stachel⹀schwein [シュタッヘル・シュヴァイン] -[e]s/-e 《動》ヤマアラシ.

stach·lig [シュタッハリヒ ʃtáxlıç] =stachelig

Sta·del [シュターデる ʃtá:dəl] 男 -s/- (ズ: Städel; オ: Stadeln も) (南ド・オ・スイ) (干し草を入れる)納屋.

Sta·di·en [シュターディエン] *Stadion (競技場), Stadium (段階) の 複

*das **Sta·di·on** [シュターディオン ʃtá:diɔn] 中 (単2) -s/(複) ..dien [..ディエン] 競技場, スタジアム. 《英》stadium). Olympia*stadion* オリンピック・スタジアム / **Im** *Stadion* findet heute Abend ein Fußballspiel statt. 今晩競技場でサッカーの試合が行われる.

*das **Sta·di·um** [シュターディウム ʃtá:diʊm] 中 (単2) -s/(複) ..dien [..ディエン] (発達などの)段階, 時期. 《英》stage). ein frühes *Stadium* 初期段階 / in ein neues *Stadium* treten 新段階に入る.

⁑*die **Stadt** [シュタット ʃtát]

> 町 In welcher *Stadt* wohnen Sie?
> イン ヴェるヒャァ シュタット ヴォーネン ズィー
> あなたはどの町に住んでいるのですか.
>
> | 格 | 単 | 複 |
> |---|---|---|
> | 1 | die Stadt | die Städte |
> | 2 | der Stadt | der Städte |
> | 3 | der Stadt | den Städten |
> | 4 | die Stadt | die Städte |

女 (単) -/(複) Städte [シュテーテ または シュテッテ] (3格のみ Städten) ① 町, 市; 都市; 都市の中心地. 《英》town). 「村」は Dorf,「田舎」は Land). eine schöne *Stadt* 美しい町 / eine große (kleine) *Stadt* 大きな(小さな)町 / die *Stadt* Köln ケルン市 / die Ewige *Stadt* 永遠の都(ローマ) / eine *Stadt*⁴ besuchen (besichtigen) ある都市を訪問する(見物する) / am Rand (im Zentrum) einer *Stadt*² wohnen 町の周辺部(中心部)に住んでいる / Sie kommt **aus** der *Stadt*. 彼女は都会育ちだ / Wir wohnen **in** dieser *Stadt*. 私たちはこの町に住んでいます / in der *Stadt* leben 都会で暮らす / Sie geht **in** die *Stadt*. 彼女は町へ行く / in *Stadt* und Land 国中のいたる所で(←町でも田舎でも).

② 〚複 なし〛(総称として:)市民, 町の人々. Die ganze *Stadt* spricht schon davon. 町中(の人々)がもうその話をしている. ③ 《口語》市(町)当局. Er arbeitet bei der *Stadt*. 彼は市役所で働いている.

> 《英》..**stadt** のいろいろ: **Altstadt** 旧市街 / **Grenzstadt** 国境の町 / **Großstadt** 大都市 / **Hafenstadt** 港町 / **Handelsstadt** 商業都市 / **Hansestadt** ハンザ(同盟)都市 / **Hauptstadt** 首都 / **Industriestadt** 工業都市 / **Innenstadt** 都心 / **Kleinstadt** 小都市 / **Universitätsstadt** 大学都市 / **Vorstadt** 郊外 / **Weltstadt** 国際都市

Stadt⹀au·to·bahn [シュタット・アオトバーン] 女 -/-en 都市高速道路.

Stadt⹀bahn [シュタット・バーン] 女 -/-en 都市高速鉄道(略: S-Bahn).

stadt⹀be·kannt [シュタット・ベカント] 形 町中に知れ渡っている.

Stadt⹀be·woh·ner [シュタット・ベヴォーナァ] 男 -s/- 都市居住者, 市民, 町民. (女性形: -in).

Stadt⹀bild [シュタット・ビるト] 中 -[e]s/-er 都市景観, 町の姿(たたずまい).

Stadt⹀bum·mel [シュタット・ブンメる] 男 -s/- 《口語》町中のそぞろ歩き.

Städt·chen [シュテーティヒェン ʃtɛ́:tçən または シュテッティ..] 中 -s/- (Stadt の 縮小) 小都市, 小さな町.

⁑*die **Städ·te** [シュテーテ ʃtɛ́:tə または シュテッテ] ⹀Stadt (町)の 複. Die *Städte* Bonn, Koblenz und Köln liegen am Rhein. ボン, コブレンツ, ケルンといった都市はライン河畔にある.

Städ·te⹀bau [シュテーテ・バオ] 男 -[e]s/ 都市計画.

Städ·te⹀part·ner·schaft [シュテーテ・パルトナァシャふト] 女 -/-en 姉妹都市協定.

Städ·ter [シュテータァ ʃtɛ́:tɐr または シュテッテ..] 男 -s/- 都市(町)の住民; 都会人. (女性形: -in).

Stadt⹀ex·press [シュタット・エクスプレス] 男 -es/-e 都市快速列車.

Stadt⹀flucht [シュタット・ふるフト] 女 -/ 都会からの脱出, 地方への移住.

Stadt⹀ge·spräch [シュタット・ゲシュプレーヒ] 中 -[e]s/-e ① (電話の)市内通話 (=Ortsgespräch). ② 町中のうわさ.

städ·tisch [シュテーティッシュ ʃtɛ́:tıʃ または シュテッティッシュ..] 形 ① 市の, 町の; 市立(市営)の, 町立(町営)の. ein *städtisches* Museum 市立博物館 / Das Altersheim wird *städtisch* verwaltet. 《受動・現在》その老人ホームは市営である. ② 都会の, 都会的な. 《英》「田舎の」は ländlich). die *städtische* Bevölkerung 都市の住民 / die *städtische* Lebensweise 都会的なライフスタイル.

Stadt⹀kern [シュタット・ケルン] 男 -[e]s/-e 市(町)の中心部, 都心 (=Innenstadt).

Stadt⹀mau·er [シュタット・マオアァ] 女 -/-n (中世の)都市の外壁.

*die **Stadt⹀mit·te** [シュタット・ミッテ ʃtátmıtə] 女 (単) -/ 市(町)の中心部, 都心 (=Innenstadt). 《英》town center). Das Rathaus ist **in** der *Stadtmitte*. 市役所は市の中心部にある.

Stadt‖park [シュタット・パルク] 男 -s/-s (まれに -e) 市(町)立公園.

der **Stadt‖plan** [シュタット・プらーン] ʃtátpla:n] 男 (単2) -(e)s/(複) ..pläne [..プれーネ] (3格のみ ..plänen) 市街地図. (英) *town map*). Haben Sie einen *Stadtplan* von München? ミュンヒェンの市街地図はありますか.

Stadt‖rand [シュタット・ラント] 男 -(e)s/..ränder 市(町)のはずれ, 郊外. am *Stadtrand* wohnen 町はずれに住んでいる.

Stadt‖rat [シュタット・ラート] 男 -(e)s/..räte ① 市(町)議会. (女性形: ..rätin). ② 市(町)会議員.

Stadt‖rund‖fahrt [シュタット・ルントふァート] 女 -/-en (バスなどの)市内遊覧.

Stadt‖staat [シュタット・シュタート] 男 -(e)s/-en 都市国家.

Stadt‖strei‖cher [シュタット・シュトライヒァァ] 男 -s/- 都会の浮浪者, ホームレス. (女性形: -in).

Stadt‖teil [シュタット・タイる] 男 -(e)s/-e 市区 (都市の行政区画);《口語》市区の[全]住民.

Stadt‖the‖a‖ter [シュタット・テアータァ] 中 -s/- 市(町)立劇場.

Stadt‖tor [シュタット・トーァ] 中 -(e)s/-e (外壁で囲まれた中世都市などの)市門.

Stadt‖vä‖ter [シュタット・ふェータァ] 複《口語・戯》市(町)の顔役たち.

Stadt‖ver‖wal‖tung [シュタット・フェァヴァるトゥング] 女 -/-en 市政(町政); 市(町)当局;《口語》(総称として:)市(町)職員.

Stadt‖vier‖tel [シュタット・ふィァテる] 中 -s/- 市区(都市の行政区画);《口語》市区の[全]住民 (=Stadtteil).

Stadt‖wer‖ke [シュタット・ヴェルケ] 複 市営(町営)企業.

* das **Stadt‖zen‖trum** [シュタット・ツェントゥルム ʃtát-tsɛntrʊm] 中 (単2) -s/(複) ..zentren 市(町)の中心部, 都心 (=Innenstadt). (英) *city centre*). Das Hotel ist *im Stadtzentrum*. そのホテルは町の中心部にある.

Sta‖fet‖te [シュタふェッテ ʃtafétə] 女 -/-n ① (昔の:)駅伝式の騎馬飛脚, 急使. ② (騎馬・車などの)隊列.

Staf‖fa‖ge [シュタふァージェ ʃtafá:ʒə] 女 -/-n ① (見ばえをよくするための)装飾. ②《美》点景[物].

Staf‖fel [シュタッふェる ʃtáfəl] 女 -/-n ① (スポーツ)チーム; (陸上・スキー・水泳などの)リレーチーム. (リーグの)部. ②《軍》(軍艦・飛行機などの)階段形(梯形)隊形; 飛行中隊. ③ (テレビ放送の)クール(連続番組のひと区切り).

Staf‖fe‖lei [シュタッふェらイ ʃtafəláɪ] 女 -/-en《美》(絵画の)画架, イーゼル.

Staf‖fel‖lauf [シュタッふェる・らォふ] 男 -(e)s/..läufe 陸上・スキーのリレー競走.

staf‖feln [シュタッふェるン ʃtáfəln] 他 (h) ① 階段状に積み上げる; (部隊などを)梯形(ていけい)に編成する. ② 段階(等級)づけする. ◊《再帰的に》sich⁴ *staffeln* 段階(等級)づけされる.

Staf‖fe‖lung [シュタッふェるング] 女 -/ ① 階段状(梯形(ていけい))にすること. ② 段階(等級)づけ.

Sta‖gna‖ti‖on [シュタグナツィオーン ʃtagnatsió:n または スタ.. sta..] 女 -/-en 停滞, 沈滞;《経》不景気;《医》うっ血.

sta‖gnie‖ren [シュタグニーレン ʃtagní:rən または スタ.. sta..] 自 (h) (景気などが)停滞する, 沈滞する.

stahl [シュターる] * stehlen (盗む)の過去

der **Stahl** [シュターる ʃtá:l] 男 (単2) -(e)s/ (複) Stähle [シュテーれ] (3格のみ Stählen) ① 鋼鉄, はがね, スチール. (英) *steel*). rostfreier *Stahl* ステンレス[鋼] / hart wie *Stahl* はがねのように堅い / Er hat Nerven *aus Stahl*. 彼は不屈の神経の持ち主だ. ②《詩》やいば(刃), 剣.

Stahl‖bau [シュターる・バオ] 男 -(e)s/-ten《建》①《複なし》鉄骨構造. ② 鉄骨建築[物].

Stahl‖be‖ton [シュターる・ベトーン] 男 -s/(種類:)-s (または -e)《建》鉄筋コンクリート.

stahl‖blau [シュターる・ブらオ] 形 ① はがねのように青い, はがね色の. ② 青光りする[ような].

Stahl‖blech [シュターる・ブれヒ] 中 -(e)s/-e 薄鋼板.

stäh‖le [シュテーれ] * stehlen (盗む)の接2

Stäh‖le [シュテーれ] Stahl (鋼鉄)の複

stäh‖len [シュテーれン ʃté:lən] 他 (h)《雅》(身体など⁴を)鍛える. ◊《再帰的に》sich⁴ *stählen* 体を鍛える.

stäh‖lern [シュテーらァン ʃté:lərn] 形 ①《付加語としてのみ》鋼鉄[製]の. ②《雅》(はがねのように)強じんな(意志など).

stahl‖hart [シュターる・ハルト] 形 鋼鉄のように硬い(合金など).

Stahl‖helm [シュターる・へるム] 男 -(e)s/-e 鉄かぶと.

Stahl‖in‖dus‖trie [シュターる・インドゥストリー] 女 -/-n [..リーエン] 鉄鋼産業.

Stahl‖rohr [シュターる・ローァ] 中 -(e)s/-e《工》鋼管, スチールパイプ.

Stahl‖ross [シュターる・ロス] 中 -es/..rösser 《口語・戯》自転車 (=Fahrrad) (元の意味は「鋼鉄の馬」).

Stahl‖stich [シュターる・シュティヒ] 男 -(e)s/-e 《美》①《複なし》鋼版彫刻. ② 鋼版画.

Stahl‖werk [シュターる・ヴェルク] 中 -(e)s/-e 製鋼所, 製鉄所.

stak [シュターク] * stecken (差し込んである)の過去

stä‖ke [シュテーケ] * stecken (差し込んである)の接2《雅》

sta‖ken [シュターケン ʃtá:kən] I 他 (h)《北ドラ》① (小舟など⁴を)さおを突いて進める. ② (干し草など⁴を)熊手ですくい上げる. II 自 (s) 《北ドラ》(…へ)さおを突いて小舟で進んで行く.

Sta‖ket [シュタケート ʃtaké:t] 中 -(e)s/-e《方》板垣, 木柵(もくさく).

stak‖ka‖to [シュタカート ʃtaká:to または スタ..

sta..]園《音楽》スタッカートで.

stak·sen [シュタークセン ʃtáːksən] 圓 (s)《口語》ぎこちない足どりで(よたよたと)歩く.

Sta·lag·mit [シュタらグミート ʃtalagmíːt または スタ.. sta..] 男 –s(または –en)/–e[n]《地学》石筍(せきじゅん).

Sta·lak·tit [スタらクティート stalaktíːt または シュタ.. ʃta..] 男 –s (または –en)/–e[n]《地学》鐘乳(しょうにゅう)石.

Sta·lin [シュターリーン ʃtáːliːn または スター.. stáː..] –s/《人名》スターリン (Jossif (または Iossif) Wissarionowitsch *Stalin* 1879–1953; 旧ソ連邦の政治家).

Sta·lin·grad [シュターリーン・グラート ʃtáːliːngraːt] 甲 –s/《都市名》スターリングラード(ロシア西南部. 名称は 1961 年 Wolgograd と改名された).

Sta·li·nis·mus [シュタリニスムス ʃtalinísmus または スタ.. sta..] 男 –/ スターリン主義, スターリニズム.

sta·li·nis·tisch [シュタリニスティッシュ ʃtalinístɪʃ または スタ.. sta..] 形 スターリン主義の, スターリニズムの.

der **Stall** [シュタる ʃtál] 男 (単 2) –[e]s/(複) Ställe [シュテれ] (3 格のみ Ställen) ① 家畜小屋, 畜舎. (英 *stable*). Pferde*stall* 馬小屋 / die Kühe[4] in den *Stall* treiben 雌牛を 3 格の中へ追い入れる / ein ganzer *Stall* voll Kinder《口語》非常にたくさんの子供たち. ② (隠語) 厩舎(きゅうしゃ)[所属の競走馬], 持ち馬 (=Renn*stall*).

Stäl·le [シュテれ] Stall (家畜小屋)の複

Stall·meis·ter [シュタる・マイスタァ] 男 –s/– ① 厩舎(きゅうしゃ)長; (馬の)調教師. (女性形: –in). ② 馬術師.

Sta·lung [シュタるング] 囡 –/–en《ふつう 複》家畜小屋, 畜舎.

der **Stamm** [シュタム ʃtám] 男 (単 2) –es (まれに –s)/(複) Stämme [シュテンメ] (3 格のみ Stämmen) ① (木の)幹, 樹幹. (英 *trunk*). 〈比〉「大枝」は Ast,「小枝」は Zweig). ein dicker *Stamm* 太い幹 / der *Stamm* der Eiche[2] オークの幹 / eine Hütte aus rohen Stämmen 丸太小屋.

② (人間の)種族, 部族; 氏族. die germanischen *Stämme* ゲルマン諸部族. ③《複 なし》常連[客]; レギュラーメンバー. Er gehört zum *Stamm* der Mannschaft. 彼はチームのレギュラーメンバーだ. ④《生》(分類区分の)門(もん); 系統, 血統. ⑤《言》語幹 (例: *leben*, *gelebt* の *leb* など).

Stamm⸗ak·tie [シュタム・アクツィエ] 囡 –/–n《経》普通株.

Stamm⸗baum [シュタム・バオム] 男 –[e]s/..bäume ① 系図, 系譜. ②《動・植》系統図(樹). ③《言》樹形図, 枝分れ図.

Stamm⸗buch [シュタム・ブーフ] 甲 –[e]s/..bücher ① 記念帳, 記名簿(友人・来客などが記念の言葉を記入する). ② 家族登録簿; (家畜の)血統証明書.

Stäm·me [シュテンメ] Stamm (幹)の複

stam·meln [シュタンメるン ʃtáməln] ich stammle (stammelte, *hat* ... gestammelt) I 他 (完了 haben) (他[4]を)どもりながら言う, つかえながら話す. (英 *stammer*). eine Antwort[4] *stammeln* つっかえつっかえ答える.
II 圓 (完了 haben) ① どもる, つかえながら話をする. ②《医》訥語(とつご)症である.

stam·mel·te [シュタンメるテ] stammeln (どもりながら言う)の過去

Stamm⸗el·tern [シュタム・エるタァン] 複 ① (氏族・部族の)祖先. ② (人類の始祖としての)アダムとエバ.

stam·men [シュタンメン ʃtámən] (stammte, *hat* ... gestammt) 圓 (完了 haben) (英 *come from*) ①〖aus 他[3] ~〗(他[3]の)出身である, (他[3]の)出である; (他[3]の)産である. Er *stammt* aus Berlin. 彼はベルリンの生まれだ / Er *stammt* aus einer Arbeiterfamilie. 彼は労働者の家庭の出である / Die Äpfel *stammen* aus Italien. このりんごはイタリア産だ.

②〖aus 他[3] (または von 人[3]) ~〗(人・物[3]に)由来する, (人[3]の)作である. Das Wort *stammt* aus dem Lateinischen. この語はラテン語から来ている / Der Schmuck *stammt* von meiner Mutter. このアクセサリーは私の母にもらったものです / Das Gedicht *stammt* von Goethe. その詩はゲーテの作品だ.

Stamm⸗form [シュタム・フォルム] 囡 –/–en《言》動詞の[三]基本形(不定詞, 過去形, 過去分詞).

Stamm⸗**gast** [シュタム・ガスト] 男 –es/..gäste (飲食店での)常客, 常連.

Stamm⸗**hal·ter** [シュタム・ハるタァ] 男 –s/–《戯》跡取り息子, 長男.

Stamm⸗**haus** [シュタム・ハオス] 甲 –es/..häuser ①《経》(創業以来の)社屋, 本店. ②《史》(封建領主発祥の)城, 館(やかた) (=Stammhaus).

stäm·mig [シュテミヒ ʃtémɪç] 形 (体つきなどが)がっしりした, たくましい; ずんぐりした.

Stamm⸗**ka·pi·tal** [シュタム・カピターる] 甲 –s/–e《経》資本金.

stamm·le [シュタムれ] stammeln (どもりながら言う)の 1 人称単数 現在

Stamm⸗**lo·kal** [シュタム・ろカーる] 甲 –[e]s/–e 行きつけの飲食店, なじみの酒場.

Stamm⸗**mut·ter** [シュタム・ムッタァ] 囡 –/..mütter (一族の)女の祖先.

Stamm⸗**sil·be** [シュタム・ズィるベ] 囡 –/–n《言》語幹の音節, 幹綴(みきつづり).

Stamm⸗**sitz** [シュタム・ズィッツ] 男 –es/–e ① (劇場・酒場などの)常連客の席. ②《経》(創業以来の)社屋, 本店; 《史》(封建領主発祥の)城, 館(やかた) (=Stammhaus).

stamm·te [シュタムテ] stammen (…の出身である)の過去

Stamm⸗**tisch** [シュタム・ティッシュ] 男 –[e]s/–e ① (レストラン・飲み屋などの)常連用のテーブル. ② 常連. ③ 常連の集まり(例会). **zum**

Stammutter

Stammtisch gehen 常連の集まりに出かける.

Stammut・ter [シュタム・ムッタァ] *Stammmutter* の古い形.

Stammｚva・ter [シュタム・ファータァ] 男 -s/..väter (一族の)男の祖先.

Stammｚvo・kal [シュタム・ヴォカール] 男 -s/-e 〘言〙幹母音.

stamp・fen [シュタンプフェン ʃtámpfən] (stampfte, *hat*/*ist* ... gestampft) I 自 (完了 haben または sein) ① (h) (どしんどしんと)足を踏み鳴らす (英 stamp). Er *stampfte* vor Ärger mit dem Fuß. 彼は怒って地だんだを踏んだ / Das Pferd *stampft* mit den Hufen. 馬がひづめで地面をける. ② (s) (…へ)どしんどしん(どたどた)と歩いて行く. ③ (h) (機械などが)ぶるんぶるんと動く(作動する). ④ (h) 〘海〙(船が)縦揺れ(ピッチング)する.

II 他 (完了 haben) ① (床など⁴を)踏みつける, 踏み鳴らす. ② (リズムなど⁴を)足をふんでとる. [mit dem Fuß] den Takt *stampfen* 足を踏んで拍子をとる. ③ (雪など⁴を)足踏みして払い落とす. ④ 踏み固める, 突き固める. die Erde⁴ *stampfen* 地面を踏み固める. ⑤ 突き砕く, 押しつぶす. Kartoffeln⁴ *stampfen* じゃがいもを押しつぶす. ⑥ 〖A⁴ in B⁴ ～〗(A⁴を B⁴へ)打ち込む.

Stamp・fer [シュタンプファァ ʃtámpfər] 男 -s/- ① 〘工〙突き[固め]機, タンパー. ② 〘料理〙じゃがいもつぶし器, マッシャー.

stampf・te [シュタンプフテ] stampfen (足を踏み鳴らす)の 過去

stand [シュタント] ‡stehen (立っている)の 過去

der **Stand** [シュタント ʃtánt] 男 (単2) -[e]s/-(複) Stände [シュテンデ] (3格の み Ständen) ① 〘複 なし〙立っている状態, 直立(静止)状態. Der Tisch hat einen festen *Stand*. そのテーブルはしっかりと立っている(ぐらつかない) / aus dem *Stand* springen 立ち幅飛びをする / aus dem *Stand* [heraus] 〘口語〙即座に / bei 人³ einen guten (schweren) *Stand* haben 〘口語・比〙人³に受けがいい(よくない).

② 売り場, 売り場, 屋台, スタンド; (見本市の)展示コーナー. ein *Stand* mit Blumen 花を売っている売店 / Gemüse⁴ am *Stand* kaufen 露店で野菜を買う.

③ (立っている)場所, 足場; 運転(操縦)席. Taxi*stand* タクシー乗り場 / der *Stand* des Schützen 射手の立つ場所.

④ 〘複 なし〙(現在の)状況, 状態, (太陽・水面などの)位置. der *Stand* des Kontos 口座の現在高 / der *Stand* des Wassers 水位 / 物⁴ auf den internationalen *Stand* bringen 物⁴を国際的水準に高める / außer *Stande* sein, zu 不定詞[句] …する能力がない / Das Auto ist gut nicht *im Stande* (または in gutem *Stand*). その車はよく整備されている / im *Stande* sein, zu 不定詞[句] …することが可能である / 物⁴ in *Stand* halten 物⁴(器具・建物など)を整備(手入れ)しておく / 物⁴ in *Stand* setzen 物⁴を修復する / 物⁴ zu *Stande* bringen 事⁴(困難なこと)を完成させる / zu *Stande* kommen (やっと)うまくいく, 実現する.

⑤ 身分, 地位; 階級, 職業; 〘複 なし〙配偶関係. der geistliche *Stand* 聖職者階級 / der dritte *Stand* 〘史〙第三階級, 市民階級 / die höheren (niederen) *Stände* 上流(下層)階級 / Bitte Name und *Stand* angeben! 名前と既婚未婚の別を言って(書いて)ください. ⑥ (スイス) 州 (=Kanton).

▶ **außerｚstande, imｚstande, inｚstand, zuｚstande**

Stan・dard [シュタンダルト ʃtándart または スタン.. stán..] 男 -s/-s ① 標準, 基準, 規格. ② 水準, レベル. Lebens*standard* 生活水準 / ein hoher *Standard* der Bildung² 高い教育水準. ③ (貨幣制度の)本位; 位金(純金・純銀との割合). ④ (度量衡の)原器.

stan・dar・di・sie・ren [シュタンダルディズィーレン ʃtandardizíːrən または スタン.. stan..] 他 (h) 規格化する, 標準化する.

Stan・dar・di・sie・rung [シュタンダルディズィールング または スタン..] 女 -/-en 規格化, 標準化.

Stan・dardｚspra・che [シュタンダルト・シュプラーヘ] 女 -/-n 標準語.

Stan・dardｚwerk [シュタンダルト・ヴェルク] 中 -[e]s/-e (専門分野の)基本文献.

Stan・dar・te [シュタンダルテ ʃtandárta] 女 -/-n ① 元首旗, 方形旗. (☞ *Fahne* 図). ② ナチス突撃隊(親衛隊)の連隊. ③ 〘狩〙(きつねなどの)尾.

Standｚbein [シュタント・バイン] 中 -[e]s/-e (スポーツ) 軸足; 〘美〙(立像の)立ち足.

Standｚbild [シュタント・ビルト] 中 -[e]s/-er ① 立像. ② 〘映〙スチール[写真].

Standｚby, Stand-by [シュテント・バイ] 〘英〙 中 -[s]/-s ① (空港での)キャンセル待ち. ② 〘電〙(テレビなどの)待機(スタンバイ)状態.

Ständ・chen [シュテンティヒェン ʃtɛ́ntçən] 中 -s/- (Stand の 縮小) ① (小さな)売店, 屋台. ② 〘音楽〙セレナーデ, 小夜[曲](恋人の家の窓の下に立って歌う). 人³ ein *Ständchen*⁴ bringen 人³のためにセレナーデを歌う.

stän・de [シュテンデ] ‡stehen (立っている)の 接2

Stän・de [シュテンデ] Stand (売店)の 複

Stän・der [シュテンダァ ʃténdər] 男 -s/- ① 台; 譜面台; 衣服(コート)掛け (=Kleider*ständer*); 燭台(ょく) (=Kerzen*ständer*); 傘立て (=Schirm*ständer*). ② 〘狩〙(水鳥以外の)野鳥の足(脚). ③ 〘口語〙勃起(ぼっき)したペニス. ④ 〘建〙(木骨家屋の)直立角柱. (☞ *Fachwerkhaus* 図). ⑤ 〘電〙(発電機などの)固定子.

Stän・deｚrat [シュテンデ・ラート] 男 -[e]s/..räte (スイス) ① 全州議会. ② 全州議会議員. (女性形: ..rätin).

Stan・desｚamt [シュタンデス・アムト] 中 -[e]s/..ämter 戸籍役場.

stan・desｚamt・lich [シュタンデス・アムトリヒ] 形 戸籍役場によって承認された, 戸籍上の.

Stan·des·be·am·te[r] [シュタンデス・ベアムテ(..タァ)] 男《語尾変化は形容詞と同じ》役場の戸籍係, 戸籍役場の職員. (女性形: ..beamtin).

Stan·des≠be·wusst·sein [シュタンデス・ベヴストザイン] 中 –s/ 身分意識, 階級意識.

Stan·des≠dün·kel [シュタンデス・デュンケル] 男 –s/ 高慢な身分意識.

stan·des≠ge·mäß [シュタンデス・ゲメース] 形 身分相応の, 身分にふさわしい.

Stan·des≠un·ter·schied [シュタンデス・ウンタァシート] 男 –[e]s/–e 身分の違い.

stand≠fest [シュタント・フェスト] 形 ① くらつかない, 安定した; 《比》足取りがしっかりした, 気持ちのぐらつかない. ②《工》耐久性のある(素材).

Stand≠fes·tig·keit [シュタント・フェスティヒカイト] 女 –/ ① 据わり, 安定[性];《比》足取りの確かさ, 不動の気持ち. ② 《素材の》耐久性.

Stand≠ge·richt [シュタント・ゲリヒト] 中 –[e]s/–e《法》(戦地などでの)即決軍法裁判[所].

stand·haft [シュタントハフト] 形 毅然(ぎぜん)とした, 決然とした, 断固とした.

Stand·haf·tig·keit [シュタントハフティヒカイト] 女 –/ 毅然(ぎぜん)としていること, 決然.

stand|hal·ten* [シュタント・ハテン ʃtánthaltən] 自 (h) ① (堤防・橋などが)持ちこたえる. Die Brücke *hielt stand*. 橋は持ちこたえた. ②《囲》に耐える,《人》に負けない. einem Angriff *standhalten* 攻撃を持ちこたえる / einer Prüfung³ *standhalten* 検証に耐える.

stän·dig [シュテンディヒ ʃténdɪç] 形 ① 絶え間のない, ひっきりなしの.《英 *constant*》. ein *ständiger* Krach 絶え間ない騒音 / Das Wetter wechselt *ständig*. 天候が絶えず変わる. (☞類語 immer).
② 《付加語としてのみ》常任の, 常設の; 定まった, 固定された. eine *ständige* Kommission 常任委員会 / ein *ständiges* Einkommen 定収入 / der *ständige* Wohnsitz 定住地.

Stan·ding Ova·tions [ステンディング オヴェーシェンス stǽndɪŋ ovéɪʃəns] [英] 複 (観客が立って行う)大喝采(がっさい).

stän·disch [シュテンディッシュ ʃténdɪʃ] 形 ① 身分上の, 身分による. ②《ズイ》州の.

Stand≠licht [シュタント・リヒト] 中 –[e]s/ (自動車の)パーキングライト.

Stand≠ort [シュタント・オルト] 男 –[e]s/–e 所在地, 現在地;《比》(政界などの)立場. der *Standort* des Flugzeugs 飛行機の現在位置. ②《軍》駐屯地. ③《経》立地.

Stand≠pau·ke [シュタント・パオケ] 女 –/–n《口語》お説教.《人》eine *Standpauke*⁴ halten《人》³に説教をする.

der **Stand≠punkt** [シュタント・プンクト ʃtánt-pʊŋkt] 男 (単2) –[e]s/(複) –e (3格のみ –en) (判断の)立場, 観点, 見地; 見解.《英 *standpoint*》. einen *Standpunkt* vertreten ある見解を主張する / Ich werde ihm meinen *Standpunkt* klarmachen.《口語》私は彼に自分の見解をはっきり伝え[て彼をたしなめ]るつもりだ / Ich stehe **auf dem** *Standpunkt*, dass ... 私は…という見解(立場)です / **vom** historischen *Standpunkt* **aus** urteilen 歴史的観点から判断する.

Stand≠recht [シュタント・レヒト] 中 –[e]s/《法》戒厳令; (戒厳令下の)即決裁判.

stand≠recht·lich [シュタント・レヒトリヒ] 形《法》戒厳令の; (戒厳令下の)即決裁判による.

Stand≠uhr [シュタント・ウーァ] 女 –/–en (振り子式の)据え置き箱型時計.

die **Stan·ge** [シュタンゲ ʃtáŋə] 女 (単) –/(複) –n ①棒, さお;(植物の)支柱;(鳥の)止まり木.《英 *pole*》. Fahnenstange 旗ざお / eine lange *Stange* 長い棒 / Die Hühner sitzen **auf** ihren *Stangen*. にわとりが止まり木に止まっている / **a)** die *Stange*⁴ halten (《口語・比》) a)《人》の味方をする(←支柱を支えてやる), b)《スイ》《人》に匹敵する /《人》⁴ **bei der** *Stange* halten (《口語・比》)《人》⁴を最後までがんばらせる / **bei der** *Stange* bleiben (《口語・比》) 最後までがんばる / ein Anzug **von der** *Stange* (《口語》) 既製品のスーツ, つるしの背広.
② (バレエ練習用の)バー; クライミングポール. ③ (棒状のもの): (たばこの)カートン; (硬貨の)細長い包み;《方》筒形のビールグラス. eine *Stange* Zigaretten 1 カートンのたばこ / eine [schöne] *Stange* Geld《口語》大金 / eine *Stange*⁴ an|gehen《口語》大ぼらを吹く.

Stän·gel [シュテンゲる ʃtɛ́ŋəl] 男 –s/– 《植》茎, 葉柄, 花梗(かこう). Fall [mir] nicht **vom** *Stängel*!《比》ひっくり返るなよ; びっくりするなよ.

Stan·gen≠boh·ne [シュタンゲン・ボーネ] 女 –/–n 《植》インゲンマメ.

Stan·gen≠spar·gel [シュタンゲン・シュパルゲる] 男 –s/– (まるごとの)アスパラガス.

stank [シュタンク] stinken (臭いにおいがする)の 過去

stän·ke [シュテンケ] stinken (臭いにおいがする)の 接2

Stän·ke·rer [シュテンケラァ ʃtɛ́ŋkərər] 男 –s/– (いつも)悶着(もんちゃく)(いざこざ)を起こす人. (女性形: Stänkerin).

stän·kern [シュテンカァン ʃtɛ́ŋkərn] 自 (h) ①《口語》もめごとを起こし, いざこざを起こす. ② 悪臭を放ち, 空気を汚す.

Stan·ni·ol [シュタニオーる ʃtaniói:l または スタ..sta..] 中 –s/–e 銀紙, すず(アルミ)箔(はく).

Stan·ze¹ [シュタンツェ ʃtántsə] 女 –/–n《工》穴あけ器, パンチャー; 型抜き器.

Stan·ze² [シュタンツェ] 女 –/–n《詩学》スタンザ(弱強格の8行の詩節).

stan·zen [シュタンツェン ʃtántsən] 他 (h) ①《工》(押し型で)打ち抜く, プレスして作る. ②《A⁴ **in** (または **auf**) B⁴ ~》《A⁴を B⁴に》型押しする.

Sta·pel [シュターぺる ʃtáːpəl] 男 –s/– ① 積み重ねたもの, (物の)山;《商》商品倉庫. ein *Stapel* Bücher 積み重ねた本の山. ②《造船》造

Stapellauf

船(進水)台. **vom** *Stapel* **laufen** 進水する / **ein Schiff**[4] **vom** *Stapel* **lassen** 船を進水させる / (轉)[4] **vom** *Stapel* **lassen** 《口語》(轉)[4](とんでもないこと)を言う. ③ 《織》ステーブル.

Sta·pel=lauf [シュターペル・らオふ] 男 -[e]s/..läufe 《海》(船の)進水[式].

sta·peln [シュターペルン ʃtáːpəln] 他 (h) 積み重ねる, 積み上げる; 《比》(資産・知識など[4])を蓄積する. ◇《再帰的に》*sich*[4] *stapeln* 積み上げられる, 山積みになる.

sta·pel=wei·se [シュターベる・ヴァイぜ] 副 大量に, 山積みになって.

Stap·fe [シュタプふェ ʃtápfə] 女 -/-n 《ふつう複》足跡.

stap·fen [シュタプふェン ʃtápfən] 自 (s) 強く踏みしめながら歩いて行く. **durch** den Schnee *stapfen* 雪を踏みしめて歩く.

Stap·fen [シュタプふェン] 男 -s/- 《ふつう複》 = Stapfe

der **Star**[1] [シュタール ʃtáːr または スタール stáːr] 〖英〗 (単) (単2) -s/(複) -s 《劇・映》スター, 花形; (いろいろな分野の)スター. **Er ist ein großer** *Star*. 彼は偉大なスターだ.

Star[2] [シュタール] 男 -[e]s/-e 《ふつう単》《医》そこひ. **grauer** *Star* 白内障 / **grüner** *Star* 緑内障.

Star[3] [シュタール] 男 -[e]s/-e (えン: -en)《鳥》ホシムクドリ.

Star=al·lü·ren [シュタール・アりューレン] 複 スター気取り[のふるまい].

starb [シュタルプ] *sterben* (死ぬ)の過去

:stark [シュタルク ʃtárk]

> 強い **Dein Bruder ist aber** *stark*!
> ダイン ブルーダァ イスト アーバァ シュタルク
> 君の兄さんは強いんだね.

I 形 《比較》stärker, 《最上》stärkst) 《英》strong)
① (体などが)強い, 力強い; 丈夫な. (☞「弱い」は schwach). **ein** *starker* **Mann** 強い男 / **Er ist** *stark* **wie ein Bär**. 彼は熊のように強い / **ein** *starker* **Staat** 《比》強大な国 / **Für diesen Beruf braucht man** *starke* **Nerven**. この職業にはずぶとい神経が必要だ. (☞ 類語 **dick**).
② 意志の強い, しっかりした. **ein** *starker* **Glaube** 強い信念 / **Sie hat einen** *starken* **Willen**. 彼女は意志の強い人だ.
③ (材質などが)頑丈な, 太い; 《婉曲》体格のよい, 太めの. *starke* **Bretter** 頑丈な板 / *starke* **Äste** 太い枝 / **Kleider für** *stärkere* **Damen** 大きめサイズの婦人服.
④ (数量が)多い, 優勢な, 多数の; 《俗》たっぷりの. **Die Beteiligung war sehr** *stark*. 参加者は非常に多かった / **eine** *starke* **Partei** (党員の多い)有力政党 / **zwei** *starke* **Stunden** たっぷり2時間.
⑤ 《数量を表す4格とともに》…の数(厚さ・長さ・量)の. **eine 30 cm** *starke* **Wand** 30センチメートルの厚さの壁 / **Das Buch ist 700 Seiten** *stark*. この本は700ページもある / **eine etwa 50 Mann** *starke* **Gruppe** 50人ほどのグループ.
⑥ (酒・たばこなどが)強い; 《比》(色などが)強烈な. *starker* **Kaffee** 濃いコーヒー / **ein** *starkes* **Gift** 強い毒.
⑦ (性能が)優れた. *starke* **Brillengläser** 度の強い眼鏡レンズ / **ein** *starker* **Motor** 高性能エンジン.
⑧ (能力などが)優れた, 優秀な. **ein** *starker* **Spieler** 優秀な選手 / **Das ist seine** *starke* **Seite**. それは彼の得意とするところだ / **Er ist in Mathematik besonders** *stark*. 彼は数学が特によくできる.
⑨ (程度が)激しい, ひどい. **eine** *starke* **Kälte** ひどい寒さ / *starker* **Verkehr** 激しい交通 / *starke* **Schmerzen**[4] **haben** 激痛がある / **Sie geht** *stark* **auf die Achtzig zu**. 《口語》彼女はもうすぐ80歳に手が届く / **Das ist ein** *starkes* **Stück!** 《口語》こいつは前代未聞だ(ひどい).
⑩ (若者言葉:)すばらしい; すごい, かっこいい. **eine** *starke* **Musik** すてきな音楽 / **Ich finde den Typ unerhört** *stark*. あいつはなかなかかっこいいと思う. ⑪ 《言》強変化の. **die** *starke* **Konjugation** 動詞の強変化.

II 副 強く, ひどく. **Es regnet** *stark*. 雨が激しく降っている / **Mein Herz klopfte** *stark*. 私は心臓がどきどきした.

▶ **stark|machen**

..stark [..シュタルク ..ʃtark] 《形容詞をつくる接尾》《…の強い・多い》例: **willens***stark* 意志の強い / **geburten***stark* 出生率の高い.

Stark=bier [シュタルク・ビーァ] 中 -[e]s/- シュタルクビール(12%以上の麦汁エキスを含む).

die **Stär·ke** [シュテルケ ʃtérkə] 女 (単) -/(複) -n 《英》strength) ① 《複 なし》(肉体的な)強さ, 強いこと; (軍隊・国などの)力. (☞「弱さ」は Schwäche). **die** *Stärke* **seiner Muskeln**[2] 彼の筋肉の強さ / **die wirtschaftliche** *Stärke* **eines Landes** 一国の経済力.
② (機能などの)強度. **die** *Stärke* **eines Motors** エンジンの馬力. ③ 太さ, 厚さ; (太さ・厚さによる)強度. **Das Brett hat eine** *Stärke* **von 5 mm**. その板は厚さが5ミリある. ④ (部隊・学級などの)人数, 総員. **Die Klasse hat eine** *Stärke* **von 30 Schülern**. そのクラスの生徒は総勢30人だ. ⑤ 《複 なし》(コーヒーなどの)濃さ, 濃度. **die** *Stärke* **des Alkohols** アルコールの濃度. ⑥ 強度; 激しさ. **die** *Stärke* **des Lichtes** 光の強度 / **die** *Stärke* **des Sturmes** 嵐の激しさ. ⑦ (能力などの)強み, 長所, 得意[科目]. **Chemie ist nicht seine** *Stärke*. 化学は彼の得意科目ではない. ⑧ でん粉; [洗濯]糊(のり).

stär·ke=hal·tig [シュテルケ・ハるティヒ] 形 でん粉を含んだ.

Stär·ke=mehl [シュテルケ・メーる] 中 -[e]s/-e

でん粉.

stär・ken [シュテルケン ʃtérkən] 他 (h) ① (体・自信など⁴を)強くする, 強化する; (人⁴を)元気づける. Der Erfolg hat sein Selbstgefühl gestärkt. 成功が彼の自信を深めた / Der Schlaf stärkt den Menschen. 睡眠は元気を回復させる. ◇(再帰的に) sich⁴ stärken (栄養・水分を補給して)元気を回復する. ② (物⁴に)糊(のり)を付ける. das Hemd⁴ stärken ワイシャツに糊を付ける.

stär・ker [シュテルカァ] ‡stark (強い)の 比較

stark|ma・chen [シュタルク・マッヘン ʃtárkmàxən] 再帰 (h) 《sich⁴ für 人・事⁴ 〜》(口語) (人・事⁴のために)全力を尽くす, 肩入れする.

stärkst [シュテルクスト] ‡stark (強い)の 最上

Stark≠strom [シュタルク・シュトローム] 男 -[e]s/ (電)強電流.

Stär・kung [シュテルクング] 女 -/-en ① 強化. ② (元気を回復するための)食事, 飲み物.

Stär・kungs≠mit・tel [シュテルクングス・ミッテる] 中 -s/- (医)強壮剤.

Star・let[t] [シュタールレット ʃtáːrlɛt または スター‥ stáːr..] (英) 中 -s/-s (軽蔑的に:)(スター願望の強い・スター気取りの)新人女優.

starr [シュタル ʃtár] 形 (英 stiff) ① (体が)硬直した, かじかんだ. Meine Finger sind starr vor Kälte. 私の指は寒さでかじかんでいる / Sie stand starr vor Schreck. 彼女は恐怖のあまり身じろぎもできなかった.
② (目の)すわった, (表情が)こわばった. mit starren Augen じっと目をすえて / 人⁴ starr ansehen 人⁴をじっと見つめる. ③ 固定された. eine starre Achse 固定された車軸. ④ 変更できない, 融通が利かない, 頑固な, 強情な. ein starres Prinzip 変更できない原則.

Star・re [シュタレ ʃtárə] 女 -/ 硬直, こわばり.

star・ren [シュタレン ʃtárən] 自 (hat.. gestarrt) 自 (完了 haben) ①『方向を表す語句とともに』(…の方を)じっと見つめる(見入る), 見すえる. (英 stare). 人³ ins Gesicht starren 人³の顔をじっと見る / Alle starrten auf den Fremden. みんな驚いてそのよそ者をじっと見た. (☞ 類語 sehen).
② 《von (または vor) 物³ 〜》(物³で)いっぱいである, (物³に)覆われている. Seine Kleidung starrt von (または vor) Schmutz. 彼の服は泥にまみれている. ③『方向を表す語句とともに』(…へ)そびえている, 突き出ている. in (または gegen) den Himmel starren 空にそびえている.

Starr・heit [シュタルハイト] 女 -/ ① こわばって(かじかんで)いること, 硬直. ② 凝視. ③ 頑固, 強情.

Starr≠kopf [シュタル・コプふ] 男 -[e]s/..köpfe 頑固者, 強情者.

starr≠köp・fig [シュタル・ケプふィヒ] 形 頑固な, 強情な, 頭の固い.

Starr≠krampf [シュタル・クランプふ] 男 -[e]s/ (医)硬直性けいれん.

Starr≠sinn [シュタル・ズィン] 男 -[e]s/ 頑固, 強情.

starr≠sin・nig [シュタル・ズィニヒ] 形 頑固な, 強情な.

starr・te [シュタルテ] starren (じっと見つめる)の 過去

der **Start** [シュタルト ʃtárt または スタルト stárt] 男 (単2) -[e]s/(複) -s まれに (複) -e (英 start) ① (競走の)スタート. (☞「ゴール」は Ziel). einen guten Start haben いいスタートをきる / den Start frei|geben レースをスタートさせる / das Zeichen⁴ zum Start geben スタートの合図をする / fliegender (stehender) Start (モーターレースなどの)フライング(スタンディング)スタート.
② スタートライン, スタート地点. an den Start gehen スタートラインにつく / am Start sein 出走する. ③ (空) (飛行機の)離陸; (ロケットの)発射; 滑走開始地点. ④ (仕事などの)開始, 就労. den Start ins Berufsleben haben 職業生活をスタートさせる.

Start≠bahn [シュタルト・バーン] 女 -/-en (空) (離陸時の)滑走路.

start≠be・reit [シュタルト・ベライト] 形 出発(離陸・スタート)の準備のできた.

***star・ten** [シュタルテン ʃtártən または スタル‥ stár..] du startest, er startet (startete, ist/hat gestartet) I 自 (完了 sein) (英 start) ① (選手などが)スタートする; (レースなどに)出場する. Die Marathonläufer starten um 14 Uhr. マラソンランナーは14時にスタートする.
② (飛行機が)離陸する; (ロケットが)発射される. (☞「着陸する」は landen). Das Flugzeug ist pünktlich gestartet. [現在完了] その飛行機は時間どおりに離陸した. ③ 出発する. Wir starten morgen früh. 私たちは明朝出発します. ④ (行事などが)始まる.
II 他 (完了 haben) ① (レースなど⁴を)スタートさせる. das Autorennen⁴ starten 自動車レースをスタートさせる. ② (エンジンなど⁴を)始動させる; 発進させる, 発射する. eine Rakete⁴ starten ロケットを打ち上げる. ③ (口語) 開始する, 始める. eine Wahlkampagne⁴ starten 選挙運動を始める.

Star・ter [シュタルタァ ʃtártər または スタル‥ stár..] 男 -s/- (女性形 -in) ① スターター. ② 出走者, レース参加者. ③ (工) (エンジンの)スターター, 始動装置.

star・te・te [シュタルテテ または スタル‥] *starten (スタートする)の 過去

Start≠hil・fe [シュタルト・ヒるふェ] 女 -/-n ① (独立・結婚などの)資金援助; 補助金. ② (工) (バッテリーのあがった車両への)始動援助; (ロケットなどの)ブースター.

start≠klar [シュタルト・クラール] 形 出発(離陸・スタート)の準備のできた (=startbereit).

Start≠li・nie [シュタルト・リーニエ] 女 -/-n スタートライン.

Start≠schuss [シュタルト・シュス] 男 -es/..schüsse (ピストルによる)スタートの合図.

Start・ver・bot [シュタルト・フェアボート] 田 －[e]s/-e ① (レースへの)出場停止. ② (飛行機の)離陸禁止.

Sta・si [シュターズィ ʃtáːzi] 囡 -/ (まれに 囲 -[s]/) 《略》《口語》国家公安局(旧東ドイツの秘密警察)(=Staatssicherheitsdienst).

Sta・tik [シュターティク ʃtáːtɪk または スター..stáː..] 囡 -/ ① 〔物〕静力学. ② 〔建〕安定[性]. ③ 静止状態.

Sta・ti・ker [シュターティカァ ʃtáːtikər または スター..stáː..] 囲 -s/- 静力学者; 構造設計技師. (女性形: -in).

die **Sta・ti・on** [シュタツィオーン ʃtatsióːn] 囡 (単) -/(複) -en (英 *station*) ① **停留所, 駅** (小さな)駅. End*station* 終着駅 / Der Zug hält **auf** (または **an**) jeder Station. この列車は各駅に停車する / An der nächsten *Station* müssen wir aussteigen. 次の停留所で私たちは降りなければならない. (⇨類語 Bahnhof).
② (旅の途中での)滞在[地]; 休憩[地]. *Station*[4] machen (旅の途中で)短期滞在する / freie *Station*[4] haben (無料で)宿と賄いの提供を受ける. ③ (カトリック)(十字架の道行き・巡礼で信者の)留まる地点. ④ (人生などの)段階, 時期. die wichtigsten *Stationen* seines Lebens 彼の人生の最も重要な節目. ⑤ 病棟, (病院の)…科. die chirurgische *Station* 外科[病棟]. ⑥ 観測所(点), (研究施設などの)ステーション; 放送局. eine meteorologische *Station* 気象観測所.

sta・ti・o・när [シュタツィオネーァ ʃtatsionέːr] 形 ① 静止した, 固定された, 動かない; 停滞している. ein *stationärer* Satellit 静止衛星. ② 〔医〕入院による. die *stationäre* Behandlung (外来に対して:) 入院治療.

sta・ti・o・nie・ren [シュタツィオニーレン ʃtatsioníːrən] 囮 (h) ① (部隊などを…に)駐屯させる. ② (兵器など[4]を…に)配備する.

sta・tisch [シュターティッシュ ʃtáːtɪʃ または スター..stáː..] 形 ① 〔物〕静力学の; 平衡状態の. ② 〔建〕安定した; 静的荷重の. ③ 静止した, 動かない.

Sta・tist [シュタティスト ʃtatíst] 囲 -en/-en 《劇・映》(せりふのない)端役(はやく), エキストラ; 《比》わき役[的な人]. (女性形: -in).

Sta・tis・tik [シュタティスティク ʃtatístɪk] 囡 -/-en ① 〔複 なし〕統計学. ② 統計.

Sta・tis・ti・ker [シュタティスティカァ ʃtatístikər] 囲 -s/- 統計学者; 統計データ処理者. (女性形: -in).

sta・tis・tisch [シュタティスティッシュ ʃtatístɪʃ] 形 ① 統計学[上]の. ② 統計による.

Sta・tiv [シュタティーフ ʃtatíːf] 田 -s/-e [..ヴェ] (カメラなどの)三脚.

‡**statt** [シュタット ʃtát] **I** 前《**2格**(まれに 3 格)とともに》**…の代わりに** (=anstatt). 《英 *instead of*). *Statt* meines Freundes kam sein Bruder. 私の友人の代わりにその弟が来た / *statt* meiner 私の代わりに / *statt* eines Briefes eine Karte[4] schreiben 手紙の代わりにはがきを書く.
◇**an** 人・物[2] *statt* の形で》人・物[2]の代わりに. an seiner *statt* 彼の代わりに / 人[4] an Kindes *statt* an[nehmen 人[4]を養子にする(←自分の子供の代わりに受け入れる).
II 援〔《*zu* 不定詞[句]・*dass* 文などとともに》…する代わりに, …ではなくて. *Statt* zu arbeiten, ging er ins Kino. 彼は仕事をしないで, 映画を見に行った / *Statt* dass sie noch blieben, gingen sie. 彼らは逗留(とうりゅう)しないで, 行ってしまった.

Statt [シュタット] 囡 -/ 《雅》場所. nirgends eine bleibende *Statt*[4] haben どこにも安住の地がない.

statt・des・sen [シュタット・デッセン] 副 その代わりに. (《英》 stattdessen は「その男の人(そのこと・もの)の代わりに」を意味する).

Stät・te [シュテッテ ʃtέtə] 囡 -/-n 《雅》場所. eine historische *Stätte* 歴史的な場所.

‡**statt|fin・den*** [シュタット・フィンデン ʃtátfɪndən] es findet…statt (fand…statt, hat…stattgefunden) 囮 (変て haben) (催し物などが)**行われる**, 催される. (《英》 take place). Das Konzert *findet* **im** Kongresssaal **statt**. そのコンサートは会議場で催される / Die Versammlung *hat* gestern stattgefunden. 会議はきのう行われた.

statt|ge・ben* [シュタット・ゲーベン ʃtátgèːbən] 囮 (h) 《官庁》(願いなど[3]を)聞き届ける, (申請など[3]を)認可する.

statt・ge・fun・den [シュタット・ゲフンデン] ‡stattfinden (行われる)の 過分

statt・haft [シュタットハフト] 形 《雅》〔述語としてのみ〕許されている, (公的に)認められている. Es ist nicht *statthaft*, hier zu rauchen. ここで喫煙は許されていない.

Statt・hal・ter [シュタット・ハルタァ] 囲 -s/- ① (昔の:)総督; 代官; 太守. (女性形: -in). ② 《スイス》州知事; 市町村長.

statt・lich [シュタットリヒ ʃtátlɪç] 形 ① (体格の)**りっぱな**, かっぷくのいい; (建物などが)豪華な, 堂々とした. 《英》 stately). ein *stattlicher* Mann かっぷくのいい男性 / eine *stattliche* Villa 豪華な別荘. ② (数量などが)かなりの, 少なからぬ. eine *stattliche* Summe 相当な金額.

statt・zu・fin・den [シュタット・ツ・フィンデン] ‡stattfinden (行われる)の zu 不定詞.

Sta・tue [シュタートゥエ ʃtáːtuə または スター..stáː..] 囡 -/-n (人間・動物の全身)立像, 彫像. eine *Statue* aus Bronze ブロンズ像.

Sta・tu・et・te [シュタトゥエッテ ʃtatuέtə] 囡 -/-n 小立像, 小さい彫像.

sta・tu・ie・ren [シュタトゥイーレン ʃtatuíːrən または スタ.. staː..] 囮 (h) 確立する; (義務など[4]を)定める. **an** [人][3] ein **mit** [人][3]) ein Exempel[4] *statuieren* [人・事][3]を見せしめにする.

Sta・tur [シュタトゥーァ ʃtatúːr] 囡 -/-en 《ふつう

囲 体格, 体つき.

Sta·tus [シュタートゥス ʃtáːtus または スター..stá..] 男 -/- [..トゥース] ① 状態, 状況. der wirtschaftliche *Status* eines Landes ある国の経済状態. ② (社会的な)地位, 身分, ステータス;《法》(法律上の)地位. ③《医》病状, 容態; 体質.

Sta·tus⹀sym·bol [シュタートゥス・ズュンボール] 中 -s/-e ステータスシンボル, 社会的地位のシンボル.

Sta·tut [シュタトゥート ʃtatúːt または スタ.. sta..] 中 -[e]s/-en 定款, 規約, 規則. nach den *Statuten* 定款に従って / *Statuten*⁴ auf|stellen 規約を定める.

der **Stau** [シュタオ ʃtáu] 男 (単2) -[e]s/(複) -s または (複) -e (3格のみ -en) ①〚腹ふつう -s〛(交通)渋滞. (英) *traffic jam*). Verkehrs*stau* 交通渋滞 / **im** *Stau* stehen 渋滞している / in einen *Stau* geraten 渋滞に巻き込まれる. ②〚ふつう 単〛(流れの)よどみ;(風・空気などの)停滞.

der **Staub** [シュタオプ ʃtáup] 男 (単2) -[e]s/(複) -e (3格のみ Stauben) または (複) Stäube [シュトイベ] (3格のみ Stäuben) **ほこり**, ちり; 粉塵(じん). (英) *dust*). radioaktiver *Staub* 放射性ちり / *Staub*⁴ saugen (掃除機で)ほこりを吸い取る; 掃除機で掃除する / den *Staub* von den Möbeln wischen 家具のほこりをふき取る / *Staub*⁴ auf|wirbeln《口語・比》一騒動巻き起こす / sich⁴ **aus** dem *Staub* machen《口語・比》こっそり逃げ出す, ずらかる.

Staub⹀beu·tel [シュタオプ・ボイテる] 男 -s/- ①《植》葯(やく). ②(電気掃除機の)集塵(じん)袋, ごみ袋.

Staub⹀blatt [シュタオプ・ブらット] 中 -[e]s/..blätter《植》雄しべ, 雄(お)ずい. (⇒「雌しべ」は Stempel).

Stäu·be [シュトイベ] Staub (ほこり)の 複.

Stau⹀be·cken [シュタオ・ベッケン] 中 -s/- (せき止めた)貯水池.

stau·ben [シュタオベン ʃtáubən] 自 (h) (じゅうたんなどが)ほこりをたてる. Die Straße *staubte*. その通りはほこりがたっていた. ◇〚非人称の **es** を主語として〛Es *staubt* hier sehr. ここはひどくほこりっぽい.

stäu·ben [シュトイベン ʃtɔ́ybən] I 自 (h) (水・雪片などがほこりのように)飛び散る, 飛散する. II 他 (h) ①(A⁴ **von** B³ ~)(A⁴(ちりなど)を B³ から)払い落とす. ②(粉などを⁴を…へ)振りかける. Puderzucker⁴ **über** den Kuchen *stäuben* ケーキに粉砂糖を振りかける.

Staub⹀fän·ger [シュタオプ・フェンガァ] 男 -s/-《口語》(ほこりがたまりやすい)調度品.

staub⹀frei [シュタオプ・フらイ] 形 ほこりのない, ちりのない.

Staub⹀ge·fäß [シュタオプ・ゲフェース] 中 -es/-e《植》雄しべ, 雄(お)ずい (=Staubblatt).

stau·big [シュタオビヒ ʃtáubɪç] 形 **ほこりだらけの**, ほこりっぽい. (英) *dusty*). Die Schuhe sind *staubig*. その靴はほこりまみれだ.

Staub⹀korn [シュタオプ・コルン] 中 -[e]s/..körner ちりの粒, ほこり.

Staub⹀lap·pen [シュタオプ・らッペン] 男 -s/- (ほこりを払う)ダスター (=Staubtuch).

Staub⹀lun·ge [シュタオプ・るンゲ] 女 -/-n《医》塵肺(じんぱい)[症].

staub·sau·gen [シュタオプ・ザオゲン ʃtáupzaugən] 自 (h)・他 (h)〚過⁴に〛掃除機をかける. (⇒ Staub saugen ともつづる) ☞ Staub

Staub⹀sau·ger [シュタオプ・ザオガァ] 男 -s/- 電気掃除機.

Staub⹀tuch [シュタオプ・トゥーフ] 中 -[e]s/..tücher (ほこりを払う)ダスター.

Staub⹀we·del [シュタオプ・ヴェーデる] 男 -s/- はたき.

Staub⹀wol·ke [シュタオプ・ヴォるケ] 女 -/-n 砂煙, 砂ぼこり, 砂塵(じん).

Staub⹀zu·cker [シュタオプ・ツッカァ] 男 -s/- 粉砂糖, パウダーシュガー.

stau·chen [シュタオヘン ʃtáuxən] 他 (h) ①(人・物⁴を…へ)どんと押す, (強く)押し込む(突く). den Stock **auf** den Boden *stauchen* 棒を地面にどんと突く. ②押しつぶす, 圧縮する;《工》プレスで作る. einen Sack *stauchen* 袋を地面にどしんと落として中味を詰める. ③《口語》(人⁴を)どなりつける.

Stau⹀damm [シュタオ・ダム] 男 -[e]s/..dämme ダム, 堰堤(えんてい).

Stau·de [シュタオデ ʃtáudə] 女 -/-n《植》多年生植物;《園芸》宿根草.

stau·en [シュタオエン ʃtáuən] (staute, hat... gestaut) I 他〚定了〛haben) ①(川・水など⁴を)**せき止める**. einen Fluss *stauen* 川をせき止める. ②《海》(荷物⁴を)積み込む. II 再帰〚定了〛haben) sich⁴ *stauen* (水・人の流れなどが)せき止められる; (交通が)渋滞する;《比》(不満などが)うっ積する, たまる. Der Verkehr *staut* sich **in** der engen Straße. 交通が狭い道で渋滞している.

Stau·er [シュタオアァ ʃtáuər] 男 -s/-《海》荷役作業員, 沖仲仕.

stau·nen [シュタオネン ʃtáunən] (staunte, hat... gestaunt) 自〚定了〛haben) **驚く**, びっくりする; 驚嘆(感嘆)する. Er *staunte*, als er das sah. 彼はそれを見たとき, びっくりした / Ich *staune*, wie schnell du das geschafft hast. 私は君がそれをやってのけた早さに驚いている / **über** 人・事⁴ *staunen* 人・事⁴に驚く, 驚嘆する ⇒ Sie *staunten* über seinen Fleiß. 私たちは彼女の勤勉さに驚嘆した. ◇〚現在分詞の形で〛Sie betrachtete ihn mit *staunenden* Augen. 彼女は目を丸くして彼を見つめた. (☞ 類語 wundern).

Stau·nen [シュタオネン] 中 -s/ 驚き; 驚嘆. mit *Staunen* 驚いて, 驚嘆して.

stau·nens·wert [シュタオネンス・ヴェーアト] 形《雅》驚くべき, 感嘆すべき.

staun·te [シュタオンテ] staunen (驚く)の 過去.

Stau·pe [シュタオペ ʃtáupə] 女 -/-n ジステンパー

-(犬などの伝染病).

Stau⸗see [シュタオ・ゼー] 男 -s/-n [..ゼーエン] (流れをせき止めて造った)人造湖, ダム湖.

stau·te [シュタオテ] stauen (せき止める)の過去

Stau·ung [シュタオウング] 囡 -/-en ① (水の)せき止め. ② (流れの)よどみ; (交通の)渋滞, (空気・風などの)停滞. Verkehrs*stauung* 交通渋滞.

Std. [シュトゥンデ] (略) 時間 (=Stunde).

Stdn. [シュトゥンデン] (略) 時間 (=Stunden).

das **Steak** [ステーク sté:k または シュテーク ʃté:k] [英] 中 (単 2) -s/(複) -s (料理) ステーキ. Beef*steak* ビーフステーキ / ein zartes *Steak* 柔らかいステーキ.

ste·chen [シュテッヒェン ʃtɛçən] du stichst, er sticht (stach, *hat*…gestochen) **I** 他 (完了 haben) ① (人・動物などを[4])刺す, 突き刺す. (蜂 sting). Eine Biene *hat* mich *gestochen*. 蜜蜂(たち)が私を刺した / 人[4] **mit dem Messer** *stechen* 人[4]をナイフで刺す. ◇[再帰的に] Ich *habe* mich **an den Dornen** *gestochen*. 私はとげが刺さってけがをした. ◇[非人称の **es** を主語として] Es *sticht* mich **in der Seite**. 私はわき腹がちくちく痛む.
② (人[4]の)心を刺激する. Die Neugier *sticht* mich. 私は好奇心をそそられる. ③〚A[4] **in** B[4] ~〛(A[4](穴など)を B[4] に)あける; (A[4](絵など)を B[4] に)彫り込む, 刻み込む. Löcher[4] in das Leder *stechen* 革に穴をあける / ein Bild[4] in Kupfer *stechen* 絵を銅版に彫る. ④ (うなぎなど[4]を)突いて捕まえる; (豚など[4]を)刺殺する. ⑤ (芝・アスパラガスなど[4]を)掘り取る. ⑥ [トランプで] (相手のカード[4]を)切り札で切る.
II 自 (完了 haben) ① 刺す. Viele Insekten *stechen*. 多くの昆虫は刺す習性がある / **mit dem Dolch in den Rücken** *stechen* 短刀で人[3]の背中を刺す / Ich *habe* mir **in den Finger** *gestochen*. 私はうっかり自分の指を刺してしまった.
② (服などが)ちくちくする; (光線・視線などが)刺すようである. Der Pullover *sticht*. このセーターはちくちくする / Die Sonne *sticht*. (比)太陽がじりじり照りつける. ③ [トランプで] (あるカードが)切り札である. ④ [スポーツ] (馬術などで)優勝決定戦をする. ⑤ タイムレコーダーを押す. ⑥ 〚**in** 色[4] ~〛(色[4]の)色合いを帯びている. Ihr Haar *sticht* ins Rötliche. 彼女の髪は赤みがかっている. ⑦ 突き出ている; そびえている.
◇ `gestochen`

ste·chend [シュテッヒェント] **I** *stechen (刺す)の現分 **II** 形 刺すような(痛み・視線・においなど). *stechende* Schmerzen[4] haben ちくちくするような痛みを感じる.

Ste·cher [シュテッヒャァ ʃtɛçər] 男 -s/- ① 銅版(鋼版)画家; 彫金師. (女性形: -in). ②〚狩〛 (鴨(かも)などの)くちばし.

Stech⸗flie·ge [シュテヒ・ふリーゲ] 囡 -/-n 〚昆〛サシバエ.

Stech⸗kar·te [シュテヒ・カルテ] 囡 -/-n (タイムレコーダー用の)タイムカード.

Stech⸗mü·cke [シュテヒ・ミュッケ] 囡 -/-n 〚昆〛カ(蚊).

Stech⸗pal·me [シュテヒ・パルメ] 囡 -/-n 〚植〛セイヨウヒイラギ.

Stech⸗schritt [シュテヒ・シュリット] 男 -[e]s/ 〚軍〛(ひざを曲げずに足を高く上げる)閲兵式歩調.

Stech⸗uhr [シュテヒ・ウーァ] 囡 -/-en タイムレコーダー.

Steck⸗brief [シュテック・ブリーふ] 男 -[e]s/-e ① 〚法〛指名手配書. ② [隠語] 略歴.

steck⸗brief·lich [シュテック・ブリーふりヒ] 形 [指名]手配書による.

Steck⸗do·se [シュテック・ドーゼ] 囡 -/-n 〚電〛コンセント.

***ste·cken**(*) [シュテッケン ʃtɛkən] **I** (steckte, *hat*…gesteckt) 他 (完了 haben) ①〚方向を表す語句とともに〛(物[4]を…へ)差し込む, 突っ込む, はめる. (英 stick). 人[3] einen Ring **an den Finger** *stecken* 人[3]の指に指輪をはめる / den Schlüssel **ins Schloss** *stecken* 鍵[4]を錠前に差し込む / Er steckte die Hände in die Taschen. 彼は両手をポケットに突っ込んだ / Sie *steckte* den Brief in den Briefkasten. 彼女はその手紙をポストに入れた / Geld[4] **in** 物[4] *stecken*〚比〛お金を物[4]につぎ込む. ◇[再帰的に] *sich*[4] **hinter** 人・事[4] *stecken* [口語] a) 人[4]を後ろ楯にする, b) 事[4]に熱心にとり組む.
②〚人[4] **in** 場所[4] ~〛(人[4]を場所[4]へ)入れる. 人[4] ins Gefängnis *stecken* [口語] 人[4]を刑務所へ入れる / das Kind[4] ins Bett *stecken* 子供を寝かしつける. ③ (物[4]をピンなどで)留める. Sie *steckte* die Brosche **an das Kleid**. 彼女はブローチをワンピースに付けた. ④ [口語] (人[3]に事[4]を)こっそり教える. ◇〚**es** を目的語として成句的に〛es[4] 人[3] *stecken* 人[3]にずけずけものを言う. ⑤ [方] (たまめぎを[4])植える.
II (steckte (雅: stak), *hat*…gesteckt) 自 (完了 haben) ①〚場所を表す語句とともに〛(…に)差し込んである, はまっている. Der Schlüssel *steckt* **im Schloss**. 鍵(かぎ)が錠前に差し込んである / Der Wagen *steckt* im Schlamm. 車がぬかるみにはまっている / *stecken* bleiben (ぬかるみなどに)はまったままでいる, (のどなどに)引っ掛かる, 引っ掛かっている / *stecken* lassen (鍵[4]などを)差し込んだままにしておく.
②〚場所を表す語句とともに〛 [口語] (…に)[潜んで]いる, 含まれている. Wo *hast* du denn *gesteckt*? 君はどこにいたの / Wo *steckt* meine Brille? 私の眼鏡はどこかな / Da *steckt* etwas **dahinter**. その裏には何かわけがある / In ihm *steckt* etwas. 彼には才能がある / Er *steckt* in Schwierigkeiten. 彼は困っている.
③〚**voll**[**er**] とともに〛(…で)いっぱいである. Die Arbeit *steckt* voller Fehler. この論文は間違いだらけだ / Er *steckt* voller Witz. 彼はウイットにあふれている. ④〚場所を表す語句とともに〛(…にピンなどで)留めてある. An seinem

stehen

Revers *steckt* ein Abzeichen. 彼の上着の折り返しにはバッジが留めてある.
▶ **stecken|bleiben, stecken|lassen**

Ste·cken [シュテッケン] 男 -s/- 《南ドˇ・スˇ》ステッキ, つえ（＝Stock）.

ste·cken|blei·ben*, **ste·cken blei·ben*** [シュテッケン・ブらイベン ∫tέkən-blàɪbən] 自 (s) ① 《比》（計画などが）行き詰まる. ② 《口語》言葉に詰まる.
▶ **stecken** II ①

ste·cken|las·sen*, **ste·cken las·sen*** [シュテッケン・らッセン ∫tέkən-làsən]（過分 stecken[ge]lassen / stecken [ge]lassen)他 (h) そのままにしておく, しまっておく. *Lassen* Sie [Ihr Geld] *stecken*!《口語》ここは私のおごりです（←あなたのお金はそのままに）.
▶ **stecken** II ①

Ste·cken⌂pferd [シュテッケン・プふェーアト] 中 -[e]s/-e ① 春駒（棒の先に馬の頭のついた子供の遊び道具）. ② 《比》趣味, 道楽.

Ste·cker [シュテッカァ ∫tέkər] 男 -s/-《電》プラグ.

Steck·ling [シュテックリング] 男 -s/-e 《園芸》挿し木用の枝, 取り木.

Steck⌂na·del [シュテック・ナーデる] 囡 -/-n ピン, 留め針. 人・物⁴ wie eine *Stecknadel*⁴ suchen《口語》人・物⁴を懸命に捜し回る.

Steck⌂schlüs·sel [シュテック・シュリュッセる] 男 -s/-《工》ボックススパナ.

steck·te [シュテックテ] ＊stecken（差し込む）の過去

Ste·fan [シュテふァン ∫tέfan] -s/《男名》シュテファン.

Steg [シュテーク ∫tέːk] 男 -es (まれに -s)/-e ① （小川などに架かる）小さな橋. ② （船から陸地に渡す）歩み板；（ボート用の）桟橋. ③ 《古》小道, 細道. ④ 《音楽》（弦楽器の弦を支える）こま；（眼鏡の）ブリッジ（＝Brillen*steg*）. ⑤ （ズボンの下部につけ靴底にかける）ストラップ.

Steg⌂reif [シュテーク・ライふ] 男 《成句的に》**aus** dem *Stegreif* 即席に, 即興的に.

Steh·auf⌂männ·chen [シュテーアオふ・メンヒェン] 中 -s/- 起き上がりこぼし；《比》（苦難にくじけない）しぶとい人.

Steh⌂emp·fang [シュテー・エンプふァング] 男 -[e]s/..fänge 立食レセプション.

:ste·hen* [シュテーエン ∫tέːən]

立っている

Wo *steht* denn das Denkmal ?
ヴォー シュテート デン ダス デンクマーる
その記念碑はどこに立っているのですか.

(stand, *hat*/*ist*...gestanden) **I** 自 （完了 haben; 南ドˇ・オˇスˇ: sein) ① **立っている**, [立てて]置いてある; （ある場所）にいる, ある. 《≠ *stand*). ← 「座っている」は sitzen, 「横たわっている」は liegen). Das Baby *kann* schon *stehen*. その赤ちゃんはもう立てる / Dort *steht* eine Kirche. そこに教会が立っている / Die Weinflaschen *sollen* liegen, nicht *stehen*. ワインのびんは立てないで, 寝かせておくものだ.（☞ 類語 sein).

◇《**bleiben** とともに》*stehen* bleiben（人が）立ったままでいる；（物が）立った（置いた）ままにしてある；（単語などが）書いたままにしてある. auf der Party *stehen* bleiben パーティーで立ったままでいる / vor dem Schaufenster *stehen* bleiben ショーウインドーの前で立ち止まる.

◇《**lassen** とともに》*stehen* lassen（人⁴を）立たせておく；（物⁴を）立った（置いた）ままにしておく；（単語など⁴を書いてあるままにしておく. die Gäste⁴ *stehen* lassen 客を立たせておく / Kannst du das bitte dort *stehen* lassen? それはそのままそこに置いておいてくれる? / Sie mussten alles liegen und *stehen* lassen. 彼らは家中をそのままにして飛び出していった.

◇《前置詞とともに》Er *steht* **am** Fenster. 彼は窓辺に立っている / Der Mond *steht* am Himmel. 月が空に出ている / Das Essen *steht* **auf** dem Tisch. 料理が食卓に並べられている / Sie *stehen* auf meinem Fuß. あなたは私の足を踏んでいます / auf dem Kopf *stehen* 逆立ちしている / Auf Raub *steht* Gefängnis. 《比》強盗罪には懲役刑が科せられる / **außer** Frage *stehen* 問題外である / Die Entscheidung *steht* **bei** Ihnen. 《比》決定権はあなたにあります / **für** 四格⁴ *stehen*《比》a) 四格⁴（品質など）の代名詞となっている, b) 四格⁴を代表している, / **hinter** 人³ *stehen* a) 人³の後ろに立っている, b) 《比》人³を支持している / Das Buch *steht* **im** Regal. その本は本棚にある / In ihren Augen *standen* Tränen. 彼女の目には涙が浮かんでいた / im Verdacht *stehen* 嫌疑がかけられている / Ich *stehe* **mit** ihm sehr gut. 《比》私は彼ととてもうまくいっている / Das Stück *steht* und fällt mit dieser Schauspielerin. 《比》その劇が成功するか失敗するかはこの女優の出来しだい / Er *steht* **über** den Dingen. 《比》彼は物事に超然としている / **unter** Druck *stehen* 圧迫されている / Mein Wagen *steht* **vor** dem Haus. 私の車は家の前に止めてある / vor einem Problem *stehen*《比》ある問題に直面している / Das *steht* nicht **zur** Diskussion. それは議論のテーマになっていない. ◇《役割などを表す4格とともに》Sie *steht* dem Maler Modell. 彼女はその画家のモデルをしている / Posten⁴（または Wache⁴）*stehen* 歩哨（ほしょう）に立つ / Schlange⁴ *stehen* 長蛇の列を作っている.

② （機械などが）**止まっている**, 停止している. Meine Uhr *steht*. 私の時計は止まっている.

③ （衣服などが人³に）**似合っている**. Dieser Anzug *steht* dir gut. そのスーツは君によく似合っている.

④ 《場所を表す語句とともに》（…に）**書いてある**, 載っている. Was *steht* **in** dem Brief? その手紙には何と書いてあるの? / Der Artikel *steht* **auf** Seite 3. その記事は3ページに出ている.

⑤ (計器の指針などが…を)指している; (試合のスコア・外貨のレートなどが…で)ある. Das Thermometer *steht* **auf** 10 Grad. 温度計が10度を示している / Die Ampel *steht* auf Rot. 信号が赤になっている / Wie *steht* das Spiel? — Es *steht* 2:1 (=zwei zu eins). 試合はどうなっていますか — 2 対 1 です.

⑥ (…の)状態である. Die Tür *steht* offen. ドアが開いている / Der Weizen *steht* gut. 小麦の生育は良好だ / Die Aussichten *stehen* fifty-fifty. 見込みは五分五分だ / **in** Blüte *stehen* 花盛りである. ◇〖非人称の **es** を主語として〗Es *steht* schlecht **mit** (または **um** ihn). 彼の健康(経済)状態は悪い / Wie *steht*'s (=*steht* es)? 調子はどうだい.

⑦ 〖**zu** 人・事³ ～〗(人・事³に対して…の)態度をとる; (人・事³に)責任を持つ; (人・事³の)味方をする. Wie *stehst* du zu ihm? 君は彼をどう思う? / Ich *stehe* zu meinem Wort. 私は自分の言葉に責任を持つ / Ich *stehe* zu dir. ぼくは君の味方だ. ⑧ 〖**auf** 人・物⁴ ～〗(若者言葉に)(人・物⁴が)大好きである. Ich *stehe* auf Jazz. ぼくはジャズが大好きだ. ⑨ 《口語》(計画などが)出来上がっている, 完成している. Das Manuskript *steht*. 原稿は完成している. ⑩ 〖**zu** 不定詞(句)とともに〗…されうる; …されなければならない. Es *steht* zu erwarten (befürchten), dass… …ということが期待(心配)される.

Ⅱ 〖再帰〗(完了) haben; 南ドイツ・オーストリア・スイス: sein) *sich*⁴ *stehen* 《口語》① 暮らし向きが…である. Er *steht* sich gut. 彼はよい暮らしをしている. ② 〖成句的に〗*sich*⁴ **mit** (人)³ gut (schlecht) *stehen* (人)³と折り合いがよい(悪い).

◇☞ **stehend**

◇☞ **gestanden**

▶ **stehen|bleiben, stehen|lassen**

Ste·hen [シュテーエン] 中 〖成句的に〗einen Zug (Wagen) **zum** *Stehen* bringen 列車(自動車)を停止させる / zum *Stehen* kommen (列車・自動車などが)停止する.

ste·hen|blei·ben*, ste·hen blei·ben* [シュテーエン・ブライベン ʃté:ənblàɪbən] 自 (完了 sein) (blieb…stehen, ist…stehengeblieben / stehen geblieben) ① (活動・現象などが)進展しなくなる, 中断する. Wo sind wir *stehengeblieben*? 〖現在完了〗(話し合い・授業などで:)前回はどこまでいきましたか. ② (機械などが)動かなくなる, 止まる. Die Uhr ist *stehengeblieben*. 〖現在完了〗時計が止まってしまった. ③ 置き忘れられる. ④ (誤りなど⁴が)訂正されずに残る, 見逃される.

▶ **stehen** I

ste·hend [シュテーエント] I ▶ **stehen** (立っている)の 現分 Ⅱ 形 ① 立っている; 静止している, 止まっている; (理) 定常の. Er arbeitet *stehend*. 彼は立ったままで働いている / ein *stehender* Zug 止まっている列車 / alleinstehend 独身の / hoch*stehend* 社会的に高い地位にある.

② 常設の, 常用の. ein *stehendes* Heer 常備軍 / eine *stehende* Redewendung 慣用句.

ste·hen·ge·blie·ben [シュテーエン・ゲブリーベン] ***stehen|bleiben** (進展しなくなる)の 過分

ste·hen|las·sen*, ste·hen las·sen* [シュテーエン・ラッセン ʃté:ən-làsən] 他 (過分 [ge]lassen, [stehen [ge]lassen) 他 (h) ① (人⁴を)置き去りにする, 放置する; (恋人⁴を)捨てる. (人) **an der Tür** *stehenlassen* (人)⁴を(家の)中へ招き入れない. ② 置き忘れる. ③ (ひげ⁴を)生やす. sich³ einen Bart *stehenlassen* ひげを生やす. ④ 食べ残す. ⑤ (誤りなど⁴を)訂正せずにおく, 見逃す.

▶ **stehen** I

Steh⹀im·biss [シュテー・インビス] 男 -es/-e (立ち食いの)軽食堂, インビス.

Steh⹀kra·gen [シュテー・クラーゲン] 男 -s/- (南ドイツ: …krägen) スタンドカラー, 立ち襟.

Steh⹀lam·pe [シュテー・ランペ] 女 -/-n フロアスタンド.

Steh⹀lei·ter [シュテー・ライタァ] 女 -/-n 脚立(きゃたつ).

steh·len [シュテーレン ʃté:lən] du stiehlst, er stiehlt (stahl, hat…gestohlen) I 他 (完了 haben) ((人)³から(物)⁴を)盗む. (英) steal). Geld⁴ *stehlen* お金を盗む / Der Dieb hat ihm die Uhr *gestohlen*. その泥棒は彼から時計を盗んだ / (人)³ den Schlaf *stehlen* 《比》(人)³の睡眠を妨げる / (人)³ die Zeit⁴ *stehlen* 《比》(訪問などで)(人)³のじゃまをする / sich³ für (人)³ die Zeit⁴ *stehlen* 《比》(人)⁴のために時間を工面する / Woher nehmen und nicht *stehlen*? そんなものどうやって手に入れろと言うんだ? ◇〖目的語なしても〗Sie *stiehlt*. 彼女には盗み癖がある. ◇〖過去分詞の形で〗Er kann mir *gestohlen* bleiben! 《口語》あいつなんかどうだっていいよ.

Ⅱ 〖再帰〗(完了) haben) *sich*⁴ *stehlen* 〖方向を表す語句とともに〗(人)⁴へこっそり入る, (…から)こっそり出る. *sich*⁴ **aus** dem Haus *stehlen* そっと家を抜け出る / *sich*⁴ **ins** Haus *stehlen* 忍び足で家の中に入る.

stehn [シュテーン ʃté:n] =stehen

Steh⹀platz [シュテー・プラッツ] 男 -es/..plätze (劇場などの)立ち見席, (バス・列車などの)立ち席. (☞「座席」は Sitzplatz).

Steh⹀ver·mö·gen [シュテー・フェアメーゲン] 中 -s/ 持久(耐久)力, スタミナ, 忍耐力.

die **Stei·er·mark** [シュタイアァ・マルク ʃtáɪərmark] 女 -/ 〖定冠詞とともに〗(地名) シュタイアーマルク(オーストリア 9 州の一つ, 州都は グラーツ).

steif [シュタイフ ʃtáɪf] 形 (英) stiff) ① 堅い, ごわごわした, (関節などが)硬直した, 曲がらない; かじかんだ; 《口語》勃起(ぼっき)した. ein *steifer* Karton 堅い厚紙 / ein *steifer* Kragen ごわごわしたカラー / einen *steifen* Hals haben 首がこっている / Die Finger sind vor Kälte *steif*. 寒さで指がかじかんでいる. ◇〖成句的に〗(事)⁴ *steif* und fest behaupten (事)⁴を頑強に主張する.

② ぎこちない, しゃちほこばった, 不自然な; 堅苦

しい，形式的な．ein *steifer* Gang ぎこちない歩き方 / ein *steifer* Empfang 堅苦しいレセプション．③（クリームなどが）固まった，凝固した．Der Pudding ist zu *steif*. このプディングは堅くなりすぎている．④（海）（風などが）激しい，ひどい．⑤（口語）（アルコール飲料が）濃い，強い．

steif|hal·ten* [シュタイフ・ハルテン] ʃtáɪf-hàltən] 他 (h) 《成句的に》die Ohren⁴（または den Nacken) *steifhalten*《口語》へこたれない，くじけない．

Steif·heit [シュタイフハイト] 囡 -/ 堅いこと，硬さ；ぎこちないこと；堅苦しさ．

Steig [シュタイク] ʃtáɪk] 男 -[e]s/-e（急な坂の）小道，（細い）坂道，（狭い）山道．

Steig❀bü·gel [シュタイク・ビューゲる] 男 -s/- ① あぶみ．②（医）（内耳の）あぶみ骨．

Stei·ge [シュタイゲ] ʃtáɪgə] 囡 -/-n ①（南ド・オストリッ）坂道，（急な坂の）小道．《方》（小さな）段ばしご．②（果物などを並べる）浅い木箱．

Steig❀ei·sen [シュタイク・アイゼン] 田 -s/-《ふつう覆》①（登山用の）アイゼン．②（電柱などを登るための）足場くぎ．

stei·gen* [シュタイゲン] ʃtáɪgən] (stieg, *ist*...gestiegen) I 自（定了 sein）①《方向を表す語句とともに》(…へ)登る，上がる，（馬・乗り物などに）乗る．《英 climb）．auf** einen Turm (eine Leiter) *steigen* 塔（はしご）に登る / Er *stieg* aufs Fahrrad. 彼は自転車に乗った / **durchs** Fenster *steigen*（登って）窓から入り込む / **in den** Zug *steigen* 列車に乗る / **ins** Auto *steigen* 車に乗る / Er *ist* **über** den Zaun *gestiegen*. 【現在完了】彼は垣根を乗り越えた．
②《下への方向を表す語句とともに》(…から)降りる，下りる；(…へ)下りて行く．**aus** dem Auto (dem Zug) *steigen* 車(列車)から降りる / **in den** Keller *steigen* 地下室へ下りて行く / **vom** Pferd *steigen* 馬から降りる / Er *stieg* von der Leiter. 彼ははしごから下りた．
③（煙・気球などが）上昇する，上がって行く．Das Flugzeug *steigt*. 飛行機が上昇する / Der Nebel *steigt*. 霧が立ち昇る / Die Kinder lassen Drachen *steigen*. 子供たちが凧（たこ）を揚げる / Die Tränen *stiegen* ihr **in** die Augen. 彼女の目に涙がこみ上げた．
④（水位・価格などが）上がる，（緊張・要求などが）高まる，増大する．（英《「下がる」は fallen）．Die Aktien *steigen*. 株価が上がる / Die Angst *steigt*. 不安が募る / Das Fieber *stieg* **auf** 40 Grad. 熱は40度に上がった / Das Brot *ist* **im** Preis *gestiegen*. 【現在完了】パンの値段が上がった / Der Wasserspiegel *steigt* **um** einen Meter. 水面が1メートル上がる．
⑤《口語》行われる，催される．Wann *steigt* die Party? そのパーティーはいつあるの．
II 他（定了 sein）《成句的に》Treppen⁴ *steigen* 階段を上る．

類語 *steigen*:（馬・乗り物などに）乗る．(aus とともに用いると「降りる」になる)．**ein**|**steigen**:乗る．**um**|**steigen**:乗り換える．

zu|**steigen**:（途中の駅から）列車に乗り込む．*Ist* jemand *zugestiegen*?（車掌が乗客に:）途中乗車の方はありませんか．

Stei·ger [シュタイガァ ʃtáɪgər] 男 -s/- ①（坑）坑内監督．（女性形: -in）．②（船客専用の）桟橋．

stei·gern [シュタイガァン ʃtáɪgərn] (steigerte, *hat* gesteigert) I 他（定了 haben）①（速度・生産など⁴を）上げる，高める，増大させる．（英 increase）．die Miete⁴ *steigern* 家賃を上げる / die Produktion⁴ *steigern* 生産を増大する．（☞類語 heben）．②（言）（形容詞・副詞⁴を）比較変化させる．③（競売などで）競り落とす．
II 再帰（定了 haben） *sich*⁴ *steigern* ①（程度・度合いが）高まる，上がる，増大する．Seine Angst *steigerte sich*. 彼の不安がますます高まる．②《*sich*⁴ **in** 物⁴ ~》（気分が高まって物⁴の）状態になる．*sich*⁴ **in** Begeisterung *steigern* 熱狂する．

stei·ger·te [シュタイガァテ] steigern（上げる）の過去

Stei·ge·rung [シュタイゲルング] 囡 -/-en ① 高める(高まる)こと；増大，増加．Preis*steigerung* 物価の上昇．②（言）（形容詞・副詞の）比較変化．

Stei·gung [シュタイグング] 囡 -/-en ① 傾斜，勾配（こうばい）；上り坂．②（工）（ねじ山などの）ピッチ．

steil [シュタイる ʃtáɪl] 形 ①（傾斜の）急な，急斜面の，（山などが）険しい．《英 steep）．ein *steiler* Abhang 急な斜面 / *steile* Dächer 切り立った屋根 / eine *steile* Karriere（人が）非常に早い昇進(出世)．②（口語）（若者言葉で:）はっと印象に残る，すてきな．ein *steiler* Zahn いかした娘．③（サッカーなどで:）ロビングの．

Steil❀hang [シュタイる・ハング] 男 -[e]s/..hänge 急坂（きゅうはん），急斜面．

Steil·heit [シュタイる・ハイト] 囡 -/ 急傾斜，（山などの）険しさ．

Steil❀küs·te [シュタイる・キュステ] 囡 -/-n 切り立った海岸，絶壁の海岸．

**der Stein¹ [シュタイン ʃtáɪn]

石　Das Brot ist hart wie *Stein*.
　　ダス　ブロート　イスト　ハルト　ヴィー　シュタイン
　　このパンは石のように堅い．

男 (単2) -[e]s/(複) -e（3格のみ -en）① 石．《英 stone）．ein runder *Stein* 丸い石 / *Steine* sammeln 石を収集する / einen *Stein* nach 人³ werfen 人³に石を投げる / eine Bank **aus** *Stein* 石造りのベンチ / Er hat ein Herz **aus** *Stein*. 彼は冷酷だ(←石の心臓を持っている) / 物⁴ **in** *Stein* meißeln（または hauen）物⁴を石に刻む / **zu** *Stein* werden a) 化石になる，b)（雅・比）（表情が）こわばる / der *Stein* des Anstoßes（聖）つまずきの石（転倒などの原因）/ der *Stein* der Weisen²（雅）賢者の石（あらゆる謎を解く鍵）/ Er schwor

Stein und Bein.《口語》彼はきっぱりと断言した / Es friert *Stein* und Bein.《口語》骨身にこたえる寒さだ / Mir fällt ein *Stein* vom Herzen. 私は心の重荷が下りた / den *Stein* ins Rollen bringen《口語》(停滞中の)事を進展させる / 《人³》[die] *Steine*⁴ aus dem Weg räumen《比》人³の障害を取り除いてやる / 人³ *Steine*⁴ in den Weg legen《比》人³のじゃまをする. ② (建築用の)石材; れんが (=Ziegel*stein*). *Steine*⁴ brennen れんがを焼く / Kein *Stein* blieb auf dem anderen.《比》(都市などが)完全に破壊しつくされた(←石の上に石が残らなかった). ③ 墓石, 石碑. ④ 宝石 (=Edel*stein*); (時計の)石. ⑤ (ゲームなどの)石, 駒. bei 人³ einen *Stein* im Brett haben《口語·比》人³に受けがいい. ⑥《植》(果実の)種. ⑦《医》結石.

> 《☞》..stein のいろいろ: Baustein 建築用石材 / Edelstein 宝石 / Grabstein 墓石 / Grenzstein 境界石 / Grundstein 礎石 / Kalkstein 石灰岩 / Pflasterstein 敷石 / Prüfstein 試金石 / Randstein 縁石 / Sandstein 砂岩 / Zahnstein 歯石 / Ziegelstein れんが

Stein² [シュタイン] -s/-s《姓》シュタイン.

stein.. [シュタイン.. ʃtáin..]《形容詞につける接頭》《非常に》例: steinreich 大金持ちの.

Stein ⸗ ad·ler [シュタイン・アードら7] 男 -s/-《鳥》イヌワシ.

stein ⸗ alt [シュタイン・アると] 形《口語》とても年をとった.

Stein ⸗ bock [シュタイン・ボック] 男 -[e]s/..böcke ①《動》アイベックス(アルプスの野生ヤギの一種). ②《複 なし》やぎ座; 磨羯(ま<0>か<0>つ)宮. ③ やぎ座生まれの人.

Stein ⸗ bo·den [シュタイン・ボーデン] 男 -s/..böden ① 石だらけの土地. ② 石だたみ, 石の床.

Stein ⸗ bruch [シュタイン・ブルフ] 男 -[e]s/..brüche 石切り場, 採石場.

Stein ⸗ butt [シュタイン・ブット] 男 -[e]s/-e《魚》オオヒラメ.

Stein ⸗ druck [シュタイン・ドルック] 男 -[e]s/-e ①《複 なし》(印) 石版印刷[術]. ② 石版印刷物; 石版画, リトグラフ.

Stei·ner [シュタイナァ ʃtáinər] -s《人名》シュタイナー (Rudolf *Steiner* 1861–1925; オーストリアの人智学者).

stei·nern [シュタイナァン ʃtáinərn] 形 ①《付加語的としてのみ》石の, 石造りの. eine *steinerne* Bank 石作りのベンチ. ② 硬直した(表情など);《比》(石のように)無情な, 冷酷な.

Stein ⸗ er·wei·chen [シュタイン・エァヴァイヒェン]《成句的に》**zum** *Steinerweichen* weinen 見るも哀れほど泣きじゃくる.

Stein ⸗ frucht [シュタイン・フルフト] 女 -/..früchte《植》核果, 石果(ウメ·モモなど).

Stein ⸗ gar·ten [シュタイン・ガルテン] 男 -s/..gärten ロックガーデン, 岩石庭園.

Stein ⸗ gut [シュタイン・グート] 中 -[e]s/(種類:) -e ① 陶土. ② 陶器.

stein ⸗ hart [シュタイン・ハルト] 形 石のように堅い, こちこちの(クッキーなど).

stei·nig [シュタイニヒ ʃtáiniç] 形 石の, 石の多い, 石だらけの. ein *steiniger* Weg a) 石だらけの道, b)《雅·比》苦難に満ちた道.

stei·ni·gen [シュタイニゲン ʃtáinigən] 他 (h)《史》(人⁴を)投石で死刑にする.

Stein ⸗ koh·le [シュタイン・コーれ] 女 -/-n ①《複 なし》石炭, 瀝青(れきせい)炭. ②《ふつう 複》(燃料用の)石炭.

Stein ⸗ metz [シュタイン・メッツ] 男 -en/-en 石工, 石屋.(女性形: -in).

Stein ⸗ obst [シュタイン・オープスト] 中 -[e]s/《植》(総称として:)核果, 石果(ウメ·モモなど).

Stein ⸗ pilz [シュタイン・ピるツ] 男 -es/-e《植》ヤマドリタケ.

stein ⸗ reich [シュタイン・ライヒ] 形 大金持ちの.

Stein ⸗ salz [シュタイン・ざるツ] 中 -es/ 岩塩. (《☞》「海塩」は Meersalz).

Stein ⸗ schlag [シュタイン・シュらーク] 男 -[e]s/..schläge ① 落石. ②《複 なし》(舗装用の)砕石, 砂利.

Stein ⸗ wurf [シュタイン・ヴルフ] 男 -[e]s/..würfe 投石.

Stein ⸗ zeit [シュタイン・ツァイト] 女 -/《考古》石器時代.

Steiß [シュタイス ʃtáis] 男 -es/-e ① 臀部(でんぶ), 尻(しり). ②《狩》(野鳥の)尾.

Steiß ⸗ bein [シュタイス・バイン] 中 -[e]s/-e《医》尾骨.

Stel·la·ge [シュテらージェ ʃtɛlá:ʒə] 女 -/-n 台, 台架; 棚.

stel·lar [シュテらール ʃtɛlá:r または ステ.. stɛ..] 形《天》恒星の.

Stell ⸗ dich ⸗ ein [シュテる・ディヒ・アイン] 中 -[s]/-[s] デート;《比》会合. sich³ ein *Stelldichein*) geben a) デートする, b) 会合を持つ.

***die* Stel·le** [シュテれ ʃtélə] 女 (単) -/(複) -n ① 場所, 所, 箇所; (身体の)部位. (英 place). Unfall*stelle* 事故現場 / die beste *Stelle* zum Campen キャンプに最適の場所 / eine kahle *Stelle* am Kopf 頭のはげた箇所 / Das ist seine empfindliche *Stelle*. それが彼の泣きどころだ / 物⁴ an eine andere *Stelle* setzen 物⁴を別の場所に置く / An dieser *Stelle* geschah der Unfall. この場所で事故が起きた / Ich an deiner *Stelle* würde das nicht machen.《接 2·現在》もしぼくが君の立場だったらそんなことはしないだろう / **auf der** *Stelle*《比》その場で, 即座に / auf der *Stelle* treten《口語·比》停滞する / Er rührte sich⁴ nicht von der *Stelle*. 彼はその場を動かなかった / nicht von der *Stelle* kommen《口語·比》進展しない, はかどらない / **zur** *Stelle* sein その場に居合わせる. (☞ 類語 Ort).

◊**an** *Stelle* **の形で**《☞ anstelle ともつづる》. an *Stelle* des Direktors 所長の代わりに(代理として).

② (本などの)箇所. eine interessante *Stelle* おもしろい箇所 / eine *Stelle*⁴ zitieren 一節を引用する.
③ 順序; 地位. Er nimmt die oberste *Stelle* ein. (学級で)彼は首席だ / **an** erster *Stelle* / an führender *Stelle* stehen 指導的地位にある.
④ 勤め口, 職場, ポスト (=Arbeits*stelle*). Sie hat eine gute *Stelle*. 彼女はよいポストについている / eine *Stelle*⁴ suchen (finden) 勤め口を探す(見つける). ⑤ 役所, 官庁 (=Dienst*stelle*). sich⁴ **an** die zuständige *Stelle* wenden 当局に問い合わせる. ⑥ 《数》(数の)位, けた. eine Zahl mit vier *Stellen* 4けたの数.
▶ **an≠stelle**

stel·len [シュテレン ʃtélən]

立てる

Stell dein Fahrrad hierhin!
シュテる ダイン ファールラート ヒーァヒン
君の自転車はこちらに置きなさい.

(stellte, hat ... gestellt) **I** 他 (完了 haben) ① (他→を)立てる, [立てて]置く, 《⇔ put》.「横たえる」は legen). Wie *sollen* wir die Möbel *stellen*? 私たちは家具をどう置けばいいだろうか / Sie *stellte* die Vase **auf** den Tisch. 彼女は花びんをテーブルの上に置いた / das Auto⁴ **in** die Garage *stellen* 車をガレージに入れる / Bücher⁴ ins Regal *stellen* 本を書棚に入れる / 他⁴ in Frage *stellen* 《比》他⁴を疑問視する / ein Thema⁴ **zur** Diskussion *stellen* 《比》あるテーマを討論にかける / 人³ 物⁴ zur Verfügung *stellen* 《比》人³に物⁴を自由に使わせる / 人³ 他⁴ **anheim** *stellen* 《比》人³に他⁴の決定(判断)を任せる.
② 《方向を表す語句とともに》(人⁴を…へ)立たせる. Die Mutter *stellte* das Kind **auf** den Stuhl. 母親は子供をいすの上に立たせた / das gestürzte Kind⁴ wieder auf die Füße *stellen* 転んだ子供を起こしてやる / 人⁴ auf die Probe *stellen* 《比》人⁴を試す / einen Schüler in die Ecke *stellen*（罰として)生徒を隅に立たせる / 人⁴ **vor** die Entscheidung *stellen* 《比》人⁴に決断を迫る / 人⁴ **zur** Rede *stellen* 《比》人⁴に釈明を求める.
③ (器具などを)調整する, セットする. Er *stellte* seinen Wecker **auf** sechs Uhr. 彼は目覚し時計を6時に合わせた / das Radio⁴ lauter (leiser) *stellen* ラジオの音を大きく(小さく)する.
④ (飲食物⁴を…の状態に)しておく. Wein⁴ kalt *stellen* (または kalt|*stellen*) ワインを冷やしておく / Speisen⁴ warm *stellen* (または warm|*stellen*) 食事を温めておく.
⑤ 調達する, 用意(提供)する. Bei dem Fest *stellen* wir die Getränke. パーティーの飲み物は私たちが手配します / einen Zeugen *stellen* 証人を立てる / eine Kaution⁴ *stellen* 保証金を積む.
⑥ 《特定の名詞を目的語として》行う, …する. einen Antrag auf 物⁴ *stellen* 物⁴の申請をする / 人³ eine Aufgabe⁴ *stellen* 人³に課題を出す / eine Diagnose⁴ *stellen* 診断をする / eine Forderung⁴ *stellen* 要求をする / 人³ eine Frage⁴ *stellen* 人³に³質問をする / 人³ das Horoskop⁴ *stellen* 人³の星占いをする.
⑦ 《犯人など⁴を》捕まえる, (獲物⁴を)追いつめる.
⑧ (わななど⁴を)仕掛ける. ⑨ (場面など⁴を)演出する. ⑩ (動物が耳・尾など⁴を)立てる.
II 再帰 (完了 haben) sich⁴ *stellen* ① 《方向を表す語句とともに》(…へ)立つ, 身を置く. Er *stellte* sich **ans** Fenster. 彼は窓辺に立った / sich⁴ **auf** die Waage *stellen* 体重計の上に乗る / sich⁴ **gegen** 人・事⁴ *stellen* 《比》人・事⁴に反対する / sich⁴ **hinter** 人・事⁴ *stellen* 《比》人・事⁴の後ろ盾になる / sich⁴ 人³ **in** den Weg *stellen* a) 人³の行く手に立ちふさがる, b) 《比》人³のじゃまをする / sich⁴ **vor** 人⁴ *stellen* a) 人⁴の前に立つ, b) 《比》人⁴をかばう.
② (…の)ふりをする. *Stell* dich nicht so dumm! とぼけたまねをするな / sich⁴ krank *stellen* 病気のふりをする.
③ 自首をする; (召集されて)入隊する. sich⁴ [der Polizei³] *stellen*【警察に】自首をする. ④ (人・事⁴に)応じる, 受けて立つ. sich⁴ dem Gegner *stellen* 相手との対戦に応じる / sich⁴ einer Diskussion³ *stellen* 討論に応じる. ⑤ 《sich⁴ zu 人・事³ ～》(人・事³に対して…の)態度をとる. Wie *stellst* du sich **zu** diesem Problem? 君はこの問題をどう思う? / sich⁴ positiv (negativ) zu 人・事³ *stellen* 人・事³について肯定的(否定的)な考え方をする. ⑥ 《成句的に》sich⁴ gut mit 人³ *stellen* 人³と仲良くしようとする. ⑦ 《ねうち》《商》値段が…である. Der Teppich *stellt* sich **auf** 3 000 Euro. そのじゅうたんには3,000ユーロの値が付いている.
◁ ⇨ **gestellt**

Stel·len≠an·ge·bot [シュテレン・アンゲボート] 中 –[e]s/–e 求人.

Stel·len≠ge·such [シュテレン・ゲズーフ] 中 –[e]s/–e 求職の申請.

stel·len≠los [シュテレン・ろース] 形 勤め口のない, 失業した (=stellungslos).

Stel·len≠markt [シュテレン・マルクト] 男 –[e]s/–..märkte 労働(雇用)市場.

Stel·len≠nach·weis [シュテレン・ナーハヴァイス] 男 –es/–e ① 職業紹介. ② (公共の)職業紹介所.

Stel·len≠ver·mitt·lung [シュテレン・フェアミットるング] 女 –/–en 職業紹介[所].

stel·len≠wei·se [シュテレン・ヴァイゼ] 副 所々に, あちこちに.

Stel·len≠wert [シュテレン・ヴェールト] 男 –[e]s/–e 《数》(数字の)けたの値; 《比》(一定の範囲内で人や物が持っている)相対的価値, 意義.

..stel·lig [..シュテリヒ ..ʃtelıç]【形容詞をつくる接尾】《…けた(位)の》dreistellig (=3-stellig) 3けた(位)の.

Stell⚬schrau·be [シュテㇽ・シュラオベ] 囡 -/-n (時計などの)調節ねじ.

stell·te [シュテㇽテ] ‡stellen (立てる)の過去

die **Stel·lung** [シュテるング ʃtélʊŋ] 囡(単) -/(複) -en (英) *position*) ① 姿勢, ポーズ. Sprung*stellung* ジャンプの構え / eine bequeme *Stellung* 楽な姿勢 / in aufrechter *Stellung* 直立の姿勢で.
② 位置, 配列. die *Stellung* der Sterne² 星の位置 / die *Stellung* eines Wortes im Satz 文章の中における単語の位置.
③ 勤め口, ポスト; 地位, 身分. Er sucht eine *Stellung* als Ingenieur. 彼はエンジニアの職を探している / die soziale *Stellung* 社会的地位 / eine hohe *Stellung*⁴ ein|nehmen 高い地位につく. ④【複なし】立場, 態度; 見解. **für** (**gegen**)囚⁴ *Stellung*⁴ nehmen 囚⁴に賛成(反対)する / **zu** 囚⁴ *Stellung*⁴ nehmen 囚³に対して立場を明らかにする. ⑤《軍》陣地. *Stellung*⁴ beziehen《比》一定の態度をとる. ⑥《ミリタリ》徴兵検査.

Stel·lung⚬nah·me [シュテるング・ナーメ] 囡 -/-n ①【複なし】態度表明(決定). eine eindeutige *Stellungnahme* 明快な態度表明.
②(表明された)意見, 見解.

Stel·lungs⚬krieg [シュテるングス・クリーク] 男 -[e]s/-e《軍》陣地戦.

stel·lungs⚬los [シュテるングス・ろース] 肥 勤め口のない, 失業した.

Stel·lungs⚬su·che [シュテるングス・ズーヘ] 囡 -/ 職探し, 求職.

Stel·lungs⚬wech·sel [シュテるングス・ヴェクセㇽ] 男 -s/- ① 態度(意見)の変更; 転職; 配置換え. ②《軍》陣地換え.

stell·ver·tre·tend [シュテㇽ・フェアトレーテント] 肥 代理の, 代行の. *stellvertretend* für 囚⁴ gratulieren 囚⁴に代わって祝辞を述べる.

Stell⚬ver·tre·ter [シュテㇽ・フェアトレーター] 男 -s/- 代理人, 代行[者].(女性形: -in). der *Stellvertreter* des Direktors 校長代理.

Stell⚬ver·tre·tung [シュテㇽ・フェアトレートゥング] 囡 -/-en 代理, 代行.

Stell⚬werk [シュテㇽ・ヴェルク] 甲 -[e]s/-e《鉄道》信号所.

Stel·ze [シュテㇽツェ ʃtéltsə] 囡 -/-n ①《ふつう複》竹馬. **auf** *Stelzen* gehen (または laufen) 竹馬で歩く / wie auf *Stelzen* gehen a) ぎこちなく歩く, b)《比》気取る, いばる. ②《鳥》セキレイ[科]. ③《俗》細くて長い脚.

stel·zen [シュテㇽツェン ʃtéltsən] 圁(s) ① 竹馬に乗って歩く. ②《比》(長い脚で)(サギなどのように)ぎこちなく歩く.

Stemm⚬bo·gen [シュテム・ボーゲン] 男 -s/- (スキーの)シュテムボーゲン, 半制動回転.

Stemm⚬ei·sen [シュテム・アイゼン] 甲 -s/- (木工用の)のみ.

stem·men [シュテンメン ʃtémən] I 他 (h) ①(重い物⁴を)頭上に持ち上げる. Hanteln⁴ *stemmen* バーベルを持ち上げる. ②《方向を表す語句とともに》(体の一部⁴を…へ)押し当てる, 突っ張る. Er *stemmt* die Ellbogen **auf** den Tisch. 彼は机にひじをつく / die Füße⁴ *gegen* die Wand *stemmen* 足を壁に当てて突っ張る. ◊《再帰的に》Er *stemmte sich*⁴ *gegen* die Tür. 彼は体でドアを押さえた. ③(穴など⁴を)のみであける. Löcher⁴ **in** eine Wand *stemmen* 壁に穴をあける.
II 再帰(定了)haben)【*sich*⁴ *gegen* 囲⁴ ~】(囲⁴に)抵抗する,
III 圁(定了)haben)(スキーで:)シュテムする, 半制動回転する.

der **Stem·pel** [シュテンペる ʃtémpəl] 男(単) -s/(複) -(3格のみ -n)①スタンプ, 印鑑, はんこ.(英)*stamp*).den *Stempel* auf die Quittung drücken 領収書に印を押す / Er hat seiner Zeit seinen *Stempel* aufgedrückt. 彼は同時代に決定的な影響を与えた.
②(押された)印, スタンプ, 消印;《比》特徴, 刻印. Der Brief trägt den *Stempel* vom 2. (= zweiten) Mai. この手紙は5月2日の消印になっている / den *Stempel* von 囚·物³ tragen《比》囚·物³の特徴をはっきりと示している. ③《工》型押し機, 打ち抜き機;(ポンプの)ピストン. ④《植》雌しべ. (《雄しべ》は Staubblatt). ⑤《坑》(坑道の)支柱.

Stem·pel⚬geld [シュテンペる・ゲㇽト] 甲 -[e]s/《口語》失業手当.

Stem·pel⚬kis·sen [シュテンペる・キッセン] 甲 -s/- スタンプ台.

stem·peln [シュテンペるン ʃtémpəln] ich stemple (stempelte, *hat*... gestempelt) 他 (定了)haben)(...にスタンプを押す, 捺印(なついん)する.(英)*stamp*). einen Ausweis *stempeln* 証明書に印を押す / Postkarten⁴ *stempeln* はがきに消印を押す. ◊【目的語なしでも】*stempeln* gehen《口語》失業手当を受ける.
②(物⁴を)スタンプで押す. das Datum⁴ *stempeln* 日付のスタンプを押す. ③【A⁴ **zu** B³ ~】(A⁴に B³の)烙印(らくいん)を押す. 囚⁴ zum Verräter *stempeln* 囚⁴に裏切り者の烙印を押す.

Stem·pel⚬steu·er [シュテンペる・シュトイアァ] 囡 -/-n 印紙税.

stem·pel·te [シュテンペるテ] stempeln (スタンプを押す)の過去

stemp·le [シュテンプれ] stempeln (スタンプを押す)の1人称単数 現在

Sten·gel [シュテングㇽ] Stängel の古い形.

Ste·no [シュテーノ ʃté:no] 囡 -/《ふつう冠詞なしで》《口語》速記[術] (=*Steno*grafie).

Ste·no·graf [シュテノグラーふ ʃtenográ:f] 男 -en/-en 速記者. (女性形: -in).

Ste·no·gra·fie [シュテノグラふィー ʃtenografí:] 囡 -/-n [..ふィーエン] 速記文字; 速記[術].

ste·no·gra·fie·ren [シュテノグラふィーレン ʃtenografíːrən] 自(h)・他(h) 速記する.
ste·no·gra·fisch [シュテノグラーふィッシュ ʃtenográːfɪʃ] 形 速記[術]の; 速記で書かれた.
Ste·no·gramm [シュテノグラム ʃtenográm] 中 -s/-e 速記原稿. ein *Stenogramm*⁴ aufnehmen (口述などを)速記する.
Ste·no·graph [シュテノグラーふ ʃtenográːf] 男 -en/-en =Stenograf
Ste·no·gra·phie [シュテノグラふィー ʃtenografíː] 女 -/-n [..ふィーエン]=Stenografie
ste·no·gra·phie·ren [シュテノグラふィーレン ʃtenografíːrən] 自(h)・他(h) =stenografieren
ste·no·gra·phisch [シュテノグラーふィッシュ ʃtenográːfɪʃ] 形 =stenografisch
Ste·no·ty·pist [シュテノ・テュピスト ʃtenotypíst] 男 -en/-en 速記タイピスト. (女性形: -in).
Step [シュテップ] Stepp の古い形.
Ste·phan [シュテふァン ʃtéfan] -s/《男名》シュテファン.
Ste·pha·nie [シュテふァニ ʃtéfani または ..ふァニー ..fáːniə] -[n]s ..ふァニスまたは ..ふァーニエンス/《女名》シュテファニー, シュテファーニエ.
Ste·phans·dom [シュテふァンス・ドーム ʃtéfans-doːm] 男 -s/ シュテファン大聖堂(ウィーン中心部にある. 14世紀に建造されたゴシック様式の司教座教会).

Stephansdom

Stepp [シュテップ ʃtép または ステップ stép] 男 -s/-s ① タップダンス. ② (陸上競技で:)(三段跳びの二歩目の)ステップ.
Stepp⸗de·cke [シュテップ・デッケ] 女 -/-n キルティングの掛け布団.
Step·pe [シュテッペ ʃtépə] 女 -/-n《地理》ステップ(木の生えていない大草原).
step·pen¹ [シュテッペン ʃtépən] 他(h) (男⁴に)キルティングをする.
step·pen² [シュテッペン ʃtépən または ステッ.. sté..] 自(h) タップダンスをする.
Step·pen⸗wolf [シュテッペン・ヴォるふ] 男 -[e]s/..wölfe コヨーテ(北アメリカの大草原にすむオオカミの一種).
Stepp⸗tanz [シュテップ・タンツ] 男 -es/..tänze タップダンス.
Step⸗tanz [シュテップ・タンツ] Stepptanz の古い形.

Ster·be⸗bett [シュテルベ・ベット] 中 -[e]s/-en 臨終の床. auf dem *Sterbebett* liegen 臨終である.
Ster·be⸗fall [シュテルベ・ふァる] 男 -[e]s/..fälle (身内の者などの)死亡, 死去 (=Todesfall).
Ster·be⸗geld [シュテルベ・ゲるト] 中 -[e]s/ (保険から支払われる)葬祭料.
Ster·be⸗hil·fe [シュテルベ・ヒるふェ] 女 -/-n 臨死介助, 安死術.
*****ster·ben*** [シュテルベン ʃtérbən] du stirbst, er stirbt (starb, *ist* ... gestorben) 自 (完了 sein) 死ぬ, 死亡する. (英 die). (反「生きている」は leben). jung *sterben* 若死にする / Er *ist* plötzlich *gestorben.*《現在完了》彼は急死した / Ihm *ist* die Frau *gestorben.*《現在完了》彼は妻に死なれた / Seine Hoffnung *ist gestorben.*《現在完了》《雅・比》彼の望みは消え失せた.
◇《前置詞とともに》**an** 男³ *sterben* 男³(病気などで)死ぬ ⇒ Er *ist* an Krebs (Altersschwäche) *gestorben.*《現在完了》彼は癌(がん)で(老衰で)死んだ / Daran (または Davon) *stirbt* man nicht gleich.《口語》それはそんなにひどいことではない(←そんなことですぐに死にはしない) / **durch** einen Unfall *sterben* 事故死する / Er *starb* **fürs** Vaterland. 彼は祖国のために死んだ / **mit** 80 Jahren (または im Alter von 80 Jahren) *sterben* 80歳で死ぬ / **vor** Hunger *sterben* 飢え死にする / Ich *sterbe* vor Neugierde.《口語》私は知りたくてうずうずしている / Ich *sterbe* vor Langweile.《口語》私は退屈でたまらない.
◇《成句的に》einen sanften (qualvollen) Tod *sterben* 安らかに(苦しんで)死ぬ / den Heldentod *sterben* (戦場で)英雄的な死を遂げる.
Ster·ben [シュテルベン] 中 -s/ 死[ぬこと]. Wald*sterben* (大気汚染による)森林の枯死 / im *Sterben* liegen 死にかかっている / zum *Sterben* müde sein へとへとに疲れている.
ster·bens⸗krank [シュテルベンス・クランク] 形 重病の, 重態の; ひどく気分が悪い.
ster·bens⸗lang·wei·lig [シュテルベンス・ラングヴァイりヒ] 形 死ぬほど退屈な.
Ster·bens⸗wort [シュテルベンス・ヴォルト] 中 =Sterbenswörtchen
Ster·bens⸗wört·chen [シュテルベンス・ヴェルティヒェン] 中《成句的に》Davon hat er kein (または nicht ein) *Sterbenswörtchen* gesagt. それについては彼は一言もしゃべらなかった.
Ster·be⸗sa·kra·men·te [シュテルベ・ザクラメンテ] 複《カトリック》臨終の秘跡.
Ster·be⸗stun·de [シュテルベ・シュトゥンデ] 女 -/-n 臨終, 末期(まつご).
Ster·be⸗ur·kun·de [シュテルベ・ウーァクンデ] 女 -/-n 死亡証明書.
sterb·lich [シュテルプりヒ ʃtérplɪç] I 形 死ぬべき運命の. (英 *mortal*). Alle Menschen sind *sterblich.* 人間は皆いつか死ぬものだ.
II 副《口語》ひどく, すごく. in 人⁴ *sterblich*

verliebt sein 八⁴に死ぬほどほれている.

Sterb·li·che[r] [シュテルプリヒェ (..ヒャァ) ʃtérplıçə (..çər)] 男 女 《語尾変化は形容詞と同じ》 ① 《雅》(死すべき)人間. ② (平凡な)人間.

Sterb·lich·keit [シュテルプリヒカイト] 女 -/ ① 死ぬべき運命; はかなさ. ② 死亡率.

Sterb·lich·keits=zif·fer [シュテルプリヒカイツ・ツィッファァ] 女 -/-n 死亡率.

Ste·reo [シュテーレオ ʃté:reo または ステ..·sté:..] 中 -s/-s ① 《圏 なし》ステレオ, 立体音響 (=Stereophonie). ein Konzert⁴ in Stereo senden コンサートをステレオで放送する. ② 《印》ステロ版, 鉛版 (=Stereotypieplatte).

Ste·reo=an·la·ge [シュテーレオ・アンラーゲ] 女 -/-n ステレオ装置.

ste·reo·fon [シュテレオふォーン ʃtereofó:n または ステ.. ste..] 形 ステレオの, 立体音響の.

Ste·reo·fo·nie [シュテレオふォニー ʃtereofoní: または ステ.. ste..] 女 -/ ステレオ, 立体音響.

Ste·reo·me·trie [シュテレオメトリー ʃtereometrí: または ステ.. ste..] 女 -/ 《数》立体幾何学.

ste·reo·phon [シュテレオふォーン ʃtereofó:n または ステ.. ste..] 形 =stereofon

Ste·reo·pho·nie [シュテレオふォニー ʃtereofoní: または ステ.. ste..] 女 -/ =Stereofonie

Ste·reo·skop [シュテレオスコープ ʃtereoskó:p または ステ.. ste..] 中 -s/-e 立体鏡, ステレオスコープ.

ste·reo·sko·pisch [シュテレオスコーピッシュ ʃtereoskó:pıʃ または ステ.. ste..] 形 立体鏡の, 立体的に見える.

ste·reo·typ [シュテレオテューブ ʃtereotý:p または ステ.. ste..] 形 ① 型にはまった, お決まりの, ステレオタイプの. eine *stereotype* Redewendung 決まり文句. ② 《印》ステロ版(鉛版)の.

ste·ril [シュテリーる ʃterí:l または ステ.. ste..] 形 ① 無菌の, 殺菌した. eine *sterile* Verpackung 無菌包装. ② 《医・生》不妊の, 生殖不能の. ③ 《比》生産的でない, 不毛な; 味気ない, 殺風景な.

Ste·ri·li·sa·ti·on [シュテリリザツィオーン ʃterilizatsió:n または ステ.. ste..] 女 -/-en ① 殺菌, 消毒. ② 《医》不妊化, 断種.

ste·ri·li·sie·ren [シュテリリズィーレン ʃterilizí:rən または ステ.. ste..] 他 (h) ① (医療器具など⁴を)殺菌する, 消毒する. ② 《医》(人・動物⁴に)不妊(断種)手術を施す.

Ste·ri·li·tät [シュテリリテート ʃterilité:t または ステ.. ste..] 女 -/ ① 無菌[状態]. ② 《医・生》不妊[症]. ③ 《比》(精神的)不毛, 非生産性.

**der Stern [シュテルン ʃtérn]

星

Was für ein *Stern* ist das?
ヴァス ふューァ アイン シュテルン イスト ダス
あれは何の星ですか.

男 (単 2) -[e]s/(複) -e (3格のみ -en) ① 星. (天 star). Polarstern 北極星 / Sonne, Mond und *Sterne* 太陽と月と星 / ein heller *Stern* 明るい星 / ein *Stern* erster Größe² 1等星 / Die *Sterne* blinken (または flimmern). 星がきらめく(またたく)/ Die *Sterne* stehen am Himmel. 星が空に出ている / *Sterne*⁴ sehen 《口語》(なぐられて)目から火が出る / 八³(または 八⁴) die *Sterne*⁴) vom Himmel holen 《比》八³(または 八⁴)のためにどんなことでもやる(←空から星を取ってくる) / die *Sterne*⁴ vom Himmel holen wollen 《雅・比》不可能なことをやろうとする / **nach** den *Sternen* greifen 《雅・比》高望みをする.

② (運勢としての)星, 運勢. die *Sterne*⁴ befragen または **in** den *Sternen* lesen 星占いをする / Das steht in den *Sternen* geschrieben. 《雅》それはどうなるかはっきりしない / Sie ist **unter** einem glücklichen *Stern* geboren. 《雅》彼女は幸運の星のもとに生まれている / Sein *Stern* geht auf. 彼の運勢は上向きだ. ③ (星形のもの:)星印, アステリスク(記号: *); 星形勲章; 星形の菓子; (馬などの)額の白斑(はん). ein fünfzackiger *Stern* 5角の星形 / ein Hotel mit vier *Sternen* 四つ星のホテル. ④ (映画などの)スター, 花形 (=Star). ⑤『シュテルン』(ドイツの週刊誌名).

Stern=bild [シュテルン・ビルト] 中 -[e]s/-er 《天》星座. das *Sternbild* des Kleinen Bären 小熊座.

Stern·chen [シュテルンヒェン ʃtérnçən] 中 -s/- (Stern の 縮小) ① 小さな星. ② 《印》星印, アステリスク(記号: *). ③ (映画などの)新人スター, スターの卵.

Stern=deu·ter [シュテルン・ドイタァ] 男 -s/- 占星術師, 占い師. (女性形: -in).

Stern=deu·tung [シュテルン・ドイトゥング] 女 -/ 占星術.

Ster·nen=ban·ner [シュテルネン・バンナァ] 中 -s/- (アメリカ合衆国の)星条旗. (アメリカ 英語では Stars and Stripes という).

Ster·nen=him·mel [シュテルネン・ヒンメる] 男 -s/ 星空 (=Sternhimmel).

ster·nen=klar [シュテルネン・クらール] 形 星の明るい, 星がよく見える (=sternklar).

Stern=fahrt [シュテルン・ふァールト] 女 -/-en (異なった出発点から同じゴールに向かう)自動車(オートバイ)ラリー.

stern=för·mig [シュテルン・ふェルミヒ] 形 星形の, 放射状の.

stern=ha·gel=voll [シュテルンハーゲる・ふォる] 形 《俗》泥酔した, ぐでんぐでんの.

stern=hell [シュテルン・へる] 形 星の明るい, 星明りの.

Stern=him·mel [シュテルン・ヒンメる] 男 -s/ 星空.

Stern=kar·te [シュテルン・カルテ] 女 -/-n 《天》星図, 星座図.

stern=klar [シュテルン・クらール] 形 星の明るい, 星がよく見える(夜空).

Stern♮kun·de [シュテルン・クンデ] 囡 -/ 天文学 (=Astronomie).

Stern♮schnup·pe [シュテルン・シュヌッペ] 囡 -/-n 流れ星, 流星 (=Meteor).

Stern♮stun·de [シュテルン・シュトゥンデ] 囡 -/-n《雅》記念すべき時, 好機; 運命の時.

Stern♮war·te [シュテルン・ヴァルテ] 囡 -/-n 天文台.

Stern♮zei·chen [シュテルン・ツァイヒェン] 中 -s/《天》獣帯記号 (=Tierkreiszeichen).

Sterz [シュテルツ ʃtérts] I 男 -es/-e ① (鳥などの)尾. ② 《農》すきの柄. II 男 -es/-e 《南独・オーストリア》《料理》シュテルツ(主に穀粉を用いた料理).

stet [シュテート ʃtéːt] 《雅》常に変わらぬ; 絶え間ない. ein *steter* Wandel 不断の変化.

Ste·tho·skop [シュテトスコープ ʃtetoskóːp または ステ·. ste..] 中 -s/-e 《医》聴診器.

ste·tig [シュテーティヒ ʃtéːtɪç] 形 絶え間ない, 不断の, 連続的な;《数》連続の. ein *stetiger* Regen 降り続く雨.

Ste·tig·keit [シュテーティヒカイト] 囡 -/ 不変, 不動; 連続, 恒常.

stets [シュテーツ ʃtéːts] 副 つねに, いつも; 絶えず. Sie ist *stets* freundlich. 彼女はいつも親切だ. (☞類語 immer).

***die* Steu·er**¹ [シュトイアァ ʃtóʏər] 囡 (単) -/ (複) -n ① 税, 税金, 租税. (英 *tax*). direkte (indirekte) *Steuer* 直接(間接)税 / staatliche *Steuer* 国税 / *Steuern*⁴ [be]zahlen 税を納める / *Steuern*⁴ erhöhen (senken) 税を上げる(下げる) / *Steuern*⁴ hinterziehen 脱税する / Das Auto kostet 300 Euro *Steuer* im Jahr. この車には年額 300 ユーロの税がかかる / 物⁴ mit einer *Steuer* belegen 物⁴に税を課す. ② 《覆 なし》《口語》税務署.

***das* Steu·er**² [シュトイアァ ʃtóʏər] 中 (単2) -s/(複) - (3桁あるのは[のハンドル], (船の)舵(かじ); (飛行機の)操縦桿(かん). (英 [*steering*] *wheel*). das *Steuer*⁴ führen ハンドルを操作する / das *Steuer*⁴ herum|reißen a) 急ハンドルを切る, b) 《比》方針を急に切り変える / am *Steuer* sitzen a) (車を)運転している, b) 《比》実権を握っている / Er hat das *Steuer* fest in der Hand. 彼は指導権をしっかり掌握している.

steu·er·bar¹ [シュトイアァバール] 形 《官庁》課税の対象となる.

steu·er·bar² [シュトイアァバール] 形 操縦できる, 制御可能な.

steu·er·be·güns·tigt [シュトイアァ・ベギュンスティヒト] 形 税制上の優遇措置を受けた.

Steu·er·be·ra·ter [シュトイアァ・ベラータァ] 男 -s/ - 税理士. (女性形: -in).

Steu·er·be·scheid [シュトイアァ・ベシャイト] 男 -[e]s/-e 税額査定書, 納税告知書.

Steu·er♮bord [シュトイアァ・ボルト] 中 (古語: 男も) -[e]s/-e 《ふつう 匿》《海・空》右舷(げん).

steu·er♮bord[s] [シュトイアァ・ボルト (..ボルツ)] 副 《海・空》右舷へ, 右側へ.

Steu·er♮er·hö·hung [シュトイアァ・エアヘーウング] 囡 -/-en 増税.

Steu·er♮er·klä·rung [シュトイアァ・エアクレールング] 囡 -/-en 納税申告.

Steu·er♮er·mä·ßi·gung [シュトイアァ・エアメースィグング] 囡 -/-en 税の減額, 減税.

Steu·er♮flucht [シュトイアァ・ふるフト] 囡 -/ 《法》国外逃税(とう) (海外へ資産などを移して納税義務を逃れること).

steu·er♮frei [シュトイアァ・ふライ] 形 無税の, 免税の, 非課税の.

Steu·er♮hin·ter·zie·hung [シュトイアァ・ヒンタァツィーウング] 囡 -/-en 脱税.

Steu·er♮klas·se [シュトイアァ・クらッセ] 囡 -/-n (査定基準による)課税等級.

Steu·er♮knüp·pel [シュトイアァ・クニュッペる] 男 -s/-《空》操縦桿(かん).

steu·er·lich [シュトイアァりヒ] 形 税の, 税金に関する. *steuerliche* Vergünstigungen 税制上の優遇措置.

Steu·er♮mann [シュトイアァ・マン] 男 -[e]s/..leute (まれに ..männer) ① 《海》(昔の:)航海士. ② (ボート競技で:)コックス, 舵手(だしゅ). (女性形: ..frau).

Steu·er♮mar·ke [シュトイアァ・マルケ] 囡 -/-n ① 納税証紙. ② (犬の)鑑札.

steu·ern [シュトイアァン ʃtóʏərn] (steuerte, hat/ist ... gesteuert) I 他 (完了 haben) ① (自動車など⁴を)運転する, (船・飛行機など⁴を)操縦する. (愛 *steer*). einen Porsche *steuern* ポルシェを運転する / Er *steuerte* das Motorrad nur mit einer Hand. 彼はオートバイを片手だけで運転した. ◇《目的語なしでも》Er *kann* nicht *steuern*. 彼は車の運転ができない. (☞類語 fahren).

② 《海・空》(ある進路⁴を)取る. Westkurs⁴ *steuern* 西への進路を取る. ③ (機械などを)操作する, 制御する. 《比》(世論など⁴を)操る. ein Gespräch⁴ *steuern* 会話を自分の思う方向へもっていく.

II 自 (完了 sein または haben) ① (s) 《方向を表す語句とともに》(船などが…へ)進む, 向かう. Das Schiff *steuerte* **nach** Norden. 船は北へ進路を取った. ② (h)《雅》(匿³の)防止(除去)に努める. dem Unheil *steuern* 災害防止に努める.

Steu·er♮pa·ra·dies [シュトイアァ・パラディース] 中 -es/-e 《口語》税金天国(ほとんど税金のない国).

Steu·er♮pflicht [シュトイアァ・プふりヒト] 囡 -/-en 納税義務.

steu·er♮pflich·tig [シュトイアァ・プふりヒティヒ] 形 ① 納税義務のある. ② 課税対象となる.

Steu·er♮po·li·tik [シュトイアァ・ポリティーク] 囡 -/ 租税政策, 税政.

Steu·er♮rad [シュトイアァ・ラート] 中 -[e]s/..räder (自動車などの)ハンドル; (船の)舵輪(だりん); (飛行機の)操縦桿(かん).

Steu・er≠re・form [シュトイアァ・レフォルム] 囡 -/-en 税制改革.

Steu・er≠schuld [シュトイアァ・シュるト] 囡 -/-en 未納(滞納)税金.

steu・er・te [シュトイアァテ] steuern (運転する)の 過去

Steu・e・rung [シュトイエルング] 囡 -/-en ① 〖工〗操舵(操縦)装置;制御装置. ② 〖複 なし〗(船・自動車の)操舵(%), (飛行機の)操縦;(機械などの)操作.

Steu・er≠zah・ler [シュトイアァ・ツァーらァ] 男 -s/- 納税者.(女性形: -in).

Ste・ward [ステューアァト stjú:ərt] [英] 男 -s/-s (旅客機などの)客室乗務員,スチュワード.

Ste・war・dess [ステューアァデス stjú:ərdɛs または ステュアデス] [英] 囡 -/-en (旅客機などの)女性の客室乗務員,スチュワーデス.

StGB [エス・テー・ゲー・ベー] 《略》刑法典 (= Strafgesetzbuch).

sti・bit・zen [シュティビッツェン ʃtibítsən] 過分 stibitzt) 他 (h)〖口語〗([人³から]ちょっとした物⁴を)失敬する,くすねる.

stich [シュティヒ] *stechen (刺す)の du に対する 命令

der **Stich** [シュティヒ ʃtíç] 男 (単2) -[e]s/(複) -e (3格のみ -en) ① (刃物・とげなどで)**刺すこと** (奎 stab). Bienen*stich* 蜂(⸻)に刺されること / ein *Stich* mit dem Messer ナイフでの一突き.
② 刺し傷;刺すような痛み. Der *Stich* schmerzt. 刺し傷が痛む / *Stiche* in der Seite わき腹のちくちくする痛み. ③ 縫い目,ステッチ. mit großen *Stichen* nähen 粗縫いする. ④ 銅版画 (=Kupfer*stich*); 鋼版画 (=Stahl*stich*). ⑤ 〖複 なし〗(色などの)気味. Das Dia hat einen *Stich* ins Blaue. そのスライドは青みがかっている. ⑥ 〖成句的に〗einen [leichten] *Stich* haben a) (牛乳などが)悪くなりかけている, b)《俗》少し頭がおかしい, c)《方》酔っ払っている / 人⁴ im *Stich* lassen a) 人⁴を見殺しにする, b) 人⁴を見捨てる, c)〖口語〗(記憶・手足などが)人⁴の思いどおりにならなくなる / 物⁴ im *Stich* lassen 物⁴を放棄する / *Stich*⁴ halten (主張などが)揺るぎない. ⑦ (トラ)(切り札で)取ること.

Sti・chel [シュティッヒェる ʃtíçəl] 男 -s/- 彫刻刀,彫刻のみ.

Sti・che・lei [シュティッヒェらイ ʃtiçəlái] 囡 -/-en ① 〖複 なし〗(しつこい)いやみ,皮肉. ② (個々の)いやみ,皮肉. ③ 〖複 なし〗(つらい)針仕事.

sti・cheln [シュティッヒェるン ʃtíçəln] 自 (h) ① いやみを言う. ② (せっせと)針仕事をする.

stich≠fest [シュティヒ・フェスト] 形 〖成句的に〗hieb- und *stichfest* (証拠などが)確かな,確固たる.

Stich≠flam・me [シュティヒ・ふらンメ] 囡 -/-n (爆発などの際の)吹き出る炎.

stich≠hal・tig [シュティヒ・はるティヒ] 形 確実

な根拠のある,しっかりした.

Stich・ling [シュティヒリング ʃtíçlɪŋ] 男 -s/-e 《魚》トゲウオ.

Stich≠pro・be [シュティヒ・プローベ] 囡 -/-n 抜き取り検査,無作為抽出検査. *Stichproben*⁴ machen 抜き取り検査をする.

stichst [シュティヒスト] *stechen (刺す)の 2人称親称単数 現在

sticht [シュティヒト] *stechen (刺す)の 3人称単数 現在

Stich≠tag [シュティヒ・ターク] 男 -[e]s/-e (官公庁によって指定された)実施日,施行日.

Stich≠waf・fe [シュティヒ・ヴァッふェ] 囡 -/-n 突く武器(槍・剣など).

Stich≠wahl [シュティヒ・ヴァーる] 囡 -/-en 決選投票.

Stich≠wort [シュティヒ・ヴォルト] 甲 -[e]s/..wörter (または -e) ① 〖複 ..wörter〗(辞典などの)見出語,検索語. Das Wörterbuch enthält hunderttausend *Stichwörter*. この辞典には10万の見出語がある. ② 〖複 -e〗(劇)せりふの送り言葉,きっかけの台詞;(行動の誘因となる)発言. ③ 〖複 -e;ふつう 複〗(演説などのために箇条書きにした)キーワード,メモ書き.

stich≠wort≠ar・tig [シュティヒヴォルト・アールティヒ] 形 メモ風の,箇条書きの.

Stich≠wort≠ver・zeich・nis [シュティヒヴォルト・フェァツァイヒニス] 甲 ..nisses/..nisse 索引.

Stich≠wun・de [シュティヒ・ヴンデ] 囡 -/-n 刺し傷,突き傷.

sti・cken [シュティッケン ʃtíkən] (stickte, hat …gestickt) I 他 (完了 haben) (物⁴に)**刺しゅうする**;(模様などを⁴)刺しゅうする. (奎 embroider). eine Decke⁴ *sticken* テーブルクロスに刺しゅうする / ein Monogramm⁴ auf Taschentücher *sticken* (頭文字などの)組み合わせ文字をハンカチに刺しゅうする.
II 自 (完了 haben) **刺しゅうをする**. Sie *stickt* gern. 彼女は刺しゅうが好きだ.

Sti・cker [シュティッカァ ʃtíkər または スティッ..stí..] 男 -s/- ステッカー.

Sti・cke・rei [シュティッケライ ʃtikəráɪ] 囡 -/-en ① 〖複 なし〗(絶えず)刺しゅうすること. ② 〖手芸〗刺しゅう飾り,刺しゅう作品. eine Bluse mit *Stickerei* 刺しゅうのあるブラウス.

Stick≠garn [シュティック・ガルン] 甲 -[e]s/-e 刺しゅう糸.

sti・ckig [シュティキヒ ʃtíkɪç] 形 (部屋の空気などが)息詰まるような,むっとする.

Stick≠stoff [シュティック・シュトふ] 男 -[e]s/- 《化》窒素 (記号: N).

stick・te [シュティックテ] sticken (刺しゅうする)の 過去

stie・ben⁽*⁾ [シュティーベン ʃtí:bən] (stob, ist/hat…gestoben または stiebte, ist/hat…gestiebt) 自 (s, h) ① (s, h) 飛び散る,散らばる. Der Schnee *stob* um das Haus. 家の周りで雪が舞い上がった. ② (s) (群衆などが…へ)四散する,

あわてて逃げて行く.

Stief.. [シュティーふ.. ʃti:f..]『親族関係を表す名詞につける接頭』(継(まま)…)例: Stiefmutter 継母(ぼ).

Stief·bru·der [シュティーふ・ブルーダァ] 男 -s/..brüder ① 異父(異母)兄弟, 腹違いの兄弟. ② (父母それぞれの連れ子の間柄を表して:)義理の兄(弟).

der **Stie·fel** [シュティーふェる ʃtí:fəl] 男 (単2) -s/(複) - (3格のみ -n) ① 長靴, ブーツ. (英 boot). (英「短靴」は Schuh). (☞ Schuh 図). Gummistiefel ゴム長靴 / Stiefel[4] an|ziehen (aus|ziehen) 長靴をはく(脱ぐ) / 人[3] die Stiefel[4] lecken《比》人[3]にへつらう(←長靴をなめる) / Das sind zwei Paar Stiefel.《俗》その二つはまったく別の事柄だ(←2足の長靴). ② 長靴型の大ジョッキ. einen ordentlichen Stiefel vertragen《口語》大酒飲みである. ③『成句的に』einen Stiefel zusammen|reden《口語》くだらないことを長々としゃべる.

Stie·fe·let·te [シュティふェれッテ ʃtifəlétə] 女 -/-n (ふつう 複) ハーフブーツ, 半長靴.

Stie·fel·knecht [シュティーふェる・クネヒト] 男 -[e]s/-e (長靴・ブーツ用の)脱靴具.

stie·feln [シュティーふェるン ʃti:fəln] 自 (s)《口語》(…へ/…から)大股でのっしのっしと歩いて行く(来る).

◇ ☞ **gestiefelt**

Stief·el·tern [シュティーふ・エるタァン] 複 (継父(けいふ)または継母(けいぼ)の再婚によって生ずる)継(まま)父母.

Stief·ge·schwis·ter [シュティーふ・ゲシュヴィスタァ] 複 ① 異父(異母)兄弟姉妹, 腹違いの兄弟姉妹. ② (父母それぞれの連れ子の間柄を表して:)義理の兄弟姉妹.

Stief·kind [シュティーふ・キント] 中 -[e]s/-er 継子(ままこ), 連れ子;《比》のけ者. ein Stiefkind des Glücks《比》薄幸な人.

Stief·mut·ter [シュティーふ・ムッタァ] 女 -/..mütter 継母(ままはは).

Stief·müt·ter·chen [シュティーふ・ミュッタァヒェン] 中 -s/-《植》サンシキスミレ, パンジー.

stief·müt·ter·lich [シュティーふ・ミュッタァリヒ] 形 継母(ままはは)のような;《比》愛情のない, 無慈悲な.

Stief·schwes·ter [シュティーふ・シュヴェスタァ] 女 -/-n ① 異父(異母)姉妹, 腹違いの姉妹. ② (父母それぞれの連れ子の間柄を表して:)義理の姉(妹).

Stief·sohn [シュティーふ・ゾーン] 男 -[e]s/..söhne (男の)継子(ままこ).

Stief·toch·ter [シュティーふ・トホタァ] 女 -/..töchter (女の)継子(ままこ).

Stief·va·ter [シュティーふ・ふァータァ] 男 -s/..väter 継父(ままちち).

stieg [シュティーク] *steigen (登る)の過去.

stie·ge [シュティーゲ] *steigen (登る)の過去[2].

Stie·ge [シュティーゲ ʃtí:gə] 女 -/-n ① (狭く急な)木の階段;《南ド・オーストリア》階段. ②《南ド・オーストリア》(野菜などを入れる)木枠の箱.

Stieg·litz [シュティーグリッツ ʃtí:glɪts] 男 -es/-e《鳥》ゴシキヒワ.

stiehl [シュティーる] *stehlen (盗む)の du に対する命令.

stiehlst [シュティーるスト] *stehlen (盗む)の2人称親称単数 現在.

stiehlt [シュティーるト] *stehlen (盗む)の3人称単数 現在.

der **Stiel** [シュティーる ʃtí:l] 男 (単2) -[e]s/(複) -e (3格のみ -en) ① (ほうきなどの)柄, (フライパンなどの)取っ手; (ワイングラスの)脚; (アイスキャンデーなどの)柄. (英 handle). Besenstiel ほうきの柄 / der Stiel des Hammers ハンマーの柄 / Eis am Stiel アイスキャンデー. ② (花の)茎;葉柄(ようへい), 花柄(かへい), 花梗(かこう).

Stiel·au·ge [シュティーる・アオゲ] 中 -s/-n《動》(カニなどの)有柄(ゆうへい)眼. Stielaugen[4] machen (または bekommen)《口語・戯》物欲しそうに眺める, 珍しげに見る(←目の玉が飛び出るほど).

stier [シュティーァ ʃti:r] 形 ① (目つきが)うつろな, とろんとした. ②《オーストリア・スイス》お金がない.

der **Stier** [シュティーァ ʃti:r] 男 (単2) -[e]s/(複) -e (3格のみ -en) ① (去勢していない)雄牛, 種牛. (英 bull). den Stier bei den Hörnern packen《比》敢然と難事にとり組む(←雄牛の角をつかむ). (☞ 類語 Kuh). ②『複なし』牡牛(おうし)座; 金牛宮. ③ 牡牛(おうし)座生まれの人.

stie·ren [シュティーレン] 自 (h) (…の方を)じっと見つめる. **auf** 人・物[4] stieren 人・物[4]をじっと見つめる / ins Leere stieren 虚空を見つめる.

Stier·kampf [シュティーァ・カンプふ] 男 -[e]s/..kämpfe 闘牛.

Stier·kämp·fer [シュティーァ・ケンプふァァ] 男 -s/- 闘牛士. (女性形: -in).

Stier·na·cken [シュティーァ・ナッケン] 男 -s/- (軽蔑的に:)太くて頑丈な首, 猪首(いくび).

stieß [シュティース] *stoßen (突く)の過去.

stie·ße [シュティーセ] *stoßen (突く)の接[2].

der **Stift**[1] [シュティふト ʃtɪft] 男 (単2) -[e]s/(複) -e (3格のみ -en) ① (頭のない)くぎ, 木針; 鋲(びょう), ピン;《工》(機械の)ピン. (英 pin). ② 鉛筆(=Bleistift); 色鉛筆(=Farbstift); クレヨン. ③《口語》見習い; 小柄な男の子, 丁稚.

Stift[2] [シュティふト] 中 -[e]s/-e (まれに -er) ①《キリスト教》参事会, 宗教財団[員]; (宗教財団経営の)神学校;《カトリック》修道院. ② (宗教法人経営の)養老院, 女学校.

stif·ten[1] [シュティふテン ʃtɪftən] du stiftest, er stiftet (stiftete, hat...gestiftet) 他 (変了) haben) ① (物[4]の)設立基金を出す; 設立(創設)する. (英 found). ein Kloster[4] stiften 修道院の設立基金を出す / einen Verein stiften 協会を設立する.

② 寄付する, 寄贈する. Geld[4] stiften お金を寄付する / Er hat den Wein **für** die Feier gestiftet. 彼はお祝いの席にこのワインを差し入れた. ③ (混乱など[4]を)引き起こす, (秩序など[4]を)

もたらす．Frieden⁴ *stiften* 平和をもたらす．
stif·ten² [シュティフテン] 個 (h) 《成句的に》*stiften gehen* 《口語》こっそり逃げ出す，ずらかる．
stif·ten ge·hen ☞ stiften²
Stif·ter¹ [シュティフタァ ʃíftər] 男 -s/- 設立(創設)者，発起人，寄付者．(女性形: -in)．
Stif·ter² [シュティフタァ] -s/ 《人名》シュティフター (Adalbert *Stifter* 1805–1868; オーストリアの作家)．
stif·te·te [シュティフテテ] stiften (設立基金を出す)の過去．
Stifts⸗kir·che [シュティフツ・キルヒェ] 囡 -/-n (旧教)参事会(司教座)教会．
die **Stif·tung** [シュティフトゥング ʃíftuŋ] 囡(単) -/(複) -en ① 《法》基金，寄付金; (寄付による)財団，財団法人．(英 *foundation*)．eine *Stiftung*⁴ errichten 財団を設立する / die Alexander-von-Humboldt-*Stiftung* アレクサンダー・フォン・フンボルト財団．② 設立，創立．die *Stiftung* des Klosters 修道院の設立．
Stift⸗zahn [シュティフト・ツァーン] 男 -[e]s/..zähne 《医》継ぎ歯．
Stig·ma [シュティグマ ʃtígma または スティグマ stígma] 中 -s/Stigmata (または Stigmen) ① 特徴; (古代の奴隷の)焼き印; (犯罪者などの)烙印(らくいん); (旧教)聖痕(せいこん); 《植》(雌しべの)柱頭; 《動》気門，気孔．
stig·ma·ti·sie·ren [シュティグマティズィーレン ʃtigmatiziːrən または スティグ.. stıg..] 他 (h) 《社》(人⁴に)烙印(らくいん)を押す．
der **Stil** [シュティーる ʃtíːl または スティーる stíːl] 男(単2) -[e]s/(複) -e (3格のみ -en) ① 文体，表現様式．(英 *style*)．Bau*stil* 建築様式 / Der *Stil* seiner Briefe ist knapp. 彼の手紙の文体は簡潔だ．
② (芸術上の)様式．der romanische *Stil* ロマネスク様式 / Der *Stil* des Barocks バロック様式．③ 《複なし》(行動などの)スタイル，様式，やり方，流儀．Lebens*stil* ライフスタイル / Das ist nicht mein *Stil*. それは私の流儀(好み)ではない / im großen *Stil* 大がかりに，大々的に．④ (スポーツ)技法，型，フォーム．Schwimm*stil* 泳法．
Stil⸗blü·te [シュティーる・ブリューテ] 囡 -/-n (うっかりした)言いそこない，おかしな表現．
stil⸗echt [シュティーる・エヒト] 形 (芸術・建築上の)様式にかなった．
Sti·lett [シュティれット ʃtilét または スティ.. sti..] 中 -s/-e 短剣，あいくち．
Stil⸗ge·fühl [シュティーる・ゲフュール] 中 -[e]s/ 様式(文体)に対するセンス．
stil⸗ge·recht [シュティーる・ゲレヒト] 形 様式にかなった，文体の整った．
sti·li·sie·ren [シュティリズィーレン ʃtiliziːrən または スティ.. sti..] 他 (h) (人・物⁴を)様式化する．
Sti·list [シュティリスト ʃtilíst または スティ.. sti..] 男 -en/-en ① 文章(美文)家．(女性形: -in)．② スポーツのテクニシャン．
Sti·lis·tik [シュティリスティク ʃtilístɪk または スティ.. sti..] 囡 -/-en ① 《複なし》文体論．② 文章読本．
sti·lis·tisch [シュティリスティッシュ ʃtilístɪʃ または スティ.. sti..] 形 文体[上]の; 様式[上]の．

※**still** [シュティる ʃtíl]

┌─────────────────────────┐
│ 静かな Sei *still*! 静かにしなさい． │
│   ザイ シュティる   │
└─────────────────────────┘

形 (英 *still*) ① 静かな，ひっそりした．ein *stiller* Platz 静かな場所 / Im Wald war es ganz *still*. 森の中はしんと静まりかえっていた / Sei doch endlich davon *still*! もうそのことは黙っていろ / Es ist *still* um ihn geworden. 《現在完了》《比》彼のことは世間ではとりざたされなくなった．
② 静止した，動きのない．*still* sitzen じっと(何もせずに)座っている / Die Luft war ganz *still*. 風はそよとも吹かなかった / ein *stilles* Wasser a) よどんだ水，b) 《比》奥の深い人 / *Stille* Wasser sind tief. 《諺》思慮のある人は口数が少ない(←静かな淵は深い) / der *Stille* Ozean 太平洋．
③ 平穏な，落ち着いた．in einer *stillen* Stunde 落ち着いたときに / ein *stilles* Leben⁴ führen 平穏な生活を送る．④ (性格などが)物静かな，おとなしい．ein *stiller* Junge 物静かな少年．⑤ 無言の，沈黙の; ひそやかな．eine *stille* Liebe 胸に秘めた恋 / ein *stiller* Vorwurf 無言の非難．◇《名詞的に》im *Stillen* a) こっそりと，b) 口には出さずに，内心．

▶ **still|sitzen**

類語 **still**: (物音・騒音がなく)しんとした．**ruhig**: 音の静かな，(動きがなく)静かな．**friedlich**: (平和で)穏やかな．

die **Stil·le** [シュティれ ʃtílə] 囡(単) -/ ① 静けさ，静寂; 沈黙; 平静．(英 *silence*)．die *Stille* der Nacht² 夜のしじま / Das Tal lag in tiefer *Stille*. 谷は深い静けさの中にあった．② 《経》不景気．③ 《成句的に》in aller *Stille* 内々に，内輪で，こっそり．
Stille·ben [シュティる・れーベン] Stillleben の古い形．
stille·gen [シュティる・れーゲン] still|legen の古い形．
Stille·gung [シュティる・れーグング] Stilllegung の古い形．
stil·len [シュティれン ʃtílən] 他 (h) ① (苦痛など⁴を)鎮める，(血・涙など⁴を)止める．den Husten *stillen* せきを止める．②(欲望など⁴を)満足させる．den Durst mit einem Glas Bier *stillen* のどの渇きを一杯のビールでいやす．③ (赤ん坊⁴に)乳を飲ませる．◇《目的語なしでも》Sie *stillt* noch. 彼女はまだ子供に乳を飲ませている．
still·ge·stan·den [シュティる・ゲシュタンデン] still|stehen (止まっている)の過分．
Still·hal·te·ab·kom·men [シュティるはるテ・アップコンメン] 中 -s/- ① 《経》支払い猶予協定．② (政党間の)休戦協定．

still|hal·ten* [シュティる・ハるテン ʃtíl-hàltən] 自 (h) ① じっとしている，動かないでいる． ② じっと耐える．

stillie·gen* [シュティる・リーゲン] still|liegen の古い形．

Still︎︎‿le·ben [シュティる・れーベン] 中 –s/– 《美》静物[画]．

still|le·gen* [シュティる・れーゲン ʃtíl-lè:gən] 他 (h) (圏⁴の)操業(運転・営業)を停止する． den Betrieb stilllegen 操業を停止する．

Still︎︎‿le·gung [シュティる・れーグング] 女 –/–en 停止，休止；休業．

still|lie·gen* [シュティる・リーゲン ʃtíl-lì:gən] 自 (h) 操業(運転・営業)を停止している．

stil︎︎‿los [シュティーる・ろース] 形 ① 様式を持たない；統一のない． ② 品のない，趣味の悪い．

still|schwei·gen* [シュティる・シュヴァイゲン ʃtíl-ʃvàigən] 自 (h) 沈黙を守る，黙っている．
◇☞ **stillschweigend**

Still·schwei·gen [シュティる・シュヴァイゲン] 中 –s/ 沈黙，秘密を守ること，秘匿． über 圏⁴ Stillschweigen⁴ bewahren 圏⁴について沈黙を守る / 圏⁴ mit Stillschweigen übergehen 圏⁴を黙殺する / sich⁴ in Stillschweigen hüllen 秘密を漏らさない．

still·schwei·gend [シュティる・シュヴァイゲント] I still|schweigen (沈黙を守る)の 現分 II 形 無言の；暗黙の． ein stillschweigendes Einverständnis 暗黙の了解．

still|sit·zen*, **still sit·zen*** [シュティる・ズィッツェン ʃtíl-zìtsən] 自 (h) (精神を)集中している．
► **sitzen** ②

Still︎︎‿stand [シュティる・シュタント] 男 –[e]s/ 静止，停止，休止；行き詰まり，停滞． **zum** Stillstand kommen 停止(停滞)する / den Motor zum Stillstand bringen エンジンを止める．

still|ste·hen* [シュティる・シュテーエン ʃtíl-ʃtè:ən] (stand...still, hat...stillgestanden) 自 (完了) haben) ① (機械などが)止まっている；(交通などが)停滞している． Sein Herz stand vor Schreck still. 彼は驚きのあまり心臓が止まりそうだった． ② 《軍》気をつけの姿勢をとっている． ◇《過去分詞の形で》 Stillgestanden! (号令で)気をつけ．

still︎︎‿ver·gnügt [シュティる・フェァグニュークト] 形 ひそかに満足している，内心悦に入っている．

Stil︎︎‿mö·bel [シュティーる・メーベる] 中 –s/– アンチーク風の家具．

stil︎︎‿voll [シュティーる・ふォる] 形 ① 様式(文体)の整った． ② 趣味のいい，上品な．

Stimm︎︎‿ab·ga·be [シュティム・アップガーベ] 女 –/–n 投票．

Stimm︎︎‿band [シュティム・バント] 中 –[e]s/ ..bänder 《ふつう 複》 《医》声帯．

stimm︎︎‿be·rech·tigt [シュティム・ベレヒティヒト] 形 投票権のある．

Stimm︎︎‿bruch [シュティム・ブルフ] 男 –[e]s/ 声変わり(＝Stimmwechsel)．

*die Stim·me [シュティンメ ʃtímə] 女 (単)–/(複)–n ① 声，音声；歌声；鳴き声．《英 voice》． eine hohe (tiefe) Stimme 高い(低い)声 / eine heitere (heisere) Stimme 明るい(かすれた)声 / die Stimme der Vögel² 鳥の鳴き声 / die Stimme⁴ heben 声を高める / Sie hat eine schöne Stimme. 彼女はきれいな[歌]声をしている / 人⁴ **an** der Stimme erkennen 人⁴だとわかる / **gut bei** Stimme sein 声の調子が良い / Er spricht **mit** lauter Stimme. 彼は大きな声で話す．

② 《比》(心の)声． eine innere Stimme 内なる声，予感 / der Stimme³ des Gewissens folgen 良心の声に従う．

③ 《音楽》(合唱の)**声部**；(合奏の)パート． die erste (zweite) Stimme 第 1 (第 2)声部 / ein Chor für vier Stimmen 四部合唱[曲]．

④ 意見，意思[表明]；世論． die Stimme des Volkes 民の声 / die Stimme der Presse² 新聞雑誌の論調．

⑤ (選挙の)**票**；投票権． Ja stimme 賛成票 / Gegenstimme または Nein stimme 反対票 / Wir geben unsere Stimme ab. 私たちは投票する / eine Stimme⁴ haben 投票権がある / sich⁴ der Stimme² enthalten 投票を棄権する / Ich gebe ihm meine Stimme. 私は彼に投票する．

***stim·men [シュティンメン ʃtímən]

(事実に)合っている

Das stimmt! そのとおり．
ダス　シュティムト

(stimmte, hat...gestimmt) I 自 (完了 haben) ① (事実に)**合っている**，(情報・発言などが事実と)合致している；(計算などが)合っている；(事が)うまくいっている． Ihre Angabe stimmt. 彼女の申したとおりだ / Die Nachricht stimmt nicht. そのニュースは事実に反している / Die Adresse stimmt nicht mehr. その町名はもう変わっている / Stimmt es, dass er morgen kommt? あす彼が来るというのは本当ですか / Das kann doch nicht stimmen! そんなはずはない / Es stimmt, was du sagst. 君の言うとおりだ / Die Rechnung stimmt. 勘定は合っている / **Stimmt so!**《口語》(レストランなどで:)おつりは[チップとして]取っておいてください / Da stimmt etwas nicht.《口語》それは何か変だ．

② 《**zu** 物³(または **auf** 物⁴) ～》(物³(または 物⁴)に)うまく合う，適合する． Dieses Blau stimmt nicht zur Farbe der Tapete. この青の色は壁紙の色に合わない．

③ 投票する．《英 vote》． **für (gegen)** 圏⁴ stimmen 圏⁴に賛成(反対)の投票をする．

II 他 (完了 haben) ① (人⁴を…の)気持ちにさせる． Diese Nachricht stimmte ihn froh. このニュースは彼を喜ばせた / Er ist heute gut gestimmt.《状態受動・現在》彼はきょうは機嫌が

良い. ② (楽器⁴を)調律する. das Klavier⁴ *stimmen* ピアノを調律する.

Stim·men⸗fang [シュティンメン・ファング] 男 -[e]s/ (軽蔑的に:) 票集め. **auf** *Stimmenfang* **gehen** (政治家などが)票集めをする.

Stim·men⸗**gleich·heit** [シュティンメン・グらイヒハイト] 女 -/ (投票の)同点, 同数得票.

Stim·men⸗**mehr·heit** [シュティンメン・メーアハイト] 女 -/-en 過半数の得票, 多数票.

Stim·ment·hal·tung [シュティム・エントハるトゥング] 女 -/-en (投票の)棄権; 白票.

Stim·mer [シュティマァ ʃtímɐr] 男 -s/- 《音楽》調律師. (女性形: -in).

Stimm⸗ga·bel [シュティム・ガーべる] 女 -/-n 《音楽》音叉(ホメ).

stimm⸗ge·wal·tig [シュティム・ゲヴァるティヒ] 形 声量が豊かな, 声の大きい.

stimm·haft [シュティムハふト] 形 《言》有声[音]の.

stim·mig [シュティミヒ ʃtímɪç] 形 調和のとれた, 統一のとれた, 矛盾のない.

..stim·mig [..シュティミヒ ..ʃtɪmɪç] 形容詞をつくる 接尾 《...の声[部]の》 例: vier*stimmig* (=4-*stimmig*) 4 声の.

Stimm⸗la·ge [シュティム・らーゲ] 女 -/-n 《音楽》声域(ソプラノ・バスなど).

stimm·lich [シュティムりヒ] 形 声の, 音声[上]の.

stimm·los [シュティム・ろース] 形 ① かぼそい声の. ② 《言》無声[音]の.

Stimm⸗recht [シュティム・レヒト] 中 -[e]s/-e 投票(選挙)権.

Stimm⸗rit·ze [シュティム・リッツェ] 女 -/-n 《医》声門.

stimm·te [シュティムテ] ‡stimmen (事実に合っている)の 過去

die **Stim·mung** [シュティムング ʃtímʊŋ] 女 (単) -/(複) -en ① 気分, 機嫌; 上機嫌. (英 *mood*). eine heitere *Stimmung* 朗らかな気分 / 人³ die *Stimmung*⁴ verderben 人³ の機嫌をそこねる / Er ist heute in guter *Stimmung*. 彼はきょうは上機嫌だ / 人⁴ in *Stimmung* bringen 人⁴を楽しい気分にさせる / in *Stimmung* kommen 楽しい気分になる / Ich bin jetzt nicht in der *Stimmung*, einen Brief zu schreiben. 私は今手紙を書くような気分ではない.

② (その場全体の)雰囲気, ムード. eine märchenhafte *Stimmung* おとぎ話のような雰囲気 / Die *Stimmung* auf der Feier war prima. 祝典のムードは最高だった.

③ 世論, 風潮. **für (gegen)** 人·物⁴ *Stimmung* **machen** 人·物⁴に対する人気をあおる(反感をかきたてる). ④ 《音楽》(楽器の)調律.

Stim·mungs⸗ba·ro·me·ter [シュティムングス・バロメータァ] 中 -s/- 《口語》雰囲気[のバロメータ]. Das *Stimmungsbarometer* steht auf null. 雰囲気が一向に盛り上がらない.

Stim·mungs⸗**ka·no·ne** [シュティムングス・カノーネ] 女 -/-n 《口語・戯》(パーティーなどの)盛り上げ役.

Stim·mungs⸗**ma·che** [シュティムングス・マッヘ] 女 -/ (軽蔑的に:) 世論操作, ムード作り.

stim·mungs⸗**voll** [シュティムングス・ふォる] 形 情緒豊かな, ムード(気分)のよく出ている.

Stimm⸗wech·sel [シュティム・ヴェクせる] 男 -s/ 声変わり (=Stimmbruch).

Stimm⸗zet·tel [シュティム・ツェッテる] 男 -s/- 投票用紙.

Sti·mu·lans [シュティームらンス ʃtíːmulans または スティー.. stíː..] 中 -/..lantia [シュティムらンツィア または スティー..] (または ..lanzien [シュティムらンツィエン または スティー..]) 興奮剤, 刺激剤.

sti·mu·lie·ren [シュティムリーレン ʃtimuliːrən または スティ.. sti..] 他 (h) (人·物⁴を)鼓舞する, 駆りたてる; (器官の働き⁴を)刺激する. 人³ **zu** 人⁴ *stimulieren* 人⁴を励まして 物³ をさせる.

Sti·mu·lus [シュティームるス ʃtíːmulʊs または スティー.. stíː..] 男 -/..muli 鼓舞(,心)刺激(物).

stink.., Stink.. [シュティンク.. ʃtɪŋk..] 《形容詞·名詞につける 接頭》《非常に·ひどく》 例: *stink*faul ひどい怠け者の.

stin·ken* [シュティンケン ʃtíŋkən] (stank, *hat*...gestunken) 自 (完了 haben) ① 臭いにおいがする, 悪臭を放つ. (英 *stink*). Abgase *stinken.* 排気ガスが臭い / **nach** 物³ *stinken* 物³のにおいがする ⇨ Du *stinkst* nach Alkohol. 君は酒臭いよ. ◇《非人称の **es** を主語として》 Es *stinkt* nach Gas. ガス臭い.

② 《口語》うさんくさい, いかがわしい. Das *stinkt* **nach** Verrat. そこには裏切りの気配がある / Er *stinkt* **vor** Faulheit! 彼はどうにもならない怠け者だ. ③ 《俗》(人³に)いや気を起こさせる. Die Arbeit *stinkt* mir. この仕事にはうんざりだ.

stink⸗faul [シュティンク・ファオる] 形 《俗》ひどい怠け者の, ひどくぐうたらな.

stin·kig [シュティンキヒ ʃtíŋkɪç] 形 《俗》① 臭い, 悪臭のする. ② 《比》鼻持ちならぬ, いやな.

Stink⸗tier [シュティンク・ティーァ] 中 -[e]s/-e ① 《動》スカンク. ② 《俗》鼻持ちならぬ人.

Stink⸗**wut** [シュティンク・ヴート] 女 -/ 《俗》ひどい立腹.

Sti·pen·di·at [シュティペンディアート ʃtipɛndiáːt] 男 -en/-en 奨学生, 給費生. (女性形: -in).

Sti·pen·di·en [シュティペンディエン] Stipendium (奨学金)の 複

das **Sti·pen·di·um** [シュティペンディウム ʃtipéndium] 中 (単2) -s/(複) ..dien [..ディエン] 奨学金; 研究助成金. (英 *scholarship*). ein *Stipendium*⁴ bekommen 奨学金をもらう / 人³ ein *Stipendium*⁴ geben 人³に奨学金を与える.

stip·pen [シュティッペン ʃtípən] 他 (h) 《北ドツ》 ① 〖A⁴ **in** B⁴ ~〗(A⁴をB⁴に)軽く浸す. Brot⁴ in Milch *stippen* パンを牛乳に浸す. ② すくい取る, ぬぐい取る. ③ 軽くつつく.

Stipp⸗vi·si·te [シュティップ・ヴィズィーテ] 女 -/

stirb [シュティルプ] *sterben (死ぬ)の du に対する命令.

stirbst [シュティルプスト] *sterben (死ぬ)の2人称親称単数 現在.

stirbt [シュティルプト] *sterben (死ぬ)の3人称単数 現在.

die **Stirn** [シュティルン ʃtírn] 女 (単) -/(複) -en 額. (英) forehead. eine breite *Stirn* 広い額 / die *Stirn*⁴ runzeln 額にしわを寄せる、眉(⁴)をしかめる /囚³ die *Stirn*⁴ bieten《比》囚³に勇敢に立ち向う / Er hat die *Stirn*, zu behaupten, dass ... 《比》彼はあつかましくも…と主張する / 囚³ 事⁴ an der *Stirn* ab|lesen 囚³の顔色から事⁴を読みとる / Das steht ihm an (または auf) der *Stirn* geschrieben. それは彼の顔にちゃんと書いてある /《比》**mit eiserner *Stirn*** 《比》びくともせずに / Er wischte sich³ den Schweiß **von der *Stirn*.** 彼は額の汗をぬぐった.

Stirn∻band [シュティルン・バント] 中 -(e)s/ ..bänder ヘアバンド, 鉢巻き.

Stirn∻**bein** [シュティルン・バイン] 中 -(e)s/-e 《医》前頭骨, 額骨.

Stirn∻**run·zeln** [シュティルン・ルンツェるン] 中 -s/ 眉(⁴)をひそめること; しかめっ面.

Stirn∻**sei·te** [シュティルン・ザイテ] 女 -/-n (建物などの)正面, 前面.

stob [シュトープ] stieben (飛び散る)の 過去.

stö·be [シュテーベ] stieben (飛び散る)の 接2.

stö·bern [シュテーバァン ʃtǿːbərn] I 自 (h, s) ① (h)〖**in** 物³ ~〗《口語》(物³の中をひっかき回して)探し物をする. Er *stöberte* in allen Ecken. 彼はあちこちと隅々まで探し回った / im Sperrmüll **nach** 物³ **stöbern** 粗大ごみをひっかき回して物³を探す. ② (方)(雪などが)舞う. 《非人称の **es** を主語として》Es *stöbert*. 激しく雪が降っている. II (h) 《南ド州》(部屋など⁴の)大掃除をする.

sto·chern [シュトハァン ʃtɔ́xərn] 自 (h)〖**in** 物³ ~〗(物³の中を)つつく(ほじくり)回す. lustlos mit der Gabel im Essen *stochern* つまらなそうにフォークで料理をつつき回す.

*der **Stock**¹ [シュトック ʃtɔ́k] 男 (単) -(e)s/ (数詞とともに: 複) - または (複) Stockwerke (3格のみ -n) (建物の)階 (=*Stock*werk). (英) floor. der erste *Stock* 2階(まれに1階). (注) ふつう1階を除いて数える. Er wohnt **im zweiten *Stock*.** 彼は3階に住んでいる / Er wohnt einen *Stock* tiefer. 彼は1階下に住んでいる.

Dachgeschoss
zweiter Stock
erster Stock
Erdgeschoss(Parterre)
Keller

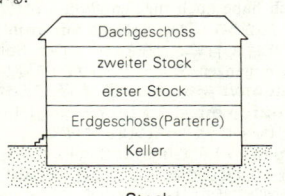

Stock

der **Stock**² [シュトック ʃtɔ́k] 男 (単) -(e)s/ (複) Stöcke [シュテッケ] (3格のみ Stöcken) ① **棒**, つえ, ステッキ, (スキーの)ストック, (ホッケーの)スティック. (英) stick. ein langer *Stock* 長いつえ / **am *Stock* gehen** a) つえをついて歩く, b) 《比》体力的(経済的)に弱りきっている. ②《音楽》指揮棒, タクト (=Takt*stock*). ③ (木の)切り株. **über *Stock* und Stein** あらゆる障害物をものともせず, しゃにむに. ④ 灌木(ポミ), 低木. Wein*stock* ぶどうの木. ⑤ 蜜蜂(ホホ)の巣箱 (=Bienen*stock*).

Stock³ [シュトック] 男 -s/-s ①《経》在庫品, ストック. ② 資本[金], 元金.

stock.. [シュトック..]《形容詞につける 接頭》《非常にひどく》例: *stock*dumm 大ばかの.

stock∻dumm [シュトック・ドゥム] 形 《口語》大ばかの.

stock∻dun·kel [シュトック・ドゥンケる] 形 《口語》真っ暗な.

Stö·cke [シュテッケ] Stock¹ (棒)の 複.

stö·ckeln [シュテッケルン ʃtœkəln] 自 (s)《口語》ハイヒールをはいて気取って歩く.

Stö·ckel∻schuh [シュテッケる・シュー] 男 -(e)s/-e ハイヒール[シューズ].

sto·cken [シュトッケン ʃtɔ́kən] (stockte, *hat/ ist* ... gestockt) 自 (注) haben または sein) ① (h) (息・脈などが一時的に)**止まる**; (仕事・交通などが)滞る, 渋滞する. Der Atem *stockte* mir **vor** Schreck. 驚きのあまり私は息が止まる思いだった / Der Verkehr *stockt*. 交通が渋滞する.
② (h) **言葉に詰まる**; (不安になって)足が止まる. Er *stockte* **bei** seinem Bericht. 彼は報告中につかえてしまった. ③ (h, s)《南ド·オーストリア·スイス》(ミルクなどが)凝固する, 固まる.
◊⌒☞ stockend

Sto·cken [シュトッケン] 中《成句的に》**ins *Stocken* geraten** (仕事などが)行き詰まる; 言葉に詰まる.

sto·ckend [シュトッケント] I stocken (止まる)の 現分 II 形 つかえながらの; 渋滞中の. *stockend* reden どたどたしく語る.

stock∻fins·ter [シュトック・フィンスタァ] 形 《口語》真っ暗な (=stockdunkel).

Stock∻fisch [シュトック・フィッシュ] 男 -(e)s/-e ① 干し鱈(タ), 棒鱈, 魚の干物. ②《口語》退屈なやつ.

Stock∻fleck [シュトック・ふれック] 男 -(e)s/-e (布·紙·木にできた)染み.

Stock∻holm [シュトック・ホるム ʃtɔ́k-hɔlm] 中 -s/ (都市名)ストックホルム(スウェーデンの首都).

sto·ckig [シュトキヒ ʃtɔ́kɪç] 形 ① かびくさい. ② かびの生えた, 染みだらけの.

..stö·ckig [..シュトキヒ..ʃtœkɪç]《形容詞をつくる 接尾》(…階建ての) 例: zwei*stöckig* (=2-*stöckig*) 3階建ての;《方》2階建ての.

Stock∻schirm [シュトック・シルム] 男 -(e)s/-e ステッキ[兼用の]傘.

Stock∻schnup·fen [シュトック・シュヌプふェ

ン] 男 -s/- 鼻詰まり; 《医》閉塞(%)性鼻感冒.
stock⹀steif [シュトック・シュタイフ] 形 《口語》(態度などが)とても堅苦しい, しゃちこばった.
stock⹀taub [シュトック・タオプ] 形 《口語》まったく耳の聞こえない.
stock・te [シュトックテ] stocken (止まる)の 過去
Sto・ckung [シュトックング] 女 -/-en 停止, 停滞; 渋滞; (言葉などの)つかえ.

das **Stock⹀werk** [シュトック・ヴェルク ʃtɔ́k-vɛrk] 中 (単2) -[e]s/(複) -e (3格のみ -en) (建物の)階. 《英 floor》. 《⚐》ふつう1階を除いて数える. 🖙 Stock² 図]. das obere (untere) *Stockwerk* 上の(下の)階 / **im zweiten** *Stockwerk* 3階に / ein Haus **mit fünf** *Stockwerken* 6階建ての家.

Stock⹀zahn [シュトック・ツァーン] 男 -[e]s/..zähne 《南ド・オーストリア・スイス》臼歯(*う*ゆ) (=Backenzahn).

der **Stoff** [シュトフ ʃtɔf] 男 (単2) -[e]s/(複) -e (3格のみ -en) ① **布地**, 生地. 《英 material》. ein wollener *Stoff* ウールの生地 / ein leichter (dünner) *Stoff* 軽い(薄い)布地 / ein *Stoff* **aus** Seide 絹織物 / Der *Stoff* liegt 90 cm breit. この布地は幅が90センチだ.
② **物質**; 材料, 原料; 成分; 《圏電》《哲》質料. ein organischer *Stoff* 有機物 / ein radioaktiver *Stoff* 放射性物質. 🖙 類語 Ding).
③ (小説・論文などの)**素材**, 題材; 教材 (=Lehr*stoff*); 資料. ein interessanter *Stoff* 興味ある題材 / ein *Stoff* für einen Roman 小説の題材. ④ 《俗》酒; 麻薬.

| 《⚐》..stoff のいろいろ: **Baustoff** 建材 / **Brennstoff** 燃料 / **Farbstoff** 染料 / **Klebstoff** 接着剤 / **Kleiderstoff** 洋服の生地 / **Kunststoff** プラスチック / **Lehrstoff** 教材 / **Rohstoff** 原料 / **Sauerstoff** 酸素 / **Seidenstoff** 絹織物 / **Treibstoff** (動力用)燃料 / **Wasserstoff** 水素 |

Stof・fel [シュトッフェる ʃtɔ́fəl] I -s/ 《男名》シュトッフェル (Christoph の 短縮). II 男 -s/- 《口語》無作法者, 無骨者.
stoff・lich [シュトフりヒ] 形 ① 生地の, 布地の. ② 素材(題材)の. ③ 物質の, 物質的の.
Stoff⹀wech・sel [シュトッフ・ヴェクセる] 男 -s/- 《ふつう 単》《生》物質交代, [新陳]代謝.
stöh・le [シュテーれ] *stehlen (盗む)の 接2 (単)
stöh・nen [シュテーネン ʃtǿːnən] (stöhnte, *hat* ...gestöhnt) 自 《完了》haben) **うめく**, うめき声を上げる. **vor** Schmerz *stöhnen* 苦痛のあまりうめき声を上げる / **über** die viele Arbeit *stöhnen* 仕事が多すぎると不平を言う / Alle *stöhnen* **unter** der Hitze. 《比》 みんなが暑さで参っている.
stöhn・te [シュテーンテ] stöhnen (うめく)の 過去
Sto・i・ker [シュトーイカァ ʃtóːikɐr または ストー.. stó:..] 男 -s/- ① 《哲》ストア学派の哲学者. ② 禁欲主義者. (女性形: -in).
sto・isch [シュトーイッシュ ʃtóːiʃ または ストー.. stó:..] 形 ① ストア学派の. ② 禁欲主義[者]の, ストイックな.
Sto・i・zis・mus [シュトイツィスムス ʃtoitsísmus または ストイ.. stoi..] 男 -/ 《哲》ストア主義. ② 禁欲主義.
Sto・la [シュトーら ʃtóːla または ストーら stó:la] 女 -/Stolen ① (服飾)(婦人用の)ストール, 肩かけ. ② (古代ローマの婦人用の)長衣. ③ 《カトリック》ストラ, 頸垂(けいすい)帯(司教・司祭などが祭服の際に両肩から垂らす帯状の布).
Stol・le [シュトれ ʃtɔ́lə] 女 -/-n シュトレン (=Stollen ①).
Stol・len [シュトれン ʃtɔ́lən] 男 -s/- ① シュトレン(クリスマス用の長方形のケーキ. 幼児キリストの象徴として用いる). 🖙 Kuchen 図]. ② (坑)坑道, 横坑; 脚柱. ③ (蹄鉄の)すべり止めくぎ, (靴の)スパイク. ④ 《詩学》シュトレン(14～16世紀の職匠歌の第1, 第2節).

stol・pern [シュトるパァン ʃtɔ́lpɐrn] (stolperte, *ist* ...gestolpert) 自 《完了》sein) ① **つまずく**, 《比》(スキャンダルなどで)失脚する. 《英 stumble》. Er stolperte **über** einen Stein. 彼は石につまずいた / über eine Affäre *stolpern* スキャンダルで失脚する.
② (…へ)よろよろしながら歩いて行く. 《**über** 囲⁴ ~》囲⁴(表現・言葉などに)ひっかかる, 当惑する. über einen Fachausdruck *stolpern* ある専門用語にひっかかる. 《**über** 囚⁴ ~》《口語》囚⁴に(ばったり)出会う.
stol・per・te [シュトるパァテ] stolpern (つまずく)の 過去

*stolz [シュトるツ ʃtɔlts] 形 (比較 stolzer, 最上 stolzest) 《英 proud》 ① **誇りを持った**, 自慢している. die *stolzen* Eltern 誇らしげな両親 / **auf** 囚・物⁴ *stolz* sein 囚・物⁴を誇りに思っている ⇒ Sie ist *stolz* auf ihre Tochter. 彼女は娘を自慢している / Sie ist *stolz*, dass sie ihr Ziel erreicht hat. 彼女は目的を達成したことを誇りに思っている.
② 自尊心の強い; 高慢な, うぬぼれた. ein *stolzes* Weib 高慢な女 / Warum so *stolz*? 《口語》(自分に気づかない友人に:)何だい, すまして.
③ 《付加語としてのみ》堂々とした, りっぱな(建物など). ein *stolzes* Gebäude 堂々とした建物.
④ 《付加語としてのみ》《口語》かなりの, 相当な(金額・数量など). Das ist ein *stolzer* Preis. それはかなりの値段だ.

der **Stolz** [シュトるツ ʃtɔlts] 男 (単2) -es/ 《英 pride》 ① **誇り**, 自負, プライド; 自慢の種. Ich habe auch meinen *Stolz*. ぼくにだってプライドがある / Das verbietet mir mein *Stolz*. それは私の自尊心が許さない / Der Sohn ist sein ganzer *Stolz*. 息子は彼の自慢の種だ / **mit** *Stolz* 誇らしげに. ② 高慢, うぬぼれ.

stol・zie・ren [シュトるツィーレン ʃtɔltsíːrən] 自 (s) いばりくさって(気取って)歩く.
stop! [シュトップ ʃtɔp または ストップ stɔp] [英] 間 ① (交通標識などで:)止まれ (=halt!). ② (電報の電話申し込みで:)ピリオド.

stop·fen [シュトプふェン ʃtópfən] (stopfte, hat...gestopft) **I** 他 (完了 haben) ① 繕う, 縫ってふさぐ. (英 mend). Strümpfe⁴ *stopfen* 靴下の穴を繕う / ein Loch⁴ in der Hose *stopfen* ズボンの穴を繕う.
② 《A⁴ in B⁴ ～》(A⁴ を B⁴ に)詰め込む. (英 *stuff*). Sachen⁴ in den Rucksack *stopfen* 持ち物をリュックサックに詰め込む / Er *stopfte* das Hemd in die Hose. 彼はシャツをズボンに押し込んだ. ③ (囲⁴に)詰める. die Pfeife⁴ *stopfen* パイプにたばこを詰める. ④ 《音楽》(トランペットなど⁴に)弱音器を付ける.
II (完了 haben) ① (食べ物を)口にいっぱい詰め込んで食べる. ② (食べ物が)便秘の原因になる. Schokolade *stopft*. チョコレートは便通を悪くする. ③ 《口語》(食べ物が)腹にたまる.

Stopf⸗na·del [シュトプふ・ナーデる] 女 -/-n かがり針.

stopf·te [シュトプふテ] stopfen (繕う)の 過去.

stopp! [シュトプ ʃtóp] 間《口語》止まれ (=halt!); ちょっと待って (=Moment [mal]!).

Stopp [シュトプ] 男 -s/-s 停止, 中止; 中断.

Stop·pel [シュトッぺる ʃtópəl] 女 -/-n 《ふつう 複》刈り株, 切り株. ② 《口語》不精ひげ.

Stop·pel⸗bart [シュトッぺる・バールト] 男 -[e]s/..bärte 《口語》不精ひげ.

Stop·pel⸗feld [シュトッぺる・ふェるト] 中 -[e]s/-er 刈りあと畑, 刈り田.

stop·pe·lig [シュトッぺりヒ ʃtópəliç] 形 不精ひげを生やした.

stop·peln [シュトッぺるン ʃtópəln] 自(h) 《方》(畑に残った)じゃがいもを拾い集める.

stop·pen [シュトッペン ʃtópən] (stoppte, hat...gestoppt) **I** 他 (完了 haben) ① 止める, 停止させる. (英 *stop*). einen Wagen *stoppen* / die Produktion⁴ *stoppen* 生産を停止する. ② (タイム・走者など⁴を)ストップウォッチで計る.
II 自 (完了 haben) (乗り物が)止まる, 停止する. Das Auto *stoppte* an der Kreuzung. その車は交差点で止まった.

Stop·per [シュトッパァ ʃtópər] 男 -s/- ① 《スポ》(サッカーの)センターハーフ. (女性形: -in). ② 《海》ストッパー.

Stopp·licht [シュトップ・リヒト] 中 -[e]s/-er (自動車の)ブレーキランプ.

stopp·lig [シュトップリヒ ʃtópliç] 形 =stoppelig

Stopp⸗schild [シュトップ・シるト] 中 -[e]s/-er 一時停止の標識.

stopp·te [シュトップテ] stoppen (止める)の 過去.

Stopp⸗uhr [シュトップ・ウーァ] 女 -/-en ストップウォッチ.

Stöp·sel [シュテプせる ʃtǽpsəl] 男 -s/- ① (びん・浴槽などの)栓. ② 《電》差し込み, プラグ. ③ 《口語・戯》ずんぐりした男の子.

stöp·seln [シュテプせるン ʃtǽpsəln] 他(h) ① (囲⁴に)栓をする. ② (プラグなど⁴を)差し込む.

Stör [シュテーァ ʃtǿːr] 男 -[e]s/-e 《魚》チョウザメ.

***der* Storch** [シュトるヒ ʃtɔrç] 男 (単 2) -[e]s/(複) Störche [シュテルヒェ] (3格のみ Störchen) 《鳥》コウノトリ. Der *Storch* bringt die Kinder. こうのとりは子宝を運んでくる / Bei ihnen war der *Storch*. 《戯》彼らに赤ちゃんが生まれた / wie ein *Storch* im Salat [gehen]《口語・戯》しゃちほこばって[歩く] / Nun brat mir [aber] einer einen *Storch*!《口語》こいつは驚いた, 冗談じゃないぜ(←こうのとりをぼくに焼いてくれ).

Stör·che [シュテルヒェ] Storch (コウノトリ)の 複.

Storch⸗schna·bel [シュトルヒ・シュナーべる] 男 -s/..schnäbel ① こうのとりのくちばし. ② 《植》ゼラニウム.

Store [シュトーァ ʃtóː または ストーァ stóːr] 男 -s/-s (白い)レースのカーテン.

*****stö·ren** [シュテーレン ʃtǿːrən] (störte, hat...gestört) **I** 他 (完了 haben) ① (囚⁴の)じゃまをする, じゃまになる. (英 *disturb*). 囚⁴ **bei** der Arbeit *stören* 囚⁴の仕事のじゃまをする(じゃまになる) / *Störe* ich Sie, wenn ich rauche? たばこを吸ったらご迷惑でしょうか / Lassen Sie sich nicht *stören*! どうぞおかまいなく / Entschuldigen Sie bitte, dass ich *störe*. おじゃましてすみません. ◊《目的語なしでも》*Störe* ich? おじゃまでしょうか / Bitte nicht *stören*!(ホテルのドアなどの表示で:)起こさないでください.
② (囲⁴を)妨げる. 妨害する, 乱す. den Unterricht *stören* 授業を妨げる / den Frieden *stören* 平和を乱す. ③ (囚⁴の)気に障る, (囚⁴を)不快にする. Die Enge des Raumes störte ihn. 部屋の狭さが彼はいやだった.
II 再帰 (完了 haben) 《*sich*⁴ **an** 囚・物³ ～》《口語》(囚・物³に)気を悪くする. Sie *stört sich* an seinen schlechten Manieren. 彼女は彼のマナーの悪さに不快感を覚える.
◊☞ **gestört**

Stö·ren⸗fried [シュテーレン・ふリート] 男 -[e]s/-e じゃまばかりする人; 平和を乱す者.

Stör⸗fak·tor [シュテーァ・ふァクトァ] 男 -s/-en 障害要因.

Stör⸗fall [シュテーァ・ふァる] 男 -[e]s/..fälle (原子力発電所の)故障, 事故.

Storm [シュトルム ʃtórm] -s/ 《人名》シュトルム (Theodor *Storm* 1817-1888; ドイツの詩人・作家).

stor·nie·ren [シュトルニーレン ʃtɔrníːrən または ストル·· stor..] 他(h) ① 《商》(注文・契約など⁴を)とり消す, 解約(キャンセル)する. ② 《経》(帳簿のミス⁴を)反対記入によって訂正する.

Stor·no [シュトルノ ʃtɔ́rno または ストルノ stɔ́rno] 男 中 -s/Storni ① 《商》(注文などの)とり消し. ② 《経》帳簿の訂正.

stör·risch [シュテリッシュ ʃtǿrɪʃ] 形 強情な, 言うことを聞かない.

Stör⸗sen·der [シュテーァ・ゼンダァ] 男 -s/- 妨害電波発信局.

stör・te [シュテーァテ] *stören (じゃまをする)の過去

Stö・rung [シュテールング] 囡 -/-en ① 妨害, じゃま; 中断. Bitte entschuldigen Sie die *Störung*! おじゃましてすみません. ② 障害, 故障; 変調. eine geistige *Störung* 精神錯乱. ③《気象》低気圧[圏].

stö・rungs‐frei [シュテールングス・フライ] 形《工》妨害(雑音)のない(受信状態); 故障のない.

Stö・rungs‐stel・le [シュテールングス・シュテレ] 囡 -/-n (電話局の)故障係.

Sto・ry [ストーリ stɔ́:ri または ストリ stɔ́ri] [英] 囡 -/-s ①(映画・小説などの)ストーリー, あら筋. ②《口語》異常な事件, 信じられないような話; ルポルタージュ.

der **Stoß** [シュトース ʃtó:s] 男 (単2) -es/(複) Stöße [シュテーセ] (3格のみ Stößen)① **衝突**, ぶつかること; 衝撃, ショック.《英》shock). ein kräftiger *Stoß* 激しい衝突 / Er hat mir einen heftigen *Stoß* versetzt. 彼は私にひどい打撃を与えた. ②(刀剣などでの)**突き**, 突くこと. den ersten *Stoß* geben 第一撃を加える. ③(水泳・ボートの)ストローク. ④(波・風などの突くような)激しい動き; (地震などによる急激な)震動. Wind*stoß* 突風 / die *Stöße* der Wellen² 押し寄せる波. ⑤(積み重ねられたものの)山. ein *Stoß* Bücher 積み重ねた本の山. ⑥《軍》攻撃.

Stoß‐dämp・fer [シュトース・デンプファァ] 男 -s/-《自動車》ショックアブソーバー, 緩衝器.

Stö・ße [シュテーセ] Stoß (衝突)の複

Stö・ßel [シュテーセル ʃtǿ:səl] 男 -s/- ① 乳棒, すりこぎ. ②《工》(内燃機械の)タペット.

stoß‐emp・find・lich [シュトース・エンプフィントリヒ] 形 衝撃に敏感な, 衝撃に弱い.

sto・ßen [シュトーセン ʃtó:sən] du stößt, er stößt (stieß, *hat/ist...gestoßen*) **I** 他 (定了 haben)①(すばやく)突く, つつく; ける.《英》poke). *Stoß* mich nicht so! そんなにつつくなよ / 囚⁴ **aus** dem Zug *stoßen* 囚⁴を列車から突き落とす / 囚⁴ **in** die Seite *stoßen* 囚⁴のわき腹をつつく / 囚⁴ **ins** Wasser *stoßen* 囚⁴を水の中へ突き落とす / 囚⁴ **mit** dem Ellenbogen (dem Fuß) *stoßen* 囚⁴をひじで突く(足でける) / 囚⁴ **von** sich³ *stoßen* a) 囚⁴を自分のそばから)突き離す, b)《比》囚⁴を勘当する / 囚⁴ **zur** Seite *stoßen* 囚⁴をわきへ突き飛ばす. ②『方向を表す語句とともに』(囲⁴を…へ)**突き刺す**, 突き込む; 突いて(穴などを⁴を…へ)あける. eine Stange⁴ **in** den Boden *stoßen* 棒を地面に突き刺す / Sie *stieß* ihm das Messer in den Rücken. 彼女は彼の背中にナイフを突き刺した / das Schwert⁴ **in** die Scheide *stoßen* 刀をさやに納める / Er *hat* mit der Stange ein Loch ins Eis *gestoßen*. 彼は棒で突いて氷に穴をあけた. ③(体の一部⁴を)ぶつける. Ich *habe* mir an der Tür den Kopf *gestoßen*. 私はドアに頭をぶつけた. ④(こしょうなど⁴を)つき砕く. ⑤(笑いなどが突然囚⁴に)込み上げてくる. ⑥(砲丸など⁴を)投げる;《ビリヤードで:》(玉⁴を)突く. ⑦《口語》(囚⁴に囲⁴を)はっきり(ずけずけ)言う.

II 自 (定了 haben または sein) ①(h)**突きかかる**; けりかかる. Vorsicht, der Bock *stößt*! 気をつけて, その雄やぎは突く癖があるよ / 囚³ **in** die Seite *stoßen* 囚³のわき腹をつく / mit dem Fuß **nach** 囚³ *stoßen* 囚³にけりかかる. ②(s)『方向を表す語句とともに』(…へ)**ぶつかる**, 衝突する. Ich *bin* **an** den Stuhl *gestoßen*. [現在完了] 私はいすにぶつかった / mit dem Auto **gegen** einen Baum *stoßen* 車で木にぶつかる. ③(s)『**auf** 囚・物⁴ ~』(囚・物⁴に)**出くわす**, (偶然に)見つける; (道路などが囲⁴に)通じている. Im Urlaub *stieß* ich **auf** einen alten Bekannten. 休暇先で私は昔の知人とばったり出会った / **auf** Erdöl *stoßen* (偶然に)石油を発見する / **auf** Schwierigkeiten *stoßen*《比》困難にぶつかる / Die Straße *stößt* **auf** den Marktplatz. その道を行くと中央広場に出る. ④(s)『**zu** 囚³ ~』(囚³に)合流する, いっしょになる. Sie *stoßen* im nächsten Ort zu uns. 彼らは次の町で合流する. ⑤(h)『**an** 囲⁴ ~』(囲⁴に)隣接している. Mein Zimmer *stößt* an die Küche. 私の部屋は台所と隣り合わせになっている. ⑥(h)(自動車などが)がたがた揺れる;(風などが断続的に)強く吹く. ⑦(s)《狩》『**auf** 動⁴ ~』(鷲などが動⁴を目がけて)急降下する.

III 再帰 (定了 haben) *sich*⁴ *stoßen* ① **ぶつかる**, 衝突する. *Stoß* dich nicht! ぶつかるな! / Ich *habe* mich **an** der Tischkante *gestoßen*. 私は机の角にぶつかった. ②『*sich*⁴ **an** 囲³ ~』(囲³で)気分を害する, 不愉快になる. Wir *stießen* uns **an** seinem Benehmen. 私たちは彼の態度に腹を立てた.

stoß‐fest [シュトース・フェスト] 形 衝撃に強い.

Stoß‐ge・bet [シュトース・ゲベート] 中 -[e]s/-e (危急の時に唱える)短い祈り.

Stoß‐kraft [シュトース・クラフト] 囡 -/..kräfte ① 衝撃力. ②《覆 なし》推進力.

Stoß‐seuf・zer [シュトース・ゾイフツァァ] 男 -s/- 不平・不満などの深いため息.

Stoß‐stan・ge [シュトース・シュタンゲ] 囡 -/-n (自動車などの)バンパー.

stößt [シュテースト] *stoßen (突く)の2人称親称単数・3人称単数 現在

Stoß‐trupp [シュトース・トルップ] 男 -s/-s《軍》特別攻撃小隊, 突撃班.

Stoß‐ver・kehr [シュトース・フェァケーァ] 男 -s/ ラッシュアワーの混雑.

stoß‐wei・se [シュトース・ヴァイゼ] 副 ① 断続的に. ②(書類などが)多量に, 山積みとなって.

Stoß‐zahn [シュトース・ツァーン] 男 -[e]s/..zähne (象などの)きば.

Stoß‐zeit [シュトース・ツァイト] 囡 -/-en ① ラッシュアワー. ②(商店などの)忙しい時間.

Stot・te・rer [シュトッテラァ ʃtɔ́tərər] 男 -s/- つかえながら話す人, 吃音のある人.(女性形:

Stottern).

stot·tern [シュトッタァン ʃtɔ́tərn] (stotterte, *hat*...gestottert) **I** 自 《完了》haben) どもる, どもりながら話す. 《英》stutter). **vor** Aufregung *stottern* 興奮のあまりどもる / Der Motor *stottert*. 《口語・比》エンジンががたがたいう. **II** 他 《完了》haben) (弁解など[4]を)どもりながら言う.

stot·ter·te [シュトッタァテ] stottern (どもる)の過去

Stöv·chen [シテーふヒェン ʃtǿːfçən] 中 -s/- ティーポット保温台(ろうそくの熱を利用する).

StPO [エス・テー・ペー・オー]《略》刑事訴訟法 (=Strafprozessordnung).

Str. [シュトラーセ]《略》…通り, …街(=Straße).

stracks [シュトラックス] 副 ① まっすぐに, 直接に. ② ただちに.

Straf·an·stalt [シュトラーふ・アンシュタるト] 女 -/-en 刑務所.

Straf·an·trag [シュトラーふ・アントラーク] 男 -[e]s/..träge《法》告訴. *Strafantrag*[4] stellen 告訴する.

Straf·an·zei·ge [シュトラーふ・アンツァイゲ] 女 -/-n《法》(犯罪の)告発.

Straf·ar·beit [シュトラーふ・アルバイト] 女 -/-en (生徒に対する)罰として課せられる課題(宿題).

straf·bar [シュトラーふバール ʃtráːfbaːr] 形 罰すべき, 有罪の. *strafbare* Handlungen 犯罪行為 / sich[4] *strafbar* machen 罪(違反)を犯す.

Straf·be·fehl [シュトラーふ・べふェーる] 男 -[e]s/-e《法》略式命令.

die **Stra·fe** [シュトラーふェ ʃtráːfə] 女 (単) -/ (複) -n 罰, 刑罰. 《英》punishment). eine strenge *Strafe* 厳罰 / eine körperliche *Strafe* 体罰 / 人[3] eine *Strafe*[4] auferlegen 人[3]に罰を科す / in *Strafe* nehmen《法》人[4]を処罰する /《軍》人[4] unter *Strafe* stellen 軍人[4]を罰則により規制する / **Zur** *Strafe* bleibst du zu Hause! 罰として家にいなさい. ② 罰, 報い. Das ist die *Strafe* für deinen Leichtsinn! それは君が軽率だった報いだよ. ③ 罰金, 料金. *Strafe*[4] zahlen 罰金を払う.

stra·fen [シュトラーふェン ʃtráːfən] (strafte, *hat*...gestraft) 他 《完了》haben) 罰する, 処罰する. 《英》punish). Er *strafte* seinen Sohn hart. 彼は息子を厳しく罰した / 人[4] **für** einen Diebstahl (または **wegen** eines Diebstahls) *strafen* 人[4]を窃盗のかどで罰する / 人[4] Lügen *strafen* 人[4]がうそをついたことの証しとなっている / Er *ist gestraft* genug.《状態受動・現在》《口語・比》彼は十分懲りを受けている / **Mit** seiner Frau *ist* er wirklich *gestraft*.《状態受動・現在》《比》妻のことで彼は本当に参っている. ◊《現在分詞の形で》ein *strafender* Blick 非難のまなざし.

Straf·ent·las·se·ne[r] [シュトラーふ・エントらッセネ(..ナァ)] 男 女《語尾変化は形容詞と同じ》刑期終了者, 出獄者.

Straf·er·lass [シュトラーふ・エァらス] 男 -es/ ..lässe《法》刑の免除, 赦免.

straff [シュトラふ ʃtráf] 形《英》tight) ① ぴんと張った; 引き締まった(肌など). ein *straffes* Seil ぴんと張ったロープ. ② 厳格な, 揺るぎない(組織など). eine *straffe* Leitung 厳格な指揮.

straf·fäl·lig [シュトラーふ・ふェりヒ] 形 罰すべき, 処罰対象となる. *straffällig* werden 罪を犯す.

straf·fen [シュトラッふェン ʃtráfən] 他 (h) ① (ロープなど[4]を)ぴんと張る, (筋肉[4]を)緊張させる. ◊《再帰的に》sich[4] *straffen* (ロープなどが)ぴんと張る, 引き締まる; 緊張する. ② (組織など[4]を)引き締める; (文など[4]を)簡潔にする.

straf·frei [シュトラーふ・ふライ] 形 刑を免れた, 無罪の.

Straf·ge·fan·ge·ne[r] [シュトラーふ・ゲふァンゲネ(..ナァ)] 男 女《語尾変化は形容詞と同じ》囚人, 受刑者, 既決囚.

Straf·ge·richt [シュトラーふ・ゲリヒト] 中 -[e]s/-e《法》刑事裁判所. ② 裁き, 処罰, 懲罰. das *Strafgericht* des Himmels 天の裁き.

Straf·ge·setz [シュトラーふ・ゲゼッツ] 中 -es/-e《法》刑法.

Straf·ge·setz·buch [シュトラーふゲゼッツ・ブーフ] 中 -[e]s/..bücher《法》刑法典 (略: StGB).

Straf·kam·mer [シュトラーふ・カンマァ] 女 -/ -n《法》(地方裁判所の)刑事部.

Straf·ko·lo·nie [シュトラーふ・コろニー] 女 -/ -n [..ニーエン] 流刑地, 徒刑地.

sträf·lich [シュトレーふりヒ] 形 罰すべき; 許しがたい, とんでもない. ein *sträflicher* Leichtsinn 許しがたい軽率さ.

Sträf·ling [シュトレーふリング ʃtrɛ́ːflɪŋ] 男 -s/ -e (軽蔑的に:)受刑者, 囚人.

straf·los [シュトラーふ・ろース] 形 罪に問われない, 無罪の.

Straf·man·dat [シュトラーふ・マンダート] 中 -[e]s/-e (反則金納付を命ずる)[交通]反則告知書.

Straf·maß [シュトラーふ・マース] 中 -es/-e 《法》刑量.

straf·mil·dernd [シュトラーふ・ミるダァント] 形《法》(情状を)酌量すべき, 刑量を減ずる.

straf·mün·dig [シュトラーふ・ミュンディヒ] 形 《法》刑法上成年の, 刑事責任を負うべき年齢の.

Straf·por·to [シュトラーふ・ポルトー] 中 -s/-s 《郵》不足郵便料金.

Straf·pre·digt [シュトラーふ・プレーディヒト] 女 -/-en《口語》お説教, 訓戒. 人[3] eine *Strafpredigt*[4] halten 人[3]にお説教をする.

Straf·pro·zess [シュトラーふ・プロツェス] 男 -es/-e《法》刑事訴訟.

Straf·pro·zess·ord·nung [シュトラーふプロツェス・オルドヌング] 女 -/-en《法》刑事訴訟法

Straf·punkt [シュトラーふ・プンクト] 男 -[e]s/ -e (罰として引かれる)減点, 失点.

Straf=raum [シュトラーふ・ラオム] 男 -[e]s/ ..räume (サッカーなどの)ペナルティーエリア.

Straf=recht [シュトラーふ・レヒト] 中 -[e]s/ 《法》刑法.

straf·recht·lich [シュトラーふ・レヒトりヒ] 形 《法》刑法上の.

Straf=re·gis·ter [シュトラーふ・レギスタァ] 中 -s/- 《法》犯罪記録簿, 前科簿.

Straf=sa·che [シュトラーふ・ザッヘ] 女 -/-n 《法》刑事事件.

Straf=stoß [シュトラーふ・シュトース] 男 -es/ ..stöße (サッカーの)ペナルティーキック; (アイスホッケーの)ペナルティーストローク.

Straf=tat [シュトラーふ・タート] 女 -/-en 犯罪行為, 犯行.

straf·te [シュトラーふテ] strafen (罰する)の 過去

Straf=ver·fah·ren [シュトラーふ・フェアファーレン] 中 -s/- 《法》刑事訴訟[手続き].

straf·ver·set·zen [シュトラーふ・フェアゼッツェン ʃtráːf-fɛrzɛtsən] (過分 strafversetzt) 他 (h) 《不定詞・過去分詞でのみ用いる》(公務員・兵士など[4]を懲戒処分として)左遷する.

Straf=ver·tei·di·ger [シュトラーふ・フェアタイディガァ] 男 -s/- 《法》刑事弁護人. (女性形: -in).

Straf=voll·zug [シュトラーふ・ふォるツーク] 男 -[e]s/ 《法》行刑(ぎょうけい).

straf=wür·dig [シュトラーふ・ヴュルディヒ] 形 《法》処罰すべき, 刑罰に値する.

Straf=zet·tel [シュトラーふ・ツェッテる] 男 -s/- 《口語》交通違反カード.

der **Strahl** [シュトラーる ʃtráːl] 男 (単2) -[e]s/(複) -en ① 《ふつう 複》光, 光線. (英 ray). die warmen *Strahlen* der Sonne[2] 太陽の暖かい光 / Ein *Strahl* fiel durch den Türspalt. 一条の光がドアのすき間から差し込んだ / ein *Strahl* der Hoffnung[2] 《比》希望の光. ② 《ふつう 複》(水などの)噴出, 噴射. ③ 《圏》《物》光線; 放射線. 電磁波. radioaktive *Strahlen* 放射線. ④ 《数》半直線.

> メモ ..strahl のいろいろ: **Blitzstrahl** 稲妻 / **Laserstrahl** レーザー光線 / **Röntgenstrahlen** レントゲン光線 / **Sonnenstrahl** 太陽光線 / **Wärmestrahlen** 熱線 / **Wasserstrahl** 噴き出る水

strah·len [シュトラーれン ʃtráːlən] (strahlte, *hat* ... gestrahlt) I 自 (完了 haben) ① 光を発する, 光る, 輝く. (英 shine). Die Sonne *strahlt* am wolkenlosen Himmel. 太陽が雲ひとつない空に輝いている. ② 《比》(喜びで)顔を輝かせる. vor Glück *strahlen* 幸せに顔を輝かせる. ③ (物質が)放射線(放射能)を出す.
II 他 (完了 haben) (光・熱線など[4]を)放射する.
◇ **Ṡ** strahlend

Strah·len=be·hand·lung [シュトラーれン・ベハンドるング] 女 -/-en 《医》放射線治療.

Strah·len=bün·del [シュトラーれン・ビュンデる] 中 -s/- ① 《光》光束. ② 《数》束線.

strah·lend [シュトラーれント] I strahlen (光を発する)の 現分 II 形 輝くような, 晴れやかな. *strahlendes* Wetter 晴れわたった天気 / mit *strahlendem* Gesicht 喜びに顔を輝かせて.

Strah·len=do·sis [シュトラーれン・ドーズィス] 女 -/..dosen 《医》放射線量, 被ばく量.

Strah·len=för·mig [シュトラーれン・フェルミヒ] 形 放射状の.

Strah·len=schä·di·gung [シュトラーれン・シェーディグング] 女 -/-en 《物・医》放射線障害.

Strah·len=schutz [シュトラーれン・シュッツ] 男 -es/ 放射線防護[装置・対策].

Strah·len=the·ra·pie [シュトラーれン・テラピー] 女 -/-n [..ピーエン] 《医》放射線療法.

Strah·ler [シュトラーらァ ʃtráːlɐ] 男 -s/- ① (光・電磁波などの)放射器, 放熱器; 赤外線ヒーター. ② 《物》放射体, 光源.

strah·lig [シュトラーりヒ ʃtráːlɪç] 形 放射状の.

strahl·te [シュトラーるテ] strahlen (光を発する)の 過去

Strah·lung [シュトラーるング] 女 -/-en 《物》放射, 輻射(ふくしゃ); 放射エネルギー(物質). radioaktive *Strahlung* 放射能の放射.

Strah·lungs=ener·gie [シュトラーるングス・エネルギー] 女 -/ 《物》放射エネルギー.

Sträh·ne [シュトレーネ ʃtrɛ́ːnə] 女 -/-n ① 髪の房(束). ② 一連の出来事; (人生の)一時期.

sträh·nig [シュトレーニヒ ʃtrɛ́ːnɪç] 形 (髪などが)束(房)になった.

stramm [シュトラム ʃtrám] I 形 ① (衣服などが体に)ぴったりの, (ゴムなどが)ぴんと張った. Die Hose sitzt zu *stramm*. ズボンがきつすぎる. ② たくましい, 強健な. ③ 直立不動の. ④ 厳しい, 厳格な(規律など). II 副 ① ぴんと[張って]. das Seil[4] *stramm* ziehen (または *stramm*|ziehen) ザイルをぴんと張る. ② 《口語》猛烈に. *stramm* arbeiten 猛烈に働く.

stramm|ste·hen * [シュトラム・シュテーエン ʃtrám-ʃtèːən] 自 (h) (兵士などが)直立不動の姿勢をとっている.

Stram·pel·hös·chen [シュトランペる・ヘースヒェン] 中 -s/- ロンパース(首から足先までつながったベビー服の一種).

stram·peln [シュトランペるン ʃtrámpəln] 自 (h, s) ① (h) (幼児などが)手足をばたばたさせる. mit den Beinen *strampeln* 足をばたばたさせる. ② (s) 《口語》(…へ)自転車で行く. ③ (h) 《口語》努力する, 骨を折る.

* *der* **Strand** [シュトラント ʃtránt] 男 (単2) -es (まれに -s)/(複) Strände [シュトレンデ] (3格のみ Stränden) 浜, 海岸, 浜辺. (英 beach). Sand*strand* 砂浜 / am *Strand* liegen 浜辺に寝そべっている / Sie gehen an den *Strand*. 彼らは海へ[泳ぎに行く] / auf *Strand* geraten (または laufen) (船が)海岸に乗り上げる, 座礁する.

Strand·an·zug [シュトラント・アンツーク] 男 -[e]s/..züge ビーチウェア.

Strand⹀bad [シュトラント・バート] 中 -[e]s/..bäder 海水浴場. **ins** *Strandbad* **fahren** 海水浴に行く.

Strän·de [シュトレンデ] *Strand (浜)の 複

stran·den [シュトランデン] ʃtrándən] 自 (s) ① (船が)座礁する. ② 《雅・比》挫折(ざせつ)する.

Strand⹀gut [シュトラント・グート] 中 -[e]s/..güter 海で難破船の漂着物.

Strand⹀ha·fer [シュトラント・ハーファァ] 男 -s/- 《植》ハマムギ, ハマニンニク.

Strand⹀ho·tel [シュトラント・ホテル] 中 -s/-s シーサイドホテル.

Strand⹀korb [シュトラント・コルプ] 男 -[e]s/..körbe (籐製(とう)の)屋根付きビーチチェア.

Strand⹀läu·fer [シュトラント・ロイファァ] 男 -s/- 《鳥》オバシギ.

der **Strang** [シュトラング ʃtráŋ] 男 (単2) -[e]s/(複) Stränge [シュトレンゲ] (3格のみ Strängen) ① 綱, ロープ;《比》絞首刑.《英》rope). **am** *Strang* **der Glocke ziehen** 鐘の綱を引く / **durch den** *Strang* **hin**|**richten** 人4を絞首刑に処する.

② (馬などの)引き革(綱). **die** *Stränge*4 **befestigen** (馬に)引き革を付ける / **wenn alle** *Stränge* **reißen** 《口語》ほかにどうしようもない場合には (←すべての引き革が切れた場合には) / **an demselben** (または **am gleichen**) *Strang* **ziehen** 《比》同じ目的を追う(←同じ引き綱を引く) / **über die** *Stränge* **schlagen** (または **hauen**) 《口語》度を過ごす, はめをはずす(←馬が引き綱の上までけり上げる). ③ 《織》(糸の)かせ;《生》(神経などの)束(たば). **ein** *Stranges* **Wolle** 毛糸 1 かせ. ④ (長く伸びた)レール;《比》(小説・映画などの)話の筋.

Strän·ge [シュトレンゲ] Strang (綱)の 複

stran·gu·lie·ren [シュトラングリーレン ʃtraŋgulí:rən または シュトラン..ʃtraŋ..] 他 (h) 絞殺する.

Stra·pa·ze [シュトラパーツェ ʃtrapá:tsə] 女 -/-n (肉体的な)苦労, 難儀. *Strapazen*4 **aus**|**halten** (または **ertragen**) 辛苦に耐える.

stra·pa·zie·ren [シュトラパツィーレン ʃtrapatsí:rən] 他 (h) ① (物4を)酷使する, (酷使して)使い古す. **die Schuhe**4 *strapazieren* 靴をはきつぶす. ② (精神的に人4を)参らせる, (神経4を)すり減らす. ◇《再帰的に》*sich*4 *strapazieren* (体を酷使して)無理をする.

stra·pa·zier⹀fä·hig [シュトラパツィーァ・フェーイヒ] 形 酷使に耐える, 丈夫な(服・靴など).

stra·pa·zi·ös [シュトラパツィエース ʃtrapatsió:s] 形 ひどく骨の折れる, つらい(仕事など).

Straps [シュトラップス ʃtráps または ストラップス stráps] 男 -es/-e 靴下どめ, ガーター.

Strass [シュトラス ʃtrás] 男 -[es]/-e ① 《複 なし》(人造宝石用の)ストラス, 鉛ガラス(発明者 G. F. *Stras* 1700–1773 の名から). ② (ストラスでできた)人造宝石.

Straß·burg [シュトラース・ブルク ʃtráːsbʊrk] 中 -s/ 《都市名》ストラスブール, シュトラースブルク(フランスの都市. フランス語では Strasbourg: ☞ 地図 C-4).

※*die* **Stra·ße** [シュトラーセ ʃtráːsə]

> 道路　**Wohin führt diese** *Straße*?
> ヴォヒン　フューァト　ディーゼ　シュトラーセ
> この道路はどこへ通じていますか.

女 (単) -/(複) -n ① 道路, 街路, [大]通り, 街道. 《英》street). **eine belebte (stille)** *Straße* にぎやかな(静かな)通り / **eine breite (schmale)** *Straße* 広い(狭い)道路 / **die** *Straße* **von Bahnhof zum Hotel** 駅からホテルへの道路 / **eine** *Straße* **erster Ordnung**2 1級道路 / **die Romantische** *Straße* ロマンチック街道 / **Die** *Straße* **führt aus dem Rathaus (nach Köln).** この道路は市庁舎へ(ケルンへ)通じている. (☞ 類語 Weg).

◇【動詞の目的語として】**eine** *Straße*4 **aus**|**bessern** (**bauen**) 道路を補修する(建設する) / **eine** *Straße*4 **sperren** (**überqueren**) 通りを遮断する(横切る).

◇【前置詞とともに】**Das Haus steht an der** *Straße*. その家は大通りに面して建っている / **Die Kinder spielen auf der** *Straße*. 子供たちは通りで遊んでいる / **Das Fenster geht auf die** *Straße*. その窓は通りに面している / **auf offener** *Straße* 公衆の面前で / **auf die** *Straße* **gehen** 《口語》a) 街頭デモに出る, b) 《比》街娼(がいしょう)として町に出る / 人4 **auf die** *Straße* **setzen** (または **werfen**) 《口語・比》a) 人4を解雇する, b) 人4(借家人など)を追い出す / **auf der** *Straße* **liegen** (または **sitzen**)《口語・比》a) 失業中である, b) 住む家がない / **durch die** *Straßen* **bummeln** 街をぶらつく / **Sie wohnen in einer ruhigen** *Straße*. 彼らは静かな通りに住んでいる / **Er ist bei Rot über die** *Straße* **gegangen.** 【現在完了】彼は赤信号で道路を横断した / **Verkauf über die** *Straße* (店の表示で:)お持ち帰りもできます / **ein Mädchen von der** *Straße* 《比》街娼(がいしょう) / **der Mann von der** *Straße* 《比》ごく普通の男 / **Die Wohnung hat zwei Fenster zur** *Straße*. その住居は道路向きに二つの窓がある.

② (町名として:) …通り, …街 (略: Str.). **die Kantstraße** カント通り / **Das Hotel liegt in der Wiener** *Straße*. そのホテルはウィーン通りにある.

③ (総称として:)町の人々. **Die ganze** *Straße* **schaute zu.** 町中の人が見物していた. ④ 海峡(= Meerenge). **die** *Straße* **von Dover** ドーバー海峡.

※ ..**straße** のいろいろ: **Autostraße** 自動車専用道路 / **Bergstraße** 山岳道路 / **Einbahnstraße** 一方通行路 / **Hauptstraße** メインストリート /

Landstraße 街道 / **Nebenstraße** バイパス / **Ringstraße** 環状道路 / **Schnellstraße** 高速道路 / **Wasserstraße** 水路

Stra·ßen⹀an·zug [シュトラーセン・アンツーク] 男 -[e]s/..züge (ふだん着の男性用の)スーツ, 平服.

die Stra·ßen⹀bahn [シュトラーセン・バーン ʃtráːsən-baːn] 女 (単) -/(複) -en 市街電車, 路面電車. 《米》streetcar, tram). Er fährt täglich mit der *Straßenbahn* zur Schule. 彼は毎日市街電車で通学する / die *Straßenbahn*⁴ nehmen 市街電車に乗る.

Stra·ßen⹀bau [シュトラーセン・バオ] 男 -[e]s/ 道路工事, 道路建設.

Stra·ßen·be·nut·zungs⹀ge·bühr [シュトラーセンベヌッツングス・ゲビューア] 女 -/-en 道路通行料金.

Stra·ßen⹀ca·fé [シュトラーセン・カフェー] 中 -s/-s ストリートカフェ(店の前の歩道にテーブルといすを置いた店).

Stra·ßen⹀de·cke [シュトラーセン・デッケ] 女 -/-n 路面, (道路の)舗装面.

Stra·ßen⹀ecke [シュトラーセン・エッケ] 女 -/-n 街角(まち). **an der** *Straßenecke* 街角で.

Stra·ßen⹀fe·ger [シュトラーセン・フェーガァ] 男 -s/- ① 道路清掃員. (女性形: -in). ② 《口語・戯》テレビの人気番組(放送時間に人通りがとだえることから).

Stra·ßen⹀glät·te [シュトラーセン・グレッテ] 女 -/ 路面凍結.

Stra·ßen⹀gra·ben [シュトラーセン・グラーベン] 男 -s/..gräben (道路の)側溝.

Stra·ßen⹀händ·ler [シュトラーセン・ヘンドラァ] 男 -s/- 露天商人. (女性形: -in).

Stra·ßen⹀jun·ge [シュトラーセン・ユンゲ] 男 -n/-n (軽蔑的に:)路上にたむろする不良少年.

Stra·ßen⹀kampf [シュトラーセン・カンプフ] 男 -[e]s/..kämpfe 《ふつう複》 市街戦.

Stra·ßen⹀kar·te [シュトラーセン・カルテ] 女 -/-n 道路地図, ロードマップ.

Stra·ßen⹀keh·rer [シュトラーセン・ケーラァ] 男 -s/-《方》道路清掃員 (=Straßenfeger ①). (女性形: -in).

Stra·ßen⹀kind [シュトラーセン・キント] 中 -[e]s/-er《ふつう複》ストリートチルドレン.

Stra·ßen⹀kreu·zer [シュトラーセン・クロイツァァ] 男 -s/-《口語》大型高級乗用車.

Stra·ßen⹀kreu·zung [シュトラーセン・クロイツング] 女 -/-en 交差点, 十字路.

Stra·ßen⹀la·ge [シュトラーセン・ラーゲ] 女 -/ (自動車の)ロードホールディング, 走行安定性.

Stra·ßen⹀la·ter·ne [シュトラーセン・ラテルネ] 女 -/-n 街灯.

Stra·ßen⹀mäd·chen [シュトラーセン・メートィヒェン] 中 -s/- 街娼(がいしょう).

Stra·ßen⹀mu·si·kant [シュトラーセン・ムズィカント] 男 -en/-en ストリートミュージシャン. (女性形: -in).

Stra·ßen⹀na·me [シュトラーセン・ナーメ] 男 -ns (3格・4格 -n)/-n 通りの名; 町名.

Stra·ßen⹀netz [シュトラーセン・ネッツ] 中 -es/-e 道路網.

Stra·ßen⹀rand [シュトラーセン・ラント] 男 -[e]s/..ränder 道路の端, 路肩. **am** *Straßenrand* parken 路肩に駐車する.

Stra·ßen⹀raub [シュトラーセン・ラオプ] 男 -[e]s/-e 追いはぎ, 辻強盗[行為].

Stra·ßen⹀räu·ber [シュトラーセン・ロイバァ] 男 -s/- 追いはぎ, 辻強盗[人]. (女性形: -in).

Stra·ßen⹀rei·ni·gung [シュトラーセン・ラィニグング] 女 -/-en ① 道路清掃. ② 道路清掃局.

Stra·ßen⹀ren·nen [シュトラーセン・レンネン] 中 -s/- (自転車などの)ロードレース.

Stra·ßen⹀schild [シュトラーセン・シルト] 中 -[e]s/-er ① 街路名(町名)標示板. ②《口語》道路案内板. ③《口語》交通標識.

Stra·ßen⹀sper·re [シュトラーセン・シュペレ] 女 -/-n (道路の)通行止めの柵(さく), バリケード.

Stra·ßen⹀ver·kehr [シュトラーセン・フェアケーア] 男 -s/ 道路交通. auf den *Straßenverkehr* achten 交通に注意する.

Stra·ßen·ver·kehrs⹀ord·nung [シュトラーセンフェアケーアス・オルドヌング] 女 -/ 道路交通法. (略: StVO].

Stra·te·ge [シュトラテーゲ ʃtratéːgə または ストラ.. stra..] 男 -n/-n 戦略家; 策略家. (女性形: Strategin).

Stra·te·gie [シュトラテギー ʃtrategíː または ストラ.. stra..] 女 -/-n [..ギーエン] 戦略; 戦術, 策略. Nuklear*strategie* 核戦略 / die richtige *Strategie*⁴ an|wenden 適切な戦略を用いる.

stra·te·gisch [シュトラテーギッシュ ʃtratéːgɪʃ または ストラ.. stra..] 形 戦略上の, 戦略的な; 策略の.

Stra·to·sphä·re [シュトラト・スフェーレ ʃtratosféːrə または ストラ.. stra..] 女 -/《気象》成層圏.

sträu·ben [シュトロィベン ʃtrɔ́ybən] **I** 他 (h) (動物・鳥などが毛など⁴を)逆立てる. Der Hund *sträubt* das Fell. 犬が毛を逆立てる. ◇《再帰的に》*sich*⁴ *sträuben* (毛などが)逆立つ.

II 再帰 《完了》haben) *sich*⁴ *sträuben* 逆らう, 反抗する. *sich*⁴ **gegen** 《3格》 *sträuben* 《3格》⁴に逆らう, 反対である.

Strauch [シュトラオホ ʃtráʊx] 男 -[e]s/Sträucher (根元から多くの小枝を出す)灌木(かんぼく); やぶ, 茂み.

strau·cheln [シュトラオヘルン ʃtráʊxəln] 自 (s) ① 《雅》つまずく, つまずいてよろめく. **über einen Stein** *straucheln* 石につまずく. ②《比》しくじる; 道を踏みはずす.

Strauss [シュトラオス ʃtráʊs]《人名》[リヒャルト・]シュトラウス (Richard *Strauss* 1864-1949; ドイツの作曲家).

der Strauß¹ [シュトラオス ʃtráʊs] 男 (単2) -es/(複) Sträuße [シュトロィセ] (3格のみ Sträußen) 花束. 《米》*bunch of flowers*). ein duftender *Strauß* 香りのよい花束 / 丨³ einen *Strauß* schicken (überreichen) 丨³に花束を送る(手渡す).

Strauß² [シュトラオス] 男 -es/-e 〖鳥〗ダチョウ.

Strauß³ [シュトラオス] 〖人名〗 [ヨーハン・]シュトラウス (Johann *Strauß* 父親 1804-1849; 息子 1825-1899; オーストリアの作曲家[親子]).

Sträu·ße [シュトロイセ] Strauß¹ (花束)の 複

Stre·be [シュトレーベ ʃtréːbə] 女 -/-n 〖建〗筋違(すじかい), 〖屋根内部の斜めの〗支柱. (☞ Fachwerkhaus 図).

Stre·be⁼bo·gen [シュトレーベ・ボーゲン] 男 -s/- 〖建〗〖ゴシック建築の〗飛び控え. (☞「建築様式 (2)」, 1744 ページ).

stre·ben [シュトレーベン ʃtréːbən] (strebte, *hat/ist* ... gestrebt) 自 (完了) haben または sein) (英 strive) ① (h) 〖nach 丨³〗~ 〖丨³を〗得ようと努力する. Er *strebte* nach Höherem. 彼はより高いものを追い求める / Er *strebte* [danach], seine Ideale zu verwirklichen. 彼は自分の理想を実現しようと努めた.
② (s)〖方向を表す語句とともに〗〖…へ〗行こうとする, 達しようとする. nach Hause *streben* 家路を急ぐ / Die Menschen *strebten* zum Ausgang. 人々は出口へと急いだ / Die Pflanze *strebt* nach (または zum) Licht. 〖雅〗植物は光を求める性質がある.

Stre·ben [シュトレーベン] 中 -s/ ① 努力, 精進. ② 志向; 性向. das *Streben* nach Vollkommenheit 完全性への志向.

Stre·ber [シュトレーバァ ʃtréːbɐr] 男 -s/- (軽蔑的に:) 立身出世主義者; 点取り虫. (女性形: -in).

streb·sam [シュトレープザーム] 形 努力家の, 勤勉な.

Streb·sam·keit [シュトレープザームカイト] 女 -/ 努力, 精進, 勤勉.

streb·te [シュトレープテ] streben (得ようと努力する)の 過去

die **Stre·cke** [シュトレッケ ʃtrékə] 女 〖単〗-/〖複〗-n ① 道のり, 道程, 距離. (英 *distance*). eine lange *Strecke* 長い道のり / eine *Strecke* von 10 Kilometern 10キロの道のり / die *Strecke* von Bonn bis Berlin ボンからベルリンまでの道のり / Es ist noch eine gute *Strecke* [Weges] bis dorthin. そこまではまだかなりの距離がある / **auf** der *Strecke* bleiben 《口語》a) 途中で落後する, b) (計画などが)挫折(ざせつ)する.
② (鉄道・飛行機の)区間, ルート. die *Strecke* Frankfurt–Hamburg フランクフルト―ハンブルク区間. ③ 〖スキ〗コース. 〖数〗線分. 〖坑〗横坑. ④ 〖狩〗仕留めて並べられた獲物. 丨⁴ **zur** *Strecke* bringen 〖比〗丨⁴〖犯人など〗を逮捕する.

stre·cken [シュトレッケン ʃtrékən] (streckte, *hat* ... gestreckt) **I** 他 (完了) haben) ①（手足など⁴を）伸ばす, 広げる. Er *streckte* die Arme **in** die Höhe. 彼は腕を上に伸ばした / die Glieder⁴ *strecken* 手足を伸ばす / Sie *streckte* den Kopf **aus** dem Fenster. 彼女は窓から首を突き出した / **alle** viere⁴ **von** sich³ *strecken* 手足を投げ出して寝る(へたり込む) / 丨⁴ **zu** Boden *strecken* 丨⁴をたたきのめす. ◊ 〖再帰的に〗 *sich*⁴ *strecken* 体を伸ばす, 背伸びする.
② (金属・皮⁴を)打ち延ばす, 圧延する. Eisenblech⁴ durch Hämmern *strecken* 薄鋼板をハンマーで打ち延ばす. ③ （スープなど⁴を）薄める, （混ぜ物をして）延ばす. die Suppe⁴ **mit** Wasser *strecken* スープを水で薄める. ④ （食料・燃料など⁴を節約して）長くもたせる. ⑤ 〖狩〗（獲物⁴を）仕留める.

II 〖再帰〗 (完了) haben) *sich*⁴ *strecken* ①〖方向を表す語句とともに〗（…へ）寝そべる. Er *streckte sich* **aufs** Sofa (**ins** Gras). 彼はソファーに(草の中に)寝そべった. ②（土地などが）広がっている, 延びている. Der Weg *streckt sich.* a) 道がずっと延びている, b)《比》道は思ったより遠い. ③（子供が）背が伸びる, 大きくなる.

Stre·cken⁼ar·bei·ter [シュトレッケン・アルバイタァ] 男 -s/- 〖鉄道〗線路(保線)作業員. (女性形: -in).

stre·cken⁼wei·se [シュトレッケン・ヴァイゼ] 副 区間によっては; 〖比〗部分的に; ときどき.

Streck⁼mus·kel [シュトレック・ムスケル] 男 -s/-n 〖医〗伸筋.

streck·te [シュトレックテ] strecken (伸ばす)の 過去

Stre·ckung [シュトレックング] 女 -/-en ① 伸長, 伸展, 圧延. ②〖医〗（子供の）伸長期.

Streck⁼ver·band [シュトレック・フェァバント] 男 -[e]s/..bände 〖医〗けん引包帯.

Street⁼wor·ker [ストリート・ヴェーァカァ] 〖英〗 男 -s/- 街頭の社会福祉士(路上生活者や家出した若者を対象とするソーシャルワーカー). (女性形: -in).

der **Streich** [シュトライヒ ʃtráɪç] 男 〖単 2〗-[e]s/〖複〗-e (3 格のみ -en) ① いたずら, わるさ, 悪ふざけ. (英 *trick*). ein lustiger *Streich* 愉快ないたずら / dumme *Streiche*⁴ machen 悪ふざけをする / 丨⁴ einen *Streich* spielen a) 丨³にいたずらする, b) 丨³をひどい目にあわせる. ② 〖雅〗一撃. einen *Streich* gegen 丨⁴ führen 丨⁴に一撃を加える / **auf** einen *Streich* いっぺんに, 一気に.

strei·cheln [シュトライヒェルン ʃtráɪçəln] ich streichle (streichelte, *hat* ... gestreichelt) 他 (完了) haben) （人・物⁴を優しく）なでる, さする, 愛撫(ぶ)する. (英 *stroke*). Er *streichelte* ihr Haar. 彼は彼女の髪をなでた.

strei·chel·te [シュトライヒェルテ] streicheln （なでる）の 過去

strei·chen [シュトライヒェン ʃtráɪçən] (strich, *hat/ist* ... gestrichen) **I** 他 (完了) haben) ①〖方向を表す語句とともに〗（バターなど⁴を…に）塗る. (英 *spread*). Butter⁴ **aufs** Brot *streichen* バターをパンに塗る / Er hat Salbe auf die Wunde *gestrichen*. 彼は傷口に軟膏(こう)を塗った.

② (パン⁴にバターなどを)塗る. ein Brot⁴ mit Marmelade *streichen* パンにジャムを塗る. ③ 塗装する, (物⁴に)塗料を塗る. (英 *paint*). Er *hat* das Zimmer neu *gestrichen*. 彼は部屋を新しく塗り直した. ◇〖過去分詞の形で〗Frisch *gestrichen*! または Frisch*gestrichen*! (注意書きで:)ペンキ塗りたて.
④ なでる, さする, こする. Er *strich* sich³ nachdenklich den Bart. 彼は考え込んでひげをなでた / 物⁴ *durch* ein Sieb *streichen*〖料理〗物⁴を裏ごしする. ◇〖過去分詞の形で〗ein *gestrichener* Löffel Mehl スプーンすり切り一杯の小麦粉.
⑤ (線を引いて)消す, 削除する. 人⁴ *aus* der Liste *streichen* 人⁴の名前をリストから削除する / Nichtzutreffendes bitte *streichen*! (書式の記入で:)該当しないものを線で消してください / einen Auftrag *streichen* 〖比〗注文をとり消す.
⑥ 〖方向を表す語句とともに〗(物⁴を…へ/…からなでて)払いのける. Brotkrumen⁴ *vom* Tisch *streichen* パンくずをテーブルから払いのける / Er *strich* sich³ die Haare *aus* der Stirn. 彼は髪を額からかき上げた.
II 自 (完了) haben または sein) ① (h)〖*durch* (または *über*) 物⁴ ~ 〗(物⁴を)なでる, さする. (英 *stroke*). 人³ (sich³) *durch* die Haare *streichen* 人³の(自分の)髪をなでる / Er *strich* ihr liebevoll über die Wange. 彼は彼女の頬をやさしくなでた.
② (s)〖場所を表す語句とともに〗(…を)うろつく, さまよう; (風が…は)吹き渡る. *durch* den Wald *streichen* 森をさまよい歩く / *ums* Haus *streichen* 家の回りをうろつく. ③ (s)〖方向を表す語句とともに〗〖狩〗(鳥などが…へ/…から)かすめるように飛ぶ. Wildenten *streichen* **über** den See. 鴨(ホェ)が湖面をかすめて飛んで行く. ④ (s)〖地学〗(山脈・地層などが…へ)連なって(伸びて)いる.
◇☞ **gestrichen**

Strei·cher [シュトライヒャァ ʃtráiçər] 男 -s/- 弦楽器奏者. (女性形: -in).

das **Streich·holz** [シュトライヒ・ホルツ ʃtráiç-holts] 中 (単2) -es/(複) ..hölzer [..へルツァァ] (3格のみ ..hölzern) マッチ. (英 *match*). ein *Streichholz*⁴ an|zünden マッチをすって火をつける.

Streich·holz·schach·tel [シュトライヒホルツ・シャハテル] 女 -/-n マッチ箱.

Streich·in·stru·ment [シュトライヒ・インストルメント] 中 -[e]s/-e 〈音楽〉弦楽器.

Streich≠**kä·se** [シュトライヒ・ケーゼ] 男 -s/- (パンなどに塗る)スプレッドチーズ.

streich·le [シュトライヒレ] streicheln (なでる)の1人称単数 現在

Streich≠or·ches·ter [シュトライヒ・オルケスタァ] 中 -s/- 弦楽合奏団.

Streich≠**quar·tett** [シュトライヒ・クヴァルテット] 中 -[e]s/-e 〈音楽〉弦楽四重奏曲(団).

Strei·chung [シュトライヒュング] 女 -/-en (テキストなどの)削除; 削除部分.

Streif [シュトライフ ʃtráif] 男 -[e]s/-e 〈雅〉縞(ホォ), 線条.

Streif≠band [シュトライフ・バント] 中 -[e]s/..bänder (郵便物・紙類などの)帯封(ホェ).

Strei·fe [シュトライフェ ʃtráifə] 女 -/-n パトロール(巡察・警ら)[隊].

strei·fen [シュトライフェン ʃtráifən] (streifte, *hat*/*ist* ... gestreift) I 他 (完了 haben) ① (人・物⁴に)軽く触れる, かする. (英 *touch*). Sie *hat* ihn **an** der Schulter *gestreift*. 彼女は彼の肩に軽く触れた / 人・物⁴ *mit* einem Blick *streifen* 人・物⁴をちらっと見る.
② (比)(ある問題⁴に)軽く触れる, 言及する. Er *hat* das Thema in seiner Rede einige Male kurz *gestreift*. 彼はそのテーマについては話の中で何度かさっと触れた. ③ 〖方向を表す語句とともに〗(…へ滑るように)はめる, かぶせる; (物⁴を…から滑るように)はずす, 脱ぐ; こすり落とす(取る). den Ring *auf* den Finger *streifen* 指輪を指にはめる / die Ärmel in die Höhe *streifen* 袖(ホャ)をたくし上げる / sich³ das Hemd⁴ *über* den Kopf *streifen* シャツを頭からかぶって着る / den Ring *vom* Finger *streifen* 指輪を指からはずす / die Asche *von* der Zigarette *streifen* たばこの灰を[こすり]落とす.

II 自 (完了 sein)〖場所を表す語句とともに〗(…をあてもなく)歩き回る, うろつく. *durch* die Wälder *streifen* 森の中を歩き回る.
◇☞ **gestreift**

der **Strei·fen** [シュトライフェン ʃtráifən] 男 (単2) -s/(複) - ① 帯状のもの (英 *strip*); ストライプ, 縞(ホォ) (英 *stripe*). Grün*streifen* グリーンベルト / ein *Streifen* Papier 細長い紙[テープ] / Fleisch⁴ in *Streifen* schneiden 肉を細長く切る / ein Rock *mit* bunten *Streifen* 色とりどりのストライプの入ったスカート / Das passt mir nicht in den *Streifen*. (口語・比)それは私の意にそわない. ② (口語)映画. ein amüsanter *Streifen* 娯楽映画.

Strei·fen≠dienst [シュトライフェン・ディーンスト] 男 -[e]s/-e パトロール[隊].

Strei·fen≠**kar·te** [シュトライフェン・カルテ] 女 -/-n (電車・バスなどの帯状の)回数券.

Strei·fen≠**wa·gen** [シュトライフェン・ヴァーゲン] 男 -s/- パトロールカー, パトカー.

strei·fig [シュトライフィヒ ʃtráifiç] 縞(ホォ)のある, 縞(ホォ)状の色むらのついた(洗濯物など).

Streif≠licht [シュトライフ・リヒト] 中 -[e]s/-er ① 〈見〉一条の光. ② (比)簡潔な表現(説明). ein paar *Streiflichter*⁴ *auf* ein Problem werfen ある問題の一端を浮かび上がらせる.

Streif≠**schuss** [シュトライフ・シュス] 男 -es/..schüsse (軍)擦過弾; 擦過弾傷.

streif·te [シュトライフテ] streifen (軽く触れる)の 過去

Streif≠zug [シュトライフ・ツーク] 男 -[e]s/..züge ① パトロール, 偵察, (調査などのための)踏査行. ② 概観.

der Streik [シュトライク ʃtráɪk] 男 (単2) -s (まれに -es)/(複) -s **ストライキ** (英 strike). Hunger*streik* ハンガーストライキ / einen *Streik* durch|führen ストライキを実行する / Die Arbeiter stehen **im** *Streik*. 労働者たちはストライキ中である / in [den] *Streik* treten ストに入る.

Streik≈bre·cher [シュトライク・ブレッヒャァ] 男 -s/- スト破り[をする人]. (女性形: -in).

strei·ken [シュトライケン ʃtráɪkən] (streikte, hat...gestreikt) 自 (完了 haben) ① **ストライキをする**. (英 strike). Sie *streiken* **für** höhere Löhne. 彼らは賃上げ要求のストライキをする. ② 〖口語〗参加しない, 働かない; (機械などが)機能しない, 動かない. Der Wagen *streikte*. 自動車が動かなくなった.

Strei·ken·de[r] [シュトライケンデ (..ダァ) ʃtráɪkəndə (..dər)] 男 女 〖語尾変化は形容詞と同じ〗スト[ライキ]中の人々, スト参加者.

Streik≈pos·ten [シュトライク・ポステン] 男 -s/- (スト破りに対するピケ要員).

Streik≈recht [シュトライク・レヒト] 中 -[e]s/ スト[ライキ]権, 争議権.

streik·te [シュトライクテ] streiken (ストライキをする)の 過去.

***der Streit** [シュトライト ʃtráɪt] 男 (単2) -[e]s/ (複) -e (3格のみ -en) ① **争い**, **いさかい**; (意見などの)衝突, 口論; (つかみ合いのけんか. (英 quarrel). ein heftiger *Streit* 激しい争い / ein *Streit* zwischen zwei Parteien 両党派間の論争 / mit 人³ **in** *Streit* geraten 人³とけんかになる / ein *Streit* um des Kaisers Bart 〖口語〗むだな争い, どうでもよい争い(←皇帝のあごひげについての論争).
② 〖古〗戦闘, 合戦.

Streit≈axt [シュトライト・アクスト] 女 /..äxte (昔の)戦斧(ふ).

streit·bar [シュトライトバール] 形 〖雅〗① 好戦的な, けんか早い; 論争好きな. ② 戦闘的な.

strei·ten [シュトライテン ʃtráɪtən] du streitest, er streitet (stritt, hat...gestritten) I 自 (完了 haben) ① **けんかする**. (英 quarrel). Warum *streitet* ihr den ganzen Tag? なぜ君たちは一日中けんかしているの / Er *hat* **mit** seinem Freund *gestritten*. 彼は友だちとけんかした / **um** nichts *streiten* くだらぬことでけんかする / **wegen** jeder Kleinigkeit *streiten* ちょっとしたことでもすぐけんかする. ◇〖現在分詞の形で〗 die *streitenden* Parteien in einem Prozess 訴訟当事者(原告と被告).
② 〖**über** 人⁴ ～〗(人⁴について)論争する, 激論する. **mit** 人³ über eine Frage *streiten* 人³とある問題について論争する / Darüber *kann* man *streiten*. または Darüber *lässt* sich⁴ *streiten*. それについては議論の余地がある.
③ 〖**für** (**gegen**) 人⁴ ～〗〖雅〗(人⁴のために(人⁴に対して))戦う. **für** Recht und Freiheit *streiten* 正義と自由のために戦う / **gegen** das Unrecht *streiten* 不正に対して戦う.

II 再帰 (完了 haben) *sich*⁴ *streiten* ① 〖*sich*⁴ [**mit** 人³] ～〗([人³と])**争う, けんかする**. Er *hat* sich mit seinem Bruder **um** das Erbteil (**wegen** des Mädchens) *gestritten*. 彼は兄と相続分のことで(女の子のことで)けんかした / Wenn zwei *sich streiten*, freut sich der Dritte. 〖諺〗漁夫の利(←二人が争えば, 第三者が喜ぶ).
② 〖*sich*⁴ **über** 人⁴ ～〗(人⁴について)論争する, 激論する.

Strei·ter [シュトライタァ ʃtráɪtər] 男 -s/- 〖雅〗闘士, 戦う人. (女性形: -in).

Streit≈fall [シュトライト・ふァる] 男 -[e]s/..fälle 争い事.

Streit≈fra·ge [シュトライト・ふラーゲ] 女 -/-n 論点, 争点.

Streit≈ge·spräch [シュトライト・ゲシュプレーヒ] 中 -[e]s/-e 論争, 激論.

Streit≈ham·mel [シュトライト・ハンめる] 男 -s/- 〖戯〗けんか好きの男.

strei·tig [シュトライティヒ ʃtráɪtɪç] 形 ① 争っている, 議論の余地のある. 人³ 人⁴ *streitig* machen 人³の 人⁴の権利に異議を唱える, 人³と人⁴をめぐって争う. ② 〖法〗係争(訴訟)中の.

Strei·tig·keit [シュトライティヒカイト] 女 -/-en 〖ふつう 複〗① (絶え間ない)争い, 紛争. ② 論争, 激論.

Streit≈kraft [シュトライト・クラふト] 女 -/..kräfte 〖ふつう 複〗兵力, 戦力; 軍隊.

streit≈lus·tig [シュトライト・るスティヒ] 形 好戦的な, けんか早い; 議論好きな.

Streit≈macht [シュトライト・マハト] 女 -/ (投入できる)戦力, 軍隊.

Streit≈sa·che [シュトライト・ザッヘ] 女 -/-n ① 争いごと. ② 〖法〗係争事件.

Streit≈schrift [シュトライト・シュリふト] 女 -/-en (学問・宗教・政治的な)論難(論駁(ばく))書.

Streit≈sucht [シュトライト・ズフト] 女 -/ けんか好き.

streit≈süch·tig [シュトライト・ズュヒティヒ] 形 けんか好きの.

Streit≈wert [シュトライト・ヴェーァト] 男 -[e]s/-e 〖法〗訴訟物の価格.

***streng** [シュトレング ʃtréŋ] 形 ① **厳しい**, **厳格な**. (英 severe). ein *strenger* Lehrer 厳しい先生 / ein *strenges* Urteil 厳しい判決 / *streng* **mit** (または **zu**) 人³ sein 人³に厳しい ⇒ Die Mutter ist sehr *streng* mit (または zu) den Kindern. 母は子供たちに非常に厳しい / 人⁴ *streng* bestrafen 人⁴を厳重に処罰する / Betreten des Rasens *streng* verboten (または *streng*verboten)! (立て札などで:)芝生内立入厳禁.
② **厳密な**; 緻密(ち)な, 精密な. (英 strict). die *strenge* Logik 厳密な論理 / *strenge* Bettruhe 絶対安静 / im *strengen* Sinne 厳密な意味で / eine *strenge* Diät⁴ halten 厳密な食餌(じ)療法を行う / der *strenge* Aufbau eines Dramas あるドラマの緻密な構成 /

die Anweisungen⁴ *streng* befolgen 指示に厳密に従う / *streng* genommen 厳密に言うと, 本来なら. ③ (顔つきなどが)きつい, いかめしい. ein *strenges* Gesicht きつい顔[だち]. ④ (味・香りなどが)強烈な. ein *strenger* Geruch 強烈なにおい / Die Soße ist zu *streng*. このソースは味が濃すぎる. ⑤ (寒さなどが)厳しい, 苛烈(れつ)な. eine *strenge* Kälte 厳寒 / Der letzte Winter war sehr *streng*. 去年の冬はひどく寒かった. ⑥ 《南ドッ・スイス》(仕事などが)ひどく骨の折れる, つらい. eine *strenge* Arbeit つらい仕事.

Stren·ge [シュトレンゲ ʃtréŋə] 囡 -/ ① 厳しさ, 厳格. die *Strenge* der Strafe² 刑罰の威厳さ / mit *Strenge* 厳しく. ② 厳密さ. ③ (外見の)いかめしさ. ④ (味・香りなどの)強烈さ. ⑤ (寒さなどの)厳しさ.

streng ge·nom·men ☞ streng ②

streng⹀gläu·big [シュトレング・グロイビヒ] 形 厳格に信仰を守る; 正統派の信仰の.

strengs·tens [シュトレングステンス ʃtréŋstəns] 副 厳重(厳密)に, きわめて厳しく.

*der **Stress** [シュトレス ʃtrés または ストレス strés] 男 (単 2) -es/ ストレス. Er steht im (または unter) *Stress*. 彼はストレスを受けている.

Streß [シュトレス] Stress の古い形 (☞ daß メモ).

stres·sen [シュトレッセン ʃtrésən] 他 (h) 《口語》(人⁴に)ストレスを与える.

stres·sig [シュトレスィヒ ʃtrésıç] 形 《口語》ストレスのある, ストレスを起こす.

Streu [シュトロイ ʃtróy] 囡 -/-en 〔ふつう 単〕 (家畜のための)敷きわら.

Streu⹀büch·se [シュトロイ・ビュクセ] 囡 -/-n (こしょう・塩などの)卓上薬味入れ.

streu·en [シュトロイエン ʃtróyən] (streute, hat ... gestreut) I 他 《完了 haben》《英 scatter》① まき散らす, 振りかける. (比)(うわさなど⁴を)広める. Blumen⁴ *streuen* (結婚式で新郎新婦の前に)花をまき散らす / Sie *streute* noch etwas Salz auf die Kartoffeln. 彼女はからに少々の塩をじゃがいもに振りかけた. ② (道路など⁴に)滑り止めをまく. die Straße⁴ mit Sand *streuen* (凍結した)道路に砂をまく.

II 自 《完了 haben》 ① (容器などが中身を)まく, こぼす. Das Salzfass *streut* schlecht. この塩入れは出が悪い / Der Mehlsack *streut*. この粉袋は中身がこぼれる. ② (大砲などが)弾道が定まらない; (光線などが)散乱する; (数値が)分散する. ③ 《医》(病巣が)播種(しゅ)する.

Streu·er [シュトロイアァ ʃtróyər] 男 -s/- (こしょう・塩などの)卓上薬味入れ (=Streubüchse).

streu·nen [シュトロイネン ʃtróynən] 自 (s まれに h) (軽蔑的に:)うろつく, ぶらぶらする.

Streu⹀salz [シュトロイ・ザルツ] 甲 -es/ (路面凍結時に用いる)まき塩.

Streu⹀sand [シュトロイ・ザント] 男 -[e]s/ (路面凍結時に用いる)まき砂.

Streu·sel [シュトロイゼル ʃtróyzəl] 男 甲 -s/- 〔ふつう 複〕《料理》シュトロイゼル(小麦・砂糖・バターで作った粒状のケーキ用トッピング).

Streu·sel⹀ku·chen [シュトロイゼル・クーヘン] 男 -s/- 《料理》シュトロイゼルケーキ(シュトロイゼルを振りかけて作ったケーキ).

streu·te [シュトロイテ] streuen (まく)の 過去

Streu·ung [シュトロイウング] 囡 -/-en ① まき散らすこと, 散布. ② (散弾などの)飛散. ③ (弾丸の)標的からのそれ; 《物》(光の)散乱, 分散; (数値の)分散. ④ 《医》(病巣などの)播種(しゅ)する.

strich [シュトリヒ] *streichen (塗る)の 過去

*der **Strich** [シュトリヒ ʃtríç] 男 (単 2) -[e]s/(複) -e (3格のみ -en) ① (鉛筆などで引いた)線. 《英》line, dash). ein kurzer *Strich* 短い線 / einen *Strich* ziehen 線を引く / 人³ einen *Strich* durch die Rechnung machen 《口語・比》人³の計画をだいなしにする / keinen *Strich* tun 《口語》全然何もしない / einen [dicken] *Strich* unter 物⁴ machen 《比》 物⁴を済んだこととする, 蒸し返さない / 物⁴ *Strich* für *Strich* nach/zeichnen 物⁴を一画一画(丹念に)描写する / 物⁴ in schnellen, großen *Strichen* zeichnen 物⁴をさっと大まかに描く / unter dem *Strich* 《比》(損得計算をした)結果として / unter dem *Strich* sein 《口語》水準以下である.

② 〔複 なし〕筆運び, 筆法, タッチ; (バイオリンの)運弓法. mit einem weichen *Strich* malen 柔らかいタッチで描く. ③ 《ふつう 複》(テキストなどの)抹消箇所. ④ (ブラシを)かけること, (刷毛(け)で)なでること. einige *Striche* mit der Bürste ブラシを二三回かけること. ⑤ 〔複 なし〕(毛の)向き, 毛並み; (織物の毛足の)向き. das Fell⁴ gegen den *Strich* bürsten 毛並みに逆らって毛皮にブラシをかける / Das geht mir gegen den *Strich*. 《口語》それは私の性に合わない / nach *Strich* und Faden 《口語》徹底的に. ⑥ (計器類の)目盛り線; ハイフン, ダッシュ. ⑦ 《獣》(帯状の細い)土地, 地帯. ⑧ 《南ドッ・スイス》(家畜の細長い)乳頭. ⑨ 《狩》(鳥の)(低い)滑空; (飛んでいる鳥の)群れ. ⑩ 〔複 なし〕《俗》(街娼(しょう)の)客引き.

stri·che [シュトリッヒェ] *streichen (塗る)の 過去²

stri·cheln [シュトリッヒェルン ʃtríçəln] 他 (h) ① (輪郭など⁴を)細かい破線で描く. ◇《過去分詞の形で》eine gestrichelte Linie 破線. ② (物⁴に)けば線で陰影をつける.

◇☞ **gestrichelt**

Strich⹀kode [シュトリヒ・コート] 男 -s/-s (商品の)バーコード.

Strich⹀mäd·chen [シュトリヒ・メートヒェン] 甲 -s/- 《俗》街娼(しょう).

Strich⹀punkt [シュトリヒ・プンクト] 男 -[e]s/-e 《言》セミコロン(記号: ;).

strich⹀wei·se [シュトリヒ・ヴァイゼ] 副 《気象》所により, 局地的に.

*der **Strick**¹ [シュトリック ʃtrík] 男 (単 2) -[e]s/(複) -e (3格のみ -en) ① (麻などの)縄,

綱, ロープ. (英 rope). ein kurzer Strick 短いロープ / einen Strick um 物⁴ binden 物⁴の回りにロープをかける / 人³ aus 物³ einen Strick drehen《口語・比》物³をねたに人³を陥れようとする / wenn alle Stricke reißen《口語》ほかにどうしようもない場合には(←すべてのロープが切れた場合には) / den (または einen) Strick nehmen《雅》首をつる.
② (口語)いたずらっ子, 腕白坊主.

Strick² [シュトリック] 男 -[e]s/《ふつう冠詞なしで》《服飾》ニット.

stri·cken [シュトリッケン] ʃtríkən] (strickte, hat .. gestrickt) **I** 他 (完了 haben) (セーターなど⁴を)編む. (英 knit). Strümpfe⁴ stricken 靴下を編む.
II 自 (完了 haben) 編み物をする. Sie strickt gern. 彼女は編み物が好きだ / an einem Pullover stricken セーターを編む.

Stri·cke·rei [シュトリッケライ ʃtrɪkəráɪ] 女 -/-en 編み物工場.

Strick⸗garn [シュトリック・ガルン] 中 -[e]s/-e 編み糸.

Strick⸗ja·cke [シュトリック・ヤッケ] 女 -/-n ニットのジャケット, カーディガン.

Strick⸗lei·ter [シュトリック・らイタァ] 女 -/-n 縄ばしご.

Strick⸗ma·schi·ne [シュトリック・マシーネ] 女 -/-n 編み機.

Strick⸗na·del [シュトリック・ナーデる] 女 -/-n 編み針(棒).

strick·te [シュトリックテ] stricken (編む)の過去.

Strick⸗wa·ren [シュトリック・ヴァーレン] 複 ニット製品, ニットウェア.

Strick⸗zeug [シュトリック・ツォイク] 中 -[e]s/ ① 編みかけのもの. ② 編み物道具.

Strie·gel [シュトリーゲる ʃtríːɡəl] 男 -s/- (家畜用, 特に馬用の)櫛(˯), ブラシ.

strie·geln [シュトリーゲるン ʃtríːɡəln] 他 (h) ①(馬など⁴に)ブラシをかける; 《比》(髪⁴を)すく. ②《口語》(人⁴を)いじめる.

Strie·me [シュトリーメ ʃtríːmə] 女 -/-n = Striemen

Strie·men [シュトリーメン ʃtríːmən] 男 -s/- みみずばれ.

strikt [シュトリクト ʃtríkt または ストリクト stríkt] 形 厳格な, 厳しい; 厳密な. ein strikter Befehl 厳命.

Strip·pe [シュトリッペ ʃtrípə] 女 -/-n ①《方》ひも, 結び(飾り)ひも. ②《口語》電話線. an der Strippe hängen 電話にかじりついている / 人⁴ an der Strippe haben 人⁴と電話中である.

Strip⸗tease [シュトリプティース ʃtrípti:s または ストリップ.. stríp..] [英] 男 中 -/ [ショー].

stritt [シュトリット] *streiten (争う)の過去.

strit·te [シュトリッテ] *streiten (争う)の接2.

strit·tig [シュトリッティヒ ʃtrítɪç] 形 未解決の; 論議のある, 異論のある.

das **Stroh** [シュトロー ʃtróː] 中 (単2) -[e]s/ わら, 麦わら. 《英 straw》. ein Bündel Stroh 一束のわら / trockenes Stroh 乾燥わら / **auf (im)** Stroh schlafen わらの上で(中で)寝る / ein Haus⁴ mit Stroh decken 家の屋根をわらでふく / leeres Stroh dreschen《口語・比》どうでもよいようなことを話す(←実のついていない麦わらを打穀する) / Stroh⁴ im Kopf haben《口語》ばかこのパンは味もそっけもない(←わらのような味がする).

stroh⸗blond [シュトロー・ブロント] 形 淡いブロンドの, 麦わら色の.

Stroh⸗dach [シュトロー・ダッハ] 中 -[e]s/..dächer わら[ぶき]屋根.

Stroh⸗feu·er [シュトロー・フォイアァ] 中 -s/- ① わらを燃やした火. 《比》つかの間の感激, 一時的な興奮.

Stroh⸗halm [シュトロー・ハるム] 男 -[e]s/-e ① 麦わら, わらの茎. sich⁴ an einen Strohhalm klammern《比》一本のわら(かすかな希望)にすがる / **nach** dem rettenden Strohhalm greifen《比》最後のチャンスに賭ける / **über** einen Strohhalm stolpern《口語》つまらないことでしくじる(←1本のわらにつまずく). ② ストロー. Saft⁴ mit einem Strohhalm trinken ジュースをストローで飲む.

Stroh⸗hut [シュトロー・フート] 男 -[e]s/..hüte 麦わら帽子.

stro·hig [シュトローイヒ ʃtróːɪç] 形 ① (わらのように)ぱさぱさの(髪など). ② かさかさの; 味のしない.

Stroh⸗kopf [シュトロー・コプふ] 男 -[e]s/..köpfe《口語》ばか者, 愚か者.

Stroh⸗mann [シュトロー・マン] 男 -[e]s/..männer ① わら人形. ② 名義[だけ]の人. ③《トランプ》(ブリッジの)ダミー.

Stroh⸗sack [シュトロー・ザック] 男 -[e]s/..säcke わら布団. Heiliger (または Gerechter) Strohsack!《俗》おやおや, これは驚いた.

stroh⸗tro·cken [シュトロー・トロッケン] 形《口語》ひどく乾燥した.

Stroh⸗wit·we [シュトロー・ヴィトヴェ] 女 -/-n《口語・戯》(夫が不在中の)一時やもめ.

Stroh⸗wit·wer [シュトロー・ヴィトヴァァ] 男 -s/-《口語・戯》(妻が不在中の)一時やもめ.

Strolch [シュトろるヒ ʃtrɔlç] 男 -[e]s/-e ① 浮浪者, ごろつき. ②《戯》いたずらっ子, 腕白坊主.

strol·chen [シュトろるヒェン ʃtrɔ́lçən] 自 (s) 放浪する, うろつきまわる.

der **Strom** [シュトローム ʃtróːm] 男 (単2) -[e]s/(複) Ströme [シュトレーメ] (3格のみ Strömen) ① (大きな)川, 大河. 《英 river》. ein breiter Strom 幅の広い川 / Der Strom tritt über die Ufer. 川が氾濫(¿°)する / der Strom der Zeit²《比》時の流れ. (☞ 類語 Fluss).
② (液体・気体の)**流れ**; (人・車などの)流れ. 《英 stream》. ein Strom von Tränen あふれる涙 / ein Strom von Besuchern どっと押し

寄せる観客 / **gegen** den *Strom* schwimmen a) 流れに逆らって泳ぐ, b) 《比》大勢に逆らう / **in** *Strömen* (液体が)大量に ⇒ Es regnet in *Strömen*. 土砂降りだ / **mit** dem *Strom* schwimmen a) 流れに乗って泳ぐ, b) 《比》時勢に従う.
③ 電流; 電気. (英 current). Gleich*strom* 直流 / Wechsel*strom* 交流 / ein *Strom* von zwölf Ampere 12 アンペアの電流 / den *Strom* ein|schalten 電気のスイッチを入れる / **mit** *Strom* kochen 電熱器で料理する / Das Gerät verbraucht viel *Strom*. この器具は電力の消費量が多い.

Strom≠ab·neh·mer [シュトローム・アップネーマァ] 男 -s/- ① 集電装置(パンタグラフ, トロリーボールなど). ② 電力消費者. (女性形: -in).

strom≠ab[·wärts] [シュトローム・アップ[ヴェルツ]] 副 流れを下って, 下流へ.

strom≠auf[·wärts] [シュトローム・アオふ[ヴェルツ]] 副 流れをさかのぼって, 上流へ.

Strom≠aus·fall [シュトローム・アオスふァる] 男 -[e]s/..fälle 停電.

Strö·me [シュトレーメ] *Strom (川)の 複

strö·men [シュトレーメン] ʃtrǿːmən] (strömte, *ist* ... geströmt) 自 (英 be) 来 (英 stream) ① 《方向を表す語句とともに》(液体・気体が…から)どっと流れ出る, (…へ)流れ込む. Wasser *strömt* **aus** der Leitung. 水が水道管から流れ出る / Frische Luft *strömte* **ins** Zimmer. 新鮮な空気が部屋の中へ流れ込んだ. ◇〔現在分詞の形で〕**bei** (または **in**) *strömendem* Regen 豪雨をついて.
② 《方向を表す語句とともに》(人が…へ/…から)どっと押し寄せる(あふれ出る). Die Menschen *strömten* **aus** dem Kino. 映画館から人がどっとあふれ出た. ③ (大河が)流れている. (☞ 類語 fließen).

Stro·mer [シュトローマァ ʃtrǿːmər] 男 -s/- 《口語》浮浪者, 無宿者. (女性形: -in).

stro·mern [シュトローマァン ʃtrǿːmərn] 自 (s, h) 《口語》① (s) 放浪する, さまよい歩く. ② (h) (働かないで)ぶらぶらする.

Strom≠er·zeu·ger [シュトローム・エァツォイガァ] 男 -s/- ① 発電機. ② 発電事業者.

Strom≠er·zeu·gung [シュトローム・エァツォイグング] 女 -/ 発電.

Strom≠ka·bel [シュトローム・カーベる] 中 -s/- ケーブル.

Strom≠kreis [シュトローム・クライス] 男 -es/-e 電気回路(回線).

Strom≠lei·tung [シュトローム・らイトゥング] 女 -/-en 〔送〕電線.

Strom·li·ni·en·form [シュトローム·リーニエン・ふォルム] 女 -/-en 《物・工》流線形.

strom·li·ni·en·för·mig [シュトローム·リーニエン・ふェルミヒ] 形 流線形の.

Strom≠netz [シュトローム・ネッツ] 中 -es/-e 回路網.

Strom≠preis [シュトローム・プライス] 男 -es/-e 電気料金.

Strom≠quel·le [シュトローム・クヴェれ] 女 -/-n 《電》電源(バッテリー・発電機など).

Strom≠schnel·le [シュトローム・シュネれ] 女 -/-n 急流, 早瀬.

Strom≠stär·ke [シュトローム・シュテルケ] 女 -/-n 電流の強さ.

ström·te [シュトレーム テ] strömen (どっと流れ出る)の 過去

die **Strö·mung** [シュトレームング ʃtrǿːmuŋ] 女 (単) -/(複) -en (英 current) ① (液体・気体の)流れ; 水流, 潮流, 気流. kalte (warme) *Strömungen* des Meeres 寒流(暖流) / **gegen** die *Strömung* (**mit** der *Strömung*) schwimmen 流れに逆らって(流れに乗って)泳ぐ. ② (思想などの)動向, 思潮; 時流, (芸術などの)傾向. politische (literarische) *Strömungen* 政治の動向(文芸思潮).

Strom≠ver·brauch [シュトローム・ふェァブラオホ] 男 -[e]s/ 電力消費[量].

Strom≠ver·sor·gung [シュトローム・ふェァゾルグング] 女 -/ 電力供給.

Strom≠zäh·ler [シュトローム・ツェーらァ] 男 -s/- 《電》積算電力計, 電気メーター.

Stron·ti·um [シュトロンツィウム ʃtrɔ́ntsium または ストロント... ʃtrɔ́n..] 中 -s/ 《化》ストロンチウム (記号: Sr).

Stro·phe [シュトローふェ ʃtroːfə] 女 -/-n 《詩学》(詩の)節, 連. ein Lied mit vier *Strophen* 4 節からなる歌曲.

..stro·phig [..シュトローふィヒ ..ʃtroːfɪç] 【形容詞をつくる 接尾】 《…節(連)の》例: drei*strophig* (=3-*strophig*) (詩などが) 3 節(3 連)の.

strot·zen [シュトロッツェン ʃtrɔ́tsən] 自 (h) 《**von** (または **vor**) 3格 ~》《3格で》いっぱいである, はちきれそうである. Das Diktat *strotzt* von (または vor) Fehlern. この書き取りは間違いだらけだ / Er *strotzt* von (または vor) Gesundheit. 彼は健康ではちきれそうだ.

strub·be·lig [シュトルッベりヒ ʃtrúbəlɪç] 形 (髪が)もじゃもじゃの, ぼさぼさの.

strubb·lig [シュトルブリヒ ʃtrúblɪç] 形 = strubbelig

Stru·del [シュトルーデる ʃtruːdəl] 男 -s/- ① 渦, 渦巻き, 《比》混乱. ein gefährlicher *Strudel* 危険な渦 / Das Boot geriet **in** einen *Strudel*. ボートは渦に巻き込まれた. ② 《南ド・オーストリア》 シュトルーデル(甘く煮たりんごなどを薄い生地で巻いて作るパイ).

stru·deln [シュトルーデるン ʃtruːdəln] 自 (h) 渦を巻く.

die **Struk·tur** [シュトルクトゥーァ ʃtruktúːr または ストルク.. ʃtruk..] 女 (単) -/(複) -en 構造, 構成; 組織, 機構. (英 structure). die *Struktur* eines Atoms 原子の構造 / die politische *Struktur* eines Landes 一国の政治機構. ② 《織》(生地の表面の)織り地.

Struk·tu·ra·lis·mus [シュトルクトゥラリスムス ʃtrukturalísmus または ストルク.. ʃtruk..] 男

–/《言・哲》構造主義.

struk·tu·ra·lis·tisch [シュトルクトゥラリスティッシュ ʃtrukturalístɪʃ または ストルク.. struk..] 形《言・哲》構造主義の.

struk·tu·rell [シュトルクトゥレる ʃtrukturél または ストルク.. struk..] 形 構造[上]の, 組織の; 構造的な.

Struk·tur⹀for·mel [シュトルクトゥーァ・ふォルメる] 因 -/-n《化》構造式.

struk·tu·rie·ren [シュトルクトゥリーレン ʃtrukturíːrən または ストルク.. struk..] 他 (h) 構成する, 構造化する. die Wirtschaft⁴ völlig neu *strukturieren* 経済の構造を一変させる. ◊《再帰的に》*sich⁴ strukturieren* 構成される, 構造化される.

Struk·tur⹀kri·se [シュトルクトゥーァ・クリーゼ] 因 -/-n《経》構造の危機.

Struk·tur⹀re·form [シュトルクトゥーァ・レふォルム] 因 -/-en 構造改革.

***der* Strumpf** [シュトルンプふ ʃtrúmpf] 男 (単2) -[e]s/(複) Strümpfe [シュトリュンプふェ] (3格のみ Strümpfen)ストッキング, 長靴下. (英 *stocking*). (メモ「ソックス」は Socke). nahtlose *Strümpfe* シームレス・ストッキング / ein Paar *Strümpfe* 一足のストッキング / *Strümpfe⁴* an|ziehen (aus|ziehen) ストッキングをはく(脱ぐ) / keine *Strümpfe⁴* tragen ストッキングをはいていない / Er kam *auf Strümpfen* ins Zimmer. 彼は靴を脱いで部屋に入って来た / *sich⁴ auf die Strümpfe machen*《口語》出かけようとして腰を上げる.

Strumpf⹀band [シュトルンプふ・バント] 田 -[e]s/..bänder (ゴムの)ガーター, 靴下止め.

Strümp·fe [シュトリュンプふェ] *Strumpf (ストッキング)の 複

Strumpf⹀hal·ter [シュトルンプふ・はるタァ] 男 -s/- ガーター[ベルト].

Strumpf·hal·ter⹀gür·tel [シュトルンプふはるタァ・ギュルテる] 男 -s/- ガーターベルト.

Strumpf⹀ho·se [シュトルンプふ・ホーゼ] 因 -/-n《服飾》タイツ; パンティーストッキング.

Strumpf⹀wa·ren [シュトルンプふ・ヴァーレン] 複 (商品としての)靴下類.

Strunk [シュトルンク ʃtruŋk] 男 -[e]s/Strünke (キャベツなどの)太い茎; (木の)切り株.

strup·pig [シュトルピヒ ʃtrúpɪç] 形 (毛・髪などが)もじゃもじゃした, ぼさぼさの.

Struw·wel·pe·ter [シュトルヴェる・ペータァ] 男 -s/-《口語》もじゃもじゃ頭の少年 (1845年に出版されたハインリヒ・ホフマンの絵本の主人公の容姿から).

Strych·nin [シュトリュヒニーン ʃtrʏçniːn または ストリュヒ.. stryç..] 田 -s/《化》ストリキニーネ.

Stu·be [シュトゥーベ ʃtúːbə] 因 -/-n ①《方》部屋; 居間 (= Wohnzimmer). (☞ 類語 Zimmer). ②(兵舎・学生寮などの数人用の)居室.

Stu·ben⹀ar·rest [シュトゥーベン・アレスト] 男 -[e]s/-e《口語》(子供が罰として受ける)外出禁止.

Stu·ben⹀ho·cker [シュトゥーベン・ホッカァ] 男 -s/-《口語》(軽蔑的に):家にばかりいる人, 出不精の人. (女性形: -in).

stu·ben⹀rein [シュトゥーベン・ライン] 形 ①(犬や猫が)排泄(はいせつ)物で部屋を汚さないようにつけられた. ②《戯》(冗談などが)下品でない.

Stuck [シュトゥック ʃtuk] 男 -[e]s/ スタッコ, 化粧しっくい; スタッコ装飾.

***das* Stück** [シュテュック ʃtýk]

部分; …個
Ich möchte ein *Stück* Brot.
イヒ メヒテ アイン シュテュック ブロート
パンを一切れください.

田 (単2) -[e]s/(複) -e (3格のみ -en)《数量単位としてはふつう: (複)》 (複 *piece*) ①(全体から切り離された)部分, 切片, かけら. ein *Stück* Brot 一切れのパン / ein *Stück* Stoff 布切れ / zwei *Stück⁴*(まれに *Stücke*) Kuchen essen ケーキを二切れ食べる / Das ist nur ein *Stück* Papier. それはただの紙切れにすぎない / ein schönes *Stück* Geld《比》かなりの金額 / ein gutes *Stück* Weges かなりの道のり / ein *Stück* spazieren gehen 少しばかり散歩する / aus einem Buch ein *Stück⁴* vor|lesen ある本の一節を朗読する / **in** *Stücke* gehen こなごなに割れる(砕ける) / Papier⁴ in *Stücke* reißen 紙を細かく引き裂く / *sich⁴* für 囚⁴ in *Stücke* reißen lassen《口語・比》囚⁴のために身を粉にして尽くす / Käse⁴ im (または **am**) *Stück* kaufen《方》チーズをブロックのまま買う / in einem *Stück*《口語》絶え間なく, ぶっ続けに. ② …個, …枚, …頭. ein *Stück* Seife 石けん1個 / ein *Stück* Land 1区画の土地 / drei *Stück* Gepäck 手荷物3個 / zwanzig *Stück* Vieh 20頭の家畜 / Ich nehme zwei *Stück* Zucker in den Kaffee. 私はコーヒーに角砂糖を2個入れます / Die Eier kosten das *Stück* 10 Cent. 卵は1個につき10セントです / *Stück* **für** *Stück* 1個ずつ.
③(同種類のものの中で)…の物. das kostbarste *Stück* der Sammlung² コレクションの中で最も高価な物. ④《ふつう複》悪ふざけ, いたずら. Das ist ein starkes *Stück*!《口語》そいつはひどい. ⑤ 芝居, 戯曲; 楽曲. Klavierstück ピアノ曲 / ein *Stück⁴* auf|führen ドラマを上演する. ⑥《口語》やつ, 野郎. ein freches *Stück* あつかましいやつ. ⑦《成句的に》**aus** freien *Stücken* 自由意志で, 自ら進んで.

Stuck⹀ar·beit [シュトゥック・アルバイト] 因 -/-en 化粧しっくい細工.

Stück⹀ar·beit [シュテュック・アルバイト] 因 -/-en ① 出来高払いの仕事. ②《口語》やっつけ仕事.

Stu·cka·teur [シュトゥカテーァ ʃtukatǿːr] 男 -s/-e スタッコ塗装職人. (女性形: -in).

stü·ckeln [シュテュッケるン ʃtýkəln] 他 (h) ⹀

(h) 継ぎはぎする, 継ぎはぎして作る.

Stück⹀gut [シュテュック・グート] 田 -[e]s/..güter ばら売りの商品.

Stück⹀**lohn** [シュテュック・ローン] 男 -[e]s/..löhne《経》出来高払い賃金. **im** *Stücklohn* arbeiten 賃仕事をする.

stück⹀**wei·se** [シュテュック・ヴァイゼ] 副 一つ(1 個)ずつ, ばらで.

Stück⹀**werk** [シュテュック・ヴェルク] 田《成句的に》*Stückwerk* sein (または bleiben) 中途半端である.

Stück⹀**zahl** [シュテュック・ツァール] 囡 -/-en《経》(生産される)個数.

⦂der **Stu·dent** [シュテュデント ʃtudént]

大学生	Ich bin *Student*.
	イヒ ビン シュテュデント
	私は大学生です.

格	単	複
1	der Student	die Studenten
2	des Studenten	der Studenten
3	dem Studenten	den Studenten
4	den Studenten	die Studenten

男 (単 2·3·4) -en/(複) -en 大学生; 男子学生.《英》student). Austausch*student* 交換留学生 / Er ist *Student* **an** der Universität Bonn. 彼はボン大学の学生だ / ein *Student* der Medizin[2] 医学生 / Er ist *Student* im dritten Semester. 彼は3学期目の学生だ. (⚠「(高等学校までの)生徒」は Schüler. ただしオーストリア, スイスでは Student が高校生を意味することもある.). (⚠ Studentinnen und Studenten (男女の大学生たち)の代わりに, Studierende が用いられることがある).

Stu·den·ten⹀aus·weis [シュトゥデンテン・アオスヴァイス] 男 -es/-e 学生証.

Stu·den·ten⹀**be·we·gung** [シュトゥデンテン・ベヴェーグング] 囡 -/-en 学生運動.

Stu·den·ten⹀**bu·de** [シュトゥデンテン・ブーデ] 囡 -/-n《口語》(家具付きの)学生用下宿[部屋].

Stu·den·ten⹀**fut·ter** [シュトゥデンテン・フッタァ] 田 -s/- レーズン入りミックスナッツ(くるみ・アーモンド・干しぶどうの混ぜ合わせ.「学生の餌」の意).

Stu·den·ten⹀**heim** [シュトゥデンテン・ハイム] 田 -[e]s/-e 学生寮 (=Studentenwohnheim).

Stu·den·ten⹀**lied** [シュトゥデンテン・リート] 田 -[e]s/-er 学生歌.

Stu·den·ten⹀schaft [シュトゥデンテンシャフト] 囡 -/-en《ふつう 単》(ある大学の)全学生.

Stu·den·ten⹀ver·bin·dung [シュトゥデンテン・フェアビンドゥング] 囡 -/-en 学生組合.

Stu·den·ten⹀**werk** [シュトゥデンテン・ヴェルク] 田 -[e]s/-e 学生援護会; (大学の)学生課.

Stu·den·ten⹀**wohn·heim** [シュトゥデンテン・ヴォーンハイム] 田 -[e]s/-e 学生寮.

⦂die **Stu·den·tin** [シュトゥデンティン ʃtudéntɪn]

囡 (単) -/(複) ..tinnen (女子の)大学生, 女子学生. Sie ist *Studentin* **an** einer Musikhochschule. 彼女は音楽大学の学生だ.

stu·den·tisch [シュトゥデンティッシュ ʃtudéntɪʃ] 形 大学生の; 学生による.

Stu·die [シュトゥーディエ ʃtúːdiə] 囡 -/-n ①《美》習作, スケッチ. ②(あるテーマの)研究論文.

Stu·di·en [シュトゥーディエン] Studie (習作), *Studium (研究)の 複

Stu·di·en⹀auf·ent·halt [シュトゥーディエン・アオフエントハルト] 男 -[e]s/-e (特に外国での)研究(調査)滞在, 留学.

Stu·di·en⹀**di·rek·tor** [シュトゥーディエン・ディレクトァ] 男 -s/-en [..トーレン] (高校の)教頭, 校長代理. (女性形: -in).

Stu·di·en⹀**fach** [シュトゥーディエン・ファッハ] 田 -[e]s/..fächer (大学での)専攻, 学科.

Stu·di·en⹀**gang** [シュトゥーディエン・ガング] 男 -[e]s/..gänge (大学の)履修課程.

Stu·di·en⹀**ge·bühr** [シュトゥーディエン・ゲビューァ] 囡 -/-en (大学の)授業料.

stu·di·en⹀**hal·ber** [シュトゥーディエン・ハルバァ] 副 (大学での)勉強(研究)のために.

Stu·di·en⹀jahr [シュトゥーディエン・ヤール] 田 -[e]s/-e ① (大学の)学年. ②《ふつう 複》学生時代.

Stu·di·en⹀**rat** [シュトゥーディエン・ラート] 男 -[e]s/..räte 高等学校教諭. (女性形: ..rätin).

Stu·di·en⹀**re·fe·ren·dar** [シュトゥーディエン・レフェレンダール] 男 -s/-e 高等学校教諭研修生. (女性形: -in).

Stu·di·en⹀**rei·se** [シュトゥーディエン・ライゼ] 囡 -/-n (大学の)研修(実習)旅行, 研究旅行.

Stu·di·en⹀**zeit** [シュトゥーディエン・ツァイト] 囡 -/-en (大学での)在学期間; 学生時代.

⦂**stu·die·ren** [シュトゥディーレン ʃtudíːrən]

| 大学で勉強する; 専攻する |
| Was *studieren* Sie? |
| ヴァス シュトゥディーレン ズィー |
| あなたは何を専攻しているのですか. |

(studierte, *hat* ...studiert) **I** 自 (完了 haben) 大学で勉強する, 大学生である. (《英》study). Ich *studiere* **an** der Universität Bonn. 私はボン大学で学んでいます / **bei** Professor Schmidt *studieren* シュミット教授のもとで勉強している / Sie *studiert* **in** München. 彼女はミュンヒェンの大学に在学している / Ich *studiere* jetzt im zweiten Semester. 私は大学に入って今2学期目です / Er *hat* acht Semester *studiert*. 彼は大学で8学期勉強した. ◇《過去分詞の形で》ein *studierter* Mann《口語》大学卒の男性. (⇨ 類語 lernen).

II 他 (完了 haben) ① (大学で学科目[4]を)

専攻する, 勉強する. Er *studiert* Chemie (Jura). 彼は化学(法律学)を専攻している. ② 詳しく調べる. ein Problem⁴ *studieren* ある問題を詳しく調査する. ③《書類など⁴を》丹念に読む. die Speisekarte⁴ *studieren*《口語》(注文する際に:)メニューをじっくり検討する. ④《役など⁴を》練習して覚え込む.

> 類語 **studieren**:《学問的に詳しく》研究する.《ある学科目を》専攻する. **forschen**:《真相を究明するために》調査・研究する. **untersuchen**:《詳しく》調べる, 調査(研究)する; 検査する.

Stu·die·ren·de[r] [シュトゥディーレンデ (..ダァ)] ʃtudíːrəndə (..dɐr)] 男 女《語尾変化は形容詞と同じ》大学生, 学生.

stu·diert [シュトゥディーァト] ‡studieren (大学で勉強する)の 過分, 3人称単数・2人称親称複数 現在

stu·dier·te [シュトゥディーァテ] ‡studieren (大学で勉強する)の 過去

Stu·dier·te[r] [シュトゥディーァテ (..タァ) ʃtudíːrtə (..tɐr)] 男 女《語尾変化は形容詞と同じ》《口語》大学教育を受けた(大学出の)人.

Stu·dio [シュトゥーディオ ʃtúːdio] 中 -s/-s ①《画家・カメラマンなどの》仕事場, アトリエ. ②《ラジオ・テレビ・映画の》スタジオ, 放送室, 撮影所. ③ 実験的小劇場. ④《バレエ・演劇などの》練習場. ⑤ ワンルームマンション.

***das* Stu·di·um** [シュトゥーディウム ʃtúːdium] 中《単2》-s/《複》..di·en [..ディエン]《study》① 《複 なし》大学での勉強(研究). das medizinische *Studium* 医学の勉強 / das *Studium* der Mathematik² 数学の勉強 / das *Studium*⁴ ab|brechen (ab|schließen) 大学での勉強を中断する(終了する). ②《学問的な》研究;《科学的な》調査. Er treibt physikalische *Studien*. 彼は物理学の研究を行っている. ③《複 なし》《文書などの》入念な検討. ④《複 なし》《役などの》練習, 役作り.

Stu·di·um ge·ne·ra·le [シュトゥーディウム ゲネラーレ ʃtúːdium genərɑ́ːlə] 中 - -/《各学部共通の》一般教養科目[の講義].

die **Stu·fe** [シュトゥーフェ ʃtúːfə] 女《単》-/《複》-n ①《階段などの》段, 踏み段, ステップ. (英 step). schmale *Stufen* 幅の狭い踏み段 / Vorsicht, *Stufe*!《掲示で:》注意, 踏み段 / Die Treppe hat zehn *Stufen*. この階段は10段ある.

② 段階, 程度; レベル, 等級. eine *Stufe* der geistigen Entwicklung² 精神的発展の一段階 / **auf** einer hohen *Stufe* stehen 高いレベルにある / mit 人³ auf einer (または auf der gleichen) *Stufe* stehen 人³と同じレベルにある / 人⁴ mit 人³ auf eine (または auf die gleiche) *Stufe* stellen 人⁴を人³と同等に扱う.

③《音楽》度 (=Ton*stufe*). ④《工》《スイッチなどの》段階[目盛]; 《ロケットの》段. ⑤《地学》段(年代層の区分単位). ⑥《坑》鉱塊. ⑦《服飾》フリル.

Stu·fen≠bar·ren [シュトゥーフェン・バレン] 男 -s/-《体操の》段違い平行棒.

Stu·fen≠fol·ge [シュトゥーフェン・フォるゲ] 女 -/-n 順位, 等級; 段階的発展.

stu·fen≠för·mig [シュトゥーフェン・フェルミヒ] 形 階段状の.

Stu·fen≠lei·ter [シュトゥーフェン・らイタァ] 女 -/-n 段ばしご;《比》《出世・地位の》段階.

stu·fen≠wei·se [シュトゥーフェン・ヴァイゼ] 副 段階的に, 徐々に. ◇《付加語としても》*stufenweiser* Abbau von Zöllen 関税の段階的撤廃.

..stu·fig [..シュトゥーフィヒ ..ʃtuːfɪç]《形容詞をつくる 接尾》《…段の・…段階の》例: drei*stufig* 3段[式]の, 3段階の.

‡*der* **Stuhl** [シュトゥーる ʃtúːl]

> いす Der *Stuhl* ist wackelig.
> ダァ シュトゥーる イスト ヴァッケりヒ
> このいすはぐらぐらする.

男《単2》-[e]s/《複》Stühle [シュテューれ] (3格のみ Stühlen) ①《背もたれのある》いす. (英 chair). ein bequemer *Stuhl* 座り心地のよいいす / ein heißer *Stuhl*《若者言葉》:《大型の》オートバイ / 人³ einen *Stuhl* an|bieten 人³にいすを勧める / 人³ den *Stuhl* vor die Tür setzen 人³を家から追い出す, b) 人³を首にする(←ドアの外にいすを置いてやる) / sich⁴ **auf** einen *Stuhl* setzen いすに座る / Die Kinder sitzen auf den *Stühlen*. 子供たちはいすに座っている / **vom** *Stuhl* auf|stehen いすから立ち上がる / [fast] vom *Stuhl* fallen《口語》びっくり仰天する / sich⁴ **zwischen** zwei *Stühle* setzen《口語・比》あぶはち取らずになる(←二つのいすの間に座る).

② 地位, ポスト, …の座. der *Stuhl* des Professors 教授のポスト / der Heilige *Stuhl*《カット》教皇座. ③ 便通 (=*Stuhl*gang); 《大》便. keinen *Stuhl* haben 便通がない.

Schaukelstuhl Sessel

Stuhl いすのいろいろ Hocker

Stuhl≠bein [シュトゥーる・バイン] 中 -[e]s/-e いすの脚.

Stüh・le [シュテューれ] ‡Stuhl (いす)の 複

Stuhl∮gang [シュトゥーる・ガング] 男 -[e]s/ 便通; [大]便.

Stuhl・leh・ne [シュトゥーる・れーネ] 女 -/-n いすの背もたれ.

Stuk・ka・teur [シュトゥカテーァ] Stuckateur の古い形.

Stul・le [シュトゥれ ʃtúlə] 女 -/-n (北ドッ・遊語) オープンサンドイッチ.

Stul・pe [シュトゥるペ ʃtúlpə] 女 -/-n (袖口(緒口)・長靴などの)折り返し.

stül・pen [シュテュるペン ʃtýlpən] 他 (h) ① 【A⁴ auf (または über) B⁴ 〜】 (A⁴ を B⁴ の上に) かぶせる. [sich³] den Hut auf den Kopf stülpen 帽子をかぶる. ② (縁など⁴を…へ)折り返す, (ポケットなど⁴を…へ)裏返す.

Stul・pen∮stie・fel [シュトゥるペン・シュティーふェる] 男 -s/- 折り返しのある長靴, トップブーツ.

stumm [シュトゥム ʃtúm] 形 ① 口の利けない. (英 dumb). ein stummes Kind 口の利けない子供 / Er war stumm vor Schreck. 彼は驚いてものも言えなかった.
② 黙っている, 無言の. (英 silent). ein stummer Vorwurf 無言の非難 / ein stummes Einverständnis 暗黙の了解 / eine stumme Rolle 《劇》 せりふのない役 / 【人⁴ stumm machen a) 人⁴を黙らせる, b) 《俗・比》 人⁴を殺す / Sie blieb auf alle Fragen stumm. 彼女は何を尋ねられても黙っていた.
③ 《言》黙音の, サイレントの. ein stummer Laut 黙音. ④ 《医》無症状の, 不顕性の.

Stum・me[r] [シュトゥンメ (..マァ) ʃtúmə (..mər)] 男 女 [語尾変化は形容詞と同じ] 口の利けない人.

Stum・mel [シュトゥンメる ʃtúməl] 男 -s/- (鉛筆・ろうそくなどの)使い残り, 切れ端. Zigarettenstummel たばこの吸い殻.

Stumm∮film [シュトゥム・ふぃるム] 男 -[e]s/-e サイレント(無声)映画.

Stum・pen [シュトゥンペン ʃtúmpən] 男 -s/- ① 《方》 切り株. ② 両切り葉巻[たばこ]. ③ フェルト帽のボディー.

Stüm・per [シュテュンパァ ʃtýmpər] 男 -s/- 下手くそ, 能なし. (女性形: -in).

Stüm・pe・rei [シュテュンペライ ʃtympəráɪ] 女 -/-en ① 《複 なし》 へま, 不器用. ② できの悪い仕事(作品).

stüm・per・haft [シュテュンパァハふト] 形 下手な, できの悪い.

stüm・pern [シュテュンパァン ʃtýmpərn] 自 (h) 下手な仕事をする.

stumpf [シュトゥンプふ ʃtúmpf] 形 ① (刃物などが)鈍い, 切れ味の悪い. (英 dull). (⇨ 「鋭い」は scharf). eine stumpfe Schere よく切れないはさみ.
② とがっていない, 先の丸くなった. (⇨ 「とがった」は spitz). ein stumpfer Bleistift 先の丸くなった鉛筆 / eine stumpfe Nase 団子鼻. ③ (表面などが)ざらざらした; 光沢のない, (色が)くすんだ. Die Oberfläche des Holzes ist stumpf. 木材の表面がざらついている / ein stumpfes Rot くすんだ赤色. ④ (感覚の)鈍い, 無気力な, ぼんやりした. ein stumpfer Blick うつろな目つき / gegen 人⁴ stumpf werden 人⁴に対して鈍感になる. ⑤ (角度が)鈍い. ein stumpfer Winkel 《数》 鈍角. ⑥ 《医》 出血しない(けがなど). eine stumpfe Verletzung 挫傷. ⑦ 《詩学》 男性[韻]の. ein stumpfer Reim 男性韻.

Stumpf [シュトゥンプふ] 男 -[e]s/Stümpfe 切れ端, 残片; 切り株. Baumstumpf 木の切り株 / 【mit Stumpf und Stiel aus|rotten (比)】 事⁴を根こそぎにする, 根絶する.

Stumpf・heit [シュトゥンプふハイト] 女 -/ 鈍いこと; 鈍感, 無気力.

Stumpf∮sinn [シュトゥンプふ・ズィン] 男 -[e]s/ ① 放心状態, 無関心, 無気力. ② 退屈, 単調.

stumpf∮sin・nig [シュトゥンプふ・ズィーニヒ] 形 ① 放心したような, 無関心な, 無気力な. ② 退屈な, 単調な.

stumpf∮win・ke・lig [シュトゥンプふ・ヴィンケリヒ] 形 =stumpfwinklig

stumpf∮wink・lig [シュトゥンプふ・ヴィンクリヒ] 形 《数》 鈍角の.

‡**die Stun・de** [シュトゥンデ ʃtúndə]

> 時間 Ich warte schon eine *Stunde*.
> イヒ ヴァルテ ショーン アイネ シュトゥンデ
> 私はもう1時間も待っている.

女 (単) -/(複) -n ① (単位としての)時間 (略: St., Std.; 複 Stdn.; 記号: st, h). (英 hour). (⇨ 「(時刻の)…時」は Uhr). eine ganze (または volle)Stunde まる 1 時間 / eine gute Stunde たっぷり 1 時間 / eine halbe Stunde 半時間, 30 分 / anderthalb Stunden 1 時間半 / eine viertel Stunde (または eine Viertelstunde) 15 分 / jede Stunde 毎時間 / Die Bahn verkehrt alle halbe Stunde. その鉄道は 30 分ごとに運行している / eine Stunde früher (später) [予定より] 1 時間早く(遅く). (⇨ 類語 Zeit).

◊《前置詞とともに》Er kam auf (または für) eine Stunde. 彼は 1 時間の予定で来た / Er bekommt zwanzig Euro [für] die Stunde. 彼は 1 時間につき(時給) 20 ユーロもらう / in einer Stunde 1 時間したら / Der Zug fährt 120 km in der Stunde. その列車は時速 120 キロで走る / innerhalb einer Stunde 1 時間以内に / nach einer Stunde 1 時間後に / pro Stunde 1 時間につき / von Stunde zu Stunde または von einer Stunde zur anderen 刻々と / vor einer Stunde 1 時間前に.

② 《雅》 (…する)(…の)とき; 時期, 時点. Sie hat keine ruhige Stunde mehr. 彼女はもうゆっくりした時間が持てない / schöne Stun-

*den*⁴ verbringen 楽しいひとときを過ごす / die *Stunde* der Entscheidung² 決断の時 / ein Mann der ersten *Stunde* 当初(創業時)からの人 / **in der** *Stunde* **der Not²** 困っているときに / **zu** jeder *Stunde* いつでも / **zur gleichen** *Stunde* 同じ時間帯に / **zur** *Stunde*《雅》目下(現在)のところ.

③ (学校の)授業[時間]; レッスン. *Stunden*⁴ in Physik geben (nehmen) 物理の授業をする(受ける) / Die erste *Stunde* fällt aus. 1時間目の授業は休みだ.

> **..stunde** のいろいろ: **Deutschstunde** ドイツ語の授業時間 / **Freistunde** 休み時間 / **Klavierstunde** ピアノのレッスン / **Nachhilfestunde** 補習授業 / **Polizeistunde** 法定閉店時刻 / **Privatstunde** 個人レッスン / **Schulstunde** 授業時間 / **Tanzstunde** ダンスのレッスン

stün·de [シュテュンデ] ‡stehen (立っている)の接2

stun·den [シュトゥンデン] ʃtúndən 他 (h)([人³に]物⁴の)支払いを猶予する.

Stun·den≠ge·schwin·dig·keit [シュトゥンデン・ゲシュヴィンディヒカイト] 女 -/-en〖平均〗時速.

Stun·den≠ho·tel [シュトゥンデン・ホテル] 中 -s/-s 〖婉曲〗ラブホテル.

Stun·den≠ki·lo·me·ter [シュトゥンデン・キロメータァ] 男 -s/-《ふつう複》《口語》時速…キロメートル, キロメートル時(略: km/h).

stun·den≠lang [シュトゥンデン・らング ʃtúndən-laŋ] I 副 数時間[にわたり], 何時間も, ひどく長い間. *stundenlang* telefonieren 延々と電話で話す.
II 形 数時間の; 何時間もの. nach *stundenlangem* Warten 何時間も待ったあとで.

Stun·den≠lohn [シュトゥンデン・ローン] 男 -[e]s/..löhne 時間給, 時給. **im** *Stundenlohn* **arbeiten** 時間給で働く.

Stun·den≠plan [シュトゥンデン・プらーン] 男 -[e]s/..pläne (授業などの)時間割; 時間表.

stun·den≠wei·se [シュトゥンデン・ヴァイゼ] 副 時間単位で, 時間制で. *stundenweise* arbeiten パートタイマーとして働く.

Stun·den≠zei·ger [シュトゥンデン・ツァイガァ] 男 -s/- (時計の)時針, 短針.

..stün·dig [..シュテュンディヒ ..ʃtyndɪç]〖形容詞をつくる接尾〗(…時間かかる) 例: drei*stündig* (=3-stündig) 3時間の, 3時間かかる.

stünd·lich [シュテュントりヒ] I 形 1時間ごとの, 毎時の. II 副 ① 1時間ごとに, 毎時の. Der Intercity verkehrt *stündlich*. 都市間特急は1時間ごとに運行している. ② 今すぐにも; 時々刻々, 絶えず. Wir erwarten *stündlich* seine Ankunft. 私たちは彼の到着を今か今かと待っている.

..stünd·lich [..シュテュントりヒ ..ʃtyntlɪç]〖形容詞をつくる接尾〗(…時間ごとの(に)) 例: zwei*stündlich* (=2-stündlich) 2時間ごとに.

Stun·dung [シュトゥンドゥング] 女 -/-en 支払猶予.

Stunk [シュトゥンク ʃtʊŋk] 男 -s/《口語》けんか, いさかい; 怒り.

stu·pend [シュトゥペント ʃtupént または ストゥ..stu..] 形 驚くべき(博識など).

stu·pid [シュトゥピート ʃtupíːt または ストゥ..stu..] 形 ① 愚鈍な, 頭の悪い. ② 単調な, 退屈な(仕事など).

stu·pi·de [シュトゥピーデ ʃtupíːdə または ストゥ..stu..] 形 =stupid

Stups [シュトゥップス ʃtups] 男 -es/-e《口語》軽く押す(突く)こと.

stup·sen [シュトゥプセン ʃtúpsən] 他 (h)《口語》(人⁴を)軽く押す(突く).

Stups≠na·se [シュトゥップス・ナーゼ] 女 -/-n《口語》反り鼻(短くて少し上を向いた鼻).

stur [シュトゥーァ ʃtuːr] 形《口語》① 頑固な, 強情な. ② 単調な(仕事など).

stür·be [シュテュルベ] *sterben (死ぬ)の接2

Stur·heit [シュトゥーァハイト] 女 -/《口語》① 頑固, 強情. ② 単調.

der **Sturm** [シュトゥルム ʃtúrm] 男 (単2)-[e]s/(複) Stürme [シュテュルメ] (3格のみ Stürmen) ① 嵐, 暴風[雨].《英》storm). Schneesturm 吹雪 / ein heftiger *Sturm* 激しい嵐 / Der *Sturm* wütet (または tobt). 嵐が荒れ狂う / ein *Sturm* im Wasserglas《比》つまらぬことでの大騒ぎ(←コップの中の嵐) / ein *Sturm* der Begeisterung²《比》感激の嵐 / die Stürme des Lebens《比》人生の荒波 / die Ruhe **vor dem** *Sturm* 嵐の前の静けさ / *Sturm* **und Drang**《文学》シュトゥルム・ウント・ドラング(18世紀後半の文芸思潮 ☞ *Sturm* und Drang).

② 急襲, 突撃; 殺到. der *Sturm* auf eine Stadt 都市への急襲 / eine Festung⁴ **im** *Sturm* **nehmen** 要塞(ようさい)を強襲して奪う / den Befehl **zum** *Sturm* **geben** 突撃命令を下す / *Sturm*⁴ **läuten** (または klingeln) ベルをじゃんじゃん鳴らす / **gegen** 物⁴ *Sturm* **laufen** 物⁴に激しく抗議する. ③《スポ》フォワード, 前衛. ④〖複 なし〗《ウィーン》(発酵中の白くにごった)新ワイン.

Sturm≠an·griff [シュトゥルム・アングりふ] 男 -[e]s/-e〖軍〗突撃, 襲撃.

Stür·me [シュテュルメ] Sturm (嵐)の複

stür·men [シュテュルメン ʃtýrmən] (stürmte, *hat*/*ist*...gestürmt) (☞ storm) I 非人称 (完了) haben) Es *stürmt*. 嵐が吹き荒れる. Es *stürmte* heftig. 激しい嵐だった.
II 自 ① (完了) haben) ① (s) (嵐・風が) 吹き荒れる. Der Wind *stürmt* heftig. 風が激しく吹きすさぶ. ② (s)〖方向を表す語句とともに〗(…へ)駆けて行く, 殺到する, (…から)飛び出す. **ins** Zimmer *stürmen* 部屋に駆け込む. (☞ 類語 laufen). ③ (h)〖軍〗突撃する. ④ (h)《スポ》フォワードを務める.
III 他 (完了) haben) ① (陣地など⁴を)襲撃して占領する;《比》(物⁴に)殺到する. die feindliche Stellung⁴ *stürmen* 敵の陣地を強襲して奪う / Die Zuschauer *stürmten* die Bühne. 観客

が舞台に殺到した.

Stür·mer [シュテュルマァ ʃtýrmər] 男 -s/- (スポーツ) フォワード, 前衛. (女性形: -in).

Sturm≠flut [シュトゥルム・フルート] 因 -/-en (暴風によって起こる)高潮.

sturm·frei [シュトゥルム・フライ] 形 (戯) (家主・両親などの干渉なしに異性を自由に入れられる(部屋など). eine sturmfreie Bude⁴ haben (異性の出入りに関して)干渉されない部屋を持っている.

Sturm≠glo·cke [シュトゥルム・グロッケ] 因 -/-n (昔の)警鐘. die Sturmglocke⁴ läuten 警鐘を鳴らす.

stür·misch [シュテュルミッシュ ʃtýrmɪʃ] 形 ① 暴風[雨]の, 嵐の; (海が)しけの. stürmisches Wetter 荒天. ② 激しい, 情熱的な, 熱狂的な. stürmischer Beifall 嵐のような拍手. ③ 急激な, 急速な. eine stürmische Entwicklung 急速な発展.

Sturm≠lauf [シュトゥルム・らオふ] 男 -[e]s/..läufe ① 殺到. ② 疾走.

Sturm≠schritt [シュトゥルム・シュリット] 男 (成句的に) im Sturmschritt 大急ぎで, 足早やに.

stürm·te [シュトゥルムテ] stürmen (非人称で: 嵐が吹き荒れる)の 過去

Sturm und Drang [シュトゥルム ウント ドラング ʃtúrm ʊnt dráŋ] 男 -[e]s (または - - -)/ (文学) (ドイツ文学史上の)シュトルム・ウント・ドラング, 疾風怒濤(ど_う)[時代] (合理主義に反対し, 感情や空想を重視した 18 世紀 70 年代の文芸思潮).

Sturm-und-Drang-Zeit [シュトゥルム・ウント・ドラング・ツァイト] 因 -/ (文学) (ドイツ文学史上の)疾風怒濤(どう)時代 (18 世紀 70 年代).

Sturm≠vo·gel [シュトゥルム・フォーゲる] 男 -s/..vögel (ふつう 複) (鳥) ミズナギドリ科 (ウミツバメなど. 嵐を予告すると言われる).

Sturm≠war·nung [シュトゥルム・ヴァルヌング] 因 -/-en (海) 暴風警報.

der **Sturz** [シュトゥルツ ʃtúrts] 男 (単 2) -es/ (複) Stürze [シュテュルツェ] (3 格のみ Stürzen) または (複) -e (3 格のみ Sturzen) (英 fall) ① (圏 Stürze) 落下, 墜落, 転落; 転倒; (物価などの)急落. Temperatursturz 気温の急な降下 / ein Sturz aus dem Fenster 窓からの転落 / ein Sturz vom Pferd 落馬.

② (圏 Stürze) (政治家などの)失脚, (政府の)崩壊. ③ (圏 Stürze) (自動車) (車輪の)キャンバー. ④ (圏 Stürze または -e) (建) まぐさ (戸口や窓の上の横材). ⑤ (圏 Stürze) (南ドイツ・オーストリア) (つり鐘形の)ガラスのふた.

Sturz≠bach [シュトゥルツ・バッハ] 男 -[e]s/..bäche 急流, 奔流. ein Sturzbach von Fragen (比) 質問の連発.

Stür·ze [シュテュルツェ] Sturz (落下)の 複

stür·zen [シュテュルツェン ʃtýrtsən] du stürzt (stürzte, *ist/hat* ...gestürzt) I 自 (完了 sein) ① (方向を表す語句とともに)(…へ/…か

ら)転落する, 墜落する. (英 fall). aus dem Fenster stürzen 窓から落ちる / Das Flugzeug stürzte ins Meer. 飛行機が海に墜落した / Er *ist* vom Dach gestürzt. (現在完了) 彼は屋根から転落した.

② 転倒する, 転ぶ. Sie *ist* auf dem Eis gestürzt. (現在完了) 彼女は氷の上で転んだ / mit dem Fahrrad stürzen 自転車もろとも転ぶ / über einen Stein stürzen 石につまずいて転ぶ. ③ (方向を表す語句とともに)(…へ/…から)突進する, 駆け寄る(出る); (水・涙などが)どっと流れる. Sie stürzte aus dem Haus. 彼女は家から飛び出した / Tränen stürzten ihr aus den Augen. (雅) 彼女の目からどっと涙があふれ出た / ins Zimmer stürzen 部屋に駆け込む / (人)³ in die Arme stürzen (人)³の腕に飛び込む. ④ (温度・価格などが)急に下がる, (相場が)急落する. Die Temperatur stürzte auf 10 Grad unter Null. 温度が急に零下 10 度に下がった. ⑤ (政治家などが)失脚する.

II 他 (完了 haben) ① (方向を表す語句とともに)((人)⁴を…へ/…から)突き落とす. (人)⁴ aus dem Fenster stürzen (人)⁴を窓から突き落とす / (人)⁴ ins Unglück stürzen (比) (人)⁴を不幸に陥れる. ◇(再帰的に) sich⁴ aus dem Fenster stürzen 窓から身を投げる / sich⁴ ins Verderben stürzen (比) 破滅する.

② (政治家など⁴を)失脚させる, (政府など⁴を)打倒する. die Regierung⁴ stürzen 政府を倒す. ③ (容器など⁴を)逆さにする; (逆さにして中身⁴を)取り出す. die Kuchenform⁴ stürzen ケーキの型をひっくり返す / den Pudding stürzen プディングを[皿に]取り出す. ◇(目的語なしでも) Bitte nicht stürzen! (輸送ケースの注意書き:) 天地無用.

III 再帰 (完了 haben) sich⁴ stürzen ① (sich⁴ auf (人・物)⁴ ~) ((人・物)⁴に)飛びつく, 襲いかかる. Die Kinder stürzten sich auf den Kuchen. 子供たちはケーキを目がけて殺到した. ② (sich⁴ in (事)⁴ ~) ((事)⁴に)打ち込む, のめり込む. sich⁴ in die Arbeit stürzen 仕事に没頭する / sich⁴ ins Vergnügen stürzen 楽しみにふける.

Sturz≠flug [シュトゥルツ・ふるーク] 男 -[e]s/..flüge (飛行機・鳥などの)急降下.

Sturz≠helm [シュトゥルツ・へるム] 男 -[e]s/-e (オートバイ用の)ヘルメット.

Sturz≠see [シュトゥルツ・ゼー] 因 -/-n [..ゼーン] 激浪, 砕け波.

stürz·te [シュテュルツテ] stürzen (転落する)の 過去

Stuss [シュトゥス ʃtús] 男 -es/ 《口語》 愚かな(ばかげた)こと. Stuss⁴ reden たわごとを言う.

Stu·te [シュトゥーテ ʃtú:tə] 因 -/-n 雌馬; 雌のらくだ(ろば).

Stutt·gart [シュトゥット・ガルト ʃtút-gart] 申 -s/ 《都市名》 シュトゥットガルト (ドイツ, バーデン・ヴュルテンベルク州の州都) (地図 D-4).

Stutt·gar·ter [シュトゥット・ガルタァ ʃtút-gartər] I 男 -s/- シュトゥットガルトの市民 (出身

Stütz·bal·ken [シュテュッツ・バるケン] 男 -s/- 支柱, 支梁(ほう).

die **Stüt·ze** [シュテュッツェ ʃtýtsə] 囡 (単) -/(複) -n ① 支え; (建) 支柱, つっかい棒. (英 support). Der Baum brauchte eine *Stütze*. その木には支柱が必要だ. ② (心の)支え, 頼り[になる人]. die *Stütze* der Familie² 一家の大黒柱 / die *Stützen* der Gesellschaft² (ふつう皮肉って:)社会の支えとなるお偉方. ③ お手伝いさん, 家政婦. ④ 《俗》失業保険金.

stut·zen¹ [シュトゥッツェン ʃtútsən] 他 (h) (木・生け垣など⁴を)刈り込む. die Hecken⁴ *stutzen* 垣根を刈り込む. ②《戯》(髪・ひげなど⁴を)短く切る.

stut·zen² [シュトゥッツェン] 自 (h) ① (驚いて・けげんに思い)はっとして立ちすくむ. ②《狩》(鹿などが)突然立ち止まって様子をうかがう.

Stut·zen [シュトゥッツェン] 男 -s/- ① 銃身の短い猟銃. ② (工) 連結パイプ; 大型の万力(ぎょ). ③《ふつう複》(アルプス住民・サッカー選手の足部のない)ハイソックス.

stüt·zen [シュテュッツェン ʃtýtsən] du stützt (stützte, hat … gestützt) I 他 (完了 haben) ① 支える (英 support). ein baufälliges Haus⁴ *stützen* 倒れそうな家につっかい棒をする / Zwei Leute *stützten* den Verletzten. 二人の人がその負傷者の体を支えた.

② [方向を表す語句とともに] (ひじなど⁴を…に)つく, あてがう. die Ellenbogen⁴ *auf* den Tisch *stützen* 机に両ひじをつく / Er *stützte* den Kopf in die Hände. 彼はほおづえをついていた. ③《比》(陳述などを⁴を)裏づける. die neue Regierung⁴ *stützen* 新政府を支持する / eine Behauptung⁴ durch Beweise *stützen* 主張を証拠によって裏づける. ④《経》(通貨・株などを⁴を)買い支える.

II 再帰 (完了 haven) *sich⁴ stützen* ① 『*sich⁴ auf* 囲⁴ ～』(囲⁴で)体を支える, (囲⁴に)もたれる. *sich⁴ auf* den Stock *stützen* つえにすがる. ②『*sich⁴ auf* 囲⁴ ～』(囲⁴に)基づく, (囲⁴を)よりどころとする. *sich⁴ auf* Tatsachen *stützen* 事実に基づいている / *sich⁴ auf* Beweise *stützen* 証拠を踏まえる.

Stutz꞊flü·gel [シュトゥッツ・ふりューゲる] 男 -s/-《音楽》小型グランドピアノ.

stut·zig [シュトゥツィヒ ʃtútsɪç] 形《成句的に》囚⁴ *stutzig* machen 囚⁴を驚かせる, 囚⁴に不審の念を起こさせる / *stutzig* werden けげんに思う, ぎょっとする.

Stütz꞊mau·er [シュテュッツ・マオアァ] 囡 -/-n 《建》擁壁(ようへき)(土砂の崩落などを防ぐ).

Stütz꞊pfei·ler [シュテュッツ・プふァイラァ] 男 -s/- 支柱.

Stütz꞊punkt [シュテュッツ・プンクト] 男 -[e]s/-e 拠点;《軍》基地. Luft*stützpunkt* 空軍基地.

stütz·te [シュテュッツテ] stützen (支える)の過去

StVO [エス・テー・ふァオ・オー]《略》道路交通法 (=Straßenverkehrsordnung).

Sty·ro·por [シュテュロポーァ ʃtyropóːr または ス テュ.. sty..] 田 -s/《商標》スチュロポール(発泡スチロール).

s. u. [ズィー-[エ] ウンテン]《略》下を見よ, 下記参照 (=sieh[e] unten!).

sub.., Sub.. [ズプ.. zʊp.. または ..ズプ..]《形容詞・名詞などにつける 接頭》〖下・次・副・亜〗例: *Sub*kultur サブカルチャー.

sub·al·tern [ズプアるテルン zʊpaltérn] 形 ① 下位の, 下級の(職員など); (精神的に)レベルの低い, 低俗な. ② 卑屈な.

das **Sub·jekt** [ズビエクト zúpjɛkt または ..エクト] 田 (単) -[e]s/(複) -e (3格のみ -en) ①《哲》主体; 主観. (英 subject). (英)「客体」は Objekt). das erkennende *Subjekt* 認識する主体. ②《言》主語. ③ やつ, 野郎. ④《音楽》(フーガなどの)主題, テーマ.

sub·jek·tiv [ズビエクティーふ zúpjɛktiːf または ..ティーふ] 形 主観的な; 主観の, 主体の. (英 subjective). (英「客観的な」は objektiv). ein *subjektives* Urteil 主観的な判断 / 囲⁴ *subjektiv* beurteilen 囲⁴を主観的に評価する.

Sub·jek·ti·vis·mus [ズビエクティヴィスムス zʊpjɛktivísmus] 男 -/..vismen ①《複 なし》《哲》主観主義. (英「客観主義」は Objektivismus). ② 自己中心主義.

sub·jek·ti·vis·tisch [ズビエクティヴィスティッシュ zʊpjɛktivístɪʃ] 形 ①《哲》主観論の, 主観主義的な. ② 自己中心的な.

Sub·jek·ti·vi·tät [ズビエクティヴィテート zʊpjɛktivitɛ́ːt] 囡 -/ ①《哲》主観性. ② 主観的(自己中心的)態度.

Sub·kul·tur [ズプ・クるトゥーァ zúp-kʊltuːr] 囡 -/-en 《社》サブカルチャー, 下位文化.

sub·ku·tan [ズプクターン zʊpkutáːn] 形《医》皮下の. *subkutanes* Gewebe 皮下組織.

sub·lim [ズブリーム zublíːm] 形 繊細な, 微妙な; 高尚な.

sub·li·mie·ren [ズブリミーレン zublimíːrən] I 他 (h) ① 高尚なものにする, 純化する; 《心》(衝動など⁴を)昇華させる. ◇《再帰的に》*sich⁴ sublimieren* 高尚になる; 昇華する. ②《化》昇華させる. II 自 (s)《化》昇華する.

sub·or·di·nie·ren [ズプオルディニーレン zʊpɔrdiníːrən] 他 (h)《言》(文⁴を)従属させる. ◇《過去分詞の形で》ein *subordinierter* Satz 従属文.

Sub·skri·bent [ズプスクリベント zʊpskribént] 男 -en/-en《書籍》(出版物などの)予約注文者. (女性形: -in).

sub·skri·bie·ren [ズプスクリビーレン zʊpskribíːrən] 他 (h)《書籍》予約注文する.

Sub·skrip·ti·on [ズプスクリプツィオーン zʊpskrɪptsióːn] 囡 -/-en ①《書籍》(出版物などの)予約注文. ②《経》(株式などの)引き受け申し込み.

sub·stan·ti·ell [ズプスタンツィエる zupstantsiél] =substanziell

Sub·stan·tiv [ズプスタンティーふ zúpstanti:f] 田 -s/-e [..ヴェ] (言) 名詞.

sub·stan·ti·vie·ren [ズプスタンティヴィーレン zupstantivíːrən] 他 (h) (言) (動詞・形容詞など4を)名詞化する, 名詞的に用いる.

sub·stan·ti·visch [ズプスタンティーヴィッシュ zúpstanti:vɪʃ または ..ティーヴィッシュ] 形 (言) 名詞の, 名詞的の.

Sub·stanz [ズプスタンツ zupstánts] 因 -/-en ① 物質. eine chemische *Substanz* 化学物質. ② 〖圏 なし〗資産, 元本(㌘), 元金. von der *Substanz* zehren 元金をくいつぶす. ③ 〖圏 なし〗実質, 中身, 核心. ④ 〖哲〗実体, 本体; 本質.

sub·stan·zi·ell [ズプスタンツィエる zupstantsiél] 形 ① 物質の. ② 実質的な, 実体的な.

sub·sti·tu·ie·ren [ズプスティトゥイーレン zupstituíːrən] 他 (h) 代わりに用いる, 置き換える. A⁴ durch B⁴ *substituieren* A⁴の代わりにB⁴を用いる, AをB⁴で置き換える.

Sub·sti·tut [ズプスティトゥート zupstitúːt] I 田 -s/-e 代用品. II 男 -en/-en ① 販売主任. (女性形: -in). ② 代理人; 《法》復代理人.

Sub·strat [ズプストラート zupstráːt] 田 -(e)s/-e ① 基礎, 土台. ② 〖哲〗実体, 基体. ③ 《生》培養基. ④ 《言》基層[言語]. ⑤ 〖生化〗基質.

sub·su·mie·ren [ズプズミーレン zupzumíːrən] 他 (h) ① (ある概念⁴を上位の概念など³に)従属(包摂)させる. ② 〖A⁴ unter B³ ~〗(A⁴をB³(表題・テーマなど)のもとに)まとめる.

sub·til [ズプティーる zuptíːl] 形 ① 繊細な, 微妙な, 緻密(ᴀᴛ)な. eine *subtile* Unterscheidung 微細な区別. ② 複雑な, 錯綜(ᴀᴋ)した. ein *subtiles* Problem 混み入った問題.

Sub·tra·hend [ズプトラヘント zuptrahént] 男 -en/-en 《数》減数.

sub·tra·hie·ren [ズプトラヒーレン zuptrahíːrən] I 他 (h) 《数》(数⁴を)引く. (＝「足す」 は addieren). sieben **von** zwölf *subtrahieren* 12から7を引く. II 自 (h) 《数》引き算をする.

Sub·trak·ti·on [ズプトラクツィオーン zuptraktsióːn] 因 -/-en 《数》引き算, 減法. (＝「足し算」は Addition).

Sub·tro·pen [ズップ・トローペン zúp-tro:pən] 複 《地理》亜熱帯[地方].

sub·tro·pisch [ズプ・トローピッシュ zúp-tro:pɪʃ または ズプ・トロー..] 形 《地理》亜熱帯の.

Sub·ven·ti·on [ズプヴェンツィオーン zupventsióːn] 因 -/-en 〖ふつう 圏〗《経》(公的な)補助金, 助成金.

sub·ven·ti·o·nie·ren [ズプヴェンツィオニーレン zupventsioníːrən] 他 (h) 《経》(事業など⁴に)財政援助をする, 補助金を出す.

sub·ver·siv [ズプヴェルズィーふ zupverzíːf] 形 (政治的な)破壊活動の.

Such·ak·ti·on [ズーフ・アクツィオーン] 因 -/-en (大がかりな)捜索[活動].

Such·dienst [ズーフ・ディーンスト] 男 -(e)s/-e (ドイツ赤十字社などの)戦時行方不明者捜索機関.

Su·che [ズーヘ zúːxə] 因 -/-n 捜す(探す)こと, 捜索; 追求. **auf die** *Suche* **gehen** 捜索に行く / Er ist auf der *Suche* **nach** einem Hotel. 彼はホテルを探している.

:su·chen [ズーヘン zúːxən]

> さがす Ich *suche* ein Zimmer.
> イヒ ズーヘ アイン ツィンマァ
> 私は部屋を探しています.

(suchte, *hat*…gesucht) I 他 (完了 haben) ① (人・物⁴を)さがす, さがし回る. (＝ *look for*). Sie *sucht* ihre Brille. 彼女は眼鏡を捜している / 人⁴ überall *suchen* 人⁴をあちこち捜し回る / einen Parkplatz *suchen* 駐車場を探す / Er *sucht* eine neue Stellung. 彼は新しい勤め口を探している / im Wald Pilze⁴ *suchen* 森できのこ狩りをする / [sich³] einen Partner *suchen* パートナーを探す / Was *suchst* du hier? 《口語》君はここに何の用があるんだ? / Deine Interpretation *sucht* ihresgleichen. 君の解釈は天下一品だ(← 匹敵するものを探している). ◇〖目的語なしでも〗 **unter** dem Tisch *suchen* 机の下を捜す / Da *kannst* du lange *suchen*! 《口語》君がいくら探してもむだだよ / Wer *sucht*, der findet. 〖諺〗求める者は見いだす (マタイによる福音書 7, 8). ◇〖現在分詞の形で〗mit *suchendem* Blick 探るような目つきで. ◇〖過去分詞の形で〗 Verkäuferin *gesucht*! (広告で:)女店員求む.

② 求める, 得ようとする. Kontakt⁴ mit 人 *suchen* 人³とのコンタクトを求める / bei 人³ Hilfe⁴ (Rat⁴) *suchen* 人³に援助(助言)を求める / Abenteuer⁴ *suchen* 冒険(スリル)を追い求める / Er *sucht* gern Streit. 彼はけんかっ早い. ③ 〖zu 不定詞[句]とともに〗《雅》(…しようと)努める, 試みる. 圏⁴ zu vergessen *suchen* 圏⁴を忘れようと努める / Er *suchte* ihr zu gefallen. 彼は彼女に気に入られようと努めた.

II 自 (完了 haben) 〖**nach** 人・物³ ~〗(人・物を)さがす, さがし求める. Die Polizei *sucht* noch nach dem Täter. 警察はまだ犯人を捜索中である / nach Worten *suchen* (適切な)言葉を探す.

◇☞ gesucht

Su·cher [ズーハァ zúːxɐ] 男 -s/- 《写》ファインダー.

Sucht [ズフト zúxt] 因 -/Süchte ① (酒・たばこ・麻薬などへの)病的依存, 常用, …中毒. die *Sucht* nach Alkohol アルコール中毒 / **an** einer *Sucht* leiden 中毒にかかっている. ② 熱狂, 熱中, マニア. die *Sucht* nach Geld 金銭欲.

such·te [ズーフテ] ‖suchen (さがす)の過去

süch·tig [ズヒティヒ zýçtıç] 形 ① 病的依存の, 中毒[症]の. ② 異常な欲求を持った. **nach** 物³ *süchtig sein* 物³を病的に欲しがる.

..süch·tig [...ズヒティヒ ..zyçtıç] 『形容詞をつくる接尾』(…狂の,…中毒の)例: fernseh*süchtig* テレビ中毒の.

Sud [ズート zú:t] 男 –[e]s/-e (肉・野菜などの)煮出し汁.

der **Süd** [ズート zý:t] 男 (単2) –[e]s/ (複) –e (3格のみ –en) ① 《冠 なし, 冠詞なし, 無変化》《海・気象》 南 (=Süden) (略: S). (英)「北」は Nord). **aus** Nord und *Süd* 北から南から. ② 『地名のあとにつけて』南方, 南部[地区]. Stuttgart *Süd* (または Stuttgart-*Süd*) シュトゥットガルト南[部]. ③ 《ふつう 冠》《海・詩》南風 (= *Süd*wind).

Süd⸗afri·ka [ズート・アーフリカ] 中 –s/ ① 《国名》南アフリカ[共和国](首都はプレトリア). ② 〖地名〗アフリカ南部.

Süd⸗ame·ri·ka [ズート・アメーリカ] 中 –s/ 〖地名〗南アメリカ, 南米[大陸].

[*der*] **Su·dan** [ズダーン zudá:n または ズーダン] 男 –s/ 《ふつう冠詞なしで》《国名》スーダン [共和国] (アフリカ北東部. 首都はハルツーム).

süd⸗deutsch [ズート・ドイチュ] 形 南ドイツの; 南ドイツ[人]に特有の.

Süd⸗deutsch·land [ズート・ドイチュらント] 中 –s/ 〖地名〗南ドイツ, ドイツ南部.

su·deln [ズーデるン zú:dəln] 自 (h) 《口語》① 汚す. **beim Essen** *sudeln* 食べ汚しをする. ② 雑な仕事をする; なぐり書きをする.

*_*der* **Sü·den** [ズーデン zý:dən]

南

Die Vögel fliegen nach *Süden*.
ディ フェーゲる ふりーゲン ナーハ ズューデン
鳥が南の方へ飛んでいく.

男 (単2) –s/ ① 《ふつう冠詞なしで》南 (略: S). (英 *south*). (英)「東」は Osten,「北」は Norden,「西」は Westen). **Die Sonne steht im** *Süden*. 太陽は南にある / **Das Zimmer geht** (または **liegt**) **nach** *Süden*. その部屋は南向きだ. ② 南部[地方]; 南国, (特に:) 南欧. **Er wohnt im** *Süden* **von München**. 彼はミュンヒェンの南部に住んでいる / **Er verbringt den Winter immer im** *Süden*. 彼は冬をいつも南国で過ごす.

die **Su·de·ten** [ズデーテン zudé:tən] 複 《定冠詞とともに》〖山名〗ズデーテン (チェコとポーランドの国境に連なる山地).

Süd⸗frucht [ズート・ふルフト] 女 –/..früchte 《ふつう 冠》南国の果物, 熱帯地方の果実.

Süd⸗ko·rea [ズート・コレーア] 中 –s/ 〖地名〗(通称として:) 韓国 (正式には die Republik Korea「大韓民国」).

Süd⸗län·der [ズート・れンダァ] 男 –s/– 南国 (南欧)人(特に地中海沿岸の住民). (女性形: –in).

süd⸗län·disch [ズート・れンディッシュ] 形 南国(南欧)の.

* **süd·lich** [ズートりヒ zý:tlıç] I 形 ① 南の, 南部の. (英 *southern*). (英「北の」は *nördlich*). **30 Grad** *südlicher* **Breite²** 南緯30度 (略: 30°s. Br.) / **die** *südliche* **Halbkugel** 南半球 / *südlich* **von Berlin** ベルリンの南に. ② 〖付加語としてのみ〗南向きの; 南からの. **in** *südliche*[r] **Richtung** 南の方へ向かって / *südliche* **Winde** 南風. ③ 南部[地方]の; 南欧[人]の. **die** *südlichen* **Länder** 南方の国々 / **ein** *südliches* **Klima** 南国の気候. II 前 《2 格とともに》…の南[方]に. *südlich* **des Waldes** 森の南に.

Süd⸗ost [ズート・オスト] 男 –[e]s/-e 〖用法については Süd を参照〗《海・気象》南東 (略: SO); 《海》南東風.

Süd⸗ost⸗asi·en [ズートオスト・アーズィエン] 中 –s/ 〖地名〗東南アジア.

Süd⸗os·ten [ズート・オステン] 男 –s/ 《ふつう冠詞なし; ふつう前置詞とともに》南東[部] (略: SO).

süd⸗öst·lich [ズート・エストりヒ] I 形 南東の. II 前 《2 格とともに》…の南東に.

Süd⸗pol [ズート・ポーる] 男 –s/ 南極.

die **Süd⸗see** [ズート・ゼー] 女 –/ 《定冠詞とともに》〖海名〗南太平洋, 南洋.

Süd⸗süd⸗ost [ズート・ズート・オスト] 男 –[e]s/-e 〖用法については Süd を参照〗《海・気象》南南東(略: SSO); 《ふつう 冠》《海》南南東の風.

Süd⸗süd⸗os·ten [ズート・ズート・オステン] 男 –s/ 《ふつう冠詞なし, ふつう前置詞とともに》南南東[部] (略: SSO).

Süd⸗süd⸗west [ズート・ズート・ヴェスト] 男 –[e]s/-e 〖用法については Süd を参照〗《海・気象》南南西 (略: SSW); 《ふつう 冠》《海》南南西の風.

Süd⸗süd⸗wes·ten [ズート・ズート・ヴェステン] 男 –s/ 《ふつう冠詞なし, ふつう前置詞とともに》南南西[部] (略: SSW).

süd⸗wärts [ズート・ヴェルツ] 副 南[方]へ; (古)南の方で.

Süd⸗west [ズート・ヴェスト] 男 –[e]s/-e 〖用法については Süd を参照〗《海・気象》南西 (略: SW); 《ふつう 冠》《海》南西風.

Süd⸗wes·ten [ズート・ヴェステン] 男 –s/ 《ふつう冠詞なし, ふつう前置詞とともに》南西[部] (略: SW).

süd⸗west·lich [ズート・ヴェストりヒ] I 形 南西の. II 前 《2 格とともに》…の南西に.

Süd⸗wind [ズート・ヴィント] 男 –[e]s/-e 南風.

Su·es [ズーエス zú:ɛs] 中 〖都市名〗スエズ (エジプトの港町. フランス語では Suez).

der **Su·es⸗ka·nal** [ズーエス・カナーる] 男 –s/ 《定冠詞とともに》スエズ運河 (1869年開通. 地中海と紅海を結ぶ).

Suff [ズふ zúf] 男 –[e]s/ 《俗》① 酩酊 (ﾒｲﾃｲ). **im** *Suff* 酔って, 酒の上で. ② 飲酒癖; 大酒を飲むこと.

süf·feln [ズュッふェるン zýfəln] 他 (h) 《口語》(酒⁴を)たしなむ.

süf·fig [ズユふィヒ zýfɪç] 形 《口語》(ワインなどが)口当たりのいい.

süf·fi·sant [ズユふィザント zyfizánt] 形 うぬぼれている, 高慢な(顔など).

Suf·fix [ズふィクス zufíks または ズ..] 中 -es/-e 《言》あとつづり, 接尾辞 (=Nachsilbe). (☞「接頭辞」は Präfix.

sug·ge·rie·ren [ズゲリーレン zugerí:rən] 他 (h) ① (人³に 物⁴を)暗示する, 示唆する. ② (物⁴の)印象を与える.

Sug·ges·ti·on [ズゲスティオーン zugestió:n] 女 -/-en ① 〖複なし〗暗示, 示唆. ② 暗示されたこと. der *Suggestion*³ erliegen 暗示にかかる. ③ 〖複なし〗暗示力, 魅力.

sug·ges·tiv [ズゲスティーふ zugestí:f] 形 ① 暗示的な, 誘導的な. eine *suggestive* Frage 誘導尋問. ② 強い心理的影響を持つ.

Sug·ges·tiv·fra·ge [ズゲスティーふ・ふラーゲ] 女 -/-n 誘導尋問.

Suhl [ズール zú:l] 中 -s/《都市名》ズール(ドイツ, テューリンゲン州; ☞地図 E-3).

suh·len [ズーレン zú:lən] 再他 (h) *sich*⁴ *suhlen*《狩》(いのししなどが)泥浴びをする.

Süh·ne [ズューネ zý:nə] 女 -/-n《雅》償い, あがない, 贖罪(よくざい).

süh·nen [ズューネン zý:nən] I 他 (h)《雅》(罪など⁴を)償う, あがなう. ein Verbrechen⁴ mit dem Leben *sühnen* 死んで罪を償う. II 自 (h) 〖*für* 物⁴ ~〗《雅》(物⁴の)償いをする.

Sui·te [スヴィーテ svíːtə または ズイーテ zuíːtə] 〖フ〗女 -/-n ① (ホテルなどの)続き部屋, スイート. ②《音楽》組曲.

Su·i·zid [ズイツィート zuitsíːt] 男 中 -[e]s/-e 自殺 (=Selbstmord).

Su·jet [ズュジェー zyʒéː]〖フ〗中 -s/-s 題材, 主題. ein beliebtes *Sujet* für Maler 画家に好まれる題材.

suk·zes·siv [ズクツェスィーふ zuktsɛsíːf] 形 漸次の, 引き続く, 順次の.

suk·zes·si·ve [ズクツェスィーヴェ zuktsɛsíːvə] 副 しだいに, 順次, 徐々に.

Sul·fur [ズるふァ zúlfur] 中 -s/《化》硫黄(いおう) (=Schwefel) (記号: S).

Sul·tan [ズるターン zúlta:n] 男 -s/-e サルタン(イスラム教国の君主またはその称号).

Sul·ta·ni·ne [ズるタニーネ zultaníːnə] 女 -/-n サルタナ[レーズン](大粒の種なし干しぶどう).

Sül·ze [ズュるツェ zýltsə] 女 -/-n《料理》アスピック(肉・魚の煮汁にゼラチンを加えて固めた料理), 煮こごり.

summ! [ズム zúm] 間 (蜂などの昆虫の羽音:)ぶ[ー]ん. *Summ, summ, summ!* ぶんぶん.

sum·ma·risch [ズマーリッシュ zumáːrɪʃ] 形 概略の, 大要の; 大ざっぱな.

die **Sum·me** [ズンメ zúmə] 女 -/《複》-n (英 *sum*) ① 合計, 総計; 《数》和. die *Summe*⁴ errechnen 合計[額]を出す / die *Summe* unseres Wissens《比》私たちの知識のすべて. ② 金額. eine beträchtliche *Summe* かなりの金額 / eine *Summe* von 50 Euro 50 ユーロの金額 / die ganze *Summe*⁴ bar bezahlen 全額を現金で払う.

sum·men [ズンメン zúmən] I 自 (h, s) ① (h) (昆虫・モーターなどが)ぶーんという, ぶーんと音をたてる. Die Bienen *summen*. 蜂(はち)がぶーんといっている. ◇〖非人称の **es** を主語として〗Es *summt* im Hörer. 受話器にハム雑音が入る. ② (s) (蜂などが)ぶーんと飛んで行く. II 他 (h) (歌など⁴を)口ずさむ, ハミングする.

Sum·mer [ズンマァ zúmɐ] 男 -s/- ブザー.

sum·mie·ren [ズミーレン zumíːrən] I 他 (h) ① (金額など⁴を)合計する. ② 総括する, まとめる. II 再他 (h) *sich*⁴ *summieren* 増える, 増加する, たまる.

der **Sumpf** [ズンプふ zúmpf] 男 (単2) -[e]s/《複》Sümpfe [ズュンプふェ] (3格のみ Sümpfen) 沼地, 沼沢, 湿地, 湿原. (英 *marsh*). einen *Sumpf* trocken|legen 沼地を干拓する / im *Sumpf* der Großstadt² versinken《比》大都会の泥沼の中で身を持ち崩す.

Sumpf-dot·ter·blu·me [ズンプふ・ドッタァブるーメ] 女 -/-n《植》リュウキンカ.

Sümp·fe [ズュンプふェ] Sumpf (沼地)の複.

sump·fen [ズンプふェン zúmpfən] 自 (h)《俗》夜遅くまで酒を飲む.

Sumpf·fie·ber [ズンプふ・ふィーバァ] 中 -s/《医》マラリア (=Malaria).

Sumpf·gas [ズンプふ・ガース] 中 -es/-e メタンガス.

Sumpf·ge·biet [ズンプふ・ゲビート] 中 -[e]s/-e 沼沢地, 湿地帯.

sump·fig [ズンプふィヒ zúmpfɪç] 形 沼地の, 沼地の多い.

Sums [ズムス zúms] 男 -es/《口語》(とるに足らないことでの)大騒ぎ; (くだらないおしゃべり).

Sund [ズント zúnt] 男 -[e]s/-e 海峡(特にデンマークとスウェーデンの間のエアソン海峡).

die **Sün·de** [ズュンデ zýndə] 女 (単) -/(複) -n (英 *sin*) ① (宗教・道徳上の)罪, 罪悪, 罪業. Erb*sünde*(宗教) 原罪 / eine *Sünde*⁴ begehen 罪を犯す / Er bekennt (bereut) seine *Sünden*. 彼は自分の罪を告白する(悔いる) / Sie ist schön (faul) *wie die Sünde*.《俗》彼女はすごい美人(怠け者)だ(← 罪深いほどに) / 物⁴ *wie die Sünde*⁴ meiden 物⁴をまるで疫病神のように避ける. ② 〖複なし〗悪事; 愚行. in *Sünde* geraten 罪に陥る. ③ 非道徳的な行為.

〖類語〗die **Sünde**: (神からかす教義上の定めを犯す宗教的な意味の)罪. die **Schuld**: (過失に対して責任があるという意味での)罪, 負い目. das **Verbrechen**: (道徳・法律に反する)罪, 犯罪. Er beging viele *Verbrechen*. 彼は多くの犯罪を犯した.

Sün·den·bock [ズュンデン・ボック] 男 -[e]s/..böcke《口語》スケープゴート, (他人の罪の)身代わり (←贖罪のやぎ, レビ記 16, 21). 人⁴ *zum Sündenbock* für 物⁴ machen 物⁴の罪を人⁴に着せる.

Sün·den⹁fall [ズュンデン・ふァる] 男 -(e)s/ 《宗教》(アダムとエバの)堕罪(創世記 2, 8 以下), (人間の)原罪.

Sün·den⹁re·gis·ter [ズュンデン・レギスタァ] 田 -s/- ① 《口語・戯》犯した罪の数々. ② 《カトリック》(昔の)罪過の記録.

Sün·der [ズュンダァ zýndər] 男 -s/- 《宗教上・道徳上の》罪人(ニん), 罪深い者, 悪人. (女性形: -in). Wie geht's, alter *Sünder*? 《口語・戯》(親友に対して): おい[悪党], 調子はどうだい.

sünd·haft [ズュントハふト] I 形 ① 《雅》罪のある, 罪深い. ② 《口語》ひどい, すごい, 法外な(値段など). II 副 《口語》ひどく, とても. Das ist *sündhaft* teuer. それはすごく高価だ.

sün·dig [ズュンディく zýndıç] 形 罪のある, 罪深い; 良俗に反する.

sün·di·gen [ズュンディゲン zýndıgən] 自(h) ① 《宗教上・道徳上の》罪を犯す. **an ... gegen**) Gott *sündigen* 神に対して罪を犯す. ② 過ちを犯す; 悪いことをする. gegen die Gesundheit *sündigen* 健康によくないことをする / Wir haben wieder *gesündigt*. 《戯》私たちはまたも食べ(酒を飲み)すぎてしまった.

su·per [ズーパァ zúːpɐr] 形 《無語尾で》《口語》すばらしい, すてきな, みごとな. eine *super* Schau すばらしいショー / Der Film war *super*. その映画は最高だった.

Su·per [ズーパァ] 田 -s/ 《ふつう冠詞なして》《略》スーパーガソリン, ハイオクガソリン (=*Super*benzin).

su·per.., Su·per.. [ズパァ.. zupɐr.. または ズーパァ..] 《形容詞・名詞につけて》 接頭 《極度・超過》 例: *Super*star スーパースター / *super*klug えらく利口ぶった.

Su·per·ben·zin [ズーパァ・ベンツィーン] 田 -s/-e スーパーガソリン, ハイオクガソリン.

Su·per·in·ten·dent [ズパァインテンデント zuparɪntɛndɛnt または ズー..] 男 -en/-en 《新教》教区監督. (女性形: -in).

su·per⹁klug [ズーパァ・クルーク] 形 《口語》えらく利口ぶった.

Su·per·la·tiv [ズーパァらティーふ zúːpərlatiːf] 男 -s/-e [..ヴェ] ① 《言》最上級. ② 《ふつう 複》誇張[した表現]. in *Superlativen* reden 大げさに(誇張して)話す.

Su·per⹁macht [ズーパァ・マハト] 囡 -/..mächte 《口語》超大国.

Su·per⹁mann [ズーパァ・マン] 男 -[e]s/..männer スーパーマン, 超人. (女性形: ..frau).

der **Su·per⹁markt** [ズーパァ・マルクト zúːpɐr-markt] 男 (単 2) -[e]s/ (複) ..märkte [..メルクテ] (3 格のみ ..märkten) スーパーマーケット. in einem *Supermarkt* ein|kaufen スーパーマーケットで買い物をする.

die **Sup·pe** [ズッペ zúpə] 囡 (単) -/(複) -n ① スープ. (英 soup). eine klare *Suppe* 澄ましスープ / eine dicke (dünne) *Suppe* 濃い(薄い)スープ / einen Teller *Suppe* essen 一皿のスープを飲む (⟶ 「(スープを)飲む」は trinken 「飲む」ではなくて, essen 「食べる」を用いる) / eine *Suppe* mit Einlage 具(野菜・卵などの)の入ったスープ / die *Suppe*³ aus|löffeln (= die, den sich³ eingebrockt hat) 《口語》自分でまいた種は自分で刈り取る (←[パンを砕いて入れた]スープをスプーンで残らず飲む) / 囚³ eine schöne *Suppe*³ ein|brocken 囚³をひどい目にあわせる(←すばらしいスープにパンを砕いて入れる) / 囚³ die *Suppe*⁴ versalzen 《口語》囚³の計画(楽しみ)をだいなしにする(←スープに塩を入れすぎる) / 囚³ in die *Suppe* spucken 《俗》囚³のすることをだめにする(←スープに唾をはく) / 囚³ in die *Suppe* fallen 《俗》囚³の食事どきに不意に訪問する(←スープの中に落ちる).

② 《口語》霧 (=Nebel); 汗 (=Schweiß).

> ⟶ ..suppe のいろいろ: **Erbsensuppe** えんどう豆のスープ / **Gemüsesuppe** 野菜スープ / **Hühnersuppe** チキンスープ / **Kartoffelsuppe** ポテトスープ / **Linsensuppe** レンズ豆スープ / **Nudelsuppe** パスタ入りスープ / **Ochsenschwanzsuppe** オックステールスープ / **Tagessuppe** 日替わりスープ / **Zwiebelsuppe** オニオンスープ.

Sup·pen⹁fleisch [ズッペン・ふらイシュ] 田 -[e]s/ ブイヨン用牛肉(スープにうまみを出す).

Sup·pen⹁grün [ズッペン・グリューン] 田 -s/ (ブイヨン用)香味野菜(にんじん・パセリ・リーキ・セロリなど).

Sup·pen⹁löf·fel [ズッペン・れッふェる] 男 -s/- スープ用スプーン.

Sup·pen⹁schüs·sel [ズッペン・シュッセる] 囡 -/-n スープ用深鉢(食卓に運ぶためのもの). (⟶ Schüssel 図).

Sup·pen⹁tel·ler [ズッペン・テらァ] 男 -s/- スープ皿.

Sup·pen⹁wür·fel [ズッペン・ヴェるふェる] 男 -s/- 固形スープ.

Sup·ple·ment [ズプれメント zuplemɛ́nt] 田 -[e]s/-e ① (本の)補遺; 別冊, 別巻. ② 《数》補角.

Sup·ple·ment⹁band [ズプれメント・バント] 男 -[e]s/..bände 《書籍》別巻, 補巻.

Surf·brett [ゼーァふ・ブレット] 田 -[e]s/-er サーフボード.

sur·fen [ゼーァふェン zǿːrfən または ゼル.. zœr..] 自 (h, s) ① [ウインド]サーフィンをする. ② 《コンピュ》ネットサーフィンをする.

Sur·fer [ゼーァふァァ zǿːrfər または ゼル.. zœr..] 男 -s/- ① [ウインド]サーファー. (女性形: -in). ② 《コンピュ》ネットサーファー.

Sur·fing [ゼーァふィング zǿːrfɪŋ または ゼル.. zœr..] [英] 田 -s/ [ウインド]サーフィン.

Sur·re·a·lis·mus [ズレアリスムス zureaˈlɪsmus または ズュ.. zy..] 男 -/ シュールレアリスム, 超現実主義(20 世紀の芸術思潮).

Sur·re·a·list [ズレアリスト zureaˈlɪst または ズュ.. zy..] 男 -en/-en シュールレアリスト, 超現実主義者. (女性形: -in).

sur·re·a·lis·tisch [ズレアリスティッシュ zureaˈlɪstɪʃ または ズュ.. zy..] 形 シュールレアリスムの, 超現実主義の.

sur·ren [ズレン zúrən] 圓 (h, s) ① (h) (虫などが)ぶんぶんいう, (機械などが)ぶーんと音をたてる. ② (s) (…へ)ぶーんと飛んで行く.

Sur·ro·gat [ズロガート zuroɡáːt] 回 –[e]s/–e ① 代用物(品), 間に合わせ. ② (法) 代價物.

Su·san·ne [ズザンネ zuzánə] –[n]s/ 《女名》ズザンネ.

Su·shi [ズーシー zúːʃi] 回 –s/–s すし(寿司).

su·spekt [ズスペクト zuspékt] 厖 疑わしい, 不審な, 怪しい.

su·spen·die·ren [ズスペンディーレン zuspɛndíːrən] 他 (h) ① 休職させる, 停職にする. ②《人⁴ von 物³ ~》《人⁴に物³を》免除する. ③ (法律・国交などを⁴を)一時的に停止する.

**süß [ズース zýːs] 厖 (比較級) süßer, (最上) süßest) (英 sweet) ① 甘い; 甘い香りの. 「すっぱい」は sauer, 「にがい」は bitter, 「辛口の」は trocken). süße Kirschen 甘いさくらんぼ / süßer Wein 甘口のワイン / Er isst gern süße Sachen. 彼は甘いものが好きだ / ein süßer Duft 甘い香り / Die Rose duftet süß. ばらの甘い香りがする. ◊(名詞的に) etwas Süßes 何か甘いもの, お菓子. ② 愛らしい, かわいい; (雅)心地よい; 甘美な. ein süßes Kind 愛らしい子供 / ein süßes Kleid かわいらしいドレス / der süße Klang der Geige² バイオリンの甘美な音色 / Träum[e] süß! いい夢を見るんだよ. ③ いやに愛想のよい. süße Worte 甘い言葉.

Sü·ße [ズーセ zýːsə] 囡 –/ 甘味, 甘さ; 愛らしさ; 甘美さ.

sü·ßen [ズーセン zýːsən] 他 (h) 甘くする, 砂糖で甘味をつける. den Kaffee [mit Zucker] süßen コーヒーに砂糖を入れる.

Süß⸗holz [ズース・ホルツ] 回 –es/ (植) カンゾウ(甘草). Süßholz⁴ raspeln (口語)(女性の)機嫌をとる, (わざとらしい)甘い言葉ささやく.

die **Sü·ßig·keit** [ズースィヒカイト zýːsɪçkaɪt] 囡 (単) –/(複) –en ① (ふつう 複) 甘いもの, スイーツ(チョコレート・キャンデーなど). (英 sweets). Kinder essen gerne *Süßigkeiten*. 子供たちは甘いものが好きだ. ②(ふつう単)(雅) 甘さ; 甘美さ; 快さ.

Süß⸗kar·tof·fel [ズース・カルトッふぇル] 囡 –/–n (植) サツマイモ.

süß·lich [ズースリヒ] 厖 ① 少し甘い, 甘味のある. ② 甘ったるい, 感傷的な. ein süßlicher Schlager 甘ったるい流行歌. ③ いやに愛想のよい, へつらうような. mit süßlicher Miene 変にいやけた顔つきで.

süß⸗sau·er [ズース・ザオァァ] 厖 甘ずっぱい;《口語・比》無理に愛想をしているような.

Süß⸗spei·se [ズース・シュパイゼ] 囡 –/–n (食後の)甘いデザート(プディング・アイスクリームなど).

Süß⸗stoff [ズース・シュトふ] 男 –[e]s/–e 甘味料(サッカリンなど).

Süß⸗wa·ren [ズース・ヴァーレン] 複 甘いもの, スイーツ.

Süß⸗was·ser [ズース・ヴァッサァ] 回 –s/– 淡水. (⇔「海水」は Salzwasser).

Süß·was·ser⸗fisch [ズース・ヴァッサァ・ふぃッシュ] 男 –[e]s/–e 淡水魚. (⇔「海水魚」は Seefisch).

SV [エス・ふァオ] (略) 体育協会; スポーツクラブ (=Sportverein).

SVP [エス・ふァオ・ペー] 囡 –/ (略) スイス国民党 (=Schweizerische Volkspartei).

SW [ズュート・ヴェスト または ズュート・ヴェステン] (略) 南西 (=Südwest[en]).

SWF [エス・ヴェー・エふ] (略) 南西ドイツ放送[局] (=Südwestfunk).

Swim·ming⸗pool [スヴィミング・プール] [英] 男 –s/–s (特に私有の)スイミング・プール.

Swing [スヴィング svíŋ] [英] 男 –[s]/–s (音楽) スイング[ジャズ]; スイングダンス.

Syl·lo·gis·mus [ズュロギスムス zylogísmus] 男 –/..gismen (哲) 三段論法.

Sylt [ズュるト zʏlt] 回 –s/ (島名) ジュルト(ドイツ北端, 北フリースラント諸島最大の島).

Sym·bi·o·se [ズュンビオーゼ zymbióːzə] 囡 –/–n (生) 共生. in *Symbiose* leben 共生する.

sym·bi·o·tisch [ズュンビオーティッシュ zymbióːtɪʃ] 厖 (生) 共生の.

das **Sym·bol** [ズュンボール zymbóːl] 回 (単2) –s/(複 –e (3格のみ –en) ① シンボル, 象徴. (英 symbol). Die Taube ist ein *Symbol* des Friedens. はとは平和の象徴である. ② 記号, 符号. ein chemisches *Symbol* 化学記号.

Sym·bo·lik [ズュンボーリク zymbóːlɪk] 囡 –/ ① 象徴的表現(意味). ② 象徴(記号)の使用. ③ 象徴学; 記号学.

sym·bo·lisch [ズュンボーリッシュ zymbóːlɪʃ] 厖 象徴的な, 象徴の; 記号の. (英 symbolic). eine *symbolische* Zeremonie 象徴的な儀式 / eine *symbolische* Bedeutung 象徴的な意味 / die *symbolische* Logik 記号論理学.

sym·bo·li·sie·ren [ズュンボリズィーレン zymbolizíːrən] I 他 (h) 象徴する, (物⁴の)象徴である. II 再帰 (h) 《sich⁴ in 物³ ~》(物³に)象徴されている.

Sym·bo·lis·mus [ズュンボリスムス zymbolísmus] 男 –/ (芸術上の)象徴主義, サンボリスム.

Sym·me·trie [ズュメトリー zymetríː] 囡 –/ [..リーエン] [左右]対称, 相称; 調和, 均整.

Sym·me·trie⸗ach·se [ズュメトリー・アクセ] 囡 –/–n (数) 対称軸.

sym·me·trisch [ズュメートリッシュ zyméːtrɪʃ] 厖 左右対称の, シンメトリックな; 均整のとれた.

sym·pa·the·tisch [ズュンパテーティッシュ zympatéːtɪʃ] 厖 交感(共感)的な; 感応性の.

die **Sym·pa·thie** [ズュンパティー zympatíː] 囡 (単) –/(複) –n [..ティーエン] (他人への)共感, 好感, 共鳴. (英 sympathy). (⇔「反感」は Antipathie). *Sympathie*⁴ für 人⁴ haben 人⁴に好感をいだく.

Sym·pa·thi·sant [ズンパティザント zympatizánt] 男 -en/-en (特に政治運動の)同調者, シンパ[サイザー]. (女性形: -in).

***sym·pa·thisch** [ズンパーティッシュ zympá:tɪʃ] 形 ① **好感の持てる**, 感じのよい. ein *sympathischer* Mensch 好感の持てる人 / Er war mir gleich *sympathisch*. 私はすぐ彼に好感を持った / Diese Sache ist mir nicht *sympathisch*. (比)このことは私の気に入らない. ② 《医》交感神経[性]の, 交感性の.

sym·pa·thi·sie·ren [ズンパティズィーレン zympatizí:rən] 動 ⑥ 〈mit 人・事³ ～〉(人・事³に)共感する, 好感を抱く.

Sym·pho·nie [ズムふォニー zymfoní:] 安 -/-n [..ニーエン] 《音楽》交響曲, シンフォニー(=Sinfonie).

Sym·pho·ni·ker [ズムふォーニカァ zymfó:nikɐr] 男 -s/- 《音楽》① 交響曲の作曲家(=Sinfoniker). (女性形: -in). ② 交響楽団の団員. ③ 《圏で》(オーケストラ名で)…交響楽団.

sym·pho·nisch [ズムふォーニッシュ zymfó:nɪʃ] 形 《音楽》交響[曲]的な, シンフォニーの(=sinfonisch).

Sym·po·si·on [ズンポーズィオン zympó:zɪɔn または ..ポズィオン ..pózɪɔn] 中 -s/..sien [..ズィエン] =Symposium

Sym·po·si·um [ズンポーズィウム zympó:zɪʊm または ..ポズィウム ..pózɪʊm] 中 -s/..sien [..ズィエン] シンポジウム, (学術的な)討論会.

das **Sym·ptom** [ズンプトーム zymptó:m] 中 (単 2) -s/(複) -e (3格の前 -en) (英 *symptom*) ① 《医》**症状**, 症候, 徴候. ein *Symptom* **für** Gelbsucht 黄疸(おうだん)の症状. ② **徴候**, 兆し.

sym·pto·ma·tisch [ズンプトマーティッシュ zymptomá:tɪʃ] 形 ① 徴候的な, 特徴的な. **für** 事⁴ *symptomatisch* sein 事⁴の典型的な徴候である. ② 《医》症候を示す, 症状の; 対症の. eine *symptomatische* Behandlung 対症療法.

syn.., **Syn..** [ズン.. zyn..] 《形容詞・名詞につける接頭》《共に・同時に》例: *Syn*these 総合.

Syn·a·go·ge [ズュナゴーゲ zynagó:gə] 安 -/-n 《宗》ユダヤ教の会堂, シナゴーグ.

syn·chron [ズュンクローン zynkró:n] 形 ① 同時[性]の. ② 《言》共時[論]的な, 共時態の(=synchronisch).

Syn·chron⹀ge·trie·be [ズュンクローン・ゲトリーベ] 中 -s/- 《工》(自動車の)シンクロメッシュ・トランスミッション.

Syn·chro·nie [ズュンクロニー zynkroní:] 安 -/ 《言》共時態; 共時論. (対義 「通時態」は Diachronie).

Syn·chro·ni·sa·ti·on [ズュンクロニザツィオーン zynkronizatsióː n] 安 -/-en ① 《映》シンクロ[ナイジング](画面と音声の同期調整); (外国映画などの)吹き替え. ② 《工》同期化.

syn·chro·nisch [ズュンクローニッシュ zynkró:nɪʃ] 形 《言》共時[論]的な, 共時態の.

syn·chro·ni·sie·ren [ズュンクロニズィーレン zynkronizí:rən] 動 (h) ① 《映》(映画⁴の)映像と音声を合わせる, シンクロさせる; (外国映画などの⁴せりふを)吹き替える. ② 《工》(複数の機械装置⁴を)同期させる. ③ (作業など⁴を)同時進行させる.

Syn·chron⹀schwim·men [ズュンクローン・シュヴィンメン] 中 -s/ シンクロナイズド・スイミング.

Syn·di·kat [ズュンディカート zyndiká:t] 中 -[e]s/-e 《経》企業連合, シンジケート. ② ギャング組織, 犯罪シンジケート.

Syn·di·kus [ズュンディクス zýndikus] 男 -/..dikusse (または ..dizi) 《法》(大企業・商工会議所などの)法律顧問.

Syn·drom [ズュンドローム zyndró:m] 中 -s/-e 《医・社》症候群, シンドローム.

Syn·ko·pe I [ズュンコペ zýnkope] 安 -/-n [..コーペン] ① 《言》語中音消失(2子音間のアクセントのない母音を省略すること. 例えば ewiger を ew'ger とするなど); 《詩学》弱音部の省略. ② 《医》失神[発作]. II [ズュンコーペ zynkó:pə] 安 -/-n 《音楽》シンコペーション, 切分法(音).

syn·ko·pie·ren [ズュンコピーレン zynkopí:rən] 動 (h) ① 《言》(単語⁴の)語中音を省略する. ② 《音楽》シンコペーションさせる.

Syn·o·de [ズュノーデ zynó:də] 安 -/-n (新教)教会会議; 《カトリック》(公会議内の)司教会議.

syn·o·nym [ズュノニューム zynonýːm] 形 《言》同義の, 同義(類義)語の. Die beiden Wörter sind *synonym*. この二つの単語は同義語だ.

Syn·o·nym [ズュノニューム] 中 -s/-e 《言》同義(同意)語, 類語, シノニム. (対義「反意語」は Antonym).

Syn·o·ny·mik [ズュノニューミク zynonýːmɪk] 安 -/-en ① 《圏 なし》《言》同義(類義)語論. ② 同義(類義)語辞典.

Syn·tag·ma [ズュンタグマ zyntágma] 中 -s/..tagmen (または ..tagmata) 《言》統合関係, シンタグマ, 連鎖.

syn·tak·tisch [ズュンタクティッシュ zyntáktɪʃ] 形 《言》シンタックスの, 統語論上の.

Syn·tax [ズュンタクス zýntaks] 安 -/-en 《言》シンタックス, 統語論, 構文論.

die **Syn·the·se** [ズュンテーゼ zyntéːzə] 安 (単) -/(複) -n ① 《哲》**総合**, 統合; ズュンテーゼ. (英 *synthesis*). (対義「分析」は Analyse). ② 《化》合成.

Syn·the·si·zer [ズュンテザイザァ zýntəzaɪzɐr] [英] 男 -s/- 《音楽》シンセサイザー.

syn·the·tisch [ズュンテーティッシュ zyntéːtɪʃ] 形 ① 統合の, 総合的な. ② 《化》合成の.

syn·the·ti·sie·ren [ズュンテティズィーレン zyntetizí:rən] 動 (h) 《化》合成する.

Sy·phi·lis [ズューふィリス zýːfilɪs] 安 -/ 《医》梅毒.

sy·phi·li·tisch [ズュふィリーティッシュ zyfilíː-

tıʃ] 形 梅毒[性]の, 梅毒にかかった.

Sy·rer [ズーラァ zýːrər] 男 -s/- シリア人. (女性形: -in).

Sy·ri·en [ズーリエン zýːriən] 中 -s/ 《国名》シリア[·アラブ共和国](首都はダマスカス).

Sy·ri·er [ズーリアァ zýːriər] 男 -s/- ＝Syrer

sy·risch [ズーリッシュ zýːrıʃ] 形 シリア[人]の.

das **Sys·tem** [ズュステーム zystéːm] 中 (単2) -s/(複) -e (3格のみ -en) (英 system) ① **体系**, 組織, システム. Sprach*system* 言語体系 / ein philosophisches *System* 哲学体系 / 物⁴ **in** ein *System* bringen 物⁴を体系づける.
② (系統的な)**方法**, (一定の)手順. *System*⁴ in 囲⁴ bringen 囲⁴を体系化する / **nach** einem *System* vor|gehen 一定の手順に従って行われる.
③ (社会的·政治的な)**体制**, 制度, 機構. Schul*system* 学校制度 / ein kapitalistisches *System* 資本主義体制 / das herrschende *System*⁴ unterstützen 現行体制を支持する.
④ (機械などの)システム, 系統. ⑤《理》系. ein ökologisches *System* 生態系.

Sys·te·ma·tik [ズュステマーティク zystemáːtık] 因 -/-en ① 体系化, システム化. ②《覆なし》《生》分類学, 系統学.

sys·te·ma·tisch [ズュステマーティッシュ zystemáːtıʃ] 形 ① **体系的な**, 系統的な, 組織だった. (英 *systematic*). eine *systematische* Darstellung 体系的な叙述 / 物⁴ *systematisch* ordnen 物⁴を系統的に整理する. ②《生》分類[上]の, 分類学的な. ein systemati*scher* Katalog 分類目録.

sys·te·ma·ti·sie·ren [ズュステマティズィーレン zystematizíːrən] 他 (h) 体系化(システム化)する, 系統づける.

Sys·tem≳kri·ti·ker [ズュステーム·クリーティカァ] 男 -s/- 体制批判者. (女性形: -in).

s. Z. [ザイナァ·ツァイト]《略》そのころ, 当時 (＝seinerzeit).

die **Sze·ne** [スツェーネ stséːnə] 因 (単) -/(複) -n (英 scene) ① (劇·映画などの)**場面**, シーン. Die *Szene* spielt in München. この場面はミュンヒェンが舞台だ / erster Akt, dritte *Szene* 第一幕, 第三場.
② **舞台**. Beifall **auf** offener *Szene* 舞台の上で(演技中に)受ける拍手喝采(%) / **hinter** der *Szene* 舞台裏(楽屋)で / 物⁴ **in** *Szene* setzen a) 物⁴を舞台にかける, 上演(演出)する, b)《比》物⁴を仕組む, アレンジする. ③ (人目をひく)光景, 情景; 大騒ぎ, [激しい]口論. 囚³ eine *Szene*⁴ machen 囚³を激しく非難する.
④《ふつう 囲》《口語》(特殊な活動の場, …界. die politische *Szene* 政界.

Sze·nen≳wech·sel [スツェーネン·ヴェクセる] 男 -s/-《劇》場面転換.

Sze·ne·rie [スツェネリー stsenəríː] 因 -/-n [..リーエン] ①《劇》舞台装置. ② (印象的な)光景, 風景; (小説などの)舞台, 背景.

sze·nisch [スツェーニッシュ stséːnıʃ] 形 舞台[上]の; 舞台に関する.

Szyl·la [スツュら stsýla] 因 -/《ギリ神》スキュラ (メッシーナ海峡の岩礁に住む6つの頭と12本の足を持った海の怪物).

T t

t¹, T¹ [テー té:] 田 -/- テー(ドイツ語アルファベットの第20字).

t² [トンネ]《記号》トン(=Tonne).

T² [テー]《化·記号》トリチウム(=Tritium).

der **Ta·bak** [ターバク tá:bak または タバク tabák] 男 (単2) -s/《種類を表すときのみ: 複》-e《英 tobacco》① 《刻み》たばこ. Er raucht eine Pfeife Tabak. 彼はパイプたばこをふかす. ② 《植》タバコ[の葉]. (☞「ドイツ・ミニ情報 30」1057ページ).

Ta·baks·beu·tel [ターバクス·ボイテる] 男 -s/- たばこ入れ(刻みたばこを入れる携帯用の袋).

Ta·baks·do·se [ターバクス·ドーゼ] 女 -/-n たばこ入れ(刻みたばこを入れる携帯用のケース).

Ta·baks·pfei·fe [ターバクス·プファイふェ] 女 -/-n 《刻みたばこ用の》パイプ.

Ta·bak·steu·er [ターバク·シュトイアァ] 女 -/-n たばこ税.

Ta·bak·wa·re [ターバク·ヴァーレ] 女 -/-n 《ふつう複》たばこ製品.

ta·bel·la·risch [タべらーリッシュ tabɛláːrɪʃ] 形 [一覧]表にした, 表にまとめた.

ta·bel·la·ri·sie·ren [タべらリズィーレン tabɛlarizíːrən] 他 (h) [一覧]表にする.

die **Ta·bel·le** [タべレ tabélə] 女 (単) -/(複) -n ① 表, 一覧表. eine statistische *Tabelle* 統計表 / etwas⁴ **in** eine *Tabelle* ein|tragen 物⁴を一覧表に記入する. ②《スポ》順位表.

Ta·bel·len·füh·rer [タべれン·ふューラァ] 男 -s/- 《スポ》首位チーム.

Ta·ber·na·kel [タべルナーケる tabɛrná:kəl] 中 (カトリック: 男) -s/- (カトリック: -) (聖体を収めた祭壇上の)聖櫃(せいひつ).

Ta·blet-PC [テブれット·ペーツェー] 田 -[s]/-[s] タブレット·パソコン.

Ta·blett [タブれット tablét] 中 -[e]s/-s (または -e) (飲食物を載せて運ぶ)盆, トレー. Speisen⁴ **auf** einem *Tablett* zum Esstisch tragen 料理を盆に載せて食卓へ運ぶ / nicht aufs *Tablett* kommen《口語》問題にならない.

*die **Ta·blet·te** [タブれッテ tablétə] [ラス] 女 (単) -/(複) -n 錠剤.《英 tablet》. *Tabletten*⁴ ein|nehmen (または nehmen) 錠剤を服用する.

ta·bu [タブー tabú:] 形《述語としてのみ》タブーの, 禁忌(きんき)の; 禁制の.

Ta·bu [タブー] 田 -s/-s 《民俗》(原始信仰の)タブー, 禁忌. ② (一般に:) 禁止事項, 禁忌, タブー. ein *Tabu*⁴ brechen (または verletzen) タブーを犯す.

ta·bu·i·sie·ren [タブイズィーレン tabuizí:rən] 他 (h) et⁴ (人⁴を) タブーにする.

Ta·bu·la ra·sa [ターブら ラーザ tá:bula rá:za] [ラス] 女 -- /-- 白紙[状態];《哲》タブラ・ラサ. mit 物³ *Tabula rasa* machen 物³を容赦なく片づける, 一掃する. ☞ ラテン語 *tabula rasa* は「表面をきれいにした書字板」.

Ta·bu·la·tor [タブらートァ tabulá:tɔr] 男 -s/-en [..ɔ́:rən] (キーボードの)タビュレーター(設定した位置まで用紙やカーソルを移動させる機能).

Ta·cho [タホ táxo] 男 -s/-s 《口語》スピードメーター; 回転速度計 (=*Tacho*meter).

Ta·cho·graf [タホグラーふ taxográ:f] 男 -en/-en タコグラフ, 回転式運行記録計.

Ta·cho·graph [タホグラーふ taxográ:f] 男 -en/-en =Tachograf

Ta·cho·me·ter [タホメータァ taxomé:tɐr] 男 田 -s/- (自動車などの)スピードメーター; 回転速度計.

Ta·ci·tus [ターツィトゥス tá:tsitus]《人名》タキツス (Publius Cornelius *Tacitus* 55?-115?: 古代ローマの歴史家).

der **Ta·del** [ターデる tá:dəl] 男 (単2) -s/ (複) -(3格のみ -n) ① 非難, とがめ, 叱責(しっせき).《英 reproach》.《反義「称賛」は Lob》. ein schwerer *Tadel* 手厳しい非難 / einen *Tadel* erhalten とがめられる / einen *Tadel* aus|sprechen 非難する / Ihn trifft kein *Tadel*. 彼にはいかなる非難も当たらない. ②《ふつう否定詞とともに》《雅》欠点, 欠陥. **ohne** *Tadel* 非の打ちどころのない.

ta·del·los [ターデる·ろース tá:dəl-lo:s] 形 《比較》tadelloser, 《最上》tadellosest 申し分のない, 非の打ちどころのない;《口語》すばらしい. eine *tadellose* Arbeit 非の打ちどころのない作品 / sich⁴ *tadellos* benehmen (作法どおりに)みごとにふるまう.

ta·deln [ターデるン tá:dəln] ich tadle (tadelte, hat ... getadelt) 他《完了 haben》(人·事⁴を)非難する, とがめる, しかる.《英 reproach》.《反義「ほめる」は loben》. einen Schüler scharf *tadeln* 生徒を激しくしかる / 人⁴ **für** sein Verhalten (または **wegen** seines Verhaltens) *tadeln* 人⁴の態度をとがめる / An allem findet er etwas zu *tadeln*. 彼は何にでも難癖をつける. ◇目的語なしでも》Ich *tadle* nicht gern. 私は文句を言うのは好きでない.

ta·delnd [ターデるント] I tadeln (非難する)の 現分 II 形 非難の(言葉), とがめるような(視線).

ta·del·te [ターデるテ] tadeln (非難する)の 過去

tad·le [タードれ] tadeln (非難する)の 1 人称単数 現在

Taf. [ターふェる]《略》(1ページ全部を使った)図版, 図表 (=**Taf**el ③).

die **Ta·fel** [ターふェる tá:fəl] 女 (単) -/(複) -n《英 board, table》① (木・石などでできた表

Tafelaufsatz

示用の)板; 黒板 (＝Wand*tafel*); 掲示板 (＝Anschlag*tafel*); 《美》板絵; (ﾋﾖｳｼｷ) 交通標識. Der Lehrer schreibt eine Formel **an** die *Tafel*. 先生が公式を黒板に書く.
② 板状のもの. eine *Tafel* Schokolade 板チョコ1枚. ③ 一覧表 (＝Tabelle); 《印》(1ページ全部を使った)図版, 図表. ④ 《雅》(宴会の)食卓; (宴会の)ごちそう. die *Tafel*⁴ decken 宴会の用意をする / die *Tafel*⁴ auf‖heben 宴会をおひらきにする. ⑤ 《地学》台地.

Ta·fel⸌auf·satz [ターふぇる・アオふザッツ] 男 –es/..sätze (華やいだ食卓の中央に置かれる)飾り, センターピース.

Ta·fel⸌be·steck [ターふぇる・ベシュテック] 中 –[e]s/–e (祝宴用の)カトラリー(ナイフ・フォーク・スプーン[の1セット]).

Ta·fel⸌ge·schirr [ターふぇる・ゲシル] 中 –[e]s/–e (祝宴用の)食器類(皿など).

Ta·fel⸌ma·le·rei [ターふぇる・マーれライ] 女 –/–en 《美》板絵, タブロー.

Ta·fel⸌mu·sik [ターふぇる・ムズィーク] 女 –/ (昔の宮廷の)宴席音楽, ターフェルムジーク(特にテレマンのものが有名).

ta·feln [ターふぇるン tá:fəln] 自 (h) 《雅》(宴席などで)ゆっくりとごちそうを食べる.

tä·feln [テーふぇるン té:fəln] 他 (h) (壁・天井など⁴に)羽目板(鏡板)を張る.

Ta·fel⸌obst [ターふぇる・オーブスト] 中 –[e]s/ 《商》(生で食べるのに適した上質の)果物.

Ta·fel⸌run·de [ターふぇる・ルンデ] 女 –/–n 《雅》会食者一同; 会食者の宴席.

Tä·fe·lung [テーふぇるング] 女 –/–en ① 板を張ること. ② 羽目板(鏡板).

Ta·fel⸌was·ser [ターふぇる・ヴァッサァ] 中 –s/..wässer (食事の時に飲む)ミネラルウォーター.

Ta·fel⸌wein [ターふぇる・ヴァイン] 男 –[e]s/–e (種類:) –e / ① (食事の時に飲む)テーブルワイン. ② ターフェルワイン(等級としては最下位のワイン).

Taft [タふト táft] 男 –[e]s/–e 《織》タフタ, こはく織り(ドレスなどに用いる絹の平織りの生地).

⁑⁑der Tag [ターク tá:k]

日; 昼 Guten *Tag*! こんにちは !
グーテン ターク

男 (単2) –es (まれに–s)/(複) –e (3格のみ –en) (英 *day*) ① 日, 1日, 1昼夜. Ein *Tag* hat 24 Stunden. 1日は24時間だ / *Tag* und Stunde des Treffens 会談の日時 / **jeden** *Tag* 毎日 / jeden dritten *Tag* 3日ごとに / **den ganzen** *Tag* 1日中 / **eines** *Tages* a) ある日のこと, b) いつの日か / dieser *Tage*² 最近; 近いうちに / einen *Tag* früher (später) 1日早く(遅く) / den *Tag* über 1日中 / Welchen *Tag* haben wir heute? きょうは何曜日ですか / Er bleibt nur wenige *Tage*. 彼はほんの数日だけ滞在する / Der *Tag* der Abreise naht. 出発の日が近づく / Er hat heute einen guten *Tag*. 彼はきょうは上機嫌だ / Es war ein schwarzer *Tag* für ihn. 彼にとってはついていない日だった / Sie machte sich³ einen guten *Tag*. 《口語》彼女は1日のんびり過ごした / *Tag* der offenen Tür² (施設などの)開放日 / der Jüngste *Tag* 《ｼｭｳ教》最後の審判の日.

◇《前置詞とともに》**an** diesem *Tag* この日に / am folgenden (または nächsten) *Tag* 翌日[に] / am *Tag* vorher (darauf) 前日(翌日)に / dreimal am *Tag* 1日3回 / **auf** (または **für**) fünf *Tage* 5日間の予定で / *Tag* für *Tag* 毎日毎日 / **in** ein paar *Tagen* [これから]数日後に, 二三日で / nach drei *Tagen* [その]3日後に / heute in acht *Tagen* または heute **über** acht *Tage* 来週のきょう / einen *Tag* **um** den anderen 1日おきに / vom *Tag* zu *Tag* 一日一日と.

② 昼, 昼間, 日中. ein sonniger (regnerischer) *Tag* よく晴れた日(雨模様の日) / Die *Tage* werden kürzer (länger). 日が短く(長く)なる / Guten *Tag*! a) こんにちは, b) (昼間に別れるとき:) さようなら, c) (昼間に帰宅したとき:) ただいま / [zu] ⁀³ guten (または Guten) *Tag* sagen ⁀³にこんにちはとあいさつする / [bei] ⁀³ [kurz] guten (または Guten) *Tag* sagen 《口語》⁀³のところにちょっと立ち寄る / Der *Tag* beginnt (または bricht an). 夜が明ける / Wir haben *Tag* und Nacht gearbeitet. 私たちは日夜働いた / ein Unterschied wie *Tag* und Nacht 著しい相違(←昼間と夜のような) / Man soll den *Tag* nicht vor dem Abend loben. (ﾉｺﾄﾜｻﾞ) 結果を見てから祝え(←夜にならないうちに昼をほめてはいけない).

◇《前置詞とともに》**am** *Tag*[e] 日中に, 明るいうちに / ⁀⁴ **an** den *Tag* bringen 《比》⁀⁴を明るみに出す / **an** den *Tag* kommen 《比》知れ渡る, 明るみに出る / ⁀⁴ **an** den *Tag* legen 《比》⁀⁴を人に示す, 気づかせる / **bei** *Tag*[e] 日中, 明るいうちに / **bis in** den *Tag* hinein schlafen 日が高くなるまで寝ている / **in** den *Tag* hinein leben 漫然と日を送る / **über** (**unter**) *Tag*[e] 《鉱》坑外(坑内)で / unter *Tags* 昼間, 日中 / noch **vor** *Tag* auf‖stehen 夜明け前に起きる / die Nacht⁴ **zum** *Tag* machen 夜通し働く(飲む)(←夜を昼にする) / ⁀⁴ **zu** *Tage* bringen (または fördern) a) (鉱石などを地表に掘り出す, b) 《比》明るみに出す / **zu** *Tage* kommen (または treten) a) (鉱石などが)地表に掘り出される, b) 《比》明るみに出る.

③ 《圏》《雅》(生涯の)ある時期. die *Tage* der Jugend² 青春の日々 / Sie hatte früher auch bessere *Tage*. 彼女にも昔はもっといい時期があった.

④ (特定の)日, 記念日. der *Tag* des Kindes 子供の日 / der *Tag* der [Deutschen] Einheit² [ドイツ]統一の日 (＝10月3日). ⑤ 現代, 今日. die Politik des *Tages* 今日の政治.

▶ **zu⸌tage**

メモ ①「週」は die Woche,「月」は der Monat,「年」は das Jahr
② 一日の区分:「朝」は der Morgen,「午前」は der Vormittag,「正午」は der Mittag,「午後」は der Nachmittag,「夕方」は der Abend,「夜」は die Nacht
③ ..tag のいろいろ: **Alltag** 平日, 日常 / **Arbeitstag** 仕事日, 平日 / **Feiertag** 祝日 / **Festtag** 祭日 / **Geburtstag** 誕生日 / **Gedenktag** 記念日 / **Namenstag** 洗礼名の日 / **Ruhetag** 休業日 / **Urlaubstag** 〔有給〕休暇日 / **Wochentag** ウイークデー / **Zahltag** 支払日

tag=aus [ターク・アオス] 圓《成句的に》*tagaus, tagein* 毎日毎日, 明けても暮れても.

Ta·ge=bau [ターゲ・バオ] 男 –s/–e〔坑〕(履なし)露天掘り. ② 露天掘り採石〔採土〕場.

das **Ta·ge=buch** [ターゲ・ブーフ tá:gə-bu:x] 田 〔単2〕–s/〔複〕..bücher [..ビューヒァァ] 〔3格のみ ..büchern〕① 日記〔帳〕.(英 diary). ein *Tagebuch*[4] führen 日記をつける. ② 日誌;〔海〕業務(航海)日誌. ③〔商〕仕訳(ぶけ)帳.

Ta·ge=dieb [ターゲ・ディープ] 男 –[e]s/–e のらくら者, 怠け者.(女性形: -in).

Ta·ge=geld [ターゲ・ゲルト] 田 –[e]s/–er ①(出張などの)日当;〔履〕(代議士などの)日当. ②(健康保険から支払われる)1日分の給付額.

tag=ein [ターク・アイン] 圓 ☞ *tagaus*

ta·ge=lang [ターゲ・ラング] I 圓 数日間[も], 何日も. Es regnete *tagelang*. 雨が何日も降り続いた. II 形 数日間の.

Ta·ge=lohn [ターゲ・ローン] 男 –[e]s/..löhne 日給, 日当.

Ta·ge=löh·ner [ターゲ・レーナァ] 男 –s/– 日雇い労働者.(女性形: -in).

ta·gen [ターゲン tá:gən] I 圓 (h) 会議を開く;(会議などが)開かれている. Das Gericht *tagt*. 裁判が開かれている. II 非人称 (h)《雅》Es *tagt*. 夜が明ける.

Ta·ge=rei·se [ターゲ・ライゼ] 囡 –/–n ①(昔の:)(馬車などによる)日帰り旅行. ② 1日の旅程.

Ta·ges=an·bruch [ターゲス・アンブルフ] 男 –[e]s/ 夜明け. **bei (vor)** *Tagesanbruch* 夜明けに(夜明け前に).

Ta·ges=ar·beit [ターゲス・アルバイト] 囡 –/–en ① 1日の仕事. ② 毎日(日常)の仕事.

Ta·ges=er·eig·nis [ターゲス・エァアイグニス] 田 ..nisses/..nisse その日の主な出来事.

Ta·ges=ge·richt [ターゲス・ゲリヒト] 田 –[e]s/–e(レストランなどの)日替わりセット.

Ta·ges=ge·spräch [ターゲス・ゲシュプレーヒ] 田 –[e]s/–e 時の話題, トピック.

Ta·ges=kar·te [ターゲス・カルテ] 囡 –/–n ①(レストランなどの)日替わりセットのメニュー. ② 1日切符, 当日限り通用の乗車券(入場券).

Ta·ges=kas·se [ターゲス・カッセ] 囡 –/–n ①(劇場などの)昼間の切符売場. ② 1日の売上高.

Ta·ges=kurs [ターゲス・クルス] 男 –es/–e〔経〕その日の相場.

Ta·ges=licht [ターゲス・リヒト] 田 –[e]s/ 日光. **bei** *Tageslicht* 明るいうちに, 日中に / das *Tageslicht*[4] scheuen《比》世間をはばかる / **ans** *Tageslicht* **kommen**《比》明るみに出る / 田[4] ans *Tageslicht* bringen《比》田[4]を明るみに出す, 暴露する.

Ta·ges=me·nü [ターゲス・メニュー] 田 –s/–s(レストランなどの)日替わりセット.

Ta·ges=mut·ter [ターゲス・ムッタァ] 囡 –/..mütter 共働きの夫婦などの子供を昼間預かる女性の保育ヘルパー.

Ta·ges=ord·nung [ターゲス・オルドヌング] 囡 –/–en 議事日程;(取りあげるべき)問題. **an der** *Tagesordnung* **sein**《比》(悪いことについて:)日常茶飯事である / **auf die** *Tagesordnung* **setzen** 田[4]を議事日程に組みこむ / **über** 田[4] **zur** *Tagesordnung* **übergehen**《比》田[4]を無視する / **Zur** *Tagesordnung*!(会議などで発言者に警告して:)本題に戻ってください.

Ta·ges=pres·se [ターゲス・プレッセ] 囡 –/(総称として:)日刊新聞.

Ta·ges=schau [ターゲス・シャオ] 囡 –/–en(ドイツ ARD テレビの番組タイトルで:)きょうのニュース.

Ta·ges=sup·pe [ターゲス・ズッペ] 囡 –/–n その日の日替わりスープ.

Ta·ges=zeit [ターゲス・ツァイト] 囡 –/–en(昼間の)うちのある時刻. zu jeder *Tageszeit* 1日のうちいつでも.

Ta·ges=zei·tung [ターゲス・ツァイトゥング] 囡 –/–en 日刊新聞.

ta·ges=wei·se [ターゲ・ヴァイゼ] 圓 1日ずつ, 日割りで.

Ta·ge=werk [ターゲ・ヴェルク] 田 –[e]s/《雅》日々の仕事.

Tag=fal·ter [ターク・ふァるタァ] 男 –s/–〔昆〕(日中に活動する)チョウ(蝶)(= Schmetterling).

tag=hell [ターク・ヘる] 形 ①(日の光で)すっかり明るくなった. ② 白昼のように明るい.

..tä·gig [..テーギヒ ..tɛːɡɪç]〘形容詞をつくる腰尾〙(…日[間]の)例: drei*tägig* (=3-*tägig*) 3日[間]の / halb*tägig* 半日の.

tägl. [テークリヒ]《略》毎日の, 日々の (=*täglich*).

* **täg·lich** [テークリヒ tɛ́ːklɪç] I 形 毎日の, 日々の;(英 daily). die *tägliche* Arbeit 日々の仕事.
II 圓 毎日, 日々. Er kommt *täglich*. 彼は毎日やって来る / eine Medizin[4] dreimal *täglich* ein|nehmen 薬を1日に3回服用する.

..täg·lich [..テークリヒ ..tɛːklɪç]〘形容詞をつくる腰尾〙(…日ごとの(に))例: zwei*täglich* (=2-*täglich*) 2日ごとの(に).

tags [タークス] 圓 ① 昼間に[は], 日中に.(メモ「夜に」は nachts). ②《成句的に》*tags* darauf その翌日 / *tags* zuvor (または davor) その前日

Tag‧schicht [ターク・シヒト] 囡 -/-en (交替制労働の)昼間勤務[員]. (☞『夜間勤務[員]』は Nachtschicht).

tags‧über [タークス・ユーバァ] 副 昼の間ずっと, 日中; 一日中ずっと.

tag‧täg‧lich [ターク・テークりヒ] 形 毎日毎日の, 日々繰り返される.

Tag‧traum [ターク・トラオム] 男 -s/..träume 白日夢.

Tag‧und‧nacht‧glei‧che, Tag-und-Nacht-Glei‧che [ターク・ウント・ナット・グらイヒェ] 囡 -/-n 〔天〕昼夜平分時(春分または秋分). Frühjahrs-*Tagundnachtgleiche* 春分.

die **Ta‧gung** [ターグング tá:gʊŋ] 囡 (単)-/(複)-en (専門家の大規模な)会議, 大会. (英 *conference*). eine *Tagung*[4] ab|halten 会議を開く / an einer *Tagung* über das Thema (または zum Thema) Krebs teil|nehmen 癌(ｶﾞﾝ)をテーマにした会議に参加する. (☞ 類語 Sitzung).

Tai‧fun [タイフーン taɪfú:n] 男 -s/-e 〔気象〕台風.

Tai‧ga [タイガ táɪga] 囡 -/ (地理)(シベリアなどの)タイガ, 針葉樹林地帯.

die **Tail‧le** [タりェ táljə] [ﾌﾗﾝｽ] 囡 (単)-/(複)-n ① ウエスト(胸と腰の間のくびれた部分). (英 *waist*). (☞ Körper 図) Sie hat eine schlanke *Taille*. 彼女はウエストがほっそりしている / ein Kleid[4] auf *Taille* arbeiten 服をウエストにぴったり合わせて作る / 人[4] um die *Taille* fassen 人[4]の腰に手を回す. ② (女性用の)胴衣, ボディス (ディルンドルのブラウスの上に着る袖(ｿﾃﾞ)なしの上衣). (☞ Dirndl 図). per *Taille* gehen (ｳｨｰﾝ) コートなしで出歩く.

Tai‧wan [タイヴァン táɪvan または タイヴァーン] 画 -/ (地名)台湾 (=Formosa).

Ta‧kel [ターケる tá:kəl] 匣 -s/- 〔海〕① 滑車[装置]. ② =Takelage

Ta‧ke‧la‧ge [タケらージェ takəlá:ʒə] 囡 -/-n 〔海〕(帆船の)操帆機構(マスト・帆・索具など).

der **Takt** [タクト tákt] 男 -(e)s/(複)-e (3格のみ -en) ① 〚複 なし〛〔音楽〕拍子; 調子, リズム. (英 *time*). der *Takt* eines Walzers ワルツの拍子 / den *Takt* an|geben (または schlagen) 拍子をとる / aus dem *Takt* kommen a) 調子はずれになる, b) (比) 狼狽(ﾛｳﾊﾞｲ)する / 人[4] aus dem *Takt* bringen (比) 人[4]を狼狽させる / im *Takt* bleiben または den *Takt* halten 拍子をはずさない. ② 〔音楽〕小節. ein paar *Takte*[4] eines Liedes singen 歌の二三小節を歌う / ein paar *Takte*[4] aus|ruhen (比) 少し休憩する. ③ 〔詩学〕タクト(強音部から強音部までの規則的無群). ④ 〔工〕(規則的な)打音; (流れ作業の)工程; (モーターなどの)サイクル, ストローク. ⑤ 〚複 なし〛思いやり, 心づかい.

takt‧fest [タクト・フェスト] 形 〔音楽〕拍子の正確な, (比) 調子の安定した, むらのない.

Takt‧ge‧fühl [タクト・ゲフュール] 匣 -(e)s/ 思いやり, 心づかい.

tak‧tie‧ren[1] [タクティーレン taktí:rən] 自 (h) 拍子をとる.

tak‧tie‧ren[2] [タクティーレン taktí:rən] 自 (h) 策をめぐらす, 巧妙にふるまう.

Tak‧tik [タクティク táktɪk] 囡 -/-en 戦術; 策略, 駆け引き. Strategie und *Taktik* 戦略と戦術 / eine raffinierte *Taktik*[4] an|wenden 抜け目のない策を用いる.

Tak‧ti‧ker [タクティカァ táktɪkər] 男 -s/- 戦術家; 策略家. (女性形: -in).

tak‧tisch [タクティッシュ táktɪʃ] 形 戦術[上]の; 駆け引きの上手な(助言など).

takt‧los [タクト・ろース tákt-lo:s] 形 (比較 taktloser, 最上 taktlosest) 思いやりのない, 心ない, 無礼な, 無神経な. (英 *tactless*). eine *taktlose* Frage 無神経な質問.

Takt‧lo‧sig‧keit [タクト・ローズィヒカイト] 囡 -/-en ① 〚複 なし〛思いやりのなさ, 無礼, 無神経. ② 思いやりのない(無神経な)言動.

Takt‧stock [タクト・シュトック] 男 -(e)s/..stöcke 〔音楽〕指揮棒, タクト.

Takt‧strich [タクト・シュトりヒ] 男 -(e)s/-e 〔音楽〕(楽譜の)小節線.

takt‧voll [タクト・ふォる] 形 思いやりのある, 礼儀をわきまえた, 心配りの行き届いた.

das **Tal** [ターる tá:l] 匣 (単2) -(e)s/(複) Täler [テーらァ] (3格のみ Tälern) ① 谷, 谷間, 渓谷. (英 *valley*). (☞『山』は Berg). ein tiefes *Tal* 深い谷 / auf dem Grund des *Tales* 谷底に / Das Dorf liegt im *Tal*. その村は谷間にある / über Berg und *Tal* wandern 山谷を越えて歩き回る / zu *Tal* fahren (雅) (船で)川を下る. ② 〚複 なし〛(総称として:)谷間の住民.

tal‧ab‧wärts [ターる・アップヴェルツ] 副 谷を下って, 谷川を下って.

Ta‧lar [タらール talá:r] 男 -s/-e (裁判官・弁護士などの)法服; (聖職者の)僧服; (大学教授の)ガウン.

tal‧auf‧wärts [ターる・アオふヴェルツ] 副 谷を上って, 谷川を上って.

das **Ta‧lent** [タれント talént] 匣 (単) -(e)s/(複) -e (3格のみ -en) ① 才能, (天賦の)才. (英 *talent*). musikalisches *Talent* 音楽の才能 / *Talent*[4] für Sprachen haben 語学の才能がある / Sie hat *Talent* zur Schauspielerei. 彼女は演技の才能がある. ② (有能な)人材, タレント. junge *Talente*[4] fördern 若い人材を育成する. ③ タラント, タレント (古代ギリシアの重量・通貨単位).

ta‧len‧tiert [タれンティーァト talentí:rt] 形 才能(素質)のある, 有能な.

ta‧lent‧los [タれント・ろース] 形 才能(素質)のない, 無能な.

ta‧lent‧voll [タれント・ふォる] 形 才能豊かな, 素質のある.

Ta‧ler [ターらァ tá:lər] 男 -s/- ターラー (16-18世紀にドイツで用いられた銀貨).

Tä‧ler [テーらァ] Tal (谷) の 複

Tal‧fahrt [ターる・ふァールト] 囡 -/-en ① 川

下り[の航行]; (登山電車などの)下り. ② 《経》為替相場の下落.

Talg [タるク tálk] 男 –[e]s/(種類:) –e ① 獣脂(牛·羊などの脂肪を溶かしてとった脂). ② 《医》皮脂.

Talg⹀drü·se [タるク·ドリューゼ] 囡 –/–n 《医》[皮]脂腺(ᵗ).

tal·gig [タるギヒ tálgıç] 形 獣脂の; 獣脂のような.

Ta·lis·man [ターリスマン tá:lısman] 男 –s/–e お守り, 護符, マスコット.

Talk [タるク tálk] 男 –[e]s/ 《鉱》滑石.

Tal·kes·sel [タる·ケッセる] 男 –s/– 《地理》(谷の一部が拡大した)釜状の盆地.

Talk⹀show [トーク·ショー] [英] 囡 –/–s トークショー.

Tal·linn [タリン tálın] 田 –s/ 《都市名》タリン (エストニアの首都).

Tal·mi [タるミ tálmi] 田 –s/ ① タルミ金(黄銅系の模造金). ② まがい物, にせ物(装身具など).

Tal·mud [タるムート tálmu:t] 男 –[e]s/–e タルムード(ユダヤ教の教典).

Tal⹀mul·de [ターる·ムるデ] 囡 –/–n 《地理》谷あいの盆地.

Tal⹀soh·le [ターる·ゾーれ] 囡 –/–n ① 《地理》谷底. ② 《比》(景気などの)どん底.

Tal⹀sper·re [ターる·シュペレ] 囡 –/–n ダム, 堰堤(ᵉ̈ⁿ).

tal⹀wärts [ターる·ヴェルツ] 副 谷の方へ.

Ta·ma·ris·ke [タマリスケ tamarískə] 囡 –/–i 《植》ギョリュウ(御柳)属.

Tam·bu·rin [タンブリーン tamburí:n または タン..] 田 –s/–e ① 《音楽》タンバリン. das *Tamburin*⁴ schlagen タンバリンをたたく. ② 《手芸》(円形の)刺しゅう枠.

Tam·pon [タンポン támpon または タンポーン tãpõ:] [꫞] 男 –s/–s ① 《医》タンポン, 止血栓. ② 《美》たたき刷毛(ᵇ̈ᵏ)(銅版画などの染色用).

Tam·po·nie·ren [タンポニーレン tamponí:rən または タン.. tã..] 他 (h) 《医》(傷口などに) タンポンを詰める.

Tam·tam [タム·タム tam-tám または タム..] 田 –s/–s ① 《音楽》どら, ゴング. ② 《腿 なし》《口語》(無用の)大騒ぎ. viel *Tamtam*⁴ um 人·事⁴ machen 人·事⁴のことで騒ぎたてる / mit großem *Tamtam* 仰々しく.

Tand [タント tánt] 男 –[e]s/ くだらない(つまらない)物, がらくた.

Tän·de·lei [テンデらイ tɛndəláı] 囡 –/–en ふざけ, 戯れ; 恋の戯れ, いちゃつき.

tän·deln [テンデるン téndəln] 自 (h) ふざける, 戯れる; いちゃつく.

Tan·dem [タンデム tándɛm] 田 –s/–s ① (縦列座席の)二人乗り自転車, タンデム, (縦並びの)二頭立ての馬車. ② コンビ, 2人組. ③ (互いの言葉を教え合う)外国語相互学習.

tan, tang [タンゲンス] 《記号》《数》タンジェント(= Tangens).

Tang [タング táŋ] 男 –[e]s/–e 《植》海藻.

Tan·gens [タンゲンス táŋgɛns] 男 –/ 《数》タンジェント, 正接(記号: tan, tang, tg).

Tan·gen·te [タンゲンテ taŋgéntə] 囡 –/–n ① 《数》接線; タンジェント. ② バイパス[道路].

tan·gen·ti·al [タンゲンツィアーる taŋgentsiá:l] 形 《数》接線の, 接面の.

tan·gie·ren [タンギーレン taŋgí:rən] 他 (h) ① (人·事⁴に)影響を及ぼす, 関係する, かかわる. ② 《数》(曲線·曲面⁴に1点で)接する.

Tan·go [タンゴ táŋgo] 男 –s/–s タンゴ(2/4 または 4/8拍子のダンス[曲]).

Tank [タンク táŋk] 男 –s/–s (まれに –e) ① (石油·ガソリンなどの)タンク. ② 戦車, タンク.

*****tan·ken** [タンケン táŋkən] (tankte, *hat* ... getankt) 他 (完了 haben) ① (燃料など⁴を)タンクに入れる. (英 tank). Er *hat* 20 Liter Benzin *getankt*. 彼はガソリンを20リットル入れた. ◊ 《目的語なしでも》Hast du schon *getankt*? もうガソリンを入れた? ② (自動車など⁴に)給油する, 燃料を補給する; 《比》(新鮮な空気⁴を)吸い込む den Wagen *tanken* 車に給油する. ◊ 《目的語なしでも》reichlich *tanken* 《俗》しこたま酒を飲む.

Tan·ker [タンカァ táŋkər] 男 –s/– 《海》タンカー.

Tank⹀säu·le [タンク·ゾイれ] 囡 –/–n (ガソリンスタンドの)計量給油器 (= Zapfsäule).

Tank⹀schiff [タンク·シふ] 田 –[e]s/–e = Tanker

die **Tank⹀stel·le** [タンク·シュテれ táŋkʃtɛlə] 囡 (単) –/(複) –n ガソリンスタンド. (英 *gas station*).

tank·te [タンクテ] *tanken (タンクに入れる)の 過去

Tank⹀wa·gen [タンク·ヴァーゲン] 男 –s/– タンクローリー; (鉄道の)タンク車.

Tank⹀wart [タンク·ヴァルト] 男 –[e]s/–e ガソリンスタンドの従業員(給油係). (女性形: –in).

die **Tan·ne** [タンネ tánə] 囡 (単) –/(複) –n ① 《植》モミ, モミの木; 《口語》クリスマスツリー. (英 *fir*). Sie ist schlank wie eine *Tanne*. 彼女はもみの木のようにすらりとしている. ② もみ材.

Tanne

Tan·nen·baum [タンネン·バオム] 男 –[e]s/ ..bäume ① 《口語》もみ[の木] ② クリスマスツリー.

Tan·nen⹀holz [タンネン·ホるツ] 田 –es/ もみ材.

Tan·nen·na·del [タンネン・ナーデる] 囡 -/-n もみの[針]葉.

Tan·nen·wald [タンネン・ヴァるト] 男 -[e]s/..wälder もみの森.

Tan·nen·zap·fen [タンネン・ツァプフェン] 男 -s/- もみの毬果(きゅうか).

Tann·häu·ser [タン・ホイザァ tán-hɔyzər] -s/ 《人名》タンホイザー(1205 ?-1270 ?; 中世ドイツの恋愛詩人. またワーグナーのオペラ『タンホイザー』の題名およびその主人公).

Tan·nin [タニーン taníːn] 田 -s/ 《化》タンニン.

Tan·ta·lus·qua·len [タンタルス・クヴァーれン] 匿 《ギ神》タンタロスの苦しみ(渇望する物が間近にありながらどうしても手に入らない苦しみ); じれったさ, もどかしさ.

**die Tan·te [タンテ tántə]

> おば　Das ist meine *Tante*.
> ダス　イスト　マイネ　タンテ
> こちらは私のおばです.

囡 (単) -/(複) -n ① おば(伯母または叔母), おばさん. (英 aunt). (⇔「おじ」は Onkel). Er wohnt **bei** seiner *Tante*. 彼はおばさんの所に住んでいる. ② 《幼児》(身近な大人の女性:)おばちゃん. ③ 《俗》(軽蔑的に:)ばばあ, おばはん. eine komische *Tante* 変なおばさん.

Tan·te-Em·ma-La·den [タンテ・エンマ・らーデン] 男 -s/..-Läden (小さな)個人商店(セルフサービスの店やスーパーマーケットに対して, おばさんがひとりで店番をしているような店).

Tan·ti·e·me [タンティエーメ tātiéːmə] 囡 -/-n ① 利益配当. ② 《ふつう 匿》著作権使用料, 印税.

der Tanz [タンツ tánts] 男 (単2) -es/(複) Tänze [テンツェ] (3格のみ Tänzen) ① ダンス, 踊り, 舞踏, 舞踊. (英 dance). Volks*tanz* 民族舞踊, ein langsamer *Tanz* ゆっくりとした踊り / einen *Tanz* ein|üben ダンスを習い覚える / ein *Tanz* auf dem Vulkan 《比》危機的状況の中での浮かれた遊び(←火山の上でのダンス) / sich⁴ **im** *Tanz* drehen 踊りながらくるくる回る / Darf ich [Sie] **um** den nächsten *Tanz* bitten? 次のダンスで私と踊っていただけますか / eine Dame⁴ **zum** *Tanz* auf|fordern 女性にダンスを申し込む.
② ダンス曲, 舞曲. die ungarischen *Tänze* ハンガリー舞曲. ③ 《匿 なし》ダンスパーティー, 舞踏会. **zum** *Tanz* gehen ダンスパーティーに行く. ④ 《口語》大騒ぎ, けんか, 口論. einen *Tanz* auf|führen (つまらぬことで)大騒ぎする.

Tanz=abend [タンツ・アーベント] 男 -s/-e ダンスの夕べ, 夜のダンスパーティー.

Tanz=**bein** [タンツ・バイン] 田 《成句的に》das *Tanzbein*⁴ schwingen 《口語・戯》踊りまくる.

Tän·ze [テンツェ] Tanz (ダンス)の 匿.

tän·zeln [テンツェるン tέntsəln] 自 (h, s) ① (h) (馬などが)跳びはねる. ② (s) (…へ/…から)踊るような足取りで行く.

**tan·zen [タンツェン tántsən]

> 踊る　Können Sie *tanzen*?
> ケンネン　ズィー　タンツェン
> あなたは踊れますか.

du tanzt (tanzte, *hat*/*ist*…getanzt) I 自 (完了) haben または sein) ① (h) 踊る, ダンスをする. (英 dance). Sie *tanzt* gut. 彼女はダンスが上手だ / *Lass* uns *tanzen*! 踊ろうよ / *tanzen* gehen ダンスに行く / auf dem Seil *tanzen* 綱渡りをする.
② (h) 《比》(雪片・木の葉などが)舞う; (波・船などが)揺れ動く. Mir *tanzte* alles vor den Augen. 私は目の前がくらくらした.
③ (s) 《方向を表す語句とともに》(…へ/…から)踊りながら進む, 踊り回る. Sie *sind uns* Freie *getanzt*. 《現在完了》彼らは踊りながら戸外へ出て行った(来た) / **durch** die Halle *tanzen* ホールを踊り回る.
II 他 (完了 haben) (あるダンス⁴を)踊る. Walzer⁴ (Tango⁴) *tanzen* ワルツ(タンゴ)を踊る.
III 再帰 *sich*⁴ *tanzen* 踊って[その結果]…になる. *sich*⁴ müde *tanzen* 踊り疲れる.

Tän·zer [テンツァァ tέntsər] 男 -s/- ① (男性の)踊り手, ダンスをしている人; (職業的な)[バレエ]ダンサー. ② (女性の立場から:)ダンスの相手(パートナー).

Tän·ze·rin [テンツェリン tέntsərɪn] 囡 -/..rinnen ① (女性の)踊り手, ダンスをしている人; (職業的な)[バレエ]ダンサー, バレリーナ. ② (男性の立場から:)ダンスの相手(パートナー).

tän·ze·risch [テンツェリッシュ tέntsərɪʃ] 形 踊り(ダンス)の, 踊りに関する; 踊るような.

Tanz=flä·che [タンツ・ふレッヒェ] 囡 -/-n ダンスフロア.

Tanz=**ka·pel·le** [タンツ・カぺレ] 囡 -/-n ダンスミュージックバンド.

Tanz=**kurs** [タンツ・クルス] 男 -es/-e ダンス講習会.

Tanz=**leh·rer** [タンツ・れーラァ] 男 -s/- ダンスの教師. (女性形: -in).

Tanz=**lied** [タンツ・リート] 田 -[e]s/-er 舞踏歌.

Tanz=**lo·kal** [タンツ・ろカール] 田 -[e]s/-e ダンスのできる酒場(レストラン).

Tanz=**mu·sik** [タンツ・ムズィーク] 囡 -/-en ダンス音楽, 舞曲.

Tanz=**schu·le** [タンツ・シューれ] 囡 -/-n ダンス教室(教習所).

Tanz=**stun·de** [タンツ・シュトゥンデ] 囡 -/-n ダンスのレッスン(講習). **in** die *Tanzstunde* gehen ダンスを習いに行く.

tanz·te [タンツテ] *tanzen (踊る)の 過去.

Tanz=tur·nier [タンツ・トゥルニーァ] 田 -s/-e 社交ダンスの競技会.

Tao·is·mus [タオイスムス taoísmus または tau..] 男 -/ 道教(老子の教え).

Ta·pet [タペート tapéːt] 田 《成句的に》**aufs**

Tapet kommen 《口語》話題になる / 圏⁴ aufs *Tapet* bringen 圏⁴を話題にする.

die **Ta·pe·te** [タペーテ tapé:tə] 囡 (単)-/ (複)-n 壁紙, 壁布. eine gemusterte *Tapete* 模様のついた壁紙 / die *Tapeten*⁴ wechseln a) 壁紙を張り替える, b) 《口語》住居(職場)を変える.

Ta·pe·ten⋰tür [タペーテン・テューア] 囡 -/-en 隠しドア(壁と同平面に取り付け, 壁と同じ壁紙を張って壁と見分けがつかないようにしたドア).

Ta·pe·ten⋰wech·sel [タペーテン・ヴェクセる] 男 -s/- 《口語》(気分転換などのために)環境を変えること(転地・転居・転職など).

ta·pe·zie·ren [タペツィーレン tapetsí:rən] 他 (h) ① (圏⁴に)壁紙を張る. ② 《カシラ》(ソファーなど⁴を)張り替える.

Ta·pe·zie·rer [タペツィーラァ tapetsí:rər] 男 -s/- ① 壁紙張り職人. (女性形: -in). ② 《カシラ》いす張り工.

tap·fer [タプふァァ tápfər] I 形 ① **勇敢な**, 勇ましい, 勇気のある. (英 *brave*). Er war ein *tapferer* Soldat. 彼は勇敢な兵士だった / *tapferen* Widerstand leisten 果敢に抵抗する. ② 毅然(きぜん)とした, 気丈な, けなげな. eine *tapfere* Haltung 毅然とした態度.
II 副 《口語》大いに. *tapfer* arbeiten 精を出して働く / *tapfer* essen und trinken 大いに飲み食いする.

Tap·fer·keit [タプふァァカイト] 囡 -/ 勇気, 勇敢; 毅然(きぜん)とした態度.

Ta·pir [ターピーァ tá:pi:r] 男 -s/-e 《動》バク.

tap·pen [タッペン tápən] 自 (s, h) ① (s) (おぼつかない足取りで・手探りしながら)ぺたぺた歩いて行く. im Dunkeln *tappen* 《比》暗中模索する. ② (s, h) ぺたぺた足音をたてる. ③ (h) 【**nach** 圏³ ~】(圏³を)手探りで探す.

täp·pisch [テピッシュ tépiʃ] 形 もたもたした, 不器用な, 鈍臭い.

tap·sen [タプセン tápsən] 自 (h, s) 《口語》=tappen ①, ②

tap·sig [タプスィヒ tápsɪç] 形 《口語》ぶきっちょな, ぎこちない.

Ta·ra [ターラ tá:ra] 囡 -/Taren 《商》風袋(ふうたい); 風袋の目方.

Ta·ran·tel [タランテる tarántəl] 囡 -/-n 《昆》タランチュラ(地中海地方に生息する毒グモの一種). wie von der *Tarantel* gestochen 《比》突然気が狂ったように(←タランチュラに刺されたように).

ta·rie·ren [タリーレン tarí:rən] 他 (h) 《経》(圏⁴の)風袋(ふうたい)の目方を量る.

Ta·rif [タリーふ tarí:f] 男 -s/-e ① 料金, 運賃, 税率, 税額; 料金(運賃・税率)表. die *Tarife* der Post² 郵便料金(表). ② (労働協約による)賃金率(表); 賃金(契約).

Ta·rif⋰au·to·no·mie [タリーふ・アオトノミー] 囡 -/ (国家による介入のない労使交渉による)賃金の自主決定権.

ta·rif·lich [タリーふりヒ] 形 料金(運賃・税率)に関する; 労働協約による(に関する).

Ta·rif⋰lohn [タリーふ・ローン] 男 -[e]s/..löhne 協定(協約)賃金.

Ta·rif⋰part·ner [タリーふ・パルトナァ] 男 -s/- 《ふつう 複》労働協約の当事者, 労使.

Ta·rif⋰run·de [タリーふ・ルンデ] 囡 -/-n 《隠語》(包括的に)賃金交渉.

Ta·rif⋰ver·hand·lung [タリーふ・フェアハンドるング] 囡 -/-en 《ふつう 複》(労資間の)賃金交渉.

Ta·rif⋰ver·trag [タリーふ・フェアトラーク] 男 -[e]s/..träge 労働(賃金)協約.

tar·nen [タルネン tárnən] 他 (h) 《人・物⁴を》カムフラージュ(偽装)する; 《比》(感情・意図など⁴を)隠す. ◇《再帰的に》*sich⁴ als* Reporter *tarnen* 記者になりすます.

Tarn⋰far·be [タルン・ふァルベ] 囡 -/-n 迷彩色; 迷彩塗料.

Tarn⋰kap·pe [タルン・カッペ] 囡 -/《神》隠れみの(着ると姿が見えなくなる).

Tar·nung [タルヌング] 囡 -/-en ① 《複 なし》カムフラージュ, 偽装. ② 偽装用品.

Ta·rock [タロック taróck] 中 -[e]s/-s ① 《トラ》タロット, タロック(3人でするトランプ遊び). ② 《男》タロットカード.

Tar·ta·ros [タルタロス tártarɔs] =Tartarus

Tar·ta·rus [タルタルス tártarus] 男 《ギシ神》タルタロス(地獄の下の底なしの淵).

die **Ta·sche** [タッシェ táʃə]

バッグ; ポケット

Wo ist meine *Tasche*?
ヴォー イスト マイネ タッシェ
私のバッグはどこ?

囡 (単)-/(複)-n ① **バッグ**, かばん. (英 *bag*). eine lederne *Tasche* 革製のかばん / 《人³》die *Tasche*⁴ tragen 《人³》のかばんを持ってあげる / 圏⁴ **in die** *Tasche* packen 圏⁴をバッグに詰める / Meine *Tasche* ist schon voll. 私のかばんはもういっぱいだ.

② **ポケット**. (英 *pocket*). eine tiefe *Tasche* 深いポケット / aufgesetzte *Taschen* am Anzug スーツのパッチポケット / sich³ die *Tasche*⁴ mit Bonbons füllen ポケットにキャンデーを詰める / sich³ die eigenen *Taschen*⁴ füllen 《口語》自分の懐を肥やす / 《人³》die *Taschen*⁴ leeren 《口語》《人³》から金(かね)を巻き上げる.
◇《前置詞とともに》《人³》**auf** der *Tasche* liegen 《口語》《人³》に養ってもらっている / die Hand **aus** der *Tasche* nehmen ポケットから手を出す / Er holte den Schlüssel aus der *Tasche*. 彼はポケットから鍵(かぎ)を取り出した / 圏⁴ **aus** der eigenen (または aus eigener) *Tasche* bezahlen 圏⁴の費用を自腹を切って払う / 《人³》Geld⁴ **aus** der *Tasche* ziehen 《口語》《人³》から金(かね)を巻き上げる / die Hände **in die** *Taschen* stecken a) 両手をポケットに突っ込む, b) 《比》何もしない / Ich habe keinen Cent in

der *Tasche*. 私は1セントの持ち合わせもない / [für⁴] tief in die *Tasche* greifen 《口語》 囮⁴のために大金を払う / 囚⁴ in der *Tasche* haben 《口語》 囚⁴を思いどおりにする / 囮⁴ in der *Tasche* haben 《口語》 囮⁴を確保している (手中におさめている) / 囮⁴ in die eigene *Tasche* arbeiten 《口語》 不当な利益を得る / 囮⁴ in die *Tasche* stecken 囮⁴をポケットに入れる / 囮⁴ in die eigene *Tasche* stecken 囮⁴を着服する. ③ (かばんなどの)ポケット; 《医》囊(のう).

《メモ》..tasche のいろいろ: **Aktentasche** 書類かばん / **Brieftasche** 札入れ, 財布 / **Brusttasche** 胸ポケット / **Einkaufstasche** ショッピングバッグ / **Handtasche** ハンドバッグ / **Hosentasche** ズボンのポケット / **Jackentasche** 上着のポケット / **Reisetasche** 旅行かばん / **Seitentasche** サイドポケット / **Umhängetasche** ショルダーバッグ

Ta·schen⹀aus·ga·be [タッシェン・アオスガーベ] 囡 -/-n (本の)ポケット版.

Ta·schen⹀buch [タッシェン・ブーフ] 囲 -es/..bücher ① ポケット版の本, 新書版. ② 手帳.

Ta·schen⹀dieb [タッシェン・ディープ] 男 -[e]s/-e すり. (女性形: -in). Bitte achten Sie auf *Taschendiebe*! すりにご用心ください.

Ta·schen⹀dieb·stahl [タッシェン・ディープシュタール] 男 -[e]s/..stähle すり[行為].

Ta·schen⹀for·mat [タッシェン・フォルマート] 囲 -[e]s/ (本などの)ポケット版.

Ta·schen⹀geld [タッシェン・ゲルト] 囲 -[e]s/-er 小遣い[銭], ポケットマネー.

Ta·schen⹀lam·pe [タッシェン・ランペ] 囡 -/-n 懐中電灯.

Ta·schen⹀mes·ser [タッシェン・メッサァ] 囲 -s/- ポケットナイフ (小型の折りたたみナイフ).

Ta·schen⹀rech·ner [タッシェン・レヒナァ] 男 -s/- ポケット電卓.

Ta·schen⹀schirm [タッシェン・シルム] 男 -[e]s/-e 折りたたみ傘.

Ta·schen⹀spie·ler [タッシェン・シュピーらァ] 男 -s/- 奇術(手品)師. (女性形: -in).

das **Ta·schen⹀tuch** [タッシェン・トゥーフ táʃən-tuːx] 囲 (単2) -[e]s/(複) ..tücher [..テューヒャァ] (3格のみ ..tüchern) ハンカチ. 《英 handkerchief》. (☞「ドイツ・ミニ情報 36」, 下段). Papier*taschentuch* ティッシュペーパー / ein weißes *Taschentuch* 白いハンカチ.

Ta·schen⹀uhr [タッシェン・ウーァ] 囡 -/-en 懐中時計.

Ta·schen⹀wör·ter·buch [タッシェン・ヴェルタァブーフ] 囲 -[e]s/..bücher 小型辞典, ポケット版の辞典.

Täss·chen [テスヒェン tésçən] 囲 -s/- (Tasse の縮小) 小さなカップ.

die **Tas·se** [タッセ tásə]

> カップ　Eine *Tasse* Kaffee, bitte!
> アイネ　タッセ　カフェ　ビッテ
> コーヒーを一杯ください.

囡 (単) -/(複) -n ① (紅茶・コーヒーなどの)カップ, 茶わん. (☞ *cup*) (☞ trinken 図). Kaffee*tasse* コーヒーカップ / eine *Tasse* aus Kunststoff プラスチック製のカップ / eine *Tasse* Tee 1杯の紅茶 / Milch⁴ in die *Tasse* gießen ミルクをカップにつぐ / eine trübe *Tasse* 《口語》退屈なやつ / Du hast wohl nicht alle *Tassen* im Schrank? 《口語》君は少し頭がおかしいんじゃないか (←戸棚に茶わんがそろっていないのではないか).

② カップと受け皿のセット.

Tas·ta·tur [タスタトゥーァ tastatúːr] 囡 -/-en ① (ピアノなどの)鍵盤(けんばん). ② 《コンピュ》キーボード. (☞ Computer 図). ③ (パイプオルガンなどの)ペダル.

tast·bar [タストバール] 形 《医》触ってわかる, 触知(触診)できる.

ドイツ・ミニ情報 36

ハンカチ Taschentuch

所変われば品変わるで, ハンカチはドイツ人にとっては手を拭くものではなく, 鼻をかむもの. 昔はみな布製のハンカチを使っていたが, 今日ではいわゆるポケットティッシュが広く普及している. さまざまなメーカーのものがあるが, テンポという商標名のものが他を圧倒しており, Papiertaschentuch の代名詞になっているほど. 一回限りで捨てるティッシュではなく, テーブルナプキンぐらいの厚みがあり, 何度も使ってはポケットにしまう人が多い. そう言えば, 森鷗外のエッセイ『大発見』には, ヨーロッパの人々が鼻汁をぬぐうのにハンカチを使う事情が, ユーモラスにつづられている.

ドイツでは, 大きな音をたてて鼻をかむことはエチケットに反することではなく, 我慢して鼻水をずるずるさせていると, かえって失礼になる. そのため, 鼻をかむためのハンカチはあっても, 手を拭くためのハンカチはない. トイレにはたいていエア乾燥器 (またはペーパータオルや巻き取り式のタオル) が備えられているし, 夏でも湿気が少なくあまり汗をかかないので, その必要性を感じないのだろう.

夏も過ごしやすいドイツであるが, 例外的にむし暑い夏でも男性は公式の場では上着を脱がないのがふつう. 暑いからといって勝手に脱ぐのは礼儀に反するので, 日本人男性は注意が必要.

die Tas·te [タステ tástə] 囡 (単) -/(複) -n ① (ピアノ・パソコンなどの)キー, 鍵(%); (パイプオルガンなどの)ペダル. eine *Taste*[4] an|schlagen (ピアノの)キーをたたく / [mächtig] **in** die *Tasten* greifen 力強くピアノを弾く / weiße (schwarze) *Tasten* 白鍵(黒鍵). ② (電話・電卓などの)プッシュボタン.

tas·ten [タステン tástən] du tastest, er tastet (tastete, *hat* ... *ge*… *habt*) **I** 歯 (完了 haben) ① 手探りする. (英) grope). **im** Dunkeln *tasten* 暗闇($%)の中を手探りする / Der Blinde *tastete* **mit** seinem Stock. その盲人はつえで探った. ② 《nach 物[3] ~》《物[3]を》手探りで捜す. Sie *tastete* nach ihrem Schlüssel. 彼女は手探りで鍵(%)を捜した.
II 囲 (完了 haben) ① (物[4]を)触ってみる(確かめる). ② (医) 触診で認める. ② (電文・電話番号[4]を)キー入力する.
III 再帰 (完了 haben) sich[4] *tasten* 《方向を表す語句とともに》(…へ)手探りしながら進む. Wir *tasteten* uns **zur** Tür. 私たちは手探りでドアのところまで進んだ.

Tas·ten⹀in·stru·ment [タステン・インストルメント] 田 -[e]s/-e (音楽) 鍵盤(%%)楽器.

Tas·ten⹀te·le·fon [タステン・テーレフォーン] 田 -s/-e プッシュホン.

Tas·ter [タスタァ tástər] 男 -s/- ① (動) 触角, 触手, 触毛, 触鬚(%½). ② (工) (通信機などの)電鍵, (植字機などの)キーボード. ③ (植字機などの)キーボードオペレーター. (女性形: -in).

tas·te·te [タステテ] tasten (手探りする)の 過去

Tast⹀or·gan [タスト・オルガーン] 田 -s/-e (生・医) 触覚器官.

Tast⹀sinn [タスト・ズィン] 男 -[e]s/ 触覚.

tat [タート] :tun (する)の 過去

die Tat [タート tá:t] 囡 (単) -/(複) -en ① 行為, 行い, 行動. (英) *deed*). eine gute *Tat* 善行 / ein Mann der *Tat*[2] 不言実行の人 / eine große *Tat*[4] vollbringen 偉業を成し遂げる / 熟[4] **in** die *Tat* um|setzen 熟[4]を実行に移す / 熟[3] **mit** Rat und Tat bei|stehen (または zur Seite stehen) 人[3]に助言や助力を惜しまない / **zur** *Tat* schreiten 行動(実行)に移る. ② 犯行. eine *Tat*[4] begehen 犯罪を犯す / 人[4] **auf** frischer *Tat* ertappen 人[4]を現行犯で捕まえる. ③ 《成句的に》**in der** *Tat* 実際, 本当に.

..tät [..テート ..tɛ:t/] 《女性名詞をつくる 接尾》《…な性質・…であること》例: Nervosi*tät* 神経質.

Ta·tar [タタール tatá:r] **I** 男 -en/-en 韃靼(㌰)(タタール)人. (女性形: -in). **II** 田 -s/-[s] 《料理》タルタルステーキ(刻んだ生の牛肉を玉ねぎ・生卵・こしょうなどで味付けしたもの).

Tat⹀be·stand [タート・ベシュタント] 男 -[e]s/ ① 事情, 事態. ② 《法》(犯罪の)構成要件.

tä·te [テーテ] :tun (する)の 接2

Ta·ten⹀drang [ターテン・ドラング] 男 -[e]s/ 行動(活動)意欲, やる気.

ta·ten⹀los [ターテン・ろース] 形 《重大な場面で》何もしない, 活動的でない, 怠惰な.

der Tä·ter [テータァ tɛ:tər] 男 (単2) -s/(複) - (3格のみ -n) 犯人. (英) *culprit*). Wer ist der *Täter*? 犯人はだれだ.

Tä·te·rin [テーテリン tɛ́:tərɪn] 囡 -/..rinnen (女の)犯人.

Tä·ter⹀schaft [テータァシャフト] -/-en ① 犯人であること. ② (㍉) 犯行グループ.

Tat⹀form [タート・ふォルム] 囡 -/ (言) 能動態 (= Aktiv).

tä·tig [テーティヒ tɛ́:tɪç] 形 ① 勤めている, 勤務している; 仕事をしている, 活動中の. Er ist in einer Bank *tätig*. 彼は銀行に勤めている / der in unserer Firma *tätige* Ingenieur 私たちの会社に勤めているエンジニア / Mutter ist noch in der Küche *tätig*. お母さんはまだ台所で仕事をしている / **als** Lehrer *tätig* sein 教師をしている / *tätig* werden《官庁》行動を起こす / Der Vulkan ist noch *tätig*. 《比》その火山はなお活動中である.
② 活動的な, 多忙な. (英) *active*). Sie ist immer *tätig*. 彼女はいつも多忙だ / Heute war ich sehr *tätig*. 《戯》きょうは私はよく働いた. ③ 《付加語としてのみ》積極的な, 行動力を伴った(協力など). *tätige* Mitarbeit 積極的な協力 / *tätige* Reue (法) 積極的悔悟(犯人が思い直して犯行の結果を未然に防ぐこと).

tä·ti·gen [テーティゲン tɛ́:tɪgən] 囲 (h) (商) (商取引・記帳などを).

die Tä·tig·keit [テーティヒカイト tɛ́:tɪçkaɪt] 囡 (単) -/(複) -en ① 活動, 働き, 行動; (職としての)仕事. (英) *activity*). eine politische *Tätigkeit* 政治活動 / sich[3] eine neue *Tätigkeit*[4] suchen 新しい仕事を探す. ② (複 なし) (機械装置などの)働き, 作動, 運転. Die Maschine ist **in (außer)** *Tätigkeit*. その機械は作動している(いない).

Tä·tig·keits⹀be·reich [テーティヒカイツ・ベライヒ] 男 -[e]s/-e 活動範囲, 職務範囲.

Tä·tig·keits⹀wort [テーティヒカイツ・ヴォルト] 田 -[e]s/..wörter (言) 動詞 (=Verb).

Tat⹀kraft [タート・クラふト] 囡 -/ 行動力, 実行力.

tat⹀kräf·tig [タート・クレふティヒ] 形 行動力のある, 実行力のある; 精力的な.

tät·lich [テートリヒ] 形 乱暴な, 暴力的な. gegen 人[4] *tätlich* werden 人[4]に暴力をふるう.

Tät·lich·keit [テートリヒカイト] 囡 -/-en 《ふつう 複》暴力行為, 暴力沙汰.

Tat⹀ort [タート・オルト] 男 -[e]s/-e 犯行現場.

tä·to·wie·ren [テトヴィーレン tɛtoví:rən] 囲 (h) (人・物[4]に)入れ墨(タトゥー)をする. ② (図柄などを[4]...へ)入れ墨で彫る.

Tä·to·wie·rung [テトヴィールング] 囡 -/-en 入れ墨[をすること], タトゥー.

*die Tat⹀sa·che [タート・ザッヘ tá:t-zaxə] 囡 (単) -/(複) -n 事実. (英) *fact*). nackte *Tatsachen* 赤裸々な事実 / Das ist eine unbestreitbare *Tatsache*. それは明白な

Tatsachenbericht

事実だ / eine historische *Tatsache* 歴史上の事実 / Es ist [eine] *Tatsache*, dass……とは事実だ / Das entspricht nicht den *Tatsachen*. それは事実と一致していない / vollendete *Tatsachen*⁴ schaffen 既成事実を作る / die *Tatsachen*⁴ verdrehen 事実を曲げる / den *Tatsachen* ins Auge sehen 現実を直視する / [人⁴] vor vollendete *Tatsachen* stellen [人⁴]に既成事実を突きつける / *Tatsache*!《口語》本当だ.

Tat·sa·chen⁀be·richt [タートザッヘン・ベリヒト] 男 -[e]s/-e 事実の報告, ルポルタージュ.

*****tat⁀säch·lich** [タート・ゼヒリヒ tá:tzɛçlɪç または ..ゼヒリヒ] I 副『文全体にかかって』① 実際に, 本当に.《米 *actually*》. So gibt es *tatsächlich*. そんなことが実際にあるものだ. ② 実際は, 本当のところは. Aber *tatsächlich* heißt sie Petra. しかし本当は彼女はペトラという名前だ / *Tatsächlich*? 本当なの?
II 形『付加語としてのみ』実際の, 現実の, 本当の.《米 *actual*》. die *tatsächlichen* Zustände 実際の状況 / Sein *tatsächlicher* Name ist Rudolf.《口語》彼の本当の名前はルードルフだ.

tät·scheln [テッチェルン tétʃəln] 他 (h)（人·物⁴を）軽くたたいて愛撫（する, なでる.

Tat·te·rich [タッテリヒ tátərɪç] 男 -s/《口語》(指·手の病的な)震え.

tat·te·rig [タッテリヒ tátərɪç] 形《口語》①（指·手などが）ぶるぶる震える. ② よぼよぼの.

Tat⁀ver·dacht [タート・フェアダハト] 男 -[e]s/ 犯罪容疑.

Tat·ze [タッツェ tátsə] 女 -/-n ①（猛獣の）前足. ②《俗》《ふつう軽蔑的に..》ごつい手.

der **Tau**¹ [タオ táu] 男 (単2)-[e]s/《朝》露.《米 *dew*》. Der *Tau* hängt an den Gräsern. 露が草の葉にかかっている.

Tau² [タオ] 中 -[e]s/-e (太い)綱, ロープ.

taub [タオプ] 形 ① 耳の聞こえない, 耳の不自由な;《医》聾（ろう）の.《米 *deaf*》. ein *taubes* Kind 耳の聞こえない子供 / Er ist auf einem Ohr *taub*. 彼は一方の耳が聞こえない / Sie ist **für**《または **gegen**》meine Ratschläge *taub*. 彼女は私の忠告に耳を貸さない. ②（寒さなどのため）感覚を失った, しびれた. Meine Füße waren von der Kälte *taub*. 私は寒さで足の感覚がなくなった. ③ 中身のない, 実(種)の入っていない; 気の抜けた(薬味など). ein *taubes* Ei 無精卵 / *taubes* Gestein《坑》有用鉱物を含んでいない岩石 / Der Pfeffer ist *taub*. このこしょうは風味がない.

die **Tau·be** [タオベ táubə] 女 (単)-/（複)-n ①《鳥》ハト(鳩).《米 *pigeon*》. Brieftaube 伝書鳩 / Die *Tauben* girren《または gurren》. 鳩がくーくー鳴く / Sie ist sanft wie eine *Taube*. 彼女は鳩のように優しい / Die gebratenen *Tauben* fliegen einem nicht ins Maul.（諺）棚からぼた餅は落ちてこない(ーローストされた鳩が口に飛び込んでくることはない). ②《ふつう 複》《政》ハト派［の政治家］.（⇔）「タカ派［の政治家］」は Falke).

tau·ben⁀blau [タオベン・ブラオ] 形 (鳩(はと)の羽のような)淡い灰色みを帯びた青色の.

tau·ben⁀grau [タオベン・グラオ] 形 (鳩(はと)の羽のような)淡い青みを帯びた灰色の.

Tau·ben⁀schlag [タオベン・シュラーク] 男 -[e]s/..schläge 鳩(はと)小屋, 鳩舎（きゅうしゃ）. Bei ihm geht es [zu] wie im *Taubenschlag*.《口語》彼の所にはたえず人が出入りしている.

Tau·be[r] [タオベ (..バァ) táubə (..bər)] 男 女『語尾変化は形容詞と同じ』耳の聞こえない人.

die **Tau·ber**¹ [タオバァ táubər] 女 /『定冠詞とともに』(川名) タウバー川 (マイン川の支流).

Tau·ber² [タオバァ] 男 -s/- =Täuberich

Täu·ber [トイバァ tɔ́ybər] 男 -s/- =Täuberich

Täu·be·rich [トイベリヒ tɔ́ybərɪç] 男 -s/-e 雄鳩(おしどり).

Taub·heit [タオプハイト] 女 -/ ① 耳の聞こえない(遠い)こと;《医》聾（ろう）, 聴覚障害. ② 感覚麻痺（まひ）.

Taub⁀nes·sel [タオプ・ネッセる] 女 -/-n《植》オドリコソウ.

taub⁀stumm [タオプ・シュトゥム] 形 聾唖（ろうあ）の.

Taub⁀stum·me[r] [タオプ・シュトゥンメ (..マァ)] 男 女『語尾変化は形容詞と同じ』聾唖（ろうあ）者.

Tauch⁀boot [タオホ・ボート] 中 -[e]s/-e 潜水艇.

tau·chen [タオヘン táuxən] (tauchte, hat/ist...getaucht) I 自 (定了) haben または sein) ①（h, s）（水中へ）潜る, 潜水する, 水をくぐる;（水中に）沈む, 没する.《米 *dive*》. Die Ente *taucht*. 鴨（かも）が水に潜る / Er kann lange *tauchen*. 彼は長い間水に潜ることができる / Er *hat*（または *ist*）**nach** Muscheln *getaucht*. 彼は貝を取りに潜った / Die Sonne *taucht* **unter** den Horizont.《比》太陽が地平(水平)線のかなたに沈む.
②（s）『方向を表す語句とともに』《雅》（水面へ）浮かび上がる;（水中などから）姿を現す;（……へ）姿を消す. Sie *tauchte* **an** die Oberfläche. 彼女は水面に浮かび上がった / Eine Insel *tauchte* **aus** dem Meer. 一つの島が海中から姿を現した.
II 他 (定了) haben) ①『A⁴ **in** B⁴ ~』(A⁴をB⁴(水などに))浸す, つける, 沈める. die Feder⁴ in die Tinte *tauchen* ペンをインクに浸す / die Hand⁴ ins Wasser *tauchen* 手を水につける. ②『[人⁴] **in**（または **unter**）物⁴ ~』([人⁴]を物⁴(水中などに))突っ込む. Sie *haben* ihn ins（または unter）Wasser *getaucht*. 彼らは彼を無理やりに水に突っ込んだ.

Tau·cher [タオハァ táuxər] 男 -s/- ① 潜水夫; ダイバー.（女性形: -in）. ②《鳥》水に潜る鳥(カイツブリなど).

Tau·cher⁀an·zug [タオハァ・アンツーク] 男 -[e]s/..züge 潜水服.

Tau·cher≠bril·le [タオハァ・ブリレ] 囡 -/-n 潜水用眼鏡.

Tau·cher≠glo·cke [タオハァ・グロッケ] 囡 -/-n (水中作業用の)釣鐘形潜水器.

Tau·cher≠krank·heit [タオハァ・クランクハイト] 囡 -/ (医)潜函(ﾅﾝｶﾝ)病, 潜水病.

Tauch≠sie·der [タオホ・ズィーダァ] 男 -s/- (湯沸し用の)投入式電熱器(電熱線の管を水の中に入れる).

tauch·te [タオホテ] tauchen (潜る)の 過去

tau·en¹ [タオエン táuən] (taute, *hat/ist*...getaut) **I** 自 (完了 sein) (雪・氷などが)解ける. (英) *thaw*. Das Eis *ist getaut*. 現在完了 氷が解けた.
II 非人称 (完了 haben) Es *taut*. 雪解けの陽気だ.
III 他 (完了 haben) (雪・氷など⁴を)解かす. Die Sonne *hat* den Schnee *getaut*. 日ざしで雪が解けた.

tau·en² [タオエン] 非人称 (h) Es *taut*. 露が降りる, 露でぬれている.

Tauf≠be·cken [タオフ・ベッケン] 囲 -s/- (ｷﾘ教) 洗礼盤(=Taufstein).

Tauf≠buch [タオフ・ブーフ] 囲 -[e]s/..bücher (ｷﾘ教) 受洗者名簿(洗礼・結婚・埋葬などの記録).

die **Tau·fe** [タオフェ táufə] 囡 (単)-/(複)-n ① (圈 なし) (ｷﾘ教) 洗礼, 浸礼; 洗礼式 (英) *baptism*. die *Taufe*⁴ empfangen (spenden) 洗礼を受ける(授ける) / ein Kind⁴ **über** die *Taufe* halten 子供の洗礼に立ち会う, 名づけ親になる / 囚⁴ **aus** der *Taufe* heben 〔口語・比〕 囿⁴を設立する. ② (船などの)命名式.

tau·fen [タオフェン táufən] (taufte, *hat*...getauft) 他 (完了 haben) ① (ｷﾘ教) (囚⁴に) 洗礼を施す. (英) *baptize*. Das Kind *ist getauft worden*. 受動・現在完了 その子は洗礼を受けた / sich⁴ *taufen lassen* 洗礼を受ける. Er *taugt* nichts. 彼は役に立たず / *Taugt* der Film etwas? その映画は少しはためになるのか.

② (囚⁴に)洗礼を施して命名する; (囿⁴に)名前をつける. das Kind⁴ **auf den Namen** Hans *taufen* (洗礼式で)その子供をハンスと命名する / Das Schiff *wurde* auf den Namen „Bremen" *getauft*. 受動・過去 その船は「ブレーメン」と命名された.

Täu·fer [トイふァァ tɔ́yfər] 男 -s/- (ｷﾘ教) 洗礼を授ける人. (女性形: -in). Johannes der *Täufer* 洗礼者(バプテスマの)ヨハネ.

Täuf·ling [トイふリング tɔ́yflɪŋ] 男 -s/-e (ｷﾘ教) 受洗者.

Tauf≠na·me [タオフ・ナーメ] 男 -ns (3格・4格-n)/-n 洗礼名, クリスチャンネーム.

Tauf≠pa·te [タオフ・パーテ] 男 -n/-n (洗礼の)代父(ﾀﾞｲﾌ)(洗礼式で名を授ける). (女性形: ..pa-tin).

tau·frisch [タオ・ふリッシュ] 形 ① 朝露にぬれた. ② みずみずしい, 新鮮な, 若々しい; (比) 真新しい.

Tauf≠schein [タオフ・シャイン] 男 -[e]s/-e (ｷﾘ教) 受洗証明書.

Tauf≠stein [タオフ・シュタイン] 男 -[e]s/-e (ｷﾘ教) 洗礼盤.

tauf·te [タオフテ] taufen (洗礼を施す)の 過去

tau·gen [タオゲン táugən] 自 (h) 〔ふつう否定詞とともに〕 ① 〔**für** 人・事⁴ (または **zu** 人・事³)～〕 (人・事⁴(または 人・事³)に)適している, ふさわしい. Das Buch *taugt* nicht für Kinder. その本は子供向きではない / Er *taugt* nicht zu schwerer Arbeit. 彼は重労働には向かない. ② 〔*etwas*⁴, *nichts*⁴ などとともに〕 (…の程度に)役にたつ, あるいは. Er *taugt* nichts. 彼は役にたたず / *Taugt* der Film etwas? その映画は少しはためになるのか.

Tau·ge≠nichts [タオゲ・ニヒツ] 男 -[es]/-e のらくら者, 役たたず, 能なし.

taug·lich [タオクリヒ táuklɪç] 形 ① (ある目的に)適した, 適切な; 役にたつ. Er ist **für** diese Aufgabe (**zu** schwerer Arbeit) nicht *tauglich*. 彼はこの任務(重労働)には向いていない. ② 兵役に適格の.

Taug·lich·keit [タオクリヒカイト] 囡 -/ 適合性, 適切さ; 有効性.

Tau·mel [タオメル táuməl] 男 -s/ ① めまい, 目のくらみ. Ein leichter *Taumel* überkam ihn. 彼は軽いめまいに襲われた. ② 陶酔; 夢中; 狂喜.

tau·me·lig [タオメリヒ táuməlɪç] 形 ① めまいがする; 有頂天の. ② よろめいている.

tau·meln [タオメルン táuməln] 自 (s, h) ① (s, h) よろめく, ふらふらする; (ちょうなどが)ひらひら飛ぶ. **vor** Müdigkeit *taumeln* 疲労のあまり足がふらつく. ② (s) (…へ)よろめきながら歩いて行く; (ちょうなどが…へ)ひらひら飛んで行く. **von** Blüte **zu** Blüte *taumeln* (ちょうが)花から花へと舞う. (ﾙｰﾄﾞ 類語 schwanken).

der **Tau·nus** [タオヌス táunʊs] 男 〔定冠詞とともに〕 (山名) タウヌス山地(ドイツ中西部: ｺﾞ 地図 D-3).

Tau≠punkt [タオ・プンクト] 男 -[e]s/-e (物) 露点.

der **Tausch** [タオシュ táʊʃ] 男 (単)-[e]s/(複)-e (3格のみ -en) 〔ふつう 単〕 交換; 交易. (英) *exchange*). einen guten *Tausch* machen 有利な交換をする / 囿⁴ **durch** *Tausch* erwerben 囿⁴を交換によって手に入れる / A⁴ **im** *Tausch* **für** (または gegen) B⁴ erhalten B⁴と引き換えに A⁴を手に入れる / B⁴ **zum** *Tausch* an|bieten 代償として B⁴を提供する.

tau·schen [タオシェン táuʃən] (tauschte, *hat*...getauscht) **I** 他 (完了 haben) (英) *exchange*) ① 交換する, 取り替える. Briefmarken⁴ *tauschen* 切手の交換をする / Wir *tauschten* unsere Plätze. 私たちは席を替わった / A⁴ **gegen** B⁴ *tauschen* A⁴を B⁴と交換する(交替させる) / **mit** 囚³ 囿⁴ *tauschen* 囚³と囿⁴を交換する. (ｺﾞ 類語 wechseln). ◇〔目的語なしでも〕 *Wollen* wir *tauschen*? (席・仕事などを)替わりましょうか. ② (視線・あいさつなど⁴を)交わす. Küsse⁴ *tauschen* キスを交わす.
II 自 (完了 haben) ① [**mit** 囿³ ～] (囿³を)

互いに交換する. Sie *tauschten* mit den Plätzen. 彼らは席を替わった. ② 〖**mit** 〔人〕³ ～〗(〔人〕³と)立場(役割)を交替する. mit einem Kollegen *tauschen* 同僚に代わってもらう / Ich möchte nicht mit ihm *tauschen*. 私は彼の立場にはなりたくない.

täu·schen [トイシェン tɔ́yʃən] (täuschte, hat…getäuscht) **I** 他 (完了 haben) 〔人〕⁴を**だます**, 欺く; (信頼など⁴を)裏切る. (英 deceive). Er *hat* uns *getäuscht*. 彼は私たちをだました / Wenn mich mein Gedächtnis nicht *täuscht*, … 私の記憶違いでなければ, … / Er lässt sich⁴ leicht *täuschen*. 彼はすぐだまされる. ◇〖目的語なしでも〗Der Schein *täuscht*. 見かけは当てにならない.
II 自 (完了 haben) (スポ) フェイントをかける.
III 再帰 (完了 haben) *sich*⁴ *täuschen* **思い違いをする**, 勘違いする. Wenn ich *mich* nicht *täusche*, … 私の思い違いでなければ, … / sich⁴ **in** 〔人〕³ *täuschen* 〔人〕³を思い違いする ⇒ Ich *habe mich* im Datum *getäuscht*. 私は日にちを間違っていた / sich⁴ in 〔人〕³ *täuschen* 〔人〕³を見そこなう / sich⁴ **über** 〔事〕⁴ *täuschen* 〔事〕⁴のことで判断を誤る.

täu·schend [トイシェント] **I** täuschen (だます)の 現分 **II** 形 見間違うほどの, そっくりの. Sie ist ihrer Mutter³ *täuschend* ähnlich. 彼女は見間違うほど母親に似ている.

Tausch⸗ge·schäft [タオシュ・ゲシェふト] 中 -[e]s/-e 物々交換[の取引].

Tausch⸗han·del [タオシュ・ハンデる] 男 -s/ 《商》バーター貿易.

Tausch⸗ob·jekt [タオシュ・オピェクト] 中 -[e]s/-e 交換物.

tausch·te [タオシュテ] tauschen (交換する)の 過去

täusch·te [トイシュテ] täuschen (だます)の 過去

die **Täu·schung** [トイシュング tɔ́yʃʊŋ] 女 (単) -/(複) -en ① だます(欺く)こと, 詐欺, ペてん. (英 deception). **auf** eine *Täuschung* herein|fallen ペてんにかかる. ② 思い違い, 錯覚. eine optische *Täuschung* 目の錯覚 / sich⁴ einer *Täuschung*³ hin|geben 思い違いをする. ③ (スポ) フェイント.

Täu·schungs⸗ma·nö·ver [トイシュングス・マネーヴァァ] 中 -s/- 偽装工作.

Tausch⸗wert [タオシュ・ヴェーァト] 男 -[e]s/-e 交換価値.

***tau·send** [タオゼント táʊzənt] 数 〖基数; 無語尾で〗① **千 (1,000) [の]**. (英 *thousand*). *tausend* Menschen 千人の人 / Ich wette *tausend* zu (または gegen) eins, dass…《口語》…はまったく確かなことだ(←1,000対1で賭けてもいい).
② 《口語》数千もの, 非常に多くの. *tausend* und aber*tausend* (または *Tausend* und Aber*tausend*) 幾千もの / vor *tausend* Jahren 大昔に / *Tausend* Dank! (親しい人に:)ほんとうにありがとう / *Tausend* Grüße! (手紙の結びで:)くれぐれもよろしく.

das **Tau·send**¹ [タオゼント táʊzənt] **I** 中 (単) -s/(複) -e (3格のみ -en) または (複) - ① 〖複 -〗(数量の単位として:)**千**, 1,000 (略: Tsd.). das erste *Tausend* der Auflage² この版の最初の 1,000 部 / fünf vom *Tausend* 5パーミル (略: 5. v. T.).
② 〖複 -e〗数千, 多数. *Tausende* (または *tausende*) armer Menschen² 何千という貧しい人々 / *Tausende* (または *tausende*) von Menschen 何千もの人々 / *Tausend* und Aber*tausend* (または *tausend* und aber*tausend*) Ameisen 幾千匹ものあり / Die Kosten gehen **in** die *Tausende* (または *tausende*). 《口語》費用は数千ユーロに達する / **zu** *Tausenden* (または *tausenden*) sterben 何千人となく死ぬ.

Tau·send² [タオゼント] 女 -/-en (数字の) 1,000.

Tau·sen·der [タオゼンダァ táʊzəndər] 男 -s/- ① (数) 1,000 の位の数; 1,000 がつく数 (2000, 3000 など). ② 海抜 1,000 メートルを越える山. ③ 《口語》[旧] 1,000 マルク紙幣.

tau·sen·der·lei [タオゼンダァらイ táʊzəndərláɪ] 形 〖無語尾で〗《口語》1,000 種[類]の, 1,000 通りの; 種々雑多の.

tau·send⸗fach [タオゼント・ふァッハ] 形 1,000 倍の.

Tau·send⸗fü·ßer [タオゼント・ふューサァ] 男 -s/- (動) ムカデ, ヤスデ(多足類).

Tau·send⸗füß·ler [タオゼント・ふュースらァ] 男 -s/- =Tausendfüßer

tau·send⸗mal [タオゼント・マーる] 副 ① 1,000 度, 1,000 回; 1,000 倍. ② 《口語》幾度となく, 重ね重ね; はるかに. Ich bitte *tausendmal* um Verzeihung! 重重にもおわび申し上げます.

tau·send⸗ma·lig [タオゼント・マーリヒ] 形 〖付加語としてのみ〗1,000 回(度)の; 1,000 倍の.

Tau·send⸗sa·sa [タオゼント・サッサ] 男 -s/-[s] 《口語・戯》何でもこなす人.

Tau·send⸗sass·sa [タオゼント・サッサ] 男 -s/-[s] =Tausendsasa

tau·sendst [タオゼンツト táʊzəntst] 数 〖序数〗第 1,000 [番目]の.

tau·sends·tel [タオゼンツテる táʊzəntstəl] 数 〖分数; 無語尾で〗1,000 分の 1 の.

Tau·sends·tel [タオゼンツテる] 中 (スイ: 男) -s/- 1,000 分の 1.

tau·send⸗und·ein [タオゼント・ウント・アイン] 数 〖基数〗1,001 [の]. „*Tausendundeine* Nacht" 『千一夜物語』.

tau·te [タオテ] tauen (解ける)の 過去

Tau·to·lo·gie [タオトろギー tautologí:] 女 -/-n …ギーエン 《修》同義語(類語)反復, トートロジー (例: ein alter Greis 年老いた老人).

tau·to·lo·gisch [タオトろーギッシュ tautoló:gɪʃ] 形 《修》同義語(類語)反復の.

Tau⸗trop·fen [タオ・トロプふェン] 男 -s/- 露

[の滴].

Tau⸗werk [タオ・ヴェルク] 田 -[e]s/ (船の)索具, 綱, ロープ.

Tau⸗wet·ter [タオ・ヴェッタァ] 田 -s/ 雪解けの陽気. 《比》(政治)雪解け, 緊張緩和.

Tau⸗zie·hen [タオ・ツィーエン] 田 -s/ 綱引き. 《比》つば競り合い.

Ta·ver·ne [タヴェルネ tavérnə] 囡 -/-n (イタリア風の)飲食店, 居酒屋.

Ta·xa·me·ter [タクサメータァ taksamé:tər] 田 男 -s/- (タクシーの)メーター.

Ta·xa·tor [タクサートァ taksá:tɔr] 男 -s/-en [..サトーレン]《経》価格査定人(鑑定士). (女性形: -in).

Ta·xe [タクセ táksə] 囡 -/-n ① [公定]料金, [規定]使用料. ② 査定(見積り)価格. ③ タクシー (=Taxi).

***das* Ta·xi** [タクスィ táksi]

タクシー Nehmen wir ein *Taxi*!
ネーメン ヴィァ アイン タクスィ
タクシーに乗りましょう.

田 (ㅈ:男も) (単2) -s/(複) -s タクシー. 《英》*taxi*). Funk*taxi* 無線タクシー / ein *Taxi*⁴ bestellen タクシーを予約する / [sich³] ein *Taxi*⁴ nehmen タクシーに乗る / *Taxi*⁴ fahren a) タクシーの運転手をしている, b) タクシーで行く / Sie fahren **mit** dem *Taxi*. 彼らはタクシーで行く / Bitte rufen Sie mir ein *Taxi*! タクシーを1台呼んでください.

ta·xie·ren [タクスィーレン taksí:rən] 他 (h) ① 《口語》(人・物⁴の)大きさ・年齢・重さなどを)見積もる, (物⁴の)価値を査定する. ② 《口語》(人・物⁴を吟味するように)じろじろ見る, 品定めする.

Ta·xie·rung [タクスィールング] 囡 -/-en 見積り, 査定, 評価.

Ta·xi⸗fah·rer [タクスィ・ファーラァ] 男 -s/- タクシー運転手. (女性形: -in).

Ta·xi⸗stand [タクスィ・シュタント] 男 -[e]s/ ..stände タクシー乗り場.

Ta·xus [タクスス táksus] 男 -/-《植》イチイ.

Tax⸗wert [タクス・ヴェーァト] 男 -[e]s/-e 査定(見積り)価格.

Tb¹ [テー・ベー]《化・記号》テルビウム (=Terbium).

Tb² [テー・ベー]《略》結核 (=Tuberkulose).

Tbc [テー・ベー・ツェー]《略》=Tb²

Tc [テー・ツェー]《化・記号》テクネチウム (=Technetium).

Te [テー・エー]《化・記号》テルル (=Tellur).

Teak⸗holz [ティーク・ホルツ] 田 -es/..hölzer チーク材.

Team [ティーム tí:m] [英] 田 -s/-s (スポーツの)チーム; 研究班, 作業グループ. in einem *Team* arbeiten チームの一員として仕事をする.

Team⸗ar·beit [ティーム・アルバイト] 囡 -/ 共同作業(研究).

Team⸗geist [ティーム・ガイスト] 男 -es/ チームスピリット, チームの連帯感.

Team⸗work [ティーム・ヴェーァク] [英] 田 -s/ 共同作業(研究).

die **Tech·nik** [テヒニク tέçnik] 囡 (単) -/ (複) -en ① 《複 なし》科学技術, テクノロジー, 工学. 《英》 technology》. Wir leben im Zeitalter der *Technik*. われわれは科学技術の時代に生きている.
② [専門]技術; (芸術・スポーツなどの)手法, 技法, テクニック. 《英》 technique》 die *Technik*⁴ des Eiskunstlaufs beherrschen フィギュアスケートの技術をマスターする. ③ 《複 なし》(総称として:)生産(機械)設備. ④ 《複 なし》(機械・器具の)メカニズム. ⑤ 《複 なし》技術スタッフ. ⑥ 《ｽﾗﾝｸﾞ》工業大学.

der **Tech·ni·ker** [テヒニカァ tέçnikər] 男 (単2) -s/(複) - (3格のみ -n) ① 技術者, 技師; 工学者. 《英》engineer》. Elektro*techniker* 電気技術者. ② (芸術・スポーツの)技巧家, テクニシャン.

Tech·ni·ke·rin [テヒニケリン tέçnikərin] 囡 -/..rinnen (女性の)技術者, 技師.

Tech·ni·kum [テヒニクム tέçnikum] 田 -s/ ..nika (または ..niken) 工業専門学校.

***tech·nisch** [テヒニッシュ tέçniʃ] 形 ① 科学技術の, テクノロジーの, 工学の. 《英》 technological》. das *technische* Zeitalter 科学技術時代 / *technische* Hochschule 工業(工科)大学 (略: TH) / eine *technische* Universität (幅広い専攻分野を持つ)工業[総合]大学 (略: TU).
② 技術的な, テクニックの. 《英》technical》. *technische* Schwierigkeiten 技術的な困難 / aus *technischen* Gründen 技術上の理由から / Er ist *technisch* begabt. 彼は技術的に優れた才能がある.

tech·ni·sie·ren [テヒニズィーレン tεçnizí:rən] 他 (h) 機械化(工業化)する.

Tech·ni·sie·rung [テヒニズィールング] 囡 -/-en 機械化, 工業化.

Tech·no [テクノ tékno] [英] 田 男 -s/ テクノ (小刻みで激しいリズムを特徴とする電子音楽).

Tech·no·krat [テヒノクラート tεçnokrá:t] 男 -en/-en ① テクノクラート. (女性形: -in). ② (軽蔑的に:)技術万能主義者.

Tech·no·kra·tie [テヒノクラティー tεçnokratí:] 囡 -/ ① テクノクラシー. ② (軽蔑的に:)技術万能主義.

tech·no·kra·tisch [テヒノクラーティッシュ tεçnokrá:tiʃ] 形 ① テクノクラシーの. ② (軽蔑的に:)技術万能主義の.

Tech·no·lo·gie [テヒノろギー tεçnologi:] 囡 -/-n [..ギーエン] テクノロジー, 科学(工業)技術; 応用科学.

tech·no·lo·gisch [テヒノローギッシュ tεçnoló:gɪʃ] 形 テクノロジーの, 科学(工業)技術[上]の; 応用科学的な.

Tech·tel⁼mech·tel [テヒテル・メヒテる] 中 -s/- 情事, 戯れの恋.

Ted·dy [テッディ tédi] 男 -s/-s ＝*Teddy*bär

Ted·dy⁼bär [テッディ・ベーア] 男 -en/-en 熊のぬいぐるみ, テディベア.

＊*der* **Tee** [テー té:]

> 紅茶　Ich trinke morgens *Tee*.
> イヒ トリンケ モルゲンス テー
> 私は朝は紅茶を飲みます.

男 (単2) -s/(種類を表すときのみ: 複) -s 《英 tea》
① 紅茶 (＝schwarzer *Tee*); 茶(の木); 茶葉. grüner *Tee* 緑茶 / japanischer *Tee* 日本茶 / starker *Tee* 濃いお茶 / ein Glas *Tee*⁴ trinken 1杯の紅茶を飲む / *Tee*⁴ kochen (machen) 茶を沸かす(いれる) / *Tee* mit Zitrone レモンティー / Möchten Sie noch eine Tasse *Tee*? 紅茶をもう1杯いかがですか / Abwarten und *Tee* trinken!《口語》まあ落ち着け (←せんじ茶が十分に出るまで待て).
② お茶の会. einen *Tee* geben ティーパーティーを開く / 人⁴ zum *Tee* ein|laden 人⁴をお茶に招待する.

TEE [テー・エー・エー]《略》男 -(s)/-(s) [旧]ヨーロッパ国際特急列車 (＝Trans-Europ-Express) (1987年に廃止. Eurocityzug の前身).

Tee⁼beu·tel [テー・ボイテる] 男 -s/- ティーバッグ.

Tee⁼blatt [テー・ブらット] 中 -(e)s/..blätter《ふつう複》茶の葉.

Tee⁼ei, Tee-Ei [テー・アイ] 中 -(e)s/-er ティーエッグストレーナー, 茶こし球(卵形で中に紅茶の葉を入れて熱湯にひたす). (☞ trinken 図).

Tee⁼ge·bäck [テー・ゲベック] 中 -(e)s/ (お茶菓子の), ビスケット.

Tee⁼kan·ne [テー・カンネ] 女 -/-n ティーポット, きゅうす.

Tee⁼kes·sel [テー・ケッセる] 男 -s/- 湯沸かし, やかん.

Tee⁼löf·fel [テー・れッふェる] 男 -s/- ① ティースプーン, 茶さじ. ② 茶さじ1杯の量. ein *Teelöffel* Salz ティースプーン1杯の塩.

Teen·ager [ティーネーチャァ tíːneːdʒɐr]《英》男 -s/- ティーンエージャー (13～19歳の少年少女). (女性形: -in). (☞ 類語 Jugendliche[r]).

Teer [テーァ téːr] 男 -(e)s/(種類:) -e タール(石炭・木材などから採る).

tee·ren [テーレン téːrən] 他 (h) ① (物⁴に)タールを塗る. ② (道路など⁴を)タールで舗装する.

Teer⁼pap·pe [テーァ・パッペ] 女 -/-n (屋根ふき用の)タール紙.

Tee⁼ser·vice [テー・ゼルヴィース] 中 -(s) [..ヴィース (..セス)]/- ティーセット, 茶器セット.

Tee⁼sieb [テー・ズィーフ] 中 -(e)s/-e 茶こし.

Tee⁼stu·be [テー・シュトゥーベ] 女 -/-n 喫茶店, ティールーム.

Tee⁼tas·se [テー・タッセ] 女 -/-n ティーカップ.

Tee⁼wa·gen [テー・ヴァーゲン] 男 -s/- ティーワゴン(茶道具・飲食物を入れて運ぶ車).

Te·he·ran [テーヘラーン téːhɑrɑːn または テヘラーン] 中 -s/《都市名》テヘラン(イランの首都).

der **Teich** [タイヒ táɪç] 男 (単2) -(e)s/(複) -e (3格のみ -en) 池; 小さな湖(沼); 貯水池. (英 pond). im *Teich* baden 池で泳ぐ / über den Großen *Teich* fahren《口語・戯》海を渡る(大西洋を越えてアメリカへ).

Teich⁼ro·se [タイヒ・ローゼ] 女 -/-n《植》スイレン(水蓮).

der **Teig** [タイク táɪk] 男 (単2) -(e)s/(複) -e (3格のみ -en) (パン・ケーキなどの)生地. (英 dough). den *Teig* kneten 生地をこねる / den *Teig* mit Hefe an|setzen イーストを混ぜて生地をつくる.

tei·gig [タイギヒ táɪgɪç] 形 ① (パン・菓子などが)生焼けの. ② (パン生地のように)ぶよぶよの; 白くむくんだような(顔など). ③ 練り粉だらけの(手など).

Teig⁼wa·re [タイク・ヴァーレ] 女 -/-n《ふつう複》パスタ(めん)類.

＊*der* **Teil**¹ [タイる táɪl] 男 (単2) -(e)s/(複) -e (3格のみ -en) ① 部分, (全体の)一部. (英 part). der obere (untere) *Teil* des Hauses 家屋の上部(下部) / der größte *Teil* der Arbeit² 仕事の大部分 / der südliche *Teil* des Landes 国の南部地区 / der zweite *Teil* des „Faust" 『ファウスト』第2部 / Ein wesentlicher *Teil* fehlt. 重要な部分が欠けている / Der fünfte *Teil* von fünfzig ist zehn. 50の5分の1は10だ / ein Roman in drei *Teilen* 3部構成の小説 /物⁴ in vier *Teile* teilen 物⁴を4つの部分に分ける / zum *Teil* 部分的には, 一部は, いくぶん (略: z. T.) / zum *Teil*..., zum *Teil* ～ 一部は…, 一部は～ / zum größten *Teil* 大部分[は], ほとんど.
② (相対する)一方の側, 《法》当事者. der gebende *Teil* 与える側 / der klagende (schuldige) *Teil* 原告(被告)側 / Man muss beide *Teile* hören. 双方の言い分を聞かなければならない.

Teil² [タイる] 男中 -(e)s/-e 分け前, 割当分, 分担分 (＝Anteil). (英 share). Jeder bekommt sein[en] *Teil*. a) だれもが分け前をもらう, b)《比》だれもが罰(報い)を受ける / Ich habe mir mein *Teil* gedacht.《比》(口には出さないが)私も私なりに考えた / ich für mein[en] *Teil* 私としては / Die Kinder erbten zu gleichen *Teilen*. 子供たちは均等に財産を相続した.

Teil³ [タイる] 中 -(e)s/-e (機械などの)部品, パーツ. die einzelnen *Teile* des Motors エンジンの個々のパーツ / ein gut *Teil* かなり[の部分], たくさん.

《⇨》 ..teil のいろいろ: **Bestandteil** 構成要素 / **Bruchteil** 小片 / **Einzelteil** 個々の部分 / **Erdteil** 大陸 / **Ersatzteil** スペアパーツ / **Fertigteil** プ

レハブの完成部品 / **Hauptteil** 主要部分 / **Körperteil** 肢体 / **Oberteil** 上部 / **Stadtteil** 市区 / **Unterteil** 下部

teil･bar [タイるバール] 形 ① 分けられる, 可分の. ② 《数》割り切れる.

Teil╴be･trag [タイる･ベトラーク] 男 -[e]s/..träge (総額のうちの)一部金額.

Teil･chen [タイるヒェン táilçən] 中 -s/- (Teil の縮小) ① 小部分; 小さな部品. ② 《物》微粒子, 素粒子 (＝Elementar*teilchen*).

***tei･len** [タイれン táilən] (teilte, *hat*...geteilt) I 他 《完了》haben) ① 《人･物⁴を》分ける, 分割する; 二分する;《数》割る. 《英》*divide*). ein Land⁴ *teilen* 国土を分割する / Der Vorhang *teilt* das Zimmer. カーテンが部屋を二つに仕切っている / die Schüler⁴ **in** drei Gruppen *teilen* 生徒たちを3グループに分ける / einen Apfel in vier Stücke *teilen* りんごを四つに割る. ◇《過去分詞の形で》15 geteilt **durch** 3 ist 5. 15割る3は5 / Wir waren *geteilter* Meinung². 私たちは意見が分かれていた.

② 分配する; 分け与える. die Beute⁴ *teilen* 獲物を山分けする / Er *hat* sein Brot **mit** mir geteilt. 彼はパンを私に分けてくれた / Wir *teilten* die Äpfel **unter** uns. 私たちはりんごを分け合った / Sie *teilten* sich³ die Kirschen. 彼らはさくらんぼを分け合った. ◇《目的語なしでも》Er *teilt* nicht gern. 彼はけちだ(←分け与えたがらない).

③ 《物⁴ **mit** 《人³~》《物⁴を人³と》共用する. Ich *teile* das Zimmer mit meinem Bruder. 私は兄(弟)と部屋を共用している.

④ (考え･運命など⁴を)共有する, 共にする. Ich *teile* seine Ansicht nicht. 私は彼とは意見が違う / Sie *haben* Freude und Leid miteinander *geteilt*. 彼らは苦楽を共にした.

II 再帰 《完了》haben) ① (道･集団などが)分かれる; (細胞が)分裂する. Der Weg *teilt sich* hier. 道はここで分かれている / Die Schüler *teilten sich* **in** zwei Gruppen. 生徒たちは二つのグループに分かれた / In diesem Punkt *teilen sich* die Meinungen. 《比》この点で意見が分かれている.

② 《*sich* **in** 物･事⁴ ~》《雅》《物⁴を》分け合う; (物⁴を)分担する. Wir *teilten uns* **in** den Gewinn. 私たちは利益を分け合った / Ich *teile* mich **mit** ihm in die Arbeit. 私は仕事を彼と分担する.
◇☞ **geteilt**

Tei･ler [タイらァ táilɐr] 男 -s/- 《数》除数, 約数. der größte gemeinsame *Teiler* 最大公約数.

Teil╴er･folg [タイる･エァふォるク] 男 -[e]s/-e 部分的成功(成果).

Teil╴ge･biet [タイる･ゲビート] 中 -[e]s/-e (ひとつの学問体系の中の)[個別]分野, 一部門.

teil･ge･nom･men [タイる･ゲノメン] ＊**teil|nehmen** (参加する)の 過分

teil|ha･ben* [タイる･ハーベン táil-hà:bən] 自

(h) 《**an** 物³ ~》(物³に)関与(参加)している;(物³を)共にする. an seiner Freude *teilhaben* 彼と喜びを分かち合う.

Teil･ha･ber [タイる･ハーバァ táil-ha:bɐr] 男 -s/- 《経》(会社などへの)出資者, 共同経営者. (女性形: -in).

teil･haf･tig [タイる･ハふティヒ táil-haftıç] 形 《成句的に》[物² *teilhaftig* werden 《雅》物²に恵まれる, 物²(栄華など)を受ける.

..tei･lig [..タイりヒ ..tailıç] 《形容詞をつくる接尾》(…の部分からなる) 例: dreiteilig (＝3-teilig) 3部[分]からなる.

die **Teil･nah･me** [タイる･ナーメ táil-na:mə] 女 (単) - ① 参加, 加入; 出席; 関与, 《英》*participation*). die Teilnahme **am** Kurs 講習会への参加 / Teilnahme am Verbrechen 犯罪への関与. ② 関心, 興味. mit *Teilnahme* 関心をもって, 興味深く. ③ 《雅》同情, 弔意. 《人³ herzlichste *Teilnahme*⁴ aus|sprechen 人³に心からのお悔やみを述べる.

teil･nah･me╴be･rech･tigt [タイるナーメ･ベレヒティヒト] 形 参加(出場)資格のある.

teil･nahms╴los [タイるナームス･ろース] 形 無関心な, 興味のなさそうな, 冷淡な.

Teil･nahms╴lo･sig･keit [タイるナームス･ろージヒカイト] 女 -/ 無関心, 冷淡.

teil･nahms╴voll [タイるナームス･ふォる] 形 [大いに]関心を示した; 同情深い, 思いやりのある.

****teil|neh･men*** [タイる･ネーメン táil-nè:mən] du nimmst..., teil, er nimmt...teil (nahm...teil, *hat*...teilgenommen) 自 《完了》haben) ① 《**an** 物³ ~》(物³に)参加する, 加わる, 出席する. 《英》*take part in*). Ich *nehme* an der Reise *teil*. 私はこの旅行に参加します / an einem Seminar (einem Wettbewerb) *teilnehmen* ゼミに出席する(競技会に出場する).

② 《**an** 物³ ~》(物³に)共感(関心)を寄せる. Er *nahm* an meinem Schmerz *teil*. 彼は私と悲しみを分かち合ってくれた. ◇《現在分詞の形で》*teilnehmende* Worte いたわりの言葉.

類語 teil|nehmen:「参加する」という意味で最も一般的な語. **sich⁴ beteiligen**(催し･事業などに[正式な]メンバーとして)参加する. Er hat *sich* an der Expedition *beteiligt*. 彼はその探検に参加した. **mit|machen**:(他の人につき合う意味で)参加する. Ich *mache* den Ausflug *mit*. 私もハイキングに参加した.

der **Teil･neh･mer** [タイる･ネーマァ táil-ne:mɐr] 男 (単) -s/(複) - (3格のみ -n) ① 参加者, 出席者; 出場者 《参 *participant*) eine Versammlung von 50 *Teilnehmern* 参加者50人の集会. (注 Teilnehmerinnen und Teilnehmer(男女の参加者たち)の代わりに, Teilnehmende が用いられることがある). ② (電話などの)加入者.

Teil･neh･me･rin [タイる･ネーメリン táil-ne:mərın] 女 -/..rinnen (女性の)参加者, 出席者.

teils [タイるス táils] 副 部分的に, 一部は. 《英》*partly*). Er hat *teils* Recht. 彼の言うこ

とは部分的には正しい / *teils* ..., *teils* ~ 一部は ..., 一部は~ ⇒ Ich habe meine Reise *teils* mit dem Zug, *teils* mit dem Auto gemacht. 私は列車に乗ったり、車に乗ったりして旅をした / Wie hat dir das Konzert gefallen? ― *Teils, teils*. 《口語》そのコンサートはどうだった ― まあまあだったよ.

..teils [..タイルス ..táils] 【副詞をつくる 接尾】（…の部分で）例: eines*teils* 一方では / größten*teils* 大部分は.

Teil·stre·cke [タイる・シュトレッケ] 因 -/-n （鉄道・バスなどの）［一部］区間.

Teil·strich [タイる・シュトリヒ] 男 -[e]s/-e （計量器・物差などの）目盛り線.

teil·te [タイるテ] *teilen (分ける) の 過去

Tei·lung [タイるング] 因 -/-en ① 分割, 分離; 分配; 区分. ② 《数》除法, 割り算. ③ 《生》分裂.

teil≠wei·se [タイる・ヴァイゼ táil-vaɪzə] 副 部分的に, 一部は.（英 *partly*）. Das Haus ist *teilweise* fertig. その家は部分的に出来上がっている. ◇【付加語としても】ein *teilweiser* Erfolg 部分的な成功.

Teil·zah·lung [タイる・ツァーるング] 因 -/-en 分割払い. monatliche *Teilzahlung* 月賦払い / 物⁴ *auf* (または *in*) *Teilzahlung* kaufen 物⁴ を分割払いで買う.

Teil·zeit·ar·beit [タイるツァイト・アルバイト] 因 -/-en ＝Teilzeitbeschäftigung

Teil·zeit≠be·schäf·tig·te[r] [タイるツァイト・ベシェフティヒテ(..タァ)] 男 因 【語尾変化は形容詞と同じ】パートタイマー.

Teil·zeit≠be·schäf·ti·gung [タイるツァイト・ベシェフティグング] 因 -/-en パートタイム勤務.

teil·zu·neh·men [タイる・ツ・ネーメン] *teil|nehmen (参加する) の zu 不定詞.

Teint [テーン tɛ̃ː] 【フ】男 -s/-s 顔色, 血色; 顔の色つや.

Tek·to·nik [テクトーニク tɛktóːnɪk] 因 -/ 《地学》構造地質学.

tek·to·nisch [テクトーニッシュ tɛktóːnɪʃ] 形 《地学》構造地質学[上]の; 地殻変動による.

Tel. (略) ① [テーれフォーン または テれフォーン] 電話 (＝Telefon). ② [テれグラム] 電報 (＝Telegramm).

..tel [..てる ..təl] 【数詞につけて名詞・形容詞をつくる 接尾】（…分の1 [の]）例: Vier*tel* 4分の1.

te·le.., **Te·le..** [テれ.. tele.. または テーれ.. tɛːlə..] 【形容詞・名詞につける 接頭】《遠い》例: *Tele*pathie テレパシー.

Te·le≠ar·beit [テーれ・アルバイト] 因 -/ （自宅と会社を結ぶデータ通信を利用した）在宅勤務.

Te·le≠fax [テーれ・ファクス téːlə-faks] 田 -/-e ファクス, ファクシミリ.

te·le·fa·xen [テーれ・ファクセン téːlə-faksən] I 他 (h) （物⁴ を）ファクスで送る. II 自 (h) ファクスで送る.

** das **Te·le·fon** [テーれフォーン téːləfoːn または テれフォーン telefóːn]

> 電話 *Telefon* für dich !
> テーれフォーン　フューア　ディヒ
> 君に電話だよ.

田（単2）-s/（複）-e（3格のみ -en）電話［機］; 電話の接続.（英 *telephone*）. das schnurlose *Telefon* コードレス・テレホン / Das *Telefon* läutet (または klingelt). 電話が鳴っている / Darf ich Ihr *Telefon* benutzen? お電話をお借りしていいですか / Haben Sie *Telefon*? 電話をお持ちですか / 囚⁴ *ans Telefon* rufen 囚⁴ を電話口に呼び出す / Sie werden am *Telefon* gewünscht.《受動・現在》あなたにお電話です / sich³ *Telefon*⁴ legen lassen 電話を引いて(設置して)もらう.

..*telefon* のいろいろ: Autotelefon カーテレホン / Bildtelefon テレビ電話 / Kartentelefon カード式[公衆]電話 / Mobiltelefon 携帯電話 / Tastentelefon プッシュホン

―使ってみよう―

こちらは田中です．
Hier spricht Tanaka.
ミュラーさんと話したいのですが．
Kann ich bitte Herrn Müller sprechen?
あとで折り返し電話をいただけますか．
Könnten Sie mich später zurückrufen?
あなたの電話番号は何番ですか．
Wie ist Ihre Telefonnummer, bitte?
(電話で:) さようなら．
Auf Wiederhören!

Te·le·fon≠an·ruf [テーれフォーン・アンルーふ] 男 -[e]s/-e 電話をかけること; 電話がかかってくること.

Te·le·fon≠an·schluss [テーれフォーン・アンシュるス] 男 -es/..schlüsse 電話接続.

Te·le·fo·nat [テれふォナート telefonáːt] 田 -[e]s/-e 通話 (＝Telefongespräch).

Te·le·fon≠ban·king [テーれフォーン・ベンキング] 田 -[s]/ テレホンバンキング（銀行との取り引きを電話で行えるシステム）.

Te·le·fon≠buch [テーれフォーン・ブーふ] 田 -[e]s/..bücher 電話帳.

Te·le·fon≠ge·bühr [テーれフォーン・ゲビューァ] 因 -/-en 【ふつう 複】電話料金.

Te·le·fon≠ge·spräch [テーれフォーン・ゲシュプレーヒ] 田 -[e]s/-e 通話. ein langes *Telefongespräch*⁴ führen 長電話をする.

** **te·le·fo·nie·ren** [テれふォニーレン telefoníːrən] 自 【完了】 haben) ① 電話する, 電話で話す.（英 *telephone, call*）. Er telefonierte *mit* seiner Tochter. 彼は娘と電話で話した / *nach* Deutschland telefonieren ドイツに電話する / nach einem Taxi telefonieren 電話でタク

te·le·fo·niert [テレフォニーァト] ＊telefonieren (電話する)の過分, 3人称単数・2人称親称複数現在

te·le·fo·nier·te [テレフォニーァテ] ＊telefonieren (電話する)の過去

te·le·fo·nisch [テレフォーニッシュ telefó:nɪʃ] 形 電話による; 電話の. (英 telephonic). eine *telefonische* Bestellung 電話による注文 / Ich bin *telefonisch* zu erreichen. 私には電話で連絡がつきます.

Te·le·fo·nist [テレフォニスト telefoníst] 男 -en/-en 電話交換手. (女性形: -in).

Te·le·fon≠kar·te [テーレフォーン・カルテ] 女 -/-n テレホンカード.

Te·le·fon≠lei·tung [テーレフォーン・らイトゥング] 女 -/-en 電話線.

＊*die* **Te·le·fon≠num·mer** [テーレフォーン・ヌンマァ té:ləfo:n-nʊmər または テレフォーン.. telefó:n..] 女 (単) -/(複) -n 電話番号 (＝Rufnummer). (英 [*tele*]*phone number*). Wie ist Ihre *Telefonnummer*? あなたの電話番号は何番ですか / Er gab mir seine *Telefonnummer*. 彼は私に自分の電話番号を教えてくれた.

Te·le·fon≠seel·sor·ge [テーレフォーン・ゼーるゾルゲ] 女 -/- 電話[による]カウンセリング, 電話人生相談.

Te·le·fon≠zel·le [テーレフォーン・ツェれ] 女 -/-n 電話ボックス.

Te·le·fon≠zen·tra·le [テーレフォーン・ツェントラーれ] 女 -/-n (会社などの)電話交換室.

te·le·gen [テれゲーン telegé:n] 形 テレビ向きの, テレビ映りのよい(人・顔など).

Te·le·graf [テれグラーふ telegrá:f] 男 -en/-en 電信機(テレタイプなど).

Te·le·gra·fie [テれグラふィー telegrafí:] 女 -/- 電信. die drahtlose *Telegrafie* 無線電信.

te·le·gra·fie·ren [テれグラふィーレン telegrafí:rən] I 他 (h) (([人³]に) [事⁴を)電報で知らせる. II 自 (h) 電報を打つ. nach Berlin *telegrafieren* ベルリンに電報を打つ.

te·le·gra·fisch [テれグラーふィッシュ telegrá:fɪʃ] 形 電信(電報)による; 電信(電報)の.

Te·le·gramm [テれグラム telegrám] 中 -s/-e 電報.

Te·le·gramm≠stil [テれグラム・シュティーる] 男 -[e]s/ 電文体, 電報のような文体.

Te·le·graph [テれグラーふ telegrá:f] 男 -en/-en ＝Telegraf

Te·le·gra·phie [テれグラふィー telegrafí:] 女 -/ ＝Telegrafie

te·le·gra·phie·ren [テれグラふィーレン telegrafí:rən] 他,自 (h) ＝telegrafieren

te·le·gra·phisch [テれグラーふィッシュ telegrá:fɪʃ] 形 ＝telegrafisch

Te·le·kol·leg [テーれ・コれーク] 中 -s/-s テレビ講座.

Te·le·kom [テーれ・コム té:lə-kɔm] 女 -/ テレコム. Deutsche *Telekom* AG ドイツテレコム株式会社(1995年Bundespostより独立, 民営化).

Te·le·kom·mu·ni·ka·ti·on [テーれ・コムニカツィオーン] 女 -/ テレコミュニケーション.

Te·le·mark [テーれマルク té:ləmark] 男 -s/-s (スキー・ジャンプ競技の)テレマーク姿勢.

Te·le·ob·jek·tiv [テーれ・オビェクティーふ] 中 -[e]s/-e [..ヴェ] (写)望遠レンズ.

Te·le·pa·thie [テれパティー telepatí:] 女 -/ テレパシー, 精神感応[術].

Te·le·pa·thisch [テれパーティッシュ telepá:tɪʃ] 形 テレパシーによる, 精神感応の.

Te·le·phon [テーれ・フォーン té:ləfo:n または テれフォーン telefó:n] 中 -s/-e ＝Telefon

Te·le·shop·ping [テーれ・ショッピング] 中 -s/- テレビショッピング.

Te·le·skop [テれスコープ teleskó:p] 中 -s/-e 望遠鏡 (＝Fernrohr).

te·le·sko·pisch [テれスコーピッシュ teleskó:pɪʃ] 形 望遠鏡の, 望遠鏡による.

Te·le·text [テーれ・テクスト] 男 -[e]s/ テレテキスト, (テレビの)文字放送[システム].

Te·lex [テーれクス té:lɛks] 中 -/-[e] テレックス.

te·le·xen [テーれクセン té:lɛksən] 他 (h) テレックスで送信する.

Tell [テる tél] -s/ 《人名》テル (Wilhelm *Tell*; 14世紀のスイス独立戦争における伝説的英雄).

＊＊*der* **Tel·ler** [テらァ télər] 男 (単) -s/(複) - (3格のみ -n) ① (食事用の)皿; 皿盛りの料理. (英 plate). Suppen*teller* スープ皿 / ein tiefer *Teller* 深皿 / ein *Teller* [voll] Suppe 一皿のスープ / die *Teller*⁴ ab|waschen (spülen) 皿をあらう(すすぐ) / Der *Teller* steht auf dem Tisch. 皿はテーブルの上にある. ② (スキーのストックの)リング.

> 類語 der **Teller**: (ふつう浅くて丸い)皿. die **Schüssel**: 鉢. (料理を盛って食卓に出す深皿, 取っ手・ふたの付いたものもある). die **Suppenschüssel** スープ鉢. die **Schale**: (果物などを盛るやや深めの)皿, 鉢. die **Obstschale** フルーツ皿.

Tel·ler≠wä·scher [テらァ・ヴェッシャァ] 男 -s/- 皿洗い[人]. (女性形: -in).

Tel·lur [テるーァ tɛlú:r] 中 -s/ 《化》テルル(記号: Te).

Tem·pel [テンペる témpəl] 男 -s/- ① (キリスト教以外の宗教の)神殿, 寺院, 聖堂. (ユダヤ教の)会堂. ein griechischer *Tempel* ギリシアの神殿. ② 神殿風の建物.

Tem·pel·herr [テンペる・ヘル] 男 -n/-en 《史》テンプル(聖堂)騎士団員.

Tem·pe·ra≠far·be [テンペラ・ふァルベ] 女 -/-n テンペラ(絵の具の一種).

Tem·pe·ra≠ma·le·rei [テンペラ・マーれライ] 女 -/-en テンペラ画.

＊*das* **Tem·pe·ra·ment** [テンペラメント temperamént] 中 (単) -[e]s/(複) -e (3格のみ -en) ① 気質, 気性, 性分. (英 *temperament*). ein melancholisches *Temperament* 憂うつ気質 / Er hat ein ruhiges *Temperament*. 彼は気性が穏やかだ. ② (《園》なし)情熱的気性, 活気, 元気. Sie hat kein *Tempera*-

ment. 彼女はおとなしい(無気力だ).
tem·pe·ra·ment·los [テンペラメント・ㇿース] 形 活気のない, 元気のない, 無気力な.

tem·pe·ra·ment**·voll** [テンペラメント・ふォる] 形 活気に満ちた, 元気のいい, 情熱的な.

die **Tem·pe·ra·tur** [テンペラトゥーァ tɛmpɛratúːr] 囡 (単) -/(複) -en (英 temperature) ① 温度; 気温. Körper*temperatur* 体温 / die höchste *Temperatur* 最高気温 / Die *Temperatur* beträgt 20 Grad. 気温は20度だ / Die *Temperatur* steigt (sinkt). 温度が上がる(下がる). ②《医》微熱. [erhöhte] *Temperatur*[4] haben 微熱がある. ③《音楽》平均率.

Tem·pe·ra·tur≠reg·ler [テンペラトゥーァ・レーグらァ] 男 -s/- サーモスタット.

Tem·pe·ra·tur≠sturz [テンペラトゥーァ・シュトゥるツ] 男 -es/..stürze 温度の急激な下降.

tem·pe·rie·ren [テンペリーレン tɛmpəríːrən] 他 (h) ①《物》[4]の温度を調節する(適温にする). ②《雅》(激情など)[4]を和らげる, 静める. ③《音楽》(音階など)[4]を平均率に合わせる. ◇《過去分詞の形で》die *temperierte* Stimmung 平均律.

Tem·pi [テンピ] Tempo (テンポ) の複.

das **Tem·po** [テンポ témpo] 中 (単) -s/(複) -s または (複) Tempi ①《複 -s》速度, スピード. (英 speed). ein langsames *Tempo* ゆっくりしたスピード / das *Tempo*[4] erhöhen (または steigern) 速度を上げる / das *Tempo*[4] herab|setzen (または vermindern) 速度を落とす / *Tempo, Tempo*!《口語》急げ急げ / Hier gilt *Tempo* 50. ここは制限時速50キロだ / **in** (または **mit**) hohem *Tempo* ハイスピードで. ②《ふつう Tempi》《音楽》(楽曲の演奏の)テンポ, 速度. (英 tempo). ③《フェンシングで:》テンポ(相手の攻撃動作に乗じた先制攻撃). ④《複 -s》《商標》《口語》ティッシュペーパー(= *Tempo*taschentuch).

Tem·po≠li·mit [テンポ・リミット] 中 -s/-s (または -e)《交通》速度(スピード)制限.

tem·po·ral [テンポラーる tɛmporáːl] 形《言》時称の, 時を表す.

tem·po·rär [テンポレーァ tɛmporέːr] 形 一時の, 仮の, 当座の.

Tem·po≠ta·schen·tuch [テンポ・タッシェントゥーフ] 中 -[e]s/..tücher《商標》《口語》ティッシュペーパー(=Papiertaschentuch).

Tem·pus [テンプス témpus] 中 -/Tempora 《言》(動詞の)時称, 時制.

die **Ten·denz** [テンデンツ tɛndɛ́nts] 囡 (単) -/(複) -en (英 tendency) ① 傾向. Die Preise haben eine steigende *Tendenz*. 物価は上昇傾向にある. ②《ふつう複》動向, 風潮. neue *Tendenzen* in der Musik 音楽界における新しい動向. ③ (個人の)性向;《ふつう軽蔑的に:》(文章などの)[イデオロギー的]傾向, 偏向. Seine Bücher zeigen eine *Tendenz* **zum** Mystischen. 彼の著書には神秘主義への傾向が見られる.

ten·den·zi·ell [テンデンツィエる tɛndɛntsiél] 形 一般的傾向としての.

ten·den·zi·ös [テンデンツィエース tɛndɛntsiǿːs] 形《軽蔑的に:》偏向した, かたよった, 党派色のある.

Ten·der [テンダァ téndər] [英] 男 -s/- ①《蒸気機関車の》炭水車. ②《海》補給船.

ten·die·ren [テンディーレン tɛndíːrən] 自 (h) (…への)傾向がある, 傾く. **zu**[3] *tendieren*[3]の傾向がある / Die Partei *tendiert* **nach** links. その政党は左寄りだ.

Ten·ne [テンネ ténə] 囡 -/-n (納屋の土間の)打穀場.

das **Ten·nis** [テニス ténis] 中 (単2) -/ テニス, 庭球. (英 tennis). Ich spiele gern *Tennis*. 私はテニスをするのが好きです.

Ten·nis≠ball [テニス・バる] 男 -[e]s/..bälle テニスボール.

Ten·nis≠platz [テニス・プらッツ] 男 -es/..plätze テニスコート.

Ten·nis≠schlä·ger [テニス・シュれーガァ] 男 -s/- テニス用ラケット.

Ten·nis≠spiel [テニス・シュピーる] 中 -[e]s/-e テニスの試合.

Ten·nis≠spie·ler [テニス・シュピーらァ] 男 -s/- テニスをする人, テニスプレーヤー(女性形: -in).

Ten·nis≠tur·nier [テニス・トゥるニーァ] 中 -s/-e テニストーナメント.

Te·nor [テノーァ tenóːr] I 男 -s/Tenöre (音ガク: - も)《音楽》テノール(男声の最高音域). ②《複 なし》テノール声部. ③ テノール歌手. II 男 -s/ (発言・演説などの)主旨, 大意.

der **Tep·pich** [テピヒ tɛ́pɪç] 男 (単2) -s/(複) -e (3格のみ -en) じゅうたん, カーペット. (英 carpet). ein wertvoller *Teppich* 高価なじゅうたん / den *Teppich* klopfen (ほこりを落とすために)じゅうたんをたたく / Bleib **auf** dem *Teppich*!《口語・比》夢みたいなことを言うものではない, 自重しなさい (← じゅうたんの上にとどまれ) / ein Zimmer[4] **mit** *Teppichen* aus|legen 部屋にじゅうたんを敷く / ein Problem[4] **unter** den *Teppich* kehren《口語・比》ある問題をもみ消す (← じゅうたんの下にほうきで掃いて入れる).

Tep·pich≠klop·fer [テピヒ・クろプふァァ] 男 -s/- じゅうたんたたき.

der **Ter·min** [テルミーン tɛrmíːn] 男 (単2) -s/(複) -e (3格のみ -en) ① 期日, 期限; (日時の)約束, アポイントメント. (英 date). einen *Termin* fest|setzen (ein|halten) 期日を定める(厳守する) / einen *Termin* beim Zahnarzt haben 歯医者を予約している / Er hat den *Termin* versäumt. 彼は期日に遅れた, 彼は人と会う約束を忘れた / *Termin*[4] **auf** einen späteren *Termin* verschieben その日程を後ろにずらす. ②《法》公判[日]; 出廷[日].

Ter·mi·nal [テーァミネる tɔ́ːrminəl または テ

ル.. téer..] [英] I 男 田 -s/-s (空港の)ターミナルビル; (鉄道・港の)ターミナルステーション. II 田 -s/-s 《コンピュ》端末[装置], ターミナル.

ter·min·ge·mäß [テルミーン・ゲメース] 形 期日(期限)どおりの, 期限内の.

ter·min·**ge·recht** [テルミーン・グレヒト] 形 ＝ termingemäß

Ter·min·ge·schäft [テルミーン・ゲシェフト] 田 -[e]s/-e 《商》定期先物(さきもの)商取引.

Ter·min·**ka·len·der** [テルミーン・カレンダァ] 男 -s/- スケジュール帳, 日付入り手帳.

Ter·mi·no·lo·gie [テルミノろギー terminologí:] 因 -/-n [..ギーエン] (総称として:)専門用語, 術語.

Ter·mi·nus [テルミヌス términus] 男 -/..mini 専門用語, 術語.

Ter·mi·te [テルミーテ termí:tə] 因 -/-n 《昆》シロアリ.

Ter·pen·tin [テルペンティーン tɛrpɛntí:n] 田 《オストリ: 男》-s/-e (3 格のみ) テルペンチン, 松やに(松科植物の樹脂). ② 《口語》テレピン油.

Ter·rain [テレーン tɛrɛ́:] 《フランス》田 -s/-s 地域; 地所, 土地; 《比》領域, 分野. sich[4] auf neues *Terrain* bewegen 新しい領域に踏み出す.

Ter·ra·kot·ta [テラコッタ terakóta] 因 -/..kotten ① 《複 なし》テラコッタ, 赤土素焼. ② テラコッタ工芸品.

Ter·ra·ri·um [テラーリウム tɛrá:rium] 田 -s/..rien [..リエン] 《動》(両生類・爬虫(はちゅう)類などの)飼育[用のガラス]ケース; (動物園の)両生類(爬虫類)館.

die **Ter·ras·se** [テラッセ tɛrásə] 因 (単)-/ (複) -n 《英 *terrace*》① (家の)テラス. (☞ Haus 図). **auf** der *Terrasse* frühstücken テラスで朝食をとる. ② (階段状の)段丘, 段丘; 台地. Reis[4] **in** *Terrassen* an|bauen 棚田で米を栽培する.

ter·ras·sen·för·mig [テラッセン・フェルミヒ] 形 段地(段丘)状の, テラス状の.

Ter·ri·er [テリアァ tériɐr] 男 -s/- テリヤ(狩猟・愛玩用の犬).

Ter·ri·ne [テリーネ terí:nə] 因 -/-n (ふた付きの)スープ鉢.

ter·ri·to·ri·al [テリトリアーる tɛritoriá:l] 形 領土の, 領地の.

Ter·ri·to·ri·um [テリトーリウム territó:rium] 田 -s/..rien [..リエン] ① 地帯, 領域. ② (一国の)領土, 領地. fremdes *Territorium*[4] verletzen 外国の領土を侵犯する.

Ter·ror [テロァ térɔr] 男 -s/ ① 恐怖政治, テロ[リズム]; (暴力による)弾圧. ② ものすごい恐怖. ③ 《口語》争いごと, もめごと, けんか.

Ter·ror·an·schlag [テロァ・アンシュらーク] 男 -s/..schläge テロ行為.

ter·ro·ri·sie·ren [テロリズィーレン tɛroriz̨í:rən] 他 (h) ① (テロなどによって)囚[4]・地域など[4]を)恐怖に陥れる. ② (囚[4]を)ひどく困らせる.

Ter·ro·ris·mus [テロリスムス tɛrorísmus] 男 -/..rismen 《ふつう 単》① テロリズム, テロ行為(手段). ② (総称として:)テロリスト.

Ter·ro·rist [テロリスト tɛrorísṭ] 男 -en/-en テロリスト. (女性形: -in).

ter·ro·ris·tisch [テロリスティッシュ tɛrorísṭıʃ] 形 テロ[行為]の.

Ter·tia [テルツィア tértsia] 因 -/..tien [..ツィエン] ① (9 年制ギムナジウムの)第 4 および第 5 学年(第4学年が Untertertia, 第5学年が Obertertia. それぞれ日本の中学 2 年, 3 年に相当). ② 《オストリ》(ギムナジウムの)第 3 学年(日本の中学 1 年に相当). (☞ Gymnasium).

Ter·ti·a·ner [テルツィアーナァ tertsiá:nɐr] 男 -s/- (9 年制ギムナジウムの)4 年および 5 年生. (女性形: -in). ② 《オストリ》(ギムナジウムの)3 年生.

Ter·ti·är [テルツィエーア tertsié:r] 田 -s/ 《地学》第 3 紀.

Terz [テルツ térts] 因 -/-en ① 《音楽》3 度[音程]. ② (フェンシングの)第 3 の構え. ③ 《カトリック》第 3 時課(午前 9 時の礼拝).

Ter·zett [テルツェット tɛrtsét] 田 -[e]s/-e ① 《音楽》三重唱[曲]; 三重唱[団]. ② 《詩学》テルツェット(ソネットの後半の 3 行詩節). ③ 三人組.

Te·sa·film [テーザ・ふぃるム] 男 -[e]s/《商標》セロハンテープ, セロテープ.

Tes·sin [テスィーン tesí:n] 田 -s/ 《地名》テッシン(スイス 26 州の一つ. 州都はベリンツォーナ. イタリア名はティッチーノ).

Test [テスト tést] [英] 男 -[e]s/-s (または -e) テスト, 検査, 適性検査.

das **Tes·ta·ment** [テスタメント tɛstamént] 田 -[e]s/-e ① 遺言, 遺言(^{ゆいごん}状), 遺言[状]. Er machte sein *Testament*. 彼は遺言状を作成した. ② 《カトリック教》(神と人との)契約; 聖書. das Alte *Testament* 旧約聖書(略: A. T.) / das Neue *Testament* 新約聖書(略: N. T.).

tes·ta·men·ta·risch [テスタメンターリッシュ tɛstamentá:rıʃ] 形 遺言[状]の, 遺言による.

Tes·ta·ments=er·öff·nung [テスタメンツ・エァエルフヌング] 因 -/-en 《法》遺言状の開封.

Tes·ta·ments=voll·stre·cker [テスタメンツ・ふォるシュトレッカァ] 男 -s/- 《法》遺言執行者. (女性形: -in).

tes·ten [テステン tésṭən] 他 (h) (人·物[4]を)テストする, 検査する. ein Medikament[4] **auf** Nebenwirkungen *testen* 薬の副作用を検査する. (☞ 類語 untersuchen).

tes·tie·ren [テスティーレン tɛstí:rən] I 自 (h) 《法》遺言状を作成する. II 他 (h) 《雅》(田[4]の)証明をする, 証明書を発行する.

Test·per·son [テスト・ペルゾーン] 因 -/-en 被験者.

Te·ta·nus [テータヌス té:tanus または テッタ.. téta..] 男 -/《医》破傷風.

Tete-a-tete [テタテート tɛtaté:t] 田 -/-s ＝ Tête-à-tête

Tête-à-tête [テタテート tɛtaté:t] 《フランス》田 -/-s 《戯》(恋人たちの)あいびき.

te·tra.., Tetra.. [テトラ.. tetra..] 《形容詞・名詞につける接頭(せっとう)》(四) 例: *Tetra*gon 四角形.

Te·tra·lo·gie [テトラろギー tetralogíː] 囡 -/-n [..ギーエン] (文学・音楽などの)四部作.

teu·er [トイアァ tɔ́ʏɐr]

| 高価な | Wie *teuer* ist das？
ヴィー トイアァ イスト ダス
それはいくらですか． |

形 (比較) teurer, (最上) teuerst; 格変化語尾がつくときは teur- ① **高価な**, 値段の高い．(英) *expensive*). (〇↔「(値段の)安い」は billig). eine *teure* Uhr 高価な時計 / ein *teures* Restaurant 値段の高いレストラン / Das ist mir zu *teuer*. それは私には高すぎる / Er hat seinen Leichtsinn *teuer* bezahlt. (比) 彼の軽率さが悪い結果をもたらした(←高くついた) / eine *teure* Adresse 家賃(地代)の高いところ / 人⁴(または人³) *teuer* zu stehen kommen 人⁴(または人³)にとって高いものにつく.

② (雅) 愛する, いとしい; 大切な, 貴重な. Mein *teurer* Freund! 愛するわが友よ. ◆(名詞的に) Meine *Teure* (または *Teuerste*)! (戯)(女性に対して)いとしい人よ！

類語 **teuer**: (物の値段が)高い. **wertvoll**: (価値があるという意味で)高価な, 値打ちのある. ein *wertvolles* Geschenk 高価な贈り物. **kostbar**: (品質で値段も高く)貴重な. *kostbare* Teppiche 豪華なじゅうたん.

Teu·e·rung [トイエルング] 囡 -/-en 物価の上昇, 値上がり.

der **Teu·fel** [トイふェる tɔ́ʏfəl] 男 (単2) -s/ (複) – (3格のみ -n) ① (冠なし) **悪魔**, サタン; (比) 悪魔のようなやつ. (英 *devil*). *Teufel* und Hexen 悪魔と魔女 / der leibhaftige *Teufel* 悪魔の化身 / den *Teufel* aus|treiben (または verjagen) (とりついた)悪魔を追い出す / Der Kleine ist ein richtiger *Teufel*. (口語・比) この坊やはほんとうに手に負えない子だ / sich³ den *Teufel* auf den Hals laden (口語) たいへんな面倒をしょい込む / den *Teufel* an die Wand malen (口語) 縁起でもないことを言う(←悪魔を壁に描く) / Der *Teufel* ist los! (口語・比) 上を下への大騒ぎだ / Ihn reitet der *Teufel*. (口語) 彼は分別を失っている(←悪魔が彼に乗り移っている) / Der *Teufel* steckt im Detail. 物事は細部がいちばんやっかいだ(←悪魔は細部に潜んでいる) / In der Not frisst der *Teufel* Fliegen. (ことわざ) 飢えたる者は食を選ばず(←困れば悪魔は[魂の代わりに]はえを食べる) / Hol dich der *Teufel*! (接1・現在) (俗) おまえなんかくたばっちまえ / Hol mich der *Teufel*, wenn ich lüge! (接1・現在) うそなんかつくものか(←私の言うことが偽だったら悪魔にさらわれてもいい) / Das weiß der *Teufel*! (俗) そんなことだれが知るもんか / wie der *Teufel* fahren 狂ったように車をとばす. ◆(間投詞的に) Pfui *Teufel*! (口語) げっ / *Teufel* auch! または *Teufel* noch mal! または Tod und *Teufel*! こんちくしょう / [Zum] *Teufel*! (俗) いまいましい. ◆(強い否定を表して) kein *Teufel* (俗) だれひとり…でない / den *Teufel* (俗) ちっとも…でない ⇒ Den *Teufel* werde ich tun. いやなこった, するものか.

◆(前置詞とともに) **auf** *Teufel* komm raus (口語) 一生懸命, 全力で / Der Motor ist **beim** *Teufel*. (俗) エンジンがいかれてしまった / Das müsste **mit** dem *Teufel* zugehen, wenn… (接2・現在) …が起こるなんてとても考えられない / Er ist **vom** *Teufel* besessen. (口語) 彼は悪魔にとりつかれている / 人⁴ **zum** *Teufel* jagen (俗) 人⁴を追っ払う / 人⁴ **zum** *Teufel* wünschen (俗) 人⁴がいなくなってしまえばいいと思う / Das Geld ist zum *Teufel*. (俗) 金(ね)がなくなってしまった / Wer zum *Teufel* hat dich hergeschickt? いったいだれが君をここへよこしたのだ.

◆(2格の形で) des *Teufels* sein (口語) ばかなことをする, 気が変である / In *Teufels* Küche kommen (口語) 窮地に陥る(←悪魔の台所に入り込む) / 人⁴ in *Teufels* Küche bringen (口語) 人⁴を窮地に追い込む / In des (または drei) *Teufels* Namen! こんちくしょうめ！

② デーモン, 魔神. ③ (口語) やつ. ein armer *Teufel* 哀れなやつ.

Teu·fe·lin [トイふェりン tɔ́ʏfəlɪn] 囡 -/..linnen (2格のみ -nen) 女悪魔, 毒婦.

Teu·fels ≠ kerl [トイふェるス・ケルる] 男 -[e]s/ -e (口語) (何でもこなす)すごいやつ, 好漢.

Teu·fels ≠ kreis [トイふェるス・クライス] 男 -es/ -e 悪循環.

teuf·lisch [トイふりッシュ tɔ́ʏflɪʃ] I 形 ① 悪魔のような, 残忍な, 凶悪な. ein *teuflisches* Verbrechen 凶悪犯罪. ② (口語) ものすごい, 非常な. II 副 *Teuflisch* ひどく, 非常に.

der **Teu·to·bur·ger Wald** [トイトブルガァ ヴァるト tɔ́ʏtoburɡɐr vált] 男 -[e]s / (定冠詞とともに) (地名) トイトブルクの森(ドイツ北西部の丘陵地帯. 西暦9年 アルミニウスの率いるゲルマン軍がローマ軍を破った地: ☞ 地図 D-2～3).

Teu·to·ne [トイトーネ tɔʏtóːnə] 男 -n/-n チュートン人(ゲルマン人の一部族); (戯)(軽蔑的に:)(行動や容貌が)典型的なドイツ人. (女性形: Teutonin).

der **Text** [テクスト tékst] 男 (単2) -es (まれに -s)/(複) -e (3格のみ -en) ① (序文・注釈などに対して:) **テキスト**, 本文; 原文, 原典. (英 *text*). ein literarischer *Text* 文学のテキスト / einen *Text* interpretieren テキストを解釈する / **aus** dem *Text* kommen (口語・比) (話の)筋がわからなくなる, まごつく / 人⁴ **aus** dem *Text* bringen (口語) 人⁴をまごつかせる / Weiter **im** *Text*! (口語・比) (中断せずに)続けろ, 先を続けよう.

② (音楽) (楽譜に対して:) 歌詞, せりふ, (オペラなどの)台本. ③ (説教に引用される)聖書の章句. ④ (挿絵・写真などの)説明文.

Text ≠ buch [テクスト・ブーフ] 匣 -[e]s/..bücher (音楽) (歌劇などの)台本, リブレット.

Text ≠ dich·ter [テクスト・ディヒタァ] 男 -s/-

《音楽》作詞家, (歌劇などの)台本作家. (女性形: -in).

tex·ten [テクステン tékstən] 佃 (h) (流行歌などの[4])の)作詞をする; (広告などの[4])の)文案(コピー)を作る.

Tex·ter [テクスタァ tékstər] 男 -s/- (流行歌の)作詞者; 広告文案家, コピーライター. (女性形: -in).

tex·til [テクスティーる tɛkstí:l] 形 織物の, 紡績の; 繊維(紡績)工業の.

Tex·til≠fa·brik [テクスティーる・ファブリーク] 女 -/-en 繊維工場.

Tex·til≠frei [テクスティーる・フライ] 形 《口語・戯》裸の.

Tex·ti·li·en [テクスティーりエン tɛkstí:liən] 複 繊維製品.

Tex·til≠in·dus·trie [テクスティーる・インドゥストリー] 女 -/-n [..リ-エン] 繊維(紡績)工業.

Tex·til≠wa·ren [テクスティーる・ヴァーレン] 複 繊維製品 (=Textilien).

Text≠kri·tik [テクスト・クリティーク] 女 -/-en 《ふつう 単》本文批評, 原文(原典)批判.

text·lich [テクストリヒ] 形 本文(について)の, 原典(について)の.

Text≠lin·gu·is·tik [テクスト・リングイスティク] 女 -/ 《言》テクスト言語学.

Text≠ver·ar·bei·tung [テクスト・フェアアルバイトゥング] 女 -/-en 《コンピュ》① 《複 なし》ワード・プロセッシング, テクスト処理. ② ワープロソフト.

Text·ver·ar·bei·tungs≠sys·tem [テクストフェアアルバイトゥングス・ズュステーム] 中 -s/-e 《コンピュ》ワードプロセッサー, ワープロ.

tgl. [テークりヒ] 《略》毎日の, 日々の (=täglich).

Th [テー・ハー] トリウム (=Thorium).

TH [テー・ハー] 《略》工業(工科)大学 (=technische Hochschule).

Thai [タイ tái] **I** 男 -[s]/-[s] 《口語》タイ人. **II** 女 -/-[s] 《口語》(女性の)タイ人. **III** 中 -/ タイ語.

Thai·land [タイ・らント tái-lant] 中 -s/ 《国名》タイ[王国](首都はバンコク).

Thai·län·der [タイ・れンダァ tái-lɛndər] 男 -s/- タイ人. (女性形: -in).

thai·län·disch [タイ・れンディッシュ tái-lɛndɪʃ] 形 タイ[人・語]の.

Tha·les [タ一れス tá:lɛs] 《人名》タレス(前624?-前547?, ギリシアの哲学者).

Tha·lia [タリーア talí:a] 女 -s/ 《ギリ神》タレイア(ムーサの一人で喜劇の女神).

Thal·li·um [タりウム tálium] 中 -s/ 《化》タリウム (記号: Tl).

das **The·a·ter** [テアータァ teá:tər]

劇場; 芝居

Wir gehen heute ins *Theater*.
ヴィァ ゲーエン ホイテ インス テアータァ
私たちはきょう芝居を見に行きます。

中 (単2) -s/(複) - (3格のみ -n) 《英》*theater*) ① **劇場**; 劇団, 一座. ein kleines *Theater* 小劇場 / **am** (または **beim**) *Theater* sein 《口語》(俳優として)劇団に入っている, 役者をしている / **zum** *Theater* gehen 《口語》役者になる.

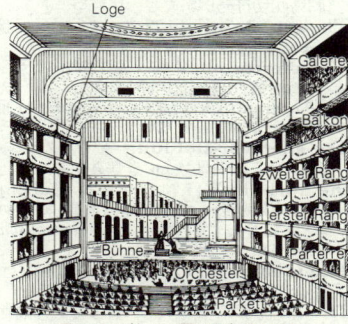

Theater (ウィーン国立歌劇場の場合)

Loge / Galerie / Balkon / zweiter Rang / erster Rang / Bühne / Orchester / Parterre / Parkett

② 《複 なし》**芝居**, (劇の)上演; 劇場の観客. ins *Theater* gehen 芝居を見に行く / *Theater*[4] spielen 《口語・比》(人をだますために)お芝居をする / [ein großes] *Theater* [**um** 単[4] または **wegen** 単[4]] machen 単[4](または 中[2])のことで大騒ぎする ⇒ Mach kein *Theater*! そんなに大騒ぎするんじゃないよ / 単[3] *Theater*[4] vor|machen 《口語》 単[3]に一芝居うつ.
③ 《複 なし》(総称として:)演劇[作品], 劇文学. das griechische *Theater* ギリシア演劇.

―使ってみよう―

チケットはどこで手に入りますか.
Wo bekommt man Theaterkarten?
今晩のチケットはまだありますか.
Haben Sie noch Karten für heute Abend?
明日の夜のチケットを2枚欲しいのですが.
Ich möchte zwei Karten für morgen Abend.
開演は何時ですか.
Um wie viel Uhr beginnt die Vorstellung?
公演時間はどのくらいですか.
Wie lange dauert die Vorstellung?

The·a·ter≠be·such [テアータァ・ベズーフ] 男 -[e]s/-e 芝居見物, 観劇; 観客数.

The·a·ter≠be·su·cher [テアータァ・ベズーハァ] 男 -s/- 芝居を見に行く人, 観劇者. (女性形: -in).

The·a·ter≠dich·ter [テアータァ・ディヒタァ] 男 -s/- (特に18・19世紀の)座付作者, 脚本家. (女性形: -in).

The·a·ter≠di·rek·tor [テアータァ・ディレク

Theaterkarte 1332

トァ] 男 –s/–en [..トーレン] 劇場支配人; 劇場総監督. (女性形: –in).

The·a·ter≈kar·te [テアータァ・カルテ] 女 –/–n 劇場の入場券, 芝居の切符.

The·a·ter≈kas·se [テアータァ・カッセ] 女 –/–n (劇場の)切符売り場.

The·a·ter≈kri·tik [テアータァ・クリティーク] 女 –/–en 演劇評論, 劇評.

The·a·ter≈pro·be [テアータァ・プローベ] 女 –/–n 舞台稽古(゚ご), 芝居のリハーサル.

The·a·ter≈stück [テアータァ・シュテュック] 中 –[e]s/–e 脚本, 戯曲, 劇.

The·a·ter≈vor·stel·lung [テアータァ・フォーァシュテるング] 女 –/–en 芝居の上演.

the·a·tra·lisch [テアトラーりッシュ teatrá:lɪʃ] 形 ① 《付加語としてのみ》劇場(演劇・舞台)の. ② 芝居がかった, 大げさな. *theatralische Gebärden* 大げさな身ぶり.

The·is·mus [テイスムス teísmus] 男 –/ 《哲・宗》有神論, (特に:) 一神論(教).

The·ist [テイスト teíst] 男 –en/–en 有神論者. (女性形: –in).

the·is·tisch [テイスティッシュ teístɪʃ] 形 有神論の, 有神論者の.

..thek [..テーク ..té:k] 《女性名詞をつくる 接尾》 《収集・収蔵所》 例. Biblio*thek* 図書館 / Video*thek* ビデオライブラリー.

The·ke [テーケ té:ka] 女 –/–n (酒場などの)カウンター, スタンド; (店の)売り台.

das **The·ma** [テーマ té:ma] 中 (単2) –s/ (複) Themen または (複) Themata ① (論文などの)テーマ, 主題; 話題. (英 *theme*). das *Thema* der Diskussion² 討論のテーマ / ein politisches *Thema* 政治的テーマ / Das *Thema* des Vortrags heißt (または lautet)… 講演のテーマは…というものである / ein *Thema*⁴ behandeln あるテーマを取り扱う / Wechseln wir das *Thema*! 話題を変えよう / **beim** *Thema* bleiben 本題からそれない / **über** ein *Thema* sprechen あるテーマについて論じる / **vom** *Thema* ab|kommen 本題からそれる / Das gehört nicht **zum** *Thema*. それは本題とは関係がない.
② 《音楽》テーマ, 主題. ③ 《言》提題.

The·ma·ta [テーマタ] Thema (テーマ の) 複.

The·ma·tik [テマーティク temá:tɪk] 女 –/–en 《ふつう 単》 ① (複合した)テーマの範囲; テーマの組み立て. ② 《音楽》主題(テーマ)技法.

the·ma·tisch [テマーティッシュ temá:tɪʃ] 形 ① テーマ(主題・論題)の, テーマに関する. ② 《音楽》テーマの, 主題の.

The·men [テーメン] Thema (テーマ の) 複.

die **Them·se** [テムゼ témzə] 女 –/ 《定冠詞とともに》《川名》テムズ川(ロンドンを流れる).

Theo·bald [テーオバるト té:obalt] –s/ 《男名》テーオバルト.

Theo·dor [テーオドーァ té:odo:r] –s/ 《男名》テーオドーァ.

Theo·do·ra [テオドーラ teodó:ra] –s/ 《女名》テオドーラ.

Theo·kra·tie [テオクラティー teokratí:] 女 –/–n [..ティーエン] 神権政体; 神政国家.

Theo·lo·ge [テオろーゲ teoló:gə] 男 –n/–n 神学者; 神学生. (女性形: Theologin).

Theo·lo·gie [テオろギー teologí:] 女 –/–n [..ギーエン] 神学.

theo·lo·gisch [テオろーギッシュ teoló:gɪʃ] 形 神学[上]の, 神学的な. die *theologische* Fakultät 神学部.

The·o·rem [テオレーム teoré:m] 中 –s/–e 《理・哲》定理.

The·o·re·ti·ker [テオレーティカァ teoré:tikər] 男 –s/– ① 理論家. (女性形: –in). (⇔ Praktiker). ② 空論家.

the·o·re·tisch [テオレーティッシュ teoré:tɪʃ] 形 ① 理論の, 理論的な. (英 *theoretical*). (⇔「実際の」は praktisch). die *theoretische* Physik 理論物理学. ② 理論上の, 理論としてだけの. Das ist *theoretisch* richtig. それは理屈の上では正しい.

die **The·o·rie** [テオリー teorí:] 女 (単) –/ (複) –n [..リーエン] 理論; 学説; 空論. (英 *theory*). (⇔「実践」は Praxis). Relativitäts*theorie* 《物》相対性理論 / eine *Theorie*⁴ auf|stellen 学説を立てる / die *Theorie*⁴ in die Praxis um|setzen 理論を実践に移す / Das ist reine (または bloße) *Theorie*. それは単なる理論にすぎない / Das ist graue *Theorie*. それは空論だ.

The·ra·peut [テラポイト terapóyt] 男 –en/–en 《医・心》セラピスト, 精神療法医, 治療家. (女性形: –in).

The·ra·peu·tik [テラポイティク terapóytɪk] 女 –/ 《医》治療学.

the·ra·peu·tisch [テラポイティッシュ terapóytɪʃ] 形 治療の; 治療法の.

The·ra·pie [テラピー terapí:] 女 –/–n [..ピーエン] 《医・心》セラピー, 治療, 治療法. Psycho*therapie* 心理療法.

The·re·se [テレーゼ teré:zə] –[n]s/ 《女名》テレーゼ.

The·re·sia [テレーズィア teré:zia] –s/ 《女名》テレージア.

Ther·mal≈bad [テルマーる・バート] 中 –[e]s/..bäder ① 温泉浴. ② 温泉; 温水プール.

Ther·mal≈quel·le [テルマーる・クヴェれ] 女 –/–n 温泉.

Ther·me [テルメ térmə] 女 –/–n ① 温泉. ② 《圏 複》古代ローマの公衆浴場.

Ther·mik [テルミク térmɪk] 女 –/ 《気象》熱上昇気流.

ther·misch [テルミッシュ térmɪʃ] 形 熱の, 熱による.

ther·mo.., **Ther·mo..** [テルモ.. tɛrmo.. または テルモ..] 《形容詞・名詞につける 接頭》《熱》例: *thermo*nuklear 熱核の / *Thermo*meter 温度計.

Ther·mo·dy·na·mik [テルモ・デュナーミク térmo-dyna:mɪk または ..デュナーミク] 女 –/ 熱

力学.

***das* Ther·mo·me·ter** [テルモ・メータァ tɛrmo-méːtər] 田 (南ドィッ・ォーストリ・スィス 男) も (単2) -s/(複) - (3 characters のみ -n) 温度計, 寒暖計; 体温計. (英) *thermometer*. Das *Thermometer* fällt (steigt). 温度計が下がる(上がる) / Das *Thermometer* zeigt acht Grad über null. 寒暖計は[プラス] 8 度を示している.

ther·mo·nu·kle·ar [テルモ・ヌクれアール tér-mo-nukleaːr または ..アール] 形 (物) 熱核の.

Ther·mos≠fla·sche [テルモス・ふらッシェ] 女 -/-n (商標) 魔法びん.

Ther·mo·stat [テルモ・スタート tɛrmo-státː] 男 -[e]s (または -en)/-e[n] または 田 -[e]s/-e サーモスタット, 自動温度調節装置.

The·se [テーゼ téːzə] 女 -/-n ① 命題, テーゼ, 論題; 綱領. eine politische *These* 政治綱領 / eine *These*[4] *auf*stellen ある命題をたてる. ② 〔哲〕(弁証法で:)テーゼ, 定立.

Thing [ティング tíŋ] 田 -[e]s/-e (古代ゲルマンの)人民[裁判]集会, 民会.

Tho·mas [トーマス tóːmas] ① 《男名》トーマス. ② 《人名》トマス(十二使徒の一人). ein ungläubiger *Thomas* うたぐり深い人(使徒トマスがイエスの復活を疑ったことから).

Tho·mis·mus [トミスムス tomísmus] 男 -/ (哲) トミズム, トマス説(主義)(トマス・アクィナス *Thomas* von Aquin 1225?–1274 の神学・哲学の体系).

Tho·ra [トラー torá: または トーラ] 女 -/ 《ユタ*教》トーラー(モーセ五書の律法).

Tho·ri·um [トーリウム tóːrium] 田 -s/ (化) トリウム(放射性金属元素, 記号: Th).

Thril·ler [スリらァ θrílər] [英] 男 -s/- スリラー[映画・小説].

Throm·bo·se [トロンボーゼ trombóːzə] 女 -/-n (医) 血栓(セヌ)症.

Thron [トローン tróːn] 男 -[e]s/-e ① 王座, 玉座; 王位, 帝位. den *Thron* besteigen 即位する / 人[3] *auf* den *Thron* folgen a) 人[3] の王位を継承する / 人[3] を襲ってその王位につく / Sein *Thron* wackelt. (比) 彼の地位は危ない. ② (戯)(子供用の)おまる.

Thron≠be·stei·gung [トローン・ベシュタイグンク] 女 -/-en 即位.

thro·nen [トローネン tróːnən] 自 (h) ① 王座についている. ② (比) (議長席などに) 堂々と座っている; (城などが)そびえ立っている.

Thron≠er·be [トローン・エルベ] 男 -n/-n 王位(帝位)継承者. (女性形: ..erbin).

Thron≠fol·ge [トローン・ふォるゲ] 女 -/ 王位(帝位)継承.

Thron≠fol·ger [トローン・ふォるガァ] 男 -s/- 王位(帝位)継承者. (女性形: -in).

Thron≠räu·ber [トローン・ロイバァ] 男 -s/- 王位(帝位)簒奪(サン)者. (女性形: -in).

Thron≠re·de [トローン・レーデ] 女 -/-n (議会で:)王(皇帝)の開会式辞.

Thu·ky·di·des [トゥキューディデス tukýːdi-dɛs] (人名) トゥキュディデス, ツキジデス (前460?–前400?; ギリシアの歴史家).

Thu·le [トゥーれ túːlə] 女 -/ (島名) トゥーレ (古代ギリシア・ローマ人が極北にあると信じていた島).

Thu·li·um [トゥーリウム túːlium] 田 -s/ (化) ツリウム (記号: Tm).

Thun≠fisch [トゥーン・ふィッシュ] 男 -[e]s/-e (魚) マグロ.

***die* Thur·gau** [トゥーァ・ガオ túːr-gau] 男 -s/ 『定冠詞とともに』(地名)トゥールガウ(スイス 26 州の一つ. 都州はフラウエンフェルト).

Thü·rin·gen [テューリンゲン týːrɪŋən] 田 -s/ (地名) テューリンゲン(ドイツ中東部の州. 州都はエアフルト). ☞ (地図) E~F–3).

Thü·rin·ger [テューリンガァ týːrɪŋər] I 男 -s/- テューリンゲン地方の住民(出身者). (女性形: -in). II 形 《無語尾で》テューリンゲンの. der *Thüringer* Wald テューリンゲンの森.

thü·rin·gisch [テューリンギッシュ týːrɪŋɪʃ] 形 テューリンゲンの.

Thy·mi·an [テューミアーン týːmiaːn] 男 -s/-e ① (植) タイム, ジャコウソウ. ② 《圏 なし》(料理) タイム(香辛料).

Ti [テー・イー] (化・記号) チタン (=Titan).

Ti·a·ra [ティアーラ tiáːra] 女 -/Tiaren ① 古代ペルシア王の帽子. ② ローマ教皇の三重冠.

Ti·bet [ティーベット tíːbɛt または ティベート ti-béːt] I 田 -s/ (地名) チベット(中国南西部の自治区). II 男 -s/-e (織) モヘア; チベット羊毛.

Ti·be·ter [ティーベータァ tibéːtər または ティーベタァ tíːbɛtər] 男 -s/- チベット人. (女性形: -in).

ti·be·tisch [ティーベーティッシュ tibéːtɪʃ または ティーベティッシュ tíːbɛtɪʃ] 形 チベット[人・語]の.

Tick [ティック tík] 男 -[e]s/-s ① (口語) 妙な癖, 気まぐれ. ② (医) チック症(顔面筋のけいれん). ③ (口語) ニュアンス, 微妙な差. einen *Tick* ほんの少し, ちょっとだけ.

ti·cken [ティッケン tíkən] 自 (h) ① (時計などが)かちかち(かたかた)音をたてる. ②《*mit* 人[3] ~》(物[3] で)かちかち(かたかた)音をたてる. ③《口語》考え方が…である.

***das* Ti·cket** [ティケット tíkət] [英] 田 (単2) -s/(複) -s 航空券, 乗船(乗車)券; チケット, 入場券. Ihr *Ticket*, bitte! 乗車券を拝見します.

tick·tack! [ティック・タック tík-ták] 間 (時計などの音:)ちくたく, かちかち.

Tieck [ティーク tíːk] -s/ 《人名》ティーク (Ludwig *Tieck* 1773–1853; ドイツ・ロマン派の作家).

***tief** [ティーふ tíːf]

深い | Wie *tief* ist der Brunnen?
ヴィー ティーふ イスト ディァ ブルンネン
この井戸の深さはどれくらいですか.

I 形 (比較 tiefer, 最上 tiefst) ① 深い, 底深い. (英) *deep*. (対)「浅い」は seicht). *tiefer* Schnee 深い雪 / ein *tiefer* See 深い湖 / ein

tiefer Teller 深皿 / *tief* graben 深く掘る / eine *tiefe* Verbeugung⁴ machen 深々とおじぎする.
② 《数量を表す4格とともに》…の深さの, …の奥行きの. eine drei Meter *tiefe* Grube 深さ3メートルの穴 / Der Schrank ist 50 cm *tief*. その戸棚は奥行きが50センチある.
③ （位置的に）低い; （気温などが）低い. *tiefe* Wolken 低い雲 / in einem mit *tiefer* Decke 天井の低い部屋 / Das Flugzeug fliegt *tief*. 飛行機が低空飛行している / *tief* unten im Tal 深い谷底に / Er wohnt eine Etage *tiefer*. 彼は1階下に住んでいる / *tiefe* Temperaturen 低温. (⇨類 niedrig).
④ **奥深い**, 奥行きのある; （内部へ）奥深い. ein *tiefer* Wald 深い森 / Die Bühne ist ziemlich *tief*. その舞台はかなり奥行きが深い / im *tiefen* Afrika アフリカの奥地で / eine *tiefe* Wunde 深い傷 / *tief* ins Land ein|dringen 内陸の奥深くまで侵入する / *tief* atmen 深呼吸する / **bei** 人³ nicht *tief* gehen 人³にたいした感銘を与えない.
⑤ （時間的に）真っただ中の. *tief* in der Nacht 深夜に / im *tiefen* Winter 真冬に / bis *tief* in die Nacht (in den Herbst) [hinein] 真夜中まで(秋が深まるころまで).
⑥ （程度が）深い, ひどい, はなはだしい. ein *tiefer* Schmerz (Schlaf) ひどい苦痛(深い眠り) / eine *tiefe* Freude 心底からの喜び / in *tiefster* Not 困り果てて. ◊《名詞的に》**aufs** *tiefste* (または *Tiefste*) はなはだしく. ⑦ （内容が）深遠な, 深い. ein *tiefer* Gedanke 深遠な思想. ⑧ （色が）濃い; （音程が）低い. ein *tiefes* Rot 濃い赤 / eine *tiefe* Stimme 低い声.
II **副** 非常に, はなはだしく. **男**⁴ *tief* bedauern **男**⁴を非常に残念に思う.
▶ **tief⇗bewegt, tief⇗blickend, tief⇗empfunden, tief⇗gehend, tief⇗greifend, tief⇗liegend, tief⇗schürfend, tief⇗stehend**

Tief [ティーふ] 囲 -s/-s ① 《気象》低気圧[圏] (=*Tief*druckgebiet); 《比》最低の状態. （⇨「高気圧[圏]」は Hoch）. ② 《海》（浅い水域の中の）水路.

Tief⇗bau [ティーふ・バオ] 男 -[e]s/-ten (または -e) ① 《複 なし》（道路・トンネルなどの）地表(地下)工事, 土木工事. （⇨「地上工事」は Hochbau). ② 《複 -ten》地表(地下)建築物. ③ 《複 -e》（坑）坑内採掘.

tief⇗be·wegt, tief be·wegt [ティーふ・ベヴェークト] 形 深く感動した.

Tief⇗blau [ティーふ・ブラオ] 形 濃青色の.

tief⇗bli·ckend, tief bli·ckend [ティーふ・ブリッケント] 形 洞察力のある, 炯眼(けいがん)の.

Tief⇗druck¹ [ティーふ・ドルック] 男 -[e]s/ 《気象》低気圧.

Tief⇗druck² [ティーふ・ドルック] 男 -[e]s/-e 《印》① 《複 なし》凹版印刷[術]. ② 凹版印刷物.

Tief·druck⇗ge·biet [ティーふドルック・ゲビート] 囲 -[e]s/-e 《気象》低気圧[圏], 低圧部.

die **Tie·fe** [ティーふェ tíːfə] 囡 《単》-/《複》-n
① **深さ**, 深み, 深い所. 《英》*depth*. （⇨「高さ」は Höhe). die Tiefe des Wassers 水深 / Der Brunnen hat eine *Tiefe* von drei Metern. この泉は3メートルの深さがある / **aus** der *Tiefe* 深い所から / **in** die *Tiefe* stürzen 深みに落ち込む.
② 奥行き; 奥の方. ein Schrank von 30 cm *Tiefe* 奥行き30センチの戸棚 / **aus** der *Tiefe* seines Herzens 《比》彼の心の奥底から. ③ 《複 なし》（精神的な）深さ; （感情などの強さ, 激しさ. die *Tiefe* des Gedankens 思想の深さ. ④ 《複 なし》（色の）濃さ; （音・声の）低さ.

Tief⇗ebe·ne [ティーふ・エーベネ] 囡 -/-n 《地理》（海抜200メートル以下の）平地, 低地. （⇨「高原」は Hochebene).

tief⇗emp·fun·den, tief emp·fun·den [ティーふ・エンプフンデン] 形 心からの, 衷心からの.

Tie·fen⇗psy·cho·lo·gie [ティーふェン・プスュヒョろギー] 囡 -/ 《心》深層心理学.

Tie·fen⇗schär·fe [ティーふェン・シェルふェ] 囡 -/-n 《写》（レンズの）焦点深度.

Tie·fen⇗wir·kung [ティーふェン・ヴィルクング] 囡 -/ ① （身体の）深部への効果. ② （絵・舞台などの）立体効果, 遠近効果.

tief⇗ernst [ティーふ・エルンスト] 形 非常にまじめな, きわめて厳粛な.

Tief⇗flug [ティーふ・ふるーク] 男 -[e]s/..flüge 低空飛行.

Tief⇗gang [ティーふ・ガング] 男 -[e]s/ 《造船》（船の）喫水(きっすい); 《比》（精神的な）深み.

Tief⇗ga·ra·ge [ティーふ・ガラージェ] 囡 -/-n 地下ガレージ, 地下駐車場.

tief|ge·frie·ren* [ティーふ・ゲふリーレン tíːfgəfriːrən] 他 (h) （肉・野菜など⁴を）冷凍する.

tief⇗ge·fro·ren [ティーふ・ゲふローレン] I tiefgefrieren (冷凍する)の過分 II 形 （保存のために）冷凍された.

tief⇗ge·hend, tief ge·hend [ティーふ・ゲーエント] 形 根底にまで及ぶ, 根本的な, 徹底的な(改革など).

tief⇗ge·kühlt [ティーふ・ゲキュールト] 形 （保存のために）冷凍された.

tief⇗grei·fend, tief grei·fend [ティーふ・グライふェント] 形 根底にまで及ぶ, 徹底的な(改革など).

tief⇗grün·dig [ティーふ・グリュンディヒ] 形 ① 深く掘り下げた, 徹底的な(考察など). ② 《農》（耕土が）地中深くまで達する.

Tief·kühl⇗fach [ティーふキューる・ふァッハ] 囲 -[e]s/..fächer 冷蔵庫の冷凍室, フリーザー.

Tief·kühl⇗kost [ティーふキューる・コスト] 囡 -/ 冷凍食品.

Tief·kühl⇗tru·he [ティーふキューる・トルーエ] 囡 -/-n （大型の）冷凍庫; 冷凍食品のショーケース.

Tief⇗küh·lung [ティーふ・キューるング] 囡 -/ [急速]冷凍.

Tief≈la·der [ティーふ・らーダァ] 男 -s/- 大物車(特大貨物用の低床式貨車); 低床トレーラー.

Tief≈land [ティーふ・らント] 中 -(e)s/..länder (または -e) (海抜 200 メートル以下の)低地. (⇔「高地」は Hochland).

tief lie·gend, tief lie·gend [ティーふ・リーゲント] 形 ① 低い(深い)ところにある. ② くぼんだ(眼など).

Tief≈punkt [ティーふ・プンクト] 男 -(e)s/-e 最下点; どん底[状態].

Tief≈schlag [ティーふ・シュらーク] 男 -(e)s/..schläge (ボクシングで:)ローブロー(ベルトラインの下を打つ反則攻撃); 《比》フェアでない攻撃.

tief≈schür·fend, tief schür·fend [ティーふ・シュルふェント] 形 深く掘り下げた, 徹底的な(考察など).

Tief≈see [ティーふ・ゼー] 女 -/ 《地理》(水深 1,000 メートル以上の)深海.

Tief≈sinn [ティーふ・ズィン] 男 -(e)s/ ① 物思い, 憂うつ. in *Tiefsinn* verfallen 物思いに沈む. ② 深い意味.

tief≈sin·nig [ティーふ・ズィニヒ] 形 ① 深い意味のある. ② 物思いに沈んだ, 憂うつな.

Tief≈stand [ティーふ・シュタント] 男 -(e)s/ (発展の)低水準, 沈滞; 最低水位; 《経》不況.

Tief≈sta·pe·lei [ティーふ・シュターペらイ] 女 -/-en ① 《閥なし》卑下. ② 卑下した言葉.

tief≈sta·peln [ティーふ・シュターペるン tí:fʃtà:pəln] 自 (h) (自分の能力などについて)卑下する.

tief≈ste·hend, tief ste·hend [ティーふ・シュテーエント] 形 (倫理的・社会的に)程度の低い.

Tiefst≈preis [ティーふスト・プライス] 男 -es/-e 超安値, 大廉価.

Tie·gel [ティーゲる tí:gəl] 男 -s/- ① 《工》るつぼ. ② 《料理》平鍋(ひらなべ), フライパン.

das **Tier [ティーァ tiːr] 中 (単2) -es (まれに -s)/(複) -e (3格のみ -en) ① 動物; (四つ足の)獣. (⇔ *animal*). (⇔「植物」は Pflanze). ein wildes *Tier* 野獣 / ein nützliches *Tier* 益獣 / *Tiere*⁴ halten (dressieren) 動物を飼う(調教する) / Er ist ein richtiges *Tier*. 《比》彼はまったくけだもののようなやつだ / Sie ist ein gutes *Tier*. 《俗》彼女はお人よしだ / ein großes (または hohes) *Tier* 《口語》お偉方, 大物. ② 《狩》雌鹿.

> ⇔ ..tier のいろいろ: **Arbeitstier** 役畜 / **Haustier** 家畜 / **Lasttier** 荷役用家畜 / **Raubtier** 猛獣 / **Säugetier** 哺乳動物 / **Versuchstier** 実験動物 / **Zugtier** (荷車をひく)役畜

Tier≈art [ティーァ・アールト] 女 -/-en 《動》動物の種類.

Tier≈arzt [ティーァ・アールツト] 男 -es/..ärzte 獣医. (女性形: -ärztin).

tier≈ärzt·lich [ティーァ・エーァツトりヒ] 形 獣医[学]の.

Tier≈freund [ティーァ・ふロイント] 男 -(e)s/-e 動物好きの人. (女性形: -in).

Tier≈gar·ten [ティーァ・ガルテン] 男 -s/..gärten ① (小規模の)動物園. ② 《地名》ティーアガルテン(ベルリンの地区名).

Tier≈hal·ter [ティーァ・はるタァ] 男 -s/- 動物の飼育者(飼い主). (女性形: -in).

Tier≈hand·lung [ティーァ・ハンドるング] 女 -/-en ペットショップ.

Tier≈heil·kun·de [ティーァ・ハイるクンデ] 女 -/ 獣医学 (=Tiermedizin).

Tier≈heim [ティーァ・ハイム] 中 -(e)s/-e (犬・猫などを収容する・宿泊させる)動物ホーム.

tie·risch [ティーリッシュ tí:rɪʃ] I 形 ① 動物の; 動物性の. *tierisches* Fett 動物性脂肪. ② けものの. *tierische* Grausamkeit けだもののような残忍さ. ③ 《俗》ものすごい. II 副 《俗》ものすごく, ひどく.

Tier≈kreis [ティーァ・クライス] 男 -es/ 《天》黄道帯, 獣帯; 十二宮.

> ⇔ **Tierkreis** (十二宮): der **Widder** 牡羊座 / der **Stier** 牡牛座 / (複たː) die **Zwillinge** 双子座 / der **Krebs** かに座 / der **Löwe** 獅子座 / die **Jungfrau** 乙女座 / die **Waage** 天秤座 / der **Skorpion** さそり座 / der **Schütze** 射手座 / der **Steinbock** やぎ座 / der **Wassermann** みずがめ座 / (複たː) die **Fische** 魚座.

Tier·kreis≈zei·chen [ティーァクライス・ツァイヒェン] 中 -s/- 《天》① 獣帯記号. ② (黄道十二宮の)宮.

Tier≈kun·de [ティーァ・クンデ] 女 -/ 動物学 (=Zoologie).

Tier≈me·di·zin [ティーァ・メディツィーン] 女 -/ 獣医学.

Tier≈park [ティーァ・パルク] 男 -s/-s (まれに -e) (大規模な)動物園.

Tier≈quä·le·rei [ティーァ・クヴェーれライ] 女 -/-en 動物虐待.

Tier≈reich [ティーァ・ライヒ] 中 -(e)s/-e 動物界.

Tier≈schau [ティーァ・シャオ] 女 -/-en (サーカスなどの)動物ショー.

Tier≈schutz [ティーァ・シュッツ] 男 -es/ 動物保護.

Tier·schutz≈ge·biet [ティーァシュッツ・ゲビート] 中 -(e)s/-e 動物保護地区.

Tier·schutz≈ver·ein [ティーァシュッツ・ふェァアイン] 男 -(e)s/-e 動物愛護協会.

Tier≈ver·such [ティーァ・ふェァズーフ] 男 -(e)s/-e 動物実験.

Tier≈welt [ティーァ・ヴェるト] 女 -/ 動物界, 動物相.

Tier≈zucht [ティーァ・ツフト] 女 -/ 動物(特に家畜)の飼育; 畜産.

Ti·ger [ティーガァ tí:gər] 男 -s/- 《動》トラ.

ti·gern [ティーガァン tí:gərn] 自 (s) 《口語》(…へ)歩いて出かける, ほっつき歩く.

◊⇨ getigert

Til·de [ティるデ tíldə] 《ス》女 -/-n ① 波形符 (スペイン語の n の口蓋化記号; ポルトガル語の母音の鼻音化記号. Señor「セニョール」などに用いる; 記号: ˜). ② 波形ダッシュ(辞書などに用いられる省略記号; 記号: ~).

tilg·bar [ティるクバール] 形 ① 消すことができる.

② 償還(償却)できる.

til·gen [ティるゲン tílgən] 他 (h) ① 《雅》(人・物⁴を)消す, 抹消(削除)する; 抹殺(根絶)する. die Spuren⁴ eines Verbrechens tilgen 犯罪の痕跡を消す / 人・事⁴ aus dem Gedächtnis tilgen 《比》人・事⁴を記憶からぬぐい去る. ② (経)(負債など⁴を)返済する, 償却する. ein Darlehen⁴ tilgen ローンを返済する.

Til·gung [ティるグング] 女 -/-en ① 消すこと, 抹殺; 削除. ② (経) (負債などの)返却, 償還.

Till Eu·len·spie·gel [ティる オイれン・シュピーゲる tíl ɔ́ylən-ʃpi:gəl] I --s/ 《人名》ティル・オイレンシュピーゲル(14 世紀に実在したといわれる有名ないたずら者, 15-16 世紀の民衆本の主人公). II 男 --s/-- 《比》いたずら者.

Tim·bre [テーンブる tɛ́:brə または ..バァ ..bər̩] [̃ːバɾ] 中 -s/-s (楽器・声の)音色.

tin·geln [ティンゲるン tíŋəln] 自 (h) 《隠語》(安っぽい)ショーを演じて[どさ回りをする].

Tink·tur [ティンクトゥーァ tɪŋktú:ɐ̯] 女 -/-en (薬) チンキ[剤]. Jodtinktur ヨードチンキ.

Tin·nef [ティネふ tínəf] 男 -s/ 《口語》 ① くだらない品物, がらくた. ② ばかげたこと.

die **Tin·te** [ティンテ tíntə] 女 -/(複) -n ① インク. 《英 ink》. blaue (rote) Tinte 青(赤)インク / mit Tinte schreiben インクで書く / Das ist klar wie dicke Tinte. 《口語》それはわかりきったことだ / in die Tinte geraten 《口語》八方ふさがりになる / in der Tinte sitzen 《口語》八方ふさがりである. ② 《雅》色彩, 色調.

Tin·ten⸗fass [ティンテン・ふァス] 中 -es/..fässer インクつぼ(スタンド).

Tin·ten⸗fisch [ティンテン・ふィッシュ] 男 -[e]s/-e (動) イカ.

Tin·ten⸗klecks [ティンテン・クれックス] 男 -es/-e (ノートなどの)インクの染み.

Tin·ten⸗stift [ティンテン・シュティふト] 男 -[e]s/-e (しんにタールを含ませた)複写(コピー)用鉛筆.

Tin·ten⸗strahl·dru·cker [ティンテン・シュトラーるドルッカァ] 男 -s/- 《コンピュ》インクジェットプリンター.

Tip [ティップ] Tipp の古い形.

der **Tipp** [ティップ típ] [英] 男 (単2) -s/(複) -s 《英 tip》 ① 《口語》ヒント, 助言. 人³ einen Tipp geben 人³にヒントを与える. ② (賭事などの)情報, 予想.

Tip·pel⸗bru·der [ティッペる・ブルーダァ] 男 -s/..brüder 《戯》浮浪者. (女性形: ..schwester).

tip·peln [ティッペるン típəln] 自 (s) ① (長い道のりを)てくてく歩く. ② (子供などが)ちょこちょこ歩く.

tip·pen¹ [ティッペン típən] (tippte, hat...getippt) I 自 (完了 haben) ① 《方向を表す語句とともに》指先などで…を《軽くたたく, 軽く触れる. 《英 tap》. an (または gegen) die Scheibe tippen 窓ガラスをこつこつたたく / Er hat mir (または mich) auf die Schulter getippt. 彼は私の肩をぽんとたたいた / im Gespräch an 事⁴ tippen 《比》話のついでに事⁴に触れる / Daran ist nicht zu tippen. 《口語》それは異論の余地がない.

② 《口語》ワープロ(タイプ)を打つ.

II 他 (完了 haben) 《口語》 (原稿など⁴を)ワープロ(タイプ)で打つ. 《英 type》. einen Brief tippen 手紙をワープロ(タイプ)で打つ.

tip·pen² [ティッペン] I 自 (h) ① 《口語》予想する, 推測する. Du hast richtig getippt. 君の予想どおりだった / auf seinen Sieg tippen 彼の勝利を予想する. ② トトカルチョ(ナンバーくじ)をする. II 他 (h) (賭で)事⁴を)予想する.

Tipp⸗feh·ler [ティップ・フェーらァ] 男 -s/- ワープロ(タイプ)の打ち間違い, タイプミス.

Tipp⸗se [ティップセ típsə] 女 -/-n (軽蔑的に)タイピスト嬢, 女性秘書.

tipp, tapp! [ティップ タップ típ táp] 間 (軽い足音に)ぱたぱた.

tipp·te [ティップテ] tippen¹ (軽くたたく)の過去.

tipp·topp [ティップ・トップ típ-tɔ́p] 形 《口語》最高の, ものすごくいい.

Tipp⸗zet·tel [ティップ・ツェッテる] 男 -s/- (宝くじなどの)予想記入用紙.

Ti·ra·de [ティラーデ tirá:də] 女 -/-n ① (軽蔑的に:)長談義, 長広舌. ② (音楽) ティラード(速い音階的経過音による装飾).

Ti·rol [ティローる tiró:l] 中 -s/ 《地名》チロル, ティロール (オーストリア西部とイタリア北部のアルプス山間地方. オーストリアではチロル州をなす. 州都はインスブルック).

Ti·ro·ler [ティローらァ tiró:lər̩] I 男 -s/- チロル(の住民(出身者). (女性形: -in). II 形 《無語尾で》チロル(ティロール)の.

der **Tisch** [ティッシュ tíʃ]

テーブル	Bitte zu *Tisch*!
	ビッテ ツー ティッシュ
	どうかテーブルにおつきください.

男 (単2) -es (まれに -s)/(複) -e (3 格のみ -en) ① テーブル, 机, 食卓. 《英 table》. ein runder Tisch 丸いテーブル / den Tisch decken 食卓の用意をする / mit 事³ reinen Tisch machen 《口語》事³(やっかいな問題)を一掃する. ◇ 《前置詞とともに》Sie sitzen am Tisch. 彼らはテーブルについている / am runden Tisch (交渉・会議などで)対等に, 腹蔵なく(← 円卓について) / am grünen (または Grünen) Tisch または vom grünen (または Grünen) Tisch aus 机上の判断で, 実情に即さないで (金融・官庁の緑のテーブルから) / das Essen⁴ auf den Tisch bringen 料理を食卓に運ぶ / 事⁴ auf den Tisch des Hauses legen 事⁴を公にする / [bar] auf den Tisch [des Hauses] 《口語》現金で / unter den Tisch fallen 《口語》a) 考慮されない, b) 実施されない(←テーブルの下に落ちる) / Wir saßen um den Tisch. 私たちはテーブ

ルを囲んで座っていた / **vom** *Tisch* **sein**《口語》解決済みである, **vom** *Tisch* **müssen**《口語》解決されなければならない / *Tisch*⁴ **vom** *Tisch* **wischen**《口語》囲⁴を重要ではないとして無視する(←テーブルからふき取る) / **zum** *Tisch* **des Herrn gehen**《雅》聖体を拝領する.
② 〘前置詞とともに冠詞なして〙食事. **bei** *Tisch* 食事の際に / **nach** (**vor**) *Tisch* 食後(食前)に.
③ 〘総称的で〙テーブルについている人たち.

　..**tisch** のいろいろ: **Arbeitstisch** 仕事机 / **Ausziehtisch** 伸縮テーブル / **Esstisch** 食卓 / **Klapptisch** 折りたたみテーブル / **Nachttisch** ナイトテーブル / **Schreibtisch** 書き物机 / **Spieltisch** ゲーム台 / **Stammtisch** 常連用のテーブル

Tisch⸗da・me [ティッシュ・ダーメ] 囡 -/-n (正式の宴席で男性のパートナーとなる女性(食卓で Tischherr の右隣りの席に座る). (☞ Tischherr).

Tisch⸗de・cke [ティッシュ・デッケ] 囡 -/-n テーブル掛け, テーブルクロス.

tisch⸗fer・tig [ティッシュ・フェルティヒ] 形 そのまま食卓に出せる, 調理済みの, インスタントの.

Tisch⸗ge・bet [ティッシュ・ゲベート] 中 -[e]s/-e 食前(食後)の感謝の祈り.

Tisch⸗ge・spräch [ティッシュ・ゲシュプレーヒ] 中 -[e]s/-e 食卓での会話.

Tisch⸗herr [ティッシュ・ヘル] 男 -n/-en (正式の宴席で女性のパートナーとなる男性 (Tischdame を案内し, その左隣りの席に座る). (☞ Tischdame).

Tisch⸗kar・te [ティッシュ・カルテ] 囡 -/-n (パーティーなどの)席札 (テーブルに置いて座る席を示す).

Tisch⸗lein⸗deck⸗dich [ティッシュラインデックディヒ] 中 -[e]s/- ① 魔法のテーブル(グリム童話で欲しい料理が願いどおりに出てくるテーブル). ② (戯)何の不安もなく暮らせる所.

Tisch・ler [ティッシュラァ *tíʃlər*] 男 -s/- 家具職人, 指物(さしもの)師, 建具屋. (女性形: -in).

Tisch・le・rei [ティッシュレライ *tɪʃləráɪ*] 囡 -/-en ① 家具製作所, 指物(さしもの)師の仕事場. ② 〘複 なし〙家具製造業, 指物(さしもの)業.

tisch・lern [ティッシュレァン *tíʃlərn*] I 自 (h) 《口語》趣味で家具を作る. II 他 (h) 《口語》(家具⁴を)趣味で作る.

Tisch⸗ma・nie・ren [ティッシュ・マニーレン] 複 テーブルマナー.

Tisch⸗nach・bar [ティッシュ・ナッハバール] 男 -n/-n (会食で)隣席の人. (女性形: -in).

Tisch⸗plat・te [ティッシュ・プラッテ] 囡 -/-n 机(テーブル)の甲板(こうはん).

Tisch⸗rech・ner [ティッシュ・レヒナァ] 男 -s/- (机に置いて使う)電卓.

Tisch⸗re・de [ティッシュ・レーデ] 囡 -/-n テーブルスピーチ.

Tisch⸗ten・nis [ティッシュ・テンニス] 中 -/- ピンポン, 卓球. *Tischtennis*⁴ **spielen** 卓球をする.

Tisch⸗tuch [ティッシュ・トゥーフ] 中 -[e]s/..tücher テーブルクロス. **ein** *Tischtuch*⁴ **auf|legen** テーブルクロスを掛ける.

Tisch⸗wä・sche [ティッシュ・ヴェッシェ] 囡 -/- (総称的で:)食卓用布類(テーブルクロス・ナプキンなど).

Tisch⸗zeit [ティッシュ・ツァイト] 囡 -/-en 昼食の時間, 昼休み.

Tit. [ティーテる]《略》肩書き; 題目 (=**Titel**).

Ti・tan [ティターン *titá:n*] I 男 -en/-en ① (ギ神)タイタン, タイタン(神々に反抗した巨人族). ② 巨人; 偉人. II 中 -s/(化)チタン, チタニウム(金属元素; 記号: Ti).

ti・ta・nisch [ティターニッシュ *titá:nɪʃ*] 形 ① 巨人のような; 偉大な. ② (ギ神)タイタンの.

der **Ti・tel** [ティーテる *tí:təl*] 男 (単2) -s/(複) - (3格のみ -n) (英 *title*) ① 称号, 肩書き, 学位. *Doktortitel* 博士の称号 / 囲³ **einen** *Titel* **verleihen** 囲³に称号を与える. ② (本などの)題名, 表題, タイトル. **der** *Titel* **des Romans** 小説の題名. ③ 《スポ》タイトル, 選手権. **einen** *Titel* **verteidigen** (**verlieren**) タイトルを防衛する(失う). ④ 〘法〙(法令などの)節. ⑤ 〘経〙(予算などの)項目.

Ti・tel⸗bild [ティーテる・ビるト] 中 -[e]s/-er (本の)口絵; (雑誌の)表紙絵(写真).

Ti・tel⸗blatt [ティーテる・ブらット] 中 -[e]s/..blätter ① 〘書籍〙(本の)扉, タイトルページ. ② (雑誌の)表紙; (新聞の)第一面.

Ti・tel⸗held [ティーテる・へるト] 男 -en/-en (小説・映画などの)タイトルになっている主人公. (女性形: -in).

Ti・tel⸗kampf [ティーテる・カンプふ] 男 -[e]s/..kämpfe 〘スポ〙タイトルマッチ, 選手権試合.

Ti・tel⸗rol・le [ティーテる・ロれ] 囡 -/-n タイトルロール(映画・戯曲などのタイトルになっている主役).

Ti・tel⸗ver・tei・di・ger [ティーテる・フェァタイディガァ] 男 -s/- 〘スポ〙タイトル(選手権)防衛者. (女性形: -in).

Tit・te [ティッテ *títə*] 囡 -/-n (俗)(女性の)乳房, おっぱい.

ti・tu・lie・ren [ティトゥリーレン *titulí:rən*] 他 (h) (囲⁴に)称号をつけて呼ぶ. ① [**mit**] **Herr Doktor** *titulieren* 囲⁴に博士と呼びかける. ② (囲⁴を…と)呼ぶ. 囲⁴ [**als**] **Dummkopf** *titulieren* 囲⁴をばか呼ばわりする.

tja [ティァー *tjá:*] 間 (ためらい・困惑・あきらめなどを表して:)そうだなあ, うーん; ちぇっ.

Tl [テー・エる] 《化·記号》タリウム (=**Thallium**).

Tm [テー・エム] 《化·記号》ツリウム (=**Thulium**).

Toast [トースト *tó:st*] [英] 男 -es (まれに -s)/-e (または -s) ① トースト; トースト用パン. **zwei Scheiben** *Toast* 2枚のトースト / *Toast*⁴ **mit Butter bestreichen** トーストにバターを塗る. ② 乾杯の辞. **einen** *Toast* **auf** 囲⁴ **aus|bringen** 囲⁴のために乾杯の辞を述べる.

toas・ten [トーステン *tó:stən*] I 他 (h) (パン⁴を)トーストにする. II 自 (h) [**auf** 囚・事⁴ ~] (囚・事⁴のために)乾杯の辞を述べる.

Toas・ter [トースタァ *tó:stər*] 男 -s/- トースター.

To・bak [トーバク *tó:bak*] 男 -[e]s/-e (古)たばこ (=**Tabak**). **Das ist starker** *Tobak*!《口語・戯》これはひどい[冗談だ].

to·ben [トーベン tóːbən] (tobte, *hat/ist... getobt*) ① (定了 haben または sein) ① (嵐などが)荒れ狂う, 吹き荒れる. (英 *rage*). Das Meer *tobt*. 海が荒れる. ② (h) (怒り・苦痛で)荒れ狂う. **vor** Schmerz *toben* 苦痛でのたうちまわる / vor Wut *toben* 激怒する. ③ (h) (子供などが)はしゃぎ回る, 騒ぐ. Die Kinder haben auf dem Hof *getobt*. 子供たちは中庭で騒いだ. ④ (s) (子供などが…に)騒ぎながら駆けて行く.

To·bi·as [トービアス tobíːas] 男名 トビーアス.

Tob-sucht [トープ・ズフト] 女 -/ 狂乱状態; 《医》躁狂(そうきょう).

tob·süch·tig [トープ・ズュヒティヒ] 形 狂乱状態の; 《医》躁狂(そうきょう)の.

tob·te [トープテ] toben (荒れ狂う)の 過去.

Toc·ca·ta [トカータ tɔkáːta] 女 -/Toccaten 《音楽》トッカータ.

die Toch·ter [トホタァ tóxtər]

> 娘 Sie hat eine *Tochter*.
> ズィー ハット アイネ トホタァ
> 彼女には娘が一人いる.

女 (単) -/(複) Töchter [テヒタァ] (3格のみ Töchtern) ① (親に対して:)娘. (英 *daughter*). (⇔「息子」は Sohn). die einzige *Tochter* 一人娘 / die jüngste *Tochter* 末娘 / Mutter und *Tochter* 母と娘 / Ich habe zwei *Töchter*. 私には娘が二人います / Sie ist ganz die *Tochter* ihres Vaters. 彼女は父親そっくりだ / Grüßen Sie Ihr Fräulein *Tochter*! お嬢様にどうぞよろしく / die große *Tochter* der Stadt² (比)この町が生んだ高名な女性.
② (スイシ)(未婚の)娘,(特に:)ウエートレス, お手伝いさん. ③ (隠語)子会社 (=*Tochter*gesellschaft).

Töch·ter [テヒタァ] ‡Tochter (娘)の 複.

Toch·ter·ge·sell·schaft [トホタァ・ゲゼルシャフト] 女 -/-en 《経》子会社.

der Tod [トート tóːt] 男 (単2) -es (まれに -s)/(複) -e (3格のみ 複) -n ① 死. (英 *death*). (⇔「生」は Leben). ein früher (plötzlicher) *Tod* 若死に(突然の死) / der nasse *Tod* 溺死(できし) / der schwarze (または Schwarze) *Tod* 黒死病, ペスト / der weiße (または Weiße) *Tod* (雪崩などによる雪の中での)凍死 / den *Tod* fürchten 死を恐れる / einen sanften *Tod* haben 安らかに死ぬ / Sein *Tod* kam plötzlich. 彼の死は突然訪れた / 人³ den *Tod* wünschen 人³の死を願う / Das war der *Tod* ihrer Ehe. 《比》それで彼らの結婚生活は終わった / Das wäre mein *Tod*! 《接2・現在》《比》そんなことは我慢できないよ.
◇《前置詞とともに》 ein Kampf **auf** Leben und *Tod* 生死を賭(と)けた戦い / Das kann ich auf den *Tod* nicht leiden. 《口語》そんなことはとても我慢できないよ / auf den *Tod* krank sein 《雅》重態である / 人⁴ **auf** den *Tod* verwunden 人⁴に致命傷を負わせる / bis in den *Tod* 死ぬまで / **für** 人・物⁴ in den *Tod* gehen 《雅》人・物⁴のために命をささげる / 人⁴ **in** den *Tod* treiben 人⁴を死に追いやる / 物⁴ **mit** dem *Tod* bezahlen 物⁴を死をもって償う / Jetzt geht es **um** Leben und *Tod*. 今や生きるか死ぬかの問題だ / 人⁴ **vom** *Tod* erretten 人⁴の命を救う / bis **zum** *Tode* 死ぬまで / Er ist zu *Tode* erkrankt. 彼は致命的な病気にかかっている / **zu** *Tode* kommen 《雅》死ぬ / 物⁴ zu *Tode* hetzen (または reiten) 物⁴を使いすぎてその効力をなくす / 人⁴ **zu** *Tode* verurteilen 人⁴に死刑の宣告をする / sich⁴ zu *Tode* schämen 《比》死ぬほど恥ずかしい思いをする / Er war zu *Tode* erschrocken. 《比》彼はひどく驚いた.
② 《雅》死神. Der *Tod* klopft an. 死神がドアをノックする / **mit** dem *Tod* ringen (または kämpfen) 重態である (← 死神と闘う) / *Tod* und Teufel! こんちくしょう.

tod.. [トート.. tóːt..] 形容詞につける 接頭 《非常に・ものすごく》例: *tod*müde へとへとに疲れた.

tod·brin·gend [トート・ブリンゲント] 形 致命的な.

tod·ernst [トート・エルンスト] 形 恐ろしく真剣な, くそまじめな.

To·des·angst [トーデス・アングスト] 女 -/..ängste ① 死に対する不安. ② 死ぬほどの不安.

To·des·an·zei·ge [トーデス・アンツァイゲ] 女 -/-n 死亡広告, 死亡通知.

To·des·fall [トーデス・ファる] 男 -[e]s/..fälle (特に家族などの身内の)死亡[例]. wegen *Todesfalls* 忌中につき.

To·des·ge·fahr [トーデス・ゲファール] 女 -/-en 死の危険.

To·des·jahr [トーデス・ヤール] 中 -[e]s/-e 死亡の年, 没年.

To·des·kampf [トーデス・カンプふ] 男 -[e]s/..kämpfe 死との戦い; 《医》死戦, アゴニー.

To·des·kan·di·dat [トーデス・カンディダート] 男 -en/-en 死期を迎えた人. (女性形: -in).

to·des·mu·tig [トーデス・ムーティヒ] 形 死をもいとわぬ, 決死の覚悟の.

To·des·op·fer [トーデス・オプふァァ] 中 -s/- (事故などによる)死者, 犠牲者.

To·des·stoß [トーデス・シュトース] 男 -es/..stöße 致命的打撃, とどめの一発. 人³ den *Todesstoß* geben a) 人³にとどめを刺す, b) 《比》人³を破産させる.

To·des·stra·fe [トーデス・シュトラーふェ] 女 -/-n 死刑.

To·des·tag [トーデス・ターク] 男 -[e]s/-e 死亡の日, 命日.

To·des·ur·sa·che [トーデス・ウーァザッヘ] 女 -/-n 死因.

To·des·ur·teil [トーデス・ウァタイる] 中 -s/-e 死刑判決, 死刑の宣告.

To·des·ver·ach·tung [トーデス・フェアアハトゥング] 因 / 死を恐れないこと. **mit** *Todesverachtung* 《戯》平気[なぞぶり]で, 平然と.

tod⁼feind [トート・ファイント] 形 《雅》(因³に)激しい敵意を持っている.

Tod⁼feind [トート・ファイント] 男 -[e]s/-e 不倶戴天(ﾀﾞｲﾃﾝ)の敵, 宿敵. (女性形: -in).

tod⁼krank [トート・クランク] 形 危篤の, 重態の.

tod⁼lang·wei·lig [トート・ラングヴァイリヒ] 形 死ぬほど退屈な.

töd·lich [テートリヒ tǿ:tlıç] I 形 ① 致命的な, 致死の, 命取りの. (英 *deadly*). eine *tödliche* Krankheit 命にかかわる病気 / ein *tödliches* Gift 猛毒 / Körperverletzung mit *tödlichem* Ausgang 《法》傷害致死[罪]. ② 極度の, はなはだしい. mit *tödlicher* Sicherheit 絶対確実に. II 副 ひどく, ものすごく. sich⁴ *tödlich* langweilen 死ぬほど退屈する.

tod⁼mü·de [トート・ミューデ] 形 へとへとに疲れた, 死ぬほど疲れた.

tod⁼schick [トート・シック] 形 《口語》とてもすてきな.

tod⁼si·cher [トート・ズィッヒャァ] I 形 《口語》絶対確かな. II 副 《口語》絶対確かに.

Tod⁼sün·de [トート・ズュンデ] 因 -/-n (ｽﾞｭﾝﾃﾞﾝ) 大罪. die sieben *Todsünden* 七つの大罪(高慢・貪欲・肉欲・嫉妬・大食・怒り・怠惰の七つ).

tod⁼un·glück·lich [トート・ウングリュックリヒ] 形 ひどく不幸な.

To·fu [トーふ tó:fu] 男 -[s] 豆腐.

To·hu·wa·bo·hu [トーフヴァボーフー to:huvabó:hu] 中 -[s]/-s 混沌(ｺﾝﾄﾝ), 混乱 《『創世記』冒頭部分のヘブライ語から》.

die **Toi·let·te** [トアれッテ toaléta] [仏] 因 (単) -/(複) -n ① トイレ, 便所, 化粧室; 便器. (英 *toilet*). eine öffentliche *Toilette* 公衆トイレ / die *Toilette*⁴ benutzen トイレを使う / Entschuldigung, wo ist die *Toilette*? すみません, トイレはどこでしょうか / **auf die** *Toilette* (または **zur** *Toilette*) **gehen** トイレに行く. ② 《圏なし》《雅》身づくろい, 化粧. *Toilette*⁴ machen 化粧(身支度)する / die morgendliche *Toilette* 朝のお化粧. ③ 《雅》(女性の)社交服. **in großer** *Toilette* 盛装して.

Toi·let·ten⁼ar·ti·kel [トアれッテン・アルティーケる] 男 -s/- 化粧用品.

Toi·let·ten⁼frau [トアれッテン・ふラオ] 因 -/-en トイレ番のおばさん(公衆トイレの掃除をして, 利用者から料金を徴収する).

Toi·let·ten⁼pa·pier [トアれッテン・パピーァ] 中 -s/-e 《ふつう圏》トイレットペーパー.

Toi·let·ten⁼sei·fe [トアれッテン・ザイふェ] 因 -/-n 化粧せっけん.

toi, toi, toi! [トイ トイ トイ tóy tóy tóy] 間 《口語》① (成功を祈って:) しっかりやれよ, がんばって. ② 《ふつう **unberufen** とともに》(うっかり口に出して, つきが落ちないように机などを指でたたきながら:) 言わなきゃよかった, くわばらくわばら. Unberufen *toi, toi, toi*! ああ言うんじゃなかった, つきが落ちませんように.

To·kai·er [トカイアァ tokáıər] 男 -s/- トカイワイン(ハンガリーのトカイ Tokaj が生産の中心地).

To·kio [トーキオ tó:kio] 中 -s/ 《都市名》東京. (英 Tokyo とつづられることもある).

To·ki·o·er [トーキオアァ tó:kioər] = Tokioter

To·ki·o·ter [トキオータァ tokió:tər] I 男 -s/- 東京都民(出身者). (女性形: -in). II 形 《無語尾で》東京の.

To·kyo [トーキョー tó:kjo:] 中 -s/ 《都市名》東京.

to·le·rant [トレラント tolaránt] 形 ① 寛大な, 寛容な. ein *toleranter* Mensch 寛大な人 / gegen 因⁴ *tolerant* sein 因⁴に対して寛容である. ② (口語・婉曲)(性的に)開放的な.

To·le·ranz [トレランツ toleránts] 因 -/-en ① 《圏なし》寛大, 寛容. ② 《医》(薬物などに対する)耐性. ③ 《工》許容誤差, 公差.

to·le·rie·ren [トレリーレン tolerí:rən] 他 (h) ① (人・事⁴を)寛大に扱う, 許容(容認)する. ② 《工》(機械の誤差⁴を)許容する.

toll [トる tól] I 形 ① 《口語》すてきな, すごい, すばらしい. (英 *great*). ein *toller* Film すごくおもしろい映画 / Das ist einfach *toll*! [それは]とにかくすばらしい. ② 《口語》むちゃな, はめをはずした, 気違いじみた. eine *tolle* Fahrt むちゃな運転. ③ 《口語》ひどい, ものすごい. ein *toller* Lärm ひどい騒音. ④ 《古》気が違った; 狂犬病の. II 副 《口語》すごく, ひどく. Es ist *toll* heiß.

Tol·le [トれ tólə] 因 -/-n (額にたれた)巻毛.

tol·len [トれン tólən] 圓 (h, s) ① (h) (子供などが)はしゃぎ回る. ② (s) (子供などが…へ)はしゃぎながら歩いて行く.

Toll·heit [トるハイト] 因 -/-en ① 《圏なし》狂気, 精神錯乱. ② 狂気のさた, 愚行.

Toll·kir·sche [トる・キルシェ] 因 -/-n 《植》ベラドンナ(有毒植物だが薬にも用いる).

toll⁼kühn [トる・キューン] 形 向こう見ずな, 無謀な.

Toll·kühn·heit [トる・キューンハイト] 因 -/-en ① 《圏なし》向こう見ず, 無謀. ② 向こう見ずな行為.

Toll·patsch [トる・パッチュ] 男 -[e]s/-e 不器用者, へたくそ, へぼ.

Toll·wut [トる・ヴート] 因 -/ 《医》狂犬病.

toll·wü·tig [トる・ヴューティヒ] 形 狂犬病にかかった.

Tol·patsch [トる・パッチュ] Tollpatsch の古い形.

Töl·pel [テるペる tǿlpəl] 男 -s/- ① 間抜け, くず. ② 《鳥》カツオドリ.

töl·pel·haft [テるペるハふト] 形 間の抜けた, くずの.

Tols·toi [トるストイ tolstóy] -s/ 《人名》トルストイ (Lew *Tolstoi* 1828-1910; ロシアの作家).

*die **To·ma·te** [トマーテ tomáːtə] 囡 (単) -/ (複) -n 《植》 トマト; トマトの実. (英 tomato). *Tomaten*⁴ an|bauen トマトを栽培する / Die *Tomaten* sind noch nicht reif. トマトはまだ熟していない / eine treulose *Tomate* 《口語·戯》あてにならないやつ / *Tomaten*⁴ auf den Augen haben 《俗》うっかりしていてものが目に入らない.

To·ma·ten⸗mark [トマーテン・マルク] 匣 -[e]s/ 《料理》トマトピューレ.

Tom·bo·la [トンボラ tómbola] 囡 -/-s (または ..bolen) (年の市(3)などでの)福引き.

To·mo·gra·fie [トモグラフィー tomografiː] 囡 -/ 断層撮影《法》.

To·mo·gra·phie [トモグラフィー] 囡 -/ = Tomografie

der **Ton**¹ [トーン tóːn] 男 (単 2) -[e]s/(複) Töne [テーネ] (3 格のみ Tönen) ① 音, 響き, 音響; 楽音, 音色. (英 sound). ein hoher (tiefer) *Ton* 高い(低い)音 / ein lauter *Ton* 大きな音 / ein ganzer (halber) *Ton* 全音(半音) / Der *Ton* verklingt. 音がしだいに鳴りやむ / Das Instrument hat einen schönen *Ton*. その楽器はすばらしい音色を出す / den *Ton* an|geben a) 《歌手などに》音の高さを指示する, b) 《比》音頭を取る / 人·物⁴ **in** den höchsten *Tönen* loben 《比》人·物⁴をべたぼめする.
② アクセント, 強音. Die erste Silbe trägt den *Ton*. 第 1 音節にアクセントがある / Der *Ton* liegt auf ‚e'. アクセントは e にある.
③ 《ふつう 圏》口調, 話し方, 語調. Was ist das für ein *Ton*? 何という口のきき方だ / **in** freundlichem *Ton* sagen やさしい口調で言う.
④ 《口語》言葉, 発言. keinen *Ton* heraus|bringen (または von sich geben) 一言もしゃべらない / große *Töne*⁴ reden (または spucken) 《口語》大言壮語する. ⑤ 《圏 なし》(社交上の)礼儀, エチケット. der gute *Ton* 礼儀作法. ⑥ 《美》色調, 色合い, トーン (= Farb*ton*). ein Gemälde in düsteren *Tönen* 暗い色調の絵 / *Ton* in *Ton* (二つ以上の似かよった色が)微妙なハーモニーをつくって.

Ton² [トーン] 男 (単 2) -[e]s/(種類:) -e 粘土, 陶土. *Ton*⁴ kneten 粘土をこねる.

Ton⸗ab·neh·mer [トーン・アップネーマァ] 男 -s/- (レコードプレーヤーの)カートリッジ.

to·nal [トナール tonáːl] 形 《音楽》調性のある.

ton⸗an·ge·bend [トーン・アンゲーベント] 形 指導的な役割を果たす, 音頭取りの.

Ton⸗arm [トーン・アルム] 男 -[e]s/-e (レコードプレーヤーの)トーンアーム, ピックアップ.

Ton⸗art [トーン・アールト] 囡 -/-en ① 《音楽》調, 調性. Das Stück steht **in** der *Tonart* C-Dur. その曲の調性はハ長調だ. ② 口調, 語調. eine andere *Tonart*⁴ an|schlagen 《比》態度を[より厳しいものに]変える.

Ton⸗auf·nah·me [トーン・アオフナーメ] 囡 -/-n 録音.

das **Ton⸗band** [トーン・バント tóːn-bant] 匣 (単 2) -[e]s/(複) ..bänder [..ベンダァ] (3 格のみ ..bändern) 録音テープ. (英 tape). ein *Tonband*⁴ besprechen 録音テープに吹き込む / Musik⁴ auf *Tonband* auf|nehmen 音楽をテープに録音する.

Ton·band⸗auf·nah·me [トーンバント・アオフナーメ] 囡 -/-n テープ録音.

Ton·band⸗ge·rät [トーンバント・ゲレート] 匣 -[e]s/-e テープレコーダー.

Ton⸗dich·tung [トーン・ディヒトゥング] 囡 -/-en 《音楽》交響詩, 音詩.

Tö·ne [テーネ] Ton¹ の 複.

tö·nen [テーネン tǿːnən] **I** 圎 (h) ① 響く, 鳴り響く. Die Glocken *tönten*. 鐘が鳴った. (☞ 類語 klingen). ② 《口語》自慢する, ふいちょうする. **II** 他 (h) (圓⁴に)色合いをつける, (圓⁴を)染める. sich³ das Haar⁴ [rötlich] *tönen* 髪を[赤く]染める.

Ton⸗er·de [トーン・エーァデ] 囡 / 《化》アルミナ, 礬土(⁸ん).

tö·nern [テーナァン tǿːnərn] 形 《付加語としてのみ》粘土[製]の, 陶器の.

Ton⸗fall [トーン・ふァる] 男 -[e]s/..fälle 《ふつう 圏》① イントネーション, 抑揚. ② 口調, 話し方.

Ton⸗film [トーン・ふィるム] 男 -[e]s/-e 《映》トーキー.

Ton⸗fol·ge [トーン・ふォるゲ] 囡 -/-n 《音楽》音の連なり; 短いメロディー, フレーズ.

Ton⸗ge·fäß [トーン・ゲフェース] 匣 -es/-e 陶器, 土器.

Ton⸗hö·he [トーン・ヘーエ] 囡 -/-n 音の高さ.

To·ni [トーニ tóːni] -s/ 《男名·女名》トーニ (Anton, Antonie, Antonia の 短縮).

To·ni·ka [トーニカ tóːnika] **I** Tonikum の 複 **II** 囡 -/..niken 《音楽》主音(各音階の第 1 音); 主和音.

To·ni·kum [トーニクム tóːnikum] 匣 -s/..nika 《薬》強壮剤.

Ton⸗in·ge·ni·eur [トーン・インジェニエーァ] 男 -s/-e 《映·放送》録音技師, ミキサー. (女性形: -in).

Ton⸗kopf [トーン・コプふ] 男 -[e]s/..köpfe (テープレコーダーの)[録音·再生]ヘッド.

Ton⸗kunst [トーン・クンスト] 囡 / 《雅》音楽.

Ton⸗künst·ler [トーン・キュンストらァ] 男 -s/- 《雅》作曲家 (= Komponist). (女性形: -in).

Ton⸗la·ge [トーン・らーゲ] 囡 -/-n 《音楽》音域.

Ton⸗lei·ter [トーン・らイタァ] 囡 -/-n 《音楽》音階.

ton⸗los [トーン・ろース] 形 響きのない, 抑揚のない.

Ton⸗meis·ter [トーン・マイスタァ] 男 -s/- 《映·放送》録音技師, ミキサー (= Toningenieur).

Ton·na·ge [トナージェ tonáːʒə] [仏] 囡 -/-n 《海》(船舶の)容積トン数.

Ton·ne [トンネ tónə] 囡 (単)-/(複)-n ① ドラム缶, 大樽, 筒形容器. (英 drum). Mülltonne 大型のごみ容器 / eine Tonne mit Öl 石油のドラム缶. ② (海)(船の)登録総トン数. ③ トン(重量単位. 1,000 kg; 略: t). (英 ton). eine Tonne Kohlen 石炭1トン. ④ (海)ブイ. ⑤《口語・戯》太っちょ, でぶ.

Ton·nen≠ge·wöl·be [トンネン・ゲヴェルベ] 匣 -s/-《建》《半円筒》ボールト(アーチ型の[丸]天井).

ton·nen≠wei·se [トンネン・ヴァイゼ] 副 トン単位で;《比》大量に.

Ton·spur [トーン・シュプーァ] 囡 -/-en《映》サウンドトラック.

Ton·sur [トンズーァ tɔnzúːr] 囡 -/-en《カト》(修道士の)トンスラ, 剃髪(ひはつ)[した頭], 中そり.

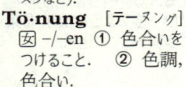

Ton≠trä·ger [トーン・トレーガァ] 男 -s/- 録音媒体(テープ・ミニディスクなど).

Tö·nung [テーヌング] 囡 -/-en ① 色合いをつけること. ② 色調, 色合い.

Tonsur

top.., Top.. [トップ.. tɔ́p..]《形容詞・名詞につける》接頭《最高の・最上の・トップの》例: Topmanagement トップマネージメント.

To·pas [トーパス topáːs] 男 -es/-e《鉱》黄玉(おうぎょく), トパーズ.

der **Topf** [トプフ tɔ́pf] 男(単2)-es (まれに -s)/(複) Töpfe [テプフェ] 男(3格のみ Töpfen) ① 深鍋(ふかなべ). (英 pot). ein emaillierter Topf ほうろう引きの深鍋 / ein Topf voll Suppe 深鍋一杯のスープ / einen Topf auf den Herd setzen 鍋をレンジにかける / wie Topf und Deckel zusammen|passen《口語》(二人の間が)しっくりいっている(← 深鍋とふたのように) / alles⁴ in einen Topf werfen《口語》何もかもいっしょくたにする / in die Töpfe gucken《口語》囡³のことにおせっかいをやく(←深鍋をのぞき込む) / Jeder Topf findet seinen Deckel. (ことわざ)破鍋(われなべ)に綴蓋(とじぶた)(←どんな鍋でもふたを見つける).
② (牛乳・食料品などを入れる)つぼ, ポット. Milchtopf ミルクポット. ③ 植木鉢 (=Blumentopf); おまる (=Nachttopf).

Topf   Kasserolle

Töpf·chen [テプフヒェン tǿpfçən] 囲 -s/- (Topf の縮小) 小さい鍋(なべ)(つぼ); おまる.

Töp·fe [テプフェ] Topf (深鍋)の複.

Top·fen [トプフェン tɔ́pfən] 男 -s/《南ドッ・オーストリア》カード, 凝乳 (=Quark).

Töp·fer [テプファァ tǿpfər] 男 -s/- 陶工. (女性形: -in).

Töp·fe·rei [テプフェライ tœpfərái] 囡 -/-en ① 《複 なし》製陶業. ② 陶器工場; 陶磁器.

Töp·fer≠schei·be [テプファァ・シャイベ] 囡 -/-n 陶工ろくろ.

Töp·fer≠wa·re [テプファァ・ヴァーレ] 囡 -/-n《ふつう複》陶磁器類.

Topf≠gu·cker [トプフ・グッカァ] 男 -s/-《戯》台所のことに口を出す人; おせっかいな人. (女性形: -in).

top-fit [トップ・フィット tɔ́p-fít] 形《述語としてのみ》《口語》体調(コンディション)が最高の.

Topf≠lap·pen [トプフ・ラッペン] 男 -s/-(布製の)鍋(なべ)つかみ.

Topf≠pflan·ze [トプフ・プフランツェ] 囡 -/-n 鉢植え植物.

To·po·gra·fie [トポグラフィー topografíː] 囡 -/-n [..フィーエン] ①《地理》地誌; 地形図, 地形, 地勢. ②《気象》等圧面天気図. ③《医》局所解剖学.

to·po·gra·fisch [トポグラーフィッシュ topográːfɪʃ] 形 地形(測量)に関する;《医》局所の.

To·po·gra·phie [トポグラフィー topografíː] 囡 -/-n [..フィーエン] =Topografie

to·po·gra·phisch [トポグラーフィッシュ topográːfɪʃ] 形 =topografisch

To·po·lo·gie [トポロギー topologíː] 囡 -/-《数》位相幾何学, トポロジー; 位相的構造.

To·pos [トーポス tɔ́ːpɔs または トッポス tɔ́ppɔs] 男 -/Topoi《文学》トポス, 文学的常套(じょうとう)句, 伝統的言い回し.

topp! [トップ tɔ́p] 間 (同意・賛成を表して:)よし, 承知した.

Topp [トップ] 男 -s/-e[n] (または -s) ①《海》(マストの)頂上, 檣楼(しょうろう). ②《戯》(劇場の)最上階の最も安い席, 天井桟敷.

*das **Tor**¹ [トーァ tóːr] 囲(単2)-[e]s/(複)-e (3格のみ -en) ① 門; (入口の)扉, 門扉. (英 gate). Stadttor 市門 / das Brandenburger Tor (ベルリンの)ブランデンブルク門 / ein Tor⁴ öffnen (schließen) 門を開ける(閉める) / Das Tor der Garage öffnet sich automatisch. ガレージの扉は自動的に開く.
② (サッカーなどの)ゴール. (英 goal). ein Tor⁴ schießen ゴールを決める / den Ball ins Tor schießen ボールをゴールにシュートする / mit 2:1 (=zwei zu eins) Toren siegen 2対1で勝つ / das Tor⁴ hüten ゴールを守る / Tor! ゴールだ(ゴールにボールが入った). ③ (スキーの)旗門.

Tor² [トーァ] 男 -en/-en《雅》愚か者, ばか.

To·re·ro [トレーロ toréːro] [スペイン] 男 -[s]/-s (徒歩の)闘牛士.

To·res≠schluss [トーレス・シュルス] 男 -es/門限. [kurz] **vor Toresschluss** ぎりぎりの時間になって.

Torf [トルフ tɔ́rf] 男 -[e]s/(種類:)-e ① 泥炭. Torf⁴ stechen 泥炭を掘る. ②《複 なし》泥炭地.

Torf≠moor [トルフ・モーァ] 囲 -[e]s/-e 泥炭

Torf·mull [トルフ・ムる] 男 -[e]s/-e ピートモス (土壌改良剤としての泥炭腐植土).

Tor·heit [トーァハイト] 囡 -/-en 《雅》 ① 《複なし》愚鈍，愚かさ． ② 愚行．eine *Torheit*[4] begehen ばかなことをする．

Tor≠**hü·ter** [トーァ・ヒュータァ] 男 -s/- ① (球技で:)ゴールキーパー．(女性形: -in). ② (昔の:)門番．

tö·richt [テーリヒト tǿ:rɪçt] 形 愚かな，ばかな；ばかげた；無意味な．eine *törichte* Frage ばかな質問．

Tor≠**jä·ger** [トーァ・イェーガァ] 男 -s/- 《口語》《スポ》ゴールゲッター．(女性形: -in).

tor·keln [トルケるン tɔ́rkəln] 自 (s, h) 《口語》 ① (s, h) よろける． ② (s) (酔っ払いなどが…へ)よろよろと歩いて行く．

Tor≠**lat·te** [トーァ・らッテ] 囡 -/-n 《スポ》 (ゴールの)クロスバー．

Tor≠**lauf** [トーァ・らオフ] 男 -[e]s/..läufe (スキーの)スラローム，回転競技 (＝Slalom).

Tor≠**li·nie** [トーァ・リーニエ] 囡 -/-n (球技の)ゴールライン．

Tor≠**mann** [トーァ・マン] 男 -es/..männer (または ..leute) (サッカーなどの)ゴールキーパー．(女性形: ..frau).

Tor·na·do [トルナード tɔrná:do] 男 -s/-s ① 《気象》大旋風，(特に北アメリカ南部の)トルネード． ② (競技用の二人乗り双胴ヨット).

Tor·nis·ter [トルニスタァ tɔrnístər] 男 -s/- 《軍》背嚢(はいのう)；《方》ランドセル．

tor·pe·die·ren [トルペディーレン tɔrpedí:rən] 他 (h) ① 《軍》 (船[4]を)魚雷で攻撃(撃沈)する． ② (計画など[4]を)ぶち壊す．

Tor·pe·do [トルペード tɔrpé:do] 男 -s/-s 《軍》魚雷，水雷．

Tor·pe·do≠**boot** [トルペード・ボート] 甲 -[e]s/-e 《軍》(昔の:)魚雷艇．

Tor≠**pfos·ten** [トーァ・プフォステン] 男 -s/- (サッカーなどの)ゴールポスト．

Tor≠**raum** [トーァ・ラオム] 男 -[e]s/..räume (サッカーなどの)ゴールエリア．

Tor≠**schluss** [トーァ・シュるス] 男 -es/ ＝ Toresschluss

Tor≠**schluss**≠**pa·nik** [トーァシュるス・パーニク] 囡 -/-en 《ふつう単》時間切れ寸前の焦り．aus *Torschlusspanik* heiraten (取り残される)焦燥感から結婚する．

Tor≠**schuss** [トーァ・シュス] 男 -es/..schüsse 《スポ》ゴールシュート．

Tor≠**schüt·ze** [トーァ・シュッツェ] 男 -n/-n (サッカーなどで:) ゴールを決めた選手．(女性形: ..schützin).

Tor·si·on [トルズィオーン tɔrzió:n] 囡 -/-en 《工・物》ねじれ，ねじり；《数》ねじれ率；《医》捻転(ねんてん)．

Tor·so [トルゾ tɔ́rzo] 〔複〕-s/-s (または Torsi) ① トルソー(頭・手足のない彫像)． ② 未完の作品．

Tört·chen [テルトヒェン tǿrtçən] 甲 -s/- (Torte の 縮小) 小型のトルテ．

die **Tor·te** [トルテ tɔ́rtə] 囡 (単) -/(複) -n ① 《料理》**トルテ**(果物・クリームなどをのせた円形のケーキ)．(米) layer cake). (☞ Kuchen 図). Obst*torte* フルーツトルテ． ② (若者言葉:)女の子．

Tor·ten≠**he·ber** [トルテン・ヘーバァ] 男 -s/- ケーキサーバー．

Tor·tur [トルトゥーァ tɔrtú:r] 囡 -/-en ① (昔の:)拷問． ② 責め苦，ひどい苦痛．

Tor≠**wart** [トーァ・ヴァルト] 男 -[e]s/-e ① (球技で:)ゴールキーパー．(女性形: -in). ② (昔の:)門番．

Tos·ca·ni·ni [トスカニーニ tɔskaní:ni] -s/ 《人名》トスカニーニ (Arturo *Toscanini* 1867-1957; イタリア生まれの指揮者)．

to·sen [トーゼン tó:zən] 自 (h, s) ① (h) (嵐・急流などが)ごう音をたてる．◇【現在分詞の形で】*tosender* Beifall 《比》嵐のような拍手喝采(かっさい)． ② (s) (…へ)ごう音をたてて進む．

‡**tot** [トート tó:t]

> **死んでいる**
> Er ist seit drei Jahren *tot*.
> エァ　イスト　ザイト　ドライ　ヤーレン　トート
> 彼が死んでから3年になる．

形 (米 dead) ① **死んでいる**, 死んだ; 死ぬほど疲れた. ein *toter* Mensch 死人 / ein *toter* Baum 枯れ木 / Sie war sofort (または auf der Stelle) *tot*. 彼女は即死だった / *tot* um|fallen (発作などで)卒倒して死ぬ / Sie war halb *tot* (または halb*tot*) vor Schrecken. 《口語》彼女は恐怖のあまりへなへなになった / Das ist *tot* und begraben. 《口語》それは昔の話だ (終わったことだ) / Ich bin mehr *tot* als lebendig. 私はもうくたくただ(←生きているというよりは死んでいる) / Ihre Liebe war *tot*. 《比》彼女の愛は冷めてしまった / eine *tote* Sprache 《比》死語 / Die Leitung ist *tot*. 《比》この電話は通じていない / sich[4] *tot* stellen 死んだふりをする．
② 生気のない，活気のない；(色などが)さえない，鈍い，人気(ひとけ)のない．Er war geistig *tot*. 《比》彼は精神的に参っていた / mit *toten* Augen どんよりした目で / ein *totes* Grün くすんだ緑色 / eine *tote* Straße 人気のない通り．
③ 使われていない，機能を失った，利用できない．ein *totes* Gleis 待避線，廃線 / *totes* Kapital a) (利益を生まない)非生産資本, b)《比》利用されていない能力．

▶ **tot**≠**geboren**

to·tal [トターる totá:l] I 形 《付加語としてのみ》 ① **完全な**, 全面的な, 全体的の. (米 total). der *totale* Krieg 総力戦 / eine *totale* Sonnenfinsternis 皆既日食 / eine *totale* Niederlage 完敗． ② 《政》全体主義の．der *totale* Staat 全体主義国家．

Ⅱ 副《口語》完全に, すっかり. Das habe ich *total* vergessen. それを私はすっかり忘れていた.

To·tal≠aus·ver·kauf [トターる・アオスフェァカオふ] 男 -[e]s/..käufe 在庫一掃大売り出し.

to·ta·li·tär [トタリテーァ totalité:r] 形《政》全体主義の. ein *totalitärer* Staat 全体主義国家.

To·ta·li·ta·ris·mus [トタリタリスムス totalitarísmus] 男 -/《政》全体主義.

To·ta·li·tät [トタリテート totalité:t] 女 -/-en ①《ふつう单》《哲》全体[性]. ②《ふつう单》独裁的な権力行使. ③《天》皆既食.

To·tal≠scha·den [トターる・シャーデン] 男 -s/..schäden (修理不能な)完全な破損, 全損.

tot|ar·bei·ten [トート・アルバイテン tó:t-àrbaɪtən] 再帰 (h) sich⁴ *totarbeiten*《口語》へとへとになる.

tot|är·gern [トート・エルグァン tó:t-ɛ̀rgərn] 再帰 (h) sich⁴ *totärgern*《口語》かんかんに怒る.

To·tem [トーテム tó:tɛm] 中 -s/-s《民俗》トーテム(北米先住民が種族の象徴として崇拝する動物).

To·te·mis·mus [トテミスムス totemísmus] 男 -/《民俗》トーテム信仰(崇拝).

*töten** [テーテン tó:tən] du tötest, er tötet (tötete, hat…getötet) **Ⅰ** 他 (変了 haben) ① 殺す, 死なせる.《変》 kill). einen Menschen (ein Tier⁴) *töten* 人(動物)を殺す / Durch die Explosion wurden zwei Arbeiter *getötet*.《受動・過去》その爆発で二人の作業員が死亡した. ◇目的語なしでも Du *sollst* nicht *töten*.《聖》あなたは殺してはならない(十戒の一つ). ② 《口語》破壊する, つぶす. einen Nerv [im Zahn] *töten*〔歯の神経を殺す / Gefühle⁴ *töten*《比》感情を抑える / die Zeit⁴ *töten*《比》暇をつぶす. **Ⅱ** 再帰 (変了 haben) sich⁴ *töten* 自殺する.

To·ten≠bah·re [トーテン・バーレ] 女 -/-n 棺台.

To·ten≠bett [トーテン・ベット] 中 -[e]s/-en 臨終の床.

to·ten≠blass [トーテン・ブらス] 形 死人のように青ざめた(顔色など).

to·ten≠bleich [トーテン・ブらイヒ] 形 =totenblass

To·ten≠fei·er [トーテン・ふァイアァ] 女 -/-n 葬式, 追悼式.

To·ten≠glo·cke [トーテン・グろッケ] 女 -/-n 葬式の鐘, 弔鐘.

To·ten≠grä·ber [トーテン・グレーバァ] 男 -s/- ① 墓掘り[人].(女性形: -in). ②《昆》シデムシ[科の甲虫].

To·ten≠hemd [トーテン・ヘムト] 中 -[e]s/-en (死体に着せる)埋葬用の衣服, 経かたびら.

To·ten≠kla·ge [トーテン・クらーゲ] 女 -/-n 死者を悼む嘆き;《文学》挽歌.

To·ten≠kopf [トーテン・コプふ] 男 -[e]s/..köpfe ① どくろ, しゃれこうべ. ② どくろ印.

To·ten≠mas·ke [トーテン・マスケ] 女 -/-n デスマスク.

To·ten≠mes·se [トーテン・メッセ] 女 -/-n《りっき》死者のためのミサ, レクイエム.

To·ten≠schein [トーテン・シャイン] 男 -[e]s/-e 死亡診断書.

To·ten≠sonn·tag [トーテン・ゾンターク] 男 -[e]s/-e《ふつう単》《新教》死者慰霊日(待降節 Advent 直前の日曜日).

To·ten≠star·re [トーテン・シュタレ] 女 -/《医》死後硬直.

to·ten≠still [トーテン・シュティる] 形 物音一つしない, しんと静まりかえった.

To·ten≠stil·le [トーテン・シュティれ] 女 -/ 死のような静けさ, 深い静寂.

To·ten≠tanz [トーテン・タンツ] 男 -es/..tänze《美》死の舞踏, どくろの踊り(中世後期の絵画に好んで用いられた主題. 死神が人間を墓場に導く図柄).

To·ten≠wa·che [トーテン・ヴァッヘ] 女 -/-n 通夜. die *Totenwache*⁴ halten 通夜をする.

To·te[r] [トーテ (..タァ) tó:tə (..tər)] 男 女《語尾変化は形容詞と同じ》☞ Alte[r] (例: 男 1 格 der Tote, ein Toter) 死者, 死人. die *Toten*⁴ ehren 死者を敬う / einen *Toten* begraben 死者を埋葬する / wie ein *Toter* schlafen《口語》ぐっすり眠る / Na, bist du von den *Toten* auferstanden?《現在完了》《口語・戯》(久しぶりに会った人に:)おやまだ生きていたのか (← 冥土からよみがえったのか).

tö·te·te [テーテテ] *töten(殺す)の 過去

tot|fah·ren* [トート・ふァーレン tó:t-fà:rən] 他 (h) (車などで)ひき殺す.

tot≠ge·bo·ren, tot ge·bo·ren [トート・ゲボーレン]《『分詞』》死産の. ein *totgeborenes* Kind a) 死産児, b) 最初から成功の見込みのない企て.

Tot≠ge·burt [トート・ゲブーァト] 女 -/-en《医》死産; 死産児.

tot|la·chen [トート・らッヘン tó:t-làxən] 再帰 (h) sich⁴ *totlachen*《口語》死ぬほど笑う, 笑い転げる.

tot|lau·fen* [トート・らオふェン tó:t-làʊfən] 再帰 (h) sich⁴ *totlaufen*《口語》成果なしに終わる;(流行などが)自然にすたれる.

tot|ma·chen [トート・マッヘン tó:t-màxən] **Ⅰ** 他 (h)《口語》(動物など⁴を)殺す;《比》(競争相手など⁴を)やっつける. **Ⅱ** 再帰 (h) sich⁴ für 人・事⁴ ~《口語》(人・事⁴のために)健康をそこねる, 神経をすり減らす.

To·to [トート tó:to] 男 中 -s/-s (公営)馬券発売所;(サッカーなどの)スポーツくじ, トトカルチョ.

tot|schie·ßen* [トート・シーセン tó:t-ʃì:sən] 他 (h)《口語》(人・動物⁴を)射殺する.

Tot≠schlag [トート・シュらーク] 男 -[e]s/ 殺害, 殺人;《法》故殺.

tot|schla·gen* [トート・シュらーゲン tó:t-ʃlà:gən] 他 (h) 打ち殺す, なぐり殺す. die Zeit⁴ *totschlagen*《口語・比》暇つぶしをする.

Tot≠schlä·ger [トート・シュれーガァ] 男 -s/-

① 殺人者，殺害者；《法》故殺者．（女性形: -in）．② 人殺しのこん棒（頭部に鉛の重りが付いている）．

tot|schwei·gen* [トート・シュヴァイゲン tóːtʃvaɪɡən] 佗 (h)（人・事⁴を）黙殺する．

tot stel·len ☞ tot ①

Tö·tung [テートゥング] 囡 -/-en 《ふつう 單》① 殺害；《法》殺人[罪]．fahrlässige *Tötung* 過失致死[罪]．② （感情などの）抑圧．

Tou·pet [トゥペー tupé:] 囲 -s/-s 男性用ヘアピース．

tou·pie·ren [トゥピーレン tupíːrən] 佗 (h)（髪⁴を）逆毛を立ててふくらませる．

die **Tour** [トゥーァ túːr] [仏] 囡（単）-/（複）-en ① 遠足，ハイキング，ドライブ，[小]旅行，ツアー．（英 *tour, trip*）．Er geht morgen auf *Tour*. 彼はあす旅に出る（遠足に行く） / eine *Tour*⁴ durch Europa (in die Berge) machen ヨーロッパ旅行をする（山へハイキングに出かける）．（☞ 類語 Reise）．
② 行程，距離．die ganze *Tour* 全行程．③ 《ふつう 單》《口語》手口，やり方，もくろみ．Die *Tour* zieht bei mir nicht! その手に乗るものか．④ 《ふつう 複》《工》回転，旋回．auf vollen *Touren* laufen a)（エンジンなどが）フル回転する，b)《口語》(仕事が)どんどん進んでいる / auf *Touren* kommen《口語》a)（機械が）動きだす；勢いづく，b)《比》怒りだす / in einer *Tour*《口語》続けざまに．⑤（繰り返し運動の）1区切り（ダンスの1回り・メリーゴーラウンドの1周など）．

Tou·ren⹀zahl [トゥーレン・ツァーる] 囡 -/-en 《工》回転数．

Tou·ren⹀zäh·ler [トゥーレン・ツェーらァ] 囲 -s/-《工》回転速度計，タコメーター．

Tou·ris·mus [トゥリスムス turísmʊs] 囲 -/ 観光[客の往来]，観光旅行．

der **Tou·rist [トゥリスト turíst] 囲（単 2·3·4）-en/（複）-en 旅行者，観光客，ツーリスト．（英 *tourist*）．Ich bin *Tourist*. 私は旅行者です．

Tou·ris·ten⹀klas·se [トゥリステン・クらッセ] 囡 -/-n（航空機などの）エコノミークラス．

Tou·ris·tik [トゥリスティク turístɪk] 囡 -/ 観光[旅行]；観光事業．

Tou·ris·tin [トゥリスティン turístɪn] 囡 -/..tinnen（女性の）旅行者，ツーリスト．

tou·ris·tisch [トゥリスティッシュ turístɪʃ] 形 観光[旅行]の．

Tour·nee [トゥルネー turné:] [仏] 囡 -/-s または -n [..ネーエン]（音楽家・劇団などの）客演旅行，巡業，ツアー．auf *Tournee*⁴ gehen 巡業に出る．

Tow·er [タオァァ táʊər] [英] 囲 -s/-《空》(空港の)管制塔，コントロールタワー．

To·xi·ko·lo·gie [トクスィコろギー toksikologí:] 囡 -/ 毒物学；中毒学．

To·xin [トクスィーン toksíːn] 匣 -s/-e《医·生》毒素．

to·xisch [トクスィッシュ tóksɪʃ] 形《医》① 有毒の．② 毒によって引き起こされた，中毒性の．

Trab [トラープ tráːp] 囲 -es（まれに -s）/（馬などの）トロット，速歩(ミ); 《口語》(人の)急ぎ足．[im] *Trab* reiten 馬を速歩で走らせる / 囚⁴ auf *Trab* bringen《口語》囚⁴をせきたてる / 囚⁴ in *Trab* halten《口語》囚⁴を休ませない．

Tra·bant [トラバント trabánt] 囲 -en/-en ①《天》衛星；《宇宙》人工衛星．②（昔の:)従者，従僕；(蔑称的に:)とり巻き．③ 《 で》《口語·戯》子供たち．④《商標》トラバント（旧東ドイツの小型自動車．愛称トラビ Trabi）．

Tra·ban·ten⹀stadt [トラバンテン・シュタット] 囡 -/..städte [..シュテーテ] 衛星都市；ベッドタウン．

tra·ben [トラーベン tráːbən] 圊 (h, s) ①（h, s)（馬が)速歩(ミ)で走る；馬を速歩で走らせる．②（s）《口語》（人が)急ぎ足で…へ歩いて行く．

Tra·ber [トラーバァ tráːbər] 囲 -s/- 速歩(ミ)馬（二輪馬車を引いて競争する馬）．

Trab·ren·nen [トラープ・レンネン] 匣 -s/- 速歩(ミ)競馬（二輪馬車を引いて競争する）．

die **Tracht** [トラハト tráxt] 囡（単）-/（複）-en ①（時代・地方・職業などに特有な）服装，衣装．（英 *costume*）．Volkstracht 民族(民俗)衣装 / eine bäuerliche *Tracht* 農民の服装．② 蜜蜂(ミ)が運ぶ蜜と花粉．③《農》輪作，連作．die erste (zweite)*Tracht* 第一(第二)作．④《成句的に》eine *Tracht*⁴ Prügel bekommen《口語》さんざんなぐられる．

trach·ten [トラハテン tráxtən] 圊 (h)《雅》① 〖nach 與³〗 與³を得ようと努める，努力する．nach Ehre *trachten* 名誉を得ようと努める．②〖zu 不定詞[句]とともに〗(…しようと)努める．Er *trachtete* [danach], den Plan zu verhindern. 彼はその計画を阻止しようと努めた．

träch·tig [トレヒティヒ tréçtɪç] 形 ①（動物が）妊娠している．②《雅》(思想などが)豊かな，内容が豊富な．ein von（または mit) Gedanken *trächtiges* Werk 着想の豊かな作品．

*die **Tra·di·ti·on** [トラディツィオーン traditsió:n] 囡（単）-/（複）-en ① 伝統，しきたり，慣例，因襲．（英 *tradition*）．eine *Tradition*⁴ bewahren 伝統を守る / Dieses Fest ist bei uns schon *Tradition* geworden.〖現在完了〗この祭は当地ではすでに伝統になった / an der *Tradition* fest|halten 慣習に固執する / mit der *Tradition* brechen 慣習を破る．②《雅》伝承[すること]．

tra·di·ti·o·nell [トラディツィオネる traditsionél] 形 伝統的な，恒例の．das *traditionelle* Weihnachtsessen 伝統的なクリスマスの食べ物．

traf [トラーフ] ⦂treffen（会う）の過去

trä·fe [トレーフェ] ⦂treffen（会う）の接2

Tra·fik [トラフィック trafík] 囡 -/-en（オーストリア)たばこ屋，キオスク．

Tra·fo [トラーフォ trá:fo] 囲 -s/-s《電》変圧器（=Transformator).

träg [トレーク tréːk] 形 =träge

Trag⸗bah·re [トラーク・バーレ] 囡 -/-n 担架.
trag·bar [トラークバール] 形 ① 携帯用の. ein *tragbarer* Fernseher ポータブルテレビ. ② 着用できる, 着ておかしくない(衣服). ③ (経済的に)耐えられる; (状況などが)我慢できる.
Tra·ge [トラーゲ trá:gə] 囡 -/-n 担架; 背負い枠.

trä·ge [トレーゲ tré:gə] 形 (比較) träger, (最上) träg[e]st; 格変化語尾がつくときは träg-) ① 不活発な, 動きがにぶい; 怠惰な. ein *träger* Mensch 無精な人. ②《物》慣性の. eine *träge* Masse 慣性質量.

tra·gen* [トラーゲン trá:gən]

持ち運ぶ; 身につけている
　Komm, ich *trage* den Koffer.
　コム　イヒ　トラーゲ　デン　コッファァ
　さあ、そのスーツケースを持ってあげよう.

人称	単	複
1	ich trage	wir tragen
2	{ du **trägst** Sie tragen	{ ihr tragt Sie tragen
3	er **trägt**	sie tragen

(trug, hat ... getragen) **I** 他 (完了 haben) ① [持ち]運ぶ; 担っている, 抱えている. (英 *carry*). einen Sack *auf* dem Rücken *tragen* 袋を背負って運ぶ / Die Mutter *trägt* das Baby auf dem Arm. 母親が赤ちゃんを腕に抱いている / eine Tasche[4] **in** der Hand *tragen* バッグを手に持っている / ein Kind[4] ins Bett *tragen* 子供を抱えてベッドに連れて行く / Er *trägt* ein Paket **zur** Post. 彼は小包を郵便局へ持って行く. ◇《目的語なしでも》Kann ich Ihnen *tragen* helfen? 運ぶのを手伝いましょうか / schwer **an** 物・事[3] *tragen* a) 物[3]が重くて苦労する, b)《比》事[3]に苦しむ ⇒ Er *trägt* schwer an seiner Schuld. 責任を負うことが彼には重荷になっている. (☞ 類語 bringen).
② (衣服など[4]を)身につけている; (ある髪型[4]を)している; 携行(携帯)している. Er *trägt* einen neuen Anzug. 彼は新しいスーツを着ている / einen Bart *tragen* ひげを生やしている / eine Brille[4] *tragen* 眼鏡をかけている / einen Hut *tragen* 帽子をかぶっている / Sie *trägt* immer Jeans. 彼女はいつもジーンズをはいている / Pferdeschwanz[4] *tragen* ポニーテールにしている / eine Pistole[4] *tragen* ピストルを携帯している / einen Pass **bei** sich *tragen* パスポートを携行している.
③ (責任など[4]を)引き受ける, (費用など[4]を)負担する. Er *trägt* die Schuld **an** dem Unglück. その事故の責任は彼にある / Die Versicherung *trägt* den Schaden. 保険会社が損害を負担する.
④ (人・物[4]を)支える, 載せている. Vier Säulen *tragen* das Dach. 4本の柱が屋根を支えている / Die Füße *tragen* mich nicht mehr. 私は足がくたびれてもう歩けない. ◇《目的語なしでも》Das Eis *trägt* schon. 氷はもう人が乗ってもだいじょうぶだ.
⑤ (体の部分・髪[4]を…に)している, 保っている. den Kopf aufrecht *tragen* 頭をまっすぐにしている / Sie *trägt* ihr Haar lang. 彼女は髪を長くしている.
⑥ (名前・日付など[4]を)持っている, (レッテルなど[4]を)つけている. Er *trägt* den Titel „Doktor". 彼は「博士」の称号を持っている.
⑦ (苦難などに)耐える, 忍ぶ. Sie *trägt* ihr Schicksal tapfer. 彼女は運命にけなげに耐えている.
⑧ (実りなど[4]を)もたらす;《比》(利益など[4]を)生む. Der Baum *trägt* keine Früchte. この木はちっとも実がならない / Zinsen[4] *tragen* 利子を生む. ◇《目的語なしでも》Der Acker *trägt* gut. その畑は作物の出来がいい.
⑨ (感情など[4]を)心にいだいている. Bedenken[4] *tragen* 疑念をいだいている / für 人・事[4] Sorge *tragen*《雅》人・事[4]のために気を配る.
⑩ (子供[4]を)はらんでいる.
II 再帰 (完了 haben) *sich*[4] *tragen* ① 持ち運びが…である. Der Koffer *trägt* sich leicht. このスーツケースは持ちやすい.
② 着心地が…である. Der Mantel *trägt* sich schlecht. このコートは着心地が悪い.
③ (…の)身なりをしている. Sie *trägt* sich elegant. 彼女はエレガントな身なりをしている.
④ 《*sich*[4] **mit** 事[3] ~》(事[3]〈考えなど〉を)いだいている. Er *trägt* sich mit der Absicht, sein Haus zu verkaufen. 彼は家を売るつもりだ.
III 自 (完了 haben) (声・銃砲などが…のくあいに)届く, 達する. Das Geschütz *trägt* weit. その大砲は射程距離が長い.
◇☞ **tragend**
◇☞ **getragen**

Tra·gen [トラーゲン] 中《成句的に》**zum** *Tragen* kommen (の)効力を発揮する.
tra·gend [トラーゲント] **I** *tragen (持ち運ぶ) の現分 **II** 形 支えとなる; 基本的な, 主要な. die *tragenden* Säulen 支柱 / die *tragende* Idee 基本理念 / die *tragende* Rolle[4] spielen a) (劇の)主役を演じる, b) 主要な役割を果たす.
Trä·ger [トレーガァ tré:gər] 男 -s/- ① 運ぶ人, ポーター; 配達人. (女性形: -in). Briefträger 郵便配達人 / Gepäckträger (駅の)ポーター, 赤帽. ②《建》梁(はり), けた. ③ ストラップ, 肩つりひも. ④ 所持者, 保有者; 担い手. der *Träger* eines Ordens 勲章の所有者. ⑤《工》搬送波. ⑥《医》保菌者. ⑦《化》担体.
Trä·ger⸗ra·ke·te [トレーガァ・ラケーテ] 囡 -/-n 推進ロケット.
Tra·ge⸗ta·sche [トラーゲ・タッシェ] 囡 -/-n ショッピングバッグ; (買物用の)ビニール袋.
trag·fä·hig [トラーク・フェーイヒ] 形 重みを支える力のある(橋・梁(はり)など);《比》着実な(基盤など); 許容できる(妥協案など).
Trag⸗fä·hig·keit [トラーク・フェーイヒカイト] 囡 -/ 積載(負担)力;《比》着実性.

Trag≠flä・che [トラーク・ふれッヒェ] 囡 -/-n 《空》主翼.

Trag・flä・chen≠boot [トラークふれッヒェン・ボート] 甲 -[e]s/-e 水中翼船.

Trag≠flü・gel [トラーク・ふりューゲる] 男 -s/- 《空》主翼 (=Tragfläche).

Trag・flü・gel≠boot [トラークふりューげる・ボート] 甲 -[e]s/-e 水中翼船.

Träg・heit [トレークハイト] 囡 -/-en ① 《ほめなし》怠惰, 不精; 不活発, 緩慢. ② 《ふつう 単》《物》慣性, 惰性.

Träg・heits≠mo・ment [トレークハイツ・モメント] 甲 -[e]s/-e 《物》慣性モーメント.

Tra・gik [トラーギク trá:gɪk] 囡 -/ ① 悲劇的なこと, 悲運, いたましさ. ② 《文学》悲劇性.

tra・gi・ko・misch [トラーギ・コーミッシュ trá:-gi-ko:mɪʃ または トラギ・コー..] 形 悲喜劇の, 悲喜こもごもの.

Tra・gi・ko・mö・die [トラーギ・コメーディエ trá:gi-komøːdiə または トラギ・コメー..] 囡 -/-n 《文学》悲喜劇.

tra・gisch [トラーギッシュ trá:gɪʃ] 形 ① 悲劇的な, 悲惨な, 痛ましい. (英 tragic). ein tragisches Ende 悲劇的な結末 / ein tragischer Unglücksfall 悲惨な事故 / Nimm es nicht so tragisch! 《口語》そんなに深刻に受け取るなよ. ② 《文学》悲劇の. ein tragischer Dichter 悲劇作家.

Trag≠korb [トラーク・コルプ] 男 -[e]s/..körbe 背負いかご.

Trag≠kraft [トラーク・クラふト] 囡 -/ 《工・建》負荷(積載)能力.

Trag≠last [トラーク・らスト] 囡 -/-en 積み荷, 荷物.

Tra・gö・de [トラゲーデ tragǿ:də] 男 -n/-n 《劇》悲劇俳優. (女性形: Tragödin).

die Tra・gö・die [トラゲーディエ tragǿ:diə] 囡 -/-n ① 《腹なし》《文学》(ジャンルとしての)悲劇, 《英 tragedy》. (《反》「喜劇」は Komödie). ② (個々の)悲劇作品. eine Tragödie[4] in (または mit) fünf Akten auf[führen 5 幕の悲劇を上演する. ③ 悲劇的な出来事, 悲運. Es ist eine Tragödie mit ihm.《口語》彼は運が悪い / Mach doch keine Tragödie daraus! そんなに悲観する必要はないじゃないか.

Trag≠rie・men [トラーク・リーメン] 男 -s/- (ランドセルなどの)つり(背負い)革, 肩ひも.

trägst [トレークスト tré:kst] ‡tragen (持ち運ぶ)の 2 人称親称単数 現在. Trägst du immer Jeans? 君はいつもジーンズをはいているの?

trägt [トレークト tré:kt] ‡tragen (持ち運ぶ)の 3 人称単数 現在. Er trägt ein Paket zur Post. 彼は小包を郵便局へ持って行く.

Trag≠wei・te [トラーク・ヴァイテ] 囡 -/ ①《軍》着弾距離, 射程; 《遠》光達距離. ②《比》影響(有効)範囲. ein Ereignis von großer Tragweite 影響力の大きな出来事.

Trag≠werk [トラーク・ヴェルク] 甲 -[e]s/-e ①《空》翼部. ②《建》(建物の)支持構造.

Trai・ler [トレーらァ tréːlər] [英] 男 -s/- ① トレーラー. ② (テレビ・映画などの)予告編.

Trai・ner [トレーナァ tréːnɐ または tréː..] [英] 男 -s/- (ﾅｼ) 監督, トレーナー, コーチ; (馬の)調教師. (女性形: -in).

trai・nie・ren [トレニーレン trɛní:rən または tre..] (trainierte, hat ...trainiert) I 他 (完了 haben) 《英 train》①(選手などを)訓練する; (体・筋肉などを)鍛える; (馬を)調教する. Er hat die Mannschaft trainiert. 彼はチームを訓練した. ◆《再帰的に》sich[4] im Rechnen trainieren 計算力をつける. ②《口語》(単[4]を)練習して覚え込む, 練習する.

II 自 (完了 haben) トレーニングする, 練習する. Er trainiert hart [für die nächsten Spiele]. 彼は[次の試合に備えて]ハードトレーニングをする.

trai・niert [トレニールト] trainieren (訓練する)の 過分, 3 人称単数・2 人称親称複数 現在.

trai・nier・te [トレニーアテ] trainieren (訓練する)の 過去.

das Trai・ning [トレーニング tré:nɪŋ または tré:..] [英] 甲 (単 2) -s/(複) -s トレーニング, 訓練; (馬の)調教. ein hartes Training ハードなトレーニング.

Trai・nings≠an・zug [トレーニングス・アンツーク] 男 -[e]s/..züge トレーニングウェア.

Trai・nings≠la・ger [トレーニングス・らーガァ] 甲 -s/- トレーニングキャンプ, 合宿所.

Trakt [トラクト trákt] 男 -[e]s/-e ①《建》(建物の)翼部 (=Flügel); 棟; (総称として:)棟の居住者. ②《医》(管状臓器などの)路.

Trak・tat [トラクタート traktá:t] 男 甲 -[e]s/-e [学術]論文; (特に宗教関係の)パンフレット.

trak・tie・ren [トラクティーレン trakti:rən] 他 (h) ①《単[4] mit 単[3] ~》(単[4]を)でいやな目にあわせる, 痛めつける. ②《単[4] mit 物[3] ~》(単[4]に)物[3]をあり余るほどごちそうする.

Trak・tor [トラクトァ tráktɔr] 男 -s/-en トラクター.

träl・lern [トレらァン trélərn] I 自 (h) ららうと口ずさむ. II 他 (h) (メロディーなど[4]を)ららうと口ずさむ.

Tram [トラム trám] 甲 -/-s (ｽｲｽ: 甲 -s/-s) 《南ﾄﾞ・ｵｰｽﾄﾘｱ・ｽｲｽ》市街電車, 路面電車 (=Straßenbahn).

Tram≠bahn [トラム・バーン] 囡 -/-en 《南ﾄﾞ》 =Tram

Tram・pel [トランぺる trámpəl] 男 甲 -s/- 《口語》うすのろ, くず.

tram・peln [トランぺるン trámpəln] I 自 (h, s) ① (足[4]で)足を踏み鳴らす, 足踏みする. auf den Boden trampeln 床を踏み鳴らす. ② (s) (…へ)どたどたと乱暴に歩いて行く. II 他 (h) ①(道など[4]を)踏み固めて作る. einen Pfad trampeln 道を踏み固めて道を作る. ② 踏みつけて…[の状態]にする. ③《単[4] von 単[3] ~》(単[4](泥など)を) 単[3] (靴など)から)足踏みして取り除く.

Tram·pel⹁pfad [トランペる・プファート] 男 -[e]s/-e (人の足で)踏み固められてできた道.

Tram·pel⹁tier [トランペる・ティーァ] 甲 -[e]s/-e ① 《動》フタコブラクダ. ② 《俗》のろま, 不器用な人.

tram·pen [トレンペン trémpən または トラン.. trám..] 自 (s) ヒッチハイクする.

Tram·per [トレンパァ trémpər] 男 -s/- ヒッチハイカー. (女性形: -in).

Tram·po·lin [トランポリーン trampolí:n または トラン..] 甲 -s/-e トランポリン.

Tran [トラーン trá:n] 男-[e]s/(種類:) -e ① 魚油, 鯨油. ② 《成句的に》**im** *Tran* 《口語》a) (飲酒・ドラッグ・眠気などで)ぼうっとして, b) うっかりして.

Tran·ce [トラーンセ trá:sə または トランストラ:ns] 女 -/-n 催眠状態, トランス.

tran·chie·ren [トランシーレン trãʃí:rən] 他 (h) 《料理》(調理した肉⁴を)切り分ける.

Tran·chier⹁mes·ser [トランシーァ・メッサァ] 甲 -s/- 《料理》(調理した肉を切り分けるための)大型ナイフ.

die **Trä·ne** [トレーネ trɛ́:nə] 女 (単) -/(複) -n ① 《ふつう 複》涙. (英 *tear*). heimliche *Tränen* 人知れず流す涙 / *Tränen* der Freude² うれし涙 / *Tränen*⁴ lachen 涙が出るほど笑う / sich³ die *Tränen*⁴ ab|wischen (または trocknen) 涙をぬぐう / *Tränen*⁴ vergießen 涙を流す / bittere *Tränen*⁴ weinen さめざめと泣く / die *Tränen*⁴ zurück|halten 涙をこらえる / Die *Tränen* standen ihm in den Augen. 彼の目に涙が浮かんでいた / Sie war den *Tränen* nahe. 彼女は今にも泣きだしそうだった / *Tränen* laufen ihr über die Wangen. 彼女の頬に涙が伝わり落ちる / Die Sache ist keine *Träne* wert. そのことは悲しむに値しない.
◇《前置詞とともに》**in** *Tränen*⁴ aus|brechen わっと泣きだす / **mit** *Tränen* in den Augen 目に涙を浮かべて / mit den *Tränen* kämpfen 涙をこらえる / **unter** *Tränen* 涙ながらに / Er war **zu** *Tränen* gerührt. 彼は感動して涙を流していた.
② 《口語・比》(液体の)少量. ③ 《俗》くず, のろま.

trä·nen [トレーネン trɛ́:nən] 自 (h) (目が)涙を出す(流す).

Trä·nen⹁drü·se [トレーネン・ドリューゼ] 女 -/-n 《ふつう 複》《医》涙腺(るいせん).

Trä·nen⹁gas [トレーネン・ガース] 甲 -es/ 催涙(さいるい)ガス.

Trä·nen⹁sack [トレーネン・ザック] 男 -[e]s/ ..säcke 《医》涙嚢(のう).

tra·nig [トラーニヒ trá:nɪç] 形 ① 魚油のような; 魚油だらけの. ② 《口語》のろまな; くずの; 退屈な.

trank [トランク] ┆trinken (飲む の 過去)

Trank [トランク tráŋk] 男 -[e]s/Tränke 《ふつう 複》《雅》飲み物, 飲料. ein bitterer *Trank* 《比》つらい事, にがい薬.

trän·ke [トレンケ] ┆trinken (飲む の 接²)

Trän·ke [トレンケ tréŋkə] 女 -/-n (家畜の)水飲み場.

trän·ken [トレンケン tréŋkən] 他 (h) ① (家畜⁴に)水を飲ませる. ② 〘A⁴ **mit** B³ ~〙(A⁴ に B³ を)染み込ませる.

trans.., Trans.. [トランス.. trans..] 《形容詞・名詞につける 接頭》《…のかなたに, …を横断に, 別の状態へ》例: *trans*atlantisch 大西洋の向こうの; 大西洋横断の.

Trans·ak·ti·on [トランスアクツィオーン transaktsió:n] 女 -/-en (通常の業務を越えた)大がかりな財政的事業(増資・合併など).

trans·at·lan·tisch [トランス・アトらンティッシュ trans-atlántɪʃ] 形 (ヨーロッパから見て:)大西洋の向こうの; 大西洋横断の.

tran·schie·ren [トランシーレン tranʃí:rən] 他 (h) =tranchieren

Tran·schier⹁mes·ser [トランシーァ・メッサァ] 甲 -s/- =Tranchiermesser

Trans·fer [トランスふェーァ transfé:r] 男 -s/-s ① 《経》(外国への)振替送金, 外貨による支払い. ② (空港などからホテルなどへの)旅客の移送. ③ (ﾌﾟﾛ) (プロの選手の)トレード, 移籍. ④ 移住. ⑤ 《心・教・言》(学習の)転位.

trans·fe·rie·ren [トランスふェリーレン transferí:rən] 他 (h) ① 《経》(お金⁴を)外国為替で送金する; 為替で送る. ② (ｽﾎﾟ)([特にサッカーの]選手⁴を)金銭トレードする. ③ (ｵｰｽﾄ)《官庁》転勤させる.

Trans·for·ma·ti·on [トランスふォルマツィオーン transformatsió:n] 女 -/-en ① 変形, 変換. ② 《電》変圧.

Trans·for·ma·tor [トランスふォルマートァ transformá:tor] 男 -s/-en [..マトーレン] 《電》変圧器, トランス.

trans·for·mie·ren [トランスふォルミーレン transformí:rən] 他 (h) ① 変形(変換)する. ② 《電》変圧する.

Trans·fu·si·on [トランスふズィオーン transfuzió:n] 女 -/-en 《医》輸血 (=Bluttransfu*sion*).

Tran·sis·tor [トランズィストァ tranzístor] 男 -s/-en [..トーレン] ① 《電》トランジスター. ② トランジスターラジオ (=*Transistor*radio).

Tran·sis·tor⹁ra·dio [トランズィストァ・ラーディオ] 甲 -s/-s トランジスターラジオ.

Tran·sit [トランズィート tranzí:t または ..ズィット ..zít] I 男 -s/-e 《経》(商品・旅客の第三国の)通過, トランジット. II 甲 -s/-s 通過査証 (=*Transit*visum).

Tran·sit⹁han·del [トランズィート・ハンデる] 男 -s/ 《経》通過貿易 (輸送の途中, 第三国を通過する二国間貿易の形態).

tran·si·tiv [トランズィティーふ tránzitf または ..ティーふ] 形 《言》他動詞の. ein *transitives* Verb 他動詞.

Tran·si·tiv [トランズィティーふ ..ヴェ] 甲 -s/-e 《言》他動詞. (《対》「自動詞」は Intransitiv).

Tran·sit≤ver·kehr [トランズィート・フェアケーァ] 男 -s/ (旅客・商品などの)通過交通.

Tran·sit≤vi·sum [トランズィート・ヴィーズム] 匣 -s/..visa (または ..visen) 通過査証 (経由国の通過のためだけのビザ).

trans·kon·ti·nen·tal [トランス・コンティネンターる trans-kɔntinεntá:l] 形 大陸横断の.

tran·skri·bie·ren [トランスクリビーレン transkribí:rən] 他 (h) ① (言)(単語など⁴を)他の[言語の]文字に書き換える; 発音記号で書き表す. ② 《音楽》(曲⁴を他の楽器用に)編曲する.

Tran·skrip·ti·on [トランスクリプツィオーン transkrıptsió:n] 女 -/-en ① (言)(他の文字や記号への)書き換え; 発音表記. ② 《音楽》(他の器楽曲への)編曲.

Trans·mis·si·on [トランスミスィオーン transmısió:n] 女 -/-en ① (工) 伝動装置, トランスミッション. ② (物)(光波・音波などの)透過.

trans·pa·rent [トランスパレント transparént] 形 透明な, すき通った; (比) わかりやすい.

Trans·pa·rent [トランスパレント] 匣 -(e)s/-e ① 横断幕 (=Spruchband). ② (内側から照明を当てる)すかし絵, 透視画.

Trans·pa·renz [トランスパレンツ transparénts] 女 -/ ① 透明さ. ② (光)透明度.

Tran·spi·ra·ti·on [トランスピラツィオーン transpiratsió:n] 女 -/ 《医》発汗(作用). ② 《植》蒸散(作用).

tran·spi·rie·ren [トランスピリーレン transpirí:rən] 自 (h) ① 汗をかく, 発汗する. ② 《植》蒸散する.

Trans·plan·tat [トランスプらンタート transplantá:t] 匣 -(e)s/-e 《医》移植物(体).

Trans·plan·ta·ti·on [トランスプらンタツィオーン transplantatsió:n] 女 -/-en ① (医)移植[術]. ② (植)接ぎ木(穂).

trans·plan·tie·ren [トランスプらンティーレン transplantí:rən] 他 (h) (医) (人³に臓器など⁴を)移植する.

trans·po·nie·ren [トランスポニーレン transponí:rən] 他 ① (音楽)移調する. ② (物⁴を…へ)置き換える; 翻訳する.

der **Trans·port** [トランスポルト transpórt] 男 (単 2) -(e)s/-e (3格のみ -es) ① 輸送, 運送. (英) *transportation*. der Transport von Gütern **per** Bahn (または **mit** der Bahn) 鉄道による貨物の輸送. ② 輸送される貨物(動物・人間).

trans·por·ta·bel [トランスポルターべる transpɔrtá:bəl] 形 輸送可能な; 持ち運びのできる, ポータブルの.

Trans·por·ter [トランスポルタァ transpɔ́rtər] 男 -s/- 輸送機; 輸送船; 輸送用トラック.

Trans·por·teur [トランスポルテーァ transpɔrtǿ:r] [仏] 男 -s/-e ① 運送人(業者). (女性形 -in). ② (数)分度器. ③ (ミシンの)送り金(かね).

trans·port≤fä·hig [トランスポルト・フェーイヒ] (病人・負傷者などが)移送に耐えられる.

Trans·port≤flug·zeug [トランスポルト・ふるークツオイク] 匣 -(e)s/-e (空) 輸送機.

trans·por·tie·ren [トランスポルティーレン transpɔrtí:rən] 他 (h) ① (人・物⁴を)輸送する, 運搬する; (比) 伝達する. Güter⁴ **mit** der Bahn (**per** Schiff) *transportieren* 貨物を鉄道で(船で)輸送する. ② (工)(機械装置が物⁴を)連続的に送り出す.

Trans·port≤kos·ten [トランスポルト・コステン] 複 輸送(運送)費.

Trans·port≤mit·tel [トランスポルト・ミッテる] 匣 -s/- 輸送(運送)手段.

Trans·port≤schiff [トランスポルト・シふ] 匣 -(e)s/-e 輸送船.

Trans·port≤un·ter·neh·men [トランスポルト・ウンタァネーメン] 匣 -s/- 運送会社.

Trans·port≤we·sen [トランスポルト・ヴェーゼン] 匣 -s/ 運輸組織].

Trans·po·si·ti·on [トランスポズィツィオーン transpozitsió:n] 女 -/-en ① 《音楽》移調. ② (言)置き換え.

Trans·ra·pid [トランス・ラピート] 男 -(e)s/ トランスラピート (ドイツが開発したリニアモーターカー. 2004年上海に導入されたがその後開発は止まっている).

trans≤se·xu·ell [トランス・ゼクスエる] 形 性転換願望の.

Tran≤su·se [トラーン・ズーゼ] 女 -/-n (口語) のろま, ぐず.

Trans·ves·tit [トランス・ヴェスティート transvεstí:t] 男 -en/-en 服装倒錯者(女装趣味の男性).

tran·szen·dent [トランスツェンデント transsεndént] 形 ① (哲)超越(超経験・超感覚)的な. ② (数)超越の.

tran·szen·den·tal [トランスツェンデンターる transtsεndεntá:l] 形 (哲)(スコラ哲学で:) 超越的な; (カント哲学で:)先験的な.

Tran·szen·denz [トランスツェンデンツ transtsεndénts] 女 -/ (哲)超越.

Tra·pez [トラペーツ trapé:ts] 匣 -es/-e ① (数)台形. ② (体操・曲芸用の)空中ぶらんこ.

Tra·pez≤künst·ler [トラペーツ・キュンストらァ] 男 -s/- 空中ぶらんこ乗りの曲芸師. (女性形: -in).

trapp! [トラップ tráp] 間 (馬のひづめの音:)ぱっかぱっか; (行軍などの際の足音:)ざっくざっく, だっだっ.

trap·peln [トラッペるン trápəln] 自 (h, s) ① (h) (子供・馬などが)ぱたぱた(ぱかぱか)足音をたてる. ② (s) (子供・馬などが)ぱたぱた (ぱかぱか)音をたてて歩いて行く.

Tra·ra [トララー trará:] 匣 -s/ (ホルン・らっぱなどの)合図, 響き; (口語) (軽蔑的に:) 大騒ぎ. viel (または großes) *Trara*⁴ **um** 人・事⁴ machen 人・事⁴のことで大騒ぎする.

Tras·se [トラッセ trásə] 女 -/-n (道路・鉄道などの)建設予定線.

trat [トラート] *treten (歩む)の過去

trä·te [トレーテ] *treten (歩む)の接2

Tratsch [トラーチュ trá:tʃ] 男 -[e]s/ 《口語》(軽蔑的に:)うわさ話, 陰口.

trat·schen [トラーチェン trá:tʃən] 自 (h) 《口語》うわさ話をする, 陰口をたたく.

Trat·te [トラッテ trátə] 女 -/-n 《経》為替手形.

Trau≈al·tar [トラオ・アるタール] 男 -s/..täre 婚礼の祭壇. **vor** den *Traualtar* treten 《雅》教会で結婚式をあげる.

die **Trau·be** [トラオベ tráubə] 女 (単) -/(複) -n ① 《植》(果実の)房. (英 *bunch*). die *Trauben* der Johannisbeere[2] スグリの実の房. ② 〖ふつう 複〗ぶどうの房 (=Wein*traube*); ぶどう[の実]. (英 *grape*). grüne *Trauben* 青いぶどうの房 / *Trauben*[4] ernten (lesen) ぶどうを収穫する(摘む) / Die *Trauben* hängen ihm zu hoch. 《比》それは彼には高嶺(たかね)の花だ(←ぶどうがあまりにも高い所にぶら下がっている). ③ 《植》(フジなどの)総状花序. ④ 群れ, 集団. eine *Traube* **von** Menschen 人々の群.

Trau·ben·le·se [トラオベン・れーゼ] 女 -/-n ぶどう摘み(収穫).

Trau·ben≈**saft** [トラオベン・ザふト] 男 -[e]s/ ..säfte グレープジュース.

Trau·ben≈**zu·cker** [トラオベン・ツッカァ] 男 -s/ ぶどう糖.

trau·en [トラオエン tráuən] (traute, *hat*... getraut) **I** 自 (完了 haben) (人・物[3]を)信用する, 信頼する. (英 *trust*). Diesem Mann *kann* man *trauen*. この男は信用できる / Ich *traue* seinen Worten nicht. 私は彼の言葉は当てにしていない / *Trau*, schau, wem! (ことわざ) 信用するまえにその人をよく見よ. (☞ 類語 glauben).

II 他 (完了 haben) (牧師などが人[4]の)結婚式をとり行う. Der Pfarrer *traute* die beiden. 牧師は二人の結婚式をとり行った / sich[4] kirchlich *trauen lassen* 教会で結婚式をあげる.

III 再帰 (完了 haben) *sich*[4] *trauen* ① 〖**zu** 不定詞[句]とともに〗思いきって…する, (…する)勇気がある. Ich *traue mich* (まれに *mir*) nicht, es ihm zu sagen. 私はそれを彼に言う勇気がない. ② 〖方向を表す語句とともに〗(…へ/…から)勇気を出して行く(出る). Ich *traue mich* nicht **ins** Wasser. 私は水中へ飛び込む勇気がない.

die **Trau·er** [トラオアァ tráuər] 女 (単) -/ ① (深い)悲しみ, 悲嘆. (英 *grief*). tiefe *Trauer*[4] empfinden 深い悲しみを覚える / Diese Nachricht erfüllte ihn **mit** *Trauer*. この知らせは彼を悲しませた.
② 喪, 喪期; 喪服. um 人[4] *Trauer*[4] haben 人[4]の喪に服している / *Trauer*[4] tragen 喪服を着ている / *Trauer*[4] an|legen a) 喪服を着る, b) 喪に服する / die *Trauer*[4] ab|legen a) 喪服を脱ぐ, b) 喪を終える / eine Dame **in** *Trauer* 喪服を着た女性.

Trau·er≈an·zei·ge [トラオアァ・アンツァイゲ] 女 -/-n 死亡通知, 死亡広告.

Trau·er≈**fall** [トラオアァ・ふァる] 男 -[e]s/ ..fälle (身内の者の)死亡.

Trau·er≈fei·er [トラオアァ・ふァイアァ] 女 -/ -n 葬式.

Trau·er≈**flor** [トラオアァ・ふろーァ] 男 -s/-e 黒紗(くろしゃ)の喪章.

Trau·er≈**jahr** [トラオアァ・ヤール] 中 -[e]s/-e 1年の服喪期間.

Trau·er≈**klei·dung** [トラオアァ・クらイドゥング] 女 -/-en 喪服.

Trau·er≈**kloß** [トラオアァ・クろース] 男 -es/ ..klöße 《口語・戯》退屈(陰気)なやつ.

Trau·er≈**marsch** [トラオアァ・マルシュ] 男 -es/..märsche 《音楽》葬送行進曲.

trau·ern [トラオアァン tráuərn] (trauerte, *hat*... getrauert) 自 (完了 haben) ① 悲しむ, 悼む. (英 *mourn*). **um** einen Verstorbenen *trauern* 故人を悼む / um den Tod der Mutter[2] *trauern* 母親の死を悲しむ / Sie *trauert* **über** den Verlust ihrer goldenen Kette. 彼女は金のネックレスをなくして悲しんでいる. ② 喪に服している, 喪服を着ている.

Trau·er≈rand [トラオアァ・ラント] 男 -[e]s/ ..ränder (死亡通知などの)黒枠.

Trau·er≈**re·de** [トラオアァ・レーデ] 女 -/-n 弔辞.

Trau·er≈**spiel** [トラオアァ・シュピーる] 中 -[e]s/ -e ① 悲劇. ② 《口語》悲しいこと, 不幸.

trau·er·te [トラオアァテ] trauern (悲しむ)の 過去

Trau·er≈wei·de [トラオアァ・ヴァイデ] 女 -/ -n 《植》シダレヤナギ.

Trau·er≈**zug** [トラオアァ・ツーク] 男 -[e]s/ ..züge 葬列.

Trau·fe [トラオふェ tráufə] 女 -/-n 雨樋(あまどい), 軒の末端. vom Regen in die *Traufe* kommen 小難を逃れて大難に遭う.

träu·feln [トロイふェるン trɔ́yfəln] **I** 他 (h) (液体[4]を…へ)たらす, ぽたぽた落とす. **II** 自 (s) (液体が…へ)滴る.

trau·lich [トラオりヒ] 形 居心地のいい, くつろげる; 親しい.

der* **Traum** [トラオム tráum] 男 (単2) -es (まれに -s)/(複) Träume [トロイメ] (3格のみ Träumen) ① 夢. (英 *dream*). ein seltsamer *Traum* 奇妙な夢 / einen schönen *Traum* haben すてきな夢を見る / *Träume*[4] deuten (analysieren) 夢占いをする (夢を分析する) / **aus** einem *Traum* erwachen 夢から覚める / **im** *Traum* reden 寝言を言う / Im *Traum* habe ich ihn gesehen. 私は夢の中で彼に会った / **nicht im *Traum 夢にも…ない ⇨ Daran dachte ich nicht im *Traum*. そんなことは私は夢にも思わなかった.
② (願望としての)夢, あこがれ; 空想, 幻想. Das ist der *Traum* meines Lebens. それは私の生涯の夢です / Sie ist die Frau seiner *Träume*. 彼女は彼の理想の女性だ / **Aus** [ist] der *Traum*! 《口語》夢ははかなく消えた.
③ 《口語》(夢かと思うほど)すてきなもの. ein

T

Traum..

Traum von einem Kleid 夢かと思うようなすてきなドレス.

Traum.. [トラオム.. tráum..]【名詞につける】接頭《夢のような・理想的な》例: *Traum*beruf 理想の職業.

Trau·ma [トラオマ tráuma] 中 –s/Traumen (または Traumata) ①《心・医》精神的外傷 (ショック), トラウマ. ②《医》外傷.

trau·ma·tisch [トラオマーティッシュ traumá:tɪʃ] 形 ①《心・医》精神的外傷[性]の, 精神的ショックを与えるような. ②《医》外傷[性]の.

Traum ≠ be·ruf [トラオム・ベルーふ] 男 –[e]s/-e 理想の職業.

Traum ≠ bild [トラオム・ビルト] 中 –[e]s/-er ① 幻影, 夢の中の姿. ② 理想像.

Traum ≠ deu·ter [トラオム・ドイタァ] 男 –s/- 夢判断をする人; 夢占い師. (女性形: -in).

Traum ≠ deu·tung [トラオム・ドイトゥング] 女 –/-en 夢判断; 夢占い.

Träu·me [トロイメ] ‡Traum (夢)の複

***träu·men** [トロイメン tróʏmən] (träumte, *hat* ..geträumt) **I** 自 (完了 haben)(英 dream) ① 夢を見る. Ich *habe* schlecht ge*träumt*. 私はいやな夢を見た / **von** 人·物³ *träumen* 人·物³の夢を見る ⇒ Ich *träumte* von meiner Heimat. 私は故郷の夢を見た / *Träum* süß! (就寝する人に:) いい夢をごらん.
② 空想にふける, ぼんやりしている. in den Tag hinein *träumen* 白昼夢を見る, 空想にふける / *Träume* nicht! ぼんやりするな / Der Fahrer *hat* ge*träumt*. 運転者はぼんやりしていた. ③《von 庫³ ～》(庫³を)夢想する, 夢見る. von einer großen Karriere *träumen* 大きな出世を夢見る / Er *träumt* davon, Rennfahrer zu werden. 彼はレーサーになることを夢見ている.
II 他 (完了 haben) (庫⁴を) 夢に見る. etwas Schreckliches *träumen* 恐ろしい夢を見る / Er *träumte*, er sei in einem fernen Land. 彼は遠い国にいる夢を見た / Das hätte ich mir nie *träumen* lassen.《接2·過去》そんなことは夢にも思わなかった.

Träu·mer [トロイマァ tróʏmər] 男 –s/– ① 空想家, 夢想家. (女性形: -in). ② 夢を見ている人.

Träu·me·rei [トロイメライ trɔʏməráɪ] 女 –/-en 夢想, 空想.

träu·me·risch [トロイメリッシュ tróʏmərɪʃ] 形 夢見るような, 夢心地の. *träumerische* Augen 夢見るような目.

Traum ≠ frau [トラオム・ふラオ] 女 –/-en 理想的な(すばらしい)女性.

traum·haft [トラオムハふト] ① 夢のような, 夢心地の. ②《口語》すばらしい, みごとな. eine *traumhafte* Landschaft すばらしい景色.

Traum ≠ mann [トラオム・マン] 男 –[e]s/..männer 理想的な(すばらしい)男性.

Traum ≠ tän·zer [トラオム・テンツァァ] 男 –s/– (軽蔑的に:) 夢想家. (女性形: -in).

träum·te [トロイムテ] *träumen (夢を見る)の過去

Traum ≠ ver·lo·ren [トラオム・フェァろーレン] 形 夢想にふけっている, ぼんやりした.

Traum ≠ welt [トラオム・ヴェるト] 女 –/-en 夢(空想)の世界.

****trau·rig** [トラオリヒ tráʊrɪç]

悲しい

Warum bist du so *traurig*?
ヴァルム ビスト ドゥ ゾー トラオリヒ
何をそんなに悲しんでいるの.

形 (比較 trauriger, 最上 traurigst) ① 悲しい, 悲しげな. (英 sad). ein *trauriges* Mädchen 悲しんでいる少女 / Sie machte ein *trauriges* Gesicht. 彼女は悲しげな顔をした /人⁴ *traurig* machen 人⁴を悲しませる / **über** 庫⁴ *traurig* sein 庫⁴を悲しんでいる.
② 悲しむべき, 痛ましい. eine *traurige* Nachricht 悲報 / Es ist *traurig*, dass man nichts ändern kann. 悲しいことにどうにも手の施しようがない. ③ 惨めな, 哀れな, 貧弱な. ein *trauriges* Ergebnis お粗末な結果 / Sie lebt in recht *traurigen* Verhältnissen. 彼女はまったく惨めな暮らしをしている.

Trau·rig·keit [トラオリヒカイト] 女 –/-en ①【複なし】悲しみ, 悲哀. ② 悲しい出来事.

Trau ≠ ring [トラオ・リング] 男 –[e]s/-e 結婚指輪.

Trau ≠ schein [トラオ・シャイン] 男 –[e]s/-e 婚姻証明書.

traut [トラオト tráʊt] 形《雅》くつろげる, 気楽な, 気のおけない; 親愛なる, 愛する.

trau·te [トラオテ] trauen (信用する)の過去

Trau·te [トラオテ tráʊtə] 女 –/《口語》勇気.

Trau·ung [トラオウング] 女 –/-en 結婚[式].

Trau ≠ zeu·ge [トラオ・ツォイゲ] 男 –n/-n 結婚立会人. (女性形: ..zeugin).

Tra·vel·ler ≠ scheck [トレヴェらァ・シェック] 男 –s/-s トラベラーズチェック, 旅行者用小切手.

Tra·ves·tie [トラヴェスティー travestí:] 女 –/-n [..ティーエン]《文学》①《複なし》戯画化, もじり (作品の内容は変えずに形式をそれにそぐわないものに変形すること). ②《個々の》戯文, もじり作品.

Traw·ler [トローらァ tróːlər] 男 –s/– トロール漁船.

Tre·ber [トレーバァ tréːbər] 複 ビールかす (麦芽の絞りかす); (ぶどうの)絞りかす.

Treck [トレック trék] 男 –s/-s (家財道具などを車に積んで移動する避難民などの)行列, 隊列.

tre·cken [トレッケン trékən] 自 (h, s) (難民などが)行列をなして移動する.

Tre·cker [トレッカァ trékər] 男 –s/– 牽引(けんいん)車, トラクター.

Tre·cking [トレッキング trékɪŋ] 中 –s/ トレッキング (= Trekking).

Treff¹ [トレふ tréf] 男 –s/-s《口語》出会い, 会合; 落ち合う場所.

Treff² [トレふ] 中 –s/-s《トランプ》クラブ.

tref·fen* [トレッフェン tréfən]

会う	Wo *treffe* ich dich?
	ヴォー トレッフェ イヒ ディヒ
	どこで君と会うことにしようか.

人称	単	複
1	ich treffe	wir treffen
2	du **triffst** / Sie treffen	ihr trefft / Sie treffen
3	er **trifft**	sie treffen

(traf, hat/ist ... getroffen) **I** 他 (完了 haben)
① 〘**4格**とともに〙(人4と約束して)**会う**, 落ち合う; (人4に偶然に)**出会う**, 出くわす. (英 meet). Ich *treffe* ihn heute Nachmittag. 私はきょうの午後彼に会う / Ich *habe* sie zufällig **in der Stadt *getroffen*.** 私は彼女に町でばったり出会った. ◇〘相互的に〙 Ihre Blicke *trafen sich*[4]. 《比》彼らの視線が合った.
② (弾丸などが人・物[4]に)**当たる**, 命中する; (標的など[4]に)**当てる**, 命中させる. Der Schuss *traf* ihn in den Rücken. 銃弾は彼の背中に当たった / 物[4] **mit** einem Stein *treffen* 物に石を命中させる / Der Jäger *hat* das Reh *getroffen.* 猟師はのろ鹿を仕留めた.
③ (人·物[4]を)的確にとらえる, うまく言い当てる. den Kern der Sache[2] *treffen* 問題の核心を突く / Mit dem Geschenk *hast* du seinen Geschmack *getroffen.* 君のプレゼントは彼の好みにぴったりだった / Auf dem Foto *ist* sie gut *getroffen.* 〘状態受動・現在〙その写真では彼女の感じがよく出ている / [Du *hast* es] *getroffen!* 《口語》図星だよ.
④ (精神的に)傷つける, (人[4]に)ショックを与える; (人·軍[4]に)打撃を与える. Sein Tod *hat* sie schwer *getroffen.* 彼の死は彼女にひどくこたえた / Diese Steuererhöhung *trifft* uns alle. この増税は私たち皆に降りかかってくる.
⑤ (不幸·発作などが人[4]を)襲う, 見舞う. Ein Unglück *traf* ihn. 彼は不幸に見舞われた / Der Schlag *hat* ihn *getroffen.* 卒中の発作が彼を襲った.
⑥ 〘**es** を目的語として成句的に〙es[4] gut (schlecht) *treffen* 運がいい(悪い). Du *triffst* es heute gut. 君はきょうついている.
⑦ 〘行為などを表す名詞を目的語として〙行う, …する. eine Auswahl[4] *treffen* 選択する / eine Entscheidung[4] *treffen* 決定を下す / Maßnahmen[4] *treffen* 措置を講じる / Vorbereitungen[4] *treffen* 準備をする.

II 自 (完了 haben または sein) ① (h) (弾丸などが)**当たる**, 命中する. Er *hat* gut *getroffen.* 彼はうまく命中させた / Der Schuss *traf* nicht. その射撃は的をはずれた / **ins** Schwarze *treffen* a) 標的の中心に当たる(当てる), b) 《比》(発言などが)核心を突く.
② (s) 〘**auf** 人·物[4] ～〙(人·物[4]に)不意に出くわす, ぶつかる. auf den Feind *treffen* 敵に出くわす / Sie *trafen* auf starken Widerstand. 彼らは激しい抵抗にあった.
③ (s) 〘**auf** 人[4] ～〙(スポ)(試合で人[4]と)対戦する.

III 再帰 (完了 haben) *sich*[4] *treffen* ①〘*sich*[4] **mit** 人[3] ～〙(人[3]と約束して)会う. Ich *treffe mich* heute mit meinen Freunden. 私はきょう友人たちと会う. ② (ある事柄がたまたま起こる. Es *traf sich*, dass… …ということが起きた / Es *trifft sich* gut, dass du kommst. 君が来てくれてちょうどよかった / Das *trifft sich* gut! それは好都合だ.

類語 **treffen:** a) (約束して)会う, b) (人[4]とばったり)出会う. **begegnen:** (通りすがりに人[3]に偶然)出会う, 出くわす. Sie *begegnet* ihm oft auf der Straße. 彼女は通りでしばしば彼に出会う. **sehen:** (ふつうの意味で)会う, 会って話をする, 面談する. Ich freue mich, Sie zu *sehen*. お会いできてうれしいです.

◇☞ **treffend**

―― 使ってみよう ――

日曜日に映画に行きませんか.
Gehen wir [am] Sonntag ins Kino?
どこで会いましょうか.
Wo treffen wir uns?
3時に駅の前で会いませんか.
Treffen wir uns um 3 Uhr vor dem Bahnhof?
迎えに来てもらえますか.
Könnten Sie mich abholen?
午後3時頃あなたのところに寄ります.
Ich komme nachmittags gegen 3 Uhr bei Ihnen vorbei.

Tref·fen [トレッフェン] 中 -s/- ① 会合, 会談; 集会, ミーティング. Klassen*treffen* クラス会 / ein *Treffen*[4] verabreden 会う約束をする. (☞ 類語 Sitzung). ② (スポ) 試合. ③《古》《軍》(小さな)戦闘, 会戦. 物[4] ins *Treffen* führen《雅》 物[4]を証拠(理由)としてあげる.

tref·fend [トレッフェント] **I** ‡treffen (会う)の 現分 **II** 形 適切な, 的確な(判断·意見など). ein *treffendes* Urteil 的確な判断.

Tref·fer [トレッファァ tréfər] 男 -s/- ① 命中弾; (球技で:)ゴール; (フェンシングで:)一本; (ボクシングで:)ヒット. einen *Treffer* erzielen a) 命中する, b) 得点をあげる(パンチが当たる). ② 当たりくじ; 当たり芝居, ベストセラー. einen *Treffer* haben《口語》運がいい.

treff·lich [トレふリヒ] 形 優秀な, 卓越した; すばらしい.

Treff-punkt [トレフ·プンクト] 男 -[e]s/-e ① 集合(会合)地点; 中心地, メッカ. Das Café ist ein *Treffpunkt* für junge Leute. その喫茶店は若者たちのたまり場だ / einen *Treffpunkt* vereinbaren 落ち合う場所をとり決める. ②《数》接点, 交点.

treff･si･cher [トレフ･ズィッヒャァ] 形 的を外さない(表現など).

Treff･si･cher･heit [トレフ･ズィッヒャァハイト] 女 -/ 命中率の高さ,ねらいの確かさ;(比)(表現･判断などの)的確さ.

Treib･eis [トライプ･アイス] 中 -es/ 流氷.

__trei･ben__ [トライベン tráɪbən] (trieb, _hat_/_ist_ ...getrieben) **I** 他 (完了 haben) ① 追いたてる,駆りたてる. (英 drive). Der Bauer _treibt_ die Kühe **auf** die Weide. 農夫が牛を放牧場へ追いたてる / Die Arbeit _trieb_ ihm den Schweiß auf die Stirn. 仕事をして彼は額に汗をかいた / 人[4] **aus** dem Haus _treiben_ 人[4]を家から追い出す / Der Wind _treibt_ das welke Laub **durch** die Straßen. 風で枯れ葉が通りを吹き飛ばされて行く / die Preise[4] **in** die Höhe _treiben_ (比)物価をつり上げる / den Ball **vor** das Tor _treiben_ ボールをゴール前へドリブルして行く / Wild[4] _treiben_ 《狩》獲物を駆り出す.

② 〖人[4] **in** 物[4] (または **zu** 物[3]) ~〗(人[4]を物[4]または物[3])に)追いやる,せきたてる. 人[4] in den Tod _treiben_ 人[4]を死に追いやる / 人[4] zur Eile _treiben_ 人[4]を急がせる / 人[4] zur Verzweiflung _treiben_ 人[4]を絶望させる / Seine Eifersucht _hatte_ ihn zu dieser Tat _getrieben_. (比)嫉妬(と)心から彼はこの行為におよんだのだった. 〖非人称の **es** を主語として〗 Es _treibt_ mich [dazu], Ihnen zu danken. あなたにお礼を言わずにはいられません.

③ (原動力が機械など[4]を)動かす,駆動する. Der Motor _treibt_ zwei Maschinen. このモーターで2台の機械が動いている. ◇《現在分詞の形で》 die _treibende_ Kraft 動力,推進力.

④ (仕事･活動など[4]を)する,行う,営む. Du musst was Sport _treiben_. 君はもっとスポーツをしなくては / Deutsch[4] _treiben_ ドイツ語をやっている / Handel[4] (Politik[4]) _treiben_ 商業を営む(政治活動をする) / Was _treibst_ du denn hier? 《口語》 君はここで何をしているんだ / Missbrauch[4] mit 物[3] _treiben_ 物[3]を悪用する / dunkle Geschäfte[4] _treiben_ 危ない商売をする / Unsinn[4] _treiben_ ばかげたことをする.

⑤ 〖**es** を目的語として成句的に〗 Er _treibt_ es zu weit. 彼はやりすぎだ / es[4] **mit** 人[3] übel _treiben_ 人[3]にひどい仕打ちをする / es[4] [**mit** 人[3]] _treiben_ 《口語･婉曲》 [人[3]と]セックスする.

⑥ 〖方向を表す語句とともに〗(くぎなど[4]を…へ)打ち込む;(トンネルなどを…へ)掘り抜く;(ふるい[4]を)ふるいに)かける. einen Tunnel **durch** den Berg _treiben_ 山にトンネルを通す / Fleisch[4] **durch** den Fleischwolf _treiben_ 肉を肉ひき機にかける / einen Nagel **in** die Wand _treiben_ くぎを壁に打ち込む. ⑦ (金属[4]を)打ち出して加工する;(図[4]を)打ち出して作る. eine Schale[4] **aus** Silber _treiben_ 銀の小皿を打ち出す. ⑧ 《園芸》(野菜など[4]を)促成栽培する. ⑨ (酵母がパン生地[4]を)ふくらませる. ⑩ (芽･葉･根[4]を)出す.

II 自 (完了 sein または haben) ① (s, h) (風･潮流などに乗って)漂う,漂流する. Ein Boot _treibt_ **auf** den Wellen. 1艘のボートが波間に漂っている. ◇《現在分詞の形で》 _treibende_ Wolken 空に浮かぶ雲.

② (s) 〖方向を表す語句とともに〗(…へ)漂って行く,流されて行く. Der Ballon _ist_ südwärts _getrieben_. 〖現在完了〗気球は南へ流されて行った.

③ (h) (ビールなどが)利尿(発汗)作用がある.

④ (h) (酵母が)発酵する,(パン生地が)ふくれる.

⑤ (h) (植物が)芽吹く,発芽する.

▶ **treiben|lassen**

Trei･ben [トライベン] 中 -s/- ① 〖複 なし〗雑踏,あわただしい動き(営み). das Leben und _Treiben_ der Großstadt[2] 大都会の雑踏. ② (人間の)行動,行い. ③ 《狩》追い出し猟[の猟場].

trei･ben|las･sen＊, **trei･ben las･sen**＊ [トライベン･ラッセン tráɪbən-làsən] (過分 treibenlassen / treiben lassen) 他 (h) 成り行きにまかせる. ◇《再帰的に》 _sich_[4] _treibenlassen_ 自律的に行動しない;(雰囲気などに)流される.

Trei･ber [トライバァ tráɪbər] 男 -s/- ① 《狩》(獲物を狩り出す)勢子(と), (女性形: -in). ② 牛(羊･馬)追い(家畜を牧場などへ追いたてる人). ③ (軽蔑的に):(人を)せきたてる人,扇動者. ④ 《コンピュ》 ドライバー.

Treib･gas [トライプ･ガース] 中 -es/-e ① (動力用の)[液化]燃料ガス. ② (スプレーの缶などに入った)圧縮ガス.

Treib･haus [トライプ･ハオス] 中 -es/..häuser 温室.

Treib･haus･ef･fekt [トライプハオス･エフェクト] 男 -s/ 《気象》(二酸化炭素などによる)温室効果.

Treib･holz [トライプ･ホルツ] 中 -es/ 流木.

Treib･jagd [トライプ･ヤークト] 女 -/-en [..ヤークデン] 《狩》追い出し猟.

Treib･mit･tel [トライプ･ミッテる] 中 -s/- ① 《料理》ふくらし粉(イースト･ベーキングパウダーなど). ② 《化》発泡剤. ③ 《化》(スプレーの缶などに入った)圧縮ガス.

Treib･rad [トライプ･ラート] 中 -[e]s/..räder 《工》駆動輪.

Treib･rie･men [トライプ･リーメン] 男 -s/- 《工》駆動ベルト.

Treib･sand [トライプ･ザント] 男 -[e]s/-e 〖ふつう 単〗流砂.

Treib･stoff [トライプ･シュトフ] 男 -[e]s/-e (動力用の)燃料(重油･ガソリンなど).

Trek･king [トレッキング trékɪŋ] 〖英〗 中 -s/ トレッキング.

Tre･ma [トレーマ tré:ma] 中 -s/-s (または ..mata) ① 《言》分音符(2母音が並ぶ場合に別々に発音することを示す記号;例: Viëtor の e の "). ② 《医》上門歯間のすき間.

tre･mo･lie･ren [トレモリーレン tremolí:rən] 自 (h) 《音楽》 トレモロで演奏する; [不自然な]ビブラートを付けて歌う.

Tre･mo･lo [トレーモろ tré:molo] 中 -s/-s (また

は 《..moli》《音楽》トレモロ，顫音(ﾞﾂ); 不自然な
ビブラート．

Trench≈coat [トレンチュ・コート] [英] 男 -[s]/
-s 《服飾》トレンチコート．

der **Trend** [トレント trént] [英] 男 [単2] -s/
(複) -s 傾向，流行，トレンド; der neueste
modische *Trend* 最新の流行ファッション．

tren·dig [トレンディヒ tréndɪç] 形 流行の最先
端をいく．

Trend≈set·ter [トレント・ゼッタァ] [英] 男 -s/
-《隠語》流行を作り出す人．（女性形: -in）．

tren·dy [トレンディ tréndi] [英] 形 =trendig

trenn·bar [トレンバール] 形 分離できる．ein
trennbares Verb 《言》分離動詞．

***tren·nen** [トレンネン trénən] (trennte, *hat* ...
getrennt) I 他 (完了 haben) ① 《A⁴ von (ま
たは **aus**) B³ ~》(A⁴ を B³ から)〔切り〕離す，〔切
り〕取る．《英 *separate*》． Ich *trenne* das
Fleisch vom Knochen. 私は肉を骨から切り
離す / das Futter⁴ aus dem Mantel *tren-
nen* コートから裏地をはずす．
② (事物が 人・物⁴ を)隔てている，分けている．
Der Kanal *trennt* England **vom** Kon-
tinent. その海峡がイギリスをヨーロッパ大陸から
隔てている / Uns *trennen* Welten. 私たちはお
互いに別世界の人間のようだ(←私たちを世界が隔
てている)．
③ (人⁴を)引き離す．das Kind⁴ **von** der
Mutter *trennen* 子供を母親から引き離す /
Der Krieg *hat* die Familie *getrennt*. 戦争
でその家族は離れ離れになった．
④ (概念など⁴を)区別する．Man *muss* die
Person **von** der Sache *trennen*. 事柄と人物
とは切り離して考えなければならない．
⑤ (混合物など⁴を)分離する．das Eigelb⁴
vom Eiweiß *trennen* 卵の黄身と白身を分け
る / Müll *trennen* ゴミを分別する．
⑥ (単語⁴を)分綴(ﾂﾂﾞ)する．⑦ (電話の接続な
ど⁴を)切る．⑧ (縫い目⁴を)ほどく; (衣服など⁴
の)縫い目をほどく．
II 再帰 (完了 haben) *sich⁴ trennen* ① 別れ
る，離れる．Wir *trennten* uns **am** Bahnhof.
私たちは駅で別れた / Sie *hat* sich **von** ihrem
Mann *getrennt*. 彼女は夫と離婚した / Die
beiden Mannschaften *trennten* sich 1:1 (=
eins zu eins). 《スポ》両チームは 1 対 1 で引き分け
た．
② 《*sich⁴ von*《物》~》(《物》³を)手放す．Er
konnte sich von dem Auto nicht *trennen*.
彼はその車を手放すことができなかった / *sich⁴*
von einem Gedanken *trennen* 《比》ある考え
を放棄する．

◇☞ **getrennt**

trenn≈scharf [トレン・シャルフ] 形 ① 《放送》
選択(分離)度のよい．② 《哲》区別の精密な．

Trenn≈schär·fe [トレン・シェルフェ] 女 -/ ①
《放送》(ラジオの)選択(分離)度．② 《哲》弁別
性．

trenn·te [トレンテ] *trennen (切り離す)の 過去

die **Tren·nung** [トレンヌング trénʊŋ] 女
(単) -/(複) -en ① 分離; 別離，別れ．《英
separation）．die Trennung von Kirche und
Staat 教会と国家の分離 / **Bei** der *Trennung*
weinte sie. 別れるとき彼女は泣いた / in *Tren-
nung* leben 別居生活する．② 区別，区分．
③ 電話を切る(電話が切れる)こと．④ 《言》分
綴(ﾂﾂﾞ)．(=Silben*trennung*)．

Tren·nungs≈ent·schä·di·gung [トレンヌ
ングス・エントシェーディグング] 女 -/-en 単身赴任
手当．

Tren·nungs≈geld [トレンヌングス・ゲルト] 中
-es/-er 単身赴任手当．

Tren·nungs≈strich [トレンヌングス・シュトリヒ]
男 -[e]s/-e 《言》ハイフン(記号: -)．

Tren·se [トレンゼ trénzə] 女 -/-n 小勒(ﾛﾂ)
(馬具の一種)．

trepp≈ab [トレプ・アップ] 副 階下へ，階段を
下りて．

trepp≈auf [トレプ・アオフ] 副 階上へ，階段を
上がって．

die **Trep·pe [トレッペ trépə]

> 階段
>
> Die *Treppe* hoch und dann links.
> ディ　トレッペ　ホーホ　ウント　ダン　リンクス
> 階段を上がって左側です．

女 (単) -/(複) -n 階段．《英 *stairs*）．Roll-
treppe エスカレーター / eine steile *Treppe* 急
な階段 / die *Treppe*⁴ hinauf|steigen (hi-
nunter|steigen) 階段を上る(下りる) / Die
Treppe führt in den Keller. この階段は地下
室に通じている / Sie wohnen eine *Treppe*
höher (tiefer). 彼らは 1 階上(1 階下)に住んで
いる / **auf** halber *Treppe* zum ersten Stock 2
階へ上る踊り場で / die *Treppe*⁴ hinauf|fallen
《口語・比》思いがけず昇進する．

Trep·pen≈ab·satz [トレッペン・アップザッツ]
男 -es/..sätze 階段の踊り場．

Trep·pen≈ge·län·der [トレッペン・ゲレンダァ]
中 -s/- 階段の手すり．

Trep·pen≈haus [トレッペン・ハオス] 中 -es/
..häuser 《建》階段室(吹き抜けの階段部分)．

Trep·pen≈stu·fe [トレッペン・シュトゥーフェ] 女
-/-n 階段の段．

Trep·pen≈witz [トレッペン・ヴィッツ] 男 -es/
-e あと知恵(部屋を出たあと階段にかかってやっと思
いつくような知恵); 悪い冗談のような出来事．

Tre·sen [トレーゼン tré:zən] 男 -s/- 《北ドイツ》
(酒場・商店の)カウンター．(=Theke)．

Tre·sor [トレゾーァ trezó:r] 男 -s/-e ① 金庫．
② (銀行などの)金庫室．

Tres·se [トレッセ trɛ́sə] 女 -/-n 《ふつう 複》打
ちひも，組ひも，(金・銀の)モール．

Tres·ter [トレスタァ tréstɐr] 複 (ぶどう・りんごな
どの)圧搾かす．

Tret≈boot [トレート・ボート] 中 -[e]s/-e ペダル
ボート．

tre·ten* [トレーテン tréːtən]

> 歩む *Treten* Sie bitte näher!
> トレーテン ズィー ビッテ ネーァァ
> どうぞもっと近くへお寄りください。

人称	単	複
1	ich trete	wir treten
2	{du **trittst** / Sie treten	{ihr tretet / Sie treten
3	er tritt	sie treten

(trat, *ist*/*hat*...getreten) **I** 自 (完了) sein または haben) (変 *step*) ① (s)『方向を表す語句とともに』(…へ向かって)歩む; 歩んで出る(入る). **ans** Fenster *treten* 窓辺に歩み寄る / **auf** den Balkon *treten* バルコニーに出る / **aus** dem Haus *treten* 家から外へ出る / Sie *ist* **ins** Zimmer getreten. 『現在完了』彼女は部屋の中に入った / Die Tränen *traten* ihm in die Augen. 『口語』涙が彼の目にあふれた / 人³ **in** den Weg *treten* a) 人³の道をさえぎる, b) 《比》人³のじゃまをする / **nach** vorn (hinten) *treten* 前へ出る(後ろへ下がる) / **vor** den Spiegel *treten* 鏡の前に立つ / Er trat **zur** Seite. 彼はわきへよけた.

② (s, h)『**auf** (または **in**) 物⁴ ~』(物⁴をうっかり)踏む. Er *ist* auf seine Brille getreten. 『現在完了』彼は自分の眼鏡を踏んでしまった / Ich *bin* (または *habe*) ihm auf den Fuß getreten. 『現在完了』私はうっかり彼の足を踏んだ / Nicht auf den Rasen *treten*! (公園などの掲示です)芝生に入らないでください / in eine Pfütze *treten* 水たまりに足を突っ込む.

③ (h)『**auf** 物⁴ ~』(物⁴を意識的に)踏みつける. auf das Gaspedal (die Bremse) *treten* アクセル(ブレーキ)を踏む.

④ (h) (足で)ける. Das Pferd *tritt*. その馬はける癖がある / Er *trat* **gegen** die Tür. 彼はドアをけとばした / 人³ **in** den Bauch *treten* 人³の腹をける.

⑤ (s)『**in** 物⁴ ~』(物⁴の状態)に入る. **in** Aktion *treten* 行動を起こす / **in** den Ehestand *treten* 結婚生活に入る / **in** Kraft *treten* (法律などが)施行される / **mit** 人³ **in** Verhandlungen *treten* 人³と交渉に入る / Er *ist* in sein 50. (=fünfzigstes) Jahr getreten. 『現在完了』彼は50歳になった.

II 他 (完了 haben) ① (人・物⁴を)踏む, 踏み込む. die Bremse⁴ *treten* ブレーキを踏む / den Takt *treten* 足で拍子を取る / Er *hat* mich **auf** den Fuß getreten. 彼は私の足を踏んだ / sich³ einen Nagel **in** den Fuß *treten* くぎを踏み抜く.

② (人・物⁴を)ける. Du *darfst* den Hund nicht *treten*. 犬をけってはいけないよ / 人⁴ **in** den Bauch *treten* 人⁴の腹をける / den Ball **ins** Tor *treten* (サッカーで:)ボールをけってゴールに入れる.

③ 踏み固めて(道など⁴を)作る. einen Weg **durch** den Schnee *treten* 雪を踏み固めて道を作る. ④ (雄鳥が雌鳥⁴と)交尾する.

Tret=müh·le [トレート・ミューレ] 囡 -/-n (口語)(まるで踏み車のように)単調な日常の仕事(生活).

Tret=rad [トレート・ラート] 中 -[e]s/..räder 踏み車[の車輪部分].

***treu** [トロイ trɔ́y] 形 (比較 treuer, 最上 treu[est]) ① **忠実な**, 誠実な; 貞節な. 《英 *faithful*》. eine *treue* Liebe 変わらぬ愛 / ein *treuer* Freund 誠実な友人 / dein *treuer* Sohn (手紙の結びで:)[あなたの忠実な]息子より / 人・事³ *treu* sein (または bleiben) 人・事³に忠実である ⇒ Er *ist* seiner Frau *treu*. 彼は妻を裏切らない / Er bleibt seinem Versprechen *treu*. 彼は約束を忠実に守る / Er *ist* ein *treuer* Kunde von uns. 《口語》彼は私たちの[店の]お得意さんだ.

② 《口語》純真な, 無邪気な, あどけない. Sie hat einen *treuen* Blick. 彼女のまなざしは澄んでいる / *treu* und brav (または bieder) 律儀(りちぎ)に / Du bist ja *treu*! まったく君はおめでたい(単純な)人だね.

③ 《雅》(事実に)忠実な, 正確な. eine *treue* Wiedergabe 正確な描写.
▶ **treu=ergeben**

..treu [..トロイ ..trɔy]『形容詞をつくる [接尾]』《…に忠実な》例: text*treu* 原文に忠実な.

die **Treue** [トロイエ trɔ́yə] 囡 (単) -/- ① **誠実**, 忠実; 忠誠, 信義; 貞節. 《英 *faithfulness*》. die eheliche *Treue* 夫婦間の操 / 人³ *Treue*⁴ schwören 人³に忠節を誓う / 人³ die *Treue*⁴ halten 人³に忠誠を守る / die *Treue*⁴ brechen 信義を破る / **auf** (まれに **in**) Treue und Glauben 《口語》(相手を)信頼して. ② (描写などの)忠実さ, 正確さ, 信頼性. historische *Treue* einer Dokumentation² 記録文書の歴史的正確さ.

Treu=eid [トロイ・アイト] 男 -[e]s/-e (公務員・兵士・昔の臣下などの)忠誠の誓い.

treu=er·ge·ben, treu er·ge·ben [トロイ・エァゲーベン] 形 忠実な, 忠誠な.

Treu=hand [トロイ・ハント] 囡 -/ (法) 信託.

Treu=hän·der [トロイ・ヘンダァ] 男 -s/- (法)(権利・財産などの)受託者. (女性形: -in).

treu=hän·de·risch [トロイ・ヘンデリッシュ] 形 受託者による, 信託の.

Treu·hand=ge·sell·schaft [トロイハント・ゲゼるシャふト] 囡 -/-en (法) 信託会社.

treu=her·zig [トロイ・ヘルツィヒ] 形 純真な, 無邪気な.

Treu=her·zig·keit [トロイ・ヘルツィヒカイト] 囡 -/ 純真さ, 無邪気さ.

treu=los [トロイ・ろース] 形 不実な; 不貞な. ein *treuloser* Liebhaber 浮気な恋人.

Treu=lo·sig·keit [トロイ・ろーズィヒカイト] 囡 -/ 不実; 不貞.

tri.., **Tri..** [トリ.. tri.. または トリー..]『形容詞・名詞につける [接頭]』《三》例: *Tri*logie 三部作.

Tri·an·gel [トリーアンゲる trí:aŋəl] 男 (ミュージ:田) -s/- ① 《音楽》トライアングル(打楽器の一種). ② 《方》(衣服につけた)三角形のかぎ裂き.

Tri·as [トリーアス trí:as] 囡 -/- ① 三つ組み[のもの]. ② 〔圈 なし〕《地学》三畳紀.

Tri·ath·lon [トリーアトロン trí:atlɔn] 田 -s/-s 《スﾎﾟ》トライアスロン.

Tri·bun [トリブーン tribú:n] 男 -s (または -en)/-e[n] ① (古代ローマの)護民官. ② (古代ローマの)軍団の副司令官.

Tri·bu·nal [トリブナーる tribuná:l] 田 -s/-e ① 《雅》法廷, [上級]裁判所. ② フォーラム, 公開討論会. ③ 《史》法官席(古代ローマの広場にあった高い席).

Tri·bü·ne [トリビューネ tribý:nə] 囡 -/-n ① 演壇. ② 観覧席, 傍聴席, スタンド;(総称として:)観客, 聴衆.

Tri·but [トリブート tribú:t] 男 -[e]s/-e ① (ローマ時代の)貢ぎ物, 年貢; 租税《比》代償, 犠牲. einen hohen *Tribut* fordern 大きい犠牲を払わせる. ② (当然払るべき)敬意, 尊敬. j^3 *Tribut*^{4} zollen 俚3《業績などに》敬意を表する.

Tri·chi·ne [トリヒーネ triçí:nə] 囡 -/-n 《動》センモウチュウ.

der **Trich·ter** [トリヒタァ tríçtər] 男 (単2)-s/(複)- (3格のみ -n) ① じょうご, 漏斗(ﾛｳﾄ). (㊪ *funnel*). ein *Trichter* aus Glas ガラス製の漏斗 / Öl^4 durch einen *Trichter* gießen 油をじょうごで注ぐ / der Nürnberger *Trichter* 《戯》速成学習法, 虎の巻(←ニュルンベルクのじょうご; 17世紀にニュルンベルクで出版された詩学書の書名から) / j^4 auf den [richtigen] *Trichter* bringen 《口語》j^4にこつを飲み込ませる / Endlich kam er auf den *Trichter*. 《口語》彼はやっと要領がわかった. ② (じょうご状のもの:)噴火口; (砲弾・爆弾による)弾孔, すりばち状の穴; (管楽器のらっぱ状の)開口部; メガホン.

trich·ter≠för·mig [トリヒタァ・フェルミヒ] 形 じょうご状の, 漏斗(ﾛｳﾄ)状の.

der **Trick** [トリック trík] [英]《単》-s/《複》-s ① (人を欺くための)策略, トリック. (㊪ *trick*). einen *Trick* an|wenden トリックを使う / auf einen *Trick* herein|fallen トリックに引っかかる. ② (仕事をうまくこなす)こつ, 秘訣(ﾋｹﾂ). ③ (奇術などの)仕掛け, トリック.

Trick≠auf·nah·me [トリック・アオフナーメ] 囡 -/-n 特殊撮影(録音).

Trick≠film [トリック・ふぃるム] 男 -[e]s/-e 特殊撮影(特撮)映画.

trick≠reich [トリック・ライヒ] 形 策略に満ちた(政治家など), トリックを多く使う(選手など).

trick·sen [トリクセン tríksən] I 自 (h) 《口語》(サッカーなど)トリックプレーをする. II 他 (h) 《口語》(トリックを使って他^{4}を)うまくやる.

trieb [トリープ] ‡*treiben* (追いたてる)の 過去

der **Trieb** [トリープ trí:p] 男 (単2) -[e]s/(複) -e (3格のみ -en) ① (本能的な)衝動, 欲望; 性向. (㊪ *impulse*). ein blinder *Trieb* 盲目的衝動 / ein mütterlicher *Trieb* 母性本能 / sexueller *Triebe* 性的衝動 / Er beherrschte seine *Triebe*. 彼は自分の欲求を抑えた. ② 〔圈 なし〕意欲, やる気. keinen *Trieb* zur Arbeit haben 働く気がない. ③ 新芽, 若芽; 若枝. ④ 《工》駆動; 伝動装置; (時計などの歯数の少ない)小歯車.

trie·be [トリーベ] *treiben (追いたてる)の 接2

Trieb≠fe·der [トリープ・フェーダァ] 囡 -/-n (時計などの)ぜんまい;《比》主因, 動機.

trieb≠haft [トリープ・ハふト] 形 本能的な, [性的な]衝動に駆られた.

Trieb≠kraft [トリープ・クラふト] 囡 -/..kräfte ① (社)原動力, モチベーション. ② 《植》発芽(成長)力.

Trieb≠rad [トリープ・ラート] 田 -[e]s/..räder 《工》動輪, 駆動輪.

Trieb≠wa·gen [トリープ・ヴァーゲン] 男 -s/- 動力車(電車・ディーゼルカーなどの原動機のついた車両).

Trieb≠werk [トリープ・ヴェルク] 田 -[e]s/-e 《工》動力装置; (航空機などの)エンジン.

Trief≠au·ge [トリーふ・アオゲ] 田 -s/-n ただれ目.

trief≠äu·gig [トリーふ・オイギヒ] 形 《口語》ただれ目の.

trie·fen$^{(*)}$ [トリーフェン trí:fən] (triefte 《雅》: troff), ist/hat ... getrieft (まれに: getroffen)) 自 (s, h) ① (s) (液体が)ぽたぽた落ちる, 滴る. Das Blut *trieft* aus der Wunde. 傷口から血がぽたぽた滴る. ② (h) **von** (または **vor**) 物^3 ~) (俚3でびしょぬれである, 滴たれるほどぬれている); 《比》(俚3で満ちあふれている. Sein Anzug *triefte* vom Regen. 彼の背広は雨でびしょびしょだった / Seine Erzählungen *triefen* von (または vor) Sentimentalität. 彼の話はセンチメンタルこの上ない.

trie·fend [トリーフェント] I *triefen* (ぽたぽた落ちる)の 現在分 II 形 (液体が)ぽたぽた滴る. ein von Blut *triefendes* Messer 血の滴るナイフ / Der Mantel ist *triefend* nass. コートはずぶぬれだ.

trief≠nass [トリーふ・ナス] 形《口語》ずぶぬれの.

Trier [トリーア trí:r] 田 -s/《都市名》トリーア(ドイツ, ラインラント・プファルツ州. ローマ帝国時代に建設された古都; ▷ 地図 C-4).

trie·zen [トリーツェン trí:tsən] 他 (h)《口語》いじめる, 苦しめる.

triff [トリふ] ‡treffen (会う)の du に対する 命令

triffst [トリふスト] ‡treffen (会う)の2人称親称単数 現在

trifft [トリふト] ‡treffen (会う)の3人称単数 現在

Trift [トリふト tríft] 囡 -/-en ① 《海》吹送流 (風による海面潮流). (= Drift). ② 《方》(特に羊用の)[やせた]放牧地; 放牧地への]家畜の通路.

trif·tig [トリふティヒ tríftɪç] 形 根拠のある, 十分に説得力のある.

Tri·go·no·me·trie [トリゴノメトリー tri-gonometrí:] 囡 -/ 《数》三角法.

tri·go·no·me·trisch [トリゴノメートリッシュ trigonomé:trɪʃ] 形《数》三角法の.

Tri·ko·lo·re [トリコローレ trikoló:rə] 名 女 -/-n 三色旗(特にフランス国旗).

Tri·kot [トリコー trikó: または トリッコ tríko] 《仏》 I 男 (まれに 中) -s/-s 《織》トリコット(伸縮性のあるメリヤス織りの布地). II 中 -s/-s トリコット地の衣類(レオタード・タイツなど).

Tri·ko·ta·ge [トリコタージェ trikotá:ʒə] 《仏》 名 -/-n 《ふつう 複》トリコット製品.

Tril·ler [トリらァ trílər] 男 -s/- ① 《音楽》トリル, 顫音(ﾃﾝ). ② (トリルに似た)鳥のさえずり.

tril·lern [トリらァン trílərn] I 自 (h) ① トリルで歌う(演奏する); (鳥が)さえずる. ② ホイッスルを吹く. II 他 (h) ① (楽曲4をトリルで歌う(演奏する). ② (合図など4を)ホイッスルで知らせる.

Tril·ler·pfei·fe [トリらァ・プふァイふェ] 名 女 --n ホイッスル, 警笛.

Tri·lo·gie [トリろギー trilogí:] 名 -/-n [..ギーエン]《文学・音楽》三部作.

Tri·mes·ter [トリメスタァ triméstər] 中 -s/- ① 3か月[間]. ② (年3学期制の)1学期.

Trimm-dich-Pfad [トリム・ディヒ・プふァート] 男 -[e]s/-e (森の中の)フィールドアスレチックコース.

trim·men [トリンメン trímən] 他 (h) ① (人4を)訓練する, (人4の)体調を整えさせる. *Er trimmt seine Schützlinge.* 彼は弟子たちを訓練する. ◇[再帰的に] *Trimm dich durch Sport!* スポーツで体調を整えなさい. ②〖成句的〗[人・物]4 **auf** ... *trimmen* 《口語》[人・物]4を…[の状態]に仕上げる. *seine Kinder4 auf Höflichkeit trimmen* 子供たちが礼儀正しくするようにしつける / *Das Lokal ist auf antik getrimmt.* 〖状態受動・現在〗その酒場はアンチック風にしつらえられている. (〈メモ〉... には4格の名詞や形容詞がくる). ③ (犬4の)毛を刈り込む; (犬4に)ブラシをかける. ④ 《海・航空》(積み荷の配置などによって船・飛行機4の)バランスをよくする. ⑤ 《電子》(無線機など4の)周波数を調整する, 同調させる.

Tri·ni·tät [トリニテート trinité:t] 名 -/- 《ｷﾘｽﾄ教》(父・子・聖霊の)三位一体 (=Dreieinigkeit).

trink·bar [トリンクバール] 形 飲用に適した, 飲める; 《口語》うまい, いける(ワインなど).

trin·ken* [トリンケン tríŋkən]

> 飲む *Ich trinke gern Wein.*
> イヒ トリンケ ゲルン ヴァイン
> 私はワインが好きです.

(trank, hat ... getrunken) I 他 (完了 haben) (物4を)飲む. (英 *drink*). (〈メモ〉「食べる」は essen). *Bier4 trinken* ビールを飲む / *eine Tasse Kaffee4 trinken* コーヒーを1杯飲む / *Er trinkt keinen Alkohol.* 彼は酒を飲まない / *Der Kognak lässt sich trinken.* このコニャックはなかなかいける / *einen trinken* 《口語》一杯やる / *sich3 einen trinken* 《口語》(憂さ晴らし・景気づけに)一杯ひっかける / 人3 *zu trinken geben* 人3に飲み物を与える ⇒ *Die Mutter gibt dem Kind zu trinken.* 母親が子供に飲み物を与える / *Die Erde trinkt den Regen.* 《詩》大地が雨を吸い込む / *das Leben4 trinken* 《詩》人生を満喫する.

II 自 (完了 haben) ① 飲む; (定期的に・過度に)酒を飲む; (乳児が)乳を飲む. *Er trinkt gern.* 彼は酒好きだ / *aus dem Glas trinken* グラスで飲む / *in* (または **mit**) *kleinen Schlucken trinken* ちびちび飲む / *in großen Zügen trinken* がぶがぶ飲む / *Lass mich mal* **von** *dem Saft trinken!* そのジュースを少し飲ませてよ.

② 〖**auf** [人・事]4 ~〗([人・事]4のために)乾杯する. *Wir trinken* **auf** *deine Gesundheit.* 私たちは君の健康を祈って乾杯しよう

III 再帰 (完了 haben) *sich4 trinken* ① 飲んで[その結果]…になる. *sich4 krank trinken* 飲み過ぎて体をこわす / *sich4 um den Verstand trinken* 酔って正体を失う. ② 飲み心地が…

ドイツ・ミニ情報 37

飲酒 Trinken

ドイツでは法律的には16歳から飲酒が許されている. Hauptschule (基幹学校) や Realschule (実科学校) を15歳で卒業すると, 見習い生として就職し, 大人の輪に加わる機会も増える. また16歳未満の飲酒も, 保護者同伴で保護者が許可すればかまわないことになっている.

アルコール飲料と言えばビールとワインが主流で, ウイスキーはほとんど飲まれない. ただ夕食後, 消化を促したりくつろいだりするために Schnaps (火酒), Obstler (果実酒), ブランデーのようなハードリカーを少量飲むことがある. 居酒屋へ飲みに行くのも, 酔うためではなくおしゃべりが中心で, 日本のようにつまみをあれこれ注文することも, 店を替えてはしごをすることもなく, ずっと同じ店に腰を落ち着け, 最初から最後まで同じ種類の酒で通すことが多い.

仕事とプライベートな時間をはっきりと分けるため, 仕事帰りに同僚と飲みに行くことはまれだ. さっさと帰宅し, 簡単な夕食を済ませ, 行きつけの店の Stammtisch (常連客席) で飲み仲間としゃべったり, Skat (ドイツでポピュラーなトランプゲームの一種) に興じたりする. ドイツはビールと白ワインの産地だが, ビールのカロリーを気にしたり, 辛口のワインを好む人が増えてきたのも, 新しいドイツの一面である.

© JOSKA Kristall GmbH & Co. KG

である. Der Wein *trinkt sich* gut. そのワインは口当たりがよい.

Tasse / **Untertasse** / **Kanne** / **Tee-Ei** / **Glas** / **Becher** / **Römer** / **Krug**
trinken

Trin·ken [トリンケン] 匣 -s/ 飲むこと; 飲酒. (☞「ドイツ・ミニ情報 37」, 1356 ページ). Essen und *Trinken* 飲食 / sich³ das *Trinken*⁴ an|gewöhnen (ab|gewöhnen) 酒を飲むようになる(やめる).

Trin·ker [トリンカァ trínkər] 男 -s/- 酒飲み; アルコール中毒者. (女性形: -in). ein starker *Trinker* 酒豪.

trink∠fest [トリンク・フェスト] 形 酒に強い.

Trink∠ge·fäß [トリンク・ゲフェース] 中 -es/-e [取っ手のついた]飲むための器 (コーヒーカップなど).

Trink∠ge·la·ge [トリンク・ゲラーゲ] 中 -s/- 〘戯〙飲宴, 酒盛り.

das **Trink∠geld** [トリンク・ゲルト trínkgelt] 中 (単 2) -[e]s/(複) -er (3 格のみ -ern) チップ, 心づけ. [人]³ [ein] *Trinkgeld*⁴ geben [人]³にチップをやる.

Trink∠glas [トリンク・グラース] 中 -es/..gläser コップ, グラス.

Trink∠hal·le [トリンク・ハレ] 女 -/-n ① (湯治場の)鉱泉水を飲むホール(部屋). ② (飲料などを売る)キオスク.

Trink∠halm [トリンク・ハルム] 男 -[e]s/-e ストロー.

Trink∠lied [トリンク・リート] 中 -[e]s/-er 酒宴の歌.

Trink∠spruch [トリンク・シュプルフ] 男 -[e]s/..sprüche 乾杯の辞.

Trink∠was·ser [トリンク・ヴァッサァ] 中 -s/..wässer 飲料水. Kein *Trinkwasser*! (掲示で:)飲料水ではありません.

Trink·was·ser·auf·be·rei·tung [トリンクヴァッサァ・アオフベライトゥング] 女 -/-en 飲料水の浄化.

Trio [トリーオ trí:o] 〘音〙 中 -s/-s ① 《音楽》トリオ, 三重奏曲, 三重唱曲; 三重奏団, 三重唱団. ② 《音楽》トリオ(メヌエットなどの中間部). ③ (ふつう皮肉って:) 3 人組.

Tri·o·le [トリオーれ trió:lə] 女 -/-n 《音楽》3 連符.

Trip [トリップ tríp] 〘英〙男 -s/-s ① 《口語》遠足, 小旅行. einen kurzen *Trip* unternehmen 短い旅行をする. ② 〘隠語〙(麻薬による)幻覚状態, トリップ; 1 服の麻薬(特に LSD). ③ 〘隠語〙(一種の)陶酔, 熱中.

trip·peln [トリッペルン trípəln] 自 (s) (…へ)小走りに歩いて行く, ちょこちょこと歩く.

Trip·per [トリッパァ trípər] 男 -s/- 《医》淋病(りんびょう).

Tri·ptik [トリプティク tríptɪk] 中 -s/-s = Triptyk.

Tri·pty·chon [トリプテュヒョン tríptyçɔn] 中 -s/..tychen (または ..tycha) 〘美〙 トリプティカ(3 部からなる祭壇画面). (☞ Altar 図).

Tri·ptyk [トリプティク tríptyk] 中 -s/-s (自動車・船舶などの)国境通過許可証.

trist [トリスト tríst] 形 もの悲しい, わびしい, 荒涼とした; 味気ない.

Tris·tan [トリスタン trístan] -s/ 《人名》トリスタン (中世の伝説・物語の主人公. イゾルデの愛人). *Tristan* und *Isolde* 『トリスタンとイゾルデ』(ヴァーグナーの楽劇の題名).

Tri·ti·um [トリーツィウム trí:tsium] 中 -s/ 《化》トリチウム, 三重水素(記号: T).

Tri·ton¹ [トリートン trí:tɔn] -en [トリトーネン]/-en [トリトーネン] 〘ギ神〙 ① 〘複なし〙トリトン (半人半魚の海神. ポセイドンの息子). ② 〘複で〙海神の従者たち(ほら貝を吹いて海を鎮める).

Tri·ton² [トリートン] 中 -s/-en [トリトーネン] 《化》トリトン, 三重陽子(トリチウムの原子核).

tritt [トリット] **I** ⁎treten (歩む)の 3 人称単数現在 **II** ⁎treten (歩む)の du に対する命令.

der **Tritt** [トリット trít] 男 (単 2) -[e]s/(複) -e (3 格のみ -en) ① 歩み, 1 歩. 〘英〙 step). kräftige *Tritte* 力強い歩み / Die Dielen knarren bei jedem *Tritt*. 床が一足ごとにぎーぎーしむ / einen falschen *Tritt* machen a) 足を踏みはずす, b) 足をくじく.

② 〘複なし〙歩き方, 足取り; 歩調. einen leichten *Tritt* haben 足取りが軽い / den *Tritt* halten 同じ歩調を保つ / den falschen *Tritt* haben 歩調が合わない / *Tritt*⁴ fassen a) 歩調をそろえる, b) 調子を取り戻す / aus dem *Tritt* kommen (または geraten) 歩調が乱れる / im *Tritt* 歩調をそろえて / mit festem *Tritt* しっかりした足取りで. ③ 足でけること, キック. [人]³ einen *Tritt* geben (または versetzen) a) [人]³をけとばす, b) 《口語・比》[人]³を首にする / einen *Tritt* bekommen (または kriegen) a) けとばされる, b) 《口語・比》首になる. ④ 踏み台, ペダル; (バスなどの昇降口の)ステップ, 踏み段. ⑤ 《狩》(鹿などの)足跡;〘ふつう 複〙(鳥の)足跡.

Tritt∠brett [トリット・ブレット] 中 -[e]s/-er (バス・電車などの昇降口の)ステップ.

Tritt∠lei·ter [トリット・らイタァ] 女 -/-n 脚立.

trittst [トリッツト] ⁎treten (歩む)の 2 人称親称単数現在.

der **Tri·umph** [トリウムふ triúmf] 男 (単 2) -[e]s/(複) -e (3 格のみ -en) ① 勝利; 大成功. 〘英〙 triumph). (☞⃣ 「敗北」は Niederlage). einen *Triumph* erringen 勝利(大成功)を収める / Der Sänger feierte *Triumphe*. その歌手は大成功を収めた. ② 〘複なし〙勝利の喜び(満足感). im *Triumph* 意気揚々と. ③ (古

代ローマの)凱旋(ﾊﾞ)行進.
tri·um·phal [トリウムファール triumfá:l] 形 輝かしい(成果など); 勝利の歓声に包まれた.
Tri·umph♦bo·gen [トリウムフ・ボーゲン] 男 -s/- ① (古代ローマの)凱旋(ﾊﾞ)門. ② (教会内部の)凱旋アーチ(キリストの勝利が描かれている). (☞ Basilika 図).
tri·um·phie·ren [トリウムフィーレン triumfí:rən] 自 (h) ① 勝ち誇る, 勝利の歓声をあげる. Sie *hatte* zu früh *triumphiert*. 彼女が喜び勇んだのは早すぎた. ② 〖**über** 人・事⁴ ~〗 (人・事⁴に)打ち勝つ, 勝利を収める.
Tri·umph♦zug [トリウムフ・ツーク] 男 -[e]s/ ..züge (古代ローマの)凱旋(ﾊﾞ)の行進; 《比》優勝パレード.
tri·vi·al [トリヴィアーる triviá:l] 形 平凡な, 通俗的な, ありきたりの. eine *triviale* Bemerkung 月並みな意見.
Tri·vi·a·li·tät [トリヴィアリテート trivialitέ:t] 女 -/-en ① 〖複なし〗平凡, 陳腐. ② 平凡(陳腐)な言葉(考え).
Tri·vi·al♦li·te·ra·tur [トリヴィアーる・リテラトゥーア] 女 -/-en 〖ふつう 単〗通俗文学.
tro·chä·isch [トロヘーイッシュ trɔχέ:ɪʃ] 形 《詩学》強弱(長短)格の.
Tro·chä·us [トロヘーウス trɔχέ:us] 男 -/ ..chäen 《詩学》強弱(長短)格.
**tro·cken [トロッケン trɔ́kən]

乾いた
Die Wäsche ist schon *trocken*.
ディ ヴェッシェ イスト ショーン トロッケン
洗濯物はもう乾いている.

形 (比較 trock[e]ner, 最上 trockenst; 格変化語尾がつくときは trock[e]n-) ① **乾いた**, 乾燥した, 湿気のない. (英 dry). (☞「ぬれた」は nass). *trockene* Schuhe 乾いた靴 / *trockene* Luft 乾いた空気 / sich⁴ *trocken* rasieren 電気かみそりでひげをそる / Wir sind noch *trocken* nach Hause gekommen. 《現在完了》私たちは雨が降る前に家に帰り着いた. ◇〖名詞的に〗 **auf** dem *Trock[e]nen* sitzen (または sein) 《口語》a) にっちもさっちもいかない, b) お金がなくて動きがとれない, c) 《戯》もう飲むもの(酒)がない / **im** *Trock[e]nen* (雨などに)ぬれないで.
② **雨の降らない**, 雨の少ない. ein *trockener* Sommer 日照り続きの夏 / Bei *trockenem* Wetter sind die Kinder immer draußen. 天気のよい時には子供たちはいつも外に出ている.
③ **干からびた**, 水気のない, かさかさの. eine *trockene* Haut かさかさの皮膚 / *trockene* Zweige 枯れ枝 / Er hatte einen ganz *trockenen* Hals. 彼はからからにのどが渇いていた.
④ (パンなどに)何もつけてない. *trockenes* Brot バター(ジャムなど)を塗っていないパン / das Fleisch⁴ *trocken* essen ソースをつけないで肉を食べる.
⑤ (ワインなどが)**辛口の**, 甘くない. (☞「甘口の」は süß). *trockener* Sekt 辛口のスパークリングワイン / Der Wein ist mir zu *trocken*. このワインは私には辛すぎる.
⑥ **味気ない**, おもしろ味がない, そっけない; さりげない(冗談・皮肉など). Sein Vortrag war sehr *trocken*. 彼の講演はとても退屈だった / eine *trockene* Abhandlung おもしろくない論文 / eine *trockene* Antwort そっけない返事 / *trocken* antworten そっけない返事をする / einen *trockenen* Humor haben さりげないユーモアがある.
⑦ 乾いた音の. ein *trockener* Husten 乾いたせき, 空(ﾞ)ぜき. ⑧ 〖隠語〗アルコール(酒)を絶っている; (定食などが)アルコール類のつかない. *trockene* Länder 禁酒国 / Er ist seit einiger Zeit *trocken*. 彼はしばらく前から禁酒している.
⑨ 《スポ・隠語》(ボクシングのパンチ・サッカーのシュートなどが)すばやくて痛烈な.
► **trocken|reiben**

Tro·cken♦bat·te·rie [トロッケン・バテリー] 女 -/-n [..リーエン] 《電》乾電池.
Tro·cken♦bo·den [トロッケン・ボーデン] 男 -s/ ..böden 屋根裏の物干し部屋.
Tro·cken♦dock [トロッケン・ドック] 中 -s/-s (まれに -e) 《造船》乾ドック.
Tro·cken♦ei [トロッケン・アイ] 中 -[e]s/-er (粉状の)乾燥卵.
Tro·cken♦eis [トロッケン・アイス] 中 -es/ ドライアイス.
Tro·cken♦ele·ment [トロッケン・エれメント] 中 -[e]s/-e 《電》乾電池.
Tro·cken♦fut·ter [トロッケン・フッタァ] 中 -s/ 《農》乾燥飼料.
Tro·cken♦ge·mü·se [トロッケン・ゲミューゼ] 中 -s/- 乾燥野菜.
Tro·cken♦hau·be [トロッケン・ハオベ] 女 -/-n ボンネット型ヘアドライヤー.
Tro·cken·heit [トロッケンハイト] 女 -/-en ① 〖複なし〗乾燥していること; 味気なさ. ② 《ふつう 単》乾季.
tro·cken|le·gen [トロッケン・れーゲン trɔ́kənlè:gən] 他 (h) ① (赤ん坊⁴の)おむつを取り替える. ② (湿地など⁴を)干拓する. ③ 〖隠語〗 (人⁴に)禁酒させる.
Tro·cken♦milch [トロッケン・ミるヒ] 女 -/ ドライミルク, 粉ミルク.
Tro·cken♦ra·sie·rer [トロッケン・ラズィーラァ] 男 -s/- 《口語》① 電気かみそり. ② 電気かみそり愛用者.
tro·cken|rei·ben*, trocken rei·ben* [トロッケン・ライベン trɔ́kən-ràɪbən] 他 (h) (ぬれた食器・髪など⁴を)ふいて(こすって)乾かす.
Tro·cken♦zeit [トロッケン・ツァイト] 女 -/-en 乾季. (☞「雨季」は Regenzeit).
trock·nen [トロックネン trɔ́knən] du trocknest, er trocknet (trocknete, *hat/ist*... getrocknet) I 他 (h) ① **乾かす**, 乾燥させる; (果実など⁴を)干して乾燥させる. (英 dry). nasse Schuhe⁴ auf der Heizung *trocknen*

ぬれた靴を暖房器具の上で乾かす / Sie *hat* ihre Haare *getrocknet*. 彼女は髪を乾かした. ② (汗など⁴を)ぬぐう. 〖人³ Tränen⁴ *trocknen* 〖人³の涙をぬぐってやる / sich³ die Hände⁴ an der Schürze *trocknen* エプロンで手をふく. **II** 〔自〕(〖完了〗 sein または haben) 乾く, 乾燥する. Die Wäsche *ist* (または *hat*) schon *getrocknet*. 〖現在完了〗洗濯物はもう乾いた.

Trock・nen [トロックネン] 〔中〕〖成句的に〗⑩⁴ **zum** *Trocknen* auf|hängen ⑩⁴をつるして乾かす.

trock・ne・te [トロックネテ] trocknen (乾かす)の 〖過去〗

Trod・del [トロッデる trɔ́dəl] 〔女〕-/-n 〖衣服・帽子などの〗房飾り, タッセル.

Trö・del [トレーデる trǿ:dəl] 〔男〕-s/ 〖口語〗がらくた, 古物 (古物・古い家庭用品など). がらくた市(½), のみの市 (= *Trödel*markt).

Trö・de・lei [トレーデらイ trø:dəlái] 〔女〕-/-en 〖口語〗絶えずぐずぐず(のろのろ)していること.

Trö・del=markt [トレーデる・マルクト] 〔男〕-[e]s/..märkte がらくた市(½), のみの市.

trö・deln [トレーデるン trǿ:dəln] 〔自〕(h, s) 〖口語〗① (h) ぐずぐず(のろのろ)する. **bei** der Arbeit *trödeln* 仕事がのろい. ② (s) (…へ)ぶらぶら歩いて行く.

Tröd・ler [トレードらァ trǿ:dlər] 〔男〕-s/- (女性形: -in). ① 古物(古着)商人. ② ぐず, のろま.

troff [トロふ] triefen (ほたほた落ちる)の 〖過去〗

tröf・fe [トレッふェ] triefen (ほたほた落ちる)の 〖接2〗

trog [トローク] trügen (欺く)の 〖過去〗

Trog [トローク troːk] 〔男〕-[e]s/Tröge ① (長方形の)桶(㌥). Futter*trog* 飼料桶. ② 〖地学〗地溝(½ぅ). ③ 〖気象〗(気圧の)谷.

trö・ge [トレーゲ] trügen (欺く)の 〖接2〗

Tro・ja [トローヤ tróːja] 〔中〕〖都市名〗トロヤ (現トルコ西部にあった古代都市でトロヤ戦争の舞台. シュリーマン 1822-1890 により発掘された).

Tro・ja・ner [トローヤーナァ trojáːnər] 〔男〕-s/- トロヤの住民. (女性形: -in).

trol・len [トロれン trɔ́lən] **I** 〔再帰〕(h) *sich*⁴ *trollen* 〖口語〗すごすごと立ち去る. **II** 〔自〕(s) 〖口語〗(…へ)ぶらぶら歩いて行く.

die **Trom・mel** [トロンメる trɔ́məl] 〔女〕(単) -/(複) -n 〖音楽〗太鼓, ドラム. 〖英〗*drum*). eine große *Trommel* 大太鼓 / die *Trommel*⁴ schlagen 太鼓をたたく / die *Trommel*⁴ für 〖人・物⁴〗rühren (〖口語〗〖人・物⁴〗をはでに宣伝する. ② (太鼓状のもの:)(ピストルなどの)回転弾倉; (洗濯機などの)回転ドラム; (ロープなどの)巻き胴.

Trom・mel=fell [トロンメる・ふェる] 〔中〕-[e]s/-e ① 太鼓の張り皮. ② 〖医〗鼓膜.

Trom・mel=feu・er [トロンメる・ふォイアァ] 〔中〕-s/ 〖軍〗集中砲火; 〖比〗(質問などの)連発.

trom・meln [トロンメるン trɔ́məln] ich trommle (trommelte, *hat* getrommelt) **I** 〔自〕(〖完了〗haben) (〖英〗*drum*) ① 太鼓(ドラム)をたたく. laut *trommeln* 大鼓を大きくたたく. ② どんどん(とんとん)と音をたてる, どんどん(とんとん)たたく. Der Regen *trommelt* **auf** das Dach. 雨がばらばらと屋根に当たる / mit den Fäusten **gegen** die Tür *trommeln* こぶしでドアをどんどんとたたく. ◇(非人称の *es* を主語として) Es *trommelt* in meinem Schädel. 私は頭ががんがんする.

II 〔他〕(〖完了〗haben) (曲など⁴を)太鼓(ドラム)で演奏する. einen Marsch *trommeln* 太鼓でマーチを演奏する. / 〖人⁴ **aus** dem Bett (または dem Schlaf) *trommeln* (ドアなどをたたいて)〖人⁴を叩き起こす.

Trom・mel=schlag [トロンメる・シュらーク] 〔男〕-[e]s/..schläge 太鼓を打つこと.

Trom・mel=stock [トロンメる・シュトック] 〔男〕-[e]s/..stöcke 太鼓のばち, ドラムスティック.

trom・mel・te [トロンメるテ] trommeln (太鼓をたたく)の 〖過去〗

Trom・mel=wir・bel [トロンメる・ヴィるべる] 〔男〕-s/- 太鼓の連打(すり打ち).

tromm・le [トロムれ] trommeln (太鼓をたたく)の1人称単数 〖現在〗

Tromm・ler [トロムらァ trɔ́mlər] 〔男〕-s/- 太鼓(ドラム)奏者, ドラマー, 鼓手. (女性形: -in).

die **Trom・pe・te** [トロンペーテ trompéːtə] 〔女〕(単) -/(複) -n 〖音楽〗トランペット, らっぱ. (〖英〗*trumpet*). [die] *Trompete*⁴ blasen または **auf** der *Trompete* blasen トランペットを吹く / Die *Trompete* schmettert. らっぱが鳴り響く.

trom・pe・ten [トロンペーテン trompéːtən] (〖過分〗trompetet) **I** 〔自〕(h) ① トランペットを吹く; (象がするような声で)ほえる; 〖口語・戯〗大きな音をたてて鼻をかむ. ② 〔他〕(曲など⁴を)トランペットで演奏する. ② 大声で言いふらす.

Trom・pe・ter [トロンペータァ trompéːtər] 〔男〕-s/- トランペット奏者; 鼓手.

Tro・pen [トローペン tróːpən] 〔複〕〖地理〗熱帯[地方]. in den *Tropen* leben 熱帯で暮らす.

Tro・pen=helm [トローペン・へるム] 〔男〕-[e]s/-e 防暑用ヘルメット帽(コルクに布を張った帽子).

Tro・pen=kol・ler [トローペン・コらァ] 〔男〕-s/ 〖医〗熱帯神経症(熱帯地方に長期滞在する人にしばしば見られる).

Tro・pen=krank・heit [トローペン・クランクハイト] 〔女〕-/-en 〖医〗熱帯病(マラリア・黄熱病など).

Tropf [トロップフ trɔpf] **I** 〔男〕-[e]s/Tröpfe 〖口語〗ばか, 間抜け. ein armer *Tropf* 哀れなやつ. -- **II** 〔男〕-s/-e 〖医〗点滴装置.

tröp・feln [トレップふェるン trǿpfəln] **I** 〔自〕(s) (…へ/…から)滴る, 滴り落ちる. Blut *tröpfelt* **aus** der Wunde. 傷口から血が滴る. **II** 〔非人称〕(h) Es *tröpfelt*. 《口語》雨がぽつりぽつりと降る. **III** 〔他〕(h) (物⁴を…へ)滴らせる, 滴下する. die Medizin⁴ **in** die Wunde *tröpfeln* 薬を傷口へたらす.

trop・fen [トロップふェン trɔ́pfən] (tropfte, *ist*/*hat* getropft) **I** 〔自〕(〖完了〗sein または haben) (〖英〗*drip*) ① (s) (液体が)滴り落ちる. Der

Regen *tropft* [**vom** Dach]. 雨が[屋根から]ぽたぽた落ちる / Der Schweiß *tropft* ihm von der Stirn. 彼の額から汗が滴り落ちる. ② (h) 滴をたらす. Der Wasserhahn *tropft*. 蛇口から水がたれている / Ihm *tropft* die Nase. 彼は鼻水が出る.
II 非人称 (完了 haben) Es *tropft*. 滴が落ちる; 雨がぱらぱら降る.
III 他 (完了 haben) 滴らせる, 滴下する. eine Tinktur⁴ **auf** die Wunde *tropfen* 傷口にチンキ剤をたらす.

der **Trop‧fen** [トロプフェン trɔ́pfən] 男 《単2》-s/《複》- ① 滴, 滴り, 水滴.《英》drop). Regen*tropfen* 雨滴 / ein *Tropfen* Wasser 一滴の水 / Es regnet dicke *Tropfen*. 大粒の雨が降っている / Der Schweiß stand ihm in feinen *Tropfen* auf der Stirn. 細かな汗が彼の額に浮かんでいた / Steter *Tropfen* höhlt den Stein.《諺》点滴石をもうがつ.
② (液体の)小量, 微量. Das ist ein *Tropfen* auf den heißen Stein.《口語》それは焼け石に水だよ / bis **auf** den letzten *Tropfen* 最後の一滴まで / Er hat keinen *Tropfen* getrunken. 彼は一滴も飲まなかった. ③《医》滴剤. Augen*tropfen* 点眼薬.《成句的に》ein guter (または edler) *Tropfen* 上等のワイン(ブランデー).

Trop‧fen⁼fän‧ger [トロプフェン・フェンガァ] 男 -s/- 滴受け(ポットなどの注ぎ口に付けたスポンジ).

trop‧fen⁼wei‧se [トロプフェン・ヴァイゼ] 副 ① 一滴ずつ. ②《口語・比》少しずつ.

tropf⁼nass [トロプフ・ナス] 形 (ぽたぽた滴がたれるほど)びしょぬれの.

Tropf⁼stein [トロプフ・シュタイン] 男 -[e]s/-e《地学》鍾乳(しょうにゅう)石; 石筍(せきじゅん).

Tropf‧stein⁼höh‧le [トロプフシュタイン・ヘール] 女 -/-n 鍾乳(しょうにゅう)洞.

tropf‧te [トロプフテ] tropfen (滴り落ちる)の 過去

Tro‧phäe [トロフェーエ trofɛ́ːə] 女 -/-n ① (競技などの)トロフィー. ② 狩猟の記念物(鹿の枝角など).

tro‧pisch [トローピッシュ trópɪʃ] 形 ① 熱帯の, 熱帯性の, 熱帯産の. *tropische* Pflanzen 熱帯植物. ② 熱帯のような(暑さなど).

Tross [トロス trɔs] 男 -es/-e ① 従者. ②《軍》(昔の)輜重(しちょう)隊, 物資補給隊.

der **Trost** [トロースト tróːst] 男《単2》-es/ 慰め, 慰めとなるもの.《英》comfort). ein wahrer *Trost* 真の慰め / 人³ zu|sprechen 人³を慰める / Ihr einziger *Trost* ist das Kind. 彼女の唯一の慰めは子供だ / in 男³ *Trost⁴* finden 男³で心を慰める / 男⁴ **zum** *Trost* sagen 慰めをせめてもの慰めに言う / Das ist ein schwacher *Trost*. それは慰めにもならない / Du bist wohl nicht ganz bei *Trost*?《口語》君はちょっと頭がおかしいんじゃないか.

trös‧ten [トレーステン trǿːstən] 他 du tröstest, er tröstet (tröstete, hat ... getröstet) **I** 他 (完了 haben) 慰める, 元気づける.《英》com-fort). Seine Worte *trösteten* sie. 彼の言葉で彼女は慰められた / Das *tröstet* mich.《口語》それで私は安心した / Sie *tröstete* ihn **in** seinem Kummer. 彼女は彼が悲しんでいるのを慰めた. ◇《相互的に》*sich⁴* gegenseitig *trösten* 互いに慰め合う.
II 再帰 (完了 haben) *sich⁴ trösten* 自らを慰める; 気をまぎらす. *sich⁴* **mit** dem Gedanken *trösten*, dass... …と考えて気をとり直す / Er *tröstete sich* **über** die Niederlage mit einer Flasche Whisky. 彼はウイスキーを1本空けて敗北の憂さを晴らした.

Trös‧ter [トレースタァ trǿːstər] 男 -s/- ① 慰める人.(女性形: -in). ②《比》慰めとなるもの(こと).

trös‧te‧te [トレーステテ] trösten (慰める)の 過去

tröst‧lich [トレーストリヒ] 形 慰めになる, 元気づけてくれる; 喜ばしい. *tröstliche* Worte 慰めになる言葉.

trost⁼los [トロースト・ロース] 形 ① 慰めのない, 見込みのない, 絶望的な. eine *trostlose* Lage 絶望的な状況. ② 気がめいるような(天気など). ③ (土地・景色などが)荒涼とした, わびしい.

Trost⁼lo‧sig‧keit [トロースト・ローズィヒカイト] 女 -/ 慰めのなさ, 絶望的なこと; 荒涼, わびしさ.

Trost⁼preis [トロースト・プライス] 男 -es/-e 残念賞.

trost⁼reich [トロースト・ライヒ] 形 大いに慰めになる, 元気づけてくれる.

Trös‧tung [トレーストゥング] 女 -/-en 慰め; 慰めとなるもの(言葉).

Trott [トロット trɔt] 男 -[e]s/-e ① (馬の)跑足(だくあし). **im** *Trott* gehen 跑足で歩く. ② 退屈な調子. im gleichen *Trott* laufen 旧態依然としている.

Trot‧tel [トロッテル trɔ́təl] 男 -s/-《口語》間抜け, とんま.

trot‧te‧lig [トロッテリヒ trɔ́təlɪç] 形《口語》もうろくした, ぼけた.

trot‧ten [トロッテン trɔ́tən] 自 (s) 重い足取りで…へ)のろのろと歩いて行く.

Trot‧toir [トロトアール trɔtoáːr] [外] 中 -s/-e (または -s)《南ドィ・スィス》歩道.

* **trotz** [トロッツ trɔts] 前《**2格**(まれに 3 格)とともに》…にもかかわらず, …なのに.《英》in spite of). Wir gingen *trotz* des Regens spazieren. 私たちは雨にもかかわらず散歩に出かけた / *trotz* aller Bemühungen どんなにがんばっても / *trotz* meines Verbotes 私が禁じたにもかかわらず / *trotz* allem (または alledem) それらすべてにもかかわらず.

der **Trotz** [トロッツ trɔts] 男《単2》-es/ 反抗, 反抗心.《英》defiance). kindischer *Trotz* 子供っぽい反抗[心] / 人³ *Trotz⁴* bieten 人³に反抗する / **aus** *Trotz* 反抗心から / 人・事³ **zum** *Trotz* 人・事³に逆らって / aller Gefahr³ zum *Trotz* あらゆる危険を無視して.

Trotz⁼al‧ter [トロッツ・アるタァ] 中 -s/ 反抗期.

trotz・dem [トロッツ・デーム tróts-de:m または トロッツ・デーム]

> それにもかかわらず
> Ich liebe ihn *trotzdem*.
> イヒ リーベ イーン トロッツデーム
> それでも私は彼を愛しています。

I 副 それにもかかわらず. (英 *nevertheless*). Er ist noch ein Kind, *trotzdem* versteht er das schon. 彼はまだ子供だが, そのことはもう理解できる.
II 接 〖従属接続詞; 動詞の人称変化形は文末〗《口語》…にもかかわらず (=obwohl). Sie kam, *trotzdem* sie erkältet war. 彼女は風邪をひいていたのにやって来た.

trot・zen [トロッツェン trótsən] du trotzt (trotzte, *hat…*getrotzt) 自 (完了) haben) ① 《雅》〖人・事[3]に〗抵抗する, 反抗する, 逆らう; 耐える. (英 *defy*). dem Chef *trotzen* 上司に逆らう / einer Gefahr[3] *trotzen* 危険をものともしない / Diese Krankheit *trotzt* jeder Behandlung. 《比》この病気にはどんな治療も効果がない. ② (子供などが)反抗的である, 強情を張る.

trot・zig [トロッツィヒ trótsɪç] 形 (子供が)反抗的な, きかん気の, 強情な. (英 *defiant*). ein *trotziges* Kind きかん気の子 / Er machte ein *trotziges* Gesicht. 彼は反抗的な顔をした.

Trotz・ki [トロッツキー trótski] -s/〘人名〙トロッキー (Leo *Trotzki* 1879-1940; ロシアの革命家).

Trotz・kis・mus [トロッツキスムス trɔtskísmus] 男 -/ トロツキズム(トロツキーによる世界革命主義).

Trotz⇒kopf [トロッツ・コプふ] 男 -[e]s/..köpfe 強情者, (特に:)手に負えない子供.

trotz⇒köp・fig [トロッツ・ケプふィヒ] 形 強情な, 手に負えない(子供など).

trotz・te [トロッツテ] trotzen (抵抗する)の 過去

trüb [トリューブ trý:p] 形 =trübe

trü・be [トリューベ trý:bə] 形 (比較 trüb[e]st; 格変化語尾がつくときは trüb-) ① (液体が)にごった, 不透明の. (英 *muddy*). *trübes* Wasser にごった水. ◇〘名詞的に〙im *Trüben* fischen《口語》どさくさにまぎれてうまいことやる (←にごった所で魚を捕る).
② (ガラス・目などが)曇った, 輝きのない; (光・色などが)鈍い. (英 *dull*). *trübe* Fensterscheiben 曇った窓ガラス / Der Kranke hat *trübe* Augen. その病人には目の輝きがない / *trübes* Licht 鈍い光. ③ (空・天気などが)曇った, どんよりとした. (英 *cloudy*). Heute ist es *trübe*. きょうは曇りだ. ④ 《比》陰気な, 暗い; 疑わしい. eine *trübe* Stimmung 物悲しい気分 / eine *trübe* Miene[4] machen 暗い顔をする / eine *trübe* Sache 不確かな事柄. (☞ *dunkel*).

Tru・bel [トルーベる trú:bəl] 男 -s/ 雑踏, 混雑, ざわめき. sich[4] in den *Trubel* stürzen 雑踏にまぎれ込む / im *Trubel* der Geschäfte[2] 《比》仕事に忙殺されて.

trü・ben [トリューベン trý:bən] (trübte, *hat…* getrübt) 他 (完了) haben) ① (液体[4]を)にごらせる, (空・ガラスなど[4]を)曇らせる. Kein Wölkchen *trübte* den Himmel. 空には一片の雲もなかった. ◇〘再帰的に〙 sich[4] *trüben* (液体が)にごる, (空・ガラスなどが)曇る.
② (気分など[4]を)暗くする, (関係など[4]を)そこなう; (感覚などを)鈍らせる. Der Vorfall *trübte* meine gute Laune. その出来事で私はせっかくの気分をこわされた. ◇〘再帰的に〙 sich[4] *trüben* (気分などが)暗くなる, (関係などの)そこなわれる; (感覚などが)鈍る.

Trüb・sal [トリューブザーる trý:pza:l] 女 -/-e 《雅》① 不幸, 苦難. *Trübsal*[4] erleiden 苦難にあう. ② 〖複 なし〗(深い)悲しみ, 悲嘆. *Trübsal*[4] blasen《口語》悲しみに沈んでいる.

trüb・se・lig [トリューブ・ゼーりヒ] 形 ① 悲しい, 悲惨な. eine *trübselige* Stimmung みじめな気持ち. ② 陰うつな(天気など); 荒涼とした. eine *trübselige* Gegend 荒涼とした地方.

Trüb⇒sinn [トリューブ・ズィン] 男 -[e]s/ 憂うつ, ふさぎ込み. in *Trübsinn* verfallen ふさぎ込む.

trüb⇒sin・nig [トリューブ・ズィニヒ] 形 憂うつな気分の, ふさぎこんだ.

trüb・te [トリューブテ] trüben (にごらせる)の 過去

Trü・bung [トリューブング] 女 -/-en ① にごり; 曇り. eine *Trübung* der Linse[2] レンズの曇り. ② (判断力などの)鈍り; (よい関係などの)悪化. die *Trübung* der Freundschaft[2] 友情にひびが入ること.

Tru・de [トルーデ trú:də] -s/〘女名〙トルーデ (Gertrud の 短縮).

tru・deln [トルーデるン trú:dəln] 自 (s) ① (ボールなどが)ころころ転がる; (木の葉が)舞い落ちる; (飛行機がきりもみ状態で降下する. ② 《口語・戯》ぶらぶら歩く, (乗り物で)のんびり走る.

Trüf・fel [トリュふェる trýfəl] 女 -/-n (口語: 男 -s/-) ① 〖植〗トリュフ, セイヨウショウロ. ② トリュフ(チョコレート).

trug [トルーク] ‡tragen (持ち運ぶ)の 過去

Trug [トルーク trú:k] 男 -[e]s/《雅》詐欺, 欺瞞(ぎまん); 迷妄, 錯覚. Lug und *Trug* うそ偽り.

Trug⇒bild [トルーク・ビるト] 中 -[e]s/-er 幻覚, 幻影, 錯覚.

trü・ge [トリューゲ] ‡tragen (持ち運ぶ)の 接2

trü・gen* [トリューゲン trý:gən] (trog, *hat…* getrogen) 他 (完了) haben) (期待などが[人4]を)欺く, 裏切る. (英 *deceive*). Seine Hoffnung *trog* ihn. 彼は当てがはずれた / Wenn mich meine Erinnerung nicht *trügt*, … 私の記憶違いでなければ… ◇〘目的語なしでも〙 Oft *trügt* der Schein. 人はしばしば見かけによらないものだ (←外見は人を欺く).

trü・ge・risch [トリューゲリッシュ trý:gərɪʃ] 形 見せかけの, うわべだけの; 偽りの, ごまかしの. ein *trügerischer* Glanz 見せかけの華やかさ.

Trug⇒schluss [トルーク・シュるス] 男 -es/ ..schlüsse ① (一見正しそうで)間違った推論

(結論),《哲》誤謬(ぶぁ). ② 《音楽》偽終止.

Tru·he [トルーエ trúːə] 囡 -/-n (ふた付きの)衣服箱,長持(袈).

Trumm [トルム trúm] 甲 -(e)s/Trümmer 《方》(肉などの)大きなかたまり. ein *Trumm* von [einem] Buch 大版(大部)の本.

die **Trüm·mer** [トリュンマァ trýmər] 圏 (3格のみ -n) 破片, がれき; 廃墟(ほぁ), 残骸(於). (英 *rubble, ruins*). die *Trümmer* eines Flugzeugs 飛行機の残骸 / Die Stadt liegt in Trümmern. その町は廃墟と化している / in *Trümmer*⁴ gehen こなごなに壊れる,崩壊する / 囡⁴ in *Trümmer*⁴ schlagen 囡⁴を粉砕する.

Trüm·mer≠feld [トリュンマァ・ふェルト] ー(e)s/-er がれきだらけの土地, 廃墟(ほぁ).

Trüm·mer≠hau·fen [トリュンマァ・ハオフェン] 男 -s/- がれきの山.

Trumpf [トルンプふ trúmpf] 男 -(e)s/Trümpfe 《トランプ》切り札,《比》奥の手. [einen] *Trumpf* aus|spielen a) (トランプで)切り札を出す, b) 奥の手を出す / alle *Trümpfe*⁴ in der Hand haben 《比》完全に有利な立場にいる(←切り札を全部持っている) / *Trumpf* sein 注目されている, はやっている, 重視されている.

trump·fen [トルンプふェン trúmpfən] 自 (h) (トランプで:)切り札で切る.

Trunk [トルンク trúŋk] 男 -(e)s/Trünke 《ふつう圏》《雅》飲み物; 飲むこと, 一飲み. ein kühler *Trunk* 冷たい飲み物. ② 飲酒[癖].

trun·ken [トルンケン trúŋkən] 形《雅》① 酒に酔った. 囡⁴ *trunken* machen 囡⁴を酔わせる. ② 《比》陶酔した, 有頂天になった. *trunken* vor Glück sein 幸せに酔いしれている.

Trun·ken≠bold [トルンケン・ボルト] 男 -(e)s/-e 飲んだくれ, 大酒飲み.

Trun·ken·heit [トルンケンハイト] 囡 -/ ① 酔い, 酩酊(忙). *Trunkenheit* am Steuer 飲酒運転. ② 《雅》陶酔.

Trunk≠sucht [トルンク・ズフト] 囡 -/ 飲酒癖; アルコール中毒[症].

trunk≠süch·tig [トルンク・ズュヒティヒ] 形 飲酒癖のある; アルコール中毒[症]の.

Trupp [トルップ trúp] 男 -s/-s (兵隊などの)小部隊, 班, (旅行客などの)一団.

die **Trup·pe** [トルッペ trúpə] 囡 (単) -/(複) -n ① 《軍》部隊, 《圏 で》軍隊; 《圏 なし》前線部隊. (英 *troops*). eine motorisierte *Truppe* 機械化部隊. ② (俳優・芸人などの)一座, (スポーツの)選手団.

Trup·pen≠gat·tung [トルッペン・ガットゥング] 囡 -/-en 兵科, 兵種.

Trup·pen≠pa·ra·de [トルッペン・パラーデ] 囡 -/-n 閲兵式, 観閲式.

trupp≠wei·se [トルップ・ヴァイゼ] 副 群れを成して, いくつかの隊に分かれて.

Trust [トラスト trást まれに トルスト trúst] [英] 男 -(e)s/-(まれに -s) (経) トラスト, 企業合同.

Trut≠hahn [トルート・ハーン] 男 -(e)s/..hähne 雄の七面鳥.

Trut≠hen·ne [トルート・ヘンネ] 囡 -/-n 雌の七面鳥.

Trut≠huhn [トルート・フーン] 田 -(e)s/..hühner ① 《鳥》シチメンチョウ. ② 雌の七面鳥 (=Truthenne).

Tschai·kows·ki [チャイコふスキー tʃaɪkɔ́fski] -s/ 《人名》チャイコフスキー (Pjotr Iljitsch *Tschaikowski* 1840-1893, ロシアの作曲家).

tschau! [チャオ tʃáu] [伊]《口語》さよなら, バイバイ.

Tsche·che [チェッヒェ tʃéçə] 男 -n/-n チェコ人. (女性形: Tschechin).

Tsche·chi·en [チェヒエン tʃéçiən] 田 -s/《地名》(通称として:)チェコ (ドイツ語での正式の国名は die Tschechische Republik チェコ共和国).

tsche·chisch [チェヒッシュ tʃéçɪʃ] 形 チェコ[人・語]の. die *Tschechische Republik* チェコ共和国 (首都はプラハ. 1993年1月1日にスロバキアと分離).

Tsche·cho·slo·wa·ke [チェヒョ・スロヴァーケ tʃɛço-slová:kə] 男 -n/-n [旧]チェコ・スロバキアの人. (女性形: Tschechoslowakin).

die **Tsche·cho·slo·wa·kei** [チェヒョ・スロヴァカイ tʃɛço-slovakáɪ] 囡 -/《定冠詞とともに》《国名》[旧]チェコ・スロバキア (旧首都はプラハ. ドイツ語形は Prag. 1993年1月1日にチェコとスロバキアに分離独立).

tsche·cho·slo·wa·kisch [チェヒョ・スロヴァーキッシュ tʃɛço-slová:kɪʃ] 形 [旧]チェコ・スロバキア[人]の.

Tsche·chow [チェヒョふ tʃéçɔf] -s/《人名》チェーホフ (Anton Pawlowitsch *Tschechow* 1860-1904, ロシアの作家).

tschil·pen [チルペン tʃílpən] 自 (h) (すずめが)ちゅんちゅん鳴く.

*tschüs! [チュス tʃýs] または チュース tʃýːs]《口語》じゃあね, バイバイ.

tschüss! [チュス tʃýs] 間 =tschüs!

Tsd. [タオゼント] (略) 1,000 (=Tausend).

das **T-Shirt** [ティー・シェァト tíː-ʃøːrt または ..シェルト ..ʃœrt] [英] 田 (単) -s/(複) -s 《服飾》Tシャツ. ein *T-Shirt*⁴ an|ziehen Tシャツを着る.

Tsu·na·mi [ツナーミ tsuná:mi または ツナーミ] 男 -s/ または 囡 -/-(s) 津波.

T-Trä·ger [テー・トレーガァ] 男 -s/- 《建》T形鋼.

tu [トゥー] ‡ tun (する)の du に対する命令.

TU [テー・ウー] 工業[総合]大学 (=technische Universität).

Tu·ba [トゥーバ tú:ba] 囡 -/Tuben ① 《音楽》チューバ(低音金管楽器). ② 《医》耳管; 卵管 (=Tube ②).

die **Tu·be** [トゥーベ tú:bə] 囡 (単) -/(複) -n ① (練り歯磨きなどの)チューブ. (英 *tube*). Farbe⁴ **aus** der *Tube* drücken 絵の具をチューブから押し出す / **auf die** *Tube* drücken 《俗》速度を上げる, (仕事などの)ピッチをあげる. ② 《医》耳管; 卵管.

Tu·ber·kel [トゥベルケる tubérkəl] 男 -s/- (ポリープ) 女 -/-n も 〖医〗〖結核〗結節.

Tu·ber·ku·lin [トゥベルクリーン tubɛrkulíːn] 中 -s/ 〖医〗ツベルクリン.

tu·ber·ku·lös [トゥベルクㇾースtubɛrkulǿːs] 形 〖医〗結核[性]の; 結核にかかった.

Tu·ber·ku·lo·se [トゥベルクローゼ tubɛrkulóːzə] 女 -/-n 〖医〗結核; 肺結核 (略: Tb, Tbc).

Tü·bin·gen [テュービンゲン týːbɪŋən] 中 -s/ 《都市名》テュービンゲン (ドイツ, バーデン・ヴュルテンベルク州の大学都市: ⇨ 地図 D-4).

das **Tuch** [トゥーフ túːx] I 中 (単2) -es (まれに -s)/(複) Tücher [テューヒャァ] (3格のみ Tüchern) (さまざまな用途のために加工された)布. (英 cloth). ein seidenes Tuch 絹のネッカチーフ(ハンカチ) / 布⁴ wickeln 布⁴をハンカチにくるむ / sich³ ein Tuch⁴ um den Kopf binden 頭にスカーフを巻く / Das ist ein rotes Tuch für ihn.《口語》そのことが彼にはしゃくの種だ(←闘牛の赤い布).

II (単2) -es (まれに-s)/(複) -e (3格のみ -en) 布地, 生地, 織物. englisches Tuch 英国産生地 / Tuch⁴ weben 布地を織る.

 ..tuch **..tuch** Bettuch シーツ / Halstuch ネッカチーフ / Handtuch タオル / Kopftuch スカーフ / Taschentuch ハンカチ / Tischtuch テーブルクロス / Wischtuch ぞうきん.

Tü·cher [テューヒャァ] Tuch (布)の 複.

Tuch⸗füh·lung [トゥーフ・フューるング] 女 -/ 〖戯〗(袖(そで)が触れあうほどの)近い距離. mit 人³ Tuchfühlung⁴ haben a) 人³のすぐ近くにいる, b) 人³と親交がある / mit 人³ schnell auf Tuchfühlung⁴ kommen 人³とすぐに親密になる.

tüch·tig [テュヒティヒ týçtıç] I 形 ① 有能な, 能力のある, 敏腕な. (英 capable). ein tüchtiger Mitarbeiter 有能な協力者 / Er ist als Arzt sehr tüchtig. 彼は医者として非常に有能だ. ② (仕事などが)りっぱな, みごとな. Das ist eine tüchtige Arbeit. それはりっぱな仕事だ. ③ (口語) 相当な, かなりの量の. einen tüchtigen Appetit haben かなりの食欲がある.

II 副 大いに, 非常に. tüchtig arbeiten 大いに働く / Es ist tüchtig kalt. ひどく寒い.

..tüch·tig [..テュヒティヒ ..týçtıç] 〖形容詞をつくる 接尾〗① 《…可能な》例: fahrtüchtig 運転可能な. ② 《…に適した》例: seetüchtig 航海に適した.

Tü·ch·tig·keit [テュヒティヒカイト] 女 -/ 有能さ, 能力, 敏腕; 適性. körperliche Tüchtigkeit 身体能力.

Tü·cke [テュッケ týkə] 女 -/-n ① 〖複 なし〗悪意, 陰険. Sie ist (または steckt) voller Tücke. 彼女は陰険きわまりない / die Tücke des Objekts (物を使う段になって初めてわかる)予期せぬ欠陥 / mit List und Tücke《口語》あらゆる術策を用いて. ② 〖ふつう 複〗陰険な行為, 悪だくみ. eine Tücke⁴ gegen 人³ üben 人³に対して悪だくみをしかける. ③ 〖ふつう 複〗予測できぬ困難, 危険. die Tücken der Maschine² 機械の思わぬトラブル.

tu·ckern [トゥッカァン túkɐrn] 自 (h, s) ① (h) (エンジンなどが)ぶるんぶるんと音をたてる. ② (s) (…へ)ぶるんぶるんと音をたてて進む.

tü·ckisch [テュキッシュ týkıʃ] 形 ① 悪意のある, 陰険な. ein tückischer Gegner 陰険な敵. ② 危険をはらんだ, (病気などが)潜行性の. eine tückische Krankheit 悪性の病気.

tue [トゥーエ] I ‡tun (する)の1人称単数 現在 II ‡tun (する)の du に対する 命令

tu·end [トゥーエント] ‡tun (する)の 現分

Tuff [トゥふ túf] 男 -s/(種類:) -e 〖鉱〗凝灰岩.

Tüf·te·lei [テュふテらイ tyftəláɪ] 女 -/-en (口語) ① 〖複 なし〗めんどうなことに根気よくとり組むこと. ② めんどうな(やっかいな)仕事.

tüf·teln [テュふテるン týftəln] 自 (h) (口語)(めんどうなことに)根気よくとり組む.

Tüft·ler [テュふトらァ týftlɐr] 男 -s/- めんどうなことに根気よくとり組む人. (女性形: -in).

die **Tu·gend** [トゥーゲント túːɡənt] 女 (単) -/(複) -en (英 virtue) ① 〖複 なし〗徳. Er ist ein Ausbund an Tugend. (ふつう皮肉って:)彼は徳の権化だ. ② (倫理的な)美点, 長所; 美徳. die Tugend der Bescheidenheit² 謙遜(ぼん)の美徳 / Jeder Mensch hat seine Tugenden und Fehler. だれにでも長所と短所がある.

Tu·gend⸗bold [トゥーゲント・ボルト] 男 -[e]s/-e (皮肉って:)道徳家ぶる人, 堅物.

tu·gend·haft [トゥーゲントハふト] 形 徳の高い, 品行方正な. ein tugendhaftes Leben⁴ führen 品行方正な生活を送る.

Tüll [テュる týl] 男 -s/(種類:) -e 〖織〗チュール(カーテン・ベールなどに用いられる網状の薄地).

Tül·le [テュれ týlə] 女 -/-n (方) (短い管状のもの:)(コーヒーポットなどの)口.

die **Tul·pe** [トゥるペ túlpə] 女 (単) -/(複) -n ① 〖植〗チューリップ. (英 tulip). ② (チューリップ形の)ビールのグラス. ③ (俗) 変わり者.

Tul·pen⸗zwie·bel [トゥるペン・ツヴィーべる] 女 -/-n チューリップの球根.

..tum [..トゥーム ..tuːm] 〖中性名詞(まれに男性名詞)をつくる 接尾〗(地位・身分・状態・宗教・階級) 例: Kaisertum 帝位 / Christentum キリスト教 / Bürgertum 市民階級. (〈注〉男性名詞は Irrtum (誤り)と Reichtum (富)の2語のみ.

tum·meln [トゥンメるン túməln] 再帰 (h) sich⁴ tummeln ① (子供などが…で)はしゃぎ回る. ② (北ドイツ)急ぐ.

Tum·mel⸗platz [トゥンメる・ブらッツ] 男 -es/..plätze (子供の)遊び場, たまり場.

Tümm·ler [テュムらァ týmlɐr] 男 -s/- ① 〖動〗ネズミイルカ. ② 〖鳥〗チュウガエリバト(宙返り鳩).

Tu·mor [トゥーモァ túːmor または トゥモーァ

tumó:r] 男 -s/-en [トゥモーレン]《医》腫瘍(しゅ).

Tüm·pel [テュンペる týmpəl] 男 -s/- (小さな)沼, 池.

Tu·mult [トゥムるト tumúlt] 男 -[e]s/-e 騒ぎ, 騒動, 暴動. Es kam **zu** schweren *Tumulten*. 大騒動になった.

tun* [トゥーン tú:n]

する	Was *tust* du hier?
	ヴァス トゥースト ドゥ ヒーア
	君はここで何をしているの.

人称	単	複
1	ich tue	wir tun
2	du tust / Sie tun	ihr tut / Sie tun
3	er tut	sie tun

(tat, hat…getan) **I** 他 (完了 haben) ① (単4 を)する, 行う. (英 do). Was *soll* ich *tun*? 私はどうしたらいいのだろう / Er *tut* seine Pflicht. 彼は義務を果たす / So etwas *tut* man nicht! そんなことはするものではない / Ich *habe* mein Bestes *getan*. 私は最善を尽くした / Er *tut* nichts als schimpfen.《口語》彼は文句ばかり言っている / Wunder⁴ *tun* a) 奇跡を行う, b)《比》驚くほどよく効く / Kann ich etwas **für** Sie *tun*? 何かあなたのお役にたてるでしょうか / Ich *muss* noch etwas für die Schule *tun*. ぼくはもう少し学校の宿題がある / **Dagegen** kann man nichts *tun*. それに対しては手の打ちようがない / Was *wirst* du **mit** dem Geld *tun*? 君はそのお金をどうするつもりなの /『状態受動・現在』Damit *ist* es nicht *getan*. それで事が済んだわけではない / Was *tun*? さてどうしたものか.
◇『行為などを表す名詞を目的語として』eine Äußerung⁴ *tun* 発言する / einen Blick *tun* 一瞥(いちべつ)する / einen Schrei *tun* 叫ぶ. ◇『動詞の繰り返しを避けて』Hat er den Brief geschrieben? — Nein, er *hat* es nicht *getan*. 彼は手紙を書きましたか — いいえ, 書いていません. ◇『過去分詞の形で』Gesagt, *getan*. 言うが早いか実行された / nach *getaner* Arbeit 仕事を済ませたあとで.
② 『zu tun の形で; haben などとともに』viel⁴ (nichts⁴) zu *tun* haben することがたくさんある(何もない) ⇒ Ich habe heute viel zu *tun*. 私はきょうたくさん仕事がある(忙しい) / **mit** 人・事³ etwas⁴ (nichts⁴) zu *tun* haben 人・事³と関係がある(ない) ⇒ Er hat mit dem Mord nichts zu *tun*. 彼はその殺人事件とは関係がない / Ich will mit ihm nichts zu *tun* haben. 私は彼とかかわりを持ちたくない. ◇『es を目的語として成句的に』es⁴ **mit** 人・事³ zu *tun* haben 人・事³とかかわっている, 人・事³を相手にしている / es⁴ mit 人³ zu *tun* bekommen (口語: kriegen) 人³とごたごたを起こす. ◇『目的語なしでも』Ich habe noch in der Stadt zu *tun*. 私はまだ町で用事がある.
③『方向を表す語句とともに』(人・物⁴を…へ)入れる, 置く, 行かせる. Wohin *soll* ich die Gläser *tun*? グラスをどこに置きましょうか / Salz⁴ **an** (または in) die Suppe *tun* スープに塩を入れる / Das Geld *tue* ich **auf** die Bank. そのお金を私は銀行に預ける / das Kind⁴ in den Kindergarten *tun* 子供を幼稚園に入れる.
④ (〖人³に〗親切・意地悪など⁴をする). 人³ ein Unrecht⁴ *tun* 人³に不当なことをする / Der Hund *tut* nichts. この犬は何もしやしないよ / *Kannst* du mir einen Gefallen *tun*? ちょっと頼まれてくれないか.
⑤ (効果・影響など⁴を)もたらす, 及ぼす. Das Mittel *tat* bald seine Wirkung. 薬はすぐに効いてきた / Das *tut* nichts. そんなことはなんでもありません(かまいません) / Was *tut* das schon?《口語》それがなんだっていうんだ.
⑥ 〖es を目的語として成句的に〗es⁴ 《口語》a) 役にたつ, 間に合う, b) (機械などが)動く, 機能する. Der Mantel *tut* es noch diesen Winter. そのコートはまだこの冬も着られる.
⑦ 〖zu のない不定詞とともに; 助動詞的に〗《本動詞の強調》Kochen *tut* er nicht gern. 料理するのは彼は好きではない. ⓐ『接２ täte の形で; 本動詞の接２の言い換え』《方》Das *täte* (=würde) mich schon interessieren. それはきっと私の興味をひくでしょうに.
II 自 (完了 haben) ① (…のふりをする, (…のように)ふるまう. Sie *tut* immer so vornehm. 彼女はいつも上品ぶっている / Er *tut* [so], als ob er nichts wüsste. 彼は何も知らないふりをする.
② 〖成句的に〗gut (または recht) daran *tun*, **zu** 不定詞[句] …したほうがいい. Du *tätest* gut daran, jetzt zu gehen. 〖接２・現在〗君は今行ったほうがいいだろう.
③ (〖人³ ist [es] um 人・事⁴ zu *tun* の形で〗) 人³ にとって人・事⁴が気にかかる. Ihm ist es nur um Geld zu *tun*. 彼はお金のことにしか関心がない.
III 再帰 (完了 haben) *sich*⁴ *tun* 起こる; (事が)動き出す. Im Lande *tut* sich etwas. 国内で何かが起きている.

Tun [トゥーン] 中 -s/ 行い, 行為, 行動. sein *Tun* und Treiben《雅》彼の行動 / sein *Tun* und Lassen《雅》彼の行状.

Tün·che [テュンヒェ týnçə] 女 -/(種類:) -n ① (壁塗装用の)石灰塗料, 水しっくい. ② 〖比〗うわべのごまかし, みせかけ.

tün·chen [テュンヒェン týnçən] 他 (h) (壁など⁴に)水しっくいを塗る.

Tun·dra [トゥンドラ túndra] [ロシ] 女 -/Tundren《地理》(北シベリアなどの)ツンドラ, 凍土帯.

Tu·ner [テューナァ tjú:nər] [英] 男 -s/- ① (電子) (テレビなどの)チューナー. ② (自動車・隠語)チューンアップ技術者. (女性形: -in).

Tu·ne·si·en [トゥネーズィエン tuné:ziən] 中

-s/《国名》チュニジア[共和国](北アフリカ. 首都はチュニス).

tu·ne·sisch [トゥネーズィッシュ tuné:zıʃ] 形 チュニジア[人]の.

Tun·fisch [トゥーン・フィッシュ] 男 –[e]s/-e 《魚》マグロ(=Thunfisch).

Tun·ke [トゥンケ túŋkə] 女 -/-n 《料理》ソース.

tun·ken [トゥンケン túŋkən] 他 (h) 《A^4 in B^4 ~》《方》(A^4 を B^3 に)浸す, つける. die Feder^4 in die Tinte *tunken* ペンをインクにひたす.

tun·lich [トゥーンリヒ] 形 ① 望ましい, 得策な. ② できる限りの. sobald als *tunlich* できるだけ早く.

tun·lichst [トゥーンリヒスト tú:nlıçst] 副 ① できる限り, なるべく; できれば. *tunlichst* bald できるだけ速やかに. ② ぜひ, 必ず.

der **Tun·nel** [トゥンネる túnəl] 男 (単 2) -s/(複) –(3格のみ -n) まれに (複) -s トンネル; 地下道. (英 tunnel). Der Zug fährt **durch** einen *Tunnel*. 列車がトンネルを通過する / einen *Tunnel* bauen トンネルを建設する.

Tun·te [トゥンテ túntə] 女 -/-n ① 《口語》《軽蔑的に:》(上品ぶって小うるさい退屈な)おばさん. ② 《俗》(女役的)同性愛の男性.

Tüp·fel·chen [テュプふェるヒェン týpfəlçən] 中 -s/- 小さい点. das *Tüpfelchen* auf dem i a) iの上の小点, b)《比》最後の仕上げ.

tüp·feln [テュプふェるン týpfəln] 他 (h) (物^4 に)小さな斑点(はんてん)を付ける.

tup·fen [トゥプふェン týpfən] 他 (h) ① 《A^4 mit B^3》(A^4 に B^3 を)軽くたたくように当てる. sich^3 den Mund mit einer Serviette *tupfen* 口にナプキンを当てる. ②《A^4 auf B^4 ~》(A^4 を B^4 に)軽くたたくようにして塗る. Jod^4 auf die Wunde *tupfen* ヨードチンキを傷口につける. ③《A^4 von B^3 ~》(A^4 を B^3 から)軽くたたくようにして除去する. sich^3 den Schweiß von der Stirn *tupfen* (ハンカチなどを当てて)額の汗を取る. ④ (布地など^4 に)斑点(はんてん)を付ける.

Tup·fen [トゥプふェン] 男 -s/- 小斑点(はんてん), 水玉模様.

Tup·fer [トゥプふァァ týpfər] 男 -s/- ①《口語》小斑点(はんてん), 水玉模様. ②《医》綿球, タンポン.

die **Tür** [テューァ tý:r]

> ドア Die *Tür* ist offen.
> ディ テューァ イスト オッふェン
> ドアが開いている.

女 (単) -/(複) –en ドア, 戸, 扉; 戸口. (英 door). eine eiserne *Tür* 鉄の扉 / die *Tür*^{4} öffnen (schließen) ドアを開ける(閉める) / Die *Tür* öffnet sich^4 (schließt sich^4). ドアが開く(閉まる) / *Tür* und Tor öffnen (助長する, 圏^3(望ましくないこと)ははびこらせる) / für 圏^4 die *Tür*^{4} offen halten 《雅》圏^{4}のために交渉の余地を残しておく / *Tür* zu, es zieht! ドアを閉めて, すき間風が入るから! / Die *Tür* ist nur angelehnt. 《状態受動・現在》ドアは半開きになっている / Die *Tür* führt in den Garten. 戸口は庭に通じている / Mach die *Tür* von außen zu!《口語》出て行け(←ドアを外から閉めろ) / überall offene (verschlossene) *Türen*^{4} finden《比》どこに行っても歓迎される(拒絶される) / offene *Türen*^{4} einrennen《口語》一人相撲を取る(←開いているドアを突破する) / 圏^3 die *Tür*^{4} weisen《雅》圏^{3}に出て行けと命令する / 圏^3 die *Tür*^{4} vor der Nase zu|schlagen《口語》a) 圏^{3}の鼻先でドアを閉める, b)《比》圏^{3}をすげなく追い返す.

◇《前置詞とともに》**an die *Tür*** (または an der *Tür*) klopfen ドアをノックする / Sie wohnen *Tür* an *Tür*. 彼らは隣り合わせに住んでいる / **hinter verschlossenen *Türen***《比》秘密裏に, 非公開で(←閉ざされたドアの後ろで) / ein Auto **mit vier *Türen*** フォードアの自動車 / **mit der *Tür* ins Haus fallen**《口語・比》(要求などを)出し抜けに持ち出す(←ドアごと家になだれ込む) / **von *Tür* zu *Tür*** gehen 一軒一軒回って行く / **vor verschlossener *Tür*** stehen《比》だれにも相手にされない(←閉ざされたドアの前に立っている) / Ostern steht vor der *Tür*. イースターが目前に迫っている / **vor die *Tür*** 外へ, 野外へ / 圏^4 **vor die *Tür*** setzen a) 圏^{4}を外へ追い出す, b)《比》圏^{4}を首にする / **zwischen *Tür* und Angel**《口語・比》大急ぎで, そそくさと(←ドアとちょうつがいの間を).

💡 ..tür のいろいろ: **Autotür** 自動車のドア / **Drehtür** 回転ドア / **Flügeltür** 両開きドア / **Haustür** (建物の)玄関のドア / **Pendeltür** スイングドア / **Schiebetür** 引き戸 / **Wohnungstür** (住まいの)玄関のドア

Tür∻an·gel [テューァ・アンゲる] 女 -/-n ドアのちょうつがい.

Tur·ban [トゥルバーン túrba:n] 男 -s/-e ① ターバン(イスラム・ヒンドゥー教徒の男子が頭に巻く布). ② (婦人用の)ターバン風の帽子.

Tur·bi·ne [トゥルビーネ turbí:nə] 女 -/-n 《工》タービン. Dampf*turbine* 蒸気タービン.

tur·bu·lent [トゥルブれント turbulént] 形 ① 大荒れの, 騒々しい, 混乱した. ②《物・天・気象》(流体や大気が)乱れた. *turbulente* Strömungen 乱流, 乱気流.

Tur·bu·lenz [トゥルブれンツ turbuléntsɪ] 女 -/-en ① 大荒れ, 混乱; 騒動. ②《物・天・気象》乱流, 乱気流.

Tür∻fül·lung [テューァ・ふュるング] 女 -/-en ドアの羽目板, 鏡板.

Tur·gen·jew [トゥルゲーニェふ turgénjef] -s/《人名》ツルゲーネフ (Iwan *Turgenjew* 1818–1883; ロシアの作家).

Tür∻griff [テューァ・グリふ] 男 –[e]s/-e ドアの取っ手 (=Klinke).

Tür·ke [テュルケ týrkə] 男 -n/-n トルコ人. (女性形: Türkin).

die **Tür·kei** [テュルカイ tʏrkái] 囡 -/《定冠詞とともに》《国名》トルコ《共和国》《首都はアンカラ》. in der *Türkei* leben トルコで暮らす / in die *Türkei* reisen トルコへ旅行する.

Tür·kis [テュルキース tʏrkíːs] I 男 -es/-e 《鉱》トルコ石. II 匣 -/ トルコ石色, 青緑色.

tür·kisch [テュルキッシュ tʏ́rkɪʃ] 形 トルコ[人・語]の. die *türkische* Sprache トルコ語.

Tür²klin·ke [テューァ・クリンケ] 囡 -/-n ドアの取っ手.

Tür²klop·fer [テューァ・クロプふァァ] 男 -s/- ノッカー《玄関扉に取り付けたノックのための金具》.

*der **Turm** [トゥルム túrm] 男 《単2》-[e]s/《複》**Türme** [テュルメ] (3格のみ Türmen) ① **塔**, タワー, やぐら. 《英 tower》. Fernseh*turm* テレビ塔 / der *Turm* der Kirche² 教会の尖塔《ᡩゅ》/ einen *Turm* besteigen 塔に上る / auf einen *Turm* steigen 塔に上る / in einem elfenbeinernen *Turm* leben (または sitzen) 《比》象牙《ぞうげ》の塔に閉じこもっている.
② (昔の)《牢獄の》塔. ③ (高飛び込みの)飛び込み台 (=Sprung*turm*). ④ (チェスの)ルーク.

Tür·me [テュルメ] *Turm (塔) の 複

tür·men¹ [テュルメン tʏ́rmən] (türmte, *hat* ...getürmt) I 他 《完了 haben》 **積み上げる**, 積み重ねる. 《英 pile》. Er *türmte* die Pakete **auf** den Tisch. 彼は小包を机の上に積み上げた.
II 再帰 《完了 haben》 *sich*⁴ türmen ① (本・書類などが)積み上げられている. ② (雅)(山などが)そそり立っている.

tür·men² [テュルメン] 自 (s)《俗》ずらかる, 逃げる.

Tür·mer [テュルマァ tʏ́rmər] 男 -s/- (昔の:)塔の番人, 鐘楼守.《女性形: -in》.

Turm²fal·ke [トゥルム・ふァるケ] 男 -n/-n《鳥》チョウゲンボウ《ハヤブサ属》.

turm²hoch [トゥルム・ホーホ] 形 塔のように高い, そびえ立っている. 人³ *turmhoch* überlegen sein 《比》人³よりはるかに優れている.

Turm²sprin·gen [トゥルム・シュプリンゲン] 匣 -s/ (水泳の)高飛び込み.

türm·te [テュルムテ] türmen¹ (積み上げる) の 過去

Turm²uhr [トゥルム・ウーァ] 囡 -/-en [時計]塔の時計.

Turn²an·zug [トゥルン・アンツーク] 男 -[e]s/..züge 体操服(着).

tur·nen [トゥルネン tύrnən] (turnte, *hat/ist* ...geturnt) I 自 《完了 haben または sein》 ① (h)《ᡩゅ》[器械]**体操をする**. Sie *turnen* **am** Reck (Barren). 彼らは鉄棒(平行棒)をしている / auf der Matte *turnen* 床運動をする.
② (s)《方向を表す句語とともに》《口語》(…へ)敏捷《びんしょう》な身のこなしで進む. Die Kinder *turnten* über die Betten. 子供たちはベッドの上をひょいひょいと跳び越えて行った. ③ (h)《口語》(子供などが…で)跳び回る.
II 他 《完了 haben》《ᡩゅ》(体操の演技⁴を)行う.

eine Kür⁴ *turnen* 自由演技を行う.

Tur·nen [トゥルネン] 匣 -s/ [器械]体操 (=Geräte*turnen*); (授業としての)体育. Wir haben heute *Turnen*. きょうは体育の授業がある.

Tur·ner [トゥルナァ túrnər] 男 -s/- 体操をする人; [器械]体操選手.《女性形: -in》.

tur·ne·risch [トゥルネリッシュ túrnərɪʃ] 形 [器械]体操の; 体育の.

Tur·ner·schaft [トゥルナァシャふト] 囡 -/-en 体操選手団, 体操チーム.

Turn²fest [トゥルン・ふェスト] 匣 -[e]s/-e 体育祭, 体操大会.

Turn²ge·rät [トゥルン・ゲレート] 匣 -[e]s/-e 体操器具.

Turn²hal·le [トゥルン・ハれ] 囡 -/-n 体育館, 屋内競技場.

Turn²hemd [トゥルン・ヘムト] 匣 -[e]s/-en トレーニングシャツ.

Turn²ho·se [トゥルン・ホーゼ] 囡 -/-n 体操ズボン, トレーニングパンツ.

Tur·nier [トゥルニーァ turníːr] 匣 -s/-e ①《ᡩゅ》(トーナメント方式の)競技大会. Tennis*turnier* テニスのトーナメント. ② (中世騎士の)馬上試合, 武芸競技.

Turn²leh·rer [トゥルン・れーラァ] 男 -s/- 体育(体操)教師.《女性形: -in》.

Turn²schuh [トゥルン・シュー] 男 -[e]s/-e トレーニングシューズ; スニーカー.

Turn²stun·de [トゥルン・シュトゥンデ] 囡 -/-n 体育の時間.

turn·te [トゥルンテ] turnen (体操をする) の 過去

Turn²un·ter·richt [トゥルン・ウンタァリヒト] 男 -[e]s/-e 《ふつう 単》体育(体操)の授業.

Tur·nus [トゥルヌス túrnus] 男 -/..nusse ① (一定の)順番, 輪番, 交代のローテーション. in einem *Turnus* von drei Jahren 3年ごとに[交代で]. ② (反復される行為の)1回, ラウンド. ③《ᡩゅ》(交代制の)勤務当番.

Turn²ver·ein [トゥルン・ふェァアイン] 男 -[e]s/-e 体操協会, 体育クラブ《略: TV》.

Tür²öff·ner [テューァ・エふナァ] 男 -s/- ドア自動解錠装置《室内でボタンを押すと建物の入口のドアロックが自動的に解除される》.

Tür²rah·men [テューァ・ラーメン] 男 -s/- ドアの枠.

Tür²schild [テューァ・シるト] 匣 -[e]s/-er ドアの表札.

Tür²schlie·ßer [テューァ・シュリーサァ] 男 -s/- ① ドアマン, ドア係.《女性形: -in》. ② (オートマチックの)ドアチェック.

Tür²schwel·le [テューァ・シュヴェれ] 囡 -/-n ドア(戸口)の敷居.

tur·teln [トゥルテるン túrtəln] 自 (h) ① 《戯》いちゃいちゃする, いちゃつく. ②《古》(鳩《はと》が)くーくー鳴く.

Tur·tel·tau·be [トゥルテる・タオベ] 囡 -/-n《鳥》コキジバト《仲むつまじい鳥類の象徴》.

Tusch [トゥッシュ túʃ] 男 -es (まれに -s)/-e (らっぱなどの)華やかな和音の吹奏; ファンファーレ.

Tu·sche [トゥッシェ tú∫ə] 囡 -/-n ① 墨, 墨汁; 製図用インク (=Wimpern*tusche*). ② 《方》水彩絵の具.

tu·scheln [トゥッシェルン tú∫əln] I 圄 (h) ひそひそ話をする. II 囮 (h) ささやく. 人³ 圃⁴ ins Ohr tuscheln 人³に圃⁴を耳打ちする.

tu·schen [トゥッシェン tú∫ən] 囮 (h) 墨(製図用インク)で描く; 《方》水彩で描く. sich³ die Wimpern *tuschen* まつ毛にマスカラをつける.

Tusch·zeich·nung [トゥッシュ・ツァイヒヌング] 囡 -/-en ① 墨絵; ペン画. ② 《方》水彩画.

tust [トゥースト] :tun (する)の2人称親称単数現在.

tut [トゥート tú:t] :tun (する)の3人称単数・2人称親称複数現在. Er *tut* seine Pflicht. 彼は義務を果たす / Das *tut* nichts. それはどうということもない.

tut! [トゥート] 圃 《幼児》《クラクションの音などを子供がまねて》ぶー, ぶー.

die **Tü·te** [テューテ tý:tə] 囡(単) -/(複) -n ① (ふつう円錐(ホイ)形または角形の)紙袋;(買い物などを入れる)ビニール袋. eine Tüte [mit] Bonbons ボンボン一袋 / *Tüten*⁴ kleben《口語》刑務所に入っている(=袋貼りをしている) / Das kommt nicht in die *Tüte*!《口語》それは問題にならない, とんでもない. ②(アイスクリームの)コーン[カップ](=Eis*tüte*). ③《隠語》(ドライバーの酒量を調べる)アルコール検出用袋. ④《俗》ろくでなし, くだらないやつ.

tu·ten [トゥーテン tú:tən] 圄 (h) (船・自動車などが)ぽーぽー(ぶーぶー)警笛を鳴らす;(警笛などが)ぽーぽー(ぶーぶー)と鳴る.

Tu·ten [トゥーテン] 囲《成句的に》Er hat von *Tuten* und Blasen keine Ahnung.《口語》彼は何もわかっちゃいない.

Tu·tor [トゥートァ tú:tɔr] 囲 -s/-en [トゥトーレン] ①《教》チューター(下級生などのための助言者). (女性形: -in). ②《史》(ローマ法で:) 後見人.

tut·ti [トゥッティ túti] [イタ] 圃《音楽》トゥッティで, 総奏で.

Tut·ti·frut·ti [トゥッティ・フルッティ] [イタ] 囲 -[s]/-[s] 《料理》トゥッティフルッティ(いろいろな果物を刻んで砂糖漬けにしたもの).

TÜV [トュふ týf] 囲 -/-[s] 《略》技術監査協会 (ドイツで車検などを行う機関) (= Technischer Überwachungsverein).

TV《略》①[テー・ファオ]テレビ(=Television). ②[テー・ファオ または トゥルン・フェァアイン]体操協会 (=Turnverein).

Tweed [トヴィート tvíːt]《英》囲 -s/-e (または-s)《織》ツイード.

Twen [トヴェン tvén] 囲 -[s]/-s 20代の若者.

Twist [トヴィスト tvíst] I 囲 -es/-e《織》より糸. II 囲 -s/-s ① ツイスト(4/4拍子のダンス). ②(テニスの)カーブ, 球のひねり;(体操の)ひねり.

twit·tern [トヴィッタァン tvítərn]《英》圄 (h) ツイッターで送受信する, ツイートする.

der **Typ** [テューブ týːp] 囲(単) -s/(複) -en ①(物・人などの)型, 典型;《笑》*type*). eine Partei neuen *Typs* 新しいタイプの政党 / Fehler dieses *Typs* この種の誤り / Sie ist genau mein *Typ*.《口語》彼女はまさにぼくの好みのタイプだ / Dein *Typ* wird verlangt.《俗》あんたと話がしたいんだって.

②〖(単) -en も〗《口語》(若い)男. ein dufter *Typ* すてきなやつ. ③〖圃 なし〗《哲》類型. ④《工》(自動車などの)型, 型式, タイプ. einen neuen *Typ* entwickeln (自動車などの)ニューモデルを開発する / eine Maschine vom *Typ* Boeing 747 ボーイング747型の飛行機.

Ty·pe [テューペ týːpa] 囡 -/-n ①《印》活字;(タイプライターの)活字. ②《ﾍﾟﾝｽﾞ》(自動車などの)型, タイプ. ③《口語》変人, 奇人.

Ty·pen [テューペン] *Typ* (型), *Type* (活字), *Typus* (種類)の圃.

Ty·phus [テューふス týːfus] 囲 -/《医》チフス.

ty·pisch [テューピッシュ týːpɪʃ] 厖 ① 典型的な.《笑》*typical*). ein *typischer* Wiener 典型的なウィーンっ子 / ein *typisches* Beispiel 典型的な例. ②(…に)特徴的な, いかにも…らしい. Dieses Verhalten ist *typisch* **für** ihn. このふるまいは彼らしい / Das ist wieder einmal *typisch* Fritz! またまたいかにもフリッツらしいやり方だ. ③《古》模範的な.

ty·pi·sie·ren [テュピズィーレン typizíːrən] 囮 (h) (人・物⁴を)類別する; 類型化する.

Ty·po·gra·fie [テュポグラふィー typografíː] 囡 -/-n [..ふィーエン]《印》①〖圃 なし〗活版印刷術. ② タイポグラフィー, 印刷の体裁.

ty·po·gra·fisch [テュポグラーふィッシュ typográːfɪʃ] 厖《印》活版印刷[術]の.

Ty·po·gra·phie [テュポグラふィー typografíː] 囡 -/-n [..ふィーエン]=Typografie

ty·po·gra·phisch [テュポグラーふィッシュ typográːfɪʃ] 厖 =typografisch

Ty·po·lo·gie [テュポロギー typologíː] 囡 -/-n [..ギーエン]《心》①〖圃 なし〗類型学. ② 類型の体系. ③ 典型的な特性.

Ty·pus [テュープス týːpus] 囲 -/Typen ① 種類, 型, タイプ. ②《哲》原型; 基本形. ③《文学・美》類型(典型)的な人物.

der **Ty·rann** [テュラン tyrán] 囲(単 2·3·4) -en/(複) -en《笑》*tyrant*) ① 専制君主;(古代ギリシアの)僭主(キネ). ② 暴君. Ihr Mann ist ein *Tyrann*. 彼女の夫は暴君だ.

Ty·ran·nei [テュラナイ tyranáí] 囡 -/-en 〖ふつう圃〗専制政治, 圧制; 暴虐行為.

Ty·ran·nin [テュラニン tyránɪn] 囡 -/..ranninnen (女性の)専制君主; 暴君.

ty·ran·nisch [テュラニッシュ tyránɪʃ] 厖 専制的な, 暴君のような, 横暴な. eine *tyrannische* Regierung 専制政治.

ty·ran·ni·sie·ren [テュラニズィーレン tyranizíːrən] 囮 (h) (人⁴に)横暴なふるまいをする. Das Kind *tyrannisierte* die ganze Familie. その子は家族全員をさんざん困らせた.

U u

u, U¹ [ウー ú:] 中 -/- ウー(ドイツ語アルファベットの第21字).

U² [ウー] 《略》《化・記号》ウラン (=Uran).

ü, Ü [ユー ý:] 中 -/- u, U の変音(ウー・ウムラウト).

u. [ウント] 《略》そして, …と (=und).

u. a. 《略》① [ウント アンデレ または ウント アンデレス] 等々, その他 (=und andere (または Anderes), und anderes (または Anderes)). ② [ウンタァ アンデレム または ウンタァ アンデレン] なかでも, とりわけ (=unter anderem (または Anderem) または unter anderen (または Anderen)).

u. Ä. [ウント エーンリヒェス または ウント エーンリヒェ] 《略》そのほかこれに類するもの, 等々 (=und Ähnliches または und Ähnliche).

u. a. m. [ウント アンデレス メーア または ウント アンデレ メーア] 《略》等々 (=und anderes mehr または und andere mehr).

u. A. w. g., U. A. w. g. [ウム・アントヴォルト・ヴィルト・ゲベーテン] 《略》(招待状などで:)ご返事を請う (=um (Um) Antwort wird gebeten).

**die U-Bahn
[ウー・バーン ú:-ba:n] 女 (単) -/(複) -en 地下鉄 (=Untergrundbahn). 《米》subway). Ich fahre **mit der** U-Bahn. 私は地下鉄で行きます.

U-Bahn-hof [ウー・バーンホーフ] 男 -[e]s/..höfe 地下鉄の駅.

U-Bahn-Netz [ウー・バーン・ネッツ] 中 -es/-e 地下鉄路線網(図).

U-Bahn

U-Bahn-Sta·ti·on [ウー・バーン・シュタツィオーン] 女 -/-en 地下鉄の駅.

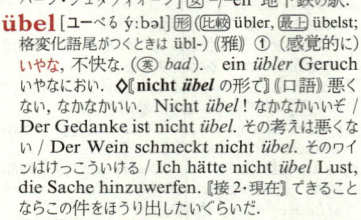

übel [ユーベる ý:bəl] 形 (比較) übler, (最上) übelst; 格変化語尾がつくときは übl-) (雅) ① (感覚的に)いやな, 不快で. (《米》bad). ein übler Geruch いやなにおい. ◇[**nicht übel** の形で](口語) 悪くない, なかなかいい. Nicht übel! なかなかいいぞ / Der Gedanke ist nicht übel. その考えは悪くない / Der Wein schmeckt nicht übel. そのワインはけっこういける / Ich hätte nicht übel Lust, die Sache hinzuwerfen. [接2・現在] できることならこの件をほうり出したいぐらいだ.
② (状況などが)悪い, まずい. eine üble Situation まずい状況 / ein übles Ende 困った結果 / Es steht **mit** ihm (または **um** ihn) übel. 彼は困った状況にある.
③ 不機嫌な; 気分が悪い. Sie hat üble Laune. 彼女は機嫌が悪い / Mir ist übel. 私は気分が悪い / Beim Autofahren wird mir immer übel. 自動車に乗ると私はいつも気分が悪くなる. (☞ (類語) schlecht). ④ (道徳的に)悪い, よくない; ひどい. ein übler Bursche 不良少年 / einen üblen Ruf haben 評判が悪い / 人³ übel mit|spielen 人³にひどい仕打ちをする.
► übel≈gelaunt, übel≈gesinnt, übel|nehmen, übel≈riechend

das **Übel** [ユーベる ý:bəl] 中 (単2) -s/(複) -(3格のみ -n) ① 害悪, 悪; 災い. (《米》evil). ein notwendiges Übel 必要悪 / ein Übel⁴ beseitigen 害悪を排除する / der Grund allen Übels 諸悪の根源 / das Übel⁴ mit der Wurzel aus|rotten 災いの根を絶つ. ② (雅) 病気. ein unheilbares Übel 不治の病.

übel≈ge·launt, übel ge·launt [ユーベる・ゲらオント] 形 不機嫌な. ein übelgelaunter Chef 不機嫌な上司.

Übel·keit [ユーベる カイト] 女 -/-en ① (複なし) 不快感, むかつき. ② 気分が悪い状態.

übel≈lau·nig [ユーベる・らオニヒ] 形 不機嫌な.

übel|neh·men*, übel neh·men* [ユーベる・ネーメン ý:bəl-nè:mən] 他 (h) (人³の事⁴を)悪くとる, (人³の事⁴で)気を悪くする. Nehmen Sie es mir nicht übel! そのことで気を悪くなさらないでください.

übel≈neh·me·risch [ユーベる・ネーメリッシュ] 形 すぐ気を悪くする, 怒りっぽい.

übel≈rie·chend, übel rie·chend [ユーベる・リーヒェント] 形 悪臭を放つ, いやなにおいのする.

Übel≈stand [ユーベる・シュタント] 男 -[e]s/..stände 不都合, 障害, 弊害.

Übel≈tat [ユーベる・タート] 女 -/-en (雅) 悪行; 犯罪.

Übel≈tä·ter [ユーベる・テータァ] 男 -s/- 悪人, 悪事を働く者; 犯罪者. (女性形: -in).

übel|wol·len* [ユーベる・ヴォれン ý:bəl-vòlən] 自 (h) (人³に)悪意をいだく.

*üben [ユーベン ý:bən]

> 練習する Wir üben täglich.
> ヴィァ ユーベン テークリヒ
> 私たちは毎日練習します.

(übte, *hat*…geübt) Ⅰ 自 (完了 haben) 練習する, けいこする. (《米》practice). am Reck üben 鉄棒の練習をする / Sie übt **auf** der Geige. 彼女はバイオリンの練習をする.
Ⅱ 他 (完了 haben) ① (事⁴を)練習する, けいこする. Geige⁴ üben バイオリンの練習をする /

das Schreiben⁴ *üben* 字の書き方を練習する. ② 鍛える, 鍛練する. die Muskeln⁴ *üben* 筋肉を鍛える. ③ 〖特定の名詞を目的語として〗《雅》行う, …する; 示す. Nachsicht⁴ *üben* 大目に見る / Verrat⁴ *üben* 裏切る / **an** 人・事³ Kritik⁴ *üben* 人・事³を批判する / Gnade⁴ *üben* 慈悲を施す / Gerechtigkeit⁴ *üben* 正義を行う. III 再帰 (＊で haben)〖*sich*⁴ **in** 囲³ ～〗(囲³の) 練習をする. Die Kinder *übten sich* **im** Schwimmen. 子供たちは水泳の練習をした / *sich*⁴ in Geduld *üben*《比》忍耐力を養う.
◊☞ **geübt**

über [ユーバァ ýːbər]

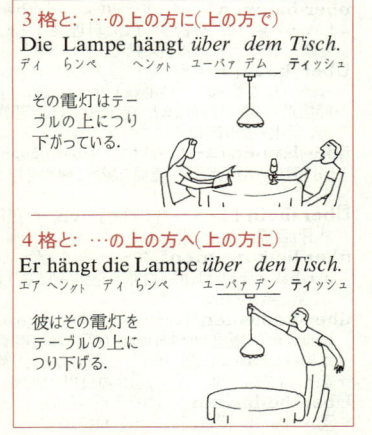

3 格と: …の上の方に(上の方で)
Die Lampe hängt *über dem* Tisch.
ディ ランペ ヘングト ユーバァ デム ティッシュ

その電灯はテーブルの上につり下がっている.

4 格と: …の上の方へ(上の方に)
Er hängt die Lampe *über den* Tisch.
エア ヘングト ディ ランペ ユーバァ デン ティッシュ

彼はその電灯をテーブルの上につり下げる.

I 前 〖**3 格・4 格**とともに〗(口語では定冠詞と融合して übers (←über das) となることがある) ①《空間的に》㋐《どこに》〖**3 格**と〗 …の上の方に, …の上方に. (＝) *over*). (⇔ 下に はunter). Der Ballon schwebt *über dem* Dach. その風船は屋根の上を漂っている / Er wohnt *über* uns. 彼はうちの上の階に住んでいる / 1 000 m *über dem* Meer 海抜 1,000 メートル.
㋑《どこへ》〖**4 格**と〗…の上の方へ, …の上方へ. Der Ballon steigt *über* die Bäume. 月が木々の上へ昇る. ② ㋐〖**3 格**と〗…を覆って, …の上に. *Über dem* Tisch liegt eine schöne Decke. テーブルには美しいテーブルクロスが掛けられている / Sie trägt *über der* Bluse einen Pullover. 彼女はブラウスの上からセーターを着ている. ㋑〖**4 格**と〗…を覆って, …の上に. eine Decke⁴ *über den* Tisch legen テーブルにテーブルクロスを掛ける / einen Pullover *über* die Bluse ziehen ブラウスの上にセーターを着る / Tränen liefen ihr *über* die Wangen. 涙が彼女の頬(⁽ほお⁾)を伝って流れた.

③ ㋐〖**3 格**と〗…の向こう側に. Sie wohnen *über der* Straße. 彼らは通りの向こう側に住んでいる / *über den* Bergen 山の向こう側に. ㋑〖**4 格**と〗…の向こう側へ, …を越えて. *über* die Straße gehen 通りを渡る / ein Flug *über* die Alpen アルプス越えの飛行.
④〖上位・優位・支配〗㋐〖**3 格**と〗…以上に, …より上位に. *über dem* Durchschnitt liegen 平均以上である / *über dem* Abteilungsleiter. 彼は部長より上の地位にある. ㋑〖**4 格**と〗…を越えて, …以上の. Kinder *über* 14 Jahre 14 歳以上の子供 / Das geht *über* meine Kraft. それは私の能力を越えている / Musik geht ihm *über* alles. 音楽は彼にとって何物にも代えがたい. ㋒〖**4 格**と〗…を支配して. Macht⁴ *über* 人・物⁴ haben 人・物⁴を支配している / *über* 人・物⁴ verfügen 人・物⁴を意のままにする.
⑤《時間的に》㋐〖**4 格**と〗…を過ぎて. Es ist eine Stunde *über* die Zeit. 定刻を 1 時間過ぎている / heute *über* acht Tage 1 週間後のきょう. ㋑〖**4 格**と〗…の間, …にかけて. Wir fahren *über* das Wochenende in die Berge. 私たちはこの週末に山へ行く / *über* Ostern 復活祭の間. ㋒〖**3 格**と〗…している間に. *über der* Arbeit ein|schlafen 仕事をしているうちに眠ってしまう.
⑥《経由・仲介》〖**4 格**と〗…を通って, …を通じて. Ich fahre *über* München nach Rom. 私はミュンヒェン経由でローマに行く / Er bekam die Anschrift *über* einen Freund. 彼はその住所をある友人を通じて手に入れた.
⑦《原因》〖**3 格**と〗…のせいで. Die Kinder sind *über dem* Lärm aufgewacht.【現在完了】子供たちは騒音で目が覚めてしまった / *über der* Arbeit das Essen⁴ vergessen 仕事にかまけて食事を忘れる.
⑧《テーマ》〖**4 格**と〗…について, …に関して. ein Buch *über* moderne Kunst 現代芸術に関する本 / *über* 囲⁴ sprechen 囲⁴について話す / Ich arbeite *über* Kafka. 私はカフカについて研究している.
⑨《感情の原因》〖**4 格**と〗…のことで. Ich bin sehr froh *über* das Ergebnis. 私はその結果をとてもうれしく思う / *sich*⁴ *über* 囲⁴ freuen (ärgern) 囲⁴を喜ぶ (囲⁴に腹を立てる).
⑩《金額》〖**4 格**と〗…と等価の. ein Scheck *über* 300 Euro 300 ユーロの小切手.
⑪〖同じ名詞にはさまれて〗 Er macht Fehler *über* Fehler. 彼は次から次へとミスをする / Schulden *über* Schulden 借金に次ぐ借金.
II 前 ①〖数量を表す語句とともに〗…以上[の]. Städte von *über* 100 000 Einwohnern 人口 10 万以上の都市 / Er ist *über* 30 Jahre alt. 彼は 30 歳を越えている / seit *über* einem Jahr 1 年以上前から.
②〖期間を表す語句のあとに置いて〗…の間ずっと. den ganzen Tag *über* 1 日中 / die ganze Nacht *über* 一晩中. ③ 上方へ. Das Gewehr *über*!《軍》担え銃(⁽つつ⁾)! / Segel

über! 帆を上げよ. ④〖成句的に〗*über* und *über* 完全に, すっかり.

III 形〖述語としてのみ〗《口語》① 残った, 余った. Zehn Euro sind noch *über*. まだ 10 ユーロ余っている.
② (人⁴よりも)優れている. Er ist mir im Rechnen *über*. 彼は私よりも計算が得意だ.
③ 飽き飽きしている. Das ist mir jetzt *über*. 私にはこれはもうたくさんだ.

über.. [ユーバァ.. ýːbər.. または ユーバァ..] 〖分離動詞の(前つづり); つねにアクセントをもつ〗① 《上部へ·被覆》例: *über*|ziehen 着せる. ② 《向こうへ》例: *über*|setzen (向こう岸に)渡す. ③ 《充満》例: *über*|laufen あふれる. ④ 〖過度〗例: *über*|arbeiten 超過勤務をする.
II 〖非分離動詞の(前つづり); アクセントをもたない〗① 《転移》例: *über*setzen 翻訳する. ② 〖過度〗例: *über*fordern 過大な要求をする. ③ 《優勢·凌駕》例: *über*treffen しのぐ. ④ 〖圧倒〗例: *über*fallen 襲う. ⑤ 《看過》例: *über*hören 聞き漏らす. ⑥ 《違反》例: *über*treten 違反する. ⑦ 《委任》例: *über*lassen 任せる. ⑧ 《概観》例: *über*blicken 見晴らす.

über.., **Über..** [ユーバァ.. ýːbər..] 〖形容詞·名詞につける(腰頭)〗《過度·超過》例: *über*groß 巨大な / *Über*gewicht 重量超過.

über=all [ユーバァ·ア́る ýːbər-ál または ユーバァ·ア́る] 副《*everywhere*》**いたるところで(に)**; (比)あらゆる領域(機会)から. *Überall* habe ich dich gesucht. 君をあちこち捜したんだよ / **von** *überall* いたるところから / Er ist *überall* beliebt. 彼はだれからも好かれている / Er weiß *überall* Bescheid. 彼はなんでも知っている / Sie will *überall* dabei sein. 彼女は何にでも顔を出したがる.

über·all·her [ユーバァア́る·ヘーァ] 副〖成句的に〗**von** *überallher* 四方八方(いたるところ)から.

über·all·hin [ユーバァア́る·ヒン] 副 四方八方(いたるところ)へ.

über=al·tert [ユーバァ·ア́るタァト] 形 ① 老人の多い, 高齢化した(社会·集団など). ② (設備などが)老朽化した; 時代遅れになった.

Über·al·te·rung [ユーバァ·ア́るテルング]女-/-en《ふつう單》高齢化; 老朽化.

Über=an·ge·bot [ユーバァ·ア́ンゲボート] 中-[e]s/-e 供給過剰, 超過供給.

über=ängst·lich [ユーバァ·エ́ングストりヒ] 形 心配しすぎる, 気の小さい.

über·an·stren·gen [ユーバァ·ア́ンシュトレンゲン ýːbər-án|trɛŋən] (過分 überanstrengt) 他 (h) (人·物⁴に)過度な負担をかける, 酷使する. ◇再帰的に *sich*⁴ *überanstrengen* 過労になる, 無理をしすぎる.

Über=an·stren·gung [ユーバァ·ア́ンシュトレングング]女-/-en ① 過労. ② 酷使.

über·ant·wor·ten [ユーバァ·アントヴォ́ルテン ýːbər-ántvɔrtən] 他 (h) 《雅》① (人⁴) (A⁴ を B³ の)保護(世話)にゆだねる. ein Kind⁴ den Großeltern *überantworten* 子供の世話を祖父母にゆだねる. ② (犯人など⁴を司直など³に)引き渡す.

über·ar·bei·ten [ユーバァ·アるバイテン] 〖非分離〗**I** 他 (h) (原稿など⁴に)手を入れる, 加筆する, (本など⁴を)改訂する. ein Manuskript⁴ *überarbeiten* 原稿に手を加える. ◇過去分詞の形で eine *überarbeitete* Auflage 改訂版.
II (再帰) (h) *sich*⁴ *überarbeiten* 働き過ぎる, 過労になる. ◇過去分詞の形で Er ist total *überarbeitet*. 彼は働きすぎてくたくただ.

Über=ar·bei·tung [ユーバァ·アるバイトゥング]女-/-en ① 加筆, 推敲(ホヒュゥ), 改訂; 改訂稿. ②《腹 なし》〖獨〗過労.

über·aus [ユーバァ·ア́オス] 副《雅》きわめて, 非常に.

über·ba·cken[*] [ユーバァ·バ́ッケン ýːbər-bákən] 他 (h) 〖料理〗(できた料理⁴をオーブンで)軽く焦げ目がつく程度に焼く.

Über=bau [ユーバァ·バオ] 男-[e]s/-e (または-ten) ① (腹 -e; ふつう單)〖マルクス主義で〗上部構造. ②〖建〗(橋などの支柱の上の)上部構造; 階上の張り出し(バルコニー·ひさしなど).

über·bau·en [ユーバァ·バオエン ýːbər-bàuən] 〖分離〗自 (h) (地所の)境界を越えて建物を建てる.

Über=bein [ユーバァ·バイン] 中-[e]s/-e 〖医〗外骨症(腫(シュ)), 骨瘤(ワャゥ).

über·be·kom·men[*] [ユーバァ·ベコ́ンメン ýːbər-bəkɔ̀mən] 他 (h) 《口語》〖單⁴に〗うんざりする, 飽き飽きする.

über·be·las·ten [ユーバァ·ベら́ステン ýːbər-bəlàstən] (過分 überbelastet) (〖注〗 zu 不定詞は überzubelasten) 他 (h) ① (車·船などを)荷を積みすぎる. ② (人⁴に)過大な負担をかける.

Über=be·las·tung [ユーバァ·ベら́ストゥング] 女-/-en ① 荷重超過. ② 負担過重.

über=be·legt [ユーバァ·ベれ́ークト] 形 定員(収容人数)オーバーの(病院·ホテルなど).

über·be·lich·ten [ユーバァ·ベりヒテン ýːbər-bəlɪçtən] (過分 überbelichtet) (〖注〗 zu 不定詞は überzubelichten) 他 (h) 《写》(フィルム⁴を)露出しすぎる.

Über=be·lich·tung [ユーバァ·ベりヒトゥング] 女-/-en《写》露出オーバー.

Über=be·schäf·ti·gung [ユーバァ·ベシェフティグング] 女-/-en《ふつう單》〖経〗超完全雇用.

über=be·setzt [ユーバァ·ベゼ́ッツト] 形 定員オーバーの. (〖注〗 「定員に満たない」は unterbesetzt).

über·be·to·nen [ユーバァ·ベトーネン ýːbər-bətoːnən] (過分 überbetont) (〖注〗 zu 不定詞は überzubetonen) 他 (h) 強調しすぎる.

über=be·völ·kert [ユーバァ·ベふェるカァト] 形 人口過剰(過密)の.

Über=be·völ·ke·rung [ユーバァ·ベふェるケルング]女-/ 人口過剰(過密).

über·be·wer·ten [ユーバァ·ベヴェーァテン ýːbər-bəveːrtən] (過分 überbewertet) (〖注〗 zu 不定詞は überzubewerten) 他 (h) (單⁴を)過

大評価する.

Über·be·wer·tung [ユーバァ・ベヴェーアトゥング] 囡 -/-en 過大評価.

über·bie·ten [ユーバァ・ビーテン y:bər-bí:tən] 他 (h) ① (競売などで人⁴よりも)高値をつける. 人・事⁴を上回る, しのぐ. 人⁴ an 事³ überbieten 人⁴を事³の点で上回る. ◇《相互的に》sich⁴ überbieten 互いに張り合う ⇒ sich⁴ in Lobeshymnen überbieten 互いにお世辞を言い合う.

über|blei·ben* [ユーバァ・ブらイベン ý:bərblàrbən] 自 (s) 《方》残っている, 余っている.

Über=bleib·sel [ユーバァ・ブらイプセる] 甲 -s/- 《口語》残り[物], 余り; 遺物.

über·blen·den [ユーバァ・ブれンデン y:bərbléndən] 他 (h) 《映·放送》(音声·映像など⁴をフェード・オーバーする(音声·映像などをオーバーラップさせながら別の場面に切り換える).

Über=blen·dung [ユーバァ・ブれンドゥング] 囡 -/-en 《映·放送》フェード・オーバー.

der **Über=blick** [ユーバァ・ブリック ý:bərblìk] 男 (単2) -[e]s/(複) -e (3格のみ -en) ① 見晴らし, 展望.《英》view). Von hier hat man einen guten Überblick über die Stadt. ここからは町がよく見渡せる. ② 〖獲 なし〗(全体を)見通す力, 洞察力. Ihm fehlt der Überblick. 彼には大局を見る目がない. ③ 概観, 概要. ein Überblick über die deutsche Literatur ドイツ文学の概要.

über·bli·cken [ユーバァ・ブリッケン y:bərblíkən] 他 (h) ① 見渡す, 見晴らす. ② (状況など⁴を)概観する, 見通す. die Lage⁴ überblicken 形勢を展望する.

über·brin·gen* [ユーバァ・ブリンゲン y:bərbríŋən] 他 (h) 《雅》(仲介者として物⁴を)届ける, 伝える. 人³ eine Nachricht⁴ überbringen 人³に知らせをもたらす / Glückwünsche⁴ von 人³ überbringen 人³からのお祝いの言葉を伝える.

Über=brin·ger [ユーバァ・ブリンガァ] 男 -s/- 持参人; 伝達者. (女性形: -in).

über·brü·cken [ユーバァ・ブリュッケン y:bərbrýkən] 他 (h) ① (待ち時間など⁴を)つぶす. die Wartezeit⁴ mit Lesen überbrücken 待ち時間を本を読んでつぶす. ② (困難⁴を)切り抜ける, (苦しい時期⁴を)しのぐ, (対立など⁴を)調停する. die finanzielle Notlage⁴ überbrücken 金銭的な苦境を切り抜ける. ③ 《戎》(川など⁴に)橋を架ける.

Über=brü·ckung [ユーバァ・ブリュックング] 囡 -/-en ① 待ち時間などをつぶすこと. ② 困難の克服; (不和の)調停. ③ 《戎》架橋.

über·bür·den [ユーバァ・ビュルデン y:bərbýrdən] 他 (h) 《人⁴ mit 事³ ~》(スイ)(人⁴に事³を)過重の負担を負わせる(課す).

über·da·chen [ユーバァ・ダッヘン y:bər-dáxən] 他 (h) (物⁴に)屋根を付ける.

über·dau·ern [ユーバァ・ダオアァン y:bər-dáuərn] 他 (h) (事⁴を)越えて生き残る, 無事に

切り抜ける. Der Bau *hat* mehrere Kriege *überdauert*. その建物は幾多の戦争に耐えて残った.

über·de·cken [ユーバァ・デッケン y:bər-dékən] 他 (h) ① (物⁴を)覆う. Eine Eisschicht *überdeckt* den See. 氷が湖面を覆っている. ② (物⁴を)[覆い]隠す.

über·den·ken* [ユーバァ・デンケン y:bər-déŋkən] 他 (h) 熟考する, 熟慮する.

über·deut·lich [ユーバァ・ドイトりヒ] 形 あまりに(きわめて)明白な.

über=dies [ユーバァ・ディース] 副 その上, さらに.

über·di·men·si·o·nal [ユーバァ・ディメンズィオナーる] 形 並はずれて大きな, 巨大な.

Über=do·sis [ユーバァ・ドーズィス] 囡 -/..dosen (薬の)服用(投与)量最多, 過量.

über·dre·hen [ユーバァ・ドレーエン y:bərdré:ən] 他 (h) ① (時計のねじなど⁴を)巻きすぎる, 巻きすぎて壊す. ② (エンジン⁴の)回転数を上げすぎる. ③ 《映》(映画⁴を)高速度で撮影する.

über·dreht [ユーバァ・ドレート] I überdrehen (巻きすぎる)の 過分 II 形 《口語》(過労·緊張などのため)非常に神経が高ぶった.

Über=druck [ユーバァ・ドルック] 男 -[e]s/..drücke 《物》超過圧; 過剰圧力.

Über=druck=ka·bi·ne [ユーバァドルック・カビーネ] 囡 -/-n 《空》加圧(与圧)室.

Über=druss [ユーバァ・ドルス] 男 -es/ うんざりすること. aus *Überdruss* am Leben Selbstmord⁴ begehen 厭世(えんせい)観から自殺する / bis zum *Überdruss* いやになるほど.

über·drüs·sig [ユーバァ・ドリュスィヒ] 形 《成句的に》人·事² *überdrüssig* sein (werden) 人·事²に飽き飽きしている(する). Ich bin des Lebens *überdrüssig*. 私は人生にいや気がさしている.

über·durch·schnitt·lich [ユーバァ・ドゥルヒシュニットりヒ] 形 平均以上の, 水準以上の.

über=eck [ユーバァ・エック] 副 (部屋の隅に)斜めに, はすに.

Über=ei·fer [ユーバァ・アイふァァ] 男 -s/ 過度の熱心さ, 熱中.

über=eif·rig [ユーバァ・アイふリヒ] 形 過度に熱心な, 熱中しすぎる.

über·eig·nen [ユーバァ・アイグネン y:bəráignən] 他 (h) (人³に財産·地所など⁴を)譲渡する.

Über=eig·nung [ユーバァ・アイグヌング] 囡 -/-en (財産などの)譲渡, 移譲.

über·ei·len [ユーバァ・アイれン y:bər-áilən] I 他 (h) (よく考えずに事⁴を)あわててする, 大急ぎする. II 再帰 (h) 《*sich*⁴ *mit* 事³ ~》(事³を)急ぎすぎる, (事³を)あわててする.

über·eilt [ユーバァ・アイるト] I übereilen (あわててする)の 過分 II 形 (よく考えず)急ぎすぎた, 性急な. eine *übereilte* Heirat 早まった結婚.

Über=ei·lung [ユーバァ・アイるング] 囡 -/-en 急ぎすぎ, 性急. Nur keine *Übereilung*! あわてないで!

über·ein·an·der [ユーバァ・アイナンダァ] 副 ① 重なり合って, 上下に. ② お互いに関して. *übereinander* sprechen お互いのことを話す.

über·ein·an·der|le·gen [ユーバァアイナンダァ・レーゲン y:bərainándər-lè:gən] 他 (h) (物⁴を)重ねて置く, 積み重ねる.

über·ein·an·der|schla·gen* [ユーバァアイナンダァ・シュラーゲン y:bərainándər-ʃlà:gən] 他 (h) (物⁴を)重ね合わせる; (腕・足⁴を)組む.

über·ein·ge·stimmt [ユーバァアイン・ゲシュティムト] übereinstimmen (意見が一致する)の 過分

über·ein|kom·men* [ユーバァアイン・コンメン y:bəráin-kòmən] 自 (s) 《成句的に》[mit 人³] (事⁴について)意見が一致する. Ich *bin* mit ihm *übereingekommen*, den Vertrag abzuschließen. 現在完了 私は契約を結ぶことで彼と同意した.

Über·ein⸗kom·men [ユーバァアイン・コンメン] 中 -s/- (意見の)一致, 合意; 協定, とり決め. ein stillschweigendes *Übereinkommen* 暗黙の合意 / **mit** 人³ **ein** *Übereinkommen* treffen 人³と協定を結ぶ.

Über·ein⸗kunft [ユーバァアイン・クンフト] 女 -/..künfte =Übereinkommen

über·ein|stim·men [ユーバァアイン・シュティンメン y:bəráin-ʃtìmən] (stimmte … überein, *hat* … übereingestimmt) 自 (完了 haben) ① 《[mit 人³] in 事³ ~》(事³に関して[人³と])意見が一致する, 同意見である. (英 agree). In diesem Punkt *stimme* ich mit ihm *überein*. この点に関して私は彼と同意見である.

② (言動などが)一致する, 合致する. Ihre Aussagen *stimmen* nicht *überein*. 彼らの証言は食い違っている. ③ 《mit 人³ ~》(物³と)調和している, 合っている. Die Bluse *stimmt* mit dem Rock *überein*. このブラウスはそのスカートとよく合っている.

über·ein·stim·mend [ユーバァアイン・シュティンメント] I *überein|stimmen (意見が一致する)の 現分 II 形 一致した, 同意見の. *übereinstimmende* Ansichten 一致した見解.

die **Über·ein⸗stim·mung** [ユーバァアイン・シュティンムング y:bəráin-ʃtìmuŋ] 女 (単)-/(複)-en 一致, 合致; 調和. (英 agreement). die *Übereinstimmung* von Idee und Wirklichkeit 理念と現実の一致 / zwei Dinge⁴ **in** *Übereinstimmung* bringen 二つのことを一致(調和)させる / **in** *Übereinstimmung mit* 人³ 人³と合意の上で.

über⸗emp·find·lich [ユーバァ・エンプフィントリヒ] 形 ① 過敏な, ひどく敏感な. ② 《医》過敏性(症)の, アレルギー性の.

Über⸗emp·find·lich·keit [ユーバァ・エンプフィントリヒカイト] 女 -/-en ① [神経]過敏. ② 《医》過敏性(症), アレルギー性[症患].

über|es·sen¹* [ユーバァ・エッセン y:bər-èsən] 《分離》再帰 (h) *sich*³ 物⁴ *überessen* 物⁴を食べ飽きる.

über·es·sen²* [ユーバァ・エッセン] 《非分離》再帰 (h) 《*sich*⁴ [**an** 物³] ~》([物³を])食べすぎる.

über·fah·ren¹* [ユーバァ・ファーレン y:bər-fá:rən] 《非分離》du überfährst, er überfährt (überfuhr, *hat* … überfahren) 他 (完了 haben) ① (乗り物で)ひく. (英 run over). Er *hat* einen Hund *überfahren*. 彼は犬をひいた. ② 運転中に標識など⁴を)見落として走る. ein Signal⁴ *überfahren* 信号を見落として走る. ③ (乗り物が交差点など⁴を)さっと走り過ぎる. ④ 《口語》(人⁴を)言いくるめる. ⑤ 《ス⁻》(相手⁴に)圧勝する.

über|fah·ren²* [ユーバァ・ファーレン ý:bərfà:rən] 《分離》I 自 (s) (馬)(船などで向こう岸まで)渡る. II 他 (h) (馬)(船などで向こう岸まで)渡す, 運ぶ.

über·fah·ren³ [ユーバァ・ファーレン] überfahren¹ (ひく)の 過分

über·fährst [ユーバァ・フェーァスト] überfahren¹ (ひく)の 2 人称親称単数 現在

Über·fahrt [ユーバァ・ファールト] 女 -/-en (船で)渡ること, 渡航.

über·fährt [ユーバァ・フェーァト] überfahren¹ (ひく)の 3 人称単数 現在

Über·fall [ユーバァ・ファる] 男 -[e]s/..fälle ① 襲撃, 奇襲. der *Überfall* auf die Bank 銀行強盗. ② 《比》(不意の)訪問.

über·fal·len¹* [ユーバァ・ファれン y:bərfàlən] du überfällst, er überfällt (überfiel, *hat* … überfallen) 他 (完了 haben) ① 襲う, 襲撃する; 《比》(質問などで)責めたてる. (英 attack). Gestern *haben* maskierte Gangster eine Bank *überfallen*. きのう覆面をしたギャングたちが銀行を襲った / Die Kinder *überfielen* mich *mit* ihren Fragen. 子供たちは私を質問責めにした.

② 《比》(人⁴に)突然訪問する. ③ (感情・感覚などが人⁴を)襲う. Ein gewaltiger Schreck *überfiel* mich. 私はひどい恐怖に襲われた.

über·fal·len² [ユーバァ・ファれン] überfallen¹ (襲う)の 過分

über·fäl·lig [ユーバァ・フェりヒ] 形 ① (飛行機・船などが)定刻になっても到着しない. Das Flugzeug ist schon zwei Stunden *überfällig*. その飛行機はもう2時間も遅れている. ② 時機を失した; (経)(手形・為替などが)期限の過ぎた, 満期を過ぎた.

Über·fall·kom·man·do [ユーバァふァる・コマンド] 中 -s/-s 《口語》(警察の)緊急出動隊.

über·fällst [ユーバァ・フェるスト] überfallen¹ (襲う)の 2 人称親称単数 現在

über·fällt [ユーバァ・フェるト] überfallen¹ (襲う)の 3 人称単数 現在

über·fiel [ユーバァ・フィーる] überfallen¹ (襲う)の

の過去.

über·fi·schen [ユーバァ・フィッシェン ý:bərfɪʃən] 他 (h) (魚・湖などの魚を)乱獲する.

über·fischt [ユーバァ・フィッシュト] I überfischen (魚を乱獲する)の過去 II 形 乱獲で魚の数がめっきり減った(湖・川など).

Über·fi·schung [ユーバァ・フィッシュング] 因 -/-en (魚の)乱獲.

über|flie·gen* [ユーバァ・フリーゲン ý:bərflí:gən] 他 (h) ① (人・物⁴の)上を飛んで行く. ② (本など⁴を)ざっと読む, 走り読みする. einen Fragebogen *überfliegen* アンケート用紙にざっと目を通す. ③ (表情などが顔など⁴に)さっと浮かぶ.

über|flie·ßen¹* [ユーバァ・フリーセン ý:bərfli:sən]《分離》自 (s) ① (雅) あふれ[出]る, 氾濫(はんらん)する;《比》みなぎる. Das Bier *ist übergeflossen*.《現在完了》ビールがあふれ出た / Sein Herz *fließt* vor Dank *über*.《比》彼の心は感謝の念でいっぱいだ. ② (色などが)混じり合う.

über·flie·ßen²* [ユーバァ・フリーセン]《非分離》他 (h) (雅)(水などが物⁴に)あふれる.

über·flü·geln [ユーバァ・ふりューゲルン y:bərflý:gəln] 他 (h) (人⁴を)凌駕(りょうが)する, しのぐ.

der **Über·fluss** [ユーバァ・ふるス ý:bərflʊs] 男 (単2) -es/ 過剰, 過多, 余分.《英》*abundance*). Überfluss⁴ **an** 物³ haben 物³をあり余るほど持っている / **im** *Überfluss* leben ぜいたくな暮らしをする / Geld ist bei ihnen im (または in) *Überfluss* vorhanden. 彼らの所にはお金があり余るほどある / **zum** (または zu allem) *Überfluss* その上[悪いことには], おまけに.

Über·fluss·ge·sell·schaft [ユーバァふるス・ゲゼルシャふト] 因 -/-en 過剰消費社会, 物のあり余った消費社会.

über·flüs·sig [ユーバァ・ふりュスイヒ ý:bərflʏsɪç] 形 余計な, 不必要な.《英》*superfluous*). Die Arbeit ist *überflüssig*. その仕事は不必要だ / Mach dir keine *überflüssigen* Sorgen! 余計な心配をするな / Ich komme mir hier *überflüssig* vor. 私はここでは余計な人間のようだ.

über·flüs·si·ger·wei·se [ユーバァふりュスィガァ・ヴァイゼ] 副 余計なことに, 不必要にも.

über·flu·ten [ユーバァ・ふるーテン y:bərflú:tən] 他 (h) ① (川の水などが土地など⁴を)水浸しにする; (比)(感情などが人⁴を)満たす. ② (物⁴に)あふれる, 氾濫(はんらん)する.

über·for·dern [ユーバァ・ふォルダァン y:bərfɔ́rdərn] 他 (h) (人・事⁴に)過大な要求をする. Damit *ist* er *überfordert*.《状態受動・現在》それは彼には荷が重すぎる.

Über·for·de·rung [ユーバァ・ふォルデルング] 因 -/-en 過大な要求; 過剰な期待.

über·fragt [ユーバァ・ふラークト y:bər·frá:kt] 形 答えられない(手に余る)質問を受けた. Da bin ich *überfragt*. それは私には答えられません(わかりません).

Über·frem·dung [ユーバァ・ふレムドゥング] 因 -/-en 異文化(異言語)の過度の影響.

über·fres·sen* [ユーバァ・ふレッセン y:bərfrésən] 他 (h) *sich*⁴ [**an** 物³] *überfressen* (口語)(人が)[物³を] 食べ過ぎる;(動物が)[餌(えさ)を] 食べ過ぎる.

über·fuhr [ユーバァ・ふーァ] überfahren¹ (ひく)の過去

über|füh·ren¹ [ユーバァ・ふューレン ý:bərfy:rən]《分離》他 (h) ① (病人など⁴を…へ)移送する, 運ぶ. ② 《A⁴ **in** B⁴ ～》(A⁴をB⁴の状態に)移行させる. eine Flüssigkeit⁴ in den gasförmigen Zustand *überführen* 液体をガス状に変える.

über·füh·ren² [ユーバァ・ふューレン]《非分離》他 (h) ① =über|führen¹ ② (人⁴に [事²の)]犯罪を犯したことを認めさせる. Der Angeklagte *wurde* [des Verbrechens] *überführt*.《受動・過去》被告の有罪が立証された. ③ (橋などが物⁴の上に)架かっている. Eine Brücke *überführte* den Fluss. 橋が川に架かっていた.

Über·füh·rung [ユーバァ・ふューるング] 因 -/-en ① 輸送, 移送. ② 罪状の立証. ③ 高架橋, 陸橋, 跨線(こせん)橋.

Über·fül·le [ユーバァ・ふュレ] 因 -/ 過剰; 充満. eine *Überfülle* von Blumen あふれんばかりの花.

über·fül·len [ユーバァ・ふュレン y:bər·fýlən] 他 (物⁴に)詰め込みすぎる, 入れすぎる. *sich*³ den Magen *überfüllen* 食べすぎる.

über·füllt [ユーバァ・ふュルト] I überfüllen (詰め込みすぎる)の過分 II 形 いっぱい詰まった. ein *überfüllter* Hörsaal 超満員の講義室.

Über·fül·lung [ユーバァ・ふュるング] 因 -/-en (ふつう単) 詰め(入れ)すぎ, 満員の状態.

Über·funk·ti·on [ユーバァ・ふンクツィオーン] 因 -/《医》機能亢進(こうしん).

über·füt·tern [ユーバァ・ふュッタァン y:bərfýtərn] 他 (動物⁴に)餌(えさ)をやりすぎる;(人⁴に)食べ物を与えすぎる. das Kind⁴ **mit** Süßigkeiten *überfüttern* 子供に甘い物を与えすぎる.

über·gab [ユーバァ・ガープ] übergeben¹ (手渡す)の過去

Über·ga·be [ユーバァ・ガーベ] 因 -/-n ① 引き渡し; 譲渡. ② (城などの)明け渡し.

der **Über·gang** [ユーバァ・ガング ý:bərgaŋ] 男 (単2) -[e]s/(複) ..gänge [..ゲンゲ] (3格のみ ..gängen) ① (川などを)**渡ること**, 渡って行くこと; 通過. Grenz*übergang* 国境通過.

② (向こう側へ)**渡る場所**, 踏切, 陸橋. ein *Übergang* für Fußgänger 横断歩道 / der *Übergang* über die Grenze 国境の通過点.

③ **移行**, 推移; (色の濃淡の)ぼかし; 《音楽》移行部, 経過句. der *Übergang* vom Wachen zum Schlafen 覚醒から睡眠への移行. ④ (複なし)過渡期, (季節などの)変わり目. ⑤ 当座し

のぎ[の]解決). ⑥ 《鉄道》(2等から1等への)変更切符.
Über·gän·ge [ユーバァ・ゲンゲ] Übergang (渡ること)の複
über·gan·gen [ユーバァ・ガンゲン] übergehen² (無視する)の過分
Über·gangs·lö·sung [ユーバァガングス・レーズング] 囡 -/-en 暫定的解決[策].
Übergangs·man·tel [ユーバァガングス・マンテる] 男 -s/..mäntel 合着のコート (スプリングコートなど).
Übergangs·sta·di·um [ユーバァガングス・シュターディウム] 田 -s/..dien [..ディエン] 過渡的段階, 移行期.
Übergangs·zeit [ユーバァガングス・ツァイト] 囡 -/-en ① 過渡期. ② 季節の変わり目(春と秋).
Über·gar·di·ne [ユーバァ・ガルディーネ] 囡 -/-n (2重カーテンの)内側(部屋側)のカーテン.
über·ge·ben¹* [ユーバァ・ゲーベン y:bərgé:bən] du übergibst, er übergibt (übergab, hat ... übergeben) I 他 《定了》haben) ① (物⁴を手渡す, 渡す; (保管のために)預ける; 譲り渡す. (英) hand over). (人³ einen Brief *übergeben* (人³)に手紙を手渡す / den Staffelstab **an** den nächsten Läufer *übergeben* バトンを次の走者に渡す / Er *hat* das Geschäft seinem Sohn *übergeben*. 彼は店を息子に譲った.
② (人·事⁴を)しかるべき人・警察などに³)ゆだねる, 引き渡す. Ich *übergebe* diese Angelegenheit meinem Anwalt. 私はこの件を弁護士にゆだねる. ③ (敵に町·城など⁴を)明け渡す. die Stadt⁴ dem Feind (または **an den Feind**) *übergeben* 町を敵に明け渡す. ④ (道路·施設など⁴を一般の人々など³の)利用に供する. eine Autobahn⁴ dem Verkehr *übergeben* 高速道路を開通させる.
II 再帰 《定了》haben) *sich*⁴ *übergeben* 嘔吐(おうと)する, 吐く.
über·ge·ben² [ユーバァ・ゲーベン] übergeben¹ (手渡す)の過分
über·ge·gan·gen [ユーバァ・ゲガンゲン] über|gehen¹ (移行する)の過分
über|ge·hen¹* [ユーバァ・ゲーエン ý:bərgè:ən] 《分離》(ging ... über, *ist* ... übergegangen) 自 《定了》sein) ① 《**zu** 事³ ~》(事³に)移行する. zu einem anderen Thema *übergehen* 別の話題に移る.
② 《**auf** (人³ または **in** 物⁴) ~》(所有権が人⁴(または物⁴へ)移る. Das Grundstück *ist* in seinen Besitz *übergegangen*. 〔現在完了〕その地所は彼の所有物になった. ③ 《**in** 事⁴ ~》(徐々に)事⁴の状態に)変化する. in Fäulnis *übergehen* 腐りはじめる. ④ (方向を表す語句とともに)(…へ)くら替えする, 寝返る. **zum** Gegner *übergehen* 敵方に寝返る. ⑤ 《成句的に》**in-einander** *übergehen* (色などが互いに)溶け合う. ⑥ 《雅》(涙などが)あふれ出る.
über·ge·hen²* [ユーバァ・ゲーエン y:bər-

gé:ən] 《非分離》(überging, *hat* ... übergangen) 他 《定了》haben) ① (人·事⁴を)無視する, 顧みない. eine Anordnung⁴ *übergehen* 命令を無視する. ◇〔過去分詞の形で〕Er fühlt sich *übergangen*. 彼は自分が無視されていると感じている. ② (物⁴を)飛ばす, 抜かす. Ich *übergehe* diesen Punkt zunächst. 私はとりあえずこの問題点は飛ばします.
über·ge·nug [ユーバァ・ゲヌーク] 副 十二分に, あり余るほどに.
über·ge·ord·net [ユーバァ・ゲオルドネット] I über|ordnen (優先させる)の過分 II 形 上位の, より重要な; 上級の(役所など). ein *über-geordneter* Begriff 〔哲〕上位概念.
Über·ge·wicht [ユーバァ・ゲヴィヒト] 田 -(e)s/-e ① 〔複なし〕体重超過;《ふつう単》(手紙などの)重量超過. Er hat *Übergewicht*. 彼は太り過ぎだ. ② 《成句的に》*Übergewicht* bekommen (または kriegen) (口語) バランスを崩す(崩して倒れる). ③ 〔複なし〕優勢, 優位;《ふつう単》重要性. das *Übergewicht*⁴ 《**über** 人·物⁴》gewinnen (人·物⁴)よりも優位にたつ.
über·gib [ユーバァ・ギープ] übergeben¹ (手渡す)の du に対する 命令
über·gibst [ユーバァ・ギープスト] übergeben¹ (手渡す)の 2人称親称単数 現在
über·gibt [ユーバァ・ギープト] übergeben¹ (手渡す)の 3人称単数 現在
über·gie·ßen* [ユーバァ・ギーセン y:bərgí:sən] 他 (h) (人·物⁴に)注ぐ, かける. Braten⁴ mit Soße *übergießen* 焼き肉にソースをかける.
über·ging [ユーバァ・ギング] übergehen² (無視する)の過去
über·glück·lich [ユーバァ・グリュックリヒ] 形 非常に幸福な, 大喜びの.
über|grei·fen [ユーバァ・グライふェン ý:bərgràifən] 自 (h) ① (ピアノ演奏・体操などで:)手を交差させる. ② 《**auf** 物⁴ ~》(火・病気などが物⁴へ)広がる, 飛び火する.
über·grei·fend [ユーバァ・グライふェント] I übergreifen (広がる)の現分 II 形 包括的な.
Über·griff [ユーバァ・グリふ] 男 -(e)s/-e (不当な)干渉, 侵害.
über·groß [ユーバァ・グロース] 形 非常に大きな, 巨大な; 途方もない, 法外な.
Über·grö·ße [ユーバァ・グレーセ] 囡 -/-n (既製服などの)特大サイズ, LLサイズ.
über|ha·ben* [ユーバァ・ハーベン ý:bər-hà:bən] 他 (h) (口語) ① (コートなど⁴を)上に着ている, ひっかけている. ② (人·物⁴に)飽き飽き(うんざり)している.
Über·hand·nah·me [ユーバァハント・ナーメ] 囡 -/ 増大; 蔓延(まんえん).
über·hand|neh·men* [ユーバァハント・ネーメン y:bərhánt-nè:mən] 自 (h) (よくないことが)急激に増える(広まる), 蔓延(まんえん)する. Der Verkehrslärm *nahm überhand*. 交通騒音がひどくなった.

Über_hang [ユーバァ・ハング] 男 -[e]s/..hänge ① 《建》（上階の）張り出し；（登山で:)オーバーハング，(岩の)突出部；(敷地から)突き出ているもの(の枝など)．② (商品の)残余，在庫．

über|hän·gen¹* [ユーバァ・ヘンゲン ý:bər-hɛ̀ŋən] 自 (h) ① 《建》(ひさしなどが)突き出て(張り出して)いる．② (絶壁などが頭上に)せり出している．③ (枝などが境界を越えて)たれ下がっている．

über|hän·gen² [ユーバァ・ヘンゲン] 他 (h) (人³に衣類など⁴を)上から掛けてやる，肩に担わせる．人³ (sich³) den Rucksack *überhängen* 人³にリュックサックを背負わせる(自分でリュックサックを背負う)．

über·häu·fen [ユーバァ・ホイフェン y:bər-hɔ́yfən]他(h) ① (人⁴ mit 物³ 〜)(人⁴に物³を)山のように与える．／ 人⁴ mit Geschenken *überhäufen* 人⁴に山ほど贈り物をする／人⁴ mit Vorwürfen *überhäufen* 人⁴にさんざん非難を浴びせる．②《A⁴ mit B³ 〜》《比》(A⁴の上にB³を)山のように積み重ねる．

*****über≠haupt** [ユーバァ・ハオプト y:bər-háupt] 副 A) ① 一般に，概して，だいたい．Er ist *überhaupt* etwas nachlässig. 彼はだいたいにおいて少々だらしない ／ Sie ist *überhaupt* selten zu Hause. 彼女はおよそめったに家にいない ／ die Musik *überhaupt* 音楽一般．
◇《否定を強めて》*überhaupt* **nicht** 少しも…ない，全然…ない ⇒ Das war *überhaupt* nicht möglich. それはまったく不可能だった ／ Ich habe heute *überhaupt* noch nichts gegessen. 私はきょうはまだまったく何も食べていない ／ Ich habe *überhaupt* kein Geld. 私には全然お金がない．
◇《**und** *überhaupt* の形で》それはそれとして，そもそも．Und *überhaupt* konnte ich nicht anders handeln. それはともかく私にはほかにやりようがなかったのです
◇《**wenn** *überhaupt* の形で》仮にそうする(なる)としても．Wenn *überhaupt*, kommt er sehr spät. 来るとしても彼は非常に遅くなります．② 特に，とりわけ．Wir gehen gerne im Wald spazieren, *überhaupt* im Herbst. 私たちは森を散歩するのが好きだ，とりわけ秋には．B)《疑問文で; 文中でのアクセントなし》《疑問の気持ちを強めて》いったい，そもそも．Kannst du *überhaupt* Auto fahren? 君はそもそも車を運転できるのかい ／ Was tust du *überhaupt*? 君はいったい何をやっているんだい．

über·he·ben* [ユーバァ・ヘーベン y:bər-hé:bən] I 他 (人⁴に物²を)免除する．II 再帰 (h) *sich*⁴ *überheben* うぬぼれる，思いあがる．

über≠heb·lich [ユーバァ・ヘープリヒ] 形 思いあがった，高慢な，尊大な．

Über≠heb·lich·keit [ユーバァ・ヘープリヒカイト] 女 -/-en ①《複 なし》思いあがり，横柄，高慢．② 思いあがった態度．

über·hei·zen [ユーバァ・ハイツェン y:bər-háitsən]他(h) (部屋など⁴を)暖めすぎる．

über·hit·zen [ユーバァ・ヒッツェン y:bər-hítsən]他(h) 過熱させる，熱しすぎる．

über·hitzt [ユーバァ・ヒッツト] I überhitzen (過熱させる)の 過分 II 形 オーバーヒートした(エンジンなど)；過熱した(景気など)；《比》過度に興奮した．

über·hö·hen [ユーバァ・ヘーエン y:bər-hǿ:-ən] 他 (h) ① (カーブ・道路など⁴に)傾斜(カント)をつける．② (人・物⁴を)実際よりよく(重要であるように)見せる．

über·höht [ユーバァ・ヘート] I überhöhen (傾斜をつける)の 過分 II 形 法外に高い(価格)；極端に速い(スピード)，傾斜；《建》盛り土．mit *überhöhter* Geschwindigkeit スピードを出し過ぎて

Über≠hö·hung [ユーバァ・ヘーウング] 女 -/-en ① 高めること；上昇；(価格などの)つり上げ．②《鉄道・土木》カント，傾斜；《建》盛り土．

über·ho·len¹ [ユーバァ・ホーレン y:bər-hó:lən]《非分離》(überholte, *hat*…überholt) 他 (定了 haben) ① (人⁴・車など⁴を)追い越す，追い抜く；《比》(仕事・成績で)人⁴に勝る．(英) overtake). einen Bus *überholen* バスを追い越す ／ Er *hat* seine Mitschüler *überholt*. 彼は(成績で)同級生を抜いた．◇《目的語なしでも》Man *darf* nur links *überholen*. 左側からしか追い越してはいけない．
② (機械・車など⁴を)オーバーホール(分解修理)する．einen Wagen *überholen* 車をオーバーホールする．
◇ ☞ **überholt**

über|ho·len² [ユーバァ・ホーレン ý bər-hò:-lən]《分離》I 他 (h) (船などが人・物⁴を岸に迎えに行って)対岸へ渡す．*Hol über!* (船頭を呼ぶ声)渡してくれ！ II 自 (h)《海》(舵が風に)傾く．

Über·hol·spur [ユーバァ・ホール・シュプーァ] 女 -/-en《交通》追い越し車線．

über·holt [ユーバァ・ホールト] I überholen¹ (追い越す)の 過分，3人称単数・2人称親称複数 現在 II 形 古くさい，時代遅れの(考えなど)．

über·hol·te [ユーバァ・ホールテ] überholen¹ (追い越す)の 過去

Über≠ho·lung [ユーバァ・ホールング] 女 -/-en《工》オーバーホール，分解修理．

Über·hol·ver·bot [ユーバァホール・フェアボート] 中 -[e]s/-e《交通》追い越し禁止．

über·hö·ren [ユーバァ・ヘーレン y:bər-hǿ:rən] 他 (h) ① (不注意で)聞き漏らす，聞き落とす．Entschuldigen Sie bitte, ich *habe* Ihre Frage *überhört*. すみません，あなたの質問を聞き漏らしました．② (故意に)聞き流す．

über·ir·disch [ユーバァ・イルディッシュ] 形 ① この世のものと思えない，神々しい，崇高な．② 地上[部分]の．

über|kip·pen [ユーバァ・キッペン ý:bər-kipən]自(s) ① 均衡を失って傾く(ひっくり返る)．② (声が)急にかん高くなる．

über·kle·ben [ユーバァ・クレーベン y:bər-klé:bən] 他 (h) (物⁴に)紙などを貼(は)って見え

なくする(隠す). A⁴ mit B³ *überkleben* A⁴ に B³ を貼って覆い隠す.

über|ko·chen [ユーバァ・コッヘン ýːbərkɔ̀xən] 自 (s) (牛乳などが)沸騰してこぼれる;《口語・比》激怒する. **vor** Zorn *überkochen* かんかんに怒る.

über-kom·men¹* [ユーバァ・コンメン yːbərkɔ́mən] 他 (h) ① (感情などが人⁴を)襲う. Ihn *überkam* große Furcht. 彼は急にひどくこわくなった. ② (遺産など⁴を)受け継ぐ.

über-kom·men² [ユーバァ・コンメン] I *überkommen*¹(襲う)の過分 II 形《雅》受け継がれて来た, 伝統の. *überkommene* Bräuche 伝統的な風習.

über-kreu·zen [ユーバァ・クロイツェン yːbərkrɔ́ytsən] 他 (h) ① (広場など⁴を)横切る, 横断する. ② (腕・足など⁴を)組む. ◇《過去分詞の形で》mit *überkreuzten* Beinen 足を組んで. ◇《相互的に》sich⁴ *überkreuzen* (道路などが)十字に交差する.

über|krie·gen [ユーバァ・クリーゲン ýːbərkrìːgən] 他 (h) 《口語》① (人・物⁴に)うんざりする. ② 《成句的に》 eins⁴ (または einen) *überkriegen* 一発くらう.

über-la·den¹* [ユーバァ・ラーデン yːbərláːdən] 他 (h) (物⁴に)荷を積みすぎる, (人⁴に)負担をかけすぎる. sich³ den Magen *überladen* 《比》食べすぎる.

über-la·den² [ユーバァ・ラーデン] I *überladen*¹(荷を積みすぎる)の過分 II 形 荷を積みすぎた, 《比》飾りすぎた. ein *überladener* Stil ごてごてした様式.

über|la·gern [ユーバァ・ラーガァン yːbərláːgərn] 他 (h) ① (物⁴の)上に重なる, 層を成して覆う, (物⁴に)覆いかぶさる. ◇《相互的に》sich⁴ *überlagern* (事件などが)重なる, かちあう. ② (他の放送局⁴に)混信する.

Über-la·ge·rung [ユーバァ・ラーゲルング] 女 -/-en ① 重なる(重なる)こと; 重なってできたもの;《地学》成層. ② 《物》(音波・電波の)重なり, 干渉.

über-lap·pen [ユーバァ・ラッペン yːbərlápən] 他 (h) (物⁴と)部分的に重なる, オーバーラップする. ◇《相互的に》sich⁴ *überlappen* 部分的に重なり合う, オーバーラップする.

über·las·sen¹* [ユーバァ・ラッセン yːbərlásən] du überlässt, er überlässt (überließ, *hat* ... überlassen) I 他 (定了) haben) ① (人³に物⁴を)譲る. Er *hat* seinem Sohn das Auto *überlassen*. 彼は息子にその車を譲った/(人³に物⁴ leihweise (käuflich) *überlassen* 人³に物⁴を貸す(売る).

② (A³ に B⁴ を)ゆだねる, 任せる; 預ける. *Überlass* das bitte mir! 私に任せておいてくれ, 手出しは無用だ / die Kinder⁴ der Nachbarin³ *überlassen* 子供たちを隣の女性に預ける / 囲 dem Zufall *überlassen* 囲⁴を偶然にまかせる / 人⁴ der Gefahr³ *überlassen* 人⁴を危険にさらす / 人⁴ sich³ selbst *überlassen* 人⁴をほうっておく.

II 再帰 (定了 haben) sich⁴ 囲³ *überlassen* 囲³(感情など)に身をゆだねる, ふける. sich⁴ den Träumen *überlassen* 夢想にふける / sich⁴ dem Zorn *überlassen* 感情の赴くまま怒り散らす.

über·las·sen² [ユーバァ・ラッセン] *überlassen*¹(譲る)の過分

über·lässt [ユーバァ・レスト] *überlassen*¹(譲る)の2人称親称単数・3人称単数 現在

Über-las·sung [ユーバァ・ラッスング] 女 -/-en 引き渡し, 譲渡, 委託.

Über-last [ユーバァ・ラスト] 女 -/-en 過重の荷物; 超過重量; 《電》過負荷.

über-las·ten [ユーバァ・ラステン yːbərlástən] 他 (h) (物⁴に)荷を積みすぎる, (人・物⁴に)負担をかけすぎる. das Herz⁴ *überlasten* 心臓に負担をかけすぎる / Wir *sind* zurzeit mit der Arbeit *überlastet*. 《状態受動・現在》私たちは目下仕事に忙殺されている.

über-las·tet [ユーバァ・ラステット] I *überlasten*(荷を積みすぎる)の過分 II 形 荷を積みすぎた; 負担過重の. Sie ist beruflich *überlastet*. 彼女は仕事の上で負担が重すぎる.

Über-las·tung [ユーバァ・ラストゥング] 女 -/-en 重量超過; 負担過剰; 《電》過負荷.

Über-lauf [ユーバァ・らオフ] 男 -(e)s/..läufe ① 《工・土木》(ダムなどの)余水吐き; (浴槽などの)溢水(ﾂ)口. ② 《ﾝ謡》オーバーフロー, あふれ.

über|lau·fen¹* [ユーバァ・らオフェン ýːbərlàufən] 《分離》自 (s) ① (液体・容器が)あふれる. Die Milch *läuft über*. 牛乳があふれる / Die Badewanne *läuft über*. 浴槽から水があふれる. ② (敵方に)寝返る.

über·lau·fen²* [ユーバァ・らオフェン] 《非分離》他 (h) ① (恐怖などが人⁴を)襲う. Ein Schauder *überlief* ihn. 彼は身震いした. ◇《非人称の es を主語として》Es *überlief* mich kalt. 私はぞっとした. Sie *überlebte* ihn (ハードルなど⁴を)跳び越える; (相手⁴を)追い抜く; (サッカーなどで:)(ディフェンス⁴を)突破する. ③ (人・物⁴の所へ)押しかける, 殺到する. Die Geschäfte *waren* von Touristen *überlaufen*. 《状態受動・過去》店は旅行客でいっぱいだった. ④ (色が物⁴の表面を)覆う.

Über·läu·fer [ユーバァ・ろイファァ] 男 -s/- (敵方に)寝返った兵(者), 脱走兵, 投降兵. (女性形: -in).

über·laut [ユーバァ・らオト] 形 声の(音の)大きすぎる, やかましい.

über·le·ben [ユーバァ・レーベン yːbərléːbən] I 他 (h) ① (物⁴に耐えて)生き延びる. Er *hat* den Krieg *überlebt*. 彼は戦争を生き延びた. ② (人³より)長生きする. Sie *überlebte* ihren Mann um drei Jahre. 彼女は夫より3年長生きした. II 再帰 (h) sich⁴ *überleben* 時代遅れになる, 古くさくなる.

Über·le·ben·de[r] [ユーバァ・レーベンデ (..ダァ)] 男 女 《語尾変化は形容詞と同じ》生き残った人, 生存者.

über꞊le·bens·groß [ユーバァ・レーベンスグロース] 形 等身大以上の, 実物より大きい.

***über·le·gen**[1] [ユーバァ・レーゲン y:bərlé:gən]【非分離】(überlegte, *hat* ... überlegt) 他 (完了) haben) **よく考える**, 熟慮する. (英 consider). eine bessere Lösung[4] *überlegen* もっとよい解決策を考える / Er *überlegt*, welchen Wagen er kaufen soll. 彼はどの車を買えばいいか考えているところだ / Es ist zu *überlegen*, ob……かどうかよく考えるべきだ. ◇【再帰代名詞(3格)とともに】*sich*[3] 他[4] *überlegen* 他[4]についてよく考える ⇒ Ich *werde mir* die Sache noch mal genau *überlegen*. 私はその件についてもう少しよく考えてみよう / Ich *habe* es *mir* anders *überlegt*. 私はよく考えた末に思い直した. ◇【目的語なしでも】Er *überlegte* hin und her. 彼はあれこれ考えをめぐらせた.

◇☞ **überlegt**

über|le·gen[2] [ユーバァ・レーゲン ý:bər-le:gən]【分離】Ⅰ 他 (h) ① (人[3]に 物[4]を)掛ける, かぶせる. 人[3] eine Decke[4] *überlegen* 人[3] に毛布を掛けてやる. (口語)(子供[4]を)ひざの上に乗せて尻(り)をたたく. Ⅱ 再帰 (h) *sich*[4] *überlegen* 身を乗り出す.

***über·le·gen**[3] [ユーバァ・レーゲン y:bərlé:gən] 形 ① **優れている**, 優勢な, 秀でている. (英 superior). ein *überlegener* Geist 卓越した精神 / ein *überlegener* Sieg 圧倒的な勝利 / Er ist mir **in** Mathematik (**an** Bildung) *überlegen*. 彼は数学で(教養があるという点で)私より優れている. ② 尊大な, 高慢な. eine *überlegene* Miene[4] auf|setzen 偉そうな顔をする / Er lächelte *überlegen*. 彼は見下したような微笑を浮かべた.

Über·le·gen [ユーバァ・レーゲン] 中 -s/ よく考えること, 熟考. nach langem *Überlegen* じっくり考えた末に.

Über·le·gen·heit [ユーバァ・レーゲンハイト] 女 -/ 優越, 優位, 卓越.

über·legt [ユーバァ・レークト] Ⅰ *überlegen*[1] (よく考える)の 過分, 3人称単数・2人称親称複数 現在 Ⅱ 形 思慮深い, 慎重な, 熟慮の上での. ein *überlegtes* Urteil よく考えた上での判断.

über·leg·te [ユーバァ・レークテ] *überlegen*[1] (よく考える)の 過去

Über꞊le·gung [ユーバァ・レーグング] 女 -/-en ① (複 なし)熟考, 熟慮. **bei** ruhiger *Überlegung* 冷静に考えてみると / **mit** sorgfältiger *Überlegung* 慎重に考えた上で / **ohne** *Überlegung* よく考えもしないで. ②【ふつう 複】(決定を下す前の)考察. *Überlegungen*[4] an|stellen 考察する.

über|lei·ten [ユーバァ・らイテン ý:bər-làitən] 自 (h)【zu 物[3] ~】(物[3]へ)移行する. zum nächsten Thema *überleiten* 次のテーマに移る.

Über꞊lei·tung [ユーバァ・らイトゥング] 女 -/-en ① (新しい段階への)移行, 推移. **ohne** *Überleitung* いきなり, 突然に. ② (文章・楽曲などの)移行部分.

über·le·sen* [ユーバァ・レーゼン y bər-lé:zən] 他 (h) ① (読む際に 物[4]を)見落とす. ② (物[4]に)ざっと目を通す.

über·lie·fern [ユーバァ・リーふァァン y:-bər-lí:fərn] 他 (完了) haben) ① (風習など[4]を)**伝える**, 伝承する. (英 hand down). Die Sage *ist* mündlich *überliefert*. 【状態受動・現在】その伝説は口伝えで伝承されたものである / ein Werk[4] der Nachwelt[3] *überliefern* ある作品を後世に伝える. ◇【過去分詞の形で】*überlieferte* Sitten 伝承された風習. ②(雅)(人[4]を敵・運命など[3]に)引き渡す, ゆだねる. 人[4] dem Gericht *überliefern* 人[4]を裁判にゆだねる.

über·lie·fert [ユーバァ・リーふァァト] überliefern (伝える)の 過分, 3人称単数・2人称親称複数 現在

über·lie·fer·te [ユーバァ・リーふァァテ] überliefern (伝える)の 過去

die **Über꞊lie·fe·rung** [ユーバァ・リーふェルング y:bər-lí:fəruŋ] 女 (単) -/(複) -en ① 【複 なし】**伝承**[すること]. (英 tradition). die mündliche *Überlieferung* von Sagen 口伝えによる伝説の伝承. ② 伝承されてきたもの, 伝説. ③ 慣習, しきたり; 伝統. alte *Überlieferungen*[4] pflegen 古いしきたりを保存する.

über·ließ [ユーバァ・リース] überlassen[1] (譲る)の 過去

über·lis·ten [ユーバァ・リステン y:bər-lístən] 他 (h) (人[4]の裏をかく, (人[4]を)出し抜く.

ü·berm [ユーバム]《口語》【前置詞 über と定冠詞 dem の融合形】

Über·macht [ユーバァ・マハト] 女 -/ (数・力の)優勢, 優位. in der *Übermacht* sein 優勢である.

über·mäch·tig [ユーバァ・メヒティヒ] 形 ① 優勢な, 優位にある. ② 強烈な, 抑えきれないほど強い(感情など).

über·ma·len [ユーバァ・マーれン y:bər-má:lən] 他 (h) (物[4]を)塗りつぶす.

über·man·nen [ユーバァ・マンネン y:bərmánən] 他 (h) (疲労・苦痛などが 人[4]を)襲う. Der Schlaf *übermannte* mich. 私は睡魔に襲われた.

Über·maß [ユーバァ・マース] 中 -es/ 過度, 過量, 過多. ein *Übermaß* **an** Arbeit 過度の労働 / Er hat Geld **im** *Übermaß*. 彼はお金をあり余るほど持っている.

über꞊mä·ßig [ユーバァ・メースィヒ] Ⅰ 形 ① 過度の, 過量の, 過多の. *übermäßige* Sorgen 過度の心配 / in *übermäßiger* Eile 大急ぎで. ②(音楽)増音程の. Ⅱ 副 過度に, あまりにも. Das Auto ist *übermäßig* teuer. その車はあまりにも高すぎる.

Über꞊mensch [ユーバァ・メンシュ] 男 -en/-en ①(哲) 超人(ニーチェの用語として知られる). ②《口語》完全無欠な人.

über·mensch·lich [ユーバァ・メンシュりヒ]

übermitteln

形 超人の, 超人的な. 《比》偉大な, 強力な.

über‧mit‧teln [ユーバァ・ミッテるン y:bərmítəln] 他 (h) ([人³に] [事⁴を]伝達する, 伝える. 人³ telefonisch Glückwünsche⁴ *übermitteln* 人³にお祝いの言葉を電話で伝える.

Über⇗mitt‧lung [ユーバァ・ミットるング] 女 -/ 伝達; 送付.

*****über‧mor‧gen** [ユーバァ・モルゲン ý:bər-mɔrgən] 副 あさって, 明後日. 《英》 *the day after tomorrow*. *übermorgen* früh (または Früh) あさっての朝 / Ich komme *übermorgen* zurück. 私は明後日に戻って来ます.

über‧mü‧den [ユーバァ・ミューデン y:bərmý:dən] 他 (h) (人⁴を)過度に疲れさせる. ◊[過去分詞の形で] Er ist völlig *übermüdet*. 彼は完全に疲れ果てている.

Über⇗mü‧dung [ユーバァ・ミュードゥング] 女 -/ 過労, ひどく疲れていること.

Über⇗mut [ユーバァ・ムート] 男 -[e]s/ ① 大はしゃぎ, 有頂天. aus *Übermut* 調子に乗って, はしゃぎすぎて. ② 思いあがり, 高慢. *Übermut* tut selten gut. 《諺》おごる者は久しからず.

über⇗mü‧tig [ユーバァ・ミューティヒ] 形 ① 大はしゃぎの, 有頂天の. ② 思いあがった, 高慢な.

übern [ユーバァン] 《口語》 [前置詞 über と定冠詞 den の融合形]

über⇗nächst [ユーバァ・ネーヒスト] 形 《付加語としてのみ》 次の次の. am *übernächsten* Tag 翌々日に.

*****über‧nach‧ten** [ユーバァ・ナハテン y:bər-náxtən] du übernachtest, er übernachtet (übernachtete, hat...übernachtet) 自 (完了 haben) 〖場所を表す語句とともに〗(…に)宿泊する, 夜を過ごす. Du *kannst* bei mir *übernachten*. 君はぼくの所に泊まっていいよ / im Hotel *übernachten* ホテルに宿泊する / im Freien *übernachten* 野宿する.

über‧nach‧tet [ユーバァ・ナハテット] *übernachten (宿泊する)の 過分, 3人称単数・2人称親称複数 現在

über‧nach‧te‧te [ユーバァ・ナハテテ] *übernachten (宿泊する)の 過去

über⇗näch‧tig [ユーバァ・ネヒティヒ] 形 《オース・スイス》 = übernächtigt

über⇗näch‧tigt [ユーバァ・ネヒティヒト] 形 寝不足の, 寝不足で疲れた.

Über⇗nach‧tung [ユーバァ・ナハトゥング] 女 -/-en 宿泊. Die *Übernachtung* kostet 50 Euro pro Person. 宿泊は1人につき50ユーロです / Zimmer mit *Übernachtung* und Frühstück 朝食付きの[ホテルの]部屋.

über‧nahm [ユーバァ・ナーム] *übernehmen¹ (引き継ぐ)の 過去

Über⇗nah‧me [ユーバァ・ナーメ] 女 -/-n ① 〖ふつう 単〗 受け取り, 受け入れ; 引き継ぎ; (テーマ・アイディアなどの)借用. ② 受け取ったもの; 引き継いだもの; 借用したもの.

über‧näh‧me [ユーバァ・ネーメ] *übernehmen¹ (引き継ぐ)の 接2

über⇗na‧tür‧lich [ユーバァ・ナテューァリヒ] 形 ① 超自然的な, 不可思議な. ② 実物より大きい, 等身大以上の.

*****über‧neh‧men¹*** [ユーバァ・ネーメン y:bər‧né:mən] 《非分離》 du übernimmst, er übernimmt (übernahm, *hat*...übernommen) I 他 (完了 haben) ① (店など⁴を)引き継ぐ, (家具など⁴を)譲り受ける. 《英》 *take over*. Er *will* das Geschäft seines Vaters *übernehmen*. 彼は父親の店を引き継ぐつもりだ / die Möbel⁴ des Vorgängers *übernehmen* 前に住んでいた人の家具を譲り受ける.

② (責任・任務など⁴を)引き受ける. ein Amt⁴ *übernehmen* ある職務を引き受ける / die Verantwortung⁴ für 事⁴ *übernehmen* 事⁴に対する責任を引き受ける / die Garantie⁴ *übernehmen* 保証する / Er *übernahm* es, sie zu trösten. 彼は彼女の慰め役を引き受けた.

③ 受け取る. das Staffelholz⁴ *übernehmen* バトンを受け取る. (従業員など⁴を)引き取る, 迎え入れる; 《海》(他の船の乗客・積み荷⁴を)引き取る. ⑤ (他人の文章・考えなど⁴を)借用する; 《放送》(他局の番組⁴を)放送する. eine Stelle⁴ wörtlich *übernehmen* ある箇所をそっくり借用する.

II 再帰 (h) *sich⁴ übernehmen* (精神的・肉体的に)無理をする. *sich⁴ beim* Sport *übernehmen* スポーツで無理をする / Er *hat* sich mit dem Hausbau finanziell *übernommen*. 彼は家の建築で経済的に無理をした.

über|neh‧men²* [ユーバァ・ネーメン ý:bər‧nè:mən] 《分離》 他 (h) ① 《口語》(コート・バッグなど⁴を)肩に掛ける. ② 《海》(船が波⁴を)かぶる.

über‧nimm [ユーバァ・ニム] *übernehmen¹ (引き継ぐ)の du に対する 命令

über‧nimmst [ユーバァ・ニムスト] *übernehmen¹ (引き継ぐ)の2人称親称単数 現在

über‧nimmt [ユーバァ・ニムト] *übernehmen¹ (引き継ぐ)の3人称単数 現在

über‧nom‧men [ユーバァ・ノンメン] *übernehmen¹ (引き継ぐ)の 過分

über|ord‧nen [ユーバァ・オルドネン ý:bər‧ɔ̀rdnən] 他 (h) (A⁴ を B³ より)優先させる; (A⁴ を B³ の)上の地位に置く. den Beruf der Familie³ *überordnen* 家庭より仕事を優先させる.

◊☞ **übergeordnet**

über‧par‧tei‧lich [ユーバァ・パルタイリヒ] 形 超党派の.

Über⇗pro‧duk‧ti‧on [ユーバァ・プロドゥクツィオーン] 女 -/ 《経》過剰生産.

über‧prü‧fen [ユーバァ・プリューフェン y:bər‧prý:fən] 他 (h) ① (人・物⁴を)[再]検査する, [再]点検する. eine Rechnung⁴ *überprüfen* 検算する / den Motor auf Mängel *überprüfen lassen* エンジンの欠陥を調べさせる. ② (決断・考えなど⁴を)検証する, 再検討する.

Über≠prü･fung [ユーバァ・プリューふンク] 囡 -/-en [再]検査; [再]検討.

über|quel･len* [ユーバァ・クヴェلレン ýːbərkvɛlən] 自 (s) (容器から)あふれ出る; (容器が)あふれんばかりになる. Der Teig *quoll über*. 生地がふくれて容器からあふれた.

über･que･ren [ユーバァ・クヴェーレン yːbərkvéːrən] (überquerte, hat ... überquert) 他 (完了 haben) (道路など4を)横切る, 横断する. 英 cross). eine Straße4 *überqueren* 道路を横切る / den Ozean *überqueren* 大洋を横断する / Hier *überquert* die Eisenbahn die Autobahn. 鉄道はここで高速道路の上を横切っている.

über･quert [ユーバァ・クヴェーァト] überqueren (横切る)の 過分, 3人称単数・2人称親称複数 現在

über･quer･te [ユーバァ・クヴェーァテ] überqueren (横切る)の 過去

über･ra･gen[1] [ユーバァ・ラーゲン yːberráːgən]『非分離』他 (h) ① (人・物4)にそびえる. 人4 um einen Kopf *überragen* 人4より頭一つ背が高い. ② (人・物4より)はるかに優れている, 凌駕(ؙ°ؖ)する. 人4 an Leistungen *überragen* 人4に業績ではるかに勝っている.
◇☞ überragend

über|ra･gen[2] [ユーバァ・ラーゲン ýːbərraːgən]『分離』自 (h) (横に)張り出している, 突き出ている.

über･ra･gend [ユーバァ・ラーゲント] I überragen1 (上にそびえる)の 現在分 II 形 優れた, 抜きん出た, 傑出した. eine *überragende* Begabung とび抜けた才能.

***über･ra･schen** [ユーバァ・ラッシェン yːbərráʃən] (überraschte, hat ... überrascht) 他 (完了 haben) ① (人4を予期せぬことで)驚かせる, びっくりさせる. (英 surprise). Die Nachricht *überraschte* mich sehr. その知らせに私はとても驚いた.
② (人4を思いがけないことで)喜ばせる. 人4 mit einem Geschenk (einem Besuch) *überraschen* 人4を思いがけない贈り物で(不意に訪問して)喜ばせる / Lassen wir uns *überraschen*! まあどうなるか楽しみに待つとしよう.
③ (人4をよからぬ行為の最中に)不意打ちする, 現場を押さえる. ein Kind4 beim Naschen *überraschen* 子供のつまみ食いを見とがめる / Er wurde beim Diebstahl *überrascht*. 『受動・過去』彼は盗みの現場を押さえられた. ④ (雨・天災などが)突然襲う. Das Erdbeben *überraschte* die Menschen im Schlaf. 突然地震が人々の寝込みを襲った.
◇☞ überrascht

über･ra･schend [ユーバァ・ラッシェント] I *überraschen (驚かせる)の 現在分 II 形 驚くべき, 意外な, 予期せぬ. ein *überraschender* Besuch 不意の来客 / Es ging *überraschend* schnell. 事は思いのほか速く運んだ.

über･rascht [ユーバァ・ラッシュト] I *überraschen (驚かせる)の 過分, 3人称単数・2人称親称複数 現在 II 形 驚いた, びっくりした. ein *überraschtes* Gesicht びっくりした顔 / von 围3 (または über 围4) *überrascht* sein 围3(または 围4)に驚いている / angenehm *überrascht* sein 嬉しい驚きである. (☞ 類語 wundern).

über･rasch･te [ユーバァ・ラッシュテ] *überraschen (驚かせる)の 過去

die **Über≠ra･schung** [ユーバァ・ラッシュング yːbərráʃʊŋ] 囡 -/-(複) (英 surprise) ① 『複 なし』(予期しないことでの)驚き. aus *Überraschung* schweigen びっくりしてもの言えなくなる / zu meiner größten *Überraschung* 私がとても驚いたことには.
② 予期せぬ出来事; (うれしい)サプライズ(贈り物・吉報・訪問など). Das ist aber eine *Überraschung*! これは思いもかけない喜びです / für 人4 eine kleine *Überraschung*4 kaufen 人4のためにちょっとしたプレゼントを買う / Ich habe eine große *Überraschung* für dich. 君をすごくびっくりさせるものがあるよ.

über･re･den [ユーバァ・レーデン yːbərréːdən] du überredest, er überredet (überredete, hat ... überredet) 他 (完了 haben) (人4を)説得する, 説いて勧める. (英 persuade). 人4 zu 围3 *überreden* 人4を説得する3させる / sich4 *überreden* lassen (説得されて)承知する. ◇『zu 不定詞[句]とともに』Sie *überredete* ihn, mit ihr ins Kino zu gehen. 彼女はいっしょに映画を見に行こうと彼を口説いた.

über･re･det [ユーバァ・レーデット] überreden (説得する)の 過分, 3人称単数・2人称親称複数 現在

über･re･de･te [ユーバァ・レーデテ] überreden (説得する)の 過去

Über≠re･dung [ユーバァ・レードゥング] 囡 -/ 説得, 説き伏せること.

Über≠re･dungs≠kunst [ユーバァレードゥングス・クンスト] 囡 -/..künste 説得術.

über≠re･gi･o･nal [ユーバァ・レギオナーる] 形 地域の枠を超えた, 超地域的な.

über･rei･chen [ユーバァ・ライヒェン yːbərráiçən] 他 (h) ([人3に]物4をうやうやしく)贈呈する, 進呈する. 人3 Blumen4 *überreichen* 人3に花束を贈呈する.

über≠reich･lich [ユーバァ・ライヒりヒ] 形 おびただしい, あり余るほどの.

Über≠rei･chung [ユーバァ・ライヒュング] 囡 -/-en 贈呈, 進呈, 授与.

über≠reif [ユーバァ・ライふ] 形 (果物などが)熟れすぎた.

über･rei･zen [ユーバァ・ライツェン yːbərráitsən] 他 (h) (人・物4を)過度に刺激する.

über･reizt [ユーバァ・ライツト] I überreizen (過度に刺激する)の 過分 II 形 (刺激を受けて)過度に興奮した, 神経が過敏な.

über･ren･nen [ユーバァ・レンネン yːbərrénən] 他 (h) ① (敵など4を)急襲する, けちらす. ② 『口語』言いくるめる. ③ (人・物4に)勢いよ

くぶつかって突き倒す.

Über·rest [ユーバァ・レスト] 男 -[e]s/-e 《ふつう 複》残り[物], 残飯; 廃墟(ポェ̄). die sterblichen *Überreste*《雅・婉曲》亡きがら.

über·rol·len [ユーバァ・ロれン y:bər-rɔ́lən] 他 (h) ① (敵・敵陣を)戦車で踏みにじる; (自動車・雪崩などが人・物⁴を)巻き込む. ② ＝überrumpeln

über·rum·peln [ユーバァ・ルンペるン y:bər-rúmpəln] 他 (h) (人⁴を)不意打ちする, 奇襲する. 人⁴ mit seinem Besuch *überrumpeln* 人⁴を不意に訪問する.

Über⸗rum·pe·lung [ユーバァ・ルンペるング] 女 -/-en 不意打ち, 奇襲.

Über⸗rump·lung [ユーバァ・ルンプるング] 女 -/-en ＝Überrumpelung

über·run·den [ユーバァ・ルンデン y:bər-rúndən] 他 (h) ① (スッ)(人⁴を)トラックで一周遅れにする. ② (成績などで人⁴に)差をつける.

übers [ユーバァス]《口語》《前置詞 über と定冠詞 das の融合形》

über·sah [ユーバァ・ザー] übersehen¹（見渡す）の過去

über·sät [ユーバァ・ゼート y:bər-zɛ́:t] 形 一面にまき散らされた, 一面を覆っている. ein mit (または **von**) Sternen *übersäter* Himmel 一面に星をちりばめた空.

über⸗sät·tigt [ユーバァ・ゼッティヒト] 形 飽き飽きした. **von** 物・事³ *übersättigt* sein 物・事³に飽き飽きしている, うんざりしている.

Über⸗schall·ge·schwin·dig·keit [ユーバァ・シャるゲシュヴィンディヒカイト] 女 -/ 超音速.

über·schat·ten [ユーバァ・シャッテン y:bər-ʃátən] 他 (h) ① (物⁴を)影で覆う, (物⁴に)影を落とす. ②《比》(物⁴に)暗い影を投げかける.

über·schät·zen [ユーバァ・シェッツェン y:bər-ʃɛ́tsən] 他 (h) (人・物⁴を)過大に評価する, 買いかぶる. ◇《再帰的に》*sich⁴ überschätzen* 自分の能力を過信する.

Über⸗schät·zung [ユーバァ・シェッツング] 女 -/-en 過大評価.

Über⸗schau [ユーバァ・シャオ] 女 -/-en 《ふつう 単》《雅》概観, 概要.

über·schau·bar [ユーバァ・シャオバール] 形 概観できる; 見渡すことができる.

über·schau·en [ユーバァ・シャオエン y:bər-ʃáuən] 他 (h) ① (物⁴を)見渡す, 見晴らす. Von hier aus *überschaut* man die Stadt sehr gut. ここからは町がとてもよく見える. ② (状況など⁴を)概観する, 見通す.

über|schäu·men [ユーバァ・ショイメン y:bər-ʃɔ́ymən] 自 (s) ① (ビール・グラスなど¹の)泡があふれる. ②《比》感情がほとばしり出る. **vor** Zorn *überschäumen* 激怒する.

über·schla·fen* [ユーバァ・シュらーフェン y:bər-ʃláːfən] 他 (h) (事⁴を)一晩熟考する.

Über⸗schlag [ユーバァ・シュらーク] 男 -[e]s/ ..schläge ① 概算, 見積もり. einen *Überschlag* machen (費用・数量などの)大体のところを見積もる. ②（ス̌ 'ヒ̄'）回転; 倒立転回;《空》宙返り. ③《電》フラッシュオーバー.

über|schla·gen¹* [ユーバァ・シュらーゲン ý:-bər-ʃlàːɡən]《分離》**I** 他 (h) ① (脚・腕などを)組む. ◇《過去分詞の形で》**mit** *übergeschlagenen* Armen 腕組みをして. **II** 自 (s) ① (火花が)飛ぶ; (波が)洗う. ②《**in** 物⁴ ～》(感情などが)高じて《極端な状態》に至る.

über·schla·gen²* [ユーバァ・シュらーゲン]《非分離》**I** 他 (h) ① (ページなど⁴を読まずに)飛ばす, (食事など⁴を)抜く. das Mittagessen⁴ *überschlagen* 昼食を抜く. ② 概算する, 概算する. die Kosten⁴ *überschlagen* 費用を見積もる. **II** 再帰 (h) *sich⁴ überschlagen* ① (人が)宙返りする, ひっくり返る; (波が)逆巻く. ② (声が)急にうわずる, 裏返る. ③ (事件などが)次々に重なる.

über·schla·gen³ [ユーバァ・シュらーゲン] **I** überschlagen² (読まずに飛ばす)の過分 **II** 形《方》(水などが)ぬるい, 生暖かい.

über⸗schlä·gig [ユーバァ・シュれーギヒ] 形 おおよその, 概算の.

über|schnap·pen [ユーバァ・シュナッペン ý:-bər-ʃnàpən] 自 (s, h) ①《s》《俗》頭がおかしくなる, 正気を失う. ②《s》《口語》(声が)急にうわずる, 裏返る.

über·schnei·den* [ユーバァ・シュナイデン y:bər-ʃnáidən] 再帰 (h) *sich⁴ überschneiden* ① (線・面が)交わる, 交差する. ② (日程・番組などが)かち合う, 重なる; (学問分野・テーマなどが)重なり合う.

Über·schnei·dung [ユーバァ・シュナイドゥング] 女 -/-en 交差; (日程・番組などの)かち合い.

über·schrei·ben* [ユーバァ・シュライベン y:bər-ʃráibən] 他 (h) ① (物⁴に)表題をつける. ②《物⁴》人³ **auf** 人⁴》(物⁴を人³または人⁴の)名義に書き換える, 譲渡する. ③ (ﾖﾝﾋﾟｭ) 上書きする.

Über·schrei·bung [ユーバァ・シュライブング] 女 -/-en 《法》譲渡, 名義の書き換え.

über·schrei·en* [ユーバァ・シュライエン y:bər-ʃráiən] **I** 他 (h) (人⁴の声・物音⁴を)大声で圧倒する. einen Redner *überschreien* 大声を出して演説者の声をかき消す. **II** 再帰 (h) *sich⁴ überschreien* 声がかれるほど大声で叫ぶ.

über·schrei·ten* [ユーバァ・シュライテン y:bər-ʃráitən] du überschreitest, er überschreitet (überschritt, *hat*...überschritten) 他（完了）haben) ① (境界など⁴を)越える, (川・線路など⁴を)渡る. die Grenze⁴ *überschreiten* 国境を越える / den Rhein *überschreiten* ライン川を渡る.

②《比》(限度・能力など⁴を)越える; (規則など⁴を)犯す. die vorgeschriebene Geschwindigkeit⁴ *überschreiten* 法定速度を越える / Die Ausgaben *überschreiten* die Einnahmen. 支出が収入を上回る / ein Gesetz⁴ *über*-

übersetzen

schreiten 法を犯す.

Über・schrei・ten [ユーバァ・シュライテン] 中 -s/ 越えること. *Überschreiten der Gleise² verboten!* (掲示で:)線路の横断禁止.

Über≠schrei・tung [ユーバァ・シュライトゥング] 女 -/-en (制限などの)超過; [規則]違反.

die **Über≠schrift** [ユーバァ・シュリふト ý:bər-ʃrɪft] 女 (単) -/(複) -en (論文・詩などの)表題, (新聞などの)見出し. (英 *title*). Wie lautet die *Überschrift* des Artikels? その記事の見出しは何となっていますか.

über・schritt [ユーバァ・シュリット] überschreiten (越える)の過去

über・schrit・ten [ユーバァ・シュリッテン] überschreiten (越える)の過分

Über≠schuh [ユーバァ・シュー] 男 -[e]s/-e (防水の)オーバーシューズ.

über≠schul・det [ユーバァ・シュるデット] 形 債務超過の, 多額の負債のある.

Über≠schul・dung [ユーバァ・シュるドゥング] 女 -/-en 債務超過.

Über≠schuss [ユーバァ・シュス] 男 -es/..schüsse ① 利潤, 純益, 黒字. hohe *Überschüsse*⁴ haben 利潤が大きい. ② 過剰, 余剰. *Überschuss an* Energie エネルギーの余剰.

über≠schüs・sig [ユーバァ・シュスィヒ] 形 過剰の, 余剰の, あり余ってる. *überschüssige* Energie 余剰エネルギー.

über≠schüt・ten [ユーバァ・シュッテン y:bərʃýtən] 他 (h) [人・物]⁴ *mit* [物]³ ~]人・物]⁴に[物]³を注ぎかける;《比》あり余るほど与える(浴びせる). [人]⁴ mit Vorwürfen *überschütten* [人]⁴にさんざん非難を浴びせる.

Über≠schwang [ユーバァ・シュヴァング] 男 -[e]s/ 感情の充溢(じゅういつ), 熱狂; あふれるほどの豊かさ. **im** *Überschwang* der Freude² 喜びにあふれて.

über≠schwäng・lich [ユーバァ・シュヴェングりヒ] 形 感情の込もりすぎた, 熱狂的な, オーバーな(表現など). mit *überschwänglichen* Worten 熱狂的な言葉で / sich⁴ *überschwänglich* bedanken 大げさに礼を述べる.

Über≠schwäng・lich・keit [ユーバァ・シュヴェングりヒカイト] 女 -/-en ① (複 なし) 感情過多, 熱狂. ② オーバーな所作, 大げさな言動.

über|schwap・pen [ユーバァ・シュヴァッペン ý:bər-ʃvàpən] 自 (s) (口語)(液体が容器から)こぼれる; (容器に液体で)あふれる.

über≠schwem・men [ユーバァ・シュヴェンメン y:bər-ʃvémən] 他 (h) ① ([物]⁴に)氾濫(はんらん)する, あふれる, ([物]⁴を)水浸しにする. Die Fluten *überschwemmten* die Äcker. 洪水で畑が水浸しになった / Touristen *überschwemmen* die Stadt. 《比》その町には旅行者があふれている. ② [[人・物]⁴ *mit* [物]³ ~]《比》([人・物]⁴を [物]³にあふれさせる. Der Markt *war mit* Gemüse *überschwemmt*. 《状態受動・過去》市場には野菜があふれかえっていた.

Über≠schwem・mung [ユーバァ・シュヴェンムング] 女 -/-en 氾濫(はんらん), 洪水. die *Überschwemmung* des Rheins ライン川の氾濫.

über≠schweng・lich [ユーバァ・シュヴェングりヒ] überschwänglich の古い形.

Über≠schweng・lich・keit [ユーバァ・シュヴェングりヒカイト] Überschwänglichkeit の古い形.

Über≠see [ユーバァ・ゼー] 女 《成句的に》*aus Übersee* 海外(特にアメリカ)からの / **in** *Übersee* leben 海外で暮らす / **nach** *Übersee* exportieren 海外へ輸出する.

Über≠see・han・del [ユーバァゼー・ハンデる] 男 -s/ 海外貿易.

über≠see・isch [ユーバァ・ゼーイッシュ] 形 海外の; 海外に向けての; 海外からの.

über≠seh・bar [ユーバァ・ゼーバール] 形 ① 見通し(展望)のきく. ② 概観できる;《比》予想がつく, 見当がつく.

über・se・hen¹* [ユーバァ・ゼーエン y:bərzé:ən] 他 《非分離》du übersiehst, er übersieht (übersah, *hat*...übersehen) (定了 haben) ① (高い所から)見渡す, 展望する, 見晴らす. Von hier aus *kann* man die ganze Straße *übersehen*. ここから通り全体が見渡せる. ② (状況⁴などを)見通す, 概観する. Die Lage *lässt* sich ungefähr *übersehen*. 情勢はだいたい見当がつく. ③ (誤りなど⁴を)うっかり見逃す, (信号など⁴を)見落とす. ④ (故意に)無視する. Er *wollte* mich *übersehen*. 彼は私を無視しようとした.

über|se・hen²* [ユーバァ・ゼーエン ý:bər-zè:ən] 分離 再 他 (h) *sich*³ [物]⁴ *übersehen* 《口語》[物]⁴を見飽きる.

über・se・hen³ [ユーバァ・ゼーエン] übersehen¹ (見渡す)の過分

über・sen・den(*) [ユーバァ・ゼンデン y:bərzéndən] 他 (h) ([人]³に)[物]⁴を送る, 送り届ける.

Über≠sen・dung [ユーバァ・ゼンドゥング] 女 -/-en 送付, 送達.

über≠setz・bar [ユーバァ・ゼッツバール] 形 翻訳可能な.

über・set・zen¹ [ユーバァ・ゼッツェン y:-bər-zétsən]

翻訳する

Das kann man nicht *übersetzen*.
ダス カン マン ニヒト ユーバァゼッツェン
それは翻訳できない.

《非分離》du übersetzt (übersetzte, *hat*...übersetzt) 他 (定了 haben) ① (他国語に)翻訳する, 訳す. (英 *translate*). einen Text frei (wörtlich) *übersetzen* 原文を意訳(逐語訳)する / Könnten Sie mir den Brief *übersetzen*? この手紙を翻訳していただけないでしょうか / ein Buch⁴ *aus* dem Deutschen (または *vom* Deutschen) **ins** Japanische *übersetzen* ある本をド

übersetzen

イツ語から日本語に翻訳する / Das Buch *wurde* in mehrere Sprachen *übersetzt*. 〘受動・過去〙その本は数ヵ国語に翻訳された. ② 〘A^4 in B^4 ~〙(A^4 を別の形の B^4 に)移し換える. ein Thema⁴ ins Dramatische *übersetzen* あるテーマをドラマ化する.

über|set·zen² [ユーバァ・ゼッツェン ýːbərzètsən]〘分離〙 I 他 (h) (船で向こう岸へ)渡す. Der Fährmann setzte uns *über*. 渡し守は私たちを向こう岸へ渡してくれた. II 自 (s, h) (船で向こう岸へ)渡る.

Über*set·zer [ユーバァ・ゼッツァァ] 男 -s/- ① 翻訳家; 訳者. (女性形: -in). ② 〘ミシン〙翻訳プログラム.

über·setzt [ユーバァ・ゼッツト] ‡übersetzen¹ (翻訳する)の過分, 3人称単数・2人称親称複数 現在

über·setz·te [ユーバァ・ゼッツテ] ‡übersetzen¹ (翻訳する)の過去

die **Über*set·zung** [ユーバァ・ゼッツング ýːbərzétsʊŋ] 女 (単) -/(複) -en ① 〘ふつう 圏〙翻訳[すること]. (英) *translation*〙. eine freie (wörtliche) *Übersetzung* 意訳(逐語訳) / eine *Übersetzung* **aus** dem Japanischen **ins** Deutsche 日本語からドイツ語への翻訳. ② 翻訳[されたもの], 翻訳書, 訳本. Das Werk liegt **in** einer *Übersetzung* vor. その本は翻訳が出ている. ③ 〘工〙歯車比; [変速]ギアの段.

Über·set·zungs*bü·ro [ユーバァゼッツングス・ビュロー] 中 -s/-s 翻訳事務所.

Über*sicht [ユーバァ・ズィヒト] 女 -/-en ① 〘圏なし〙展望, 見通し; 洞察[力]. die *Übersicht*⁴ verlieren 見通しが利かなくなる. ② 概要; 一覧[表]. eine *Übersicht* **über** die deutsche Literatur ドイツ文学概要.

über·sicht·lich [ユーバァ・ズィヒトリヒ] 形 ① 見通しの利く, 見晴らしのよい. ② 一目瞭然(ºぜん)の, 明快な, わかりやすい. eine *übersichtliche* Darstellung 明快な表現.

Über·sicht·lich·keit [ユーバァ・ズィヒトリヒカイト] 女 -/ 見通しの利くこと; 明快[さ], 一目瞭然(ºぜん).

Über·sichts*kar·te [ユーバァズィヒツ・カルテ] 女 -/-n 広域[地]図, 概略地図.

über|sie·deln¹ [ユーバァ・ズィーデルン ýːbərziːdəln]〘分離〙自 (s) (…へ)移転する, 引っ越す; 移住する. von München **nach** Bonn *übersiedeln* ミュンヒェンからボンへ引っ越す.

über·sie·deln² [ユーバァ・ズィーデルン]〘非分離〙自 (s) =über|siedeln¹

Über*sied·lung [ユーバァ・ズィードルング または ..ズィードルング] 女 -/-en 移転, 移住.

über·sieh [ユーバァ・ズィー] übersehen¹ (見渡す)の du に対する 命令

über·siehst [ユーバァ・ズィースト] übersehen¹ (見渡す)の 2人称親称単数 現在

über·sieht [ユーバァ・ズィート] übersehen¹ (見渡す)の 3人称単数 現在

über*sinn·lich [ユーバァ・ズィンリヒ] 形 超感覚的な, 超自然的な.

über·span·nen [ユーバァ・シュパンネン yːbərʃpánən] 他 (h) ① (橋などが 圏⁴の上に)架かっている. Eine Brücke *überspannte* den Fluss. 橋が川に架かっていた. ② (ロープなど⁴を)強く張りすぎる. ③ 〘A^4 mit B^3 ~〙(A^4 を B^3 で)張って覆う. den Balkon mit einem Tuch *überspannen* バルコニーに日よけの布を張る.

über·spannt [ユーバァ・シュパント] I überspannen (架かっている)の 過分 II 形 とっぴな (意見など), 過度な(要求など); エキセントリックな, 常軌を逸した(性格など).

Über·spannt·heit [ユーバァ・シュパントハイト] 女 -/-en ① 〘圏なし〙極端, 法外. ② 極端な言動.

über·spie·len [ユーバァ・シュピーレン yːbərʃpíːlən] 他 (h) ① (録音・録画されたもの⁴を)ダビングする; (映像・音声など⁴を)[別の]放送局に伝送する. eine CD³ **auf** eine Kassette *überspielen* CD をカセットテープにダビングする. ② (弱点など⁴を)巧みに隠す, わからないようにする. Er *überspielt* seine Befangenheit. 彼は自分の当惑を人に気づかせない. ③ (ミᆢ)(相手⁴に)力を発揮させない.

über·spit·zen [ユーバァ・シュピッツェン yːbərʃpítsən] 他 (h) (要求など⁴を)やりすぎる, 極端にまでやる; (表現など⁴を)誇張する.

über·spitzt [ユーバァ・シュピッツト] I überspitzen (やりすぎる)の 過分 II 形 極端な; 誇張した言い方. eine *überspitzte* Formulierung 誇張した言い方.

über|sprin·gen¹* [ユーバァ・シュプリンゲン ýːbərʃprìŋən]〘分離〙自 (s) ① (火花などが)飛び移る, (火)燃え移る. ② 〘**auf** 圏⁴ ~〙(圏⁴に)急に移る. auf ein anderes Thema *überspringen* 急に他の話題に移る.

über·sprin·gen²* [ユーバァ・シュプリンゲン]〘非分離〙他 (h) ① (垣根など⁴を)飛び越える. ② (ページなど⁴を)飛ばす, 抜かす; 飛び級する. einige Seiten⁴ *überspringen* 数ページ飛ばして読む.

über|spru·deln [ユーバァ・シュプルーデルン ýːbərʃprùːdəln] 自 (s) (炭酸水などが容器から)泡立てあふれる, (熱湯が)吹きこぼれる. Er *sprudelt* **von** (または **vor**) neuen Ideen *über*. 〘比〙彼には次々と新しいアイディアが浮かんでくる.

über·spü·len [ユーバァ・シュビューレン yːbərʃpýːlən] 他 (h) (波などが 圏⁴を)洗う, (洪水などが道路など⁴を)水浸しにする. 囚⁴ **mit** kaltem Wasser *überspülen* 囚⁴ に冷水を浴びせる.

über·staat·lich [ユーバァ・シュタートリヒ] 形 超国家的な.

über*stän·dig [ユーバァ・シュテンディヒ] 形 ① 〘農〙収穫(伐採)の時期を逸した(穀物・樹木など), 屠殺(ª)の時期を逸した(家畜など). ② 〘古〙古くさくなった, 時代遅れの; 売れ残りの.

über|ste·hen¹* [ユーバァ・シュテーエン ýːbərʃtèːən]〘分離〙自 (h) (バルコニーなどが)突き出ている, 張り出している.

über·ste·hen² * [ユーバァ・シュテーエン]【非分離】他 (h) (苦難など⁴に)耐える; (危機・病気など⁴を)克服する. Er *hat* eine schwere Krankheit *überstanden*. 彼は重い病気に打ち勝った.

über·stei·gen* [ユーバァ・シュタイゲン y:bər-ʃtáɪɡən] 他 (h) ① (塀など⁴を)乗り越える, (山など⁴を)越える. ② (期待・能力など⁴を)上回る, 超える. Das *übersteigt* meine Kräfte. それは私の力ではおよばない.

über·stei·gern [ユーバァ・シュタイガァン y:bər-ʃtáɪɡərn] I 他 (h) (価格など⁴を)上げすぎる. ◇[過去分詞の形で] ein *übersteigertes* Selbstbewusstsein 自意識が過剰である. II 再帰 (h) 《*sich*⁴ **in** 事³ ～》(事³をするのに)度を過ごす.

über·stel·len [ユーバァ・シュテレン y:bər-ʃtélən] 他 (h) 《官庁》(囚人など⁴を[刑務所など³に])送致する, 引き渡す.

über·steu·ern [ユーバァ・シュトイアァン y:bər-ʃtɔ́ʏərn] 他 (h) I 他 (h) (電)(音が割れるほど⁴の)ボリュームを上げすぎる. II 自 (h) (自動車)(車が)オーバーステアになる.

über·stim·men [ユーバァ・シュティンメン y:bər-ʃtímən] 他 (h) ① (人⁴に)投票で破る. ② (動議など⁴を)多数決で否決する.

über·strah·len [ユーバァ・シュトラーレン y:bər-ʃtrá:lən] 他 (h) ① (雅)(物⁴を)くまなく照らす. Die Freude *überstrahlte* ihr Gesicht. (比)喜びで彼女の顔は輝いていた. ② (自らの名声・魅力などが他者⁴の)輝きを失わせる, 影を薄くする.

über|strei·fen [ユーバァ・シュトライフェン y:bər-ʃtráɪfən] 他 (h) (人³に衣類⁴をさっと)着せる, ひっかける. [人³ (sich³)] eine Jacke⁴ *überstreifen* [人³に上着をかけてやる(自分で上着をひっかける).

über|strö·men¹ [ユーバァ・シュトレーメン ý:bər-ʃtrø:mən]【分離】自 (s) (雅) ① (水があふれ出る, 氾濫(はんらん)する; (比)(感情が)あふれる. von Dankesworten *überströmen* 口をきわめて謝辞を述べる. ② 《**auf** 人⁴ ～》(感情などが人⁴に)乗り移る, 伝染する.

über·strö·men² [ユーバァ・シュトレーメン]【非分離】他 (h) (川・涙などが物⁴の)一面にあふれる. ◇[過去分詞の形で] **von** Schweiß *überströmt* 汗だくになって.

die **Über=stun·de** [ユーバァ・シュトゥンデ ý:bər-ʃtʊndə] 女 (単) -/(複) -n 時間外労働, 超過勤務. *Überstunden*⁴ machen 超過勤務をする.

über·stür·zen [ユーバァ・シュテュルツェン y:bər-ʃtýrtsən] I 他 (h) (事⁴を)あわてて(あわただしく)する. Er *hat* seine Abreise *überstürzt*. 彼はあわただしく旅に出た. II 再帰 (h) *sich*⁴ *überstürzen* ① 次々に起こる, 相次ぐ. Die Ereignisse *überstürzten sich*. 事件が次々に起こった. ② (口)あわてる. *sich*⁴ **beim** Essen *überstürzen* 大急ぎで(せかせかと)食事をする.

über·stürzt [ユーバァ・シュテュルツト] I überstürzen(あわててする)の 過分 II 形 あわただしい, 大急ぎの. eine *überstürzte* Abreise あわただしい旅立ち.

Über=stür·zung [ユーバァ・シュテュルツング] 女 -/ 大急ぎ, 性急. Nur keine *Überstürzung*! あわてるんじゃない.

über·teu·ern [ユーバァ・トイアァン y:bər-tɔ́ʏərn] 他 (h) (物⁴に)法外な値段をつける.

über·töl·peln [ユーバァ・テルペルン y:bər-tǿlpəln] 他 (h) (人⁴を)欺く, だます. *sich*⁴ *übertölpeln lassen* だまされる.

über·tö·nen [ユーバァ・テーネン y:bər-tǿ:nən] 他 (h) (より大きな音で独唱者・声など⁴を)聞こえなくする. かき消す.

Über·trag [ユーバァ・トラーク ý:bər-tra:k] 男 -(e)s/..träge 繰越[高].

über·trag·bar [ユーバァ・トラークバール] 形 ① 転用できる. Diese Methode ist auch **auf** andere Gebiete *übertragbar*. この方法は他の分野にも転用できる. ② 伝染性の(病気など). ③ 他人が使用してもよい, 譲渡可能な(入場券など).

über·tra·gen¹ * [ユーバァ・トラーゲン y:bər-trá:ɡən] du übertrāgst, er übertrāgt (übertrug, *hat* ... übertragen) (受] haben) ① (ラジオ・テレビなどで)中継放送する. Das Fernsehen *überträgt* die Veranstaltung direkt. テレビはそのイベントを実況中継する.

② 《A⁴ **auf** B⁴ ～》(A⁴をB⁴に)ダビングする. eine Schallplattenaufnahme⁴ auf eine CD *übertragen* レコードをCDにダビングする.

③ (コンピュ)(信号やデータなど⁴を)伝送する. Bilder⁴ digital *übertragen* 画像をデジタルで送る.

④ 《方向を表す語句とともに》(作文・図案など⁴を…へ)転記する, 書き写す. den Aufsatz **ins** Heft *übertragen* 作文をノートに書き写す.

⑤ (雅)翻訳する; 書き換える. ein Buch⁴ **ins** Deutsche *übertragen* ある本をドイツ語に訳す / eine Erzählung⁴ in Verse *übertragen* 物語を韻文に書き換える. ⑥ 《A⁴ **auf** B⁴ ～》(A⁴をB⁴に)応用する, 当てはめる. ein Gesetz⁴ der Malerei² auf die Fotografie *übertragen* 絵画の法則を写真術に転用する. ⑦ (人³に任務・権限など⁴を)ゆだねる, 任せる. [人³] eine Arbeit⁴ *übertragen* [人³]にある仕事を任せる. ⑧ (病気⁴を)うつす; (気分など⁴を)伝える. eine Krankheit⁴ **auf** 人⁴ *übertragen* [人³]に病気をうつす. (再帰的に) *sich*⁴ **auf** 人⁴ *übertragen* (病気)が[人⁴]に伝染する, (気分などが)[人⁴]に伝わる ⇒ Die Krankheit *überträgt sich* auf Menschen. その病気は人間に伝染する. ⑨ (エ)(動力⁴を)伝達する.

über·tra·gen² [ユーバァ・トラーゲン] I übertragen¹ (中継放送する)の 過分 II 形 ① 比喩的な. im *übertragenen* Sinn 比喩的な意味(転義)で. ② (ポーランド)着古した(服など); 中古の.

über·trägst [ユーバァ・トレークスト] übertragen¹ (中継放送する)の 2人称親称単数 現在

über·trägt [ユーバァ・トレークト] übertragen¹(中継放送する)の3人称単数 現在

die **Über·tra·gung** [ユーバァ・トラーグング y:bər·trá:guŋ] 囡 (単) -/(複) -en ① (ラジオ・テレビなどの)中継[放送]. (英) *broadcast*). Das Fernsehen sendet eine *Übertragung* aus dem Konzertsaal. テレビがコンサートホールから中継放送する. ② 翻訳, 翻案; 転記. ③ 転用, 応用. ④ 〖圏 なし〗〖工〗伝達, 伝動; 送電; 〖ﾗｼﾞｵ〗転送. ⑤〖圏 なし〗(権限などの)委譲, (職員などの)委任. ⑥ (病気の)感染. ⑦ 《医》(予定日を越える)妊娠.

Über·tra·gungs⹀wa·gen [ユーバァトラーグングス・ヴァーゲン] 男 -s (南ド・ｵｰｽﾄﾘｱ: ..wä·gen も) (テレビなどの)中継車 (略: Ü.-Wagen).

über·tref·fen* [ユーバァ・トレッフェン y:bər·tréfən] 他 (h) ① (人·物⁴よりも)優れている. Du *übertriffst* ihn **an** Ausdauer. 粘り強さでは君の方が彼より上だ / **Im** Tennis ist sie nicht zu *übertreffen*. テニスにかけては彼女にかなう人はいない. ◊〖再帰的に〗 *sich*⁴ selbst *übertreffen* これまで以上の力量を示す. ② (予想など⁴を)越える. Das Ergebnis *übertraf* alle Erwartungen. その成果はあらゆる期待を上回るものであった.

über·trei·ben* [ユーバァ・トライベン y:bər·tráɪbən] (übertrieb, hat ... übertrieben) 他 (定了 haben) ① (囲⁴を)誇張する, 大げさに言う. (英 *exaggerate*). Sie *übertreibt* seine Schwäche. 彼女は彼の弱点を誇張して言う. ◊〖目的語なしでも〗 Ich *übertreibe* nicht, wenn ich das sage. そう言っても過言ではありません. ② (囲⁴を)しすぎる, (囲⁴の)度を越している. Er *übertreibt* seine Forderungen. 彼の要求は度を越している. ◊〖**es** を目的語として成句的に〗 es **mit** dem Training *übertreiben* トレーニングの度を過ごす.

◊☞ übertrieben

Über⹀trei·bung [ユーバァ・トライブング] 囡 -/-en ① 誇張; 度を過ごすこと, やり過ぎ. ② 行き過ぎた言動, 誇張した表現.

über·tre·ten¹* [ユーバァ・トレーテン y:bər·tré:tən]〖非分離〗他 (h) ① (法律・規則など⁴を)犯す, 破る. ② 踏み違えて痛める. sich³ den Fuß *übertreten* 足をくじく.

über|tre·ten²* [ユーバァ・トレーテン ý:bər·trè:tən]〖分離〗自 (s, h) ① (s, h)〖ｽﾎﾟｰﾂ〗(走り幅跳びなどで:)踏み切り線を踏み越える. ② (s) (川が)氾濫(はん)する. ③ (s)〖**zu** (囲³~)〗(囲³(他の宗派・党など)に)改宗する, 転向する. zum Katholizismus *übertreten* カトリック教に改宗する. ④ (s)〖**in** (囲⁴~)〗(液体などが物⁴に)入り込む. ⑤ (s)〖**in** (囲⁴~)〗(ﾌﾞﾗｼﾞｬｰ)(囲⁴(学校・年金生活などに)に)入る.

Über⹀tre·tung [ユーバァ・トレートゥング] 囡 -/-en 違反, 反則; 〖ｱｽﾘｰﾄ〗〖法〗軽犯罪.

über·trieb [ユーバァ・トリープ] übertreiben (誇張する)の 過去

über·trie·ben [ユーバァ・トリーベン] I übertreiben (誇張する)の 過分 II 形 過度の; 誇張された, 大げさな. *übertriebene* Ängste 過度の心配 / eine *übertriebene* Ausdrucksweise 大げさな表現の仕方 / Er ist *übertrieben* vorsichtig. 彼は極端に用心深い.

Über⹀tritt [ユーバァ・トリット] 男 -[e]s/-e ① (他の宗派・党への)転向. der *Übertritt* **zum** Katholizismus カトリックへの改宗. ② 入り込むこと, 侵入. ③ (『ｼﾞｮｳ』)(身分・地位などの)変化, 移動. der *Übertritt* **in** den Ruhestand 定年退職.

über·trug [ユーバァ・トルーク] übertragen¹ (中継放送する)の 過去

über·trump·fen [ユーバァ・トルンプフェン y:bər·trúmpfən] 他 (h) ① 〖ｶｰﾄﾞ〗(相手⁴・相手の札⁴より)強い札を出して切る. ② 《比》(人·物⁴に)しのぐ, 凌駕(りょうが)する.

über·tün·chen [ユーバァ・テュンヒェン y:bər·týnçən] 他 (h) (物⁴に)水しっくいを塗る; 《比》(物⁴の)うわべを飾る.

über·über·mor·gen [ユーバァ・ユーバァモルゲン] 副 《口語》しあさってに, 明々後日に.

über·völ·kern [ユーバァ・ふェるカァン y:bər·fǽlkərn] 他 (h) (人が場所など⁴に)いっぱいになる. Die Urlauber *übervölkern* den Strand. 休暇中の人々で砂浜はいっぱいだ.

über·völ·kert [ユーバァ・ふェるカァト] I übervölkern (いっぱいになる)の 過分 II 形 人口過剰(過密)の(都市など); 人で混んだ(行楽地など).

Über·völ·ke·rung [ユーバァ・ふェるケルング] 囡 -/ 人口過剰(過密).

über·voll [ユーバァ・ふォる] 形 あふれるばかりの; (列車・室内などが)超満員の.

über·vor·tei·len [ユーバァ・ふォァタイれン y:bər·fórtaɪlən] 他 (h) (人⁴を)だましてもうける, 出し抜いて甘い汁を吸う.

über·wa·chen [ユーバァ・ヴァッヘン y:bər·váxən] 他 (h) ① (容疑者など⁴を)見張る. ② (交通の流れなど⁴を)管理する, (店舗など⁴をカメラなどで)監視する.

über·wach·sen* [ユーバァ・ヴァクセン y:bər·váksən] 他 (h) (草などが物⁴の上に)一面に生い茂る.

Über⹀wa·chung [ユーバァ・ヴァッフング] 囡 -/-en 見張り, 監督; 管理, 監視.

über·wäl·ti·gen [ユーバァ・ヴェるティゲン y:bər·véltɪgən] (überwältigte, *hat* ... überwältigt) 他 (定了 haben) (英 *overpower*) ① (力ずくで人⁴を)打ち負かす, (犯人など⁴を)取り押さえる. einen Einbrecher *überwältigen* 侵入者を取り押さえる. ② (喜び・苦痛などが人⁴を)圧倒する, 襲う. Die Freude *überwältigte* ihn. 彼の心は喜びでいっぱいになった.

über·wäl·ti·gend [ユーバァ・ヴェるティゲント] I überwältigen (打ち負かす)の 現分 II 形 圧倒的な; 強烈な. mit *überwältigender* Mehrheit 圧倒的の多数で / ein *überwältigendes* Erlebnis 強烈な体験.

über·wäl·tigt [ユーバァ・ヴェるティヒト]

überwältigen (打ち負かす)の過分, 3人称単数・2人称親称複数現在

über·wäl·tig·te [ユーバァ・ヴェるティヒテ] überwältigen (打ち負かす)の過去

über·wand [ユーバァ・ヴァント] überwinden (克服する)の過去

über·wei·sen* [ユーバァ・ヴァイゼン y:bər-váızən] du überweist (überwies, hat ... überwiesen) 他 (完了) haben) ① (お金⁴を振り込む, 振替で送金する. (英 transfer). (人³ または an (人⁴) Geld⁴ überweisen (銀行を通して・振替で)人³(または人⁴)に送金する / Bitte überweisen Sie den Betrag **auf** unser Konto bei der Deutschen Bank! その金額をドイツ銀行の私どもの口座に振り込んでください. ②《方向を表す語句とともに》(患者等⁴を他の専門医に)回す, 紹介する; (文書等⁴を他の部局へ)回す, ゆだねる. Sie *wurde zu* einem Facharzt (または **an** einen Facharzt) *überwiesen*. 〖受動・過去〗彼女は専門医に回された / eine Akte⁴ einer anderen Behörde³ (または an eine andere Behörde) *überweisen* 書類を他の官庁に回す.

die **Über·wei·sung** [ユーバァ・ヴァイズング y:bər-váızuŋ] 囡 (単) -/(複) -en ① 振替, 口座振込; 振込金. (英 transfer). Ich habe die *Überweisung* erhalten. 私は振替送金を受け取った. ② (専門医への)患者の移送; (ホームドクターから専門医あての)委託状, 所見状.

über·wend·lich [ユーバァ・ヴェントりヒ] 形 《手芸》(糸目の小さい)かがり縫いの.

über|wer·fen¹* [ユーバァ・ヴェルフェン ý:bər-vèrfən] 〖分離〗他 (h) ① (人³にコートなど⁴を)さっと掛けてやる. (人³ (sich³) eine Jacke⁴ *überwerfen* 人³に上着を掛けてやる(上着をはおる).

über·wer·fen²* [ユーバァ・ヴェルフェン] 〖非分離〗再帰 (h) (*sich*⁴ [**mit** 人³] ~) ([人³と]仲たがいする, 不仲になる.

über·wie·gen* [ユーバァ・ヴィーゲン y:bər-ví:gən] (überwog, hat ... überwogen) I 自 (完了 haben) 優勢である, 優位を占める, 支配的である. Hier *überwiegt* die Meinung, dass ... ここでは ... という意見が優勢である. II 他 (完了 haben) (囲⁴より)勝っている, 上回っている, 優勢である. Die Neugier *überwog* meine Bedenken. 好奇心が私の懸念を上回った.

über·wie·gend [ユーバァ・ヴィーゲント] I überwiegen (優勢である)の現分 II 副 主として, だいたい. Das Wetter war *überwiegend* heiter. 天気はおおむねよかった. III 形 優勢な, 圧倒的な, 大部分の.

über·wies [ユーバァ・ヴィース] überweisen (振り込む)の過去

über·wie·sen [ユーバァ・ヴィーゼン] überweisen (振り込む)の過分

über·win·den* [ユーバァ・ヴィンデン y:bər-víndən] du überwindest, er überwindet (überwand, *hat* ... überwunden) I 他 (完了 haben) (英 *overcome*) ① (困難など⁴を)克服する, 乗り切る; (誘惑・病気など⁴に)打ち勝つ. eine große Entfernung⁴ zu Fuß *überwinden* 長大な距離を徒歩で乗り切る / Er *überwand* seine Angst. 《比》彼は不安を克服した / alle Bedenken⁴ *überwinden* 《比》あらゆる疑念を払拭(ふっしょく)する. ② (雅) (人⁴を)打ち負かす, (人⁴に)打ち勝つ. den Gegner *überwinden* 敵に勝つ. II 再帰 (完了 haben) *sich*⁴ *überwinden* (いやだという)気持ちに打ち勝つ. Ich konnte mich nicht *überwinden*, das zu tun. 私はどうもそれをする気になれなかった.

Über·win·dung [ユーバァ・ヴィンドゥング] 囡 -/ 克服; 克己, 自制.

über·win·tern [ユーバァ・ヴィンタァン y:bər-víntərn] I 自 (h) 冬を越す, 越冬する. II 他 (h) (植物など⁴を...の場所で)越冬させる.

über·wog [ユーバァ・ヴォーク] überwiegen (優勢である)の過去

über·wo·gen [ユーバァ・ヴォーゲン] überwiegen (優勢である)の過分

über·wöl·ben [ユーバァ・ヴェるベン y:bərvélbən] 他 (h) ① (円屋根が囲⁴の上に)アーチ状に架かっている. ② (囲⁴に)丸天井(アーチ)をつける.

über·wu·chern [ユーバァ・ヴーハァン y:bərvú:xərn] 他 (h) (植物が囲⁴の上に)一面に生い茂る.

über·wun·den [ユーバァ・ヴンデン] *überwinden (克服する)の過分

Über·wurf [ユーバァ・ヴルふ ý:bər-vurf] 男 -[e]s/..würfe ① (袖(そで)のない)ケープ, マント. ② (ﾍﾞｯﾄﾞ･ｶﾊﾞｰ) (ベッドなどの)装飾用カバー. ③ (ｽﾎﾟｰﾂ) (レスリングの)反り投げ.

Über·zahl [ユーバァ・ツァーる] 囡 -/ (数の上での)優勢; (集) 多数. In diesem Beruf sind Frauen **in** der *Überzahl*. この職業では女性の方が男性よりも多い.

über·zäh·len [ユーバァ・ツェーれン y:bərtsé:lən] 他 (h) (囲⁴を)数え直す, 検算する.

über·zäh·lig [ユーバァ・ツェーりヒ] 形 余った, 余分な.

über·zeich·nen [ユーバァ・ツァイヒネン y:bər-tsáıçnən] 他 (h) ① (経) (公債など⁴を)募集額以上に申し込む. ② (作中の登場人物など⁴を)誇張して表現する.

***über·zeu·gen** [ユーバァ・ツオイゲン y:bər-tsóygən] (überzeugte, *hat* ... überzeugt) I 他 (完了 haben) 〖人⁴ [**von** 事³] ~〗(人⁴に[事³を]) 納得させる, 確信させる. (英 *convince*). Diese Erklärung *überzeugt* mich nicht. この説明では私は納得できない / Ich *habe* ihn von meiner Unschuld *überzeugt*. 私は彼に私の潔白を認めさせた. ◆〖目的language なしでも〗 Die Mannschaft *überzeugte* diesmal. そのチームは今回は納得のいく(期待どおりの)試合を

した.
II 再帰 (完了) haben) 〖sich⁴ **von** 物³〗 ~〗([物³を])納得する, 確信する. Ich *überzeugte mich* von seiner Schuld. 私は彼の有罪を確信した / *sich⁴* mit eigenen Augen *überzeugen* 自分の目で見て納得する.
◇☞ **überzeugt**

über·zeu·gend [ユーバァ・ツォイゲント] **I** *überzeugen (納得させる)の 現分 **II** 形 納得のいく, 説得力のある. ein *überzeugender* Beweis 確かな証拠.

***über·zeugt** [ユーバァ・ツォイクト y:bərtsóykt] **I** *überzeugen (納得させる)の 過分, 3人称単数・2人称敬称複数 現在 **II** 形 確信した, 確信のある. (英 convinced). Ich bin **von** seiner Unschuld fest *überzeugt*. 私は彼の無罪を固く信じている / ein *überzeugter* Marxist 筋金入りのマルクス主義者.

über·zeug·te [ユーバァ・ツォイクテ] *überzeugen (納得させる)の 過去

die **Über·zeu·gung** [ユーバァ・ツォイグング y:bər-tsóyɣʊŋ] 囡 (単) -/(複) -en ① 確信, 信念. (英 conviction). die politische *Überzeugung* 政治的信念 / Ich bin der festen *Überzeugung*², dass… 私は…と固く信じている / 物⁴ **aus** (または **mit**) *Überzeugung* tun 確信を持って物⁴を行う / meiner *Überzeugung* **nach** または nach meiner *Überzeugung* 私の信じるところでは. ② 〖覆 なし〗説得.

Über·zeu·gungs·kraft [ユーバァツオイグングス・クラフト] 囡 -/ 説得力.

über·zie·hen¹* [ユーバァ・ツィーエン y:bər-tsí:ən] 〖非分離〗(überzog, hat…überzogen) **I** 他 (完了 haben) ① 覆う, くるむ; (物⁴に)かぶせる, 掛ける. (英 cover). ein Bett⁴ frisch *überziehen* ベッドに新しいシーツを掛ける / den Kuchen **mit** Schokolade *überziehen* ケーキをチョコレートでコーティングする / Das Kissen *ist* frisch *überzogen*. 〖状態受動・現在〗枕(*ラ)には新しいカバーが掛けてある.
② (経)(口座など⁴から)残高以上に引き出す. ③ (決められた時間⁴を)超過する. den Urlaub *überziehen* 規定日数以上に休暇をとる.
④ (批判など⁴を)誇張する. ⑤ (ᴤスを)(ボール⁴に)トップスピンをかける.
II 再帰 (完了 haben) 〖*sich*⁴ **mit** 物³〗(物で)覆われる. Der Himmel *überzog sich* mit Wolken. 空が雲で覆われた.

über|zie·hen²* [ユーバァ・ツィーエン ý:bərtsì:ən] 〖分離〗(h) ① (衣服⁴を)[上に]着る, はおる. Ich *zog* [mir] eine warme Jacke *über*. 私は暖かい上着を上にはおった. ② 〖成句的に〗人³ eins⁴ (または einen) *überziehen* 人³に一発くらわす.

Über·zie·her [ユーバァ・ツィーァァ ý:bərtsì:ər] 男 -s/- ① (男性用の薄手の)コート. ② (俗) コンドーム.

über·zog [ユーバァ・ツォーク] überziehen¹ (覆う)の 過去

über·zo·gen [ユーバァ・ツォーゲン] überziehen¹ (覆う)の 過分

Über·zug [ユーバァ・ツーク] 男 -[e]s/..züge ① 覆い, 被膜; (ケーキなどの)コーティング, 糖衣. ein *Überzug* **aus** Schokolade チョコレートのコーティング. ② (ベッド・家具などの)カバー.

über≈zwerch [ユーバァ・ツヴェルヒ] (南ドィ・ホ*ェスタ*) **I** 副 斜めに, 交差して. **II** 形 ① ひねくれた, 偏屈な. ② 浮かれた.

***üb·lich** [ユープリヒ ý:plɪç] 形 **普通の**, 通常の, 余った; 慣例の. (英 usual). wie *üblich* 例によって, いつものように / in *üblicher* Weise いつものやり方で / Das ist hier so *üblich*. ここではこれが普通のやり方だ.

U-Boot [ウー・ボート] 中 -[e]s/-e (軍) 潜水艦, ユーボート (=Unterseeboot).

***üb·rig** [ユープリヒ ý:brɪç] 形 **残っている**, 残りの, 余った, その他の. Diese Äpfel sind *übrig*. これらのりんごは残ったものだ / Von der Suppe ist noch etwas *übrig*. スープはまだ少し残っている / Ich habe noch etwas Geld *übrig*. 私はまだお金が少し残っている / *übrig* behalten (出さずに)とっておく / Wie viel Geld *ist übrig geblieben*? 〖現在完了〗お金はいくら残っているの? / *Lass* mir bitte etwas vom Kuchen *übrig*! そのケーキをいくらか私に残しておいてよ.
◇〖名詞的に〗das *Übrige* その他のこと / die *Übrigen* その他の人々 / ein *Übriges*⁴ tun a) 余計なことをする, b) 決め手となる / **im** *Übrigen* a) その他の点では, b) それはそうと, ついでに言うと.

► **übrig|bleiben, übrig|haben übrig|lassen**

üb·rig be·hal·ten* ☞ übrig

üb·rig|blei·ben*, **üb·rig blei·ben*** [ユープリヒ・ブらイベン ý:brɪç-blàɪbən] 自 (s) 残っている. Mir *bleibt* nichts [anderes] *übrig*, als… 私には…するほかに道はない.
► **übrig**

***üb·ri·gens** [ユープリゲンス ý:brɪgəns] 副 **ところで**, それはそうと. (英 by the way). *Übrigens*, was macht denn Peter? ところでペーターは何をしているんだろう? / Ich habe *übrigens* ganz vergessen, dir zu gratulieren. それはそうとぼくは君におめでとうを言うのをすっかり忘れていたよ.

üb·rig·ge·blie·ben übrig|bleiben (残っている)の 過分

üb·rig|ha·ben* [ユープリヒ・ハーベン ý:brɪçhà:bən] 他 (h) ① 〖**für** 人⁴〗 etwas (nichts) ~〗 人⁴に好意を持っている(持っていない). ② 〖**für** 物・事⁴〗 etwas (nichts) ~〗 物・事⁴に関心がある(ない). Für Sport *hat* er nichts *übrig*. スポーツには彼は関心がありません.

üb·rig|las·sen*, **üb·rig las·sen*** [ユープリヒ・らッセン ý:brɪç-làsən] 他 (h) 〖nichts (viel) zu wünschen ~〗 申し分がない(大いに不満が残る). Es *lässt* nichts (sehr) zu wünschen *übring*. それは申し分ない(大いに不満が残る).

► übrig

üb·te [ユープテ] ※üben(練習する)の過去

※*die* **Übung** [ユーブンク ýːbuŋ]

> 練習　*Übung* macht den Meister.
> ユーブンク　マハト　デン　マイスタァ
> 名人も練習しだい.

囡(単) -/(複) -en ① 《[複]なし》**練習**, 訓練, けいこ, トレーニング, 修業. (英 exercise). eine gymnastische *Übung* 体操の練習 / Das ist alles nur *Übung*. 要するに練習しだいさ / 圃⁴ **zur** *Übung* **tun** 圃⁴を練習のためにする / Das⁴ macht die *Übung*. それは練習すればできるようになる.

② (練習で得た)熟練, 巧みさ. **in** der *Übung* **sein** 熟練している / in 圃³ *Übung*⁴ **haben** 圃³が上手である / **aus** der *Übung* **kommen** 腕がなまる.

③ **練習問題**; 練習曲. *Übungen*⁴ auf dem Klavier spielen ピアノで練習曲を弾く.

④ 《ス⁷》(体操などの)演技. eine schwierige *Übung* am Reck 鉄棒の難しい演技. ⑤ (大学の)演習. eine mathematische *Übung* 数学の演習. ⑥ 《軍》演習. ⑦ 《カトリック》修業, お勤め. ⑧ 《南ドッ・オーストッ・スイス》習慣, 慣行.

Übungs꞊auf·ga·be [ユーブンクス・アオフガーベ] 囡 -/-n 練習問題.

Übungs꞊buch [ユーブンクス・ブーフ] 甲 -[e]s/..bücher 練習帳.

Übungs꞊platz [ユーブンクス・プラッツ] 男 -es/..plätze ① 《軍》演習(練兵)場. ② 運動場.

Übungs꞊sa·che [ユーブンクス・ザッヘ] 囡《成句的に》Das ist [reine] *Übungssache*. それは[まったく]練習しだいだ.

Übungs꞊stück [ユーブンクス・シュテュック] 甲 -[e]s/-e (語学などの)練習用教材, テキスト; 《音楽》練習曲.

u. dgl. [**m.**] [ウント デーァ・グらイヒェン [メーァ]] 《略》等々, その他(=**und dergleichen** [**mehr**]).

u. d. M. [ウンタァ デム メーレス・シュピーゲる] 《略》海面下(=**unter dem Meeresspiegel**).

ü. d. M. [ユーバァ デム メーレス・シュピーゲる] 《略》海抜(=**über dem Meeresspiegel**).

die **UdSSR** [ウー・デー・エス・エス・エル] 《略》《国名》[旧]ソビエト社会主義共和国連邦, [旧]ソ連(=**Union der Sozialistischen Sowjetrepubliken**; 1922-1991).

u. E. [ウンゼレス エァ・アハテンス] 《略》われわれの考え(判断)では(=**unseres Erachtens**).

Ufa [ウーふァ úːfa] 囡 -/ ウーファ(1917年創設のドイツの映画会社)(=**Universum-Film-AG**).

*das **Ufer** [ウーふァ úːfər] 甲 (単2) -s/(複) -(3格のみ -n) (川・湖・海などの)**岸**. (英 shore). Fluss*ufer* 川岸 / ein steiles *Ufer* 急斜面の岸 / das rechte (linke) *Ufer* eines Flusses (下流に向かって)川の右岸(左岸) / **am** anderen *Ufer* 対岸に / Der Fluss trat **über** die *Ufer*. 川が氾濫(はん)した / Er ist **vom** anderen *Ufer*. あいつはホモだ / **zu** neuen *Ufern* **auf|brechen** 《比》新しい[人生の]目標に向けて出発する.

Ufer꞊bö·schung [ウーふァァ・ベッシュンク] 囡 -/-en 岸の斜面.

ufer꞊los [ウーふァァ・ロース] 形 果てしない, 無[制]限の. *uferlose* Auseinandersetzungen 果てしない議論. ◇《名詞的に》 **ins** *Uferlose* **gehen** 際限なく伸びる, 行きすぎである.

uff! [ウふ úf] 間 (緊張のあとの安堵のため出す:)ふーっ, ほーっ.

Ufo, UFO [ウーふォ úːfo] 甲 -[s]/-s 未確認飛行物体(**unidentified flying object**).

Ugan·da [ウガンダ ugánda] 甲 -s/《国名》ウガンダ[共和国](アフリカ中東部. 首都はカンパラ).

UHF [ウー・ハー・エふ] 《略》極超短波(=**ultra high frequency**).

※*die* **Uhr** [ウーァ úːr]

> 時計　Meine *Uhr* steht.
> マイネ　ウーァ　シュテート
> 私の時計は止まっている.
> ------------------------------
> …時　Es ist drei *Uhr*. 3時です.
> エス　イスト　ドらイ　ウーァ

囡(単) -/(複) -en ① **時計**. (英 watch). Meine *Uhr* geht richtig. 私の時計は正確だ / Die *Uhr* schlägt fünf. 時計が5時を打つ / Die *Uhr* geht vor (nach). 時計が進んでいる(遅れている) / die *Uhr*⁴ **auf|ziehen** 時計のねじを巻く / die *Uhr*⁴ **richtig|stellen** (または **richtig stellen**) 時計を合わせる / **auf** die *Uhr* **sehen** 時計を見る / Es ist eins **nach** meiner *Uhr*. 私の時計では1時です / **rund um** die *Uhr* 《口語》24時間ぶっ通しで, 四六時中 / Seine *Uhr* ist abgelaufen. 《現在完了》彼の命数は尽きた.

② 《[複]なし》(時刻):**…時**. (英 o'clock). (✍「長さとしての'時間」は **Stunde**). **Wie** viel *Uhr* ist es? — Es ist ein *Uhr*. 何時ですか — 1時です. (✍ eine Uhr と言えば「一つの時計」という意味になる) / Es ist genau neun *Uhr*. ちょうど9時です / 8.10 *Uhr* (=*Uhr* zehn) 8時10分. (✍ 時と分の間にはピリオドを打つ) / **um** 12 *Uhr* mittags 昼の12時に / Der Zug fährt um fünf *Uhr* dreißig. その列車は5時30分に発車します / **gegen** sieben *Uhr* 7時ごろに. (☞ 類語 Zeit).

> ✍ 時計のいろいろ: **Armbanduhr** 腕時計 / **Digitaluhr** デジタル時計 / **Kuckucksuhr** かっこう時計 / **Pendeluhr** 振り子時計 / **Quarzuhr** クォーツ時計 / **Sanduhr** 砂時計 / **Sonnenuhr** 日時計 / **Stoppuhr** ストップウォッチ / **Stutzuhr** 置き時計 / **Taschenuhr** 懐中時計 / **Turmuhr** 塔の時計 / der **Wecker** 目覚まし時計

Uhr꞊arm·band [ウーァ・アルムバント] 甲 -[e]s/..bänder 腕時計のバンド.

Uhr‧ket‧te [ウーァ・ケッテ] 囡 –/-n 時計の鎖.
Uhr‧ma‧cher [ウーァ・マッハァ] 男 –s/– 時計屋, 時計修理屋; 時計製造職人. (女性形: -in).
Uhr‧werk [ウーァ・ヴェルク] 田 –[e]s/-e 時計の機械; 時計(ぜんまい)仕掛け.
Uhr‧zei‧ger [ウーァ・ツァイガァ] 男 –s/– 時計の針.
Uhr‧zei‧ger‧sinn [ウーァツァイガァ・ズィン] 男 –[e]s/ 時計回り. **im (entgegen dem)** *Uhrzeigersinn* 時計回り(と逆回り)で.
Uhr‧zeit [ウーァ・ツァイト] 囡 –/-en 時刻.
Uhu [ウーフー ú:hu] 男 –s/-s 《鳥》ワシミミズク.
die **Ukrai‧ne** [ウクライーネ ukraí:nə] または ウクライナ ukráina] 囡 –/《定冠詞とともに》《国名》ウクライナ (旧ソ連邦. 首都はキエフ).
UKW [ウー・カー・ヴェー] 《略》超短波 (=Ultrakurzwelle).
Ulk [ウるク úlk] 男 –s (まれに-es)/-e 《ふつう 単》 冗談, [悪]ふざけ.
ul‧ken [ウるケン úlkən] 圁 (h) 冗談を言う, ふざける. **mit** 人³ *ulken* 人³に冗談を言って(ふざけて)からかう.
ul‧kig [ウるキヒ úlkiç] 形 《口語》おかしい, こっけいな; 奇妙な, 変な.
Ulm [ウるム úlm] 囡 –s/《都市名》ウルム (ドイツ, バーデン‧ヴュルテンベルク州. ドナウ河畔にあり, 大聖堂は有名. ☞ 《地図》 D～E-4).
Ul‧me [ウるメ úlmə] 囡 –/-n ①《植》ニレ. ② にれ材.
Ul‧rich [ウるリヒ úlriç] –s/《男名》ウルリヒ.
Ul‧ri‧ke [ウるリーケ ulrí:kə] –s/《女名》ウルリーケ.
Ul‧ti‧ma Ra‧tio [ウるティマ ラーツィオ última rá:tsio] [ラ] 囡 --/《雅》最後の手段, 伝家の宝刀.
Ul‧ti‧ma‧tum [ウるティマートゥム ultimá:tum] 田 –s/..maten (または -s) 最後通牒(ちょう). 人³ ein *Ultimatum*⁴ stellen 人³に最後通牒を出す.
Ul‧ti‧mo [ウるティモ último] 男 –s/-s 《商》月末, みそか. bis *Ultimo* April 4 月末までに.
ul‧tra.., Ul‧tra.. [ウるトラ.. ultra.. または ウるトラ..]《形容詞‧名詞につける接頭》《超‧過激‧極端》例: *Ultra*kurzwelle 超短波.
Ul‧tra [ウるトラ últra] 男 –s/-s《隠語》(政治的)過激派, 急進派; フーリガン.
Ul‧tra‧kurz‧wel‧le [ウるトラ・クルツヴェれ] 囡 –/-n 《物‧放送》超短波 (略: UKW).
Ul‧tra‧kurz‧wel‧len‧sen‧der [ウるトラクルツヴェれン・ゼンダァ] 男 –s/– 超短波送信機(放送局).
ul‧tra‧ma‧rin [ウるトラ・マリーン] 形《無語尾で》ウルトラマリンの, 群青(ぐんじょう)色の.
Ul‧tra‧ma‧rin [ウるトラ・マリーン] 田 –s/ ウルトラマリン, 群青(ぐんじょう)色.
ul‧tra‧rot [ウるトラ・ロート] 形《物》赤外線の.
Ul‧tra‧rot [ウるトラ・ロート] 田 –s/《物》赤外線.
Ul‧tra‧schall [ウるトラ・シャる] 男 –[e]s/ ①《物》超音波, 超可聴音. ②《口語》超音波治療(検査), エコー[検査].
Ul‧tra‧schall‧the‧ra‧pie [ウるトラシャる・テラピー] 囡 –/-n [..ピーエン]《医》超音波療法.
Ul‧tra‧schall‧wel‧le [ウるトラ・シャるヴェれ] 囡 –/-n 《物》超音波.
Ul‧tra‧strah‧lung [ウるトラ・シュトラーるング] 囡 –/-en 《理》宇宙線.
ul‧tra‧vi‧o‧lett [ウるトラ・ヴィオれット] 形 《物》紫外線の (略: UV).
Ul‧tra‧vi‧o‧lett [ウるトラ・ヴィオれット] 田 –s/ 《物》紫外線.

:um [ウム úm]

Sie sitzen *um den Tisch.*
ズィー ズィッツェン ウム デン ティッシュ

彼らはテーブルの周りに座っている.

I 前《**4 格**とともに》(定冠詞と融合して ums (←um das) となることがある) ①《空間的に》…の周りに(を), …を回って. (英 round, around). *um* das Haus [herum] gehen 家の周りを回る / Das Raumschiff kreist *um* die Erde. 宇宙船は地球の周りを回っている / eine Kette⁴ *um* den Hals tragen 首にネックレスをしている / die Wälder *um* Berlin herum ベルリン周辺の森. ◇《再帰代名詞(4 格)とともに》ängstlich *um* sich blicken 恐る恐る周りを見回す / Er hat viele Freunde *um* sich. 彼は周りに友だちが多い / Die Epidemie greift *um* sich. 伝染病が広がる. (注) この場合 um にアクセントを置く). ② **…を曲がって**. *um* die Ecke biegen 角を曲がる / gleich *um* die Ecke 角を曲がってすぐのところに.
③《時間的に》⑦《正確な時刻》…に. (英 at). *um* 8 Uhr 8 時に / Das Geschäft schließt *um* 18 Uhr. その店は 18 時に閉まる. ⑦《しばしば **herum** とともに》《およその日時》…ころに. *um* die Mittagszeit [herum] お昼ごろに / *um* Ostern [herum] 復活祭のころに / *um* 8 Uhr herum 8 時ごろに.
④《差異》**…だけ**. den Rock *um* 5 cm kürzen スカートを 5 センチ短くする / Er ist *um* einen Kopf größer als ich. 彼は私より頭一つだけ背が高い / *um* vieles (または Vieles) besser はるかに良い.
⑤《追求》**…を求めて**. 人⁴ *um* Rat bitten 人⁴に助言を求める / *um* Hilfe rufen 助けを求めて叫ぶ / *um* Geld spielen お金を賭(か)けてゲームをする.
⑥《喪失》*um* 物⁴ kommen 物⁴を失う / *ums* Leben kommen 命を失う / 人⁴ *um* 物⁴ bringen 人⁴から物⁴を奪う.
⑦《テーマ》…について, …をめぐって. *um* 物⁴ wissen 物⁴について知っている / eine erregte

Diskussion *um* das Problem その問題をめぐる激しい議論 / Es geht hier *um* das Prinzip. ここで問題となっているのは原則なのです / Es steht schlecht *um* ihn. 彼は調子がよくない.
⑧ 《悲しみ・心配などの原因》…について. *um* einen Verstorbenen klagen 亡き人のことを嘆く / Sie macht sich Sorgen *um* die Kinder. 彼女は子供たちのことを心配している / Es ist schade *um* die Zeit. 時間がもったいない.
⑨ 《同じ名詞にはさまれて》Tag *um* Tag 一日一日 / Schritt *um* Schritt 一歩一歩.
⑩ 《成句的に》*um* jeden Preis ぜひとも / *um* keinen Preis 決して…ない / *um* nichts in der Welt 絶対に…ない.
⑪ 《*um* 人・物² willen の形で》人・物²のために. *um* der Freiheit willen 自由のために / *Um* Gottes willen! a) とんでもない, b) 後生だから.
II 接

…するために

Ich bin hier, *um* dir zu helfen.
イヒ ビン ヒーア ウム ディァ ツー ヘるフェン
ぼくは君を助けるためにここに来たのだ.

〖**zu** 不定詞[句]とともに〗㋐ 《目的を表して》…するために. *Um* sie abzuholen, ging er zum Bahnhof. 彼女を迎えに彼は駅へ行った. ㋑ 《結果を表して》そして… Er kam, *um* gleich wieder fortzugehen. 彼は来たと思ったら, すぐにまたどこかへ行ってしまった. ㋒ 《断り書きで》*Um* die Wahrheit zu sagen, ich liebe ihn nicht mehr. 本当のことを言うと, 私はもう彼を愛していないのよ. (注意 後続文の語順に影響を与えない) / *um* ein Beispiel zu nennen 一例をあげるに / *um* es kurz zu sagen 要するに. ㋓ 《副詞の **zu**＋形容詞と呼応して》…するには(あまりに～), (あまりに～すぎて)…できない. Sie ist noch zu jung, *um* das zu begreifen. 彼女はそれを理解するにはまだ若すぎる. ㋔ 《形容詞＋**genug** と呼応して》…するのに(十分なほど～). Sie ist alt genug, *um* das *zu* begreifen. 彼女はそれを理解できる年齢に達している.

III 副 ① 〖*um* [die] ... [herum] の形で〗およそ, 約. Sie ist *um* [die] 30 [herum]. 彼女は30歳ぐらいだ / Das Buch kostet *um* die 20 Euro [herum]. その本はおよそ 20 ユーロだ. ② 《成句的に》*um und um* (方)まったく, どこからどこまで. Das ist *um* und *um* verkehrt. それはまったく間違っている.
③ 過ぎて, 終わって. Die Ferien sind *um*. 休暇は終わった.

▶ **um≠so**

um.. [ウム.. úm.. または ウム..] I 〖分離動詞の 前つづり〗; つねにアクセントをもつ〗① 《周囲に(を)》 例: *um*|blicken あたりを見回す. ② 《回転》 例: *um*|drehen 回す. ③ 《転倒》 例: *um*|fallen 倒れる. ④ 《移動》 例: *um*|ziehen 引っ越す. ⑤ 《やり直し・変更》 例: *um*|schreiben 書き直す. ⑥ 《喪失》 例: *um*|kommen 死ぬ.

⑦ 《交換》 例: *um*|tauschen 交換する.
II 〖非分離動詞の 前つづり〗; アクセントをもたない〗
① (…の周囲をぐるりと) 例: *um*fahren 回る.
② 《包囲》 例: *um*geben 囲む. ③ 《迂回》 例: *um*gehen 迂回(うかい)する.

um|än·dern [ウム・エンダァン úm-èndərn] 他 (h) [作り]変える, 作り直す, 変更する.
Um·än·de·rung [ウム・エンデルング] 女 -/-en 作り変え, 変更.
um|ar·bei·ten [ウム・アルバイテン úm-àrbaɪtən] 他 (h) ① (服など⁴を)作り直す. ② 書き直す, 改作する.
Um·ar·bei·tung [ウム・アルバイトゥング] 女 -/-en 作り直し; 書き直し, 改作.

um·ar·men [ウム・アルメン um-ármən] (umarmte, *hat* ... umarmt) 他 (完了) haben) (人⁴を)抱く, 抱き締める. ◆《相互的に》*sich*⁴ *umarmen* 抱き合う. Sie *umarmten* sich beim Wiedersehen. 彼らは再会したとき抱き合った.
um·armt [ウム・アルムト] umarmen (抱く)の 過分, 3 人称単数・2 人称親称複数 現在
um·arm·te [ウム・アルムテ] umarmen (抱く)の 過去
Um·ar·mung [ウム・アルムング] 女 -/-en 抱擁.
Um·bau [ウム・バオ úm-baʊ] 男 -[e]s/-e (または -ten) ① 改築, 改装; (舞台装置の)転換. ② 改築(改造)家屋. ③ (ベッドなどの)外装部分.
um|bau·en¹ [ウム・バオエン úm-bàʊən] 〖分離〗他 (完了) haben) ① 改築する, 改造する; (無стал装置⁴を)転換する. ein Haus¹ *umbauen* 家を改築する / Das Kino *wurde* zu einem Supermarkt *umgebaut*. 《受動・過去》映画館はスーパーマーケットに改築された. ② (比)(組織など⁴を)改組する, 再編成する.
um|bau·en² [ウム・バオエン] 〖非分離〗他 (h) (建物で広場など⁴を)囲む.
um|be·nen·nen* [ウム・ベネンネン úm-bənènnən] (過分 umbenannt) 他 (h) (物⁴の)名称を改める.
um|be·set·zen [ウム・ベゼッツェン úm-bəzètsən] (過分 umbesetzt) 他 (h) (ポストなど⁴に)別の人を配置する; (配役など⁴を)変更する.
um|bet·ten [ウム・ベッテン úm-bètən] 他 (h) ① (患者など⁴を)ほかのベッドに移す. ② (死体⁴を)別の墓に葬りなおす.
um|bie·gen* [ウム・ビーゲン úm-bi:gən] I 他 (h) (針金など⁴を)折り曲げる. II 自 (s) (道などが)鋭角に折れ曲がる; (人・車などが)曲がる.
um|bil·den [ウム・ビるデン úm-bìldən] I 他 (h) (物⁴の)形を変える, 作り直す; (内閣など⁴を)改造する. Sätze⁴ *umbilden* 文章を書き換える. II 再帰 (h) *sich*⁴ *umbilden* (形・構造などが)変わる.
Um·bil·dung [ウム・ビるドゥング] 女 -/-en 作り変え, 改組, 再編成.

um|bin·den[1]* [ウム・ビンデン úm-bìndən]〚分離〛他 (h) (スカーフなど4を)体に巻きつける. 人3 (sich3) eine Schürze4 *umbinden* 人3にエプロンを結んでやる(エプロンを[ろで結って]かける).

um·bin·den[2]* [ウム・ビンデン]〚非分離〛他 (h)《A4 mit B3 ～》(A4をB3で)結ぶ, 巻く, 縛る. Pakete4 mit einem Strick *umbinden* 小包をひもで結ぶ.

um·blät·tern [ウム・ブレッタァン úm-blètərn] I 他 (h) (本・新聞など4の)ページをめくる. II 自 (h) ① ページをめくる. ②《人3のために》楽譜をめくる.

um·bli·cken [ウム・ブリッケン úm-blìkən] 再帰 (h) sich4 *umblicken* ① 辺りを見回す. ② 振り返って見る.

Um·bra [ウンブラ úmbra] 女 -/ 《天》アンブラ(太陽黒点の暗部), アンバー(褐色顔料).

um·bre·chen[1]* [ウム・ブレッヒェン úm-brèçən]〚分離〛I 他 (h) ① (木など4を)折って倒す; (紙など4を)折り曲げる. ② (畑4を)すきかえす. II 自 (s) (木などが)倒れる.

um·bre·chen[2]* [ウム・ブレッヒェン]〚非分離〛他 (h)《印》(組み版4を)ページに組む, 割り付ける, メークアップする.

um|brin·gen* [ウム・ブリンゲン úm-brìŋən] (brachte...um, hat...umgebracht) 他 (定了 haben) 殺す, 殺害する(=töten). (英 kill). 人4 mit Gift *umbringen* 人4を毒殺する / Dieser Krach *bringt* mich noch *um*.《口語》この騒音には参ってしまう / Das Material ist nicht *umzubringen*.《口語・比》この素材は長持ちする. ◇〘再帰的に〙Er hat sich4 *umgebracht*. 彼は自殺した.

Um·bruch [ウム・ブルフ úm-brux] 男 -[e]s/..brüche ① (特に政治上の)変革, 大改革. ②〚複なし〛《印》ページに組むこと, 割りつけ, メークアップ.

um|bu·chen [ウム・ブーヘン úm-bù:xən] 他 (h) ① (旅行・飛行機など4の)予約を変更する. ②《経》(金額4を)記帳替えする, 振り替える.

um|den·ken* [ウム・デンケン úm-dèŋkən] 自 (h) 考え方を改める(一新する).

um|dis·po·nie·ren [ウム・ディスポニーレン úm-dɪspònì:rən] 自 (h) 計画(予定)を変更する.

um·drän·gen [ウム・ドレンゲン um-dréŋən] 他 (h) (物4の)周りに押し寄せる(殺到する).

um|dre·hen [ウム・ドレーエン úm-drè:ən] (drehte...um, hat/ist...umgedreht) I 他 (定了 haben) ① 回す, 回転させる, ひねる. (英 turn round). den Schlüssel im Schloss *umdrehen* 錠に差した鍵(㌻)を回す / 人3 den Arm *umdrehen* 人3の腕をねじ上げる. ② 裏返す; (ページ4を)めくる. die Tischdecke4 *umdrehen* テーブルクロスを裏返しにする / Die Jacke kann man auch *umdrehen*. この上着はリバーシブルだ / einen Spion *umdrehen*《比》スパイを寝返らせる / jeden Cent zweimal *umdrehen müssen*《口語》倹約しなくてはならない.
II 再帰 (定了 haben) sich4 *umdrehen* くるりと向きを変える, 回れ右をする. sich4 nach 人・物3 *umdrehen* 人・物3の方を振り向く.
III 自 (定了 haben) まわる または sein) Uターンする, 引き返す. Das Boot hat (または ist) *umgedreht*. ボートはUターンした.

Um·dre·hung [ウム・ドレーウング] 女 -/-en 回転, 旋回.

Um·dre·hungs͟zahl [ウム・ドレーウングス・ツァール] 女 -/-en 回転数.

Um·druck [ウム・ドルック úm-druk] 男 -[e]s/-e ①〚複なし〛(石版印刷などの)転写, 複写. ② 転写(複写)されたもの.

um͟ein·an·der [ウム・アイナンダァ] 副 互いをめぐって, 互いの周りを, 互いに関して.

um|er·zie·hen [ウム・エァツィーエン úm-ɛrtsì:ən] 他 (h) 教育し直す.

um·fah·ren[1]* [ウム・ファーレン úm-fà:rən]〚分離〛I 他 (h) (乗り物で人・物4を)引き倒す. II 自 (s) (方・口語) (乗り物で)回り道をする.

um·fah·ren[2]* [ウム・ファーレン]〚非分離〛他 (h) (乗り物で物4を)迂回(ぅぃ)する, よけて通る; (乗り物で物4の)周囲を回る. einen See *umfahren* 湖の回りを一周する.

um|fal·len* [ウム・ファレン úm-fàlən] du fällst...um, er fällt...um (fiel...um, ist...umgefallen) 自 (定了 sein) ① 倒れる, 転倒する; (意識を失って)倒れる, 卒倒する. Die Vase ist *umgefallen*.《現在完了》花びんが倒れた / tot *umfallen* (心臓麻痺(㎲))などで)ばったり倒れて死ぬ. ②《口語》態度(意見)をくるりと変える.

Um·fal·len [ウム・ファレン] 中〚成句的に〛Ich bin zum *Umfallen* müde. 私は倒れそうなくらい疲れている.

der **Um·fang** [ウム・ファング úm-faŋ] 男 (単2) -[e]s/-fänge ..fänge[ふェンゲ] (3格のみ..fängen) ① **周囲の長さ**,《数》円周. (英 circumference). Brust*umfang* 胸囲 / den *Umfang* eines Kreises berechnen 円周を計算する / Der Baumstamm hat einen *Umfang* von sechs Metern. その木の幹の回りは6メートルある.
② **大きさ**, 量, 広がり. Das Buch hat einen *Umfang* von 200 Seiten. この本は200ページある. ③ 範囲, 規模. der *Umfang* eines Schadens 損害の規模 / in vollem *Umfang* 十分に, すっかり.

Um·fän·ge [ウム・フェンゲ] Umfang (周囲の長さ)の複.

um·fan·gen* [ウム・ファンゲン um-fáŋən] 他 (h)《雅》(人4を)抱く;《比》(静けさ・闇(㌻)などが人4を)とり囲む, 包み込む.

um·fäng·lich [ウム・フェングリヒ] 形 [かなり]広範囲な; [かなり]分量の多い.

um·fang͟reich [ウムファング・ライヒ] 形 広範囲の; 分量の多い, かさばった; 大規模な. Die Bibliothek ist sehr *umfangreich*. その図書館はとても規模が大きい.

um·fas·sen [ウム・ファッセン um-fásən] du umfasst, er umfasst (umfasste, hat ... umfasst) 他 (完了) haben） ① (腕を回して)抱く, 抱擁する; 握り締める. Er *hat* sie zärtlich *umfasst*. 彼は彼女を優しく抱き締めた. ◆《相互的に》 *sich*[4] [gegenseitig] *umfassen* 抱き合う.
② 含んでいる, 包含している. Diese Ausgabe *umfasst* alle Werke des Dichters. この版にはその詩人の全作品が含まれている. ③ 《A[4] mit B[3] ～》(A[4]をB[3]で)囲む, とり巻く. ④ 《軍》包囲する.

um·fas·send [ウム・ファッセント um-fásənt] I umfassen (抱く)の 現分
II 形 包括的な, 広範囲にわたる; 全面的な. Sie hat *umfassende* Kenntnisse. 彼女はたいへん博識だ.

um·fasst [ウム・ファスト] umfassen (抱く)の 過分, 2人称単数・3人称単数・2人称親称複数 現在

um·fass·te [ウム・ファステ] umfassen (抱く)の 過去

Um·fas·sung [ウム・ファッスング] 女 -/-en ① 抱擁; 包含. ② 囲い; 柵(ᢧ), 垣根.

Um·feld [ウム・フェルト] 中 -[e]s/-er ① (心・社) (個人をとり巻く)環境. ② 周辺[地域].

um|flie·gen[1]* [ウム・フリーゲン úm-flì:gən] 【分離】 自 (s) ① (口語)(花びんなどが)ひっくり返る. ② (方・口語) 迂回(ｶ̣)して飛ぶ.

um·flie·gen[2]* [ウム・フリーゲン] 【非分離】 他 (h) (物[4]の)周りを飛ぶ; (物[4]を)避けて飛ぶ.

um|for·men [ウム・フォルメン úm-fɔ̀rmən] 他 (h) (物[4]を)変形する, 作り直す. einen Roman *umformen* 小説を書き換える.

Um·for·mer [ウム・フォルマァ úm-fɔrmər] 男 -s/- (電)変換器, コンバーター.

Um·for·mung [ウム・フォルムング] 女 -/-en 変形, 改造.

Um·fra·ge [ウム・フラーゲ úm-fra:gə] 女 -/-n アンケート, 世論調査. eine *Umfrage*[4] machen (または durch|führen) アンケートをとる.

um|fra·gen [ウム・フラーゲン úm-frà:gən] 自 (h) 《不定詞・過去分詞でのみ用いる》 アンケートをとる.

um·frie·den [ウム・フリーデン] 他 (h) (雅) ([垣根・壁などで]物[4]の)周りを囲う.

um|fül·len [ウム・フュレン úm-fỳlən] 他 (h) (ワインなどを別の容器へ)詰め(入れ)かえる.

um|funk·tio·nie·ren [ウム・フンクツィオニーレン úm-fuŋktsìoni:rən] 他 (h) (物[4]を)別の用途に当てる, 転用する.

um·gab [ウム・ガープ] umgeben[1] (とり囲む)の 過去

der **Um·gang** [ウム・ガング úm-gaŋ] 男 (単) -[e]s/(複) ..gänge [..ゲンゲ] (3格のみ..gängen) ① (複 なし) つき合い, 交際; 交際相手. 《英》 contact). ein vertraulicher *Umgang* 親密なつき合い / mit 人[3] *Umgang*[4] haben (または pflegen) 人[3]と交際している / Sie ist kein *Umgang* für ihn. 《口語》彼女は彼にとってふさわしい交際相手ではない.
② (人や物の)扱い. Er ist erfahren im *Umgang* mit Tieren. 彼は動物の扱いには慣れている. ③《建・美》(教会の)回廊; 周歩廊; (祭壇を巡る)礼拝の行列.

Um·gän·ge [ウム・ゲンゲ] Umgang (回廊)の 複

um·gan·gen [ウム・ガンゲン] umgehen[2] (迂回する)の 過分

um·gäng·lich [ウム・ゲングリヒ úm-gɛŋlɪç] 形 人づき合いのいい, 愛想のいい. Sie ist sehr *umgänglich*. 彼女はとても愛想がいい.

Um·gangs=form [ウムガングス・フォルム] 女 -/-en 《ふつう 複》 エチケット, 礼儀作法.

Um·gangs=spra·che [ウムガングス・シュプラーヘ] 女 -/-n ①《言》日常語, 話し言葉, 口語. (⚠「書き言葉」は Schriftsprache). ② 仲間内で使用する言葉.

um·gangs=sprach·lich [ウムガングス・シュプラーハりヒ] 形 日常語の, 話し言葉の, 口語の.

um·gar·nen [ウム・ガルネン um-gárnən] 他 (h) (人[4]にとり入る, (人[4]を)まるめ込む.

um·ge·ben[1]* [ウム・ゲーベン um-gé:bən] du umgibst, er umgibt (umgab, hat ... umgeben) 他 (完了 haben) とり囲む, とり巻く. (英 surround). Eine Hecke *umgibt* das Haus. 生垣がその家を囲っている. 人[4] mit Liebe *umgeben* (比) 人[4]を愛情で包む / Die Stadt *ist* ringsum von Wald *umgeben*. 《状態受動・現在》その町は周りを森に囲まれている. ◆《再帰的に》*sich*[4] mit Fachleuten *umgeben* 自分の周りを専門家で固める.

um·ge·ben[2] [ウム・ゲーベン] umgeben[1] (とり囲む)の 過分

um·ge·bracht [ウム・ゲブラッハト] um|bringen (殺す)の 過分

die **Um·ge·bung** [ウム・ゲーブング um-gé:buŋ] 女 (単) -/(複) -en 《英 surroundings》 ① 周囲, 周辺. *Umgebung* Berlins ベルリンの周辺地域 / in Dresden oder *Umgebung* ドレスデンまたはその周辺に. ② 周囲の人たち; 環境. der Bundespräsident und seine *Umgebung* 連邦大統領とその側近たち / *sich*[4] der neuen *Umgebung*[3] an|passen 新しい環境に順応する.

um·ge·dreht [ウム・ゲドレート] um|drehen (回す)の 過分

um·ge·fal·len [ウム・ゲファレン] um|fallen (倒れる)の 過分

um·ge·gan·gen [ウム・ゲガンゲン] um|gehen[1] (回る)の 過分

um|ge·hen[1]* [ウム・ゲーエン úm-gè:ən] 【分離】 (ging ... um, *ist* ... umgegangen) 自 (完了 sein) ① (うわさなどが)広まる, (病気などが)広がる; (幽霊などが)出没する. Die Grippe *geht um*. インフルエンザが流行する.
②《mit 人・物[3] ～》(人・物[3]を…に)扱う. Sie

kann sehr gut mit Kindern *umgehen*. 彼女は子供の扱い方がとてもうまい / mit 人・物³ vorsichtig *umgehen* 人・物³を用心深く扱う. ③ 【**mit** 人³ ~】(人³と)つき合う. ④ 【**mit** 事³ ~】(事³×計画などを)もっている. Er *ging* mit dem Gedanken *um*, ein Haus zu bauen. 彼は家を建てようと考えていた. ⑤ 《方・口語》(誤って)回り道をする.

◇ ☞ umgehend

um·ge·hen²* [ウム・ゲーエン um-gé:ən] 〔非分離〕(umging, *hat* ... umgangen) 他 (完了 haben) ① (物⁴を)迂回(うかい)する, 避けて通る. Die Straße *umgeht* westlich den Gebirgszug. その道は山脈の西側を迂回している. ② (困難・責任など⁴を)回避する, 避ける. eine Antwort⁴ *umgehen* 返答を避ける / ein Gesetz⁴ *umgehen* 法の網の目をくぐる / Das *lässt* sich⁴ nicht *umgehen*. それはやむを得ないことだ(←避けられない).

um·ge·hend [ウム・ゲーエント um|gehen¹ (広まる)の現在 II 形 《書》折り返しの, 即座の. mit *umgehender* Post 折り返し[の郵便で] / Er schickte *umgehend* das Geld. 彼は折り返しお金を送った.

Um·ge·hung [ウム・ゲーウング] 女 -/-en ① 迂回(うかい); 回避. ② バイパス, 迂回(うかい)道路.

Um·ge·hungs=stra·ße [ウムゲーウングス・シュトラーセ] 女 -/-n バイパス, 迂回(うかい)路.

um·ge·kehrt [ウム・ゲケールト úm-gəke:rt] I um|kehren (引き返す)の過分 II 形 逆の, 反対の, 裏返しの. in *umgekehrter* Reihenfolge 逆の順序で / Die Sache ist genau *umgekehrt*. 事態はまったくその逆だ.

um·ge·kom·men [ウム・ゲコンメン] um|kommen (命を失う)の過分

um·ge·schla·gen [ウム・ゲシュらーゲン] um|schlagen (折り返す)の過分

um·ge·se·hen [ウム・ゲゼーエン] um|sehen (再帰で: 見回す)の過分

um·ge·stal·ten [ウム・ゲシュタるテン úm-gəʃtaltən] 他 (h) 作り変える, 改造する. einen Raum *umgestalten* 部屋を改造する.

um·ge·stellt [ウム・ゲシュテるト] um|stellen¹ (置き換える)の過分

um·ge·stie·gen [ウム・ゲシュティーゲン] *um|steigen (乗り換える)の過分

um·ge·tauscht [ウム・ゲタオシェト] *um|tauschen (取り替える)の過分

um·ge·wandt [ウム・ゲヴァント] um|wenden (裏返す)の過分

um·ge·wen·det [ウム・ゲヴェンデット] um|wenden (裏返す)の過分

um·ge·wor·fen [ウム・ゲヴォルふェン] um|werfen (ひっくり返す)の過分

um·ge·zo·gen [ウム・ゲツォーゲン] *um|ziehen¹ (引っ越す)の過分

um·gib [ウム・ギープ] umgeben¹ (とり囲む)の du に対する命令

um·gibst [ウム・ギープスト] umgeben¹ (とり囲む)の2人称親称単数 現在

um·gibt [ウム・ギープト] umgeben¹ (とり囲む)の3人称単数 現在

um·gie·ßen* [ウム・ギーセン úm-gì:sən] 他 (h) ① (液体⁴を別の容器に)移し換える. ② (金属⁴を)改鋳する.

um·ging [ウム・ギング] umgehen² (迂回する)の過去

um·gra·ben* [ウム・グラーベン úm-grà:bən] 他 (h) (地面・花壇など⁴を)掘り返す.

um·gren·zen [ウム・グレンツェン úm-gréntsən] 他 (h) ① (垣根などで物⁴を)とり囲む. ② (比)(任務など⁴の範囲を)限定する.

um·grup·pie·ren [ウム・グルピーレン úm-grupì:rən] 他 (h) (人・物⁴を)編成し直す, 組み替える.

um·gu·cken [ウム・グッケン úm-gùkən] 再帰 (h) sich⁴ *umgucken* 《口語》① 見回す. ② 振り返って見る.

um·ha·ben* [ウム・ハーベン úm-hà:bən] 他 (h) 《口語》(物⁴を)着ている, 身につけている. einen Mantel *umhaben* コートを着ている.

um·hal·sen [ウム・ハるゼン úm-hálzən] 他 (h) (人⁴の)首に抱きつく.

Um·hang [ウム・ハング úm-haŋ] 男 -[e]s/..hänge 肩かけ, ケープ.

um·hän·gen [ウム・ヘンゲン úm-hèŋən] 他 (h) ① (絵など⁴を)他の場所へ)掛け替える. ② (人の肩・足など⁴に)掛けてやる, つけてやる. ③ (sich³) einen Mantel *umhängen* 人³に(自分の肩などに)コートを掛ける.

Um·hän·ge·ta·sche [ウムヘンゲ・タッシェ] 女 -/-n ショルダーバッグ.

um|hau·en(*) [ウム・ハオエン úm-hàuən] 他 (h) ① (木⁴を)切り倒す; 《口語》(人⁴を一発で)なぐり倒す. ② 《俗》(人⁴を)びっくりさせる; (暑さ・酒などが人⁴を)参らせる.

um·her [ウム・ヘーア um-hé:r] 副 《雅》周りに, あたり一面に; あちこちに. (英 *around*). Weit *umher* lagen Trümmer. あたり一面に破片が散乱していた.

um·her.. [ウム・ヘーア.. um-hé:r..] 〔分離動詞の前つづり; つねにアクセントをもつ〕《あちこち》例: *umher*|blicken あちこち見回す / *umher*|irren さまよい歩く.

um·her|bli·cken [ウムヘーア・ブリッケン um-hé:r-blikən] 自 (h) あちこち(周りを)見回す.

um·her|ge·hen* [ウムヘーア・ゲーエン um-hé:r-gè:ən] 自 (s) ぶらぶら歩き回る, ぶらつく.

um·her|ir·ren [ウムヘーア・イレン um-hé:r-irən] 自 (s) さまよい歩く, あてどなく歩き回る.

um·her|zie·hen* [ウムヘーア・ツィーエン um-hé:r-tsì:ən] 自 (s) 放浪する; 巡業する. Der Zirkus *zieht* im Lande *umher*. そのサーカスは国中を巡業して回る.

um·hin|kön·nen* [ウムヒン・ケンネン um-hín-kænən] 自 (h) 《成句的に》nicht *umhinkönnen*, **zu** 不定詞[句] …せざるをえない. Ich *konnte* nicht *umhin*, es ihm zu sagen. 私は

彼にそれを言わざるをえなかった．

um|hö·ren [ウム・ヘーレン úm-hö:rən] 再帰 (h)〘sich⁴ [nach 囲³] ～〙([囲³について])聞いて回る，あちこち問い合わせる．

um·hül·len [ウム・ヒュレン um-hýlən]他 (h)〘人·物⁴ mit 物³ ～〙(人·物⁴を物³で)包む，くるむ．einen Kranken mit einer Decke *umhüllen* 病人を毛布でくるむ．

Um·hül·lung [ウム・ヒュるング] 囡 –/–en ① 〘覆 なし〙覆う(包む)こと． ② 覆い；包装．

Um·kehr [ウム・ケーァ úm-ke:r] 囡 –/ ① 引き返すこと，方向転換． ② 〘比〙転向，改心．

um·kehr·bar [ウム・ケーァバール] 形 ひっくり返すことができる，逆にできる．

um|keh·ren [ウム・ケーレン úm-kè:rən] (kehrte ... um, *ist*/*hat* ... umgekehrt) **I** 自 (完了 sein) 引き返す，戻る．Wir *sind* auf halbem Weg *umgekehrt*.〘現在完了〙私たちは途中で引き返した．
II 他 (完了 haben) ① (順序など⁴を)逆にする．die Reihenfolge⁴ *umkehren* 順序を逆にする．◆〘再帰的に〙sich⁴ umkehren (状況などが)逆になる⇒ Die Tendenz *hat sich umgekehrt*. すう勢は逆転した． ② 〘話〙裏返す，逆さにする．ein Blatt Papier⁴ *umkehren* 1枚の紙を裏返しにする / das ganze Haus⁴ [nach 囲³] *umkehren* 〘比〙[囲³を探して]家中をひっくり返す．
◆☞ **umgekehrt**

Um·keh·rung [ウム・ケールング] 囡 –/–en ① 逆転；反転；裏返し． ② 〘音楽〙転回．

um|kip·pen [ウム・キッペン úm-kìpən] **I** 自 (s) ① (物が)倒れる，ひっくり返る，(船などが)転覆する．Das Boot *ist umgekippt*.〘現在完了〙ボートが転覆した． ② 〘口語〙気を失って倒れる． ③ 〘口語〙[突然]態度を変える；(雰囲気などが)がらりと変わる． ④ 《ワインが》酢になる． ⑤〘俗語〙(河川などが生物が生存できないほど)汚染される． **II** 他 (h) (誤って)物⁴を倒す，ひっくり返す．

um·klam·mern [ウム・クらンマァン um-klámərn] 他 (h) (人·物⁴に)抱き(しがみ)つく，(囚⁴を)抱きかかえる；(ピストルなど⁴を)両手で握りしめる；〘比〙(不安などが囚⁴を)とらえる；(ボクシングで:)(相手⁴に)クリンチする．

Um·klam·me·rung [ウム・クらンメルング] 囡 –/–en 抱き(しがみ)つくこと．

Um·klei·de=ka·bi·ne [ウムクらイデ・カビーネ] 囡 –/–n (小さく仕切った)更衣室．

um|klei·den¹ [ウム・クらイデン úm-klàıdən] 〘分離〙他 (h)《雅》(囚⁴に)着替えをさせる．◆〘再帰的に〙sich⁴ umkleiden 服を着替える．

um·klei·den² [ウム・クらイデン]〘非分離〙他 (h)〘A⁴ mit B³ ～〙(A⁴の周りにB³を)かぶせる，(A⁴の周りをB³で)覆う．

Um·klei·de=raum [ウムクらイデ・ラオム] 男 –[e]s/..räume 更衣室．

um|kni·cken [ウム・クニッケン úm-knìkən] **I** 他 (h)(紙など⁴を)折る，折り曲げる．ein Blatt Papier⁴ *umknicken* 1枚の紙を折る． **II** 自 (s) ① (木などが)[ぼきっと]折れる． ② (足を)くじく．

um|kom·men* [ウム・コンメン úm-kɔmən] (kam ... um, *ist* ... umgekommen) 自 (完了 sein) ① (事故などで)命を失う，死ぬ．《寒 die》bei einem Flugzeugunglück *umkommen* 飛行機事故で死ぬ． ② 〘vor 囲³ ～〙(口語)囲³(暑さ・退屈など)で死にそうである． ③ (食料品などが)腐る，傷む．

Um=kreis [ウム・クライス] 男 –es/–e 〘覆 なし〙周囲，周辺，(ある人の)身辺，交際範囲．im *Umkreis* von 50 m 50メートル四方に． ② 《数》外接円．

um·krei·sen [ウム・クライゼン um-kráızən] 他 (h)(人·物⁴の)周りを回る，《比》(考えがテーマなど⁴を)めぐって離れない．

um|krem·peln [ウム・クレンペるン úm-krèmpəln] 他 (h) ① (袖(⅘)など⁴を)折り返す，まくり上げる． ② (靴下など⁴を)裏返す．das ganze Haus⁴ *umkrempeln* 《比》家中ひっくり返して捜しものをする． ③ 〘口語〙(人·物⁴を)すっかり変える，一変させる．

um|la·den* [ウム・らーデン úm-là:dən] 他 (h)(荷⁴を他のコンテナ・車両などに)積み替える．

Um·la·ge [ウム・らーゲ úm-la:gə] 囡 –/–n 割当額，分担金．

um|la·gern¹ [ウム・らーガァン úm-là:gərn]〘分離〙他 (h)(物⁴を)ほかの保管場所へ移す．

um·la·gern² [ウム・らーガァン]〘非分離〙他 (h)(人·物⁴を)大勢でとり囲む，包囲する．

Um=land [ウム・らント] 中 –(e)s/ 都市の周辺地域．

der **Um·lauf** [ウム・らオフ úm-lauf] 男 (単2) –[e]s/(複) ..läufe [..ろイふェ] (3格のみ ..läufen) ① 〘覆 なし〙回転；(天体の)公転．《寒 rotation》. der *Umlauf* eines Satelliten um die Erde 地球を巡る衛星の回転．
② 〘覆 なし〙(血液などの)循環．
③ 〘覆 なし〙(貨幣などの)流通；〘比〙流布．in *Umlauf* kommen 流通する / Diese Münze ist seit fünf Jahren in (または im) *Umlauf*. この硬貨は5年前から流通している / Das Gerücht ist in *Umlauf*, dass ... 〘比〙…といううわさが広まっている． ④ 回状，回覧文． ⑤ 《医》瘭疽(ひょうそ)．

Um·lauf=bahn [ウムらウフ・バーン] 囡 –/–en 《天·宇宙》(天体・人工衛星の)軌道．

Um·läu·fe [ウム・ろイふェ] Umlauf (回状)の復．

um|lau·fen¹* [ウム・らオふェン úm-làufən]〘分離〙**I** 自 (s) ① 回転する，(天体が)公転する，(バルコニーなどが)ぐるりと延びている；《気象》(風などの向きが)ぐるぐる変わる． ◆〘現在分詞の形で〙im *umlaufenden* Rad 回転する車輪．
② (血液などが)循環する． ③ (お金が)流通する；〘比〙(うわさが)広まる．Über ihn *laufen* allerlei Gerüchte *um*. 彼についてさまざまなうわさが広まっている． ④ 《方》(間違って)回り道をする． **II** 他 (h) (人·物⁴に)ぶつかって突

um·lau·fen[2] [ウム・らオフェン]《非分離》他 (h) ① (物⁴の)周りを走る. ② (惑星などが天体⁴の)周りを回る, 公転する.

Um·laut [ウム・らオト úm-laut] 男 -[e]s/-e 《言》① 《複 なし》変音[すること]. ② 変母音, ウムラウト (ä, ö, ü, äu).

um|lau·ten [ウム・らオテン úm-làutən] 他 (h) 《言》(母音⁴を)変音させる, ウムラウトさせる.

um|le·gen [ウム・ーゲン úm-lè:gən] 他 (h) ① (人³の肩・首などに物⁴を)巻いてやる, まとわせる. 人³ (sich³) eine Kette⁴ *umlegen* 人³にネックレスを着けてやる(自分の身に着ける). ② (袖口⁴など)を折り曲げる, 折り返す. einen Kragen *umlegen* 襟を折る. ③ 横にする, 横に倒す; (木⁴を)倒す. einen Mast *umlegen* マストを倒す. ◇《再帰的に》sich⁴ *umlegen* 横たわる, 横倒しになる. ④ (電線・線路など⁴を)他の場所に敷設する; (病人⁴を)他の部屋へ移す; (電話⁴を)切り換える; (期日⁴を)変更する. ⑤ (費用など⁴を)割り当てる. ⑥ 《俗》殺害する.

um|lei·ten [ウム・らイテン úm-làɪtən] 他 (h) (交通など⁴を)迂回(ぅ)させる.

die **Um·lei·tung** [ウム・らイトゥング úm-laɪtʊŋ] 女 (単) -/(複) -en (1.2.) 《交 diversion》. ② 迂回(ぅ)路, 回り道. eine *Umleitung*⁴ fahren (車で)迂回回路を行く.

um|len·ken [ウム・れンケン úm-lèŋkən] I 他 (h) (乗り物⁴を)Uターンさせる, (物⁴の)向きを変える. den Wagen *umlenken* 車をUターンさせる. II 自 (h) (運転手が)Uターンする, 向きを変える.

um|ler·nen [ウム・れルネン úm-lèrnən] 自 (h) ① 学び直す. ② 新しい仕事(方法)を学ぶ.

um·lie·gend [ウム・リーゲント úm-lì:gənt] 形 《付加語としてのみ》付近の, 周辺の.

um·mau·ern [ウム・マオアン úm-máuərn] 他 (h) 壁で囲む, (物⁴に)壁を巡らす.

um|mel·den [ウム・メるデン úm-mèldən] I 他 (h) (人・物⁴の)名義書き換えをする, 登録変更をする. ein Kraftfahrzeug⁴ *ummelden* 乗用車の登録変更をする. II 再帰 (h) sich⁴ *ummelden* 転居届を出す / sich⁴ polizeilich *ummelden* 警察に住所変更を届ける.

um|mo·deln [ウム・モーデるン úm-mò:dəln] 他 (h) (物⁴を)作り直す, 改造する.

um·nach·tet [ウム・ナハテット um-náxtət] 形 《雅》精神錯乱の.

Um·nach·tung [ウム・ナハトゥング] 女 -/-en 《雅》精神錯乱.

um|ne·beln [ウム・ネーベるン úm-né:bəln] 他 (h) ① 《詩》(霧などが人・物⁴を)包む. ② 《比》(感覚, 意識など⁴を)もうろうとさせる.

um|pa·cken [ウム・パッケン úm-pàkən] 他 (h) ① (荷物を別の入れ物に)詰め替える. ② (かばんなど⁴を)詰め直す.

um|pflan·zen[1] [ウム・プふらンツェン úm-pflàntsən]《分離》他 (h) (植物⁴を)植え替える.

um·pflan·zen[2] [ウム・プふらンツェン]《非分離》他 (h) (植物を物⁴の)周りに植える. den Rasen mit Blumen *umpflanzen* 芝生の周りに花を植える.

um|pflü·gen [ウム・プふりューゲン úm-pflỳ:gən] 他 (h) (畑⁴など)をすき返す.

um|po·len [ウム・ポーれン úm-pò:lən] 他 (h) 《物・電》(電池など⁴を)転極させる.

um|quar·tie·ren [ウム・クヴァルティーレン úm-kvartì:rən] 他 (h) (人⁴を)別の宿(部屋)に移す.

um·rah·men [ウム・ラーメン um-rá:mən] 他 (h) ① (物⁴を)縁のようにとり囲む. Ein Bart *umrahmt* sein Gesicht. ひげが彼の顔を縁取っている. ② (催し物など⁴を)縁取る. einen Vortrag musikalisch *umrahmen* 講演の前後に音楽を演奏する.

um·ran·den [ウム・ランデン um-rándən] 他 (h) (物⁴に)縁取りする. eine Textstelle⁴ mit Rotstift *umranden* テキストのある部分を赤鉛筆で囲む.

Um·ran·dung [ウム・ランドゥング] 女 -/-en ① 縁取ること. ② 縁, へり.

um·ran·ken [ウム・ランケン um-ráŋkən] 他 (h) ① (植物が物⁴に)巻きつく, からみつく. ② 《雅》(うわさなどが人・物⁴に)まつわりついている.

um|räu·men [ウム・ロイメン úm-ròymən] 他 (h) ① (物⁴の)配置を換える. Möbel⁴ *umräumen* 家具を移す. ② (部屋など⁴を)模様替えする.

um|rech·nen [ウム・レヒネン úm-rèçnən] 他 (h) 換算する. Yen⁴ in Euro *umrechnen* 円をユーロに換算する.

Um·rech·nung [ウム・レヒヌング] 女 -/ 換算.

Um·rech·nungs⹀kurs [ウムレヒヌングス・クるス] 男 -es/-e 為替相場(レート).

um|rei·ßen[1]* [ウム・ライセン úm-ràɪsən]《分離》他 (h) (人・物⁴を)引き(押し)倒す, (風などが物⁴を)なぎ倒す. ② 倒壊させる.

um|rei·ßen[2]* [ウム・ライセン]《非分離》他 (h) (事⁴の)概略を述べる. Er *hat* das Thema kurz *umrissen*. 彼はそのテーマの要点を手短に述べた.

um|ren·nen* [ウム・レンネン úm-rènən] 他 (h) (人・物⁴に)勢いよくぶつかってひっくり返す.

um·rin·gen [ウム・リンゲン um-ríŋən] 他 (h) (人・物⁴を)大勢でとり囲む, とり巻く.

der **Um·riss** [ウム・リス úm-rɪs] 男 (単2) -es/(複) -e (3格のみ -en) 輪郭; 見取図; 概略, アウトライン, 《交 outline》. der *Umriss* eines Turmes 塔の輪郭 / 物⁴ im *Umriss* (または in *Umrissen*) zeichnen 物⁴の輪郭を描く / Die Pläne nahmen allmählich feste *Umrisse* an. 計画は徐々に明確な形をとり始めた.

Um·riss⹀zeich·nung [ウムリス・ツァイヒヌング] 女 -/-en 見取図, 略図, スケッチ.

um|rüh·ren [ウム・リューレン úm-rỳ:rən] 他 (h) (液状のもの⁴をかき混ぜる. die Suppe⁴ *umrühren* スープをかき混ぜる.

ums [ウムス]《前置詞 um と定冠詞 das の融

um|sat·teln [ウム・ザッテるン úm-zàtəln] **I** 他 (h) (馬⁴の)鞍(⁵)を替える. **II** 自 (h) 《口語》くら替えする, 転職(転科)する. Er *sattelte von Physik auf* (または **zu**) *Medizin um.* 彼は物理学から医学に転科した.

Um·satz [ウム・ザッツ úm-zats] 男 -es/..sätze 《商》売り上げ, 売れ行き; 売上高. der monatliche *Umsatz* 毎月の売り上げ.

Um·satz⁼steu·er [ウムザッツ・ステゥアァ] 女 -/-n 《商》売上税.

um·säu·men [ウム・ゾイメン um-zɔ́ymən] 他 (h) ① (物⁴の)縁を折り返して縫う. ② 《雅》囲む.

um|schal·ten [ウム・シャるテン úm-ʃàltən] **I** 他 (h) (スイッチ・ギアなど⁴を)切り替える. den Strom *umschalten* 電流を切り替える. ◊【目的語にしても】Wir *schalten* **ins** Stadion *um.* (放送で:) 競技場に中継を切り替えます. **II** 自 (h) ① (信号などが)変わる. Die Ampel *schaltet* von Grün **auf** Gelb *um.* 信号が青から黄色に変わる. ② 《口語》(気持ちなどの)切り替えをする. Er *kann* nicht so schnell *umschalten.* 彼はそんなに早くは頭の切り替えができない.

Um·schal·ter [ウム・シャるタァ úm-ʃaltɐr] 男 -s/- ①《工》切り替えスイッチ. ② (キーボード・タイプライターの)シフトキー.

Um·schal·tung [ウム・シャるトゥング] 女 -/-en 切り向き替え; 切り替え装置.

Um·schau [ウム・シャオ úm-ʃau] 女 -/ 見回すこと; 《比》展望. **nach** 人・物³ *Umschau*⁴ halten 人・物³を探して辺りを見回す.

um|schau·en [ウム・シャオエン úm-ʃàuən] 再帰 (h) *sich⁴ umschauen* 《南ドッ・オストッ・スイス》見回す; 振り返って見る (=um|sehen).

um·schich·tig [ウム・シヒティヒ úm-ʃɪçtıç] 形 交替の. *umschichtig arbeiten* 交替で働く.

um·schif·fen [ウム・シッフェン úm-ʃífən] 他 (h) (岬・岩礁など⁴を)迂回(ᵁᵏᵅ)して航行する. eine Klippe⁴ glücklich *umschiffen* 《比》障害(問題点)をうまく切り抜ける.

der **Um·schlag** [ウム・シュらーク úm-ʃla:k] 男 (単 2) -(e)s/(複) ..schläge [..ʃュれーゲ] (3 格のみ ..schlägen) ① (本などの)カバー. 《英》cover). einen *Umschlag* um das Buch legen 本にカバーをする.
② 封筒 (=Briefumschlag). 《英》envelope). den Brief **in** einen *Umschlag* stecken 手紙を封筒に入れる. ③ 《医》湿布, 罨法(ᵃᵐᵇ). 人³ *Umschläge*⁴ machen 人³に湿布をする. ④ (襟・ズボンの)折り返し, 折り目. eine Hose mit (**ohne**) *Umschlag* 折り返しのある(ない)ズボン. ⑤ 《複 なし》(天候・気分などの)急変, 激変. ein politischer *Umschlag* 政変. ⑥ 《複 なし》《経》(貨物の)積み替え; 資産の運用.

Um·schlä·ge [ウム・シュれーゲ] Umschlag (カバーの) の複.

um|schla·gen* [ウム・シュらーゲン úm-ʃlà:gən] du schlägst ... um, er schlägt ... um (schlug ... um, hat/ist ... umgeschlagen) **I** 他 (完了 haben) ① (襟など⁴を)折り返す, 折り曲げる, まくりあげる. 《英》turn up). die Ärmel⁴ *umschlagen* 袖(⁵)を折り返す.
② (ページ⁴を)めくる. 《英》turn over). die Seite⁴ eines Buches *umschlagen* 本のページをめくる. ③ (人³に物⁴を)掛けてやる, まとわせる. 人³ eine Decke⁴ *umschlagen* 人³に毛布を掛けてやる. ◊【再帰的に】*sich³* ein Tuch⁴ *umschlagen* スカーフをまとう. ④ (木など⁴を)切り倒す, (ボートなど⁴を)転覆させる. ⑤ (貨物⁴を)積み替える.
II 自 (完了 sein) ① 倒れる, 横倒しになる; 転覆する. Ein Boot *schlägt um.* ボートが転覆する. ② (風向き・天候・気分などが)急変する, 急に変わる. Der Wind (Die Stimmung) *ist umgeschlagen.* 【現在完了】風向き(雰囲気)が急に変わった. ③ (ワインなどが)変質する.

um·schlie·ßen* [ウム・シュリーセン úm-ʃlí:sən] 他 (h) ① とり囲む. (敵陣など⁴を)包囲する. ② 抱き締める; 握り締める. Er *umschloss* sie mit beiden Armen. 彼は両腕で彼女を抱いた. ③ 含んでいる, 包含している.

um·schlin·gen* [ウム・シュリンゲン úm-ʃlíŋən] 他 (h) ① (人・物⁴に)抱きつく. Das Kind *umschlang* den Hals der Mutter. 子供は母親の首に抱きついた. ② (つたなどが物⁴に)巻きつく, からみつく.

um|schmei·ßen* [ウム・シュマイセン úm-ʃmàısən] 他 (h) ① 《口語》(人・物⁴を)投げ倒す, ひっくり返す. ② (計画など⁴を)ぶちこわす. ③ うろたえさせる; (酒が人⁴を)酔っ払わせる.

um|schnal·len [ウム・シュナれン úm-ʃnàlən] 他 (h) (人³の体に)(物⁴を)留め金で留める. ◊【再帰的に】*sich³* den Gürtel *umschnallen* ベルトを締める.

um|schrei·ben¹* [ウム・シュライベン úm-ʃràıbən] 【分離】他 (h) ① 書き直す; 書き換える, 書き改める. einen Aufsatz *umschreiben* 作文を書き直す / das Datum⁴ einer Rechnung² *umschreiben* 計算書の日付を書き換える. ② (物⁴を他人の名義に)書き換える. ein Grundstück⁴ **auf** 人⁴ *umschreiben* lassen 地所を人⁴の名義に書き換えさせる.

um·schrei·ben²* [ウム・シュライベン] 【非分離】他 (h) ① (別の表現で)言い換える, 遠回し(婉曲)に言う. ② (囲⁴の概略を[簡潔に]述べる (=umreißen²). ③ (権限など⁴を)明確に限定(規定)する.

Um·schrei·bung¹ [ウム・シュライブング] 女 -/-en ① 書き直し; 書き換え. ② 登記(名義)書き換え.

Um·schrei·bung² [ウム・シュライブング] 女 -/-en ① 言い換えること. ② 言い替えられた(婉曲な)表現; パラフレーズ.

Um·schrift [ウム・シュリふト úm-ʃrıft] 女 -/-en ① 《言》書き換え. phonetische *Umschrift* 音声表記. ② 書き換えられたテクスト. ③ (貨幣・メダルなどの)周囲の文字.

um|schu·len [ウム・シューレン úm-ʃùːlən] I 他 (h) ① 転校させる. ② (転職などのために 人⁴を)再訓練(再教育)する. II 自 (h) 再訓練(再教育)を受ける.

Um·schu·lung [ウム・シューるング] 女 -/-en 転校; 再訓練, 再教育.

um|schüt·ten [ウム・シュッテン úm-ʃỳtən] 他 (h) ① (容器を倒して液体など⁴を)こぼす. ② (液体など⁴を別の容器に)入れ替える.

um·schwär·men [ウム・シュヴェルメン um-ʃvérmən] 他 (h) ① (虫・鳥などが人・物⁴の)周りに群がる. ② (ファンなどが人⁴を)大勢でとり巻く, ちやほやする.

Um·schweif [ウム・シュヴァイふ úm-ʃvaif] 男 -[e]s/-e 《ふつう 複》回りくどい(遠回しの)言い方. ohne Umschweife 率直に, 単刀直入に / Mach keine Umschweife! 回りくどい言い方をするな.

um|schwen·ken [ウム・シュヴェンケン úm-ʃvɛ̀ŋkən] 自 (s) ① くるっと向きを変える. ②〔比〕突然心変わりする, 変節する.

Um·schwung [ウム・シュヴング úm-ʃvuŋ] 男 -[e]s/..schwünge ① (状況などの)急変, 激変. ② (体操の)回転. ③ (ᵃ⁴) 家の周辺の土地.

um·se·geln [ウム・ゼーゲルン um-zé:gəln] 他 (h) (物⁴の周りを)帆船で周航する.

um|se·hen* [ウム・ゼーエン úm-zè:ən] du siehst...um, er sieht...um (sah...um, hat...umgesehen) 再帰 (完了 haben) sich⁴ umsehen ① 見回る; 見て回る, 見物して歩く. (英 look around). sich⁴ im Zimmer umsehen きょろきょろ部屋の中を見回す / Du wirst dich noch umsehen!《口語》君は今に自分の思い違いに気がつくよ.
② 振り返って見る. Er sieht sich⁴ nach jeder Frau um. 彼は女性が通るたびに振り返って見る. ◊ sich⁴ nach 人・物³ ~ (人・物³を)探し回る, 探す. sich⁴ nach einer Stellung umsehen 就職口を探す.

um sein* ☞ um III ③

um·sei·tig [ウム・ザイティヒ úm-zaitɪç] 形 裏面の. die umseitige Abbildung 裏面の図版.

um|set·zen [ウム・ゼッツェン úm-zɛ̀tsən] 他 (h) ① (ほかの場所へ)置き換える, 移す. einen Schüler umsetzen 生徒の席を替える. ◊ 再帰的に sich⁴ umsetzen 別の席に移る. ② (樹木など⁴を)植え替える. ③〔A⁴ in B⁴ ~〕(A⁴をB⁴に)替える, 転換する. einen Plan in die Tat umsetzen 計画を実行に移す / Windenergie⁴ in Strom umsetzen 風力を電力に転換する. ◊ 再帰的に Die Bewegung setzt sich in Wärme um. 運動は熱に変わる. ④ (商品などを)売りさばく, 販売する. ⑤ (重量挙げで:)(バーベル⁴を)クリーンする, 肩まで持ち上げる; (体操で:)(器具を持つ両手⁴を)持ち換える.

Um·set·zung [ウム・ゼッツング] 女 -/-en ① (場所の)移動, 置き換え. ② 植え替え, 移植. ③ 転換, 変換. ④ 売却, 販売.

Um·sicht [ウム・ズィヒト úm-zɪçt] 女 -/ 慎重さ, 思慮深さ. mit Umsicht 慎重に.

um·sich·tig [ウム・ズィヒティヒ úm-zɪçtɪç] 形 慎重な, 用心深い, 用意周到な.

um|sie·deln [ウム・ズィーデるン úm-zì:dəln] I 自 (s) 移住する, 移り住む. in ein anderes Hotel umsiedeln ほかのホテルに移る. II 他 (h) 移住させる.

Um·sied·ler [ウム・ズィードらァ úm-zi:dlər] 男 -s/- 移住者, 移民. (女性形: -in).

Um·sied·lung [ウム・ズィードるング] 女 -/-en 移住, 移り住むこと.

um|sin·ken* [ウム・ズィンケン úm-zìŋkən] 自 (s) よろよろと倒れる.

um·so [ウム・ゾ] 副 ①〔umso+比較級の形で〕それだけに[いっそう]… Die Zeit ist knapp, umso besser muss man sie nützen. 時間はあまりない, それだけにうまく使わねばならない. ◊〔als, weil などの従属文とともに〕(~なので)なおさら…. Ich gehe umso lieber hin, als ich dort alte Freunde treffen kann. 私はそこで旧友たちに会えるだけになおさら行きたい.
②〔je+比較級, umso+比較級の形で〕(~であればあるほど)それだけ… Je schneller man fährt, umso größer ist die Gefahr. スピードを増せば増すほど危険が大きくなる.

um·sonst [ウム・ゾンスト úm-zónst] 副 ① ただで, 無料で.（英 free). Er hat die Arbeit umsonst gemacht. 彼はその仕事を無報酬でやった.
②〔文全体にかかって〕むだに, 無益に, いたずらに.（英 in vain). Seine Bemühungen waren umsonst. 彼の努力はむだだった / Er hat umsonst auf sie gewartet. 彼は彼女を待ったがむだだった. ◊〔nicht umsonst の形で〕それなりの理由があって. Das habe ich nicht umsonst gesagt. 私がそう言ったのはそれなりの理由があってのことだ.

um·sor·gen [ウム・ゾルゲン um-zórgən] 他 (h) (人⁴の)面倒をみる, 世話をする.

um|span·nen¹ [ウム・シュパンネン úm-ʃpànən] 分離 他 (h) ①〔電〕(電流⁴を)変圧する. ② (馬車の馬など⁴を)取り替える.

um·span·nen² [ウム・シュパンネン úm-ʃpánən] 非分離 他 (h) ① (物⁴を)抱きかかえる; 握り締める. ② (分野・期間など⁴に)およぶ, わたる.

Um·span·ner [ウム・シュパンナァ úm-ʃpanər] 男 -s/-〔電〕変圧器.

Um·spann⸗werk [ウムシュパン・ヴェルク] 中 -[e]s/-e〔電〕変電所.

um|spie·len [ウム・シュピーレン um-ʃpí:lən] 他 (h) ① (波などが物⁴の周りに軽く打ち寄せる(漂う); (微笑が口元⁴に)漂う. ②〔球技で:〕(相手の選手⁴をボールをキープしながら巧みにかわす. ③〔音楽〕(メロディーなど⁴を)パラフレーズする.

um|sprin·gen¹* [ウム・シュプリンゲン úm-ʃprìŋən]〔分離〕自 (s) ① (風向き・信号などが)急に変わる. ②〔mit 人・物³ ~〕(人・物³を…に)扱う, 遇する. ③ (スキーで:)ジャンプターンする.

um·sprin·gen 2* [ウム・シュプリンゲン]『非分離』⦿(h)(人・物⁴の周りを)跳び回る、はね回る.

um|spü·len [ウム・シュプーレン úm-ʃpyːlən] ⦿(h)(テープなど⁴をほかのリールに)巻き直す.

um|spü·len [ウム・シュビューレン úm-ʃpyːlən] ⦿(h)(波が物⁴を)洗う.

der **Um·stand** [ウム・シュタント úm-ʃtant] 男 (単2) -es (まれに -s)/(複) ..stände [..シュテンデ](3格のみ ..ständen) ① 事情, 状況. (= *circumstance*). ein wichtiger *Umstand* 重大な事情 / nähere *Umstände* 事の詳細 / 法³ mildernde *Umstände*⁴ zu|billigen《法》囚³に情状酌量を認める / wenn es die *Umstände* erlauben 事情が許せば / Sie ist in anderen *Umständen*.《婉曲》彼女は妊娠している(←いつもとは違う状況にある) / je nach den *Umständen* 状況によって / unter *Umständen* 場合によって (略: u. U.) / unter diesen *Umständen* こういう事情では / unter keinen *Umständen* どんなことがあっても…ない / unter allen *Umständen* どんなことでも、必ず.
② 〖ふつう 複〗 わずらわしこと, 面倒なこと, 手間. ohne alle *Umstände* さっさと、ぐずぐずせずに / Machen Sie [sich³] meinetwegen keine [großen] *Umstände*! どうぞお構いなく / Wenn es Ihnen keine *Umstände* macht, … ご面倒でなければ, …

Um·stän·de [ウム・シュテンデ] Umstand (事情の) 複.

um·stän·de·hal·ber [ウムシュテンデ・ハルバァ] 副 事情があって, 都合により.

um·ständ·lich [ウム・シュテントりヒ úm-ʃtɛntlɪç] 形 ① 面倒な, やっかいな. eine *umständliche* Arbeit 手間のかかる仕事. ② 回りくどい, ばかていねいな. *umständliche* Erklärungen 回りくどい説明.

Um·ständ·lich·keit [ウム・シュテントりヒカイト] 囡 -/-en ① (複 なし) 面倒さ, やっかいさ; 回りくどさ. ② 面倒(やっかい)なこと; 回りくどい言動.

Um·stands=kleid [ウムシュタンツ・クらイト] 中 -[e]s/-er マタニティードレス.

Um·stands=kleidung [ウムシュタンツ・クらイドゥング] 囡 -/ マタニティーウェア.

Um·stands=krä·mer [ウムシュタンツ・クレーマァ] 男 -s/- 《口語》形式主義者, 細部にこだわる人. (女性形: -in).

Um·stands=wort [ウムシュタンツ・ヴォルト] 中 -[e]s/..wörter 《言》副詞.

um·ste·hen [ウム・シュテーエン um-ʃtéːən] ⦿(h)(人・物⁴の)周りに立っている.

um·ste·hend [ウム・シュテーエント] I umstehen (周りに立っている)の 現分. II 形 ① 〖付加語としてのみ〗 周りに立っている. die *umstehenden* Leute 周りに立っている人々, 見物人たち. ② 裏面の, 裏ページの. auf der *umstehenden* Seite 裏のページに. ◇〖名詞的に〗Im *Umstehenden* finden sich die näheren Erläuterungen. 詳しい説明は裏面にあります.

um|stei·gen* [ウム・シュタイゲン úm-ʃtaɪɡən] (stieg ... um, *ist* ... umgestiegen) ⦿ (完了 sein) (変 *change*) ① 乗り換える. 〈メモ〉「乗車する」は ein|steigen, 「下車する」は aus|steigen; ⇒ ein|steigen 図). Ich muss in Köln *umsteigen*. 私はケルンで乗り換えねばならない / in einen Bus *umsteigen* バスに乗り換える / nach Aachen *umsteigen* アーヘン行きに乗り換える.
② 〖auf ⁴ ～〗《口語》(物⁴に)くら替えする, 転向する. auf Medizin *umsteigen* 医学部に転部する / Er *will* auf einen neuen Wagen *umsteigen*. 彼は新しい車に買い換えるつもりだ.

um|stel·len¹ [ウム・シュテれン úm-ʃtɛlən] 『分離』(stellte ... um, *hat* ... umgestellt) I ⦿ (完了 haben) ① (ほかの場所へ)置き換える, 移す, (ニラップ)(チームなど⁴の)メンバー(ポジション)をチェンジする. Ich *habe* die Schränke wieder *umgestellt*. 私は再び戸棚の場所を換えた. ② (スイッチなど⁴を)切り換える, 変える. einen Hebel *umstellen* レバーを切り換える / das Telefon⁴ vom Geschäft auf die Wohnung *umstellen* 電話を事務所から家の方へ切り換える / die Uhren⁴ auf die Sommerzeit *umstellen* 時計を夏時間に切り換える. ◇ 〖再帰的に〗 *sich*⁴ auf 物⁴ *umstellen* 物⁴に切り換えられる, 切り換わる ⇒ Das Geschäft *stellt sich* auf Selbstbedienung *um*. その店はセルフサービス方式に切り換える.
II 再帰 (完了 haben) 〖*sich*⁴ auf 物⁴ ～〗(物⁴ に)順応する, 慣れる. *sich*⁴ auf ein anderes Klima *umstellen* 違った気候に慣れる.

um·stel·len² [ウム・シュテれン] 『非分離』⦿(h) 囲む, とり巻く, 包囲する.

Um·stel·lung¹ [ウム・シュテるング] 囡 -/-en ① 置き換え; 切り換え, 転換; (ニラップ)メンバー(ポジション)の変更. ② 順応.

Um·stel·lung² [ウム・シュテるング] 囡 -/-en 包囲.

um|stim·men [ウム・シュティンメン úm-ʃtɪmən] ⦿(h) ① (弦楽器⁴の)調子を変える. ② (人⁴の)意見(気分)を変えさせる. Er *lässt* sich nicht *umstimmen*. 彼は意見を変えない.

um|sto·ßen* [ウム・シュトーセン úm-ʃtoːsən] ⦿(h) ① 突き倒す, ぶつかってひっくり返す. ② (比)(判決・決議など⁴を)くつがえす, (予定など⁴を)だいなしにする.

um·strit·ten [ウム・シュトリッテン um-ʃtrítən] 形 議論の余地のある, 評価の定まっていない.

um·struk·tu·rie·ren [ウム・シュトゥルクトゥリーレン úm-ʃtrukturiːrən] ⦿(h) (物⁴の)組織を変える, 構造を改変(変革)する.

um|stül·pen [ウム・シュテュるペン úm-ʃtỳlpən] ⦿(h) ① (バケツなど⁴を)逆さまにする. ② (ポケットなど⁴を)裏返しにする;《比》ごちゃごちゃにする. ③ (生活など⁴を)一変させる.

Um·sturz [ウム・シュトゥルツ úm-ʃtʊrts] 男 -es/..stürze 革命, (政治的)転覆;《比》大変革. einen *Umsturz* planen 革命を企てる.

um|stür·zen [ウム・シュテュルツェン úm-ʃtyrtsən] **I** 自 (s) 倒れる, ひっくり返る, 転覆する. **II** 他 (h) ① (物⁴を)倒す, ひっくり返す. den Tisch *umstürzen* テーブルをひっくり返す. ② (政権など⁴を)倒す, 転覆させる; (計画など⁴を)くつがえす.

Um·stürz·ler [ウム・シュテュルツラァ úm-ʃtyrtslər] 男 -s/- 《ふつう軽蔑的に:》革命家, 破壊分子. (女性形: -in).

um·stürz·le·risch [ウム・シュテュルツれリッシュ úm-ʃtyrtslərɪʃ] 形 《ふつう軽蔑的に:》革命的な, 政府転覆を企てる.

um|tau·fen [ウム・タオフェン úm-tàufən] 他 (h) 《口語》改名する, 改称する.

Um·tausch [ウム・タオシュ úm-tauʃ] 男 -es/-e 《ふつう 単》① 取り替え, 交換. Der *Umtausch* ist innerhalb einer Woche möglich. 交換は一週間以内なら可能です. ② (通貨の)両替. der *Umtausch* von Yen **in** Euro 円からユーロへの両替.

***um|tau·schen** [ウム・タオシェン úm-tàuʃən] (tauschte … um, *hat* … umgetauscht) 他 《完了》haben) 《英 exchange》① 取り替える, 交換する. eine fehlerhafte Ware⁴ *umtauschen* 欠陥商品を取り替えてもらう / A⁴ **in** (または **gegen**) B⁴ *umtauschen* A⁴ を B⁴ と交換する. (⇨ 類語 wechseln).
② (他の通貨へ)両替する. Vor unserer Reise *will* ich noch 50 000 Yen **in** Euro *umtauschen*. 旅行の前に私は 50,000 円をユーロに両替するつもりです.

um|top·fen [ウム・トプふェン úm-tɔpfən] 他

環境用語100

あ
空きびん回収ボックス
　der **Altglasbehälter**
遺伝子操作技術
　die **Gentechnik**
エコ運動
　die **Umweltbewegung**
エコツーリズム
　der **Ökotourismus**
エコハウス
　das **Ökohaus**
エコロジー
　die **Ökologie**
エネルギー税
　die **Energiesteuer**
大型ごみ容器
　die **Mülltonne**
汚染する
　verseuchen
オゾン層破壊
　die **Ozonschichtschädigung**
オゾン層破壊要因
　der **Ozonkiller**
オゾンホール
　das **Ozonloch**
温室効果
　das **Treibhauseffekt**
温室効果ガス
　das **Treibhausgas**

か
カーシェアリング
　das **Carsharing**
化石燃料
　der **fossile Brennstoff**
環境　die **Umwelt**
環境汚染
　die **Umweltverschmutzung**
環境税
　die **Umweltsteuer**
環境[保護]政策
　die **Umweltpolitik**
[自然]環境をそこなう
　umweltfeindlich
[自然]環境にやさしい
　umweltverträglich
環境破壊
　die **Umweltzerstörung**
環境保護
　der **Umweltschutz**
[自然]環境保護運動
　die **Ökobewegung**
環境保護の
　ökologisch
環境保護意識の高い
　umweltbewusst
気候変動
　der **Klimaänderung**
グリーンピース
　der **Greenpeace**
グリーンベルト(緑地帯)
　der **Grüngürtel**
グリーンポイント
　der **Grüne Punkt**
原子力発電所
　das **Atomkraftwerk**
公害
　die **Umweltverschmutzung**
古紙
　das **Altpapier**
ごみ
　der **Abfall**, der **Müll**
ごみ集積場
　die **Deponie**
ごみ処理
　die **Abfallbeseitigung**
ごみの分別
　die **Mülltrennung**
コンポスト
　der **Kompost**

さ
再生可能エネルギー
　die **regenerative Energie**
再生紙
　das **Recyclingpapier**
砂漠化
　die **Desertifikation**
産業廃棄物
　der **Industriemüll**
酸性雨
　der **saure Regen**
資源ごみ
　der **Wertstoff**
自然食品店
　der **Bioladen**
自然保護
　der **Naturschutz**
持続可能な発展
　die **nachhaltige Entwicklung**
自動車の排気ガス
　das **Autoabgas**
省エネ
　das **Energiesparen**
省エネの
　energiesparend
(下水・排水の)浄水装置
　die **Kläranlage**
使用済みガラス
　das **Altglas**
森林の枯死
　das **Waldsterben**

umwandeln

(h) (植物⁴を)他の鉢に植え替える.
um|trei·ben* [ウム・トライベン úm-tràibən] **I** 他 (h) (不安などが人⁴を)駆りたてる. **II** 再帰 (h) *sich⁴ umtreiben*《雅》放浪する.
Um·triebe [ウム・トリーベ úm-tri:bə] 複《軽蔑的に:》(政治的な)策動, 陰謀.
Um·trunk [ウム・トルンク] 男 —{e}s/..trünke (または -e) 《ふつう 単》飲み会.
um|tun* [ウム・トゥーン úm-tù:n] **I** 他 (h) 《口語》([人³に]コートなど⁴を)掛けてやる, まとわせる. 人³ (sich³) eine Decke⁴ *umtun* 人³に毛布を掛ける(毛布をかぶる). **II** 再帰 (h) *sich⁴ umtun*《口語》① 《*sich⁴* **nach** 物³ ~》(物³を)探し求める. Ich *habe mich* nach einer Arbeit *umgetan*. 私は職を探した. ②《*sich⁴* **in** 物・事³ ~》(物³を)見て回る.

U-Mu·sik [ウー・ムズィーク] 女 —/ ポピュラー音楽, 軽音楽 (= Unterhaltungs**musik**).
um|wäl·zen [ウム・ヴェルツェン úm-vèltsən] 他 (h) ① (ごろんと)転がす, 転覆させる. ◇[現在分詞の形で] *umwälzende* Ereignisse 画期的な出来事. ② (水・空気など⁴を)循環させる.
Um·wäl·zung [ウム・ヴェルツング] 女 —/-en ① (社会的な)大変革, 大変動. ② (水・空気などの)循環.
um|wan·deln [ウム・ヴァンデルン úm-vàndəln] 他 (h) 《A⁴ **in** B⁴ ~》(A⁴をB⁴に)変える. Wasser⁴ in Energie *umwandeln* 水をエネルギーに変える. ◇《再帰的に》*sich⁴ umwandeln* (人柄などが)すっかり変わる. ◇[過去分詞の形で] Er ist seitdem wie *umgewandelt* 彼はそれ以来人が変わったみたいだ.

水質汚染
  die **Wasserverschmutzung**
水質保全
  der **Gewässerschutz**
スモッグ
  der **Smog**
生態系
  das **Ökosystem**
世界気候
  das **Weltklima**
騒音公害
  die **Lärmbelästigung**
ソーラー技術
  die **Solartechnik**

た

ダイオキシン
  das **Dioxin**
大気汚染
  die **Luftverschmutzung**
代替エネルギー
  die **alternative Energie**
太陽エネルギー
  die **Solarenergie**
太陽電池
  die **Solarzelle**
地球温暖化
  die **globale Erwärmung**
地球環境保全
  der **Klimaschutz**
低公害車
  das **umweltverträgliche Auto**
デポジットボトル
  die **Pfandflasche**
電気自動車
  das **Elektroauto**
特別廃棄物
  die **Sonderabfälle**

土壌汚染
  die **Bodenverseuchung**

な

二酸化炭素
  das **Kohlendioxyd**, CO_2
二酸化炭素税
  die **CO_2-Steuer**

は

パーク・アンド・ライド[方式]
  das **Park-and-ride-System**
バイオテクノロジー
  die **Biotechnologie**
バイオ燃料
  der **Biotreibstoff**
バイオマス
  die **Biomasse**
排気ガス
  das **Abgas**
廃棄物処理
  die **Abfallbeseitigung**
ハイブリッドカー
  das **Hybrid-Auto**
爆発的な人口増加
  die **Bevölkerungsexplosion**
ビオトープ
  das **Biotop**
風力エネルギー
  die **Windkraftenergie**
風力発電
  das **Windkraftwerk**
ブルーエンジェル
  der **Blaue Engel**
フロンガス
  der **Fluorchlorkohlenwasserstoff**
ペットボトル
  die **PET-Flasche**

放射性廃棄物
  der **radioaktive Müll**

や

有害物質
  der **Schadstoff**
有機農業
  die **ökologische Landwirtschaft**
有機農産物
  das **Ökoprodukt**

ら

リサイクリング
  das **Recycling**
リサイクル可能な
  recycelbar
リサイクルする
  recyceln
リターナブルボトル
  die **Mehrwegflasche**
リターナブル容器
  die **Mehrwegverpackung**

わ

ワンウェーボトル
  die **Einwegflasche**
ワンウェー容器
  die **Einwegverpackung**

(☞「環境用語」, 1736 ページ)

Um·wand·lung [ウム・ヴァンドルング] 囡 -/-en 変形, 転換.

um|wech·seln [ウム・ヴェクセルン úm-vèk-səln] 他 (h) 両替する. *Papiergeld*⁴ **in** Münzen *umwechseln* 紙幣を硬貨に両替する.

der **Um·weg** [ウム・ヴェーク úm-ve:k] 男 (単2) -[e]s/(複) -e (3格のみ -en) 回り道. (英 *detour*). einen *Umweg* machen 回り道をする / **auf** *Umwegen* a) 回り道をして, b) 《比》間接的に, 人づてに / **ohne** *Umwege* a) 回り道をせずに, b) 《比》率直に, ストレートに.

um|we·hen [ウム・ヴェーエン úm-vè:ən] 他 (h) (強風などが人・物を)吹き倒す.

***die* **Um·welt** [ウム・ヴェルト úm-vɛlt] 囡 (単) -/(複) -en 《ふつう 単》① 環境. (英 *environment*). (☞「環境用語100」, 1398ページ / ☞「ドイツ・ミニ情報38」, 下段). die natürliche *Umwelt* 自然環境 / die *Umwelt*⁴ schützen 環境を保護する / die Verschmutzung⁴ der *Umwelt*² bekämpfen 環境汚染と戦う. ② (総称として:)周囲の人々.

Um·welt·au·to [ウムヴェルト・アオトー] 田 -s/-s 《隠語》低公害車, エコ[ロジー]カー.

um·welt·be·dingt [ウムヴェルト・ベディングト] 形 環境に制約された, 環境に左右された.

Um·welt·be·din·gun·gen [ウムヴェルト・ベディングンゲン] 複 環境条件.

um·welt·be·las·tend [ウムヴェルト・べラステント] 形 環境を汚染する.

Um·welt·be·las·tung [ウムヴェルト・べラストゥング] 囡 -/-en 環境汚染.

um·welt·be·wusst [ウムヴェルト・ベヴスト] 形 環境保護意識の高い.

Um·welt·be·wusst·sein [ウムヴェルト・ベヴストザイン] 田 -s/ 環境保護[に対する]意識.

Um·welt·feind·lich [ウムヴェルト・ファイントリヒ] 形 [自然]環境をそこなう.

Um·welt·flücht·ling [ウムヴェルト・フリュヒトリング] 男 -s/-e 環境難民.

um·welt·freund·lich [ウムヴェルト・フロイントリヒ] 形 [自然]環境にやさしい.

Um·welt·gip·fel [ウムヴェルト・ギプフェル] 男 -s/ 環境サミット.

Um·welt·kri·mi·na·li·tät [ウムヴェルト・クリミナリテート] 囡 -/ 環境汚染犯罪, 公害罪.

Um·welt·pa·pier [ウムヴェルト・パピーァ] 田 -[e]s/-e 再生紙.

Um·welt·po·li·tik [ウムヴェルト・ポリティーク] 囡 -/ 環境[保護]政策.

Um·welt·schä·den [ウムヴェルト・シェーデン] 複 [自然]環境の悪化による損害.

um·welt·schäd·lich [ウムヴェルト・シェートリヒ] 形 [自然]環境に有害な.

Um·welt·schutz [ウムヴェルト・シュッツ] 男 -es/ 環境保護.

Um·welt·schüt·zer [ウムヴェルト・シュッツァァ] 男 -s/- 環境保護論者, エコロジスト. (女性形: -in).

Um·welt·steu·er [ウムヴェルト・シュトイァァ] 囡 -/-n 環境税.

Um·welt·sün·der [ウムヴェルト・ズンダァ] 男 -s/- 《口語》(意図的な)環境破壊(汚染)者. (女性形: -in).

Um·welt·ver·schmut·zung [ウムヴェルト・フェアシュムッツング] 囡 -/-en 《ふつう 単》環境汚染, 公害.

um·welt·ver·träg·lich [ウムヴェルト・フェアトレークリヒ] 形 環境を汚染しない.

um|wen·den(*) [ウム・ヴェンデン úm-vèndən] du wendest…um, er wendet…um (wendete…um, *hat*…umgewendet または wandte…um, *hat*…umgewandt) **I** 他 《完了》

ドイツ・ミニ情報 38

環境 Umwelt

ドイツは環境先進国として名高く, 国民一人一人が環境問題に非常に強い関心を持っている. それは住民が抜本的な政策を独自に立案し, 身近なところから着手できるという地方分権の利点を享受しているからであろう.「グローバルに考え, ローカルに行動する」のが, ドイツの環境保護の基本姿勢である. 支持政党を選ぶ際も, 環境政策の公約がつねに重要なポイントとなる.

2011年3月の福島原発事故を受け, ドイツは当時稼働していた原子炉のうち, すでに停止中の1基を除く古い7基をただちに止めるとともに, 技術と政策の両面から原発の是非について検討を始めた. その結果, 航空機の墜落など, 排除しきれないリスクが存在すると判断したメルケル首相は, それまでの原発推進路線を180度転換し, 2022年までに残る9基も停止させる, 原発の全面廃止を決断した. 原発抜きでも電力不足に陥らないためには, 再生可能な代替エネルギーの開発が必要であり, 目下風力発電と太陽光発電に力が入れられている.

世界にさきがけて始めたごみの分別は, すでに日常生活に定着している. リサイクル活動も盛んだが, 今ではごみをどう処理するかよりも, どう減らすかに焦点が移ってきている. エネルギーについても同様に, 発電量をどう増やすかではなく, 消費をどう減らすかが重視されており, 省エネの自動車や機械の開発が注目を集めている. また学校では自然保護や生態系について広く環境教育が行われ, 世代を超えた意識改革も進んでいる.

haben) ① 裏返す, (ページなど4を)めくる. (英 turn over). die Seiten4 des Buches umwenden 本のページをめくる / den Braten umwenden 焼き肉をひっくり返す. ② (車・馬など4の)向きを変える. (英 turn round). das Auto4 umwenden 車をターンさせる. ◊《再帰的に》sich4 umwenden 向きを変える.
II 再帰 (完了) haben) 〖sich4 nach 人・物3 ~〗(人・物)の方を振り返る. Ich wandte (または wendete) mich nach ihr um. 私は彼女の方を振り返った.
III 自 (完了) haben) 〖規則変化〗(運転者が)車の向きを変える, (車が)方向転換する.

um·wer·ben* [ウム・ヴェルベン um-vérbən] 他 (h) (人4に)言い寄る, 求愛する.

um|wer·fen* [ウム・ヴェルフェン úm-vèrfən] du wirfst…um, er wirft…um (warf…um, hat…umgeworfen) 他 (完了 haben) ① (激しくぶつかって)ひっくり返す, 転倒(転覆)させる. Ich habe versehentlich den Stuhl umgeworfen. 私は誤っていすをひっくり返した. ② (人3に衣類などを)さっと)掛けてやる, まとわせる. 人3 eine Decke4 umwerfen 人3に毛布を掛けてやる. ◊《再帰的に》sich3 einen Mantel umwerfen コートをはおる. ③ 〖口語〗(知らせなどが 人4を)びっくりさせる, (人4に)ショックを与える. ④ 〖口語〗(計画など4を)ぶち壊す.

um·wer·fend [ウム・ヴェルフェント] I *um|werfen (ひっくり返す)の 現分 II 形 〖口語〗衝撃的な, ショッキングな(体験など); ひっくり返るほどの(おかしさなど).

um|wer·ten [ウム・ヴェーアテン úm-vè:rtən] 他 (h) (事4を)評価し直す, 再評価する.

Um·wer·tung [ウム・ヴェーアトゥング] 女 -/-en 評価のし直し, 再評価. die Umwertung aller Werte2 あらゆる価値の転換(ニーチェの用語).

um·wi·ckeln [ウム・ヴィッケるン um-víkəln] 他 (h) 〖A4 mit B3 ~〗(A4 に B3 を)巻きつける.

um·win·den* [ウム・ヴィンデン um-víndən] 他 (h) ① 〖A4 mit B3 ~〗(A4 に B3 を)巻きつける. ② (つたなどが 物4の)周りに巻きつく.

um·wöl·ken [ウム・ヴェるケン um-vǽlkən] I 他 (h) (霧などが山などを4)覆う. II 再帰 (h) sich4 umwölken (霧などで)覆われる, 曇る; 〖比〗(表情が)暗くなる. Seine Stirn umwölkte sich. 彼の表情が曇った(←額に陰が差した).

um·zäu·nen [ウム・ツォイネン um-tsóynən] 他 (物4に)垣根(柵)を巡らす.

Um·zäu·nung [ウム・ツォイヌング] 女 -/-en ① 垣根(柵)を巡らすこと. ② 垣根, 柵.

***um|zie·hen**1* [ウム・ツィーエン úm-tsì:-ən] 〖分離〗(zog…um, ist/hat…umgezogen) I 自 (完了 sein) 引っ越す, 転居する, 移転する. (英 move). Wir ziehen nächste Woche um. 私たちは来週引っ越します / nach Bonn umziehen ボンに引っ越す.
II 他 (完了 haben) ① (人4に)着替えをさせる. das Kind4 umziehen 子供に服を着替えさせる.

② (引っ越しの家具など4を)移送する.
III 再帰 (完了 haben) sich4 umziehen 着替える. Ich habe mich schon umgezogen. 私はもう着替えをすませた.

um·zie·hen2* [ウム・ツィーエン] 〖非分離〗他 (h) ① (物4の)周りを囲む. ② 《転》覆う. ◊《再帰的に》sich4 umziehen (空が)雲で覆われる.

um·zin·geln [ウム・ツィンゲるン um-tsíŋəln] 他 (h) (敵・犯人など4を)とり囲む, 包囲する.

Um·zin·ge·lung [ウム・ツィンゲるング] 女 -/-en とり囲む(囲まれる)こと, 包囲.

der **Um·zug** [ウム・ツーク úm-tsu:k] 男 (単2) -[e]s/(複) ..züge [..ツューゲ] (3格のみ..zügen) ① 引っ越し, 転居. (英 move). der Umzug in eine neue Wohnung 新しい住居への引っ越し. ② (祭り・デモなどの)行列, 行進. einen politischen Umzug machen 政治的なデモ行進をする.

Um·zü·ge [ウム・ツューゲ] Umzug (引っ越し)の 複.

um·zu·stei·gen [ウム・ツ・シュタイゲン] *um|-steigen (乗り換える)の zu 不定詞.

UN [ウー・エン] 複 《略》国際連合, 国連 (= United Nations).

un.. [ウン.. un.. または ウン..] 〖形容詞・名詞につける 接頭〗(不…, 非…, 無…) 例: unhöflich 礼儀知らずな / Unmenge 無数. (注 アクセントは原則として un.. に置かれるが, それぞれの語の意味やリズムの関係で他の部分に置かれることも多い).

un·ab·än·der·lich [ウン・アップエンダりヒ または ウン..] 形 変更できない.

un·ab·ding·bar [ウン・アップディングバール または ウン..] 形 ① 絶対に必要な, 不可欠の. ② 〖法〗当事者間の合意によっても変更できない.

un·ab·hän·gig [ウン・アップヘンギヒ ún-aphɛŋtç] 形 ① 独立した, 自立した, 依存しない. (英 independent). ein unabhängiger Staat 独立国家 / eine unabhängige Zeitung [政治的に]中立の新聞 / **von** 人・物3 unabhängig sein 人・物3から独立している, 人・物3に依存していない ⇒ Sie ist finanziell unabhängig von ihm. 彼女は経済的に彼から独立している. ② …に左右されない, …に関係ない. Unser Vorhaben ist **vom** Wetter unabhängig. 私たちの計画は天候にかかわらず決行される / Die Tiere leben hier unabhängig vom Menschen. 動物はここでは人間と関係なく生きている / unabhängig davon, ob… …かどうかは別にして.

Un·ab·hän·gig·keit [ウン・アップヘンギヒカイト] 女 -/ 独立, 自主.

un·ab·köm·mlich [ウン・アップケムりヒ または ウン..] 形 (仕事などから)手が離せない; 不可欠の.

un·ab·läs·sig [ウン・アップれスィヒ un-aplésıç または ウン..] 形 絶え間のない, 不断の.

un·ab·seh·bar [ウン・アップゼーバール または ウン..] 形 ① 見通しのつかない, 予測できない. unabsehbare Folgen 予測しえない結果. ② 見渡せないほど広大な.

un·ab·sicht·lich [ウン・アプズィヒトリヒ] 形 故意でない, 意図的でない.

un·ab·weis·bar [ウン・アプヴァイスバール または ウン・..] 形 =unabweislich

un·ab·weis·lich [ウン・アプヴァイスリヒ または ウン・..] 形 避けられない, 拒むことのできない.

un·ab·wend·bar [ウン・アプヴェントバール または ウン・..] 形 避けられない, 逃れがたい.

un·acht·sam [ウン・アハトザーム] 形 不注意な, 軽率な, ぼんやりした.

Un·acht·sam·keit [ウン・アハトザームカイト] 女 -/-en ① 【複 なし】不注意, 軽率. *aus Unachtsamkeit* うっかり, 不注意で. ② 不注意(軽率)な言動.

un·ähn·lich [ウン・エーンリヒ] 形 (人・物³に)似ていない. *Er ist seinem Vater unähnlich.* 彼は父親に似ていない.

un·an·fecht·bar [ウン・アンフェヒトバール または ウン・..] 形 反論(論争)の余地のない.

un·an·ge·bracht [ウン・アンゲブラッハト únangəbraxt] 形 適切でない, ふさわしくない.

un·an·ge·foch·ten [ウン・アングフォホテン ún-angəfɔxtən] 形 異議を唱えられない; じゃまされない; 他を寄せつけない(勝者など).

un·an·ge·mel·det [ウン・アンゲメるデット ún-angəmɛldət] 形 ① 予告なしの, あらかじめ通知しない. *ein unangemeldeter Besuch* 突然の訪問. ② (役所に)届け出ていない.

un·an·ge·mes·sen [ウン・アンゲメッセン ún-angəmɛsən] 形 不適切な(表現など), ふさわしくない, 不当な(要求など).

***un·an·ge·nehm** [ウン・アンゲネーム ún-angəne:m] 形 **不快な**, 不愉快な, いやな; やっかいな. (英 *unpleasant*). (↔快適な = *angenehm*). *ein unangenehmer Mensch* いやなやつ / *eine unangenehme Situation* 困った状況 / *Ihre Äußerung hat mich unangenehm berührt.* 彼女の発言で私は不愉快な思いをした. ◊【成句的に】*unangenehm werden* a) (人が)腹を立てる, b) (事態が)紛糾する. *Er kann sehr unangenehm werden.* 彼はとても怒るかもしれない.

un·an·ge·tas·tet [ウン・アンゲタステット ún-angətastət] 形 ① 手をつけられていない(貯蓄など). ② (権利などが)侵害されていない.

un·an·greif·bar [ウン・アングライフバール または ウン・..] 形 攻撃できない; 侵すことのできない(権利など); 批判の余地のない.

un·an·nehm·bar [ウン・アンネームバール または ウン・..] 形 受け入れがたい.

Un·an·nehm·lich·keit [ウン・アンネームりヒカイト] 女 -/-en 《ふつう 複》不[愉]快なこと, わずらわしいこと.

un·an·sehn·lich [ウン・アンゼーンリヒ] 形 見栄えのしない, 見すぼらしい.

un·an·stän·dig [ウン・アンシュテンディヒ ún-anʃtɛndɪç] I 形 ぶしつけな, 無礼な; 下品な, 粗野な; わいせつな. II 副 ひどく, 過度に. *unanständig viel⁴ essen* ひどく大食いする.

Un·an·stän·dig·keit [ウン・アンシュテンディヒカイト] 女 -/-en ① 【複 なし】不作法, 無礼; わいせつ. ② 不作法(わいせつ)な言動.

un·an·tast·bar [ウン・アンタストバール または ウン・..] 形 侵すことのできない(権利など). 手をつけてはならない(貯えなど).

un·ap·pe·tit·lich [ウン・アペティートりヒ] 形 ① 食欲をそそらない, まずい. ② 不潔な, 汚い; いやらしい. *ein unappetitliches Badezimmer* 汚い浴室.

Un·art [ウン・アールト ún-a:rt] 女 -/-en 悪習, 悪癖.

un·ar·tig [ウン・アールティヒ ún-a:rtɪç] 形 行儀の悪い, 腕白な.

un·ar·ti·ku·liert [ウン・アルティクリーァト ún-artikuli:rt] 形 ① 発音の不明瞭な(おしゃべり), はっきりしない. ② 獣じみた声の, わめく(叫ぶ)ような.

un·äs·the·tisch [ウン・エステーティッシュ ún-ɛste:tɪʃ] 形 美的でない, 悪趣味な.

un·auf·dring·lich [ウン・アオフドリングりヒ] 形 控えめな, 押しつけがましくない.

un·auf·fäl·lig [ウン・アオふェリヒ ún-aʊffɛlɪç] 形 ① 目だたない, 控えめな. *ein unauffälliges Benehmen* 控えめなふるまい. ② (他人に)気づかれない. *unauffällig verschwinden* こっそり姿を消す.

un·auf·find·bar [ウン・アオふフィントバール または ウン・..] 形 発見できない, 見つからない.

un·auf·ge·for·dert [ウン・アオふゲふォルダァト ún-aʊfgəfɔrdərt] 形 要求されていない, 自発的な.

un·auf·halt·sam [ウン・アオふハるトザーム または ウン・..] 形 制止しがたい, とどまることのない. *eine unaufhaltsame Entwicklung* とどまるところを知らない発展.

un·auf·hör·lich [ウン・アオふヘーァりヒ または ウン・..] 形 絶え間のない, 不断の. *Es regnete unaufhörlich.* 休みなく雨が降った.

un·auf·lös·bar [ウン・アオふれースバール または ウン・..] 形 ① 溶かすことのできない, 不溶性の. ② ほどけない(結び目); 解消できない(矛盾・契約など).

un·auf·lös·lich [ウン・アオふれースりヒ または ウン・..] 形 ① 解消できない(矛盾・契約など). ② 溶かすことのできない, 不溶性の. ③ ほどけない(結び目).

un·auf·merk·sam [ウン・アオふメルクザーム] 形 ① 不注意な, 注意散漫な. *ein unaufmerksamer Schüler* 注意力の足りない生徒. ② 気の利かない, 不親切な.

Un·auf·merk·sam·keit [ウン・アオふメルクザームカイト] 女 -/ ① 不注意, 注意散漫. ② 察しの悪さ.

un·auf·rich·tig [ウン・アオふリヒティヒ ún-aʊfrɪçtɪç] 形 不誠実な, 正直でない.

Un·auf·rich·tig·keit [ウン・アオふリヒティヒカイト] 女 -/-en ① 【複 なし】不誠実, 不正直. ② 不誠実(不正直)な言動.

un·auf·schieb·bar [ウン・アオふシープバール または ウン・..] 形 延期できない, 緊急の.

un·aus·bleib·lich [ウン・アオスブらイブりヒ または ウン..] 形 避けることのできない, 必至の.

un·aus·denk·bar [ウン・アオスデンクバール または ウン..] 形 考えられない, 想像もつかない.

un·aus·führ·bar [ウン・アオスふューァバール または ウン..] 形 実行(実現)できない.

un·aus·ge·füllt [ウン・アオスゲふュるト ún-aʊsɡəfʏlt] 形 ① 記入されていない(用紙など). ② (精神的に)満たされていない, 充実していない.

un·aus·ge·gli·chen [ウン・アオスゲグリッヒェン ún-aʊsɡəɡlɪçən] 形 ① 気まぐれな, むら気な. ② 《商》収支の不均衡な.

un·aus·ge·go·ren [ウン・アオスゲゴーレン ún-aʊsɡəɡo:rən] 形 十分に練られていない(計画など).

un·aus·ge·setzt [ウン・アオスゲゼッツト ún-aʊsɡəzɛtst] 形 絶え間のない, 不断の.

un·aus·ge·spro·chen [ウン・アオスゲシュプロッヘン ún-aʊsɡəʃprɔxən] 形 口に出されていない, 暗黙の.

un·aus·lösch·lich [ウン・アオスれッシュりヒ または ウン..] 形 《雅》消しがたい, 忘れがたい(印象など), ぬぐいがたい(恥辱など).

un·aus·rott·bar [ウン・アオスロットバール または ウン..] 形 根絶しがたい.

un·aus·sprech·bar [ウン・アオスシュプレヒバール または ウン..] 形 発音しにくい.

un·aus·sprech·lich [ウン・アオスシュプレヒりヒ または ウン..] 形 言い表しがたい, 何とも言いようのない.

un·aus·steh·lich [ウン・アオスシュテーりヒ または ウン..] 形 我慢ならない, 耐えがたい.

un·aus·weich·lich [ウン・アオスヴァイヒりヒ または ウン..] 形 避けがたい, 不可避の, 必至の.

un·bän·dig [ウン・ベンディヒ ún-bɛndɪç] I 形 抑制しがたい, 手に負えない; 非常な, ものすごい. ein *unbändiger* Zorn 抑えがたい怒り. II 副 非常に, ものすごく. Ich habe mich *unbändig* gefreut. 私はものすごくうれしかった.

un·bar [ウン・バール ún-ba:r] 形 現金によらない, キャッシュレスの.

un·barm·her·zig [ウン・バルムヘルツィヒ ún-barmhɛrtsɪç] 形 無慈悲な, 残忍な, 容赦のない. eine *unbarmherzige* Kälte 《比》酷寒.

Un·barm·her·zig·keit [ウン・バルムヘルツィヒカイト] 女 –/-en ① 《複 なし》無慈悲, 残忍さ. ② 無慈悲な(残忍な)言動.

un·be·ab·sich·tigt [ウン・ベアップズィヒティヒト ún-bəapzɪçtɪçt] 形 故意でない, 意図しない.

un·be·ach·tet [ウン・ベアハテット ún-bəaxtət] 形 注目されない, 顧みられない. *unbeachtet* leben 人目にたたない暮らしをする.

un·be·an·stan·det [ウン・ベアンシュタンデット ún-bəanʃtandət] 形 異議のない, 文句のつけられない.

un·be·ant·wor·tet [ウン・ベアントヴォルテット ún-bəantvɔrtət] 形 返事(返答)のない.

un·be·baut [ウン・ベバオト ún-bəbaut] 形 ① まだ建物の建っていない. ② 未開墾の.

un·be·dacht [ウン・ベダハット ún-bədaxt] 形 無思慮な.

un·be·darft [ウン・ベダルふト ún-bədarft] 形 経験のない, 未熟な, うぶな.

un·be·denk·lich [ウン・ベデンクりヒ] I 形 心配のない, 危険のない. II 副 ためらうことなく, ちゅうちょせずに.

un·be·deu·tend [ウン・ベドイテント ún-bədɔytənt] 形 ① 重要でない, つまらない. ② わずかな, ささいな. eine *unbedeutende* Änderung わずかな変更.

＊**un·be·dingt** [ウン・ベディングト ún-bədɪŋt または ..ベディングト] I 副 **絶対に**, ぜひとも. (英 *absolutely*). nicht *unbedingt* 必ずしも～でない / Das ist *unbedingt* nötig. それは絶対に必要だ / Du musst *unbedingt* zum Arzt gehen. 君はぜひとも医者に行かないといけないよ.
II 形 **無条件の**, 絶対の. (英 *absolute*). zu 囚³ *unbedingtes* Vertrauen⁴ haben 囚³に絶対の信頼を寄せている / *unbedingte* Reflexe 《医》無条件反射.

un·be·ein·flusst [ウン・ベアインふるスト ún-bəainflust] 形 影響(感化)されていない.

un·be·fahr·bar [ウン・ベふァールバール または ウン..] 形 通行できない(道路など).

un·be·fan·gen [ウン・ベふァンゲン ún-bəfaŋən] 形 ① 無邪気な, こだわりのない. ein *unbefangenes* Kind 無邪気な子供. ② 偏見のない, 公平な; 《法》予断を持たない.

Un·be·fan·gen·heit [ウン・ベふァンゲンハイト] 女 –/ ① 無邪気, 率直さ. ② 公平さ.

un·be·fleckt [ウン・ベふれックト ún-bəflɛkt] 形 《雅》純潔な. die *Unbefleckte* Empfängnis 《ｶﾄﾘｯｸ》(聖母マリアの)無原罪のおん宿り.

un·be·frie·di·gend [ウン・ベふリーディゲント ún-bəfri:dɪɡənt] 形 不満足な, 不十分な.

un·be·frie·digt [ウン・ベふリーディヒト ún-bəfri:dɪçt] 形 満足していない, 欲求不満の.

un·be·fugt [ウン・ベふークト ún-bəfu:kt] 形 権限(資格)のない.

Un·be·fug·te[r] [ウン・ベふークテ (..ﾀｧ) ún-bəfu:ktə (..tɐr))] 男 女 [語尾変化は形容詞と同じ]権限(資格)のない人.

un·be·gabt [ウン・ベガープト ún-bəɡa:pt] 形 才能(天分)のない. Er ist **für** Sprachen *unbegabt*. 彼は語学の才能がない.

un·be·greif·lich [ウン・ベグライふりヒ または ウン..] 形 理解しがたい, 不可解な.

un·be·grenzt [ウン・ベグレンツト ún-bəɡrɛntst] 形 限りない. *unbegrenzte* Möglichkeiten 無限の可能性.

un·be·grün·det [ウン・ベグリュンデット ún-bəɡrʏndət] 形 根拠のない, 理由のない. ein *unbegründeter* Verdacht いわれのない嫌疑.

Un·be·ha·gen [ウン・ベハーゲン ún-bəha:ɡən] 中 –s/ 《雅》不快, 不愉快な気持ち.

un·be·hag·lich [ウン・ベハークりヒ] 形 《雅》不[愉]快な, 居心地の悪い; 気分のよくない. sich⁴ *unbehaglich* fühlen 不快感をおぼえる.

un·be·hel·ligt [ウン・ベヘリヒト unbəhélıçt または ウン..] 形 じゃまされない、わずらわされない.

un·be·herrscht [ウン・ベヘルシュト ún-bəhɛrʃt] 形 自制心のない、やりたい放題の.

un·be·hin·dert [ウン・ベヒンダァト un-bəhíndərt または ウン..] 形 妨げられない、じゃまされない.

un·be·hol·fen [ウン・ベホルフェン ún-bəhɔlfən] 形 ぎこちない、不器用な、危なっかしい.

Un·be·hol·fen·heit [ウン・ベホルフェンハイト] 女 -/ ぎこちなさ、不器用、危なっかしさ.

un·be·irr·bar [ウン・ベイルバール または ウン..] 形 惑わされることのない. *unbeirrbar* seinen Weg gehen 迷わず myダ道を行く.

un·be·irrt [ウン・ベイルト un-bəírt または ウン..] 形 惑わされない、動じない.

***un·be·kannt** [ウン・ベカント ún-bəkant] 形 (比較) unbekannter, (最上) unbekanntest ① (人³の)<u>知らない</u>、未知の、面識のない；(土地に)不案内な. (英) unknown). eine *unbekannte* Gegend 未知の地方 / Das war mir *unbekannt*. 私はそれを知らなかった / eine *unbekannte* Größe (数) 未知数 / Empfänger *unbekannt* (郵) 受取人不明 / Ich bin hier *unbekannt*. a) ここでは私を知っている人はいない、b) (口語) 私はこの辺は不案内だ. ◇[名詞的に] Anzeige⁴ gegen *unbekannt* erstatten (法) 不詳の被疑者に対する告発を行う.
② 無名の、有名でない. ein *unbekannter* Künstler 無名の芸術家.

Un·be·kann·te[r] [ウン・ベカンテ (..ルタァ) ún-bəkantə (..tər)] 男 女 『語尾変化は形容詞と同じ』知らない人；無名の人.

un·be·klei·det [ウン・ベクらイデット ún-bəklaıdət] 形 服を着ていない、裸の.

un·be·küm·mert [ウン・ベキュンマァト un-bəkýmərt または ウン..] 形 のんきな；むとんじゃくな、平気な.

un·be·lebt [ウン・ベれープト ún-bəle:pt] 形 ① 生命を持たない. ② 活気(人気)のない.

un·be·lehr·bar [ウン・ベれーァバール または ウン..] 形 人の言うことを聞かない、頑迷な.

un·be·liebt [ウン・ベリープト ún-bəli:pt] 形 好かれない、愛されない、人気のない. sich⁴ [mit 物³] bei 人³ *unbeliebt* machen [物³によって] 人³に嫌われる.

Un·be·liebt·heit [ウン・ベリープトハイト] 女 -/ 不人気、不評.

un·be·mannt [ウン・ベマント ún-bəmant] 形 乗組員のいない、無人の(宇宙船など).

un·be·merkt [ウン・ベメルクト ún-bəmɛrkt] 形 [だれにも]気づかれない.

un·be·mit·telt [ウン・ベミッテるト ún-bəmıtəlt] 形 資産のない、貧しい(=arm).

un·be·nom·men [ウン・ベノンメン un-bənɔ́mən または ウン..] 形 『成句的に』[動]¹ bleibt (または ist) 人³ *unbenommen* [動]¹は人³の自由に任されている. Es bleibt Ihnen *unbenommen*, zu gehen oder zu bleiben. 行くにせよとどまる にせよ、あなたの自由です.

un·be·nutzt [ウン・ベヌッツト ún-bənutst] 形 使用されない、未使用の.

un·be·ob·ach·tet [ウン・ベオーバハテット ún-bəo:baxtət] 形 だれにも見られていない、気づかれない. in einem *unbeobachteten* Augenblick だれも見ていないすきに.

un·be·quem [ウン・ベクヴェーム ún-bəkve:m] 形 ① 快適でない、窮屈な、楽でない. (英) *uncomfortable*). ein *unbequemer* Sessel 座り心地の悪いひじ掛けいす / Die Schuhe sind *unbequem*. その靴ははき心地が悪い. ② やっかいな、不愉快な. eine *unbequeme* Frage わずらわしい質問.

Un·be·quem·lich·keit [ウン・ベクヴェームリヒカイト] 女 -/-en ① やっかいなこと. ② 『複なし』心地の悪さ、不快.

un·be·re·chen·bar [ウン・ベレッヒェンバール または ウン..] 形 ① 算定できない、予測のつかない(事態など). ② (人が)何をしでかすかわからない、当てにならない.

Un·be·re·chen·bar·keit [ウン・ベレッヒェンバールカイト または ウン..] 女 -/ ① 算定(予測)できないこと. ② 当てにならないこと.

un·be·rech·tigt [ウン・ベレヒティクト ún-bərɛçtıçt] 形 不当な；権利(資格)のない.

un·be·rück·sich·tigt [ウン・ベリュックズィヒティヒト un-bərýkzıçtıçt または ウン..] 形 顧みられない. [物]⁴ *unberücksichtigt* lassen [物]⁴を顧みない(考慮に入れない).

un·be·ru·fen¹ [ウン・ベルーフェン ún-bəru:fən または ..ベルーフェン] 形 権限(職権)のない.

un·be·ru·fen² [ウン・ベルーフェン または ウン..] 間 『成句的に』*Unberufen* [toi, toi, toi]! 言わなきゃよかった、くわばらくわばら(言ってはいけないことを口にしたために、それまでうまくいっていたことのつきが落ちるという迷信から).

un·be·rührt [ウン・ベリューァト ún-bəry:rt] 形 ① (手で)触れられていない、手つかずの；自然のままの(風景など)；(雅) (女性が)男の手に触れられていない、純潔な. das Essen⁴ *unberührt* lassen 食事に手をつけずにおく. ② 心を動かされない、無感動な.

un·be·scha·det [ウン・ベシャーデット un-bəʃá:dət または ウン..] I 前 [2格とともに；名詞のあとに置かれることもある] ① …に関係なく. ② …を害する(妨げる)ことなしに. *unbeschadet* seiner Rechte 彼の権利を侵害することなしに. II 副 そこなわれず、無事に.

un·be·schä·digt [ウン・ベシェーディヒト ún-bəʃɛ:dıçt] 形 被害のない、損傷のない、無傷の.

un·be·schei·den [ウン・ベシャイデン ún-bəʃaıdən] 形 ずうずうしい、あつかましい.

un·be·schol·ten [ウン・ベショるテン ún-bəʃɔltən] 形 非の打ちどころのない、品行方正な.

un·be·schrankt [ウン・ベシュランクト ún-bəʃraŋkt] 形 遮断機のない(踏切).

un·be·schränkt [ウン・ベシュレンクト ún-bəʃrɛ́ŋkt または ウン..] 形 制限されていない、絶

un·be·schreib·lich [ウン・ベシュライプリヒ または ウン..] **I** 形 筆舌に尽くせない，言葉では言い表せない; 非常な. ein *unbeschreibliches* Gefühl なんとも言えない気持ち. **II** 副 非常に. Sie war *unbeschreiblich* schön. 彼女は言いようもなく美しかった.

un·be·schrie·ben [ウン・ベシュリーベン ún-bəʃriːbən] 形 何も書かれていない，白紙の.

un·be·schwert [ウン・ベシュヴェーァト ún-bəʃveːrt] 形 心配事のない，気楽な，やましくない(良心など).

un·be·seelt [ウン・ベゼーゥト ún-bəzeːlt] 《雅》魂(精神)のない，生命のない.

un·be·se·hen [ウン・ベゼーエン un-bəzéːən または ウン..] **I** 副 よく吟味せずに. 動4 *unbesehen* glauben 動4を頭から信じる. **II** 形 よく吟味していない.

un·be·setzt [ウン・ベゼッツト ún-bəzɛtst] 形 空いている(場所など); 空席の, 欠員の(ポストなど).

un·be·sieg·bar [ウン・ベズィークバール または ウン..] 形 打ち負かせない，無敵の.

un·be·siegt [ウン・ベズィークト un-bəzíːkt または ウン..] 形 負けたことのない，不敗(無敵)の.

un·be·son·nen [ウン・ベゾンネン ún-bəzɔnən] 形 思慮のない，無分別な，軽率な.

Un·be·son·nen·heit [ウン・ベゾンネンハイト] 囡 -/-en ① 《複 なし》無思慮，軽率. ② 分別のない(軽率な)言動.

un·be·sorgt [ウン・ベゾルクト ún-bəzɔrkt] 形 心配していない. Seien Sie *unbesorgt*! ご心配なく.

un·be·spielt [ウン・ベシュピールト ún-bəʃpiːlt] 形 録音(録画)されていない，生の(カセットテープなど).

un·be·stän·dig [ウン・ベシュテンディヒ ún-bəʃtɛndɪç] 形 気まぐれな，むら気の; 不安定な，変わりやすい(天候など).

Un·be·stän·dig·keit [ウン・ベシュテンディヒカイト] 囡 -/ 気まぐれ，むら気; 変わりやすさ，不安定[性].

un·be·stä·tigt [ウン・ベシュテーティヒト ún-bəʃtɛːtɪçt または ..ベシュテーティヒト] 形 未確認の，非公式の. nach *unbestätigten* Meldungen 未確認の情報によれば.

un·be·stech·lich [ウン・ベシュテヒリヒ または ウン..] ① 買収されない，清廉な. ② 何物にも惑わされない，揺るぎない.

Un·be·stech·lich·keit [ウン・ベシュテヒリヒカイト または ウン..] 囡 -/ ① 清廉. ② (何物にも)惑わされないこと.

un·be·stimmt [ウン・ベシュティムト ún-bəʃtɪmt] 形 (比較) unbestimmter, (最上) unbestimmtest) ① 決まっていない，未定の. 《英》*uncertain*). Es ist noch *unbestimmt*, ob er kommt. 彼が来るかどうかまだ決まっていない / der *unbestimmte* Artikel 《言》不定冠詞. ② 漠然とした，あいまいな. ein *unbestimmter* Eindruck 漠然とした印象.

Un·be·stimmt·heit [ウン・ベシュティムトハイト] 囡 -/ 決まっていないこと; 不確かさ，あいまいさ.

un·be·streit·bar [ウン・ベシュトライトバール または ウン..] 形 議論の余地のない，明白な.

un·be·strit·ten [ウン・ベシュトリッテン ún-bəʃtrɪtən または ..ベシュトリッテン] 形 議論の余地のない，明白な; だれからも認められている.

un·be·tei·ligt [ウン・ベタイリヒト un-bətáɪlɪçt または ウン..] 形 ① 無関心な，関心のない. ② 関与していない，無関係の. Er war **an** dem Mord *unbeteiligt*. 彼はその殺人にはかかわっていなかった.

un·be·tont [ウン・ベトーント ún-bəto:nt] 形 アクセントのない.

un·be·träcHt·lich [ウン・ベトレヒトリヒ または ウン..] 形 とるに足らない，ささいな，ごくわずかな.

un·beug·sam [ウン・ボイクザーム または ウン..] 形 不屈の，強固な意志を持った.

un·be·wacht [ウン・ベヴァッハト ún-bəvaxt] 形 見張りのいない，監視のない，人の見ていない.

un·be·waff·net [ウン・ベヴァフネット ún-bəvafnət] 形 武装していない，無防備の

un·be·wäl·tigt [ウン・ベヴェルティヒト ún-bəvɛltɪçt または ..ベヴェルティヒト] 形 片づいていない，克服されていない，未解決の(問題など).

un·be·weg·lich [ウン・ベヴェークリヒ または ..ベヴェークリヒ] 形 ① 動かない; 動かせない，固定された. *unbewegliche* Sachen 不動産. ② 表情の変わらない. mit *unbeweglicher* Miene 表情一つ変えずに. ③ かたくなな，頑の. ④ 日付けが固定している(祭日).

Un·be·weg·lich·keit [ウン・ベヴェークリヒカイト または ..ベヴェークリヒカイト] 囡 -/ 動かない(動かせない)こと，固定; 無表情; かたくなさ.

un·be·wie·sen [ウン・ベヴィーゼン ún-bəviː-zən] 形 証明(立証)されていない.

un·be·wohn·bar [ウン・ベヴォーンバール または ウン..] 形 住むことができない，居住に適さない.

un·be·wohnt [ウン・ベヴォーント ún-bəvoːnt] 形 人の住まない，空いている(部屋・家など).

un·be·wusst [ウン・ベヴスト ún-bəvʊst] 形 無意識の; 意識していない, (自分で)気づかない; 意図的でない. 《英》*unconscious*). das *unbewusste* Handeln 無意識の行動 / Er hat *unbewusst* das Richtige getan. 彼は知らずに正しいことをやった. ◇《名詞的に》das *Unbewusste* 《心》無意識.

un·be·zahl·bar [ウン・ベツァールバール または ウン..] 形 ① (高価で)支払えない. ② (たいへん貴重で)値段のつかない; 《口語・戯》かけがえのない.

un·be·zahlt [ウン・ベツァールト ún-bətsaːlt] 形 [まだ]支払われていない; 無給の(残業など).

un·be·zähm·bar [ウン・ベツェームバール または ウン..] 形 抑制(制御)できない，抑えられない.

un·be·zwing·bar [ウン・ベツヴィングバール または ウン..] 形 =unbezwinglich

un·be·zwing·lich [ウン・ベツヴィングりヒ また は ウン..] 形 ① 征服(攻略)できない(要塞(ﾖｳｻｲ)など). ② 抑えきれない(感情など).

Un·bil·den [ウン・ビるデン ún-bɪldən] 複 《雅》 不快, つらさ, 苦痛.

Un·bill [ウン・ビる ún-bɪl] 女 −/《雅》不当な扱い; 不正; ひどい仕打ち. 人³ viel *Unbill*⁴ zu|fügen 人³にひどい仕打ちを加える.

un·bil·lig [ウン・ビりヒ ún-bɪlɪç] 形《法》不当な, 公正でない.

un·blu·tig [ウン・ブるーティヒ ún-blu:tɪç] 形 血を流さない, 無血の(革命など).

un·bot·mä·ßig [ウン・ボートメースィヒ ún-bo:tmɛ:sɪç] 形《戯》不従順な, 反抗的な.

Un·bot·mä·ßig·keit [ウン・ボートメースィヒカイト] 女 −/《戯》不従順, 反抗.

un·brauch·bar [ウン・ブらオホバーる] 形 使いものにならない, 役にたたない.

un·bü·ro·kra·tisch [ウン・ビュロクらーティッシュ ún-byrokra:tɪʃ] 形 官僚主義的でない, お役所式でない, 形式的でない.

un·christ·lich [ウン・クリストりヒ] 形 非キリスト教的な; キリストの教えに反する.

un·cool [ウン・クーる ún-ku:l] 形《俗・若者》つまらない, おもしろくない.

und [ウント únt]

> …と…, …そして
>
> Erika *und* Hans besuchen uns.
> エーリカ ウント ハンス ベズーヘン ウンス
> エーリカとハンスがうちに来るよ.

接《並列接続詞》① …と…, …そして, および. (英 *and*). du *und* ich 君とぼく / Herr *und* Frau Stickel シュティッケル夫妻 / Männer, Frauen *und* Kinder 男たち, 女たちおよび子供たち. 三つ以上の語を並べるときはコンマでつなぎ, 最後の語の前に und を入れる / Tag *und* Nacht 昼も夜も / *und* so weiter (略: usw.) または *und* so fort (略: usf.) などなど / 3 *und* 5 ist 8. 3足す5は8 / Wir nahmen ein Taxi *und* fuhren zum Bahnhof. 私たちはタクシーに乗って, 駅へ行った / Er erzählte, *und* sie hörten aufmerksam zu. 彼が物語ると彼らは注意して耳を傾けた.
② 《同じ語を結びつけて》durch *und* durch 徹底的に / nach *und* nach しだいしだいに / Das Geräusch kam näher *und* näher. その物音はだんだん近づいてきた / Er lief *und* lief. 彼は走りに走った.
③ 《意外に思われる語句を結びつけて》…が…だとは. *und* singen? 私が歌うだって[とんでもない] / Er *und* Lehrer! 彼が教師だなんて.
④ 《命令文とともに》そうすれば, それなら. Hilf mir bei den Englischaufgaben, *und* ich helfe dir bei den Mathematikaufgaben. ぼくの英語の宿題を手伝ってよ, そうすれば君の数学の宿題を手伝うよ.
⑤ ところが, しかし. Alle verreisen, *und* er allein soll zu Hause bleiben? みんな旅行に出かけるのに, 彼だけが家にいなくてはならないというのか.
⑥ 《譲歩文で》たとえ…であっても. Ich gehe jetzt, *und* wenn es noch so regnet. たとえどんなに雨が降っていても, 私はもう行きます / Du musst es tun, *und* fällt es dir noch so schwer. それがどんなに困難でも, 君はそれをやらなければならない.
⑦ 《二つの命令文にはさまれて》Seien Sie bitte so freundlich *und* reichen Sie mir meinen Mantel! 恐れ入りますが私のコートを取ってください.
⑧ 《文末を上げて》*Und*? または Na, *und*? (挑発的に:)それで[どうしたというんだ]?
⑨ 〖**ob, wie** とともに〗《口語》もちろんだ. Kommst du mit? — *Und* ob! いっしょに来る? — もちろん! / Ist es draußen kalt? — *Und* wie! 外は寒い? — 寒いなんてもんじゃないよ!

Un·dank [ウン・ダンク únk-daŋk] 男 −[e]s/《雅》忘恩, 恩知らず. *Undank* ist der Welt² Lohn. 《諺》忘恩は世の習い.

un·dank·bar [ウン・ダンクバーる ún-daŋkba:r] 形 ① 恩知らずな(英 *ungrateful*). ein *undankbarer* Mensch 恩知らずな人. ② 報われない, 割に合わない(仕事など). eine *undankbare* Aufgabe やりがいのない任務.

Un·dank·bar·keit [ウン・ダンクバールカイト] 女 −/ ① 忘恩[的行為], 恩知らず. ② (仕事などが)割に合わないこと.

un·da·tiert [ウン・ダティーァト ún-dati:rt] 形 日付のない.

un·de·fi·nier·bar [ウン・デふィニーァバール または ウン..] 形 はっきり定義できない, 何とも言えない.

un·de·kli·nier·bar [ウン・デクリニーァバール または ウン..] 形《言》語形変化しない, 無変化の(形容詞・名詞など).

un·denk·bar [ウン・デンクバール] 形 考えられない, 思いもよらない, ありえない.

un·denk·lich [ウン・デンクりヒ] 形《成句的に》seit (vor) *undenklichen* Zeiten はるか遠い昔から(昔に).

Un·der·ground [アンダァ・グラオント ándərgraunt] [英] 男 −s/ ① (反体制の)地下組織. ② (前衛芸術の)アングラ[運動]. ③ アングラ音楽.

un·deut·lich [ウン・ドイトりヒ ún-dɔʏtlɪç] 形 不明瞭(ﾘｮｳ)な, はっきりしない; あいまいな. eine *undeutliche* Aussprache 不明瞭な発音 / eine *undeutliche* Erinnerung あいまいな記憶.

Un·deut·lich·keit [ウン・ドイトりヒカイト] 女 −/ 不明瞭(ﾘｮｳ); あいまいさ.

un·dicht [ウン・ディヒト ún-dɪçt] 形 気密でない, (水・空気などの)漏れる.

un·dif·fe·ren·ziert [ウン・ディふェレンツィ

Un·di·ne [ウンディーネ ʊndíːnə] 女 -/-n ウンディーネ(女性の水の精).

Un·ding [ウン・ディング ún·dɪŋ] 中《ふつう成句的に》Es ist ein *Unding*, dass ... …はばかげた(むちゃな)ことだ.

un·dis·zi·pli·niert [ウン・ディスツィプリニーァト ún·dɪstsiplini:rt] 形 規律のない, だらしのない; 自制心のない.

un·duld·sam [ウン・ドゥるトザーム] 形 寛容でない, 狭量な.

Un·duld·sam·keit [ウン・ドゥるトザームカイト] 女 -/ 不寛容, 狭量.

un·durch·dring·lich [ウン・ドゥルヒドリングりヒ または ウン..] 形 ① 通り抜けられない(森・壁など), 見通せない(霧など). ② 計り知れない, 何を考えているかわからない(表情など). eine *undurchdringliche* Miene ポーカーフェース.

un·durch·führ·bar [ウン・ドゥルヒふューァバール または ウン..] 形 実行[実施]不可能な(計画など).

un·durch·läs·sig [ウン・ドゥルヒれスィヒ ún·dʊrçlɛsɪç] 形 (液体・光・気体などを)通さない, 不透過性の.

un·durch·schau·bar [ウン・ドゥルヒシャオバール または ウン..] 形 ① 見抜く(見通す)ことができない. ② えたいの知れない.

un·durch·sich·tig [ウン・ドゥルヒズィヒティヒ ún·dʊrçzɪçtɪç] 形 ① 不透明な. ② えたいの知れない.

Un·durch·sich·tig·keit [ウン・ドゥルヒズィヒティヒカイト] 女 -/ ① 不透明. ② えたいの知れないこと.

un·eben [ウン・エーベン ún·e:bən] 形 ① 平らでない, でこぼこ(起伏)のある. ②《成句的に》nicht *uneben*《口語》悪くない, けっこういい.

Un·eben·heit [ウン・エーベンハイト] 女 -/-en ① 《複 なし》平らでないこと, でこぼこ. ② でこぼこ道, 穴だらけの場所.

un·echt [ウン・エヒト ún·ɛçt] 形 ① 本物でない, 偽の, 模造の; 偽りの, うわべだけの(好意など). *unechter* Schmuck 模造のアクセサリー / *unechte* Zähne 義歯. ②《数》仮の. *unechte* Brüche 仮分数.

un·edel [ウン・エーデる ún·e:dəl] 形 ① 《雅》高貴でない; 卑しい, 下品な. ② (金属が)高級でない. *unedle* Metalle 卑金属類.

un·ehe·lich [ウン・エーエりヒ] 形 ① 婚姻外で生まれた, 庶出の(子供); 婚姻外の子供を持つ(親). 《一》差別的ニュアンスがあるため nicht ehelich「結婚に基づかない」を用いるほうが好ましい).

Un·eh·re [ウン・エーレ ún·e:rə] 女 -/《雅》不名誉, 不面目, 恥. 人³ zur *Unehre* gereichen (あることが)人³の不名誉になる.

un·eh·ren·haft [ウン・エーレンハふト] 形《雅》不名誉な, 恥ずべき.

un·ehr·lich [ウン・エーァリヒ] 形 ① 不誠実な, 不正直な. ② 不正.

Un·ehr·lich·keit [ウン・エーァリヒカイト] 女 -/ ① 不誠実, 不正直. ② 不正.

un·ei·gen·nüt·zig [ウン・アイゲンニュツィヒ ún·aɪɡənnʏtsɪç] 形 利己的でない, 私欲のない.

un·ei·gent·lich [ウン・アイゲントりヒ]《戯》(先行の eigentlich に呼応して:)本来なら許されないのだが,「本来」ではないことにして(…する).

un·ein·ge·schränkt [ウン・アインゲシュレンクト ún·aɪnɡəʃrɛŋkt または ..ゲシュレンクト] 形 無制限の, 無条件の, 絶対的な.

un·ei·nig [ウン・アイニヒ ún·aɪnɪç] 形 意見が一致していない. [sich³] mit 人³ *uneinig* sein 人³と意見が同じでない.

Un·ei·nig·keit [ウン・アイニヒカイト] 女 -/-en (意見などの)不一致; 不和.

un·ein·nehm·bar [ウン・アインネームバール または ウン..] 形 攻略できない, 難攻不落の.

un·eins [ウン・アインス ún·aɪns] 形 意見が一致していない(= uneinig).

un·emp·fäng·lich [ウン・エンプふェングりヒ] 形 感受性のない, 鈍感な. **für** 人⁴ *unempfänglich* sein 事⁴を受けつけない.

un·emp·find·lich [ウン・エンプふィントりヒ] 形 ① (不快なことに対して)むとんちゃく(鈍感)な. er ist gegen Kritik *unempfindlich*. 彼は批判されても平気である. ② 抵抗力(免疫)のある. ③ 傷みにくい, 汚れにくい(布地など).

un·end·lich [ウン・エントりヒ un·ɛntlɪç] I 形 無限の, 果てしない, 限りない; 《数》無限の(記号:∞). 《英》infinite). das *urendliche* Meer 果てしない海 / eine *unendliche* Geduld 限りない忍耐 / eine *unendliche* Größe《数》無限大. ◇《名詞的に》bis ins *Unendliche* 果てしなく.
II 副 非常に, きわめて. Sie war *unendlich* verliebt in ihn. 彼女は彼にぞっこんほれ込んでいた.

die **Un·end·lich·keit** [ウン・ニントりヒカイト un·ɛ́ntlɪçkaɪt] 女 (単) -/ ① 無限, 広大無辺;《雅》永遠;《数》無限大 (記号:∞). 《英》infinity). die *Unendlichkeit* des Weltalls 宇宙の広大無辺さ. ②《口語》非常に長い時間.

un·ent·behr·lich [ウン・エントベーァリヒ または ウン..] 形 欠くことのできない, 不可欠の, 必須の. Er ist **für** uns *unentbehrlich*. 彼は私たちにとってなくてはならぬ人.

un·ent·gelt·lich [ウン・エントゲるトりヒ または ウン..] 形 無報酬の; 無料の. eine *unentgeltliche* Dienstleistung 無料サービス.

un·ent·schie·den [ウン・エントシーデン ún·ɛnt·ʃi·dən] 形 ① 未決定の, まだはっきりしていない;《スポ》引き分けの. ein *unentschiedenes* Spiel 優劣不断の試合. ② 優柔不断な.

Un·ent·schie·den [ウン・エントシーデン] 中 -s/-《スポ》引き分け.

Un·ent·schie·den·heit [ウン・エントシーデンハイト] 女 -/ 未決定;《スポ》引き分け; 優柔不断.

un·ent·schlos·sen [ウン・エントシュろッセン ún·ɛnt·ʃlɔsən] 形 決心のつかない, ためらってい

る; 優柔不断な, 決断力のない.

Un·ent·schlos·sen·heit [ウン・エントシュろッセンハイト] 因 -/ ためらい; 優柔不断.

un·ent·schuld·bar [ウン・エントシュトバール または ウン..] 圏 許しがたい, 弁解の余地のない.

un·ent·schul·digt [ウン・エントシュるディヒト ún-ɛnt-ʃuldɪçt] 圏 無断の, 無届けの. *unentschuldigt* fehlen 無断で欠席する.

un·ent·wegt [ウン・エントヴェークト ún-ɛntvé:kt または ウン..] 圏 不屈の, 辛抱強い, 根気のよい; 絶え間ない, ひっきりなしの.

un·ent·wirr·bar [ウン・エントヴィルバール または ウン..] 圏 ① ほどけない(もつれなど). ② 収拾(解決)しがたい(混乱など).

un·er·bitt·lich [ウン・エァビットリヒ または ウン..] 圏 ① 容赦のない, 厳しい(裁判官など). ② 冷酷な, 非情な(運命など).

Un·er·bitt·lich·keit [ウン・エァビットリヒカイト または ウン..] 因 -/ ① 容赦のなさ, 厳格さ. ② 冷酷, 非情.

un·er·fah·ren [ウン・エァファーレン ún-ɛrfa:-rən] 圏 経験の乏しい, 未経験の, 未熟な.

Un·er·fah·ren·heit [ウン・エァファーレンハイト] 因 -/ 経験の乏しいこと, 未熟.

un·er·find·lich [ウン・エァフィントリヒ または ウン..] 圏《雅》説明のつかない, 不可解な.

un·er·forsch·lich [ウン・エァフォルシュリヒ または ウン..] 圏《雅》(特に宗教的に)計り知れない, 不可解な.

un·er·freu·lich [ウン・エァフロイリヒ] 圏 喜ばしくない, 不愉快な. eine *unerfreuliche* Nachricht うれしくない知らせ.

un·er·füll·bar [ウン・エァフュるバール または ウン..] 圏 実現不可能な, かなえられない(望みなど).

un·er·gie·big [ウン・エァギービヒ ún-ɛrgi:bɪç] 圏 収穫(収量)の乏しい, 不毛の;《比》実りの少ない(テーマなど).

un·er·gründ·lich [ウン・エァグリュントリヒ または ウン..] 圏 ① 解明できない, なぞめいた. ② 底知れぬほど深い.

un·er·heb·lich [ウン・エァヘーブリヒ] 圏 とるに足らない, ささいな, つまらない. ein *unerheblicher* Schaden 軽微な損害.

un·er·hört¹ [ウン・エァヘーァト ún-ɛrhǿ:rt] I 圏 (比較) unerhörter, (最上) unerhörtest) ① 途方もない. eine *unerhörte* Summe とてつもない金額. ② ずうずうしい, あつかましい. ③《雅》前代未聞の, 未曾有の.
II 副 きわめて, 非常に. Er hat *unerhört* viel gearbeitet. 彼はものすごく働いた.

un·er·hört² [ウン・エァヘーァト]《雅》(願いなどが)聞き入れられない, かなえられない.

un·er·kannt [ウン・エァカント ún-ɛrkant] 圏 [だれにも]知られていない, 見抜かれていない.

un·er·klär·lich [ウン・エァクれーァリヒ または ウン..] 圏 説明のつかない, 不思議な.

un·er·läss·lich [ウン・エァれスリヒ または ウン..] 圏 欠くことのできない, 不可欠な. eine *unerlässliche* Bedingung 必須条件.

un·er·laubt [ウン・エァらオプト ún-ɛrlaupt] 圏 無許可の, 禁じられている; 不法な. eine *unerlaubte* Handlung 不法行為.

un·er·le·digt [ウン・エァれーディヒト ún-ɛrle-dɪçt] 圏 片づいていない, 未処理(未解決)の.

un·er·mess·lich [ウン・エァメスリヒ または ウン..] I 圏《雅》計り知れない; 途方もない, 非常な. ◇《名詞的に》[bis] ins *Unermessliche* 際限なく. II 副《雅》途方もなく, 非常に.

un·er·müd·lich [ウン・エァミュートリヒ または ウン..] 圏 疲れを知らない, 根気強い.

un·er·quick·lich [ウン・エァクヴィックリヒ]《雅》不愉快な, 喜ばしくない.

un·er·reich·bar [ウン・エァライヒバール または ウン..] 圏 到達できない, 手の届かない; 連絡がとれない. Im Moment ist er *unerreichbar*. 目下彼には連絡がつかない.

un·er·reicht [ウン・エァライヒト ún-ɛrráɪçt または ウン..] 圏 いまだ達成されたことのない, 前人未到の.

un·er·sätt·lich [ウン・エァゼットリヒ または ウン..] 圏 飽くことを知らない, 貪欲(どんよく)な. ein *unersättlicher* Wissensdurst 貪欲な知識欲.

un·er·schlos·sen [ウン・エァシュろッセン または ウン..] 圏 未開拓の(土地・分野など); 未開発の(資源など).

un·er·schöpf·lich [ウン・エァシェプふリヒ または ウン..] 圏 ① 尽きることのない, 無尽蔵の. ② 論じ尽くせない(問題など).

un·er·schro·cken [ウン・エァシュロッケン ún-ɛrʃrɔkən] 圏 恐れを知らない, 大胆な, 勇敢な.

Un·er·schro·cken·heit [ウン・エァシュロッケンハイト] 因 -/ 大胆さ, 勇敢さ.

un·er·schüt·ter·lich [ウン・エァシュッタァリヒ または ウン..] 圏 揺るぎない, 不動の. mit *unerschütterlicher* Ruhe 落ち着きはらって.

un·er·schwing·lich [ウン・エァシュヴィングリヒ または ウン..] 圏 (費用が)調達できない, 非常に高価な.

un·er·setz·lich [ウン・エァゼッツリヒ または ウン..] 圏 取り替えの利かない, かけがえのない; 取り返しのつかない. ein *unersetzlicher* Schaden 取り返しのつかない損害.

un·er·sprieß·lich [ウン・エァシュプリースリヒ または ウン..] 圏《雅》無益な, 実りのない.

un·er·träg·lich [ウン・エァトレークリヒ または ウン..] I 圏 耐えられない, 我慢のできない. *unerträgliche* Schmerzen 耐えがたい痛み. II 副 ひどく, たまらなく. Es ist *unerträglich* heiß hier. ここはたまらなく暑い.

un·er·wähnt [ウン・エァヴェーント ún-ɛrvɛ:nt] 圏 述べられない, 言及されていない. 圏⁴ *unerwähnt* lassen 圏⁴ について言及せずにおく.

un·er·war·tet [ウン・エァヴァルテット ún-ɛrvartət または ..エァヴァルテット] 圏 思いがけない, 予期しなかった, 不意の. ein *unerwartetes* Wiedersehen 思いがけない再会.

un·er·wi·dert [ウン・エァヴィーダァト ún-ɛrvi:dərt] 圏 ① 応答(返事)のない. ② 報われ

ない(恋など).

un·er·wünscht [ウン・エァヴュンシュト ún-ɛrvvnʃt] 形 望ましくない, 具合(都合)が悪い. ein *unerwünschter* Gast 招かれざる客.

un·er·zo·gen [ウン・エァツォーゲン ún-ɛrtso:-gən] 形 しつけの悪い, 不作法な.

UNESCO [ウネスコ unésko] 囡 -/ 《略》ユネスコ, 国際連合教育科学文化機関 (=United Nations Educational, Scientific and Cultural Organization).

un·fä·hig [ウン・フェーイヒ ún-fɛ:ɪç] 形 ① 無能な, 力量のない. (英 incapable). ein *unfähiger* Abteilungsleiter 無能な課長. ② (…)できない. **zu** 3 *unfähig* sein 3の能力(資格)がない / Ich bin *unfähig*, dieses Buch zu übersetzen. この本を翻訳するなんて私にはできない.

Un·fä·hig·keit [ウン・フェーイヒカイト] 囡 -/ 無能, 力量のなさ; 不適任.

un·fair [ウン・フェーァ ún-fɛ:r] 形 公平(公正)でない, フェアでない. *unfair* spielen (スッツ) アンフェアなプレーをする.

der **Un·fall** [ウン・ふァる ún-fal] 男 (単2) -[e]s/(複) -·fälle [..ふェれ] (3格のみ -·fällen) **事故**, 災害, 災難. (英 accident). Verkehrs-*unfall* 交通事故 / ein schwerer *Unfall* 大事故 / einen *Unfall* erleiden (または haben) 事故にあう / Die *Unfälle* mehren sich. 事故が増加している / **bei** einem *Unfall* ums Leben kommen 事故死する / **in** einen *Unfall* verwickelt werden 事故に巻き込まれる.

類語 der **Unfall**: (広く一般的な意味での)事故. das **Unglück**: (人の身にふりかかる不幸という意味での)事故. (Unfall より災害の規模が大きい). An der Kreuzung ist wieder ein *Unglück* passiert. その交差点でまた事故が起こった. die **Katastrophe**: 大災害, 破局. Der Zweite Weltkrieg war eine furchtbare *Katastrophe* für Europa. 第二次世界大戦はヨーロッパにとってすさまじい破局であった.

Un·fäl·le [ウン・フェれ] *Unfall (事故)の 複

Un·fall·flucht [ウンふァる・ふるフト] 囡 -/ 《法》(自分が原因の)事故現場からの逃避(ひき逃げなど).

un·fall×frei [ウンふァる・ふライ] 形 事故を起こしたことのない, 無事故の(ドライバーなど).

Un·fall×kli·nik [ウンふァる・クリーニク] 囡 -/ -en 救急外科病院.

Un·fall·**sta·ti·on** [ウンふァる・シュタツィオーン] 囡 -/-en (病院の)救急病棟(施設).

Un·fall·**stel·le** [ウンふァる・シュテれ] 囡 -/-n 事故現場.

Un·fall·**ver·hü·tung** [ウンふァる・フェァヒュートゥング] 囡 -/ 事故防止[対策].

Un·fall·**ver·si·che·rung** [ウンふァる・フェァズィッヒェルング] 囡 -/-en 傷害保険[会社], 災害保険[会社].

Un·fall·**wa·gen** [ウンふァる・ヴァーゲン] 男 -s/- ① 事故車. ② 救急車 (=Krankenwagen).

un·fass·bar [ウン・ふァスバール または ウン..] 形 理解できない, 不可解な; 想像もつかない.

un·fass·lich [ウン・ふァスりヒ または ウン..] 形 =unfassbar

un·fehl·bar [ウン・フェーるバール または ウン..] I 形 ① 過失(間違い)を起こすことのない. ② 確かな, 不謬(びゅう)の. II 副 間違いなく, 必ず.

Un·fehl·bar·keit [ウン・フェーるバールカイト または ウン..] 囡 -/ ① 過失(間違い)のないこと, 確かなこと. ② 《カッサ》(教皇の)不謬(びゅう)性.

un·fein [ウン・ふァイン ún-faɪn] 形 上品でない, 粗野な, 不作法な.

un·fern [ウン・フェルン ún-fɛrn] 副《2格とともに》…から遠くない所に (=unweit). *unfern* der Brücke その橋から遠くない所に. ◊《von とともに副詞的に》*unfern* vom Bahnhof 駅から遠くない所に.

un·fer·tig [ウン・フェルティヒ ún-fɛrtɪç] 形 ① まだ出来上がっていない, 未完成の. ② 未熟な.

Un·flat [ウン・ふらート ún-fla:t] 男 -[e]s/ 《雅》汚物; (比)ののしりの言葉], 悪口.

un·flä·tig [ウン・ふれーティヒ ún-flɛ:tɪç] 形 《雅》ひどく下品な, 口汚い. ④4 *unflätig* beschimpfen ④4を口汚くののしる.

un·folg·sam [ウン・ふォるクザーム] 形 言うことをきかない, 従順でない(子供など).

Un·folg·sam·keit [ウン・ふォるクザームカイト] 囡 -/ 聞き分けの悪いこと, 従順でないこと.

un·för·mig [ウン・フェルミヒ ún-fœrmɪç] 形 不格好な.

Un·för·mig·keit [ウン・フェルミヒカイト] 囡 -/ 不格好.

un·förm·lich [ウン・フェルムりヒ] 形 形式ばらない, くだけた(態度など).

un·fran·kiert [ウン・ふランキーァト ún-franki:rt] 形 切手の貼(は)られていない, 料金未納の(郵便物).

un·frei [ウン・ふライ ún-fraɪ] 形 ① 自由でない, 束縛された. ② のびのびしていない, ぎこちない, 窮屈な. ③ 《郵》料金未納の.

un·frei·wil·lig [ウン・ふライヴィりヒ ún-fraɪvɪlɪç] 形 ① 自由意志からでない, 不本意な. ② 意図しない, そのつもりのない. *unfreiwilliger* Humor 巧まざるユーモア.

un·freund·lich [ウン・ふロイントりヒ ún-frɔʏntlɪç] 形 ① 不親切な, 無愛想な. (英 unfriendly). ein *unfreundlicher* Kellner 無愛想なウエーター / eine *unfreundliche* Antwort 不親切な返答. ② 不快な, いやな. ein *unfreundliches* Wetter いやな天気.

Un·freund·lich·keit [ウン・ふロイントりヒカイト] 囡 -/-en ① 《複 なし》不親切, 無愛想(天候などの)不快さ. ② 不親切な言動.

Un·frie·de [ウン・ふリーデ ún-fri:də] 男 -ns (3格・4格 -n)/ =Unfrieden

Un·frie·den [ウン・ふリーデン] 男 -s/ 争い, いがみあい. *Unfrieden*4 stiften 争いの種をまく / Unter (または Zwischen) ihnen herrscht *Unfrieden*. 彼らはいがみあっている.

un·frucht·bar [ウン・フルフトバール] 形 ① 実りの乏しい, (土地が)不毛の. ②《生・医》繁殖力(生殖能力)のない, 不妊の; 実を結ばない(植物). ③《比》実りのない, 無益な(討論など).

Un·frucht·bar·keit [ウン・フルフトバールカイト] 女 -/ ① 不毛. ②《生・医》不妊; 不結実. ③《比》(討論などの)無益さ.

Un·fug [ウン・フーク ún-fu:k] 男 -[e]s/ ① 迷惑な行為, 乱暴. Unfug⁴ treiben 乱暴を働く / grober Unfug《法》治安(公安)妨害. ② ばかげたこと. Macht keinen Unfug! 君たち, ばかなまねはよせ.

..ung [..ウング ..uŋ]〖主に動詞の語幹につけて女性名詞をつくる〗尾 ①《行為》例: Acht*ung* 注意. ②《行為の結果》例: Erfind*ung* 発明[品]. ③《場所》例: Wohn*ung* 住まい / Fest*ung* 要塞(ようさい)など.

Un·gar [ウンガァ úngar] 男 -n/-n ハンガリー人. (女性形: -in).

un·ga·risch [ウンガリッシュ úŋgarıʃ] 形 ハンガリー[人・語]の.

Un·garn [ウンガルン úŋgarn] 中 -s/《国名》ハンガリー[共和国](首都はブダペスト).

un·gast·lich [ウン・ガストリヒ] 形 ① もてなしの悪い, 客あしらいの悪い. ② 住む(滞在する)気になれない(家・場所).

un·ge·ach·tet [ウン・ゲアハテット ún-gəaxtət または ..ゲアハテット] 前 〖2格とともに; 名詞のあとに置かれることもある〗《雅》…にもかかわらず(= trotz). *ungeachtet* der Schwierigkeiten または der Schwierigkeiten *ungeachtet* こうした困難にもかかわらず.

un·ge·ahnt [ウン・ゲアーント ún-gəa:nt または ..ゲアーント] 形〖付加語としてのみ〗予想外の, 思いがけない, 意外な.

un·ge·bär·dig [ウン・ゲベァーディヒ ún-gə-bɛ:rdıç] 形《雅》手に負えない(子供・馬など).

un·ge·be·ten [ウン・ゲベーテン ún-gəbe:tən] 形 頼まれていない, 招かれていない. ein *ungebetener* Gast 招かれざる客.

un·ge·beugt [ウン・ゲボイクト ún-gəbɔʏkt] 形 ① 曲がっていない, まっすぐな(背中など). ② くじけない, 不屈の. ③《言》語形変化しない.

un·ge·bil·det [ウン・ゲビるデット ún-gəbıldət] 形 教養のない, 無学な.

un·ge·bo·ren [ウン・ゲボーレン ún-gəbo:rən] 形 [まだ]生まれていない.

un·ge·bräuch·lich [ウン・ゲブロイヒリヒ] 形 あまり用いられていない, 一般的でない.

un·ge·braucht [ウン・ゲブラオホト ún-gə-brauxt] 形 まだ使用されていない, 新品の.

un·ge·bro·chen [ウン・ゲブロッヘン ún-gə-brɔxən] 形 ① くじけない, 不屈の. ② 屈折していない(光線など); (色が)くすんでいない.

un·ge·bühr·lich [ウン・ゲビューァリヒ または ..ゲビューァリヒ] 形《雅》① 不作法な, 無礼な. ein *ungebührliches* Benehmen 無礼な態度. ② 不当な(要求など).

un·ge·bun·den [ウン・ゲブンデン ún-gəbundən] 形 ① 製本されていない, 仮とじの; 束ねられていない(花など); 結ばれていない(スカーフなど). ② 拘束(束縛)されない, 自由な; 結婚していない. ③《料理》とろみのついていない;《詩学》韻を踏んでいない, 散文の;《音楽》ノン・レガートの.

Un·ge·bun·den·heit [ウン・ゲブンデンハイト] 女 -/ 自由, 放縦, 奔放.

un·ge·deckt [ウン・ゲデックト ún-gədɛkt] 形 ① 覆われていない; まだ屋根のない(家). ② 食事の用意のできていない(食卓). ③《球技など》ノーマークの. ④《経》無担保の(債権など).

die **Un·ge·duld** [ウン・ゲドゥるト ún-gə-dʊlt] 女 (単) -/ 短気, いらだち.《英》impatience). voller *Ungeduld* または mit *Ungeduld* いらいらしながら.

un·ge·dul·dig [ウン・ゲドゥるディヒ ún-gəduldıç] 形 短気な, 性急な, いらいらした.《英》impatient). ein *ungeduldiger* Patient 気の短い患者 / *ungeduldig* auf 人⁴ warten いらいらしながら 人⁴を待つ.

un·ge·eig·net [ウン・ゲアイグネット ún-gəa-aıgnət] 形 適していない, 不適切な, ふさわしくない. für 物⁴(または zu 物³) *ungeeignet* sein 物⁴(または 物³)に向いていない.

un·ge·fähr [ウン・ゲフェーァ ún-gəfɛ:r または ..ゲふェーァ]

およそ

Ich wiege *ungefähr* sechzig Kilo.
イヒ ヴィーゲ ウンゲフェーァ ゼヒツィヒ キーろ
私の体重はおよそ60キロです.

I 副 およそ, だいたい, ほぼ.《英》about). *ungefähr* um 3 Uhr だいたい3時ごろに / Er ist *ungefähr* 30 Jahre alt. 彼は30歳ぐらいだ / so *ungefähr* 3時半ぐらいなところ / von *ungefähr* 偶然に / nicht von *ungefähr* 偶然ではない, ちゃんとした理由があって ⇒ Das kommt nicht von *ungefähr*. そうなったのはわけがあってのことだ.

II 形〖付加語としてのみ〗およその, だいたいの. eine *ungefähre* Zahl 概数 / Ich habe davon nur eine *ungefähre* Vorstellung. 私はそれについて漠然としたイメージしか持っていない.

un·ge·fähr·det [ウン・ゲフェーァデット ún-gəfɛ:rdət または ..ゲフェーァデット] 形 危険にさらされていない, 安全な.

un·ge·fähr·lich [ウン・ゲフェーァリヒ] 形 危険性のない, 無害の.

un·ge·fäl·lig [ウン・ゲフェりヒ ún-gəfɛlıç] 形 無愛想な, 不親切な.

Un·ge·fäl·lig·keit [ウン・ゲフェりヒカイト] 女 -/ 無愛想, 不親切.

un·ge·färbt [ウン・ゲフェルプト ún-gəfɛrpt] 形 ① 染めていない, 着色していない. ②《比》粉飾していない, ありのままの(真実など).

un·ge·fragt [ウン・ゲフラークト ún-gəfra:kt] 副 聞かれもしないのに, 断りもなく.

un·ge·fü·ge [ウン・ゲフューゲ ún-gəfy:gə] 形

un·ge·hal·ten [ウン・ゲハлтен ún-gəhaltən] 形 《雅》怒っている,不機嫌な. **über** 4格 *ungehalten sein* 4格に腹を立てている.

un·ge·hei·ßen [ウン・ゲハイセン ún-gəhaɪsən] 副《雅》自発的に,命じられずに.

un·ge·heizt [ウン・ゲハイツト ún-gəhaɪtst] 形 暖房[装置]のない,暖房の入っていない.

un·ge·hemmt [ウン・ゲヘムト ún-gəhɛmt] 形 ① 何の束縛も受けない,自由な.《比》奔放な,抑制の利かない(怒りなど). ② 臆(ぉく)するところのない,気後れしない,遠慮のない.

un·ge·heu·er [ウン・ゲホイアァ ún-gəhɔʏɐ または ..ゲホイアァ] I 形 (比較) ungeheurer, (最上) ungeheuerst; 格変化語尾がつくときは ungeheur-) (大きさ・程度などが)**ものすごい**,途方もない,ばくだいな. (英 *enormous*). *eine ungeheure Weite* とてつもない広さ / *eine ungeheure Anstrengung* たいへんな骨折り. ◇ 《名詞的に》 *Die Kosten stiegen ins Ungeheure.* 経費はばくだいなものになった.
II 副 とてつもなく,非常に. *Die Aufgabe ist ungeheuer schwierig.* その任務はとてつもなく難しい.

Un·ge·heu·er [ウン・ゲホイアァ] 中 -s/- ① (伝説上の)怪物;《比》極悪非道な人. ② 巨大な(不格好な)もの.

un·ge·heu·er·lich [ウン・ゲホイアァリヒ または ウン..] 形 ① けしからぬ,言語道断の,ひどい. ② =ungeheuer

un·ge·hin·dert [ウン・ゲヒンダァト ún-gəhɪndɐt] 形 妨げられない,じゃまされない.

un·ge·ho·belt [ウン・ゲホーベлт ún-gəhoːbəlt または ..ゲホーベлト] 形 ① かんなをかけていない. ②《比》荒削りな;粗野な,やぼったい.

un·ge·hö·rig [ウン・ゲヘーリヒ ún-gəhøːrɪç] 形 その場にふさわしくない,不作法な(態度など).

Un·ge·hö·rig·keit [ウン・ゲヘーリヒカイト] 女 -/-en ①〚複 なし〛不適当,不作法. ② 不適当(不作法)な言動.

un·ge·hor·sam [ウン・ゲホーァザーм] 形 言うことを聞かない,従順でない(子供など).

Un·ge·hor·sam [ウン・ゲホーァザーм] 男 -s/ 従順でないこと,不服従.

un·ge·klärt [ウン・ゲクレァート ún-gəklɛːrt] 形 明らかにされていない,まだ解明されていない.

un·ge·küns·telt [ウン・ゲキュンステлт ún-gəkʏnstəlt] 形 わざとらしさのない,ありのままの.

un·ge·kürzt [ウン・ゲキュлтс ún-gəkʏrtst] 形 短縮(省略)されていない,ノーカットの(映画など).

un·ge·la·den [ウン・ゲラーデン ún-gəlaːdən] 形 ① 招待されていない(客など). ② 弾を込めていない(ピストルなど).

un·ge·le·gen [ウン・ゲレーゲン ún-gəleːgən] 形 (時間的に)都合(具合)の悪い. *zu ungelegener Zeit* 都合の悪い時に / *Komme ich ungelegen?* おじゃまでしょうか.

Un·ge·le·gen·heit [ウン・ゲレーゲンハイト] 女 -/-en 《ふつう複》不都合,迷惑. 《複》³ *Ungelegenheiten*⁴ *bereiten* 3格に迷惑をかける.

un·ge·lenk [ウン・ゲレンク ún-gəlɛŋk] 形《雅》(動きが)ぎこちない;不器用な,たどたどしい(筆跡など).

un·ge·len·kig [ウン・ゲレンキヒ ún-gəlɛŋkɪç] 形 しなやかでない,こわばった,ぎこちない.

un·ge·lernt [ウン・ゲлернт ún-gəlɛrnt] 形 専門の職業訓練を受けていない,未熟な. *ein ungelernter Arbeiter* 未熟練工.

un·ge·lo·gen [ウン・ゲローゲン ún-gəloːgən] 副《口語》うそではなく,本当に,実際. *Ich habe ungelogen keinen Cent mehr.* ぼくは本当にもう1セントも持っていない.

Un·ge·mach [ウン・ゲマーハ ún-gəmaːx] 中 -[e]s/《雅》不愉快,面倒,やっかい.

un·ge·mein [ウン・ゲマイン ún-gəmaɪn または ..ゲマイン] I 形 普通でない,ものすごい,非常な. *ungemeine Fortschritte* たいへんな進歩. II 副 並はずれて,非常に.

un·ge·müt·lich [ウン・ゲミュートリヒ] 形 ① 居心地の悪い,落ち着かない(部屋など).《口語》不愉快な,不機嫌な. *ungemütlich werden* つむじを曲げる,機嫌が悪くなる.

un·ge·nannt [ウン・ゲナント ún-gənant] 形 匿名の,名前を隠した.

un·ge·nau [ウン・ゲナオ ún-gənaʊ] 形 不正確な,精密でない(測定など);あいまいな(印象など);いいかげんな(仕事など).

Un·ge·nau·ig·keit [ウン・ゲナオイヒカイト] 女 -/-en ①〚複 なし〛不正確さ;あいまいなこと;いいかげんさ. ② ちょっとした誤り.

un·ge·niert [ウン・ジェニーァト ún-ʒeniːrt または ..ジェニーァト] 形 遠慮のない,臆することのない.

un·ge·nieß·bar [ウン・ゲニースバール または ..ゲニースバール] 形 ① 食べられ(飲め)ない;ひどくまずい. ②《口語・戯》(不機嫌で)どうしようもない,(人が)手に負えない.

un·ge·nü·gend [ウン・ゲニューゲント ún-gənyːgənt] 形 不十分な,足りない;(成績評価で:)不可の. (⬅ 成績評価については ☞ gut ⑪). *ungenügende Kenntnisse* 不十分な知識.

un·ge·nutzt [ウン・ゲヌッツト ún-gənʊtst] 形 使われないままの,利用されていない.

un·ge·ord·net [ウン・ゲオлдネт ún-gəɔrdnət] 形 無秩序な,乱雑な.

un·ge·pflegt [ウン・ゲプふレークト ún-gəpfleːkt] 形 手入れの行き届いていない,身だしなみのよくない,だらしない.

un·ge·ra·de [ウン・ゲラーデ ún-gəraːdə] 形《数》奇数の. *eine ungerade Zahl* 奇数.

un·ge·ra·ten [ウン・ゲラーテン ún-gəraːtən] 形 出来の悪い,しつけの悪い(子供など).

un·ge·rech·net [ウン・ゲレヒネット ún-gərɛçnət] I 形 計算に含まれていない. II 前《2格とともに》…を計算(勘定)に入れないで,…を別にすれば.

un·ge·recht [ウン・ゲレヒト ún-gərɛçt] 形 (比較) ungerechter, (最上) ungerechtest) 不正な, 不公平な, 不当な. (英 *unjust*). ein *ungerechter* Richter 公正を欠く裁判官 / Die Strafe ist *ungerecht*. その処罰は不当だ.

un·ge·recht·fer·tigt [ウン・ゲレヒトフェルティヒト ún-gərɛçtfɛrtɪçt] 形 正当化できない, 不当な.

die **Un·ge·rech·tig·keit** [ウン・ゲレヒティヒカイト ún-gərɛçtɪçkaɪt] 因 (単) (複) -en ① (複 なし) 不正, 不公平, 不当. (英 *injustice*). die *Ungerechtigkeit* der sozialen Verhältnisse[2] 社会的境遇の不公平. ② 不正(不当)な言動.

un·ge·reimt [ウン・グライムト ún-gəraɪmt] 形 ① (詩) 韻を踏んでいない. ② (比) つじつまの合わない, 支離滅裂な(おしゃべりなど).

Un·ge·reimt·heit [ウン・グライムトハイト] 因 -/-en ① (複 なし) つじつまの合わないこと, 支離滅裂. ② つじつまの合わない発言.

un·gern [ウン・ゲルン ún-gɛrn] 副 気が進まずに, いやいやながら.

un·ge·rührt [ウン・ゲリュールト ún-gəry:rt] 形 心を動かされない, 無感動の, 平然とした. mit *ungerührter* Miene 平然と[した顔で].

un·ge·sagt [ウン・ゲザークト ún-gəza:kt] 形 言われない[ままの].

un·ge·sal·zen [ウン・ゲざるツェン ún-gəzaltsən] 形 塩の入っていない, 無塩の.

un·ge·sät·tigt [ウン・ゲゼッティヒト ún-gəzɛtɪçt] 形 ① (雅) 満腹していない. ② (化) 不飽和の(溶液など).

un·ge·sche·hen [ウン・ゲシェーエン ún-gəʃe:ən] 形 (成句的に) 動[4] *ungeschehen* machen 動[4]が起こらなかったことにする.

Un·ge·schick [ウン・ゲシック ún-gəʃɪk] 中 -[e]s/ 不器用, ぎこちなさ; 不手際.

Un·ge·schick·lich·keit [ウン・ゲシックリヒカイト] 因 -/-en ① (複 なし) 不器用, ぎこちなさ, 不手際. ② 不器用(不手際)な行為.

un·ge·schickt [ウン・ゲシックト ún-gəʃɪkt] 形 (比較) ungeschickter, (最上) ungeschicktest) ① 不器用な, ぎこちない; 下手な(表現など). *ungeschickte* Hände[4] haben 手先が不器用である. ② (南ドツ) (時間的に)都合(具合)の悪い; 使いにくい.

un·ge·schlacht [ウン・ゲシュらハト ún-gəʃlaxt] 形 ① (体などが)いかつい, でかくて不格好な. ② 不作法な, がさつな.

un·ge·schlif·fen [ウン・ゲシュリッフェン ún-gəʃlɪfən] 形 ① 研磨されていない(宝石など). ② (比) 洗練されていない, 粗野な.

un·ge·schmä·lert [ウン・ゲシュメーラァト ún-gəʃmɛːlərt] 形 (雅) 減らされていない, 全面的な.

un·ge·schminkt [ウン・ゲシュミンクト ún-gəʃmɪŋkt] 形 ① 化粧していない. ② (比) 飾られていない, ありのままの(真実など).

un·ge·scho·ren [ウン・ゲショーレン ún-gəʃo:rən] 形 ① 刈り込まれていない(毛皮など). ② わずらわされない. *ungeschoren* bleiben めんどうなことに巻き込まれずに済む / *ungeschoren* davon|kommen 無事に切り抜ける.

un·ge·schrie·ben [ウン・ゲシュリーベン ún-gəʃri:bən] 形 書かれていない. ein *ungeschriebenes* Gesetz 不文律.

un·ge·schult [ウン・ゲシューるト ún-gəʃu:lt] 形 教育(訓練)を受けていない, 未熟な.

un·ge·schützt [ウン・ゲシュッツト ún-gəʃʏtst] 形 覆い(保護)のない; 無防備な.

un·ge·se·hen [ウン・ゲゼーエン ún-gəze:ən] 副 (他人に)見られずに, 見つからずに.

un·ge·sel·lig [ウン・ゲゼリヒ ún-gəzɛlɪç] 形 ① 非社交的な, 人づき合いの悪い. ② (生) 群居(群棲)しない.

un·ge·setz·lich [ウン・ゲゼッツリヒ] 形 非合法の, 違法の.

Un·ge·setz·lich·keit [ウン・ゲゼッツリヒカイト] 因 -/-en ① (複 なし) 非合法, 違法[性]. ② 違法行為.

un·ge·sit·tet [ウン・ゲズィッテット ún-gəzɪtət] 形 不作法な, 粗野な.

un·ge·stört [ウン・ゲシュテールト ún-gəʃtø:rt] 形 妨げられない, 邪魔されない.

un·ge·straft [ウン・ゲシュトラーフト] 形 罰せられない. *ungestraft* davon|kommen 罰を免れる.

un·ge·stüm [ウン・ゲシュテューム ún-gəʃty:m] 形 (雅) ① 激情的な, 熱烈な. ② 激しい, 猛烈な(風など).

Un·ge·stüm [ウン・ゲシュテューム] 中 -[e]s/ (雅) 激情, 熱烈さ. mit *Ungestüm* 激しく, 熱烈に.

un·ge·sund [ウン・ゲズント ún-gəzʊnt] 形 (比較) ungesünder, (最上) ungesündest) まれに (比較) ungesunder, (最上) ungesundest) ① 不健康な. (英 *unhealthy*). Er hat ein *ungesundes* Aussehen. 彼は体の具合でも悪そうだ. ② 健康によくない. Er führt ein *ungesundes* Leben. 彼は不摂生な生活をしている. ③ 不健全な. ein *ungesunder* Ehrgeiz 不健全な名誉欲.

un·ge·sün·der [ウン・ゲズュンダァ] ungesund (不健康な)の (比較).

un·ge·sün·dest [ウン・ゲズュンデスト] ungesund (不健康な)の (最上).

un·ge·süßt [ウン・ゲズュースト ún-gəzy:st] 形 砂糖の入っていない, 無糖の(飲み物など).

un·ge·teilt [ウン・ゲタイると ún-gətaɪlt] 形 ① 分かれていない. ② 完全な, 全面的な.

un·ge·trübt [ウン・ゲトリュープト ún-gətry:pt] 形 曇りのない, 純粋な. eine *ungetrübte* Freude 曇りのない喜び.

Un·ge·tüm [ウン・ゲテューム ún-gəty:m] 中 -s/-e 大きくて不格好なもの(機械・器具など); 大きくて恐ろしげな動物; 怪物. ein *Ungetüm* von einem Hund ばかでかい犬.

un·ge·übt [ウン・ゲユープト ún-gəy:pt] 形 練習を積んでいない, 未熟な, 不慣れな.

un·ge·wandt [ウン・ゲヴァント ún-gəvant] 形 不器用な, 下手な, ぎこちない.

un·ge·wiss [ウン・ゲヴィス ún-gəvɪs] 形 (比較) ungewisser, (最上) ungewissest) ① 不確かな, 確実ではない. (英 *uncertain*). eine *ungewisse* Zukunft 不確かな将来 / Es ist *ungewiss*, ob er heute kommt. 彼がきょう来るかどうかははっきりしない. ◊《名詞的に》[人]⁴ **über** [事]⁴ **im** *Ungewissen* **lassen** [人]⁴に[事]⁴についてはっきり言わない.
② 決めかねている, 確信が持てない. Ich bin mir noch *ungewiss*, was ich tun soll. 私は自分が何をしたらいいのかいまだにわからない. ◊《名詞的に》sich³ **über** [事]⁴ **im** *Ungewissen* **sein** [事]⁴について決心がつかないでいる. ③ 《雅》ぼんやりした, 不鮮明な(色など), あいまいな.

Un·ge·wiss·heit [ウン・ゲヴィスハイト] 女 -/-en 《ふつう 単》不確実, 未定; 確信のなさ.

Un·ge·wit·ter [ウン・ゲヴィッタァ ún-gəvɪtər] 中 -s/ ① 怒りの爆発, 激怒. ② 《古》暴風雨, 雷雨.

un·ge·wöhn·lich [ウン・ゲヴェーンリヒ ún-gəvø:nlɪç] I 形 ① ふつうでない, 異常な. (英 *unusual*). eine *ungewöhnliche* Kälte 異常な寒気. ② 並はずれた, 非凡な. eine *ungewöhnliche* Begabung 非凡な才能.
II 副 並はずれて, 非常に. Für sein Alter ist er *ungewöhnlich* groß. 年のわりには彼は並はずれて背が高い.

un·ge·wohnt [ウン・ゲヴォーント ún-gəvo:nt] 形 慣れていない, 不慣れな; ふだんと違った.

un·ge·wollt [ウン・ゲヴォルト ún-gəvɔlt] 形 意図的でない, 望んだでない.

un·ge·zählt [ウン・ゲツェーると ún-gətsɛ:lt] I 形 《付加語としてのみ》数えきれないほどの, 無数の. *ungezählte* Male 何回となく. II 副 数えないで. Er steckte das Geld *ungezählt* in seine Tasche. 彼はお金を数えもせずポケットに突っ込んだ.

un·ge·zähmt [ウン・ゲツェームト ún-gətsɛ:mt] 形 飼い慣らされていない; 《比》抑えられない(情熱など).

Un·ge·zie·fer [ウン・ゲツィーふァァ ún-gətsi:fər] 中 -s/ 害虫(のみ・しらみなど); 有害な小動物(ねずみなど). das *Ungeziefer*⁴ vernichten 害虫(有害小動物)を駆除する.

un·ge·zie·mend [ウン・ゲツィーメント ún-gətsi:mənt] 形 《雅》けしからぬ, 無礼な.

un·ge·zo·gen [ウン・ゲツォーゲン ún-gətso:gən] 形 しつけの悪い, 腕白な(子供など); 不作法な. ein *ungezogenes* Kind いたずらっ子 / eine *ungezogene* Antwort ぞんざいな返事.

Un·ge·zo·gen·heit [ウン・ゲツォーゲンハイト] 女 -/-en ① 《複 なし》しつけの悪いこと, 不作法なこと. ② 不作法な言動.

un·ge·zü·gelt [ウン・ゲツューゲるト ún-gətsy:gəlt] 形 抑制できない, 放縦な.

un·ge·zwun·gen [ウン・ゲツヴンゲン ún-gətsvʊŋən] 形 強いられていない, のびのびした. in *ungezwungener* Haltung 自然な態度で.

Un·ge·zwun·gen·heit [ウン・ゲツヴンゲンハイト] 女 -/ (態度・口調などの)のびのびしていること, のびやかさ.

Un·glau·be [ウン・グらオベ ún-glaʊbə] 男 -ns (3格・4格 -n)/ ① 信じないこと, 不信. ② 不信心, 不信仰.

un·glaub·haft [ウン・グらオプハフト] 形 信じられない, 真実らしくない.

un·gläu·big [ウン・グろイビヒ ún-glɔʏbɪç] 形 ① 疑いをいだいている, 懐疑的な. ein *ungläubiges* Gesicht⁴ machen 疑わしげな顔をする. ② 不信心な, 神を信じない.

un·glaub·lich [ウン・グらオプリヒ un-gláʊplɪç または ウン..] I 形 ① 信じられない; あきれるほどの. (英 *incredible*). eine *unglaubliche* Geschichte 信じられない話 / eine *unglaubliche* Frechheit あきれるばかりのずうずうしさ. ② 《口語》ものすごい, 途方もない. eine *unglaubliche* Summe ものすごい金額.
II 副 《口語》ものすごく. Die Sitzung dauerte *unglaublich* lange. その会議は信じられないくらい長くかかった.

un·glaub·wür·dig [ウン・グらオプヴュルディヒ ún-glaʊpvʏrdɪç] 形 信じるに値しない, 信用できない.

un·gleich [ウン・グらイヒ ún-glaɪç] I 形 等しくない, ぞろいの, 不平等の. *ungleicher* Lohn 不平等な賃金. II 副 《ふつう比較級とともに》比較にならないほど, はるかに. *ungleich* besser はるかに良い. III 前 《3格とともに》《雅》…と異なって.

un·gleich=ar·tig [ウングらイヒ・アールティヒ] 形 異種の, 異質の.

Un·gleich=ge·wicht [ウングらイヒ・ゲヴィヒト] 中 -[e]s/-e アンバランス, 不均衡.

Un·gleich·heit [ウン・グらイヒハイト] 女 -/-en ① 《複 なし》違うこと; 不ぞろい; 不平等. ② 等しくないもの; 違い.

un·gleich·mä·ßig [ウングらイヒ・メースィヒ ún-glaɪçmɛ:sɪç] 形 一様でない, 不規則な; 不均等な.

*das **Un·glück** [ウン・グリュック ún-glʏk] 中 (単 2) -[e]s/(複) -e (3格のみ -en) ① (大きな) 事故. (英 *accident*). Eisenbahn*unglück* 鉄道事故 / Ein schweres *Unglück* ist geschehen. 《現在完了》大惨事が起きた / ein *Unglück*⁴ verursachen 事故をひき起こす / Lass nur, das ist kein *Unglück*! よせったら, たいしたことではないんだから. (☞ 類語 Unfall).
② 《複 なし》不幸, 不運; 災難, 災い; 不首尾. (英 *misfortune*). *Unglück*⁴ in der Liebe haben 失恋する / [人]⁴ **ins** *Unglück* **bringen** (または 《雅》[人]⁴を不幸に陥れる / Ich hatte Glück im *Unglück*. 私にとっては不幸中の幸いでした / in sein *Unglück* rennen 《口語》自ら墓穴を掘る / **zu** allem *Unglück* さらに悪いことには / Ein *Unglück* kommt selten allein. 泣き面に蜂(は)(← 不幸はめったに単

un·glück·lich [ウン・グリュックリヒ únglʏklɪç] 形 ① 不幸な，悲しんでいる．(英 *unhappy*). *unglückliche* Menschen 不幸な人たち / ein *unglückliches* Gesicht⁴ machen 悲しそうな顔をする / 人⁴ *unglücklich* machen 人⁴を悲しませる．② 不運な，ついていない．(英 *unlucky*). eine *unglückliche* Niederlage 不運な敗北 / eine *unglückliche* Liebe かなわぬ恋．③ 不器用な，まずい．eine *unglückliche* Bewegung へまな動き．

un·glück·li·cher‑wei·se [ウングリュックりヒャァ・ヴァイゼ] 副 不幸にも，不運にも．

un·glück·se·lig [ウン・グリュック・ゼーりヒ únglʏk-ze:lɪç] 形 ① 不運な，重大な結果を招く．② 不幸な，悲惨な．

Un·glücks‑fall [ウングリュックス・ふァる] 男 -(e)s/..fälle [大]事故；不幸な出来事，災難．

Un·glücks‑ra·be [ウングリュックス・ラーベ] 男 -n/-n《口語》運の悪い人．

Un·gna·de [ウン・グナーデ ún-gna:də] 囡《成句的に》bei 人³ **in** *Ungnade* fallen 人³の機嫌をそこねる，人³の不興を買う．

un·gnä·dig [ウン・グネーディヒ ún-gnɛ:dɪç] 形 ① 不機嫌な．②《雅》無慈悲な，冷酷な．

un·gül·tig [ウン・ギュるティヒ ún-gʏltɪç] 形 通用しない，無効の．eine *ungültige* Fahrkarte 無効な乗車券．

Un·gül·tig·keit [ウン・ギュるティヒカイト] 囡 -/ 無効，失効．

Un·gunst [ウン・グンスト ún-gʊnst] 囡 -/-en ①《複なし》《雅》不興，不機嫌．die *Ungunst* des Wetters《比》悪天候．②《複で》不都合．Das Urteil ist **zu** seinen *Ungunsten* ausgefallen.《現在完了》判決は彼に不利だった / **zu** *Ungunsten* des Klägers 原告にとって不利になるように．

▶ **zu·ungunsten**

un·güns·tig [ウン・ギュンスティヒ ún-gʏnstɪç] 形 ① 都合の悪い，不利な．(英 *unfavorable*). *ungünstiges* Wetter 思わしくない天候 / ein *ungünstiger* Termin 都合の悪い日時 / unter *ungünstigen* Bedingungen 不利な条件のもとで．②《雅》好意的でない．

un·gut [ウン・グート ún-gu:t] 形 ① いやな，よくない，不快な．②《成句的に》Nichts **für** *ungut*! 悪気はなかったんですよ，どうかあしからず．

un·halt·bar [ウン・ハるトバール または ..ハるトバール] 形 ① 根拠のない(主張など)，持ちこたえられない，維持できない(状態など)．②《軍》防衛できない；(球技で:)阻止できない(シュート)．

un·hand·lich [ウン・ハントリヒ] 形 扱いにくい，操作しにくい(器具など)．

un·har·mo·nisch [ウン・ハルモーニッシュ ún-harmo:nɪʃ] 形 協調性のない，調和のとれていない；(色彩などが)不調和な．

Un·heil [ウン・ハイる ún-haɪl] 匣 -[e]s/《雅》災い，不幸．*Unheil*⁴ an|richten (または stiften) 災いをひき起こす，困ったことをしでかす．

▶ **unheil‑bringend**

un·heil·bar [ウン・ハイるバール または ..ハイるバール] 形 治療できない，不治の(病気など)．

un·heil‑brin·gend, Un·heil brin·gend [ウンハイる・ブリンゲント] 形 災い(不幸)をもたらす．

un·heil‑voll [ウンハイる・ふォる] 形《雅》災いに満ちた，不吉な．

* **un·heim·lich** [ウン・ハイムリヒ ún-haɪmlɪç は ..ハイムりヒ] **I** 形 ① 不気味な，気味の悪い．(英 *uncanny*). eine *unheimliche* Stille 不気味な静けさ / Mir wurde *unheimlich* [zumute (または zu Mute)]. 私は気味が悪くなった．②《口語》程度が(大きい)．eine *unheimliche* Summe たいへんな金額．**II** 副《口語》ものすごく．Er ist *unheimlich* groß. 彼はものすごく背が高い．

un·höf·lich [ウン・ヘーふりヒ] 形 礼儀知らずな，不作法な，失礼な．eine *unhöfliche* Antwort 失礼な返事．

Un·höf·lich·keit [ウン・ヘーふりヒカイト] 囡 -/-en ①《複なし》礼儀知らずなこと，不作法．② 不作法(失礼)な言動．

Un·hold [ウン・ホるト ún-hɔlt] 男 -[e]s/-e ①(童話・伝説の)悪魔，妖怪(ﾖｳｶｲ)．②(鬼のように)残忍な人．③ 性犯罪者．

un·hör·bar [ウン・ヘーァバール または ウン..] 形 聞こえない，ほとんど聞きとれない(声・音など)．

un·hy·gi·e·nisch [ウン・ヒュギエーニッシュ ún-hygie:nɪʃ] 形 非衛生的な，不潔な．

uni [ユニー ýni または ユニー yni:]《次》形《無語尾で》一色の，単色の (=einfarbig)；無地の(布など)．eine *uni* Krawatte 無地のネクタイ．

Uni [ウンニー úni] 囡 -/-s《口語》《総合》大学 (=Universität). Er ist noch **auf der** *Uni*. 彼はまだ[大学に]在学中だ．

UNICEF [ウーニツェふ ú:nitsɛf] 囡 -/《略》国連児童基金，ユニセフ (=United Nations International Children's Emergency Fund).

uni·form [ウニフォルム unifórm] 形 画一的な，均一の．

die **Uni·form** [ウニふォルム unifórm または ウンニ.. úni..] 囡 (単) -/(複) -en 制服．(英 *uniform*). (英「私服」は Zivil). Die Polizisten tragen eine blaue *Uniform*. 警官は青い制服を着ている / Soldat **in** *Uniform* 制服を着た兵士．

uni·for·mie·ren [ウニフォルミーレン uniformí:ran] 動 (h) ① (人⁴に)制服(軍服)を着せる．◊《過去分詞の形で》*uniformierte* Männer 制服姿の男たち．②(ふつう軽蔑的に:)画一化する．

Uni·for·mi·tät [ウニふォルミテート uniformité:t] 囡 -/(ふつう軽蔑的に:)画一[性]，均一．

Uni·ka [ウーニカ] Unikum (珍品)の複

Uni·kum [ウーニクム ú:nikʊm] 匣 -s/-s (または Unika) ①《複 Unika》たった一つしかない物，珍品．②《複 -s》《口語》ユニークな人．

uni·la·te·ral [ウーニ・らテラーる ú:ni-latera:l

un·in·ter·es·sant [ウン・インテレサント ύnɪntərɛsant] 形 ① 興味をひかない, おもしろくない. ② 《商》有利でない(取り引きなど).

un·in·ter·es·siert [ウン・インテレスィーァト ύn-ɪntərɛsiːrt] 形 無関心な. **an** 人・事³ *uninteressiert* sein 人・事³に興味がない.

die **Uni·on** [ウニオーン unióːn] 名 (単) -/(複) -en 連合, 連盟, 同盟; 連邦. 《英 union》. einer *Union*³ an|gehören 連合の一員である / die Christlich-Demokratische *Union* キリスト教民主同盟 (ドイツの政党; 略: CDU) / die Europäische *Union* ヨーロッパ連合(略: EU).

uni·so·no [ウニゾーノ unizóːno または ウニーゾノ] 〖楽〗副 《音楽》ユニゾンで, 同音(同度)で.

uni·ver·sal [ウニヴェルザーる univɛrzáːl] 形 ① 全般的な, 普遍的な, 多面的な. eine *universale* Bildung 幅広い教養. ② 全世界の, 全世界に及ぶ.

Uni·ver·sal·ge·nie [ウニヴェルザーる・ジェニー] 中 -s/-s 万能の天才; 《戯》多趣多芸の人.

uni·ver·sell [ウニヴェルゼる univɛrzɛ́l] 形 ① 全般(普遍)的な. ② 多目的な, 万能の(道具など);多方面にわたる(才能など).

die **Uni·ver·si·tät** [ウニヴェルズィテート univɛrzitɛ́ːt] 名 (単) -/(複) -en ① 《総合》大学 (略: Uni). 《英 university》. (⇨「総称としての大学」および「単科大学」は Hochschule). (⇨「ドイツ連邦共和国の教育制度」, 1175 ページ / ⇨「ドイツ・ミニ情報 39」, 下段). Ich besuche eine *Universität*. 私は大学に通っています / Er studiert **an** der *Universität* [in] München. 彼はミュンヒェン大学で勉強している / **auf** die *Universität* (または **zur** *Universität*) gehen 大学に通っている.

② 〖複 なし〗大学の全教員と全学生. ③ 大学の建物.

―使ってみよう―

フライブルク大学で勉強しています.
　Ich studiere an der Universität Freiburg.
法律学を専攻しています.
　Ich studiere Jura.
4 学期目です.
　Ich bin im vierten Semester.
バウマン教授のもとで勉強しています.
　Ich studiere bei Professor Baumann.

Uni·ver·si·täts·kli·nik [ウニヴェルズィテーツ・クリーニク] 名 -/-en 大学附属病院.

Uni·ver·si·täts·pro·fes·sor [ウニヴェルズィテーツ・プロフェッソァ] 男 -s/-en [..ゾーァン] 大学教授. (女性形: -in).

Uni·ver·si·täts·stadt [ウニヴェルズィテーツ・シュタット] 名 -/..städte [..シュテーテ] 大学都市, 大学町.

Uni·ver·sum [ウニヴェルズム univɛ́rzʊm] 中 -s/ 宇宙, 万有;《比》(無限の)多様性.

Un·ke [ウンケ ύŋkə] 名 -/-n ①《動》スズガエル(鈴蛙). ②《口語》不吉な予言をする人, 悲観論者.

un·ken [ウンケン ύŋkən] 自 (h)《口語》不吉なことをを予言する, 悲観的なことを言う.

un·kennt·lich [ウン・ケントりヒ] 形 見分けがつかない, 識別できない. sich⁴ *unkenntlich* machen すっかり変装する.

Un·kennt·lich·keit [ウン・ケントリヒカイト] 名 -/ 見分けがつかないこと. bis zur *Unkenntlichkeit* entstellte Leiche 身元がわからないほど損傷した死体.

Un·kennt·nis [ウン・ケントニス ύn-kɛntnɪs] 名 -/ 知らないこと; 無知. 人⁴ über 事⁴ in *Unkenntnis* lassen 人⁴に事⁴を知らせずにおく.

un·kind·lich [ウン・キントりヒ] 形 子供らしく

ドイツ・ミニ情報 39

大学 Universität

ドイツには日本のような大学入試制度がなく, ギムナジウムの卒業試験(アビトゥーア)に合格することによって大学入学資格を持つことになる. しかし, 大学入学希望者が増大したために学部・学科によっては入学定員の制限をして, 独自の選考基準を設けている大学もある.

2000 年以降の教育改革により, 大学を巡る環境は大きく変化してきた. 変化のひとつにバチェラーコース, マスターコースの新設がある. これはヨーロッパ共通の大学環境整備を目指すボローニャ・プロセス(1999 年)で定められた目標の一部で, これによりこれまでドイツで与えられていたディプローム, マギスターといった学位は, バチェラー, マスターという二段階の学位コースに切り替わった. バチェラーは日本やアメリカの「学士」に, マスターは「修士」に相当する. 新制度のマスターは従来のディプロームおよびマギスターとほぼ同レベルの学位である.

変革の流れのなかで, 授業料をめぐっても大きな議論があった. ドイツの大学は基本的に授業料は無料であったが, 2005 年の連邦憲法裁判所の判断により, 州ごとに大学が授業料を徴収することが認められた. 2007 年以来, 一時は大半の大学で授業料(多くは 1 学期 500 ユーロ程度)が徴収されるようになったが, デモや署名による反対運動, また選挙による州の政権交代などもあって授業料を徴収する州は減少し, 2013 年現在, ほぼ全国的に授業料は無料に戻った. 州によっては在学年数に制限を設け, 規定在学期間を超えた学生にのみ授業料を課しているが, 今の段階では州および大学によりその対応に差がある.

講義風景　© BUNDESBILDSTELLE BONN

ない, ませた.

un·klar [ウン・クラール ún-kla:r] ① はっきりしない, 不鮮明な; あいまいな. ein *unklares* Bild 不鮮明な写真 / *unklare* Erinnerungen あいまいな記憶. ② 不明瞭(めいりょう)な, 理解しにくい. ein *unklarer* Satz わかりにくい文. ③ 疑わしい, 確信が持てない. eine *unklare* Situation 不確かな状況. ◊《名詞的に》[人]⁴ über 事⁴ im *Unklaren* lassen [人]⁴に事⁴の真相を知らせずにおく / sich³ über 事⁴ im *Unklaren* sein 事⁴についてはっきりわかっていない. ④ 不透明な, にごった.

Un·klar·heit [ウン・クラールハイト] 女 –/-en ①《複 なし》不明瞭(めいりょう)な(疑わしい)こと. ② 不明瞭(めいりょう)な(疑わしい)点.

un·klug [ウン・クルーク ún-klu:k] 形 賢明でない, 愚かな, 無分別な.

Un·klug·heit [ウン・クルークハイト] 女 –/-en ①《複 なし》愚鈍, 無分別. ② 愚かな(無分別な)言動.

un·kom·pli·ziert [ウン・コンプリツィーアト ún-kɔmplitsi:rt] 形 複雑でない, 単純な(器具・人・性格など). ein *unkomplizierter* Bruch《医》単純骨折.

die **Un·kos·ten** [ウン・コステン ún-kɔstən] 複 ①《正規の経費以外の》雑費. Die *Unkosten*⁴ trägt die Firma. 雑費は会社が負担する / sich⁴ in *Unkosten* stürzen 大金を使う, 散財する. ②《口語》支出, 出費.

Un·kos·ten⸗bei·trag [ウンコステン・バイトラーク] 男 –[e]s/..träge 雑費の分担金.

das **Un·kraut** [ウン・クラオト ún-kraut] 中《単2》–[e]s/《複》..kräuter [..クロイタァ](3色のみ ..kräutern) ①《複 なし》雑草. (英 weed). Das *Unkraut* wuchert. 雑草がはびこる / *Unkraut*⁴ aus|reißen (または jäten) 雑草を引き抜く / *Unkraut* vergeht (または verdirbt) nicht.《ことわざ》《戯》憎まれっ子世にはばかる(←雑草は絶えることがない). ②《個々の》雑草. (←エコロジー的観点から Wildkräuter, wild wachsende Pflanzen と表記されることもある).

Un·kräu·ter [ウン・クロイタァ] *Unkraut* (雑草)の 複.

un·kri·tisch [ウン・クリーティッシュ ún-kri:tɪʃ] 形 ① 無批判な. ② 危機的でない.

un·kul·ti·viert [ウン・クルティヴィーアト ún-kultivi:rt] 形 ① 洗練されていない, 不作法な. ② 開墾されていない.

un·künd·bar [ウン・キュントバール または ..キュントバール] 形《契約などが》とり消すことのできない, 解約不能の; 解雇できない.

un·kun·dig [ウン・クンディヒ ún-kundɪç] 形 十分な知識(経験)のない. *unkundig* sein 《雅》事⁴に精通していない, 事⁴ができない.

un·längst [ウン・れングスト ún-lɛŋst] 副〔つい〕先ごろ, 最近. (=kürzlich).

un·lau·ter [ウン・らオタァ ún-lautər] 形《雅》不純な, 不誠実な; 不正な.

un·leid·lich [ウン・らイトリヒ] 形 ① 不機嫌な, ぶすっとしている. ② 耐えがたい(状況など).

un·le·ser·lich [ウン・れーザァりヒ または ..れーザァりヒ] 形《筆跡などが》判読できない.

un·leug·bar [ウン・ろイクバール または ..ろイクバール] 形 否定(否認)できない, 明白な.

un·lieb [ウン・リープ ún-li:p] 形 好ましくない. [人]³ nicht *unlieb* sein [人]³にとってありがたい.

un·lieb·sam [ウン・リープザーム] 形 好ましくない, 不快な, いやな.

un·lo·gisch [ウン・ろーギッシュ ún-lo:gɪʃ] 形 非論理的な, 理屈に合わない.

un·lös·bar [ウン・れースバール または ウン..] 形 ① 解消できない(関係など). ② 解決できない(問題など).

un·lös·lich [ウン・れースりヒ または ウン..] ① 溶けない, 不溶性の. ② 解消できない, 密接な (=unlösbar).

Un·lust [ウン・るスト ún-lust] 女 –/ いや気, 乗りしないこと. mit *Unlust* いやいやながら.

un·lus·tig [ウン・るスティヒ ún-lustɪç] 形 気の進まない, 気乗りしない.

un·ma·nier·lich [ウン・マニーアりヒ] 形 行儀(しつけ)の悪い, 不作法な.

un·männ·lich [ウン・メンりヒ] 形 男らしくない, めめしい.

Un·maß [ウン・マース ún-ma:s] 中 –es/《雅》過度, 過多.

Un·mas·se [ウン・マッセ ún-masə] 女 –/-n《口語》ばくだいな量(数).

un·maß·geb·lich [ウン・マースゲープりヒ または ..ゲープりヒ] 形 基準にならない; 重要でない. nach meiner *unmaßgeblichen* Meinung (謙遜して)私見によれば.

un·mä·ßig [ウン・メースィヒ ún-mɛ:sɪç] I 形 極端な, 節度のない. *unmäßige* Forderungen 過度の要求. II 副 極端に, 非常に. Er ist *unmäßig* dick. 彼はものすごく太っている.

Un·mä·ßig·keit [ウン・メースィヒカイト] 女 –/ 極端なこと, 節度がないこと.

Un·men·ge [ウン・メンゲ ún-mɛŋə] 女 –/-n 無数; 多量. eine *Unmenge von* Menschen 非常に大勢の人々.

Un·mensch [ウン・メンシュ ún-mɛnʃ] 男 –en/-en 人でなし, 無情(残酷)な人. Ich bin ja kein *Unmensch*.《口語》私だって話のわからない人間ではない.

un·mensch·lich [ウン・メンシュリヒ または ..メンシュリヒ] I 形 ① 非人間的な, 非人道的な, 残酷な. ② 耐えがたい, ものすごい. *unmenschliche* Schmerzen 耐えがたい苦痛. II 副《口語》ものすごく.

Un·mensch·lich·keit [ウン・メンシュリヒカイト または ..メンシュリヒカイト] 女 –/-en ①《複 なし》非人間的なこと. ② 非人間的(残酷)な行為.

un·merk·lich [ウン・メルクりヒ または ウン..] 形 ほとんど気づかない, かすかな.

un·miss·ver·ständ·lich [ウン・ミスフェァシュテントりヒ または ..シュテントりヒ] 形 誤解のおそれのない, 明白な; きっぱりとした(拒否など).

un·mit·tel·bar [ウン・ミッテるバール ún-mɪtalba:r] **I** 形 ① 直接的な, 直接の. (裏 *immediate*). (対)「間接的な」 = mittelbar). die *unmittelbare* Demokratie 直接民主主義. ② (時間的・空間的に)すぐの. in *unmittelbarer* Nähe すぐ近くに.
II 副 直接に; すぐ, 直ちに. (裏 *immediately*). *unmittelbar* danach その直後 / *unmittelbar* vor der Tür すぐ前に.

un·mö·bliert [ウン・メブリーァト ún-møbli:rt] 形 家具の備えつけられていない(部屋など).

un·mo·dern [ウン・モデルン ún-modern] 形 流行遅れの, 古くさい. *unmoderne* Kleider 流行遅れの服.

*****un·mög·lich** [ウン・メークりヒ ún-mø:klɪç または ..メークりヒト] **I** 形 ① 不可能な, 実行できない; ありえない. (裏 *impossible*). (対)「可能な」 = möglich). ein *unmögliches* Vorhaben 実行不可能な計画 / Es ist mir *unmöglich, das zu tun. 私にはそれはできない / Es ist ganz *unmöglich*, dass er der Schwindler ist. 彼があの詐欺師だなんてまったく考えられないことだ. ◇《名詞的に》 *Unmögliches*⁴ verlangen 不可能なことを要求する.

②《口語》とんでもない, ひどい. ein *unmögliches* Benehmen とんでもないふるまい / Dieser Hut ist *unmöglich*. この帽子はまったく変てこだ. ◇《ふつう最上級で》 奇妙な. Er sammelt die *unmöglichsten* Dinge. 彼はおよそ奇妙なものを収集している. ③《成句的に》人⁴ *unmöglich* machen 人⁴の面目を失わせる, 人⁴に恥をかかせる / sich⁴ *unmöglich* machen 面目を失う, 恥をかく.
II 副 《ふつう **können** とともに; 文全体にかかって》《口語》決して…ない. Ich kann ihn jetzt *unmöglich* im Stich lassen. 私は今彼を見捨てることはとうていできない / Das kann *unmöglich* richtig sein. それは正しいはずがない.

Un·mög·lich·keit [ウン・メークりヒカイト または ..メークりヒカイト] 女 -/-en 不可能なこと, 不可能性.

un·mo·ra·lisch [ウン・モラーリッシュ ún-mora:lɪʃ] 形 道徳に反する, 不道徳な.

un·mo·ti·viert [ウン・モティヴィーァト ún-motivi:rt] 形 ① 動機(理由)のない. ② やる気のない.

un·mün·dig [ウン・ミュンディヒ ún-myndɪç] 形 未成年の; (社会人として)一人前でない, 未熟な. 人⁴ für *unmündig* erklären 人⁴を禁治産者と宣告する.

Un·mün·dig·keit [ウン・ミュンディヒカイト] 女 -/ 未成年(であること); 未熟さ.

un·mu·si·ka·lisch [ウン・ムズィカーりッシュ ún-muzika:lɪʃ] 形 非音楽的な; 音楽のセンス(才能)がない, 音楽を解さない.

Un·mut [ウン・ムート ún-mu:t] 男 -[e]s/《雅》 不機嫌, 不満, 怒り.

un·mu·tig [ウン・ムーティヒ ún-mu:tɪç] 形 《雅》不機嫌な, 不満の.

un·nach·ahm·lich [ウン・ナーアアームりヒ または ..アームりヒ] 形 まねのできない, 無類の.

un·nach·gie·big [ウン・ナーハギービヒ ún-na:xgi:bɪç] 形 譲歩しない, 頑固な, 強情な.

Un·nach·gie·big·keit [ウン・ナーハギービヒカイト] 女 -/ 譲歩しないこと, 頑固, 強情.

un·nach·sich·tig [ウン・ナーハズィヒティヒ ún-na:xzɪçtɪç] 形 容赦のない, 厳格な.

un·nah·bar [ウン・ナーバール または ウン..] 形 近寄りがたい, とっつきにくい.

un·na·tür·lich [ウン・ナテューァりヒ] 形 ① 自然に反する; 不自然な. ein *unnatürlicher* Tod 変死. ② わざとらしい, 作為的な.

Un·na·tür·lich·keit [ウン・ナテューァりヒカイト] 女 -/ 不自然さ; わざとらしさ.

un·nenn·bar [ウン・ネンバール または ウン..] 形 《付加語としてのみ》《雅》名状しがたい, 言葉で言い表せない(苦痛など).

un·nor·mal [ウン・ノルマーる ún-nɔrma:l] 形 正常でない, 異常な.

un·nö·tig [ウン・ネーティヒ ún-nø:tɪç] 形 不必要な, むだな, 余計な.

un·nö·ti·ger·wei·se [ウンネーティガァ・ヴァイゼ] 副 不必要に.

un·nütz [ウン・ニュッツ ún-nyts] 形 役にたたない; むだな. sich³ *unnütze* Mühe⁴ machen むだ骨を折る.

UNO, Uno [ウーノ ú:no] 女 -/ (略)国際連合, 国連 (=United Nations Organization).

un·or·dent·lich [ウン・オルデントりヒ] 形 ① (人が)だらしない. ② (部屋などが)乱雑な. ein *unordentliches* Zimmer 散らかった部屋.

die **Un·ord·nung** [ウン・オルドヌング ún-ɔrdnʊŋ] 女 (単) -/ 無秩序, 混乱. (裏 *disorder*). 物⁴ in *Unordnung*⁴ bringen 物⁴を混乱させる, 乱す / in *Unordnung*⁴ geraten 秩序が乱れる, 混乱に陥る.

un·or·ga·nisch [ウン・オルガーニッシュ ún-ɔrga:nɪʃ] 形 ① 有機的でない. ②《専》《化》無機の.

un·paar [ウン・パール ún-pa:r] 形 《生》対を成していない.

un·par·tei·isch [ウン・パルタイイッシュ ún-partaɪɪʃ] 形 党派的でない, 不偏不党の, 公平な, 中立の.

Un·par·tei·i·sche[r] [ウン・パルタイイシェ(..シャァ) ún-partaɪɪʃə(..ʃər)] 男女 《語尾変化は形容詞と同じ》《スポ・隠語》審判員, レフェリー.

Un·par·tei·lich·keit [ウン・パルタイりヒカイト] 女 -/ 不偏不党, 公平, 中立.

un·pas·send [ウン・パッセント ún-pasənt] 形 ① 不適切な, ふさわしくない, 場違いの. ② 都合の悪い. zu *unpassender* Zeit 都合の悪いときに.

un·pas·sier·bar [ウン・パスィーァバール または ..パスィーァバール] 形 通行できない, 渡れない(橋など).

un·päss·lich [ウン・ペスりヒ] 形 体調のよくな

い, 気分のすぐれない.
Un·päss·lich·keit [ウン・ペスリヒカイト] 囡 -/
-en 体調がよくないこと, 気分がすぐれないこと.
un·per·sön·lich [ウン・ベルゼーンリヒ] 形 ①
個性的でない, 特色のない; 個人の感情の入らない, 事務的な. in einem *unpersönlichen* Stil schreiben 個性のない文体で書く.
② 《哲・宗》人格を持たない; 《言》 非人称の.
unpersönliche Verben 非人称動詞.
un·po·li·tisch [ウン・ポリーティッシュ ún-poːliːtɪʃ] 形 非政治的な, 政治に関心のない.
un·po·pu·lär [ウン・ポプレーァ ún-populɛːr] 形 (一般大衆に)人気のない, 評判が悪い.
un·prak·tisch [ウン・プラクティッシュ ún-praktɪʃ] 形 ① 実用的でない. ein *unpraktisches* Gerät 使いにくい器具. ② 不器用な, 手際の悪い.
un·pro·ble·ma·tisch [ウン・プロブレマーティッシュ ún-problema:tɪʃ] 形 [なんら]問題のない.
un·pro·duk·tiv [ウン・プロドゥクティーフ ún-produkti:f] 形 《経》生産力を持たない; 非生産的な.
un·pro·por·ti·o·niert [ウン・プロポルツィオニーァト ún-proportsioni:rt] 形 均整のとれていない, プロポーションの悪い.
un·pünkt·lich [ウン・ピュンクトリヒ] 形 時間(期日)を守らない; 定刻(期限)に遅れた(列車・支払いなど).
Un·pünkt·lich·keit [ウン・ピュンクトリヒカイト] 囡 -/ 時間を守らないこと; 遅刻, 遅延.
un·qua·li·fi·ziert [ウン・クヴァリフィツィーァト ún-kvalifitsi:rt] 形 ① 資格(能力)のない; 資格(特別の能力)を必要としない(仕事など). ② 知的なレベルの低い(発言など).
un·ra·siert [ウン・ラズィーァト ún-razi:rt] 形 ひげをそっていない, 不精ひげをはやした.
Un·rast [ウン・ラスト ún-rast] 囡 -/ 《雅》落ち着かないこと, 不安(＝Unruhe).
Un·rat [ウン・ラート ún-ra:t] 男 -[e]s/ 《雅》ごみ, くず, 汚物. *Unrat*[4] wittern いやな予感をいだく.
un·ra·ti·o·nell [ウン・ラツィオネる ún-ratsionɛl] 形 効率の悪い; 非合理的な.
un·re·a·lis·tisch [ウン・レアリスティッシュ ún-realɪstɪʃ] 形 ① 現実的でない. ② 《口語》 実現できない.
un·recht [ウン・レヒト ún-rɛçt] 形 《比較》 unrechter, 《最上》 unrechtest) ① 不適切な, ふさわしくない, 不都合な. Das war eine Bemerkung an *unrechten* Ort. それは場違いな発言だった / zur *unrechten* Zeit まずいときに.
② 《雅》不正な, 不当な. (英 *wrong*). eine *unrechte* Tat 不正行為 / Es ist *unrecht* von dir, ihn zu bestrafen. 君が彼を罰するのは不当だ. ◇《名詞的に》 *unrecht* (または *Unrecht*) bekommen (他人から)間違っていると言われる / 囚[3] *unrecht* (または *Unrecht*) geben 囚[3]の言うことを間違っているとする / *unrecht* (または *Unrecht*) haben (言うことが)間違っている / 囚[3]

unrecht (または *Unrecht*) tun 囚[3]を不当に評価する(悪く言う). ③ 間違った. in *unrechte* Hände kommen (または fallen) (郵便物が)誤配される. ◇《名詞的に》 **an den** *Unrechten* geraten (または kommen) 《口語》お門違いの所へ話をもって行く.

das **Un·recht** [ウン・レヒト ún-rɛçt] 匝 (単2) -[e]s/ 不正, 不当; 不正(不当)行為; 誤り, 過失. (英 *injustice*). (⇔ 「正当さ」Recht). 囚[3] ein *Unrecht*[4] an|tun 囚[3]に対して不正をはたらく / ein *Unrecht*[4] begehen 不正を犯す / im *Unrecht* sein 間違っている / 囚[4] ins *Unrecht* setzen 囚[4]を悪者であるかのように思わせる / *Unrecht*[4] bekommen (他人から)間違っていると言われる / 囚[3] *Unrecht*[4] geben 囚[3]の言うことを間違っているとする / *Unrecht*[4] haben (言うことが)間違っている / *Unrecht*[4] tun 囚[3]を不当に評価する(悪く言う) / **zu** *Unrecht* 不当に[も].

un·recht·mä·ßig [ウン・レヒトメースィヒ ún-rɛçtmɛːsɪç] 形 不法な, 違法の, 非合法の.
Un·recht·mä·ßig·keit [ウン・レヒトメースィヒカイト] 囡 -/-en ① 《複 なし》不法, 違法. ② 不法(違法)な行為.
un·red·lich [ウン・レートリヒ ún-reːtlɪç] 形 《雅》不正直な, 不誠実な, 不正な(手段など).
Un·red·lich·keit [ウン・レートリヒカイト] 囡 -/-en ① 《複 なし》不正直, 不誠実. ② 不正直(不誠実)な行為.
un·re·ell [ウン・レエる ún-reɛl] 形 信用できない, 堅実でない(会社など).
un·re·gel·mä·ßig [ウン・レーゲるメースィヒ ún-reːgəlmɛːsɪç] 形 不規則な, 変則的な; そろいの, 不定期の. *unregelmäßiger* Puls 《医》不整脈 / *unregelmäßige* Verben 《言》不規則動詞.
Un·re·gel·mä·ßig·keit [ウン・レーゲるメースィヒカイト] 囡 -/-en ① 《複 なし》不規則, 変則. ② 変則的なこと; 《ふつう 複》不正, 違反.
un·reif [ウン・ライフ ún-raɪf] 形 (果物などが)熟していない; (人・考えなどが)未熟な.
Un·rei·fe [ウン・ライフェ ún-raɪfə] 囡 -/ 未熟 [なこと].
un·rein [ウン・ライン ún-raɪn] 形 ① 純粋でない, にごった; 調子はずれの(音程). *unreines* Wasser にごった水. ② きれいでない, 不潔な. *unreine* Luft 汚れた空気. ◇《成句的に》 ins *Unreine* schreiben 匝[4]を下書きする, 匝[4]の草案を作る / ins *Unreine* sprechen (または reden) 《口語・戯》 思いつくままにしゃべる. ③ 《宗》不浄な.
Un·rein·heit [ウン・ラインハイト] 囡 -/-en ① 《複 なし》不純, 不潔; 《宗》不浄. ② 不純物; (肌の)染み, 吹出物.
un·rein·lich [ウン・ラインリヒ] 形 きれい好きでない; 不潔な, 汚い.
un·ren·ta·bel [ウン・レンターべる ún-rɛntaːbəl] 形 もうからない, 採算がとれない(商売など).
un·rett·bar [ウン・レットバール または ウン..] 形

Un·rich·tig·keit [ウン・リヒティヒカイト] 囡 -/-en ① 〚圈 なし〛虚偽; 誤り. ② 間違った主張; 虚偽の申したて(報告).

Un·ruh [ウン・ルー ún-ru:] 囡 -/-en〚工〛(時計の)平衡輪, テンプ輪.

die **Un·ru·he** [ウン・ルーエ ún-ru:ə] 囡 (単) -/(複) -n ① 〚圈 なし〛落ち着きのなさ, 騒がしさ; (指などを落ちつきなく)絶えず動かしていること. (英 *restlessness*). die *Unruhe* der Großstadt² 大都会の騒々しさ. ② 〚圈 なし〛不穏な状態. ③ 〚圈 なし〛(心の)動揺, 不安. in *Unruhe* sein 動揺している / in *Unruhe* versetzen 囚⁴を不安に陥れる. ④ 〚圈 で〛(政治的な)騒乱, 暴動.

Un·ru·he⹀herd [ウンルーエ・ヘーァト] 男 -[e]s/-e 〚政〛政治的危機をはらんだ地域, 暴動(騒乱)の多発する地帯; 紛争の火種.

Un·ru·he⹀stif·ter [ウンルーエ・シュティフタァ] 男 -s/- 暴動(騒乱)の火付け役, 扇動者. (女性形: -in).

un·ru·hig [ウン・ルーイヒ ún-ru:iç] 囮 ① 落ち着きのない. (英 *restless*). ein *unruhiges* Kind じっとしていない子供 / ein *unruhiges* Meer 荒れた海. ② 騒がしい. (英 *noisy*). eine *unruhige* Gegend 騒々しい地域. ③ 不安な; 不穏な. *unruhige* Zeiten 不穏な時代. ④ (中断されて)不規則な. einen *unruhigen* Schlaf haben ぐっすり眠れない. ⑤ 〚比〛(模様などの)細かすぎて落ち着かない.

un·rühm·lich [ウン・リュームリヒ] 囮 不名誉な, 恥ずべき.

uns [ウンス úns] 四〚人称代名詞; 1人称複数 wir の3格・4格〛① 〚**3格で**〛私たちに, 私たちにとって. (英 *us*). Kannst du *uns* helfen? ぼくらに手を貸してくれないか / *Uns* geht es gut. 私たちは元気です.
◇〚前置詞とともに〛bei *uns* zu Hause 私たちの所(家・国)では / unter *uns* gesagt ここだけの話だが.
◇〚再帰代名詞として〛Das können wir *uns* nicht vorstellen. それは私たちには想像できない.
◇〚相互代名詞として〛Wir helfen *uns*. 私たちは助け合っている.
② 〚**4格で**〛私たちを. Niemand hat *uns* gesehen. だれも私たちを見なかった. ◇〚前置詞とともに〛ein Brief an *uns* 私たちあての手紙 / für *uns* 私たちのために.
◇〚再帰代名詞として〛Wir freuen *uns*. 私たちはうれしい / Wir lieben *uns*. 私たちは愛し合っている.

un·sach·ge·mäß [ウン・ザッハゲメース ún-zaxgəmɛːs] 囮 状況に即していない, 不適切な.

un·sach·lich [ウン・ザッハリヒ] 囮 事実に即していない; 客観性のない.

un·sag·bar [ウン・ザークバール または ウン..] I 囮 言葉では言い表せない. II 副 すごく, ひどく.

un·säg·lich [ウン・ゼークリヒ または ウン..] 囮 《雅》=unsagbar

un·sanft [ウン・ザンフト ún-zanft] 囮 穏やかでない, 荒っぽい.

un·sau·ber [ウン・ザオバァ ún-zaubər] 囮 ① 不潔な, 汚い. *unsaubere* Hände 汚れた手. ② そんざいな(仕事など), 乱雑な(字など). ③ 不正確な(定義など); 調子はずれの(音など). ④ 〚比〛汚い(手段など).

Un·sau·ber·keit [ウン・ザオバァカイト] 囡 -/-en ① 〚圈 なし〛不潔, 汚いこと. ② 汚れた箇所, 汚れ. ③ 不正行為.

un·schäd·lich [ウン・シェートリヒ] 囮 害のない, 無害な. *unschädliche* Insekten 害のない昆虫 / 人・物⁴ *unschädlich* machen (捕捉・破壊などにより)人・物⁴を無害化する.

un·scharf [ウン・シャルフ ún-ʃarf] 囮 ① ピントが合っていない, 不鮮明な. ② 精確でない, 厳密でない(思考など).

un·schätz·bar [ウン・シェッツバール または ウン..] 囮 評価できないほど高価(貴重)な.

un·schein·bar [ウン・シャインバール] 囮 目だたない, 地味な, 人目をひかない.

un·schick·lich [ウン・シックリヒ] 囮 《雅》適切でない, ふさわしくない, 不作法な.

un·schlag·bar [ウン・シュラークバール または ウン..] 囮 打ち負かすことのできない; 《口語》最上の.

un·schlüs·sig [ウン・シュリュスィヒ ún-ʃlysɪç] 囮 ① 決心のつかない, ちゅうちょしている. ② 非論理的な, つじつまの合わない.

Un·schlüs·sig·keit [ウン・シュリュスィヒカイト] 囡 -/- ① 決心のつかないこと, ちゅうちょ. ② つじつまの合わないこと.

un·schön [ウン・シェーン ún-ʃøːn] 囮 ① 美しくない, 醜い. ② 不親切な; 不愉快な, いやな(天気など).

die **Un·schuld** [ウン・シュルト ún-ʃult] 囡 (単) -/ ① 無罪, 無実, 潔白. (英 *innocence*). Er konnte seine *Unschuld* beweisen. 彼は身の潔白を証明できた. ② 純真, 無垢(く), 無邪気. 囲⁴ in aller *Unschuld* sagen 何の悪気もなしに囲⁴を言う / eine *Unschuld* vom Lande 《戯》田舎出のうぶな娘. ③ 純潔, 処女性. die *Unschuld*⁴ verlieren 純潔を失う.

un·schul·dig [ウン・シュルディヒ ún-ʃuldɪç] 囮 ① 無罪の, 罪のない; 責任のない. (英 *innocent*). Der Angeklagte ist *unschuldig*. その被告人は無実だ / an 囲³ *unschuldig* sein 囲³に責任がない ⇒ Er ist an dem Unfall *unschuldig*. 彼はその事故に責任がない. ② 純真な, 無邪気な. *unschuldige* Augen けがれを知らない目 / eine *unschuldige* Frage 無邪気な質問. (☞ 類語 naiv). ③ 処女の, 童貞の.

Un·schulds⹀en·gel [ウンシュるツ・エングる] 男 -s/- (皮肉った:)汚れなき天使.

Un·schulds⹀lamm [ウンシュるツ・ラム] 中

-(e)s/..lämmer (ふつう皮肉って:) 悪い事一つてできない人 (←純真な小羊).

Un·schulds⸗mie·ne [ウンシュるツ・ミーネ] 囡 -/-n 虫も殺さぬような(何食わぬ)顔.

un·schulds⸗voll [ウンシュるツ・ふォる] 形 罪のない, 無邪気な.

un·schwer [ウン・シュヴェーァ *ún-ʃveːr*] 副 容易に, たやすく.

un·selb·stän·dig [ウン・ぜるプシュテンディヒ *ún-zɛlpʃtɛndɪç*] 形 =unselbstständig

Un·selb·stän·dig·keit [ウン・ぜるプシュテンディヒカイト] 囡 -/ =Unselbstständigkeit

un·selbst·stän·dig [ウン・ぜるプストシュテンディヒ *ún-zɛlpstʃtɛndɪç*] 形 独立(自立)していない, 人に頼っている; (政治的・経済的に)独立していない, 自営でない. *unselbstständige* Arbeit 被雇用者としての仕事(雇われ仕事).

Un·selbst·stän·dig·keit [ウン・ぜるプストシュテンディヒカイト] 囡 -/ 独立(自立)していないこと.

un·se·lig [ウン・ぜーりヒ *ún-zeːlɪç*] 形 (雅) ① のろわれた, 不吉な, 宿命的な. ② (表) 不幸な, 不運な.

‡**un·ser** [ウンザァ *únzər*]

> 私たちの Das ist *unser* Haus.
> ダス イスト ウンザァ ハオス
> これが私たちの家です.
>
> | 格 | 男 | 囡 | 甲 | 複 |
> |---|---|---|---|---|
> | 1 | unser | unsere | unser | unsere |
> | 2 | unseres | unserer | unseres | unserer |
> | 3 | unserem | unserer | unserem | unseren |
> | 4 | unseren | unsere | unser | unsere |
>
> 格語尾がつくときrの前のeを省くことがある. 例: unsre, unsrem. また unserm (←unserem), unsern (←unseren) という形もある.

I 冠 〖所有冠詞; 1人称複数〗私たちの, われわれの. (表 *our*). *unser* Vater 私たちの父 / *unsere* Eltern 私たちの両親 / *Unser* Zug hatte heute Verspätung. 私たちがいつも乗る列車はきょうも遅れた.

II 代 **A)** 〖所有代名詞〗① 私たち(われわれ)のもの. (表 *ours*). Sein Wagen ist größer als *unserer*. 彼の車は私たちの車より大きい / Das sind nicht eure Bücher, sondern *unsere*. これらは君たちの本ではなく, 私たちのものだ.
◇〖格語尾なしで〗Dieses Auto ist *unser*. この車は私たちのものです.

② 〖定冠詞とともに〗私たち(われわれ)の… Das ist nicht euer Verdienst, sondern der *unsere*. (雅) それは君たちの手柄ではなく, ぼくらの手柄だ.
◇〖名詞的に〗 die *unseren* または die *Unseren* 私たちの家族(仲間) / das *unsere* または das *Unsere* a) 私たちの義務, b) 私たちの財産.

<注意> 格変化は定冠詞がない場合は男性1格で unserer, 中性1格・4格で unseres または unsers となるほかは上の表と同じ. 定冠詞がつく場合は男性1格と女性・中性1格・4格で unsere, 他は unseren または unsern.

B) 〖人称代名詞; 1人称複数 wir の2格〗 Vergesst *unser* nicht! (雅) 私たちのことを忘れないでください.

un·se·re [ウンゼレ] 代 〖所有冠詞〗☞ unser I

un·ser⸗ei·ner [ウンザァ・アイナァ] 代 〖不定代名詞; 2格なし, 3格 ..einem, 4格 ..einen〗 《口語》私たちのような者, われわれのような人間.

un·ser⸗eins [ウンザァ・アインス] 代 〖不定代名詞; 無変化〗 =unsereiner

un·se·rer⸗seits [ウンゼラァ・ザイツ] 副 私たちの方(側)では.

un·se·rem [ウンゼレム], **un·se·ren** [ウンゼレン], **un·se·rer** [ウンゼラァ], **un·se·res** [ウンゼレス] 代 〖所有冠詞〗☞ unser I

un·se·res⸗glei·chen [ウンゼレス・ぐらイヒェン] 代 〖不定代名詞; 無変化〗 私たちのような者.

un·se·ri·ge [ウンゼリゲ] 代 =unsrige

un·ser⸗seits [ウンザァ・ザイツ] 副 私たちの方(側)では (=unsererseits).

un·sert⸗hal·ben [ウンザァト・ハるベン] 副 = unsertwegen

un·sert⸗we·gen [ウンザァト・ヴェーゲン] 副 私たちのために; [私たちとしては]…してもかまわない.

un·sert⸗wil·len [ウンザァト・ヴィれン] 副 〖成句的に〗**um** *unsertwillen* 私たちのために.

un·si·cher [ウン・ズィッヒャァ *ún-zɪçər*] 形 ① 危険な, 安全でない. (表 *unsafe*). eine *unsichere* Gegend 物騒な地方 / einen Ort *unsicher* machen《口語・戯》(仲間と)盛り場ではめをはずす (←ある場所を不穏にする).
② 不確かな, 疑わしい; 不確定の; 当てにならない. (表 *uncertain*). eine *unsichere* Methode 疑わしい方法 / eine *unsichere* Zukunft 見通しのつかない将来 / Der genaue Termin ist noch *unsicher*. 正確な期日はまだ決まっていない / Ich bin *unsicher*, ob das stimmt. それが本当なのかどうか私には確信がない. ③ 自信のない; おぼつかない(手つきなど), 危げな(足取りなど). ein *unsicheres* Auftreten たよりなげなふるまい / Das Kind ist noch *unsicher* auf den Füßen. その子供はまだよちよち歩きだ.

Un·si·cher·heit [ウン・ズィッヒャァハイト] 囡 -/-en ① 〖複なし〗安全でないこと; 不確実; 自信のないこと. ② 不確実(不安)な要素.

Un·si·cher·heits⸗fak·tor [ウンズィッヒャァハイツ・ふァクトァ] 男 -s/-en [..トーレン] 不確定要素.

un·sicht·bar [ウン・ズィヒトバール] 形 目に見えない. sich⁴ *unsichtbar* machen《口語・戯》姿をくらます, 雲隠れする.

Un·sicht·bar·keit [ウン・ズィヒトバールカイト] 囡 -/ 目に見えないこと, 不可視.

der **Un·sinn** [ウン・ズィン *ún-zɪn*] 男 (単2) -(e)s/ ① 無意味[なこと]; ばかげたこと(行為), くだらない考え, ナンセンス. (表 *nonsense*). Das ist doch alles *Unsinn*. そんなのぜんぶナンセンス

だよ / Rede doch keinen *Unsinn*! ばかげたことを言うな / *Unsinn*! とんでもない、そんなはずは. ② 悪さ、いたずら. *Unsinn*⁴ machen (または treiben) 悪さを働く.

un·sin·nig [ウン・ズィニヒ únzınıç] I 形 ① 無意味な、くだらない(おしゃべりなど). ②《口語》とてつもない. *unsinnige* Forderungen 法外な要求. II 副《口語》とてつもなく.

Un·sit·te [ウン・ズィッテ ún-zıtə] 囡 -/-n 悪習、悪い習慣.

un·sitt·lich [ウン・ズィットりヒ] 形 ① 不道徳な；わいせつな. ②《法》公序良俗に反する.

Un·sitt·lich·keit [ウン・ズィットりヒカイト] 囡 -/-en ①《圏なし》不道徳. ② 不道徳な行為.

un·so·li·de [ウン・ゾリーデ ún-zoli:də] 形 ① 堅牢(%)でない、しっかりしていない(家具など). ② 堅実でない、まじめでない(生活など).

un·so·zi·al [ウン・ゾツィアール ún-zotsia:l] 形 ① 非社会的な. ② 社会的弱者の利益を考慮に入れない.

un·sport·lich [ウン・シュポルトりヒ] 形 ① スポーツに向かない. ② スポーツ精神に反する、アンフェアな.

uns·re [ウンズレ], **uns·rem** [ウンズレム], **uns·rer** [ウンズラァ], **uns·res** [ウンズレス] 冠《所有冠詞》☞ unser I

uns·ri·ge [ウンズリゲ únzrıgə] 代《所有代名詞; 定冠詞とともに; 語尾変化は形容詞と同じ》《雅》私たちのもの. Euer Haus ist größer als das *unsrige*. 君たちの家はぼくらの家より大きい. ◇《名詞的に》die *unsrigen* または die *Unsrigen* 私たちの家族(仲間) / das *unsrige* または das *Unsrige* a) 私たちの義務、b) 私たちの財産.

un·statt·haft [ウン・シュタットハふト] 形《雅》許されていない、禁じられている.

un·sterb·lich [ウン・シュテルプりヒ または ..シュテルプりヒ] I 形 ① 不死の. ② 不滅(不朽)の. die *unsterblichen* Werke Beethovens ベートーヴェンの不滅の作品. II 副《口語》非常に、ひどく. sich⁴ in 人・物⁴ *unsterblich* verlieben 人・物⁴にぞっこんほれこむ.

Un·sterb·lich·keit [ウン・シュテルプりヒカイト または ..シュテルプりヒカイト] 囡 -/ 不死；《宗》(魂の)不滅.

Un·stern [ウン・シュテルン ún-ʃtɛrn] 男 -[e]s/《雅》悪い星回り、不運 (= Unglück). unter einem *Unstern* geboren sein 悪い星のもとに生まれている、不運である.

un·stet [ウン・シュテート ún-ʃte:t] 形 ①《雅》落ち着きのない(目つき・生活など)；移り気な. ein *unsteter* Blick きょろきょろした目つき. ②《数》不連続の.

un·still·bar [ウン・シュティるバール または ウン・..] 形 ① 鎮めがたい、抑えられない(衝動・渇きなど). ② 止まらない(出血など).

un·stim·mig [ウン・シュティミヒ ún-ʃtımıç] 形 一致しない、不統一な、矛盾した.

Un·stim·mig·keit [ウン・シュティミヒカイト] 囡 -/-en ①《圏なし》不一致、不統一、矛盾. ②《ふつう圏》(計算などの)食い違い. ③《ふつう圏》意見の相違、不一致.

un·strei·tig [ウン・シュトライティヒ ún-ʃtraıtıç または ..シュトライティヒ] 形 議論の余地のない、明らかな、確かな.

Un·sum·me [ウン・ズンメ ún-zumə] 囡 -/-n 巨額[のお金].

un·sym·me·trisch [ウン・ズュメートリッシュ ún-zyme:trıʃ] 形 (左右が)非対称の；均整のとれていない.

un·sym·pa·thisch [ウン・ズュンパーティッシュ ún-zympa:tıʃ] 形 ① ([人³にとって]感じの悪い、好感の持てない(人). ②《物¹が人³にとって》気に入らない.

un·ta·de·lig [ウン・ターデりヒ ún-ta:dəlıç または ..ターデりヒ] 形 非の打ちどころのない.

Un·tat [ウン・タート ún-ta:t] 囡 -/-en 悪事、凶行、犯罪. eine *Untat*⁴ begehen 罪を犯す.

un·tä·tig [ウン・テーティヒ ún-tɛ:tıç] 形 何もしない、無為の.

Un·tä·tig·keit [ウン・テーティヒカイト] 囡 -/ 無為、怠惰.

un·taug·lich [ウン・タオクりヒ] 形 (ある目的に)適していない、役にたたない；兵役に不適格の.

Un·taug·lich·keit [ウン・タオクりヒカイト] 囡 -/ 不適当、役にたたないこと；兵役不適格.

un·teil·bar [ウン・タイるバール または ウン・..] 形 ① 分けることのできない、不可分の. ②《数》1とその数でしか整除できない. eine *unteilbare* Zahl 素数.

☆un·ten [ウンテン úntən]

> 下に　Das Buch liegt da *unten*.
> ダス ブーフ リークト ダー ウンテン
> その本はそこの下にある.

副 (㊦ *below*) ① 下に、下の方に；階下に；裏[面]に；底に. (㊧「上に」は oben). *unten* rechts または rechts *unten* 右下に / *unten* am Berge 山のふもとに / **nach** *unten* [hin] 下へ向かって / **von** *unten* nach oben 下から上へ / von *unten* [her] 下の方から / Wir wohnen *unten*. 私たちは下の階に住んでいる / Diese Seite des Stoffes ist *unten*. 布のこちら側が裏だ / bei 人³ *unten* durch sein《口語》人³に見限られている.

② 端に. Er sitzt *unten* an der Tafel. 彼は食卓の末席に座っている.

③ (本などの)後続の箇所に. Siehe *unten*! 下記参照(略：s. u.).

④《口語》南の方(地図の下の方)に. Er lebt *unten* in Bayern. 彼は南の方のバイエルン州に住んでいる.

⑤ (社会的・地位的な)下層部で. Er hat sich⁴ von *unten* hochgearbeitet. 彼は下積みから働いてのし上った.

▶ *unten⁼erwähnt*, *unten⁼stehend*

un·ten er·wähnt, un·ten er·wähnt [ウンテン・エァヴェーント] 形 後述の、あとで言及する.

un·ten≠ste·hend, un·ten ste·hend [ウンテン・シュテーエント] 形 後出の,あとに出てくる.

:un·ter [ウンタァ úntər]

3格と: …の下に(下で)
Die Katze liegt *unter dem Bett*.
ディ カッツェ リークト ウンタァ デム ベット
その猫はベッドの下で寝そべっている.

4格と: …の下へ(下に)
Die Katze geht *unter das Bett*.
ディ カッツェ ゲート ウンタァ ダス ベット
その猫はベッドの下へ入る.

I 前 〖3格・4格とともに〗(口語では定冠詞と融合して unterm (←unter dem), unters (←unter das) となることがある). (英 under). ① (空間的に) ㋐ (どこに) 〖3格と〗**…の下に, …の下方に**. (⇔「…の上の方に」は über). Der Papierkorb steht *unter dem Tisch*. 紙くずかごは机の下にある / *unter einem Baum* sitzen 木の下に座っている / Sie trägt *unter dem Pullover* eine Bluse. 彼女はセーターの下にブラウスを着ている / Sie wohnen *unter uns*. 彼らは私たちの下の階に住んでいる. ◇〖成句的に〗*unter der Hand* ひそかに, こっそり.
㋑ (どこへ) 〖4格と〗**…の下へ, …の下方へ**. Hanna stellt den Papierkorb *unter den Tisch*. ハンナは紙くずかごを机の下に置く / sich *unter einen Baum* setzen 木の下に座る / eine Jacke⁴ *unter den Mantel* ziehen コートの下に上着を着る.
② (程度) ㋐ 〖3格と〗(数値などが)**…より少ない(低い)**. fünf Grad *unter Null* (dem Gefrierpunkt) 零下(氷点下)5度 / Kinder *unter acht Jahren* 8歳未満の子供たち / 物⁴ *unter [dem] Preis* verkaufen 物⁴を定価より安く売る / *unter dem Durchschnitt* liegen (または sein) 平均以下である. ㋑ 〖4格と〗(数値などが)…以下へ. Die Temperatur sinkt *unter Null* (den Gefrierpunkt). 温度が零下(氷点下)に下がる.
③ (条件) 〖3格と〗…のもとで. *unter der* Voraussetzung, dass … …という前提で / *unter Umständen* 場合によっては(略: u. U.) / *unter allen Umständen* どんなことがあっても, 必ず / *Unter dieser Bedingung* stimme ich zu. この条件で私は同意する.
④ (付帯状況・同時進行) 〖3格と〗…しながら. *unter der Arbeit* 仕事をしながら / *unter Tränen* 涙ながらに / *unter Schmerzen* 苦しみながら / *Unter dem Beifall der Menge* zogen sie durch die Stadt. 大衆の歓呼を浴びながら彼らは市中を行進した.
⑤ (状態) ㋐ 〖3格と〗 …の状態で. *unter Alkohol* stehen 酒気を帯びている / *unter Zeitdruck* arbeiten 時間に迫られて仕事をする. ㋑ 〖4格と〗…の状態へ. 人⁴ *unter Druck (Strom)* setzen 人⁴に圧力をかける(電気を通す).
⑥ (従属) 〖3格と〗…のもとで. Ich arbeite *unter ihm*. 私は彼のもとで働いている / *unter der Leitung von 人³* 人³の指揮(指導)のもとに / *unter ärztlicher Kontrolle* 医者の監視のもとに / *unter 人³* stehen 人³の部下である.
⑦ (集団・相互関係) 〖3格と〗**…の中で, …の間で**. der Beste *unter seinen Mitschülern* 彼の同級生の中でいちばんできる生徒 / ein Streit *unter den Erben* 相続人どうしの争い / *unter uns* gesagt ここだけの話だが.
⑧ (混在・介在) ㋐ 〖3格と〗**…の間に[混ざって], …の中に[混ざって]**. *Unter den Gästen* waren einige Schauspieler. お客の中に何人かの俳優がいた / *unter* **ander[e]m** (または **Ander[e]m**) (略: u. a.) (事物について:)とりわけ, なかでも / *unter* **ander[e]n** (または **Ander[e]n**) (略: u. a.) (人について:)とりわけ, なかでも. ㋑ 〖4格と〗…の間へ[混ざって], …の中へ[混ざって]. ein Gerücht⁴ *unter die Leute* bringen うわさを世間に広める / Er mischte sich *unter die Gäste*. 彼はお客の中にまぎれ込んだ.
⑨ (病気などの原因) 〖3格と〗 …のために. *unter der Einsamkeit* leiden 孤独に悩む / *unter Gicht* leiden 痛風をわずらっている.
⑩ (分類・区分) ㋐ 〖3格と〗 …のもとで. *unter dem Thema (Motto)* … …というテーマ(モットー)で / *unter falschem Namen* 偽名で / Was verstehst du *unter "Demokratie"*? 「民主主義」という言葉を君はどのように理解しているのか. ㋑ 〖4格と〗 …のもとへ. 物⁴ *unter ein Thema* stellen 物⁴をあるテーマで扱う.

II 副 〖数量を表す語句とともに〗 …未満[の]. Städte von *unter 100 000 Einwohnern* 人口10万未満の諸都市 / Er ist *unter 30 Jahre alt*. 彼は30歳になっていない.

III 形 (比較 なし, 最上 unterst) 〖付加語としてのみ〗
① **下の, 下の方の**; 下流の. (英 lower). (⇔「上の」は ober) das *untere* Stockwerk 下の階 / die *untere* Elbe エルベ川下流. (⇨ 類語 niedrig).
② 下級の, 下位の. die *unteren* Beamten 下級公務員 / die *unteren* Klassen der Schule 学校の低学年. ③ 裏側の. ④ (テーブルなどの)端の, 末席の.

un·ter..¹ [ウンタァ.. úntər.. または ウンタァ..] **I** 〖分離動詞の 前つづり〗 つねにアクセントをもつ〗① 〖[上方から]下へ〗例: *unter|tauchen* 潜る. ② 〖間に・混じって〗例: *unter|mengen* 混ぜ入れる.

II 《非分離動詞の前つづり; アクセントをもたない》 ① 《下から》例: *unter*bauen 基礎工事をする. ② 《[書いたもの]下に》例: *unter*schreiben 署名する. ③ 《従属》例: *unter*stellen 従属させる. ④ 《中断》例: *unter*brechen 中断する. ⑤ 《過小》例: *unter*schätzen 過小評価する. ⑥ 《区分》例: *unter*scheiden 区別する. ⑦ 《抑圧》例: *unter*drücken 抑圧する.

un·ter·², **Un·ter·** [ウンタァ・ブリヒ..] 《形容詞・名詞につける腰頭》《下・小・以下》例: *Unter*grund 地下 / *Unter*abteilung 小区分 / *unter*durchschnittlich 平均以下の.

Un·ter⸗ab·tei·lung [ウンタァ・アップタイルング] 囡 -/-en 下位の部門, 小区分(部門).

Un·ter⸗arm [ウンタァ・アルム] 男 -[e]s/-e 前腕.

Un·ter⸗bau [ウンタァ・バオ] 男 -[e]s/-ten ① 基礎[工事], 下部構造;《比》《覆 なし》基礎. der theoretische *Unterbau* 理論的基礎. ②《建》台座, 土台;(鉄道・道路などの)路床, 路盤.

un·ter⸗bau·en [ウンタァ・バオエン] ʊntər-báυən] 他 (h) ① 《建》(建物⁴の)基礎工事をする. ②《比》(学説など⁴を)基礎づける.

un·ter⸗be·legt [ウンタァ・ベレークト] 形 (過剰な)空室(空きベッド)がある(ホテル・病院など).

un·ter·be·lich·ten [ウンタァ・ベリヒテン ʊntər-bəlıçtən] 過分 unterbelichtet)《zu 不定詞は unterzubelichten》他 (h)《写》(フィルム⁴を)露出不足にする. ◇《過去分詞の形で》《写》露出不足の;《比·俗》頭の悪い.

un·ter⸗be·setzt [ウンタァ・ベゼッツト] 形 定員に満たない. (対義語「定員オーバーの」は überbesetzt).

un·ter⸗be·wer·ten [ウンタァ・ベヴェーァテン ʊ́ntər-bəvè:rtən] 過分 unterbewertet)《zu 不定詞は unterzubewerten》他 (h) 《事⁴を)過小評価する.

un·ter⸗be·wusst [ウンタァ・ベヴスト] 形《心》意識下の, 潜在意識の.

Un·ter⸗be·wusst·sein [ウンタァ・ベヴスト ザイン] 田 -s/《心》潜在意識.

un·ter⸗be·zahlt [ウンタァ・ベツァールト] 形 (基準よりも)支払額の少ない(給料など).

un·ter·bie·ten* [ウンタァ・ビーテン ʊntər-bí:tən] 他 (h) ① (ある値段・競争相手など⁴より)安い値段をつける. Das Niveau dieses Romans ist kaum noch zu *unterbieten*.《比》この小説の水準を下回るものはまずない. ②《ミスラ゙》(記録など⁴を)縮める.

un·ter·bin·den* [ウンタァ・ビンデン ʊntər-bíndən] 他 (h) ① (望ましくないこと⁴を)阻止(禁止)する. ②《医》(血管など⁴を)結紮(ヴャ)する.

un·ter·blei·ben* [ウンタァ・ブライベン ʊn-tər-bláıbən] 自 (s) 行われない, 起こらない. Das hat [künftig] zu *unterbleiben*! そんなことは[今後]二度とあってはならない.

un·ter·brach [ウンタァ・ブラーハ] unterbrechen (中断する)の過去

un·ter·brä·che [ウンタァ・ブレーヒェ] unterbrechen (中断する)の接2

un·ter·bre·chen* [ウンタァ・ブレッヒェン ʊntər-bréçən) du unterbrichst, er unterbricht (unterbrach, hat ... unterbrochen) 他 (定了 haben) (英 *interrupt*) ① (事⁴を一時的に)中断する, 中止する, 中絶する. Ich *muss* leider meine Arbeit *unterbrechen*. 私は残念ながら仕事を中断しなければならない / Er *hat* seine Reise *unterbrochen*. 彼は旅行を中断した. ② (人⁴の話などを)さえぎる, (静けさなど⁴を)破る. *Unterbrich* mich doch nicht! 私の話をさえぎらないでくれ / Er *unterbrach* ihren Redestrom [mit Fragen]. 彼は[質問をして]彼女の話の流れをさえぎった. ③ (交通・通信などを⁴を)遮断する. Der Verkehr *ist* durch einen Unfall *unterbrochen*. 《状態受動·現在》交通が事故で遮断されている.

Un·ter·bre·cher [ウンタァ・ブレッヒァァ] 男 -s/-《電》ブレーカー, 遮断器.

Un·ter·bre·chung [ウンタァ・ブレッヒュング] 囡 -/-en 中断; 中絶, 阻止; 遮断. **ohne** *Unterbrechung* 絶えず.

un·ter|brei·ten¹ [ウンタァ・ブライテン úntər-bràıtən]《分離》他 (h)《口語》(毛布など⁴を)下に広げる, 下に敷く.

un·ter·brei·ten² [ウンタァ・ブライテン]《非分離》他 (h)《雅》(人³に書類・考え・計画など⁴を)提示して説明し, 評価(判断)を仰ぐ.

un·ter·brich [ウンタァ・ブリヒ] unterbrechen (中断する)の du に対する命令

un·ter·brichst [ウンタァ・ブリヒスト] unterbrechen (中断する)の2人称親称単数 現在

un·ter·bricht [ウンタァ・ブリヒト] unterbrechen (中断する)の3人称単数 現在

un·ter|brin·gen* [ウンタァ・ブリンゲン úntər-brıŋən] (brachte ... unter, *hat* ... untergebracht) 他 (定了 haben) ① 《場所を表す語句とともに》(荷物など⁴を…に)納める, しまう. die alten Möbel⁴ im Keller *unterbringen* 古家具を地下室に収納する. ② 《場所を表す語句とともに》(人⁴を…に)泊める, 宿泊させる;(病院・施設などに)収容する. 《英 *accommodate*》. die Gäste⁴ im Hotel *unterbringen* 客をホテルに泊める / 人⁴ in einem Altersheim *unterbringen* を老人ホームに入れる. ③ 《場所を表す語句とともに》《口語》(人⁴を…に)就職させる;(原稿など⁴を出版社などに)採用(掲載)してもらう. 人⁴ **bei** einer Firma *unterbringen* をある会社に就職させる.

Un·ter⸗brin·gung [ウンタァ・ブリングング] 囡 -/-en ① 入れる(納めること); 収容; 宿泊させること]. ②《口語》宿泊所, 宿.

un·ter·bro·chen [ウンタァ・ブロッヘン] unterbrechen (中断する)の過分

un·ter der hand ☞ unter I ① ⑦

un·ter=des[·sen] [ウンタァ・デス (..デッセン)] 副 その間に, そうこうするうちに.

Un·ter=druck [ウンタァ・ドルック] 男 -[e]s/..drücke ① (物・工) 負圧, 低圧. ② (医) なし》(医) 低血圧.

un·ter·drü·cken [ウンタァ・ドリュッケン] untər-drýkən] (unterdrückte, hat ... unterdrückt) 他 (完了 haben) ① (怒り・不安など⁴を)抑える, (笑いなど⁴を)こらえる. (英 suppress). Er *konnte* seine Erregung nur mit Mühe *unterdrücken*. 彼はどうにか興奮を抑えることができた / eine Bemerkung⁴ *unterdrücken* 発言を控える.
② 抑圧する, 弾圧する, 鎮圧する. einen Aufstand *unterdrücken* 暴動を鎮圧する. ③ (事実など⁴を)伏せる, (報道・記事⁴を)さし止める. Die Regierung *unterdrückte* Informationen über den Unfall im Atomreaktor. 政府は原子炉での事故に関する情報を隠蔽(いんぺい)した.

Un·ter=drü·cker [ウンタァ・ドリュッカァ] 男 -s/- 圧制者, 迫害者. (女性形: -in).

un·ter·drückt [ウンタァ・ドリュックト] unterdrücken (抑える)の 過分, 3人称単数・2人称親称複数 現在

un·ter·drück·te [ウンタァ・ドリュックテ] unterdrücken (抑える)の 過去

Un·ter=drü·ckung [ウンタァ・ドリュックング] 女 -/-en 抑制; 抑圧, 弾圧, 隠蔽(いんぺい).

un·ter·durch·schnitt·lich [ウンタァ・ドゥルヒシュニットリヒ] 形 平均以下の.

un·ter=ein·an·der [ウンタァ・アイナンダァ] 副 ① 上下に[並べて]. ② お互いに, お互いの間で. sich³ *untereinander* helfen 互いに助け合う.

un·ter=ent·wi·ckelt [ウンタァ・エントヴィッケルト] 形 ① 発育不良の, 未発育の. ② (政) 低開発の.

un·ter=er·nährt [ウンタァ・エァネーァト] 形 栄養不足の, 栄養不良の.

Un·ter=er·näh·rung [ウンタァ・エァネールング] 女 -/ 栄養不足, 栄養不良.

un·ter·fah·ren* [ウンタァ・ファーレン untəfáːrən] 他 (h) ① (建) (建物など⁴の)下にトンネルを掘る. ② (坑) (鉱床など⁴の)下を掘り進む. ③ (橋など⁴の)下を乗物で通り抜ける.

un·ter·fan·gen* [ウンタァ・ファンゲン untəfáŋən] I 再帰 (h) sich⁴ *unterfangen*, **zu** 不定詞[句] (雅) あえて(あつかましくも)…する. II 他 (h) (建) (壁・家など⁴の)土台を補強する.

Un·ter·fan·gen [ウンタァ・ファンゲン] 中 -s/- 大胆な企て, 冒険.

un·ter·fas·sen [ウンタァ・ファッセン úntəfàsən] 他 (h) (口語) ① (人⁴の)腕をとる, (人⁴と)腕を組む. ◇[過去分詞の形で]*untergefasst* gehen 腕を組んで歩く. ② (負傷者など⁴を)わきの下に腕を回して支える.

un·ter·fer·ti·gen [ウンタァ・フェァティゲン untəfértɪgən] 他 (h) (官庁) (書⁴に)署名する (=unterschreiben).

un·ter·füh·ren [ウンタァ・フューレン untəfýːrən] 他 (h) ① (道路・トンネルなど⁴を)下に通す. ② (印) (単語など⁴に)同語符号(〃)をつける.

Un·ter=füh·rung [ウンタァ・フュールング] 女 -/-en ① ガード下の道路(鉄道), 地下道. ② (印) 同語符号(〃)をつけること.

der **Un·ter=gang** [ウンタァ・ガング úntəgaŋ] 男 (単) -[e]s/(複) ..gänge [..ゲンゲ] (3格のみ ..gängen) ① (太陽・月などが)沈むこと, (英 *setting*). (大参考 「昇ること」は Aufgang). den *Untergang* der Sonne² beobachten 日没を観察する. ② (船の)沈没. ③ (国などの)没落, 滅亡, 破滅. der *Untergang* des Römischen Reiches ローマ帝国の滅亡 / Der Alkohol war ihr *Untergang*. アルコールが彼女の破滅のもとだった.

un·ter=gä·rig [ウンタァ・ゲーリヒ] 形 下面発酵の(ビールなど). (大参考 「上面発酵の」は obergärig).

un·ter·ge·ben [ウンタァ・ゲーベン untəgéːbən] 形 (人³の)部下の. (人³ *untergeben* sein 人³の部下である.

Un·ter·ge·be·ne[r] [ウンタァ・ゲーベネ (..ナァ) untəgéːbənə (..naːr)] 男 女 《語尾変化は形容詞と同じ》部下.

Un·ter·ge·bracht [ウンタァ・ゲブラッハト] unter|bringen (納める)の 過分

Un·ter·ge·gan·gen [ウンタァ・ゲガンゲン] unter|gehen (沈む)の 過分

un·ter|ge·hen* [ウンタァ・ゲーエン úntəgèːən] (ging ... unter, *ist* ... untergegangen) 自 (完了 sein) ① (太陽・月などが)沈む, 没する. (英 *set*). (大参考 「昇る」は auf|gehen). Die Sonne *geht unter*. 太陽が沈む. ② (水中に)沈む, 沈没する;《比》(音が)消え去る. (英 *sink*). Das Schiff *ist untergegangen*. 《現在完了》船は沈没した / Sein Rufen *ging* in dem Lärm *unter*. 彼の叫び声は騒音にかき消された. ③ 《比》没落する, 滅亡(破滅)する; 堕落する.

un·ter·ge·ord·net [ウンタァ・ゲオルドネット] I unter|ordnen (再帰で 従う)の 過分 II 形 ① 下位の, 従属的(二義的)な. ② (言) 従属の. *untergeordnete* Sätze 従属文, 副文.

Un·ter=ge·schoss [ウンタァ・ゲショス] 中 -es/-e 半地下室, 地階(1階と地下室との間).

Un·ter=ge·stell [ウンタァ・ゲシュテる] 中 -[e]s/-e ① (自動車の)シャーシー, 車台. ② (俗・戯) 足, 脚.

Un·ter=ge·wicht [ウンタァ・ゲヴィヒト] 中 -[e]s/ 重量不足. *Untergewicht*⁴ haben 重量が足りない.

un·ter·glie·dern [ウンタァ・グリーダァン untəgliːdərn] 他 (h) (作文など⁴をいくつかの章に)小分けする, (組織など⁴を)細分する.

un·ter·gra·ben* [ウンタァ・グラーベン untəgráːbən] 他 (h) だんだん削り取る;《比》(名声など⁴を)徐々に失墜させる; (健康など⁴を)しだいにそこなう.

Un·ter=grund [ウンタァ・グルント] 男 -[e]s/

..gründe ① 地下; 《農》心土. ② 《建》土台, 路床; (海などの)底. ③ (絵などの)下地. ④ 《覆 なし》《政》非合法(地下)組織(活動). **in den** *Untergrund* **gehen** 地下組織に入る, 地下にもぐる.

Un·ter·grund⹁bahn [ウンタァグルント・バーン] 囡 -/-en 地下鉄 (略: U-Bahn).

Un·ter·grund⹁be·we·gung [ウンタァグルント・ベヴェーグング] 囡 -/-en 《政》地下[抵抗]運動.

un·ter|ha·ken [ウンタァ・ハーケン úntər-hàːkən] 他 (h) 《口語》(人⁴に)腕を組む.

un·ter·halb [ウンタァ・ハるプ] I 前 《2格とともに》…の下方に, …の下手(しもて)に. (⟺「…の上方に」は oberhalb. *unterhalb des Gipfels* 頂上の下の方に. II 副 下の方に. ◊《**von** とともに》*unterhalb vom Schloss* 城の下の方に.

Un·ter·halt [ウンタァ・ハるト] 男 -[e]s/ ① 生計, 生活費; 扶養料, 養育費. ② (施設などの)維持費.

un·ter·hält [ウンタァ・へるト] *unterhalten¹ (再帰 で: 語り合う)の 3 人称親称単数 現在.

***un·ter·hal·ten**¹* [ウンタァ・ハるテン untər-háltən] 《非分離》du unterhältst, er unterhielt (unterhielt, *hat* ... unterhalten) I 再帰 《完了 haben》《*sich*⁴ 《**mit** 人³》～》《人³と》楽しく)語り合う, 歓談する. 《英 *talk*》. **Ich** *unterhalte mich* **gern mit ihm.** 私は彼と話をするのが楽しい / **Wir** *haben uns* **über das Konzert** *unterhalten*. 私たちはそのコンサートについてあれこれ語り合った.
II 他 《完了 haben》 ① 養う, 扶養する. 《英 *support*》. **Er** *unterhält* **eine große Familie.** 彼は大家族を養っている.
② 楽しませる, もてなす. 人⁴ **mit Musik** *unterhalten* 人⁴を音楽で楽しませる / **Bitte** *unterhalte* **unsere Gäste, bis ich komme!** 私が行くまで客の相手をしていておくれ. ◊《再帰的に》*Haben Sie sich*⁴ **heute Abend gut** *unterhalten*? 今晩はお楽しみになりましたか.
③ 維持する, 保つ. **Die beiden Staaten** *unterhalten* **normale diplomatische Beziehungen.** 両国は正常な外交関係を保っている / **das Feuer**⁴ **im Kamin** *unterhalten* 暖炉の火を絶やさない. ④ 経営する, 運営する. **ein Geschäft**⁴ *unterhalten* 店を経営する.
◊☞ **unterhaltend**

un·ter|hal·ten²* [ウンタァ・ハるテン úntərhàltən]《分離》他 (h) 《口語》(物⁴を)下にあてがう.

un·ter·hal·ten³ [ウンタァ・ハるテン] *unterhalten¹ (再帰 で: 語り合う)の 過去.

un·ter·hal·tend [ウンタァ・ハるテント] I *unterhalten¹ (再帰 で: 語り合う)の 現在 II 形 楽しい, おもしろい. **ein** *unterhaltender* **Film** 娯楽映画.

Un·ter·hal·ter [ウンタァ・ハるタァ] 男 -s/- エンターテイナー. (女性形: -in).

un·ter·halt·sam [ウンタァ・ハるトザーム] 形 楽しくてすぐ時間のたつ(集まり・映画など), (人が)もてなし上手な.

un·ter·halts⹁be·rech·tigt [ウンタァハるツ・ベレヒティヒト] 形 扶養を受ける権利のある.

Un·ter·halts⹁kos·ten [ウンタァハるツ・コステン] 複 生活費, 扶養費.

Un·ter·halts⹁pflicht [ウンタァハるツ・プふりヒト] 囡 -/-en 扶養義務.

Un·ter·halts⹁pflich·tig [ウンタァハるツ・プふりヒティヒ] 形 扶養義務のある.

un·ter·hältst [ウンタァ・へるツト] *unterhalten¹ (再帰 で: 語り合う)の 2 人称親称単数 現在.

*die **Un·ter·hal·tung** [ウンタァ・ハるトゥング untər-háltuŋ] 囡 (単) -/(複) -en ① (楽しい)会話, 歓談. 《英 *conversation*》. **eine vertrauliche** *Unterhaltung* 打ち解けた会話 / **mit 人³ eine** *Unterhaltung*⁴ **führen** 人³と歓談する. (☞ 類語 Gespräch).
② 楽しみ; (客の)もてなし, 歓待; 娯楽. 《英 *entertainment*》. **zur** *Unterhaltung* **der Gäste²** **bei|tragen** お客のもてなしに役だつ.
③ 《覆 なし》(家屋・関係などの)維持; 《稀》(家族などの)扶養. **Der Wagen ist in der** *Unterhaltung* **teuer.** この車は維持費が高くつく.

Un·ter·hal·tungs⹁elek·tro·nik [ウンタァハるトゥングス・エれクトローニク] 囡 -/ (総称として:) (娯楽のための)オーディオビジュアル機器.

Un·ter·hal·tungs⹁in·dus·trie [ウンタァハるトゥングス・インドゥストリー] 囡 -/-n [..リーエン] 娯楽産業(音楽産業・映画産業など).

Un·ter·hal·tungs⹁kos·ten [ウンタァハるングス・コステン] 複 扶養費; 維持費.

Un·ter·hal·tungs⹁li·te·ra·tur [ウンタァハるトゥングス・リテラトゥァ] 囡 -/ 娯楽文学, 通俗文学.

Un·ter·hal·tungs⹁mu·sik [ウンタァハるトゥングス・ムズィーク] 囡 -/ 軽音楽, 娯楽音楽(略: U-Musik).

un·ter·han·deln [ウンタァ・ハンデるン untər-hándəln] 自 (h) 《政》交渉をする. **mit** 人³ **über** 物⁴ *unterhandeln* 人³と物⁴(停戦などに)ついて交渉する.

Un·ter⹁händ·ler [ウンタァ・ヘンドらァ] 男 -s/- (特に政治上の)交渉者, 協議者. (女性形: -in).

Un·ter·hand·lung [ウンタァ・ハンドるング] 囡 -/-en 《政》(特に政治上の)交渉, 協議, 談判.

Un·ter⹁haus [ウンタァ・ハオス] 匣 -es/..häuser 《政》(議会の)下院; (イギリスの)庶民院. (⟺「上院」は Oberhaus.)

Un·ter⹁hemd [ウンタァ・ヘムト] 匣 -[e]s/-en アンダーシャツ, 肌着.

un·ter·hielt [ウンタァ・ヒーるト] *unterhalten¹ (再帰 で: 語り合う)の 過去.

un·ter·hiel·te [ウンタァ・ヒーるテ] *unterhalten¹ (再帰 で: 語り合う)の 接2.

un·ter·höh·len [ウンタァ・ヘーれン untərhǿːlən] 他 (h) ① (水が岸などを⁴の)下を徐々に浸食する. ② 《比》(名声などを⁴を)徐々に失墜さ

Unterholz

せる; (健康など⁴を)しだいにそこなう.

Un·ter=holz [ウンタァ・ホルツ] 田 -es/ (森·林の)下生え.

Un·ter=ho·se [ウンタァ・ホーゼ] 囡 -/-n パンツ, ズボン下.

un·ter=ir·disch [ウンタァ・イルディッシュ] 形 ① 地下の, 地中の. ein *unterirdischer* Gang 地下道. ② 《比》ひそかな.

un·ter·jo·chen [ウンタァ・ヨッヘン untərjóxən] 他 (h) (民族·国家など⁴を)制圧する, 屈服させる.

un·ter·ju·beln [ウンタァ・ユーベルン úntərjùːbəln] 他 (h) (人³にいやなことなど⁴を)そっと(うまく)押しつける, なすりつける.

un·ter·kel·lern [ウンタァ・ケラァン untərkélərn] 他 (h) (建物⁴に)地下室をつける.

Un·ter·kie·fer [ウンタァ・キーふァァ] 男 -s/- 下あご, 下顎(がく).

Un·ter=kleid [ウンタァ・クらイト] 田 -(e)s/-er 《服飾》① スリップ. ② ペチコート.

Un·ter·klei·dung [ウンタァ・クらイドゥング] 囡 -/-en 《ふつう 甲》下着(肌着)[類].

un·ter|kom·men* [ウンタァ・コンメン úntərkɔ̀mən] 自 (s) ① (…に)泊めてもらう, 宿泊する; 収容される. **bei einer Familie (in einer Pension)** *unterkommen* ある家庭(ペンション)に泊めてもらう. ② 《口語》(…に)就職する. **bei einer Firma** *unterkommen* ある会社に就職する. ③ 《口語》(人³の)身に起こる, 生じる.

Un·ter=kom·men [ウンタァ・コンメン] 田 -s/- 《ふつう 甲》① 宿, 宿泊所. ② 就職口.

Un·ter=kör·per [ウンタァ・ケルパァ] 男 -s/- 下半身.

un·ter|krie·gen [ウンタァ・クリーゲン úntərkrìːgən] 他 (h) 《口語》(人⁴を)屈服させる. **sich nicht** *unterkriegen* **lassen** 屈しない.

un·ter·küh·len [ウンタァ・キューれン untərkýːlən] 他 (h) ① 《工》(液体・ガスなど⁴を)凝固させないで)過冷却する. ② (人⁴の)体温を平熱以下に下げる.

un·ter·kühlt [ウンタァ・キューるト] I unterkühlen(過冷却する)の 過分 II 形 《比》冷淡な, クールな.

die **Un·ter=kunft** [ウンタァ・クンふト úntər-kunft] 囡 (単) -/(複) ..künfte [..キュンふテ] (3 格のみ ..künften) 宿, 宿泊所; 《軍》宿営; 《ふつう 甲》宿泊. (愛 *accommodation*). eine *Unterkunft*⁴ für eine Nacht suchen 一夜の宿を探す.

Un·ter=la·ge [ウンタァ・らーゲ úntər-laːgə] 囡 -/-n ① 下に敷くもの, 下敷, マット; 基礎, 土台. eine *Unterlage* zum Schreiben 書きもの用の下敷き. ② 《圏 で》[証明]書類, 資料, 文書. sämtliche *Unterlagen*⁴ an|fordern 全資料を請求する. ③ 《植》(接ぎ木の)台木.

Un·ter=land [ウンタァ・らント] 田 -(e)s/ 低地.

Un·ter=lass [ウンタァ・らス úntər-las] 男 《成句的に》**ohne** *Unterlass* 間断なく, 絶えず, ひっきりなしに.

un·ter·las·sen¹* [ウンタァ・らッセン untər-lásən] du unterlässt, er unterlässt (unterließ, *hat* ...unterlassen) 他 (定了 haben) ① (囲⁴を意図的に)やめる. eine Reise⁴ *unterlassen / Unterlass* bitte die Bemerkungen! そんな言い方はやめてくれ. ② (囲⁴を)怠る. Warum *haben* Sie es *unterlassen*, die Angelegenheit zu melden? なぜあなたはその件を届け出なかったのですか.

un·ter·las·sen² [ウンタァ・らッセン] unterlassen¹ (やめる)の 過分

un·ter·lässt [ウンタァ・れスト] unterlassen¹ (やめる)の 2 人称親称単数・3 人称単数 直現

Un·ter·las·sung [ウンタァ・らッスング] 囡 -/-en 中止, 中断; 不履行.

Un·ter·las·sungs=sün·de [ウンタァらッスングス・ズュンデ] 囡 -/-n 《口語》怠慢の罪, なさざる罪.

Un·ter=lauf [ウンタァ・らオふ] 男 -[e]s/..läufe (川の)下流.

un·ter·lau·fen¹* [ウンタァ・らオふェン untər-láufən] I 自 (s) ① (人³に過失などがたまたま)生じる. Mir *ist* ein Fehler *unterlaufen*. 《現在完了》私はミスをした. ② 《口語》(人³の身に)起こる. II 他 (h) ① 《サッカーなどで》(人⁴の)下をかいくぐって攻撃する. ② (囲⁴の)裏をかく.

un·ter·lau·fen² [ウンタァ・らオふェン] I unterlaufen¹ (生じる)の 過分 II 形 皮下出血している, 内出血している.

un·ter|le·gen¹ [ウンタァ・れーゲン úntər-lèː-gən] 《分離》他 (h) ① (囲⁴を)下に置く(敷く, 入れる). dem Patienten ein Kissen⁴ *unterlegen* 患者の背中にクッションを当てる. ② (言葉・発言など³に別の意味⁴を)こじつける.

un·ter·le·gen² [ウンタァ・れーゲン] 《非分離》他 (h) ① 《A⁴ mit B³ ~》(A⁴ を B³ で)裏打ちする (裏張り)する. ② (A³ に B⁴(音楽・歌詞など)を)つける. einer Melodie³ einen Text *unterlegen* メロディーに歌詞をつける.

un·ter·le·gen³ [ウンタァ・れーゲン] I unterliegen(負ける)の 過分 II 形 (人・物³に)負けた, 劣っている.

Un·ter·le·gen·heit [ウンタァ・れーゲンハイト] 囡 -/-en 《ふつう 甲》劣っていること, 劣勢.

Un·ter=leib [ウンタァ・らイプ] 男 -[e]s/-er 《ふつう 甲》下腹部; 女性の[内]性器.

un·ter·lie·gen* [ウンタァ・リーゲン untər-líː-gən] 自 (s, h) ① (s) 負ける, 屈する. 人³ **im Wettbewerb (bei der Wahl)** *unterliegen* 人³に競争で(選挙で)負ける. ② (h) (囲³の)影響(支配)下にある, (囲³に)左右される. Die Kleidung *unterliegt* der Mode. 服装は流行に左右される / Es *unterliegt* keinem Zweifel, dass... …は疑う余地がない.

◊☞ **unterlegen³**

un·ter·ließ [ウンタァ・リース] unterlassen¹ (やめる)の 過分

Un·ter=lip·pe [ウンタァ・リッペ] 囡 -/-n 下唇. (☞ 「上唇」は Oberlippe).

un·term [ウンタァム]《口語》《前置詞 unter と定冠詞 dem の融合形》 _Unterm_ Rad" 『車輪の下』(ヘッセの小説).

un·ter·ma·len [ウンタァ・マーれン ʊntər-máːlən] 他(h) ① 《A⁴ mit B³ ～》(A⁴(映画などに)B³(音楽などを)添える. ② (絵⁴の)下塗りをする.

Un·ter·ma·lung [ウンタァ・マーるング] 因 -/-en ① (映画などの)バックグラウンドミュージック. ②《美》(絵の)下塗り.

un·ter·mau·ern [ウンタァ・マオアァン ʊntərmáuərn] 他(h) ① (建物⁴を)基礎壁で支える. ②《比》(理論など⁴を)根拠づける.

un·ter|men·gen [ウンタァ・メンゲン úntərmὲŋən] 他 (h) (干しぶどうなど⁴をパン生地などに)混ぜ入れる.

Un·ter·mie·te [ウンタァ・ミーテ] 因 -/-n (住居などの)転貸借[借], また貸し, また借り. in (または zur) _Untermiete_ wohnen また借りの家に住む.

Un·ter·mie·ter [ウンタァ・ミータァ] 男 -s/- (住居の)転借人, また借りしている人(特に下宿人など). (女性形: -in).

un·ter·mi·nie·ren [ウンタァ・ミニーレン ʊntər-miníːrən] 他(h) ① (地位・名声など⁴を)徐々にゆるがす, 危くする. ②《軍》(場⁴に)地雷を敷設する, 爆弾を仕掛ける.

un·ter|mi·schen [ウンタァ・ミッシェン úntər-mìʃən] 他 (h) (スパイス・ハーブなど⁴を)混ぜ入れる.

un·tern [ウンタァン]《口語》《定冠詞 unter と定冠詞 den の融合形》_untern_ Tisch fallen 議題(話題)にのぼらない.

un·ter·nahm [ウンタァ・ナーム] *unternehmen (企てる)の 過去

un·ter·näh·me [ウンタァ・ネーメ] *unternehmen (企てる)の 接2

un·ter·neh·men [ウンタァ・ネーメン ʊntər-néːman] du unternimmst, er unternimmt (unternahm, _hat_...unternommen) 他 (完了) haben) ① 企てる, (旅行・散歩など⁴を)する.《英》undertake). ある試みを企てる / einen Spaziergang _unternehmen_ 散歩する / Was wollen wir heute Abend _unternehmen_? 私たちは今晩何をしようか.
② (措置など⁴を)講じる, (圏⁴の)手を打つ. etwas⁴ **gegen** die Missstände _unternehmen_ 不都合なことに対して何らかの策を講じる / Schritte⁴ [gegen 人・事⁴] _unternehmen_ [人・事⁴に対して]措置を講じる / Er _hat_ nichts dagegen _unternommen_. 彼はそれに対して何ら手を打たなかった.
◊☞ **unternehmend**

das **Un·ter≠neh·men** [ウンタァ・ネーメン ʊntər-néːman] 中(単2)-s/(複)- ① 企て, 試み; 事業.《英》enterprise). 思いきった企て. ② 企業, (大きい)会社. ein großes (privates) _Unterneh-_

men 大企業(私企業) / ein _Unternehmen_⁴ gründen 企業を設立する.

un·ter·neh·mend [ウンタァ・ネーメント] I *unternehmen (企てる)の 現分 II 形 進取の気性に富んだ, 意欲満々の.

Un·ter·neh·mens≠be·ra·ter [ウンタァネーメンス・ベラータァ] 男 -s/- 《経》企業コンサルタント. (女性形: -in).

Un·ter·neh·mens≠be·ra·tung [ウンタァネーメンス・ベラートゥング] 因 -/-en 企業コンサルタント業務.

Un·ter·neh·mer [ウンタァ・ネーマァ ʊntər-néːmər] 男 -s/- 企業家, 事業家, 経営者. (女性形: -in).

Un·ter≠neh·mung [ウンタァ・ネームング] 因 -/-en ① 企て, 試み. ② 企業.

Un·ter·neh·mungs≠geist [ウンタァネームングス・ガイスト] 男 -[e]s/ 進取の気性, (行動・企てへの)意欲.

un·ter·neh·mungs≠lus·tig [ウンタァネームングス・るスティヒ] 形 進取の気性に富んだ, 意欲満々の.

un·ter·nimm [ウンタァ・ニム] *unternehmen (企てる)の du に対する 命令

un·ter·nimmst [ウンタァ・ニムスト] *unternehmen (企てる)の 2 人称親称単数 現在

un·ter·nimmt [ウンタァ・ニムト] *unternehmen (企てる)の 3 人称単数 現在

un·ter·nom·men [ウンタァ・ノンメン] *unternehmen (企てる)の 過分

Un·ter·of·fi·zier [ウンタァ・オフィツィーァ] 男 -s/-e《軍》下士官. (女性形: -in).

un·ter|ord·nen [ウンタァ・オルドネン úntərɔ̀rdnən] I 再帰 _sich⁴_ [人・事³] _unterordnen_ [人・事³]に従う. II 他 (h) (A⁴より B³ を)優先させる; (A⁴ を B³ より)下位に置く, (A⁴ を B³ に)従属させる.
◊☞ **untergeordnet**

Un·ter≠ord·nung [ウンタァ・オルドヌング] 因 -/-en ① 下位, 従属. ②《言》従属[関係]. ③《生》亜目.

Un·ter≠pfand [ウンタァ・プふアント] 甲 -[e]s/..pfänder《雅》あかし, しるし. das Kind als _Unterpfand_ einer Liebe² 愛のあかしとしての子供.

Un·ter≠pri·ma [ウンタァ・プリーマ] 因 -/..primen (9 年制ギムナジウムの)第 8 学年(日本の高校 3 年に相当).(☞ Gymnasium).

Un·ter≠pri·ma·ner [ウンタァ・プリマーナァ] 男 -s/- (9 年制ギムナジウムの)8 年生. (女性形: -in).

un·ter·pri·vi·le·giert [ウンタァ・プリヴィれギーァト] 形 (社会的・経済的に)抑圧されている, 恵まれない.

un·ter·re·den [ウンタァ・レーデン ʊntər-réːdən] 再帰 (h)《_sich⁴_ **mit** 人³ ～》《雅》(人³と)話し合う, 相談する.

Un·ter≠re·dung [ウンタァ・レードゥング] 因 -/-en [公式の]話し合い, 協議. mit 人³ eine _Unterredung_⁴ haben 人³と会談する.

‡*der* Un·ter·richt [ウンタァ・リヒト / ύntər-rɪçt]

> **授業**
>
> Wann beginnt der *Unterricht*?
> ヴァン ベギント デァ ウンタァリヒト
> 授業は何時に始まりますか.

男 (単2) -[e]s/(複) -e (3格のみ -en)《ふつう 単》授業, レッスン.(英 lessons). Deutsch*unterricht* ドイツ語の授業 / ein lebendiger (langweiliger) *Unterricht* 活気のある(退屈な)授業 / den *Unterricht* versäumen (schwänzen) 授業を怠ける(さぼる) / **am** *Unterricht* teil|nehmen 授業に出席する / *Unterricht*[4] **in** Englisch geben (nehmen) 英語の授業をする(受ける) / Der *Unterricht* in Chemie fällt aus. 化学の授業は休講だ / Sie haben täglich sechs Stunden *Unterricht*. 彼らは毎日6時間授業を受ける / Heute ist kein *Unterricht*. きょうは授業がない.

***un·ter·rich·ten** [ウンタァ・リヒテン / ύntər-rɪçtən] du unterrichtest, er unterrichtet (unterrichtete, *hat* ... unterrichtet) 他《定了 haben》① (人[4]に)教える; (教科[4]を)教える.(英 teach). Er *unterrichtet* die Klasse **in** Mathematik. 彼はそのクラスに数学を教えている / Sie *unterrichtet* Englisch. 彼女は英語を教えている. ◊《目的語なしでも》Er *unterrichtet* **an** einem Gymnasium. 彼はギムナジウムで教鞭(きょう)をとっている.
② (人[4]に)知らせる, 報告する. 人[4] **von** 事[3] (または **über** 事[4]) *unterrichten* 人[4]に事[3](または事[4])を知らせる, 報告する. ◊《再帰的に》*sich*[4] *unterrichten* 情報を得る ⇒ Der Arzt *unterrichtete sich* über den Zustand der Verletzten. 医者は負傷者たちの容態について情報を得た.

un·ter·rich·tet [ウンタァ・リヒテット] **I** *unterrichten (教える)の 過分, 3人称単数・2人称親称複数 現在 **II** 形 事情に通じている. Soweit ich *unterrichtet* bin, ... 私の知っているかぎりでは…

un·ter·rich·te·te [ウンタァ・リヒテテ] *unterrichten(教える)の 過去

Un·ter·richts=fach [ウンタァリヒツ・ファッハ] 中 -[e]s/..fächer 授業科目, 教科.

Un·ter·richts=ge·gen·stand [ウンタァリヒツ・ゲーゲンシュタント] 男 -[e]s/..stände 授業で扱う対象(テーマ・題目).

Un·ter·richts=stoff [ウンタァリヒツ・シュトふ] 男 -[e]s/-e 教材.

Un·ter·richts=stun·de [ウンタァリヒツ・シュトゥンデ] 女 -/-n 授業時間.

Un·ter·richts=we·sen [ウンタァリヒツ・ヴェーゼン] 中 -s/ 教育(学校)制度.

Un·ter·rich·tung [ウンタァリヒトゥング] 女 -/-en 通知, 報告; 情報を得ること.

Un·ter=rock [ウンタァ・ロック] 男 -[e]s/..röcke《服飾》ペチコート.

un·ters [ウンタァス]《口語》《前置詞 unter と定冠詞 das の融合形》*unters* Bett kriechen ベッドの下にもぐり込む.

un·ter·sa·gen [ウンタァ・ザーゲン / untər-zá:gən] 他 ([人3]に[事]4を)禁じる, 禁止する. Der Arzt *hat* mir das Rauchen *untersagt*. 医者は私に喫煙を禁止した.

Un·ter=satz [ウンタァ・ザッツ] 男 -es/..sätze 下敷き, 敷物; 台座; 受け皿. ein fahrbarer *Untersatz*《口語・戯》自動車.

un·ter·schät·zen [ウンタァ・シェッツェン / untər-ʃέtsən] 他 (h) 過小評価する, 見くびる. eine Gefahr[4] *unterschätzen* 危険を軽視する

Un·ter·schät·zung [ウンタァ・シェッツング] 女 -/-en《ふつう 単》過小評価, 軽視.

un·ter·scheid·bar [ウンタァ・シャイトバール] 区別できる, 見分けのつく.

un·ter·schei·den* [ウンタァ・シャイデン / untər-ʃáɪdən] du unterscheidest, er unterscheidet (unterschied, *hat* ... unterschieden) **I** 他《定了 haben》① 区別する, 見分ける.(英 distinguish). Gutes[4] und Böses[4] *unterscheiden* 善悪を区別する / A[4] **von** B[3] *unterscheiden* A[4] を B[3] から区別する ⇒ Ich *kann* Peter nie von seinem Bruder *unterscheiden*. 私はペーターと彼の兄(弟)の見分けがつかない.
② (人・物[4]を)はっきり見てとる(聞きとる). Mit dem Fernglas *kann* man Einzelheiten *unterscheiden*. この双眼鏡では細かい所がはっきり見える. ③《A[4] **von** B[3] ~》(A[4] を B[3] から)区別する特徴である. Seine Zuverlässigkeit *unterscheidet* ihn von seinem Vorgänger. 信頼がおけるという点で彼は彼の前任者と異なる.

II 再帰《定了 haben》*sich*[4] *unterscheiden* 異なる, 違っている. Er *unterscheidet sich* **von** seinem Bruder **im** Charakter. 彼は彼の兄(弟)とは性格が異なる / Die beiden Kleider *unterscheiden sich* nur **durch** ihre Farbe. その二つのワンピースは色が違うだけだ.

III 自《定了 haben》《**zwischen** A[3] und B[3] ~》(A[3] と B[3] を)区別する. zwischen Echtem und Unechtem *unterscheiden* 本物と偽物を区別する.

◊☞ *unterschieden*

Un·ter=schei·dung [ウンタァ・シャイドゥング] 女 -/-en 区別[すること], 見分け, 識別.

Un·ter·schei·dungs=merk·mal [ウンタァシャイドゥングス・メルクマール] 中 -[e]s/-e 識別標識, (見分けるための)特徴.

Un·ter=schen·kel [ウンタァ・シェンケる] 男 -s/- すね;《医》下腿(たい)[部]. (☞ Körper 図).

Un·ter=schicht [ウンタァ・シヒト] 女 -/-en ① 下層階級. ②(ある物の)下層.

un·ter|schie·ben[1]* [ウンタァ・シーベン / ύntər-ʃi:bən] 《分離》他 (h) ① (物[4]を[人・物]3の)下へ押し(差し)込む. Ich *habe* ihr ein Kissen *untergeschoben*. 私は彼女[の背中]に

un·ter·schie·ben² * [ウンタァ・シーベン]《非分離》⑩ (h) ① (人³に 物⁴を)こっそり押しつける． ② (人³に 物⁴を)なすりつける，転嫁する．

un·ter·schied [ウンタァ・シート] unterscheiden (区別する)の 過去

der **Un·ter·schied** [ウンタァ・シート] úntər-ʃiːt] (単2) -[e]s/(複) -e (3格のみ -n) ① 相違，差異，違い．(英 difference). Zeit*unterschied* 時差 / ein geringer (großer) *Unterschied* わずかな(大きな)相違 / der kleine *Unterschied* 《口語》男女の性差[としてのペニス] / *Unterschiede* in der Qualität 質の違い / ein *Unterschied* zwischen A³ und B³ A³とB³の間の違い / Das macht keinen *Unterschied*.《口語》それはどうでもいいことだ(←差異をもたらさない) / Das ist ein *Unterschied* wie Tag und Nacht. それは雲泥の差だ(←昼と夜ほどの). ② 区別[づけ], 差別. (英 distinction). einen *Unterschied* zwischen A³ und B³ machen A³とB³を区別(差別)する / im *Unterschied* zu 人·物³ 人·物³とは違って(異なって) / ohne *Unterschied* 人·物³, 一様に / zum *Unterschied* von 人·物³ 人·物³とは違って(異なって).

un·ter·schie·de [ウンタァ・シーデ] unterscheiden (区別する)の 接2

un·ter·schie·den [ウンタァ・シーデン] I unterscheiden (区別する)の 過分 II 形 違う，異なった．

un·ter·schied·lich [ウンタァ・シートリヒ] 形 異なった，種々の，さまざまの．*unterschiedliche* Charaktere いろいろな性格[の人々] / Die Qualität ist recht *unterschiedlich*. 品質はかなりまちまちだ．

un·ter·schieds·los [ウンタァシーツ・ろース] 形 区別のない，無差別の．

un·ter|schla·gen¹ * [ウンタァ・シュらーゲン úntər-ʃlàːgən]《分離》⑩ (h) (脚·腕⁴を)組む．

un·ter|schla·gen² * [ウンタァ・シュらーゲン]《非分離》⑩ (h) ① (法) (お金など⁴を)横領する，着服する． ② (事実など⁴を)隠しておく．

Un·ter‖schla·gung [ウンタァ・シュらーグング] 女 -/-en ① (法) 横領，着服，使い込み． ② (事実·情報などの)隠蔽(ぺい).

un·ter‖schlupf [ウンタァ・シュるプふ] 男 -[e]s/-e (または ..schlüpfe) 《ふつう 単》 逃げ場，隠れ家．

un·ter‖schlüp·fen [ウンタァ・シュリュプふェン úntər-ʃlỳpfən] ⑥ (s) 《口語》(…に)逃げ込む，隠れる，避難する．

un·ter·schrei·ben * [ウンタァ・シュライベン untər-ʃráibən] (unterschrieb, *hat* ... unterschrieben) ⑩ (過了 haben) **【4格とともに】** ① (物⁴に)署名する，サインする．(英 sign). einen Brief *unterschreiben* 手紙に署名する / Ich *habe* den Vertrag nicht *unterschrieben*. 私はその契約書にサインしなかった． ◊『目的語なしでも』 *Unterschreiben* Sie bitte hier! ここにサインをしてください． ② 《口語·比》(意⁴に)同意(賛成)する． Diese Meinung *kann* ich nicht *unterschreiben*. 私はこの意見に賛成できない．

un·ter·schrei·ten * [ウンタァ・シュライテン untər-ʃráitən] ⑩ (h) (見積額など⁴を)下回る．

un·ter·schrieb [ウンタァ・シュリープ] = unterschreiben (署名する)の 過去

un·ter·schrie·be [ウンタァ・シュリーベ] * unterschreiben (署名する)の 接2

un·ter·schrie·ben [ウンタァ・シュリーベン] * unterschreiben (署名する)の 過分

die **Un·ter‖schrift** [ウンタァ・シュリふト úntər-ʃrìft] 女 (単) -/(複) -en 署名，サイン．(英 signature). eine unleserliche *Unterschrift* 判読できない署名 / eine *Unterschrift*⁴ leisten 署名する / *Unterschriften*⁴ für sammeln 物⁴のために署名を集める / Der Brief trägt seine *Unterschrift*. この手紙には彼のサインがある．

Un·ter‖schrif·ten‖ak·ti·on [ウンタァシュリふテン・アクツィオーン] 女 -/-en 署名運動．

Un·ter‖schrif·ten‖samm·lung [ウンタァシュリふテン・ザムるング] 女 -/-en 署名集め，署名運動．

un·ter‖schwel·lig [ウンタァ・シュヴェリヒ] 形 (心) 意識下の，閾下(いき)の．

Un·ter‖see‖boot [ウンタァゼー・ボート] 中 -[e]s/-e 潜水艦 (略: U-Boot).

un·ter‖see·isch [ウンタァ・ゼーイッシュ] 形 《地学》海面下の，海中の．

Un·ter‖sei·te [ウンタァ・ザイテ] 女 -/-n 下側，下面; 裏面．⇔「上側; 表面」は Oberseite.

Un·ter‖se·kun·da [ウンタァ・ゼクンダ] 女 -/..kunden (9年制ギムナジウムの)第6学年 (日本の高校1年に相当). (☞ Gymnasium).

Un·ter‖se·kun·da·ner [ウンタァ・ゼクンダーナァ] 男 -s/- (9年制ギムナジウムの)5年生. (女性形: -in).

un·ter|set·zen [ウンタァ・ゼッツェン úntər-zètsən] ⑩ (h) (物⁴を何かの下に置く(あてがう).

Un·ter‖set·zer [ウンタァ・ゼッツァァ] 男 -s/- (植木鉢·置物などの)下敷き, 敷物; (食器の)受け皿, コースター．

un·ter·setzt [ウンタァ・ゼッツト untər-zétst] 形 ずんぐりした，小太りの．

un·ter·sin·ken * [ウンタァ・ズィンケン úntər-zìŋkən] ⑥ (s) (船などが)沈没する，沈む．

un·ter·spü·len [ウンタァ・シュピューれン untər-ʃpýːlən] ⑩ (h) (流水が 物⁴の)下をえぐる，下の土を洗い流す．

un·terst [ウンタァスト úntərst] (= unter の 最上級) 形 いちばん下の; 最下位の, 最低の. der *unterste* Knopf 一番下のボタン. ◊『名詞的に』 das *Unterste*⁴ zuoberst kehren 《口語》(探しものなどをして)何もかもごちゃにする．

Un·ter‖stand [ウンタァ・シュタント] 男 -[e]s/..stände ① 避難所，避難場所． ② 防空(地下)壕(ごう)． ③ 《オース》宿泊所，宿．

un·ter|ste·hen¹* [ウンタァ・シュテーエン ύntər-ʃtèːən] 〘分離〙 圓 (h) (雨宿りなどで何かの)下(物陰)に立っている.

un·ter·ste·hen²* [ウンタァ・シュテーエン] 〘非分離〙 **I** 圓 (h) (人・事³に)従属している, (人・事³の)支配下にある. *Es untersteht keinem Zweifel, dass…* …は疑う余地がない. **II** 再帰 (h) *sich*⁴ *unterstehen* 〘ふつう **zu** 不定詞[句]とともに〙あつかましくも…する. *Niemand unterstand sich, ihm zu widersprechen.* だれ一人彼に異議を唱える者はいなかった / *Untersteh dich!* やれるものならやってみろ.

un·ter|stel·len¹ [ウンタァ・シュテレン ύntərʃtèlən] 〘分離〙 **I** 他 (h) ① しまう, 格納する. *Der Wagen ist in der Garage untergestellt.* 〘状態受動・現在〙車はガレージに入れてある. ② (バケツなど⁴を)下にあてがう(置く). **II** 再帰 (h) *sich*⁴ *unterstellen* (雨宿りなどで何かの)物陰に入る.

un·ter·stel·len² [ウンタァ・シュテレン] 〘非分離〙 他 (h) ① (A⁴を B³の)下位(管轄下)に置く. *Ich bin ihm unterstellt.* 〘状態受動・現在〙私は彼の配下にあります(部下です). ② (人³に事⁴を)任せる. ③ (事⁴を人³の)せいにする. ④ 仮定する.

Un·ter≠stel·lung [ウンタァ・シュテるング] 因 -/-en ① 下位(管轄下)に置くこと. ② (他人への)誹謗(ᵦょぅ), 言いがかり.

un·ter·strei·chen* [ウンタァ・シュトライヒェン υntər-ʃtráiçən] 他 (h) ① (物⁴に)アンダーラインを引く. *Er hat die Fehler rot unterstrichen.* 彼は間違いの箇所に赤い下線を引いた. ② 《比》(事⁴を)強調する, 力説する.

Un·ter≠stu·fe [ウンタァ・シュトゥーフェ] 因 -/-n (実科学校・9年制ギムナジウムの)下級 3学年.

un·ter·stüt·zen [ウンタァ・シュテュッツェン υntər-ʃtýtsən] *du unterstützt (unterstützte, hat…unterstützt)* 他 (定了 haben) ① 援助する, 支援する, サポートする. 《奥 support》. *Er unterstützte uns mit Geld.* 彼は私たちに金銭的な援助をしてくれた / 人⁴ *finanziell unterstützen* 人⁴に経済的な援助をする / *Er unterstützt mich bei meiner Arbeit.* 彼は私の仕事をサポートしてくれる.
② (人⁴・意見など⁴を)支持する; (治癒など⁴を)促進する. *einen Kandidaten unterstützen* ある候補者を支持する.

un·ter·stützt [ウンタァ・シュテュッツト] unterstützen (援助する)の 過分, 3 人称単数・2 人称親称複数 現在

un·ter·stütz·te [ウンタァ・シュテュッツテ] unterstützen (援助する)の 過去

die **Un·ter≠stüt·zung** [ウンタァ・シュテュッツング υntər-ʃtýtsuŋ] 因 (単) -/(複) -en ① 援助, 支援. 《奥 support》. *bei* 人³ *Unterstützung finden* 人³に援助してもらう. ② 補助金, 助成金. 人³ *Unterstützung*⁴ *gewähren* 人³に補助金を与える.

***un·ter·su·chen** [ウンタァ・ズーヘン υntər-zúːxən] (*untersuchte, hat…untersucht*) 他 (定了 haben) ① (詳しく)調べる, 調査(研究)する; 検査する; 《法》審理する. 《奥 examine》. *Die Polizei untersucht den Unfall.* 警察が事故を調査している / *eine Frage*⁴ *wissenschaftlich untersuchen* ある問題を学問的に研究する / *das Blut*⁴ *auf Zucker untersuchen* 血液の糖分を検査する / *die Maschine*⁴ *untersuchen* 機械を点検する. (🖙 類語 studieren).

② (医者が)診察する. *einen Kranken untersuchen* 病人を診察する / *Ich will mich ärztlich untersuchen lassen.* 私は医者に診察してもらうつもりだ.

〘類語〙**診察する**: (原因・実体を突きとめるために)調べる. **prüfen**: (物の性能・人の知識などを)検査(試験)する. **testen**: (人の知識・体力などを)テストする, (物の性能などを実験によりテストする.

un·ter·sucht [ウンタァ・ズーフト] *untersuchen (調べる)の 過分, 3 人称単数・2 人称親称複数 現在

un·ter·such·te [ウンタァ・ズーフテ] *untersuchen (調べる)の 過去

*die **Un·ter≠su·chung** [ウンタァ・ズーフング υntər-zúːxuŋ] 因 (単) -/(複) -en ① 調査, 研究, 《奥 examination》. *eine eingehende Untersuchung* 詳しい調査 / *eine chemische Untersuchung* 化学的検査 / *eine Untersuchung*⁴ *an|stellen* 調査(研究)を行う. ② 診察. *die Untersuchung eines Kranken* 病人の診察. ③ (荷物などの)検査; (警察の)取り調べ; 《法》審理. ④ 研究論文.

Un·ter·su·chungs≠aus·schuss [ウンタァズーフングス・アオスシュス] 男 -es/..schüsse 審査(調査)委員会.

Un·ter·su·chungs≠ge·fan·ge·ne[r] [ウンタァズーフングス・ゲふァンゲネ (..ナァ)] 男 因 〘語尾変化は形容詞と同じ〙 《法》未決囚.

Un·ter·su·chungs≠haft [ウンタァズーフングス・ハふト] 因 -/ 《法》未決拘留 (略: U-Haft). 人⁴ *in Untersuchungshaft nehmen* 人⁴を拘留する.

Un·ter·su·chungs≠rich·ter [ウンタァズーフングス・リヒタァ] 男 -s/- 《法》予審判事. (女性形: -in).

Un·ter·ta·ge≠bau [ウンタァターゲ・バオ] 男 -[e]s/-e (坑) ① 〘圏なし〙坑内採鉱. ② 〘採掘〙坑.

un·ter·tan [ウンタァ・ターン ύntər-taːn] 形 〘成句的に〙人³ *untertan sein* 《雅》人³に隷属している, 人³の臣下である / *sich*³ 人・物⁴ *untertan machen* 《雅》人・物⁴を服従させる, 意のままにする ⇒ *Der Mensch macht sich die Natur untertan.* 人間は自然を支配している.

Un·ter·tan [ウンタァ・ターン] 男 -s (または -en)/-en (昔の:)臣民, 臣下. (女性形: -in).

un·ter·tä·nig [ウンタァ・テーニヒ υntər-tɛːniç] 形 服従的な, へりくだった. *Ihr untertänigster Diener* (昔の手紙の結語:) 頓首(ᵼₑ).

Un·ter=tas·se [ウンタァ・タッセ] 囡 -/-n (カップの)受け皿, ソーサー. eine fliegende *Untertasse*《口語》空飛ぶ円盤, UFO.

un·ter=tau·chen [ウンタァ・タオヘン] úntərtàuxən] I 圓(s) ① (水中に)潜る, 沈む. ② 姿を消す; (秘密の場所に)ひそむ. in der Menge *untertauchen* 人ごみの中に姿をくらます. II 他(h) (水中に)沈める; 浸す.

Un·ter=teil [ウンタァ・タイル] 田 男 -[e]s/-e 下部, 底部, 底.

un·ter·tei·len [ウンタァ・タイレン] untər-táilən] 他(h) 細分する, 小分けする; 区分する.

Un·ter·tei·lung [ウンタァ・タイルング] 囡 -/-en 細分; 区分.

Un·ter·ter·tia [ウンタァ・テルツィア] 囡 -/..tertien (9年制ギムナジウムの)第4学年(日本の中学2年に相当). (☞ *Gymnasium*).

Un·ter·ter·ti·a·ner [ウンタァ・テルツィアーナァ] 男 -s/- (9年制ギムナジウムの)4年生. (女性形: -in).

Un·ter·ti·tel [ウンタァ・ティーテル] 男 -s/- ① (本・論文などの)副題, サブタイトル. ②《ふつう 複》(映)字幕.

Un·ter·ton [ウンタァ・トーン] 男 -[e]s/..töne ①(物・音楽)下方倍音. ②《比》言外の響き, ニュアンス.

un·ter·trei·ben* [ウンタァ・トライベン untər-tráibən] 他(h) (実際よりも)少なめ(控えめ)に言う.

Un·ter=trei·bung [ウンタァ・トライブング] 囡 -/-en ①《複なし》(実際より)少なめ(控えめ)に言うこと. ② 控えめな言葉.

un·ter·tun·neln [ウンタァ・トゥンネルン untər-túnəln] 他(h) (物4の)下にトンネルを掘る.

un·ter·ver·mie·ten [ウンタァ・フェアミーテン úntər-fɛrmiːtən] (過分 untervermietet) 他(h) (部屋など4を)また貸しする.

un·ter·ver·si·chern [ウンタァ・フェアズィッヒャァン úntər-fɛrziçərn] (過分 unterversichert) 他(h) (物4に)不十分な保険をかける.

Un·ter·wal·den [ウンタァ・ヴァルデン úntər-valdən] 田 -s/ (地名)ウンターヴァルデン(スイス中部の州で, ニートヴァルデン Nidwalden とオプヴァルデン Obwalden の二つの準州に分かれる).

un·ter·wan·dern [ウンタァ・ヴァンダァン untər-vándərn] 他(h) (組織など4に)徐々に潜り込む(潜入する).

Un·ter·wan·de·rung [ウンタァ・ヴァンデルング] 囡 -/-en (組織への)潜り込み, 潜入.

un·ter=wärts [ウンタァ・ヴェルツ] 副《口語》下の方で; 下の方へ.

die **Un·ter=wä·sche** [ウンタァ・ヴェッシェ úntər-vɛʃə] 囡 (単) -/ **下着**[類], 肌着[類].《英》*underwear*). warme *Unterwäsche* 暖かい肌着.

Un·ter·was·ser=ka·me·ra [ウンタァヴァッサァ・カメラ] 囡 -/-s 水中カメラ.

Un·ter·was·ser=mas·sa·ge [ウンタァヴァッサァ・マサージェ] 囡 -/-n (医)水中マッサージ.

*****un·ter=wegs** [ウンタァ・ヴェークス untərvéːks] 副 ① (どこかへ行く)途中で.《英》*on the way*). Er ist bereits *unterwegs*. 彼はもう出かけてしまった / Der Brief ist schon *unterwegs*. 手紙はもう発送されている / Bei meiner Schwester ist ein Kind *unterwegs*.《口語・比》私の姉(妹)に子供が生まれます(←子供が生まれて来る途中にある).

② 旅行中で. Sie waren vier Wochen *unterwegs*. 彼らは4週間旅行していた. ③ 屋外に出て, 外に出て. Die ganze Stadt war *unterwegs*. 町中の人々が外に出ていた.

un·ter·wei·sen* [ウンタァ・ヴァイゼン untərváizən] 他(h)《雅》(人4に)教える, 指導する. 人4 im Rechnen *unterweisen* 人4に計算を教える.

Un·ter=wei·sung [ウンタァ・ヴァイズング] 囡 -/-en《雅》指導, 教授.

Un·ter=welt [ウンタァ・ヴェルト] 囡 -/ ①《ギリ神》あの世, 黄泉(よみ)の国. ② (大都会などの)暗黒街.

un·ter·wer·fen* [ウンタァ・ヴェルフェン untər-vérfən] I 他(h) ① 支配下に置く, 征服する, 服従させる. ein Land4 *unterwerfen* ある国を征服する. ◇(過去分詞の形で)人・事3 *unterworfen sein* 人・事3に支配されている, 服従している. ② (人・物4に 事3を)受けさせる. 人4 einem Verhör *unterwerfen* 人4を尋問する. II 再帰 *sich*4 人・事3 *unterwerfen* (人・事3に)屈服する; 従う. Er *unterwarf* sich dem Urteil. 彼は判決に従った. ② (事3(試験など)を)受ける. *sich*4 einer Prüfung *unterwerfen* 試験を受ける.

Un·ter=wer·fung [ウンタァ・ヴェルフング] 囡 -/-en ① 征服. ② 屈服, 服従.

un·ter=wür·fig [ウンタァ・ヴュルフィヒ] 形 へりくだった, 卑屈な.

Un·ter=wür·fig·keit [ウンタァ・ヴュルフィヒカイト] 囡 -/ へりくだり, 卑屈.

un·ter·zeich·nen [ウンタァ・ツァイヒネン untər-tsáiçnən] 他(h) (契約書など4に)(公式に)署名する, サインする. ein Abkommen4 *unterzeichnen* 協定に署名する.

Un·ter=zeich·ner [ウンタァ・ツァイヒナァ] 男 -s/- 署名者, (条約の)調印者. (女性形: -in).

Un·ter=zeich·ne·te[r] [ウンタァ・ツァイヒネテ(..タァ)] 男 囡《語尾変化は形容詞と同じ》(官庁)署名者.

Un·ter=zeich·nung [ウンタァ・ツァイヒヌング] 囡 -/-en 署名.

un·ter|zie·hen[1]* [ウンタァ・ツィーエン úntərtsìːən]《分離》他(h) ① (肌着など4を)下に着る. ②《建》(梁(はり)などを4)下に通す. ③《料理》(かき混ぜないでそっと)入れる.

un·ter·zie·hen[2]* [ウンタァ・ツィーエン]《非分離》I 再帰 *sich*4 人・事3 *unterziehen* 事3を引き受ける, 受ける. *sich*4 einer Operation *unterziehen* 手術を受ける / Er muss sich noch einer Prüfung *unterziehen*. 彼はまだ一つ試験

を受けなければならない. **II** 他 (h) (囚⁴に圖³を) 受けさせる. 囚⁴ einem Verhör *unterziehen* 囚⁴を尋問する.

un・tief [ウン・ティーふ ún-ti:f] 形 (閑) (水が深くない, 浅い.

Un・tie・fe [ウン・ティーふェ ún-ti:fə] 囡 -/-n ① 浅い所, 浅瀬. ② (海などの)深み.

Un・tier [ウン・ティーァ ún-ti:r] 囲 -(e)s/-e 怪物, 怪獣; 獰獣; 《比》人でなし.

un・tilg・bar [ウン・ティるクバール または ウン..] 形 ① 消し去ることのできない, 取り返しのつかない (罪など). ② 返済できない(負債).

un・trag・bar [ウン・トラークバール または ウン..] 形 ① (経済的に)負いきれない. ② 耐えがたい, 我慢できない(状態など). ③ (役職などに)不適格な.

un・trenn・bar [ウン・トレンバール または ウン..] 形 ① 離す(分ける)ことのできない. ② 《言》非分離の. *untrennbare* Verben 非分離動詞.

un・treu [ウン・トロイ ún-trɔy] 形 ① 《雅》不誠実な, 誠意のない. einem Ideal *untreu* werden 《比》ある理想に背く. ② 不貞の. ihrem Ehemann *untreu* werden 夫に不貞を働く.

Un・treue [ウン・トロイエ ún-trɔyə] 囡 -/ ① 不誠実; 不貞, 浮気. ② 《法》背任.

un・tröst・lich [ウン・トレーストりヒ または ウン..] 形 慰めようのない, 悲嘆に暮れた.

un・trüg・lich [ウン・トリュークりヒ または ウン..] 形 間違いようのない, まぎれもない, 確かな.

un・tüch・tig [ウン・テュヒティヒ ún-tʏçtıç] 形 無能な, 能力のない, 役にたたない.

Un・tu・gend [ウン・トゥーゲント ún-tu:gənt] 囡 -/-en 悪癖, 悪習.

un・über・brück・bar [ウン・ユーバァブリュックバール または ウン..] 形 橋渡しできない, 調停不可能な(対立など).

un・über・legt [ウン・ユーバァれークト ún-y:bərle:kt] 形 思慮(分別)のない, 軽率な.

Un・über・legt・heit [ウン・ユーバァれークトハイト] 囡 -/-en ①《圈なし》無思慮, 無分別, 軽率. ② 無分別(軽率)な言動.

un・über・seh・bar [ウン・ユーバァゼーバール または ウン..] 形 ① 見落すことのできない, 看過し得ない. ② (大きくて)見渡すことができない.

un・über・setz・bar [ウン・ユーバァゼッツバール または ウン..] 形 翻訳不可能な.

un・über・sicht・lich [ウン・ユーバァズィヒトりヒ] 形 展望(見通し)の利かない; わかりにくい(事情など). eine *unübersichtliche* Kurve 見通しの悪いカーブ.

un・über・treff・lich [ウン・ユーバァトレふりヒ または ウン..] 形 凌駕(°ょうが)するもののない, 無敵の, 卓越した.

un・über・trof・fen [ウン・ユーバァトロッふェン un-y:bərtrɔfən または ウン..] 形 凌駕(°ょうが)されたことのない, 無比の, 卓越した.

un・über・wind・lich [ウン・ユーバァヴィントりヒ または ウン..] 形 克服しがたい(不安など); 排除しがたい(困難など); 調停できない; 打ち勝てない(敵など).

un・um・gäng・lich [ウン・ウムゲングりヒ または ウン..] 形 不可避の, 絶対必要な.

un・um・schränkt [ウン・ウムシュレンクト un-umʃrɛ́nkt または ウン..] 形 無制限の, 絶対的な; 専制的の. ein *unumschränktes* Vertrauen 絶大な信頼.

un・um・stöß・lich [ウン・ウムシュテースりヒ または ウン..] 形 くつがえすことのできない, 変更できない, 最終的な(決定など).

un・um・strit・ten [ウン・ウムシュトリッテン un-umʃtrítən または ウン..] 形 議論の余地のない, 明白な. eine *unumstrittene* Tatsache 明白な事実.

un・um・wun・den [ウン・ウムヴンデン ún-umvundən または ..ヴンデン] 形 包み隠しのない, あからさまな, 率直な.

un・un・ter・bro・chen [ウン・ウンタァブロッヘン ún-unətərbrɔxən または ..ブロッヘン] 形 断え間ない, 連続した. Sie redet *ununterbrochen*. 彼女はひっきりなしにしゃべっている.

un・ver・än・der・lich [ウン・ふェアエンダァりヒ または ウン..] 形 変わらない, 不変の; 変えられない. eine *unveränderliche* Größe 《数》定数.

un・ver・än・dert [ウン・ふェアエンダァト ún-fɛrɛndərt または ..エンダァト] 形 変わらない, 元のままの. Er sieht *unverändert* aus. 彼は以前と変わっていないように見える.

un・ver・ant・wort・lich [ウン・ふェアアントヴォルトりヒ または ウン..] 形 無責任な.

un・ver・äu・ßer・lich [ウン・ふェアオイサァりヒ または ウン..] 形 ① 譲渡(放棄)できない(権利など). ② 売却できない.

un・ver・bes・ser・lich [ウン・ふェアベッサァりヒ または ウン..] 形 改善の見込みのない, どうしようもない(人・性格など). ein *unverbesserlicher* Raucher ひどいヘビースモーカー.

un・ver・bind・lich [ウン・ふェアビントりヒ または ..ビントりヒ] 形 ① 拘束力のない, 義務のない; 購入義務がない. eine *unverbindliche* Auskunft (確かだという)保証のない情報. ② (礼儀正しいが)愛想のない, よそよそしい.

un・ver・blümt [ウン・ふェアブリュームト un-fɛrblýːmt または ウン..] 形 (表現などが)飾らない, あからさまな, 率直な.

un・ver・brüch・lich [ウン・ふェアブリュヒりヒ または ウン..] 形 《雅》破られることのない, 揺るぎない(友情など).

un・ver・däch・tig [ウン・ふェアデヒティヒ ún-fɛrdɛçtıç または ..デヒティヒ] 形 疑わしくない.

un・ver・dau・lich [ウン・ふェアダオりヒ または ..ダオりヒ] 形 消化しにくい; 《比》理解しにくい. eine *unverdauliche* Lektüre 難解な読み物.

un・ver・daut [ウン・ふェアダオト または ..ダオト] 形 消化されていない; 《比》十分に克服(理解)されていない.

un・ver・dient [ウン・ふェアディーント ún-fɛrdi:nt または ..ディーント] 形 受けるに値しない, 過分な(称賛など); いわれのない, 不当な(罰など). ein *unverdienter* Vorwurf 不当な非難.

Unversöhnlichkeit

un·ver·dor·ben [ウン・ヘェァドルベン ún-fɛrdərbən] 形 ① 傷んで(腐っていない(食料品など). ② 《比》(道徳的に)堕落していない, 清廉な.

un·ver·dros·sen [ウン・ヘェァドロッセン ún-fɛrdrəsən または ..ドロッセン] 形 倦(っ)むことのない, 根気のよい.

un·ver·ein·bar [ウン・ヘェァアインバール または ウン..] 形 相いれない, 両立しない. **mit** 動³ *unvereinbar* sein 動³と相いれない.

un·ver·fälscht [ウン・ヘェァふェるシュト únfɛrfɛlʃt または ..ふェるシュト] 形 混じり気のない, 純粋な.

un·ver·fäng·lich [ウン・ヘェァふェングリヒ または ..ふェングリヒ] 形 無難な, 当たりさわりのない.

un·ver·fro·ren [ウン・ヘェァふローレン únfɛrfro:rən または ..ふローレン] 形 あつかましい, ずうずうしい, 生意気な.

Un·ver·fro·ren·heit [ウン・ヘェァふローレンハイト] 名 -/ 《-en ① 《複なし》あつかましさ. ② あつかましい発言.

un·ver·gäng·lich [ウン・ヘェァゲングリヒ または ..ゲングリヒ] 形 消え去ることのない, 不滅の, 不朽の.

Un·ver·gäng·lich·keit [ウン・ヘェァゲングリヒカイト または ..ゲングリヒカイト] 名 -/ 不滅, 不朽, 永遠[であること].

un·ver·ges·sen [ウン・ヘェァゲッセン ún-fɛrgɛsən] 形 忘れられていない, 心に残る.

un·ver·gess·lich [ウン・ヘェァゲスリヒ または ウン..] 形 忘れられない, 忘れがたい. *unvergessliche* Eindrücke 忘れがたい印象.

un·ver·gleich·lich [ウン・ヘェァグらイヒリヒ un-fɛrgláıçlıç または ウン..] 形 比類のない, 卓越した.

un·ver·hält·nis·mä·ßig [ウン・ヘェァヘるトニスメースィヒ ún-fɛrhɛltnısmɛ:sıç または ..へるトニスメースィヒ] 副 不釣り合いなほどに, 極端に.

un·ver·hei·ra·tet [ウン・ヘェァハイラーテット ún-fɛrhaıra:tət] 形 未婚の, 独身の.

un·ver·hofft [ウン・ヘェァホフト ún-fɛrhoft または ..ホふト] 形 思いがけない, 予期していなかった. ein *unverhofftes* Wiedersehen 思いがけない再会.

un·ver·hoh·len [ウン・ヘェァホーレン ún-fɛrho:lən または ..ホーレン] 形 あからさまな, むき出しの(憎悪・好奇心など).

un·ver·hüllt [ウン・ヘェァヒュるト ún-fɛrhylt] 形 包まれて(覆われて)いない, むき出しの, あらわな.

un·ver·käuf·lich [ウン・ヘェァコイふりヒ または ..コイふりヒ] 形 売り物でない, 非売の; 売り物にならない.

un·ver·kenn·bar [ウン・ヘェァケンバール または ウン..] 形 間違えようのない, まぎれもない, 明白な.

un·ver·letz·lich [ウン・ヘェァれッツりヒ または ウン..] 形 侵すことのできない, 不可侵の(権利・領土など).

un·ver·letzt [ウン・ヘェァれッツト ún-fɛrlɛtst] 形 負傷していない, 無傷の; 破られていない(封印など).

un·ver·meid·bar [ウン・ヘェァマイトバール または ウン..] 形 避けられない, 不可避の.

un·ver·meid·lich [ウン・ヘェァマイトりヒ または ウン..] 形 ① 避けられない, 不可避の; やむをえない. ◊《名詞的に》sich⁴ *ins Unvermeidliche* fügen 運命に従う. ② (皮肉って:)お決まりの(祝辞など).

un·ver·min·dert [ウン・ヘェァミンダァト ún-fɛrmındərt] 形 衰えない, 減少しない(強さ・速さなど). mit *unverminderter* Stärke 変わらない強さで.

un·ver·mit·telt [ウン・ヘェァミッテるト ún-fɛrmıtəlt] 形 突然の, 出し抜けの.

Un·ver·mö·gen [ウン・ヘェァメーゲン ún-fɛrmø:gən] 中 -s/ 無力, 無能.

un·ver·mö·gend [ウン・ヘェァメーゲント ún-fɛrmø:gənt] 形 財産(資産)のない, 貧しい.

un·ver·mu·tet [ウン・ヘェァムーテット ún-fɛrmu:tət] 形 思いがけない, 不意の. *unvermutete* Schwierigkeiten 予想していなかった困難.

Un·ver·nunft [ウン・ヘェァヌンふト ún-fɛrnunft] 名 -/ 無分別, 無思慮.

un·ver·nünf·tig [ウン・ヘェァニュンふティヒ ún-fɛrnynftıç] 形 無分別な, 無思慮な.

un·ver·öf·fent·licht [ウン・ヘェァエッふェントりヒト un-fɛrœfəntlıçt] 形 公表されていない; 発行(出版)されていない, 未刊の.

un·ver·rich·tet [ウン・ヘェァりヒテット] 形 《成句的に》*unverrichteter* Dinge² 目的を果たさないで, なすところなく.

un·ver·rich·te·ter Din·ge ☞ unverrichtet

un·ver·schämt [ウン・ヘェァシェームト ún-fɛrʃɛ:mt] I 形 《比較》unverschämter, 《最上》unverschämtest ① 恥知らずの, あつかましい. (英 *shameless*). ein *unverschämter* Kerl ずうずうしいやつ. ② 《口語》法外な, ものすごい. ein *unverschämtes* Glück ものすごい好運. II 副 《口語》法外に, ものすごく. Das ist *unverschämt* teuer. それはべらぼうに高価だ.

Un·ver·schämt·heit [ウン・ヘェァシェームトハイト] 名 -/-en ① 《複なし》恥知らずなこと, あつかましさ. ② 恥知らずな(あつかましい)言動.

un·ver·schul·det [ウン・ヘェァシュるデット ún-fɛrʃuldət または ..シュるデット] 形 自分に責任(過失・罪)のない. ein *unverschuldeter* Unfall 自分に過失のない事故.

un·ver·se·hens [ウン・ヘェァゼーエンス または ..ゼーエンス] 副 思いがけず, いつのまにか, 突然.

un·ver·sehrt [ウン・ヘェァゼーァト ún-fɛrze:rt または ..ゼーァト] 形 (人が)負傷していない; (品物などの)損傷のない, 無傷の; 開封されていない.

un·ver·söhn·lich [ウン・ヘェァゼーンりヒ または ..ゼーンりヒ] 形 ① 和解(仲直り)する気のない, かたくなな. ② 調停の余地のない, 相いれない(対立など).

Un·ver·söhn·lich·keit [ウン・ヘェァゼーンりヒカイト または ..ゼーンりヒカイト] 名 -/ 和解(仲直り)できないこと; (対立などが)相いれないこと.

Un·ver·stand [ウン・ふェァシュタント ún-fɛrʃtant] 男 -(e)s/ 無思慮, 無分別.

un·ver·stan·den [ウン・ふェァシュタンデン ún-fɛrʃtandən] 形 (他人に)理解してもらえない.

un·ver·stän·dig [ウン・ふェァシュテンディヒ ún-fɛrʃtɛndɪç] 形 (十分な)理解力のない, 聞き分けのない(子供など).

un·ver·ständ·lich [ウン・ふェァシュテントりヒ ún-fɛrʃtɛntlɪç] 形 ① 聞きとりにくい, 不明瞭(めいりょう)な(発音・言葉など). eine *unverständliche* Aussprache 不明瞭な発音. ② 理解できない, 不可解な. Ihr Verhalten ist mir *unverständlich*. 彼女の態度は私には理解できない.

Un·ver·ständ·lich·keit [ウン・ふェァシュテントりヒカイト] 女 -/-en ① 《複 なし》不明瞭(めいりょう); 不可解. ② 理解できないもの(こと).

Un·ver·ständ·nis [ウン・ふェァシュテントニス] 中 ..nisses/ 無理解.

un·ver·sucht [ウン・ふェァズーフト ún-fɛrzu:xt または ..ズーフト] 形 《成句的に》nichts[4] *unversucht* lassen あらゆる手段を尽くす.

un·ver·träg·lich [ウン・ふェァトレークりヒ または ..トレークりヒ] 形 ① (食べ物が)消化しにくい; (薬などが)適合しない. ② (人が)協調性のない, けんか好きの. ③ (意見などが)相いれない, 矛盾する.

Un·ver·träg·lich·keit [ウン・ふェァトレークりヒカイト または ..トレークりヒカイト] 女 -/ 消化しにくいこと, (薬などの)不適合; 協調性のなさ; (意見などが)相いれないこと, 矛盾.

un·ver·wandt [ウン・ふェァヴァント ún-fɛrvant] 副 (視線を)わきへそらさずに. Er blickte sie *unverwandt* an. 彼はじっと彼女を見つめた.

un·ver·wech·sel·bar [ウン・ふェァヴェクセるバール または ウン..] 形 取り違えようのない, まぎれもない.

un·ver·wund·bar [ウン・ふェァヴントバール または ウン..] 形 傷つけられない, 不死身の.

un·ver·wüst·lich [ウン・ふェァヴューストりヒ または ウン..] 形 丈夫な, 長持ちする(布など); 《比》(精神的・肉体的に)不屈の, くじけない.

un·ver·zagt [ウン・ふェァツァークト ún-fɛrtsa:kt] 形 物おじしない, ひるまない.

un·ver·zeih·lich [ウン・ふェァツァイりヒ または ウン..] 形 許されない. ein *unverzeihlicher* Fehler 許せない過失.

un·ver·zins·lich [ウン・ふェァツィンスりヒ または ウン..] 形 《経》無利子の, 無利息の.

un·ver·zollt [ウン・ふェァツォるト] 形 非課税の, 免税の.

un·ver·züg·lich [ウン・ふェァツーくりヒ または ウン..] 形 遅滞のない, 即座の, 即刻の. *unverzügliche* Hilfe 即座の援助.

un·voll·en·det [ウン・ふォるエンデット ún-fɔlɛndət または ..エンデット] 形 未完[成]の. ein *unvollendeter* Roman 未完の小説 / „Die *Unvollendete*" 『未完成交響曲』(シューベルトの交響曲第7番の通称).

un·voll·kom·men [ウン・ふォるコンメン ún-folkɔmən または ..コンメン] 形 ① 完全無欠でない, 不完全な. ② 不備のある, 全部そろっていない.

Un·voll·kom·men·heit [ウン・ふォるコンメンハイト または ..コンメンハイト] 女 -/-en ① 《複 なし》不完全さ; 不備. ② 不完全(不備)の点.

un·voll·stän·dig [ウン・ふォるシュテンディヒ ún-folʃtɛndɪç] 形 不完全な, 不備のある, 全部そろっていない(全集など).

un·vor·be·rei·tet [ウン・ふォーァベライテット ún-fo:rbərartət] 形 前もって準備していない, 思いがけない.

un·vor·ein·ge·nom·men [ウン・ふォーァアインゲノンメン ún-fo:raɪngənɔmən] 形 先入観(偏見)のない.

Un·vor·ein·ge·nom·men·heit [ウン・ふォーァアインゲノンメンハイト] 女 -/ 先入観(偏見)のないこと.

un·vor·her·ge·se·hen [ウン・ふォーァヘァゲゼーエン ún-fo:rhe:rgəze:ən] 形 予想(予測)していなかった, 思いがけない, 不意の.

un·vor·schrifts·mä·ßig [ウン・ふォーァシュリふツメースィヒ ún-fo:rʃrɪftsmɛ:sɪç] 形 規定(規則)どおりでない, 規則違反の. *unvorschriftsmäßig* parken 駐車違反をする.

un·vor·sich·tig [ウン・ふォーァズィヒティヒ ún-fo:rzɪçtɪç] 形 不注意な, 軽率な.

Un·vor·sich·tig·keit [ウン・ふォーァズィヒティヒカイト] 女 -/-en ① 《複 なし》不注意, 軽率. ② 不注意(軽率)な言動.

un·vor·stell·bar [ウン・ふォーァシュテるバール または ウン..] I 形 想像もできない, 考えられないほどの. II 副 非常に, とても.

un·vor·teil·haft [ウン・ふォァタイるハふト] 形 ① (服などが)似合わない, 魅力がない. ② 不利な, 得にならない, 損な.

un·wäg·bar [ウン・ヴェークバール または ウン..] 形 計測できない; 計り知れない(危険など).

un·wahr [ウン・ヴァール ún-va:r] 形 真実でない, 虚偽の.

un·wahr·haf·tig [ウン・ヴァールハふティヒ ún-va:rhaftɪç] 形 《雅》不正直な, 不誠実な; 虚偽の.

Un·wahr·heit [ウン・ヴァールハイト] 女 -/-en ① 《複 なし》真実でないこと, 虚偽. ② (個々の)うそ, 偽り. die *Unwahrheit*[4] sagen うそをつく.

un·wahr·schein·lich [ウン・ヴァールシャインりヒ] I 形 ① ありそうもない; 本当とは思えない. ② 《口語》信じられないほどの, 途方もない. II 副 《口語》信じられないほど, 途方もなく.

Un·wahr·schein·lich·keit [ウン・ヴァールシャインりヒカイト] 女 -/-en ① 《複 なし》ありそうもないこと. ② ありそうもない事柄.

un·wan·del·bar [ウン・ヴァンデるバール または ウン..] 形 《雅》いつまでも変わらない, 不変の(愛情など).

un·weg·sam [ウン・ヴェークザーム] 形 道らしい道のない, 通行困難な.

un·weib·lich [ウン・ヴァイプリヒ] 形 女らしくない, 女性的でない.

un·wei·ger·lich [ウン・ヴァイガァリヒ または ウン..] 形 避けられない, 不可避の, 必然的な.

un·weit [ウン・ヴァイト ún-vaɪt] 前《2格とともに》…から遠くない所に. *unweit* der Kirche 教会から遠くない所に. ◊《*von* とともに》*unweit vom* Wald 森から遠くない所に.

Un·we·sen [ウン・ヴェーゼン ún-ve:zən] 中 -s/ 不法行為, 悪事, 狼藉(ろうぜき);《雅》悪い状態. sein *Unwesen*⁴ treiben 悪事を働く.

un·we·sent·lich [ウン・ヴェーゼントリヒ] I 形 本質的でない, 重要でない, とるに足らない. II 副《比較級とともに》ほんの少しだけ. Er ist nur *unwesentlich* jünger als du. 彼は君よりほんの少しだけ若い.

Un·wet·ter [ウン・ヴェッタァ ún-vɛtər] 中 -s/- 悪天候, (雷・雹(ひょう)などを伴った)嵐.

un·wich·tig [ウン・ヴィヒティヒ ún-vɪçtɪç] 形 重要でない, ささいな.

Un·wich·tig·keit [ウン・ヴィヒティヒカイト] 女 -/-en ①《複 なし》重要でないこと. ② 重要でない事柄.

un·wi·der·leg·bar [ウン・ヴィーダァれークバール または ウン..] 形 反駁(はんばく)できない, 論駁(ろんばく)しえない. *unwiderlegbare* Beweise 反論の余地のない証拠.

un·wi·der·ruf·lich [ウン・ヴィーダァルーふりヒ または ウン..] 形 とり消せない, 撤回できない. ein *unwiderrufliches* Urteil 最終判決.

un·wi·der·spro·chen [ウン・ヴィーダァシュプロッヘン un-vi:dərʃprɔxən または ウン..] 形 反論されない, 異論のない.

un·wi·der·steh·lich [ウン・ヴィーダァシュテーリヒ または ウン..] 形 ① 抵抗できない, 抑えきれない(欲望など). ein *unwiderstehlicher* Drang やむにやまれぬ衝動. ②《比》抗しがたい魅力を持った.

un·wie·der·bring·lich [ウン・ヴィーダァブリングリヒ または ウン..] 形《雅》取り返しのつかない, 二度と戻ってこない.

Un·wil·le [ウン・ヴィれ ún-vɪlə] 男 -ns (3格・4格 -n)/《雅》不機嫌さ, 立腹, 憤り. Meine Äußerung erregte seinen *Unwillen*. 私の言葉が彼を怒らせてしまった.

Un·wil·len [ウン・ヴィれン ún-vɪlən] 男 -s/ = Unwille

un·wil·lig [ウン・ヴィリヒ ún-vɪlɪç] 形 ① 不機嫌な, 立腹した. über 物⁴ *unwillig* werden 物⁴に腹を立てる. ② いやいやながらの.

un·will·kom·men [ウン・ヴィるコンメン ún-vɪlkɔmən] 形 歓迎されない, 迷惑な(客など).

un·will·kür·lich [ウン・ヴィるきキューァリヒ または ..キューリヒ] 形 思わず知らずの, 意図しない;《心》無意識的な;《医》不随意の. *unwillkürlich* lachen müssen 思わず笑ってしまう / eine *unwillkürliche* Reaktion 無意識の反応.

un·wirk·lich [ウン・ヴィルクリヒ] 形《雅》非現実的な, 事実でない, 架空の.

un·wirk·sam [ウン・ヴィルクザーム] 形 効力(効果)のない, 無効の.

Un·wirk·sam·keit [ウン・ヴィルクザームカイト] 女 -/ 効力(効果)のないこと, 無効.

un·wirsch [ウン・ヴィルシュ ún-vɪrʃ] 形 無愛想な, そっけない, つっけんどんな.

un·wirt·lich [ウン・ヴィルトリヒ] 形 ① (土地などが)荒涼とした, 不毛の; (気候などが)厳しい. ② 居心地のよくない.

un·wirt·schaft·lich [ウン・ヴィルトシャふトリヒ] 形 不経済な, 浪費的な; やりくりの下手な.

un·wis·send [ウン・ヴィッセント ún-vɪsənt] 形 何も知らない, 無知な; (ある事実を)知らない. ein *unwissendes* Kind 何もわからない子供.

Un·wis·sen·heit [ウン・ヴィッセンハイト] 女 -/ 無知, 無学; 知らないこと. 物⁴ aus *Unwissenheit* machen 事情をよく知らずに物⁴をする.

un·wis·sen·schaft·lich [ウン・ヴィッセンシャふトリヒ] 形 学問的でない, 非科学的な.

un·wis·sent·lich [ウン・ヴィッセントリヒ] 副 それと知らずに, それと気づかずに.

un·wohl [ウン・ヴォーる ún-vo:l] 形 ① 気分がすぐれない. Mir ist *unwohl*. または Ich fühle mich *unwohl*. 私は気分がよくない. ② 居心地がよくない, 気持ちが落ち着かない.

Un·wohl·sein [ウンヴォーる・ザイン únvo:lzaɪn] 中 -s/ 気分(体調)がすぐれないこと.

un·wür·dig [ウン・ヴュルディヒ ún-vyrdɪç] 形 ① 品位(体面)を傷つけるような, 侮辱的な. ②（物²に)値しない,（人²に)ふさわしくない. Er ist des Lobes *unwürdig*. 彼はその称賛に値しない.

Un·wür·dig·keit [ウン・ヴュルディヒカイト] 女 -/ 品位(体面)を傷つけるようなこと, 侮辱; (称賛など)に値しない(人)値しないこと.

Un·zahl [ウン・ツァーる ún-tsa:l] 女 -/ 無数. eine *Unzahl* von Menschen 数えきれないほど多くの人々.

un·zähl·bar [ウン・ツェーるバール または ウン..] 形 数えきれない, 無数の.

un·zäh·lig [ウン・ツェーりヒ un-tsé:lɪç または ウン..] 形 数えきれないほどの, 無数の. *unzählige* Mal[e] 何回も何回も.

Un·ze [ウンツェ úntsə] 女 -/-n オンス (昔の重量単位. 英語圏では約 28.35 g. 貴重物・薬量の場合は約 31.10 g).

Un·zeit [ウン・ツァイト ún-tsaɪt] 女《成句的に》zur *Unzeit*《雅》都合の悪いときに, 折あしく.

un·zeit·ge·mäß [ウン・ツァイトゲメース ún-tsaɪtgəmɛ:s] 形 ① 時代に合わない. ② 季節はずれの.

un·zer·brech·lich [ウン・ツェァブレヒリヒ または ウン..] 形 壊れない, 割れない.

un·zer·stör·bar [ウン・ツェァシュテーァバール または ウン..] 形 破壊できない;《比》確固たる(信念など).

un·zer·trenn·lich [ウン・ツェァトレンリヒ または ウン..] 形 (引き離すことのできないほど)親密な. zwei *unzertrennliche* Freunde 無二の親友どうし.

un·ziem·lich [ウン・ツィームりヒ] 形 《雅》(その場の状況に)ふさわしくない, ぶしつけな(態度など).

un·zi·vi·li·siert [ウン・ツィヴィりズィーァト ún-tsivilizi:rt] 形 洗練されていない, 教養のない.

Un·zucht [ウン・ツフト ún-tsuxt] 女-/ みだらな行為, わいせつ. *Unzucht*⁴ treiben わいせつ行為をする.

un·züch·tig [ウン・ツュヒティヒ ún-tsYçtıç] 形 みだらな, わいせつな.

un·zu·frie·den [ウン・ツ・ふリーデン ún-tsufri:dən] 形 満足していない, 不満な, 不平のある. (反 discontented). (⇔「満足している」は zufrieden). **mit** 人·物³ *unzufrieden* sein 人·物³に不満である ⇒ Er ist mit seinem Gehalt *unzufrieden*. 彼は自分の給料に不満である / ein *unzufriedenes* Gesicht⁴ machen 不満そうな顔をする.

Un·zu·frie·den·heit [ウン・ツ・ふリーデンハイト] 女- / 不満足, 不満, 不平.

un·zu·gäng·lich [ウン・ツーゲングりヒ] 形 ① 近寄れない, 立ち入れない(場所); 勝手に使用してはならない(薬品など). ② (人が)近づきにくい, 親しみのない; (頼みごとなどに対して)耳を貸さない. Er ist meinen Bitten **gegenüber** *unzugänglich*. 彼は私の頼みに耳を貸さない.

un·zu·läng·lich [ウン・ツーれングりヒ] 形 《雅》 不十分な, 不足している. *unzulängliche* Kenntnisse 不十分な知識.

Un·zu·läng·lich·keit [ウン・ツーれングりヒカイト] 女 -/-en ① 《複 なし》 不十分であること. ② 不十分な事柄(点).

un·zu·läs·sig [ウン・ツーれスィヒ ún-tsu:lεsıç] 形 許されていない, 許容できない.

un·zu·mut·bar [ウン・ツームートバール または ウン..] 形 受け入れを強要できない, 不当な.

un·zu·rech·nungs·fä·hig [ウン・ツーレヒヌングスフェーイヒ ún-tsu:rεçnuŋsfε:ıç] 形 (自分の行動に対して)責任能力のない.

Un·zu·rech·nungs·fä·hig·keit [ウン・ツーレヒヌングスフェーイヒカイト] 女-/ 責任能力のないこと.

un·zu·rei·chend [ウン・ツーライヒェント ún-tsu:raıçənt] 形 不十分な, 足りない.

un·zu·sam·men·hän·gend [ウン・ツザンメンヘンゲント ún-tsuzamənhεŋənt] 形 相互に関連のない, 支離滅裂な.

un·zu·stän·dig [ウン・ツーシュテンディヒ ún-tsu:ʃtεndıç] 形 権限(資格)のない, 管轄外の.

un·zu·tref·fend [ウン・ツートレッフェント ún-tsu:trεfənt] 形 適切でない, 的を射ていない; 該当しない. ◇《名詞的に》 *Unzutreffendes* bitte streichen! (アンケートなどで:) 該当しない項目を消してください.

un·zu·ver·läs·sig [ウン・ツーふェァれスィヒ ún-tsu:fεrlεsıç] 形 信頼できない, 当てにならない.

Un·zu·ver·läs·sig·keit [ウン・ツーふェァれスィヒカイト] 女 -/ 信頼できないこと, 当てにならないこと.

un·zweck·mä·ßig [ウン・ツヴェックメースィヒ ún-tsvεkmε:sıç] 形 目的に合わない, 役にたたない, 不適当な.

Un·zweck·mä·ßig·keit [ウン・ツヴェックメースィヒカイト] 女 -/ 目的に合わないこと, 不適当.

un·zwei·deu·tig [ウン・ツヴァイドイティヒ ún-tsvaıdɔYtıç] 形 あいまいでない, 明確な.

un·zwei·fel·haft [ウン・ツヴァイふェるハフト または ..ツヴァイふェるハフト] I 形 疑う余地のない, 明白な. II 副 疑いもなく.

Up·date [アップ・デート áp-de:t] [英] 中 -s/-s 《コンピュ》 (ソフトウェアなどの)更新バージョン.

üp·pig [ユピヒ Ýpıç] 形 ① (植物などが)繁茂した; 豊富な, たっぷりの; ぜいたくな. (反 luxuriant). eine *üppige* Vegetation 繁茂した植物 / ein *üppiges* Mahl 豪華な食事 / *üppig* leben ぜいたくに暮らす / Sie haben es nicht *üppig*. 彼らの金回りはよくない. (⇔ es は形式目的語). ② (女性の体つきなどが)豊満な, ふくよかな. (☞ 類語 dick). ③ 《方》 あつかましい, 生意気な.

Üp·pig·keit [ユピヒカイト] 女 -/ 繁茂; 豊富さ; ぜいたく; 豊満さ.

Ur [ウーァ ú:r] 男 -(e)s/-e (動) オーロックス, 原牛 (17世紀に絶滅したヨーロッパ畜牛の祖).

ur.., **Ur..** [ウーァ.. ú:r.. または ウーァ..] 《形容詞・名詞につける 接頭》 ① (原始) 例: *Ur*wald 原始林. ② (非常に) 例: *ur*alt 非常に古い. ③ (一代前の) 例: *Ur*großvater 曾祖父.

Ur*ab·stim·mung [ウーァ・アップシュティムング] 女 -/-en (組合員全員による)直接投票 (労働組合がスト決行の可否決定などのために行う).

Ur*ahn [ウーァ・アーン] 男 -(e)s (または -en)/-en 遠い祖先; 曾祖父(${}_{けい}^{そう}$) (=Urgroßvater).

Ur*ah·ne¹ [ウーァ・アーネ] 男 -n/-n =Urahn

Ur*ah·ne² [ウーァ・アーネ] 女 -/-n (女性の)遠い祖先; 曾祖母(${}_{けい}^{そう}$) (=Urgroßmutter).

der **Ural** [ウラーる urá:l] 男 -[s]/ 《定冠詞とともに》 ① 《山名》 ウラル山脈. ② 《川名》 ウラル川.

ur*alt [ウーァ・アるト] 形 非常に古い; 高齢の; 大昔の, 太古の. aus *uralten* Zeiten 大昔からの.

Uran [ウラーン urá:n] 中 -s/ 《化》 ウラン (記号: U).

Ura·nia [ウラーニア urá:nia] -s/ 《ギリ神》 ① ウラニア (ムーサたちの一人で天文をつかさどる女神). ② アフロディテの別名.

Ura·nus [ウーラヌス ú:ranus] I 《ギリ神》 ウラノス (天空の神). II 男 《定冠詞とともに》 《天》 天王星.

ur·auf|füh·ren [ウーァアオふ・ふューレン ú:r-auf-fy:rən] 他 (h) 《ふつう不定詞・過去分詞で用いる》 (芝居・オペラなど⁴を)初演する, (映画⁴を)封切る.

Ur·auf·füh·rung [ウーァ・アオふユーるング] 囡 -/-en (芝居・オペラなどの)初演, (映画の)封切り.

ur·ban [ウルバーン urbá:n] 形 ① あか抜けした, 洗練された(立ち居ふるまいなど). ② 都市の; 都会風の.

Ur·ba·ni·tät [ウルバニテート urbanitέ:t] 囡 -/ 上品, 洗練; 都会的であること, 都会風.

ur·bar [ウーァ・バール ú:r-ba:r] 形 《成句的に》 動⁴ *urbar* machen 動⁴を開墾する.

Ur·bar·ma·chung [ウーァバール・マッフング] 囡 -/-en 開墾.

Ur·be·völ·ke·rung [ウーァ・ベふェるケルング] 囡 -/-en 原住民.

Ur·bild [ウーァ・ビるト] 中 -[e]s/-er ① (芸術作品などの) [実在の]モデル, 原型, 原像. ② 典型, 理想像.

ur·ei·gen [ウーァ・アイゲン] 形 《付加語としてのみ》 まったく自分だけの, 自分に特有な. Das ist meine *ureigenste* Angelegenheit. それはまったく私自身の問題だ.

Ur·ein·woh·ner [ウーァ・アインヴォーナァ] 男 -s/- 原住民 (=Urbevölkerung). (女性形: -in).

Ur·el·tern [ウーァ・エるタァン] 複 ① 人類の始祖(アダムとエバ). ② 曾祖父母(セミセネュ).

Ur·en·kel [ウーァ・エンケる] 男 -s/- ひ孫, 曾孫(セミセネュ); (一般に:) 子孫. (女性形: -in).

Ur·form [ウーァ・ふォルム] 囡 -/-en 原形, 原型.

ur·ge·müt·lich [ウーァ・ゲミュートりヒ] 形 とても居心地のいい(快適な).

Ur·ge·schich·te [ウーァ・ゲシヒテ] 囡 -/ 先史時代; 先史学.

ur·ge·schicht·lich [ウーァ・ゲシヒトりヒ] 形 先史時代の.

Ur·ge·walt [ウーァ・ゲヴァるト] 囡 -/-en 《雅》 (自然の)根源的な力.

Ur·groß·el·tern [ウーァ・グロースエるタァン] 複 曾祖父母(セミセネュ).

Ur·groß·mut·ter [ウーァ・グロースムッタァ] 囡 -/..mütter 曾祖母(セミセュ).

Ur·groß·va·ter [ウーァ・グロースふァータァ] 男 -s/..väter 曾祖父(セミセュ).

Ur·he·ber [ウーァ・ヘーバァ] 男 -s/- 創始者, 首唱者, 発起人; 《法》原作者, 著作者- (女性形: -in).

Ur·he·ber·recht [ウーァヘーバァ・レヒト] 中 -[e]s/-e 《法》 著作権; 著作権法.

Ur·he·ber·schaft [ウーァヘーバァシャふト] 囡 -/ 創始者(原作者)であること.

Ur·he·ber·schutz [ウーァヘーバァ・シュッツ] 男 -es/ 《法》 著作権保護.

Uri [ウーリ ú:ri] 中 -s/ (地名)ウーリ (スイス 26 州の一つ. 州都はアルトドルフ).

urig [ウーリヒ ú:rɪç] 形 ① 自然のままの, 原始的な. ② おかしな, 風変わりな.

Urin [ウリーン urí:n] 男 -s/-e 《ふつう 単》《医》 尿, 小便 (=Harn). ein trüber *Urin* にごった尿 / den *Urin* untersuchen 尿の検査をする.

uri·nie·ren [ウリニーレン urіní:rən] 自 (h) 排尿する, 小便をする.

ur·ko·misch [ウーァ・コーミッシュ] 形 ひどくこっけいな.

die **Ur·kun·de** [ウーァ・クンデ úːr-kundə] 囡 《単》 -/《複》 -n (法的に有効な)文書, 記録, 証書. (英) *document*). Geburts*urkunde* 出生証明書 / eine öffentliche *Urkunde* 公文書 / eine notarielle *Urkunde* 公正証書 / eine *Urkunde*⁴ über 動⁴ aus|stellen 動⁴に関する証[明]書を交付する / eine *Urkunde*⁴ fälschen 証明書を偽造する.

Ur·kun·den·fäl·schung [ウーァクンデン・ふェるシュング] 囡 -/-en 《法》文書偽造.

ur·kund·lich [ウーァ・クントりヒ] 形 文書(記録)による.

ドイツ・ミニ情報 40

休暇 Urlaub

労働組合が強く, より良い労働条件を求めて毎年激しい労使交渉が展開されるドイツは, 先進国の中で最も労働時間が短いといわれるほど休暇に恵まれている. ドイツは「連邦休暇法」によって年間に労働日 24 日間(=4 週間)以上の「保養休暇」が保証され, また土・日と祝祭日を含めると約 6 週間の休暇となるが, 誰もが余すことなくこれを使いきる. この有給休暇を夏と冬に分け, 夏は太陽のあるところ, 冬はウインタースポーツを楽しめるところへ出かける人が多い. 長期の休暇旅行は, ドイツ人には絶対に欠かせない楽しみの一つである.

ドイツは北国なので, 冬は空が毎日厚い雲に覆われて寒く, 日照時間が短いこともあって, 外に出られない重苦しい日々が続く. そのため昔から太陽への憧れが非常に強く, 休暇地として南の国々や島々の人気が高い. イタリアには知識欲をかきたてる歴史的名所が多く, 夏にでるイタリアのごみの半分はドイツ人が捨てていったものと言われるほどだ. 南欧特有の風土に魅せられ, スペインに別荘を持つドイツ人も少なくない.

戸外での飲食も, ドイツ人にとっては短い夏の間にしかできない特別なこと. 少しでも暖かくなると, テラスに椅子, テーブル, パラソルを持ち出し, 戸外で飲食をする. ビールの産地として有名なバイエルン州では, 普通の公園がビアガーデンに早変わり. つまみだけでなく, テーブルクロスや食器まで持ち込んで自分の家のようにしつらえ, 屋台で 1 リットルジョッキでのビールを買い込んで夜遅くまで楽しむ人もいる.

der Ur·laub [ウーァらオプ úːr-laup]

> 休暇　Wann hast du *Urlaub*?
> ヴァン　ハスト　ドゥ　ウーァらオプ
> 君の休暇はいつ？

男 (単2) -[e]s/(複) -e (3格のみ -en) (会社・官庁・軍隊などの)**休暇**, [有給]休暇, バカンス. (英 *vacation*). (⚠ (学校などの)休暇」は Ferien). (☞「ドイツ・ミニ情報 40」, 1437 ページ). Jahres*urlaub* 年次休暇 / ein kurzer *Urlaub* 短い休暇 / Wir verbringen unseren *Urlaub* an der See (im Gebirge). 私たちは海で(山で)休暇を過ごす / *Urlaub*⁴ beantragen (bekommen) 休暇を申請する(もらう) / *Urlaub*⁴ nehmen 休暇をとる / Sie ist **auf** (または **in** または im) *Urlaub*. 彼女は休暇をとっています / in *Urlaub* gehen (または fahren) 休暇旅行に出かける / Er macht *Urlaub* **vom** Alltag. 《比》彼は日常の業務から離れて心身をリフレッシュする.

> |類語| der **Urlaub**: (会社・官庁などの)休暇, バカンス. der **Feiertag**: (法律で定められている)休日, 祭日. an Sonn- und *Feiertagen* geschlossen 日曜・祭日休業(閉館). die **Ferien**: (学校などの)休暇. die Sommer*ferien* 夏休み.

Ur·lau·ber [ウーァらオバァ úːr-laubər] 男 -s/- 休暇中の旅行者; 《軍》帰休兵. (女性形: -in).

Ur·laubs⸗geld [ウーァらオプス・ゲると] 中 -[e]s/-er 休暇手当(休暇のために雇用主から特別に支給される); 休暇のための積立金.

ur·laubs⸗reif [ウーァらオプス・ライふ] 形 (過労などで)休暇を必要としている.

Ur·laubs⸗rei·se [ウーァらオプス・ライゼ] 女 -/-n 休暇旅行.

Ur·laubs⸗tag [ウーァらオプス・タ-ク] 男 -[e]s/-e [有給]休暇日.

Ur·laubs⸗zeit [ウーァらオプス・ツァイト] 女 -/-en ① 休暇期間. ② 休暇シーズン.

Ur⸗mensch [ウーァ・メンシュ] 男 -en/-en 原始人, 原人.

Ur·ne [ウルネ úrnə] 女 -/-n ① 骨つぼ. ② 投票箱. ③ くじ箱.

Uro·lo·ge [ウロローゲ uroló:gə] 男 -n/-n 泌尿器医科. (女性形: Urologin).

Uro·lo·gie [ウロろギー urologí:] 女 -/ 泌尿器科学.

uro·lo·gisch [ウロロ-ギッシュ uroló:gɪʃ] 形 泌尿器科学の.

ur·plötz·lich [ウーァ・プれッツりヒ] I 副 まったく突然に, 出し抜けに. II 形 まったく突然の, 出し抜けの.

die **Ur·sa·che** [ウーァ・ザッヘ úːr-zaxə] 女 (単) -/(複) -n **原因**, 理由, きっかけ. (英 *cause*). Todes*ursache* 死因 / *Ursache* und Wirkung 原因と結果 / die *Ursache* des Brandes (または für den Brand) 火事の原因 / die *Ursache*⁴ klären 原因を解明する / Was ist die *Ursache* dafür? 何がその原因なのか / **Keine** *Ursache*! (人から礼を言われたとき:) どういたしまして / Du hast keine *Ursache*, dich zu beschweren. 君には何も不平を言う理由はないはずだ / Kleine *Ursachen*, große Wirkungen. 《諺》小因大果 (← 小さな原因が大事を招く).

> |類語| die **Ursache**: (ある事件・状態を引き起こす)原因. der **Grund**: (言動の)動機, 理由. der **Anlass**: (行為・状態を導き出す)きっかけ, 動機.

ur·säch·lich [ウーァ・ゼヒりヒ] 形 原因の; 因果的な.

Ur⸗schrift [ウーァ・シュリふト] 女 -/-en 原本; (自筆の)原稿, 草稿.

urspr. [ウーァ・シュプリュングりヒ または ..シュプリュングり] 《略》本来の, 元来の (= **ursprünglich**).

Ur⸗spra·che [ウーァ・シュプラーヘ] 女 -/-n ① (言)祖語. ② (翻訳original)の原語.

der **Ur·sprung** [ウーァ・シュプルング úːrʃpruŋ] 男 (単2) -[e]s/(複) ..sprünge [..シュプリュンゲ] (3格のみ ..sprüngen) ① **起源**, 根源, 源泉. (英 *origin*). der *Ursprung* der Menschheit² 人類の起源 / ein Wort germanischen *Ursprungs* ゲルマン語起源の単語 / Das Gestein ist vulkanischen *Ursprungs*. この岩石は火山活動によってできたものだ / Der Brauch hat seinen *Ursprung* im 16. (sechzehnten) Jahrhundert. この風習は 16 世紀に始まった. ② 《数》(座標軸の)交点.

Ur·sprün·ge [ウーァ・シュプリュンゲ] Ursprung (起源)の複.

ur·sprüng·lich [ウーァ・シュプリュングりヒ úːr-ʃpryŋlɪç または ..シュプリュングりヒ] I 形 ① (付加語としてのみ) 元の, 最初の, 本来の. (英 *original*). der *ursprüngliche* Plan 当初の計画. ② 自然のままの; 純粋な. eine *ursprüngliche* Lebensweise 自然のままの暮らし. II 副 元来は, もともとは. *Ursprünglich* wollte er Pilot werden. 彼はもともとはパイロットになろうと思っていた.

Ur·sprüng·lich·keit [ウーァ・シュプリュングりヒカイト] 女 -/ ① 最初のものであること, 根源性. ② 自然のままであること; 純粋さ.

Ur·sprungs⸗land [ウーァ・シュプルングス・らント] 中 -[e]s/..länder 原産国.

Ur⸗stand [ウーァ・シュテント] 女 《成句的に》[fröhliche] *Urstand*⁴ feiern (好ましくないものが)息を吹き返す, 再びはやり出す.

Ur⸗stoff [ウーァ・シュトふ] 男 -[e]s/-e ① 元素. ② (哲)(形相に対する)質料.

Ur·su·la [ウルスら úrzula] 女 -/ 《女名》ウルスラ.

das **Ur·teil** [ウァ・タイる úr-taıl] 中 (単2) -s/(複) -e (3格のみ -en) (英 *judgement*) ① 《法》**判決**. ein mildes (hartes) *Urteil* 寛大な(厳しい)判決 / ein *Urteil*⁴ fällen (an|nehmen) 判決を下す(受け入れる) / Das *Urteil* lautet auf Freispruch. 判決は無罪である. ② **判断**, 判定; (専門家の)意見; 判断力. Wert*urteil* 価値判断 / ein objektives *Urteil* 客観的な判断 / ein *Urteil*⁴ ab|geben

判断を下す / das *Urteil*[4] eines Fachmanns ein|holen 専門家の判断を求める / sich³ ein *Urteil*[4] **über** 人・事[4] bilden 人・事[4]について自分なりの判断を持つ / Ich habe darüber kein *Urteil*. 私はそれについてはなんら意見はない.

ur·tei·len [ウァ・タイレン úr-taɪlən] (urteil-te, *hat*...geurteilt) 自 (完了) haben) 判断する, 判定を下す, 意見を述べる. (英 judge). ge-recht *urteilen* 公正に判断する / **über** 人・事[4] *urteilen* 人・事[4]について判断する ⇨ Wie *urteilen* Sie darüber? あなたはそれについてどう思いますか / **nach** dem äußeren Schein *urteilen* 外見で判断する.

ur·teils·fä·hig [ウァタイるス・フェーイヒ] 形 判断力のある.

Ur·teils·kraft [ウァタイるス・クラふト] 女 -/ 判断力.

Ur·teils·spruch [ウァタイるス・シュプルフ] 男 -[e]s/..sprüche 《法》判決主文.

Ur·teils·ver·kün·dung [ウァタイるス・フェアキュンドゥング] 女 -/-en 《法》判決の言い渡し.

Ur·teils·ver·mö·gen [ウァタイるス・フェアメーゲン] 中 -s/ 判断力.

ur·teil·te [ウァ・タイるテ] urteilen (判断する)の過去

Ur·text [ウーァ・テクスト] 男 -[e]s/-e 原本, 元のテクスト; (翻訳に対して)原文, 原典.

Ur·tier·chen [ウーァ・ティーァヒェン] 中 -s/- 《ふつう複》《動》原生動物.

ur·tüm·lich [ウーァテューㇺりヒ] 形 自然な, 素朴な; 原始のままの.

Uru·gu·ay [ウーるグヴァイ úːrugvaɪ またはウルグアイ uruguái] 中 -s/ 《国名》ウルグアイ[東アジア共和国](南アメリカ南東部. 首都はモンテビデオ).

Ur=va·ter [ウーァ・ふァータァ] 男 -s/..väter 祖先[の男性]; 人類の父(例えばアダム). (女性形: ..mutter).

Ur=wald [ウーァ・ヴァるト] 男 -[e]s/..wälder 原始林, 原生林.

Ur=welt [ウーァ・ヴェるト] 女 -/-en 原始世界, 太古の世界.

ur=welt·lich [ウーァ・ヴェるトりヒ] 形 原始世界(太古の世界)の.

ur=wüch·sig [ウーァ・ヴュークスィヒ] 形 ① 自然のままの, もともとの, 純粋な. ② 外からの影響を受けていない, (その土地に)固有の, 土着の.

Ur=wüch·sig·keit [ウーァ・ヴュークスィヒカイト] 女 -/ 自然のままであること; 土着性.

Ur=zeit [ウーァ・ツァイト] 女 -/-en 太古, 原始時代. **in** (または vor または zu) *Urzeiten* 大昔に / seit *Urzeiten* 大昔から.

Ur=zeu·gung [ウーァ・ツォイグング] 女 -/-en 《生》(生物の)自然(偶成)発生.

Ur=zu·stand [ウーァ・ツーシュタント] 男 -[e]s/..stände 原初の状態.

US [ウー・エス] 《略》=USA

***die* USA** [ウー・エス・アー uː-ɛs-áː] 複 《定冠詞とともに》《略》《国名》アメリカ合衆国 (=the United States of America; die Vereinigten Staaten von Amerika) (首都はワシントンD.C.). **in die** *USA* **fahren** アメリカ合衆国へ行く.

User [ユーザァ júːzər] 《英》男 -s/- ① (隠語)麻薬常用者. (女性形: -in). ② (コンピュ) (コンピュータの)ユーザー.

usf. [ウント ゾー ふォルト] 《略》…など, 等々 (=und so fort).

Usur·pa·ti·on [ウズルパツィオーン uzurpatsióːn] 女 -/-en (政権・王位などの)強奪.

Usur·pa·tor [ウズルパートァ uzurpáːtɔr] 男 -s/-en ..パトーレン] (政権・王位などの)強奪者. (女性形: -in).

usur·pie·ren [ウズルピーレン uzurpíːran] 他 (h) (政権・王位など⁴を)強奪する, 篡奪(さんだつ)する.

Usus [ウーズス úːzus] 男 -/ 慣習, 慣例. Das ist hier so *Usus*. それがここのしきたりだ.

usw. [ウント ゾー ヴァイタァ unt zo: váɪtər] 《略》…など, 等々 (=und so weiter).

Uta [ウータ úːta] -s/ 《女名》ウータ.

Ute [ウーテ úːtə] -/-[n]s/ 《女名》ウーテ.

Uten·sil [ウテンズィーる utenzíːl] 中 -s/..silien [..ズィーリエン] 《ふつう複》用具, 道具.

Ute·rus [ウーテルス úːterus] 男 -/Uteri 《医》子宮.

Uti·li·ta·ris·mus [ウティリタリスムス utilitarísmus] 男 -/ 《哲》功利主義, 功利説.

uti·li·ta·ris·tisch [ウティリタリスティッシュ utilitarístiʃ] 形 功利主義の; 功利[主義]的な.

Uto·pia [ウトーピア utóːpia] 中 -[s]/ ユートピア, 理想郷, 理想社会(イギリスの人文学者トマス・モア1478-1535の本の名から).

***die* Uto·pie** [ウトピー utopíː] 女 (単) -/(複) -n [..ピーエン] 夢物語, 空想の産物; ユートピア的社会像. (英 utopia). Das ist doch [eine] *Utopie*! そんなのは夢物語さ.

uto·pisch [ウトーピッシュ utóːpɪʃ] 形 空想的な, 現実離れした; ユートピアの, ユートピア的な.

Uto·pist [ウトピスト utopíst] 男 -en/-en ユートピアン, 空想(夢想)家; 空想的社会改良家. (女性形: -in).

u. U. [ウンタァ ウㇺ・シュテンデン] 《略》場合によっては (=unter Umständen).

UV-.. [ウー・ふァオ..] 《略》紫外線の (=ultraviolett).

u. v. a. [m.] [ウント ふィーレ[ス] アンデレ[メーァ]] 《略》およびその他多数 (=und viele[s] andere [mehr]).

u. W. [ウンゼレス ヴィッセンス] 《略》われわれの知るところでは (=unseres Wissens).

Ü-Wa·gen [ユー・ヴァーゲン] 男 -s/- (南ドミ) ..-Wägen も) (テレビなどの)中継車 (=Übertragungswagen).

Uwe [ウーヴェ úːvə] -s/ 《男名》ウーヴェ.

uzen [ウーツェン úːtsən] 他 (h) (口語)からかう, ひやかす (=necken).

u. zw. [ウント ツヴァール] 《略》詳しく言うと, しかも (=und zwar).

V v

v, V[1] [ファオ fáu] 田 -/- ファオ (ドイツ語アルファベットの第 22 字).

V[2] 《記号》① [ふんふ] ローマ数字の 5. ② [ヴォると] ボルト (=Volt). ③ [ヴォーメン] 体積, 容積 (=Volumen). ④ [ふァオ] 《化・記号》バナジウム (=Vanadium).

v. [ふォム または ふォン] 《略》…から; …の. (= vom, von).

V. [ふェルス] 《略》詩句 (=Vers).

VA [ヴォると・アンペーァ] 《記号》ボルトアンペア (=Voltampere).

v. a. [ふォーァ アれム] 《略》とりわけ, 特に (=vor allem).

va banque [ヴァ バンク va bá:k] 〖談〗《成句的に》*va banque* (または *Vabanque*) spielen いちかばちかの賭(ホ)をする;《比》大きなリスクを冒す.

Va·banque [ヴァ・バンク va-bá:k] =va banque

Va·banque⊰spiel [ヴァバンク・シュピーる] 田 -[e]s/-e いちかばちかの大勝負, 危険な賭(ホ).

Va·de·me·kum [ヴァデメークム vademé:kum] 田 -s/-s (携帯用の)入門(案内)書, 便覧, ハンドブック.

Va·duz [ふァドゥッツ fadúts または ふァドゥーツ fadú:ts] 田 《都市名》ファドゥーツ (リヒテンシュタインの首都: ☞《地図》D-5).

vag [ヴァーク vá:k] =vage

Va·ga·bund [ヴァガブント vagabúnt] 男 -en/-en 放浪(浮浪)者, 流れ者. (女性形: -in).

va·ga·bun·die·ren [ヴァガブンディーレン vagabundí:rən] 自 (h, s) ① (h) 放浪生活を送る. ② (s) 放浪する. **durch** die Welt *vagabundieren* 世界を放浪して歩く.

va·ge [ヴァーゲ vá:gə] 形 あいまいな, 漠然とした. eine *vage* Erinnerung あいまいな記憶.

Va·gi·na [ヴァギーナ vagí:na または ヴァーギナ] 女 -/..ginen [ヴァギーネン] 《医》膣(ち).

va·kant [ヴァカント vakánt] 形 (地位・職などが)空いている, 空席の, 欠員の.

Va·kanz [ヴァカンツ vakánts] 女 -/-en ① 空席, 欠員となっているポスト. ② 《方》(学校の)休暇.

Va·ku·um [ヴァークウム vá:kuum] 田 -s/..kuen (または ..kua)《物》真空[状態];《比》(政治・経済などの)空白状態.

va·ku·um⊰ver·packt [ヴァークウム・ふェアパックト] 形 真空パック(包装)された.

Vak·zi·ne [ヴァクツィーネ vaktsí:nə] 女 -/-n 《医》ワクチン, 痘苗(҈).

Va·len·tin [ヴァーれンティーン vá:lenti:n] 男 ①《男名》ヴァーレンティーン. ②《人名》聖バレンタイン (ローマの殉教者で恋人たちの守護聖人).

Va·len·tins⊰tag [ヴァーれンティーンス・ターク] 男 -[e]s/-e バレンタインデー, 聖バレンタインの日 (2月 14日).

Va·lenz [ヴァれンツ valénts] 女 -/-en ①《言》(動詞などの)結合価, ヴァレンツ. ②《化》原子価.

Va·lu·ta [ヴァるータ valú:ta] 女 -/..luten《経》① 外国通貨, 外貨; (外国通貨との)交換価値. ② 利子起算日.

Vamp [ヴェンプ vémp] 《英》男 -s/-s 妖婦(⅔), バンプ.

Vam·pir [ヴァンピーァ vámpi:r または ..ピーァ] 男 -s/-e ①《民俗》吸血鬼;《比》他人を食い物にする人間(悪質な高利貸など). ②《動》(中南米産の)チスイコウモリ.

Va·na·di·um [ヴァナーディウム vaná:dium] 田 -s/《化》バナジウム (記号: V).

Van·da·le [ヴァンダーれ vandá:lə] 男 -n/-n ① ヴァンダル族 (5 世紀にローマの文化を破壊したゲルマン民族の一種族). (女性形: Vandalin). ②《比》文化(芸術)の破壊者.

Van·da·lis·mus [ヴァンダリスムス vandalísmus] 男 -/ (文化・芸術を)破壊する行為, 蛮行, バンダリズム.

Va·nil·le [ヴァニリエ vaníljə または ..れ ..lə] 女 -/ ①《植》バニラ (ラン科. 実から香料を採る). ② バニラエッセンス (菓子などに用いる). *Vanille*eis バニラアイスクリーム.

Va·nil·le⊰zu·cker [ヴァニリエ・ツッカァ] 男 -s/- バニラシュガー.

va·ri·a·bel [ヴァリアーベる variá:bəl] 形 変わりうる, 可変の, 変化(変動)する. eine *variable* Größe《数》変数.

Va·ri·an·te [ヴァリアンテ variántə] 女 -/-n ① 変形, 変種, 異形. ②《文学》(写本などの)異文. ③《音楽》バリアンテ (長調から短調, またはその逆の急な転調).

Va·ri·a·ti·on [ヴァリアツィオーン variatsió:n] 女 -/-en ① 変化, 変動; 変形, 異形. ②《音楽》変奏[曲]. ③《生》変異; 変種. ④《数》変分, 変動. ⑤《天》変差, (月の)二均差.

Va·ri·e·té [ヴァリエテー varieté:] 〖談〗 田 -s/-s ①《古》演芸場. ② バラエティー, バリエテ (曲芸・ダンス・歌などバラエティに富んだ寄席).

Va·ri·e·tee [ヴァリエテー varieté:] 田 -s/-s =Varieté

va·ri·ie·ren [ヴァリイーレン varií:rən] I 他 (h) さまざまに変える, (物[4]に)変化をつける;《音楽》(主題など[4]を)変奏する. II 自 (h) さまざまに変わる, 少しずつ異なる.

Va·sall [ヴァざる vazál] 男 -en/-en (中世の)家臣; (一般に:)家来.

Va·sal·len=staat [ヴァザレン・シュタート] 男 -[e]s/-en《軽蔑的に:》属国, 衛星国.

die **Va·se** [ヴァーゼ vá:zə] 女 (単) -/(複) -n 花びん; (古代の)つぼ. (英 *vase*). eine schlanke *Vase* ほっそりした花びん / die Blumen[4] in die *Vase* stellen 花を花びんに生ける.

Va·se·lin [ヴァゼリーン vazelí:n] 中 -s/ = Vaseline

Va·se·li·ne [ヴァゼリーネ vazelí:nə] 女 -/ ワセリン.

va·so·mo·to·risch [ヴァゾ・モートーリッシュ vazo-motó:rɪʃ] 形 《医》血管運動[神経]の.

‡*der* **Va·ter** [ふァータァ fá:tər]

父	Mein *Vater* ist Beamter. マイン ふァータァ イスト ベアムタァ 私の父は公務員です.		
格		単	複
1	der	Vater	die Väter
2	des	Vaters	der Väter
3	dem	Vater	den Vätern
4	den	Vater	die Väter

男 (単2) -s/(複) Väter [ふェータァ] (3格のみ Vätern) ① 父, 父親. (英 *father*). (⇨「母」は Mutter). Schwieger*vater* 義父 / *Vater* und Mutter 父と母 / ein strenger *Vater* 厳格な父親 / Er ist *Vater* von drei Kindern. 彼は3人の子供の父親だ / Er wird bald *Vater*. 彼はもうすぐ父親になる / Er ist ganz der *Vater*. 彼は父親そっくりだ / *Vater* Rhein 《詩》父なるライン川 / *Vater* Staat 《戯》(国民の金庫番としての)お国, 国家.
② 庇護(ピ)者. ein *Vater* der Waisen[2] 孤児たちの庇護者 / die *Väter* der Stadt[2] 町の長老たち.
③ 創始者, 元祖. der geistige *Vater* dieses Projekts このプロジェクトの精神的生みの親. ④ 《カトッ》神父 (=Pater). Heiliger *Vater* 聖父(ローマ教皇のこと). ⑤ 《圈 なし》《キリ教》父 [なる神]. der *Vater* im Himmel 天にいます父なる神. ⑥ 《圈 で》《雅》父祖, 先祖. ⑦ (エ)(刻印機などの)父型.

Vä·ter [ふェータァ] ‡Vater (父)の複

Va·ter=land [ふァータァ・らント] 中 -[e]s/..länder《雅》祖国, 故国.

va·ter=län·disch [ふァータァ・れンディッシュ] 形《雅》祖国の, 故国の; 愛国的な.

Va·ter·lands·lie·be [ふァータァらンツ・リーベ] 女 -/《雅》祖国愛, 愛国心.

vä·ter·lich [ふェータァりヒ fέ:tərlɪç] 形 ①《付加語としてのみ》父[親]の; 父親からの, 父方の. (英 *paternal*). meine Verwandten von *väterlicher* Seite 私の父方の親類たち.
② 父親のような, 父親らしい. (英 *fatherly*). Er war mir ein *väterlicher* Freund. 彼は私にとって父親のような友人だった.

vä·ter·li·cher=seits [ふェータァりヒァ・ザイツ] 副 父方で. meine Großeltern *väterlicherseits* 私の父方の祖父母.

Va·ter=los [ふァータァ・ろース] 形 父親のいない.

Va·ter=mör·der [ふァータァ・メルダァ] 男 -s/- 父親殺し[人].

Va·ter·schaft [ふァータァシャふト] 女 -/-en 《ふつう単》父であること, 父という身分; 父性.

Va·ter·schafts=kla·ge [ふァータァシャふツ・クらーゲ] 女 -/-n《法》父子関係確認の訴え.

Va·ter=stadt [ふァータァ・シュタット] 女 -/..städte [..シュテーテ]《雅》故郷の町.

Va·ter=stel·le [ふァータァ・シュテれ] 女《成句的に》**bei** (または **an**) 人³ *Vaterstelle*[4] vertreten 人³の父親代わりをする.

Va·ter=tag [ふァータァ・ターク] 男 -[e]s/-e《戯》父の日(父親同士ではめをはずす日;本来は昇天祭).

Va·ter=un·ser [ふァータァ・ウンザァ] 中 -s/-《キリ教》主の祈り, 主祷(ときゅう)文(マタイによる福音書 6, 9–13). ein (または das) *Vaterunser*[4] beten 主の祈りを唱える.

Va·ti [ふァーティ fá:ti] 男 -s/-s (Vater の 愛称) パパ, お父ちゃん. (⇨「ママ」は Mutti).

Va·ti·kan [ヴァティカーン vatiká:n] 男 -s/ ① バチカン宮殿(ローマのバチカン丘にあるカトリックの本山). ② バチカン政庁, 教皇庁. ③ 《定冠詞とともに》バチカン市国 (=*Vatikan*stadt).

va·ti·ka·nisch [ヴァティカーニッシュ vatiká:nɪʃ] 形 バチカン[宮殿]の; 教皇庁の.

die **Va·ti·kan=stadt** [ヴァティカーン・シュタット] 女 -/ 《定冠詞とともに》《国名》バチカン市国(首都はバチカン).

V-Aus·schnitt [ふァオ・アオスシュニット] 男 -[e]s/-e《服飾》(セーター・ドレスなどの)Vネック.

v. Chr. [ふォーァ クリストー または ふォーァ クリストゥス] 《略》紀元前 (=vor Christo または vor Christus).

VEB [ふァオ・エー・ベー] 《略》(旧東ドイツの)国営企業 (=Volkseigener Betrieb).

ve·gan [ヴェガーン vegá:n] 形(卵・チーズ・牛乳などもとらない)絶対菜食主義の.

Ve·ge·ta·bi·li·en [ヴェゲタビーりエン vegetabí:liən] 複 植物性食品, 野菜類.

ve·ge·ta·bi·lisch [ヴェゲタビーリッシュ vegetabí:lɪʃ] 形 植物[性]の.

Ve·ge·ta·ri·er [ヴェゲターリアァ vegetá:riər] 男 -s/- 菜食主義者, ベジタリアン. (女性形: -in).

ve·ge·ta·risch [ヴェゲターリッシュ vegetá:rɪʃ] 形 菜食[主義]の; 植物性の(食品). *vegetarisch* leben 菜食生活をする.

Ve·ge·ta·ti·on [ヴェゲタツィオーン vegetatsió:n] 女 -/-en 植生, 植被; 植物の成長.

ve·ge·ta·tiv [ヴェーゲタティーふ vé:getati:f または ヴェゲタティーふ] 形 ①《生》無性生殖の. ②《医・生》植物性の, 自律神経の. das *vegetative* Nervensystem 植物性神経系.

ve·ge·tie·ren [ヴェゲティーレン vegetí:rən] 自 (h) 細々と暮らす.

ve·he·ment [ヴェヘメント vehemént] 形 激しい, 激烈な, 猛烈な.

Ve·he·menz [ヴェヘメンツ vehemÉnts] 囡 –/ 激しさ, 激烈{猛烈}さ.

Ve·hi·kel [ヴェヒーケる vehí:kəl] 田 -s/- ① (ふつう軽蔑的に:)(旧式の)乗り物, おんぼろ車. ② 伝達(表現)手段.

das **Veil·chen** [ふァイるヒェン fáɪlçən] 田 (単2) -s/(複) - ① 〖植〗スミレ. (英 violet). duftende *Veilchen* いい香りのすみれ / Er ist blau wie ein *Veilchen*. 《口語・戯》彼はぐでんぐでんに酔っ払っている(←すみれのように青い). 《口語・戯》(なくなってきてた)目の周りの青あざ.

veil·chen⸗blau [ふァイるヒェン・ブらオ] 形 ① すみれ色の. ② 《口語・戯》ひどく酔った.

Veits·tanz [ふァイツ・タンツ] 男 -es/- 〖医〗舞踏病(患者が聖ファイト Veit に祈ったから).

Vek·tor [ヴェクトァ véktɔr] 男 -s/-en [..トーレン] 〖数・物〗ベクトル.

Ve·lo [ヴェーろ vé:lo] 田 -s/-s (スイ) 自転車(=Fahrrad).

Ve·lours [ヴェるーァ vəlú:r または ve..] [ㇲ3] I 男 - [..ㇲ]/- [..ㇲ]〖織〗ベロア, ビロード. II 田 - [..ㇲ]/- [..ㇲ](種類:) - ベロア革(スエードよりや毛足が長く目の粗いなめし革).

Ve·ne [ヴェーネ vé:nə] 囡 -/-n 〖医〗静脈. (ス「動脈」は Arterie.

Ve·ne·dig [ヴェネーディヒ vené:dɪç] 田 -s 《都市名》ベネチア, ベニス(イタリア北東部).

ve·ne·risch [ヴェネーリッシュ vené:rɪʃ] 形 〖医〗性病の.

Ve·ne·zi·a·ner [ヴェネツィアーナァ venetsiá:nər] 男 -s/- ベネチアの市民(出身者). (女性形: -in).

ve·ne·zi·a·nisch [ヴェネツィアーニッシュ venetsiá:nɪʃ] 形 ベネチアの.

Ve·ne·zu·e·la [ヴェネツエーら venetsué:la] 田 -s/ 〖国名〗ベネズエラ(・ボリバル共和国)(南アメリカ北部. 首都はカラカス).

ve·nös [ヴェネース venö:s] 形 〖医〗静脈の.

Ven·til [ヴェンティーる ventí:l] 田 -s/-e ① (ガス管などの)バルブ, 弁. ein *Ventil*[4] öffnen バルブを開ける / Er braucht ein *Ventil* **für** seinen Ärger. 《口》彼には怒りのはけ口が必要だ. ② 〖音楽〗(金管楽器の)ピストン, 弁; (パイプオルガンの)音栓.

Ven·ti·la·ti·on [ヴェンティらツィオーン vɛntilatsió:n] 囡 -/-en 換気, 通風; 換気装置.

Ven·ti·la·tor [ヴェンティらートァ vɛntilá:tɔr] 男 -s/-en [..ろトーレン] 換気装置, 通風機.

ven·ti·lie·ren [ヴェンティリーレン vɛntilí:rən] 他 (ス了) ① (部屋などを)換気(通風)をする. ② (問題など[4]を)慎重に検討する.

Ve·nus [ヴェーヌス vé:nʊs] I 男《ロ神》ウェヌス, ビーナス(美と恋愛の女神. ギリシア神話のアフロディテに当たる). II 囡《定冠詞とともに》〖天〗金星.

ver.. [ふェァ.. fɛr..] 〖非分離動詞の 前つづり ; アクセントをもたない〗① 《代理・代表》例: *ver*treten 代表する. ② 《逆方向・阻止・失策》例: *ver*drehen ねじる / *ver*sagen 拒絶する. ③ 《消滅・除去》例: *ver*blühen (花が)しぼむ. ④ 《移動》例: *ver*setzen 移す. ⑤ 《完了・結果》例: *ver*brauchen 使い果たす. ⑥ 〖自動詞から他動詞を, 形容詞・名詞から動詞をつくる〗例: *ver*folgen 追跡する / *ver*größern 拡大する. ⑦ 〖基礎語の意味を強める〗例: *ver*mehren 増す. ⑧ 《反対概念》例: *ver*kaufen 売る.

ver·ab·fol·gen [ふェァ・アップふぉるゲン fɛrápfɔlgən] (過分 verabfolgt) 他 (h) 《書》(人[3]に薬・食事などを[4]を)手渡す; (人[3]に薬・食事など[4]を)与える.

ver·ab·re·den [ふェァ・アップレーデン fɛr·ápre:dən] du verabredest, er verabredet (verabredete, *hat*...verabredet) I 他 (ス了 haben) (待ち合わせなど[4]を)申し合わせる, 約束する, とり決める. (英 arrange). ein Treffen[4] *verabreden* 会う約束をする / Ich *habe* mit ihm *verabredet*, dass... 私は彼と…ということを約束した(とり決めた).
II 再帰 (ス了 haben) 〖*sich*[4] [**mit** 人[3]] ~〗 ([人[3]と)会う約束をする. Er *hat* sich mit ihr **am** Bahnhof *verabredet*. 彼は彼女と駅で会う約束をしている / *sich*[4] mit 人[3] **auf** ein Glas Wein (**zum** Tennis) *verabreden* 人[3]とワインを飲む(テニスをする)約束をする.

ver·ab·re·det [ふェァ・アップレーデット] I verabreden (申し合わせる)の過分, 3 人称単数・2 人称親称複数直説 II 形 (会うことなどを)申し合わせた, 約束した. zur *verabredeten* Zeit 約束の時間に / Ich bin heute schon *verabredet*. 私はきょうは先約があります.

ver·ab·re·de·te [ふェァ・アップレーデテ] verabreden (申し合わせる)の過去.

die **Ver·ab·re·dung** [ふェァ・アップレードゥング fɛr·ápre:duŋ] 囡 -/(複) -en (人と会う)約束; (待ち合わせなどの)申し合わせ, とり決め. (英 appointment). eine *Verabredung*[4] [**mit** 人[3]] treffen (人[3]と)会う約束をする / Ich habe heute einen Abend eine *Verabredung*. 私は今夜人と会う約束をしている.

ver·ab·rei·chen [ふェァ・アップライヒェン fɛrápraɪçən] (過分 verabreicht) 他 (h) 《書》(人[3]に食事・薬など[4]を)与える.

ver·ab·scheu·en [ふェァ・アップショイエン fɛr·ápʃɔʏən] (過分 verabscheut) 他 (h) 嫌悪する, ひどく嫌う.

ver·ab·schie·den [ふェァ・アップシーデン fɛr·ápʃi:dən] du verabschiedest, er verabschiedet (verabschiedete, *hat*...verabschiedet) I 再帰 (ス了 haben) *sich*[4] *verabschieden* 別れを告げる. Ich *muss* mich leider schon *verabschieden*. 残念ながらもうおいとましなければなりません / Er *verabschiedete* sich **von** allen mit Handschlag. 彼はみんなに握手をして別れを告げた.
II 他 (ス了 haben) ① (去って行く人[4]に)別れのあいさつをする; (退職者など[4]に)送別の辞を述べる. ② (議案など[4]を)議決する, 可決する. Das Gesetz *wurde* vom Parlament *verabschiedet*. 《受動・過去》その法案は国会で可決さ

ver·ab·schie·det [フェア・アップシーデット] verabschieden (再帰 で: 別れを告げる) の 過分, 3人称単数・2人称親称複数 現在

ver·ab·schie·de·te [フェア・アップシーデテ] verabschieden (再帰 で: 別れを告げる) の 過去

Ver·ab·schie·dung [フェア・アップシードゥング] 因 -/-en ① 送別, 退職. ② 議決, 可決.

ver·ach·ten [フェア・アハテン fɛr-áxtən] du verachtest, er verachtet (verachtete, hat ... verachtet) 他 (完了 haben) 軽蔑する, 侮る, 軽んじる. (英 despise). (⇔「尊敬する」は achten). den Verräter verachten 裏切り者を軽蔑する / Sie verachtete ihn wegen seiner Feigheit. 彼女は彼をその臆病(おくびょう)さのゆえに軽蔑した / die Gefahr⁴ verachten 《比》危険をものともしない / Der Wein ist nicht zu verachten. 《口語》このワインはなかなかいける(←ばかにできない).

ver·ach·tens≠wert [フェアアハテンス・ヴェーアト] 形 軽蔑に値する, 軽蔑すべき.

ver·ach·tet [フェア・アハテット] verachten (軽蔑する) の 過分, 3人称単数・2人称親称複数 現在

ver·ach·te·te [フェア・アハテテ] verachten (軽蔑する) の 過去

ver·ächt·lich [フェア・エヒトリヒ] 形 ① 軽蔑的な, さげすむような. ein verächtlicher Blick 軽蔑的なまなざし. ② 軽蔑すべき, 軽蔑に値する. eine verächtliche Gesinnung 軽蔑すべき心根 / 人・事⁴ verächtlich machen 人・事⁴を笑いものにする.

die **Ver·ach·tung** [フェア・アハトゥング fɛr-áxtʊŋ] 因 -/ 《単》 軽蔑, 侮蔑(ぶべつ); 軽視. (英 contempt). (⇔「尊敬」は Achtung). 人⁴ mit Verachtung strafen 人⁴を侮蔑して黙殺する.

ver·al·bern [フェア・アるバァン fɛr-álbərn] 他 (h) からかう, 愚弄(ぐろう)する.

ver·all·ge·mei·nern [フェア・アるゲマイナァン fɛr-álgəmàinərn] 他 (h) (事⁴を)一般化する. ◊[目的語なしで] Er verallgemeinert gern. 彼は何でも一般化したがる.

Ver·all·ge·mei·ne·rung [フェア・アるゲマイネルング] 因 -/-en 一般化, 普遍化; 一般論.

ver·al·ten [フェア・アるテン fɛr-áltən] 圓 (s) 時代(流行)遅れになる, すたれる. Modewörter veralten schnell. 流行語はすぐにすたれる.

ver·al·tet [フェア・アるテット] 形 I veralten (時代遅れになる) の 過分 II 形 古風な, 時代遅れの, 古めかしい. eine veraltete Mode 時代遅れのファッション.

Ve·ran·da [ヴェランダ veránda] 因 -/..ran·den 《建》ベランダ(屋根付きで, 3面ガラス等の張り出し縁). auf (または in) der Veranda sitzen ベランダに座っている.

ver·än·der·lich [フェア・エンダァりヒ] 形 変わりやすい, 不安定な; 変わりうる, 可変の. veränderliches Wetter 不安定な天気 / eine veränderliche Größe 《数》変数.

Ver·än·der·lich·keit [フェア・エンダァりヒカイト] 因 -/-en 変わりやすいこと, 不安定; 変わりうること, 可変性.

*****ver·än·dern** [フェア・エンダァン fɛr-éndərn] (veränderte, hat ... verändert) I 他 (完了 haben) 変える, 変化させる. (英 change). Computer haben die Arbeitswelt völlig verändert. コンピュータがビジネスの世界を完全に変えてしまった / Dieses Ereignis hat ihn sehr verändert. この出来事で彼はずいぶん変わった. II 再帰 (完了 haben) sich⁴ verändern ① 変わる, 変化する. Du hast dich aber verändert! 君は大いに変わったじゃないか / Er hat sich zu seinem Vorteil (Nachteil) verändert. 彼は以前よりも人柄が良く(悪く)なった. ② 職(勤め口)を変える.

ver·än·dert [フェア・エンダァト] *verändern (変える) の 過分, 3人称単数・2人称親称複数 現在

ver·än·der·te [フェア・エンダァテ] *verändern (変える) の 過去

die **Ver·än·de·rung** [フェア・エンデルング fɛr-éndərʊŋ] 因 《単》 -/《複》-en 変化; 変更; 《職》転職. (英 change). eine starke Veränderung 激しい変化 / an 事³ eine Veränderung⁴ vor|nehmen 事³を変更する.

ver·ängs·ti·gen [フェア・エングスティゲン fɛr-ɛ́ŋstɪɡən] 他 (h) こわがらせる, おびえさせる.

ver·an·kern [フェア・アンカァン fɛr-áŋkərn] (過分 verankert) 他 (h) ① (船⁴を)錨で固定する, 係留する. ② (支柱など⁴を)固定する; (法律などで権利など⁴を)定める.

Ver·an·ke·rung [フェア・アンケルング] 因 -/-en ① (船の)停泊, 係留. ② 固定.

ver·an·la·gen [フェア・アンらーゲン fɛr-ánla:ɡən] 他 (h) 《経》 (人・物⁴の)税額を査定する.

ver·an·lagt [フェア・アンらークト] I veranlagen (税額を査定する) の 過分 II 形 (…の)素質(才能)のある, (…の)体質を持った. Er ist musikalisch veranlagt. 彼には音楽の才能がある.

die **Ver·an·la·gung** [フェア・アンらーグング fɛr-ánla:ɡʊŋ] 因 《単》-/《複》-en ① 素質, 体質; 天分, 才能. (英 disposition). Er hat eine Veranlagung zum Lehrer. 彼は生まれつき教師柄に向いている. ② 《経》税額の査定.

ver·an·las·sen [フェア・アンらッセン fɛr-ánlasən] du veranlasst, er veranlasst (veranlasste, hat ... veranlasst) 他 (完了 haben) ① 《人⁴ zu 事³ ~》(人⁴を促して 事³を)させる; (人⁴にとって 事³を)するきっかけとなる. Was veranlasste dich zu diesem Entschluss? 何が君にこのような決心をさせたのか. ◊《zu 不定詞 [句] とともに》 Er hat mich veranlasst, meinen Antrag zurückzuziehen. 彼は私の提案を撤回するよう私を説得した. ◊《過去分詞の形で》 sich⁴ veranlasst fühlen (または sehen), zu 不定詞[句] …しなければならないと感じる.

② (囲⁴を行うよう)指示する. eine Untersuchung⁴ veranlassen 調査を命じる / Wir veranlassen das Nötige. 私たちは必要な措置がとられるよう手配いたします.

ver·an·lasst [ふェア・アンらスト] veranlassen (…させる)の 過分, 3人称単数・2人称親称複数 現在

ver·an·lass·te [ふェア・アンらステ] veranlassen (…させる)の 過去

die **Ver·an·las·sung** [ふェア・アンらッスング fɛr-ánlasʊŋ] 女 (単) -/(複) -en ① きっかけ, 動機, 誘因. (英 *cause, motive*). Du hast keine *Veranlassung* zu nörgeln. 君には不平を言うわけはないはずだ. ② 指示, 勧め. **auf** *Veranlassung* der Regierung² 政府の指示(勧告)で.

ver·an·schau·li·chen [ふェア・アンシャオりヒェン fɛr-ánʃaʊlɪçən] 過分 veranschaulicht) 他 (h) (実例・図解などを用いて)わかりやすく説明する, 例示する.

Ver·an·schau·li·chung [ふェア・アンシャオりヒュング] 女-/-en 実例(図解・グラフ)で説明すること, 例示.

ver·an·schla·gen [ふェア・アンシュらーゲン fɛr-ánʃlaːɡən] 他 (h) (数量・経費など⁴を)見積もる;《比》評価する.

ver·an·stal·ten [ふェア・アンシュタるテン fɛr-ánʃtaltən] du veranstaltest, er veranstaltet (veranstaltete, *hat* ... veranstaltet) 他 (完了 haben) ① (行事・集会など⁴を)催す, 開催する, (企画など⁴を)実施する. (英 *organize*). eine Ausstellung⁴ *veranstalten* 展覧会を催す / eine Umfrage⁴ *veranstalten* アンケート調査をする. ② (口語)行う, する. Lärm⁴ *veranstalten* 騒ぐ, 騒がしい音をだす.

Ver·an·stal·ter [ふェア・アンシュタるタァ fɛr-ánʃtaltɐ] 男 -s/- (催しなどの)主催(開催)者. (女性形: -in).

Ver·an·stal·tet [ふェア・アンシュタるテット] veranstalten (催す)の 過分, 3人称単数・2人称親称複数 現在

Ver·an·stal·te·te [ふェア・アンシュタるテテ] veranstalten (催す)の 過去

die **Ver·an·stal·tung** [ふェア・アンシュタるトゥング fɛr-ánʃtaltʊŋ] 女 (単) -/(複) -en ① 開催, 挙行. (英 *organization*). die *Veranstaltung* einer Tagung² 会議の開催. ② 催し[物], 行事. (英 *event*). eine sportliche *Veranstaltung* スポーツ行事.

ver·ant·wor·ten [ふェア・アントヴォルテン fɛr-ántvɔrtən] du verantwortest, er verantwortet (verantwortete, *hat* ... verantwortet) **I** 他 (完了 haben) (囲⁴の)責任を負う. Das *kann* ich nicht *verantworten*. その責任は持てません.

II 再帰 (完了 haben) *sich*⁴ *verantworten* 釈明する, 申し開きをする; 責任を取る. *sich*⁴ **für** 囲⁴ (または **wegen** 囲²) *verantworten* 囲⁴(または 囲²)の弁明をする.

ver·ant·wor·tet [ふェア・アントヴォルテット] verantworten (責任を負う)の 過分, 3人称単数・2人称親称複数 現在

ver·ant·wor·te·te [ふェア・アントヴォルテテ] verantworten (責任を負う)の 過去

***ver·ant·wort·lich** [ふェア・アントヴォルトりヒ fɛr-ántvɔrtlɪç] 形 ① 責任のある. (英 *responsible*). der *verantwortliche* Redakteur 編集責任者 / **für** 人・囲⁴ *verantwortlich* sein 人・囲⁴について責任がある ⇒ Die Eltern sind für ihre Kinder *verantwortlich*. 親には子供についての責任がある / 人⁴ **für** 囲⁴ *verantwortlich* machen 人⁴に囲⁴の責任を負わせる / Er ist nur dem Chef [gegenüber] *verantwortlich*. 彼は上司に対してのみ釈明する責任がある.

② 責任の重い, 責任を伴った(地位・職など).

Ver·ant·wort·lich·keit [ふェア・アントヴォルトりヒカイト] 女 -/-en ① (複 なし)責任[のあること]; 責任感. ② 責任の範囲.

die **Ver·ant·wor·tung** [ふェア・アントヴォルトゥング fɛr-ántvɔrtʊŋ] 女 (単) -/(複) -en ① 責任. (英 *responsibility*). eine schwere *Verantwortung* 重い責任 / Die Eltern haben die *Verantwortung* **für** ihre Kinder. 親には子供についての責任がある / die *Verantwortung*⁴ **für** 囲⁴ übernehmen 囲⁴の責任を引き受ける / Du kannst es **auf** meine *Verantwortung* tun. 私が責任をとるから君はそれをやっていいよ / **in** eigener *Verantwortung* 自己の責任において / 人⁴ **für** 囲⁴ **zur** *Verantwortung* ziehen 人⁴に囲⁴の釈明を求める(責任を問う).

② 〘複 なし〙責任感. ein Mensch **ohne** jede *Verantwortung* まったく責任感のない人.

ver·ant·wor·tungs⹀be·wusst [ふェアアントヴォルトゥングス・ベヴスト] 形 責任を自覚した, 責任感のある.

Ver·ant·wor·tungs⹀be·wusst·sein [ふェアアントヴォルトゥングス・ベヴストザイン] 中 -s/- 責任の自覚, 責任感.

Ver·ant·wor·tungs⹀ge·fühl [ふェアアントヴォルトゥングス・ゲフューる] 中 -[e]s/- 責任感.

ver·ant·wor·tungs⹀los [ふェアアントヴォルトゥングス・ろース] 形 責任感のない, 無責任な.

ver·ant·wor·tungs⹀voll [ふェアアントヴォルトゥングス・ふォる] 形 ① 責任の重い(任務など). ② 責任感のある.

ver·ar·bei·ten [ふェア・アルバイテン fɛr-árbaɪtən] du verarbeitest, er verarbeitet (verarbeitete, *hat* ... verarbeitet) 他 (完了 haben) ① 〘A⁴ **zu** B³ ~〙(A⁴ を B³ に)加工する, 細工する. (英 *process*). Sie *verarbeitet* Gold zu Schmuck. 彼女は金を細工してアクセサリーを作っている / Er *hat* den Roman zu einem Film *verarbeitet*. 《比》彼はその小説を映画化した. ◇[現在分詞の形で] *verarbeitende* Industrie (経)加工産業.

② (加工するために囲⁴を)材料として使う. ausländische Rohstoffe⁴ *verarbeiten* 外国から輸入した原料を使う. ③ (食べ物⁴を)消化する; (経験など⁴を)自分のものにする, 精神的に消化する. ④ (データなど⁴を)処理する.

ver·ar·bei·tet [ふェァ・アルバイテット] Ⅰ *verarbeiten* (加工する)の 過分, 3 人称単数・2 人称親称複数 現在. Ⅱ 形 ① (…の)作り(仕立て)の. ein gut *verarbeiteter* Mantel 仕立てのよいコート. ② [長年の]労苦の跡をとどめる(手など).

ver·ar·bei·te·te [ふェァ・アルバイテテ] *verarbeiten* (加工する)の 過去.

Ver·ar·bei·tung [ふェァ・アルバイトゥング] 女 -/-en ① 加工, 細工; (食べ物の)消化; (精神的な消化); (データの)処理. ② 仕立て.

ver·ar·gen [ふェァ・アルゲン] fɛr-árgən] 他 (h) 《雅》(人³の)(事⁴を)悪くとる, 恨みに思う.

ver·är·gern [ふェァ・エルガァン] fɛr-ɛ́rgərn] 他 (h) 怒らせる, 不機嫌にする.

ver·ar·men [ふェァ・アルメン] fɛr-ármən] 自 (s) 貧しくなる, 落ちぶれる.

ver·armt [ふェァ・アルムト] Ⅰ *verarmen* (貧しくなる)の 過分. Ⅱ 形 貧乏になった, 落ちぶれた.

Ver·ar·mung [ふェァ・アルムング] 女 -/-en 《ふつう 単》貧乏になること; 貧困.

ver·arz·ten [ふェァ・アールツテン] fɛr-á:rtstən] または..アルツテン] 他 (h) 《口語》(人⁴に)応急手当をする; (傷など⁴に)手当て(包帯)をする.

ver·äs·teln [ふェァ・エステルン] fɛr-éstəln] 再帰 (h) *sich⁴ verästeln* (木が)枝分かれする; 《比》(血管・川などが)分枝する.

ver·aus·ga·ben [ふェァ・アオスガーベン] fɛráusga:bən] 過分 **verausgabt**) Ⅰ 他 (h) 《書》(多額のお金⁴を)支出する; (切手など⁴を)発行する. Ⅱ 再帰 (h) *sich⁴ verausgaben* 全力(お金)を使い果たす.

ver·äu·ßer·lich [ふェァ・オイサァリヒ] 形 《法》売却(譲渡)できる(権利など).

ver·äu·ßern [ふェァ・オイサァン] fɛr-óysərn] 他 (h) 《法》① 売却する, 譲渡する. ② (権利⁴を)委譲する.

Ver·äu·ße·rung [ふェァ・オイセルング] 女 -/-en 《法》売却, 譲渡.

Verb [ヴェルプ vɛrp] 中 -s/-en 《言》動詞 (= Verbum).

ver·bal [ヴェルバーる vɛrbá:l] 形 ① 言葉による, 口頭の. ② 《言》動詞の, 動詞的な.

ver·ball·hor·nen [ふェァ・バるホルネン] fɛrbálhɔrnən] 他 (h) (字句など⁴を)訂正しようとしてかえって改悪してしまう.

ver·band [ふェァ・バント] *verbinden* (結ぶ)の 過去.

der **Ver·band** [ふェァ・バント fɛr-bánt] 男 (単2) -es (まれに -s)/(複) ..bände [..ベンデ] (3格のみ ..bänden) ① 包帯. 《英》*bandage*). einen *Verband* an|legen (ab|nehmen) 包帯をする(はずす). ② 連盟, 同盟, 連合会. 《英》*association*). Sport*verband* スポーツ連盟 / einen *Verband* gründen 連盟を結成する. ③ 《軍》部隊; (飛行機などの)編隊. ④ (動物などの)群れ, 集団; (植)群体. im *Verband* 群れを成して. ⑤ 《建》(木材の)継ぎ手; (れんがなどの)接合.

ver·bän·de [ふェァ・ベンデ] *verbinden* (結ぶ)の 接2.

Ver·bän·de [ふェァ・ベンデ] *Verband* (包帯)の 複.

Ver·band[s]·kas·ten [ふェァバント・カステン (ふェァバンツ..)] 男 -s/..kästen 救急箱.

Ver·band[s]·stoff [ふェァバント・シュトふ(ふェァバンツ..)] 男 -[e]s/-e = Verband[s]zeug

Ver·band[s]·zeug [ふェァバント・ツォイク(ふェァバンツ..)] 中 -[e]s/-e 包帯用品.

ver·ban·nen [ふェァ・バンネン] fɛr-bánən] 他 (h) (国外などに)追放する, 流刑(るけい)にする. 人⁴ **auf eine Insel** *verbannen* 人⁴を島流しにする / 人⁴ **aus dem Gedächtnis** *verbannen* 《比》人⁴を記憶から消し去る.

Ver·bann·te[r] [ふェァ・バンテ (..タァ) fɛrbántə (..tər)] 男 女 《語尾変化は形容詞と同じ》追放された人, 流刑(るけい)者.

Ver·ban·nung [ふェァ・バンヌング] 女 -/-en 追放, 流刑(るけい). 人⁴ **in die Verbannung schicken** 人⁴を追放する.

ver·barg [ふェァ・バルク] *verbergen* (隠す)の 過去.

ver·bar·ri·ka·die·ren [ふェァ・バリカディーレン fɛr-barikadí:rən] Ⅰ 他 (h) (道路など⁴を)バリケードでふさぐ. Ⅱ 再帰 (h) *sich⁴ verbarrikadieren* バリケードを築いて立てこもる.

ver·bau·en [ふェァ・バオエン fɛr-báuən] 他 (h) ① (眺めなど⁴を)建物でさえぎる; (建物で土地など⁴の)美観をそこなう; 《比》人³の可能性など⁴をだいなしにする. 人³ (sich³) **die Zukunft** *verbauen* 人³の(自分の)将来をだいなしにする. ② (材料・資金など⁴を)建築に使う; 使い果たす. ③ (家など⁴を)変なふうに(使いにくく)建てる.

ver·bei·ßen* [ふェァ・バイセン fɛr-báisən] Ⅰ 再帰 (h) 『*sich⁴ in* 物⁴ ~』(犬などが物⁴に)かみつく. *sich⁴ in seine Arbeit verbeißen* 《比》仕事に熱中する. Ⅱ 他 (h) ① (苦痛など⁴を)歯を食いしばってこらえる. [*sich*³] das Lachen⁴ *verbeißen* 笑いをかみ殺す. ② 《狩》(野獣が若木など⁴を)食い荒らす.

◇🖙 **verbissen**

ver·ber·gen* [ふェァ・ベルゲン fɛr-bérgən] du verbirgst, er verbirgt (verbarg, hat... verborgen) 他 (完了 haben) ① (人・物⁴を)隠す, かくまう. 《英》*hide*). Was *verbirgst* du **hinter** deinem Rücken? 君は背中に何を隠しているの / das Gesicht⁴ **in** (または **mit**) den Händen *verbergen* 顔を両手で隠す / 人⁴ **vor** der Polizei *verbergen* 人⁴を警察の追跡からかくまう / Sie *konnte* den Ärger nicht *verbergen*. 彼女は怒りを抑えることができなかった. ◇『再帰的に』*sich⁴* [**vor** 人³] *verbergen* [人³から]身を隠す.
② (事実など⁴を)隠す, 秘密にする. Er *verbirgt*

uns etwas (または etwas **vor** uns)! 彼は私たちに何か隠しごとをしている / Ich habe nichts zu *verbergen*. 私は隠さなければならないようなことは何もない.
◇☞ **verborgen**²

***ver·bes·sern** [フェア・ベッサァン fɛr-bésərn] (verbesserte, hat…verbessert) **I** 他 (定了 haben) ① **より良くする**, 改良(改善)する. (英 *improve*). eine Methode⁴ *verbessern* 方法を改善する / Die Firma *hat* die Qualität der Ware *verbessert*. 会社はその商品の品質を改良した / einen Rekord *verbessern* 記録を更新する. ◇[過去分詞の形で] eine *verbesserte* Auflage 改訂版.
② (間違いなど⁴を)**訂正する**, 修正する. (英 *correct*). einen Fehler *verbessern* 誤りを正す / 人³ in 人⁴の発言を訂正する. ◇[再帰的に] Ich *muss mich verbessern*. 私は自分の発言を訂正しなければなりません.
II 再帰 (定了 haben) *sich*⁴ *verbessern* ① (状況・成績などが)**より良くなる**, 改良(改善)される. Er *hat sich* in Deutsch *verbessert*. 彼はドイツ語の成績が向上した. ② (昇進・転職などで)暮らし向きが良くなる.

ver·bes·sert [フェア・ベッサァト] *verbessern (より良くする)の 過分, 3人称単数・2人称親称複数 現在

ver·bes·ser·te [フェア・ベッサァテ] *verbessern (より良くする)の 過去

die **Ver·bes·se·rung** [フェア・ベッセルング fɛr-bésərʊŋ] 囡 (単) -/(複) -en ① **改良**, 改善. (英 *improvement*). technische *Verbesserung*⁴ vor|nehmen 技術的な改良を行う. ② 訂正, 修正; (テキストなどの)改訂版.

Ver·bes·se·rungs·vor·schlag [フェア・ベッセルングス・フォーァシュラーク] 男 -[e]s/..schläge 改良(改善)の提案.

ver·beu·gen [フェア・ボイゲン fɛr-bɔ́ygən] (verbeugte, hat…verbeugt) 再帰 (定了 haben) *sich*⁴ *verbeugen* **おじぎをする**, 会釈する. (英 *bow*). Er *verbeugte sich* tief **vor** ihr. 彼は彼女に深く頭を下げた.

ver·beugt [フェア・ボイクト] *verbeugen* (再帰 で: おじぎをする)の 過分, 3人称単数・2人称親称複数 現在

ver·beug·te [フェア・ボイクテ] *verbeugen* (再帰 で: おじぎをする)の 過去

die **Ver·beu·gung** [フェア・ボイグング fɛr-bɔ́ygʊŋ] 囡 (単) -/(複) -en **おじぎ**, 会釈. (英 *bow*). vor 人³ eine kleine (tiefe) *Verbeugung*⁴ machen 人³に軽く(深々と)おじぎをする.

ver·beu·len [フェア・ボイレン fɛr-bɔ́ylən] 他 (h) へこませる, でこぼこにする.

ver·bie·gen [フェア・ビーゲン fɛr-bíːgən] **I** 他 (h) (誤って)曲げてしまう, 曲げて使えなくする; 《比》(性格など⁴を)ゆがめる. **II** 再帰 (h) *sich*⁴ *verbiegen* 曲がってしまう, 曲がって使えなくなる.

ver·bies·tert [フェア・ビースタァト fɛr-bíːstərt] 形 《口語》怒った, 不機嫌な.

ver·bie·ten [フェア・ビーテン fɛr-bíːtən] du verbietest, er verbietet (verbot, *hat*…verboten) **I** 他 (定了 haben) ([人³に] 事⁴を)**禁じる**, 禁止する. (英 *forbid*). 〈古〉「許す」は erlauben). 人³ das Rauchen⁴ *verbieten* 人³に喫煙を禁じる / einen Film *verbieten* ある映画の上映を禁止する / Sie *hat* ihm das Haus *verboten*. 彼女は彼に家への出入りを禁じた / Er *verbot* mir, den Wagen zu benutzen. 彼は私にその車を使うことを禁じた / Du hast mir gar nichts zu *verbieten*! 君にはぼくに何も禁じる権利はない / Eine solche Reise⁴ *verbietet* mir mein Geldbeutel. 《戯・比》そのような旅行は私の財布が許さない. ◇[過去分詞の形で] Parken *verboten*! (掲示などで:)駐車禁止.
II 再帰 (定了 haben) *sich*⁴ *verbieten* (事の性質上)不可能である, 問題にならない. So etwas *verbietet sich* [von selbst]. そんなことは問題にならない.

◇☞ **verboten**

ver·bil·den [フェア・ビルデン fɛr-bíldən] 他 (h) (誤った教育で人⁴・人の考え⁴を)ゆがめる.

ver·bil·li·gen [フェア・ビリゲン fɛr-bílɪgən] **I** 他 (h) (物⁴の)値段(コスト)を下げる, 安くする, 値引きする. **II** 再帰 (h) *sich*⁴ *verbilligen* 安くなる, コストが下がる.

ver·bil·ligt [フェア・ビリヒト] **I** *verbilligen* (値段を下げる)の 過分 **II** 形 値引きした.

Ver·bil·li·gung [フェア・ビリグング] 囡 -/-en 《ふつう 単》値引き, 割引き; 値下がり.

ver·bin·den [フェア・ビンデン fɛr-bíndən] du verbindest, er verbindet (verband, *hat*…verbunden) **I** 他 (定了 haben) ① **結ぶ**, つなぐ, 結合する. (英 *connect*). zwei Fäden⁴ *verbinden* 2本の糸を結び合わせる / Die Autobahn *verbindet* Hamburg **mit** München. このアウトバーンはハンブルクとミュンヒェンを結んでいる / Ein Bolzen *verbindet* die beiden Teile. 1本のボルトが二つの部品を結合している.
② (電話で人⁴を)**つなぐ**. *Verbinden* Sie mich bitte **mit** Frau Schmidt! — Moment, ich *verbinde*. シュミット夫人につないでください — ちょっとお待ちください, おつなぎします. ◇[過去分詞の形で] Entschuldigung, falsch *verbunden*! (電話で:)すみません, かけ間違えました.
③ [A⁴ **mit** B³ ~] 《比》(A⁴をB³と)**結びつける**; 結びつけて考える. den Beruf mit dem Hobby *verbinden* 職業と趣味を結びつける(兼ねる) / Sie *verbindet* Klugheit mit Schönheit. 彼女は知性と美貌(ぼう)を合わせ持っている / Ich *verbinde* mit diesem Wort etwas anderes als du. ぼくはこの言葉から君とは別のことを連想する / Diese Arbeit *ist* mit Gefahr *verbunden*. 《状態受動・現在》この仕事は危険を伴う.
④ (人・物⁴に)**包帯をする**; (目・口など⁴を)覆う. Die Schwester *verbindet* die Wunde. 看護師が傷口に包帯をする / 人³ die Augen⁴ *verbinden* 人³に目隠しをする. ⑤ 《比》(人⁴を精

神的に)結びつける. Uns *verbinden* gemeinsame Interessen. 私たちは共通の興味があって気持ちが通じ合っています.
II 再帰 (完了 haben) *sich*[4] *verbinden* ① 〖*sich*[4] [**mit** 囲³] ~〗(囲³と)結びつく; 連結(接続)する;《化》化合する. Mit dieser Stadt *verbinden sich* für mich schöne Erinnerungen. この町は私にとって楽しい思い出と結びついている.
② 〖*sich*[4] [**mit** 囚³] ~〗(囚³と)結びつく, 結束する. *sich*[4] mit 囚³ ehelich *verbinden* 囚³と結婚する.
◊☞ **verbunden**

ver·bind·lich [フェア・ビントリヒ] 形 ① 愛想のいい, 親切な. *Verbindlich*[*st*]*en* Dank!《雅》まことにありがとうございました / *verbindlich* lächeln 愛想よくほほえむ. ② 拘束力のある, 義務のある. eine *verbindliche* Zusage 拘束力のある約束.

Ver·bind·lich·keit [フェア・ビントリヒカイト] 囡 -/-en ① 〖覆 なし〗愛想のいい態度, 親切. ② おあいそ, お世辞. ③ 〖覆 なし〗(規則・契約などの)拘束力;《ふつう 覆》義務. ④ 〖覆 で〗《商》債務, 負債.

die **Ver·bin·dung** [フェア・ビンドゥング fɛr-bíndʊŋ] 囡 (単) -/(複) -en (英 *connection*) ① 結合, 接合; (交通などの)連絡, 便, (電話などの)接続. die *Verbindung* der einzelnen Bauteile² 個々の建築部材の結合(接合) / Die Brücke ist die einzige *Verbindung* zwischen beiden Städten. この橋は両都市を結ぶ唯一の交通路だ / Ich bekomme keine *Verbindung* mit ihm. 私は彼と[電話]連絡がとれません / Sie haben [eine] direkte *Verbindung* nach Frankfurt. フランクフルトへは直通で行けますよ.
② (人との)結びつき, 関係, 連絡; コネ; (事柄の)関連. eine geschäftliche *Verbindung* 取引上の関係 / eine eheliche *Verbindung* 婚姻関係 / die *Verbindung*[4] **mit** 囚³ aufnehmen 囚³とコンタクトをとる / Er hat *Verbindungen* **zum** Ministerium. 彼は本省にコネがある.
◊〖**in** *Verbindung* **mit** 人・物³の形で〗a) 人・物³との結びつき(関連)で, b) 囚³と協力して. Die Karte ist nur in *Verbindung* mit dem Studentenausweis gültig. この切符は学生証を持っている場合にのみ有効です / A⁴ mit B³ in *Verbindung* bringen A⁴を B³ と関連づける / mit 囚³ in *Verbindung* bleiben 囚³とコンタクトを保つ / mit 囚³ in *Verbindung* stehen 囚³と連絡がある / *sich*[4] mit 囚³ in *Verbindung* setzen 囚³と連絡をとる.
③ 組合, 結社, (特に:)学生組合 (=Studenten*verbindung*). ④《化》化合[物]. eine organische *Verbindung* 有機化合物. ⑤ (球技の)連携プレー.

Ver·bin·dungs⸗gang [フェア・ビンドゥングス・ガング] 男 -[e]s/..gänge 連絡通路, 渡り廊下.
Ver·bin·dungs⸗li·nie [フェア・ビンドゥングス・リーニエ] 囡 -/-n ① (2 点間を)結ぶ線. ②《軍》(前線と基地との)連絡路線.
Ver·bin·dungs⸗mann [フェア・ビンドゥングス・マン] 男 -[e]s/..männer (または ..leute) [秘密情報]連絡員, レポ. (女性形: ..frau).
Ver·bin·dungs⸗of·fi·zier [フェア・ビンドゥングス・オフィツィーァ] 男 -s/-e《軍》連絡将校. (女性形: -in).
Ver·bin·dungs⸗stück [フェア・ビンドゥングス・シュテュック] 回 -[e]s/-e 接合具, つなぎ材, 継ぎ手.
Ver·bin·dungs⸗tür [フェア・ビンドゥングス・テューァ] 囡 -/-en (2 部屋間の)連絡ドア.

ver·birg [フェア・ビルク] verbergen (隠す)の du に対する 命令.
ver·birgst [フェア・ビルクスト] verbergen (隠す)の 2 人称親称単数 現在.
ver·birgt [フェア・ビルクト] verbergen (隠す)の 3 人称単数 現在.
ver·bis·sen [フェア・ビッセン] **I** verbeißen (再帰 で: かみつく)の 過分 **II** 形 ① 強情(頑固)な; 粘り強い. ein *verbissener* Gegner しぶとい敵. ② 怒りを抑えている(顔など). ③《口語》細かいことにこだわる, せせこましい
Ver·bis·sen·heit [フェア・ビッセンハイト] 囡 -/ 頑固, しぶとさ; 不機嫌.
ver·bit·ten* [フェア・ビッテン fɛr-bítən] 再帰 (h) (囚³ 四⁴) *verbitten* 四⁴をきっぱり断る. Das *verbitte* ich *mir*! そんなこと まっぴら御免だ.
ver·bit·tern [フェア・ビッタァン fɛr-bítərn] 他 (h) ① (囚⁴を)ひねくれた人間にする, すねさせる. ② (囚³の 四⁴を)つらいものにする. 囚³ das Leben⁴ *verbittern* 囚³の人生をつらいものにする.
Ver·bit·te·rung [フェア・ビッテルング] 囡 -/-en 〖ふつう 覆〗ひねくれて(すねて)いること.
ver·blas·sen [フェア・ブラッセン fɛr-blásən] 自 (s) ① (色などが)あせる, (写真などが)色あせる. ②《雅》(記憶などが)薄れる.
ver·bläu·en [フェア・ブロイエン fɛr-blɔ́yən] 他 (h)《口語》さんざんなぐる.
Ver·bleib [フェア・ブライプ fɛr-bláɪp] 男 -[e]s/《雅》① (探している人の)居所; (探している物の)ありか. ② (ある場所にとどまること, 滞留.
ver·blei·ben* [フェア・ブライベン fɛr-bláɪbən] 自 (s) ① (…のように)とり決める, 申し合わせる. *Wollen* wir so *verbleiben*, dass ich dich morgen anrufe? ぼくが明日君に電話することにしようか. ② 《雅》(ある場所・地位などに)とどまる. ③《雅》いつまでも…のままである. Mit freundlichen Grüßen *verbleibe* ich Ihr Peter Schneider. (手紙の結びで:)心からのごあいさつを込めて(敬具), ペーター・シュナイダー. ④《雅》(お金などが)残ってる(余って)いる. ◊〖現在分詞の形で〗die *verbleibende* Summe 残金.
ver·blei·chen⁽*⁾ [フェア・ブライヒェン fɛr-bláɪçən] 自 (s) ① (色が)あせる, (生地などが)色あせる; (星などが)輝きを失う. ②《雅》死ぬ,

ver·blenden

亡くなる (=sterben).
◇☞ **verblichen**

ver·blen·den [フェア・ブレンデン fɛr-blén-dən] 他 (h) ① (人⁴の)分別を失わせる, 目をくらませる. ②《建》(壁などを)化粧張りをする.

Ver·blen·dung [フェア・ブレンドゥング] 囡 -/-en ① 分別を失っていること. ②《建》化粧張り, 化粧仕上げ;《医》(歯冠の)外装.

ver·bleu·en [フェア・ブロイエン] verbläuen の古い形.

ver·bli·chen [フェア・ブリッヒェン] I verbleichen (色があせる)の過分 II 形 ① 色あせた. ②《雅》死んだ.

ver·blö·den [フェア・ブレーデン fɛr-bló:dən] I 自 (s) ① 白痴になる. ②《口語》(単調な仕事などで)頭がおかしくなる, ぼける. II 他 (h)《口語》(テレビの見すぎなどが人⁴を)白痴化する.

Ver·blö·dung [フェア・ブレードゥング] 囡 -/ 白痴化する(される)こと, 痴呆化.

ver·blüf·fen [フェア・ブリュッフェン fɛr-blý-fən] 他 (h) (人⁴を)びっくり仰天させる.

ver·blüfft [フェア・ブリュフト] I verblüffen (びっくり仰天させる)の過分 II 形 びっくり仰天した, あっけにとられた.

Ver·blüf·fung [フェア・ブリュッフング] 囡 -/ びっくり仰天, あぜん.

ver·blü·hen [フェア・ブリューエン fɛr-blý:ən] 自 (s) (花が)咲き終わる, しおれかける;《比》(容色などが)衰えかける.

ver·blümt [フェア・ブリュームト fɛr-blý:mt] 形《稀》(表現などが)遠回しの, 婉曲な.

ver·blu·ten [フェア・ブルーテン fɛr-blú:tən] 自 (s)/再帰 (h) sich⁴ verbluten 出血多量で死ぬ.

ver·bo·cken [フェア・ボッケン fɛr-bókən] 他 (h)《口語》だいなしにする, だめにする.

ver·boh·ren [フェア・ボーレン fɛr-bó:rən] 再帰 (h)〖sich⁴ in 事³ ~〙《口語》(事⁴(仕事など)に)没頭する;(自説などに)固執する.

ver·bohrt [フェア・ボート] I verbohren (再帰 で: 没頭する)の過分 II 形《口語》かたくなな, 頑固(頑迷)な.

Ver·bohrt·heit [フェア・ボートハイト] 囡 -/《口語》かたくななこと, 頑固, 頑迷.

ver·bor·gen¹ [フェア・ボルゲン fɛr-bórgən] 他 (h) 貸す, 貸し出す (=verleihen).

ver·bor·gen² [フェア・ボルゲン] I verbergen (隠す)の過分 II 形 ① 人里離れた(村など); 人目につかない. ② 目に見えない(危険など); 隠れた(才能など). ◇《名詞的に》im Verborgenen a) 人に知られずに, b) ひそかに, 隠れて.

Ver·bor·gen·heit [フェア・ボルゲンハイト] 囡 -/ 隠されていること, 秘密; 隠遁(いんとん).

ver·bot [フェア・ボート] *verbieten (禁じる)の過去

das **Ver·bot** [フェア・ボート fɛr-bó:t] 中 (単 2) -[e]s/(複) -e (3 格のみ -en) 禁止, さし止め; 禁[止]令.《英》prohibition). Parkverbot 駐車禁止 / ein ärztliches Verbot 医者による禁止 / ein Verbot⁴ beachten (übertreten)

禁令を守る(犯す).

ver·bö·te [フェア・ベーテ] *verbieten (禁じる)の接2

*ver·bo·ten [フェア・ボーテン fɛr-bó:tən] I *verbieten (禁じる)の過分. ◇《成句的に》Rauchen verboten! (掲示などで:)禁煙 / Parken verboten! (掲示などで:)駐車禁止. II 形 ① 禁じられた, 禁制の. ein verbotener Weg 通行禁止の道. ②《口語》とんでもない, ひどい. Du siehst aber verboten aus! 何て格好をしているんだい.

Ver·bots⸗schild [フェア・ボーツ・シルト] 中 -[e]s/-er ①《交通》禁止標識[板]. ② 禁止の標示板, 禁札.

ver·brach [フェア・ブラーハ] verbrechen (してかす)の過去

ver·bracht [フェア・ブラッハト] *verbringen (過ごす)の過分

ver·brach·te [フェア・ブラッハテ] *verbringen (過ごす)の過去

ver·brä·men [フェア・ブレーメン fɛr-brέ:mən] 他 (h) ① (衣服⁴に)縁飾りを付ける. ② (非難など⁴を)婉曲(えんきょく)に表現する.

ver·brannt [フェア・ブラント] I verbrennen (燃えてなくなる)の過分 II 形 ① 焼け落ちた. ② (日照りで)枯れた, 干からびた;《口語》ひどく日焼けした.

ver·brann·te [フェア・ブランテ] verbrennen (燃えてなくなる)の過去

der **Ver·brauch** [フェア・ブラオホ fɛr-bráux] 男 (単 2) -[e]s/(複) ..bräuche [..ブロイヒェ] (3 格のみ ..bräuchen) ①《複 なし》消費.《英》consumption). Energieverbrauch エネルギー消費 / einen großen Verbrauch an 物³ haben《口語》物³を大量に消費する / Diese Seife ist sparsam im Verbrauch. このせっけんは使い減りが少ない. ② 消費量.

ver·brau·chen [フェア・ブラオヘン fɛr-bráuxən] (verbrauchte, hat ... verbraucht) I 他 (完了 haben) ① (電気・ガスなど⁴を)消費する, 使用する.《英》consume). viel Strom⁴ verbrauchen 大量の電気を消費する / Das Auto verbraucht acht Liter Benzin auf 100 Kilometer. この車は 100 キロ当たり 8 リットルのガソリンを消費する. ② 消費量.

② 使い果たす; 使い古す, 着古す.《英》use up). Wir haben den ganzen Vorrat verbraucht. 私たちは蓄えをすべて使い果たした.

II 再帰 (完了 haben) sich⁴ verbrauchen 力を使い果たす. sich⁴ in der Arbeit völlig verbrauchen 仕事で消耗する.

◇☞ **verbraucht**

Ver·brau·cher [フェア・ブラオハァ fɛr-bráuxər] 男 -s/-《経》消費者 (=Konsument).(女性形: -in).

Ver·brau·cher⸗schutz [フェアブラオハァ・シュッツ] 男 -es/ 消費者保護.

Ver·brauchs⸗gut [フェアブラオホス・グート] 中 -[e]s/..güter〖ふつう 複〗消費財, 消費物資.

Ver·brauchs゠steu·er [フェァブラオホス・シュトイァァ] 囡 -/-n 消費税.

ver·braucht [フェァ・ブラオホト] I verbrauchen (消費する)の 過分, 3 人称単数・2 人称親称複数 現在. II 形 ① 使い果たした. *verbrauchte* Kleider 着古した衣服 / *verbrauchte* Luft 汚れた空気. ② 精根尽き果てた, やつれきった. ein *verbrauchter* Mensch やつれ果てた人.

ver·brauch·te [フェァ・ブラオホテ] verbrauchen (消費する)の 過去.

ver·bre·chen* [フェァ・ブレッヒェン fɛrbréçən] du verbrichst, er verbricht (verbrach, *hat* ... verbrochen) 他 (完了形 haben)『今は完了形で』《口語》(愚かなこと・悪いことなど⁴を)しでかす. Was *hast* du wieder *verbrochen*? おまえはまた何をしでかしたのだ / Wer *hat* denn diesen Roman *verbrochen*? だれがこんな小説を書いたんだ.

das **Ver·bre·chen** [フェァ・ブレッヒェン fɛr-bréçən] 甲 (単2) -s/(複) - 犯罪, 罪; 犯罪的行為; 《法》重罪. (変 *crime*). ein schweres *Verbrechen* 重大な犯罪 / ein *Verbrechen*⁴ begehen 罪を犯す / Kriege sind ein *Verbrechen* **an** der Menschheit. 戦争は人類に対する犯罪的行為である / ein *Verbrechen* **gegen** die Menschlichkeit 人間性にもとる犯罪. (☞ 類語 Sünde).

der **Ver·bre·cher** [フェァ・ブレッヒャァ fɛr-bréçər] 男 (単2) -s/(複) - (3 格のみ -n) 犯罪者, 犯人. (変 *criminal*). ein gefährlicher *Verbrecher* 凶悪犯 / einen *Verbrecher* verhaften 犯人を逮捕する.

Ver·bre·cher゠ban·de [フェァブレッヒャァ・バンデ] 囡 -/-n 犯罪者集団.

Ver·bre·che·rin [フェァ・ブレッヒェリン fɛr-bréçərɪn] 囡 -/..rinnen (女の)犯罪者, 犯人.

ver·bre·che·risch [フェァ・ブレッヒェリッシュ fɛr-bréçərɪʃ] 形 犯罪[者]の; 犯罪的な. eine *verbrecherische* Handlung 犯罪的な行為.

ver·brei·ten [フェァ・ブライテン fɛr-bráɪtən] du verbreitest, er verbreitet (verbreitete, *hat* ... verbreitet) I 他 (完了 haben) (変 *spread*) ① (ニュース・うわさなど⁴を)広める, 流布させる. Der Rundfunk *verbreitet* die Nachrichten. ラジオがニュースを流す / ein Gerücht⁴ *verbreiten* うわさを広める. ◇【再帰的に】*sich*⁴ *verbreiten* (ニュースなどが)広まる, 流布する ⇒ Das Gerücht *verbreitete sich* schnell. うわさはすぐに広まった. ◇【過去分詞の形で】eine weit *verbreitete* (または weit*verbreitete*) Ansicht 広く行き渡った見解.

② (光・熱など⁴を)放射する, 放つ; (不安など⁴を)呼び起こす; (気分など⁴を)振りまく. Der Ofen *verbreitete* eine gemütliche Wärme. ストーブが心地よい暖かさを放っていた / Er *verbreitet* Ruhe und Heiterkeit [um sich]. 彼は[周りに]安らぎと明るさを振りまく. ③ (病気など⁴を)蔓延(まんえん)させる. ◇【再帰的に】*sich*⁴ *verbreiten* (病気・においなど)蔓延する, 広がる ⇒ Die Krankheit *verbreitet sich* unter jungen Menschen. その病気は若い人たちの間に蔓延している.

II 再帰 (完了 haben) 〖*sich*⁴ **über** 4 ~ 〗(事⁴について)長々と詳細に述べる.

ver·brei·tern [フェァ・ブライテァン fɛr-bráɪtərn] 他 (h) (道路など⁴を)広げる, 拡幅する. ◇【再帰的に】*sich*⁴ verbreitern 幅が広くなる.

Ver·brei·te·rung 囡 -/-en (幅を)広げること, 拡幅; 拡幅された部分.

ver·brei·tet [フェァ・ブライテット] verbreiten (広める)の 過分, 3 人称単数・2 人称親称複数 現在

ver·brei·te·te [フェァ・ブライテテ] verbreiten (広める)の 過去

Ver·brei·tung [フェァ・ブライトゥング] 囡 -/ 広める(広まる)こと, 普及; 流布; 蔓延(まんえん); (動植物の)分布.

ver·bren·nen* [フェァ・ブレンネン fɛr-brénan] (verbrannte, *ist/hat* ... verbrannt) I 自 (完了 sein) (変 *burn*) ① 燃えてなくなる, 焼失する; 焼け死ぬ. Unsere Bücher *sind* mit dem Haus *verbrannt*. 『現在完了』私たちの本は家屋もろとも焼失してしまった / zu Asche *verbrennen* 燃えて灰になる. ② (料理などが)焦げる. Der Braten *ist* total *verbrannt*. 『現在完了』ローストがすっかり焦げてしまった. ③ (日照りで植物が)枯れる, (日照りで地面が)からからに乾く. ④ 《化》燃焼する.

II 他 (完了 haben) ① 燃やす, 焼く, 焼却する. *Verbrennen* Sie die Briefe! これらの手紙は焼却してください / eine Leiche² *verbrennen* 《口語》死体を火葬にする. ② (人⁴・手足など⁴に)やけどを負わせる. *sich*³ die Hand⁴ *verbrennen* 手をやけどする / *sich*³ den Mund *verbrennen* 《口語》不用意な発言で失敗する (← 口にやけどをする). ◇【再帰的に】Ich *habe mich* am Bügeleisen *verbrannt*. 私はアイロンでやけどした. ③ 《口語》(太陽が人⁴・顔など⁴を)ひどく日焼けさせる; (植物などを)照りつけて枯らす. ④ 《化》燃焼させる. ⑤ 《口語》(電気・ガスなど⁴を)消費する.

◇ ☞ **verbrannt**

Ver·bren·nung [フェァ・ブレンヌング] 囡 -/-en 〖複なし〗焼却, 燃焼. ② やけど, 火傷.

Ver·bren·nungs゠mo·tor [フェァブレンヌングス・モートァ] 男 -s/-en [..モートーレン] 《工》内燃機関.

ver·brich [フェァ・ブリヒ] verbrechen (しでかす)の du に対する 命令

ver·brichst [フェァ・ブリヒスト] verbrechen (しでかす)の 2 人称親称単数 現在

ver·bricht [フェァ・ブリヒト] verbrechen (しでかす)の 3 人称単数 現在

ver·brie·fen [フェァ・ブリーフェン fɛr-brí:fən] 他 (h) 《雅》(権利など⁴を)文書で証明する. ◇【過去分詞の形で】*verbriefte* Rechte (証文などによって付与された)権利, 特権.

ver·brin·gen* [ふェァ・ブリンゲン fɛr-bríŋən] (verbrachte, hat ... verbracht) (完了 haben) ① (時⁴を)過ごす (英 spend). Sie verbringen ihren Urlaub in Italien. 彼らは休暇をイタリアで過ごす / die Zeit⁴ mit Lesen verbringen 読書をして時を過ごす. ②〖方向を表す語句とともに〗(官庁)(人・物を…へ)運んで(連れて)行く. 人⁴ in eine Heilanstalt verbringen 人⁴を療養所へ入れる.

ver·bro·chen [ふェァ・ブロッヘン] verbrechen (しでかす)の過分.

ver·brü·dern [ふェァ・ブリューダァン fɛr-brý:dərn] 再帰 (h) 〖sich⁴ [mit 人³] ~〗(〖人³と〗)兄弟のように交わる, 親交を結ぶ.

Ver·brü·de·rung [ふェァ・ブリューデルング] 女 -/-en 兄弟の契り(親交)を結ぶこと.

ver·brü·hen [ふェァ・ブリューエン fɛr-brý:ən] 他 (h) (熱湯などで)(人⁴・手足などに)やけどを負わせる. sich³ die Hand verbrühen 手をやけどする. ◊〖再帰的に〗sich⁴ verbrühen (熱湯などで)やけどをする.

ver·bu·chen [ふェァ・ブーヘン fɛr-bú:xən] 他 (h) (商) 帳簿に記入する, 記帳する. 事⁴ als Erfolg [für sich⁴] verbuchen《比》事⁴を[自分の]成功と見なす.

Ver·bum [ヴェルブム vérbum] 中 -s/Verba (または Verben) (言)動詞 (=Verb).

ver·bum·meln [ふェァ・ブンメルン fɛr-búməln] I 他 (h) (口語) ① (時⁴を)むだに過ごす. ein Semester⁴ verbummeln 1学期間をのらくらと過ごす. ② (約束など⁴を)うっかり忘れる; うっかりなくす. II 自 (s) (怠けて)堕落する.

Ver·bund [ふェァ・ブント fɛr-búnt] 男 -[e]s/-e ① (経)(企業などの)連合, 合同, 提携. ② (工)(部品などの)結合, 組み合わせ.

ver·bun·den [ふェァ・ブンデン] I *verbinden (結ぶ)の過分. ◊〖成句的に〗Verzeihung, falsch verbunden! (電話で)すみません, 番号を間違えました. II 形 (雅)(人³に)恩義を感じている. Ich bin Ihnen für Ihre Hilfe sehr verbunden. お助けいただき大変ありがたく思っています.

ver·bün·den [ふェァ・ビュンデン fɛr-býndən] 再帰 (h) 〖sich⁴ [mit 人³] ~〗(〖人³と〗)同盟を結ぶ.

Ver·bun·den·heit [ふェァ・ブンデンハイト] 女 -/ (精神的な)結びつき, 結束, 連帯[感].

Ver·bün·de·te[r] [ふェァ・ビュンデテ(..タァ) fɛr-býndətə(..tər)] 男 女 〖語尾変化は形容詞と同じ〗同盟者, 盟友; 同盟国.

ver·bür·gen [ふェァ・ビュルゲン fɛr-býrgən] I 他 (h) (権利・生活など⁴を)保証する. II 再帰 (h) 〖sich⁴ für 人・事⁴ ~〗(人・事⁴を)保証する, 請け合う.

ver·bürgt [ふェァ・ビュルクト] I verbürgen (保障する)の過分. II 形 保証された; 確実な. eine verbürgte Nachricht 確かなニュース.

ver·bü·ßen [ふェァ・ビューセン fɛr-bý:sən] 他 (h) (法) (刑⁴に)服する, (刑期⁴を)勤めあげる.

---

ver·chro·men [ふェァ・クローメン fɛr-kró:mən] 他 (h)(人⁴に)クロムめっきをする.

der Ver·dacht [ふェァ・ダハト fɛr-dáxt] 男 (単2) -[e]s/(複) -e (3格のみ -en) または (複) ..dächte (3格のみ ..dächten) 疑い, 疑念, 嫌疑, (英 suspicion). ein begründeter Verdacht 根拠のある疑惑 / einen Verdacht hegen 疑いをいだく / Der Verdacht richtete sich gegen ihn. 疑いは彼に向けられた / auf Verdacht《口語》あてずっぽうで / Er steht im Verdacht der Spionage. 彼にはスパイの容疑がかかっている / 人⁴ im (または in) Verdacht haben 人⁴を疑っている / in Verdacht kommen 疑われる.

ver·däch·tig [ふェァ・デヒティヒ fɛr-déçtiç] I 形 ① 疑わしい, 嫌疑のある. (英 suspicious). 事² verdächtig sein 事²の嫌疑がかけられている ⇒ Er ist des Diebstahls verdächtig. 彼には窃盗の疑いがかけられている / sich⁴ verdächtig machen 嫌疑を受ける. ② 怪しげな, うさんくさい. ein verdächtiges Geräusch 不審な物音.

II 副 妙に. Es war verdächtig still. 妙に静かだった.

Ver·däch·ti·ge[r] [ふェァ・デヒティゲ(..ガァ) fɛr-déçtigə(..gər)] 男 女 〖語尾変化は形容詞と同じ〗容疑者.

ver·däch·ti·gen [ふェァ・デヒティゲン fɛr-déçtigən] 他 (h) (人⁴に)嫌疑をかける. 人⁴ eines Diebstahls (als Dieb) verdächtigen 人⁴に盗み(泥棒)の疑いをかける.

Ver·däch·ti·gung [ふェァ・デヒティグング] 女 -/-en 嫌疑(容疑)をかける(かけられる)こと.

Ver·dachts·grund [ふェァダハツ・グルント] 男 -[e]s/..gründe (法)嫌疑(容疑)の根拠.

Ver·dachts·mo·ment [ふェァダハツ・モメント] 中 -[e]s/-e 〖ふつう複〗(法) 容疑事実.

ver·dam·men [ふェァ・ダメン fɛr-dámən] 他 (h) ① 糾弾する, 激しく非難する. ② (キリスト教)(人⁴に)永遠の罰を下す. ③ 〖A⁴ zu B³ ~〗(A⁴に B³を)余儀なくさせる.

◊☞ verdammt

ver·dam·mens·wert [ふェァダンメンス・ヴェート] 形 糾弾すべき, 非難すべき.

Ver·damm·nis [ふェァ・ダムニス] 女 -/ (キリスト教) 劫罰(ごうばつ), 永遠の断罪.

ver·dammt [ふェァ・ダムト] I verdammen (糾弾する)の過分. II 形 ① (俗) のろわしい, いまいましい. Dieser verdammte Kerl! このいまいましいやつめ. ②〖間投詞的に〗Verdammt [noch mal]! こんちくしょう / So ein verdammter Mist! くそいまいましい. ②(口語)ものすごい, とてつもない. Ich hatte [ein] verdammtes Glück. ぼくはものすごくラッキーだった. III 副 (口語)ものすごく, ひどく. Es war verdammt kalt. ものすごく寒かった.

Ver·dam·mung [ふェァ・ダムング] 女 -/-en 厳しい非難; (キリスト教) 永遠の断罪.

ver·damp·fen [ふェァ・ダンプふェン fɛr-

dámpfən] I 圓 (s) (液体が)蒸発する，気化する． **II** 他 (h) (液体⁴を)蒸発させる，気化させる．

Ver·damp·fer [フェア・ダンプファァ] 男 -s/- 《工》蒸発装置，蒸発器，気化器．

Ver·damp·fung [フェア・ダンプフング] 女 -/-en 蒸発，気化．

ver·dan·ken [フェア・ダンケン fɛr-dáŋkən] (verdankte, hat ... verdankt) **I** 他 (定了 haben) ① (囲⁴は人・物³の)おかげである (*owe*). Ich *verdanke* ihm meine Rettung. 私が助かったのは彼のおかげだ / Ich *verdanke* meinem Lehrer sehr viel. 私は先生にたいへん世話になっている / Das habe ich nur dir zu *verdanken*! (反語的に:) ぼくがこんな目にあったのはひとえに君のおかげだ． ② (スピーチ・手紙で) (贈り物など⁴の)お礼を言う．
II 再帰 (定了 haben) *sich*⁴ 囲³ *verdanken* 囲³に基づいている．

ver·dankt [フェア・ダンクト] verdanken (おかげである)の 過分, 3人称単数・2人称親称複数 現在

ver·dank·te [フェア・ダンクテ] verdanken (おかげである)の 過去

ver·darb [フェア・ダルプ] verderben (だいなしにする)の 過去

ver·dat·tert [フェア・ダッタァト fɛr-dátərt] 形 《口語》めんくらった，あっけにとられた．

ver·dau·en [フェア・ダオエン] [フェア・ダオエン fɛr-dáuən] (verdaute, hat ... verdaut) 他 (定了 haben) ① (食べ物⁴を)消化する (英 *digest*). Erbsen sind schwer zu *verdauen*. えんどう豆は消化が悪い． ◇【目的語なしでも】Der Kranke *verdaut* schlecht. この病人は消化する力が落ちている． ② 《口語・比》(囲⁴を知的に)消化する，理解する，(経験・印象など⁴を)頭の中で整理する. Dieses Erlebnis *musste* er erst *verdauen*. この経験を彼はひとまず頭の中で整理しなければならなかった．

ver·dau·lich [フェア・ダオリヒ] 形 消化できる，消化しやすい，(比) 理解しやすい． Das Essen ist leicht *verdaulich* (または leicht*verdaulich*). この料理は消化が良い．

Ver·dau·lich·keit [フェア・ダオリヒカイト] 女 -/ 消化できる(しやすい)こと．

ver·daut [フェア・ダオト] verdauen (消化する)の 過分, 3人称単数・2人称親称複数 現在

ver·dau·te [フェア・ダオテ] verdauen (消化する)の 過去

Ver·dau·ung [フェア・ダオウング] 女 -/ 消化．

Ver·dau·ungs⸗ap·pa·rat [フェア・ダオウングス・アパラート] 男 -[e]s/-e 《医》消化器[官].

Ver·dau·ungs⸗be·schwer·den [フェア・ダオウングス・ベシュヴェーァデン] 複 《医》消化不良．

Ver·dau·ungs⸗spa·zier·gang [フェア・ダオウングス・シュパツィーァガング] 男 -[e]s/..gänge 《口語》(食後の)腹ごなしの散歩．

Ver·dau·ungs⸗stö·rung [フェア・ダオウングス・シュテールング] 女 -/-en 《医》消化不良．

Ver·deck [フェア・デック fɛr-dék] 中 -[e]s/-e ① (船の)最上甲板． ② (自動車・馬車などの)幌(ほろ)．

ver·de·cken [フェア・デッケン fɛr-dékən] 他 (h) ① 覆い隠す，見えないようにする． Die Wolken *verdeckten* die Sonne. 雲が太陽をさえぎっていた． ② (意図など⁴を)隠す．

ver·den·ken* [フェア・デンケン fɛr-déŋkən] 他 (h) 《雅》(囚³の囲⁴を)悪くとる． Das *kann* ihm niemand *verdenken*. そのことでだれも彼を恨みに思うわけにはいかない．

Ver·derb [フェア・デルプ fɛr-dérp] 男 -[e]s/ ① (食品などの)腐敗． ② 《雅》滅亡，破滅．

ver·der·ben* [フェア・デルベン fɛr-dérbən] du verdirbst, er verdirbt (verdarb, *hat/ist* ... verdorben) **I** 他 (定了 haben) 《英 *spoil*》だいなしにする，だめにする． beim Waschen ein Kleid⁴ *verderben* 洗濯してワンピースをだめにしてしまう / Sie *hat* den Kuchen *verdorben*. 彼女はケーキを焼きそこなった / 囚³ den Spaß *verderben* 囚³の楽しみをぶち壊す / Der Regen *hat* uns den Ausflug *verdorben*. 雨のために私たちのハイキングはだいなしになった / Ich *habe* mir den Magen *verdorben*. 私は胃をこわした．
② 《雅》(囚⁴を)堕落させる． ③ 《es を目的語として成句的に》es⁴ *mit* 囚³ *verderben* 囚³の機嫌をそこねる，囚³と仲たがいする．
II 圓 (定了 sein) (食料品などが)傷む，腐る． Diese Früchte *verderben* leicht. この果物は傷みやすい．
◇☞ verdorben

Ver·der·ben [フェア・デルベン] 中 -s/ ① (食料品などの)腐敗． ② 《雅》破滅の元． 囚⁴ **ins** *Verderben* stürzen 囚⁴を破滅に追い込む / Der Alkohol war sein *Verderben*. 酒が彼の命取りとなった．

ver·derb·lich [フェア・デルプリヒ] 形 ① 傷みやすい，腐りやすい(食料品など)． ② (道徳的に)有害な． ein *verderblicher* Einfluss 好ましくない影響．

ver·derbt [フェア・デルプト fɛr-dérpt] 形 ① 《雅》堕落した． ② 判読できない(古文書など)．

ver·deut·li·chen [フェア・ドイトリヒェン fɛr-dɔ́ytliçən] 他 (h) (囲⁴を)明確にする，はっきりと説明する．

ver·deut·schen [フェア・ドイチェン fɛr-dɔ́ytʃən] 他 (h) ① (外来語など⁴を)ドイツ語化する；ドイツ語に翻訳する． ② 《口語》(囚³に囲⁴を)わかりやすく説明する．

Ver·di [ヴェルディ vérdi] -s/ 《人名》ベルディ (Giuseppe *Verdi* 1813-1901; イタリアの歌劇作曲家)．

ver·dich·ten [フェア・ディヒテン fɛr-díçtən] **I** 他 (h) ① (物・工)(ガスなど⁴を)圧縮する． ② (交通網など⁴を)密にする． **II** 再帰 (h) *sich*⁴ *verdichten* ① (霧などが)濃くなる． ② 《比》(疑いなどが)強くなる，濃厚になる．

Ver·dich·ter [フェア・ディヒタァ fɛr-díçtər] 男

Ver·dich·tung [フェア・ディヒトゥング] 囡 -/-en 濃密化; 《物・工》圧縮.

-s/- 《工》コンプレッサー, 圧縮機.

ver·di·cken [フェア・ディッケン] fɛr-díkən I 他 (h) (壁など4を)厚くする; (果汁など4を)濃縮する. II 再帰 (h) sich4 verdicken 太くなる; はれる. (皮膚が)厚くなる.

***ver·die·nen** [フェア・ディーネン] fɛr-díː-nən] (verdiente, *hat ... verdient*) 他 《完了》haben) ① (物4を)稼ぐ, (働いて)得る. (英 earn). Er verdient 10 Euro in der Stunde. 彼は1時間に10ユーロ稼ぐ. ◇再帰代名詞(3格)とともに] Ich *habe* mir das Studium selbst *verdient*. 私は学資を自分で稼いだ / *sich*3 das Geld4 für einen Urlaub *verdienen* バカンスの費用を稼ぐ. ◇目的語なしでも] Seine Frau *verdient* auch. 彼の妻も稼いでいる / Er *verdient* gut (schlecht). 彼は稼ぎがいい(悪い).
② (お金など4を)もうける, 利益として得る. 40% (=Prozent) **an** 物3 *verdienen* 物3で40パーセントの利益をあげる / **Bei** (または **Mit**) diesem Geschäft *haben* wir viel Geld *verdient*. この取り引きでわれわれは大金を得た.
③ (称賛・罰など4に)値する, ふさわしい. (英 deserve). Seine Tat *verdient* Anerkennung. 彼の行為は称賛に値する / Er *hat* seine Strafe *verdient*. 彼が罰を受けたのは当然のことだ. ◇es を目的語として成句的に] Er *hat* es nicht besser (または anders) *verdient*. 彼がそうなったのは仕方のないことだ.
◇☞ verdient

der **Ver·dienst**[1] [フェア・ディーンスト fɛr-díːnst] 男 (単2) -[e]s/(複) -e (3格のみ -en) 収入, 稼ぎ, 所得. (英 earnings). Er hat einen hohen *Verdienst*. 彼は高い収入を得ている / ohne *Verdienst* sein 稼ぎがない.

das **Ver·dienst**[2] [フェア・ディーンスト fɛr-díːnst] 中 (単2) -[e]s/(複) -e (3格のみ -en) 功績, 功労. (英 merit). sich3 物4 **als** *Verdienst* an|rechnen 物4を自分の功績だと思う / Er hat sich große *Verdienste* **um** die Stadt erworben. 彼は町のために大いに貢献した.

Ver·dienst·span·ne [フェアディーンスト・シュパンネ] 囡 -/-n 《商》利幅, 利ざや, マージン.

ver·dienst·voll [フェアディーンスト・フォる] 形 ① 称賛に値する(行為など). ② 功績のある.

ver·dient [フェア・ディーント] I *verdienen (稼ぐ)の 過分, 3人称単数・2人称親称複数 現在 II 形 ① (働いて)稼いだ. sauer *verdientes* Geld 苦労して稼いだお金. ② 功績のある. ein *verdienter* Mann 功労者 / sich4 um 物4 *verdient* machen 物4のために貢献させる. ③ 当然の(賞罰など); 《スプ・隠語》(勝負が)順当な.

ver·dien·te [フェア・ディーンテ] *verdienen (稼ぐ)の 過去

ver·dien·ter·ma·ßen [フェアディーンタァ・マーセン] 副 功績(功労)にふさわしく, 応分に.

Ver·dikt [ヴェルディクト vɛrdíkt] 中 -[e]s/-e 《法》《古》(陪審員の)評決.

ver·dirb [フェア・ディルプ] verderben (だいなしにする)の du に対する 命令

ver·dirbst [フェア・ディルプスト] verderben (だいなしにする)の 2人称親称単数 現在

ver·dirbt [フェア・ディルプト] verderben (だいなしにする)の 3人称親称単数 現在

ver·dol·met·schen [フェア・ドるメッチェン fɛr-dɔ́lmɛtʃən] 他 (h) ① 《口語》通訳する. ② 《比》わかりやすく説明する.

ver·don·nern [フェア・ドンナァン fɛr-dɔ́nərn] 他 (h) ① 《人4 **zu** 物3》《口語》《人4に物3の》刑を科する; 《比》《人4に物3をするよう》言いつける.

ver·don·nert [フェア・ドンナァト] I verdonnern (刑を科する)の 過分 II 形 《口語》びっくり仰天した.

ver·dop·peln [フェア・ドッペるン fɛr-dɔ́pəln] 他 (h) [2]倍にする; 《比》(努力など4を)強める. die Geschwindigkeit4 *verdoppeln* 速度を倍にする. ◇再帰的に] *sich*4 *verdoppeln* [2]倍になる, 倍増する.

Ver·dop·pe·lung [フェア・ドッペるング] 囡 -/-en 倍増, 倍加; 《比》増大, 強化.

ver·dor·ben [フェア・ドルベン] I verderben (だいなしにする)の 過分 II 形 ① 傷んだ, 腐った(食料品など). *verdorbene* Wurst 傷んだソーセージ. ② 具合の悪い(胃など); だいなしになった(気分など). einen *verdorbenen* Magen4 haben 胃をこわしている. ③ 《比》(道徳的に)堕落した.

Ver·dor·ben·heit [フェア・ドルベンハイト] 囡 -/ 堕落, 退廃.

ver·dor·ren [フェア・ドレン fɛr-dɔ́rən] 自 (s) (植物などが)枯れる, 干からびる.

ver·drah·ten [フェア・ドラーテン fɛr-drá:tən] 他 (h) ① 金網(有刺鉄線)で囲う. ② 《電》(電気部品など4に)配線する.

ver·drän·gen [フェア・ドレンゲン fɛr-dréŋən] 他 (h) ① (人・物4を)押しのける, 排除する. Er *wollte* mich **aus** meiner Stellung *verdrängen*. 彼は私を押しのけて地位を占めようとした. ② 《海》(船舶が)排水する. Das Schiff *verdrängt* 1 500 t. この船の排水量は1,500トンである. ③ 《心》(願望など4を)抑圧する. ◇過去分詞の形で] *verdrängte* Triebe 抑圧された欲求.

Ver·drän·gung [フェア・ドレングング] 囡 -/-en ① 押しのけること, 排除. ② 《海》(船の)排水量. ③ 《心》抑圧.

ver·dre·hen [フェア・ドレーエン fɛr-dréːən] 他 (h) ① (無理に)ねじ曲げる, ゆがめる. Er *verdrehte* mir den Arm. 彼は私の腕をねじった / die Augen4 *verdrehen* (驚いて・困って)目を白黒させる. ② 《比・口語》(事実など4を)曲げる, 曲解(キョッ)する; 曲解する. das Recht4 *verdrehen* 法を曲げる. ③ 《口語》(撮影のためにフィルム4を)消費する.

ver·dreht [フェア・ドレート] I verdrehen (ねじ曲げる)の 過分 II 形 《口語》頭の混乱した, 気

ver·dreht machine 囚⁴の頭を混乱させる.

Ver·dre·hung [フェア・ドレーウング] 囡 -/-en ① ねじること; ねじれ, ゆがみ. ② (事実などを)曲げること, 歪曲(ぃぁょく); 曲解.

ver·drei·fa·chen [フェア・ドライファッヘン fɛr-dráɪfaxən] 他 (h) 3倍にする. ◇〖再帰的に〗*sich⁴ verdreifachen* 3倍になる.

ver·dre·schen* [フェア・ドレッシェン fɛr-dréʃən] 他 (h)《口語》さんざんぶんなぐる.

ver·drie·ßen* [フェア・ドリーセン fɛr-dríː-sən] (verdross, *hat...*verdrossen) 他 (h)《雅》不愉快にさせる, 怒らせる. Ihr Verhalten *verdrießt* mich. 彼女の態度には腹が立つ. 〖成句的に〗*Lass* es dich nicht *verdrießen*! いやけを起こすな.

◇☞ **verdrossen**

ver·drieß·lich [フェア・ドリースりヒ] 形 ① 不機嫌な, 無愛想な. ein *verdrießliches* Gesicht⁴ machen ぶすっとした顔をする. ②《雅》腹立たしい, うんざりするような(出来事・仕事など).

Ver·drieß·lich·keit [フェア・ドリースりヒカイト] 囡 -/-en ①〖圈なし〗不機嫌. ②〖ふつう圈〗腹立たしい事柄.

ver·dross [フェア・ドロス] verdrießen (不愉快にさせる) 過去

ver·drös·se [フェア・ドレッセ] verdrießen (不愉快にさせる) の接2

ver·dros·sen [フェア・ドロッセン] I verdrießen (不愉快にさせる) の過分 II 形 不機嫌な(顔など).

Ver·dros·sen·heit [フェア・ドロッセンハイト] 囡 -/ 不機嫌(なこと).

ver·drü·cken [フェア・ドリュッケン fɛr-drýkən] I 再帰 (h) *sich⁴ verdrücken*《口語》こっそり立ち去る, ずらかる. II 他 (h)《口語》(大量の食べ物⁴を)平らげる.

Ver·druss [フェア・ドルス fɛr-drús] 男 -es/-e〖ふつう圈〗不機嫌; 腹立たしさ; 不満. 囚³ *Verdruss⁴ bereiten* 囚³を怒らせる.

ver·duf·ten [フェア・ドゥフテン fɛr-dúftən] 自 (s) ① (コーヒーなどが)香りを失う. ②《口語》こっそり立ち去る, ずらかる.

ver·dum·men [フェア・ドゥンメン fɛr-dúmən] I 他 (h) (囚⁴から)判断力(批判力)を奪う, (囚⁴を)愚かにする. II 自 (s) ばかになる, 頭がおかしくなる.

ver·dun·keln [フェア・ドゥンケるン fɛr-dúŋkəln] 他 (h) ① 暗くする, (窓など⁴を)光が漏れないようにする. einen Raum *verdunkeln* 部屋を暗くする. ② (空など⁴を)曇らせる. ◇〖再帰的に〗*sich⁴ verdunkeln* 暗くなる; (表情などが)曇る. ③《法》(事実など⁴を)隠蔽(%%)する.

Ver·dun·ke·lung [フェア・ドゥンケるング] 囡 -/-en ①〖圈なし〗暗くすること. ② 灯火管制. ③〖圈なし〗《法》証拠隠滅.

Ver·dun·ke·lungs=ge·fahr [フェアドゥンクるングス・ゲふァール] 囡 -/《法》証拠隠滅のおそれ.

ver·dün·nen [フェア・デュンネン fɛr-dýnən] 他 (h) (液体など⁴を)薄くする, 薄める. Wein⁴ mit Wasser *verdünnen* ワインを水で割る. ◇〖再帰的に〗*sich⁴ verdünnen* 薄くなる.

Ver·dün·nung [フェア・デュンヌング] 囡 -/-en ① 薄くなる(する)こと, 希釈. bis zur *Verdünnung*《口語》うんざりするほど繰り返して. ②《化》希釈剤(液), シンナー.

ver·duns·ten [フェア・ドゥンステン fɛr-dúnstən] I 自 (s) (液体が)蒸発する, 気化する. II 他 (h) (液体⁴を)蒸発(気化)させる.

Ver·duns·tung [フェア・ドゥンストゥング] 囡 -/ 蒸発, 気化.

ver·dür·be [フェア・デュルベ] verderben (だいなしにする) の接2

ver·durs·ten [フェア・ドゥルステン fɛr-dúrstən] 自 (s) のどの渇きで死ぬ;《口語》死ぬほどのどが渇く.

ver·düs·tern [フェア・デュースタァン fɛr-dýːstərn] I 他 (h) (雲が空⁴を)暗くする;《雅》(顔⁴を)曇らせる, (気持ち⁴を)暗くする. II 再帰 (h) *sich⁴ verdüstern* 暗くなる;《雅》陰うつになる, (気持ちが)暗くなる.

ver·dutzt [フェア・ドゥッツト fɛr-dútst] 形 啞然(ぁぜん)とした, ぼうぜんとした.

ver·eb·ben [フェア・エッベン fɛr-ɛbən] 自 (s)《雅》(騒音・感情などが)しだいに静まる(収まる).

ver·edeln [フェア・エーデるン fɛr-éːdəln] 他 (h) ① 気高くする, 高尚にする. ② 精製する; 加工する. ③《園芸》(植物⁴を)接ぎ木して改良する.

Ver·ede·lung [フェア・エーデるンク] 囡 -/-en ①《雅》気高くすること. ② 精製, 加工. ③《園芸》接ぎ木.

ver·eh·ren [フェア・エーレン fɛr-éːrən] (verehrte, *hat...*verehrt) 他 (完了 haben) ①《雅》**尊敬する**, 敬愛する. 《米》*worship*). *er verehrt* seinen Lehrer. 彼は先生を尊敬している. ② (神など⁴を)崇拝する, あがめる; (女性⁴に)思いを寄せる. Die Griechen *verehrten* viele Götter. ギリシア人は多くの神々を崇拝していた. ③《戯》(囚³に)(物⁴を)贈る.

◇☞ **verehrt**

Ver·eh·rer [フェア・エーラァ fɛr-éːrər] 男 -s/- ① 崇拝者, 信奉者. (女性形: -in). ②《戯》(ある女性をあがめる, 男の)ファン, とり巻き.

ver·ehrt [フェア・エーァト] I verehren (尊敬する) の過分, 3人称単数・2人称親称複数現在 II 形 尊敬された, 敬愛る. Sehr *verehrter* Herr (*verehrte* Frau) Braun! (手紙の冒頭で:) 拝啓ブラウン様 / *Verehrte* Anwesende! (講演の冒頭で:) ご出席の皆様.

ver·eh·rte [フェア・エーァテ] verehren (尊敬する) の過去

Ver·eh·rung [フェア・エールング] 囡 -/ 尊敬; 崇拝.

ver·eh·rungs=wür·dig [フェアエールングス・ヴュルディヒ] 形 尊敬に値する, 尊敬すべき.

ver·ei·di·gen [フェア・アイディゲン fɛr-áidiɡən] 他 (人⁴に)宣誓させる.

Ver·ei·di·gung [フェア・アイディグング] 囡 -/-en 宣誓.

*der **Ver·ein** [フェア・アイン fɛr-áin] 男 (単 2) -s (まれに -es)/(複) -e (3格のみ -en) ① **協会**, 団体, 法人, (組織としての)会, クラブ. (英) *association*, *club*). Musik*verein* 音楽協会 / einem *Verein* gründen 協会を設立する / aus einem *Verein* aus|treten 協会から脱退する / in einen *Verein* ein|treten 協会に入会する. ② 《成句的に》im *Verein* mit 人³ 人³と協力(提携)して. ③ 〖口語〗連中, やつら.

ver·ein·bar [フェア・アインバール] 形 《述語としてのみ》一致(調和)できる, 両立できる. mit 人³ *vereinbar* sein 人³と一致しうる.

ver·ein·ba·ren [フェア・アインバーレン fɛr-áinba:rən] 他 (vereinbarte, *hat* ... vereinbart) 他 (定了 haben) ① (会合・期日など⁴を) **とり決める**, 協定する. (英) *arrange*). einen Termin *vereinbaren* 期日をとり決める / Wir haben *vereinbart*, dass ... 私たちは…ととり決めた / einen Preis mit 人³ *vereinbaren* 人³ と価格を協定する. ◇《過去分詞の形で》zur *vereinbarten* Zeit 約束の時間に.
② 一致(調和)させる. Das kann er nicht mit seinem Gewissen *vereinbaren*. それは彼の良心が許さない(←良心と相いれない).

ver·ein·bart [フェア・アインバールト] vereinbaren (とり決める) の 過分, 3 人称単数・2 人称親称複数 現在

ver·ein·bar·te [フェア・アインバールテ] vereinbaren (とり決める) の 過去

Ver·ein·ba·rung [フェア・アインバールング] 囡 -/-en とり決めること, 協定すること; とり決め, 協定. eine *Vereinbarung*⁴ treffen とり決める. / sich⁴ an die *Vereinbarung* halten 協定を守る.

ver·ei·nen [フェア・アイネン fɛr-áinən] (vereinte, *hat* ... vereint) I 他 (定了 haben) 《雅》① **一つにまとめる**, 統合する, 合併する. (英) *unite*). Uns⁴ *vereint* ein gemeinsames Ziel. 私たちを一つにまとめているのは共通の目標だ / Unternehmen⁴ zu einem Konzern *vereinen* 企業を統合してコンツェルンにする.
② 《A⁴ mit B³ ～》(A⁴をB³と)**一致させる**, 調和させる. Unsere Ansichten lassen sich⁴ nicht [miteinander] *vereinen*. 私たちの見解は互いに相いれない.
II 再帰 (定了 haben) sich⁴ *vereinen* 《雅》一つにまとまる, 一体となる. sich⁴ zu gemeinsamem Handeln *vereinen* 一体となって共同の行動をとる / In ihr *vereint* sich Geist mit Anmut. 彼女は才色兼備だ.
◇☞ vereint

ver·ein·fa·chen [フェア・アインファッヘン fɛr-áinfaxən] (過分 vereinfacht) 他 (h) 簡単にする, 単純化する.

Ver·ein·fa·chung [フェア・アインファッフング]
囡 -/-en 単純化, 簡素化.

ver·ein·heit·li·chen [フェア・アインハイトりヒェン fɛr-áinhaitliçən] 他 (h) (規格など⁴を)統一する, 単一化する.

Ver·ein·heit·li·chung [フェア・アインハイトりヒュング] 囡 -/-en (規格などの)統一, 単一化.

ver·ei·ni·gen [フェア・アイニゲン fɛr-áinigən] (vereinigte, *hat* ... vereinigt) I 他 (定了) haben) ① **一つにまとめる**, 統合する, 合併する. (英) *unite*). Er *hat* verschiedene Unternehmen zu einem Konzern *vereinigt*. 彼はいくつもの企業をコンツェルンに統合した / 形 4 in sich³ *vereinigen* 形⁴を合わせ持つ ⇒ Er *vereinigt* sehr gegensätzliche Eigenschaften in sich. 彼は正反対の性質を合わせ持っている.
② 《A⁴ mit B³ ～》(A⁴をB³と)一致させる, 調和させる. Sein Handeln *lässt* sich⁴ nicht mit seinen politischen Ansichten *vereinigen*. 彼の行動は彼の政治的見解と一致しない.
II 再帰 (定了 haben) sich⁴ *vereinigen* **一つにまとまる**, 合併する; (川などが)合流する. Die beiden Unternehmen *haben* sich *vereinigt*. 二つの企業は合併した / Hier *vereinigt* sich die Isar mit der Donau. ここでイーザル川はドナウ川と合流している.

ver·ei·nigt [フェア・アイニヒト] I vereinigen (一つにまとめる) の 過分, 3 人称単数・2 人称親称複数 現在 II 形 一つにまとまった, 合同した. die *Vereinigten* Staaten [von Amerika] [アメリカ]合衆国 / das *vereinigte* Deutschland 統一ドイツ(1990 年 10 月 3 日から).

ver·ei·nig·te [フェア・アイニヒテ] vereinigen (一つにまとめる) の 過去

die **Ver·ei·ni·gung** [フェア・アイニグング fɛr-áinigʊŋ] 囡 (単) -/(複) -en ① **一体化**, 統合, 合同, 合併. (英) *union*). die *Vereinigung* beider Parteien² 二つの党の合併. ② 団体, 協会, グループ; 〘法〙結社. *Vereinigung* der Kunstfreunde² 芸術愛好家の会 / eine politische *Vereinigung* 政治結社.

ver·ein·nah·men [フェア・アインナーメン fɛr-áinna:mən] (過分 vereinnahmt) 他 (h) ① 〘商〙(お金など⁴を)受領する; 〘戯〙ひとり占めにする. ② 勝手に利用する.

ver·ein·sa·men [フェア・アインザーメン fɛr-áinza:mən] (過分 vereinsamt) 自 (s) 孤独になる; 孤立する.

Ver·ein·sa·mung [フェア・アインザームング] 囡 -/ 孤独化; 孤立化.

Ver·eins·haus [フェアアインス・ハオス] 中 -es/..häuser (団体の)会館, クラブハウス.

Ver·eins·mei·er [フェアアインス・マイアァ] 男 -s/- 〖口語〗(軽蔑的に:)クラブ(団体)の活動にうつつを抜かす人.

ver·eint [フェア・アイント] I vereinen (一つにまとめる)の 過分, 3 人称単数・2 人称親称複数 現在 II 形 一体の, 連合した. mit *vereinten* Kräften 力を合わせて / die *Vereinten* Nationen 国際連合 (略: VN).

ver·ein·te [フェア・アインテ] vereinen (一つにまとめる)の過去

ver·ein·zeln [フェア・アインツェるン fɛr-áintsəln] 他 (h) ① (林・農)(苗など⁴を)間引く. ② (雅)散り散り(ばらばら)にする.

ver·ein·zelt [フェア・アインツェるト] I vereinzeln(間引く)の過分 II 形 ばらばらの; 時たまの, 散発的な(ケース・射撃など).

ver·ei·sen [フェア・アイゼン fɛr-áızən] I 自 (s) 凍る, 氷結する, 凍結する.(比)(表情などが)こわばる. II 他 (h)(医)(体の組織など⁴に)寒冷(冷却)麻酔を施す.

ver·eist [フェア・アイスト] I vereisen(凍る)の過分 II 形 凍った, 凍結した;(比)こわばった(表情など). eine *vereiste* Straße 凍結した道路.

Ver·ei·sung [フェア・アイズング] 女 -/-en ① 氷結, 凍結. ②(医)寒冷(冷却)麻酔.

ver·ei·teln [フェア・アイテルン fɛr-áɪtəln] 他 (h)(他人の計画など⁴を)挫折(ざ)させる, つぶす.

ver·ei·tern [フェア・アイタァン fɛr-áıtərn] 自 (s)(医)化膿(の)する.

ver·ekeln [フェア・エーケるン fɛr-é:kəln] 他 (h)(人³に事⁴への)嫌悪感(いや気)を起こさせる.

ver·elen·den [フェア・エーれンデン fɛr-é:ləndən] 自(s)《雅》悲惨な状態に陥る, 貧しくなる.

Ver·elen·dung [フェア・エーれンドゥング] 女 -/《雅》零落, 貧困化.

ver·en·den [フェア・エンデン fɛr-éndən] 自 (s) ①(家畜などが)死ぬ; (比)(人が)惨めな死を遂げる. ②《狩》(野獣が)仕留められて死ぬ.

ver·en·gen [フェア・エンゲン fɛr-éŋən] I 他 (h)(道路など⁴を)狭くする, 狭める. II 再帰 (h) sich⁴ *verengen* 狭くなる, 狭まる, 収縮する.

Ver·en·gung [フェア・エングング] 女 -/-en ① 狭くする(なる)こと. ② 狭くなった所.

ver·er·ben [フェア・エルベン fɛr-érbən] I 他 (h) ①(人³に物⁴を)遺産として残す;(口語・戯)(不用品など⁴を)くれてやる. ②(生・医)遺伝的に伝える. II 再帰 (h) sich⁴ *vererben*《生・医》遺伝する.

Ver·er·bung [フェア・エルブング] 女 -/-en (ふつう単)(生・医)遺伝.

Ver·er·bungs⸗leh·re [フェアエルブングス・れーレ] 女 -/(生)遺伝学(=Genetik).

ver·ewi·gen [フェア・エーヴィゲン fɛr-é:vɪgən] 他 (h) ①(人・物⁴を)不滅にする, 不朽にする. Mit diesem Werk *hat* er seinen Namen *verewigt*. この作品で彼は自分の名前を不朽のものにした. ◆(再帰的に) sich⁴ *verewigen* a) 不朽の名を残す, b) (口語)(来客簿・壁などに)自分の名を書き記す. ②(状態など⁴を)永続させる.

ver·ewigt [フェア・エーヴィヒト] I verewigen(不滅にする)の過分 II 形《雅》故人になった, 今は亡き.

Verf.《略》① [フェア・ファッサァ] 著者(=**Verfasser**). ② [フェア・ファッスング] 憲法(=**Verfassung**).

ver·fah·ren¹* [フェア・ファーレン fɛr-fá:rən] I 自(s) ①(…に)ふるまう, (…の)態度をとる; (…のやり方をする. Er *verfährt* immer eigenmächtig. 彼はいつも自分勝手な態度をとる. ②〖mit 人³ ~〗(人³に…の)態度をとる. streng mit 人³ *verfahren* 人³に厳しく接する. II 他 (h) 車(を走らせて(ご用・金・時間・燃料など⁴を)費やす. III 再帰 (h) sich⁴ *verfahren* (車で)道に迷う.

ver·fah·ren² [フェア・ファーレン] I verfahren¹(…にふるまう)の過分 II 形 行き詰まった, にっちもさっちもいかなくなった.

das **Ver·fah·ren** [フェア・ふァーレン fɛr-fá:rən] 中(単2) -s/(複) ①(仕事などの)やり方, 方法, 手順.《英》procedure, method). ein neues *Verfahren*⁴ an|wenden 新しいやり方を適用する / Er arbeitet nach den modernsten *Verfahren*. 彼は最新の方式で仕事をしている. ②《法》[訴訟]手続き. ein *Verfahren*⁴ gegen 人⁴ eröffnen (または ein|leiten) 人⁴に対して訴訟を起こす / ein *Verfahren*⁴ ein|stellen 訴訟を取り下げる.

Ver·fah·rens⸗wei·se [フェアふァーレンス・ヴァイゼ] 女 -/-n やり方, 方法.

der **Ver·fall** [フェア・ふァる fɛr-fál] 男 (単2) -[e]s/ ①(建物などの)崩壊, 腐朽, 荒廃;(気力・体力の)衰え, 衰弱;(文明・道徳などの)衰退, 没落.《英》decay). den *Verfall* eines Hauses auf|halten 家屋の崩壊を食いとめる / Der *Verfall* des Kranken ist deutlich sichtbar. その病人の衰弱ぶりははっきりとわかる / *Verfall* des Römischen Reichs ローマ帝国の衰亡. ②(有効期限の)期限切れ, 失効;(商)(手形などの)満期. ③(法)(不法に取得した財産の)押収, 没収.

ver·fal·len¹* [フェア・ふァれン fɛr-fálən] 自(s) ①(建物などがしだいに)荒廃する, 崩壊する; (気力・体力が)衰える, 衰弱する;(国家・文明などが)衰亡(衰退)する. Das Gebäude *verfiel* immer mehr. その建物はますます荒れ果てた. ② 有効期限が切れる, 失効する;(手形などが)満期になる. Die Genehmigung *verfällt* am 1.(=ersten) April. その許可証は4月1日で無効になる. ③〖in 人⁴~〗(人⁴の状態に)陥る. in Schweigen⁴ *verfallen* 黙り込む / Er *verfiel* in den gleichen Fehler. 彼は同じ誤りを犯した. ④〖auf 人⁴〗(人⁴を)思いつく. auf eine seltsame Idee *verfallen* 奇抜なアイディアを思いつく. ⑤(人・物³の)とりこになる. dem Alkohol *verfallen* 酒におぼれる. ⑥(人・物³の所有に帰する.

ver·fal·len² [フェア・ふァれン] I verfallen¹(荒廃する)の過分 II 形 ①(建物などが)崩壊した, 荒廃した; 衰弱した. ein *verfallenes* Schloss 荒れ果てた城. ② 期限切れの(乗車券など); 満期の. ③(人・物³の)とりこになった.

Ver·falls⸗da·tum [フェアふァるス・ダートゥム] 中 -s/..daten (食料品の)賞味期限日.

Ver·falls⸗er·schei·nung [フェアふァるス・エァシャイヌング] 女 -/-en 衰退現象.

Ver·falls·tag [フェァふァるス・ターク] 男 -[e]s/-e 《商》(手形などの)満期日, 支払期日.

ver·fäl·schen [フェァ・フェるシェン fɛr-félʃən] 他 (h) ① (事実など⁴を)歪曲(いきょく)する, ゆがめる. ② (混ぜ物をして飲食物⁴の)品質を落とす. Wein⁴ *verfälschen* ワインに混ぜ物をする. ③ 《法》(文書など⁴を)改ざんする, (紙幣など⁴を)偽造する.

Ver·fäl·schung [フェァ・フェるシュング] 女 -/-en 歪曲(いきょく); (混ぜ物をして)品質を落とすこと; 偽造, 変造.

ver·fan·gen* [フェァ・ファンゲン fɛr-fáŋən] I 再帰 (h) 〘*sich*⁴ **in** 物³ ~〙(物³(網など)に)引っかかる, 絡まる. Das Tier *hat sich* im Netz *verfangen*. その動物は網にかかった / *sich*⁴ in Widersprüchen *verfangen* 《比》矛盾に陥る. II 自 (h) 効き目がある, 役にたつ. Diese Ausreden *verfangen* **bei** mir nicht. こんな言い逃れは私には通じない.

ver·fäng·lich [フェァ・フェングリヒ] 形 やっかいな, 当惑するような. eine *verfängliche* Frage 返答に困るような質問.

ver·fär·ben [フェァ・フェるベン fɛr-fɛ́rbən] I 他 (h) (洗濯物など⁴を)色移りでだめにする. II 再帰 *sich*⁴ *verfärben* ① (洗濯物などが)他の色に染まる, 変色する; 顔色が変わる. Sein Gesicht *verfärbte sich* vor Ärger. 怒りのあまり彼の顔色が変わった. ② 《狩》(季節によって鹿・いのししなどの)毛色が変わる.

ver·fas·sen [フェァ・ファッセン fɛr-fásən] du verfasst, er verfasst (verfasste, hat ... verfasst) 他 (完了 haben) (手紙・小説など⁴を)執筆する, 書く, (文書など⁴を)作成する. (英 *write*). Er *verfasste* mehrere Romane. 彼はいくつもの長編小説を書いた.

der **Ver·fas·ser** [フェァ・ファッサァ fɛr-fásər] 男 (単2) -s/(複) - (3格のみ -n) 著者, 著作者; (文書などの)起草者 (英 *author*). der *Verfasser* eines Dramas ドラマの作者.

Ver·fas·se·rin [フェァ・ファッセリン fɛr-fásərɪn] 女 -/..rinnen (女性の)著者, 著作者.

ver·fasst [フェァ・ファスト] verfassen (執筆する)の 過分, 3人称単数・2人称親称複数 現在

ver·fass·te [フェァ・ファステ] verfassen (執筆する)の 過去

die **Ver·fas·sung** [フェァ・ファッスング fɛr-fásʊŋ] 女 (単) -/(複) -en ① 憲法; (団体などの)定款, 規則. (英 *constitution*). eine demokratische *Verfassung* 民主的な憲法 / **gegen** die *Verfassung* verstoßen 憲法に違反する. ② 〘圈 なし〙(心身の)状態, 調子, コンディション. (英 *condition*). Geistes*verfassung* 精神状態 / Ich bin heute in schlechter *Verfassung*. 私はきょうは気分(体調)が悪い.

Ver·fas·sungs·än·de·rung [フェァ・ファッスングス・エンデルング] 女 -/-en 憲法改正.

Ver·fas·sungs·ge·richt [フェァ・ファッスングス・ゲリヒト] 中 -[e]s/-e 憲法裁判所.

ver·fas·sungs·mä·ßig [フェァふァッスングス・メースィヒ] 形 憲法に基づく, 憲法上の.

Ver·fas·sungs·schutz [フェァ・ファッスングス・シュッツ] 男 -es/ ① 憲法擁護, 護憲. ② 《口語》[ドイツ]連邦憲法擁護庁 (=Bundesamt für *Verfassungsschutz*).

ver·fas·sungs·wid·rig [フェァ・ファッスングス・ヴィードリヒ] 形 憲法違反の, 違憲の.

ver·fau·len [フェァ・ファオれン fɛr-fáʊlən] 自 (s) (肉・果物などが)腐る, 朽ちる.

ver·fech·ten* [フェァ・フェヒテン fɛr-fɛ́çtən] 他 (h) (見解・権利など⁴を)あくまでも主張する, 擁護する. einen Standpunkt *verfechten* ある立場を堅持する.

Ver·fech·ter [フェァ・フェヒタァ fɛr-fɛ́çtər] 男 -s/- 主張者, 擁護者. (女性形: -in).

ver·feh·len [フェァ・フェーれン fɛr-féːlən] 他 (h) ① (人⁴に)会いそこなう, (物⁴に)乗りそこなう. Ich wollte ihn abholen, *habe* ihn aber *verfehlt*. 私は彼を迎えに行くつもりだったが, 行き違いになった / den Zug *verfehlen* 列車に乗り遅れる. ◇〘相互的に〙 *sich*⁴ *verfehlen* 互いに行き違いになる. ② (目標など⁴を)はずれる, 間違える. Der Schuss *verfehlte* das Tor. シュートはゴールをはずれた / Er *hat* seinen Beruf *verfehlt*. 彼は職業を間違えた (本職以外の才能をほめる場合にも用いる). ③ 《雅》 (中⁴を)逸する. Ich *möchte* [es] nicht *verfehlen*, Ihnen zu danken. あなたにぜひともお礼を申し上げたい.

ver·fehlt [フェァ・フェーると] I verfehlen (会いそこなう)の 過分 II 形 間違った, 誤った, 的はずれの.

Ver·feh·lung [フェァ・フェーるング] 女 -/-en 過ち, 過失, 違反.

ver·fein·den [フェァ・ファインデン fɛr-fáɪndən] 再帰 (h) 〘*sich*⁴ [**mit** 人³] ~〙([人³と])仲たがいする, 不仲となる. Sie *haben sich* miteinander *verfeindet*. 彼らは仲たがいした.

ver·fei·nern [フェァ・ファイナァン fɛr-fáɪnərn] I 他 (h) 洗練する, (物⁴に)磨きをかける. die Soße⁴ mit Sahne *verfeinern* 生クリームでソースに上品な風味を添える / eine Methode⁴ *verfeinern* 方法を精密にする. ◇〘過去分詞の形で〙 ein *verfeinerter* Geschmack 洗練された趣味. II 再帰 (h) *sich*⁴ *verfeinern* 洗練される, 磨きがかかる.

Ver·fei·ne·rung [フェァ・ファイネルング] 女 -/-en 洗練; 洗練されたもの.

ver·fe·men [フェァ・フェーメン fɛr-féːmən] 他 (h) 《雅》(社会的に)追放する.

ver·fer·ti·gen [フェァ・フェルティゲン fɛr-fɛ́rtɪgən] 他 (h) (芸術作品など⁴を)作る, 制作(製作)する. Er *hat* Schmuck **aus** Silber *verfertigt*. 彼は銀でアクセサリーを作った.

Ver·fer·ti·gung [フェァ・フェルティグング] 女 -/-en 製作, 制作.

ver·fes·ti·gen [フェァ・フェスティゲン fɛr-fɛ́stɪgən] I 他 (h) 固める, 凝固させる. II 再帰 (h) *sich*⁴ *verfestigen* 固くなる, 凝固する.

Ver·fet·tung [フェァ・フェットゥング] 囡 -/-en 肥満，《医》脂肪変性．

ver·feu·ern [フェァ・フォイアァン fɛr-fóyərn] 他 (h) ① (石炭など⁴を)燃料にする，燃やす；燃やしつくす．② (弾薬など⁴を)撃ちつくす．

ver·fil·men [フェァ・フィるメン fɛr-fílmən] 他 (h) ① (小説など⁴を)映画化する．② [マイクロ]フィルム化する．

Ver·fil·mung [フェァ・フィるムング] 囡 -/-en ① 映画化；[マイクロ]フィルム化．② 映画；[マイクロ]フィルム．

ver·fil·zen [フェァ・フィるツェン fɛr-fíltsən] 自 (s)・再帰 (h) sich⁴ verfilzen (毛糸などが)もつれる，フェルト状になる．

ver·filzt [フェァ・フィるツト] I verfilzen の過分 II 形 ① もつれた，毛玉のできた．

ver·fins·tern [フェァ・フィンスタァン fɛr-fínstərn] I 他 (h) (空など⁴を)暗くする．II 再帰 (h) sich⁴ verfinstern (空が)暗くなる；《比》(表情が)曇る．Der Himmel verfinstert sich zusehends. 見る見るうちに空が暗くなる．

ver·fla·chen [フェァ・フらッヘン fɛr-fláxən] I 自 (s) ① 平らになる，(川などが)浅くなる．② 《比》(話などが)浅薄になる．II 再帰 (h) sich⁴ verflachen (丘などが)平らになる．III 他 平らにする．

ver·flech·ten* [フェァ・フれヒテン fɛr-fléçtən] 他 (h) 編み合わせる；《比》絡み合わせる．Bände⁴ miteinander verflechten リボンを互いに編み合わせる．◇再帰的に sich⁴ verflechten 編み合わされる；《比》絡み合う．

Ver·flech·tung [フェァ・フれヒトゥング] 囡 -/-en 編み合わせ，絡み合い；《比》密接な関連；(企業などの)集中，結合．

ver·flie·gen* [フェァ・フりーゲン fɛr-flí:gən] I 再帰 (h) sich⁴ verfliegen 飛行コースを間違える．II 自 (s) ① (時が)飛ぶように過ぎる．Die Stunden verflogen im Nu. 時間はあっと言う間に過ぎ去った．② (においなどが)消える，飛ぶ，(興奮などが)治まる，消え去る．

ver·flie·ßen* [フェァ・フりーセン fɛr-flí:sən] 自 (s) ① (色が)混ざり合う；《比》(境界などが)あいまいになる．② 《雅》(時が)流れ去る，過ぎ去る．
◇☞ **verflossen**

ver·flixt [フェァ・フりクスト fɛr-flíkst] I 形 《口語》① いまいましい，不愉快な，腹立たしい．eine verflixte Sache しゃくにさわること．◇間投詞的に Verflixt [noch mal]! こんちくしょう．② ものすごい．II 副 《口語》ものすごく，ひどく．Der Koffer ist verflixt schwer. このスーツケースはすごく重い．

ver·flos·sen [フェァ・フろッセン] I verfließen (混ざり合う)の過分 II 形 《口語》昔の，かつての，(恋人などの)． seine verflossene Freundin 彼の昔のガールフレンド．◇名詞的に ihr Verflossener 彼女の昔のボーイフレンド (別れた夫)．

ver·flu·chen [フェァ・フるーヘン fɛr-flú:xən] 他 (h) (人⁴に)のろいをかける，(人・事⁴を)

いまいましく思って)のろう，ののしる．

ver·flucht [フェァ・フるークト] I verfluchen (のろいをかける)の過分 II 形《俗》① のろわれた，いまいましい．eine verfluchte Geschichte しゃくにさわる話．◇間投詞的に Verflucht [noch mal]! こんちくしょう．② ものすごい(空腹・幸運など)．III 副《俗》ものすごく．

ver·flüch·ti·gen [フェァ・フリュヒティゲン fɛr-flýçtigən] I 再帰 (h) sich⁴ verflüchtigen ①《化》(液体が)蒸発する，揮発する．②《霧・においなどが)消えてなくなる．③《口語・戯》(人が)こっそりいなくなる，(物が)消えてなくなる．II 他 (h)《化》(液体⁴を)蒸発させる，揮発させる．

ver·flüs·si·gen [フェァ・フリュッスィゲン fɛr-flýsɪgən] 他 (h) (気体⁴を)液化させる，液体にする．◇再帰的に sich⁴ verflüssigen 液化する，液体になる．

Ver·flüs·si·gung [フェァ・フリュッスィグング] 囡 -/-en 液化，液体化．

ver·fol·gen [フェァ・フォるゲン fɛr-fólgən] (verfolgte, hat ... verfolgt) 他 (完了 haben) ① (人・物⁴を)追う，追跡する；《比》(考え・不運などが 人・物⁴に)つきまとう．《英 pursue》．Die Polizei verfolgt den Bankräuber. 警察が銀行強盗を追跡する / 人⁴ mit Blicken verfolgen 《比》人⁴を目で追う / Eine dunkle Ahnung verfolgte ihn. 《比》はっきりとはしないが，ある予感が彼につきまとっていた / Er ist vom Pech verfolgt.《状態受動・現在》《比》彼は不運につきまとわれている．

② (道・足跡など⁴を)たどる．Wir verfolgten den Weg bis an den Fluss. 私たちはその道をたどって川まで行った．

③ 迫害する．人⁴ aus politischen Gründen verfolgen 人⁴を政治的な理由で迫害する．

④《人⁴ mit 事³》(人⁴を事³で)責めたてる，悩ます．Sie verfolgte ihn mit ihren Bitten. 彼女は彼にうるさくせがんだ．⑤ (目的など⁴を)追求する，(計画など⁴を)推し進める．eine Absicht⁴ verfolgen ある意図を達成しようとする．⑥ (事の成り行き⁴を)見守る．Die Fans verfolgen mit Spannung das Fußballspiel. ファンはかたずをのんでサッカーの試合経過を見守る．⑦《法》訴追する．

Ver·fol·ger [フェァ・フォるガァ fɛr-fólgər] 男 -s/- 追跡者，追っ手；迫害者．(女性形：-in)．

ver·folgt [フェァ・フォるクト] verfolgen (追う)の過分，3人称単数・2人称親称複数過去

ver·folg·te [フェァ・フォるクテ] verfolgen (追う)の過去

die Ver·fol·gung [フェァ・フォるグング fɛr-fólgʊŋ] 囡 (単) -/(複) -en ① 追跡．《英 pursuit》．die Verfolgung⁴ auf|nehmen 追跡を始める．② 迫害．die Verfolgung der Juden² ユダヤ人の迫害．③《法》訴追．④《ふつう 複》(目的などの)追求．

Ver·fol·gungs·wahn [フェァ・フォるグングス・ヴァーン] 男 -[e]s/《心》追跡(迫害)妄想．

ver・for・men [フェア・フォルメン fɛr-fórmən] 他 ① (物⁴の)形をゆがめる, 変形させる. ◇《再帰的に》 sich⁴ verformen 形がゆがむ, 変形する. ② (金属など⁴を)成形する.

ver・frach・ten [フェア・フラハテン fɛr-fráxtən] 他 (h) ① (貨物として)運送する; 積み込む. ② 《口語・戯》(人⁴を…へ)連れて行く. 人⁴ in den Zug verfrachten 人⁴を列車に乗せる.

ver・fran・zen [フェア・フランツェン fɛr-frántsən] 再帰 h) sich⁴ verfranzen ① 《空》 飛行コースを間違える. ② 《口語》道に迷う.

ver・frem・den [フェア・フレムデン fɛr-frémdən] 他 (h) (ありふれた事柄など⁴を)目新しい形で表現する. 《文学・劇》異化する.

Ver・frem・dung [フェア・フレムドゥング fɛr-/ -en 目新しいものにすること; 《文学・劇》異化.

ver・fres・sen¹ [フェア・フレッセン fɛr-frésən] 他(h)《俗》(給料など⁴を)食べることに使い果たす.

ver・fres・sen² [フェア・フレッセン fɛr-frésən] 形 《俗》 食い意地の張った, がつがつした.

ver・fro・ren [フェア・フローレン fɛr-fróːrən] 形 ① 冷えきった, 凍えた. ② 寒がりの.

ver・frü・hen [フェア・フリューエン fɛr-frýːən] 再帰 (h) sich⁴ verfrühen (予定より)早く来る, 早く起こる. Der Winter hat sich dieses Jahr verfrüht. 今年は冬が早く来た.

ver・früht [フェア・フリュート fɛr-frýːt] I verfrühen 再帰 で: 早く来る)の 過分 II 形 早すぎる, 時期尚早の.

ver・füg・bar [フェア・フュークバール] 形 意のままにできる, 自由に使用(処理)できる(お金など).

Ver・füg・bar・keit [フェア・フュークバールカイト] 女 -/ 意のままにできること, 自由に使用(処理)できること.

ver・fü・gen [フェア・フューゲン fɛr-fýːgən] (verfügte, hat … verfügt) I 自 《完了》 haben) 《**über** 人・物⁴~》(人・物⁴を)意のままにする, 自由に使用(処理)する; (物⁴(経験・能力など)を)持っている. Sie dürfen jederzeit über mein Auto verfügen. あなたはいつでも私の車を使っていいですよ / Bitte, verfügen Sie über mich! ご用は何なりと私におっしゃってください / Er verfügt über reiche Erfahrungen. 彼は豊かな経験の持ち主だ.
II 他 《完了》 haben) (職権によって物⁴を)命令する, 定める. Er verfügte den Bau einer neuen Schule. 彼は新しい学校の建設を命じた.
III 再帰 《完了》 haben) sich⁴ verfügen 《方向を表す語句とともに》《書・戯》(…へ)行く, 赴く. Er verfügte sich nach Hause. 彼は帰宅した.

ver・fügt [フェア・フュークト] verfügen (意のままにする)の 過分, 3人称単数・2人称親称複数 現在

ver・füg・te [フェア・フュークテ] verfügen (意のままにする)の 過去

die **Ver・fü・gung** [フェア・フューグング fɛr-fýːɡʊŋ] 女 -/(単)/-(複)-en ① (覆なし) 自由な使用(処理), 《英》 disposal). (物⁴ zur Verfügung haben 物⁴を自由に使用(処理)できる / Ich halte mich zu Ihrer Verfügung. 私はいつでもあなたのお役にたちます / 物¹ steht 人³ zur Verfügung 物¹を人³が自由に使える ⇒ Das Zimmer steht dir jederzeit zur Verfügung. この部屋はいつでも自由に使っていいよ / 物¹ zur Verfügung stellen 人³に物⁴を自由に使わせる.
② 《法》(官庁などの)命令, 指令; 《法》処分. eine einstweilige Verfügung 仮処分 / eine letztwillige Verfügung 遺言 / eine Verfügung⁴ erlassen 指令を発する.

Ver・fü・gungs・ge・walt [フェア・フューグングス・ゲヴァルト] 女 -/ 自由裁量権, 処分権能.

ver・füh・ren [フェア・フューレン fɛr-fýːrən] (verführte, hat … verführt) 他 《完了》 haben) ① 《人⁴ **zu** 物³ ~》(人⁴に物³をするように)そそのかす. einen Freund zum Trinken verführen 一杯やりに友だちを誘い出す / Der niedrige Preis verführte sie zum Kauf. 値段が安いので彼女はつい買う気になった / Darf ich Sie zu einer Tasse Kaffee verführen? 《口語・戯》 コーヒーを1杯飲みませんか. ② (少女など⁴を)誘惑する.

Ver・füh・rer [フェア・フューラァ fɛr-fýːrər] 男 -s/- 誘惑者. (女性形: -in).

ver・füh・risch [フェア・フューレリッシュ fɛr-fýːrərɪʃ] 形 気をそそる(申し出など); 誘惑的な, 魅惑的な(女性など).

ver・führt [フェア・フュート] verführen (そそのかす)の 過分, 3人称単数・2人称親称複数 現在

ver・führ・te [フェア・フューァテ] verführen (そそのかす)の 過去

Ver・füh・rung [フェア・フューレルング] 女 -/-en ① 誘惑, そそのかし. ② 魅力.

ver・füt・tern [フェア・フュッタァン fɛr-fýtərn] 他 (h) 飼料として与える; 飼料として使う.

ver・gab [フェア・ガープ] vergeben¹ (許す)の 過去

Ver・ga・be [フェア・ガーベ fɛr-gáːbə] 女 -/-n 《ふつう 単》(賞などの)授与, (仕事などの)委託.

ver・gä・be [フェア・ゲーベ] vergeben¹ (許す)の 接要

ver・gaf・fen [フェア・ガッフェン fɛr-gáfən] 再帰 (h) 《*sich*⁴ **in** 人・物⁴ ~》《俗》(人・物⁴に)ほれ込む.

ver・gäl・len [フェア・ゲレン fɛr-gélən] 他 (h) ① (アルコールなど⁴を)変性させる, 飲めなくする. ② 《比》(人³の 物⁴を)だいなしにする.

ver・ga・lop・pie・ren [フェア・ガロピーレン fɛr-galopíːrən] 再帰 (h) sich⁴ vergaloppieren 《口語》 あわててへまをする.

ver・gam・meln [フェア・ガンメルン fɛr-gáməln] I 自 (s) 《口語》(食べ物が)傷む, 腐る, だめになる; (庭などが)荒れる. II 他 (h) 《口語》(時⁴を)むだに過ごす.

ver・gan・gen [フェア・ガンゲン fɛr-gáŋən] I vergehen (過ぎ去る)の 過分
II 形 過ぎ去った, 過去の, この前の. (《英》 past).

am *vergangenen* Montag この前の月曜日に / im *vergangenen* Jahr 昨年[中]に.

die **Ver·gan·gen·heit** [ふェァ・ガンゲンハイト fɛr-gáɲənhaɪt] 囡 (単) –/(複) –en ① 〖複 なし〗過去, 過去のこと. (英 past). (べつ「現在」は Gegenwart,「未来」は Zukunft). die jüngste *Vergangenheit* 最近 / Das gehört der *Vergangenheit* an. それは過去のことだ / Er hat eine dunkle *Vergangenheit*. 彼には暗い過去がある / eine Frau mit *Vergangenheit* 過去のある女性.
② 〖ふつう 単〗〖言〗過去[時称]; 過去形.

ver·gäng·lich [ふェァ・ゲングリヒ] 形 移ろいやすい, つかの間の; はかない, 無常の.

Ver·gäng·lich·keit [ふェァ・ゲングリヒカイト] 囡 –/ 移ろいやすいこと; はかなさ, 無常.

ver·ga·sen [ふェァ・ガーゼン fɛr-gá:zən] 他 (h) ① (石炭など⁴を)ガス化する, 気化する. ② (人⁴を)毒ガスで殺す.

Ver·ga·ser [ふェァ・ガーザァ fɛr-gá:zər] 男 –s/–《工》気化器, キャブレター.

ver·gaß [ふェァ・ガース] ＊vergessen¹ (忘れる)の 過去

ver·gä·ße [ふェァ・ゲーセ] ＊vergessen¹ (忘れる)の 接②

Ver·ga·sung [ふェァ・ガーズング] 囡 –/–en ① ガス化, 気化. ② 毒ガスによる殺害. ③ 〖成句的に〗bis *zur Vergasung*《口語》うんざりするほど.

ver·ge·ben¹＊ [ふェァ・ゲーベン fɛr-gé:bən] du vergibst, er vergibt (vergab, hat ... vergeben) I 他 (定了 haben) ① 《雅》(人³の罪・過失など⁴を)許す. Sie *vergab* ihm seinen Fehler. 彼女は彼の過失を許してやった. ◇〖目的語なしでも〗*Vergib* mir! 許してくれ. (☞ 類語 entschuldigen).
② (仕事・地位・賞など⁴を)与える, 授ける. einen Preis (ein Stipendium⁴) **an** 人⁴ *vergeben* 賞(奨学金)を人⁴に与える / Es sind noch einige Eintrittskarten zu *vergeben*. 入場券はまだ何枚か残っている / Die Stelle *ist* schon *vergeben*.《状態受動・現在》そのポストはもうふさがっている / Heute Abend *bin* ich schon *vergeben*.《状態受動・現在》今晩私はすでに先約がある. ③ 〖成句的に〗sich³ etwas⁴ (nichts⁴) *vergeben* 体面をけがす(保つ). Du *vergibst* dir nichts, wenn du das tust. 君はそれをしても何も恥じることはないよ. ④ (スポ)(チャンスなど⁴を)のがす. ⑤ 〖ゴールなど⁴をはずす. ⑥ 〖トランプ〗(カード⁴を)配り間違う.
II 再帰 (定了 haben) sich⁴ *vergeben*《トランプ》カードを配り間違う.

ver·ge·ben² [ふェァ・ゲーベン] vergeben¹ (許す)の 過分

ver·ge·bens [ふェァ・ゲーベンス fɛr-gé:bəns] 副〖文全体にかかって〗むだに, 無益に. (英 in vain). Er hat *vergebens* gewartet. 彼は待ったがむだだった / sich⁴ *vergebens* bemühen むだ骨を折る.

ver·geb·lich [ふェァ・ゲープリヒ fɛr-gé:plɪç] 形 むだな, 無益な, むなしい. (英 vain). *vergebliche* Bemühungen むだな骨折り / Alle Versuche waren *vergeblich*. すべての試みが徒労だった / Wir warteten *vergeblich* auf Nachricht. 私たちは知らせを待ったがむだだった.

Ver·geb·lich·keit [ふェァ・ゲープリヒカイト] 囡 –/ むだ, 徒労.

Ver·ge·bung [ふェァ・ゲーブング] 囡 –/–en 《雅》許し. die *Vergebung* der Sünden² 《キリスト教》罪の許し.

ver·ge·gen·wär·ti·gen [ふェァ・ゲーゲンヴェルティゲン fɛr-gé:gənvɛrtɪgən または ..ヴェルティゲン] 再帰 (h) sich³ 事⁴ *vergegen wärtigen* 事⁴をありありと思い浮かべる.

ver·ge·hen＊ [ふェァ・ゲーエン fɛr-gé:ən] (verging, ist/ hat ... vergangen) I 自 (定了 sein) ① (時が)過ぎ去る, 経過する. (英 pass). Die Zeit *vergeht* schnell. 時のたつのは速い / Die Tage *vergingen* [mir] wie im Fluge. 日々が飛ぶように過ぎ去った. ◇〖過去分詞の形で〗im *vergangenen* Jahr 昨年[中]に.
② (苦痛・喜びなどが)消え去る, なくなる; (霧などが)消える. Die Schmerzen *vergehen* nicht. 痛みが止まらない / Der Appetit *ist* mir *vergangen*.《現在完了》私は食欲がなくなった.
③ 〖**vor** 物³ ～〗(物³のあまり)死ぬ思いである. Ich *vergehe* vor Durst. 私はのどが渇いて死にそうだ. ④ 《雅》死ぬ; (植物が)枯死する.
II 再帰 (定了 haben) sich⁴ *vergehen* ① 〖sich⁴ **gegen** 物⁴ ～〗(物⁴に)違反する. sich⁴ gegen das Gesetz *vergehen* 法律に違反する.
② 〖sich⁴ **an** 人³ ～〗(人³(女性)に)暴行する.
◇▶ **vergangen**

Ver·ge·hen [ふェァ・ゲーエン] 中 –s/– 違反行為; 〖法〗軽犯罪.

ver·geis·tigt [ふェァ・ガイスティヒト] 形 精神的な, 超俗的な.

ver·gel·ten＊ [ふェァ・ゲるテン fɛr-gélten] 他 (h) ① (人³の事⁴に)報いる; お返しをする. Wie soll ich dir das *vergelten*? どうやって君にこのお礼をしたらいいだろう / *Vergelt's* Gott! ありがとう(←神が君に報いたまわんことを). ② 〖A⁴ **mit** B³ ～〗 (A⁴ に B³ で)報いる. 人³ Gutes⁴ mit Bösem *vergelten* 人³に恩をあだで返す(←善に悪で報いる) / Gleiches⁴ mit Gleichem *vergelten* しっぺ返しをする.

Ver·gel·tung [ふェァ・ゲるトゥング] 囡 –/–en ① 報い, お返し. ② 〖ふつう 単〗報復. für 物⁴ *Vergeltung* üben 物⁴の報復をする.

Ver·gel·tungs·maß·nah·me [ふェァゲるトゥングス・マースナーメ] 囡 –/–n 報復措置.

ver·ge·sell·schaf·ten [ふェァ・ゲゼるシャふテン fɛr-gəzélʃaftən] I 他 (h) ① 〖経〗(財産など⁴を)国有(公有)化する, (企業など⁴を)国営(公営)化する. ② 〖社・心〗(人⁴を)社会に適応させる, 社会化する. II 再帰 (h) sich⁴ *vergesellschaften*《生・医》群集を形成する; 共存(共生)する.

ver·ges·sen¹* [ふェア・ゲッセン fɛr-gésən]

> 忘れる
> Ich werde dich nie *vergessen*.
> イヒ ヴェーァデ ディヒ ニー フェアゲッセン
> 君のことは決して忘れないよ.

du vergisst, er vergisst (vergaß, *hat*…vergessen) **I** 他 (完了) haben) 忘れる; 置き忘れる. (英) *forget*). eine Telefonnummer⁴ *vergessen* 電話番号を忘れる / Ich *habe* seinen Namen *vergessen*. 私は彼の名前を忘れてしまった / Er *hat* seinen Schirm **im** Zug *vergessen*. 彼は傘を列車に置き忘れた / Ich *habe vergessen*, dass… 私は…ということを忘れてしまった / *Vergessen* Sie bitte nicht, die Fenster zu schließen! 窓を閉めるのを忘れないでください / Sie *hatten* **über** den Erzählen ganz die Arbeit *vergessen*. 彼らは話に夢中になっていてすっかり仕事のことを忘れてしまっていた / Das *werde* ich dir nie *vergessen*! 君のこの親切(仕打ち)は決して忘れないよ / *Vergiss* es! a) それは意味がない, b) それは無視していい(←それを忘れろ) / Das *kannst* du *vergessen*! 《口語》その話はもう時効だよ, 期待するだけむださ(←それは忘れていい) / nicht zu *vergessen*… 《列挙などの最後に:》(そして)忘れてならないのは…だ. ◇〔目的語なしでも〕Er *vergisst* sehr leicht. 彼はとても忘れっぽい. ◇〔過去分詞の形で〕ein *vergessener* Dichter 《世間から》忘れられた詩人. **II** 自 (完了 haben) ① 《雅》(人・物²を)忘れる. ② 〖**auf** 人・物⁴ ~〗《南ドイツ・オストリア》(人・物⁴を)忘れる. **III** 再帰 (完了 haben) *sich⁴ vergessen* (かっとなって)われを忘れる, 逆上する. Er *vergaß sich* in seinem Zorn. 彼は立腹のあまりわれを忘れた.

ver·ges·sen² [ふェア・ゲッセン] ‡vergessen¹ (忘れる)の 過分

Ver·ges·sen·heit [ふェア・ゲッセンハイト] 女 -/ 忘れられていること; 忘却. in *Vergessenheit* geraten 忘れ去られる.

ver·gess·lich [ふェア・ゲスリヒ] 形 忘れっぽい, 健忘症の.

Ver·gess·lich·keit [ふェア・ゲスリヒカイト] 女 -/ 忘れっぽさ, 健忘症.

ver·geu·den [ふェア・ゴイデン fɛr-góydən] 他 (h) (時間・お金など⁴を)浪費する, むだに使う.

Ver·geu·dung [ふェア・ゴイドゥング] 女 -/-en 浪費, むだ使い.

ver·ge·wal·ti·gen [ふェア・ゲヴァるティゲン fɛr-gəváltɪgən] (過分 vergewaltigt) 他 (h) ① (女性⁴を)強姦(ごうかん)する, レイプする. ② (国民などの⁴を)抑圧する; (法律などの⁴を)ねじ曲げる.

Ver·ge·wal·ti·gung [ふェア・ゲヴァるティグング] 女 -/-en 強姦(ごうかん); 抑圧; (法律などの)ねじ曲げ.

ver·ge·wis·sern [ふェア・ゲヴィッサァン fɛr-gəvísərn] 再帰 (h) *sich⁴* 再²*vergewissern* 再²を確かめる, 確認する. ◇《**dass** 文, **ob** 文とともに》*Hast du dich vergewissert*, dass (ob) die Tür abgeschlossen ist? 君はドアに鍵(かぎ)がかかっているのを(かかっているかどうかを)確かめたか.

ver·gib [ふェア・ギープ] vergeben¹ (許す)の du に対する 命令

ver·gibst [ふェア・ギープスト] vergeben¹ (許す) の 2 人称親称単数 現在

ver·gibt [ふェア・ギープト] vergeben¹ (許す) の 3 人称単数 現在

ver·gie·ßen* [ふェア・ギーセン fɛr-gí:sən] 他 (h) ① (誤って)こぼす. Ich *habe* hier etwas Wasser *vergossen*. 私はここに少し水をこぼしてしまった. ② (涙・血など⁴を)流す. Tränen² *vergießen* 涙をこぼす.

ver·gif·ten [ふェア・ギふテン fɛr-gíftən] du vergiftest, er vergiftet, *hat*…vergiftet) **I** 他 (完了) haben) 《英》*poison*) ① (物⁴に)毒を入れる(塗る); (大気など⁴を)汚染する. Er *hat* die Speisen *vergiftet*. 彼は料理に毒を入れた. ◇〔過去分詞の形で〕ein *vergifteter* Pfeil 毒矢. ② 毒殺する. Sie *hat* ihren Mann *vergiftet*. 彼女は夫を毒殺した. ◇《再帰的に》*sich⁴ vergiften* 服毒自殺をする. ③ 《比》(心⁴を)毒する, (健康⁴を)害する, そこなう. **II** 再帰 (完了 haben) *sich⁴ vergiften* 食中毒にかかる. *sich⁴* **an** Pilzen (**durch** verdorbene Wurst) *vergiften* きのこ(腐ったソーセージ)にあたる.

ver·gif·tet [ふェア・ギふテット] vergiften (毒を入れる)の 過分, 3 人称単数・2 人称親称複数 現在

ver·gif·te·te [ふェア・ギふテテ] vergiften (毒を入れる)の 過去

Ver·gif·tung [ふェア・ギふトゥング] 女 -/-en ① 毒を入れること; 毒殺. ② 《医》中毒. **an** einer *Vergiftung* sterben 中毒死する.

Ver·gil [ヴェルギーる vɛrgí:l] -s/ 《人名》ベルギリウス (Publius *Vergilius* Maro 前 70-前 19; 古代ローマの詩人).

ver·gil·ben [ふェア・ギるベン fɛr-gílbən] 自 (s) (紙などが)黄色くなる, 黄ばむ.

ver·gilbt [ふェア・ギるプト] **I** vergilben (黄色くなる)の 過分 **II** 形 黄色くなった, 黄ばんだ(写真・紙など).

ver·ging [ふェア・ギング] vergehen (過ぎ去る)の 過去

ver·gin·ge [ふェア・ギンゲ] vergehen (過ぎ去る)の 接 2

ver·giss [ふェア・ギス] ‡vergessen¹ (忘れる)の du に対する 命令

Ver·giss≠mein≠nicht [ふェアギス・マイン・ニヒト] 中 -[e]s/-[e] 《植》ワスレナグサ(忘れな草) (友愛と思い出のシンボル).

ver·gisst [ふェア・ギスト] ‡vergessen¹ (忘れる)の 2 人称親称単数・3 人称単数 現在

ver·git·tern [ふェア・ギッタァン fɛr-gítərn] 他 (h) (物⁴に)格子を付ける. ◇〔過去分詞の形で〕*vergitterte* Fenster 格子窓.

ver・gla・sen [フェア・グラーゼン fɛr-glá:zən] 他 (h) (物⁴に)ガラスをはめる. ◇《過去分詞の形で》eine verglaste Veranda ガラス張りのベランダ.

***der* Ver・gleich** [フェア・グラィヒ fɛr-gláiç] 男 (単2)-[e]s/(複)-e (3格のみ -en) ① 比較, 対比. (英 comparison). ein treffender Vergleich 適切な比較 / einen Vergleich an|stellen (または ziehen) 比較する / Das ist ja kein Vergleich! それもどうにも比較にならない[ほど良い・悪い] / Er hält den Vergleich mit seinem Bruder nicht aus. 彼は彼の兄とは比べものにならない(はるかに劣っている) / im Vergleich zu (または mit) 人・物³ 人・物³と比較して. ② 〖文学〗直喩(ちょくゆ). ③ 〖法〗和解, 和議. einen Vergleich schließen 和解する. ④ 《スポ》(チーム間の)練習試合.

ver・gleich・bar [フェア・グラィヒバール] 形 比較できる. mit 人・物³ vergleichbar sein 人・物³と比べられる, 人・物³に匹敵する.

ver・glei・chen [フェア・グラィヒェン fɛr-gláiçən] (verglich, hat … verglichen) I 他 (完了) haben) ① (人・物⁴を)比較する, 比べる. (英 compare). Preise⁴ vergleichen 値段を比較する / eine Kopie⁴ mit dem Original vergleichen 複製をオリジナルと比較する / Das ist doch gar nicht zu vergleichen! 〘口語〙 それはまったく比べものにならない / Vergleiche (略: vgl.) Seite 12! 12ページを参照せよ. ◇《現在分詞の形で》vergleichende Sprachwissenschaft 比較言語学. ◇《過去分詞の形で》Verglichen mit ihm bist du ein Zwerg. 彼と比べると君は小人のようだ.
② (A⁴ mit B³ ~] (A⁴をB³に)例える. Der Dichter verglich sie mit einer Blume. 詩人は彼女を花になぞらえた.
II 再帰 (完了) haben) 〖sich⁴ [mit 人³] ~〗 ① (人³と)優劣を競う, 張り合う. Mit ihm kannst du dich nicht vergleichen. 彼には君はかなわないよ. ② 〖法〗(人³と)和解する.

ver・gleichs=wei・se [フェアグラィヒス・ヴァィゼ] 副 他と比較して, 比較的.

ver・glich [フェア・グリヒ] *vergleichen (比較する)の過去

ver・gli・che [フェア・グリッヒェ] *vergleichen (比較する)の接²

ver・gli・chen [フェア・グリッヒェン] *vergleichen (比較する)の過分

ver・glim・men⁽*⁾ [フェア・グリンメン fɛr-glímən] 自 (s) (火・光などが)しだいに消えてゆく.

ver・glü・hen [フェア・グリューエン fɛr-glý:ən] 自 (s) ① (流星・人工衛星などが大気圏で)燃え尽きる. ② (火などが)しだいに消えてゆく.

ver・gnü・gen [フェア・グニューゲン fɛr-gný:gən] (vergnügte, hat … vergnügt.) I 再帰 (完了) haben) 〖sich⁴ vergnügen 楽しむ, 興じる. (英 enjoy). sich⁴ auf einem Fest vergnügen 祭りを楽しむ / Die Kinder vergnügten sich mit Schneeballwerfen. 子供たちは雪合戦に興じた.
II 他 (完了 haben) (人⁴を)面白がらせる, 楽しませる.
◇☞ vergnügt

***das* Ver・gnü・gen** [フェア・グニューゲン fɛr-gný:gən] 中 (単2)-s/(複)- ① (〖複〗なし)楽しみ, 喜び. (英 pleasure). ein kindliches Vergnügen 無邪気な楽しみ / [Ich wünsche Ihnen] viel Vergnügen! (遊びに行く人などに:) 大いに楽しんでいらっしゃい / Das macht (または bereitet) mir Vergnügen. それをするのが私には楽しい / Es ist mir ein Vergnügen. 喜んでいたしますよ / Es war mir ein Vergnügen, Sie kennen zu lernen. お近づきになれてたいへんうれしゅうございました / an 物³ Vergnügen⁴ haben 物³に楽しみ(喜び)を見いだす / Mit [dem größten] Vergnügen! (依頼などに対して:) 喜んで! / zum Vergnügen tun 楽しみのために 物⁴をする / ☞ 〖類語〗Freude).
② 〖ふつう 複〗楽しみごと; 楽しい催し, (特に:) ダンスパーティー. Das ist ein teures Vergnügen. それはお金のかかる楽しみだ.

ver・gnüg・lich [フェア・グニュークリヒ] 形 楽しい, 愉快な.

ver・gnügt [フェア・グニュークト fɛr-gný:kt] I vergnügen (楽しむ)の 過分, 3人称単数・2人称親称複数 現在
II 形 (比較) vergnügter, (最上) vergnügtest) 楽しそうな, 陽気な; 楽しい. (英 cheerful). Er ist immer vergnügt. 彼はいつも上機嫌だ / ein vergnügter Abend 愉快な晩 / sich³ einen vergnügten Tag machen 楽しい一日を過ごす.

ver・gnüg・te [フェア・グニュークテ] vergnügen (再帰) の過去

Ver・gnü・gung [フェア・グニューグング] 女 -/-en 〖ふつう 複〗楽しみごと, 娯楽; 楽しい催し.

Ver・gnü・gungs=park [フェアグニューグングス・パルク] 男 -s/-s (まれに -e) 遊園地.

Ver・gnü・gungs=rei・se [フェアグニューグングス・ライゼ] 女 -/-n (商用旅行などに対して:)行楽の旅, レジャー観光.

Ver・gnü・gungs=steu・er [フェアグニューグングス・シュトィアァ] 女 -/-n 遊興税, 娯楽税.

Ver・gnü・gungs=sucht [フェアグニューグングス・ズフト] 女 -/- 遊び好き, 享楽欲.

ver・gnü・gungs=süch・tig [フェアグニューグングス・ズュヒティヒ] 形 遊び好きの, 享楽的な.

ver・gol・den [フェア・ゴルデン fɛr-góldən] 他 (h) ① (物⁴に)金めっきする, 金箔(きんぱく)を張る; 〖比〗金色(きんいろ)に染める. ◇《過去分詞の形で》eine vergoldete Uhr 金張りの時計. ② (雅) (実際よりも)美しい(楽しい)ものにする, (年月などが苦しい経験など⁴を)美化する.

Ver・gol・dung [フェア・ゴルドゥング] 女 -/-en ① 金めっきすること. ② 金めっき, 金箔(きんぱく).

ver・gön・nen [フェア・ゲンネン fɛr-gǽnən] 他 (h) (人³に物⁴を恩恵として)与える, 許す; 喜んで認める. Es war ihm nicht vergönnt, diesen Tag zu erleben. 〖状態受動・過去〗彼はこの日を生きて迎えることはできなかった.

ver·göt·tern [フェア・ゲッタァン fɛr-gǽtərn] 他 (h) 盲目的に崇拝する; 熱愛する.

Ver·göt·te·rung [フェア・ゲッテルング] 囡 -/-en 盲目的崇拝; 熱愛.

ver·gra·ben* [フェア・グラーベン fɛr-grá:bən] I 他 (h) ① (隠すために)地中に埋める. einen Schatz vergraben 宝物を埋蔵する. ② (手⁴をポケットへ)突っ込む; (顔⁴を両手で)覆う, 隠す. die Hände⁴ in die Hosentaschen (または in den Hosentaschen) vergraben 両手をズボンのポケットに突っ込む. II 再帰 (h) sich⁴ vergraben ① 潜って隠れる. sich⁴ in die Erde (または in der Erde) vergraben (もぐらなどが)地中に隠れる. ② 《sich⁴ in 物³ (または 再³)~》(物⁴(または 再³)に没頭する.

ver·grä·men [フェア・グレーメン fɛr-grέ:mən] 他 (h) 人⁴の気分を害する, 怒らせる.

ver·grämt [フェア・グレームト] I vergrämen (気分を害する)の 過分 II 形 悲しみにやつれた.

ver·grau·len [フェア・グラオれン fɛr-gráulən] 他 (h) 《口語》① (無愛想な態度で)人⁴を寄りつかなくさせる. ② (人⁴の)やる気をだいなしにする.

ver·grei·fen* [フェア・グライフェン fɛr-gráifən] 再帰 (h) sich⁴ vergreifen ① つかみそこなう; (演奏者が)弾き間違える. ② 《再³ ~》(再³)の選択を誤る. sich⁴ im Ton vergreifen 口のきき方を間違える. ③ 《sich⁴ an 物³ ~》(物³)を横領する. sich⁴ an fremdem Eigentum vergreifen 他人の財産に手をつける. ④ 《sich⁴ an 人³ ~》(人³)に暴行を加える.

◇☞ vergriffen

ver·grei·sen [フェア・グライゼン fɛr-gráizən] 自 (s) ① 老け込む. ② (住民などが)高齢化する. ◇《現在分詞の形で》eine vergreisende Gesellschaft 高齢化社会.

ver·grif·fen [フェア・グリッフェン] I vergreifen (再帰 (つかみそこなう)の 過分 II 形 品切れの, 絶版の(本など). Das Buch ist leider vergriffen. その本は残念ながら絶版です.

ver·grö·ßern [フェア・グレーサァン fɛr-gr:sərn] 他 (vergrößerte, hat ... vergrößert) I 他 (定了 haben) ① 大きくする, 拡大(拡張)する. 《英》enlarge. 《対》「小さくする」は verkleinern. ein Geschäft⁴ vergrößern 店を大きくする / ein Foto⁴ vergrößern 写真を引き伸ばす. ② 増やす, 増大させる. die Belegschaft⁴ vergrößern 従業員を増やす.

II 再帰 (定了 haben) sich⁴ vergrößern ① 大きくなる, 広がる. Der Betrieb hat sich vergrößert. その企業は大きくなった. ② 増える, 増大する. ③ 《口語》住居(店)を拡張する, これまでより広いところに引っ越す.

ver·grö·ßert [フェア・グレーサァト] vergrößern (大きくする)の 過分, 3人称単数・2人称親称複数 現在

ver·grö·ßer·te [フェア・グレーサァテ] vergrößern (大きくする)の 過去

Ver·grö·ße·rung [フェア・グレーセルング] 囡 -/-en ① 《ふつう 単》拡大, 拡張; (写真の)引き伸ばし; 増加, 増大. ② 引き伸ばし写真.

Ver·grö·ße·rungs·glas [フェアグレーセルングス・グらース] 中 -es/..gläser 拡大鏡, ルーペ.

ver·gu·cken [フェア・グッケン fɛr-gúkən] 再帰 (h) sich⁴ vergucken 《口語》① 《sich⁴ in 再³》(再³)を見間違える. ② 《sich⁴ in 人・物³ ~》(人・物³)に見とれて)ほれ込む.

Ver·güns·ti·gung [フェア・ギュンスティグング] 囡 -/-en 特典, 優遇措置, 特別割引.

ver·gü·ten [フェア・ギューテン fɛr-gý:tən] 他 (h) ① (人³に立替金などを)返済する, (人³に)損害など⁴を)補償する. ②《官庁》(仕事など⁴の)報酬を支払う. ③《工》(鋼⁴を)焼き入れする;《光》(レンズ⁴を)コーティングする.

Ver·gü·tung [フェア・ギュートゥング] 囡 -/-en ① 返済, 補償. ② 返済金, 補償金; 報酬. ③《工》焼き入れ.《光》コーティング.

verh. [フェア・ハイラーテット] 《略》既婚の (= verheiratet).

ver·haf·ten [フェア・ハふテン fɛr-háftən] du verhaftest, er verhaftet (verhaftete, hat ... verhaftet) 他 (定了 haben) 逮捕する, 拘禁する.《英》arrest. Die Polizei hat den Täter verhaftet. 警察は犯人を逮捕した.

ver·haf·tet [フェア・ハふテット] I verhaften (逮捕する)の 過分, 3人称単数・2人称親称複数 現在 II 形 ① 逮捕された. ②《in 再³ ~》(再³(伝統など)に)根ざした, しっかり結びついた.

ver·haf·te·te [フェア・ハふテテ] verhaften (逮捕する)の 過去

Ver·haf·tung [フェア・ハふトゥング] 囡 -/-en 逮捕, 拘禁.

ver·ha·geln [フェア・ハーゲるン fɛr-há:gəln] 自 (s) (農作物などが)ひょう害を受ける.

ver·hal·len [フェア・ハれン fɛr-hálən] 自 (s) (音・響きなどが)しだいに消えてゆく;《比》(願いなどが)聞いてもらえないままに終わる.

ver·hält [フェア・へると] *verhalten¹ (再帰 で: ふるまう)の 3人称単数 現在

***ver·hal·ten**¹* [フェア・ハるテン fɛr-háltən] du verhältst, er verhält (verhielt, hat ... verhalten) I 再帰 (定了 haben) sich⁴ verhalten ① (…に)ふるまう, (…の)態度をとる.《英》behave. Er verhält sich immer ruhig. 彼はいつも冷静にふるまう / sich⁴ passiv verhalten 消極的な態度をとる.

② (事柄が…の)状態である. Die Sache verhält sich ganz anders. この件については事情はまったく異なっている. ◇《非人称の es を主語として》Mit den anderen Kindern verhält es sich ganz genauso. 他の子供たちも事情はまったく同じだ. ③《sich⁴ zu 物³ ~》(物³に対して…の)関係にある. 3 verhält sich zu 5 wie 6 zu 10. 3と5の比は6と10の比に等しい.

II 他 (定了 haben)《雅》① (痛み・笑いなど⁴を)抑える, こらえる. die Tränen⁴ verhalten 涙をこらえる / Er verhielt den Atem. 彼は息を殺した. ② (歩み⁴を)止める. ◇《目的語なしでも》an der Kreuzung verhalten 交差点で歩

みを止める． ③ 《スラ》《手で物⁴(口など)を》抑える，ふさぐ．

ver·hal·ten² [ふェア・ハルテン] I ＊verhalten¹ (再帰) で《ふるまう》の 過分 II 形 ① 抑えた，こらえた(感情など); 控えめな(人柄・スピードなど)． mit *verhaltenem* Zorn 怒りを抑えて / *verhalten* fahren 控えめなスピードで運転する． ② 和らげられた，弱められた(音・光など)． *verhaltene* Farbtöne 落ち着いた色調．

＊*das* **Ver·hal·ten** [ふェア・ハルテン fɛr-hál-tən] 中 (単 2) -s/ 態度，ふるまい，(動物などの)行動． (英 *behavior*)． ein anständiges (mutiges) *Verhalten* 礼儀正しい(勇気ある)態度． (類語 Haltung)．

Ver·hal·tens⹀for·schung [ふェアハルテンス・ふォルシュング] 女 -/ 生態学，動物行動学．

ver·hal·tens⹀ge·stört [ふェアハルテンス・ゲシュテァト] 形 (心・医) 行動障害のある．

Ver·hal·tens⹀stö·rung [ふェアハルテンス・シュテールング] 女 -/-en 《ふつう 複》(心・医) 行動障害．

Ver·hal·tens⹀**wei·se** [ふェアハルテンス・ヴァイゼ] 女 -/-n 態度，行動様式．

das **Ver·hält·nis** [ふェア・ヘルトニス fɛr-héltnɪs] 中 (単 2) ..nisses/(複) ..nisse (3 格のみ ..nissen) ① 割合，比，比率; 《数》比例． (英 *proportion*)． im *Verhältnis* [von] 2 zu 1 stehen 2 対 1 の割合である / im *Verhältnis* **zu** dir 君に比べると / Der Lohn steht in keinem *Verhältnis* zur Arbeit. 賃金は仕事に釣り合っていない．
② (人と人との)関係，間柄． (英 *relationship*)． das *Verhältnis* **zwischen** ihm und seinem Bruder 彼と兄との関係 / Ich stehe in einem engen *Verhältnis* zu ihm. 私は彼とは親しい間柄です． ③ 〔口語〕恋愛(肉体)関係; 愛人． **mit** 人³ ein *Verhältnis*⁴ haben 人³と恋愛関係にある．
④ 《複 で》状況，情勢，事情; 境遇． (英 *circumstances*)． die ärmlichen *Verhältnisse* 貧しい境遇 / die politischen *Verhältnisse* 政治情勢 / Sie kommt **aus** kleinen *Verhältnissen*. 彼女は質素な境遇で育った / Er lebt **in** bescheidenen *Verhältnissen*. 彼はつましく暮らしている / Er lebt **über** seine *Verhältnisse*.

ver·hält·nis⹀mä·ßig [ふェアへルトニス・メースィヒ fɛrhéltnɪs-mɛːsɪç] I 副 比較的，割合に． (英 *relatively*)． Diese Arbeit ist *verhältnismäßig* leicht. この仕事は比較的楽だ．
II 形 一定の比率による． (英 *proportional*)．

Ver·hält·nis⹀wahl [ふェアへルトニス・ヴァール] 女 -/-en 比例代表制選挙．

Ver·hält·nis⹀**wort** [ふェアへルトニス・ヴォルト] 中 -[e]s/..wörter 《言》前置詞 (=Präposition)．

ver·hältst [ふェア・ヘルツト] ＊verhalten¹ (再帰) で《ふるまう》の 2 人称親称単数 現在

ver·han·deln [ふェア・ハンデルン fɛr-hándəln] ich verhandle (verhandelte, hat ... verhandelt) I 自 (完了 haben) ① 交渉する，協議する． (英 *negotiate*)． **mit** 人³ **über** 物⁴ *verhandeln* 人³と物⁴について交渉する / Man hat lange über einen Friedensschluss *verhandelt*. 講和条約締結について長い間交渉が続けられた． ②《**gegen** 人⁴ ~》(法)(人⁴に対する)審理を行う．
II 他 (完了 haben) ① (物⁴について) 交渉する，協議する． Ich *habe* diese Angelegenheit **mit** ihm *verhandelt*. 私はこの件について彼と話し合った． ②《法》審理する． einen Fall *verhandeln* ある事件を審理する．

ver·han·delt [ふェア・ハンデルト] verhandeln (交渉する)の 過分，3 人称単数・2 人称親称複数 現在

ver·han·del·te [ふェア・ハンデるテ] verhandeln (交渉する)の 過去

ver·hand·le [ふェア・ハンドれ] verhandeln (交渉する)の 1 人称単数 現在

die **Ver·hand·lung** [ふェア・ハンドるング fɛr-hándluŋ] 女 (単) (複) -en 《ふつう 複》① 交渉，協議，話し合い． (英 *negotiation*)． geheime *Verhandlungen* 秘密交渉 / die *Verhandlungen*⁴ führen 交渉する / **mit** 人³ **in** *Verhandlungen* stehen 人³と交渉中である． ②《法》審理，公判 (=Gerichts*verhandlung*)．

Ver·hand·lungs⹀ba·sis [ふェアハンドるングス・バーズィス] 女 -/..basen 交渉の基盤．

Ver·hand·lungs⹀be·reit [ふェアハンドるングス・ベライト] 形 交渉(話し合い)の用意がある．

Ver·hand·lungs⹀part·ner [ふェアハンドるングス・パルトナァ] 男 -s/- 交渉の相手方．(女性形: -in)．

Ver·hand·lungs⹀**weg** [ふェアハンドるングス・ヴェーク] 男 《成句的に》**auf dem** *Verhandlungsweg* 交渉によって．

ver·han·gen [ふェア・ハンゲン fɛr-háŋən] 形 ① 雲に覆われた，どんより曇った(空など)． ② カーテンのかかった(窓など)．

ver·hän·gen [ふェア・ヘンゲン fɛr-héŋən] 他 (h) ① (窓など⁴をカーテンなどで)覆う． die Fenster⁴ *verhängen* 窓にカーテンを掛ける / den Spiegel **mit** einem Tuch *verhängen* 鏡に布を掛けて覆う． ② (刑罰など⁴を)科する; (非常事態など⁴を)布告する． die Todesstrafe **über** 人⁴ *verhängen* 人⁴に死刑を科する．

Ver·häng·nis [ふェア・ヘングニス] 中 -nisses/ ..nisse 不運，悲運，破滅の元． Der Alkohol wurde ihm **zum** *Verhängnis*. 酒が彼の命取りとなった．

ver·häng·nis⹀voll [ふェアヘングニス・ふォる] 形 致命的な，重大な結果を招くような．

ver·harm·lo·sen [ふェア・ハルムろーゼン fɛr-hármloːzən] 他 (h) (危険など⁴を)見くびる，たいしたことでないように扱う．

ver·härmt [ふェア・ヘルムト fɛr-hérmt] 形 悲

しみ(心痛)にやつれた.

ver・har・ren [ﾌｪｱ・ハレン fɛr-hárən] 自 (h) 《雅》① (…の場所に)じっと動かずにいる, (…の)ままでいる. Sie *verharrte* minutenlang **an der Tür**. 彼女は数分間ドアのそばに立ちつくしていた. ② 〖**auf** (または **bei** または **in**) 田³ ~〗 (田³に)固執する, (田³に)とどまっている. in Schweigen *verharren* 黙りこくっている.

ver・har・schen [ﾌｪｱ・ハルシェン fɛr-hárʃən] 自 (s) ① (雪が)凍結する. ② (傷が)かさぶたになる.

ver・här・ten [ﾌｪｱ・ヘルテン fɛr-hértən] I 他 (h) ① 堅くする, 固める; 《比》(人・物⁴を)かたくなに(冷酷に)する. II 自 (s) 堅くなる, 硬化する. III 再帰 (h) *sich*⁴ *verhärten* 堅くなる, 硬化する; 《比》かたくなに(冷酷に)なる. *sich*⁴ **gegen** 人³ *verhärten* 人³に対して冷たい態度をとる.

Ver・här・tung [ﾌｪｱ・ヘルトゥング] 女 -/-en ① 堅くなる(する)こと, 硬化; (態度の)硬化. ② (皮膚などの)堅くなった箇所.

ver・has・peln [ﾌｪｱ・ハスペルン fɛr-háspəln] 再帰 (h) *sich*⁴ *verhaspeln* 《口語》早口でしゃべって何度も言い間違いをする(舌がもつれる).

ver・hasst [ﾌｪｱ・ハスト fɛr-hást] 形 いやな, 嫌いな; 憎まれた, 嫌われた. ein *verhasster* Mensch いやな人間 / *sich*⁴ **bei** 人³ *verhasst* **machen** 人³に嫌われる.

ver・hät・scheln [ﾌｪｱ・ヘーチェルン fɛr-hé:tʃəln] 他 (h) (子供など⁴を)甘やかす.

Ver・hau [ﾌｪｱ・ハオ fɛr-háu] 男/中 -[e]s/-e ① バリケード, 防柵(ぼう). Draht*verhau* 鉄条網. ② 《口語》大混乱.

ver・hau・en(*) [ﾌｪｱ・ハオエン fɛr-háuən] I 他 (h) 《口語》① さんざんなぐる. 人³ den Hintern *verhauen* 人³の尻(しり)をたたく. ② (宿題など⁴を)ひどく間違える. einen Aufsatz gründlich *verhauen* 作文でひどく書き間違いをする. ③ (お金など⁴を)浪費する. II 再帰 (h) *sich*⁴ *verhauen* 《口語》[ひどい]間違いをする, 見込み違いをする.

ver・he・ben* [ﾌｪｱ・ヘーベン fɛr-hé:bən] 再帰 (h) *sich*⁴ *verheben* 重いものを持ち上げて体を痛める.

ver・hed・dern [ﾌｪｱ・ヘッダァン fɛr-hédərn] I 再帰 (h) *sich*⁴ *verheddern* 《口語》(糸などが)絡まる, もつれる; (話の途中で)つかえる. II 他 (h) 《口語》(糸など⁴を)もつれさせる.

ver・hee・ren [ﾌｪｱ・ヘーレン fɛr-hé:rən] 他 (h) (国土など⁴を)荒らす, 荒廃させる.

ver・hee・rend [ﾌｪｱ・ヘーレント] I verheeren (荒らす)の 現分 II 形 ① 壊滅的な(災害・結果など). *verheerende* Zustände 惨たんたる状態. ② 《口語》ひどい, 趣味の悪い(服装など).

Ver・hee・rung [ﾌｪｱ・ヘールング] 女 -/-en 荒廃, 壊滅.

ver・heh・len [ﾌｪｱ・ヘーレン fɛr-hé:lən] 他 (h) 《雅》([人³に対して]感情・考えなど⁴を)隠す, 口に出さない.

ver・hei・len [ﾌｪｱ・ハイレン fɛr-háilən] 自 (s) (傷などが)治る, ふさがる.

ver・heim・li・chen [ﾌｪｱ・ハイムりヒェン fɛr-háimlɪçən] 他 (h) (人³に田⁴を)秘密にする. Du *verheimlichst* mir doch etwas. 君は私に何か隠しているね.

Ver・heim・li・chung [ﾌｪｱ・ハイムりヒュング] 女 -/-en 隠すこと, 秘密にすること.

*****ver・hei・ra・ten** [ﾌｪｱ・ハイラーテン fɛr-háira:tən] du verheiratest, er verheiratet (verheiratete, *hat*...*verheiratet*) I 再帰 (完了 haben) *sich*⁴ *verheiraten* 結婚する. 《米 *marry*》. Sie *hat sich* wieder *verheiratet* (または wieder*verheiratet*). 彼女は再婚した / Er *hat sich mit* einer Japanerin *verheiratet*. 彼は日本人女性と結婚した.

II 他 (完了 haben) (人⁴を)結婚させる.

*****ver・hei・ra・tet** [ﾌｪｱ・ハイラーテット fɛr-háira:tət] I *verheiraten (再帰 で: 結婚する)の 過分, 3 人称単数・2 人称親称複数 現在 II 形 結婚している, 既婚の (略: verh.; 記号: ⚭). 《米 *married*》. (⇔ 「独身の」 は ledig). eine *verheiratete* Frau 既婚女性 / Sie ist glücklich *verheiratet*. 彼女は幸せな結婚生活を送っている / Ich bin doch nicht **mit** der Firma *verheiratet*. 《口語・戯》私はいつ会社を辞めてもかまわないんだよ(← 会社と結婚しているわけではない).

ver・hei・ra・te・te [ﾌｪｱ・ハイラーテテ] *verheiraten (再帰 で: 結婚する)の 過去

Ver・hei・ra・tung [ﾌｪｱ・ハイラートゥング] 女 -/-en 結婚, 婚姻.

ver・hei・ßen* [ﾌｪｱ・ハイセン fɛr-háisən] 他 (h) 《雅》(人³に田⁴を) 約束する; 予告する. 人³ eine große Zukunft⁴ *verheißen* 人³に洋々たる未来を約束する.

Ver・hei・ßung [ﾌｪｱ・ハイスング] 女 -/-en 《雅》約束. das Land der *Verheißung*² 《聖》約束の地, カナン(現在のパレスチナ西部).

ver・hei・ßungs・voll [ﾌｪｱハイスングス・ﾌｫる] 形 前途有望な, 大いに見込みのある.

ver・hei・zen [ﾌｪｱ・ハイツェン fɛr-háitsən] 他 (h) ① (暖房のためにまきなど⁴を)たく, 火にくべる. ② 《俗》(人⁴を)酷使して消耗させる.

ver・hel・fen* [ﾌｪｱ・ヘるフェン fɛr-hélfən] 自 (h) 〖人³ **zu** 田³ ~〗(人³を助けて田³を)得させる. 人³ zum Erfolg *verhelfen* 人³を助けて成果を収めさせる.

ver・herr・li・chen [ﾌｪｱ・ヘルりヒェン fɛr-hérlɪçən] 他 (h) 賛美(称賛)する, ほめたたえる.

Ver・herr・li・chung [ﾌｪｱ・ヘルりヒュング] 女 -/-en 賛美, 称賛.

ver・het・zen [ﾌｪｱ・ヘッツェン fɛr-hétsən] 他 (h) 扇動する, そそのかす.

ver・he・xen [ﾌｪｱ・ヘクセン fɛr-héksən] 他 (h) 魔法にかける; 《比》魅了する. 人⁴ **in** 物⁴ *verhexen* 人⁴を魔法にかけて物⁴に変える. ◇《過去分詞の形で》Das ist ja wie *verhext*! 《口語》これはどうもうまくいかないなあ(← 魔法にかけられたようだ).

ver・hielt [ﾌｪｱ・ヒーるト] *verhalten¹ (再帰

ver・hiel・te [フェア・ヒーるテ] ＊verhalten¹ (再帰 で: ふるまう)の 接2

ver・him・meln [フェア・ヒンメるン] fɛr-híməln] 他 (h)《口語》神のようにあがめる, 熱烈に崇拝する.

ver・hin・dern [フェア・ヒンダァン fɛr-híndərn] (verhinderte, *hat* ... verhindert) 他 (完了 haben) はばむ, 防止(阻止)する. (英 *prevent*). ein Unglück⁴ *verhindern* 事故を防止する / Das *muss* ich unter allen Umständen *verhindern*. どんなことがあってもそれを阻止しなければならない.

ver・hin・dert [フェア・ヒンダァト] I verhindern (はばむ)の 過去, 3人称単数・2人称親称複数 現在 II 形 ① (事情があって)行く(参加する)ことのできない, 差し支えがある. Ich bin dienstlich *verhindert*. 私は勤務の都合で行けない. ② (才能があるのに)世に出ることのできない. ein *verhinderter* Professor《口語》(俊秀なのに)教授になりそこねた人.

ver・hin・der・te [フェア・ヒンダァテ] verhindern (はばむ)の 過去

Ver・hin・de・rung [フェア・ヒンデルング] 女 -/-en 妨げ, 防止, 阻止; 支障.

ver・hoh・len [フェア・ホーれン fɛr-hó:lən] 形 隠された, ひそかな. mit kaum *verhohlenem* Spott 嘲笑(ちょうしょう)をあらわにして.

ver・höh・nen [フェア・ヘーネン fɛr-hǿ:nən] 他 (h) あざける, 嘲笑(ちょうしょう)する.

ver・hoh・ne・pi・peln [フェア・ホーネピーぺるン fɛr-hó:nepi:pəln] 他 (h)《口語》(人・物⁴を)笑い物にする.

Ver・höh・nung [フェア・ヘーヌング] 女 -/-en あざけり, 嘲笑(ちょうしょう).

ver・hö・kern [フェア・ヘーカァン fɛr-hǿ:kərn] 他 (h)《口語》(お金欲しさに物⁴を)売りとばす, 換金する.

Ver・hör [フェア・ヘーァ fɛr-hǿ:r] 中 -[e]s/-e (警察・裁判所による)尋問, 審問, 取り調べ. 人⁴ ins *Verhör* nehmen または 人⁴ einem *Verhör* unterziehen 人⁴を尋問する.

ver・hö・ren [フェア・ヘーレン fɛr-hǿ:rən] I 他 (h) (警察・裁判所で人⁴を)尋問する. II 再帰 (h) sich⁴ *verhören* 聞き間違いをする.

ver・hül・len [フェア・ヒュルン fɛr-hýlən] 他 (h) 覆う, 覆い隠す. Sie *verhüllte* ihr Gesicht mit einem Schleier. 彼女は顔をヴェールで覆い隠した. ◇ 再帰的に sich⁴ *verhüllen* (自分の体を覆う, 隠す. ◇ 現在分詞の形で ein *verhüllender* Ausdruck 婉曲(えんきょく)的な表現. ◇ 過去分詞の形で eine *verhüllte* Drohung それとはなしの脅し.

Ver・hül・lung [フェア・ヒュるング] 女 -/-en ① 覆う(隠す)こと. ② 覆い, カバー.

ver・hun・dert・fa・chen [フェア・フンダァトふァッヘン fɛr-húndərtfaxən] 他 (h) 百倍にする. ◇ 再帰的に sich⁴ *verhundertfachen* 百倍になる.

ver・hun・gern [フェア・フンガァン fɛr-húŋərn] 自 (完了 sein) 餓死する, 飢えて死にする. (英 *starve*). In den Konzentrationslagern *sind* viele Menschen *verhungert*.《現在完了》強制収容所で多くの人々が餓死した.

ver・hun・gert [フェア・フンガァト] verhungern (餓死する)の 過去, 3人称単数・2人称親称複数 現在

ver・hun・ger・te [フェア・フンガァテ] verhungern (餓死する)の 過去

ver・hun・zen [フェア・フンツェン fɛr-húntsən] 他 (h)《口語》(物⁴をだめにする, だいなしにする.

ver・hü・ten [フェア・ヒューテン fɛr-hýːtən] 他 (h) (危険・病気など⁴を)防止する, 予防する. ein Unheil⁴ *verhüten* 災害を防止する / eine Empfängnis⁴ *verhüten* 避妊する / Das⁴ *verhüte* Gott!《接1・現在》そんなことはまっぴらごめんだ(←神がそれを防いでくださいますように).

Ver・hü・tung [フェア・ヒュートゥング] 女 -/-en 防止, 予防; 避妊.

Ver・hü・tungs≠mit・tel [フェアヒュートゥングス・ミッテる] 中 -s/- 避妊薬(具).

ver・hut・zelt [フェア・フッツェるト fɛr-hútsəlt] 形《口語》(老いて)しわくちゃの; しなびた(果実など).

ve・ri・fi・zie・ren [ヴェリふィツィーレン verifitsí:rən] 他 (h) (物⁴の)正しさを立証(証明)する.

ver・in・ner・li・chen [フェア・インナァリシェン fɛr-ínərliçən] 他 (h) 内面化する; (生活など⁴を)内面的に充実させる. ◇ 過去分詞の形で ein *verinnerlichter* Mensch 内省的な人.

ver・ir・ren [フェア・イレン fɛr-írən] 再帰 (h) sich⁴ *verirren* 道に迷う; (... へ)迷い込む. Einige Schüler *verirrten sich* im Wald. 2, 3人の生徒が森で道に迷った. ◇ 過去分詞の形で ein *verirrtes* Schaf《聖》迷える羊(マタイによる福音書 18, 12-13) / eine *verirrte* Kugel 流れ弾.

ver・ja・gen [フェア・ヤーゲン fɛr-jáːɡən] 他 (h) 追い払う, (風が)吹き払う;《比》(考えなど⁴を)払いのける. Fliegen⁴ *verjagen* はえを追い払う.

ver・jäh・ren [フェア・イェーレン fɛr-jɛ́ːrən] 自 (s)《法》時効にかかる, 時効になる.

Ver・jäh・rung [フェア・イェールング] 女 -/-en《法》[消滅]時効.

Ver・jäh・rungs≠frist [フェア・イェールングス・ふリスト] 女 -/-en《法》[消滅]時効期間.

ver・ju・beln [フェア・ユーベるン fɛr-júːbəln] 他 (h)《口語》(お金など⁴を遊びのために)浪費する.

ver・jün・gen [フェア・ユンゲン fɛr-jýŋən] I 他 (h) ① 若返らせる, 若々しくする. ◇ 再帰的に sich⁴ *verjüngen* 若返る. ② (若い人を入れて組織など⁴の)若返りを図る. II 再帰 (h) sich⁴ *verjüngen* (先が)細くなる. Die Säule *verjüngt sich* nach oben. 柱は上になるほど細くなっている.

Ver・jün・gung [フェア・ユングング] 女 -/-en ① 若返り; (若い人を採用した)人事(メンバー)の刷新. ② (建)(柱などの)先細(さきぼそ).

ver・ka・beln [フェア・カーベるン fɛr-káːbəln]

verkalken

(他) (h) ① ケーブルでつなぐ. ② ケーブルテレビに接続する. ◇《過去分詞の形で》eine *verkabelte* Siedlung ケーブルテレビに接続できる居住地.

ver·kal·ken [フェア・カるケン fɛr-kálkən] (自) (s) ① 《医》(動脈などが)硬化する. ② 《口語》(人が)老化する, 頭が固くなる; ぼける. ③ (水道管などが)石灰沈着によって機能が低下する.

ver·kal·ku·lie·ren [フェア・カるクリーレン fɛr-kalkulíːrən] (再帰) (h) *sich*⁴ *verkalkulieren* 計算違いをする; 誤算(見込み違い)をする.

Ver·kal·kung [フェア・カるクング] (女) -/-en ① 《医》(動脈の)硬化. ② 《口語》老化; ぼけ. ③ 石灰化; 石灰沈着.

ver·kappt [フェア・カップト fɛr-kápt] (形) 変装(偽装)した.

ver·kap·seln [フェア・カプセるン fɛr-kápsəln] (再帰) (h) *sich*⁴ *verkapseln* 《医》(菌などが)包囊(ほうのう)をつくる; 《比》自分の殻に閉じこもる.

ver·ka·tert [フェア・カータァト fɛr-káːtərt] (形) 《口語》二日酔いの.

der **Ver·kauf** [フェア・カオふ fɛr-káof] (男) (単2) -[e]s/(複) ..käufe [..コイふェ] (3格のみ ..käufen) ① 販売, 売却. (英 *sale*). (⇔ 「購入」は *Kauf*). der *Verkauf* von Lebensmitteln 食料品の販売 / *Verkauf* über die Straße または *Verkauf* auch außer Hause (店の表示で:) お持ち帰りもできます / (物)⁴ *zum Verkauf* an|bieten (物)⁴を売りに出す / Das Grundstück kommt (steht) zum *Verkauf*. その地所は売りに出される(出されている). ② 《冠なし》《商》販売部(課). Er arbeitet im *Verkauf*. 彼は販売部で働いている.

Ver·käu·fe [フェア・コイふェ] *Verkauf* (販売)の(複)

** **ver·kau·fen** [フェア・カオふェン fɛr-káofən]

売る Ich *verkaufe* mein Auto.
イヒ フェア カオふェ マイン アオトー
私は自分の車を売ります.

(verkaufte, hat ... verkauft) I (他) (完了) haben) ① 売る, 販売する, 売却する. (英 *sell*). (⇔ 「買う」は *kaufen*). (物)⁴ billig (teuer) *verkaufen* (物)⁴を安く(高く)売る / (人)³ (または an (人)⁴) (物)⁴ *verkaufen* (人)³ (または an (人)⁴)に(物)⁴を売る ⇒ Der Erfinder *hat* sein Patent mehreren Firmen *verkauft*. その発明者は自分の特許を数社に売った / ein Motorrad⁴ *für* (または **um**) 500 Euro *verkaufen* オートバイを 500 ユーロで売る / Wie teuer *verkaufen* Sie das? これをいくらで売ってくれますか / einen Spieler *verkaufen* 選手を金銭トレードに出す / Sie *verkauft* ihren Körper. または Sie *verkauft sich*⁴. 彼女は売春をしている / Das Haus ist zu *verkaufen*. この家は売りに出されている / Dieser Teppich *ist* leider schon *verkauft*. 《状態受動・現在》このじゅうたんは残念ながらもう売約済みです.
② 《口語》 (人・事⁴を)売り込む, 宣伝する. (物)⁴ **als** große Leistung *verkaufen* (物)⁴を大きな成果だと宣伝する. ◇《再帰的に》 Er *verkauft sich*⁴ *schlecht*. 彼は自分を売り込むのが下手だ. II (再帰) (完了 haben) *sich*⁴ *verkaufen* ① 売れ行きが...である. Dieser Artikel *verkauft sich* gut (schlecht). この商品は売れ行きがよい(悪い). ② 買収される. *sich*⁴ dem Feind (または **an** den Feind) *verkaufen* 敵に買収される. ③ 《方》買い物で失敗する. **Mit** diesem Mantel *habe* ich mich *verkauft*. このコートを買ったのは失敗だった.

* *der* **Ver·käu·fer** [フェア・コイふァァ fɛr-kɔ́yfər] (男) (単2) -s/(複) - (3格のみ -n) ① (男性の)店員, 販売員; セールスマン. (英 *salesman*). Er arbeitet als *Verkäufer* in einem Elektrogeschäft. 彼は電器店の店員として働いている. ② (土地などの)売り手, 売却者.

* *die* **Ver·käu·fe·rin** [フェア・コイふェリン fɛr-kɔ́yfərɪn] (女) -/(複) ..rinnen ① (女性の)店員, 販売員; セールスウーマン. Sie ist *Verkäuferin* in einem Supermarkt. 彼女はスーパーマーケットの店員だ. ② (女性の)売り手, 売却者.

ver·käuf·lich [フェア・コイふりヒ] (形) ① 売れる, 売り物になる. Die Waren sind gut (schwer) *verkäuflich*. その品物は売れ行きがよい(悪い). ② 販売用の; 店頭で買える([処方箋(せん)の要らない]薬など).

Ver·kaufs=aus·stel·lung [フェアカオふス・アオスシュテるング] (女) -/-en 展示即売会.

Ver·kaufs=hit [フェアカオふス・ヒット] (男) -[s]/-s 《口語》(短期の)ヒット商品.

Ver·kaufs=lei·ter [フェアカオふス・らイタァ] (男) -s/- 販売主任. (女性形: -in).

ver·kaufs=of·fen [フェアカオふス・オッふェン] (形) (土曜日の夕方以降・日曜日など本来閉店の時間帯・曜日に)開店している. der *verkaufsoffene* Sonntag 開店している日曜日.

Ver·kaufs=preis [フェアカオふス・プライス] (男) -es/-e 販売価格.

Ver·kaufs=schla·ger [フェアカオふス・シュらーガァ] (男) -s/- ヒット商品.

Ver·kaufs=stand [フェアカオふス・シュタント] (男) -[e]s/..stände (商品などを並べる)売り台, スタンド; 売店.

ver·kauft [フェア・カオふト] *verkaufen (売る)の(過分), 3人称単数・2人称親称複数 (現在)

ver·kauf·te [フェア・カオふテ] *verkaufen (売る)の(過去)

* *der* **Ver·kehr** [フェア・ケーァ fɛr-kéːr] (男) (単2) -s (複なし) (3格のみ -e) ① 《ふつう (単)》① 交通, 通行, 往来; 運輸. (英 *traffic*). (☞「ドイツ・ミニ情報 41」, 1467 ページ). lebhafter *Verkehr* にぎやかな往来 / fließender *Verkehr* スムーズな車の流れ / der *Verkehr* auf der Autobahn アウトバーンでの交通 / den *Verkehr* regeln 交通を整理する / Der *Verkehr* stockt.

Verkehrsmittel

交通が渋滞している.

② 交際, つき合い; 交流. *Verkehr*⁴ mit 人³ pflegen 人³とのつき合いを大切にする / den *Verkehr* mit 人³ ab|brechen 人³との交際をやめる / Wir haben keinen *Verkehr* mehr mit ihm. 私たちは彼とはもうつき合っていない.

③ (商品・貨幣などの)流通, 取り引き. 物⁴ aus dem *Verkehr* ziehen 物⁴の流通を停止する / 物⁴ in [den] *Verkehr* bringen 物⁴を流通させる. ④《婉曲》性交.

🔤 ..verkehr のいろいろ: **Autoverkehr** 自動車交通 / **Fernverkehr** 長距離交通 / **Fremdenverkehr** 観光[客の往来] / **Güterverkehr** 貨物輸送 / **Luftverkehr** 空の交通 / **Nahverkehr** 近距離交通 / **Pendelverkehr** (乗り物による)通勤, 通学 / **Rechtsverkehr** (自動車の)右側通行 / **Stadtverkehr** 都市交通 / **Stoßverkehr** ラッシュアワーの交通 / **Straßenverkehr** 道路交通

ver·keh·ren [フェァ・ケーレン fɛr-ké:rən] (verkehrte, *hat*/*ist* ... verkehrt) **I** 自 (完了) haben または sein) ① (s) (バス・電車などが) 運行(運航)する. Der Bus *verkehrt* alle 15 Minuten. バスは15分ごとに通っている.

② (h) 〚**mit** 人³ ~〛(人³と)交際する, つき合う; 《婉曲》人³と性的関係を持つ. Wir *verkehren* nicht mehr mit ihm. 私たちは彼とはもうつき合っていない / mit 人³ brieflich *verkehren* 人³と文通する. ③ (h) 〚**in** 物³ (**bei** 人³) ~〛(物³に(人³の所に))出入りする. Er *verkehrte* damals viel in diesem Café (bei ihnen). 彼はそのころこの喫茶店に(彼らの所に)よく出入りしていた.

II 他 (完了 haben) 逆にする, (逆のものに)変える. Traurigkeit⁴ **in** Freude *verkehren* 悲しみを喜びに変える. ◇〚再帰的に〛sich⁴ *verkehren* 逆になる, (逆のものに)変わる ⇒ Ihre Zuneigung *hat sich* in Abneigung *verkehrt*. 彼女の愛情は嫌悪に変わった.

◇🔤 **verkehrt**

Ver·kehrs≠ader [フェァケーァス・アーダァ] 女 -/-n 交通の大動脈, 幹線道路.

Ver·kehrs≠am·pel [フェァケーァス・アンペる] 女 -/-n 交通信号[灯].

Ver·kehrs≠amt [フェァケーァス・アムト] 中 -[e]s/..ämter (市・町の)観光案内所, 観光協会.

Ver·kehrs≠auf·kom·men [フェァケーァス・アオフコンメン] 中 -s/ 交通量.

ver·kehrs≠be·ru·higt [フェァケーァス・ベルーイヒト] 形《交通》車両通行が規制(抑制)された. eine *verkehrsberuhigte* Zone 車両通行規制区域.

Ver·kehrs≠bü·ro [フェァケーァス・ビュロー] 中 -s/-s 観光協会.

Ver·kehrs≠cha·os [フェァケーァス・カーオス] 中 -/ ひどい交通混雑.

Ver·kehrs≠de·likt [フェァケーァス・デリクト] 中 -[e]s/-e 交通違反[行為].

Ver·kehrs≠dich·te [フェァケーァス・ディヒテ] 女 -/ 交通量.

Ver·kehrs≠er·zie·hung [フェァケーァス・エァツィーウング] 女 -/ 交通安全教育.

Ver·kehrs≠funk [フェァケーァス・フンク] 男 -s/ (ラジオで定期的に発信される)道路交通情報.

ver·kehrs≠güns·tig [フェァケーァス・ギュンスティヒ] 形 交通の便がよい.

Ver·kehrs≠hin·der·nis [フェァケーァス・ヒンダァニス] 中 ..nisses/..nisse 交通障害.

Ver·kehrs≠in·sel [フェァケーァス・インゼる] 女 -/-n (路面より一段高い)安全地帯.

Ver·kehrs≠kno·ten·punkt [フェァケーァス・クノーテン・プンクト] 男 -[e]s/-e 交通の要衝.

Ver·kehrs≠la·ge [フェァケーァス・らーゲ] 女 -/-n ① (住宅などからの)交通の便. ② 道路交通状況.

Ver·kehrs≠mit·tel [フェァケーァス・ミッテる]

― ドイツ・ミニ情報 41 ―

交通 Verkehr

ドイツ人の休暇旅行は, トランクを3つも4つも持って2～3週間におよぶのが普通なので, 空港や駅の構内にはどこにでも, 自由に使えるワゴンが備えられている. これはエスカレーターも上り下りできる機能的なものだが, そのワゴンに必ず **Auf eigene Gefahr!** (自己の責任において) という言葉が書いてあるのは実にドイツらしい. 自由を認める代わりに良識のある行動をせよということであり, 万一の場合(けがなど)の保障はしないということを意味するが, ドイツでは万事この調子である.

ドイツの駅には改札がない. 長距離列車の場合は, 車掌が車内を回って検札をするが, 近距離の電車では個人の自主性にゆだねられており, プラットホームや車内に設置された自動改札機(377ページの写真参照)に切符を差し込み, 乗車時間を印字するだけのことが多い. バスも同様である. ということは無賃乗車も可能なのだが, 時々抜き打ち検査があって, 有効切符を持っていないことが発覚すると高額の罰金を徴収される.

切符は, バスや近距離電車なら自動発券機で買うのが一番手っ取り早い. 長距離列車の場合は窓口で購入するが, 割引切符や乗り継ぎについてのんびり質問しながら買う人が多く, 多客期には長蛇の列ができているので, 事前に買っておき, 時間に余裕をもって窓口へ行かないと予定が狂う. バスや鉄道のドアも, 閉まるのは自動だが, 開けるときは手動や乗客自身がスイッチを押すタイプのものだ. ぼんやり開くのを待っていると乗り遅れてしまうので要注意だ.

地下鉄車両

⊞ -s/- 交通(運輸)機関.

Ver·kehrs≠netz [ふェァケーァス・ネッツ] ⊞ -es/-e 交通網.

Ver·kehrs≠op·fer [ふェァケーァス・オプふァァ] ⊞ -s/- 交通事故の犠牲者.

Ver·kehrs≠ord·nung [ふェァケーァス・オルドヌング] 囡 /-en 道路交通法規.

Ver·kehrs≠po·li·zist [ふェァケーァス・ポリツィスト] 男 -en/-en 交通警官. (女性形: -in).

Ver·kehrs≠re·gel [ふェァケーァス・レーガる] 囡 -/-n 《ふつう 圏》交通規則.

Ver·kehrs≠re·ge·lung [ふェァケーァス・レーゲるング] 囡 -/-en 交通整理(規制).

ver·kehrs≠reich [ふェァケーァス・ライヒ] 形 交通量の多い.

Ver·kehrs≠schild [ふェァケーァス・シるト] ⊞ -[e]s/-er 交通(道路)標識.

ver·kehrs≠si·cher [ふェァケーァス・ズィッヒァァ] 形 交通安全の; 安全運行できる状態にある, 整備万全の(車両など).

Ver·kehrs≠si·cher·heit [ふェァケーァス・ズィッヒァァハイト] 囡 -/ 交通安全.

Ver·kehrs≠stau [ふェァケーァス・シュタオ] 男 -[e]s/-s (または -e) 交通渋滞.

Ver·kehrs≠sto·ckung [ふェァケーァス・シュトックング] 囡 -/-en 交通渋滞.

Ver·kehrs≠sün·der [ふェァケーァス・ズュンダァ] 男 -s/- 《口語》交通[規則]違反者. (女性形: -in).

Ver·kehrs≠teil·neh·mer [ふェァケーァス・タイるネーマァ] 男 -s/- 道路利用者(歩行者・ドライバーなど). (女性形: -in).

der **Ver·kehrs≠un·fall** [ふェァケーァス・ウンふァる ferké:rs-unfal] 男 (単2) -[e]s/ (複)..fälle [..ふェれ] (3格のみ ..fällen) 交通事故. (英 trafic accident). Er wurde letztes Jahr Opfer eines *Verkehrsunfalls*. 彼は昨年交通事故の犠牲者となった.

Ver·kehrs≠ver·ein [ふェァケーァス・ふェァアイン] 男 -[e]s/-e 観光協会.

Ver·kehrs≠vor·schrift [ふェァケーァス・ふォーァシュリふト] 囡 -/-en 《ふつう 圏》交通規則.

Ver·kehrs≠weg [ふェァケーァス・ヴェーク] 男 -[e]s/-e ① 交通路(道路・鉄道路・航路など). ② 《ふつう 圏》(命令などの)通達経路.

Ver·kehrs≠we·sen [ふェァケーァス・ヴェーゼン] ⊞ -s/ 交通(運輸)制度, 交通体系.

ver·kehrs≠wid·rig [ふェァケーァス・ヴィードリヒ] 形 《口語》交通違反の.

Ver·kehrs≠zäh·lung [ふェァケーァス・ツェーるング] 囡 -/-en 交通量調査.

das **Ver·kehrs≠zei·chen** [ふェァケーァス・ツァイヒェン ferké:rs-tsaɐ̯çən] ⊞ (単2) -s/(複) 交通標識. die *Verkehrszeichen*[4] beachten 交通標識に注意する.

ver·kehrt [ふェァ・ケーァト fɛr-ké:rt] **I** verkehren(運行する)の 過分, 3人称単数・2人称親称複数 現在 **II** 形 (比較) verkehrter, (最上) verkehrtest) 逆の; 反対の; (セーターなどが)裏返し(後ろ前)の; (教育などが)本末転倒の, 間違った. die *verkehrte* Richtung 逆方向 / Kaffee *verkehrt* 《口語》ミルクの方が多く入ったコーヒー, ミルクコーヒー / eine *verkehrte* Erziehung 間違った教育 / Das ist gar nicht *verkehrt*. それはまったく正しい / Die Uhr geht *verkehrt*. その時計は狂っている.

ver·kehr·te [ふェァ・ケーァテ] verkehren(運行する)の 過去.

Ver·kehrt·heit [ふェァ・ケーァトハイト] 囡 -/-en ① 《複 なし》逆, 逆さま, 倒錯. ② 間違った(不合理な)行為, 愚行.

ver·kei·len [ふェァ・カイれン fɛr-káɪlən] **I** 他 (h) ① くさびで固定する. ② 《方》ぶんなぐる. **II** 再帰 (h) 〖*sich*[4] in 囲[4] ~〗(囲[4]に)くさびのように食い込む.

ver·ken·nen* [ふェァ・ケンネン fɛr-kénən] 他 (h) 誤認(誤解)する, 見誤る. Ihre Absicht war nicht zu *verkennen*. 彼女の意図は明白だった / Ich *will* nicht *verkennen*, dass ... 私は…ということを認めるにやぶさかではない.

Ver·ken·nung [ふェァ・ケンヌング] 囡 -/ 誤認, 誤解.

ver·ket·ten [ふェァ・ケッテン fɛr-kétən] 他 (h) ① (ドアなど[4]に)チェーンを掛ける; 鎖でつなぐ. ② 結びつける. ◊《再帰的に》*sich*[4] *verketten* (分子などが)結合する; (事件などが)連鎖的に(次次に)起こる.

Ver·ket·tung [ふェァ・ケットゥング] 囡 -/-en 連鎖, 連結; 連続. eine *Verkettung* von Unglücksfällen 一連の重大事故.

ver·ket·zern [ふェァ・ケッツァァン fɛr-kétsɐn] 他 (h) (囲[4]に)異端者の烙印(らくいん)を押す; (公然と)非難する, 中傷する.

ver·kit·ten [ふェァ・キッテン fɛr-kítən] 他 (h) (すき間・継ぎ目など[4]を)パテ(接着剤)でふさぐ.

ver·kla·gen [ふェァ・クらーゲン fɛr-klá:gən] 他 (h) ① 告訴する, 訴える. einen Arzt *auf* Schadenersatz *verklagen* 損害賠償を求めて医者を告訴する. ② 《方》(囲[4]のことで)不平を言う, 苦情を持ち込む.

ver·klap·pen [ふェァ・クらッペン fɛr-klápən] 他 (h) (廃棄物など[4]を)海洋投棄する.

ver·klä·ren [ふェァ・クれーレン fɛr-klé:rən] 他 (h) ① (喜びなどが顔など[4]を)晴れやかにする, 輝かせる; (過去など[4]を)美化する. ◊《再帰的に》*sich*[4] *verklären* (顔などが)晴れやかになる, 輝く; (過去などが)美化される. ② 《ﾎﾟｼﾞ教》変容させる.

ver·klärt [ふェァ・クれーァト] **I** verklären (晴れやかにする)の 過分 **II** 晴れ晴れした; 浄(じょう)められた. mit *verklärtem* Blick 目を輝かせて.

Ver·klä·rung [ふェァ・クれールング] 囡 -/-en (精神的)美化, 浄化; 《ﾎﾟｼﾞ教》変容. die *Verklärung* Christi[2] キリストの変容.

ver·klau·su·lie·ren [ふェァ・クらオズリーレン fɛr-klauzulí:rən] 他 (h) ① (契約など[4]に)付帯条件を付ける. ② (囲[4]を)回りくどく(難しい言い回しで)表現する.

ver·kle·ben [フェア・クレーベン fɛr-kléːbən] I 圓 (s) くっつく、べたつく. II 他 (h) ① (裂け目など⁴を)貼ってふさぐ. eine Wunde⁴ mit Heftpflaster *verkleben* 傷口に絆創(ばんそう)こうを貼る. ② (タイルなど⁴を)張る. ③ くっつけ合わせる.

ver·klei·den [フェア・クライデン fɛr-kláɪdən] 他 (h) ① 変装(仮装)させる. ◊[再帰的に] *sich*⁴ *verkleiden* 変装(仮装)する ⇒ *sich*⁴ **als** Frau *verkleiden* 女装する. ② 覆う. Wände⁴ mit Holz *verkleiden* 壁に化粧板を張る. ③ (事実など⁴を)粉飾する.

Ver·klei·dung [フェア・クライドゥング] 囡 -/-en ① 変装、仮装. ② (壁などの)上張り、化粧張り; 被覆[材].

ver·klei·nern [フェア・クライナァン fɛr-kláɪnərn] (verkleinerte, *hat* ... verkleinert) I 他 (完了 haben) ① 小さくする、縮小する. (英 *reduce*). (対義「大きくする」は vergrößern). einen Betrieb *verkleinern* 企業を縮小する. ② 減らす、削減する. ③ 実際より小さく見せる. ④ (囲⁴に)けちをつける.
II 再帰 (完了 haben) *sich*⁴ *verkleinern* ① 小さくなる、縮小される. Die Geschwulst *hat sich verkleinert*. 腫瘍(しゅよう)が小さくなった. ② 減る、減少する. ③《口語》これまでより狭いところに引っ越す.

ver·klei·nert [フェア・クライナァト] *verkleinern* (小さくする)の 過分, 3 人称単数・2 人称親称複数 現在

ver·klei·ner·te [フェア・クライナァテ] *verkleinern* (小さくする)の 過去

Ver·klei·ne·rung [フェア・クライネルング] 囡 -/-en ① 《ふつう 囲》縮小; 減少、削減; けちをつけること. ② 縮小した写真(コピー).

Ver·klei·ne·rungs·form [フェアクライネルングス・ふォルム] 囡 -/-en 《言》縮小形.

ver·kleis·tern [フェア・クライスタァン fɛr-kláɪstərn] 他 (h) 《口語》(すき間など⁴を)糊(のり)で張ってふさぐ; 《比》(矛盾など⁴を)糊塗(ことう)する.

ver·klem·men [フェア・クレんメン fɛr-klémən] 再帰 (h) *sich*⁴ *verklemmen* (扉などが)動かなくなる、(扉などの)立てつけが悪くなる.

ver·klemmt [フェア・クレムㇳ] I *verklemmen* (再帰 で: 動かなくなる)の 過分 II 形 《心理的に》抑制された、ぎこちない、気後れした.

ver·kli·ckern [フェア・クリッカァン fɛr-klíkərn] 他 (h)《口語》(囚³に 囲⁴を)説明する、わからせる.

ver·klin·gen* [フェア・クリンゲン fɛr-klíŋən] 圓 (s) ① (声・音などが)しだいに消えてゆく; (感激などが)薄れてゆく. ②《雅》(祭りなどが)終わりに近づく.

ver·klop·pen [フェア・クろッペン fɛr-klópən] 他 (h)《口語》① さんざんなぐる. ② (安値で)売りとばす.

ver·kna·cken [フェア・クナッケン fɛr-knákən] 他 (h)《口語》(囚⁴を 囲³の)刑に処する.

ver·knack·sen [フェア・クナクセン fɛr-knáksən] 他 (h)《口語》捻挫(ねんざ)する. *sich*³ den Fuß *verknacksen*《口語》足をくじく.

ver·knal·len [フェア・クナれン fɛr-knálən] 再帰 (h) 『*sich*⁴ **in** 囚³ ~』《俗》(囚³に)ぞっこんほれ込む.

ver·knap·pen [フェア・クナッペン fɛr-knápən] 他 (h) 乏しくする、少なくする、切りつめる. ◊[再帰的に] *sich*⁴ *verknappen* (食料など)乏しくなる、少なくなる.

Ver·knap·pung [フェア・クナップング] 囡 -/-en 欠乏、不足、払底.

ver·knei·fen* [フェア・クナイふェン fɛr-knáɪfən] I 再帰 (h) *sich*³ ~ *verkneifen* 《口語》囲⁴をあきらめる; 囲⁴を抑える. *sich*³ das Lachen⁴ *verkneifen* 笑いをこらえる. II 他 (h) (目⁴を)細める、(口⁴を)きっと結ぶ.

ver·kniff·fen [フェア・クニッふェン] I *verkneifen* 《口語で: あきらめる》の 過分 II 形 しかめた(顔など); (口)への字に結んだ. ein *verkniffenes* Gesicht しかめっ面.

ver·knö·chern [フェア・クネッヒャァン fɛr-knœçərn] 圓 (s) ① (年をとって)頑迷になる;《比》(社会などが)硬直化する. ②《医》骨化する.

ver·knö·chert [フェア・クネッヒャァㇳ] I *verknöchern* (頑迷になる)の 過分 II 形 (年をとって)頑迷な、かたくなな;《比》硬直化した.

ver·kno·ten [フェア・クノーテン fɛr-knóːtən] 他 (h) ① 結ぶ; 結び合わせる. ② 『A⁴ **an** B³ ~』(A⁴を B³に)結びつける. II 再帰 (h) *sich*⁴ *verknoten* (ひもなどが)もつれて結び玉ができる.

ver·knüp·fen [フェア・クニュッぷェン fɛr-knýpfən] 他 (h) ① (ひもなど⁴を)結び合わせる. ② 『A⁴ **mit** B³ ~』(A⁴を B³ と)結びつける、関連づける. ◊[再帰的に] *sich*⁴ **mit** 囲³ *verknüpfen* 囲³と結びついて(関連して)いる.

Ver·knüp·fung [フェア・クニュップふング] 囡 -/-en 結合する(される)こと; 関連[づけ].

ver·knu·sen [フェア・クヌーゼン fɛr-knuːzən] 他 (h)《成句的に》囚・事⁴ **nicht** *verknusen* **können**《口語》囚・事⁴を我慢できない.

ver·ko·chen [フェア・コッヘン fɛr-kóxən] I 他 (h) 『A⁴ **zu** B³ ~』(A⁴を B³ に)煮つめる. II 圓 (s) (水などが)沸騰して蒸発してしまう; (野菜などが)煮すぎてどろどろになる、煮つまる.

ver·koh·len¹ [フェア・コーれン fɛr-kóːlən] I 圓 (s) 炭になる、炭化する. II 他 (h) (木材など⁴を焼いて)炭にする、炭化する.

ver·koh·len² [フェア・コーれン] 他 (h)《口語》(うそをついて)からかう、かつぐ.

ver·kom·men* [フェア・コンメン fɛr-kómən] 圓 (s) 落ちぶれる; 堕落する、不良になる. ◊[過去分詞の形で] ein *verkommenes* Subjekt《俗》自堕落な人間. (家屋などが)荒廃する、朽ち果てる. (食べ物などが)傷む、腐る.

Ver·kom·men·heit [フェア・コンメンハイト] 囡 -/ ① 零落、堕落. ② 荒廃. ③ 腐敗.

ver·kon·su·mie·ren [フェア・コンズミーレン fɛr-konzumíːrən] 他 (h)《口語》(食料品など⁴を)消費する; 食べ尽くす.

ver･kor･ken [フェア・コルケン fɛr-kɔ́rkən] I 他(h)(びんなど⁴に)コルク栓をする. II 自(s)(植物の組織が)コルク状になる.

ver･kork･sen [フェア・コルクセン fɛr-kɔ́rksən] 他(h)《口語》だめにする, だいなしにする. sich³ den Magen *verkorksen* 胃をこわす.

ver･kör･pern [フェア・ケルパァン fɛr-kǿrpərn] I 他(h) ① (人⁴の)役を演じる. ② 具現する, (人⁴の)権化である. II 再帰 (h)《*sich⁴* in 人³ ～》(人³の中に)具現(体現)される.

Ver･kör･pe･rung [フェア・ケルペルング] 女 -/-en ① 具現, 体現. ② 権化, 化身.

ver･kra･chen [フェア・クラッヘン fɛr-kráxən] I 再帰 (h)《*sich⁴* [mit 人³] ～》《口語》(人³と)仲たがいする. II 自(s)《口語》倒産する; 挫折(ざせつ)する, 落後する.

ver･kracht [フェア・クラッハト] I *verkrachen* 再帰 で: 仲たがいした 過分 II 形《口語》倒産した; 挫折した, 落後した.

ver･kraf･ten [フェア・クラフテン fɛr-kráftən] 他(h) (仕事など⁴を自力で)やり遂げる, (難局など⁴を)乗り切る, 克服する; 《戯》食べ尽くす.

ver･kramp･fen [フェア・クランプフェン fɛr-krámpfən] I 他(h) *sich⁴ verkrampfen* ① (筋肉などが)けいれんを起こす, ひきつる. ② 《比》(精神的に)緊張する, こちこちになる. II 他(h) (手など⁴を)ひきつらせる, こわばらせる.

ver･krampft [フェア・クランプフト] I *verkrampfen* 再帰 で: けいれんした 過分 II 形 ひきつった, こわばった. ein *verkrampftes* Lächeln ひきつったようなほほ笑み.

Ver･kramp･fung [フェア・クランプフング] 女 -/-en けいれん, こわばり.

ver･krie･chen* [フェア・クリーヒェン fɛr-krí:çən] 再帰 (h) *sich⁴ verkriechen* (動物などが)潜り込む; はって身を隠す. *sich⁴* ins Bett *verkriechen* 《口語》ベッドに潜り込む.

ver･krü･meln [フェア・クリューメルン fɛr-krý:məln] I 他(h) (パンなど⁴の)くずを散らす. II 再帰 (h) *sich⁴ verkrümeln* 《口語》いつのまにか(こっそり)姿を消す.

ver･krüm･men [フェア・クリュンメン fɛr-krýmən] I 他(h) 曲げる. II 再帰 (h) *sich⁴ verkrümmen* (背骨などが)曲がる.

Ver･krüm･mung [フェア・クリュンムング] 女 -/-en (骨格などの)湾曲, ゆがみ.

ver･krüp･peln [フェア・クリュッペルン fɛr-krýpəln] I 自(s) (木などが)奇形になる; (人が)不自由な体になる. II 他(h) (事故などが人⁴・手足など⁴に)障害を残す, 不自由[な体]にする.

ver･krüp･pelt [フェア・クリュッペルト] I *verkrüppeln* (奇形になる)の 過分 II 形 不自由な体の, 奇形の.

ver･krus･ten [フェア・クルステン fɛr-krústən] 自(s) (傷が)かさぶたになる; (血・泥などが)固まる. ◇[過去分詞の形で] eine *verkrustete* Wunde かさぶたになった傷口.

ver･küh･len [フェア・キューレン fɛr-ký:lən] 再帰 (h) *sich⁴ verkühlen* 《方》風邪をひく.

ver･küm･mern [フェア・キュンマァン fɛr-kýmərn] 自(s) (動植物が)発育不全になる; (筋肉などが)萎縮する; (人が)気力をなくす; 《比》(才能などが)伸び悩む.

ver･kün･den [フェア・キュンデン fɛr-kýndən] 他(h)《雅》① (公的に)発表する, 公示(公告)する; (法律などを)公布する. das Urteil *verkünden* 判決を言い渡す. ② (はっきり)告げる, 明言する. ③ (災いなど⁴を)予告する.

ver･kün･di･gen [フェア・キュンディゲン fɛr-kýndɪɡən] 他(h)《雅》① (厳かに)告げる, 告知する. das Evangelium *verkündigen* 《宗教》福音を宣(の)べ伝える. ② 公布する, 公示する. ③ 明言する. ④ (災いなど⁴を)予告する.

Ver･kün･di･gung [フェア・キュンディグング] 女 -/-en《雅》告知, お告げ; 予言. Mariä² *Verkündigung* 《カトリック》聖母マリアへのお告げ[の祝日] (天使ガブリエルがキリスト受胎を聖母マリアに伝えた記念祭. 3月25日).

Ver･kün･dung [フェア・キュンドゥング] 女 -/-en 公表, 公告, 公布; 予告.

Ver･kup･peln [フェア・クッペルン fɛr-kúpəln] 他(h) (人⁴の)仲をとりもつ. A⁴ **an** B⁴ (または **mit** B³) *verkuppeln* A⁴とB⁴(またはB³)の仲をとりもつ, (財産目当てで) A⁴をB⁴(またはB³)と結婚させる.

ver･kür･zen [フェア・キュルツェン fɛr-kýrtsən] du verkürzt (verkürzte, *hat*...verkürzt) I 他(完了 haben) 短くする, 縮める; (期間などを)短縮する; 削減(カット)する. (⇔ shorten). (⇔「長くする」は verlängern). eine Schnur⁴ um 10 cm *verkürzen* ひもを10センチ短くする / die Arbeitszeit⁴ *verkürzen* 労働時間を短縮する / sich³ die Zeit⁴ **durch** (または **mit** B³) *verkürzen* 仕事⁴(または 物³)で退屈しのぎをする. ◇[再帰的に] *sich⁴ verkürzen* 短くなる, 縮まる.

II 他(完了 haben) (球技で:)点差を縮める. **auf** 4:3 (=vier zu drei) *verkürzen* 4対3まで追いあげる.

ver･kürzt [フェア・キュルツト] verkürzen (短くする)の 過分, 3人称単数・2人称親称複数 直説

ver･kürz･te [フェア・キュルツテ] verkürzen (短くする)の 過去

Ver･kür･zung [フェア・キュルツング] 女 -/-en 短縮, 縮小; 削減.

Verl. 《略》① [フェア・ラーク] 出版社 (=**Verlag**). ② [フェア・レーガァ] 出版者 (=**Verleger**).

ver･la･chen [フェア・ラッヘン fɛr-láxən] 他(h) あざ笑う, 嘲笑(ちょうしょう)する.

ver･la･den* [フェア・ラーデン fɛr-lá:den] 他(h) ① (荷物・兵隊など⁴を)積む, 積み込む. Güter⁴ **auf** Lastwagen *verladen* トラックに貨物を積む. ② 《口語》(人⁴を)口車に乗せる, だます.

Ver･la･de≠ram･pe [フェアらーデ・ランペ] 女 -/-n [貨物]積み込みランプ(ホーム).

Ver･la･dung [フェア・らードゥング] 女 -/-en 積み込み, 積載.

der **Ver·lag** [フェア・ラーク fɛr-láːk] 男 (単2) −[e]s/(複) −e (3格のみ −en) ① 出版社, 発行所. (英 *publisher*). Er sucht einen *Verlag* für sein Buch. 彼は自分の本を出してくれる出版社を探している / Das Buch erscheint im *Verlag* Karl Sommer. その本はカール・ゾンマー出版社で出版される. ② 《商》卸売業.

ver·la·gern [フェア・ラーガァン fɛr-láː-gərn] 他 (h) (重心・重点などを)移す; (物4をほかの保管場所へ移す. ◊《再帰的に》*sich*4 *verlagern* (他の場所へ)移る, 移動する.

Ver·la·ge·rung [フェア・ラーゲルング] 女 −/−en 移動, 転位, 移転.

Ver·lags゠buch·han·del [フェアラークス・ブーフハンデル] 男 −s/ 出版業.

Ver·lags゠**buch·hand·lung** [フェアラークス・ブーフハンドルング] 女 −/−en (昔の:) 《書店に併設された》出版社.

Ver·lags゠**ka·ta·log** [フェアラークス・カタローク] 男 −[e]s/−e 出版図書目録.

Ver·lags゠**recht** [フェアラークス・レヒト] 中 −[e]s/《法》① [出]版権. ② 出版法[規].

***ver·lan·gen** [フェア・ランゲン fɛr-láŋən] (verlangte, hat ... verlangt) **I** 他 (完了 haben) ① 求める, 要求する; 請求する. (英 *demand*). Ich *verlange* eine Erklärung! 私は説明を求めます / Er *verlangt* **für** diese Arbeit hundert Euro. 彼はこの仕事に対して100ユーロを請求する / Der Beamte *verlangte* **von** ihr einen Ausweis. その係官は彼女に身分証明書の提示を求めた / Ich *verlange*, dass ... 私は…ということを要求する / Das *ist* zu viel *verlangt*. 《状態受動・現在》それは要求のしすぎだ. ② (物事が物4を)必要とする, 要する. Diese Arbeit *verlangt* viel Geduld. この仕事にはいへんな根気が要る.

③ (人4を電話口などへ)呼び出す. Herr Schmidt, Sie *werden* am Telefon *verlangt*. 《受動・現在》シュミットさん, あなたにお電話です. **II** 自 (完了 haben) 【**nach** 人・物3 ~】《雅》(物3を)欲しがる, 求める, (人3に)来てもらいたがる. Er *verlangt* nach Wasser. 彼は水を欲しがっている / Der Patient *verlangte* nach einem Arzt. その患者は医者を呼んでくれと言った. ◊《現在分詞の形で》*verlangende* Blicke もの欲しげなまなざし.

III 非人称 (完了 haben) 【**es** *verlangt* 人4 **nach** 人・事3 の形で】《雅》人4は人・事3を求める. Es *verlangt* ihn nach Ruhe. 彼は安らぎを求めている. ◊【*zu* 不定詞[句]とともに】Es *verlangt* mich, ihn noch einmal zu sehen. 私は彼にぜひもう一度会いたい.

das **Ver·lan·gen** [フェア・ランゲン fɛr-láŋən] 中 (単2) −s/(複) −《雅》① 欲求, 欲望, 願望. (英 *desire*). ein dringendes *Verlangen* 切望 / ein *Verlangen*4 erfüllen 欲求を満たす / Er zeigte kein *Verlangen* nach diesen Dingen. 彼はこのような物は欲しがらなかった. ② 要求, 要請. (英 *demand*). auf *Ver-*

langen des Chefs 上司の要望により.

ver·län·gern [フェア・レンガァァン fɛr-léŋərn] (verlängerte, hat ... verlängert) 他 (完了 haben) ① 長くする, 伸ばす; (期間など4を)延長する, (証明書など4を)更新する. (英 *lengthen, extend*). (英4「短くする」は verkürzen). die Ärmel4 [um drei Zentimeter] *verlängern* 袖(そで)を[3センチ]長くする / Er *verlängerte* seinen Urlaub. 彼は休暇を延長した. ◊《再帰的に》*sich*4 *verlängern* 長くなる, 伸びる; (期間などが)延長される ⇒ Der Ausweis *verlängert sich* automatisch. その証明書は自動的に更新される.

② (ソースなど4を)薄めて量を増やす, のばす. ③ (球技で:)(ボール4を…へ)つなぐ, パスする.

ver·län·gert [フェア・レンガァト] verlängern (長くする)の 過分, 3人称単数・2人称親称複数 現在

ver·län·ger·te [フェア・レンガァテ] verlängern (長くする)の 過去

Ver·län·ge·rung [フェア・レンゲルング] 女 −/−en ① 延ばすこと, 伸長; (有効期限・試合時間などの)延長. ② 延長部分.

Ver·län·ge·rungs゠ka·bel [フェアレンゲルングス・カーベル] 中 −s/−《電》(電気の)延長コード.

ver·lang·sa·men [フェア・ラングザーメン fɛr-láŋzaːmən] 他 (h) (速度4を)遅くする, 減速する. ◊《再帰的に》*sich*4 *verlangsamen* (速度が)遅くなる, 減速される.

ver·langt [フェア・ラングト] *verlangen (求める)の 過分, 3人称単数・2人称親称複数 現在

ver·lang·te [フェア・ラングテ] *verlangen (求める)の 過去

Ver·lass [フェア・ラス fɛr-lás] 男 《成句的に》Es ist kein *Verlass* **auf** ihn. 彼は信頼できない.

***ver·las·sen**[1]* [フェア・ラッセン fɛr-lásən] du verlässt, er verlässt (verließ, hat ... verlassen) **I** 他 (完了 haben) ① (ある場所4を)去る, あとにする; (人4のもとを)離れる. (英 *leave*). die Heimat4 *verlassen* 故郷をあとにする / Er *verlässt* im Herbst die Schule. 彼は秋に学校を卒業する / Er *hat* soeben das Haus *verlassen*. 彼はたった今家を出て行った / Sie *hat* ihre Eltern *verlassen*. 彼女は両親のもとを離れた. (☞ 類語 ausgehen).

② (人4を)見捨てる, 置き去りにする. Er *hat* seine Frau *verlassen*. 彼は妻を見捨てた / Seine Kräfte *verließen* ihn. 《比》彼の力は尽きてしまった.

II 再帰 (完了 haben) 【*sich*4 **auf** 人・事4 ~】(人・事4を)頼りにする, 当てにする. Man *kann sich* **auf** ihn *verlassen*. 彼は信頼できる / Darauf *kannst* du *dich verlassen*. それは当てにしていいよ(確かなことだよ).

ver·las·sen[2] [フェア・ラッセン] **I** *verlassen[1] (去る)の 過分 **II** 形 ① 見捨てられた, 寄る辺のない; 孤独な. Ich fühlte mich *verlassen*. 私

は心細い思いをした. ② 荒涼とした, 人の住まない, 人気(ﾋﾟ)のない.

Ver·las·sen·heit [ﾌｪｱ･ﾗｯｾﾝﾊｲﾄ] 囡 -/ 孤独; 荒涼.

ver·läss·lich [ﾌｪｱ･ﾚｽﾘﾋ] 形 頼りになる, 信用できる; (情報などが)信頼性の高い.

Ver·läss·lich·keit [ﾌｪｱ･ﾚｽﾘﾋｶｲﾄ] 囡 -/ 頼りになること, 信頼性.

ver·lässt [ﾌｪｱ･ﾚｽﾄ] *verlassen¹ (去る)の2人称親称単数・3人称単数 現在

Ver·laub [ﾌｪｱ･ﾗｵﾌﾟ fɛr-láup] 男《成句的に》mit Verlaub [gesagt]《雅》失礼ながらあえて申しますと.

der **Ver·lauf** [ﾌｪｱ･ﾗｵﾌ fɛr-láuf] 男 (単2) -[e]s/(複) ..läufe [..ﾛｲﾌｪ] (3格のみ ..läufen) (英 course)《ふつう 単》① 経過, 進行, 成り行き. der Verlauf einer Krankheit² 病気の経過 / im Verlauf von zehn Jahren 10年のうちに / nach Verlauf von fünf Tagen 5日後に. ② (道・境界線などの)形状, 延び. den Verlauf der Grenze² fest|legen 境界線を確定する.

ver·lau·fen¹* [ﾌｪｱ･ﾗｵﾌｪﾝ fɛr-láufən] du verläufst, er verläuft (verlief, hat/ist ... verlaufen) I (再帰)(完了 haben) *sich⁴* verlaufen ① (歩いていて)道に迷う. Die Kinder haben sich im Wald verlaufen. 子供たちは森で道に迷った. ②《*sich⁴* in 物³ ~》(足跡・道などが 物³の中に)消える. ③ (群衆などが)四散する, 散り散りになる. ④ (高潮・洪水などが)引く. II 自 (完了 sein) ① (事柄が…のくあいに)経過する. Die Sache ist gut verlaufen. 《現在完了》その件はうまくいった. ② (道・線などが…の状態で)走っている, (…へ)延びている. Die beiden Linien verlaufen parallel. 2本の線は平行して延びている / Der Weg verläuft entlang der Grenze. その道は国境に沿って走っている. ③《in 物³ ~》(足跡・道などが 物³の中に)消える, とだえる. ④ (インクなどが)にじむ. ⑤ (バターなどが)溶ける.

ver·lau·fen² [ﾌｪｱ･ﾗｵﾌｪﾝ] verlaufen¹ (再帰 で:道に迷う)の 過分

ver·läufst [ﾌｪｱ･ﾛｲﾌｽﾄ] verlaufen¹ (再帰 で:道に迷う)の2人称親称単数 現在

ver·läuft [ﾌｪｱ･ﾛｲﾌﾄ] verlaufen¹ (再帰 で:道に迷う)の3人称単数 現在

ver·laust [ﾌｪｱ･ﾗｵｽﾄ] 形 しらみのたかった(髪など).

ver·laut·ba·ren [ﾌｪｱ･ﾗｵﾄﾊﾞｰﾚﾝ fɛr-láutbaːrən] I 他 (h) 公表する, 発表する, 告知する. II 自 (s)《雅》知れ渡る. ◇非人称のesを主語として Es verlautbart, dass... …であると公表(発表)される.

Ver·laut·ba·rung [ﾌｪｱ･ﾗｵﾄﾊﾞｰﾙﾝｸﾞ] 囡 -/-en (公式の)発表, 告知, 公示.

ver·lau·ten [ﾌｪｱ･ﾗｵﾃﾝ fɛr-láutən] I 自 (s) 知れ渡る, 報じられる. 物⁴ verlauten lassen 物⁴を口外する, 漏らす. ◇過去分詞の形で] wie verlautet 発表されたところによれば. II 単 (h) 公表する, 発表する. ◇《非人称のesを主語として》Es verlautet, dass... …だそうだ.

ver·le·ben [ﾌｪｱ･ﾚｰﾍﾞﾝ fɛr-léːbən] 他 (h) ① (時間・休暇など⁴を)過ごす. Er hat drei Jahre in Amerika verlebt. 彼は3年間をアメリカで過ごした. ②《口語》(お金など⁴を)生活費に使ってしまう.

ver·lebt [ﾌｪｱ･ﾚｰﾌﾟﾄ] I verleben (過ごす)の 過分 II 形 (酒色にふけって・不節制のために)やつれ果てた, 老け込んだ.

ver·le·gen¹ [ﾌｪｱ･ﾚｰｹﾞﾝ fɛr-léːgən] 形 ① 当惑した, 気まずい, 途方に暮れた. (英 embarrassed). ein verlegener Blick 途方に暮れたまなざし / verlegen lächeln きまり悪そうにほほえむ. ②《成句的に》um 物⁴ verlegen sein 物⁴に困っている. Er ist immer um Geld verlegen. 彼はいつもお金に困っている / Er ist nie um eine Ausrede verlegen. 彼は言い訳に困ったためしがない.

ver·le·gen² [ﾌｪｱ･ﾚｰｹﾞﾝ fɛr-léːgən] I 他 (h) ① 移す, 移転させる. Er hat seinen Wohnsitz nach Bonn verlegt. 彼は住まいをボンに移した. ② (期日など⁴を)変更する, 延期する. 物⁴ auf nächste Woche verlegen 物⁴を翌週に延期する. ③ どこかに置き忘れる. Ich habe meine Brille verlegt. 私は眼鏡をどこかに置き忘れた. ④ 出版する. ⑤ (管・ケーブルなど⁴を)据え付ける, 敷設する. ⑥ ふさぐ. 人³ den Weg verlegen 人³の道をふさぐ. II (再帰 h)《*sich⁴ auf* 物⁴ ~》(これまでの態度を変えて 物⁴に)切り替える. sich⁴ aufs Bitten verlegen 今度はしきりに懇願し始める.

die **Ver·le·gen·heit** [ﾌｪｱ･ﾚｰｹﾞﾝﾊｲﾄ fɛr-léːgənhait] 囡(単) -/(複) -en ①《複なし》当惑, 困惑. (英 embarrassment). in Verlegenheit kommen (または geraten) 人⁴を困惑させる. ② 困った状況, 窮地. 人³ aus der Verlegenheit helfen 人³を窮地から救う.

Ver·le·ger [ﾌｪｱ･ﾚｰｹﾞｱ fɛr-léːgər] 男 -s/- 出版者, 発行人. (女性形: -in).

Ver·le·gung [ﾌｪｱ･ﾚｰｸﾞﾝｸﾞ] 囡 -/-en ① 移転. ② (期日の)変更, 延期. ③ (導線・導管の)敷設.

ver·lei·den [ﾌｪｱ･ﾗｲﾃﾞﾝ fɛr-láidən] 他 (h) (人³の 物⁴を)だいなしにする, 不快なものにする. 人³ den Urlaub verleiden 人³の休暇をだいなしにする.

Ver·leih [ﾌｪｱ･ﾗｲ fɛr-lái] 男 -[e]s/-e ①《複なし》賃貸, 貸し出し. ② 賃貸業, レンタルショップ. Kostümverleih レンタルブティック.

ver·lei·hen* [ﾌｪｱ･ﾗｲｴﾝ fɛr-láiən] (verlieh, hat ... verliehen) 他 (完了 haben) ① 貸す; 賃貸しする. (英 lend, rent). Er verleiht seine Bücher nicht gern. 彼は自分の本を貸したがらない / Geld⁴ an 人⁴ verleihen 人⁴にお金を貸す. ② (人³に勲章・称号など⁴を)授ける, 授与する. 人³ einen Orden verleihen 人³に

勲章を授ける. ③《雅》(人・物³に囲⁴を)与える, 付与する. Dieser Erfolg *verlieh* ihm neuen Mut. この成功は彼に新たな勇気を与えた.

Ver·lei·her [フェア・ライアァ fɛr-láiər] 男 -s/- 貸し手, 貸し主; 賃貸業者. (女性形: -in).

Ver·lei·hung [フェア・ライウング] 女 -/-en ① 貸与, 賃貸. ② (称号などの)授与.

Ver·lei·men [フェア・ライメン fɛr-láimən] 他 (h) 接着剤(にかわ)で接着する.

Ver·lei·ten [フェア・ライテン fɛr-láitən] 他 (h) 〖人⁴ zu 人³ ～〗(人⁴を物³へ)誘惑する, (人⁴を)そそのかして(囲³を)させる.

Ver·ler·nen [フェア・レルネン fɛr-lérnən] 他 (h) (習い覚えたこと⁴を)忘れる. Er *hat* sein Englisch *verlernt*. 彼は習った英語を忘れてしまった.

ver·le·sen* [フェア・レーゼン fɛr-lé:zən] I 他 (h) ① (通達・名簿など⁴を)読み上げる. ② (果物など⁴を)より分ける, 選別する. II 再帰 (h) *sich verlesen* 読み違える.

ver·letz·bar [フェア・レッツバール] 形 (精神的に)傷つきやすい, 感情を害しやすい.

***ver·let·zen** [フェア・レッツェン fɛr-létsən] du verletzt (verletzte, *hat* ... verletzt) I 他 (完了 haben) ① **傷つける**, 負傷させる. (英 *hurt*). Der Dieb *hat* ihn mit dem Messer *verletzt*. その泥棒は彼をナイフで傷つけた / Er *ist* schwer *verletzt*. 〖状態受動・現在〗彼は重傷を負っている / *sich*³ 物⁴ *verletzen* 物⁴(体の一部)にけがをする ⇒ Ich *habe* mir die Hand *verletzt*. 私は手にけがをした.
② (精神的に)傷つける, (人⁴の)感情を傷つける. Seine Bemerkung *hat* sie tief *verletzt*. 彼の発言は彼女を深く傷つけた. ◇〖現在分詞の形で〗*verletzende* Worte 人の心を傷つける言葉. ③ (法律など⁴を)犯す, (礼儀など⁴に)反する; (国境など⁴を)侵犯する. den Geschmack *verletzen* 趣味に反する / den Luftraum eines Staates *verletzen* ある国の領空を侵犯する.
II 再帰 (完了 haben) *sich*⁴ *verletzen* **負傷する**, けがをする. Ich *habe* mich *am* Kopf *verletzt*. 私は頭にけがをした.

◇☞ **verletzt**

類 **verletzen**: (人の心を不当にも深く)傷つける.
beleidigen: (不注意な言動で)侮辱する. **kränken**: (人の感情・自尊心などを)傷つける.

ver·letz·lich [フェア・レッツリヒ] 形 (精神的に)傷つきやすい, 感情を害しやすい.

ver·letzt [フェア・レッツト] I *verletzen (傷つける)の過分, 3人称単数・2人称親称複数 現在 II 形 ① 負傷した. Der Fahrer war schwer *verletzt* (または schwer*verletzt*). そのドライバーは重傷を負っていた. ② (精神的に)傷ついた. *verletzter* Stolz 傷ついた誇り / Sie fühlte sich in ihrer Ehre *verletzt*. 彼女はプライドが傷つけられたように感じた.

ver·letz·te [フェア・レッツテ] *verletzen (傷つける)の過去

Ver·letz·te[r] [フェア・レッツテ (..ター) fɛr-létstə (..tər)] 男 女 〖語尾変化は形容詞と同じ〗負

傷者, けが人.

die **Ver·let·zung** [フェア・レッツング fɛr-létsuŋ] 女 (単) -/(複) -en ① けが, 傷害, 負傷. (英 *injury*). eine schwere *Verletzung*⁴ erleiden 重傷を負う / 人³ eine *Verletzung*⁴ zu|fügen 人³にけがをさせる / Er hat eine *Verletzung am* Kopf. 彼は頭にけがをしている. ② (精神的に)傷つけること, 侮辱. ③ (法律などの)違反; (国境などの)侵犯.

ver·leug·nen [フェア・ロイグネン fɛr-lɔ́ygnən] 他 (h) 否認する, 否定する, (事実など⁴を)覆い隠す. die Wahrheit⁴ *verleugnen* 真実を否認する / seinen Freund *verleugnen* 自分の友人を知らない人だと言う / Das *lässt* sich⁴ nicht *verleugnen*. それは否定できない事実である / sich⁴ *verleugnen lassen* 居留守を使う. ◇〖再帰的に〗*sich*⁴ *verleugnen* 自分の本心(信念)に背いて行動する.

Ver·leug·nung [フェア・ロイグヌング] 女 -/-en 否認, 否定.

ver·leum·den [フェア・ロイムデン fɛr-lɔ́ymdən] 他 (h) 中傷する, そしる, 誹謗(ひぼう)する. 人⁴ als Betrüger *verleumden* 人⁴を詐欺師だとそしる.

Ver·leum·der [フェア・ロイムダァ fɛr-lɔ́ymdər] 男 -s/- 中傷者, 誹謗(ひぼう)者. (女性形: -in).

ver·leum·de·risch [フェア・ロイムデリッシュ fɛr-lɔ́ymdərɪʃ] 形 中傷的な, 誹謗(ひぼう)的な, 中傷するに等しい.

Ver·leum·dung [フェア・ロイムドゥング] 女 -/-en 中傷, 誹謗(ひぼう).

***ver·lie·ben** [フェア・リーベン fɛr-lí:bən] (verliebte, verliebt) 再帰 (完了 haben) 〖*sich*⁴ in 人・物⁴ ～〗(人・物⁴に)ほれ込む, 夢中になる. Er *hat sich* unsterblich in sie *verliebt*. 彼は彼女にぞっこんほれ込んだ.

◇☞ **verliebt**

Ver·lie·ben [フェア・リーベン] 中 〖成句的に〗zum *Verlieben* aus|sehen (または sein) ほれぼれするほどきれいである.

ver·liebt [フェア・リープト] I *verlieben (再帰で: ほれ込む)の過分, 3人称単数・2人称親称複数 現在 II 形 ほれ込んだ, 熱愛している. ein *verliebtes* Paar 相思相愛のカップル / 人³ *verliebte* Augen⁴ machen 人³に秋波を送る / Er ist ganz *verliebt* in seine Idee. 〖比〗彼は自分のアイディアにすっかり夢中になっている.

ver·lieb·te [フェア・リープテ] *verlieben (再帰で: ほれ込む)の過去

Ver·lieb·te[r] [フェア・リープテ (..ター) fɛr-lí:ptə (..tər)] 男 女 〖語尾変化は形容詞と同じ〗恋をしている人, (ある異性に)ほれ込んでいる人.

Ver·liebt·heit [フェア・リープトハイト] 女 -/ ほれ込んでいること, 熱愛.

ver·lief [フェア・リーフ] verlaufen¹ (再帰 で: 道に迷う)の過去

ver·lieh [フェア・リー] verleihen (貸す)の過去

ver·lie·hen [フェア・リーエン] verleihen (貸す)の過去

ver·lie·ren [フェア・リーレン fɛr-líːrən] (verlor, *hat* ... verloren) **I** 他 (完了 haben) ① (を *lose*) ① なくす, 紛失する; (囚⁴を)見失う. den Autoschlüssel *verlieren* 車のキーをなくす / Sie *haben* etwas *verloren*! 何か落としましたよ / Das Kind *hat* im Gedränge seine Mutter *verloren*. その子供は人ごみの中で母親を見失った / Was *hast* du hier *verloren*? 《口語》君はいったいここに何の用があるんだ(←ここで何をなくしたのか).
② (人・物⁴を)失う; (時間など⁴を)むだにする. Er *hat* im Krieg einen Arm *verloren*. 彼は戦争で片腕を失った / Sie *hat* im letzten Jahr ihren Mann *verloren*. 彼女は昨年夫を亡くした / einen Freund (die Kundschaft⁴) *verlieren* 友人(顧客)を失う / Im Herbst *verlieren* die Bäume ihre Blätter. 秋になると木々は葉を落とす / Der Reifen *verliert* Luft. このタイヤは空気が抜ける / Du *darfst* keine Zeit *verlieren*. 君は一刻もむだにしてはいけない / den Arbeitsplatz *verlieren* 職を失う / die Hoffnung⁴ *verlieren* 《比》希望をなくす / die Sprache⁴ *verlieren* 《比》(驚きのあまり)ものが言えなくなる / Er hat nichts mehr zu *verlieren*. 《比》彼はもうこれ以上失うものは何もない(恐れるものはもう何もない).
③ (戦い・試合など⁴に)負ける. (反意 「勝つ」は gewinnen). den Krieg *verlieren* 戦争に負ける / Sie *haben* das Spiel [mit] 1:3 (=eins zu drei) *verloren*. 彼らは1対3で試合に負けた. ◇《目的語なしでも》Wir *haben* [nach Punkten] *verloren*. 私たちは[ポイント差で]負けた.
④ (賭事(%)である金額⁴を)とられる, 負ける.
II 自 (完了 haben) ① 《**an** 3格 ~》(3格を)失う, (3格が)減少する. an Bedeutung *verlieren* 意味を失う / Das Flugzeug *verlor* an Höhe. その飛行機は高度を失った. ② 魅力(美しさ)が衰える. Ohne Gürtel *verliert* das Kleid. ベルトがないとそのワンピースは引きたたない / Sie *hat* sehr *verloren*. 彼女は容色がとても衰えた. ③ (ゲーム・訴訟などに)負ける, 敗れる.
III 再帰 (完了 haben) *sich*⁴ *verlieren* ① (感激などが)消えてなくなる. Die Angst *verliert sich* nach und nach. 不安がしだいに薄れる. ② 《場所を表す語句とともに》(…に)消えて見えなくなる; 迷い込む. Die Spur *verlor sich* **im** Wald. その足跡は森の中で消えていた. ③ 《*sich*⁴ **in** 3格 または 4格 ~》(3格または 4格に)没頭する, 夢中になる. Er *hat sich* ganz in seine Arbeit *verloren*. 彼は仕事にすっかり夢中になった / *sich*⁴ in Einzelheiten *verlieren* 細かい点にとらわれる.
◇☞ **verloren**

Ver·lie·rer [フェア・リーラァ fɛr-líːrər] 男 –s/– 紛失者; (試合などの)敗者. (女性形: –in).

Ver·lies [フェア・リース fɛr-líːs] 中 –es/–e (昔の城内の)地下牢(%).

ver·ließ [フェア・リース] *verlassen¹ (去る)の

ver·lie·ße [フェア・リーセ] *verlassen¹ (去る)の接2

ver·lischt [フェア・リッシュト] verlöschen¹ (消える)の3人称単数 現在

ver·lo·ben [フェア・ローベン fɛr-lóːbən] (verlobte, *hat* ... verlobt) **I** 再帰 (完了 haben) 《*sich*⁴ [**mit** 3格] ~》([3格と]婚約する. Er *hat sich* mit ihr *verlobt*. 彼は彼女と婚約した / Sie *haben sich* heimlich *verlobt*. 彼らはひそかに婚約した.
II 他 (完了 haben) 《A⁴ B³ (または **mit** B³) ~》 (A⁴をB³と)婚約させる.
◇☞ **verlobt**

Ver·löb·nis [フェア・レープニス] 中 ..nisses/..nisse 《雅》婚約 (=Verlobung).

ver·lobt [フェア・ロープト fɛr-lóːpt] **I** *verloben (再帰 で: 婚約する)の過分, 3人称親称複数 現在.
II 形 婚約した. (英 *engaged*). Sie sind *verlobt*. 彼らは婚約している.

ver·lob·te [フェア・ロープテ] verloben (再帰 で: 婚約する)の過去

Ver·lob·te[r] [フェア・ロープテ (..タァ) fɛr-lóːptə (..tər)] 男 《語尾変化は形容詞と同じ》婚約者, フィアンセ. Seine *Verlobte* ist Lehrerin. 彼のフィアンセは学校の先生だ.

die **Ver·lo·bung** [フェア・ローブング fɛr-lóːbuŋ] 女 (単) –en ① 婚約. (英 *engagement*). (反意「婚約の解消」は Entlobung). die *Verlobung*⁴ bekannt machen 婚約を発表する / die *Verlobung*⁴ [auf]lösen 婚約を解消する. ② 婚約披露パーティー.

Ver·lo·bungs⸗ring [フェア・ローブングス・リング] 男 –[e]s/–e エンゲージリング, 婚約指輪.

ver·lo·cken [フェア・ロッケン fɛr-lɔ́kən] 他 (h) (《囚⁴ **zu** 3格 ~》(囚⁴を3格へ)誘惑する, 誘う. Der See *verlockt* mich zum Baden. 湖を見ていると私はどうしても泳ぎたくなる.

ver·lo·ckend [フェア・ロッケント] **I** verlocken (誘う)の現分 **II** 形 誘うような, そそのかすような.

Ver·lo·ckung [フェア・ロックング] 女 –/–en 誘惑, そのかし.

ver·lo·gen [フェア・ローゲン fɛr-lóːgən] 形 うそつきの, 偽りの, でたらめな(モラルなど).

Ver·lo·gen·heit [フェア・ローゲンハイト] 女 –/–en 偽り, 虚偽.

ver·loh·nen [フェア・ローネン fɛr-lóːnən] **I** 自 (h)・再帰 (h) *sich*⁴ *verlohnen* 《雅》やりがいがある, 報われる. **II** 他 (h) 《雅》(苦労など⁴に)値する.

ver·lor [フェア・ローァ] *verlieren (なくす)の過去

ver·lö·re [フェア・れーレ] *verlieren (なくす)の接2

ver·lo·ren [フェア・ローレン fɛr-lóːrən] **I** *verlieren (なくす)の過分
II 形 ① 失われた, 紛失した; (試合などに)負け

た.(英 lost). ein verlorener Gegenstand 紛失物 / 人・物4 verloren geben (または verloren|geben) 人・物4をなくなったものとあきらめる. ② 見捨てられた, 孤独な, 救いようがない. Ohne seine Frau ist er einfach verloren.《比》奥さんがいないと彼はどうしようもない. ③ 夢中になった, 没頭した. Er war ganz in Gedanken verloren. 彼はすっかり物思いにふけっていた. ④ むだな(骨折りなど). verlorene Mühe 徒労.

▶**verloren|gehen**

ver·lo·ren|ge·hen*, **ver·lo·ren ge·hen*** [ふェアローレン・ゲーエン fɛrlóːrən-gèːən] 自 (s) ① なくなる. 《現在完了》私の身分証明書がなくなった / An ihm ist ein Techniker verlorengegangen.《現在完了》《口語》彼はいい技術者になれなかっただろうに. ② (戦争などが)負けになる.

ver·losch [ふェア・ろッシュ] verlöschen¹ (消える)の過去

ver·lo·schen [ふェア・ろッシェン] verlöschen¹ (消える)の過分

ver·lö·schen¹⁽*⁾ [ふェア・れッシェン fɛr-lœ́ʃən] es verlischt (verlosch, ist...verloschen または verlöschte, ist... verlöscht) 自 (s) (火・明かりなどが)消える,《比》(愛情などが)さめる, (名声などが)消え去る.

ver·lö·schen² [ふェア・れッシェン] 他 (h) 《書》 (火・明かりなど4を)消す.

ver·lo·sen [ふェア・ろーゼン fɛr-lóːzən] 他 (h) (物4をもらう人をくじで決める.

Ver·lo·sung [ふェア・ろーズンク] 女 -/-en くじ引き[による分配].

ver·lö·ten [ふェア・れーテン fɛr-løːtən] 他 (h) はんだ付けする.

ver·lot·tern [ふェア・ろッタァン fɛr-lɔ́tərn] I 自 (s) 身を持ち崩す, 落ちぶれる. II 他 (h) (財産など4を)放蕩(はぅ)で使い果たす.

der **Ver·lust** [ふェア・るスト fɛr-lúst] 男 (単2) -es (まれに -s)(複) -e (3格のみ -en) (英 loss) ① 失うこと, 紛失, 喪失; 死去. Am Abend bemerkte er den Verlust seines Ausweises. 夕方になって彼は身分証明書を紛失したことに気づいた / den Verlust des Vaters beklagen 父親の死を嘆く / Verlust geraten (官庁) 紛失する. ② 損失, 損害;(南) 赤字. einen großen Verlust erleiden 大損害を被る / mit Verlust 損をして. ③ 《圏 で》戦闘で死亡した兵士.

ver·lu·stig [ふェア・るスティヒ fɛr-lústɪç] 形 《成句的に》物² verlustig gehen 《官庁》物²を失う. Er ist seiner Stellung verlustig gegangen.《現在完了》彼は勤め口を失った / 人4 物² für verlustig erklären 《官庁》人4に物²の剥奪(はぐ)を宣言する.

Ver·lust:lis·te [ふェアるスト・リステ] 女 -/-n 損害リスト;(軍)死傷者名簿.

verm. [ふェア・メールト]《略》既婚の (=vermählt).

ver·ma·chen [ふェア・マッヘン fɛr-máxən] 他 (h) ① 人3に物4を)遺産として与える, 遺贈する. ② 《口語・比》(人3に物4を)くれてやる.

Ver·mächt·nis [ふェア・メヒトニス] 中 ..nisses/..nisse ① 《法》遺贈; 遺贈物, 遺産. 人3 ein Haus4 [mit 人3 ~](雅) 人3と])結婚する. II 他 (h) 《雅》結婚させる.

ver·mag [ふェア・マーク] vermögen (…することができる)の 1 人称単数・3 人称単数 現在

ver·magst [ふェア・マークスト] vermögen (…することができる)の 2 人称親称単数 現在

ver·mäh·len [ふェア・メーれン fɛr-mɛ́ːlən] I 再帰 sich⁴ [mit 人³ ~]~([人³と])結婚する. II 他 (h) 《雅》結婚させる.

ver·mählt [ふェア・メーるト] I vermählen (再帰で: 結婚する)の過分 II 形 《雅》既婚の (略: verm.).

Ver·mäh·lung [ふェア・メーるンク] 女 -/-en 《雅》結婚 (=Heirat).

ver·mark·ten [ふェア・マルクテン fɛr-márktən] 他 (h) ① (物4を)金もうけの種にする. ② (経)(商品4を)市場に出す.

ver·mas·seln [ふェア・マッセるン fɛr-másəln] 他 (h) 《俗》(計画・チャンスなど4を)だいなしにする; (試験など4を)しくじる.

ver·mas·sen [ふェア・マッセン fɛr-násən] I 自 (s) 大衆化する. II 他 (h) 大衆化させる.

Ver·mas·sung [ふェア・マッスンク] 女 -/-en 大衆化.

ver·meh·ren [ふェア・メーレン fɛr-méːrən] (vermehrte, hat ... vermehrt) 他 《変了》 haben) 増やす, (財産を)殖やす;(動・植物4を)増殖(繁殖)させる. 《英 increase》. 《反》「減らす」 vermindern. seltene Pflanzen⁴ vermehren 稀少植物を増殖させる. ◇《再帰的に》sich⁴ vermehren 増える, (財産などが)殖える; (動植物が)増殖(繁殖)する. 《比》Die Zahl der Unfälle vermehrt sich jedes Jahr. 事故の件数は年々増えつつある.

ver·mehrt [ふェア・メーァト] vermehren (増やす)の過分, 3 人称単数・2 人称親称複数 現在

ver·mehr·te [ふェア・メーァテ] vermehren (増やす)の過去

Ver·meh·rung [ふェア・メールンク] 女 -/-en 増加, 増大; 増殖, 繁殖.

ver·meid·bar [ふェア・マイトバール] 形 避けられる, 回避できる.

ver·mei·den* [ふェア・マイデン fɛr-máidən] du vermeidest, er vermeidet (vermied, hat ... vermieden) 他 《変了》 haben) (事4を)避ける, 回避する. 《英 avoid》. einen Fehler vermeiden 過ちを避ける / Er vermied es, davon zu sprechen. 彼はそれについて話すのを避けた / Es lässt sich⁴ nicht vermeiden, dass... …ということは避けられない.

ver·meid·lich [ふェア・マイトりヒ] 形 避けられる, 回避できる.

Ver·mei·dung [ふェア・マイドゥンク] 女 -/-en

避けること, 回避, 防止.

ver·mei·nen [フェア・マイネン fɛr-máinən] 他 (h)《雅》(誤って)…と思い込む.

ver·meint·lich [フェア・マイントリヒ] 形 (誤って)…と思い込まれた. der *vermeintliche* Täter (誤って)犯人だと思われていた男.

ver·men·gen [フェア・メンゲン fɛr-méŋən] 他 (h) ① 〖A⁴ mit B³ ~〗(A⁴をB³と)混ぜる, 混ぜ合わせる. ◊〖再帰的に〗*sich*⁴ *vermengen* 混ざる, 混じり合う. ② 混同する.

ver·mensch·li·chen [フェア・メンシュリヒェン fɛr-ménʃlɪçən] 他 (h) 擬人化する, 人格化する.

Ver·merk [フェア・メルク fɛr-mérk] 男 –[e]s/-e 覚え書き, メモ; 備考, 注.

ver·mer·ken [フェア・メルケン fɛr-mérkən] 他 (h) ① 書き留める, メモする. ② 心に留める, 受け取る. [A³] 他⁴ übel *vermerken* [人³の]事⁴を悪くとる.

ver·mes·sen¹* [フェア・メッセン fɛr-mésən] I 他 (h) 長さなど⁴を測量する. II 再帰 (h) *sich*⁴ *vermessen* ① 測り間違える. ② 〖zu 不定詞[句]とともに〗《雅》不遜(ぉん)にも…する.

ver·mes·sen² [フェア・メッセン] I vermessen¹ (測量する)の 過分 II 形《雅》不遜(ぉん)な, 生意気な. 大胆不敵な. ein *vermessener* Wunsch 身の程知らずな望み.

Ver·mes·sen·heit [フェア・メッセンハイト] 女 –/-en 不遜(ぉん), 僭越(ぉぇ); 大胆不敵.

Ver·mes·sung [フェア・メッスング] 女 –/-en 測量, 測定.

Ver·mes·sungs·in·ge·ni·eur [フェアメッスングス・インジェニエーァ] 男 –s/-e 測量技師.

ver·mied [フェア・ミート] vermeiden (避ける)の 過去

ver·mie·den [フェア・ミーデン] vermeiden (避ける)の 過分

ver·mie·sen [フェア・ミーゼン fɛr-míːzən] 他 (h)《口語》[人³の楽しみなど⁴を]だいなしにする.

ver·mie·ten [フェア・ミーテン fɛr-míːtən] du vermietest, er vermietet (vermietete, hat … vermietet) 他 (完了 haben) (住居・車など⁴を) 賃貸する. (英 rent). (⇔「賃借する」は mieten). [人³ (または an 人⁴) eine Wohnung⁴ *vermieten* [人³ (または 人⁴) に住居を貸す / Zimmer zu *vermieten*! (掲示で:)貸間あり.

der **Ver·mie·ter** [フェア・ミータァ fɛr-míːtər] 男 (単2) –s/(複) – (3格のみ –n) 賃貸人, 家主, 貸し主. (英 landlord). (⇔「賃借人」は Mieter).

Ver·mie·te·rin [フェア・ミーテリン fɛr-míːtərɪn] 女 –/..rinnen (女性の)賃貸人, 家主.

ver·mie·tet [フェア・ミーテット] vermieten (賃貸する)の 過分, 3人称親称単数・2人称親称複数 現在

ver·mie·te·te [フェア・ミーテテ] vermieten (賃貸する)の 過去

Ver·mie·tung [フェア・ミートゥング] 女 –/-en 賃貸.

ver·min·dern [フェア・ミンダァン fɛr-míndərn] (verminderte, hat … vermindert) 他 (完了 haben) 減らす; (速度など⁴を)落とす; (価格など⁴を)引き下げる. (英 reduce). (⇔「増す」は vermehren). die Gefahr⁴ *vermindern* 危険を減らす / die Geschwindigkeit⁴ *vermindern* 速度を落とす. ◊〖再帰的に〗*sich*⁴ *vermindern* 減る, 減少する, 低下する; (苦痛など が)和らぐ.

ver·min·dert [フェア・ミンダァト] vermindern (減らす)の 過分, 3人称単数・2人称親称複数 現在

ver·min·der·te [フェア・ミンダァテ] vermindern (減らす)の 過去

Ver·min·de·rung [フェア・ミンデルング] 女 –/-en 減少, 低下; 緩和; (価格の)引き下げ.

ver·mi·nen [フェア・ミーネン fɛr-míːnən] 他 (h) (ある場所⁴に)地雷(機雷)を敷設する.

ver·mi·schen [フェア・ミッシェン fɛr-míʃən] I 他 (h) ① 混ぜる, 混合する. Whisky⁴ mit Wasser *vermischen* ウイスキーを水で割る. ② (二つの概念など⁴を)混同する, ごっちゃにする. II 再帰 (h) *sich*⁴ *vermischen* 混ざる, 混ざり合う. Wasser *vermischt sich* nicht mit Öl. 水は油と溶け合わない.

ver·mischt [フェア・ミッシュト] I vermischen (混ぜる)の 過分 II 形 混ざり合った, 雑多な. mit Soda *vermischter* Whisky ハイボール / *Vermischtes* (新聞・雑誌の)雑報欄.

Ver·mi·schung [フェア・ミッシュング] 女 –/-en 混合, 混和; 混合物.

ver·mis·sen [フェア・ミッセン fɛr-mísən] du vermisst, er vermisst (vermisste, hat … vermisst) 他 (完了 haben) ① (人⁴がいないのに気づく, (物⁴が)ないのに気づく. (英 miss). Ich *vermisse* meinen Ausweis. 私の身分証明書が見当たらない. ② (人⁴が)いないのを寂しく思う, (物⁴が)なくて不便に思う. Wir *haben* dich sehr *vermisst*. 私たちは君がいなくてとても寂しかった.

ver·misst [フェア・ミスト] I vermissen (いないのに気づく)の 過分, 2人称親称単数・3人称単数・2人称親称複数 現在 II 形 行方不明の. Er ist im Krieg *vermisst*. 彼は戦争で行方不明になっている.

ver·miss·te [フェア・ミステ] vermissen (いないのに気づく)の 過去

Ver·miss·te[r] [フェア・ミステ (..タァ) fɛr-místə (..tər)] 男 女 〖語尾変化は形容詞と同じ〗行方不明者.

ver·mit·teln [フェア・ミッテるン fɛr-mítəln] ich vermittle (vermittelte, hat … vermittelt) I 他 (h) ① (人³に)仲介する, (仕事など⁴を)斡旋(ぁっせん)する. [人³] eine Wohnung⁴ *vermitteln* [人³]に住居を斡旋する / [人³] einen Briefpartner *vermitteln* [人³]にペンフレンドを紹介する / eine Ehe⁴ *vermitteln* 結婚を世話する. ② (情報・知識など⁴を)伝える.

vernagelt

II 自 (完了 haben) 仲裁をする, 調停する. Er *hat* zwischen ihnen *vermittelt*. 彼は彼らの仲裁をした.

ver·mit·tels[t] [フェア・ミッテるス(ト)] fɛr-mítəls(t)] 前 [2格とともに]《書》…を用いて, …を手段として. *vermittels* eines Antragsformulars 申請用紙によって.

ver·mit·telt [フェア・ミッテるト] vermitteln (仲介する)の過分, 3人称単数·2人称親称複数現在

ver·mit·tel·te [フェア・ミッテるテ] vermitteln (仲介する)の過去

ver·mitt·le [フェア・ミッテれ] vermitteln (仲介する)の1人称単数現在

Ver·mitt·ler [フェア・ミットらァ fɛr-mítlər] 男 -s/- 仲裁者, 調停者. (女性形: -in). den *Vermittler* machen (または spielen) 調停役をする. ② 仲介者, 斡旋(あっせん)人; 仲買人.

Ver·mitt·lung [フェア・ミットるング] 女 -/-en ① 仲裁, 調停. ② 仲介, (仕事などの)斡旋(あっせん). ③ 電話交換局(所).

Ver·mitt·lungs·ge·bühr [フェアミットるングス・ゲビューァ] 女 -/-en 仲介[手数]料.

ver·mö·beln [フェア・メーベるン fɛr-mǿ:-bəln] 他 (h)《俗》ぶちのめす.

ver·mocht [フェア・モッホト] vermögen (…することができる)の過分

ver·moch·te [フェア・モッホテ] vermögen (…することができる)の過去

ver·mo·dern [フェア・モーダァン fɛr-móːdərn] 自 (s) (落ち葉などが)腐る, 朽ちる.

ver·mö·ge [フェア・メーゲ fɛr-mǿ:gə] 前 [2格とともに]《雅》…の力で, …のおかげで. *vermöge* ihres Sprachtalents 彼女の語学の才能のおかげで.

ver·mö·gen* [フェア・メーゲン fɛr-mǿ:-gən] ich vermag, du vermagst, er vermag (vermochte, *hat* … vermocht) 他 (完了 haben)《雅》① [zu 不定詞[句]とともに](…することが)できる.《英 be able to》. Er *vermag* [es] nicht, mich zu überzeugen. 彼は私を説得することはできない. Ich will tun, was ich *vermag*. 私はできるかぎりのことをするつもりだ.

◇☞ **vermögend**

das **Ver·mö·gen** [フェア・メーゲン fɛr-mǿ:gən] 中 (単2) -s/(複) - ①《複なし》《雅》能力, 力.《英 ability》. Denk*vermögen* 思考能力 / Das geht über sein *Vermögen*. それは彼の力に余る. ② 財産, 資産, 富.《英 property》. Sie hat ein großes *Vermögen*. 彼女は大資産家だ. ③《口語》大金. Das Bild kostet ja ein *Vermögen*. その絵を手に入れるには大金が要る.

ver·mö·gend [フェア・メーゲント] **I** vermögen (…することができる)の現分 **II** 形 資産のある, 財産持ちの, 裕福な.

Ver·mö·gens·bil·dung [フェアメーゲンス・ビるドゥング] 女 -/ 財産形成; 財形貯蓄.

Ver·mö·gens·steu·er [フェアメーゲンス・シュトイアァ] 女 -/- 資産税, 財産税.

ver·mum·men [フェア・ムンメン fɛr-múmən] 他 (h) すっぽり包む(くるむ); 変装させる, (顔4に)覆面をする. ◇《再帰的に》 *sich*4 *vermummen* すっぽりくるまる; 変装[覆面]する.

Ver·mum·mung [フェア・ムンムング] 女 -/-en ① すっぽり包むこと. ② 変装, 覆面.

ver·murk·sen [フェア・ムルクセン fɛr-múrksən] 他 (h)《口語》(しくじって)だいなしにする.

*ver·mu·ten [フェア・ムーテン fɛr-múːtən] du vermutest, er vermutet (vermutete, *hat* … vermutet) 他 (完了 haben) ① 推測する, 推定(憶測)する, (…と)思う. Ich weiß es nicht, ich *vermute* es nur. 私は知っているわけではなく, ただそう推測しているだけだ / Die Polizei *vermutet* Brandstiftung. 警察は放火だろうと推測している / Ich *vermute*, dass er nicht kommt. 私は彼は来ないと思う. ② [場所を表す語句とともに](囚が…にいると)思う. Ich *vermute* ihn *zu* Hause. 彼は家にいると思います.

ver·mu·tet [フェア・ムーテット] *vermuten (推測する)の過分, 3人称単数·2人称親称複数現在

ver·mu·te·te [フェア・ムーテテ] *vermuten (推測する)の過去

ver·mut·lich [フェア・ムートりヒ fɛr-múːtlɪç] **I** 形 [付加語としてのみ] 推測できる, 推定の. das *vermutliche* Ergebnis der Wahl[2] 予想できる選挙結果.
II 副 [文全体にかかって] 察するに, 思うに, たぶん.《英 probably》. Er kommt *vermutlich* nicht mehr. 彼はたぶんもう来ないだろう.(☞ 類語 wahrscheinlich).

Ver·mu·tung [フェア・ムートゥング] 女 -/-en 推測, 推察, 推定, 予想. Meine *Vermutung* war richtig. 私の予想は正しかった.

ver·nach·läs·si·gen [フェア・ナーハれスィゲン fɛr-náːxlɛsɪgən] (vernachlässigte, *hat* … vernachlässigt) 他 (完了 haben) ① (囚4を)ほったらかしにする, ないがしろにする.《英 neglect》. die Familie4 *vernachlässigen* 家族をほったらかしにする. ② (用4を)おろそかにする, なおざりにする. seine Pflichten4 *vernachlässigen* 自分の義務を怠る / die Kleidung[4] *vernachlässigen* 服装にかまわない. ③ (用4を)無視する.

ver·nach·läs·sigt [フェア・ナーハれスィヒト] vernachlässigen (ほったらかしにする)の過分, 3人称単数·2人称親称複数現在

ver·nach·läs·sig·te [フェア・ナーハれスィヒテ] vernachlässigen (ほったらかしにする)の過去

Ver·nach·läs·si·gung [フェア・ナーハれスィグング] 女 -/-en 構わずにほうっておくこと, 軽視, 無視.

ver·na·geln [フェア・ナーゲるン fɛr-náːgəln] 他 (h) くぎづけにする, くぎで打ちつけてふさぐ.

ver·na·gelt [フェア・ナーゲるト] **I** vernageln

(くぎづけにする)の 過分　II 形 《口語》頭が固い, 頑迷な.

ver·nä·hen [フェア・ネーエン fɛr-nέːən] 他 (h) ① 縫い合わせる(付ける); (傷口⁴を)縫合する. ② (糸⁴を)縫い物に使い果たす.　③ (糸など⁴を)縫め縫いで留める.

ver·nahm [フェア・ナーム] vernehmen (聞く)の 過去

ver·nar·ben [フェア・ナルベン fɛr-nárbən] 自 (s) (傷口が)癒着して瘢痕(はんこん)になる.

ver·nar·ren [フェア・ナレン fɛr-nárən] 再帰 (h) 《sich⁴ in 人・物⁴ ~》(人・物⁴に)ほれ込む, 夢中になる.

ver·narrt [フェア・ナルト] I vernarren (再帰 で: ほれ込む)の 過分　II 形 《成句的に》in 人・物⁴ *vernarrt sein* 人・物⁴にほれ込んでいる, 夢中である.

ver·na·schen [フェア・ナッシェン fɛr-náʃən] 他 (h) ① (お金⁴を)甘い物(お菓子)に費やす. ② 《俗》(女の子など⁴を)ひっかける, ものにする. ③ 《俗》(敵など⁴を)簡単にやっつける.

ver·nascht [フェア・ナッシュト] I vernaschen (お金を甘い物に費やす)の 過分　II 形 甘い物(つまみ食い)好きな.

ver·ne·beln [フェア・ネーベルン fɛr-néːbəln] 他 (h) ① (ある地域⁴を)霧(煙)で覆う, 煙幕で覆う;《比》(酒が頭⁴などを)ぼんやりさせる.　② (真相・意識など⁴を)ぼかす, 隠蔽(いんぺい)する. die Tatsachen⁴ *vernebeln* 事実を覆い隠す.

ver·nehm·bar [フェア・ネームバール] 形 《雅》(物音などが)聞こえる, 聞きとれる.

ver·neh·men* [フェア・ネーメン fɛr-néːmən] 他 du vernimmst, er vernimmt (vernahm, *hat ...* vernommen) (完了 haben) ① 《雅》(音・声など⁴を)聞く, 聞きとる, 耳にする. (英 *hear*). ein Geräusch⁴ *vernehmen* 物音を耳にする.　② 《雅》(知らせなど⁴を)聞いて知る. Ich *habe* nichts davon *vernommen*. 私はそのことについて何も聞いていない.　③ (囚⁴を)尋問する. die Zeugen⁴ *vernehmen* 証人を尋問する.

Ver·neh·men [フェア・ネーメン] 中 《成句的に》dem *Vernehmen* **nach** 聞くところによると / sicherem *Vernehmen* nach 確かな筋からの情報によると.

ver·nehm·lich [フェア・ネームリヒ] 形 はっきり聞きとれる. mit *vernehmlicher* Stimme はっきりと聞きとれる声で.

Ver·neh·mung [フェア・ネームング] 女 –/–en 《法》尋問, 事情聴取.

Ver·neh·mungs=fä·hig [フェアネームングス・フェーイヒ] 形 (心身の状態が)尋問(事情聴取)に耐え得る.

ver·nei·gen [フェア・ナイゲン fɛr-náɪgən] 再帰 (h) *sich⁴ verneigen* 《雅》おじぎをする.

Ver·nei·gung [フェア・ナイグング] 女 –/–en 《雅》おじぎ, 会釈.

ver·nei·nen [フェア・ナイネン fɛr-náɪnən] (verneinte, *hat ...* verneint) 他 (完了 haben) ① (質問など⁴に)「いいえ」と答える, 否定の返事をする. (⇔「『はい』と答える」は bejahen). Er *verneinte* alle Fragen. 彼はすべての質問にノーと答えた.　◇《現在分詞の形で》 ein *verneinender* Satz 《言》否定文 / *verneinend* den Kopf schütteln 否定して頭を横に振る. (☞ 類語 leugnen).　② (戦争・暴力など⁴を)否定する, (範⁴に)反対する. die Gewalt⁴ *verneinen* 暴力を否定する.

ver·neint [フェア・ナイント] verneinen (「いいえ」と答える)の 過分, 3 人称単数・2 人称親称複数 現在

ver·nein·te [フェア・ナインテ] verneinen (「いいえ」と答える)の 過去

Ver·nei·nung [フェア・ナイヌング] 女 –/–en 否定, 否認;《言》否定詞.

ver·net·zen [フェア・ネッツェン fɛr-nέtsən] 他 (h) 網状に結ぶ, ネットワークで結ぶ.

Ver·net·zung [フェア・ネッツング] 女 –/–en 網状に結ぶこと, (コンピュータの)ネットワーク{化}.

ver·nich·ten [フェア・ニヒテン fɛr-níçtən] du vernichtest, er vernichtet (vernichtete, *hat ...* vernichtet) 他 (完了 haben) ① 全滅させる, 根絶する; (敵など⁴を)壊滅させる, 撃滅する. (英 *destroy*). Unkraut⁴ *vernichten* 雑草を根絶やしにする / Das Unwetter *hat* die Ernte *vernichtet*. 嵐で収穫がだいなしになった.　② (文書など⁴を)破棄する, 処分する.　③ 《比》(計画・夢など⁴を)ぶちこわす.

ver·nich·tend [フェア・ニヒテント] I vernichten (全滅させる)の 現分　II 形 壊滅的な(敗北など); まったく否定的な(批評など). eine *vernichtende* Kritik 酷評.

ver·nich·tet [フェア・ニヒテット] vernichten (全滅させる)の 過分, 3 人称単数・2 人称親称複数 現在

ver·nich·te·te [フェア・ニヒテテ] vernichten (全滅させる)の 過去

Ver·nich·tung [フェア・ニヒトゥング] 女 –/–en 破壊, 壊滅, 根絶, (文書などの)破棄.

Ver·nich·tungs=waf·fe [フェアニヒトゥングス・ヴァッフェ] 女 –/–n《ふつう 複》大量殺りく兵器.

ver·nied·li·chen [フェア・ニートリヒェン fɛr-níːtlɪçən] 他 (h) (失敗・誤りなど⁴に)たいしたことがないように見せる.

ver·nie·ten [フェア・ニーテン fɛr-níːtən] 他 (h) (物⁴を)鋲(びょう)でとめる, リベットで締める.

ver·nimm [フェア・ニム] vernehmen (聞く)の du に対する 命令

ver·nimmst [フェア・ニムスト] vernehmen (聞く)の 2 人称親称単数 現在

ver·nimmt [フェア・ニムト] vernehmen (聞く)の 3 人称単数 現在

ver·nom·men [フェア・ノンメン] vernehmen (聞く)の 過分

die **Ver·nunft** [フェア・ヌンフト fɛr-núnft] 女 《単》– 理性, 理知, 判断力, 思慮分別;《哲》理性. (英 *reason*). die menschliche

Vernunft 人間の理性 / *Vernunft*[4] an|nehmen 分別をわきまえる / Er hat keine *Vernunft*. 彼には思慮分別がない / Das ist doch **gegen** alle *Vernunft*! それは非常識極まることだ / ohne *Vernunft* 無分別に / [人][4] **zur** *Vernunft* bringen (思慮を失った)[人][4]を正気に返らせる.

Ver·nunft≠ehe [ふェア・ヌンフト・エーエ] 囡 -/-n (愛における)打算的結婚.

ver·nunft≠ge·mäß [ふェアヌンフト・ゲメース] 形 理性的な, 道理にかなった.

ver·nünf·tig [ふェア・ニュンフティヒ fɛrnýnftıç] 形 ① 理性的な, 理知的な, 分別のある. (英 *reasonable*). ein *vernünftiger* Mensch 分別のある人 / Sei doch *vernünftig*! ばかなまねはよせ / *vernünftig* denken 理性的に考える. (☞類語 klug).
② (言動・考えが)理にかなっている, もっともな. eine *vernünftige* Antwort 筋の通った回答.
③ (口語)まともな, ちゃんとした(仕事・住居など). ein *vernünftiges* Essen まともな食事.

ver·nünf·ti·ger·wei·se [ふェアニュンフティガァ・ヴァイゼ] 副 賢明にも, (理にかなって)当然のことながら.

ver·nunft≠wid·rig [ふェアヌンフト・ヴィードリヒ] 形 理性(道理)に反する.

ver·öden [ふェア・エーデン fɛr-ǿ:dən] I 自 (s)
① 人気(ひとけ)がなくなる; 荒廃する, 荒れ果てる.
② (血管などが)閉塞(へいそく)を起こす. II 他 (h) (医)(静脈瘤(りゅう)[4]を)閉塞(へいそく)する.

Ver·ödung [ふェア・エードゥング] 囡 -/-en ① 荒廃. ② (医)(静脈瘤(りゅう)の)閉塞(へいそく).

ver·öf·fent·li·chen [ふェア・エッふェントりヒェン fɛr-ǿfəntlıçən] (veröffentlichte, *hat* ... veröffentlicht) 他 (完了 haben) (英 *publish*)
① 公にする, 公表(発表)する. die Rede[4] eines Politikers in den Medien *veröffentlichen* 政治家の談話をマスメディアで公表する. ② 出版する, 刊行する. Er *hat* ein Buch *veröffentlicht*. 彼は本を出した.

ver·öf·fent·licht [ふェア・エッふェントりヒト] veröffentlichen (公にする)の 過分, 3 人称単数・2 人称親称複数 現在.

ver·öf·fent·lich·te [ふェア・エッふェントりヒテ] veröffentlichen (公にする)の 過去.

Ver·öf·fent·li·chung [ふェア・エッふェントりヒュング] 囡 -/-en ① 公表, 発表; 出版, 刊行. ② 出版物, 刊行物.

Ve·ro·na [ヴェローナ veró:na] 田 -s/ (地名・都市名)ベローナ(北イタリアの州および都市).

ver·ord·nen [ふェア・オルドネン fɛr-ɔ́rdnən] du verordnest, er verordnet (verordnete, *hat* ... verordnet) 他 (完了 haben) ① (医者が治療法[4]を)指示する, (薬[4]を)処方する. (英 *prescribe*). Der Arzt *verordnete* ihm strenge Bettruhe. 医者は彼に絶対安静を命じた, 講じる. ② (官)(行政当局が措置など[4]を)指令する.

ver·ord·net [ふェア・オルドネット] verordnen (指示する)の 過分, 3 人称単数・2 人称親称複数 現在.

ver·ord·ne·te [ふェア・オルドネテ] verordnen (指示する)の 過去.

Ver·ord·nung [ふェア・オルドヌング] 囡 -/-en
① (医者による)指示, (薬の)処方. nach ärztlicher *Verordnung* 医者の処方により. ② (行政当局による)指令, 通達.

ver·pach·ten [ふェア・パハテン fɛr-páxtən] 他 (h) (土地・家など[4]を)賃貸する.

Ver·päch·ter [ふェア・ペヒタァ fɛr-pɛ́çtər] 男 -s/- (土地・家などの)賃貸人, 貸し主. (女性形: -in).

Ver·pach·tung [ふェア・パハトゥング] 囡 -/-en 賃貸.

ver·pa·cken [ふェア・パッケン fɛr-pákən] 他 (h) ① (物[4]を)包装する, 梱包する; 詰める. Sie *verpackte* die Eier **in** eine Kiste (または einer Kiste). 彼女は卵を箱詰めにした. ② (比) ([人][4]に)暖かいものを着せる, (毛布などで[人][4]を)くるむ.

Ver·pa·ckung [ふェア・パックング] 囡 -/-en
① (覆いなし)包装, 荷造り. ② 包装材料(紙・箱など).

Ver·pa·ckungs≠müll [ふェア・パックングス・ミュる] 男 -[e]s/ 包装ごみ(使用済みの包装紙・箱など).

***ver·pas·sen** [ふェア・パッセン fɛr-pásən] du verpasst, er verpasst (verpasste, *hat* ... verpasst) 他 (完了 haben) ① (機会など[4]を)逃す, 逸する, (列車など[4]に)乗り遅れる. (英 *miss*). eine gute Gelegenheit[4] *verpassen* 好機を逃す / Ich *habe* den Zug *verpasst*. 私は列車に乗り遅れた. ② ([人][4]に)会いそこなう. ◆(相互的に) Wir *haben* uns *verpasst*. 私たちは行き違いになった. ③ (口語)([人][3]にいやなもの[4]を)与える. [人][3] eins[4] (または eine[4]) *verpassen* [人][3]に一発くらわす.

ver·passt [ふェア・パスト] *verpassen (逃す)の 過分, 2 人称親称単数・3 人称単数・2 人称親称複数 現在.

ver·pass·te [ふェア・パステ] *verpassen (逃す)の 過去.

ver·pat·zen [ふェア・パッツェン fɛr-pátsən] 他 (h) (口語)(事[4]を)しそこなう, だいなしにする.

ver·pes·ten [ふェア・ペステン fɛr-péstən] 他 (h) 悪臭で満たす, (大気など[4]を)汚染する.

Ver·pes·tung [ふェア・ペストゥング] 囡 -/-en (ふつう単) 悪臭で満たすこと; 大気汚染.

ver·pet·zen [ふェア・ペッツェン fɛr-pétsən] 他 (h) (生徒言葉:)([人][4]のことを)告げ口する.

ver·pfän·den [ふェア・プふェンデン fɛr-pfɛ́ndən] 他 (h) 質入れする, 抵当に入れる. [人][3] sein Wort[4] *verpfänden* (雅・比)[人][3]に言質を与える.

ver·pfei·fen* [ふェア・プふァイふェン fɛr-pfáıfən] 他 (h) (口語)密告する.

ver·pflan·zen [ふェア・プふらンツェン fɛr-pflántsən] 他 (h) ① (植物[4]を別の場所へ)植

え替える, 移植する. ② 《医》(臓器など⁴を)移植する. ein Herz⁴ *verpflanzen* 心臓を移植する.

Ver·pflan·zung [フェア・プふらンツング] 囡 -/-en 《植》植え替え, 移植; 《医》移植[手術].

ver·pfle·gen [フェア・プふれーゲン fɛr-pflé:gən] 他 (h) (人⁴に)食事を給する, (人⁴の)食事の面倒をみる. ◊《再帰的に》*sich*⁴ selbst *verpflegen* 自炊する.

Ver·pfle·gung [フェア・プふれーグング] 囡 -/-en ① 《覆 なし》食事の世話, 賄い, 給食. ② 《ふつう 覆》(賄いの)食事. mit voller *Verpflegung* 3 食付きで.

ver·pflich·ten [フェア・プふりヒテン fɛr-pflíçtən] du verpflichtest, er verpflichtet (verpflichtete, *hat* ... verpflichtet) I 他 《完了》haben) ① (人⁴に)義務づける. (obliege). Beamte⁴ **auf** die Verfassung *verpflichten* 公務員に憲法を遵守することを誓わせる / Das Öffnen der Packung *verpflichtet* Sie **zum** Kauf der Ware. (商品などの注意書きに)開封すると購入の義務が生じます. ◊《目的語なしでも》Die Bestellung der Ware *verpflichtet* zu ihrem Kauf. その商品を注文した場合は買い取らなければならない.
② (俳優など⁴と)雇用契約を結ぶ.
II 再帰 《完了》haben) *sich*⁴ *verpflichten* ① [*sich*⁴ **zu** 事³ ~] (事³をする)義務を負う, (囲⁴を)約束する. Ich kann mich nicht dazu *verpflichten*. そのことは約束できません. ② (俳優などが出演の)契約を結ぶ. *sich*⁴ **auf** (または **für**) drei Jahre *verpflichten* 3 年間の出演契約を結ぶ.

ver·pflich·tet [フェア・プふりヒテット] I verpflichten (義務づける)の 過分, 3 人称単数・2 人称親称複数 既在 II 形 ① 義務を負わされた. Ich bin ihm zu Dank *verpflichtet*. 私は彼に感謝しなければならない / Bin ich *verpflichtet*, an der Sitzung teilzunehmen? どうしても会議に出なければならないのでしょうか. ② (人・物³の)恩恵(影響)を受けている. Ich bin ihm sehr *verpflichtet*. 私は彼にたいへん恩義があります.

ver·pflich·te·te [フェア・プふりヒテテ] verpflichten (義務づける)の 過去

Ver·pflich·tung [フェア・プふりヒトゥング] 囡 -/-en ① 義務を負わせること. ② 義務, 責務; 課題. eine *Verpflichtung*⁴ ein|gehen (または übernehmen) 義務を負う. ③ 《ふつう 覆》《法》債務, 借金.

ver·pfu·schen [フェア・プふッシェン fɛr-pfú:ʃən] 他 (h) 《口語》(いいかげんにやって)だいなしにする, だめにする.

ver·pis·sen [フェア・ピッセン fɛr-písən] 再帰 (h) *sich*⁴ *verpissen* 《俗》こっそり立ち去る. *Verpiss dich*! とっとと消えうせろ!

ver·pla·nen [フェア・プらーネン fɛr-plá:nən] 他 (h) ① (囲⁴の)計画を誤る. ② (人⁴の)スケジュールを決める, (お金・時間など⁴の)計画をたてる.

ver·plap·pern [フェア・プらッパァン fɛr-pláparn] 再帰 (h) *sich*⁴ *verplappern* 《口語》うっかり口をすべらせる.

ver·plau·dern [フェア・プらオダァン fɛr-pláudərn] I 他 (h) (時間⁴を)おしゃべりして過ごす. II 再帰 (h) *sich*⁴ *verplaudern* おしゃべりして時のたつのを忘れる.

ver·plem·pern [フェア・プれンパァン fɛr-plémpərn] I 他 (h) 《口語》(お金・時間など⁴を)浪費する. II 再帰 (h) *sich*⁴ *verplempern* くだらないことに時間(能力・労力)を費やす.

ver·pönt [フェア・ペーント fɛr-pǿ:nt] 形 《雅》禁じられている, タブーの, 毛嫌いされた.

ver·pras·sen [フェア・プらッセン fɛr-prásən] 他 (h) (お金・財産⁴を)浪費する.

ver·prel·len [フェア・プれレン fɛr-prélən] 他 (h) ① 困惑させる, おびえさせる. ② 《狩》(猟獣⁴を)脅して追いたてる.

ver·prü·geln [フェア・プりューゲるン fɛr-prý:gəln] 他 (h) さんざんなぐる, 打ちのめす.

ver·puf·fen [フェア・プフェン fɛr-púfən] 自 (s) ① (火など が)小さくぼっと燃えあがる. ② (喜びなどが)むなしく(はかなく)消える, (行為などが)不発に終わる.

ver·pul·vern [フェア・プるファァン fɛr-púlfərn または ..ヴァァン ..vərn] 他 (h) 《口語》(お金など⁴を)浪費する.

ver·pum·pen [フェア・プンペン fɛr-púmpən] 他 (h) 《口語》貸す (=verleihen).

ver·pup·pen [フェア・プッペン fɛr-púpən] 再帰 (h) *sich*⁴ *verpuppen* さなぎになる, 蛹化(ようか)する.

Ver·putz [フェア・プッツ fɛr-púts] 男 -es/ しっくい, プラスター, モルタル.

ver·put·zen [フェア・プッツェン fɛr-pútsən] 他 (h) ① (壁⁴に)しっくい(モルタル)を塗る. ② 《口語》(ケーキなど⁴を)ぺろりと平らげる. ③ 《口語》(お金など⁴を)使い果たす. ④ 《スラ》(相手⁴を)一蹴(いっしゅう)する.

ver·qualmt [フェア・クヴァるムト fɛr-kválmt] 形 (たばこの)煙が立ち込めた.

ver·quel·len* [フェア・クヴェれン fɛr-kvélən] 自 (s) (水を吸って)ふくれる, ふやける.
◊ ☞ verquollen

ver·quer [フェア・クヴェーァ fɛr-kvé:r] 形 ① (位置が)ずれた, 曲がった, 斜めになった. ② (考え・意見などが)奇妙な, 変な; 不都合な. eine *verquere* Idee 妙な考え.

ver·qui·cken [フェア・クヴィッケン fɛr-kvíkən] 他 (h) (二つの事柄⁴を)結びつける, 関連させる.

ver·quol·len [フェア・クヴォれン] I verquellen (ふくれる)の 過分 II 形 [泣きはらして]はれぼったい(目など), むくんだ(顔など); (水を吸って)ふくれた(木など).

ver·ram·meln [フェア・ランメるン fɛr-rámǝln] 他 (h) 《口語》(門など⁴をバリケードで)閉鎖(封鎖)する.

ver·ram·schen [フェア・ラムシェン fɛr-rámʃən] 他 (h) 《口語》(商品など⁴を)投げ売りする.

ver・rannt [フェア・ラント] I verrennen (再帰)で: 間違った方向に考えを進める)の過分 考え違いの; (ある考えに)のめり込んだ, とりつかれた.

der **Ver・rat** [フェア・ラート fɛr-rá:t] 男 (単2) -[e]s/ ① 裏切り, 背信. (英 *betrayal*). an 人[3] *Verrat* begehen 人[3]を裏切る. ② (秘密の)漏洩(%).

ver・rät [フェア・レート] verraten[1] (裏切る)の3人称単数 現在

ver・ra・ten[1]* [フェア・ラーテン fɛr-rá:tən] du verrätst, er verrät (verriet, *hat* … verraten) I 他 (完了) haben) (英 *betray*) ① 裏切る. (理想など)に背く. Er *hat* seinen Freund *verraten*. 彼は友人を裏切った. ◇『過去分詞の形で』*verraten* und verkauft sein 途方に暮れている.

② (秘密など[4]を)漏らす; (口語) こっそり教える. 人[3] (または 人[4]) ein Geheimnis[4] *verraten* 人[3](または人[4])に秘密を漏らす / Ich *will* dir *verraten*, was ich vorhabe. 君にぼくの計画をそっと教えてあげよう.

③ (感情など[4]を無意識のうちに)表す, (能力・特徴など[4]を)示す. Seine Miene *verriet* Ärger. 彼の表情には怒りの色が見えた. ◇『再帰的に』In diesen Worten *verrät sich*[4] sein Überlegenheitsgefühl. この言葉に彼の優越感が表れている.

II 再帰 (完了) haben) *sich*[4] *verraten* 自分の秘密(本心・正体)を知られてしまう.

ver・ra・ten[2] [フェア・ラーテン] verraten[1] (裏切る)の過分

Ver・rä・ter [フェア・レータァ fɛr-ré:tər] 男 -s/- 裏切り者, 背信者; (秘密の)漏洩(%)者. (女性形: -in).

ver・rä・te・risch [フェア・レーテリッシュ fɛ-ré:tərɪʃ] 形 ① 裏切りの, 背信の. in *verräterischer* Absicht 背信の意図を持って. ② (本心が思わず)それとわかってしまうような(言葉・表情など).

ver・rätst [フェア・レーツト] verraten[1] (裏切る)の2人称親称単数 現在

ver・rau・chen [フェア・ラオヘン fɛr-ráuxən] I 自 (s) (煙・もやが)消える; 《比》(怒りなどが)消える, 静まる. II 他 (h) ① (お金[4]を)たばこ代に費やす. ② (部屋など[4]を)たばこの煙で満たす.

ver・räu・chern [フェア・ロイヒャァン fɛr-rɔ́yçərn] 他 (h) (部屋など[4]を)煙でいっぱいにする, 煙ですすけさせる. ◇『過去分詞の形で』eine *verräucherte* Kneipe 煙ですすけた飲み屋.

ver・rech・nen [フェア・レヒネン fɛr-réçnən] I 他 (h) (勘定[4]を)清算する, 差引勘定する, (小切手[4]を)口座に繰り入れる. II 再帰 (h) *sich*[4] *verrechnen* ① 計算違いをする. ② 見込み違い(誤算)をする.

Ver・rech・nung [フェア・レヒヌング] 女 -/-en ① (勘定の)清算, 差引勘定, 決済. ② 計算違い; (比) 誤算.

Ver・rech・nungs⹀scheck [フェアレヒヌングス・シェック] 男 -s/-s (まれに -e) (商) 計算(振替)小切手.

ver・re・cken [フェア・レッケン fɛr-rékən] 自 (s) (俗) (動物が)死ぬ; (人が)のたれ死にする; (物が)壊れる. ◇『名詞として』*ums Verrecken* nicht (俗) 決して(絶対に)…しない.

ver・reg・nen [フェア・レーグネン fɛr-ré:gnən] 自 (s) 雨でだいなしになる. Unser Urlaub *ist* völlig *verregnet*. 『現在完了』私たちの休暇は雨ですっかりだいなしになった.

ver・reg・net [フェア・レーグネット] I verregnen (雨でだいなしになる)の過分 II 形 雨でだいなしになった. ein *verregneter* Sonntag 雨にたたられた日曜日.

ver・rei・ben [フェア・ライベン fɛr-ráɪbən] 他 (h) (クリームなど[4]を)すり込む.

ver・rei・sen [フェア・ライゼン fɛr-ráɪzən] du verreist (verreiste, *ist* … verreist) 自 (完了) sein) 旅行に出かける, 旅立つ. geschäftlich *verreisen* 商用で旅行に出かける / Ich *muss* morgen *verreisen*. 私はあす旅立たなければならない. ◇『過去分詞の形で』Er ist zurzeit *verreist*. 彼は目下旅行(出張)中だ.

ver・rei・ßen* [フェア・ライセン fɛr-ráɪsən] 他 (h) ① (方) (衣服[4]を)着古してぼろぼろにする. ② 酷評する, きをおろす. ③ (口語) (車のハンドル[4]を)切りそこねる.

ver・reist [フェア・ライスト] verreisen (旅行に出かける)の過分, 2人称親称単数・3人称単数・2人称親称複数 現在

ver・reis・te [フェア・ライステ] verreisen (旅行に出かける)の過去

ver・ren・ken [フェア・レンケン fɛr-réŋkən] 他 (h) (手足など[4]を)脱臼(%)させる; (関節がはずれるほど)ねじ曲げる. 人[3] (sich[3]) den Arm *verrenken* 人[3]の腕を脱臼させる(自分の腕を脱臼する) ◇『再帰的に』*sich*[4] *verrenken* 無理に四肢(首)をねじる.

Ver・ren・kung [フェア・レンクング] 女 -/-en ① (医) 脱臼(%). ② (強く)四肢(首)をねじる(曲げる)こと.

ver・ren・nen* [フェア・レンネン fɛr-rénən] 再帰 (h) ① *sich*[4] *verrennen* 間違った方向に考え(行動)を進める. ② 『*sich*[4] in 囲[4] ~』(囲[4]に)とらわれる, のめり込む.

◇『☞ **verrannt**

ver・rich・ten [フェア・リヒテン fɛr-ríçtən] 他 (h) (なすべきことなど[4]を)片づける, 遂行する, 果たす. ein Gebet[4] *verrichten* お祈りをする / seine Notdurft[4] *verrichten* 用便をする.

Ver・rich・tung [フェア・リヒトゥング] 女 -/-en ① (圏 なし) 実行, 遂行. ② (なすべき)業務, 仕事. häusliche *Verrichtungen* 家事.

ver・rie・geln [フェア・リーゲるン fɛr-rí:gəln] 他 (h) (ドアなど[4]に)かんぬきを掛ける.

ver・riet [フェア・リート] verraten[1] (裏切る)の過去

ver・rie・te [フェア・リーテ] verraten[1] (裏切る)の接[2]

ver・rin・gern [フェア・リンガァン fɛr-ríŋərn]

Ver·rin·ge·rung [フェア・リンゲルング] 囡 -/ 削減, 減少, 低下.

ver·rin·nen* [フェア・リンネン fɛr-rínən] 圓 (s) ① (水などが)流れて消えて行く, (地面などに)染み込む. ② 《雅》(時などが)過ぎ去る.

Ver·riss [フェア・リス fɛr-rís] 男-es/-e (新聞などに掲載の)酷評, 辛らつな批評.

ver·ro·hen [フェア・ローエン fɛr-róːən] I 圓 (s) すさむ, 粗暴になる. II 他 (h) (人⁴を)すさませる, 粗暴にする.

ver·ros·ten [フェア・ロステン fɛr-róstən] 圓 (s) さびる, さびつく.

ver·rot·ten [フェア・ロッテン fɛr-rótən] 圓 (s) (木・葉などが)腐る, 朽ちる; (壁・本などが)ぼろぼろになる; 《比》(社会などが)腐敗(堕落)する. ◊《過去分詞の形で》eine verrottete Gesellschaft 腐敗した社会.

ver·rucht [フェア・ルーフト fɛr-rúːxt] 圏 ①《雅》極悪非道の, 卑劣な. ②《戯》いかがわしい(店・盛り場など).

Ver·rucht·heit [フェア・ルーフトハイト] 囡 -/-en ①《複 なし》極悪非道, 卑劣. ② 卑劣なやり方.

ver·rü·cken [フェア・リュッケン fɛr-rýkən] 他 (h) (家具など⁴を他の場所へ)動かす, 移す, ずらす.

ver·rückt [フェア・リュックト fɛr-rýkt] I verrücken (動かす)の 過分
II 圏 (比較) verrückter, (最上) verrücktest) ①《俗》気の狂った.《英》crazy, mad). Bist du verrückt? 君は気でも狂ったのか / Ich werde verrückt! a) (騒音などで:)私は気が狂いそうだ, b) こいつは驚いた / wie verrückt《口語》ものすごく, はげしく(← 狂ったように).
② 《口語》風変わりな, とっぴな, 奇抜な. ein verrückter Einfall とっぴな思いつき. ③《成句的に》auf 物⁴ verrückt sein《口語》物⁴が欲しくてたまらない / auf 人⁴ (または nach 人³) verrückt sein《口語》人⁴(または人³)にほれ込んでいる ⇒ Er ist ganz verrückt auf das Mädchen (または nach dem Mädchen). 彼はその女の子に首ったけだ.
III 圖《口語》非常に, やたらと. Die Suppe ist verrückt heiß. このスープはものすごく熱い.

Ver·rück·te[r] [フェア・リュックテ (..タァ) fɛr-rýktə (..tər)] 男 囡 形 《語尾変化は形容詞と同じ》狂人.

Ver·rückt·heit [フェア・リュックトハイト] 囡 -/-en ①《複 なし》狂気, 精神錯乱. ② 狂った言動; とっぴな思いつき.

Ver·ruf [フェア・ルーフ fɛr-rúːf] 男 -[e]s/ 悪評. in Verruf kommen (または geraten) 不評を招く, 評判を落とす / 人⁴ in Verruf bringen 人⁴を悪く言う.

ver·ru·fen [フェア・ルーフェン fɛr-rúːfən] 圏 評判の悪い, 悪名の高い.

ver·rüh·ren [フェア・リューレン fɛr-rýːrən] 他 (h) 《mit 物³ ~》物⁴に物³を混ぜ合わせる, かき混ぜる.

ver·ru·ßen [フェア・ルーセン fɛr-rúːsən] I 圓 (s) すすける, すすだらけになる. II 他 (h) すすだらけにする.

ver·rut·schen [フェア・ルッチェン fɛr-rútʃən] 圓 (s) (積荷・帽子などが)ずれる, ずり落ちる.

der **Vers** [フェルス fɛrs] 男 (単 2) -es/(複) -e (3 格のみ -en) ① 韻文, 詩.《英》verse). 《くだ》「散文」は Prosa). gereimte Verse 韻を踏んだ詩 / Verse⁴ machen 詩を作る / 物⁴ in Verse bringen 物⁴を韻文(詩)にする. ② 詩行, 詩節; (聖書の)節.

ver·sach·li·chen [フェア・ザッハリヒェン fɛr-záxlɪçən] 他 (h) (事⁴を)客観的なものにする, 具体化する.

ver·sa·cken [フェア・ザッケン fɛr-zákən] 圓 (s) 《口語》① 沈む, 沈没する; (土台などが)沈下する; (車輪がぬかるみなどに)はまる. ② 自堕落になる; 飲んだくれる.

ver·sa·gen [フェア・ザーゲン fɛr-záːgən] (versagte, *hat*...versagt) I 圓《完了》haben) (機械などが)機能しなくなる; 役にたたない, 失敗する.《英》fail). Der Motor *hat* versagt. エンジンが故障した(かからなかった) / Ihre Stimme *versagte* vor Aufregung. 興奮のあまり彼女は声が出なかった / Sie *hat* im Examen versagt. 彼女は試験に失敗した.
II 他 《完了》haben)《雅》(人³に物⁴を)拒む, 拒絶する.《英》refuse). Sie *versagte* mir ihre Hilfe. 彼女は私に対する援助を拒否した / Seine Beine *versagten* ihm den Dienst. 彼の足は言うことをきかなくなった(← 勤めを拒んだ).
III 再帰《完了》haben) ① *sich*³ 物⁴ *versagen*《雅》物⁴をあきらめる, 断念する. ② *sich*⁴ *versagen*《雅》人³の言うままにならない. Sie *versagte sich* ihm. 彼女は彼に身を任すのを拒んだ.

Ver·sa·ger [フェア・ザーガァ fɛr-záːgər] 男 -s/- ① 期待はずれの人, 役たたず, 能なし. (女性形: -in). ② 不良品, 欠陥品; (作品・劇などの)失敗作.

ver·sagt [フェア・ザークト] versagen (機能しなくなる)の 過分, 3 人称単数・2 人称親称複数 現在

ver·sag·te [フェア・ザークテ] versagen (機能しなくなる)の 過去

ver·sah [フェア・ザー] versehen¹ (持たせる)の 過去

Ver·sailles [ヴェルザイ vɛrzáɪ] 伸《都市名》ベルサイユ(フランス北西部の都市).

ver·sal·zen(*) [フェア・ザルツェン fɛr-záltsən] 他 (h) ① (過分 versalzen (まれに versalzt)) (物⁴に)塩を入れすぎる. Sie *hat* die Suppe *versalzen*. 彼女はスープに塩を入れすぎた. ② (過分 versalzen)《口語》(人³の計画など⁴を)だいなしにする.

ver·sam·meln [フェア・ザンメルン fɛr-záməln] ich versammle (versammelte, *hat*...

versammelt) 他 (定了 haben)『場所を表す語句とともに』(人³を…に)呼び集める,集合させる,召集する. (英) assemble. Er versammelte seine Schüler **um** sich. 彼は生徒たちを自分の周りに集めた. ◊『再帰的に』sich⁴ versammeln 集まる,集合する ⇨ Wir versammelten uns um 10 Uhr **vor** der Schule. 私たちは10時に学校の前に集合した.

ver·sam·melt [ふェア・ザンメるト] versammeln (呼び集める)の過分, 3人称単数・2人称親称複数現在

ver·sam·mel·te [ふェア・ザンメるテ] versammeln (呼び集める)の過去

ver·samm·le [ふェア・ザンれ] versammeln (呼び集める)の1人称単数現在

die Ver·samm·lung [ふェア・ザンムるング fɛr-zámluŋ] 女 (単)-/(複)-en ① 集会,会合,会議,大会. (英) meeting. eine politische Versammlung 政治集会 / eine Versammlung⁴ ein|berufen 会議を招集する / die Versammlung⁴ eröffnen (schließen) 会議を開く(閉じる) / **an** einer Versammlung teil|nehmen 集会に参加する / **auf** einer Versammlung sprechen 会議で演説をする / **zu** einer Versammlung gehen 集会に行く. ② 〚冠なし〛集合,招集.

Ver·samm·lungs⹀frei·heit [ふェアザムるングス・ふライハイト] 女 -/ 集会の自由.

Ver·sand [ふェア・ザント fɛr-zánt] 男 -[e]s/ ① (商品の)発送. ② =Versandabteilung

Ver·sand⹀ab·tei·lung [ふェアザント・アップタイるング] 女 -/-en (会社などの)発送部.

ver·sand⹀be·reit [ふェアザント・ベライト] 形 発送準備のできた(商品など).

ver·san·den [ふェア・ザンデン fɛr-zándən] 自 (s) ① (河口などが)砂に埋まる,砂で浅くなる. ② (交際などが)しだいにとだえる.

ver·sand⹀fer·tig [ふェアザント・ふェルティヒ] 形 発送準備のできた(商品など).

Ver·sand⹀han·del [ふェアザント・ハンデる] 男 -s/ 通信販売[業].

Ver·sand⹀haus [ふェアザント・ハオス] 中 -es/..häuser 通信販売会社.

Ver·sand⹀kos·ten [ふェアザント・コステン] 複 送料,運送費.

ver·sank [ふェア・ザンク] versinken (沈む)の過去

ver·sau·en [ふェア・ザオエン fɛr-záuən] 他 (h) 《俗》① (服など⁴を)ひどく汚す. ② だいなしにする.

ver·sau·ern [ふェア・ザオアァン fɛr-záuərn] 自 (s) ①(ワインなどが)酸っぱくなる; (土壌などが)酸性化する. ② 《口語》(精神的に)張りがなくなる,頭が鈍る.

ver·sau·fen* [ふェア・ザオふェン fɛr-záufən] I 他 (h) 《俗》(お金など⁴を)酒につぎこむ. II 自 (s) ① (方・俗)おぼれ死ぬ. ② (坑)水没する.
◊☞ **versoffen**

ver·säu·men [ふェア・ゾイメン fɛr-zɔ́y-mən] (versäumte, hat versäumt) 他 (定了 haben) ① (機会など⁴を)逃す,逸する; (列車など⁴に)乗り遅れる. (英) miss. eine Chance⁴ versäumen チャンスを逃す / Versäume nicht, dieses Buch zu lesen! この本はぜひ読みなさい / Er hat den Zug versäumt. 彼は列車に乗り遅れた.
② (なすべきこと⁴を)怠る,果たさない. (英) neglect). den Termin versäumen (人と)会う約束を忘れる,すっぽかす / den Unterricht versäumen (生徒などが)授業をさぼる / Er hat seine Pflichten versäumt. 彼は義務を果たさなかった. ◊〚過去分詞の形で;名詞的に〛Versäumtes⁴ nach|holen 遅れを取り戻す.

Ver·säum·nis [ふェア・ゾイムニス] 中 ..nisses/..nisse (古: 女 -/..nisse) 怠慢, (義務などの)不履行; 〚法〛懈怠(けたい).

ver·säumt [ふェア・ゾイムト] versäumen (逃す)の過分, 3人称単数・2人称親称複数現在

ver·säum·te [ふェア・ゾイムテ] versäumen (逃す)の過去

ver·scha·chern [ふェア・シャッヘァン fɛr-ʃáxərn] 他 (h) 《口語》高く売りつける.

ver·schach·telt [ふェア・シャハテるト fɛr-ʃáxtəlt] 形 入り組んだ,錯綜(さくそう)した,複雑な(道路・文章など). ein verschachtelter Satz a)〚言〛箱入り文(従属文が入り組んだ文), b)〚比〛難解極まりない文.

ver·schaf·fen [ふェア・シャッふェン fɛr-ʃáfən] (verschaffte, hat verschafft) 他 (定了 haben) (人³に物⁴を)世話する,手に入れてやる. 人³ eine Stellung⁴ verschaffen 人³に就職口を世話する / Was verschafft mir die Ehre (または das Vergnügen) Ihres Besuches? (予期しない来客に対して:)どのようなご用件でしょうか. ◊〚再帰的に〛sich³ 物⁴ verschaffen (自分のために)物⁴を手に入れる,工面(調達)する ⇨ Er verschaffte sich ein Auto. 彼は車を手に入れた / sich³ Respekt⁴ verschaffen 尊敬を得る.

ver·schafft [ふェア・シャふト] verschaffen (世話する)の過分, 3人称単数・2人称親称複数現在

ver·schaff·te [ふェア・シャふテ] verschaffen (世話する)の過去

ver·scha·len [ふェア・シャーれン fɛr-ʃáːlən] 他 (h) (壁など⁴に)化粧板を張る.

Ver·scha·lung [ふェア・シャーるング] 女 -/-en ① (壁などに)化粧板を張ること. ② 化粧板.

ver·schämt [ふェア・シェームト fɛr-ʃɛːmt] 形 恥ずかしそうな,はにかんだ. ein verschämtes Lächeln はにかんだ笑み / Sie sah ihn verschämt an. 彼女は恥ずかしそうに彼を見た.

ver·schan·deln [ふェア・シャンデるン fɛr-ʃándəln] 他 (h) 《口語》醜くする, (物⁴の)美観(景観)をそこねる.

ver·schan·zen [ふェア・シャンツェン fɛr-ʃán-tsən] I 他 (h) (陣地など⁴を)堡塁(ほるい)で固める. II 再帰 (h) 〚sich⁴ **hinter** 物・事³ ~〛(物³の陰

に)身を隠す;《比》《圍³e》盾にとる. Er hat sich hinter einer Ausrede *verschanzt*. 彼は口実を作って逃げた.

ver·schär·fen [フェア・シェルフェン fɛr-ʃérfən] I 囲(h) いっそう激しくする,(緊張など⁴を)高める,(速度など⁴を)速める,(罰など⁴を)厳しくする. die Gegensätze⁴ *verschärfen* 対立を激化させる / das Tempo⁴ *verschärfen* 速度を速める. II 再帰 (h) *sich*⁴ *verschärfen* 先鋭化する, 激しくなる, 激化(悪化)する. Die Lage *hat sich*⁴ *verschärft*. 局面は緊迫した.

Ver·schär·fung [フェア・シェルフンク] 囡 -/-en 先鋭化; 激化, 深刻化.

ver·schar·ren [フェア・シャレン fɛr-ʃárən] 囲 (h) (人・物⁴を)地面を掘って埋める.

ver·schät·zen [フェア・シェッツェン fɛr-ʃɛ́tsən] 再帰 (h) *sich*⁴ *verschätzen* 判断(見積もり)を誤る.

ver·schau·keln [フェア・シャオケるン fɛr-ʃáukəln] 囲(h)《口語》だます,(ライバルなど⁴を)出し抜く.

ver·schei·den* [フェア・シャイデン fɛr-ʃáidən] 囲 (s)《雅》死去する, 逝去する(=sterben).

◇☞ **verschieden**²

ver·schen·ken [フェア・シェンケン fɛr-ʃɛ́ŋkən] 囲(h) ① (物⁴ [an 人⁴] ~) (物⁴を [人⁴に])贈る, やる. Geld⁴ an die Armen *verschenken* 貧しい人々にお金を恵む / ein Lächeln⁴ *verschenken*《比》ほほえみかける. ② (勝利などを)みすみす逃す.

ver·scher·beln [フェア・シェルべるン fɛr-ʃɛ́rbəln] 囲 (h)《口語》安値で売る, 投げ売りする.

ver·scher·zen [フェア・シェルツェン fɛr-ʃɛ́rtsən] 再帰 (h) *sich*³ 囲⁴ *verscherzen* (不注意から)囲⁴を失う, うっかり取り逃す. Er *hat sich* ihre Sympathien *verscherzt*. 彼は軽はずみなことをして彼女の好意を失ってしまった.

ver·scheu·chen [フェア・ショイヒェン fɛr-ʃɔ́yçən] 囲(h) (人・動物など⁴を)追い払う;《比》(心配・眠気など⁴を)払いのける.

ver·scheu·ern [フェア・ショイアァン fɛr-ʃɔ́yərn] 囲 (h)《口語》安値で売る, 投げ売りする.

ver·schi·cken [フェア・シッケン fɛr-ʃíkən] 囲(h) ①(商品など⁴を)発送する. ②(人⁴を療養・保養地に)行かせる. Kinder⁴ aufs Land *verschicken* 子供たちを田舎へやる(転地させる).

Ver·schi·ckung [フェア・シックンク] 囡 -/-en ① 発送. ② (保養に)行かせること.

ver·schieb·bar [フェアシープバール] 形 (押して)動かすことのできる;(期日を)延期できる.

ver·schie·be·bahn·hof [フェアシーベ・バーンホーふ] 男 -[e]s/..höfe《鉄道》操車場.

ver·schie·ben* [フェア・シーベン fɛr-ʃíːbən] (verschob, hat ... verschoben) 囲 (完了 haben) ① (押して)ずらす, 押して動かす.《英 *move*》 den Schrank *verschieben* たんすの位置をずらす. ◇《再帰的に》*sich*⁴ *verschieben*(位置が)ずれる;《比》(状況などが)変わる. ②(期日などを)延期する, 先に延ばす.《英 *postpone*》 die Abreise⁴ *verschieben* 出発を延ばす / *Verschiebe* nicht **auf** morgen, was du heute kannst besorgen!《諺》きょうできることはあすに延ばすな. ◇《再帰的に》 Der Termin *hat sich*⁴ *verschoben*. 期限は延びた. ③《口語》(品物⁴を)闇(ゃみ)取引する.

Ver·schie·bung [フェア・シーブンク] 囡 -/-en ① ずらすこと, 移動. ② (期日などの)延期. ③《地学》(地殻の)変位. ④《口語》密売, 闇(ゃみ)取引, 横流し. ⑤《音楽》(ピアノの)ソフトペダル. ⑥《理》変位.

***ver·schie·den**¹ [フェア・シーデン fɛr-ʃíːdən] 形 (比較 なし, 最上 verschiedenst) ① 異なった, 別の.《英 *different*》 Wir haben *verschiedene* Haarfarben. 私たちは異なった髪の色をしている / Wir sind *verschiedener* Meinung². 私たちは見解を異にしている / Die Gläser sind **in** (または **nach**) Farbe *verschieden*. これらのグラスは色が違っている / Mein Standpunkt ist **von** deinem sehr *verschieden*. ぼくの立場は君のとはずいぶん違う / Das ist von Fall zu Fall *verschieden*. それはケースバイケースだ / Das kann man *verschieden* beurteilen. それについては異なった判断ができる. ②〖付加語としてのみ〗いくつかの, さまざまな, いろいろな.《英 *various*》 Ich habe noch *verschiedene* Fragen. 私はまだいくつか質問したいことがある / bei *verschiedenen* Gelegenheiten いろいろな機会に.《⇐ 無冠詞の名詞の複数形にかかる》◇《中性単数形で; 名詞的に》いくつかの(いろいろの)こと. Mir ist noch *Verschiedenes* unklar. 私にはまだいくつかのことがわかりません.

ver·schie·den² [フェア・シーデン] I verscheiden(死ぬ)の 過分 II 形《雅》亡くなった, 故人の.

ver·schie·den=ar·tig [フェアシーデン・アールティヒ] 形 種類の異なる; 種々の, さまざまな.

Ver·schie·den=ar·tig·keit [フェアシーデン・アールティヒカイト] 囡 -/ 雑多, 多種多様.

ver·schie·de·ner·lei [フェア・シーデナァらイ fɛr-ʃíːdənərlái] 形〖無語尾で〗種々の, さまざまな.

ver·schie·den=far·big [フェアシーデン・ふァルビヒ] 形 異なる色の, 色とりどりの, さまざまな色の(混じった).

Ver·schie·den·heit [フェア・シーデンハイト] 囡 -/-en 異なること, 相違, 差異.

ver·schie·dent·lich [フェア・シーデントりヒ] 副 一度ならず, 何度か, たびたび.

ver·schie·ßen* [フェア・シーセン fɛr-ʃíːsən] I 囲(h) ①(砲弾など⁴を)発射する. ② 撃ち(射)尽くす. ③ (サッカーで:)(ペナルティーキック⁴をはずす. II 再帰 (h) *sich*⁴ **in** 囲⁴ ~)《口語》(囲⁴に)ぞっこんほれ込む. III 囲 (s) 色あせる. Die Vorhänge *sind* schon sehr *verschossen*.〖現在完了〗カーテンがもうすっかり色

◊☞ **verschossen**

ver･schif･fen [フェア・シッヘェン] fɛr-ʃífən 他 (h) 船で運ぶ(送る).

Ver･schif･fung [フェア・シッフング] 囡 -/-en 船で運ぶこと, 海上輸送.

ver･schim･meln [フェア・シンメルン] fɛr-ʃíməln 自 (s) かびる, かびが生える.

Ver･schiss [フェア・シス] fɛr-ʃís 男 《成句的に》[bei 人³] in *Verschiss* geraten (または kommen) 人³に愛想をつかされる.

ver･schla･fen¹* [フェア・シュラーフェン] fɛr-ʃlá:fən du verschläfst, er verschläft (verschlief, hat ... verschlafen) I 自 (≪俚≫ hat ... verschlafen) 寝過ごす. ≪英≫ oversleep. Ich *habe* heute Morgen *verschlafen*. 私は今朝寝過ごした.
II 他 (完了 haben) ① (時⁴を)寝て過ごす. den ganzen Tag *verschlafen* 一日中寝て過ごす. ② (口語)寝過ごして逃す(約束など⁴を)うっかり忘れる. den Zug *verschlafen* 寝過ごして列車に乗り遅れる. ③ (心配事など⁴を)眠って忘れる.
III 再帰 (完了 haben) *sich⁴ verschlafen* 寝過ごす.

ver･schla･fen² [フェア・シュラーフェン] I verschlafen¹ (寝過ごす)の 過分 II 形 寝ぼけた, 眠そうな; ものうげな, ぼんやりした; 《比》活気のない(町など).

Ver･schla･fen･heit [フェア・シュラーフェンハイト] 囡 -/ 眠気; 《比》活気のなさ.

ver･schläfst [フェア・シュレーフスト] verschlafen¹ (寝過ごす)の 2 人称親称単数 現在

ver･schläft [フェア・シュレーフト] verschlafen¹ (寝過ごす)の 3 人称単数 現在

Ver･schlag [フェア・シュラーク] fɛr-ʃlá:k 男 -[e]s/..schläge 板仕切りの小部屋.

ver･schla･gen¹* [フェア・シュラーゲン] fɛr-ʃlá:gən du verschlägst, er verschlägt (verschlug, hat ... verschlagen) 他 (完了 haben) ① (物⁴に板などを)打ちつけてふさぐ; くぎ付けする. 《英》nail up. den Eingang *mit* Brettern *verschlagen* 入口に板を打ちつけて閉鎖する. ② (開けてあったページ⁴を)わからなくしてしまう. ③ (球技で：)(ボール⁴を)打ちそこなう. ④ 《方向を表す語句とともに》(嵐・運命などが人・物⁴を…へ)押し流す, 漂着させる. Das Schicksal *hat* uns hierher *verschlagen*. 運命がわれわれをここへたどり着かせた. ⑤ (人³の声・呼吸などを)一時的に妨げる. Der Schreck *verschlug* ihm die Stimme. 驚いて彼は声も出なかった. ⑥ (料理)しっかりかき混ぜる. ⑦ 《nichts⁴, viel⁴ などとともに》(…の)重要性を持つ; (方)(…の)効き目がある. Das *verschlägt* nichts. そんなことはどうでもいい. 《目的語なしで》Die Arznei *verschlägt* nicht. その薬は効き目がない. ⑧ (方)(人⁴を)たたきのめす.

ver･schla･gen² [フェア・シュラーゲン] I verschlagen¹ (打ちつけてふさぐ)の 過分 II 形 ① ずる賢い, 狡猾(こうかつ)な. ② (方)(水などが)生ぬるい.

Ver･schla･gen･heit [フェア・シュラーゲンハイト] 囡 -/ ずる賢さ, 狡猾(こうかつ).

ver･schlägst [フェア・シュレークスト] verschlagen¹ (打ちつけてふさぐ)の 2 人称親称単数 現在

ver･schlägt [フェア・シュレークト] verschlagen¹ (打ちつけてふさぐ)の 3 人称単数 現在

ver･schlam･pen [フェア・シュランペン] fɛr-ʃlámpən I 自 (s) (口語)(庭などが)荒れる; (人が)だらしなくなる. II 他 (h) (口語)うっかりなくしてしまう; うっかり忘れている.

ver･schlang [フェア・シュラング] verschlingen¹ (むさぼるように食べる), verschlingen² (絡み合わせる)の 過去

ver･schlech･tern [フェア・シュレヒタァン] fɛr-ʃléçtərn 他 (h) いっそう悪くする, 悪化させる. ◊《再帰的に》*sich⁴ verschlechtern* いっそう悪くなる, 悪化する.

Ver･schlech･te･rung [フェア・シュレヒテルング] 囡 -/-en 悪化, 低下.

ver･schlei･ern [フェア・シュライアァン] fɛr-ʃláiərn I 他 (h) ① (人・物⁴を)ベールでおおう. ② 《比》(事実など⁴を)隠す. II 再帰 (h) *sich⁴ verschleiern* ベールをかぶる; (空が)薄雲で覆われる; (涙で目が)かすむ, (声が)かすれる.

Ver･schlei･e･rung [フェア・シュライエルング] 囡 -/-en ベールで覆うこと; 《比》(事実の)隠蔽(いんぺい), カムフラージュ.

ver･schlei･men [フェア・シュライメン] fɛr-ʃláimən 他 (h) (気管など⁴を)粘液(ねんえき)で詰まらせる. ◊《過去分詞の形で》*verschleimte* Bronchien たんのからんだ気管支.

Ver･schleiß [フェア・シュライス] fɛr-ʃláis 男 -es/-e 《ふつう 単》① 消耗, 摩滅. ② 《オーストリア・官庁》小売り.

ver･schlei･ßen(*) [フェア・シュライセン] fɛr-ʃláisən (verschliss, hat/ist ... verschlissen または verschleißte, hat ... verschlissen) I 他 (h) 《不規則変化》(使って)すり減らす, (服⁴を)着古す, (靴⁴を)はきつぶす. ◊《再帰的に》*sich⁴ verschleißen* (衣服などが)すり切れる, (靴が)すり減る, (機械などが)摩滅する. ② 《オーストリア》小売りする. II 自 (s) 《不規則変化》(衣服などが)すり切れる, (靴が)すり減る, (機械などが)摩滅する.
◊☞ **verschlissen**

ver･schlep･pen [フェア・シュレッペン] fɛr-ʃlépən 他 (h) ① (人⁴を)無理やり連れて行く, 拉致(らち)する, (物⁴を)不法に運び去る. ② (病気など⁴を)蔓延(まんえん)させる. ③ (訴訟・病気などを⁴を)長引かせる. ◊《過去分詞の形で》eine *verschleppte* Grippe こじらせた風邪.

Ver･schlep･pung [フェア・シュレッツング] 囡 -/-en ① 連行, 拉致(らち). ② (病気の)蔓延(まんえん). ③ (訴訟・病気などの)長引かせること.

Ver･schlep･pungs=tak･tik [フェア・シュレッツングス・タクティク] 囡 -/-en 引き延ばし戦術.

ver･schleu･dern [フェア・シュロイダァン] fɛr-ʃlɔ́ydərn 他 (h) ① (お金・財産⁴を)浪費する, むだ使いする. ② 投げ売りする.

ver·schlief [フェア・シュリーフ] verschlafen¹ (寝過ごす)の 過去

ver·schlie·ßen* [フェア・シュリーセン fɛr-ʃlíːsən] du verschließt (verschloss, hat... verschlossen) I 他 (完了 haben) ① (物⁴に) 鍵(を)をかける, 閉鎖する, (可能性など⁴を)閉ざす. (英 lock). Er verschloss alle Zimmer. 彼はすべての部屋に鍵をかけた / die Augen⁴ (die Ohren⁴) vor 事³ verschließen 事³に目を閉ざす(耳をふさぐ). ② (容器⁴を)密閉する. eine Flasche⁴ mit einem Korken verschließen びんをコルク栓で密閉する. ③ (貴重品など⁴を)鍵をかけて保管する;《比》(考え など⁴を)胸に秘める. das Geld⁴ im Tresor verschließen お金を金庫に保管する / Sie verschloss ihre Liebe in ihrem Herzen. 彼女は愛情を胸に秘めていた.
II 再帰 (完了 haben) sich⁴ 人・事³ verschließen 人³に対して心を閉ざす; 事³(提案など)に耳を貸そうとしない.
◊☞ verschlossen

ver·schlimm·bes·sern [フェア・シュリムベッサァン fɛr-ʃlímbɛsərn] 他 (h) 《口語》改善する, 良くしようとしてかえって悪くする.

ver·schlim·mern [フェア・シュリンマァン fɛr-ʃlímərn] 他 (h) (病気・状況など⁴を)いっそう悪くする. ◊《再帰的に》sich⁴ verschlimmern いっそう悪くなる, 悪化する.

Ver·schlim·me·rung [フェア・シュリンメルング] 女 -/-en (病状などの)悪化.

ver·schlin·gen¹* [フェア・シュリンゲン fɛr-ʃlíŋən] (verschlang, hat... verschlungen) 他 (完了 haben) ① むさぼるように食べる. Der Hund verschlang das Fleisch. その犬は肉をがつがつ食った. ② 《比》むさぼるように見る(読む). 人⁴ mit Blicken verschlingen 人⁴をむさぼるように見つめる. ③ 《比》(多額の費用⁴を)くう.

ver·schlin·gen²* [フェア・シュリンゲン fɛr-ʃlíŋən] 他 (h) 絡み合わせる; (糸⁴を)よる. die Finger⁴ miteinander verschlingen 指を絡み合わせる / Er verschlang seine Arme. 彼は腕を組んだ.

ver·schliss [フェア・シュリス] verschleißen (すり減らす)の 過去

ver·schlis·se [フェア・シュリッセ] verschleißen (すり減らす)の 接2

ver·schlis·sen [フェア・シュリッセン] I verschleißen (すり減らす)の 過分 II 形 (衣服などが)すり切れた, (靴などが)すり減った.

ver·schloss [フェア・シュロス] verschließen (鍵をかける)の 過去

ver·schlos·sen [フェア・シュロッセン] I verschließen (鍵をかける)の 過分 II 形 ① 閉ざされた, 鍵(を)のかかった. vor verschlossener Tür stehen 門前払いをくう. ② 打ち解けない, 無口な. ein verschlossener Mensch 人づきあいの悪い(内向的な)人.

Ver·schlos·sen·heit [フェア・シュロッセンハイト] 女 -/ ① 閉鎖, 封鎖. ② 打ち解けないこと, 内向的な性格.

ver·schlu·cken [フェア・シュルッケン fɛr-ʃlúkən] (verschluckte, hat...verschluckt) I 他 (完了 haben) ① 《英》swallow ① (誤って) 飲み込む, 飲み下す. 《比》(言葉⁴を)飲み込む; (音⁴を)吸収する. Das Baby hat einen Knopf verschluckt. その赤ん坊は誤ってボタンを飲み込んでしまった. ② (涙・怒りなど⁴を)抑える, (悪口など⁴を)口に出さずにこらえる.
II 再帰 (完了 haben) sich⁴ verschlucken (飲みそこなって)むせる. sich⁴ an der Suppe (beim Essen) verschlucken スープを飲んでいて(食事をしていて)むせる.

ver·schluckt [フェア・シュルックト] verschlucken (飲み込む)の 過分, 3人称単数・2人称親称複数 現在

ver·schluck·te [フェア・シュルックテ] verschlucken (飲み込む)の 過去

ver·schlug [フェア・シュルーク] verschlagen¹ (打ちつけてふさぐ)の 過去

ver·schlun·gen [フェア・シュルンゲン] verschlingen¹ (むさぼるように食べる), verschlingen² (絡み合わせる)の 過分

Ver·schluss [フェア・シュルス fɛr-ʃlús] 男 -es/..schlüsse ① 閉める(閉じる)装置, (びんの)栓, ふた; 締め金, 錠前; 《写》シャッター. ② (施錠による)保管. 物⁴ unter Verschluss halten 物⁴を施錠して保管する. ③ (医) 閉塞(へいそく).

ver·schlüs·seln [フェア・シュリュッセルン fɛr-ʃlýsəln] 他 (h) 暗号(符号・コード)化する; 《比》暗示的に(ぼかして)表現する.

Ver·schlüs·se·lung [フェア・シュリュッセルング] 女 -/-en 《ふつう 単》暗号(符号・コード)化.

Ver·schluss·laut [フェア・シュルス・らオト] 男 -[e]s/-e 《言》閉鎖音, 破裂音([p, t, k, b, d, g] など).

ver·schmach·ten [フェア・シュマハテン fɛr-ʃmáxtən] 自 (s)《雅》① 飢えと乾きで死ぬ. ② (飢えなどで)ひどく苦しんでいる, 憔悴(しょうすい)している.

ver·schmä·hen [フェア・シュメーエン fɛr-ʃmɛ́ːən] 他 (h)《雅》(申し出など⁴を)すげなく断る, はねつける.

ver·schmau·sen [フェア・シュマオゼン fɛr-ʃmáuzən] 他 (h)《口語》(ケーキなど⁴を)おいしく食べる.

ver·schmel·zen* [フェア・シュメるツェン fɛr-ʃméltsən] I 他 (h) ① (金属など⁴を)溶かし合わせる. Kupfer⁴ und Zink⁴ zu Messing verschmelzen 銅と錫(すず)を溶かし合わせて真鍮(しんちゅう)を作る. ② 《比》(二つのもの⁴を)まとめる, 合体させる. II 自 (s) ① 溶け合う, 融合する. ② 《比》まとまる, (会社などが)合併する.

Ver·schmel·zung [フェア・シュメるツング] 女 -/-en 溶融, 融合; 融成物 溶融物; (絵の具の)混和, 配合; (会社などの)合併.

ver·schmer·zen [フェア・シュメルツェン fɛr-ʃmértsən] 他 (h) (事⁴の)苦しみ(悲しみ)を克服

ver·schmie·ren [フェア・シュミーレン fɛr-ʃmíːrən] 他 (h) ① (穴・裂け目など⁴を)塗ってふさぐ. die Risse⁴ in der Wand **mit** Mörtel *verschmieren* 壁の裂け目をモルタルで塗り込める. ② (口語)(バター・軟膏など⁴を)塗る. ③ 下手にふいて(書いて・塗って)汚す.

ver·schmitzt [フェア・シュミツット fɛr-ʃmítst] 形 いたずらっぽい, 茶目っ気のある.

ver·schmut·zen [フェア・シュムッツェン fɛr-ʃmútsən] I 他 (h) 汚す, (大気など⁴を)汚染する. II 自 (s) 汚れる, 汚くなる.

Ver·schmut·zung [フェア・シュムッツング] 女 -/-en 汚すこと; 汚染.

ver·schnau·fen [フェア・シュナオフェン fɛr-ʃnáufən] 自 (h)・再帰 (h) *sich*⁴ *verschnaufen* 一息入れる, 一休みする.

ver·schnei·den [フェア・シュナイデン fɛr-ʃnáidən] 他 (h) ① (生け垣など⁴を)刈り込む, 剪定(せんてい)する. ② (服地など⁴を)裁断しそこなう; (髪など⁴を)切りそこなう. ③ (家畜⁴を)去勢する. ④ (酒類⁴を)ブレンドする.

ver·schnei·en [フェア・シュナイエン fɛr-ʃnáiən] 自 (s) 雪に埋まる(覆われる).

ver·schneit [フェア・シュナイト] I verschneien (雪に埋まる)の過分 II 形 雪に埋もれた(覆われた).

Ver·schnitt [フェア・シュニット fɛr-ʃnít] 男 -[e]s/-e ① ブレンドすること; ブレンドしたアルコール飲料. ② (木・布などの)切れ端.

ver·schnör·keln [フェア・シュネルケルン fɛr-ʃnœ́rkəln] 他 (h) (飾⁴に)渦巻き模様をつける.

ver·schnör·kelt [フェア・シュネルケルト] I verschnörkeln (渦巻き模様をつける)の過分 II 形 渦巻き模様の[飾りのついた]. eine *verschnörkelte* Schrift 装飾文字.

ver·schnup·fen [フェア・シュヌプフェン fɛr-ʃnúpfən] 他 (h) 《口語》(人⁴の)感情を害する, 機嫌をそこねる.

ver·schnupft [フェア・シュヌプフト] I verschnupfen (感情を害する)の過分 II 形 ① 鼻風邪をひいた; 鼻声の. ②《口語》感情を害した, 機嫌をそこねた.

ver·schnü·ren [フェア・シュニューレン fɛr-ʃnýːrən] 他 (h) (小包など⁴を)ひもでくくる.

ver·schob [フェア・ショープ] verschieben (ずらす)の過去

ver·scho·ben [フェア・ショーベン] verschieben (ずらす)の過分

ver·schol·len [フェア・ショルン fɛr-ʃólən] 形 行方(消息)不明の; 《法》失踪(しっそう)した.

ver·scho·nen [フェア・ショーネン fɛr-ʃóːnən] 他 (h) ① (人・物⁴に)危害を加えない, 容赦する. Der Krieg *verschonte* niemanden. 戦争の被害を免れた者は一人もいなかった. ◇過去分詞の形で **von** 物³ *verschont* bleiben 物³の被害を受けずに済む. ②《人⁴ **mit** 物³ ～》(人⁴を物³で)わずらわさない. *Verschone* mich mit deinen Ratschlägen! 君の忠告だけまっぴらだ.

ver·schö·nen [フェア・シェーネン fɛr-ʃǿːnən] 他 (h) 美しくする, すてきな(楽しい)ものにする. sich³ den Abend mit einem Theaterbesuch *verschönen* 芝居を見て楽しい夕べを過ごす.

ver·schö·nern [フェア・シェーナァン fɛr-ʃǿːnərn] 他 (h) (いっそう)美しくする, きれいに飾る. einen Balkon **mit** Blumen *verschönern* バルコニーを花で飾る.

Ver·schö·ne·rung [フェア・シェーネルング] 女 -/-en ① 美化; 装飾. ② 美化(装飾)されたもの.

ver·schos·sen [フェア・ショッセン] I verschießen (発射する)の過分 II 形 ① 『成句的に』**in** 人⁴ *verschossen* sein 《口語》人⁴にぞっこんほれ込んでいる. ② 色のあせた.

ver·schrän·ken [フェア・シュレンケン fɛr-ʃrɛ́ŋkən] 他 (h) (腕・脚など⁴を)組む. Er *verschränkte* die Hände hinterm Kopf. 彼は両手を頭の後ろに組んだ.

ver·schrau·ben [フェア・シュラオベン fɛr-ʃráubən] 他 (h) ねじで[締めて]固定する.

ver·schrei·ben* [フェア・シュライベン fɛr-ʃráibən] (verschrieb, hat … verschrieben) I 他 (完了) haben ① (人³に薬・治療法など⁴を)処方する, 指示する. (人に *prescribe*). einem Kranken ein Medikament⁴ *verschreiben* 病人に薬を処方する. ② (人³に財産など⁴を文書によって)譲渡する. ③ (紙・鉛筆など⁴を)書いて使い尽くす. II 再帰 (完了) haben *sich*⁴ *verschreiben* ① 書きそこなう. ② (物³に)専念する. Er *hat sich* der Forschung *verschrieben*. 彼は研究に打ち込んだ.

ver·schrieb [フェア・シュリープ] verschreiben (処方する)の過去

ver·schrie·ben [フェア・シュリーベン] verschreiben (処方する)の過分

ver·schrien [フェア・シュリーン] 形 評判の悪い, 悪名高い.

ver·schro·ben [フェア・シュローベン fɛr-ʃróːbən] 形 つむじ曲がりの, ひねくれた, 奇妙な(人・考え方など).

Ver·schro·ben·heit [フェア・シュローベンハイト] 女 -/-en ① 風変わりなこと. ② 風変わりな言動.

ver·schrot·ten [フェア・シュロッテン fɛr-ʃrɔ́tən] 他 (h) (車など⁴を)スクラップ(くず鉄)にする.

ver·schrum·peln [フェア・シュルンペルン fɛr-ʃrúmpəln] 自 (s)《口語》(果物などが)しなびる.

ver·schüch·tern [フェア・シュヒタァン fɛr-ʃýçtərn] 他 (h) ひるませる, おじけづかせる.

ver·schüch·tert [フェア・シュヒタァト] I verschüchtern (ひるませる)の過分 II 形 ひるんだ, おじけづいた.

ver·schul·den [フェア・シュるデン fɛr-ʃúldən] I 他 (h) (自分の過失で物⁴を)引き起こす, しでかす. Sie *hat* ihr Unglück selbst *verschuldet*. 彼女の不幸は自業自得だ. II 自 (s) 負債(借金)を背負い込む. III 再帰 (h) *sich*⁴ *verschulden* 借金をする.

◇☞ **verschuldet**

Ver·schul·den [フェア・シュるデン] 匣 -s/ 過失, 落ち度, (事故などの)責任.

ver·schul·det [フェア・シュるデット] I *verschulden* (引き起こす)の過分 II 形 借金(負債)のある. **an** 人³ (**bei** 物³) *verschuldet sein* 人³(物³(銀行など))に借金がある.

Ver·schul·dung [フェア・シュるドゥング] 囡 -/-en 借金(負債)のあること; 負債; (事故などの)責任を負うこと.

ver·schüt·ten [フェア・シュッテン fɛr-ʃýtən] 他 (h) ① (コーヒーなど⁴を)うっかりこぼす, つぎこぼす. *Zucker⁴ verschütten* 砂糖をこぼす. ② (土砂などが人・物⁴を)埋める, 生き埋めにする; (堀など⁴を土砂などで)埋めたてる.

ver·schütt|ge·hen [フェア・シュット・ゲーエン fɛr-ʃýt-gèːən] 自 (s) ① (口語)なくなる, 消えうせる. ② (俗)死ぬ; 車にひかれる.

ver·schwä·gert [フェア・シュヴェーガァト fɛr-ʃvέːɡərt] 形 姻戚(ミミキヒ)関係にある.

ver·schwand [フェア・シュヴァント] **ver·schwinden* (消える)の過去

ver·schwän·de [フェア・シュヴェンデ] **ver·schwinden* (消える)の過去2

ver·schwei·gen* [フェア・シュヴァイゲン fɛr-ʃváiɡən] (*verschwieg*, *hat … verschwiegen*) 他 (完了 haben) ((人³に)事⁴を)言わないでおく, 秘密にしておく, 包み隠す. (英 *conceal*). *Er hat uns seine Krankheit verschwiegen.* 彼は病気のことを私たちに黙っていた.

◇☞ **verschwiegen**

ver·schwei·ßen [フェア・シュヴァイセン fɛr-ʃváisən] 他 (h) 溶接する.

ver·schwen·den [フェア・シュヴェンデン fɛr-ʃvέndən] *du verschwendest, er verschwendet* (*verschwendete*, *hat … verschwendet*) 他 (完了 haben) (お金・財産など⁴を)浪費する, (労力・時間など⁴を)むだに使う. (英 *waste*). *viel Geld⁴ für⁴ verschwenden* 物⁴のためにたくさんのお金を浪費する / *Er hat viel Zeit an* (または **auf**) *diese Sache verschwendet.* 彼はこのことに多くの時間を費やしたがむだだった / *Er verschwendete keinen Blick an sie.* 彼は彼女には目もくれなかった.

Ver·schwen·der [フェア・シュヴェンダァ fɛr-ʃvέndər] 男 -s/- 浪費家. (女性形: -in).

ver·schwen·de·risch [フェア・シュヴェンデリッシュ fɛr-ʃvέndərɪʃ] 形 ① むだ使いをする, 浪費的な. *ein verschwenderischer Mensch* 金使いの荒い人 / *mit³ verschwenderisch um|gehen* 物³を惜しげもなく(湯水のように)使う. ② ぜいたくな, 豪勢な.

ver·schwen·det [フェア・シュヴェンデット] *verschwenden* (浪費する)の過分, 3 人称単数・2 人称親称複数現在

ver·schwen·de·te [フェア・シュヴェンデテ] *verschwenden* (浪費する)の過去

Ver·schwen·dung [フェア・シュヴェンドゥング] 囡 -/-en 浪費, むだ使い.

Ver·schwen·dungs·sucht [フェアシュヴェンドゥングス・ズフト] 囡 -/ 浪費癖.

ver·schwieg [フェア・シュヴィーク] *verschweigen* (言わないでおく)の過去

ver·schwie·gen [フェア・シュヴィーゲン] I *verschweigen* (言わないでおく)の過分 II 形 ① 口の堅い, 秘密を守る. ② あまり人の来ない, ひっそりとした(場所・店など).

Ver·schwie·gen·heit [フェア・シュヴィーゲンハイト] 囡 -/ 口が堅いこと; 秘密保持(厳守). *die Pflicht zur Verschwiegenheit* 守秘義務.

ver·schwim·men* [フェア・シュヴィンメン fɛr-ʃvímən] 自 (s) (輪郭が)ぼやける, かすむ; (色が)薄れる, 溶けあう.

◇☞ **verschwommen**

ver·schwin·den [フェア・シュヴィンデン fɛr-ʃvíndən] *du verschwindest, er verschwindet* (*verschwand, ist … verschwunden*) 自 (完了 sein) ① (視界から)消える, 姿を消す, 見えなくなる; 消滅する; 《比》(流行などが)すたれる. (英 *disappear*). *Die Sonne verschwand hinter den Bergen.* 太陽が山の後ろに隠れた / *Er ist in der Menge verschwunden.* 【現在完了】彼は人ごみの中に姿を消した / *Neben ihm verschwindet sie.* 《比》彼と並ぶと彼女は陰に隠れてしまうほど小さい / *Verschwinde!* (口語) とっととうせろ / *Ich muss mal verschwinden.* (口語) (トイレに行くために:)ちょっと失礼. ② (物が)なくなる, (お金などが)盗まれる. *Meine Brille ist verschwunden.* 【現在完了】私の眼鏡がなくなった. ◇《**lassen** とともに》 *Geld⁴ verschwinden lassen* お金を横領(着服)する.

ver·schwin·dend [フェア・シュヴィンデント] I *verschwinden (消える)の現分 II 形 ごくわずかの. *verschwindende Ausnahmen* ごくわずかの例外.

ver·schwit·zen [フェア・シュヴィッツェン fɛr-ʃvítsən] 他 (h) ① (シャツなど⁴を)汗でぬらす, 汗でぐしょぐしょにする. ② (口語)(約束など⁴を)忘れる.

ver·schwitzt [フェア・シュヴィッツト] I *verschwitzen* (汗で汚す)の過分 II 形 汗でぬれた, 汗まみれの.

ver·schwol·len [フェア・シュヴォれン fɛr-ʃvólən] 形 はれあがった(顔・目など).

ver·schwom·men [フェア・シュヴォンメン] *verschwimmen* (ぼやける)の過分 II 形 輪郭のぼやけた; 不明瞭(ミカラ)な; *verschwommene Erinnerung* ぼんやりとした記憶.

ver·schwö·ren* [フェア・シュヴェーレン fɛr-ʃvǿːrən] 再帰 (h) *sich⁴ verschwören* ① *sich⁴* [**mit** 人³] ~} ([人³と])結託(共謀)する. *sich⁴ gegen 人⁴ verschwören* 共謀して人⁴に反逆を企てる / *Alles hat sich gegen mich verschworen.* 《比》私には何もかもうまくいかなかった. ② (物³に)身をささげる, 没頭する.

Ver·schwö·rer [フェア・シュヴェーラァ fɛr-ʃvǿːrər] 男 -s/- 共謀者, 謀反人. (女性形:

–in).

Ver·schwö·rung [フェア・シュヴェールング] 囡 –/–en 共謀すること, 謀反.

ver·schwun·den [フェア・シュヴンデン] *verschwinden (消える)の 過分

ver·se·hen[1]* [フェア・ゼーエン fɛr-zéːən] du versiehst, er versieht (versah, hat...versehen) I 他 (完了) haben) ① 〖人4 mit 物3 ~〗 (人4に物3を)持たせる, 与える, 用意してやる. (英 provide). jn mit Geld versehen 人4にお金を持たせる / einen Kranken mit den Sterbesakramenten versehen (カッラ) (主任司祭が)病人に臨終の秘跡を授ける. ◇〖再帰的に〗 sich4 mit 物3 versehen (自分のために)物3を用意する ⇒ Er versah sich mit dem Nötigsten für die Reise. 彼は旅行になくてはならないものを用意した.
② 〖A4 mit B3 ~〗(A4 に B3 を)備え付ける, 取り付ける. ein Zimmer4 mit Vorhängen versehen 部屋にカーテンを取り付ける / einen Text mit Anmerkungen versehen 本文に注を付ける. ◇〖過去分詞の形で〗mit 物3 versehen sein 物3を備えている. ③ (職務など4を)果たす, 遂行する; 管理する. Er versah seinen Dienst gewissenhaft. 彼は自分の職務を忠実に果たした.
④ (雅4を)忘る, なおざりにする.
II 再帰 (完了) haben) sich4 versehen ① (うっかり)間違いをする. Ich habe mich beim Zählen versehen. 私は数え間違いをした. / sich4 in der Hausnummer versehen 番地を間違える. ② (雅) (雅2を)予期する. ◇〖成句的に〗eh man sich's versieht あっという間に.

ver·se·hen[2] [フェア・ゼーエン] versehen[1] (持たせる)の 過分

das **Ver·se·hen** [フェア・ゼーエン fɛr-zéːən] 中 (単2) –s/(複) – (うっかりした)間違い, 手落ち, ケアレスミス. (英 mistake). aus Versehen 誤って, うっかりして.

ver·se·hent·lich [フェア・ゼーエントりヒ] I 副 誤って, うっかり, 間違って. II 形 間違い(不注意)からの, うっかりの.

Ver·sehr·te[r] [フェア・ゼーアテ (..タア) fɛr-zéːrtə (..tɐr)] 男 囡 〖語尾変化は形容詞と同じ〗 身体障害者.

ver·selb·stän·di·gen [フェア・ぜるプシュテンディゲン fɛr-zélpʃtɛndɪɡən] 他 (h) =verselbstständigen

ver·selbst·stän·di·gen [フェア・ぜるプストシュテンディゲン fɛr-zélpstʃtɛndɪɡən] 他 (h) 独立させる. ◇〖再帰的に〗 sich4 verselbstständigen 独立する, 自立する.

ver·sen·den(*) [フェア・ゼンデン fɛr-zéndən] 他 (h) (パンフレットなど4を多数)送る, 発送する, 送付する. (☞ 類語 schicken).

Ver·sen·dung [フェア・ゼンドゥング] 囡 –/–en (パンフレットなどの多数の)発送, 送付.

ver·sen·gen [フェア・ゼンゲン fɛr-zéŋən] 他 (h) (物4を)焦がす; (物4の)表面を焼く; (日ざしなどが畑など4を)からから乾燥させる. sich3 die Haare4 versengen 髪を焦がす.

ver·senk·bar [フェア・ゼンクバール] 形 (表面の板の下などに)収納できる, 収納式の(ミシンなど).

ver·sen·ken [フェア・ゼンケン fɛr-zéŋkən] I 他 (h) ① (船など4を)沈める. ② (すっぽり埋める, (くぎなど4を)深く打ち込む. die Schraube4 versenken ねじをねじ込む / die Hände4 in die Taschen versenken 両手をポケットに突っ込む. II 再帰 (h) 〖sich4 in 事3 に〗没頭する. Ich hatte mich in meine Bücher versenkt. 私は本を読みふけっていた.

Ver·sen·kung [フェア・ゼンクング] 囡 –/–en ① 沈めること, 沈没させること. ② 没頭, 専念. ③ (劇) (舞台の)迫(ｾ)り出し. [wieder] aus der *Versenkung* auf|tauchen 《口語》 (忘れられていた存在が[再び]活動の)舞台に上がる, 世の脚光を浴びる / in der *Versenkung* verschwinden 《口語》 (活動の)舞台から姿を消す, 世間から忘れられる.

ver·ses·sen [フェア・ゼッセン] I versitzen (座ってむだに過ごす)の 過分 II 形 〖成句的に〗 *auf* 人・物4 versessen sein 人・物4に夢中になっている. Sie ist auf Süßigkeiten versessen. 彼女は甘いものに目がない.

Ver·ses·sen·heit [フェア・ゼッセンハイト] 囡 –/–en 夢中, 執心[していること].

ver·set·zen [フェア・ゼッツェン fɛr-zétsən] du versetzt, er versetzt (versetzte, hat...versetzt) I 他 (完了) haben) ① (ほかの場所へ)移す, 置き換える, ずらす. (英 shift). einen Baum versetzen 木を移植する / die Knöpfe4 an einem Mantel versetzen コートのボタンの位置をずらす / 人4 nach vorne versetzen 人4を前の方の席に移す.

② 配置換えする, 転勤させる. 人4 *in eine andere Abteilung* versetzen 人4を別の部局に配置換えする / Er *wurde nach Berlin* versetzt. 〖受動・過去〗彼はベルリンへ転勤になった. ③ (生徒4を)進級させる. ④ 〖人・物4 *in* 事4 ~〗 (人・物4を事4の状態に)変える, 陥らせる. 人4 in Aufregung versetzen 人4を興奮させる / eine Maschine4 in Bewegung versetzen 機械を作動させる. ⑤ (人3に打撃など4を)加える. 人3 einen Schlag versetzen 人3をなぐる / 人3 eine4 (または eins4) versetzen 《口語》 人3に一発くらわす. ⑥ 質に入れる; 売却する. ⑦ 《口語》 (人4に)待ちぼうけをくわせる. ⑧ (…ときっぱりと)答える, 返事する. ⑨ 〖A4 mit B3 ~〗(A4 に B3 を)混ぜる. Wein4 mit Wasser versetzen ワインに水を混ぜる.

II 再帰 (完了) haben) 〖sich4 in 人・事4 ~〗 (人4の)立場になって考える, (事4に)身を置く. *Versetz dich* bitte einmal in meine Lage! ちょっとぼくの立場にもなってみろよ.

ver·setzt [フェア・ゼッツト] versetzen (移す)の 過分, 3人称単数・2人称親称複数 現在

ver·setz·te [フェア・ゼッツテ] versetzen (移す)の 過去

Ver·set·zung [フェア・ゼッツング] 囡 -/-en ① 移すこと, 移転; 転任, 配置換え; (生徒の)進級. ② 質入れ, 換金. ③ (飲み物の)混合.

Ver·set·zungs≠zei·chen [フェアゼッツングス・ツァイヒェン] 田 -s/- 《音楽》変位記号 (♯, ♭など).

ver·seu·chen [フェア・ゾイヒェン fɛr-zɔ́yçən] 他 (h) (病原菌・廃棄物などで)汚染する. ◇過去分詞の形で〕radioaktiv *verseuchte* Milch 放射能で汚染されたミルク.

Ver·seu·chung [フェア・ゾイヒュング] 囡 -/-en 汚染; 感染.

Vers·fuß [フェルス・フース] 男 -es/..füße 《詩学》詩脚 (詩行の最小単位).

Ver·si·che·rer [フェア・ズィッヒェラァ fɛr-zíçərər] 男 -s/- 保険者. (女性形: Versicherin).

***ver·si·chern** [フェア・ズィッヒャァン fɛr-zíçərn] (versicherte, *hat* ...versichert) I 他 (完了 haben) ① ([人³に]囲⁴を確かだと) 請け合う, 断言する, 保証する. (英 *assure*). Das kann ich dir *versichern*. そのことは君に断言していいよ / Ich *versichere* Ihnen, dass... ...ということは保証します.
② 《雅》(囚⁴に囲²を当てにできると) 請け合う, 保証する. Er *hat* sie seines Schutzes *versichert*. 彼は彼女に守ってやると約束した.
③ (人・物⁴に保険をかける. (英 *insure*). Er *hat* sein Haus **gegen** Feuer *versichert*. 彼は自分の家に火災保険をかけた. ◇再帰的に〕*sich*⁴ gegen Tod *versichern* 生命保険に入る. II 再帰 (完了 haben) *sich*⁴ 囲² *versichern* 《雅》囲²を確かめる. Wir *haben uns* seiner Zustimmung *versichert*. われわれは彼の同意が得られることを確認した.

ver·si·chert [フェア・ズィッヒャァト] *versichern (請け合う)の過分, 3人称単数・2人称親称複数現在

ver·si·cher·te [フェア・ズィッヒャァテ] *versichern (請け合う)の過去

Ver·si·cher·te[r] [フェア・ズィッヒャァテ (..タァ) fɛr-zíçərtə (..tər)] 男 囡 《語尾変化は形容詞と同じ》被保険者.

die **Ver·si·che·rung** [フェア・ズィッヒェルング fɛr-zíçəruŋ] 囡 (単) -/(複) -en ① 保証, 確約, 断言. (英 *assurance*). Ich *sichere*⁴ geben, dass... 囚³に...であると断言する. ② 保険(契約); 保険料. (英 *insurance*). Lebens*versicherung* 生命保険 / eine *Versicherung* gegen Feuer 火災保険 / eine *Versicherung*⁴ ab\|schließen (kündigen) 保険を契約する(解約する). ③ 保険会社 (=*Versicherungs*gesellschaft).

Ver·si·che·rungs≠bei·trag [フェア・ズィッヒェルングス・バイトラーク] 男 -[e]s/..träge 保険料.

Ver·si·che·rungs≠be·trug [フェアズィッヒェルングス・ベトルーク] 男 -[e]s/- 保険金詐欺.

Ver·si·che·rungs≠fall [フェアズィッヒェルングス・ファる] 男 -[e]s/..fälle 保険契約の対象となる事例 (事故・病気など).

Ver·si·che·rungs≠ge·sell·schaft [フェアズィッヒェルングス・ゲゼるシャフト] 囡 -/-en 保険会社.

Ver·si·che·rungs≠neh·mer [フェアズィッヒェルングス・ネーマァ] 男 -s/- 被保険者, 保険契約者. (女性形: -in).

Ver·si·che·rungs≠pflicht [フェアズィッヒェルングス・プふりヒト] 囡 -/-en 保険加入義務.

Ver·si·che·rungs≠po·li·ce [フェアズィッヒェルングス・ポリーセ] 囡 -/-n 保険証券(証書).

Ver·si·che·rungs≠prä·mie [フェアズィッヒェルングス・プレーミエ] 囡 -/-n 保険料.

Ver·si·che·rungs≠schein [フェアズィッヒェルングス・シャイン] 男 -[e]s/-e 保険証券(証書).

Ver·si·che·rungs≠sum·me [フェアズィッヒェルングス・ズンメ] 囡 -/-n 保険金[額].

ver·si·ckern [フェア・ズィッカァン fɛr-zíkərn] 自 (s) (水が地面・壁などに)染み込む; 《比》(お金がどこかへ)うせる; (会話が)尽きる.

ver·sie·ben [フェア・ズィーベン fɛr-zí:bən] 他 (h) 《口語》① うっかり置き忘れる, うっかりなくす. ② だいなしにする, ぶちこわす.

ver·sie·geln [フェア・ズィーゲるン fɛr-zí:gəln] 他 (h) (物⁴に)封をする, 封印をする. einen Brief *versiegeln* 手紙に封印をする. ② (木の床など⁴を)保護塗装する.

ver·sie·gen [フェア・ズィーゲン fɛr-zí:gən] 自 (s) (水(泉)などが)干上がる, (涙が)かれる; 《比》(力が)尽きる.

ver·sieh [フェア・ズィー] versehen¹ (持たせる)の du に対する命令

ver·siehst [フェア・ズィースト] versehen¹ (持たせる)の2人称単数現在

ver·sieht [フェア・ズィート] versehen¹ (持たせる)の3人称単数現在

ver·siert [ヴェルズィーァト vɛrzí:rt] 形 経験豊かな, 熟練した, 精通した.

ver·sil·bern [フェア・ズィるバァン fɛr-zílbərn] 他 (h) ① (物⁴に)銀めっきをする. ②《口語》(所持品⁴を)お金に換える, 売り払う.

ver·sin·ken* [フェア・ズィンケン fɛr-zíŋkən] (versank, *ist* ...versunken) 自 (完了 sein) ① 沈む, 沈没する; (沼・雪などに)はまり込む. (英 *sink*). Das Schiff *ist* im Meer *versunken*. 『現在完了』その船は海に沈んだ / Die Sonne *versank* **hinter** dem Horizont (または den Horizont). 太陽が地(水)平線のかなたに沈んだ. ② **in** 囲⁴ **~** 》《比》(囲⁴に)ふける, ひたる. in Gedanken *versinken* 思いにふける / in Trauer *versinken* 悲しみに沈む / in die Arbeit *versinken* 仕事に没頭する. ◇☞ versunken

ver·sinn·li·chen [フェア・ズィンりヒェン fɛr-zínlıçən] 他 (h) (抽象的なもの⁴を)感覚的にとらえられるようにする, 具象化する.

Ver·si·on [ヴェルズィオーン vɛrzió:n] 囡 -/-en (成立時・言語・形式などを異にする)版, 稿, バージョン; 翻訳. eine ältere *Version* des Gedichtes その詩の旧稿 / eine englische *Version* des Romans その小説の英語版. ② (特定の立場からの一つの)見解, 解釈. die offizielle *Version* 公式見解. ③ (製品の)型, モデル.

ver·sit·zen* [フェア・ズィッツェン fɛr-zítsən] 他 (h) 《口語》① (時間⁴を)座ってむだに過ごす. ② (服など⁴を)座ってしわくちゃにする; (いすなど⁴を)使い古す.
◇ **versessen**

ver·skla·ven [フェア・スクラーヴェン fɛr-sklá:-vən または ..フェン ..fən] 他 (h) 奴隷にする, 奴隷化する.

Vers·leh·re [フェルス・れーレ] 女 -/ 韻律論 (=Metrik).

Vers·maß [フェルス・マース] 中 -es/-e 《詩学》韻律, リズム (=Metrum).

ver·snobt [フェア・スノップト fɛr-snɔ́pt] 形 紳士気取りの, 俗物の, 通ぶった.

ver·sof·fen [フェア・ゾッフェン] I versaufen (お金などを酒にでつぎこむ)の 過分 II 形 《俗》飲んべえの, 飲んだくれの; 飲んべえだとわかる(声など).

ver·soh·len [フェア・ゾーれン fɛr-zó:lən] 他 (h) 《口語》さんざんなぐる, ぶちのめす.

ver·söh·nen [フェア・ゼーネン fɛr-zǿ:nən] (versöhnte, *hat* ... versöhnt) I 再帰 (完了 haben) *sich⁴ versöhnen* 仲直りする, 和解する. Wir haben uns wieder *versöhnt*. 私たちは再び仲直りした / *sich⁴ mit* 人³ *versöhnen* 人³と仲直りする.
II 他 (完了 haben) ① **仲直りさせる**, 和解させる. 《英 reconcile》. Sie *hat* ihn *mit* seiner Mutter *versöhnt*. 彼女は彼を彼の母親と仲直りさせた. ② (人⁴を)なだめる.

ver·söhn·lich [フェア・ゼーンリヒ] 形 ① 和解する気持ちのある, 宥和(%)的な. ② 望みのある, 明るい方向に向かう(本の結末など).

ver·söhnt [フェア・ゼーント] (再帰 で: 仲直りする)の 過分, 3人称単数・2人称親称複数 現在

ver·söhn·te [フェア・ゼーンテ] (再帰 で: 仲直りする)の 過去

Ver·söh·nung [フェア・ゼーヌング] 女 -/-en 仲直り, 和解.

ver·son·nen [フェア・ゾンネン fɛr-zɔ́nən] 形 物思い(空想)にふけっている, 夢想的な.

ver·sor·gen [フェア・ゾルゲン fɛr-zɔ́rgən] (versorgte, *hat* ... versorgt) 他 (完了 haben) ① [人・物]⁴ *mit* [物]³ ~ (人・物⁴に物³を)**供給する**, 与える. 《英 provide》. *Hast* du die Tiere mit Futter *versorgt*? 君は動物に餌(ぎ)を与えたかね / die Stadt⁴ mit Gas *versorgen* 町にガスを供給する. ◇《再帰的に》*sich⁴ mit allem Nötigen versorgen* 必要なものをすべて取りそろえる.
② (人⁴の)面倒をみる, 世話をする; 扶養する. einen Kranken *versorgen* 病人の世話をする / Er hat eine Familie zu *versorgen*. 彼は一家を養わねばならない. ③ (物⁴を)管理する,

処理する. den Garten *versorgen* 庭を維持管理する / den Haushalt *versorgen* 家事をつかさどる.

Ver·sor·ger [フェア・ゾルガァ fɛr-zɔ́rgər] 男 -s/- 扶養者, 養い手. (女性形: -in).

ver·sorgt [フェア・ゾルクト] versorgen (供給する)の 過分, 3人称単数・2人称親称複数 現在

ver·sorg·te [フェア・ゾルクテ] versorgen (供給する)の 過去

Ver·sor·gung [フェア・ゾルグング] 女 -/ ① 供給; 扶養, 世話; (医療上の)手当て. Wasser*versorgung* 水の供給. ② 生活扶助.

ver·sor·gungs·be·rech·tigt [フェアゾルグングス・ベレヒティヒト] 形 年金受給資格のある.

ver·span·nen [フェア・シュパンネン fɛr-ʃpánən] I 他 (h) (綱・ワイヤなどで)固定する. II 再帰 (h) *sich⁴ verspannen* (筋肉が)引きつる.

***ver·spä·ten** [フェア・シュペーテン fɛr-ʃpɛ́:-tən] du verspätest, er verspätet (verspätete, *hat* ... verspätet) 再帰 (完了 haben) *sich⁴ verspäten* (人・乗り物が)**遅れる**, 遅刻する. 《英 be late》. Ich habe mich leider etwas *verspätet*. 残念ながら私は少し遅れた / Der Zug *hat sich* [um] 20 Minuten *verspätet*. 列車は20分延着した.

ver·spä·tet [フェア・シュペーテット] I *verspäten (再帰 で: 遅れる)の 過分, 3人称単数・2人称親称複数 現在 II 形 遅れた; 時期遅れの. eine *verspätete* Blüte 時期遅れ(季節はずれ)の花.

ver·spä·te·te [フェア・シュペーテテ] *verspäten (再帰 で: 遅れる)の 過去

*die **Ver·spä·tung** [フェア・シュペートゥング fɛr-ʃpɛ́:tuŋ] 女 (単) -/(複) -en (列車の)**遅れ**, 遅刻, 延着. 《英 delay》. Entschuldigen Sie bitte meine *Verspätung*! 遅刻してすみません / Der Zug hat eine Stunde *Verspätung*. 列車は1時間遅れている.

ver·spei·sen [フェア・シュパイゼン fɛr-ʃpáɪ-zən] 他 (h) 《雅》おいしく食べる; 平らげる.

ver·spe·ku·lie·ren [フェア・シュペクリーレン fɛr-ʃpekulíːrən] I 他 (h) (財産など⁴を)投機で失う. II 他 (h) *sich⁴ verspekulieren* ① 投機に失敗する. ② 《口語》見込み違いをする.

ver·sper·ren [フェア・シュペレン fɛr-ʃpérən] 他 (h) ① (入口・道路などを)閉鎖(封鎖)する; さえぎ[ってい]る. 人³ den Weg *versperren* 人³の行く手をさえぎる / Ein Gebäude *versperrt* die Aussicht. 建物が視界をさえぎっている. ② (ドアなど³に)鍵(※)をかける.

ver·spie·len [フェア・シュピーれン fɛr-ʃpíːlən] I 他 (h) ① (お金など⁴を)賭事(%)で失う; 賭(⁸)ける. ② (チャンスなど⁴を)ふいにする. ③ (時⁴を)遊んで過ごす. II 再帰 (h) *sich⁴ verspielen* (楽器を)弾き間違える. III 自 (h) 《過去分詞の形で》*bei* 人³ *verspielt haben* 《口語》人³に愛想をつかされている.

ver·spielt [フェア・シュピーると] I verspielen (賭事で失う)の 過分 II 形 ① じゃれる(遊ぶ)の

好きな(子供・猫など). ② 戯れるような, 軽快な(メロディーなど).

ver·spin·nen* [フェア・シュピンネン fɛr-ʃpín-ən] I 他 (h) (綿花など4を)つむいで糸にする. II 再帰 (h) 《sich4 in 物4 ~》(物4に)没頭する, ふける.

ver·spon·nen [フェア・シュポンネン] I verspinnen (つむいで糸にする)の 過分 II 形 奇妙な, おかしな[考えにとりつかれた].

ver·spot·ten [フェア・シュポッテン fɛr-ʃpótən] 他 (h) あざける, 嘲笑(ちょうしょう)する.

Ver·spot·tung [フェア・シュポットゥング] 女 -/-en あざけり, 嘲笑(ちょうしょう).

ver·sprach [フェア・シュプラーハ] *versprechen (約束する)の 過去

ver·sprä·che [フェア・シュプレーヒェ] *versprechen (約束する)の 接2

ver·spre·chen [フェア・シュプレッヒェン fɛr-ʃpréçən] du versprichst, er verspricht (versprach, hat...versprochen) I 他 (定了 haben) ① (《人3に》物4に) 約束する. (英 promise). 人3 eine Belohnung4 versprechen 人3に報酬を[与えると]約束する / Er hat es fest (または in die Hand) versprochen. 彼はそれを確約した / Er hat ihr die Ehe versprochen. 彼は彼女に結婚を約束した / Er hat mir versprochen, pünktlich zu kommen. 彼は時間通りに来ると私に約束した / Versprich mir, dass du vorsichtig fährst! 慎重に運転すると約束してくれ / Was man verspricht, muss man halten. 約束は守らなければならない. ◊ 過去分詞の形で wie versprochen 約束したように. ② (物4を)期待させる, (物4に)なりそうだ. Das Barometer verspricht gutes Wetter. 気圧計によれば好天気が期待できそうだ. ◊《zu 不定詞[句]とともに》Das Buch verspricht ein Bestseller zu werden. その本はベストセラーになりそうだ.

II 再帰 (定了 haben) ① sich4 versprechen 言い間違いをする. Ich habe mich mehrmals versprochen. 私は何度も言い間違えた.

② 《sich3 物4 von 人3 ~》(物4を人3から)期待する. Von ihm verspreche ich mir nicht viel. 私は彼から多くのことを期待しない.

das **Ver·spre·chen** [フェア・シュプレッヒェン fɛr-ʃpréçən] 中 (単2) -s/(複) - 《ふつう 単》約束, 誓約. (英 promise). ein Versprechen4 erfüllen (halten) 約束を果たす(守る) / 人3 das Versprechen4 geben, zu 不定詞[句]…をすると人3に約束する.

Ver·spre·cher [フェア・シュプレッヒャア fɛr-ʃpréçər] 男 -s/- 言い間違い, 失言.

die **Ver·spre·chung** [フェア・シュプレッヒュング fɛr-ʃpréçuŋ] 女 (単) -/(複) -en 《ふつう 複》(大げさな)約束, 誓い. (英 promise). leere Versprechungen 空約束 / große Versprechungen4 machen 果たせそうもない約束をする.

ver·spren·gen [フェア・シュプレンゲン fɛr-ʃpréŋən] 他 (h) ① (水など4を)まき散らす. ② (敵の部隊など4を)敗走させる; 《狩》(猟獣4を)追いたてる. ◊ 過去分詞の形で versprengte Soldaten 散り散りになって逃げた兵隊たち.

ver·sprich [フェア・シュプリヒ] *versprechen (約束する)の du に対する 命令

ver·sprichst [フェア・シュプリヒスト] *versprechen (約束する)の 2人称親称単数 現在

ver·spricht [フェア・シュプリヒト] *versprechen (約束する)の 3人称単数 現在

ver·sprit·zen [フェア・シュプリッツェン fɛr-ʃprítsən] 他 (h) ① (水など4を)まき散らす; (塗料など4を)吹きつける. ② (物4に)飛沫(しぶき)をはねかけて汚す.

ver·spro·chen [フェア・シュプロッヘン] *versprechen (約束する)の 過分

ver·sprü·hen [フェア・シュプリューエン fɛr-ʃprý:ən] 他 (h) ① (薬液など4を)噴霧器で吹きつける, スプレーする. ② (火花4を)飛び散らす.

ver·spü·ren [フェア・シュピューレン fɛr-ʃpý:rən] 他 (h) (空腹・不安など4を)感じる; (影響など4を)認める. (☞ 類語 fühlen).

ver·staat·li·chen [フェア・シュタートリヒェン fɛr-ʃtá:tlıçən] 他 (h) 国有(国営)化する.

Ver·staat·li·chung [フェア・シュタートリヒュング] 女 -/-en 国有化, 国営化.

ver·städ·tern [フェア・シュテーテァン fɛr-ʃté:tərn または ..シュテッタァン] 自 (s) (地方が)都会化する, 都会風になる.

Ver·städ·te·rung [フェア・シュテーテルング または ..シュテッテルング] 女 -/-en 都会(都市)化.

ver·stand [フェア・シュタント] ‡verstehen (理解する)の 過去

der **Ver·stand** [フェア・シュタント fɛr-ʃtánt] 男 (単2) -es (まれに -s)/ ① 理解力, 思考力; 分別, 理性; 《哲》悟性. (英 mind). Menschenverstand 人間の知性 / Er hat einen scharfen Verstand. 彼は理解力が鋭い / den Verstand verlieren 分別(正気)を失う / Du hast mehr Glück als Verstand. 《口語》君は運のいいやつだ(←頭より運の方がまさっている) / Nimm doch Verstand an! ばかなまねはよせ / Du bist wohl nicht ganz bei Verstand. 《口語》君は頭が少しおかしいんじゃないか / 物4 mit Verstand tun 物4を慎重に行う / 物4 mit Verstand essen (trinken) 物4をじっくり味わって食べる(飲む) / Das geht über meinen Verstand. 《口語》それは私には理解できない / 人4 um den Verstand bringen 人4の分別を失わせる. ② 《雅》意味.

ver·stän·de [フェア・シュテンデ] ‡verstehen (理解する)の 接2

ver·stan·den [フェア・シュタンデン] ‡verstehen (理解する)の 過分

ver·stan·des·mä·ßig [フェアシュタンデスメースィヒ] 形 ① 理性による, 理性的な. ② 知力の.

Ver·stan·des·mensch [フェアシュタンデスメンシュ] 男 -en/-en 理知的な人, 理性派の人.

ver·stän·dig [フェア・シュテンディヒ fɛr-ʃtén-

ver·stän·di·gen [フェア・シュテンディゲン fɛr-ʃténdɪgən] (verständigte, hat ... verständigt) I 他 (完了 haben) ① (人³に)知らせる, 通知(通報)する. (英 inform). Er verständigte die Polizei **über** diesen Vorfall (または **von** diesem Vorfall). 彼はこの事件について警察に通報した.
II 再帰 (完了 haben) sich⁴ verständigen ①《sich⁴ [mit 人³] ～》([人³]と)意思を疎通させる. Wir verständigten uns auf Englisch. 私たちは英語で話が通じた / Ich konnte mich mit ihm gut verständigen. 私は彼と十分に意思疎通ができた.②《sich⁴ [mit 人³] ～》([人³]と)合意する, 合意に達する. sich⁴ mit 人³ **über** den Preis (**auf einen Kompromiss**) verständigen 人³と価格について(妥協案で)合意する.

Ver·stän·dig·keit [フェア・シュテンディヒカイト] 女 -/ 思慮深さ, 聡明さ.

ver·stän·digt [フェア・シュテンディヒト] verständigen (知らせる)の過分, 3人称単数・2人称親称複数

ver·stän·dig·te [フェア・シュテンディヒテ] verständigen (知らせる)の過去

Ver·stän·di·gung [フェア・シュテンディグング] 女 -/-en《ふつう 単》① 通知, 通報, 報告. ② 意思の疎通.③ 意見の一致, 合意.

ver·ständ·lich [フェア・シュテントリヒ fɛr-ʃténtlɪç] 形 ① 聞きとりやすい(発音など). (英 audible). eine verständliche Aussprache 聞きとりやすい発音. ② わかりやすい, 理解できる. (英 understandable). Sein Vortrag war schwer verständlich (または schwerverständlich). 彼の講演はわかりにくかった / sich⁴ verständlich machen 自分の言うことを人に分からせる. ③ もっともな, 当然と考えられる(願い・質問など). eine verständliche Reaktion 当然の反応.

ver·ständ·li·cher·wei·se [フェア・シュテントリヒャァ・ヴァイゼ] 副 当然, ながら.

Ver·ständ·lich·keit [フェア・シュテントリヒカイト] 女 -/ (発音などの)明瞭(めいりょう)さ;(意味の)わかりやすさ.

das **Ver·ständ·nis** [フェア・シュテントニス fɛr-ʃténtnɪs] 中 (単2) ..nisses/(複) ..nisse (3格の ..nissen)《ふつう 単》《複なし》理解. 理解力. (英 understanding). Er hat viel Verständnis **für** junge Leute. 彼は若い人たちの気持ちがよくわかっている / Ich habe kein Verständnis für moderne Malerei. 私には現代絵画はちっともわからない.

ver·ständ·nis·los [フェア・シュテントニス・ロース] 形 理解できない; 理解のない.

Ver·ständ·nis·lo·sig·keit [フェア・シュテントニス・ローズィヒカイト] 女 -/ 無理解.

ver·ständ·nis·voll [フェア・シュテントニス・

ふォる] 形 理解のある, 理解のよい.

ver·stär·ken [フェア・シュテルケン fɛr-ʃtérkən] (verstärkte, hat ... verstärkt) I 他 (完了 haben) ① 強化する, 補強する. (英 strengthen). eine Mauer⁴ verstärken 塀を補強する. ◇《過去分詞の形で》ein verstärkter Kunststoff 強化プラスチック. ② (影響力など⁴を)増大させる;(チームなど⁴を)増強する;《電》増幅する;《化》濃縮する. die Besatzung⁴ verstärken 乗組員を増強する / den Ton⁴ verstärken 音量を上げる. ◇《過去分詞の形で》in verstärktem Maße よりいっそう.
II 再帰 (完了 haben) sich⁴ verstärken 強まる; 激しくなる; 増大する. Der Sturm hat sich verstärkt. 嵐は激しくなった / Sein Einfluss verstärkt sich. 彼の影響力が強くなる.

Ver·stär·ker [フェア・シュテルケァ fɛr-ʃtérkər] 男 -s/-《電・工》増幅器, アンプ;《写》補力剤.

ver·stärkt [フェア・シュテルクト] verstärken (強化する)の過分, 3人称単数・2人称親称複数 現在

ver·stärk·te [フェア・シュテルクテ] verstärken (強化する)の過去

Ver·stär·kung [フェア・シュテルクング] 女 -/-en《ふつう 単》① 強化, 補強[材], 増大. ② (人員・選手などの)増強, 増援. ③《電》増幅;《化》濃縮.

ver·stau·ben [フェア・シュタオベン fɛr-ʃtáubən] 自 (s) ほこりにまみれる, ほこりだらけになる.

ver·staubt [フェア・シュタオプト] I verstauben (ほこりにまみれる)の過分 II 形 ① ほこりまみれの. ②《比》時代遅れの, 古くさい.

ver·stau·chen [フェア・シュタオヘン fɛr-ʃtáu-xən] 他 (h) (足など⁴を)くじく, 捻挫(ねんざ)する. sich³ den Fuß (den Arm) verstauchen 足(腕)を捻挫する.

Ver·stau·chung [フェア・シュタオフング] 女 -/-en《医》捻挫(ねんざ).

ver·stau·en [フェア・シュタオエン fɛr-ʃtáuən] 他 (h) (荷物など⁴を)うまく詰め込む(積み込む).

Ver·steck [フェア・シュテック fɛr-ʃték] 中 -[e]s/-e 隠れ場所, 潜伏所; 隠し場所. Versteck⁴ spielen 隠れんぼをする / mit (または vor) 人³ Versteck⁴ spielen 人³に本心を見せない.

ver·ste·cken [フェア・シュテッケン fɛr-ʃtékən] (versteckte, hat ... versteckt) 他 (完了 haben) 隠す. (英 hide). Er versteckte das Geld **in** seinem Schreibtisch. 彼はそのお金を机の中に隠した / Die Mutter versteckte die Schokolade **vor** den Kindern. 母親はチョコレートを子供たちに見つからない所に隠した. ◇《再帰的に》sich⁴ verstecken 隠れる, まぎれ込む ⇒ Die Maus hat sich in ihrem Loch versteckt. ねずみは穴の中に隠れた / Der Brief hatte sich in einem Buch versteckt. 手紙は本の間にまぎれ込んでいた / Er versteckt sich **hinter** den Vorschriften.《比》彼は規則を口実に言い逃れをする / sich⁴ **vor** 人³ verstecken müssen (または können)《口語》人³の足元にも

Verstecken

およばない.
◇☞ **versteckt**

Ver·ste·cken [フェァ・シュテッケン] 囲 -s/ 隠れんぼ. *Verstecken*⁴ spielen 隠れんぼをする / mit 人³ *Verstecken*⁴ spielen 《口語・比》人³に本心を見せない.

Ver·steck꞊spiel [フェァシュテック・シュピーる] 囲 -[e]s/-e 《ふつう単》 隠れんぼ; 隠しだて[をすること].

ver·steckt [フェァ・シュテックト] I verstecken (隠す)の過分, 3 人称・2 人称親称複数現在 II 形 ① 人目につかない, 隠された. sich⁴ *versteckt* halten 隠れている. ② 遠回しの(脅しなど); ひそかな, 内密の. ein *versteckter* Vorwurf 陰口.

ver·steck·te [フェァ・シュテックテ] verstecken (隠す)の過去

V

ver·ste·hen* [フェァ・シュテーエン] fɛr-ʃté:ən]

理解する　*Verstehen* Sie das?
フェァシュテーエン ズィー ダス
あなたはこれがわかりますか.

(verstand, *hat* ... verstanden) I 他 (完了 haben) ① (人⁴を)**理解する**, (人⁴が)わかる, (人⁴の)言うことがわかる; (人⁴の)立場(気持ち)を理解する. (英 *understand*). *Verstehen* Sie Deutsch? ドイツ語がわかりますか / Dieses Wort *verstehe* ich nicht. 私はこの単語の意味がわからない / Haben Sie mich *verstanden*? 私の言うことがわかりましたか / Keiner *versteht* mich. だれも私のことをわかってくれない / Ich *verstehe* seine Haltung. 私には彼の態度が理解できる / Das Buch ist schwer zu *verstehen*. その本は理解しにくい / 人³ 動⁴ zu *verstehen* geben 人³に動⁴をほのめかす. ◇《目的語なしでも》 *Verstehen* Sie? — Ja, ich *verstehe*. わかりますか — ええ, わかります. ◇《過去分詞の形で》 *Verstanden*? わかったかね.
② (人⁴の言うこと・動⁴が)**聞きとる**. Sprich lauter, ich *verstehe* kein Wort. もっと大きな声で話してくれ, 一言も聞きとれないよ.
③ ((人・事)⁴を…と)**解する**, 受け取る. 動⁴ falsch *verstehen* 動⁴を誤解する / 動⁴ **als** Drohung *verstehen* 動⁴を脅しと受け取る / A⁴ **unter** B³ *verstehen* B³ を A⁴ と解釈する ⇨ Was *verstehst* du unter „ Freiheit "? 「自由」を君はどのように解釈しているのか.
④ **心得ている**, (動⁴に)習熟している. Er *versteht* seinen Beruf. 彼は自分の職業に熟達している. ◇《**zu** 不定詞[句]とともに》 Er *versteht* zu reden. 彼は話術を心得ている.
⑤ 《**viel**⁴, **nichts**⁴ などとともに; **von** 動³ ~》(動³について…の)知識(心得)がある. Er *versteht* etwas vom Kochen. 彼は料理について多少の心得がある.
II 再帰 (完了 haben) *sich*⁴ *verstehen* ① 《*sich*⁴ [**mit** 人³] ~》([人³と]) 理解し合っている

Die beiden *verstehen sich* gut. その二人は互いによく理解し合っている / Ich *verstehe mich* sehr gut mit ihm. 私は彼ととてもうまが合う.
② **自明である**, 当然である. Das *versteht sich* von selbst. それは自明のことだ / *Versteht sich*!《口語》もちろん.
③ 《*sich*⁴ **auf** 動⁴ ~》(動⁴に)習熟(精通)している. Er *versteht sich auf* Pferde. 彼は馬の扱い方が上手だ.
④ 《*sich*⁴ **als** 人⁴ ~》(自分のことを人⁴と)思っている. Er *versteht sich als* Wissenschaftler. 彼は自分のことを学者だと思っている.
⑤ 《商》(価格が…と)理解される. Der Preis *versteht sich* **mit** Bedienung. その料金はサービス料込みのものです. ⑥ 《*sich*⁴ **zu** 動³ ~》(動³をすることに)いやいや同意する.

| 類語 | *verstehen*:「理解する」という意味で最も一般的な語. *begreifen*:(他と関連づけて)理解する, 把握する. *ein*|*sehen*:(誤りなどを)悟る, (理由などが)わかる. *fassen*:《雅》理解する, 把握する. (ふつう否定文で用いられる). Ich kann seinen plötzlichen Tod nicht *fassen*. 私は彼の突然の死を受け入れることができない.

ver·stei·fen [フェァ・シュタイフェン fɛr-ʃtáifən] I 他 (h) ① 堅くする, こわばらせる. ◇《再帰的に》 *sich*⁴ *versteifen* 堅くなる, こわばる. ② (支柱などで)支える, 補強する. einen Zaun **mit** Pfählen *versteifen* 垣根を支柱で補強する. II 自 (s) 堅くなる, こわばる. III 再帰 (h)《*sich*⁴ **auf** 動⁴ ~》(動⁴を)かたくなに主張する, (動⁴に)固執する.

Ver·stei·fung [フェァ・シュタイフング] 囡 -/-en ① 堅くする(なる)こと; 硬直. ② 補強材, リブ.

ver·stei·gen* [フェァ・シュタイゲン fɛr-ʃtáigən] 再帰 (h) *sich*⁴ *versteigen* ① 登山で道に迷う. ② 《*sich*⁴ **zu** 動³ ~》《雅》思いあがって(動³を)する. Er *verstieg sich* zu der Behauptung, dass ... 彼は思いあがって…と主張した.
◇☞ **verstiegen**

ver·stei·gern [フェァ・シュタイガァン fɛr-ʃtáigərn] 他 (h) 競売にかける, 競り売りする.

Ver·stei·ge·rung [フェァ・シュタイゲルング] 囡 -/-en 競売, 競り売り.

ver·stei·nern [フェァ・シュタイナァン fɛr-ʃtáinərn] I 自 (s) (動植物が)石化する, 化石になる; 《比》(顔などが)硬直する, こわばる. ◇《過去分詞の形で》 wie *versteinert* da|stehen (驚いて)棒立ちになる. II 他 (h)《雅》(顔など⁴を)硬直させる. ◇《再帰的に》 *sich*⁴ *versteinern* (顔などが)硬直する, こわばる.

Ver·stei·ne·rung [フェァ・シュタイネルング] 囡 -/-en ① 石化. ② 化石.

ver·stell·bar [フェァ・シュテるバール] 形 (位置などが)調整可能な.

ver·stel·len [フェァ・シュテれン fɛr-ʃtélən] I 他 (h) ① (入口など⁴をふさぐ, (眺めなど⁴を)さえぎる. Der Wagen *verstellt* die Ausfahrt. その車は出口をふさいでいる. ② 置き換える,

(物⁴の)位置を狂わす; (物⁴の位置を)調節する. Du *hast* die Bücher völlig *verstellt*. 君は本の並べ方をすっかり狂わせてしまった. ③ (ごまかすために声・筆跡など⁴を)変える, 偽る. **II** 再帰 (h) *sich*⁴ *verstellen* ① 位置が狂う; (装置などが)変調をきたす. ② うわべを装う, しらばくれる.

Ver·stel·lung [ㇷェア・ㇱュテるング] 女 –/-en ① (複なし)見せかけ, 偽装, ごまかし. ② (視)ふさく(さえぎる)こと; 位置をずらすこと.

ver·steu·ern [ㇷェア・ㇱュトイファン fɛr-ʃtɔ́y-ərn] 他 (h) (物⁴の)税を納める. sein Einkommen⁴ *versteuern* 所得税を納める.

ver·stie·gen [ㇷェア・ㇱュティーゲン] **I** *versteigen* (再帰 で: 登山で道に迷う)の 過分 **II** 形 極端な, 行き過ぎた; とっぴな(考えなど).

ver·stim·men [ㇷェア・ㇱュティンメン fɛr-ʃtí-mən] 他 (h) ① (楽器⁴の)調子を狂わせる. ein Klavier⁴ *verstimmen* ピアノの調子を狂わせる. ◇(再帰的に) *sich*⁴ *verstimmen* (楽器が)調子が狂う. ② (物⁴の)機嫌をそこねる.

ver·stimmt [ㇷェア・ㇱュティムト] **I** verstimmen (調子を狂わせる)の 過分 **II** 形 ① (楽器が)調子の狂った. ② 感情を害した; (比)具合の悪い. Sie *hat* einen *verstimmten* Magen. 彼女は胃の具合が悪い.

Ver·stim·mung [ㇷェア・ㇱュティンムング] 女 –/-en ① (楽器の)調子の狂い. ② 不機嫌.

ver·stockt [ㇷェア・ㇱュトックト fɛr-ʃtɔ́kt] 形 頑固な, 強情な, かたくなな.

Ver·stockt·heit [ㇷェア・ㇱュトックトハイト] 女 –/ 頑固, 強情.

ver·stoh·len [ㇷェア・ㇱュトーレン fɛr-ʃtóː-lən] 形 ひそかな, 秘密の, 人目を忍んだ.

ver·stop·fen [ㇷェア・ㇱュトプフェン fɛr-ʃtɔ́p-fən] **I** 他 (h) (穴など⁴を埋めて)ふさぐ, (管など⁴を)詰まらせる; (道路⁴を)渋滞させる. die Ritzen⁴ mit Papier *verstopfen* 裂け目を紙でふさぐ / Die Autos *verstopfen* die Straße. 車が通りをふさいでいる. **II** 自 (s) (排水口などが)詰まる.

ver·stopft [ㇷェア・ㇱュトプフト] **I** verstopfen (ふさぐ)の 過分 **II** 形 ① (管などが)詰まった; (道路が渋滞した; 便秘の. eine *verstopfte* Nase⁴ haben 鼻が詰まっている.

Ver·stop·fung [ㇷェア・ㇱュトプフング] 女 –/-en 詰める(詰まる)こと; 詰まった状態; (交通の)渋滞; 便秘(症), 閉塞(へいそく).

ver·stor·ben [ㇷェア・ㇱュトるベン fɛr-ʃtɔ́rbən] 形 死去した, 故人の. (略: verst.) meine *verstorbene* Mutter 私の亡き母.

Ver·stor·be·ne[r] [ㇷェア・ㇱュトるベネ(..ナァ) fɛr-ʃtɔ́rbənə (..nər)] 男 女 (語尾変化は形容詞と同じ) 故人.

Ver·stö·ren [ㇷェア・ㇱュテーレン fɛr-ʃtǿːrən] 他 (h) 動揺させる, うろたえさせる.

ver·stört [ㇷェア・ㇱュテールト] **I** verstören (動揺させる)の 過分 **II** 形 動揺した, うろたえた.

Ver·störtheit [ㇷェア・ㇱュテーァトハイト] 女 –/ 困惑, 当惑, 狼狽(ろうばい).

Ver·stoß [ㇷェア・ㇱュトース fɛr-ʃtóːs] 男 -es/..stöße 違反, 過失. ein *Verstoß* gegen die Disziplin 規律違反.

ver·sto·ßen* [ㇷェア・ㇱュトーセン fɛr-ʃtóː-sən] **I** 他 (h) (家族・人など⁴から)追い出す, 追放する. Er *hat* seine Tochter *verstoßen*. 彼は娘を勘当した. **II** 自 (h) 〖gegen 物⁴ ～〗(物⁴に)違反する, もとる. gegen die guten Sitten *verstoßen* 良俗に反する.

ver·strah·len [ㇷェア・ㇱュトラーレン fɛr-ʃtráː-lən] 他 (h) ① (地域など⁴を)放射能で汚染する. ◇〖過去分詞の形で〗 *verstrahltes* Gebiet 放射能汚染地域. ② (熱などを)放射する; (比)(魅力などを)発散する.

ver·stre·ben [ㇷェア・ㇱュトレーベン fɛr-ʃtréː-bən] 他 (h) 筋交いで補強する.

Ver·stre·bung [ㇷェア・ㇱュトレーブング] 女 –/-en 筋交いによる補強; 筋交いの補強材.

ver·strei·chen* [ㇷェア・ㇱュトライヒェン fɛr-ʃtráiçən] **I** 他 (h) ① (まんべんなく)塗る. die Butter⁴ auf das Brot *verstreichen* バターをパンに塗る. ② (塗料など⁴を)使いきる, 消費する. ③ (亀裂など⁴を)塗ってふさぐ, 塗りつぶす. **II** 自 (s) (雅)(時・期限が)過ぎ去る.

ver·streu·en [ㇷェア・ㇱュトロイエン fɛr-ʃtrɔ́y-ən] 他 (h) ① (種・砂利など⁴を)まく, 振りまく; うっかりまき散らす. Sie *hat* das ganze Salz *verstreut*. 彼女は塩を全部こぼしてしまった. ② (まき餌(え)など⁴を)まいて使う. ③ 散乱させる, 散らかす.

ver·streut [ㇷェア・ㇱュトロイト] **I** verstreuen (まく)の 過分 **II** 形 (比)点在する. *verstreute* Häuser 点在する家々.

ver·stri·cken [ㇷェア・ㇱュトリッケン fɛr-ʃtríkən] **I** 他 (h) ① (毛糸など⁴を)編み物に使う. ② 〖人⁴ in 物⁴ ～〗(雅) (人⁴を物⁴に)巻き込む. **II** 再帰 (h) *sich*⁴ *verstricken* ① 編み間違える. ② (成句的に) *sich*⁴ gut (schlecht) *verstricken* (毛糸などが)編みやすい(編みにくい). ③ 〖*sich*⁴ in 物⁴ ～〗(物⁴に)巻き込まれる.

ver·stüm·meln [ㇷェア・ㇱュテュンメルン fɛr-ʃtýməln] 他 (h) (人⁴の)身体をばらばらにする; (比)(原文など⁴を)短縮しすぎて意味不明にする.

Ver·stüm·me·lung [ㇷェア・ㇱュテュンメるング] 女 –/-en (手足などの)切断; (原文などの意味が不明になるほどの)短縮, 削除.

ver·stum·men [ㇷェア・ㇱュトゥンメン fɛr-ʃtúmən] 自 (s) (雅) (急に)黙り込む; (音などが)鳴りやむ. Er *verstummte* vor Schreck. 彼はびっくりして口が利けなくなった.

ver·stün·de [ㇷェア・ㇱュテュンデ] 接²verstehen (理解する)の 接²

der **Ver·such** [ㇷェア・ズーフ fɛr-zúːx] 男 (単²) –[e]s/(複) –e (3格のみ –en) ① 試み, 企て. (英 *attempt*). ein kühner *Versuch* 大胆な試み / Ich will noch einen letzten *Versuch* machen. もう一度最後の試みをやってみよう. ② 実験, 試験 (＝Experiment). (英

versuchen

experiment). ein chemischer *Versuch* 化学実験／Er macht *Versuche* an Tieren. 彼は動物実験をする． ③ （文学などの）試作，試論，習作． ④ (ﾗｸﾞﾋﾞｰ) (幅跳びなどの)試技；(ラグビーの)トライ． ⑤ 《法》未遂．

ver·su·chen [ﾌｪｱ・ｽﾞ-ﾍﾝ fɛr-zú:xən]

> 試みる *Versuch*'s doch mal!
> ﾌｪｱｽﾞｰｽﾌｽ ﾄﾞｯﾎ ﾏｰﾙ
> まあやってみてごらんよ．

(versuchte, *hat*...versucht) **I** 他 （完了）haben） ① 試みる，試す；（…しようと）努める．（英 try）. Ich *werde* mein Bestes *versuchen*. 最善を尽くしてみましょう／Er *versucht*, ob er es kann. 彼はそれができるかどうか試してみる． ◊《*zu* 不定詞［句］とともに》Sie *versucht*, ihn zu verstehen. 彼女は彼の言うことを理解しようとする／Er *versuchte*, es ihr zu erklären. 彼はそれを彼女になんとか説明しようとした． ◊《*es* を目的語として成句的に》es⁴ mit 人・物³ *versuchen* 人・物³が役にたつかどうか試してみる ⇒ Ich will es noch einmal mit dir *versuchen*. 君にもう一度チャンスを与えてみよう／*Versuch* es doch einmal mit diesem Medikament! 一度この薬を使ってみなさい． ◊《過去分詞の形で》*versuchter* Mord 殺人未遂．

② （試しに）食べてみる，飲んでみる． *Versuchen* Sie einmal diesen Wein! このワインを一度試してみてください． ◊《目的語なしでも》Darf ich mal *versuchen*? ちょっと試食（試飲）してもいいですか．

③ 《雅》(人⁴を)誘惑する，試練にあわせる，そそのかす．Der Teufel *versucht*, ihm nachzugeben. 【状態受動・過去】私は彼に譲歩したそうだ．

II 再帰 （完了）haben） 《*sich*⁴ an（または in）物³ ～》 (物³に)挑戦する，(物³を)手がけてみる． Ich *versuche* mich in der Malerei. 私は絵画に挑戦してみた．

〔類語〕**versuchen**: (ある結果を得ようとして)試みる．**probieren**: (可能かどうか)試してみる，やってみる．Ich *probiere*, ob der Motor anspringt. エンジンが始動するかどうかかってみよう．

Ver·su·cher [ﾌｪｱ・ｽﾞ-ﾊｱ fɛr-zú:xər] 男 -s/- 《聖》(男への)誘惑者；悪魔（=Teufel）．(女性形: -in).

Ver·suchs⸗an·la·ge [ﾌｪｱｽﾞ-ﾌｽ・ｱﾝﾗ-ｹﾞ] 女 -/-n 実験装置(設備).

Ver·suchs⸗an·stalt [ﾌｪｱ・ｽﾞ-ﾌｽ・ｱﾝｼｭﾀﾙﾄ] 女 -/-en 実験施設，試験所．

Ver·suchs⸗bal·lon [ﾌｪｱ・ｽﾞ-ﾌｽ・ﾊﾞﾛｰﾝ] 男 -s/-s (または -e) 《気象》観測気球；《比》探り，(世論などの)打診．

Ver·suchs⸗ka·nin·chen [ﾌｪｱｽﾞ-ﾌｽ・ｶﾆｰﾝﾋｪﾝ] 中 -s/- ① 《口語》《軽蔑的に》モルモット(実験台)のように扱われる人． ② 《獣》実験用うさぎ．

Ver·suchs⸗per·son [ﾌｪｱｽﾞ-ﾌｽ・ﾍﾟﾙｿﾞｰﾝ] 女 -/-en 《心・医》(実験の)被験者．

Ver·suchs⸗rei·he [ﾌｪｱｽﾞ-ﾌｽ・ﾗｲｴ] 女 -/-n 一連の実験．

Ver·suchs⸗tier [ﾌｪｱｽﾞ-ﾌｽ・ﾃｨｰｱ] 中 -[e]s/-e 実験用動物．

ver·suchs⸗wei·se [ﾌｪｱｽﾞ-ﾌｽ・ｳﾞｧｲｾﾞ] 副 試験的に，試しに，試みに．

ver·sucht [ﾌｪｱ・ｽﾞ-ﾌﾄ] ⁂versuchen (試みる)の過分，3人称単数・2人称親称複数現在．

ver·such·te [ﾌｪｱ・ｽﾞ-ﾌﾃ] ⁂versuchen (試みる)の過去．

***die* Ver·su·chung** [ﾌｪｱ・ｽﾞ-ﾌﾝｸﾞ fɛr-zú:xʊŋ] 女 (単) -/(複) -en ① 誘惑．（英 temptation）. einer *Versuchung*³ erliegen (widerstehen) 誘惑に負ける(耐える)／Du willst mich wohl **in** *Versuchung* führen? 君は私を悪の道に誘い込むつもりだな／in *Versuchung* geraten (または kommen), **zu** 不定詞［句］…したい気持ちに駆られる． ② 《聖》試み，誘惑．die *Versuchung* Jesu² in der Wüste イエスの受けた荒野の誘惑．

ver·sump·fen [ﾌｪｱ・ｽﾞﾝﾌﾟﾌｪﾝ fɛr-zúmpfən] 自 (s) ① (湖などが)沼地[のよう]になる． ② 《口語》(精神的に)だらしなくなる，堕落する；はめをはずして酔っ払う．

ver·sün·di·gen [ﾌｪｱ・ｽﾞﾝﾃﾞｨｰｹﾞﾝ fɛr-zýndɪgən] 再帰 (h) 《*sich*⁴ [an 人・物³] ～》《雅》([人・物³に対して])罪を犯す．

Ver·sün·di·gung [ﾌｪｱ・ｽﾞﾝﾃﾞｨｰｷﾞﾝｸﾞ] 女 -/-en 《雅》罪を犯すこと；犯罪行為．

ver·sun·ken [ﾌｪｱ・ｽﾞﾝｹﾝ] **I** *versinken* (沈む)の過分 **II** 形 ① 沈んだ，沈没した． ② 《比》滅び去った(文明・都市など)；喪失した(記憶など)． ③ 《成句的に》**in** 物⁴ *versunken* sein (物⁴に)没頭(専心)している．Er war ganz in seine Arbeit *versunken*. 彼は仕事にすっかり没頭していた．

Ver·sun·ken·heit [ﾌｪｱ・ｽﾞﾝｹﾝﾊｲﾄ] 女 -/ 《雅》沈思黙考，没頭．

ver·sü·ßen [ﾌｪｱ・ｽﾞｰｾﾝ fɛr-zý:sən] 他 (h) (人³の物⁴を)楽しいものにする．《人³ (*sich*³) das Leben⁴ *versüßen* 人³の(自分の)人生を楽しくする．

ver·ta·gen [ﾌｪｱ・ﾀｰｹﾞﾝ fɛr-tá:gən] 他 (h) (会議など⁴を)延期する．die Sitzung⁴ **auf** nächsten Dienstag *vertagen* 会議を次の火曜日に延期する． ◊《再帰的に》*sich*⁴ *vertagen* (会議などが)延期になる．

Ver·ta·gung [ﾌｪｱ・ﾀｰｸﾞﾝｸﾞ] 女 -/-en (会議などの)延期．

ver·täu·en [ﾌｪｱ・ﾄｲｴﾝ fɛr-tóyən] 他 (h) 《海》(船⁴を)つなぎ留める，係留する．

ver·tau·schen [ﾌｪｱ・ﾀｵｼｪﾝ fɛr-táʊʃən] 他 (h) ① 《A⁴ **mit** B³ ～》(A⁴をB³と)取り替える，交換する．die Stadt⁴ mit dem Land *vertauschen* 町から田舎へ移り住む． ② (うっかり)取り違える．Wir *haben* unsere Mäntel *vertauscht*. われわれは互いにコートを取り違えた．

Ver·tau·schung [ﾌｪｱ・ﾀｵｼｭﾝｸﾞ] 女 -/-en ① 取り替え，交換． ② 取り違え．

ver·tei·di·gen [フェア・タイディゲン fɛr-táɪdɪɡən] 㢟 verteidigte, hat ... verteidigt] (完了) haben) ① (人・物⁴を攻撃などから)守る, 防御(防衛)する. (英 defend). das Land⁴ (das Eigentum⁴) verteidigen 国土(財産)を守る / Die Bürger verteidigten tapfer ihre Stadt. 市民は勇敢に自分たちの町を防衛した / die Einwohner⁴ gegen die Angriffe des Feindes verteidigen 住民を敵の攻撃から守る. ◊(再帰的に) Er hat sich⁴ mit bloßen Fäusten verteidigt. 彼は素手で身を守った. (☞ 類語 schützen).
② (人・事⁴を)弁護する. Er hat ihre Meinung verteidigt. 彼は彼女の意見を弁護した / ◊(再帰的に) sich⁴ verteidigen 自分の立場を弁明する.
③ (ス㆑)(ゴール・タイトルなど⁴を)守る, das Tor⁴ verteidigen (サッカーで:)ゴールを守る. ◊(目的語なしでも) Wer verteidigt? (球技で:) バックスはだれがやるのか.

Ver·tei·di·ger [フェア・タイディガァ fɛr-táɪdɪɡəɾ] 男 -s/- ① 防御者, 擁護者, 弁護者; (法)弁護人. (女性形: -in). ② (スポ)(タイトルなどの)防衛者; ディフェンダー.

ver·tei·digt [フェア・タイディヒト] verteidigen (守る)の 過分, 3人称単数・2人称親称複数 現在

ver·tei·dig·te [フェア・タイディヒテ] verteidigen (守る)の 過去

die **Ver·tei·di·gung** [フェア・タイディグング fɛr-táɪdɪɡʊŋ] 囡 (単) -/(複) -en (英 defence) ① 防衛, 防御. die Verteidigung der Grenzen² 国境の防衛. ② (複 なし)(軍) 国防. ③ (タイトルなどの)防衛, ディフェンス, 守り. ④ 弁護; (法)弁護人(側). das Recht auf Verteidigung 弁護権.

Ver·tei·di·gungs·krieg [フェアタイディグングス・クリーク] 男 -[e]s/-e 防衛戦争.

Ver·tei·di·gungs·**mi·nis·ter** [フェアタイディグングス・ミニスタァ] 男 -s/- 国防大臣, (日本の)防衛大臣. (女性形: -in).

Ver·tei·di·gungs·**re·de** [フェアタイディグングス・レーデ] 囡 -/-n (法)(弁護士の)弁論; 弁明.

ver·tei·len [フェア・タイレン fɛr-táɪlən] 㢟 (verteilte, hat ... verteilt) I 他 (完了) haben) ① 分け[与え]る, 配る, 分配する. (英 distribute). Flugblätter⁴ an Passanten verteilen ちらしを通行人に配る / Er verteilte Schokolade unter die Kinder. 彼はチョコレートを子供たちに分け与えた / Der Spielleiter verteilte die Rollen. 演出家が役を割り振った.
② 均等に配分する(分担させる). Kosten⁴ gleichmäßig verteilen 費用を均等に分担させる / die Salbe⁴ gleichmäßig auf der Wunde (または die Wunde) verteilen 軟膏(なんこう)をまんべんなく傷口に塗る.
II 再帰 (完了) haben) sich⁴ verteilen 分かれる, 分散する; 広まる. Die Gäste verteilten sich auf die verschiedenen Räume. 客たちはそれ

ぞれの部屋に分散した / Der Geruch verteilte sich im ganzen Haus. においが家中に充満した.

Ver·tei·ler [フェア・タイラァ fɛr-táɪlər] 男 -s/- ① 分配者, 配布者. (女性形: -in). ② (通信販売業の)配送者. ③ (ガス・電気などの)供給機関. ④ (文書などの)配達先指定. ⑤ (電)配電器; (工)ディストリビューター.

ver·teilt [フェア・タイルト] verteilen (分け与える)の 過分, 3人称単数・2人称親称複数 現在

ver·teil·te [フェア・タイルテ] verteilen (分け与える)の 過去

Ver·tei·lung [フェア・タイルング] 囡 -/-en 分配, 配布; 割当, 配当; 分散.

ver·teu·ern [フェア・トイアァン fɛr-tóʏərn] 他 (h) (物⁴の)値段を上げる. ◊(再帰的に) sich⁴ verteuern 値段が高くなる.

ver·teu·feln [フェア・トイフェルン fɛr-tóʏfəln] 他 (h) (人・事⁴を)悪者に仕立てあげる.

ver·teu·felt [フェア・トイフェルト] I verteufeln (悪者に仕立てあげる)の 過分 II 形 (口語) ① やっかいな, めんどうな (状況など). ② (付加語としてのみ) ものすごい (空腹など). ③ 途方もない, 向こう見ずな (若者など). III 副 (口語) ものすごく. Hier zieht es verteufelt. ここはすきま風がひどい.

ver·tie·fen [フェア・ティーフェン fɛr-tí:fən] (vertiefte, hat ... vertieft) I 他 (完了) haben) (英 deepen) ① (溝・穴など⁴を)深くする, 掘り下げる. einen Graben um einen Meter vertiefen 堀を1メートル掘り下げる. ② (比)(知識・友情など⁴を)深める, 強める. Er will sein Wissen vertiefen. 彼は自分の知識を深めたいと思っている / ein Problem⁴ vertiefen 問題を深く掘り下げる. ③ (音楽)(音程⁴を)下げる.
II 再帰 (完了) haben) sich⁴ vertiefen ① (しわなどが)深くなる; (比)(知識・友情などが)深まる, (憎悪などが)強まる. Ihre Freundschaft hat sich vertieft. 彼らの友情は深まった. ② 〘sich⁴ in 四格 ~〙 (四格に)没頭する, 熱中する. Ich vertiefte mich in die Arbeit. 私は仕事に打ち込んだ.

ver·tieft [フェア・ティーフト] I vertiefen (深くする)の 過分, 3人称単数・2人称親称複数 現在 II 形 没頭した. Sie waren ins Gespräch vertieft. 彼らは話に夢中だった.

ver·tief·te [フェア・ティーフテ] vertiefen (深くする)の 過去

Ver·tie·fung [フェア・ティーフング] 囡 -/-en ① 深める(深まる)こと; (音楽)(音程)を下げること; 没頭. ② くぼみ, へこみ, くぼ地.

ver·ti·kal [ヴェルティカール vɛrtiká:l] 形 垂直の. (☞「水平の」は horizontal.)

Ver·ti·ka·le [ヴェルティカーレ vɛrtiká:lə] 囡 -/-n 〘また冠詞なしで; 語尾変化は形容詞と同じ〙 垂直線; 鉛直.

ver·til·gen [フェア・ティルゲン fɛr-tílɡən] 他 (h) ① (害虫など⁴を)根絶する, 撲滅する, (雑草など⁴を)根絶やしにする. ② 《口語・戯》(食事

など⁴を)平らげる.

Ver·til·gung [フェア・ティるグング] 囡 -/-en 【ふつう単】根絶, 撲滅, 《口語・戯》(食事などを)平らげること.

ver·tip·pen [フェア・ティッペン fɛr-típən] I 他 (h)《口語》(キーボードなどで文字⁴を)打ち間違える. II 再帰 sich⁴ vertippen《口語》(キーボードなどで)打ち間違いをする.

ver·to·nen [フェア・トーネン fɛr-tó:nən] 他 (h)(詩など⁴に)曲をつける, 作曲する;(映画など⁴に)音楽(音声)を入れる.

Ver·to·nung [フェア・トーヌング] 囡 -/-en (詩・台本などに)曲をつけること, 作曲;(映画などに)音楽(音声)を入れること.

ver·trackt [フェア・トラックト fɛr-trákt] 形《口語》込み入った, やっかいな, 不快な, いやな.

*der **Ver·trag** [フェア・トラーク fɛr-trá:k] 男 (単2) -es (まれに -s)/(複) ..träge [..トレーゲ] (3格のみ ..trägen) 契約, 協定; 契約書; 条約. (英 contract). ein langfristiger Vertrag 長期契約 / einen Vertrag brechen (unterschreiben) 契約を破る(契約書に署名する) / ein Vertrag auf drei Jahre 3年契約 / einen Vertrag mit 人³ ab|schließen (または schließen) 人³と契約を結ぶ / einen Schauspieler unter Vertrag nehmen 俳優を契約によって雇う / Der Spieler steht noch zwei Jahre bei diesem Verein unter Vertrag. その選手はまだ2年はこのクラブと契約している.

> ..vertrag のいろいろ: **Arbeitsvertrag** 労働契約 / **Friedensvertrag** 平和条約 / **Kaufvertrag** 売買契約 / **Mietvertrag** 賃貸契約 / **Staatsvertrag** 国家間条約 / **Versicherungsvertrag** 保険契約

Ver·trä·ge [フェア・トレーゲ] *Vertrag (契約)の複

ver·tra·gen¹* [フェア・トラーゲン fɛr-trá:gən] du verträgst, er verträgt (vertrug, hat ... vertragen) I 他 (完了) haben) ① (物⁴に)耐えられる;(飲食物⁴を)受けつける. (英 endure). Er verträgt keinen Alkohol. 彼は酒が飲めない / Ich kann Kälte gut vertragen. 私は寒さに強い / Er kann viel vertragen.《口語》彼は酒に強い.
② 《口語》(批判など⁴を)我慢できる,(冷静に)受け入れる. Sie verträgt keinen Widerspruch. 彼女は反論されるとむっとする / Er verträgt keinen Spaß. 彼には冗談が通じない. ③ 《ス1ス》(新聞など⁴を)配達する.
II 再帰 (完了 haben) sich⁴ vertragen ①〚sich⁴ [mit 人³] ~〛([人³と])仲良くやっていく(いる). Ich vertrage mich gut mit meinen Nachbarn. 私は隣人たちとうまくやっている / Die beiden vertrugen sich wieder. 二人は仲直りした. ②〚sich⁴ mit 物³ ~〛(比)(物³と)調和している. Sein Verhalten verträgt sich nicht mit seiner gesellschaftlichen Stellung. 彼のふるまいはその社会的地位にそくわない.

ver·tra·gen² [フェア・トラーゲン] vertragen¹ (耐えられる)の過分

ver·trag·lich [フェア・トラークりヒ] 形 契約(約款)による, 契約(約款)上の.

ver·träg·lich [フェア・トレークりヒ fɛr-tré:klɪç] 形 ① 消化のよい(食べ物など); 胃に負担をかけない(薬など). verträgliche Speisen 消化のよい食べ物. ② 人と折り合いのいい, 協調性のある. Er ist sehr verträglich. 彼はとてもつき合いやすい.

Ver·träg·lich·keit [フェア・トレークりヒカイト] 囡 -/-en 【ふつう単】消化のよさ; 折り合いのよさ, 協調性;《化》相容性;《ヨシキ゛》互換性, 両立性.

Ver·trags≠ab·schluss [フェア・トラークス・アップシュるス] 男 -es/..schlüsse 契約の締結.

Ver·trags≠bruch [フェア・トラークス・ブルフ] 男 -[e]s/..brüche 契約(条約)違反, 違約.

ver·trags≠brü·chig [フェア・トラークス・ブリュヒヒ] 形 契約(条約)違反の.

ver·trags≠ge·mäß [フェア・トラークス・ゲメース] 形 契約(条約)の, 契約(条約)による.

Ver·trags≠part·ner [フェア・トラークス・パルトナァ] 男 -s/- 契約(条約)の相手[方]. (女性形: -in).

Ver·trags≠stra·fe [フェア・トラークス・シュトラーフェ] 囡 -/-n 《法》違約罰; 違約金.

ver·trägst [フェア・トレークスト] vertragen¹ (耐えられる)の2人称親称単数 現在

ver·trags≠wid·rig [フェア・トラークス・ヴィードリヒ] 形 契約(条約)違反の.

ver·trägt [フェア・トレークト] vertragen¹ (耐えられる)の3人称単数 現在

ver·trat [フェア・トラート] vertreten¹ (代理を務めるなど)の過去

ver·trau·en [フェア・トラオエン fɛr-tráuən] (vertraute, hat ... vertraut) I 自 (完了 haben)〚[人・事³ (または auf 人・事⁴) ~〛(人・事³ (または 人・事⁴)を)信頼する, 信用する. (英 trust). Ich kannst ihm unbedingt vertrauen. 君は彼を無条件に信頼していいよ / Ich vertraue auf seine Ehrlichkeit. 私は彼の誠実さを信じる. (☞ 類語 glauben).
II 他 (完了 haben)《雅》(人³に事⁴を)打ち明ける. ◇《再帰的に》sich⁴ 人³ vertrauen 人³に胸中を打ち明ける.
◇ ▷ vertraut

*das **Ver·trau·en** [フェア・トラオエン fɛr-tráuən] 中 (単2) -s/ 信頼, 信用. (英 trust). ein blindes Vertrauen 盲目的信頼 / 人³ Vertrauen⁴ schenken 人³に信頼を寄せる / auf (または in) 人⁴ Vertrauen⁴ setzen 人⁴を信頼する / im Vertrauen [gesagt] 内々の話だが / 人⁴ ins Vertrauen ziehen 人⁴に秘密を打ち明ける / Ich habe großes Vertrauen zu ihm. 私は彼を大いに信頼している / das Vertrauen⁴ zu 人³ verlieren 人³を信用できなくなる / Vertrauen ist gut, Kontrolle ist besser. 信頼もいいものが, チェックするのはもっといい.
▶ **vertrauen≠erweckend**

ver·trau·en·er·we·ckend, Ver·trau·en er·we·ckend [フェアトラオエン・エァヴェッケント] 形 信頼の念を起こさせる, 信頼できそうな.

Ver·trau·ens=arzt [フェアトラオエンス・アールツト] 男 -es/..ärzte 〖健康〗保険審査医(保険組合の依頼を受けて, 被保険者の健康状態を審査する). (女性形: ..ärztin).

Ver·trau·ens=bruch [フェアトラオエンス・ブルフ] 男 -[e]s/.. 背信(背任)行為.

Ver·trau·ens=fra·ge [フェアトラオエンス・フラーゲ] 囡 -/-n ①〖ふつう 単〗信頼の問題. ②《政》(内閣などによる)信任投票の提案.

Ver·trau·ens=mann [フェアトラオエンス・マン] 男 -[e]s/..männer (または ..leute) ①〖複〗..leute〗(組合の)職場委員, 代議員. (女性形: ..frau). ②〖複〗..männer または ..leute〗(職場の)重度身体障害者などの利益代表者. ③〖複〗..männer〗(難しい折衝などの際の代理人. ④〖複〗..männer または ..leute〗〖法〗秘密諜報(ちょうほう)員(略: V-Mann).

Ver·trau·ens=per·son [フェアトラオエンス・ペルゾーン] 囡 -/-en 信頼できる人物.

Ver·trau·ens=sa·che [フェアトラオエンス・ザッヘ] 囡 -/-n ①〖ふつう 単〗信頼の問題. ② 内密に取り扱われるべき事柄.

ver·trau·ens=se·lig [フェアトラオエンス・ゼーリヒ] 形 人を安易に信用する, なんでもすぐ真に受ける.

Ver·trau·ens=ver·hält·nis [フェアトラオエンス・フェァヘルトニス] 中 -nisses/..nisse 信頼関係.

ver·trau·ens=voll [フェアトラオエンス・フォる] 形 信頼しきった, (相互に)深く信用している.

Ver·trau·ens=vo·tum [フェアトラオエンス・ヴォートゥム] 中 -s/《政》信任投票.

Ver·trau·ens=wür·dig [フェアトラオエンス・ヴュルディヒ] 形 信頼に値する.

ver·trau·ern [フェァトラオアァン fɛrtráuərn] 他 (h)《雅》(時⁴を)悲嘆のうちに過ごす.

ver·trau·lich [フェァトラオリヒ fɛrtráulɪç] 形 ① 内密の, 内々の.《英》confidential). eine vertrauliche Mitteilung 内密の報告. ② 親密な, 打ち解けた, なれなれしい. in vertraulichem Ton 打ち解けた口調で.

Ver·trau·lich·keit [フェァトラオリヒカイト] 囡 -/-en ①〖複 なし〗内密, 機密. ②〖ふつう 複〗なれなれしい(無遠慮な)言動. Bitte keine Vertraulichkeiten! なれなれしくしないで!

ver·träu·men [フェァトロイメン fɛrtrɔ́ymən] 他 (h) (時⁴を)夢想にふけって過ごす.

ver·träumt [フェァトロイムト] I verträumen (夢想にふけって過ごす)の 過分 II 形 ① 夢見がちな(子供など), 夢見るような(ほほえみなど). ② 牧歌的な, のどかな(村など).

ver·traut [フェァトラオト fɛrtráut] I vertrauen (信頼する)の 過分, 3人称単数・2人称親称複数 現在. II 形 (比較 vertrauter, 最上 vertrautest) ① 親しい, 親密な.《英》intimate). ein vertrauter Freund 親友 / mit 人³ vertraut werden 人³と親しくなる. ② (人³に)よく知られている.《英》familiar). eine vertraute Stimme 聞き慣れた声 / Diese Stadt ist mir vertraut. この町のことなら私はよく知っている. ③ よく知っている, 熟知している. mit 物³ vertraut sein 物³を熟知している / sich⁴ mit 物³ vertraut machen 物³に習熟する, 物³に慣れる.

類語 vertraut:《気心が知れていて》親しい. intim:(個人的に気がおけなくて)親しい.(異性と深い仲であることにも用いられる). ein intimes Lokal 気のおけない酒場.

ver·trau·te [フェァトラオテ] vertraut (信頼する)の 過去.

Ver·trau·te[r] [フェァトラオテ(..タァ) fɛrtráutə(..tər)] 男 囡〖語尾変化は形容詞と同じ〗《雅》親友; 信頼できる人.

Ver·traut·heit [フェァトラオトハイト] 囡 -/-en ①〖複 なし〗親密; 精通, 熟知. ②〖ふつう 単〗親交; よく知っている事柄.

ver·trei·ben* [フェァトライベン fɛrtráɪbən] (vertrieb, hat ... vertrieben) 他 (完了 haben) ① 追い出す, 追い払う, 追放する.《英》drive away). den Feind (Fliegen⁴) vertreiben 敵(はえ)を追い払う / 人⁴ aus dem Haus vertreiben 人⁴を家から追い出す / Habe ich Sie von Ihrem Platz vertrieben? ひょっとしたらあなたの座席に座ってしまったのではないでしょうか.

② (熱・痛みなど⁴を)取り除く, 吹き飛ばす. 人³ die Sorgen⁴ vertreiben 人³の心配を取り除く / sich³ den Schlaf vertreiben 眠気を覚ます / Ich vertreibe mir die Zeit mit Lesen. 私は本を読んで暇をつぶす. ③ 〖大量に〗販売する. Zeitschriften⁴ vertreiben 雑誌を売りさばく.

Ver·trei·bung [フェァ・トライブング] 囡 -/-en ① 追放, 駆逐. die Vertreibung aus dem Paradies《聖》楽園追放. ②《商》《集》販売.

ver·tret·bar [フェァ・トレートバール] 形 ① 支持できる, 是認できる(処置・出費など). ②《法》代替可能の.

ver·tre·ten¹* [フェァ・トレーテン fɛrtréːtən] du vertrittst, er vertritt (vertrat, hat ... vertreten) 他 (完了 haben) ① (人⁴の)代理を務める.《英》represent). Er vertritt seinen erkrankten Kollegen. 彼は病気の同僚の代理を務める / 人⁴ in seinem Amt vertreten 人⁴の職務を代行する.

② (組織など⁴を)代表する. den Staat als Diplomat vertreten 外交官として国を代表する. ③ (意見・立場など⁴を)主張する, 支持する; 弁明する, (事⁴の)責任をとる. eine Meinung⁴ vertreten 意見を主張する / Kannst du das wirklich vertreten? 君はほんとうにその責任がとれるのか. ④ (会社の)代理店(取次商)を務める. Herr Müller vertritt die Firma Bosch. ミュラー氏はボッシュ社の代理店を営んでいる. ⑤ (じゅうたんなど⁴を)歩いてすりへらす; (靴など⁴

vertreten

を)はきつぶす. ⑥ 〘成句的に〙 N³ den Weg *vertreten* N³の行く手をさえぎる / sich³ den Fuß *vertreten* 足をくじく.

ver·tre·ten² [フェア・トレーテン] I vertreten (代理を務める)の 過分 II 形 〘述語としてのみ〙(代表として)出席している; (作品などが)展示(収録)されている.

der **Ver·tre·ter** [フェア・トレータァ fɛr-tréːtɐr] 男 (単2) -s/(複) - (3格のみ -n) (英 *representative*) ① 代理人, 代行(者), [利益]代表者; (組織などの)代表者. Er kommt als *Vertreter* des Chefs. 彼がチーフの代理人として来る / einen *Vetreter* stellen 代理人を立てる / die Abgeordneten als gewählte *Vertreter* des Volkes 国民の選ばれた代表者としての代議士 / die diplomatischen *Verterter* 外交官たち.
② (思想・文化などの)代表者, 代弁者, 支持者, 擁護者. ein *Vertreter* des Expressionismus 表現主義の代表者. ③ 販売外交員, セールスマン. ein *Vertreter* einer Versicherungsgesellschaft² 保険の勧誘外交員.

Ver·tre·te·rin [フェア・トレーテリン fɛr-tréːtərɪn] 女 -/..rinnen (女性の)代理人; 代表者; 販売外交員.

Ver·tre·tung [フェア・トレートゥング] 女 -/-en ① 代理, 代行. **in** *Vertretung* meines Vaters 私の父の代理で. ② 代理人; (組織などの)代表者; (ﾂｽﾞ) 代表選手団(チーム). die *Vertretungen* der einzelnen Nationen bei der UNO 国連の各国代表部. ③ 代理業(店); 営業所, 支店. ④ (ある考えなどの)支持, 擁護.

ver·trieb [フェア・トリープ] vertreiben (追い出す)の 過去

Ver·trieb [フェア・トリープ fɛr-tríːp] 男 -[e]s/-e ① 〘複なし〙販売, 流通. ② 販売課, 営業部.

ver·trie·ben [フェア・トリーベン] vertreiben (追い出す)の 過分

Ver·trie·be·ne[r] [フェア・トリーベネ (..ナァ) fɛr-tríːbənə (..nɐr)] 男 女 〘語尾変化は形容詞と同じ〙[国外]追放者; (国を追われた)難民.

ver·trin·ken* [フェア・トリンケン fɛr-tríŋkən] 他 (h) (お金など⁴を)酒代に費やす; 〘方〙(悲しみなど⁴を)酒でまぎらす.

ver·tritt [フェア・トリット] I vertreten¹ (代理を務める)の3人称親称単数 現在 II vertreten¹ (代理を務める)の du に対する 命令

ver·trittst [フェア・トリットスト] vertreten¹ (代理を務める)の2人称親称単数 現在

ver·trock·nen [フェア・トロックネン fɛr-trókn̩ən] 自 (s) (泉などが)枯渇する, 干上がる; (草木が)枯れる, 干からびる.

ver·trö·deln [フェア・トレーデるン fɛr-tröːdəln] 他 (h) 〘口語〙(時間⁴を)むだに過ごす.

ver·trö·sten [フェア・トレーステン fɛr-tröːstən] 他 (h) (N⁴を)なだめて(慰めて)待たせる. N⁴ **auf** den nächsten Tag *vertrösten* N⁴を

次の日まで待ってくれとなだめる.

ver·trug [フェア・トルーク] vertragen¹ (耐えられる)の 過去

ver·tun* [フェア・トゥーン fɛr-túːn] I 他 (h) (お金・時間など⁴を)浪費する, むだにする; (チャンスなど⁴を)逃す. die Zeit⁴ **mit** Kartenspiel *vertun* トランプで時間を費やす. II 再帰 sich⁴ vertun 〘口語〙間違う, 思い違いをする. sich⁴ **beim** Rechnen *vertun* 計算を間違える.

ver·tu·schen [フェア・トゥッシェン fɛr-túʃən] 他 (h) (事件・スキャンダルなど⁴を)もみ消す, とりつくろう.

ver·übeln [フェア・ユーべるン fɛr-ýːbəln] 他 (h) (N³の 他⁴を)悪くとる, (N³に対して 他⁴で)気を悪くする.

ver·üben [フェア・ユーベン fɛr-ýːbən] 他 (h) (悪いこと・ばかげたこと⁴を)行う, 犯す. Selbstmord⁴ *verüben* 自殺する.

ver·ul·ken [フェア・ウるケン fɛr-úlkən] 他 (h) 〘口語〙からかう, ひやかす, 笑いものにする.

ver·un·glimp·fen [フェア・ウングリンプフェン fɛr-úŋglɪmpfən] 他 (h) 〘雅〙中傷する, 侮辱する, そしる.

ver·un·glü·cken [フェア・ウングリュッケン fɛr-úŋglʏkən] (verunglückte, ist ... verunglückt) 自 (ﾀｽﾞ sein) 自 (人・乗り物が)事故に遭う. tödlich *verunglücken* 事故で死ぬ / Er *ist* mit dem Auto *verunglückt*. 〘現在完了〙彼は自動車事故に遭った. ② 〘口語〙(物事が)失敗に終わる. Der Kuchen *ist verunglückt*. 〘現在完了〙このケーキは失敗だった.

ver·un·glückt [フェア・ウングリュックト] verunglücken (事故に遭う)の 過分, 3人称親称複数 現在

ver·un·glück·te [フェア・ウングリュックテ] verunglücken (事故に遭う)の 過去

Ver·un·glück·te[r] (..ﾀァ) fɛr-úŋglʏktə (..tɐr)] 男 女 〘語尾変化は形容詞と同じ〙事故に遭った人, 被災者, 遭難者.

ver·un·rei·ni·gen [フェア・ウンラィニゲン fɛr-únraɪnɪgən] 他 (h) ① 〘雅〙汚す. ② (空気・水などを⁴)汚染する.

Ver·un·rei·ni·gung [フェア・ウンラィニグング] 女 -/-en ① 汚染(すること), 汚濁. ② 汚染物質.

ver·un·si·chern [フェア・ウンズィッヒャァン fɛr-únzɪçɐrn] 他 (h) (N³の)考えをぐらつかせる, (N⁴を)動揺させる.

ver·un·stal·ten [フェア・ウンシュタるテン fɛr-únʃtaltən] 他 (h) (他⁴の)外観をそこなう, 醜くする. eine Landschaft⁴ *verunstalten* 景観をそこなう.

Ver·un·stal·tung [フェア・ウンシュタるトゥング] 女 -/-en ① 醜くすること. ② 醜い箇所.

ver·un·treu·en [フェア・ウントロイエン fɛr-úntrɔʏən] 他 (h) 〘法〙(金品⁴を)横領する, 着服する.

Ver·un·treu·ung [フェア・ウントロイウング] 女 -/-en 〘法〙横領, 着服.

ver·ur·sa·chen [ﾌｪｱ・ｳｰｱｻﾞｯﾍﾝ fɛr-úːrzaxən] (verursachte, hat...verursacht) 他 (完了) haben) 引き起こす, (劇4の)原因となる. (英) cause). Er *hat* einen Unfall *verursacht*. 彼は事故を起こしてしまった / Mühe4 *verursachen* 苦労のもととなる / 囚3 große Kosten4 *verursachen* 囚3に多大な出費をさせることになる.

Ver·ur·sa·cher [ﾌｪｱ・ｳｰｱｻﾞｯﾊｱ fɛr-úːrzaxər] 男 -s/- (事故などを)引き起こした人, (事故の)責任者. (女性形: -in).

ver·ur·sacht [ﾌｪｱ・ｳｰｱｻﾞｯﾋﾄ] verursachen (引き起こす)の 過分, 3人称単数・2人称親称複数 現在.

ver·ur·sach·te [ﾌｪｱ・ｳｰｱｻﾞｯﾊﾃ] verursachen (引き起こす)の 過去.

ver·ur·tei·len [ﾌｪｱ・ｳｱﾀｲﾚﾝ fɛr-úrtaɪlən] (verurteilte, hat...verurteilt) 他 (完了) haben) ① (囚4に)有罪の判決を下す. (英) condemn). 囚4 zu einer Geldstrafe *verurteilen* 囚4に罰金刑を言い渡す / Er wurde zum Tode *verurteilt*. [受動・過去] 彼は死刑を宣告された / Sein Plan *war* von Anfang an zum Scheitern *verurteilt*. [状態受動・過去] (比) 彼の計画は初めから失敗する運命にあった. ② (人・事4を)厳しく非難する.

ver·ur·teilt [ﾌｪｱ・ｳｧﾀｲﾙﾄ] verurteilen (有罪の判決を下す)の 過分, 3人称単数・2人称親称複数 現在.

ver·ur·teil·te [ﾌｪｱ・ｳｧﾀｲﾙﾃ] verurteilen (有罪の判決を下す)の 過去.

Ver·ur·tei·lung [ﾌｪｱ・ｳｧﾀｲﾙﾝｸﾞ] 女 -/-en ① 有罪の判決(宣告); 厳しい非難. ② 有罪であること.

Ver·ve [ｳﾞｪﾙｳﾞｪ vérvə] 女 -/ (雅) (仕事などに対する)情熱, 熱狂. mit *Verve* 熱中して.

ver·viel·fa·chen [ﾌｪｱ・ﾌｨｰｱﾌｧｯﾍﾝ fɛr-fíːlfaxən] I 他 (h) ① 何倍にもする. ② 〖A4 mit B3 ~〗(数) (A4にB3を掛ける. zwei mit drei *vervielfachen* 2に3を掛ける. II 再帰 (h) *sich*4 *vervielfachen* 何倍にも増える, 著しく増加する.

ver·viel·fäl·ti·gen [ﾌｪｱ・ﾌｨｰｱﾌｪﾙﾃｨｹﾞﾝ fɛr-fíːlfɛltɪɡən] I 他 (h) ① コピー(複写・プリント)する. ② (緊張・努力などを)強める. II 再帰 (h) *sich*4 *vervielfältigen* 増える.

Ver·viel·fäl·ti·gung [ﾌｪｱ・ﾌｨｰｱﾌｪﾙﾃｨｸﾞﾝｸﾞ] 女 -/-en ① コピー, 複写. ② コピー(複写)されたもの.

ver·voll·komm·nen [ﾌｪｱ・ﾌｫｱｺﾑﾈﾝ fɛr-fɔ́lkɔmnən] (過分 vervollkommnet) I 他 (h) より完全なものにする, 洗練する. seine Sprachkenntnisse4 *vervollkommnen* 語学力に磨きをかける. II 再帰 (h) *sich*4 *vervollkommnen* より完全なものになる. *sich*4 in Deutsch *vervollkommnen* ドイツ語に熟達する.

Ver·voll·komm·nung [ﾌｪｱ・ﾌｫｱｺﾑﾇﾝｸﾞ] 女 -/-en ① 完成, 仕上げ. ② 完成品, 完璧(かんぺき)な物.

ver·voll·stän·di·gen [ﾌｪｱ・ﾌｫｱｼｭﾃﾝﾃﾞｨｹﾞﾝ fɛr-fɔ́lʃtɛndɪɡən] I 他 (h) (補って)完全にする, (収集品など4を)すべてそろえる. II 再帰 (h) *sich*4 *vervollständigen* 完全になる, すべてそろう.

Ver·voll·stän·di·gung [ﾌｪｱ・ﾌｫｱｼｭﾃﾝﾃﾞｨｸﾞﾝｸﾞ] 女 -/-en 完全にする(なる)こと; 完成, 完結.

ver·wach·sen[1]* [ﾌｪｱ・ｳﾞｧｸｾﾝ fɛr-váksən] I 自 (s) ① (傷口などが)ふさがる, 癒合する. Die Wunde *verwächst* schlecht. 傷口の治りが悪い. ② 〖mit 人・物3〗(人・物3と)癒着する, 密接に結びつく. Die beiden Knochen *verwachsen* miteinander. 両方の骨が癒着する. ◇[過去分詞の形で] Er ist mit seiner Familie ganz *verwachsen*. 彼は家族と一心同体だ. ③ (道などが)草木で覆われる. II 他 (h) 〖方〗成長して(衣服4が)合わなくなる. Der Junge *hat* seine Hosen schon wieder *verwachsen*. 少年は大きくなってまたズボンが短くなってしまった. III 再帰 (h) *sich*4 *verwachsen* (傷口がふさがる, 治る. Die Narbe *hat* sich völlig *verwachsen*. 傷跡はすっかり消えた.

ver·wach·sen[2] [ﾌｪｱ・ｳﾞｧｸｾﾝ] I verwachsen[1] (ふさがる)の 過分 II 形 (四肢などが)奇形の, 湾曲(変形)した.

Ver·wach·sung [ﾌｪｱ・ｳﾞｧｸｽﾝｸﾞ] 女 -/-en ① (傷口などが)ふさがること 癒合. ② (医) 癒合, 癒着. ③ (鉱) (結晶の)連晶.

ver·wa·ckeln [ﾌｪｱ・ｳﾞｧｯｹﾙﾝ fɛr-vákəln] 他 (h) (口語) (写真4の画像を)ぶれさせる. ◇[過去分詞の形で] *verwackelte* Bilder ぶれた写真.

ver·wah·ren [ﾌｪｱ・ｳﾞｧｰﾚﾝ fɛr-váːrən] I 他 (h) 保管する, 保存する. Geld4 im Tresor *verwahren* お金を金庫の中に保管する. II 再帰 (h) 〖*sich*4 gegen 物4 ~〗(物4に)強く抗議する.

ver·wahr·lo·sen [ﾌｪｱ・ｳﾞｧｰﾙﾛｰｾﾞﾝ fɛr-váːrloːzən] 自 (s) (家などが放置されて)荒廃する; (青少年が)ぐれる, 非行化する; (服装が)だらしなくなる. ein Haus4 *verwahrlosen lassen* 家を荒れるにまかせる.

ver·wahr·lost [ﾌｪｱ・ｳﾞｧｰﾙﾛｰｽﾄ] I verwahrlosen (荒廃する)の 過分 II 形 荒れた, ほったらかしの; ぐれた, 非行化した.

Ver·wahr·lo·sung [ﾌｪｱ・ｳﾞｧｰﾙﾛｰｽﾞﾝｸﾞ] 女 -/ ① 荒廃; 非行化. ② 放置(荒廃)した状態.

Ver·wah·rung [ﾌｪｱ・ｳﾞｧｰﾙﾝｸﾞ] 女 -/ ① 保存, 保管. 物4 in *Verwahrung* geben (nehmen) 物4を預ける(預かる). ② 〖法〗拘留, 監禁. ③ 抗議, 異議申したて. gegen 物4 *Verwahrung*4 ein|legen 物4に抗議する.

ver·wai·sen [ﾌｪｱ・ｳﾞｧｲｾﾞﾝ fɛr-váɪzən] 自 (s) 孤児になる.

ver·waist [ﾌｪｱ・ｳﾞｧｲｽﾄ] I verwaisen (孤児になる)の 過分 II 形 孤児になった; 人気(ひとけ)のない; (雅・比) 孤独な; (ポストなどが)空席の.

ver･wal･ten [ﾌｪｱ・ヴァるテン fɛr-vál-tən] du verwaltest, er verwaltet, *hat ... verwaltet* 他 (完了 haben) ① 管理する; 運営(経営)する. (英 administer). ein Haus⁴ (ein Vermögen⁴) *verwalten* 建物(財産)を管理する. ② (業務など⁴を)行う, つかさどる. ein Amt⁴ *verwalten* 公職についている.

Ver･wal･ter [ﾌｪｱ・ヴァるタァ fɛr-váltər] 男 -s/- 管理人, 支配人. (女性形: -in).

ver･wal･tet [ﾌｪｱ・ヴァるテット] verwalten (管理する)の 語分, 3人称単数・2人称親称複数 現在

ver･wal･te･te [ﾌｪｱ・ヴァるテテ] verwalten (管理する)の 過去

die **Ver･wal･tung** [ﾌｪｱ・ヴァるトゥング fɛr-váltuŋ] 女 (単) -/(複) -en ① 〖ふつう 単〗 管理, 運営; 行政. (英 administration). Dieses Gebäude steht *unter* staatlicher *Verwaltung*. この建物は国の管理下にある. ② 管理部[門], 管理(行政)機関; 管理棟(室); (行政)機関; 当局. Er ist *in der Verwaltung* tätig. 彼は管理部門で働いている.

Ver･wal･tungs･ap･pa･rat [ﾌｪｱヴァるトゥングス・アパラート] 男 -[e]s/-e 行政(管理)機構.

Ver･wal･tungs･be･am･te[r] [ﾌｪｱヴァるトゥングス・ベアムテ (..タァ)] 男 〖語尾変化は形容詞と同じ〗 行政官. (女性形: ..beamtin).

Ver･wal･tungs･be･zirk [ﾌｪｱ・ヴァるトゥングス・ベツィルク] 男 -[e]s/-e 行政区画.

Ver･wal･tungs･dienst [ﾌｪｱ・ヴァるトゥングス・ディーンスト] 男 -[e]s/ 行政事務(職務).

Ver･wal･tungs･ge･bäu･de [ﾌｪｱヴァるトゥングス・ゲボイデ] 中 -s/- [行政]官庁の建物; 管理棟.

ver･wan･deln [ﾌｪｱ・ヴァンデるン fɛr-vándln] ich verwandle (verwandele, *hat ... verwandelt*) I 他 (完了 haben) ① 〖人・物⁴を〗 すっかり変える, 一変させる. (英 change). Das Erlebnis *verwandelte* sie völlig. その体験が彼女をすっかり変えてしまった. ② 〖A⁴ in B⁴ ~〗 (A⁴ を B⁴ に)変える, 変換(転換)する. Die Hexe hat den Prinzen in einen Frosch *verwandelt*. 魔女は王子を蛙に変えた / Energie⁴ in Bewegung *verwandeln* エネルギーを運動に転換する. ③ (サッカーなどで:)(フリーキックなど⁴を)得点に結びつける. **II** 再帰 (完了 haben) *sich⁴ verwandeln* ① (すっかり)変わる. Die Szene *verwandelte sich*. 舞台が変わった. ② 〖*sich⁴ in* 人・物⁴ ~〗 (人・物⁴に)変わる. Seine Zuneigung *verwandelte sich* in Hass. 彼の好意は憎しみに変わった.

ver･wan･delt [ﾌｪｱ・ヴァンデるト] verwandeln (変える)の 語分, 3人称単数・2人称親称複数 現在

ver･wan･del･te [ﾌｪｱ・ヴァンデるテ] verwandeln (変える)の 過去

ver･wand･le [ﾌｪｱ・ヴァンドれ] verwandeln (変える)の 1人称単数 現在

Ver･wand･lung [ﾌｪｱ・ヴァンドるング] 女 -/-en 変化, 変形, 変身; 変換; 〖劇〗(場面の)転換; 〖動〗変態.

ver･wandt¹ [ﾌｪｱ・ヴァント fɛr-vánt] 形 ① 親類の, 親族の, 血縁の. (英 related). Sie ist *mit* mir *verwandt*. 彼女は私と親類です / *mit* 人³ *nahe* (entfernt) *verwandt sein* 人³と近い(遠い)親類である. ② (動植物などが)同種の, 同属の; (民族・言語などが)同系の, 同族の. *verwandte* Sprachen 同族語. ③ 類似の, 似通った. *verwandte* Erscheinungen 類似の現象 / Wir sind uns in diesem Punkt *verwandt*. 私たちはこの点では考えが似ている.

ver･wandt² [ﾌｪｱ・ヴァント] *verwenden (使う)の 過分

ver･wand･te [ﾌｪｱ・ヴァンテ] *verwenden (使う)の 過去

***Ver･wand･te[r]** [ﾌｪｱ・ヴァンテ (..タァ) fɛr-vántə (..tər)] 男|女 〖語尾変化は形容詞と同じ 〆 Alte[r]〗(例: 他 1格 der Verwandte, ein Verwandter) 親戚(しんせき), 親類, 血縁者. (英 relative). Das sind meine *Verwandten*. こちらは私の親戚の者たちです / Karl ist ein naher (entfernter) *Verwandter* von mir. カールは私の近い(遠い)親戚です.

die **Ver･wandt･schaft** [ﾌｪｱ・ヴァントシャふト fɛr-vánt-ʃaft] 女 (単) -/(複) -en ① 親戚(しんせき)関係, 血縁関係. (英 relationship). ② 〖〖複〗 なし〗(総称として:) 親戚(しんせき), 親類. Er hat eine große *Verwandtschaft*. 彼には親戚が多い. ③ 類似性, 親近性; 〖化〗親和性(力). Zwischen den beiden Sprachen besteht eine gewisse *Verwandtschaft*. その両言語の間には一種の類似性がある.

ver･wandt･schaft･lich [ﾌｪｱ・ヴァントシャふトリヒ] 形 親戚(しんせき)の, 親類の, 血縁の. *verwandtschaftliche* Beziehungen 親戚関係.

ver･war･nen [ﾌｪｱ・ヴァルネン fɛr-várnən] 他 (h) 〖人⁴に〗警告する; 戒告する.

Ver･war･nung [ﾌｪｱ・ヴァルヌング] 女 -/-en 警告; 戒告.

ver･wa･schen [ﾌｪｱ・ヴァッシェン fɛr-váʃən] 形 (衣服が)洗いざらしの; 風雨にさらされて消えかかった; 色のあせた; 〖比〗はっきりしない, あいまいな(表現など). *verwaschene* Vorstellungen ぼんやりしたイメージ.

ver･wäs･sern [ﾌｪｱ・ヴェッサァン fɛr-vésərn] 他 (h) ① (飲み物⁴を)水でひどく薄める; 水っぽくする. ② 〖比〗(文・表現など⁴の)内容を薄める. ◇〖過去分詞の形で〗ein *verwässerter* Stil 味気ない文体.

ver･we･ben⁽*⁾ [ﾌｪｱ・ヴェーベン fɛr-vé:bən] **I** 他 (h) ① 〖規則変化〗(糸など⁴を)織物に使う. ② 織り合わせる; 〖比〗(イメージなど⁴を)絡み合わせる. die Fäden⁴ miteinander *verweben* 糸を織り合わせる. ③ 〖A⁴ in B⁴ ~〗 (A⁴ を B⁴ に)織り込む. **II** 再帰 (h) *sich⁴ ver-*

weben 《不規則変化》《雅》織り合わさっている; 密接に関連し合っている.

ver·wech·seln [フェア・ヴェクセるン fɛrvéksəln] ich verwechsle (verwechselte, hat...verwechselt) 他《完了》haben) 取り違える, 混同する.《英 confuse》 die Namen⁴ verwechseln 名前を間違える / zwei Wörter⁴ verwechseln 二つの単語を混同する / Wir haben unsere Handschuhe verwechselt. 私たちは手袋を取り違えた / Er verwechselt manchmal Mein und Dein.《比》彼はときどき盗みをはたらく(←自分のものと相手のものを取り違える) / A⁴ mit B³ verwechseln A⁴をB³と取り違える ⇒ Er verwechselte sie mit ihrer Zwillingsschwester. 彼は彼女を彼女の双子の姉(妹)と間違えた.

Ver·wech·seln [フェア・ヴェクセるン] 中《成句的に》 Die beiden sind sich³ **zum** *Verwechseln* ähnlich. 両人は見間違えるほどよく似ている.

ver·wech·selt [フェア・ヴェクセるト] verwechseln (取り違える)の過分, 3人称単数·2人称親称複数現在.

ver·wech·sel·te [フェア・ヴェクセるテ] verwechseln (取り違える)の過去.

ver·wechs·le [フェア・ヴェクスれ] verwechseln (取り違える)の1人称単数現在.

Ver·wechs·lung [フェア・ヴェクスるング] 女 -/-en 取り違え, 取り違い, 混同.

ver·we·gen [フェア・ヴェーゲン fɛr-vé:gən] 形 向こう見ずな, 大胆な;《比》(服装などが)奇抜な.

Ver·we·gen·heit [フェア・ヴェーゲンハイト] 女 -/-en (《複 なし》) 大胆不敵, 向こう見ず. ② 向こう見ずな行為.

ver·we·hen [フェア・ヴェーエン fɛr-vé:ən] I 他《完了》haben) ① (風が)吹き払う, 吹き散らす. ② (吹雪が道など⁴を)吹きつぶす. ◇《過去分詞の形で》 vom (または mit) Schnee *verwehte* Wege 雪に覆われた道. II 自(s)《詩》(声などが)かき消される, 消える. Seine Worte *verwehten* im Sturm. 彼の言葉はあらしの中でかき消された.

ver·weh·ren [フェア・ヴェーレン fɛr-vé:rən] 他《完了》haben) (人³に物⁴を)拒絶もしくは, 断る. 人³ *verwehren*, zu 不定詞[句] 人³が…するのを拒む(禁じる).

Ver·weh·ung [フェア・ヴェーウング] 女 -/-en ① (風などが)吹き飛ばすこと. ② (雪の)吹きだまり.

ver·weich·li·chen [フェア・ヴァイヒリヒェン fɛr-váiçliçən] I 自(s) 虚弱(ひ弱)になる. II 他《完了》haben) 虚弱(ひ弱)にする.

Ver·weich·li·chung [フェア・ヴァイヒリヒュング] 女 -/ 虚弱化, 体力の衰え.

***ver·wei·gern** [フェア・ヴァイガァン fɛrváigərn] (verweigerte, hat...verweigert) I 他《完了》haben) 拒む, 拒否する, 断る.《英 refuse》den Wehrdienst *verweigern* 兵役を拒否する / den Befehl *verweigern* 命令に服従しない / 人³ die Einreise⁴ *verweigern* 人³

に入国を拒否する. ◇《再帰的に》*sich⁴³ verweigern* 《雅》人³に身を任せることを拒む. (⇨類語 *weigern*).
II 自《完了》haben) (馬術で:)(馬が障害物の前で)立ち止まる.

ver·wei·gert [フェア・ヴァイガァト] *verweigern (拒む)の過分, 3人称単数·2人称親称複数現在.

ver·wei·ger·te [フェア・ヴァイガァテ] *verweigern (拒む)の過去.

Ver·wei·ge·rung [フェア・ヴァイゲルング] 女 -/-en 拒絶, 拒否.

ver·wei·len [フェア・ヴァイれン fɛr-váilən] I 自(h)《雅》(…にしばらく)留まる, 滞在する. **bei** 人³ *verweilen* 人³のもとに滞在する / bei einem Gedanken *verweilen*《比》ある考えにひとしきり沈潜する. II 再帰(h) *sich⁴ verweilen* 《雅》留まる, 滞在する.

ver·weint [フェア・ヴァイント fɛr-váint] 形 泣きはらした(目など). mit *verweinten* Augen 目を泣きはらして.

Ver·weis [フェア・ヴァイス fɛr-váis] 男 -es/-e ① けん責, 叱責(しっせき), 戒告. einen *Verweis* erhalten けん責を受ける. ② 参照[記号], 参照指示.

ver·wei·sen* [フェア・ヴァイゼン fɛr-váizən] du verweist (verwies, hat...verwiesen) 他《完了》haben) ① (人⁴を) **auf** 物⁴ ~》 (人⁴に物⁴を)(参照するよう)指示する, 参照させる; (人⁴に物⁴への注意を換起する. den Leser auf eine frühere Stelle des Buches *verweisen* 読者に本の既出の箇所を参照させる. ◇《目的語なしでも》Das Schild *verweist* auf eine Einfahrt. 標識は進入口を示している.
②《人⁴ an 人·物⁴ ~》(人⁴を人·物⁴(責任者·担当窓口など)に)問い合わせるよう指示する;《法》(事件⁴を所轄の裁判所へ)移送する. Der Kunde *wurde* an den Geschäftsführer *verwiesen*.《受動·過去》その客は店長の所に行くように言われた.
③《人⁴ **aus** (または **von**) 物³ ~》(人⁴を物³から)出て行かせる, 退去させる. 人⁴ aus dem Saal (von der Schule) *verweisen* 人⁴をホールから出て行かせる(放校処分にする). ◇《2 格とともに》人⁴ des Landes *verweisen* 人⁴を国外に追放する. ④《2歩》(勝って相手⁴を下位に)追い落とす.《人⁴ に物⁴ を》しかる; (人³に物⁴を)しかる. **zur** Ruhe *verweisen* 人⁴に静かにするようしかる.

ver·wel·ken [フェア・ヴェるケン fɛr-vélkən] 自(h) ① (花が)しぼむ, しおれる;《比》(名声などが)衰える. ② (人が)容色が衰える. ◇《過去分詞の形で》ein *verwelktes* Gesicht 張りのなくなった顔.

ver·welt·li·chen [フェア・ヴェるトリヒェン fɛr-véltlıçən] I 他(h) ① (宗教色をなくして)世俗化する. ② (教会財産⁴を)国有化する. II 自(s)《雅》世俗化する, 現世的になる.

Ver·welt·li·chung [フェア・ヴェるトリヒュング] 女 -/ 世俗化; (教会財産の)世俗(国有)化.

ver·wend·bar [ふェァ・ヴェントバール] 形 使用できる, 役にたつ.

*ver·wen·den(*) [ふェァ・ヴェンデン fɛr-véndən] du verwendest, er verwendet (verwendete, hat…verwendet または verwandte, hat…verwandt) I 他 (定了 haben) 使う, 利用する, 活用する. (英 use). zum Kochen Butter⁴ *verwenden* 料理にバターを用いる / Das *kann* man nicht mehr *verwenden.* それはもう使えない / Zeit⁴ **auf** 事⁴ *verwenden* 事⁴に時間を費やす / Geld⁴ **für** 事⁴(または **zu** 事³) *verwenden* 事⁴(または 事³)にお金をかける / Meine Kenntnisse *kann* ich hier gut *verwenden*. 私は自分の知識をここでは十分役だてることができる. (⇨ 類語 gebrauchen).
II 再帰 (定了 haben) 〖*sich*⁴ **für** 人・事⁴ ~〗(雅)(人・事⁴のために)尽力する.

ver·wen·det [ふェァ・ヴェンデット] *verwenden (使う)の 過分, 3人称単数・2人称親称複数 現在

ver·wen·de·te [ふェァ・ヴェンデテ] *verwenden (使う)の 過去

die **Ver·wen·dung** [ふェァ・ヴェンドゥング fɛr-vénduŋ] 女 (単) -/(複) -en ① 使用, 利用. (英 use). keine *Verwendung*⁴ **für** 人・物⁴ haben 人・物⁴の使い道がない / *Verwendung*⁴ finden 使用される. ② (複 なし)(雅)尽力, とりなし.

Ver·wen·dungs=zweck [ふェァヴェンドゥングス・ツヴェック] 男 -[e]s/-e 使用目的.

ver·wer·fen* [ふェァ・ヴェルふェン fɛr-vérfən] I 他 (h) ① (計画など⁴を)はねつける, 退ける. ② (法) 却下(棄却)する. ③ (雅) 非難する; (聖) (神が)見捨てる. II 再帰 (h) *sich*⁴ *verwerfen* ① (板などが)反る. ② (地学)(地層が)断層[変位]を生じる. ③ (とらんぷ) カードを出し間違える. III 自 (h) (牛などが)流産する.
◇⇨ verworfen

ver·werf·lich [ふェァ・ヴェルふりヒ] 形 (雅) (道徳的に)排すべき, 非難すべき; いまわしい.

Ver·werf·lich·keit [ふェァ・ヴェルふりヒカイト] 女 -/ (雅) 排すべき(非難すべき)こと.

Ver·wer·fung [ふェァ・ヴェルふンク] 女 -/-en ① 放棄, 拒否; (法)却下, 棄却; (雅)非難. ② (牛などの)流産. ③ (板などの)反り. ④ (地学)断層[変位].

ver·wert·bar [ふェァ・ヴェーァトバール] 形 (まだ)利用できる, 役にたつ.

ver·wer·ten [ふェァ・ヴェーァテン fɛr-vé:rtən] 他 (h) 利用(活用)する. Altpapier⁴ beim Herstellen von Kartons *verwerten* ボール紙を作る際に古紙を利用する.

Ver·wer·tung [ふェァ・ヴェーァトゥンク] 女 -/-en 利用, 活用.

ver·we·sen [ふェァ・ヴェーゼン fɛr-vé:zən] 自 (s) (死体などが)腐る, 腐敗する.

Ver·we·ser [ふェァ・ヴェーザァ fɛr-vé:zər] 男 -s/- (史) 代官, 代理人, 摂政. (女性形: -in).

ver·wes·lich [ふェァ・ヴェースリヒ] 形 腐敗しやすい. *verwesliche* Materie 腐りやすい物質.

Ver·we·sung [ふェァ・ヴェーズンク] 女 -/ 腐敗. **in** *Verwesung* über|gehen 腐り始める.

ver·wet·ten [ふェァ・ヴェッテン fɛr-vétən] 他 (h) ① (お金など⁴を)賭(か)ける. ② (財産などを)賭けで失う.

ver·wi·ckeln [ふェァ・ヴィッケルン fɛr-víkəln] I 他 (h) ① (糸など⁴を)もつれさせる. ② 〖人⁴ **in** 事⁴ ~〗(人⁴を事⁴(事件など)に)巻き込む. in 事⁴ *verwickelt* werden 事⁴に巻き込まれる. ③ (方) (人³の足など⁴に)包帯を巻く. II 再帰 (h) *sich*⁴ *verwickeln* ① (糸などが)もつれる. ② 〖*sich*⁴ **in** 事⁴ (または 物³) ~〗(物⁴ (または 物³)に)巻き込まれる, 絡まる. *sich*⁴ in die Netze *verwickeln* 網に絡まる / *sich*⁴ in Widersprüche *verwickeln* (比) 矛盾に陥る.

ver·wi·ckelt [ふェァ・ヴィッケるト] I verwickeln (もつれさせる)の 過分 II 形 込み入った, 入り組んだ, やっかいな.

Ver·wick·lung [ふェァ・ヴィックるンク] 女 -/-en ① 巻き込まれること, もつれ. ② (ふつう 複) ごたごた, 紛糾. politische *Verwicklungen* 政治的混乱.

ver·wies [ふェァ・ヴィース] verweisen (指示する)の 過去

ver·wie·sen [ふェァ・ヴィーゼン] verweisen (指示する)の 過分

ver·wil·dern [ふェァ・ヴィるダァン fɛr-víldərn] 自 (s) ① (庭などが)荒れ放題になる, 雑草で覆われる. ② (動植物が)野性化する. ③ (雅) 粗野(乱暴)になる; (風紀などが)乱れる.

ver·wil·dert [ふェァ・ヴィるダァト] I verwildern (荒れ放題になる)の 過分 II 形 荒れ果てた (庭など); (比) ぼうぼうに伸びた (髪・ひげなど); 野性化した (家畜など); (雅) 乱れた (風紀など).

ver·win·den* [ふェァ・ヴィンデン fɛr-víndən] 他 (h) (雅) (苦痛など⁴に)打ち勝つ, 乗り越える; (不幸など⁴から)立ち直る. den Schmerz *verwinden* 苦痛に耐える.

ver·win·kelt [ふェァ・ヴィンケるト fɛr-víŋkəlt] 形 狭くて曲がりくねった(小道など).

ver·wir·ken [ふェァ・ヴィルケン fɛr-vírkən] 他 (h) (雅) (自分のせいで信用・権利など⁴を)ふいにする, 失う. das Recht⁴ zu 事³ *verwirken* 事³の権利などを失う.

ver·wirk·li·chen [ふェァ・ヴィルクリヒェン fɛr-vírklıçən] (verwirklichte, hat…verwirklicht) I 他 (定了 haben) (夢・計画など⁴を)実現する, 具体化する. (英 realize). einen Plan *verwirklichen* 計画を遂行する.
II 再帰 (定了 haben) *sich*⁴ *verwirklichen* ① 実現される. Mein Wunsch *hat sich verwirklicht.* 私の願いが実現になる. ② 自分の能力(本領)を発揮する. *sich*⁴ in seiner Arbeit *verwirklichen* 仕事において自分の能力を発揮する.

ver·wirk·licht [ふェァ・ヴィルクリヒト] verwirklichen (実現する)の 過分, 3人称親称複数 現在

ver·wirk·lich·te [ふェァ・ヴィルクリヒテ]

verwirklichen (実現する)の過去
Ver·wirk·li·chung [フェア・ヴィルクリヒュング] 囡 -/-en 実現, 具体化; 自己実現.
Ver·wir·kung [フェア・ヴィルクング] 囡 -/《法》(権利などの)喪失; (契約・資格などの)失効.
ver·wir·ren [フェア・ヴィレン] fɛr-vírən] (verwirrte, hat ... verwirrt) I 他 (完了) haben) ① (糸・髪など^{4}を)もつれさせる, くしゃくしゃにする. Der Wind *verwirrte* ihre Haare. 風で彼女の髪が乱れた. ② 《比》(人^{4}を)動揺させる, うろたえさせる, 当惑させる. Die Nachricht *hat* ihn *verwirrt*. その報告を聞いて彼はうろたえた.
II 再帰 (完了 haben) *sich*^{4} *verwirren* ① (糸などが)もつれる. ② 《比》(考えなどが)混乱する.
ver·wirrt [フェア・ヴィルト] I verwirren (もつれさせる)の 過分, 3人称単数・2人称親称複数 現在 II 形 もつれた(糸・髪など); 《比》(頭が)混乱した, うろたえた.
ver·wirr·te [フェア・ヴィルテ] verwirren (もつれさせる)の 過去
Ver·wir·rung [フェア・ヴィルング] 囡 -/-en 混乱, 紛糾; 当惑, 狼狽(ミネ). 人^4 *in Verwirrung bringen* 人^{4}をあわてさせる / *in Verwirrung geraten* 混乱に陥る, 当惑する.
ver·wi·schen [フェア・ヴィッシェン] fɛr-víʃən] I 他 (h) ① (文字など^{4}を)こすってぼやけさせる. ◇《過去分詞の形で》eine *verwischte* Unterschrift ぼやけた署名. ② (犯行の痕跡($\frac{こんせき}$)など^{4}を)消し去る. II 再帰 (h) *sich*^{4} *verwischen* (輪郭などが)ぼやける, はっきりしなくなる.
ver·wit·tern [フェア・ヴィッタァン] fɛr-vítərn] 自 (s) (石造りの建物・岩石などが)風雨にさらされて傷む, 風化する.
Ver·wit·te·rung [フェア・ヴィッテルング] 囡 -/ -en 風化.
ver·wit·wet [フェア・ヴィトヴェット] fɛr-vítvət] 形 夫(妻)に先だたれた, やもめになった(略: verw.) Frau Meier, *verwitwete* Schmidt シュミット氏の未亡人, 現マイヤー夫人 / Er ist seit zwei Jahren *verwitwet*. 彼は2年前からやもめだ.
ver·wöh·nen [フェア・ヴェーネン fɛr-vǿː-nən] (verwöhnte, hat ... verwöhnt) 他 (完了) haben) (人^{4}を)甘やかす, ちやほやする. 《英》spoil). Sie *hat* ihre Kinder sehr *verwöhnt*. 彼女は子供たちをとても甘やかした / 人^4 *mit* Geschenken *verwöhnen* (気に入られようとして)人^{4}にいろいろ贈り物をする / Das Schicksal *hat* uns nicht *verwöhnt*. 《比》運命は私たちに甘くはなかった / *sich*^{4} *verwöhnen lassen* ぜいたくをする.
ver·wöhnt [フェア・ヴェーント] I verwöhnen (甘やかす)の 過分, 3人称単数・2人称親称複数 現在 II 形 甘やかされた; ぜいたくに慣れた; 好みにうるさい. Ich bin im Essen nicht sehr *verwöhnt*. 私は食べ物にはあまりうるさいほうではありません.
ver·wöhn·te [フェア・ヴェーンテ] verwöh-nen (甘やかす)の 過去
Ver·wöh·nung [フェア・ヴェーヌング] 囡 -/ 甘やかすこと.
ver·wor·fen [フェア・ヴォルフェン] I verwerfen (はねつける)の 過分 II 形 《雅》極悪非道な.
Ver·wor·fen·heit [フェア・ヴォルフェンハイト] 囡 -/ 極悪非道, 悪徳.
ver·wor·ren [フェア・ヴォレン] fɛr-vórən] 形 混乱した, 支離滅裂の(説明など), 紛糾した(状況など).
Ver·wor·ren·heit [フェア・ヴォレンハイト] 囡 -/ 混乱, 紛糾.
ver·wund·bar [フェア・ヴントバール] 形 ① 傷のつきやすい. ② (精神的に)傷つきやすい, 感情を害しやすい.
ver·wun·den [フェア・ヴンデン fɛr-vúndən] du verwundest, er verwundet (verwundete, *hat* ... verwundet) 他 (完了) haben) (銃弾などが人^{4}を)負傷させる; 《比》(人^{4}の)感情を傷つける. 《英》wound). 人^4 schwer *verwunden* 人^{4}にに重傷を負わせる / Er *wurde* im Krieg *verwundet*. 《受動・過去》彼は戦争で負傷した.
◇☞ **verwundet**
ver·wun·der·lich [フェア・ヴンダァリヒ] 形 驚くべき, 不思議な, 変な. Es ist nicht *verwunderlich*, dass er nicht kommt. 彼が来なくても不思議ではない.
ver·wun·dern [フェア・ヴンダァン fɛr-vúndərn] (verwunderte, *hat* ... verwundert) I 他 (完了) haben) (人^{4}を)驚かせる, 不思議がらせる. 《英》astonish). Ihr Benehmen *hat* mich sehr *verwundert*. 彼女の態度に私はとても驚いた / Es ist nicht zu *verwundern*, wenn … …としても驚くに当たらない. ◇《過去分詞の形で》ein *verwunderter* Blick いぶかしげなまなざし.
II 再帰 (完了 haben) 《*sich*^{4} **über** 囲^4 ~》(囲^{4}に)驚く, (囲^{4}を)不思議に思う. 《☞ 類語》wundern).
ver·wun·dert [フェア・ヴンダァト] verwundern (驚かせる)の 過分, 3人称単数・2人称親称複数 現在
ver·wun·der·te [フェア・ヴンダァテ] verwundern (驚かせる)の 過去
Ver·wun·de·rung [フェア・ヴンデルング] 囡 -/ 不審の念; 驚き. 人^4 *in Verwunderung setzen* 人^{4}に不審の念をいだかせる.
ver·wun·det [フェア・ヴンデット] I verwunden (負傷させる)の 過分, 3人称単数・2人称親称複数 現在 II 形 負傷した.
ver·wun·de·te [フェア・ヴンデテ] verwunden (負傷させる)の 過去
Ver·wun·de·te[r] [フェア・ヴンデテ (..タァ) fɛr-vúndətə (..tər)] 男 囡 《語尾変化は形容詞と同じ》負傷者, けが人.
Ver·wun·dung [フェア・ヴンドゥング fɛr-vúnduŋ] 囡 -/-en 傷つけられること; (特に戦争での)負傷.
ver·wun·schen [フェア・ヴンシェン fɛr-

vúnʃən] 形 魔法にかけられた. eine verwunschene Prinzessin 魔法にかけられた王女.

ver·wün·schen [フェア・ヴュンシェン fɛr-výnʃən] (verwünschte, hat ... verwünscht) 他 (完了 haben) ① (人・物⁴を)のろう, いまいましく(腹立たしく)思う. Er *wünschte* sein Schicksal. 彼は自分の運命をのろった. ② 《古》(人⁴に)魔法をかける.

ver·wünscht [フェア・ヴュンシュト] I verwünschen (のろう)の 過分, 3人称単数・2人称親称複数 現在 II 形 腹立たしい, いまいましい. Eine *verwünschte* Geschichte! いまいましい話だ / *Verwünscht*! ちくしょう!

ver·wünsch·te [フェア・ヴュンシュテ] verwünschen (のろう)の 過去

Ver·wün·schung [フェア・ヴュンシュング] 女 -/-en ① のろい[の言葉]; 悪態. *Verwünschungen*⁴ aus|stoßen 悪態をつく. ② 《古》魔法をかけること.

ver·wur·zeln [フェア・ヴルツェるン fɛr-vúrtsəln] 自 (s) (植物が)根づく, 根をおろす; 《比》(人が)定住(定着)する.

ver·wur·zelt [フェア・ヴルツェるト] I verwurzeln (根づく)の 過分 II 形 《成句的に》 in 物³ *verwurzelt* sein (に)物³に根差している.

ver·wüs·ten [フェア・ヴュステン fɛr-výːstən] 他 (h) (戦争などが国土など⁴を)荒らす, 荒廃させる, 廃墟(はいきょ)にする.

Ver·wüs·tung [フェア・ヴューストゥング] 女 -/-en 荒廃[させること], 破壊.

ver·za·gen [フェア・ツァーゲン fɛr-tsáːgən] 自 (s, h) 《雅》気後れする, ひるむ, 弱気になる. Nur nicht *verzagen*! 弱音を吐くな. ◊《過去分詞の形で》Sie war ganz *verzagt*. 彼女はすっかり弱気になっていた.

Ver·zagt·heit [フェア・ツァークトハイト] 女 -/ 気後れ, 弱気.

ver·zäh·len [フェア・ツェーれン fɛr-tsé:lən] 再帰 (h) *sich*⁴ *verzählen* 数え違いをする.

ver·zah·nen [フェア・ツァーネン fɛr-tsá:nən] 他 (h) ①(車輪など⁴に)歯を付ける, (物⁴に)刻み目(ほぞ)を付ける. ②(歯車などが)かみ合わせる, (角材⁴を)ほぞ継ぎする.

Ver·zah·nung [フェア・ツァーヌング] 女 -/-en (歯車などの)かみ合わせ; ほぞ継ぎ.

ver·zap·fen [フェア・ツァプフェン fɛr-tsápfən] 他 (h) ①《方》(酒樽⁴を)樽(たる)から注ぎ出す(量り売りする). ②(角材など⁴を)ほぞ継ぎする. ③《口語》ばかげたこと⁴を話す, 言う.

ver·zär·teln [フェア・ツェーァテるン fɛr-tsé:rtəln] 他 (h) (子供⁴を)甘やかす, 甘やかしてひ弱にする.

ver·zau·bern [フェア・ツァオバァン fɛr-tsáubərn] 他 (h) ①(人⁴に)魔法をかける. Die Hexe *verzauberte* den Prinzen **in** einen Frosch. 魔女は王子に魔法をかけて蛙にした. ②《比》魅了する, うっとりさせる.

Ver·zau·be·rung [フェア・ツァオベルング] 女 -/-en 魔法をかけること; 魅了.

ver·zehn·fa·chen [フェア・ツェーンファッヘン fɛr-tsé:nfaxən] 他 (h) 10倍にする. ◊《再帰的に》*sich*⁴ *verzehnfachen* 10倍になる.

Ver·zehr [フェア・ツェーァ fɛr-tsé:r] 男 -[e]s/ (飲食物の)摂取, 飲食. Zum baldigen *Verzehr* bestimmt!(食品のラベルの表示で)お早めにお召し上がりください.

ver·zeh·ren [フェア・ツェーレン fɛr-tsé:rən] (verzehrte, hat ... verzehrt) I 他 (完了 haben) ①《雅》(すっかり)食べる, 飲む;(レストランなどで)飲食する. sein Frühstück⁴ *verzehren* 朝食を平らげる. ②(体力・気力など⁴を)消耗させる. Die Krankheit *hat* alle seine Kräfte *verzehrt*. 病気のために彼の体力はすっかり衰えた. ◊《現在分詞の形で》eine *verzehrende* Krankheit 《医》消耗性疾患. ③(財産など⁴を)使い果たす.
II 再帰 (完了 haben) *sich*⁴ *verzehren* 《雅》やつれる, 憔悴(しょうすい)する. Er *verzehrt* sich **in** Liebe zu ihr. 彼は彼女に恋い焦がれている.

ver·zehrt [フェア・ツェーァト] verzehren (食べる)の 過分, 3人称単数・2人称親称複数 現在

ver·zehr·te [フェア・ツェーァテ] verzehren (食べる)の 過去

ver·zeich·nen [フェア・ツァイヒネン fɛr-tsáiçnən] du verzeichnest, er verzeichnet (verzeichnete, hat ... verzeichnet) 他 (完了 haben) ① 書き留める, 記載する, 記録する. (英 *note down*). die Namen⁴ **in** der Liste *verzeichnen* 名前をリストに載せる / Er hatte einen großen Erfolg zu *verzeichnen*.《比》彼は大成功を収めた. ② 描きそこなう;《比》(事実など⁴を)ゆがめる, 歪曲(わいきょく)する.

ver·zeich·net [フェア・ツァイヒネット] verzeichnen (書き留める)の 過分, 3人称単数・2人称親称複数 現在

ver·zeich·ne·te [フェア・ツァイヒネテ] verzeichnen (書き留める)の 過去

das **Ver·zeich·nis** [フェア・ツァイヒニス fɛr-tsáiçnɪs] 中 (単2) ..nisses/(複) ..nisse (3格の ..nissen) ① リスト, 目録, 一覧表; 索引. (英 *list*). Bücherverzeichnis 図書目録 / ein alphabetisches *Verzeichnis*⁴ auf|stellen アルファベット順のリストを作成する / Dieses Buch ist **in** dem *Verzeichnis* enthalten.《状態受動・現在》この本はそのリストに載っている / 物⁴ **in** ein *Verzeichnis* ein|tragen (または auf|nehmen) 物⁴をリストに載せる.
◊《ユニックス》フォルダー.

ver·zei·hen [フェア・ツァイエン fɛr-tsáiən] (verzieh, hat ... verziehen) 他 (完了 haben) ([人³に]物⁴を)許す, 容赦する, 勘弁する. (英 *forgive*). *Verzeihen* Sie bitte die Störung! おじゃましてすみません / So etwas *kann* ich ihm nicht *verzeihen*. そんなことを彼に許すわけにはいかない / *Verzeihen* Sie bitte, dass ich so spät komme. 遅れてすみません.
◊《目的語なしでも》*Verzeihen* Sie bitte! a) すみません, b) 失礼! / *Verzeihen* Sie, können

Sie mir sagen, wie spät es ist? すみませんが，何時か教えていただけませんか / *Kannst* du mir *verzeihen*? 許してくれる? (☞ 類語 *entschuldigen*).

ver·zeih·lich [フェア・ツァイヒリヒ] 形 許すことのできる，許容範囲内の，無理もない． ein *verzeihlicher* Fehler 許せる過失．

*die **Ver·zei·hung** [フェア・ツァイウング fɛr-tsáɪʊŋ] 女 (単) -/ 許し, 容赦. (英 *pardon*). *Verzeihung*! a) すみません! b) 失礼! / 人[3] **um** *Verzeihung* bitten 人[3]に許しを請う．

ver·zer·ren [フェア・ツェレン fɛr-tsérən] I 他 (h) ① (顔など[4]を)ゆがめる，しかめる． den Mund vor Schmerz *verzerren* 痛くて口をゆがめる / Entsetzen *verzerrte* sein Gesicht. 恐怖で彼の顔は引きつった． ② (筋など[4]を)ねじる． sich[3] die Sehne *verzerren* 筋を違える． ③ (音・映像など[4]を)ひずませる; (事実など[4]を)歪曲(ﾜｲｷｮｸ)する． ◇[過去分詞の形で] eine *verzerrte* Darstellung 歪曲した描写． II 再帰 (h) *sich*[4] *verzerren* (苦痛などで顔・口などが)ゆがむ, 引きつる．

Ver·zer·rung [フェア・ツェルング] 女 -/-en ① (顔などを)ゆがめること; (筋などを)違えること; (音・映像などの)ひずみ; (事実の)歪曲(ﾜｲｷｮｸ). ② ゆがめられた(歪曲(ﾜｲｷｮｸ)された)もの．

ver·zet·teln[1] [フェア・ツェッテるン fɛr-tsétəln] 他 (h) 目録カードに記入する．

ver·zet·teln[2] [フェア・ツェッテるン] I 他 (h) (労力・時間など[4]を)浪費する． sein Geld[4] mit unnützen Dingen *verzetteln* くだらぬことにお金を浪費する． II 再帰 (h) *sich*[4] *verzetteln* (つまらぬことなどに)熱中しすぎる, 精力を浪費する．

Ver·zicht [フェア・ツィヒト fɛr-tsíçt] 男 -[e]s/-e 放棄，断念． **auf** 物[4] *Verzicht*[4] leisten 物[4]を断念する，あきらめる．

ver·zich·ten [フェア・ツィヒテン fɛr-tsíçtən] du verzichtest, er verzichtet (verzichtete, *hat* ... verzichtet). 自 (完了 haben) 〖**auf** 物[4] ~〗(物[4]を)放棄する, 断念する, あきらめる． (英 *renounce*). Er *verzichtete* auf sein Recht. 彼は権利を放棄した / auf die Teilnahme *verzichten* 参加を断念する． ◇[**können, müssen** とともに] Wir *können* auf dich nicht *verzichten*. 私たちは君がいないとやっていけない / Auf seine Gesellschaft *müssen* wir heute *verzichten*. きょうは彼抜きでやらざるをえない．

ver·zich·tet [フェア・ツィヒテット] verzichten (放棄する)の 過分, 3人称単数・2人称親称複数 現在

ver·zich·te·te [フェア・ツィヒテテ] verzichten (放棄する)の 過去

ver·zieh [フェア・ツィー] *verzeihen (許す)の 過去

ver·zie·he [フェア・ツィーエ] *verzeihen (許す)の 接2

ver·zie·hen[1*] [フェア・ツィーエン fɛr-tsíːən] 他 (h) ① (顔・口など[4]を)ゆがめる, 曲げる． den Mund zu einem Grinsen *verziehen* 口をゆがめてにやりと笑う / ohne eine Miene zu *verziehen* 顔色ひとつ変えずに． ② (子供など[4]を)甘やかして育てる． ③ (球技で:)(ボール[4]を)打ちそこなう． ④ 〘農〙(苗などを)間引く． II 自 (s) 引っ越す． Sie *sind nach* Hamburg *verzogen*. 〘現在完了〙彼らはハンブルクへ引っ越した． III 再帰 (h) *sich*[4] *verziehen* ◎ (顔・口などが)ゆがむ; 形が崩れる; (板が)反る． Sein Gesicht *verzog sich* schmerzlich. 彼の顔は悲しそうにゆがんだ． ② だんだん遠ざかる(消える); 〘口語〙こっそり姿を消す． Das Gewitter *hat sich verzogen*. 雷雨は遠ざかった．

ver·zie·hen[2] [フェア・ツィーエン] *verzeihen (許す)の 過分

ver·zie·ren [フェア・ツィーレン fɛr-tsíːrən] 他 (h) 飾る, 装飾する． einen Hut mit einer Feder *verzieren* 帽子に羽根飾りを付ける．

Ver·zie·rung [フェア・ツィールング] 女 -/-en 飾ること, 装飾; 飾り, 装飾品; 〘音楽〙装飾音．

ver·zin·ken[1] [フェア・ツィンケン fɛr-tsíŋkən] 他 (h) (鉄など[4]を)亜鉛めっきする．

ver·zin·ken[2] [フェア・ツィンケン] 他 (h) 〘口語〙(密告などをして 人[4]を)裏切る．

ver·zin·nen [フェア・ツィンネン fɛr-tsínən] 他 (h) (金属[4]に)錫(ｽｽﾞ)をかぶせる, 錫めっきする．

ver·zin·sen [フェア・ツィンゼン fɛr-tsínzən] I 他 (h) (預金など[4]に)利子(利息)をつける． ein Kapital[4] **mit** 4 **Prozent** *verzinsen* 元金に4パーセントの利子をつける． II 再帰 (h) *sich*[4] *verzinsen* 利子(利息)を生む．

ver·zins·lich [フェア・ツィンスりヒ] 形 利子(利息)のつく(貸付金など), 利子を生む．

Ver·zin·sung [フェア・ツィンズング] 女 -/-en 利子をつけること(生むこと), 利回り．

ver·zö·gern [フェア・ツェーガァン fɛr-tsǿːɡərn] I 他 (h) ① 延期する; 遅らせる． ② (テンポなどを)遅くする． den Schritt *verzögern* 歩調を緩める． II 再帰 (h) *sich*[4] *verzögern* ① 遅れる． Seine Ankunft *verzögerte sich* um zwei Stunden. 彼の到着は2時間遅れた． ② (滞在などが予定より)延びる．

Ver·zö·ge·rung [フェア・ツェーゲルング] 女 -/-en 遅滞, 遅延, 延期．

ver·zol·len [フェア・ツォれン fɛr-tsɔ́lən] 他 (h) (物[4]の)関税を払う． Haben Sie etwas zu *verzollen*? 何か課税品をお持ちですか．

Ver·zol·lung [フェア・ツォるング] 女 -/-en 関税支払い．

ver·zü·cken [フェア・ツュッケン fɛr-tsýkən] 他 (h) うっとり(恍惚(ｺｳｺﾂ))させる． ◇**verzückt**

ver·zu·ckern [フェア・ツッカァン fɛr-tsúkərn] 他 (h) ① (物[4]に)砂糖をまぶす, 糖衣をかぶせる． ② 〘生・化〙糖化する．

ver·zückt [フェア・ツュックト] I verzücken (うっとりさせる)の 過分 II 形 うっとり(恍惚(ｺｳｺﾂ))とした．

Ver·zü·ckung [フェア・ツュックング] 女 -/ 有頂天; 恍惚(ｺｳｺﾂ), エクスタシー． **in** *Verzückung* geraten うっとりする．

Ver·zug [フェア・ツーク fɛrtsúːk] 男 -[e]s/ (支払い・仕事などの)遅れ, 遅滞, 遅延. mit 物³ **in** *Verzug* geraten (または kommen) 物³ が滞る, 遅れる / Er ist mit der Arbeit im *Verzug*. 彼は仕事が滞っている / Es ist Gefahr im *Verzug*. 一刻の猶予も許さない / **ohne** *Verzug* 即刻.

Ver·zugs⸗zin·sen [フェアツークス・ツィンゼン] 複 延滞利子.

ver·zwei·feln [フェ ア・ツヴァイフェルン fɛr-tsváifəln] ich verzweifle (verzweifelte, *ist* ...verzweifelt) 自 (完了 sein) 絶望する, 希望 を失う. 《英 *despair*》. **am** Leben *verzweifeln* 人生に絶望する / am Gelingen des Plans *verzweifeln* 計画の成功に望みを失う / Nur nicht *verzweifeln*! やけになるな.
◇**⸗·verzweifelt**

Ver·zwei·feln [フェア・ツヴァイフェルン] 中 『成句的に』Es ist **zum** *Verzweifeln* mit dir! おまえには愛想が尽きたよ.

ver·zwei·felt [フェ ア・ツヴァイフェルト fɛr-tsváifəlt] I verzweifeln (絶望する)の 過分, 3人称単数・2人称親称複数 現在.
II 形 ① 絶望的な; 望みを失った, 絶望した. 《英 *desperate*》. eine *verzweifelte* Situation 絶望的な状況. ② 必死の, 命がけの. *verzweifelte* Anstrengungen 必死の努力.
III 副 きわめて, ものすごく. Die Situation ist *verzweifelt* ernst. 事態はきわめて深刻だ.

ver·zwei·fel·te [フェア・ツヴァイフェルテ] verzweifeln (絶望する)の 過去.

ver·zweif·le [フェア・ツヴァイフレ] verzweifeln (絶望する)の1人称単数 現在.

die **Ver·zweif·lung** [フェア・ツヴァイフルング fɛr-tsváiflʊŋ] 女 (単) -/(複) -en 絶望 [感], 自暴自棄. 《英 *despair*》. 物⁴ **aus** (または **in** または **vor**) *Verzweiflung* tun 絶望して 物⁴ をする / in *Verzweiflung* geraten 絶望に陥る / 人⁴ **zur** *Verzweiflung* bringen (treiben) 人⁴を絶望的な気分に追いやる(駆りたてる).

Ver·zweif·lungs⸗tat [フェア・ツヴァイフるングス・タート] 女 -/-en 捨て鉢な行為.

ver·zwei·gen [フェア・ツヴァイゲン fɛr-tsváigən] 再帰 (h) *sich*⁴ *verzweigen* (木などが)枝 分かれする; (道などが)分岐する; 《比》(組織などが)分かれる. ◇《過去分詞の形で》ein *verzweigtes* Unternehmen《比》多くの支社(部門)のある企業.

Ver·zwei·gung [フェア・ツヴァイグング] 女 -/ -en ① 分枝, 分岐; 分派; (分枝した)枝. ② 《スキ》交差点 (=Kreuzung).

ver·zwickt [フェア・ツヴィックト fɛr-tsvíkt] 形 《口語》複雑な, 込み入った; 面倒な. eine *verzwickte* Situation 込み入った状況.

Ves·per [フェスパァ féspər] 女 -/-n (《カトリ》) (聖務日課の)晩課; 夕べの祈り. ② 《南ドッ・オーストリ》も】(午後の)おやつ, 中休み.

Ves·per⸗brot [フェスパァ・ブロート] 中 -[e]s/ -e《南ドッ・オーストリ》(午後の)おやつ, 間食[のパン].

ves·pern [フェスパァン féspərn] 自 (h)《南ドッ・オーストリ》(午後の)おやつを食べる.

Ves·ti·bül [ヴェスティビュー ル vɛstibýːl] 中 -s/ -e 玄関(の間); (劇場などの)ロビー, ホール.

der **Ve·súv** [ヴェズーフ vezúːf] 男 -[s]/ 《定冠詞とともに》(山名) ベスビオ山(イタリア南部の火山).

Ve·te·ran [ヴェテラーン veteráːn] 男 -en/-en ① 老兵, 古参兵; 《比》ベテラン, 老練家. (女性形: -in). ② クラッシックカー.

Ve·te·ri·när [ヴェテリネーァ veterinέːr] 男 -s/-e 獣医 (=Tierarzt). (女性形: -in).

Ve·te·ri·när⸗me·di·zin [ヴェテリネーァ・メディツィーン] 女 -/ 獣医学 (=Tiermedizin).

Ve·to [ヴェート― véːto] 中 -s/-s 拒否[権]. ein *Veto*⁴ **gegen** 物⁴ ein|legen 物⁴に拒否権を発動する.

Ve·to⸗recht [ヴェート・レヒト] 中 -[e]s/-e 拒否権.

der **Vet·ter** [フェッタァ fétər] 男 (単2) -s/ (複) -n (男性の)いとこ, 従兄弟 (=Cousin). 《英 *male cousin*》. 《古》「従姉妹」は Kusine). Ich wohne mit meinem *Vetter* zusammen. 私はいとこといっしょに住んでいる.

Vet·tern⸗wirt·schaft [フェッタァン・ヴィルトシャフト] 女 -/(軽蔑的に)縁故採用, 身びいき.

Ve·xier⸗bild [ヴェクスィーァ・ビるト] 中 -[e]s/ -er 判じ絵, 隠し絵.

Ve·xier⸗spie·gel [ヴェクスィーァ・シュピーゲる] 男 -s/- (像がゆがんでみえる)マジックミラー.

v-för·mig, V-för·mig [ふァオ・フェルミヒト] 形 V字形の.

vgl. [フェア・グらイヒェ] 《略》参照せよ (=vergleiche!).

v. H. [ふォム フンダァト] 《略》百分の…, …パーセント (=vom Hundert).

VHS [ふァオ・ハー・エス] 《略》市民大学 (=Volkshochschule).

via [ヴィーア víːa] 前 《4格とともに》① …経由で. *via* München ミュンヒェン経由で. ② …を通して, …を介して. *via* Anwalt 弁護士を通して.

Via·dukt [ヴィアドゥクト viadúkt] 男 -[e]s/ -e (谷の上などに架かる)陸橋, 高架橋.

Vi·bra·ti·on [ヴィブラツィオーン vibratsióːn] 女 -/-en 振動, 震え, バイブレーション.

vi·bra·to [ヴィブラート― vibráːto] 《音》副 《音楽》ビブラートで, 音を震わせて.

vi·brie·ren [ヴィブリーレン vibríːrən] 自 (h) 振動する, 揺れる, 震える.

das **Vi·deo** [ヴィーデオ víːdeo] [英] 中 (単2) -s/(複) -s ① 《複 なし》ビデオ[技術]. 物⁴ **auf** (または **mit**) *Video* auf|nehmen 物⁴をビデオに撮る. ② ビデオテープ.

Vi·deo⸗band [ヴィーデオ・バント] 男 -[e]s/ ..bänder ビデオテープ.

Vi·deo⸗film [ヴィーデオ・ふィるム] 男 -[e]s/-e ビデオ映画.

Vi·deo⸗ka·me·ra [ヴィーデオ・カメラ] 女 -/ -s ビデオカメラ.

Vi·deo⹁kas·set·te [ヴィーデオ・カセッテ] 囡 -/-n ビデオカセット.

Vi·deo⹁plat·te [ヴィーデオ・プラッテ] 囡 -/-n ビデオディスク.

Vi·deo⹁re·kor·der [ヴィーデオ・レコルダァ] 男 -s/- ビデオレコーダー.

Vi·deo⹁spiel [ヴィーデオ・シュピール] 囲 -[e]s/-e ビデオゲーム.

Vi·deo⹁thek [ヴィデオテーク videoté:k] 囡 -/-en レンタルビデオ店; ビデオライブラリー.

Vie·che·rei [ふィーヒャライ fi:çərái] 囡 -/-en 《口語》① 骨の折れる仕事. ② 卑劣な行為.

* *das* **Vieh** [ふィーる fi:] 田 (単2) -[e]s/ 囮 (総称として:)家畜; 飼い牛. (英 *cattle*). Vieh⁴ halten (または züchten) 家畜を飼う / das Vieh⁴ füttern 家畜に飼料を与える / das Vieh⁴ auf die Weide treiben 牛を牧場へ追う / 囚⁴ wie ein Stück Vieh⁴ behandeln 囚⁴を家畜同然に扱う. ② 《口語》動物, 獣; (俗)粗野なやつ.

> ドイツでよく見かける家畜: die Ente あひる, 鴨 / der Esel ろば / die Gans がちょう / der Hahn おんどり / die Henne めんどり / das Kaninchen いえうさぎ / die Kuh 雌牛 / der Ochse 雄牛 / das Rind (雌雄の区別なく)牛 / das Pferd 馬 / das Schaf 羊 / das Schwein 豚 / das Truthuhn 七面鳥 / die Ziege やぎ

Vieh⹁be·stand [ふィー・ベシュタント] 男 -[e]s/..stände 家畜保有高.

Vieh⹁fut·ter [ふィー・ふッタァ] 田 -s/ 飼料.

vie·hisch [ふィーイッシュ fi:ɪʃ] 形 ① 家畜なみの(暮らしなど). ② (獣のように)残忍な. ③ ひどい, ものすごい.

Vieh⹁zeug [ふィー・ツォイク] 田 -[e]s/ 《口語》(小型の)家畜, ペット; (忌み嫌って:)虫けら, けだもの.

Vieh⹁zucht [ふィー・ツフト] 囡 -/ 畜産, 牧畜.

Vieh⹁züch·ter [ふィー・ツュヒタァ] 男 -s/- 畜産農家, 牧畜業者. (女性形: -in).

*****viel** [ふィーる fi:l]

> 多くの　Ich habe *viel* Arbeit.
> イヒ ハーベ ふィーる アルバイト
> 私にはたくさん仕事がある.

I 形 (比較) mehr, (最上) meist) (英 *many, much*) ① 《複数名詞とともに》多くの, たくさんの. (☞ 「少しの」は wenig; 1格, 4格で格変化語尾がつかないことがある. しかし冠詞類が前にあれば必ず格変化語尾がつく). *viel*[e] Kinder 大勢の子供たち / in *vielen* Fällen 多くの場合には / mit *vielen* Worten 多くの言葉を費やして / die *vielen* Kameras そのたくさんのカメラ / Haben Sie Freunde hier? — Ja, *viele*. こちらにお友だちがいますか — ええ, たくさんいます.

② 《物質・集合・抽象名詞とともに》多量の; 多くの, たくさんの. (☞ 2格を除いてふつう格変化語尾がつかない. しかし冠詞類が前にあれば必ず格変化語尾がつく). *viel* Geld 大金 / Das *viele* Geld macht ihn auch nicht glücklich. それほどの大金があっても彼は幸せになれない / Das kostet *viel* Mühe. それはひどく骨が折れる / 〔Haben Sie〕 *vielen* Dank! どうもありがとう / *Viel* Glück! お幸せに, ご無事で / *Viel* Spaß! 大いに楽しんでおいで.

③ 《名詞的に》⑦ 《圈 で》多くの人々(もの). *viele* (または *Viele*) von uns 私たちの中の多くの者 / *Viele* können das nicht verstehen. 多くの人々にはそれがわからない / *viele* (または *Viele*) der Blumen² それらの花々の多く / die Interessen *vieler*² (または *Vieler*²) 多くの人々の利益. ⑦ 《圈 なし; 単数中性で》多くのもの(こと). (☞ 1格, 4格で格変化語尾がつかないことがある). Er weiß *viel* (*vieles* または *Vieles*). 彼は深い知識を持っている(あれこれたくさんのことを知っている) / Es gibt *viel* (*vieles* または *Vie'es*), was er nicht weiß. 彼の知らないことがたくさんある / **in** *vielem* (または *Vielem*) 多くの点で / **um** *vieles* (または *Vieles*) はるかに, ずっと. ⑦ 《名詞化した形容詞とともに》Er hat *viel* N⍺ues (または *vieles* Neue) gesehen. 彼は多くの新しいものを見た.

④ 《gleich, so, wie などとともに》…の数(量)を. Sie haben gleich *viel*[e] Dienstjahre. 彼らの勤務年数は同じだ / So *viel* ist sicher. これだけのことは確かだ / Wie *viel*[e] Kinder haben Sie? お子さんは何人いらっしゃいますか.

> 強変化語尾のある *viel*..に続く形容詞は強変化する. ただし単数男性の3格, 中性の1, 3, 4格の場合あとに続く形容詞は弱変化であることが多い. 例: mit *vielem* unnötigen Zögern「その必要もないのにとてもためらいながら」. 格変化語尾のない *viel* のあとに続く形容詞は必ず強変化する.

II 副 (比較) mehr, (最上) am meisten) ① 大いに, しばしば. *viel* lachen よく笑う / Er geht *viel* ins Theater. 彼はよく芝居に行く.

② 《比較級や zu ＋形容詞などの前で》はるかに, ずっと. Er ist *viel* größer als ich. 彼は私よりもずっと背が高い / *viel* **zu**... あまりにも... ⇨ Du bist *viel* zu fleißig! 君は勤勉すぎるよ / Hier ist es auch nicht *viel* anders als bei uns. ここも私たちの所とたいして違わない.

▶ *viel*⹁beschäftigt, *viel*⹁sagend, *viel*⹁versprechend

viel⹁be·schäf·tigt, **viel be·schäf·tigt** [ふィーる・ベシェふティヒト] 形 多忙な, たいへん忙しい.

viel⹁deu·tig [ふィーる・ドイティヒ] 形 いろいろな意味にとれる, 多義的な; あいまいな.

Viel⹁deu·tig·keit [ふィーる・ドイティヒカイト] 囡 -/ 多義性; あいまいさ.

Viel⹁eck [ふィーる・エック] 田 -[e]s/-e 多角形.

viel⹁eckig [ふィーる・エキヒ] 形 多角形の.

Viel⹁ehe [ふィーる・エーエ] 囡 -/-n 一夫多妻(一妻多夫)[制] (＝Polygamie).

vie·ler·lei [ふィーらァらイ fi:lərlái] 形 《無語尾で; 付加語としてのみ》いろいろな, 種々の, さまざまな. *vielerlei* Sorten Brot いろいろな種類のパン / Ich kenne *vielerlei* Menschen. 私はいろいろな人と知り合いだ. ◊《名詞的に》Er weiß

vielfach

vielerlei. 彼はいろんなことを知っている。

viel・fach [ふィーる・ふァッハ fiːl-fax] **I** 形 (＊ *multiple*). ① 何倍もの. die *vielfache* Menge 何倍もの量. ② 幾重もの; 何回もの; 各方面からの. ein *vielfacher* Millionär 億万長者 / ein *vielfacher* Meister im Tennis 何度も優勝したテニスプレーヤー / auf *vielfachen* Wunsch 各方面からの要望にこたえて. ③ さまざまな, 多様な. *vielfache* Versuche さまざまな試み.
II 副 《口語》しばしば. Man kann dieser Meinung³ *vielfach* begegnen. このような意見はしばしば耳にする.

Viel・falt [ふィーる・ふァるト fiːl-falt] 囡 -/ 多様さ, 多彩さ.

viel・fäl・tig [ふィーる・ふェるティヒ] 形 多様な, 多彩な, 変化に富む.

Viel・fäl・tig・keit [ふィーる・ふェるティヒカイト] 囡 -/ 多様性, 多彩.

viel・far・big [ふィーる・ふァルビヒ] 形 多色の, 色とりどりの.

Viel・fraß [ふィーる・ふラース] 男 -es/-e ① 《口語》大食漢. ② 《動》クズリ(イタチ科).

viel・ge・stal・tig [ふィーる・ゲシュタるティヒ] 形 さまざまな形態の, 変化に富む.

Viel・göt・te・rei [ふィーる・ゲッテライ fiːl-gœtərái] 囡 -/ 多神教, 多神信仰.

Viel・heit [ふィーるハイト] 囡 -/ 多数; 多量.

:viel・leicht [ふィらイヒト filáɪçt]

ひょっとすると

Vielleicht kommt er morgen.
　ふィらイヒト　　　コムト　　　エァ　モルゲン
ひょっとしたら彼はあす来るかもしれません.

副 **A)** ① 《文全体にかかって》ひょっとすると, もしかしたら. (＊ *perhaps*). *Vielleicht* habe ich mich geirrt. ひょっとしたら私は思い違いをしたかもしれない / Kommst du heute Abend? — *Vielleicht*! 今晩来る? — もしかしたらね. (☞ 類語 *wahrscheinlich*).
② 《文全体にかかって》(遠慮がちに:)もしや, よろしければ, すみませんが. Kannst du mir *vielleicht* helfen? すまないが手伝ってくれないか / Würden Sie *vielleicht* das Fenster schließen?《接2・現在》窓を閉めてはいただけませんか.
③ 《数量を表す語句とともに》ほぼ, およそ, 約. (＊ *about*). ein Mann von *vielleicht* fünfzig Jahren 50 がらみの男 / Es waren *vielleicht* 20 Leute da. ほぼ 20 人がそこにいた.
B) 《文中でのアクセントなし》① 《感嘆文で》《驚きの気持ちを表して》まったく, 本当に. Ich habe *vielleicht* [eine] Angst gehabt! まったく怖かったったらなかったよ.
② 《疑問文で》《否定の答えを期待して》いったい…とでもいうのか. Ist das *vielleicht* eine Lösung? いったいそれが解決策とでもいうのか.
③ 《文頭で》《要求を表して》…してくれるだろうね. *Vielleicht* wartest du, bis du an der Reihe bist! 順番になるまで待つんだよ.

viel・mals [ふィーる・マーるス fiːl-maːls] 副 ① 《感謝の気持ちなどを強めて》幾重にも, 重ね重ね, くれぐれも. Ich bitte *vielmals* um Entschuldigung. 幾重にもおわびいたします / Ich danke [Ihnen] *vielmals*. 本当にどうもありがとうございます. ② 《古》たびたび, 何回も.

viel=mehr [ふィーる・メーァ fiːl-méːr または ふィーる--] 副 ①むしろ, かえって; より正確に言えば. (＊ *rather*). Ich glaube *vielmehr*, dass… 私はむしろ…だと思う / Es waren Tausende, oder *vielmehr* Zehntausende von Leuten da. 何千, いやそれどころか何万もの人がいた.

viel=sa・gend, viel sa・gend [ふィーる・ザーゲント] 形 意味深長な, 意味ありげな.

viel=schich・tig [ふィーる・シヒティヒ] 形 ① 多くの層から成る, 多層の. ② 複雑な.

viel=sei・tig [ふィーる・ザイティヒ] 形 ① (教養・関心などが)多方面にわたる, 多くのことに精通している; 多面的な. eine *vielseitige* Ausbildung 多面的な教育. ② 多方面からの. auf *vielseitigen* Wunsch 多方面からの要望にこたえて. ③ 《数》多辺[形]の.

Viel=sei・tig・keit [ふィーる・ザイティヒカイト] 囡 -/ 多面性; 広範.

viel=sil・big [ふィーる・ズィるビヒ] 形 《言》多音節の.

viel=stim・mig [ふィーる・シュティミヒ] 形 多くの声の混じった; 《音楽》多声[部]の, ポリフォニーの.

viel=ver・spre・chend, viel ver・spre・chend [ふィーる・ふェアシュプレッヒェント] 形 期待を持たせる[ような]; 前途有望な, 将来性(見込み)のある.

Viel・völ・ker=staat [ふィーるふェるカァ・シュタート] 男 -[e]s/-en 多民族国家.

Viel=wei・be・rei [ふィーる・ヴァイベライ] 囡 -/ 一夫多妻[制].

Viel=zahl [ふィーる・ツァーる] 囡 -/ 多数. eine *Vielzahl* von Personen たいへん多くの人々.

:vier [ふィーァ fiːr] 数 《基数; ふつう無語尾で》4 [の]. (＊ *four*). die *vier* Jahreszeiten 四季 / Es ist *vier* [Uhr]. 4 時です / Das Kind wird heute *vier* [Jahre alt]. その子供はきょう 4 歳になる / alle *viere*⁴ von sich strecken 《口語》大の字に寝る, 手足を伸ばす / Das ist so klar, wie zwei mal zwei *vier* ist. それは火を見るよりも明らかだ(←2 掛ける 2 が 4 であるように) / auf allen *vieren* 《口語》よつんばいで / in seinen *vier* Wänden 《口語》彼の自宅で, 自分の家で / unter *vier* Augen 《比》二人きりで, 内密に / zu *vieren* 4 人で(ずつ).

Vier [ふィーァ] 囡 -/-en (数字の)4; (トランプ・さいころの) 4 の目; 《口語》(電車・バスなどの) 4 番[系統]; (成績評価の) 4 (可).

vier=ar・tig [ふィーァ・アールティヒ] 形 4 種類の.

Vier=bei·ner [ふィーァ・バイナァ] 男 -s/- 四つ足の動物,(特に:)犬.

vier=bei·nig [ふィーァ・バイニヒ] 形 4本足の; 4脚の(踏み台など).

vier=**blät·te·rig** [ふィーァ・ブレッテリヒ] 形 四つ葉の,葉が4枚の.

vier=**blätt·rig** [ふィーァ・ブレットリヒ] 形 = vierblätterig

vier=di·men·si·o·nal [ふィーァ・ディメンズィオナール] 形 《物》4次元の,4次元的な.

Vier=eck [ふィーァ・エック] 中 -[e]s/-e 4角形,4辺形; 正方形.

vier=eckig [ふィーァ・エキヒ] 形 4角形の,正方形(長方形)の.

vier=**ein·halb** [ふィーァ・アインハルプ] 形 《分数; 無尾格で》4個半の,4と2分の1($4^1/_2$)の.

Vie·rer [ふィーラァ fíːrɐr] 男 -s/- ① (ボートで)フォアオール. ② (口語)(ナンバーくじの)四つの当り数字. ③ (方)(数字の)4; (トランプ・さいころの)4の目; (成績評価などの)4; (口語)(電車・バスなどの)4番[系統]. **mit dem** Vierer 4番系統のバス(電車)で. ④ (ゴルフの)フォアサム.

Vie·rer=bob [ふィーラァ・ボップ] 男 -s/-s 4人乗りのボブスレー.

vie·rer·lei [ふィーラァらイ fíːrɐrlaɪ] 形 《無語尾で》4種[類]の,4通りの.

vier=fach [ふィーァ・ふァッハ] 形 4倍の,4重の.

Vier·far·ben=druck [ふィーァふァルベン・ドルック] 男 -[e]s/-e 《印》4色刷り.

Vier=fü·ßer [ふィーァ・ふューサァ] 男 -s/- 《動》四足(ξ)動物.

vier=fü·ßig [ふィーァ・ふュースィヒ] 形 ① 4本足(脚)の. ② (詩学)4詩脚の. **ein** vierfüßiger **Vers** 4詩脚の詩句.

vier=**hän·dig** [ふィーァ・ヘンディヒ] 形 《音楽》(ピアノなどの)連弾の,4手の. **vierhändig spielen** (ピアノを)連弾で演奏する.

vier=**hun·dert** [ふィーァ・フンダァト] 数 《基数; 無語尾で》400[の].

vier=**jäh·rig** [ふィーァ・イェーリヒ] 形 《付加語としてのみ》4歳の,4年[間]の.

vier=**jähr·lich** [ふィーァ・イェーァりヒ] 形 4年ごとの.

vier=**kan·tig** [ふィーァ・カンティヒ] 形 4稜(?)の.

Vier·ling [ふィーァりング fíːrlɪŋ] 男 -s/-e 四つ子[の一人]; 《獵》で四つ子.

vier=mal [ふィーァ・マーる] 副 4度,4回; 4倍.

vier=**ma·lig** [ふィーァ・マーりヒ] 形 《付加語としてのみ》4度の,4回の.

vier=**mo·na·tig** [ふィーァ・モーナティヒ] 形 《付加語としてのみ》生後4か月の; 4か月[間]の.

vier=**mo·nat·lich** [ふィーァ・モーナトりヒ] 形 4か月ごとの.

Vier·rad=an·trieb [ふィーァラート・アントリープ] 男 -[e]s/-e 《自動車》四輪駆動.

vier=räd·rig [ふィーァ・レードリヒ] 形 4輪の,車輪が四つある.

vier=**sai·tig** [ふィーァ・ザイティヒ] 形 4弦の(弦楽器など).

vier=**schrö·tig** [ふィーァ・シュレーティヒ] 形 ごつい,ずんぐりした,無骨な(男).

vier=**sei·tig** [ふィーァ・ザイティヒ] 形 《付加語としてのみ》① 4面の,4辺の,4角[形]の; 4ページある. ② 4者間の.

Vier=sit·zer [ふィーァ・ズィッツァァ] 男 -s/- 4人乗りの乗り物(特に自動車).

vier=**stel·lig** [ふィーァ・シュテりヒ] 形 4けたの.

vier=**stim·mig** [ふィーァ・シュティミヒ] 形 《音楽》4声[部]の.

vier=**stö·ckig** [ふィーァ・シュテキヒ] 形 5階建ての; 4階建ての.

vier=**stün·dig** [ふィーァ・シュテュンディヒ] 形 《付加語としてのみ》4時間の.

vier=**stünd·lich** [ふィーァ・シュテュントりヒ] 形 4時間ごとの.

***viert** [ふィーァト fíːrt] 数 《vier の序数; 語尾変化は形容詞と同じ》第4[番目]の. (英 fourth). **Heute ist der** vierte **Juni.** きょうは6月4日だ / **die** vierte **Dimension** 第4次元 / **zu** viert 4人で.

vier=**tä·gig** [ふィーァ・テーギヒ] 形 《付加語としてのみ》4日[間]の.

Vier·takt=mo·tor [ふィーァタクト・モートァ] 男 -s/-en [..モトーレン] 《工》4サイクルエンジン.

vier=**tau·send** [ふィーァ・タオゼント] 数 《基数; 無語尾で》4,000[の].

vier=**tei·len** [ふィーァ・タイれン fíːr-taɪlən] 他 (h) ① 《過分》はふつう viergeteilt) 《獵》四つに分ける. ② 《過分》はふつう geviertelt) 《史》(罪人など⁴を)四つ裂きの刑に処する.

vier=**tei·lig** [ふィーァ・タイりヒ] 形 四つの部分から成る.

vier·tel [ふィァテる fírtəl] 数 《分数; 無語尾で》① 4分の1[の]. **ein** viertel **Liter** または **ein** Viertelliter 4分の1リットル. ② (時刻を表す数詞の直前で:)15分(4分の1時間)[の]. **Es ist** viertel **sieben.** 6時15分です(→7時に向かって15分) / **um drei** viertel **sieben** 5時45分に / **drei** Viertel **Stunden** または **drei** Viertel**stunden** 45分.

***das Vier·tel** [ふィァテる fírtəl] 中 (単2) -s/ (複) - (3格のみ -n) (英 quarter) ① 4分の1; (時刻で:)15分(4分の1時間); 4分の1リットル. **ein** Viertel **Wein** ワイン4分の1リットル / **drei** Viertel a) 4分の3, b) 45分 / **Es ist [ein]** Viertel **nach vier.** 4時15分過ぎ(前)です. (⇒ 新正書法では時刻を表す数詞の直前には小文字で書く (☞ viertel ②).

② (都市の)区域,地区. **Wohn**viertel 住宅地区 / **Wir wohnen in einem ruhigen** Viertel. 私たちは閑静な地区に住んでいる. ③ 《音楽》4分音符.

Vier·tel·fi·na·le [ふィァテる・ふィナーれ] 中 -s/- 《スポ》準々決勝.

Vier·tel·jahr [ふィァテる・ヤール] 中 -[e]s/-e 4分の1年,3か月,4半期.

vier·tel=jäh·rig [ふィァテル・イェーリヒ] 形 [付加語としてのみ] 3か月[間]の.

vier·tel=**jähr·lich** [ふィァテル・イェーァリヒ] 形 3か月ごとの, 季刊の.

Vier·tel·jahrs=schrift [ふィァテルヤールス・シュリふト] 女 -/-en 季刊[雑]誌.

Vier·tel=li·ter [ふィァテル・リータァ] 男 中 -s/- 4分の1リットル.

vier·teln [ふィァテルン fírtəln] 他 (h) 四つに分ける, 4等分する.

Vier·tel=no·te [ふィァテル・ノーテ] 女 -/-n 《音楽》4分音符.

Vier·tel=pau·se [ふィァテル・パオゼ] 女 -/-n 《音楽》4分休[止]符.

Vier·tel=pfund [ふィァテル・プふント] 中 -[e]s/-e 4分の1ポンド(ドイツでは125g).

Vier·tel=stun·de [ふィァテル・シュトゥンデ] 女 -/-n 15分 (4分の1時間).

vier·tel=stün·dig [ふィァテル・シュテュンディヒ] 形 [付加語としてのみ] 15分[間]の.

vier·tel=**stünd·lich** [ふィァテル・シュテュントリヒ] 形 15分ごとの.

vier·tens [ふィーァテンス fíːrtəns] 副 第4に, 4番目に.

vier·tü·rig [ふィーァ・テューリヒ] 形 フォードアの(車など).

vier=und=ein·halb [ふィーァ・ウント・アインハルプ] 数 《分数; 無語尾で》4と2分の1 (4 1/2) [の].

Vie·rung [ふィールング] 女 -/-en 《建》(教会建物の)[十字形]交差部. (☞「建築様式(1)」, 1744ページ).

Vier·tel=takt [ふィーァ・ふィァテル・タクト] 男 -[e]s/- 《音楽》4分の4拍子.

der **Vier·wald·stät·ter See** [ふィーァヴァるト・シュテッタァ ゼー fíːrvɑlt-ʃtɛtər zéː] 男 --s-/ 《定冠詞とともに》《湖名》フィーアヴァルトシュテッター湖 (スイス中部: ☞地図 D-5).

vier=wö·chent·lich [ふィーァ・ヴェッヒェントリヒ] 形 4週間ごとの.

vier=**wö·chig** [ふィーァ・ヴェヒヒ] 形 [付加語としてのみ] 4週[間]の.

vier·zehn [ふィァ・ツェーン fírtseːn] 数 《基数; 無語尾で》 **14[の]. (英 *fourteen*). *vierzehn* Tage 2週間 / heute **in** (**vor**) *vierzehn* Tagen 2週間後(前)のきょう.

vier·zehnt [ふィァ・ツェーント fírtseːnt] 数 《序数》第14[番目]の. Heute ist der *vierzehnte* Juli. きょうは7月14日だ.

Vier=zei·ler [ふィーァ・ツァイらァ] 男 -s/- 《詩学》4行詩; 4行詩節.

vier=zei·lig [ふィーァ・ツァイリヒ] 形 4行の, 4行から成る.

vier·zig [ふィァツィヒ fírtsɪç] 数 《基数; 無語尾で》40**[の]. (英 *forty*). Er ist über *vierzig* [Jahre alt]. 彼は40歳を過ぎている.

vier·zi·ger [ふィァツィガァ fírtsɪɡər] 形 《無語尾で》40歳[代]の; 40年[代]の. in den *vierziger* Jahren (または *Vierziger*jahren) 40年代に.

Vier·zi·ger [ふィァツィガァ] 男 -s/- ① 40歳[代]の男性. (女性形: -in). ② 《圏で》40[歳]代; (ある世紀の)40年代. ③ [19]40年産のワイン.

vier·zig=jäh·rig [ふィァツィヒ・イェーリヒ] 形 [付加語としてのみ] 40歳の; 40年[間]の.

vier·zigst [ふィァツィヒスト fírtsɪçst] 数 《序数》第40[番目]の.

vier·zigs·tel [ふィァツィヒステる] 数 《分数; 無語尾で》40分の1[の].

Vier·zig·stun·den=wo·che [ふィァツィヒシュトゥンデン・ヴォッヘ] 女 -/-n 週40時間労働[制].

Vi·et·nam [ヴィエトナム vɪetnám または ヴィエト..] 中 -s/ 《国名》ベトナム[社会主義共和国] (首都はハノイ).

Vi·gil [ヴィギーる vigíːl] 女 -/..gilien [..ギーりエン] 《ヵトッ》① (祝祭日の前夜の)徹夜の祈り. ② 教会祝祭日の前日(前夜)の祭り.

Vi·gnet·te [ヴィニエッテ vɪnjétə] [汉] 女 -/-n ① 《書籍》(本の扉・章末などの)装飾模様, ビネット. ② 《写》(輪郭のぼかしに用いる)マスク, ビネット. ③ 《スイ》(アウトバーンの)年間通行証ステッカー.

Vi·kar [ヴィカール vikáːr] 男 -s/-e ① 《ヵトッ》助任司祭. ② 《新教》副牧師; 神学実習生. (女性形: -in). ③ 《スイ》代用教員.

Vik·tor [ヴィクトァ víktor] -s/ 《男名》ヴィクトァ.

Vik·to·ria [ヴィクトーリア vɪktóːria] **I** -/ 《ローマ神》ビクトリア(勝利の女神. ギリシア神話のニケに当たる). **II** -/ 《女名》ヴィクトーリア.

die **Vil·la** [ヴィら víla] 女 -(単) -/(複) Villen ① (庭園をめぐらした)大邸宅. (英 *villa*). eine *Villa* am Stadtrand 郊外の大邸宅. ② (豪華な)別荘.

Vil·len [ヴィれン] Villa (大邸宅)の 複.

Vil·len=vier·tel [ヴィれン・ふィァテる] 中 -s/- 高級住宅街.

Vil·ni·us [ヴィるニュス vílnjus] 中 《都市名》ビリニュス (リトアニアの首都).

Vi·o·la[1] [ヴィーオら víːola] 女 -/Violen [ヴィオーれン] 《植》スミレ (=Veilchen).

Vi·o·la[2] [ヴィオーら] 女 -/Violen 《音楽》ビオラ (=Bratsche). *Viola* d'Amore ビオラ・ダモーレ.

vi·o·lett [ヴィオれット violét] 形 すみれ色の, 紫色の. (英 *violet*). eine *violette* Blüte すみれ色の花.

Vi·o·lett [ヴィオれット] 中 -s/- (口語: -s) すみれ色, 紫色.

Vi·o·li·ne [ヴィオリーネ violíːnə] 女 -/-n 《音楽》バイオリン (=Geige).

Vi·o·li·nist [ヴィオリニスト violiníst] 男 -en/-en 《楽》バイオリニスト (=Geiger). (女性形: -in).

Vi·o·lin=kon·zert [ヴィオリーン・コンツェルト] 中 -[e]s/-e 《音楽》バイオリン協奏曲.

Vi·o·lin≠schlüs·sel [ヴィオリーン・シュリュッセる] 男 -s/- 《音楽》ト音記号, 高音部記号.
Vi·o·lon·cel·lo [ヴィオろンチェろ violontʃélo] [字] 中 -s/..celli (口語: -s) 《音楽》チェロ.
VIP, V. I. P. [ヴィップ または ヴィー・アイ・ピー] 男 -/-s (略) 要人, 重要人物 (＝very important person).
Vi·per [ヴィーパァ ví:pər] 女 -/-n 《動》マムシ 〔科の毒蛇〕.
vir·tu·ell [ヴィルトゥエる virtuél] 形 〔力・能力などが〕潜在的な; 《理》仮想の. *virtuelle Realität* (コンピュータシミュレーションによる)バーチャルリアリティー.
vir·tu·os [ヴィルトゥオース virtuó:s] 形 名人芸の, 巨匠の, 熟練した.
Vir·tu·o·se [ヴィルトゥオーゼ virtuó:zə] 男 -n/-n 〔特に音楽の〕名手, 巨匠, ビルトゥオーゾ. (女性形: Virtuosin).
Vir·tu·o·si·tät [ヴィルトゥオズィテート virtuozité:t] 女 -/ 〔特に音楽の〕名人芸, 妙技.
vi·ru·lent [ヴィルレント virulént] 形 ① 〔医〕毒性の, 病原性の, 伝染性の. ② 危険な.
Vi·ru·lenz [ヴィルレンツ viruléns] 女 -/ ① 〔医〕毒性, 病原性, 伝染性. ② 危険性.
Vi·rus [ヴィールス ví:rus] 男 中 -/Viren 〔生・医〕ウイルス, ろ過性病原体.
Vi·rus≠krank·heit [ヴィールス・クランクハイト] 女 -/-en 〔医〕ウイルス性疾患.
Vi·sa [ヴィーザ] * Visum (ビザ)の 複.
Vi·sa·ge [ヴィザージェ vizá:ʒə] [字] 女 -/-n 〔俗〕〔軽蔑的に:〕つら, 顔 (＝Gesicht); 顔つき, 表情 (＝Miene).
vis-a-vis [ヴィザヴィー] =vis-à-vis
vis-à-vis [ヴィザヴィー] [字] Ⅰ 前 〔3 格とともに; 名詞のあとに置かれることもある〕向かい合って (＝gegenüber). *Vis-à-vis* dem Rathaus ist ein Park. 市庁舎の向かい側に公園がある. Ⅱ 副 向かい合って, 向かい側に.
Vi·sen [ヴィーゼン] * Visum (ビザ)の 複.
Vi·sier [ヴィズィーァ vizí:r] 中 -s/-e ① (かぶとの)面頬(めんぽお), 頬(ほお)当て; (スポーツ)(レーサー用ヘルメットの)バイザー(目の部分の透明な覆い). *mit offenem Visier kämpfen* 《比》(自分の手の内を隠さず)正々堂々と戦う. ② (銃砲の)照尺. 人・物4 *ins Visier nehmen* a) 人・物4 に注意を向ける, b) 囚4 を批判する.
vi·sie·ren [ヴィズィーレン vizí:rən] Ⅰ 自 (h) ① (銃などの)照準を合わせる. ② 〔*auf* 人・物4 ~〕(人・物4 に)ねらいを定める. Ⅱ 他 (h) (銃などで人・物4 に)ねらいを定める; 見すえる.
Vi·si·on [ヴィズィオーン vizió:n] 女 -/-en 幻影, 〔宗教的〕幻想; 幻覚; 未来像, ビジョン.
vi·si·o·när [ヴィズィオネーァ vizioné:r] 形 幻影の, 幻影に現れる, まぼろしの; 幻想的な.
Vi·si·ta·ti·on [ヴィズィタツィオーン vizitatsió:n] 女 -/-en ① (所持品などの)検査. ② (高位聖職者などによる)視察, 巡視.
Vi·si·te [ヴィズィーテ vizí:tə] 女 -/-n ① (医師たちの)回診; 回診する医師たち. ② [表敬]訪問.

Vi·si·ten≠kar·te [ヴィズィーテン・カルテ] 女 -/-n 名刺; 《口語・比》名刺代わりの(特徴的な)もの.
vi·si·tie·ren [ヴィズィティーレン vizití:rən] 他 (h) ① (囚4 の)所持品検査をする, (家など4 を)捜査する. ② (学校など4 を)視察する; 旅券など4 を調べる.
vis·kos [ヴィスコース viskó:s] 形 《化》粘性の, 粘着性の.
Vis·ko·se [ヴィスコーゼ viskó:zə] 女 -/ 《化》ビスコース(レーヨンやセロハンなどの原料).
Vis·ko·si·tät [ヴィスコズィテート viskozité:t] 女 -/-en 粘性, 粘度.
vi·su·ell [ヴィズエる vizuél] 形 視覚の, 視覚による. (⇔ 「聴覚の」は akustisch). *visuelle* Eindrücke 視覚的な印象.
* *das* **Vi·sum** [ヴィーズム ví:zum] 中 〔単2〕-s/《複》Visa (または Visen) ビザ, 〔旅券の〕査証. (英 *visa*). *Touristenvisum* 観光ビザ / ein *Visum*4 beantragen ビザを申請する. V
vi·sum≠frei [ヴィースム・フライ] 形 ビザ不要の.
vi·tal [ヴィターる vitá:l] 形 ① (人が)活気のある, 元気いっぱいの; 生体の, 生命の. ② 〔付加語としてのみ〕きわめて重大な, 死活にかかわる.
Vi·ta·li·tät [ヴィタりテート vitalité:t] 女 -/ 生命力, 活力, バイタリティー.
Vit·a·min [ヴィタミーン vitamí:n] 中 -s/-e ビタミン. *Vitamin B* 〔口語・戯〕コネ (⇔ B は Beziehungen「関係・コネ」の頭文字).
vit·a·min≠arm [ヴィタミーン・アルム] 形 ビタミンの乏しい.
Vit·a·min≠man·gel [ヴィタミーン・マングる] 男 -s/ ビタミン欠乏.
vit·a·min≠reich [ヴィタミーン・ライヒ] 形 ビタミンの豊富な.
Vi·tri·ne [ヴィトリーネ vitrí:nə] [字] 女 -/-n (ガラス張りの)陳列(展示)戸棚, ショーケース; ガラス戸棚.
vi·va·ce [ヴィヴァーチェ vivá:tʃə] [字] 副 《音楽》ビバーチェ, 速く, 生き生きと.
Vi·vi·sek·ti·on [ヴィヴィゼクツィオーン vivizɛktsió:n] 女 -/-en (実験動物の)生体解剖.
Vi·ze [ふぃーツェ fí:tsə または ヴィーツェ ví:tsə] 男 -s/-s 〔口語〕代理人, 副職の人(副大統領・副首相・副議長など). (女性形: Vizir).
Vi·ze.. [ふぃーツェ.. fí:tsə.. または ヴィーツェ.. ví:tsə..] 〔名詞につける 接頭〕 ① (副・代理) 例: *Vize*präsident 副大統領. ② (準) 例: *Vize*weltmeister 準世界選手権大会保持者.
Vi·ze≠kanz·ler [ふぃーツェ・カンツらァ] 男 -s/- 副首相, 副総理. (女性形: -in).
Vi·ze≠prä·si·dent [ふぃーツェ・プレズィデント] 男 -en/-en 副大統領; 副会長. 副学長. (女性形: -in).
v. J. 〔ふォーリゲン ヤーレス〕(略) 前年の(に), 昨年の(に) (＝vorigen Jahres).
Vlies [ふリース flí:s] 中 -es/-e 羊の毛皮; 羊毛. *das Goldene Vlies* 《ギ神》金の羊毛(英雄イアソンが捜しに行った秘宝).

v. M. [ふォーリゲン モーナッツ]《略》先月の(に)(=vorigen Monats).

VN [ファオ・エン]《略》国際連合 (=Vereinte Nationen).

v. o. [フォン オーベン]《略》上から (=von oben).

**der Vo·gel [ふォーゲる fóːgəl]

鳥

Was für ein *Vogel* ist das?
ヴァス ふューァ アイン ふォーゲる イスト ダス
あれは何の鳥ですか.

男 (単2) -s/(複) Vögel [ふェーゲる] (3格のみ Vögeln) ① 鳥. (英 bird). Zug*vogel* 渡り鳥 / Der *Vogel* fliegt (flattert). 鳥が飛んでいる(羽ばたく) / Der *Vogel* singt (zwitschert). 鳥が鳴いている(さえずっている) / einen *Vogel* fangen 鳥を捕まえる / die *Vögel*⁴ füttern 鳥に餌(え)をやる / Die *Vögel* ziehen nach [dem] Norden. 鳥が北へ渡っていく / [mit 図³] den *Vogel* ab|schießen [口語] [図³で]一番の成績をあげる (← 鳥形の標的を射落とす) / Friss, *Vogel*, oder stirb!《口語》こうするよりほかにない (← 鳥よ, 食え, さもなくば死ね) / Der *Vogel* ist ausgeflogen.《現在完了》《口語》目指す相手はずらかっていた (← 鳥は飛び去っていた) / einen *Vogel* haben《俗》頭がどうかしている, 気が変だ.
② 《俗·戯》[おかしな]やつ. ein komischer *Vogel* おかしなやつ.

[図] ドイツでよく見かける鳥: der **Adler** 鷲 / die **Amsel** くろうたどり(つぐみ科) / die **Drossel** つぐみ / die **Ente** 鴨 / die **Eule** ふくろう / die **Falke** はやぶさ / der **Fasan** きじ / der **Fink** あとり / die **Gans** がちょう / der **Kuckuck** かっこう / die **Lerche** ひばり / die **Meise** しじゅうから / die **Möwe** かもめ / die **Nachtigall** ナイチンゲール / der **Rabe** (大型の)からす / die **Schwalbe** つばめ / der **Schwan** 白鳥 / der **Specht** きつつき / der **Sperling**, der **Spatz** すずめ / der **Storch** こうのとり / die **Taube** 鳩 / das **Truthuhn** 七面鳥

Vög·lein [ふェーグらイン] ‡ Vogel (鳥)の 縮.

Vo·gel=bau·er [ふォーゲる・バオアァ] 甲 男 -s/- 鳥かご.

Vo·gel=bee·re [ふォーゲる・ベーレ] 囡 -/-n (植) ナナカマドの実.

Vö·gel·chen [ふェーゲるヒェン fóːgəlçən] 甲 -s/- (Vogel の 縮小)小鳥.

vo·gel=frei [ふォーゲる・ふライ] 形 (昔の:)法律の保護外に置かれた, 追放された. 囚⁴ für *vogelfrei* erklären 囚⁴から法律の保護を奪う, 囚⁴を追放する.

Vo·gel=fut·ter [ふォーゲる・ふッタァ] 甲 -s/ 鳥の餌(えさ).

Vo·gel=grip·pe [ふォーゲる・グリッペ] 囡 -/-n 鳥インフルエンザ.

Vo·gel=haus [ふォーゲる・ハオス] 甲 -es/..häuser (大型の)鳥小屋.

Vo·gel=kä·fig [ふォーゲる・ケーフィヒ] 男 -s/-e 鳥かご.

Vo·gel=kun·de [ふォーゲる・クンデ] 囡 -/ 鳥類学.

Vo·gel=nest [ふォーゲる・ネスト] 甲 -[e]s/-er 鳥の巣.

Vo·gel=per·spek·ti·ve [ふォーゲる・ペルスペクティーヴェ] 囡 -/-n 鳥瞰(ちょうかん). aus der *Vogelperspektive* 鳥瞰して, 上空から見て.

Vo·gel=schau [ふォーゲる・シャオ] 囡 -/-en ① 鳥瞰(ちょうかん). ② (宗) 鳥占い (鳥の飛び方で占う).

Vo·gel=scheu·che [ふォーゲる・ショイヒェ] 囡 -/-n ① かかし. ② 《俗》(服装がみすぼらしい·悪趣味な)やせっぽち[の女性].

Vo·gel=schutz=ge·biet [ふォーゲる・シュッツ・ゲビート] 甲 -[e]s/-e 鳥類保護区域.

Vo·gel-Strauß-Po·li·tik [ふォーゲる・シュトラオス・ポリティーク] 囡 -/ (不利な問題にはふれまいとする)事なかれ主義の態度. (⇨ *Strauß* は「だちょう」. だちょうは追い込まれると頭を砂の中に突っ込むといわれる習性から).

Vo·gel=war·te [ふォーゲる・ヴァルテ] 囡 -/-n 鳥類研究所 (特に渡り鳥に関する研究所).

Vo·gel=zug [ふォーゲる・ツーク] 男 -[e]s/..züge 渡り鳥の移動, 鳥の渡り.

die **Vo·ge·sen** [ヴォゲーゼン vogéːzən] 複 《定冠詞とともに》[山名] ヴォゲーゼン山地 (フランス北東部, ライン左岸のヴォージュ山地のドイツ名).

Vög·lein [ふェーグらイン fóːglaɪn] 甲 -s/- (Vogel の 縮小) 小鳥, ひな.

Vogt [ふォークト fóːkt] 男 -[e]s/Vögte (昔の:)(封建領地·教会領の)代官. (女性形: Vögtin).

Vo·ka·bel [ヴォカーベる vokáːbəl] 囡 -/-n (ちゅうず: 甲 も) ① (特に外国語の)単語. deutsche *Vokabeln*⁴ lernen ドイツ語の単語を習う. ② 表現; 概念.

Vo·ka·bel=heft [ヴォカーベる・ヘふト] 甲 -[e]s/-e 単語帳.

Vo·ka·bu·lar [ヴォカブらール vokabuláːr] 甲 -s/-e ① (専門分野などの)語彙(ごい), ボキャブラリー. ② 語彙(ごい)表(集).

vo·kal [ヴォカーる vokáːl] 形 《音楽》声(ボーカル)の, 声楽の.

Vo·kal [ヴォカーる] 男 -s/-e 《言》母音. (⇨ 「子音」は Konsonant).

vo·ka·lisch [ヴォカーリッシュ vokáːlɪʃ] 形 《言》母音の.

Vo·kal=mu·sik [ヴォカーる・ムズィーク] 囡 -/ 《音楽》声楽[曲]. (⇨ 「器楽[曲]」は Instrumentalmusik).

Vo·ka·tiv [ヴォーカティーふ vóːkatiːf] 男 -s/-e [..ヴェ] 《言》呼格.

vol. [ヴォるーメン] 《略》(本の)巻 (=Volumen).

Vo·lant [ヴォらント volɑ̃ː] [フラ] 男 (スィス: 甲) -s/-s 《服飾》(衣服の縁飾り, レース. ② (ちゅうず·スィス)(自動車の)ハンドル.

**das Volk [ふォるク fólk] 甲 -es (まれに -s)/Völker [ふェるカァ] (3格のみ Völkern) (英 people) ① 民族, 国民. das deutsche *Volk* ド

イッ民族(国民) / die Völker Asiens アジアの諸民族 / das auserwählte Volk (⌐ⁿ教) 選ばれた民(ユダヤ人). (⇔) Volk と Nation: Volk が共通の言語・文化・宗教を持つ人々の統一体を指すのに対して, Nation は政治的なまとまりとしての国民を指す).

② 〖複 なし〗 民衆, 庶民, 人民. ein Mann aus dem Volk 庶民階級出の男 / die Vertreter des Volkes im Parlament 議会における民衆の代表者たち.

③ 〖複 なし〗《口語》人々, 群衆. viel Volk 大勢の人々 / das junge Volk 《戯》若者たち / das kleine Volk 《戯》子供たち / 〖物〗⁴ unters Volk bringen 〖物〗⁴を人々の間に広める. ④《生・狩》(動物の)群れ. ein Volk Bienen 一群れの蜜蜂.

Vol·ker [ふォるカァ fólkɐr] -s/《男名》フォルカー.

Völ·ker [ふェるカァ] *Volk (民族) の 複

Völ·ker≠ball [ふェるカァ・バる] 男 -[e]s/ ドッジボール.

Völ·ker≠bund [ふェるカァ・ブント] 男 -[e]s/《史》国際連盟 (1920–1946).

Völ·ker≠kun·de [ふェるカァ・クンデ] 女 -/ 民族学.

völ·ker≠kund·lich [ふェるカァ・クントりヒ] 形 民族学[上]の.

Völ·ker≠mord [ふェるカァ・モルト] 男 -es/-e 〖ふつう 単〗 (ある民族・種族などに対する)大量殺りく, ジェノサイド (= Genozid).

Völ·ker≠recht [ふェるカァ・レヒト] 男 -[e]s/《法》国際法.

völ·ker≠recht·lich [ふェるカァ・レヒトリヒ] 形 国際法上の.

Völ·ker≠schaft [ふェるカァシャふト] 女 -/-en 種族, 部族.

Völ·ker≠wan·de·rung [ふェるカァ・ヴァンデルング] 女 -/-en ① 《史》民族移動(特に 2–8 世紀におけるゲルマン民族の大移動). ② 《口語》(保養地・スタジアムなどへの)人の波, 大移動.

völ·kisch [ふェるキッシュ fǽlkɪʃ] 形 ① (特にナチス用語で:) 民族的な, 民族主義的な, 国粋的な. ② 《古》民族(国民)の.

Volks≠ab·stim·mung [ふォるクス・アップシュティンムング] 女 -/-en 国民(住民)投票.

Volks≠ar·mee [ふォるクス・アルメー] 女 -/-n [..メーエン] 人民軍. Nationale Volksarmee (旧東ドイツの)国家人民軍 (略: NVA).

Volks≠auf·stand [ふォるクス・アオふシュタント] 男 -[e]s/..stände 民衆の蜂起(ほうき).

Volks≠be·fra·gung [ふォるクス・ベふラーグング] 女 -/-en 世論調査.

Volks≠be·geh·ren [ふォるクス・ベゲーレン] 中 -s/-《政》国民発案, 住民請願.

Volks≠buch [ふォるクス・ブーフ] 中 -[e]s/..bücher 《文学》(中世末期・特に 16 世紀の)民衆本.

Volks≠de·mo·kra·tie [ふォるクス・デモクラティー] 女 -/-n [..ティーエン] 《政》(共産党の支配する)人民民主主義[の国家].

Volks≠deut·sche[r] [ふォるクス・ドイチェ(..チャァ)] 男 女《語尾変化は形容詞と同じ》(ナチス用語で:)国外ドイツ人(1937年当時東欧・南欧に定住していたドイツ人).

volks≠ei·gen [ふォるクス・アイゲン] 形 (旧東ドイツで:) 人民[所有]の, 国営の. ein volkseigener Betrieb 人民(国営)企業 (略: VEB).

Volks≠ei·gen·tum [ふォるクス・アイゲントゥーム] 中 -s/ (旧東ドイツで:) 人民所有財産.

Volks≠ein·kom·men [ふォるクス・アインコンメン] 中 -s/-《経》国民所得.

Volks≠emp·fin·den [ふォるクス・エンプふィンデン] 中 -s/ 大衆感覚, 庶民感情.

Volks≠ent·scheid [ふォるクス・エントシャイト] 男 -[e]s/-e《政》国民(住民)表決.

Volks≠epos [ふォるクス・エーポス] 中 -/..epen 《文学》民衆叙事詩.

Volks≠ety·mo·lo·gie [ふォるクス・エテュモろギー] 女 -/-n [..ギーエン]《言》民間語源説(こじつけの語源解釈).

Volks≠fest [ふォるクス・ふェスト] 中 -es/-e 民衆の祭り(村祭りなど).

Volks≠ge·mein·schaft [ふォるクス・ゲマインシャふト] 女 -/-en (特にナチス用語で:)民族共同体.

Volks≠ge·nos·se [ふォるクス・ゲノッセ] 男 -n/-n (ナチス用語で:)民族同胞. (女性形: ..genossin).

Volks≠glau·be [ふォるクス・グらオベ] 男 -ns (3 格・4 格 -n)/《民俗》民間信仰, 迷信.

Volks≠hoch·schu·le [ふォるクス・ホーホシューれ] 女 -/-n (社会人のための)市民大学 (略: VHS).

Volks≠kam·mer [ふォるクス・カンマァ] 女 -/ (旧東ドイツで:)人民議会.

Volks≠kun·de [ふォるクス・クンデ] 女 -/ 民俗学.

Volks≠kund·ler [ふォるクス・クントらァ] 男 -s/- 民俗学者. (女性形: -in).

volks≠kund·lich [ふォるクス・クントりヒ] 形 民俗学[上]の.

Volks≠kunst [ふォるクス・クンスト] 女 -/ 民衆芸術(芸能), 民芸.

Volks≠lauf [ふォるクス・らオふ] 男 -[e]s/..läufe 市民マラソン.

das **Volks≠lied** [ふォるクス・リート fólks-liːt] 中 (単 2) -[e]s/(複) -er (3 格のみ -ern) 民謡, フォークソング. (英 folk song). (⇔)「創作歌曲」は Kunstlied). eine Sammlung von Volksliedern 民謡集.

Volks≠mär·chen [ふォるクス・メーアヒェン] 中 -s/- 民話, 民間伝承童話.

Volks≠men·ge [ふォるクス・メンゲ] 女 -/-n 民衆, 大衆, 群衆.

Volks≠mund [ふォるクス・ムント] 男 -[e]s/ 民衆の言葉(表現). im Volksmund 俗に言う, 一般に言われるところの.

Volks≠mu·sik [ふォるクス・ムズィーク] 女 -/

民族音楽, 民衆音楽.

volks≈nah [ふぉるクス・ナー] 形 (政治家などが)大衆受けする, 大衆と接触のある.

Volks・par・tei [ふぉるクス・パルタイ] 女 -/-en 国民(人民)党.

Volks≈po・li・zei [ふぉるクス・ポリツァイ] 女 -/ (旧東ドイツで:)人民警察 (略: VP または Vopo).

Volks≈re・pu・blik [ふぉるクス・レプブリーク] 女 -/-en 人民共和国 (略: VR). die *Volksrepublik* China 中華人民共和国.

Volks≈sa・ge [ふぉるクス・ザーゲ] 女 -/-n 民間伝説.

Volks≈schicht [ふぉるクス・シヒト] 女 -/-en 【ふつう 複】 国民(社会)階層.

Volks≈schu・le [ふぉるクス・シューレ] 女 -/-n (昔の:)小学校, 国民学校; (オーストリア)小学校.

Volks≈schul≈leh・rer [ふぉるクス・シュール・れーラァ] 男 -s/- (昔の:)小学校教師. (女性形: -in).

Volks≈stamm [ふぉるクス・シュタム] 男 -[e]s/..stämme (ある民族内部の)種族, 部族.

Volks≈stück [ふぉるクス・シュテュック] 中 -[e]s/-e 【劇】大衆(民衆)劇[の作品].

Volks≈tanz [ふぉるクス・タンツ] 男 -es/..tänze 民族(民俗)舞踊, フォークダンス.

Volks≈tracht [ふぉるクス・トラハト] 女 -/-en 民族(民俗)衣装.

Volks≈tum [ふぉるクストゥーム] 中 -s/ 民族性, 国民性.

volks・tüm・lich [ふぉるクステュームりヒ fólkstyːmlɪç] 形 ① 国民的な, 民族の. ein *volkstümlicher* Brauch 民族的な風習. ② 大衆向きの, 通俗的な. (英 *popular*). ein *volkstümlicher* Vortrag 一般向けの講演.

Volks・tüm・lich・keit [ふぉるクステュームりヒカイト] 女 -/ ① 国民性, 民族性. ② 大衆性, 通俗性.

Volks≈ver・mö・gen [ふぉるクス・フェアメーゲン] 中 -s/- 【経】国民総資産.

Volks≈ver・samm・lung [ふぉるクス・フェアザムるンぐ] 女 -/-en ① (政治的な)大衆集会; (総称として:)大衆集会の参加者. ② 国民(人民)会議.

Volks≈ver・tre・ter [ふぉるクス・フェアトレータァ] 男 -s/- 国民の代表者, 国会議員. (女性形: -in).

Volks≈ver・tre・tung [ふぉるクス・フェアトレートゥンぐ] 女 -/-en 国民の代表機関, 国会.

Volks≈wa・gen [ふぉるクス・ヴァーゲン] 男 -s/- 《商標》フォルクスワーゲン(ドイツの自動車会社. またその会社の自動車; 略: VW).

Volks≈wei・se [ふぉるクス・ヴァイゼ] 女 -/-n 民謡調のメロディー.

Volks≈wirt [ふぉるクス・ヴィルト] 男 -[e]s/-e 国民経済学者. (女性形: -in).

Volks≈wirt・schaft [ふぉるクス・ヴィルトシャフト] 女 -/-en 国民経済[学].

Volks≈wirt・schaft・ler [ふぉるクスヴィルトシャフトらァ] 男 -s/- 国民経済学者. (女性形: -in).

volks≈wirt・schaft・lich [ふぉるクス・ヴィルトシャフトりヒ] 形 国民経済の.

Volks・wirt・schafts≈leh・re [ふぉるクスヴィルトシャフツ・れーレ] 女 -/ 国民経済学.

Volks≈zäh・lung [ふぉるクス・ツェーるンぐ] 女 -/-en 国勢調査.

**voll [ふぉる fɔl]

| いっぱいの | Der Koffer ist *voll*. デァ コッふァ イスト ふぉる トランクはいっぱいに詰まっている. |

形 ① **いっぱいの**, いっぱいに詰まった, 満員の. (英 *full*). (反 "空の" = leer). ein *volles* Glas なみなみとついだグラス / ein *voller* Saal 満員のホール / Diese Kanne ist nur halb *voll* (または halb*voll*). このポットには半分しか入っていない / Er hat beide Hände *voll*. 彼は両手がふさがっている / Es war sehr *voll* im Bus. バスの中はぎゅうぎゅう詰めだった / den Kopf *voll* haben 《口語》考え事(心配)で頭がいっぱいである / **mit** *vollem* Mund 口にものをほおばったまま. ◇《名詞的に》**aus** dem *Vollen* schöpfen 《比》(お金を)好きなように使える / **im** *Vollen* leben 《比》裕福に暮らす.

◇《名詞とともに》(…で)いっぱいの. ein Teller *voll* Suppe 皿いっぱいのスープ / ein Herz *voll* Liebe 胸いっぱいの愛 / Sie hatte die Augen *voll* Tränen. 彼女は目にいっぱい涙を浮かべていた / ein Korb *voll* frischer Eier² (まれに *voll* frischen Eiern) かごいっぱいの新鮮な卵.

> 《参考》 *voll* に続く名詞には, 冠詞や形容詞を伴わない場合には格が明示されない名詞を, 伴う場合には2格, まれに3格形を用いる. また *voll* が *voller* となることもある; (☞ voller).

◇《**von**, **mit** とともに》eine Kiste *voll* von (または mit) Spielsachen いっぱいおもちゃが入った箱.

② (形が)ふっくらした, 丸々とした; (髪などが)豊かな; (味などが)芳醇(ほうじゅん)な; (音・響きが)力強い. ein *volles* Gesicht ふっくらした顔 / ein *voller* Busen 豊満な胸 / der *volle* Geschmack des Kaffees コーヒーの芳醇な味わい.

③ **全部の**, 完全な, 全面的な, まるごとの. die *volle* Summe 全額 / einen *vollen* Tag まる1日 / mit dem *vollen* Namen unterschreiben フルネームでサインする / Der Mond ist *voll*. 月は満月だ. ◇《名詞的に》**in** die *Vollen* gehen《口語》全力を出す. ◇《副詞的に》*voll* und ganz 十分に, 完全に / 人⁴ *voll* an|sehen 人⁴の顔をまともに見る / Er ist *voll* verantwortlich. 彼は全面的に責任を負っている / Er arbeitet *voll*. 彼はフルタイムで働く / Das Kind muss jetzt *voll* bezahlen. その子はもう大人料金を払わなくてはならない.

④ 《口語》(時刻が)正時の. Die Uhr schlägt nur die *volle* Stunde. その時計は正時にしか鳴らない / Der Bus fährt immer 5 nach *voll*.

バスはいつも正時5分後に発車する. ⑤《俗》ぐでんぐでんに酔った.
► voll=besetzt

voll..[1] [ふォる.. fɔl..]《非分離動詞の前つづり; アクセントをもたない》《完成・遂行》例: *voll*bringen 完成する.

voll..[2], **Voll..** [ふォる.. fɔl..]《形容詞・名詞につける接頭》《満・完全》例: *voll*beschäftigt 全日雇用の / *Voll*bad 全身浴.

..voll [..ふォる ..fɔl]《形容詞をつくる接尾》《…に満ちた》例: mühe*voll* 苦労の多い.

voll=auf [ふォる・アオふ] 副 たっぷりと, すっかり.

vollau=fen* [ふォる・らオふェン] voll|laufen の古い形.

voll=au=to=ma=tisch [ふォる・アオトマーティッシュ] 形 全自動の.

Voll=bad [ふォる・バート] 中 -[e]s/..bäder 全身浴.

Voll=bart [ふォる・バールト] 男 -[e]s/..bärte 顔一面のひげ. (☞ Bart 図).

voll=be=schäf=tigt [ふォる・ベシェふティヒト] 形 全日雇用の, フルタイムの.

Voll=be=schäf=ti=gung [ふォる・ベシェふティグング] 女 -/《経》完全雇用.

voll=be=setzt, voll be=setzt [ふォる・ベゼッット] 形 満員の, 満席の(バスなど).

Voll=be=sitz [ふォる・ベズィッツ] 男 -es/ 完全な所有. Er ist noch im *Vollbesitz* seiner Kräfte. 彼の力はまだまったく衰えていない.

Voll=blut [ふォる・ブルート] 中 -[e]s/ ① (馬の)純血種. ②《医》完全血.

voll=blü=tig [ふォる・ブリューティヒ] 形 ① 純血種の. ② 血気盛んな, 元気はつらつとした.

voll=bracht [ふォる・ブラッハト] vollbringen (成し遂げる)の過分

voll=brach=te [ふォる・ブラッハテ] vollbringen (成し遂げる)の過去

voll=brin=gen* [ふォる・ブリンゲン fɔl-bríŋən] (vollbrachte, *hat* ... vollbracht) 他 (完了) haben)《雅》成し遂げる, やってのける; (すばらしい作品など[4]を)完成させる. (英 *accomplish*). ein Meisterstück[4] *vollbringen* 傑作をものにする.

voll=bu=sig [ふォる・ブーズィヒ] 形 胸の豊かな, バストの大きな.

Voll=dampf [ふォる・ダンプふ] 男 -[e]s/《海》全出力. mit *Volldampf*《口語》全速力で, 全力をあげて.

Völ=le=ge=fühl [ふェれ・ゲふュール] 中 -s/ 満腹(飽食)感.

voll=en=den [ふォる・エンデン fɔl-éndən または ふォれン.. fɔlen..] du vollendest, er vollendet (vollendete, *hat* ... vollendet) I 他 (完了 haben) 完成する, 仕上げる. (英 *complete*). ein Werk[4] *vollenden* 作品を完成する / einen Brief *vollenden* 手紙を書き終える / Er hat sein Leben *vollendet*. 彼は生涯を閉じた. II 再帰 (完了 haben) *sich*[4] *vollenden*《雅》成し遂げられる, 完成する, 結実する.

voll=en=det [ふォる・エンデット または ふォれン..] I vollenden (完成する)の過分, 3人称単数・2人称親称複数現在 II 形 完璧(%%)な, 申し分のない, 非の打ちどころのない. ein *vollendeter* Gastgeber 申し分のないホスト[役].

voll=en=de=te [ふォる・エンデテ または ふォれン..] vollenden (完成する)の過去

voll=ends [ふォれンツ fɔ́lɛnts] 副 ① 完全に, すっかり, 残らず. (英 *completely*). Diese Nachricht verwirrte ihn *vollends*. この知らせで彼はすっかり混乱してしまった. ② ましてや, とりわけ. Die Landschaft dort ist sehr reizvoll, *vollends* im Frühling. そこの風景は, とりわけ春には実にみごとだ.

Voll=en=dung [ふォる・エンドゥング または ふォれン..] 女 -/-en ① 完成, 完了, 仕上げ;《雅》結実, 成就. ② 《形なし》完璧.

vol=ler [ふォらァ fɔ́lɐ] 形《無語尾》(…で)いっぱいの. (英 用法については ☞ voll ①). Das Kleid ist *voller* Flecken. ドレスは染みだらけだ / ein Herz *voller* Liebe 愛情にあふれた心.

Völ=le=rei [ふェれライ fœlərái] 女 -/ 暴飲暴食.

Vol=ley=ball [ヴォリ・ばる vɔ́li-bal]《英》男 -[e]s/..bälle ①《複 なし》バレーボール. ② バレーボール用のボール.

voll=füh=ren [ふォる・ふューレン fɔl-fýːrən] 他 (h) 行う, する; (芸当など[4]を)して見せる, 聞かせる.

voll|fül=len [ふォる・ふェれン fɔl-fỳlən] 他 (h) (容器など[4]を)いっぱいにする, 満たす.

Voll=gas [ふォる・ガース] 中《ふつう成句的に》*Vollgas*[4] geben (自動車の)アクセルをいっぱいに踏む / mit *Vollgas*《口語》フルスピードで.

Voll=ge=fühl [ふォる・ゲふューる] 中 -[e]s/ 十分な自覚(意識). im *Vollgefühl* seiner Überlegenheit[2] 自分の優位を十分意識して, 自信満々で.

voll|gie=ßen* [ふォる・ギーセン fɔl-gìːsən] 他 (h) (器[4] [mit 物[3]] ～)[器[3]に注いで] 物[4](容器など)をいっぱいにする. den Becher mit Saft *vollgießen* コップいっぱいにジュースを注ぐ.

voll=gül=tig [ふォる・ギュるティヒ] 形 完全に有効な. ein *vollgültiger* Beweis 十分な証拠.

Voll=gum=mi=rei=fen [ふォるグンミ・ライふェン] 男 s/- (中空部分のない)ソリッドタイヤ.

***völ=lig** [ふェりヒ fœ́lɪç] 形 完全な, まったくの. (英 *complete*). *völlige* Einigung (意見の)完全な一致 / 人[3] *völlige* Freiheit[4] lassen 人[3]に完全な自由を認める / Das ist *völlig* unmöglich. そんなことはまったくありえない.

voll=jäh=rig [ふォる・イェーリヒ] 形《法》成年に達した. *volljährig* werden 成人になる.

Voll=jäh=rig=keit [ふォる・イェーリヒカイト] 女 -/ 成年(ドイツ・オーストリア・スイスでは いずれも 18歳).

Voll=kas=ko=ver=si=che=rung [ふォるカスコ・フェアズィッヒェルング] 女 -/-en 車両(船体)総合保険.

***voll=kom=men** [ふォる・コンメン fɔl-kɔ́mən または ふォる..] 形 ① 完全な, 申し分の

ない, 非の打ちどころのない. (英 perfect). Er hat ein *vollkommenes* Gedächtnis. 彼は完璧(%)な記憶力の持ち主だ / Kein Mensch ist *vollkommen*. だれだって完全無欠ではない. ② [ふる・コンメン]《口語》まったくの. eine *vollkommene* Niederlage 決定的な敗北 / Er ist *vollkommen* gesund. 彼はまったく健康だ.

Voll·kom·men·heit [ふる・コンメンハイト または ふる..] 因 -/ 完全[無欠], 完璧(%).

Voll·korn·brot [ふる・コルン・ブロート] 囲 -[e]s/- (粗びきのライ麦の入った)黒パン.

voll|laufen* [ふる・らオフェン fɔ́l-làufən] 圓 (s) (容器などが液体で)いっぱいになる. sich⁴ *volllaufen lassen*《俗》酔っ払う.

voll·ma·chen [ふる・マッヘン fɔ́l-màxən] 他 (h) ①《口語》(液体などで容器⁴を)満たす, いっぱいにする. den Eimer mit Wasser *vollmachen* バケツに水を満たす. ②《口語》汚す. das Bett⁴ *vollmachen* おねしょをする. ③ 完全なものにする, (数など⁴を)そろえる. das Dutzend⁴ *vollmachen* (補って) 1 ダースにする.

Voll·macht [ふる・マハト] 因 -/-en 全権, 代理権, 委任権. 囚³ die *Vollmacht*⁴ geben (또는 erteilen) 囚³に全権を与える. ② 委任状. 囚³ eine *Vollmacht*⁴ aus|stellen 囚³に委任状を交付する.

Voll·milch [ふる・ミるヒ] 因 -/ 全乳(脱脂していない牛乳).

Voll·mond [ふる・モーント] 囲 -[e]s/-e ①《(複)なし》《天》満月, 望(ぼ); 《ふつう囲》満月のとき. ②《戯》はげ頭.

voll·mun·dig [ふる・ムンディヒ] 形 こくのある(ワイン・ビールなど).

Voll·nar·ko·se [ふる・ナルコーゼ] 因 -/-n《医》全身麻酔.

voll|pa·cken [ふる・パッケン fɔ́l-pàkən] 他 (h) いっぱいに詰め込む.

Voll|pen·si·on [ふる・パンズィオーン] 因 -/《ふつう冠詞なしで》(ペンションなどでの) 3 食付き宿泊. (英「2 食付き宿泊」は Halbpension).

voll|pfrop·fen [ふる・プふロプふェン fɔ́l-pfrɔ̀pfən] 他 (h) =voll|stopfen

voll|sau·gen(*) [ふる・ザオゲン fɔ́l-zàugən] 再帰 (h) *sich*⁴ [mit 物³] ~ [物³を]たっぷり吸い込む.

voll|schla·gen* [ふる・シュらーゲン fɔ́l-ʃlàː-gən] 他 (h) 《成句的に》sich³ den Bauch (または den Magen) *vollschlagen*《口語》おなかをいっぱいにする. ◇《再帰的に》sich⁴ mit 物³ *vollschlagen* 物³をたらふく食べる.

voll·schlank [ふる・シュらンク] 形《婉曲》小太りの, 太りぎみの, やや太めの(女性).

voll·stän·dig [ふる・シュテンディヒ fɔ́l-ʃtɛ̀ndɪç] 形 ① 完全にそろえた, 完備した(コレクション・リストなど). (英 complete). ein *vollständiges* Verzeichnis 完全総目録. ② 完全な, まったくの. Er ist *vollständig* verrückt. 彼は完全に頭がいかれている.

Voll·stän·dig·keit [ふる・シュテンディヒカイ

ト] 因 -/ 完全性; 完全, 完備.

voll|stop·fen [ふる・シュトプふェン fɔ́l-ʃtɔ̀p-fən] 他 (h)《物⁴に》いっぱい(ぎっしり)詰め込む. sich³ den Bauch *vollstopfen*《比》腹いっぱい食べる.

voll·stre·cken [ふる・シュトレッケン fɔ́l-ʃtrɛ̀-kən] 他 (h) ①《法》(刑など⁴を)執行する. ein Todesurteil⁴ an 囚³ *vollstrecken* 囚³に対して死刑を執行する. ②《스포》(ペナルティーキックなど⁴を)ゴールに決める.

Voll·stre·ckung [ふる・シュトレックング] 因 -/-en《法》(刑の)執行.

voll|tan·ken [ふる・タンケン fɔ́l-tàŋkən] I 他 (h) (車など⁴を)満タンにする. ◇《目的語なしでも》Tanken Sie bitte *voll*! 満タンにお願いします. II 再帰 (h) *sich*⁴ *volltanken*《俗》酔っ払う.

Voll·tref·fer [ふる・トレッふァア] 囲 -s/- (命中の)直撃弾; (ボクシングの)有効打; 《比》 (歌・レコードなどの)大当たり, 大ヒット.

voll·trun·ken [ふる・トルンケン] 形 完全に酔っ払った, ぐでんぐでんの.

Voll·ver·samm·lung [ふる・ふェアザムるング] 因 -/-en 総会, 大会.

Voll·wai·se [ふる・ヴァイゼ] 因 -/-n (両親を失った)孤児, みなしご.

voll·wer·tig [ふる・ヴェーァティヒ] 形 ① 完全に等価の; 十分な能力(資質)のある. ②《料理》完全栄養食の.

Voll·wert·kost [ふる・ヴェーァト・コスト] 因 -/ (自然素材そのままの)完全栄養食.

voll·zäh·lig [ふる・ツェーリヒ] 形 全部の, 全員の, 全員そろった. eine *vollzählige* Liste der Mitglieder² 全会員の名簿.

voll·zie·hen* [ふる・ツィーエン fɔ́l-tsíː-ən] (vollzog, hat … vollzogen) I 他《定了 haben》実行する, 遂行する; (刑など⁴を)執行する. (英 execute). einen Befehl *vollziehen* 命令を実行する / an 囚³ eine Strafe⁴ *vollziehen* 囚³に刑を執行する. ◇《現在分詞の形で》die vollziehende Gewalt 執行権.
II 再帰《定了 haben》*sich*⁴ *vollziehen* 起こる, 生じる. In ihr *vollzog sich* ein Wandel. 彼女の心に変化が生じた.

voll·zog [ふる・ツォーク] vollziehen (実行する)の 過去

voll·zo·gen [ふる・ツォーゲン] vollziehen (実行する)の 過分

Voll·zug [ふる・ツーク fɔ́l-tsúːk] 囲 -[e]s/..züge《ふつう 単》① 実行, 遂行. ②《法》刑の執行; 《隠語》刑務所.

Vo·lon·tär [ヴォろンテーァ volɔntéːr または ヴォろン.. volɔ̃..] 囲 -s/-e (特に報道・商業関係の)実習生, 見習い, 訓練生. (女性形: -in).

vo·lon·tie·ren [ヴォろンティーレン volɔntíː-rən または ヴォろン.. volɔ̃..] 圓 (h) (特に報道・商業関係の)実習生(見習い)として働く.

Volt [ヴォるト volt] 囲 - (または -[e]s)/- (物·電) ボルト(電圧の単位. イタリアの物理学者 Alessandro *Volta* 1745–1827 の名から; 記号: V).

Vol·taire [ヴォるテール voltέːr] －s/《人名》ボルテール(1694-1778; フランス啓蒙主義の作家・思想家. 本名は François-Marie Arouet).

Volt·me·ter [ヴォるト・メータァ vólt-me:tər] 中 －s/－《電》電圧計.

Vo·lu·men [ヴォるーメン volúːmən] 中 －s/－ (または ..lumina) ① 《園 －》《数》体積, 容積, 容量(略: V). ② 《園 》 (一般的に:) [総]量; 声量, (楽器などの)音量. ③ 《園 ..lumina》《書籍》(書物の)巻, 冊 (略: vol.).

vo·lu·mi·nös [ヴォるミネース volumi̯nǿːs] 形 容積の大きな, ボリュームのある, かさばった, (本が)大部な.

Vo·lu·te [ヴォるーテ volúːtə] 囡 －/－n 《建・美》(柱頭）の渦巻き型装飾.

***vom** [ふォム fɔm] 《前置詞 von と定冠詞 dem の融合形》vom Turm [aus] その塔から / vom 10. (=zehnten) bis [zum] 15. (=fünfzehnten) April 4月10日から15日まで.

***von** [ふォン fɔn]

> …から; …の
> Ich komme gerade *von* der Uni.
> イヒ コメ グラーデ ふォン デァ ウ二ー
> 私はちょうど大学から[帰って]来たところです.

前 《3格とともに》(定冠詞と融合して vom (←von dem) となることがある) ①《空間的な起点》…から.《英》*from*).《✍》「…の中から」は aus; ☞ aus 図). *von* der Schule zurück|kommen 学校から帰って来る / *von* hinten (vorn) 後ろから(前から) / *von* weitem (または Weitem) 遠方から / Der Zug fährt *von* München nach Hamburg. この列車はミュンヒェン発ハンブルク行きです / *von* Stadt zu Stadt 町から町へ. ◇《副詞の **an, aus** などとともに》*von* hier an こちら / *Vom* Turm aus hat man eine weite Sicht. この塔からは遠望がきく / *von* mir aus 私の立場からは, 私としては[かまわない].
②《離脱・除去》…から. die Wäsche⁴ *von* der Leine nehmen 洗濯ひもから洗濯物を取りはずす / Er ist nicht frei *von* Schuld. 彼は責任を免れてはいない.
③《出所・出身》…から, …出身の. Ich habe es *von* ihr gehört. 私はそれを彼女から聞いた / Grüß ihn *von* mir! 彼に[ぼくから]よろしく / Er stammt *von* hier. 彼は当地の出身だ / *von* sich³ aus または *von* selbst 自分から[進んで].
④《時点》…から. *von* Montag bis Freitag 月曜日から金曜日まで / in der Nacht *von* Samstag auf (または zu) Sonntag 土曜日から日曜日にかけての夜に / *von* heute auf morgen 一朝一夕に / *von* Jahr zu Jahr 年々 / *von* neuem (または Neuem) 新たに, 改めて / Ich kenne ihn *von* früher. 彼は以前から彼を知っている. ◇《副詞の **an, ab** などとともに》*von* heute an (または ab) きょうから / *von* Kindheit an (または auf) 幼いときから / *von* alters her 昔から.
⑤《日付・時代》…の. der Brief *vom* 10. 5. (=zehnten Mai) 5月10日付の手紙 / die Jugendlichen *von* heute 今日の若者たち / Die Zeitung ist *von* gestern. その新聞はきのうのだ.
⑥《全体の一部》…の[うちの]. einer *von* euch 君たちのうちのだれか / sieben *von* hundert (または *von* Hundert) 7パーセント / Er trank die Hälfte *von* der Flasche. 彼はボトルの半分を飲んだ.
⑦《2格・所有代名詞の代用》…の.《英》*of*). der König *von* Schweden スウェーデン国王 / der Hut *von* meinem Vater《口語》私の父の帽子 (=der Hut meines Vaters) / Sie ist Mutter *von* drei Kindern. 彼女は3人の子供の母親だ / ein Freund *von* mir《口語》私の友人のひとり / ein Roman *von* Thomas Mann トーマス・マンの長編小説.
⑧《受動文の行為者》…によって, …から. Er wurde *von* seinem Lehrer gelobt.《受動・過去》彼は先生にほめられた.
⑨《原因・手段》…のために, …によって. Ich bin erschöpft *von* der Arbeit. 私は仕事がくたくただ / *von* dem Lärm erwachen 騒音で目が覚める / Das ist *von* Hand hergestellt.《状態受動・現在》それは手作りだ.
⑩《テーマ・対象》…について, …のことを. *von* 囲³ sprechen 囲³について話す / Er berichtete *von* seinen Erlebnissen. 彼は自分の経験を報告した.
⑪《観点》…について言えば, …の点では. Sie ist schön *von* Gestalt. 彼女はスタイルがいい / Was sind Sie *von* Beruf? あなたの職業は何ですか / Das ist sehr nett *von* Ihnen. それはどうもご親切に.
⑫《性質》…の[ある]. eine Frau *von* großer Schönheit とても美しい女性 / Das ist *von* besonderer Bedeutung. それは特に重要だ.
⑬《数量を表す語句とともに》…の. ein Abstand *von* fünf Metern 5メートルの間隔 / Städte *von* über 50 000 Einwohnern 人口5万人以上の都市.
⑭《素材》…でできた, …製の. ein Ring *von* Gold 金の指輪 / Der Einband ist *von* Leder. この本の装丁は革製だ.
⑮《名前の一部で》Johann Wolfgang *von* Goethe ヨーハン・ヴォルフガング・フォン・ゲーテ.《✍》von は元来貴族の身分を表した).
⑯《特定の動詞・形容詞とともに》*von* 人・事³ ab|hängen 人・事³に依存する / 人⁴ *von* 事³ überzeugen 人⁴に事³を納得させる / *von* 人・事³ abhängig sein 人・事³に依存している / *von* 事³ überzeugt sein 事³を確信している.

von̸ein·an·der [ふォン・アイナンダァ fɔn-aɪnándər] 副 お互いに, お互いのことについて; お互いから. Sie sind *voneinander* abhängig. 彼らはお互いに依存し合っている / Sie können sich nicht *voneinander* tren-

von=nö・ten [フォン・ネーテン] 副〖成句的に〗 *vonnöten* sein 必要である. Eile ist *vonnöten*. 急がないといけない.

von=sei・ten, von Sei・ten [フォン・ザイテン] 前〖2格とともに〗…の側から. *vonseiten* des Klägers 原告側から.

von・stat・ten.. ☞ vonstatten|gehen

von・stat・ten|ge・hen [フォンシュタッテン・ゲーエン fɔnʃtátən-gèːən] 自(s) ① 行われる, 開催される. Wann *geht* die Feier *vonstatten*? その祝賀パーティーはいつ行われますか. ② (ある事が)進む, はかどる.

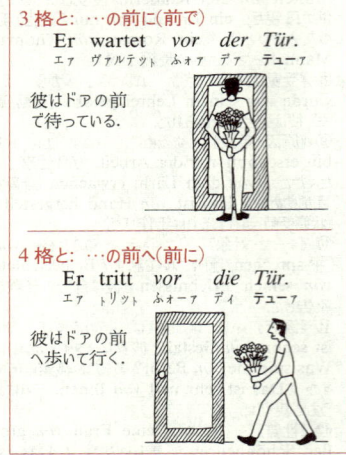

＊＊＊vor [フォーァ fóːr]

〖3格と: …の前に(前で)〗
Er wartet *vor der Tür*.
エア ヴァルテット フォァ デァ テューァ
彼はドアの前で待っている.

〖4格と: …の前へ(前に)〗
Er tritt *vor die Tür*.
エア トリット フォァ ディ テューァ
彼はドアの前へ歩いて行く.

I 前〖3格・4格とともに〗(口語では定冠詞と融合して vorm (←vor dem), vors (←vor das)となることがある) ① 〘空間的に〙㋐〘どこに〙〖3格と〗…の前に, …の手前に. (英 *in front of*). (⇔ 「…の後ろに」は hinter). Die Stehlampe steht *vor dem* Sofa. フロアランプはソファーの前にある / *vor dem* Café 喫茶店の前に / *vor* vielen Zuschauern 大勢の観客の前で / kurz *vor der* Grenze 国境のすぐ手前に / *vor der* Tür ドアの外で, 戸外で / *vor der* Stadt wohnen 郊外に住んでいる / Plötzlich stand sie *vor* mir. 突然彼女が私の前に立っていた / Die Prüfung liegt *vor* ihm. 彼はその試験を目前にしている / 慣⁴ *vor* sich³ haben 慣⁴(仕事など)を済ませなければならない.

㋑〘どこへ〙〖4格と〗…の前へ, …の手前へ. Hans stellt die Stehlampe *vor das* Sofa. ハンスはフロアランプをソファーの前に置く / *vor den* Altar treten 祭壇の前へ進み出る / *sich*⁴ *vor* 人⁴ setzen 人⁴の前に座る / Er stellte das Auto *vor das* Haus. 彼は車を家の前に止めた / *vor sich*⁴ *hin* ひとりでに, あてもなく ⇨

*vor sich*⁴ *hin* murmeln (sprechen) ぶつぶつひとりでつぶやく(しゃべる) / *vor sich*⁴ *gehen* a) 起こる, b) 行われる.

② 〘時間的に〙〖3格と〗…前に; …の前に. (英 *before*). (⇔ 「…のあとに」は nach). *vor* drei Tagen 3日前に / drei Tage *vor* seinem Tod 彼の死の3日前に / *vor dem* Essen 食事の前に / *vor* kurzem (または Kurzem) ついこの間 / im Jahre 200 *vor* Christi Geburt 紀元前200年に / Es ist fünf [Minuten] *vor* zehn. 10時5分前です / Seine Frau ist *vor* ihm gestorben. 〘現在完了〙彼の妻は彼より早く死んだ.

③ 〘優先〙〖3格と〗…より先に. den Vorrang *vor* 人・事³ haben 人³より優位にある, 事³に優先する / Ich war *vor* Ihnen an der Reihe! 私があなたより順番が先でしたよ / *vor allem* または *vor* allen Dingen とりわけ, 特に.

④ 〘原因〙〖3格と〗…のあまり. *vor* Freude (Angst) 喜び(心配)のあまり / Er zitterte *vor* Kälte. 彼は寒くてがたがた震えた. (⇔ vor のあとの名詞は無冠詞).

⑤ 〘恐れ・用心などの対象〙〖3格と〗…に対して. *vor* 人³ Furcht⁴ (Respekt⁴) haben 人³に恐れ(尊敬の念)をいだく / *sich*⁴ *vor* 人³ schämen 人³に対して恥ずかしく思う / Schütze dich *vor* Erkältung! 風邪をひかないようにしなさい.

II 副 ① 前へ. Einen Schritt *vor*! (号令で:) 1歩前へ! / Ich konnte weder *vor* noch zurück. 私はにっちもさっちもいかなくなった. ② 〖成句的に〗 *nach wie vor* 相変わらず.

vor.. [フォーァ.. fóːr..] 〖分離動詞の 前つづり; つねにアクセントをもつ〗 ① 〘前へ〙 例: *vor|verlegen* 前へずらす. ② 〘事前〙 例: *vor|arbeiten* 前もって仕事する. ③ 〘優勢〙 例: *vor|wiegen* 勝っている. ④ 〘模範〙 例: *vor|machen* 手本を示す. ⑤ 〘予防〙 例: *vor|beugen* 予防する.

Vor.. [フォーァ.. fóːr..] 〖名詞などにつける 接頭〙 ① 〘(空間的に)前の〙 例: *Vorraum* 控え室. ② 〘(時間的に)前の〙 例: *Vormittag* 午前. ③ 〘優勢〙 例: *Vorliebe* 偏愛. ④ 〘模範〙 例: *Vorbild* 模範.

vor=ab [フォーァ・アップ] 副 まず[第一に], さしあたって, 前もって.

Vor=abend [フォーァ・アーベント] 男 -s/-e (祭り・事件などの)前夜;《比》直前の時期. am *Vorabend* der Revolution² 革命の前夜(直前)に.

Vor=ah・nung [フォーァ・アーヌング] 女 -/-en (不吉な)予感, 虫の知らせ.

vor・an [フォラン forán] 副 ① 先に[立って], 先頭に. *voran* der Vater, die Kinder hinterher 先頭を父親が, 後ろから子供たちが続いて. ② 前方へ, 先へ. Immer langsam *voran*! あわてずにゆっくりやりなさい.

vor・an|ge・hen* [フォラン・ゲーエン forángeːən] 自 (s) ① 先頭に立って行く. ② (事³に)先だって行われる, 先行する. Dem Beschluss *gingen* lange Diskussionen *voran*.

その決定に先だって長い討論が行われた. ◇《現在分詞の形で名詞的に》**im** *Vorangehenden* 前述の箇所で. ③ (仕事などが)はかどる, 進展する.

vor·an|kom·men* [ふォラン・コンメン forán-kɔmən] 面 (s) ① 前へ(先へ)進む. ② 《比》(仕事などが)はかどる.

Vor·an·kün·di·gung [ふォーァ・アンキュンディグング] 因 -/-en 事前通告, 予告.

Vor·an·mel·dung [ふォーァ・アンメるドゥング] 因 -/-en 予約申し込み; 指名通話(パーソナルコール)の申し込み.

Vor·an·schlag [ふォーァ・アンシュらーク] 男 -[e]s/..schläge 《経》見積り.

vor·an|stel·len [ふォラン・シュテれン foránʃtɛlən] 他 (h) (謝辞など[4]を)冒頭に置く.

Vor·an·zei·ge [ふォーァ・アンツァイゲ] 因 -/-n (新刊本・映画・芝居などの)予告[編].

Vor·ar·beit [ふォーァ・アルバイト] 因 -/-en 準備作業.

vor·ar·bei·ten [ふォーァ・アルバイテン fó:rarbaɪtən] I 面 (h) ① (あとで休みをとるために)前もって(あらかじめ)仕事をしておく. ② 準備作業をする. II 再帰 (h) *sich*[4] *vorarbeiten* 努力して上位に進出する, 苦労して前へ進む.

Vor·ar·bei·ter [ふォーァ・アルバイタァ] 男 -s/- (職場の)職長, 主任, 班長. (女性形: -in).

Vor·arl·berg [ふォーァ・アルるベルク fó:rarlbɛrk または ..べルク] 田 -s/ 《地名》フォーアアルルベルク(オーストリア9州の一つ. 州都はブレーゲンツ).

vor·aus [ふォラオス foráʊs] 副 ① 先に, 先行して, 先頭に. Geh *voraus*! 先を歩きなさい / 人·物[3] *voraus* sein 《比》人·物[3]に勝っている ⇒ Im Rechnen ist sie ihm *voraus*. 計算にかけては彼女は彼よりすぐれている / Sie war ihrer Zeit weit *voraus*. 彼女は時代にはるかに先んじていた. ② 《海》前方へ.
③ [ふォラオス fó:raʊs] 《成句的に》**im** *Voraus* 前もって, あらかじめ ⇒ Besten Dank im *Voraus*! お手数をおかけします (←あらかじめの謝意を表する) / **zum** *Voraus* (^ス^^イ^) 前もって, あらかじめ.

vor·aus.. [ふォラオス.. foráʊs..] 《分離動詞の前つづり》つねにアクセントをもつ《先に・先行して》 例: *voraus*|setzen 前提とする.

vor·aus|ah·nen [ふォラオス・アーネン foráʊsà:nən] 他 (h) (不幸など[4]を)予感する.

vor·aus|be·rech·nen [ふォラオス・べレヒネン foráʊs-bərɛçnən] (過分 vorausberechnet) 他 (h) あらかじめ算定する, 見積もる.

vor·aus|be·stim·men [ふォラオス・べシュティンメン foráʊs-bəʃtɪmən] (過分 vorausbestimmt) 他 (h) あらかじめ決める, 予定する.

vor·aus|be·zah·len [ふォラオス・べツァーれン foráʊs-bətsà:lən] (過分 vorausbezahlt) 他 (h) (家賃など[4]を)前払いする.

Vor·aus·be·zah·lung [ふォラオス・べツァールング] 因 -/-en 前払い, 前納.

vor·aus|ge·hen* [ふォラオス・ゲーエン foráʊs-gè:ən] 面 (s) ① 《人[3]より》先に行く; 先に立って歩く. ② 《事[3]に》先行する. ◇《現在分詞の形で》**im** *vorausgehenden* Kapitel 前の章で. ◇《現在分詞の形で名詞的に》**im** *Vorausgehenden* 上述の箇所で.

vor·aus·ge·setzt [ふォラオス・ゲゼッツト] I voraus|setzen (前提とする)の 過分 II 《成句的に》*vorausgesetzt*, [dass]… …を前提として, もし…ならば.

vor·aus|ha·ben* [ふォラオス・ハーベン foráʊs-hà:bən] 他 (h) 《成句的に》**[vor]** 人[3] 事[4] *voraushaben* 人[3]よりも事[4]で勝れている.

Vor·aus·sa·ge [ふォラオス・ザーゲ] 因 -/-n 予言, 予告, 予報.

vor·aus|sa·gen [ふォラオス・ザーゲン foráʊs-zà:gən] 他 (h) 予言する, 予告する, 予報する.

vor·aus|schau·end [ふォラオス・シャオエント] 形 先見的な, 先見の明のある.

vor·aus|schi·cken [ふォラオス・シッケン foráʊs-ʃɪkən] 他 (h) ① (使者など[4]を)先に行かせる, (手紙など[4]を)先に送っておく. ② 前もって述べる.

vor·aus≠seh·bar [ふォラオス・ゼーバール] 形 予見(予測)可能な.

vor·aus|se·hen* [ふォラオス・ゼーエン foráʊs-zè:ən] 他 (h) 予見する, 予知する, 予測する.

vor·aus|set·zen [ふォラオス・ゼッツェン foráʊs-zètsən] du setzt … voraus (setzte … voraus, *hat* … vorausgesetzt) 他 (定下 haben) ① (条件として 事[4]を) 前提とする, 必要とする. Diese Tat *setzt* großen Mut *voraus*. このことをするにはたいへんな勇気が必要だ. ◇《過去分詞の形で》*vorausgesetzt*, [dass]… …を前提として, もし…ならば. ② (事[4]を当然のこととして)予期する, 当てにする. Er *hatte* ihr Einverständnis *vorausgesetzt*. 彼は彼女の同意が得られるものと思っていた.

die **Vor·aus≠set·zung** [ふォラオス・ゼッツング foráʊs-zɛtsʊŋ] 因 (単) -/(複) -en 前提[条件], [必要]条件, 仮定. 《英》*condition*). die *Voraussetzungen*[4] erfüllen 前提条件を満たす / die *Voraussetzungen*[4] **für** 事[4] schaffen 事[4]のための必要条件を作り出す / unter der *Voraussetzung*, dass… …という前提条件のもとに / **von** falschen *Voraus*setzungen aus|gehen 誤った前提から出発する.

Vor·aus·sicht [ふォラオス・ズィヒト] 因 -/ 先見[の明], 先の見通し. **in** weiser *Voraussicht* (戯) 先見の明で, 賢明にも / aller *Voraussicht*[3] **nach** 十中八九, 見込みでは.

vor·aus·sicht·lich [ふォラオス・ズィヒトリヒ foráʊs-zɪçtlɪç] I 副 おそらく, たぶん, 予想では. 《英》*probably*). Er wird *voraussichtlich* heute noch kommen. おそらく彼はきょうのうちに来るだろう.

II 形 《付加語としてのみ》予想される, 見込まれる. die *voraussichtliche* Ankunft des Zuges 列

車の到着見込み.

Vor=aus=wahl [ふォラオス・ヴァーる] 囡 -/-en 予備選挙.

Vor·aus·zah·len [ふォラオス・ツァーれン fo-ráus-tsà:lən] 他 (h) 前払いする, 前納する.

Vor=aus=zah·lung [ふォラオス・ツァールング] 囡 -/-en 前払い, 前納.

Vor=bau [ふォーア・バオ] 男 -[e]s/-ten ① (建物の)張り出し部分(バルコニー・ベランダなど). ② (口語・比)大きなおっぱい.

vor|bau·en [ふォーア・バオエン fó:r-bàuən] I 他 (h) (建物など³の前面に出窓など⁴を)取り付ける. II 自 (h) (与³に対して)あらかじめ備えをする, 予防措置を講じる.

Vor=be·dacht [ふォーア・ベダハト] 男 [成句的に] **aus** (または **mit** または **voll**) *Vorbedacht* あらかじめよく考えて / **ohne** *Vorbedacht* よく考えもしないで.

Vor=be·deu·tung [ふォーア・ベドイトゥング] 囡 -/-en 前兆, 兆候.

Vor=be·din·gung [ふォーア・ベディングング] 囡 -/-en 前提条件.

Vor=be·halt [ふォーア・べハると] 男 -[e]s/-e 留保, 保留; 条件, 制限. **mit** (または **unter**) *Vorbehalt* 条件つきで / **ohne** *Vorbehalt* 無条件に.

vor|be·hal·ten¹* [ふォーア・べハるテン fó:r-bəhàltən] (區分 vorbehalten) 再帰 (h) *sich*³ 与⁴ *vorbehalten* 与⁴を留保する, さし控える. *Ich behalte mir die Entscheidung bis morgen vor.* 私は明日まで決定を留保します.

vor·be·hal·ten² [ふォーア・べハるテン] I vor|behalten¹ (再帰で: 留保する)の 過分 II 形 留保してある, 残して(取って)ある. 人³ *vorbehalten sein* (または bleiben) 人³のために残されて(留保されて)いる.

vor·be·halt·lich [ふォーア・べハるトりヒ] 前 [2格とともに] 〘官庁〙…を留保して, …を前提(条件)として.

vor·be·halt=los [ふォーアべハると・ろース] 形 留保のない, 無条件の.

***vor=bei** [ふォーア・バイ for-bái または ふォーア・fo:r..] 副 ① (空間的に) 通り過ぎて, そばを通って. (英 past). **an** 人・物³ *vorbei* 人・物³のそばを通り過ぎて ⇒ *Der Wagen war im Nu an uns vorbei.* 車はあっという間に私たちのわきを通り過ぎた / *Der Zug ist schon bei Bonn vorbei.* 列車はもうボンを通過した.

② 《時間的に》過ぎ去って, 終わって. (英 past, over). *Es ist 2 Uhr vorbei.* 2時過ぎだ / *Der Schmerz ist vorbei.* 痛みはなくなった / *Diese Mode ist schon vorbei.* この流行はもうすたれた / *Mit uns ist es vorbei.* 〘口語〙私たちの仲はもうおしまいだ / *[Es ist] aus und vorbei.* もうどうしようもない / *Vorbei ist vorbei.* 済んだことはもうしかたがない.

vor·bei.. [ふォーア・バイ.. for-bái.. または ふォーア・バイ.. fo:r..] 〘分離動詞の 頭つづり〙; つねにアクセントをもつ〙 ① (通過) 例: *vorbei|fahren* (乗り物で)通り過ぎる. ② (立ち寄って) 例: *vorbei|gehen* 立ち寄る.

vor·bei|fah·ren* [ふォーア・バイ・ふァーレン for-bái-fà:rən または ふォーア.. fo:r..] 自 (s) ① 〘**an** 人・物³〙 (人が乗り物で・乗り物が 人・物³のそばを)通り過ぎる. ② 〘**bei** 人・物³〙 〘口語〙 (乗り物で 人・物³のところに)立ち寄る.

vor·bei·ge·gan·gen [ふォーア・バイ・ゲガンゲン または ふォーア..] vorbei|gehen (通り過ぎる)の 過分

vor·bei|ge·hen [ふォーア・バイ・ゲーエン for-bái-gè:ən または ふォーア.. fo:r..] (ging ... vorbei, *ist* ... vorbeigegangen) 自 (完了 sein) ① 通り過ぎる. (英 pass). **an** 人・物³ *vorbei|gehen* a) 人・物³のそばを通り過ぎる, b) (競走で:)人³を追い抜く, c) (比)人・物³に注意を払わない, 人・物³を無視する ⇒ *Man kann an diesen Tatsachen nicht vorbeigehen.* これらの事実は無視できない.

② 〘**bei** 人・物³ ~〙 〘口語〙 (人・物³のところに)立ち寄る. ③ (嵐などが)過ぎ去る, (痛みなどが)消える. ④ (射撃などが)的をはずれる.

Vor·bei·ge·hen [ふォーア・バイ・ゲーエン] 中 [成句的に] **im** *Vorbeigehen* a) 通りすがりに, b) ついでに.

vor·bei·ge·kom·men [ふォーア・バイ・ゲコンメン または ふォーア..] *vorbei|kommen* (通りかかる)の 過分

vor·bei|kom·men [ふォーア・バイ・コンメン forbái-kòmən または ふォーア.. fo:r..] (kam ... vorbei, *ist* ... vorbeigekommen) 自 (完了 sein) ① 通りかかる. (英 pass by). *Kommt der Bus hier vorbei?* そのバスはここを通りますか / **an** 人・物³ *vorbeikommen* 人・物³のそばを通る ⇒ *Wenn wir an einem Restaurant vorbeikommen, wollen wir einkehren.* レストランがあったら入ろうよ.

② 通過できる, (比) 避けて通る. *An dieser Tatsache kommt man nicht vorbei.* この事実を無視するわけにはいかない.

③ 〘[**bei** 人³] ~〙 ([人³のところに])立ち寄る. *Kommen Sie mal bei uns vorbei!* 一度うちに遊びに来てください.

vor·bei|las·sen* [ふォーア・バイ・らッセン forbái-làsən または ふォーア..] 他 (h) 〘口語〙 ① 通してやる. ② (機会など⁴を)逸する, 見逃す.

Vor·bei=marsch [ふォーア・バイ・マルシュ] 男 -[e]s/..märsche 〘ふつう 単〙 分列行進, パレード.

vor·bei|re·den [ふォーア・バイ・レーデン forbái-rè:dən または ふォーア.. fo:r..] 自 (h) 〘**an** 物³ ~〙 ([核心的な]物³に)言及しない, 触れない. *aneinander vorbeireden* 互いに話がすれ違う.

vor·bei|schie·ßen* [ふォーア・バイ・シーセン for-bái-fì:sən または ふォーア.. fo:r..] 自 (h, s) ① (h) 〘**an** 物³ ~〙 (物³を)撃ち(射)そこなう. ② (s) 〘**an** 人・物³ ~〙 (人・物³のそばを)さっと通り過ぎる.

vor·bei|zie·hen* [ふォーア・バイ・ツィーエン for-bái-tsìːən または ［フォーァ..　foːr..］ 圓 (s) ① 【an 人・物³ ～】(行列などが)人・物³のそばを)通り過ぎる. ② 《ﾂ》【an 人³ ～】(人³を)追い抜く.

vor·be·las·tet ［フォーァ・ベラステット］形 (先天的に)ハンディキャップを背負った.

Vor·be·mer·kung ［フォーァ・ベメルクング］囡 -/-en 序文，前書き；(講演などの)前置き.

***vor|be·rei·ten** ［フォーァ・ベライテン fóːr-bəràɪtən) du bereitest ... vor, er bereitet ... vor (bereitete ... vor, hat ... vorbereitet) (= prepare) I 他 (完了 haben) ① (他³の)準備をする，用意をする. Sie bereiten das Fest vor. 彼らは祭りの準備をしている / Sie bereitet das Essen vor. 彼女は食事の支度をしている. ② 〖人⁴ auf (または für) 他⁴ ～〗(人⁴に他⁴の)準備をさせる，心構えをさせる. Der Lehrer bereitet seine Schüler auf (または für) die Prüfung vor. 先生が生徒たちに試験の準備をさせる / 人⁴ auf eine schlechte Nachricht vorbereiten 人⁴に悪い知らせに対する心構えをさせる / Ich war auf diese Frage nicht vorbereitet. 《状態受動・過去》私はこんな質問は予期していなかった.
II 再帰 (完了 haben) sich⁴ vorbereiten ① 〖sich⁴ auf (または für) 他⁴ ～〗(他⁴の)準備をする，心構えをする. Ich muss mich auf (または für) die Prüfung vorbereiten. 私は試験の準備をしなければならない. ② 兆しがある. Ein Gewitter bereitet sich vor. 雷雨が来そうだ.

vor·be·rei·tet ［フォーァ・ベライテット］*vor|-bereiten (準備をする)の 過分

***die* Vor·be·rei·tung** ［フォーァ・ベライトゥング fóːr-bərəɪtʊŋ）囡 (単) -/(複) -en 準備，用意，支度. (= preparation). die Vorbereitung auf (または für) die Prüfung 試験のための準備 / Das Buch ist in Vorbereitung. その本は出版準備中だ / Vorbereitungen⁴ zur Abreise (または für die Abreise) treffen 旅立ちの準備をする.

Vor·be·spre·chung ［フォーァ・ベシュプレヒュング］囡 -/-en 事前の話し合い，打ち合わせ.

vor|be·stel·len ［フォーァ・ベシュテレン fóːr-bəʃtèlən) (過分 vorbestellt) 他 (h) 予約する，前もって注文する.

Vor·be·stel·lung ［フォーァ・ベシュテルング］囡 -/-en 予約[注文].

vor·be·straft ［フォーァ・ベシュトラーフト］形 《官庁》前科のある. zweimal vorbestraft sein 前科2犯である.

vor|beu·gen ［フォーァ・ボイゲン fóːr-bɔ̀ʏɡən) (beugte ... vor, hat ... vorgebeugt) I 他 (完了 haben) (上体など⁴を)前に曲げる，かがめる. (= bend forward). den Kopf vorbeugen 頭を前にたれる. ◇《再帰的に》sich⁴ vorbeugen 前かがみになる，身を乗りだす ⇒ Ich beugte mich vor, um besser sehen zu können. もっとよく見ることができるように私は前かがみになった.
II 自 (完了 haben) (他³の)予防する，防止する. (= prevent). einer Gefahr³ vorbeugen 危険を防止する. ◇《現在分詞の形で》vorbeugende Maßnahmen 予防措置.

Vor·beu·gung ［フォーァ・ボイグング］囡 -/-en 予防，防止；《医》(病気の)予防.

***das* Vor·bild** ［フォーァ・ビルト fóːr-bɪlt] 匣 (単2) -es (まれに -s)(複) -er (3格のみ -ern) 手本，模範，ひな型. (= model). ein gutes Vorbild 良い手本 / Er ist mein Vorbild. 彼は私の模範だ / nach dem Vorbild von 他³ 他³を手本として / sich³ 他⁴ zum Vorbild nehmen 人⁴を範とする.

vor·bild·lich ［フォーァ・ビルトリヒ fóːr-bɪltlɪç］形 手本とすべき，模範的な. (= exemplary). ein vorbildlicher Schüler 模範的な生徒.

Vor·bil·dung ［フォーァ・ビルドゥング］囡 -/ 基礎(予備)知識，素養.

Vor·bo·te ［フォーァ・ボーテ］男 -n/-a 先触れ[の人]；徴候，兆し. ein Vorbote des Frühlings 春の兆し.

vor|brin·gen* ［フォーァ・ブリンゲン fóːr-brɪŋən) 他 (h) ① (願い・質問など⁴を)持ち出す，申し出る，述べる；(言葉・音など⁴を)出す. ② (口語) 前へ持って行く.

Vor·büh·ne ［フォーァ・ビューネ］囡 -/-n (劇) 張り出し舞台，エプロンステージ.

vor·christ·lich ［フォーァ・クリストリヒ］形 《付加語としてのみ》キリスト生誕以前の，西暦紀元前の. (⇔「紀元後の」= nachchrístlich).

vor·da·tie·ren ［フォーァ・ダティーレン fóːr-datìːrən) 他 (h) (手紙など⁴を)実際よりもあとの日付にする.

vor·dem ［フォーァ・デーム］副 ① 《雅》今しがた；以前に. ② 昔，かつて.

vor·der ［フォルダァ fórdər］形 (比較 なし，最上 vorderst)《付加語としてのみ》前の，前の方の，前面の. (= front). (⇔「後ろの」= hinter). die vorderen Zähne 前歯 / der vordere Platz 前の方の席 / Vordere Orient 近東.

Vor·der.. ［フォルダァ fórdar..]《名詞につける接頭》《前部の》例: Vorderrad 前輪.

Vor·der·ach·se ［フォルダァ・アクセ］囡 -/-n (自動車などの)前車軸.

Vor·der·an·sicht ［フォルダァ・アンズィヒト］囡 -/-en (建) 正面[図].

Vor·der·asi·en ［フォルダァ・アーズィエン］匣 -s/ (地名) 西南アジア，近東諸国.

Vor·der·bein ［フォルダァ・バイン］匣 -[e]s/-e (動物の)前脚. (⇔「後ろ脚」= Hinterbein).

Vor·der·deck ［フォルダァ・デック］匣 -[e]s/-s (まれに -e) (海) 前甲板.

Vor·der·front ［フォルダァ・フロント］囡 -/-en (建物の)正面.

Vor·der·fuß ［フォルダァ・フース］男 -es/..füße (動物の)前足. (⇔「後ろ足」= Hinterfuß).

Vor·der·grund ［フォルダァ・グルント］男 -[e]s/..gründe (絵画・舞台などの)前景. (⇔「背景」= Hintergrund). im Vordergrund ste-

vor·der·grün·dig [フォルダァ・グリュンディヒ] 形 うわべだけの, 表面的な, 簡単に見抜ける.

vor≈der≈hand [フォーァァ・デーァ・ハント] 副 目下, さしあたり, 当分の間.

Vor·der≈haus [フォルダァ・ハオス] 中 -es/..häuser (大きな建物の)道路に面した部分.

Vor·der≈mann [フォルダァ・マン] 男 -[e]s/..männer (列・グループの)前にいる(前を行く)人. (女性形: ..frau). ～⁴ auf Vordermann bringen 《口語》～⁴を再びきちんと整える.

Vor·der≈rad [フォルダァ・ラート] 中 -[e]s/..räder (車の)前輪. (⇨「後輪」は Hinterrad).

Vor·der·rad≈an·trieb [フォルダァラート・アントリープ] 男 -[e]s/ (自動車などの)前輪駆動.

Vor·der≈satz [フォルダァ・ザッツ] 男 -es/..sätze ① 〔言〕前置文. ② 〔音楽〕前楽節.

Vor·der≈sei·te [フォルダァ・ザイテ] 女 -/-n 前面, 正面, 表側. (⇨「背面」は Rückseite).

Vor·der≈sitz [フォルダァ・ズィッツ] 男 -es/-e (自動車の)前部座席, フロントシート. (⇨「後部座席」は Hintersitz, Rücksitz).

vor·derst [フォルダァスト fɔ́rdərst] (*vorder の最上) 《付加語としてのみ》いちばん前の, 最前方の. der vorderste Platz 最前列の座席 / die vorderste Front 最前線.

Vor·der≈teil [フォルダァ・タイル] 中 男 -[e]s/-e 前部.

Vor·der≈tür [フォルダァ・テューァ] 女 -/-en フロントドア, 正面玄関のドア.

vor·drän·gen [フォーァ・ドレンゲン fóːrdrɛŋən] I 再帰 sich⁴ vordrängen 人を押しのけて前へ進み出る; 《比》出しゃばる. II 自 (h) (押し合いながら)前に進む.

vor·drin·gen [フォーァ・ドリンゲン fóːrdrɪŋən] 自 (s) ① (…へ)突き進む, 進出する. ② 《比》(思想などが)広まる, 流布する.

vor≈dring·lich [フォーァ・ドリングリヒ] 形 緊急の, さし迫った. eine vordringliche Aufgabe 緊急の課題.

Vor≈dring·lich·keit [フォーァ・ドリングリヒカイト] 女 -/ 緊急性; 重要性.

Vor≈druck [フォーァ・ドルック] 男 -[e]s/-e ① (官庁などの)記入用紙. ② 〔印〕見本刷り.

vor≈ehe·lich [フォーァ・エーエリヒ] 形 結婚前の, 婚前の.

vor≈ei·lig [フォーァ・アイリヒ] 形 性急な, せっかちな.

vor≈ein·an·der [フォーァ・アイナンダァ] 副 互いに向かい合って; 互いに[対して]. Sie haben keine Geheimnisse voreinander. 彼らは互いに何の秘密もない.

vor≈ein·ge·nom·men [フォーァ・アインゲノンメン] 形 先入観にとらわれた, 偏見を持った. gegen 人・物⁴ voreingenommen sein 人・物⁴ に対して先入観を持っている.

Vor≈ein·ge·nom·men·heit [フォーァ・アインゲノンメンハイト] 女 -/ ① 〔園〕 なし 先入観にとらわれたこと. ② 〔書〕 先入観, 偏見.

Vor≈el·tern [フォーァ・エルタァン] 複 祖先.

vor|ent·hal·ten* [フォーァ・エントハルテン fóːr-ɛnthàltən] (過分 vorenthalten) 他 (h) (人³に 物⁴を不当にも)渡さない, 知らせない. 人³ nichts vorenthalten 人³に何もかも話す.

Vor≈ent·schei·dung [フォーァ・エントシャイドゥング] 女 -/-en 仮決定; 《スポ》予選.

Vor≈ent·wurf [フォーァ・エントヴルフ] 男 -[e]s/..würfe 予備設計(構想), 草案.

vor≈erst [フォーァ・エーァスト fóːre・rst または ..エーァスト] 副 さしあたり, とりあえず, 当分の間. Vorerst tun wir nichts. さしあたり私たちは何もしない.

vor≈er·wähnt [フォーァ・エァヴェーント] 形 《付加語としてのみ》前述の, 上記の.

Vor≈fahr [フォーァ・ファール] 男 -en/-en 祖先, 先祖. (女性形: -in).

vor|fah·ren* [フォーァ・ファーレン fóːr-fàːrən] I 自 (s) ① (玄関先などに)乗りつける. ② (乗り物で)少し先へ移動する. ③ 《口語》(乗り物で)先に行く. ④ 《交通》(通行の)優先権がある. II 他 (h) ① (乗り物⁴を)玄関先まで乗りつける. ② (乗り物⁴を)少し先へ移動する.

die **Vor≈fahrt** [フォーァ・ファールト fóːrfaːrt] 女 〔単〕 -/ 《交通》(交差点での) 優先通行権. [die] Vorfahrt⁴ haben 通行の優先権がある.

Vor·fahrts≈stra·ße [フォーァファールツ・シュトラーセ] 女 -/-n 《交通》優先通行権のある道路.

der **Vor≈fall** [フォーァ・ファル fóːr-fal] 男 〔単2〕 -[e]s/〔複〕 ..fälle [..ふェレ] (3 格のみ ..fällen) ① (不意の) 出来事, 突発)事件, 事故. 《英》incident. ein aufregender Vorfall 人騒がせな事件. ② 〔医〕脱出[症], ヘルニア.

Vor≈fäl·le [フォーァ・フェレ] Vorfall (出来事)の 複.

vor|fal·len* [フォーァ・ファレン fóːr-fàlən] 自 (s) ① (事件・事故などが)起こる, 突発する. Er tat, als ob nichts vorgefallen wäre.《接 2·過去》彼はあたかも何事もなかったかのようなふりをした. (⇨ 類語 geschehen). ② 前へ倒れる, 前へ落ちる. ③ 〔医〕(体内の器官が体外へ)脱出する.

Vor≈fei·er [フォーァ・ファイアァ] 女 -/-n 前夜祭, 前祝い.

Vor≈feld [フォーァ・フェルト] 中 -[e]s/-er ① (ある場所・地域の)前方; 〔軍〕前地. im Vorfeld 前段階で. ② 〔言〕(文の)前域.

vor|fer·ti·gen [フォーァ・フェルティゲン fóːr-fɛrtɪɡən] 他 (h) (組立部品として)前もって作る, プレハブ方式で作る.

Vor≈film [フォーァ・ふィルム] 男 -[e]s/-e (メインの映画作品の前に上映される)短編映画.

vor|fin·den* [フォーァ・ふィンデン fóːr-fɪndən] **I** 他 (h) (人・物⁴が)いる(ある)のを見いだす. Ich *fand* eine große Unordnung im Wohnzimmer *vor*. 居間はたいへんな乱雑ぶりだった. **II** 再帰 (h) *sich⁴ vorfinden* (自分が…に)いるのに気づく, 見いだされる, 存在する.

Vor·freu·de [フォーァ・フロイデ] 女 -/-n 待望むうれしさ, 期待感.

Vor·füh·ling [フォーァ・フリューリング] 男 -s/-e 早春.

vor|füh·len [フォーァ・フューーレン] fó:*r*-fy̌:lən] 自 (h) 《[**bei** 人³] ~》([人³に)あらかじめ探りを入れる, (人³の)意向を打診する(尋ねる).

vor|füh·ren [フォーァ・フューレン fó:*r*-fy̌:rən] (führte … *hat* … vorgeführt) (完了) haben) ① (商品・新居など⁴を)見せる, 披露する, 展示する. (英 show). Sie *führte* dem Kunden verschiedene Geräte *vor*. 彼女は客にいくつかの器具を出して見せた.
② 上映(上演)する, 実演してみせる. einen Film *vorführen* 映画を上映する. ③ (患者・囚人など⁴を[人³に])連れて行く. einen Kranken dem Arzt *vorführen* 病人を医者に連れて行く. ④ 《口語》(人⁴に)恥をかかせる.

Vor·führ·raum [フォーァフューァ・ラオム] 男 -[e]s/..räume 映写室.

Vor·füh·rung [フォーァ・フューールング] 女 -/-en ① 人の前へ連れ出すこと. ② 上映, 上演; 披露, 展示. ③ 《法》拘引(こういん).

Vor·führ·wa·gen [フォーァフューァ・ヴァーゲン] 男 -s/- 展示(試乗)車.

Vor·ga·be [フォーァ・ガーベ fó:*r*-ga:bə] 女 -/-n ① 《スポ》(ゴルフなどの)ハンディキャップ. ② (あらかじめ設定された)規準. ③ 《経》履行基準時間.

der **Vor·gang** [フォーァ・ガング fó:*r*-gaŋ] 男 (単2) -[e]s/(複) ..gänge [..ゲンゲ] (3格のみ ..gängen) ① (出来事の)経過, 成り行き; 事象. (英 process). 人³ einen *Vorgang* genau schildern 人³に事の成り行きを正確に説明する. ② (官庁)(総称として:)関係書類.

Vor·gän·ge [フォーァ・ゲンゲ] Vorgang (経過)の 複.

Vor·gän·ger [フォーァ・ゲンガァ] 男 -s/- 前任者, 先任者. (女性形: -in).

Vor·gar·ten [フォーァ・ガルテン] 男 -s/..gärten 前庭.

vor|gau·keln [フォーァ・ガオケルン fó:*r*-gàukəln] 他 (h) (人³に事⁴を)本当だと思わせる, 巧みに信じ込ませる.

vor|ge·ben* [フォーァ・ゲーベン fó:*r*-gè:bən] 他 (h) ① 《口語》(人³に物⁴を)さし出す, 提出する. ② (事⁴を)口実にする; (…とうそをつく. ◇《**zu** 不定詞[句]とともに》Er *gab vor*, krank gewesen zu sein. 彼は病気だったからだとうそをついた. ③ 《スポ》(人³に得点など⁴を)ハンディキャップとして与える. ④ (基準など⁴を)前もって定める.

Vor·ge·beugt [フォーァ・ゲボイクト] vor|beugen (前に曲げる)の 過分.

Vor·ge·bir·ge [フォーァ・ゲビルゲ] 中 -s/- (高山を後に控えた)前山(ぜんざん), 山麓(さんろく)の丘陵.

vor·geb·lich [フォーァ・ゲープリヒ] **I** 形 自称の, 表向きの, 見せかけの, いわゆる. eine *vorgebliche* Krankheit 仮病. **II** 副 …と称している. Er war *vorgeblich* verreist. 彼は旅行中だったことになっている.

vor·ge·fasst [フォーァ・ゲファスト] 形 《付加語としてのみ》あらかじめ心にいだいた(考えなど). die *vorgefasste* Meinung 先入観, 偏見.

Vor·ge·fühl [フォーァ・ゲフュール] 中 -[e]s/-e 予感, 虫の知らせ.

vor·ge·führt [フォーァ・ゲフュールト] vor|führen (見せる)の 過分.

vor·ge·gan·gen [フォーァ・ゲガンゲン] vor|gehen (前に進む)の 過分.

vor·ge·habt [フォーァ・ゲハープト] *vor|haben (予定している)の 過分.

vor|ge·hen* [フォーァ・ゲーエン fó:*r*-gè:ən] (ging … *vor*, *ist* … vorgegangen) 自 (完了) sein) ① 前に進む, 進み出る; 《軍》進撃する. (英 *go forward*). an die Tafel *vorgehen* 黒板の所へ出て行く / zum Altar *vorgehen* 祭壇へ進み出る.
② 《口語》先に行く, 先発する. 人⁴ *vorgehen lassen* 人⁴を先に行かせる.
③ (時計が)進んでいる. (⇔ 「時計が)遅れている」は nach|gehen). Meine Uhr *geht* fünf Minuten *vor*. 私の時計は5分進んでいる.
④ (…な)処置をする, 態度をとる, 手を打つ. gerichtlich *gegen* die Schuldigen *vorgehen* 罪人に対して法的処置をとる.
⑤ 起こる, 生じる. Was *geht* hier *vor*? ここで何が起こったのか. ⑥ (順位などが)先行する, 優先する. Die Gesundheit *geht vor*. 何よりも健康が大事だ.

Vor·ge·hen [フォーァ・ゲーエン] 中 -s/ やり方, 行動, 処置.

vor·ge·kom·men [フォーァ・ゲコンメン] *vor|kommen (起こる)の 過分.

vor·ge·la·gert [フォーァ・ゲラーガァト] 形 (物³の)前方に横たわっている(ある). die der Küste³ *vorgelagerten* Inseln 岸辺の前方に横たわる島々.

vor·ge·legt [フォーァ・ゲレークト] vor|legen (提示する)の 過分.

vor·ge·le·sen [フォーァ・ゲレーゼン] vor|lesen (読んで聞かせる)の 過分.

vor·ge·nannt [フォーァ・ゲナント] 形 《付加語としてのみ》《官庁》前述の, 上記の.

vor·ge·nom·men [フォーァ・ゲノンメン] vor|nehmen (再帰 で 企てる)の 過分.

Vor·ge·richt [フォーァ・ゲリヒト] 中 -[e]s/-e 前菜, オードブル (= Vorspeise).

vor·ge·rückt [フォーァ・ゲリュックト] **I** vor|rücken (前方へ動かす)の 過分 **II** 形 (年令・時刻が)先へ進んだ. eine Dame in *vorgerücktem* Alter 《雅》かなり年輩の婦人 / zu *vorgerückter* Stunde 《雅》夜更けに.

Vor·ge·schich·te [フォーァ・ゲシヒテ] 囡 -/-n ① 《呼なし》先史時代, 有史以前; 先史学. ②（それまでの）いきさつ, 前史; 前歴. ③《医》既往歴.

vor·ge·schicht·lich [フォーァ・ゲシヒトリヒ] 形 先史時代の, 有史以前の.

vor·ge·schla·gen [フォーァ・ゲシュらーゲン] *vor|schlagen (提案する)の 過分

Vor·ge·schmack [フォーァ・ゲシュマック] 男 -[e]s/ 事前の感触(気分・雰囲気).

vor·ge·schrit·ten [フォーァ・ゲシュリッテン] I vor|schreiten (はかどる)の 過分 II 形《雅》(年令・時刻が)先へ進んだ. im *vorgeschrittenen* Alter かなり年輩の.

vor·ge·se·hen [フォーァ・ゲゼーエン] vor|sehen (予定している)の 過分

Vor·ge·setz·te[r] [フォーァ・ゲゼッツテ(..タァ)] 男 囡《語尾変化は形容詞と同じ》上司, 上役. mein unmittelbarer *Vorgesetzter* 私の直接の上司.

vor·ge·stellt [フォーァ・ゲシュテルト] *vor|stellen (紹介する)の 過分

**vor·ges·tern [フォーァ・ゲスタァン fóːrgestərn] 副 ① 一昨日, おととい. (英 *the day before yesterday*). *vorgestern* Abend おとといの晩 / die Zeitung von *vorgestern* おとといの新聞. ②《成句的に》von *vorgestern*《口語》時代遅れの.

vor·gest·rig [フォーァ・ゲストリヒ] 形 ①《付加語としてのみ》一昨日の, おとといの. am *vorgestrigen* Montag おとといの月曜日に. ②《口語》時代遅れの, 古くさい.

vor·ge·tra·gen [フォーァ・ゲトラーゲン] vor|tragen (演奏する)の 過分

vor·ge·wor·fen [フォーァ・ゲヴォるフェン] vor|werfen (非難するの) 過分

vor·ge·zo·gen [フォーァ・ゲツォーゲン] vor|ziehen (より好む)の 過分

vor|grei·fen* [フォーァ・グライフェン fóːrgraifən] 自(h) ① つかもうとして(手・腕を)前に伸ばす. auf Geld *vorgreifen*《比》お金を前借りする. ②（事³を）先取りする; (人³に）先んじて言う, (人³の）機先を制する.

Vor·griff [フォーァ・グリふ fóːr-grɪf] 男 -[e]s/-e 先取り.

**vor|ha·ben* [フォーァ・ハーベン fóːrhàːbən] du hast…vor, er hat…vor (hatte…vor, *hat*…vorgehabt) 他《完了》haben) ① 《事⁴を》予定している, 計画している. (英 *plan*). Hast du heute Abend schon etwas vor? 君は今晩もう何か予定があるの / Er hat eine Reise vor. または Er hat vor, eine Reise zu machen. 彼は旅行をするつもりだ.
②《口語》(エプロンなど⁴を体の前にの)つけている.
③《口語》(人⁴を)なじる, 責めたてる.
　|類語 vor|haben: (近々)予定している. **beabsichtigen**: 意図する,…するつもりである. **planen**: 計画する.

das Vor·ha·ben [フォーァ・ハーベン fóːr-haːbən] 中 (単2) -s/(複) -計画, 企て, もくろみ. (英 *plan*). ein *Vorhaben*⁴ aus|führen (または durch|führen) 計画を遂行する.

Vor·hal·le [フォーァ・はれ] 囡 -/-n 玄関ホール, 入口の間; (ホテルなどの)ロビー, ラウンジ.

vor|hal·ten* [フォーァ・ハるテン fóːrhàltən] I 他 (h) ① 前に当てがう, 《語》前に差し出す. [sich³] beim Husten die Hand⁴ *vorhalten* せきをするとき手を口に当てる / 人³ einen Spiegel *vorhalten* 人³の前に鏡を差し出す. ◇《過去分詞の形で》人³ mit *vorgehaltener* Pistole drohen ピストルを前に構えて人³を脅す. ③ (人³の 事⁴を)責める, 非難する. II 自 (h)《口語》蓄えなどが持ちこたえる, 長持ちする; (効果などが長く)持続する.

Vor·hal·tung [フォーァ・はるトゥング] 囡 -/-en《ふつう 複》非難, 叱責(しっせき). 人³ *Vorhaltungen*⁴ machen 人³を叱責する.

Vor·hand [フォーァ・ハント] 囡 -/ ①《スポ》(テニス・卓球などの)フォアハンド[ストローク]. (英え 「バックハンド」を Rückhand). ②《少》先手の権利・位置〕. die *Vorhand*⁴ haben または in der *Vorhand* sein a) 先手である, b) 《比》優先権を持つ. ③ (特に馬の)前半身.

vor·han·den [フォーァ・ハンデン fóːr-handən] 形 手元にある, 存在する, 現存の. die *vorhandenen* Lebensmittel 蓄えてある食料 / Von den Waren ist nichts mehr *vorhanden*. その品物はもう残っていない.

Vor·han·den·sein [フォーァハンデン・ザイン] 中 -s/ 現存, 存在.

der Vor·hang [フォーァ・ハング fóːr-haŋ] 男 (単2) -[e]s/(複) ..hänge [..ヘンゲ] (3格のみ ..hängen) (厚地の)カーテン; (舞台の)幕, 緞帳(どんちょう). (英 *curtain*). (英え 「薄地のカーテン」は Gardine). der Eiserne *Vorhang*《政》(東西冷戦時代の)鉄のカーテン (チャーチルの言葉) / den *Vorhang* auf|ziehen (zu|ziehen) カーテンを開いて開ける(閉める) / Der *Vorhang* fällt (geht auf). 幕が下りる(上がる).

Vor·hän·ge [フォーァ・ヘンゲ] Vorhang (カーテン)の 複

vor|hän·gen [フォーァ・ヘンゲン fóːr-hèŋən] 他 (h) 前に掛ける(たらす); (ドアのチェーンなど⁴を)掛ける.

Vor·hän·ge·schloss [フォーァヘンゲ・シュろス] 中 -es/..schlösser 南京(なんきん)錠.

Vor·haut [フォーァ・ハオト] 囡 -/..häute《医》(ペニスの)包皮.

*vor·her [フォーァ・ヘーァ foːrhéːr または フォーァ・..] 副 ① それ以前に, その前に. (英 *before*). am Tag *vorher* 前日に / einige Tage *vorher* 数日前に / kurz (lange) *vorher* 少し前(ずっと前)に / *Vorher* sah alles anders aus. 以前は何もかも違って見えた.
② 前もって, あらかじめ. Warum hast du mir das nicht *vorher* gesagt? どうしてそのことをあらかじめ私に言ってくれなかったのか.

vor·her|be·stim·men [フォーァヘーァ・ベ

シュテインメン fo:rhé:r-bəʃtìmən] (過分 vorherbestimmt) (h) 《神・運命などが》定める，運命づける．(⇦ ふつう過去分詞の形で用いられる).

vor·her|ge·hen* [フォーァヘーァ・ゲーエン fo:rhé:r-gè:ən] 圓 (s) 《圓³より》先に起こる，先行する．

vor·her·ge·hend [フォーァヘーァ・ゲーエント] I vorher|gehen (先に起こる)の 現分 II 形 すぐ前の，先行する． am *vorhergehenden* Abend 前の晩に．◊《名詞的に》im *Vorhergehenden* 前述の箇所で．

vor·he·rig [フォーァ・ヘーリヒ fo:-hé:rɪç または フォーァ..] 形《付加語としてのみ》前の，前もっての． am *vorherigen* Tag 前の日に．

Vor⸗herr·schaft [フォーァ・ヘルシャフト] 女 -/ 優位，優勢；主導権．um die *Vorherrschaft* kämpfen 主導権を争う．

vor|herr·schen [フォーァ・ヘルシェン fó:rhɛ̀rʃən] 圓 (h) 優勢(有力)である，支配的である，広く行なわれている．◊《現在分詞の形で》die damals *vorherrschende* Mode 当時支配的だったファッション．

Vor·her⸗sa·ge [フォーァヘーァ・ザーゲ] 女 -/-n 予測，予言；〚天気〛予報．

vor·her|sa·gen [フォーァヘーァ・ザーゲン fohé:r-zà:gən] 他 (h) 予測して言う，予言する；〚天気⁴を〛予報する．

vor·her|se·hen* [フォーァヘーァ・ゼーエン fo:rhé:r-zè:ən] 他 (h) 予見する，予知する．

vor⸗hin [フォーァ・ヒン fo:r-hín または フォーァ..] 副 たった今，つい先ほど，ほんの少し前．Ich habe ihn *vorhin* noch gesehen. つい先ほど私は彼を見かけた．(⇨ 類語 kürzlich).

Vor⸗hin·ein [フォーァ・ヒナイン] 中 《成句的に》im *Vorhinein*《南ドュ・オュストリ》前もって，あらかじめ．

Vor⸗hof [フォーァ・ホーフ] 男 -[e]s/..höfe ①〚医〛心房；（内耳などの）前庭． ②《建物の》前庭．

Vor⸗hut [フォーァ・フート] 女 -/-en《軍》前衛［部隊］．

vo·rig [フォーリヒ fó:rɪç] 形 ①《付加語としてのみ》この前の，先の．(英 previous). im *vorigen* Jahr 昨年／am 3. (=dritten) *vorigen* Monats 先月の3日に／Die Konferenz fand in der *vorigen* Woche statt. 会議は先週開催された．◊《名詞的に》wie **im** *Vorigen* 上で述べたように．②《少》残りの，余った．物⁴ *vorig* lassen 物⁴を残す．

Vor⸗jahr [フォーァ・ヤール] 中 -[e]s/-e 昨年，前年．

vor⸗jäh·rig [フォーァ・イェーリヒ] 形《付加語としてのみ》昨年の，前年の．

Vor⸗kämp·fer [フォーァ・ケンプファァ] 男 -s/- 先駆者，パイオニア．(女性形: -in).

vor|kau·en [フォーァ・カオエン fó:r-kàuən] 他 (h) ①《幼児⁵に物⁴を》かんで与える．②《口語》《物⁴を》かんで含めるように説明する．

Vor·kaufs⸗recht [フォーァカオフス・レヒト] 中 -[e]s/-e〚法〛先買(さきがい)権．

Vor·keh·rung [フォーァ・ケールング] 女 -/-en 《ふつう複》備え，準備，予防［措置］. geeignete *Vorkehrungen*⁴ treffen 適切な予防措置を講ずる．

Vor⸗kennt·nis [フォーァ・ケントニス] 女 -/..nisse 《ふつう複》予備知識．

vor|knöp·fen [フォーァ・クネプフェン fó:r-knœpfən] 再帰 (h)《口語》① *sich*⁴ *vorknöpfen* 人⁴をとっちめる，しかりつける．② *sich*³ 事⁴ *vorknöpfen* 事⁴に懸命に取り組む．

vor|ko·chen [フォーァ・コッヘン fó:r-kɔ̀xən] 他 (h)（温めて食べられるように食事⁴を）前もって調理しておく；下調理する．

vor|kom·men [フォーァ・コンメン fó:r-kɔ̀mən] (kam...vor, *ist*...vorgekommen) 圓 (完了 sein) ①（不快なことなどが）起こる，生じる；（人³の）身に起こる．(英 happen). Solche Fehler *kommen* häufig *vor*. このような間違いはよく起こる／So etwas *ist* mir noch nicht *vorgekommen*.《現在完了》私はまだそのような目に遭ったことがない．

②（人³にとって…のように）思われる．Diese Frau *kommt* mir bekannt *vor*. この女性には会ったことがあるような気がする．◊《非人称の **es** を主語として》Es *kommt* mir *vor*, als ob... 私はまるで…であるような気がする．◊《再帰的に》Ich *kam* mir wie ein König *vor*. 私は王様になった気分だった．(⇨ 類語 scheinen).

③《場所を表す語句とともに》(…に)存在する，ある，見られる．Diese Pflanze *kommt* nur **im** Gebirge *vor*. この植物は山岳地帯にだけ見られる／In diesem Gedicht *kommt* das Wort „Frühling" achtmal *vor*. この詩の中にFrühling (春)という単語が8回出て来る．

④ 前に出る；（物陰から）出て来る．*Komm vor* und schreib es an die Tafel! 前に出てそれを黒板に書きなさい／hinter dem Vorhang *vorkommen* 幕の後ろから出て来る．

Vor·kom·men [フォーァ・コンメン] 中 -s/- ①《複 なし》存在［していること］；発生．das *Vorkommen* einer Krankheit² 発病．②《ふつう複》（資源の）埋蔵；鉱床．reiches *Vorkommen* von Erdöl 豊富な石油の埋蔵．

Vor·komm·nis [フォーァ・コムニス] 中 -nisses/-nisse 《不愉快な》出来事，事件．

Vor·kriegs⸗zeit [フォーァクリークス・ツァイト] 女 -/-en 戦前(特に第二次世界大戦前)．

vor|la·den* [フォーァ・ラーデン fó:r-là:dən] 他 (h)《人⁴を》出頭させる，召喚する．

Vor⸗la·dung [フォーァ・ラードゥング] 女 -/-en 出頭命令，召喚；召喚状．

Vor⸗la·ge [フォーァ・ラーゲ] 女 -/-n ①《複 なし》提出(書類などの)；呈示，提出．② 議案，法案．③ ひな型，手本，見本；《印》版下．nach einer *Vorlage* zeichnen 手本にならって描く．④（サッカーなどの）アシストパス．⑤《複 なし》（スキー・ボートの）前傾［姿勢］．⑥《建》（壁などと一体の）補強柱．⑦《化》（蒸留物の）受け器．

vor|las·sen* [ふォーァ・ラッセン fóːr-làsən] 他 (h) ① 《口語》(順番が後の者⁴を)先に行かせる; 追い越させる. ② 《人⁴に》面会を許す.

Vor=lauf [ふォーァ・らォふ] 男 -[e]s/..läufe ① 《化》(蒸留で)最初に出て来る蒸留物. ② 《スポ》(陸上競技の予選. ③ 《圏 なし》(特に旧東ドイツで:) 予備的(基礎的)研究. ④ (フィルムやテープなどの)早送り[機能].

Vor=läu·fer [ふォーァ・ろィふァァ] 男 -s/- ① 先駆者; (現在のものの)前身, 前兆. (女性形 -in). ② (スキーの)前走者. ③ 《方》(先発の)臨時列車.

vor=läu·fig [ふォーァ・ろィふィヒ fóːr-lɔyfɪç] 形 一時的な, 暫定的な, 仮の. (英 temporary). eine vorläufige Regelung 一時的規制 / Diese Maßnahmen sind nur vorläufig. この措置はただ仮のものです / Vorläufig wohnt er noch im Hotel. さしあたり彼はホテルに住んでいる.

vor=laut [ふォーァ・ろォト] 形 出しゃばりな, 生意気な(子供など).

Vor=le·ben [ふォーァ・れーベン] 中 -s/ 前歴, 経歴, 素性.

Vor·le·ge=be·steck [ふォーァれーゲ・ベシュテック] 中 -[e]s/-e (口語: -s) カービングセット (料理を取り分けるためのスプーン・ナイフ・フォークなど).

vor|le·gen [ふォーァ・れーゲン fóːr-lèːgən] (legte...vor, hat...vorgelegt) I 他 《定了》 haben) ① 提示する, [出して]見せる. 人³ den Ausweis vorlegen 人³に証明書を提示する / dem Kunden mehrere Muster⁴ vorlegen 顧客に見本をいくつか出して見せる. ② (法案など⁴を)提出する, 出す; 公表(公刊)する. das Budget⁴ vorlegen 予算案を提出する / 人³ eine Frage⁴ vorlegen 人³に質問する / ein neues Buch⁴ vorlegen 新刊書を公刊する. ③ 《雅》(人³に料理など⁴を)取り分け[てや]る; (動物³に餌(ᵉ)⁴を)与える. ④ (車輪に輪止めなど⁴を)掛ける; (扉にかんぬきなど⁴を)掛ける. ⑤ (サッカーなどで:) [フォワード]パスする. ⑥ 《成句的に》ein scharfes Tempo⁴ vorlegen《口語》(競走で)とてつもないタイムをいきなり出す. ⑦ 《口語》(酒を飲む前の)腹ごしらえをする. ⑧ (ある金額⁴を)立て替える.
II 再帰 《定了》 haben) sich⁴ vorlegen 前へかがむ, 身を乗りだす.

Vor=le·ger [ふォーァ・れーガァ] 男 -s/- (ベッドなどのわきに置く)マット; バスマット.

Vor=leis·tung [ふォーァ・らィストゥング] 女 -/-en 先行投資, 将来の利益を見越した給付(譲歩).

vor|le·sen* [ふォーァ・れーゼン fóːr-lèːzən] du liest...vor, er liest...vor (las...vor, hat...vorgelesen) 自他 《定了》 haben) (人³に 物⁴を)読んで聞かせる, 朗読する. Ich lese den Kindern jeden Abend eine Geschichte vor. 私は子供たちに毎晩物語を読んで聞かせる. ◇《目的語なしでも》人³ aus der Bibel vorlesen 人³に聖書を読んで聞かせる(朗読する). (☞ 類語 lesen).

***die Vor=le·sung** [ふォーァ・れーズング fóːr-leːzʊŋ] 女 (単) -/(複) -en ① (大学の)講義. (英 lecture). eine obligatorische Vorlesung 必修講義 / eine Vorlesung⁴ über die deutsche Geschichte halten ドイツ史について講義をする / eine Vorlesung⁴ belegen 講義の聴講届けをする / Er hört (または besucht) die Vorlesungen für Chirurgie. 彼は外科学の講義を聴講している / **in die Vorlesung** (または **zur Vorlesung**) **gehen** 講義を受けに行く. ② 《圏 なし》朗読.

Vor·le·sungs=ver·zeich·nis [ふォーァれーズングス・ふェァツァイヒニス] 中 ..nisses/..nisse (大学の)講義題目一覧.

vor=letzt [ふォーァ・れット] 形《付加語としてのみ》最後から2番目の; 前の前の; あと一つ(一人)を残すのみの. im vorletzten Jahr 一昨年 / Das ist mein vorletzter Fünfzigeuroschein. これで 50 ユーロ札があと一枚だけだ.

Vor·lie·be [ふォーァ・りーベ fóːr-liːbə] 女 -/-n 偏愛, ひいき, 特別の愛好心. Er hat eine Vorliebe für klassische Musik. 彼は特にクラシック音楽が好きだ / **mit Vorliebe** 特に好んで.

vor·lieb|neh·men* [ふォーァリープ・ネーメン foːrliːp-neːmən] 自 (h) 《mit 人·物³》(人·物³で)我慢する, 満足する.

vor|lie·gen* [ふォーァ・りーゲン fóːr-lìːgən] 自 (h) ① ([人³の]手元にある, ([人³に])提出されている; (本が)出版されている. Mir liegt eine Anfrage vor. 私に問い合わせが来ている. ◇《現在分詞の形で》eine vorliegende Frage 当面の問題 / in vorliegendem (または im vorliegenden) Fall 当面のケースでは. ◇《現在分詞の形で名詞的に》**im Vorliegenden** ここに(で). ② (誤り·問題などが)ある, 存在する. Hier liegt ein Missverständnis vor. この点に誤解がある. ③ 《口語》(チェーン·錠などが)掛かっている.

vor|lü·gen* [ふォーァ・リューゲン fóːr-lỳːgən] 他 (h) 《口語》(人³に 物⁴を)うそをついて信じさせる.

vorm [ふォーァム] 《口語》《前置詞 vor と定冠詞 dem の融合形》

vorm. [ふォーァ・ミッタークス] 《略》 午前[中]に (=**vormittags**); 以前に, かつて (=**vormals**).

vor|ma·chen [ふォーァ・マッヘン fóːr-màxən] 他 (h) 《口語》 ① (人³の前で 物⁴を)してみせる, (人³に 物⁴の)手本を示す. ② (人³に対して 物⁴を)まんまと信じ込ませる. Du kannst mir doch nichts vormachen! 君にだまされはしないぞ. ③ 前に取り付ける, (錠など⁴を)おろす, 掛ける.

Vor=macht [ふォーァ・マハト] 女 -/ 優勢, 主導権.

Vor·macht=stel·lung [ふォーァマハト・シュテるング] 女 -/ 優位[な立場].

vor=ma·lig [ふォーァ・マーリヒ] 形《付加語としてのみ》以前の, 昔の.

vor=mals [ふォーァ・マーるス] 副 以前に, かつて. (略: vorm.).

Vor≠marsch [ふオーァ・マルシュ] 男 -[e]s/..märsche 前進, 進撃.

Vor≠märz [ふオーァ・メルツ] 男 -/《史》三月革命前の時代 (1815–1848 年).

vor|mer·ken [ふオーァ・メルケン fóːr-mèrkən] 他 (h) (予約など[4]を)メモしておく, 書き留めておく. einen Termin *vormerken* 期日をメモしておく / [sich³] ein Zimmer⁴ *vormerken lassen* 部屋を予約する / sich⁴ **für** 囲⁴ *vormerken lassen* 囲の参加申し込みをする.

Vor·mer·kung [ふオーァ・メルクング] 囡 -/-en メモ; (座席などの)予約受理; 《法》仮登記.

vor≠mit·tag [ふオーァ・ミッターク] heute Vormittag (きょうの午前) などにおける Vormittag の古い形.

der **Vor≠mit·tag** [ふオーァ・ミッターク fóːr-mìtaːk] 男 (単 2) -s/(複) -e (3 格のみ -en) 午前. (英 morning). (反)「午後」は Nachmittag). heute (morgen) *Vormittag* きょう(あす)の午前(中)に / Montag*vormittag* 月曜日の午前 / der heutige *Vormittag* きょうの午前 / Es regnete den ganzen *Vormittag*. 午前中ずっと雨が降っていた / **am** *Vormittag* 午前中に / **vom** frühen *Vormittag* bis zum späten Abend 朝早くから夜遅くまで.

*vor≠**mit·tags** [ふオーァ・ミッタークス fóːr-mìtaːks] 副 午前[中]に (略: vorm.). (英 in the morning). (反)「午後に」は nachmittags). *vormittags* um 10 Uhr 午前 10 時に / montag*vormittags* または montags *vormittags* 毎週月曜日の午前に. (略: vorm.).

Vor≠mund [ふオーァ・ムント] 男 -[e]s/-e (または ..münde) 《法》後見人. (女性形: -in).

Vor·mund·schaft [ふオーァムントシャふト] 囡 -/-en 《法》後見. die *Vormundschaft*⁴ **über** (または **für**) 囲⁴ übernehmen 囲⁴ の後見を引き受ける.

Vor·mund·schafts≠ge·richt [ふオーァムントシャふツ・ゲリヒト] 中 -[e]s/-e 後見裁判所.

*vorn¹ [ふオルン fórn] 副 前に, 前方に; 先頭に; 表に. (英 at the front). (反)「後ろに」は hinten). gleich da *vorn* すぐそこの前に / **nach** *vorn* gehen 前方へ歩いて行く / nach *vorn* liegen《口語》(部屋などが)通りに面している / **von** *vorn* a) 前の方から, b) 初めから, もう一度 / hinten und *vorn* a)《口語》何から何まで (←後ろも前も), b)《比》どこもかしこも / von *vorn* bis hinten《口語》完全に, 例外なく / *vorn* im Buch ほんの冒頭に / Ich warte *vorn* am Eingang. 私は前の入口のところで待っているよ.

vorn² [ふオーァン]《口語》《前置詞 vor と定冠詞 den の融合形》

der **Vor≠na·me** [ふオーァ・ナーメ fóːrnaːmə] 男 (単 2) -ns; (単 3・4) -n/(複) -n (姓に対して): 名, 洗礼名. (英 *first name*). (反)「姓」は Familienname). Mein *Vorname* ist Peter. 私の名はペーターです / **beim** *Vornamen* rufen 囲⁴ を名(洗礼名)で呼ぶ.

vor·ne [ふオルネ fórnə] 副 =vorn¹

vor·nehm [ふオーァ・ネーム fóːr-neːm] 形 ① 気高い, 高潔な. (英 *noble*). ein *vornehmer* Mensch 高潔な人. ② 上流の, 一流の, 高級な. Sie stammt aus einer *vornehmen* Familie. 彼女は上流家庭の出である. ③ 上品な, 洗練された. eine *vornehme* Kleidung 洗練された服装. ④《付加語としてのみ, ふつう最上級で》《雅》重要な, 主要な. unsere *vornehmste* Aufgabe 私たちの最も重要な課題.

vor|neh·men* [ふオーァ・ネーメン fóːr-nèːmən] du nimmst...vor, er nimmt...vor (nahm...vor, *hat*...vorgenommen) I 再帰 (定て haben) *sich³* *vornehmen* ①《囲⁴を》企てる, もくろむ, (…しようと) 決心する. (英 *intend, plan*). Hast du *dir* für morgen schon etwas *vorgenommen*? 君はあすはもう何か計画があるの. ◊**zu** 不定詞[句]とともに》Er *hat sich vorgenommen, sie zu besuchen*. 彼は彼女を訪ねようと心に決めた.
② 《口語》《囚⁴を》呼びつけてとっちめる.
II 他 (定て haben) ① 《口語》《囲⁴を》前方へ出す, 前へ動かす; 前に掛ける(当てる). das linke Bein⁴ *vornehmen* 左足を前へ出す / eine Schürze⁴ *vornehmen* エプロンを掛ける / ein Taschentuch⁴ *vornehmen* ハンカチを口に当てる.
② 《口語》《囲⁴に》とりかかる, 《囚⁴を》相手にする. [sich³] eine Arbeit⁴ *vornehmen* 仕事にとりかかる / Er *nahm* [sich³] die Zeitung *vor*. 彼は新聞を読みはじめた / [sich³] einen Patienten *vornehmen* 患者の診察を始める. ③《口語》《囚⁴を》優先的に扱う. ④《特定の名詞を目的語として》…する, 行う. eine Prüfung⁴ *vornehmen* 試験をする / eine Änderung⁴ *vornehmen* 変更する.

Vor·nehm·heit [ふオーァ・ネームハイト] 囡 -/ 気高さ, 高潔さ; 高貴; 上品, 気品.

vor·nehm·lich [ふオーァ・ネームりヒ] 副 おもに, 主として, 特に.

vor|nei·gen [ふオーァ・ナイゲン fóːr-nàigən] I 他 (h) (頭・上体など⁴を)前へ傾ける. II 再帰 (h) *sich⁴ vorneigen* 身をかがめる, おじぎをする.

vorn≠her·ein [ふオルン・ヘライン] 副《成句的に》**von** *vornherein* 最初から, もともと.

vorn≠über [ふオルン・ユーバァ] 副 前方へ, 前かがみに, 前のめりに.

vorn≠weg [ふオルン・ヴェック] 副 ① 前もって, 先に; 《口語》最初(始め)から. ② 先を, 先頭を.

der **Vor≠ort** [ふオーァ・オルト fóːr-ɔrt] 男 (単 2) -[e]s/(複) -e (3 格のみ -en) ① 郊外, 近郊の町, 町はずれ. (英 *suburb*). Ich wohne **in** einem *Vorort* von Köln. 私はケルンの郊外に住んでいる. ② (広域団体の)役員, 幹部, 首脳[部].

Vor·ort[s]≠ver·kehr [ふオーァオルト・ふェアケーァ (ふオーァオルツ・..)] 男 -[e]s/ 近郊交通 (大都市と郊外との間の交通).

Vor·ort≠zug [ふオーァオルト・ツーク] 男 -[e]s/

Vor‹platz [ふオーァ・プラッツ] 男 -es/..plätze (ある建物の前の)広場.

Vor‹pos·ten [ふオーァ・ポステン] 男 -s/- 《軍》前哨(しょう).

vor|pro·gram·mie·ren [ふオーァ・プログラミーレン fóːr-programìːrən] 他 (h) あらかじめプログラムに組み込む. ◇〖過去分詞の形で〗 *vorprogrammiert* sein (ある事の成り行きが)避けられない, 不可避である.

Vor‹prü·fung [ふオーァ・プリューふンク] 女 -/-en 予備(一次)試験.

Vor‹rang [ふオーァ・ラング] 男 -[e]s ① 上位, 優位; 優先[権]. / 人³ den *Vorrang* geben 人³に上位を譲る / 人³ den *Vorrang* streitig machen 人³と優劣(席次)を争う / **vor** 人³ [den] *Vorrang* haben 人³より上位にいる(優位である). ② (交通) (交差点での)優先通行権.

vor‹ran·gig [ふオーァ・ランギヒ] 形 優先する, 優先的な.

Vor‹rang‹stel·lung [ふオーァラング・シュテルング] 女 -/ 優位, 優先.

der **Vor·rat** [ふオーァ・ラート fóːr-raːt] 男 (単2) -[e]s/(複) ..räte [..レーテ] (3格のみ ..räten) 蓄え, 備蓄, ストック; 在庫[品]. (英 *stock*, *store*). ein *Vorrat* **an** Lebensmitteln 食料品の蓄え / einen großen *Vorrat* von 物³ haben 物³を大量に蓄えている / **auf** *Vorrat* arbeiten 働いて蓄える / 物⁴ **auf** *Vorrat* kaufen 物⁴を買い置き(買いだめ)する / 物⁴ **in** *Vorrat* haben 物⁴を蓄えている.

Vor·rä·te [ふオーァ・レーテ] *Vorrat* (蓄え)の複

vor·rä·tig [ふオーァ・レーティヒ fóːr-rɛːtɪç] 形 蓄えてある, 手持ちの, 在庫の. (英 *in stock*). *vorrätige* Waren 在庫品 / eine Ware⁴ *vorrätig* haben (または halten) ある商品の在庫がある, ある品物を持ち合わせている.

Vor·rats‹raum [ふオーァラーツ・ラオム] 男 -[e]s/..räume 貯蔵室, 食料品室.

Vor·raum [ふオーァ・ラオム] 男 -[e]s/..räume 控えの間.

vor|rech·nen [ふオーァ・レヒネン fóːr-rɛçnən] 他 (h) (人³の前で数⁴を)計算してみせる. 人³ seine Fehler⁴ *vorrechnen* 《比》人³の誤りを並べたてる.

Vor·recht [ふオーァ・レヒト] 中 -[e]s/-e 特権, 特典; 優先権. *Vorrechte*⁴ genießen (verlieren) 特権を享受する(失う).

Vor‹re·de [ふオーァ・レーデ] 女 -/-n (話などの)前置き; 序言, 序文 (=Vorwort).

Vor·red·ner [ふオーァ・レードナァ] 男 -s/- (ある人より)先に話した(話す)人. (女性形: -in).

Vor·rich·tung [ふオーァ・リヒトゥング] 女 -/-en 設備, 装置. eine *Vorrichtung* zum Belüften 換気装置.

vor|rü·cken [ふオーァ・リュッケン fóːr-rỳkən] I 他 (h) 前の方へ動かす(ずらす), (時計の針など⁴を)進める. II 自 (s) ① 前へ動く(出る), 先へ進む. ② 《軍》進軍する. ③ (時間が)過ぎる. ◇〖完〗 *vorgerückt*.

Vor‹run·de [ふオーァ・ルンデ] 女 -/-n 《スポ》(団体戦の)第一次予選.

vors [ふオーァス] 《口語》〖前置詞 vor と定冠詞 das の融合形〗

Vors. [ふオーァ・ズィッツェンデ (..ダァ)] 《略》議長, 座長 (=Vorsitzende[r])

vor|sa·gen [ふオーァ・ザーゲン fóːr-zàːgən] 他 (h) (人³に事⁴をささやいて)こっそり教える; (手本として)口に出して言う. ◇〖再帰的に〗 *sich*³ 事⁴ *vorsagen* (覚えるために)事⁴をそっと口に出して言う, 事⁴を自分に言って聞かせる.

Vor‹sai·son [ふオーァ・ゼゾーン] 女 -/-s (南ドミュン: -en も) シーズン序盤.

Vor‹sän·ger [ふオーァ・ゼンガァ] 男 -s/- (合唱の)先唱者; (聖歌隊の)前唱者. (女性形: -in).

der **Vor·satz** [ふオーァ・ザッツ fóːr-zats] 男 (単2) -es/(複) ..sätze [..ゼッツェ] (3格のみ ..sätzen) ① 決意, 意図; 《法》故意. (英 *intention*). einen *Vorsatz* fassen, **zu** 不定詞[句] …をしようと決心する / Er blieb **bei** seinem *Vorsatz*. 彼は決心を変えなかった / **mit** *Vorsatz* 故意に. ② (本の)見返し. ③ (機械の)付属装置.

Vor·satz‹blatt [ふオーァザッツ・ブラット] 中 -[e]s/..blätter 《製本》(本の)見返し.

Vor·sät·ze [ふオーァ・ゼッツェ] *Vorsatz* (決意)の複

vor·sätz·lich [ふオーァ・ゼッツリヒ] 形 意図的な, 計画的な, 故意の.

Vor·satz‹lin·se [ふオーァザッツ・リンゼ] 女 -/-n 《写》(カメラのレンズに装着する)補助レンズ.

Vor·schau [ふオーァ・シャオ] 女 -/-en (テレビ・映画などの)予告[篇], 番組案内.

Vor‹schein [ふオーァ・シャイン] 男 〖成句的に〗物⁴ **zum** *Vorschein* bringen 物⁴を取り出して見せる / **zum** *Vorschein* kommen 現れる, 出てくる.

vor|schi·cken [ふオーァ・シッケン fóːr-ʃìkən] 他 (h) ① 前方へ行かせる. ② (人³に)様子を見に行かせる, 偵察させる. ③ (荷物など⁴を)前もって送る.

vor|schie·ben* [ふオーァ・シーベン fóːr-ʃìːbən] 他 (h) ① 前方へ押しやる; (頭など⁴を)前に突き出す; (部隊など⁴を)前進させる. den Riegel *vorschieben* かんぬきを差す. ◇〖再帰的に〗 *sich*⁴ *vorschieben* 押し分けて進む. ② (人⁴を)前面にかつぎ出す. ③ 口実にする. eine Krankheit⁴ *vorschieben* 病気を口実にする.

vor|schie·ßen* [ふオーァ・シーセン fóːr-ʃìːsən] I 自 (s) 《口語》(前へ)さっと飛び出す. II 他 (h) 《口語》(人³にお金⁴を)前払い(前貸し)する.

der **Vor·schlag** [ふオーァ・シュラーク fóːr-ʃlaːk] 男 (単2) -[e]s/(複) ..schläge [..シュレーゲ] (3格のみ ..schlägen) ① 提案, 提議, 申し出. (英 *proposal*). Gegen*vorschlag* 反対提案 / Das ist ein praktischer *Vorschlag*. そ

れは実際的な提案だ / einen *Vorschlag* an|nehmen (ab|lehnen) 提案を受け入れる(拒否する) / 人³ einen *Vorschlag* machen 人³に提案する / ein *Vorschlag* zur Güte 和解の提案 / **auf** *Vorschlag* von Herrn Kohl コール氏の提案によって. ② (音楽)前打音.

Vor‧schlä‧ge [ふォーァ・シュれーゲ] *Vor-schlag (提案)の複

vor|schla‧gen [ふォーァ・シュらーゲン fóːr-ʃlàːgən] du schlägst...vor, er schlägt...vor (schlug...vor, *hat*...vorgeschlagen) 他 (完了) haben) (英 *propose*) ① (人³に)(事⁴を)提案する, 提議する. 人³ eine andere Lösung⁴ *vorschlagen* 人³に別の解決策を提案する / Ich *schlage* vor, dass wir uns in meinem Büro treffen. 私の事務所で落ち合うことにしましょう.

② (人⁴を)推薦する. 人⁴ **als** Kandidaten (**für** ein Amt) *vorschlagen* 人⁴を候補者として(ある官職に)推薦する.

Vor‧schlag⁼ham‧mer [ふォーァシュろーク・ハンマァ] 男 -s/..hämmer 大ハンマー.

Vor‧schluss⁼run‧de [ふォーァシュるス・ルンデ] 囡 -/-n (スポ) 準決勝戦.

vor‧schnell [ふォーァ・シュネる] 形 早まった, 軽率な, 性急な(判断・行動など).

vor|schrei‧ben* [ふォーァ・シュライベン fóːr-ʃràibən] 他 (h) ① (人³に)(事⁴を)手本として書いてみせる. Kindern³ die Buchstaben⁴ *vorschreiben* 子供たちに文字を書いてみせる. ②(人³に)(事⁴を)指示する, 定める. Ich *lasse* mir von dir nichts *vorschreiben*! ぼくは君の指図なんか受けないよ / Das Gesetz *schreibt* vor, dass ... 法律には…と定められている. ◇(過去分詞の形で) die *vorgeschriebene* Dosis 医者に指示された服用量.

vor|schrei‧ten* [ふォーァ・シュライテン fóːr-ʃràitən] 自 (s) (雅) (仕事などが)はかどる, 進捗(しんちょく)する; (時が)経過する.
◇☞ **vorgeschritten**

die **Vor‧schrift** [ふォーァ・シュりふト fóːr-ʃrift] 囡(単)-/(複)-en 指示; 規定, 規則; (医師による)処方. (英 *instruction*). eine strenge *Vorschrift* 厳格な規定 / die dienstlichen *Vorschriften*⁴ befolgen (verletzen) 服務規程に従う(違反する) / sich⁴ an die *Vorschriften* halten 規則を守る / **nach** *Vorschrift* des Arztes 医者の処方どおりに.

vor‧schrifts⁼mä‧ßig [ふォーァシュリふツ・メースィヒ] 形 規定(規則・指示)どおりの.

vor‧schrifts⁼wid‧rig [ふォーァシュリふツ・ヴィードリヒ] 形 規定(規則・指示)に反した.

Vor‧schub [ふォーァ・シューブ] 男 (成句的に) 人・事³ *Vorschub*⁴ leisten 人³を後押しする, 事³を助長する.

Vor‧schul⁼al‧ter [ふォーァシューる・アるタァ] 中 -s/ 就学前の年齢(3歳~6歳).

Vor‧schu‧le [ふォーァ・シューれ] 囡 -/-n 就学前教育施設(幼稚園・保育園など).

Vor‧schuss [ふォーァ・シュス] 男 -es/..schüsse 前払い[金], 前貸し[金]; 立て替え金. sich³ einen *Vorschuss* geben lassen 前貸しをしてもらう / um [einen] *Vorschuss* bitten 前貸しを頼む.

vor|schüt‧zen [ふォーァ・シュッツェン fóːr-ʃʏtsən] 他 (h) (雅⁴の)口実(言いわけ)にする. eine Krankheit⁴ *vorschützen* 病気を言いわけにする, 仮病を使う.

vor|schwe‧ben [ふォーァ・シュヴェーベン fóːr-ʃvèːbən] 自 (h) (人³の)念頭に浮かんでいる.

vor|schwin‧deln [ふォーァ・シュヴィンデるン fóːr-ʃvìndəln] 他 (h) (口語) (人³をだまして事⁴を)本当だと思わせる, のうそをつく.

vor|se‧hen* [ふォーァ・ゼーエン fóːr-zèːən] du siehst...vor, er sieht...vor (sah...vor, *hat* ...vorgesehen) I 他 (完了 haben) ① (人・事⁴を)予定している. (英 *schedule*). neue Maßnahmen⁴ *vorsehen* 新しい措置を予定している / Er *ist* **als** Nachfolger des Präsidenten *vorgesehen*. 《状態受動・現在》彼は大統領の後継者と見込まれている / Wir *haben* das Geld **für** Einkäufe *vorgesehen*. 私たちはそのお金を買い物に使おうと決めた.

② (法律・計画などがあらかじめ)定めている, 考慮に入れている. Das Gesetz *sieht* solche Maßnahmen nicht vor. この法律はそのような措置は想定していない.

II (再帰) (完了 haben) *sich*⁴ *vorsehen* 用心する. *sich*⁴ **vor** 人・物³ *vorsehen* 人・物³に用心する, 人・物³を警戒する / Bitte *sieh* dich vor, dass (または damit) du dich nicht erkältest! 風邪をひかないように用心しなさい.

III 自 (完了 haben) (下着などが)のぞいている; (物陰から)のぞき見る.

Vor‧se‧hung [ふォーァ・ゼーウング] 囡 -/ (宗) (神の)摂理, 神慮; 運命.

vor|set‧zen [ふォーァ・ゼッツェン fóːr-zètsən] 他 (h) ① 前に置く(出す). den rechten Fuß *vorsetzen* 右足を前に出す / dem Namen den Titel *vorsetzen* 名前の前に肩書きをつける. ② (人⁴を)前の方に座らせる《再帰的に》 *sich*⁴ *vorsetzen* 前の方の席に座る ③ (人³に飲食物⁴を)出す;《比》(ひどい番組など⁴を)提供する.

*die **Vor‧sicht** [ふォーァ・ズィヒト fóːr-zɪçt]

用心	*Vorsicht*! 気をつけて!
ふォーァズィヒト	

囡(単)-/《ふつう冠詞なして》用心, 注意; 慎重さ. (英 *care, caution*). *Vorsicht*, Stufe! (掲示などて)注意, 段差あり! / *Vorsicht*⁴ üben (または walten lassen) 用心する / **aus** *Vorsicht* 用心のために / **mit** *Vorsicht* 用心して, 気をつけて, 慎重に / **zur** *Vorsicht* 用心のために / *Vorsicht* ist besser als Nachsicht. (ことわざ) 転ばぬ先のつえ(←前の用心はあとの注意に勝る) / *Vorsicht* ist die Mutter der Weisheit. (ことわざ) 用心に越したことはない(←用心は知恵の母).

*vor·sich·tig [ふォーァ・ズィヒティヒ fóːrzɪçtɪç] 形 用心深い, 慎重な. (英 cautious). ein vorsichtiger Mensch 用心深い人 / Sei vorsichtig! 気をつけて! / Fahr bitte vorsichtig! 安全運転してくれよ.

vor·sichts≠hal·ber [ふォーァズィヒツ・ハルバァ] 副 用心のため, 念のため.

Vor·sichts≠maß·nah·me [ふォーァズィヒツ・マースナーメ] 女 -/-n 予防策(措置).

Vor·sichts≠maß·re·gel [ふォーァズィヒツ・マースレーゲる] 女 -/-n 予防策(措置).

Vor≠sil·be [ふォーァ・ズィるベ] 女 -/-n〘言〙前つづり, 接頭辞 (=Präfix). (☞「後つづり」は Nachsilbe).

vor|sin·gen* [ふォーァ・ズィンゲン fóːr-zɪŋən] I 他 (h)〘人³に 曲⁴を〙歌って聞かせる; お手本として歌ってみせる; (ソリストとして)先唱(前唱)する. II 自 (h) オーディションで歌う.

vor·sint·flut·lich [ふォーァ・ズィントふるートりヒ] 形〘口語〙時代遅れの(元の意味は「ノアの大洪水以前の」).

Vor≠sitz [ふォーァ・ズィッツ] 男 -es/ 議長(座長)の地位, 議長職. den Vorsitz führen 議長(座長)をつとめる.

Vor·sit·zen·de[r] [..ダァ] fóːr-zɪtsəndə (..dər)] 男女〘語尾変化は形容詞と同じ ☞ Alte[r]〙(例: 1格 der Vorsitzende, ein Vorsitzender) 議長, 座長; 会長; 委員長, 理事長(略: Vors.). (英 chairperson).〘人⁴〙 zum Vorsitzenden wählen 人⁴を議長に選ぶ.

Vor≠som·mer [ふォーァ・ゾンマァ] 男 -s/ 初夏.

Vor≠sor·ge [ふォーァ・ゾルゲ] 女 -/-n〘ふつう 単〙(将来のための)配慮, 用心, 用意. für 事⁴ Vorsorge⁴ treffen 事⁴に対してあらかじめ備える / zur Vorsorge 用心して, 念のため.

vor|sor·gen [ふォーァ・ゾルゲン fóːr-zɔrgən] 自 (h)〘für 人・事⁴ ~〙(人・事⁴に対して)あらかじめ備える.

Vor·sor·ge≠un·ter·su·chung [ふォーァゾルゲ・ウンタァズーフング] 女 -/-en〘医〙予防検診.

vor·sorg·lich [ふォーァ・ゾルクりヒ] 副 用心して, 用心のために, 念のため.

Vor≠spann [ふォーァ・シュパン] 男 -[e]s/-e ① (映画・テレビの冒頭のタイトル, (新聞記事の)リード(記事内容を概説した冒頭の部分). ② (けん引用の)補助馬; (鉄道)補助機関車.

Vor≠spei·se [ふォーァ・シュパイゼ] 女 -/-n〘料理〙前菜, オードブル (=Vorgericht).

vor|spie·geln [ふォーァ・シュピーゲるン fóːr-ʃpiːɡəln] 他 (h)〘人³に 事⁴を〙本当と思わせる, (事⁴の)ふりをする. eine Krankheit⁴ vorspiegeln 人³に仮病を使う.

Vor·spie·ge·lung [ふォーァ・シュピーゲるング] 女 -/-en 本当らしく見せかけること, 欺瞞(ぎまん).

das Vor≠spiel [ふォーァ・シュピーる fóːr-ʃpiːl] 中 (単2)-[e]s/(複)-e (3格のみ -en) ①〘音楽〙前奏曲, 序曲. (英 prelude). ②〘劇〙序幕, プロローグ. (比 prologue). Das war nur das Vorspiel. これはほんの序の口だった. ③〘スポ〙前座試合. ④ (性交の)前戯. ⑤ オーディション.

vor|spie·len [ふォーァ・シュピーれン fóːr-ʃpiːlən] I 他 (h) ① (〘人³に〙楽曲・劇など⁴を)演奏する, 演じる; (手本として)演奏して(演じて)みせる. ② (〘人³に〙事⁴を)本当だと思わせる. II 自 (h) (〘人³の前で〙演奏(演技)する.

vor|spre·chen* [ふォーァ・シュプレッヒェン fóːr-ʃprɛçən] I 他 (h) ① (〘人³の前で〙単語など⁴を)発音してみせる. einem Kind ein schwieriges Wort⁴ vorsprechen 子供に難しい単語を発音してみせる. ② (せりふなど⁴をオーディションで)朗読する. II 自 (h)〘bei 人³ ~〙(頼みごと・相談のために〘人³を〙訪問する.

vor|sprin·gen* [ふォーァ・シュプリンゲン fóːr-ʃprɪŋən] 自 (s) ① (前方へ)飛び出す; (時計の針などが)跳ねるように進む. hinter dem Auto vorspringen 車の後ろから飛び出す. ② 突き出ている, (建物の一部などが)張り出している.

vor·sprin·gend [ふォーァ・シュプリンゲント] I vor|springen (前方へ飛び出す)の 現分 II 形 突き出た, 張り出した. ein vorspringendes Fenster 出窓.

Vor≠sprung [ふォーァ・シュプルング] 男 -[e]s/ ..sprünge ① (岩などの)突出部, (建物などが)張り出し, 突出部. ② (競争での)リード; (比)優位. ein Vorsprung von fünf Metern 5メートルのリード / einen großen Vorsprung vor 人³ haben 人³を大きくリードしている.

vor|spu·len [ふォーァ・シュプーれン fóːr-ʃpuːlən] 他 (h) (ビデオテープなど⁴を)早送りする. (☞「巻き戻しする」は zurück|spulen)

Vor≠stadt [ふォーァ・シュタット] 女 -/..städte [..シュテーテ] 郊外, 町はずれ.

Vor≠städ·ter [ふォーァ・シュテータァ] 男 -s/ 郊外居住者. (女性形: -in).

vor·städ·tisch [ふォーァ・シュテーティッシュ] 形 郊外の.

Vor≠stand [ふォーァ・シュタント] 男 -[e]s/ ..stände ① (会社・協会などの)指導部, 執行部, (会社の)取締役会, 首脳部; 役員, 理事, 部局長. ②〘オース〙責任者, (特に:)駅長.

Vor·stands≠mit·glied [ふォーァシュタンツ・ミットグりート] 中 -[e]s/-er 首脳部の一員, 重役, 理事, 役員.

Vor·stands≠sit·zung [ふォーァシュタンツ・ズィッツング] 女 -/-en 幹部(理事)会, 役員会.

vor|ste·hen* [ふォーァ・シュテーエン fóːr-ʃtèːən] 自 (h) ① 突き(張り)出ている. ②〘雅〙(事³を)取り仕切っている, (組織など³の)長(代表者)である. dem Haushalt vorstehen 家計をつかさどる / Er steht unserer Schule vor. 彼は私たちの学校の校長だ.

vor·ste·hend [ふォーァ・シュテーエント] I vor|stehen (突き出ている)の 現分 II 形 ① 上述の, 前記の. ◇〘名詞的に〙im Vorstehenden 上述の箇所で. ② 突き出た. vorstehende Zähne⁴ haben 出っ歯である.

Vor・ste・her [フォーア・シュテーアァ] 男 -s/- 役員, 理事, 部局長, 責任者. (女性形: -in).

Vor・ste・her・drü・se [フォーァシュテーアァ・ドリューゼ] 女 -/-n 〖医〗前立腺(☆).

Vor・steh・hund [フォーァ・シュテー・フント] 男 -[e]s/-e (狩猟用の)ポインター, セッター.

vor・stell・bar [フォーァ・シュテるバール] 形 想像できる, 考えられる.

***vor|stel・len** [フォーァ・シュテれン fó:r-ʃtɛlən]

紹介する Darf ich mich *vorstellen*?
ダルフ イヒ ミヒ フォーァシュテれン
自己紹介してよろしいでしょうか.

(stellte ... vor, hat ... vorgestellt) I 他 (完了haben) ① ([人³に] 人・物⁴を)紹介する. (英 introduce). Darf ich Ihnen Herrn Meyer *vorstellen*? マイアーさんを紹介させていただきます / Er *stellte* mich seiner Frau *vor*. 彼は私を奥さんに紹介した / Die Firma *stellt* ihre neuen Modelle *vor*. 《比》その会社はニューモデルを発表する.
② (絵などが物⁴を)表す; 意味する; (役などを)演じる. Was *stellt* das Gemälde *vor*? この絵は何を表現しているのですか / Er *stellt* etwas *vor*. 彼はひとかどの人物だ.
③ 前の方へ出す; (他の物の)前に[立てて]置く. das rechte Bein⁴ *vorstellen* 右足を前へ出す.
④ (時計・時計の針⁴を)進める. (⇔ 「遅らせる」は nach|stellen). den Wecker [um] eine Stunde *vorstellen* 目覚まし時計を1時間進める. ⑤ (人³に)診察してもらう. 《再帰的に》 *sich*⁴ dem Arzt *vorstellen* 医者の診察を受ける. ⑥ (人³に状況などを)よくわかるように説明する.

II 再帰 (完了 haben) ① *sich*⁴ *vorstellen* 自己紹介する, (自分の)名を名乗る;《比》面接を受ける. *Hast* du *dich* ihm *vorgestellt*? 君は彼に自己紹介をしたの / *sich*⁴ bei einer Firma *vorstellen* (就職などのために)ある会社で面接を受ける / *sich*⁴ mit Schmidt *vorstellen* シュミットと名乗る.
② *sich*³ 人・物⁴ *vorstellen* 人・物⁴を想像する, 思い浮べる. Das *kann* ich *mir vorstellen*. そのことは私にはよくわかります / Ich *hatte mir* ihn viel älter *vorgestellt*. 私は彼のことをもっと年をとっていると思っていた / *Stell dir vor*, er will morgen kommen! 考えてもごらんよ, 彼があす来るって言うんだ.

vor・stel・lig [フォーァ・シュテりヒ fó:r-ʃtɛlɪç] 形 《成句的に》 **bei** (人³に)懇願する, (書)(人³に懇願する, (物³役所などに)陳情に行く.

*die **Vor・stel・lung** [フォーァ・シュテるング fó:r-ʃtɛlʊŋ] 女 (単) -/(複) -en ① 《ふつう 単》紹介[すること]; 面接; 《比》(新製品の)公開. (英 introduction). die *Vorstellung* eines neuen Mitarbeiters 新しい仕事仲間の紹介.

② 上演, 上映, 公演. (⇔ performance). eine *Vorstellung*⁴ besuchen 芝居(映画)を見に行く.

③ イメージ, 考え; 〖哲〗表象; 想像. (⇔ idea). eine klare *Vorstellung*⁴ von 物³ haben 物³についてはっきりしたイメージを持っている / Du machst dir von seinem Reichtum keine *Vorstellung*. 彼にどれほど資産があるか君には想像もつかないだろう. ④ 《ふつう 複》《雅》異議; 非難. (人³ *Vorstellungen*⁴ machen 人³をとがめる.

Vor・stel・lungs≠ge・spräch [フォーァシュテるングス・ゲシュプレーヒ] 中 -[e]s/-e (入社のためなどの)面接.

Vor・stel・lungs≠kraft [フォーァシュテるングス・クラフト] 女 -/ 表象能力; 想像力.

Vor・stel・lungs≠ver・mö・gen [フォーァシュテるングス・フェアメーゲン] 中 -s/ =Vorstellungskraft

Vor・stop・per [フォーァ・シュトッパァ] 男 -s/- (サッカーの)センターハーフ. (女性形: -in).

Vor・stoß [フォーァ・シュトース] 男 -es/..stöße ① 突撃, 進撃, 突進, 突入. einen *Vorstoß* machen 突撃(突進)する. ②《服飾》縁飾り.

vor・sto・ßen* [フォーァ・シュトーセン fó:r-ʃtoːsən] I 他 (h) 前方へ突き出す(突き飛ばす). II 自 (s) (…へ)突き進む, 進撃する;《比》(チームなどが上位に)進出する.

Vor・stra・fe [フォーァ・シュトラーフェ] 女 -/-n 〖法〗前科.

Vor・stra・fen≠re・gis・ter [フォーァシュトラーフェン・レギスタァ] 中 -s/- 前科簿.

vor・stre・cken [フォーァ・シュトレッケン fó:r-ʃtrɛkən] 他 (h) (…に)(腕・足などを⁴)前方へ伸ばす, 突き出す. ◊《再帰的に》 *sich*⁴ *vorstrecken* 身を乗り出す. ②(人³に物⁴を)前貸しする, 立て替える.

Vor・stu・fe [フォーァ・シュトゥーフェ] 女 -/-n 前段階, 初期段階.

Vor・tag [フォーァ・ターク] 男 -[e]s/-e 前日. am *Vortag* der Prüfung² 試験の前日に.

vor|täu・schen [フォーァ・トイシェン fó:r-tɔʏʃən] 他 (h) (囲⁴を)装う, (…であるふりをする. eine Krankheit⁴ *vortäuschen* 仮病を使う.

Vor・täu・schung [フォーァ・トイシュング] 女 -/-en 見せかけ, まやかし, (…の)ふり.

*der **Vor・teil** [フォーァ・タイる fó:r-taɪl] 男 (単2) -[e]s/(複) -e (3格のみ -en) (英 advantage) ① 有利, メリット; 利益, 得; 長所, 利点. ⇔「不利」は Nachteil). finanzielle *Vorteile* 財政上のメリット / Der *Vorteil* liegt darin, dass... メリットは…の点にある / Er sucht nur seinen eigenen *Vorteil*. 彼は自分の利益ばかりを追求する / *Vorteil*⁴ aus 物³ ziehen 物³から利益を引き出す / Ich bin ihm gegenüber **im** *Vorteil*. 私は彼に対して有利な立場にある / *Vorteil* sein 有利(得)である.
② (テニスの)アドバンテージ.

vor・teil・haft [フォーァ・タイるハフト fó:r-taɪlhaft] 形 (比較 vorteilhafter, 最上 vorteilhaftest) 有利な, 好都合な; (色・服などが)引き立てる. (英 advantageous). ein *vorteilhaftes* Angebot お得な商品のご提供 / 形⁴ *vorteilhaft* kaufen 形⁴を安く買う / Diese Farbe ist für dich *vorteilhaft*. この色は君に似合う.

*der **Vor·trag** [ふォーァ・トラーク fóːr-traːk] 男 (単2) -es (まれに -s)/(複) ..träge [..トレーゲ] (3格のみ ..trägen) ① 講演. (英 talk, lecture). ein öffentlicher *Vortrag* 公開講演 / einen *Vortrag* über die Weltraumforschung halten 宇宙研究に関する講演をする / **in** einen *Vortrag* (または **zu** einem *Vortrag*) gehen 講演を聞きに行く. (☞ 類語 Gespräch). ② (詩などの)朗読; (体操などの)演技; (楽曲の)演奏. ③ (上役への)上申, 報告. ④ 商 繰り越し[高].

Vor·trä·ge [ふォーァ・トレーゲ] *Vortrag (講演)の 複

vor|tra·gen* [ふォーァ・トラーゲン fóːr-traːɡən] du trägst…vor, er trägt…vor (trug…vor, *hat*…vorgetragen) (完了 *haben*) ① (聴衆・観衆の前で楽曲などを)演奏する, 歌う, (詩など⁴を)朗読する, (体操など⁴を)演技する. (英 perform). ein Lied *vortragen* 歌を歌う. ② ([人³に]事⁴を)申し述べる, 伝える, 上申する. 人³ eine Angelegenheit⁴ *vortragen* 人³に用件を伝える. ③ 《口語》前の方へ持って行く(運ぶ). die Hefte⁴ **zum** Lehrer *vortragen* (学校で:)ノートを先生のところへ持って行く. ④『A⁴ **auf** B⁴ ~』 (商) (A⁴ を B⁴ に)繰り越す.

Vor·tra·gen·de[*r*] [ふォーァ・トラーゲンデ (..dr) fóːr-traːɡəndə (..dɐ)] 男女《語尾変化は形容詞と同じ》朗読家; 演奏家.

Vor·trags⸗be·zeich·nung [ふォーァトラークス・ベツァイヒヌンヶ] 女 -/-en (音楽)演奏記号.

Vor·trags⸗**rei·he** [ふォーァトラークス・ライエ] 女 -/-n 連続講演.

vor·treff·lich [ふォーァ・トレふりヒ fóːr-tréflɪç] 形 優れた, 卓越した, 優秀な. (英 excellent). Er ist ein *vortrefflicher* Koch. 彼は優秀なコックだ. (☞ 類語 gut).

Vor·treff·lich·keit [ふォーァ・トレふりヒカイト] 女 -/ 優秀さ, 卓越していること.

vor|tre·ten* [ふォーァ・トレーテン fóːr-trèːtən] 自 (s) ① 前方へ歩いて行く; (列などの)前へ出る. ②《口語》(目・骨などが)突き出ている, (血管が)浮き出ている.

Vor·tritt [ふォーァ・トリット] 男 -[e]s/ ① 礼儀上先に行かせること, 優先[権], 上位. 人³ den *Vortritt* lassen a) 人³を先に行かせる, b) (比) 人³に優先権を与える. ② (²ʒ) (交差点での)優先通行権(=Vorfahrt).

vor·ü·ber [ふォリューバァ forýːbɐr] 副 ①《時間的に》過ぎ去って, 終わって. Der Sommer ist *vorüber*. 夏が終わった. ②《空間的に》通り過ぎて.

vor·ü·ber|fah·ren [ふォリューバァ・ふァーレン forýːbɐr-fàːrən] 自 (s) 『**an** 人・物³ ~』(人・物³のそばを乗り物で)通り過ぎる.

vor·ü·ber·ge·gan·gen [ふォリューバァ・ゲガンゲン] vorüber|gehen (通り過ぎる)の 過分

vor·ü·ber|ge·hen* [ふォリューバァ・ゲーエン] vorüber, … ging … vorüber, ist vorübergegangen) 自 (完了 sein) ① 『**an** 人・物³ ~』(人・物³のそばを)通り過ぎる; (比) (物³を)見過ごす. (英 pass by). Sie *ging* ohne Gruß an mir *vorüber*. 彼女はあいさつもしないで私のそばを通り過ぎた / An dieser Tatsache kann man nicht *vorübergehen*. この事実は見過ごすわけにはいかない.
② (休暇・嵐などが)過ぎ去る, 終わる. Der Urlaub *ist* viel zu schnell *vorübergegangen*. 『現在完了』休暇はあっという間に終わってしまった.

◊☞ vorübergehend

Vor·ü·ber⸗ge·hen [ふォリューバァ・ゲーエン] 中 【成句的に】**im** *Vorübergehen* a) 通りすがりに, b) (比)ついでに.

vor·ü·ber·ge·hend [ふォリューバァ・ゲーエント forýːbɐr-ge:ənt] I vorüber|gehen (通り過ぎる)の 現分
II 形 一時的な, 臨時の; 《医》一過性の. (英 temporary). Das Museum ist *vorübergehend* geschlossen. 『状態受動・現在』博物館は臨時休館している.

Vor⸗übung [ふォーァ・ユーブンヶ] 女 -/-en 予備練習, 下げいこ, 予行演習.

Vor⸗un·ter·su·chung [ふォーァ・ウンタァズーフンヶ] 女 -/-en 予備(事前)調査; 《法》(昔の)予審.

das **Vor⸗ur·teil** [ふォーァ・ウァタイる fóːr-urtaɪl] 中 (単2) -s/(複) -e (3格のみ -en) 偏見, 先入観. (英 prejudice). *Vorurteile*⁴ gegen 人・物⁴ haben 人・物⁴に対して偏見を持つ / in *Vorurteilen* befangen sein 偏見にとらわれている / ein Mensch **ohne** *Vorurteile* 偏見のない人.

vor·ur·teils⸗frei [ふォーァウァタイるス・ふライ] 形 偏見のない, 公平な.

vor·ur·teils⸗**los** [ふォーァウァタイるス・ろース] 形 偏見のない, 公平な.

Vor⸗vä·ter [ふォーァ・フェータァ] 複 《雅》祖先.

Vor⸗ver·gan·gen·heit [ふォーァ・フェァガンゲンハイト] 女 -/《言》過去完了[形](=Plusquamperfekt).

Vor⸗ver·kauf [ふォーァ・フェァカオふ] 男 -[e]s/ (切符・座席券などの)前売り.

vor|ver·le·gen [ふォーァ・フェァれーゲン fóːr-fɛrlèːɡən] (過分 vorverlegt) 他 (h) ① 前方にずらす(移動させる). ② (日時など⁴を)繰り上げる, 早める.

vor⸗vor·ges·tern [ふォーァ・ふォーァゲスタァン] 副《口語》一昨々日に, さきおとといに.

vor⸗**vo·rig** [ふォーァ・ふォーリヒ] 形《付加語としてのみ》《口語》前の前の. *vorvorige* Woche 先々週.

Vor‐wahl [フォーア・ヴァーる] 囡 -/-en ① 予備選考. ② (政) 予備選挙. ③ (電話の)市外局番[を回すこと].

Vor·wähl‐num·mer [フォーアヴェーる・ヌンマァ] 囡 -/-n 市外局番.

der **Vor·wand** [フォーア・ヴァント fóːrvant] 男 (単2) -es (まれに -s)(複) ..wände [..ヴェンデ] (3格のみ ..wänden) 口実, 言いわけ, 言い逃れ. 圏⁴ als *Vorwand* benutzen 圏⁴を口実につかう / eine Einladung⁴ unter einem *Vorwand* ab|sagen 言いわけをして招待を断る / 圏⁴ zum *Vorwand* nehmen 圏⁴を口実にする.

Vor·wän·de [フォーア・ヴェンデ] *Vorwand* (口実)の 複

vor·war·nen [フォーア・ヴァルネン fóːrvarnən] 他 (h) (囚⁴に)前もって警告する.

Vor‐war·nung [フォーア・ヴァルヌング] 囡 -/-en (事前の)警告; 警戒警報.

vor·wärts [フォーア・ヴェルツ fóːrvɛrts または は フォーア・.. fóːr..] 副 ① 前へ, 前方へ, 前向きに. (英 *forward*). («» 「後方へ」は *rückwärts*). einen Schritt *vorwärts* machen 一歩前進する / *Vorwärts* marsch! (軍) [前へ]進め! / Nun mach mal *vorwärts*! (口語・比) 急ぎなさい / den Wagen *vorwärts* ein|parken (空きスペースに)車を頭から入れて駐車する.
② 順方向に, 順送りに, 前から後ろへ; 未来に向かって. ein Band *vorwärts* laufen lassen テープを順方向へ回す / ein großer Schritt *vorwärts* 未来へ向けての大きな一歩.
▶ **vorwärts|gehen** ①, **vorwärts|kommen** ①.

vor·wärts·brin·gen [フォーアヴェルツ・ブリンゲン fóːrvɛrts-briŋən] 他 (h) (囚⁴を)成長(進歩)させる; (圏⁴を)進捗(しんちょく)させる, 発展させる.

Vor·wärts‐gang [フォーアヴェルツ・ガング] 男 -[e]s/..gänge (自動車の)前進ギア.

vor·wärts|ge·hen [フォーアヴェルツ・ゲーエン fóːrvɛrts-gèːən] 自 (s) ① 前向きに進む.
② (口語)(仕事などが)はかどる; (病気などが)快方に向かう. ◇[非人称の **es** を主語として] Mit der Arbeit *geht* es jetzt gut *vorwärts*. 仕事は目下順調に進んでいる.

vor·wärts|kom·men* [フォーアヴェルツ・コンメン fóːrvɛrts-kòmən] 自 (s) ① 前進する.
② (人生で)成功する, 出世する; (事が)順調に進む.

vor·weg [フォーア・ヴェック] 副 ① 前もって, 先に; (口語)最初(始め)から. ② 先を, 先頭を. ③ とりわけ, 特に.

Vor·weg·nah·me [フォーアヴェック・ナーメ] 囡 -/-n 《ふつう 圏》先取り.

vor·weg|neh·men* [フォーアヴェック・ネーメン foːrvék-nèːmən] 他 (h) 先取りする; 先取りして言う(行う).

vor|wei·sen* [フォーア・ヴァイゼン fóːrvàizən] 他 (h) ① (パスポートなどを)見せる, 提示する. ② (知識・能力など⁴を)人前で見せる, 披露する.

vor|wer·fen* [フォーア・ヴェルふェン fóːrvɛrfən] 他 (h) du wirfst ... vor, er wirft ... vor (warf ... vor, *hat* ... vorgeworfen) 他 (変 haben) ① (囚³の圏⁴を)非難する, 責める. (英 *accuse*). Er *wirft* mir Unpünktlichkeit *vor*. 彼は私が時間を守らないのを非難する. ◇[再帰的で] Ich habe *mir* nichts vorzuwerfen. 私にはなんらやましいところはない.
② (囚を)前方へ投げる(投げ出す). den Ball *vorwerfen* ボールを前方へ投げる / die Beine⁴ *vorwerfen* 両脚を前へ投げ出す. ③ (囚・物)³の前に(圏⁴を)投げてやる, 投げ与える. den Tieren Futter⁴ *vorwerfen* 動物に餌(えさ)を投げ与える.

vor|wie·gen* [フォーア・ヴィーゲン fóːrvìːgən] I 自 (h) 優勢である, 支配的である. II 他 (h) (囚³の目の前で圏⁴を)量ってみせる.

vor·wie·gend [フォーア・ヴィーゲント] I *vorwiegen* (優勢である)の 現分 II 形 主要な, 優勢な. III 副 おもに, 主として, だいたい. Morgen ist es *vorwiegend* heiter. あすはおおむね晴れでしょう.

Vor‐win·ter [フォーア・ヴィンタァ] 男 -s/- 初冬.

Vor‐wis·sen [フォーア・ヴィッセン] 中 -s/- あらかじめ知っていること, 予備知識. **ohne** mein *Vorwissen* 私に無断で.

Vor‐witz [フォーア・ヴィッツ] 男 -es/ ① (不謹慎な)好奇心. ② (特に子供の)生意気, おしゃま.

vor‐wit·zig [フォーア・ヴィツィヒ] 形 ① (不謹慎で)好奇心の強い. ② (特に子供について:)生意気な, おしゃまな.

Vor‐wo·che [フォーア・ヴォッヘ] 囡 -/-n 前の週, 先週.

Vor‐wort [フォーア・ヴォルト] 中 -[e]s/-e (または ..wörter) ① (複 -e) 序文, 前書き. ② (複 ..wörter) (ぶんぽう) 前置詞 (= *Präposition*).

der **Vor·wurf** [フォーア・ヴふ fóːrvurf] 男 (単2) -[e]s/(複) ..würfe [..ヴュルふェ] (3格のみ ..würfen) ① 非難. (英 *reproach*). ein offener *Vorwurf* あからさまな非難 / 囚³ *Vorwürfe*⁴ machen 囚を非難する / *Vorwürfe*⁴ gegen 囚・事⁴ erheben 囚・事⁴に対して非難の声をあげる. ② (蒐) (小説・絵画などの)題材, テーマ.

Vor·wür·fe [フォーア・ヴュルふェ] *Vorwurf* (非難)の 複

vor·wurfs·voll [フォーアヴルふス・ふォる] 形 非難を込めた, 非難するような.

vor|zäh·len [フォーア・ツェーれン fóːr-tsɛ̀ːlən] 他 (h) (囚³の目の前で圏⁴を)数えてみせる.

Vor·zei·chen [フォーア・ツァイヒェン] 中 -s/- ① 前兆, 徴候. ein gutes *Vorzeichen* 吉兆. ② (数) 符号 (+, - など数字の前のもの); (音楽) 調号, 変位記号 (♯, ♭ など). ein positives (negatives) *Vorzeichen* プラス(マイナス)の符号.

vor|zeich·nen [フォーア・ツァイヒネン fóːr-tsàiçnən] 他 (h) ① (圏⁴の)下絵(略図)を描く.

② (囚³に 人・物⁴を手本として)描いて見せる.
③ (進路・方向など⁴を)前もって決める(指定する).

vor|zei・gen [ふォーァ・ツァイゲン fóːr-tsàɪgən] 他 (h) (乗車券など⁴を)出して見せる, 提示する.

Vor≠zeit [ふォーァ・ツァイト] 囡 -/-en 太古, 大昔.

vor≠zei・ten [ふォーァ・ツァイテン] 副 《詩》以前, かつて, 昔.

vor≠**zei・tig** [ふォーァ・ツァイティヒ] 形 早めの, 予定より早い. eine *vorzeitige* Geburt 早産.

vor≠**zeit・lich** [ふォーァ・ツァイトリヒ] 形 太古の, 大昔の.

vor|zie・hen* [ふォーァ・ツィーエン fóːr-tsìːən] (zog ... vor, *hat* ... vorgezogen) 他 (完了 haben) ① (人・物⁴のほうを)より好む; (囚³に)ひいきにする. 《逐 *prefer*》. Ich *ziehe* moderne Möbel *vor*. 私は現代調の家具のほうが好きだ / *Ziehen* Sie Wein oder Bier *vor*? ワインとビールとどちらがいいですか / A⁴ B³ *vorziehen* A⁴ を B³ より好む ⇨ Ich *ziehe* ihn seinem Bruder *vor*. 私は彼の兄(弟)よりも彼の方が好きだ.

② 前方へ引き出す; 《軍》(部隊など⁴を)前線に送る. den Schrank einen Meter *vorziehen* 戸棚を 1 メートル前へ出す. ③ (カーテンなど⁴を)前に引く. den Vorhang am Fenster *vorziehen* 窓のカーテンを引いて閉める. ④ 《口語》 (匈⁴をポケットなどから)引っぱり出す, 取り出す. ⑤ (期日など⁴を予定より)早める, 繰り上げる; 《口語》 (時間的に)優先させる. Der Arzt hat mich *vorgezogen*. 医者は私を先に診てくれた.

Vor≠zim・mer [ふォーァ・ツィンマァ] 囲 -s/- ① (オフィスなどの)受付け[の部屋]. ② 《オーストリア》 玄関の間, ロビー.

der **Vor・zug** [ふォーァ・ツーク fóːr-tsuːk] 囲 (単2) -[e]s/(複) ..züge [..ツューゲ] (3格のみ ..zügen) ① 《複なし》 優位, 優先. 《逐 *priority*》. 人・事³ den *Vorzug* geben 人・事³を優先させる / 人・事³ mit *Vorzug* behandeln 人・事⁴を優先的に扱う. ② 長所, メリット, 利点. 《逐 *merit*》. Wir alle haben unsere *Vorzüge* und Nachteile. 私たちはだれだって長所と短所を持っている. ③ (ある人だけが受ける)特典. ④ 《オーストリア》(学校の成績の)優等[賞].

Vor・zü・ge [ふォーァ・ツューゲ] Vorzug (長所)の 複.

vor・züg・lich [ふォーァ・ツューク¹リヒ foːrtsýːklɪç または ふォーァ..] I 形 非常に優れた, 優秀な, すばらしい. 《逐 *excellent*》. eine *vorzügliche* Leistung 優秀な成績 / Das Essen war *vorzüglich*. 食事はとてもおいしかった / Sie spricht *vorzüglich* Englisch. 彼女はとても上手に英語を話す. (☞ 類語 gut).
II 副 とりわけ, 特に.

Vor・züg・lich・keit [ふォーァ・ツュークリヒカ

イト または ふォーァ..] 囡 -/ 優秀さ, 卓越.

Vor・zugs≠ak・tie [ふォーァ・ツークス・アクツィエ] 囡 -/-n 《ふつう複》《経》優先株.

Vor・zugs≠preis [ふォーァ・ツークス・プライス] 囲 -es/-e 特価.

vor・zugs≠wei・se [ふォーァ・ツークス・ヴァイゼ] 副 おもに, 特に, とりわけ (=besonders).

vor・zu・ha・ben [ふォーァ・ツ・ハーベン] *vor|haben (予定している)の zu 不定詞.

vor・zu・stel・len [ふォーァ・ツ・シュテレン] *vor|stellen (紹介するの) zu 不定詞.

Vo・ta [ヴォータ] Votum (票)の 複.

Vo・ten [ヴォーテン] Votum (票)の 複.

vo・tie・ren [ヴォティーレン votíːrən] 自 (h) 『für (gegen) 人・事⁴ ~』 (人・事⁴に賛成(反対)の)投票をする, 意思表明をする.

Vo・tiv≠bild [ヴォティーふ・ビルト] 甲 -[e]s/-er 《カトリック》 奉納画.

Vo・tiv≠ta・fel [ヴォティーふ・ターふェる] 囡 -/-n 《カトリック》 奉納額(画).

Vo・tum [ヴォートゥム vóːtum] 甲 -s/Voten (または Vota) ① 投票[による意思表明]. sein *Votum*⁴ ab|geben 票を投じる. ② 議決.

Vou・cher [ヴァオチャァ váutʃər] [英] 甲 -s/-[s] 《観光》 (ホテルなどの)前払い証明書, 宿泊(旅行)クーポン券.

VR [ふォるクス・レプブリーク] 囡 -/ 《略》人民共和国 (=Volksrepublik).

v. T. [ふォム タオゼント] 《略》 1,000 分の…, …パーミル (=vom Tausend).

v. u. [ふォン ウンテン] 《略》 下から (=von unten).

vul・gär [ヴるゲーァ vulgéːr] 形 ① 下品な, 俗悪な, 卑しい. 《逐 *vulgar*》. ein *vulgäres* Wort 下品な言葉. ② 通俗的な.

der **Vul・kan** [ヴるカーン vulkáːn] I 囲 (単2) -s/(複) -e (3格のみ -en) 火山. 《逐 *volcano*》. ein tätiger (erloschener) *Vulkan* 活火山(死火山) / wie **auf** einem *Vulkan* leben つねに危険な状態にある(←火山の上で暮らすようなもの) / ein Tanz auf dem *Vulkan* 《比》 危険きわまる状態での軽率なふるまい(←火山の上でのダンス).
II (単2) -s/ 《ローマ神》 ウルカヌス (火と鍛冶の神. ギリシア神話のヘファイストスに当たる).

Vul・kan≠aus・bruch [ヴるカーン・アオスブルフ] 囲 -[e]s/..brüche 火山の爆発(噴火).

vul・ka・nisch [ヴるカーニッシュ vulkáːnɪʃ] 形 火山の, 火山性の.

vul・ka・ni・sie・ren [ヴるカニズィーレン vulkanizíːrən] 他 ① 《口語》 (タイヤなど⁴を)修理する. ② 《工》 (生ゴム⁴に)加硫する.

VW [ふァオ・ヴェー fau-véː または ふァオ..] 囲 -[s]/-s 《商標》 フォルクスワーゲン (=Volkswagen).

W w

w, W¹ [ヴェー vé:] 囲 -/- ヴェー(ドイツ語アルファベットの第23号)

W² ① [ヴァット] (《記号》) ワット (=Watt). ② [ヴェスト または ヴェステン] 《略》 西 (=West[en]). ③ [ヴェー] 《化・記号》タングステン, ウォルフラム (=Wolfram).

die **Waadt** [ヴァート vá:t または ヴァット] 囡 -/ 《定冠詞とともに》《地名》ヴァート (スイス26州の一つ. 州都はローザンヌ. フランス名はヴォー).

das **Waadt·land** [ヴァート・ラント vá:t-lant または ヴァット..] 甲 -[e]s/ 《定冠詞とともに》《地名》 =die Waadt

die **Waa·ge** [ヴァーゲ vá:gə] 囡 (単)-/(複)-n ① はかり, 天秤(なん), 計量器. (英 scale). eine genaue *Waage* 正確なはかり / 《物・事》⁴ **auf die** *Waage* **legen** a) 物⁴をはかりにかける, b) 《比》 囲⁴について考量する / 囲⁴ *auf* (または **mit**) *der Waage wiegen* 物⁴をはかりで計る / sich³ [gegenseitig] die *Waage*⁴ halten《比》 (両者が)互いに均衡を保っている ⇒ Angebot und Nachfrage halten sich die *Waage*. 供給と需要が釣り合っている.
② 《復 なし》天秤(なん)座; 天秤宮. ③ 天秤(なん)座生まれの人. ④ (体操・フィギュアスケートの)水平姿勢.

Waa·ge=bal·ken [ヴァーゲ・バルケン] 男 -s/- はかり(天秤(なん))のさお.

waa·ge=recht [ヴァーゲ・レヒト vá:gə-rεçt] 形 水平の. (英 level). (《対》「垂直の」は senkrecht). eine *waagerechte* Fläche 水平面.

Waa·ge·rech·te [ヴァーゲ・レヒテ] 囡《語尾変化は形容詞と同じ》水平線 (=Horizontale).

Waag=recht·e [ヴァーゲ・レヒテ] 囡《語尾変化は形容詞と同じ》=Waagerechte

Waag=scha·le [ヴァーク・シャーレ] 囡 -/-n 天秤(なん)の皿. alles (または jedes) Wort⁴ *auf* die *Waagschale legen* 《比》使う言葉を吟味する, 慎重に発言する / 物⁴ *in* die *Waagschale* werfen 《比》(ある目的のために)物⁴にものをいわせる / Das fällt schwer in die *Waagschale*. 《比》それはきわめて重要である.

wab·be·lig [ヴァッベリヒ vábəlıç] 形 《口語》ぶよぶよの, ぐにゃぐにゃした.

wab·beln [ヴァッベルン vábəln] 自 (h) 《口語》(腹などが)ぶよぶよする, ゆらゆらする.

wabb·lig [ヴァプリヒ vábliç] 形 =wabbelig

Wa·be [ヴァーベ vá:bə] 囡 -/-n 蜂(はち)の巣.

Wa·ben=ho·nig [ヴァーベン・ホーニヒ] 男 -s/- 蜂の巣のなかの蜜(みつ), 天然蜂蜜(はちみつ).

wa·bern [ヴァーバァン vá:bərn] 自 (h) 《方》《雅》(炎などが)ゆらぐ, ゆらゆらする.

*****wach** [ヴァッハ váx] 形 ① 目が覚めている, 起きている. (英 awake). in *wachem* Zustand 目が覚めた状態で / Um 6 Uhr wurde er *wach*. 6時に彼は目が覚めた / Der Lärm machte mich *wach*. 騒音で私は目が覚めた / 人⁴ *wach* rufen (または *wach*|rufen) 人⁴を呼んで目を覚まさせる.
② (精神的に)活発な, 生き生きとした; 注意深い. *wache* Augen 生き生きした目 / ein *wacher* Geist 聡明(そうめい)な人 / mit *wachem* Verstand 鋭い理解力で.
► **wach|rütteln**²

die **Wa·chau** [ヴァッハウ vaxáu] 囡 -/ 《定冠詞とともに》《地名》ヴァッハウ渓谷 (オーストリア北部のドナウ川下流地域に広がる景勝地).

die **Wa·che** [ヴァッヘ váxə] 囡 (単)-/(複)-n ① 見張り, 監視. (英 guard). *Wache*⁴ halten 見張りをする / [**auf**] *Wache* stehen 《口語》見張りに立つ. ② 監視人, 守衛, 番人. *Wachen*⁴ auf|stellen 監視人を立てる. ③ 監視室, 守衛室; 交番. 人⁴ *auf* die *Wache* bringen 人⁴を近所の所へ連行する.

wa·chen [ヴァッヘン váxən] (wachte, *hat*...gewacht) 自 《完了》haben) ① 《雅》目を覚ましている, 起きている. Schläft er oder *wacht* er? 彼は眠っているのか, それとも目を覚ましているのか? ② 寝ずの番をする. **bei** einem Kranken *wachen* 夜間に病人を見守る. ③ 《**über** 人・物⁴ ~》《人・物》⁴を見張っている, 監視する. Sie *wachte* über die Kinder. 彼女は子供たちを見守っていた.

wach·ha·bend [ヴァッハ・ハーベント] 形 《付加語としてのみ》当番の, 当直の.

Wach·ha·ben·de[r] [..ダァ] 男 囡《語尾変化は形容詞と同じ》当番員, 見張り員.

wach|hal·ten* [ヴァッハ・ハるテン váx-hàltən] 他 (h) (関心・思い出など⁴を)生き生きともち続ける.

Wach=hund [ヴァッハ・フント] 男 -[e]s/-e 番犬.

Wa·chol·der [ヴァホるダァ vaxóldər] 男 -s/- ① 《植》ビャクシン属 (ネズなど). ② ジン, ねず酒.

Wach=pos·ten [ヴァッハ・ポステン] 男 -s/- 衛兵, 歩哨(ほしょう).

wach|ru·fen* [ヴァッハ・ルーフェン váx-rùfən] 他 (h) (記憶など⁴を)呼び覚ます.

wach|rüt·teln¹ [ヴァッハ・リュッテるン váx-rỳtəln] 他 (h) (人⁴を迷いなどから)目覚めさせる; (良心など⁴を)呼び覚ます.

wach|rüt·teln², **wach rüt·teln** [ヴァッハ・リュッテるン váx-rỳtəln] 他 (h) 揺すって目を

覚えさせる.

das Wachs [ヴァクス váks] 田 (単2) -es/(種類を表すときのみ: 複) -e ろう, ワックス. (英 wax). Bienen*wachs* 蜜(ぢ)ろう / Das *Wachs* schmilzt. ろうが溶ける / weiß wie *Wachs* ろうのように白い / den Boden mit *Wachs* polieren 床をワックスで磨く / Er ist *Wachs* in ihren Händen. 《比》彼は彼女の思いのまま(←彼女の手に握られたろうだ) / Sie ist weich wie *Wachs*. 《比》彼女は感化されやすい(←ろうのように柔らかい).

wach·sam [ヴァッハザーム] 形 用心深い, 油断なく警戒している. ein *wachsames* Auge⁴ auf 人·物⁴ haben 人·物⁴に目を光らせている.

Wach·sam·keit [ヴァッハザームカイト] 女 -/ 用心[深いこと], 油断のないこと, 警戒心.

⁑wach·sen¹* [ヴァクセン váksən]

―――
成長する

Die Kinder *wachsen* so schnell.
ディ キンダァ ヴァクセン ゾー シュネる
子供たちはすぐに大きくなるものだ.
―――

du wächst, er wächst (wuchs, *ist* ... gewachsen) 自 (定了 sein) ① (人間·動植物などが)**成長する**, 伸びる (草木などが)生える, 育つ. (英 *grow*). Dieser Baum *wächst* nicht mehr. この木はこれ以上大きくならない / Das Gras *wächst* üppig. 草が生い茂る / Ich *lasse* mir einen Bart *wachsen*. 私はひげを伸ばす / Meine Haare *wachsen* schnell. 私の髪はすぐ伸びる / Du *bist* aber *gewachsen*! 《現在完了》君は大きくなったね / Sie *ist* gut *gewachsen*. 《現在完了》彼女はスタイルがいい / Der Mais *wächst* hier nicht. ここではとうもろこしは育たない / Die Schatten *wuchsen*. 《雅·比》影が長くなった.

② (数量·規模などが)**増大する**, 増える, 大きくなる; (程度などが)強まる. Die Stadt *wächst* von Jahr zu Jahr. その町は年々大きくなる / Sein Ärger *wuchs* immer mehr. 彼の怒りはますます激しくなった. ◇《現在分詞の形で》*wachsende* Kosten 増える経費 / mit *wachsendem* Interesse しだいに興味を募らせて.

◇☞ **gewachsen**

wach·sen² [ヴァクセン] (wachste, *hat* ... gewachst) 他 (h) (床·スキー板など⁴に)ワックスをかける(塗る).

wäch·sern [ヴェクサァン véksərn] 形 ① ろうの, ろう製の. ② (雅)ろうのように青白い.

Wachs·fi·gur [ヴァクス·ふィグーァ] 女 -/-en ろう人形, ろう細工.

Wachs·fi·gu·ren·ka·bi·nett [ヴァクスふィグーレン·カビネット] 田 -s/-e ろう人形館.

Wachs·ker·ze [ヴァクス·ケルツェ] 女 -/-n ろうそく.

wächst [ヴェクスト] ⁑wachsen¹ (成長する)の2人称親称単数·3人称単数 現在

Wach·stu·be [ヴァッハ·シュトゥーベ] 女 -/-n ① 守衛室. ② (警察官の)詰め所.

Wachs·tuch [ヴァクス·トゥーフ] 田 -[e]s/-e (または ..tücher) ① 《複》-e ろう布, 防水布. ② 《複》..tücher. ろう引き布のテーブルクロス.

das Wachs·tum [ヴァクストゥーム vákstu:m] 田 (単2) -s/ (英 *growth*) ① **成長**, 発育, 生育. das körperliche *Wachstum* eines Kindes 子供の身体の成長 / das normale *Wachstum* der Pflanzen² fördern 植物の正常な成長を促す. ② **増大**, 増加; (都市·経済などの)発展. ③ 農作物, (特に:)ワイン. eigenes *Wachstum* 自家製の作物.

Wachs·tums≠ra·te [ヴァクストゥームス·ラーテ] 女 -/-n 《経》経済成長率.

wachs≠weich [ヴァクス·ヴァイヒ] 形 ① (ろうのように)非常に柔らかい, ぐにゃぐにゃの. ② (比)弱腰の; 信用のおけない.

Wacht [ヴァハト váxt] 女 -/-en 《詩》見張り(=Wache).

wach·te [ヴァッハテ] wachen (目を覚ましている)の過去

Wäch·te [ヴェヒテ] Wechte の古い形.

Wach·tel [ヴァハテる váxtəl] 女 -/-n 《鳥》ウズラ.

Wäch·ter [ヴェヒタァ véçtər] 男 -s/- 番人, 守衛, 警備員, ガードマン. (女性形: -in).

Wacht≠meis·ter [ヴァハト·マイスタァ] 男 -s/- 《口語》巡査, (下級の)警官. (女性形: -in).

Wacht≠pos·ten [ヴァハト·ポステン] 男 -s/- 衛兵, 歩哨(鴫) (=Wachposten).

Wach≠traum [ヴァッハ·トラオム] 男 -[e]s/..träume 白昼夢.

Wacht≠turm [ヴァハト·トゥルム] 男 -[e]s/..türme 見張り塔, 監視塔. (☞ Burg 図).

Wach≠turm [ヴァッハ·トゥルム] 男 -[e]s/..türme =Wachtturm

wa·cke·lig [ヴァッケリヒ vákəliç] 形 ① ぐらぐらする, がたがたする; がたがたの(車など). ein *wackeliger* Zahn ぐらぐらする歯. ② 《口語》(病気や高齢で)弱々しい, 足もとのおぼつかない. ③ 《口語》不安定な, 危ないかんじの. Die Firma ist schon etwas *wackelig*. その会社はもういくぶん経営が危ない / Er steht in der Schule *wackelig*. 彼は落第しそうだ.

Wa·ckel·kon·takt [ヴァッケる·コンタクト] 男 -[e]s/-e 《電》接触不良.

wa·ckeln [ヴァッケるン vákəln] ich wackle (wackelte, *hat/ist* ... gewackelt) 自 (定了) haben または sein) ① (机·家などが)**ぐらぐらする**, がたがたする. 《口語》(人·家などが)ゆらゆら動く. Der Tisch *wackelt*. このテーブルはぐらぐらする. ② (h) 〖an 物³ ~〗《口語》《物³を》揺り動かす. an der Tür *wackeln* ドアを揺さぶる. ③ 《口語》〖mit 物³ ~〗《口語》《物³を》振り動かす. mit den Hüften *wackeln* 腰を振る. ④ (h) 《口語》(地位などが)不安定である, 危うい. ⑤ (s) 《口語》(...へ)よろよろと歩いて行く.

wa·ckel·te [ヴァッケるテ] wackeln (ぐらぐらする)の過去

wa・cker [ヴァッカァ vákər] 形 ① 実直な, 正直な. ② りっぱな, 勇敢な.

wack・le [ヴァックれ] wackeln (ぐらぐらする)の1人称単数 現在

wack・lig [ヴァックリヒ váklıç] 形 =wackelig

Wa・de [ヴァーデ vá:də] 女 -/-n (医) ふくらはぎ, こむら, 腓腹(ひふく).

Wa・den=bein [ヴァーデン・バイン] 中 -[e]s/-e 《医》腓骨(ひこつ).

Wa・den=krampf [ヴァーデン・クランプふ] 男 -[e]s/..krämpfe 《医》こむら返り, 腓腹(ひふく)筋けいれん.

die **Waf・fe** [ヴァッふェ váfə] 女 (単) -/(複) -n ① 武器, 兵器. (英 weapon). nukleare *Waffen* 核兵器 / biologische *Waffen* 生物兵器 / *Waffen*⁴ bei sich führen (または tragen) 武器を携帯する / die *Waffen*⁴ strecken a) 武器を捨てる, b)《比》降伏する / in *Waffen* stehen 武装している / zu den *Waffen* greifen 武力を使う.

②《腹 なし》《軍》兵科. ③《腹 で》《狩》《猛禽(もうきん)類などの》鉤爪(かぎづめ); (いのししなどの)きば.

Waf・fel [ヴァッふェる váfəl] 女 -/-n 《料理》ワッフル(菓子の一種).

Waf・fel=ei・sen [ヴァッふェる・アイゼン] 中 -s/- ワッフルの焼き型.

Waf・fen=gat・tung [ヴァッふェン・ガットゥング] 女 -/-en 《軍》(昔の:)兵科, 兵種.

Waf・fen=ge・walt [ヴァッふェン・ゲヴァるト] 女 -/ 武力, 兵力.

waf・fen=los [ヴァッふェン・ロース] 形 武装していない; 無防備の.

Waf・fen=ru・he [ヴァッふェン・ルーエ] 女 -/ [一時]休戦.

Waf・fen=schein [ヴァッふェン・シャイン] 男 -[e]s/-e 武器(銃砲)携帯許可証.

Waf・fen=still・stand [ヴァッふェン・シュティるシュタント] 男 -[e]s/..stände 休戦, 停戦.

Wa・ge=hals [ヴァーゲ・はるス] 男 -es/..hälse 冒険家, 命知らず.

wa・ge・hal・sig [ヴァーゲ・はるズィヒ] 形 = waghalsig

Wa・ge=mut [ヴァーゲ・ムート] 男 -[e]s/ 大胆, 向こう見ず.

wa・ge・mu・tig [ヴァーゲ・ムーティヒ] 形 大胆な, 向こう見ずな.

wa・gen [ヴァーゲン vá:gən] (wagte, hat ... gewagt) I 他《完了 haben》① 《腹⁴を》思いきってする, あえてする; 《...する》勇気がある. (英 dare). einen Versuch *wagen* 思いきって試みる / eine Bitte⁴ an 人⁴ *wagen* 人⁴に思いきって頼む / Er *wagt* nicht, ihr zu widersprechen. 彼は彼女にあえて反論するつもりはない / Ich *wage* nicht zu behaupten, dass... 私には...だと言う自信はない. ◇《目的語なしでも》Wer *wagt*, gewinnt. 《ことわざ》虎穴に入らずんば虎児を得ず《思いきって行動しなければ成功は獲得できない》.

② (地位・財産など⁴を)賭(か)ける, 危険にさらす. Er *hat* für sie sein Leben *gewagt*. 彼女のために命を賭けた.

II 再帰《完了 haben》*sich*⁴ *wagen* 《方向を表す語句とともに》思いきって...へ行く(...から出て行く). Abends *wagt* sie *sich* nicht mehr aus dem Haus. 夜になると彼女はもう家から出る勇気がない / *sich*⁴ an eine schwierige Aufgabe *wagen* 《比》思いきって困難な課題に立ち向かう.

◇☞ gewagt

‡*der* **Wa・gen** [ヴァーゲン vá:gən]

自動車; 車両

Mein *Wagen* ist kaputt.
マイン ヴァーゲン イスト カプット
私の車は故障した.

男 (単2) -s/(複) - (南ド・オーストリア: Wägen [ヴェーゲン] も) ① 自動車, 車. (英 car). ein sportlicher *Wagen* スポーティーな車 / Der *Wagen* läuft ruhig. その車は走りが静かだ / Aus dem *Wagen* (in den *Wagen*) steigen 車から降りる(車に乗る) / Er ist viel mit dem *Wagen* unterwegs. 彼はよく車で出かける / Wollen wir sehen, wie der *Wagen* läuft.《口語》事の成り行きを見守りましょう(←どのように車が走るかを).

② (鉄道の)車両. ein Zug mit 12 *Wagen* 12両編成の列車.

③ 馬車; 荷車; 手押し車 (=Hand*wagen*); ベビーカー; ディナーワゴン. ein zweirädriger *Wagen* 2輪の馬車(荷車) / die Pferde⁴ vor den *Wagen* spannen 馬車に馬をつなぐ / 人³ an den *Wagen* fahren 《俗・比》人³の感情を傷つける.

④《工》(旋盤などの)往復台; (タイプライターの)キャリッジ. ⑤《成句的に》der Große (Kleine) *Wagen*《天》大熊(小熊)座.

メモ -wagen のいろいろ: Einkaufswagen ショッピングカート / Gebrauchtwagen 中古車 / Gepäckwagen (鉄道の)手荷物車 / Kinderwagen ベビーカー / Kleinwagen 小型車 / Kombiwagen ライトバン / Lastkraftwagen トラック / Leihwagen, Mietwagen レンタカー / Personenkraftwagen 乗用車 / Personenwagen 客車 / Rennwagen レーシングカー / Schlafwagen 寝台車 / Speisewagen 食堂車 / Sportwagen スポーツカー; B 型ベビーカー / Streifenwagen パトカー

類語 der **Wagen**: 本来は「(人・荷物を運搬する)馬車」を意味したが, 今日では「自動車, 車両」の意味にふつうに用いられる. das **Auto**: 本来は Automobil の略語. 「自動車・自家用車」を意味する日常語. Fahren Sie *Auto*? あなたは車を運転しますか. der **Kraftwagen**: (おもに官庁用語で, トラック・バスも含めた広い意味での)自動車.

---

wä・gen(*) [ヴェーゲン vé:gən] (wog, hat ... gewogen または wägte, hat ... gewägt) 他 (h) ① 《古》《腹⁴の》重さを量る (=wiegen). ②《雅》よく考える, 吟味する. Erst *wägen*, dann wagen!《ことわざ》熟慮断行.

◇☞ **gewogen**

Wa·gen·he·ber [ヴァーゲン・ヘーバァ] 男 -s/- （車両用の）ジャッキ.

Wa·gen·ko·lon·ne [ヴァーゲン・コロンネ] 女 -/-n 車の長い列.

Wa·gen·la·dung [ヴァーゲン・らードゥング] 女 -/-en トラック1台分(貨車1両分)の積荷.

Wa·gen·park [ヴァーゲン・パルク] 男 -s/-s (まれに -e) （会社などの）車両保有台数.

Wa·gen·rad [ヴァーゲン・ラート] 中 -[e]s/ ..räder 車輪.

Wa·gen·stand·an·zei·ger [ヴァーゲンシュタント・アンツァイガァ] 男 -s/- 《鉄道》（駅のホームの）列車編成表示板.

Wa·ge·stück [ヴァーゲ・シュテュック] 中 -[e]s/-e 《雅》大胆な行為, 冒険.

Wag·gon [ヴァゴーン vagṓ: または ヴァゴーン vagóːn] 男 -s/-s (ｵｰｽﾄ: -e も) （特に貨車の）車両; 貨車1両分[の荷].

wag·hal·sig [ヴァーク・ハルズィヒ] 形 向こう見ずな, 無謀な(人など); 危険きわまりない(企てなど).

Wag·ner [ヴァーグナァ vá:gnər] I -s/-s 《姓》ヴァーグナー. II -s/ 《人名》ヴァーグナー (Richard *Wagner* 1813–1883; ドイツの作曲家).

Wag·ne·ri·a·ner [ヴァーグネリアーナァ va:gnəriá:nər] 男 -s/- ヴァーグナー崇拝者, ヴァーグネリアン. （女性形: -in）.

Wag·nis [ヴァークニス vá:knɪs] 中 ..nisses/..nisse 大胆な行為, 冒険; 危険な行為, リスク. ein *Wagnis*⁴ unternehmen 冒険を企てる / ein *Wagnis*⁴ auf sich nehmen いちかばちかやってみる.

Wa·gon [ヴァゴーン vagṓ: または ヴァゴーン vagóːn] 男 -s/-s (ｵｰｽﾄ: -e も) = Waggon

wag·te [ヴァークテ] wagen （思いきってする）の過去

*die **Wahl** [ヴァーる váːl] 女 (単) -/(複) -en ① 《ふつう 単》選択. 《英 choice》. Berufswahl 職業の選択 / eine schwere *Wahl* 難しい選択 / eine gute (schlechte) *Wahl*⁴ treffen うまく選択する(選択を誤る) / 人³ die *Wahl*⁴ lassen 人³に選択を任せる / Ich habe keine andere *Wahl*. 私はこうするしかない(ほかに選択の余地がない) / Die *Wahl* steht dir frei. 選択は君の自由だ / eine Reise **nach** eigener *Wahl* 自分で自由に選んだ旅行 / **vor** der *Wahl* stehen 選択を迫られている / Sie haben drei Stücke **zur** *Wahl*. 3個のうちどれでも選んでください / Wer die *Wahl* hat, hat die Qual. 《諺》選択の自由には苦労がつきもの. ② 選挙. 《英 election》. eine direkte *Wahl* 直接選挙 / die *Wahl* des Präsidenten 大統領選挙 / eine *Wahl* durch Stimmzettel (Handaufheben) 投票(挙手)による選出 / **zur** *Wahl* gehen 投票へ行く / Er ist zur *Wahl* berechtigt. 彼には選挙権がある. ③ 〖複 なし〗選出[されること], 当選. die *Wahl*⁴ an|nehmen (ab|lehnen) 選出を受諾する(拒否する) / 人³ **zur** *Wahl* gratulieren 人³に当選おめでとうと言う / sich⁴ zur *Wahl* aufstellen lassen 立候補する / Die *Wahl* ist auf ihn gefallen. 〖現在完了〗選挙では彼が当選した. ④ （商品の）品質, 等級. Waren erster *Wahl*¹² 一級品.

Wahl·al·ter [ヴァーる・アるタァ] 中 -s/- 選挙(被選挙)資格年齢.

wähl·bar [ヴェーるバール] 形 ① 被選挙権のある. ② 《稀》選択可能な.

wahl·be·rech·tigt [ヴァーる・ベレヒティヒト] 形 選挙権のある.

Wahl·be·rech·ti·gung [ヴァーる・ベレヒティグング] 女 -/- 選挙権.

Wahl·be·tei·li·gung [ヴァーる・ベタイリグング] 女 -/ 投票[率].

Wahl·be·zirk [ヴァーる・ベツィルク] 男 -[e]s/-e 投票区.

** **wäh·len** [ヴェーれン véːlən]

選ぶ
Welchen Beruf soll ich *wählen*?
ヴェるヒェン ベルーフ ゾる イヒ ヴェーれン
私はどの職業を選べばいいだろうか.

(wählte, *hat* ... gewählt) I 他 〖完了 haben〗① (人·物)⁴を選ぶ, 選択する. 《英 choose》. ein Geschenk⁴ für 人⁴ *wählen* 人⁴へのプレゼントを選ぶ / Er *wählte* seine Worte mit Bedacht. 彼は慎重に言葉を選んだ.
② 選挙する, 選出する; (人⁴に)投票する. einen Präsidenten *wählen* 大統領を選出する / 人⁴ **zum** Vorsitzenden *wählen* 人⁴を議長に選出する / Wen (Welche Partei) *hast* du *gewählt*? 君はだれに(どの党に)投票したの.
③ （電話番号⁴を）プッシュホンで押す, ダイヤルする. eine falsche Nummer⁴ *wählen* 間違い電話をかける. ◇〖目的語なしでも〗Ich *habe* falsch *gewählt*. 私は間違い電話をかけた.
II 自 〖完了 haben〗① 選ぶ, 選択する. **zwischen** zwei Möglichkeiten *wählen* 二つの可能性の中から選ぶ / *Haben* Sie schon *gewählt*? (ウェーターなどが客に:)もうお決めになりましたか.
② 投票する, 選挙をする. *wählen* gehen 投票に行く.

◇☞ **gewählt**
〖類語〗**wählen**:「選ぶ」という意味で最も一般的な語. **aus|wählen**: （比較·吟味して）選び出す. **aus|lesen**: （悪いものを）よりのける; 《雅》（良いものを）えりすぐる. **aus|suchen**: （多くのものから捜し出して）選ぶ.

Wäh·ler [ヴェーらァ véːlər] 男 -s/- 有権者, 投票者, 選挙人. （女性形: -in).

Wahl·er·geb·nis [ヴァーる・エァゲープニス] 中 ..nisses/..nisse 選挙(投票)の結果.

wäh·le·risch [ヴェーれリッシュ véːlərɪʃ] 形 より好みする, 好き嫌いの激しい.

Wäh·ler·lis·te [ヴェーらァ・リステ] 女 -/-n 選挙人名簿.

Wäh·ler·schaft [ヴェーらァシャふト] 囡 -/-en 《ふつう 圏》(総称として:) 有権者.

Wahl≠fach [ヴァーる・ふァッハ] 甲 -[e]s/..fächer 選択科目. (くらべ「必修科目」は Pflichtfach).

wahl≠frei [ヴァーる・ふライ] 形 自由選択の(科目など).

Wahl≠gang [ヴァーる・ガング] 男 -[e]s/..gänge (票決に至るまでの各段階の)投票.

Wahl≠ge·heim·nis [ヴァーる・ゲハイムニス] 甲 ..nisses/..nisse 投票の秘密.

Wahl≠ge·schenk [ヴァーる・ゲシェンク] 甲 -[e]s/-e 選挙公約.

Wahl≠ge·setz [ヴァーる・ゲゼッツ] 甲 -es/-e 選挙法.

Wahl≠hei·mat [ヴァーる・ハイマート] 囡 -/ 第二の故郷(自分で選んだ居住地).

Wahl≠kampf [ヴァーる・カンプふ] 男 -[e]s/..kämpfe 選挙戦.

Wahl≠kreis [ヴァーる・クライス] 男 -es/-e 《官庁》選挙区.

Wahl≠lis·te [ヴァーる・リステ] 囡 -/-n 立候補者名簿.

Wahl≠lo·kal [ヴァーる・ろカール] 甲 -[e]s/-e 投票所.

wahl≠los [ヴァーる・ろース] 形 手当たりしだいの, 見境のない.

Wahl≠pflicht≠fach [ヴァーるプふりヒト・ふァッハ] 甲 -[e]s/..fächer 選択必修科目.

Wahl≠pro·gramm [ヴァーる・プログラム] 甲 -s/-e (政党の)選挙公約, マニフェスト.

Wahl≠recht [ヴァーる・レヒト] 甲 ① 選挙権. aktives (passives) *Wahlrecht* 選挙(被選挙)権. ② (総称として:)選挙法.

Wahl≠re·de [ヴァーる・レーデ] 囡 -/-n 選挙演説.

Wähl≠schei·be [ヴェーる・シャイベ] 囡 -/-n (電話の)ダイヤル.

Wahl≠spruch [ヴァーる・シュプルフ] 男 -[e]s/..sprüche 標語, スローガン, モットー.

Wahl≠tag [ヴァーる・ターク] 男 -[e]s/-e 投票日.

wähl·te [ヴェーるテ] ＊wählen (選ぶ)の 過去.

Wahl≠ur·ne [ヴァーる・ウルネ] 囡 -/-n 投票箱.

Wahl≠ver·samm·lung [ヴァーる・フェアザムルング] 囡 -/-en 選挙(立会)演説会.

Wahl≠ver·wandt·schaft [ヴァーる・フェアヴァントシャふト] 囡 -/-en 同質性, 親近性, 相性(しょう); 《化》親和力.

wahl≠wei·se [ヴァーる・ヴァイゼ] 副 各自の選択に応じて, 自分で選んで.

Wahl≠zel·le [ヴァーる・ツェれ] 囡 -/-n 投票用紙記入ボックス.

Wahl≠zet·tel [ヴァーる・ツェッテる] 男 -s/- 投票用紙.

Wahn [ヴァーン vá:n] 男 -[e]s/ ① 《雅》妄想, 幻想, 思い込み. Er ist **in** einem *Wahn* befangen, dass... 彼は…に思い込んでいる. ② (病的な)妄想. Größen*wahn* 誇大妄想.

Wahn≠bild [ヴァーン・ビるト] 甲 -[e]s/-er 幻像, 幻覚.

wäh·nen [ヴェーネン vέ:nən] 他 (h) 《雅》(間違って…と)思い込む, (人・事が…であると)思い込む, 思い違いする. 人⁴ in Rom *wähnen* 人⁴がローマにいるものとばかり思う. ◇【再帰的に】 sich⁴ verlassen *wähnen* 見捨てられているように思う.

der **Wahn≠sinn** [ヴァーン・ズィン vá:nzɪn] 男 2) -[e]s/ ① 狂気, 精神異常の. (英 *madness*). **in** *Wahnsinn* verfallen 発狂する. ② 《口語》狂気のさた. Das ist jε *Wahnsinn*! まったくばかげているよ / *Wahnsi*n! (反語的に:)すごい!

wahn≠sin·nig [ヴァーン・ズィニヒ vá:nzɪnɪç] I 形 ① 気の狂った, 精神異常の. (英 *mad*). ein *wahnsinniger* Mensch 気の狂った人 / wie *wahnsinnig* 《口語》狂ったように / Bei diesem Lärm kann man ja *wahnsinnig* werden. 《口語》この騒音では頭が変になりそうだ. ② 《口語》気違いじみた, ばかげた. ein *wahnsinniges* Unternehmen むちゃな企て. ③ 《口語》途方もない, たいへんな. Sie hatte *wahnsinnige* Angst. 彼女はひどくこわがった. II 副 《口語》ひどく, ものすごく. Sie liebt ihn *wahnsinnig*. 彼女は彼を熱愛している.

Wahn≠witz [ヴァーン・ヴィッツ] 男 -es/ 狂気のさた, ナンセンスな(ばかげた)行為.

wahn≠wit·zig [ヴァーン・ヴィッツィヒ] 形 ① 気違いじみた, ばかげた. ② 《口語》途方もない.

＊**wahr** [ヴァール vá:r]

真実の　Ist das *wahr*?
イスト ダス　ヴァール
　　　それは本当ですか.

形 ① 真実の, 本当の; 事実どおりの, 実際にあった. (英 *true*). (くらべ「間違った」は falsch). eine *wahre* Geschichte / Das ist nur zu *wahr*! それは残念ながら真実だ / Das kann (または darf) doch nicht wa'hr sein! まさかそんなことがあるはずがない /..., **nicht** *wahr*? でしょう? ね, そうだろう? ⇒ Du kommst doch mit, nicht *wahr*? 君もいっしょに来るよね / 人⁴ **für** *wahr* **halten** 人⁴を真実と思う / Endlich zeigte sie ihr *wahres* Gesicht. とうとう彼女は本性を現した / Wie *wahr*! まったくそのとおり / So *wahr* ich hier stehe! または So *wahr* ich lebe! (誓いの言葉で:)誓って本当だ / Er spricht *wahr*. 《雅》彼は本当のことを話す.
② 《雅》本物の, 真の, まことの. ein *wahrer* Freund 真の友 / *wahre* Kunst 本物の芸術.
③ まったくの, 事実どおりの. Es ist ein *wahres* Glück. それはまさに幸運だ.

▶ **wahr|machen**

類語 **wahr**: (偽り・見かけ倒しではなく内実が)本当の. **echt**: (混ぜ物・模倣などではなくて)本物の. **wirklich**: (空想ではなく)現実の, 実際の.

wah·ren [ヴァーレン vá:rən] 他 (h) 《雅》① 保つ, 維持する. den Schein *wahren* 体裁をつくろう / den Abstand *wahren* 距離を保つ / ein Geheimnis⁴ *wahren* 秘密を守る. ② (権利・利益など⁴を)守る. seine Rechte⁴ *wahren* 自分の権利を守る.

wäh·ren [ヴェーレン vé:rən] 自 (h) 《雅》続く, 持続する (=dauern). ◊《非人称の es を主語として》Es *währte* nicht lange, so kam er. 間もなく彼はやって来た. (☞ 類語 dauern).

※wäh·rend [ヴェーレント vé:rənt]

…の間; …している間

Sprich nicht, *während* du isst!
シュプリヒ ニヒト ヴェーレント ドゥ イスト
食べているときはおしゃべりしてはいけないよ.

I 前《2 格 (まれに 3 格)とともに》《時間的に》…の間, …している間. (英 during). *während* des Essens 食事中[に] / *Während* des Krieges lebten sie im Ausland. 戦時中彼らは外国で暮らした.
II 接《従属接続詞; 動詞の人称変化形は文末》① …している間. (英 while). *Während* er kochte, las sie die Zeitung. 彼が食事を作っている間, 彼女は新聞を読んでいた.
② …であるのに対して, 一方… Er ging weg, *während* die anderen noch blieben. 彼は立ち去ったが, 他の人たちはなおもそこにとどまった.

wäh·rend·des·sen [ヴェーレント・デッセン] 副 その間に, そうするうちに.

wahr·ge·nom·men [ヴァール・ゲノンメン] wahr|nehmen の過分

wahr|ha·ben* [ヴァール・ハーベン vá:r-hà:-bən] 他 (h) 《成句的に》～⁴ nicht *wahrhaben* wollen ～⁴を認めようとしない.

wahr·haft [ヴァールハフト] 形 《雅》本当の, 真[実]の, 本物の. *wahrhafte* Tugend 本当の美徳.

wahr·haf·tig [ヴァールハフティヒ va:rháftɪç または ヴァール..] **I** 形 《雅》誠実な, 正直な, 本当の. ein *wahrhaftiger* Mensch 誠実な人 / *Wahrhaftiger* Gott! (驚いて:)大変だ! おやまあ! **II** 副 本当に, 実際. Ich weiß es *wahrhaftig* nicht. 私は本当にそれを知らないんです.

die **Wahr·heit** [ヴァールハイト vá:rhaɪt] 囡 (単) -/(複) -en ① 真実, 真相, 事実, 本当のこと; 真理. (英 truth). eine reine *Wahrheit* ありのままの事実 / die *Wahrheit*⁴ verschleiern 真相を隠す / Sag mir die *Wahrheit*! 本当のことを言いなさい / Die *Wahrheit* liegt in der Mitte. 《諺》真実は中庸にあり / bei der *Wahrheit* bleiben うそをつかない / in *Wahrheit* 実は, 実際に / um die *Wahrheit* zu sagen 本当のことを言えば / Kinder und Narren sagen die *Wahrheit*. 《諺》子供とばかはうそを言わない.
② 《複 なし》(証言などの)真実性.

wahr·heits·ge·mäß [ヴァールハイツ・ゲメース] 形 真実どおりの, ありのままの.

wahr·heits·ge·treu [ヴァールハイツ・ゲトロイ] 事実を忠実に再現する, 事実どおりの.

Wahr·heits·lie·be [ヴァールハイツ・リーベ] 囡 -/ 真理への愛; 誠実さ.

wahr·heits·lie·bend [ヴァールハイツ・リーベント] 形 真理(真実)を愛する; 誠実な.

wahr·lich [ヴァールリヒ] 副 《雅》本当に, 確かに, まことに.

wahr|ma·chen, wahr ma·chen [ヴァール・マッヘン vá:r-màxən] 他 (h) 圏⁴を実現する, 現実のものとする.

wahr·nehm·bar [ヴァール・ネームバール] 形 知覚できる, 目に見える, 耳に聞こえる, 感じとれる. ein kaum *wahrnehmbarer* Ton ほとんど聞きとれない音.

wahr|neh·men* [ヴァール・ネーメン vá:r-nè:mən] du nimmst... wahr, er nimmt... wahr (nahm... wahr, *hat*... wahrgenommen) 他 (完了 haben) ① (人・物⁴に) 気づく, 知覚する. (英 perceive). ein Geräusch⁴ *wahrnehmen* 物音に気づく / Sie kam ins Zimmer, ohne ihn *wahrzunehmen*. 彼女は彼がいるのに気づかずに部屋に入って来た.
② (機会など⁴を)利用する, (権利など⁴を)行使する. eine Chance⁴ *wahrnehmen* チャンスを生かす. ③ (官庁) (利益など⁴を)代表する, (義務・任務など⁴を)負う, (権利など⁴を)守る.

Wahr·neh·mung [ヴァール・ネーメング] 囡 -/-en ① 認知, 知覚. ② (機会など)利用;《官庁》(期限などの)遵守(ᵗ); (利益などの)擁護, 代表.

Wahr·neh·mungs·ver·mö·gen [ヴァール・ネーメングス・フェアメーゲン] 中 -s/ 知覚能力, 感知能力.

wahr·sa·gen [ヴァール・ザーゲン vá:r-zà:gən] (注意 非分離動詞として用いることもある) **I** 自 (h) 占う, 予言する. aus der Hand (den Karten) *wahrsagen* 手相をみる(トランプ占いをする).
II 他 (h) (囚の)将来など⁴を)占う, 予言する.

Wahr·sa·ger [ヴァール・ザーガァ vá:r-za:gər] 男 -s/- 占い師, 予言者. (女性形: -in).

Wahr·sa·ge·rei [ヴァール・ザーゲライ va:r-za:gəráɪ] 囡 -/-en (軽蔑的に:) ①《複 なし》占い, 予言. ② 占い師(予言者)の言葉.

※wahr·schein·lich [ヴァール・シャインりヒ va:r-ʃáɪnlɪç または ヴァール..]

たぶん *Wahrscheinlich* kommt er.
ヴァール**シャイン**りヒ コムト エァ
たぶん彼は来るだろう.

I 副《文全体にかかって》たぶん, おそらく. (英 probably). Er ist *wahrscheinlich* schon fort. 彼はたぶんもう出かけたでしょう / Kommst du heute? — *Wahrscheinlich*! きょう来るかい? —たぶんね.
II 形 ありそうな, それらしい, 本当らしい. (英

probable). der *wahrscheinliche* Täter 容疑者 / Ich halte das für *wahrscheinlich*. 私はそれはありそうなことだと思う.

|類語| **wahrscheinlich**: (ある理由からみて確かという意味で)たぶん, おそらく. (*vermutlich* に比べると確実性がより高いことを示す). **vermutlich**: (話し手の漠然とした仮定・推測を示して)どうやら…らしい. Sie sind *vermutlich* ins Kino gegangen. 彼らはどうやら映画を見に行ったらしい. **wohl**: (話し手の推測の気持ちを表して)おそらく. Sie ist *wohl* im Garten. 彼女はたぶん庭にいるだろう. **vielleicht**: (可能性の少ない事柄に対する推測を示して)ひょっとしたら, もしかしたら. Ich habe mich *vielleicht* geirrt. もしかしたら私が勘違いをしたかもしれません.

Wahr·schein·lich·keit [ヴァール・シャインりヒカイト] 囡 -/-en ① 《ふつう 匣》本当らしい(ありそうな)こと; 確実性. aller *Wahrscheinlichkeit*³ **nach** たぶん, 十中八九は. ②《数》確率.

Wahr·schein·lich·keits⸗rech·nung [ヴァールシャインりヒカイツ・レヒヌング] 囡 -/-en《数》確率論; 確率計算.

Wah·rung [ヴェールング] 囡 -/ 保持, 維持, 確保. zur *Wahrung* seiner Interessen² 彼の利益の確保のために.

die **Wäh·rung** [ヴェールング vέːrʊŋ] 囡 (単) -/(複) -en《経》①(一国の)通貨, (*currency*). eine stabile *Währung* 安定した通貨 / in ausländischer *Währung* zahlen 外貨で支払う. ② 通貨体系.

Wäh·rungs⸗ein·heit [ヴェールングス・アインハイト] 囡 -/-en (ある国の)通貨単位(円・ドルなど).

Wäh·rungs⸗re·form [ヴェールングス・レフォルム] 囡 -/-en 通貨改革.

Wäh·rungs⸗sys·tem [ヴェールングス・ズュステーム] 田 -s/-e 通貨体系.

Wäh·rungs⸗uni·on [ヴェールングス・ウニオーン] 囡 -/ 通貨統合; 通貨同盟.

Wahr·zei·chen [ヴァール・ツァイヒェン] 田 -s/- (町などの)象徴[となるもの], シンボル.

die **Wai·se** [ヴァイゼ váızə] 囡 (単) -/(複) -n ① みなしご, 孤児. (英 *orphan*). Das Mädchen ist eine *Waise*. その女の子はみなしごだ. ②《詩学》(押韻詩の中の)無韻詩行.

Wai·sen⸗haus [ヴァイゼン・ハオス] 田 -es/..häuser 孤児院.

Wai·sen⸗heim [ヴァイゼン・ハイム] 田 -[e]s/-e 孤児院.

Wai·sen⸗kind [ヴァイゼン・キント] 田 -[e]s/-er みなしご, 孤児 (= Waise ①).

Wai·sen⸗kna·be [ヴァイゼン・クナーベ] 男 -n/-n《雅》孤児の少年. gegen 囚⁴ ein [reiner] *Waisenknabe* sein《口語》囚⁴の足元にも及ばない.

Wal [ヴァール váːl] 男 -[e]s/-e《動》クジラ(鯨).

der **Wald** [ヴァるト vált]

森 Wir gehen in den *Wald*.
ヴィァ ゲーエン イン デン ヴァるト
私たちは森へ行くところです.

男 (単2) -es (まれに -s)/(複) Wälder [ヴェるダァ] (3格のみ Wäldern) ① 森, 林, 森林地帯]. (英 *woods*, *forest*). (☞「ドイツ・ミニ情報 42」, 下段). Nadel*wald* 針葉樹林 / ein dichter *Wald* うっそうとした森林 / die Tiere des *Waldes* 森の動物たち / durch *Wald* und Feld streifen《詩》山野をさまよう / Sie hat sich **im** *Wald* verirrt. 彼女は森の中で道に迷った / den *Wald* **vor** lauter Bäumen nicht sehen《戯》a) (捜し物が)すぐ近くにあるのに気がつかない, b) 個々のものにとらわれて全体を見失う(←目の前の木ばかり見て森を見ない).
②《比》密集(林立)した物. ein *Wald* von Antennen びっしりと立ち並んだアンテナ.

Wald⸗brand [ヴァるト・ブラント] 男 -[e]s/..brände 山火事.

Wäl·der [ヴェるダァ] ⸗Wald (森)の 複.

Wald⸗erd·bee·re [ヴァるト・エーァトベーレ] 囡 -/-n《植》エゾヘビイチゴ, ヤマイチゴ.

ドイツ・ミニ情報 42

森 Wald

紀元前 1 世紀前後に, ローマ軍はライン川を越えてゲルマンの地を制圧しようと繰り返し攻め入ったが, ゲルマン民族は, 戦ってはすぐに深い森に逃げ込むというゲリラ戦法を用い, ローマ軍をさんざんに翻弄した. ゲルマンの地にはそれほど, いたるところに豊かな森が生い茂っていたのだ. ローマ軍は結局東進をあきらめ, ライン川をローマ帝国とゲルマンの国境に定める.

狩猟の民であるゲルマン民族は, 生きる糧を供給するとともに外敵から身を守ってくれる森を, 昔から神聖なものとして崇めてきた. その後, 燃料として薪(赭)を確保するための伐採や開拓などによって原生林は減少の一途をたどったが, 伐採後の植林によって多くの森が再生されている. 今日においてもドイツ人は, 深閑と静まりかえった冬の森の中を, 落ち葉を踏みしめながら散歩することに, このうえない安らぎを感じるという.

その大切な森が, 1970 年代に入って枯死の危機に瀕していると知ってドイツ人はがく然とし, 環境意識に目覚めた. 冬でも葉を落とさず, 有害物質が内部に残ってしまう針葉樹は, 特に大気汚染の被害を受けやすい. ドイツ最大の針葉樹林帯である西南部の「シュヴァルツヴァルト」では, 酸性雨による森林枯死にさまざまな対策が講じられている.

シュヴァルツヴァルト

Wald‑horn [ヴァるト・ホルン] 甲 －(e)s/..hörner 《音楽》ヴァルトホルン, フレンチホルン.

wal·dig [ヴァるディヒ váldɪç] 形 森林のある, 森林の多い, 森林で覆われた.

Wald‑lauf [ヴァるト・らォフ] 男 －(e)s/..läufe 《スポ》クロスカントリー.

Wald‑meis·ter [ヴァるト・マイスタァ] 男 －s/－ 《植》クルマバソウ.

Wald‑rand [ヴァるト・ラント] 男 －(e)s/..ränder 森のはずれ, 森の周辺.

wald‑reich [ヴァるト・ライヒ] 形 森林の多い.

Wald‑ster·ben [ヴァるト・シュテルベン] 甲 －s/ (大気汚染などによる)森林の枯死.

Wal·dung [ヴァるドゥング] 女 －/－en 森林[地帯], 林野.

Wald‑weg [ヴァるト・ヴェーク] 男 －(e)s/－e 森の[小]道, 山道.

Wal·fang [ヴァーる・ファング] 男 －(e)s/ 捕鯨.

Wal·fän·ger [ヴァーる・フェンガァ] 男 －s/－ ① 捕鯨業者. ② 捕鯨船.

Wal·fisch [ヴァーる・フィッシュ] 男 －es/－e 《動》(総称として:) クジラ[類].

Wal·hall [ヴァるハる válhal または ..ハる] 甲 －s/ 《ふつう冠詞なしで》《北欧神》ヴァルハラ, ワルハラ (ヴォータンが戦死者の霊を迎え入れる天堂).

Wal·hal·la [ヴァるハら valhála] 甲 －[s]/ (または 女 －/) 《ふつう冠詞なしで》＝Walhall

wal·ken [ヴァるケン válkən] 他 (h) ① 《織》(布4を)縮絨(しゅくじゅう)する, フェルト状にする. ② (皮革4を)たたいてなめす; (金属4を)ローラーにかけて延ばす. ③ 《方》(パン生地4を)こねる; (人4を)強くマッサージする. ④ 《口語》さんざんなぐる.

Walk·man [ヴォーク・メン vɔ́:k‑mɛn] 《英》男 －s/Walkmen 《商標》ウォークマン.

Wal·kü·re [ヴァるキューレ valký:rə または ヴァる..] 女 －/－n ① 《北欧神》ヴァルキューレ, ワルキューレ(ヴォータンに仕える戦いの乙女で戦死者の霊をヴァルハラへ導く. またヴァーグナーの楽劇の題名). ② 《戯》大柄な[ブロンドの]女性.

Wall [ヴァる vál] 男 －(e)s/Wälle 土塁, 防塁; 堤防, 土手; 《比》防御, 守り.

Wal·lach [ヴァらハ válax] 男 －(e)s/－e (オーストリア: －en/－en) 去勢された馬.

wal·len [ヴァれン válən] 自 (h, s) ① (h) (湯などが)煮え立つ, 沸騰(ふっとう)する; (雅)(感情などが)激する, 高ぶる. ② (h) (雅) (海などが)波立つ, 荒れ狂う. ③ (s) (雅) (髪・衣服などが…へ)波打つ, ひらひらする(たれる).

Wal·len·stein [ヴァれン・シュタイン válən‑ʃtaɪn] －s/ 《人名》ヴァレンシュタイン (Albrecht von *Wallenstein* 1583‑1634; 三十年戦争におけるドイツの将軍).

wall·fah·ren [ヴァる・ファーレン vál‑fa:rən] (wallfahrte, *ist*... gewallfahrt) 自 (s) 聖地もうでに行く, 巡礼をする (＝pilgern).

Wall‑fah·rer [ヴァる・ファーラァ] 男 －s/－ 巡礼者. (女性形: ‑in).

Wall‑fahrt [ヴァる・ファールト] 女 －/－en 《聖地》巡礼. auf *Wallfahrt*⁴ gehen 巡礼に出る.

Wall·fahrts‑kir·che [ヴァるファールツ・キルヒェ] 女 －/－n 巡礼教会.

Wall·fahrts‑ort [ヴァるファールツ・オルト] 男 －(e)s/－e 巡礼地, 霊場.

das **Wal·lis** [ヴァリス válɪs] 甲 《定冠詞とともに》《地名》ヴァリス(スイス 26 州の一つ. 州都はジッテン. フランス名はヴァレー).

Wal·lung [ヴァるング] 女 －/－en ① 沸騰;《雅》波立ち; 泡立ち;《比》興奮, 激高. (人⁴ in *Wallung* bringen 人⁴を激高させる / in *Wallung* geraten 激高する. ② 《医》充血.

Walm·dach [ヴァるム・ダッハ] 甲 －(e)s/..dächer 《建》寄棟(よせむね)屋根. (☞ Dach 図).

Wal·nuss [ヴァる・ヌス] 女 －/..nüsse 《植》クルミ[の木].

Wal·nuss‑baum [ヴァるヌス・バオム] 男 －(e)s/..bäume 《植》クルミの木.

Wal·pur·gis‑nacht [ヴァるプルギス・ナハト] 女 ..nächte ヴァルプルギスの夜祭り(5月1日の前夜ブロッケン山に魔女たちが集まって酒宴を開くという民間信仰).

Wal·ross [ヴァる・ロス] 甲 －es/－e 《動》セイウチ.

wal·ten [ヴァるテン váltən] 自 (h) 《雅》① (国王などが)支配する, 統治する; 管理する. ② (力・法則などが)作用している, 働いている. Vernunft⁴ *walten lassen* 理性を働かせる / Gnade⁴ *walten lassen* 慈悲をたれる.

Wal·ter, Wal·ther [ヴァるタァ váltər] －s/ ① 《男名》ヴァルター. ② 《人名》ヴァルター・フォン・デァ・フォーゲルヴァイデ (*Walther* von der Vogelweide 1170?‑1230?; ドイツ中世の叙情詩人).

Walz‑blech [ヴァるツ・ブれヒ] 甲 －(e)s/－e 《工》圧延薄鋼板.

Wal·ze [ヴァるツェ váltsə] 女 －/－n ① 《数》円筒[形のもの], 円柱, ドラム. ② (円筒形のもの:) ローラー, シリンダー.

wal·zen [ヴァるツェン váltsən] 他 (h) ① (金属⁴をローラーで圧延する. ② (地面など⁴を)ローラーでならす(平らにする).

wäl·zen [ヴェるツェン vɛ́ltsən] du wälzt (wälzte, *hat*... gewälzt) I 他 《完了》haben) ① 《方向を表す語句とともに》(人・物⁴を) 転がす, 転がして運ぶ. 《英》roll). Fässer⁴ in den Keller (zur Seite) *wälzen* 樽(たる)を転がして地下室へ運ぶ(わきへ置く) / die Schuld⁴ *auf* einen anderen *wälzen* 《比》責任を他人に転嫁する.
② 《口語》(本など⁴を)あれこれ調べる. Kataloge⁴ *wälzen* カタログをあれこれめくってみる. ③ 《口語》(計画など⁴を)あれこれ検討(思案)する.
II 再帰 《完了》haben) *sich*⁴ *wälzen* ① 転げ回る; 寝返りをうつ; のたうち回る. Sie *wälzten sich vor* Lachen. 彼らは笑い転げた. ② 《方向を表す語句とともに》(…へ)転がって行く; 人波・雪崩などが…へ)どっと押し寄せる. Die Menge *wälzte sich* zum Eingang. 群衆は入口へと押し寄せた.

wal·zen·för·mig [ヴァるツェン・フェルミヒ] 形 円筒形の, シリンダー状の.

der Wal·zer [ヴァるツァァ váltsər] 男 (単2) -s/-(複) — (3格のみ ワルツ. (楽 *waltz*). Wiener *Walzer* ウィンナワルツ / einen *Walzer* tanzen ワルツを踊る.

Wäl·zer [ヴェるツァァ véltsər] 男 -s/- (口語) 分厚い本(元の意味は「転がして運ぶほどの本」).

Walz≠stahl [ヴァるツ・シュタール] 男 -[e]s/..stähle (まれに -e) (工) 圧延鋼.

wälz·te [ヴェるツテ] wälzen (転がす的) 過去

Walz≠werk [ヴァるツ・ヴェルク] 中 -[e]s/-e (工) ① 圧延機. ② 圧延工場.

Wam·pe [ヴァンペ vámpə] 女 -/-n (口語) (軽蔑的に:) 太鼓腹.

Wams [ヴァムス váms] 中 -es/Wämser (14–17世紀の男性用)胴着, ダブレット(よろいの下に着た).

wand [ヴァント] winden (再帰で: 身をくねらせる)の 過去

die Wand [ヴァント vánt]

壁

Die *Wand* ist voll mit Plakaten.
ディ ヴァント イスト ふォる ミット プらカーテン
壁はポスターでいっぱいだ.

女 (単) -/(複) Wände [ヴェンデ] (3格のみ Wänden)) ① (部屋などの)壁. (楽 *wall*). (文法)「(城などの)壁」は Mauer). eine (dünne) *Wand* 厚い(薄い)壁 / eine *Wand* aus Beton コンクリートの壁 / eine *Wand*⁴ ein|ziehen 間仕切りの壁を入れる / die *Wände*⁴ tapezieren 壁紙を張る / Da wackelt die *Wand*! (口語) たいへんな騒ぎだ(←壁が揺れている) / Die *Wände* haben Ohren. 壁に耳あり / Sie wurde weiß wie die (または eine) *Wand*. 彼女は真っ青になった.
◇ (前置詞とともに) *Wand* an *Wand* wohnen 隣り合って(壁一つ隔てて)住んでいる / sich⁴ an die *Wand* lehnen 壁に寄りかかる / 囚⁴ an die *Wand* drücken《口語・比》囚⁴(ライバルなど)を押しのける / 囚⁴ an die *Wand* spielen《比》a)(技量などで)囚⁴を圧倒する, b)(策をろうして)囚⁴を押しのける / 囚⁴ an die *Wand* stellen 囚⁴を銃殺する / mit dem Kopf durch die *Wand* wollen 無理を通そうとする(←頭で壁を突き抜けようとする) / gegen eine *Wand* reden《比》馬の耳に念仏を唱える(←壁に向かって演説する) / ein Loch⁴ in die *Wand* bohren 壁に穴をあける / in den eigenen vier *Wänden*《口語》自宅で(←自分の四つの壁の中で).
② (戸棚などの)壁; (管・器官などの)内壁. ③ 岩壁. ④ (坑) (大)塊鉱. ⑤ 雲の(霧の)壁.
文法 ..wand のいろいろ: **Außenwand** 外壁 / **Bergwand** 山の絶壁 / **Bretterwand** 板壁 / **Innenwand** 内壁 / **Schrankwand**《壁面》ユニット戸棚 / **Zwischenwand** 間仕切り壁

Wan·da·le [ヴァンダーれ vandá:lə] 男 -n/-n ① ヴァンダル族(5世紀にローマの文化を破壊したゲルマン民族の一部族)(=Vandale).(女性形: Wan-

dalin). ② 《比》文化(芸術)の破壊者.

Wan·da·lis·mus [ヴァンダリスムス vandalísmus] 男 -/ (文化・芸術)を破壊する行為, 蛮行(=Vandalismus).

Wand≠brett [ヴァント・ブレット] 中 -[e]s/-er (特に書架として使う)壁棚.

wän·de [ヴェンデ] winden (再帰で: 身をくねらせる)の 接2

Wän·de [ヴェンデ] * Wand (壁)の 複

der Wan·del [ヴァンデる vándəl] 男 (単2) -s/ 変化, 変遷, 移り変わり. (楽 *change*). ein allmählicher (schneller) *Wandel* ゆっくりとした(急速な)変化 / Die Mode ist dem *Wandel* unterworfen. 流行は絶えず変化するものだ(←変化に支配される) / im *Wandel* der Zeiten² 時代の移り変わりとともに.

wan·del·bar [ヴァンデるバール] 形《雅》変わりやすい, 不安定な.

Wan·del≠gang [ヴァンデる・ガング] 男 -[e]s/..gänge =Wandelhalle

Wan·del≠hal·le [ヴァンデる・ハれ] 女 -/-n (劇場・保養地などの)遊歩廊, ロビー.

wan·deln [ヴァンデるン vándəln] ich wandle (wandelte, *hat/ist ... gewandelt*) **I** 再帰 (完了 haben) *sich⁴ wandeln*《雅》変わる, 変化する. (楽 *change*). Die Mode *wandelt sich* schnell. 流行は変わるのが速い / Ihr Hass *hat sich* in Liebe (または zu Liebe) *gewandelt*. 彼女の憎しみは愛情に変わった.
II 他 (完了 haben)《雅》変える, 変化させる. (楽 *change*). Dieses Erlebnis *hat ihn gewandelt*. この体験は彼の人柄を変えてしまった.
III 自 (完了 sein)《場所を表す語句とともに》《雅》(当てもなく…を)ぶらつく, 散策する. im Park *wandeln* 公園を散歩する / auf und ab *wandeln* あちこちぶらつく. ◇《現在分詞の形で》ein *wandelndes* Lexikon《口語・戯》生き字引.

wan·del·te [ヴァンデるテ] wandeln (再帰で: 変わる)の 過去

Wan·der≠aus·stel·lung [ヴァンダ・アオスシュテるング] 女 -/-en 移動展覧(展示)会.

Wan·der≠büh·ne [ヴァンダ・ビューネ] 女 -/-n 移動劇団, 旅回りの一座.

Wan·der≠bur·sche [ヴァンダ・ブルシェ] 男 -n/-n (昔の:)渡り職人, 遍歴する職人.

Wan·der≠dü·ne [ヴァンダ・デューネ] 女 -/-n 《地学》移動砂丘.

Wan·de·rer [ヴァンデラァ vándərər] 男 -s/- 徒歩旅行者, ハイカー; さすらい人. (女性形: Wanderin).

Wan·der≠kar·te [ヴァンダ・カルテ] 女 -/-n ハイキング用地図.

Wan·der≠lied [ヴァンダ・リート] 中 -[e]s/-er さすらい(遍歴)の歌; ハイキング用唱歌.

Wan·der≠lust [ヴァンダ・るスト] 女 -/ ハイキング(徒歩旅行)に出かけたい気持ち.

wan·der≠lus·tig [ヴァンダ・るスティヒ] 形 ハイキング(徒歩旅行)の好きな.

*__wan·dern__ [ヴァンダァン vándərn] (wanderte, *ist...*gewandert) 自 (完了 sein) ① ハイキングをする, (野山を)徒歩旅行する. (英 hike). Wir *wandern* gern. 私たちはハイキングが好きです / **in** die Berge *wandern* 山へハイキングに行く. (類語 gehen).
② ぶらぶら歩く, (あてもなく)歩き回る. **durch** die Stadt *wandern* 町を歩き回る / durchs Zimmer *wandern* 部屋の中を行ったり来たりする / Die Wolken *wandern* **am** Himmel. 《比》雲が空を流れて行く / Seine Gedanken *wanderten* **in** die Ferne. 《比》彼は遠くへ思いをはせた.
③ 移動する; (修業中の職人などが)遍歴する. Ein Zirkus *wandert* **durch** die Städte. サーカスが町を移動して行く / Der Brief *war* **von** Hand **zu** Hand *gewandert*. 《過去完了》手紙は次から次へと回されていた. 《現在分詞の形で》ein *wandernder* Händler 行商人. ④ 《方向を表す語句とともに》《口語》(…へ)入れられる, 運ばれる. **ins** Gefängnis *wandern* 投獄される / Der Brief *wanderte* **in den** Papierkorb. 手紙はくずかごに投げ込まれた.

__Wan·der·po·kal__ [ヴァンダァ・ポカール] 男 -s/-e (勝者に引き継がれる)優勝カップ.

__Wan·der·pre·di·ger__ [ヴァンダァ・プレーディガァ] 男 -s/- 巡回説教師. (女性形: -in).

__Wan·der≠preis__ [ヴァンダァ・プライス] 男 -es/-e (勝者に引き継がれる)賞(優勝カップ・盾など).

__Wan·der≠rat·te__ [ヴァンダァ・ラッテ] 女 -/-n (動)ドブネズミ.

__Wan·der·schaft__ [ヴァンダァシャフト] 女 -/-en 《ふつう 単》旅; (昔の職人などの)遍歴(の旅). 《口語・比》外出. **auf** die *Wanderschaft* gehen 旅(遍歴)に出る.

__Wan·ders≠mann__ [ヴァンダァス・マン] 男 -[e]s/..leute ① (昔の:)遍歴職人(学生). ② (戯)徒歩旅行者, ハイカー.

__wan·der·te__ [ヴァンダァテ] *wandern (ハイキングをする)の 過去.

__Wan·der·trieb__ [ヴァンダァ・トリープ] 男 -[e]s/ ① (動)移動本能. ② (医)徘徊(はいかい)症.

die __Wan·de·rung__ [ヴァンデルング vándəruŋ] 女 (単)-/(複)-en ① ハイキング, 徒歩旅行. (英 hike). eine *Wanderung*[4] machen ハイキング(徒歩旅行)をする. ② (民族の)移動; 移住; (魚の)回遊; (鳥の)渡り.

__Wan·der·vo·gel__ [ヴァンダァ・フォーゲル] 男 -s/..vögel ① 《圏 なし》ワンダーフォーゲル(ドイツ青年運動のひとつで1896年にヘルマン・ホフマンが組織した徒歩旅行グループに始まる). ② ワンダーフォーゲル会員. ③ 《古》渡り鳥; 《比》放浪生活者.

__Wan·der·zir·kus__ [ヴァンダァ・ツィルクス] 男 -/..kusse 巡業サーカス.

__Wand≠ge·mäl·de__ [ヴァント・ゲメーるデ] 中 -s/- 壁画.

__Wand≠kar·te__ [ヴァント・カルテ] 女 -/-n [壁]掛け地図.

__wand·le__ [ヴァントれ] wandeln (再帰で: 変わる)の 1 人称単数 現在.

__Wand·lung__ [ヴァントるング vándluŋ] 女 -/-en ① 変化. eine äußere (innere) *Wandlung* 外面的(内面的)な変化. ② (カッリ)(ミサにおける)聖変化.

__Wand≠ma·le·rei__ [ヴァント・マーれライ] 女 -/-en 《美》① 《圏 なし》壁画[技法]. ② (個々の)壁画.

__Wand·rer__ [ヴァンドラァ vándrər] 男 -s/- 徒歩旅行者, ハイカー (=Wanderer). (女性形: -in).

__Wand≠schirm__ [ヴァント・シルム] 男 -[e]s/-e びょうぶ, ついたて.

__Wand≠schrank__ [ヴァント・シュランク] 男 -[e]s/..schränke 作り付けの戸棚(押入れ).

__Wand≠spie·gel__ [ヴァント・シュピーゲる] 男 -s/- 壁掛け鏡, 姿見.

__Wand≠ta·fel__ [ヴァント・ターふェる] 女 -/-n 黒板.

__wand·te__ [ヴァンテ] wenden (向ける)の 過去.

__Wand≠tep·pich__ [ヴァント・テピヒ] 男 -s/-e タペストリー, 飾り壁掛け.

__Wand≠uhr__ [ヴァント・ウーァ] 女 -/-en 掛け時計, 柱時計.

__Wand≠ver·klei·dung__ [ヴァント・フェァクらイドゥング] 女 -/-en (外壁・内壁の)化粧下仕げ.

__Wand≠zei·tung__ [ヴァント・ツァイトゥング] 女 -/-en 壁新聞.

die __Wan·ge__ [ヴァンゲ váŋə] 女 (単)-/(複)-n ① (雅)頬(ほお) (=Backe). (英 cheek). rote *Wangen* 赤い頬 / 人[4] **auf die** *Wange* küssen 人[4]の頬にキスをする / die *Wange*[4] **in** die Hand stützen ほおづえをつく. ② (階段・家具などの)側板(がわいた), (建)ボールト(アーチ形天井)の側面部分. ③ (器具・機械などの)側面.

__Wan·kel·mo·tor__ [ヴァンケル・モートァ] 男 -s/-en [..モトーレン] (工) ロータリーエンジン(発明者のドイツ人技師 F. *Wankel* 1902-88 の名から).

__Wan·kel·mut__ [ヴァンケる・ムート] 男 -[e]s/ (雅)移り気, 気まぐれ, 無定見.

__wan·kel·mü·tig__ [ヴァンケる・ミューティヒ] 形 (雅)移り気な, 気まぐれな, 無定見な.

__wan·ken__ [ヴァンケン váŋkən] (wankte, *hat/ist...*gewankt) 自 (完了 haben または sein) ① (h) ぐらぐらする, 揺れる; よろける. (英 sway). Der Mast des Schiffes *wankte* im Sturm. 嵐で船のマストがぐらぐらした / Meine Knie *wankten*. (雅)私はひざががくがくした.
② (s) 《方向を表す語句とともに》(…へ)よろめきながら(ふらふら)歩いて行く. Er *ist* **zur** Tür *gewankt*. 《現在完了》彼はよろよろと戸口へ歩いて行った. ③ (h) (雅)(決心・地位などが)揺らぐ, ぐらつく. Seine Stellung begann zu *wanken*. 彼の地位はぐらつき始めた. ◇《現在分詞の形で》Er wurde in seinem Entschluss *wankend*. 彼は決心がぐらついた.

__Wan·ken__ [ヴァンケン] 中 -s/ 動揺, ぐらつき.

Warenprobe

囲⁴ **ins** *Wanken* **bringen**《雅》囲⁴(決心など)をぐらつかせる / ins *Wanken* **geraten**《雅》(決心などが)ぐらつく.

wank·te [ヴァンクテ] wanken (ぐらぐらする)の過去

‡**wann** [ヴァン ván]

> いつ *Wann* kommst du?
> ヴァン コムスト ドゥ
> 君はいつ来るの.

圖 **A)**〖疑問副詞〗いつ; どんな場合に.(英 *when*). *Wann* ist das Buch erschienen?〖現在完了〗その本はいつ出版されましたか / **Bis** *wann* bist du zu Hause? 君はいつまで家にいるの / **Seit** *wann* wohnt er in Köln? いつから彼はケルンに住んでいますか / **Von** *wann* **bis** *wann* ist Sprechstunde? 面会(診療)時間はいつからいつまでですか / dann und *wann* ときどき, ときおり.
◊〖間接疑問文で; 動詞の人称変化形は文末〗Wissen Sie, *wann* der Zug abfährt? 列車は何時に出発するかご存じですか.
◊〖**auch, immer** とともに譲歩文で; 動詞の人称変化形は文末〗いつ…であっても.(英 *whenever*). Du kannst kommen, *wann* [auch] immer du Lust hast. 君が気が向いたときはいつでも来ていいよ.
B)〖関係副詞; 動詞の人称変化形は文末〗…する(ときの). in der Woche, *wann* die Sommerferien beginnen 夏休みが始まる週に / Du kannst kommen, *wann* du willst. 君が好きなときに来ていいよ.

Wan·ne [ヴァンネ vánə] 囡 -/-n (大きめの)たらい, (特に:)バスタブ, 浴槽 (=Bade*wanne*); (飼葉(ばう)桶(おけ); オイルパン.

Wan·nen⊱bad [ヴァンネン・バート] 匣 -[e]s/..bäder (シャワーに対して:)(浴槽での)入浴.

Wanst [ヴァンスト vánst] 男 -es/Wänste《俗》太鼓腹[の人].

Wan·ze [ヴァンツェ vántsə] 囡 -/-n ①〖昆〗異翅(いし)類, (特に:)ナンキンムシ(南京虫). ②《隠語》小型盗聴器.

Wap·pen [ヴァッペン vápən] 匣 -s/- 紋章, ワッペン. Die Stadt führt einen Löwen **im** *Wappen*. この町はライオンの紋章を持っている.

die Bundesrepublik
Deutschland
Wappen
Berlin

Wap·pen⊱kun·de [ヴァッペン・クンデ] 囡 -/ 紋章学.

Wap·pen⊱schild [ヴァッペン・シルト] 匣男 -[e]s/-er (紋章の中央の)盾形部分.

Wap·pen⊱tier [ヴァッペン・ティーァ] 匣 -[e]s/-e 紋章に用いられている動物.

wapp·nen [ヴァップネン vápnən] 再冊 (h) *sich*⁴ *wappnen*《雅》①〖*sich*⁴ **gegen** 囲⁴ ~〗(囲⁴)(危険などに対して)備える, (囲⁴ に)覚悟する. ②〖*sich*⁴ **mit** 囲³ ~〗(囲³ を)ふるい起こす. *sich*⁴ mit Mut *wappnen* 勇気をふるい起こす.

war [ヴァール vá:r]‡sein¹(…である)の 1 人称単数・3 人称単数 過去. Er *war* krank. 彼は病気だった.(← 完了の助動詞 ☞ sein¹ II A; 状態受動の助動詞 ☞ sein¹ II B).

warb [ヴァルプ] werben (宣伝をする) 過去

ward [ヴァルト]‡werden (…になる) の過去《詩》.(← 未来の助動詞 ☞ werden II A; 動作受動の助動詞 ☞ werden II B).

*die **Wa·re** [ヴァーレ vá:rə] 囡 (単) -/(複) -n 商品, (売るための)品物.(英 *goods*). Fertig*ware* 既製品 / eine billige (teure) *Ware* 安(高い)品物 / eine gute (schlechte) *Ware* 質の良い(質の悪い)品 / *Waren*⁴ her|stellen (または produzieren) 商品を生産する / Die *Ware* verkauft sich gut. この商品はよく売れる / Diese *Waren* führen wir nicht. 私たちはこれらの商品は取り扱っていない / Gute *Ware* lobt sich selbst.(諺) 良い商品に宣伝はいらない(=自分で自分をほめる).(☞ 類語 Ding).

wä·re [ヴェーレ vέ:rə]‡sein¹(…である)の接 ②. ①《非現実の表現》もし…であれば, …だろうに. Wenn das Wetter schön *wäre*, könnten wir spazieren gehen. 天気がよければ散歩ができるのに / Wenn sie doch hier *wäre*! 彼女がここにいてくれたらなあ / Es *wäre* schön, wenn er käme. 彼が来てくれたらいいだろうに.
②《控えめな表現》…でしょう. Das *wäre* besser. そうする方がいいでしょう / Das *wär*'s (= *wäre* es). これで全部です / Wie *wär*'s mit einem Whisky? ウイスキーを1杯いかがですか / Und das *wäre*? とおっしゃいますと. ③《安堵》ようやく…だ. Jetzt *wären* wir endlich **in** München! さあやっとミュンヘンに着いたぞ.
(← 完了の助動詞 ☞ sein¹ II A; 状態受動の助動詞 ☞ sein¹ II B).

wa·ren [ヴァーレン]‡sein¹(…である)の 1 人称複数・2 人称敬称・3 人称複数 過去.(← 完了の助動詞 ☞ sein¹ II A; 状態受動の助動詞 ☞ sein¹ II B).

Wa·ren⊱an·ge·bot [ヴァーレン・アンゲボート] 匣 -[e]s/-e 商品の提供, 品ぞろえ.

Wa·ren⊱be·stand [ヴァーレン・ベシュタント] 男 -[e]s/..stände (商品の)在庫, ストック.

Wa·ren⊱haus [ヴァーレン・ハゥス] 匣 -es/..häuser デパート, 百貨店 (=Kaufhaus).

Wa·ren⊱kun·de [ヴァーレン・クンデ] 囡 -/ 商品学.

Wa·ren⊱la·ger [ヴァーレン・らーガァ] 匣 -s/- 商品倉庫.

Wa·ren⊱mus·ter [ヴァーレン・ムスタァ] 匣 -s/- 商品見本.

Wa·ren⊱pro·be [ヴァーレン・プローベ] 囡 -/-n 商品見本;《郵》(昔の:)商品見本[郵便物].

Wa·ren·test [ヴァーレン・テスト] 男 -[e]s/-s (または -e) 商品テスト.

Wa·ren≠zei·chen [ヴァーレン・ツァイヒェン] 中 -s/- トレードマーク, 商標 (略: Wz.). ein eingetragenes *Warenzeichen* 登録商標.

warf [ヴァルふ] werfen (投げる) の 過去

***warm** [ヴァルム várm]

> 暖かい Es ist heute sehr *warm*.
> エス イスト ホイテ ゼーァ ヴァルム
> きょうはとても暖かい.

形 (比較) wärmer, (最上) wärmst ① (気候などが)暖かい, 温暖な; (食べ物などが)温かい; 《口語》(アパートなどが)暖房費込みの. (英 *warm*). (反) 《=kalt》. ein *warmes* Zimmer 暖かい部屋 / *warmes* Essen 温かい食事 / Hier ist es sehr *warm*. ここはとても暖かい / Mir ist [es] *warm*. 私は暖かい / *warme* Miete 暖房費込みの家賃 / Das Zimmer kostet *warm* 200 Euro [Miete]. その部屋は暖房費込みで200ユーロだ / Der Kaffee ist noch *warm*. コーヒーはまだ温かい / Heute Abend esse ich *warm*. 今晩私は温かい料理を食べる / das Essen⁴ *warm* halten (*warm* machen または *warm*|machen) 食事が冷めないようにする(食事を温める) / das Essen⁴ *warm* stellen (または *warm*|stellen) 食事を温めておく / *warm* laufen (エンジンなどが暖機運転をして)暖まる / sich⁴ *warm* laufen 走って体を暖める.

② (衣服などが)暖かい, 保温性のある. eine *warme* Decke 暖かい毛布 / Der Mantel ist sehr *warm*. このコートはとても暖かい / sich⁴ *warm* an|ziehen 暖かい服装をする.

③ (気持ち・態度などが)温かい, 心のこもった; 親切な; 熱心な, 熱烈な. eine *warme* Begrüßung 暖かい歓迎の言葉 / ein *warmes* Herz⁴ haben 思いやりがある / Er ist weder *warm* noch kalt. 《口語》彼は何事にも無関心だ(←温かくも冷たくもない) / 人³ *warm* die Hand⁴ drücken 心を込めて人³と握手する.

④ 《口語》ホモで (=schwul). ein *warmer* Bruder ホモの男性.

▶ **warm|werden**

Warm≠blü·ter [ヴァルム・ブリューター] 男 -s/- 《動》温血動物.

warm≠blütig [ヴァルム・ブリューティヒ] 形 (動物が)温血の, 定温の.

*die **Wär·me** [ヴェルメ vérmə] 安 (単) -/ ① 暖かさ, 温暖さ. (英 *warmth*). (反)《寒さ》は Kälte). Körper*wärme* 体温 / die *Wärme* der Heizung² 暖房の暖かさ / eine angenehme *Wärme* 快適な暖かさ / Wir haben heute 20 Grad *Wärme*. きょうの気温は20度だ. ② (心・雰囲気などの)温かさ, 親切, 熱意; (比)(色などの)暖かさ. innere *Wärme* 心の温かさ / 人⁴ mit *Wärme* empfangen 人⁴を温かく迎える. ③ 《物》熱[エネルギー].

Wärme≠däm·mung [ヴェルメ・デンムング] 安 / 断熱.

Wär·me≠ein·heit [ヴェルメ・アインハイト] 安 -/-en 《理》熱量単位(カロリー・ジュールなど) (略: WE).

Wär·me≠grad [ヴェルメ・グラート] 男 -[e]s/-e 《口語》(摂氏0度以上の)温度.

Wär·me≠kraft·werk [ヴェルメ・クラふトヴェルク] 中 -[e]s/-e 火力発電所.

Wär·me≠leh·re [ヴェルメ・れーレ] 安 -/-n 《物》熱学.

Wär·me≠lei·ter [ヴェルメ・らイタァ] 男 -s/- 《物》熱伝導体.

wär·men [ヴェルメン vérmən] (wärmte, hat...gewärmt) I 他 (完了 haben) (人・物⁴を)温める, 暖かくする. (英 *warm*). die Suppe⁴ *wärmen* スープを温める / Sie *wärmt* dem Baby die Milch. 彼女は赤ちゃんにミルクを温めてやる / Ich *habe* mir am Ofen die Hände *gewärmt*. 私はストーブで手を暖めた.

II 自 (完了 haben) (熱・衣服などが)体を暖かくする. Der heiße Kaffee *wärmt*. 熱いコーヒーを飲むと体が暖まる / Dieser Mantel *wärmt* gut. このコートは暖かい.

III 再帰 (完了 haben) *sich⁴ wärmen* 体を暖める. Komm herein und *wärme* dich! 中に入って暖まりなさい.

wär·mer [ヴェルマァ vérmər]: warm (暖かい) の 比較

Wär·me≠reg·ler [ヴェルメ・レーグらァ] 男 -s/- サーモスタット, 調温装置.

Wär·me≠spei·cher [ヴェルメ・シュパイヒャァ] 男 -s/- 《工》蓄熱器.

Wär·me≠strah·lung [ヴェルメ・シュトラールング] 安 -/ 《物》熱放射.

Wär·me≠tech·nik [ヴェルメ・テヒニク] 安 -/ 《工》熱工学.

Wärm≠fla·sche [ヴェルム・ふらッシェ] 安 -/-n (ゴム製の)湯たんぽ.

Warm≠front [ヴァルム・ふロント] 安 -/-en 《気象》温暖前線. (反)《「寒冷前線」は Kaltfront).

warm|hal·ten* [ヴァルム・ハるテン várm-hàltən] 再帰 (h) 《成句的に》 *sich³ 人⁴ warmhalten* 《口語》人⁴の好意を失わないように努める.

warm≠her·zig [ヴァルム・ヘルツィヒ] 形 心の温かい, 思いやりのある; 心のこもった.

warm|lau·fen* [ヴァルム・らオふェン várm-làufən] 自 (h) *sich⁴ warmlaufen* (話などに)熱が入っていく, 興じていく.

▶ **warm** ①

Warm≠luft [ヴァルム・るふト] 安 -/ 《気象》暖気.

Warm·luft≠hei·zung [ヴァルムるふト・ハイツング] 安 -/-en 温風暖房[装置].

wärmst [ヴェルムスト vérmst]: warm (暖かい) の 最上

wärm·te [ヴェルムテ] wärmen (温める) の 過去

Warm≠was·ser≠be·rei·ter [ヴァルムヴァッ

サァ・ベライタァ] 男 -s/- 《工》湯沸かし器, ボイラー.

Warm·was·ser=hei·zung [ヴァルムヴァッサァ・ハイツング] 女 -/-en《工》温水暖房.

Warm·was·ser=spei·cher [ヴァルムヴァッサァ・シュパイヒャァ] 男 -s/- 《工》温水(貯湯)タンク.

warm|wer·den*, **warm wer·den*** [ヴァルム・ヴェーァデン várm-vèːrdən] 自 (s)《mit 人·事³ ~》《口語》人³と親しくなる; 事³が気になる, 好きになる.

Warn=an·la·ge [ヴァルン・アンラーゲ] 女 -/-n 警報装置.

Warn=blink·an·la·ge [ヴァルン・ブリンクアンラーゲ] 女 -/-n 《自動車》非常点滅表示灯, ハザードランプ.

Warn=drei·eck [ヴァルン・ドライエック] 中 -[e]s/-e 《自動車》(三角形の)停止表示板(車の故障の際などに路上に置く).

***war·nen** [ヴァルネン várnən] (warnte, hat …gewarnt) 他 (⟨S⟩ haben) (⟨S⟩ warn)
① 【4格とともに】(用心するよう人⁴に)警告する, 注意する. 人⁴ vor einer Gefahr warnen 人⁴に危険に対して注意するよう警告する / Er warnte sie vor diesem Menschen. 彼は彼女にこの人間に用心するよう注意した. ◇目的語なしでも Der Rundfunk warnt vor Glatteis. ラジオが路面凍結に注意するよう呼びかけている.
② (…しないよう人⁴に)警告する, 注意する. Der Polizist hat die Kinder [davor] gewarnt, auf das Eis zu gehen. 警官は子供たちに氷の上に行かないように注意した / Ich warne dich, lass das sein! 警告しておくが, それはやめた方がいい. ◇【現在分詞の形で】ein warnendes Beispiel 戒めとなる例.

Warn=ruf [ヴァルン・ルーふ] 男 -[e]s/-e 警戒の叫び声[の呼び声].

Warn=schild [ヴァルン・シルト] 中 -[e]s/-er
① 警告の表示板. ② 《交通》警戒標識板.

Warn=schuss [ヴァルン・シュス] 男 -es/-schüsse 警告のための発砲, 威嚇射撃.

Warn=si·gnal [ヴァルン・ズィグナーる] 中 -s/-e 警戒信号, 警報.

Warn=streik [ヴァルン・シュトライク] 男 -[e]s/-e (示威的な)時限ストライキ.

warn·te [ヴァルンテ] *warnen (警告する)の 過去

die **War·nung** [ヴァルヌング várnuŋ] 女 (単)-/(複)-en 警告, (危険であることの)注意; (将来への)戒め, 忠告. (⟨S⟩ warning). eine Warnung vor Sturm 暴風警報 / Das ist meine letzte Warnung! これが私の最後の警告だ / Ohne Warnung schießen 警告なしに発砲する / Lass es dir als (または zur) Warnung dienen! それを戒めとして今後気をつけなさい.

Warn=zei·chen [ヴァルン・ツァイヒェン] 中 -s/-① 警戒信号, 警報 (＝Warnsignal).
② 《交通》警戒標識板. ③ (不吉な)前兆.

War·schau [ヴァルシャウ várʃau] 中 -s/《都市名》ワルシャワ(ポーランドの首都).

warst [ヴァールスト] §sein¹ (…である)の2人称親称単数 過去. (⟨S⟩ 完了の助動詞 ☞ sein¹ II A; 状態受動の助動詞 ☞ sein¹ II B).

wart [ヴァールト] §sein¹ (…である)の2人称親称複数 過去. (⟨S⟩ 完了の助動詞 ☞ sein¹ II A; 状態受動の助動詞 ☞ sein¹ II B).

die **Wart·burg** [ヴァルト・ブルク várt-bʊrk] 女 -/《定冠詞とともに》ヴァルトブルク城(ドイツ, テューリンゲン州にある古城).

War·te [ヴァルテ vártə] 女 -/-n ① 《雅》見晴らし台, 展望台; 《比》見地, 見解. von meiner Warte aus《比》私の立場から見ると.
② 《史》(中世の城の)望楼.

War·te=hal·le [ヴァルテ・ハれ] 女 -/-n (駅などの)待合室.

War·te=lis·te [ヴァルテ・リステ] 女 -/-n 空席(順番)待ちの名簿, ウエイティングリスト.

*****war·ten** [ヴァルテン vártən]

待つ | *Warten* Sie einen Moment!
ヴァルテン ズィー アイネン モメント
ちょっとお待ちください.

人称	単	複
1	ich warte	wir warten
2	{du wartest / Sie warten}	{ihr wartet / Sie warten}
3	er wartet	sie warten

(wartete, hat …gewartet) **I** 自 (⟨完了⟩ haben)
① 待つ, 待っている. (⟨S⟩ wait). Wir warten hier. 私たちはここで待っています / Ich warte, bis du kommst. 君が来るまで待っているよ / Warte mal! ちょっと待ってよ / Na, warte!《口語》よし, 覚悟してろよ / Das Essen kann warten!《比》食事は別に急ぎません / Da kannst du lange warten.《口語》いくら待ってもむだだよ / Er ließ uns lange warten. 彼は私たちを長く待たせた.
② 【auf 人·物⁴ ~】(人·物⁴を)待つ. Ich warte auf den Bus (einen Brief). 私はバス(手紙)を待っている / Ich habe tagelang auf dich gewartet. 私は何日も君を待ったよ / Die Gäste warten darauf, vorgestellt zu werden. 客たちは紹介されるのを待っている / Worauf warten wir eigentlich noch? さあすぐに取りかかろう(始めよう) / Die Post lässt heute lange auf sich warten. 郵便がきょうはなかなか来ない.
③ 【mit 事³ ~】(事³を)先へ延ばす, しないで待つ. Wir werden mit dem Essen noch etwas warten. 食事はもう少し待つことにしよう.
II 他 (⟨完了⟩ haben) ① 《工》(機械など⁴の)手入れをする, 整備をする. ② 《雅》(人·物⁴の)世話をする, 面倒を見る.

der **Wär·ter** [ヴェルタァ vártər] 男 (単2)-s/-(複)-(3格のみ -n) 世話係; 監視員; 看守; 踏切番. (⟨S⟩ attendant). Krankenwärter 看護

人 / Der *Wärter* füttert die Affen. 飼育係が猿に餌(㋕)をやる.

War·te⸗raum [ヴァルテ・ラオム] 男 -[e]s/..räume ① 待合室. ②《空》(着陸待ちの航空機が飛ぶ空の)待機ゾーン.

Wär·te·rin [ヴェルテリン vέtərɪn] 女 -/..rinnen (女性の)世話係; 監視員.

War·te⸗saal [ヴァルテ・ザール] 男 -[e]s/..säle [..ゼール] (駅などの[飲食店のある])待合室.

war·te·te [ヴァルテテ] ‡warten (待つ)の 過去

War·te⸗zeit [ヴァルテ・ツァイト] 女 -/-en ① 待ち時間. ②《保険の》待機期間.

War·te⸗zim·mer [ヴァルテ・ツィンマァ] 中 -s/- (病院などの)待合室.

..wär·tig [..ヴェルティヒ ..vertɪç]【形容詞をつくる 接尾】《…の方の》例: auswärtig 外国の.

..wärts [..ヴェルツ ..verts]【副詞をつくる 接尾】《…の方へ》例: ostwärts 東方へ / aufwärts 上方へ.

War·tung [ヴァルトゥング] 女 -/-en (機械などの)手入れ, 整備, メンテナンス; 世話.

war·tungs⸗frei [ヴァルトゥングス・フライ] 形 (機械などが)手入れ(整備)不要の, メンテナンスフリーの.

***war·um** [ヴァルム varúm]

なぜ	*Warum* tust du das?
	ヴァルム トゥースト ドゥ ダス
	なぜそんなことをするの.

副 **A)**《疑問副詞》**なぜ**, どうして. (英 why). *Warum* bist du nicht gekommen?〖現在完了〗どうして君は来なかったの / *Warum* nicht? a) なぜいけないのか, いいではないか, b) もちろんです, いいですとも ⇒ Wollen wir spazieren gehen? — *Warum* nicht? 散歩に行きませんか — いいですとも / *Warum* nicht gleich [so]?《口語》どうしてすぐにそうしなかったんだい. ◇《名詞的に》nach dem *Warum* fragen 理由を尋ねる.

◇〖間接疑問文で; 動詞の人称変化形は文末〗Ich weiß nicht, *warum* er das getan hat. 彼がどうしてそんなことをしたのか私にはわからない.

B)《関係副詞; 動詞の人称変化形は文末》なぜ…かという(理由なの). Der Grund, *warum* er das getan hat, ist mir unbekannt. 彼がそんなことをした理由を私は知らない.

War·ze [ヴァルツェ vártsə] 女 -/-n ①《医》いぼ. ②《医》乳頭, 乳首 (=Brustwarze).

***was** [ヴァス vás]

何	*Was* ist das?	1格 *was*
	ヴァス イスト ダス	2格 (wessen)
	これは何ですか.	3格 —
		4格 *was*

代 **A)**《疑問代名詞》① **何**, 何が, 何を. (英 what). *Was* machst du da? 君はそこで何をしているの / *Was* hat er gesagt? 彼は何と言ったのか / *Was* sind Sie **von** Beruf? あなたの職業は何ですか / *Was* ist denn los? どうしたの, 何が起きたの / *Was* hast du? または *Was* fehlt dir? どうしたの, どこか具合いが悪いの / *Was* gibt es Neues? どんなニュースがありますか / [Und] *was* dann?《口語》それからどうなるの / Auf *was* (=Worauf) wartest du noch?《口語》君は何を待っているのか / Um *was* (=Worum) geht es?《口語》何の話ですか. (⇐ ふつうは wo[r]+前置詞の形が用いられる).

◇〖間接疑問文で; 動詞の人称変化形は文末〗Weißt du, *was* er gesagt hat? 彼が何と言ったか知ってるかい.

◇〖間投詞的に〗*Was* denn?《口語》いったいどうしたんだ / *Was*, du hast gewonnen?《口語》ほんとかい, 君が勝ったのかい / *Was*?《俗》なんだって (⇐ ふつうは Wie bitte?) / Es ist schön, *was*?《口語》すてきだろう, ね? (⇐ ふつうは nicht [wahr]?) / Ach *was*! そんなばかな / *Was* weiß ich! 私は知りませんよ / *Was* es [nicht] alles gibt! ほんとになんでもあるものだ.

②《口語》**いくら**, どれくらい. *Was* kostet das? これはいくらですか / *Was* haben wir noch **an** Wein? ワインはまだどれくらいあるの / *Was* geht das mich an? それは私に何の関係があるのか.

③〖*was* **für [ein]** の形で〗**どんな**, どんな種類(性質)の. *Was* für ein Buch möchten Sie? どういう本をご希望ですか / *Was* sind das für Blumen? これはどういう種類の花ですか.

◇《感嘆文》**なんという**…. *Was* für ein Lärm! なんという騒々しさだ. (⇐ für のあとの名詞の格はその名詞の文中での役割によって決まる).

④〖副詞的に用いて〗《口語》(とがめる口調で:)なぜ (=warum); …のように (=wie). *Was* regst du dich so auf? なぜそんなに興奮しているんだい / Lauf, *was* du kannst! できるだけ速く走りなさい.

B)〖関係代名詞; 動詞の人称変化形は文末〗① **…すること(もの)**. (英 what). *Was* er sagt, stimmt nicht. 彼の言うことは事実に合わない / Erzähle, *was* du erlebt hast! 君が体験したことを話してくれ.

◇〖**auch, immer** とともに譲歩文で〗たとえ何であろうと. *Was* er auch sagt, ich glaube ihm nicht. 彼が何と言おうと私は彼の言うことを信じない.

②〖**das, alles, etwas, nichts,** 中性名詞化した形容詞などを先行詞として〗**…する[ところの]**. Ich erzähle dir alles, *was* ich gehört habe. ぼくが聞いたことを全部君に話そう / Das Beste, *was* du tun kannst, ist… 君にできる最善のことは….

③〖前文の内容を受けて〗**そのことは(を)**. Sie kam nicht, *was* mich sehr ärgerte. 彼女は来なかった, それに私はとても腹が立った.

C)《不定代名詞》①《口語》**あること(もの)**, 何か (=etwas). *was* Neues 何か新しいこと / Das ist *was* anderes! それは別の問題だ / Ist

was [mit dir]? [君は]どうしたの / Ich habe *was* Schönes für dich. 君にいいものをあげるよ / so *was* そんなもの(こと) ⇒ Na, so *was*! えっ, ひどいね / Er ist so *was* wie ein Dichter. 彼は作家みたいなものだ.
② 《方》少し, いくらか. Hast du noch *was* Geld? まだいくらかお金を持ってるかい.

Wasch‖an·la·ge [ヴァッシュ・アンラーゲ] 囡 -/-n (ガソリンスタンドなどの)洗車装置.

Wasch‖**au·to·mat** [ヴァッシュ・アオトマート] 男 -en/-en 〔全〕自動洗濯機.

wasch‖bar [ヴァッシュバール] 形 洗濯がきく, 洗っても傷まない(布など).

Wasch‖bär [ヴァッシュ・ベーア] 男 -en/-en 〔動〕アライグマ.

Wasch‖be·cken [ヴァッシュ・ベッケン] 囲 -s/- (壁に取り付けた)洗面台; 洗面器.

Wasch‖ben·zin [ヴァッシュ・ベンツィーン] 囲 -s/ (汚れを落とすために使う)ベンジン.

Wasch‖brett [ヴァッシュ・ブレット] 囲 -[e]s/-er ① 洗濯板. ②〔楽〕ウォッシュボード.

die **Wä·sche** [ヴェッシェ vέʃə] 囡 -/(複) -n ① 〔複 なし〕(総称として:) 洗濯物. (英 *wash*). Bett*wäsche* 寝具用カバー・シーツ類 / die *Wäsche*[4] auf|hängen (ab|nehmen) 洗濯物をつるす(取り込む) / die *Wäsche*[4] waschen (trocknen) 洗濯物を洗う(乾かす) / Sie bügelt die *Wäsche*. 彼女は洗濯物にアイロンをかける.
② 〔複 なし〕(総称として:) 下着[類], 肌着. Damen*wäsche* 女性用肌着類 / frische *Wäsche*[4] an|ziehen 洗いたての下着を着る / die *Wäsche*[4] wechseln 肌着を取り替える / dumm **aus** der Wäsche gucken 《俗》(事情がわからずに)ぽかんとしている.
③ 洗濯, (車・体などを)洗うこと. Auto*wäsche* 洗車 / in die *Wäsche* (または **zur** *Wäsche*) geben 物[4]を洗濯に出す.

Wä·sche‖beu·tel [ヴェッシェ・ボイテル] 男 -s/- 洗濯物入れ(袋).

wasch‖echt [ヴァッシュ・エヒト] 形 ①《織》洗濯がきく, 洗っても色のさめない(縮まない). ②《比》本物の, 生粋の; 由緒正しい(貴族など). Er ist ein *waschechter* Berliner. 彼は生粋のベルリンっ子だ.

Wä·sche‖klam·mer [ヴェッシェ・クラㇺマァ] 囡 -/-n 洗濯ばさみ.

Wä·sche‖korb [ヴェッシェ・コルプ] 男 -[e]s/..körbe 洗濯物入れ(かご).

Wä·sche‖lei·ne [ヴェッシェ・ライネ] 囡 -/-n 物干し用ロープ.

wa·schen* [ヴァッシェン váʃən]

洗う *Wasch* dir die Hände!
ヴァッシュ ディァ ディ ヘンデ
手を洗いなさい.

du wäschst, er wäscht (wusch, *hat* ... gewaschen) 他 (完了 haben) ① 洗う; 洗浄する; (鉱石など[4]を)洗鉱する. (英 *wash*). Wäsche[4] (das Auto[4]) waschen 洗濯物(車)を洗う / Sie wäscht gerade die Kinder. 彼女は今子供たちの体を洗っているところだ / 人[3] (sich[3]) die Haare[4] waschen 人[3]の(自分の)髪を洗う / Wo kann ich mir die Hände waschen? 手を洗えるところはどこにありますか / A[4] **aus** (または **von**) B[3] waschen A[4]をB[3]から洗い落とす ⇒ den Schmutz aus der Wunde waschen 傷口から汚れを洗い落とす / Geld[4] waschen マネーロンダリング(資金洗浄)する / ein Gas[4] waschen 気体を洗浄する. ◊〔再帰的に〕sich[4] waschen 自分の体を洗う ⇒ Er wäscht sich jeden Morgen. 彼は毎朝体を洗う / sich[4] kalt (warm) waschen 水で(お湯で)体を洗う / Die Prüfung *hatte* sich gewaschen. 《口語》試験はものすごく難しかった.
② 洗濯する. die Socken[4] mit Seife waschen ソックスをせっけんで洗濯する / Das Hemd *ist* sauber gewaschen. 〔状態受動・現在〕そのシャツはきれいに洗濯してある. ◊〔目的語なしでも〕Heute muss ich waschen. きょうは洗濯をしなくては.

Wä·scher [ヴェッシャァ vέʃər] 男 -s/- 洗う人; 洗濯屋. (女性形: -in).

die **Wä·sche·rei** [ヴェッシェライ vɛʃərái] 囡 (単) -/(複) -en クリーニング店, ランドリー, 洗濯屋. (英 *laundry*). Wäsche[4] **in** die Wäscherei geben 洗濯物をクリーニング店に出す.

Wä·sche‖schleu·der [ヴェッシェ・シュロイダァ] 囡 -/-n (洗濯物の)脱水機.

Wä·sche‖schrank [ヴェッシェ・シュランク] 男 -[e]s/..schränke 下着類(洗濯物)用の戸棚.

Wä·sche‖trock·ner [ヴェッシェ・トロックナァ] 男 -s/- ① (洗濯物の)乾燥機. ② (スタンド型の)物干し台.

Wasch‖frau [ヴァッシュ・フラオ] 囡 -/-en 洗濯女.

Wasch‖korb [ヴァッシュ・コルプ] 男 -[e]s/..körbe 洗濯物入れ(かご).

Wasch‖kü·che [ヴァッシュ・キュッヒェ] 囡 -/-n ① 洗濯室. ②《口語》濃い霧.

Wasch‖lap·pen [ヴァッシュ・ラッペン] 男 -s/- ① 浴用の小タオル; 洗面タオル. ②《口語》臆病(ぉ<ぴょぅ)者, 弱虫.

die **Wasch‖ma·schi·ne** [ヴァッシュ・マシーネ váʃ-maʃi:nə] 囡 (単) -/(複) -n 洗濯機. (英 *washing machine*). eine vollautomatische *Waschmaschine* 全自動洗濯機 / Das kann man **mit** (または **in**) der *Waschmaschine* waschen. それは洗濯機で洗える.

Wasch‖mit·tel [ヴァッシュ・ミッテル] 囲 -s/- (洗濯用の)洗剤;〔医〕洗浄剤.

Wasch‖pul·ver [ヴァッシュ・プルファァ] 囲 -s/- (洗濯用の)粉末洗剤.

Wasch‖raum [ヴァッシュ・ラオム] 男 -[e]s/..räume (駅などの)洗面所, お手洗い.

Wasch‖sa·lon [ヴァッシュ・ザローン] 男 -s/-s コインランドリー.

Wasch⹀schüs・sel [ヴァッシュ・シュッセる] 囡 -/-n 洗面器, 洗い桶.

wäschst [ヴェッシュスト véʃst] ⁝waschen (洗う) の 2 人称親称単数 現在. *Wäschst* du dein Auto jeden Tag? 君は毎日車を洗うの?

wäscht [ヴェッシュト véʃt] ⁝waschen (洗う)の3人称単数 現在. Er *wäscht* das Auto. 彼は車を洗う.

Wasch⹀tisch [ヴァッシュ・ティッシュ] 男 -[e]s/-e 洗面台, 化粧台.

Wa・schung [ヴァッシュング] 囡 -/-en ① 《雅》(体などを)洗うこと. ② 《医》洗浄.

Wasch⹀was・ser [ヴァッシュ・ヴァッサァ] 中 -s/ (体を洗う・洗濯をする)洗い水.

Wasch⹀weib [ヴァッシュ・ヴァイプ] 中 -[e]s/-er 《俗》おしゃべりなやつ(女).

Wasch⹀zet・tel [ヴァッシュ・ツェッテる] 男 -s/- 《書籍》(カバー・折り返しなどの)本の内容紹介.

Wasch⹀zeug [ヴァッシュ・ツォイク] 中 -[e]s/- 洗面道具, 入浴用具.

Wa・shing・ton [ヴォッシングテン vɔ́ʃɪŋtən] 中 -s/ ① 《都市名》ワシントン D.C.(アメリカ合衆国の首都). ② 《地名》ワシントン(アメリカ合衆国北西部の州).

das **Was・ser** [ヴァッサァ vásər]

水 Ist das *Wasser* trinkbar?
イスト ダス ヴァッサァ トリンクバール
この水は飲めますか.

中 (単2) -s/(複) - (3格のみ -n) または (複) Wässer [ヴェッサァ] (3格のみ Wässern) ① 《園 なし》水. (⇔ *water*). heißes (kaltes) *Wasser* 熱湯(冷水) / hartes (weiches) *Wasser* 硬水(軟水) / *Wasser*⁴ trinken 水を飲む / Kann ich ein Glas *Wasser* haben? 水を一杯いただけませんか / ein Zimmer **mit** fließendem *Wasser* (ホテルなどの)洗面設備のある部屋 / Das *Wasser* kocht (siedet). 湯が沸いている(沸騰している) / Das *Wasser* tropft aus dem Hahn. 蛇口から水が滴り落ちている / wie Feuer und *Wasser* sein 火と水のように相いれない / 囚³ nicht das *Wasser*⁴ reichen können (比)囚³の足元にもおよばない / reinsten *Wassers* または von reinstem *Wasser* a) 澄んだ輝きのある(ダイヤモンドなど), b) 生粋の.
② 《園 -》(水の集まり:)川, 池, 湖, 海. Das *Wasser* ist sehr tief. この池/川・湖・海はたいへん深い / Das Haus steht **am** *Wasser*. その家は水辺にある / Dieses Tier lebt **im** *Wasser*. この動物は水中に棲(+)む / **ins** *Wasser* fallen a) 水中に落ちる, b) (比)(計画などが)水の泡となる / **ins** *Wasser* gehen 《婉曲》入水自殺をする / Die Wiesen stehen **unter** *Wasser*. (洪水で)草地は水中に没している / **zu** *Wasser* 水路で, 船で / Das *Wasser* steht ihm bis zum Hals. 《口語・比》(借金をかかえ

て)彼はあっぷあっぷしている(首が回らない) / 囚³ das *Wasser*⁴ ab|graben (比) (囚³を)窮地に陥れる(←囚³への水流を断つ) / Stille *Wasser* sind tief. (諺)思慮ある人は口数が少ない(←静かな淵は深い) / Er ist ein stilles *Wasser*. (比)彼は感情を外に出さない(腹の底がわからない).
③ 《園 Wässer》(化粧・薬用・飲料などの)溶液, …水. kölnisch[es] *Wasser* オーデコロン.
④ 《園 なし》涙, 汗, 唾(²), 尿. *Wasser*⁴ lassen 《婉曲》放尿する / Das *Wasser* läuft mir im Mund zusammen. 《口語》(料理を前にして)私は口に唾がたまった.

▶ **wasser⹀abstoßend**

(⁂) ..wasser のいろいろ: **Grundwasser** 地下水 / **Haarwasser** ヘアトニック / **Leitungswasser** 水道水 / **Meerwasser** 海水 / **Mineralwasser** ミネラルウォーター / **Quellwasser** 泉の水 / **Regenwasser** 雨水 / **Salzwasser** 食塩水, 海水 / **Schmutzwasser** 汚水 / **Trinkwasser** 飲料水

Wäs・ser [ヴェッサァ] ⁝Wasser (溶液)の 複.

was・ser⹀ab・sto・ßend, Was・ser ab・sto・ßend [ヴァッサァ・アップシュトーセント] 形 水をはじく, 防水性の(布など).

Was・ser⹀ader [ヴァッサァ・アーダァ] 囡 -/-n (小さな)地下水脈.

was・ser⹀arm [ヴァッサァ・アルム] 形 水の乏しい.

Was・ser⹀auf・be・rei・tung [ヴァッサァ・アオフベライトゥング] 囡 -/ (再利用のための)水の浄化.

Was・ser⹀bad [ヴァッサァ・バート] 中 -[e]s/..bäder 《ふつう 単》《料理》湯せん用の鍋(な).

Was・ser⹀ball [ヴァッサァ・バる] 男 -[e]s/..bälle ① 《園 なし》水球, ウォーターポロ. ② 水球用のボール. (水遊び用の)ビーチボール.

Was・ser⹀bau [ヴァッサァ・バオ] 男 -[e]s/ 水路(河川・港湾)工事.

Was・ser⹀bett [ヴァッサァ・ベット] 中 -[e]s/-en ウォーターベッド.

Was・ser⹀bom・be [ヴァッサァ・ボンベ] 囡 -/-n 《軍》水雷.

Wäs・ser・chen [ヴェッサァヒェン vésərçən] 中 -s/- ① (Wasser の 縮小) 小川, 水たまり; 香水. ② 《成句的に》kein *Wässerchen*⁴ trüben können 《口語》虫も殺せない(←小川の水もにごすことができない).

Was・ser⹀dampf [ヴァッサァ・ダンプふ] 男 -[e]s/..dämpfe 水蒸気, 湯気.

was・ser⹀dicht [ヴァッサァ・ディヒト] 形 ① 水を通さない, 防水の(時計など), 耐水性の. ② 《口語》すきのない, 確実な(アリバイなど).

Was・ser⹀druck [ヴァッサァ・ドルック] 男 -[e]s/..drücke (まれに -e) 水圧.

der **Was・ser⹀fall** [ヴァッサァ・ふァる vásərfal] 男 (単2) -[e]s/(複) ..fälle [..ふェれ] (3格のみ ..fällen) 滝. (⇔ *waterfall*). wie ein *Wasserfall* reden 《口語》(のべつ幕なしに)べらべらとしゃべる.

Was・ser⹀far・be [ヴァッサァ・ふァルベ] 囡 -/-n 水彩絵の具.

was·ser=fest [ヴァッサァ・フェスト] 形 水を通さない, 耐水性の (=wasserdicht ①).

Was·ser=flä·che [ヴァッサァ・ふれッヒェ] 囡 -/-n 水面.

Was·ser=floh [ヴァッサァ・ふろー] 男 -[e]s/..flöhe (動) ミジンコ.

Was·ser=flug·zeug [ヴァッサァ・ふるークツォイク] 田 -[e]s/-e 水上飛行機.

was·ser=ge·kühlt [ヴァッサァ・ゲキューるト] 形 水冷式の(エンジン).

Was·ser=glas [ヴァッサァ・グらース] 田 -es/..gläser ① [水飲み]コップ, タンブラー. ② 《化》水ガラス(珪酸のアルカリ塩).

Was·ser=gra·ben [ヴァッサァ・グラーベン] 男 -s/..gräben 堀, 溝.

Was·ser=hahn [ヴァッサァ・ハーン] 男 -[e]s/..hähne (または -en) (水道の蛇口, 栓, コック.

Was·ser=ho·se [ヴァッサァ・ホーゼ] 囡 -/-n 《気象》(水上の)竜巻.

wäs·se·rig [ヴェッセリヒ vésəriç] 形 =wässrig.

Was·ser=jung·fer [ヴァッサァ・ユングふァァ] 囡 -/-n 《昆》トンボ (=Libelle ①).

Was·ser=kes·sel [ヴァッサァ・ケッセる] 男 -s/- 湯沸かし, やかん.

Was·ser=klo·sett [ヴァッサァ・クろゼット] 田 -s/-s (または -e) [水洗]トイレ (略: WC).

Was·ser=kopf [ヴァッサァ・コプふ] 男 -[e]s/..köpfe 《医》水頭[症].

Was·ser=kraft [ヴァッサァ・クラふト] 囡 -/ 水力.

Was·ser=kraft·werk [ヴァッサァ・クラふトヴェルク] 田 -[e]s/-e 《工》水力発電所.

Was·ser=küh·lung [ヴァッサァ・キューるング] 囡 -/ (エンジンなどの)水冷.

Was·ser=lauf [ヴァッサァ・らオふ] 男 -[e]s/..läufe 水の流れ, 小川, 水路.

Was·ser=lei·tung [ヴァッサァ・らイトゥング] 囡 -/-en 水道[設備]; 水道管.

Was·ser=li·nie [ヴァッサァ・リーニエ] 囡 -/-n 《海》(船の)喫水線.

Was·ser=lin·se [ヴァッサァ・リンゼ] 囡 -/-n 《植》アオウキクサ.

was·ser=lös·lich [ヴァッサァ・れースリヒ] 形 水溶性の, 水に溶ける.

Was·ser=man·gel [ヴァッサァ・マンゲる] 男 -s/ 水不足.

Was·ser=mann [ヴァッサァ・マン] 男 -[e]s/..männer ① 《神》(男の)水の精. ② 《腹 なし》みずがめ座; 宝瓶(ほうへい)宮. ③ みずがめ座生まれの人.

Was·ser=me·lo·ne [ヴァッサァ・メろーネ] 囡 -/-n 《植》スイカ(西瓜).

Was·ser=mes·ser [ヴァッサァ・メッサァ] 男 -s/- 水道のメーター, 水量計.

Was·ser=müh·le [ヴァッサァ・ミューれ] 囡 -/-n 水車[小屋].

was·sern [ヴァッサァン vásərn] 自 (s, h) (飛行機・鳥などが)着水する.

wäs·sern [ヴェッサァン vésərn] I 他 (h) ① (食品など[4]を)水につける(浸す). ② (木・庭など[4]に)たっぷり水をまく. II 自 (h) 《雅》(目が)涙でいっぱいになる, (口が)唾液(だえき)でいっぱいになる.

Was·ser=pflan·ze [ヴァッサァ・プふらンツェ] 囡 -/-n 水生植物.

Was·ser=qua·li·tät [ヴァッサァ・クヴァりテート] 囡 -/-en 水質.

Was·ser=rad [ヴァッサァ・ラート] 田 -[e]s/..räder 水車.

Was·ser=rat·te [ヴァッサァ・ラッテ] 囡 -/-n ① (動) ミズネズミ. ② 《口語・戯》泳ぎの好きな人.

was·ser=reich [ヴァッサァ・ライヒ] 形 水の豊富な.

Was·ser=rohr [ヴァッサァ・ローァ] 田 -[e]s/-e 送水管, 水道管.

Was·ser=scha·den [ヴァッサァ・シャーデン] 男 -s/..schäden (家の中の)水漏れなどによる被害; 水害.

Was·ser=schei·de [ヴァッサァ・シャィデ] 囡 -/-n 《地理》分水界, 分水嶺(れい).

was·ser=scheu [ヴァッサァ・ショィ] 形 水を恐れる(こわがる).

Was·ser=scheu [ヴァッサァ・ショィ] 囡 -/ ① 水を恐れること. ② 《医》恐水(狂犬)病.

Was·ser=schlauch [ヴァッサァ・シュらオホ] 男 -[e]s/..schläuche ① 注水(水道)月のホース. ② 《植》タヌキモ.

Was·ser=schloss [ヴァッサァ・シュろス] 田 -es/..schlösser 水に囲まれた宮殿, 堀をめぐらした館.

Was·ser=ski [ヴァッサァ・シー] I 男 -s/-[er] 水上スキー用の板. II 田 -/ 《スゥ》水上スキー.

Was·ser=spei·cher [ヴァッサァ・シュパィヒァァ] 男 -s/- 貯水タンク, 貯水池.

Was·ser=spei·er [ヴァッサァ・シュパィアァ] 男 -s/- 《建》樋嘴(ひはし), ガーゴイル (軒先に取り付けた怪獣の形をした雨水排水口. ゴシック建築に多い).

Was·ser=spie·gel [ヴァッサァ・シュピーゲる] 男 -s/- 水面; 水位.

Was·ser=sport [ヴァッサァ・シュポルト] 男 -[e]s/ 水上(水中)スポーツ.

Was·ser=spü·lung [ヴァッサァ・シュピューるング] 囡 -/-en (トイレの)水洗. ein Klosett mit *Wasserspülung* 水洗トイレ.

Was·ser=stand [ヴァッサァ・シュタント] 男 -[e]s/..stände (河川などの)水位.

Was·ser=stoff [ヴァッサァ・シュトふ] 男 -[e]s/ 《化》水素(記号: H) (=Hydrogenium).

was·ser=stoff=blond [ヴァッサァシュトふ・ブろント] 形 《口語》オキシドールで脱色した金髪の.

Was·ser·stoff=bom·be [ヴァッサァシュトふ・ボンベ] 囡 -/-n 水素爆弾 (=H-Bombe). (○「原子爆弾」は Atombombe).

Was·ser·stoff=per·oxyd [ヴァッサァシュトふ・ペルオクスュート] 田 -[e]s/-e 《化》過酸化水素.

Was·ser=strahl [ヴァッサァ・シュトラーる] 男 -[e]s/-en 《ふつう 囲》(ホース・水道管からの)水

Wasserstraße

の噴流.
Was·ser·stra·ße [ヴァッサァ・シュトラーセ] 囡 -/-n 水路.
Was·ser=sucht [ヴァッサァ・ズフト] 囡 -/ 《医》水腫(しゅ), 水症.
Was·ser=turm [ヴァッサァ・トゥルム] 男 -[e]s/..türme 給水塔, 貯水塔.
Was·ser=uhr [ヴァッサァ・ウーァ] 囡 -/-en ① 水時計. ② 水量計.
Was·se·rung [ヴァッセルング] 囡 -/-en (飛行機などの)着水.
Was·ser=ver·drän·gung [ヴァッサァ・フェアドレングング] 囡 -/ (船の)排水[量].
Was·ser=ver·schmut·zung [ヴァッサァ・フェアシュムッツング] 囡 -/-en 水質汚染.
Was·ser=ver·sor·gung [ヴァッサァ・フェアゾルグング] 囡 -/-en 《ふつう 単》水の供給, 給水.
Was·ser=vo·gel [ヴァッサァ・フォーゲル] 男 -s/..vögel 水鳥.
Was·ser=waa·ge [ヴァッサァ・ヴァーゲ] 囡 -/-n 《建・工》水準器.
Was·ser=weg [ヴァッサァ・ヴェーク] 男 -[e]s/-e (内陸の)水路.
Was·ser=wer·fer [ヴァッサァ・ヴェルファァ] 男 -s/- 放水器; 放水車.
Was·ser=werk [ヴァッサァ・ヴェルク] 甲 -[e]s/-e 水道設備, 上水道.
Was·ser=wirt·schaft [ヴァッサァ・ヴィルトシャフト] 囡 -/ 水の管理, 治水.
Was·ser=zäh·ler [ヴァッサァ・ツェーらァ] 男 -s/- 水量計; 水道のメーター.
Was·ser=zei·chen [ヴァッサァ・ツァイヒェン] 甲 -s/- (紙幣などの)透かし模様.
wäss·rig [ヴェスリヒ vésrıç] 形 ① 水っぽい, 水気の多い; 水性の(溶液など). ein *wässriger* Wein 水っぽいワイン / eine *wässrige* Lösung 水溶液 / 人³ den Mund *wässrig* machen (口語)人⁴の食欲をそそる. ② 水のような; 水色の.
wa·ten [ヴァーテン vá:tən] 自 (s) (川などの中を一歩一歩足を抜いて)歩く, 歩いて行く. durch einen Bach *waten* 小川を歩いて渡る / im Sand *waten* 砂の中を歩いて行く.
Wat·sche [ヴァーチェ vá:tʃə または ヴァッチェ] 囡 -/-n (南ド゙・キ゚スタ・口語)平手打ち, びんた.
wat·scheln [ヴァッチェるン vátʃəln] 自 (s) (あひるなどが)よちよち歩く.
Watt¹ [ヴァット vát] 甲 -s/- (単位: -/-) 《物・工》ワット (電力の単位; 略: W; イギリスの技士 J. *Watt* 1736-1819 の名から).
Watt² [ヴァット vát] 甲 -[e]s/-en (北海沿岸の)砂州, 干潟(ひがた).
die **Wat·te** [ヴァッテ vátə] 囡 (単) -/(種類を表すときのみ: 複) -n 綿, 詰め綿; 脱脂綿. sich³ *Watte* in die Ohren stopfen 耳に綿を詰める / 人⁴ in *Watte* packen (口語・比)人⁴をきわめて慎重に扱う(←綿にくるむ).
Wat·te·bausch [ヴァッテ・バオシュ] 男 -[e]s/..bäusche 綿の詰め物; (医) 綿球, タンポン.
Wat·ten=meer [ヴァッテン・メーァ] 甲 -[e]s/

-e (特に北海沿岸の)砂州のある海.
wat·tie·ren [ヴァティーレン vatí:rən] 他 (h) (衣料⁴に)綿の詰め物をする.
Wat·vo·gel [ヴァート・フォーゲル] 男 -s/..vögel 《鳥》渉禽(しょうきん)類(ツル・サギ・シギなど).
wau, wau! [ヴァォ・ヴァォ vau váu または ヴァオ・ヴァオ] 間 《幼児》(犬の鳴き声をまねて)わんわん.
Wau·wau [ヴァオ・ヴァオ váu-vau または ..ヴァオ] 男 -s/-s 《幼児》犬, わんわん.
das **WC** [ヴェー・ツェー ve:-tsé:] 甲 (単 2) -[s]/-[s] (略) [水洗]トイレ (=water closet).
aufs *WC* gehen トイレに行く.
WDR [ヴェー・デー・エル] (略) 西部ドイツ放送[局] (=Westdeutscher Rundfunk).
WE [ヴェルメ・アインハイト] (略) 熱量単位 (=Wärmeeinheit).
Web [ヴェップ vép] 甲 -[s]/ (略) (コンピュ) ウェブ (=World Wide Web).
we·ben⁽*⁾ [ヴェーベン vé:bən] (webte, *hat* ... gewebt (雅: wob, *hat* ... gewoben)) I 他 (定了 haben) (織物⁴に)織る. 《英》*weave*). ein Muster⁴ in den Stoff *weben* ある模様を布地に織り出す / eine Decke⁴ mit der Hand *weben* テーブルクロスを手で織る / Sie *hat* den Teppich selbst *gewebt*. 彼女はそのじゅうたんを自分で織った.
II 自 (定了 haben) 機(はた)を織る. Sie *webt* an einem Teppich. 彼女ははたじゅうたんを織っている.
III 再他 (定了 haben) 《不規則変化》《*sich*⁴ um 人・物⁴ ~》《雅》(人・物⁴にまつわって伝説などが)しだいに生じる.
We·ber¹ [ヴェーバァ vé:bər] 男 -s/- (織物の)織工. (女性形: -in).
We·ber² [ヴェーバァ vé:bər] I -s/-s 《姓》ヴェーバー. II -s/ 《人名》ヴェーバー (① Carl Maria von *Weber* 1786-1826; ドイツの作曲家. ② Max *Weber* 1864-1920; ドイツの社会学者).
We·be·rei [ヴェーベライ ve:bəráı] 囡 -/-en ① (覆 なし) 機(はた)織り. ② 機(はた)織り工場.
We·ber=knecht [ヴェーバァ・クネヒト] 男 -[e]s/-e 《昆》メクラグモ.
We·ber=schiff·chen [ヴェーバァ・シふヒェン] 甲 -s/- (織機の)杼(ひ).
Web=log [ヴェップ・ろグ] 甲男 -s/-s (コンピュ) ウェブログ, ブログ (略: Blog).
Web=sei·te [ヴェップ・ザイテ] 囡 -/-n =Website.
Web=site [ヴェップ・ザイト] 〈英〉囡 -/-s (コンピュ) ウェブサイト.
Web=stuhl [ヴェープ・シュトゥール] 男 -[e]s/..stühle 機(はた)織り機.
web·te [ヴェープテ] weben (織る)の 過去
der **Wech·sel** [ヴェクセる véksəl] 男 (単 2) -s/(複) - (3 格のみ -n) ① 《ふつう 単》交替, 交代, 移り変わり, 変化, 変動; 交換; (コンピュ) (コートなどの)チェンジ. 《英》*change*). ein rascher *Wechsel* 急激な変化 / der *Wechsel* der Jahreszeiten² 四季の移り変わり / der *Wechsel* von Tag und Nacht 昼と夜の交替 / der

Wechsel eines Spielers 選手の交代 / der *Wechsel* der Reifen² タイヤの交換 / Sie liebt den *Wechsel*. 彼女は変化(気分転換)を好む / **im** *Wechsel* **der** *Zeiten²* 時代の変化の中で / in buntem *Wechsel* 多彩に変化して. ② 《経》〖為替〗手形. einen *Wechsel* ausstellen 手形を振り出す. ③ 毎月の仕送り. ④ 《狩》獣道(ﾅだぅ).

［類語］ ..*wechsel*: のいろいろ. **Briefwechsel** 文通 / **Geldwechsel** 両替 / **Jahreswechsel** 年が変わること / **Klimawechsel** 気候の変化, 転地療養 / **Personalwechsel** 人事移動 / **Regierungswechsel** 政権の交替 / **Stellungswechsel** 転職 / **Stimmwechsel** 声変わり / **Wohnungswechsel** 転居

Wech·sel≠bad [ヴェクセる・バート] 匣 -[e]s/..bäder 冷温交互浴.

Wech·sel≠be·zie·hung [ヴェクセる・ベツィーウング] 囡 -/-en 相互関係, 相関関係.

Wech·sel≠fäl·le [ヴェクセる・フェれ] 履 人生の浮き沈み, 栄枯盛衰.

Wech·sel≠geld [ヴェクセる・ゲるト] 匣 -[e]s/-er 〖ふつう 単〗釣銭, 〖複 なし〗(両替用の)小銭.

Wech·sel≠ge·sang [ヴェクセる・ゲザング] 男 -[e]s/..sänge 交互歌唱.

Wech·sel≠ge·trie·be [ヴェクセる・ゲトリーベ] 匣 -s/- 《工》[段階]変速機(装置).

wech·sel≠haft [ヴェクセるハフト] 形 変わりやすい, すぐに変わる(天候など).

Wech·sel≠jah·re [ヴェクセる・ヤーレ] 履 (特に女性の)更年期.

Wech·sel≠kurs [ヴェクセる・クルス] 男 -es/-e 《経》[外国]為替相場(レート).

*****wech·seln** [ヴェクセるン véksəln] ich wechsle (wechselte, *hat/ist* ... gewechselt) **I** 他 (完了 haben) ① **取り替える**, 交換する, 変える, 変更する. 《英 *change*》. die Reifen⁴ *wechseln* タイヤを取り替える / Ich *möchte* gerne die Kleidung *wechseln*. 服を着替えたいのですが / Er *hat* seine Stellung *gewechselt*. 彼は転職した / die Schule⁴ *wechseln* 転校する / das Thema⁴ *wechseln* 話題を変える.

② (他の通貨に)両替する; (小銭に)くずす. 《英 *exchange*》. Yen⁴ **in** (= in **gegen**) Euro *wechseln* 円をユーロに両替する / Kannst du mir zehn Euro *wechseln*? 10ユーロをくずしてくれるかね. ◆目的語にしても〗Ich *kann* leider nicht *wechseln*. 残念ながら両替できません(お釣りがありません).

③ 〖**mit** 人³ 物⁴ ～〗(人³と物⁴を)[取り]交わす. mit 人³ Blicke⁴ *wechseln* 人³と視線を交わす / mit 人³ Briefe⁴ *wechseln* 人³と文通する / Wir *wechselten* einige Worte [miteinander]. 私たちはちょっと言葉を交わしただけだった.

II 自 (完了 haben または sein) ① (h) 変わる, 移り変わる; 入れ替わる. Das Wetter *wechselt* ständig. 天気が絶えず変わる.

② (s) 〖方向を表す語句とともに〗(…へ)移る, 移動する. Der Spieler *ist zu* einem anderen Verein *gewechselt*. 〖現在完了〗その選手は別のクラブへ移った.

［類語］ *wechseln*: (使用中のものなどを他の同種のものと)取り替える. **aus|tauschen**: (人・物・意見などを対等に)交換をする. **tauschen**: (二人の人間が等価物を[物々]交換する)別の物と取り替える. **um|tauschen**: (買った品物を)別の物と取り替える.

wech·selnd [ヴェクセるント] **I** ※wechseln (取り替える)の 現分 **II** 形 変わりやすい, よかったり悪かったり. Der Himmel ist *wechselnd* bewölkt. 空は晴れたり曇ったりだ.

Wech·sel≠sei·tig [ヴェクセる・ザイティヒ] 形 相互の; 交互の. eine *wechselseitige* Abhängigkeit 相互依存.

Wech·sel≠spiel [ヴェクセる・シュピーる] 匣 -[e]s/-e (色や光などの)入れ代わり, 交替.

Wech·sel≠strom [ヴェクセる・シュトローム] 男 -[e]s/..ströme 《電》交流. (◆「直流」は Gleichstrom).

Wech·sel≠stu·be [ヴェクセる・シュトゥーベ] 囡 -/-n (駅・空港などの)両替所.

wech·sel·te [ヴェクセるテ] *wechseln (取り替える)の 過去

wech·sel≠voll [ヴェクセる・フォる] 形 変化の多い, 波乱に富んだ.

wech·sel≠wei·se [ヴェクセる・ヴァイゼ] 副 ① 交互に, かわるがわる. ② 相互に.

Wech·sel≠wir·kung [ヴェクセる・ヴィルクング] 囡 -/-en 相互作用.

wechs·le [ヴェクスれ] *wechseln (取り替える)の 1人称単数 現在

Wech·te [ヴェヒテ véçtə] 囡 -/-n 雪庇(ﾋﾞ).

we·cken [ヴェッケン vékən] (weckte, *hat* ... geweckt) 他 (完了 haben) ① (眠っている人⁴を)起こす, (人⁴の)目を覚まさせる. 《英 *wake*》. *Wecken* Sie mich um sechs Uhr! 私を6時に起こしてください / 人⁴ **aus** tiefem Schlaf *wecken* 人⁴を深い眠りから起こす / sich⁴ [telefonisch] *wecken* lassen [モーニングコールで]起こしてもらう / Der Kaffee *weckt* die Lebensgeister. 《比》コーヒーを飲むと元気が出る.

② 《比》(記憶・関心など⁴を)呼び覚ます, 呼び起こす. in 人³ alte Erinnerungen⁴ *wecken* 人³に昔の思い出を呼び起こす / Das *weckt* meine Neugier. それは私の好奇心をそそる.

◇☞ **geweckt**

We·cken [ヴェッケン] 男 -s/- 《南ﾄﾞ・ｵｰｽﾄﾘｱ》(小麦粉製の)細長い白パン.

***der* We·cker** [ヴェッカァ vékər] 男 (単 2) -s/(複) - (3格のみ -n) 目覚まし時計. 《英 *alarm clock*》. Der *Wecker* klingelt. 目覚ましが鳴っている / den *Wecker* auf 6 Uhr stellen 目覚まし時計を6時に合わせる / 人³ **auf** den *Wecker* gehen (または fallen) 《口語》人³をいらいらさせる.

Weck≠ruf [ヴェック・ルーふ] 男 -[e]s/-e 《軍》起床の合図(らっぱ); (ホテルの)モーニングコール.

weck·te [ヴェックテ] wecken (起こす)の 過去

We·del [ヴェーデる védəl] 男 -s/- ① はたき, ちり払い. ② (しゅろ・しだなどの)扇状の葉.

we·deln [ヴェーデルン vé:dəln] **I** 自 (h) ① (犬が)しっぽを振る. ② 《**mit** 物³ ~》(物³を)ばたばた振る，揺り動かす．**mit dem Taschentuch** *wedeln* ハンカチを振る．③ (スキーで): ウェーデルンをする．**II** 他 (h) (パンくずなど⁴を)払い落とす, 振り払う.

***we·der** [ヴェーダァ vé:dər] 接 《**weder** A **noch** B の形で》**A** でもなく **B** でもない．(英 *neither* A nor B). **Ich habe** *weder* **Zeit noch Geld für die Reise.** 私はそんな旅行をする暇もお金もない／*Weder* **er noch sie wusste** (または **wussten**) **Bescheid.** 彼も彼女も知らされていなかった．

***weg** [ヴェック vék] 副 ① 《口語》離れて, 去って．(英 *away*). *Weg* **da!** そこをどけ／*Hände* **weg!** 手を引っ込めろ, 触るな／**Das Haus liegt drei Kilometer** *weg* **von der Straße.** その家は道路から 3 キロメートル離れている.

② なくなった，消えた，いなくなった．**Sie ist schon** *weg*. 彼女はもうここにはいない／**Meine Uhr ist** *weg*. 私の時計がなくなった／**Er muss bald** *weg*. 彼はすぐに行かなければならない／*weg* **sein** 《口語》a) 意識を失っている, b) 夢中になっている ⇒ **Er ist ganz** *weg* **in sie** (**von dem Kind**). 彼は彼女に(その子に)すっかり夢中になっている／**über** 物⁴ *weg* **sein** 物⁴を越えて(超越して)いる.

③ 《成句的に》**in einem** *weg* 《口語》間断なく, ひっきりなしに.

*****der Weg** [ヴェーク vé:k]

道	**Wohin führt dieser** *Weg*?
	ヴォヒン　フューァト　ディーザァ　ヴェーク
	この道はどこへ通じていますか.

男 (単 2) **-es** (まれに **-s**)/(複) **-e** (3 格のみ **-en**) ① 道, 道路; (目標への)道順, 経路; 通路．(英 *way*). **ein steiniger** *Weg* 石だらけの道／**ein breiter** (**schmaler**) *Weg* 広い(狭い)道／**ein öffentlicher** (**privater**) *Weg* 公道(私道)／人³ **den** *Weg* **zeigen** 人³に道を教える／**den** *Weg* **verlieren** 道に迷う／**der kürzeste** *Weg* **zum Flughafen** 空港へ行くいちばんの近道／**Der** *Weg* **führt direkt zur Burg.** その道はまっすぐ城に通じている／**der** *Weg* **zum Erfolg** 成功への道／**Alle** *Wege* **führen nach Rom.** 《諺》すべての道はローマに通ず／**seinen** [**eigenen**] *Weg* **gehen** 《比》わが道を行く／**Er hat seinen** *Weg* **gemacht.** 《比》彼は出世した．

◊《前置詞とともに》**am** *Weg*[**e**] 道端で(に)／**Er ist auf dem** *Weg* **nach Berlin.** 彼はベルリンへ行く途中だ／**Sie ist auf dem** *Weg* **der Besserung.** 彼女の容態は快方へ向かっている／**sich⁴ auf den** *Weg* **machen** 出発する／**ein Paket⁴ auf den** *Weg* **bringen** 小包を発送する／人³ **auf halbem** *Weg*[**e**] **entgegen|kommen** a) 人³を途中まで出迎える, b) 《比》人³に対してある程度譲歩する／人·物³ **aus dem** *Weg* **gehen** 人·物³を避ける／物⁴ **aus dem** *Weg* **räumen** 《比》物⁴を取り除く／人·物⁴ **aus dem** *Weg* **räumen** 《俗》人⁴を片づける(殺す)／人·物³ **im** *Weg* **stehen** (または **sein**) 人·物³のじゃまをしている ⇒ **Du stehst mir im** *Weg*. 君はじゃまだよ／物⁴ **in die** *Wege* **leiten** 事⁴を準備する／**Er fragte mich nach dem** *Weg* **zum Bahnhof.** 彼は私に駅への道を尋ねた／**vom** *Weg* **ab|kommen** 道(本筋)からそれる／物⁴ **zu** *Wege* **bringen** 物⁴を成し遂げる／**mit** 物³ **zu** *Wege* **kommen** 物³をうまくこなす．

② 《複 なし》道のり, 道程．**ein gutes Stück** *Weg* かなりの道のり／**ein** *Weg* **von einer Stunde** 1 時間の行程／**den** *Weg* **ab|kürzen** 近道をする．

③ 《口語》用事[で出かけること], 用足し．**Ich muss noch einen** *Weg* **machen.** 私はもう一仕事に出かけなければならない／人³ **einen** *Weg* **ab|nehmen** 人³に代わって用事を果たす．

④ 方法, やり方, 手段．**einen besseren** *Weg* **suchen** よりよい方法を探す／**auf diplomatischem** *Weg* 外交的手段を通じて／物⁴ **auf kaltem** *Weg*[**e**] **erledigen** 《口語》物⁴をあっさりと片づける／**Wo ein Wille ist, ist auch ein** *Weg*. 《諺》意志のあるところに道は開ける．

▶ **zu⸗wege**

(合) ..**weg** のいろいろ: **Fahrweg** 車道／**Feldweg** 野中の道／**Fußweg** または **Gehweg** 歩道／**Heimweg** 家路／**Hinweg** 往路／**Nebenweg** わき道／**Privatweg** 私道／**Radweg** 自転車専用道路／**Rückweg** 帰路／**Schulweg** 通学路／**Umweg** 回り道／**Waldweg** 森の道

類語 **der Weg**: (ふつう舗装されていない歩行者用, もしくは一般的な総称としての)道．**die Straße**: (計画的につくられた)舗装道路, [大]通り, 街路．**die Gasse**: 狭い道, 横丁．(オーストリアでは Gasse は Straße の意味にも用いる)．**die Allee**: 並木道．

―使ってみよう―

すみません，中央駅へはどう行けばいいですか．
Entschuldigung! Wie komme ich zum Hauptbahnhof?
郵便局がどこにあるか教えていただけますか．
Können Sie mir sagen, wo die Post ist?
この近くにスーパーマーケットはありますか．
Gibt es hier in der Nähe einen Supermarkt?

weg.. [ヴェック.. vék..]《分離動詞の前つづり; つねにアクセントをもつ》① 《除去》例: *weg*|**nehmen** 取り除く ② 《去って》例: *weg*|**gehen** 立ち去る．

weg|be·kom·men* [ヴェック・ベコンメン

vék-bəkɔmən] (過分 wegbekommen) 他 (h) (口語)(染着など⁴を)取り除く. ②((囚⁴を)連れ去る;(重い物⁴を)運び去る. ③(損害など⁴を)受ける;(病気⁴に)かかる. ④(やり方など⁴を)理解する, 悟る.

Weg:be·rei·ter [ヴェーク・ベライタァ] 男 -s/- 先駆者, 開拓者, 創始者, 草分け. (女性形: -in).

weg|bla·sen* [ヴェック・ブらーゼン vék-blà:-zən] 他 (h) (ほこりなど⁴を)吹き払う, 吹き飛ばす.

weg|blei·ben* [ヴェック・ブらイベン vék-blàrbən] 自 (s) (口語) ① (来るべき場所へ)やって来ない, 姿を見せない. Von da an blieb er weg. その時以来彼は姿を見せなかった. ② (エンジン・呼吸などが一時的に)止まる. Der Motor blieb weg. エンジンが止まった. ③ (語句などが)省略される.

weg|brin·gen* [ヴェック・ブりンゲン vék-brìŋən] 他 (h) ① 運び(連れ)去る;(修理などに)持って行く. ②《口語》(汚れなど⁴を)取り除く

We·ge:la·ge·rer [ヴェーゲ・らーゲらァ] 男 -s/- 追いはぎ. (女性形: ..lagerin).

we·gen [ヴェーゲン vé:gən]

…のために

Wegen Umbaus geschlossen.
ヴェーゲン ウムバオス ゲシュロッセン
改築のため閉館中.

前《2格(まれに3格)とともに;名詞のあとに置かれることもある》① (原因・理由)…のために, …のせいで. (英 because of). wegen des schlechten Wetters または des schlechten Wetters wegen 悪天候のために / wegen der Krankheit 病気のせいで.
② (目的・動機) …のために. Er arbeitet nur wegen des Geldes. 彼はお金のためにだけ働く / wegen Geschäften 商用で.
③ …に関して. wegen dieser Angelegenheit この件に関しては
④ 《von … wegen の形で》…に基づいて. von Amts wegen a) 職務上, b) 当局の指示により / Von wegen! 《口語》(拒絶を表して:)何言ってるの!

We·ge·rich [ヴェーゲリヒ vé:gəriç] 男 -s/-e《植》オオバコ.

weg|es·sen* [ヴェック・エッセン vék-ɛ̀sən] 他 (h) (囚³の分まで⁴を)食べてしまう. ②《口語》残らず食べる, 平らげる.

weg|fah·ren* [ヴェック・ふァーレン vék-fà:rən] du fährst … weg, er fährt … weg (fuhr … weg, ist/ist … weggefahren) Ⅰ 自 (完了 sein)(乗り物が・人が乗り物で)走り去る, 出発する. Wann fahrt ihr morgen weg? 君たちはあす何時に出発するの.
Ⅱ 他 (完了 haben) (乗り物で)運び去る, 連れ去る.

Weg:fall [ヴェック・ふァる] 男 -[e]s/ 脱落, 省略; 廃止, 中止. in *Wegfall*⁴ kommen《書》省略(廃止)される.

weg|fal·len* [ヴェック・ふァれン vék-fàlən] 自 (s) 脱落する, 省略される; 廃止(中止)される. 物⁴ *wegfallen lassen* 物⁴を削除する, 省く.

weg|fe·gen [ヴェック・ふェーゲン vék-fè:gən] 他 (h) ①《北ドツ》(雪など⁴を)掃いて取り除く. ② (政権など⁴を)一掃する.

weg|flie·gen* [ヴェック・ふりーゲン vék-flì:-gən] 自 (s) 飛び去る.

weg|füh·ren [ヴェック・ふューレン vék-fỳ:rən] Ⅰ 他 (h) 連れ去る. Ⅱ 自 (h) 《von 物³~》(道が 物³から)遠ざかる, 離れる.

Weg:gang [ヴェック・ガング] 男 -[e]s/ 出発, 退去.

weg|ge·ben* [ヴェック・ゲーベン vék-gè:bən] 他 (h) ① (人・物⁴を)手放す. ② (物⁴を修理・洗濯などに)出す.

weg·ge·fah·ren [ヴェック・ゲふァーレン] weg|fahren (走り去る)の 過分

weg·ge·gan·gen [ヴェック・ゲガンゲン] weg|gehen (立ち去る)の 過分

weg|ge·hen* [ヴェック・ゲーエン vék-gè:-ən] (ging … weg, ist … weggegangen) 自 (完了 sein) ① 立ち去る, 出発する, 離れる. (英 go away, leave). Geh [von mir] weg! うせろ / Sie ging ohne Gruß weg. 彼女はあいさつもしないで出て行った / Geh mir bloß weg damit!《口語》そんな話はやめてくれ.
② 《口語》外出する. ③《口語》(痛みなどが)消える; (染みなどが)落ちる. ④ 《über 人・事⁴ ~》《口語》(人・事⁴を)無視する. ⑤《口語》(品物が)売れる, はける, (使われて)なくなる.

weg·ge·las·sen [ヴェック・ゲらッセン] weg|lassen (立ち去らせる)の 過分

weg·ge·nom·men [ヴェック・ゲノンメン] weg|nehmen (取り去る)の 過分

weg·ge·wor·fen [ヴェック・ゲヴォルふェン] weg|werfen (投げ捨てる)の 過分

weg|ha·ben* [ヴェック・ハーベン vék-hà:bən] 他 (h) 《口語》① 取り除いて(遠ざけて)しまう. Sie wollen mich weghaben. 彼らは私を追い出そうとしている. ② (いやなこと⁴を)背負い込んでいる. Sie hat ihre Strafe weg. 彼女はもう罰を受けている / einen weghaben《口語》a) [少し]酔っている, b) 頭が少しいかれている. ③ (事⁴の)要領をのみ込んでいる, こつを心得ている.

weg|ho·len [ヴェック・ホーれン vék-hò:lən] Ⅰ 他 (h) 連れ(持ち)去る. Ⅱ 再帰 《sich³ 事⁴ weghotlen》《口語》事⁴(病気など)にかかる.

weg|ja·gen [ヴェック・ヤーゲン vék-jà:gən] 他 (h) (人・動物⁴を)追い出す, 追い払う.

weg|kom·men* [ヴェック・コンメン vék-kɔ̀mən] 自 (s) 《口語》① 立ち去る. Mach, dass du wegkommst! さっさと出て行け / *von* 人・物³ *wegkommen* 人・物³から離れる ⇒ vom Rauchen wegkommen たばこをやめる. ② なくなる, 紛失する. ③ 《über 事⁴ ~》(事⁴を)乗

wegkriegen

り越える, 克服する. ④ (…のくあいに)切り抜ける. **bei** 囲³ **gut (schlecht) wegkommen** 囲³をうまく切り抜ける(…に失敗する).

weg|krie·gen [ヴェック・クリーゲン vék-krìː-gən] 他 (h) 《口語》① (染みなど⁴を)取り除く. ② (損害・罰など⁴を)受ける.

weg|las·sen* [ヴェック・らッセン vék-làsən] du lässt…weg, er lässt…weg (ließ…weg, hat…weggelassen) 他 (完了 haben) ① 立ち去らせる, 行かせる. Sie *will* ihn nicht *weglassen*. 彼女は彼を帰したくない. ② 《口語》省く, カットする; (うっかり)言い(書き)落とす.

weg|lau·fen* [ヴェック・らオフェン vék-làu-fən] 自 (s) 走り去る, 逃げ去る. **von der Arbeit** *weglaufen* 仕事をほうり出して逃げる / Ihm *ist* seine Frau *weggelaufen*.《現在完了》《口語》彼は妻に逃げられた / Das *läuft* mir nicht *weg*.《口語》それは急いでしなくてもよい(←私から逃げていくことはない).

weg|le·gen [ヴェック・れーゲン vék-lèːgən] 他 (h) (手に持っている物⁴を)わきへ置く, 片づける.

weg|ma·chen [ヴェック・マッヘン vék-màxən] I 他《口語》① (汚れなど⁴を)取り除く. sich³ ein Kind⁴ *wegmachen lassen*《俗》子供を堕(ｵ)ろす. II 再帰 (h) *sich⁴ wegmachen*《口語》立ち去る.

weg|müs·sen* [ヴェック・ミュッセン vék-mỳsən] 自(h)《口語》① 立ち去らなければならない. ② (手紙などが)発送されなければならない. ③ 取り除かれ(れ)なければならない.

weg|neh·men* [ヴェック・ネーメン vék-nèːmən] du nimmst…weg, er nimmt…weg (nahm…weg, hat…weggenommen) 他 (完了 haben) ① 取り去る, 持ち去る, どける.《英》take away). *Nimm* deine Sachen hier *weg*! ここにあるおまえの物をどけろ / die Zeitung⁴ *wegnehmen* 新聞を片づける / Gas⁴ *wegnehmen* アクセルを離す. ② (人³から人・物⁴を)取り上げる, 奪い取る. Er *nahm* dem Kind das Spielzeug *weg*. 彼は子供からおもちゃを取り上げた. ③ (場所・時間など⁴を)とる; (光など⁴を)さえぎる.

weg|räu·men [ヴェック・ロイメン vék-ròy-mən] 他 (h) 取り除く; 片づける.

weg|rei·ßen* [ヴェック・ライセン vék-ràisən] 他 (h) (人³から物⁴を)もぎ取る, ひったくる.

weg|schaf·fen [ヴェック・シャッフェン vék-ʃafən] 他 (h) ① 運び(連れ)去る, 取り除く. ②《口語》(仕事など⁴を)片づける.

weg|sche·ren [ヴェック・シェーレン vék-ʃèːrən] 再帰 (h) *sich⁴ wegscheren*《口語》急いで立ち去る.

weg|schi·cken [ヴェック・シッケン vék-ʃìkən] 他 (h) ① (荷物など⁴を)発送する. ② (人⁴を)使いに出す, 送り出す; 追い払う.

weg|schlei·chen* [ヴェック・シュらイヒェン vék-ʃlàiçən] 自 (s)・再帰 (h) *sich⁴ wegschleichen* こっそり立ち去る.

weg|schmei·ßen* [ヴェック・シュマイセン vék-ʃmàisən] 他 (h)《口語》投げ捨てる.

weg|schnap·pen [ヴェック・シュナッペン vék-ʃnàpən] 他 (h) (人³から人・物⁴を)ひったくる, 横取りする.

weg|se·hen* [ヴェック・ゼーエン vék-zèːən] 自 (h) ① 目をそらす(そむける). ② **[über** 人・物⁴ **~]**《口語》(人・物⁴越しに)見渡す; (人・物⁴を)大目に見る; 無視する.

weg|set·zen [ヴェック・ゼッツェン vék-zètsən] I 他 ① 離して座らせる, (他の場所へ)移す. ◇《再帰的に》*sich⁴ wegsetzen* 離れて座る. (他の場所へ)移る. II 再帰 (h) [*sich⁴* **über** 囲⁴ ~]《口語》(囲⁴を)無視する.

weg|ste·cken [ヴェック・シュテッケン vék-ʃtèkən] 他 (h)《口語》① ポケットなどにしまい込む. ② (非難など⁴を)甘んじて受ける.

weg|steh·len* [ヴェック・シュテーれン vék-ʃtèːlən] 再帰 (h) *sich⁴ wegstehlen* (会合などから)こっそり立ち去る.

weg|sto·ßen* [ヴェック・シュトーセン vék-ʃtòːsən] 他 (h) (人・物⁴を)押し(突き)のける.

Weg≠stre·cke [ヴェーク・シュトレッケ] 女 -/-n 道のり, 行程.

weg|tre·ten* [ヴェック・トレーテン vék-trèːtən] I 他 (h) (ボールなど⁴を足で)けってどける. II 自 (s) わきへ寄る(退く). Bitte vom Gleis *wegtreten*! 線路からどいてください. ②《軍》解散する.

weg|tun* [ヴェック・トゥーン vék-tùːn] 他 (h) ① わきへやる, 片づける. ② (ごみなど⁴を)捨てる.

weg·wei·send [ヴェーク・ヴァイゼント] 形 指針となる.

Weg≠wei·ser [ヴェーク・ヴァイザァ] 男 -s/- ① 道標, 道しるべ, 道路案内板. ② 入門書; 旅行案内書.

weg|wer·fen* [ヴェック・ヴェルふェン vék-vèrfən] du wirfst…weg, er wirft…weg (warf…weg, hat…weggeworfen) I 他 (完了 haben) 投げ捨てる, 投棄する.《英》throw away). eine Zigarette⁴ *wegwerfen* たばこを投げ捨てる / Geld⁴ *wegwerfen*《比》お金をむだに使う / sein Leben⁴ *wegwerfen*《比》自殺する. II 再帰 (完了 haben) [*sich⁴* **an** 人・事⁴ ~] (つまらない人・事⁴に)献身する, 夢中になる.

weg·wer·fend [ヴェック・ヴェルフェント] I *wegwerfen (投げ捨てる)の現分 II 形 軽蔑的な(発言・扱いなど).

weg|wi·schen [ヴェック・ヴィッシェン vék-vìʃən] 他 (h) ふき取る, ふいて消す.

Weg≠zeh·rung [ヴェーク・ツェールング] 女 -/-en ①《雅》(旅行用の)携帯食料, 遠足の弁当. ②《ｶﾄﾘｯｸ》(臨終者に対する)聖体拝領.

weg|zie·hen* [ヴェック・ツィーエン vék-tsìːən] I 他 (h) 引っぱってどける(離す). den Vorhang *wegziehen* カーテンを引いて開ける. II 自 (s) ① 引っ越す, 転居する. ② (渡り鳥が)飛び去る.

weh¹ [ヴェー véː] 形 ①《口語》痛い, 痛む.《英》sore). Ich habe einen *wehen* Finger.

私は指を痛めている. ② (雅) 悲しい, 悲痛な. ein *wehes* Gefühl 悲しい気持ち.

► **weh│tun**

[類語] **weh**: (肉体的に)痛い. (schmerzhaft の口語調). **schmerzhaft**: (おもに肉体的に)痛い, ひりひりする. Die Wunde ist sehr *schmerzhaft*. 傷口が痛くてたまらない. **schmerzlich**: 心の痛む, 悲しい, つらい. eine *schmerzliche* Erfahrung 心の痛む経験. **peinlich**: (自分の感じとして)気まずい, 心苦しい. Es ist mir *peinlich*, das sagen zu müssen. そんなことを言わなければならないとは, 私は心苦しい.

weh[2]**!** [ヴェー] [間] ああ, おお; 災いあれ. (= wehe!).

Weh [ヴェー] [中] -[e]s/-e 《ふつう [単]》《雅》① 悲しみ, 嘆き. mit (または unter) *Weh* und Ach 《口語》いやいやながら. ② (古) (肉体的)の苦痛.

we・he! [ヴェーエ vé:ə] [間] ① (悲しみ・嘆き・苦痛を表して:)ああ, おお. *Weh*[*e*]! ああ痛い(悲しい). ② (のろい・脅しなどを表して:) 災いあれ. *Weh*[*e*] dir, wenn du…! 君が…しようものならひどい目に遭うぞ.

We・he[1] [ヴェーエ] [女] -/-n 《ふつう [複]》陣痛. Die *Wehen* setzen ein. 陣痛が始まる.

We・he[2] [ヴェーエ] [女] -/-n 雪(砂)の吹きだまり.

we・hen [ヴェーエン vé:ən] (wehte, *hat*/*ist* … geweht) **I** [自] 《完了》haben または sein) ① (h) (風が)吹く. 《変》(k) blow). Der Wind *weht* stark. 風が強く吹いている / Heute *weht* ein kalter Wind aus Osten. きょうは東から冷たい風が吹いている. ◇《非人称の **es** を主語として》Draußen *weht* es tüchtig. 外はひどい風だ.
② (h) (風に)なびく, (旗などが風に吹かれて)翻る. Ihr Haar *weht* im Wind. 彼女の髪が風になびいている / Auf dem Turm *weht* eine Fahne. 塔の上に旗が翻っている.
③ (s) 《方向を表す語句とともに》(…へ/…から)風に吹かれて行く(来る). Ein Duft von Rosen *wehte* ins Zimmer. ばらの香りが部屋の中へ入って来た.
II [他] 《完了》haben)《方向を表す語句とともに》(風が[物][4]を…へ/…から)吹いて運ぶ, 吹き払う(散らす). Der Wind *wehte* den Schnee vom Dach. 風が屋根から雪を吹き飛ばした.

Weh・ge・schrei [ヴェー・ゲシュライ] [中] -s/ 悲しみ(嘆き)の叫び声, 悲鳴.

weh・ge・tan [ヴェー・ゲターン] *weh│tun (痛む)の [過分]

Weh・kla・ge [ヴェー・クラーゲ] [女] -/-n 《雅》悲嘆, 嘆き.

weh・kla・gen [ヴェー・クラーゲン vé:klà:gən] ([過分] gewehklagt) [自] (h) 《雅》声をあげて嘆き悲しむ.

weh╩lei・dig [ヴェー・らイディヒ] [形] すぐめそめそする, 大げさに痛がる; 哀れっぽい(泣き声など).

Weh・mut [ヴェー・ムート] [女] -/ 《雅》悲哀, 悲しみ, 憂愁.

weh╩mü・tig [ヴェー・ミューティヒ] [形] 物悲しい, 憂うつそうな. ein *wehmütiges* Lied 哀愁を帯びた歌 / *wehmütig* lächeln 悲しげに微笑する.

Wehr[1] [ヴェーァ vé:r] [女] -/-en ① 《成句的に》sich **zur** *Wehr* setzen 防御する 抵抗する. ② 消防隊 (=Feuer*wehr*). ③ 軍隊, 兵力.

Wehr[2] [ヴェーァ] [中] -[e]s/-e せき(堰). Stau-*wehr* ダム.

Wehr・be・auf・trag・te[**r**] [ヴェーァ・ベアウふトラークテ (..タァ)] [男] 《語尾変化は形容詞と同じ》国防委員(軍人の基本権を保護するために連邦議会が任命する).

Wehr・dienst [ヴェーァ・ディーンスト] [男] -[e]s/ 兵役. (☞「ドイツ・ミニ情報 43」, 下段). den *Wehrdienst* leisten 兵役を勤めあげる.

Wehr・dienst╩ver・wei・ge・rer [ヴェーァディーンスト・ふェァヴァイゲラァ] [男] -s/- 兵役拒否者.

Wehr・dienst╩ver・wei・ge・rung [ヴェーァディーンスト・ふェァヴァイゲルング] [女] -/-en 兵役

ドイツ・ミニ情報 43

兵役 Wehrdienst

ドイツの憲法『基本法』を制定して旧西ドイツが誕生した1949年の段階では, 再び軍隊を持つか否かについては保留されていた. 二度と戦争を起こさないよう, 軍隊を放棄し平和な国づくりに専念すべきだとする意見が強かったためである. しかし, 地理的に東西ブロックのちょうど境界に位置し, 共産圏と厳しい緊張状態にあったことから, ついに再軍備を決意. 1968年,「一般兵役義務」を定めた条項を『基本法』に加えた.

以来ドイツでは, 満18歳以上の男子に兵役義務があり, 25歳になるまでにこの義務を果たさねばならなかった. 10か月訓練を受けながら軍隊で生活し, さらに2か月は命令しだいでいつでも出動する待機期間があり, 加えて随時行われる防衛訓練に参加する義務を負った. ただし,『基本法』は良心を理由に武器を扱う兵役を拒否する権利を認めており, 申請して承認されれば13か月の社会福祉活動でそれに代えることができた.

兵役に代わる社会福祉活動は, 基本的に社会に貢献できる仕事であれば何でもよく, 病院や老人養護施設で介護助手をする者もいれば, 環境保護団体や文化交流機関の活動を手伝う者もいた. しかし冷戦が終結した今, ドイツ連邦軍が担う役割が大きく変わり, 兵役期間は2010年には6か月まで短縮され, 2011年7月からは徴兵制を廃止し, 兵役を志願制に切り替えた.

NATO 50周年記念   © BUNDESB LDSTELLE BONN

拒否.

weh·ren [ヴェーレン véːrən] (wehrte, hat ... gewehrt) 再帰 (完了 haben) sich⁴ wehren 抵抗する, 身を守る. (英 defend). sich⁴ heftig (mit allen Kräften) wehren 激しく(全力で)抵抗する / sich⁴ gegen 物⁴ wehren 物⁴に対して抵抗する ⇒ Sie wehrte sich gegen die Vorwürfe. 彼女はその非難に対して抗議した. ◊《zu 不定詞[句]とともに》Er wehrte sich, das zu glauben. 彼はそれを信じようとしなかった.
II 自 (完了 haben)《雅》(物³を)阻止(防止)する. einem Übel wehren 災いを防ぐ / Wehret den Anfängen! 災いの芽を摘め.
III 他 (完了 haben)《雅》(人³が物⁴をするのを)阻止する, 禁止する. 人³ den Zutritt wehren 人³に立ち入りを禁止する.

wehr·fä·hig [ヴェーァ・フェーイヒ] 形 兵役に服する能力のある.

wehr=los [ヴェーァ・ロース] 形 無防備の, 抵抗する力のない.

Wehr·lo·sig·keit [ヴェーァ・ローズィヒカイト] 女 -/ 無防備, 無抵抗.

Wehr=macht [ヴェーァ・マハト] 女 -/ (総称として:) 国軍 (特に1935–1945のナチス・ドイツの軍隊).

Wehr=pflicht [ヴェーァ・プふりヒト] 女 -/ 兵役の義務.

wehr=pflich·tig [ヴェーァ・プふりヒティヒ] 形 兵役義務のある.

wehr·te [ヴェーァテ] wehren (再帰 で:抵抗する)の 過去

weh·te [ヴェーテ] wehen (風が吹く)の 過去

weh|tun, **weh tun*** [ヴェー・トゥーン véː-tùːn] (tat ... weh, hat ... wehgetan / weh getan) 自 (完了 haben)《口語》① (体の一部が)人³に痛む. Mir tut der Magen weh. 私は胃が痛い / Mein Finger tut weh. 私は指が痛い. ◊《非人称の es を主語として》Wo tut es [Ihnen] weh? どこが痛みますか.
② (人³に)痛い(つらい)思いをさせる. Er hat sich³ mit dem Messer wehgetan. 彼はナイフでけがをした(切って痛い思いをした) / Seine Worte haben ihr wehgetan.《比》彼の言葉が彼女につらい思いをさせた.

Weh=weh·chen [ヴェー・ヴェーヒェン] 中 -s/-《口語・戯》(大げさに訴える)たいしたことのない痛み. Er hat immer irgendein Wehwehchen. 彼はいつもどこか痛がっている.

Weib [ヴァイプ váip] 中 -es (まれに -s)/-er ①《軽蔑的に:》女, あま. ein tolles Weib すごくいい女 / Das dumme Weib! ばかな女め.(☞ 類語 Frau). ②《古》妻, 女房.

Weib·chen [ヴァイプヒェン váipçən] 中 -s/- (または Weiberchen) (Weib の 縮小)(動物の)雌.

Wei·ber=feind [ヴァイバァ・ふァイント] 男 -[e]s/-e 女嫌い[の男].

wei·bisch [ヴァイビッシュ váibɪʃ] 形《軽蔑的に》女のような, 女々しい(性格など). ein weibi-scher Mann 女々しい男.

weib·lich [ヴァイプリヒ váiplɪç] 形 ① (性的に)女性の; 雌の. (英 female).(反対「男性の」は männlich). das weibliche Geschlecht 女性 / weibliche Blüten《植》雌花. ② 女性の; 女性用の. Eine weibliche Stimme meldete sich am Telefon. 女性の声で電話があった. ③ 女らしい, 女性的な. weibliche Anmut 女らしい優美さ / mit weiblichem Instinkt 女性特有の勘で. ④《言》女性の;《詩学》女性の(韻). weibliche Substantive 女性名詞.

Weib·lich·keit [ヴァイプリヒカイト] 女 -/ ① 女らしさ. ②《戯》(総称として:)(その場に居合わせる)女性たち;《集》女性.

Weibs=bild [ヴァイプス・ビ␣ト] 中 -[e]s/-er ①《南ドツ・オーストリア・口語》女, 女性. ②《俗》(軽蔑的に)女, あま.

***weich** [ヴァイヒ váiç]

| 柔らかい | Das Kissen ist zu weich.
ダス キッセン イスト ツー ヴァイヒ
そのクッションは柔らかすぎる. |

形 ① 柔らかい, 軟らかい; なめらかな.(英 soft).(反対「かたい」は hart). ein weiches Bett なめらかいベッド / eine weiche Birne 熟した梨 / Das Gemüse ist noch nicht weich. 野菜はまだ煮えていない / ein weicher Pelz なめらかな毛皮 / die Eier⁴ weich kochen (または weich-kochen) 卵を半熟にする / Hier sitzt man weich. ここは柔らかで座り心地がいい.
② (心の)優しい, 情にもろい; (印象などが)穏やかな, 柔和な. ein weiches Gesicht 柔和な顔 / Er hat ein weiches Gemüt. 彼は優しい心の持ち主だ / weich werden または weich|werden《口語》態度を軟化させる, 屈する / 人⁴ weich stimmen 人⁴をほろりとさせる.
③ (音・色・光などが)柔らかい. eine weiche Stimme 柔らかい声 / weiches Licht 柔らかい光. ④ (気候などが)温暖な. ⑤ (水が)軟質の; (通貨などが)不安定な, 変動する; (麻薬)依存性のない; (着陸などが)衝撃のない. weiches Wasser 軟水 / eine weiche Währung 不安定な通貨 / eine weiche Landung (宇宙船などの)軟着陸.
▶ weich=gekocht

Weich=bild [ヴァイヒ・ビ␣ト] 中 -[e]s/-er《ふつう 単》① 市域(都市の周辺地域). ②《史》都市権; 都市権のある地域.

Wei·che¹ [ヴァイヒェ váiçə] 女 -/-n (鉄道)ポイント, 転轍(てんてつ)器. die Weichen⁴ stellen ポイントを切り換える / eine Weiche für 物⁴ stellen (比)あらかじめ物⁴の路線を定める.

Wei·che² [ヴァイヒェ] 女 -/-n (馬などの)わき腹.

wei·chen¹* [ヴァイヒェン váiçən] (wich, ist ... gewichen) 自 (完了 sein) ① 退く, よける; 離れ去る. vor dem Auto zur Seite weichen 車

をよけてわきに寄る / Sie *wich* nicht *von* seiner Seite. 彼女は彼のそばから離れなかった. ② (人・事³に)**屈服する**, 抗しない. dem Gegner (der Gewalt³) *weichen* 敵(暴力)に屈服する / Die alten Häuser *mussten* modernen Neubauten *weichen*. 古い家は現代風の新建築に場所を譲らざるをえなかった. ③ 《雅》(不安・血の気などが)**消え去る**, なくなる. Die Angst *wich* nach und nach. 不安はしだいに薄れた / Alles Blut *war* **aus** seinem Gesicht *gewichen*. 《過去完了》彼の顔からすっかり血の気がうせていた / Die Spannung *wich* **von** ihm. 緊張が彼から消えた.

wei·chen² [ヴァイヒェン] (weichte, *ist*/*hat* ... geweicht) I 圓 (s) (液体に漬かって)柔らかくなる. II 他 (h) 《稀》(液体に漬けて)柔らかくする.

Wei·chen⸗stel·ler [ヴァイヒェン・シュテлラァ] 男 -s/- (鉄道)(鉄道の)転轍(^{てん})係. (女性形: -in).

weich⸗ge·kocht, weich ge·kocht [ヴァイヒ・ゲコッホト] 厖 柔らかく煮た; (卵が)半熟の.

Weich·heit [ヴァイヒハイト] 囡 -/-en 《ふつう 囲》柔らかさ, 柔軟; 柔和, 温和, 優しさ.

weich⸗her·zig [ヴァイヒ・ヘルツィヒ] 厖 心の優しい, 思いやりのある.

Weich⸗her·zig·keit [ヴァイヒ・ヘルツィヒカイト] 囡 -/ 心の優しさ, 思いやりがあること.

Weich·**kä·se** [ヴァイヒ・ケーゼ] 男 -s/- ソフトチーズ(カマンベールチーズなど).

weich·lich [ヴァイヒリヒ] 厖 ① 柔らかめの. ② 軟弱な(男性); 柔弱な, 意気地のない(性格).

Weich·lich·keit [ヴァイヒリヒカイト] 囡 -/ 柔弱, 弱々しさ.

Weich·ling [ヴァイヒリング váiçlɪŋ] 男 -s/-e 意気地なし, 臆病(^{おく})者, 弱虫.

Weich⸗ma·cher [ヴァイヒ・マッハァ] 男 -s/- 《化・工》軟化剤, 柔軟剤.

die **Weich·sel** [ヴァイクセル váɪksəl] 囡 -/ 《定冠詞とともに》(川名) ヴァイクセル川(ポーランド名はヴィスワ川).

Weich⸗tei·le [ヴァイヒ・タイレ] 覆 《医》(体の)軟部, 軟組織(内臓など).

Weich⸗tier [ヴァイヒ・ティーァ] 田 -[e]s/-e 《ふつう 覆》《動》軟体動物.

die **Wei·de**¹ [ヴァイデ váɪdə] 囡 (単) -/(複) -n **牧場**, 牧草地, 放牧場. 《英》pasture). die Schafe⁴ **auf** die *Weide* (または **zur** *Weide*) treiben 羊を放牧場へ連れて行く.

Wei·de² [ヴァイデ] 囡 -/-n 《植》ヤナギ(柳).

Wei·de·land [ヴァイデ・ラント] 田 -[e]s/ 牧場, 牧草地.

wei·den [ヴァイデン váɪdən] I 圓 (h) (家畜が牧場で)草を食う. II 他 (h) (家畜⁴を)放牧する. III 再帰 (h) 《*sich*⁴ **an** 物・事³ ~》《雅》(物・事³を見て)楽しむ, (囲³を見て)おもしろがる. Er *weidete sich* **an** dem schönen Anblick. 彼はすばらしい眺めを楽しんだ.

Wei·den⸗baum [ヴァイデン・バオム] 男 -[e]s/..bäume 柳の木.

Wei·den⸗kätz·chen [ヴァイデン・ケッツヒェン] 田 -s/- 《植》ヤナギの尾状花序.

Wei·de⸗platz [ヴァイデ・プラッツ] 男 -es/..plätze 牧場, 放牧場.

weid⸗ge·recht [ヴァイト・ゲレヒト] 厖 狩猟の作法をも心得ている.

weid·lich [ヴァイトリヒ] 副 大いに, 存分に.

Weid⸗mann [ヴァイト・マン] 男 -[e]s/..männer 《狩》(古式ゆかしい)猟師.

weid⸗män·nisch [ヴァイト・メニッシュ] 厖 猟師の, 猟師にふさわしい.

wei·gern [ヴァイゲァン váigərn] (weigerte, *hat* ... geweigert) 再帰 《完了 haben》 *sich*⁴ *weigern* 拒む, 拒否(拒絶)する. 《英》refuse). ◊《ふつう zu 不定詞[句]とともに》Er *weigerte sich*, den Befehl auszuführen. 彼はその命令を遂行することを拒んだ.

| **類語** *sich*⁴ *weigern*: (…することをきっぱりと)断る. **verweigern**: (証言・要求などを)拒む. Ich *verweigere* die Aussage. 私は証言を拒否する. **ab|lehnen**: (申し出などを)断る; 辞退する. Sie *lehnte* seine Einladung *ab*. 彼女は彼の招待を断った. **ab|schlagen**: (依頼などを)拒絶する. |

wei·ger·te [ヴァイガァテ] weigern (再帰) で: 拒む) の 過去

Wei·ge·rung [ヴァイゲルング] 囡 -/-en 拒絶, 拒否.

Weih⸗bi·schof [ヴァイ・ビショフ] 男 -s/..schöfe 《カトリック》司教補佐.

Wei·he¹ [ヴァイエ váɪə] 囡 -/-n ① 《宗》奉納[式], 献堂式; 《カトリック》聖別[式], 叙階[式]. die *Weihe*⁴ empfangen 叙階を受ける. ② 《雅》荘厳さ, 厳粛さ.

Wei·he² [ヴァイエ] 囡 -/-n 《鳥》チュウヒ(タカの一種).

wei·hen [ヴァイエン váɪən] (weihte, *hat* ... geweiht) 他 《完了 haben》① 《カトリック》(清めて)**神聖にする**, 聖別する; 《宗》(教会など⁴を)奉献する. 《英》consecrate). den Altar *weihen* 祭壇を聖別する / Diese Kirche *ist* dem Heiligen Michael *geweiht*. 《状態受動・現在》この教会は聖ミヒャエルに奉献されたものだ. ② 《カトリック》(人⁴を聖職位に)任命する, 叙階(叙品)する. einen Bischof *weihen* 司教を叙階する / 囚⁴ **zum** Priester *weihen* 囚⁴を司祭に叙品する. ③ 《雅》(時間・努力など⁴を人・事³に)ささげる, (記念碑など⁴を戦死者など³に)ささげる. Er *hat* ein Leben der Wissenschaft *geweiht*. 彼は一生を学問にささげた. ◊《再帰的に》*sich*⁴ 再帰³ *weihen* 一身を再³にささげる. ④ 《雅》(人・物⁴を死・破壊など³に)ゆだねる.

Wei·her [ヴァイァァ váɪər] 男 -s/- 《南ドイツ》池, 小さな沼.

wei·he⸗voll [ヴァイエ・ふォる] 厖 《雅》厳粛な, 荘厳な.

Weih·nacht [ヴァイ・ナハト vái-naxt] 囡 -/ 《雅》=Weihnachten

weih·nach·ten [ヴァイ・ナハテン vái-naxtən] 非人称 (h) Es *weihnachtet*. クリスマスが近づく, クリスマスらしくなる.

[das] Weih·nach·ten [ヴァイ・ナハテン vάɪ-naxtən]

> クリスマス
> Fröhliche *Weihnachten*!
> ふれーりヒェ　ヴァイナハテン
> メリー・クリスマス!

田 (単) -/(複) - 《ふつう冠詞なし、ふつう甲; 成句や南ﾄﾞ·ｵｽﾄﾘｱ·ｽｲｽでは囡でも》 ① クリスマス, キリスト降誕祭(節). (英 *Christmas*). (☞「ドイツ・ミニ情報 44」, 下段). Wir feiern *Weihnachten* zu Hause. 私たちはクリスマスを自宅で祝います / grüne *Weihnachten* 雪のないクリスマス / weiße *Weihnachten* ホワイトクリスマス / **zu** (または **an**) *Weihnachten* クリスマスに. ② 《方》クリスマスプレゼント.

weih·nacht·lich [ヴァイ・ナハトリヒ vάɪ-naxtlɪç] 形 クリスマスの, クリスマスらしい. Es herrscht überall eine *weihnachtliche* Stimmung. いたる所にクリスマスの雰囲気があふれていた.

Weih·nachts⹀abend [ヴァイナハツ・アーベント] 男 -s/-e クリスマスイブ(12月24日).
Weih·nachts⹀baum [ヴァイナハツ・バオム] 男 -[e]s/..bäume クリスマスツリー. den *Weihnachtsbaum* schmücken クリスマスツリーに飾りつけをする.
Weih·nachts⹀fei·er [ヴァイナハツ・ファイアァ] 囡 -/-n クリスマスの祝祭(催し).
Weih·nachts⹀fest [ヴァイナハツ・フェスト] 田 -[e]s/-e クリスマス, キリスト降誕祭.
Weih·nachts⹀geld [ヴァイナハツ・ゲルト] 田 -[e]s/-er クリスマス手当(ボーナス).
Weih·nachts⹀ge·schenk [ヴァイナハツ・ゲシェンク] 田 -[e]s/-e クリスマスプレゼント.
Weih·nachts⹀gra·ti·fi·ka·ti·on [ヴァイナハツ・グラティフィカツィオーン] 囡 -/-en クリスマス手当(ボーナス).
Weih·nachts⹀kar·te [ヴァイナハツ・カルテ] 囡 -/-n クリスマスカード.
Weih·nachts⹀krip·pe [ヴァイナハツ・クリッペ] 囡 -/-n クリスマスのクリッペ(キリスト降誕のうまやの場面を表現した模型).
Weih·nachts⹀lied [ヴァイナハツ・リート] 田 -[e]s/-er クリスマスの歌.
Weih·nachts⹀mann [ヴァイナハツ・マン] 男 -[e]s/..männer ① サンタクロース. ② 《口語》とんま, 間抜け.
Weih·nachts⹀markt [ヴァイナハツ・マルクト] 男 -[e]s/..märkte クリスマスの市(½)(クリスマスの1か月ほど前から町の広場などに立つ市で, クリスマスの飾り物などが売られる).
Weih·nachts⹀stern [ヴァイナハツ・シュテルン] 男 -[e]s/-e ① (クリスマスツリーの)星飾り. ② 《植》ポインセチア.
Weih·nachts⹀tag [ヴァイナハツ・ターク] 男 -[e]s/-e クリスマスの[公式]祝祭日(12月25日, 26日).
Weih·nachts⹀zeit [ヴァイナハツ・ツァイト] 囡 -/ クリスマスの時節(待降節 Advent の第1日曜日から年末まで).
Weih·rauch [ヴァイ・ラオホ] 男 -[e]s/ ① 乳香(アラビア・インドなどでとれる); (一般に:)香. *Weihrauch*⁴ brennen 香をたく / 人³ *Weihrauch*⁴ streuen《雅》人³をほめそやす. ② 香をたく煙.
weih·te [ヴァイテ] weihen (神聖にする)の過去
Weih·was·ser [ヴァイ・ヴァッサァ] 田 -s/ 《カトリック》聖水.
Weih·was·ser⹀be·cken [ヴァイヴァッサァ・ベッケン] 田 -s/- 《カトリック》聖水盤.

ドイツ・ミニ情報 44

クリスマス Weihnachten

ドイツの祭日は, 1月1日の新年, 5月1日のメーデー, 10月3日の統一記念日以外はすべてキリスト教関係の祝日である. なかでも復活祭(イースター) Ostern, 聖霊降臨祭 Pfingsten, クリスマス(降誕祭) Weihnachten は, キリスト教の三大祝祭といわれ, 特にクリスマスは2日続きの祝日をはさみ, 2週間公共機関が休みになる. 宗教上の祝祭日は伝統的に月の満ち欠けを基準に定められるため, 年によって日付が移動する.

キリストの復活を祝う復活祭は, 教会暦で最も古く, 最も意義深い祭りとされている. 春分の日(3月21日)直後の満月の日から数え, 最初の日曜日が復活の日である. この3日前の金曜日にキリストが亡くなり, 日曜日に復活した. キリストは, 復活の日から40日目に昇天したり, 自分がいなくなっても10日後に天から聖霊が降りてくると弟子たちに予言. これが聖霊降臨祭で, 教会の礎が築かれたことを記念する祝日として祝われている.

ドイツのクリスマスは, 12月25日から数えて4週間前の日曜日の待降節の第1日曜 Erster Advent から始まり, 主の誕生を待ちわびながら, 日曜日毎にお祝いをして気分を高めていく. 聖夜にクライマックスを迎え, 家族や親しい者たちが集まって静かに厳かに祝う. これに対して大みそかは, 零時をまわると花火を上げて大騒ぎをする. Advent 週間から新年までの約1か月は何かと催しが多く, お菓子やアルコール飲料などごちそうがあふれる飽食の日々なので, 胃と肝臓に注意が必要かもしれない. (☞「ドイツ・ミニ情報 11」, 432ページ).

weil [ヴァイる váɪl]

> …だから Warum kommt er nicht?
> ヴァルム コムト エァ ニヒト
> — *Weil* er krank ist.
> ヴァイる エァ クランク イスト
> 彼はなぜ来ないの. — 病気だから.

圏『従属接続詞;動詞の人称変化形は文末』《原因・理由》[なぜなら] …**だから**, …なので.(英 *because*). *Weil* ich eine Panne hatte, kam ich zu spät. 車が故障したので, 私は遅刻した / Er hat gute Zensuren, *weil* er fleißig ist. 彼は勤勉だから成績が良い. ◇《主文の **deshalb** などと呼応して》Wir konnten [deshalb] nicht kommen, *weil* kein Zug mehr fuhr. 列車がもうなかったので, 私たちは来ることができなかった.

> ご参考 **weil** と **da** と **denn**: da が相手も知っている理由を述べるのに対して, weil はおもに相手の知らない理由を述べる. また, denn が先行する文に対する話し手の判断の根拠を述べるのに対して, weil と da は主文に対する因果関係を述べるときに用いる. ☞ da, denn

Weil·chen [ヴァイるヒェン váɪlçən] 中 -s/ (Weile の 縮小) しばらく(ちょっと)の間.

die **Wei·le** [ヴァイれ váɪlə] 女 (単) -/ しばらくの間. (英 *while*). eine kleine (または kurze) *Weile* ちょっとの間 / Es dauerte eine gute *Weile*, bis er kam. 彼が来るまでにかなりの時間がかかった / **für** eine *Weile* しばらくの間 / **nach** einer *Weile* しばらくして / Mit der Sache hat es *Weile*. 《雅》その件は急ぐ必要はない / Eile mit *Weile*! 〔ことわざ〕急がば回れ.

wei·len [ヴァイれン váɪlən] 自 (h) 《雅》(…に)とどまる, 滞在する. Er *weilt* nicht mehr **unter uns** (または **den Lebenden**). 《婉曲》彼はもうこの世の人ではない.

Wei·ler [ヴァイらァ váɪlər] 男 -s/- 小村落(部落), 集落.

Wei·mar [ヴァイマァ váɪmar] 中 -s/ 《都市名》ヴァイマル, ワイマール(ドイツ, テューリンゲン州: ☞ 地図 E-3).

Wei·ma·rer [ヴァイマラァ váɪmarər] I 男 -s/- ヴァイマルの市民(出身者). (女性形: -in). II 形 《無語尾で》ヴァイマルの. die *Weimarer* Republik ヴァイマル共和国 (1919–1933).

der **Wein** [ヴァイン váɪn]

> ワイン
> Trinken wir ein Glas *Wein*!
> トリンケン ヴィァ アイン グらース ヴァイン
> ワインを1杯飲みましょうよ.

男 (単2) -[e]s/(種類を表すときのみ: 複) -e ① **ワイン**, ぶどう酒. (英 *wine*). (☞『ドイツ・ミニ情報 3』, 206 ページ). ein guter *Wein* 上質のワイン / roter (weißer) *Wein* 赤(白)ワイン / *Wein* vom Fass 樽(たる)[からの]ワイン / eine Flasche (ein Glas) *Wein* ボトル 1 本(グラス 1 杯)のワイン / süßer (trockener) *Wein* 甘口(辛口)ワイン / *Wein*⁴ probieren ワインを試飲する / Ich trinke lieber *Wein* als Bier. ぼくはビールよりワインが好きだ /⒧³ reinen *Wein* ein|schenken 《比》⒧³にずばりと本当のことを言う(←純粋なワインをついでやる) / neuen *Wein* in alte Schläuche füllen 《聖》新しいワインを古い皮袋に入れる(一時しのぎの改革をする) / *Wein* auf Bier, das rat ich dir; Bier auf *Wein*, das lass sein! ビールのあとのワイン, これは勧めるが, ワインのあとのビール, これはやめた方がいい / Im *Wein* ist Wahrheit. 〔ことわざ〕酒の中に真実あり.
② 《圏 なし》ぶどう[の木]; ぶどうの実(房). *Wein*⁴ bauen (または an|bauen) ぶどうを栽培する / *Wein*⁴ ernten (lesen) ぶどうを収穫する(摘む). ③ (ワイン以外の)果実酒.

> ご参考 *Wein* についていろいろ: ① 産地による呼び名の例: **Frankenwein** フランケンワイン / **Moselwein** モーゼルワイン / **Rheinwein** ラインワイン.
> ② 種類による呼び名の例: **Rotwein** 赤ワイン / **Schaumwein** 発泡ワイン / **Weißwein** 白ワイン.
> ③ 格づけによる呼び名の例: **Tafelwein**, **Tischwein** テーブルワイン / **Qualitätswein** [mit Prädikat] [肩書き付き]優良ワイン.
> ④ 肩書き付き優良ワインの等級: das **Kabinett** カビネット / die **Spätlese** 遅摘み / die **Auslese** 房選り / die **Beerenauslese** 粒選り / die **Trockenbeerenauslese** 乾粒選果 / der **Eiswein** 氷凍ワイン.
> ⑤ 味覚の表現: **trocken** 辛口の / **halbtrocken** やや辛口の / **lieblich** くせのない / **mild** マイルドな / **süß** 甘口の.

Wein⸗bau [ヴァイン・バオ] 男 -[e]s/ ぶどう栽培. *Weinbau*⁴ betreiben ぶどうを栽培する.

Wein⸗bau·er [ヴァイン・バオアァ] 男 -n (まれに -s)/-n ぶどう栽培[兼ぶどう酒醸造業]者. (女性形: ..bäuerin).

Wein⸗bee·re [ヴァイン・ベーレ] 女 -/-n ぶどうの実. 《南ドィッ・オーストッ・スイス》干しぶどう.

Wein⸗berg [ヴァイン・ベルク] 男 -[e]s/-e ぶどう山, ぶどう園.

Wein·berg⸗schne·cke [ヴァインベルク・シュネッケ] 女 -/-n エスカルゴ(食用かたつむり).

Wein⸗brand [ヴァイン・ブラント] 男 -[e]s/..brände ブランデー(ワインを蒸留して作る).

wei·nen [ヴァイネン váɪnən]

> 泣く Warum *weinst* du denn?
> ヴァルム ヴァインスト ドゥ デン
> どうして泣いてるの.

(weinte, hat ... geweint) I 自 (完了) haben) **泣く**, 涙を流す. (英 *cry*). (⇔ 「笑う」は lachen). laut (heftig) *weinen* 大声で(激しく)泣く / Das Baby *weint* **nach** seinem Fläschchen. 赤ちゃんが哺乳(ほにゅう)びんを欲しがって泣いている / **über** 人・事⁴ *weinen* 人・事⁴のことを悲しんで泣く / **um** einen Verstorbenen *weinen* 死者を悼んで泣く / Er *weinte* **vor** Freude. 彼はう

れし泣きした. ◇〖現在分詞の形で〗das *weinende* Kind 泣いている子供 / leise *weinend*《口語》しょげかえって, しょんぼりして.
II 他（完了）haben) ① 〖*Tränen* などを目的語として〗(…の涙⁴を流して)泣く. heiße (bittere) *Tränen*⁴ *weinen* 熱い(にがい)涙を流す / Freudentränen⁴ *weinen* うれし泣きをする. ② (泣いて目など⁴を…に)する. sich³ die Augen⁴ rot *weinen* 目が赤くなるほど泣く.
III 再帰（完了）haben) *sich*⁴ *weinen* 泣いて[その結果]…になる. *sich*⁴ müde (**in den Schlaf**) *weinen* 泣き疲れる(泣き疲れて寝入る).

Wei·nen [ヴァイネン] 中〖成句的に〗Das ist [doch] **zum** *Weinen*. それはまったく情けないことだ(←泣きたくなる) / Sie war dem *Weinen* nahe. 彼女は今にも泣き出しそうだった.

wei·ner·lich [ヴァイナァリヒ] 形 泣き出しそうな, めそめそした. mit *weinerlicher* Stimme 泣き出しそうな声で.

Wein≠ern·te [ヴァイン・エルンテ] 女 -/-n ぶどうの収穫.

Wein≠es·sig [ヴァイン・エスィヒ] 男 -s/ ワインビネガー, ワイン酢.

Wein≠fass [ヴァイン・ファス] 中 -es/..fässer ワインの樽(たる).

Wein≠fla·sche [ヴァイン・ふらッシェ] 女 -/-n ワインボトル.

Wein≠gar·ten [ヴァイン・ガルテン] 男 -s/..gärten ぶどう園.

Wein≠geist [ヴァイン・ガイスト] 男 -[e]s/《化》酒精, エチルアルコール.

Wein≠glas [ヴァイン・グらース] 中 -es/..gläser ワイングラス.

Wein≠gut [ヴァイン・グート] 中 -[e]s/..güter ぶどう農園.

Wein≠jahr [ヴァイン・ヤール] 中〖成句的に〗ein gutes (schlechtes) *Weinjahr* ぶどうの豊作(不作)の年.

Wein≠kar·te [ヴァイン・カルテ] 女 -/-n (レストランなどの)ワインリスト.

Wein≠kel·ler [ヴァイン・ケらァ] 男 -s/- ① ワインセラー. ② ワイン酒場.

Wein≠kel·le·rei [ヴァイン・ケルライ] 女 -/-en ワインの醸造会社.

Wein≠ken·ner [ヴァイン・ケンナァ] 男 -s/- ワイン通. (女性形: -in).

Wein≠krampf [ヴァイン・クランプふ] 男 -[e]s/..krämpfe (激しい)泣きじゃくり.

Wein≠le·se [ヴァイン・れーゼ] 女 -/-n ぶどう摘み, ぶどうの収穫.

Wein≠lo·kal [ヴァイン・ろカール] 中 -[e]s/-e ワイン酒場.

Wein≠pro·be [ヴァイン・プローベ] 女 -/-n ワインの試飲[会].

Wein≠re·be [ヴァイン・レーベ] 女 -/-n《植》ブドウ[の木].

wein≠rot [ヴァイン・ロート] 形 ワインレッドの.

Wein≠säu·re [ヴァイン・ゾイレ] 女 -/《化》酒石酸.

Wein≠se·lig [ヴァイン・ゼーリヒ] 形《戯》ワインを飲んでほろ酔い機嫌の.

Wein≠stein [ヴァイン・シュタイン] 男 -[e]s/《化》酒石.

Wein≠stock [ヴァイン・シュトック] 男 -[e]s/..stöcke (個々の)ぶどうの木.

Wein≠stu·be [ヴァイン・シュトゥーベ] 女 -/-n (小さな)ワイン酒場.

wein·te [ヴァインテ] ＊weinen (泣く)の過去

Wein≠trau·be [ヴァイン・トラオベ] 女 -/-n ぶどうの房.

wei·se [ヴァイゼ váizə] 形 （比較 weiser, 最上 weisest; 格変化語尾がつくときは weis-) 賢い; 賢明な, 思慮深い. Er ist ein *weiser* Mann. 彼は賢い人だ / eine *weise* Antwort 賢明な回答 / *weise* handeln 思慮深く行動する.（☞ 類語 klug).

die **Wei·se** [ヴァイゼ váizə] 女 (単) -/(複) -n
① やり方, 仕方, 方法, 流儀.《英》way, manner). Lebens*weise* 生活の仕方 / die Art und *Weise* 方法, やり方 / **auf diese** *Weise* この方法で, こんなふうに / auf jede *Weise* 何の手この手で / auf meine *Weise* 私なりのやり方で / in gewisser *Weise* ある意味では / in keiner *Weise* 決して…ない / in der *Weise*, dass …… のようにして / Jeder handelt **nach** seiner *Weise*. 各人が各様にふるまう.
②《音楽》メロディー, 旋律; 歌. volkstümliche *Weise* 民謡.

..wei·se [ヴァイゼ ..vaizə または ..ヴァイゼ] 形容詞・副詞をつくる 語尾 ① 〖形容詞につけて〗《話者の主観的気持ちを表して》例: glücklicher*weise* 幸いにも. ② 〖名詞につけて〗《方法・様態》例: beispiels*weise* たとえば.

wei·sen＊ [ヴァイゼン váizən] du weist (wies, hat…gewiesen) **I** 他（完了）haben) ① (人³に物⁴を)指し示す, (指し示して)教える, 見せる.《英》show). Er *wies* mir den Weg. 彼は私に道を教えてくれた / (人)³ die Richtung⁴ *weisen* (人)³に方向を教える.
② 〖方向を表す語句とともに〗(人⁴を…から)追い出す. (人)⁴ **aus** dem Haus *weisen* (人)⁴を家から出ていくように命じる / (人)⁴ **von** der Schule *weisen* (人)⁴を退学処分にする / (物)⁴ [weit] von sich³ *weisen*《比》(物)⁴を拒絶する, はねつける.
③《方》見せる.
II 自（完了）haben)〖方向を表す語句とともに〗(…[の方]を)指さす, 指し示す. Der Zeiger *wies* bereits **auf** zwölf Uhr. 時計の針はもう12時を指していた / **in** die Ferne *weisen* 遠くを指さす / Die Magnetnadel *weist* **nach** Norden. 磁石の針が北を指す.

Wei·se[r] [ヴァイゼ (..ザァ) váizə (..zər)] 男 名 〖語尾変化は形容詞と同じ〗賢者, 賢人. die drei *Weisen* aus dem Morgenland 東方の三博士(賢人)(マタイによる福音書 2, 1).

die **Weis·heit** [ヴァイスハイト váishait] 女 (単) -/(複) -en ① 〖複 なし〗賢明さ, 英知, 知恵.《英》wisdom). die *Weisheit* des Alters

老人の知恵, 年の功 / Er hat die *Weisheit* nicht mit Löffeln gefressen. 《口語》彼はあまり利口ではない(←知恵をスプーンですくって食べなかった) / Ich bin mit meiner *Weisheit* am Ende. 《口語》(万策尽きて)私は途方に暮れている / der *Weisheit*² letzter Schluss a) 最高の英知, b) 《口語》理想的な解決. ② 教訓, 金言.

Weis・heits╪zahn [ヴァイスハイツ・ツァーン] 男 -[e]s/..zähne 智歯(し), 親知らず.

weis|ma・chen [ヴァイス・マッヘン váis-mà-xən] 他 (h) 《口語》《人³に囲⁴を》本当だと思い込ませる. Ich *lasse* mir von dir nichts *weismachen*. 私は君にはだまされないぞ.

※※weiß¹ [ヴァイス váis] ǂ*wissen* (知っている)の1人称単数・3人称単数 直在. Das *weiß* ich nicht. それを私は知りません / Er *weiß* alles. 彼は何でも知っている.

※※weiß² [ヴァイス váis]

> 白い
> Das *weiße* Kleid steht dir gut.
> ダス　ヴァイセ　クライト　シュテート　ディア　グート
> その白いワンピースは君によく似合う.

形 (比較) weißer, (最上) weißest) ① 白い, 白色の. (＊ white), (⇔「黒い」は schwarz). *Weiß*wein 白ワイン / *weiße* Wolken 白い雲 / Ihre Haut ist *weiß* wie Schnee. 彼女の肌は雪のように白い / das *Weiße* Haus ホワイトハウス(アメリカ大統領官邸) / die *weiße* Kohle 《比》(電力源としての)水力(←白い石炭) / eine *weiße* Maus a) 《動》シロネズミ, b) 《比》白バイ警官 / die *Weiße* Rose 《史》白ばら(反ナチス抵抗運動[グループ]) / der *Weiße* Sonntag 白衣の主日(復活祭後の最初の日曜日) / der *weiße* (または *Weiße*) Tod (雪の中での)凍死 / *weiße* Weihnachten ホワイトクリスマス / *weiße* Blutkörperchen《医》白血球 / das *Weiße* im Ei (または des Eis) 卵の白身 / Sie war ganz *weiß* im Gesicht. 彼女は顔面蒼白(ぱく)だった / Er ist *weiß* geworden.《現在完了》彼の頭は白くなった / schwarz *auf weiß*《口語》(念のため)文書で, はっきり(←白の上に黒で). ◇《名詞的に》aus Schwarz *Weiß*⁴ machen 白を黒と言いくるめる.

② 白っぽい; 白人の. *weißer* Wein (＝*Weiß*wein) 白ワイン / die *weiße* Rasse 白色人種.

③ 《商》商標のない(商品など).

Weiß [ヴァイス] 中 -[es]/- 白, 白色. **in** *Weiß* gekleidet 白い服を着て / **aus** Schwarz *Weiß*⁴ machen 白を黒と言いくるめる.

weis・sa・gen [ヴァイス・ザーゲン váis-za:gən] (區分 geweissagt) 他 (h) 予言する; 予感させる.

Weis╪sa・ger [ヴァイス・ザーガァ] 男 -s/- 予言者, 占い師. (女性形: -in).

Weis・sa・gung [ヴァイス・ザーグング] 女 -/-en 予言, 占い.

Weiß╪bier [ヴァイス・ビーア] 中 -[e]s/-e ヴァイスビール(小麦と大麦の麦芽を半分ずつ混ぜて作る) (＝Weizenbier).

Weiß╪blech [ヴァイス・ブレヒ] 中 -[e]s/-e ブリキ[板].

Weiß╪brot [ヴァイス・ブロート] 中 -[e]s/-e 白パン.

Weiß╪buch [ヴァイス・ブーフ] 中 -[e]s/..bücher 《政》白書(政府の実状報告書).

Weiß╪dorn [ヴァイス・ドルン] 男 -[e]s/-e 《植》サンザシ.

Wei・ße [ヴァイセ váisə] 女 -/-n ① 《複なし》白[色]. ② ヴァイスビール. ③ ベルリン風白ビール (＝Berliner *Weiße*).

wei・ßen [ヴァイセン váisən] 他 (h) (壁など⁴をペンキなどで)白く塗る.

Wei・ße[r] [ヴァイセ(..サァ) váisə (..sər)] 男 女 《語尾変化は形容詞と同じ》白人.

Wei・ße[s] [ヴァイセ[ス] váisə(s)] 中 《語尾変化は形容詞と同じ》das *Weiße* im Ei *Weiße* im Ei の白身.

Weiß╪fisch [ヴァイス・ふィッシュ] 男 -[e]s/-e 《魚》(銀色に輝く)コイ科の魚(ウグイ・ヤーギハエなど).

Weiß╪glas [ヴァイス・グラース] 中 -es/..gläser (分別回収用の)透明ガラス.

weiß╪glü・hend [ヴァイス・グリューエント] 形 白熱した(金属など).

Weiß╪glut [ヴァイス・グルート] 女 -/ 《冶》白熱. 《人⁴ [bis] zur *Weißglut* bringen (または treiben) 《口語》人⁴をかんかんに怒らせる.

Weiß╪gold [ヴァイス・ゴルト] 中 -[e]s/ ホワイトゴールド(金と銀・プラチナなどの合金).

weiß╪haa・rig [ヴァイス・ハーリヒ] 形 白髪の.

Weiß╪kohl [ヴァイス・コール] 男 -[e]s/ 《北ドイツ》《植》キャベツ.

Weiß╪kraut [ヴァイス・クラオト] 中 -[e]s/ 《南ドイツ・オストリア》《植》＝Weißkohl

weiß・lich [ヴァイスりヒ] 形 白っぽい, 白みがかった.

Weiß╪ma・cher [ヴァイス・マッハァ] 男 -s/- 漂白剤.

Weiß╪russ・land [ヴァイス・ルスらント] 中 -s/ 《国名》ベラルーシ[共和国](首都はミンスク).

weißt [ヴァイスト váist] ǂ*wissen* (知っている)の2人称親称単数 直在. *Weißt* du die Antwort? 君は答えを知ってる?

Weiß╪tan・ne [ヴァイス・タンネ] 女 -/-n 《植》オウシュウモミ.

weiß|wa・schen* [ヴァイス・ヴァッシェン váisvàʃən] 他 (h) 《口語》《人⁴の》身の潔白を証明する. 《再帰的に》 *sich*⁴ *weißwaschen* 自分の身の潔白を証明する.

Weiß╪wein [ヴァイス・ヴァイン] 男 -[e]s/-e 白ワイン.

Weiß╪wurst [ヴァイス・ヴルスト] 女 -/..würste 白ソーセージ(ミュンヒェンの名物).

Wei・sung [ヴァイズング] 女 -/-en 《雅》指示, 指図; 《官庁》指令, 命令. 《人³ eine *Weisung*⁴ geben 《人³に指示を与える.

wei・sungs╪ge・mäß [ヴァイズングス・ゲメース] 形 指令(命令)どおりの.

**weit [ヴァイト váıt]

> 広い; 遠い　Ist das *weit* von hier?
> イスト ダス ヴァイト フォン ヒーア
> それはここから遠いですか.

I 形 (比較) weiter, (最上) weitest) ① (空間的に) 広い; (面積が)広大な. (英 wide). (対義)「狭い」は eng; 「(幅が)広い」は breit). eine *weite* Ebene 広大な平野 / das *weite* Meer 広大な海 / *weite* Kreise der Bevölkerung[2] 国民(住民)の幅広い層 / in die *weite* Welt ziehen 広い世間に出る / die Tür[4] *weit* öffnen ドアを広く開ける / im *weiteren* Sinne 広い意味で,広義で (略: i. w. S.) / *weit und breit* 辺り一面, 見渡す限り. (類語) breit).

◊〖名詞的に〗 das *Weite*[4] suchen 逃亡する / das *Weite*[4] gewinnen [うまく]逃げる.
② (衣服などが)ゆったりとした. ein *weiter* Rock ゆったりしたスカート / Die Hose ist mir zu *weit*. このズボンは私にはだぶだぶだ.
③ (距離が)**遠い**, はるかな, 遠方の. (英 far). ein *weiter* Weg 遠い道のり / aus *weiter* Entfernung はるか遠くから / es[4] *weit* bringen 《比》出世(成功)する (対義 es は形式目的語) / von *weitem* (または *Weitem*) 遠くから / Wie *weit* ist es noch bis zum Bahnhof? 駅まではまだどのくらいありますか / Das geht zu *weit*! それはひどすぎるよ, そんなバカな / Er ist zu *weit* gegangen. 彼は度を越してやり過ぎた / 〖現在完了〗 So *weit*, so gut. ここまではよろしい. (類語 fern).

◊〖数量を表す 4 格とともに〗 …の距離の, (…ほど)離れた. Der Ort liegt nur einen Kilometer *weit* von hier. その村はここからほんの1キロメートルしか離れていない / Sie wohnt zwei Häuser *weiter*. 彼女は2軒先に住んでいる.
④ (時間的に)遠く隔たった, 遠い. Bis Weihnachten ist es noch *weit*. クリスマスはまだ先のことだ / Das liegt schon *weit* zurück. それはもう遠い昔のことだ.
⑤ (程度・事態が)進んだ, はかどった. Wie *weit* bist du **mit** deiner Arbeit? 君の仕事はどれくらい進んだの / So *weit* ist es schon mit dir gekommen? 〖現在完了〗 君はここまで落ちぶれてしまったのか / **bei *weitem*** (または **Weitem**) はるかに, ずっと ⇒ Das ist bei *weitem* besser. その方がはるかによい / bei *weitem* nicht… …には程遠い.

II 副 **ずっと**, はるかに. *weit* oben ずっと上の方に / Sie singt *weit* besser als er. 彼女は彼よりもはるかに歌が上手だ.

▶ weit=blickend, weit=gehend[2], weit=gereist, weit=greifend, weit=reichend, weit=tragend, weit=verbreitet, weit=verzweigt

weit=ab [ヴァイト・アップ] 副 遠く離れて, ずっと遠くに. *weitab* vom Bahnhof wohnen 駅から遠く離れた所に住んでいる.

weit=aus [ヴァイト・アオス] 副 はるかに, 格段に, ずっと. Er ist *weitaus* begabter als ich. 彼は私よりもずっと才能に恵まれている.

Weit=blick [ヴァイト・ブリック] 男 -[e]s/ 先見の明, 将来への見通し.

weit=bli·ckend, weit bli·ckend [ヴァイト・ブリッケント] 形 先見の明がある.

die **Wei·te** [ヴァイテ váıtə] 女 (単) -/(複) -n ① 広大さ, 広がり, 広さ. (英 expanse). unendliche *Weiten* 果てしない広がり / die *Weite* des Weltalls 宇宙の広大さ. ② 遠所, 遠方. **in die *Weite*** schauen 遠くを眺める. ③ 《スポ》 [到達]距離. Reichweite (ジャンプ・投てきなどの)到達距離. ④ (管などの)内径. ⑤ (衣服などの)幅, サイズ. ein Rock **in** bequemer *Weite* ゆったりしたサイズのスカート.

wei·ten [ヴァイテン váıtən] 他 (h) (靴などの幅を)広げる. ◊〖再帰的に〗 *sich*[4] *weiten* 広がる, 広くなる.

**wei·ter [ヴァイタァ váıtər] (＃weit の 比較) I 形 ① より広い; より遠い. ② 〖付加語としてのみ〗 そのほかの, 追加の, …以外の. (英 further). Haben Sie noch *weitere* Fragen? まだほかに質問がありますか / eine *weitere* Schwierigkeit 新たな困難 / nach *weiteren* drei Tagen さらに3日後に.

◊〖名詞的に〗 das *Weitere* そのほか(それ以上)のこと, 詳細 / des *Weiteren* 《雅》さらに / **bis auf *weiteres*** (または ***Weiteres***) さしあたり, 当分の間 / **ohne *weiteres*** (または ***Weiteres***) 無造作に, あっさり.

II 副 ① **さらに先へ**, 前へ. *Weiter*! 先へ進め, 続けろ / Halt, nicht *weiter*! 止まれ, それ以上進むな / **und so *weiter*** (列挙の最後で:) 等等 (略: usw.) ⇒ Brot, Butter und so *weiter* パンにバターにその他いろいろ.
② 続いて, その後. Und was geschah *weiter*? それから何が起こったの.
③ それ以上に, そのほかに. *Weiter* weiß ich nichts von der Sache. その件については私はそれ以上何も知らない.
④ 〖成句的に〗 nicht *weiter*… 特に…ではない. Das ist nicht *weiter* wichtig. それは特に重要であるというわけではない / **nichts *weiter*** als …　…以外の何ものでもない ⇒ Das ist nichts *weiter* als ein Versehen. それは過失以外の何ものでもない.

▶ weiter|bestehen

wei·ter.. [ヴァイタァ.. váıtər..] 《分離動詞の 前つづり; つねにアクセントをもつ》 ① 《前方へ・先へ》 例: weiter|geben 次へ渡す. ② 《活動・状態の継続》 例: *weiter*|führen 続行する.

wei·ter|be·ste·hen*, wei·ter be·ste·hen* [ヴァイタァ・ベシュテーエン váıtər-bəʃteːən] 自 (h) さらに存続する.

wei·ter|bil·den [ヴァイタァ・ビるデン váıtər-bıldən] 他 (h) (人[4]を)引き続き教育する, 再教育する. ◊〖再帰的に〗 *sich*[4] *weiterbilden* 引き続きさらに勉強(修業)を続ける.

Wei·ter·bil·dung [ヴァイタァ・ビるドゥング] 女 -/ 教育(学業)を続けること, 再教育.

wei·ter|brin·gen* [ヴァイタァ・ブリンゲン váitər-briŋən] 他 (h) さらに先に進める, 促進する.

wei·ter|emp·feh·len* [ヴァイタァ・エンプフェーレン váitər-ɛmpfèːlən] (過分 weiterempfohlen) 他 (h) (推薦された 人・物4を)さらに他の人に推薦する.

wei·ter|ent·wi·ckeln [ヴァイタァ・エントヴィッケるン váitər-ɛntvìkəln] (過分 weiterentwickelt) I 他 (h) (理論など4を)さらに発展させる. II 再帰 (h) sich4 weiterentwickeln さらに発展する.

wei·ter|er·zäh·len [ヴァイタァ・エァツェーれン váitər-ɛrtsɛ̀ːlən] (過分 weitererzählt) I 自 (h) 話し続ける. II 他 (h) (人から聞いた話4を)他の人に話す, 語り伝える.

wei·ter|fah·ren* [ヴァイタァ・ファーレン váitər-fàːrən] 自 (s, h) ① (s) (乗り物が・人が乗り物で)走り続ける, さらに先へ行く(旅行を続ける). ② (h, s) 《南ドイツ・スイス》 続行する.

Wei·ter|fahrt [ヴァイタァ・ファールト] 女 -/ (乗り物で)乗り継いでいく(旅行を続ける)こと.

wei·ter|füh·ren [ヴァイタァ・フューレン váitər-fỳːrən] I 他 (h) ① 続行する, 継続する; (囚4を)前進させる. ② (道路など4を)先へ延長する. II 自 (h) (道路などが)先へ伸びている.

wei·ter|ge·ben* [ヴァイタァ・ゲーベン váitər-gèːbən] 他 (h) ① 次の人に渡す(回す); (伝言など4を伝える); (スポーツ) (ボール4を)パスする.

wei·ter|ge·hen* [ヴァイタァ・ゲーエン váitər-gèːən] 自 (s) ① 先へ進む, 歩き続ける. *Gehen Sie bitte weiter!* どうぞ先へお進みください. ② (話などがさらに)続く, (会議などが)続行される.

wei·ter·hin [ヴァイタァ・ヒン] 副 ① これから先も, 将来も. ② 今もなお. ③ さらに.

wei·ter|kom·men* [ヴァイタァ・コンメン váitər-kòmən] 自 (s) ① 先へ進む, 前進する. ② はかどる; 成功する; 出世する. *mit der Arbeit weiterkommen* 仕事がはかどる.

wei·ter|lei·ten [ヴァイタァ・らイテン váitər-làrtən] 他 (h) さらに先へ渡す(回す); 転送する.

wei·ter|ma·chen [ヴァイタァ・マッヘン váitər-màxən] 他 (h) (口語)続行する, 継続する. *Mach* nur so *weiter!* (皮肉って:) ずっとそうしているがいいさ[, いまに痛い目にあうぞ].

Wei·ter≠rei·se [ヴァイタァ・ライゼ] 女 -/ 旅行の継続(続行).

wei·ter|sa·gen [ヴァイタァ・ザーゲン váitər-zàːgən] 他 (h) (人から聞いたこと4を)他の人に伝える, 他言する.

Wei·te·rung [ヴァイテルング] 女 -/-en 《ふつう 複》 困った事態, 不都合な結果.

wei·ter|ver·mie·ten [ヴァイタァ・フェァミーテン váitər-fɛrmìːtən] (過分 weitervermietet) 他 (h) また貸しする.

weit≠ge·hend¹ [ヴァイト・ゲーエント] 副 ほとんど, ほぼ完全に.

weit≠ge·hend², **weit ge·hend** [ヴァイト・ゲーエント] 形 広範囲にわたる, 大幅な. *weitgehende Unterstützung*4 *finden* 満幅の支持を得る.

weit≠ge·reist, weit ge·reist [ヴァイト・ゲライスト] 形 広く旅をした, 見聞の広い.

weit≠grei·fend, weit grei·fend [ヴァイト・グライフェント] 形 広範囲にわたる.

weit≠her [ヴァイト・ヘーァ] 副 《雅》 遠くから. (注意 von を伴う場合には von *weit her* と分けて書く).

weit≠her·zig [ヴァイト・ヘルツィヒ] 形 心の広い, 寛大な.

weit≠hin [ヴァイト・ヒン] 副 ① 遠くまで; 広く, 一般に. ② かなりの程度まで, 相当に.

weit≠läu·fig [ヴァイト・ろイフィヒ] 形 ① 広大な(家・庭園など). ② 事細かで回りくどい. 囲4 *weitläufig erklären* 囲4をくどくどと説明する. ③ 遠縁の. *ein weitläufiger Verwandter* 遠い親戚(姓:).

Weit·läu·fig·keit [ヴァイト・ろイフィヒカイト] 女 -/ 広大さ; 遠縁[関係]; 詳細, 回りくどさ.

weit≠ma·schig [ヴァイト・マシヒ] 形 目の粗い(網・編み物など).

weit≠rei·chend, weit rei·chend [ヴァイト・ライヒェント] 形 ① 射程の長い弾丸・ミサイルなど. ② 広範囲におよぶ(影響など).

weit≠schwei·fig [ヴァイト・シュヴァイフィヒ] 形 長ったらしい, 回りくどい, 冗長な.

Weit≠sicht [ヴァイト・ズィヒト] 女 -/ 先見の明, 将来への見通し.

weit≠sich·tig [ヴァイト・ズィヒティヒ] 形 ① 《医》遠視の. (注意 「近視の」は kurzsichtig). ② 《比》先見の明のある.

Weit≠sich·tig·keit [ヴァイト・ズィヒティヒカイト] 女 -/ ① 遠視. (注意 「近視」は Kurzsichtigkeit). ② 《転》先見の明があること.

Weit≠sprung [ヴァイト・シュプルング] 男 -[e]s/..sprünge 《スポーツ》 ① 《複なし》 走り幅跳び. ② (走り幅跳びの)ジャンプ.

weit≠tra·gend, weit tra·gend [ヴァイト・トラーゲント] 形 ① 遠くまで達する, 射程[距離]の長い(ミサイルなど). ② 広範囲におよぶ(効果・影響など).

weit≠ver·brei·tet, weit ver·brei·tet [ヴァイト・フェァブライテット] 形 ① 広く分布している(植物など). ② 広く普及(流布)した.

weit≠ver·zweigt, weit ver·zweigt [ヴァイト・フェァツヴァイクト] 形 いくつにも枝分かれした(鉄道・企業・家系など).

Weit·win·kel≠ob·jek·tiv [ヴァイトヴィンケる・オビエクティーフ] 中 -s/-e [..ヴェ] 《写》 広角レンズ.

der **Wei·zen** [ヴァイツェン váitsən] 男 (単 2) -s/(種類を表すときのみ: 複) - ① 《植》 コムギ(小麦). 《英》 *wheat*). *Weizen*4 *an*|*bauen* 小麦を栽培する / *Der Weizer steht gut.* 小麦の作柄がよい / *Sein Weizen blüht.* 《口語・比》彼の仕事(商売)はうまくいっている. ② 小麦の粒.

Wei·zen≠bier [ヴァイツェン・ビーァ] 中 -[e]s/-e ヴァイスビール(小麦と大麦の麦芽を半分ずつ混ぜ

Wei·zen‑brot[ヴァイツェン・ブロート] 田 -[e]s/-e 小麦パン，白パン．

Wei·zen·mehl[ヴァイツェン・メール] 田 -[e]s/ 小麦粉．

Weiz·sä·cker[ヴァイツ・ゼッカァ váits-zɛkər] -s/《人名》ヴァイツゼッカー（兄 Carl Friedrich Freiherr von *Weizsäcker* 1912–2007; ドイツの物理学者・哲学者; 弟 Richard Freiherr von *Weizsäcker* 1920– ; 政治家，1984–1994 ドイツ連邦共和国大統領）．

welch [ヴェるヒ vɛlç]

> どの *Welches* Auto gehört Ihnen?
> ヴェるヒェス アオトー ゲヘーァト イーネン
> どの車があなたのですか．

格	男	女	中	複
1	welcher	welche	welches	welche
2	welches	welcher	welches	welcher
3	welchem	welcher	welchem	welchen
4	welchen	welche	welches	welche

代 **A)**《疑問代名詞; 語尾変化はふつう dieser と同じ，無語尾の welch も用いられることがある》① 《付加語として》どの，どちらの，どんな．(＝ which). *Welcher* Mantel gehört dir? どのコートが君のですか / In *welche* Schule gehst du? 君はどの学校に通っているの / *Welchen* Kindes Spielzeug ist das? これはどの子のおもちゃですか (⇒ 2 格のあとにくる名詞に -[e]s がつく場合 *welchen* がつう).

◇《間接疑問文で; 動詞の人称変化形は文末》Wissen Sie, mit *welchem* Zug er kommt? 彼がどの列車で来るかご存じですか．

◇《auch, immer とともに譲歩文で; 動詞の人称変化形は文末》どんな…であっても．*Welche* Folgen die Sache auch immer haben mag, … そのことがどんな結果になろうとも…

② 《名詞的に》どれ，どちら; どの人．*Welches* der Bilder² (または von den Bildern) gefällt dir besser? この写真のうちのどれが気に入ったかい? / *Welches* sind Ihre Kinder? どれがあなたのお子さんたちですか．(⇒ *welches* は動詞 sein の主語として性・数に関係なく用いられる).

◇《間接疑問文で; 動詞の人称変化形は文末》Ich weiß, *welcher* das gesagt hat. 私はどの人がそれを言ったのか知っている．

◇《auch, immer とともに譲歩文で; 動詞の人称変化形は文末》*Welcher* auch der Schuldige ist, … どちらに責任があるにせよ…

③ 《感嘆文で》なんと[いう]… *Welch* [ein] schöner (または *welches* schöne) Tag heute! きょうはなんてすばらしい日だろう / *Welch* ein (または *Welches*) Glück! なんという幸運だ!

B)《関係代名詞; 語尾変化は dieser と同じ，ただし 2 格はない; 動詞の人称変化形は文末; 現在ではふつう der 型の関係代名詞を用い，welch*er* は定冠詞 + 関係代名詞の同形を避ける場合などに用いられる》[…である]ところの．das Kind, *welches* das schönste Bild⁴ gemalt hat いちばん美しい絵を描いた子供．(⇒ das の重複を避けて *welches* とする).

C)《不定代名詞; 語尾変化は dieser と同じ》(物質名詞・複数名詞などを受けて:) いくらか，いくつか;《口語》何人か．Ich habe kein Geld bei mir. Hast du *welches*? ぼくはお金の持ち合わせがない．君はいくらか持っているかい / Es gibt *welche*, die so etwas machen. そんな事をする人もいる．

◇《was für *welch*.. の形で》どんな[種類の]．Ich höre gern Musik. — Was für *welche*? 私は音楽を聴くのが好きです — どんな[種類の]音楽を?

wel·che[ヴェるヒェ], **wel·chem**[ヴェるヒェム], **wel·chen**[ヴェるヒェン], **wel·cher**[ヴェるヒャァ] 代 《疑問・関係・不定代名詞》☞ welch

wel·cher·lei[ヴェるヒャァらイ vɛlçərláɪ] 形《無語尾で; 付加語としてのみ》どのような，どんな種類の．*Welcherlei* Ausreden er auch hat, … 彼にどんな口実があろうとも…

wel·ches[ヴェるヒェス] 代 《疑問・関係・不定代名詞》☞ welch

welk[ヴェるク vɛlk] 形 しおれた，枯れた，しぼんだ (花・葉など)．

wel·ken[ヴェるケン vɛlkən] 自 (s)（植物が）しおれる，枯れる;（比）（容色などが）衰える．

Well·blech[ヴェる・ブれヒ] 田 -[e]s/-e トタンの波板，なまこ板．

die **Wel·le**[ヴェれ vɛlə] 女 (単) -/(複) -n ① 波，波浪．(＝ wave). hohe *Wellen* 高波 / Die *Wellen* brechen sich an den Klippen. 波が岩礁に砕ける / Das Boot treibt **auf** den *Wellen*. ボートは波間に漂っている / **in** den *Wellen* versinken 波間に沈む．

② 波状に現れるもの，(…の)波．*Wellen*⁴ schlagen 波紋を投げかける / die neue *Welle* in der Mode ファッション界のニューウェーブ / Die *Wellen* der Begeisterung gingen hoch.《比》感激の波が高まった / **grüne *Welle*** 青信号の連続（ドライバーが一定区間赤信号で停車しないで走れるように調整された交通信号システム）．③（髪の）ウェーブ;（土地の）起伏．④《物》波動，波長;《放送》周波数．kurze *Wellen* 短波 / Deutsche *Welle* ドイチェヴェレ（ドイツ国際放送; 略: DW）．⑤《工》シャフト，回転軸．⑥（体操などの）回転．

⇒ ..welle のいろいろ: Dauerwelle パーマネント［ウェーブ］/ Grippewelle インフルエンザの流行 / Hitzewelle 熱波 / Kältewelle 寒波 / Kurzwelle 短波 / Langwelle 長波 / Radiowelle 放送電波 / Schallwelle 音波 / Ultrakurzwelle 超短波

wel·len[ヴェれン vɛlən] **I** 他 (h) 波形(波状)にする;（髪⁴に）ウェーブをかける．sich³ das Haar⁴ *wellen* lassen 髪にウェーブをかけてもらう．**II** 再帰 (h) sich⁴ *wellen*（じゅうたんなどが）波を打っている，でこぼこがある;（髪が）ウェーブしている．

Wel·len⹀bad [ヴェレン・バート] 田 -[e]s/..bäder 人工波プール.

Wel·len⹀be·reich [ヴェレン・ベライヒ] 男 -[e]s/-e 《物》周波数範囲.

Wel·len⹀berg [ヴェレン・ベルク] 男 -[e]s/-e 波の山. (←「波の谷」は Wellental).

Wel·len⹀bre·cher [ヴェレン・ブレッヒャァ] 男 -s/- ① 防波堤. ② 《造船》(前甲板上の)波よけ.

wel·len⹀för·mig [ヴェレン・フェルミヒ] 形 波形(波状)の.

Wel·len⹀gang [ヴェレン・ガング] 男 -[e]s/ 波の動き,波浪.

Wel·len⹀kamm [ヴェレン・カム] 男 -[e]s/..kämme (白い)波頭.

Wel·len⹀län·ge [ヴェレン・レンゲ] 女 -/-n ① 《物》波長. ② 《口語》物の考え方(見方),波長. Wir haben die gleiche *Wellenlänge*. 私たちは馬(波長)が合う.

Wel·len⹀li·nie [ヴェレン・リーニエ] 女 -/-n 波線.

Wel·len⹀rei·ten [ヴェレン・ライテン] 田 -s/ 《スポ》サーフィン (=Surfing).

Wel·len⹀schlag [ヴェレン・シュらーク] 男 -[e]s/..schläge (岸・船べりに)波が打ち寄せること(音・リズム).

Wel·len⹀sit·tich [ヴェレン・ズィティヒ] 男 -s/-e 《鳥》セキセイインコ.

Wel·len⹀tal [ヴェレン・ターる] 田 -[e]s/..täler 波の谷. (←「波の山」は Wellenberg).

Well⹀fleisch [ヴェる・ふらイシュ] 田 -[e]s/ 《料理》ゆでた豚肉.

wel·lig [ヴェりヒ vélɪç] 形 波状の; 起伏のある; ウェーブをかけた(髪など).

Well⹀pap·pe [ヴェる・パッペ] 女 -/-n (包装用の)段ボール.

Wel·pe [ヴェるペ vélpə] 男 -n/-n 犬(おおかみ・きつね)の子.

Wels [ヴェるス véls] 男 -es/-e 《魚》ナマズ(鯰).

welsch [ヴェるシュ vélʃ] 形 ① 《スイス》(スイスの)フランス語地域の. ② (軽蔑的に:) (南の)異国(風)の.

die Welt [ヴェると vélt]

| 世界 | *Die Welt ist klein.*
ディ　ヴェると　イスト　クらイン
世界は狭いものだ. |

女 (単) -/(複) -en ① 《複 なし》(人間の生活空間としての)世界. (英) world). die weite *Welt* 広い世界 / die Neue *Welt* 新世界(アメリカ大陸) / die Dritte *Welt* 《政・経》第三世界 (発展途上国) / Das kostet nicht die *Welt*. 《比》それにはたいして金はかからない.

◇《前置詞とともに》 Wie viele Menschen leben **auf** der *Welt*? 世界にはどれだけの人間が住んでいるのだろう / Sie ist allein auf der *Welt*. 彼女は天涯孤独の身だ / Menschen **aus** aller *Welt* 世界中から来た人々 / Der Ort liegt doch nicht aus der *Welt*. 《口語》その村はそんなに遠くはないですよ(←世界の外にはない) / **in** der ganzen *Welt* 世界中で / in aller *Welt* a) [世界中]いたる所で, b) 《口語》いったい [全体] ⇒ Wo in aller *Welt* bist du gewesen? 《現在完了》君はいったいどこにいたの? / um alles in der *Welt* 《口語》どんなことをしてでも / eine Reise **um** die *Welt* 世界一周旅行.

② 《複 なし》世間, この世, 世の中; 世間の人々. die *Welt*⁴ verändern 世の中を変える / Er kennt die *Welt*. 彼は世情に通じている / die *Welt* von morgen あしたの世界, 未来 / Er versteht die *Welt* nicht mehr. 彼にはもう世の中のことがわからなくなった / vor den Augen der *Welt*² 公衆の面前で / Die *Welt* hofft auf den Frieden. 世界の人々が平和を望んでいる / Das ist der Lauf der *Welt*. それが世の習いだ / Alle *Welt* weiß es. 《口語》世間のだれもがそれを知っている.

◇《前置詞とともに》 ein Kind⁴ **auf** die *Welt* bringen 子供を産む / **auf** die *Welt* kommen 生まれる / 《物》⁴ **aus** der *Welt* schaffen 《物》⁴を除去(廃絶)する / ein Mann **von** *Welt* 世慣れた人 / **vor** aller *Welt* 公衆の面前で / ein Kind⁴ **zur** *Welt* bringen 子供を産む / **zur** *Welt* kommen 生まれる.

③ (特定の)世界, …界; 社会. die *Welt* des Kindes 子供の世界 / die *Welt* der Politik² 政界 / die literarische *Welt* 文学界.

④ 《複 なし》宇宙. die Entstehung der *Welt*² 宇宙の生成. ⑤ 大量. ◇《eine *Welt* **von** 人・物》の形で》数多くの. eine *Welt* von Feinden (Vorurteilen) 幾多の敵(偏見).

> 《←》..welt のいろいろ: Außenwelt 外界 / Filmwelt 映画界 / Innenwelt 内面の世界 / Pflanzenwelt 植物界 / Tierwelt 動物界 / Traumwelt 夢の世界 / Umwelt 環境

Welt⹀all [ヴェると・アる] 田 -s/ 宇宙, 万有 (=Kosmos).

welt⹀an·schau·lich [ヴェると・アンシャオりヒ] 形 世界観[上]の, 世界観に基づく.

Welt⹀an·schau·ung [ヴェると・アンシャオウング] 女 -/-en 世界観.

Welt⹀aus·stel·lung [ヴェると・アオスシュテるング] 女 -/-en 万国博覧会.

Welt⹀bank [ヴェると・バンク] 女 -/ 世界銀行 (1945年に創設された国連の特別機関).

welt⹀be·kannt [ヴェると・ベカント] 形 世界中に知られた.

welt⹀be·rühmt [ヴェると・ベリュームト] 形 世界的に有名な, 世に名高い.

welt⹀best [ヴェると・ベスト] 形 世界一の, 世界最高の.

Welt⹀best·leis·tung [ヴェると・ベストらイストゥング] 女 -/-en 《スポ》世界最高記録.

welt⹀be·we·gend [ヴェると・ベヴェーゲント] 形 世界を揺るがすような, 驚天動地の.

Welt⹀bild [ヴェると・ビるト] 田 -[e]s/-er 世界像.

Welt⹀bür·ger [ヴェると・ビュルガァ] 男 -s/-

世界市民, コスモポリタン. (女性形: -in).

Wel·ten=bumm·ler [ヴェるテン・ブムらァ] 男 -s/- 世界中を旅する人, 世界漫遊者. (女性形: -in).

Welt=er·be [ヴェるト・エルベ] 田 -s/ 世界遺産.

welt=er·fah·ren [ヴェるト・エァふァーレン] 形 世慣れた, 人生経験の豊かな.

Wel·ter=ge·wicht [ヴェるタァ・ゲヴィヒト] 田 -[e]s/-e ① 《圏なし》(ボクシングなどの)ウェルター級. ② ウェルター級の選手.

Wel·ter=ge·wicht·ler [ヴェるタァ・ゲヴィヒトらァ] 男 -s/- (ボクシングなどの)ウェルター級の選手. (女性形: -in).

welt=er·schüt·ternd [ヴェるト・エァシュッタァント] 形 世界を揺るがすような.

Welt=flucht [ヴェるト・ふるフト] 囡 -/ 世間からの逃避, 隠遁(とん).

welt=fremd [ヴェるト・ふレムト] 形 世間知らずの, 世事に疎い.

Welt=frie·den [ヴェるト・ふリーデン] 男 -s/ 世界平和.

Welt=geist·li·che[r] [ヴェるト・ガイストりヒェ(..ヒャァ)] 男《語尾変化は形容詞と同じ》《カッℓ》(教区付きの)在俗司祭.

Welt=gel·tung [ヴェるト・ゲるトゥング] 囡 -/ 世界的に通用すること, 国際的な評価.

Welt=ge·richt [ヴェるト・ゲリヒト] 田 -[e]s/ 《ネミ教》最後の審判.

Welt=ge·schich·te [ヴェるト・ゲシヒテ] 囡 -/-n ① 《圏なし》世界史. ② 《口語・戯》世界. in der *Weltgeschichte* herum|reisen あちこち旅行して回る.

welt=ge·schicht·lich [ヴェるト・ゲシヒトりヒ] 形 世界史[上]の; 世界史的な.

welt=ge·wandt [ヴェるト・ゲヴァント] 形 世慣れた, 如才のない.

Welt=han·del [ヴェるト・ハンデる] 男 -s/ 世界貿易.

Welt=herr·schaft [ヴェるト・ヘルシャふト] 囡 -/ 世界支配, 世界制覇.

Welt=hilfs=spra·che [ヴェるト・ヒるふスシュプラーヘ] 囡 -/-n 国際補助語(エスペラント語など).

Welt=kar·te [ヴェるト・カルテ] 囡 -/-n 世界地図.

Welt=klas·se [ヴェるト・クらッセ] 囡 -/ 《スポッ》世界的なレベル[の選手].

Welt=krieg [ヴェるト・クリーク] 男 -[e]s/-e 世界大戦. der Erste *Weltkrieg* 第一次世界大戦 / nach dem Zweiten *Weltkrieg* 第二次世界大戦後に.

Welt=ku·gel [ヴェるト・クーゲる] 囡 -/-n 地球[儀](=Erdkugel).

Welt=kul·tur=er·be [ヴェるトクるトゥーァ・エルベ] 田 -s/ 世界文化遺産. (☞「ドイツ・ミニ情報 45」, 下段).

Welt=la·ge [ヴェるト・らーゲ] 囡 -/ 世界(国際)情勢.

welt·lich [ヴェるトりヒ] 形 ① この世の, 現世の, 浮世の. *weltliche* Freuden 現世の楽しみ. ② 宗教に関係ない, 世俗の. (《←》「宗教上の」は geistlich). eine *weltliche* Schule 非教会系の学校 / *weltliche* Musik 世俗音楽.

Welt=li·te·ra·tur [ヴェるト・りテラトゥーァ] 囡 -/ 世界文学.

Welt=macht [ヴェるト・マハト] 囡 -/..mächte 世界の強国, 列強.

Welt=mann [ヴェるト・マン] 男 -[e]s/..männer 世慣れした男性, 社交家.

welt=män·nisch [ヴェるト・メニッシュ] 形 世慣れた, 如才ない; 社交的な.

Welt=markt [ヴェるト・マルクト] 男 -[e]s/ 《経》世界市場.

Welt=meer [ヴェるト・メーァ] 田 -[e]s/-e ① 《圏なし》海洋. ② 大洋(=Ozean)(三大洋を指す).

Welt=meis·ter [ヴェるト・マイスタァ] 男 -s/-

ドイツ・ミニ情報 45

世界文化遺産 Weltkulturerbe

1972年, 人類の足跡を印す貴重な文化遺産とかけがえのない自然環境を保護し, 次の世代に残すためユネスコ(国際連合教育科学文化機関)が「世界文化遺産および自然遺産の保護に関する条約」を採択. 136か国が締結し, 世界各国から400以上の名所旧跡がリストアップされた. ドイツでは, 1978年にアーヘンの大聖堂が指定を受けたのを初めとして, 現在38か所の文化財が世界遺産として登録されている.

ヒルデスハイム, アーヘン, トリーア, シュパイアー, プファッフェンヴィンケルの大聖堂や教会, ロルシュ, マウルブロンの修道院, ブリュール, ポツダム, ヴュルツブルクの宮殿や庭園というように, 教会関係や王宮の歴史建造物が多い. ちょっと異色な世界遺産としては, ベルリンの博物館島, フェルクリンゲンの大製鉄所跡, ゴスラルの旧鉱山がある.

町全体が指定を受けているところもある. リューベックは, 路地, 民家, ホルステン門, 塩倉庫, 塩商人の豪邸など, ハンザ都市をほうふつさせる旧市街全体がそっくり世界遺産として登録された. 11世紀に司教都市として栄えたバンベルクのレグニッツ川沿いの一帯と, 木骨家屋が建ち並ぶクヴェートリンブルクの旧市街は, 中世都市の面影を色濃く残すものして指定を受けている.

リューベックのホルステン門

世界チャンピオン, 世界選手権保持者. (女性形: -in).

Welt・meis・ter・schaft [ヴェるト・マイスタァシャふト] 囡 -/-en (ス²ツ) ① 世界選手権. ② 世界選手権大会 (略: WM).

Welt⸗**po・li・tik** [ヴェるト・ポりティーク] 囡 -/ 世界政策.

Welt⸗raum [ヴェるト・ラオム] 男 -[e]s/ 宇宙 [空間].

Welt・raum⸗fahrt [ヴェるトラオム・ふァールト] 囡 -/-en 宇宙飛行 (=Raumfahrt).

Welt・raum⸗for・schung [ヴェるトラオム・ふォルシュング] 囡 -/ 宇宙研究.

Welt・raum⸗müll [ヴェるトラオム・ミュる] 男 -[e]s/ 宇宙廃棄物 (宇宙船・人工衛星などの残骸).

Welt⸗reich [ヴェるト・ライヒ] 匣 -[e]s/-e 世界帝国.

Welt⸗rei・se [ヴェるト・ライゼ] 囡 -/-n 世界[一周]旅行.

Welt⸗re・kord [ヴェるト・レコルト] 男 -[e]s/-e 世界記録. einen *Weltrekord* auf|stellen (brechen) 世界記録を樹立する(破る).

Welt⸗re・kord・ler [ヴェるト・レコルトらァ] 男 -s/- 世界記録保持者. (女性形: -in).

Welt⸗ruf [ヴェるト・るーふ] 男 -[e]s/ 世界的な評判. ein Wissenschaftler **von** *Weltruf* 世界的に著名な学者.

Welt⸗ruhm [ヴェるト・るーム] 男 -[e]s/ 世界的名声. *Weltruhm*⁴ erlangen 世界的名声を博する.

Welt⸗**schmerz** [ヴェるト・シュメルツ] 男 -es/ 世界苦, 感傷的厭世(ｴﾝｾｲ)感情.

Welt・si・cher・heits⸗rat [ヴェるトズィッヒァァハイツ・ラート] 男 -[e]s/ (国連の)安全保障理事会.

Welt⸗spra・che [ヴェるト・シュプラーヘ] 囡 -/-n 世界(国際)語(英語・フランス語・スペイン語など).

Welt⸗stadt [ヴェるト・シュタット] 囡 -/..städte [..シュテーテ] 国際都市.

welt⸗städ・tisch [ヴェるト・シュテーティッシュ] 形 世界的な大都市の(大都市にふさわしい).

Welt⸗um・se・ge・lung [ヴェるト・ウムゼーゲるング] 囡 -/-en (海)(帆船による)世界周航.

Welt⸗un・ter・gang [ヴェるト・ウンタァガング] 男 -[e]s/..gänge 《ふつう 単》 世界の滅亡.

Welt⸗ver・bes・se・rer [ヴェるト・ふェァベッセらァ] 男 -s/- (皮肉って:)世直し屋. (女性形: ..verbesserin).

welt⸗weit [ヴェるト・ヴァイト] 形 世界的な, 全世界におよぶ.

Welt⸗wirt・schaft [ヴェるト・ヴィルトシャふト] 囡 -/ 世界経済.

Welt⸗wirt・schafs⸗kri・se [ヴェるトヴィルトシャふツ・クリーゼ] 囡 -/-n 世界経済恐慌.

Welt⸗wun・der [ヴェるト・ヴンダァ] 匣 -s/- 《口語》世にも不思議なもの. die sieben *Weltwunder* 世界の七不思議.

Welt⸗zeit [ヴェるト・ツァイト] 囡 -/ (グリニッジの)世界[標準]時 (略: WZ).

wem [ヴェーム vé:m] 代 《wer の 3 格》 **A)** 《疑問代名詞》**だれに.** (英 *whom*). *Wem* gehört dieser Schirm? この傘はだれのものですか(←だれに属するか) / Mit *wem* hast du gesprochen? 君はだれと話していたの.
B) 《関係代名詞; 動詞の人称変化形は文末》…する人. *Wem* nicht zu raten ist, dem ist nicht zu helfen. (諺) 忠告を受けいれない人は助けようがない.
C) 《不定代名詞》《口語》だれかに.

Wem⸗fall [ヴェーム・ふァる] 男 -[e]s/ (言) 3格, 与格 (=Dativ).

wen [ヴェーン vé:n] 代 《wer の4格》 **A)** 《疑問代名詞》**だれを.** (英 *whom*). *Wen* laden Sie ein? あなたはだれを招待するのですか / Für *wen* machst du das? だれのために君はそれをするのか.
B) 《関係代名詞; 動詞の人称変化形は文末》…する人. *Wen* man liebt, dem vergibt man alles. 愛している人には何でも許してやれるものだ.
C) 《不定代名詞》《口語》だれかを.

Wen・de [ヴェンデ vénda] 囡 -/-n ① 転換, 急変. eine *Wende* in der Außenpolitik 外交政策の転換 / die *Wende* **zum** Guten 好転. ② 転換期, 変わり目. Jahreswende 年の変わり目 / **an** der *Wende* (または **um** die *Wende*) des 20. (=zwanzigsten) Jahrhunderts 20 世紀の初頭(20 世紀の末)に. ③ 《定冠詞とともに》(1989年の旧東ドイツにおける)政治的転換. ④ (ス²ツ) ターン; 折り返し点.

Wen・de⸗hals [ヴェンデ・ハるス] 男 -[e]s/..hälse 日和見主義者.

Wen・de⸗kreis [ヴェンデ・クライス] 男 -es/-e ① 《地理》(天体・地球の)回帰線. der *Wendekreis* des Krebses (Steinbocks) 北(南)回帰線. ② (工) (最小)回転半径.

Wen・del [ヴェンデる véndəl] 囡 -/-n (工) らせん, 渦巻き線.

Wen・del⸗trep・pe [ヴェンデる・トレッペ] 囡 -/-n らせん階段.

wen・den⁽*⁾ [ヴェンデン véndən] du wendest, er wendet (wendete, hat...gewendet または wandte, hat...gewandt) I (ス²ツ) (haben) ①《規則変化》**裏返す**, ひっくり返す. (英 *turn*). Sie *wendete* den Braten in der Pfanne. 彼女はフライパンの焼き肉を裏返した. ◊[目的語なしで] Bitte *wenden*! (文書などの指示で:)裏面をごらんください (略: b. w.).
② (顔・視線など⁴を別の方向へ)**向ける.** Er *wandte* (または *wendete*) den Kopf nach rechts. 彼は顔を右へ向けた / keinen Blick **von** 人・物³ *wenden* 人・物³から目を離さない / den Rücken **zum** Fenster *wenden* 窓に背を向ける.
③《規則変化》(自動車など⁴を)**方向転換させる.** Ich *kann* das Auto hier nicht *wenden*. 私はここでは車を方向転換できない. ④《物⁴ **auf** (または **an**) 物⁴ ~》《お金・時間などを 人・物⁴に)費やす. Sie *wendeten* (または *wandten*) viel Geld an ihre Kinder. 彼らはたくさん

のお金を子供たちに使った / viel Zeit⁴ auf (または an) die Arbeit *wenden* 多くの時間をその仕事に費やす.
II 再帰 完了 haben) *sich*⁴ *wenden* ① 向きを変える, (別の方向へ)向く;《比》(状況などが)変わる, 変化する. *sich*⁴ *nach* links *wenden* 左を向く / Das Glück *wendet sich* **von** ihm.《比》運が彼から離れる / Sie *hat sich* **zu** uns *gewandt* (または *gewendet*). 彼女は私たちの方を向いた / Die Situation *wendete* (または *wandte*) *sich* zum Guten.《比》状況はいい方に向かった.
②《*sich*⁴ *an* 人⁴ ～》(人⁴に)相談する, 問い合わせる;《比》(本などが人⁴)向けである. An wen soll ich *mich wenden*? 私はだれに相談したらいいでしょうか / Die Zeitschrift *wendet sich an* Jugendliche. この雑誌は若者向けだ. ③《*sich*⁴ *gegen* 人・事⁴ ～》(人・事⁴に)反論(反対)する. ④《*sich*⁴ *zu* 事³ ～》(事³ を)しようとする. *sich*⁴ zur Flucht *wenden* 逃げようとする.
III 自 完了 haben)《規則変化》(自動車などが)方向転換する.
◇☞ **gewandt**

Wen·de·punkt [ヴェンデ・プンクト] 男 –[e]s/ –e ① 転回点; 転換期, 変わり目. ein *Wendepunkt* in der Geschichte 歴史の転換期. ②《天》(太陽の)回帰点. ③《数》変曲点.

Wen·ders [ヴェンダァス *vɛ́ndərs*]《人名》ヴェンダース (Wim *Wenders* 1945– ; ドイツの映画監督).

wen·de·te [ヴェンデテ] **wenden** (裏返す)の 過去

wen·dig [ヴェンディヒ *vɛ́ndɪç*] 形 扱いやすい, (乗物などが)操縦しやすい; 機転の利く, 機敏な.

Wen·dig·keit [ヴェンディヒカイト] 女 –/ ① 操縦しやすさ. ② 機転, 機敏さ.

Wen·dung [ヴェンドゥング] 女 –/–en ① 方向転換; (事態の)変化. eine scharfe *Wendung*⁴ machen 急角度に向きを変える / eine *Wendung* **nach** rechts 右への方向転換 / eine *Wendung* **zum** Guten (事態の)好転. ② (道などの)カーブ. Der Weg macht hier eine *Wendung*. 道はここでカーブしている. ③ 言い回し, 語法 (= Redewendung). eine feste *Wendung* 決まり文句.

Wen·fall [ヴェーン・ふァる] 男 –[e]s/《言》4 格, 対格 (= Akkusativ).

✱✱✱ **we·nig** [ヴェーニヒ *vé:nɪç*]

> 少しの Ich habe *wenig* Zeit.
> イヒ ハーベ ヴェーニヒ ツァイト
> 私はあまり時間がない.

I 形 比較 weniger, 最上 wenigst または 比較 minder, 最上 mindest) 英 little, few) ①《複数名詞とともに》少しの, わずかの; ほとんど(わずかしか)…ない.（メモ「多くの」は viel; 1 格, 4 格で格変化語尾がとれることがある. しかし冠詞類が前にあれば必ず格変化語尾がつく. *wenig*[*e*] Leute 少数の人々 / in *wenigen* Tagen 数日のうちに / mit *wenigen* Ausnahmen 少数の例外を除いて / seine *wenigen* Freunde 彼の少数の友人たち. ②《物質・集合・抽象名詞とともに》少量の; 少しの, ほとんど(わずかしか)…ない.（メモ 2 格を除いてふつう格変化語尾はつかない. しかし冠詞が前にあれば必ず格変化語尾がつく. *wenig* Geld わずかのお金 / das *wenige* Geld そのなけなしのお金 / mit *wenig* Mühe あまり骨を折らずに.
③《名詞的に》㋐ 複 で》少数の人々(もの). *wenige* (または *Wenige*) von uns 私たちの中の少数の者 / Nur *wenige* (または *Wenige*) können das. それができる人はほんのわずかだ / *wenige* (または *Wenige*) der Bücher² それらの本の少数 / der Reichtum *weniger*² (または *Weniger*²) 少数の人々の富 / Haben Sie Schallplatten? — Ja, aber nur *wenige* (または *Wenige*). レコードをお持ちですか — ええ, でもほんの数枚です.
㋑《複 なし; 中性単数で》少しのもの(こと).（メモ 1 格, 4 格で格変化語尾がつかないことがある). Ich kann dir nur *wenig*[*es*] (または *Weniges*) darüber sagen. それについて私が君に言えることは少ししかない / Es gibt *wenig*[*es*] (または *Weniges*), was er nicht weiß. 彼が知らないようなことはあまりない / Sie ist mit *wenigem* (または *Wenigem*) zufrieden. 彼女はわずかなもので満足している.
㋒《名詞化した形容詞とともに》Er hat *wenig* Neues gehört. 彼は耳新しいことはほとんど聞かなかった.
④《**ein *wenig*** の形で》少し, いくらか.（英 a little). Ich habe *ein wenig* Zeit. 私は少しは時間がある / Er trinkt den Kaffee gerne mit *ein wenig* Milch. 彼はこのコーヒーにミルクを少し入れて飲むのが好きだ. ◇《副詞的に》Ich bin *ein wenig* müde. 私はちょっと疲れている / Sie lächelte *ein wenig*. 彼女は少しほほえんだ.（メモ *wenig* は否定的な意味が強いが, *ein wenig* は肯定的な意味を持つ).

> メモ 強変化語尾のある *wenig*.. に続く形容詞は強変化する. ただし男性・中性単数 3 格の場合あとに続く形容詞は弱変化する. 例: nach *wenigem* kurzen Üben「ほんの短い練習のあとで」. 格変化語尾のない *wenig* のあとに続く形容詞は必ず強変化する.

II 副 比較 weniger, 最上 am wenigsten) あまり…ない, 少ししか…ない. Er trinkt *wenig*. 彼はあまりアルコールを飲まない / nicht *wenig* 少なからず, かなり ⇒ Ich ärgerte mich nicht *wenig*. 私は少なからず腹が立った / Er ist nur *wenig* älter als ich. 彼は私よりほんの少しだけ年上だ.

類語 **wenig**: (数量が)少ない. **gering**: (程度が)少ない. eine *geringe* Begabung わずかな才能.

we·ni·ger [ヴェーニガァ *vé:nɪɡər*] (比 *wenig* の)比 少ない.（英 less, fewer). 「より多い」は **mehr**). Ich habe *weniger* Geld **als** du. ぼくは君ほどお金を持ってないよ / Sie wird immer *weniger*.《俗》彼女はだんだんやせてくる. ◇《名詞的に》「より少ない」. Ich verdiene *weniger* als er. 私は彼より稼ぎが少ない / nicht *weniger* als 100 Personen 100

人を下らない人々.
II 圖 **より少なく**. Er arbeitet *weniger* **als** ich. 彼は私ほどよく仕事をしない / **mehr oder weniger** 多かれ少なかれ / Das ist *weniger* angenehm. それはそんなに心地よいことではない / **nicht** *weniger* **[als** …**]** […に劣らず]同様に ⇒ Sie war nicht *weniger* erstaunt [als ich]. 彼女も[私に劣らず]同様に驚いた / **nichts** *weniger* **als** … まったく…ではない ⇒ Ich war nichts *weniger* als erfreut. 私は全然うれしくなかった. ◊《二つの形容詞を比較して》*weniger* …**als** ~ …よりはむしろ~. Sie ist *weniger* unbegabt **als** faul. 彼女は才能がないというよりはむしろ怠け者だ.
III 圖 マイナス, 引く (=minus). Sechs *weniger* zwei ist vier. 6引く2は4.

We·nig·keit [ヴェーニヒカイト] 囡 –/ わずか[な物], 少し[の物], とるに足らない物. meine *Wenigkeit* 《戯》小生.

we·nigst [ヴェーニヒスト vé:nɪçst] (≠*wenig* の 最上) **I** 形 《定冠詞とともに》最も少ない, 最少の. Sie hatte von uns allen das *wenigste* Geld. 私たちのうちで彼女がいちばん持ち合わせのお金が少なかった / *zum wenigsten* 少なくとも. ◊《名詞的に》Das ist das *wenigste* (または das *Wenigste*), was er tun soll. これは彼がすべき最低限のことだ / Das wissen nur die *wenigsten* (または die *Wenigsten*). それを知っているのはごくわずかな人たちだけだ. **II** 圖 《**am** *wenigsten* の形で》最も少なく. Das hat ihm am *wenigsten* gefallen. 彼がそれがぜんぜん気に入らなかった.

*****we·nigs·tens** [ヴェーニヒステンス vé:nɪçstəns] 圖 **少なくとも**, せめて. 《英》**at least**. Ich habe es *wenigstens* dreimal versucht. 私は少なくとも3回それを試みた / Das müssen Sie *wenigstens* versuchen. あなたはせめてそれをやってみなくてはいけません.

＊wenn [ヴェン vén]

もし…ならば
Wenn nötig, komme ich sofort.
ヴェン ネーティヒ コンメ イヒ ゾフォルト
必要ならすぐ参ります.

圉 《従属接続詞; 動詞の人称変化形は文末》① 《条件·仮定》**もし…ならば, 仮に…だとすれば**. 《英》*if*). *Wenn* Sie Lust haben, kommen Sie morgen zu uns. もし気が向かれたら, あすうちへおいでください / Was sind Sie von Beruf, *wenn* ich fragen darf? お尋ねしてよければ, お仕事は何ですか / *Wenn* ich Geld hätte, würde ich das Haus kaufen.《接2·現在》お金があればその家を買うのだが.
② 《時間的に》**…するとき**, **…するときはいつでも**. 《英》*when*). *Wenn* die Ferien anfangen, verreisen wir. 休暇が始まったら, 私たちは旅行に出ます / Immer *wenn* er kommt, wird es lustig. 彼が来るといつもおもしろくなる / Mein Vater freute sich immer sehr, *wenn* ich ihn besuchte. 私が訪ねると, 父はいつもたいへん喜んだものだ.

⟨⟩ *wenn* と *als*: 過去の「反復·習慣」には上例のように wenn を用いるが, 過去の「一回的な事柄」には als を用いる. Mein Vater freute sich sehr, als ich ihn besuchte. 私が訪ねたとき, 父はたいへん喜んだ.

③ 《**auch, schon** などとともに譲歩文で》たとえ**…であっても**. *Wenn* er auch kräftig ist, das schafft er doch nicht. 彼がいくら力が強くても, それはできない.
④ 《**doch, nur** とともに》**…であればなあ**. Ach, *wenn* er doch bald käme!《接2·現在》ああ彼が早く来てくれればなあ.
⑤ 《**als, wie** とともに》**まるで…であるかのように**. Er tat [so], als (または wie) *wenn* er mich nicht bemerkt hätte.《接2·過去》彼はまるで私に気づかなかったようなふりをした.

wenn≈gleich [ヴェン·グライヒ] 圉 《従属接続詞; 動詞の人称変化形は文末》**…にもかかわらず** (=obgleich).

wenn≈schon 圉 《従属接続詞; 動詞の人称変化形は文末》① [ヴェン·ショーン]《雅》=**wenngleich**. ② [ヴェン·ショーン]《成句的に》Na *wennschon*!《口語》a) かまわないさ, まあいいさ / *Wennschon*, *dennschon*!《口語》a) やるからにはいつそのこと徹底的に, b) こうなったからには仕方ない.

Wen·zel [ヴェンツェる véntsəl] 男 –s/– (ドイツ式トランプの)ジャック.

＊wer [ヴェーァ vé:r]

だれ	*Wer* zahlt?	1格	*wer*
	ヴェーァ ツァーるト	2格	wessen
	だれが支払うの?	3格	wem
		4格	wen

代 **A**) 《疑問代名詞》① **だれ[が]**. 《英》*who*). *Wer* ist dieser Mann? この男の人はだれですか / *Wer* sind diese Leute? この人たちはだれですか / *Wer* von euch hat das getan? 君たちのうちのだれがそれをしたんだい.
◊《間接疑問文で; 動詞の人称変化形は文末》Ich weiß nicht, *wer* es gesagt hat. 私はだれがそれを言ったのか知らない.
② 《*wer* **weiß**+疑問詞の形で》だれにもわからない. Er kommt *wer weiß* wann. いつかはわからないが彼は来るさ / Ich habe es ihm schon *wer weiß* wie oft gesagt. 私はそのことを彼にもう何度も言った.
B) 《関係代名詞; 動詞の人称変化形は文末》**…する人**. *Wer* etwas weiß, soll die Hand heben. 何か知っている人は手をあげなさい / *Wer* A sagt, [der] muss auch B sagen.《諺》乗りかかった舟だ(←Aを言う者はBも言わなければならない).
C) 《不定代名詞》《口語》① **だれか**, ある人 (=jemand). Ist schon *wer* gekommen?《現在完了》もうだれか来ましたか. ② 特別な人. In seiner Firma ist er *wer*. 彼は会社では重

要人物だ.

Wer·be=ab·tei·lung [ヴェルベ・アップタイルング] 囡 -/-en 宣伝部.

Wer·be=agen·tur [ヴェルベ・アゲントゥーァ] 囡 -/-en 広告代理店.

Wer·be=ak·ti·on [ヴェルベ・アクツィオーン] 囡 -/-en 広告キャンペーン, 宣伝活動.

Wer·be=feld·zug [ヴェルベ・ふェルトツーク] 男 -(e)s/..züge 広告キャンペーン.

Wer·be=fern·se·hen [ヴェルベ・ふェルンゼーエン] 回 -s/ テレビのコマーシャル[放送].

Wer·be=film [ヴェルベ・ふィるム] 男 -(e)s/-e 宣伝映画, コマーシャルフィルム.

Wer·be=funk [ヴェルベ・ふンク] 男 -s/ (ラジオの)コマーシャル[放送].

Wer·be=ge·schenk [ヴェルベ・ゲシェンク] 回 -(e)s/-e 宣伝用の景品.

Wer·be=gra·fik [ヴェルベ・グラーふィク] 囡 -/-en コマーシャルグラフィック.

Wer·be=kam·pa·gne [ヴェルベ・カンパニエ] 囡 -/-n 広告(宣伝)キャンペーン.

Wer·be=kos·ten [ヴェルベ・コステン] 履 宣伝費.

Wer·be=lei·ter [ヴェルベ・らイタァ] 男 -s/- 宣伝部長. (女性形: -in).

Wer·be=mit·tel [ヴェルベ・ミッテる] 回 -s/- 宣伝(広告)の手段(媒体).

wer·ben* [ヴェルベン vérbən] du wirbst, er wirbt (warb, hat...geworben) **I** 自 (完了 haben) ① **宣伝(広告)をする**. (英 advertise). Wir *müssen* mehr *werben*. われわれはもっと宣伝に力を入れなければならない / **für** eine Ware (eine Partei) *werben* ある商品(ある政党)の宣伝をする. ② 《**um** 人·事⁴ ～》《雅》《人·事⁴を》**得ようと努める**. [bei 人³] um Freundschaft *werben* [人³の]友情を求める / um eine Frau *werben* ある女性に求婚する.
II 他 (完了 haben) **募る**, 募集する; 勧誘する. Mitglieder⁴ *werben* 会員を募る / für eine Zeitung Abonnenten⁴ *werben* 新聞の予約購読者を募集する.

Wer·be=pla·kat [ヴェルベ・プらカート] 回 -(e)s/-e 宣伝用ポスター.

Wer·ber [ヴェルバァ vérbər] 男 -s/- ① 《口語》宣伝(広告)マン; (顧客などの)勧誘担当者. (女性形: -in). ② 《ﾁｭｳ》応募者. ③ 《古》(兵士の)徴募官.

Wer·be=schrift [ヴェルベ・シュリふト] 囡 -/-en 宣伝パンフ[レット].

Wer·be=sen·dung [ヴェルベ・ゼンドゥング] 囡 -/-en コマーシャル放送.

Wer·be=spot [ヴェルベ・スポット] 男 -s/-s (テレビ・ラジオの)スポットコマーシャル.

Wer·be=spruch [ヴェルベ・シュプルフ] 男 -(e)s/..sprüche 広告(宣伝)用キャッチコピー.

Wer·be=text [ヴェルベ・テクスト] 男 -(e)s/-e 宣伝文, 広告文.

Wer·be=tex·ter [ヴェルベ・テクスタァ] 男 -s/- コピーライター. (女性形: -in).

Wer·be=trä·ger [ヴェルベ・トレーガァ] 男 -s/- 広告(宣伝)メディア, 広告(宣伝)手段.

Wer·be=trom·mel [ヴェルベ・トロンメる] 囡 《成句的に》die *Werbetrommel*⁴ für 人·物⁴ rühren (または schlagen)《口語》(鳴り物入りで)人·物⁴を大いに宣伝する.

wer·be=wirk·sam [ヴェルベ・ヴィルクザーム] 形 宣伝効果のある.

die **Wer·bung** [ヴェルブング vérbuŋ] 囡 (単) -/(複) -en ① 《履 なし》**宣伝**, 広告, コマーシャル. (英 advertising). die *Werbung* für ein Produkt im Fernsehen テレビによる製品宣伝. ② 《履 なし》宣伝(広告)部. ③ (顧客・会員などの)募集, 勧誘. ④ 《雅》求婚, 求愛. Sie schlug seine *Werbung* aus. 彼女は彼の求婚をはねつけた.

|類語| die **Werbung**: (商業上の)宣伝, コマーシャル. die **Propaganda**: (文化的, とりわけ政治的な)宣伝. die **Reklame**: (テレビ・映画・ネオンなどによる)宣伝. im Fernsehen *Reklame*⁴ machen テレビで宣伝する. die **Anzeige**: (新聞・雑誌などの)広告.

Wer·bungs=kos·ten [ヴェルブングス・コステン] 履 ① (所得から控除される)必要経費. ② 宣伝費.

:wer·de [ヴェーァデ vérdə] **I** :werden (...になる)の1人称単数 現在. Ich *werde* 20 Jahre alt. 私は20歳になります. **II** :werden (...になる)の du に対する 命令 (☞ 未来の助動詞 ☞ werden II A; 動作受動の助動詞 ☞ werden II B).

Wer·de=gang [ヴェーァデ・ガング] 男 -(e)s/..gänge 《ふつう 履》① 成長(発達)の経過, 発展の過程. ② (精神的な)成長の過程.

:wer·den* [ヴェーァデン vérdən]

...になる	Ich *werde* Pilot. イヒ ヴェーァデ ピろート ぼくはパイロットになります.	
人称	単	複
1	ich werde	wir werden
2	{ du **wirst** / Sie werden	{ ihr werdet / Sie werden
3	er **wird**	sie werden

I (wurde, *ist*...geworden) 自 (完了 sein) ① (...に)**なる**. (英 become). krank *werden* 病気になる / alt *werden* 年をとる, 古くなる / Er *wird* zehn Jahre alt. 彼は10歳になる / Er *wird* Arzt. 彼は医者になる / Das Wetter *wird* schön. 天気がよくなる / Was *willst* du *werden*? 君は何になるつもりなの / Sie *ist* Mutter *geworden*. 《現在完了》彼女は母親になった / Sein Traum *wurde* Wirklichkeit. 彼の夢が実現した.
◇《前置詞とともに》**aus** 人·物³ *werden* 人·物³から...が生じる, 人·物³が...になる ⇒ Aus ihm *ist* ein großer Komponist *geworden*.《現在

完了］彼は偉大な作曲家になった / Aus Liebe *wurde* Hass. 愛が変じて憎しみとなった / Aus diesem Plan *wird* nichts. この計画は実現しない / *zu* 人・物³ *werden* 人・物³になる, 変わる ⇨ Er *wurde* zum Trinker. 彼は酒飲みになった / Das Wasser *wurde* über Nacht zu Eis. 夜のうちに水が凍った / Das Kind *wird* mir zur Last. その子は私にとって重荷になる.

◊［非人称の **es** を主語として］Es *wird* Abend. 日が暮れる / Bald *wird* es Sommer. もうすぐ夏になる / Es *wird* kalt (warm). 寒く(暖かく)なる / Es ist sehr spät geworden.［現在完了］(時刻が)とても遅くなった / Mir *wird* [es] kalt. 私は寒くなってきた / Plötzlich *wurde* [es] ihm übel. 突然彼は気分が悪くなった.

② 生じる, 起きる. Was *wird*, wenn er nicht kommt? 彼が来ないとどうなるだろう.

③ ［口語］出来上がる, うまくいく, よくなる. Das Haus *wird* allmählich. 家がしだいにできていく / Der Kranke *ist* wieder geworden.［現在完了］病人が回復した / Die Zeichnung *ist* nichts geworden.［現在完了］スケッチは失敗した. ◊［非人称の **es** を主語として］Na, *wird*'s (=*wird* es) bald? おい, まだなのか.

④ ［雅］（人³に）与えられる. Jedem Bürger *soll* sein Recht *werden*. どの市民にも権利が与えられるべきである.

◊☞ **werdend**

II 助動 A)［未来の助動詞］

…だろう

Morgen *wird* schönes Wetter sein.
モルゲン ヴィルト シェーネス ヴェッタァ ザイン
あしたはよい天気でしょう.

［他の動詞の不定詞とともに未来形をつくる］① ［未来・推量］…だろう. Es *wird* bald regnen. 間もなく雨になるだろう / Er *wird* es wohl wissen. 彼はそのことをたぶん知っているでしょう / Morgen *wird* er die Arbeit beendet haben.［未来完了］あすには彼はその仕事を終えているでしょう / Sie *wird* krank gewesen sein.［未来完了］彼女は病気だったのだろう (☞ この場合,「過去の事柄についての推量」を表す).

> 未来の事柄でも, それが確実に起こるような場合には, 現在形を用いる. 例: Ich fahre morgen nach München. 私はあすミュンヘンに行きます.

② ［意志］…するつもりだ. (☞ この用法では主語は1人称). Ich *werde* dich nie verlassen. 私は君を決して見捨てない.

③ ［話し手の要求・命令］…するのだ. (☞ この用法では主語は2人称). Du *wirst* jetzt ins Bett gehen! もう寝なさい.

④ ［接²］*würde* の形で］☞ **würde**

B) (wurde, *ist* ... worden)［動作受動の助動詞］

…される　Er *wird* oft gelobt.
エア ヴィルト オフト ゲロープト
彼はよくほめられる.

［過去分詞とともに受動態をつくる］(☞ sein) …される. In Österreich *wird* Deutsch gesprochen. オーストリアではドイツ語が話される / Sie *wurde* **von** dem Lehrer gefragt. 彼女は先生から質問された / Die Stadt *ist* **durch** ein Erdbeben total zerstört worden.［現在完了］その町は地震によって完全に破壊された.

◊［自動詞の過去分詞とともに; 形式上の主語として **es** をとる］Es *wurde* viel gelacht. (= Man lachte viel.) 大笑いだった / Ihm *wird* **von** ihr geholfen. 彼は彼女に手伝ってもらえる / Jetzt *wird* aber geschlafen! さあもう寝なさい. (☞ **es** は文頭以外では省かれる).

Wer·den [ヴェーァデン] 匣 -s/ 生成, 発生; 成長, 発達. das *Werden* und Vergehen 生成と消滅 / **im** *Werden* sein 生成中である, 実現しつつある.

wer·dend [ヴェーァデント] **I** ⟦werden (…になる)の 現分⟧ **II** 形 なりつつある, 生成(成長)中の. eine *werdende* Mutter 妊娠中の女性.

Wer·der [ヴェルダァ vérdər] 男 (まれに 匣) -s/- ① (川・湖などの)中州, 川中島. ② (川と湖の間の)低地; 干拓地.

wer·det [ヴェーァデット véːrdət] ⟦werden (…になる)の 2人称親称複数 現在⟧ (☞ 未来の助動詞 ☞ werden II A; 動作受動の助動詞 ☞ werden II B).

Wer=fall [ヴェーァ・ふァる] 男 -(e)s/ ［言］1格, 主格 (=Nominativ).

wer·fen* [ヴェルふェン vérfən] (warf, *hat* ... geworfen) **I** 他 (完了) haben) ① 投げる, ほうる. (英 throw). einen Stein *werfen* 石を投げる / Er *hat* den Speer 90 Meter weit geworfen. 彼は槍(ガ)を90メートル投げた / Weltrekord⁴ *werfen* (投てき競技で:) 世界新記録を出す / Das Schiff *wirft* Anker. 船が錨を下ろす.

◊［前置詞とともに］人⁴ **auf** den Boden *werfen* 人⁴を地面へ投げ倒す / einen Blick **auf** 人・物⁴ *werfen* ［比］人・物⁴をちらっと見る / Waren⁴ **auf** den Markt *werfen* ⟪比⟫商品を市場に出す / 人⁴ **aus** dem Haus *werfen* ［口語・比］人⁴を家から追い出す / der Ball **in** die Höhe *werfen* ボールをほうり上げる / Sie warf die Tür ins Schloss. 彼女はドアをばたんと閉めた / eine Frage⁴ **in** die Debatte *werfen* ⟪比⟫ある問題を討論にかける / einen Stein **nach** 人・物³ *werfen* 人・物³めがけて石を投げつける / den Ball **über** den Zaun *werfen* ボールを柵(ポ)の向こうへ投げる / die Kleider **von** sich³ *werfen* 衣服を脱ぎ捨てる. ◊［目的語なしでも］Wie weit *kannst* du *werfen*? — Ich *werfe* 42 Meter weit. 君はどのくらい遠くまで投げられるか? — ぼくは42メートル投げるよ.

② (体の部分⁴を)さっと動かす. die Arme⁴ **in** die Höhe *werfen* 両腕を突き上げる / den Kopf **in** den Nacken *werfen* 頭をくっとそらす. ③ (投げてゴールなど⁴を)決める, (さいころを振って目⁴を)出す. drei Tore⁴ *werfen* (ハンドボ

Werfer

—ルなどで:) 3 ゴールを決める / eine Sechs⁴ *werfen* (さいころで:) 6を出す. ④ (光・影など⁴を)投げかける, (泡・しわなど⁴を)生じさせる. Der Baum *wirft* einen Schatten. 木が影を落としている / Das Meer *wirft* Wellen. 海が波立つ. ⑤ (柔道・レスリングなどで:)(相手⁴を)投げる, フォールする. ⑥ (哺乳(ほにゅう)動物が子⁴を)産む.
II [再帰] (完了 haben) *sich⁴ werfen* ① 〖方向を表す語句とともに〗(…に)身を投げかける, 倒れ込む. Er *warf* sich **aufs** Bett. 彼はベッドに身を投げ出した / *sich⁴* [vor 人³] auf die Knie *werfen* [人³の前に]ひざまずく / *sich⁴* auf 團⁴ *werfen* 團⁴に専念(熱中)する / Sie *warf* sich ihm in die Arme. 彼女は彼の腕に身を投げかけた / *sich⁴* in die Kleider *werfen* 《比》急いで服を着る / *sich⁴* 人³ zu Füßen *werfen* 人³の足元にひれ伏す.
② (板などが)反る, ゆがむ. Das Holz *wirft sich*. 木材が反り返る.
III [自] (完了 haben) 〖mit 物⁴ ~〗(團³を)投げつける. mit Steinen nach 人³ *werfen* 人³に石を投げつける / mit dem Geld **um** sich⁴ *werfen* 《口語》お金をやたらと使う.

Wer·fer [ヴェルファァ vérfər] 男 -s/- ① (ハンドボール・バスケットボールなどの)シューター; 投てきの選手; (野球の)ピッチャー. (女性形: -in). ② (軍) ロケット弾(ミサイル)発射機 (=Raketenwerfer).

Werft [ヴェルふト vérft] 女 -/-en 造船所, ドック; 航空機の整備工場. **auf** (または **in**) die *Werft* kommen (修理のために)ドックに入る.

Werft·ar·bei·ter [ヴェルふト・アルバイタァ] 男 -s/- 造船所(ドック・航空機整備場)の工員. (女性形: -in).

Werg [ヴェルク vérk] 中 -[e]s/ 麻くず, 粗麻.

das **Werk** [ヴェルク vérk] 中 (単2) -es (まれに -s)/(複) -e (3格のみ -en) ① 〖複なし〗仕事, 作業. (英 work). ein mühevolles *Werk* 骨の折れる仕事 / ein *Werk⁴* beginnen 仕事を始める / Mein *Werk* ist vollendet. 〖状態受動・現在〗私の仕事は完成した / **ans** *Werk* gehen または sich⁴ **ans** *Werk* machen 仕事に着手する / Wir sind bereits am *Werk*. 私たちはもう作業にとりかかっている / **beim** *Werke* sein 仕事にかかっている / **im** *Werk* sein 《雅》起こりつつある, 進行中である / 團⁴ **ins** *Werk* setzen 團⁴を実行に移す, 着手する / vorsichtig **zu** *Werke* gehen 《雅》慎重に事を進める.
② 作品, 製作物, 成果. Goethes sämtliche *Werke* ゲーテ全集 / ein unvollendetes *Werk* 未完の作品 / ein wissenschaftliches *Werk⁴* schreiben 学術書を書く.
③ 行為, 行い. ein *Werk* der Barmherzigkeit² 慈善行為 / ein gutes *Werk⁴* tun 善行をなす. ④ 工場, 製作所, プラント. ein chemisches *Werk* 化学工場. ⑤ (機械などの)装置, 仕掛け, メカニズム. das *Werk* einer Uhr² 時計のメカニズム. ⑥ (城塞(じょうさい)の)堡塁(ほうるい).

▷ **-werk** のいろいろ: **Bauwerk** 建築物 / **Bergwerk** 鉱山 / **Feuerwerk** 花火 / **Flickwerk** つぎ

ぎ細工 / **Handwerk** 手工業 / **Kraftwerk** 発電所 / **Kunstwerk** 芸術作品 / **Räderwerk** 歯車装置 / **Stahlwerk** 製鋼所 / **Triebwerk** 駆動装置

Werk·bank [ヴェルク・バンク] 女 -/..bänke (仕事場・工場などの)作業台, 工作台.

werk·ei·gen [ヴェルク・アイゲン] 形 工場所有の, 社有の.

wer·keln [ヴェルケるン vérkəln] 自 (h) (暇つぶしに趣味で)手仕事をする. im Garten *werkeln* 庭いじりをする.

wer·ken [ヴェルケン vérkən] 自 (h) 手仕事をする, 作業する.

Wer·ken [ヴェルケン] 中 -s/ 技術工芸の授業 (=Werkunterricht).

werk·ge·treu [ヴェルク・ゲトロイ] 形 原作(原曲)に忠実な(上演・演奏など).

Werk·meis·ter [ヴェルク・マイスタァ] 男 -s/- 職工長. (女性形: -in).

werks·ei·gen [ヴェルクス・アイゲン] 形 《すっう》 =werkeigen

Werk·spi·o·na·ge [ヴェルク・シュピオナージェ] 女 -/ 産業スパイ活動.

die **Werk·statt** [ヴェルク・シュタット vérkʃtat] 女 -/-(複) ..stätten ① (手工業者の)仕事(作業)場; (自動車などの)修理工場. das Auto⁴ **in** die *Werkstatt* bringen 車を修理工場へ持って行く. ② (芸術家の)工房, アトリエ.

Werk·stät·te [ヴェルク・シュテッテ] 女 -/-n 《雅》=Werkstatt

Werk·stoff [ヴェルク・シュトふ] 男 -[e]s/-e 製作(工作)材料(金属・木材・皮革など).

Werk·stück [ヴェルク・シュテュック] 中 -[e]s/-e (加工・製造用の)素材, 部材.

Werk·stu·dent [ヴェルク・シュトゥデント] 男 -en/-en (学費を自分で稼ぐ)勤労学生. (女性形: -in).

Werk·tag [ヴェルク・ターク] 男 -[e]s/-e ウィークデー, 仕事日, 平日. (注意 「日曜日」は Sonntag, 「祝日・休日」は Feiertag).

werk·tags [ヴェルク・タークス] 副 ウィークデーに, 仕事日に, 平日に.

werk·tä·tig [ヴェルク・テーティヒ] 形 仕事(職業)についている, 就労の(人口など).

Werk·un·ter·richt [ヴェルク・ウンタァリヒト] 男 -[e]s/-e 〖ふつう 単〗技術工芸の授業.

das **Werk·zeug** [ヴェルク・ツォイク vérktsɔyk] 中 (単2) -[e]s/(複) -e (3格のみ -en) (英 tool). ① 道具, 工具; 《比》(ある目的のために)道具のように使われる人, 手先. ② 〖複なし〗(総称として:)(ある仕事のための)道具一式. das *Werkzeug* des Tischlers 家具職人の道具一式.

▷ [類語] das **Werkzeug**: 工具, 道具 (素材を加工するのに用いる金づち・ペンチ・やすりなど). das **Gerät**: 器具, 器械. (略語としてラジオ受信機・テレビ受像機などの意にも用いる). der **Apparat**: (複雑な部品から成り立っている)機器, 装置. (略語としてカメラ・電話の受話器などの意味でも用いる). das **Instrument**: (特に技術的・医学的な)器械. medizinische *Instrumente* 医療器具.

Werk·zeug·kas·ten [ヴェルクツォイク・カステン] 男 -s/- kästen 道具箱, 工具箱.

Werk·zeug=ma·schi·ne [ヴェルクツォイク・マシーネ] 女 -/-n 工作機械.

Wer·mut [ヴェーァムート vé:rmu:t] 男 -[e]s/ ①《植》ニガヨモギ. ② ベルモット(にがよもぎで味をつけた食前酒).

Wer·muts·trop·fen [ヴェーァムーツ・トロプふェン] 男 -s/-《雅》(喜びをそこなう)一滴の苦汁(じゅう).

Wer·ner [ヴェルナァ vérnər] I -s/-s《姓》ヴェルナー. II -s/《男名》ヴェルナー.

wert [ヴェーァト vé:rt] 形 (比較 werter, 最上 wertest) ①《物4の》価値がある; …の値段の.《英 worth》. Das ist viel (wenig) wert. それは大いに価値がある(ほとんど価値がない) / Wie viel ist es wert? — Das ist 100 Euro wert. それはおいくらですか — 100 ユーロです. ②《成句的に》人·物2 (まれに物4) wert sein 人·物2(まれに物4)に値する ⇒ Er ist dieser Frau2 nicht wert. 彼はこの女性に値しない / Das ist nicht der Mühe2 (まれに die Mühe) wert. それは骨折りがいがない / Dresden ist immer eine Reise wert. ドレスデンはいつでも旅行をするだけの値打ちがある. ③《付加語としてのみ》《雅》尊敬すべき, 敬愛する. Werte Frau Meyer!（手紙の冒頭で）親愛なるマイアー夫人 / Wie ist Ihr werter Name? お名前は何とおっしゃいますか.

der **Wert** [ヴェーァト vé:rt] 男 (単2) -es (まれに -s)/(複) -e (3格のみ -en) ①《ふつう 単》(金銭的な)価値, 値打ち.《英 value》. Der Wert des Geldes schwankt. 通貨の価値が揺れている / ein Wert gewinnen (verlieren) 値が上がる(下がる) / **im** Wert steigen (fallen) 値が上がる(下がる) / Exporte im Wert[e] von 2 Millionen Euro 200 万ユーロ[の価格]の輸出品 / **unter** [seinem] Wert verkaufen 物4を価格を下げて売る / ein Ring **von hohem** Wert 高価な指輪.

②《複 で》価値ある物, 貴重な物. kulturelle Werte 文化財 / unersetzliche Werte4 erhalten かけがえのない貴重な物を保存する.

③《複 なし》(金銭面以外の)価値, 重要性. der künstlerische Wert eines Films ある映画の芸術的価値 / Diese Erfindung hat keinen praktischen Wert. この発明には実用的価値がない / Wert4 **auf** 物4 legen 物4を重要視する / Wert4! (口語) そんなことをしても無意味だ / Das ist **ohne** jeden Wert. それはまったく価値がない. ④ 値(ぁた), 数値. Messwert 測定値. ⑤ 郵便切手. ein Wert zu 56 Cent 56 セントの切手. ⑥《複 で》有価証券 (= Wertpapiere).

..wert [..ヴェーァト ..ve:rt]《形容詞をつくる接尾》(…に値する) 例: dankenswert 感謝すべき.

Wert=an·ga·be [ヴェーァト・アンガーベ] 女 -/-n《郵》価格表記.

Wert=ar·beit [ヴェーァト・アルバイト] 女 -/-en (価値のある)第一級の仕事(作品).

wert=be·stän·dig [ヴェーァト・ベシュテンディヒ] 形 価値の安定した.

Wert=be·stän·dig·keit [ヴェーァト・ベシュテンディヒカイト] 女 -/ 価値の安定[性].

Wert=brief [ヴェーァト・ブリーふ] 男 -[e]s/-e《郵》価格表記郵便物.

wer·ten [ヴェーァテン vé:rtən] 他 (h) ① 評価する; 《スポ》採点する. 人·物4 hoch werten 人·物4を高く評価する. ②《A4 als B4 ~》(A4 を B4 と)見なす. 物4 als gute Leistung werten 物4をりっぱな成果だと見なす.

Wert=ge·gen·stand [ヴェーァト・ゲーゲンシュタント] 男 -[e]s/..stände 価値のある物, 貴重品.

Wer·ther [ヴェーァタァ vé:rtər] -s/《男名》ヴェールター, ヴェルテル(ゲーテの 1774 年の小説 „Die Leiden des jungen Werther" 『若きヴェルテルの悩み』の主人公の名).

..wer·tig [..ヴェーァティヒ ..ve:rtɪç]《形容詞をつくる接尾》(…価の·…の価値のある) 例: gleich*wertig* 等価の.

Wer·tig·keit [ヴェーァティヒカイト] 女 -/-en ①《化》原子価. ②《言》(動詞などの)結合価, ヴァレンツ (= Valenz). ③ 価値, 有用性.

wert=los [ヴェーァト・ろース] 形 ① 無価値の (貨幣など). ② 役にたたない, 利用価値がない.

Wert=lo·sig·keit [ヴェーァト・ろーズィヒカイト] 女 -/ 無価値.

Wert=mar·ke [ヴェーァト・マルケ] 女 -/-n 印紙.

Wert=maß·stab [ヴェーァト・マースシュターブ] 男 -[e]s/..stäbe 価値尺度(基準).

Wert=min·de·rung [ヴェーァト・ミンデルング] 女 -/-en (損傷·使用による)価値の低下, 減価.

Wert=pa·ket [ヴェーァト・パケート] 中 -[e]s/-e《郵》価格表記小包.

Wert=pa·pier [ヴェーァト・パピーァ] 中 -s/-e《ふつう 複》《経》有価証券.

Wert=sa·che [ヴェーァト・ザッヘ] 女 -/-n《ふつう 複》高価な物, 貴重品, (特に:)装身具.

wert|schät·zen [ヴェーァト・シェッツェン vé:rt-ʃɛtsən] 他 (h)《雅》(人·事4を)高く評価する, 尊敬する.

Wert=schät·zung [ヴェーァト・シェッツング] 女 -/《雅》尊重, 尊敬; 評価.

Wert=sen·dung [ヴェーァト・ゼンドゥング] 女 -/-en《郵》価格表記郵便物.

Wert=stoff [ヴェーァト・シュトふ] 男 -[e]s/-e (リサイクル可能な)資源ごみ(古紙·空びんなど).

Wer·tung [ヴェーァトゥング] 女 -/-en 評価, (額の)査定; 《スポ》採点, 評点.

Wert=ur·teil [ヴェーァト・ウァタイる] 中 -s/-e 価値判断.

wert=voll [ヴェーァト・ふォる vé:rtfɔl] 形 ① 高価な, 価値(値打ち)のある.《英 valuable》. *wertvoller* Schmuck 高価な装身具 / eine wissenschaftlich *wertvolle* Entdeckung 学

Wertzeichen

問的に価値のある発見. (⇒ 顕語 teuer). ② 役にたつ, 有益な(助言など). ein *wertvoller* Hinweis 有益な指摘.

Wert·zei·chen [ヴェーァト・ツァイヒェン] 中 -s/- 有価証紙(切手・紙幣・株券・収入印紙など).

Wert=zu·wachs [ヴェーァト・ツーヴァクス] 男 -es/..wächse (土地などの)価値の増大.

Wer·wolf [ヴェーァ・ヴォるふ vé:r-vɔlf] 男 -[e]s/..wölfe (伝説上の)おおかみ人間.

wes [ヴェス vés] 代(古) =wessen

das **Wesen** [ヴェーゼン vé:zən] 中 (単2) -s/(複) ① 〔複 なし〕本質, 本性, 〔哲〕実体. (英 *essence*). Das liegt *im Wesen* der Kunst. それは芸術の本質を成すものだ. ② 〔複 なし〕(人の)性格, 人柄. (英 *nature*). Sie hat ein freundliches *Wesen*. 彼女は好感の持てる人だ. ③ 存在[者·物]. alle lebenden *Wesen* 生きとし生けるもの / das höchste *Wesen* 神(←最高の存在). ④ (被造物としての)人間. ein weibliches (männliches) *Wesen* 女性(男性) / ein kleines *Wesen* 子供. ⑤ 〔複 なし〕〔古〕活動. sein *Wesen*[4] treiben a) (子供が)はしゃぎ回る, b) 悪さを働く / viel *Wesen*[4] um 男[4] (または von 男[3]) machen 〔口語〕男[4](または男[3])で大騒ぎする.

..we·sen [..ヴェーゼン ..ve:zən] 中性名詞をつくる 接尾 〔制度·組織〕例: Schul*wesen* 学校制度.

we·sen·haft [ヴェーゼンハふト] 形 〔雅〕① 本質的な, 核心をなす. ② 実在する, 実体のある.

we·sen=los [ヴェーゼン・ろース] 形 〔雅〕① 実のない, おぼろな(影など). ② 本質的でない, 内容のない, 重要でない.

We·sens=art [ヴェーゼンス・アールト] 女 -/ (人の)特性, 生まれつきの性格.

we·sens=ei·gen [ヴェーゼンス・アイゲン] 形 〔人·物[3]の〕本質に固有な, 特有な.

we·sens=fremd [ヴェーゼンス・ふレムト] 形 〔人·物[3]の〕本質に無関係な, 異質な.

we·sens=gleich [ヴェーゼンス・グらイヒ] 形 本質(性格)を同じくする, 同質の.

We·sens=zug [ヴェーゼンス・ツーク] 男 -[e]s/..züge (本質的な)特徴, 特性.

we·sent·lich [ヴェーゼントりヒ vé:zəntlɪç] **I** 形 本質的な, 基本的な; 重要な. (英 *essential*). ein *wesentlicher* Unterschied 本質的な相違 / ein *wesentlicher* Bestandteil 基本的な構成要素 / Das ist von *wesentlicher* Bedeutung. それは重要な意味を持っている. ◇〔名詞的に〕das *Wesentliche*[4] erkennen 本質的なものを認識する / im *Wesentlichen* a) 概して, 大体のところ, b) まず第一に, おもに.

II 副 ① 〔比較級とともに〕はるかに, ずっと. Er ist *wesentlich* größer als du. 彼は君よりずっと背が高い. ② ずいぶん, かなり. Sie hat sich[4] nicht *wesentlich* verändert. 彼女は大して変わっていない.

1578

die **We·ser** [ヴェーザァ vé:zər] 女 -/ 〔定冠詞とともに〕〔川名〕ヴェーザー川(ドイツ北西部を流れ北海に注ぐ. ⇒ 地図 D-2~3).

Wes=fall [ヴェス・ふァる] 男 -[e]s/〔言〕2格, 所有格, 属格 (=Genitiv).

wes·halb [ヴェス・ハるプ ves-hálp または ヴェス..] 副 **A)** 〔疑問副詞〕なぜ, 何のために (=warum). (英 *why*). *Weshalb* lachst du? 君はなぜ笑うんだい / Er fragte mich, *weshalb* ich das getan hatte. 彼は私がなぜそんなことをしたのかと聞いた.

B) 〔関係副詞; 動詞の人称変化形は文末〕そのために. Es begann zu regnen, *weshalb* wir schneller liefen. 雨が降り出したので私たちは足を速めた.

Wes·pe [ヴェスペ véspə] 女 -/-n 〔昆〕スズメバチ.

Wes·pen=nest [ヴェスペン・ネスト] 中 -[e]s/-er すずめ蜂(げ)の巣. in ein *Wespennest* stechen 〔口語〕やっかいな事に首を突っ込んでひどい目にあう(←すずめ蜂の巣に手を突っ込む).

Wes·pen=tail·le [ヴェスペン・タりエ] 女 -/-n (すずめ蜂(げ)のような)細いウエスト.

wes·sen [ヴェッセン vésən] 代 〔wer, was の2格〕 **A)** 〔疑問代名詞〕① 〔wer の2格〕だれの (英 *whose*). *Wessen* Wörterbuch ist das? これはだれの辞書ですか / *Wessen* erinnerst du dich? 〔雅〕君はだれのことを思い出しているんだい. ② 〔was の2格〕何. *Wessen* rühmt er sich? 彼は何を自慢しているのだろう. **B)** 〔関係代名詞; 動詞の人称変化形は文末〕〔wer の2格〕…する人. *Wessen* Recht groß ist, der hat auch große Pflichten. 大きな権利を持つ者は, また大きな義務を負う.

Wes·si [ヴェッスィ vési] 男 -s/-s 〔女 -/-s〕〔口語〕(ふつう軽蔑的に:)旧西ドイツの人. (⇒「旧東ドイツの人」は Ossi).

der **West** [ヴェスト vést] 男 (単2) -[e]s/(複) (3格のみ -en) ① 〔複 なし; 冠詞なし; 無変化〕〔海·気象〕西 (=Westen) (略: W). (⇒「東」は Ost). aus (または von) *West* 西から / aus Ost und *West* 西方々から. 〔地名のあとにつけて〕西方, 西部. Stuttgart *West* または Stuttgart-*West* シュトゥットガルト西部. ③ 〔ふつう 男〕〔海·詩〕西風 (=Westwind).

West=ber·lin [ヴェスト・ベルりーン] 中 -s/ 〔市名〕旧西ベルリン. (⇒「旧東ベルリン」は Ostberlin).

west=deutsch [ヴェスト・ドイチュ] 形 ① ドイツ西部[地域]の. ② (通称として:)[旧]西ドイツの.

West=deutsch·land [ヴェスト・ドイチュらント] 中 -s/ ① ドイツ西部[地域]. ② (通称として:)[旧]西ドイツ.

die **Wes·te** [ヴェステ véstə] 女 (単) -/(複) -n ① 〔服飾〕ベスト, チョッキ. (英 *vest*). eine weiße (または reine または saubere) *Weste*[4] haben 〔口語·比〕潔白である, 前科がない. ② (防弾用などの)チョッキ; 救命胴着. eine schusssichere (または kugelsichere) *Weste*

防弾チョッキ. ③《方》ニットのベスト(ジャケット).

der Wes·ten [ヴェステン véstən]

> 西
>
> Der Wind kommt von *Westen*.
> ドァ ヴィント コムト フォン ヴェステン
> 風が西から吹く.

男(単2) -s/ ①《ふつう冠詞なしで》西(略: W). (⇔ *west*). (⇔「東」は Osten, 「北」は Norden, 「南」は Süden). Die Sonne geht im *Westen* unter. 太陽は西に沈む / nach *Westen* 西へ. ② 西部[地方]. im *Westen* Japans 日本の西部[地方]に. ③ 西欧諸国, 西側諸国.

Wes·ten·ta·sche [ヴェステン・タッシェ] 囡 -/-n ベスト(チョッキ)のポケット. Er kennt die Stadt wie seine *Westentasche*.《口語》彼はその町をすみずみまでよく知っている.

Wes·tern [ヴェスタァン véstərn] [英] 男 -[s]/- 西部劇[映画], ウエスタン.

West≠eu·ro·pa [ヴェスト・オイローパ] 田 -/(地名)西ヨーロッパ, 西欧.

west≠eu·ro·pä·isch [ヴェスト・オイロペーイッシュ] 形 西ヨーロッパ(西欧)の.

West·fa·len [ヴェスト・ファーレン vɛst-fáːlən] 田 -s/(地名)ヴェストファーレン(ドイツ, ノルトライン・ヴェストファーレン州の一地方).

west·fä·lisch [ヴェスト・フェーリッシュ vɛst-fɛːlɪʃ] 形 ヴェストファーレン[地方の人・方言]の. der *Westfälische* Friede《史》ウェストファリア条約(三十年戦争終結の講和条約. 1648 年).

West≠in·di·en [ヴェスト・インディエン] 田 -s/(地名)西インド諸島(カリブ海に浮かぶ諸島).

west≠in·disch [ヴェスト・インディッシュ] 形 西インド諸島の.

***west·lich** [ヴェストリヒ véstlɪç] I 形 ① 西の, 西部の. (⇔ *western*). (⇔「東」は östlich). der *westliche* Himmel 西の空 / das *westliche* Frankreich フランス西部 / Die Insel liegt auf dem 30. (=dreißigsten) Grad *westlicher* Länge. その島は西経 30 度にある / Der Ort liegt *westlich* von Leipzig. その村はライプツィヒの西の方にある. ②《付加語としてのみ》西向きの; 西からの. *westliche* Winde 西風 / in *westliche*[r] Richtung 西の方へ向かって. ③ 西側諸国の. II 前《2 格とともに》…の西[方]に. *westlich* der Grenze 国境の西方に.

West≠mäch·te [ヴェスト・メヒテ] 複《政》西側の列強(第一次世界大戦の際の対ドイツ連合国. イギリス・フランス(のちにアメリカも). 1945 年以後はイギリス・フランス・アメリカの西側連合国).

West≠nord≠west [ヴェスト・ノルト・ヴェスト] 男 -[e]s/-e《用法については West を参照》《海・気象》西北西(略: WNW);《ふつう 田》《海》西北西の風.

West≠nord≠wes·ten [ヴェスト・ノルト・ヴェステン] 男 -[e]s/《ふつう前置詞とともに》西北西[部] (略: WNW).

west≠öst·lich [ヴェスト・エストリヒ] 形 西から東へ向かう, 東西を結ぶ.

West≠süd≠west [ヴェスト・ズュート・ヴェスト] 男 -[e]s/-e《用法については West を参照》《海・気象》西南西(略: WSW);《ふつう 田》《海》西南西の風.

West≠süd≠wes·ten [ヴェスト・ズュート・ヴェステン] 男 -[e]s/《ふつう冠詞なし; ふつう前置詞とともに》西南西[部] (略: WSW).

west≠wärts [ヴェスト・ヴェルツ] 副 西[方]へ.

West≠wind [ヴェスト・ヴィント] 男 -[e]s/-e 西風.

wes·we·gen [ヴェス・ヴェーゲン] 副 なぜ; そのために(=weshalb).

***der Wett≠be·werb** [ヴェット・ベヴェルプ vɛ́t-bəvɛrp] 男 (単2) -[e]s/(複) -e (3 格のみ -en) ① 競技会, コンクール, コンテスト.《*contest*》. ein musikalischer *Wettbewerb* 音楽コンクール / einen *Wettbewerb* gewinnen コンクールで優勝する / an einem *Wettbewerb* teil|nehmen 競技会に参加する. ②《複 なし》《経》(企業間の)競争. freier *Wettbewerb* 自由競争 / Unter den Firmen herrscht ein harter *Wettbewerb*. 各社の間で激しい競争が行われている.

Wett≠be·wer·ber [ヴェット・ベヴェルバァ] 男 -s/- ① 競技会(コンクール)の参加者. (女性形: -in). ②《経》競合している企業, 商売敵.

Wett≠bü·ro [ヴェット・ビュロー] 中 -s/-s (賭(か)けスポーツの)チケット売り場; 馬券売り場.

***die Wet·te** [ヴェッテ vɛ́tə] 囡 (単) -/(複) -n ① 賭(か)け.《英》*bet*). eine gewagte *Wette* 大胆な賭け / eine *Wette*⁴ [mit 人³] ab|schließen [人³と]賭けをする / eine *Wette*⁴ gewinnen (verlieren) 賭に勝つ(負ける) / Ich gehe jede *Wette* ein, dass… 私は…と確信している(=どんな賭でもする) / Was gilt die *Wette*? いくら賭ける? ② 馬券. ③《成句的に》um die *Wette* a) 競争して, b)《口語》競って, 互いに負けまいと. um die *Wette* laufen 競走する.

Wett≠ei·fer [ヴェット・アイファァ] 男 -s/ 競争心.

wett·ei·fern [ヴェット・アイファァン vɛ́t-aɪfərn] 過分 gewetteifert) 自 (h) 競争する, 張り合う. **mit** 人³ **um** 物⁴ *wetteifern* 人³と物⁴をめざして争う.

wet·ten [ヴェッテン vɛ́tən] du wettest, er wettet (wettete, *hat*…gewettet) I 自 (完了 haben) ① 賭(か)けをする.《英》*bet*). 人³ um 10 Euro *wetten* 人³と10 ユーロの賭をする / *Wollen* wir *wetten*? 賭をしようか / Ich *wette*, dass du das nicht kannst.《口語》賭けてもいいが, 君にはそれはできっこないよ / So *haben* wir nicht *gewettet*!《口語》それじゃ話が違うよ.

② **auf** 人·物⁴ **~** (人·物⁴に)賭(か)ける. auf ein Pferd *wetten* (競馬で:)ある馬に賭ける.

II 他 (完了 haben) (賭事(賭(か))で 物⁴を)賭(か)け

る. Ich *wette* zehn Euro. 10ユーロ賭けるよ / Darauf *wette* ich meinen Kopf (または Hals)!《口語》それは絶対間違いない(←頭(首)を賭けてもいい).

das Wet·ter¹ [ヴェッタァ vétər]

天気　Wie ist das *Wetter*?
ヴィー イスト ダス ヴェッタァ
天気はどうですか.

囲 (単2) -s/(複) - (3格のみ -n) ① 〖複 なし〗天気, 天候, 気象. (英 *weather*). Es ist schönes (schlechtes) *Wetter*. 良い(悪い)天気だ / Wir haben warmes (kaltes) *Wetter*. 暖かい(寒い)天候だ / Wie wird das *Wetter* morgen? あすの天気はどうなるだろう / Das *Wetter* ändert sich⁴. 天候が変わる / **bei** 人³ gut *Wetter*⁴ machen 《口語》人³の機嫌をとる / bei jedem *Wetter* どんな天気でも / **nach** dem *Wetter* sehen 空模様を見る / **um** gut[es] *Wetter* bitten 好意にすがろうとする(←よい天気を請う).
② 雷雨, 暴風[雨]. Ein *Wetter* bricht los. 急に雷雨が起こる / Alle *Wetter*!《口語》これはすごい, おやおや, これは驚いた. ③ 〖圏 で〗(坑)坑内のガス.

Wet·ter² [ヴェッタァ] 男 -s/- 賭(か)ける人.

Wet·ter≠amt [ヴェッタァ・アムト] 囲 -[e]s/..ämter 気象台.

Wet·ter≠aus·sicht [ヴェッタァ・アオスズィヒト] 囡 -/-en〖ふつう 圏〗天気の見通し(予想).

der **Wet·ter≠be·richt** [ヴェッタァ・ベリヒト vétər-bərɪçt] 男 (単2) -[e]s/(複) -e (3格のみ -en) 天気予報, 気象通報. (英 *weather report*). Was sagt der *Wetterbericht*? 天気予報は何て言っている?

wet·ter≠be·stän·dig [ヴェッタァ・ベシュテンディヒ] 形 ＝wetterfest

Wet·ter≠dienst [ヴェッタァ・ディーンスト] 男 -[e]s/-e (総称として:)気象業務(観測・研究・予報・通報など).

Wet·ter≠fah·ne [ヴェッタァ・ファーネ] 囡 -/-n 風信旗, 風見;《比》日和見主義者, 無定見な人.

wet·ter≠fest [ヴェッタァ・フェスト] 形 風雨に耐える, 悪天候でもだいじょうぶな(衣服など).

Wet·ter≠frosch [ヴェッタァ・フロッシュ] 男 -[e]s/..frösche ①《口語》天気予報の雨蛙(ガラスびんの中で飼われ, その中のはしごを登ると晴れるとされる). ②《戯》気象予報官.

wet·ter≠füh·lig [ヴェッタァ・フューリヒ] 形 天候の変化に敏感な.

Wet·ter≠hahn [ヴェッタァ・ハーン] 男 -[e]s/..hähne 風見鶏(かざみどり).

Wet·ter≠kar·te [ヴェッタァ・カルテ] 囡 -/-n 天気図.

Wet·ter≠kun·de [ヴェッタァ・クンデ] 囡 -/ 気象学(＝Meteorologie).

Wet·ter≠la·ge [ヴェッタァ・らーゲ] 囡 -/-n 《気象》気象状況.

wet·ter·leuch·ten [ヴェッタァ・ろイヒテン vétər-lɔyçtən] (過分) gewetterleuchtet 非人称 (h) Es *wetterleuchtet*. (遠くて)稲妻が光る.

Wet·ter·leuch·ten [ヴェッタァ・ろイヒテン] 囲 -s/ (遠くで光る)稲妻, 稲光.

wet·tern [ヴェッタァン vétərn] I 非人称 (h) Es *wettert*. 雷雨になっている. II 自 (h)《口語》(ひどく)ののしる, どなりつける.

Wet·ter≠sa·tel·lit [ヴェッタァ・ザテリート] 男 -en/-en 気象衛星.

Wet·ter≠sei·te [ヴェッタァ・ザイテ] 囡 -/-n (山・家などの)風雨の当たる側.

Wet·ter≠sturz [ヴェッタァ・シュトゥルツ] 男 -es/..stürze 急な天候の悪化.

Wet·ter≠um·schlag [ヴェッタァ・ウムシュらーク] 男 -[e]s/..schläge 天候の急変.

Wet·ter≠vor·her·sa·ge [ヴェッタァ・フォーァヘーァザーゲ] 囡 -/-n 天気予報.

Wet·ter≠war·te [ヴェッタァ・ヴァルテ] 囡 -/-n 気象観測所, 測候所.

wet·ter≠wen·disch [ヴェッタァ・ヴェンディッシュ] 形 お天気屋の, 気まぐれな, 無定見な.

Wet·ter≠wol·ke [ヴェッタァ・ヴォるケ] 囡 -/-n 雷雲.

wet·te·te [ヴェッテテ] ＊wetten (賭をする)の過去

Wett≠fahrt [ヴェット・ファールト] 囡 -/-en (乗り物による)競走, レース(競輪・ボートレースなど).

der **Wett≠kampf** [ヴェット・カンプふ vétkampf] 男 (単2) -[e]s/(複) ..kämpfe [..ケンプふェ] (3格のみ ..kämpfen) 試合, 競技[会]. (英 *competition*). einen *Wettkampf* veranstalten 競技会を開催する / einen *Wettkampf* gewinnen (verlieren) 試合に勝つ(負ける).

Wett≠kämp·fer [ヴェット・ケンプふァァ] 男 -s/- 試合(競技)参加者, 選手. (女性形: -in).

Wett≠lauf [ヴェット・らオふ] 男 -[e]s/..läufe 競走, 駆けっこ.

wett|lau·fen [ヴェット・らオふェン vét-làufən] 自〖不定詞でのみ用いられる〗競走する.

Wett≠läu·fer [ヴェット・ろイふァァ] 男 -s/- 競走者, ランナー. (女性形: -in).

wett|ma·chen [ヴェット・マッヘン vét-màxən] 他(h)《口語》(損失など⁴を)償う, 埋め合わせる.

Wett≠ren·nen [ヴェット・レンネン] 囲 -s/- 競走.

Wett≠rüs·ten [ヴェット・リュステン] 囲 -s/ 軍備拡張競争.

Wett≠spiel [ヴェット・シュピーる] 囲 -[e]s/- 競技;(特に子供たちの)競争, ゲーム.

Wett≠streit [ヴェット・シュトライト] 男 -[e]s/ 競争, 競い合い. mit 人³ in *Wettstreit* treten 人³と競争する.

wet·zen [ヴェッツェン vétsən] I 他 (h) (刃物など⁴を)研ぐ, 磨く. II 自 (s)《口語》走って行く, 駆けて行く.

Wetz≠stein [ヴェッツ・シュタイン] 男 -[e]s/-e

砥石(といし).

WEZ [ヴェー・エー・ツェット] 囡 -/ 《略》西ヨーロッパ標準時 (=westeuropäische Zeit).

WG [ヴェー・ゲー] 囡 -/-s 《略》《口語》ルームシェアリング[の仲間] (=Wohngemeinschaft).

Whis·ky [ヴィスキー vı́ski] [英] 匣 -s/-s ウイスキー.

WHO [ヴェー・ハー・オー] 囡 -/ 《略》世界保健機関 (=World Health Organization).

wich [ヴィヒ] weichen¹ (消え去る)の過去

wi·che [ヴィッヒェ] weichen¹ (消え去る)の接②

Wichs [ヴィクス víks] 匣 -es/-e (ﾜﾞﾙｼｭ: 囡 -/-en) (学生言葉) 学生組合員の礼装. in vollem Wichs 礼装(盛装)して.

Wich·se [ヴィクセ víksə] 囡 -/-n 《口語》① つや出し剤, (特に:)靴墨. ② 〚覆 なし〛殴打. Wichse⁴ kriegen 殴られる.

wich·sen [ヴィクセン víksən] 他 ① 《口語》つや出しワックス(クリーム)で磨く. ② 《方》ぶんなぐる. 囚³ eine⁴ wichsen 囚³に一発くらわす.
◇☞ gewichst

Wicht [ヴィヒト víçt] 匣 -[e]s/-e ① (童話の)小人. ② 坊や, ちび. ③ (ののしって:)野郎.

Wicht·el·män·chen [ヴィヒテル・メンヒェン] 匣 -s/- (童話の)小人.

※wich·tig [ヴィヒティヒ víçtiç]

重要な Das ist sehr *wichtig*.
ダス イスト ゼーア ヴィヒティヒ
それはとても重要だ.

形 (比較 wichtiger, 最上 wichtigst) ① 重要な, 重大な, 大切な. (英 important). ein *wichtiger* Brief 重要な手紙 / eine *wichtige* Mitteilung (Person) 重大な報告(重要な人物) / 匣⁴ *wichtig* nehmen 匣⁴を重要(重大)視する. ◇《名詞的に》Das *Wichtigste* ist Gesundheit. 最も大切なのは健康だ.
② もったいぶった, 偉そうな, 尊大な. ein *wichtiges* Gesicht⁴ machen もったいぶった顔をする / sich⁴ *wichtig* nehmen 自分ばかりを重視する / sich³ *wichtig* vor|kommen《口語》自分のことを偉いと思う.
► wichtig|machen, wichtig|tun

die **Wich·tig·keit** [ヴィヒティヒカイト víçtıçkaıt] 囡 (単) -/(複) -en ① 〚覆 なし〛重要性, 重要(重大)さ. (英 *importance*). 匣³ große *Wichtigkeit*⁴ bei|messen 匣³をたいへん重要視する. Die Sache ist von großer *Wichtigkeit*. この件は非常に重要だ. ② 重要な事柄. ③ もったいぶった様子(しぐさ).

wich·tig|ma·chen [ヴィヒティヒ・マッヘン víçtıç-màxən] 再匣 (h) sich⁴ [mit 匣³] *wichtigmachen*《口語》[匣³のことで]もったいぶる, 偉そうにする.

Wich·tig|tu·er [ヴィヒティヒ・トゥーアァ] 匣 -s/- 《口語》もったいぶる人, 偉そうにする人. (女性形: -in).

Wich·tig|tu·e·rei [ヴィヒティヒ・トゥーエライ] 囡 -/-en 《口語》① 〚覆 なし〛もったいぶること, 偉そうにすること. ② もったいぶった言動.

wich·tig|tu·e·risch [ヴィヒティヒ・トゥーエリッシュ] 形《口語》もったいぶった, 偉ぶった.

wich·tig|tun* [ヴィヒティヒ・トゥーン víçtıçtù:n] 自 (h) = wichtig|machen

Wi·cke [ヴィッケ víkə] 囡 -/-n 〚植〛ソラマメ属; スイートピー. in die *Wicken* gehen《口語》なくなる, だめになる, 破滅する.

Wi·ckel [ヴィッケル víkəl] 匣 -s/- ① 〚医〛湿布, 罨法(あんぽう). 囚³ einen *Wickel* machen 囚³に湿布する. ② 巻いたもの; ひと巻きの糸, 巻いた玉. ein *Wickel* Wolle 毛糸の玉. ③ 巻きつけるもの; 糸巻き, リール. ④ 〚成句的に〛囚·匣⁴ am (または beim) *Wickel* packen (または kriegen または nehmen)《口語》a) 囚⁴を捕まえる, b) 匣⁴を詳細に取り上げる, c) 囚⁴を詰問する. ⑤ 〚植〛サソリ形花序, 互散花序.

Wi·ckel·ga·ma·sche [ヴィッケル・ガマッシェ] 囡 -/-n ゲートル, 巻ききゃはん.

Wi·ckel|kind [ヴィッケル・キント] 匣 -[e]s/-er 赤ん坊, おむつをしている幼児.

wi·ckeln [ヴィッケルン víkəln] ich wickle (wickelte, *hat* ... gewickelt) 他 (完了 haben) ① (毛糸・髪など⁴を)巻く, 巻きつける, (葉巻きなど⁴を)巻いて作る. (英 wind). Garn⁴ *auf* die Rolle *wickeln* 糸を糸巻きに巻きつける / Ich *wickelte* mir einen Schal *um* den Hals. 私はマフラーを首に巻いた / einen Turban *wickeln* ターバンを巻く / das Haar⁴ *zu* Locken *wickeln* 髪をカールする.
② 〚A⁴ in B⁴ ~〛(A⁴ を B⁴ に)包む, くるむ. (英 *wrap*). ein Geschenk⁴ in Papier *wickeln* プレゼントを紙に包む / ein Baby⁴ [in Windeln] *wickeln* 赤ん坊におむつを当てる. ◇《再帰的に》Ich *wickelte* mich in die Decke. 私は毛布にくるまった. ③ 〚A⁴ aus B³ ~〛(A⁴ を B³ の中から)ほどいて取り出す. das Buch⁴ aus dem Papier *wickeln* 包装をほどいて本を取り出す. ④ 〚A⁴ von B³ ~〛(A⁴ を B³ から)解く, ほどく. den Verband vom Bein *wickeln* 脚から包帯を解く. ⑤ (手足など⁴に)包帯をする.

wi·ckel·te [ヴィッケるテ] wickeln (巻く)の過去

wick·le [ヴィックれ] wickeln (巻く)の1人称単数 現在

Wick·lung [ヴィックるング] 囡 -/-en ① 〚覆 なし〛巻き込むこと, 巻くこと. ② 巻いたもの; 〚電〛コイル, 巻線(まきせん).

Wid·der [ヴィッダァ víder] 匣 -s/- ① 〚動〛雄羊. ② 〚覆 なし〛牡羊座; 白羊宮. ③ 牡羊座生まれの人.

wi·der [ヴィーダァ ví:dər] 前 〚4格とともに〛《雅》…に逆らって, …に反して. *wider* die Gesetze 法律に[違]反して / *wider* 囚⁴ Anklage⁴ erheben 囚⁴を告訴する / *wider* Erwarten 予期に反して / *wider* Willen 心ならずも.

wi·der.. [ヴィーダァ.. ví:dər.. または ヴィーダァ..]
Ⅰ 〚分離動詞の前つづり; つねにアクセントをもつ〛

《反響・反射》例: wider|hallen 反響する. **II** 【非分離動詞の[前つづり]; アクセントをもたない》《反対・抵抗》例: widerstehen 逆らう.

wi·der⹀bors·tig [ヴィーダァ・ボルスティヒ] 形 ① 〔毛髪が〕ごわごわしている, 櫛(⸦ ⸧)の通りの悪い. ② 反抗的な, 強情な(子供など).

wi·der·fah·ren* [ヴィーダァ・ファーレン vi:dər-fá:rən] 自 (s) 〔雅〕 (人³の身の上に)起こる, 生じる, ふりかかる. *Mir ist* ein Unglück *widerfahren.* 【現在完了】 私は不幸な目に遭った.

Wi·der⹀ha·ken [ヴィーダァ・ハーケン] 男 -s/- 〔釣針などの〕かかり, 逆鉤(⸦ぎゃっこう ⸧).

Wi·der⹀hall [ヴィーダァ・ハル] 男 -[e]s/-e 反響, こだま, 山びこ. *Widerhall*⁴ finden 反響(反応)がある.

wi·der|hal·len [ヴィーダァ・ハレン víːdərhàlən] 自 (h) ① 反響する, こだまする. Der Ruf *hallte* von den Bergen *wider*. 叫び声が山にこだました. ② 《von 物³ ~》(ホールなどが物³(歌声など)で)反響する, こだまする.

Wi·der⹀kla·ge [ヴィーダァ・クラーゲ] 女 -/-n 〔法〕 反訴.

Wi·der⹀la·ger [ヴィーダァ・ラーガァ] 中 -s/- 〔建〕 迫台(⸦せりだい ⸧)(アーチの両端を受ける台); 橋台. (☞ Bogen 図).

wi·der·leg·bar [ヴィーダァ・レークバール] 形 論駁(⸦ろんばく ⸧)しうる, 反駁(⸦はんばく ⸧)できる.

wi·der·le·gen [ヴィーダァ・レーゲン viːdərléːgən] 他 (h) 論駁(⸦ろんばく ⸧)する, (人・事⁴の)誤りを論証する.

Wi·der·le·gung [ヴィーダァ・レーグング] 女 -/-en 論駁(⸦ろんばく ⸧), 反駁(⸦はんばく ⸧).

wi·der·lich [ヴィーダァリヒ] **I** 形 ① (においなどが)いやな, 胸の悪くなる. ein *widerlicher* Anblick むかつくような光景. ② (態度などが)いやらしい, 不愉快な. ein *widerlicher* Typ いやなやつ. **II** 副 いやに, ひどく. Der Kuchen ist *widerlich* süß. このケーキはひどく甘い.

wi·der·na·tür·lich [ヴィーダァ・ナテューァリヒ] 形 自然の理に反した, 反自然的な, 異常な, 変態の(性欲など).

Wi·der⹀part [ヴィーダァ・パルト] 男 -[e]s/-e 〔雅〕 ① 反対者, 相手, 敵. ② 《成句的に》 人³ *Widerpart*⁴ bieten (または geben) 人³に対抗する, 抵抗する.

wi·der·ra·ten* [ヴィーダァ・ラーテン viːdərráːtən] **I** 他 (h) (人³に事⁴を)やめるよう忠告する. **II** 自 (h) (事³を)やめるよう忠告する.

wi·der·recht·lich [ヴィーダァ・レヒトリヒ] 形 不法な, 違法の.

Wi·der⹀re·de [ヴィーダァ・レーデ] 女 -/-n 抗弁, 口答え; 異論, 反論. ohne *Widerrede* 異議なく, 文句なしに.

Wi·der⹀ruf [ヴィーダァ・ルーフ] 男 -[e]s/-e (意見・命令などの)とり消し, 撤回. [bis] **auf** *Widerruf* とり消されない限り.

wi·der·ru·fen* [ヴィーダァ・ルーフェン dər-rúːfən] 他 (h) (発言など⁴を)とり消す, 撤回する.

wi·der·ruf·lich [ヴィーダァ・ルーふリヒ または ..ルーふリヒ] 形 とり消しのありうる, 撤回されるまで通用する(規定など).

Wi·der⹀sa·cher [ヴィーダァ・ザッハァ] 男 -s/- 敵, 敵対者. (女性形: -in).

Wi·der⹀schein [ヴィーダァ・シャイン] 男 -[e]s/ 反射, 反映. der *Widerschein* des Mondes auf dem Wasser 水に映った月影.

wi·der·set·zen [ヴィーダァ・ゼッツェン viːdər-zétsən] 他 (h) *sich*⁴ 人・事³ *widersetzen* 人・事³に逆らう, 抵抗する.

wi·der·setz·lich [ヴィーダァ・ゼッツリヒ または ヴィーダァ..] 形 反抗的な, 手に負えない. ein *widersetzliches* Verhalten 反抗的な態度.

Wi·der⹀sinn [ヴィーダァ・ズィン] 男 -[e]s/ 矛盾, 不合理, ばかげていること.

wi·der⹀sin·nig [ヴィーダァ・ズィニヒ] 形 不合理な, 不条理な, ばかげた.

wi·der⹀spens·tig [ヴィーダァ・シュペンスティヒ] 形 強情な, しまつに負えない;《比》(癖があって)セットしにくい(髪); 反抗的な(顔つきなど).

Wi·der⹀spens·tig·keit [ヴィーダァ・シュペンスティヒカイト] 女 -/-en ① 〔圏 なし〕 反抗的なこと. ② 反抗的な行為.

wi·der|spie·geln [ヴィーダァ・シュピーゲるン viːdər-ʃpiːɡəln] 他 (h) ① 映している, 反映している. Das Wasser *spiegelt* den Himmel *wider*. 水に空が映っている. **II** 再帰 (h) 《*sich*⁴ in 物³ ~》(物³に)映っている; 反映している. Dieses Erlebnis *spiegelt sich* in seinen Dichtungen *wider*. この体験が彼の文学に反映している.

wi·der·sprach [ヴィーダァ・シュプラーハ] widersprechen (反論する)の 過去

wi·der·spre·chen* [ヴィーダァ・シュプレッヒェン viːdər-ʃpréçən] du widersprichst, er widerspricht (widersprach, hat ... widersprochen) 自 (完了 haben) 〈⟵ contradict〉 ① (人・事³に) 反論する, 異論(異議)を唱える. einer Meinung³ *widersprechen* ある意見に反論する / Ich *muss* Ihnen leider *widersprechen*. 私は残念ながらあなたの意見に反論せざるをえない. ◇《再帰的に》*sich*³ *widersprechen* (前言と)矛盾したことを言う.
② (事³に)矛盾している, (事³と)相いれない. Die Tatsachen *widersprechen* seiner Behauptung. この事実は彼の主張と矛盾している. ◇《相互的に》Beide Aussagen *widersprechen sich*³ (または einander). 両者の証言は食い違っている.

wi·der·sprich [ヴィーダァ・シュプリヒ] widersprechen (反論する)の du に対する 命令

wi·der·sprichst [ヴィーダァ・シュプリヒスト] widersprechen (反論する)の 2 人称親称単数 現在

wi·der·spricht [ヴィーダァ・シュプリヒト] widersprechen (反論する)の 3 人称単数 現在

wi·der·spro·chen [ヴィーダァ・シュプロッヒェン] widersprechen (反論する)の 過分

der Wi·der⸗spruch [ヴィーダァ・シュプルフ] ví:dər-ʃprux] 男 (単2) -[e]s/(複) ..sprüche [..シュプリュッヒェ] (3格のみ ..sprüchen) ① 〖複なし〗反論, 異論, 異議. (英 contradiction). gegen 男⁴ Widerspruch⁴ erheben 男⁴に異議を唱える/keinen Widerspruch dulden いかなる反論も許さない / ohne Widerspruch 異議なく. ② 矛盾. im Widerspruch zu 男³ stehen 男³と矛盾している.

wi·der·sprüch·lich [ヴィーダァ・シュプリュヒりヒ] 形 矛盾した, つじつまの合わない.

Wi·der·spruchs⸗geist [ヴィーダァシュプルフス・ガイスト] 男 -[e]s/-er ① 〖複なし〗反抗心. ②《口語》何にでも反対ばかりする人, あまのじゃく.

Wi·der·spruchs⸗los [ヴィーダァシュプルフス・ろース] 形 異議を唱えない.

wi·der·spruchs⸗voll [ヴィーダァシュプルフス・ふォる] 形 矛盾に満ちた, 矛盾だらけの.

wi·der·stand [ヴィーダァ・シュタント] widerstehen (抵抗する)の 過去

der Wi·der⸗stand [ヴィーダァ・シュタント] ví:dər-ʃtant] 男 (単2) -es (まれに -s)/(複) ..stände [..シュテンデ] (3格のみ ..ständen) ① 抵抗, 反抗. (英 resistance). ein hartnäckiger Widerstand 粘り強い抵抗 / aktiver (passiver) Widerstand 積極的な行動による(不服従による)抵抗 / Widerstand gegen die Staatsgewalt 《法》公務執行妨害 / 男³ heftigen Widerstand leisten 人³に激しく抵抗する / bei 人³ auf Widerstand stoßen 人³の抵抗にあう / ohne Widerstand 抵抗することなく / 人⁴ zum Widerstand aufrufen 人⁴に抵抗を呼びかける. ② 〖複なし〗レジスタンス, 抵抗運動. ③ 障害. allen Widerständen³ zum Trotz あらゆる障害をものともせず. ④《理》(流体などの)抗力. ⑤《電》抵抗[器].

wi·der·stan·den [ヴィーダァ・シュタンデン] widerstehen (抵抗する)の 過分

Wi·der·stands⸗be·we·gung [ヴィーダァシュタンツ・ベヴェーグング] 女 -/-en 抵抗運動, (特に反ナチスの)レジスタンス.

wi·der·stands⸗fä·hig [ヴィーダァシュタンツ・フェーイヒ] 形 (病気などに対して)抵抗力のある, 耐性のある.

Wi·der·stands⸗fä·hig·keit [ヴィーダァシュタンツ・フェーイヒカイト] 女 -/ 抵抗[能]力.

Wi·der·stands⸗kämp·fer [ヴィーダァシュタンツ・ケンプふァァ] 男 -s/- レジスタンス(抵抗)運動の闘士. (女性形: -in).

Wi·der·stands⸗kraft [ヴィーダァシュタンツ・クラふト] 女 -/..kräfte 抵抗力.

wi·der·stands⸗los [ヴィーダァシュタンツ・ろース] 形 ① 無抵抗の, 抵抗しない. ② 抵抗を受けない.

wi·der·ste·hen* [ヴィーダァ・シュテーエン] vi:dər-ʃté:ən] (widerstand, hat ... widerstanden) 自 (完了 haben) ① (人·事³に)抵抗する, 逆らう; 屈しない. (英 resist). dem Gegner widerstehen 敵に抵抗する / Ich konnte der Versuchung nicht widerstehen. 私は誘惑に負けた. ② (人³に)嫌悪感を催させる. Diese Wurst widersteht mir. このソーセージは私は嫌いだ / Mir widersteht es zu lügen. 私うそをつくのはいやだ. ③ (重圧·腐食など³に)耐える.

wi·der·stre·ben [ヴィーダァ・シュトレーベン vi:dər-ʃtré:bən] 自 (h) ① (人·事³の)意にそわない, (人³にとって)いやである. Es widerstrebt mir, über diese Angelegenheit zu reden. この件について話すのは私はいやだ. ②《雅》(人·事³に)逆らう, 反抗する.

wi·der·stre·bend [ヴィーダァ・シュトレーベント] Ⅰ widerstreben (意にそわない)の 現分 Ⅱ 形 意にそわない, 不承不承の.

Wi·der⸗streit [ヴィーダァ・シュトライト] 男 -[e]s/ (感情·考えなどの)対立, 矛盾, 葛藤(とう).

wi·der·strei·ten* [ヴィーダァ・シュトライテン vi:dər-ʃtráɪtən] 自 (h) (事³と)対立(矛盾)する. ◇現在分詞の形で widersreitende Empfindungen 相対立する感情.

wi·der⸗wär·tig [ヴィーダァ・ヴェルティヒ] 形 不快な, いやな; めんどうな, やっかいな. ein widerwärtiger Kerl いやなやつ / eine widerwärtige Angelegenheit やっかいな事柄.

Wi·der⸗wär·tig·keit [ヴィーダァ・ヴェルティヒカイト] 女 -/-en ① 〖複なし〗いやな(やっかいな)こと, 不快. ② 不快な物; いやな事.

Wi·der⸗wil·le [ヴィーダァ・ヴィれ] 男 -ns (3格·4格 -n)/-n 嫌悪, 反感. einen starken Widerwillen gegen 男⁴ empfinden 男⁴に強い嫌悪を感じる / mit Widerwillen いやいやながら.

wi·der⸗wil·lig [ヴィーダァ・ヴィりヒ] Ⅰ 副 いやいやながら. Er macht diese Arbeit nur widerwillig. 彼はいやいやこの仕事をやっているだけだ. Ⅱ 形 いやいやながらの, 不承不承の. eine widerwillige Antwort 不承不承の返事.

wid·men [ヴィトメン vítmən] du widmest, er widmet (widmete, hat ... gewidmet) Ⅰ 他 (完了 haben) ① (人³に作品など⁴を)ささげる, 献呈する. (英 dedicate). Er widmete seinen ersten Roman seiner Frau. 彼は最初の長編小説を妻にささげた.
② 《雅》(時間·努力など⁴を人·事³のために)ささげる, 費やす. Er widmete seir Leben der Kunst. 彼は生涯を芸術にささげた / Er widmet den Kindern viel Zeit. 彼は子供たちのために多くの時間をさいている.
Ⅱ 再帰 (完了 haben) sich⁴ 男³ widmen 人·事³に専念する, かかりきりになる. Sie widmet sich ganz ihrem Haushalt. 彼女は家事に専念している.

wid·me·te [ヴィトメテ] widmen (ささげる)の 過去

Wid·mung [ヴィトムング] 女 -/-en ① (著書などに記す)献呈の辞, 献辞. ② 献呈, 寄贈.

③《官庁》公共物に指定すること.

wid·rig [ヴィードリヒ víːdrɪç] 形 ① 不都合な, 妨げになる. ein *widriges* Geschick 不運 / *widrige* Winde 逆風. ② いやな, 不快な. ein *widriger* Geruch いやなにおい.

..wid·rig [..ヴィードリヒ ..víːdrɪç]『形容詞をつくる接尾』(…に反する)例: rechts*widrig* 違法の.

wid·ri·gen·falls [ヴィードリゲン・ふァるス] 副《官庁》これに反する場合には, さもないと.

Wid·rig·keit [ヴィードリヒカイト] 女 -/-en やっかい, 困難, 障害.

*** wie** [ヴィー víː]

> どのように
> *Wie* ist das Wetter?
> ヴィー イスト ダス ヴェッタァ
> 天気はどうですか.

I 副 **A)**〘疑問副詞〙① どのように, どんなふうに, どうやって, どんな方法で.《英 how》. *Wie* geht es Ihnen? ご機嫌いかがですか / *Wie* komme ich zum Bahnhof? 駅へはどう行けばよいでしょうか / *Wie* meinen Sie das? それをどういうつもりでおっしゃっているのですか / *Wie* ist Ihr Name, bitte? あなたのお名前は? / *Wie* läuft der neue Wagen? 新車の調子はどうですか / *Wie* gefällt er dir? 彼をどう思う / **Wie bitte?**(相手の言ったことを聞き返して:)何とおっしゃいましたか / *Wie* wäre es, wenn wir ins Kino gingen?〖接2・現在〗映画を見に行くのはいかがでしょう(見に行きませんか).
◇〘間接疑問文で; 動詞の人称変化形は文末〙Ich weiß nicht, *wie* man das macht. 私にはそれをどんなふうにやるのかわからない.

② どのくらい, どれほど.《英 how》. *Wie* alt bist du? 君は年はいくつ? / *Wie* spät ist es? 何時ですか / *Wie* weit ist es noch? まだどのくらい[距離]がありますか / *Wie* lange dauert die Sitzung? 会議はどのくらい[時間]がかかるのですか.
◇〘間接疑問文で; 動詞の人称変化形は文末〙Wissen Sie, *wie* hoch der Turm ist? あの塔の高さがどのくらいか知っていますか.

③〖*wie* viel の形で〗〘数量的に〙どのくらい, どれだけ, いくら, いくつ.《英 how many, how much》. *Wie* viel Geld hast du bei dir? 君は手元にいくらお金を持っているんだい / *Wie* viel kostet das? これはいくらですか / *Wie* viel[e] Einwohner hat Hamburg? ハンブルクの人口はどれくらいですか / *Wie* viel Uhr ist es? 何時ですか / *Wie* viel wiegst du? 君の体重はどのくらいなの.(⇐ 複数1格・4格の名詞の前では *wie* viele とも書く).
◇〘比較級とともに〙(程度・差が)どれほど. *Wie* viel jünger ist er als Sie? 彼はあなたよりいくつ(どのくらい)若いのですか.
◇〘間接疑問文で; 動詞の人称変化形は文末〙Ich weiß nicht, *wie* viel Zeit du hast. 君にどれくらい時間があるか知らないけどね.

④〖しばしば **auch, immer** とともに譲歩文で; 動詞の人称変化は文末〙どんなに…であろうと.《英 however》. *Wie* er sich auch bemühte, … どんなに彼が努力したところで… / *wie* dem auch sei〖接1・現在〗たとえそれがどうであれ / *Wie* viel er auch verdient, er ist nie zufrieden. 彼はいくら稼いでも決して満足しない.

⑤〘感嘆文で〙なんと… *Wie* schön ist die Blume! この花はなんと美しいんだろう / Ist es kalt draußen? — Und *wie*!《口語》外は寒いかい — 寒いなんてもんじゃないよ / *Wie* schade! なんて残念(気の毒)な! / *Wie* viel Schönes habe ich auf dieser Reise gesehen! 私はこの旅行でなんと多くのすばらしいものを見たことでしょう / *Wie* viel schöner wäre das Leben, wenn …〖接2・現在〗もし…なら, 人生は今よりどんなにすばらしいことか!

⑥《肯定の返事を期待して》《口語》…ですよね. Das ärgert dich wohl, *wie*? そりゃ腹が立つだろう, ねえ?

B)〘関係副詞; 動詞の人称変化形は文末〙〖方法・程度を表す語を先行詞として〗…するその. Die Art, *wie* er spricht, stört mich. 彼の話し方が私は気に障る / In dem Maße, *wie* man in dem Lehrbuch vorangeht, … その教科書は先へ進むにつれて…

II 接〘従属接続詞; 動詞の人称変化形は文末, ただし文でなく語句を結びつけることも多い〙① …のように, …のような.《英 *as*》. Seine Hand war kalt *wie* Eis. 彼の手は氷のように冷たかった / ein Mensch *wie* er 彼のような人間 / Haustiere *wie* [zum Beispiel] Rinder, Schweine, Pferde [例えば]牛, 豚, 馬のような家畜 / Er ist Lehrer, *wie* sein Vater es war. 父親がそうだったように彼も教師である / *Wie* du weißt, ist er krank. 君も知っているように, 彼は病気だ / *wie* immer いつものように / *wie* oben 上記のとおり / *wie* gesagt すでに言ったように.
◇〖**so ~ *wie* …** の形で〗[ちょうど]…と同じくらい~.《英 as ~ as …》. Er ist so groß *wie* ich. 彼は私と[ちょうど]同じ背丈だ / Er ist nicht so alt *wie* ich. 彼は私ほど年をとっていない / so schnell *wie* möglich できるだけ早く / so gut *wie* … …も同然 ⇒ Er versteht so gut *wie* nichts. 彼は何もわかっていないも同然だ.

② …も, ならびに. Männer *wie* Frauen 男も女も / außen *wie* innen 外側も内側も / **nach** *wie* **vor** いぜんとして.
◇〖**sowohl A *wie* [auch] B** の形で〗A も B も. Sowohl die Kinder *wie* [auch] die Eltern sind musikalisch. 子供たちも両親も音楽の才能がある.

③〖知覚動詞などとともに〙…するのを, …する様子を. Ich sah, *wie* er auf die Straße lief. 私は彼が通りに駆け出すのを見た.

④〖主文中の語を受ける人称代名詞とともに一種の関係文を導いて〗…するような. Ich wün-

sche mir einen Computer, *wie* ihn mein Freund hat. 私は友人が持っているようなコンピュータが欲しい.
⑤《形容詞＋*wie* ... ist などの形で》…であるので, …ではあるが. Vorsichtig *wie* er ist, ... a) 彼は用心深いので…, b) 用心深い彼ではあるが.
⑥《*wie wenn* ... の形で》あたかも…であるかのように (＝als ob). Es war, *wie* wenn jemand riefe. 《接2・現在》だれかが呼んだみたいだった.
⑦《比較級とともに》《口語》…よりも (＝als). Er ist größer *wie* ich. 彼は私よりも背が高い.
⑧《**ander**, **nichts** などとともに》《口語》…とは [別の]. Er nahm eine andere Bahn *wie* ich. 彼は私とは別の列車に乗った / Er hat nichts *wie* Unsinn im Kopf. 彼の頭にあるのはくだらないことだけだ.
⑨《口語》…するときに, …したときに (＝als). Und *wie* ich aus der Tür trete, ... ちょうど私がドアから出ようとすると… / *Wie* ich ihn besuchen wollte, war er verreist. 私が彼を訪ねようとしたら, 彼は旅行中だった.

Wie [ヴィー] 匣 -s/ どんなふうにということ, 仕方, 方法; 状態. Nicht das Was, sondern das *Wie* ist wichtig. 重要なのは何がではなくいかになのだ.

Wie·de·hopf [ヴィーデ・ホプフ víːdə-hɔpf] 男 -[e]s/-e《鳥》ヤツガシラ.

:**wie·der** [ヴィーダァ víːdər]

再び Kommen Sie bald *wieder*!
コンメン ズィー バルト ヴィーダァ
近いうちにまたいらしてください.

副 ① (繰り返して)再び, また. (英 again). Nie *wieder* Krieg! 二度と戦争はいやだ / Ich tue es nie *wieder*. 私は二度とそんなことはしない / **schon** *wieder* またもや ⇒ Es regnet schon *wieder*. またもや雨になった / hin und *wieder* ときおり / **immer** *wieder* (雅: *wieder und wieder*) 再三再四, 繰り返し / Das ist *wieder* etwas anderes (または Anderes). それはまた別の問題だ.
② (元どおりに)再び, また, 戻って. In fünf Minuten bin ich *wieder* da. 5分したら私は戻って来ます / Er ist *wieder* gesund. 彼はまた元気になった / Sie kann *wieder* sehen. 彼女はまた目が見えるようになった.
③ 同時にまた, 他方では. Es gefällt mir und gefällt mir *wieder* nicht. 私にはそれがいいようにも, またよくないようにも思える.
④《口語》同様に, (…は…で)また. Die neue Therapie half *wieder* nichts. 新しい治療法もまた役にたたなかった / Er half ihr, und sie *wieder* half ihm. 彼は彼女に手を貸し, 彼女の方もまた彼に手を貸した.
⑤《思い出そうとして》《口語》えーっと. Wie heißt sie *wieder*? えーっと彼女の名前は何だったっけ.

▶ **wieder|auf|führen, wieder|auf|nehmen, wieder|ein|setzen, wieder|eröffnen**

wie·der.. [ヴィーダァ.. víːdər.. または ヴィーダァ..] I《分離動詞の前つづり》つねにアクセントをもつ）① 《再び》例: *wieder*|bekommen 返してもらう / *wieder*|holen 取り戻す. 《 「繰り返す」を意味する *wiederholen* の *wieder* は非分離の前つづり》. ②《元へ》例: *wieder*|kehren 帰還する. II《名詞などにつける腰頭》《再び・元へ》例: *Wieder*aufbau 再建.

Wie·der=auf·bau [ヴィーダァ・アオフバオ] 男 -s/ 再建, 復興. der *Wiederaufbau* nach dem Krieg 戦後の復興.

wie·der|auf|bau·en [ヴィーダァ・アオフバオエン viːdər-áufbàuən] 他 (h) 再建(再興)する.

wie·der|auf|be·rei·ten [ヴィーダァ・アオフベライテン viːdər-áufbəràɪtən] 他 (h) (核廃棄物など⁴を)再処理する.

Wie·der=auf·be·rei·tung [ヴィーダァ・アオフベライトゥング] 囡 -/-en (核廃棄物などの)再処理.

Wie·der=auf·be·rei·tungs=an·la·ge [ヴィーダァアオフベライトゥングス・アンラーゲ] 囡 -/-n (核廃棄物などの)再処理施設.

wie·der|auf|füh·ren, wie·der auf|füh·ren [ヴィーダァ・アオフフューレン viːdər-áuffỳːrən] 他 (h)《劇》再演する.

Wie·der=auf·nah·me [ヴィーダァ・アオフナーメ] 囡 -/-n 再び取り上げること, 再度の受け入れ; 再開; 再上演.

wie·der|auf|neh·men*, wie·der auf|neh·men* [ヴィーダァ・アオフネーメン viːdər-áufnèːmən] 他 ① (仕事・交渉など⁴を)再開する, 再演する. ② (人⁴を組織などに)復帰させる.

Wie·der=auf·rüs·tung [ヴィーダァ・アオフリュストゥング] 囡 -/ 再軍備.

Wie·der=be·ginn [ヴィーダァ・ベギン] 男 -[e]s/ 再開[始]. *Wiederbeginn* des Unterrichts 授業の再開.

wie·der|be·kom·men* [ヴィーダァ・ベコンメン viːdər-bəkɔmən] (過分 *wiederbekommen*) 他 (h) (お金など⁴を)返してもらう, 取り戻す.

wie·der|be·le·ben [ヴィーダァ・ベレーベン viːdər-bəlèːbən] 他 (h) 蘇生(₍そせい₎)させる;（習慣など⁴を)復活させる.

Wie·der=be·le·bung [ヴィーダァ・ベレーブング] 囡 -/-en 蘇生(₍そせい₎)[法];《比》(習慣などの)復活.

Wie·der=be·le·bungs=ver·such [ヴィーダァベレーブングス・フェァズーフ] 男 -[e]s/-e (ふつう 複) 蘇生(₍そせい₎)の試み, 蘇生術(人工呼吸など).

wie·der|brin·gen* [ヴィーダァ・ブリンゲン viːdər-brìŋən] 他 (h) 返却する; (元の場所へ)連れ戻す. 囚³ ein geliehenes Buch⁴ *wiederbringen* 囚³に借りた本を返す.

wie·der|ein|set·zen, wie·der ein·set·zen [ヴィーダァ・アインゼッツェン viːdər-áɪnzɛ̀tsən] 他 (h) 復職(復権)させる.

wie·der|er·hal·ten* [ヴィーダァ・エァハるテン víːdər-ɛrhàltən] (過分 wiedererhalten) 他 (h) (お金など⁴を)返してもらう.

wie·der|er·ken·nen* [ヴィーダァ・エァケンネン víːdər-ɛrkɛ̀nən] 他 (h) (久しぶりに会った人(見た物)など⁴が)だれか(何か)わかる, 思い出す.

wie·der|er·lan·gen [ヴィーダァ・エァらンゲン víːdər-ɛrlàŋən] (過分 wiedererlangt) 他 (h) (体力など⁴を)取り戻す, 回復する.

wie·der|er·öff·nen, wie·der er·öff·nen [ヴィーダァ・エァエフネン víːdər-ɛrœ̀fnən] 他 (h) (店・劇場など⁴を)再開する.

Wie·der·er·öff·nung [ヴィーダァ・エァエフヌング] 囡 -/-en (店・劇場などの)再開.

wie·der|er·stat·ten [ヴィーダァ・エァシュタッテン víːdər-ɛrʃtàtən] (過分 wiedererstattet) 他 (h) (経費など⁴を)弁済(返済)する.

wie·der|er·zäh·len [ヴィーダァ・エァツェーれン víːdər-ɛrtsɛ̀ːlən] 他 (h) (聞いたこと⁴を)自分の言葉で話す, さらに他の人に話す.

wie·der·fin·den* [ヴィーダァ・フィンデン víːdər-fìndən] 他 (h) ① (なくした物⁴を)見つけ出す. Ich *habe* meinen Schlüssel *wiedergefunden*. 私は鍵(ᵏᵃᵍ)を見つけ出した / seine Fassung⁴ *wiederfinden* 《比》落ち着きを取り戻す / sich⁴ *wiederfinden* 意識を取り戻す. ② (同じ物⁴を別のところでも)見つける. sich⁴ *wiederfinden* (別のところでも)見いだされる.

Wie·der·ga·be [ヴィーダァ・ガーベ] 囡 -/-n ① (言葉による)再現, 描写. ② (絵の)複写, 模写; 複製画. ③ (音の)再生; (楽曲の)演奏. ④ 返却.

wie·der|ge·ben* [ヴィーダァ・ゲーベン víːdər-gèːbən] du gibst ... wieder, er gibt ... wieder (過分 *hat* ... wiedergegeben) 他 (完了 haben) ① (人³に物⁴を)返す, 返却する. 《英 give back》. 人³ Geld⁴ *wiedergeben* 人³にお金を返す.
② (事⁴を言葉などで)再現する, 言い表す, 伝える; 引用する. ein Gespräch⁴ wörtlich *wiedergeben* 会話を言葉どおり再現する / Das *lässt* sich mit Worten gar nicht *wiedergeben*. それはまったく言葉では言い表せない. ③ (絵画など⁴を)複製する; (音⁴を)再生する.

wie·der·ge·bo·ren [ヴィーダァ・ゲボーレン] 形 生まれ変わった.

Wie·der·ge·burt [ヴィーダァ・ゲブーァト] 囡 -/-en ①《宗》(霊魂の)よみがえり. ②〖復〗《キ教》再生. ③《雅》復興, 復活. die *Wiedergeburt* der Antike² in der Renaissance ルネサンスにおける古代の復興.

wie·der·ge·ge·ben [ヴィーダァ・ゲゲーベン] wieder|geben (返す)の 過分

wie·der·ge·se·hen [ヴィーダァ・ゲゼーエン] *wieder|sehen (再会する)の 過分

wie·der|ge·win·nen* [ヴィーダァ・ゲヴィンネン víːdər-gəvìnən] (過分 wiedergewonnen) 他 (h) (なくした物など⁴を)取り戻す, 取り返す.

wie·der|gut|ma·chen [ヴィーダァ・グートマッヘン viːdər-gúːtmàxən] 他 (h) 償う, 賠償する, (事⁴の)埋め合わせをする.

Wie·der·gut·ma·chung [ヴィーダァ・グートマッフング] 囡 -/-en ① 償い, 賠償, 埋め合わせ. ② 償いの行為, 補償金.

wie·der|ha·ben* [ヴィーダァ・ハーベン víːdər-hàːbən] 他 (h) 手に入れる, 返してもらう. Wir *haben* unseren Sohn *wieder*. 《比》息子が家に帰って来てくれた.

wie·der|her|stel·len [ヴィーダァ・ヘーァシュテれン] (stellte ... wieder her, hat ... wiederhergestellt) 他 (h) ① 元どおりにする, 復旧する, (秩序など⁴を)回復する. ② (人⁴の)健康を回復させる. Der Kranke *ist* völlig *wiederhergestellt*. 《状態受動・現在》病人はすっかり良くなった.
(ちがい wieder herstellen は「再び生産する」を意味する).

Wie·der⸗her·stel·lung [ヴィーダァ・ヘーァシュテるング] 囡 -/-en ① 復旧, 復興. ② (病人の)回復, 全快.

wie·der·hol·bar [ヴィーダァホーる・バール] 形 繰り返しのできる, 反復可能な.

***wie·der·ho·len**¹ [ヴィーダァ・ホーれン viːdər-hóːlən] 《非分離》(wiederholte, hat ... wiederholt) I 他 (完了 haben) 《英 repeat》 ① **繰り返す**, もう一度行う. ein Experiment⁴ *wiederholen* 実験を繰り返す / eine Sendung⁴ *wiederholen* 再放送する / Der Schüler *muss* die Klasse *wiederholen*. その生徒は留年しなければならない(←学年を繰り返す). ② **繰り返して言う**, もう一度言う. Ich *wiederhole* meine Forderungen. 私の要求を繰り返して言います / Bitte *wiederholen* Sie den Namen. その名前をもう一度言ってください. ③ (教材など⁴を)復唱する, 復習する. Die Schüler *wiederholen* Vokabeln. 生徒たちは単語を復習する.
II 再帰 (完了 haben) sich⁴ *wiederholen* ① 同じことを繰り返して言う. Du *wiederholst dich*. 君は同じことばかり言っている.
② (出来事などが)繰り返し起こる, 繰り返し起こる. Dieser Vorgang *wiederholt sich* täglich. こういうことは毎日繰り返し起こっている.
◇ ☞ wiederholt

wie·der|ho·len² [ヴィーダァ・ホーれン víːdər-hòːlən] 《分離》 他 (h) 取り戻して来る; 取り返す. sich³ den Weltmeistertitel *wiederholen* 《比》世界チャンピオンのタイトルを奪回する.

wie·der·holt [ヴィーダァ・ホーるト] I *wiederholen¹ (繰り返す)の 過分, 3 人称単数・2 人称親称複数 現在 II 形 繰り返しの, たび重なる, 再三の(苦情・要求など). zum *wiederholten* Mal 繰り返し / Ich habe dich schon *wiederholt* ermahnt. ぼくは君にもう何度も警告したはずだぞ.

wie·der·hol·te [ヴィーダァ・ホーるテ] *wiederholen¹ (繰り返す)の 過去

wiegen

die **Wie·der≠ho·lung** [ヴィーダァ・ホールング vi:dər-hó:luŋ] 囡 -/(複) -en 繰り返し, 反復; 復習, 復唱. ㊧ *repetition*. Eine *Wiederholung* der Prüfung ist nicht möglich. 再試験はあり得ない.

Wie·der·ho·lungs≠fall [ヴィーダァホールングス・ふァる] 團《成句的に》**im** *Wiederholungsfall*《官庁》同じことが再度起きた場合には.

Wie·der·ho·lungs≠zei·chen [ヴィーダァホールングス・ツァイヒェン] 田 -s/-《音楽》反復記号.

Wie·der≠hö·ren [ヴィーダァ・ヘーレン] 田《成句的に》**Auf** *Wiederhören*!（電話・ラジオで:）さようなら.

Wie·der≠in·stand·set·zung [ヴィーダァ・インシュタントゼッツング] 囡 -/-en《ふつう 単》修復, 修理.

wie·der|käu·en [ヴィーダァ・コイエン víːdər-kòyən] 他 (h) ① (牛などが餌(㌇)など⁴を)反芻(㌇)する. ◊《目的語なしでも》Schafe *käuen wieder*. 羊が餌を反芻している. ②《比》(同じこと⁴を)何度も繰り返して言う,(他人の言葉⁴を)受け売りする.

Wie·der≠käu·er [ヴィーダァ・コイアァ] 團 -s/-《動》反芻(㌇)動物.

Wie·der≠kauf [ヴィーダァ・カオふ] 團 -[e]s/..käufe《法》買い戻し.

Wie·der≠kehr [ヴィーダァ・ケーァ] 囡 -/《雅》① 帰還, 復帰. die *Wiederkehr* Christi² キリストの再臨. ② 繰り返し, 反復.

wie·der|keh·ren [ヴィーダァ・ケーレン víːdər-kèːrən] 自 (s)《雅》① 帰還する, 帰って来る. ② (主題・出来事などが)繰り返される; (チャンスなどが)再び巡って来る.

wie·der|kom·men* [ヴィーダァ・コンメン víːdər-kòmən] 自 (s) ① (人が)帰って来る;《比》(記憶などが)戻って来る. von einer Reise *wiederkommen* 旅行から帰って来る. ② 再び来る;（チャンスなどが)再び巡って来る. Bitte *kommen* Sie bald *wieder*! どうかまた近いうちにお越しください.

Wie·der≠schau·en [ヴィーダァ・シャオエン] 田《成句的に》[**Auf**] *Wiederschauen*!《方》さようなら.

wie·der|se·hen [ヴィーダァ・ゼーエン víːdər-zèːən] du siehst ... wieder, er sieht ... wieder (sah ... wieder, hat ... wiedergesehen) 他 (完了 haben) (人⁴に)再会する, (物⁴を)再び見る. Wann *sehen* wir uns *wieder*? 今度はいつ会いましょうか (会えるでしょうか).

***das* Wie·der≠se·hen** [ヴィーダァ・ゼーエン víːdər-zeːən]

再会　Auf *Wiedersehen*! さようなら.
アオふ ヴィーダァゼーエン

田 (単 2) -s/(複) - 再会. ein fröhliches *Wiedersehen* 楽しい再会 / das *Wiedersehen*⁴ feiern 再会を祝う / *Wiedersehen* macht Freude!（他人に物を貸すときに:) どうぞ忘れず返してくださいね / ein *Wiedersehen*⁴ vereinbaren 再会の日を取り決める.

wie·der·um [ヴィーデルム víːdərum] 副 ① 再び, またもや. ② 他方, それに対して. ◊《人称代名詞の後ろに添えて》... としては. Ich *wiederum* bin der Meinung², dass ... 私[のほう]としては…という意見です.

wie·der|ver·ei·ni·gen [ヴィーダァ・フェアアイニゲン víːdər-fɛràɪnɪɡən] 他 (h) 再統一する, 再び統合する.

Wie·der≠ver·ei·ni·gung [ヴィーダァ・フェアアイニグング] 囡 -/-en 再統一, 再統合. die *Wiedervereinigung* Deutschlands ドイツの再統一（1990 年 10 月 3 日）.

Wie·der≠ver·hei·ra·tung [ヴィーダァ・フェアハイラートゥング] 囡 -/-en《ふつう 単》再婚.

Wie·der≠ver·käu·fer [ヴィーダァ・フェアコイふァァ] 團 -s/-《経》小売商人; 転売人. (女性形: -in).

wie·der|ver·wen·den [ヴィーダァヴェンデン víːdər-fɛrvɛ̀ndən] 他 (h) 再利用(再使用)する.

Wie·der≠ver·wen·dung [ヴィーダァ・フェアヴェンドゥング] 囡 -/-en《ふつう 単》再利用, 再使用.

Wie·der≠wahl [ヴィーダァ・ヴァール] 囡 -/-en 再選.

wie·der|wäh·len [ヴィーダァ・ヴェーレン víːdər-vèːlən] 他 (h) 再選する.

Wie·ge [ヴィーゲ víːɡə] 囡 -/-n ① 揺りかご. die *Wiege*⁴ schaukeln 揺りかごを揺する / von der *Wiege* bis zur Bahre《戯》生まれてから死ぬまで（← 揺りかごから棺桶まで）. ②《比》発祥の地, 揺籃(㌇)の地. Seine *Wiege* stand in Berlin.《比》彼はベルリン生まれである.

Wie·ge≠mes·ser [ヴィーゲ・メッサァ] 田 -s/-《料理》みじん切り用包丁（弓形で両端に取っ手のついたみじん切り用のもの）.

wie·gen*¹ [ヴィーゲン víːɡən] (wog, hat ... gewogen) **I** 自 (完了 haben) (…の)重さがある, 目方がある. Das Paket *wiegt* fünf Kilo. その小包は 5 キロの重さです / Wie viel *wiegst* du? 君はどのくらい体重があるの / Er *wiegt* zu viel（zu wenig). 彼は体重が重すぎる（軽すぎる） / Seine Worte *wiegen* nicht schwer.《比》彼の言葉には重みがない.

II 他 (完了 haben) (人・物⁴の)重さを量る, 目方を量る. ㊧ *weigh*). Er *wiegt* das Paket. 彼は小包の重さを量る / Sie *wog* den Brief in der Hand. 彼女はその手紙を手に持って重さの見当をつけた / Er *wiegt sich*⁴ jeden Tag. 彼は毎日自分の体重を量っている. ◊《目的語なしでも》Die Verkäuferin *wiegt* immer großzügig. その店員はいつも気前よく（少し多めに）目方を量ってくれる.
◊☞ gewogen

wie·gen² [ヴィーゲン ví:gən] (wiegte, hat...gewiegt) I 他 (完了 haben) ① 揺り動かす, 揺する. 《⇒ rock》. ein Baby⁴ in den Armen wiegen 赤ん坊を腕に抱いて揺する / wiegte sorgenvoll den Kopf. 彼は気づかわしげに頭を左右に揺らした / ein Kind⁴ in den Schlaf wiegen 子供を揺すって寝かしつける. ② (肉・野菜⁴を)みじん切りにする, 刻む. Fleisch⁴ wiegen 肉を刻む.
II 自 (完了 haben) (枝などが)揺れる, 揺れ動く. ◇《現在分詞の形で》 mit wiegenden Schritten gehen ゆらりゆらりとした足取りで歩く.
III 再帰 (完了 haben) sich⁴ wiegen ① 体を揺り動かす, (物が)揺れる. Das Boot wiegt sich auf den Wellen. ボートが波間に揺れている / sich⁴ in den Hüften wiegen 腰を振る(振って歩く). ② 《sich⁴ in 3格 ~》《比》《3格にふける, ひたる. sich⁴ in Sicherheit wiegen (愚かにも)安心しきっている.
◇☞ gewiegt

Wie·gen·fest [ヴィーゲン・フェスト] 中 -[e]s/-e 《雅》誕生日(の祝い).
Wie·gen·lied [ヴィーゲン・リート] 中 -[e]s/-er 子守歌. ein Wiegenlied⁴ summen 子守歌を口ずさむ.
wieg·te [ヴィークテ] *wiegen²(揺り動かす)の過去
wie·hern [ヴィーアァン ví:ərn] 自 (h) ① (馬が)いななく. ②《口語》(人が)大笑いする.
Wie·land [ヴィーラント ví:lant] -s/《人名》ヴィーラント (Christoph Martin Wieland 1733-1813; ドイツの作家).
Wien [ヴィーン ví:n] 中 -s/《都市名》ウィーン, ヴィーン, オーストリアの首都. またオーストリア9州の一つで, その州都でもある. ドナウ川右岸に発達した古都. ハープスブルク家のもとで繁栄し, ヨーロッパの政治・文化の中心地となった. 音楽の都としても有名: ☞ 地図 H-4).
Wie·ner [ヴィーナァ ví:nər] I 男 -s/- ウィーンの市民(出身者). (女性形は -in). II 因 -/- 《ふつう複》ウィンナソーセージ. III 形 《無語尾で》ウィーンの. der Wiener Kongress ウィーン会議 (1814-1815).
wie·ne·risch [ヴィーネリッシュ ví:nərɪʃ] 形 ウィーン[風]の; ウィーン方言の.
wies [ヴィース] weisen(指し示す)の過去
Wies·ba·den [ヴィース・バーデン ví:s-ba:den] 中 -s/《都市名》ヴィースバーデン(ドイツ, ヘッセン州の州都. 温泉の出るローマ時代からの保養地: ☞ 地図 D-3).
wie·se [ヴィーゼ] weisen (指し示す)の接2
*die **Wie·se** [ヴィーゼ ví:zə] 因 (単)-/(複)-n 草地, 牧草地, 草原. 《英 meadow》. Wiesen und Wiesen 牧草地や森 / eine Wiese⁴ mähen 牧草地の草を刈る / Kühe weideten auf der Wiese. 雌牛が牧草地で草を食べていた / auf der grünen Wiese 郊外の空地で.
Wie·sel [ヴィーゼル ví:zəl] 中 -s/-《動》イタチ. Er ist flink wie ein Wiesel. 彼はいたちのように

すばしこい.
Wies·kir·che [ヴィース・キルヒェ ví:s-kɪrçə] 因 -/ ヴィース教会(ドイツ・バイエルン州南部にある. 18世紀半ばに建造されたロココ様式の巡礼教会. 世界文化遺産).
***wie·so** [ヴィ・ゾー vi-zó:] 《英 why》副 A) 《疑問副詞》 どうして, なぜ. Wieso hast du nicht angerufen? なぜ君は電話をしなかったんだい / Ärgerst du dich? — Nein, wieso? 怒っているの? — いや, どうして[そう思ったの].
B) 《関係副詞; 動詞の人称変化形は文末》 なぜ…かという(理由など). Der Grund, wieso er das gesagt hat, ist mir unbekannt. なぜ彼がそのことを口にしたのか, 私は知らない.
wie viel [☞ wie I A)]
wie·viel·mal [ヴィふィーる・マーる] 副 《疑問副詞》 何回, 何度. Wievielmal warst du in Rom? 君はローマに何回行ったことがあるの.
wie·vielt [ヴィ・ふィーるト vi-fí:lt またはヴィ..] 形 《付加語としてのみ》 何番目の. Das wievielte Bier trinkst du jetzt? 君は何杯目のビールを飲んでいるんだい. ◇《名詞的に》 Der Wievielte ist heute? または Den Wievielten haben wir heute? きょうは何日ですか. ◇《成句的に》 zu wievielt 何人で ⇒ Zu wievielt wart ihr? 君たちは何人だったの.
wie·weit [ヴィ・ヴァイト] 副 《疑問副詞; 間接疑問文で; 動詞の人称変化形は文末》どの程度まで (=inwieweit). Ich weiß nicht, wieweit ich das tun kann. 私にどこまでやれるものかわからない.
wie·wohl [ヴィ・ヴォーる] 接 《従属接続詞; 動詞の人称変化形は文末》《雅》…にもかかわらず (=obwohl).
Wig·wam [ヴィクヴァム víkvam] 《英》男 -s/-s (北アメリカ大陸先住民の)テント式住居.
Wi·kin·ger [ヴィーキンガァ ví:kɪŋər] 男 -s/- バイキング(8-11世紀にヨーロッパの海岸地域を侵略したスカンジナビアのノルマン人達). (女性形は -in).
***wild** [ヴィるト vílt] 形 (比較 wilder, 最上 wildest) ① 野性の. 《英 wild》. wilde Pflanzen 野性の植物 / Diese Rosen sind wild. これらのばらは野性のものだ.
② 未開の; 野蛮な. wilde Völker 未開民族.
③ 自然のままの; (草などが)伸び放題の; 未開拓の. eine wilde Gegend 未開拓な地方 / wilde Haare ぼさぼさの髪.
④ 不法な, 無届けの. ein wilder Streik 山猫(非公認)スト / ein wildes Taxi 無許可タクシー, 白タク / wild parken 違法駐車する / mit 人³ in wilder Ehe leben [正式の結婚手続きを行わずに]人³と同棲している. ⑤ 激しい, すさまじい; 怒り狂った. Das Meer war ganz wild. 海は大荒れに荒れていた / Er war wild vor Wut. 彼はかんかんに怒っていた / auf 人・物⁴ wild sein 《口語》 人・物⁴に夢中になっている ⇒ Er ist ganz wild auf sie. 彼は彼女に夢中だ.
⑥ (動物が)こわがって興奮した; (子供が)手に負えない[ほど元気な]. 《口語》 激動の(時代など).

Seid nicht so *wild*! おまえたち、そんなにはしゃくんじゃない！／Das waren *wilde* Zeiten! あのころは激動の時代だった．⑦ とんでもない，めちゃくちゃな．*wilde* Gerüchte とんでもないうわさ／Das ist halb so (または nicht so) *wild*.《口語》それはそんなに悪くはない．
▶ **wild=lebend, wild=wachsend**

Wild [ヴィらト] 囲 -es (まれに -s)/ ① (総称として:)(狩猟用の)野獣，猟獣，猟鳥；猟の獲物. ② 猟獣の肉．

Wild=bach [ヴィらト・バッハ] 男 -[e]s/..bäche (山間の)急流，渓流.

Wild=bahn [ヴィらト・バーン] 囡《成句的に》**in freier** *Wildbahn* 野外で．

Wild=bret [ヴィらト・ブレット] 囲 -s/《雅》猟獣の肉．

Wild=dieb [ヴィらト・ディープ] 男 -[e]s/-e 密猟者．(女性形: -in).

Wild=en·te [ヴィらト・エンテ] 囡 -/-n《鳥》カモ，(特に:)マガモ．

Wil·de[r] [ヴィらデ(..ダァ) víldə (..dər)] 男 囡《語尾変化は形容詞と同じ》未開人．

Wil·de·rer [ヴィらデラァ víldərər] 男 -s/- 密猟者(＝Wilddieb).(女性形: Wilderin).

wil·dern [ヴィらダァン víldərn] 自 (h) ① 密猟をする．② (犬・猫などが)野生化する．

Wild=fang [ヴィらト・ふァング] 男 -[e]s/..fänge ① 暴れん坊，おてんば娘．② 捕えられた野獣(野鳥).

wild=fremd [ヴィらト・ふレムト] 形 まったく見知らぬ．**ein** *wildfremder* **Mensch** 見ず知らずの人．

Wild=gans [ヴィらト・ガンス] 囡 -/..gänse《鳥》(野性の)ガチョウ，ハイイロガン．

Wild·heit [ヴィらトハイト] 囡 -/-en ① 野生．② 未開，野蛮．③ 自然状態．④ 粗野，乱暴．

Wild=hü·ter [ヴィらト・ヒュータァ] 男 -s/- 狩猟区の管理人，鳥獣保護員．(女性形: -in).

Wild=kat·ze [ヴィらト・カッツェ] 囡 -/-n《動》ヨーロッパヤマネコ．

wild·le·bend, wild le·bend [ヴィらト・れーベント] 形 (動物が)野性の．

Wild=le·der [ヴィらト・れーダァ] 囲 -s/- 鹿皮，バックスキン．

Wild·ling [ヴィらトリング víltlɪŋ] 男 -s/-e ①《園芸》(接ぎ木の)台木；《林》実生(みしょう)の木．② (捕らえられた)野生動物．③ 腕白小僧，おてんば娘．

Wild·nis [ヴィらトニス] 囡 -/..nisse 荒野，荒地，荒涼とした所．

Wild=park [ヴィらト・パルク] 男 -s/-s (まれに -e) (柵(さく)で囲まれた)鳥獣保護区域．

wild=ro·man·tisch [ヴィらト・ロマンティッシュ] 形 野趣に富んでロマンチックな(風景など).

Wild=sau [ヴィらト・ザオ] 囡 -/..säue (または -en) 雌のいのしし．

Wild=scha·den [ヴィらト・シャーデン] 男 -s/..schäden ① (野獣による)林業・農業の被害．② (野生動物の道路横断による)交通事故の損害．

Wild=schwein [ヴィらト・シュヴァイン] 囲 -[e]s/-e ①《動》イノシシ．②《圃 なし》いのししの肉．

wild=wach·send, wild wach·send [ヴィらト・ヴァクセント] 形 (植物が)野性の．

Wild=was·ser [ヴィらト・ヴァッサァ] 囲 -s/- ① 山間の急流，渓流．②《圃 なし》(カヌーの)ワイルドウォーター[競技].

Wild=wech·sel [ヴィらト・ヴェクセる] 男 -s/- (動物の)通り道，けもの道．

Wild=west [ヴィらト・ヴェスト] 男 -s/《冠詞なしで》(開拓時代のアメリカの)西部．

Wild·west=film [ヴィらト・ヴェスト・ふィるム] 男 -[e]s/-e 西部劇[映画]，ウエスタン．

Wild=wuchs [ヴィらト・ヴークス] 男 -es/ ① 野生植物．② (野生植物のように)はびこること．

Wil·helm [ヴィるヘるム víllhɛlm] -s/《男名》ヴィルヘルム．

Wil·hel·mi·ne [ヴィるヘるミーネ vɪlhɛlmí:nə] -/《女名》ヴィルヘルミーネ．

will [ヴィる víl] ≫ **wollen**¹ (…するつもりだ)の1人称単数・3人称単数 直式 **Ich** *will* **Arzt werden**. 私は医者になるつもりだ／**Er** *will* **ins Ausland gehen**. 彼は外国へ渡るつもりだ．

der **Wil·le** [ヴィれ víla] 男 (単2) -**ns**; (単3・4) -**n**/(複) -**n**《ふつう 囲》意志，意向，意図；決意．(≫ *will, intention*). **ein fester** *Wille* 確固たる意志／**Er hat einen starken (schwachen)** *Willen*. 彼は意志が強い(弱い)／**der** *Wille* **zum Frieden (Leben)** 平和を守ろうとする(生きようとする)意志／**Er hat keinen eigenen** *Willen*. 彼には自分の意志というものがない／**Er will seinen** *Willen* **durchsetzen**. 彼は自分の意志を押し通そうとする／**Es war mein freier** *Wille*, **dies zu tun**. 私は自分の自由意志でそれをしたのだ／**Lass ihm seinen** *Willen*. 彼のしたいようにさせておきなさい／**der gute** *Wille* 善意／**Wo ein** *Wille* **ist, ist auch ein Weg**. (諺)意志のあるところに道は開ける． ◊《前置詞とともに》**aus freiem** *Willen* 自由意志で，自発的に／**beim besten** *Willen* いくら努力しても／**Das geschah gegen meinen** *Willen*. それは私の意志に反して起きたことだ／囲⁴ **mit** *Willen* **tun** 囲⁴を故意に(わざと)する／**mit einigem guten** *Willen* 多少ともやる気があれば／**nach dem** *Willen* **der Mehrheit**² 大多数の意志に従って／**nach Wunsch und** *Willen* 思いどおりに／**ohne [Wissen und]** *Willen* **unseres Vaters** 私たちの父が知らないままに／**wider** *Willen* 心ならずも，意に反して／人³ **zu** *Willen* **sein** 人³の言いなりになる．

wil·len [ヴィれン vílən] 前《2格とともに; **um** … *willen* の形で》…のために． **um der Gesundheit** *willen* 健康のために／**um unserer Freundschaft** *willen* われわれの友情のために． ◊《間投詞的に》**Um Gottes** *willen*! a) とんでもない，b) お願いだから．

Wil·len [ヴィれン] 男 -s/- 《稀》＝ W**i**lle

wil·len=los [ヴィレン・ﾛｰｽ] 自分自身の考え(意志)のない, 人の言いなりになる. ein *willenloser* Mensch 自分の意志のない人.

Wil·len·lo·sig·keit [ヴィレン・ﾛｰｽﾞｨﾋｶｲﾄ] 囡 -/ 無意志, 人の言いなりになること.

wil·lens [ヴィレンス] 形 《成句的に》*willens* sein, *zu* 不定詞[句]《雅》…をする気がある, …をするつもりである.

Wil·lens·er·klä·rung [ヴィレンス・エアクレールング] 囡 -/-en 《法》意思表示.

Wil·lens=frei·heit [ヴィレンス・フライハイト] 囡 -/ 《哲・神》意志の自由.

Wil·lens=kraft [ヴィレンス・クラフト] 囡 -/ 意志の力.

wil·lens=schwach [ヴィレンス・シュヴァッハ] 形 意志薄弱な, 意志の弱い.

Wil·lens·schwä·che [ヴィレンス・シュヴェッヒェ] 囡 -/ 意志薄弱.

wil·lens=stark [ヴィレンス・シュタルク] 形 意志強固な, 意志の強い.

Wil·lens·stär·ke [ヴィレンス・シュテルケ] 囡 -/ 意志の強さ, 意志力.

wil·lent·lich [ヴィレントリヒ] 副《雅》故意に, わざと.

will·fah·ren [ヴィル・ファーレン vɪl-fáːrən または ヴィル..] (過分) willfahrt または gewillfahrt) 自 (h) 《雅》 (人³の)意に従う, 言うことを聞く; (願い・希望など³を)かなえる.

will·fäh·rig [ヴィル・フェーリヒ víl-fɛːrɪç または ..フェーリ..] 形《雅》 (ふつう軽蔑的に:) (人³の)言いなりになる.

Will·fäh·rig·keit [ヴィル・フェーリヒカイト または ヴィル・フェー..] 囡 -/-en 《ふつう 単》《雅》(ふつう軽蔑的に:) 人の言いなりになること, 屈従.

wil·lig [ヴィリヒ víːlɪç] 形 喜んで(進んで)…する, 自発的な. ein *williger* Arbeiter 進んで働く労働者 / ein *williges* Kind 聞き分けのよい子 / 単⁴ *willig* tun 単⁴を快く(喜んで)する.

wil·li·gen [ヴィリゲン víːlɪɡən] 自 (h) 《**in** 単⁴》《雅》(単⁴に)同意する, (単⁴を)承諾する.

＊**will·kom·men** [ヴィル・コンメン vɪl-kómən] 形 歓迎される, 喜ばれる; 好都合の. (英 *welcome*). ein *willkommener* Gast 歓迎される客 / eine *willkommene* Nachricht 喜ばしいニュース / *Willkommen* **bei** uns (**in** Kyoto)! 私たちのところへ(京都へ)ようこそ / Herzlich *willkommen*! ようこそいらっしゃいました / Sie sind uns zu jeder Zeit *willkommen*! どうぞいつでもおいでください / Das ist mir sehr *willkommen*. それは私には非常に好都合です / 人⁴ *willkommen* **heißen** 人⁴を[ようこそと言って]歓迎する ⇒ Er *hieß* seine Gäste *willkommen*. 彼はお客たちに歓迎のあいさつをした.

Will·kom·men [ヴィル・コンメン] 中 (まれに 男) -s/- 歓迎の辞(あいさつ); 歓迎の意. 人³ ein herzliches *Willkommen*⁴ bieten (または bereiten) 人³に心から歓迎の意を表する.

Will·kür [ヴィル・キューァ víl-kyːr] 囡 -/ 恣意(し), 勝手, 気まま; 横暴. Das ist die reine *Willkür*. それは勝手気ままもいいところだ.

Will·kür=akt [ヴィル・キューァ・アクト] 男 -[e]s/-e 勝手なふるまい.

Will·kür=herr·schaft [ヴィル・キューァ・ヘルシャフト] 囡 -/ 独裁(専制)政治, 圧政.

will·kür·lich [ヴィル・キューァリヒ víl-kyːrlɪç] 形 ① 恣意(し)的な, 勝手な; 横暴な. (英 *arbitrary*). *willkürliches* Handeln 恣意的な行動. ② 任意の, 気まぐれな. eine *willkürliche* Auswahl 任意の選択. ③《生》随意の. *willkürliche* Muskeln 随意筋.

＊**willst** [ヴィルスト wílst] ＊**wollen**¹ (…するつもりだ)の2人称親称単数 現在. Wohin *willst* du gehen? 君はどこへ行くつもり?

wim·meln [ヴィンメルン víməln] 自 (h) ① うようよしている, 群がっている. Im Netz *wimmeln* Fische. 魚が網の中でうようよしている. ②《**von** 人·物³ ～》(人·物³で)いっぱいである. Die Straße *wimmelt* von Menschen. 通りは人でいっぱいだ. ◇《非人称の **es** を主語として》In dem Buch *wimmelt* es von Fehlern.《比》その本には誤りがたくさんある.

wim·mern [ヴィンマァン vímərn] 自 (h) すすり(しくしく)泣く. **vor** Schmerzen *wimmern* 痛くてすすり泣く.

Wim·pel [ヴィンペル vímpəl] 男 -s/- (細長い)三角旗, ペナント (スポーツクラブの旗・船の信号旗など). (☞ Fahne 図).

Wim·per [ヴィンパァ vímpər] 囡 -/-n まつげ. falsche (または künstliche) *Wimpern* つけまつげ / ohne mit der *Wimper* zu zucken 眉(まゆ)ひとつ動かさずに, 平然と.

Wim·pern·tu·sche [ヴィンパァン・トゥッシェ] 囡 -/-n マスカラ.

＊*der* **Wind** [ヴィント vínt]

> 風 Der *Wind* kommt von Osten.
> デァ ヴィント コムト フォン オステン
> 風が東から吹いている.

男 (単2) -es (まれに -s)/(複) -e (3格のみ -en) ① 風. (英 *wind*). Gegen*wind* 向かい風 / ein kalter (ein sanfter (starker) *Wind* 寒風 / ein sanfter (starker) *Wind* 穏やかな(強い)風 / Der *Wind* weht (bläst). 風が吹く(強く吹く) / Der *Wind* pfeift. 風がひゅーひゅー鳴る / Der *Wind* dreht sich. 風向きが変わる / Der *Wind* legt sich. 風がおさまる / den *Wind* im Rücken haben 追い風を背に受けている / Ich weiß schon, woher der *Wind* weht.《口語》私にもう実情がわかっている(←風がどちらから吹いているかが) / *Wind*⁴ machen《口語・比》大ぶろしきを広げる / Hier weht ein scharfer *Wind*.《口語・比》ここには厳しい雰囲気がみなぎっている / Daher weht der *Wind*!《口語》そういうことだったのか(←そこから風が吹いて来るのか) / 人³ den *Wind* aus den Segeln nehmen《口語》人³の気勢をそぐ / sich³ den *Wind* um die Nase (または die Ohren) wehen lassen《口

語・比》世間の風に当たって経験を積む(←自分の鼻(耳)のあたりに風を吹かせる).

◊《前置詞とともに》**auf** günstigen *Wind* warten 順風を待つ / **bei** (または in) *Wind* und Wetter どんな悪天候でも / **gegen** den *Wind* laufen 風に逆らって走る / einen Rat **in** den *Wind* schlagen (口語) 忠告を聞き流す / in alle *Winde* 四方八方へ / in den *Wind* reden (比) 馬の耳に念仏を唱える(←風の中へ語りかける) / **mit** dem *Wind* segeln 追い風を受けて帆走する.

② (パイプオルガンのパイプに送られる)空気; 《冶》(溶鉱炉に送られる)空気. ③ (腸内の)ガス, おなら, 放屁.

Wind⹀beu‧tel [ヴィント・ボイテる] 男 -s/-《料理》シュークリーム.

Wind⹀bruch [ヴィント・ブルフ] 男 -[e]s/..brüche (山林・樹木の)風害.

Win‧de [ヴィンデ víndə] 女 -/-n ① (工)ウィンチ, 巻き上げ機, ジャッキ. ② (植)セイヨウヒルガオ属.

Wind⹀ei [ヴィント・アイ] 甲 -[e]s/-er ① 殻のない卵(薄い膜で覆われただけの卵). ② 無精卵; 《比》実りのない物.

die **Win‧del** [ヴィンデる víndəl] 女 (単) -/(複) -n おむつ, おしめ. (奥 *diaper, nappy*). das Kind⁴ **in** *Windeln* wickeln 子供におむつを当てる / Das liegt (または steckt) noch in den *Windeln*. (比) それはまだごく初期の段階にある(←おむつにくるまれている).

win‧del⹀weich [ヴィンデる・ヴァイヒ] 形 (口語) ① 人の言いなりになる. ②《成句的に》囚⁴ *windelweich* hauen (または prügeln) 囚⁴をこてんこてんになくする.

win‧den* [ヴィンデン víndən] du windest, er windet, *hat* ... gewunden) **I** 再動 (定T haben) *sich*⁴ *winden* ① 身をくねらせる, 身をよじる, のたうつ. Der Verletzte *wand sich vor* Schmerzen. 負傷者は苦痛のあまりのたうちまわった.

② 《方向を表す語句とともに》(道などが…へ)曲がりくねって続いている, 蛇行している. (奥 *wind*). Der Bach *windet sich* **durch** die Felsen. 小川が岩の間をぬって流れている.

③ 《*sich*⁴ **um** 物⁴ ~》(雅)(物⁴に)巻きつく, からみつく. Die Bohnen *winden sich* um die Stangen. 豆は支柱にからみついている. ④ 《*sich*⁴ **durch** 人・物⁴ ~》(人・物⁴を)かきわけて進む. Er versuchte *sich* durch die Menge nach vorn zu *winden*. 彼は大勢の人をかきわけて前へ進もうとした. ⑤《比》言い逃れをしようとする; あがく.

II 他 (定T haben) ①《雅》(花・花輪など⁴を)編む. Blumen⁴ **in** einen Kranz (または **zu** einem Kranz) *winden* 花輪を編む. ②《A⁴ **um** B⁴ ~》《雅》(A⁴をB⁴に)巻きつける. Sie *wand* dem Kind ein Tuch um den Kopf. 彼女は子供の頭に布を巻いた. ③《成句的に》囚⁴ 物⁴ **aus** der Hand *winden* 《雅》囚³の手から 物⁴をもぎ取る. ④ (ウインチなどで…へ/…から)巻き上げる. eine Last⁴ **nach** oben *winden* 荷物を上へ巻き上げる.

◊☞ **gewunden**

Wind⹀ener‧gie [ヴィント・エネルギー] 女 -/ (風力発電などの)風力エネルギー.

Win‧des⹀ei‧le [ヴィンデス・アイレ] 女《成句的に》**in** (または **mit**) *Windeseile* たちまち あっという間に(←はやてのように).

Wind⹀fang [ヴィント・ファング] 男 -[e]s/..fänge (風よけのための)張出し玄関.

wind⹀ge‧schützt [ヴィント・ゲシュッツト] 形 風から守られた, 風の当たらない.

Wind⹀har‧fe [ヴィント・ハルフェ] 女 -/-n (音楽)(風で鳴る)エオリアンハープ, 風琴 (= Äolsharfe).

Wind⹀hauch [ヴィント・ハオホ] 男 -[e]s/-e 微風, そよ風.

Wind⹀ho‧se [ヴィント・ホーゼ] 女 -/-n《気象》竜巻.

Wind⹀hund [ヴィント・フント] 男 -[e]s/-e ① グレーハウンド(足の速い猟犬). ②《口語》軽薄なやつ.

win‧dig [ヴィンディヒ víndɪç] 形 ① 風の吹く, 風の強い. (奥 *windy*). ein *windiger* Tag 風の強い日 / Draußen ist es *windig*. 外は風が強い. ②《口語》信頼できない, いい加減な. ein *windiger* Bursche 当てにならないやつ.

Wind⹀ja‧cke [ヴィント・ヤッケ] 女 -/-n ウインドブレーカー.

Wind⹀jam‧mer [ヴィント・ヤンマー] 男 -s/-《海》大型帆船.

Wind⹀ka‧nal [ヴィント・カナーる] 男 -s/..näle ① (工)風洞. ② (音楽)(オルガンの)送風管.

Wind‧kraft⹀an‧la‧ge [ヴィントクラフト・アンらーゲ] 女 -/-n 風力発電装置.

Wind⹀licht [ヴィント・リヒト] 甲 -[e]s/-er ほや付きカンテラ, ガラスの風よけの付いたランプ.

Wind⹀mes‧ser [ヴィント・メッサァ] 男 -s/- 風速計, 風力計.

Wind⹀müh‧le [ヴィント・ミューれ] 女 -/-n 風車. gegen *Windmühlen* (または mit *Windmühlen*) kämpfen 勝つ見込みのない戦いをする (←風車と戦う;『ドン・キホーテ』から).

Wind‧müh‧len⹀flü‧gel [ヴィントミューれン・ふりューゲる] 男 -s/- 風車の翼(羽根).

Wind⹀po‧cken [ヴィント・ポッケン] 複《医》水痘(ぁ), 水疱瘡(ぁ).

Wind⹀rad [ヴィント・ラート] 甲 -[e]s/..räder (工)風力動力機(風力発電機など).

Wind⹀rich‧tung [ヴィント・リヒトゥング] 女 -/-en 風向き, 風の方角.

Wind⹀rös‧chen [ヴィント・レースヒェン] 甲 -s/- イチリンソウ属, アネモネ.

Wind⹀ro‧se [ヴィント・ローゼ] 女 -/-n 羅針盤の指針面(形がばらの花に似ていることから).

Wind⹀sack [ヴィント・ザック] 男 -[e]s/..säcke (飛行場などの)吹き流し.

Windschatten

Wind⹀schat·ten [ヴィント・シャッテン] 男 -s/ 風の当らない側, 風当りの弱い所.

wind⹀schief [ヴィント・シーふ] 形 (風で)傾いた, ゆがんだ(小屋など).

Wind⹀schutz·schei·be [ヴィント・シュッツシャイベ] 女 -/-n (自動車などの)フロントガラス.

Wind⹀sei·te [ヴィント・ザイテ] 女 -/-n (家などの)風の当る側, 風上.

Wind⹀spiel [ヴィント・シュピーる] 中 -[e]s/-e グレーハウンド(= Windhund).

Wind⹀stär·ke [ヴィント・シュテルケ] 女 -/-n 風力.

wind⹀still [ヴィント・シュティる] 形 無風の, 風のない. ein *windstiller* Tag 風のない日.

Wind⹀stil·le [ヴィント・シュティれ] 女 -/ 無風, 凪(なぎ).

Wind⹀stoß [ヴィント・シュトース] 男 -es/..stöße 突風.

Wind⹀sur·fing [ヴィント・ザーァふィング] [英] 中 -s/ ウインドサーフィン.

Win·dung [ヴィンドゥング] 女 -/-en 屈曲, 蛇行; 旋回, ねじれ. Der Fluss verläuft in vielen *Windungen*. その川はあちこちで蛇行している.

der **Wink** [ヴィンク vínk] 男 (単2) -[e]s/(複) -e (3格のみ -en) ① (身ぶり・目などによる)合図. (英 *sign*). ein deutlicher *Wink* はっきりした合図 / 人³ einen *Wink* mit der Hand geben 人³に手で合図する / **auf** einen *Wink* des Gastes お客の合図に応じて.
② 示唆, 暗示, ヒント. (英 *hint*). nützliche *Winke* für die Hausfrau 主婦のための有益な助言 / einen *Wink* bekommen ヒントを得る / ein *Wink* des Himmels (または Schicksals) 《比》 天の啓示 (人生の指標となるような出来事) / ein *Wink* mit dem Zaunpfahl 《比》 あからさまなほのめかし(←垣根のくいを振り回しての暗示).

der **Win·kel** [ヴィンケる vínkəl] 男 (単2) -s/(複) - (3格のみ -n) ① 《数》角, 角度. (英 *angle*). ein rechter *Winkel* 直角 / ein spitzer (stumpfer) *Winkel* 鋭角(鈍角) / Die beiden Linien bilden einen *Winkel* von 60°(= sechzig Grad). その2直線は60度の角をなす / **im** toten *Winkel* liegen 死角にある / einen *Winkel* messen 角度を測定する.
② 隅, 片隅; 人目につかない場所. (英 *corner*). ein stiller *Winkel* der Stadt² 町のひっそりした片隅 / **in** einem *Winkel* des Zimmers 部屋の片隅に / im tiefsten *Winkel* des Herzens 《比》 心の奥底では. ③ 直角定規, 三角定規.

Win·kel⹀ad·vo·kat [ヴィンケる・アトヴォカート] 男 -en/-en 三百代言, いかさま弁護士. (女性形: -in).

Win·kel⹀ei·sen [ヴィンケる・アイゼン] 中 -s/- 《工》① 山形鋼(断面がL型の棒鋼材). ② (鉄製の)隅金具.

Win·kel⹀funk·ti·on [ヴィンケる・ふンクツィオーン] 女 -/-en 《数》三角関数.

win·ke·lig [ヴィンケリヒ vínkəliç] 形 隅の多い (家など), (道が入り組んでいて)角の多い(町など).

Win·kel⹀maß [ヴィンケる・マース] 中 -es/-e 《数》① (角度の単位としての)度. ② 直角定規.

Win·kel⹀mes·ser [ヴィンケる・メッサァ] 男 -s/- 《数》分度器; 《工》ゴニオメーター, 測角器.

Win·kel⹀zug [ヴィンケる・ツーク] 男 -[e]s/..züge 《ふつう 複》ずるいやり方, (巧妙な)手口. *Winkelzüge*⁴ machen うまく言い逃れをする.

win·ken(*) [ヴィンケン vínkən] (winkte, hat ... gewinkt (方・戯: gewunken)) **I** 自 (完了 haben) ① (身ぶりなどで) 合図する; (ウエーターなど³を)合図して呼ぶ. (英 *wave*). dem Kellner (einem Taxi) *winken* ウエーター(タクシー)に合図する / Sie *winkte* ihm **mit** dem Taschentuch. 彼女はハンカチを振って彼に合図した / 人³ **mit** den Augen *winken* 人³に目で合図を送る / 人³ **zum** Abschied *winken* 人³に手を振って別れを告げる.
② 《比》(報酬・成功などが人³を)待ち受けている. Dem Sieger *winken* wertvolle Preise. 勝者には豪華賞品が授与される.
II 他 (完了 haben) ① 〖方向を表す語句とともに〗(合図して人⁴を…へ)行かせる, 来させる. den Kellner **an** den Tisch *winken* 合図してウエーターをテーブルに呼び寄せる / 人⁴ **zu** sich² *winken* 人⁴を自分のところへ来させる / Der Polizist *winkte* den Wagen zur Seite. 警官は車に合図してわきに寄らせた.
② (事⁴を)するように合図する; (事⁴を)合図で知らせる. Ich *winkte* ihr zu schweigen. 私は彼女に黙るように合図した.

Win·ker [ヴィンカァ] 男 -s/- (自動車の腕木式の)方向指示器, (旧式の)ウインカー.

wink·lig [ヴィンクリヒ vínklıç] 形 = winkelig

wink·te [ヴィンクテ] * winken (合図する)の過去

win·seln [ヴィンゼるン vínzəln] 自 (h) ① (犬が)くんくん鳴く. ② 〖**um** 物⁴ ～〗(物⁴を)哀れっぽく懇願する.

der **Win·ter** [ヴィンタァ víntər]

冬

Der *Winter* ist endlich vorüber.
デァ ヴィンタァ イスト エントりヒ フォリューバァ
冬がやっと終わった.

男 (単2) -s/(複) - (3格のみ -n) 〖ふつう 単〗冬. (英 *winter*). (〘⼆⽂〙「春」は Frühling, 「夏」は Sommer, 「秋」は Herbst). ein harter (または strenger) *Winter* 厳しい冬 / ein milder *Winter* 穏やかな冬 / Es wird *Winter*. 冬になる / Der *Winter* kommt. 冬がやって来る / **im** *Winter* 冬に / im *Winter* 2002/03 2002年から2003年にかけての冬に / **über** den *Winter* または den *Winter* über 冬中 / **während** des *Winters* 冬の間は / Sommer wie *Winter* 夏も冬も, 1年中.

Win·ter⹀an·fang [ヴィンタァ・アンふァング] 男

-[e]s/..fänge 冬の始まり, 冬至.
Win·ter≈fahr·plan [ヴィンタァ・ファールプらーン] 男 -[e]s/..pläne《鉄道》冬の列車時刻表.
win·ter·fest [ヴィンタァ・フェスト] 形 耐寒性の(衣類など).
Win·ter≈frucht [ヴィンタァ・フルフト] 囡 -/..früchte (秋まきの)冬作物, 穀物.
Win·ter≈gar·ten [ヴィンタァ・ガルテン] 男 -s/..gärten 温室, 室内庭園(植木鉢などを置くために室内やベランダに設けられたガラス張りの温室).
Win·ter≈ge·trei·de [ヴィンタァ・ゲトらイデ] 囲 -s/《農》越冬作物(秋にまき翌年の夏に収穫する作物).
win·ter·hart [ヴィンタァ・ハルト] 形 (植物について:)寒さに強い.
Win·ter≈kleid [ヴィンタァ・クらイト] 囲 -[e]s/-er ① 冬服. ② (動物の)冬毛, (鳥の)冬羽.
win·ter·lich [ヴィンタァりヒ] 形 ① 冬の, 冬らしい. ein *winterliches* Wetter 冬らしい天候. ② 冬用の(衣服など). sich⁴ *winterlich* an|ziehen 冬服を着る, 冬向きの服を着る.
Win·ter≈mo·nat [ヴィンタァ・モーナット] 男 -[e]s/-e 冬月(の一つ)(特に 12・1・2 月).
win·tern [ヴィンタァン *víntərn*] 非人称 (h) Es *wintert.* 冬になる.
Win·ter≈olym·pi·a·de [ヴィンタァ・オリュンピアーデ] 囡 -/-n 冬期オリンピック.
Win·ter≈rei·fen [ヴィンタァ・らイふェン] 男 -s/- (自動車の)スノータイヤ.
win·ters [ヴィンタァス] 副 冬[の間]に.
Win·ter≈saat [ヴィンタァ・ザート] 囡 -/-en 越冬作物の種子(苗).
Win·ter≈sa·chen [ヴィンタァ・ザッヘン] 複 冬物衣類.
Win·ter≈schlaf [ヴィンタァ・シュらーふ] 男 -[e]s/《動》冬眠. *Winterschlaf*⁴ halten 冬眠する.
Win·ter≈schluss·ver·kauf [ヴィンタァ・シュるスフェアカオふ] 男 -[e]s/..käufe 冬物一掃バーゲンセール.
Win·ter≈se·mes·ter [ヴィンタァ・ゼメスタァ] 囲 -s/- (大学の)冬学期.
Win·ter≈son·nen·wen·de [ヴィンタァ・ゾンネンヴェンデ] 囡 -/-n 冬至.
Win·ter≈spie·le [ヴィンタァ・シュピーれ] 複 冬季[オリンピック]競技.
Win·ter≈sport [ヴィンタァ・シュポルト] 男 -[e]s/ ウインタースポーツ.
Win·ters≈zeit [ヴィンタァス・ツァイト] 囡 -/ ＝Winterzeit
Win·ter≈zeit [ヴィンタァ・ツァイト] 囡 -/ 冬, 冬季. zur *Winterzeit* 冬に.
Win·zer [ヴィンツァァ *víntsər*] 男 -s/- ぶどう園主, ぶどう栽培者[兼ワイン醸造・販売業者]. (女性形: -in).
win·zig [ヴィンツィヒ *víntsɪç*] 形 ごく小さい, 少ない, わずかな. ein *winziges* Häuschen ちっぽけな家 / eine *winzige* Menge ほんの少量 / ein *winziges* bisschen《俗》ほんのちょっぴり.

Win·zig·keit [ヴィンツィヒカイト] 囡 -/-en ① 【複なし】微少なこと. ②《口語》ささいなこと; さsayaかなもの.
Wip·fel [ヴィプふェる *vípfəl*] 男 -s/- こずえ, 樹木の頂.
Wip·pe [ヴィッペ *vípə*] 囡 -/-n シーソー. auf einer *Wippe* schaukeln シーソーに乗って遊ぶ.
wip·pen [ヴィッペン *vípən*] 自 (h) ① シーソーで遊ぶ. ② 上下に(ゆさゆさ)動く, 体を上下に動かす. Ihre Zöpfe *wippten* bei jedem Schritt. 彼女のおさげが一足ごとに揺れた. ③ 〖mit 3 ～〗4を上下に動かす. Der Vogel *wippt* mit dem Schwanz. 鳥が尾を振っている.

wir [ヴィーァ *ví:r*]

私たちは		
Wir sind Studenten.	1格	*wir*
ヴィァ ズィント シュトゥデンテン	2格	unser
私たちは学生です.	3格	uns
	4格	uns

囮《人称代名詞; 1人称複数の 1 格》私たちは(が), われわれは(が). (英) we). (⇔「私は」は ich). *wir* alle 私たちはみんな / *wir* beide 私たちは二人とも / *wir* Deutsche[n] われわれドイツ人は / Spielen *wir* Tennis! テニスをしよう. (⇔ *wir* は著者や演説者が ich の代わりに用いたり, 特に子供や病人に対して親しみをこめて自分と相手を含めた意味で用いることがある).

wirb [ヴィルプ] werben (宣伝をする)の du に対する 命令.

der **Wir·bel** [ヴィルべる *vírbəl*] 男 (単 2) -s/(複) - (3格のみ -n) ① (水・空気などの)渦, 渦巻き; (ダンス・スケートなどの)旋回, スピン. (英 *whirl*). Der Strom hat starke *Wirbel*. その流れは激しく渦巻いている / in einen *Wirbel* von Staub geraten ほこりの渦に巻き込まれる. ② (感情などの)渦, 混乱, 大騒ぎ. im *Wirbel* der Ereignisse² いろいろな出来事にまぎれて / einen *Wirbel* um 人·物⁴ machen 人·物⁴のことで大騒ぎをする. ③ (頭髪の)つむじ; (医) 椎骨(ついこつ), 脊椎. ④ (太鼓などの)連打, すり打ち. ⑤ (弦楽器の)糸巻き.

wir·be·lig [ヴィルべりヒ *vírbəlɪç*] 形 ① 活発な, めまぐるしく動きまわる; 浮き足立った(祭りの時期など). ein *wirbeliges* Kind 活発な子供. ② (頭が)混乱した, 目が回るような. Mir ist ganz *wirbelig*. 私は頭がくらくらする.

Wir·bel≈kno·chen [ヴィルべる・クノッヘン] 男 -s/- (医) 脊椎(せきつい)骨, 椎骨.

wir·bel·los [ヴィルべる・ロース] 形 (動) 脊椎(せきつい)のない. *wirbellose* Tiere 無脊椎動物.

wir·beln [ヴィルべルン *vírbəln*] ich wirble (wirbelte, ist/hat … gewirbelt) Ⅰ 自 (完了 sein または haben) ① (s) 渦を巻く, 渦を巻いて流れる(舞い上がる). (英 *whirl*). Schneeflocken *wirbeln* durch die Luft. 雪片が空中を舞っている. ② (s) (スケート・ダンスなどで:)旋回する, スピ

Wirbelsäule

ンする. ③ (h, s) (車輪などが)くるくる回る. Mir *wirbelt* der Kopf.《比》私は頭がくらくらする. ④ (s) くるくる回りながら動いて行く(進む). ⑤ (h) 太鼓を連打する; (太鼓が)連打される. **II** 他 (完了) haben) ① 『方向を表す語句とともに』(風などが⁴を…へ)舞い上げる. Der Wind *wirbelt* die Blätter **in** die Luft. 風で木の葉が宙に舞う. ② (ダンスなどで:)(人⁴を)旋回させる.

Wir·bel‡säu·le [ヴィルべル・ゾイレ] 囡 -/-n (医)脊柱(セキチュウ).

Wir·bel‡sturm [ヴィルべル・シュトゥルム] 男 -[e]s/..stürme (特に熱帯地方で発生する)大旋風(台風・ハリケーンなど).

wir·bel·te [ヴィルべルテ] wirbeln (渦を巻く)の過去

Wir·bel‡tier [ヴィルべル・ティーア] 中 -[e]s/-e (動) 脊椎(セキツイ)動物.

Wir·bel‡wind [ヴィルべル・ヴィント] 男 -[e]s/-e ① 旋風. ②(戯) 元気な子供(若者).

wirbst [ヴィルプスト] werben (宣伝をする)の 2 人称親称単数 現在

wirbt [ヴィルプト] werben (宣伝をする)の 3 人称単数 現在

wird [ヴィルト vírt] ‡werden (…になる)の 3 人称単数 現在. Sie *wird* Lehrerin. 彼女は教師になる. (☞ 未来の助動詞 ☞ werden II A; 動作受動の助動詞 ☞ II B).

wirf [ヴィルふ] werfen (投げる)の du に対する 命令

wirfst [ヴィルふスト] werfen (投げる)の 2 人称親称単数 現在

wirft [ヴィルふト] werfen (投げる)の 3 人称単数 現在

wir·ken [ヴィルケン vírkən] (wirkte, hat … gewirkt) **I** 自 (完了) haben) ① 作用する, 効果がある, 影響(感銘)を与える, (薬などが)効く. Die Arznei *wirkt* gut. その薬はよく効く / Nikotin *wirkt* **auf** die Nerven. ニコチンは神経に作用する / auf 人⁴ stark *wirken* 人⁴に深い感銘を与える / Ich habe den Film auf mich *wirken* lassen. 私はその映画に感銘を受けた / **gegen** Erkältung *wirken* 風邪に効く. ② (人が)活動する, 働く. (英 work). Er *wirkt* hier **als** Arzt. 彼はここで医者として働いている / **für** 人⁴ *wirken* 人⁴のために尽力する. ③ (…の)印象を与える, (…に)見える. Sie *wirkt* noch sehr jung. 彼女はまだとても若く見える.
④ 『場所を表す語句とともに』(…で)引きたつ, 映える. Das Bild *wirkt* **in** diesem Zimmer nicht. その絵はこの部屋では引きたたない.
II 他 (完了) haben) ① (雅) (奇跡・善行など⁴を)行う, する. Gutes⁴ *wirken* 善いことをする / Wunder⁴ *wirken* a) 奇跡を行う, b) (口語)(薬などが)奇跡的に効く.
② (織) (ニットウェア⁴を)編む; (じゅうたん⁴を)織る. ③ (方) (パン生地など⁴を)十分にこねる.

Wir·ken [ヴィルケン] 中 -s/ 作用; 活動.

✱wirk·lich [ヴィルクリヒ vírklıç]

本当に; 現実の
Er kommt heute. — *Wirklich*?
エァ コムト ホイテ ヴィルクリヒ
きょう彼が来るよ. — 本当ですか.

I 副 『文全体にかかって』本当に, 実際に. (英 really). Das weiß ich *wirklich* nicht. そのことを私は本当に知りません / Bist du *wirklich* dort gewesen?『現在完了』君は本当にそこへ行った[ことがある]のか / *Wirklich*, so ist es! 本当にそうなんです.
II 形 ① 現実の, 実際の, 本当の. (英 real). eine *wirkliche* Begebenheit 実際の出来事 / der *wirkliche* Name 本名, 実名 / Das *wirkliche* Leben sieht ganz anders aus. 現実の生活はまったく違っている. (☞ 類語 wahr).
② 真の, 本物の. ein *wirklicher* Künstler 真の芸術家 / *wirkliche* Liebe 誠の愛.

✱die Wirk·lich·keit [ヴィルクリヒカイト vírklıçkaıt] 囡 (単) -/(複) -en 現実; 実際, 実情. (英 reality). die harte *Wirklichkeit* 厳しい現実 / Der Traum wird *Wirklichkeit*. 夢が現実となる / der *Wirklichkeit*³ ins Auge sehen 現実を直視する / **aus** der *Wirklichkeit* fliehen 現実から逃避する / **in** *Wirklichkeit* 実は, 実際は.

Wirk·lich·keits‡form [ヴィルクリヒカイツ・ふォルム] 囡 -/-en (言) 直説法 (＝Indikativ).

wirk·lich·keits‡fremd [ヴィルクリヒカイツ・ふレムト] 形 現実離れした, 現実に即していない(理想・理論など).

wirk·lich·keits‡ge·treu [ヴィルクリヒカイツ・ゲトロイ] 形 現実(事実)に忠実な, 写実的な.

wirk·lich·keits‡nah [ヴィルクリヒカイツ・ナー] 形 現実に近い, リアルな(描写など).

wirk·sam [ヴィルクザーム vírkza:m] 形 効力(効果)のある, 有効な, 効き目のある. (英 effective). eine *wirksame* Maßnahme 有効な対策 / Das Mittel ist sehr *wirksam*. その薬はとてもよく効く / *wirksam* werden《官庁》(法律などが)効力を生じる.

Wirk·sam·keit [ヴィルクザームカイト] 囡 -/ 効果, 効き目, 作用.

Wirk‡stoff [ヴィルク・シュトふ] 男 -[e]s/-e (生) 作用物質(ホルモン・ビタミン・酵素などの総称).

wirk·te [ヴィルクテ] ✱wirken (作用する)の過去

die **Wir·kung** [ヴィルクング vírkuŋ] 囡 (単) -/(複) -en ① 作用, 影響, 効果, 効き目. (英 effect). Gegen*wirkung* 反作用 / eine nachhaltige *Wirkung* 永続的効果 / die *Wirkung* der Rede² 演説の効果 / Die Medizin hatte eine schnelle *Wirkung*. その薬はすぐに効いた / eine erzieherische *Wirkung*⁴ aus|üben 教育的影響を及ぼす / keine *Wirkung*⁴ haben (忠告などが)効き目がない / **mit** *Wirkung* vom 1. (＝ersten) Oktober

《官庁》10月1日発効で / **ohne** *Wirkung* bleiben 効果がない / **zur** *Wirkung* **kommen** 効果を現す. (☞ 頭語 Ergebnis).　② 《物》作用[量].

Wir·kungs✧be·reich [ヴィルクングス・ベライヒ] 男 -[e]s/-e 活動範囲, 勢力(影響)範囲.

Wir·kungs✧grad [ヴィルクングス・グラート] 男 -[e]s/-e 《物・工》効率.

Wir·kungs✧kreis [ヴィルクングス・クライス] 男 -es/-e 活動範囲, 勢力(影響)範囲.

wir·kungs✧los [ヴィルクングス・ろース] 形 効果(効き目)のない, 影響を与えない.　Seine Worte blieben *wirkungslos*. 彼の言葉は効き目がなかった.

Wir·kungs✧lo·sig·keit [ヴィルクングス・ろーズィヒカイト] 女 -/ 効果(効き目)のないこと.

wir·kungs✧voll [ヴィルクングス・ふォる] 形 効果(効き目)の大きい, 影響の大きい.

Wir·kungs✧wei·se [ヴィルクングス・ヴァイゼ] 女 -/-n 作用(影響)の仕方.

Wirk·wa·ren [ヴィルク・ヴァーレン] 複 ニットウェア, メリヤス製品.

wirr [ヴィル vír] 形 ① 乱れた, もつれた. *wirre* Haare 乱れた髪.　② 《考えなどが》混乱した, とりとめのない. ein *wirrer* Traum とりとめのない夢 / Mir war ganz *wirr* im Kopf. 私の頭の中は混乱していた.　③ 狼狽(ろうばい)した. Der Brief machte ihn ganz *wirr*. その手紙は彼をすっかり狼狽させた.

Wir·ren [ヴィレン] 複 混乱, 紛糾. politische *Wirren* 政治的な混乱.

Wirr✧kopf [ヴィル・コプふ] 男 -[e]s/..köpfe 頭の混乱した人.

Wirr·nis [ヴィルニス] 女 -/..nisse 《雅》《事態の》混乱, 紛糾; (思考の)混乱.

Wirr✧warr [ヴィル・ヴァル] 男 -s/ ごったがえし, 混乱, 騒動.

Wir·sing [ヴィルズィング vírziŋ] 男 -s/ 《植》チリメンキャベツ. (☞ Gemüse 図).

Wir·sing✧kohl [ヴィルズィング・コーる] 男 -[e]s/ = Wirsing

*****wirst** [ヴィルスト vírst] ‡werden (…になる) の2人称親称単数 現在. Wie alt *wirst* du? 君は何歳になるの? (☞ 未来の助動詞 ☞ werden II A; 動作受動の助動詞 ☞ werden II B.)

der **Wirt** [ヴィルト vírt] 男 (単2) -[e]s/(複) -e (3格のみ -en) ① 《飲食店などの》主人. Der *Wirt* kocht selbst. 店主自ら料理を作る / die Rechnung[4] **ohne** den *Wirt* machen 《比》(肝心な点で)見込み違いをする(←主人抜きで勘定をする).　② 家主, 《部屋・アパートの》貸主, 《下宿の》主人.　③ 《生》宿主(しゅくしゅ).　④ 《古》《招待者としての》主人, ホスト (=Gastgeber).

Wir·tin [ヴィルティン vírtɪn] 女 -/..tinnen 《飲食店などの》女主人; 《女性の》家主; 《宿屋・下宿の》おかみ.

wirt·lich [ヴィルトりヒ] 形 もてなしのいい, 客を

歓待する.

***die** **Wirt·schaft** [ヴィルトシャフト vírt·ʃaft] 女 (単) -/(複) -en ① 《ふつう 単》《総称として:》《社会・国家の》経済. 英 *economy*). Marktwirtschaft 市場経済 / die kapitalistische (sozialistische) *Wirtschaft* 資本主義(社会主義)経済 / die *Wirtschaft*[4] an|kurbeln 経済に活気を与える.
② 飲食店, 食堂 (=Gastwirtschaft). **in** einer *Wirtschaft* ein|kehren 飲食店に立ち寄る.　③ 農場 (=Landwirtschaft).　④ 家政, 家計 (=Hauswirtschaft). 〔人〕[3] die *Wirtschaft*[4] führen 〔人〕[3]の家事の面倒をみる.　⑤ 〔複なし〕《口語》騒ぎ, ごたごた, 混乱. Das ist ja eine schöne *Wirtschaft*! これはまたたいへんな有様(乱雑さ)だ.

wirt·schaf·ten [ヴィルトシャフテン vírt·ʃaftən] 自 (h) ① 家事をつかさどる; 家計のやりくりをする. Sie versteht zu *wirtschaften*. 彼女はやりくりを心得ている / **mit** 〔物〕[3] *wirtschaften* 〔物〕[3]を節約する.　② 《会社・農場などを》経営する.　③ 《家事をして》忙しく働いている.

Wirt·schaf·ter [ヴィルトシャフタァ vírt·ʃaftər] 男 -s/- ① 《経》経営者, マネージャー; 財界人.　② 《エコノミスト》経済学者.

Wirt·schaf·te·rin [ヴィルトシャフテリン vírt·ʃaftərɪn] 女 -/..rinnen ① 家政婦.　② 《女性の》経営者, マネージャー.

Wirt·schaft·ler [ヴィルトシャフトら゛ァ vírt·ʃaftlər] 男 -s/- ① 経済学者. (女性形: -in).　② 経営者, マネージャー.

wirt·schaft·lich [ヴィルトシャふトりヒ vírt·ʃaftlıç] 形 ① 経済の, 経済上の; 財政上の. 英 *economic*). die *wirtschaftliche* Blüte eines Landes ある国の経済的繁栄 / das *wirtschaftliche* Wachstum 経済成長 / Er ist *wirtschaftlich* noch von seinen Eltern abhängig. 彼はまだ経済的に両親に依存している.　② 経済的な; やりくり上手な, つましい. ein *wirtschaftliches* Auto 経済的な(燃費のよい)車.

Wirt·schaft·lich·keit [ヴィルトシャフトりヒカイト] 女 -/ 経済性, 収益性; やりくり上手.

Wirt·schafts✧ab·kom·men [ヴィルトシャフツ・アップコンメン] 中 -s/- 《国家間の》経済協定.

Wirt·schafts✧be·ra·ter [ヴィルトシャフツ・ベラータァ] 男 -s/- 経済顧問. (女性形: -in).

Wirt·schafts✧buch [ヴィルトシャフツ・ブーフ] 中 -[e]s/..bücher 家計簿.

Wirt·schafts✧flücht·ling [ヴィルトシャフツ・ふりュヒトリング] 男 -s/-e 経済難民.

Wirt·schafts✧ge·bäu·de [ヴィルトシャフツ・ゲボイデ] 中 -s/- 《ふつう 複》《修道院・城などの》食糧庫, 作業棟.

Wirt·schafts✧geld [ヴィルトシャフツ・ゲるト] 中 -[e]s/-er 《ふつう 単》家計費.

Wirt·schafts✧ge·mein·schaft [ヴィルトシャフツ・ゲマインシャフト] 女 -/-en 《経》経済

共同体.

Wirt·schafts‗geo·gra·fie [ヴィルトシャフツ・ゲオグラフィー] 囡 −/ 経済地理学.

Wirt·schafts‗geo·gra·phie [ヴィルトシャフツ・ゲオグラフィー] 囡 −/ =Wirtschaftsgeografie

Wirt·schafts‗ge·schich·te [ヴィルトシャフツ・ゲシヒテ] 囡 −/ 経済史.

Wirt·schafts‗gip·fel [ヴィルトシャフツ・ギプふェる] 男 −s/− 経済サミット(首脳会議).

Wirt·schafts‗hil·fe [ヴィルトシャフツ・ヒるふェ] 囡 −/ 経済援助.

Wirt·schafts‗jahr [ヴィルトシャフツ・ヤール] 中 −[e]s/−e 《経》会計年度.

Wirt·schafts‗krieg [ヴィルトシャフツ・クリーク] 男 −[e]s/−e 経済戦争.

Wirt·schafts‗kri·se [ヴィルトシャフツ・クリーゼ] 囡 −/−n 《経》経済的危機, 経済恐慌.

Wirt·schafts‗la·ge [ヴィルトシャフツ・らーゲ] 囡 −/−n 経済状態.

Wirt·schafts‗mi·nis·ter [ヴィルトシャフツ・ミニスタァ] 男 −s/− 経済大臣. (女性形: −in).

Wirt·schafts‗mi·nis·te·ri·um [ヴィルトシャフツ・ミニステーリウム] 中 −s/..rien [..リエン] 経済省.

Wirt·schafts‗po·li·tik [ヴィルトシャフツ・ポリティーク] 囡 −/ 経済政策.

wirt·schafts‗po·li·tisch [ヴィルトシャフツ・ポリーティッシュ] 形 経済政策[上]の.

Wirt·schafts‗prü·fer [ヴィルトシャフツ・プリューふァァ] 男 −[e]s/− 公認会計士. (女性形: −in).

Wirt·schafts‗raum [ヴィルトシャフツ・ラオム] 男 −[e]s/..räume ① 経済圏. ② (僧院などの)納屋, 家事室.

Wirt·schafts‗sys·tem [ヴィルトシャフツ・ズュステーム] 中 −s/−e 《経》経済体制.

Wirt·schafts‗teil [ヴィルトシャフツ・タイる] 男 −[e]s/−e (新聞などの)経済欄.

Wirt·schafts‗wachs·tum [ヴィルトシャフツ・ヴァクストゥーム] 中 −s/ 経済成長.

Wirt·schafts‗wis·sen·schaft [ヴィルトシャフツ・ヴィッセンシャふト] 囡 −/−en 《ふつう 複》経済学.

Wirt·schafts‗wis·sen·schaft·ler [ヴィルトシャフツ・ヴィッセンシャふトらァ] 男 −s/− 経済学者. (女性形: −in).

Wirt·schafts‗wun·der [ヴィルトシャフツ・ヴンダァ] 中 −s/− 《口語》奇跡の経済復興. das deutsche *Wirtschaftswunder* (第二次大戦後の)ドイツの奇跡の経済復興.

Wirt·schafts‗zweig [ヴィルトシャフツ・ツヴァイク] 男 −[e]s/−e 産業部門.

Wirts‗haus [ヴィルツ・ハオス] 中 −es/..häuser (宿屋も兼ねる田舎の)飲食店, 食堂.

Wirts‗leu·te [ヴィルツ・ろイテ] 複 ① (飲食店・宿屋などの)主人夫婦. ② 家主夫婦.

Wisch [ヴィッシュ] 男 −[e]s/−e 《俗》(つまらないことが書いてある)紙きれ.

wi·schen [ヴィッシェン víʃən] (wischte, hat/ist ... gewischt) I 他 《完了》haben) ① 〖A⁴ von (または aus) B³ 〜〗(A⁴ を B³ から)ふき取る, ぬぐい取る. (英 wipe). Ich *wischte* den Staub von den Büchern. 私は本のほこりをふき取った / 〖A³ (sich³) die Tränen⁴ aus den Augen *wischen*〗(人³の(自分の)目から涙をぬぐう / sich³ den Schlaf aus den Augen *wischen* 目をこすって眠気を払う.
② ぬぐう, ふく; (ぞうきんで)ふいてきれいにする. sich³ den Mund *wischen* (ナプキンなどで)口をぬぐう / den Fußboden *wischen* 床をふく. ③ 〖成句的的〗〖A³ eine⁴ *wischen*〗《口語》〖人³〗に一発くらわす.
II 自 《完了》haben または sein) ① (h) 〖*über* 物⁴ 〜〗(物⁴の上を払う, ぬぐう. mit der Hand über den Tisch *wischen* 手で机の上を払う. ② (s) 〖方向を表す語句とともに〗(...へ/...から)さっと動く. **aus** dem Zimmer *wischen* 部屋からさっと出て行く.

Wi·scher [ヴィッシャァ víʃər] 男 −s/− ① (自動車などの)ワイパー(=Scheiben*wischer*). ② ペンふき. ③ (パステルの描線をこする)擦筆(さっぴつ).

Wi·schi·wa·schi [ヴィシ・ヴァッシ vɪʃi-váʃi] 中 −s/ 《俗》たわ言, くだらない話.

Wisch‗lap·pen [ヴィッシュ・らッペン] 男 −s/− 《方》みがき布, ふきん, ぞうきん.

wisch·te [ヴィッシュテ] wischen (ふき取る)の過去

Wisch‗tuch [ヴィッシュ・トゥーフ] 中 −[e]s/..tücher ふきん, ぞうきん; 《方》みがき布.

Wi·sent [ヴィーゼント ví:zent] 男 −s/−e 《動》ヨーロッパバイソン; ヨーロッパヤギュウ.

Wis·mut [ヴィスムート vísmu:t] 中 −[e]s/ 《化》蒼鉛(そうえん), ビスマス(記号: Bi).

wis·pern [ヴィスパァン víspərn] I 自 (h) ささやく. II 他 (h) (物⁴を)耳打ちする. 〖A³ 物⁴ **ins** Ohr *wispern*〗人³に物⁴を耳打ちする.

Wiss‗be·gier [ヴィス・ベギーァ] 囡 −/ =Wissbegierde

Wiss‗be·gier·de [ヴィス・ベギーァデ] 囡 −/ 知識欲; 好奇心.

wiss‗be·gie·rig [ヴィス・ベギーリヒ] 形 知識欲の旺盛(おうせい)な, 好奇心の強い.

:wis·sen* [ヴィッセン vísən]

知っている		
Davon *weiß* ich nichts.		
ダフォン ヴァイス イヒ ニヒツ		
それについては私は何も知りません.		

人称	単	複
1	ich **weiß**	wir wissen
2	{du **weißt** / Sie wissen}	{ihr wisst / Sie wissen}
3	er **weiß**	sie wissen

(wusste, hat ... gewusst) I 他 《完了》haben) ① (知識として)知っている, わかっている, 覚えて

いる. (๕ know). Ich *weiß* es genau. 私はそのことをはっきり知っている / Woher *weißt* du das? どうしてそれを知っているの / Das *weiß* ich nicht mehr. そのことはもう覚えていない / *Wissen* Sie schon das Neueste? — Ja, ich *weiß* alles. 最新情報をご存じですか — ええ, すべてわかっています / *Wissen* Sie etwas **von** ihm? 彼について何か知っていますか / Ich *weiß* ihre Adresse nicht. 私は彼女の住所を知らない / *Weißt* du ein gutes Restaurant? いいレストランを知っているかい / Bescheid[4] *wissen* a) 聞きおよんで(承知して)いる, b) (ある分野に)精通している, 勝手がわかる / [人]4 *wissen* lassen (または *wissen*|lassen) [人]4に[事]4を知らせる / Ich weiß [mir] keinen Rat. 私はどうしたらいいかわからない / Was *weiß* ich! 《口語》私は知りませんよ / Was ich nicht *weiß*, macht mich nicht heiß. 《๕》知らぬが仏(←私が知らないことは私を熱くしない).

◇《従属文とともに》Ich *weiß*, dass er krank ist. 私は彼が病気だということを知っている / *Wissen* Sie, wer das ist? あれがだれだかご存じですか / Ich *weiß* nicht recht, was ich tun soll. 私はどうすればよいかよくわからない / Sie *weiß*, was sie will. 彼女は明確な目的意識を持っている(意志堅固だ) / Wer *weiß*, wie lange das noch dauern wird! それがいつまで続くか知れたものではない. (☞ kennen).

◇《目的語なしでも》*Weißt* du noch? まだ覚えているかい / Ich *weiß* nicht recht. よくは知らないよ, さあね / wie Sie *wissen* ご存じのように / soviel ich *weiß* 私の知るかぎりでは / *wissen* Sie または *weißt* du a) (文の冒頭で:)あのね, 実はですね, b) (文の末尾で:) いいですね ⇨ Du darfst nicht auf der Fahrbahn spielen, *weißt* du! 君は車道で遊んではいけないよ, いいね! / *Weißt* du [was], wir gehen spazieren. いいこと考えた, 散歩に行こうよ.

② 《雅》《人・物》4が…であることを知っている. Ich *weiß* ihn glücklich. 私は彼が幸せであることを知っている / Er *wusste* sie **in** Sicherheit. 彼は彼女が安全であることを知っていた.

③ 《**zu** 不定詞[句]とともに》(…するすべを)心得ている. Sie *weiß* zu reden. 彼女は話し方を心得ている(話がうまい) / Er *weiß* gut mit Kindern umzugehen. 彼は子供の扱い方がうまい.

④ 《成句的に》《口語》Er kommt wer (または Gott) *weiß* wann. 彼はいつかやって来るよ(←いつだか, だれにもわからない) / wer (または Gott) *weiß* wie とても, 非常に / wer *weiß* wer だれかが / wer (または Gott) *weiß* wo どこかで / *weiß* Gott 本当に.

II 自(๕ haben)《**von** 事3(または **um** 事4)~》(事3(または事4)について)承知している, わかっている. Ich *weiß* von seiner schwierigen Situation. 私は彼の苦しい状況を知っている.

◇๕ wissend

das **Wis·sen** [ヴィッセン vísən] 中 (単 2) -s/
① 知識. (๕ knowledge). ein umfangreiches *Wissen* 博識 / *Wissen* ist Macht. 《ことわざ》知は力なり.

② 知っていること; 承知[していること]. meines *Wissens* 私の知るかぎりでは (略: m. W.) / **mit** *Wissen* [und Willen] それと知っていて, 故意に / 事4 **nach** bestem *Wissen* und Gewissen tun 事4を誠意を尽くしてする / **ohne** mein *Wissen* 私に無断で(断りなく) / **wider** besseres *Wissen* 良心に反して, 悪いと知りながら.

wis·send [ヴィッセント] I ๕ *wissen* (知っている)の現分 II 形 知っている, 事情に通じている. ein *wissender* Blick 知っているぞという目つき.

*die **Wis·sen·schaft** [ヴィッセンシャフト vísənʃaft] 女 (単) / (複) **-en** ① 学問, 学術, 科学. (๕ science). Naturwissenschaft 自然科学 / Kunst und *Wissenschaft* 芸術と学問 / reine (angewandte) *Wissenschaft* 純粋(応用)科学 / die medizinische *Wissenschaft* 医学 / sich[4] der *Wissenschaft*[3] widmen 学問に身をささげる / Das ist eine *Wissenschaft* für sich. 《比》それは簡単にはわからない(←それ自体が一つの学問).

② 知っていること, 知識 (= Wissen).

der **Wis·sen·schaft·ler** [ヴィッセンシャフトラァ vísənʃaftlər] 男 (単 2) -s/(複) -(3格のみ -n) 学者, 科学者, 研究者. (๕ scientist).

Wis·sen·schaft·le·rin [ヴィッセンシャフトレリン vísənʃaftlərın] 女 -/..rinnen (女性の)学者, 科学者, 研究者.

wis·sen·schaft·lich [ヴィッセンシャフトリヒ vísənʃaftlıç] 形 学問の, 学問上の; 科学的な, 学術的な. (๕ scientific). eine *wissenschaftliche* Abhandlung 学術論文 / *wissenschaftliche* Methoden 科学的方法 / 事4 *wissenschaftlich* untersuchen 事4を科学的に調査する.

Wis·sen·schaft·lich·keit [ヴィッセンシャフトリヒカイト] 女 -/ 学問(科学)的であること, 科学性.

Wis·sens·drang [ヴィッセンス・ドラング] 男 -[e]s/ (旺盛な)知識欲.

Wis·sens·durst [ヴィッセンス・ドゥルスト] 男 -[e]s/ 知識への渇望.

wis·sens·durs·tig [ヴィッセンス・ドゥルスティヒ] 形 知識に飢えた, 知識欲の旺盛(おうせい)な.

Wis·sens·ge·biet [ヴィッセンス・ゲビート] 中 -[e]s/-e 知識(学問)の分野.

wis·sens·wert [ヴィッセンス・ヴェーァト] 形 知るに値する, 知っておくべき(情報など).

wis·sent·lich [ヴィッセントリヒ] 形 故意の, 意図的な.

wisst [ヴィスト] ๕ *wissen* (知っている)の 2 人称親称複数 現在

Wit·ten·berg [ヴィッテン・ベルク vítən-bɛrk] 中 -s/《都市名》ヴィッテンベルク(ドイツ, ザクセン・アンハルト州. ルターの宗教改革の中心地: ☞ 地図 F-3).

wit·tern [ヴィッタァン vítərn] 他 (h) ① 《狩》

(猟犬が獲物など⁴の)においをかぎつける．② 《比》(人が危険など⁴を)感じとる，察知する．

Wit·te·rung [ヴィッテルング] 囡 –/–en ① (ある期間の)天気，空模様． **bei jeder** *Witterung* どんな天気でも．② 《狩》(動物の)嗅覚(きゅうかく); (風が運ぶ)におい． *Witterung*⁴ **von** bekommen 《比》 匂³をかぎつける，匂³に感づく．③ 『ふつう 匣』 鋭い感知力，勘．

Wit·te·rungs⹁um·schlag [ヴィッテルングス・ウムシュラーク] 男 –[e]s/..schläge 天候の急変．

Wit·te·rungs⹁ver·hält·nis·se [ヴィッテルングス・フェアヘルトニセ] 覆 気象(天候)状態．

Witt·gen·stein [ヴィットゲン・シュタイン vítgən ʃtain] –s/ 《人名》ヴィトゲンシュタイン (Ludwig Wittgenstein 1889–1951; オーストリアの哲学者．イギリスで活躍した)．

die **Wit·we** [ヴィトヴェ vítvə] 囡 (単) –/(複) –n 未亡人，やもめ (略: Wwe.)．《㊥》widow)．(《㊥》「男やもめ」は Witwer)． **eine reiche** *Witwe* 金持ちの未亡人 / **grüne** *Witwe* 《口語・戯》うまい(へたな)もめ(夫が仕事で忙しいため郊外の家で寂しく留守を守る妻)．

Wit·wen⹁geld [ヴィトヴェン・ゲルト] 匣 –[e]s/–er (公務員の未亡人に支給される)寡婦扶助金．

Wit·wen⹁ren·te [ヴィトヴェン・レンテ] 囡 –/–n 寡婦年金．

Wit·wer [ヴィトヴァァ vítvər] 男 –s/– 男やもめ (略: Wwr.)．(《㊥》「未亡人」は Witwe)．

der **Witz** [ヴィッツ víts] 男 (単2) –es/(複) –e (3格のみ –en) ① ジョーク，冗談，しゃれ; (気の利いた)小ばなし．《㊥》joke)． **ein guter (schlechter)** *Witz* うまい(へたな)しゃれ / *Witze*⁴ **machen** 冗談を言う ⇒ **Mach keine** *Witze*! 冗談はよせ，まさかそんなことはあるまい / *Witze*⁴ **reißen** 《口語》ジョークを飛ばす / **einen** *Witz* **erzählen** 小ばなしをする / **Das ist der ganze** *Witz* **[bei der Sache].** 《比》そこが肝心な点だ． ② 『匣 なし』 機知[の才覚]，才知，エスプリ，ウィット．《㊥》wit)． **Er hat viel** *Witz*. 彼はウィットに富んでいる．

Witz⹁blatt [ヴィッツ・ブラット] 匣 –[e]s/..blätter 風刺新聞(雑誌)．

Witz⹁bold [ヴィッツ・ボルト] 男 –[e]s/–e 《口語》ジョークの好きな人，ひょうきん(いたずら)者．

Wit·ze·lei [ヴィッツェライ vitsəláI] 囡 –/–en ① 『匣 なし』 ジョーク[を飛ばすこと]，ちゃかし．② 『ふつう 匣』 からかい，揶揄(やゆ)．

wit·zeln [ヴィッツェルン vítsəln] 自 (h) からかう; からかって言う． **über** 人・事⁴ *witzeln* 人・事⁴ をからかう，ちゃかす．

wit·zig [ヴィッツィヒ vítsiç] 形 ① 機知(ウィット)に富んだ． **ein** *witziger* **Mensch** 機知に富んだ人．② 《口語》一風変わった，奇妙な．

witz⹁los [ヴィッツ・ロース] 形 ① 機知(ウィット)のない．② 《口語》無意味な，むだな．

w. L. [ヴェストリヒャァ レング] 《略》西経[の] (= westlicher Länge)

WM [ヴェー・エム] 囡 –/–s 《略》世界選手権大会 (= Weltmeisterschaft).

⁝wo [ヴォー vóː]

どこに *Wo* **wohnen Sie?**
ヴォー ヴォーネン ズィー
どこにお住まいですか．

I 副 **A)** 『疑問副詞』 どこに，どこで．(㊥ where)． *Wo* **liegt das Buch?** その本はどこにあるの / *Wo* **ist hier eine Bank?** この辺りで銀行はどこにありますか / *Wo* **kommen Sie her?** あなたはどちらからいらっしゃいましたか / *Wo* **gehst du hin?** どこへ行くの / *Wo* **gibt's denn so was?** 《口語》なんてことをするんだ(←どこの世界にそんなことがあるものか)．

◇『間接疑問文で; 動詞の人称変化形は文末』 **Ich weiß nicht,** *wo* **er wohnt.** 彼がどこに住んでいるのか私は知りません．

◇『間投詞的に』 **Ach (または I)** *wo*! 《口語》とんでもない．

B) 『関係副詞; 動詞の人称変化形は文末』 ⑦ 『場所を表す語を先行詞として』 …するところの． **die Straße,** *wo* **ich wohne** 私が住んでいる通り / **überall,** *wo* **Menschen wohnen** 人が住んでいるところならどこでも．

◇『**auch, immer** とともに譲歩文で』 どこに(で)…であっても．(㊥ wherever)． *Wo* **auch immer ich bin, denke ich an dich.** どこにようとも私は君のことを思っているよ．

⑦ 『時間を表す語を先行詞として』 …する[とき]． **der Tag,** *wo* (= an dem) **ich sie zuerst sah** 私が初めて彼女に会った日 / **jetzt,** *wo* **ich alles weiß** 私がすべてを知ってしまった今．

C) 《口語》 どこかに，どこかで (= irgend*wo*)． **Das Buch muss doch** *wo* **liegen.** その本はどこかにあるはずだ．

II 腰 『従属接続詞; 動詞の人称変化形は文末』 ① …なので (= weil)． **Wir bleiben besser zu Hause,** *wo* **es doch so regnet.** こんなに雨が降っているのだから，ぼくらは家にいた方がいいよ．② 『**doch** とともに』 …にもかかわらず (= obwohl)． **Sie erklärte sich außerstande,** *wo* **sie doch nur keine Lust hatte.** 彼女はやりたくなかっただけなのに，自分にはできないのだと言った．③ 《古》もしも…なら． *wo* **möglich** もし可能なら / *wo* **nicht, dann...** もしそうできれば…

wo.. [ヴォ.. vo.. または ヴォー..] 『前置詞・副詞と結合して **was** の代わりなし，疑問副詞・関係副詞をつくる(母音の前では wor..); ふつうアクセントをもたない』 例: *wo*mit 何でもって，それでもって / *wo*hin どこへ，その方へ．

w. o. [ヴィー オーベン] 《略》上述のように (= wie oben).

wo⹁an·ders [ヴォ・アンダァス] 副 (どこか)別の場所で(に).

wob [ヴォープ] weben (織る)の 過去 《雅》

wö·be [ヴェーベ] weben (織る)の 接2 《雅》

wo·bei [ヴォ・バイ vo-baí] 副 **A)** 〔(強調:)ヴォー..〕〖疑問副詞; bei と was の融合形〗どんなとき(場合)に, 何の際に. *Wobei* haben Sie ihn getroffen? 何の機会にあなたは彼と会ったのですか / *Wobei* bist du gerade? 君は今何をしているの.

B) 〖関係副詞; bei と関係代名詞の融合形; 動詞の人称変化形は文末〗その際に, その場合に. Sie gab mir das Buch, *wobei* sie vermied, mich anzusehen. 彼女は私に本を渡したが, そのとき私と目を合わそうとしなかった.

die **Wo·che [ヴォッヘ vóxə]

週 Nächste *Woche* habe ich Zeit.
ネーヒステ ヴォッヘ ハーベ イヒ ツァイト
来週は私は暇があります.

女 (単) -/(複) -n ① 週, 週間; 平日. (英 week). eine *Woche* 1週間 / Er bekommt vier *Wochen* Urlaub. 彼は4週間の休暇をもらう / diese *Woche* 今週 / nächste (または kommende) *Woche* 来週 / vorige (または letzte) *Woche* 先週 / [am] Anfang der *Woche*² 週の初めに / jede *Woche* 毎週 / zweimal die *Woche* 週に2回 / alle drei *Wochen* または jede dritte *Woche* 3週間ごとに. ◇〖前置詞とともに〗*Woche* für *Woche* 毎週毎週 / für zwei *Wochen* verreisen 2週間の予定で旅に出る / Ich muss zweimal **in** der *Woche* zum Arzt. 私は週に2回医者へ行かなければならない / heute in drei *Wochen* 3週間後のきょう / in vier *Wochen* [これから]4週間後に / in den nächsten *Wochen* これから数週間は / in der *Woche* 平日に / **nach** drei *Wochen* [その]3週間後に / die *Woche* **über** 平日の間ずっと / **vor** drei *Wochen* [今から]3週間前に / **während** der *Woche* 平日の間に.

② 〖複 で〗〘口語〙=*Wochen*bett

(英) 曜日名: 月曜 der **Montag** / 火曜 der **Dienstag** / 水曜 der **Mittwoch** / 木曜 der **Donnerstag** / 金曜 der **Freitag** / 土曜 der **Samstag** または der **Sonnabend** / 日曜 der **Sonntag** (ドイツのカレンダーではドイツ工業規格(DIN)に基づいて週の始まりを月曜日と定めている).

―――

(英)「日」は der **Tag**,「月」は der **Monat**,「年」は das **Jahr**

Wo·chen≈bett [ヴォッヘン・ベット] 中 -[e]s/ 産褥(さんじょく)期.

Wo·chen≈blatt [ヴォッヘン・ブラット] 中 -[e]s/..blätter 週刊新聞, 週刊誌.

Wo·chen·end≈bei·la·ge [ヴォッヘンエント・バイラーゲ] 女 -/-n (新聞の)週末別刷り.

das **Wo·chen≈en·de [ヴォッヘン・エンデ vóxən-ɛndə] 中 (単2) -s/(複) -n 週末, ウイークエンド. (英 weekend). **am** *Wochenende* 週末に / ein langes *Wochenende* (金曜日や月曜日を絡めた)長い週末[の休み] / [Ein] schönes *Wochenende*! (金曜日の別れのあいさつ:) よい週末を[お過ごしください]!

Wo·chen·end≈haus [ヴォッヘンエント・ハオス] 中 -es/..häuser 週末用の[郊外の]別荘.

Wo·chen≈kar·te [ヴォッヘン・カルテ] 女 -/-n (電車・バスの)1週間定期券, (劇場などの)1週間有効入場券.

wo·chen·lang [ヴォッヘン・らング] 形 数週間続く, 何週間もの. nach *wochen*lang*em* Warten 何週間も待ったあとに.

Wo·chen≈lohn [ヴォッヘン・ローン] 男 -[e]s/..löhne 週給.

Wo·chen≈markt [ヴォッヘン・マルクト] 男 -[e]s/..märkte 毎週の市場(いちば)(週に1回または数回一定の曜日に開かれる).

Wo·chen≈schau [ヴォッヘン・シャオ] 女 -/-en (昔の:)[週間]ニュース映画.

*der **Wo·chen≈tag** [ヴォッヘン・タークvóxən-ta:k] 男 (単2) -[e]s/(複) -ə (3格のみ -en) ① ウイークデー, 週日, 平日. (英 weekday). Das Geschäft ist an allen *Wochentagen* geöffnet. 〖状態受動・現在〗その店は平日ならいつでも開いている. ② 曜日. Welchen *Wochentag* haben wir heute? きょうは何曜日ですか.

wo·chen≈tags [ヴォッヘン・タークス] 副 ウイークデーに, 平日に.

wö·chent·lich [ヴェッヒェントりヒ vǿçəntlɪç] 形 毎週の, 週ごとの. (英 weekly). eine *wöchentliche* Bezahlung 週給. **II** 副 毎週, 週ごとに. *wöchentlich* zweimal または zweimal *wöchentlich* 週に2回 / Diese Zeitschrift erscheint *wöchentlich*. この雑誌は週刊です.

..wö·chent·lich [..ヴェッヒェントりヒ ..vǿçəntlɪç] 〖形容詞をつくる 接尾〗(‥週間ごとの) 例: zweiwöchentlich (=2-wöchentlich) 2週間ごとの.

wo·chen≈wei·se [ヴォッヘン・ヴァイゼ] 副 週単位で, 1週間ごとに.

Wo·chen≈zeit·schrift [ヴォッヘン・ツァイトシュリふト] 女 -/-en 週刊誌.

Wo·chen≈zei·tung [ヴォッヘン・ツァイトゥング] 女 -/-en 週刊新聞.

..wö·chig [..ヴェヒヒ ..vœçɪç] 〖形容詞をつくる 接尾〗(‥週間の) 例: zweiwöchig (=2-wöchig) 2週間の.

Wöch·ne·rin [ヴェヒネリン vǿçnərɪn] 女 -/-rinnen 産褥(さん)婦, 産婦.

Wo·dan [ヴォーダン vó:dan] -s, 〖ゲルマン神〗ヴォーダン〔ゲルマン神話の最高神. 北欧神話のオーディンに当たる〕(=Wotan).

Wod·ka [ヴォトカ vótka] 〖ロシア語〗男 -s/-s ウオツカ(ロシアの火酒).

wo≈durch [ヴォ・ドゥルヒ vo-dúrç] 副 **A)** 〔(強調:)ヴォー..〕〖疑問副詞; durch と was の融合形〗何によって, 何(どこ)を通って[という]事情で. *Wodurch* ist er so stark geworden? 〖現在完了〗どうやって彼はそんなに強くなったのか.

B)〖関係副詞; durch と関係代名詞の融合形; 動詞の人称変化形は文末〗それによって, そこを通って. Anfangs ging alles gut, *wodurch* sie dann leichtsinnig wurden. 初めはすべてうまく行った, そのために彼らは軽率になった.

wo⇔für [ヴォ・フューァ vo-fýːr] 副 **A)** [(強調:) ヴォー..]〖疑問副詞; für と was の融合形〗何のために; 何に対して. *Wofür* brauchst du das Geld? 君は何のためにその金が必要なんだい / *Wofür* halten Sie mich? あなたは私を何だと思っているのですか.
B)〖関係副詞; für と関係代名詞の融合形; 動詞の人称変化形は文末〗そのために, それに対して. Er hat mir viel geholfen, *wofür* ich ihm sehr dankbar bin. 彼はいろいろと私を助けてくれた, それに対して私は大いに彼に感謝している.

wog [ヴォーク] *wiegen¹ (重さがある), wägen (重さを量る)の過去

Wo·ge [ヴォーゲ vóːgə] 囡 -/-n 〖雅〗大波, 高波. brausende *Wogen* 怒涛(ど̇) / die *Wogen* der Begeisterung² 〖比〗感動の高まり / Die *Wogen* glätten sich. 〖比〗興奮が静まる.

wö·ge [ヴェーゲ] *wiegen¹ (重さがある), wägen (重さを量る)の接2

wo⇔ge·gen [ヴォ・ゲーゲン] 副 **A)** [(強調:) ヴォー..]〖疑問副詞; gegen と was の融合形〗何に対して, 何に逆らって. *Wogegen* kämpfst du? 君は何と戦っているんだい / *Wogegen* hilft dieses Mittel? この薬は何に効くのですか.
B)〖関係副詞; gegen と関係代名詞の融合形; 動詞の人称変化形は文末〗それに対して(逆らって). Ich habe Kopfschmerzen, *wogegen* ich ein Medikament nehme. 私は頭痛がするので, これに効く薬を飲もう.

wo·gen [ヴォーゲン vóːgən] 自 (h)〖雅〗(海などが)大波を立てる; 〖比〗(胸などが)大きく波打つ. Die Ähren *wogen* **im** Wind. 穂が風に波打っている. ◇〖非人称の **es** を主語として〗Es *wogte* in ihr vor Empörung. 彼女の胸は怒りで張り裂けんばかりだった. ◇〖現在分詞の形で〗das *wogende* Meer 波立つ海 / mit *wogendem* Busen 胸を波打たせて.

***wo⇔her** [ヴォ・ヘーァ vo-héːr]

どこから　*Woher* kommen Sie?
ヴォヘーァ　コンメン　ズィー
どこからいらっしゃったのですか.

副 **A)** [(強調:) ヴォー..]〖疑問副詞〗どこから; だれから, どういうことから. (英 *where ... from*). *Woher* stammt er? 彼はどこの出身ですか / *Woher* weißt du das? 君はだれからそのことを聞いたんだい / [Aber] *woher* denn! または Ach (または I) *woher*!〖口語〗とんでもない.
◇〖間接疑問文で; 動詞の人称変化形は文末〗Weißt du, *woher* sie kommt? 彼女がどこから来た(の出身)か知っているか.
B)〖関係副詞; 動詞の人称変化形は文末〗そこから. Er fuhr dorthin, *woher* er gekommen war. 彼はやって来た方へ戻っていった.

⁑wo⇔hin [ヴォ・ヒン vo-hín]

どこへ　*Wohin* gehen Sie?
ヴォヒン　ゲーエン　ズィー
どこへいらっしゃるのですか.

副 **A)** [(強調:) ヴォー..] ①〖疑問副詞〗どこへ. (英 [*to*] *where*).. *Wohin* fährst du in deinen Ferien? 君は休暇にはどこへ行くの / *Wohin* damit?《口語》これはどうしたらよいですか(どこへ置いたらよいですか).
◇〖間接疑問文で; 動詞の人称変化形は文末〗Ich weiß nicht, *wohin* er die Akten gelegt hat. 彼がどこへ書類を置いたのか私は知りません.
②〖文中や文末で用いられて〗どこへ. Ich muss mal *wohin*.《口語》(トイレに行くとき:)ちょっと用足しに[行って来ます].
B)〖関係副詞; 動詞の人称変化形は文末〗そこへ. Ihr könnt gehen, *wohin* ihr wollt. 君たちは行きたいところへ行けばよい.

wo⇔hin·aus [ヴォ・ヒナオス] 副 **A)** [(強調:) ヴォー..]〖疑問副詞〗[中から]どこへ[向かって].
B)〖関係副詞〗[中から]そこへ.

wo⇔hin·ge·gen [ヴォ・ヒンゲーゲン] 接〖従属接続詞〗それに反して, 他方.

wo⇔hin·ter [ヴォ・ヒンタァ] 副 **A)** [(強調:) ヴォー..]〖疑問副詞; hinter と was の融合形〗何の後ろに, 何の背後(裏)に. *Wohinter* hat er sich versteckt? 彼は何の後ろに隠れたの? **B)**〖関係副詞; hinter と関係代名詞の融合形; 動詞の人称変化形は文末〗その後ろに, 背後(裏)に. Er kämpft gegen alles, *wohinter* er Heuchelei vermutet. 彼は裏に偽善ありと思われるあらゆるものと戦う.

⁑wohl [ヴォール vóːl]

元気で　Leben Sie *wohl*!
レーベン　ズィー　ヴォール
(別離に際して:)お元気で!

副 **A)** ①(比較 wohler, 最上 am wohlsten)〖雅〗元気で, 健康に; 気分よく, 快適に.(英 *well*). Mir ist *wohl*. 私は気分がいい / Ist dir nicht *wohl*? 君は気分がよくないのかい / Ich fühle mich heute nicht ganz *wohl*. 私はきょうは気分があまりすぐれない / Schlaf *wohl*!(寝る人に:)よくお休み / *wohl* oder übel 良かれ悪しかれ, いやがおうでも.
②(比較 besser, 最上 am besten)〖雅〗よく, 十分に. Ich verstehe dich *wohl*. 君の言うことはよくわかるよ / Hast du alles *wohl* bedacht? 君はあらゆることを十分に考えたのか.
③ もちろん. Das weiß ich sehr *wohl*. そのことならよく知っているとも.
④〖後続の **aber** などと呼応して〗なるほど[…であるが]. *Wohl* ist er noch jung, aber doch schon sehr erfahren. たしかに彼はまだ若いが,

しかしもうとても経験が豊富だ. ◇《*wohl aber* の形で》Er ist nicht dumm, *wohl* aber faul. 彼はおろかではない, だがしかしなまけ者だ.
⑤《数詞とともに》おおよそ, ほぼ. Es waren *wohl* 100 Menschen anwesend. およそ 100 人ほどの人が出席していた. ⑥《間投詞的に》《雅》…は幸いだ. *Wohl* dem Volk, das in Frieden lebt. 平和に暮らしている国民は幸せだ. ⑦《肯定の返事》Sehr *wohl*, mein Herr! 承知しました, お客様!
B)《文中でのアクセントなし》① おそらく, たぶん. Das ist *wohl* möglich. それはおそらくありうることだ / Er wird *wohl* bald kommen. 彼はたぶん間もなく来るだろう. (☞ 類語 wahrscheinlich).
②《平叙文の形の疑問文で; 肯定の返事を期待して》もしかして, きっと. Du hast *wohl* keine Zeit? 君はきっと時間がないんだろうな / Du gehst *wohl* mit? 君はいっしょに行くよね.
③《疑問文で; 不確実な気持ちを表して》はたして. Ob sie es *wohl* schon weiß? はたして彼女はそれをもう知っているのだろうか.
④《要求を強めて》…だろうね. Willst du *wohl* hören! 君は聞いてくれるんだろうね.
▶ wohl⹀bedacht, wohl⹀bekannt, wohl⹀erzogen, wohl⹀gemeint, wohl⹀genährt, wohl⹀geraten, wohl⹀gesetzt, wohl⹀klingend, wohl⹀riechend, wohl⹀schmeckend, wohl⹀überlegt

*das **Wohl** [ヴォーる vóːl] 中《単2》-[e]s/ 幸せ, 福祉; 健康, 無事. 英 welfare》. das öffentliche (または allgemeine) *Wohl* 公共の福祉 / Das *Wohl* ihrer Familie liegt ihr am Herzen. 彼女は家族の幸せが気がかりだ / **Zum Wohl!** または **Auf Ihr Wohl!** 乾杯!(←ご健康を祈って) / das *Wohl* und Wehe 幸不幸.

wohl.. [ヴォーる.. vóːl..]《形容詞・名詞につける》接頭《良・善・好》例: *wohl*riechend 香りのよい / *Wohl*befinden 健康.

wohl⹀an! [ヴォーる・アン] 副《雅》さあ, いざ.

wohl⹀**auf** [ヴォーる・アオふ] 副《雅》健康で, 元気で.

wohl⹀**be·dacht, wohl be·dacht** [ヴォーる・ベダハト] 形《雅》よく考えられた, 熟考した末の.

Wohl⹀be·fin·den [ヴォーる・ベふィンデン] 中 -s/ 健康, 健在, 元気.

Wohl⹀be·ha·gen [ヴォーる・ベハーゲン] 中 -s/ 快適, 気楽, 満足[感]. mit *Wohlbehagen* 楽しげに, 満足そうに.

wohl⹀**be·hal·ten** [ヴォーる・ベはるテン] 形 (人が)無事な; (物が)損害のない. Sie sind *wohlbehalten* angekommen. 《現在完了》彼らは無事に到着した.

wohl⹀**be·kannt, wohl be·kannt** [ヴォーる・ベカント] 形《雅》よく知られた, 有名な.

Wohl⹀er·ge·hen [ヴォーる・エァゲーエン] 中 -s/ 健康, 元気, 無事.

wohl⹀**er·zo·gen, wohl er·zo·gen** [ヴォーる・エァツォーゲン] 形《雅》しつけのよい, 育ちのいい.

Wohl·fahrt [ヴォーる・ふァールト] 女 -/《雅》福祉, 厚生.(☞ 日本の「福祉政策」に相当するドイツ語は die Sozialpolitik)(☞「福祉用語 100」, 1234 ページ /☞「福祉用語」, 1740 ページ).

Wohl·fahrts⹀pfle·ge [ヴォーる・ふァールツ・プふれーゲ] 女 -/ 福祉事業, 厚生事業.

Wohl·fahrts⹀staat [ヴォーる・ふァールツ・シュタート] 男 -[e]s/-en《政》(ふつう軽蔑的に:)福祉国家.

Wohl⹀ge·fal·len [ヴォーる・ゲふァれン] 中 -s/ 喜び, 満足. mit *Wohlgefallen* 喜んで / ein *Wohlgefallen*[4] an 人・物[3] haben (人・物が気に入る) / sich[4] in *Wohlgefallen* auflösen《口語》a) 円満に解消する, 終息する, b) 壊れる, だめになる, c) なくなる.

wohl⹀ge·fäl·lig [ヴォーる・ゲふェりヒ] 形 ① 満足そうな(表情など). ②《雅》快い; 満足のいく, 意にかなう.

Wohl⹀ge·fühl [ヴォーる・ゲふュール] 中 -[e]s/ 快い気持ち, 快感.

Wohl⹀ge·meint, wohl ge·meint [ヴォーる・ゲマイント] 形 善意の, 好意的な.

wohl⹀ge·merkt [ヴォーる・ゲメルクト] 副《挿入句として》(注意を喚起して:)これだけは言っておきたいのだが, いいかね. *Wohlgemerkt*, so war es. いいかね, そういうことだったんだよ.

Wohl⹀ge·mut [ヴォーる・ゲムート] 形《雅》機嫌のいい, 朗らかな.

wohl⹀ge·nährt, wohl ge·nährt [ヴォーる・ゲネーァト] 形(ふつう皮肉って:)栄養のよい, 丸々と太った.

wohl⹀ge·ra·ten, wohl ge·ra·ten [ヴォーる・ゲラーテン] 形《雅》① 出来ばえのよい(作品). ② しつけのよい, すくすく育った(子供).

Wohl⹀ge·ruch [ヴォーる・ゲルフ] 男 -[e]s/..rüche《雅》芳香, 香気.

Wohl⹀ge·schmack [ヴォーる・ゲシュマック] 男 -[e]s/ 美味, おいしさ.

wohl⹀ge·setzt, wohl ge·setzt [ヴォーる・ゲゼッツト] 形《雅》適切な, 当を得た(言葉・表現など).

wohl⹀ge·sinnt [ヴォーる・ゲズィント] 形 好意を持っている, 好意的な. 人[3] *wohlgesinnt* sein 人[3]に好意を持っている.

wohl⹀ha·bend [ヴォーる・ハーベント] 形 裕福な, 金持ちの.

Wohl⹀ha·ben·heit [ヴォーる・ハーベンハイト] 女 -/ 裕福.

woh·lig [ヴォーりヒ vóːlɪç] 形 快い, 快適な, 気持ちのよい. eine *wohlige* Wärme 快適な暖かさ / sich[4] *wohlig* aus|strecken (または dehnen) のびのびと手足を伸ばす.

Wohl⹀klang [ヴォーる・クラング] 男 -[e]s/..klänge《雅》① 美しい音色, 快い響き. ②《複 なし》(楽器などの)音色の美しさ.

wohl⹀klin·gend, wohl klin·gend [ヴォーる・クリンゲント] 形《雅》美しい音色の, 快い響きの.

Wohl‖le·ben [ヴォーる・れーベン] 田 -s/ (雅) 裕福な生活, ぜいたくな暮らし.

wohl‖mei·nend [ヴォーる・マイネント] 形 (雅) 善意の; 好意的な, 親切な.

wohl‖rie·chend, wohl rie·chend [ヴォーる・リーヒェント] 形 (雅) 芳香を放つ, 香りのよい.

wohl‖schme·ckend, wohl schme·ckend [ヴォーる・シュメッケント] 形 (雅) 美味な, おいしい.

Wohl‖sein [ヴォーる・ザイン] 田 -s/ (雅) 健康, 元気; 幸せ. [Zum] *Wohlsein*! a) (乾杯の辞:) ご健康を祈って, b) (人がくしゃみをしたときに:) お大事に.

Wohl‖stand [ヴォーる・シュタント] 男 -[e]s/ 裕福. im *Wohlstand* leben 裕福に暮らす.

Wohl·stands‖ge·sell·schaft [ヴォーるシュタンツ・ゲゼるシャフト] 女 -/ (高度に経済発展した)豊かな社会.

Wohl‖tat [ヴォーる・タート] 女 -/-en ① 慈善[行為], 善行. 人³ eine *Wohltat⁴* erweisen 人³に善行を施す. ② 〖複 なし〗恵み, 救い, 慰め. Die Kühle des Waldes war eine *Wohltat* für mich. 森の冷気は私にとってありがたかった.

Wohl‖tä·ter [ヴォーる・テータァ] 男 -s/- 慈善家; 恩人. (女性形: -in).

wohl‖tä·tig [ヴォーる・テーティヒ] 形 ① 慈善の, 慈善を行う. ② (雅) 快い, 心地よくしてくれる; ためになる.

Wohl‖tä·tig·keit [ヴォーる・テーティヒカイト] 女 -/ 慈善, 慈悲[深いこと].

wohl‖tu·end [ヴォーる・トゥーエント] I wohl-tun (慈善を施す)の 現分 II 形 快適な, 心地よい, (痛み・疲れなどを)和らげてくれる. eine *wohltuende* Wärme 快適な暖かさ.

wohl‖tun* [ヴォーる・トゥーン vóːl-tùːn] 自 (h) ① (人³に)善意を施す. ② (物・事¹が)(人³を)良い気持ち(気分)にさせる, 元気にする. Deine Worte haben mir *wohlgetan*. 君の言葉が私にはうれしかった.
◇☞ **wohltuend**

wohl‖über·legt, wohl über·legt [ヴォーる・ユーバァれークト] 形 (雅) よく考えられた, 熟考した末の.

wohl‖ver·dient [ヴォーる・フェアディーント] 形 当然受けるべき, 相応の(報酬・罰など).

Wohl‖ver·hal·ten [ヴォーる・フェアハるテン] 田 -s/- りっぱなふるまい(態度).

wohl‖ver·stan·den [ヴォーる・フェアシュタンデン] 副 (挿入句として)(雅)(注意を喚起して:)これだけは言っておきたいのだが, いいかね.

wohl‖weis·lich [ヴォーる・ヴァイスりヒ] 副 賢明にも; よく考えた上で, 慎重に.

wohl‖wol·len* [ヴォーる・ヴォれン vóːl-vòlən] 自 (h) (人³に)好意を持っている.
◇☞ **wohlwollend**

Wohl‖wol·len [ヴォーる・ヴォれン] 田 -s/ 好意, 親切. mit *Wohlwollen* 好意的に.

wohl·wol·lend [ヴォーる・ヴォれント] I wohl|wollen (好意を持っている)の 現分 II 形 好意的な. eine *wohlwollende* Haltung⁴ zeigen 好意的な態度を示す.

Wohn‖block [ヴォーン・ブロック] 男 -s/-s (まれに ..blöcke) (都会の)街区, ブロック.

woh·nen [ヴォーネン vóːnən]

住む	Ich *wohne* in Freiburg.
	イヒ ヴォーネ イン フライブルク
	私はフライブルクに住んでいます.

人称	単	複
1	ich wohne	wir wohnen
2	{du wohnst / Sie wohnen}	{ihr wohnt / Sie wohnen}
3	er wohnt	sie wohnen

(wohnte, hat … gewohnt) 自 (完了 haben) ① 〖場所を表す語句とともに〗(…に)住む, 住んでいる. (英 live). Wo *wohnen* Sie? どこに住んでいらっしゃいますか / auf dem Land *wohnen* 田舎に住んでいる / Er *wohnt* bei seinen Eltern. 彼は両親のところに住んでいる / in der Stadt *wohnen* 都会に住んでいる / in der Kantstraße *wohnen* カント通りに住んでいる / Er *wohnt* über (unter) mir. 彼は私の上の階に(下の階に)住んでいる / zur Miete *wohnen* 間借り(借家)している / möbliert *wohnen* 家具付きの住まいに住んでいる.
② (ホテルなどに)泊まる, [一時的に]滞在する. In welchem Hotel *wohnen* Sie? どのホテルに泊まっているのですか.
◇☞ **gewohnt**

Wohn‖flä·che [ヴォーン・ふれッヒェ] 女 -/-n (住宅の)居住面積.

Wohn‖ge·bäu·de [ヴォーン・ゲボイデ] 田 -s/- 住宅用の建物.

Wohn‖ge·biet [ヴォーン・ゲビート] 田 -[e]s/-e 住宅(居住)地域.

Wohn‖geld [ヴォーン・ゲるト] 田 -[e]s/-er (官庁)(国から支給される)住宅補助金.

Wohn‖ge·mein·schaft [ヴォーン・ゲマインシャフト] 女 -/-en ルームシェアリング[の仲間] (他人同士が一つの住宅を共有して共同生活をすること)(略: WG).

wohn‖haft [ヴォーンハふト] 形 (官庁)(…に)居住(在住)している. Hans Mayer, *wohnhaft* in Bonn ハンス・マイアー, ボン在住 / die in Berlin *wohnhaften* Ausländer ベルリン在住の外国人.

Wohn‖haus [ヴォーン・ハオス] 田 -es/..häuser 住宅用の建物 (=Wohngebäude).

Wohn‖heim [ヴォーン・ハイム] 田 -[e]s/-e 寄宿舎, 寮.

Wohn‖kü·che [ヴォーン・キュッヒェ] 女 -/-n リビングキッチン.

Wohn‖la·ge [ヴォーン・らーゲ] 女 -/-n 住環境.

wohn·lich [ヴォーンりヒ] 形 住みやすい, 住み

Wohn⚬mo·bil [ヴォーン・モビーる] 匣 -s/-e (大型の)キャンピングカー, モービルハウス.

Wohn⚬ort [ヴォーン・オルト] 男 -[e]s/-e 居住地, 住所.

Wohn⚬raum [ヴォーン・ラオム] 男 -[e]s/..räume ① 居室, 居間. ② 《複 なし》居住.

Wohn⚬schlaf·zim·mer [ヴォーン・シュらーフツィンマァ] 匣 -s/- 居間兼寝室.

Wohn⚬sied·lung [ヴォーン・ズィードるング] 囡 -/-en [住宅]団地.

Wohn⚬sitz [ヴォーン・ズィッツ] 男 -es/-e 居住地, 住所.

wohn·te [ヴォーンテ] ‡wohnen (住む)の 過去

‡*die* **Woh·nung** [ヴォーヌング vóːnʊŋ]

> 住まい
> Ich suche mir eine *Wohnung*.
> イヒ ズーヘ ミァ アイネ ヴォーヌング
> 私は住宅を探しています.

囡 (単) -/(複) -en ① **住まい**, 住居, 住宅, アパートの[1戸分]. (英 *apartment*). Einzimmer*wohnung* ワンルームマンション / eine möblierte *Wohnung* 家具付き住宅 / eine gemütliche *Wohnung* 居心地のよい住まい / eine *Wohnung* mit Bad und Balkon バスルームとバルコニー付きの住居 / eine *Wohnung*⁴ mieten 住まいを借りる / eine *Wohnung*⁴ beziehen ある住宅に入居する / die *Wohnung*⁴ wechseln 転居する / Sie haben eine schöne *Wohnung*! すてきなお住まいをお持ちですね.
② 宿泊. freie *Wohnung*⁴ bei 囚³ haben 囚³の所に居候している.

> 一般に Haus が「建物としての家」を指すのに対して, Wohnung は大きなアパートなどの一区画の「住居」を指す. (🠺 類語 Haus).

Woh·nungs⚬amt [ヴォーヌングス・アムト] 匣 -[e]s/..ämter 《口語》住宅局 (公営住宅の割り当てや管理をする).

Woh·nungs⚬bau [ヴォーヌングス・バオ] 男 -[e]s/ 住宅建設.

Woh·nungs⚬in·ha·ber [ヴォーヌングス・インハーバァ] 男 -s/- (賃貸住宅の)借り主. (女性形: -in).

woh·nungs⚬los [ヴォーヌングス・ろース] 形 住む家のない, ホームレスの.

Woh·nungs⚬man·gel [ヴォーヌングス・マンゲる] 男 -s/ 住宅不足.

Woh·nungs⚬not [ヴォーヌングス・ノート] 囡 -/ 住宅難.

Woh·nungs⚬po·li·tik [ヴォーヌングス・ポリティーク] 囡 -/ 住宅政策.

Woh·nungs⚬su·che [ヴォーヌングス・ズーヘ] 囡 -/ 住居[部屋]探し.

Woh·nungs⚬tür [ヴォーヌングス・テューァ] 囡 -/-en (住まいの)玄関のドア.

Woh·nungs⚬wech·sel [ヴォーヌングス・ヴェクセる] 男 -s/- 転居, 転宅.

Wohn⚬vier·tel [ヴォーン・ふィァテる] 匣 -s/- 住居地区, 住宅地[域].

Wohn⚬wa·gen [ヴォーン・ヴァーゲン] 男 -s/- ① キャンピングカー. ② (サーカス団などの)居住車, トレーラーハウス.

das **Wohn⚬zim·mer** [ヴォーン・ツィンマァ vóːnˌtsɪmɐ] 匣 (単) -s/(複) -(3格のみ -n) ① **居間**, リビングルーム. (英 *living room*). ein gemütliches *Wohnzimmer* 居心地のよい居間. ② 居間用の家具調度.

wöl·ben [ヴェるベン vǽlbən] I 再帰 (h) *sich*⁴ *wölben* アーチ形になっている, 弓形に丸く突き出[ている]. **Über den Fluss** *wölbte* **sich eine alte Brücke.** 川の上にアーチ状に古い橋が架かっていた. II 他 (h) (天井など⁴を)弓形(アーチ形)にする, 丸く反らす.
◇🠺 **gewölbt**

Wöl·bung [ヴェるブング] 囡 -/-en 弓形, 反り; (門などの)アーチ, 丸天井, 丸屋根.

der **Wolf** [ヴォるふ vɔlf] 男 (単2) -[e]s/(複) Wölfe [ヴェるふェ] (3格のみ Wölfen) ① 《動》 **オオカミ**(狼). (英 *wolf*). ein Rudel *Wölfe* 一群のおおかみ / Ich bin hungrig wie ein *Wolf*. 《口語》私は腹ぺこだ (←おおかみのように) / Er ist ein *Wolf* im Schafspelz. 《比》彼は羊の皮をかぶったおおかみだ(偽善者だ) / **mit den** *Wölfen* **heulen** 《口語》大勢に順応する, 日和見主義である (←おおかみの群れといっしょにほえる). ② 《口語》肉ひき器; (不要紙などを寸断する)シュレッダー. das Fleisch⁴ durch den *Wolf* drehen 肉ひき器で肉をミンチにする / 囚⁴ durch den *Wolf* drehen 《俗》囚⁴をしごく, 痛めつける. ③ 《複 なし》《医》股ずれ, 狼瘡(ろうそう). ④ 《複 なし; 定冠詞とともに》《天》おおかみ座.

Wöl·fe [ヴェるふェ] Wolf (オオカミ)の 複

Wolf·gang [ヴォるふ・ガング vɔ́lfɡaŋ] -s/ 《男名》ヴォルフガング.

Wöl·fin [ヴェるふィン vǽlfɪn] 囡 -/..finnen 雌おおかみ.

wöl·fisch [ヴェるふィッシュ vǽlfɪʃ] 形 おおかみのような; 貪欲(どんよく)な, 残忍な.

Wolf·ram¹ [ヴォるふ・ラム vɔ́lfram] 匣 -s/ 《化》タングステン (記号: W).

Wolf·ram² [ヴォるふ・ラム] -s/ ① 《男名》ヴォルフラム. ② 《人名》ヴォルフラム・フォン・エッシェンバッハ (*Wolfram von Eschenbach* 1170?-1220?; 中世ドイツの叙事詩人).

Wolfs⚬hund [ヴォるふス・フント] 男 -[e]s/-e 《口語》ドイツシェパード[犬].

Wolfs⚬hun·ger [ヴォるふス・フンガァ] 男 -s/ 《口語》ひどい空腹.

die **Wol·ga** [ヴォるガ vɔ́lɡa] 囡 -/ 《定冠詞とともに》《川名》ボルガ川 (ロシアを流れてカスピ海に注ぐ. ヨーロッパ最長の川).

die **Wol·ke** [ヴォるケ vɔ́lkə] 囡 (単) -/(複) -n ① **雲**. (英 *cloud*). Regen*wolke* 雨雲 / Eine weiße *Wolke* steht am Himmel. 白い

雲が空に浮かんでいる / Die *Wolken* hängen tief. 雲が低くたれこめている / *Wolken* bringen Regen. 雲が雨を運んでくる / Dunkle *Wolken* ziehen am Horizont auf.《比》不吉な兆しが現れる(←暗雲が地平線に現れる) / **aus** allen *Wolken* fallen《口語》びっくり仰天する(←すべての雲から落ちる) / **in** (または **über**) den *Wolken* schweben《雅》夢想にふけっている(←雲の中(上)を漂っている) / Der Himmel ist **mit** (または **von**) *Wolken* bedeckt. 空は雲に覆われている.
② (雲状のもの:)もうもうたる煙; (蚊などの)大群. eine *Wolke* **von** Staub もうもうたるほこり / eine *Wolke* von Mücken 蚊の大群. ③《戯》(雲のように)ふわふわした布地. ④《鉱》(宝石などの)曇り.

Wol·ken⹀bruch [ヴォるケン・ブルフ]男 -[e]s/..brüche 激しいにわか雨, 突然の土砂降り.

Wol·ken·de·cke [ヴォるケン・デッケ]女 -/-n 空を覆う雲, 空一面の雲.

Wol·ken·krat·zer [ヴォるケン・クラッツァァ]男 -s/- 摩天楼, 超高層ビル.

Wol·ken·ku·ckucks·heim [ヴォるケン・クックックスハイム]中 -[e]s/《雅》夢の国, ユートピア.《⇐アリストファネスの喜劇『鳥』から》.

wol·ken·los [ヴォるケン・ろース]形 雲一つない, 晴れ渡った.

wol·kig [ヴォるキヒ vólkɪç]形 ① 曇った, 雲の多い.《英 *cloudy*》. ein *wolkiger* Himmel 曇り空. ② (煙・ほこりなどが)もうもうとした. ③ ぼやけた(色・映像など).

Woll⹀de·cke [ヴォる・デッケ]女 -/-n ウールの毛布.

die **Wol·le** [ヴォれ vólə]女 (単) -/(複) -n ① ウール, 羊毛; 毛糸, 毛織物;《口語・戯》もじゃもじゃの髪.《英 *wool*》. raue (weiche) *Wolle* 粗い(柔らかい)ウール / die *Wolle*⁴ spinnen 毛糸を紡ぐ / Ist die Hose **aus** echter *Wolle*? そのズボンは本物のウールですか / **in** die *Wolle* kommen (または geraten)《口語》かっとなる / 人⁴ in die *Wolle* bringen《口語》人⁴をひどく怒らせる / in der *Wolle* gefärbt [sein]《口語》生粋の, 根っからの(←毛糸に染め込まれた).
② 《狩》(うさぎなどの)毛皮; (水鳥の)うぶ毛.

**wol·len¹* [ヴォれン vólən]

…するつもりだ
Ich *will* Medizin studieren.
イヒ ヴィる メディツィーン シュトゥディーレン
私は医学を勉強するつもりです.

人称	単	複
1	ich **will**	wir wollen
2	{du **willst** {Sie wollen	{ihr wollt {Sie wollen
3	er **will**	sie wollen

助動《話法の助動詞》(変了 haben) **A)** (wollte, *hat* ... wollen)《zu のない不定詞とともに》① …するつもりだ, …しようと思う, …したい[と思う].《英 *will, want*》. Wohin *willst* du gehen? 君はどこへ行くつもりなの / Ich *will* morgen abreisen. 私はあす旅立とうと思います / Wir *wollten* gerade gehen. 私たちはちょうど出かけようと思っていたところです / Das Buch *habe* ich schon immer lesen *wollen*.《現在完了》その本を私はずっと読みたいと思っていました / Dann *will* ich nichts gesagt haben. だったら私は何も言わなかったことにしよう / Das *will* ich meinen (または glauben). 私もそう思います. ◇《**Wollen** wir … または **Wir** *wollen* … の形で》(いっしょに)…しましょう. *Wollen* wir gehen! または Wir *wollen* gehen! さあ行きましょう / *Wollen* wir uns setzen? 腰をかけませんか. ◇《**Wollen** Sie [**bitte**] …! の形で》…してください. *Wollen* Sie bitte einen Augenblick warten! ちょっとお待ちください.
② …と言い張っている, 主張する. Er *will* krank sein. 彼は自分が病気だと言い張っている / Sie *will* es gesehen haben. 彼女はそれを見たと言っている.
③ (事物が)[今にも]…しそうだ, …しかかっている. Es *will* regnen. 今にも雨が降りそうだ / Das Haus *will* einstürzen. その家は今にも倒れそうだ. ◇《否定を表す語句とともに》《なかなか》…しようとしない, …しそうにない. Die Wunde *will* nicht heilen. 傷がなかなか治らない.
④《過去分詞＋**werden** (または **sein**) とともに》…されなければならない. Die Pflanze *will* täglich gegossen werden. その植物には毎日水をやらなければならない.
⑤ (物事が)…することを目的とする. Diese Sendung *will* aufklären. この番組は視聴者を啓発することを意図している.
B) (wollte, *hat* … gewollt)《独立動詞として; 不定詞なしで》① 欲する, 望む, するつもりだ. Sie *will* ein Kind. 彼女は子供を欲しがっている / *Willst* du noch eine Tasse Kaffee? もう 1 杯コーヒーを飲むかい / Was *wollen* Sie von mir? 私に何の用ですか / Sie *will*, dass ich mitfahre. 彼女は私がいっしょに行くことを望んでいる / wenn Sie *wollen* よろしければ / wie Sie *wollen* [あなたの]お好きなように / Ohne es zu *wollen*, … そんなつもりではなかったのに… / [Na] dann *wollen* wir mal!《口語》じゃ, 始めるとしようか / Da ist nichts zu *wollen*.《口語》それはどうにもならないよ / 人³ etwas⁴ (nichts⁴) *wollen*《口語》人³に悪意をいだいている(悪意などいだいていない). ◇《方向を表す語句とともに》(…へ)行くつもりだ. Sie *wollen* **ans** Meer.《口語》彼らは海へ行くつもりだ / Ich *will* **nach** Hause.《口語》私は家に帰りたい.
②《口語》(動植物が成長のために)必要とする. Diese Blume *will* viel Sonne. この花は十分日に当てないといけない.
③《否定を表す語句とともに》《口語》(足などが)動かない, いうことをきかない.
◇☞ **gewollt**

wol·len[2] [ヴォれン] *wollen[1] (…するつもりだ) の 過分

wol·len[3] [ヴォれン] 形 《付加語としてのみ》ウールの, 羊毛の, 毛織りの. *wollene* Socken ウールの靴下.

Wol·len [ヴォれン] 中 -s/ 意志, 意欲, 願望.

Woll⹀garn [ヴォる・ガルン] 中 -[e]s/-e 毛糸.

wol·lig [ヴォりヒ vólɪç] 形 ① ウールの, 羊毛の; ウールのように柔らかい. ② もじゃもじゃの (髪の毛).

Woll⹀ja·cke [ヴォる・ヤッケ] 女 -/-n ウールのジャケット(カーディガン).

Woll⹀stoff [ヴォる・シュトふ] 男 -[e]s/-e ウール生地, 毛織物.

woll·te [ヴォるテ vólta] I *wollen[1] (…するつもりだ) の 過去. Wir *wollten* gestern einen Ausflug machen. 私たちはきのう遠足に行くつもりだった.
II *wollen[1] (…するつもりだ) の 接2 ① …したいのですが. Ich *wollte* Sie fragen, ob … …かどうかあなたにお尋ねしたいのですが. ② …であればいいのだが. Ich *wollte*, er wäre hier. 彼がここにいてくれたらなあ.

Wol·lust [ヴォるスト vólust] 女 -/Wollüste 《ふつう 単》《雅》① 性的快楽; 欲情, 肉欲. ② 喜び, 歓喜.

wol·lüs·tig [ヴォりュスティヒ vólystiç] 形 《雅》性的快楽に満ちた; 官能的な, 欲情をそそる.

Woll⹀wa·re [ヴォる・ヴァーレ] 女 -/-n 《ふつう 複》ウール製品, 毛織物.

wo⹀mit [ヴォ・ミット vo-mít] 副 A) [(強調:) ヴォー..]《疑問副詞; mit と was の融合形》何でもって; 何によって. *Womit* hast du den Fleck entfernt? 君は何を使ってその染みを抜いたの? / *Womit* kann ich Ihnen dienen? (店員が客に:) 何をお求めでしょうか.
B)《関係副詞; mit と関係代名詞の融合形; 動詞の人称変化形は文末》それでもって, それによって. Das ist die Straßenbahn, *womit* er täglich ins Büro fährt. これが彼が毎日事務所に通う市街電車です.

wo⹀mög·lich [ヴォ・メークりヒ] 副 ひょっとしたら, もしかすると. Er kommt *womöglich* schon heute. ひょっとしたら彼はきょうにもやって来るかもしれない.

wo⹀nach [ヴォ・ナーハ] 副 A) [(強調:) ヴォー..]《疑問副詞; nach と was の融合形》どの方へ; 何のあとに; 何にしたがって; 何を求めて. *Wonach* suchst du? 君は何を捜しているの. B)《関係副詞; nach と関係代名詞の融合形; 動詞の人称変化形は文末》その方へ; そのあとに; それに従って; それを求めて. Das war es, *wonach* er sich sehnte. それこそ彼が切望していたものだった.

wo⹀ne·ben [ヴォ・ネーベン] 副 A) [(強調:) ヴォー..]《疑問副詞; neben と was の融合形》何の隣(そば)に, 何と並んで. *Woneben* soll ich den Stuhl stellen? このいすをどこの隣に置けばいいの? B)《関係副詞; neben と関係代名詞の融合形; 動詞の人称変化形は文末》その隣(そば)に. das Haus, *woneben* der Baum steht 横に木が立っているあの家.

Won·ne [ヴォンネ vóna] 女 -/-n《雅》至福[の喜び], 歓喜; 恍惚(こうこつ). die *Wonnen* der Liebe[2] 恋の喜び / mit *Wonne*《口語》大喜びで.

Won·ne⹀mo·nat [ヴォンネ・モーナット] 男 -[e]s/-e《ふつう 単》《古》5 月 (=Mai).

won·ne⹀trun·ken [ヴォンネ・トルンケン] 形《雅》歓喜に酔った.

won·nig [ヴォーニヒ vóniç] 形 かわいい, 愛らしい. ein *wonniges* Baby かわいい赤ちゃん.

wor·an [ヴォラン vorán] 副 A) [(強調:) ヴォー..]《疑問副詞; an と was の融合形》何に[接して]; 何について; 何[が原因]で. *Woran* denkst du? 君は何を考えているの / *Woran* ist er gestorben?《現在完了》彼は何が原因で死んだのだろう.
B)《関係副詞; an と関係代名詞の融合形; 動詞の人称変化形は文末》それにおいて; その点で; それによって. das Bild, *woran* er arbeite 彼がとりかかっている絵 / Das ist alles, *woran* ich mich erinnern kann. それが私に思い出すことのできるすべてです.

wor·auf [ヴォラオふ vorául] 副 A) [(強調:) ヴォー..]《疑問副詞; auf と was の融合形》何の上に(へ); 何に基づいて; 何に対して; 何を. *Worauf* darf ich mich setzen? 私はどこへ座ればいいのでしょうか / *Worauf* wartest du denn? 君はいったい何を待っているんだい.
B)《関係副詞; auf と関係代名詞の融合形; 動詞の人称変化形は文末》① その上に(へ). それに基づいて; それを. das Geld, *worauf* ich warte 私が待っているお金. ② すると, それから. Er erhielt ein Fax, *worauf* er plötzlich abreiste. 彼はファクスを受け取ると突然旅立った.

wor·auf⹀hin [ヴォラオふ・ヒン] 副 A) [(強調:) ヴォー..]《疑問副詞》何のために, 何のつもりで. B)《関係副詞》それに続いてすぐ.

wor·aus [ヴォラオス voráus] 副 A) [(強調:) ヴォー..]《疑問副詞; aus と was の融合形》何から, どこから; 何で. *Woraus* besteht Wasser? 水は何からできているか / *Woraus* schließt du das? どこから君はその結論を導き出すのか.
B)《関係副詞; aus と関係代名詞の融合形; 動詞の人称変化形は文末》そこから, それから. das Holz, *woraus* die Möbel gemacht sind《状態受動·現在》家具の原材料になっている木材.

wor·den [ヴォルデン] 動作受動の助動詞 *werden (…される) の 過分. Er *ist* betrogen *worden*.《現在完了·受動》彼はだまされた.

wor·ein [ヴォライン] 副 A) [(強調:) ヴォー..]《疑問副詞; [hin]ein と was の融合形》何の中へ. *Worein* hast du das Geld gesteckt? どこへそのお金を入れたの. B)《関係副詞; [hin]ein と関係代名詞の融合形; 動詞の人称変化形は文末》その中へ, それへ. eine dumme Geschichte, *worein* ich verwickelt war《状態受動·過去》私が巻き込まれていたくだらない一件.

wor·in [ヴォリン vorín] 副 **A)** [(強調:) ヴォー..] 《疑問副詞; in と was の融合形》何の中に; どの点において, どこに. *Worin* besteht der Vorteil? メリットはどこにあるんですか.
B) 《関係副詞; in と関係代名詞の融合形; 動詞の人称変化形は文末》その中に(へ); その点において. das Haus, *worin* ich wohne 私が住んでいる家.

Work⸗shop [ヴェーァク・ショップ] [英] 男 -s/-s ワークショップ, セミナー, 研究会.

Worms [ヴォルムス vórms] 田《都市名》ヴォルムス (ドイツ, ラインラント・プファルツ州: ☞ 地図 D-4).

*das **Wort*** [ヴォルト vórt]

> 語; 言葉
>
> Was bedeutet dieses *Wort*?
> ヴァス ベドイテット ディーゼス ヴォルト
> この単語は何という意味ですか.

田 (単2) -es (まれに -s)/(複) Wörter [ヴェルタァ] (3格のみ Wörtern) または (複) Worte (3格のみ Worten) ① 《複 Wörter》(個々の)語, 単語. (英 word). (〈文〉「文章」は Satz). ein kurzes (langes) *Wort* 短い(長い)単語 / ein deutsches *Wort* ドイツ語の単語 / ein neues *Wort* 新語 / ein einsilbiges *Wort* 単音節の単語 / ein zusammengesetztes *Wort* 合成語 / die Bedeutung eines *Wortes* ある語の意味 / ein *Wort*⁴ buchstabieren 単語をつづる / Dieses *Wort* hat mehrere Bedeutungen. この単語にはいくつかの意味がある / im eigentlichen Sinne des *Wortes* この語の本来の意味で / einen Text *Wort* für *Wort* ab|schreiben テキストを一語一語書き写す.
② 《複 Worte》言葉, 文句, (言葉による)表現; 話, 談話; 発言. (英 word). *Worte* des Dankes 感謝の言葉 / ein dichterisches *Wort* 詩的な言葉 / freundliche *Worte* 親切な言葉 / geflügelte *Worte* よく引用される名言(←羽根の生えた言葉) / leere *Worte* 空疎な言葉 / unvorsichtige *Worte* 不用意な言葉.
 複数形 Wörter と Worte: 意味上のつながりのない個々の単語の集まりは Wörter. 相互に意味上のつながりをもち, ある意味内容を表す単語の集まりは Worte.
◇《動詞とともに》人³ das *Wort*⁴ ab|schneiden 人³の言葉をさえぎる / ein [gutes] *Wort*⁴ für 人⁴ ein|legen 人⁴のためにとりなす / das *Wort*⁴ ergreifen 発言する / Mir fehlen die *Worte*. (驚きのあまり)私は言うべき言葉を知らない / keine *Worte*⁴ für 事⁴ finden (あきれて)事⁴を言い表す言葉を知らない / das *Wort*⁴ führen 発言の主導権を握る / das große *Wort*⁴ führen 大言壮語する / 人³ das *Wort*⁴ geben 人³に発言を許す / 人³ ein gutes *Wort*⁴ geben 人³に優しい言葉をかける / Ein *Wort* gibt das andere. 売り言葉に買い言葉 / das letzte *Wort*⁴ haben 決定権を持つ / Hast du *Worte*? 《口語》そんなことがあるだろうか / viele *Worte*⁴ machen 口数が多い / 人³ das *Wort*⁴ aus dem Mund nehmen 人³が言うとしたことを先に言う / ein offenes *Wort*⁴ reden 率直に話す / ohne ein *Wort* zu sagen 一言も言わずに / Spare [dir] deine *Worte*! よけいな口をきくな / ein paar *Worte*⁴ sprechen 二言三言話をする / Ich verstehe kein *Wort*. 私にはさっぱりわからない / kein *Wort* mehr über 事⁴ verlieren 事⁴についてはもはや一言も言わない / mit 人³ ein paar *Worte*⁴ wechseln 人³と二言三言言葉を交わす / Davon weiß ich kein *Wort*. それは初耳だ.
◇《前置詞とともに》Auf ein *Wort*! 一言君に話したいことがある / 人³ aufs *Wort* glauben 人³の言葉をうのみにする / eine Sprache⁴ in *Wort* und Schrift beherrschen ある言語を自由に話したり書いたりできる / 事⁴ in *Worte* fassen 事⁴を言葉に表す / 人³ ins *Wort* fallen 人³の言葉をさえぎる / 事⁴ in (または mit) wenigen *Worten* sagen 事⁴を手短に言う / mit anderen *Worten* 換言すれば / mit einem *Wort* 一言で言えば / nach dem *Wort* Shakespeares シェークスピアの言葉によれば / ohne viele *Worte* あれこれ言わずに / Ich bitte ums *Wort*. 発言したいのですが / ein Mensch von wenigen *Worten* 口数の少ない人 / zu *Worte* kommen 発言を許される.
③ 《複 なし》約束[の言葉]. Er wird sein *Wort* halten (brechen). 彼は約束を守る(破る)だろう / Ich gebe Ihnen mein *Wort* darauf. それは請け合います / Er nahm sein *Wort* zurück. 彼は約束をとり消した / Auf mein *Wort*! 誓って! / 人⁴ beim *Wort* nehmen 人⁴の約束を信じる, 人⁴の言質(ゲンチ)をとる.
④ 《複 *Worte*》《雅》語句; (曲に対して:)歌詞. Lieder ohne *Worte* 無言歌. ⑤ 《複 なし》《宗教》神の言葉; 《神学》ロゴス. das *Wort* Gottes 神のみ言葉.
 ..wort のいろいろ: **Fachwort** 専門語 / **Fremdwort** 外来語 / **Modewort** 流行語 / **Nachwort** あと書き / **Schlagwort** スローガン / **Schlüsselwort** キーワード / **Schlusswort** 結びの言葉 / **Sprichwort** ことわざ / **Stichwort** 見出し語 / **Vorwort** 前書き / **Zahlwort** 数詞 / **Zauberwort** 呪文(ジュモン)

Wort·art [ヴォルト・アールト] 女 -/-en 《言》品詞.

Wort⸗be·deu·tung [ヴォルト・ベドイトゥング] 女 -/-en 語の意味, 語義.

Wort⸗bil·dung [ヴォルト・ビルドゥング] 女 -/-en 《言》① 《複 なし》造語. ② (個々の)[新]造語.

Wort⸗bruch [ヴォルト・ブルフ] 男 -[e]s/..brüche 《ふつう 単》約束違反, 違約.

wort⸗brü·chig [ヴォルト・ブリュヒヒ] 形 約束違反の, 違約の. gegen 人⁴ *wortbrüchig* sein 人⁴に対して約束を守っていない / an 人³ *wortbrüchig* werden 人³にした約束を破る.

Wört·chen [ヴェルティヒェン vǽrtçən] 田 -s/-

(Wort の 縮小) ちょっとした言葉, 一言[二言]. Mit dir habe ich noch ein *Wörtchen* zu reden! 君とあと少し話したいことがある.

Wor·te [ヴォルテ] ＊Wort (言葉)の 複

Wör·ter [ヴェルタァ] ＊Wort (単語)の 複

＊*das* **Wör·ter·buch** [ヴェルタァ・ブーフ vǽrtər-bu:x] 中 (単2) -[e]s/(複) ..bücher [..ビューヒャァ] (3格のみ ..büchern) 辞書, 辞典. (英 *dictionary*). ein deutsch-japanisches *Wörterbuch* 独和辞典 / ein *Wort*⁴ im *Wörterbuch* nach|schlagen ある単語を辞書でひく.

> ..wörterbuch のいろいろ: Bildwörterbuch 図解辞典 / Fachwörterbuch 専門語辞典 / Fremdwörterbuch 外来語辞典 / Handwörterbuch 中型辞典 / Sachwörterbuch 事典 / Taschenwörterbuch ポケット辞典

Wör·ter·ver·zeich·nis [ヴェルタァ・フェアツァイヒニス] 中 -nisses/..nisse (学術書などの)用語索引.

Wort·fa·mi·lie [ヴォルト・ファミーリエ] 女 -/-n 〖言〗単語族(同一の語根に基づく語の集まり; geben「贈る」, Gabe「贈り物」など).

Wort·feld [ヴォルト・フェると] 中 -[e]s/-er 〖言〗語場(主要な意味ескуを共有する語の集合).

Wort·fol·ge [ヴォルト・フォるゲ] 女 -/-n 〖言〗語順, 配法.

Wort·füh·rer [ヴォルト・フューラァ] 男 -s/- スポークスマン, 代弁者. (女性形: -in).

Wort·ge·fecht [ヴォルト・ゲフェヒト] 中 -[e]s/-e 口論, 論争.

wort·ge·treu [ヴォルト・ゲトロイ] 形 語(原文)に忠実な, 文字どおりの. eine *wortgetreue* Übersetzung 逐語訳.

wort·ge·wandt [ヴォルト・ゲヴァント] 形 雄弁な, 能弁な.

wort·karg [ヴォルト・カルク] 形 無口な, 口数の少ない; そっけない(表現・返事など).

Wort·karg·heit [ヴォルト・カルクハイト] 女 -/ 無口なこと, 寡黙さ.

Wort·klau·be·rei [ヴォルト・クらオベライ] 女 -/-en 一字一句にこだわること.

Wort·laut [ヴォルト・らオト] 男 -[e]s/ (書かれたままの)文面, (発言どおりの)文言.

wört·lich [ヴェルトりヒ vǿrtlɪç] 形 原文に忠実な, 逐語的な; 言葉(文字)どおりの. (英 *literal*). die *wörtliche* Übersetzung eines Textes あるテキストの逐語訳 / Er hat es *wörtlich* genommen. 彼はそれを額面どおりに受け取った.

wort·los [ヴォルト・ろース] 形 無言の, 黙ったまの; 言葉によらない. *wortloses* Verstehen 暗黙の了解.

wort·reich [ヴォルト・ライヒ] 形 ① 口数の多い, 多弁な, 冗漫な. ② 語彙の豊富な.

der **Wort·schatz** [ヴォルト・シャッツ vórt-ʃats] 男 (単2) -es/(複) ..schätze [..シェッツェ] (3格のみ ..schätzen) 〖ふつう 単〗語彙, (ある分野で使われる)用語範囲, ボキャブラリー. (英 *vocabulary*). Grundwortschatz 基本語彙 / Er hat einen großen *Wortschatz*. 彼はボキャブラリーが豊富だ.

Wort·schwall [ヴォルト・シュヴァる] 男 -[e]s/ (軽蔑的に:)多弁, 長談義.

Wort·spiel [ヴォルト・シュピーる] 中 -[e]s/-e 言葉遊び, 語呂合わせ.

Wort·stamm [ヴォルト・シュタム] 男 -[e]s/..stämme 〖言〗語幹.

Wort·stel·lung [ヴォルト・シュテるング] 女 -/-en 〖言〗語順, 配置法.

Wort·streit [ヴォルト・シュトライト] 男 -[e]s/-e 口論, 論争.

Wort·ver·dre·hung [ヴォルト・フェアドレーウング] 女 -/-en 言葉の曲解, こじつけ.

Wort·wech·sel [ヴォルト・ヴェクセる] 男 -s/- 言い争い, 口論.

wort·wört·lich [ヴォルト・ヴェルトりヒ] 形 原本の語句にきわめて忠実な, 一言一句違わない; 字義どおりの.

wor·ü·ber [ヴォリューバァ vorý:bər] 副 **A)** [(強調:) ヴォー..] 〖疑問副詞; über と was の融合形〗何について; 何の上(の方)に. *Worüber* habt ihr gesprochen? 何について君たちは話していたの.
B) 〖関係副詞; über と関係代名詞の融合形; 動詞の人称変化形は文末〗それについて; その上(の方)に. das Thema, *worüber* er spricht 彼が話すテーマ.

wor·um [ヴォルム] 副 **A)** [(強調:) ヴォー..] 〖疑問副詞; um と was の融合形〗何の周りに, 何をめぐって. *Worum* geht es? 何の話ですか.
B) 〖関係副詞; um と関係代名詞の融合形; 動詞の人称変化形は文末〗その周りに; それをめぐって. Das ist alles, *worum* ich dich bitten möchte. これが君にお願いしたいことのすべてだ.

wor·un·ter [ヴォルンタァ] 副 **A)** [(強調:) ヴォー..] 〖疑問副詞; unter と was の融合形〗何の下に; 何のもとに. *Worunter* hast du es versteckt? 君はそれを何の下に隠したんだい.
B) 〖関係副詞; unter と関係代名詞の融合形; 動詞の人称変化形は文末〗その下に; そのもとに. die Heizung, *worunter* er seine nassen Schuhe stellte 彼がぬれた靴をその下に置いたヒーター.

Wo·tan [ヴォータン vó:tan] -s/ 〖ゲルマン神〗ヴォータン(ゲルマン神話の最高神. 北欧神話のオーディンに当たる)(=Wodan).

wo·von [ヴォ・フォン vo-fón] 副 **A)** [(強調:) ヴォー..] 〖疑問副詞; von と was の融合形〗何から; 何について; 何によって. *Wovon* sprechen sie? 彼らは何を話しているのだろう.
B) 〖関係副詞; von と関係代名詞の融合形; 動詞の人称変化形は文末〗それから; それについて; それによって. Das ist etwas, *wovon* ich nichts verstehe. それが私にはまったく理解できないことなんです.

wo·vor [ヴォ・フォーァ] 副 **A)** [(強調:) ヴォー..] 〖疑問副詞; vor と was の融合形〗何の前に; 何に

対して. *Wovor* fürchtest du dich? 君は何を恐れているんだい. **B)**〖関係副詞; vor と関係代名詞の融合形; 動詞の人称変化形は文末〗その前に; それに対して. Das ist es, *wovor* ich Angst habe. 私が不安なのはそのことだ.

wo･zu [ヴォ･ツー vo-tsúː] 副 **A)**〖強調: ヴォー..〗〖疑問副詞; zu と was の融合形〗何のために; 何の方へ. *Wozu* brauchst du das Geld? 君は何にそのお金が要るの. **B)**〖関係副詞; zu と関係代名詞の融合形; 動詞の人称変化形は文末〗そのために; それの方へ. Ich muss noch Briefe schreiben, *wozu* ich gestern keine Zeit hatte. きのう書く暇がなかった手紙を私はこれから書かなければならない.

wrack [ヴラック vrák] 形 (船・飛行機などが)大破した;《商》売り物にならない.

Wrack [ヴラック] 中 -[e]s/-s (まれに -e) (船・飛行機などの)残骸(ぶ);《比》廃人, 落ちぶれた人.

wrang [ヴラング] wringen (絞る)の過去

wrän･ge [ヴレンゲ] wringen (絞る)の接2

wrin･gen* [ヴリンゲン vríŋən] (wrang, *hat*...gewrungen) 他 (h)《北ドイツ》① (そうきんなど[4]を両手で)絞る. ② 〖A[4] aus B[3] ~〗(A[4] (水など)を B[3] から)絞り出す.

Wu･cher [ヴーハァ vúːxər] 男 -s/ 暴利[行為], 高利. *Wucher*[4] treiben 暴利をむさぼる.

Wu･che･rer [ヴーヘラァ vúːxərər] 男 -s/- 暴利をむさぼる人, 高利貸し. (女性形: Wucherin).

wu･che･risch [ヴーヘリッシュ vúːxərɪʃ] 形 暴利をむさぼる, 高利貸しの[ような], がめつい.

wu･chern [ヴーハァン vúːxərn] 自 (s, h) ① (s, h) (植物が)生い茂る, (体内組織が)増殖する. Das Unkraut *wuchert* im Garten. 庭には雑草がはびこっている. ◇〖現在分詞の形で〗eine *wuchernde* Geschwulst 増殖性腫瘍(ニネロ). ② (h)〖mit 物[3] ~〗(物[3]を元手に)暴利をむさぼる, 高利貸しをする.

Wu･cher=preis [ヴーハァ･プライス] 男 -es/-e 法外な値段, むちゃくちゃな高値.

Wu･che･rung [ヴーヘルング] 囡 -/-en (人間・動植物の組織の)病的増殖; 腫瘍(ﾆﾈﾛ).

Wu･cher=zins [ヴーハァ･ツィンス] 男 -es/-en〖ふつう 複〗暴利, 高利. Geld[4] zu *Wucherzinsen* aus|leihen 高利で金を貸す.

wuchs [ヴークス] *wachsen[1] (成長する)の過去

Wuchs [ヴークス vúːks] 男 -es/Wüchse ①〖複 なし〗成長, 発育. eine Pflanze mit schnellem *Wuchs* 成長の早い植物. ②〖複 なし〗体格, 体つき; 容姿. ein Mädchen von schlankem *Wuchs* ほっそりした体つきの女の子.

wüch･se [ヴュークセ] *wachsen[1] (成長する)の接2

Wucht [ヴフト vúxt] 囡 -/-en ①〖複 なし〗(すごい)力, 勢い, 重量[感]. mit voller *Wucht* 力いっぱいに, 勢いよく. ②〖複 なし〗《方・俗》なぐること, 殴打. ③《方・俗》大量, 多量. ④〖成句的に〗Das ist eine *Wucht*!《俗》そいつはすごい.

wuch･ten [ヴフテン vúxtən] **I** 他 (h)《口語》① (重い物[4]を力を入れて…へ/…から)持ち上げる, 運び降ろす. Säcke[4] **auf** den Wagen (**vom** Wagen) *wuchten* 袋を車に載せる[車から降ろす]. ② (物[4]を…へ)力いっぱいける(ぶつける). den Ball **ins** Tor *wuchten* ボールをいっぱいゴールにけり込む. **II** 再帰 (h) *sich*[4] *wuchten*《口語》(…へ)重そうに体を動かす. *sich*[4] **in** einen Sessel *wuchten* どっかと安楽いすに腰を下ろす.

wuch･tig [ヴフティヒ vúxtɪç] 形 ① 力を込めた, 力いっぱいの. ein *wuchtiger* Schlag 力まかせの一撃. ② どっしり(がっしり)した(体格など), 重々しい(家具など). eine *wuchtige* Gestalt どっしりした体格.

Wühl=ar･beit [ヴュール･アルバイト] 囡 -/-en ① (土を)掘り返すこと. ②〖複 なし〗《比》(政治的な)地下工作.

wüh･len [ヴューレン výːlən] (wühlte, *hat*...gewühlt) **I** 自 (定了 haben) ① (手・前足などで)穴を掘る, 掘り返す, (髪などを)かき乱す. (≒ dig). Die Kinder *wühlen* im Sand. 子供たちが砂に穴を掘る / **nach** Kartoffeln *wühlen* じゃがいもを掘る / Sie wühlte nervös in ihren Haaren. 彼女はいらいらして髪をかきむしった / Der Schmerz *wühlte* in seiner Brust.《比》彼は心痛に胸をかきむしられる思いだった.
②〖場所を表す語句とともに〗《口語》(探し物をして…の中を)引っかき回す. in der Schublade *wühlen* 引き出しの中を引っかき回す. ③〖**gegen** 人・事[4] ~〗(人・事[4]に反対して)反乱(抵抗)を扇動する. ④ (口語)あくせく働く.
II 他 (定了 haben) ① (穴など[4]を)掘る. ein Loch[4] [**in** die Erde] *wühlen* [地面に]穴を掘る / Die Feldmäuse *wühlen sich*[3] unterirdische Gänge. 野ねずみが地中に穴を掘る. ② 掘って[引っかき回して]取り出す.
III 再帰 (定了 haben) *sich*[4] *wühlen* ①〖*sich*[4] **in** 物[4] ~〗(物[4]の中へ)穴を掘って潜り込む. ②〖*sich*[4] **durch** 人・物[4] ~〗(人・物[4]を)かき分けて進む.

Wüh･ler [ヴューラァ výːlər] 男 -s/- ①《動》地中に穴を掘る動物(モグラなど). ② (政治的な)陰謀家. (女性形: -in). ③《口語》あくせく働く人.

Wühl=maus [ヴューる･マオス] 囡 -/..mäuse《動》ハタネズミ.

wühl･te [ヴューるテ] wühlen (穴を掘る)の過去

Wühl=tisch [ヴューる･ティッシュ] 男 -[e]s/-e《口語》(デパートなどの)バーゲン[セール]台.

Wulst [ヴるスト vúlst] 男 -es/Wülste (まれに -e) (auch /-Wülste) ① (円筒形の)ふくらみ; (傷跡などの)隆起, こぶ. ② (柱脚などのトーラス, 大玉縁. (☞ Säule 図).

wuls･tig [ヴるスティヒ vúlstɪç] 形 (円筒状に)ふくらんだ; 隆起した. *wulstige* Lippen 厚ぼったい唇.

wum･mern [ヴンマァン vúmərn] 自 (h)《口

Wundertäter

語）① (機械などが)鈍い音をたてる。 ② 〖an (または gegen) 〗 (圖⁴〜) (圖⁴を)どんどんとたたく.

wund [ヴント vúnt] 圏 (皮膚などが)すりむけた, 傷ついた, (すりむいて)ひりひり痛む. *wunde* Füße すりむけた足 / sich⁴ *wund* laufen (または *wund*|laufen) 靴ずれができる[ほど歩き回る] / sich³ die Finger⁴ *wund* schreiben (または *wund*|schreiben) 〘口語〙 (指がすりむけるほどに)せっせと書きまくる.
► **wund|liegen**

Wund≠brand [ヴント・ブラント] 男 -[e]s/ 〘医〙 創傷壊疽(ぇ).

*die **Wun·de** [ヴンデ vúndə] 囡 (単) -/(複) -n (傷, 創傷, 傷口. (英) *wound*). Schnitt*wunde* 切り傷 / eine leichte (tödliche) *Wunde* 軽傷(致命傷) / Die *Wunde* schmerzt. 傷が痛む / Die *Wunde* blutet. 傷から血が流れる / eine alte *Wunde*⁴ wieder auf|reißen (比) 古傷をあばく.

wun·der [ヴンダァ] *Wunder* was (何かすばらしいこと)などにおける *Wunder* の古い形.

das **Wun·der** [ヴンダァ vúndər] 回 (単2) -s/(複) - (3格のみ -n) ① 奇跡, 不思議[なこと], 驚くべきこと, 驚異. (英) *miracle, wonder*). die *Wunder* der Natur⁴ 自然の驚異 / Ein *Wunder* geschieht. 奇跡が起こる / Das ist kein *Wunder*. それは少しも不思議なことではない / *Wunder*⁴ wirken 〘口語〙 驚くほどよく効く ⇒ Diese Arznei wirkt bei mir *Wunder*. この薬は私には不思議なほどよく効く / **an** *Wunder* glauben 奇跡を信じる / **auf** ein *Wunder* hoffen 奇跡[が起こること]を頼みにする / **O** *Wunder*! または *Wunder* über *Wunder*! これは驚いた, 信じがたいことだ / Was *Wunder*, wenn (または dass)… …は何の不思議があるだろうか / Du wirst noch dein blaues *Wunder* erleben. 〘口語〙 君はきっといやな目にあうだろう.
② 〖**was, wie, wer** などとともに〗 〘口語〙 何かすばらしい… Er glaubt, *Wunder* was geleistet zu haben. 彼はたいしたことをしたように思っている.

****wun·der·bar** [ヴンダァバール vúndərbaːr] I 圏 ① すばらしい, みごとな, すてきな. (英) *wonderful*). ein *wunderbarer* Abend すてきな夕べ / *wunderbares* Wetter すばらしいお天気 / Er ist ein *wunderbarer* Mensch. 彼はすばらしい人物だ / Das ist ja *wunderbar*! これは実にすばらしい.
② 奇跡的な, 不思議な. (英) *miraculous*). eine *wunderbare* Rettung 奇跡的な救助. ◇〖名詞的に〗 Das grenzt **ans** *Wunderbare*. それはまるで奇跡だ(← 奇跡的なものと境を接している).
II 副 〘口語〙 ものすごく, 実に. Der Stoff ist *wunderbar* weich. この布地は実に柔らかい.
〖類語〗 **wunderbar**: (驚嘆に値するほど)すばらしい. **großartig**: (大きく見えて目だつ意味で)すばらしい. **herrlich**: (それ以上のことが考えられない程にすばらしい). **fantastisch**: (現実離れしていて感嘆に値する

という意味で)すばらしい.

wun·der·ba·rer·wei·se [ヴンダァバーラァ・ヴァイゼ] 副 不思議なことに, 奇跡的に.

Wun·der≠ding [ヴンダァ・ディング] 回 -[e]s/ -e ① 〘ふつう 複〙 不思議なこと. ② 〘口語〙 驚くべきもの, たいしたこともの.

Wun·der≠glau·be [ヴンダァ・グラオベ] 男 -ns(3格・4格 -n)/-n 〘ふつう 複〙 奇跡信仰.

Wun·der≠hübsch [ヴンダァ・ヒュプシュ] 圏 すばらしくきれいな(かわいい), こよなく美しい.

Wun·der≠ker·ze [ヴンダァ・ケルツェ] 囡 -/-n 電気花火(硝酸バリウム・アルミニウム粉・鉄粉などを針金に塗り付けたもの).

Wun·der≠kind [ヴンダァ・キント] 回 -[e]s/-er 神童.

Wun·der≠land [ヴンダァ・ラント] 回 -[e]s/ ..länder (童話の)不思議の国.

wun·der·lich [ヴンダァリヒ vúndərliç] 圏 奇妙な, おかしな, 風変わりな. (英) *odd, strange*). ein *wunderlicher* Mensch 奇人, 変人 / *wunderliche* Einfälle 妙な思いつき.

Wun·der≠mit·tel [ヴンダァ・ミッテル] 回 -s/ - 妙薬.

***wun·dern** [ヴンダァン vúndərn] (wunderte, *hat* … gewundert) I 他 (完了) haben) (予期せぬことが 囚⁴を)驚かす, 不思議がらせる, いぶかしがらせる. (英) *surprise*). Das *wundert* mich. それは驚きだ / Es *wundert* mich, dass er nicht kommt. 彼が来ないのはおかしい / Es sollte mich *wundern*, wenn … もし…だとしたら驚きだ, …とは思えない.
II 再帰 (完了) haben) sich⁴ *wundern* (予期せぬことに) 驚く, 不思議に思う, いぶかしく思う. (英) *be surprised*). Ich *wundere mich* **über** ihr Benehmen. 私は彼女のふるまいを不思議に思った / Ich *habe mich* sehr *gewundert*, dass er gekommen ist. 私は彼がやって来たのでたいへん驚いた / Du *wirst dich wundern*! 君はきっとびっくりするだろうよ.
〖類語〗 **sich⁴ wundern**: (予期せぬことに)驚く, 不思議に思う. **sich⁴ verwundern**: (奇異なことに対して)不審に思う. **staunen**: (意外なことに出会って, 態度に表すほど)驚く, びっくりする. **überrascht sein**: (不意打ちにあって)びっくり仰天する.

wun·der≠neh·men* [ヴンダァ・ネーメン vúndər-nèːmən] 他 (h) 〘雅〙 ① (囚⁴を)いぶかし(不思議)がらせる. ② 〘3 単〙 (囚⁴の)好奇心をひく.

wun·der·sam* [ヴンダァザーム] 圏 〘雅〙 不思議な, この世ならぬ(夢・メロディーなど).

***wun·der≠schön** [ヴンダァ・シェーン vúndər-ʃøːn] 圏 とてもきれいな, すばらしく(息をのむほど)美しい, 実にすばらしい. (英) *beautiful*). ein *wunderschönes* Mädchen はっとするような美少女.

Wun·der≠tat [ヴンダァ・タート] 囡 -/-en 奇跡; 驚くべき行為(業績).

Wun·der≠tä·ter [ヴンダァ・テータァ] 男 -s/- 奇跡を行う人. (女性形: -in).

wun·der·tä·tig [ヴンダァ・テーティヒ] 形 奇跡を行う(起こす)

wun·der·te [ヴンダァテ] *wundern (驚かす)の過去

Wun·der·tier [ヴンダァ・ティーァ] 中 -[e]s/-e 怪獣, 怪物; 《俗》怪人物.

wun·der·voll [ヴンダァ・ふぉる] I 形 すばらしい, すてきな. II 副 《口語》ものすごく, 実に.

Wun·der·welt [ヴンダァ・ヴェるト] 女 -/-en 不思議な(すばらしい)世界.

Wun·der·werk [ヴンダァ・ヴェルク] 中 -[e]s/-e すばらしい仕事(製品), すばらしい作品.

Wund·fie·ber [ヴント・ふィーバァ] 中 -s/-《医》創傷熱.

wund|lie·gen*, **wund lie·gen*** [ヴント・リーゲン vúnt-lì:gən] 再帰 (h) *sich*⁴ *wundliegen* (体に)床ずれができる.

Wund·mal [ヴント・マーる] 中 -[e]s/-e《雅》傷跡. die *Wundmale* Christi² キリストの聖痕(せいこん).

Wund·sal·be [ヴント・ざるべ] 女 -/-n 創傷軟膏(なんこう).

Wund·starr·krampf [ヴント・シュタルクランプふ] 男 -[e]s/《医》創傷性破傷風.

*der **Wunsch** [ヴンシュ vúnʃ] 男 (単2) -es/(複) Wünsche [ヴンシェ] (3格のみ Wünschen) ① 願い, 願望, 望み, 希望. 《英》wish). einen *Wunsch* äußern 願いを述べる / einen heimlichen *Wunsch* hegen ひそかな望みをいだく / 人³ einen *Wunsch* erfüllen 人³の願いをかなえてやる / Haben Sie sonst noch einen *Wunsch*?(店員が客に:) ほかにまだ何かお望みはございませんか / Es ist sein größter *Wunsch*, einmal nach Amerika zu reisen. 一度アメリカへ旅行をしたいというのが, 彼の最大の望みだ / **auf** *Wunsch* von Herrn Meyer マイアー氏の願いにより / Es geht alles **nach** *Wunsch*. 万事望みどおりに進んでいる.
② 〖複 で〗お祝いの言葉, 祝福. Die besten *Wünsche* zum Geburtstag! 誕生日おめでとう / **mit** den besten *Wünschen*(手紙の結びで:) ご健勝をお祈りしつつ.

Wunsch·bild [ヴンシュ·ビるト] 中 -[e]s/-er 理想[像], 最高の目標.

Wunsch·den·ken [ヴンシュ・デンケン] 中 -s/(現実離れした)願望的な思考, 希望的観測.

Wün·sche [ヴンシェ] *Wunsch (願い)の複

Wün·schel·ru·te [ヴュンシェる・ルーテ] 女 -/-n 占い棒(フォーク状の若枝で, 地下の鉱脈や水脈を探り当てる力があると信じられていた).

Wün·schel·ru·ten·gän·ger [ヴュンシェるルーテン・ゲンガァ] 男 -s/ 占い棒を持って鉱脈や水脈を探す人(女性形: -in).

****wün·schen** [ヴュンシェン výnʃən]

望む	Was *wünschen* Sie bitte?
	ヴァス ヴュンシェン ズィー ビッテ
	(店員が客に:)何をさしあげましょうか.

(wünschte, *hat* ... gewünscht) 他 (完了) haben) ① 望む, 願う, 求める. 《英》wish). eine Änderung⁴ *wünschen* 変化を望む / Er *wünscht* eine Antwort. 彼は返事を求めている / Ich *wünsche* das nicht. それは願い下げだ / Der Chef *wünscht*, dich zu sprechen. 部長が君と話したいと言ってるよ / Es ist zu *wünschen*, dass ... ...ということが望ましい / Ich *wünschte*, du wärest hier. 〖接2·現在〗君がここにいてくれたらなあ / Seine Arbeit lässt nichts (viel) zu *wünschen* übrig. 彼の仕事は申し分ない(不十分だ). ◊〖目的語なしでも〗Sie *wünschen* bitte?(店員が客に:) 何をさしあげましょうか / Ganz wie Sie *wünschen*. あなたのお望みどおりに.
◊〖再帰代名詞(3 格)とともに〗*sich*³ 人·物 *wünschen* 人·物⁴が欲しい ⇒ Was *wünschst* du *dir* zu Weihnachten? クリスマスのプレゼントに何が欲しい?/ Sie *wünschen sich* ein Baby. 彼らは赤ちゃんを欲しがっている / Er *wünscht sich* Max **als**(または **zum**)Freund. 彼はマックスに友人になってほしいと思っている.
◊〖過去分詞の形で〗Bitte die *gewünschte* Nummer hier einsetzen!(注文書などで:)ここにご希望の番号をご記入ください.
② (人³に幸運など⁴を)祈る, 願う. 人³ viel Erfolg⁴ *wünschen* 人³の成功を祈る / Ich *wünsche* Ihnen gute Besserung.(病気の人に:)早くよくなりますように / Ich *wünsche* Ihnen ein glückliches neues Jahr. 新年のご多幸をお祈りします.
③ 〖方向を表す語句とともに〗(人·物⁴が...へ)行けばいいと願う. 人⁴ **zum** Teufel *wünschen* 人⁴なんかいなくなればいいと思う(←悪魔のいる所へ).
◊〖再帰的に〗Ich *wünschte mich* **ins** Ausland. 〖接2·現在〗私はいっそ外国にでも行ってしまいたい.

wün·schens·wert [ヴュンシェンス・ヴェーァト] 形 望ましい, 願わしい, 好ましい.

wunsch·ge·mäß [ヴンシュ・ゲメース] 副 希望どおりに, 願いどおりに.

Wunsch·kind [ヴンシュ・キント] 中 -[e]s/-er (長い間)待ち望んで生まれた子.

Wunsch·kon·zert [ヴンシュ・コンツェルト] 中 -[e]s/-e リクエスト音楽会(放送), 希望音楽会.

wunsch·los [ヴンシュ・ろース] 形 これ以上望むこともない, 満ち足りた. Ich bin *wunschlos* glücklich.《戯》私は今[のところ]満ち足りている.

wünsch·te [ヴュンシュテ] *wünschen (望む)の過去

Wunsch·traum [ヴンシュ・トラオム] 男 -[e]s/..träume (実現を願う)夢, 念願.

Wunsch·zet·tel [ヴンシュ・ツェッテる] 男 -s/- おねだりカード(子供が誕生日・クリスマスなどのプレゼントに欲しいものを書くカード).

Wup·per·tal [ヴッパァ・ターる vúpər-ta:l] 中 -s/《都市名》ヴッパァタール(ドイツ, ノルトライン・ヴェストファーレン州: ☞〖地図〗C-3).

wür·be [ヴュルベ] werben (宣伝をする)の接2

wur·de [ヴルデ vúrdə] ⁑werden (…になる)の過去. Sie *wurde* krank. 彼女は病気になった. (⇦ 未来の助動詞 ⇨ werden II A; 動作受動の助動詞 ⇨ werden II B).

wür·de [ヴュルデ vYrdə] I ⁑werden (…になる)の過去. 未来の助動詞 ⇨ werden II A; 動作受動の助動詞 ⇨ werden II B).
II 《zu のない不定詞とともに》 ① 《条件文に対する帰結文で; 他の動詞の過去2の言い換えとして》 …するでしょうに, …するのだが. Ich *würde* gern kommen, wenn ich Zeit hätte. 暇があればお伺いしたいところですが / Wie *würden* Sie urteilen? あなただったらどう判断なさいますか. ② 《*Würden* Sie [bitte]…? の形で》 …していただけますか. *Würden* Sie bitte die Tür schließen? すみませんがドアを閉めていただけますか. ③ 《控えめな主張》 …と存じます. Ich *würde* sagen, dass… 私は…かと思います. ④ 《間接話法で過去における未来を表す》 Er sagte, sie *würden* morgen kommen. 彼は彼らがあす来ると言った.

die **Wür·de** [ヴュルデ vYrdə] 女 (単) -/(複) -n ① 《複 なし》 (人間に備わっている)威厳, 尊厳; 品位, 品格. (英 dignity). die *Würde* des Menschen 人間の尊厳 / die *Würde* des Alters 老年の威厳 / die *Würde*⁴ wahren (verlieren) 品位を保つ(失う) / seine *Würde*⁴ verletzen 彼の品位を傷つける / mit *Würde* 威厳を持って / Diese Behandlung ist unter aller *Würde*. この扱いは話にならないほどひどい / Es ist unter meiner *Würde*, das zu tun. そんなことをするのは私の沽券(こけん)にかかわる.
② (高い)位, 位階. akademische *Würden* 学位 / in Amt und *Würden* sein 高位高官の地位にある.

wür·de⹀los [ヴュルデ・ロース] 形 威厳(品位)のない, 尊厳(品位)を傷つける.

Wür·den⹀trä·ger [ヴュルデン・トレーガァ] 男 -s/- 《雅》 高位の人(高官・高僧など). (女性形: -in).

wür·de⹀voll [ヴュルデ・フォル] 形 威厳に満ちた, 品位のある.

wür·dig [ヴュルディヒ vYrdiç] 形 ① 威厳のある, 品位のある; 厳かな. (英 dignified). eine *würdige* Haltung 堂々とした態度. ② ふさわしい, 値する, 匹敵する. einen *würdigen* Nachfolger suchen ふさわしい後継者を探す. ◇《2 格とともに》 人・物² *würdig* sein 人・物²にふさわしい, 値する. Sie ist seines Vertrauens *würdig*. 彼女は彼の信用を得るに値する.

..wür·dig [..ヴュルディヒ ..vYrdiç] 《形容詞をつくる接尾》 《(…に値する) 例: sehens*würdig* 一見に値する.

wür·di·gen [ヴュルディゲン vYrdigən] (würdigte, hat…gewürdigt) 他 《完了 haben》 ① 人・事⁴を 正当に評価する, 評価してたたえる. (英 appreciate). Der Redner *würdigte* die Verdienste des Ministers. 演説者は大臣の功績をたたえた / Ich weiß die Hilfe meiner Freunde zu *würdigen*. 私は友人たちの助力をありがたいと思っている. ② 《人⁴が価²に》値すると見なす. Er *würdigte* mich keines Blickes. 彼は私に目もくれなかった.

Wür·dig·keit [ヴュルディヒカイト] 女 -/ ① 威厳, 品位.

wür·dig·te [ヴュルディヒテ] würdigen (正当に評価する)の過去.

Wür·di·gung [ヴュルディグング] 女 -/-en 価値を認めること, 評価. in *Würdigung* seiner Verdienste² 彼の功績を評価して.

der **Wurf** [ヴルフ vúrf] 男 (単2) -[e]s/(複) Würfe [ヴュルフェ] (3格のみ Würfen) ① 投げること; 投球, 投擲; (柔道などの)投げ. (英 throw). ein *Wurf* mit dem Speer 槍(やり)投げ / ein weiter *Wurf* 遠投 / alles⁴ auf einen *Wurf* setzen 【いちかばちかでやってみる(←すべてを一投に賭ける) / mit einem *Wurf* 一投で / zum *Wurf* aus|holen 投げようと身構える.
② よくできた(成功した)作品. ein großer *Wurf* ヒット作. ③ (猫・豚などの)一腹の子. ein *Wurf* Katzen 一腹の子猫.

Wurf⹀bahn [ヴルフ・バーン] 女 -/-en (投てき物の)軌道, 弾道.

wür·fe [ヴュルフェ] werfen (投げる)の過去2.

Wür·fe [ヴュルフェ] Wurf (投げること)の複.

der **Wür·fel** [ヴュルフェル vYrfəl] 男 (単2) -s/(複) - (3格のみ -n) ① さいころ. (英 dice). *Würfel*⁴ spielen さいころ遊び(ダイスゲーム)をする, ばくちをする / Die *Würfel* sind gefallen. 《現在完了》《比》 さいは投げられた, 決断が下された. ② さいころ形のもの. Suppen*würfel* (さいころ形の)固形スープ / zwei *Würfel* Zucker 角砂糖 2 個 / Speck⁴ in *Würfel* schneiden ベーコンをさいの目に切る. ③ 《数》立方体, 六面体.

Wür·fel⹀be·cher [ヴュルフェル・ベッヒァァ] 男 -s/- ダイスカップ, さい筒.

wür·fe·lig [ヴュルフェリヒ vYrfəliç] 形 ① さいころ形の, 立方体の. Schinken⁴ *würfelig* schneiden ハムをさいの目に切る. ② (織物が)市松模様の, 格子縞(じま)の.

wür·feln [ヴュルフェルン vYrfəln] I 自 (h) さいころを振る, さいころ遊び(とばく)をする. um Geld *würfeln* お金を賭けてダイスゲームをする. II 他 (h) ① (ある数の目⁴を)さいころを振って出す. eine Sechs⁴ *würfeln* さいころを振って 6 の目を出す. ② (物⁴を)さいの目に切る.
◇⇨ gewürfelt

Wür·fel⹀spiel [ヴュルフェル・シュピール] 中 -[e]s/-e ダイスゲーム, さいころ遊び, すごろく; さいころとばく.

Wür·fel⹀zu·cker [ヴュルフェル・ツッカァ] 男 -s/ 角砂糖.

Wurf⹀ge·schoss [ヴルフ・ゲショス] 中 -es/-e 投てき弾(物)(手りゅう弾・石など).

Wurf⹀schei·be [ヴルフ・シャイベ] 女 -/-n (円盤投げの)円盤.

Wurf⹀sen·dung [ヴルフ・ゼンドゥング] 女 -/

–en ダイレクトメール.

wür·gen [ヴュルゲン výrgən] **I** 他 (h) ① (人⁴の)首を絞める；絞め殺す；(人⁴の)のどを詰まらせる. Der Kragen *würgt* mich [**am** Hals]. 襟が私の首を締めつける(窮屈である). ② (人⁴に)吐き気を催させる. ③ 《口語》(ボタンなど⁴を…へ)無理やり押し(はめ)込む. **II** 自 (h) 〖**an** 物³ ～〗 〖物³を〗やっとの思いで飲み込む. ② 吐き気を催す. ③ 《口語》あくせく働く.

Wür·ger [ヴュルガァ výrgər] 男 -s/- ① 〔鳥〕モズ. ② 《古》絞殺者, 絞刑吏. (女性形: -in).

der **Wurm** [ヴルム vúrm] **I** 男 (単2) -[e]s/- (複) Würmer [ヴュルマァ] (3格のみ Wümern) 虫(毛虫・青虫・うじ虫など); 蠕虫(ぜんちゅう). (英 *worm*). Regen*wurm* みみず / Im Apfel sitzt ein *Wurm*. りんごに虫が入っている / Das Kind hat *Würmer*. その子はおなかに寄生虫がいる / 人³ die *Würmer*⁴ aus der Nase ziehen 《口語》人³から[秘密を]巧みに聞き出す(←鼻から腹の虫を引き出す) / Da ist (または sitzt) der *Wurm* drin. 《口語》それはどこかおかしい(←虫が入っている) / Auch der *Wurm* krümmt sich, wenn er getreten wird. 〔諺〕一寸の虫にも五分の魂(←虫も踏まれれば縮こまる). **II** 中 (単2) -[e]s/(複) Würmer (3格のみ Würmern) 《口語》幼くてかよわい(寄る辺のない)子供.

Würm·chen [ヴュルムヒェン výrmçən] 中 -s/- (Wurm I, II の 縮小) ① 小さな虫. ② 幼くてかよわい(寄る辺のない)子供.

wur·men [ヴルメン vúrmən] 他 (h) 《口語》(ある事が人⁴を)むしゃくしゃさせる, 不機嫌にさせる.

Wür·mer [ヴュルマァ] Wurm (虫)の 複

Wurm⸗fort·satz [ヴルム・フォルトザッツ] 男 -es/..sätze 〔医〕(盲腸の)虫垂(ちゅうすい), 虫様(ちゅうよう)突起.

wur·mig [ヴルミヒ vúrmıç] 形 虫食いの(果物など).

wurm⸗sti·chig [ヴルム・シュティヒヒ] 形 虫食いの, 虫穴のある(果物・木など).

die **Wurst** [ヴルスト vúrst]

ソーセージ

Bitte eine *Wurst* mit Ketschup!
ビッテ アイネ ヴルスト ミット ケチャップ
ケチャップつきソーセージを一つください.

女 (単) -/(複) Würste [ヴュルステ] (3格のみ Würsten) ① ソーセージ, 腸詰め. (英 *sausage*). gebratene *Wurst* ローストソーセージ / geräucherte *Wurst* くん製ソーセージ / hausgemachte *Wurst* 自家製ソーセージ / eine Scheibe *Wurst* (スライスした)一切れのソーセージ / eine *Wurst*⁴ braten ソーセージを焼く / ein Brot⁴ **mit** *Wurst* belegen パンにソーセージをのせる / mit der *Wurst* nach der Speckseite (または dem Schinken) werfen 《比》えびでたいを釣ろうとする(←豚のわき腹肉(ハム)をねらってソーセージを投げる) / *Wurst* wider *Wurst*! 《口語》そっちがそっちならこっちもこっちだ(豚を屠殺したとき互いにできたばかりのソーセージを贈る風習に由来する) / 人³ *wurst* sein《口語・比》人³にとってどうでもいい ⇒ Das ist mir [ganz] *wurst*. それは私にとっては[まったく]どうでもいいことだ / Jetzt geht es **um** die *Wurst*. 《口語》今や決断の時だ(←[競争に勝って今や]ソーセージをもらわねばならぬ). ② ソーセージ形のもの; 《口語》うんち.

〘参考〙 ..wurst のいろいろ: **Blutwurst** ブラッドソーセージ / **Bockwurst** (ゆでて食べる)ボックヴルスト / **Bratwurst** ローストソーセージ / **Brühwurst** ゆでソーセージ / **Leberwurst** レバーソーセージ / **Mettwurst** (パンなどに塗って食べる)メットヴルスト / **Salamiwurst** サラミソーセージ / **Schinkenwurst** ハムソーセージ / **Weißwurst** 白ソーセージ.

Wurst⸗brot [ヴルスト・ブロート] 中 -[e]s/-e ソーセージをのせた(はさんだ)パン.

Würst·chen [ヴュルスティヒェン výrstçən] 中 -s/- (Wurst の 縮小) ① 小さいソーセージ. Frankfurter *Würstchen* フランクフルトソーセージ. ② 《口語》つまらないやつ; 哀れなやつ.

Würst·chen⸗bu·de [ヴュルスティヒェン・ブーデ] 女 -/-n (街頭の)ソーセージ売店.

Würst·chen⸗stand [ヴュルスティヒェン・シュタント] 男 -[e]s/..stände =Würstchenbude.

Würs·te [ヴュルステ] ＊Wurst (ソーセージ)の 複

Würs·tel [ヴュルステる výrstəl] 中 -s/- 《南ドイツ・オーストリア》小型ソーセージ, ウィンナソーセージ.

wurs·teln [ヴュルステるン vúrstəln] 自 (h) 《口語》だらだらと仕事をする.

wurs·tig [ヴルスティヒ vúrstıç] 形 《口語》どうでもよい, 無関心な (=gleichgültig).

Wurs·tig·keit [ヴルスティヒカイト] 女 -/ 《口語》無関心.

Wurst⸗plat·te [ヴルスト・プラッテ] 女 -/-n ソーセージの盛り合わせ.

Wurst⸗wa·ren [ヴルスト・ヴァーレン] 複 ソーセージ類.

Würt·tem·berg [ヴュルテン・ベルク výrtəmberk] 中 -s/ 《地名》ヴュルテンベルク(ドイツ, バーデン・ヴュルテンベルク州東部の一地方).

Würz·burg [ヴュルツ・ブルク výrts-burk] 中 -s/ 《都市名》ヴュルツブルク(ドイツ, バイエルン州の都市. マイン河畔の古都でロマンチック街道の起点. 〘地図〙 D-4).

die **Wür·ze** [ヴュルツェ výrtsə] 女 (単) -/ (複) -n ① 香辛料, スパイス, 薬味；ぴりっとした味, 風味. (英 *spice*). eine scharfe *Würze* ぴりっとする香辛料 / Die Soße hat zu viel *Würze*. このソースはスパイスが効きすぎている / In der Kürze liegt die *Würze*. 〔諺〕言葉は簡潔でこそ味がある. ② (ビール発酵前の)麦芽汁.

die **Wur·zel** [ヴルツェる vúrtsəl] 女 (単) -/ (複) -n (英 *root*) ① (植物の)根. dicke (lange) *Wurzeln* 太い(長い)根 / *Wurzeln*⁴ schlagen a) (植物が)根づく, 根を下ろす, b) 《比》(ある土地に)住み着く / Unkraut⁴ mit

der *Wurzel* aus|ziehen 雑草を根ごと引き抜く.
② 《比》根底,根本,根源. das Übel⁴ mit der *Wurzel* aus|rotten 悪の根を絶つ(根絶する).
③ (肉体各部の)付け根; 歯根 (=Zahn*wurzel*); 毛根 (=Haar*wurzel*). ④《言》語根.
⑤《数》根(え); 平方根. die *Wurzel*⁴ aus einer Zahl ziehen ある数の平方根を求める / Die dritte *Wurzel* aus 27 ist 3. 27 の立方根は 3 である.

Wur·zel≈be·hand·lung [ヴルツェる・ベハンドるング] 囡 -/-en《医》歯根の治療.

wur·zel≈los [ヴルツェる・ろース] 形 (植物が)根のない;《比》(人が)根なし草の.

wur·zeln [ヴルツェるン vʊ́rtsəln] 自 (h) ① 根をおろしている,根を張っている. Die Pflanze *wurzelt* tief **im** Boden. その植物は地面に深く根を張っている. ②《in 人・事³ ~》《比》(人・事³に)根ざしている,根源がある.

Wur·zel≈stock [ヴルツェる・シュトック] 男 -[e]s/..stöcke《植》根茎,地下茎.

Wur·zel≈werk [ヴルツェる・ヴェルク] 田 -[e]s/-e ①《植》(総称として:)(植物の)根. ②《料理》スープ用野菜(セロリ・にんじん・パセリなど).

Wur·zel≈zei·chen [ヴルツェる・ツァイヒェン] 田 -s/-《数》ルート記号(記号: √ ¯).

wür·zen [ヴュルツェン výrtsən] du würzt (würzte, *hat* ... gewürzt) 他 (完了) haben) ① (物⁴に香辛料で)味付けする. 《英》spice). eine Speise⁴ mit Paprika *würzen* 料理にとうがらしで味をつける. ②《比》(囲⁴に)趣を添える. Humor *würzt* das Leben. ユーモアは生活に趣を添える.

wür·zig [ヴュルツィヒ výrtsɪç] 形 ① スパイス(薬味)の利いた,風味のよい;芳香のある.《英》*spicy*). eine *würzige* Suppe こくのあるスープ. ②《比》気の利いた,味のある(ジョーク・スピーチなど).

würz·te [ヴュルツテ] würzen (味付けする)の 過去

wusch [ヴーシュ] waschen (洗う)の 過去

wü·sche [ヴューシェ] waschen (洗う)の 接2

Wu·schel≈haar [ヴッシェる・ハール] 田 -[e]s/-e《口語》もじゃもじゃした髪の毛.

wu·sche·lig [ヴッシェりヒ vúʃəlɪç] 形《口語》もじゃもじゃした(髪).

Wu·schel≈kopf [ヴッシェる・コプふ] 男 -[e]s/..köpfe《口語》髪ぼうぼう(もじゃもじゃ)の頭[の人].

wuss·te [ヴステ] ⁑wissen (知っている)の 過去

wüss·te [ヴュステ] ⁑wissen (知っている)の 接2. ◊《成句的に》Nicht, dass ich *wüsste*. 私はまったく知りません.

Wust [ヴースト vúːst] 男 -es (まれに -s)/ (軽蔑的に:) 乱雑な状態(物の山など). ein *Wust* von Büchern 雑然と積み重ねた本[の山].

wüst [ヴュースト vyːst] 形 (比較) wüster, 最上 wüstest) ① 荒涼とした, 荒れ果てた.《英》*desolate*). eine *wüste* Gegend 荒涼とした一帯.
② 混乱した,ひどく雑然とした. ein *wüster* Bart もじゃもじゃのひげ / *wüst* träumen とりもなく夢想する. ③ 粗野な,放縦な,目堕落な; 下品な,野卑な; 大変な,ひどい. ein *wüstes* Leben⁴ führen 放蕩(ほうとう)生活を送る.

die **Wüs·te** [ヴューステ výːstə] 囡 -/(複) -n 砂漠. 荒地,荒野; 不毛の土地.《英》*desert*). die Libysche *Wüste* リビア砂漠 / das Schiff der *Wüste*²《戯》らくだ(←砂漠の船) / eine Oase in der *Wüste* 砂漠の中のオアシス / 人⁴ in die *Wüste* schicken《口語》人⁴を失脚させる,解雇する / das Land⁴ **zur** *Wüste* machen 国土を荒廃させる.

wüs·ten [ヴューステン výːstən] 自 (h)《mit 物 ~》(物³を)浪費する. mit seiner Gesundheit *wüsten* むちゃをして健康をそこなう.

Wüs·te·nei [ヴューステナイ vyːstənái] 囡 -/-en 《雅》砂漠,荒野. ②《戯》ひどい混乱[状態].

Wüst·ling [ヴューストリング výːstlɪŋ] 男 -s/-e 放蕩(ほうとう)者,道楽者, (生活の)ふしだらな人.

die **Wut** [ヴート vuːt] 囡 -/ (単) -t 激怒,憤激.《英》*rage, fury*). maßlose *Wut* 極度の怒り / Ihn packte die *Wut*. 彼は激怒した / *Wut*⁴ **auf** 人⁴ haben 人⁴にたいへん腹を立てている / 人⁴ **in** *Wut* bringen 人⁴を激怒させる / **in** *Wut* geraten (または kommen) 激怒する / [eine] *Wut*⁴ im Bauch haben《口語》憤激している(←一腹に憤激を持っている) / **vor** *Wut* beben 怒りに身を震わす.
②《比》(嵐などの)猛威. ③《比》(過度の)熱意,熱中,熱狂. Lese*wut* 読書熱 / **mit** *Wut* 夢中になって. ④《医》狂犬病,恐水病 (=Toll*wut*).

Wut≈an·fall [ヴート・アンふァる] 男 -[e]s/..fälle 怒りの発作.

Wut≈aus·bruch [ヴート・アオスブルフ] 男 -[e]s/..brüche 怒りの爆発.

wü·ten [ヴューテン výːtən] du wütest, er wütet (wütete, *hat* ... gewütet) 自 (完了) haben) (人が)暴れる,怒り狂う;《比》(嵐・病気などが)猛威をふるう.《英》*rage*). Er *wütete* **vor** Zorn. 彼は怒り狂った / **gegen** 人・物⁴ *wüten* 人・物⁴に対して激怒する(暴力をふるう) / Die Pest *wütete* **in** der Stadt. その町ではペストが猛威をふるった.

wü·tend [ヴューテント výːtənt] I *wüten (暴れる)の 現分
II 形 ① 激怒している,怒り狂った.《英》*furious*). mit *wütender* Stimme 怒り狂った声で / Er ist *wütend* **auf** (または **über**) mich. 彼は私のことをひどく怒っている. ② 激しい,強烈な. *wütende* Schmerzen 激痛.

wut≈ent·brannt [ヴート・エントブラント] 形 怒りに燃えた,激怒した.

Wü·te·rich [ヴューテりヒ výːtərɪç] 男 -s/-e 短気で怒りっぽい人.

wü·te·te [ヴューテテ] wüten (暴れる)の 過去

..wü·tig [..ヴューティヒ ..vyːtɪç]《形容詞をつく

る [接尾]《(ひどく…に熱心な・…好きの)》例: operations*wütig* 手術好きの(外科医).

wut‐schäu·mend [ヴート・ショイメント] 形 激怒した, 怒り狂った.

wut‐schnau·bend [ヴート・シュナオベント] 形 =wutschäumend

Wwe. [ヴィトヴェ]《略》未亡人 (=Witwe).

Wwr. [ヴィトヴァァ]《略》男やもめ (=Witwer).

Wz., WZ [ヴァーレン・ツァイヒェン]《略》商標 (=Warenzeichen).

X x

x, X [イクス íks] 囲 -/- ① イクス(ドイツ語アルファベットの第24字). ② 《大文字で》 (名前を明確にできない人や物で:) 某… Herr X 某氏. ③ 《小文字で》《数》(未知数・変数を表して:) エックス. ④ 《小文字で》《口語》数多くの, かなりの数の. Er hat x Bekannte. 彼には多くの知人がいる.

x-Ach·se [イクス・アクセ] 囲 -/-n 《数》(座標軸の) x 軸.

Xan·thip·pe [クサンティッペ ksantípə] 囲 -/-n 《口語》口やかましい女, 悪妻(ギリシアの哲学者ソクラテスの妻の名から).

X-Bei·ne [イクス・バイネ] 圈 《医》X 脚, 外反膝(しつ).

x-bei·nig, X-bei·nig [イクス・バイニヒ] 厖 X 脚の.

x-be·lie·big [イクス・ベリービヒ] 厖 《口語》任意の. eine x-beliebige Zahl 任意の数.

X-Chro·mo·som [イクス・クロモゾーム] 囲 -s/-en 《生》X 染色体.

Xe [イクス・エー] 《化・記号》キセノン (=Xenon).

Xe·nie [クセーニエ ksé:niə] 囡 -/-n 《文学》(2 行詩形式の)風刺[短]詩.

Xe·non [クセーノン kséːnɔn] 囲 -s/ 《化》キセノン (記号: Xe).

Xe·ro·gra·fie [クセログラふィー kserografí:] 囡 -/-n [..ふィーエン] 《印》ゼログラフィー.

xe·ro·gra·fisch [クセログラーふィッシュ kserográ:fɪʃ] 厖 《印》ゼログラフィー方式の.

Xe·ro·gra·phie [クセログラふィー kserografí:] 囡 -/-n [..ふィーエン] =Xerografie

xe·ro·gra·phisch [クセログラーふィッシュ kserográ:fɪʃ] 厖 =xerografisch

Xe·ro·ko·pie [クセロコピー kserokopí:] 囡 -/-n [..ピーエン] 《印》ゼログラフィー[方式コピー].

x-fach [イクス・ふァッハ] 厖 《口語》何重もの, 何倍もの; 度重なる.

x-mal [イクス・マール] 副 《口語》何回も何回も, 度々, 幾度となく.

X-Strah·len [イクス・シュトラーれン] 圈 《物》エックス線, レントゲン線.

x-t [イクスト íkst] 厖 ① 《数》x 番目の. die x-te Potenz 《数》x 乗. ② 《口語》何度目かの. zum x-ten Mal[e] 《口語》何度目かに.

Xy·lo·fon [クスュろフォーン ksylofó:n] 囲 -s/-e 《音楽》木琴, シロホン.

Xy·lo·phon [クスュろフォーン ksylofó:n] 囲 -s/-e =Xylofon

Y y

y, Y¹ [ユプスィロン ýpsilɔn] 田 –/– ① ユプスィロン(ドイツ語アルファベットの第25字).　②《小文字で》《数》(第2の未知数・変数を表して:)ワイ.

Y² [ユプスィロン]《化・記号》イットリウム (=Yttrium).

y. [ヤールト]《略》ヤード (=Yard).

y-Ach·se [ユプスィロン・アクセ] 囡 –/–n《数》(座標軸の) y 軸.

Yacht [ヤハト jáxt] 囡 –/–en ヨット (=Jacht).

Yak [ヤック ják] 男 –s/–s《動》ヤク.

Yan·kee [イェンキー jéŋki] [英] 男 –s/–s (ふつう軽蔑的に:)ヤンキー(アメリカ人を指す俗称).

Yard [ヤールト já:rt] [英] 田 –s/–s(単位: –/–[s])ヤード(英米の長さの単位. 1 ヤード=0.9144 m; 略: y., yd.; 閾 yds.).

Yb [ユプスィロン・ベー]《化・記号》イッテルビウム (=Ytterbium).

Y-Chro·mo·som [ユプスィロン・クロモゾーム] 田 –s/–en《生》Y 染色体.

yd. [ヤールト]《略》ヤード (=Yard).

Yen [イェン jén] 男 –[s]/–[s] (単位: –/–) 円(日本の通貨単位).

Yo·ga [ヨーガ jó:ga] 男 田 –[s]/ ヨガ; ヨガの行(ぎょう).

Yo·gi[n] [ヨーギ[ン] jó:gi (..gin)] 男 –s/–s ヨガの行者. (=Jogi[n])(女性形: Yogini).

You·Tube, You·tube [ユー・テューブ jú:tju:b] 田 –[s]/《ふつう冠詞なしで》ユーチューブ (⚠ YouTube は商標).

Yp·si·lon [ユプスィロン ýpsilɔn] 田 –[s]/–s Y, y の字.

Yt·ter·bi·um [ユテルビウム ytérbiʊm] 田 –s/《化》イッテルビウム (記号: Yb).

Yt·tri·um [ユトリウム ýtrium] 田 –s/《化》イットリウム (記号: Y).

Yu·an [ユーアン jú:an] 男 –[s]/–[s] (単位: –/–) 元(中国の通貨単位).

Yuc·ca [ユッカ júka] 囡 –/–s《植》ユッカ.

Yup·pie [ユッピー júpi] 男 –s/–s (軽蔑的に:)ユッピー(出世・高収入と外見にこだわる都会青年).

Z z

z, Z [ツェット tsét] 中 –/- ツェット(ドイツ語アルファベットの第26字). von A bis Z《口語》初めから終わりまで.

z. [ツー または ツム または ツ[ー]-]《略》=zu または zum または zur

Z.《略》① [ツーる] 数(=Zahl). ② [ツァイれ] 行(=Zeile). ③ [ツァイト] 時間(=Zeit). ④ [ツァイヒェン] 記号, 印(しるし)(=Zeichen).

zack! [ツァック tsák] 間《俗》さっと, すばやく.

Zack [ツァック] 男《成句的に》**auf** Zack **sein**《口語》a)〈人〉が有能である, b)〈事・物〉が好調である/人⁴ auf Zack **bringen**《口語》〈仕事などが〉ちゃんとできるように〉人⁴を仕込む/物⁴ auf Zack **bringen**《口語》〈うまくいくように〉物⁴を調整する.

Za·cke [ツァッケ tsákə] 女 –/-n〈突き出た〉先端; 〈櫛(くし)・のこぎりなどの〉歯; 〈王冠・木の葉などの〉ぎざぎざ. die Zacken des Bergkammes 山のとがった尾根続き.

za·cken [ツァッケン tsákən] 他 (h)〈物⁴に〉ぎざぎざ(刻み目)を付ける.

◇☞ **gezackt**

Za·cken [ツァッケン] 男 -s/-《方》=Zacke ◇《成句的に》sich³ keinen Zacken aus der Krone brechen《口語》自分の面目をそこなうことはない.

za·ckig [ツァキヒ tsákıç] 形 ① ぎざぎざのある, のこぎりの歯状の. ein zackiger Felsen 先のとがった岩. ②《口語》てきぱきした, きびきびした.

zag [ツァーク tsá:k] 形《雅》臆病(おくびょう)な, 気の弱い(=zaghaft).

za·gen [ツァーゲン tsá:gən] 自 (h)《雅》ためらう, びくびくする.

zag·haft [ツァークハフト] 形 臆病(おくびょう)な, 気の弱い, びくびくした. Sei nicht so zaghaft! そうびくびくするな/Er klopfte zaghaft an die Tür. 彼はおずおずとドアをノックした.

Zag·haf·tig·keit [ツァークハフティヒカイト] 女 –/ 臆病(おくびょう)なこと.

zäh [ツェー tsɛ́:] 形《比較》zäher,《最上》zäh[e]st ①〈肉などが〉堅い; 〈皮などが〉しなやかで丈夫な.《英》tough). Das Fleisch ist sehr zäh. この肉はとても堅い. ②〈液体などが〉ねっとりした, 粘り気の強い. ein zäher Hefeteig 腰のあるイースト入りパン生地. ③ タフな; 粘り強い. ein zäher Bursche タフな若者/zähen Widerstand leisten 粘り強く抵抗する. ④〈話し合いなどが〉なかなか進展しない.

Zä·heit [ツェーハイト] Zähheit の古い形.

zäh⁼flüs·sig [ツェー・ふりュスィヒ] 形 ねばねばした, 粘り気のある, 粘着性のある; 《比》〈交通の〉流れが悪い.

Zäh·heit [ツェーハイト] 女 –/ 頑健さ; 粘り強さ.

Zä·hig·keit [ツェーイヒカイト] 女 –/ ① 粘り強さ, 強じんさ; 執拗(しつよう)さ. ②《理》《髭》粘性.

*die Zahl [ツァーる tsá:l]

> 数 Die Zahl Sieben bringt Glück.
> ディ ツァーる ズィーベン ブリンクト グリュック
> 7という数は幸運をもたらす.

女(単) –/(複) –en ① 数(略: Z.).《英》number). eine hohe (または große) Zahl 大きい数 / eine niedrige (または kleine) Zahl 小さい数 / eine gerade (ungerade) Zahl 偶数(奇数) / eine ganze Zahl 整数 / eine gebrochene Zahl 分数 / Zahlen⁴ addieren (subtrahieren) 数を足す(引く) / Zahlen⁴ multiplizieren (dividieren) 数を掛ける(割る) / eine Zahl⁴ auf|runden (ab|runden) ある数を切り上げる(切り捨てる) / rote Za*h*len (経営状態の)赤字.

②〔複 なし〕数量, 人数. eine große Zahl Besucher 多数の観客 / Die Zahl unserer Mitglieder steigt ständig. 私たちの会員の数は絶えず増加している / Sie waren sieben an der Zahl. 彼らは[の数]は7人だった / **in voller** Zahl 全員で. ③ 数字. arabische (römische) Zahl アラビア(ローマ)数字. ④《言》(文法上の)数(=Numerus).

> ◎ ..zahl のいろいろ: Bruchzahl 分数 / Dezimalzahl 小数 / Grundzahl または Kardinalzahl 基数 / Mehrzahl 大多数 / Ordinalzahl または Ordnungszahl 序数

zahl·bar [ツァーる・バール] 形《商》支払われるべき, 支払い期限の来た. zahlbar bei Lieferung (nach Erhalt) 代金引き換えの(あと払いの).

zähl·bar [ツェーる・バール] 形 ① 数えられる; 《言》複数形のある, 可算の(名詞).

zäh⁼le·big [ツェー・れービヒ] 形 生命力の強じんな, 容易に死なない(害虫など); 《比》根強い, なかなかなくならない(偏見・風習など).

*zah·len [ツァーれン tsá:lən]

> 支払う Herr Ober, bitte zahlen!
> ヘル オーバァ ビッテ ツァーれン
> ボーイさん, お勘定を願います.

(zahlte, hat ... gezahlt) I 他《完了》haben) ①〈ある金額⁴を〉支払う; 〈家賃・税金など⁴を〉払う.《英》pay). Du musst das Geld an ihn zahlen. 君はそのお金を彼に払わなければならない / Ich habe für den Schrank 2000 Euro gezahlt. 私はそのたんすに 2,000 ユーロ支払った / 私はある Betrag [in] bar (mit einem Scheck) zahlen ある金額を現金で(小切手で)支払う / Was (または Wie viel) habe ich zu zahlen? 私はいくらお支払いすればいいですか / Miete⁴ zahlen 家賃を払う / Steuern⁴ zahlen 税金を支払う.

② 《口語》(物⁴の)代金を支払う; (囚⁴に)報酬を払う. das Taxi⁴ zahlen タクシーの料金を支払う / Ich zahle dir das Essen. 君の食事代を払ってあげるよ.

II 自 (完了 haben) 支払いをする, お金を払う. pünktlich zahlen (期限どおり)きちんと支払う / Der Kunde zahlt gut. その客は払いがよい / Er zahlt noch an seinem Auto. 彼はまだ車のローンを払っている.

[類似] zahlen: (お金を数えながら)渡す, 支払う. bezahlen: (品物・サービスなどの代金として)支払う. entrichten: 《官庁》(定められた料金・税金などを)支払う.

****zäh·len** [ツェーれン tsé:lən]

数える

Zählen Sie bitte noch einmal!
ツェーれン ズィー・ビッテ ノッホ アインマーる
もう一度数えてください.

(zählte, hat ... gezählt) **I** 自 (完了 haben) ① 数を数える. (英 count). Das Kind kann schon bis hundert *zählen*. その子供はもう 100 まで数を数えることができる.

② 《auf 人·事⁴ ~》(人·事⁴を)当てにする, 頼りにする. Ich *zähle* auf deine Hilfe. ぼくは君の助けを当てにしているよ.

③ 重要である, 価値(意味)を持つ. Hier *zählt* nur das Können. ここでは能力だけがものをいう / Das Tor *zählt* nicht. そのゴールは無効だ.

④ 《zu 人·物³ ~》(人·物³に)数え入れられる, (人·物³の)一つ(一人)とみなされる. Er *zählt* zu den bedeutendsten Dirigenten. 彼は最も著名な指揮者の一人である.

⑤ 《nach 物³ ~》《雅》(物³(ある数)に)およぶ, 達する. Die Zuschauer *zählten* nach Tausenden. 観衆は数千におよんだ.

II 他 (完了 haben) ① (人·物⁴を)数える, 計算する. die Äpfel *zählen* りんごの数を数える / Die Kinder *zählten* die Tage bis Weihnachten. 子供たちはクリスマスまでの日数を指折り数えて待った / Seine Tage *sind gezählt*. 【状態受動·現在】彼の命はもう長くはない(←彼の余命は数えられている).

② 《A⁴ zu B³ ~》(A⁴ を B³ に)数え入れる, (A⁴ を B³ の)一つ(一人)とみなす. Ich *zähle* ihn zu meinen besten Freunden. 私は彼を親友の一人だと思っている. ③ 《雅》(ある数⁴)に達する. Er *zählt* gerade 40 Jahre. 彼はちょうど 40 歳になる / Die Stadt *zählt* eine Million Einwohner. その都市は人口百万を数える.

④ (物⁴の)値打ちがある. Das Ass *zählt* 11 [Punkte]. (トランプの)エースは 11 点に数えられる.

Zah·len≠fol·ge [ツァーれン・ふォるゲ] 囡 -/-n 《数》数列.

zah·len≠mä·ßig [ツァーれン・メースィヒ] 形 数による, 数の上での. Der Gegner ist *zahlenmäßig* weit überlegen. 敵は数の上ではずっと勝っている.

Zäh·ler [ツェーらァ tsé:lər] 男 -s/- ① (電気・ガスなどの)メーター, 計数器, カウンター. ② 《数》分子. *Zähler* und *Nenner* 分子と分母. ③ 数える人, 計数員. (女性形: -in). ④ 《物》ポイント, 得点.

Zahl≠kar·te [ツァーる・カルテ] 囡 -/-n 《郵》為替払込用紙.

zahl≠los [ツァーる・ろース] 形 無数の, たくさんの. *zahllose* Sterne 無数の星.

Zahl≠meis·ter [ツァーる・マイスタァ] 男 -s/- 会計係; (軍)主計官. (女性形: -in).

zahl≠reich [ツァーる・ライヒ tsá:l-raiç] 形 ① 多数の, たくさんの(人·物など). 《英 numerous》. *zahlreiche* Fabriken 多くの工場.
② 多人数からなる(家族·観衆など). 《英 large》. eine *zahlreiche* Familie 大家族.

Zahl≠stel·le [ツァーる・シュテれ] 囡 -/-n ① (銀行などの)支払窓口. ② (手形の)支払地.

Zahl≠tag [ツァーる・ターク] 男 -[e]s/-e (給料などの)支払日, 給料日.

zahl·te [ツァーるテ] ≠zahlen (支払う)の 過去

zähl·te [ツェーるテ] ≠zählen (数える)の 過去

die **Zah·lung** [ツァーるング tsá:luŋ] 囡 《単》-/《複》-en ① 支払い. Vorauszahlung 前払い / die *Zahlung*⁴ einstellen 支払いを停止する / 物⁴ in *Zahlung* geben (nehmen) 物⁴を下取りに出す(下取りする). ② 支払い金額.

Zäh·lung [ツェーるング] 囡 -/-en 数えること, 計算. Volkszählung 国勢調査.

Zah·lungs≠an·wei·sung [ツァーるングス・アンヴァイズング] 囡 -/-en 《経》支払指図書(為替·小切手など).

Zah·lungs≠auf·for·de·rung [ツァーるングス・アオふォルデルング] 囡 -/-en 《経》支払請求.

Zah·lungs≠auf·schub [ツァーるングス・アオふシュープ] 男 -[e]s/..schübe 《経》支払延期.

Zah·lungs≠be·din·gun·gen [ツァーるングス・ベディングンゲン] 複 《経》支払条件.

Zah·lungs≠be·fehl [ツァーるングス・ベふェーる] 男 -[e]s/-e (ベフェーる)《法》支払い命令.

Zah·lungs≠bi·lanz [ツァーるングス・ビらンツ] 囡 -/-en 《経》国際収支.

zah·lungs≠fä·hig [ツァーるングス・ふェーイヒ] 形 支払能力のある.

Zah·lungs≠fä·hig·keit [ツァーるングス・ふェーイヒカイト] 囡 -/《経》支払能力.

Zah·lungs≠frist [ツァーるングス・ふりスト] 囡 -/-en 《経》支払期限.

Zah·lungs≠mit·tel [ツァーるングス・ミッテる] 中 -s/- 《経》支払手段(通貨·小切手など).

zah·lungs≠un·fä·hig [ツァーるングス・ウンフェーイヒ] 形 《経》支払能力のない，支払不能の．

Zah·lungs≠un·fä·hig·keit [ツァーるングス・ウンフェーイヒカイト] 囡 -/ 《経》支払不能．

Zah·lungs≠ver·kehr [ツァーるングス・フェアケーア] 男 -s/ 《経》支払流通．

Zähl≠werk [ツェーる・ヴェルク] 田 -[e]s/-e メーター，カウンター，計数装置．

Zahl≠wort [ツァーる・ヴォルト] 田 -[e]s/..wörter 《言》数詞 (=Numerale).

Zahl≠zei·chen [ツァーる・ツァイヒェン] 田 -s/- 数字．

zahm [ツァーム tsá:m] 形 ① (動物が)人になれた; 飼いならされた．(英 tame). ein zahmer Vogel 人になれた鳥． ② 《口語》おとなしい，従順な(子供など); 穏健な，控えめな. eine zahme Kritik 控えめな批評．

zähm·bar [ツェームバール] 形 飼いならすことのできる(動物); 手なずけられる(人).

zäh·men [ツェーメン tsé:mən] (zähmte, hat ... gezähmt) 他 《定了》 haben) ① (動物などを)飼いならす，手なずける; 《比》(自然の力などを)抑える，コントロールする.(英 tame). einen Löwen zähmen ライオンを飼いならす． ② 《雅》(感情など を)抑制する. die Ungeduld zähmen いらだちを抑える. ◊《再帰的に》sich zähmen 自制する．

Zahm·heit [ツァームハイト] 囡 -/ (動物が人に)なれていること; (人が)従順(控えめ)なこと．

zähm·te [ツェームテ] zähmen (飼いならす)の 過去

Zäh·mung [ツェームング] 囡 -/ (動物を)飼いならすこと，調教; 《雅》(感情の)抑制．

‡der **Zahn** [ツァーン tsá:n]

| 歯 | Mein Zahn tut weh.
マイン ツァーン トゥート ヴェー
私は歯が痛い． |

男 (単2) -[e]s/(複) Zähne [ツェーネ] (3格のみ Zähnen) (英 tooth). ① 歯. (英 tooth). gute (schlechte) Zähne 良い(悪い)歯 / ein falscher (または künstlicher) Zahn 義歯 / die dritten Zähne 入れ歯 / ein fauler (または kariöser) Zahn 虫歯 / der Zahn der Zeit² 《口語》(万物を老朽させていく)時の力 / Zähne⁴ bekommen 歯が生える / Sie hat schöne Zähne. 彼女はきれいな歯をしている / sich³ die Zähne⁴ putzen 歯を磨く / Ein Zahn oben links schmerzt. 左上の歯が痛む / Der Zahn wackelt. 歯がぐらぐらする / 人³ die Zähne⁴ zeigen 《口語・比》人³に歯向かう姿勢を見せる / 人³ einen Zahn⁴ ziehen 《口語・比》人³の幻想を打ち砕く / die Zähne⁴ zusammen|beißen 《口語》歯をくいしばる / sich an 物³ einen Zahn aus|beißen 物³で歯を折る / sich³ an 物³ die Zähne⁴ aus|beißen 《口語・比》物³にどうしても歯がたたない. ◊《前置詞とともに》bis **an** die Zähne bewaffnet《口語》完全武装して / 人³ **auf** den Zahn fühlen 《比》人³の能力を厳しく吟味する / mit den Zähnen knirschen 歯ぎしりする / mit den Zähnen klappern (寒くて・こわくて)歯がかちかち鳴る / Auge um Auge, Zahn um Zahn. 《聖》目には目を，歯には歯を(出エジプト記 21, 24).

② (歯車・のこぎり・櫛(くし)などの)歯; (織物・レースなどの)ぎざぎざ. ③ 《口語》猛スピード. einen Zahn zu|legen 《口語》[仕事の]スピードを上げる. ④ (動) (サメの)楯鱗(じゅんりん).

  ..zahn のいろいろ: **Backenzahn** または **Backzahn** 臼歯 / **Eckzahn** 犬歯 / **Giftzahn** 毒牙 / **Milchzahn** 乳歯 / **Sägezahn** のこぎりの歯 / **Schneidezahn** 門歯，切歯 / **Stiftzahn** 継ぎ歯 / **Weisheitszahn** 智歯，親知らず

der **Zahn≠arzt** [ツァーン・アールツト tsá:n-a:rtst または ..アルツト] 男 (単2) -es/(複) ..ärzte [..エーァツテ または ..エルツテ] (3格のみ ..ärzten) 歯科医，歯医者. (英 dentist). Ich muss zum Zahnarzt. 私は歯医者に行かなければならない．

Zahn≠ärz·tin [ツァーン・エーァツティン] 囡 -/..tinnen (女性の)歯科医，歯医者.

zahn≠ärzt·lich [ツァーン・エーァツトリヒ] 形 歯科医の，歯科医による．

Zahn≠be·hand·lung [ツァーン・ベハンドるング] 囡 -/-en 歯の治療．

Zahn≠be·lag [ツァーン・べらーク] 男 -[e]s/..läge 《医》歯垢(しこう).

die **Zahn≠bürs·te** [ツァーン・ビュルステ tsá:n-bʏrstə] 囡 (単)-/(複)-n 歯ブラシ. (英 toothbrush). eine elektrische Zahnbürste 電動歯ブラシ．

Zahn≠creme [ツァーン・クレーム] 囡 -/-s 練り歯磨き (=Zahnpasta).

Zäh·ne [ツェーネ] ‡Zahn (歯)の 複

zäh·ne≠flet·schend [ツェーネ・ふれッチェント] 形 歯をむき出した．

Zäh·ne≠klap·pern [ツェーネ・クらッパァン] 田 -s/ (寒くて・こわくて)歯をかちかちいわせること．

zäh·ne≠knir·schend [ツェーネ・クニルシェント] 形 《比》くやしくて歯ぎしりしている．

zah·nen [ツァーネン tsá:nən] 自 (h) 乳歯が生える. Das Baby zahnt. 赤ちゃんに歯が生える.

zäh·nen [ツェーネン tsé:nən] 他 (h) (物⁴に)(ぎざぎざ)を付ける.
◊☞ **gezähnt**

Zahn≠er·satz [ツァーン・エァザッツ] 男 -es/..sätze 《ふつう 単》義歯，入れ歯．

Zahn≠fäu·le [ツァーン・フォイれ] 囡 -/ 《医》虫歯．

Zahn≠fleisch [ツァーン・ふらイシュ] 田 -[e]s/ 歯ぐき; 《医》歯肉.

Zahn≠fül·lung [ツァーン・ふぅるング] 囡 -/-en 《医》歯の充填(じゅうてん).

Zahn≠heil·kun·de [ツァーン・ハイるクンデ] 囡 -/ 歯科[学] (=Zahnmedizin).

Zahn≠kli·nik [ツァーン・クリーニク] 囡 -/-en 歯科医院，歯科診療所．

Zahn‐laut [ツァーン・らオト] 男 -[e]s/-e《言》歯音 ([t, d] など).

zahn‐los [ツァーン・ろース] 形 歯のない, 歯の抜けた(老人など).

Zahn‐lü·cke [ツァーン・リュッケ] 女 -/-n (抜歯・欠歯による)歯のすき間, 歯間.

Zahn‐me·di·zin [ツァーン・メディツィーン] 女 -/ 歯科[学].

Zahn‐pas·ta [ツァーン・パスタ] 女 -/..pasten 練り歯磨き.

Zahn‐pfle·ge [ツァーン・プふれーゲ] 女 -/ 歯の手入れ, 歯の衛生.

Zahn‐rad [ツァーン・ラート] 中 -[e]s/..räder《工》歯車.

Zahn‐rad‐bahn [ツァーンラート・バーン] 女 -/-en《工》アプト式鉄道.

Zahn‐schmelz [ツァーン・シュメるツ] 男 -es/《医》歯のエナメル質.

der **Zahn‐schmerz** [ツァーン・シュメルツ tsáːn-ʃmɛrts] 男 (単 2) -es/(複) -en《ふつう 複》歯痛. (英 toothache). Ich habe heftige *Zahnschmerzen*. 私は歯がひどく痛い.

Zahn‐stan·ge [ツァーン・シュタンゲ] 女 -/-n《工》ラック(歯車とかみ合う歯の付いた棒).

Zahn‐stein [ツァーン・シュタイン] 男 -[e]s/《医》歯石.

Zahn‐sto·cher [ツァーン・シュトッハァ] 男 -s/- つまようじ.

Zahn‐tech·ni·ker [ツァーン・テヒニカァ] 男 -s/- 歯科技工士. (女性形: -in).

Zahn‐weh [ツァーン・ヴェー] 中 -[e]s/《口語》歯痛 (=Zahnschmerz).

Zahn‐wur·zel [ツァーン・ヴルツェる] 女 -/-n《医》歯根.

Zäh·re [ツェーレ tséːrə] 女 -/-n《詩》涙 (=Träne).

Zan·der [ツァンダァ tsándər] 男 -s/-《魚》ホタルジャコ(スズキの一種).

die **Zan·ge** [ツァンゲ tsáŋə] 女 (単) -/(複) -n ① やっとこ, ペンチ, ニッパー, 火ばさみ;《医》(分娩(べん)用の)鉗子(かんし). (英 nippers). einen Nagel **mit** der *Zange* heraus|ziehen くぎをペンチで抜く / 人⁴ **in die** *Zange* nehmen a) (サッカーで:)人⁴を両サイドからはさみ込む, b)《口語・比》人⁴を問い詰める / 人·物⁴ nicht mit der *Zange* anfassen mögen《口語・比》人·物⁴がいやでたまらない(← やっとこを使っても触りたくない). ②《口語》(動物の)はさみ状の器官(クワガタのはさみなど).

Zan·gen‐ge·burt [ツァンゲン・ゲブァート] 女 -/-en《医》鉗子分娩(ぶんべん).

Zank [ツァンク tsánk] 男 -[e]s/ 言い争い, 口論, 口げんか. um 事⁴ **in** *Zank* geraten 事⁴のことで口論になる.

Zank‐ap·fel [ツァンク・アプふェる] 男 -s/..äpfel 不和のもと, 争いの種(ギリシア神話の不和の女神エリスの金のりんごに由来する).

zan·ken [ツァンケン tsáŋkən] (zankte, *hat* gezankt) I 再帰《完了》haben)《*sich*⁴ [**mit** 人³] ~》([人³と])口げんかをする, 言い争いをする. (英 *quarrel*). Er *zankt sich* mit allen Leuten. 彼はあらゆる人と言い争いをする / Die Kinder *zankten sich* **um** das neue Spielzeug. 子供たちは新しいおもちゃを奪い合ってけんかをした.
II 自《完了》haben) ① 《**mit** 人³ ~》([人³と])口げんかをする. ②《**mit** 人³ ~》《方》人³をがみがみしかる.

Zän·ke·rei [ツェンケライ tsɛŋkərái] 女 -/-en《口語》(絶え間ない)口げんか.

zän·kisch [ツェンキッシュ tsɛ́ŋkɪʃ] 形 (特に女性が)口げんか(口論)好きの.

Zank‐sucht [ツァンク・ズフト] 女 -/ 口げんか(口論)好き.

zank·te [ツァンクテ] zanken (再帰で: 口げんかをする)の 過去

Zäpf·chen [ツェプふヒェン tsέpfçən] 中 -s/- (Zapfen の縮小) ① 小さな栓. ②《薬》座薬. ③《医》口蓋(こうがい)垂, のどびこ.

zap·fen [ツァプふェン tsápfən] 他 (h) (ビールなど⁴の)栓を抜いてつぐ.

Zap·fen [ツァプふェン] 男 -s/- ①《植》毬果(きゅうか), まつかさ. ②(樽(たる)などの)栓; (ぷ⁴)コル ク栓. ③《工》差し込み, ピボット; (木工)ほぞ. ④《医》網膜錐[状]体. ⑤ つらら (=Eiszapfen).

Zap·fen‐streich [ツァプふェン・シュトライヒ] 男 -[e]s/-e《軍》① (昔の:) 帰営らっぱ. ②《複 なし》帰営時刻;《比》門限.

Zapf‐säu·le [ツァプふ・ゾイレ] 女 -/-n (ガソリンスタンドの)計量給油器.

zap·pe·lig [ツァペリヒ tsápəlɪç] 形《口語》(絶えず動き回って)落ち着かない(子供など); そわそわした.

zap·peln [ツァッペるン tsápəln] 自 (h) ① 体をばたばたさせる. **mit** Armen und Beinen *zappeln* 手足をばたつかせる / Ein Fisch *zappelte* **im** Netz. 魚が網の中でぴちぴちはねた. ② そわそわ(やきもき)する. 人⁴ *zappeln lassen*《口語》人⁴をやきもきさせる.

Zap·pel‐phi·lipp [ツァッペる・ふィーリプ] 男 -s/-e(または -s)《口語》落ち着きのない子供, 少しもじっとしていない子供.

zap·pen [ツァッペン tsápən または ゼッ.. zɛ́..] 自 (h) (リモコンでテレビのチャンネルを切り替える.

zap·pen‐dus·ter [ツァッペン・ドゥースタァ] 形《口語・比》真っ暗闇(くらやみ)の;《口語・比》お先真っ暗の.

zapp·lig [ツァプリヒ tsáplɪç] 形 =zappelig

Zar [ツァール tsáːr] 男 -en/-en ツァー (昔の帝政ロシア・ブルガリア・セルビアの皇帝の[称号]). (女性形: -in).

Za·ra·thu·stra [ツァラトゥストラ tsaratústra] -s/《人名》ツァラトゥストラ (ゾロアスター Zoroaster の古代イラン語形. 紀元前 6〜7 世紀頃のペルシアの宗教改革者, ゾロアスター教の創始者. ニーチェに『ツァラトゥストラはこう語った』という作品がある).

Zar·ge [ツァルゲ tsárgə] 女 -/-n ① (戸・窓の)外枠, 框(かまち). ②(いすの座面などの)枠板; (箱などの)側板;《音楽》(バイオリンなどの)横板, リ

zart [ツァールト tsáːrt] 形 (比較 zarter, 最上 zartest) ① きゃしゃな, ほっそりした, ひ弱な; 感じやすい, 繊細な. (英 tender). ein *zartes* Kind ひ弱な子供 / Sie ist von *zarter* Gestalt. 彼女ははっそりした体つきをしている / ein *zartes* Gemüt 感じやすい心. ② (食べ物などが)柔らかい. *zartes* Fleisch 柔らかい肉. ③ (音・色・光などが)優しい, 穏やかな. *zarte* Farben おとない色 / eine *zarte* Stimme 柔和な声. ④ (気持ちが)優しい. *zarte* Fürsorge 優しい看護. ⑤ かすかな(微笑など).

▶ *zart*=besaitet, zart=fühlend

zart=be·sai·tet, zart be·sai·tet [ツァールト・ベザイテット] 形 感じやすい, デリケートな.

zart=füh·lend, zart füh·lend [ツァールト・フューレント] 形 思いやりのある.

Zart=ge·fühl [ツァールト・ゲフュール] 田 −[e]s/ (心の)優しさ, 思いやり.

Zart·heit [ツァールトハイト] 囡 −/ きゃしゃ; ひ弱さ; 柔らかさ; 穏やかさ; (心の)優しさ, 思いやり.

zärt·lich [ツェートリヒ tséːrtlɪç] 形 ① 愛情のこもった, 情愛の深い. (英 loving). ein *zärtlicher* Kuss 愛情のこもったキス / **zu** 人³ *zärtlich* sein 人³に対して思いやりがある. ② (雅) 優しい. ein *zärtlicher* Ehemann 優しい夫.

Zärt·lich·keit [ツェートリヒカイト] 囡 −/−en ① (複 なし) 情愛, 恋情. ② (ふつう 複) 優しい愛撫(あいぶ).

Zä·si·um [ツェーズィウム tséːziʊm] 田 −s/ (化) セシウム (=Cäsium; 記号: Cs).

Zas·ter [ツァスタァ tsástər] 男 −s/ (俗) 金(かね), 現なま (=Geld).

Zä·sur [ツェズーア tsɛzúːr] 囡 −/−en ① (詩学) 中間休止(詩行の中間における意味の切れ目による休止); (音楽) (楽節中の)切れ目. ② (歴史的な)転期, 変わり目.

der **Zau·ber** [ツァオバァ tsáʊbər] 男 (単 2) −s/ (複) − (3 格のみ −n) ① (ふつう 複) 魔法, 魔術; 呪文(じゅもん); 魔力. (英 magic). einen *Zauber* an|wenden 魔法を使う / *Zauber*⁴ treiben 魔法を行う / den *Zauber* lösen (または bannen) 魔法を解く / 人⁴ durch einen *Zauber* heilen 人⁴の病気を魔術で治す / fauler *Zauber* (口語) ペテン.

② (複 なし) 魅力, 魅惑. (英 charm). der *Zauber* der Natur² 自然の魅力. ③ (複 なし) (口語) ばか騒ぎ; つまらない物, がらくた.

Zau·be·rei [ツァオベライ tsaʊbəráɪ] 囡 −/−en ① (複 なし) 魔法, 魔術. ② 手品, 奇術.

der **Zau·be·rer** [ツァオベラァ tsáʊbərər] 男 (単 2) −s/ (複) − (3 格のみ −n) 魔法使い, 魔術師; 手品師. (英 magician).

Zau·ber=flö·te [ツァオバァ・フレーテ] 囡 −/−n 魔法の笛. „Die *Zauberflöte*"『魔笛』(モーツァルトの歌劇の題名).

Zau·ber=for·mel [ツァオバァ・フォルメる] 囡 −/−n ① 呪文(じゅもん). ② (比) (問題を一気に解決する)決め手.

zau·ber·haft [ツァオバァハフト] 形 魅惑的な, うっとりするような, とても美しい.

Zau·ber=hand [ツァオバァ・ハント] 囡 (成句的に) wie **von** (または durch) *Zauberhand* 突然 (←魔法の手によるかのように).

Zau·be·rin [ツァオベリン tsáʊbərɪn] 囡 −/ ..rinnen (女性の)魔法使い, 魔術師; 手品師.

zau·be·risch [ツァオベリッシュ tsáʊbərɪʃ] 形 (雅) 魔法の, 夢のような; 魅惑的な.

Zau·ber=kraft [ツァオバァ・クラふト] 囡 −/ ..kräfte 魔力, 魔法の力.

Zau·ber=kunst [ツァオバァ・クンスト] 囡 −/ ..künste ① (複 なし) 魔法, 魔術. ② (ふつう 複) 魔術的な技.

Zau·ber=künst·ler [ツァオバァ・キュンストらァ] 男 −s/− 手品(奇術)師. (女性形: −in).

zau·bern [ツァオバァン tsáʊbərn] (zauberte, *hat* ... gezaubert) I 自 (完了 haben) ① 魔法を使う. (英 do magic). Ich *kann* doch nicht *zaubern*! (口語) できないことはできないよ (←魔法を使うことはできない). ② 手品(奇術)をする.

II 他 (完了 haben) ① 魔法で呼び出す(出現させる). Die Fee *zauberte* ein Pferd. 妖精は魔法で馬を呼び出した / Er *zauberte* herrliche Töne *aus* dem Instrument. (比) 彼はその楽器を使ってすばらしい音を奏でた. ② (方向を表す語句とともに) (人・物⁴を.. から/...へ)手品を使って出す(入れる). ein Karinchen⁴ *aus* dem Hut *zaubern* 手品を使って帽子の中からうさぎを取り出す.

Zau·ber=spruch [ツァオバァ・シュプルフ] 男 −[e]s/ ..sprüche 呪文(じゅもん).

Zau·ber=stab [ツァオバァ・シュタープ] 男 −[e]s/ ..stäbe 魔法のつえ.

zau·ber·te [ツァオバァテ] *zaubern* (魔法を使う) の 過去.

Zau·ber=trank [ツァオバァ・トランク] 男 −[e]s/ ..tränke 魔法の飲み物 (特にほれ薬・媚薬).

Zau·ber=wort [ツァオバァ・ヴォルト] 田 −[e]s/ −e 呪文(じゅもん) (=Zauberspruch).

Zau·de·rer [ツァオデラァ tsáʊdərər] 男 −s/− 優柔不断な人, ちゅうちょする人. (女性形: Zauderin).

zau·dern [ツァオダァン tsáʊdərn] 自 (h) ためらう, ちゅうちょする. **mit** 事³ *zaudern* 事³をためらう.

Zaum [ツァオム tsáʊm] 男 −[e]s/Zäume 馬勒 (ばろく) (頭部につける馬具一式). einem Pferd den *Zaum* an|legen 馬に馬勒を付ける / 人·物⁴ (sich⁴) im *Zaum*[e] halten (比) 人·物⁴ (自分の感情)を抑制する, 制御する.

zäu·men [ツォイメン tsɔ́ʏmən] 他 (h) (馬⁴に)馬勒(ばろく)を付ける.

der **Zaun** [ツァオン tsáʊn] 男 (単 2) −[e]s/ (複) Zäune [ツォイネ] (3 格のみ Zäunen) 垣根, 垣, 柵(さく), 塀, フェンス. (英 fence). Latten*zaun* 木柵(もくさく) / ein lebender *Zaun* 生け垣 /

Zäune

einen *Zaun* um den Garten ziehen 庭の周りに垣を作る / Die Kinder schlüpften **durch** den *Zaun*. 子供たちは垣根をするりとくぐり抜けた / einen Streit **vom** *Zaun*[e] brechen 《雅》いきなり争い(けんか)を始める.

Zäu·ne [ツォイネ] *Zaun* (垣根)の腹.

Zaun⹀gast [ツァオン・ガスト] 男 –es/..gäste (柵(ﾗﾞ)の外からのぞく)ただ見客; 《比》傍観者.

Zaun⹀kö·nig [ツァオン・ケーニヒ] 男 –[e]s/–e 《鳥》ミソサザイ.

Zaun⹀pfahl [ツァオン・プファール] 男 –[e]s/..pfähle 垣根(柵(ﾗﾞ))のくい. **mit** dem *Zaunpfahl* winken 《比》露骨にほのめかす(←くいを振って合図する).

zau·sen [ツァオゼン tsáuzən] 他 (h) (髪など[4]を)[軽く]かきむしる, かき乱す.

z. B. [ツム バイ・シュピール tsum bái-ʃpi:l] 《略》**例えば** (= zum Beispiel).

ZDF [ツェット・デー・エフ] 《略》ドイツ第二テレビ[放送] (= Zweites Deutsches Fernsehen).

Ze·bra [ツェーブラ tsé:bra] 中 –s/–s 《動》シマウマ, ゼブラ.

Ze·bra⹀strei·fen [ツェーブラ・シュトライフェン] 男 –s/– 《交通》(ゼブラ模様の)横断歩道.

Zech⹀bru·der [ツェヒ・ブルーダァ] 男 –s/..brüder 《口語》① 大酒飲み. ② 飲み友だち.

die **Ze·che** [ツェッヒェ tséçə] 女 (単) –/(複) –n ① **飲食代**, 飲み屋の勘定. 《英》check). Jeder zahlt seine *Zeche*. 自分の飲み代は各自で払うこと / eine große *Zeche*[4] machen (飲み屋で)大いに飲み食いする / die *Zeche*[4] zahlen müssen 《口語・比》不祥事のあと始末をさせられる(←飲食代を払わねばならない) / die *Zeche*[4] prellen 《口語》飲食代を踏み倒す. ② 《鉱》炭山, 炭坑.

ze·chen [ツェッヒェン tséçən] 自 (h) 《戯》(仲間といっしょに)大酒を飲む, 痛飲する.

Ze·cher [ツェッヒァァ tséçər] 男 –s/– 《戯》のんべえ, 大酒飲み. (女性形: –in).

Zech⹀prel·ler [ツェヒ・プレラァ] 男 –s/– 無銭飲食者. (女性形: –in).

Ze·cke [ツェッケ tsékə] 女 –/–n 《動》[マ]ダニ.

Ze·der [ツェーダァ tsé:dər] 女 –/–n 《植》ヒマラヤスギ[属].

ze·die·ren [ツェディーレン tsedí:rən] 他 (h) 《法》(債権など[4]を)譲渡する.

Zeh [ツェー tsé:] 男 –s/–en = Zehe ①

die **Ze·he** [ツェーエ tsé:ə] 女 (単) –/(複) –n ① **足指**. 《英》toe). (← 「手の指」は Finger). die große (kleine) *Zehe* 足の親指(小指) / **auf** [den] *Zehen* gehen つま先で(抜き足さし足で)歩く / sich[4] **auf** die *Zehen* stellen つま先立つ / 人[3] **auf** die *Zehen* treten a) 人[3]の足指を踏む, b) 《口語・比》(それと気づかずに)人[3]の気持ちを傷つける, c) 人[3]をせきたてる. ② にんにくの小鱗茎(ﾘﾝｹｲ)(球根の一かけら).

Ze·hen⹀na·gel [ツェーエン・ナーゲル] 男 –s/..nägel 足指の爪.

Ze·hen⹀spit·ze [ツェーエン・シュピッツェ] 女 –/–n つま先. **auf** [den] *Zehenspitzen* gehen つま先立ち(忍び足)で歩く / sich[4] **auf** die *Zehenspitzen* stellen つま先で立つ.

zehn [ツェーン tsé:n] 数 《基数; 無語尾で》**10[の]**. 《英》ten). Er ist *zehn* [Jahre alt]. 彼は 10 歳だ / Es ist *zehn*. 10 時だ / **vor** *zehn* Tagen 10 日前に / die *Zehn* Gebote 《聖》(モーセの)十戒(出エジプト記 20 章) / Ich wette *zehn* **gegen** eins, dass… 私は十中八九…だと思う(←10 対 1 で賭けてもいい) / **zu** *zehnen* 10 人で, 10 人ずつ.

Zehn [ツェーン] 女 –/–en (数字の)10; トランプの 10; 《口語》(電車・バスなどの)10 番[系統].

Zehn⹀cent⹀stück [ツェーンツェント・シュテュック] 中 –[e]s/–e 10 セント硬貨.

Zeh·ner [ツェーナァ tsé:nər] 男 –s/– ①《口語》10 セント硬貨; 10 ユーロ硬貨. ②《ふつう 複》10 の位の数. ③《方》(数字の)10; (電車・バスなどの)10 番[系統].

Zeh·ner⹀kar·te [ツェーナァ・カルテ] 女 –/–n 10 枚つづりの回数券(乗車券・入場券など).

zeh·ner·lei [ツェーナァライ tsé:nərláɪ] 形 《無語尾で》10 種[類]の, 10 通りの.

Zeh·ner⹀pa·ckung [ツェーナァ・パックング] 女 –/–en 10 個入りの包み.

Zehn⹀eu·ro⹀schein [ツェーンオイロ・シャイン] 男 –[e]s/–e 10 ユーロ紙幣.

zehn⹀fach [ツェーン・ファッハ] 形 10 倍の, 10 重の, 10 枚重ねの.

zehn⹀jäh·rig [ツェーン・イェーリヒ] 形 《付加語としてのみ》10 歳の; 10 年[間]の.

zehn⹀jähr·lich [ツェーン・イェーァリヒ] 形 10 年ごとの.

Zehn⹀kampf [ツェーン・カンプフ] 男 –[e]s/..kämpfe (ﾍﾟ) (陸上の)十種競技.

zehn⹀mal [ツェーン・マール] 副 10 回, 10 度; 10 倍.

zehn⹀ma·lig [ツェーン・マーリヒ] 形 《付加語としての》10 回の.

Zehn⹀mark⹀schein [ツェーンマルク・シャイン] 男 –[e]s/–e 10 マルク紙幣.

zehnt [ツェーント tsé:nt] 数 《zehn の序数; 語尾変化は形容詞と同じ》**第 10 [番目]の**. 《英》tenth). der *zehnte* Mai 5 月 10 日 / **zu** *zehnt* 10 人で, 10 人ずつ.

zehn⹀tä·gig [ツェーン・テーギヒ] 形 《付加語としての》10 日[間]の.

zehn⹀tau·send [ツェーン・タオゼント] 数 《基数; 無語尾で》1 万の. die *oberen zehntausend* (または *Zehntausend*) 上流階級[の人々].

zehn·tel [ツェーンテル tsé:ntəl] 数 《分数; 無語尾で》10 分の 1 [の].

Zehn·tel [ツェーンテル] 中 (ﾏﾚ: 男) –s/– 10 分の 1.

zehn·tens [ツェーンテンス tsé:ntəns] 副 第 10 に, 10 番目に.

zeh·ren [ツェーレン tsé:rən] 自 (h) ①《**von** 物[3] ～》《物[3]を》食べて生きる, 《物[3]で》命をつなぐ. Wir *zehrten* **von** unseren Vorräten. われわれ

は蓄えて命をつないだ / Sie *zehrte* von ihren Erinnerungen.《比》彼女は思い出に[支えられて]生きた. ② (潮風・熱などが)体力を消耗させる. Fieber *zehrt*. 熱が出ると体が弱る. ③《雅》《人・物³ ~》衰弱させる, むしばむ. Die Krankheit *zehrte* an seinen Kräften. 病気が彼の体力を衰弱させた.

das **Zei·chen** [ツァイヒェン tsáiçən] 中 (単2) –s/《複》–《英 sign》① 合図, 信号, サイン. ein heimliches *Zeichen* ひそかな合図 /《人》³ ein *Zeichen*⁴ geben (または machen)《人》³に合図する / Das *Zeichen* zum Anfang ertönte. 開始の合図が鳴り響いた.
② 印(しるし), 目印, マーク; 標識. ein kreisförmiges *Zeichen* 丸印 / Er machte (または kerbte) ein *Zeichen* in den Baum. 彼は木に目印を刻んだ / einen Zettel als *Zeichen* in ein Buch legen 1枚の紙片を目印として本にはさむ / Zum *Zeichen* der Versöhnung gab sie ihm die Hand. 仲直りのしるしに彼女は彼に握手の手を差し出した.
③ 記号, 符号;《言》句読点. ein chemisches *Zeichen* 化学記号 / die *Zeichen*⁴ richtig setzen 句読点を正しく打つ.
④ 徴候, 前兆, 兆し. ein böses (gutes) *Zeichen* 凶兆(吉兆) / die ersten *Zeichen* einer Krankheit² 病気の最初の徴候 / Das ist ein *Zeichen* dafür, daß sich⁴ das Wetter ändert. それは天気が変わる前兆だ.
⑤ 星座. Die Sonne steht **im** *Zeichen* des Krebses. 太陽かに座に入っている / Er ist im *Zeichen* des Löwen geboren. 彼は獅子座の生まれだ / Die ganze Stadt stand **im** *Zeichen* der Olympischen Spiele. 町中がオリンピック一色だった.

> 《メモ》..zeichen のいろいろ: **Anführungszeichen** 引用符 / **Ausrufezeichen** 感嘆符 / **Blinkzeichen** 点滅信号 / **Firmenzeichen** 社標 / **Fragezeichen** 疑問符 / **Kennzeichen** 目印 / **Klopfzeichen** ノックの合図 / **Krankheitszeichen** 症候 / **Minuszeichen** マイナス記号 / **Pausenzeichen** 休止符 / **Pluszeichen** プラス記号 / **Satzzeichen** 句読点 / **Schriftzeichen** 文字 / **Verkehrszeichen** 交通標識 / **Vorzeichen** 前兆 / **Warenzeichen** 商標 / **Wiederholungszeichen** 反復記号

Zei·chen⹃**block** [ツァイヒェン・ブロック] 男 –[e]s/..blöcke (または –s) スケッチブック, (はぎ取り式の)画用紙帳.
Zei·chen⹃**brett** [ツァイヒェン・ブレット] 中 –[e]s/–er 製図板.
Zei·chen⹃**leh·rer** [ツァイヒェン・れーラァ] 男 –s/– 製図(図画)の教師. (女性形: -in).
Zei·chen⹃**pa·pier** [ツァイヒェン・パピーァ] 中 –s/–e 製図用紙; 画用紙.
Zei·chen⹃**saal** [ツァイヒェン・ザール] 男 –[e]s/..säle 製図室; 美術(図工)教室.
Zei·chen⹃**set·zung** [ツァイヒェン・ゼッツング] 女 –/《言》句読法.
Zei·chen⹃**spra·che** [ツァイヒェン・シュプラーヘ] 女 –/–n《言》身振り(手振り)言語; 手話.
Zei·chen⹃**stift** [ツァイヒェン・シュティフト] 男 –[e]s/–e 製図用鉛筆; クレヨン, クレパス.
Zei·chen⹃**stun·de** [ツァイヒェン・シュトゥンデ] 女 –/–n 図画(製図)の時間.
Zei·chen⹃**trick·film** [ツァイヒェン・トリックふぃるム] 男 –[e]s/–e アニメーション映画.

*zeich·nen [ツァイヒネン tsáiçnən] du zeichnest, er zeichnet (zeichnete, *hat*...gezeichnet) I 他《完了 haben》① (絵などを線で)描く, (図面など⁴を)書く; 素描する, スケッチ(デッサン)する. 《英 draw》. einen Akt *zeichnen* ヌードを描く / den Grundriss eines Hauses *zeichnen* 家の見取図を書く / eine Landschaft⁴ nach der Natur *zeichnen* 風景を写生する / Die Figuren des Romans *sind* realistisch *gezeichnet*.《状態受動・現在》《比》この小説の登場人物たちはリアルに描かれている.
② (物⁴に)印(しるし)を付ける, 目印を付ける. die Wäsche⁴ **mit** dem Monogramm *zeichnen* 洗濯物にイニシャルを付ける / Er *ist* von Tod *gezeichnet*.《状態受動・現在》《雅・比》彼の顔には死相が現れている.
③《商》(物⁴に)サインする, (署名してある金額⁴の)寄付を申し込む, (署名して株など⁴を)引き受ける. einen Scheck *zeichnen* 小切手にサインする / Er *zeichnete* bei der Sammlung einen Betrag von 50 Euro. 彼は募金に50ユーロ出す署名をした. ◇《過去分詞の形で》 *gezeichnet* H. Schmidt [オリジナルには] H. シュミットの署名あり(コピーに記し, 原本に本人の署名があることを示す).
II 自《完了 haben》① 線画を描く, スケッチ(デッサン)をする, 製図する. Sie *kann* gut *zeichnen*. 彼女は図画が上手だ / **an** einem Plan *zeichnen* 設計図を書く. ②《官庁》(責任者として)署名する, 署名して責任を負う. Für den Artikel *zeichnet* der Chefredakteur. この記事には編集長が文責を負う.
◇《自》 *gezeichnet*

Zeich·ner [ツァイヒナァ tsáiçnər] 男 –s/– ① 製図家, 図案家, デザイナー. (女性形: -in). ②《商》(株などの)引受人.
zeich·ne·risch [ツァイヒネリッシュ tsáiçnərɪʃ] 形 スケッチ(デザイン)の; 製図の.
zeich·ne·te [ツァイヒネテ] * zeichnen (描く)の 過去.

die **Zeich·nung** [ツァイヒヌング tsáiçnʊŋ] 女 –/–(複) –en ① スケッチ, デッサン, 線描画; 製図, 図面. 《英 drawing》. eine naturgetreue *Zeichnung* 自然に忠実なスケッチ / eine *Zeichnung*⁴ entwerfen スケッチ(デザイン)する. ②《比》(小説などの)描写. ③ (動植物の)紋様, 斑紋(はんもん). ④《商》(署名による新株などの)引受, (公社債への)応募.

zeich·nungs⹃**be·rech·tigt** [ツァイヒヌングス・ベレヒティヒト] 形《商》署名権限のある.
Zei·ge·**fin·ger** [ツァイゲ・ふぃンガァ] 男 –s/– 人差し指.

zei·gen [ツァイゲン tsáɪɡən]

> 見せる　*Zeig* mir mal den Brief!
> ツァイク ミァ マール デン ブリーフ
> その手紙をちょっと見せてごらん.

(zeigte, hat...gezeigt) **I** 他 (定了 haben) ① (人³に 物⁴を)見せる, 示す;(指し示して)教える. (英 show). Bitte *zeigen* Sie mir mein Zimmer! 私の泊まる部屋を見せてください / Er rief mir die ganze Stadt *gezeigt*. 彼は私に町中を案内してくれた / Der Polizist *zeigte* mir den Weg. その警官は私に道を教えてくれた / Ich *zeige* dir, wie man es macht. どうやるのか君に教えてあげよう / Die Bäume *zeigen* schon Knospen. 《雅》木々はもうつぼみをつけている.
◇《**es** を目的語として成句的に》es⁴ 人³ *zeigen* 《口語》a) 人³に思い知らせる, b) 人³に実力を見せつける ⇨ Dem *werde* ich's (=ich es) *zeigen*! あいつに思い知らせてやるぞ.
② (感情・関心など⁴を)表す, 示す. Er *zeigt* keine Reue. 彼は少しも後悔の色を見せない / Verständnis⁴ für 物⁴ *zeigen* 物⁴に理解を示す.
③ (能力など⁴を)示す, 発揮する;(経験・態度などが)証明する. Nun *zeig* einmal, was du kannst! さあ, ひとつ君の腕前を見せてもらおう / Die Erfahrung hat *gezeigt*, dass... 経験で...ということがわかった.
④ 《比》(計器などがある目盛り⁴を)指している. Die Uhr *zeigt* fünf. 時計の針は 5 時を指している.
II 自 (定了 haben) 『方向を表す語句とともに』(...を)指し示す, 指す. (英 point). Er *zeigte* mit dem Finger **auf** den Täter. 彼は指で犯人を指した / Er *zeigte* **in** diese Richtung. 彼はこちらの方向を指し示した / Der Wegweiser *zeigt* **nach** Norden. 《比》道しるべは北を指している.
III 再帰 (定了 haben) *sich⁴ zeigen* ① 現れる, 姿を見せる. Er hat sich **am** Fenster *gezeigt*. 彼は窓辺に姿を見せた / Am Himmel *zeigten* sich die ersten Sterne. 空にそろそろ星が見えはじめていた.
② (...であることを)態度で示す, 証明する. *sich⁴* tapfer *zeigen* 勇敢なところを見せる / Er hat sich **als** guter Freund *gezeigt*. 彼は良き友であることを身をもって示した.
③ 《比》明らかになる, 判明する. Es *zeigte* sich, dass er uns getäuscht hatte. 彼がわれわれをだましていたことがわかった / Das *wird* sich noch *zeigen*. それはいずれ明らかになるだろう.

der **Zei·ger** [ツァイガァ tsáɪɡər] 男 (単 2) -s/(複) - (3格のみ -n) (時計・メーターなどの)針, 指針;羅針. (英 pointer). Minuten*zeiger* 分針, 長針 / der große (kleine) *Zeiger* 長針(短針) / Der *Zeiger* steht (または zeigt) auf zwölf. 時計の針は 12 時を指している / den *Zeiger* vor|stellen (zurück|stellen) 時計の針を進める(戻す).

Zei·ge·stock [ツァイゲ・シュトック] 男 -(e)s/..stöcke (図表などを指し示すための)指示棒.

zeig·te [ツァイクテ] ‡zeigen (見せる)の過去

zei·hen* [ツァイエン tsáɪən] (zieh, *hat*...geziehen) 他 (h) 《雅》(人⁴を 物²の罪で)責める, とがめる. 人⁴ der Lüge² *zeihen* 人⁴のうそを責める.

die **Zei·le** [ツァイれ tsáɪlə] 女 (単) -/(複) -n ① (文章などの)**行** (略: Z.). (英 line). die erste *Zeile* eines Gedichtes 詩の 1 行目 / einen Text *Zeile* **für** *Zeile* prüfen テキストを 1 行 1 行吟味する / **in** (または **auf**) der fünften *Zeile* von oben 上から 5 行目に / **mit** zwei *Zeilen* Abstand 2 行間隔で / **zwischen** den *Zeilen* lesen 《比》行間の意味を読みとる.
② (手短な)手紙, 便り. ein paar *Zeilen*⁴ an 人⁴ schreiben 人⁴に便りを書く. ③ 列, 並び;(テレビの)走査線. eine lange *Zeile* **von** Häusern 長い家並み.

Zei·len·ab·stand [ツァイれン・アップシュタント] 男 -(e)s/..stände 行の間隔, 行間.

zei·len·wei·se [ツァイれン・ヴァイゼ] 副 1 行ずつ, 行単位で;列をなして.

..zei·lig [..ツァイリヒ ..tsaɪlɪç] 『形容詞をつくる接尾』《(...行の)例: zwei*zeilig* (=2-*zeilig*) 2 行の.

Zei·sig [ツァイズィヒ tsáɪzɪç] 男 -s/-e 《鳥》マヒワ.

Zeiss [ツァイス tsáɪs] 男 《商標》ツァイス(ドイツの光学・精密機械メーカー).

zeit [ツァイト tsáɪt] 前 《2 格とともに; 成句的に》 *zeit meines Lebens* 私の生涯ずっと.

die Zeit [ツァイト tsáɪt]

> 時間; 暇
> Haben Sie morgen *Zeit*?
> ハーベン ズィー モルゲン ツァイト
> あす暇がありますか.

女 (単) -/(複) -en ① (範囲 なし)(経過する)**時間**, 時. (英 time). (《比》「空間」は Raum). Die *Zeit* vergeht schnell. 時がたつのは早い / im Laufe der *Zeit²* 時のたつうちに / **mit** der *Zeit* 時とともに, しだいに / Die *Zeit* heilt alle Wunden. 《ことわざ》時(の経過)はすべての傷をいやす / Kommt *Zeit*, kommt Rat. 《ことわざ》時が来れば名案も浮かぶ.
② (ある目的のための時間:)**時点**, 時期. *Zeit*⁴ und Ort⁴ eines Treffens bestimmen 会合の時と場所をとり決める / die *Zeit* der Ernte² 収穫時 / Es ist [die] höchste *Zeit*. もうぐずぐずしていられない.
◇《前置詞とともに》Es ist [**an** der] *Zeit*, dass ich gehe. 私はもう行かなければならない / **außer** der *Zeit* (定められた)時間外に / **seit** dieser *Zeit* この時から / morgen **um** diese *Zeit* あすのこの時間に / **von** der *Zeit* an その時から /

von *Zeit* zu *Zeit* ときどき, ときおり (⇨ 類語) manchmal) / **vor** der *Zeit* 定刻前に, 早々と / **zu** jeder *Zeit* いつでも / zur *Zeit* Goethes ゲーテの時代に / zur rechten *Zeit* ちょうどよいときに.

③ 〖圏 なし〗（自由に使える）時間, 暇[な時間], 余暇. *Zeit*[4] haben （暇な）時間がある ⇨ Ich habe heute keine *Zeit* (viel *Zeit*) dafür. 私はきょうはそれをする暇がない(たっぷりある) / *Zeit*[4] sparen 時間を節約する / eine viel *Zeit* sparende Lösung 多くの時間を節約する解決策 / Wir wollen keine *Zeit* verlieren. 急ごうよ(←時間を失いたくない) / Das braucht viel *Zeit*. それにはたっぷり時間がかかる / [人]³ die *Zeit*[4] stehlen [人]³の自由な時間を奪う / die *Zeit*[4] tot|schlagen《口語》(軽蔑的に:)時間をつぶす / die *Zeit*[4] mit Lesen verbringen 余暇を読書で過ごす / ist *Zeit* is Geld. 《ことわざ》時は金(かね)なり.

④ 時代, 時期. (英 age). die *Zeit* meines Studiums 私の大学時代 / die schönste *Zeit* des Lebens 人生の最盛期 / die *Zeit* Goethes ゲーテの時代 / die gute alte *Zeit* 古き良き時代 / kommende（または künftige）*Zeiten* 未来.

◊〖前置詞とともに〗ein Vertrag **auf** *Zeit* 期限つき協定 / **für** einige (längere) *Zeit* しばらくの(かなり長期間の)予定で / für alle *Zeit* 永久に / in der nächsten (または in nächster) *Zeit* 間もなく / in der letzten (または in letzter) *Zeit* 最近, 近ごろ / **nach** kurzer *Zeit* しばらくしてから / **seit** einiger *Zeit* しばらく前から / **vor** langer *Zeit* ずっと前に / **während** dieser *Zeit* この期間に / **zu** aller *Zeit* または zu allen *Zeiten* いつも, いつの時代にも / zu *Zeiten* Goethes または zur *Zeit* Goethes ゲーテの時代には. (《注》 *zuzeiten* は「ときどき」, *zurzeit* は「目下のところ」の意).

⑤ 〖圏 なし〗時刻. Welche *Zeit* ist es? 何時ですか / Hast du [die] genaue *Zeit*? 正確な時間がわかるかい. ⑥ 〖公〗所要時間, タイム. die *Zeit*[4] stoppen タイムをストップウォッチで計る. ⑦ 〖言〗時称. ⑧ 〖成句的に〗Du liebe *Zeit*! または Du meine *Zeit*! (驚きを表して:)おやまあ, これはこれは.

▶ *Zeit*=lang, *zeit*=raubend, *zeit*=sparend, *zur*=*zeit*

〖合成〗 ..zeit のいろいろ: **Erntezeit** 収穫期 / **Essenszeit** 食事時間 / **Freizeit** 余暇 / **Jahreszeit** 季節 / **Jugendzeit** 青少年期 / **Kinderzeit** 幼年期 / **Mittagszeit** 昼どき / **Normalzeit** 標準時 / **Ortszeit** 地方時 / **Schlafenszeit** 就寝時刻 / **Schulzeit** 学校時代 / **Steinzeit** 石器時代 / **Studienzeit** 大学時代 / **Weihnachtszeit** クリスマスの時節 / **Weltzeit** グリニッジ標準時

〖類語〗die *Zeit*: (時の経過を表す一般的な意味での)時間, **Uhr**: (時刻の表示としての)…時. Wie viel *Uhr* ist es? — Es ist drei *Uhr*. 何時ですか — 3 時です. die **Stunde**: (時間の長さとしての)時間. Er musste zwei *Stunden* warten. 彼は 2 時間待たなければならなかった.

―使ってみよう―

今何時ですか.
 Wie viel Uhr ist es jetzt?
 Wie spät ist es jetzt?
きょうは何日ですか.
 Der Wievielte ist heute?
きょうは何曜日ですか.
 Welchen Wochentag haben wir heute?
授業は 90 分間です.
 Der Unterricht dauert 90 Minuten.
あと 10 日で休暇になります.
 In 10 Tagen haben wir Ferien.

Zeit≈ab·schnitt [ツァイト・アップシュニット] 男 –[e]s/–e 時期, 時代.

Zeit≈ab·stand [ツァイト・アップシュタント] 男 –[e]s/..stände 時の間隔.

das **Zeit≈al·ter** [ツァイト・アルタァ tsárt-al-tər] 中 (単 2) –s/(複) –(3格のみ –r) ① 時代. (英 age, era). Atomzeitalter 原子力時代 / das *Zeitalter* der Technik² 科学技術時代 / das *Zeitalter* Friedrichs des Großen フリードリヒ大王時代 / das goldene (または Goldene) *Zeitalter* 黄金時代 / in unserem *Zeitalter* 現代において. ② 《地学》代.

Zeit≈an·ga·be [ツァイト・アンガーベ] 女 –/–n ① 日時[の記入], 日付, 年月日. ② 《言》時の副詞[句].

Zeit≈an·sa·ge [ツァイト・アンザーゲ] 女 –/–n (ラジオなどの)時報.

Zeit≈ar·beit [ツァイト・アルバイト] 女 –/ (派遣会社などによる他の会社・組織などへの)派遣勤務, 臨時雇用勤務.

Zeit≈auf·wand [ツァイト・アオフヴァント] 男 –[e]s/ (仕事などに要する)時間; 期間.

Zeit≈dau·er [ツァイト・ダオアァ] 女 –/ (ある事が継続する)時間; 期間.

Zeit≈ein·heit [ツァイト・アインハイト] 女 –/–en 時の単位(秒・時間・世紀など).

Zeit≈form [ツァイト・フォルム] 女 –/–en 《言》時称, 時制 (= Tempus).

zeit≈ge·bun·den [ツァイト・ゲブンデン] 形 時代に制約された; 時代に即応した(結びついた).

Zeit≈geist [ツァイト・ガイスト] 男 –[e]s/ 時代精神, 時代思潮.

zeit≈ge·mäß [ツァイト・ゲメース] 形 時流にかなった, 時代にマッチした, 現代風の. ein *zeitgemäßes* Thema 時代に即応したテーマ.

Zeit≈ge·nos·se [ツァイト・ゲノッセ] 男 –n/–n ① 同時代の人. (女性形 ..genossin). Er war ein *Zeitgenosse* Goethes. 彼はゲーテと同時代の人だった. ② 《口語》(軽蔑的に)…なやつ. ein unangenehmer *Zeitgenosse* いやなやつ.

zeit≈ge·nös·sisch [ツァイト・ゲネスィッシュ] 形 ① 同時代の. ② 現代の.

Zeit≈ge·schich·te [ツァイト・ゲシヒテ] 女 –/

Zeitgewinn

現代史.

Zeit≠ge·winn [ツァイト・ゲヴィン] 男 -[e]s/ 時間の節約.

zei·tig [ツァイティヒ tsáɪtɪç] 形 早い時期(時刻)の, 早目の. (英 early). ein *zeitiger* Winter ひと足早い冬 / *zeitig* aufstehen 早めに起きる.

zei·ti·gen [ツァイティゲン tsáɪtɪgən] I 他 (h) (雅)（努力などが成果を[4]を)もたらす. II 自 (h) 《カタ》(果実が)熟する.

Zeit≠kar·te [ツァイト・カルテ] 女 -/-n 定期[乗車]券.

Zeit≠lang, Zeit lang [ツァイト・ラング] 女 [成句的に] eine *Zeitlang* しばらくの間.

Zeit≠lauf [ツァイト・ラォフ] 男 -[e]s/..läufte (まれに ..läufe) ① [圏で](雅) 時勢, 時局. ② 〘圏なし〙(旧) 時の経過.

zeit≠le·bens [ツァイト・レーベンス] 副 一生の間[ずっと], 生涯. *zeitlebens* schwer arbeiten 一生の間あくせく働く.

zeit·lich [ツァイトリヒ tsáɪtlɪç] 形 ① 時間の, 時間的な. der *zeitliche* Ablauf 時の経過 / Die Erlaubnis ist *zeitlich* begrenzt. その許可には時間的な制限が設けられている. ② (宗) 現世の, はかない.

zeit≠los [ツァイト・ロース] 形 時流に制約されない; 時代(時間)を超越した; はやりすたりのない(衣服の型など).

Zeit≠lu·pe [ツァイト・るーペ] 女 -/-n (映) 高速度撮影(映写のとき, 実際よりもゆっくりした動きになる).

Zeit·lu·pen≠tem·po [ツァイトるーペン・テンポ] 中 -s/ スローモーション[テンポ]. im *Zeitlupentempo* arbeiten 実にのろのろと働く.

Zeit≠man·gel [ツァイト・マンゲる] 男 -s/ 時間の不足. aus *Zeitmangel* 時間がないために.

Zeit≠maß [ツァイト・マース] 中 -es/-e (音楽・運動などの)速度, テンポ.

Zeit≠neh·mer [ツァイト・ネーマァ] 男 -s/- (スポ) タイムキーパー, 計時員.（女性形: -in).

Zeit≠not [ツァイト・ノート] 女 -/ 時間の不足[からくる苦境]. in *Zeitnot* geraten (何かをするのに)時間が足りなくなる.

der Zeit≠punkt [ツァイト・プンクト tsáɪtpuŋkt] 男 (単2) -[e]s/(複) -e (3格のみ -en) **時点**, 時刻, 時機; 日時. den günstigen *Zeitpunkt* verpassen 好機を逸する / einen *Zeitpunkt* vereinbaren 日時を申し合わせる / zum jetzigen *Zeitpunkt* 今の時点で.

Zeit≠raf·fer [ツァイト・ラッファァ] 男 -s/- (映) 低速度撮影(映写のとき, 実際よりも速い動きになる).

zeit≠rau·bend, Zeit rau·bend [ツァイト・ラオベント] 形 時間をとる, 手間どる(仕事など).

Zeit≠raum [ツァイト・ラオム] 男 -[e]s/..räume 期間, 時期, 時代. in einem *Zeitraum* von drei Monaten 3か月の間に.

Zeit≠rech·nung [ツァイト・レヒヌング] 女 -/-en ① 年代計算法. [die] christliche *Zeitrechnung* 西暦 / nach (vor) unserer *Zeitrechnung* 西暦紀元(紀元前) (略: n. u. Z. (v. u. Z.)). ② (天文学に基づく)日時の算定.

Zeit≠schal·ter [ツァイト・シャるタァ] 男 -s/- タイムスイッチ, タイマー.

***die Zeit≠schrift** [ツァイト・シュリふト tsáɪtʃrɪft] 女 (単) -/(複) -en **雑誌**, 定期刊行物. (英 magazine). 《メモ》「新聞」は Zeitung). Wochen*zeitschrift* 週刊誌 / eine medizinische *Zeitschrift* 医学雑誌 / eine *Zeitschrift*[4] abonnieren 雑誌を[予約]購読する.

Zeit≠span·ne [ツァイト・シュパンネ] 女 -/-n (ある長さの)時間, 期間.

zeit≠spa·rend, Zeit spa·rend [ツァイト・シュパーレント] 形 時間の節約になる.

Zeit≠ta·fel [ツァイト・ターふェる] 女 -/-n 年表.

■ die Zei·tung [ツァイトゥング tsáɪtuŋ]

| 新聞 | Welche *Zeitung* lesen Sie? ヴェるヒェ ツァイトゥング れーゼン ズィー あなたはどの新聞を読んでいますか. |

女 (単) -/(複) -en ① **新聞**. (英 newspaper). 《メモ》「雑誌」は Zeitschrift). eine regionale (überregionale) *Zeitung* 地方(全国)紙 / eine *Zeitung*[4] abonnieren 新聞を[予約]購読する / Ich lese jeden Morgen die *Zeitung*. 私は毎朝新聞を読む / 圏[4] aus der *Zeitung* erfahren 圏[4]を新聞で知る / eine Anzeige[4] in die *Zeitung* setzen 広告を新聞に掲載する / Das habe ich in der *Zeitung* gelesen. それを私は新聞で読んだ / In der *Zeitung* steht, dass…. …と新聞に出ている.

② 新聞社. ③ (古)(事件などの)知らせ.

《メモ》..zeitung のいろいろ: Abendzeitung 夕刊 / Lokalzeitung ローカル新聞 / Morgenzeitung 朝刊 / Sonntagszeitung 日曜新聞 / Sportzeitung スポーツ新聞 / Tageszeitung 日刊新聞 / Wandzeitung 壁新聞 / Wochenzeitung 週刊新聞

Zei·tungs≠an·zei·ge [ツァイトゥングス・アンツァイゲ] 女 -/-n 新聞広告.

Zei·tungs≠ar·ti·kel [ツァイトゥングス・アルティーケる] 男 -s/- 新聞記事.

Zei·tungs≠aus·schnitt [ツァイトゥングス・アオスシュニット] 男 -[e]s/-e 新聞の切り抜き.

Zei·tungs≠en·te [ツァイトゥングス・エンテ] 女 -/-n 《口語》新聞の誤報.

Zei·tungs≠ki·osk [ツァイトゥングス・キーオスク] 男 -[e]s/-e (街頭の)新聞売店.

Zei·tungs≠no·tiz [ツァイトゥングス・ノティーツ] 女 -/-en 新聞の小記事, 雑報.

Zei·tungs≠pa·pier [ツァイトゥングス・パピーァ] 中 -s/ ① (用済みの)新聞紙, 古新聞紙. 圏[4] in *Zeitungspapier* ein|wickeln 圏[4]を新聞紙に包む. ② 新聞用紙.

Zei·tungs≠ver·käu·fer [ツァイトゥングス・ふェアコイふァァ] 男 -s/- (街頭などの)新聞売り[子]. (女性形: -in).

Zei·tungs·we·sen [ツァイトゥングス・ヴェーゼン] 田 -s/ 新聞業界, ジャーナリズム.

Zeit⹀un·ter·schied [ツァイト・ウンタァシート] 男 -(e)s/-e 時差; 時間差.

Zeit⹀ver·geu·dung [ツァイト・フェアゴイドゥング] 女 -/ 時間の浪費 (=Zeitverschwendung).

Zeit⹀ver·lust [ツァイト・フェアるスト] 男 -(e)s/ 時間の損失. den *Zeitverlust* auf|holen 時間のロスを取り戻す.

Zeit⹀ver·schwen·dung [ツァイト・フェアシュヴェンドゥング] 女 -/ 時間の浪費.

Zeit⹀ver·treib [ツァイト・フェアトライプ] 男 -(e)s/-e 《ふつう 単》 暇つぶし, 気晴らし. nur **zum** *Zeitvertreib* ただ暇つぶしに.

zeit⹀wei·lig [ツァイト・ヴァイりヒ] 形 ① 一時的な, 当分の間の. ② ときどきの.

zeit⹀wei·se [ツァイト・ヴァイゼ] 副 ① ときどき. ② 一時的に, しばらくの間.

Zeit⹀wort [ツァイト・ヴォルト] 田 -(e)s/..wörter 《言》動詞 (=Verb).

Zeit⹀zei·chen [ツァイト・ツァイヒェン] 田 -s/- (ラジオなどの)時報.

Zeit⹀zün·der [ツァイト・ツュンダァ] 男 -s/- (爆弾などの)時限信管.

ze·le·brie·ren [ツェれブリーレン tselebríːrən] 他 (h) ① (ミサ⁴を)挙行する. ② (会食など⁴を)儀式ばって大げさに行う.

die **Zel·le** [ツェれ tsélə] 女 (単) -/(複) -n 《医 cell》 ① (隔離された)小部屋, (修道院の)独居室; (刑務所の)監房. ② 電話ボックス (=Telefon*zelle*); (プールの)更衣室 (=Bade*zelle*). ③ (蜂の)巣穴, 鳥の巣房. ④ 《電》電池; 《コンピュ》セル. ⑤ 《生》細胞; 《社》(政治)組織の細胞. Die *Zellen* teilen sich. 細胞が分裂する. ⑥ (飛行機の)胴体.

Zell⹀ge·we·be [ツェる・ゲヴェーベ] 田 -s/- 《生》細胞組織.

Zell⹀kern [ツェる・ケルン] 男 -(e)s/-e 《生》細胞核.

Zel·lo·phan [ツェろふァーン tsɛlofáːn] 田 -s/ 《商標》セロハン.

Zell⹀stoff [ツェる・シュトふ] 男 -(e)s/-e 《化》セルロース, 繊維素; パルプ.

Zel·lu·loid [ツェるろイト tsɛluloýt または ..lóiːt] 田 -(e)s/ ① セルロイド. ② 《隠語》(写真の)フィルム.

Zel·lu·lo·se [ツェるローゼ tsɛluló:zə] 女 -/(種類:) -n 《化》セルロース, 繊維素.

Zell⹀wand [ツェる・ヴァント] 女 -/..wände 《生》細胞壁.

Zell⹀wol·le [ツェる・ヴォれ] 女 -/-n 《織》ステーブルファイバー(化学繊維の一種).

das **Zelt** [ツェるト tsélt] 田 (単) -es (まれに -s)/(複) -e (3格のみ -en) テント, 天幕. 《英 tent》. Camping*zelt* キャンプ用テント / ein *Zelt*⁴ auf|brechen (ab|brechen) テントを張る(たたむ) / **in einem** *Zelt* schlafen テントの中で寝る / die *Zelte*⁴ auf|schlagen (ab|bre-chen) 《戯》居を定める(住居を引き払う).

Zelt⹀bahn [ツェるト・バーン] 女 -/-en テント用布地, 防水シート.

Zelt⹀dach [ツェるト・ダッハ] 田 -(e)s/..dächer ① 《建》ピラミッド形屋根, 方形屋根. (🖙 Dach 図). ② テント張りの屋根.

zel·ten [ツェるテン tséltən] 自 (h) テントに泊る, (テントを張って)キャンプする; テントで暮らす.

Zelt⹀la·ger [ツェるト・らーガァ] 田 -s/- (テントを設営した)野営地.

Zelt⹀pflock [ツェるト・プふロック] 男 -(e)s/..pflöcke テントのくい, ペグ.

Zelt⹀platz [ツェるト・プらッツ] 男 -es/..plätze キャンプ場.

Zelt⹀stan·ge [ツェるト・シュタンゲ] 女 -/-n テントの支柱.

Ze·ment [ツェメント tsemént] **I** 男 -(e)s/(種類:) -e セメント; 歯科用セメント. **II** 田 -(e)s/-e 《医》歯のセメント質.

ze·men·tie·ren [ツェメンティーレン tsɛmɛntíːrən] 他 (h) ① セメント(コンクリート)で固める, (物⁴に)セメントを塗る. ② 《比》(状態・立場など⁴を)固定化する.

Ze·nit [ツェニート tseníːt] 男 -(e)s/ ① 《天》天頂. Die Sonne steht **im** *Zenit*. 太陽は天頂にある. ② 《比》頂点, 絶頂. Er steht **im** *Zenit* seines Lebens. 彼は人生の盛りにある.

zen·sie·ren [ツェンズィーレン tsenzí:rən] 他 (h) ① (物⁴に)評点をつける. den Aufsatz **mit** „gut" *zensieren* 作文に「優」の評点をつける. ② (映画・出版物など⁴を)検閲する.

Zen·sor [ツェンゾァ tsénzor] 男 -s/-en [..ゾーレン] (出版物・興行などの)検閲官. (女性形: -in).

die **Zen·sur** [ツェンズーァ tsenzúːr] 女 (単) -/(複) -en ① (学校での)評点, 成績. 《英 mark》. 《人》³ eine schlechte *Zensur*⁴ geben 《人》³に悪い点を与える / Ich habe eine gute *Zensur* **in** Deutsch bekommen. 私はドイツ語でいい成績をもらった. ② 《複なし》検閲; 検閲局.

Zen·taur [ツェンタオァ tsɛntáʊər] 男 -en/-en 《ギリ神》ケンタウロス(人頭馬身の怪物).

Zen·ti.. [ツェンティ.. tsenti.. または ツェンティ..] 《単位を表す名詞につける接頭》(100分の1)例: *Zenti*meter センチメートル.

der (*das*) **Zen·ti·me·ter** [ツェンティ・メータァ tsénti-meːtər または ..メータァ] 男 田 (単2) -s/(複) - (3格のみ -n) センチメートル (記号: cm). 《英 centimeter》. Der Stab ist 20 *Zentimeter* lang. この棒は長さが20センチある.

Zent·ner [ツェントナァ tséntnər] 男 -s/- ツェントナー(重さの単位. ドイツでは50 kg; 略: Ztr., スイス・オーストリアでは100 kg; 略: q). 2 *Zentner* Weizen 2 ツェントナーの小麦.

Zent·ner⹀last [ツェントナァ・らスト] 女 -/-en 1 ツェントナー(数ツェントナー)の荷; 《比》(精神的な)重荷.

zent·ner⹀schwer [ツェントナァ・シュヴェーァ]

形 1 ツェントナーの(数ツェントナーの)重さの; 《比》(精神的に)非常に重大.

zen･tral [ツェントラーる tsɛntráːl] 形 ① (場所などが)中心の, 中心部の. 《英 central》. ein Hotel in zentraler Lage (町の)中心地にあるホテル. ② (役目・意義が)中心的な, 重要な, 主要な. Er ist eine zentrale Figur in diesem Drama. 彼はこのドラマの中心人物だ. ③ (組織・制御系などの)中央からの, 中枢の. das zentrale Nervensystem 《医》中枢神経系.

Zen･tral.. [ツェントラーる.. tsɛntráːl..] 《名詞につける 腰頭》《中央・中心》例: Zentralheizung セントラルヒーティング.

Zen･tra･le [ツェントラーれ tsɛntráːlə] 囡 -/-n ① (大きな組織の)本部, 本局, 本社, 本店. ② 管理センター, 司令室. ③ 《数》中心線.

Zen･tral═hei･zung [ツェントラーる・ハイツング] 囡 -/-en セントラルヒーティング, 集中暖房.

zen･tra･li･sie･ren [ツェントラリズィーレン tsɛntralizíːrən] 他 (h) (政治・経済など4を)中央集権化する.

Zen･tra･li･sie･rung [ツェントラリズィールング] 囡 -/-en ① (権力などの)集中化. ②《政》中央集権[化].

Zen･tra･lis･mus [ツェントラリスムス tsɛntralísmʊs] 男 -/ 《政》中央集権制(主義).

Zen･tral═ner･ven･sys･tem [ツェントラーる・ネルヴェンズュステーム] 中 -s/-e 《医・動》中枢神経系.

Zen･tren [ツェントレン] *Zentrum (中心)の 複

zen･trie･ren [ツェントリーレン tsɛntríːrən] 他 (h) ①《A4 um B4 ~》(A4 を B4 を中心にして)配置する. ②《工》中心点(軸)に合わせる.

zen･tri･fu･gal [ツェントリ・ふガーる tsɛntrifugáːl] 形《物》遠心的な, 遠心[力]の; 《生医》遠心性の. 《⇔「求心的な」は zentripetal》.

Zen･tri･fu･gal═kraft [ツェントリふガーる・クラふト] 囡 -/..kräfte 《物》遠心力. 《⇔「求心力」は Zentripetalkraft》.

Zen･tri･fu･ge [ツェントリ・ふーゲ tsɛntrifúːgə] 囡 -/-n 遠心分離機.

zen･tri･fu･gie･ren [ツェントリ・ふギーレン tsɛntrifugíːrən] 他 (h) 遠心分離機にかける.

zen･tri･pe･tal [ツェントリ・ペターる tsɛntripetáːl] 形《物》求心的な, 求心[力]の; 《生医》求心性の. 《⇔「遠心的な」は zentrifugal》.

Zen･tri･pe･tal═kraft [ツェントリペターる・クラふト] 囡 -/..kräfte 《物》求心力. 《⇔「遠心力」は Zentrifugalkraft》.

zen･trisch [ツェントリッシュ tsɛntrɪʃ] 形 中央(中心)の; 中央(中心)にある.

* das **Zen･trum** [ツェントルム tsɛntrʊm] 中 (単2) -s/(複) Zentren 《⇔ center》 ① 中心, 中心点(地), 中央[部]. ein kulturelles Zentrum 文化の中心地 / das Zentrum eines Kreises 円の中心点 / Im Zentrum des Platzes steht ein Denkmal. 広場の真ん中に記念碑が立っている / im Zentrum des Interesses stehen 《比》(人々の)関心の的である. ② (施設・機関などの)センター. ein Zentrum für Gentechnologie 遺伝子工学センター.

〈合〉..zentrum のいろいろ: **Einkaufszentrum** ショッピングセンター / **Freizeitzentrum** レクリエーションセンター / **Jugendzentrum** 青少年センター / **Pressezentrum** プレスセンター / **Rechenzentrum** 計算機センター / **Sportzentrum** スポーツセンター / **Stadtzentrum** 市(町)の中心部

Zep･pe･lin [ツェッペリーン tsépəliːn] 男 -s/-e (昔の:)ツェッペリン飛行船 (ドイツの飛行船発明家 Zeppelin 1838–1917 の名から).

Zep･ter [ツェプタァ tséptɐ] 田 男 -s/- 王笏 (ホロ)(王位・王権の象徴). das Zepter4 führen (または schwingen)《戯》君臨する, 支配する.

zer.. [ツェァ.. tsɛr..] 《非分離動詞の 前つづり》アクセントをもたない》《分離・解体・散乱・破壊》例: zerbrechen 壊す / zerkleinern 小さく砕く.

zer･bei･ßen* [ツェァ・バイセン tsɛr-báɪsən] 他 (h) ① かみ砕く. ② (昆虫が)あちこち刺す.

zer･ber･sten* [ツェァ・ベルステン tsɛr-bérstən] 自 (s) こなごなになる(割れる, 砕ける). **vor Wut fast zerbersten**《比》怒りで胸が張り裂けそうだ.

zer･bom･ben [ツェァ・ボンベン tsɛr-bómbən] 他 (h) (建物など4を)爆撃で破壊する.

zer･brach [ツェァ・ブラーハ] zerbrechen (割る)の 過去

zer･bre･chen* [ツェァ・ブレッヒェン tsɛr-bréçən] du zerbrichst, er zerbricht (zerbrach, hat/ist ... zerbrochen) I 他 《完了》haben》(こなごなに)割る, 砕く, 壊す. 《英 break》. Er hat die Tasse zerbrochen. 彼はカップを割った / sich3 über 《人・事》4 den Kopf zerbrechen《比》《人・事》4のことで頭を痛める.

II 自 《完了》sein》(こなごなに)割れる, 砕ける, 壊れる. Diese Gläser zerbrechen leicht. このグラスは割れやすい / Seine Hoffnung zerbrach. 《比》彼の希望は打ち砕かれた / Er ist am Leben zerbrochen.『現在完了』《雅・比》彼は人生に挫折(ホウ)した. ◇[過去分詞の形で] ein zerbrochenes Glas 割れたグラス.

zer･brech･lich [ツェァ・ブレヒリヒ] 形 ① 壊れやすい, もろい. ②《雅》弱々しい, きゃしゃな.

zer･brich [ツェァ・ブリヒ] zerbrechen (割る)の du に対する 命令

zer･brichst [ツェァ・ブリヒスト] zerbrechen (割る)の 2 人称親称単数 現在

zer･bricht [ツェァ・ブリヒト] zerbrechen (割る)の 3 人称単数 現在

zer･bro･chen [ツェァ・ブロッヘン] zerbrechen (割る)の 過分

zer･brö･ckeln [ツェァ・ブレッケるン tsɛr-brǿkəln] I 自 (s) 細かく砕ける, (壁などが)ぼろぼろに崩れる. II 他 (h) (パンなど4を)細かくちぎる.

zer･drü･cken [ツェァ・ドリュッケン tsɛr-drýkən] 他 (h) ① (じゃがいもなど4を)押しつぶす; (たばこ4を)もみ消す, (蚊など4を)つぶす. ②《口語》(衣服など4を)押しつけて)しわくちゃにする.

ze·re·bral [ツェ레ブラーる tserebrá:l] 形 ① 《医》大脳の, 脳の. ② 《言》反転音の, そり舌音の.

Ze·re·mo·nie [ツェレモニー tseremoní: または ..モーニエ ..móːni̯ə] 女 –/–n [..モーニエ または ..モーニエン] 儀式, 式典, セレモニー. eine kirchliche *Zeremonie* 教会の儀式.

ze·re·mo·ni·ell [ツェレモニエる tseremoni̯él] 形 儀式の, 礼式にかなった(歓迎など), 儀礼的な.

Ze·re·mo·ni·ell [ツェレモニエる] 中 –s/–e (総称として:)儀式, 儀礼; 式典次第. ein diplomatisches *Zeremoniell* 外交礼式.

ze·re·mo·ni·ös [ツェレモニエース tseremoni̯ǿːs] 形 儀式ばった, 堅苦しい.

zer·fah·ren [ツェア・ふァーレン tsɛr-fáːrən] 形 ① 注意力散漫な; 放心した. ② 車の通行で傷んだ(道路など).

Zer·fah·ren·heit [ツェア・ふァーレンハイト] 女 –/ 注意力散漫; 放心.

Zer·fall [ツェア・ふァる tsɛr-fál] 男 –[e]s/..fälle ① 〖複 なし〗崩壊, 解体; (文明などの)滅亡. der *Zerfall* des Römischen Reiches ローマ帝国の滅亡. ② 《物》(原子核などの)崩壊.

zer·fal·len[1]* [ツェア・ふァれン tsɛr-fálən] du zerfällst, er zerfällt (zerfiel, *ist* ... zerfallen) 自 (完了 sein) ① 崩壊する, 崩れる. (変 *collapse*). Das Gebäude *zerfällt*. 建物が崩れ落ちる / in (または zu) Asche *zerfallen* 灰燼(ぢん)に帰する / eine Tablette⁴ in Wasser *zerfallen lassen* 錠剤を水に溶かす. ◇〖現在分詞の形で〗*zerfallende* Mauern 崩れかけた壁. ② (国家・文明などが)滅亡する. ③《物》(原子核が)崩壊する. ④ 〖in 物⁴ ～〗(物⁴に)分かれる. Das Buch *zerfällt* in drei Teile. この本は3部から成っている.

zer·fal·len[2] [ツェア・ふァれン] Ⅰ zerfallen[1](崩壊する)の 過分 Ⅱ 形 不和の. mit 人³ *zerfallen* sein (人³と)仲たがいしている / mit sich³ selbst *zerfallen* sein 自分自身がいやになった.

Zer·falls⹀pro·dukt [ツェアふァるス・プロドゥクト] 中 –[e]s/–e 《物》(原子核の)崩壊生成物.

zer·fällst [ツェア・ふェるスト] zerfallen[1] (崩壊する)の 2 人称親称単数 現在

zer·fällt [ツェア・ふェるト] zerfallen[1] (崩壊する)の 3 人称単数 現在

zer·fet·zen [ツェア・ふェッツェン tsɛr-fétsən] 他 (h) ① (手紙・新聞など⁴を)ずたずたに破る(引き裂く). ②《比》酷評する, こきおろす.

zer·fiel [ツェア・ふィーる] zerfallen[1] (崩壊する)の 過去

zer·fled·dern [ツェア・ふれッダァン tsɛr-flédərn] 他 (h) (使い古して本・ノートなど⁴の)縁をぼろぼろにする.

zer·fled·dert [ツェア・ふれッダァト] Ⅰ zerfleddern (縁をぼろぼろにする)の 過分 Ⅱ 形 使ってぼろぼろになった(本・ノートなど).

zer·flei·schen [ツェア・ふらイシェン tsɛr-fláiʃən] Ⅰ 他 (h) (獲物など⁴を)食い裂く. Ⅱ 再帰 (h) *sich*⁴ *zerfleischen* 《雅》わが身を責める.

zer·flie·ßen* [ツェア・ふりーセン tsɛr-flíːsən] 自 (s) ① (バター・氷などが)溶ける. Der Schnee *ist* in der Sonne *zerflossen*. 〖現在完了〗雪が日に当たって溶け去った / in Tränen *zerfließen* 《比》泣き崩れる. ② (インクなどが)にじむ.

zer·fres·sen* [ツェア・ふレッセン tsɛr-frésən] 他 (h) ① (害虫が)食い破る. ② (鉄などが⁴を)腐食する; 《比》(ある感情が)苦しめる, さいなむ.

zer·furcht [ツェア・ふルヒト tsɛr-fúrçt] 形 しわの刻まれた, しわだらけの(顔など).

zer·ge·hen* [ツェア・ゲーエン tsɛr-gə́ːən] 自 (s) (氷などが)溶ける, 溶解する. 〖人³〗auf der Zunge *zergehen* (肉などが)〖人³の〗舌の上でとろける.

zer·glie·dern [ツェア・グリーダァン tsɛr-glíːdərn] 他 (h) ① 解剖する. ② 分析する.

Zer·glie·de·rung [ツェア・グリーデルング] 女 –/–en 解剖; 分析.

zer·ha·cken [ツェア・ハッケン tsɛr-hákən] 他 (h) (肉・材木など⁴を)細かく切る, 切り刻む.

zer·hau·en* [ツェア・ハオエン tsɛr-háuən] 他 (h) (斧(ホ)などで)打ち砕く, たたき切る.

zer·kau·en [ツェア・カオエン tsɛr-káuən] 他 (h) (食べ物⁴を)かみ砕く, かみつぶす.

zer·klei·nern [ツェア・くらイナァン tsɛr-kláinərn] 他 (h) 小さく砕く, 細かく切り刻む.

zer·klüf·tet [ツェア・クリュふテット tsɛr-klýftət] 形 割れ目(裂け目)の多い(岩など).

zer·knirscht [ツェア・クニルシュト tsɛr-knírʃt] 形 心から罪を悔いている, 深く後悔している.

Zer·knir·schung [ツェア・クニルシュング] 女 –/ 深く罪を悔いていること, 後悔の念.

zer·knit·tern [ツェア・クニッタァン tsɛr-knítərn] 他 (h) (衣服・紙など⁴を)しわくちゃ(くしゃくしゃ)にする.

zer·knit·tert [ツェア・クニッタァト] Ⅰ zerknittern (しわくちゃにする)の 過分 Ⅱ 形 しわくちゃ(くしゃくしゃ)になった. ein *zerknittertes* Gesicht しわだらけの顔.

zer·knül·len [ツェア・クニュれン tsɛr-knýlən] 他 (h) (紙など⁴を)くしゃくしゃに丸める.

zer·ko·chen [ツェア・コッヘン tsɛr-kɔ́xən] Ⅰ 他 (h) どろどろになるまで煮る. Ⅱ 自 (s) 煮えすぎてどろどろになる, 煮崩れる.

zer·krat·zen [ツェア・クラッツェン tsɛr-krátsən] 他 (h) (物⁴を)ひっかいて傷だらけにする. 〖人³ (sich³) die Hand⁴ *zerkratzen* 〗人³の(自分の)手をひっかいて傷だらけにする.

zer·krü·meln [ツェア・クリューメるン tsɛr-krýːməln] Ⅰ 他 (h) (パンなど⁴を指で)ぼろぼろに砕く. Ⅱ 自 (s) ぼろぼろに砕ける.

zer·las·sen* [ツェア・らッセン tsɛr-lásən] 他 (h)《料理》(バターなど⁴を)溶かす.

zer·leg·bar [ツェア・れークバール] 形 解体(分解)できる. ein *zerlegbares* Kinderbett 組立式の子供用ベッド.

zer·le·gen [ツェア・れーゲン tsɛr-léːgən] 他 (h) ① (機械など⁴を)分解する, (家具など⁴を)

Zerlegung

解体する．eine Uhr⁴ *zerlegen* 時計を分解する．② (動物⁴を)解体する；(料理した肉など⁴を)切り分ける．③《言》(文⁴を)分析する．

Zer·le·gung [ツェア・レーグング] 囡 -/-en 分解,解体；《言》(文の)分析．

zer·le·sen* [ツェア・レーゼン tsɛr-léːzən] 他 (h) (本など⁴を)何度も読んでぼろぼろにする．◇ 〖過去分詞の形で〗ein *zerlesenes* Buch (何度も読んで)ぼろぼろになった本．

zer·lö·chert [ツェア・れッヒァァト tsɛr-lǿçɐrt] 形 穴だらけの．

zer·lumpt [ツェア・るンプト tsɛr-lúmpt] 形 ぼろぼろの(衣服など)；ぼろぼろの服を着た．

zer·mah·len [ツェア・マーれン tsɛr-máːlən] 他 (h) (穀物⁴を)ひいて粉にする．

zer·mal·men [ツェア・マるメン tsɛr-málmən] 他 (h) (物⁴を)押しつぶす, 粉砕する；《比》(人⁴を)精神的に打ちのめす．

zer·mar·tern [ツェア・マルタァン tsɛr-mártɐrn] 他 (h) 〖成句的に〗sich³ **über** 囲⁴ den Kopf (または das Hirn⁴) *zermartern* 囲⁴で頭を悩ます．

Zer·matt [ツェルマット tsɛrmát] 囲 -s/ 〖地名〗ツェルマット(スイス南部, マッターホルンの登山口にある保養地：☞ 地図 C-5).

zer·mür·ben [ツェア・ミュルベン tsɛr-mýrbən] 他 (h) (心痛などが人⁴を)へとへとに疲れさせる, 消耗させる．

zer·na·gen [ツェア・ナーゲン tsɛr-náːgən] 他 (h) (ねずみなどが物⁴を)かじって壊す(破る).

zer·pflü·cken [ツェア・プふリュッケン tsɛr-pflýkən] 他 (h) ① (花びらなど⁴を)細かくちぎる, ばらばらにむしり取る．② 《比》(作品など⁴に)いちいちけちをつける．

zer·plat·zen [ツェア・プらッツェン tsɛr-plátsən] 自 (s) (風船・タイヤなどが)破裂する．**vor** Wut (Lachen) *zerplatzen* 《比》怒りを爆発させる(わっと笑いだす)．

zer·quet·schen [ツェア・クヴェッチェン tsɛr-kvétʃən] 他 (h) (果実・虫など⁴を)押しつぶす．

Zerr⹀bild [ツェル・ビるト] 囲 -[e]s/-er 戯画, 風刺画, カリカチュア．

zer·rei·ben* [ツェア・ライベン tsɛr-ráibən] 他 (h) すって粉にする, すりつぶす(砕く)；《比》(敵など⁴を)全滅させる．◇ 〖再帰的に〗*sich*⁴ *zerreiben* 《比》心身をすり減らす．

zer·rei·ßen* [ツェア・ライセン tsɛr-ráisən] du zerreißt (zerriss, hat/ist ... zerrissen) I 他 (完了 haben) ① 引き裂く, 引きちぎる．(英 tear up). einen Brief *zerreißen* 手紙をずたずたに引き裂く / Der Anblick *zerriss* mir fast das Herz. 《比》それを見て私の胸は引き裂かれる思いだった / Ich *könnte* ihn *zerreißen*. 〖接2·現在〗《口語》あいつをずたずたに引き裂いてやりたい / Ein Donnerschlag *zerriss* die Stille. 《比》雷鳴が静けさを打ち破った．◇ 〖再帰的に〗Ich *kann mich doch nicht zerreißen*. 《俗·戯》一度にあれもこれもはできないよ(←わが身を引き裂くことはできない) / *sich*⁴ für 人⁴ *zerreißen* 《口語》人⁴のために骨を折る．

② (服など⁴に)かぎ裂きをつくる．Ich *habe* mir den Strumpf *zerrissen*. 私はストッキングに伝線をつくった．

II 自 (完了 sein) (紙・布などが)裂ける, ちぎれる；(靴下などが)破れる, 穴があく．Der Stoff *zerreißt* leicht. その布地は破れやすい．

◇ ☞ **zerrissen**

Zer·reiß⹀pro·be [ツェアライス・プローベ] 囡 -/-n ①《工》引っ張り試験, 破断試験．②《比》厳しい試練．

zer·ren [ツェレン tsérən] (zerrte, hat ... gezerrt) I 他 (完了 haben) ①〖方向を表す語句とともに〗(人・物⁴を…へ/…から)引っぱる, (強引に)引きずる．(英 *pull, drag*). (人⁴ **aus** dem Bett zerren 人⁴をベッドから引きずり出す / 人⁴ **in** den Wagen zerren 人⁴を車の中に引きずり込む / 人⁴ **vor** Gericht zerren 《比》人⁴を法廷に引きずり出す．② 〖成句的に〗sich³ einen Muskel zerren 筋を違える．

II 自 (完了 haben) 〖**an** 人·物³ ~〗(人·物³を)ぐいぐい引っぱる．Der Hund *zerrt* **an** der Leine. 犬が綱をぐいぐい引っ張る．

zer·rin·nen* [ツェア・リンネン tsɛr-rínən] 自 (s)《雅》(雪などが)だんだん溶けて行く；《比》(希望などが)消え失せる．

zer·riss [ツェア・リス] zerreißen (引き裂く)の 過去

zer·ris·sen [ツェア・リッセン] I zerreißen (引き裂く)の 過去分 II 形 引き裂かれた, ぼろぼろの；《比》(心が)千々に乱れた．

Zer·ris·sen·heit [ツェア・リッセンハイト] 囡 -/ (精神的な)分裂状態．

Zerr⹀spie·gel [ツェル・シュピーゲる tsérʃpiːgəl] 男 -s/- (像をゆがめる)マジックミラー．

zerr·te [ツェルテ] zerren (引っぱる)の 過去

Zer·rung [ツェルング] 囡 -/-en ①《医》(筋肉・けんなどの過度の)伸張；裂創．②《地学》曳裂(えきれつ)．

zer·rüt·ten [ツェア・リュッテン tsɛr-rýtən] 他 (h) ① (健康など⁴を)ひどくそこねる, 害する, (精神⁴を)傷つける, 衰弱させる, (人⁴を)打ちのめす．② (家庭・財政⁴などを)破綻(だん)させる, めちゃめちゃにする．

zer·rüt·tet [ツェア・リュッテット] I zerrütten (ひどくそこねる)の 過去分 II 形 ひどくそこなわれた(健康など)；破綻(だん)した(生活など). eine *zerrüttete* Ehe 破綻した結婚生活．

Zer·rüt·tung [ツェア・リュットゥング] 囡 -/-en (肉体・精神の)痛手, 衰弱．

zer·schel·len [ツェア・シェれン tsɛr-ʃélən] 自 (s) (ぶつかって)砕ける, こなごなになる．Das Schiff *ist* **an** einem Riff *zerschellt*. 〖現在完了〗船は暗礁に乗り上げてこっぱみじんになった．

zer·schla·gen¹* [ツェア・シュらーゲン tsɛr-ʃláːgən] du zerschlägst, er zerschlägt (zerschlug, hat ... zerschlagen) I 他 (完了 haben) ① (こなごなに)打ち砕く, 割る, 壊す．(英 *smash*). einen Spiegel *zerschlagen* 鏡を打ち砕く．②《比》(人·物⁴を)撃滅する, 壊滅する．

den Feind *zerschlagen* 敵を撃滅する.
II 再帰 (完了) haben) *sich*[4] *zerschlagen* (計画・希望などが)つぶれる, だめになる. Meine Hoffnungen *haben sich zerschlagen*. 私の希望は水の泡となった.

zer·schla·gen[2] [ツェァ・シュラーゲン] **I** *zerschlagen*[1] (打ち砕く)の 過分 **II** 形 精根尽き果てた, 疲れきった.

zer·schlägst [ツェァ・シュレークスト] *zerschlagen*[1] (打ち砕く)の 2 人称親称単数 現在

zer·schlägt [ツェァ・シュレークト] *zerschlagen*[1] (打ち砕く)の 3 人称単数 現在

zer·schlug [ツェァ・シュるーク] *zerschlagen*[1] (打ち砕く)の 過去

zer·schmet·tern [ツェァ・シュメッタァン tsɛr-ʃmétərn] 他 (h) 打ち砕く, こなごなに壊す.

zer·schnei·den* [ツェァ・シュナイデン tsɛr-ʃnáɪdən] 他 (h) ① (ケーキなど[4]を)いくつかに(二つに)切る, 切断する. ② (ガラスの破片などが手など[4]に)切り傷をつける.

zer·set·zen [ツェァ・ゼッツェン tsɛr-zétsən] 他 (h) ① (物質[4]を)分解する; 腐敗させる. Die Säure *zersetzt das Metall*. 酸は金属を腐食する. ◇再帰的に *sich*[4] *zersetzen* (物質が)分解する. ② (比) (秩序など[4]を)崩壊させる, 退廃させる.

Zer·set·zung [ツェァ・ゼッツング] 女 -/-en 分解, 腐食; 退廃.

zer·spal·ten(*) [ツェァ・シュパるテン tsɛr-ʃpáltən] **I** 他 (h) (二つに・細かく)裂く, 割る. **II** 再帰 (h) *sich*[4] *zerspalten* 割れる, 分裂する.

zer·split·tern [ツェァ・シュプりッタァン tsɛr-ʃplítərn] **I** 他 (h) こなごなに砕く, ずたずたに裂く; 《比》 (力・時間[4]を)分散させる. ◇再帰的に *sich*[4] *zersplittern* 《比》あまりに多くのことに手を出す. **II** 自 (s) 粉みじんになる; 《比》分裂する

Zer·split·te·rung [ツェァ・シュプりッテルング] 女 -/-en 粉砕; 分散.

zer·sprang [ツェァ・シュプラング] *zerspringen* (こなごなに砕ける)の 過去

zer·spren·gen [ツェァ・シュプレンゲン tsɛr-ʃpréŋən] 他 (h) ① 爆破する, 破裂させる. ② (群衆・敵など[4]を)追い散らす.

zer·sprin·gen* [ツェァ・シュプリンゲン tsɛr-ʃprínən] (*zersprang*, *ist ... zersprungen*) 自 (完了) sein) ① (ガラス・陶器などが)**こなごなに砕ける**(割れる). 《比》 (頭・胸が)張り裂ける. (英) *shatter*). Ein Glas *zerspringt in Stücke*. コップがこなごなに砕ける / Das Herz *will ihm vor Freude zerspringen*. 《雅》喜びのあまり彼の胸は張り裂けそうだ. ② 《雅》 (弦などが)ぷつんと切れる.

zer·sprun·gen [ツェァ・シュプルンゲン] *zerspringen* (こなごなに砕ける)の 過分

zer·stamp·fen [ツェァ・シュタンプフェン tsɛr-ʃtámpfən] 他 (h) ① (芝生など[4]を)踏み荒らす. ② (じゃがいもなど[4]を)つぶす.

zer·stäu·ben [ツェァ・シュトイベン tsɛr-ʃtóɪbən] 他 (h) (香水・殺虫剤など[4]を)噴霧する, スプレーする.

Zer·stäu·ber [ツェァ・シュトイバァ tsɛr-ʃtóɪbər] 男 -s/- 噴霧器, 霧吹き, スプレー.

zer·stie·ben(*) [ツェァ・シュティーベン tsɛr-ʃtíːbən] 自 (s) 《雅》(火花・しぶきなどが)飛び散る; 《比》(群衆などが)自然の散り散りになる.

***zer·stö·ren** [ツェァ・シュテーレン tsɛr-ʃtǿːrən] (*zerstörte*, *hat ... zerstört*) 他 (完了) haben) (英 *destroy*) ① **破壊する**, 打ち壊す. ein Gebäude[4] *zerstören* 建物を破壊する / Die Stadt *wurde durch Bomben zerstört*. 《受動・過去》 その町は爆弾で破壊された / die Natur[4] *zerstören* 自然を破壊する.
② (幸福・希望など[4]を)だいなしにする, めちゃめちゃにする. Der Alkohol *hat sein Leben zerstört*. 酒が彼の人生をだいなしにした.

Zer·stö·rer [ツェァ・シュテーラァ tsɛr-ʃtǿːrər] 男 -s/- ① 破壊者. (女性形: -in). ② 《軍》駆逐艦.

zer·stö·re·risch [ツェァ・シュテーレリッシュ] 形 破壊的な(など).

zer·stört [ツェァ・シュテーァト] *zerstören (破壊する)の 過分, 3 人称親称単数・2 人称親称複数 現在

zer·stör·te [ツェァ・シュテーァテ] *zerstören (破壊する)の 過去

Zer·stö·rung [ツェァ・シュテールング] 女 -/-en 破壊; 破滅.

zer·sto·ßen* [ツェァ・シュトーセン tsɛr-ʃtóːsən] 他 (h) (穀粒など[4]を)突き砕く.

zer·streu·en [ツェァ・シュトロイエン tsɛr-ʃtróɪən] (*zerstreute*, *hat ... zerstreut*) **I** 他 (完了) haben) (英 *scatter*) ① **まき散らす**, 分散させる; (群衆など[4]を)追い散らす. Der Wind *zerstreut die Blätter*. 風が木の葉を吹き散らす. ② (光)(光など[4]を)拡散させる. ③ (人[4]の)気をまぎらす. ◇再帰的に *sich*[4] *zerstreuen* 気晴らしをする ⇒ *sich*[4] **beim Fernsehen** *zerstreuen* 気晴らしにテレビを見る. ④ (心配・疑いなど[4]を)吹き飛ばす, 晴らす.
II 再帰 (完了) haben) *sich*[4] *zerstreuen* (群衆などが)散って行く, 散り散りになる. Die Menge *zerstreute sich langsam*. 群衆がしだいに散り散りになった.

zer·streut [ツェァ・シュトロイト] **I** *zerstreuen* (まき散らす)の 過分, 3 人称親称単数・2 人称親称複数 現在 **II** 形 (注意力が)散漫な, ぼんやりした. Er antwortete *zerstreut*. 彼はうわの空で返事した.

zer·streu·te [ツェァ・シュトロイテ] *zerstreuen* (まき散らす)の 過去

Zer·streut·heit [ツェァ・シュトロイトハイト] 女 -/ (注意力の)散漫, 不注意.

die **Zer·streu·ung** [ツェァ・シュトロイウング tsɛr-ʃtróɪʊŋ] 女 (単) -/(複) -en ① **気晴らし**, 気分転換. (英 *diversion*). *Zerstreuung*[4] **in** *ihm*[3] *suchen* 囲うに気晴らしを求める. ② (圏 なし)(群集などを)追い散らすこと; (嫌疑などを)除去すること. ③ (圏 なし)(注意力の)散

zer·stü·ckeln [ツェァ・シュテュッケルン tsɛrˈʃtʏkəln] 他 (h) (肉など⁴を)細かく切る, 切り刻む; (土地など⁴を)細かく分割する.

Zer·stü·cke·lung [ツェァ・シュテュッケルング] 女 –/–en 細かく切る(刻む)こと; (土地の)細分[化].

zer·tei·len [ツェァ・タイレン tsɛrˈtailən] I 他 (h)[切り]分ける, 分割する. einen Braten *zerteilen* 焼肉を切り分ける. II 再帰 (h) sich⁴ *zerteilen* (霧が)晴れ始める, (雲が)切れる.

Zer·ti·fi·kat [ツェルティフィカート tsɛrtifikáːt] 中 –(e)s/–e ① (試験などの)修了証書, [合格]認定証. ② (公式の)証明書. ③ 経 投資証券.

zer·ti·fi·zie·ren [ツェルティフィツィーレン tsɛrtifitsíːrən] 他 (h) (囲⁴について)修了証書[合格]認定証を出す, 証明書を交付する.

zer·tram·peln [ツェァ・トランペルン tsɛrˈtrampəln] 他 (h) (花壇など⁴を)踏み荒らす.

zer·tre·ten* [ツェァ・トレーテン tsɛrˈtréːtən] 他 (h) (虫・花など⁴を)踏みつぶす, 踏み荒らす.

zer·trüm·mern [ツェァ・トリュンマァン tsɛrˈtrʏmərn] 他 (h) こなごなに打ち砕く, 破壊する. eine Fensterscheibe⁴ *zertrümmern* 窓ガラスをこなごなに壊す.

Zer·ve·lat∗wurst [ツェルヴェラート・ヴルスト] 女 –/..würste セルベラート・ソーセージ(香辛料を加えたくん製ソーセージ).

zer·wüh·len [ツェァ・ヴューレン tsɛrˈvyːlən] 他 (h) (地面⁴を)掘り返す; (頭髪など⁴を)かき乱す, くしゃくしゃにする.

Zer·würf·nis [ツェァ・ヴュルフニス] 中 ..nisses/..nisse 雅 (夫婦・友人間などの)不和, 軋轢(あつれき).

zer·zau·sen [ツェァ・ツァオゼン tsɛr-tsáuzən] 他 (h) (髪など⁴を)乱す, くしゃくしゃにする. ◊(過去分詞の形で) *zerzaustes* Haar ぼさぼさの髪.

Ze·ter [ツェータァ tséːtər] 中 (成句的に) *Zeter*⁴ und Mord[io]⁴ schreien (口語)(大げさな)悲鳴をあげる.

ze·tern [ツェータァン tséːtərn] 自 (h) 悲鳴をあげる; わめく, がなりたてる.

der **Zet·tel** [ツェッテる tsétəl] 男 (単2) –s/(複) – (3格のみ –n) 紙きれ, 紙片, メモ用紙, (広告の)ちらし, ビラ, ラベル. Ein *Zettel* klebte an der Tür. メモ紙がドアに貼(は)ってあった / sich³ 囲⁴ **auf einem** *Zettel* **notieren** 囲⁴を紙片にメモしておく.

> メモ ..zettel のいろいろ: **Bestellzettel** 注文票 / **Kassenzettel** レシート / **Küchenzettel** または **Speisezettel** 献立予定表 / **Stimmzettel** または **Wahlzettel** 投票用紙 / **Wunschzettel** 欲しいものを書いたリスト, おねだりカード

Zet·tel∗kas·ten [ツェッテる・カステン] 男 –s/..kästen カードボックス.

das **Zeug** [ツオイク tsɔyk] 中 (単2) –(e)s/(複) –e (3格のみ –en) ① 閉 なし 口語 がらくた, (価値のない)もの; (名称を言わずに:)それ, こいつ; むだ話, おしゃべり. Nimm das *Zeug* da weg! そこのがらくたを片づけろ / [Das ist doch] dummes *Zeug*! くだらん, ばかばかしい. ② 古 布[地], 織物; 衣類, 下着; 道具, 器具; 海 索具. das *Zeug*³ zu 人³ haben 口語·比 人³になる素質がある. ③ 古 馬具. sich⁴ für 人·物⁴ ins *Zeug* legen (口語·比) 人·物⁴のために一肌脱ぐ / Er arbeitet, was das *Zeug* hält. 口語·比 彼は全力を尽くして働く.

..zeug [..ツオイク ..tsɔyk] 中性名詞をつくる 接尾 ① (…する道具)例: Schreib*zeug* 筆記用具. ② (…用品・…製品)例: Nacht*zeug* 宿泊用品 / Leder*zeug* 革製品.

der **Zeu·ge** [ツオイゲ tsɔ́ʏgə] 男 (単2·3·4) –n/(複) –n 目撃者, (現場に)居合わせた人; 法 証人. 英 witness. Trauze*uge* 結婚立会人 / Er ist *Zeuge* des Unfalls. 彼はその事故の目撃者だ / Die Ruinen sind *Zeugen* der Vergangenheit. 比 その廃墟(はいきょ)は過ぎ去った時代の証人だ / 人⁴ **als** *Zeugen* (または **zum** *Zeugen*) **an|rufen** 人⁴を証人として喚問する.

zeu·gen¹ [ツオイゲン tsɔ́ʏgən] 自 (h) ① 証言する. **für** (**gegen**) 人⁴ *zeugen* 人⁴に有利(不利)な証言をする. ② **von** 囲³ ~. (囲³を)証だてる, はっきりと示す. Die Arbeit *zeugt* von Fleiß. この仕事には努力の跡が認められる.

zeu·gen² [ツオイゲン] 他 (h) ① (子供⁴を)もうける, つくる. Er *hat* mit drei Kinder *gezeugt*. 彼は彼女との間に3人の子供をもうけた. ② 雅 (災いなど⁴を)引き起こす, (芸術家など⁴を)生む.

Zeu·gen∗aus·sa·ge [ツオイゲン・アオスザーゲ] 女 –/–n 証人の供述, 証言.

Zeu·gen∗ver·neh·mung [ツオイゲン・フェァネーメング] 女 –/–en 証人尋問.

Zeug·haus [ツオイク・ハオス] 中 –es/..häuser 軍 (昔の:)兵器庫.

Zeu·gin [ツオイギン tsɔ́ʏgɪn] 女 –/..ginnen (女性の)目撃者; 法 (女性の)証人.

das **Zeug·nis** [ツオイクニス tsɔ́ʏknɪs] 中 (単2) ..nisses/(複) ..nisse (3格のみ ..nissen) ① 証明書; 成績(修了)証明書; 勤務証明書. 英 *certificate*. ein *Zeugnis*⁴ verlangen (aus|stellen) 証明書を要求(発行)する / Morgen gibt's *Zeugnisse*. あしたは通知表が出る / gute Noten⁴ **im** *Zeugnis* **haben** 成績表の点がいい. ② (専門家の)判定書, 鑑定書. ein ärztliches *Zeugnis* 医師の診断書. ③ (法廷での)証言; 雅 証拠. ein *Zeugnis* des Vertrauens 信頼のあかし.

Zeu·gung [ツオイグング] 女 –/–en 子供をもうける(つくる)こと.

Zeu·gungs∗akt [ツオイグングス・アクト] 男 –(e)s/–e 生殖行為, 性交.

zeu·gungs∗fä·hig [ツオイグングス・フェーイヒ] 形 生殖能力のある.

zeu·gungs∗un·fä·hig [ツオイグングス・ウン

ふェーイヒ] 形 生殖力のない.

Zeus [ツォイス tsóʏs]《詩神》ゼウス(最高神. ローマ神話のユピテルに当たる).

z. H. [ツー ヘンデン]《略》(手紙の上書きで:)…気付, ～ 様あて (=zu Händen). Firma Meyer, z. H. [von] Herrn Müller マイアー社気付, ミュラー様.

Zi·cho·rie [ツィヒョーリエ tsiçó:riə] 女 -/-n 〖植〗チコリー, キクニガナ.

Zi·cke [ツィッケ tsíkə] 女 -/-n ① 〖動〗〖雌〗やぎ. ② 《俗》(ののしって:)ばかな女. ③ 〖閉じ〗《口語》愚行. Zicken⁴ machen ばかげたことをする.

zi·ckig [ツィキヒ tsíkɪç] 形 《口語》(特に女性が)つんと澄ました, 片意地張った.

Zick·lein [ツィックライン tsíklaɪn] 中 -s/- (Zicke の 縮小形) 子やぎ.

Zick·zack [ツィック・ツァック tsík-tsak] 男 -[e]s/-e ジグザグ[の形]. im *Zickzack* gehen ジグザグに歩く.

die **Zie·ge** [ツィーゲ tsí:gə] 女 (単) -/(複) -n ① 〖動〗ヤギ(山羊)(特に雌). 《英》goat). *Ziegen*⁴ halten やぎを飼う / Sie ist mager wie eine *Ziege*. 彼女はやぎのようにやせている. ② 《俗》(ののしって:)ばかな女.

Zie·gel [ツィーゲル tsí:gəl] 男 -s/- れんが; 屋根がわら. ein Dach⁴ **mit** *Ziegeln* decken 屋根をかわらでふく.

Zie·gel≠dach [ツィーゲる・ダッハ] 中 -[e]s/..dächer かわらぶきの屋根.

Zie·ge·lei [ツィーゲらイ tsi:gəláɪ] 女 -/-en れんが(かわら)製造所.

zie·gel≠rot [ツィーゲる・ロート] 形 れんが色の, 赤褐色の.

Zie·gel≠stein [ツィーゲる・シュタイン] 男 -[e]s/-e れんが.

Zie·gen≠bart [ツィーゲン・バールト] 男 -[e]s/..bärte やぎのひげ; 《比》(人間の)やぎひげ.

Zie·gen≠bock [ツィーゲン・ボック] 男 -[e]s/..böcke 〖動〗雄ヤギ.

Zie·gen≠kä·se [ツィーゲン・ケーゼ] 男 -s/- ゴートチーズ(やぎの乳から作ったチーズ).

Zie·gen≠le·der [ツィーゲン・れーダァ] 中 -s/- やぎ革, キッド.

Zie·gen≠milch [ツィーゲン・ミるヒ] 女 -/ やぎの乳.

Zie·gen≠pe·ter [ツィーゲン・ペータァ] 男 -s 《口語》おたふく風邪 (=Mumps).

zieh [ツィー] I ≠ziehen (引く)の du に対する 命令 II zeihen (責める)の 過去

Zieh·brun·nen [ツィー・ブルンネン] 男 s/- つるべ井戸. (☞ Burg 図).

zie·hen [ツィーエン tsí:ən]

引く *Ziehen* Sie das Seil fester!
ツィーエン ズィー・ダス ザイる フェスタァ
ロープをもっとしっかり引っぱってください。

(zog, *hat/ist* ... gezogen) I 他 《完了》haben

① (人・物⁴を)引く, 引っぱる; 引き抜く; 取り出す. 《英》*pull*). (《古》は drücken). Das Pferd *zieht* den Wagen. 馬が車を引く / Die Lokomotive *zieht* 20 Wagen. その機関車は20両の車両を引いている / die Notbremse⁴ *ziehen* 非常ブレーキを引く / einen Zahn *ziehen* 〖人〗³の歯を抜く / ein Los⁴ *ziehen* くじを引く / Du *musst* eine Karte *ziehen*. 君はカードを1枚引かなくては / Das Kind ließ *sich*⁴ *ziehen*. その子供は手を引いてもらっていた.
◇〖目的語なしでも〗*Ziehen*! (ドアの表示で:)引く.
◇〖前置詞とともに〗〖人〗⁴ **an** den Haaren *ziehen* 〖人〗⁴の髪を引っぱる / den Stuhl an den Tisch *ziehen* いすをテーブルに引き寄せる / Er *zog* sie zärtlich an sich. 彼は彼女をやさしく抱き寄せた / Sie *zog* alle Blicke **auf** sich. 彼女はみんなの視線を引きつけた / 〖人〗⁴ **aus** dem Wasser *ziehen* 〖人〗⁴を水中から引き上げる / Er *zog* den Korken aus der Flasche. 彼はびんのコルク栓を抜いた / Zigaretten⁴ aus Automaten *ziehen* たばこを自動販売機から取り出す / ein Messer⁴ [aus der Tasche] *ziehen* ナイフを[ポケットから]取り出す / Sie *zogen* ihn mit Gewalt **ins** Auto. 彼らは彼を力ずくで車の中に引きずり込んだ / den Rollladen **nach** oben *ziehen* ブラインドを巻き上げる / 〖物〗⁴ **nach** sich *ziehen* (結果として)〖事〗⁴を招く / den Ring **vom** Finger *ziehen* 指輪を指からはずす / die Gardinen⁴ **vor** das Fenster *ziehen* 窓に[薄手の]カーテンを引く.

② (引くようにして)動かす; (穴などに)通す. einen Stein *ziehen* (チェスなどで:)こまを動かす / Sie *zog* Perlen **auf** eine Schnur. 彼女は真珠をひもに通した / Wein⁴ auf Flaschen *ziehen* ワインをびんに詰める / die Ruder⁴ kräftig **durchs** Wasser *ziehen* オールで力強く水をかく / den Hut tief **ins** Gesicht *ziehen* 帽子を目深にかぶる.

③ 〖方向を表す語句とともに〗(操縦・運転して)乗り物⁴を(…へ)向ける. den Wagen nach links *ziehen* 車のハンドルを左に切る.

④ (線・図形など⁴を)引く, 描く; (線引きして)築く, 設ける. einen Kreis *ziehen* 円を描く / Sie *zogen* eine Mauer **um** die Stadt. 彼らは町の周りに壁を巡らせた.

⑤ (植物⁴を)育てる, 栽培する, (動物⁴を)飼育する. Er *zieht* Rosen **in** seinem Garten. 彼は庭にばらを栽培している.

⑥ (ひもなど⁴を)張る, 張り渡す; (洗濯物など⁴を)引っぱって伸ばす. Saiten⁴ **auf** eine Geige *ziehen* バイオリンに弦を張る / die Betttücher⁴ **in** Form *ziehen* シーツを伸ばして形を整える.

⑦ (顔の部分⁴を)ゆがめる, (しかめっ面など⁴を)する. die Stirn⁴ **in** Falten *ziehen* 額にしわを寄せる / eine Grimasse⁴ *ziehen* しかめっ面をする.

⑧ 〖行為などを表す名詞とともに〗行う. einen Vergleich *ziehen* 比較する / einen Schluss **aus** 〖事〗³ *ziehen* 〖事〗³からある結論を引き出す / 〖事〗⁴ **in** Betracht *ziehen* 〖事〗⁴を考慮に入れる /

人⁴ **zu Rate** (または zurate) *ziehen* 人⁴に助言を求める.
⑨ (引っぱって・伸ばして)製造する; (蜂蜜(ﾐﾂ)などが糸⁴を)引く. Draht⁴ *ziehen* 針金を作る.
⑩《方向を表す語句とともに》(空気などを〔…から〕吸い込む. die frische Luft⁴ in die Lungen *ziehen* 新鮮な空気を肺まで吸い込む.
⑪《A⁴ **über** (**unter**) B⁴ ～》(A⁴をB⁴の上に(下に))着る. eine Jacke⁴ über die Bluse *ziehen* ブラウスの上にジャケットを着る.
⑫《A⁴ **aus** B³ ～》(A⁴をB³から吸収する; (A⁴をB³から)採取する. Die Pflanzen *ziehen* die Nahrung aus dem Boden. 植物は養分を地中からとる / Nutzen⁴ aus 物³ *ziehen*〘比〙物³から利益を得る.
II〘完了〙sein または haben) ① (s)《方向を表す語句とともに》(集団でゆっくりと…へ)**移動する**, 進む. **in den Krieg** *ziehen* 出征する / Das Gewitter *zieht* **nach** Osten. 嵐が東へ移動する / Flüchtlinge *ziehen* **über** die Landstraßen. 避難民たちが街道を通って行く. ② (s)《方向を表す語句とともに》(…へ)**引っ越す**, 引き移る. Wir *sind* **aufs** Land *gezogen*.〘現在完了〙私たちは田舎へ引っ越した / **nach** Hamburg *ziehen* ハンブルクへ引っ越す.
③ (h)《**an** 物³》(物³を)引く, 引っぱる. *Zieh* mal hier an der Leine! ひものここを引っぱってくれ / Der Hund *zieht* [an der Leine]. 犬が[引きひもを]引っぱる.
④ (h)《**an** 物³ ～》(口にくわえて物³を)吸う. an der Pfeife *ziehen* パイプを吸う.
⑤ (h)(自動車などが)加速力がある. Das Auto *zieht* gut. その車は加速が良い.
⑥ (h)(紅茶などの)味や香りが出る; 《料理》(弱火で)つぐつ煮える. Der Tee *muss* noch *ziehen*. 紅茶はもっと出るまで待たないといけない.
⑦ (h)《口語》(映画などが)受ける, ヒットする; (策略などが)効き目がある. Der Film *zieht* enorm. その映画は大当たりだ / Diese Ausrede *zieht* bei mir nicht. こんな言いわけは私には通用しないぞ.
⑧ (h)(空気・煙などの)通りがよい. Der Ofen *zieht* gut. その暖炉は煙の通りがよい.
⑨ (h)(磁石が)磁力がある.
III〘再帰〙〘完了〙haben) sich⁴ *ziehen* ①《方向を表す語句とともに》(道路などが…へ)**伸びている**. Die Straße *zieht sich* **bis an** die Grenze. その道路は国境まで通じている.
② (ゴムなどが)伸びる, 伸縮性がある; (時間的に)長引く. Die Strumpfhosen *ziehen sich* nach der Figur. パンストは体型に応じて伸びる.
③ (板などが)反る, ゆがむ.
IV〘非人称〙〘完了〙haben) ① Es *zieht*. すき間風がある. Mach die Tür zu, es *zieht*! ドアを閉めてくれ, すき間風が入るから.
②《**es** *zieht* 人⁴… の形で》人⁴は…へ行きたいと思う(ひかれる). Mich *zieht* es immer in den Süden. 私はつねに南国へ心をひかれる.
③《**es** *zieht* [人³] **in** 物³ の形で》[人³の]物³に痛みが走る. Es *zieht* mir in allen Glie-

dern. 私は体のふしぶしが痛む.
Ziehˌharˌmoˌniˌka [ツィー・ハルモーニカ]囡 –/–s (または ..niken)《音楽》アコーディオン.
Ziehung [ツィーウング]囡 –/–en くじ引き, 抽選.
‡*das* **Ziel** [ツィーる tsíːl]

目的地; 目標

Unser heutiges *Ziel* ist Bonn.
ウンザァ ホイティゲス ツィーる イスト ボン
私たちのきょうの目的地はボンです.

囲 (単2) –[e]s/(複) –e (3格のみ –en) ① **目的地**, 行き先; 〘ｽﾎﾟ〙**ゴール**. 《英 *destination*, *goal*).(反)「スタート」は Start). **Reiseziel** 旅行の目的地 / Er erreichte als Erster das *Ziel*. 彼は1着でゴールした / **ans** *Ziel* kommen (または gelangen) 目的地に到達する / Wir sind am *Ziel* angekommen. 〘現在完了〙私たちは目的地に着いた / **ins** *Ziel* kommen ゴールインする / **mit** unbekanntem *Ziel* abˌreisen あてもなく旅立つ / **ohne** *Ziel* 目的もなく, あてもなく / **kurz vor** dem *Ziel* 目的地(ゴール)に達する寸前に.
②(行動の)**目標**, 目的. 《英 *aim*). Wir brauchen ein klares *Ziel*. われわれには明確な目標が必要だ / Er hat sein *Ziel* erreicht. 彼は目標を達成した / ein *Ziel*⁴ verfolgen 目標を追求する / sich³ ein *Ziel*⁴ setzen 目標をたてる / Er studiert **mit** dem *Ziel*, Techniker zu werden. 彼は技術者になる目的で大学に通っている / sich³ 物⁴ **zum** *Ziel* setzen (haben)物⁴を自分の目標にする(している).
③(射撃の)的, 標的, ターゲット. ein *Ziel*⁴ treffen (verfehlen) 的を射当てる(射そこなう) / **über** das *Ziel* hinausˌschießen (口語・比)度を過ごす(←的の上を越えて射撃する).
④《商》〖支払〗期限.
Zielˌband [ツィーる・バント]囝 –[e]s/..bänder 〘ｽﾎﾟ〙(昔の;)(陸上競技の)ゴールのテープ.
zielˌbeˌwusst [ツィーる・ベヴスト]形 はっきりした目的を持った, 目的意識のしっかりした.
zieˌlen [ツィーれン tsíːlən] (zielte, hat … gezielt)(自)〘完了〙(英 *aim*)①(銃などで)**ねらう**. Er *zielte* und schoss. 彼はねらいを定めて撃った / **auf** die Scheibe⁴ (den Gegner) *zielen* 標的板(敵)をねらう / mit dem Revolver nach 人・物³ *zielen* リボルバーで人・物³をねらう. ②《**auf** 人・物⁴ ～》〘比〙(発言などが)人・物⁴をねらいとしている, (人・物⁴に)向けられている. Diese Anspielung *zielt* auf dich. この当てこすりは君に向けられたものだ.
☞ **gezielt**
Zielˌfernˌrohr [ツィーる・フェルンローア]囲 –[e]s/–e (銃身に付いている)照準望遠鏡.
Zielˌfoˌto [ツィーる・フォート]囲 –s/–s 〘ｽﾎﾟ〙ゴールの判定写真.
Zielˌgeˌraˌde [ツィーる・ゲラーデ]囡 –/–n 〘ｽﾎﾟ〙ホームストレッチ.

Ziel｜li･nie [ツィーる･リーニエ] 囡 -/-n 《スポ》ゴールライン．

ziel｜los [ツィーる･ろース] 形 目的のない，当てのない．

Ziel｜rich･ter [ツィーる･リヒタァ] 男 -s/- 《スポ》ゴール審判員．《女性形：-in》．

Ziel｜schei･be [ツィーる･シャイベ] 囡 -/-n (射撃の)的, 標的. **zur** *Zielscheibe* **des Spottes (der Kritik) werden** 《比》嘲笑(ちょうしょう)(批判)の的になる.

Ziel｜set･zung [ツィーる･ゼッツング] 囡 -/-en 目標(目的)設定．

ziel｜si･cher [ツィーる･ズィッヒャァ] 形 (射撃などで)的をはずさない; 目標をしっかり定めた．

ziel｜stre･big [ツィーる･シュトレービヒ] 形 (一つの目的に向かって)ひたむきな．

Ziel｜stre･big･keit [ツィーる･シュトレービヒカイト] 囡 -/ (一つの目的に向かう)ひたむきな努力．

ziel･te [ツィーるテ] zielen (ねらう)の 過去

zie･men [ツィーメン tsíːmən] 再帰 (h) *sich*[4] *ziemen* 《雅》ふさわしい, 礼儀にかなっている．

※**ziem･lich** [ツィームりヒ tsíːmlɪç]

かなり Das ist *ziemlich* teuer.
ダス　イスト ツィームりヒ　トイアァ
これはかなり値段が高い．

I 副 ① かなり, 相当[に]. 《英 quite》. Er ist *ziemlich* reich. 彼はかなり裕福だ / Ich kenne ihn *ziemlich* gut. 私は彼をかなりよく知っている / Er hat *ziemlich* lange Haare. 彼はずいぶん長い髪をしている．
② 《口語》ほとんど, まずまず. Er ist mit der Arbeit *ziemlich* fertig. 彼は仕事をほぼ終えている．
II 形 〖付加語としてのみ〗① 《口語》かなりの, 相当な. Er hat ein *ziemliches* Vermögen. 彼はかなりの財産を持っている． ② 《雅》礼儀にかなった(ふるまいなど)．

zie･pen [ツィーペン tsíːpən] **I** 自 (h) 《北ドイツ》① (ひな鳥が)ぴよぴよ鳴く． ② ずきずき痛む．
II 他 (h) 《北ドイツ》《人4の髪などを》引っぱる. 人4 **an den Haaren** *ziepen* 人4の髪を引っぱる．

Zie･rat [ツィーラート] Zierrat の古い形．

Zier･de [ツィーァデ tsíːrdə] 囡 -/-n 飾り, 装飾[品]; 《比》誇り[となるもの]. **zur** *Zierde* 飾りとして / Dieses Gebäude ist eine *Zierde* für die Stadt. この建物は町の誇りだ.

zie･ren [ツィーレン tsíːrən] **I** 他 (h) ① 《雅》(人が物4を)飾る. **einen Tisch mit Blumen** *zieren* テーブルを花で飾る． ② (アクセサリーなどが人･物4を)飾っている. Eine Goldbrosche *zierte* ihr Kleid. 金のブローチが彼女のワンピースを飾っていた． **II** 再帰 (h) *sich*[4] *zieren* (気取って)遠慮する, 口ごもす. *Ziere dich* [doch] nicht so! そんな気取るな.
◇☞ geziert

Zier･fisch [ツィーァ･ふィッシュ] 男 -(e)s/-e 観賞魚．

Zier｜gar･ten [ツィーァ･ガルテン] 男 -s/..gär- ten 花園, 観賞用庭園．

Zier｜leis･te [ツィーァ･ライステ] 囡 -/-n ①《建》装飾線缝(ぬい), 飾り縁. ②《印》(本のページの上下にある)飾り模様．

zier･lich [ツィーァりヒ tsíːrlɪç] 形 ① (姿・形が)きゃしゃでかわいい, 可憐(かれん)な, 愛らしい. 《英 dainty》. ein *zierliches* Mädchen 愛らしい女の子. ② 上品な, 優美な. eine *zierliche* Bewegung 上品な身のこなし / *zierlich* tanzen 優美に踊る．

Zier･lich･keit [ツィーァりヒカイト] 囡 -/ 愛らしさ; 優美, 優雅．

Zier｜pflan･ze [ツィーァ･ぷふらンツェ] 囡 -/-n 観賞用植物．

Zier｜rat [ツィーァ･ラート] 男 -(e)s/-e 《雅》飾り, 装飾[品]．

Ziff. [ツィッふァァ] 《略》(条文などの)項 (= Ziffer).

die **Zif･fer** [ツィッふァァ tsífər] 囡 (単) -/(複) -n ① 数字. 《英 figure》. **Kennziffer** 指数 / **arabische (römische)** *Ziffer* アラビア(ローマ)数字 / eine Zahl mit drei *Ziffern* 3けたの数 / eine Zahl[4] **in** *Ziffern* schreiben ある数を数字で書く． ② (条文などの)項. **Paragraph 8,** *Ziffer* **4** 第8条第4項. (略: Ziff.).

Zif･fer｜blatt [ツィッふァァ･ブらット] 中 -(e)s/..blätter (時計の)文字盤．

zig [ツィヒ tsɪç] 形 〖無語尾〗《口語》非常に多くの. **Er hat** *zig* **Freundinnen**. 彼にはたくさんのガールフレンドがいる．

..zig [..ツィヒ ..tsɪç] 〖20から90までの10位の基数をつくる 接尾〗(ただし 30 は dreißig) 例: zwan*zig* 20.

die **Zi･ga･ret･te** [ツィガレッテ tsigarétə] 囡 (単) -/(複) -n [紙巻き]たばこ, シガレット. 《英 cigarette》. *Zigaretten* **mit (ohne) Filter** フィルター付き(なし)たばこ / **eine Packung (Stange)** *Zigaretten* **1**箱(1カートン)のたばこ / **Ich rauche nur leichte** *Zigaretten*. 私は軽いたばこしか吸いません / *sich*[3] **eine** *Zigarette*[4] **an|zünden** (自分のたばこに火をつける) / 人3 **eine** *Zigarette*[4] **an|bieten** 人3にたばこを勧める．

Zi･ga･ret･ten｜au･to･mat [ツィガレッテン･アオトマート] 男 -en/-en たばこの自動販売機．

Zi･ga･ret･ten｜etui [ツィガレッテン･エトヴィー] 中 -s/-s シガレットケース．

Zi･ga･ret･ten｜län･ge [ツィガレッテン･れンゲ] 囡 -/-n たばこを一服する間. ◇ふつう成句的に〗**auf eine** *Zigarettenlänge* 《口語》ほんのちょっとの間．

Zi･ga･ret･ten｜spit･ze [ツィガレッテン･シュピッツェ] 囡 -/-n [紙巻き]たばこ用パイプ．

Zi･ga･ret･ten｜stum･mel [ツィガレッテン･シュトゥンメる] 男 -s/- [紙巻き]たばこの吸いさし(吸い殻)．

Zi･ga･ril･lo [ツィガリろ tsigarílo または ..りョ ..ljo] 中 男 -s/-s (口語: 囡 -/-s も) ツィガリロ (小型葉巻きたばこ)．

Zigarre

die **Zi·gar·re** [ツィガレ tsigárə] 囡 (単) -/(複) -n 葉巻き[たばこ]. (英 *cigar*). ① eine *Zigarre*⁴ rauchen 葉巻きを吸う. ② (口語) 小言, お目玉. 人³ eine *Zigarre*⁴ verpassen 人³をしかりとばす.

Zi·gar·ren≈kis·te [ツィガレン・キステ] 囡 -/-n 葉巻き入れ(箱), シガーボックス.

Zi·gar·ren≈stum·mel [ツィガレン・シュトゥンメる] 男 -s/- 葉巻きの吸いさし(吸い殻).

Zi·geu·ner [ツィゴイナァ tsigóynər] 男 -s/- ① ジプシー, ロマ. (女性形: -in). (⚠ 差別語とみなされるため Sinti und Roma「シンティーとロマ」を用いるほうが好ましい). ② (口語) 放浪癖のある男性, ボヘミアン.

Zi·geu·ner≈le·ben [ツィゴイナァ・れーベン] 匣 -s/- ジプシー生活; 流浪生活.

zig·mal [ツィヒ・マーる] 副 (口語) 何度も.

Zi·ka·de [ツィカーデ tsiká:də] 囡 -/-n (昆) セミ.

das Zim·mer [ツィンマァ tsímər]

部屋
Haben Sie ein *Zimmer* frei?
ハーベン ズィー アイン ツィンマァ フライ
(ホテルなどで:) 空いている部屋はありますか.

匣 (単2) -s/(複) - (3格のみ -n) ① 部屋, 室. (英 *room*). ein möbliertes *Zimmer* 家具付きの部屋 / ein sonniges *Zimmer* 日当たりのよい部屋 / ein *Zimmer* mit Bad ふろ付きの部屋 / Die Wohnung hat vier *Zimmer*. その住居には部屋が4つある / ein *Zimmer*⁴ mieten (vermieten) 部屋を借りる(貸す) / ein *Zimmer*⁴ bestellen (ホテルの)部屋を予約する / ins *Zimmer* gehen 部屋に入る / *Zimmer* frei! または *Zimmer* zu vermieten! (張り紙で:) 空室あり / Er sucht ein *Zimmer*. 彼は[貸]部屋を探している / Das *Zimmer* geht nach Süden. その部屋は南向きだ / Ich habe mir ein *Zimmer* im Hotel genommen. 私はホテルに一部屋とった / das *Zimmer*⁴ hüten müssen 病気で部屋にこもりきりである(←部屋の番をしなければならない).

② (部屋の)家具調度類, インテリア.

⚠ ..*zimmer* のいろいろ: **Arbeitszimmer** 仕事部屋 / **Badezimmer** バスルーム / **Doppelzimmer** 二人部屋 / **Einzelzimmer** シングルルーム / **Empfangszimmer** 応接室 / **Esszimmer** ダイニングルーム / **Fremdenzimmer** (民宿などの)客室 / **Gastzimmer** 客室 / **Kinderzimmer** 子供部屋 / **Krankenzimmer** 病室 / **Schlafzimmer** 寝室 / **Sprechzimmer** 診察室 / **Wohnzimmer** 居間

類語 das **Zimmer**: (人が住む家や建物の中の)部屋. die **Stube**: (やや古い語で, 質素な設備の)部屋. die **Kammer**: (納戸・物置のようなふつう暖房設備がなく簡素で小さい付属的な)部屋. der **Raum**: (壁で仕切られた空間としての)部屋.

Zim·mer≈an·ten·ne [ツィンマァ・アンテンネ] 囡 -/-n 室内アンテナ.

Zim·mer≈ein·rich·tung [ツィンマァ・アインリヒトゥング] 囡 -/-en 家具調度類, インテリア; 室内設備.

Zim·mer≈flucht [ツィンマァ・ふルフト] 囡 -/-en (ドアでつながった)続き部屋, スイートルーム.

Zim·mer≈hand·werk [ツィンマァ・ハントヴェルク] 匣 -[e]s/ 大工仕事.

Zim·mer≈laut·stär·ke [ツィンマァ・らオトシュテルケ] 囡 -/-n (ラジオ・テレビなどの)室外に漏れない適度の音量.

Zim·mer≈mäd·chen [ツィンマァ・メートヒェン] 匣 -s/- (ホテルなどの女性の)客室係, ルームメード.

Zim·mer≈mann [ツィンマァ・マン] 男 -[e]s/ ..leute 大工. 人³ zeigen, wo der *Zimmermann* das Loch gelassen hat (口語) 人³に出て行けと言う(←大工が穴を残した所を示す).

zim·mern [ツィンマァン tsímərn] I 他 (h) (木工品⁴を)作る. einen Tisch *zimmern* 机を作る. II 圁 (h) 大工仕事(木工細工)をする. an einem Regal *zimmern* 棚を作る.

Zim·mer≈num·mer [ツィンマァ・ヌンマァ] 囡 -/-n 部屋番号, ルームナンバー.

Zim·mer≈pflan·ze [ツィンマァ・プふらンツェ] 囡 -/-n 室内観賞植物.

Zim·mer≈su·che [ツィンマァ・ズーヘ] 囡 -/ 部屋(貸間)探し.

zim·per·lich [ツィンパァりヒ] 形 ① ひどく神経質な. ② 極端に恥ずかしがる, お上品ぶった.

Zimt [ツィムト tsímt] 男 -[e]s/(種類:) -e ① (植) シナモン, ニッケイ(肉桂)の皮. ② (口語) くだらないこと; がらくた.

Zink [ツィンク tsíŋk] 匣 -[e]s/ (化) 亜鉛 (記号: Zn).

Zink≈blech [ツィンク・ブれヒ] 匣 -[e]s/-e 亜鉛板.

Zin·ke [ツィンケ tsíŋkə] 囡 -/-n ① (フォーク・櫛(ﾋ)などの)歯. ② (木工) ほぞ(板・角材などを接合する場合の先の広がった突起).

zin·ken [ツィンケン tsíŋkən] 他 (h) (隠語) (いかさまをするためにトランプ⁴に)印(ﾂ)を付ける.

Zin·ken [ツィンケン] 男 -s/- ① (泥棒などが使う)秘密の目印. ② (口語・戯) でかい鼻.

Zink≈sal·be [ツィンク・ざるベ] 囡 -/-n (薬) 亜鉛華軟膏(ﾅﾝｺｳ).

Zinn [ツィン tsín] 匣 -[e]s/ ① (化) 錫(ｽｽﾞ)(記号: Sn). ② 錫(ｽｽﾞ)製の食器.

Zin·ne [ツィンネ tsínə] 囡 -/-n ① (城壁の上に間隔を空けて並ぶ矩形の)胸壁. (☞ Burg 図). ② のこぎり形に切り立った峰, チンネ.

zin·nern [ツィンナァン tsínərn] 形 [付加語としてのみ] 錫(ｽｽﾞ)(製)の.

Zin·nie [ツィンニエ tsíniə] 囡 -/-n (植) ヒャクニチソウ(ドイツの植物学者 J. G. Zinn 1727-1759 の名から).

Zin·no·ber [ツィノーバァ tsinó:bər] 男 -s/- ① (鉱) 辰砂(ｼﾝｻ). ② 〚覆なし〛 朱(ｼｭ): 匣 朱[色]. ③ 〚覆なし〛 (俗) がらくた; くだらないこと.

zin·no·ber≈rot [ツィノーバァ・ロート] 形 朱色の.

Zinn≠sol·dat [ツィン・ゾるダート] 男 -en/-en (おもちゃの)錫の兵隊.

der **Zins** [ツィンス tsíns] 男 (単2) -es/(複) -en または (複) -e (3格のみ -en) ① 〖囲〗 -en; ふつう 〖囲〗 利子, 利息, 金利. (英 *interest*). hohe (niedrige) *Zinsen* 高い(低い)利子 / Das Kapital bringt (または trägt) *Zinsen*. 元金が利息を生む / Die *Zinsen* sind gefallen. 〖現在完了〗金利が下がった / Geld[4] **auf** *Zinsen* leihen 利子を付けて金を貸す / 人[3] 男[4] **mit** *Zinsen* zurück|zahlen a) 人[3]に 男[4]を利子を付けて返す, b) 《比》人[3]に 男[4]の仕返しをたっぷりする / Er lebt **von** den *Zinsen* seines Vermögens. 彼は資産の利子で生活している / Darlehen **zu** vier Prozent *Zinsen* 利子4パーセントのローン.

② 〖囲 -e〗《南ドィッ・オーストリ・スィス》家賃, 部屋代.

Zin·ses≠zins [ツィンゼス・ツィンス] 男 -es/-en 〖ふつう 囲〗 複利.

zins≠frei [ツィンス・フライ] 形 無利子(無利息)の (=zinslos).

Zins≠fuß [ツィンス・フース] 男 -es/..füße 利率.

zins≠los [ツィンス・ロース] 形 無利子(無利息)の.

Zins≠rech·nung [ツィンス・レヒヌング] 女 -/-en 利子計算.

Zins≠satz [ツィンス・ザッツ] 男 -es/..sätze 利率.

der **Zi·on** [ツィーオン tsí:on] 男 -[s]/ ① 〖定冠詞とともに〗(地名) シオンの丘. ② 〖冠詞なしで〗《比》ユダヤ民族の故国, エルサレム; エルサレムの民, ユダヤ人.

Zio·nis·mus [ツィオニスムス tsionísmus] 男 -/ シオニズム, ユダヤ復興主義 (パレスチナにユダヤ民族の統一国家を再建しようとする民族運動).

Zio·nist [ツィオニスト tsioníst] 男 -en/-en シオニスト, ユダヤ復興主義者; (陰性形: -in).

zio·nis·tisch [ツィオニスティッシュ tsioníſtiſ] 形 シオニズムの, ユダヤ復興主義の.

Zip·fel [ツィプふェる tsípfəl] 男 -s/- ① (布・服などの)端, 先端, 末端; 切れ端. *Wurstzipfel* ソーセージの切れ端 / 男[4] **an** (または **bei**) allen vier *Zipfeln* haben 《口語》男[4]をしっかりつかんでいる. ② (幼児) おちんちん.

Zip·fel≠müt·ze [ツィプふェる・ミュッツェ] 女 -/-n (先端が垂れ下がった)[毛糸の]三角帽子.

Zir·bel≠drü·se [ツィルベる・ドリューゼ] 女 -/-n 《医》松果腺(カ), 松果体.

Zir·bel≠kie·fer [ツィルベる・キーふァァ] 女 -/-n 《植》(高地に生える)マツ[属の一種].

zir·ka [ツィルカ tsírka] 副 およそ, ほぼ, 約 (=*circa*; 略: ca.). *zirka* 20 Personen 約20名.

der **Zir·kel** [ツィルケる tsírkəl] 男 (単2) -s/(複) -(または -n) ① コンパス. 《英 *compasses*》. **mit** dem *Zirkel* einen Kreis ziehen (または schlagen) コンパスで円を描く. ② 円, 円形, 輪. 《英 *circle*》. in einem *Zirkel* herum 円を描いて. ③ (同じ趣味や関心を持つ人の)サークル, 同好会, グループ. ein literarischer *Zirkel* 文学サークル.

zir·keln [ツィルケるン tsírkəln] 他 (h) ① 〖コンパスで〗きっちり測る; 《口語》十分に吟味する. ② 《口語》(ボールを…へ)ねらいどおりにシュートする.

Zir·kel≠schluss [ツィルケる・シュるス] 男 -es/..schlüsse 〖哲〗循環論法.

Zir·ko·ni·um [ツィルコーニウム tsirkó:nium] 中 -s/ 《化》ジルコニウム (記号: Zr).

Zir·ku·la·ti·on [ツィルクらツィオーン tsirkulatsió:n] 女 -/-en (空気などの)循環; (貨幣などの)流通; 〖囲 なし〗《医》(血液などの)循環, 血行.

zir·ku·lie·ren [ツィルクリーレン tsirkulí:rən] 自 (s, h) ① (血液・空気が)循環する. ② (うわさなどが)広まる; (貨幣が)流通する.

Zir·kum·flex [ツィルクムふれクス tsírkumfleks または ..ふれクス] 男 -es/-e 〖言〗アクサン・シルコンフレックス, 長音符 (記号: ˆ または ˜).

der **Zir·kus** [ツィルクス tsírkus] 男 (単2) -/(複) ..kusse (3格のみ ..kussen) 《英 *circus*》 ① サーカス[の一座]. Der *Zirkus* kommt. サーカスがやって来る. ② 〖囲 なし〗サーカス[の興行]; 〖囲 なし〗サーカスの観客. **in** den *Zirkus* gehen サーカスを見に行く. ③ (古代ローマの)円形競技場. ④ 〖囲 なし〗《口語》大混乱, 大騒ぎ. Mach nicht so einen *Zirkus*! そんなに大騒ぎするなよ.

zir·pen [ツィルペン tsírpən] 自 (h) (こおろぎ・せみ・小鳥などが)りんりん(みんみん・ちっちっ)と鳴く.

Zir·rus≠wol·ke [ツィルス・ヴォるケ] 女 -/-n 《気象》巻雲(汉).

zi·scheln [ツィッシェるン tsíʃəln] I 他 (h) (悪口などを)ささやく. Er *zischelte* ihr etwas **ins** Ohr. 彼は何事かを彼女に耳打ちした. II 自 (h) 〖**über** 人[4] ～〗(人[4]の)悪口をささやく.

zi·schen [ツィッシェン tsíʃən] (zischte, *hat*/*ist* ... gezischt) I 自 〖完了〗haben または sein) ① (h) しゅっしゅっ(じゅうじゅう)と音をたてる; (聴衆が)しーっと言ってやじる. 《英 *hiss*》. Die Schlange *zischt*. へびがしゅっしゅっと音をたてる / Das Publikum *zischte*. 観客はしーっと言って不満を表した.

② (s) 〖方向を表す語句とともに〗(…から/…へ)しゅっと音をたてて出る(飛んで行く). Der Dampf *ist* aus dem Kessel *gezischt*. 〖現在完了〗やかんから湯気がしゅっしゅっと出た.

II 他 〖完了〗haben) ① (叱責(ホョ)の言葉など[4]を)押し殺した声で語気荒く言う. ② 〖成句的に〗einen (または ein Bier[4]) *zischen* 《俗》ビールを一杯ひっかける.

Zisch≠laut [ツィッシュ・らオト] 男 -[e]s/-e 〖言〗歯擦音 ([s, z, ʃ] など).

zisch·te [ツィッシュテ] zischen (しゅっしゅっと音をたてる)の 過去

zi·se·lie·ren [ツィゼリーレン tsizelí:rən] 他 (h) (金属[4]に)彫刻をする.

Zis·ter·ne [ツィステルネ tsistérnə] 女 -/-n (地下の)貯水槽, 雨水だめ.

Zi·ta·del·le [ツィタデれ tsitadélə] 女 -/-n

(城塞(じょうさい))都市の中心となる)砦(とりで).

das **Zi·tat** [ツィタート tsitá:t] 中 (単2) -[e]s/(複) -e (3格のみ -en) ① **引用文**, 引用[句]. (英 quotation). 中⁴ **mit einem** *Zitat* **belegen** 中⁴を引用文で裏づける. ② 有名な文句, 名言. ein *Zitat* **aus** Goethes „Faust" ゲーテの『ファウスト』にある名文句.

Zi·ther [ツィッタァ tsítɐr] 囡 -/-n 《音楽》ツィター(撥弦楽器の一種).

Zither

zi·tie·ren [ツィティーレン tsití:rən] (zitierte, hat ... zitiert) 他 (完了 haben) ① (ある箇所⁴・人⁴の言葉を)**引用する**. (英 quote). eine Stelle⁴ aus einem Buch *zitieren* 本のある箇所を引用する / Er *zitiert* oft Goethe. 彼はしばしばゲーテを引用する. ◇〖目的語なしでも〗aus einer Rede *zitieren* ある演説から引用する. ②《方向を表す語句とともに》(人⁴を…へ)召喚する, 呼び出す. 人⁴ **vor** Gericht *zitieren* 人⁴を法廷へ呼び出す.

zi·tiert [ツィティーアト] zitieren (引用する)の 過分, 3人称単数・2人称親称複数 現在

zi·tier·te [ツィティーアテ] zitieren (引用する)の 過去

Zi·tro·nat [ツィトロナート tsitroná:t] 中 -[e]s/ (種類) -e 柑橘(かんきつ)類の皮の砂糖漬け.

die **Zi·tro·ne** [ツィトローネ tsitró:nə] 囡 (単) -/(複) -n 《植》**レモン**[の木・実]. (英 lemon). eine *Zitrone*⁴ aus|pressen レモンを搾る / 人⁴ wie eine *Zitrone*⁴ aus|quetschen 《口語》a) 人⁴を問い詰める, b) 人⁴から金を巻き上げる.

Zi·tro·nen·fal·ter [ツィトローネン・ふァるタァ] 男 -s/- 《昆》ヤマキチョウ(山黄蝶).

zi·tro·nen·gelb [ツィトローネン・ゲるプ] 形 レモンイエローの, 淡黄色の.

Zi·tro·nen·li·mo·na·de [ツィトローネン・リモナーデ] 囡 -/-n レモネード.

Zi·tro·nen·pres·se [ツィトローネン・プレッセ] 囡 -/-n レモン搾り器.

Zi·tro·nen·saft [ツィトローネン・ザふト] 男 -[e]s/ レモンの搾り汁.

Zi·tro·nen·säu·re [ツィトローネン・ゾイレ] 囡 -/ 《化》クエン酸.

Zi·tro·nen·scha·le [ツィトローネン・シャーれ] 囡 -/-n レモンの皮.

Zi·tro·nen·was·ser [ツィトローネン・ヴァッサァ] 中 -s/ レモン水, レモネード.

Zi·trus·frucht [ツィトルス・ふルフト] 囡 -/ ..früchte 柑橘(かんきつ)類の果実.

zit·te·rig [ツィッテリヒ tsítəriç] 形 =zittrig

zit·tern [ツィッタァン tsítɐrn] (zitterte, hat ... gezittert) 自 (完了 haben) ① (寒さ・恐怖などのため)**震える**; 小刻みに揺れる. (英 tremble). Ihm *zittern* die Hände. 彼の手は震えている / Sie *zitterte* **am** ganzen Körper. 彼女は体中が震えた / Er *zitterte* **vor** Kälte. 彼は寒さに震えた / Bei der Explosion *zitterten* die Wände. 爆発の際に壁が揺れた. ◇〖現在分詞の形で〗mit *zitternder* Stimme 震え声で. ②〖**vor** 人・事³ ~〗(人・事³を)ひどく恐れる. Alle *zittern* vor dem Chef. みんなが所長にびくびくしている. ③〖**für** (または **um**) 人・物⁴ ~〗(人・物⁴のことが)とても気がかりである.

Zit·ter·pap·pel [ツィッタァ・パッペる] 囡 -/-n 《植》アスペン(ポプラ属).

zit·ter·te [ツィッタァテ] zittern (震える)の 過去

zitt·rig [ツィットリヒ tsítriç] 形 ぶるぶる震えている(手・声など).

Zit·ze [ツィッツェ tsítsə] 囡 -/-n (哺乳(ほにゅう)類の雌の)乳首, 乳頭; 《俗》(女性の)乳首.

Zi·vi [ツィーヴィ tsí:vi] 男 -s/-s 《口語》=*Zivildienstleistende[r]*

zi·vil [ツィヴィール tsiví:l] 形 ①《軍人に対して》**民間の**, 〖一般〗市民の; 《法》民事の. (英 civil). die *zivile* Luftfahrt 民間航空 / *zivile* Kleidung⁴ tragen 平服を着る / das *zivile* Recht 民法. ②《比》(値段などが)妥当な, 手ごろな; (扱いなどが)きちんとした.

Zi·vil [ツィヴィーる] 中 -s/ 平服, 私服. (参考)「制服」は Uniform). *Zivil*⁴ tragen 平服を着ている / in *Zivil* 平服を着て.

Zi·vil·an·zug [ツィヴィーる・アンツーク] 男 -[e]s/..züge 平服, 私服.

Zi·vil·be·völ·ke·rung [ツィヴィーる・ベふェるケルング] 囡 -/-en (軍人に対して:) 一般市民, 民間人.

Zi·vil·cou·ra·ge [ツィヴィーる・クラージェ] 囡 -/ (市民として)自己の信念を述べる勇気(1864年のビスマルクによる造語).

Zi·vil·dienst [ツィヴィーる・ディーンスト] 男 -[e]s/ 兵役代替勤務, 非軍事任務(兵役拒否者に課せられる社会奉仕任務).

Zi·vil·dienst·leis·ten·de[r] [ツィヴィーる・ディーンスト・らイステンデ(..ダァ)] 男囡 〖語尾変化は形容詞と同じ〗兵役代替勤務者.

Zi·vil·ge·richt [ツィヴィーる・ゲリヒト] 中 -[e]s/-e 《法》民事裁判所.

die **Zi·vi·li·sa·ti·on** [ツィヴィリザツィオーン tsiviliza(t)sió:n] 囡 (単) -/(複) -en ① **文明**; 文明化. (英 civilization). (参考)「文化」は Kultur). eine hohe *Zivilisation* 高度な文明 / die moderne *Zivilisation* 現代文明. ②〖複 なし〗《蔑》洗練された作法, 教養.

Zi·vi·li·sa·ti·ons·krank·heit [ツィヴィリザツィオーンス・クランクハイト] 囡 -/-en 〖ふつう 複〗文明病.

zi·vi·li·sa·to·risch [ツィヴィリザトーリッシュ tsivilizató:rɪʃ] 形 文明の; 文明に起因する.

zi·vi·li·sie·ren [ツィヴィリズィーレン tsivilizíːrən] 他 (h) ① (部族など⁴を)文明化する. ② 洗練する.

zi·vi·li·siert [ツィヴィリズィーァト] I zivilisieren (文明化する)の 過分 II 形 文明化した (国など), 洗練された(人・ふるまいなど).

Zi·vi·list [ツィヴィリスト tsivilíst] 男 -en/-en (軍人に対して:) 一般市民, 民間人, 文民; (軍服の人に対して:) 平服(私服)の人. (女性形: -in).

Zi·vil≠klei·dung [ツィヴィーる・クらイドゥング] 女 -/-en 平服, 私服.

Zi·vil≠per·son [ツィヴィーる・ペルゾーン] 女 -/-en 一般市民, 民間人, 文民; 平服(私服)の人. (=Zivilist).

Zi·vil≠pro·zess [ツィヴィーる・プロツェス] 男 -es/-e 《法》民事訴訟.

Zi·vil≠recht [ツィヴィーる・レヒト] 中 -[e]s/ 《法》民法.

zi·vil≠recht·lich [ツィヴィーる・レヒトリヒ] 形 《法》民法[上]の.

Zn [ツェット・エン] 《化·記号》亜鉛 (=Zink).

Zo·bel [ツォーべる tsóːbəl] 男 -s/- ①《動》クロテン. ② 黒たんの毛皮.

Zo·bel≠pelz [ツォーべる・ぺるツ] 男 -es/-e 黒てんの毛皮.

Zo·fe [ツォーふェ tsóːfə] 女 -/-n (昔の:) 侍女.

zog ≠ziehen (引く)の 過去

zö·ge [ツェーゲ] ≠ziehen (引く)の 接2

zö·gern [ツェーガァン tsóːɡərn] (zögerte, hat ... gezögert) 自 (完了) haben) ためらう, ちゅうちょする. 《養》hesitate). Sie *zögerte* zu antworten. または Sie *zögerte* **mit** der Antwort. 彼女は返事をためらった / **ohne** zu *zögern* ためらうことなく, さっそく. ◇《現在分詞の形で》*zögernd* ためらいがちに話す.

Zö·gern [ツェーガァン] 中 -s/ ためらい, ちゅうちょ. **ohne** *Zögern* ためらうことなく.

zö·ger·te [ツェーガァテ] zögern (ためらう)の 過去

Zög·ling [ツェークリング tsǿːklɪŋ] 男 -s/-e (寄宿舎・全寮制学校の)生徒.

Zö·li·bat [ツェリバート tsøliːbáːt] 中 -[e]s/ (特にカトリック聖職者の)独身[生活].

der **Zoll**¹ [ツォる tsɔl] 男 -[e]s/(複) Zölle [ツェれ] (3格のみ Zöllen) ① 関税. 《養》 *customs*). Schutz*zoll* 保護関税 / *Zoll*⁴ erheben 関税を課する / **Auf** dieser Ware liegt kein *Zoll*. この品物には関税はかからない / **für** 物⁴ *Zoll*⁴ **bezahlen** 物⁴の関税を払う. ② 《複 なし》税関. Das Paket liegt noch **beim** *Zoll*. その小包はまだ税関にある. ③ (昔の:) 通行税.

Zoll² [ツォる] 男 -[e]s/ (単位: -/-) ① ツォル (昔の長さの単位. 2.3～3cm). jeder *Zoll* または *Zoll* **für** *Zoll* または **in** jedem *Zoll*《雅》完全に, まったく. ② インチ.

Zoll≠ab·fer·ti·gung [ツォる・アップふェルティグング] 女 -/-en 通関手続き[の完了], 通関.

Zoll≠amt [ツォる・アムト] 中 -[e]s/..ämter 税関; 税関事務所.

Zoll≠be·am·te[r] [ツォる・ベアムテ (..ァテ)] 男 《語尾変化は形容詞と同じ》税関職員, 税関の役人. (女性形: ..beamtin).

Zoll≠be·hör·de [ツォる・ベヘーァデ] 女 -/-n 税関.

Zol·le [ツェれ] Zoll (関税)の 複

zol·len [ツォれン tsɔ́lən] 他 (h) 《雅》(人・物³に) 敬意・感謝など⁴を)表す, 示す. 人³ Beifall⁴ *zollen* 人³に拍手喝采(ﾌﾞ)を送る.

Zoll≠er·klä·rung [ツォる・エァクれールング] 女 -/-en (税関での)課税品申告[書].

zoll≠frei [ツォる・ふライ] 形 関税のかからない, 免税の. *zollfreie* Waren 免税品.

Zoll≠gren·ze [ツォる・グレンツェ] 女 -/-n 関税国境, 関税境界.

Zoll≠kon·trol·le [ツォる・コントロれ] 女 -/-n 税関検査.

Zöll·ner [ツェるナァ tsǽlnər] 男 -s/- (古代ローマの)収税吏;《聖》取税人;《口語》税関職員. (女性形: -in).

zoll≠pflich·tig [ツォる・プふりヒティヒ] 形 関税のかかる, 関税義務のある.

Zoll≠schran·ke [ツォる・シュランケ] 女 -/-n 《ふつう 複》関税障壁.

Zoll≠stock [ツォる・シュトック] 男 -[e]s/ ..stöcke 折りたたみ物差, 折り尺.

Zoll≠ta·rif [ツォる・タリーふ] 男 -s/-e 関税率[表].

Zoll≠uni·on [ツォる・ウニオーン] 女 -/-en 関税同盟.

Zom·bie [ツォンビ tsɔ́mbi]《英》男 -[s]/-s ゾンビ(呪術(ʓﾕｯ)によって蘇生(ｾｲ)した死体).

die **Zo·ne** [ツォーネ tsóːnə] 女 (単) -/(複) -n ① 地帯, 地域; (電車・電話などの)料金区域. 《養》*zone*). Fußgängerzone 歩行者天国 / die tropische *Zone* 熱帯 / eine entmilitarisierte *Zone* 非武装地帯 / der Fahrpreis für die erste (zweite) *Zone* 第1(第2)料金区域の運賃. ② 占領地区 (=Besatzungszone). die amerikanische *Zone* アメリカ占領地区. ③《複 なし》《口語》(旧西ドイツから見た)旧東ドイツ (=Ostzone).

der **Zoo** [ツォー tsóː または ツォーオ tsóːo] 男 (単) -s/(複) -s ① 動物園 (=zoologischer Garten). 《養》*zoo*). der Leipziger *Zoo* ライプツィヒ動物園 / den *Zoo* besuchen 動物園に行く / Sie gehen oft **in** den *Zoo*. 彼らはよく動物園に行く. ② ツォー(ベルリンの駅名).

Zoo·lo·ge [ツォオろーゲ tsooló:ɡə] 男 -n/-n 動物学者. (女性形: Zoologin).

Zoo·lo·gie [ツォオろギー tsooloɡíː] 女 -/ 動物学 (=Tierkunde).

zoo·lo·gisch [ツォオろーギッシ tsooló:ɡɪʃ] 形 動物学[上]の. **ein** *zoologischer* Garten 動物園 (=Zoo).

Zoom [ズーム zúːm または ツォーム tsóːm]《英》中 -s/-s ① ズームレンズ. ②《映・写》ズーム.

zoo·men [ズーメン zúːmən または ツォーメン tsóːmən] 他 (h), 自 (h) 《映・写》ズーミングする.

Zopf [ツォㇷ゚ tsópf] 男 -es (まれに -s)/Zöpfe ① お下げ[髪]; 弁髪. lange *Zöpfe* 長いお下げ / einen *Zopf* tragen お下げ髪をしている / ein alter *Zopf*《口語》古くさい考え(しきたり) / den alten *Zopf* ab|schneiden《口語》古くさい伝統を破る(撤廃する). ② (お下げの形をした)ねじりパン, 巻きパン.(☞ Brot 図).

der **Zorn** [ツォルン tsórn] 男 (単2) -[e]s/ 怒り, 立腹.(英 anger). Der *Zorn* packte ihn. 彼は急に腹が立ってきた / großen *Zorn* auf 人⁴ haben 人⁴に対してひどく怒っている / **aus**(または **im**) *Zorn* 腹立ちまぎれに / in *Zorn* geraten 怒る, 立腹する / Er wurde rot **vor** *Zorn*. 彼は怒りのあまり真っ赤になった.

Zorn⹀ader [ツォルン・アーダァ] 囡 -/-n 青筋, 額の静脈.

zorn⹀ent·brannt [ツォルン・エントブラント] 形 怒りに燃えた, 激怒した.

Zorn⹀aus·bruch [ツォルン・アオスブルフ] 男 -[e]s/..brüche 怒りの爆発.

zor·nig [ツォルニㇶ tsórnıç] 形 怒っている, 立腹している.(英 angry). *zornige* Blicke 怒りに燃えたまなざし / *zornig* werden 立腹する / **auf** 人⁴ (**über** 事⁴) *zornig* sein 人⁴(事⁴)に腹を立てている ⇨ Sie war sehr *zornig* auf ihn. 彼女は彼にひどく腹を立てていた / Er ist *zornig* über meine Worte. 彼は私の発言に立腹している.

Zorn⹀rö·te [ツォルン・レーテ] 囡 -/ (顔面の)怒りによる紅潮.

Zo·te [ツォーテ tsó:tə] 囡 -/-n 卑猥(ひわい)な冗談, わい談. *Zoten*⁴ reißen《口語》わい談をする.

zo·tig [ツォーティㇶ tsó:tıç] 形 みだらな, わいせつな, 下品な(ジョークなど).

Zot·te [ツォッテ tsóta] 囡 -/-n 〖ふつう 複〗(動物の)たれ下がった毛;〖医〗絨毛(じゅうもう).

Zot·tel [ツォッテル tsótəl] 囡 -/-n ① 〖ふつう 複〗《口語》(動物の)たれ下がった毛. ② 〖複で〗(軽蔑的に:)(人間の)もじゃもじゃとたれた頭髪.

zot·te·lig [ツォッテリㇶ tsótəlıç] 形 (毛などが)もじゃもじゃの, くしゃくしゃの(髪など).

zot·teln [ツォッテルン tsótəln] 自 (s, h)《口語》① (s) のろのろと歩く(歩いて行く). ② (h) (髪の毛が)もじゃもじゃとたれ下がっている.

zot·tig [ツォッティㇶ tsótıç] 形 もじゃもじゃした, 毛むくじゃらの; くしゃくしゃの(髪など).

ZPO [ツェット・ペー・オー]《略》民事訴訟法(= Zivilprozessordnung).

Zr [ツェット・エル]《化·記号》ジルコニウム (= **Zir-konium**).

z. T. [ツム タイル]《略》一部は (= **zum** Teil).

Ztr. [ツェントナァ]《略》ツェントナー (= **Zentner**).

✽zu [ツー tsú:]

> …に(へ)
>
> Kommen Sie doch *zu* uns!
> コㇺメン ズィー ドッホ ツー ウンス
> ぜひうちに来てください.

I 前〖**3格**とともに〗(定冠詞と融合して **zum** (←**zu** dem), **zur** (←**zu** der) となることがある) ① 〖行く先〗…に(へ), …の所に(へ).(英 to). Ich gehe morgen *zu* ihm. 私はあした彼の所に行く / *zum* Arzt gehen 医者に行く / *zur* Post gehen 郵便局に行く / *zur* Party gehen パーティーに行く / *zu* Bett gehen《雅》就寝する (✧ ふつうは ins Bett gehen) / *zur* Schule gehen 学校へ行く, 通学する / sich⁴ *zu* Tisch setzen 食卓につく / der Weg *zum* Bahnhof 駅への道 / von Haus *zu* Haus 家から家へ. (☞ 類語 nach).

② 〖場所〗…に, …で. *zu* Haus[e] sein (または bleiben) ⇨ Er ist heute *zu* Haus[e]. 彼はきょうは家にいる / *zu* Tisch sitzen 食卓についている / Er ist *zur* Versammlung.《口語》彼は集会に行っている / *zu* beiden Seiten des Gebäudes 建物の両側に / der Dom *zu* Köln《古》ケルンの大聖堂 (✧ ふつうは in Köln) / bei uns *zu* Lande 私どもの国では / Gasthaus „*Zum* Roten Ochsen"《古》旅館「赤牛亭」.

◊〖**hinaus..**, **herein..** などとともに〗…から. *zur* Tür hinaus|gehen ドアから出て行く / *zum* Fenster herein|kommen 窓から入って来る. ③ 〖付加·適合〗…に添えて, …に合わせて. Nehmen Sie Milch *zum* Kaffee? コーヒーにミルクを入れますか / Das passt nicht *zu* Bier. それはビールには合わない / *zur* Gitarre singen ギターに合わせて歌う.

④ 〖時点·時期〗…の時に, …の時期に. *zu* Anfang des Jahres 年の初めに / *zu* Weihnachten クリスマスに / *zum* Wochenende 週末に / *zur* Zeit Goethes ゲーテの時代に / *zu* Mittag (Abend) essen 昼食(夕食)を食べる / von Tag *zu* Tag 日一日と / von Zeit *zu* Zeit ときどき / von Mal *zu* Mal 回を重ねるごとに.

⑤ 〖目的·用途〗…のために; …として. Stoff *zu* einem Kleid 服地 / Wasser *zum* Trinken 飲料水 / *zur* Erholung 休養のために / 人⁴ *zum* Ausflug ein|laden 人⁴を遠出に誘う / *zur* Erinnerung an 人·事⁴ 人·事⁴の記念(思い出)として / *zum* Beispiel 例えば(略: z. B.) / *Zum* Wohl! 乾杯!(←ご健康を祈って).

⑥ 〖結果〗…に[なる, する]. das Eiweiß⁴ *zu* Schaum schlagen 卵白を泡立てる / 人⁴ *zu* Asche verbrennen 燃えて灰になる / *zu* Eis werden 氷になる / 人⁴ *zum* Schuldirektor ernennen 人⁴を校長に任命する / *zu* der Ansicht kommen, dass… …という見解に至る / Es kam *zum* Streit. けんかになった / 人⁴ *zum* Lachen bringen 人⁴を笑わせる / 人⁴ *zur* Verzweiflung bringen 人⁴を絶望させる.

⑦ 〖関係〗…に対して, …について. die Liebe *zum* Vaterland 祖国愛 / Er ist sehr nett *zu* mir. 彼は私に対してとても親切だ / sich⁴ *zu* einem Thema äußern あるテーマについて意見を述べる / im Gegensatz *zu* 人·事³ 人·事³と対立して(対照的に) / im Verhältnis *zu*

人・事³ 人・事³に比べて.
⑧〖状況の判断〗…なことに, …なほど. *zum* Glück 幸いなことに / *zu* meinem großen Erstaunen 私がとても驚いたことには / sich⁴ *zu* Tode langweilen 死ぬほど退屈する / Die Schwestern sind sich³ *zum* Verwechseln ähnlich. その姉妹は見間違うほどよく似ている.
⑨〖数詞などとともに〗㋐〖数量・回数〗*zu* zweit または *zu* zweien 二人連れで / *zu* 50% (=Prozent) 50 パーセントだけ / *zum* Teil 部分的には / *zum* ersten Mal 初めて. ㋑〖比率〗~対…で. Das Spiel endete 2 *zu* 1. 試合は 2 対 1 で終わった. ㋒〖値段・容量〗…の. 5 Briefmarken *zu* 75 Cent 75セントの切手 5 枚 / *zum* halben Preis 半額で / ein Fass *zu* zehn Litern 10 リットル入りの樽(㌸). ㋓〖**bis** *zu* の形で〗〖上限〗…まで. Städte bis *zu* 100 000 Einwohnern 人口 10 万人までの都市.
⑩〖移動の手段〗…で. *zu* Fuß gehen 歩いて行く ⇨ Wir gehen *zu* Fuß. 私たちは歩いて行きます / *zu* Pferde kommen 馬でやって来る / *zu* Schiff reisen〘雅〙船旅をする.
⑪〖特定の動詞・形容詞とともに〗*zu* 事³ bei|tragen 事³に寄与する / *zu* 人・物³ gehören 人・物³の一員(一部)である / *zu* 事³ fähig sein 事³をする能力がある / *zu* 人・事³ geeignet sein 人・事³に適している.
II 副

あまりに…すぎる
Das Kleid ist *zu* teuer.
ダス クライト イスト ツー トイアァ
このワンピースは高価すぎる.

① あまりに…すぎる. (㊛ *too*). Sie sprechen *zu* schnell für mich. あなたの話し方は私には速すぎます / Das ist [doch] *zu* schön, **um** wahr *zu* sein. それはあまりにすばらしくて本当とは思えない. ◊〖*zu* **viel**, *zu* **wenig** の形で〗Er trinkt *zu* viel. 彼は酒を飲みすぎる / Er hat *zu* viel Arbeit. 彼は仕事が多すぎる / Im Kaffee ist *zu* viel Milch. コーヒーにミルクが入りすぎている / Was *zu* viel ist, ist *zu* viel!《口語》もうたくさんだ, もう我慢できない / Das ist *zu* viel des Guten. または Das ist des Guten *zu* viel. そいつはあんまりだ / Er isst *zu* wenig. 彼はあまりに少食だ / Du wiegst *zu* wenig für deine Größe. 君は身長の割に体重が軽すぎる.
②《口語》閉じて, 閉まって. ◊〖*zu* **sein** の形で〗《口語》(店・ドアなどが)閉まっている;《俗》酔っ払っている ⇨ Das Fenster ist *zu*. 窓は閉まっている / Tür *zu*! ドアを閉めてくれ. ◊〖付加語としても〗eine *zue*(または *zune*) Flasche《俗》栓をしたびん.
③〖3 格または方向を表す語句のあとに置かれて〗…に向かって. dem Ausgang *zu* 出口に向かって / Der Balkon geht nach dem Hof *zu*. バルコニーは中庭に面している.
④〖命令文で〗《口語》(促して:)どんどん. Nur *zu*! または Immer *zu*! どんどんやれ.
⑤〖総合的に〗**ab und *zu*** ときどき.
III 形

…すること
Viel *zu* rauchen ist ungesund.
フィール ツー ラオヘン イスト ウンゲズント
たくさんたばこを吸うのは健康によくない.

①〖*zu* 不定詞[句]をつくって〗㋐〖主語・目的語として〗…すること. Es ist nicht leicht, ihn *zu* überzeugen. または Ihn *zu* überzeugen ist nicht leicht. 彼を説得するのは容易ではない / Er versprach, pünktlich *zu* kommen. 彼は時間どおりに来ると約束した. ㋑〖名詞・形容詞の付加語として〗…するという, …するための. der Plan, in Deutschland *zu* studieren ドイツの大学で勉強するという計画 / Er ist nicht fähig, diese Arbeit *zu* leisten. 彼にはこの仕事をやり遂げる能力がない.
② ㋐〖**um**+*zu* 不定詞[句]の形で〗…するために. Ich bin hier, um dir *zu* helfen. 私は君を助けるために来たのだ. ㋑〖**ohne**+*zu* 不定詞[句]の形で〗…することなしに. Er ging davon, ohne *zu* grüßen. 彼はあいさつもしないで立ち去った. ㋒〖[**an**]**statt**+*zu* 不定詞[句]の形で〗…する代わりに. Sie rief mich an, statt mir *zu* schreiben. 彼女は私に手紙を書く代わりに電話をかけてきた.
③〖**sein**+*zu* 不定詞[句]の形で〗…されうる, …されねばならない. Diese Aufgabe *ist* nicht *zu* lösen. この問題は解くことができない.
④〖**haben**+*zu* 不定詞[句]の形で〗…しなければならない. Ich *habe* noch *zu* arbeiten. 私はまだ仕事をしなければならない.
⑤〖*zu*+現在分詞の形で〗…されうる, …されなければならない. die nicht *zu* lösende Aufgabe 解くことができない問題.

⚠ 分離動詞の *zu* 不定詞: 分離動詞の場合は前つづりと基礎動詞の間に *zu* をはさみ 1 語としてつづる. 例: an*zu*rufen. なお非分離動詞では *zu* を前に置く. 例: *zu* bekommen.

zu.. [ツー.. tsúː..]〖分離動詞の前つづり〗; つねにアクセントをもつ ①(…へ向かって) 例: *zu*|senden 送付する. ②〖添加〗例: *zu*|fügen 付け加える. ③〖閉鎖〗例: *zu*|machen 閉じる. ④《こちらへ》例: *zu*|ziehen 引っ越して来る.

zu|al·ler·erst [ツ・ア ろァエーァスト] 副 真っ先に, いの一番に.
zu|al·ler·letzt [ツ・ア ろァエツト] 副 最後の最後に, いちばん終わりに.
zu|bau·en [ツー・バオエン tsúː-bàuən] 他 (h) (空き地など⁴を)建物を建ててふさぐ.
Zu·be·hör [ツー・ベヘーァ tsúː-bəhøːr] 中 (まれに 男) -[e]s/-e (⁷ː ..hœrdən も) (住宅などの)付属設備; (機械などの)付属品, アクセサリー.
zu|bei·ßen* [ツー・バイセン tsúː-bàɪsən] 自 (h) ①(犬などが)かみつく. ②歯をかみ合わせる.

zu|be·kom·men* [ツー・ベコンメン tsúː-bəkɔmən] 他 (h) ① 《口語》(ドアなど⁴を)やっと閉めることができる. ② 《方》おまけにもらう.

Zu·ber [ツーバァ tsúːbər] 男 -s/- 《方》(大型の)桶(おけ).

zu|be·rei·ten [ツー・ベライテン tsúː-bəràɪtən] (過分 zubereitet) 他 (h) ① (食べ物など⁴を)調理する, 料理する. ② (薬剤⁴を)調合する.

Zu·be·rei·tung [ツー・ベライトゥング tsúː-/-en 【ふつう 単】 ① 調理, 料理; (薬の)調合. ② 調理された食べ物; 調合された薬.

zu|bil·li·gen [ツー・ビりゲン tsúː-bìlɪɡən] 他 (h) (人³に権利など⁴を)認める, 承認する.

zu|bin·den* [ツー・ビンデン tsúː-bìndən] 他 (h) (袋など⁴を)ひもで閉める; (靴など⁴の)ひもを結ぶ, (靴のひもなど⁴を)結ぶ.

zu|blei·ben* [ツー・ブらイベン tsúː-blàɪbən] 自 (s) 《口語》(窓などが)閉じたままになっている.

zu|blin·zeln [ツー・ブリンツェるン tsúː-blìn-tsəln] 自 (h) (人³に)目くばせする.

zu|brin·gen* [ツー・ブリンゲン tsúː-brìŋən] 他 (h) ① (ある時間⁴をやむをえず…で)過ごす. eine Nacht⁴ im Auto *zubringen* 一晩車の中で過ごす. ② 《口語》(やっと)閉めることができる. Ich *bringe* die Tür nicht *zu*. 私はドアを閉めることができない.

Zu·brin·ger [ツー・ブリンガァ tsúː-brɪŋər] 男 -s/- (交通) ① (高速道路などへの)連絡道路, (駅・空港などへの)連絡路. ② (駅・空港などへの)連絡交通機関, 連絡バス.

Zu·brin·ger⸗stra·ße [ツーブリンガァ・シュトラーセ] 女 -/-n =Zubringer ①.

Zucht [ツフト tsúxt] 女 -/-en ① 《複なし》(動物の)飼育, (植物の)栽培; 養殖; 品種改良; (細菌の)培養. Tier*zucht* 動物の飼育 / Rosen*zucht* ばらの栽培. ② 飼育(栽培)された, [改良]品種. ③ 《複なし》厳しいしつけ, 訓育.

Zucht⸗bul·le [ツフト・ブれ] 男 -n/-n 種牛.

züch·ten [ツュヒテン tsýçtən] du züchtest, er züchtet (züchtete, *hat … gezüchtet*) 他 (完了 haben) (動植物⁴を)飼育する, 養殖する, 栽培する; 品種改良する; (菌⁴を)培養する. Rosen⁴ *züchten* ばらを栽培する / Geflügel⁴ *züchten* 養鶏業を営む.

Züch·ter [ツュヒタァ tsýçtər] 男 -s/- 飼育者, ブリーダー, 養殖(栽培)者. (女性形: -in).

züch·te·te [ツュヒテテ] züchten (飼育する)の 過去.

Zucht⸗haus [ツフト・ハオス] 中 -es/..häuser ① (昔の)監獄. ② 《口語》刑務所. ③ 《複なし》(昔の)懲役刑.

Zucht⸗hengst [ツフト・ヘングスト] 男 -[e]s/-e 種馬.

züch·ti·gen [ツュヒティゲン tsýçtɪɡən] 他 (h) 《雅》(子供など⁴を)こらしめる, せっかんする.

Züch·ti·gung [ツュヒティグング] 女 -/-en 《雅》懲罰, 体罰.

zucht⸗los [ツフト・ろース] 形 規律のない, だらしのない.

Zucht⸗per·le [ツフト・ペルれ] 女 -/-n 養殖真珠.

Züch·tung [ツュヒトゥング] 女 -/-en ① 飼育, 養殖, 栽培; 品種改良. ② 養殖(栽培)されたもの, 改良品種.

Zucht⸗vieh [ツフト・ふィー] 中 -[e]s/ (総称として:) 種畜.

zu·ckeln [ツッケるン tsúkəln] 自 (s) 《口語》(人・車などが…へ)のろのろと歩いて行く(進む).

zu·cken [ツッケン tsúkən] (zuckte, *hat/ist … gezuckt*) I 自 (完了 haben または sein) ① (h) ぴくぴく動く, ぴくっとする. (英 *twitch*). Seine Hand *zuckte*. 彼の手がぴくっと動いた / mit den Achseln *zucken* 肩をすくめる / ohne mit der Wimper zu *zucken* 眉(まゆ)一つ動かさずに, 平然と. ◇《非人称の *es* を主語として》Es *zuckte* **um** ihren Mund. 彼女の口元がぴくっと動いた / Es *zuckt* mir **in** den Beinen. (比) 私は(踊りたくて)足がむずむずする. ② (h) (稲妻などが)ぴかっと光る, またたく. **In** der Ferne *zuckten* Blitze. 遠くで稲妻が光った. ③ (s) 《方向を表す語句とともに》(…へ/…から) さっと動く; (炎などが…へ/…から)さっと走る. Er *zuckte* zur Seite. 彼はわきへ飛びのいた / Ein Gedanke *zuckte* ihr **durch** den Kopf. (比) ある考えが彼女の頭にひらめいた.
II 他 (完了 haben) (体の一部⁴を)ぴくりと動かす. die Schultern⁴ (または die Achseln⁴) *zucken* 肩をすくめる.

zü·cken [ツュッケン tsýkən] 他 (h) ① 《雅》(刀など⁴を)さっと抜く. ② 《戯》(財布など⁴を)さっと取り出す.

‡*der* **Zu·cker** [ツッカァ tsúkər]

| 砂糖 | Nehmen Sie *Zucker*?
ネーメン ズィー ツッカァ
砂糖を入れますか. |

男 (単 2) -s/(種類を表すときのみ: 複) - ① 砂糖; 《化》糖. (英 *sugar*). (⇔「塩」は Salz). weißer *Zucker* 白砂糖 / ein Löffel *Zucker* スプーン 1 杯の砂糖 / ein Stück *Zucker* 角砂糖 1 個 / Kaffee mit *Zucker* und Milch 砂糖とミルクを入れたコーヒー / Er trinkt den Tee **ohne** *Zucker*. 彼は砂糖を入れないで紅茶を飲む / Das Mädchen ist *Zucker*. 《俗》その女の子はすごくかわいんだ.
② 《複なし》《口語》糖尿病 (=Diabetes). Er hat *Zucker*. 彼は糖尿病にかかっている.

Zu·cker⸗brot [ツッカァ・ブロート] 中 -[e]s/-e (砂糖をまぶした)バターつきパン; マルチパン. **mit** *Zuckerbrot* und Peitsche 《戯》あめとむちで.

Zu·cker⸗do·se [ツッカァ・ドーゼ] 女 -/-n (食卓用の)シュガーポット.

Zu·cker⸗guss [ツッカァ・グス] 男 -es/..güsse (ケーキなどの)アイシング, 糖衣.

zu·cker⸗hal·tig [ツッカァ・ハるティヒ] 形 糖分を含んだ.

Zu·cker⸗hut [ツッカァ・フート] 男 -[e]s/..hüte (円錐(ホェス)状の)棒砂糖.

zu·cke·rig [ツッケリヒ tsúkərıç] 形 砂糖をまぶした; 砂糖でできた.

Zu·cker⸗krank [ツッカァ・クランク] 形 《医》糖尿病の.

Zu·cker⸗krank·heit [ツッカァ・クランクハイト] 女 -/ 《医》糖尿病(=Diabetes).

Zu·ckerl [ツッカァる tsúkərl] 中 -s/-[n] (南ド・オーストリア) ボンボン, キャンデー.

zu·ckern [ツッカァン tsúkərn] 他(h) ① (物⁴を)砂糖で甘くする. ② (物⁴に)砂糖をまぶす. einen Kuchen zuckern ケーキに砂糖をまぶす.

Zu·cker⸗rohr [ツッカァ・ローァ] 中 -[e]s/-e 《植》サトウキビ.

Zu·cker⸗rü·be [ツッカァ・リューベ] 女 -/-n 《植》サトウダイコン, テンサイ(甜菜).

Zu·cker⸗spie·gel [ツッカァ・シュピーゲる] 男 -s/ 血糖値.

Zu·cker⸗süß [ツッカァ・ズュース] 形 ① 砂糖のように甘い, 非常に甘い. ② 《比》甘ったるい(言葉など).

Zu·cker⸗wat·te [ツッカァ・ヴァッテ] 女 -/-n 綿菓子.

Zu·cker⸗zan·ge [ツッカァ・ツァンゲ] 女 -/-n 角砂糖ばさみ.

zuck·te [ツックテ] zucken (ぴくぴく動く)の 過去

Zu·ckung [ツックング tsúkuŋ] 女 -/-en ぴくぴく(ぴくっと)動くこと, けいれん.

zu|de·cken [ツー・デッケン tsú-dèkən] (deckte ... zu, hat ... zugedeckt) 他 (完了 haben) (英 cover) ① (人·物⁴を) 覆う, 包む. (反意 「覆いを取る」は auf|decken). ein Kind⁴ warm zudecken 子供を暖かくくるむ / Sie deckte den Kranken mit einer Decke zu. 彼女は病人に毛布を掛けてやった / 人⁴ mit Fragen zudecken 《比》人⁴に質問を浴びせかける. ◇《再帰的に》Er deckte sich⁴ mit seinem Mantel zu. 彼はコートにくるまった. ② (つぼなど⁴に)ふたをする, (穴など⁴を)ふさぐ. den Topf [mit einem Deckel] zudecken 鍋(⅔)にふたをする / eine Grube⁴ mit Brettern zudecken 穴を板でふさぐ.

zu·dem [ツ・デーム] 副 《雅》それに加えて, おまけに, [なお]その上.

zu|den·ken* [ツー・デンケン tsú-dèŋkən] 他 (h) 《雅》 (人³に物⁴を)与えようと思う.

zu|dik·tie·ren [ツー・ディクティーレン tsú-dıktìːrən] 他 (h) (人³に罰・役目など⁴を)科する.

zu|dre·hen [ツー・ドレーエン tsú-drèːən] 他 (h) ① (水道の栓・バルブなど⁴を)ひねって閉める; (ねじなど⁴を)回して締める. ② 《口語》(水・ガスなど⁴を)栓をひねって止める. Dreh das Wasser zu! (水道の)水を止めてくれ. ③ (人³に背など⁴を)向ける. ◇《再帰的に》sich⁴ 人³ zudrehen 人³の方を振り向く.

zu·dring·lich [ツー・ドリングリヒ] 形 押しつけがましい, あつかましい, しつこい.

Zu·dring·lich·keit [ツー・ドリングりヒカイト] 女 -/-en ① 《複 なし》押しつけがましさ, あつかましさ, しつこさ. ② あつかましい(しつこい)行為, 嫌がらせ.

zu|drü·cken [ツー・ドリュッケン tsúː-drỳkən] I 他 (h) ① (ドア・ふたなど⁴を)押して閉める. 人³ die Kehle⁴ zudrücken 人³の首を絞殺する / ein Auge⁴ (または beide Augen⁴) zudrücken a) 目をつぶる, b) 《口語・比》大目に見る. II 自 (h) (握手などで)ぎゅっと握る.

zu|eig·nen [ツー・アイグネン tsúː-àıgnən] I 他 (h) 《雅》(人³に物⁴を)献呈する. II 再帰 (h) sich³ 物⁴ zueignen (人³の物⁴を)横領する.

zu|ein·an·der [ツ・アイナンダァ] 副 お互いに, お互いどうしで. Sie sind sehr lieb zueinander. 彼らは相思相愛の仲だ.

zu|er·ken·nen* [ツー・エァケンネン tsúː-ɛrkɛ̀nən] (過分 zuerkannt) 他 (h) (裁判により人³に権利など⁴を)認める, (審査により人³に賞など⁴を)授与する. 人³ das Kind⁴ zuerkennen 人³に子供の引き取りを認める.

Zu·er·ken·nung [ツー・エァケンヌング] 女 -/-en 《ふつう 単》(裁判による)承認. 認定; 授与.

***zu⸗erst** [ツ・エーァスト tsu-éːɾst] 副 ① 最初に, まず第一に. (英 first). (反意「最後には」は zuletzt). Zuerst kam mein Bruder, dann folgten die anderen. 最初に私の兄がやって来た, それから他の人々が続いた / Zuerst fahren wir nach Berlin. まず私たちにベルリンに行く / Wer zuerst kommt, mahlt zuerst. (諺) 早い者勝ち(←最初に来た人が最初に粉をひく).
② 初め[のうち]は. (英 at first). Zuerst bemerkte ich noch gar nichts. 初めのうちは私は何も気がつかなかった.
③ 初めて, 最初に. Wir haben uns zuerst in München gesehen. 私たちはミュンヒェンで初めて出会った. ④ とりあえず, まずは. Wir wollen zuerst mal essen! まずは食事でもしてからにしよう.

zu|fah·ren* [ツー・ファーレン tsúː-fàːrən] 自 (s) ① 《auf 人·物⁴ ~》(乗り物が・人が乗り物で 人·物⁴の方へ)向かって行く(走る), (人·物⁴に)飛びかかる, つかみかかる. ② 《口語》(乗り物で)どんどん先に進む. Fahr [doch] zu! (運転者に:) どんどん走ってくれ.

Zu·fahrt [ツー・ファールト tsúː-faːrt] 女 -/-en ① 《複 なし》 (ある場所への乗り物の)乗り入れ. ② (ある場所への)進入路, アクセス道路.

Zu·fahrts⸗stra·ße [ツー・ファールツ・シュトラーセ] 女 -/-n (ある場所・施設などへの)進入路, アクセス道路.

***der **Zu·fall** [ツー・ふァる tsúː-fal] 男 (単 2) -[e]s/(複) ..fälle [..ふェれ] (3格のみ ..fällen) 偶然の出来事, 予期せぬ出来事. (英 accident, chance). ein glücklicher Zufall 幸運な偶然 / 事⁴ dem Zufall überlassen 事⁴を成り行きにまかせる / durch Zufall 偶然に, たまたま / Das ist aber ein Zufall! これはなんという偶然

Zufälle

でしょう / Es ist kein *Zufall*, dass … …は偶然ではない / Der *Zufall* wollte [es], dass … 偶然…ということになった.

Zu·fäl·le [ツー・フェれ] * Zufall (偶然)の 複

zu|fal·len* [ツー・ファれン tsú:-fàlən] 自 (s) ① (ドアなどが)ひとりで閉まる, (眠くて目が)閉じる. Die Tür *ist* von selbst *zugefallen*.《現在完了》ドアがひとりでに閉まった. ② (賞・遺産などが人³に)転がり込む;(任務などが人³に)割り当てられる.

*****zu·fäl·lig** [ツー・フェりヒ tsú:-fɛlɪç] I 形 偶然の, 思いがけない, たまたまの.《英 *accidental*》. eine *zufällige* Begegnung 思いがけない出会い. II 副 ① 偶然に, たまたま. Ich traf ihn *zufällig* in der Stadt. たまたま私は町で彼に会った. ② 〖疑問文で〗《口語》もしかして, ひょっとして. Haben Sie *zufällig* einen Füller bei sich? もしかして万年筆をお持ちじゃないでしょうか.

zu·fäl·li·ger·wei·se [ツーフェりガァ・ヴァイゼ] 副 偶然に, たまたま.

Zu·fäl·lig·keit [ツー・フェりヒカイト] 女 -/-en ① 〖複 なし〗偶然[性]. ② 偶然の出来事.

Zu·falls゠be·kannt·schaft [ツーファるス・ベカントシャフト] 女 -/-en ① 偶然に知り合った人. ② 〖ふつう 単〗《話》偶然に知り合うこと.

Zu·falls゠tref·fer [ツーファるス・トれッファァ] 男 -s/- 偶然の的中, まぐれ当たり[の得点].

zu|fas·sen [ツー・ファッセン tsú:-fàsən] 自 (h) ① (すばやく)つかむ, とらえる. ② 《口語》手伝う, 手を貸す.

zu|flie·gen* [ツー・ふりーゲン tsú:-fli:gən] 自 (s) ① 〖**auf** 人・物⁴ ~〗(人・物⁴に向かって)飛んで行く. ② (鳥などが人³の所へ)飛んで来る;《比》(アイディアなどが人³の頭に浮かんで来る. ③ 《口語》(ドアなどが)ばたんと閉まる.

zu|flie·ßen* [ツー・ふりーセン tsú:-fli:sən] 自 (s) ① 〖物³に向かって流れる; (物³に)流れ込む, 注ぐ. Der Fluss *fließt* dem Meer *zu*. その川は海に注いでいる. ② (寄付などが団体など³に)寄せられる, 与えられる.

Zu·flucht [ツー・ふるフト tsú:-fluxt] 女 -/-en 避難所, 隠れ家;《比》逃げ道, 救い. **zu** 物³ [seine] *Zuflucht* nehmen 物³に逃げ道を求める / Er suchte **bei** seinem Freund *Zuflucht*. 彼は友人に庇護(ひご)を求めた.

Zu·fluchts゠ort [ツーふるフツ・オルト] 男 -[e]s/-e 避難所, 隠れ家.

Zu·fluss [ツー・ふるス tsú:-flʊs] 男 -es/..flüsse ① 〖複 なし〗(水・資本などの)流入. ② 支流;(湖などへ)流入する川. Der Main ist im *Zufluss* des Rheins. マイン川はライン川の支流だ.

zu|flüs·tern [ツー・ふりュスタァン tsú:-flỳs-tərn] 他 (h) (人³に事⁴を)ささやく.

zu·fol·ge [ツー・ふォるゲ] 前 〖名詞のあとに置かれて:〗3格とともに, (名詞の前に置かれて:) 2格とともに〗…に従って; …によれば. seinem Wunsch *zufolge* または *zufolge* seines Wunsches 彼の希望に従って / einem Gerücht *zufolge* うわさによれば.

zu゠frie·den [ツ・ふリーデン tsu-frí:dən]

満足した

Ich bin mit ihm sehr *zufrieden*.
イヒ ビン ミット イーム ゼーァ ツふリーデン
私は彼にとても満足しています.

形 満足した, 満ち足りた.《英 *content*》. ein *zufriedener* Mensch 満ち足りた人 / ein *zufriedenes* Gesicht⁴ machen 満足そうな顔をする / Bist du jetzt endlich *zufrieden*?《口語》これでやっと満足したかい / **mit** 人・物³ *zufrieden* sein 人・物³に満足している ⇒ Er ist mit seinem Gehalt *zufrieden*. 彼は自分の給料に満足している.

► **zufrieden|stellen, zufrieden゠stellend**

zu·frie·den|ge·ben* [ツふリーデン・ゲーベン tsufrí:dən-gè:bən] 再働 *sich⁴ zufriedengeben* 満足する. *sich⁴* **mit** 事³ nicht *zufriedengeben wollen* 事³に満足しようとしない.

Zu·frie·den·heit [ツ・ふリーデンハイト] 女 -/ 満足[していること].

zu·frie·den|las·sen* [ツふリーデン・らッセン tsufrí:dən-làsən] 他 (h) 人⁴をそっとしておく, わずらわさない.

zu·frie·den|stel·len, zu·frie·den゠stel·len [ツふリーデン・シュテれン tsufrí:dən-ʃtɛ̀lən] 他 (h) (人⁴を)満足させる.

zu·frie·den|stel·lend, zu·frie·den゠stel·lend [ツふリーデン・シュテれント] 形 満足すべき, 申し分のない.

zu|frie·ren* [ツー・ふリーレン tsú:-frì:rən] 自 (s) (川・海などが)氷結する.

zu|fü·gen [ツー・ふューゲン tsú:-fỳ:gən] 他 (h) ① (人³に危害など⁴を)加える, 与える. 人³ gro-ßen Schaden *zufügen* 人³に大損害を与える. ② (A³ に B⁴を)付け加える, 添える.

Zu·fuhr [ツー・ふーァ tsú:-fu:r] 女 -/-en ① 〖複 なし〗(商品・貨物などの)補給;(水・ガスなどの)供給; (空気などの)流入. ② 《話》(一度に運ばれた)補給物資, 供給品.

zu|füh·ren [ツー・ふューレン tsú:-fỳ:rən] I 他 (h) ① (人・物³にガス・電気など⁴を)供給(補給)する, 引く, 通す. ② (A³ に B⁴ を紹介する; (B⁴ を A³ [の所]に)導く, 引き合わせる. dem Kaufmann Kunden⁴ *zuführen* 商人に顧客を紹介する / ein Problem⁴ einer Lösung³ *zuführen* 問題を解決する / 物⁴ einer Verwendung³ *zuführen* 物⁴を使用している. II 自 (h) 〖**auf** 物⁴ ~〗(道が物⁴へ)通じている.

Zu·füh·rung [ツー・ふューるング] 女 -/-en ① 〖複 なし〗供給, 補給. ② 導管, 送管; 給電線.

der Zug¹ [ツーク tsú:k]

列車 Ich fahre mit dem *Zug*.
イヒ ふァーレ ミット デム ツーク
私は列車で行きます.

男 (単2) -es (まれに -s)/(複) Züge [ツーゲ] (3格のみ Zügen) ① 列車. (英 train). ein verspäteter Zug [定刻より]遅れている列車 / Der Zug fährt gleich ab. その列車は間もなく発車します / Der Zug nach München kommt pünktlich an. ミュンヒェン行きの列車は定刻に到着する / Der Zug fährt auf Gleis 2 ein. 列車が2番線に入ります / Der Zug von Berlin hat Verspätung. ベルリンからの列車は遅れている / Ich nehme den Zug um 10 Uhr. 私は10時の列車に乗ります / den Zug erreichen (verpassen) 列車に間に合う(乗り遅れる) / aus dem Zug aus|steigen 列車から降りる / in den Zug ein|steigen 列車に乗り込む / im falschen Zug sitzen a) 間違った列車に乗っている, b) 《口語・比》 判断を誤っている / mit dem Zug fahren 列車で行く.

🗒 ドイツの主な列車: ICE (Intercityexpress) 都市間超特急 / EC (Eurocity) ヨーロッパ都市間特急 / IC (Intercity) 都市間特急 / EN (Euronight) ヨーロッパ都市間夜行特急 / RE (Regionalexpress) 地方都市間特急 / RB (Regionalbahn) 近距離列車 / D (Schnellzug) 急行列車 / E (Eilzug) 快速列車 / Ⓢ (S-Bahn) 都市高速鉄道

ICE

② 行列, 隊列. Festzug 祝賀パレード / ein Zug von Demonstranten デモ隊の行列.
③ 《圏 なし》 (雲などの)移動; (事態の)流れ, 動き, 傾向. der Zug der Vögel² 鳥の渡り / Das ist der Zug der Zeit. それは時代のすう勢だ / im Zug[e] der Reform² 改革の流れの中で / einen Zug durch die Gemeinde machen 《口語》 飲み屋をはしごする.
④ 《圏 なし》 勢い, 躍動, 活気. 圏⁴ in Zug bringen 圏⁴を活気づける / in Zug kommen 勢いづく / Er war gerade im besten Zug[e]. 彼はまさに絶好調だった.
⑤ 吸うこと; (飲み物を)飲むこと. Atemzug 呼吸 / einen Zug aus dem Glas tun コップから一飲みする / auf einen Zug または in einem Zug 一息に, (中断せず)一気に / die Luft⁴ in tiefen Zügen ein|ziehen 深い空気を胸いっぱいに吸い込む / 圏⁴ in vollen Zügen genießen 《比》 圏⁴を思いきり楽しむ.
⑥ 《圏 なし》 通風, 通気, すき間風. Der Ofen hat nicht genug Zug. そのストーブは通気が不十分だ / im Zug sitzen すき間風の入る所に座っている.
⑦ 筆遣い, 筆跡. mit schönen Zügen schreiben 美しい筆遣いで書く / in großen (または groben) Zügen 《比》 要約して, 大つかみに.
⑧ 顔だち, 顔つき; 表情. scharfe Züge 彫りの深い顔 / In seinem Gesicht lag ein Zug von Strenge. 彼の顔には厳しい表情が浮かんでいた.
⑨ 特徴, 特質. Das ist ein schöner Zug an ihm. それは彼の人柄のいいところだ.
⑩ (チェスの)指し手, こまを進めること. Er ist am Zug. 彼の手番だ / Zug um Zug 次々に / nicht zum Zug kommen 《比》 出番がない.
⑪ 引くこと, 引っ張ること; 引く力;《物》張力. ein starker Zug nach unten 下方へ強く引く力.
⑫ 引きひも, 引き手;《方》引き出し. der Zug an der Gardine カーテンの引きひも. ⑬ (水泳・ボートの)ストローク. ⑭ (ストーブなどの)煙道. ⑮ 《口語》 規律, しつけ. ⑯ (学校の)学科, コース. ⑰ 《軍》(30–50人の)小隊. ⑱ 連山.

Zug² [ツーク] 甲 -[s]/ ツーク(スイス26州の一つ, またその州都: ☞ 地図 D–5).

Zu·ga·be [ツー・ガーベ tsúː-ɡaːbə] 囡 -/-n ① 景品, おまけ; (音楽会などでの)アンコール[曲]. ② 《圏 なし》 付加, 添化.

Zu·gang [ツー・ガング tsúː-ɡaŋ] 男 -[e]s/..gänge ① 《圏 なし》 出入り, 立ち入り;《比》 近づくすべ(機会), 親しみ. keinen Zugang zu 人·物³ haben 人·物³に親しみが持てない(理解できない) / Zugang verboten! (掲示などで:)立入禁止. ② 出入り口, 通路. ③ 《圏 なし》 (人員・蔵書などの)増加. ④ 新入り; 入荷商品, 新着図書.

zu·gäng·lich [ツー・ゲングリヒ tsúː-ɡɛŋlɪç] 形 ① (場所などが)近づきやすい; 立ち入ることができる. (英 accessible). Die Hütte ist im Winter schwer zugänglich. その山小屋には冬は近づきにくい.
② 利用できる; (情報などが)入手できる. (英 available). Die Bibliothek ist allen (または für jeden) zugänglich. その図書館はだれでも利用できる. ③ 親しみやすい, とっつきやすい. ein zugänglicher Mensch つき合いやすい人 / Diese Musik ist schwer zugänglich. この音楽は難解だ. ④ (考え・忠告などに)心を開いた, 受け入れる用意がある. Er ist vernünftigen Vorschlägen³ (または für vernünftige Vorschläge) immer zugänglich. 彼はもっともな提案にはいつもちゃんと耳を傾ける.

Zug=be·glei·ter [ツーク・ベグライタァ] 男 -s/- ① 列車乗務員. (女性形: -in). ② (特急列車などの座席に置いてあるその列車の)発着・接続時刻表.

Zug=brü·cke [ツーク・ブリュッケ] 囡 -/-n はね橋. (☞ Burg 図, 246 ページ).

Zü·ge [ツーゲ] 囡 ≫Zug (列車)の 複

zu·ge·ben* [ツー・ゲーベン tsúː-ɡèːbən] du gibst...zu, er gibt...zu (gab...zu, hat...zugeben) 他 (完了 haben) ① (おまけとして)付け加える, 添える. (英 add). Salz⁴ zugeben 塩味を加える / Der Sänger gab noch zwei Lieder zu. その歌手はアンコールにこたえてもう2曲歌った.
② (罪など⁴を)白状する. Der Angeklagte hat die Tat zugegeben. 被告は犯行を認めた.

③ (圏4を正しいと)認める. Ich *gebe zu*, dass du Recht hast. 君が正しいことは認めるよ. 『否定文・疑問文で』許す, 容認する. Er *wollte* nicht *zugeben*, dass ich allein reise. 彼は私が一人で旅行するのを許そうとしなかった.

zu·ge·deckt [ツー・ゲデックト] zu|decken (覆う)の 過分

zu·ge·gan·gen [ツー・ゲガンゲン] zu|gehen (向かって行く)の 過分

zu·ge·ge·ben [ツー・ゲゲーベン] zu|geben (付け加える)の 過分

zu·ge·ge·be·ner≠ma·ßen [ツーゲゲーベナァ・マーセン] 副 すでに認めたとおり; だれしも認めているように.

zu·ge·gen [ツ・ゲーゲン] 形 『述語としてのみ』《雅》(その場に)居合わせて; 出席して (=anwesend). Er war **bei** dem Unfall *zugegen*. 彼は事故の現場に居合わせていた.

zu|ge·hen* [ツー・ゲーエン tsú:-gè:ən] (ging ... zu, *ist* ... zugegangen) 自 (完了) sein) ① 『**auf** 人·物4 ~』(人·物4に)向かって行く, 歩み寄る. Er *ging* auf sie *zu*. 彼は彼女の方へ歩み寄った.
② (圏3(または **auf** 圏4) ~』(時間的に)圏3(または圏4)に)近づく. Die Ferien *gingen* dem Ende *zu*. 休暇が終わりに近づいていた. 『非人称の **es** を主語として』Es *geht* auf Weihnachten *zu*. そろそろクリスマスが近い. ③ 《口語》(ドアなどが)閉まる. Der Koffer *geht* nicht *zu*. スーツケースが閉まらない. ④ 《官庁》(書類などが人3に)届けられる. Ich *lasse* Ihnen demnächst ein Buch *zugehen*. あなたに近いうちに本を1冊お送りします. ⑤ (物事が…のくあいに)進行する, 起こる. Wie *ist* das *zugegangen*? 『完了』どうしてそんなことになったのか. 『非人称の **es** を主語として』**Auf** der Party *ging* es sehr lustig *zu*. パーティーはとても楽しかった. ⑥ (先が…の形に)なっている. Der Aussichtsturm *geht* spitz *zu*. 展望タワーは先が細くなっている.

zu·ge·hö·rig [ツー・ゲヘーリヒ] 形 (人·物3に)所属(付属)している. der den Schloss *zugehörige* Park 宮殿に所属している公園 / ein Haus4 mit *zugehörigem* Garten kaufen 庭つきの家を買う.

Zu·ge·hö·rig·keit [ツー・ゲヘーリヒカイト] 女 -/ 所属[していること]; 構成員(会員)であること.

zu·ge·hört [ツー・ゲヘーァト] *zu|hören (注意して聞く)の 過分

zu·ge·knöpft [ツー・ゲクネプふト] I zu|knöpfen (ボタンを掛ける)の 過分 II 形 《口語》とっつきにくい, 無口な, 打ち解けない(人など).

zu·ge·kom·men [ツー・ゲコンメン] zu|kommen (近づいて来る)の 過分

der **Zü·gel** [ツューゲル tsý:gəl] 男 (単2) -s/ (複) - (3格のみ -n) 手綱. 《英》*rein*). dem Pferd die *Zügel*4 an|legen 馬に手綱を付ける / ein Pferd4 **am** *Zügel* führen 馬の手綱を引く / einem Pferd **in** die *Zügel* fallen 逃げる馬の手綱をつかんで立ち止まらせる / die *Zü-*

*gel*4 an|ziehen a) 手綱を締める, b) 《比》規律を引き締める / die *Zügel*4 lockern a) 手綱を緩める, b) 《比》schleifen lassen) a) 手綱を緩める, b) 《比》規律を緩める / die *Zügel*4 in der Hand haben 《比》主導権を握っている / 人·事3 *Zügel*4 an|legen 人·事3を抑制する / die *Zügel*4 schießen lassen (または schießen|lassen) 《比》人·事3の勝手に任せる / **bei** 人3 die *Zügel*4 kurz halten 《比》人3に勝手なことをさせない.

zu·ge·las·sen [ツー・ゲらッセン] zu|lassen (許す)の 過分

zü·gel≠los [ツューゲる・ろース] 形 抑制の効かない, 自制心のない, だらしのない. ein *zügelloses* Leben4 führen だらしない生活を送る.

Zü·gel≠lo·sig·keit [ツューゲる・ろーズィヒカイト] 女 -/ 抑制がきかないこと, 放縦.

zü·geln [ツューゲるン tsý:gəln] 他 (h) ① (馬4の)手綱を締める, (馬4を)御する. ② 《比》(人4・感情など4を)抑制(制御)する; (口などを4)慎む. seinen Zorn *zügeln* 怒りを抑える. ◇再帰的に』*sich*4 *zügeln* 自制する, 我慢する.

zu·ge·macht [ツー・ゲマッハト] *zu|machen (閉める)の 過分

zu·ge·mu·tet [ツー・ゲムーテット] zu|muten (期待する)の 過分

zu·ge·neigt [ツー・ゲナイクト] I zu|neigen (考えが傾く)の 過分 II 形 《雅》(人·事3に)好意をいだいて, 心を寄せた.

zu·ge·nom·men [ツー・ゲノンメン] *zu|nehmen (増す)の 過分

zu·ge·sagt [ツー・ゲザークト] zu|sagen (約束する)の 過分

zu·ge·schlos·sen [ツー・ゲシュろッセン] zu|schließen (鍵をかける)の 過分

zu·ge·se·hen [ツー・ゲゼーエン] zu|sehen (眺める)の 過分

zu|ge·sel·len [ツー・ゲゼれン tsú:-gəzèlən] (過分 zugesellt) 再帰 (h) *sich*4 人·事3 *zugesellen* 人3の仲間になる, 事3に加わる.

zu·ge·stan·den [ツー・ゲシュタンデン] zu|gestehen (認める)の 過分

zu·ge·stan·de·ner≠ma·ßen [ツーゲシュタンデナァ・マーセン] 副 《書》一般に認められているように, 明らかに.

Zu·ge·ständ·nis [ツー・ゲシュテントニス] 中 ..nisses/..nisse 容認, 承認, 譲歩. 人3 *Zugeständnisse*4 machen 人3に譲歩する.

zu|ge·ste·hen* [ツー・ゲシュテーエン tsú:-gəʃtèːən] (gestand ... zu, *hat* ... zugestanden) 他 (完了 haben) ① (人3に権利など4を)認める, 容認する. 《英》*concede*). dem Käufer einen Rabatt *zugestehen* 買い手に割引を認める. ② (本当だと)認める, 白状する. 《英》*admit*). Ich *muss* ihm *zugestehen*, dass ... …ということを私は彼に認めざるをえない.

zu·ge·stimmt [ツー・ゲシュティムト] zu|stimmen (賛成する)の 過分

zu·ge·tan [ツー・ゲターン] I zu|tun (付け加える)

の 過分 **II** 形 《成句的に》人・物³ zugetan sein 人³に好意を寄せている, 物³が好きである. Er ist dem Wein sehr *zugetan*. 彼はワインをとても愛好している.

zu·ge·traut [ツー・ゲトラオト] zu|trauen (思う)の 過分

zu·ge·trof·fen [ツー・ゲトロッフェン] zu|treffen (当たっている)の 過分

zu·ge·wandt [ツー・ゲヴァント] zu|wenden (向ける)の 過分

Zug⊧füh·rer [ツーク・フューラァ] 男 -s/- ① (列車の)車掌. (女性形: -in). ② 《軍》小隊長.

Zu·ge·winn·ge·mein·schaft [ツーゲヴィン・ゲマインシャフト] 女 -/-en 《法》(離婚時に夫婦の共有財産を均等に分割する)余剰共同制.

zu·gie·ßen* [ツー・ギーセン tsú:-gì:sən] 他 (h) (水など⁴を)つぎ足す.

zu·gig [ツーギヒ tsú:gɪç] 形 すき間風の入る, 風の吹き抜ける, 吹きさらしの.

zü·gig [ツューギヒ tsý:gɪç] 形 ① 迅速な, 遅滞のない, スムーズな, きびきびした. ein *zügiger* Verkehr スムーズな車の流れ. ② 《スイ》けん引力のある(牛など).

Zug⊧kraft [ツーク・クラふト] 女 -/..kräfte ① 《物》けん引力. ② 《園なし》魅力, 人気.

zug⊧kräf·tig [ツーク・クレふティヒ] 形 人の心を引きつける, 魅力のある(本の題名など).

zu·gleich [ツ・グらイヒ tsu·gláɪç] 副 同時に; (…であると)同時にまた. Wir kamen *zugleich* an. 私たちは同時に到着した / Er ist Maler und Dichter *zugleich*. 彼は画家であると同時に詩人でもある.

Zug⊧luft [ツーク・るフト] 女 -/ 通風, すき間風.

Zug⊧ma·schi·ne [ツーク・マシーネ] 女 -/-n けん引車(機); トラクター.

Zug⊧per·so·nal [ツーク・ペルゾナーる] 田 -s/ 《鉄道》(総称として:)列車乗務員.

Zug⊧pferd [ツーク・プフェールト] 田 -[e]s/-e ① 引き馬, 輓馬(ばんば). ② (催しなどの)人寄せとなる有名人; 呼び物.

zu·grei·fen* [ツー・グライフェン tsú:-gràɪfən] 自 (h) ① (手を伸ばして)つかむ; 取って食べる, 《比》すばやく買い求める, (仕事などに)とびつく, (警察の手が入る); 《コンピ》(データに)アクセスする. Bitte *greifen* Sie *zu*! (食卓で:)どうぞ召し上がってください. ② せっせと働く; 仕事の手伝いをする.

Zu·griff [ツー・グリふ tsú:-grɪf] 男 -[e]s/-e つかむこと; 介入, 干渉; (警察の)手入れ; 《コンピ》アクセス.

Zu·griffs⊧zeit [ツーグリふス・ツァイト] 女 -/-en 《コンピ》アクセスタイム.

zu·grun·de, zu Grun·de [ツ・グルンデ tsu·grúndə] 副 《成句的に》① *zugrunde* gehen a) ためになる, 破滅する, b) 死ぬ. Er ging an dieser Krankheit *zugrunde*. 彼はこの病気で死んだ. ② A³ B⁴ *zugrunde* legen B⁴ を A³ の基礎にする. Er legte seinem Vortrag ein Wort von Heine *zugrunde*. 彼はハイネの言葉を基に講演をした. ③ 物² *zugrunde* liegen 物³の基礎になっている. Seinem Mißtrauen liegt eine persönliche Erfahrung *zugrunde*. 個人的な経験が彼の不信感の基になっている. ④ 人・物⁴ *zugrunde* richten 人・物⁴を滅ぼす, 破産にする. Er hat die Firma *zugrunde* gerichtet. 彼は会社をつぶした.

die **Zug·spit·ze** [ツーク・シュピッツェ tsú:k-ʃpɪtsə] 女 -/《定冠詞とともに》《山名》ツークシュピッツェ(ドイツの最高峰. 2962 m: ☞《地図》E-5).

Zugspitze

Zug⊧stück [ツーク・シュテュック] 田 -[e]s/-e 大評判の芝居, 呼び物.

Zug⊧tier [ツーク・ティーア] 田 -[e]s/-e 車をひく役畜(牛・馬・ろばなど).

zu·gu·cken [ツー・グッケン tsú:-gùkən] 自 (h) 《口語》(人・物³を)眺める, 見物する (=zu|sehen).

zu⊧guns·ten, zu Guns·ten [ツ・グンステン] 副 《2格とともに》…の利益になるように, …のために. *zugunsten* meines Vaters 父のために. ◇《3格の名詞・代名詞の後ろに置いて》mir *zugunsten* 私のために. ◇《*von* とともに副詞的に》*zugunsten* von Herrn Müller ミュラー氏のために.

zu·gu·te.. [ツグーテ.. tsugú:tə..] 《分離動詞の前つづり; つねにアクセントをもつ》① 《有用》*zugute*|kommen 役立つ. ② 《寛容》*zugute*|halten 考えに入れる. ③ 《享受》*sich*³ 物⁴ *zugute*|tun 自分のために物⁴をする.

zu·gu·te|hal·ten [ツグーテ・ハるテン tsugú:-tə-hàltən] 他 (h) 人³ 物⁴ *zugutehalten* 《雅》人³の物⁴を考えに入れてやる, 大目に見る. Wir wollen ihm seine Jugend *zugutehalten*. 彼の若さに免じて大目に見ようじゃないか. ◇《再帰的に》*sich*³ *auf* 物⁴ *zugutehalten* 物⁴を自慢する.

zu·gu·te|kom·men [ツグーテ・コンメン tsugú:-tə-kòmən] 自 (s) 人・物³ *zugutekommen* 人・物³に役立つ, ためになる. ◇《*lassen* とともに》人³ 物⁴ *zugutekommen lassen* a) 人³に物⁴を許可する, b) 人³のために物⁴を役立てる.

zu·gu·te|tun [ツグーテ・トゥーン tsugú:tə-tù:n] 他 (h) 人³ (sich³) 物⁴ *zugute*|*tun* 人³(自分)のために物⁴をする.

Zug⊧ver·bin·dung [ツーク・フェアビンドゥング] 女 -/-en 列車による連絡; (乗り換えの際の)列車の接続.

Zug⊧ver·kehr [ツーク・フェアケーア] 男 -s/ 鉄道交通(運行).

Zug‐vo‐gel [ツーク・フォーゲる] 男 -s/..vögel 渡り鳥.

Zug‐zwang [ツーク・ツヴァンク] 男 -[e]s/..zwänge せっぱ詰まった状況(元の意味はチェスなどの「差し手の強制」). Er steht *unter Zugzwang*. 彼はせっぱ詰まった状況下にある.

zu|ha‐ben* [ツー・ハーベン tsú:-hà:bən] I 自 (h)《口語》(店などが)閉まっている. II 他 (h)《口語》(店など⁴を)閉めている,(目・口など⁴を)閉じている(おく).

zu|hal‐ten* [ツー・ハるテン tsú:-hàltən] I 他 (h) ① (ドアなど⁴を)閉めておく,(目・口など⁴を)閉じておく. ② (手などで体の一部⁴を)覆う,ふさぐ. 人³ den Mund *zuhalten* (黙らせるために)人³の口をふさぐ / sich³ die Nase⁴ *zuhalten* 鼻をつまむ. II 自 (h)〖auf 物⁴ ~〗(船などが物⁴に向かって)進む.

Zu‐häl‐ter [ツー・へるタァ tsú:-hɛltər] 男 -s/- (売春婦の)情夫,ひも.

zu|hau‐en⁽*⁾ [ツー・ハオエン tsú:-hàuən] I 他 (h)《口語》① (石材など⁴を)一定の形に切る. ② (ドアなど⁴を)ばたんと閉める. ③ (箱など⁴に)ふたを打ちつける. II 自 (h)《口語》なぐりかかる.

zu‐hau‐se [ツ・ハオゼ tsu-háuzə] 副 在宅して,自宅で(=zu Hause).

das **Zu‐hau‐se** [ツ・ハオゼ tsu-háuzə] 中 (単2) -s/ わが家,自宅;故郷. Er hat ein schönes *Zuhause*. 彼にはすてきなわが家がある.

zu|hei‐len [ツー・ハイれン tsú:-hàilən] 自 (s) (傷が)ふさがる,癒着する.

Zu‐hil‐fe‐nah‐me [ツヒるフェ・ナーメ tsu-hílfə-na:mə] 女 -/ 助けを借りること. *unter* (*ohne*) *Zuhilfenahme* von… …の助けを借りて(借りずに).

zu|hin‐terst [ツ・ヒンタァスト] 副 いちばん後ろ(奥)に.

***zu|hö‐ren** [ツー・ヘーレン tsú:-hø̀:rən] (hörte…zu, hat…zugehört) 自 (完了 haben) (注意して)聞く;(人³に)耳を傾ける,傾聴する. (類 listen). einem Redner (einem Gespräch) *zuhören* 演説者(対話)に耳を傾ける / *Hör* mal *zu*! まあよく聞いてくれよ / Er kann gut *zuhören*. 彼は人の話をよく聞いてくれる. (⇒類語 hören).

der **Zu‐hö‐rer** [ツー・ヘーラァ tsú:-hø̀:rər] 男 (単2) -s/(複) - (3格のみ -n) 聞き手,聴取者;聴衆. (英 listener). (⇒ 「観客」は Zuschauer).

Zu‐hö‐re‐rin [ツー・ヘーレリン tsú:-hø̀:rərɪn] 女 -/..rinnen (女性の)聞き手;聴衆.

Zu‐hö‐rer‐schaft [ツー・ヘーラァシャふト] 女 -/ (総称として:)聴衆.

zu|ju‐beln [ツー・ユーべるン tsú:-jù:bəln] 自 (h) (人³に)歓声をあげる.

zu|keh‐ren [ツー・ケーレン tsú:-kè:rən] I 他 (h) (人・物³に顔・背中など⁴を)向ける. 人³ das Gesicht⁴ *zukehren* 人³に顔を向ける. II 自 (s) (に寄る)(…に)立ち寄る.

zu|klap‐pen [ツー・クらッペン tsú:-klàpən] I 他 (h) (ドア・ふたなど⁴を)ばたんと閉める. II 自 (s) (ドアなどが)ばたんと閉まる.

zu|kle‐ben [ツー・クれーベン tsú:-klè:bən] 他 (h) ① (封筒など⁴に)糊(⁰⁷)で封をする. ② 〖A⁴ mit B³ ~〗(A⁴ に B³ を)貼(は)りつける.

zu|knal‐len [ツー・クナれン tsú:-knàlən] I 他 (h)《口語》(ドアなど⁴を)ばたんと閉める. II 自 (s)《口語》(ドアなどが)ばたんと閉まる.

zu|knei‐fen [ツー・クナイふェン tsú:-knàifən] 他 (h) (目・口などを)固く閉じる.

zu|knöp‐fen [ツー・クネプふェン tsú:-knœpfən] 他 (h) (服など⁴の)ボタンを掛ける. den Mantel *zuknöpfen* コートのボタンを掛ける.
◇⇒ **zugeknöpft**

zu|kom‐men* [ツー・コンメン tsú:-kòmən] (kam…zu, ist…zugekommen) 自 (完了 sein) ① (人・物⁴ に)近づいて来る,(問題などが⁴ に)差し迫る. Er *kam* geradewegs auf mich *zu*. 彼はまっすぐ私の方へ近づいて来た / Wir *lassen* die Sache auf uns *zukommen*.《比》私たちはこの件の成り行きを見守ろう.
② (人³に)ふさわしい,当然与えられるべきものである. Dieser Titel *kommt* ihm nicht *zu*. この肩書きは彼にはふさわしくない. ③《雅》(人³のものになる,(知らせなどが人³に)届けられる. Das Geld *kommt* Ihnen *zu*. このお金はあなたのものですよ / Ihm *ist* eine Nachricht *zugekommen*.〖現在完了〗彼のもとにある知らせが届いた / 人³ 物⁴ *zukommen lassen* 人³に物⁴を与える(届ける). ④ (事³に意義などが)ある. Dieser Entdeckung *kommt* eine große Bedeutung *zu*. この発見には大きな意義がある.

zu|kor‐ken [ツー・コルケン tsú:-kòrkən] 他 (h) (びんなど⁴に)コルク栓をする.

die* **Zu‐kunft** [ツー・クンふト tsú:-kʊnft] 女 (単2) -/(複) ..künfte 〚..キュンふテ〛① 未来,将来;将来性,前途. (英 future). (⇒「現在」は Gegenwart,「過去」は Vergangenheit). eine unsichere *Zukunft* 不確かな未来 / die *Zukunft* der Menschheit² 人類の未来 / Dieser Beruf hat *Zukunft*. この職業には将来性がある / Die *Zukunft* gehört der Jugend. 未来は若者のものだ / Der Künstler hat eine große *Zukunft* vor sich. この芸術家はなかなか前途有望だ / Pläne⁴ *für* die *Zukunft* haben 将来の計画を持っている / für alle *Zukunft* 今後いつまでも / **in *Zukunft 将来は,今後は / in ferner *Zukunft* 遠い将来 / in naher (nächster) *Zukunft* 近い将来(間もなく) / ein Beruf **mit** *Zukunft* 将来性のある(ない)職業.
② 《言》未来[時称],未来形(=Futur).

Zu‐künf‐te [ツー・キュンふテ] *Zukunft (未来) の 複.

zu‐künf‐tig [ツー・キュンふティヒ tsú:-kʏnftɪç] I〖付加語としてのみ〗未来の,将来の,今後の. (英 future). die *zukünftige* Entwicklung 将来の発展 / ihr *zukünftiger* Ehe-

mann 彼女の未来の夫.
II 副 これからは, 今後は. Das wird *zukünftig* anders werden. 今後はそれも変わっていくでしょう.

Zu·kunfts≠aus·sich·ten [ツークンフツ・アオスズィヒテン] 複 将来の見込み.

Zu·kunfts≠for·schung [ツークンフツ・フォルシュング] 女 -/ 未来学.

Zu·kunfts≠mu·sik [ツークンフツ・ムズィーク] 女 -/ (あまり実現の見込みのない)夢物語, 遠い夢. Dieses Projekt ist [ja nur] *Zukunftsmusik*. このプロジェクトはまだ夢物語にすぎない.

Zu·kunfts≠plan [ツークンフツ・プラーン] 男 -[e]s/..pläne 《ふつう 複》将来計画.

Zu·kunfts≠ro·man [ツークンフツ・ロマーン] 男 -s/-e 未来小説(SFなど).

zu·kunfts≠träch·tig [ツークンフツ・トレヒティヒ] 形 将来性のある, 将来有望な.

zu-kunfts≠wei·send [ツークンフツ・ヴァイゼント] 形 未来志向の(テクノロジーなど).

zu|lä·cheln [ツー・れヒェるン tsú:-lèçəln] 自 (h) (人³に)ほほえみかける.

Zu·la·ge [ツー・らーゲ tsú:-la:gə] 女 -/-n (本給以外の)手当, 特別手当.

zu Lan·de ☞ Land ①

zu|lan·gen [ツー・らンゲン tsú:-làŋən] 自 (h) ① 《口語》(出された食事などに)手を伸ばす, 取って食べる. Bitte, *langen* Sie *zu*! (食卓で:)どうぞご自由に召し上がってください. ② 《口語》せっせと働く.

zu·läng·lich [ツー・れングリヒ] 形 《雅》十分な (知識·経験など).

zu|las·sen* [ツー・らッセン tsú:-làsən] du lässt ... zu, er lässt ... zu (ließ ... zu, hat ... zugelassen) 他 (完了 haben) ① (軍⁴を)許す, 許容する. (英) *allow, permit*. So etwas *kann* ich nicht *zulassen*. そのようなことは許すわけにはいかない / Das Gesetz *lässt* keine Ausnahme *zu*. この法律は例外を認めていない. ② (人⁴に入場·入会などを)許可する; (人・物⁴を)認可(許可)する. (英) *admit*. einen Arzt *zulassen* 医師の免許を与える / 人⁴ **als** Anwalt *zulassen* 人⁴に弁護士の資格を与える / Der Film *ist* **für** Jugendliche nicht *zugelassen*. 《状態受動·現在》この映画は未成年者は入場できません / 人⁴ **zum** Studium (または für das Studium) *zulassen* 人⁴に大学入学を許可する. (☞ 類語 erlauben). ③ 《口語》閉じた(閉めた)ままにしておく. das Fenster⁴ *zulassen* 窓を閉めておく.

zu·läs·sig [ツー・れスィヒ tsú:-lɛsɪç] 形 (公的に)許されている, 許容範囲内の. die *zulässige* Höchstgeschwindigkeit 最高制限速度.

Zu·las·sung [ツー・らッスング] 女 -/-en ① 《複なし》(入会·入学などの)許可; 認可, 承認. ② 《口語》自動車登録証.

Zu·las·sungs≠pa·pie·re [ツーらッスングス・パピーレ] 複 (自動車などの)登録証.

zu·las·ten, zu Las·ten [ツ・らステン] 副 《2格とともに》 ... の負担で; ... の不利になるように. *zulasten* des Steuerzahlers 納税者の不利益 (負担)になるように.

Zu·lauf [ツー・らオフ tsú:-lauf] 男 -[e]s/..läufe ① 《複なし》(客などが)押し寄せること, (群衆の)殺到. Der Arzt hat großen *Zulauf*. その医者はずいぶんはやっている. ② 給水口.

zu|lau·fen* [ツー・らオフェン tsú:-làʊfən] 自 (s) ① 《auf 人・物⁴~》(人・物⁴の方へ)走り寄る. Die Kinder *liefen* auf den Vater *zu*. 子供たちは父親の方へ走り寄った. ② 《口語》どんどん走る. *Lauf zu*! どんどん走れ, 急げ. ③ 《auf 物⁴~》(道などが物⁴の方へ)伸びている. 通じている. ④ (お客などが人³の所へ)押し寄せる, 殺到する. ⑤ (犬などが人³の所へ)迷い込む. ⑥ (液体が)つぎ足される. Wasser⁴ *zulaufen lassen* 水をつぎ足す. ⑦ (ぁる形に)ﾅっている. spitz *zulaufen* 先がとがっている.

zu|le·gen [ツー・れーゲン tsú:-lè:gən] **I** 再帰 (h) *sich*³ 物⁴ *zulegen* 《口語》物⁴を手に入れる, 買う. Er *hat* sich ein Auto *zugelegt*. 彼は自動車を買った / *sich*³ einen Bart⁴ *zulegen* 《比》ひげを生やす. **II** 他 (h) 《口語》スピード(テンポ)を上げる. **III** 他 (h) (方・口語) 追加する, 付け足す. *Legen* Sie noch ein Stück *zu*! もう1個追加してください.

zu≠leid, zu Leid [ツ・らイト] 副 = zuleide

zu≠lei·de, zu Lei·de [ツ・らイデ] 副 《成句的に》人・物⁴ *zuleide* tun 《人・物》³に害を加える(苦しめる). Er kann keiner Fliege etwas *zuleide* tun. 彼は虫一匹殺せない(←はえ一匹殺せない).

zu|lei·ten [ツー・らイテン tsú:-làɪtən] 他 (h) ① (A³に B⁴を)導く, 引き込む; (比) (軍³にお金など⁴を)振り向ける. einem Fischteich Wasser⁴ *zuleiten* 養魚池に水を引く. ② (人³に文書などを)送付する.

Zu·lei·tung [ツー・らイトゥング] 女 -/-en ① 《複なし》(ガスなどを)引くこと; (書類などの)伝達. ② (水道の)給水管, (ガスの)導管; (電) 引き込み線.

zu≠letzt [ツ・れツト tsu-létst] 副 ① 最後に, いちばん終わりに. (英) *last*. (⇔ 「最初に」は *zuerst*). *zuletzt* an die Reihe kommen 最後に自分の順番が来る / **bis** *zuletzt* 《口語》 a) 最後の最後まで, b) (比) 死ぬまで / Sie kam *zuletzt*. 彼女は最後にやって来た / **nicht** *zuletzt* なんといっても, とりわけ ⇒ Alle Leute und nicht *zuletzt* die Kinder hatten ihn gern. すべての人たち, とりわけ子供たちは彼が好きだった / Wer *zuletzt* lacht, lacht am besten. (ことゎざ) 最後に笑う者が最もよく笑う.

② 《口語》この前, 前回. Wo hast du ihn *zuletzt* gesehen? この前君が彼に会ったのはどこだったの.

③ ついに, 結局. *Zuletzt verlor* ich die Geduld. とうとう私は我慢しきれなくなった.

zu≠lie·be [ツ・リーベ] 副 《成句的に》人・事³ *zuliebe* 人・事³のためを思って. Das habe ich nur dir *zuliebe* getan. 私はただ君のためにそうしたのだ.

Zu·lie·fer·in·dus·trie [ツーリーファァ・インドゥストリー] 囡 -/-n [..リーエン] 下請産業.

‡zum [ツム tsúm]《前置詞 zu と定冠詞 dem の融合形》Wie komme ich *zum* Bahnhof? 駅へはどう行ったらいいですか / *zum* Beispiel 例えば / *zum* Glück 幸いにも / *zum* ersten Mal 最初に, 初めて.

＊zu|ma·chen [ツーマッヘン tsú:-màxən] (machte ... zu, hat ... zugemacht) I 他 (完了) haben)《口語》① (ドア・窓など⁴を)閉める, (目・口など⁴を)閉じる. (英 *close*). (メモ「開ける」は auf|machen). Mach die Tür zu! ドアを閉めてくれ / den Koffer *zumachen* トランクを閉める / einen Brief *zumachen* 手紙に封をする / eine Flasche⁴ *zumachen* びんに栓をする / Ich *habe* die ganze Nacht kein Auge *zugemacht*. 私は一晩中一睡もできなかった.
② (店など⁴を)廃業する. Er *musste* [seinen Laden] *zumachen*. 彼は店をたたまざるをえなかった.
II 自 (完了 haben) ① 《口語》(店などが)閉まる. Wann *machen* die Geschäfte *zu*? 店は何時に閉まりますか. ② 《方》急ぐ. *Mach zu*! 早くしろ, 急げ.

zu·mal [ツ・マール tsu-má:l] I 副 特に, なかでも (＝besonders). (英 *especially*). Ich höre gern klassische Musik, *zumal* Mozart. 私はクラシック音楽, とりわけモーツァルトをよく聴く / Sie nimmt die Einladung gern an, *zumal* da (wenn) sie nichts vorhat. 彼女は何も予定がないのだから(予定がないなら)なおさら喜んで招待に応じます.
II 腰《従属接続詞: 動詞の人称変化形は文末》特に…だから, …なのでなおさら. Ich gehe nicht mit, *zumal* ich auch noch erkältet bin. 私はいっしょに行かない, 殊に風邪もひいていることだから.

zu|mau·ern [ツー・マオアァン tsú:-màuərn] 他 (h) (窓など⁴を)壁でふさぐ.

zu·meist [ツ・マイスト] 副 (雅) たいていは, たいがいは.

zu|mes·sen* [ツー・メッセン tsú:-mèsən] 他 (h) 《雅》 ① (人·物³に)割⁴を分けて与える, 割り当てる. ② (人・物³に)意義・価値など⁴を)認める.

zu·min·dest [ツ・ミンデスト] 副 少なくとも, せめて.

zu·mut·bar [ツー・ムートバール] 形 (人³にとって)無理のない, もっともな.

zu·mu·te, zu Mu·te [ツ・ムーテ tsu-mú:tə] 副《人³ ist (wird) ... *zumute* の形で》人³は..な気分である(になる). Mir ist gut (übel) *zumute*. 私は気分が良い(悪い) / Mir war zum Weinen *zumute*. 私は泣きたい気持ちだった / Als ich das hörte, wurde mir ganz sonderbar *zumute*. 私はそれを聞いたとき, まったく変な気持になった.

zu|mu·ten [ツー・ムーテン tsú:-mù:tən] du mutest ... zu, er mutet ... zu (mutete ... zu, hat ... zugemutet) 他 (完了 haben) (人³に)無理なこと⁴を) 期待する, 要求(強要)する. Das *kannst* du ihm nicht *zumuten*. それを君は彼には期待できないよ. ◇《再帰的に》*sich*³ zu viel⁴ *zumuten* 自分の力以上のことをしようとする.

Zu·mu·tung [ツー・ムートゥング] 囡 -/-en (不当な)要求, (無理な)期待; 迷惑な(耐えがたい)こと. Das ist eine *Zumutung*! それはあつかましすぎる.

zu≠nächst [ツ・ネーヒスト tsu-nέ:çst] I 副 ① まず第一に, 何よりも先に. (英 *first*). Ich gehe *zunächst* nach Hause, dann zur Party. 私はまず家に帰り, それからパーティーに行く. ② さしあたり, とりあえず. Das ist *zunächst* nicht eingeplant. 〔状態受動・現在〕それはさしあたっては計画に入っていない.
II 前《3格とともに; しばしば名詞のあとに置かれる》《雅》…のすぐ近くに. dem See *zunächst* または *zunächst* dem See 湖のすぐ近くに.

zu|na·geln [ツー・ナーゲるン tsú:-nà:gəln] 他 (h) (箱など⁴に)ふたを打ちつける, (入り口など⁴に)板を打ちつける.

zu|nä·hen [ツー・ネーエン tsú:-nὲ:ən] 他 (h) (ほころび・穴など⁴を)縫い合わせる, 縫ってふさぐ.

die **Zu·nah·me** [ツー・ナーメ tsú:-na:mə] 囡 (単) -/(複) -n 増加, 増大, 拡大; 成長, 発達. (メモ「減少」は Abnahme). eine *Zunahme* der Autounfälle² 自動車事故の増加 / Die *Zunahme* beträgt 3 Prozent. 増加量は3パーセントになる.

Zu·na·me [ツー・ナーメ] 男 -ns (3格・4格 -n)/-n 姓, 名字 (=Familienname). Wie heißt er mit *Zunamen*? 彼の姓は何というですか.

zün·den [ツュンデン tsýndən] du zündest, er zündet (zündete, hat ... gezündet) I 他 (完了 haben) ①《工》(物⁴に)点火する. (英 *fire*). eine Rakete⁴ *zünden* ロケットに点火する. ②《南》(ろうそくなど⁴に)火をつける (＝ an|zünden).
II 自 (完了 haben) ① 着火する, 発火する; (エンジンなどが)かかる. Das Streichholz *zündet* nicht. マッチがつかない. ②《非人称の *es* を主語として》《口語》(考えなどがやっと)わかる. *Hat* es [bei dir] endlich *gezündet*? 君はやっとわかったの. ③《比》感動を呼ぶ, 賛同を得る. Die Idee *zündete* sofort. そのアイディアはたちまち賛同を得た.

zün·dend [ツュンデント] I zünden (点火する)の 現分 II 形 感激(感動)させる(演説など).

Zun·der [ツンダァ tsúndər] 男 -s/- (昔の:)火口(ほくち), 《人》³ *Zunder*⁴ geben (口語) a) 《人》³をなぐる, b) 《人》³のしのる / *Zunder*⁴ bekommen (または kriegen)《口語》a) なぐられる, b) のしのられる.

Zün·der [ツュンダァ tsýndər] 男 -s/- ① (軍)(砲弾などの)点火装置, 信管. ②《圏》

《キラッシュ》マッチ．

zün・de・te [ツンデテ] zünden (点火する)の過去

Zünd≠holz [ツント・ホルツ] 男 -es/..hölzer 《南ドィッシュ》マッチ (=Streichholz).

Zünd≠ker・ze [ツント・ケルツェ] 女 -/-n (自動車などの)点火プラグ，スパークプラグ．

Zünd≠schlüs・sel [ツント・シュリュッセる] 男 -s/- (自動車の)エンジンキー，イグニッションキー．

Zünd≠schnur [ツント・シュヌーァ] 女 -/..schnüre 導火線．

Zünd≠stoff [ツント・シュトふ] 男 -[e]s/-e ① 起爆剤． ② 《圏なし》《比》争いの火種．

Zün・dung [ツンドゥング] 女 -/-en (工) ① 点火，発火． ② 点火(起爆)装置．

zu|neh・men [ツー・ネーメン] tsúː-nèːmən] du nimmst…zu, er nimmt…zu (nahm…zu, hat…zugenommen.) **I** 自 《完了 haben》 ① 増す，増加(増大)する，強まる．(英 increase). 《反》「減る」は ab|nehmen. Die Helligkeit nimmt zu. 明るさが増す／Die Schmerzen nahmen wieder zu. 痛みが再び強くなった／Die Bevölkerung nimmt immer noch zu. 人口は相変わらず増加し続ける／Die Tage nehmen zu. 日が長くなる／Der Mond nimmt zu. 月が満ちてくる／**an** 物[3] 増す，強まる ⇨ Er hat an Erfahrung zugenommen. 彼は経験が増した／Der Wind nimmt an Stärke zu. 風が強くなる．

② **体重が増える**，太る． Er hat [**um**] ein Kilo zugenommen. 彼は体重が1キロ増えた． **II** 他 《完了 haben》 ① 《口語》 《物[4]を》追加する． Ich werde noch etwas Zucker zunehmen. もう少し砂糖を加えよう． ② 《手芸》(編み目[4]を)増やす．

zu・neh・mend [ツー・ネーメント] **I** ＊zu|nehmen (増す)の 現分 **II** 形 増大する；成長する． zunehmender Mond 満ちてくる月，上弦の月｜**in** zunehmendem Maße ますます｜**mit** zunehmenden Jahren 年をとるにつれて． **III** 副 ますます，いちだんと． Es wird zunehmend wärmer. ますます暖かくなる．

zu|nei・gen [ツー・ナイゲン] tsúː-nàɪɡən] **I** 自 (h) (圏[3]に)気持ちが傾く． Ich neige mehr Ihrer Ansicht zu. 私はむしろあなたの意見に傾いている． **II** 再帰 (h) sich[4] 人・物[3] zuneigen 《雅》人・物[3]の方へ傾く；人・物[3]の方へ心が傾く． Das Jahr neigt sich dem Ende zu. 《比》一年が終わりに近づく． **III** 他 (h) 《雅》 (人[3]の方へ頭など[4]を)傾ける．

◊☞ **zugeneigt**

die **Zu・nei・gung** [ツー・ナイグング tsúː-naɪɡʊŋ] 女 (単) -/(複) -en **好意**，愛着；愛情． 《英》affection). 《反》「反感」は Abneigung). **für** 人[4] (または **zu** 人[3]) Zuneigung[4] empfinden 人[4] (または 人[3]) に好意をいだく／Sie fasste schnell Zuneigung zu ihm. 彼女は急速に彼が好きになった．

Zunft [ツンふト tsúnft] 女 -/Zünfte ① 《史》 (中世の)同業組合，ツンフト． ② 《戯・比》同業者仲間．

zünf・tig [ツンふティヒ tsýnftɪç] 形 ① 同業組合に所属している，ツンフトの． ② 専門(本職)の，専門的な． ③ 《口語》本格的な；はなはだしい，ひどい．

*die **Zun・ge** [ツンゲ tsúŋə]

> 舌
> Zeigen Sie bitte mal die *Zunge*!
> ツァイゲン ズィー ビッテ マーる ディ ツンゲ
> (医者が患者に:)舌を見せてください．

女 (単) -/(複) -n ① 舌．(英 tongue). eine belegte *Zunge* 舌苔(ぜったい)のできた舌／人[3] die *Zunge*[4] heraus|strecken 人[3]に向かって舌をぺろりと出す／Er hat eine spitze (または scharfe) *Zunge*. 《比》彼は口が悪い／eine lose *Zunge*[4] haben 《比》口が軽い／eine glatte *Zunge*[4] haben 《雅》口がうまい／Mir hängt die *Zunge* aus dem Hals heraus. 《口語・比》a) 私は息切れしている， b) 私はのどからからだ(←のどから舌が出る)／sich[3] die *Zunge*[4] ab|brechen (発音しづらくて)舌をかみそうである／sich[3] die *Zunge*[4] verbrennen a) 舌をやけどする， b) 《比》舌禍(ぜっか)を招く／Halte deine *Zunge* im Zaum! または Hüte deine *Zunge*! 口を慎め／Der Wein löste ihm die *Zunge*. ワインのせいで彼は多弁になった／Er hat eine feine *Zunge*. 彼に舌が肥えている．

◊《前置詞とともに》**auf** der *Zunge* zergehen (肉などが)舌の上でとろけそうに柔らかい／**auf** der *Zunge* brennen a) (からしなどが)舌の上でひりひりする， b) 《比》しゃべりたくてうずうずする／ein Wort[4] auf der *Zunge* haben ある言葉が口まで出かかっている／Der Name liegt mir auf der *Zunge*. その名前がのどまで出かかって思い出せない／sich[3] auf die *Zunge* beißen 口をすべらしそうになって思わず口をつぐむ(←自分の舌をかむ)／**mit** der *Zunge* an|stoßen 《口語》舌足らずな発音をする／mit der *Zunge* schnalzen 舌打ちする／mit hängender *Zunge* 息を切らして／Er redet mit doppelter (または gespaltener) *Zunge*. 《雅》彼は二枚舌を使う／人[3] **von** der *Zunge* gehen すらすらと人[3]の口をついて出る．

② 《圏なし》《料理》(牛などの)舌，タン． Ochsenzunge 牛タン． ③ 《雅》言語． ④ (舌状のもの:)(管楽器の)リード；(靴の)舌革；(はかりなどの)指針．

zün・geln [ツュンゲるン tsýŋəln] 自 (h) ① (蛇などが)舌をちょろちょろ出す(動かす)． ② (比)(炎が)めらめら燃え上がる．

Zun・gen≠bre・cher [ツンゲン・ブレッヒャァ] 男 -s/- 舌をかみそうな言葉，早口言葉．

zun・gen≠fer・tig [ツンゲン・フェルティヒ] 形 口達者な，能弁な．

Zun・gen≠fer・tig・keit [ツンゲンふェルティヒ

カイト)囡-/ 口達者, 能弁.
zun·gen·för·mig [ツンゲン・フェルミヒ] 形 舌の形をした, 舌状の.
Zun·gen=kuss [ツンゲン・クス] 男 -es/..küsse ディープキス.
Zun·gen=laut [ツンゲン・らオト] 男 -(e)s/-e 《言》舌音(例: 舌音の[r]).
Zun·gen=schlag [ツンゲン・シュら-ク] 男 -(e)s/..schläge 舌の動き. ein falscher *Zungenschlag* 言い間違い.
Zun·gen=spit·ze [ツンゲン・シュピッツェ] 囡-/-n 舌先, 舌尖(ぜん).
Züng·lein [ツュングらイン tsýŋlaɪn] 田 -s/- (Zungeの縮小)小さな舌[状のもの]. das *Zünglein*[4] an der Waage sein キャスティングボートを握っている(←天秤の指針である).
zu·nich·te [ツ・ニヒテ] 副《成句的に》 *zunichte* sein (計画などが)だいなしである. All unsere Hoffnungen waren *zunichte*. 私たちの希望はすべて水泡に帰した.
zu·nich·te.. [ツ・ニヒテ.. tsuníçtə..]《分離動詞の 前つづり》つねにアクセントをもつ《破たん》 *zunichte*|machen だいなしにする / *zunichte*|werden だめになる.
zu·nich·te|ma·chen [ツニヒテ・マッヘン tsuníçtə-màxən] 他 (h) (希望・計画など[4]を)だいなしにする. Der anhaltende Regen *hat* meine Pläne *zunichtegemacht*. 長雨のため私の計画はだめになった.
zu·nich·te|wer·den [ツニヒテ・ヴェーアデン tsuníçtə-vè:rdən] 自 (s) (計画などが)だめになる. Seine Hoffnungen *wurden zunichte*. 彼の希望は打ち砕かれた.
zu·ni·cken [ツ-・ニッケン tsú:-nìkən] 自 (h) (人[3]に)うなずく, 会釈する. ◇《相互的に》 *sich*[3] *zunicken* お互いにうなずき合う.
zu=nut·ze, zu Nu·tze [ツ・ヌッツェ] 副《成句的に》 *sich*[3] 物・事[4] *zunutze* machen 物[4]を[自分の利益のために]利用する, 事[4]につけこむ.
zu=oberst [ツ・オーバーシュト] 副 (積み重ねた)いちばん上に; (用紙の)上の端に. das Unterste[4] *zuoberst* kehren (比)何もかもひっくり返す.
zu·ord·nen [ツ-・オルドネン tsú:-ɔ̀rdnən] 他 (h) (A[4] を B[3] に)分類する.
zu·pa·cken [ツ-・パッケン tsú:-pàkən] I 自 (h) ① ぐっとつかむ. ② せっせと働く. II 他 (h)《口語》すっぽり包む(くるむ).
zu·pass.. ☞ zupass|kommen
zu·pass|kom·men* [ツパス・コンメン tsu-pás-kòmən] 自 (s)《雅》(人[3]にとって)ちょうどよいときに来る(起こる), 願ったりかなったりである.
zup·fen [ツプふェン tsúpfən] I 他 (h) ① 《人[4] an 物[3] ~》(人[4]の物[3]を)つまんで引っぱる. 人[4] am Ärmel *zupfen* 人[4]の袖(を)を引っぱる. ② (雑草など[4]を)引き抜く, むしり取る. ③ (ギターなど[4]を)つま弾く.
II 自 (完了 haben)《an 物[3] ~》(物[3]を)つまんで引っぱる; (物[3](ギターなど)を)つま弾く.
Zupf=in·stru·ment [ツプふ・インストルメント] 田 -(e)s/-e《音楽》撥弦(芸)楽器(ギター・ハープなど).

と).
zu|pros·ten [ツ-・プローステン tsú:-pròːstən] 自 (h) (人[3]のために)乾杯する.
:zur [ツーァ tsúːr または ツァ tsʊr]《前置詞 zu と定冠詞 der の融合形》*zur* Schule gehen 学校へ行く / *zur* Zeit der Reformation[2] 宗教改革の時代に.
zu=ran·de, zu Ran·de [ツ・ランデ] 副《成句的に》 ① 《mit 人・事[3] *zurande* kommen 人[3]とうまくやっていく, 事[3]をうまく処理する. ② 事[4] *zurande* bringen 事[4]をなんとかやりとげる.
zu=ra·te, zu Ra·te [ツ・ラーテ] 副《成句的に》 人・物[4] *zurate* ziehen 人[4]に相談する, 物[4](辞典など)を参照する.
zu|ra·ten* [ツ-・ラーテン tsú:-ràːtən] 自 (h) (人[3]に)勧める, 助言(忠告)する. ◇《zu 不定詞[句]とともに》Ich *riet* ihm *zu*, es zu tun. 私はそれをするように彼に勧めた.
Zür·cher [ツュルヒャァ tsýrçər] I 男 -s/- (スミュ) チューリヒの住民(出身者). (女性形: -in). II 形《無語尾で》(スミュ) チューリヒの.
zu|rech·nen [ツ-・レヒネン tsú:-rèçnən] 他 (h) ① (A[4] を B[3] に)数え入れる, 組み入れる. ② (人[3]に 物[4]の責任を)負わせる. ③ (事[4]を)計算に加える.
zu·rech·nungs=fä·hig [ツ-レヒヌングス・ふェーイヒ] 形 ① 《法》(昔の:)責任(帰責)能力のある. ② (精神的に)正常な.
Zu·rech·nungs=fä·hig·keit [ツ-レヒヌングス・ふェーイヒカイト] 囡-/ ① 《法》(昔の:)責任(帰責)能力. ② 精神の正常さ.
zu·recht.. [ツレヒト.. tsuréçt..]《分離動詞の 前つづり》つねにアクセントをもつ《正しく・適切に》例: *zurecht*|legen きちんと整えておく.
zu·recht|bie·gen* [ツレヒト・ビーゲン tsuréçt-bì:gən] 他 (h) ① (針金など[4]を)適当な形に曲げる. ② 《口語》(人[4]を)正道に戻す; (物[4]を)適切な状態にする.
zu·recht|fin·den* [ツレヒト・ふィンデン tsuréçt-fìndən] 他 *sich*[4] *zurechtfinden* (方法・進むべき道などの)見当がつく, 勝手がわかる. Danke, ich *finde mich* schon allein *zurecht*! (道を教えてもらって:)ありがとう, もうひとりでわかります / *sich*[4] in einer Angelegenheit *zurechtfinden* ある事柄の事情がわかる.
zu·recht|kom·men* [ツレヒト・コンメン tsuréçt-kòmən] 自 (s) ① 《mit 人・物[3] ~》(人[3]とうまくやっていく, 物[3]をうまく処理する). mit den Kollegen gut *zurechtkommen* 同僚とうまくやっていく / Ich *komme* mit dem Gerät nicht *zurecht*. 私はその機器をうまく扱えない. ② (時間に)間に合う.
zu·recht|le·gen* [ツレヒト・れ-ゲン tsuréçt-lè:gən] I 他 (h) きちんと整えておく. II 再帰 (h) *sich*[3] 事[4] *zurechtlegen* 事[4](答・計画など)を前もって考えておく.
zu·recht|ma·chen [ツレヒト・マッヘン tsuréçt-màxən] 他 (h)《口語》 ① (食事など[4]を)準備する, 用意する, (ベッドなど[4]を)整える. Ich *muss* das Zimmer noch *zurechtmachen*.

私はこれから部屋を整頓(蔵)しなければならない. ② (人⁴に)おめかしをしてやる, 身支度をしてやる. ◊《再帰的に》 *sich⁴* sorgfältig *zurechtmachen* 入念に化粧をする, 身支度を整える.

zu·recht|rü·cken [ツレヒト・リュッケン tsuréçt-rỳkən] 他 (h) 正しい位置に動かす, 整頓(蔵)する.

zu·recht|set·zen [ツレヒト・ゼッツェン tsuréçt-zètsən] I 再帰 (h) *sich⁴ zurechtsetzen* きちんと座り直す. II 他 (h) 正しい位置に置く, きちんと整える.

zu·recht|stut·zen [ツレヒト・シュトゥッツェン tsuréçt-ʃtùtsən] 他 (h) ① (髪・生垣など⁴を)きれいに刈り込む. ② (人⁴を)しかる.

zu·recht|wei·sen* [ツレヒト・ヴァイゼン tsuréçt-vàizən] 他 (h) (人⁴を)叱責(綏)する.

Zu·recht|wei·sung [ツレヒト・ヴァイズング] 女 /-/-en 非難, 叱責(綏)[の言葉].

zu·re·den [ツー・レーデン tsú:-rè:dən] 自 (h) (人³に)説いて勧める, 言って聞かせる.

zu·rei·chen [ツー・ライヒェン tsú:-ràiçən] I 他 (h) (人³に)(物⁴を)[手]渡す, 届ける. II 自 (h) 《方》足りる, 十分である.

zu·rei·chend [ツー・ライヒェント] I *zu|reichen* (手渡す)の 現分 II 形 《雅》十分な.

zu·rei·ten* [ツー・ライテン tsú:-ràitən] I 他 (h) (馬⁴を)調教する, 乗り慣らす. II 自 (s) (…へ)馬を走らせる.

Zü·rich [ツューリヒ tsý:rɪç] 中 -s/ 《地名・都市名》チューリヒ(スイスの26州の一つ, またその州都: ☞《地図》D-5).

Zü·ri·cher [ツューリヒァァ tsý:rɪçər] I 男 -s/ - チューリヒの住民(出身者)(=Zürcher I). (女性形: -in). II 形 《無語尾で》チューリヒの(= Zürcher II).

zu·rich·ten [ツー・リヒテン tsú:-rìçtən] 他 (h) ① 《方》(食事など⁴を)用意する; (皮革・織物など⁴に)仕上げ加工をする. ② (物⁴を)傷める, そこなう; (人⁴に)けがをさせる.

zu·rie·geln [ツー・リーゲるン tsú:-rì:gəln] 他 (h) (ドア・門など⁴に)かんぬきを掛ける.

zür·nen [ツュルネン tsýrnən] 自 (h) 《人³ (または mit 人³) ~》《雅》(人³に)腹を立てる.

***zu·rück** [ツ・リュック tsu-rýk]

> 元の場所へ **Wann bist du** *zurück*?
> ヴァン ビスト ドゥ ツリュック
> 君はいつ戻って来るの.

副 ① 元の場所へ, (元へ)戻って. 《英 *back*》. *Zurück* zur Natur! 自然に帰れ / Ich bin in fünf Minuten wieder *zurück*. 私は5分したらまた戻ってきます / Einmal Hamburg hin und *zurück*, bitte! ハンブルクまでの往復乗車券を1枚ください.
② 後ろへ; 後方に. Einen Schritt *zurück*! 一歩さがって! / Sein Hund folgte ihm einen Meter *zurück*. 彼の犬は彼の1メートル後ろをついて来た.
③ 《口語》(発達・進歩などから)立ち遅れて, 取り残されて. In Mathematik ist er sehr *zurück*. 彼は数学が[他の者よりも]非常に遅れている. ④ 《方》(過去に)さかのぼって. eine Woche *zurück* 一週間前に.

zu·rück.. [ツリュック.. tsurýk..] 《分離動詞の[前つづり]; つねにアクセントをもつ》① 《元へ戻って》例: *zurück|kommen* 戻ってくる. ② 《後方へ》例: *zurück|treten* 後ろへ下がる. ③ 《あとに残って》例: *zurück|bleiben* あとに残る. ④ 《振り返って》例: *zurück|denken* 回想する. ⑤ 《取り戻す》例: *zurück|bekommen* 取り戻す. ⑥ 《返却》例: *zurück|geben* 返却する.

zu·rück|be·hal·ten* [ツリュック・ベハるテン tsurýk-bəhàltən] (過分 *zurückbehalten*) 他 (h) ① (人·物⁴を)手元にとどめて(残して)おく. ② (傷跡など⁴を)後遺症として残している.

zu·rück|be·kom·men¹ [ツリュック・ベコンメン tsurýk-bəkòmən] (*bekam* … *zurück*, *hat* … *zurückbekommen*) 他 (完了 *haben*) ① 返してもらう, 取り戻す; (お金⁴を)おつりとして受け取る. Ich *habe* das verliehene Buch *zurückbekommen*. 私は貸していた本を返してもらった. ② 《口語》(レバーなど⁴を)やっと元の位置に戻すことができる.

zu·rück|be·kom·men²* [ツリュック・ベコンメン] **zurück|bekommen*** (返してもらう)の 過分

zu·rück|be·ru·fen* [ツリュック・ベルーふェン tsurýk-bərù:fən] (過分 *zurückberufen*) 他 (h) 呼び戻す, 召還する.

zu·rück|beu·gen [ツリュック・ボイゲン tsurýk-bɔ̀ygən] 他 (h) (頭など⁴を)後ろにそらす. ◊《再帰的に》 *sich⁴ zurückbeugen* 体を後ろにそらす.

zu·rück|be·zah·len [ツリュック・ベツァーれン tsurýk-bətsà:lən] 他 (h) 返済する.

zu·rück|bil·den [ツリュック・ビるデン tsurýk-bìldən] 再帰 (h) *sich⁴ zurückbilden* ① (はれなどが)元の大きさに戻る. ② (器官などが)退化する.

zu·rück|blei·ben* [ツリュック・ブらイベン tsurýk-blàibən] (*blieb* … *zurück*, *ist* … *zurückgeblieben*) 自 (完了 *sein*) ① (ある場所に)残る, とどまる. 《英 *stay behind*》. Er *ist* allein zu Hause *zurückgeblieben*. 《現在完了》彼は一人で家に残った.
② 遅れている, 遅れをとる; (成績などが)劣る. Meine Uhr *bleibt zurück*. 私の時計は遅れている / **hinter** 人³ *zurückbleiben* 人³にひけをとる / **hinter** den Erwartungen *zurückbleiben* 期待を下回っている / **mit** der Arbeit *zurückbleiben* 仕事が遅れている. ③ (後遺症・染みなどが)あとに残る. ④ (近づかないで)後にさがっている. Bitte *bleiben* Sie *von* der Bahnsteigkante *zurück*! (駅のアナウンスで:)ホームの端からお下がりください.
◊ ☞ **zurückgeblieben**

zu·rück|bli·cken [ツリュック・ブリッケン tsurýk-blìkən] 自 (h) ① 後ろを見る, 振り返って

見る. ② 回顧する. **auf** sein Leben *zurückblicken* 人生を振り返る.

zu·rück|brin·gen* [ツリュック・ブリンゲン tsurýk-briŋən] 佡 (h) (借りた物⁴を)返す, 元に戻す; (囚⁴を)連れ戻す. 囚⁴ **ins** Leben *zurückbringen* (比) 囚⁴を生き返らせる.

zu·rück|da·tie·ren [ツリュック・ダティーレン tsurýk-datìːrən] I 佡 (h) (書類など⁴を)実際より前の日付にする; (芸術作品など⁴の)成立時期をより古いものと推定する. II 佡 (h) **auf** 囲⁴ ~) (起源が囲⁴(ある時期)に)さかのぼる.

zu·rück|den·ken* [ツリュック・デンケン tsurýk-dèŋkən] 佢 (h) ((**an** 囚・事 ~) (囚・事⁴を) 追想する, 回顧する.

zu·rück|drän·gen [ツリュック・ドレンゲン tsurýk-drèŋən] 佡 (h) ① 押し戻す; 撃退する; 後ろへ押しやる. ② (反乱・感情など⁴を)抑える, 抑制する.

zu·rück|dre·hen [ツリュック・ドレーエン tsurýk-drèːən] 佡 (h) (時計の針など⁴を)逆に回す; (スイッチなど⁴を)ひねって元の位置に戻す. die Lautstärke⁴ *zurückdrehen* 音量を絞る.

zu·rück|dür·fen [ツリュック・デュルふェン tsurýk-dỳrfən] 佢 (h) (口語)帰る(戻る)ことが許されている.

zu·rück|ei·len [ツリュック・アイレン tsurýk-àɪlən] 佢 (s) 急いで戻る.

zu·rück|er·hal·ten* [ツリュック・エァハるテン tsurýk-ɛrhaltən] (過分 zurückerhalten) 佡 (h) 返してもらう, 取り戻す.

zu·rück|er·obern [ツリュック・エァオーバァン tsurýk-ɛròːbərn] (過分 zurückerobert) 佡 (h) (領土など⁴を)奪還する, 奪い返す.

zu·rück|er·stat·ten [ツリュック・エァシュタッテン tsurýk-ɛrʃtàtən] (過分 zurückerstattet) 佡 (h) ((囚³に)経費など⁴を)償還(返済)する.

zu·rück|fah·ren [ツリュック・ふァーレン tsurýk-fàːrən] du fährst … zurück, er fährt … zurück (fuhr … zurück, *ist/hat* … zurückgefahren) I 佢 (完了 sein) ① (乗り物で)**帰る**, 戻る; (車で)バックする. Ich *werde* mit dem Bus *zurückfahren*. 私はバスで帰ろうと思う. ② (驚いて)後ろへ飛びのく. **vor** Schreck *zurückfahren* 驚いて飛びのく.
II 佡 (完了 haben) ① (囚・物⁴を乗り物で)送り返す; (レンタカーなど⁴を)返す, 戻す. ② (設備など⁴の)出力(生産能力)を落とす.

zu·rück|fal·len* [ツリュック・ふァれン tsurýk-fàlən] 佢 (s) ① 後ろへ倒れる(落ちる). Er *fiel* **aufs** Bett *zurück*. 彼はベッドの上におむけに倒れた. ② (特にスポーツで)順位が落ちる; (成績が)悪くなる; (軍) 後退する. ③ **in** 囲⁴ ~) (囲⁴(以前の外状態)に)逆戻りする. **in** eine Krankheit⁴ *zurückfallen* 病気がぶり返す. ④ **an** 囚⁴ ~) (囚⁴の)手に戻る. ⑤ **auf** 囚⁴ ~) (報いなどが)囚⁴の身にはね返ってくる.

zu·rück|fin·den [ツリュック・ふィンデン tsurýk-findən] I 佢 (h) 帰り道がわかる. **zu** sich selbst *zurückfinden* (比) 自分を取り戻

す. II 佡 (h) (帰り道⁴が)わかる.

zu·rück|flie·gen* [ツリュック・ふリーゲン tsurýk-flìːgən] I 佢 (s) 飛行機で帰る. II 佡 (h) (囚・物⁴を飛行機で)帰す, 送り返す; (飛行機⁴を)操縦して帰る.

zu·rück|flie·ßen* [ツリュック・ふリーセン tsurýk-flìːsən] 佢 (s) (流れなどが)逆流する.

zu·rück|for·dern [ツリュック・ふォルダァン tsurýk-fɔrdərn] 佡 (h) (物⁴の)返却(返還)を要求する.

zu·rück|füh·ren [ツリュック・ふューレン tsurýk-fỳːrən] I 佡 (h) ① (囚⁴を)連れ戻す, 連れて帰る; (物⁴を)元の位置に戻す. ② [A⁴ **auf** B⁴ ~] (A⁴の原因をB⁴に)帰する, (A⁴をB⁴に)還元する. Er *führt* den Unfall auf ein Versehen *zurück*. 彼は事故の原因を過失のせいにする. II 佢 (h) (道が)元の場所へ通じている.

zu·rück|ge·ben [ツリュック・ゲーベン tsurýk-gèːbən] du gibst … zurück, er gibt … zurück (gab … zurück, *hat* … zurückgegeben) 佡 (完了 haben) ① (囚³に)物⁴を)**返す**, 返却する, 返還する; 返品する. (英 *give back*). Hast du ihm sein Buch schon *zurückgegeben*? 君はもう彼に本を返したの / Dieser Erfolg *hat* ihm sein Selbstvertrauen *zurückgegeben*. この成功は彼に自信を取り戻させた / Ich *gebe* dir dein Wort *zurück*. (比)君の約束はなかったことにしてやろう.
② (球技で)バックパスする; リターンパスする. ③ (相手の言葉を受けて…と)返事する, 言い返す. „Und ich?", *gab* er *zurück*.「それで私は?」と彼は言い返した.

zu·rück|ge·blie·ben [ツリュック・ゲブリーベン] I *zurück|bleiben (残る)の 過分 II 形 (精神的に)未発達の. ein [geistig] *zurückgebliebenes* Kind 知恵遅れの子供.

zu·rück|ge·fah·ren [ツリュック・ゲふァーレン] *zurück|fahren (乗り物で帰る)の 過分

zu·rück|ge·gan·gen [ツリュック・ゲガンゲン] *zurück|gehen (戻る)の 過分

zu·rück|ge·ge·ben [ツリュック・ゲゲーベン] *zurück|geben (返す)の 過分

zu·rück|ge·hal·ten [ツリュック・ゲハるテン] zurück|halten (引き止める)の 過分

zu·rück|ge·hen [ツリュック・ゲーエン tsurýk-gèːən] (ging … zurück, *ist* … zurückgegangen) 佢 (完了 sein) ① (元の場所へ)**戻る**, 引き返す; (口語) (故郷などに)戻る. (英 *go back*). Der Schüler ging **auf** seinen Platz *zurück*. その生徒は自分の席に戻った / **in** die Vergangenheit *zurückgehen* (比)過去にさかのぼる.
② **後ろへ下がる**, 後退する. *Geh* bitte ein Stück *zurück*! 少し下がってくれ / Der Feind *geht zurück*. 敵が退却する. ③ (数値などが)減少する, (熱などが)下がる; (勢いが)衰える, (痛みなどが)ひく. Das Fieber *ist* etwas *zurückgegangen*. (現在完了) 熱が少し下がった / Das Geschäft *geht zurück*. 商売が不振になる. ④

(商品などが)返品される, (手紙などが)返送される. ein Essen⁴ *zurückgehen lassen* (文句を言って)料理を戻す. ⑤『**auf** 人・物⁴ ～』(人・物⁴に)由来する, 起源を持つ. Dieses Fest *geht auf das Mittelalter zurück.* この祭りの起源は中世にまでさかのぼる.

zu·rück·ge·kehrt [ツリュック・ゲケーアト] *zurück|kehren (帰って来る)の 過分

zu·rück·ge·kom·men [ツリュック・ゲコンメン] *zurück|kommen (帰って来る)の 過分

zu·rück·ge·tre·ten [ツリュック・ゲトレーテン] zurück|treten (後ろへ下がる)の 過分

zu·rück·ge·zo·gen [ツリュック・ゲツォーゲン] **I** zurück|ziehen (後ろへ引く)の 過分 **II** 形 (世間を離れて)引きこもった, 隠遁(いとん)した.

Zu·rück·ge·zo·gen·heit [ツリュック・ゲツォーゲンハイト] 女-/ 隠遁(いとん), 隠居.

zu·rück|grei·fen* [ツリュック・グライフェン] tsurýk-gràifən] 自 (h) ① 過去のことにさかのぼって話す. ②『**auf** 人・物⁴ ～』(人⁴に)助けを求める; (物⁴(貯金など)に)手をつける.

zu·rück|ha·ben* [ツリュック・ハーベン tsurýk-hà:bən] 他 (h)《口語》返して(戻して)もらう.

zu·rück|hal·ten* [ツリュック・ハルテン tsurýk-hàltən] du hältst ... zurück, er hält ... zurück (hielt ... zurück, hat ... zurückgehalten) **I** 他 (完了 haben) ①『人⁴を』引き止める; 制止する; (物⁴を)さし止める.《英 hold back》. 人⁴ **am Arm** *zurückhalten* 人の腕をつかんで引き止める / Ich *will* Sie nicht *zurückhalten.* あなたをお引き止めするつもりはありません / Das Paket *wurde* vom Zoll *zurückgehalten.*《受動・過去》その小包は税関で差し押さえられた. ②『人⁴ **von** (または **vor**) 事³ ～』(人⁴に 事³を)思いとどまらせる, やめさせる. Ich *konnte* ihn gerade noch vom Sprung ins Wasser *zurückhalten.* 彼が水に飛び込もうとするのを私はやっとのことで引き止めることができた. ③ (感情など⁴を)抑える, (意見⁴を)さし控える. die Tränen⁴ *zurückhalten* 涙をこらえる / Er *hielt* seinen Ärger *zurück.* 彼は怒りを抑えた. **II** 自 (完了 haben)『**mit** 事³ ～』(事³(意見など)を)さし控える; (事³(感情など)を)抑える, 抑制する. Er *hielt* nicht mit seiner Kritik *zurück.* 彼は遠慮容赦なく批判した. **III** 再帰 (完了 haben) sich⁴ *zurückhalten* 自制する; (議論などで)控えめにしている. Du solltest dich *beim* Essen etwas *zurückhalten.* 君は食事の量を少し控えたほうがいいよ.

zu·rück≠hal·tend [ツリュック・ハルテント tsurýk-haltənt] **I** zurück|halten (引き止める)の 現分 **II** 形 ① 控えめな, 慎み深い;《比》(色彩などが)控えめ(地味)な. Sie ist sehr *zurückhaltend.* 彼女はとても控えめだ. ② (出迎えなどに)そっけない, 冷やかな; (拍手などが)まばらな.

Zu·rück≠hal·tung [ツリュック・ハルトゥング] 女-/ 控えめ(遠慮がち)な態度; そっけない(冷やかな)態度.

***zu·rück|keh·ren** [ツリュック・ケーレン tsurýk-kè:rən] (kehrte ... zurück, *ist* ... zurückgekehrt) 自 (完了 sein)《雅》① 帰って来る, 戻って来る.《英 return》. aus dem Urlaub *zurückkehren* バカンスから戻って来る / **nach** Hause *zurückkehren* 帰宅する / **von** einem Spaziergang *zurückkehren* 散歩から帰って来る / Ich *möchte* **zum** Thema *zurückkehren.* 本題に戻りたいと思います. ② (記憶・意識などが)よみがえる. Langsam *kehrte* das Bewusstsein *zurück.* しだいに意識が戻ってきた.

zu·rück|kom·men [ツリュック・コンメン tsurýk-kòmən] (kam ... zurück, *ist* ... zurückgekommen) 自 (完了 sein) ① 帰って来る, 戻って来る; (記憶などが)よみがえる; (痛みが)ぶり返す.《英 come back》. Wann *kommst* du **aus** dem Urlaub *zurück*? 君はいつ休暇から帰ってくるの. ②『**auf** 人・事⁴ ～』(人・事⁴に)立ち戻る. Auf diese Frage *kommen* wir später *zurück.* この問題についてはあとでもう一度話題にしましょう.

zu·rück|kön·nen* [ツリュック・ケンネン tsurýk-kœnən] 自 (h) ① (…へ)戻る(帰る)ことができる. ② 成句 nicht mehr *zurückkönnen* もはや撤回できない.

zu·rück|las·sen* [ツリュック・らッセン tsurýk-làsən] 他 (h) ① (人・物⁴を)あとに残す, 残して行く. das Gepäck⁴ **im** Hotel *zurücklassen* 荷物をホテルに置いて行く / 人³ (または **für** 人⁴) eine Nachricht⁴ *zurücklassen* 人³ (または 人⁴)に伝言を残して行く.《☞ 類語 *lassen*》. ② (傷跡などを)残す. ③ (人⁴を)帰らせる. ④ (競争で人⁴を)引き離す.

zu·rück|le·gen [ツリュック・れーゲン tsurýk-lè:gən] **I** 他 (h) ① 元の場所へ置く(戻す). ② (頭など⁴を)後ろへ反らす, もたせかける. ③ (使わずに・売らずに)取っておく, 残しておく. ④ (お金⁴を)蓄える. Geld⁴ für eine Reise *zurücklegen* 旅行のために貯金をする. ⑤ (ある道のり⁴を)あとにする. Wir *haben* täglich 15 km *zurückgelegt.* 私たちは毎日15キロメートル進んだ. ⑥《オースト》(官職など⁴を)辞める. **II** 再帰 (h) sich⁴ *zurücklegen* 後ろへもたれかかる, 後ろへ反り返る.

zu·rück|leh·nen [ツリュック・れーネン tsurýk-lè:nən] **I** 他 (h) (頭など⁴を)後ろにもたせかける. **II** 再帰 (h) sich⁴ *zurücklehnen* 後ろにもたれかかる.

zu·rück|lie·gen* [ツリュック・リーゲン tsurýk-lì:gən] 自 (h) ① 過去(昔)のことである. Das Ereignis *liegt* schon lange *zurück.* その出来事はすでに昔のことだ. ②《スポ》負けている, 遅れている.

zu·rück|mel·den [ツリュック・メルデン tsurýk-mèldən] 他 (h) sich⁴ *zurückmelden* 帰ったことを報告する, 帰着届けを出す.

zu·rück|müs·sen* [ツリュック・ミュッセン

tsurýk-mỳsən] 自 (h) (…へ)戻ら(帰ら)なければならない. (口語)(ある物が元の場所に)戻されなければならない.

Zu·rück=nah·me [ツリュック・ナーメ] 囡 -/-n 《ふつう 単》 ① (返品の)引き取り. ② とり消し, 撤回, 廃止, 破棄.

zu·rück|neh·men* [ツリュック・ネーメン tsurýk-nè:mən] 他 (h) ① (返品など⁴を)引き取る; 取り戻す, 取り返す. ② (発言など⁴を)とり消す, 撤回する; (訴訟など⁴を)取り下げる. sein Versprechen⁴ zurücknehmen 約束をとり消す. ③ 〖軍〗(軍隊など⁴を)撤収する; (ﾆｯﾁ) 後ང়に下げる. ④ (頭など⁴を)後ろに引く; (足など⁴を)引っ込める. Er *nahm* den Kopf *zurück*. 彼は頭を後ろに引いた. ⑤ (音量など⁴を)下げる, 絞る. das Gas⁴ *zurücknehmen* (車の)アクセルを戻す.

zu·rück|pral·len* [ツリュック・プラれン tsurýk-pràlən] 自 (s) (ボールなどが)はね返る. **von** 物³ *zurückprallen* 物³に当たってはね返る.

zu·rück|rei·chen* [ツリュック・ライヒェン tsurýk-ràıçən] I 他 (h) (人³に物⁴を)返す, 返却する. II (h) (起源などが…まで)さかのぼる.

zu·rück|ru·fen* [ツリュック・ルーふェン tsurýk-rù:fən] I 他 (h) ① (人⁴を)呼び戻す; 召還する. 人⁴ ins Leben *zurückrufen* (比) 人⁴を生き返らせる. ② (人³の念頭に 事⁴を)呼び起こす. (sich³) 事⁴ ins Gedächtnis *zurückrufen* 人³に事⁴を思い出させる(事⁴を思い出す). ③ (…と)大声で返事をする. ④ (人⁴に)折り返し電話する. II 自 (h) 折り返し電話をする.

zu·rück|schal·ten [ツリュック・シャるテン tsurýk-ʃàltən] 自 (h) ギアをシフトダウンする. **in** (または **auf**) den dritten Gang *zurückschalten* ギアをサードに落とす.

zu·rück|schau·dern [ツリュック・シャオダァン tsurýk-ʃàudərn] 自 (s) 身震いしてあとずさりする.

zu·rück|schau·en [ツリュック・シャオエン tsurýk-ʃàuən] 自 (h) (南ﾄﾞ･ｵｰｽﾄﾘｱ･ｽｲｽ) ① 後ろを振り返る. ② 回顧する.

zu·rück|schi·cken [ツリュック・シッケン tsurýk-ʃìkən] 他 (h) ① (郵便物など⁴を)送り返す, 返送する. ② (人⁴を)元の場所に戻らせる, 送還する.

zu·rück|schie·ben* [ツリュック・シーベン tsurýk-ʃì:bən] 他 (h) ① (人・物⁴を)押し返す (戻す); 後ろへ押しやる. ② (カーテンなど⁴を)開ける, (かんぬきなど⁴を)はずす.

zu·rück|schla·gen* [ツリュック・シュらーゲン tsurýk-ʃlà:gən] I 他 (h) ① (ボールなど⁴を)打ち返す, けり返す. ② (襟など⁴を)折り返す; (毛布など⁴を)はねのける. ③ (敵など⁴を)撃退する. II (h, s) (打 h) なぐり返す, 反撃する. ② (s)(振り子などが)元に戻る; (波が)打ち返す. ③ (h)〖**auf** 事⁴ ~ 〗(事³に)悪影響を及ぼす.

zu·rück|schre·cken*⁽*⁾ [ツリュック・シュレッケン tsurýk-ʃrèkən] 〖ふつう規則変化〗 自 (s) ① 驚いて飛びのく. ②〖**vor** 事³ ~〗(事³に)し

り込みする, ひるむ.

zu·rück|seh·nen [ツリュック・ゼーネン tsurýk-zè:nən] 再帰 (h) 〖*sich*⁴ **nach** 人・物³ ~〗(人・物³を)懐かしく思う, 恋しがる. Ich *sehne mich nach* der Heimat *zurück*. 私は故郷が懐かしい.

zu·rück|sen·den⁽*⁾ [ツリュック・ゼンデン tsurýk-zèndən] 他 (h) 〖雅〗送り返す; 送還する (=zurückschicken).

zu·rück|set·zen [ツリュック・ゼッツェン tsurýk-zètsən] I 他 (h) ① 元の場所に戻す(座らせる). Sie *setzte* das Glas **an** seinen Platz *zurück*. 彼女はグラスを元の場所に置いた. ◇〖再帰的に〗*sich*⁴ *zurücksetzen* 元の場所に座る. ② 後ろへ下げる; 後ろに座らせる. ◇〖再帰的に〗Ich *setze mich* [ein paar Reihen] *zurück*. 私は[二三列]後ろに座ります. ③ (車など⁴を)バックさせる, 後ろに動かす. ④ 軽んじる, 冷遇する. ◇〖過去分詞の形で〗Ich fühle mich *zurückgesetzt*. 私は冷遇されているように感じる. II 自 (h) (車が・人が車で)バックする.

Zu·rück=set·zung [ツリュック・ゼッツング] 囡 -/-en ① 元へ戻すこと; 後ろへ置くこと. ② 無視, 軽視, 冷遇.

zu·rück|sin·ken* [ツリュック・ズィンケン tsurýk-zìŋkən] 自 (s) ① 後ろに倒れ込む. ②〖**in** 事⁴ ~〗〖雅〗(事⁴の状態に)逆戻りする.

zu·rück|sprin·gen* [ツリュック・シュプリンゲン tsurýk-ʃprìŋən] 自 (s) ① (元の場所へ)飛んで戻る; (ボールなどが)はね返る. ② 後ろへ飛びのく. ③ (家などが家並みから)引っ込んでいる.

zu·rück|spu·len [ツリュック・シュプーれン tsurýk-ʃpù:lən] 他 (h) (ビデオテープなど⁴を)巻き戻しする. (⃪ 「早送りする」は vor|spulen).

zu·rück|ste·cken [ツリュック・シュテッケン tsurýk-ʃtèkən] I 他 (h) 元のところへ差し込む(しまう). II 自 (h) 要求を控えめにする(引き下げる).

zu·rück|ste·hen* [ツリュック・シュテーエン tsurýk-ʃtè:ən] 自 (h) ① (家などが)引っ込んで建っている. ②〖[**hinter** 人・物³] ~〗([人・物³に])劣っている, ([人・物³に])先を譲る.

zu·rück|stel·len [ツリュック・シュテれン tsurýk-ʃtèlən] 他 (h) ① 元の場所に戻す(置く); 後ろに下げる. *Stell* bitte den Stuhl wieder **an** seinen Platz *zurück*! いすを元の場所に戻しなさい. ② 後ろに下げる. ③ (暖房など⁴を)弱くする, (時計など⁴を)遅らせる. die Heizung⁴ *zurückstellen* 暖房の温度を下げる. ④ (人³のために商品などを)取っておく. ⑤ (人⁴を義務など⁴から)猶予する. 人⁴ **vom** Wehrdienst *zurückstellen* 人⁴の兵役を猶予する. ⑥ (計画など⁴を)見合わせる, あと回しにする.

zu·rück|sto·ßen* [ツリュック・シュトーセン tsurýk-ʃtò:sən] I 他 (h) 突き返す, 突き戻す; 後ろに突きとばす. (比) 拒絶する. II 自 (s) (車が・人が車で)バックする.

zu·rück|strah·len [ツリュック・シュトラーれン tsurýk-ʃtrà:lən] I 他 (h) (光など⁴を)反射する.

Zusage

II 圓 (h) (光などが)反射する.

zu·rück|stu·fen [ツリュック・シュトゥーフェン tsurýk-ʃtùːfən] 他 (h) (囚4の給与や等級や地位などを)格下げする, (囚4を)降格させる.

zu·rück|trei·ben* [ツリュック・トライベン tsurýk-tràɪbən] 他 (h) (囚4を)追い返す; (家畜4を)小屋に追い戻す.

zu·rück|tre·ten* [ツリュック・トレーテン tsurýk-trɛ̀ːtən] du trittst … zurück, er tritt … zurück (trat … zurück, ist … zurückgetreten) 圓 (完了 sein) ① 後ろへ下がる, 退く. (英 step back). einen Schritt *zurücktreten* 一歩下がる / Bitte **von** der Bahnsteigkante *zurücktreten*. (駅のアナウンスで:)ホームの端からお下がりください.
② 辞職する, 辞任する. Die Regierung *soll zurücktreten*. 内閣は退陣すべきだ. ③ (比)(影響力などが)後退する, 弱まる, (重要度が)薄れる. Sein Einfluss *tritt* immer mehr *zurück*. 彼の影響力はますます弱まっている. ④ 【**von** 圏3 ~】 圏3(契約など)を)とり消す; (圏3(権利など)を)放棄する. von einem Kauf *zurücktreten* 購入をとりやめる.

zu·rück|tun* [ツリュック・トゥーン tsurýk-tùːn] 他 (h) 《口語》元の場所に戻す.

zu·rück|ver·fol·gen [ツリュック・フェアフォルゲン tsurýk-fɛrfɔ̀lgən] (過分 zurückverfolgt) 他 (h) (囚4を)過去にさかのぼってたどる.

zu·rück|ver·lan·gen [ツリュック・フェアランゲン tsurýk-fɛrlàŋən] (過分 zurückverlangt) 他 (h) (物4の)返却(返還)を要求する.

zu·rück|ver·set·zen [ツリュック・フェアゼッツェン tsurýk-fɛrzɛ̀tsən] (過分 zurückversetzt) I 他 (h) 元の場所(地位)へ戻す, 過去に引き戻す. II 再帰 (h) 【囚4 **in** 圏4 ~】(圏4を)振り返って考える.

zu·rück|wei·chen* [ツリュック・ヴァイヒェン tsurýk-vàɪçən] 圓 (s) ① あとずさりする, 後ろへ下がる. ②【**vor** 圏3 ~】(圏3に対して)しり込みする, (圏3を)回避しようとする.

zu·rück|wei·sen* [ツリュック・ヴァイゼン tsurýk-vàɪzən] 他 (h) ① (囚4を)元の場所(へ)戻るよう指示する. ② (囚4を)追い返す; (申し出など4を)退ける, 却下する. einen Vorschlag *zurückweisen* 提案を退ける. ③ (非難など4に)反論する.

Zu·rück·wei·sung [ツリュック・ヴァイズング] 囡 -/-en ① 元の場所へ戻るように指図すること. ② 拒絶, 拒否, 断り; (法)却下.

zu·rück|wer·fen* [ツリュック・ヴェルフェン tsurýk-vɛ̀rfən] 他 (h) ① (ボールなど4を)投げ返す. *Wirf* doch den Ball **zu** mir *zurück*! ボールを私へ投げ返して! ② (頭など4を)後ろへ反らす. *sich*4 *zurückwerfen* あお向けに身を投げ出す. ③ (光4を)反射する, (音4を)反響させる. ④ (悪い状態などに)逆戻りさせる, 遅れをとらせる.

zu·rück|wir·ken [ツリュック・ヴィルケン tsurýk-vìrkən] 圓 (h) 【**auf** 囚·物4 ~】(影響などが囚·物4に)はね返ってくる.

zu·rück|wol·len* [ツリュック・ヴォレン tsurýk-vɔ̀lən] I 圓 (h) (…へ)帰り(戻り)たいと思う. II 他 (h) 《口語》(物4を)返してほしいと望む, (囚4が)帰って(戻って)来ることを望む.

zu·rück|zah·len [ツリュック・ツァーレン tsurýk-tsàːlən] 他 (h) ① (借金など4を)返済する, 払い戻す. Er *hat* alles *zurückgezahlt*. 彼は借金を全部返した. ② 《口語》(囚3に(物4の)仕返し(報復)をする.

zu·rück|zie·hen* [ツリュック・ツィーエン tsurýk-tsìːən] (zog … zurück, hat/ist … zurückgezogen) I 他 (完了 haben) ① 後ろへ引く, 引き戻す, 引っ込める. (英 *pull back*). Er *zog* sie **ins** Zimmer *zurück*. 彼は彼女を部屋に引き戻した / Sie *zog* ihre Hand *zurück*. 彼女は手を引っ込めた. ◇非人称の **es** を主語として】Es *zieht* mich dorthin *zurück*. 私はそこへ帰りたい気持ちに駆られる. ② 引いて開ける. die Gardine4 *zurückziehen* カーテンを引いて開ける. ③ (部隊を4を)撤収する, (大使など4を)召還する. ④ (要求など4を)撤回する, とり消す; (製品など4を)回収する. eine Bestellung4 *zurückziehen* 注文をとり消す.
II 圓 (完了 sein) (元の場所へ)帰る, 戻る. Er *will* wieder **nach** Köln *zurückziehen*. 彼は再びケルンに戻るつもりだ.
III 再帰 (h) 【*sich*4 zurückziehen】① (後ろへ)引っ込む; (部隊が)撤退する; (比)引きこもる. *sich*4 **in** sich selbst *zurückziehen* 自分の殻の中に閉じこもる. ② 【*sich*4 **aus** (または **von**) 圏3 ~】(圏3から)身を引く, 引退する. *sich*4 **aus** der Lehrtätigkeit (von der Bühne) *zurückziehen* 教職(舞台生活)から引退する. ③ 【*sich*4 **von** 囚3 ~】(囚3との)交際をやめる, (囚3に)手を切る.
◇☞ **zurückgezogen**

zu·rück·zu·kom·men [ツリュック・ツ・コンメン] ☆zurück|kommen (帰って来る)の zu 不定詞.

Zu·ruf [ツー·ルーフ tsúː-ruːf] 男 -[e]s/-e 呼びかけ[の言葉]. durch *Zuruf* ab|stimmen (または wählen) 発声投票により票決する.

zu·ru·fen* [ツー·ルーフェン tsúː-rùːfən] 他 (h) (囚3に)大声で叫ぶ(言う). 囚3 einen Befehl *zurufen* 囚3に大声で命令する.

zur⹀zeit [ツア·ツァイト] 副 目下, 現在, 今のところ (略: zz., zzt.). *Zurzeit* arbeitet er in Berlin. 目下彼はベルリンで働いている. 《注》「…の時代に[は]」の意味には zur Zeit とつづる. 例: zur Zeit Goethes ゲーテの時代に[は] ☞ Zeit ④

zus. [ツ·ザンメン] 《略》いっしょに, 合わせて, 共同で (=zusammen).

Zu·sa·ge [ツー·ザーゲ tsúː-zaːgə] 囡 -/-n ① (招待などに対する)受諾, 承諾[の返事]. 《注》「拒否」は Absage). ② (相手の希望などをかなえるという)約束. 囚3 eine *Zusage*4 geben 囚3に約束する.

zu|sa·gen [ツー・ザーゲン tsúː-zàːgən] (sagte…zu, hat…zugesagt) **I** 他 (変了 haben) (〔人³に〕来訪・援助など⁴を)**約束する**. (⇔「とり消す」は ab|sagen). *Er hat sein Kommen zugesagt.* 彼は来訪を約束した.
II 自 (変了 haben) (招待などに)**承諾の返事をする**, 同意する. ◇〔現在分詞の形で〕*Ich habe eine zusagende Antwort erhalten.* 私は承諾の返事をもらった. ② (人³の)気に入る, 性に合う. *Die Wohnung sagte mir zu.* 私はこのアパートが気に入った.

***zu·sam·men [ツ・ザンメン tsu-zámən]

> いっしょに *Gehen wir zusammen!*
> ゲーエン ヴィア ツザンメン
> いっしょに行きましょう.

副 ① **いっしょに**, みんなで; 共同で, 協力して. (英 *together*). *eine Flasche⁴ Wein zusammen bestellen* いっしょに1本のワインを注文する / *Er hat mit seinem Vater zusammen gearbeitet.* 彼は父親といっしょに働いた. ◇〔**sein** とともに〕*zusammen sein* いっしょにいる;〔比〕いっしょに暮らす ⇨ *Wir waren gestern den ganzen Tag zusammen.* 私たちはきのうは終日いっしょにいた.
② **合わせて**, 全部で, 合計して. *Das macht zusammen 100 Euro.* 全部で 100 ユーロになります / *Zusammen oder getrennt?* (レストランなどで:)お支払いはごいっしょですか, それとも別々になさいますか.

zu·sam·men.. [ツザンメン.. tsuzámən..]〔分離動詞の 前つづり〕, つねにアクセントをもつ ① 《共同》例: *zusammen|arbeiten* 共同作業をする. ② 《結合》例: *zusammen|schließen* つなぎ合わせる. ③ 《総括・凝縮》例: *zusammen|fassen* 要約する. ④ 《崩壊》例: *zusammen|brechen* 崩壊する. ⑤ 《集合》例: *zusammen|kommen* 集まる.

Zu·sam·men⸗ar·beit [ツザンメン・アルバイト] 囡 -/ 共同作業; 協力. *eine internationale Zusammenarbeit* 国際的な共同作業.

zu·sam·men|ar·bei·ten [ツザンメン・アルバイテン tsuzámən-àrbaɪtən] (arbeitete…zusammen, hat…zusammengearbeitet) 自 (変了 haben) **共同作業をする**; 協力する. *Wir haben in einem Zimmer zusammengearbeitet.* 私たちは同じ部屋で共同作業をした.

zu·sam·men|bal·len [ツザンメン・バレン tsuzámən-bàlən] **I** 他 (h) (雪・紙など⁴を)丸める. *die Fäuste⁴ zusammenballen* 両手のこぶしを固める. **II** 再帰 (h) *sich⁴ zusammenballen* (雲などが)ひとかたまりになる, 密集する.

Zu·sam·men⸗bal·lung [ツザンメン・バルング] 囡 -/-en 丸める(固める)こと; ひとかたまりになること.

Zu·sam·men|bau·en [ツザンメン・バオエン tsuzámən-bàuən] 他 (h) (機械など⁴を)組み立てる.

zu·sam·men|bei·ßen* [ツザンメン・バイセン tsuzámən-bàɪsən] 他 (h) (歯⁴を)かみ合わせる; (歯⁴を)食いしばる.

zu·sam·men|bin·den* [ツザンメン・ビンデン tsuzámən-bìndən] 他 (h) 結び合わせる, 束ねる. *Blumen* **zu** *einem Strauß zusammenbinden* 花を束ねて花束にする.

zu·sam·men|blei·ben* [ツザンメン・ブらイベン tsuzámən-blàɪbən] 自 (s) ずっといっしょにいる, 離れずにいる.

zu·sam·men|brau·en [ツザンメン・ブラオエン tsuzámən-bràuən] **I** 他 (h) 《口語》(種々の材料を混ぜて飲み物⁴を)作る. *einen Cocktail zusammenbrauen* カクテルを作る. **II** 再帰 (h) *sich⁴ zusammenbrauen* (災難・不幸などが)発生する.

zu·sam·men|bre·chen* [ツザンメン・ブレッヒェン tsuzámən-brèçən] *du brichst…zusammen, er bricht…zusammen* (*brach…zusammen, ist…zusammengebrochen*) 自 (変了 sein) ① **崩れ落ちる**, 崩壊する. *Die Brücke ist zusammengebrochen.* 〘現在完了〙その橋は崩れ落ちた.
② 〔比〕(人が)くずおれる, 倒れる; 虚脱状態になる. *Der Mann brach vor Erschöpfung zusammen.* その男は疲労のあまり倒れた. ③ (計画などが)挫折する; (会社が)倒産する; (交通などが)麻痺(ひ)する.

zu·sam·men|brin·gen* [ツザンメン・ブリンゲン tsuzámən-brìŋən] 他 (h) ① (お金など⁴を)調達する, 工面する. ② 《口語》(言葉・文など⁴を覚えていて)言うことができる. ③ (羊の群れなど⁴を一つに)集める. ④ 引き合わせる.

der **Zu·sam·men⸗bruch** [ツザンメン・ブルフ tsuzámən-brux] 男 (単2) -(e)s/(複) ..brüche [..ブリュッヒェ] (3 格のみ ..brüchen) ① **崩壊**, 倒壊; 挫折(ざ); 破綻(は); (機能などの)麻痺. 破産. (英 *collapse*). *ein wirtschaftlicher Zusammenbruch* 経済的な破局, 破産. ② (気力・体力の)衰弱; 卒倒. *einen Zusammenbruch erleiden* 虚脱状態に陥る.

zu·sam·men|drän·gen [ツザンメン・ドレンゲン tsuzámən-drèŋən] **I** 他 (h) ① 押し込める, ぎっしり詰める. ② 要約する. **II** 再帰 (h) *sich⁴ zusammendrängen* (四方八方から)殺到する.

zu·sam·men|drü·cken [ツザンメン・ドリュッケン tsuzámən-drỳkən] 他 (h) 圧縮する, 押しつぶす.

zu·sam·men|fah·ren* [ツザンメン・ファーレン tsuzámən-fàːrən] **I** 自 (s) ① (乗り物が)衝突する. ② (驚いて)縮み上がる, びくっとする. **II** 他 (h) 《口語》(乗り物で)衝突して壊す(傷を負わせる).

zu·sam·men|fal·len* [ツザンメン・ファレン tsuzámən-fàlən] 自 (s) ① (建物などが)倒壊する, 崩れ落ちる; 〔比〕(希望などが)費える, (うそなどが)ばれる. *Alle Pläne fallen in sich* *zusammen*. すべての計画が費える. ② やせ衰える, やつれる. ③（時間的に）一致する, かち合う；（線や面などが）重なり合う. Die beiden Geburtstage *fallen zusammen*. 二人の誕生日は同じ日だ.

zu·sam·men|fal·ten [ツザンメン・ふァるテン tsuzámən-fàltən] 他 (h) ① 折りたたむ. einen Brief *zusammenfalten* 手紙を折りたたむ. ② （両手⁴を）組み合わせる.

zu·sam·men|fas·sen [ツザンメン・ふァッセン tsuzámən-fàsən] du fasst ... zusammen, er fasst ... zusammen (fasste ... zusammen, hat ... zusammengefasst) 他 (完了 haben) ①（グループなどに）まとめる, 統合する.（英 *unite*）. die Teilnehmer⁴ **in**（または **zu**）Gruppen von zehn Personen *zusammenfassen* 参加者を10人ずつのグループにまとめる. ② 要約する, まとめる.（英 *sum up*）. Er *fasste* seine Gedanken **in** wenigen Sätzen *zusammen*. 彼は自分の考えを短い文章にまとめた. ◇〚現在分詞の形で〛*Zusammenfassend* kann man sagen, dass ... 要約すれば…と言うことができる.

Zu·sam·men/fas·sung [ツザンメン・ふァッスング] 女 -/-en ① 統合. ② 要約, レジュメ.

zu·sam·men|fin·den* [ツザンメン・ふィンデン tsuzámən-fìndən] 再帰 (h) *sich*⁴ *zusammenfinden* 集う, 集まる. *sich*⁴ **zu** einem Drink *zusammenfinden* 一杯やりに集まる.

zu·sam·men|flie·ßen* [ツザンメン・ふリーセン tsuzámən-fli:sən] 自 (s)（川が）合流する；《比》（色・音が）混じり合う.

Zu·sam·men/fluss [ツザンメン・ふるス] 男 -es/..flüsse ① 合流. ② 合流地点.

zu·sam·men|fü·gen [ツザンメン・ふューゲン tsuzámən-fỳ:gən] **I** 他《雅》（部品など⁴を）組み合わせる. **II** 再帰 (h) *sich*⁴ *zusammenfügen*《雅》一つに組み合わされる.

zu·sam·men|füh·ren [ツザンメン・ふューレン tsuzámən-fỳ:rən] 他 (h) ①（運命などが囚⁴を）引き合わせる, 巡り合わせる. ②（道などが）合流する.

zu·sam·men·ge·ar·bei·tet [ツザンメン・ゲアルバイテット] zusammen|arbeiten（共同作業をする）の 過分

zu·sam·men·ge·bro·chen [ツザンメン・ゲブロッヘン] zusammen|brechen（崩れ落ちる）の 過分

zu·sam·men·ge·fasst [ツザンメン・ゲふァスト] zusammen|fassen（まとめる）の 過分

zu·sam·men·ge·han·gen [ツザンメン・ゲハンゲン] zusammen|hängen（関連している）の 過分

zu·sam·men·ge·hö·ren [ツザンメン・ゲヘーレン tsuzámən-gəhø̀:rən]（過分 zusammengehört）自 (h)《口語》（共に）一体を成している；（互いに）組に(対に)なっている. *Gehören* Sie *zusammen*?（レストランに入って来た複数の客に対して:)ごいっしょですか.

zu·sam·men·ge·hö·rig [ツザンメンゲヘーリヒ] 形（共に）一体を成している；（お互いに）密接な関係にある；（互いに）組に(対に)なっている, 一そろいの.

Zu·sam·men/ge·hö·rig·keit [ツザンメン・ゲヘーリヒカイト] 女 -/ 一体を成していること；連帯, 団結.

zu·sam·men·ge·legt [ツザンメン・ゲレークト] zusammen|legen（折りたたむ）の

zu·sam·men·ge·setzt [ツザンメン・ゲゼッット] **I** zusammen|setzen（組み立てる）の 過分 **II** 形 組み立てられた, 組立式の；合成（複合）の. ein *zusammengesetztes* Wort《言》合成（複合）語.

zu·sam·men·ge·sto·ßen [ツザンメン・ゲシュトーセン] zusammen|stoßen（衝突する）の 過分

zu·sam·men·ge·trof·fen [ツザンメン・ゲトロッふェン] zusammen|treffen（出会う）の 過分

zu·sam·men·ge·wür·felt [ツザンメン・ゲヴュルふェルト] 形 雑多な, 混成の（チームなど）.

Zu·sam·men·halt [ツザンメン・はルト] 男 -[e]s/ ① 結合[の緊密さ]. ② [一致]団結, 連帯, きずな. der *Zusammenhalt* der Familie² 家族のきずな.

zu·sam·men|hal·ten* [ツザンメン・はルテン tsuzámən-hàltən] **I** 自 (h) 結びついて（くっついて）いる；《比》結束（協力）し合っている. **II** 他 (h) ①（ばらばらにならないように）結び合わせる,（グループなど⁴を）まとめておく. seine Gedanken⁴ *zusammenhalten*《比》考えをまとめる. ②（お金⁴を）使わないでおく.

der **Zu·sam·men/hang** [ツザンメン・ハング tsuzámən-haŋ] 男 (単2) -[e]s/(複)..hänge [..ヘンゲ]（3格のみ ..hängen) 関連 関係,（事柄の間の）つながり；脈絡,（英 *connection*). ein historischer *Zusammenhang* 歴史的な関連 / Besteht ein *Zusammenhang* zwischen den beiden Vorfällen? 二つの事件の間に何か関連がありますか / einen Satz **aus** dem *Zusammenhang* reißen 一つの文を全体のコンテクストから切り離す / **in** diesem *Zusammenhang* この関連で[言えば] / in（または im) *Zusammenhang* **mit** 囲³ stehen 囲³と関連している / A⁴ mit B³ in *Zusammenhang* bringen A⁴とB³とを互いに関連づける.

zu·sam·men|hän·gen* [ツザンメン・ヘンゲン tsuzámən-hèŋən] (hing ... zusammen, hat ... zusammengehangen) 自 (完了 haben) ①〚**mit** 囲³ ~〛（囲³と）関連（関係)している. Ihre Krankheit *hängt* mit dem Unfall *zusammen*. 彼女の病気はその事故と関連がある. ◇〚現在分詞の形で〛囲⁴ *zusammenhängend* erzählen 囲を理路整然と語る.

②〚**mit** 囲³ ~〛（囲³と）つながっている. Die Insel *hing* einmal mit dem Festland *zusammen*. その島はかつて大陸とつながっていた.

zu·sam·men·hang·los [ツザンメンハング-

ろース]形 つながり(関連)のない, 支離滅裂な(話など).

zu·sam·men|hau·en(*) [ツザンメン・ハオエン tsuzámən-hàuən] 他 (h) (口語) ① めちゃめちゃに壊す. ② ぶちのめす, なぐり倒す.

zu·sam·men|hef·ten [ツザンメン・ヘフテン tsuzámən-hèftən] 他 (h) とじ合わせる; 縫い合わせる.

zu·sam·men≠klapp·bar [ツザンメン・クラップバール] 形 折りたたみ式の(いす・ナイフなど).

zu·sam·men|klap·pen [ツザンメン・クラッペン tsuzámən-klàpən] I 他 (h) (いす・ナイフなど4を)折りたたむ. II 自 (s) (過労などで)くずおれる.

zu·sam·men|kle·ben [ツザンメン・クレーベン tsuzámən-klèːbən] I 他 (h) 貼(は)り合わせる. II 自 (h) くっつき合う.

zu·sam·men|knei·fen* [ツザンメン・クナイフェン tsuzámən-knàɪfən] 他 (h) (唇など4を)きゅっと結ぶ, (目4を)細める.

zu·sam·men|knül·len [ツザンメン・クニュレン tsuzámən-knỳlən] 他 (h) (紙など4を)くしゃくしゃに丸める.

zu·sam·men|kom·men* [ツザンメン・コンメン tsuzámən-kòmən] 自 (s) ① (人が)集まる, 会合する. Einmal im Jahr *kommen* die Mitglieder *zusammen*. 1年に1度会員たちは一堂に会する. ② 《*mit* 人3 ~》 (人3と)出会う, (人3と)知り合う. ③ 不快なことが)同時に起こる. ④ (お金などが)集まる.

zu·sam·men|krat·zen [ツザンメン・クラッツェン tsuzámən-kràtsən] 他 (h) 《口語》(お金など4を)かき集める.

Zu·sam·men≠kunft [ツザンメン・クンフト] 女 -/..künfte 会合, 集会, 会議; 出合い.

zu·sam·men|läp·pern [ツザンメン・レッパァン tsuzámən-lὲpərn] 再帰 (h) *sich zusammenläppern* 《口語》(金額などが)積もり積もって大きくなる.

zu·sam·men|lau·fen* [ツザンメン・ラォフェン tsuzámən-làufən] 自 (s) ① (人が集まって来る, 寄り集まる; (川が…で)合流する; (線などが…で)交わる. Mir *läuft* das Wasser *im* Mund *zusammen*. 《口語》(おいしそうなものを見て)私は生つばが出る. ② 《口語》(色が)溶け合う, 混じり合う. ③ 《口語》(布地などが)縮む.

zu·sam·men|le·ben [ツザンメン・レーベン tsuzámən-lèːbən] I 自 (h) 《*mit* 人3 ~》 (人3と)いっしょに暮らす. II 再帰 (h) *sich*4 *zusammenleben* いっしょに暮らすうちに仲よくなる(気心が知れるようになる).

Zu·sam·men≠le·ben [ツザンメン・レーベン] 中 -s/ 共同生活; 同居.

zu·sam·men|le·gen [ツザンメン・レーゲン tsuzámən-lèːɡən] (legte ... zusammen, hat ... zusammengelegt) 他 (完了 haben) ① (圏4を)折りたたむ, たたむ. (英 *fold up*). die Zeitung4 *zusammenlegen* 新聞を折りたたむ / Den Tisch kann man *zusammenlegen*. この

テーブルは折りたたみ式である. ② (人・物4を一か所に)集める; 一まとめにする. die Kranken4 *zusammenlegen* 病人たちを一室に入れる. ③ 統合する, 合併する. zwei Schulklassen4 *zusammenlegen* 二つのクラスを合併する. ④ (お金4を)出し合う, 出資し合う. ◇《目的語なしでも》 Wir *legten* **für** ein Geschenk *zusammen*. 私たちはプレゼントを買うお金を出し合った.

zu·sam·men|neh·men* [ツザンメン・ネーメン tsuzámən-nèːmən] I 他 (h) ① (力・考えなど4を)集中する, (勇気4を)ふるい起こす. alle Kräfte4 *zusammennehmen* 全力をあげる. ② 総合的に見る, 概括する; 総計する. ◇《過去分詞の形で》 alles4 *zusammengenommen* a) 総合的に見れば, b) 全部ひっくるめて. II 再帰 (h) *sich*4 *zusammennehmen* 自制する(我慢する), 気をしっかり持つ. *Nimm dich zusammen*! しっかりしろ.

zu·sam·men|pa·cken [ツザンメン・パッケン tsuzámən-pàkən] 他 (h) ① (用具など4を)まとめて詰める. ② (使った道具など4を)片づける.

zu·sam·men|pas·sen [ツザンメン・パッセン tsuzámən-pàsən] 自 (h) (色・とり合わせなどが)調和している.

zu·sam·men|pfer·chen [ツザンメン・プフェルヒェン tsuzámən-pfὲrçən] 他 (h) (家畜4を一か所に)押し込める; (比) (人4を)すし詰めにする.

zu·sam·men|pral·len [ツザンメン・プラルレン tsuzámən-pràlən] 自 (s) (人・車が激しく)ぶつかる, 衝突する.

zu·sam·men|pres·sen [ツザンメン・プレッセン tsuzámən-prèsən] 他 (h) ① (歯4を)食いしばる, (唇4を)きつく結ぶ, (両手4を)固く組み合わせる. ② 押し込む, 押しつぶす.

zu·sam·men|raf·fen [ツザンメン・ラッフェン tsuzámən-ràfən] 他 (h) ① (急いで)かき集める. ② (お金などが)がつがつため込む. ③ (長いスカートなど4の)すそをたくし上げる

zu·sam·men|rau·fen [ツザンメン・ラオフェン tsuzámən-ràufən] 再帰 (h) *sich*4 *zusammenraufen* 《口語》うまく折り合いをつける.

zu·sam·men|rech·nen [ツザンメン・レヒネン tsuzámən-rὲçnən] 他 (h) (金額など4を)合計する, 合算する.

zu·sam·men|rei·men [ツザンメン・ライメン tsuzámən-ràɪmən] 再帰 (h) 《口語》 ① *sich*3 囲4 *zusammenreimen* 囲4に納得する. ② *sich*4 *zusammenreimen* つじつまが合う.

zu·sam·men|rei·ßen* [ツザンメン・ライセン tsuzámən-ràɪsən] 再帰 (h) *sich*4 *zusammenreißen* 《口語》心を引きしめる, 我慢(自制)する.

zu·sam·men|rol·len [ツザンメン・ロルレン tsuzámən-ròlən] I 他 (h) (カーペット・紙など4を)くるくると巻く. II 再帰 (h) *sich*4 *zusammenrollen* (猫などが)体を丸める.

zu·sam·men|rot·ten [ツザンメン・ロッテン tsuzámən-ròtən] 再帰 (h) *sich*4 *zusammen-*

zu·sam·men|rü·cken [ツザンメン・リュッケン tsuzámən-rỳkən] I 他 (h)（家具など⁴の）間隔を詰める。 II 自 (s) 間隔(席)を詰める. Bitte *rücken* Sie noch etwas *zusammen*! 席をもう少し詰めなさい.

zu·sam·men|ru·fen* [ツザンメン・ルーフェン tsuzámən-rùːfən] 他 (h) 呼び集める.

zu·sam·men|sa·cken [ツザンメン・ザッケン tsuzámən-zàkən] 自(s)《口語》① (家などが)倒壊する. ②（人がくずれるように）倒れる.

zu·sam·men|schie·ßen* [ツザンメン・シーセン tsuzámən-ʃìːsən] 他 (h) ①（建物など⁴を）砲撃して破壊する. ②《口語》射殺する.

zu·sam·men|schla·gen* [ツザンメン・シュらーゲン tsuzámən-ʃlàːgən] 他 (h) ①（二つのもの⁴を）打ち合わせる. die Hände⁴ **überm** Kopf *zusammenschlagen*（びっくりして）両手を頭の上で打ち合わせる. ②《口語》なぐり倒す; たたき壊す, たたきつぶす.

zu·sam·men|schlie·ßen* [ツザンメン・シュリーセン tsuzámən-ʃlìːsən] I 他 (h)（鎖などで）つなぎ合わせる. II 再帰 (h) *sich⁴ zusammenschließen* 連合(合併)する, 提携する.

Zu·sam·men|schluss [ツザンメン・シュるス] 男 -es/..schlüsse 結合, 連結; 連合, 合併.

zu·sam·men|schmel·zen* [ツザンメン・シュメるツェン tsuzámən-ʃmèltsən] 自 (s)（雪などが）解けて少なくなる;《比》(蓄えなどが)少なくなる.

zu·sam·men|schnü·ren [ツザンメン・シュニューレン tsuzámən-ʃnỳːrən] 他 (h) ①（紙の束など⁴をひもでくくる(束ねる). ② 締めつける. Die Angst *schnürte* mir das Herz *zusammen*.《比》不安で私は胸が締めつけられそうだった.

zu·sam·men|schre·cken(*) [ツザンメン・シュレッケン tsuzámən-ʃrèkən] 自 (s)（びっくりして）縮みあがる, ぎくりとする.

zu·sam·men|schrei·ben* [ツザンメン・シュライベン tsuzámən-ʃràibən] 他 (h) ① 一語(続け)書きする. ②（論文など⁴を）まとめる. ③《口語》よく考えずに書きなぐる.

zu·sam·men|schrump·fen [ツザンメン・シュルンプフェン tsuzámən-ʃrùmpfən] 自 (s)（果実などが）しなびる;《比》(蓄えなどが)減る.

zu·sam·men|schwei·ßen [ツザンメン・シュヴァイセン tsuzámən-ʃvàisən] 他 (h)《工》溶接してつなぎ合わせる;《比》(人の間柄を)緊密にする.

zu·sam·men sein* ☞ zusammen ①

Zu·sam·men≠sein [ツザンメン・ザイン] 中 -s/ いっしょにいること（気楽な）集まり, 集会.

zu·sam·men|set·zen [ツザンメン・ゼッツェン tsuzámən-zètsən] du setzt ... zusammen (setzte ... zusammen, *hat* ... zusammengesetzt) I 他 (完了 haben) 組み立てる, 組み合わせて作る; 合成する. Steine⁴ **zu** einem Mosaik *zusammensetzen* 石を集めてモザイクを作る.
II 再帰 (完了 haben) *sich⁴ zusammensetzen* ①《*sich⁴ aus* 人・物³ ～》(人・物³から) 構成されている. Das Gerät *setzt sich* aus vielen Teilen *zusammen*. この器具はたくさんの部品から成っている / Die Kommission *setzt sich* aus zwölf Mitgliedern *zusammen*. その委員会は12人の委員で構成されている.
②《*sich⁴* [*mit* 人³] ～》(人³と)並んで座る; 集う, 会合する. Wir *haben uns* im Konzert zufällig *zusammengesetzt*. 私たちは音楽会でたまたま並んで座った / *sich⁴* **zur** Beratung *zusammensetzen* 協議のために集まる.
◊☞ zusammengesetzt

Zu·sam·men≠set·zung [ツザンメン・ゼッツング] 女 -/-en ①《複 なし》組み合わせ(組み立てる)こと. ② 構成;（物質の)組成. ③《言》合成語, 複合語.

Zu·sam·men≠spiel [ツザンメン・シュピーる] 中 -[e]s/ チームワーク; 共演, 協力; 相互作用.

zu·sam·men|stau·chen [ツザンメン・シュタオヘン tsuzámən-ʃtàuxən] 他 (h)《口語》しかりとばす, どやしつける.

zu·sam·men|ste·cken [ツザンメン・シュテッケン tsuzámən-ʃtèkən] I 他 (h)（ピンなどで）留め合わせる. die Köpfe⁴ *zusammenstecken*《口語》額を集めてひそひそ話をする. II 自 (h)《口語》(いつも)いっしょにいる.

zu·sam·men|ste·hen* [ツザンメン・シュテーエン tsuzámən-ʃtèːən] 自 (h) ①《*mit* 人³ ～》(人³と)いっしょに立っている. ② 互いに助け合う.

zu·sam·men|stel·len [ツザンメン・シュテれン tsuzámən-ʃtèlən] 他 (h) ① いっしょに並べる(置く). ◊《再帰的に》*sich⁴ zusammenstellen* 並んで立つ. ② 編成する, 作成する; 組み立てる; まとめる. die Delegation⁴ *zusammenstellen* 代表団を編成する.

Zu·sam·men≠stel·lung [ツザンメン・シュテるング] 女 -/-en ① 編成, 作成; 組み立て. ② 編成(作成)されたもの; 一覧[表].

zu·sam·men|stim·men [ツザンメン・シュティンメン tsuzámən-ʃtìmən] 自 (h) ①（色・響きなどが互いに)調和する. ②《比》(証言などが互いに)一致する.

Zu·sam·men≠stoß [ツザンメン・シュトース] 男 -es/..stöße ①（乗り物などの）衝突. ②《口語》(意見の)衝突, 言い争い.

zu·sam·men|sto·ßen* [ツザンメン・シュトーセン tsuzámən-ʃtòːsən] du stößt ... zusammen, er stößt ... zusammen (stieß ... zusammen, *ist* ... zusammengestoßen) ① 自 (完了 sein) ①（人・乗り物が)衝突する, ぶつかる.《英》*collide*. Die Straßenbahn *ist* mit dem Bus *zusammengestoßen*.『現在完了』市電がバスと衝突した. ②（意見が)ぶつかる. ③（地所などが）境を接している;（道・線などが)交差する.

zu·sam·men|strö·men [ツザンメン・シュト

レーメン tsuzámən-ʃtrɔ̀ːmən] 圓 (s) (人々が)集まって来る, 押し寄せる.
zu·sam·men|stür·zen [ツザンメン・シュテュルツェン tsuzámən-ʃtỳrtsən] 圓 (s) (建物などが)倒壊する, 崩壊する.
zu·sam·men|tra·gen* [ツザンメン・トラーゲン tsuzámən-trɑ̀ːgən] (h) 運び集める;《比》(資料など⁴を)集める.
zu·sam·men|tref·fen* [ツザンメン・トレッフェン tsuzámən-trɛ̀fən]... zusammen, er trifft... zusammen (traf... zusammen, *ist*... zusammengetroffen) 圓 (完了 sein) ① 《[mit 人³] ~》[人³と] 出会う, 行き合わせる.《漢 meet》. Ich traf im Theater *mit* meinem Onkel *zusammen*. 私は劇場でおじに会った. ② 同時に起こる, (時間的に)重なる, 併発する. Dieses Jahr trifft mein Geburtstag *mit* Ostern *zusammen*. 今年は私の誕生日と復活祭がかち合っている.
Zu·sam·men=tref·fen [ツザンメン・トレッフェン] 匣 -s/ ① 出会い, 遭遇; 会合, 集まり. ② 同時に起こること, 併発.
zu·sam·men|tre·ten* [ツザンメン・トレーテン tsuzámən-trɛ̀ːtən] I 他 (h)《口語》踏んだりけったりして痛めつける. II 圓 (s) (メンバーとして)集まる, (議会などが)召集される.
zu·sam·men|trom·meln [ツザンメン・トロンメルン tsuzámən-trɔ̀məln] (h)《口語》呼び集める.
zu·sam·men|tun* [ツザンメン・トゥーン tsuzámən-tùːn] I 他 (h)《口語》いっしょに入れる, ひとまとめにする. II 再帰 (h) *sich*⁴ *zusammentun*《口語》協力する, 提携する, 結託する.
zu·sam·men|wach·sen* [ツザンメン・ヴァクセン tsuzámən-vàksən] 圓 (s) ① (骨などが)癒合する. ② (比) (複数の人・都市などが)一体化する.
zu·sam·men|wir·ken [ツザンメン・ヴィルケン tsuzámən-vìrkən] 圓 (h) ①《雅》協力する, 協同作業をする. ② いっしょに作用する.
zu·sam·men|zäh·len [ツザンメン・ツェーレン tsuzámən-tsɛ̀ːlən] (h) 合計(合算)する.
zu·sam·men|zie·hen* [ツザンメン・ツィーエン tsuzámən-tsìːən] I 他 (h) ① (引っぱって)縮める, 収縮させる. ein Loch⁴ im Strumpf *zusammenziehen* 靴下の穴を縫い合わせる / Er *zog* die Brauen *zusammen*. 彼は眉(ﾏﾕ)をひそめた. ◇《再帰的に》*sich*⁴ *zusammenziehen* 縮む, 収縮する, 狭まる, (傷などが)ふさがる ⇒ Bei Kälte *ziehen sich* die Körper *zusammen*. 低温では物体は収縮する. ② (軍隊などを)集結させる, 集める. ③ (金額・数など⁴を)合計する, 合算する. II 再帰 (h) *sich*⁴ *zusammenziehen* (雷雲・嵐などが)発生する. III 圓 (s) いっしょの家(部屋)に引っ越す.
zu·sam·men|zu·cken [ツザンメン・ツッケン tsuzámən-tsùkən] 圓 (s) (驚いて・痛くて)ぎくりとする, 縮みあがる.
Zu·satz [ツー・ザッツ tsúː-zats] -es/..sätze

① 《複 なし》付加, 追加, 添加. **unter** *Zusatz* von 物² 物³を添加して. ② 付加物, 添加物 (剤). ③ 付録, 補遺; 追伸, 付記.
Zu·satz=an·trag [ツーザッツ・アントラーク] -[e]s/..träge 追加提案(動議).
Zu·satz=ge·rät [ツーザッツ・ゲレート] -[e]s/-e 付属(補助)器具.
zu·sätz·lich [ツー・ゼッツリヒ] 形 追加の(費用など), 余分な(負担など).
zu=schan·den, zu Schan·den [ツ・シャンデン] 副 壊されて, だめになって. 動詞句⁴ *zuschanden* machen 動詞句⁴ (計画など)をだいなしにする / *zuschanden* werden (または gehen) だめになる / Er hat sein Auto *zuschanden* gefahren. 彼は車を乱暴な運転で壊した.
zu|schan·zen [ツー・シャンツェン tsúː-ʃàntsən] (h)《口語》(人³に地位など⁴を)ひそかに世話してやる.
zu|schau·en [ツー・シャオエン tsúː-ʃàuən] 圓 (h) (南ドイツ・オーストリア・スイス) (わきから様子を)じっと眺める, 見物する. 人³ **bei** der Arbeit *zuschauen* 人³が仕事をするのをじっと眺める.
der **Zu·schau·er** [ツー・シャオアァ tsúː-ʃàuɐr] 男 (単 2) -s/(複) - (3 格のみ -n) 観客, 見物人, 観覧者《漢 spectator》; (テレビの)視聴者《漢 viewer》.《漢「聴衆」は Zuhörer》. die *Zuschauer* eines Fußballspiels サッカーの試合の観衆.
Zu·schau·e·rin [ツー・シャオエリン tsúː-ʃàuərɪn] 女 -/-.rinnen (女性の)観客, 見物人.
Zu·schau·er=raum [ツーシャオアァ・ラオム] -[e]s/..räume ① (劇場などの)観客席. ② (総称として:) 観客, 観衆.
Zu·schau·er=tri·bü·ne [ツーシャオアァ・トリビューネ] 女 -/-n (競技場などの)スタンド, 観覧席.
zu|schi·cken [ツー・シッケン tsúː-ʃɪkən] (h) (人³に物⁴を)送付する, 送り届ける.
zu|schie·ben* [ツー・シーベン tsúː-ʃìːbən] (h) ① (引き戸など⁴を)押して閉める. eine Schublade⁴ *zuschieben* 引き出しを閉める. ② (人³の方に物⁴を)押しやる. ③ (人³に罪・責任など⁴を)押しつける, なすりつける. 人³ die Verantwortung⁴ *zuschieben* 人³に責任を転嫁する.
zu|schie·ßen* [ツー・シーセン tsúː-ʃìːsən] I 他 (h) ① (人³にボールなど⁴を)ける, 投げる;《比》(人³に視線など⁴を)投げる. ②《口語》(お金⁴を)出す, 投じる. II 圓 (s)《auf 人・物⁴ ~》(人・物⁴に向かって)突進する.
der **Zu·schlag** [ツー・シュラーク tsúː-ʃlaːk] 男 (単 2) -[e]s/(複) ..schläge [..ʃyːɛːɡə] (3 格のみ ..schlägen) ① 割増金, (鉄道)特急(急行・寝台)券.《漢 extra charge》. einen *Zuschlag* lösen 特急(急行・寝台)券を買う. ② 特別手当. ③ (競売人による)落札の宣告.
Zu·schla·ge [ツー・シュレーゲ] *Zuschlag* (割増料金)の複.
zu|schla·gen* [ツー・シュラーゲン tsúː-ʃlàː-

gən] **I** 他 (h) ① (ドアなど⁴を)ばたんと閉める. das Buch⁴ *zuschlagen* 本をばたんと閉じる. ② (ハンマーなどで)たたいて造形する; (鬨)(箱など⁴に)ふたを閉じる. ③ (テニスなどで:)(入³に…ボール⁴を)打ち込む. ④ (競売などで入³に物⁴を)落札させる. ⑤ (割増料金など⁴を)加算する, 上積みする. **II** 自 (s, h) ① ばたんと閉まる. Die Tür *schlägt zu*. ドアがばたんと閉まる. ② (h) なぐりかかる; 襲いかかる. ③ [**bei** 物³ ~]《口語》物³をわれ先に買う, 物³にとびつく.

zu-schlag=frei [ツー・シュリャーク・フライ] 形 割増料金の不要な;《鉄道》特急(急行・寝台)料金の不要な.

Zu-schlag=kar-te [ツー・シュラーク・カルテ] 囡 -/-n《鉄道》割増切符(特急・急行・寝台券など).

zu-schlag=pflich-tig [ツー・シュラーク・プフリヒティヒ] 形 割増料金の必要な;《鉄道》特急(急行・寝台)料金の必要な.

zu|schlie-ßen* [ツー・シュリーセン tsú:-ʃliːsən] du schließt...zu (schloss...zu, *hat*...zugeschlossen) 他 (完了 haben) (部屋・トランクなど⁴に)鍵(鍵)をかける, 鍵で閉める. (英 lock). (注意「鍵で開ける」は auf|schließen). die Tür⁴ *zuschließen* ドアに鍵をかける.

zu|schnal-len [ツー・シュナレン tsú:-ʃnàlən] 他 (h) (物⁴の)留め金を締める.

zu|schnap-pen [ツー・シュナッペン tsú:-ʃnàpən] 自 (s, h) ① (s) (戸・錠などが)ばたん(かちゃっ)と閉まる. ② (犬などが)ぱくりと食いつく.

zu|schnei-den* [ツー・シュナイデン tsú:-ʃnàidən] 他 (h) ① (布地など⁴を)裁断する, 物⁴ (上着など)の服地を裁断する. ② [物⁴ **auf** 人・事⁴ ~] (物⁴(放送番組など)を人・事⁴向きに作る.

zu|schnei-en [ツー・シュナイエン tsú:-ʃnàiən] 自 (s) (道などが)雪でふさがる(埋まる).

Zu-schnitt [ツー・シュニット tsú:-ʃnɪt] 男 -[e]s/-e ①《複 なし》裁断, 切断. ② 裁断の仕方; (比) 型, 様式, タイプ. ein Mann von diesem *Zuschnitt* このタイプの男.

zu|schnü-ren [ツー・シュニューレン tsú:-ʃnỳːrən] 他 (h) (包みなど⁴をひもでくくる, (靴など⁴の)ひもを結ぶ. Die Angst *schnürt* mir die Kehle *zu*.《比》不安で私は息が詰まりそうだ.

zu|schrau-ben [ツー・シュラオベン tsú:-ʃràubən] 他 (h) (容器⁴の)ふたをねじって閉める.

zu|schrei-ben* [ツー・シュライベン tsú:-ʃràibən] 他 (h) ① (事⁴を入³のせいにする, 物⁴を入³に)帰する. Das *kann* man nur deiner Dummheit *zuschreiben*. このことはひとえに君の愚かさのせいだといえる / Das Bild *wurde* lange Zeit Picasso *zugeschrieben*.《受動・過去》その絵は長い間ピカソの絵だとされていた. (入³に…物⁴があると)みなす, 思う. 入³ bestimmte Fähigkeiten⁴ *zuschreiben* 入³に特定の能力があるとみなす. ③ (物⁴を入³の)名義に書き換える, (入³にお金⁴を)振り込む.

④《口語》書き添える, 書き足す.

Zu-schrift [ツー・シュリフト tsú:-ʃrɪft] 囡 -/-en 投書(の)手紙. eine anonyme *Zuschrift* 匿名の投書.

zu=schul-den, zu Schul-den [ツ・シュるデン] 副〖成句的に〗sich³ 事⁴ *zuschulden* kommen lassen 事⁴の罪(過ち)を犯す.

Zu-schuss [ツー・シュス tsú:-ʃʊs] 男 -es/..schüsse 補助(助成)金. einen *Zuschuss* erhalten (leisten) 補助金をもらう(支給する).

Zu-schuss=be-trieb [ツー・シュス・ベトリープ] 男 -[e]s/-e (経営不振のため)補助金を受けている企業.

zu|schüt-ten [ツー・シュッテン tsú:-ʃỳtən] 他 (h) ① (穴など⁴を)土砂でふさぐ(埋める). ②《口語》(水など⁴を)つぎ足す.

zu|se-hen* [ツー・ゼーエン tsú:-zèːən] du siehst...zu, er sieht...zu (sah...zu, *hat*...zugesehen) 自 (完了 haben) ① (わきで様子を)眺める, 見物(観戦)する.《英 watch》. 人・物³ aufmerksam *zusehen* 人・物³を注意深く眺める / Ich *sah* ihm **bei** der Arbeit *zu*. 私は彼が仕事をしているのをわきで見ていた. ◇〖名詞的に〗**bei** näherem *Zusehen* よく見ると.

② (手をこまねいて)見ている, 傍観する. Ich *kann* nicht länger *zusehen*. 私はもう黙って見ていられない. ③〖**dass** 文とともに〗(…するように)配慮する, 気をつける. *Sieh zu*, dass du nicht fällst! 転ばないように気をつけなさい.

zu-se-hends [ツー・ゼーエンツ tsú:-zeːənts] 副 見る見るうちに, 目に見えて, どんどん. Dem Kranken geht es *zusehends* besser. 病人は目に見えて良くなってきている.

zu sein* ☞ zu II ②

zu|sen-den⁽*⁾ [ツー・ゼンデン tsú:-zèndən] 他 (h) (入³に物⁴を)送付する, 送り届ける.

zu|set-zen [ツー・ゼッツェン tsú:-zètsən] **I** 他 (h) ① (A³ に B⁴ を)添加する, 加える. einem Saft Zucker⁴ *zusetzen* 果汁に砂糖を加える. ② (お金など⁴を)つぎ込む. nichts *zuzusetzen* haben《口語・比》(体力などに)余力がない. **II** 自 (h)《口語》① (入³に)しつこく迫る. 入³ **mit** Fragen *zusetzen* 入³を質問攻めにする. ② (寒さ・病気などが入³の)身にこたえる.

zu|si-chern [ツー・ズィッヒャァン tsú:-zɪçɐrn] 他 (h) (入³に)援助など⁴を)確約する, 請け合う.

Zu-si-che-rung [ツー・ズィッヒェルング] 囡 -/-en 確約, 保証; 確約(保証)されたこと.

zu|sper-ren [ツー・シュペレン tsú:-ʃpèrən] 他 (h) (ドアなど⁴に)鍵(鍵)をかける.

Zu-spiel [ツー・シュピーる tsú:-ʃpiːl] 中 -[e]s/-(球技などで:)(ボールなどの)パス, 送球.

zu|spie-len [ツー・シュピーれン tsú:-ʃpìːlən] 他 (h) ① (球技などで:)(入³にボールなど⁴を)パスする. ②《比》(入³に情報など⁴を)こっそり渡す.

zu|spit-zen [ツー・シュピッツェン tsú:-ʃpìtsən] 他 (h) (物⁴の)先をとがらせる. ◇〖再帰的に〗*sich*⁴ *zuspitzen* 先がとがる. ◇〖再帰的に〗

*sich*⁴ *zuspitzen* 緊迫する, 先鋭化する.

zu|spre·chen* [ツー・シュプレッヒェン tsúː-ʃprɛçən] **I** 他 (h) ① (人³に)励⁴の言葉をかける. 人³ *Trost*⁴ *zusprechen* 人³に慰めの言葉をかける / *Er sprach mir Mut zu.* 彼は私に励ましの言葉をかけた. ② (裁判所などが人³に人·物⁴の)帰属権を認める. 人³ *das Erbe*⁴ *zusprechen* 人³に遺産の相続を認める. **II** 自 (h) ① (人³に…の)言葉をかける. 人³ *freundlich zusprechen* 人³に親切な言葉をかける. ② (雅)(物³を)食べる(飲む), 満喫する.

Zu·spruch [ツー・シュプルフ tsúː-ʃprʊx] 男 -[e]s/ (雅) ① 慰め(励まし)[の言葉]. ② 人気, (客などの)入り. *Zuspruch*⁴ *finden* 客の入りがいい(好評である) / *Dieser Arzt hat viel Zuspruch.* この医者ははやっている.

*der **Zu·stand** [ツー・シュタント tsúː-ʃtant] 男 (単2) -[e]s/(複) ..stände [..シュテンデ] (3格のみ ..ständen) ① **状態**, 様子; コンディション, (患者の)容態. (英 *condition*). *Gesundheitszustand* 健康状態 / *der körperliche (seelische) Zustand* 肉体(精神)の状態 / *in bewusstlosem Zustand* 無意識状態で / *Sein Zustand ist bedenklich.* 彼の容態は思わしくない.

② (ふつう 複) **情勢**, 状況. *die politischen Zustände* 政治的状況 / *Das ist doch kein Zustand!* (口語) この状況はなんとかしなくてはならない. ③ (成句的に) *Zustände*⁴ *bekommen* (または *kriegen*) (口語) かっとなる.

zu·stan·de, zu Stan·de [ツー・シュタンデ tsuː-ʃtándə] 副 (成句的に) ① **物**⁴ *zustande* **bringen** **物**⁴(困難なこと)を**完成させる**, 成し遂げる. *Er hat nichts zustande gebracht.* 彼は何をしても何ら遂げられなかった. ② *zustande* **kommen** (困難を排してやっと)**成就する**, 実現する.

Zu·stän·de [ツー・シュテンデ] *Zustand (状態)の複

Zu·stan·de‧kom·men [ツシュタンデ·コンメン] 中 -s/ 成就, 実現.

zu·stän·dig [ツー・シュテンディヒ tsúː-ʃtɛndɪç] ① **権限(資格)のある**, 所轄の, 係の. *die zuständige Behörde* 所轄官庁 / **物**⁴ *zuständig sein* **物**⁴の権限を有している, を担当している ⇨ *Dafür ist er nicht zuständig.* 彼はこの件の係ではない. ② (《キリスト教》(官庁) 定住権(居住権)のある. *Ich bin nach Wien zuständig.* 私はウィーンの市民だ.

Zu·stän·dig·keit [ツー・シュテンディヒカイト] 女 -/ 管轄権, 権限; 管轄範囲.

zu·stat·ten.. ⇨ *zustatten/kommen*

zu·stat·ten‧kom·men [ツシュタッテン·コンメン tsuʃtátən-kɔmən] 自 (s) (人·事³にとって) 役に立つ, 有利に働く.

zu|ste·cken [ツー・シュテッケン tsúː-ʃtɛkən] 他 (h) (人³に物⁴を)こっそり与える(渡す).

zu|ste·hen* [ツー・シュテーエン tsúː-ʃtèːən] 自 (h) (人³の)当然の権利である. *30 Urlaubstage im Jahr stehen uns zu.* 私たちは1年に30日の休暇を取ることができる.

zu|stei·gen* [ツー・シュタイゲン tsúː-ʃtàɪɡən] 自 (s) (途中の駅·停留所から)新たに乗り込む. [*Ist*] *noch jemand zugestiegen?* (現在完了) (車内で車掌が:) 検札のお済みでない方は？ (← 新たにご乗車になった方はいらっしゃいませんか). (⇨ 類語 *steigen*).

zu|stel·len [ツー・シュテルン tsúː-ʃtɛlən] 他 (h) ① (家具などで入口などを)ふさぐ. ② (官庁)(郵便などで)配達する, 送り届ける.

Zu·stel·ler [ツー・シュテラァ tsúː-ʃtɛlɐ] 男 -s/ (官庁) (郵便)配達人. (女性形: -in).

Zu·stell‧ge·bühr [ツーシュテる·ゲビューァ] 女 -/-en (郵) (受取人の払うべき)配達料.

Zu·stel·lung [ツー・シュテるンヶ] 女 -/-en (官庁) 配達; (法) 送達.

zu|steu·ern [ツー・シュトイアァン tsúː-ʃtɔ̀ʏɐn] **I** 自 (s) [*auf* **人·物**⁴ ~] (乗り物が·乗り物で(人·物⁴)に向かって進む; (口語) 破局などへ)向かってまっしぐらに進む. **II** 他 (h) (物⁴ *auf* **人·物**⁴ ~] **物**⁴(乗り物)を**人·物**⁴に向かって走らせる.

zu|stim·men [ツー・シュティンメン tsúː-ʃtìmən] (stimmte ... zu, hat ... zugestimmt) 自 (完了 *haben*) (人·物³に)**賛成する**, 同意する, (物³を)承認する. (英 *agree*). *Ich kann dir in allem zustimmen.* 私はすべての点で君に同意できる / *einem Vorschlag zustimmen* 提案を承認する. ◇ (現在分詞の形で) *zustimmend* *nicken* 賛成してうなずく.

die **Zu·stim·mung** [ツー・シュティンムンヶ tsúː-ʃtɪmʊŋ] 女 (単) /(複) -en **賛成**, 同意; 承認, 承諾. (英 *agreement*). *die Zustimmung der Eltern*² 両親の同意 / *Dazu kann ich meine Zustimmung nicht geben.* それには賛成できないね / *unter allgemeiner Zustimmung* 大方の賛同を得て.

zu|stop·fen [ツー・シュトプフェン tsúː-ʃtɔpfən] 他 (h) ([A⁴ [mit B³] ~] (A⁴(穴など)を[B³で]ふさぐ. *sich*³ *die Ohren*⁴ *mit Watte zustopfen* 耳に綿を詰める.

zu|stöp·seln [ツー・シュテプセるン tsúː-ʃtœpsəln] 他 (h) (びんなどに)栓をする.

zu|sto·ßen* [ツー・シュトーセン tsúː-ʃtòːsən] **I** 他 (h) (ドアなどを勢いよく突いて(押して)閉める. **II** 自 (h, s) ① (h) 突きかかる. ② (s) (人³の身に)ふりかかる, 起こる.

zu|stre·ben [ツー・シュトレーベン tsúː-ʃtrɛ̀ːbən] 自 (s) [(人·物³(または *auf* 人·物⁴) ~] (人·物³(または人·物⁴)に)向かって進む, 急ぐ.

Zu·strom [ツー・シュトローム tsúː-ʃtroːm] 男 -[e]s/ ① (空気·水などの)流入. ② (群集の)殺到.

zu|strö·men [ツー・シュトレーメン tsúː-ʃtrøːmən tsúː-ʃtrɔ̀ːmən] 自 (s) [(人·物³(または人·物⁴) ~] (空気·水などが物³(または物⁴)に)向かって流れて行く; (群衆などが人·物³(または人·物⁴)に)殺到する, 押し寄せる.

zu|stür·zen [ツー・シュテュルツェン tsúːʃtʏrtsən] 自 (s) 《**auf** 人・物⁴ ~》(人・物⁴に)向かって駆け寄る, 突進する.

zu·ta·ge, zu Ta·ge [ツ・ターゲ] 副《成句的に》 zutage treten (または kommen) a) 表面(地表)に現れる, b)《比》明るみに出る / zutage bringen (または fördern) a) 物⁴(鉱石など)を地表に掘り出す, b)《比》事⁴を明るみに出す / Seine Schuld liegt nun offen (または klar) zutage. 彼の罪はいまや明らかである.

Zu·tat [ツー・タート tsúː-taːt] 囡 -/-en ①《ふつう 複》《料理》材料;《服飾》(衣服などの)付属品(ボタンなど). ② (芸術作品などの)補足, 追加[箇所].

zu·teil‥ ☞ zuteil|werden

zu·tei·len [ツー・タイレン tsúː-tàɪlən] 他 (h) (人³に仕事などを)割り当てる, (人⁴をある部署³に)配属する (人³に物⁴を)分配する, 配給する.

Zu·tei·lung [ツー・タイるング] 囡 -/-en ① 分配, 配当, 割当. ② 分配された(割り当てられた)もの, 分け前.

zu·teil|wer·den [ツタイる・ヴェーァデン tsu-táɪl-vèːrdən] 自 (s) 《雅》(人³に)与えられる;(運命的に)人³に課せられる. 人³ 物⁴ zuteilwerden lassen (人³に)物⁴を与える, 授ける.

zu·tiefst [ツ・ティーフスト] 副 非常に, ひどく.

zu|tra·gen* [ツー・トラーゲン tsúː-tràːgən] I 他 (h) ① (人³に物⁴を)運んで行く. ② (人³にうわさなどを)伝える, 知らせる. II 再帰 (h) sich⁴ zutragen《雅》(事件などが)起こる, 生じる.

Zu·trä·ger [ツー・トレーガァ tsúː-trɛːgər] 男 -s/- 密告者, 告げ口をする人. (女性形: -in).

zu·träg·lich [ツー・トレークリヒ] 形《成句的に》人・事³ zuträglich sein《雅》人・事³のためになる, 人³の健康によい.

zu|trau·en [ツー・トラオエン tsúː-tràʊən] (traute ... zu, hat ... zugetraut) 他 《完了 haben》(人³に能力などが⁴あると)思う, 信じる; (人³に事⁴ができると)思う. 人³ Talent⁴ zutrauen 人³には才能があると思う / Ich traue ihm nicht zu, dass er lügt. 私は彼がうそをつけるとは思えない.《再帰動詞》sich³ zu viel⁴ zutrauen 自分の力を過信する / sich³ nichts⁴ zutrauen 自信がない.

das **Zu·trau·en** [ツー・トラオエン tsúː-tràʊən] 田 (単 2) -s/ 信頼, 信用.《英》confidence). das Zutrauen⁴ verlieren 信頼を失う / Das Kind hat Zutrauen **zu** ihm. その子は彼を信頼している.

zu·trau·lich [ツー・トラオリヒ] 形 人を信用(信頼)している; 人なつこい; 人間になついている(動物).

zu|tref·fen* [ツー・トレッフェン tsúː-trɛ̀fən] es trifft ... zu (traf ... zu, hat ... zugetroffen) 自《完了 haben》① (言うことが)当たっている, 正しい. Die Behauptung trifft zu. その主張は正しい. ②《**auf** (または **für**) 人・事⁴ ~》(人・事⁴に)当てはまる, 該当する. Dasselbe trifft auch für dich zu. 同じことは君にも当てはまるよ.

zu·tref·fend [ツー・トレッフェント] I *zutreffen (当たっている)の 現分 II 形 ① 適切な, 的確な. eine zutreffende Bemerkung 的を射た発言. ②《官庁》該当する.《名詞的に》Zutreffendes 該当すること(もの) ⇒ Zutreffendes bitte ankreuzen!(アンケート・申込用紙などで)該当の箇所に × 印をおつけください.

zu|trin·ken* [ツー・トリンケン tsúː-trìŋkən] 自 (h) (人³の)健康を祝って飲む, (人³のために)乾杯する.

der **Zu·tritt** [ツー・トリット tsúː-trɪt] 男 (単 2) -[e]s/ ① 立ち入り, 入場[許可].《英》admission). Kein Zutritt! または Zutritt verboten!(掲示で:)入場(立ち入り)禁止 / 人³ den Zutritt **zu** 物³ verweigern (または verwehren) 人³に物³への立ち入りを拒む / Ich habe freien Zutritt zum Laboratorium. 私は実験室に自由に出入りできる. ② (液体・気体の)流入, 侵入.

zu|tun* [ツー・トゥーン tsúː-tùːn] 他 (h)《口語》① (水・調味料など⁴を)付け加える. ② 閉める, 閉じる. Tu den Mund **zu**! 口を閉じなさい / kein Auge⁴ zutun 一睡もしない.《再帰的に》sich⁴ zutun 閉まる, 閉じる.

◇☞ zugetan

Zu·tun [ツー・トゥーン] 田 -s/ 助力, 援助. ohne mein Zutun 私の助力なしに.

zu·un·guns·ten, zu Un·guns·ten [ツ・ウングンステン] 副《2 格とともに》…にとって不利になるように. zuungunsten des Angeklagten 被告人の不利になるように.

zu·un·terst [ツ・ウンタァスト] 副 (重ねたものの)いちばん下に; (引き出しなどの)いちばん底に.

zu·ver·läs·sig [ツー・フェァれスィヒ tsúː-fɛrlɛsɪç] 形 信頼できる, 頼りになる; (情報などが)確かな.《英》reliable). ein zuverlässiger Freund 信頼できる友人 / Die Wettervorhersage ist nicht zuverlässig. 天気予報は当てにならない.

Zu·ver·läs·sig·keit [ツー・フェァれスィヒカイト] 囡 -/ 信頼できること, 信頼性, 確実さ.

die **Zu·ver·sicht** [ツー・フェァズィヒト tsúː-fɛrzɪçt] 囡 (単) -/ (将来への)確信, (成功への)自信.《英》confidence). Ich bin voll (または voller) Zuversicht. 私は今後のことには十分自信がある / Ich habe die feste Zuversicht, dass ... 私は…を固く確信している / **in** (または **mit**) der Zuversicht, dass ... …との確信をいだいて.

zu·ver·sicht·lich [ツー・フェァズィヒトリヒ] 形 確信に満ちた, 自信たっぷりの. zuversichtlich sprechen 確信に満ちた口ぶりで話す.

Zu·ver·sicht·lich·keit [ツー・フェァズィヒトリヒカイト] 囡 -/ 確信[のある態度].

zu viel ☞ zu II ①

zu·vor [ツ・フォーァ] 副 [その]前に, 以前に; 前もって, あらかじめ. am Tag zuvor その前日に / Ich habe ihn nie zuvor gesehen. 私は今まで

zu▸vor▸derst [ツ・フォルダァスト] 副 いちばん前に, 最前列に.

zu|vor|kom·men* [ツふオーァ・コンメン tsu-fóːr-kɔ̀mən] 自 (s) ① (人³に)先んじる, (人³を)出し抜く. 人³ beim Kauf zuvorkommen 人³より先に買う. ② (事³に)先手を打つ, (事³を)未然に防ぐ. einer Gefahr³ zuvorkommen 危険を未然に防ぐ.

zu·vor·kom·mend [ツふオーァ・コンメント] I zuvor|kommen (先んじる)の現分 II 形 よく気のつく, 察しのよい, 親切な, 丁重な.

Zu·vor·kom·men·heit [ツふオーァ・コンメンハイト] 女 -/ よく気のきくこと, 親切.

Zu·wachs [ツー・ヴァクス tsúː-vaks] 男 -es/..wächse 《ふつう単》 増加, 増大; 成長, 成育. ein Zuwachs an Einnahmen 収入の増加 / wirtschaftlicher Zuwachs 経済成長 / auf Zuwachs 成長を見越して(見込んで).

zu|wach·sen* [ツー・ヴァクセン tsúː-vàksən] 自 (s) ① (傷口が)ふさがる. ② (植物が茂って道路などが)覆われる, さえぎられる. Die Aussicht wächst allmählich zu. 樹木が繁ってだんだん展望が利かなくなる. ③ (利益・課題などが人・物³に)生じてくる.

Zu·wachs▸ra·te [ツーヴァクス・ラーテ] 女 -/-n《経》成長率.

zu|wan·dern [ツー・ヴァンダァン tsúː-vàn-dərn] 自 (s) (外国などから)移住して来る.

zu▸we·ge, zu We·ge [ツ・ヴェーゲ] 副 《成句的に》zuwege bringen 事⁴を成し遂げる, 達成する, 仕上げる. Er hat diese ganze Sache zuwege gebracht. 彼はこの大仕事を成し遂げた. ② mit 事³ zuwege kommen 事³をうまくこなす. ③ gut (schlecht) zuwege sein 《口語》元気である(体調が悪い).

zu|we·hen [ツー・ヴェーエン tsúː-vèːən] I 他 (h) ① (風が雪・砂を吹き寄せて道を)埋める. ② (人³に涼しい風など⁴を)送る. II 自 (h, s) ① (h, s) auf 人・物³ ～ 風が人・物³に吹きつける. ② (s) (においなどが人³の方に)漂って来る.

zu▸wei·len [ツー・ヴァイレン] 副 《雅》 ときどき, ときおり (=manchmal).

zu|wei·sen* [ツー・ヴァイゼン tsúː-vàizən] 他 (h) (役所などが人³に仕事・住居など⁴を)割り当てる, あてがう. 人³ eine Rolle⁴ zuweisen 人³にある役割を割り振る.

Zu·wei·sung [ツー・ヴァイズング] 女 -/-en 割当, 配分; 指定; 配置, 配属.

zu|wen·den(*) [ツー・ヴェンデン tsúː-vèndən] I 他 (h) ① (人・物³の方に顔など⁴を)向ける. Sie hat ihm den Rücken zugewandt. 彼女は彼に背を向けた. ② (人³に注意など⁴を)向ける, (人³に愛情など⁴を)注ぐ. ③《ふつう規則変化》(人・物³にお金など⁴を)与える, 寄付する. II 再帰 sich⁴ zuwenden ① (人・物³の方を)向く. Die Blicke aller² wandten sich ihm zu. すべての人の視線が彼に注がれた. ② (事³に)とり組む, 従事する. Wir wollen uns einem neuen Thema zuwenden. 次のテーマに移りましょう.

◊☞ **zugewandt**

Zu·wen·dung [ツー・ヴェンドゥング] 女 -/-en ① (金銭的な)援助, 補助金, 寄付. ②《複なし》愛情, いつくしみ.

zu we·nig ☞ zu II ①

zu|wer·fen* [ツー・ヴェルフェン tsúː-vèrfən] 他 (h) ① (人³にボールなど⁴を受け取れるように)投げてやる; 《比》(人³に視線など⁴を)投げかける. ② (ドア・ふたなど⁴を)ばたんと閉める.

zu▸wi·der [ツ・ヴィーダァ] I 形 ① (人³にとって)気に入らない, いやな. Dieses Essen ist mir zuwider. この料理は私の口に合わない. ② (人・物³に)都合の悪い, 不利な. Das Schicksal war ihm zuwider. 彼は運に恵まれなかった. II 副 《3格とともに; 名詞のあとに置かれる》 …に反して, …に逆らって. dem Verbot zuwider 禁止に背いて / dem Gesetz zuwider 法律に反して.

zu·wi·der|han·deln [ツヴィーダァ・ハンデるン tsuvíː-dər-hàndəln] 自 (h) (法律・条約など³に)違反する, 背く.

Zu·wi·der|hand·lung [ツヴィーダァ・ハンドるング] 女 -/-en 違反行為.

zu·wi·der|lau·fen* [ツヴィーダァ・らオフェン tsuvíː-dər-làufən] 自 (s) (事³に)反する, (事³と)相いれない.

zu|win·ken [ツー・ヴィンケン tsúː-vìŋkən] 自 (h) (人³に)手を振ってあいさつする.

zu|zah·len [ツー・ツァーれン tsúː-tsàːlən] 他 (h) (ある金額⁴を)追加払いする.

zu|zäh·len [ツー・ツェーれン tsúː-tsɛ̀ːlən] 他 (h) ① 加算する. ② (A⁴ を B³ に)数え入れる, 含める.

zu▸zei·ten [ツ・ツァイテン] 副 ときどき, ときたま.

zu|zie·hen* [ツー・ツィーエン tsúː-tsìːən] I 他 (h) ① (カーテンなど⁴を)引いて閉める; (結び目など⁴を)引っぱって締める. die Vorhänge⁴ zuziehen カーテンを閉める. ② (専門家など⁴を)呼ぶ, 招く. einen Arzt zuziehen 医者に来てもらう / 人⁴ zur Beratung zuziehen 人⁴に相談する. II 再帰 (h) sich³ 事⁴ zuziehen 事⁴(病気・不幸など)を身に招く. Ich habe mir eine Erkältung zugezogen. 私は風邪をひいた. ② 曇る. Der Himmel (または Es) zieht sich zu. 空が雲に覆われる.

III 自 (s) 引っ越して来る. Die Familie ist erst vor kurzem zugezogen. 《現在完了》その家族はつい最近引っ越して来たばかりだ.

Zu·zug [ツー・ツーク tsúː-tsuːk] 男 -(e)s/..züge ① 移住; (人口の)流入. ② 増加(増員・流入)による強化; 《軍》援軍.

zu·züg·lich [ツー・ツューク リヒ] 前 《2格とともに》《商》…を加算して. zuzüglich der Zinsen 利子を加えて / zuzüglich des Portos 郵送料込みで.

zu·*zu*·ma·chen [ツー・ツ・マッヘン] ＊zu|-machen (閉める)の zu 不定詞.

zu|zwin·kern [ツー・ツヴィンカァン tsúː-tsviŋkərn] 自 (h) (人³に)めくばせをする.

zw. [ツヴィッシェン] 《略》…の間に(=zwischen).

zwa·cken [ツヴァッケン tsvákən] 他 (h) 《口語》(人⁴を)つねる.

zwang [ツヴァング] zwingen (強いる)の 過去

der **Zwang** [ツヴァング tsváŋ] 男 (単2) -es (まれに -s)/(複) Zwänge [ツヴェンゲ] (3格のみ Zwängen) ① 強制, 無理強い; 圧迫; 拘束 [力], 義務. (英 *compulsion*). der *Zwang* des Gesetzes 法の拘束 / 人³ *Zwang*⁴ an|tun 人³を無理に従わせる / *Zwang*⁴ auf 人⁴ aus|üben 人⁴に圧力を加える(無理を強いる) / Es besteht kein *Zwang* zur Teilnahme. 出席の義務はない / Tun Sie sich³ nur keinen *Zwang* an! どうぞ気楽にしてください / einem Text *Zwang*⁴ an|tun 《比》テキストに無理な解釈を加える, テキストを曲解する | **aus** *Zwang* 強いられて, やむを得ずに / **mit** *Zwang* 無理に / **ohne** *Zwang* 好き勝手に, 自由に / **unter** *Zwang* 強制されて / unter dem *Zwang* der Verhältnisse² 事情によりやむを得ず. ② 《心》強迫, 強迫観念.

zwän·ge [ツヴェンゲ] zwingen (強いる)の接2

Zwän·ge [ツヴェンゲ] Zwang (強制)の複

zwän·gen [ツヴェンゲン tsvéŋən] 他 (h) (人・物を…へ)無理やり押し込む(詰め込む). ◊《再帰的に》 *sich*⁴ *zwängen* (…へ)無理やり体を押し込む ⇒ *sich*⁴ *durch* die Menge *zwängen* 群衆を押し分けて進む.

zwang·haft [ツヴァング・ハフト] 形 ① 強制的な, あらがいがたい. ② わざとらしい.

zwang·los [ツヴァング・ロース] 形 ① 形式ばらない, 気楽な, 遠慮のない. ein *zwangloses* Beisammensein 気楽な集まり. ② 不定期の, 臨時の(刊行物など).

Zwang·lo·sig·keit [ツヴァング・ローズィヒカイト] 女 -/ 随意, 自由, 気楽; 不定期なこと.

Zwangs-ar·beit [ツヴァングス・アルバイト] 女 -/ 強制労働.

Zwangs-ein·wei·sung [ツヴァングス・アインヴァイズング] 女 -/-en 強制収容命令, (病院などへの)強制入院指示.

Zwangs-er·näh·rung [ツヴァングス・エァネールング] 女 -/-en 《医》(拒食者に対する)強制栄養.

Zwangs-hand·lung [ツヴァングス・ハンドルング] 女 -/-en 《心》強迫行為.

Zwangs-ja·cke [ツヴァングス・ヤッケ] 女 -/-n (囚人などに着せる)拘束服.

Zwangs-la·ge [ツヴァングス・らーゲ] 女 -/-n さし迫った状態, 苦境; 強制.

zwangs-läu·fig [ツヴァングス・ろイフィヒ] 形 必然的な, 不可避の. Das ist die *zwangsläufige* Folge. それは必然的な結果だ.

Zwangs-maß·nah·me [ツヴァングス・マースナーメ] 女 -/-n 強制措置(処分).

Zwangs-mit·tel [ツヴァングス・ミッテる] 中 -s/- 強制手段.

Zwangs-räu·mung [ツヴァングス・ロイムング] 女 -/-en 強制退去.

Zwangs-ver·stei·ge·rung [ツヴァングス・フェァシュタイゲルング] 女 -/-en 《法》強制競売.

Zwangs-voll·stre·ckung [ツヴァングス・フォるシュトレックング] 女 -/-en 《法》強制執行.

Zwangs-vor·stel·lung [ツヴァングス・フォァシュテるング] 女 -/-en 《心》強迫観念.

zwangs-wei·se [ツヴァングス・ヴァイゼ] 副 強制的に, 無理やりに; やむをえず.

:**zwan·zig** [ツヴァンツィヒ tsvántsıç] 数 《基数; 無語尾で》**20 [の]**. (英 *twenty*). Ich bin zwanzig [Jahre alt]. 私は20歳だ / Das kostet zwanzig Euro. それは20ユーロだ.

Zwan·zig [ツヴァンツィヒ] 女 -/-en ① (数字の)20. ② 20歳[代]. Sie ist Mitte [der] *Zwanzig*. 彼女は20代の半ばだ.

zwan·zi·ger [ツヴァンツィガァ tsvántsıgər] 形 《無語尾で》20歳[代]の; 20年[代]の. in den *zwanziger* Jahren (または *Zwanziger*jahren) des vorigen Jahrhunderts 前世紀の20年代に.

Zwan·zi·ger [ツヴァンツィガァ] 男 -s/- ① 20歳[代]の男性. (女性形: -in). ② 《複 で》20 [歳]代, (ある世紀の)20年代. ③ [19]20年産のワイン. ④ 《口語》20ユーロ紙幣.

zwan·zig-jäh·rig [ツヴァンツィヒ・イェーリヒ] 形 《付加語としてのみ》20歳の; 20年[間]の.

zwan·zig·mal [ツヴァンツィヒ・マーる] 副 20度, 20回; 20倍.

zwan·zigst [ツヴァンツィヒスト tsvántsıçst] 数 《序数》第20 [番目]の.

zwan·zigs·tel [ツヴァンツィヒステる tsvántsıçstəl] 数 《分数; 無語尾で》20分の1 [の].

＊**zwar** [ツヴァール tsvaːr] 副 ① 〖*zwar* …, **aber** (または doch, allein, jedoch) 〜の形で〗 たしかに(なるほど)…ではあるが[しかし〜]. Er ist *zwar* klein, aber kräftig. なるほど彼は体は小さいが, たくましい.

② 〖**und** *zwar* の形で〗 詳しく言うと, つまり; しかも, それも. Er ist Sänger, und *zwar* Bariton. 彼は歌手です, それもバリトンなのです / Er hat mich kürzlich besucht, und *zwar* am Montag letzter Woche. 彼は最近私を訪ねてくれた, つまり先週の月曜日にね / Komm zu mir, und *zwar* sofort! 私のところへ来なさい, しかもすぐにだ!

der **Zweck** [ツヴェック tsvék] 男 (単2) -[e]s/(複) -e (3格のみ -en) ① 目的, 目標, 意図. (英 *purpose*). Lebens*zweck* 人生の目的 / ein politischer *Zweck* 政治的な目的 / einen *Zweck* verfolgen (erreichen) 目的を追求する(達成する) / Kernenergie⁴ für friedliche *Zwecke* nutzen 核エネルギーを平和的な目的のために使う / **Zu** welchem *Zweck* brauchen Sie das? どんな目的のために それが要るん

ですか / zu diesem Zwecke この目的のために / Der Zweck heiligt die Mittel. 《諺》目的は手段を正当化する.
② (…することの)意味, 意義. Das hat doch keinen Zweck. そんなこと無意味だ.

zweck⹀dien·lich [ツヴェック・ディーンリヒ] 形 《官庁》目的にかなった(方法など), (目的の達成に)役だつ(助言など).

zweck·ent·frem·den [ツヴェック・エントふレムデン tsvék-ɛntfrɛmdən] 他 (h) (本来の目的以外に)転用(流用)する.

zweck⹀ent·spre·chend [ツヴェック・エントシュプレッヒェント] 形 目的にかなった, 適切な, ふさわしい(服装など).

zweck⹀frei [ツヴェック・ふライ] 形 目的(実用性)にとらわれない(研究など).

zweck⹀ge·bun·den [ツヴェック・ゲブンデン] 形 用途(使い道)の決まっている(お金など).

zweck⹀los [ツヴェック・ろース] 形 むだな, 無益な. Es ist zwecklos, länger zu warten. これ以上待ってもむだだ.

Zweck⹀lo·sig·keit [ツヴェック・ろーズィヒカイト] 女 -/ むだ, 無益.

zweck⹀mä·ßig [ツヴェック・メースィヒ tsvék-mɛːsɪç] 形 目的にかなった, 適切な, 実用(機能)的な. eine zweckmäßige Einrichtung 機能的な施設.

Zweck⹀mä·ßig·keit [ツヴェック・メースィヒカイト] 女 -/ 目的にかなっていること, 合目的性.

zwecks [ツヴェックス] 前《2 格とともに》…の目的で, …のために. zwecks gründlicher Untersuchung 徹底的な検査のために.

Zweck⹀ver·band [ツヴェック・フェアバント] 男 -[e]s/..bände 目的連合団体(水道・道路などを建設または維持するための地方自治体・企業などの団体).

zweck⹀wid·rig [ツヴェック・ヴィードリヒ] 形 目的に反する. 不適当な.

:zwei [ツヴァイ tsvái] 数 《基数: ふつう無語尾で, しかし格を明示するためにまれに 2 格 zweier, 3 格 zweien の形も用いられる》2[の]. 《英》two). zwei Freunde 二人の友人 / wir zwei われわれ二人 / alle zwei Jahre 2 年ごとに / Er arbeitet für zwei. 彼は人一倍働く / Sie kamen zu zweien. 彼らは二人でやって来た / Es ist halb zwei. 1 時半だ / Er ist Vater zweier Kinder[2]. 彼は二人の子供の父親だ / Dazu gehören immer noch zwei! 《口語》やっぱりぼくが手を貸さないと[無理だよ](←そこには二人が必要である) / Wenn zwei sich streiten, freut sich der Dritte. 《諺》漁夫の利(←二人が争えば第三者が喜ぶ).

Zwei [ツヴァイ] 女 -/-en (数字の)2; (トランプ・さいころの)2[の目]; (成績評価の)(優); 《口語》(電車・バスなどの)2 番[系統].

zwei⹀ak·tig [ツヴァイ・アクティヒ] 形 《劇》2 幕物の.

zwei⹀ar·mig [ツヴァイ・アルミヒ] 形 2 本腕の.

zwei⹀ar·tig [ツヴァイ・アーティヒ] 形 2 種類の.

zwei⹀bän·dig [ツヴァイ・ベンディヒ] 形 2 巻本の(著作集など).

zwei⹀bei·nig [ツヴァイ・バイニヒ] 形 2 本足の, 2 脚の.

Zwei·bett·zim·mer [ツヴァイベット・ツィンマー] 中 -s/- (ホテルなどの)ツインルーム.

zwei⹀blät·te·rig [ツヴァイ・ブレッテリヒ] 形 =zweiblättrig

zwei⹀blätt·rig [ツヴァイ・ブレットリヒ] 形 双葉の, 葉が 2 枚の.

zwei⹀deu·tig [ツヴァイ・ドイティヒ tsvái-dɔʏtɪç] 形 ① あいまいな, どっちつかずの. 《英》ambiguous). eine zweideutige Antwort あいまいな返事. ② きわどい, いかがわしい. zweideutige Witze[4] erzählen きわどいジョークをとばす.

Zwei·deu·tig·keit [ツヴァイ・ドイティヒカイト] 女 -/-en ① 《複なし》あいまいさ, 両義性; いかがわしさ, きわどさ. ② あいまいな(きわどい)表現.

zwei⹀di·men·si·o·nal [ツヴァイ・ディメンズィオナール] 形 2 次元の; 平面的な.

Zwei·drit·tel·mehr·heit [ツヴァイドリッテる・メーアハイト] 女 -/-en 《政》(票決の)3 分の 2 の多数.

zwei⹀ei·ig [ツヴァイ・アイイヒ] 形 《生》2 卵性の. zweieiige Zwillinge 2 卵性双生児.

zwei⹀ein·halb [ツヴァイ・アインハるプ] 数《分数; 無語尾で》2 と 2 分の 1 (2¹/₂)[の].

Zwei·er [ツヴァイアァ tsváiər] 男 -s/- ① 《口語》2 ユーロ(セント)硬貨. ② 《艇》2 人乗りボート. ③ (ゴルフの)ペアマッチ. ④ (数字の)2; (トランプ・さいころの)2 [の目]; (成績評価の)2 《優》; 《口語》(電車・バスなどの)2 番[系統].

zwei·er·lei [ツヴァイアァらイ tsváiərlái] 形《無語尾で》① 2 種[類]の, 二通りの. auf zweierlei Weise 二通りのやり方で / zweierlei Strümpfe[4] an|haben 左右がそろっていない靴下をはいている. ② 別々の, 異なった. Theorie und Praxis sind zweierlei. 理論と実践は別問題だ / mit zweierlei Maß messen 《比》不当な判断を下す(←別の物差しで測る).

zwei⹀fach [ツヴァイ・ふァッハ] 形 2 倍の, 2 重の.

Zwei·fa·mi·li·en·haus [ツヴァイふァミーリエン・ハオス] 中 -es/..häuser 二世帯用住宅.

zwei⹀far·big [ツヴァイ・ふァルビヒ] 形 2 色の.

der **Zwei·fel** [ツヴァイふェる tsváifəl] 男 (単 2) -s/(複) - (3 格のみ -n) 疑い, 疑念, 疑惑. 《英》doubt). Zweifel[4] hegen 疑いをいだく / Ich habe Zweifel an seiner Aufrichtigkeit. 私は彼の誠実さに疑いをいだいている / außer [allem] Zweifel stehen [まったく]疑う余地のない / Darüber besteht kein Zweifel. そのことは疑いない / über 物[4] im Zweifel sein a) 物[4] について疑っている, b) 物[4] について決めかねている / Zweifel[4] in 物[4] setzen in 物[4] in Zweifel ziehen 物[4] を疑う / ohne Zweifel 疑いもなく.

zwei·fel·haft [ツヴァイふぇるハふト tsváɪfəlhaft] 形 (比較 zweifelhafter, 最上 zweifelhaftest) ① はっきりしない, 疑わしい. (英 doubtful). Der Erfolg ist noch recht *zweifelhaft*. 成功するかはまだ本当にわからない / Es ist *zweifelhaft*, ob … …かどうかは疑わしい(はっきりしない). ② うさんくさい, いかがわしい, 不審な. ein *zweifelhafter* Mensch うさんくさい人間.

zwei·fel·los [ツヴァイふぇる・ろース tsváɪfəl-loːs] 副《文全体にかかって》疑いもなく, 明らかに. Er hat *zweifellos* Recht. 彼の言うことは明らかに正しい.

***zwei·feln** [ツヴァイふぇるン tsváɪfəln] ich zweifle (zweifelte, *hat* … gezweifelt) 自 (完了 haben) 《**an** 人・事³ ～》《人・事³を》疑う, 疑わしいと思う. (英 doubt). Ich *zweifle* nicht an dir. ぼくは君のことを疑っていないよ / Wir *zweifeln* [daran], dass er die Wahl gewinnt. 彼が選挙に勝てるかどうか疑わしい / Daran ist nicht zu *zweifeln*. それには疑問の余地がない.

Zwei·fels·fall [ツヴァイふぇるス・ふァる] 男 -[e]s/..fälle 疑わしい場合. **im** *Zweifelsfall* 疑わしい場合には.

zwei·fels·frei [ツヴァイふぇるス・ふライ] 形 疑う余地のない, 確かな.

zwei·fels·oh·ne [ツヴァイふぇるス・オーネ] 副 疑いもなく, 明らかに.

zwei·fels·te [ツヴァイふぇるステ] *zweifeln (疑う) の過去

zweif·le [ツヴァイふれ] *zweifeln (疑う)の1人称単数現在

Zweif·ler [ツヴァイふらァ tsváɪflər] 男 -s/- うたぐり深い人, 懐疑家. (女性形: -in).

der **Zweig**¹ [ツヴァイク tsváɪk] 男 (単2) -es (まれに -s)/(複) -e (3格のみ -en) ① 小枝, 枝葉. (英 branch). (←「(幹から直接出た)[大]枝」は Ast). ein blühender *Zweig* 花が咲いている小枝 / Brichst du mir einen *Zweig* ab, bitte? 私に小枝を一つ折ってくれない? / Er kommt **auf** keinen grünen *Zweig*.《口語・比》彼は成功(出世)しない(← 緑の小枝を得られない; 昔のドイツの土地売買の慣習から).
② (学問・産業などの)部門. ein *Zweig* der Naturwissenschaften² 自然科学の一部門. ③ (家系の)傍系; 分派; 支部, 支店. ④ 枝分かれした道; (川の)支流; (鉄道の)支線.

Zweig² [ツヴァイク] -s/《人名》ツヴァイク (Stefan *Zweig* 1881–1942; オーストリアの作家).

zwei·ge·schlech·tig [ツヴァイ・ゲシュれヒティヒ] 形《植》[雌雄]同性の; 雌雄同株の.

zwei·ge·stri·chen [ツヴァイ・ゲシュトリッヒェン] 形《音楽》2点[音]の.

Zweig·ge·schäft [ツヴァイク・ゲシェふト] 中 -[e]s/-e (特に食料品店などの)支店.

zwei·glei·sig [ツヴァイ・グらイズィヒ] 形 ① (鉄道)複線の. ②《比》二股をかけた.

Zweig·nie·der·las·sung [ツヴァイク・ニーダァらッスング] 女 -/-en (保険会社・銀行などの)支店, 支社.

Zweig·stel·le [ツヴァイク・シュテれ] 女 -/-n ＝Zweigniederlassung

zwei·hän·dig [ツヴァイ・ヘンディヒ] 形 両手の, 両手を使う; 両手の利く.

zwei·hun·dert [ツヴァイ・フンダァト] 数《基数; 無語尾で》200 [の].

zwei·jäh·rig [ツヴァイ・イェーリヒ] 形《付加語としてのみ》① 2歳の; 2年[間]の. mein *zweijähriger* Sohn 私の2歳の息子. ②《植》2年生の.

zwei·jähr·lich [ツヴァイ・イェーァリヒ] 形 2年ごとの, 隔年の.

Zwei·kampf [ツヴァイ・カンプふ] 男 -[e]s/..kämpfe ① 決闘, 果たし合い. ②《スポ》一騎打ち, 二者間の争い(対戦).

Zwei·ka·nal·ton [ツヴァイカナーる・トーン] -[e]s/..töne《放送》(テレビ放送などの)二重音声.

zwei·mal [ツヴァイ・マーる] 副 2度, 2回; 2倍. Ich war schon *zweimal* in Rom. 私はすでに2回ローマに行ったことがある.

zwei·ma·lig [ツヴァイ・マーリヒ] 形《付加語としてのみ》2回の, 再度の.

zwei·mo·na·tig [ツヴァイ・モーナティヒ] 形《付加語としてのみ》生後2か月の; 2か月[間]の.

zwei·mo·nat·lich [ツヴァイ・モーナトリヒ] 形 2か月ごとの.

zwei·mo·to·rig [ツヴァイ・モトーリヒ] 形《空》双発[型]の.

Zwei·rad [ツヴァイ・ラート] 中 -[e]s/..räder 2輪車(自転車・オートバイなど).

zwei·räd·rig [ツヴァイ・レードリヒ] 形 2輪の, 車輪が二つある.

Zwei·rei·her [ツヴァイ・ライァァ] 男 -s/-《服飾》ダブルの背広(コート).

zwei·rei·hig [ツヴァイ・ライイヒ] 形 2列の;《服飾》2列ボタンの, ダブルの(スーツなど).

zwei·schnei·dig [ツヴァイ・シュナイディヒ] 形 もろ刃の;《比》長所短所の両面を持つ. ein *zweischneidiges* Schwert もろ刃の剣.

zwei·sei·tig [ツヴァイ・ザイティヒ] 形《付加語としてのみ》① 2面(両面)の; 2ページの. ② 双方の, 両側の. *zweiseitige* Verträge《法》双務契約.

zwei·sil·big [ツヴァイ・ズィるビヒ] 形《言》2音節の.

Zwei·sit·zer [ツヴァイ・ズィッツァァ] 男 -s/- 二人乗りの乗り物.

Zwei·spän·ner [ツヴァイ・シュペンナァ] 男 -s/- 二頭立ての馬車.

zwei·spra·chig [ツヴァイ・シュプラーヒヒ] 形 2言語を話す, バイリンガルの; 2言語による. ein *zweisprachiges* Gebiet 2か国語を話す地域 / ein *zweisprachiges* Wörterbuch 2言語辞典(独和辞典・英和辞典など).

zwei·spu·rig [ツヴァイ・シュプーリヒ] 形《鉄道》複線の; (道路が)2車線の.

zwei·stel·lig [ツヴァイ・シュテリヒ] 形 2けたの. eine *zweistellige* Zahl 2けたの数.

zwei≈stim·mig [ツヴァイ・シュティミヒ] 形 《音楽》2声[部]の. ein *zweistimmiger* Chor 2部合唱.

zwei≈stö·ckig [ツヴァイ・シュテキヒ] 形 3階建ての; 《方》2階建ての.

zwei≈stu·fig [ツヴァイ・シュトゥーフィヒ] 形 2段[式]の.

zwei≈stün·dig [ツヴァイ・シュテュンディヒ] 形 《付加語としてのみ》2時間の.

zwei≈stünd·lich [ツヴァイ・シュテュントリヒ] 形 2時間ごとの.

:zweit [ツヴァイト tsvart] 数《zwei の序数;語尾変化は形容詞と同じ》第2[番目]の. (英 second). am *zweiten* März 3月2日に / das *zweite* Schuljahr 第2学年 / Wien ist ihre *zweite* Heimat. ウィーンは彼女の第二の故郷だ / zum *zweiten* Mal 2度目に, 次に / aus *zweiter* Hand a) 中古で, b) 人づてに / Wir sind nur zu *zweit*. 私たちは二人だけです / *zweiter* Klasse² fahren (列車などの) 2等で行く / Bitte einmal *Zweiter* (または *zweiter* Klasse) nach München! ミュンヘンまで2等の切符を1枚ください / der *Zweite* Weltkrieg 第二次世界大戦 / *Zweites* Deutsches Fernsehen ドイツ第二テレビ (略: ZDF).

◊《名詞的に》Friedrich der *Zweite* (または Friedrich II.) フリードリヒ2世 / Er hat Ideen wie kein *Zweiter*. 彼はだれよりもアイディアが豊富だ.

zwei≈tä·gig [ツヴァイ・テーギヒ] 形《付加語としてのみ》2日[間]の.

zwei≈täg·lich [ツヴァイ・テークリヒ] 形 2日ごとの.

Zwei·takt≈mo·tor [ツヴァイタクト・モートァ] 男 –s/-en [..モートーレン] 《自動車》2サイクルエンジン.

zwei≈äl·test [ツヴァイト・エルテスト] 形《付加語としてのみ》2番目に年長の(古い). der *zweitälteste* Sohn 次男.

zwei≈tau·send [ツヴァイ・タオゼント] 数《基数; 無語尾で》2,000の.

zwei≈best [ツヴァイト・ベスト] 形《付加語としてのみ》2番目に良い, 次善の.

zwei≈tei·lig [ツヴァイ・タイリヒ] 形 二つの部分から成る, セパレーツの. ein *zweiteiliges* Kleid ツーピースの服.

zwei·tel [ツヴァイテる tsvártəl] 数《分数; 無語尾で》2分の1[の].

Zwei·tel [ツヴァイテる] 中 –s/- 2分の1, 半分.

zwei·tens [ツヴァイテンス tsvártəns] 副 (列挙して)第二に, 二番目に. (英 secondly). Das ist erstens nicht angenehm, und *zweitens* ungesund. それはまず快適ではないし, それに不健康だ.

zweit≈klas·sig [ツヴァイト・クらスィヒ] 形 二流の. ein *zweitklassiges* Hotel 二流のホテル.

zweit≈letzt [ツヴァイト・れツト] 形《付加語としてのみ》最後から2番目の.

zweit≈ran·gig [ツヴァイト・ランギヒ] 形 副次的な, 重要でない; 二流の.

Zweit≈schrift [ツヴァイト・シュリふト] 女 –/-en 複写, 写し, コピー.

Zweit≈stim·me [ツヴァイト・シュティンメ] 女 –/-n 第二票(ドイツ連邦議会選挙で州の政党に投じられる). (☞「第一票」は Erststimme).

zwei≈tü·rig [ツヴァイ・テューリヒ] 形 ツードアの(車など).

Zweit≈wa·gen [ツヴァイト・ヴァーゲン] 男 –s/- セカンドカー.

Zweit≈woh·nung [ツヴァイト・ヴォーヌング] 女 –/-en セカンドハウス, 別荘.

zwei≈und≈ein·halb [ツヴァイ・ウント・アインハるプ] 数《分数; 無語尾で》2と2分の1 (2¹/₂)[の].

Zwei-vier·tel≈takt [ツヴァイふィアテる・タクト] 男 –[e]s/ 《音楽》4分の2拍子.

zwei≈wer·tig [ツヴァイ・ヴェーァティヒ] 形 《化・数・言》2価の.

zwei≈wö·chent·lich [ツヴァイ・ヴェヒェントりヒ] 形 2週[間]ごとの.

zwei≈wö·chig [ツヴァイ・ヴェヒヒ] 形《付加語としてのみ》2週[間]の.

Zwei·zei·ler [ツヴァイ・ツァイらァ] 男 –s/- 《詩学》2行詩; 2行連句.

zwei·zei·lig [ツヴァイ・ツァイリヒ] 形 2行の, 2行から成る.

Zwerch·fell [ツヴェルヒ・ふェる] 中 –[e]s/-e 《医》横隔膜.

zwerch·fell·er·schüt·ternd [ツヴェルヒふェる・エァシュタァント] 形 抱腹絶倒の, 腹の皮がよじれるほどの.

der **Zwerg** [ツヴェルク tsvɛrk] 男 (単2) –es (まれに –s)/(複) -e (3格のみ –en) ① (伝説などに出てくる)小人(ひと). (英 dwarf). (☞「巨人」は Riese). Schneewittchen und die sieben *Zwerge* 白雪姫と七人の小人. ② 《俗》ちび, ちっぽけな人. ③ 《天》矮星(わいせい).

zwer·gen·haft [ツヴェルゲンハふト] 形 ① 非常に小さい, ちっぽけな. ② 小人(ひと)のような.

Zwerg≈huhn [ツヴェルク・フーン] 中 –[e]s/..hühner 《鳥》チャボ.

Zwer·gin [ツヴェルギン tsvɛrgɪn] 女 –/..ginnen (女性の)小人(ひと).

Zwerg≈staat [ツヴェルク・シュタート] 男 –[e]s/-en 小国, ごく小さい国.

Zwerg≈wuchs [ツヴェルク・ヴークス] 男 –es/ ① 《医》小人(ひと)症. ② 《生》矮性(わいせい).

Zwet·sche [ツヴェッチェ tsvétʃə] 女 –/-n 《植》プラム[の木], セイヨウスモモ[の木].

Zwet·schen≈schnaps [ツヴェッチェン・シュナップス] 男 –es/..schnäpse プラムブランデー.

Zwetsch·ge [ツヴェチゲ tsvétʃgə] 女 –/-n 《南ドイツ·スイス》《植》=Zwetsche

Zwi·ckau [ツヴィッカオ tsvíkau] 中 –s/ 《都市名》ツヴィッカウ (ドイツ, ザクセン州の工業都市. ☞地図 F-3).

Zwi·ckel [ツヴィッケる tsvíkəl] 男 -s/- ① (衣服の)まち, ゴア. ② (建) スパンドレル(アーチ形天井を構成する三角形状の面). ③ (方) 変人, 奇人.

zwi·cken [ツヴィッケン tsvíkən] I 他 (h) ① (南ドュウ) (주4를)つねる, つまむ (=kneipen). 仝4 **in den Arm** *zwicken* 仝4の腕をつねる. ② (南ドュウ) (衣服などが)締めつける; (痛風などに)苦痛を与える. Der Kragen *zwickt* [mich]. 襟(えり)がきつい. ((非人称の **es** を主語として)) Es *zwickt* mich hier. 私はここがきりきり痛む. ③ ((トランプ)) (乗車券4に)はさみを入れる; (クリップなどで)留める. II 自 (h) ① (南ドュウ) ① (仝3를)つねる, つまむ. ② **in die Wange** *zwicken* 仝3の頬(ほお)をつねる. ② (痛風などが)仝3に)苦痛を与える.

Zwi·cker [ツヴィッカァ tsvíkər] 男 -s/- ① (南ドュウ) 鼻眼鏡. ② (アルザス地方産の)白ワイン.

Zwick=müh·le [ツヴィック・ミューれ] 女 -/- ① ミューレ(盤上ゲームの一種)での必勝の並べ方, 詰め手. ② (口語・比) 窮地, 苦境. **in eine** *Zwickmühle* **geraten** 苦境に陥る.

zwie.., Zwie.. [ツヴィー.. tsvíː..] ((形容詞・名詞にかかる [腰頭]) ①「二・二つの」の例: *zwie*fach 2重(2倍)の / *Zwie*gespräch 対話.

Zwie·back [ツヴィー・バック tsvíː-bak] 男 -[e]s/..bäcke (または -e) ツヴィーバック, ラスク (パンを二度焼きしたクッキー状の保存食).

die **Zwie·bel** [ツヴィーべる tsvíː-bəl] 女 (単) -/(複) -n ① (植) **タマネギ**. (英) onion. **die** *Zwiebeln*4 **braten** 玉ねぎをいためる. ② 球根. Tulpen*zwiebel* チューリップの球根. ③ (建) 玉ねぎ形の丸屋根. (⇒ Dach 図). ④ (戯) 懐中時計; (後ろに結い上げた)まげ.

Zwie·bel=ge·wächs [ツヴィーべる・ゲヴェクス] 中 -es/-e (植) 球根植物(鱗茎(りんけい)植物.

Zwie·bel=mus·ter [ツヴィーべる・ムスタァ] 中 -s/- (マイセン磁器などの)玉ねぎ模様.

zwie·beln [ツヴィーべるン tsvíː-bəln] 他 (h) ((口語)) しつこくいじめる(苦しめる).

Zwie·bel=scha·le [ツヴィーべる・シャーれ] 女 -/-n 玉ねぎの皮.

Zwie·bel=sup·pe [ツヴィーべる・ズッペ] 女 -/-n オニオンスープ.

Zwie·bel=turm [ツヴィーべる・トゥるム] 男 -[e]s/..türme (建) 玉ねぎ形の丸屋根を持つ塔.

zwie=fach [ツヴィー・ふァッハ] 形 (雅) 2重の, 2倍の (= zweifach).

Zwie=ge·spräch [ツヴィー・ゲシュプレーヒ] 中 -[e]s/-e (雅) (二者間の)対話, 問答.

Zwie=licht [ツヴィー・りヒト] 中 -[e]s/- ① (夜明け・夕暮れの)薄明かり, 薄明がり. **bei** *Zwielicht* 薄明かりのもと(薄暗がり)で. ② (自然光と人工照明の) 2 種からなる光. ③ (成句的に) **ins** *Zwielicht* **geraten** (比)(状況・立場などが)危なくなる(怪しくなる).

zwie=lich·tig [ツヴィー・リヒティヒ] 形 (比) 怪しげな, 不審な, えたいの知れない.

Zwie=spalt [ツヴィー・シュパるト] 男 -[e]s/-e (または ..spälte) ① 葛藤(かっとう), 相克. **der** *Zwiespalt* **zwischen Gefühl und Verstand** 感情と理性の葛藤. ② (内部)分裂, 不和.

zwie=späl·tig [ツヴィー・シュペるティヒ] 形 (内面的に)分裂した, (気持ちなどが)相反する.

Zwie=spra·che [ツヴィー・シュプラーヘ] 女 -/-n (ふつう 単) (雅) (相手・自分との)対話, 問答.

Zwie=tracht [ツヴィー・トラハト] 女 -/- (雅) 不和, 争い. *Zwietracht*4 **säen** (または **stiften**) 争いの種をまく.

Zwil·lich [ツヴィりヒ tsvílɪç] 男 -s/(種類:) -e ((織)) ドリル織り(ふつう亜麻布製の綾織り布で仕事着に用いられる).

der **Zwil·ling** [ツヴィリング tsvílɪŋ] 男 (単 2) -s/(複 -e (3格の -en) ① **双子**(双生児)の一人); (英) twin). **ein·eiige (zweieiige)** *Zwillinge* 1 卵性(2 卵性)双生児 / **Die beiden sind** *Zwillinge*. その二人は双子だ. ② 双身(二連)銃. ③ (圏で) 双子座; 双子宮. 双子座生まれの人.

Zwil·lings=bru·der [ツヴィリングス・ブルーダァ] 男 -s/..brüder 双子の兄(弟); (圏で) 双子の兄弟.

Zwil·lings=paar [ツヴィリングス・パール] 中 -[e]s/-e (一対としての)双生児, 双子.

Zwil·lings=schwes·ter [ツヴィリングス・シュヴェスタァ] 女 -/-n 双子の姉(妹); (圏で) 双子の姉妹.

Zwing·burg [ツヴィング・ブルク] 女 -/-en (その一帯を支配・威圧するような)巨城, 要塞(ようさい).

Zwin·ge [ツヴィンゲ tsvíŋə] 女 -/-n (工) ① 締めつけ金具, 締め具. ② (管などの先端の)はめ輪; 口金(くちがね); (ステッキなどの)石突き.

zwin·gen* [ツヴィンゲン tsvíŋən] (zwang, hat ... gezwungen) I 他 (完了) haben) ① (人・物)4 **zu** (物)3 ~; (人・物)4に(物)3を**強いる**, 強制する, 強要する. (英 force). 仝4 **zu einem Geständnis (zum Mitkommen)** *zwingen* 仝4に自白(同行)を強いる. ◇(**zu** 不定詞[句]とともに) **Besondere Umstände** *zwingen* **mich [dazu], das Haus zu verkaufen.** 特別な事情によって私はこの家を売らざるをえない / **Wir** *sind gezwungen*, **das Geschäft aufzugeben.** (状態変動・現在) 私たちは店をたたまざるをえない. ◇(目的語なしでも) **Die wirtschaftliche Lage** *zwingt* **zu Einsparungen.** 経済状態(の悪化)のために節約が必要である.

② (方向を表す語句とともに) (雅) (仝4を…へ)強制する. 仝4 **auf einen Stuhl** *zwingen* 仝4を無理やりいすに座らせる / **Sie** *zwangen* **die Gefangenen in einen engen Raum.** 彼らは捕虜たちを狭い部屋に押し込めた.

II (再帰) (完了 haben) (*sich*4 **zu** (物)3 ~) 無理して(物)3する. **Ich** *zwang* **mich zu einem Lächeln.** 私は無理にほほえんでみせた / **Er** *zwang sich zur Ruhe.* 彼は努めて平静を装った. ◇(**zu** 不定詞[句]とともに) **Du musst dich**

zwingend — *zwingen*, etwas mehr zu essen. 君は我慢してもう少し食べなくてはいけないよ.
◊☞ **gezwungen**

zwin·gend [ツヴィンゲント] **I** zwingen (強いる)の 現分 **II** 形 ① 強制的な; やむを得ない. eine *zwingende* Notwendigkeit 避けがたい必然. ② 《比》説得力のある(理由・結論など). Diese Gründe sind nicht *zwingend*. これらの理由には説得力がない.

Zwin·ger [ツヴィンガァ tsvíŋər] 男 -s/- 犬のおり; (獣) 猛獣のおり.

Zwing·li [ツヴィングリ tsvínli] -s/ (人名) ツヴィングリ (Ulrich *Zwingli* 1484-1531; スイスの宗教改革者).

zwin·kern [ツヴィンカァン tsvíŋkərn] 自 (h) まばたきをする, 目をしばたたく. **mit** den Augen *zwinkern* まばたきをする.

zwir·beln [ツヴィルベるン tsvírbəln] 他 (h) (ひげなど4を)指先でひねる.

Zwirn [ツヴィルン tsvírn] 男 -[e]s/ (種類:) -e より糸, 撚糸(ねん).

zwir·nen [ツヴィルネン tsvírnən] 他 (h) (糸4を)より合わせる.

Zwirns·fa·den [ツヴィルンス・ファーデン] 男 -s/..fäden より糸. an einem *Zwirnsfaden* hängen《比》風前のともしびである / über einen *Zwirnsfaden* stolpern《比》ささいなことにつまずく.

***zwi·schen** [ツヴィッシェン tsvíʃən]

3格と: …の間に(間で)

Das Kind sitzt *zwischen den Bären*.
ダス キント ズィッツト ツヴィッシェン デン ベーレン

その子は熊さんの間に座っています.

4格と: …の間へ(間に)

Sie setzt das Kind *zwischen die Bären*.
ズィー ゼッツト ダス キント ツヴィッシェン ディ ベーレン

彼女はその子を熊さんの間に座らせます.

前 [3格・4格とともに] ①《空間的に》㋐ (どこに)[3格と]…の間に; (多数のものの)間に混じって. (英 between). Das Bild hängt *zwischen* den Fenstern. その絵は窓と窓の間に掛かっている / Er sitzt *zwischen* zwei Gästen. 彼は二人のお客の間に座っている / Der Brief lag *zwischen* alten Papieren. その手紙は古い書類の間にまぎれ込んでいた.
㋑ (どこへ)[4格と]…の間へ(に); (多数のもの の)間へ混じって. Hanna hängt das Bild *zwischen* die Fenster. ハンナはその絵を窓と窓の間へ掛ける / Er stellte das Auto *zwischen* Straßenbäume. 彼は車を街路樹の間に止めた / Er setzte sich *zwischen* die Gäste. 彼はお客たちの間に座った.
②《時間的に》㋐ [3格と] …の間に. *zwischen* dem 1. (=ersten) und 6. (=sechsten) April 4月1日から4月6日までの間に / Ich komme *zwischen* zwei und drei Uhr. 私は2時から3時までの間に来ます. ㋑ [4格と] …の間へ. den Urlaub *zwischen* die Feiertage legen 休暇を祝日の間に入れる.
③《相互関係》[3格と] …の間の, …の間に. das Verhältnis *zwischen* Theorie und Praxis 理論と実践の関係 / *Zwischen* beiden Begriffen ist ein großer Unterschied. 両概念の間には大きな違いがある / *Zwischen* uns ist es aus.《口語》われわれの間はもう終わりだ.
④《数量表示で》…の間の, …の間に. Kinder *zwischen* 10 und 12 Jahren 10歳から12歳までの子供 / Der Preis liegt *zwischen* 100 und 150 Euro. その値段は100ユーロから150ユーロの間だ.

Zwi·schen·akt [ツヴィッシェン・アクト] 男 -[e]s/-e (劇) (昔の:) 幕間(まく); 幕間狂言.

Zwi·schen·akt⹀mu·sik [ツヴィッシェンアクト・ムズィーク] 女 -/-en (劇) 幕間(まく)音楽, 間奏曲.

Zwi·schen⹀auf·ent·halt [ツヴィッシェン・アオフエントハルト] 男 -[e]s/-e (旅行の途中での)短期間の滞在.

Zwi·schen⹀be·mer·kung [ツヴィッシェン・ベメルクング] 女 -/-en (他人が話しているときの)途中での発言, 口出し.

Zwi·schen⹀be·richt [ツヴィッシェン・ベリヒト] 男 -[e]s/-e 中間報告(決算).

Zwi·schen⹀be·scheid [ツヴィッシェン・ベシャイト] 男 -[e]s/-e《法》中間判決; (官庁の)中間回答.

Zwi·schen⹀bi·lanz [ツヴィッシェン・ビランツ] 女 -/-en《商》中間貸借対照表; 中間決算.

Zwi·schen⹀deck [ツヴィッシェン・デック] 中 -[e]s/-s (まれに -e) 《海》中甲板; (昔の:) (移民輸送用の)3等船室.

Zwi·schen⹀ding [ツヴィッシェン・ディング] 中 -[e]s/-er《口語》中間物, どっちつかずのもの.

zwi·schen⹀drin [ツヴィッシェン・ドリン] 副 ①《空間的に》その中間に, その間に[混じって], 所々に. ②《時間的に》《口語》その間に, その合間に.

zwi·schen⹀durch [ツヴィッシェン・ドゥルヒ] 副 ①《時間的に》その間に, その合間に. Ich werde *zwischendurch* telefonieren. 私は合間合間に電話をすることになるだろう. ②《空間的に》所々を; その間を通って(通り抜けて).

Zwi·schen⹀er·geb·nis [ツヴィッシェン・エァゲープニス] 中 ..nisses/..nisse 中間成績(結果).

Zwi·schen⹀fall [ツヴィッシェン・ふァる] 男 -[e]s/..fälle ① 突発事故(事件), ハプニング.

ohne *Zwischenfall* 何事もなく, 無事に. ② 《圏で》騒動, 騒乱.

Zwi·schen╪fra·ge [ツヴィッシェン・フラーゲ] 囡 -/-n (他人が話しているときの)途中の質問.

Zwi·schen╪ge·richt [ツヴィッシェン・ゲリヒト] 囲 -[e]s/-e 《料理》アントレ(スープまたは前菜とメーンディッシュの間に出される料理).

Zwi·schen╪ge·schoss [ツヴィッシェン・ゲショス] 囲 -es/-e 中階 (中2階など).

Zwi·schen╪grö·ße [ツヴィッシェン・グレーセ] 囡 -/-n (靴・服などのサイズの段階の)中間サイズ.

Zwi·schen╪han·del [ツヴィッシェン・ハンデる] 囲 -s/ 卸売業, 仲買(取次)業; 通過貿易.

Zwi·schen╪händ·ler [ツヴィッシェン・ヘンドらァ] 囲 -s/- 卸売業者, 仲買(取次)業者. (女性形: -in).

Zwi·schen╪la·ger [ツヴィッシェン・らーガァ] 囲 -s/- (放射性廃棄物などの)一時貯蔵所.

Zwi·schen╪lan·dung [ツヴィッシェン・らンドゥング] 囡 -/-en (空)(給油などのための)途中(中間)着陸.

Zwi·schen╪lö·sung [ツヴィッシェン・レーズング] 囡 -/-en 暫定的(一時的)な解決.

Zwi·schen╪mahl·zeit [ツヴィッシェン・マーるツァイト] 囡 -/-en (朝・昼・晩の食事の間の)軽い食事, 間食.

zwi·schen╪mensch·lich [ツヴィッシェン・メンシュりヒ] 形 人間相互間の, 人と人の間の.

Zwi·schen╪prü·fung [ツヴィッシェン・プリューフング] 囡 -/-en (卒業試験に対して:)中間試験.

Zwi·schen╪raum [ツヴィッシェン・ラオム] 囲 -[e]s/..räume ① (二つの物の間の)間隔, すき間. eine Zeile[4] (einen Meter) *Zwischenraum* lassen 1行(1メートル)間を空ける. ② 時間の間隔, 中間期. in kurzen *Zwischenräumen* 短い間隔で.

Zwi·schen╪ruf [ツヴィッシェン・ルーふ] 囲 -[e]s/-e 演説(談話)中の叫び声, やじ.

Zwi·schen╪ru·fer [ツヴィッシェン・ルーふァァ] 囲 -s/- やじを飛ばす人. (女性形: -in).

Zwi·schen╪run·de [ツヴィッシェン・ルンデ] 囡 -/-n (スポ) 2次予選.

Zwi·schen╪satz [ツヴィッシェン・ザッツ] 囲 -es/..sätze ① 《言》挿入文. ② 《音楽》中間(挿入)楽節, エピソード.

Zwi·schen╪spiel [ツヴィッシェン・シュピーる] 囲 -[e]s/-e ① 《音楽》間奏曲. ② 《文学》幕間(まくあい)劇, インテルメッツォ. ③ 《比》ちょっとした出来事.

zwi·schen╪staat·lich [ツヴィッシェン・シュタートりヒ] 形 国家間の, 国際間の; (アメリカ合衆国などで:) 各州間の. die *zwischenstaatlichen* Beziehungen 国際関係.

Zwi·schen╪sta·di·um [ツヴィッシェン・シュターディウム] 匣 -s/..dien [..ディエン] (発展などの)中間段階.

Zwi·schen╪sta·ti·on [ツヴィッシェン・シュタツィオーン] 囡 -/-en ① 途中下車. *Zwischenstation*[4] machen 途中下車する. ② 途中下車地.

Zwi·schen╪stock [ツヴィッシェン・シュトック] 囲 -[e]s/..stöcke 中階(中2階など).

Zwi·schen╪stock·werk [ツヴィッシェン・シュトックヴェルク] 匣 -[e]s/-e 中階(中2階など).

Zwi·schen╪stück [ツヴィッシェン・シュテュック] 匣 -[e]s/-e ① 中間部分, 中間物. ② 《文学》幕間(まくあい)劇, インテルメッツォ.

Zwi·schen╪wand [ツヴィッシェン・ヴァント] 囡 -/..wände 間仕切り壁, 隔壁.

Zwi·schen╪zeit [ツヴィッシェン・ツァイト] 囡 -/-en ① 間の時間, 合い間; 休憩(休み)時間. in der *Zwischenzeit* その間に, そうこうするうちに. ② (スポ)(競技などの)途中計時, ラップタイム.

zwi·schen╪zeit·lich [ツヴィッシェン・ツァイトりヒ] 副 《官庁》その間に.

Zwist [ツヴィスト tsvíst] 囲 -es (まれに -s)/-e 《雅》仲たがい, 不和, 争い. mit (人³) **in** *Zwist* leben (人³)といがみ合って暮らす.

Zwis·tig·keit [ツヴィスティヒカイト] 囡 -/-en 《ふつう圏 pl.》仲たがい, 不和.

zwit·schern [ツヴィッチァァン tsvítʃərn] (zwitscherte, *hat* -- gezwitschert) **I** 自 (完了 haben) (小鳥が)さえずる. (英 twitter). Die Vögel *zwitschern* **im** Garten. 小鳥が庭でさえずっている.
II 他 (完了 haben) ① (小鳥が歌[4]を)さえずる. ② 《成句的に》einen *zwitschern* 《口語》一杯ひっかける.

zwit·scher·te [ツヴィッチァァテ] zwitschern (さえずる)の 過去

Zwit·ter [ツヴィッタァ tsvítər] 囲 -s/- 半陰陽[者], 男女両性をそなえた人; (動) 雌雄同体.

zwo [ツヴォー tsvó:] 圏 (口語) 2 (= zwei). (☞ 2 (zwei) と 3 (drei) の発音が似ているため, 混同しないように電話などで用いられる).

zwölf [ツヴェるふ tsvélf] 圏 《基数; 無語尾で》12[の]. (英 twelve). die *zwölf* Monate 12 か月 / die *zwölf* Apostel (キリスト教) 十二使徒 / *zwölf* Stück 1 ダース / um *zwölf* mittags 昼の12時に, 正午に / zu *zwölf*[en] 12 人で(ずつ) / Es ist fünf [Minuten] vor *zwölf*. a) 12時5分前だ, b) (比) いまが潮時だ, 一刻の猶予もならない.

Zwölf [ツヴェるふ] 囡 -/-en (数字の)12; (トランプの)12; 《口語》(電車・バスなどの)12番[系統].

Zwöl·fer [ツヴェるふァァ tsvǿlfər] 囲 -s/- 《方》=Zwölf

zwölf╪fin·ger·darm [ツヴェるふフィンガァ・ダルム] 囲 -[e]s/..därme 《医》十二指腸.

zwölf╪jäh·rig [ツヴェるふ・イェーりヒ] 形 《付加語としてのみ》12 歳の; 12 年[間]の.

zwölf╪mal [ツヴェるふ・マーる] 副 12 度, 12 回; 12 倍.

zwölf╪ma·lig [ツヴェるふ・マーりヒ] 形 《付加語としてのみ》12 度の, 12 回の.

zwölf╪stün·dig [ツヴェるふ・シュテュンディヒ] 形 《付加語としてのみ》12 時間の.

zwölf**stünd·lich** [ツヴェるふ・シュテュントりヒ

ヒ] 形 12時間ごとの.

zwölft [ツヴェるフト tsvǿlft] 数 〖zwölf の序数; 語尾変化は形容詞と同じ〗第12 [番目] の. (英 twelfth). am zwölften Mai 5月12日に / in zwölfter Stunde 最後の瞬間に, ぎりぎりに / Sie kamen zu zwölft. 彼らは12人でやって来た.

zwölf·tau·send [ツヴェるフ・タオゼント] 数 〖基数; 無語尾で〗12,000 [の].

zwölf·tel [ツヴェるフテる tsvǿlftəl] 数 〖分数; 無語尾で〗12分の1 [の].

Zwölf·tel [ツヴェるフテる] 中 (ス´イ: 男) -s/- 12分の1.

zwölf·tens [ツヴェるフテンス tsvǿlftəns] 副 第12に, 12番目に.

Zwölf·ton=mu·sik [ツヴェるフトーン・ムズィーク] 女 -/ 《音楽》十二音音楽(1オクターブ中の12音を均等に分割して1単位とする無調音楽の一種).

Zy·an·ka·li [ツィアーン・カーり tsya:n-káːli] 中 -s/ 《化》シアン化カリ, 青酸カリ.

Zy·kla·men [ツュクらーメン tsyklá:mən] 中 -s/- 《植》シクラメン.

zy·klisch [ツュークりッシュ tsýːklɪʃ] 形 ① 循環する, 周期的な. ② 《化》環状(環式)の; 《数》巡回(循環)の.

Zy·klon [ツュクローン tsykló:n] 男 -s/-e ① 《気象》サイクロン, (インド洋の発達した)熱帯低気圧.

Zy·klo·ne [ツュクローネ tsykló:nə] 女 -/-n 《気象》移動性低気圧[圏].

Zy·klop [ツュクローブ tsykló:p] 男 -en/-en 《ギ神》キュクロプス(一つ目の巨人).

Zy·klo·tron [ツュークろトローン tsýːklotro:n] 中 -s/-s (または -e [ツュクローネ]) 《物》サイクロトロン(輪状の粒子加速器).

Zy·klus [ツューク るス tsýːklʊs] 男 -/Zyklen

① 循環, 周期, サイクル. der Zyklus der Jahreszeiten² 四季の巡り. ② 一連の作品; 連続演奏(講演)会. ein Zyklus von Liedern 歌曲集. ③ 《医》月経. ④ 《経》景気循環.

der **Zy·lin·der** [ツィリンダァ tsilíndər または ツュ.. tsy..] 男 (単2) -s/(複) - (3格のみ -n) (英 cylinder) ① 《数》円柱, 円筒. den Inhalt eines Zylinders berechnen 円筒の体積を計算する. ② 《工》シリンダー, 気筒. Der Motor hat vier Zylinder. このエンジンは4気筒だ. ③ (ランプの)ほや. ④ シルクハット. (☞ Hut 図).

zy·lin·drisch [ツィリンドリッシュ tsilíndrɪʃ または ツュ.. tsy..] 形 円筒形の, 円柱状の.

Zy·ni·ker [ツューニカァ tsýːnikər] 男 -s/- 冷笑家, 皮肉屋, シニカルな人. (女性形: -in).

zy·nisch [ツューニッシュ tsýːnɪʃ] 形 冷笑的な, 皮肉な見方の, シニカルな; つむじ曲がりな.

Zy·nis·mus [ツュニスムス tsynísmʊs] 男 -/..nismen ① 〖醜 なし〗冷笑主義, シニシズム. ② 〖ふつう 醜〗シニカルな言葉(コメント).

Zy·pern [ツューパァン tsýːpərn] 中 -s/ ① 《国名》キプロス[共和国] (地中海東部の島国. 首都はニコシア). ② 《島名》キプロス島.

Zy·pres·se [ツュプレッセ tsyprésə] 女 -/-n 《植》イトスギ(糸杉)属(哀悼・喪の象徴).

Zys·te [ツュステ tsýstə] 女 -/-n ① 《医》嚢腫 (ﾉｳｼｭ), 嚢胞 (ﾉｳﾎｳ). ② 《生》嚢子 (ﾉｳｼ), 胞子.

Zy·to·lo·gie [ツュトろギー tsytologíː] 女 -/ 《医》細胞学.

zz. [ツア·ツァイト] 《略》目下, 現在, 今のところ (= zurzeit).

z. Z. [ツア ツァイト] 《略》(…の)時代に[は] (= zur Zeit).

zzt. [ツア ツァイト] 《略》= zz.

z. Zt. [ツア ツァイト] 《略》= z. Z.

主な参考文献

Agricola, E.: Wörter und Wendungen. Wörterbuch zum deutschen Sprachgebrauch. Mannheim 1992.
Aktuell 2009. Mannheim / Leipzig / Wien / Zürich 2008.
Bertelsmann. Die neue deutsche Rechtschreibung. Gütersloh 1999.
Beyer, H. u. A.: Sprichwörterlexikon. München 1985.
Bildwörterbuch der Architektur. Stuttgart 2005.
Brockhaus Enzyklopädie. 20 Bde. Wiesbaden 1966–74; Ergänzungen: Bd. 22, 1975, Bd. 23, 1976, Bd. 25, 1981; Bd. 24: Bildwörterbuch der deutschen Sprache 1976; Bd. 21: Karten, 1975.
Brockhaus-Wahrig. Deutsches Wörterbuch. 6 Bde. Wiesbaden / Stuttgart 1980–84.
Chinery, M.: Das große Kosmos-Handbuch der Natur. Stuttgart 1986.
Das neue deutsche Wörterbuch für Schule und Beruf. München 1997.
Der Duden in 12 Bänden. Mannheim / Leipzig / Wien / Zürich 1996–2009.
Der Fischer Weltalmanach. Frankfurt a. M. 2008.
Der kleine Wahrig. Gütersloh 1997.
Der Kunst-Brockhaus. 2 Bde. Wiesbaden 1983.
Der Musik-Brockhaus. Wiesbaden / Mainz 1982.
Dornseiff, F.: Der deutsche Wortschatz nach Sachgruppen. Berlin 1959.
Duden. Das große Wörterbuch der deutschen Sprache. 10 Bde. Mannheim / Leipzig / Wien / Zürich 1999.
Duden. Deutsch als Fremdsprache. Mannheim / Leipzig / Wien / Zürich 2002.
Duden. Deutsches Universalwörterbuch. Mannheim / Leipzig / Wien / Zürich 2007.
Duden-Taschenbücher. 24 Bde. Mannheim / Leipzig / Wien / Zürich 1969–2009.
Duden Oxford. Großwörterbuch Englisch. Mannheim / Wien / Zürich 1990.
Engel, U. / Schumacher, H.: Kleines Valenzlexikon deutscher Verben. Tübingen 1976–78.
Friedrich, W.: Moderne deutsche Idiomatik. München 1976.
Görner, H. / Kempcke, G.: Synonymwörterbuch. Leipzig 1987.
Griesbach, H.: Das deutsche Verb. München 1980.
Grimm, J. / Grimm, W.: Deutsches Wörterbuch. 16 (=recte 32) Bde. Leipzig 1854–1960 (Nachdruck Tokyo 1971).
Großes Fremdwörterbuch. Bearb. v. der Dudenredaktion des VEB Bibliographisches Institut. Leipzig 1977.
Großes Wörterbuch der deutschen Aussprache. Hg. von dem Kollektiv E. Krech u. a. Leipzig 1982.
Groys, E.: dtv-Küchen-Lexikon. München 1988.
Handwörterbuch der deutschen Gegenwartssprache. 2 Bde. Hg. v. einem Autorenkollektiv G. Kempcke u. a. Berlin 1984.
Heinemann, M.: Kleines Wörterbuch der Jugendsprache. Leipzig 1990.
Helbig, G.: Deutsche Grammatik. Leipzig 1984.
Helbig, G. / Schenkel, W.: Wörterbuch zur Valenz und Distribution deutscher Verben. Leipzig 1982.
István, K.: Grundwortschatz der deutschen Sprache. Budapest / Berlin 1980.
Kempcke, G.: Wörterbuch. Deutsch als Fremdsprache. Berlin / New York 2000.
Klappenbach, R. / Steinitz, W.: Wörterbuch der deutschen Gegenwartssprache. 6 Bde. Berlin 1968–77.
Kleines Wörterbuch der Architektur. Stuttgart 2008.
Kluge, Fr. / Mitzka, W.: Etymologisches Wörterbuch der deutschen Sprache. Berlin 1967.
Knaurs Grosses Wörterbuch der deutschen Sprache. München 1985.
König, W.: dtv-Altas zur deutschen Sprache. München 1979.
Küpper, H.: Wörterbuch der deutschen Umgangssprache. Stuttgart 1987.
Langenscheidt. Basic German Vocabulary. Berlin / München / Wien / Zürich / New York 2006.
Langenscheidts Großwörterbuch. Deutsch als Fremdsprache. Berlin / München / Wien / Zürich / New York 2003.
Langenscheidts Taschenwörterbuch. Deutsch als Fremdsprache. Berlin / München / Warschau / Wien / Zürich / New York 2007.
Loskant, S.: Das neue Trendwörter Lexikon. Gütersloh 1998.
Lurker, M.: Lexikon der Götter und Dämonen. Stuttgart 1984.
Mater, E.: Rückläufiges Wörterbuch der deutschen Gegenwartssprache. Leipzig 1967.
Messinger, H.: Langenscheidts Großwörterbuch der englischen und deutschen Sprache. „Der Kleine Muret-Sanders". Deutsch-Englisch. Berlin / München / Wien / Zürich 1988.
Meyers Großes Taschenlexikon. 24 Bde. Mannheim 1990.
Müller, W. / Vogel, G.: dtv-Atlas zur Baukunst. 2 Bde. München 1985.
Muthmann, G.: Rückläufiges deutsches Wörterbuch. Tübingen 2001.
Österreichisches Wörterbuch. Wien 1988.
Oxford-Duden. Bildwörterbuch. Deutsch und Englisch. Mannheim / Wien / Zürich 1979.
Plickat, H.-H.: Deutscher Grundwortschatz. Weinheim / Basel 1980.
Pons. Großwörterbuch. Deutsch als Fremdsprache. Barcelona / Belgrad / Budapest / Ljubljana /

London / Posen / Prag / Sofia / Stuttgart / Zagreb 2006.
Pons. Kompaktwörterbuch. Deutsch als Fremdsprache. Stuttgart 2007.
Quasthoff, U.: Deutsches Neologismenwörterbuch. Berlin / New York 2007.
Röhrich, L.: Lexikon der sprichwörtlichen Redensarten. 2 Bde. Freiburg / Basel / Wien 1976.
Schumacher, H.: Verben in Feldern. Valenzwörterbuch zur Syntax und Semantik deutscher Verben. Berlin / New York 1986.
Siebs, Th.: Deutsche Aussprache. Berlin 1969.
Sommerfeldt, K.-E. / Schreiber, H.: Wörterbuch zur Valenz und Distribution deutscher Adjektive. Leipzig 1977.
Springer, O.: Langenscheidts enzyklopädisches Wörterbuch der englischen und deutschen Sprache. Begr. von E. Muret u. D. Sanders. Teil II: Deutsch-Englisch. 2 Bde. Berlin / München / Wien / Zürich 1974-75.
Tatsachen über Deutschland. Presse- und Informationsamt der Bundesregierung 2008.
Textor, A. M.: Sag es auf Deutsch. Das Fremdwörterlexikon. Reinbek bei Hamburg 2008.
Ullstein. Fremdwörterlexikon. Frankfurt a. M. / Berlin 1971.
Ullstein. Lexikon der deutschen Sprache. Hg. u. bearb. von R. Köster u. a. Frankfurt a. M. / Berlin 1969.
Wahrig. Deutsches Wörterbuch. Gütersloh 2006.
Wahrig. Die deutsche Rechtschreibung. Gütersloh 2006.
Wängler, H.-H.: Atlas deutscher Sprachlaute. Berlin 1981.
「朝日百科 世界の植物」朝日新聞社 1979.
「郁文堂独和辞典」第2版 郁文堂 1993.
「郁文堂和独辞典」第4版 郁文堂 2002.
岩﨑英二郎「ドイツ語副詞辞典」白水社 1998.
「岩波＝ケンブリッジ世界人名辞典」岩波書店 1997.
「岩波生物学辞典」岩波書店 1996.
「岩波西洋人名辞典(増補版)」岩波書店 1981.
「NHK 新用字用語辞典」日本放送出版協会 2004.
大西健夫編「現代のドイツ」(全12巻) 三修社 1981-86.
大羽武「医学・歯学・薬学・看護学生のための独英和総合ドイツ語」同学社 2001.
「音楽中事典」音楽之友社 2002.

「ギリシア・ローマ神話事典」大修館書店 1988.
「ギリシア・ローマ神話辞典」岩波書店 1967.
「キリスト教人名辞典」日本基督教団出版部 1986.
「キリスト教大事典」教文館 1985.
「クラウン独和辞典」第4版 三省堂 2008.
「研究社 新英和大辞典」研究社 2002.
「原色園芸植物図鑑 I-V」保育社 1978.
「広辞苑」第6版 岩波書店 2008.
「コンサイスカタカナ語辞典」三省堂 2008.
「昆虫学辞典」北隆館 1962.
「最新医学辞典」医歯薬出版 2005.
「事典・現代のドイツ」大修館書店 1998.
下宮忠雄他「言語学小辞典」同学社 1985.
「小学館ランダムハウス英和大辞典」第2版 小学館 1993.
「新アクセス独和辞典」三修社 2003.
「新コンサイス独和辞典」三省堂 1997.
「新現代独和辞典」三修社 1994.
「新潮 世界文学辞典」新潮社 1990.
「新装版 現代independ和辞典」三修社 2009.
「新マイスター独和辞典」大修館書店 2006.
「聖書 新共同訳」日本聖書刊行会 2003.
「世界の鳥の和名 I-IX」山階鳥類研究所 1975-81.
「西洋美術辞典」東京堂出版 1985.
「世界宗教大事典」平凡社 1991.
「世界大百科事典」(全35巻) 平凡社 1988.
田沢五郎「独＝日＝英ビジネス経済法制辞典」郁文堂 1999.
谷口幸男他「図説・ドイツ民俗学小辞典」同学社 1985.
中條宗助「ドイツ語類語辞典」三修社 1986.
「ドイツ語不変化詞辞典 新装版」白水社 2008.
「ドイツ言語学辞典」紀伊國屋書店 1994.
「ドイツの実情」ドイツ連邦共和国外務省文化広報部 2008.
「独和大辞典」第2版 小学館 1998.
「独和中辞典」研究社 1996.
永井清彦「ジャーナリズムのドイツ語」第三書房 1986.
南山堂「独和大辞典」南山堂 2006.
「日本国語大辞典」第2版(全14巻) 小学館 2000-02.
「日本大百科全書」(全25巻) 小学館 1993.
根本道也「東ドイツの新語」同学社 1981.
「フロイデ独和辞典」白水社 2003.
「プログレッシブ独和辞典」第2版 小学館 2004.
山川丈平「ドイツ語ことわざ辞典」白水社 1975.
吉田諒吉「法律基本用語辞典」同学社 1985.

巻末付録

I. 和独の部・・・・1678

II. 手紙の書き方・・・・1734

III. 環境用語・・・・1736

IV. 福祉用語・・・・1740

V. 建築様式・・・・1744

VI. ドイツの言語・政治機構・歴史・・・・1746

VII. ヨーロッパ連合 (EU) と欧州共通通貨ユーロ (Euro)・・・・1755

VIII. 発音について・・・・1757

IX. 最新の正書法のポイント・・・・1765

X. 文法表・・・・1771

XI. 動詞変化表・・・・1786

I. 和独の部

ここでは，日本語で普段よく使われる約4000語を見出し語とし，訳語として最も適切で一般的なドイツ語の表現が示してあります．訳語の前には，必要に応じて，訳語本来の意味が記してあります(動詞の場合，目的語などの表記を含みます)．名詞の性は定冠詞によって示されています．

訳語をより正確に使用するためには，この辞典の本文を参照することが大切です．なお，職業，身分などを表す名詞の女性形については，男性形の末尾に ..in を加えた形を本文で確認して下さい (例: [男子]学生 der Student; 女子学生 die Studentin).

記号類が表す内容は次のとおりです．

( ) : 1. 意味の限定．2. 部分的言い換え．
〚 〛 : 1. 動詞の目的語など．2. 文法上の注意．
[ ] : 省略可能．
~   : 名詞，代名詞．訳語の囚，物 などに対応します．
…   : 1. 形容詞，副詞，数詞，動詞，文など．「…のように」，「…(位置)で」，「…する」などの形で訳語の「…」に対応します(ただし，動詞が zu 不定詞[句]に対応する場合，訳語にも「zu 不定詞[句]」と記してあります)．2. 見出し語に先立つ要素 (例: …日)．
*   : 不規則動詞 (☞「動詞変化表 2.」, 1788 ページ).
^{1,2,3,4} : 格．
//   : 例句，例文．
☞   : 関連する項目．

あ

ああ ① (感嘆して:) Ach! ② あのように so.
愛 die Liebe; 好意 die Zuneigung.
相変わらず いまだに immer noch.
あいさつ ① der Gruß. ☞ 礼. ② スピーチ die Ansprache.
あいさつする ①〚~に〛 囚^4 grüßen. ② スピーチをする eine Ansprache halten*.
合図 das Zeichen; (手・目などによる) der Wink.
アイスクリーム das Eis.
合図する 〚~に〛 囚^3 winken$^{(*)}$ (ein Zeichen geben*).
愛する 〚~を〛 囚・事^4 lieben.
間 間隔．
間に ① ~と…の間で(へ) zwischen 囚・物$^{3(4)}$ und 囚・物$^{3(4)}$; ~(同類の人・物の間で(へ) unter 囚・物$^{3(4)}$. ② ~の期間(時間)中に während 事^1. ③ …する間に während … ④ …するうちは solange 事^1.
相手 ① der Partner. ② (試合などの) der Gegner.
アイディア der Einfall, die Idee.
開いている・空いている ① (扉などが) offen, (口語:) auf. ② (席などが) frei.
あいまいな 不明瞭(ふめいりょう)な unklar.
アイロンをかける 〚~に〛 物^4 bügeln.
合う ① (計算などが)正しい stimmen; 〚~に〛相応する zu 物・事^3 stimmen, 物・事^3 entsprechen*. ② 大きさが合う passen; 〚~に〛適している zu 囚・物^3 passen (stimmen), sich^4 für 囚・物^4 (zu 物^3) eignen. ☞ 似合う．
会う・逢う 〚~に〛 囚^4 sehen*; 〚~と…(日時・位置)において〛 偶然(約束して)会う 囚^4 treffen*; 〚~と〛遭遇する 囚・物^3 begegnen. ②〚災難などが~に〛起こる 事^1 passiert (geschieht*) 囚^3.
青い ① blau; 青白い blass. ② 緑の grün.
赤い rot.
明かり 光・灯火 das Licht. ☞ 電灯．
上がる ① hinauf|gehen*; 〚~へ〛 [auf 物^4] steigen*; 〚~の上へ〛行く auf 物^4 gehen*. ☞ 上(のぼ)る, 入る. ② (価格・温度などが)上昇する steigen*. ③ (ゲームなどで)ゴールインする das Ziel erreichen; 完了している fertig sein*.
明るい ① hell. ② 陽気な heiter. ☞ 朗らかな, 詳しい．
赤ん坊 das Baby.
秋 der Herbst. // 秋に im Herbst.
明らかな offensichtlich; はっきりした klar, deutlich.
明らかにする ①〚~を〛解明する 事^4 klären. ②〚~に〕~を〛説明する 囚^3 事^4 erklären.
明らかになる 〚~にとって〛はっきりわかる 囚^3 klar werden*. ② 判明する offenbar werden*, sich^4 zeigen, sich^4 heraus|stellen, sich^4 ergeben*.
あきらめる 〚~を〛放棄する 事^4 auf|geben*; 〚~を〕断念する auf 物^4 verzichten.

あに

飽きる 〖~に〗飽きている 人・事⁴ satt|haben*, von 物³ genug haben*; もはや…する気がない keine Lust mehr haben*, zu 不定詞[句].
あきれる verblüfft sein*.
開く・空く ① (扉などが) sich⁴ öffnen, auf|gehen*; […時に］開館(開店)する um … öffnen ((口語:) auf|machen). ② (席などが)空く (空いている) frei werden* (sein*).
握手する 〖~と〗 人³ die Hand drücken; 〖~に握手するために〗手をさし出す 人³ die Hand geben*.
アクセント der Akzent. // ~にアクセントを置く 物⁴ betonen.
あくびをする gähnen.
開ける・空ける ① 〖~を〗 物⁴ öffnen (auf|machen). ② 〖~を〗空にする 物⁴ leeren. ③ 〖場所などを〗 物⁴ frei machen.
上げる ① 〖~を~の上へ〗横たえる(据える, 立てる) 物⁴ auf 物⁴ legen (setzen, stellen); 〖手などを〗 物⁴ heben*; 〖客などを〗家の中へ案内する 人⁴ ins Haus führen; 〖値段などを〗 steigern; 〖賃金・価値などを〗 物⁴ erhöhen. ② 〖~に~を〗与える(贈る) 人³ 物⁴ geben* (schenken).
あご der Kiefer; 下あごの先 das Kinn.
あこがれる 〖~を〗 恋しく思う Sehnsucht nach 人・事³ haben*, sich⁴ nach 人・事³ sehnen.
朝 der Morgen. // 朝に am Morgen, morgens.
浅い (川などが) seicht; (器などが) flach.
あざける 〖~を〗 über 人・事⁴ spotten.
あさって übermorgen.
鮮やかな (色などが) lebhaft; みずみずしい frisch; 目だつ auffallend. ☞ すばらしい.
足 ① der Fuß; (犬・猫などの) die Pfote. ② 脚 das Bein.
味 der Geschmack. // …のような(~の)味がする … (nach 物³) schmecken.
アジア Asien. // アジア人 der Asiat / アジアの asiatisch.
味わう ① 〖~を〗 たんのうする 物・事⁴ genießen*. ② 〖~を〗試食(試飲)する 物⁴ probieren.
明日 morgen.
預かる 〖物を〗 物⁴ auf|bewahren. ☞ 面倒を見る.
預ける 〖~を…に〗 置いていく 人・物⁴ … lassen*; 〖~を〗 保管させる 物⁴ auf|bewahren lassen*; 〖~を〗(預かり所に)渡す 物⁴ ab|geben*. ☞ 預金する.
汗 der Schweiß. // 汗をかく schwitzen.
あそこに あそこで dort, da; あそこへ dorthin, dahin.
遊び das Spiel.
遊ぶ 〖〖~をして〗〗 〖物⁴〗 spielen. ☞ 楽しむ.
与える 〖~に~を〗 人³ 物⁴ geben*. ☞ 贈る.
暖かい・温かい (物・もてなしなどが) warm; 心からの herzlich. // 私は暖かい. Mir ist* warm.

暖かさ・温かさ die Wärme.
暖める・温める ① 〖(~のために)~を〗 〖人³〗 物⁴ wärmen (warm machen). ② 〖部屋などを〗暖房する 物⁴ heizen.
頭 der Kopf; 頭脳 das Gehirn.
新しい ① neu. ② 採れたて(できたて)の frisch. ③ できて間もない jung.
辺り die Gegend. ☞ 周りに. // ~の辺りでは in der Gegend von 物³.
あたりまえの 当然の natürlich, selbstverständlich. ☞ ふつうの.
当たる ① 〖~に〗ぶつかる an (gegen) 人・物⁴ stoßen*; 〖~に〗命中する 物⁴ treffen*. ② 〖~に〗相当する 物³ entsprechen*; […(数量)に〗値する … gelten*. ③ (主張などが)当たっている zu|treffen*.
あちこち hier und da (dort); そこら中 überall.
あちら ① あれ das [dort]. ② あちらの男性(婦人) der Herr (die Dame) dort.
あちらに ☞ あそこに, 向こうに.
厚い dick.
暑い heiß, warm; 蒸し暑い schwül.
熱い heiß.
扱う ① 〖~を…のように〗 人・物⁴ … behandeln. ② 〖~を〗論じる 物⁴ behandeln (diskutieren). ③ 〖器具などを〗 取り扱う 物⁴ führen (handhaben).
厚さ die Dicke. // ~は厚さ…ミリである. 物¹ ist* … Millimeter dick.
暑さ die Hitze.
あっち ☞ あちら.
集まる sich⁴ sammeln, zusammen|kommen*; (人がある場所に) sich⁴ versammeln.
集める 〖~を〗 人・物⁴ sammeln; 〖~を〗(ある場所に) 人⁴ versammeln.
圧力 der Druck; 強要 der Zwang.
あて名 受取人の[氏名と]住所 die Adresse.
あてに ~あてに an 人⁴.
当てにする 〖~を〗 auf 人・事⁴ (mit 人・事³) rechnen. ☞ 信用する.
当てはまる 〖~に〗 für 人・事⁴ gelten*.
当てる・あてる ① 〖標的などに〗物⁴ treffen*. ② 〖郵便物などを~に〗向ける 物⁴ an 人⁴ richten. ③ 〖〖~を〗〗言い当てる 〖事⁴〗 raten*.
跡 ① die Spur. ② 廃墟(はいきょ) die Ruine.
あとに ① あとで nachher, später. ② ~した あとで nach 物³. ③ …したあとで nachdem … ☞ …後(ご)に, 後ろに.
穴 das Loch.
アナウンサー der Ansager.
あなた (親密でない相手に対して:) Sie; (親密な相手・子供に対して:) du.
あなた方 (親密でない相手に対して:) Sie; (親密な相手・子供に対して:) ihr.
あなた方の (親密でない相手に対して:) Ihr; (親密な相手・子供に対して:) euer.
あなたの (親密でない相手に対して:) Ihr; (親密な相手・子供に対して:) dein.
兄 der ältere Bruder; (弟と区別しない場合:)

der Bruder.
姉 die ältere Schwester; (妹と区別しない場合:) die Schwester.
あの der, die, das, 〖圏で〗die; あそこにある……dort. // あの車 das Auto dort.
アパート アパートの建物 das Mietshaus; アパートの一室 die Wohnung.
暴れる wüten, toben.
あひる die Ente.
危ない 危険な gefährlich; 危機的な kritisch.
油 das Öl.
脂 das Fett. // 脂っこい fett.
アフリカ Afrika. // アフリカ人 der Afrikaner / アフリカの afrikanisch.
あふれる über|laufen*.
甘い ① süß. ② 塩味(味付け)の足りない zu wenig gesalzen (gewürzt).
余っている 余剰の übrig.
甘やかす 〖～を〗人⁴ verwöhnen.
余り ① der Rest. ② あまりにも…な zu; とても so. // 彼はあまり疲れていたのでじき床についた。Er war* so müde, dass er bald zu Bett ging*.
余る übrig bleiben*.
網 das Netz.
編む 〖～を〗編み棒(かぎ針)で編む 物⁴ stricken (häkeln); 〖髪・かごなどを〗物⁴ flechten*.
雨 der Regen. // 雨が降る。Es regnet.
アメリカ ① Amerika. ② アメリカ合衆国〖圏で〗die Vereinigten Staaten von Amerika, die USA. // アメリカ人 der Amerikaner / アメリカの amerikanisch.
怪しい 不審な verdächtig. ☞ 疑わしい.
誤り der Fehler, der Irrtum. ☞ 間違い.
謝る 〖〖～に〗〗sich⁴ [bei 人³] entschuldigen; 〖〖～に〗〗許しをこう [人⁴] um Entschuldigung (Verzeihung) bitten*.
荒い ① 荒々しい wild. ② 激しい heftig.
粗い ① 目の粗い・おおざっぱな grob. ② ざらざらした rau.
洗う 〖〖～を(～の体を)〗〗物⁴ (人⁴) waschen*; 〖食器を〗物⁴ spülen.
あらかじめ vorher, im Voraus.
嵐 der Sturm; 雷雨 das Gewitter.
荒らす 〖土地などを〗荒廃させる 物⁴ verwüsten.
争い der Streit; けんか (口語:) der Krach.
争う ① 〖〖～と/～のことで〗〗[sich⁴] [mit 人³] [um 物⁴ (wegen 物²)] streiten*. ② 〖〖～と/～を〗〗[mit 人³] [um 物⁴] konkurrieren.
改める ① 〖～を〗新しくする 物⁴ erneuern; 〖～を〗変更する 物⁴ ändern (verändern). ② 〖～を〗直す 物⁴ verbessern.
あらゆる all; どの…も jeder.
表す・現す (作品などが) 〖～を〗表現する 人・物⁴ dar|stellen (schildern); (記号などが) 〖～を〗意味する 物⁴ bedeuten; 〖〖～に対して〗気持ち・考えなどを〗表明する [人³] 物⁴ aus|drücken.
表れる・現れる ① (気持ち・考えなどが〖～に〗

表れる sich⁴ in 物³ aus|drücken. ② 現れる erscheinen*, sich⁴ zeigen.
ありがたい ① 好ましい lieb. ② 貴重な wertvoll, wert.
ありがとう Danke!, Danke schön (sehr)!, Vielen (Herzlichen) Dank!
ある 一つ(一人)の ein; ある種(一定)の gewiss. // ある事(物) etwas / あるとき einmal / ある人 jemand.
有る・在る ① (不特定の一般的な存在を意味して:) 〖～が〗存在している es gibt* 人・物⁴; (蓄えとして) vorhanden sein*. ② (個々の具体的な存在を意味して:) 〖…(位置)に〗在る … sein*, sich⁴ … befinden*; 〖…(位置)に〗横たえて(立てて)ある … liegen* (stehen*). ③ 〖人・物が～を〗持っている 人・物¹ hat* 人・物⁴.
あるいは または oder. ☞ もしかしたら.
歩く gehen*, (口語:) laufen*; 歩いて行く zu Fuß gehen*; 歩き回る wandern.
アルコール der Alkohol.
ある程度 einigermaßen.
アルバイト der Job.
アルバム das Album.
あれ das [dort].
荒れた ☞ 荒い, 粗い, 荒らす.
泡 der Schaum.
合わせる ① 〖～を〗いっしょにする 人・物⁴ vereinigen. ② 〖物を(自分を)～に〗適合させる 物⁴ (sich⁴) 人・物³ an|passen. // 時計を合わせる die Uhr stellen. ☞ 調節する.
あわてて 大あわてで in großer (wilder) Hast; 大急ぎで in großer (aller) Eile.
あわてる ① ひどく急く sich⁴ überstürzen. ② 狼狽(ろうばい)する in Verlegenheit geraten* (kommen*).
哀れな ① 気の毒な arm. ② みすぼらしい ärmlich.
案 ① 計画 der Plan. ② 思いつき die Idee; 提案 der Vorschlag.
案外 予想に反して wider Erwarten.
安心する sich⁴ beruhigen; 安心している beruhigt sein*.
安全 die Sicherheit.
安全な 危害を受けない sicher; 危険性のない ungefährlich.
安定している stabil; 確固たる fest.
あんな solch, (口語:) so.
案内 ① 通知 die Mitteilung; 知らせ die Nachricht. ② 情報・案内所 die Auskunft, die Information. ③ (見学者を率いる) die Führung.
案内する 〖～を〗連れて行く 人⁴ führen.
あんなに so.

い

胃 der Magen.
いい ① gut. ☞ きれいな, すばらしい, 適切な,

利口な. ② …してよい … dürfen*; …しなくてよい nicht brauchen, zu 不定詞[句]. ③ …するといいのだが hoffentlich … ☞ 十分な.
いいえ nein; (否定の疑問に対して答えが肯定になる場合は:) doch. // 彼は来ないのですか. - いいえ, 彼は来ます. Kommt* er nicht? - Doch, er kommt*.
いいかげんな nachlässig.
いいかげんに もういいかげんに endlich.
言いわけ die Entschuldigung; 言い逃れ die Ausrede.
委員 das Ausschussmitglied.
委員会 der Ausschuss.
言う 〚~に〛~を〛[人³] 物⁴ sagen; 〚…という〛意見である meinen, …; 〚…と〛話して聞かせる erzählen, …; 〚真実・くだらぬことなどを〛物⁴ sprechen (reden); 〚~のことを〛人・物⁴ meinen, von 人・事³ sprechen*.
家 das Haus; 住まい die Wohnung. // 家で zu Haus[e] / 家へ nach Haus[e].
以下 ① …以下 unter …, weniger als … ② ここから先 von hier an; 下で unten.
意外な überraschend; 予期せぬ unerwartet. ☞ 案外.
…以外に außer 人・物³. ☞ ほかに.
いかが どう wie.
医学 die Medizin.
怒り der Ärger, der Zorn.
行き 往路 der Hinweg.
息 der Atem; (肌に感じる・白い) der Hauch. // 息をする atmen / 息を吸う ein|atmen / 息を吐く aus|atmen.
意義 der Sinn; 意味 die Bedeutung.
生き生きとした lebhaft, lebendig.
勢い はずみ der Schwung. ☞ 速度, 力, 強さ.
いきなり auf einmal; 急に plötzlich.
生き物 das Lebewesen.
イギリス ☞ 英国.
生きる 生きている・生活する leben. ② 生き生きとする lebhaft (lebendig) werden*.
行く 〚…へ〛歩いて行く … gehen*; 〚…へ〛乗り物(飛行機)で行く … fahren* (fliegen*); 〚相手の所(目的の場所)などへ〛 … kommen*.
いくつ ① 何個 wie viel. ② 何歳 wie alt.
いくつかの ein paar, einige.
いくつもの 複数の mehrere; 多くの viel.
いくら (量・額などを尋ねて:) wie viel, was. // ~はいくらですか. Wie viel (Was) kostet 物¹?
いくらか ☞ 少し.
いくらでも たっぷり reichlich; 十分に genug; たくさん viel.
池 der Teich.
いけない ① …してはいけない nicht … dürfen*; …しなければいけない … müssen*. ② 悪い schlimm.
意見 die Meinung; 見解 die Ansicht.
以後 ① これから先 in Zukunft, künftig; 今から von jetzt an. ② そのあとで danach; それ以来 seitdem. ☞ あとに.
意向 考え die Meinung. ☞ 意図.

勇ましい tapfer; 勇気のある mutig; 大胆な kühn.
石 der Stein; 小石・砂利 der Kiesel.
意志 der Wille.
意識 das Bewusstsein.
維持する ☞ 保つ.
いじめる 〚~を〛人⁴ schikanieren, 〚~を〛痛めつける 人・物⁴ quälen.
医者 der Arzt.
以上 ① …以上 über …, mehr als … ② ここまで bis hierher; 上で oben.
異常な anomal, ungewöhnlich, außergewöhnlich.
意地悪な boshaft.
意地を張る auf seinem Kopf bestehen*.
いす der Stuhl; ひじ掛けいす der Sessel.
以前 かつて früher, ehemals, einst.
急いで eilig; 早く schnell; 迅速に rasch.
忙しい [sehr] beschäftigt sein*; することがたくさんある viel zu tun haben*.
急ぐ ① 急いで行く eilen. ② 〚仕事などを〛 sich⁴ [mit 物³] beeilen; 急いでいる es eilig haben*.
依存している 〚~に〛von 人・事³ ab|hängen* (abhängig sein*).
板 ① (木を薄く切った)板材 das Brett. ② (木などから作った)板状の道具 die Platte.
痛い Schmerzen haben*; 痛む. // 私はおなかが痛い. Ich habe* Bauchschmerzen. / あ, 痛い. Au!
いたずら der Streich.
いただきます (おいしく)召し上がれ Guten Appetit!
いただく 私は…させていただく Ich erlaube mir, zu 不定詞[句]. ☞ 受け取る, もらう.
痛み 〚ふつう 複〛 Schmerzen, das Weh. ☞ 苦しみ.
痛む ① (体の位置などが)〚…に〛痛みを与える (口語:) [人³] weh|tun*. ② 〚~に〛気の毒な気持ちを起こさせる 人³ leid|tun*. ☞ 痛い.
イタリア Italien. // イタリア語 Italienisch / イタリア人 der Italiener / イタリアの italienisch.
至る所で überall.
一 eins; 一つ(一人)の ein. ☞ 一番の.
位置 die Stellung, die Lage. ☞ 順位.
一応 さしあたり zunächst, fürs Erste.
一月 der Januar. // 一月に im Januar.
いちご die Erdbeere.
著しい bedeutend; かなりの beachtlich; 目だつ auffallend.
一度 einmal; 一度も…ない nie[mals].
一度に auf einmal. ☞ 同時に.
一日 der (ein) Tag. // 一日中 den ganzen Tag; tagsüber.
一年 das (ein) Jahr. // 一年中 das ganze Jahr hindurch.
市場 der Markt.
一番の ① 最初の erst. ② 最良の best.
一部 (印刷物などを数えて:) das (ein) Exemplar.

いちめん ☞ 部分.
一面 ☞ 至る所で, 周りに.
一流の… … erster Klasse. // 一流の芸術家 ein Künstler erster Klasse.
いつ wann.
いつか irgendwann; すでに一度 schon einmal.
五日 ☞ …日(にち).
一階 das Erdgeschoss.
一切 ☞ すべての, …全体, 決して.
一昨日 vorgestern.
一種の eine Art … ☞ 種類.
一生 das Leben. // 一生を通じて sein Leben lang.
一生懸命 熱心に eifrig; 勤勉に fleißig.
いっしょに zusammen, gemeinsam, mit.
いっせいに 一度に auf einmal. ☞ 同時に.
いっそ むしろ eher, lieber.
いっそう もっと noch …《比較級とともに》; その分さらに umso …《比較級とともに》.
一体 ① 結束 der Zusammenhalt. // 一体となる sich⁴ vereinen. ② (疑問文で:) いったい denn, überhaupt, eigentlich.
一致する 〖〜と〜の点で〗 [mit 人³ in 物³] übereinstimmen.
いつのまにか そうこうするうちに inzwischen.
いっぱいの voll. ☞ 込む.
一般の allgemein.
一方で 一方では…他方では… einerseits …, andererseits …; …する一方で während …
いつまでも (口語:) ewig.
いつも 常に immer, stets; そのつど jedes Mal. ☞ ふつう. // 日曜はいつも jeden Sonntag.
糸 der Faden.
意図 die Absicht.
井戸 der Brunnen.
いとこ (男の:) der Vetter, (女の:) die Kusine.
…以内に 〜の範囲内に innerhalb 物² (von 物³). ☞ 以下.
田舎 ① 地方 das Land, die Provinz. // 田舎で auf dem Land[e]. ② 故郷 die Heimat.
…いなや …するやいなや sobald …
犬 der Hund.
稲 der Reis.
命 das Leben.
祈る ① 〖神などに〗 [zu 物³] beten. ② 〖人に〜を〗心から望む 人³ 物⁴ wünschen.
いばる prahlen.
違反する 〖規則などに〗 物⁴ verletzen.
いびきをかく schnarchen.
今 jetzt, nun; つい今しがた [so]eben; ちょうど gerade. ☞ 現在, すぐ.
居間 das Wohnzimmer.
意味 die Bedeutung; 意義 der Sinn.
意味する 〖〜を〗 物⁴ bedeuten; 〖…ということを〗 heißen*, …
イメージ die Vorstellung, das Bild.
妹 die jüngere Schwester; (姉と区別しない場合:) die Schwester.
いや いいえ nein. ☞ いいえ.
いやな 不快な unangenehm. // …するのはいやだ nicht … wollen* (möchte*).
いよいよ ☞ ついに, ますます.
意欲 die Lust; 意志 der Wille.
以来 ① 〜以来 seit 物³. ② それ以来 seitdem. ③ …して以来 seit[dem] …
依頼 die Bitte; (配送・掲載などの)委託 die Aufgabe.
依頼する 〖〜の配送・掲載などを〗 物⁴ aufgeben*. ☞ 頼む.
入口 (歩行者用の) der Eingang; (乗り物用の) die Einfahrt.
威力 die Macht; 作用 die Wirkung.
いる ☞ 有る.
要る 〖〜が〗 人·物⁴ brauchen. ☞ 必要とする.
入れ物 容器 das Gefäß; 箱 der Kasten; びん die Flasche; 袋 die Tüte.
入れる・容れる 〖〜を〜の中へ〗横たえる(立てる, 据える) 物⁴ legen (stellen, setzen); 〖〜を[〜に]〗取り入れる 人·物⁴ [in 物⁴] auf|nehmen*. ☞ 差す, 付ける.
色 die Farbe. // 色のついた farbig.
色あせた blass, bleich.
いろいろな verschieden, allerlei.
色とりどりの bunt.
岩 der Fels.
祝う 〖〜を〗 物⁴ feiern; 〖〜に[〜の]〗お祝いを述べる 人³ [zu 物³] gratulieren.
言わば sozusagen.
いわゆる sogenannt.
印 印鑑 das Siegel; スタンプ der Stempel. // 〜に印(スタンプ)を押す 物⁴ siegeln (stempeln).
インク die Tinte.
印刷 der Druck.
印刷する 〖〜を〗 物⁴ drucken.
印象 der Eindruck.
インフレ die Inflation.
引用する 〖〜を〗 物⁴ zitieren.

う

上に ① 上で oben; 上へ hinauf; 上方へ aufwärts. ② 〜の上で(へ) auf 物³⁽⁴⁾; 〜の上方で(へ) über 物³⁽⁴⁾.
上の ober.
飢える ☞ おなか, 空腹の.
植える 〖〜を〗 物⁴ pflanzen (setzen).
伺う ☞ 訪ねる, 尋ねる.
浮く 浮かび上がる auf|tauchen; 〖水・空気などの中に〗浮かんでいる in 物³ schweben.
受け入れ die Aufnahme.
受け入れる 〖〜を〗 採用する 人·物⁴ an|nehmen*; 〖〜を〗 迎え入れる 人⁴ auf|nehmen*.
請け負う 〖〜を〗 引き受ける 物⁴ übernehmen*.

受付 (ホテルなどの) der Empfang, die Rezeption; (病院などの) die Aufnahme; (手荷物・小包などの)受付口 die Annahme.
受け付ける 〖〜を〗 人・物⁴ an|nehmen*.
受け取る 〖さし出されたものを〗取る 物⁴ nehmen* (an|nehmen*); 〖〜を〗もらう 物⁴ bekommen*; 〖〜を〗受領する 物⁴ empfangen*. ☞ 取る, もらう.
受ける ① 〖〜を〗受領する 物⁴ empfangen*. ☞ 受け取る. ② 〖苦痛・損害などを〗被る 事⁴ erleiden* (erfahren*). ③ 〖教育・信頼などを〗享受する 事⁴ genießen*. ☞ 受験する.
動かす ① 〖〜を〗運動させる 物⁴ bewegen. ☞ 移す, ずらす. ② 〖機械などを〗作動させる 物⁴ in Bewegung setzen (bringen*).
動き die Bewegung.
動く ① (人・物体が) sich⁴ bewegen; 身動きする sich⁴ rühren (regen). ② (機械が)動き始める in Gang kommen*; 動いている im Gang sein*; (モーターなどが)回っている laufen*.
うさぎ 野うさぎ der Hase; 飼いうさぎ das Kaninchen.
牛 das Rind; 雌牛 die Kuh; 雄牛 der Stier.
失う 〖〜を〗なくす(亡くす) 人・物⁴ verlieren*. ☞ 逃(のが)す.
後ろに ① 後ろで hinten; 後ろへ zurück; 後方へ rückwärts. ② 〜の後ろで(へ) hinter 人・物³⁽⁴⁾.
後ろの hinter.
渦 der Wirbel.
薄い ① 厚みのない・濃度(密度)の低い dünn. ② きゃしゃな・弱い schwach. ③ 淡色の hell.
薄暗い dämmerig.
うそ die Lüge. // うそをつく lügen*.
歌 das Lied; 歌唱 der Gesang.
歌う 〖〖〜を〗〗 物⁴ singen*.
疑い 疑惑 der Zweifel; 嫌疑 der Verdacht.
疑う ① 〖〖〜に〗〗疑惑を持つ [an 人・事³] zweifeln. ② 〖〜に〗嫌疑をかける 人⁴ verdächtigen.
疑わしい fragwürdig, fraglich, zweifelhaft.
うち das Haus.
打ち勝つ 〖〜に〗 事⁴ überwinden*.
内側の inner.
内気な schüchtern, scheu.
うちに …しているうちに während …; …しないうちに bevor (ehe) … ☞ …以内に, 中に.
宇宙 der Weltraum.
うちわ der Fächer.
打つ ① 〖〜を〗たたく 人・物⁴ schlagen*. ☞ ぶつかる. ② 〖文章を〗タイプする (口語:) 物⁴ tippen. ③ (心臓などが) schlagen*, klopfen. ☞ 鳴らす.
撃つ 〖獲物を(銃などで)〗 物⁴ (mit 物³) schießen*.
うっかり 無意識に unbewusst; 不注意から aus Versehen (Unachtsamkeit).
美しい schön. ☞ きれいな.
写す ① 〖〜を〗撮る 人・物⁴ auf|nehmen*. ☞ 撮る. ② 〖〜を〗書き写す 物⁴ ab|schreiben*.
映す ① (水・鏡などに) 〖〜を〗 物⁴ spiegeln. ② 〖〜を〗上映する 物⁴ vor|führen.
移す ① 〖〜を〗移動(転属)させる 物⁴ (人⁴) versetzen. ② 〖〜に病気などを〗 人⁴ mit 事³ an|stecken.
訴える ① 〖〜に対して〗訴訟を起こす gegen 人⁴ klagen; 〖〜を[〜のかどで]〗告訴する 人⁴ [wegen 事²] an|klagen. ② 〖住民・良心などに〗 an 人・物⁴ appellieren.
映る 〖〖水などに〗〗 sich⁴ [in 物³] spiegeln.
移る ① 〖次のテーマなどへ〗 zu 事³ über|gehen*. ② (病気などが)伝染する an|stecken. ☞ 引っ越す.
腕 der Arm. // 腕の良い tüchtig, geschickt.
促す 〖〜に〜を〗 人⁴ zu 事³ auf|fordern.
うなずく nicken.
奪う 〖〖〜から〗〜を〗 [人³] 物⁴ rauben (nehmen*).
馬 das Pferd. // 馬に乗る reiten*.
うまい ☞ おいしい, 上手な.
生まれる geboren werden*. // 私は1992年5月12日に生まれました. Ich bin* am 12. (= zwölften) Mai 1992 geboren.
海 die See, das Meer. // 海へ an die See.
生む 〖子供を〗 人⁴ gebären*. ☞ 創造する.
埋める ① 〖〜を〗 物⁴ vergraben*; 〖〜を〗埋葬する 人⁴ begraben*. ② 〖穴などを〗 物⁴ aus|füllen.
敬う 〖〜を〗 人⁴ ehren (achten).
裏 die Rückseite; 背面 die Hinterseite.
裏返す 〖〜を〗 物⁴ um|kehren (wenden). // 裏返しに verkehrt.
裏切る 〖〜を〗 人・事⁴ verraten*.
裏に ☞ 後ろに.
恨む 〖〜を〗 人⁴³ grollen.
うらやむ 〖〜の〜を〗 人⁴ um 物・事⁴ beneiden.
売り切れの ausverkauft.
売る 〖〜を〗 人・物⁴ verkaufen.
うるさい ① やかましい laut. // うるさい音を立てる Lärm machen. ② やっかいな lästig.
うれしい froh, fröhlich. ☞ 喜ぶ.
売れ行き der Absatz.
売れる (商品が) sich⁴ verkaufen.
上着 die Jacke.
うわさ das Gerücht. ☞ 評判, …らしい.
運 das Schicksal. // 〜は運がいい(悪い). 人¹ hat* Glück (Pech).
運転手 der Fahrer; 機関士 der Führer.
運転する 〖車などを〗 物⁴ fahren*; 〖電車などを〗 物⁴ führen.
運動 ① (物体の)動き・社会運動 die Bewegung. ② スポーツ der Sport.
運動場 グラウンド der Sportplatz.

え

柄 der Griff.

絵 das Bild. ☞ 絵画.
エアコン die Klimaanlage.
映画 der Film. // 映画に行く ins Kino gehen*.
映画館 das Kino.
永久に ewig.
影響 der Einfluss. // ～に影響を与える 人・物⁴ beeinflussen.
営業する 〚～を〛営む 物⁴ betreiben* (aus|üben).
英語 Englisch.
英国 England; グレートブリテン・北アイルランド連合王国 das Vereinigte Königreich Großbritannien und Nordirland. // 英国人 der Engländer / 英国の englisch.
衛生的な hygienisch.
英雄 der Held.
栄養 die Nahrung.
ええ ① はい ja. ② ええと äh.
描く ① 〚～を〛絵の具(線)で描く 人・物⁴ malen (zeichnen). ② 〚～を〛描写(叙述)する 人・物⁴ dar|stellen (schildern).
駅 der Bahnhof; (小規模の) die Station.
液 液体 die Flüssigkeit; 果汁 der Saft.
液状の flüssig.
餌(えさ) 飼料 das Futter. // ～に餌をやる 物⁴ füttern.
エスカレーター die Rolltreppe.
枝 (幹から出た) der Ast; 小枝 der Zweig.
エチケット 〚圏で〛Sitten.
エネルギー die Energie, die Kraft.
絵はがき die Ansichtskarte.
えび der Krebs.
エプロン die Schürze.
絵本 das Bilderbuch.
偉い 偉大な groß.
選ぶ 〚～を〛人・物⁴ wählen; 〚～を〛(同種のものの中から)選び出す [sich³] 人・物⁴ aus|suchen (aus|wählen); 〚～に〛決める sich⁴ für 人・物⁴ entscheiden*.
襟 der Kragen.
得る 〚～を〛獲得する 物⁴ gewinnen* (erwerben*); 〚～を〛もらう 物⁴ bekommen* (erhalten*).
エレベーター der Fahrstuhl, der Aufzug.
円 ① der Kreis, der Zirkel. ② 日本円 der Yen.
縁 ☞ 関係.
宴会 ☞ パーティー.
演技 das Spiel, die Darstellung.
延期する 〚～を[～へ]〛圏⁴ [auf 圏⁴] verschieben*.
演習 (大学の授業で:) das Seminar; 訓練 die Übung.
援助 die Hilfe, die Unterstützung.
援助する ☞ 支える, 助ける, 促進する.
演じる 〚〚～を〛〛[人・物⁴] spielen; 〚～を〛人・物⁴ dar|stellen. ☞ 上演する.
エンジン der Motor.
演説 die Rede.
演説する eine Rede halten*.
演奏 das Spiel, die Aufführung.
演奏する 〚楽器・曲を〛物・事⁴ spielen; 〚曲を〛上演する 圏⁴ auf|führen (vor|tragen*).
遠足 der Ausflug.
延長する 〚～を〛圏・事⁴ verlängern.
煙突 der Schornstein.
鉛筆 der Bleistift.
遠慮がちな zurückhaltend; 慎み深い bescheiden.
遠慮する 〚申し出などを〛断る auf 事・事⁴ verzichten; 〚～の前で〛控えめでいる sich⁴ 人³ gegenüber zurückhaltend verhalten*.

お

尾 der Schwanz.
甥(おい) der Neffe.
追い越す 〚～を〛人・物⁴ überholen; 〚～を〛凌駕(りょうが)する 人⁴ übertreffen*.
おいしい lecker. // これはおいしい. Das schmeckt gut.
追いつく 〚～に〛人⁴ ein|holen; 〚～に〛到達する 人⁴ erreichen.
追う 〚～を〛追いかける 人・物³ nach|laufen*; 〚〚～を〛〛(乗り物で)追いかける [人・物³] nach|fahren*; 〚～を〛追跡する 人・物⁴ verfolgen; 〚～の〛あとを追う 人・物³ folgen.
王 der König.
応援 声援 der Beifallsruf. ☞ 援助.
応援する 〚～に〛味方する 人³ bei|stehen*.
扇 der Fächer.
応接室 das Empfangszimmer.
横断する 〚道・川などを〛圏⁴ überqueren; 〚大陸・海などを〛圏⁴ durchqueren.
往復で hin und zurück.
終える 〚～を〛圏⁴ beenden; 〚～を〛完了する 圏⁴ ab|schließen* (beschließen*).
多い ☞ 多くの.
覆い die Decke.
覆う 〚～を～で〛人・物⁴ mit 物³ bedecken.
大きい groß; 音の大きい laut.
大きくなる ① (人・動物などが) wachsen*. ② (数・量などが) zu|nehmen*.
大きさ die Größe. // この土地は 300 m² の大きさがある. Das Grundstück ist* 300 m² (= Quadratmeter) groß.
多くの viel, zahlreich. ☞ 多数の.
おおげさな übertrieben.
オーケストラ das Orchester.
多すぎる zu viel.
オーストリア Österreich. // オーストリア人 der Österreicher / オーストリアの österreichisch.
大勢の ☞ 多くの.
大通り 目抜き通り die Hauptstraße.
オートバイ das Motorrad; 原付き das Moped.

オーバー der Mantel.
公にする 〖~を〗物・事⁴ öffentlich bekannt machen.
公の öffentlich; 公式の offiziell.
丘 der Hügel, die Höhe.
お母さん 母親 die Mutter.
おかげで ① ~のおかげで dank 囲3/2. ② 幸いにも glücklicherweise, zum Glück.
おかしい 愉快な lustig; こっけいな・変な komisch. ☞ 奇妙な.
犯す 〖法などを〗囲⁴ verletzen; 〖罪などを〗囲⁴ begehen*.
侵す 〖国境などを〗越える 物⁴ überschreiten*.
冒す 〖熱などが〗〖~を〗襲う 人⁴ packen. // ~に冒されている an 人³ leiden*.
おかず 〖料理の〗付け合わせ die Beilage; 料理 das Gericht.
小川 der Bach.
沖 海洋 das Meer. // 沖で auf dem (offenen) Meer.
補う 〖~を〗補完する 物・事⁴ ergänzen; 〖~を~で〗埋め合わせる 囲⁴ durch 囲⁴ ersetzen.
…おきに in Abständen von … ☞ …ごとに. // 四か月おきに in Abständen von vier Monaten.
起きる ① 立ち上がる・起床する auf|stehen*. ② 目覚める auf|wachen; 起きている wach sein* (bleiben*), wachen. ☞ 起こる.
置く 〖~を…へ〗横たえる〖立てる, 据える〗物⁴ legen (stellen, setzen); 〖~を…(位置)に〗置いておく 物⁴ … lassen*. ☞ 設立する.
億 hundert Millionen.
奥さん ☞ 夫人.
奥に 後ろの方で hinten; 奥深く tief.
奥の 後ろの hinter.
臆病(おくびょう)な ängstlich; 意気地なしの feige.
贈り物 das Geschenk.
送る ① 〖〖~に〗~を〗〖人³〗物⁴ schicken (〖雅語:〗 senden(*)). ☞ 派遣する. ② 〖~を…へ〗連れて行く〖案内する〗人⁴ … bringen* (leiten); 〖~に〖…へ〗〗付き添って行く 人⁴ […] begleiten; いっしょに行く mit|gehen*.
贈る 〖~に~を〗人³ schenken; 〖〖~に〗称号などを〗〖人³〗囲⁴ verleihen*.
遅れる ① 進度・発達が遅すぎる zurück|bleiben*. ② 時間に遅れる sich⁴ verspäten. ☞ 遅刻する, 逃(のが)す. ③ 〖時計が〗遅れている nach|gehen*.
桶(おけ) たらい die Wanne. ☞ 洗面器.
起こす ① 〖~を〗立てる 人・物⁴ auf|richten. ② 〖~を〗目覚めさせる 人⁴ wecken. ③ 〖~をひき起こす 囲⁴ verursachen (hervor|rufen*).
怠る 〖~を〗囲⁴ versäumen; 〖~を〗おろそかにする 囲⁴ vernachlässigen.
怒った böse, ärgerlich.
行い ☞ 行動.
行う 〖~を〗開催する 囲⁴ veranstalten; 〖~を〗挙行する 囲⁴ ab|halten*; 〖授業・式などを〗囲⁴ halten*; 〖~を〗囲⁴ machen (tun*).

行われる 開かれる statt|finden*.
怒らせる 〖~を〗囲⁴ ärgern.
怒る 〖〖~に〗〗腹を立てる sich⁴ [über 人・事⁴] ärgern; 〖〖~のことを〗〗怒っている [mit 人³ (auf 人⁴)] böse sein*. ☞ しかる.
起こる geschehen*, sich⁴ ereignen; 〖凶事が〗passieren; 〖~が〗es gibt* 囲⁴. ☞ 発生する.
押さえる・抑える ① 〖~を〗人・物⁴ fest halten*. ② 〖怒りなどを〗抑制する 囲⁴ unterdrücken (zurück|halten*).
収める・納める 〖お金を〗払い込む 物⁴ ein|zahlen; 〖お金を〗支払う 囲⁴ bezahlen (zahlen); 〖物を〗引き渡す 物⁴ ab|liefern.
おじ der Onkel.
惜しい 残念な・もったいない schade 〖述語としてのみ〗.
おじいさん ① 祖父 der Großvater. ② 老人男性 der alte Mann.
押し入れ 作り付けの戸棚 der Wandschrank.
教える 〖〖~に〗~を〗人³〖囲⁴〗lehren; 授業をする Unterricht geben*. ☞ 言う, 示す, 知らせる. // ドイツ語を教える Deutschunterricht geben*.
おじさん おじ・(よその)おじさん der Onkel.
惜しむ 〖~を〗大切に使う mit 物³ sparsam um|gehen*. ☞ 残念に思う.
おしゃべり ① 雑談 die Plauderei. ② 口数の多い人 der Schwätzer.
おしゃべりする 雑談する plaudern; 〖〖~と〗歓談する sich⁴ [mit 人³] unterhalten*.
おしゃれな しゃれた schick; 洗練された elegant; 上品な vornehm.
押す ① 〖~を〗物⁴ schieben*; 〖人を〗(無理に) 人⁴ drängen. ② 〖取っ手・ボタンなどを〗[auf] 囲⁴ drücken.
雄 das Männchen.
お世辞 賛辞 das Kompliment; おべっか die Schmeichelei.
遅い ① のろい langsam. ② 時が遅い spät.
おそらく wahrscheinlich. ☞ 多分.
恐れる 〖~を〗人・事⁴ fürchten. ☞ こわい.
恐ろしい こわい furchtbar, schrecklich.
穏やかな ① 静かな still, ruhig. ② 穏和な mild, sanft, friedlich.
落ち着いた ruhig. // 落ち着かない unruhig.
落ち着かせる 〖~を〗人・事⁴ beruhigen. // 落ち着く sich⁴ beruhigen.
落ちる ① fallen*; (勢いよく) stürzen. ② (色などが)取れる 〖口語:〗ab|gehen*. ③ 抜け落ちる aus|fallen*. ④ 〖〖試験などに〗〗[in 囲³] durch|fallen*.
夫 der Mann.
音 der Ton, der Schall, der Laut; 物音 das Geräusch.
お父さん 父親 der Vater.
弟 der jüngere Bruder; (兄と区別しない場合:) der Bruder.
男 der Mann; やつ der Kerl.
男の männlich.

男の子 der Junge.
落とす ① 〖～を〗 〖物〗⁴ fallen lassen*. ② 〖～を〗除去する 〖物〗⁴ entfernen. ③ 〖声・速度などを〗下げる 〖物・事〗⁴ senken. ☞ なくす.
脅す 〖～を〗 〖人〗³ drohen; 〖～を〗 〖人〗⁴ bedrohen.
訪れる ☞ 来る, 訪ねる.
おととい vorgestern.
大人 der Erwachsene〖語尾変化は形容詞と同じ〗.
おとなしい ruhig, still. ☞ 利口な.
踊り der Tanz.
劣る 〖～に〗劣っている 〖人〗³ unterlegen sein*.
踊る tanzen.
躍る 跳ねる hüpfen.
衰える 勢力(能力)が弱まる nach|lassen*, ab|nehmen*; 没落する unter|gehen*.
驚かす 〖～に〗意外の念をはったかせる 〖人〗⁴ überraschen; 〖～を〗びっくりさせる 〖人〗⁴ erschrecken; 〖～に〗奇異の念をいだかせる 〖人〗⁴ wundern.
驚き 意外なこと die Überraschung; 驚がく der Schreck; 驚異 das Wunder.
驚く 〖〖～に〗〗驚嘆する [über 〖事〗⁴] [er]staunen; 〖〖意外なことに〗〗驚いている [über 〖事〗⁴] überrascht sein*; 〖～に〗びっくりする [über 〖事〗⁴ (vor 〖人・物〗³)] erschrecken*; 〖〖～に〗〗奇異の念をいだく sich⁴ [über 〖人・事〗⁴] wundern.
おなか der Bauch, der Leib. ∥ おなかがすいている Hunger haben*/ おなかがいっぱいである satt sein*.
同じ ① 等しい gleich. ② 同一の derselbe 〖der の変化は定冠詞と同じ; selbe の語尾変化は形容詞と同じ〗.
お兄さん ☞ 兄.
お姉さん ☞ 姉.
おば die Tante.
おばあさん ① 祖母 die Großmutter. ② 老人女性 die alte Frau.
おばさん おば・(よその)おばさん die Tante.
おはよう[ございます] Guten Morgen!
オペラ die Oper.
覚える 〖～を〗 〖事〗⁴ [auswendig] lernen; 〖～を〗記憶する sich³ 〖事〗⁴ merken; 〖～を〗覚えておく 〖事〗⁴ behalten*.
おぼれる 溺死(できし)する ertrinken*.
おめでとう Herzlichen Glückwunsch!; Ich gratuliere! ∥ 試験合格おめでとうございます. Ich gratuliere Ihnen zur bestandenen Prüfung.
重い schwer; (判決などが)厳しい streng.
思い ☞ 考え, 心配, 願い, 愛, 気持ち, あこがれ.
思いがけない überraschend, unerwartet; 突然の plötzlich.
思いきってする 〖～を〗 〖事〗⁴ wagen.
思い出す 〖～を〗 sich⁴ an 〖人・事〗⁴ erinnern; 〖～を〗想起する an 〖人・事〗⁴ denken*.
思いつく 〖…することを〗 auf die Idee (den Einfall) kommen*, zu 不定詞[句].
思い出 die Erinnerung; 追憶・記念 das Andenken.
思いやり die Rücksicht.
思う 〖…と〗 考える glauben (denken*), …; 〖…という〗意見である meinen, …; der Meinung (der Ansicht) sein*, dass …; 〖…と〗感じる finden*, … ☞ 考える, 推測する, 予想する, あこがれる.
重さ das Gewicht. ∥ ～は…キロの重さがある. 〖人・物〗¹ wiegt* … Kilo[gramm].
おもしろい ① 楽しい lustig. ② 興味深い interessant; 手に汗握る spannend. ③ こっけいな komisch.
おもちゃ das Spielzeug, 〖複で〗 Spielsachen.
表 ① (板などの) die Vorderseite. ② 表面 die Oberfläche. ☞ 外に.
おもな hauptsächlich.
思わず unwillkürlich; 無意識に unbewusst.
親 両親 〖複で〗 Eltern. ☞ 父, 母.
おやすみ[なさい] Gute Nacht!
親指 (手の) der Daumen; (足の) die große Zehe.
泳ぐ schwimmen*.
および sowie. ☞ …と.
下りる・降りる ① 降りて行く hinunter|gehen*. ② 〖〖車・船などから〗〗 [aus 〖物〗³] aus|steigen*; 〖〖自転車などから〗〗 [von 〖物〗³] ab|steigen*. ③ (露・霜が) fallen*.
オリンピック die Olympiade.
織る 〖～を〗 〖物〗⁴ weben(*).
折る ① 〖棒などを〗 〖物〗⁴ brechen*; 〖～を〗折り取る 〖物〗⁴ ab|brechen*. ② 〖～を〗 〖紙などを〗折りたたむ(折り曲げる) 〖物〗⁴ falten (knicken).
折れる brechen*; 折れて取れる ab|brechen*.
愚かな dumm.
下ろす・降ろす ① 〖～を〗下げる 〖物〗⁴ senken*; 〖～を〗 (棚などから) 〖人〗⁴ herunter|nehmen*; 〖手の荷物などを〗 〖物〗⁴ ab|setzen*; 〖～を〗置く 〖物〗⁴ hin|stellen*. ② 〖〖積み荷などを〗〗 〖物〗⁴ ab|laden*. ③ 〖お金を〗引き出す 〖物〗⁴ ab|heben*.
おろそかにする 〖～を〗 〖事〗⁴ vernachlässigen.
終わり das Ende, der Schluss. ∥ 五月の終わりに Ende Mai / 〖～を〗終わりにする [mit 〖事〗³] Schluss machen.
終わりに ☞ 最後に.
終わる enden, zu Ende gehen*; 終わっている zu Ende sein*, (口語:) aus sein*; 〖〖～で〗〗締めくくる [mit 〖事〗³] schließen*.
恩 恩寵(おんちょう) die Gnade; 寵愛(ちょうあい) die Gunst.
音楽 die Musik.
温室 das Treibhaus.
温泉 ① die heiße (warme) Quelle. ② 温泉地 der Badeort.
温度 die Temperatur.
温度計 das Thermometer.
女 die Frau.
女の weiblich.
女の子 das Mädchen.

温和な・穏和な ☞ 穏やかな.

か

科 科目 das Fach; (大学・病院などの) die Abteilung; 研究室 das Seminar.
課 ① (役所・会社などの) die Abteilung. ② 教科書のひと区切り die Lektion.
蚊 die Mücke.
…日 ☞ …日(ち).
カーテン der Vorhang, die Gardine.
カード die Karte.
回 das Mal; …回 ..mal. // 三回 dreimal.
会 ① 集会 die Versammlung; 式典 die Feier. ② 団体 der Verein, der Verband.
貝 die Muschel.
階 das Stockwerk, der Stock, die Etage. ☞ 一階, 二階.
害 der Schaden; 害悪 das Übel.
会員 das Mitglied.
絵画 das Gemälde, die Malerei. ☞ 絵.
海外 〖冠詞なしで〗Übersee. ☞ 外国. // 海外で(へ, から) in (nach, aus) Übersee.
開会する 〖~を〗囲⁴ eröffnen.
改革 die Reform; 改善 die Verbesserung.
改革する 〖~を〗囲⁴ reformieren; 〖~を〗改善する 囲⁴ verbessern.
海岸 die Küste; 浜 der Strand. ☞ 岸.
外観 das Aussehen, das Äußere 〖語尾変化は形容詞と同じ〗.
会議 die Sitzung, die Konferenz; 大会 die Tagung.
階級 ① 位 der Rang. ② (社会などにおける) 階層 die Klasse.
会計 ① 勘定場 die Kasse. ② 支払い die Zahlung; 請求書 die Rechnung.
解決 die Lösung.
解決する 〖~を〗囲⁴ lösen.
外交 外交政策 die Außenpolitik; 外交術 die Diplomatie.
外国 das Ausland. // 外国で(へ, から) im (ins, aus dem) Ausland.
外国語 die Fremdsprache.
外国人 der Ausländer.
外国の ausländisch; 他国の fremd.
開催される statt|finden*.
開催する ☞ 行う, 開く.
解散する ① (人々が)別れる auseinander gehen*, sich⁴ trennen. ② 〖議会などを〗囲⁴ auf|lösen.
開始 der Anfang, der Beginn.
会社 die Firma, die Gesellschaft, der Betrieb; オフィス das Büro. ☞ 企業.
会社員 der Angestellte 〖語尾変化は形容詞と同じ〗.
解釈 die Interpretation.
解釈する 〖作品などを〗囲⁴ interpretieren.
外出する (食事・遊興のため) aus|gehen*; 家にいない nicht zu Haus[e] sein*.
会場 場所 der Ort. ☞ 部屋, ホール.
海水浴 das Seebad. // 海水浴をする in der See schwimmen* (baden).
害する 〖~に〗害を与える 人・事³ schaden. ☞ 傷つける.
解説する 〖〖~に〗~を〗 [人³] 囲⁴ erläutern; 〖~を〗論評する 囲⁴ kommentieren.
改善 die Verbesserung.
改善する 〖~を〗物・事⁴ verbessern.
階段 die Treppe.
快適な angenehm; 居心地の良い gemütlich.
回転する sich⁴ drehen; 転がる rollen.
解答 (問題の)答え die Lösung.
概念 der Begriff.
開発 ① (油田・用地などの) die Erschließung. ② 実用化 die Entwicklung.
開発する ① 〖油田・用地などを〗囲⁴ erschließen*. ② 〖製品などを〗囲⁴ entwickeln.
回復する ① 〖病気などから〗sich⁴ [von 事³] erholen; (天気などが) sich⁴ bessern. ☞ 直る. ② 再び正常になる(作動する) wieder in Ordnung (in Gang) kommen*.
買い物をする Einkäufe machen; (日々の) ein|kaufen. // 買い物に行く ein|kaufen gehen*.
改良 ☞ 改善.
会話 das Gespräch, die Unterhaltung.
買う 〖~を〗囲⁴ kaufen.
飼う 〖~を〗[sich³] 囲⁴ halten*; 〖~を〗飼育する 囲⁴ züchten.
返す ① 〖〖~に〗~を〗 [人³] 囲⁴ zurück|geben*. ☞ 戻す. ② 〖~に~の〗お返しをする 人³ 囲⁴ vergelten*.
かえって ☞ 反対に, いっそう, むしろ.
帰り 帰路 der Rückweg.
帰る (雅語:) zurück|kehren; 戻って来る zurück|kommen*; 家へ帰って行く(来る) nach Haus[e] gehen* (kommen*). ☞ 戻る.
返る (意識などが)戻る zurück|kehren. // 正気に返る wieder zu sich³ kommen*.
代える・替える・換える 〖~を〗囲⁴ wechseln; 〖~を[~と]〗人・物⁴ [gegen 人・物⁴] tauschen; 〖~を[~に]〗人・物⁴ [durch 人・物⁴] ersetzen. ☞ 両替する.
変える 〖~を〗人・物⁴ ändern; 〖~を〗変えてしまう 人・物⁴ verändern.
顔 das Gesicht. ☞ 表情.
顔色 die Gesichtsfarbe. // 顔色が悪い eine ungesunde Gesichtsfarbe haben*.
薫り・香り der Duft; におい der Geruch.
薫る・香る duften; におう riechen*.
画家 der Maler.
抱える 〖~を〗腕(わき)に抱く 人・物⁴ auf den Arm (unter dem Arm) nehmen*; 〖~を〗腕(わき)に持っている 人・物⁴ auf dem Arm (unter dem Arm) tragen* (halten*).
化学 die Chemie.
科学 die Wissenschaft.
科学者 der Wissenschaftler.

科学的な wissenschaftlich.
かかと ① 〖足・靴[下]の〗die Ferse. ② ヒール der Absatz.
鏡 der Spiegel.
輝く ① 光る scheinen*. ☞ 光る. ② 〖物体・顔などが〗leuchten, strahlen, glänzen.
係り 窓口 die zuständige Stelle; 担当者 der Zuständige 〖語尾変化は形容詞と同じ〗.
かかる 〖病気などに〗物⁴ bekommen*.
掛かる・架かる ① 下がっている hängen*. ② 〖〜にとって〗〜〈お金・時間など〉が〖人⁴〗物⁴ kosten; 〈会議などが〉〈…(時間)に〉渡る… dauern. ③ 〈医者などに〉sich⁴ behandeln lassen. ④ 〖橋が〗〈〜に〉架かっている über 物⁴ führen. ☞ 始める, よる.
かかわらず ① 〜にもかかわらず trotz 物²; それにもかかわらず trotzdem, dennoch. ② …であるにもかかわらず obwohl …; …であるかどうかにかかわりなく unabhängig davon, ob …
かかわる ☞ 関係する.
鍵(ぎ) 錠 das Schloss; キー der Schlüssel.
書留 das Einschreiben. // 書留で per Einschreiben.
書き留める ☞ メモする.
垣根 die Hecke.
かき回す 〖〜[の中]を〗物⁴ (in 物³) rühren.
かぎらない いつも(必ずしも)…とはかぎらない nicht immer (unbedingt) …
限り ① 限界 die Grenze. ② …するかぎりでは soweit (soviel) …
限る 〖〜を[…までに]〗制約する 囲⁴ [auf 囲⁴] begrenzen (beschränken). ☞ かぎらない.
かく 〖かゆい所などを〗an 物³ kratzen.
書く・かく ① 〖文字・文章などを〗schreiben*. ② 〖〜を〗絵の具で〈線で〉描く 人・物⁴ malen (zeichnen).
かぐ 〖〜のにおいを〗an 物³ riechen*.
家具 〖ふつう 複〗Möbel.
覚悟 〖〜を〗覚悟している auf 囲⁴ gefasst sein*.
確実な sicher, gewiss.
学者 ① der Gelehrte 〖語尾変化は形容詞と同じ〗. ② 科学者 der Wissenschaftler.
確信する 〖〜を〗確信している von 囲³ überzeugt sein*.
隠す 〖〜を〗人・物⁴ verstecken; 〖〜を〗覆い隠す 物⁴ decken. ② 〖[〜に]〜を〗話さずにおく [人³] 囲⁴ verschweigen*.
学生 大学生 der Student.
拡大 〖ふつう 単〗die Vergrößerung, die Erweiterung.
拡大する ☞ 広がる, 広げる.
学長 der Rektor.
角度 der Winkel. ☞ 観点, 立場.
獲得する 〖〜を〗取得する [sich³] 物・事⁴ erwerben*; 〖賞などを〗物・事⁴ gewinnen*.
確認する 〖〜を〗真実として認める 囲⁴ bestätigen; 〖〜を〗つきとめる 囲⁴ fest|stellen. ☞ 確かめる.

学部 die Fakultät.
革命 die Revolution.
学問 ① die Wissenschaft. ② 教養 die Bildung.
隠れて ひそかに heimlich.
隠れる sich⁴ verstecken (verbergen*); 視界から消える verschwinden*.
影 ① der Schatten. ② 映像 das Bild.
がけ der Absturz; (海岸の)断崖 das Kliff.
…か月 月 der Monat. // 三か月[に渡り] drei Monate [lang].
陰に ☞ 後ろに, 下に.
欠ける ① (一部分が)取れる ab|brechen*. ② 足りない fehlen.
掛ける ① 〖〜を…へ〗つり下げる 物⁴ …hängen. ② 〖布などを〜に〗かぶせる 物⁴ über 人・物⁴ 〖液体を[〜へ]〗物⁴ [auf 人・物⁴] spritzen; 〖塩などを〗振り掛ける 物⁴ streuen. ☞ 覆う, 注ぐ. ③ 〖眼鏡を(料理などを火に)〗物⁴ auf|setzen. ④ 〖時間・手間などを〜に〗費やす auf 囲⁴ verwenden(*). ⑤ 〖CD・テープなどを〗再生する 物⁴ ab|spielen. ☞ 付ける. ⑥ 〖数に数を〗囲⁴ mit 囲³ multiplizieren (mal|nehmen*). // 3×2=6 3 mal 2 ist* 6.
駆ける rennen*; 走る laufen*.
賭(か)ける ① 〖[〜をめぐって]〗賭(か)をする [um 囲⁴] wetten; 〖〜を〗物・事⁴ wetten. ② 〖命・財産などを〗危険にさらす 物・事⁴ wagen (riskieren).
過去 die Vergangenheit.
かご der Korb.
加工する 〖〜を〗物⁴ bearbeiten.
過去の vergangen.
囲む 〖〜を〜で〗人・物⁴ mit 人・物³ umgeben*, 囲⁴ mit 物³ umfassen.
傘 der Schirm; 雨傘 der Regenschirm.
重なる ① 積み重なる sich⁴ häufen. ② 〖〜に〗続いて起こる 囲³ (auf 囲⁴) folgen; 日取りが一致する zusammen|fallen*.
重ねる ① 〖〜を〗積み重ねる 物⁴ aufeinander legen; 〖〜を〗山積みにする 物⁴ häufen. ② 〖〜を〗繰り返す 囲⁴ wiederholen.
飾る 〖〜を[〜で]〗人・物⁴ [mit 物³] schmücken.
火山 der Vulkan.
菓子 甘い物 〖ふつう 複〗Süßigkeiten; クッキー das Gebäck; ナッツ die Nuss. ☞ ケーキ.
火事 火災 der Brand, das Feuer. // 火事が起きている. Es brennt*.
賢い weise; 利口な klug, (口語:) schlau.
箇所 ① die Stelle. ② 場所 der Ort.
かじる 〖りんごなどを〗in 物⁴ beißen*.
貸す 〖〜に〜を〗人³ 物⁴ leihen*.
数 ① die Zahl. ② 数字 die Ziffer.
ガス das Gas.
かすかな 弱々しい schwach; (音などが)leise.
かすむ ① かすみがかかっている Es ist* dunstig. ② (物が)かすんで見える verschwimmen*.
風 der Wind. // すき間風が入る. Es zieht*.

風邪 die Erkältung; インフルエンザ die Grippe. // 風邪をひく sich⁴ erkälten.
稼ぐ 〖[～を]〗 〖物⁴〗 verdienen.
カセット die Kassette. ☞ テープ.
数える ① 〖～の数を〗 物⁴ zählen. ② 〖～を～のひとつに〗 人・物⁴ zu 人・物³ zählen.
家族 die Familie.
ガソリン das Benzin.
ガソリンスタンド die Tankstelle.
肩 die Schulter.
固い・堅い・硬い 堅固な fest; 硬質な hart; こわばった steif;（肉などが）zäh.
課題 die Aufgabe.
形 die Form, die Gestalt.
片づける ① 〖～を〗 整理する 物⁴ auf|räumen. ② 〖～を〗やり終える 事⁴ erledigen.
刀 das Schwert.
片方 片側 eine Seite. ☞ 一つ, 一人.
かたまり 団子状の物 der Kloß;（粘土状の）die Masse.
固まる ①（物が）固くなる fest (hart) werden*. ②（関係などが）強固になる sich⁴ festigen.
片道の einfach.
傾いた schief.
傾く ① sich⁴ neigen. ②〖ある見解などに〗傾いている zu 事³ neigen.
固める ① 〖～を〗硬くする 物⁴ verhärten. ② 〖関係・地位などを〗強固にする 事⁴ festigen. ③ 〖こぶし・雪玉などを〗 物⁴ zusammen|ballen.
がたんという（ドアなどが）Es kracht.
価値 der Wert. // 価値の高い wertvoll.
家畜 das Vieh.
勝つ 〖[試合などに]〗 〖事⁴ (in 事³)〗 gewinnen*, [in 事³] siegen. ☞ 打ち勝つ.
学科 ☞ 科, 科目.
がっかりする 〖～に〗がっかりする(している) von 人・事³ (durch 事⁴) enttäuscht werden* (sein*).
学期 （二学期制の）das Semester,（三学期制の）das Trimester.
楽器 das Musikinstrument, das Instrument.
かっこ die Klammer.
格好 ☞ 形, 姿勢, 姿.
学校 die Schule.
かっこうな ☞ 適切な, 理想的な.
合唱[団] der Chor.
かつて einst, einmal; 以前 früher.
勝手 台所 die Küche. // ～の勝手がわかる sich⁴ in 事³ zurecht|finden*.
勝手な egoistisch.
活動 die Tätigkeit; 働き die Wirkung.
活動する 〖～のために(～として)〗 für 事⁴ (als 事¹) wirken; 〖…(位置)で(～として)〗活動している … (als 事¹) tätig sein*.
活発な aktiv, lebhaft.
活躍 成功 der Erfolg; 成果 die Leistung.
家庭 家族 die Familie; わが家 das Heim.

過程 der Prozess, der Vorgang.
仮定 die Annahme; 仮説 die Hypothese.
仮定する 〖～を〗 事⁴ an|nehmen.
角(\`) 頂点・曲がり角 die Ecke. ☞ 交差点.
家内 私の妻 meine Frau.
悲しい traurig; 陰気な trübe. ☞ 不幸な.
必ず bestimmt, gewiss.
かなり ziemlich,（口語:) schön; 相当に recht; 結構 ganz〖gut, schön, nett などとともに〗.
鐘 die Glocke.
金 ① 貨幣 das Geld. ② 金属 das Metall.
金持ちの reich.
兼ねる 〖～と同時に～で〗 ある 人・物¹ und 人・物¹ zugleich sein*.
可能性 die Möglichkeit. ☞ 見込み.
可能な möglich. ☞ できる.
彼女 ① sie. ② 恋人 die Freundin.
彼女の ihr.
カバー 覆い die Hülle;（布団などの）der Bezug.
カバン die Tasche; 書類入れ die Mappe; トランク der Koffer.
かび der Schimmel.
花びん die Blumenvase, die Vase.
株 ① 株券 die Aktie. ②（木の）der Stock.
かぶる ①〖帽子などを〗 物⁴ auf|setzen. ② 〖[水などを]〗 sich⁴ 物¹ [mit 物³] übergießen*.
壁 ①（建物の)壁・障壁 die Wand; 塀 die Mauer. ② 困難 das Hindernis.
構う ① 〖～を〗気にかける sich⁴ um 人・事⁴ kümmern. ② 〖～の〗世話をやく 人⁴ betreuen. // 構わないでくれ. Lass* mich!
かまわない …してもよい … dürfen*; 〖～にとって〗さし支えない 人³ nichts aus|machen.
我慢 die Geduld.
我慢する ☞ 押さえる, 耐える.
我慢強い geduldig.
神 der Gott; 主 der Herr.
紙 das Papier.
髪 das Haar. // 髪を櫛(\`)(ブラシ)でとかす sich⁴ kämmen (bürsten).
かみそり das Rasiermesser; 電気かみそり der elektrische Rasierapparat.
雷 der Donner; 稲妻 der Blitz. // 雷が鳴る（光る). Es donnert (blitzt).
かむ 〖[～に]〗かみつく [in (auf) 物⁴] beißen*; 〖[～を]〗そしゃくする [物⁴] kauen.
カメラ die Kamera, der Fotoapparat.
科目 ① 学科 das Fach. ②（計算書などの）費目 der Posten.
…かもしれない … können* (mögen*, dürfen*). ☞ もしかしたら.
貨物 die Ladung, das Gut; 荷物 die Last.
かゆい 〖[～を]〗かゆがらせる [人⁴] jucken.
通う 行く. // 学校へ通う zur (in die) Schule gehen*.
火曜日 der Dienstag. // 火曜日に [am] Dienstag; 火曜日ごとに dienstags.
…から von 人・物³; ～から外へ・～を原料として

から

殻 die Schale.
カラー 色 die Farbe. ☞ 性格, 雰囲気.
辛い ① scharf. ② 塩辛い salzig.
ガラス das Glas; 窓ガラス die Fensterscheibe.
体 der Körper, der Leib.
空の leer; 空洞の hohl.
仮に 一時的に vorübergehend. ☞ たとえ…でも, もし…なら.
借りる 〖～を〗 [sich³] 物⁴ leihen*; 〖～を〗賃借りする 物⁴ mieten.
狩りをする jagen.
軽い leicht.
彼 ① er. ② 恋人 der Freund.
ガレージ die Garage.
彼の sein.
彼ら sie.
彼らの ihr.
枯れる (草花などが)しおれる verwelken; (樹木が)枯死する ab|sterben*.
カレンダー der Kalender.
川 der Fluss; 大河 der Strom. ☞ 小川.
皮 皮膚 die Haut; 獣皮 das Fell; (果実・いもなどの) die Schale.
革 皮革 das Leder; なめし革 das Fell.
側 die Seite.
かわいい ① いとしい lieb. ② (外見が) hübsch, süß.
かわいそうな arm.
乾いた trocken.
乾かす 〖(～の)～を〗 [人³] 物⁴ trocknen.
乾く trocknen, ab|trocknen.
変わった ☞ 奇妙な, 独特な, 変な.
代わりに ① その代わりに dafür, stattdessen. ② ～の代わりに für 人・事⁴, statt 物・事².
代わる・替わる ① 交替する wechseln; 〖[～と]〗 [mit 人³] tauschen. ② 〖～の〗代理となる 人・物⁴ vertreten*; 〖～に〗取って代わる 人・物⁴ ersetzen.
変わる sich⁴ ändern, anders werden*; 変わってしまう sich⁴ verändern.
代わる代わる 交互に, 次々に.
缶 die Dose, die Büchse.
…間 …に渡り) … [lang]. ∥ 一年間[に渡り) ein Jahr [lang].
癌 der Krebs.
考え ① der Gedanke, die Idee. ☞ アイディア. ② 意見 die Meinung, die Ansicht.
考える 〖[…と]〗 denken*[, …]; 〖～を〗よく考える [sich³] 物⁴ überlegen; 〖…という〗意見である meinen, …; 〖～のことを〗 an 人・事⁴ denken*. ☞ 想像する.
間隔 der Abstand; 距離 die Entfernung.
感覚 die Empfindung, der Sinn. ☞ 感じ.
環境 周囲 die Umgebung; 外界 die Umwelt; 雰囲気 das Klima. ☞ 状況.
関係 ① 関連 die Beziehung; der Zusammenhang. ② (人との) das Verhältnis, 〖ふ

つう 複〗 Beziehungen, die Verbindung.
関係する 〖～と〗 etwas mit 人・事³ zu tun haben*; 〖～と〗関連する mit 事³ zusammen|hängen*.
歓迎する 〖～を〗 人⁴ [herzlich] begrüßen.
感激する 〖[…に]〗心酔する sich⁴ [für 人・事⁴] begeistern. ☞ 感動する, 喜ぶ.
観光客 der Tourist.
韓国 大韓民国 die Republik Korea. ☞ 朝鮮.
看護師 der Krankenpfleger; 看護婦 die Krankenschwester.
頑固な hartnäckig; わがままな eigensinnig.
観察する 〖～の変化などを〗 人・物⁴ beobachten; 〖～の特徴などを〗 人・物⁴ betrachten. ☞ 見る.
感じ 感覚 das Gefühl; 印象 der Eindruck. ☞ 雰囲気. ∥ 感じのいい nett; freundlich.
監視する 〖～を〗 人・事⁴ überwachen; 〖～を〗監督する Aufsicht über 人・事⁴ führen. ☞ 管理する.
患者 der Patient.
感謝する 〖～に[～を]〗 人³ [für 物・事⁴] danken (dankbar sein*).
感情 das Gefühl.
勘定 計算書 die Rechnung. ☞ 会計.
勘定する 〖～を〗 物⁴ zählen. ☞ 数える.
観賞する 〖～を〗堪能する 物・事⁴ genießen*. ☞ 聞く, 見る.
感じる 〖～を〗 事⁴ fühlen (empfinden*).
関心 das Interesse. ☞ 興味.
感心する 〖[…に]〗感嘆する 人・事⁴ bewundern.
完成する 〖～を〗 物・事⁴ vollenden.
間接の indirekt.
完全な vollständig; 完璧(ぺき)な vollkommen; まったくの völlig.
感想 所見 die Bemerkung. ☞ 印象.
肝臓 die Leber.
乾燥した trocken.
観測する 〖～を〗 物・事⁴ beobachten.
簡単な einfach; 容易な leicht. ☞ 短い.
缶詰 保存食品 die Konserve. ☞ 缶.
観点 der Gesichtspunkt.
感動する 〖～に〗感動している von 物・事³ gerührt (beeindruckt) sein*.
監督 ① 監視 die Aufsicht; (映画などを)監督すること die Regie; (チームなどの)指揮 die Leitung. ② (映画などを)監督する人 der Regisseur; (チームなどの)指揮者 der Leiter.
監督する ☞ 監視する.
乾杯 Pros[i]t!; ご多幸を祈って Zum Wohl!
乾杯する an|stoßen*.
頑張る ① 非常に努力する sich⁴ an|strengen. ☞ 努力する. ② 〖～を〗主張して譲らない auf 事³ bestehen* (beharren).
看板 das Schild.
管理 die Verwaltung; 監視 die Kontrolle.
管理する 〖～を〗 事⁴ verwalten; 〖～を〗監視する 人・物⁴ kontrollieren.
完了する 〖～を〗 事⁴ vollenden.

関連 ☞ 関係.

き

木 ① der Baum. ② 木材 das Holz.
気 ① ガス das Gas. ② 気持ち das Gefühl; 気乗り die Lust. ☞ つもり.
黄色い gelb.
消える ① 姿を消す verschwinden*. ② (火・光が) aus|gehen*.
記憶 記憶力 das Gedächtnis. ☞ 思い出.
気温 温度 die Temperatur.
機会 die Gelegenheit, die Chance.
機械 die Maschine. ☞ 装置.
議会 das Parlament.
着替える sich⁴ um|ziehen*.
気がつく 〖～が-の〗目にとまる 人・物¹ fällt* 人³ auf. ☞ 気づく.
気軽に ためらわずに ohne Zögern; 気楽に zwanglos.
期間 der Zeitraum, die Zeit.
器官 das Organ.
機関 組織 die Organisation. ☞ エンジン.
機関車 die Lokomotive.
危機 die Krise.
効き目 die Wirkung.
企業 das Unternehmen. ☞ 会社.
効く・利く ① 効き目がある wirken, wirksam sein*. ② 通用する gelten*.
聞く ① 〖～を〗 物・事⁴ hören; 〖～を〗聞き知る 物・事⁴ erfahren*; 〖～に〗耳を傾ける 人・事³ zu|hören; 〖音楽などを〗鑑賞する sich³ 事⁴ an|hören. ② 〖〖～の〗言うことに従う〗〖人³〗 gehorchen (folgen). ☞ 尋ねる.
危険 die Gefahr. // …する危険を冒す Gefahr laufen*, zu 不定詞〖句〗.
起源 die Herkunft; 源 der Ursprung.
期限 die Frist; 期日 der Termin.
機嫌 die Laune; 気分 die Stimmung.
危険な gefährlich.
気候 das Klima.
記号 das Zeichen, das Symbol.
聞こえる ① (人は)〖～[の声]が〗 人・物⁴ hören. ② 〖…のように〗 … klingen*.
帰国する 帰郷する heim|kehren. ☞ 戻る.
刻む 〖～を〗細かく切る 物⁴ schnitzeln. ☞ 彫る.
岸 das Ufer; 海岸 die Küste.
生地 der Stoff.
記事 der Artikel.
技師 der Ingenieur; 技術者 der Techniker.
期日 der Termin; 期限 die Frist.
技術 die Technik.
基準 規範 die Norm; 尺度 der Maßstab; 判断の基準 das Kriterium.
傷 ① 負傷した所 die Wunde; 損傷 der Schaden. ② かき傷 die Schramme, (口語:) der Kratzer. ☞ 欠点.

傷つける 〖～を〗 人・物⁴ verletzen.
犠牲 das Opfer. // ～を犠牲にする 物・事⁴ opfern.
季節 ① die Jahreszeit. ② 時季 die Saison.
着せる 〖～に服などを〗 人³ 物⁴ an|ziehen*.
基礎 die Grundlage, der Grund.
規則 die Regel; 規定 die Vorschrift.
規則的な regelmäßig.
北 der Norden. // 北の nördlich.
気体 das Gas.
期待 die Erwartung; 希望 die Hoffnung.
期待する 〖～を[～から]〗 事⁴ [von 人・物³] erwarten; 〖～を〗待ち望む auf 事⁴ hoffen. ☞ 希望する.
汚い 汚れた schmutzig.
議長 der Vorsitzende〖語尾変化は形容詞と同じ〗, der Präsident.
貴重な wertvoll, kostbar.
きちんとした 整然とした ordentlich; (仕上げなどが)きれいな sauber.
きつい ① 窮屈な eng. ② 厳しい streng.
喫煙者 der Raucher.
気づく 〖事柄に〗 事⁴ merken (fest|stellen); 〖人・物に〗 人・物⁴ bemerken; 〖～を〗知覚する 事⁴ wahr|nehmen*. ☞ 気がつく.
喫茶店 das Café.
切手 die Briefmarke, die Marke.
きっと bestimmt, sicher, gewiss.
切符 die Karte; 乗車(乗船)券 die Fahrkarte; 入場券 die Eintrittskarte.
規定 die Bestimmung, die Vorschrift.
気に入る 〖～の〗気に入っている 人³ gefallen*.
記入する 〖～を…へ〗 人・物⁴ … ein|tragen*; 〖用紙などの〗空欄を埋める 物⁴ aus|füllen.
絹 die Seide.
記念 das Andenken.
きのう gestern.
機能 die Funktion.
きのこ der Pilz.
気の毒な 哀れな arm; 悲惨な traurig. // それはお気の毒に. Das tut* mir leid.
厳しい ① streng. ② 激しい hart. ☞ 鋭い.
寄付する 〖～を〗 事⁴ spenden.
気分 ☞ 気, 機嫌, 気持ち.
規模 das Ausmaß. ☞ 程度, 大きさ, 範囲.
希望 die Hoffnung; 願望 der Wunsch.
希望する 〖…を〗 hoffen, … ☞ 望む.
基本 初歩 〖複 で〗 Elemente.
決まり ☞ 規則, 規定.
決まる 決定される bestimmt werden*; とり決められる abgemacht werden*. ☞ 決める.
君 du.
君達 ihr.
君達の euer.
君の dein.
奇妙な merkwürdig, seltsam, sonderbar.
義務 die Pflicht. // …する義務がある verpflichtet sein*, zu 不定詞〖句〗.
決める ① 〖順序・期日などを〗 事⁴ bestimmen (fest|legen); 〖価格・期日などを〗 事⁴ fest|set-

zen; 〖…することに〗決定する beschließen*, zu 不定詞[句]．②〖~を〗とり決める 圏4 ab|machen (vereinbaren). ☞ 決心する.
気持ち ① 心情 das Gefühl. ② 気分 die Stimmung. // 気持ちのよい angenehm / 私は気持ちが悪い(よい). Mir ist* übel (wohl).
着物 和服 der Kimono. ☞ 服.
疑問 はっきりしない点 die Unklarheit; 質問 die Frage. ☞ 問い.
客 ① der Gast; 来客 der Besuch. ② 顧客 der Kunde.
逆 das Gegenteil, der Gegensatz.
逆に 反対に, いっそう, むしろ.
逆の umgekehrt.
客観的な objektiv, sachlich.
キャベツ der Kohl.
九 neun.
球 die Kugel.
休暇 (職員が取る) der Urlaub; (学校・職場の)休業期間〖圏で〗 Ferien.
窮屈な eng, knapp.
休憩 die Pause.
急行 急行列車 der Schnellzug.
休日 der Feiertag.
救助 die Rettung; 解放 die Befreiung.
休息 die Ruhe. ☞ 休む.
急な ① 急勾配(ぷ)の steil. ② 突然の plötzlich; 急を要する dringend. ☞ 速い.
急に plötzlich, auf einmal.
牛肉 das Rindfleisch.
牛乳 ミルク die Milch.
休養する [sich4] aus|ruhen, sich4 erholen.
給料 俸給 das Gehalt; 時間給 der Lohn.
今日 heute.
行 die Zeile.
教育 die Erziehung, die Bildung; 養成 die Ausbildung.
教育する 〖~を〗 人4 erziehen* (bilden); 〖~を〗(専門的に) 人4 aus|bilden.
教会 die Kirche; 大聖堂 der Dom.
境界 die Grenze.
教科書 教本 das Lehrbuch; (学校用の) das Schulbuch.
競技 der Wettkampf; ゲーム das Spiel.
行儀 〖圏で〗 Sitten; ふるまい das Benehmen; 作法 die Art. // 行儀のよい anständig.
供給する ①〖~に~を〗与える 人4 mit 物3 versorgen. ②〖〖~に〗製品などを〗[人3] 物4 liefern.
教師 der Lehrer.
行事 催し物 die Veranstaltung. ☞ 式.
教室 (学校の) das Klassenzimmer; 講義室 der Hörsaal. ☞ 部屋.
教授 der Professor.
強制する 〖~に[~を]〗 人4 [zu 物3] zwingen*.
競争 der Wettbewerb, die Konkurrenz.
競争する 〖〖~と〗〗 [mit 人3] konkurrieren.
兄弟 ① 兄達・弟達〖圏で〗 Brüder. ② 兄弟姉妹〖圏で〗 Geschwister.
教壇 (大学の) das (der) Katheder.

強調する 〖~を〗 圏4 betonen.
共通の gemeinsam.
共同の gemeinsam, gemeinschaftlich.
脅迫する 〖~を〗 人3 drohen.
恐怖 die Furcht; 不安 die Angst.
興味 das Interesse. // ~に興味がある sich4 für 人・事4 interessieren; an 人・事3 interessiert sein*.
興味深い interessant.
教養 die Bildung. // 教養のある gebildet.
協力 die Mitarbeit, die Zusammenarbeit.
協力する 〖~に〗 助力する 人3 helfen*; 〖〖作業などに〗〗 [an (in) 圏3] mit|arbeiten.
行列 (祭りなどの) der Zug. ☞ 列.
共和国 die Republik.
許可 die Erlaubnis.
許可する ☞ 認める, 許す.
漁業 die Fischerei.
曲 音楽作品 das Musikstück, das Stück; メロディー die Melodie.
極端な radikal.
極端に außergewöhnlich.
去年 letztes (voriges) Jahr, im letzten (vorigen) Jahr.
拒否する ☞ 断る.
距離 ① die Entfernung; 道のり die Strecke. ② 隔たり der Abstand.
嫌う 〖~が〗好きでない 人・物4 nicht mögen*. ☞ 好きである, 憎む.
霧 der Nebel. // 霧が出ている. Es ist* neblig.
キリスト教 das Christentum. // キリスト教徒 der Christ / キリスト教の christlich.
義理の // 義理の兄(弟) der Schwager / 義理の姉(妹) die Schwägerin. ☞ 舅(しゅうと).
着る 〖~を〗 圏4 an|legen*; 〖~を〗着ている 圏4 an|haben* (tragen*). // 服を着る sich4 an|ziehen*.
切る ①〖~を〗切断する(切り取る) 物4 schneiden* (ab|schneiden); 〖~を〗(小片に) 物4 zerschneiden*. ②〖半券などを〗切り離す 物4 ab|trennen. ☞ 消す. // 電話を切る [den Hörer] auf|hängen.
切れ片 das Stück. ☞ 布.
きれいな ① 汚れていない sauber; 清らかな rein. ② 美しい schön; (外見が) hübsch.
切れる ①〖刃物などが〗よく切れる gut schneiden*; 鋭利である scharf sein*. ②〖糸などが〗 reißen*. ③ 期限が切れる ab|laufen*. ☞ 尽きる.
キロ キロメートル der (das) Kilometer; キログラム das Kilo[gramm].
記録 ① (会議などの) das Protokoll. ② 最高記録 der Rekord.
議論 die Diskussion.
議論する 〖~について〗 über 圏4 diskutieren; 〖~を〗討議する 圏4 besprechen*.
きわに ~のきわで(へ) an 物3(4).
きわめて äußerst, höchst; 非常に sehr.
気をつける 用心する vorsichtig sein*; 〖〖~に〗注意を払う [auf 人・物4] auf|passen; 〖~

に〕auf 人・物⁴ achten, 人・物⁴ beachten.
金 das Gold. // 金[色]の golden.
銀 das Silber. // 銀[色]の silbern.
禁煙する das Rauchen auf|geben*.
金額 die Summe, der Betrag.
緊急の dringend, dringlich.
銀行 die Bank.
禁止 das Verbot.
禁止する〖～に～を〗人³ 事⁴ verbieten*.
近所 die Nachbarschaft; 近く die Nähe; 隣人達〘圈で〙Nachbarn.
禁じる〖～に～を〗人³ 事⁴ verbieten*.
金属 das Metall.
近代的な modern.
緊張 die Spannung.
緊張する (筋肉などが) sich⁴ spannen; 興奮している aufgeregt sein*.
勤勉な fleißig.
勤務 der Dienst.
金曜日 der Freitag. // 金曜日に [am] Freitag; 金曜日ごとに freitags.

く

区 市区 der Bezirk. ☞ 区間.
具合い 健康状態 das Befinden. ☞ 状態, 都合. // 私は具合いが悪い. Es geht* mir schlecht.
空間 der Raum. ☞ すき間, 間隔.
空気 die Luft. ☞ 雰囲気.
空港 der Flughafen.
偶然 der Zufall.
偶然の zufällig.
空想 die Fantasie; 妄想 die Einbildung.
空中で in der Luft.
空腹 der Hunger.
空腹な hungrig.
九月 der September. // 九月に im September.
区間 die Strecke, der Abschnitt.
茎 der Stängel; (稲などの) der Halm.
くぎ der Nagel; (頭のない) der Stift.
草 das Gras; 雑草 das Unkraut.
臭い riechen*, stinken*. ☞ におう.
腐った faul, schlecht.
鎖 die Kette.
腐る verderben*, schlecht (faul) werden*.
櫛(くし) der Kamm.
くしゃみをする niesen.
苦心 die Mühe; 努力 die Anstrengung.
崩す〖建物・山などを〗物⁴ ab|tragen*. ☞ 壊す, 両替する. // ～の形を崩す 物⁴ aus der Form bringen*.
薬 das Medikament, die Arznei; 錠剤 die Tablette. // 薬局 die Apotheke.
崩れる ①〖建物などが〗ein|fallen*; (土砂などが) 崩れ落ちる ab|rutschen. ☞ 壊れる. // (服などの)形が崩れる aus der Form kom-
men* (geraten*). ② (天気が)悪くなる schlechter werden*, sich⁴ verschlechtern.
癖 習慣 die Gewohnheit. ☞ 傾向.
管 das Rohr, die Röhre.
具体的な konkret.
砕く〖～を〗物⁴ zerschlagen*.
くださる …してくださいますか Würden* (Könnten*) Sie [wohl] bitte …?; Seien* Sie so freundlich und …!〘Sie に対する命令形とともに〙.
果物 das Obst; 果実 die Frucht.
口 ① (人の) der Mund; (動物の) das Maul. ② 開口部 die Öffnung. ☞ 職.
唇 die Lippe.
口紅 der Lippenstift.
靴 der Schuh.
苦痛 ☞ 痛み, 苦しみ.
靴下 ソックス die Socke; ストッキング der Strumpf.
国 das Land; 国家 der Staat; 祖国 das Vaterland. ☞ 故郷.
配る〖～を〗物⁴ verteilen.
首 der Hals; うなじ der Nacken. ☞ 頭.
工夫する〖～を〗案出する [sich³] 事⁴ aus|denken*;〖～を〗発明する 事⁴ erfinden*.
区別 die Unterscheidung; 違い der Unterschied.
区別する〖～を[～から]〗人・事⁴ [von 人・事³] unterscheiden*.
熊 der Bär.
組 ① セット der Satz. ② 対 das Paar; グループ die Gruppe. ③ 学級 die Klasse.
組み合わせる〖部品などを〗物⁴ zusammen|passen;〖二者を〗人・物⁴ paaren.
組み立てる〖～を〗物⁴ bauen; ～を構成する 物⁴ erfinden*.
くむ〖水などを〗くみ取る 物⁴ schöpfen;〖～で～を〗満たす 物⁴ in 物⁴ füllen.
組む〖～と〗仲間になる sich⁴ [zu] 人³ gesellen;〖脚などを〗交差させる 物⁴ kreuzen. // (祈るときに:) 手を組む die Hände falten. ☞ 組み合わせる, 組み立てる.
雲 die Wolke.
曇る (空が) sich⁴ bewölken (bedecken); 曇っている bewölkt (bedeckt) sein*. ② (ガラスなどが) beschlagen*.
悔しい (事柄が)〖～を〗腹立たせる 人⁴ ärgern. ☞ 残念な, 残念に思う.
位 ☞ 階級, 大体.
暗い ① dunkel, düster; 真っ暗な finster. ② 陰気な trübe. ③ 不案内な fremd. ☞ 詳しい.
クラス die Klasse; 段階 die Stufe.
暮らす〖…のように〗生活する … leben;〖…(位置)に〗住む … wohnen. ☞ 過ごす.
クラブ der Klub, der Verein.
比べる〖～を～と〗人・物⁴ mit 人・物³ vergleichen*. // ～と力を比べる mit 人³ seine Kräfte messen*.
グラム das Gramm.
クリーニング[店] die Reinigung.

クリーム ① 生クリーム die Sahne. ②(肌につける) die Creme.
繰り返す 〖~を〗物・事⁴ wiederholen; もう一度…する noch einmal …
クリスマス 〖ふつう冠詞なしで〗Weihnachten.
来る kommen*; 来ている da sein*.
グループ die Gruppe; サークル der Kreis.
苦しい (物・事柄が)〖~に〗圧迫感を与える 人⁴ drücken. ☞ 痛い, つらい, 悩む, 気持ち, 具合い.
苦しみ 〖ふつう複〗Schmerzen; 苦悩 das Leid; 心痛 der Kummer; 困窮 die Not.
苦しむ 〖気持ち(病気)などに〗unter (an) 事³ leiden*.
苦しめる 〖~を〗人⁴ quälen.
狂った 狂気の verrückt.
車 自動車 das Auto, der Wagen. ☞ 車輪.
くれる くださる.
暮れる 夕暮れになる Es wird* Abend. ☞ 過ぎる.
黒い ① schwarz. ☞ 暗い. // 腹黒い böse. ②(日に焼けて) braun.
苦労 ① die Mühe; 骨折り die Bemühung, die Anstrengung. ②心配 die Sorge.
苦労する 〖〖~のことで〗〗Mühe (seine [liebe] Not) [mit 人・事³] haben*.
加える ①〖〖~に〗~を〗[事³] 物・事⁴ hinzu|fügen. ②〖~を〗加入させる 人⁴ auf|nehmen*.
詳しい ① 詳細な ausführlich, näher; 正確な genau. ②〖~について〗多くの知識がある viel von 事³ verstehen*, sich⁴ in 事³ aus|kennen*.
加わる ① hinzu|kommen*. ②〖~に〗関与する sich⁴ an 事⁴ beteiligen. ☞ 参加する.
…君 (男性の姓に添えて:) Herr …
軍隊 das Militär, die Armee.
訓練する 〖選手・技などを〗人・事⁴ trainieren; 〖指・記憶などを〗物・事⁴ üben. ☞ 教育する.

け

毛 ① das Haar. ② 羊毛 die Wolle.
経営 (会社などの)指揮 die Leitung, die Führung; 操業 der Betrieb.
経営する 〖会社などを〗指揮する 物・事⁴ leiten (führen); 〖~を〗営む 物・事⁴ betreiben*.
経過 der Verlauf. ☞ 過程.
警戒 die Wache. ☞ 注意.
計画 der Plan; 企て das Vorhaben.
計画する 〖~を〗事⁴ planen (vor|haben*).
警官 der Polizist.
景気 die Konjunktur.
経験 die Erfahrung; 体験 das Erlebnis.
経験する 〖~を〗事⁴ erleben ((雅語:) erfahren*).
傾向 die Neigung, die Tendenz.
蛍光灯 die Neonröhre.

経済 die Wirtschaft; 家計 der Haushalt.
経済的な ökonomisch, wirtschaftlich.
警察 die Polizei. ☞ 警官.
計算 die Rechnung.
計算する 〖~を〗事⁴ rechnen.
形式 die Form.
芸術 die Kunst.
芸術家 der Künstler.
軽率な leichtsinnig.
携帯電話 das Mobiltelefon, das Handy.
毛糸 das Wollgarn, ウール die Wolle.
軽蔑する 〖~を〗人・事⁴ verachten.
刑務所 das Gefängnis.
契約 der Vertrag.
ケーキ der Kuchen; タルト die Torte.
ゲーム das Spiel.
けが 外傷 die Wunde. ☞ けがする.
外科 die Chirurgie.
外科医 der Chirurg.
けがする 〖~を〗sich³ 物⁴ verletzen.
劇 das Schauspiel, das Theater; 戯曲 das Drama. // 劇を見に行く ins Theater gehen*.
劇場 das Theater.
今朝 heute Morgen; 今朝早く heute früh.
景色 die Landschaft.
消しゴム der Radiergummi.
下宿 部屋 das Zimmer.
下宿する 〖~の所に〗住む bei 人³ wohnen.
化粧する sich⁴ schminken.
消す ①〖火を〗物⁴ löschen. ②〖~の〗スイッチを切る 物⁴ aus|schalten ((口語:) aus|machen).
削る ①〖~を〗物⁴ schaben; 〖~を〗とがらせる 物⁴ spitzen. ②〖文字などを〗削除する 物⁴ streichen*. ☞ 減らす.
けちな geizig.
結果 das Ergebnis; (悪い) die Folge.
欠陥 der Fehler, der Mangel.
結局 schließlich. ☞ 最後に.
結構 ① (申し出を断る場合:) Nein, danke! ② よろしい Gut!; 同意します Einverstanden! ☞ かなり.
結構な ☞ すばらしい.
結婚 婚姻 die Heirat; 結婚生活 die Ehe.
結婚式 die Hochzeit.
結婚する 〖〖~と〗〗人⁴ heiraten.
決して 一度も…ない nie, niemals; 絶対に…ない auf keinen Fall. ☞ まったく.
決心 der Entschluss; 決断 die Entscheidung.
決心する 〖〖~することに〗〗sich⁴ [zu 事³] ent|schließen*; 決断する sich⁴ entscheiden*.
欠席する fehlen; 欠席している abwesend sein*, nicht da sein*.
決定 der Beschluss; 決断 die Entscheidung.
決定する ☞ 決める.
欠点 der Mangel, der Fehler; 短所 die Schwäche; 難点 der Nachteil.
月曜日 der Montag. // 月曜日に [am] Mon-

tag; 月曜日ごとに montags.
結論 der Schluss, die Folgerung.
結論する 〖～から…と〗 aus 團³ schließen*, dass …; 〖〖～から〗…と〗 [aus 團³] folgern, dass …
下品な 不道徳な unanständig. ☞ 汚い.
煙 der Rauch.
下痢 der Durchfall.
ける 〖～を〗 gegen 團⁴ treten*.
けれども ☞ しかし, かかわらず, 確かに.
険しい ☞ 急な, 厳しい, 深刻な.
県 die Präfektur.
権威 die Autorität.
原因 die Ursache; 理由 der Grund.
けんか der Streit, (口語:) der Krach.
限界 die Grenze.
見学する 〖～を〗 團⁴ besichtigen.
けんかする streiten*, (口語:) Krach machen.
玄関 入り口 der Eingang; 玄関の間 der Flur.
元気な 活発な lebhaft, munter. ☞ 健康な.
研究 die Forschung, die Untersuchung.
研究する forschen; 〖～を〗 團⁴ untersuchen (erforschen).
現金 das Bargeld; お金 das Geld.
言語 die Sprache.
健康 die Gesundheit.
原稿 das Manuskript.
健康な gesund.
検査 点検 die Prüfung; 診察 die Untersuchung; (旅券などの) die Kontrolle.
現在 ① die Gegenwart. ② 目下 augenblicklich, zurzeit, gegenwärtig.
現在の gegenwärtig; 今の jetzig.
検査する 〖～を[正しさなどについて]〗 團⁴ [auf 團⁴] prüfen; 〖～を〗 團⁴ untersuchen; 〖旅券などを〗 團⁴ kontrollieren.
原子 das Atom.
現実 die Wirklichkeit.
現実の wirklich.
原始的な primitiv.
現象 die Erscheinung, das Phänomen.
減少 die Abnahme.
建設 der Bau.
建設する 〖～を〗 團⁴ bauen; 〖〖道路・公園などを〗〗 團⁴ an|legen.
元素 das Element.
現像する 〖～を〗 團⁴ entwickeln.
原則 der Grundsatz, das Prinzip.
原則的な grundsätzlich, prinzipiell.
謙遜(けんそん)した bescheiden.
現代 die Gegenwart.
現代の gegenwärtig; 今日の heutig; 現代的な modern.
建築 der Bau.
建築する 〖～を〗 團⁴ bauen.
限度 〖ふつう 圈〗 Grenzen.
検討する 〖～を〗 團⁴ erwägen*.
見物する 〖名所などを〗 sich³ 團⁴ an|sehen*.
憲法 die Verfassung.

厳密な streng; 精確な genau, scharf.
倹約する sparen.
倹約な sparsam.
権利 das Recht; 請求権 der Anspruch.
原理 das Prinzip, der Grundsatz.
原料 der Rohstoff, das Material.
権力 die Macht, die Gewalt.
言論 意見の表明 die Meinungsäußerung.

こ

子 (人間の) das Kind; (動物の) das Junge.
五 fünf.
後 ☞ …後(ご)に.
濃い ① 黒みがかった dunkel, tief. ② (液体が)どろどろした dick. ③ (髪・ひげなどが) dicht.
恋 die Liebe. // ～に恋をする sich⁴ in 團⁴ verlieben.
恋しい 〖～を〗 恋しく思う sich⁴ nach 人・物³ sehnen.
恋人 ボーイフレンド der Freund; ガールフレンド die Freundin.
こう このように so.
請う 〖〖～に〗～を〗 團⁴ um 團⁴ bitten*.
行為 die Tat, die Handlung.
好意 ① 親切 die Freundlichkeit. ② (人を好ましく思う気持ち die Zuneigung.
好意的な freundlich, wohlwollend.
幸運 das Glück.
幸運な glücklich.
幸運にも glücklicherweise, zum Glück.
公園 der Park; (町の中の)緑地 die Grünanlage; 遊び場 der Spielplatz.
講演 der Vortrag. // 〖～について〗講演を行う einen Vortrag [über 團⁴] halten*.
効果 ① 成果 der Erfolg. ② 効き目 die Wirkung. ③ (音響・映像などの) der Effekt.
公害 (有害物質による)汚染 die Verseuchung; 環境汚染 die Umweltverschmutzung.
郊外 der Vorort. // 郊外に in einem Vorort.
後悔する 〖～を〗 團⁴ bereuen (bedauern).
合格する 〖～に〗 團⁴ bestehen*.
高価な kostbar; 高い teuer.
豪華な prächtig.
交換 der Wechsel.
交換する ☞ 代える.
講義 die Vorlesung. // 〖～について〗講義を行う eine Vorlesung [über 團⁴] halten*.
好奇心 die Neugier.
抗議する 〖～に〗 gegen 人・事⁴ protestieren.
高級な 上等の vornehm, fein; 高貴な edel. ☞ 高い.
工業 die Industrie.
公共の öffentlich.
航空 das Flugwesen. // 航空会社 die Fluggesellschaft / 航空券 der Flugschein / 航空便で mit Luftpost.
合計 die Summe. ☞ 全部で.

合計する 〚~を〛 他4 zusammen|rechnen.
攻撃 der Angriff.
攻撃する 〚~を〛 人3 an|greifen*.
高校 die Oberschule.
広告 die Reklame; (新聞などによる)通知 die Anzeige.
交互に 代わる代わる abwechselnd.
交際 der Umgang, der Verkehr.
交差点 die Kreuzung.
工事 建築作業 〚園 で〛 Bauarbeiten. ∥ 工事現場 die Baustelle.
公式 die Formel.
公式の offiziell.
交渉 die Verhandlung.
工場 die Fabrik, der Betrieb.
交渉する 〚~と〛〚~について〛 mit 人3 [über 他4] verhandeln; つき合う.
強情な hartnäckig; わがままな eigensinnig.
構成する 〚~を〛 他4 bilden; 〚~を〛組み立てる 他4 zusammen|setzen.
功績 der Verdienst.
構造 die Struktur, der Bau.
高速道路 die Autobahn.
交替 der Wechsel.
交替する ☞ 代わる.
紅茶 der [schwarze] Tee.
校長 der Direktor.
交通 der Verkehr.
肯定する Ja sagen; 〚~を〛他4 bejahen; 〚~に〛賛同する 他3 zu|stimmen.
講堂 die Aula; ホール die Halle.
行動 行い die Tat; 行為 die Handlung, ふるまい das Verhalten.
行動する ☞ ふるまう.
交番 die Polizeiwache; 警察 die Polizei.
公表する ☞ 発表する.
幸福 ☞ 幸せ.
鉱物 das Mineral.
興奮する sich4 auf|regen.
公平な 中立の neutral. ☞ 客観的な.
候補者 ① 立候補者 der Kandidat. ② 志願者 der Bewerber.
高慢な hochmütig.
ごう慢な arrogant.
公務員 der Beamte 〚語尾変化は形容詞と同じ〛.
合理的な rationell. ☞ 経済的な.
考慮する 〚~を〛 人・物4 berücksichtigen (beachten); 〚~を〛考慮に入れる 他4 bedenken*.
声 ① die Stimme. ② 意見 die Meinung.
越える ① 〚~を〛歩いて(乗り物で)越えて行く über 他 [hinweg (hinüber)] gehen* (fahren*); 〚~を〛乗り越える über 他4 klettern (steigen*); 〚~を〛踏み越える 他4 überschreiten*. ② 〚~を〛上回る über 他4 hinaus|gehen*.
コース ① der Kurs. ② (競走の) die Strecke; トラックの die Bahn.
コート 外套 der Mantel.
コード (電気器具の) das Kabel.
コーヒー der Kaffee.

氷 das Eis.
凍る frieren*.
誤解 das Missverständnis.
誤解する 人・物4 missverstehen*.
五月 der Mai. ∥ 五月に im Mai.
小切手 der Scheck.
呼吸 die Atmung. ☞ 息.
呼吸する atmen.
故郷 die Heimat.
こぐ ① 〚ボートなどを〛 〚他4〛 rudern. ② (自転車の)ペダルを踏む in die Pedale treten*. ③ (ぶらんこに乗って) schaukeln.
国外で im Ausland. ☞ 外国.
国際的な international.
国籍 die Staatsangehörigkeit, die Nationalität.
国内 das Inland. ☞ 日本.
黒板 die Tafel.
克服する 〚~を〛他4 überwinden*.
国民 die Nation; (単一民族の) das Volk.
穀物 das Getreide.
国立の staatlich; 国家的な national.
焦げる (料理などが)焼け焦げる verbrennen*; 焦げつく an|brennen*.
ここ 最近の letzt.
午後 der Nachmittag. ∥ 午後に am Nachmittag, nachmittags.
ここに ここで hier, an dieser Stelle; (行く先を示して:) ここへ hierhin; こちらへ hierher.
個々の einzeln.
九日 ☞ …日(び).
心 ① die Seele, das Herz. ☞ 精神. ∥ 心から von Herzen. ② 気持ち das Gefühl.
心からの herzlich.
試みる 〚~を〛他4 versuchen (probieren).
快い angenehm.
小雨 ein leichter Regen.
腰 骨盤の周囲 die Hüfte; 背骨の下端 das Kreuz.
胡椒(こしょう) der Pfeffer.
故障 die Panne, die Störung.
個人 das Individuum; 各人 jeder, der Einzelne 〚語尾変化は形容詞と同じ〛.
個人的な persönlich; 私的な privat.
越す ☞ 越える, 通り過ぎる, 引っ越す.
こする 〚~を〛こすりつける 他4 reiben*.
個性 die Individualität. ☞ 人柄.
戸籍 戸籍簿 das Personenstandsbuch.
午前 der Vormittag. ∥ 午前に am Vormittag, vormittags.
固体 der Festkörper.
古代 das Altertum.
答え ① 返事 die Antwort. ② (問題の)解答 die Lösung.
答える ① 〚〚…と〛〛 antworten[, …]; 〚〚人に(質問などに)〛〛 [人3 (auf 他4)] antworten; 〚〚~に〛~の〛回答をする [人3] 他4 beantworten. ② 〚問題などを〛解く 他4 lösen.
ごちそう das gute (schöne, ausgezeichnete) Essen, das Festessen.

ごちそうする〖～を食事などに〗招待する 人⁴ zu 物³ ein|laden*. ☞ 出す, もてなす.
誇張する〖〖～を〗〗 [囲⁴] übertreiben*.
こちら ① これ das [hier], dies. ② この人 das. // (電話で:) こちらは田中です. Hier [spricht*] Tanaka.
こちらに ① こちら側で diesseits; こちら側へ herüber. ☞ ここに. ② ～のこちら側で diesseits 物²; ～の手前で(へ) vor 物³⁽⁴⁾.
国家 der Staat, die Nation.
小遣い das Taschengeld.
こっけいな komisch; 愉快な lustig.
こっそり heimlich.
こった 細かい fein; 芸術性に富む kunstvoll.
こっち ☞ こちら.
小包み das Paket.
コップ das Glas; 杯 der Becher.
古典的な klassisch.
事 die Sache, die Angelegenheit, das Ding.
孤独な einsam; 一人の allein.
今年 dieses Jahr, in diesem Jahr.
…ごとに alle …; 毎… jeden … // 二週間ごとに alle zwei Wochen / 日曜日ごとに jeden Sonntag.
言葉 ① 言語 die Sprache. ② 語 das Wort; 陳述 die Aussage. ☞ 表現.
子供 das Kind; 赤ん坊 das Baby.
子供っぽい kindisch.
ことわざ das Sprichwort.
断る ① 〖～を〗拒絶する(拒む) 物⁴ ab|lehnen (verweigern). ② 〖来てくれる人を〗人³ ab|sagen.
粉 粉末 das Pulver; (小麦粉などの) das Mehl.
…後に (今から) in …³; (それから) nach …³, …⁴ später.
この dieser; der, die, das, 〖囲 で〗die; ここにある… … hier. // この車 das Auto hier.
この間 先日 vor Kurzem, neulich, vor kurzer Zeit; 前回には voriges (letztes) Mal.
この頃 近頃 neuerdings.
好ましい ① 感じのいい nett, sympathisch. ② 好都合な lieb. ③ 望ましい wünschenswert.
好み der Geschmack.
好む ☞ 好きである.
好んで gern[e].
御飯 ① 米 der Reis. ② 食事 das Essen.
コピー die Kopie.
コピーする〖～を〗物⁴ kopieren.
こぼす〖液体などを〗物⁴ verschütten.
細かい (きめが) fein, (こせこせした) kleinlich. // 細かい点 die Einzelheit.
ごまかす いんちきをする betrügen*.
困る ① 当惑する verlegen werden*. ② 〖～を〗苦しむ Kummer um 人・事⁴ haben*; 〖～に〗悩む 物⁴ leiden*.
ごみ der Abfall, der Müll.
込む (人が)ひしめき合う sich⁴ drängen; 満員(超満員)である voll (überfüllt) sein*.
ゴム das (der) Gummi.

小麦粉 das Mehl.
米 der Reis.
ごめんください (戸口に:) もしもし Hallo! ☞ こんにちは, こんばんは, さようなら.
ごめんなさい Entschuldigung!; Das tut* mir aber leid! ☞ すみません.
小屋 die Hütte; 家畜小屋 der Stall.
娯楽 die Vergnügung.
孤立する sich⁴ isolieren.
こる ① 〖～に〗熱中する sich⁴ für 囲⁴ begeistern. ② (肩などが) steif werden*.
これ ① das [hier], dies[es]. ② こら Na!
これから von nun (jetzt) an. ☞ 今.
これまで bisher, bis jetzt. ☞ こんなに.
…頃 (時刻などについて:) gegen …; (日時・年代などについて:) um …³ / 子供の頃 als Kind.
転がす〖～を…へ〗物⁴ rollen.
転がる (ボールなどが) rollen. ☞ 転ぶ.
ごろごろいう (雷などが) Es donnert.
殺す〖～を〗人⁴ töten (um|bringen*). ☞ 押さえる.
転ぶ hin|fallen*; (勢いよく) stürzen.
こわい〖〖～が〗〗sich⁴ [vor 人・物³] fürchten, [vor 人・物³] Angst haben*. ☞ 恐ろしい.
壊す ① 〖～を〗物⁴ zerbrechen* (kaputt|machen); 〖～を〗破壊する 物⁴ zerstören. ② 〖胃などを〗悪くする sich³ 物⁴ verderben*.
壊れた kaputt.
壊れる kaputt|gehen*; 割れる zerbrechen*; 折れる brechen*.
根拠 der Grund.
コンクリート der Beton.
今月 diesen Monat, in diesem Monat.
コンサート das Konzert. // コンサートに行く ins Konzert gehen*.
今週 diese Woche, in dieser Woche.
今度 ① 今回 diesmal, dieses Mal; 今 jetzt, nun. ② 次回 nächstes Mal.
こんな solch, (口語:) so.
こんなに so.
困難 〖ふつう 圈〗 Schwierigkeiten. ☞ 問題.
今日 heute, heutzutage.
こんにちは Guten Tag!
今晩 heute Abend; 今夜 heute Nacht.
こんばんは Guten Abend!
コンピュータ der Computer.
根本 der Grund. 起源, 本質.
根本的な ☞ 原則的な, 徹底的な.
今夜 heute Nacht; 今晩 heute Abend.
混乱 乱雑 das Durcheinander; (思考などの) die Verwirrung.
混乱させる〖～を〗人・物⁴ verwirren.
混乱した 乱雑に durcheinander; (思考などが)混乱した verworren.

さ

差 (値の) die Differenz. ☞ 違い.

さあ こうなったからには nun; それでは also.
サービス 給仕 die Bedienung. ☞ 負ける.
…歳 … Jahr[e] alt. // 二歳 zwei Jahre alt.
災害 die Katastrophe; 大事故 das Unglück.
最近 近ごろ in letzter (in der letzten) Zeit; このごろ neuerdings; 少し前から seit Kurzem. ☞ この間.
最後 das Ende, der Schluss.
最高の ① höchst. ② 最良の best.
最後に zuletzt, zum (am) Schluss, am Ende, schließlich.
最後の letzt.
財産 das Vermögen; 所有物 das Eigentum, der Besitz.
祭日 der Feiertag.
最初 der Anfang, der Beginn.
最初に zuerst, zunächst; 初めに anfangs, am (zu) Anfang.
最初の erst.
催促する 〖～に対して〗督促する 囚⁴ mahnen. ☞ 迫る.
最大の größt.
最中に ～の最中に mitten in 團³. ☞ 間に.
最低の ① niedrigst, tiefst. ② 最悪の schlechtest, schlimmst.
災難 das Unglück; 不運 das Pech.
才能 die Begabung, das Talent.
栽培する 〖～を〗團⁴ züchten (ziehen*).
裁判 das Gericht.
裁判官 der Richter.
財布 das Portemonnaie.
材木 das Bauholz, das Holz.
採用する 〖人・案などを〗囚・團⁴ an|nehmen*.
材料 das Material, der Stoff.
幸い glücklicherweise, zum Glück.
サイン 署名 die Unterschrift. ☞ 合図.
サインペン フェルトペン der Filzschreiber.
坂 上り坂 die Steigung. // 上り坂になっている aufwärts|führen; 下り坂になっている abwärts|-führen.
境 ① die Grenze. ② 接合部 der Ansatz.
栄える gedeihen*, blühen.
逆さまの umgekehrt. // ～の上下を逆さまにする 團⁴ auf den Kopf stellen.
探す・捜す 〖～を〗囚・物⁴ (nach 囚・物³) suchen; 〖～の居所を〗 nach 囚³ forschen.
魚 der Fisch. // 魚屋 das Fischgeschäft.
さかのぼる 〖～に〗(歴史的に) auf 囚・團⁴ zurück|gehen*.
下がる ① 下降する sinken*; 下落する fallen*; 低くなる niedriger werden*. ☞ 減る. ② 後ろへ退く zurück|treten*. ☞ 掛る.
盛んな にぎやかな lebhaft; 激しい heftig; 熱心な eifrig; 人気のある.
先 先端 die Spitze. ☞ 将来.
先に ① 先に立って voran; 前方に vorn; 先へ〖進んで〗 weiter. ② より早く früher; その前に vorher; 前もって im Voraus. ☞ 前に.
作業 die Arbeit, das Werk.
咲く auf|blühen; 咲いている blühen.

作者 der Autor.
昨年 ☞ 去年.
作品 das Werk; (音楽・芝居などの) das Stück; 所産 die Arbeit.
作文 der Aufsatz.
桜 die Kirsche; 桜の木 der Kirschbaum.
探る ① 〖～を〗手探りで探す nach³ tasten. ② 〖真意・背景などを〗 團⁴ erforschen. ☞ 探す.
酒 ① der Alkohol. ② 日本酒 der [japanische] Reiswein.
叫ぶ 〖〔…と〕〗 schreien* (rufen*)〔, …〕.
裂ける 破れる, 割れる.
避ける 〖～を〗囚・物⁴ meiden*; 〖～を〗回避する 團⁴ vermeiden*. ☞ 控える.
下げる 〖～を〗 物・團⁴ senken. ② 〖食器などを〗物⁴ ab|räumen. ☞ 下ろす, 掛ける.
支え die Stütze.
支える ① 〖～を〗倒れないようにする 囚・物⁴ stützen. ② 〖～を〗〖～の際に (～で)〗 支援する 囚⁴ [bei 團³ (mit 團³)] unterstützen. ☞ 保つ.
ささやく flüstern.
刺す ① (虫などが) stechen*. ② 〖人を(人の～を)〗(刃物などで) 囚⁴ (囚³/⁴ in 物⁴) stechen*.
指す ① 〖～を(～の方を)〗指し示す auf 囚・物⁴ (nach 囚・物³) zeigen, auf 囚・物⁴ hin|weisen*. ② (授業中に) 〖～を〗指名する 囚⁴ auf|rufen*.
差す ① 〖～を～の中へ〗差し込む 物⁴ in 物⁴ stecken. ② (光り・影などが) 〖〔…へ〕〗 当たる …fallen*. ☞ 注ぐ.
さすがの …ですら auch, selbst, sogar. ☞ やはり.
させる 〖～に〔～を〕…するように〗囚⁴ (物・團⁴) … lassen*; 〖～に無理やり～を〗囚⁴ zu 團³ zwingen*; 〖～をそそのかして～を〗囚⁴ zu 團³ verleiten.
誘う 〖～に～を〗勧める 囚⁴ zu 團³ auf|fordern; 〖～も〗連れて行く 囚⁴ mit|nehmen*; 〖～を…へ〗おびき出す 囚⁴ … locken.
定める 〖～を〗團⁴ bestimmen (fest|setzen).
札 紙幣 der Geldschein, der Schein.
撮影 die Aufnahme.
撮影する ☞ 撮る.
雑音 das Geräusch.
作家 der Schriftsteller; 大作家 der Dichter.
サッカー der Fußball.
さっき 少し前 vorhin; 今しがた eben.
雑誌 die Zeitschrift; グラフ雑誌 die Illustrierte 《語尾変化は形容詞と同じ》.
早速 ☞ すぐ, 急いで.
さっぱり ☞ まったく.
さっぱりした ① 清涼な frisch; 清潔な sauber. ② 軽い味の leicht. ③ 気取らない natürlich; 率直な offen, schlicht.
砂糖 der Zucker.
砂漠 die Wüste.
さび der Rost.

寂しい ① 孤独な einsam. ② 人気(ひとけ)のない verlassen, leer.
さびる rosten.
…様 ☞ …さん.
さまざまな verschieden.
冷ます〚飲食物・興奮などを〛 [物・事]⁴ ab|kühlen.
覚ます ☞ 起こす, 覚める.
妨げる〚~が~するのを〛[人]⁴ an [事]³ hindern; 〚~が~するのを〛じゃまする [人・事]⁴ bei [事]³ behindern; 〚~を〛はばむ [事]⁴ verhindern. ☞ じゃまする.
寒い kalt. ∥ 私は寒い. Mir ist* kalt.
冷める ① (飲食物などが) kalt werden*. ② (興奮などが) [sich⁴] ab|kühlen.
覚める ① 目覚める wach werden*, auf|wachen. ② (酔いから) [wieder] nüchtern werden*.
作用 die Wirkung.
作用する wirken.
さようなら Auf Wiedersehen!, (電話で:) Auf Wiederhören!; じゃあね Tschüs!
皿 der Teller; ソーサー die Untertasse.
再来年 übernächstes Jahr, im übernächsten Jahr.
サラダ der Salat.
さらに ① その上 außerdem, dazu, daneben. ② よりいっそう noch …〚比較級とともに〛.
サラリーマン ☞ 会社員, 公務員.
去る ① 立ち去る weg|gehen*; (乗り物で) weg|fahren*, fort|fahren*; 〚~[のもと]を〛[人・物]⁴ verlassen*. ② (時が) vergehen*.
猿 der Affe.
騒がしい ① laut. ② 不穏な unruhig.
騒ぐ ① うるさくする Lärm machen. ② 騒ぎが起きる Es kommt* zu Unruhen.
ざわざわいう (風などが) Es rauscht.
さわやかな frisch. ☞ 明瞭(めいりょう)な.
触る〚~に〛[物]⁴ berühren; 〚~に〛手で触れる [人・物]⁴ an|fassen.
…さん (男性の姓に添えて:) Herr …; (女性の姓に添えて:) Frau …
三 drei.
三角の dreieckig.
参加する〚~に〛an [事]³ teil|nehmen*.
三月 der März. ∥ 三月に im März.
三角形 das Dreieck.
産業 工業 die Industrie; 商工業 Handel und Gewerbe.
参考にする〚~を〛[物]⁴ zurate ziehen*. ☞ 調べる, 利用する.
残酷な grausam.
賛成する〚~に〛同意する [人・事]³ zu|stimmen; 〚~に〛賛成である für [人・事]⁴ sein*.
残念な schade〚述語としてのみ〛, bedauerlich.
残念ながら leider.
残念に思う〚~を〛[事]⁴ bedauern. ∥ ~が~にとって残念である. [事]¹ tut* [人]³ leid.
散歩する einen Spaziergang machen; 散歩に行く spazieren gehen*.

し

…氏 Herr …
四 vier.
市 die Stadt.
死 der Tod; 最期 das Ende.
詩 das Gedicht.
字 筆跡 die Hand[schrift]. ☞ 文字.
…時 … Uhr. ∥ 2時10分 zwei Uhr zehn.
試合 ゲーム das Spiel; 競技 der Wettkampf.
幸せ das Glück; 平穏 das Wohl.
幸せな glücklich.
CD die CD.
塩 das Salz.
司会者 (番組などの) der Moderator; (討論の) der Diskussionsleiter.
資格 die Qualifikation. ☞ 権利.
四角い viereckig.
しかし aber, jedoch, doch.
仕方 die Art, die Weise; 方式 die Methode; どのようにして…するか wie …
四月 der April. ∥ 四月に im April.
四角形 das Viereck.
しかも …もまた auch; それどころか…も sogar. ☞ さらに.
しかる〚~を〛しかりつける [人]⁴ schelten*, mit [人]³ schimpfen.
時間 ① 時刻・時の長さ die Zeit; [一]時間 die Stunde. ② 余暇 die Freizeit, die Zeit.
式 ① 儀式 die Zeremonie; 式典 die Feier. ② (数学などの) die Formel.
指揮 ☞ 統率.
時期 die Zeit, die Periode. ☞ 季節.
指揮者 der Dirigent.
指揮する〚〚楽団などを〛〛[物]⁴ dirigieren. ☞ 統率する.
事業 das Unternehmen.
資金〚圏で〛Mittel, 〚圏で〛Gelder.
敷く ① 〚~を…へ〛(広げて)置く [物]⁴ … legen; 〚~を~の上へ〛広げる [物]⁴ über [物]⁴ breiten. ② 〚~に~を〛敷きつめる [物]⁴ mit [物]³ belegen.
仕組み 機構 der Mechanismus. ☞ 構造.
茂る 繁茂する üppig wachsen*.
試験 die Prüfung; 試すこと die Probe. ∥ 試験を受ける eine Prüfung schreiben*.
資源 地下資源〚圏で〛Bodenschätze.
事件 der Fall; 出来事 das Ereignis; スキャンダル die Affäre.
事故 der Unfall; 大事故 das Unglück; 大惨事 die Katastrophe.
時刻 時間 die Zeit.
仕事 die Arbeit; 職業 der Beruf.
支持する 支える, 賛成する.
指示する〚~に…するよう〛指図する [人]⁴ an|-

weisen*, zu 不定詞[句]. ☞ 指す.
事実 ① die Tatsache, die Wirklichkeit. ② 本当に in der Tat.
始終 ① 再三再四 immer wieder. ☞ 絶えず. ② 事の始終 die ganze Geschichte.
支出 die Ausgabe.
支出する〔お金を〕物⁴ aus|geben*.
辞書 das Wörterbuch.
事情 ① 事態 der Umstand. ② 情勢〖圏で〗Verhältnisse,〖ふつう圏〗Zustände, die Situation.
詩人 der Dichter.
地震 das Erdbeben.
自身 自身で(は) selbst, selber.
自信 die Sicherheit; 自分に対する信頼 das Selbstvertrauen.
静かな ruhig, ひっそりとした still.
沈む sinken*, unter|gehen*.
姿勢 die Haltung, die Stellung.
施設 ① die Einrichtung, die Anlage. ② (療養などのための) die Anstalt, das Heim.
自然 die Natur.
自然な natürlich.
自然に ひとりでに von selbst.
思想 der Gedanke; 理念 die Idee.
子孫 der Nachkomme;〖圏で〗Enkel.
舌 die Zunge.
時代(歴史区分としての:) die Zeit, das Zeitalter; (特筆すべき事象のあった:) die Epoche. ☞ 世.
しだいに だんだん allmählich, langsam; 時とともに mit der Zeit.
従う ①〖~に〗人・事³ folgen;〖~に〗随行する 人⁴ begleiten. ②〖~の〗言うことを聞く〖人³〗gehorchen. ③〖~[の意向など]に〗合わせる sich⁴ nach 人・事³ richten.
下着 die Unterwäsche.
支度 ☞ 準備.
親しい vertraut. // ~と親しくしている mit 人³ befreundet sein*.
親しみ 共感 die Sympathie. ☞ 好意.
下に ① 下で unten; 下へ nach unten. ② ~の下で(へ) unter 人・物³⁽⁴⁾.
下の unter.
七月 der Juli. // 七月に im Juli.
質 die Qualität.
しっかりした ① fest; がっしりした stark; 確かな sicher. ② (仕事ぶりなどが) tüchtig.
失業する arbeitslos werden*.
実験 das Experiment, der Versuch.
実現 die Verwirklichung.
実現する〖~を〗物⁴ verwirklichen.
しつこい ① 押し付けがましい aufdringlich; わずらわしい lästig. ② (病気などが) hartnäckig. ③ 脂っこい fett.
実行する〖~を〗物⁴ aus|führen;〖~を〗遂行する 物⁴ durch|führen.
実際の die Wirklichkeit. ☞ 事実. // 実際には in Wirklichkeit.
実施する〖計画などを〗物⁴ durch|führen (aus|führen). ☞ 行う.
質素な bescheiden, schlicht; 簡素な einfach; 倹約な sparsam.
しっと やきもち die Eifersucht; ねたみ der Neid.
湿度 die Feuchtigkeit. // 湿度の高い feucht.
じっと 動かずに starr, ohne sich⁴ zu rühren; 静かに ruhig, still.
しっとする〖~を〗auf 人・物⁴ eifersüchtig sein*;〖~を〗ねたむ 人・物⁴ beneiden.
実に aber, wirklich.
実は 実際には in Wirklichkeit; 実を言うと um die Wahrheit zu sagen.
失敗 der Misserfolg, der Fehlschlag.
失敗する〖[~に]〗[in (an, mit) 物³] scheitern; (物事が)〖[~にとって]〗失敗に終わる [人³] misslingen*.
失望 die Enttäuschung.
失望する ☞ がっかりする.
質問 die Frage.
質問する ☞ 尋ねる.
実用的な praktisch, zweckmäßig.
失礼 無礼 die Unhöflichkeit. ☞ ごめんなさい, すみません, さようなら.
指定 予約 die Reservierung. // 指定席 der reservierte Platz / 指定券 die Platzkarte.
指定する〖~を~として(~に)〗人・物⁴ als 物 (zu 物³) bestimmen.
指摘する〖[~に]~を〗[人⁴] auf 物⁴ hin|weisen*;〖~に~に対する〗注意を促す 人⁴ auf 物⁴ aufmerksam machen.
時点 der Zeitpunkt; 時 die Zeit.
辞典 das Wörterbuch.
事典 das Lexikon.
自転車 das Fahrrad.
指導 die Anweisung; 統率 die Leitung, die Führung.
指導者 ① 統率者 der Leiter, der Führer. ② 師 der Lehrer.
自動車 das Auto, der Wagen.
指導する ①〖~を〗人⁴ lenken;〖~に~を〗教える 人⁴ 物⁴ lehren. ②〖~を〗統率する 物⁴ leiten (führen).
自動の automatisch.
品物 ☞ 商品, 物.
死ぬ sterben*; 死んでいる tot sein*.
芝居 劇.
支配する〖[~を]〗[über 人・物⁴] herrschen.
芝生 der Rasen.
支払う ☞ 払う.
しばらく ① 少しの間 eine Weile. ☞ ちょっと. ② 長い間 lange. // しばらくぶりですね。 Wir haben* uns lange nicht gesehen.
縛る〖~を〗物⁴ binden*.
渋い ① ほろにがい・ほろ酸っぱい herb; にがい bitter. ② (色が)くすんだ gedämpft.
自分 ① das Selbst, das Ich. ② 私 ich.
自分で selbst, selber.
脂肪 das Fett.
絞る ①〖洗濯物などを〗物⁴ wringen*;〖果物

**などを】物⁴ pressen. ②【テーマなどを[〜に]】限定する 車⁴ [auf 車⁴] begrenzen.
資本 das Kapital. // 資本主義 der Kapitalismus.
島 die Insel.
縞(しま) der Streifen.
姉妹 姉達・妹達〚囲 で〛 Schwestern.
しまう〚〜を〛片づける 物⁴ auf|räumen.
始末する ☞ 片づける, 殺す.
閉まる (扉などが) sich⁴ schließen*; (店などが) schließen*, (口語:) zu|machen; 閉まっている geschlossen sein*, (口語:) zu sein*.
自慢する〚〜を〛 mit 事³ prahlen;〚〜を〛誇らしく思う auf 人・事⁴ stolz sein*.
染み der Fleck.
地味な 目だたない unauffällig; 控えめな bescheiden; 簡素な einfach.
市民 der Bürger.
事務 die Büroarbeit.
示す〚〜に〜を〛人³ 事⁴ zeigen. ☞ 指す.
湿った feucht; ぬれた nass.
占める〚〚地位などを〛物・事⁴ besetzen (ein|nehmen*).
閉める〚〜を〛物⁴ schließen*, (口語:) 物⁴ zu|machen.
湿る feucht werden*; ぬれる nass werden*.
地面 die Erde, der Boden, der Grund.
霜 der Reif. // 草原に霜が降りている. Auf den Wiesen liegt Reif.
社会 ① die Gesellschaft. ② 世間 die Welt.
社会の sozial, gesellschaftlich.
じゃがいも die Kartoffel.
車掌 der Schaffner.
写真 das Foto, das Bild.
社長 der Präsident.
シャツ das Hemd; ワイシャツ das Oberhemd.
借金 die Schuld. // 借金のある schuldig.
しゃべる ☞ 話す, おしゃべりする.
じゃまする〚〚〜の〛じゃまをする [人⁴] stören. ☞ 妨げる.
車輪 das Rad.
シャワー die Dusche. // シャワーを浴びる [sich⁴] duschen.
州 (ドイツ・オーストリアの) das Land; (スイスの) der Kanton; (アメリカ合衆国の) der Staat.
周 die Runde.
週 die Woche.
十 の zehn.
自由 die Freiheit.
周囲 ① 周囲の地域・環境 die Umgebung. ② 周囲の長さ der Umfang. ☞ 環境.
十一月 der November. // 十一月に im November.
収穫 ① die Ernte. ② 益 der Gewinn.
十月 der Oktober. // 十月に im Oktober.
習慣 慣習・習癖 die Gewohnheit; 風習 die Sitte.
宗教 die Religion.

住所 der Wohnort; あて名 die Adresse.
就職する 職業に就く einen Beruf ergreifen*; 勤め口を見つける eine Stelle finden*.
ジュース 果汁 der Saft.
重大な ① 深刻な ernst; ひどい schlimm. ② 大切な wichtig.
住宅 die Wohnung.
集団 群 die Gruppe; 群衆 die Masse, die Menge. ☞ 群れ.
集中させる〚〜を〛物⁴ konzentrieren.
集中する〚〜に〛 sich⁴ auf 事⁴ konzentrieren.
終点 終着駅 die Endstation.
重点 der Schwerpunkt.
舅(しゅうと) der Schwiegervater; 姑(しゅうとめ) die Schwiegermutter.
自由な frei.
十二月 der Dezember. // 十二月に im Dezember.
収入 das Einkommen, 稼ぎ der Verdienst.
十分な genug. ☞ たっぷり, 足りる.
周辺 die Gegend, der Raum.
住民 die Einwohner; (ある地域の)住民全体 die Bevölkerung.
重要な wichtig, bedeutend. ☞ 本質的な.
修理する〚〜を〛物⁴ reparieren.
終了する ☞ 終える, 終る.
守衛 der Pförtner.
主観的な subjektiv.
主義 das Prinzip. // 利己主義 der Egoismus.
授業 der Unterricht. // 授業をする Unterricht geben*.
熟した reif. // 熟す reifen, reif werden*.
祝日 der Feiertag.
淑女 die Dame.
宿題〚囲 で〛 Hausaufgaben.
宿泊する ☞ 泊まる.
受験する eine Prüfung ab|legen.
手術する〚〜を〛人・物⁴ operieren.
主人 ① 雇い主 der Chef. ② 私の夫 mein Mann; 夫 der Mann; ご主人 (雅語:) der Gatte.
手段 das Mittel, der Weg. ☞ 対策.
出身 die Herkunft, die Geburt. // 〜の出身である aus 物³ sein* / stammen, kommen*).
出席する 出席している anwesend sein*, da sein*. ☞ 行く, 参加する.
出世する auf|steigen*, Karriere machen.
出張 die Dienstreise.
出発 (列車・船などの) die Abfahrt; (飛行機の) der Abflug.
出発する (歩いて) los|gehen*; 旅立つ ab|reisen; (車・船などが) ab|fahren*; (飛行機が) ab|fliegen*; (乗り物が)出る gehen*.
出版する (出版社が)〚〜を〛物⁴ verlegen; (編集者が)〚〜を〛 編集・発行する 物⁴ heraus|geben*; (著者が)〚作品などを〛発表する 物⁴ veröffentlichen.
首都 die Hauptstadt.

主婦 die Hausfrau.
趣味 ① ホビー das Hobby. ② センス der Geschmack.
需要 die Nachfrage, der Bedarf.
種類 die Sorte, die Art.
受話器 der Hörer.
順 ☞ 順番, 番.
順位 die Stelle, der Platz.
瞬間 der Augenblick, der Moment.
順序 ☞ 順番.
純粋な rein; 真の echt.
順調な glatt; 問題のない problemlos.
順応する 〖～に〗 sich⁴ 〖人・事〗³ an|passen.
順番 順序 die Reihenfolge; 配列 die Ordnung.
順番に der Reihe nach. ☞ 次々に.
準備 die Vorbereitung. // ～の準備をする 〖事〗⁴ (sich⁴ auf 〖事〗⁴) vor|bereiten.
準備する 〖～を〗 〖物・事〗⁴ bereit|stellen.
賞 der Preis.
…しよう ① …しようと思う … wollen*. // (相手に誘いかけて:) ドイツ語を勉強しよう. Lernen wir Deutsch! ② (予想を表して:) …するだろう … werden*.
上演する 〖～を〗 〖事〗⁴ auf|führen (vor|führen). ☞ 演じる.
障害 妨げ das Hindernis; (心身の) die Behinderung.
紹介する 〖～を～に〗 〖人〗⁴ 〖人〗³ vor|stellen; 〖～に～を〗 〖人〗⁴ mit 〖人〗³ bekannt machen.
奨学金 das Stipendium.
消化する 〖～を〗 〖物・事〗⁴ verdauen.
正月 元日 das Neujahr. ☞ 一月.
小学校 die Grundschule.
商業 der Handel.
状況 die Situation, die Lage, 〖ふつう 複〗 Zustände, 〖複 で〗 Umstände, 〖複 で〗 Verhältnisse.
消極的な passiv.
条件 die Bedingung. ☞ 前提.
証拠 der Beweis.
正午 ☞ 昼.
常識 分別 die Vernunft; 良識 der gesunde Verstand.
正直な ehrlich, aufrichtig. ☞ 率直な.
乗車券 die Fahrkarte.
少女 das Mädchen.
生じる ☞ 起こる, 生える, 発生する.
昇進する 〖〖～に〗〗 [zu 〖事〗³] auf|steigen* (befördert werden*).
少of wenig, eine kleine Zahl (Anzahl) [von].
上手な gut; 器用な geschickt. // 彼女はピアノが上手だ. Sie spielt gut Klavier.
使用する 〖～を〗 〖物・事〗⁴ benutzen.
小説 der Roman; 短編小説 die Novelle.
招待 die Einladung.
状態 der Zustand. ☞ 状況.
招待する 〖～を[…へ]〗 〖人〗⁴ […] ein|laden*.
承諾する 〖～に〗 in 〖事〗⁴ ein|willigen.

上達する Fortschritte machen.
冗談 der Scherz, der Spaß. // 冗談を言う Spaß (Späße) machen.
承知する 〖〖～に〗〗 同意する 〖事〗³ zu|stimmen; 〖〖～に〗〗 同意している mit 〖事〗³ einverstanden sein*; 承知しました. Jawohl!
象徴 シンボル das Symbol.
商店 das Geschäft, der Laden.
消毒する 〖～を〗 〖人・物〗⁴ desinfizieren.
衝突する 〖～と〗 ぶつかる.
商人 der Kaufmann; 小売商 der Händler.
証人 der Zeuge.
情熱 die Leidenschaft.
少年 der Junge.
商売 der Handel, das Geschäft.
蒸発する verdampfen.
消費者 der Verbraucher.
消費する 〖～を〗 〖物〗⁴ verbrauchen.
商品 die Ware, der Artikel.
賞品 der Preis.
上品な fein, vornehm, elegant.
勝負 ゲーム das Spiel; 試合 der Wettkampf.
丈夫な 頑丈な fest, stark. ☞ 健康な.
小便 der Harn.
情報 die Information, die Auskunft.
消防隊 die Feuerwehr.
照明 die Beleuchtung. ☞ 照らす.
証明する 〖～を〗 〖事〗⁴ beweisen*.
正面 die Front.
将来 ① die Zukunft. ② 将来において in Zukunft, [zu]künftig.
将来の [zu]künftig.
勝利 der Sieg.
省略 die Auslassung; 短縮 die Abkürzung.
省略する 〖～を〗 省く 〖物・事〗⁴ aus|lassen*; 〖～を〗 縮める 〖事〗⁴ ab|kürzen.
女王 die Königin.
除外する ☞ 除く.
職 働き口 die Stelle. ☞ 仕事.
職業 der Beruf; 勤め die Tätigkeit.
食事 das Essen, die Mahlzeit. ☞ 料理. // 食事に行く essen gehen*.
食堂 (ダイニングルーム) das Esszimmer; (ホテルなどの)大食堂 der Speisesaal. ☞ レストラン.
植物 die Pflanze.
食欲 der Appetit.
食料 〖複 で〗 Lebensmittel.
助手 der Assistent.
女性 die Frau; 婦人 die Dame.
処置 治療 die Behandlung. ☞ 対策.
食器 (茶碗・皿などの) das Geschirr; (ナイフ・フォークなどの) das Besteck.
ショック der Schock.
しょっちゅう ☞ 始終.
しょっぱい salzig.
所得 das Einkommen.
署名 die Unterschrift.
署名する 〖〖～に〗〗 〖事〗⁴ unterschreiben*.
所有する 〖～を〗 所有している 〖物〗⁴ besitzen*.
処理する 〖仕事などを〗 片づける 〖事〗⁴ erledi-

書類 〖ふつう 複〗 Papiere, 〖ふつう 複〗 Akten.
知らせ die Mitteilung, die Nachricht.
知らせる 〖～に〗 人³ Bescheid sagen; 〖～に～を〗 人³ 事⁴ mit|teilen; 〖～に[～について]〗 事⁴ [über 事⁴] informieren; 〖[～に]～を〗通報する [人³] 事⁴ melden.
調べる ① 〖～を〗調査(研究)する 事⁴ untersuchen (erforschen); 〖～を[その正しさなどについて]〗検査する 物・事⁴ [auf 事⁴] prüfen; 〖～を〗点検する 物・事⁴ nach|sehen*. ② 〖[～を]辞書などで〗探す [事⁴] in 物³ nach|schlagen*.
尻(しり) das Gesäß,〖口語:〗das Hinterteil.
知り合い ☞ 知人.
知り合う 〖～と〗人⁴ kennen|lernen.
私立の privat.
資料 das Material; データ 〖複 で〗 Daten.
汁 (果物などの) der Saft. ☞ スープ.
知る ① 〖事柄を〗知っている 事⁴ wissen*; 〖人・物を〗知っている 人・物⁴ kennen*; 〖～を〗聞いて(読んで)知る 事⁴ erfahren*. ② 〖～を〗悟る 事⁴ erkennen*. ☞ 知り合う.
印(しるし) ① das Zeichen; 目印 das Kennzeichen. ② 象徴 das Symbol.
白い weiß.
素人 der Laie; 初心者 der Anfänger.
しわ (布・皮膚などの) die Falte.
しん (果実の) der Kernhaus. ☞ 種.
人格 人柄 die Persönlichkeit.
進級する versetzt werden*.
神経 der Nerv.
真剣な ernst, ernsthaft.
信仰 der Glaube.
信号 das Signal; 信号機 die Ampel.
人口 die Bevölkerung. // その町は人口 5 万人です. Die Stadt hat* 50 000 Einwohner.
人工の künstlich.
深刻な (問題・顔つきなどが) ernst, ernsthaft.
診察 die Untersuchung.
診察する 〖～を〗人・物⁴ untersuchen.
紳士 der Herr; 女性に対して礼儀正しい男性 der Kavalier.
寝室 das Schlafzimmer.
真実 die Wahrheit.
真実の wahr.
神社 der schintoistische Schrein.
人種 die Rasse.
信じる ① 〖事柄を(人を)〗事⁴ (人³) glauben; 〖～を〗信頼する 人・事³ (auf 人・事⁴) vertrauen. ② 〖神などを〗an 事⁴ glauben.
人生 das Leben.
親戚 der Verwandte 〖語尾変化は形容詞と同じ〗.
親戚の verwandt.
親切な freundlich; 優しい nett.
新鮮な frisch.
心臓 das Herz. ☞ 中心.
身長 die Größe. // 私は身長 1 メートル 60 です. Ich bin* ein[en] Meter sechzig groß.
慎重さ die Vorsicht; 綿密さ die Sorgfalt.
慎重な vorsichtig; ていねいな sorgfältig.

神道 der Schintoismus. // 神道信者 der Schintoist / 神道の schintoistisch.
新年 新しい年 das neue Jahr.
心配 ① die Sorge. ② 世話 die Pflege.
心配する 〖[～のことを]〗 sich⁴ [um 人・事⁴] sorgen, sich³ [um 人・事⁴] Sorgen machen. ☞ 世話.
新聞 (個々の:) die Zeitung; (メディアとしての:) die Presse.
進歩 der Fortschritt.
進歩する Fortschritte machen.
進歩的な fortschrittlich, progressiv.
信用 das Vertrauen.
信用する 〖～を〗sich⁴ auf 人・事⁴ verlassen*, 人・事³ (auf 人・事⁴) vertrauen. ☞ 信じる.
信用のある 名望のある angesehen.
信頼 ☞ 信用.
信頼できる zuverlässig.
心理 心的傾向 die Mentalität; 心 die Seele.
真理 真実 die Wahrheit.
親類 ☞ 親戚.
人類 die Menschheit.

す

巣 das Nest; 巣穴・巣窟 die Höhle.
酢 der Essig.
図 die Zeichnung; 図表 die Abbildung.
水泳する schwimmen*.
水準 標準 die Norm, der Standard; レベル das Niveau.
推薦する 〖～に～を〗勧める 人³ 人・物⁴ empfehlen*; 〖～を担当者として〗提案する 人⁴ als 事⁴ vor|schlagen*.
推測する 〖…と〗vermuten (an|nehmen*), …
垂直の senkrecht, vertikal.
スイッチ der Schalter.
水道 fließendes Wasser; 水道設備 die Wasserleitung.
水分 der Wassergehalt.
水平の waagerecht, horizontal.
睡眠 der Schlaf.
水曜日 der Mittwoch. // 水曜日に [am] Mittwoch; 水曜日ごとに mittwochs.
吸う ① (動植物などが) 〖～を〗物⁴ saugen(*). ② (スポンジなどが) 〖～を〗吸収する 物⁴ ein|saugen(*). ☞ 息.
数 die Zahl.
数学 die Mathematik.
数字 die Ziffer.
ずうずうしい frech, unverschämt.
スーパーマーケット der Supermarkt.
スープ die Suppe.
末 ☞ 終わり.
スカート der Rock.
姿 ① 容姿 die Figur; 体つき・人影 die Gestalt. ② 像 das Bild.

…過ぎ …時を過ぎて nach … ☞ 以上. // 2時5分過ぎ fünf nach zwei.
スキー スキーの板 der Ski. // スキーをする Ski fahren* (laufen*).
好きである 〘～が〙 人・物⁴ mögen*, 人⁴ gern|haben* (lieb haben*); 好んで…する gern[e] … // 私はお茶が好きだ. Ich trinke gern[e] Tee.
すき間 die Lücke, der Zwischenraum.
過ぎる ① (時間が) vergehen*; (出来事が) 終わる zu Ende gehen*; 過ぎ去って(終わっ)ている vorbei (zu Ende) sein*. ☞ 回る. ② あまりにも…な zu …〘原級とともに〙. // 通り過ぎる.
すく 空になる(である) leer werden* (sein*); 入りが悪い schlecht besucht sein*. // 電車がすいている. Der Zug ist* kaum besetzt.
すぐ (時間的・空間的に:) gleich, unmittelbar; 即座に sofort; 間もなく bald.
救う 〘～を[危険(人)などから]〙 人⁴ [aus³ (vor 人・事³)] retten; 〘～を〙解放する 人⁴ befreien.
少ない wenig, gering.
少なくとも wenigstens, mindestens.
優れた 優良な gut; 卓越した hervorragend, ausgezeichnet, vorzüglich; 腕のたつ tüchtig.
スケート スケート靴 der Schlittschuh. // スケートをする Schlittschuh laufen*.
すごい ① 恐ろしい unheimlich, furchtbar. ② 驚くほどの erstaunlich, unglaublich; 信じられないほどの (口語:) unwahrscheinlich. ☞ 優れた, すばらしい.
少し etwas, ein bisschen, ein wenig; 少ししか…でない wenig.
過ごす 〘～を…(位置)で(…のように)〙 事⁴ … verbringen*. ☞ 終わる.
筋 ① 筋肉 der Muskel. ② (小説などの) die Handlung. ☞ 理屈, 論理.
涼しい ひんやりした kühl; さわやかな frisch.
進む ① (歩いて)前へ進む vorwärts|gehen*; (乗り物で) vorwärts|fahren*; (歩いて)先へ進む weiter|gehen*; (乗り物で) weiter|fahren*. ② (事が)〘[…のように]〙 […] laufen*; […のように] 推移する … verlaufen*. ③ (病気が) fort|schreiten*. ④ (時計が) vor|gehen*. ⑤ (仕事などが)はかどる voran|gehen*.
すずめ der Spatz.
進める 〘～を〙はかどらせる 事⁴ vorwärts bringen*; 〘～を〙促進する 事⁴ fördern.
勧める 〘～に～〙 人³ 事⁴ empfehlen*, 人³ zu 事³ raten*.
薦める ☞ 推薦する.
スタート der Start.
スタイル 体つき die Figur, die Gestalt.
…ずつ ① それぞれ je. ② …につき pro …
頭痛 〘ふつう複〙 Kopfschmerzen. ☞ 苦しみ, 心配.
すっかり ganz, völlig, vollkommen.

ずっと ① その間ずっと die ganze Zeit; 常に immer; 永遠に ewig. ② (何かに比べて:) viel (weit) …〘比較級とともに〙.
酸っぱい sauer.
すてきな schön, wunderbar, hübsch; チャーミングな reizend.
すでに もう schon, bereits. ☞ とっくに.
捨てる 〘～を〙 物⁴ weg|werfen*. ☞ あきらめる.
ストーブ der Ofen.
ストライキ der Streik.
砂 der Sand.
素直な ① 従順な gehorsam, folgsam. ② 癖のない schlicht.
すなわち 具体的に言うと nämlich. ☞ つまり.
すばらしい schön, wunderbar, herrlich, vorzüglich, (口語:) prima, (口語:) toll. ☞ 高級な, 優れた.
スピード die Geschwindigkeit.
スプーン der Löffel.
すべて alles. ☞ すっかり.
すべての all, sämtlich, gesamt; どの…も jeder. ☞ …全体.
滑る ① 滑走する gleiten*. ② 足を滑らせる rutschen. ☞ 落ちる.
スポーツ der Sport; 種目 die Sportart.
ズボン die Hose. // 半ズボン die kurze Hose.
住まい die Wohnung; 家 das Haus.
隅 die Ecke, der Winkel.
すみません Entschuldigung!, Verzeihung!, Entschuldigen (Verzeihen*) Sie!
住む 〘…(位置)に〙住んで(暮らして)いる … wohnen (leben).
済む 片づく fertig werden*; 片づいている fertig sein*. ☞ 終わる.
ずらす 〘～の位置を〙 物⁴ verschieben* (rücken). ☞ 延期する.
スリッパ der Pantoffel.
する ① 〘～を〙行う 物・事⁴ tun* (machen); 〘～を〙プレーする 事⁴ spielen. ② 〘～を～に〙ならせる 人・物⁴ zu 人・物³ machen. ③ 〘…の〙値段である …⁴ kosten.
ずるい ずる賢い schlau; フェアでない unfair; 正直でない unehrlich.
すると ① そのとき da, dann; それに続いて darauf. ② ということは also; それなら dann.
鋭い ① scharf. ② 先のとがった spitz.
座る 腰かける sich⁴ setzen, Platz nehmen*; 腰を下ろす sich⁴ hin|setzen; 腰かけている sitzen*.
澄んだ ① 透明な klar; 明るい hell. ② 汚れのない rein.

せ

背 背中 der Rücken.

せい 〜のせいで wegen 人・事², durch 人・事⁴.
姓 der Familienname, der Zuname.
性 ① 性別 das Geschlecht. ② 性[行動] die Sexualität. ☞ 性質.
税 die Steuer.
性格 der Charakter; 本性 das Wesen.
正確な 厳密な genau; 正しい richtig. // 時間に正確な pünktlich.
生活 das Leben.
税関 das Zollamt, der Zoll.
世紀 das Jahrhundert. // 二十世紀に im 20. (= zwanzigsten) Jahrhundert.
請求書 die Rechnung.
請求する 〚〜を〛 囲⁴ fordern (verlangen).
税金 die Steuer.
清潔な sauber, rein.
制限する 〚〜を[〜に]〛 囲⁴ [auf 囲⁴] begrenzen (beschränken).
成功 der Erfolg; 成就 das Gelingen.
成功する (人が) 〚〜に〛 mit (in) 囲³ Erfolg haben*; (事柄が) [[〜にとって]] うまくいく [人³] gelingen*. ☞ 出世する.
生産 製造 die Herstellung, die Produktion; 産出 die Erzeugung.
生産する 〚〜を〛 製造する 囲⁴ her|stellen (produzieren); 〚農産物などを〛 囲⁴ erzeugen.
政治 die Politik; 統治 die Regierung. // 政治的な politisch.
政治家 der Politiker.
正式な formell; 公式の offiziell; 正規の ordentlich; 本式の richtig.
性質 die Eigenschaft; 天性 die Natur. ☞ 性格.
誠実な ☞ 正直な, 忠実な.
正常な normal. // 正常である in Ordnung sein*.
精神 der Geist, die Seele.
せいぜい 多くても höchstens, nicht mehr als. ☞ なるべく.
成績 ① (学力の)評点 die Note; 成績表 das Zeugnis. ② (試合などの)結果 das Ergebnis; 業績 die Leistung.
製造 ☞ 生産.
ぜいたく der Luxus.
成長する wachsen*, sich⁴ entwickeln.
生徒 der Schüler.
制度 das System.
政党 die [politische] Partei.
正当な recht; 根拠のある gerecht, berechtigt.
青年 若い男 der junge Mann; 青少年 der Jugendliche 〔語尾変化は形容詞と同じ〕, (総称として:) die Jugend.
生年月日 das Geburtsdatum.
性能 die Leistung.
製品 das Erzeugnis, das Produkt; 商品 die Ware, der Artikel.
政府 die Regierung; 内閣 das Kabinett.
制服 die Uniform.
生物 das Lebewesen.

生物学 die Biologie.
生命 命 das Leben.
西洋 ☞ ヨーロッパ, アメリカ.
整理する 〚物・部屋などを〛 片づける 囲⁴ auf|räumen; 〚〜を〛 順序よく並べる 囲⁴ ordnen.
成立する (合意などが) zustande kommen*; (契約などが)結ばれる abgeschlossen werden*; (法案などが)可決される verabschiedet werden*.
勢力 勢力を持つ集団 die Kraft, die Macht; 支配権 die Herrschaft. ☞ 影響, 強さ.
セーター der Pullover.
世界 die Welt.
席 ① der Platz; 座席 der Sitz. ② テーブル der Tisch. ☞ パーティー.
石炭 die Steinkohle, die Kohle.
責任 die Verantwortung; (過失などに対する) die Schuld. ☞ 義務. // 責任のある verantwortlich; (過失などに対して) schuld.
石油 das Erdöl, das Öl.
せきをする husten.
世間 die Öffentlichkeit, die Welt; 人々 [複で] Leute.
世代 die Generation.
せっかく 苦労して mit [großer] Mühe; 親切にも freundlicherweise; 特別に extra.
積極的な aktiv.
設計する 〚〜を〛 囲⁴ entwerfen*.
せっけん die Seife; 粉せっけん das Seifenpulver.
接触 der Kontakt.
接触する 〚人と〛 zu 人³ Kontakt auf|nehmen*.
接する 〚〜に〛 隣接している an 囲⁴ grenzen. ☞ 知り合う, つき合う.
接続 der Anschluss, die Verbindung.
接続する (列車などが) 〚〜行きへ〛 Anschluss nach 囲³ haben*. ☞ つなぐ.
絶対に まったく absolut. ☞ 必ず, どうしても.
絶対の absolut, souverän.
説得する 〚〜するように〕人を〛 人⁴ [zu 囲³] überreden.
設備 die Anlage, die Einrichtung.
絶望する 〚[〜に]〛 [an 人・事³] verzweifeln; 絶望している verzweifelt sein*.
説明 die Erklärung, die Erläuterung.
説明する 〚[〜に]〜を〛 [人³] 囲⁴ erklären (erläutern).
節約する 〚[〜を]〛 [物・囲⁴] sparen.
設立する 〚〜を〛 囲⁴ gründen (ein|richten).
背中 der Rücken. ☞ 裏.
ぜひ ☞ どうか, どうしても.
背広 der Anzug.
狭い 窮屈な eng; 幅の狭い schmal.
迫る 〚〜に…するよう〛 人⁴ drängen, zu 不定詞[句]; 〚〜を〛 要求する 囲⁴ fordern (verlangen). ☞ 近づく.
攻める 〚〜を〛 人⁴ an|greifen*.
責める 〚〜の〜を〛 とがめる 人⁴ wegen 囲² (für 囲⁴) tadeln, 人³ 囲⁴ vor|werfen*.

ゼロ null.
世話 die Pflege; 心配り die Fürsorge. ∥ ～の世話をする für 人・物⁴ sorgen; sich⁴ um 人・物⁴ kümmern; 人・物⁴ pflegen(*).
世話する 〘～に～を〙 人³ 人・物⁴ vermitteln.
千 das Tausend; 千の tausend.
栓 der Stöpsel; (びんの)王冠 der Kronenverschluss; コルク栓 der Korken; (水道管などの)コック der Hahn.
線 ① die Linie; 書かれた線・棒 der Strich. ② 配線 die Leitung; ケーブル das Kabel.
繊維 die Faser.
選挙 die Wahl.
先月 vorigen (letzten) Monat, im vorigen (letzten) Monat.
全国 das ganze Land. ∥ 日本全国 ganz Japan.
先日 vor Kurzem, neulich.
選手 (球技などの)プレーヤー der Spieler; (格技の)競技者 der Kämpfer; 走者 der Läufer.
先週 vorige (letzte) Woche, in der vorigen (letzten) Woche.
先生 教師 der Lehrer. ☞ 医者, 教授.
全然…ない gar (überhaupt) nicht.
戦争 der Krieg. ∥ ～と戦争をする mit 人・物³ Krieg führen. ☞ 戦い.
…全体 der (die, das) ganze … ☞ 一体.
選択 die Wahl, die Auswahl.
洗濯する 〘[～を]〙 [物⁴] waschen*.
洗濯物 die Wäsche.
センチメートル der (das) Zentimeter.
前提 die Voraussetzung. ☞ 条件. ∥ ～を前提とする 物⁴ voraus|setzen.
宣伝 ① 広告 die Reklame. ② (特定の思想の) die Propaganda.
先頭 die Spitze.
全部 alles. ☞ すっかり.
全部で insgesamt, [alles] zusammen.
全部の all, sämtlich, gesamt. ☞ …全体.
洗面器 das Waschbecken, das Becken.
専門 das Fach.
専門家 der Fachmann.
占領する 〘～を〙 物⁴ besetzen.
全力で mit aller (voller, ganzer) Kraft.
線路 das Gleis; レール die Schiene.

そ

そう ① 本当? So?, Ja? ② そのように so.
層 (地質・社会などの) die Schicht. ☞ 階級.
相違 der Unterschied.
騒音 der Lärm.
増加 die Zunahme.
総合的な 抱括的な umfassend; 全般的な allgemein.
相互に ☞ 互いに.
葬式 die Beerdigung, das Begräbnis.
掃除機 der Staubsauger.

掃除する 〘～を〙 物⁴ sauber machen (rein machen); 〘～を〙 磨く 物⁴ putzen.
想像 die Fantasie; 思い描くこと die Vorstellung; 思い込み die Einbildung.
騒々しい laut, unruhig.
創造する 〘～を〙 人・物⁴ schaffen*.
想像する 〘～を〙 sich³ 物⁴ vor|stellen (denken*); 〘…と〙推測する vermuten, …
相続する 物⁴ erben.
相談する 〘～と[～について]〙 sich⁴ mit 人³ [über 物⁴] beraten* (besprechen*).
装置 die Vorrichtung; 設備 die Anlage; 器械 der Apparat, das Gerät.
相当 ☞ かなり.
相当する 〘～に〙 物³ entsprechen*.
添える 〘～に～を〙 物³ 物⁴ bei|legen; 〘～を〙付け加える 物⁴ hinzu|fügen.
ソース die Soße.
ソーセージ die Wurst; (小さい) das Würstchen.
促進する 〘～を〙 物⁴ fördern.
属する 〘～に〙 zu 人・物³ gehören.
速達 die Eilpost. ∥ 速達で mit Eilpost.
速度 die Geschwindigkeit.
束縛する 〘～を〙 人⁴ binden*.
そこに そこで da, dort; そこへ dahin, dorthin.
組織 die Organisation; 体系 das System.
阻止する 〘～が－するのを〙 人・物⁴ an 物³ hindern; 〘～を〙 物⁴ verhindern.
そして und; それから dann.
訴訟 der Prozess.
注ぐ ① (川などが)〘～へ〙 in 物⁴ münden. ② 〘液体を～の中(上)へ〙 物⁴ in (auf, über) 物⁴ gießen*.
育つ 成長する wachsen*, sich⁴ entwickeln; 大きくなる groß werden*.
育てる 〘動植物を〙 物⁴ züchten; 〘子供を〙 養育する 人⁴ groß|ziehen*.
そちら それ das [da]. ☞ あなた, あなた方.
そちらに あなた[方]の所で(へ) bei (zu) Ihnen.
卒業する (学校を) aus der Schule entlassen werden*; (大学を) Examen machen.
そっくり ① 残らず ganz. ② よく似た täuschend ähnlich.
そっち ☞ そちら.
率直な aufrichtig, offen.
沿って ～に沿って 物⁴ (an 物³) entlang.
そっと 小声で leise; 優しく sanft. ☞ こっそり. ∥ ～をそっとしておく 人⁴ in Ruhe lassen*.
袖(そで) (衣類の) der Ärmel.
外側の äußer.
外に ① 外で außen; 外へ hinaus; 野外で draußen; 野外で im Freien; 野外へ ins Freie. ② ～の外部で außerhalb 物² (von 物³), außer 物³; ～から外へ aus 物³.
備える ① 〘～に〙 sich⁴ auf 物⁴ vor|bereiten. ② 〘～に～を〙 備え付ける 物⁴ mit 物³ aus|statten. ☞ 有る.
その der, die, das, 〘複〙 die.

その上 außerdem, auch noch, noch dazu.
そのうちに やがて bald; そうこうしている間に inzwischen.
そばに ☞ 近くに, きわに, 隣に.
そびえる sich⁴ erheben*.
祖父 der Großvater.
ソファー das Sofa.
祖母 die Großmutter.
素朴な ① 簡素な einfach, schlicht. ② 純真な naiv.
粗末な jämmerlich.
空 天空 der Himmel; 空中 die Luft.
そる 《〜の頭・脚などを》 人³ 物⁴ rasieren.
それ ① (物を指して:) das. ② (前述の名詞を受けて:) er, sie, es, 《複で》 sie; その事 das.
それから dann; そのうちで später.
それぞれ je; どの…も jeder; 個々の einzeln.
それで ① それによって dadurch. ☞ だから. ② (相手の話を促して:) それで? Und?
それとも oder.
そろう 全部ある komplett (vollständig) sein*. ☞ 合う, 集まる. ∥ 私たちは皆そろっている. Wir sind* alle da.
そろえる ①《〜を…に》合わせる 物⁴ 人・物³ an|passen ②《必要なものを》集めておく 物⁴ zusammen|stellen. ③《〜を》きちんと置く 物⁴ gerade legen.
損 不利益 der Nachteil. ☞ 損害.
損害 der Schaden; 損失 der Verlust.
尊敬する 《〜を》 人⁴ [hoch] achten (ehren).
存在する da sein*, existieren; 《〜が》 es gibt* 人・物⁴. ☞ 有る.
損失 der Verlust. ☞ 損害.
損する 《お金などを》失う 物⁴ verlieren*.
尊重する 《〜を》 人・事⁴ [hoch] achten (schätzen).
そんな solch, (口語:) so.
そんなに so.

た

田 das Reisfeld.
ダース das Dutzend.
…対… ① (割合を表して:) … zu … ② (対戦者を表して:) 人¹ gegen 人⁴.
台 das Gestell.
題 der Titel.
体格 der Körperbau; 体 der Körper.
大学 [単科]大学 die Hochschule; 総合大学 die Universität.
代金 お金 das Geld; 代価 der Preis; 勘定 die Rechnung; 支払われたお金 die Zahlung.
待遇 die Behandlung; もてなし die Aufnahme. ☞ 条件.
退屈する sich⁴ langweilen.
退屈な (物事・人物が) langweilig; つまらない uninteressant.

体系 das System.
体験 das Erlebnis; 経験 die Erfahrung.
体験する 《〜を》 物⁴ erleben ((雅語:) erfahren*).
太鼓 die Trommel.
対抗する 《〜と》競争する [mit 人³] konkurrieren.
滞在 der Aufenthalt.
滞在する 《…(位置)に》 sich⁴ … auf|halten*; 《…(位置)に》宿泊している … wohnen.
対策 die Maßnahme.
大使 der Botschafter.
大使館 die Botschaft.
対して 〜に向き合って 人・物³ gegenüber; 〜の代価として für 物⁴.
たいして…でない nicht so (sehr, besonders) …《原級とともに》; nicht viel …《比較級とともに》.
大事な ① 重要な wichtig. ② 高価な kostbar; 貴重な wertvoll.
大事に ていねいに sorgfältig; 注意深く vorsichtig. ∥ お大事に. Gute Besserung!
大事にする 《〜を》 物・事⁴ schonen.
大衆 die Masse; 庶民 das Volk.
体重 das Gewicht. ∥ 私は体重50キロです. Ich wiege* 50 Kilo.
対象 (行為の)対象物 der Gegenstand; (アンケートなどの)対象となる人々 die Zielgruppe.
対照 ① 比較 der Vergleich. ② 対比 der Gegensatz, der Kontrast.
だいじょうぶである in Ordnung sein*; 《〜のことで》心配する必要はない sich³ keine Sorgen um 人・事⁴ zu machen brauchen; 何とかなる Es geht*.
大臣 der Minister.
大切 ☞ 大事な, 大事に, 大事にする.
体操 器械体操 das Turnen; 徒手体操 die Gymnastik.
大体 ほぼ ungefähr, etwa.
たいてい ☞ ふつう.
態度 ① ふるまい das Benehmen; 物腰 die Haltung. ② 立場 die Stellung.
対等の ① 等価の gleichwertig. ② 同じ権利を有する gleichberechtigt.
台所 die Küche.
代表 代表者 der Vertreter.
代表する 《集団などを》 人・事⁴ vertreten*.
タイプ ① 型 der Typ. ☞ 性格. ② タイプライター die Schreibmaschine.
だいぶ ☞ かなり.
台風 der Taifun.
たいへん 非常に sehr. ☞ とても.
たいへんな ☞ つらい, ひどい, めんどうな.
タイヤ der Reifen.
太陽 die Sonne.
平らな flach, eben.
代理 代行 die Vertretung; 代理人 der Vertreter. ∥ 〜の代理をする 人⁴ vertreten*.
大陸 der Kontinent.
対立 der Gegensatz; 摩擦 der Konflikt.

対立する 〖~に〗対立している in (im) Gegensatz zu 人³ stehen*. ☞ ぶつかる.
絶えず ständig, dauernd. ☞ いつも.
耐える・堪える 〖~に〗 人・事⁴ ertragen* (aus|halten*); 〖〖~を〗〗耐え忍ぶ (雅語:) [事⁴] dulden. ☞ できる.
倒す ① 〖~を〗 物⁴ um|kippen; 〖建物などを〗 物⁴ ab|reißen*. ② 〖~を〗殺す 人・物⁴ um|bringen*; 〖~を〗滅ぼす 人⁴ vernichten. ☞ 負かす.
タオル das Handtuch.
倒れる ① um|kippen; (政府が)崩壊する stürzen. ☞ 転ぶ. ② 病気になる krank werden*. ☞ 死ぬ.
高い ① hoch. ∥ 背の高い groß. ② 高価な teuer, kostbar.
互いに ① 両者が beide; 各自が jeder. ② (それぞれが相手に(を) gegenseitig, einander, sich³⁽⁴⁾.
高さ die Höhe. ∥ ~は高さ…メートルである. 物¹ ist* … Meter hoch.
宝 der Schatz.
だから ① deshalb, deswegen, darum, daher, also. ② …なので weil …, (自明の理由をあげて:) da …; というのは…だから denn …
滝 der Wasserfall.
妥協 der (das) Kompromiss, der Ausgleich.
たく 〖燃料を〗 物⁴ brennen*; 〖ストーブなどを〗 物⁴ heizen.
炊く 〖~を〗 物⁴ kochen.
抱く ① 〖~を〗腕に抱き上げる 人・物⁴ auf den Arm nehmen*; 〖~を〗腕に抱えている 人・物⁴ auf dem Arm tragen*; 〖~を〗抱擁する 人⁴ umarmen. ② 〖思いなどを〗 事⁴ hegen.
たくさん ① viel. ☞ 多くの. ② 充分な genug.
タクシー das Taxi.
たくましい kräftig; 力の強い stark.
竹 der Bambus.
打撃 ① der Schlag. ② 心の痛手 der Schock. ☞ 損害.
確か 思い違いでなければ wenn ich mich nicht irre.
確かな ① 信頼できる sicher, zuverlässig; 確実な gewiss. ② 堅固な fest.
確かに sicher; 確かに…ではあるが… zwar (allerdings) …, aber …
確かめる 〖~を〗調べてみる 物⁴ nach|sehen*; 〖…であることを〗確認する sich⁴ vergewissern, dass …
多少 ☞ ある程度, いくつかの, 少し.
足す ① 加算する addieren, zusammen|zählen. ∥ 2+3=5 2 und 3 ist* 5. ② 〖~を〗注(?)ぎ足す 物⁴ zu|gießen*.
出す ① 〖~を~から〗 人・物⁴ aus (von) 物³ nehmen* (ziehen*). ② 〖~に飲食物などを〗さし出す 人³ 物⁴ an|bieten*. ☞ 送る, 出版する, 提出する.
多数の eine große Zahl (Anzahl) [von] …, eine Menge [von] …

助かる ① 救われる gerettet werden*. ② (人・物が)〖〖~の〗役にたつ 人³ helfen*; (物が)〖~の〗役にたつ 物³ nutzen. ☞ 感謝する.
助け die Hilfe. ☞ 救助, 援助.
助ける ① 〖~を〗救助する 人・物⁴ retten. ☞ 救う. ② 〖〖~に〗力を貸す [人³] helfen*. ☞ 支える, 促進する.
訪ねる 〖~を〗訪問する 人⁴ besuchen; 〖~を〗訪問中である bei 人³ zu (zu) Besuch sein*.
尋ねる 〖〖~に(~のことを)〗〗 質問する [人⁴] (nach 人・事³) fragen, [人³] eine Frage stellen; 〖〖~を〗〗問い合わせる sich⁴ [nach 事³] erkundigen.
ただ nur, bloß. ☞ しかし.
ただいま (帰宅のあいさつとして:) やあ (口語:) Hallo!; こんにちは Guten Tag!; こんばんは Guten Abend!; 戻りました Ich bin* wieder da. ☞ 今, 現在, すぐ.
戦い der Kampf; 戦闘 die Schlacht.
戦う 〖〖~と〗〗 [gegen 人・物⁴ (mit 人・物³)] kämpfen. ② 〖~と〗プレーする gegen 人⁴ spielen.
たたく 〖~を〗ぶつ 人・物⁴ schlagen*; 〖ドアなどを〗ノックする [an (auf) 物⁴] klopfen.
正しい ① 公平な recht, gerecht. ② 真理(事実)に合っている richtig, korrekt.
ただで umsonst, kostenlos.
ただの ① 無料の kostenlos, frei. ② 単に…にすぎない nur; 平凡な gewöhnlich.
たたむ 〖~を〗折りたたむ 物⁴ falten. ☞ 閉じる.
立ち上がる ① auf|stehen*. ② 行動を起こす eine Aktion ein|leiten.
立場 ① der Standpunkt. ② 境遇 die Lage. ☞ 観点, 態度.
立つ 立ち上がる auf|stehen*; 立っている stehen*. ☞ 出発する.
経つ (時が) vergehen*.
建つ 建てられる gebaut werden*.
達する 〖~に〗到達する 物⁴ erreichen; 〖…(数量)に〗… betragen*. ☞ 実現する.
貴い ① 崇高な edel. ② 価値ある wertvoll.
たっぷり reichlich.
縦 高さ die Höhe; 長さ die Länge.
縦に längs.
建物 das Gebäude; 家屋 das Haus.
立てる 〖~を〗 人・物⁴ auf|stellen; 〖~を…へ〗立てて置く 人・物⁴ … stellen.
建てる ① 〖~を〗 物⁴ bauen. ② 〖国などを〗 物⁴ errichten.
妥当な angemessen.
たとえ…でも auch wenn (wenn auch) …
例えば zum Beispiel.
たどる ① 〖~の〗跡を追う 物³ folgen (nach|gehen*). ② 〖~に沿って〗歩いて(乗り物で)行く 物⁴ entlang gehen* (fahren*).
棚 本(商品)棚 das Regal.
谷 das Tal.
他人 ① 人々 〖複〗で Leute; ほかの人達 〖複〗

で〕 die anderen〘語尾変化は形容詞と同じ〙. ② よその人 der Fremde〘語尾変化は形容詞と同じ〙.
種 種子 der Samen;（果実の）der Stein, der Kern.
他の ander.
楽しい froh, fröhlich; 愉快な lustig, heiter. //〜が私にとっては楽しい. 囲¹ macht mir Spaß.
楽しみ das Vergnügen, die Freude, der Spaß. //〜を楽しみにする sich⁴ auf 人·事⁴ freuen.
楽しむ 〘〜をして〙 sich⁴ [mit 囲³] vergnügen (unterhalten*); 〘〜を〙物·事⁴ genießen*.
頼む ①〘〜に[…するよう]〙人⁴ bitten*[, zu 不定詞[句]]. ② 依頼する. 囲⁴ bestellen (rufen*).
頼もしい 頼りになる zuverlässig, verlässlich.
束 das Bündel, das Bund.
たばこ 紙巻きたばこ die Zigarette; 刻みたばこ der Tabak. // たばこを吸う rauchen.
たび ☞ 回.
旅 das Reisen, die Reise; 旅行 die Reise, 旅行.
たびたび oft, häufig, vielmals; 数度にわたり mehrmals; 再三再四 immer wieder.
多分 vermutlich, wahrscheinlich, wohl.
食べ物 何々食べる物 etwas zu essen; 食事 das Essen; 食物〘ふつう圈〙Nahrungsmittel.
食べる（人間が）〘〜を〙囲⁴ essen*;（動物が）〘〜を〙囲⁴ fressen*.
玉·弾·球 球·弾丸 die Kugel. ☞ ボール.
卵 das Ei.
魂 die Seele; der Geist.
だます 〘〜を〙囲⁴ betrügen* (täuschen).
たまに ☞ ときどき, めったに…ない.
たまる ① 山積する sich⁴ [an|]häufen. ② 増える sich⁴ vermehren.
黙る schweigen*. 隠す.
ため息をつく seufzen.
試す 〘〜を〙物·事⁴ versuchen (probieren); 〘〜を〙検査する 囲⁴ prüfen.
だめな 良くない nicht gut; 悪い schlecht. ☞ いけない, 失敗する, むだである.
ために ① 〜のために für 人·事⁴; 〜のせいで wegen 囲². ② …する目的で um zu 不定詞[句].
ためになる 良い gut; 教えに富んだ lehrreich; 役にたつ nützlich.
ためらう zögern.
ためる 〘〜を〙積み上げる 囲⁴ [an|]häufen; 〘〜を〙集める 囲⁴ [an|]sammeln. // お金をためる Geld sparen.
保つ 〘〜を〙囲⁴ halten*, 囲⁴ [aufrecht|]erhalten*.
頼る 〘〜を〙よりどころにする sich⁴ auf 囲⁴ stützen; 〘〜を〙当てにする sich⁴ auf 人⁴ verlassen*.
だらしない nachlässig, unordentlich.
足りない fehlen.
足りる genügen, [aus|]reichen. ☞ 十分な.
だれか jemand;（だれか知らないが）irgendjemand.
だれが wer.
だれでも jeder.
だれも…ない niemand, keiner.
たれる 〘…から(…へ)〙滴る … tropfen. ☞ 掛かる.
段 ① 一段 die Stufe. ☞ 階段. ②（文章の）区切り der Abschnitt, der Absatz.
単位 die Einheit.
段階 ①（上下の）等級 die Stufe. ② 進展の一場面 das Stadium; 状況 der Stand.
単語 das Wort, die Vokabel.
単純な einfach; 簡素な schlicht.
誕生 die Geburt.
誕生日 der Geburtstag.
たんす 洋服だんす der Schrank; 整理だんす die Kommode.
ダンス der Tanz. // ダンスをする tanzen.
男性 男 der Mann; 男の方 der Herr.
団体 ① グループ die Gruppe. ② 同じ目的を持つ人の集まり der Verband, der Verein.
だんだん allmählich, langsam.
団地 (新興の)住宅地 die Siedlung; (公団住宅などの) das Neubaugebiet.
暖房 die Heizung.
暖房する 〘〜を〙囲⁴ heizen.

ち

血 血液·血縁 das Blut.
地位 die Stellung; ポスト der Posten. ☞ 階級.
地域 das Gebiet; 地区 das Viertel.
小さい ① klein. ② 音の小さい leise.
チーズ der Käse.
チーム die Mannschaft; 作業班 das Team.
知恵 die Weisheit. ☞ アイディア.
地下 地中·非合法 der Untergrund.
近い nah[e]; 道のりの短い kurz.
違い der Unterschied.
誓う 〘[〜に]〜を〙[人³] 囲⁴ schwören*.
違う ① ほかの ander; 〘[〜とは]〙異なっている anders sein* [als 人·物¹]; 相異なる verschieden sein*. ② 間違いの falsch; 合っていない nicht stimmen.
近くに [〜の近くに in der Nähe [囲² (von 囲³)]; 〜の近くに bei 人·物³, (雅語:) nah[e] 囲³.
近ごろ ☞ 最近.
近づく 〘[〜に]〙sich⁴ [人·物³] nähern. ☞ 寄る.
地下鉄 die U-Bahn.
力 ① die Kraft; 威力 die Macht; 暴力 die Gewalt. ② 能力 die Fähigkeit.
地球 die Erde.

ちくする

遅刻する zu spät kommen*. ☞ 遅れる.
知識 die Kenntnis, das Wissen.
地上で auf der Erde.
知人 der Bekannte 《語尾変化は形容詞と同じ》.
地図 die Landkarte, die Karte; 地図帳 der Atlas; 市街地図 der Stadtplan.
父 der Vater.
縮む schrumpfen, sich⁴ zusammen|ziehen*.
縮める ①〘～を〙短縮する 物・事⁴ verkürzen (kürzer machen). ②〘～を〙収縮させる 物⁴ zusammen|ziehen*.
秩序 die Ordnung.
知的な intellektuell; 精神的な geistig.
地方 地域 die Gegend. ☞ 田舎.
茶 der Tee.
茶色の braun.
茶碗 (お茶の) die Tasse; (御飯の) die Schale.
チャンス die Chance. ☞ 機会.
ちゃんと きちんと ordentlich, (口語:) anständig; 正しく richtig.
注意 die Aufmerksamkeit; 用心 die Vorsicht; 警告 die Warnung. // 注意せよ. Achtung!; Vorsicht!
注意する 〘[～に]～に対する〙注意を喚起する [人⁴] vor 人・事³ warnen. ☞ 気をつける.
中央 die Mitte, das Zentrum.
中学校 die Mittelschule.
中間 die Mitte.
中くらいの mittler.
忠告 der Rat[schlag].
中国 China; 中華人民共和国 die Volksrepublik China. // 中国語 Chinesisch / 中国人 der Chinese / 中国の chinesisch.
忠告する 〘～に〙人³ einen Rat geben*.
中止する 〘～を〙とりやめる 事⁴ ab|sagen.
忠実な treu.
中止になる (例会などが) aus|fallen*; 催されない nicht statt|finden*.
注射 die Spritze. // ～に注射をする 人³ eine Spritze geben*.
駐車する 〘[車を]〙停める [物⁴] parken.
抽象的な abstrakt.
昼食 das Mittagessen. // 昼食をとる zu Mittag essen*.
中心 ① das Zentrum, der Mittelpunkt, die Mitte. ② 核心 der Kern.
ちゅうちょする zögern.
中毒 ① (毒物による) die Vergiftung. // ～で中毒を起こす sich⁴ durch 物⁴ vergiften. ② (麻薬などへの)病的依存 die Sucht.
…中に 〘～の〙間に, 中(ぢゅう)に.
注目する 〘～に〙注意を向ける seine Aufmerksamkeit auf 人・物⁴ richten.
注文する 〘～を〙[sich³] 物⁴ bestellen.
中立の neutral.
腸 der Darm.
蝶(ちょう) der Schmetterling.
彫刻 (技能としての:) die Bildhauerkunst; (作品としての:) die Plastik.
調査 die Untersuchung, die Erforschung.
調査する ☞ 調べる.
調子 音程 der Ton; 旋律 die Melodie; リズム der Rhythmus. ☞ 具合い.
長所 強み die Stärke; 利点 der Vorteil.
頂上 der Gipfel.
朝食 das Frühstück. // 朝食をとる frühstücken.
調節する 〘～を〙物・事⁴ regeln (regulieren); 〘～を〙セットする 物⁴ ein|stellen.
朝鮮 Korea; 朝鮮民主主義人民共和国 die Demokratische Volksrepublik Korea. // 朝鮮語 Koreanisch / 朝鮮人 der Koreaner / 朝鮮の koreanisch.
ちょうど ① おりよく gerade, eben. ② きっかり genau. ☞ …ように.
調和 die Harmonie; 釣り合い das Gleichgewicht.
チョーク die Kreide.
貯金する Geld sparen.
直接 direkt, unmittelbar.
直線 die Gerade 《語尾変化は形容詞と同じ》.
チョコレート die Schokolade.
著書 das Werk; 本 das Buch.
直径 der Durchmesser.
ちょっと 短時間 einen Augenblick (Moment); まあちょっと einmal, (口語:) mal. ☞ 少し.
地理 die Geografie.
治療する 〘～を[薬などで]〙人⁴ [mit 物³] behandeln.
散る ① (葉などが)落ちる fallen*. ② ばらばらになる sich⁴ zerstreuen.
賃金 der Lohn.

つ

つい ☞ うっかり, 思わず.
対 das Paar.
追加の zusätzlich.
ついたち ☞ …日(ぢ).
ついでに nebenbei.
ついに ようやく endlich; 結局 schließlich. ☞ 最後に.
通過する ☞ 通り過ぎる.
通行 der Verkehr.
通じる ① 〘[～に]〙精通している sich⁴ [in 事³] aus|kennen*. ② 〘～(相手)が～を〙理解する 人¹ versteht* 人・事⁴. ☞ つながる, 通る.
通信 ① 書簡・文通 die Korrespondenz; 知らせ die Nachricht. ② 情報伝達 die Nachrichtenübermittlung; 無線 der Funk.
通知 die Nachricht, die Mitteilung.
通訳 通訳する人 der Dolmetscher.
通訳する dolmetschen.
通用する gelten*, gültig sein*.
つえ der Stock.
使う ① 〘～を〙使用する 人・物⁴ gebrauchen; 〘道具を〙物⁴ benutzen; 〘消耗品・道具を〙

（特定の目的に） 物⁴ verwenden(*); 〘～を[に]〙適用する 物⁴ [auf 物⁴] an|wenden(*). ② 〘～を〙消費する 物⁴ verbrauchen; 〘～を〙支出する 物⁴ aus|geben*.

つかまえる 〘～を〙（手などで）人・物⁴ fangen* (fassen); 〘～を〙逮捕する 人⁴ fest|nehmen* (verhaften).

つかむ 〘～を〙（手などで）物⁴ greifen*, 人・物⁴ ergreifen* (fassen). ☞ 得る, 理解する.

疲れた müde.

疲れる ① 疲労する(している) müde werden* (sein*). ② （物事が）〘人を〙疲れさせる 人⁴ müde machen.

月 ① （天体の） der Mond. ② （暦の） der Monat. ☞ …か月.

つき合う 〘～と〙交際する mit 人³ verkehren, Umgang mit 人³ haben* (pflegen(*)).

次々に nacheinander, hintereinander, einer nach dem anderen.

次の nächst, folgend.

尽きる zu Ende gehen*; 尽きている zu Ende sein*.

付く ① 〘～に〙くっついている an 物³ haften; 〘～に〙粘着している an (auf, in) 物³ kleben. ② （灯火などが）ともる (口語:) an|gehen*.

突く ① 〘～を[めがけて]〙人⁴ (nach 人³) stoßen*. ② 〘まりを〙物⁴ springen lassen*. ③ 〘弱点などを〙攻撃する 物⁴ an|greifen*. ④ 〘つえなどで〙体を支える sich⁴ auf 物⁴ stützen.

着く 〘〘…(位置)に〙〙到着する […] an|kommen*; 〘～に〙到達する 物⁴ erreichen.

就く ① 〘勤務などに〙物⁴ an|treten*. ② 〘～に〙習う bei 人³ Unterricht nehmen*.

机 der Tisch.

作る 〘～を〙物⁴ machen; 〘～を〙形成する 物⁴ bilden (gestalten). ☞ 生産する, 建てる, 料理する.

付け加える 〘〘～に〙～を〙 [物・事³] 物・事⁴ hinzu|fügen.

付ける ① 〘ブローチなどを〙留める 物⁴ stecken; 〘～を〙取り付ける 物⁴ an|machen. ② 〘～の〙あとについて行く(あとをこっそり追う) 人³ nach|gehen* (heimlich folgen). ③ 〘～に〙点火する 物⁴ an|zünden ((口語:) an|machen); 〘～の〙スイッチを入れる 物⁴ ein|schalten ((口語:) an|machen).

着ける 〘～を〙物⁴ an|ziehen*; 〘指輪・イヤリングなどを～に〙物⁴ an 物⁴ stecken; 〘～を〙着けている 物⁴ tragen*.

都合 理由 der Grund. // 都合の良い günstig / ～にとって都合が良い 人³ passen.

伝える ① 〘～に～を〙知らせる 人³ 物⁴ mit|teilen. ☞ 報告する. ② 〘～を…へ〙もたらす 物・事⁴ … bringen*. ③ 〘光・音などを〙伝導する 物⁴ leiten 物⁴.

伝わる ① 〘～に〙知られている 人³ bekannt sein*. ② 〘～から〙来る von 人・物³ (aus 物³) kommen*; 広まる sich⁴ verbreiten. ③ （光・音などが） sich⁴ fort|pflanzen.

土 die Erde.

続く ① sich⁴ fort|setzen; 継続する weiter|gehen*. ☞ つながる. ② 〘…(時間)に〙渡る … dauern. （悪天候などが） an|halten*. ③ 〘～のあとに〙人・物³ (auf 人・物⁴) folgen.

続ける ① 〘～を〙物⁴ fort|setzen. ② 〘～を～のあとで〙すぐに行う 物⁴ an 物⁴ an|schließen*.

包む 〘～を〙物⁴ ein|packen.

務め 任務 die Aufgabe; 責務 die Pflicht.

勤め 勤務 der Dienst; 職業 der Beruf.

努める 〘…しようと〙努力する sich⁴ bemühen, zu 不定詞[句]; 〘…しようと〙試みる versuchen, zu 不定詞[句].

務める 〘～として〙働く als 物¹ wirken (tätig sein*).

勤める 〘会社などで〙働いている bei (in) 物³ arbeiten. ☞ 就職する.

綱 die Leine, das Seil.

つながる ① 〘～と〙結ばれる mit 物³ verbunden werden*; （道路などが）〘…へ〙通じている … führen (gehen*); 〘～に〙接続する sich⁴ an 物⁴ an|schließen*; （かけた電話が） die Verbindung (den Anschluss) bekommen*. ② 〘～という結果に〙至る zu 事³ führen.

つなぐ 〘～を～に〙結びつける 物⁴ mit 物³ verbinden*, 人・物⁴ an 物⁴ [an|]schließen*.

常に immer, stets, ständig.

角 das Horn.

翼 der Flügel.

つばめ die Schwalbe.

粒 das Korn.

つぶす 〘～を〙押しつぶす 人・物⁴ zerdrücken; 〘計画などを〙物⁴ vernichten (zunichte|machen). // 時間をつぶす sich³ die Zeit vertreiben*.

つぶれる ① 倒壊する ein|fallen*, ein|stürzen. ② （時間などが）〘〘～から〙〙失われる [人³] verloren gehen*; （計画などが）vernichtet werden*, zunichte|werden*. ☞ 倒産する.

つぼみ die Knospe.

妻 die Frau.

つまずく 〘〘～に〙〙[über 物⁴] stolpern; 〘人生(計画)などに〙 in (mit) 物³ scheitern.

つまらない ① 退屈な langweilig; 興味をひかない uninteressant. ② ばかばかしい dumm.

つまり also, das heißt, das ist. ☞ すなわち.

罪 （法律上の） die Schuld; 犯罪 das Verbrechen; （宗教上の） die Sünde.

積む ① 〘～に[～]〙 物⁴ [in (auf) 物⁴] laden* (packen). ② 〘経験・知識などを〙蓄える 物⁴ sammeln.

爪 ① （手の） der Fingernagel; （足の） der Zehennagel. ② （物を掛けるくぎ） der Haken.

冷たい kalt; ひんやりする kühl.

冷たさ die Kälte.

詰める 〘～を[～に]〙 物⁴ [in 物⁴] packen; 〘～を～に〙詰め込む 物⁴ in 物⁴ stopfen; 〘～を～に〙満たす 物⁴ in 物⁴ füllen.

つもり 考え・意図 die Absicht. // …するつもりである … wollen* / …する予定である vor|haben*, zu 不定詞[句].
梅雨 雨期 die Regenzeit.
露 der Tau.
強い stark, kräftig; 権力のある gewaltig, mächtig; 激しい heftig. ☞ きつい.
強さ die Stärke.
つらい ① hart, anstrengend, schwer, schwierig. ② 〖~にとって〗…しづらい Es fällt* [人³] schwer, zu 不定詞[句].
釣り 魚釣り das Angeln.
釣る 〖~を〗 angeln. ☞ 誘惑する.
連れて行く 〖~を〗 同伴させる [人⁴] mit|nehmen*. ☞ 送る.
連れて来る 〖不意の客などを〗 [人⁴] mit|bringen*; 〖~を〗呼んで来る [人⁴] holen. ☞ 迎える.

て

手 ① die Hand. ② 腕 der Arm.
出会う 〖~に〗 [人⁴] treffen*. ☞ 会う.
手当て 治療 die Behandlung. ☞ 給料. // ~の手当てをする [人・物]⁴ behandeln.
…である …は…である sein*.
提案 der Vorschlag.
提案する 〖~を〗 [事]⁴ vor|schlagen*.
定期券 (一か月の) die Monatskarte; (一週間の) die Wochenkarte.
定期的な regelmäßig.
提供する 〖~に~を〗 [人³] [物⁴] [an|]bieten*.
抵抗する 〖~に〗屈しない [人・事]³ widerstehen*; 〖~に対して〗身を守る sich⁴ gegen [事]⁴ wehren.
提出する 〖~を〗引き渡す [物⁴] ab|geben*; 〖~に~を〗(審査などのために) [人³] [物⁴] vor|legen.
訂正 die Verbesserung, die Korrektur.
訂正する ☞ 直す.
程度 das Maß, der Grad. ☞ 規模, 質.
ていねいな ① 礼儀正しい höflich. ② 入念な sorgfältig.
停留所 die Haltestelle.
手入れする 〖~を〗 [物⁴] pflegen⁽*⁾.
テープ ① 平板なひも das Band. ② カセットテープ die Tonbandkassette, die Kassette; ビデオカセット die Videokassette. ③ 粘着テープ der Klebestreifen.
テーブル der Tisch.
テープレコーダー das Tonbandgerät; カセットレコーダー der Kassettenrekorder.
テーマ das Thema.
てがかり 跡 die Spur.
出かける (食事・遊興のために) aus|gehen*.
手紙 der Brief; 書簡 das Schreiben. // ~に手紙を書く [人³] [einen Brief] schreiben*; [einen Brief] an [人⁴] schreiben*.
敵 der Feind. ☞ 相手.

適応する 〖~に〗 sich⁴ [人・事]³ an|passen.
出来事 das Ereignis; (不意の) der Vorfall.
テキスト ☞ 教科書, 文章.
適する ☞ 合う.
適切な recht, richtig; 適確な treffend. ☞ 適切な.
適当な ちょうどよい passend, geeignet; 相応の entsprechend. ☞ いいかげんな.
できる ① …する能力がある … können*. ☞ やり遂げる. ② 有能な fähig; 優れた gut. ③ 仕上がる fertig werden*. ④ (作物が)〖…(位置)で〗育つ wachsen*; 建築される gebaut werden*. ⑤ 生じる entstehen*; 形成される sich⁴ bilden; 〖人が子供・病変などを〗持つようになる [人¹] bekommt* [人・物]⁴.
できるだけ なるべく.
出口 (歩行者用の) der Ausgang; (乗り物用の) die Ausfahrt.
手数 労力 die Arbeit, die Mühe.
テスト die Prüfung. ☞ 試験.
でたらめ der Unsinn, (口語:) der Quatsch.
鉄 das Eisen; 鋼鉄 der Stahl.
哲学 die Philosophie.
手伝う 〖~を〗 [人³] helfen*.
手続き das Verfahren, die Formalität.
徹底的な gründlich.
鉄道 die Eisenbahn, die Bahn.
鉄の eisern.
徹夜で die ganze Nacht hindurch.
テニス das Tennis.
では それなら dann; ではここで nun.
デパート das Kaufhaus, das Warenhaus.
手袋 der Handschuh. // 手袋をする die Handschuhe an|ziehen*.
手本 das Vorbild, das Muster.
でも …ですら selbst, auch; それどころか…でさえ sogar. ☞ しかし.
寺 [仏教]寺院 der [buddhistische] Tempel.
照らす 〖…に〗光を向ける … leuchten; 〖物体を〗照らす [人・物]⁴ beleuchten.
照る scheinen*.
出る ① (歩いて)出て行く hinaus|gehen*; 〖~から〗外へ歩いて(乗り物で)行く aus [物³] gehen* (fahren*). ② (本などが) erscheinen*. ③ 〖本などに〗書いてある in [物³] stehen*. // 新聞(テレビ)に出る in die Zeitung (ins Fernsehen) kommen*. ☞ 行く, 参加する, 出席する, 出発する.
テレビ ① テレビ受像機 der Fernseher, der Fernsehapparat. ② テレビ放送 das Fernsehen. // テレビを見る fern|sehen*.
点 ① 点・事項・ピリオド der Punkt. ② 小数点・コンマ das Komma.
店員 従業員 der Angestellte 〖語尾変化は形容詞と同じ〗; 販売員 der Verkäufer.
展開 die Entwicklung.
天気 ① das Wetter. ② 好天 gutes (schönes) Wetter.
伝記 die Biografie.
電気 電流 der Strom. ☞ 電灯.

電球 die Birne.
天国 der Himmel.
天才 das Genie.
展示する 〘～を〙物⁴ aus|stellen.
電車 die Bahn; 都市高速鉄道 die S-Bahn. ☞ 鉄道, 列車, 路面電車.
天井 ① die Decke. ② 頂点 der Gipfel.
伝説 die Sage.
伝染する an|stecken.
電池 die Batterie.
伝統 die Tradition.
電灯 die Lampe; 明かり das Licht.
電波 die Radiowelle.
電報 das Telegramm.
展覧会 die Ausstellung.
電話 das Telefon.
電話する 〘〘～と〙電話で話す〙 [mit 人³] telefonieren; 〘～に〙電話をかける 人⁴ an|rufen*.
電話ボックス die Telefonzelle.

と

…と ① …と… und. ☞ ～も. ② ～といっしょに mit 人・物³ [zusammen].
戸 die Tür.
度 (度数の単位で:) der Grad. ☞ 回.
ドア die Tür.
問い ☞ 質問, 問題.
ドイツ Deutschland; ドイツ連邦共和国 die Bundesrepublik Deutschland. // ドイツ語 Deutsch / ドイツ人 der Deutsche 〘語尾変化は形容詞と同じ〙 / ドイツの deutsch.
トイレ die Toilette. // トイレで(へ) auf der (die) Toilette.
問う ☞ 尋ねる.
塔 der Turm.
どう wie. // どう思いますか. Was meinen Sie?
胴 (人・動物などの) der Rumpf, der Körper.
銅 das Kupfer; 青銅 die Bronze.
同意する 〘～に〙 人・事³ zu|stimmen; 〘～に〙同意している mit 人・事³ einverstanden sein*.
統一する 〘様式などを〙 物・事⁴ vereinheitlichen; 〘～を〙一体化する 物・事⁴ vereinigen.
どうか doch [bitte]; どうぞ bitte.
陶器 die Keramik.
動機 (犯罪などの) das Motiv.
道具 das Werkzeug, das Instrument.
峠 ① 峠道 der Pass. ② (病気の) die Krise.
統計 die Statistik.
動作 die Bewegung.
倒産する Bankrott machen; (口語:) pleite|gehen*.
当時 damals, in (zu) der Zeit.
どうして ☞ どのように, なぜ.
どうしても ① いくら…しても soviel …; …しようとしない nicht … wollen*. ② ぜひとも unbedingt; どうしても[…したい] durchaus [… wollen* (möchte*)].
同時に gleichzeitig, zugleich, zu gleicher (zur gleichen) Zeit.
同情 das Mitleid.
登場する 〘〘劇などに(～として)〙〙 in 物³ (als 物¹) auf|treten*; 現れる erscheinen*.
どうせ いずれにせよ sowieso, so oder so; どのつまり schließlich.
統制する 〘〘国民・経済などを〙〙 指揮する 人・事⁴ lenken; 〘〘～を〙〙管理する 人・事⁴ kontrollieren.
当然の natürlich, selbstverständlich.
どうぞ bitte.
統率 die Leitung, die Führung.
統率する 〘～を〙 人・事⁴ leiten (führen).
到着 die Ankunft.
到着する 〘〘…(位置)に〙〙 […] an|kommen*.
とうとう ようやく endlich; 結局 schließlich. ☞ 最後に.
道徳 die Moral, die Ethik.
投票する seine Stimme ab|geben*; 〘〘～に〙〙 [人⁴] wählen.
同封する 〘～に～を〙 物³ 物⁴ bei|legen.
動物 das Tier.
動物園 der Zoo; (小規模の) der Tiergarten.
当分 vorläufig, zunächst, fürs Erste.
同盟 die Union, der Bund, der Verband.
透明な durchsichtig; (水などが)澄んだ klar.
どうも どういうわけか irgendwie. ☞ どうしても.
どうやら anscheinend.
東洋 ☞ アジア.
同様 …と同様… [so] wie …
同僚 der Kollege.
道路 die Straße.
登録する 〘～を〙帳簿に載せる 人・物⁴ ein|tragen*. ☞ 申し込む.
討論する ☞ 議論する.
遠い fern, weit; 離れた・縁遠い entfernt.
十日 ☞ …日(ち).
通す ① 〘～を〙通過させる 人⁴ passieren lassen*. ② 〘光・水などを〙透過させる 物⁴ durch|lassen*.
通り 道路 die Straße. ☞ 通行.
通り過ぎる 〘〘～のわきを〙〙歩いて(乗物で)通る [an 人・物³] vorbei|gehen* (vorbei|fahren*); 〘～を〙通過する 物⁴ passieren.
通る ① (歩行者などが)通行する gehen*; (車などが) fahren*; (飛行機などが) fliegen*. ☞ 通り過ぎる. ② (道路などが)〘…〙へ通じている … führen (gehen*). ☞ 合格する.
都会 大都市 die Großstadt; 都市 die Stadt.
溶かす 〘～を〙(熱して) 物⁴ schmelzen*; 〘～を〙(液体に) 物⁴ lösen.
時 ① die Zeit; 場合 der Fall. ② …したとき als … ③ …するとき wenn …
ときどき manchmal, gelegentlich, ab und zu.
溶く 〘卵などを〙 物⁴ schlagen*. ☞ 溶かす.
研ぐ ① 〘刃物などを〙 物⁴ schärfen. ② 〘米を〙

洗う 物⁴ waschen*. ☞ 磨く.
毒 das Gift. ☞ 悪い. // 毒のある giftig.
得意な ☞ 自慢する, 上手な.
読者 der Leser.
特殊な ☞ 特別な.
読書 das Lesen, die Lektüre.
独身の ledig.
特徴 特性 die Eigenschaft; (目印となる) das Merkmal.
独特な eigenartig. ☞ 奇妙な.
特に besonders.
特別な speziell, besonder.
独立 die Unabhängigkeit, die Selbstständigkeit.
独立した unabhängig, selbstständig.
とげ ① (植物の) der Dorn. ② (木などの)細片 der Splitter.
時計 die Uhr.
溶ける (熱で) schmelzen*; (液体に) sich⁴ lösen.
解ける ① ほどける sich⁴ lösen. ② (問題などが) gelöst werden*.
どこかで irgendwo.
どこから woher.
どこに どこで wo, an welcher Stelle; どこへ wohin.
床屋 der Friseur.
ところ・所 ちょうど…ところを(が) wie … // 私は彼が車から降りるところを見た. Ich sah*, wie er aus dem Wagen stieg*. ☞ 場所, 地域, 住所, ちょうど.
ところが aber, jedoch, doch.
ところで übrigens.
都市 die Stadt; 大都市 die Großstadt.
年 ① das Jahr. ② 年齢 das Alter.
年とった alt.
年とる ① 年齢が増える älter werden*. ② 老いる alt werden*.
図書 本 das Buch; 蔵書 die Bibliothek.
図書館 die Bibliothek.
年寄り ☞ 老人.
とじる 〖書類などを〗 物⁴ heften.
閉じる 〖~を〗 物⁴ schließen* (zu|machen). ☞ 終える, 結ぶ.
戸棚 der Schrank.
土地 ① 地所 das Grundstück. ② 地方 die Gegend. ☞ 地面, 畑.
途中で ① (空間的に:) unterwegs; ~から~の途中で auf dem Weg von 物³ nach (zu) 物³. (時間的に:) ~の最中に mitten in 事³. ☞ 間に.
どちら[の] ① どれ・どの welch. ② だれ wer. ☞ どこから, どこに.
とっくに [schon] lange, [schon] längst.
突然 plötzlich, auf einmal.
どっち ☞ どちら[の].
取っ手 der Griff.
とっておく 〖~を〗 物⁴ auf|heben* (auf|bewahren).
取って来る 〖~を〗 物⁴ holen; 〖~を受け取りに行って〗 物⁴ ab|holen.

とても ① 非常に sehr, außergewöhnlich; きわめて höchst, äußerst. ☞ かなり. ② どんなことがあっても…できない auf keinen Fall (unter keinen Umständen) … können*.
届く ① 着く an|kommen*. ② 〖~まで〗達する bis an 人・物⁴ (bis zu 人・物³) reichen; 〖~に〗到達する 人・物⁴ erreichen.
届ける 〖~を[~に]〗届け出る 人・物⁴ [人・物³] melden. ☞ 送る, 配達する, 持って行く.
整う ① (準備などが)済んでいる fertig sein*. ☞ そろう. ② きちんとしている ordentlich (in Ordnung) sein*. ☞ 成立する.
とどまる ① 〖…(位置)に〗 … bleiben*. ② 〖…(位置)に〗滞在する sich⁴ … auf|halten*.
隣 隣の人 der Nachbar; 隣の家 das Nachbarhaus.
隣に nebenan; ~の隣で(へ) neben 人・物³⁽⁴⁾.
どなる ① 大声でしかる donnern. ② 大声を出す brüllen.
とにかく いずれにせよ jedenfalls.
どの welcher.
どのくらい wie; (数量を尋ねて:) wie viel.
どのように wie, どう.
飛ぶ fliegen*; 滑空する gleiten*. ☞ はねる.
跳ぶ springen*.
乏しい arm; わずかの wenig, gering.
トマト die Tomate.
止まる ① 静止している stehen*; 休止している ruhen. ② (機械などが)動かなくなる stehen bleiben*; (乗り物が)停止する [an|]halten*. ③ (ガス・水道が)出てこない nicht kommen*; (電気が) aus|fallen*. ④ やむ auf|hören.
泊まる ① 〖…(位置)に〗 … übernachten (schlafen*). ② 停泊する ankern.
止める ① 〖機械などを〗 物⁴ an|halten*. ② 〖ガス・水道・電気器具などを〗 物⁴ ab|stellen ((口語:) aus|machen). ☞ 消す. ③ 〖車・自転車などを〗 物⁴ ab|stellen. ☞ 駐車する.
泊める 〖~に〗宿を提供する 人³ Unterkunft an|bieten*; 〖~を~に(~のところに)〗宿泊させる 人⁴ in 物³ (bei 人³) unter|bringen*.
友達 ☞ 友人.
伴う ① 〖~を〗連れている von 人・物³ begleitet werden*. ☞ 連れて行く. ② 〖~と〗結びついている mit 物³ verbunden sein*.
ともに ☞ いっしょに, 同時に, 両方[の].
土曜日 der Samstag. // 土曜日に [am] Samstag; 土曜日ごとに samstags.
捕らえる ☞ つかまえる, つかむ.
トラック ① 貨物自動車 der Lastkraftwagen, der Lkw. ② 走路 die Bahn.
トラベラーズチェック der Reisescheck.
トランク der Koffer.
トランプ トランプのカード die Spielkarte, die Karte; トランプゲーム das Kartenspiel.
鳥 der Vogel.
とりあえず ☞ 当分, まず.
取り上げる ① 〖[~から]~を〗奪う [人³] 物⁴

nehmen nehmen*. ② 〖～を〗採択する 物⁴ an|nehmen*. ☞ 拾う.
取り扱う ☞ 扱う, 受け付ける.
とり消す 〖発言などを〗物⁴ zurück|nehmen*; 〖招待・訪問などを〗物⁴ ab|sagen.
取り除く ☞ 除く.
努力する sich⁴ an|strengen; 尽力する sich⁴ bemühen, sich³ Mühe geben*. ☞ 努める.
取る ① 〖～を〗手に取る 物⁴ nehmen*. ② 〖～を…のように〗感じる(解する) 物⁴ ... empfinden* (auf|fassen, [auf]|nehmen*, verstehen*). ☞ 掛かる, 食べる, 注文する, 取り上げる, 脱ぐ, はずす.
採る 〖昆虫などを〗物⁴ fangen*. ☞ 雇う.
撮る 〖～を〗撮影する 人・物⁴ auf|nehmen*; 〖～を〗写真に(映画に)撮る 人・物⁴ fotografieren (filmen).
どれ ① welcher. ② どれどれ na, komm; さて so.
どれくらい ☞ どのくらい.
取れる (ボタン・色などが) (口語:) ab|gehen*; はがれる sich⁴ lösen.
泥 der Schlamm.
泥棒 der Dieb; 押し込み der Einbrecher.
どんという (銃などが) Es knallt.
どんどん ますます… immer …〖比較級とともに〗. // どんどん先へ immer weiter.
どんな was für …; どう wie.
トンネル der Tunnel; (ガード下などを)くぐり抜ける通路 die Unterführung.

な

名 der Name. ☞ 名前.
ない ① 〖～を〗持っていない 人・物⁴ nicht haben*; 〖～が〗存在しない es gibt* 人・物⁴ nicht. ② 足りない fehlen. ☞ 有る, なくなる.
内科 die innere Medizin.
内科医 der Internist; 一般開業医 der praktische Arzt.
内緒 ☞ 秘密.
ナイフ das Messer.
内容 ① der Inhalt. ② 価値 der Gehalt.
なお そして und; つけ加えて言うと nebenbei bemerkt. ☞ いっそう, まだ.
直す・治す ① 〖～を〗修理する 物⁴ reparieren; 〖～の〗病気を治す 人・物⁴ wieder gesund machen. ② 〖文章・誤りなどを〗物・事⁴ verbessern (korrigieren).
直る・治る ① (けがをした体の部位が)治っている wieder heil sein*. ② 再び健康になる wieder gesund werden*.
仲 関係 die Beziehung; 〖複で〗Verhältnisse. // 仲がよい sich⁴ gut verstehen*.
長い ① lang. ② 遠い weit.
長靴 der Stiefel.
…中ごろに Mitte … // 五月中ごろに Mitte Mai.

長さ die Länge. // ～は長さ2メートルです. 物¹ ist* zwei Meter lang.
流す 〖～を〗物⁴ fließen lassen*. ☞ 広める.
なかなか 簡単に…しない nicht so einfach … 〖否定〗かなり.
中に ① 中で innen; 中へ nach innen, hinein. ② ～の中で(へ) in 物³⁽⁴⁾. ☞ 間に.
仲間 ☞ 同僚, 友人.
中身 ☞ 内容.
眺め der Anblick.
眺める 〖～を〗人・物⁴ betrachten; 〖…へ〗目をやる … blicken. 見る, 観察する.
流れる ① (液体・気体・川などが) fließen*; (音楽などが) かかっている laufen*. ② (空中などを)漂う schweben. ☞ 過ぎる, 広がる.
泣く weinen; 泣き叫ぶ schreien*.
鳴く (動物が) schreien*; さえずる singen*.
慰める 〖悲しんでいる人などを〗人⁴ trösten. ☞ 喜ばせる.
なくす・亡くす 〖～を〗人・物⁴ verlieren*.
なくなる 消える verschwinden*; なくなっている weg sein*; 尽きる zu Ende gehen*; 尽きている zu Ende sein*.
なぐる 〖～を〗人⁴ schlagen* (verprügeln).
投げる 〖～を〗物⁴ werfen*. ☞ あきらめる.
情け die Barmherzigkeit, die Sympathie, das Mitgefühl.
なぜ warum; (不満げに:) なんて wieso.
なぜなら denn …, weil …
なぞ ① わからないこと das Geheimnis. ② なぞなぞ das Rätsel.
夏 der Sommer. // 夏に im Sommer.
懐かしい 〖～が〗Sehnsucht nach 人・事³ haben*.
名づける 〖～を…と〗人⁴ … nennen*.
納得する 〖～を〗事⁴ ein|sehen*; 〖〖～を〗〗得心する sich⁴ [von 事³] überzeugen.
夏休み 〖複で〗Sommerferien.
なでる 〖～を〗人・物⁴ streicheln.
斜めの schräg, schief.
何か etwas; (何かわからないが) irgendetwas; なんらかの irgendwelch, irgendein.
何が ① was. ② (驚いて:) なんだと Was!
何も…ない nichts.
七日 ☞ …日(㊑).
鍋 der Topf.
名前 der Name; 姓 der Familienname, der Zuname; (姓に添える個人の)名 der Vorname.
生の ① roh. ② 生煮えの halb gar. ③ 実況が live.
波 die Welle. // (性格などに)波がある unbeständig sein*.
涙 〖ふつう複で〗Tränen.
なめらかな ① 平滑(順調)な glatt; なだらかな sanft. ② よどみない fließend.
なめる 〖〖～の〗～を〗人・物³〗物⁴ lecken. ☞ 経験する.
悩む 苦しむ, 心配する.
習う 〖～を〗物・事⁴ lernen.

慣らす 〖～を～に〗 [人･物]⁴ an [人･物]⁴ gewöhnen.
鳴らす 〖鐘などを〗 [物]⁴ läuten; 〖～を〗打ち鳴らす [物]⁴ schlagen*.
並ぶ 列につく sich⁴ an|stellen; 列についている an|stehen*; 長蛇の列を作る Schlange stehen*. ⇨ 有る.
並べる ① 〖～を〗 並べて立てる(据える, 横たえる) [物]⁴ nebeneinander|stellen (nebeneinander|setzen, nebeneinander|legen). ② 〖～を〗列挙する [人･物]⁴ auf|zählen.
成り立つ ⇨ 成立する, なる.
なる // 〜に実がなる. [物]¹ trägt* Früchte.
なる・成る ① 〖～に(…のように)〗 [人･事]¹ (…) werden*. ② 〖～から〗 aus [人･事]³ bestehen*.
鳴る (鐘などが) läuten, klingen*; (電話などが) klingeln.
なるべく möglichst …, so … wie möglich 〖原級とともに〗.
なるほど 本当に tatsächlich.
慣れる 〖～に〗 sich⁴ an [人･物]⁴ gewöhnen.
縄 die Schnur.
何(に)… ① いくつの wie viel; どれくらい wie. // 何時 wie viel Uhr; wie spät / 何番目の wievielt / 何歳 wie alt. ② いくつかの mehrere.
なんで (不満げに:) wieso, なぜ warum.
なんでも ① すべて alles. ② どうやら anscheinend; …するそうだ … sollen*. ③ どうしても unbedingt.
なんと なんと…な Wie …!; なんという Was für …!
なんとなく irgendwie.

に

二 zwei.
似合う 〖～に〗 [人]³ [gut] stehen*.
におい der Geruch. // …のような(〜の)においがする … (nach [物]³) riechen*.
におう riechen*; (悪臭の場合:) stinken*. ⇨ 薫る.
二階 der erste Stock, die erste Etage; 上の階 der Oberstock.
にがい bitter. // にがい顔 ein saures Gesicht.
逃がす 〖人を〗 逃がしてやる [人]⁴ fliehen lassen*; 〖動物などを〗放す [物]⁴ frei|lassen*. 逃(に)す.
二月 der Februar. // 二月に im Februar.
にがてである 〖人と〗うまくいかない mit [人]³ nicht gut aus|kommen*. ⇨ 下手な.
にぎやかな 活気のある belebt; ⇨ 楽しい.
握る 〖～を〗つかむ [物]⁴ fassen (greifen*); 〖～を〗しっかり持っている [物]⁴ fest|halten*.
肉 das Fleisch. // 肉屋 die Fleischerei.
憎い ⇨ 憎む, 憎らしい.
憎む 〖～を〗 [人･事]⁴ hassen.
憎らしい 腹立たしい ärgerlich.
逃げる fliehen*; 逃げおおせる entkommen*.
にごる 不透明になる trübe werden*.
西 der Westen. // 西の westlich.
虹 der Regenbogen.
にせの unecht, falsch.
…日(にち) (日付を表して:) der ..te (..ste) 〖..te, ..ste は序数詞; 語尾変化は形容詞と同じ〗; 日 der Tag. // 7月11日に am 11. (= elften) Juli / 十一日間 elf Tage.
日曜日 der Sonntag. // 日曜日に [am] Sonntag; 日曜日ごとに sonntags.
日記 das Tagebuch.
日光 der Sonnenschein.
似ている 〖～に〗 [人･物]³ ähnlich sein* (sehen*), [人･物]³ ähneln (gleichen*).
鈍い ① 切れ味の悪い stumpf; (光などが) matt. ② (動作･頭の働きが)遅い langsam.
日本 Japan. // 日本語 Japanisch / 日本人 der Japaner / 日本の japanisch.
荷物 ① 手荷物 das Gepäck. ② 積み荷･重荷 die Last. ⇨ 小包み.
入学する 学校(大学)へ入る in die Schule (Universität) kommen*; 大学の入学手続きをする sich⁴ immatrikulieren lassen*.
ニュース ① (ラジオ･テレビの) 〖複〗で Nachrichten. ② 新しい出来事 die Neuigkeit.
入浴する [sich⁴] baden, ein Bad nehmen*.
煮る 〖～を〗 [物]⁴ kochen.
庭 der Garten; 大庭園 der Park.
鶏 das Huhn; 雌鳥 die Henne; 雄鳥 der Hahn.
人気のある beliebt; 大衆に好まれる populär.
人形 die Puppe.
人間 der Mensch. ⇨ 人類, 人.
認識 die Erkenntnis; 洞察 die Einsicht, der Einblick.
認識する 〖～を〗 [人･事]⁴ erkennen*; 〖～を〗悟る [事]⁴ ein|sehen*.
忍耐 die Geduld.

ぬ

縫う 〖～を〗 [物]⁴ nähen.
抜く 〖～を〗引き抜く [物]⁴ aus|ziehen*; 〖～を[～から]〗 [物]⁴ [aus [物]³] ziehen*. ⇨ 除く.
脱ぐ 〖服･靴などを〗 [物]⁴ aus|ziehen*; 〖帽子を〗 [物]⁴ ab|nehmen*. // 服を脱ぐ sich⁴ aus|ziehen*.
ぬぐう ⇨ ふく.
盗む 〖[～から]～を〗 [[人]³] [物]⁴ stehlen*.
布 das Tuch, der Stoff; 布切れ der Lappen.
沼 der Sumpf; 池 der Teich.
ぬらす 〖～を〗 [物]⁴ nass machen.
塗る 〖物を[…色に]〗 [物]⁴ […] streichen*; 〖～を物の表面に〗 [物]⁴ auf [物]⁴ streichen* (schmieren); 〖おしろい･口紅などを〗 [物]⁴ auf|tragen*.

のむ

ぬるい lau.
ぬれた nass.
ぬれる nass werden*.

ね

根 die Wurzel.
願い ① 願望 der Wunsch; 希望 die Hoffnung. ② 請願 die Bitte.
願う 〖～に～を〗望む 人³ 物⁴ wünschen; 〖…と〗希望する hoffen, … ☞ 頼む.
寝かせる 〖～を〗 人・物⁴ [hin|]legen.
ネクタイ die Krawatte; ちょうネクタイ die Fliege.
猫 [雌]猫 die Katze; 雄猫 der Kater.
ねじ die Schraube. // ねじを巻く die Feder auf|ziehen*.
ねじる 〖～を〗ひねる 物⁴ drehen.
値段 価格 der Preis.
熱 ① 温かさ die Wärme; 熱さ die Hitze. ② 体温 die Temperatur; (平熱より高い) das Fieber.
熱心な eifrig; 勤勉な fleißig.
粘る ねっとりした・粘り強い zäh; べとべとした klebrig.
寝坊する [sich⁴] verschlafen*.
眠い müde.
眠る 眠っている schlafen*; 寝入る・永眠する ein|schlafen*.
ねらう ① 〖～に〗ねらいをつける auf 人・物⁴ zielen. ② 〖～に〗目をつけている (口語:) es auf 人・物⁴ abgesehen haben*. ③ 〖…しようと〗もくろむ beabsichtigen, zu 不定詞[句].
寝る ① 床につく ins (zu) Bett gehen*, schlafen gehen*. ② 横になる sich⁴ hin|legen; 〖…へ〗sich⁴ … legen; [寝床で]横になっている [im Bett] liegen*.
練る 〖～を〗物⁴ kneten.
年 ① 一年 das Jahr. // 1994年に [im Jahre] 1994. ② (高校までの)学年 die Klasse. ☞ 学期.
燃料 der Brennstoff.
年令 das Alter.

の

野 ☞ 野原.
脳 das Gehirn, das Hirn.
農業 die Landwirtschaft.
農民 der Bauer; 農業経営者 der Landwirt.
能率 経済性 die Wirtschaftlichkeit; 性能 die Leistung.
能力 die Fähigkeit, das Vermögen.
ノート das Heft.
ノートする 〖[講義などを]〗[物⁴] mit|schreiben*. ☞ メモする.

逃(のが)す 〖～を〗物・事⁴ verpassen (versäumen).
残す ① 〖～を〗余す 物⁴ übrig lassen*. ② 〖～を〗あとに残す 人・物⁴ hinterlassen*.
残り der Rest.
残る ① 余る übrig bleiben*. ② あとにとどまる zurück|bleiben*. ☞ とどまる.
乗せる・載せる ① 〖～を～の上へ〗横たえる (立てる, 据える) 人・物⁴ auf 物⁴ legen (stellen, setzen). ② 〖～を〗同乗させる 人⁴ mit|nehmen*. ③ (新聞などが) 〖～を〗(口語:) 物⁴ bringen*; 〖広告などの〗掲載を依頼する 物⁴ auf|geben*. ☞ 発表する.
のぞく ① 〖～の中を〗こっそり見る heimlich in 物⁴ sehen* (schauen). ② 〖～の中を〗ちらっと見る einen Blick in 物⁴ werfen*. ③ 〖～から〗のぞいて見える aus 物³ sehen* (schauen).
除く ① 〖～を〗取り除く 物・事⁴ beseitigen, 人・物⁴ entfernen; 〖～の心配などを〗取り除く 人³ 物⁴ nehmen*; 〖～を[～から]〗除外する 人・事⁴ [von 物³] aus|schließen* (aus|nehmen).
望み ① 願望 der Wunsch; 希望 die Hoffnung. ② 見込み die Aussicht.
望む 〖～を〗欲しいと思う [sich³] 物・事⁴ wünschen; 〖…と〗希望する hoffen, … ☞ 眺める.
のちに ☞ あとに.
ノックする 〖[～を]〗[an (auf) 物⁴] klopfen.
のど ① der Hals. // のどが渇く(渇いている) Durst bekommen* (haben*). ② 声 die Stimme.
伸ばす・延ばす ① 〖～を〗長くする 物⁴ verlängern (länger machen); 〖毛・爪()などを〗sich³ 物⁴ wachsen lassen*; 〖～を〗(引っぱって) 物⁴ ziehen*. ☞ 広げる. ② 〖～を〗平らにする 物⁴ glätten (glatt machen). ③ 〖才能などを〗物⁴ entfalten. ☞ 延期する, 促進する.
野原 das Feld; 草地 die Wiese; 荒れ野 die Heide.
伸びる・延びる ① 長くなる sich⁴ verlängern, länger werden*; 〖毛・爪()などが〗wachsen*; 〖ゴムなどが〗sich⁴ ziehen*. ☞ 広がる. ② 平らになる sich⁴ glätten, glatt werden*. ③ 向上する wachsen*, sich⁴ steigern.
述べる 〖～に感謝などの気持ちを〗表明する 人³ 物⁴ aus|drücken. ☞ 表す, 言う.
上る・登る ① (歩いて) hinauf|gehen*; (乗り物で) hinauf|fahren*; 〖[～へ]〗[auf 物⁴] steigen*; 〖～の上へ〗歩いて(乗り物で)行く auf 物⁴ gehen* (fahren*); 〖～に〗よじ登る auf 物⁴ klettern. ② (太陽などが) auf|gehen*.
飲み物 das Getränk; 何か飲む物 etwas zu trinken.
飲む 〖[飲み物を]〗[物⁴] trinken*; 〖薬を〗物⁴ [ein|]nehmen*; 〖～を〗飲み込む 物⁴ schlucken.

のり der Leim; 接着剤 der Klebstoff.
乗り換える um|steigen*.
乗り物 das Fahrzeug.
乗る 〖乗り物に〗乗り込む [in 物⁴] ein|steigen*; 〖車などを〗走らせる 物⁴ fahren*; 〖馬などを〗走らせる 物⁴ reiten*. ☞ 上がる.
のんびり gemütlich; ゆっくり langsam.

は

刃 die Klinge; やいば die Schneide.
歯 (動物・のこぎりなどの) der Zahn. // 歯を磨く sich³ die Zähne putzen.
葉 das Blatt; (木全体の) das Laub.
場 ① (磁力などの) das Feld. ② (演劇などの) die Szene.
パーセント das Prozent.
パーティー die Party; 祝宴 das Fest; (公的な) das Bankett; コンパ die Fete.
はい ① ja; (否定の質問に対して答えを否定になる場合は:) nein. // 彼は来ないのですか. - はい, 来ません. Kommt* er nicht? - Nein, er kommt* nicht. ② (点呼に答えて:) Hier!
灰 die Asche.
杯 der Becher; 優勝杯 der Pokal; グラス das Glas; カップ die Tasse.
肺 die Lunge.
倍 ① …倍 ..mal, ..fach. // ~は~の3倍の大きさである. 物¹ ist* dreimal so groß wie 物¹. ② 2倍 doppelt, zweimal, zweifach.
灰色の grau.
バイオリン die Geige.
ばい菌 細菌 die Bakterie; 病原菌 der Keim.
ハイキング die Wanderung.
背景 (景色・物事などの) der Hintergrund.
廃止する 〖~を〗物・事⁴ ab|schaffen.
歯医者 der Zahnarzt.
配達する 〖郵便物を〗物⁴ zu|stellen;〖商品などを〗物⁴ liefern.
売店 der Kiosk.
俳優 der Schauspieler.
入る 〖~へ〗 [in 物⁴] ein|treten*;〖~に〗足を踏み入れる 物⁴ betreten*;〖~の中へ〗行く(来る) in 物⁴ gehen* (kommen*). ☞ 入学する.
はう kriechen*.
はえ die Fliege.
生える 〖~が〗 kommen*; (植物・毛などが) 伸びる wachsen*.
墓 das Grab; 墓石 der Grabstein.
ばか der Dummkopf.
破壊する 〖~を〗物⁴ zerstören;〖~を〗破壊しつくす 物⁴ vernichten.
はがき die Postkarte, die Karte.
はがす 〖~を〗引きはがす 物⁴ ab|reißen*;〖~を~から〗物⁴ von 物³ reißen*.
ばかな dumm; お人よしの einfältig. ☞ 壊れた.
ばかにする 〖~を〗 über 人・事⁴ spotten.
はかり die Waage.
計る・測る・量る 〖~の大きさなどを〗物⁴ messen*;〖~の重さを〗人・物⁴ wiegen*.
はく 〖靴・ズボンなどを〗物⁴ an|ziehen*;〖~を〗はいている 物⁴ tragen* ((口語:) an|haben*).
吐く ① 〖食べ物などを〗[物⁴] erbrechen*;〖~を〗吐き出す 物⁴ spucken. ②〖息・煙などを〗物⁴ aus|stoßen*. ☞ 息.
掃く 〖部屋などを〗物⁴ fegen (kehren).
博士 der Doktor.
拍手する klatschen.
白状する 〖[~を]〗[事⁴] gestehen*.
爆弾 die Bombe.
爆発する explodieren. ☞ 噴火する.
博物館 das Museum.
歯車 das Zahnrad.
激しい heftig; 荒々しい wild; 強い stark, kräftig. ☞ 厳しい.
励ます 〖~を〗勇気づける 人⁴ ermutigen.
派遣する 〖~を〗 (雅語:) 人⁴ entsenden(*);〖~を[…へ]〗送る 人⁴ […] schicken ((雅語:) senden(*)).
箱 (紙でできた簡単な) die Schachtel; (四角い) ケース der Kasten; ボール紙でできた箱 der Karton; 木箱 die Kiste.
運ぶ 〖~を…へ〗人・物⁴ … tragen*;〖~を〗(乗り物で) 人・物⁴ fahren*. ☞ 持って行く, 実行する, 進む, 進める.
はさみ ① (物を切る) die Schere. ② (物をつかむ) die Zange.
はさむ 〖~を…へ〗物⁴ … klemmen. ☞ つかむ, 差す.
端 ① 末端 das Ende. ② 切れ端 das Endstück. ☞ 角(かど), 縁.
箸 (はし) 〖ふつう 複〗 Essstäbchen.
橋 die Brücke; 陸橋 die Überführung.
恥 die Schande.
はしご die Leiter.
始まる beginnen*, an|fangen*; (時期・音楽などが) ein|setzen; スタートする (口語:) starten.
初め・始め der Anfang, der Beginn. ☞ 起源. // 五月初めに Anfang Mai.
初めて zum ersten Mal. ☞ やっと.
初めての erst.
始めに ☞ 最初に.
始める 〖~を〗事⁴ (mit 物³) beginnen* (an|fangen*);〖~を〗スタートさせる (口語:) 物⁴ starten. 〖~を〗開く.
パジャマ der Schlafanzug.
場所 die Stelle, der Ort, der Platz.
柱 der Pfeiler; 円柱 die Säule.
走る 駆けて行く laufen*, rennen*; (乗り物が) fahren*.
バス der Bus, der Omnibus.
恥ずかしい 〖~は〗はにかみ屋の schüchtern, scheu;〖~をする〗自信がない sich³ 事⁴ nicht zu|trauen. ② 恥知らずな unverschämt;

〖〜を〗 恥ずかしく思う sich⁴ [wegen 物²] schämen.
はずす ①〖〜を〜から〗 取りはずす 物⁴ von 物³ nehmen*;〖〜を[〜から]〗 物⁴ [von 物³] ab|nehmen* ((口語:) ab|machen). ／ 離す. ②〖ボタンを〗 物⁴ öffnen (auf|machen). ／ 除く.
はずである ① …するだろう … werden*; …するに違いない … müssen*. ／ …であるはずがない es darf* (kann*) nicht sein, dass … ② …することになっている … sollen*.
パスポート der Pass.
はずれる ①〖〜から〗 外へ落ちる [aus 物³] heraus|fallen*. ②〖コースなどから〗 それる von 物³ ab|kommen* (ab|weichen*); 的中られる daneben|gehen*. ③ (期待などが)〖〜を〗 欺く [人⁴] trügen*.
旗 die Fahne.
バター die Butter.
裸の nackt, bloß, むき出しの frei.
畑 das Feld; 耕地 der Acker. ／ 分野.
はだしで barfuß.
働く ① arbeiten;〖…(位置)で(〜として)〗 … (als 物¹) wirken (tätig sein*). ②〖[〜として]〗 機能する [als 人・物¹] funktionieren.
八 acht.
八月 der August. ／ 八月に im August.
ぱちっという (炭火などが) Es knackt.
罰 die Strafe.
発音 die Aussprache; アクセント der Akzent.
発音する〖〜を〗 物⁴ aus|sprechen*.
二十日 …日(㊉).
はっきり klar, deutlich; 率直に offen.
発見 die Entdeckung.
発見する〖〜を〗 物・事⁴ entdecken.
発行する〖証明書などを〗 物⁴ aus|stellen. ／ 出版する.
発車する ab|fahren*; 発進する los|fahren*.
罰する〖〜を〗 人⁴ bestrafen (strafen).
発生する 生じる entstehen*; (問題・病気などが) auf|treten*; (ある状態が) ein|treten*. ／ 起こる.
発達 die Entwicklung; 成長 das Wachstum. ／ 進歩.
発達する sich⁴ entwickeln; 成長する wachsen*. ／ 進歩する.
発展 die Entfaltung. ／ 発達.
発展する zur Entfaltung kommen*. ／ 発達する.
発表する〖〜を〗 公表する 物⁴ bekannt machen;〖〜を〗 (印刷して) 物⁴ veröffentlichen.
発明 die Erfindung.
発明者 der Erfinder.
発明する〖〜を〗 物⁴ erfinden*.
はでな 目だつ auffällig; けばけばしい grell; 色とりどりの bunt.
鳩(㊉) die Taube.
花 die Blüte; 花の咲く草 die Blume.
鼻 die Nase. ／ 〜は鼻が出る. [人³] läuft* die Nase. ／ 鼻をかむ sich³ die Nase putzen.

話 歓談 die Unterhaltung; 話し合い das Gespräch, die Besprechung. ／ 交渉, 物語.
話しかける〖〜に〗 人⁴ an|sprechen*.
話す〖〜と(〜について)〗 [mit 人³ (über 物⁴)] sprechen* (reden);〖〜に〗〜を 話して聞かせる [人³] 物⁴ erzählen;〖〜に〗〜を 言う [人³] 物⁴ sagen. ／ おしゃべりする, 交渉する, 相談する.
放す〖人・物・動物を〗 人・物⁴ los|lassen*.
離す ①〖〜を〜から〗 少し離して置く 物⁴ von 物³ etwas weiter weg stellen. ②〖〜を〜から〗 切り離す 物⁴ von 物³ trennen;〖〜を[〜から]〗 解き放す 物⁴ [von 物³] lösen.
離れる ①〖〜を〗 あとにする 物⁴ verlassen*;〖〜から〗 遠ざかる sich⁴ [von 人・物³] entfernen. ②〖ふたつの物が〗 (口語:) auseinander|gehen*;〖集団などから〗 sich⁴ von 物³ lösen;〖〜から〗 分離する sich⁴ von 物³ trennen.
羽・羽根 ① 〖主〗翼・プロペラの羽根 der Flügel. ② 羽毛・バドミントンの羽根 die Feder.
はねる ① 跳躍する springen*; (ぴょんぴょん) hüpfen. ② (水などが) spritzen.
母 die Mutter.
幅 横の長さ die Breite. ／ 〜は幅…メートルである. 物¹ ist* … Meter breit.
省く〖〜を〗 省略する (削除する) 物・事⁴ weg|lassen* (streichen*). ／ 手間を省く Mühe sparen.
浜 der Strand. ／ 海岸.
ハム der Schinken.
はめる〖〜を〜へ〗 物⁴ in (auf) 物⁴ stecken.
場面 シーン die Szene. ／ 状況.
早い früh.
速い schnell, rasch.
林 森 der Wald.
はやる ① (ファッションなどが) Mode werden*, in Mode kommen*; はやっている modern ([in] Mode) sein*. ／ 人気のある. ② (病気などが) sich⁴ verbreiten. ③ 客の入りがよい gut besucht sein*, [großen] Zulauf haben*.
腹 der Bauch, der Leib. ／ 〜に私は腹が立つ. 物¹ ärgert mich.
ばら die Rose.
払う ①〖金額を〗 物⁴ zahlen;〖〜の〗 代金を払う 物・事⁴ bezahlen. ／ 支出する. ②〖ほこりなどを〗 振り払う 物⁴ ab|schütteln;〖ほこりなどを〜から〗 物⁴ von (aus) 物³ schütteln.
ばらばらに 離ればなれに auseinander; 個々に vereinzelt.
バランス das Gleichgewicht.
針 ① die Nadel; 鉤針(㊉) der Haken. ② (時計などの) der Zeiger.
針金 der Draht.
春 der Frühling. ／ 春に im Frühling.
張る ①〖糸・綱などを[…へ]〗 物⁴ […] spannen. ②〖薄い膜などが〗できる sich⁴ bilden. ③〖〜を〗 緊張させる 物⁴ an|spannen.

貼(は)る 〘〜を…へ〙貼り付ける 物⁴ ... kleben; 〘〜を〙物⁴ auf|kleben.
晴れの ① 晴天の heiter. ☞ 天気. ② 晴れがましい feierlich.
半 半分の halb. // 九時半 halb zehn.
晩 der Abend. // 晩に am Abend, abends.
番 ① die Reihe. ☞ 順番. // 君の番だ. Du bist* an der Reihe ((口語:) dran). ② 見張り die Wache.
パン das Brot. // パン屋 die Bäckerei.
範囲 大きさ der Umfang; 領域 der Bereich.
ハンカチ das Taschentuch.
番組 das Programm, die Sendung.
判決 das Urteil.
番号 die Nummer.
犯罪 das Verbrechen; (総称として:) die Kriminalität.
反省する 自分自身についてよく考える über sich⁴ nach|denken*.
反対 das Gegenteil, der Gegensatz.
反対する 〘〜に〙反論する 人・事³ widersprechen*; 〘〜に〙反対である gegen 人・事⁴ sein*.
反対に 逆に im Gegenteil; ～に逆らって gegen 人・事⁴; ～とは対照的に im Gegensatz zu 人・事³. ☞ いっそう, むしろ.
反対の 逆の umgekehrt; 裏返しの verkehrt.
判断 判定 das Urteil; 決断 die Entscheidung.
判断する 〘〜て〙 [nach 事³] urteilen; 〘〜を [～によって]〙 [nach 事³] beurteilen.
半島 die Halbinsel.
ハンドバッグ die Handtasche.
犯人 der Täter.
反応 die Reaktion.
反応する 〘〜に〙 [auf 物・事⁴] reagieren.
販売 der Verkauf.
半分 die Hälfte.
半分の halb.

ひ

火 das Feuer.
日 一日・昼間 der Tag. ☞ 太陽.
美 die Schönheit.
ピアノ das Klavier.
ぴーぴーいう (風などが) Es pfeift*.
ビール das Bier.
冷える 冷たくなる kalt werden*. // 私は足(手)が冷えた. Mir frieren* die Füße (Hände).
被害 der Schaden; 損傷 die Beschädigung.
控える ① 出番を待っている sich⁴ bereit|stellen. ② 〘飲酒(食事)などを〙 自制する sich⁴ [bei (mit) 事³] zurück|halten*. ③ 〘〜を〙せずにおく auf 事⁴ verzichten. ☞ メモする.
比較 der Vergleich.
比較的 verhältnismäßig, relativ.
日陰 der Schatten. // 日陰で im Schatten.

東 der Osten. // 東の östlich.
光 das Licht; 光線 der Strahl. ☞ 希望.
光る scheinen*; 輝く leuchten; 光線を放つ strahlen; 光沢がある glänzen; きらめく funkeln.
引き受ける 〘職務などを〙引き受ける(引き継ぐ) 事⁴ an|nehmen* (übernehmen*); 〘〜に〙応じる [auf 事⁴] zu|sagen.
引き起こす ☞ 起こす.
引き返す ☞ 戻る.
引き出し die Schublade.
引きたつ günstig wirken.
引き伸ばす・引き延ばす ① 〘写真を〙物⁴ vergrößern. ② 〘期限・交渉などを〙事⁴ hinaus|ziehen*. ☞ 伸ばす.
卑きょうな ① フェアでない unfair; 狡猾(こう)な hinterlistig. ② 臆病(おく)な feige.
引き分けの unentschieden.
引く ① 〘〜を〙引っぱる 物⁴ ziehen*. ② 〘数を[数から]〙事⁴ [von 事³] subtrahieren (ab|ziehen*). // 5−2=3 5 weniger 2 ist* 3. ☞ 調べる.
弾く 〘楽器を〙物⁴ spielen.
低い ① 高くない niedrig; 平たい flach; 深い tief. // 背の低い klein. ② (価値が)少ない gering.
ひげ der Bart. // ～の(自分の)ひげをそる 人⁴ (sich⁴) rasieren.
悲劇 die Tragödie.
飛行機 das Flugzeug; 機 die Maschine.
ひざ ① das Knie. ② (座って荷物・子供を乗せる) der Schoß.
久しぶりに 長い時間ののちに再び nach langer Zeit wieder. // 久しぶりですね. Wir haben* uns lange nicht gesehen.
悲惨な ☞ 残酷な, ひどい, 惨めな.
ひじ der Ellbogen.
美術 die Kunst; 造形美術 〘腹〙で die bildenden Künste.
非常… not.. // 非常の際には im Notfall.
非常に sehr. ☞ とても.
額 die Stirn.
左に links.
左の link.
びっくりする erstaunen. ☞ 驚く.
日付 das Datum.
引っ越し der Umzug.
引っ越す 〘[…へ]〙 […] um|ziehen*; 〘[…へ]〙移る ... ziehen*.
必然的に notwendigerweise.
必然の notwendig.
引っぱる ① 〘〜を〙物⁴ ziehen*. ② 〘〜を〙えい航(けん引)する 物⁴ schleppen.
必要とする 〘〜を〙物・事⁴ brauchen (benötigen).
必要な nötig, notwendig; 必須の erforderlich.
否定する Nein sagen; 〘〜を〙事⁴ verneinen; 〘[犯行などを]〙 [事⁴] leugnen.
ビデオ das Video; ビデオレコーダー der Vi-

deorekorder. ☞ テープ.
人 ① 人間 der Mensch; 人物 die Person. ② 人々〖圏で〗Leute; (不特定の人を表して:) man. ③ …する人 wer … ☞ 人柄.
ひどい schlimm; 恐ろしい schrecklich, furchtbar. ☞ 激しい.
人柄 die Persönlichkeit, der Charakter.
美徳 die Tugend.
等しい 同等の gleich.
一つ ① eins; 一つの事(物) ein[e]s.
一つの ein. ☞ 同じ.
一人 ① einer. // 私の友人の一人が einer meiner Freunde. ② 自分だけ allein.
一人で allein; 自分で selber, selbst.
ひなたで in der Sonne.
非難 der Vorwurf.
非難する 〚~を〛人³事⁴ vor|werfen*.
皮肉 die Ironie.
批判 die Kritik.
批判する 〚~を〛人・事⁴ kritisieren.
ひび der Riss.
響き der Klang.
響く ① 鳴り響く ertönen; 鳴る klingen*. ② 反響する wider|hallen.
皮膚 die Haut.
暇 ① 時間 die Zeit. // 暇がある Zeit haben*. ② 自由な時間 die Freizeit.
秘密 das Geheimnis. // 秘密だけど unter uns gesagt / ~を秘密にする 事⁴ geheim halten* / ☞ 隠す.
百 das Hundert; 百の hundert.
冷やす 〚~を〛物⁴ kühlen.
表 die Tabelle; 図表 die Tafel.
費用 〖圏で〗Kosten.
秒 die Sekunde.
病院 das Krankenhaus; 専門病院 die Klinik.
評価する ① 〚~を〛査定(高く評価する)事⁴ (人・事⁴) schätzen; 〚~のよしあしなどを[~によって]〛事⁴ [nach 事³] beurteilen. ② 〚~に〛成績をつける 人・事⁴ benoten.
病気 die Krankheit; (長期の) das Leiden.
病気の krank.
表現 der Ausdruck.
表現する 〚~を〛事⁴ aus|drücken.
表紙 厚表紙 der Deckel; カバー der Umschlag.
描写 die Beschreibung.
描写する 〚~を〛事⁴ beschreiben*.
標準 der Standard; 規範 die Norm.
表情 der Gesichtsausdruck, die Miene.
平等 同権 die Gleichberechtigung.
病人 der Kranke〖語尾変化は形容詞と同じ〗.
評判 der Ruf.
表面 die Oberfläche. ☞ 見かけ.
開く ① 開花する auf|blühen. ② 〚集会などを〛事⁴ [ab|]halten*; 〚宴会などを〛事⁴ geben*; 〚~を〛開会(開業)する 事⁴ eröffnen. ☞ 開(ぁ)く, 開ける, 行う, 設立する.
昼 正午 der Mittag. ☞ 昼間, 昼食. // 昼に am Mittag, mittags.
ビル 建物 das Gebäude, das Haus; 高層建築 das Hochhaus.
昼間 der Tag. // 昼間に am Tag, tags / 昼間はずっと tagsüber.
比例 das Verhältnis.
広い 幅の広い breit; 広大な groß, weit.
拾う 〚~を〛拾い上げる 物⁴ auf|nehmen* (auf|heben*); 〚~を~から〛手に取る 物⁴ von (aus) 物³ nehmen*. ☞ 選ぶ, 見つける.
疲労 消耗 die Erschöpfung; 疲労感 die Müdigkeit.
広がる ① 幅が広くなる breiter werden*; 拡大する sich⁴ erweitern (aus|dehnen, vergrößern). ② 広まる sich⁴ verbreiten (aus|breiten).
広げる ① 〚~を〛広くする 物⁴ breiter machen; 〚~を〛拡大する 物⁴ erweitern (aus|dehnen, vergrößern). ② 〚たたんである物を〛物⁴ entfalten (aus|breiten).
広さ 大きさ, 幅, 面積.
広場 der Platz.
広まる ☞ 広がる.
広める 〚~を〛物・事⁴ verbreiten (aus|breiten).
便 郵便 die Post. ☞ バス, 列車, 船, 飛行機.
瓶 die Flasche.
敏感な empfindsam; 傷つきやすい empfindlich.
貧乏な arm.

ふ

部 ① 部門 die Abteilung. ② (冊数を数えて:) das Exemplar.
不安 die Angst; 心配 die Sorge.
不意の ☞ 思いがけない, 突然.
フィルム ① der Film. ② (ビニールなどの)薄膜 die Folie.
風景 ☞ 景色, 眺め, 場面.
封筒 der Briefumschlag, der Umschlag.
夫婦 das Ehepaar.
プール das Schwimmbad, das Bad.
不運 das Pech; 不幸 das Unglück.
笛 die Flöte.
増える sich⁴ vermehren, zu|nehmen*; より多く…する mehr … ☞ 上がる.
フォーク die Gabel.
深い ① tief. ② 親密な intim, eng.
不快な ① 不愉快な unangenehm, hässlich; 腹立たしい ärgerlich. ② (においが) schlecht, übel. ☞ 気持ち.
不可能な unmöglich.
武器 die Waffe.
普及する verbreitet werden*.
ふく 〚床などを〛物⁴ ab|wischen; 〚汚れなどを~から〛ふき取る 物⁴ von 物³ wischen; 〚~を[~から]〛物⁴ [von 物³] ab|wischen; 〚皿など

を）ふいて乾かす 物⁴ ab|trocknen.
吹く ① (風が) wehen. ② 〖〜を〗吹奏する 物⁴ blasen*. 〖〜を〗演奏する.
服 die Kleidung; 〖圏で〗 Kleider.
複雑な kompliziert.
復習する 〖〜を〗繰り返す 物⁴ wiederholen; 〖〜を〗もう一度学ぶ 物⁴ noch einmal lernen.
服従する ☞ 従う, 負ける.
服装 die Kleidung.
腹痛【ふくつう】〖圏〗 Bauchschmerzen.
含む 〖〜を〗物・事⁴ enthalten* (in sich³ be-greifen*).
含める 〖〜を〗物⁴ ein|schließen*.
ふくらむ schwellen*.
ふくれる (不満で:) schmollen. ☞ ふくらむ.
袋 der Beutel; 紙袋 die Tüte; 大きな[麻]袋 der Sack; 手提げ袋 die Tasche.
不潔な schmutzig.
不幸 das Unglück; 不運 das Pech.
不幸な unglücklich.
ふさわしい 〖…に〗適している zu 人・物³ passen, sich⁴ zu 物³ (als 物¹, für 物⁴) eignen. ☞ 適切な, 適当な.
不思議な 不可思議な sonderbar. ☞ 変な.
無事な ① heil, unversehrt. 〖健康な.〗 // (けが人などが)無事である außer Lebensgefahr sein*. ② 順調な glatt.
侮辱する 〖〜を〗人⁴ beleidigen.
夫人 die Frau, 令夫人 (雅語:) die Gattin; …夫人 Frau …
婦人 die Dame, die Frau.
防ぐ 〖敵・病気などを〗人・事⁴ ab|wehren; (遮蔽(しゃへい)) 〖〜を[〜に]〗寄せつけない 物・事⁴ [von 人・事³] ab|halten*; 〖災害などを〗阻止する 事⁴ verhindern. ☞ 予防する.
不足 der Mangel; 不足額 die Differenz.
ふた (広口の容器の) der Deckel; 栓.
豚 das Schwein; 雌豚 die Sau.
舞台 ① die Bühne, die Szene. ② (出来事の) der Schauplatz.
再び wieder; もう一度 noch einmal.
豚肉 das Schweinefleisch.
普段 ☞ ふつう.
不断の ständig, ununterbrochen.
縁 der Rand; 二平面の交線 die Kante.
不注意から ☞ うっかり.
ふつう gewöhnlich, normalerweise.
不通になる (交通・通信などが) unterbrochen werden*.
ふつうの gewöhnlich, normal; 通例の üblich.
二日 ☞ …日(か).
物価 〖圏で〗 Preise.
ぶつかる ① zusammen|stoßen*; 〖〜に〗 an (gegen) 人・物⁴ stoßen*. ② 〖〜に〗出くわす auf 人・物⁴ stoßen*. ③ 〖〜と〗(意見の相違などが) mit 人³ in Konflikt geraten*.
仏教 der Buddhismus. // 仏教徒 der Buddhist / 仏教の buddhistisch.

物質 der Stoff, die Materie, die Substanz.
沸騰する kochen.
物理学 die Physik.
筆 ① 絵筆 der Pinsel. ② ペン die Feder.
ふと ☞ 偶然に, 突然に.
太い dick; 丈夫な, 低い, 広い.
太った dick; 肥満した fett.
太る 体重が増える zu|nehmen*.
布団 敷布団 die Matratze; 掛布団 die Decke.
船 das Schiff; 小舟 das Boot.
部分 der Teil; 断片 das Stück, der Abschnitt.
不平 die Beschwerde, die Klage. ☞ 文句.
不便な 使いにくい unpraktisch; へんぴな abgelegen. ☞ 不利な.
不満な unzufrieden. ☞ 満足する.
踏む 〖〜を〗(足で) auf (in) 物⁴ treten*. ☞ 入る, 推測する, 見込む.
不明の 知られていない unbekannt; はっきりしない unklar.
増やす 〖〜を〗物⁴ vermehren; 〖〜を〗増強する 物⁴ verstärken; 〖〜を〗増大させる 物⁴ vergrößern; より多く…する mehr …
冬 der Winter. // 冬に im Winter.
冬休み 〖圏で〗 Winterferien; クリスマス休暇 〖圏で〗 Weihnachtsferien.
ブラウス die Bluse.
ブラシ die Bürste; 刷毛(はけ) der Besen.
プラス ① …足す…, 正の plus. ② 益 das Plus. ③ 陽極 der positive Pol.
プラスチック das Plastik.
フランス [die Republik] Frankreich. // フランス語 Französisch / フランス人 der Franzose / フランスの französisch.
不利な (条件などが) ungünstig; 損になる nachteilig; 良くない schlecht.
ふりをする 〖…する〗so tun*, als ob … 〖接続法とともに〗.
降る fallen*. // 雨, 雪.
振る 〖〜を〗揺さぶる 物⁴ schütteln; 〖旗などを〗振り動かす 物⁴ schwingen*. ☞ 掛ける.
古い alt.
震える zittern.
ふるまう 〖…のような〗態度をとる sich⁴ … verhalten* (benehmen*), … handeln. ☞ 出す.
ブレーキ die Bremse. // 〖〜に〗ブレーキをかける [物・事⁴] bremsen.
触れる 〖〜に〗言及する 人・事⁴ erwähnen. ☞ 犯す, 触る.
ふろ das Bad. // ふろに入る [sich⁴] baden.
プログラム das Programm.
分(ふん) (時間・角度の) die Minute. ☞ …時.
文 der Satz; 文章 der Text.
分(ぶん) 取り分・負担分 der Anteil.
雰囲気 die Stimmung, die Atmosphäre.
文化 die Kultur.
分解する ① (物質などが) zerfallen*. ② 〖〜を〗物⁴ zerlegen.

文学 die Literatur.
噴火する aus|brechen*.
文章 der Text; 文 der Satz.
分析する 〖～を〗物・事⁴ analysieren.
紛争 der Konflikt.
分担 der Anteil.
ぶんぶんいう (蜂(ﾊﾁ)などが) Es summt.
文法 die Grammatik.
文房具 〖国 で〗 Schreibwaren.
文明 die Zivilisation.
分野 das Gebiet; 専門分野 das Fach; 領域 der Bereich; 活動分野 das Feld.
分離する (混合物などが) auseinander|gehen*. ☞ 離れる, 離す.
分類する 〖～を～に〗物⁴ in 物⁴ ein|teilen. ☞ 整理する.

へ

…へ ～(人の所・建物など)へ zu 人・物³; ～(国・都市など)へ nach 物³.
塀 die Mauer; 柵 der Zaun.
平気な 泰然とした gelassen, gefasst; 落ち着いた ruhig.
平均 ① der Durchschnitt. ∥ 平均すると im Durchschnitt. ② 平衡 das Gleichgewicht.
平均的な durchschnittlich.
平行の parallel.
平日 日曜以外の日 der Wochentag; 就業日 der Werktag. ∥ 平日には während der Woche; unter der Woche; wochentags.
平凡な alltäglich. ☞ ふつうの.
平野 低地 die Tiefebene; 平地 die Ebene.
平和 ① der Frieden. ② 平穏 die Ruhe.
ページ die Seite. ∥ 35 ページに auf Seite 35.
下手な schlecht; 不器用な ungeschickt.
別 違い der Unterschied. ☞ 区別. ∥ ～は別として abgesehen von 人・事³.
ベッド das Bett.
別の 違う ander; 別々の getrennt.
部屋 das Zimmer; 室 der Raum. ☞ ホール.
減らす 〖～を〗物・事⁴ vermindern; 〖［～の］給料などを〗削る [人³] 物⁴ kürzen; より少なく…する weniger …
減る sich⁴ vermindern, ab|nehmen*; より少なく…する weniger … ☞ 下がる.
ベル die Klingel; 鐘 die Glocke.
ベルト ① バンド der Gürtel. ② (動力を伝える) der Riemen.
辺 (図形の) die Seite.
ペン die Feder. ☞ サインペン, ボールペン, 万年筆.
変化 die Veränderung, die Änderung; 変転 der Wechsel.
弁解 die Entschuldigung.
弁解する sich⁴ entschuldigen.
勉強 die Arbeit; (大学での)学業 das Studium.
勉強する 〖［～を］〗 [国⁴] lernen; 〖［～を］〗 (大学で) [国⁴] studieren.
変更 die Änderung.
弁護士 der Rechtsanwalt.
弁護する 〖～を〗 人⁴ verteidigen.
返事 die Antwort.
編集する 〖フィルムなどを〗物⁴ schneiden*. ☞ 出版する.
弁償する 〖損害などを〗国⁴ ersetzen; 〖～に対して〗賠償をする 人⁴ entschädigen.
ベンチ die Bank.
変な komisch, seltsam, merkwürdig.

ほ

方 ∥ 私の方があなたより背が高い. Ich bin* größer als Sie.
棒 der Stock, der Stab. ☞ 線.
貿易 der Außenhandel; 商取引 der Handel.
妨害する ☞ 妨げる, じゃまする.
方角 die Himmelsrichtung. ☞ 方向.
ほうき der Besen.
放棄する あきらめる, 忘る.
方言 die Mundart, der Dialekt.
冒険 das Abenteuer.
方向 ① die Richtung. ② 進路 der Kurs.
報告する 〖［～に］～について〗[国³] von 人・事³ (über 人・事⁴) berichten. ☞ 知らせる, 届ける.
帽子 (縁のある) der Hut; (縁なし・ヴァイザー付きの) die Mütze; (水泳用の) die Kappe.
奉仕する 〖～に〗人・物³ dienen.
報酬 der Lohn, die Belohnung; (弁護士・作家などに対する) das Honorar.
方針 [ふつう 複] Richtlinien. ☞ 原則.
宝石 der Edelstein.
放送 die Sendung. ☞ テレビ, ラジオ.
放送局 der Sender, die Station.
放送する 〖［～を］〗 [国⁴] senden.
法則 das Gesetz; 原理 das Prinzip.
報道 die Meldung; 情報 die Nachricht.
褒美 die Belohnung.
豊富な reich; 多い viel. ∥ ～が豊富である reich an 物³ sein*.
方法 die Methode; 道 der Weg; 手順 das Verfahren.
方面 ☞ 周辺, 分野, 方向.
訪問 der Besuch.
訪問する ☞ 訪ねる.
法律 das Gesetz.
暴力 die Gewalt; 暴力行為 die Gewalttat.
ボウル 深皿 die Schüssel, die Schale.
ほえる bellen.
頬(ほお) die Backe, (雅語:) die Wange.
ボーイ der Kellner; ボーイ長 der Ober.

ホース der Schlauch.
ホーム （駅の）der Bahnsteig. ☞ 施設.
ホール die Halle; 広間 der Saal.
ボール 球 der Ball. ☞ ボウル.
ボールペン der Kugelschreiber.
ほかに ① そのほかに[は] sonst, anßerdem; そのほかの点では übrigens. ② ～以外に außer (neben) 人・物³; ～を除いて bis auf 人・物⁴.
ほかの ander.
朗らかな heiter; 愉快な lustig, froh.
ポケット die Tasche.
保険 die Versicherung.
保護 der Schutz.
保護する 〚～を[～から]〛 人・物⁴ [vor 人・物³] schützen.
誇り der Stolz.
星 ① der Stern. ② 星印 das Sternchen.
欲しい 〚～が〛 物⁴ wollen* (möchte), [sich³] 物⁴ wünschen.
募集する 〚～を〛 人⁴ an|werben*; 〚～のポストの応募者を〛 物⁴ aus|schreiben*.
保守的な konservativ.
補助 補助金 der Zuschuss. ☞ 援助.
保証 請け合うこと die Versicherung; （商品に対する）die Garantie.
保証する 〚～に～を〛 請け合う 人³ 物⁴ versichern.
干す ①〚洗濯物を〛 物⁴ auf|hängen. ☞ 乾かす. ②〚池などの〛水を流す 物⁴ ab|lassen*.
ポスター （観賞用の）das Poster; （宣伝用の）das Plakat.
ポスト 郵便ポスト der Briefkasten.
細い schmal, dünn. ☞ 狭い.
保存する 〚建物などを〛 物⁴ erhalten*. ☞ とっておく.
ボタン der Knopf.
ほてる glühen. ☞ 温かい.
ホテル das Hotel; （飲食店を兼ねた）das Gasthaus.
歩道 der Bürgersteig.
ほどく 〚～を〛 物⁴ lösen.
ほとんど ① たいてい meistens. ② もう少しで fast, beinah[e]. ③ ほとんど…ない kaum.
ほとんどの meist.
骨 der Knochen; （魚の）die Gräte.
炎 die Flamme.
ほほえむ lächeln; 〚～に〛 人³ zu|lächeln.
ほめる 〚～を〛 人⁴ loben.
彫る 〚像などを(模様などを～に)〛 物⁴ (物⁴ in 物⁴) schnitzen.
掘る ①〚穴などを〛 物⁴ graben*. ②〚～を〛掘り出す 物⁴ aus|graben*.
本 das Buch.
盆 （物を載せる）das Tablett.
本気で 真剣に mit Ernst; 本心から im Ernst.
本気の ernst.
本質 das Wesen; 本性 die Natur.
本質的な wesentlich.

本棚 das Bücherregal; （扉付きの）der Bücherschrank.
本当の 真実の wahr; 真の wirklich 〚付加語としてのみ〛; 事実の tatsächlich 〚付加語としてのみ〛.
本当は 本来は eigentlich. ☞ 実は.
ほんの わずか nur, bloß; 単なる lediglich.
本能 der Instinkt.
本物の 正真正銘の echt. ☞ 本当の.
翻訳する 〚～を〛 物⁴ übersetzen. ☞ 訳す.
ぼんやりした ①（景色などが）verschwommen. ② 放心した geistesabwesend.
本来の eigentlich.

ま

間 ☞ 間(ま)に, 間隔, 時間, すき間, 部屋.
マーガリン die Margarine.
…枚 〚紙二枚 zwei Blatt Papier / パン二枚 zwei Scheiben Brot / チョコレート二枚 zwei Tafeln Schokolade.
毎朝 jeden Morgen, morgens.
毎週 jede Woche, wöchentlich.
毎月 jeden Monat, monatlich.
毎年 jedes Jahr, jährlich.
マイナス ① …引く…．負の minus. ② 不利益 das Minus. ③ 陰極 der negative Pol.
毎日 jeden Tag, täglich.
毎晩 jeden Abend, abends.
参る 降参する auf|geben*. // この暑さには参る.（口語:）Diese Hitze macht mich ganz fertig. ☞ 行く, 訪ねる, 来る.
…前 （飲食物の）一人前 die Portion.
前に ①（空間的に:）前で vorne; 前へ vorwärts, nach vorne; （時間的に:）前もって vorher; 以前 früher. ②（空間的に）～の前で（へ） vor 人・物⁴⁽³⁾; （時間的に）～の前に vor 物³. ③ …する前に bevor (ehe) …
負かす 〚敵・相手を〛 人⁴ schlagen*; 〚相手を〛 gegen 人⁴ gewinnen*, 人⁴ besiegen.
任せる 〚～に～を〛 人³ 物⁴ überlassen*.
曲がる ① 進む方向を変える [ab|]biegen*. ② たわむ sich⁴ biegen*.
まく ①〚砂などを〛 物⁴ streuen. ☞ 配る. // ～に水をまく 物⁴ sprengen. ②〚～の種を〛 物⁴ säen.
巻く ①〚紙などを〛 物⁴ [zusammen|]rollen. ②〚～を～に〛 物⁴ auf (um) 物⁴ wickeln.
幕 ①（舞台の）der Vorhang. ②（芝居の）der Akt.
枕(まくら) das Kopfkissen.
負ける ①〚戦いなどに〛 〚物⁴〛 verlieren*; 〚敵・誘惑などに〛屈服する 人・事³ unterliegen*; 〚～に〛 〚人・事³〛 nach|geben*. ② 値段を下げる mit dem Preis herunter|gehen*; 〚～に〛 割り引きする 〚人³〛 Rabatt geben*.

まんぞくさせる

曲げる 〘～を〙 物⁴ biegen*;〘腕・ひざなどを〙物⁴ beugen.
孫 der Enkel; 孫娘 die Enkelin.
摩擦 (物と物の) die Reibung. ☞ 紛争.
まじめな ernst, ernsthaft.
混じる・交じる 〘～と(～に)〙 sich⁴ mit 物³ (unter 物⁴) mischen.
交わる (線などが) sich⁴ kreuzen (schneiden*, überschneiden*). ☞ つき合う.
増す ☞ 増える, 増やす, 上げる.
まず ともかく erst (zunächst) einmal; 最初に zuerst, zunächst.
まずい (飲食物が) 〘[～にとって]〙 [人³] nicht [gut] schmecken. ☞ 下手な.
貧しい arm.
ますます immer ...〘比較級とともに〙. ☞ いっそう.
混ぜる・交ぜる ① 〘～を～に〙混ぜ込む 物⁴ in (unter) 物⁴ mischen. ② 〘～を[と]〙混ぜ合わせる 物⁴ [mit 物³] vermischen.
また ① 再び wieder; (...したばかりなのに)また schon wieder. ② ...もまた auch. ☞ 同時に, もう.
股 ① 大腿 der Oberschenkel, der Schenkel. ② 分岐 die Gabelung.
まだ ① noch; いまだに immer noch. ② ようやく...したばかり erst.
または oder; ...か, さもなくば entweder ... oder ...
町・街 ① 市・町 die Stadt. ② 中心街 die Innenstadt.
間違い ① 誤り der Fehler; 過失 das Versehen; 思い違い die Täuschung, der Irrtum. ② 何かひどいこと etwas Schlimmes (Böses)〘語尾変化は形容詞と同じ〙.
間違う 思い違いをする sich⁴ täuschen (irren); 正しくなく...する falsch ...; 誤りを犯す einen Fehler machen. ☞ 迷う, 間違える.
間違える 〘～を～と〙[人・物]⁴ mit [人・物]³ verwechseln; 〘～を〙誤解する [人・事]⁴ missverstehen* (falsch verstehen*). ☞ 間違う.
間違った falsch.
松 die Kiefer.
待つ 〘[～を]〙[auf 人・事⁴] warten; 〘～を〙待ち受ける [人・事]⁴ erwarten.
まっすぐな gerade. ☞ 正直な.
まっすぐに 直接 direkt.
まったく ① 本当に wirklich. ② 全然...ない gar (überhaupt, durchaus) nicht. ☞ すっかり.
マッチ das Streichholz.
祭 ① das Fest. ② 儀式 die Zeremonie.
...まで bis 物・事⁴.
窓 das Fenster.
窓口 der Schalter. ☞ 係り.
まとまる ① 一体となる (雅語:) sich⁴ vereinen; 結束している zusammen|halten*. ② (異なる意見などが) sich⁴ einigen.
まとめる ① 〘～を[～へと]〙 一体化する (雅語:) [人・物]⁴ [in (zu) 事³] vereinen. ② 〘～を〙

一か所に置く [人・物]⁴ zusammen|stellen (zusammen|legen). ③ 〘契約などを〙成立させる 事⁴ zustande bringen*;〘考えなどを〙整理する 事⁴ ordnen; 〘～を〙 要約する 事⁴ zusammen|fassen.
学ぶ 〘[～を]〙 [事⁴] lernen.
間に合う ① 〘...へ〙遅れずに着く rechtzeitig (pünktlich) ... kommen*; 〘列車などに〙物⁴ erreichen. ☞ 逃(%)す. ② 十分である genügen, [aus]reichen.
まね die Nachahmung.
招く ① 〘～を〙 招待する 人⁴ ein|laden*. ② 〘～を〙 引き起こす 事⁴ verursachen.
まねる 〘～を〙 [人・事]⁴ nach|ahmen.
麻痺(ひ)する ① (手足などが) 麻痺している lahm sein*. ② (交通などが) 麻痺している lahmgelegt werden*.
まぶしい 〘[～を]〙 まぶしがらせる [人⁴] blenden.
マフラー 襟巻き der Schal.
魔法 der Zauber.
まま ...するとおりに [so,] wie ... // そのまま so.
豆 (いんげんなどの) die Bohne; えんどう die Erbse; ナッツ die Nuss.
間もなく じきに bald; すぐ gleich.
守る ① 〘～を[～から]〙 保護する [人・物]⁴ [vor 人・物]³] schützen; 〘～を～から〙 [人・物]⁴ vor 物・事³ bewahren; 〘～を〙 防衛する [人・物]⁴ verteidigen; 〘～の〙 安全を確保する [人・物]⁴ sichern. ② 〘決めたことを〙 事⁴ halten*;〘法などを〙 尊重する 事⁴ beachten.
迷う ① (道に) sich⁴ verirren; (歩いて) verlaufen*; (車などで) sich⁴ verfahren*. ② 決心がつかない schwanken. ☞ ためらう.
真夜中 24時 die Mitternacht. // 真夜中に mitten in der Nacht.
丸・まる ① 円 der Kreis. ② まる... ganz, voll.
丸い・円い 円形(球形)の rund. ☞ 穏和な.
まるで ☞ すっかり, まったく, ...ように.
まれな selten.
回す ① 〘～を〙 回転させる [人・物]⁴ drehen. ② 〘～を〙 順に送る 物⁴ weiter|geben*. ☞ 派遣する.
回り・周り ① 周囲 die Umgebung. ② 回転 die Drehung.
周りに ～の周りに um 人・物⁴ [herum].
回り道 der Umweg.
回る ① 回転する sich⁴ drehen; 〘～の周り(上空など)を〙 旋回する um 物⁴ (über 物³) kreisen. ② 一巡する durch|gehen*. ③ 行く, 訪ねる. ④ 〘...時を〙 過ぎている (口語:) Es ist* ... vorbei.
万 die zehntausend.
満員の ① 定員に達した [voll] besetzt. ② いっぱいに詰まった voll; 超満員の überfüllt.
漫画 劇画 〘ふつう 複〙 Comics; (一コマの)戯画 die Karikatur.
満足させる 〘人・欲求などを〙 [人・事]⁴ befriedigen.

まんぞくする

満足する 〖[~に]〗満足している [mit 人・事³] zufrieden sein*, [mit 事³] befriedigt sein*. ☞ 満たす.

満足な まともな ordentlich, richtig.

真ん中 die Mitte. // 部屋の真ん中で mitten im Zimmer.

万年筆 der Füll[feder]halter, der Füller.

み

実 果実 die Frucht; 木の実 die Nuss.

見える ① (人は)〖~が〗人・物⁴ sehen*;〖~を〗認める 物⁴ wahr|nehmen*, 人・物⁴ bemerken. ②〖…のように〗… aus|sehen*;〖…するように〗sehen*, zu 不定詞[句]. ☞ のぞく.

見送る ①〖去る人などを〗目で追う 人・物³ nach|sehen*. ②〖~を〗思いとどまる von 事³ ab|sehen*. ☞ 送る.

見落とす 物⁴ übersehen*.

磨く 〖~を〗物⁴ putzen;〖~を〗きれいにする 物⁴ reinigen.

見かけ 見せかけ der Schein; 外見 das Aussehen, das Äußere〖語尾変化は形容詞と同じ〗.

味方 自分のチーム die eigene Mannschaft; 自国の部隊 die eigene Truppe.

味方する 〖~に〗zu 人³ halten*.

みかん die Mandarine.

幹 der Stamm.

右に rechts.

右の recht.

見事な herrlich, großartig, (口語:) prima. ☞ 優れた, すばらしい.

見込み ① 予想 〖ふつう覆〗Erwartungen. // 見込みでは voraussichtlich. ② 見通し・望み die Aussicht, die Hoffnung,〖ふつう覆〗Chancen.

見込む 〖…と〗damit (darauf) rechnen, dass …

未婚の ledig.

短い kurz.

惨めな elend, miserabel; 不幸な unglücklich. ☞ 悲しい.

水 das Wasser. ☞ 液.

湖 der See.

水着 (女性の) der Badeanzug; 海水パンツ die Badehose.

店 商店 das Geschäft, der Laden, die Handlung. ☞ 喫茶店, レストラン.

見せる 〖~に・~を〗人³ 人・物⁴ zeigen;〖~に・~を〗披露する 〖人³〗人・物⁴ vor|führen.

溝 ①（水などを通す）der Graben. ②（木材などに刻んだ）die Rille.

満たす 〖〖容器などを[~で]〗物⁴ [mit 事³] füllen. ②〖~の心を〗人⁴ aus|füllen;〖条件などを〗事⁴ erfüllen. ☞ 満足させる.

道 der Weg; 路地 die Gasse. ☞ 道路, 分岐.

導く 〖~を…へ〗人・物⁴ … führen (leiten).

☞ 指導する.

三日 ☞ 一日(ᵼ).

見つかる 〖人が~を〗見つける 囚¹ findet* 人・物⁴; 発見される entdeckt werden*.

見つける 〖~を〗人・物⁴ finden*;〖~を〗発見する 物⁴ entdecken;〖~を〗(偶然に) auf 人・物⁴ stoßen* (treffen*).

密接して dicht.

密接な eng.

密度 die Dichte.

見つめる 〖~を〗人・物⁴ an|sehen*;〖…の方を〗… starren. ☞ 見る.

見通し 視界 die Sicht. ☞ 見込み.

認める ①〖~を〗容認する 事⁴ zu|lassen*;（役所などが）〖[~に]~を〗許可する 〖囚³〗事⁴ genehmigen. ☞ 許す. ②〖功績などを〗事⁴ an|erkennen*; 評価する. ③〖[罪などを]〗[事⁴] gestehen*. ☞ 気づく.

緑色の grün.

皆 (単数で:) alles; (複数で:) alle.

見なす 〖~を~と〗人・物⁴ als (für) 事⁴ an|sehen*, 人・物⁴ als 事⁴ betrachten, 人・物⁴ für 人・物⁴ halten*.

港 der Hafen.

南 der Süden. // 南の südlich.

見慣れた vertraut.

醜い ① hässlich. ② 不徳の schlimm, übel.

身ぶり die Gebärde, die Geste. ☞ 合図.

身分 ① 階層 der Stand; 身元 die Identität. ☞ 階級, 地位. ② 境遇 〖覆 で〗 Verhältnisse.

見本 (商品などの) die Probe, das Muster. ☞ 手本, 例.

見舞う ①〖~の所へ〗病気見舞いに行く einen Krankenbesuch bei 囚³ machen; 訪ねる. ②（災難などが）〖~を〗囚⁴ treffen*.

耳 das Ohr. ☞ 縁(ᵼ).

脈 脈拍 der Puls. ☞ 見込み.

土産 das Mitbringsel; (旅先の)土産物 das Souvenir. ☞ 贈り物.

名字 der Familienname, der Zuname.

未来 die Zukunft.

未来の zukünftig; 将来の künftig.

ミリメートル der (das) Millimeter.

魅力 der Reiz.

見る ①〖[~を]〗[人・物⁴] sehen*;〖…へ〗目をやる … blicken (sehen*). ②〖~を〗見物（観察）する sich³ 人・物⁴ an|sehen*. ☞ 観察する, 気をつける, 見学する, 試す, 見なす, 診る, 面倒を見る, 読む.

診る 〖患者・患部を〗sich³ 人・物⁴ an|sehen*;〖~を〗診察する 物⁴ untersuchen.

ミルク die Milch.

民主主義 die Demokratie.

民主的な demokratisch.

民族 das Volk.

みんな (単数で:) alles; (複数で:) alle.

む

六日 ☞ …日(か).
無意味な sinnlos.
無害の unschädlich, harmlos.
向かう 〘～に〙歩み寄る auf 人・事⁴ zu|gehen*. ☞ 行く, 向く.
迎える ① 〘客などを〙(雅語:) 人⁴ empfangen*; 〘～を〙歓迎する 人⁴ begrüßen. ∥ ～を客に迎えている 人⁴ zu Gast haben*. ② 〘時期などに〙入る in 物⁴ ein|treten*.
昔 früher; かつて einst.
昔の früher; 古い alt.
向き 方向 die Richtung.
麦 小麦 der Weizen; 大麦 die Gerste; ライ麦 der Roggen; カラス麦 der Hafer.
むく 〘～の皮を〙物⁴ schälen.
向く ① 〘～の方を〙sich⁴ nach (zu) 人・物 wenden(*). ② 〘窓などが〙〘…の方向に〙向いている … gehen*. ☞ 合う, 指す.
向ける 〘～を…の方へ〙物・事⁴ … richten; 〘頭などを…の方へ〙物⁴ … wenden(*) (drehen, kehren). ☞ 派遣する.
無限の unendlich.
婿 ① 娘の夫 der Schwiegersohn. ② 花婿 der Bräutigam; 夫 der Mann.
向こう これからの kommend. ☞ 相手, 敵.
向こうに ① 向こうで drüben, jenseits; 向こうへ hinüber. ② 〘～の向こう側で(へ)〙über 物³⁽⁴⁾; ～の向こう側で jenseits 物²; ～の後ろで(へ) hinter 物³⁽⁴⁾.
無効の ungültig.
虫 昆虫 das Insekt; (こがねむしのような形の) der Käfer; (芋虫のような形の) der Wurm.
蒸し暑い schwül.
無視する 〘人・物〙⁴ ignorieren; 〘～を〙見落とす 人・物⁴ übersehen*.
矛盾 der Widerspruch.
矛盾する 〘～に〙事³ widersprechen*.
むしろ vielmehr, eher; むしろ…の方が良い lieber.
難しい schwierig, schwer. ☞ めんどうな.
息子 der Sohn.
結ぶ ① 〘～を～に〙結び付ける 人・物⁴ an 物⁴ binden*. ☞ つなぐ. ② 〘～を〙締結する 事⁴ [ab]schließen*. ☞ 終える, 終わる.
娘 ① die Tochter. ② 未婚の若い女性 das Mädchen.
むだである しがいがない [sich⁴] nicht lohnen; 無益にも…する vergeblich (vergebens, umsonst) …
むだな むない vergeblich.
むだにする 〘～を〙〘～のために〙浪費する 物・事⁴ [an (auf) 物・事⁴] verschwenden.
夢中になる 〘～に〙〘～で〙 für 人・事⁴ schwärmen*; 〘～に〙熱中する sich⁴ für 物・事⁴ begeistern.
胸 ① die Brust. ② 心 das Herz. ☞ 肺.
村 das Dorf.
紫の violett.
無理な ① 不可能な unmöglich. ☞ やり遂げる. ② 理性的でない unvernünftig.
無理に 力ずくで mit Gewalt. ∥ ～に無理やり～をさせる 人⁴ zu 物³ zwingen*.
無料の ☞ ただの.
群れ (動物の) die Herde.

め

目 ① das Auge. ② 視線・目つき der Blick. ③ (網などの) die Masche.
芽 胚芽 der Keim; 新芽 der Spross.
姪 die Nichte.
名刺 die Visitenkarte.
迷信 der Aberglaube.
名声 der Ruf, das Ansehen.
名簿 die Namenliste; リスト die Liste.
めいめい ☞ それぞれ.
名誉 die Ehre; 尊厳 die Würde.
明瞭な klar, deutlich. ☞ 明らかな.
命令する 〘〘～に〙～を〙〘人³〙事⁴ befehlen*, 〘～に…するよう〙命じる 人⁴ … heißen*.
迷惑をかける 〘～に〙人⁴ belästigen; 〘〘～の〙じゃまになる 人⁴ stören.
メーター (速度・圧力などの) der Messer; (ガス・水道などの) der Zähler.
メートル der (das) Meter.
目方 das Gewicht.
眼鏡 die Brille.
めくる 〘ページなどを〙物⁴ um|schlagen*; 〘～のページを〙(ぱらぱらと) in 物³ blättern.
目覚まし時計 der Wecker.
雌 das Weibchen.
珍しい selten.
目だつ auf|fallen*.
めったに…ない selten.
めでたい 喜ばしい freudig; 祝祭の festlich. ☞ ばかな.
メニュー (料理の) die Speisekarte; (飲み物の) die Getränkekarte.
メモ 〘ふつう複〙Notizen.
メモする 〘～を〙[sich³] 事⁴ auf|schreiben*.
目盛り die Skala.
面 ① (物体の) die Fläche; (物事・事柄の) die Seite. ② 仮面 die Maske. ☞ 分野.
綿 die Baumwolle.
面会する 〘～を〙訪問する 人⁴ besuchen. ☞ 訪ねる. ∥ ～に面会したいのですが. Ich möchte* 人⁴ sprechen.
免許証 der Führerschein.
面積 die Fläche.
面倒な 手間のかかる umständlich; やっかいな mühsam; わずらわしい lästig; 複雑な kompliziert.
面倒をかける (物事が) 〘～に〙人³ Mühe machen.

面倒を見る 〖～の〗 für 人・物⁴ sorgen, sich⁴ um 人・物⁴ kümmern, 人・物⁴ pflegen(*).
メンバー das Mitglied.

も

…も ① …もまた auch; …だけではなく…もまた nicht nur …, sondern auch … ② …も … sowie …; sowohl … als auch …
もう ① すでに schon, bereits; もはや…ない nicht mehr. ② さらに noch. ☞ 間もなく.
設ける ☞ 建設する, 設立する.
儲(もう)ける 〖～で〗 [von 事³] profitieren.
申し込み die Anmeldung.
申し込む ①〖…への参加などを〗sich⁴ zu 事³ (für 事⁴) melden. ②〖～に〗応募する sich⁴ um 物⁴ bewerben*.
毛布 die Wolldecke, die Decke.
燃える brennen*; 焼失する verbrennen*. ☞ 焼ける.
目次 das Inhaltsverzeichnis.
目的 der Zweck; 目標 das Ziel. ☞ 意図.
目標 das Ziel; 目的 der Zweck.
木曜日 der Donnerstag. // 木曜日に [am] Donnerstag; 木曜日ごとに donnerstags.
潜る ①〖水などの中へ〗 tauchen. ②〖～の中へ〗潜り込む in 物⁴ kriechen*.
目録 ① das Verzeichnis; リスト die Liste. ②〖商品・蔵書などの〗 der Katalog.
模型 das Modell.
もし…なら wenn …; …の場合は falls …
文字 das Schriftzeichen; （アルファベットの）der Buchstabe. ☞ 字.
もしかしたら vielleicht.
もしもし Hallo!
用いる ☞ 使う, 採用する.
持ち主 der Besitzer.
もちろん natürlich, selbstverständlich. ☞ 確かに.
持つ ①〖～を〗手に持っている 物⁴ halten* (in der Hand haben*);〖～を〗(しっかり)持っている 人・物⁴ fest halten*;〖～を〗持ち合わせている 物⁴ bei sich³ haben*. ☞ つかむ, 取る, 運ぶ. ②〖～を〗所有している 物⁴ haben* (besitzen*). ③ 持ちこたえる halten*.
もったいない ① schade〖述語としてのみ〗. ② 分不相応な unverdient.
持って行く 〖～を〗 物⁴ mit|nehmen*;〖〔～に〕～を〗持って行く(来る) [人³] 物⁴ bringen*.
持って来る 〖～を〗 物⁴ mit|bringen*; 取って来る, 持って行く.
もっと より多く mehr. ☞ さらに.
もっとも とは言うものの allerdings.
もっともな gerecht.
もてなす ①〖客などの〗相手をする 人⁴ unterhalten*. ②〖～に〗ごちそうする 人⁴ bewirten.
元 かつての ehemalig. ☞ 起源, 始め, 原因,

金(きん), 資金.
戻す 〖～を〗元の場所へ持って行く 物⁴ zurück|bringen*. ☞ 返す, 吐く.
基づく 〖～に〗 sich⁴ auf 事⁴ gründen (stützen), auf 事³ beruhen.
求める 〖～を〗欲しがる nach 物・事³ verlangen, 物・事⁴ [haben] wollen*. ☞ 買う, 探す, 望む, 要求する.
もともと 始めから von Anfang an, von vornherein; 本来は eigentlich.
戻る ①（雅語:）zurück|kehren;（歩いて）帰って行く zurück|gehen*;（乗り物で）zurück|fahren*; 帰って来る zurück|kommen*. ②〖人が紛失物などを〗再び手に入れる 人¹ bekommt* 物⁴ wieder.
者 ☞ 人.
物 ① die Sache, das Ding; 品物 der Gegenstand. // ものになる etwas werden*. ② …するもの was …
物語 ① die Erzählung; 話 die Geschichte. ② 伝説 die Sage. ☞ 小説.
物事 〖複〗で Sachen, 〖複〗で Dinge; 何もかも alles. ☞ 物.
物差 der Maßstab.
模範 das Muster, das Vorbild.
木綿 die Baumwolle.
燃やす 〖～を〗焼却する 物⁴ verbrennen*;〖～を〗(暖房のために)たく 物⁴ brennen*.
模様 柄 das Muster. ☞ 状況.
もらう ①〖～を〗 物⁴ bekommen* (erhalten*). ②〖…して〗 … lassen*. // 私は髪を切ってもらう. Ich lasse* mir die Haare schneiden.
森 der Wald.
漏れる ①（液体などが）durch|laufen*;（容器などが）液体などを通す undicht sein*;（蛇口などが）漏る laufen*. ②（秘密などが）（口語:）heraus|kommen*.
もろい （土などが）ぼろぼろの locker.
門 das Tor; 入り口 der Eingang.
文句 苦情 die Beschwerde, die Klage. ☞ 言葉. // ～のことで文句を言う über 人・事⁴ klagen.
問題 ① 練習問題 die Aufgabe. ②（紛争・障害などの）das Problem, die Frage; 困難〖ふつう複〗 Schwierigkeiten.

や

八百屋 野菜・果物を売る店 das Gemüsegeschäft; 食料品店 das Lebensmittelgeschäft.
やがて 間もなく bald. ☞ 最後に.
やかましい ① 騒々しい laut. ② 厳密な genau; 厳格な streng.
やかん der Kessel.
野球 der Baseball.
役 ①（劇などの）die Rolle. ☞ 役目. ② 役職 das Amt. ☞ 地位.

約 ungefähr, etwa.
焼く ① 《ケーキなどを》 物⁴ backen(*); 《肉などを》 物⁴ braten*. ② (陽光が) 《肌を》 物⁴ bräunen. // (人が)肌を焼く sich⁴ bräunen. ③《写真を》プリントする 物⁴ ab|ziehen*. ☞ 燃やす, ともす.
役所 die Behörde, das Amt.
訳す 《〜を》翻訳する 物⁴ übersetzen. // 〜をドイツ語に訳す 物⁴ ins Deutsche übersetzen.
約束 ① das Versprechen. ② とり決め die Vereinbarung. ☞ 規則.
約束する 《[〜に]〜を》 [人³] 物⁴ versprechen*. // 保証する.
役だつ 《〜にとって(〜に)》 人³ (zu 物³) nutzen; 《〜[のため]に》貢献する 人・事³ dienen.
役にたつ 有用な nützlich, brauchbar.
役目 任務 die Aufgabe, die Funktion. ☞ 義務, 役.
やけどする 《〜を》 sich³ 物⁴ verbrennen*.
焼ける 赤熱する glühen. ☞ 燃える. ① 日に焼ける braun werden*. ② (ケーキなどが) backen(*); (肉などが) braten*; 火が通っている gar sein*. ③ 色あせる verbleichen(*).
野菜 das Gemüse, (レタスなどの) der Salat.
易しい 容易な leicht; 簡単な einfach.
優しい ① 柔らかな zart, sanft, mild. ② 親切な freundlich, nett.
養う 《〜を》 扶養する 人⁴ ernähren (unterhalten*); 《〜の》面倒を見る 人・物³ pflegen(*).
安い billig; 割安な preiswert; 有利な günstig.
休み 休憩 die Pause. // 休暇. // 私は明日休みだ. Ich habe* morgen frei. ☞ 休む.
休む 休憩する sich⁴ erholen, [sich⁴] aus|ruhen; 休憩する eine Pause machen. ☞ 欠席する, 寝る.
やせた dünn, schmal; すらっとした schlank; やせこけた mager.
やせる 体重が減る ab|nehmen*.
家賃 die Miete.
やっと ついに endlich; …したばかり erst.
雇う 《〜を》 人⁴ an|stellen; 《〜を》雇い入れる 人⁴ ein|stellen.
屋根 das Dach.
やはり 思ったとおり doch. ☞ 相変わらず, …も.
破る ①《〜を》引き裂く 物⁴ [zer]reißen*. ☞ 割る, 壊す. ②《平和などを》乱す 物⁴ stören*; 《静寂などを》途切れさせる 物⁴ unterbrechen*. ③《約束などを》守らない 物⁴ nicht halten*. // 負かす.
破れる ① zerreißen*; 裂ける reißen*. ☞ 割れる, 壊れる. ② (希望などが)水泡に帰する zunichte|werden*. ③ (平和などが)乱される gestört werden*.
山 ① der Berg. ② (物を重ねた) der Stapel. ③ 山場 der Höhepunkt. ☞ 峠.
やむ auf|hören; 終わる enden.
やめる 《〜を》 mit 物³ auf|hören; 《〜を》放棄する 物⁴ auf|geben*.

やり方 ☞ 方法.
やり遂げる 《〜を》 物⁴ schaffen, mit 物³ fertig werden*.
やる 《〜を[…へ]》 さし向ける 人⁴ […] schicken ((雅語:) senden(*)). ☞ 上げる, 片づける, する, やり遂げる.
軟らかい・柔らかい 柔軟な weich. ☞ 優しい.

ゆ

湯 温かい(熱い)湯 das warme (heiße) Wasser.
憂うつな schwermütig.
夕方 der Spätnachmittag; たそがれ die Dämmerung. ☞ 晩.
勇敢な tapfer. ☞ 勇気.
勇気 der Mut. // 勇気のある mutig.
有効な 通用する gültig; 効力のある wirksam.
優秀な ☞ 優れた.
友情 die Freundschaft.
優勝する 選手権を勝ち取る die Meisterschaft gewinnen*; 勝つ gewinnen*.
夕食 das Abendessen, (パンにハムなどを載せて食べる) das Abendbrot. // 夕食をとる zu Abend essen*.
友人 (男性の:) der Freund, (女性の:) die Freundin. ☞ 知人.
郵便 die Post.
郵便局 die Post, das Postamt.
有名な 名高い berühmt; 世に知られた bekannt.
ユーモア der Humor.
有利な 好都合な günstig; 得になる vorteilhaft.
有料の gebührenpflichtig.
ユーロ オイロ der Euro, EUR. // 1ユーロ80セント 1,80 Euro (ein Euro 80 [Cent]).
誘惑する 《〜を[〜へ]》 人⁴ [zu 物³] verführen; 《〜の気を》そそる 人⁴ locken.
床 der Fußboden, der Boden.
愉快な lustig; 朗らかな heiter; 楽しい froh.
雪 der Schnee. // 雪が降る. Es schneit.
行く ☞ 行(い)く.
輸出 der Export, die Ausfuhr.
輸出する 《〜を》 物⁴ exportieren (aus|führen).
譲る ①《〜を》手放す 物⁴ weg|geben*; 《〜を[〜に]》譲渡する 物⁴ [an 人⁴] ab|geben*. ☞ 売る. ②《〜に》譲歩する 人・事³ nach|geben*.
輸送 der Transport.
輸送する 《〜を》 人・物⁴ transportieren.
豊かな üppig. ☞ 豊富な.
油断する nicht auf|passen.
ゆっくりした ① langsam. ② くつろいだ gemütlich, bequem.
ゆでる 《〜を》 物⁴ kochen.

輸入 der Import, die Einfuhr.
輸入する〚～を〛[物]⁴ importieren (ein|führen).
指 (手の) der Finger; (足の) die Zehe.
指輪 der Ring.
弓 der Bogen.
夢 ① der Traum. ② 空想の産物 die Fantasie, die Utopie. // 〚～の〛夢を見る [von [人・事]³] träumen.
緩い ① ぐらついた・張りのない locker, lose; 広い weit. ② 傾斜の緩い sanft. ③ 寛大な mild.
許す ① 〚～に〛～することを〛[[人]³] [事]⁴ erlauben. ☞ 認める. ②〚人・過ちなどを〛[人・事]⁴ entschuldigen; 〚〚～の〛～を〛[[人]³] [事]⁴ verzeihen*; 〚人を(人の～を)〛[人]³ [事]⁴ vergeben*.
緩める〚～を〛[事]⁴ nach|lassen*; 〚固着している物を〛[物]⁴ locker machen; 〚筋肉などを〛[物]⁴ entspannen.
揺れる wackeln, schaukeln.

よ

世 ① 世界 die Welt. ☞ 社会, 世間. ② (君主などの)在職期間 die Ära. ☞ 時期, 時代.
良い ☞ いい.
用 ☞ 用事.
酔う ① (酒に) sich⁴ betrinken*; 酔っている betrunken sein*. ②〚～は〛気分が悪くなる [人]³ wird* übel (schlecht); 〚～は〛気分が悪い [人]³ ist* übel (schlecht). ③〚〚～に〛〛うっとりする sich⁴ [an [物]⁴] berauschen.
用意 die Vorbereitung. ☞ 準備.
用意する〚～を〛[物・事]⁴ bereit|stellen.
八日 ☞ …日(か).
陽気な 朗らかな.
要求 die Forderung, das Verlangen, der Anspruch.
要求する〚～を〛[物・事]⁴ fordern (verlangen).
用事 das Geschäft. // 私はまだ町に用事があります. Ich habe* noch in der Stadt zu tun.
用心 die Vorsicht.
様子 行動, 状況, 状態, 見える.
要する ☞ 必要とする.
要素 構成要素 der Bestandteil; 成分 das Element; 要因 der Faktor.
…ようだ ☞ 見える, …らしい.
幼稚園 der Kindergarten.
…ように ① [ちょうど]…のように [genauso] wie … // それはイタリア語のように聞こえる. Das klingt* wie Italienisch. ② あたかも…のように als ob … ③ …となるように damit …
洋服 die Kleidung; 〚複〛で〛 Kleider. // 洋服屋 das Kleidergeschäft.
ヨーロッパ Europa. // ヨーロッパ人 der Europäer / ヨーロッパの europäisch.

預金する〚～を〛自分の口座に入金する [物]⁴ auf sein Konto ein|zahlen.
よく ① しっかり・うまく gut; 入念に sorgfältig. ② しばしば oft, häufig. ☞ すばらしい.
欲 やる気 der Trieb. ☞ 欲望.
欲望 die Begierde; 欲求 das Verlangen; 衝動 der Trieb; 情欲 (雅語:) die Lust; 貪欲(どん) die Gier.
余計な überflüssig; 不必要な unnötig.
よける〚車などを〛回避する [人・物]³ aus|weichen*. ☞ 寄る.
横 ① 横幅 die Breite. ② わき die Seite.
横切る〚～を〛[物]⁴ überqueren.
汚す〚～を〛[物]⁴ verschmutzen (schmutzig machen).
横に 横切る方向に quer; 斜めに schräg, schief. ☞ 隣に.
横になる sich⁴ hin|legen; 横になっている liegen*; 床に就く ins (zu) Bett gehen*.
汚れる schmutzig werden*.
予算 ① der Haushalt. ② 予算案 der Etat, das Budget.
予想する〚…と〛 vermuten (an|nehmen*, (口語:) schätzen), … ☞ 当てる.
よその 異郷の fremd; ほかの ander.
四日 ☞ …日(か).
ヨット das Segelboot.
予定 der Plan; プログラム das Programm.
予定する〚～を〛[物]⁴ vor|haben*; 〚～を〛計画する [物]⁴ planen.
夜中 真夜中, 夜.
世の中 ☞ 社会, 世間.
予備 代え der Ersatz; 備蓄品 die Reserve.
呼ぶ〚名前・人などを〛[人・事]⁴ rufen*. ☞ 頼む, 連れて来る, 名づける, 招く.
予防 die Vorbeugung, die Verhütung.
予防する〚～を〛[事]³ vor|beugen, [事]⁴ verhüten.
読む ①〚～を〛音読する [物]⁴ laut lesen*; 〚〚…に〛～を〛読んで聞かせる [[人]³] [物]⁴ vor|lesen*. ②〚～を〛(声を出さずに) [物]⁴ lesen*; 〚～を〛読み通す [物]⁴ durch|lesen*. ③〚～の〛目盛りを読みとる [物]⁴ ab|lesen*.
嫁 ① 息子の妻 die Schwiegertochter. ② 花嫁 die Braut; 妻 die Frau.
予約する〚～を〛[物]⁴ reservieren lassen*; 〚～を〛注文する [物]⁴ bestellen.
余裕のある ☞ 開(ぁ)いている, たっぷり.
より¹ ～に比べて… … als [人・物] 〚比較級とともに〛. ☞ …から.
より² ① ～に従って auf [事]⁴ [hin]; ～に基づき aufgrund [事]². ② ～が原因で wegen [事]², durch [事]⁴, aus [事]³. ③ ～の手段によって mit [事]³, mithilfe [事]² (von [事]³). ④ …することによって indem …
寄りかかる〚～に〛sich⁴ an (auf, gegen) [物]⁴ lehnen.
よる ①〚～に〛起因する von [事]³ kommen*, durch [事]⁴ verursacht werden*. ②〚～〛し

だいてある von 物³ ab|hängen*, auf 物⁴ an|kommen*. ☞ 従う.
夜 die Nacht. ☞ 晩. // 夜の間に in der Nacht, nachts.
寄る ① 歩み寄る näher treten*; 近寄って来る näher kommen*, heran|kommen*. ② [[〜の所に]] 立ち寄る (口語:) [bei 人³] vorbei|kommen*, 人⁴ kurz besuchen. ③ わきへ寄って場所をつくる rücken. ☞ 集まる.
喜ばせる [[〜を]] 人⁴ freuen, 人³ [eine] Freude machen (bereiten).
喜び うれしさ die Freude; 悦び die Lust.
喜ぶ [[〜を]] sich⁴ [über 物⁴] freuen; [[〜は]] 物¹ freut 人⁴, 物¹ macht (bereitet) 人³ [eine] Freude.
喜んで gern[e].
弱い schwach.

ら

来月 nächsten Monat, im nächsten Monat.
来週 nächste Woche, in der nächsten Woche.
来年 nächstes Jahr, im nächsten Jahr.
落第する 進級できない nicht versetzt werden*, (口語:) sitzen bleiben*. ☞ 落ちる.
楽な leicht; 簡単な einfach; 安楽な bequem.
…らしい ① どうやら…するようだ anscheinend … ② …するそうだ … sollen*.
ラジオ ① das Radio. ② ラジオ放送 der Rundfunk.
乱暴する [〜に] 人³ Gewalt an|tun*.
乱暴な grob.
乱用する [[〜を]] 物⁴ missbrauchen.

り

利益 ① 得 der Vorteil. ② もうけ der Gewinn, der Profit.
理解 das Verständnis.
理解する [[〜を]] 人・事⁴ verstehen* (begreifen*); [〜を] 物⁴ fassen.
陸 das Land.
理屈 ① 筋 die Folgerichtigkeit; 道理 die Vernunft. ② 論拠 das Argument.
利口な ① klug. ② 行儀のよい lieb, brav.
利己的な egoistisch.
利子 [ふつう 複] Zinsen.
リズム der Rhythmus.
理想 das Ideal.
理想的な ideal.
利息 [ふつう 複] Zinsen.
率 割合 die Quote, die Rate; パーセンテージ der Prozentsatz.
立派な がっしりした mächtig; 偉大な groß;

(考え・行いなどが)高潔な edel, vornehm; 荘重な feierlich. ☞ 優れた, すばらしい.
リボン das Band; (ちょう結びの) die Schleife.
理由 der Grund; 原因 die Ursache. // 〜の理由をあげる 物⁴ begründen.
留学する [〜(他国)で] 大学に行く in 物³ studieren.
流行 (ファッションなどの) die Mode; (病気などの)蔓延(まんえん) die Verbreitung.
流行する ☞ はやる.
りゅうちょうな fließend.
量 かさ die Menge; 数量 die Quantität; 数 die Zahl.
了解する [〜[の言うこと]を] 了承している mit 人・事³ einverstanden sein*. ☞ 理解する.
両替する [〜を] 物⁴ wechseln. // ユーロを円に両替する Euro in (gegen) Yen wechseln.
料金 die Gebühr.
領収書 die Quittung.
両親 [[複]で] Eltern.
良心 das Gewissen.
良心的な gewissenhaft.
利用する [人を[〜のために]] 道具に使う 人⁴ [für 物⁴] benutzen. ☞ 使う.
両方[の] beide.
料理 die Speise, das Gericht.
料理する [[〜という]] 料理を作る [物⁴] kochen. ☞ 片づける.
旅館 das Gasthaus; ホテル das Hotel.
旅行 die Reise; 小旅行 der Ausflug; 乗り物で行くこと die Fahrt. // 旅行をする eine Reise machen (unternehmen*).
旅行する reisen; [[…へ]] 乗り物で行く … fahren*.
履歴 der Lebenslauf.
理論 die Theorie.
理論的な theoretisch.
りんご der Apfel.
臨時の ① 予定外の außerplanmäßig; 特別… sonder.. // 臨時列車 der Sonderzug. ② 一時的な zeitweilig; さしあたりの vorläufig.
りんりんと鳴る (ベルなどが) Es klingelt.

る

ルール die Regel
留守である いない nicht da sein*; 家にいない nicht zu Haus[e] sein*.
留守番をする 家にいる zu Haus[e] bleiben*.

れ

礼 ① おじぎ die Verbeugung. ② 感謝 der Dank. ☞ あいさつ, 式, 礼儀.

零 null.
例 das Beispiel. ☞ 手本.
例外 die Ausnahme.
礼儀 [國で] Sitten.
冷静な nüchtern; 感情を交えない sachlich; 落ち着いた ruhig.
冷蔵庫 der Kühlschrank.
冷淡な kalt, kühl.
冷凍する 〖~を〗物⁴ ein|frieren*.
例の 通例の üblich, gewöhnlich. ☞ あの.
冷房 エアコン die Klimaanlage.
歴史 die Geschichte.
歴史的な historisch.
レコード die Schallplatte, die Platte.
レストラン das Restaurant; 飲食店 die Gaststätte, das Lokal.
列 (順番を待つ人などの) die Reihe, die Kette; 長蛇の列 die Schlange. ☞ 行列.
列車 der Zug.
恋愛 ☞ 恋.
れんが der Ziegel.
練習 die Übung.
練習する 〖~を〗物⁴ üben.
レンズ die Linse.
連続 die Folge.
連絡 接続 der Anschluss; つながり die Verbindung; 〖~を〗知らせ. ∥ ~と連絡をとる sich⁴ mit 人³ in Verbindung setzen.
連絡する ☞ 接続する, つなぐ, 知らせる.

ろ

廊下 der Flur, der Gang.
老人 der Alte [語尾変化は形容詞と同じ].
ろうそく die Kerze.
労働 die Arbeit.
労働組合 die Gewerkschaft.
六 sechs.
録音 die Tonaufnahme, die Aufnahme.
録音する 〖~を〗物⁴ auf|nehmen*.
録画 die Videoaufnahme.
録画する 〖~を〗物⁴ auf|nehmen*.
六月 der Juni. ∥ 六月に im Juni.
ロケット die Rakete.
路面電車 die Straßenbahn.
論文 die Arbeit, der Aufsatz.
論理 die Logik. ∥ 論理的な logisch.

わ

輪 der Ring; 円 der Kreis. ☞ 車輪.
ワイシャツ das Oberhemd.
ワイン der Wein.
若い ① jung. ② 未熟な unreif.
沸かす ① 〖~を〗煮立たせる 物⁴ kochen. ② 〖~を〗熱狂させる 人⁴ begeistern.
わがままな eigensinnig.
わかる 〖~を〗理解する 人·事⁴ verstehen* (begreifen*); 〖~を〗見てとる 人·事⁴ sehen*; 〖~を〗識別する 人·事⁴ erkennen*; 〖~を〗知っている 事⁴ wissen*. ☞ 明らかになる.
別れ der Abschied. ∥ ~に別れを告げる von 人³ Abschied nehmen*; sich⁴ von 人³ verabschieden.
別れる 〖[~と]〗sich⁴ [von 人³] trennen; 離婚する sich⁴ scheiden lassen*.
分かれる ① (グループ·意見などが) sich⁴ teilen; 分散する sich⁴ verteilen. ☞ 離れる. ② 分岐する sich⁴ verzweigen.
わく 〖泉などから〗aus 物³ quellen*.
枠 der Rahmen.
沸く ① (水が)煮立つ kochen. ② 熱狂する sich⁴ begeistern.
わけ 意味, 事情, 理由.
分ける ① 〖~を〗分離させる 人·物⁴ trennen; 〖~を~に〗分割する 人·物⁴ in 物⁴ scheiden; 〖~を〗区分する 人·物⁴ teilen. ② 〖~を〗分配する 物⁴ verteilen; 〖~を〗分けあう 物⁴ teilen.
わざと absichtlich, mit Absicht; 意識的に bewusst.
わざわざ ① extra. ② …する労をいとわない keine Mühe scheuen, zu 不定詞[句].
わずか たった nur.
わずかな wenig; 短い kurz.
忘れる ① 〖~を〗人·事⁴ vergessen*; 〖~を〗置き忘れる 物⁴ vergessen* (liegen lassen*). ② 〖~を〗なおざりにする 人·事⁴ vernachlässigen.
綿 ① die Watte. ② 綿の木 die Baumwolle.
話題 das Thema; 題材 der Stoff. ☞ 対象.
私 ich.
私たち wir.
私たちの unser.
私の ① mein. ② 私的な privat.
渡す ① 〖~を船で対岸へ〗人·物⁴ über|setzen. ② 〖橋を〗物⁴ schlagen* (bauen); 〖板などを溝などに〗架ける 物⁴ über 物⁴ legen. ③ 〖~に~を〗手渡す 人³ 物⁴ geben*.
渡る 〖~を〗横断する 物⁴ überqueren. ☞ 越える.
わびる ☞ 謝る.
笑う ① lachen. ② 〖~を〗嘲笑(ちょうしょう)する über 人·事⁴ lachen (spotten).
割合 比 das Verhältnis. ☞ 率.
割に ① ~にしては für 人·物⁴. ② 比較的 verhältnismäßig, relativ. ☞ かなり.
割り引き die Ermäßigung; 値引き der Rabatt.
割る ① 〖ガラスなどを〗物⁴ zerbrechen*; 〖~を〗粉砕する 物⁴ zerschlagen*. ☞ 壊す. ② 〖~を〗分割する 物⁴ teilen. ☞ 分ける. ③ 〖飲み物を~で〗物⁴ mit 物³ mischen. ④ 〖[数を]数で〗[数⁴] durch 数⁴ dividieren (teilen). ∥ 6÷3=2 6 durch 3 ist* 2.

悪い ① schlecht; 腐った faul; 有害な schädlich. ② たちの悪い böse; ひどい schlimm; 困った übel.
悪口を言う〖〜の〗schlecht über 人・物⁴ sprechen*, 人・物⁴ schlecht|reden.
ワルツ der Walzer.
割れる（ガラスなどが）zerbrechen*;（板などが）sich⁴ spalten;（風船などが）破裂する platzen.
われわれ wir.
湾 die Bucht.

II. 手紙の書き方

1. 封筒 (**Briefumschlag**)

```
［差出人の氏名・住所］
Takashi Kondo
10-7, Suido 1-chome
Bunkyo-ku, Tokio
112-0005 JAPAN


                        ［受取人の氏名・住所］
                        Herrn*
                        Peter Hofmann
                        Schillerstraße 1
                        40237 Düsseldorf
                        GERMANY
```

メモ　差出人は左上に，受取人の氏名・住所は中央よりやや右下に書く．Herrn は男性の受取人に付ける敬称．

2. はがき (**Postkarte**)

```
［差出人の氏名・住所］
Ichiro Abe
14-25, Kita-machi 3-chome
Nishi-ku, Fukuoka
815-0015 JAPAN

      Fukuoka, den 8. Mai 2010
Liebe Frau Schneider,              ［受取人の氏名・住所］
letzte Woche bin ich für ein       Frau*
paar Tage nach Nagasaki ge-        Monika Schneider
fahren. ……………………………                Kaiserstraße 8
…………………………………………                   70599 Stuttgart
                                   GERMANY
           Viele Grüße
             Ihr *Ichiro Abe*
```

メモ　Frau は女性の受取人に付ける敬称．

手紙の書き方

a) du で呼び合う人への手紙

```
                                    Fukuoka, den 8. März 2010
Lieber* Peter,

vielen Dank für Deinen* Brief. In der letzten Zeit hatte ich viel
zu tun und ........................................................
..................................................................

Herzliche Grüße
Dein* *Takashi*
```

(メモ) Lieber は男性の受取人への呼びかけに付ける．2人称親称の人称代名詞および所有冠詞（du, ihr, dein, euer など）は手紙の場合，頭文字を大文字で書くことがある．相手に対する親愛の情や敬意を表す場合は差出人名の前に Dein（または dein）を付ける．

b) Sie で呼び合う知人への手紙

```
                                    Tokio, den 7. Juli 2010
Liebe* Frau Hofmann, lieber Herr Hofmann,

wir haben uns sehr über Ihren letzten Brief gefreut. Wir gratulieren
Ihnen recht herzlich zur Verlobung Ihrer Tochter. ...................
....................................................................

Mit herzlichen Grüßen
Ihre* *Akiko Kondo*
```

(メモ) Liebe は女性の受取人への呼びかけに付ける．相手に対する親愛の情や敬意を表す場合は差出人名の前に Ihr を付ける．

c) 一般的・事務的な手紙

```
                                    Sendai, den 5. Mai 2010
Sehr geehrter* Herr Schmidt,

ich habe im März mein Studium abgeschlossen und arbeite seit dem 1.
April in einer Firma in Sendai. ....................................
...................................................................

Mit freundlichen Grüßen
    *Takashi Kondo*
```

(メモ) sehr geehrter は親しい間柄にはない男性の受取人への呼びかけに付ける．女性の受取人の場合は sehr geehrte を付ける．

III. 環境用語

A

Abfall 男 ごみ.
Abfall=beseitigung 女 廃棄物処理.
Abfall=produkt 中 リサイクル製品.
Abfall=tonne 女 大型ごみ容器.
Abgas 中 排気ガス.
abgas=arm 形 排気ガスの少ない.
abgas=reduziert 形 排気ガスを低減した.
Abgas=werte 複 (空気中の)排気ガス濃度, 排気ガス排出基準値.
Abwasser 中 廃水, 下水.
Abwasser=reinigung 女 下水処理.
alternative Energie 女 代替エネルギー.
Alt=glas 中 使用済みガラス(原料としてリサイクルされる使用済みボトルなど).
Altglas=behälter 男 使用済みボトル回収ボックス.
Altglas=container 男 使用済みボトル回収ボックス(=Altglasbehälter).
Alt=lasten 複 (産業廃棄物などによる)汚染区域; 汚染廃棄物.
Altlasten=sanierung 女 汚染区域の再生; 汚染廃棄物の処理.
Alt=material 中 資源ごみ(古紙・空きびんなど).
Alt=metall 中 くず鉄, スクラップ.
Alt=öl 中 廃油.
Alt=papier 中 古紙.
Arten=schutz 男 (絶滅のおそれのある動植物の)種の保護.
Asbest 男 アスベスト, 石綿.
Atom=kraftwerk 中 原子力発電所.
Atom=müll 男 放射性廃棄物.
Atomsperr=vertrag 男 核拡散防止条約.
aus|sterben 自 (種族が)絶滅する.

B

Ballungs=gebiet 中 産業(人口)密集地域.
Bevölkerungs=dichte 女 人口密度.
Bevölkerungs=explosion 女 爆発的な人口増加.
Bio=abfall 男 生ごみ, 有機ごみ.
Bio=bauer 男 有機栽培農家.
Bio=diesel 男 バイオディーゼル[燃料].
Bio=gas 中 バイオガス.
Bio=haus 中 バイオハウス.
Bio=kost 女 自然食品.
Bio=laden 男 自然食品店.
biologisch-dynamisch 形 (農薬を使わない)自然農法の, 無農薬の.
Bio=masse 女 バイオマス.
Bio=müll 男 生ごみ, 有機ごみ.
Bio=produkte 複 バイオ製品.
Bio=technologie 女 バイオテクノロジー.
Bio=tonne 女 (生ごみ用の)ごみ容器.
Biotop 男 中 ビオトープ.
Bio=treibstoff 男 (動力用の)バイオ燃料.
Blauer Engel 男 ブルー・エンジェル[マーク](ドイツのエコマーク. 環境と消費者保護を重視した商品・サービスのロゴ).

ブルー・エンジェル[マーク]

Boden=sanierung 女 (汚染土の)浄化, 再生.
Boden=schutz 男 土壌保全.
Boden=verseuchung 女 土壌汚染.
Braun=glas 中 (分別回収される)茶色のガラス(びん).
Bundesamt für Naturschutz 中 連邦自然保護庁.
Bundesamt für Strahlenschutz 中 連邦放射線保護庁.
Bundesministerium für Umwelt, Naturschutz und Reaktorsicherheit 中 連邦環境・自然保護・原子力安全省.

C

Car=sharing 中 カーシェアリング.
CO^2-Steuer 女 二酸化炭素税.

D

Deponie 女 ごみ集積場.
Desertifikation 女 砂漠化.
Dioxin 中 ダイオキシン.
Duales System Deutschland 中 デュアルシステム・ドイチュラント(メーカーが共同出資して1990年に設立された民間会社で, メーカーに代わって包装容器の回収とリサイクルを行う). (略: DSD).
Dunst=glocke 女 (町などをすっぽり包む)スモッグ.

E

Einweg⁼flasche 囡 ワンウェーボトル.
Einweg⁼verpackung 囡 ワンウェー容器.
Elektro⁼auto 田 電気自動車.
Emission 囡 (汚染物質の)排出.
emittieren 他 (汚染物質を)排出する.
End⁼lager 田 (核廃棄物などの)最終貯蔵施設.
End⁼lagerung 囡 (核廃棄物などの)最終貯蔵.
Energie⁼bedarf 男 エネルギー需要.
Energie⁼einsparung 囡 エネルギー節減.
Energie⁼krise 囡 エネルギー危機.
Energie⁼politik 囡 エネルギー政策.
Energie⁼quelle 囡 エネルギー[供給]源.
Energie⁼sparen 田 エネルギーの節約, 省エネ.
energie⁼sparend 形 エネルギー節約の, 省エネの.
Energie⁼steuer 囡 エネルギー税.
Energie⁼verbrauch 男 エネルギー消費[量].
Energie⁼versorgung 囡 エネルギーの供給.
Energie⁼wende 囡 エネルギー革命, エネルギ一政策の転換.
Energie⁼wirtschaft 囡 (電力・ガスなどの)エネルギー産業.
entsorgen 他 (ごみ・廃棄物などを)処分する.
Entsorgung 囡 ごみ[廃棄物]処分.
entwalden 他 (森林を)伐採する.
Erde 囡 土, 土壌.
Erd⁼erwärmung 囡 地球温暖化.
Erd⁼gas 田 天然ガス.

F

Flug⁼lärm 男 航空機騒音.
Fluorchlorkohlen⁼wasserstoffe 複 フロンガス.
fossiler Brennstoff 男 化石燃料.

G

Gen⁼food 田 遺伝子組み換え食品.
Gen⁼manipulation 囡 遺伝子操作.
Gen⁼technik 囡 遺伝子操作技術.
Gewässer⁼schutz 男 水質保全.
Glashaus⁼effekt 男 温室効果 (=Treibhauseffekt).
Greenpeace 囡 グリーンピース(国際環境保護団体).
Grund⁼wasser 田 地下水.
die Grünen 複 緑の党[の党員たち].
der Grüne Punkt 男 グリーンポイント. (回収・リサイクル対象商品に付けられるマーク. メーカーが DSD 社に包装材の回収・再利用の費用を支払うと, 商品にこのマークを付けることが認められる).
Grün⁼fläche 囡 (町の中の)緑地; (自治体に属する)緑地公園.
Grün⁼glas 田 (分別回収される)緑色のガラス(びん).
Grün⁼gürtel 男 (町を囲む)緑地帯, グリーンベルト.

H

Hybrid-Auto 田 ハイブリッドカー.

I

Immission 囡 イミシオン(有害物質・騒音などの波及), 公害.
Industrie⁼müll 男 産業廃棄物.

K

Katalysator 男 (触媒式の)排気ガス浄化装置.
Kern⁼energie 囡 [原子]核エネルギー.
Kern⁼kraftwerk 田 原子力発電所.
Klär⁼anlage 囡 (下水・排水の)浄化装置; 浄水場.
Klima⁼änderung 囡 気候変動.
Klima⁼schutz 男 地球環境保全.
Klima⁼sprung 男 [急激な]気候変動.
Kohlen⁼dioxid 田 二酸化炭素, 炭酸ガス.
Kompost 男 有機肥料, 堆肥.
Kompost⁼müll 男 (堆肥作りに利用される)有機ごみ.
kompostieren 他 (生ごみなどを)堆肥にする.
Kraftfahrzeug⁼emission 囡 自動車排気(ガス・熱など).
Kunst⁼dünger 男 化学肥料.
Kunst⁼stoff 男 プラスチック.
Kunststoff⁼müll 男 プラスチックごみ.

L

Lärm 男 騒音.
Lärm⁼bekämpfung 囡 騒音防止[対策].
Lärm⁼belästigung 囡 騒音公害.
Lärm⁼schutz 男 騒音防止[対策], 防音設備.
Lebens⁼raum 男 ビオトープ, 生活圏.
Luft⁼reinhaltung 囡 大気浄化.
Luft⁼schadstoff 男 大気汚染物質.
Luft⁼verschmutzung 囡 大気汚染.

M

Mehrweg⁼flasche 囡 リターナブルボトル.
Mehrweg⁼verpackung 囡 リターナブル容器.
Methan 田 メタン.
Mobilität 囡 可動性, 交通の便.
Mono⁼kultur 囡 単作農業(農場・作物).
Müll 男 ごみ, くず, 廃棄物.
Müll⁼container 男 (戸外に設置された)大型

環境用語

ごみコンテナー.
Müll-deponie 囡 ごみ(廃棄物)集積場.
Müll-tonne 囡 大型ごみ容器.
Müll-trennung 囡 ごみの分別.
Müll-verbrennung 囡 ごみ焼却.

N

nachhaltige Entwicklung 囡 持続可能な発展.
Nahrungs-kette 囡 食物連鎖.
Natur 囡 自然, 自然界.
Natur-denkmal 囲 天然記念物.
Natur-katastrophe 囡 自然災害, 天災.
Natur-kost 囡 自然食品.
Naturkost-laden 男 自然食品店.
Natur-schutz 男 自然保護.
Naturschutz-gebiet 囲 自然保護区域.

O

Öko-bauer 男 有機栽培農家.
Öko-bewegung 囡 [自然]環境保護運動.
Öko-haus 囲 エコハウス.
Öko-laden 男 自然食品(雑貨・化粧品)店.
Ökologe 男 生態学者, エコロジスト.
Ökologie 囡 生態学, エコロジー.
ökologisch 形 生態系の; 環境保護の.
ökologische Landwirtschaft 囡 有機農業.
Öko-produkte 複 有機農産物.
Öko-steuer 囡 環境税.
Öko-system 囲 生態系, エコシステム.
Öko-tourismus 男 エコツーリズム.
Öl-krise 囡 石油危機.
Öl-pest 囡 (原油流出による)沿岸の油汚染.
organischer Dünger 男 有機肥料.
Ozon 囲男 オゾン.
Ozon-killer 男 オゾン破壊要因(フロンガスなど).
Ozon-loch 囲 オゾンホール.
Ozon-schicht 囡 オゾン層.
Ozon-wert 男 オゾン値.
Ozonschicht-schädigung 囡 オゾン層破壊.

P

Park-and-ride-System 囲 パーク・アンド・ライド[方式](最寄りの駅にマイカーを駐車し, そこから市街地へは公共の交通機関を利用する).
PET-Flasche 囡 ペットボトル.
Pfand 囲 デポジット.
Pfand-flasche 囡 デポジットボトル.
photochemischer Smog 男 光化学スモッグ.
Photo-synthese 囡 光合成.

R

Radio-aktivität 囡 放射能.
radioaktiver Müll 男 放射性廃棄物.
Raub-bau 男 乱伐, 乱掘, 乱作.
recycelbar 形 リサイクル可能な.
recycel-fähig 形 リサイクル可能な.
recyceln 他 リサイクルする.
Recycling 囲 リサイクリング.
Recycling-papier 囲 再生紙.

© BUNDESBILDSTELLE BONN

Regen-wald 男 熱帯雨林.
regenerative Energie 囡 再生可能エネルギー.
Roh-stoff 男 原料.

S

sanieren 他 (汚染水・汚染土などを)浄化再生する.
Sanierung 囡 (汚染水・汚染土などの)浄化再生.
Sanierungs-technik 囡 (汚染水・汚染土などの)浄化再生技術.
saurer Regen 男 酸性雨.
Schädlingsbekämpfungs-mittel 囲 殺虫剤; 除草剤.
Schad-stoff 男 (動植物・人間に対する)有害物質.
schädliche Zusätze 複 有害添加物.
Smog 男 スモッグ.
Solar-anlage 囡 太陽光発電装置.

太陽光発電装置

Solar-batterie 囡 太陽電池.
Solar-energie 囡 太陽エネルギー.
Solar-heizung 囡 太陽エネルギー暖房.
Solar-kraftwerk 囲 太陽エネルギー[利用]発電所.

Solar=mobil 中 太陽電池車(ソーラーカーなど).
Solar=technik 囡 太陽エネルギー利用技術.
Solar=zelle 囡 太陽電池.
Sonder=müll 男 特殊ごみ(有毒化学製品の廃棄物など).
Sonnen=energie 囡 太陽エネルギー.
Stadt=klima 中 都市気候.
Stickstoff=oxid 中 窒素酸化物.

T

Treibhaus=effekt 男 温室効果 (＝Glashauseffekt).
Treibhaus=gas 中 温室効果ガス.
Trink=wasser 中 飲料水.
Trinkwasser=aufbereitung 囡 飲料水の精製.
Trinkwasser=versorgung 囡 飲料水の供給.

U

Umwelt 囡 環境.
Umwelt=auto 中 低公害車, エコ[ロジー]カー.
umwelt=belastend 形 環境に負荷をかける.
Umwelt=belastung 囡 環境負荷.
Umwelt=bundesamt 中 連邦環境庁.
umwelt=bewusst 形 環境保護意識の高い.
Umwelt=bewusstsein 中 環境保護[に対する]意識.
Umwelt=einfluss 男 環境による影響, 環境が人体に及ぼす影響.
umwelt=feindlich 形 [自然]環境をそこなう.
Umwelt=flüchtling 男 環境難民.
Umwelt=frage 囡 環境問題.
umwelt=freundlich 形 [自然]環境にやさしい.
Umwelt=kriminalität 囡 環境汚染犯罪, 公害罪.
Umwelt=papier 中 再生紙.
Umwelt=politik 囡 環境[保護]政策.
Umwelt=schäden 複 [自然]環境の悪化による損害.
umwelt=schädlich 形 [自然]環境に有害な.
Umwelt=schutz 男 環境保護.
Umwelt=schützer 男 環境保護論者, エコロジスト.
Umweltschutz=gesetz 中 自然環境保全法.
Umweltschutz=organisation 囡 環境保護団体.
Umweltschutz=papier 中 再生紙.
Umwelt=steuer 囡 環境税.
Umwelt=störung 囡 環境破壊.
Umwelt=sünder 男 (意図的な)環境破壊(汚染)者.
Umwelt=verschmutzung 囡 環境汚染, 公害.
umwelt=verträglich 形 環境に負荷をかけない, 環境にやさしい.
umweltverträgliches Auto 中 低公害車.
Umweltverträglichkeits=prüfung 囡 環境アセスメント(大規模な都市計画, 土地開発計画の際に事前に行う環境への影響調査).
Umwelt=zone 囡 環境ゾーン(2008年1月1日より始まった環境対策. ドイツ各地の30以上の都市で, 環境基準を満たしていることを示すステッカーを貼った車のみ通行が許される. ステッカーがない場合には罰金が課せられる).

環境ゾーンのマーク

Urbanisierung 囡 都市化.
Ur=wald 男 原始林, 原生林.

V

Vegetation 囡 植生.
Verkehrs=lärm 男 交通騒音.
Verpackung 囡 包装材.
Verpackungs=müll 男 包装ごみ.
Verpackungs=verordnung 囡 包装材条例.
verseuchen 他 汚染する.
Verseuchung 囡 汚染.
Verursacher=prinzip 中 原因者費用負担の原則.

W

Wald=sterben 中 (大気汚染などによる)森林の枯死.
Wasser=kraftwerk 中 水力発電所.
Wasser=verschmutzung 囡 水質汚染.
Wasser=versorgung 囡 水の供給, 給水.
Weiß=glas 中 (分別回収される)透明なガラス(びん).
Welt=klima 中 世界気候.
Weltkultur=erbe 囡 世界文化遺産.
Weltnatur=erbe 囡 世界自然遺産.
Wert=stoff 男 資源ごみ.
Wieder=aufbereitung 囡 (核廃棄物などの)再処理.
Wiederaufbereitungs=anlage 囡 (核廃棄物などの)再処理施設.
Wind=energie 囡 風力エネルギー.
Windenergie=anlage 囡 風力発電装置.

IV. 福祉用語

A

Agentur für Arbeit 囡 (公的な)職業斡旋所.
Alkohol∘sucht 囡 アルコール依存症.
alleinerziehender Haushalt 男 一人親家庭.
Alte[r] 男 囡 高齢者.
Alten∘arbeit 囡 高齢者への支援活動.
Alten∘heim 田 老人ホーム.

窓に花のある，明るい老人ホーム

Alten∘hilfe 囡 (国・福祉団体などによる)高齢者への援助.
Alten∘pflege 囡 高齢者介護.
Alten∘pflegeheim 田 高齢者用介護ホーム.
Alten∘pfleger 男 高齢者介護士.
Alten∘tagesstätte 囡 高齢者用デイケア施設.
alternde Gesellschaft 囡 高齢化社会.
alters∘gerecht 形 高齢者に配慮した.
Alters∘rente 囡 老齢年金.
Alzheimer∘krankheit 囡 アルツハイマー病.
ambulante Pflege 囡 訪問介護[サービス].
Arbeiter∘wohlfahrt 囡 労働者福祉団(ドイツの6大福祉団体の一つ).
Arbeits∘bedingungen 複 労働条件.
Arbeits∘beschaffung 囡 雇用創出(失業者のために雇用機会を増やす措置).
arbeits∘los 形 失業している.
Arbeitslosen∘geld 田 失業保険金, 失業手当.
Arbeitslosen∘quote 囡 失業率.
Arbeitslosen∘versicherung 囡 失業保険.
Arbeitsloser 男 失業者.
Arbeits∘losigkeit 囡 失業[状態].
Arbeits∘markt 男 労働市場.
Arbeits∘platz 男 職, 雇用口.
Arbeitsplatz∘teilung 囡 ワークシェアリング.
Arbeits∘recht 田 労働法.
Arbeits∘unfall 男 労働災害.
Arbeits∘verhältnisse 複 労働環境(条件).
Arbeits∘vertrag 男 労働契約.
Armut 囡 貧困.

B

barriere∘frei 形 バリアフリーの.
behindert 形 (精神・身体に)障害のある.
Behinderten∘arbeit 囡 障害者への支援活動.
Behinderten∘einrichtungen 複 障害者施設.
behinderten∘freundlich 形 障害者に親切な(優しい).
behinderten∘gerecht 形 障害者に優しい(ふさわしい).
Behinderten∘hilfe 囡 (国・福祉団体などによる)障害者への援助.
Behinderter 男 障害者 (behinderte Person または behinderter Mensch または Menschen mit Behinderung と言うほうが好ましい).
Behinderung 囡 (精神・身体の)障害.
Beratungs∘stelle 囡 相談窓口.
Betreuer 男 世話人.
Betreuungs∘gesetz 田 世話法.
Bevölkerungs∘dichte 囡 人口密度.
Bevölkerungs∘pyramide 囡 人口ピラミッド.
Blinden∘führer 男 視覚障害者案内人.
Blinden∘hund 男 盲導犬.
Blinden∘schrift 囡 点字.
Blinder 男 盲人.
Bundes∘gesundheitsministerium 田 連邦保健省.
Bundes∘sozialhilfegesetz 田 連邦社会扶助法.

C

Cocooning 田 ひきこもり.

D

Demenz 囡 認知症.
Deutscher Caritasverband 男 ドイツ・カリタス連合(ドイツの6大福祉団体の一つ).
Deutscher Paritätischer Wohlfahrtsverband 男 ドイツ同権福祉団(ドイツの6大福祉団体の一つ).
Deutsches Rotes Kreuz 田 ドイツ赤十字社(ドイツの6大福祉団体の一つ).
Drogen∘sucht 囡 薬物依存症.

Diakonisches Werk der Evangelischen Kirche in Deutschland 中 ドイツ福音派教会社会奉仕団(ドイツの6大福祉団体の一つ).

E

Ehrenamtlicher 男 ボランティアの人.
ehrenamtliche Tätigkeit 女 ボランティア活動.
Elternzeit 女 育児休業[期間].

F

familienentlastender Dienst 男 (福祉団体などによる)家族負担軽減サービス(主に障害児を持つ家庭を対象とし，様々な余暇活動を提供するサービス).
Familien⹀pflege 女 (福祉団体などによる)家族支援サービス(子供のいる家庭を対象とし，親の病気などの場合に一定期間資格を持ったスタッフが家事を含めた子供の世話を引き受けるサービス).
Förder⹀schule 女 特別支援学校.
freiwilliges soziales Jahr 中 社会ボランティア活動期間(17歳から27歳までの若者を対象に社会福祉施設・機関で6か月～12か月働く社会体験制度．制度利用者には小額の報酬・住居・制服・食事などが保証される．期間中，社会保険にも加入することができる).

G

Geburten⹀rate 女 出生率.
geistig⹀behindert 形 知的障害の.
geistige Behinderung 女 知的障害.
Geld⹀leistung 女 (介護保険の)介護手当(現金で支給されるサービス).
gesetzliche Krankenversicherung 女 法定医療保険，公的医療保険.
gleitende Arbeitszeit 女 フレックスタイム制.

H

Haushalts⹀hilfe 女 家事支援[サービス](掃除，洗濯，買い物，また散歩の付き添いなどのサービス．介護保険の給付の対象の一部でもある).
häusliche Pflege 女 在宅介護，ホームヘルプサービス.

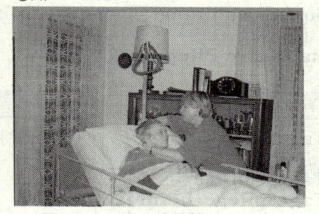

在宅介護

Heil⹀pädagogik 女 (知的障害児・身体障害児などのための)治療(養護)教育.
Heim⹀gesetz 中 ホーム法.
Hilfe 女 援助，扶助.
hör⹀behindert 形 聴覚障害の.
Hör⹀behinderter 男 聴覚障害者.
Hör⹀störung 女 聴覚障害.
Hort 男 託児施設.
Hospiz 中 ホスピス.
Hospiz⹀bewegung 女 ホスピス運動.

J

Jugend⹀hilfe 女 青少年援助(保護).
Jugend⹀kriminalität 女 青少年犯罪，少年非行.
Jugend⹀recht 中 少年法.
Jugend⹀schutz 男 (特に少年法による)青少年保護.
Jugend⹀strafe 女 少年刑罰.

K

Kassen⹀arzt 男 健康保険医(公的医療保険の加入者を診察する義務を負う医師).
Kinder⹀garten 男 幼稚園.
Kinder⹀hort 男 学童保育所.
Kinder⹀krippe 女 (乳幼児の)託児所.
Kindes⹀misshandlung 女 児童虐待.
körper⹀behindert 形 身体に障害のある.
Körper⹀behinderter 男 身体障害者.
Körper⹀behinderung 女 身体障害.
Körper⹀pflege 女 身体介護.
Kranken⹀kasse 女 健康保険組合.
Kranken⹀versicherung 女 健康(疾病)保険.
Kurzzeit⹀pflege 女 ショートステイ[サービス].

L

Leistungen für Pflegepersonen 複 代理人介護(介護保険による給付の一つ．家族，近所の人，友人など介護専門スタッフ以外の人が週14時間以上介護を行った場合，その仕事に対して介護保険から手当が支給される).
Leistungs⹀empfänger 男 (介護保険の)受給者.
lern⹀behindert 形 学習障害のある.
Lern⹀behinderung 女 学習障害.
LPF-Hund 男 身体障害者介助犬(LPF は lebenspraktische Fertigkeiten (生活実践技能) の略．買い物の介助をしたり，落ちた物を拾ったり，ドアを開けたりする).

M

Medizinischer Dienst [der Krankenversicherung] 男 メディカルサービス(ドイツ介護保険の専門審査機関)．(略: MDK).
mehrfach⹀behindert 形 重複障害の.

Mehrfach゠behinderter 男 重複障害者.
Menschen゠rechte 複 人権.
Menschen゠würde 女 人間の尊厳.
menschen゠würdig 形 人間の尊厳にふさわしい.
Mindest゠lohn 男 最低賃金.
Mobilität 女 動作(寝起き・衣服の着替え・歩行などの)の介助.

N

Nacht゠pflege 女 ナイトケアサービス(夜間に施設で預かり, 必要な介護や身の回りの世話などを行う).
Normalisierungs゠prinzip 中 ノーマライゼーション(障害者と健常者がお互いに特別に区別されることなく社会生活で共存するのが正常であり, 本来の姿だとする考え方).

O

Obdach゠loser 男 ホームレス, 路上生活者.

P

Partner゠hund 男 パートナー・ドッグ.
Pflege 女 介護.
pflege゠bedürftig 形 介護の必要な.
Pflege゠bedürftiger 男 要介護者.
Pflege゠bedürftigkeit 女 要介護[状態].
Pflege゠dienst 男 介護サービス業[務].
Pflege゠fachkräfte 複 介護専門職.

高齢者のリハビリを介助する理学療養士

Pflege゠geld 中 (介護保険の)介護手当.
Pflege゠heim 中 介護ホーム.
Pflege゠hilfsmittel 中 介護補助器具.
Pflege゠kasse 女 介護保険[組合](ドイツの公的介護保険の保険者).
Pflege゠leistung 女 介護給付.
Pflege゠personal 中 介護スタッフ.
Pflege゠stufe 女 (介護保険制度の)[要]介護度.
Pflege゠versicherung 女 介護保険.
Pflegeversicherungs゠gesetz 中 介護保険法.

R

Renten゠versicherung 女 年金保険.
Roll゠stuhl 男 車いす.
Rollstuhl゠fahrer 男 車いす使用者.
rollstuhl゠gerecht 形 車いすに適した(住居・トイレなど).
Rückgang der Kinderzahl 男 少子化.

S

Sach゠leistung 女 (介護保険の)現物給付(現金以外で支給されるサービス全般の総称).
schwer゠behindert 形 重度身体(精神)障害の.
Schwer゠behinderter 男 重度身体(精神)障害者.
seh゠behindert 形 視覚障害の.
Seh゠behinderter 男 視覚障害者.
Seh゠behinderung 女 視覚障害.
Selbsthilfe゠gruppe 女 自助(互助)グループ.
Senioren゠arbeit 女 高齢者への支援活動.
Senioren゠betreuung 女 高齢者のためのサービス(=Seniorendienst).
Senioren゠dienst 男 高齢者のためのサービス.
senioren゠gerecht 形 高齢者に適した.
Senioren゠heim 中 老人ホーム(=Altenheim).
Senioren゠wohnung 女 高齢者のために配慮された住宅.
Senioren゠zentrum 中 (公的な)高齢者センター.
Service゠hund 男 福祉犬(介助犬・盲導犬・聴導犬などの総称).
Solidaritäts゠prinzip 中 連帯の原則(ドイツの社会保障制度を支える原則).
Sozial゠amt 中 (公的な)[社会]福祉事務所.
Sozial゠arbeit 女 社会福祉活動.
Sozial゠arbeiter 男 ソーシャルワーカー, 社会福祉士.
soziale Marktwirtschaft 女 社会的市場経済.
soziale Sicherheit 女 社会保障.
soziales Netz 中 セーフティーネット.
Sozial゠gesetzbuch 中 社会法典(社会福祉関連の法典).
Sozial゠hilfe 女 社会扶助.
Sozial゠politik 女 社会[福祉]政策.
sozial Schwache 複 社会的弱者.
Sozial゠staat 男 (社会保障の整った)福祉国家.
Sozial゠station 女 ソーシャルステーション, 在宅介護センター.
Sozial゠versicherung 女 社会保険.
Sozial゠wohnung 女 (低所得者用の)公営住宅.
stationäre Pflege 女 施設介護.

T

Tages゠betreuung 女 デイケア[サービス](=Tagespflege).
Tages゠pflege 女 デイケア[サービス].
Tagespflege゠heim 中 デイケアホーム.
technische Hilfsmittel 複 工学的補助

手段(歩行杖・車いす・浴槽用補助いすなど消耗品以外で介護に必要な道具. 介護保険により貸与される).
teilstationäre Pflege 囡 部分施設介護(完全に施設に入所するのではなく, たとえば日中だけ老人ホームで過ごす形態の介護).

U

Unfall⸗versicherung 囡 傷害(災害)保険.

V

Versicherungs⸗pflicht 囡 保険加入義務.
Versicherungs⸗träger 男 保険者.
Vormund 男 後見人.
Vormundschaft 囡 後見.
Vormundschafts⸗gericht 田 後見裁判所.

W

Wohl⸗fahrt 囡《雅》福祉, 厚生(日本語の「社会福祉政策」に相当する語は die Sozialpolitik).
Wohlfahrts⸗pflege 囡 福祉事業, 厚生事業(=soziale Arbeit).
Wohlfahrts⸗staat 男 福祉国家.
Wohlfahrts⸗verband 男 社会福祉団体.
Wohn⸗geld 田 (公的な)住宅補助金.
Wohn⸗gruppe 囡 (高齢者などの)グループホーム.
Working Poor 田 ワーキングプア

Z

Zentral⸗wohlfahrtsstelle der Juden in Deutschland 囡 ドイツ・ユダヤ人中央福祉センター(ドイツの6大福祉団体の一つ).
Zivil⸗dienst 男 兵役代替勤務.
Zivildienst⸗leistender 男 兵役代替勤務者.
Zweiklassen⸗gesellschaft 囡 格差社会.

V. 建築様式

(1) ロマネスク様式 (die Romanik)　ヨーロッパ中世, 10世紀末から12世紀にかけての様式で, バジリカ式をもとにした石造教会建築では, アーチ構造を採用.

das Mittelschiff
die Vierung
die romanische Basilika
der Fries
das Gewölbe
der Rundbogen
das Seitenschiff
die Apsis
der Chor
das Querschiff
das Seitenschiff　das Mittelschiff

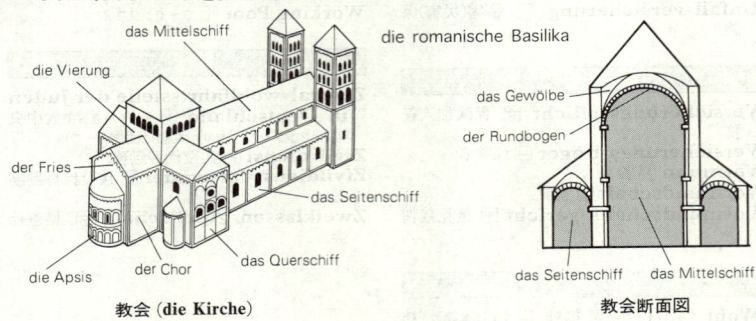

教会 (die Kirche)　　　教会断面図

(2) ゴシック様式 (die Gotik)　12〜15世紀の中世後半の様式で, 高い尖塔などによって上昇感を強調し, 豊富な彫刻による外面装飾などを特徴とする.

der Turm
der Helm
die Rosette
das Portal

教会　　　教会西側正面(部分)

der Helm
das Leib
das Maßwerk

das Gewölbe
der Strebebogen
der Strebepfeiler
der Spitzbogen

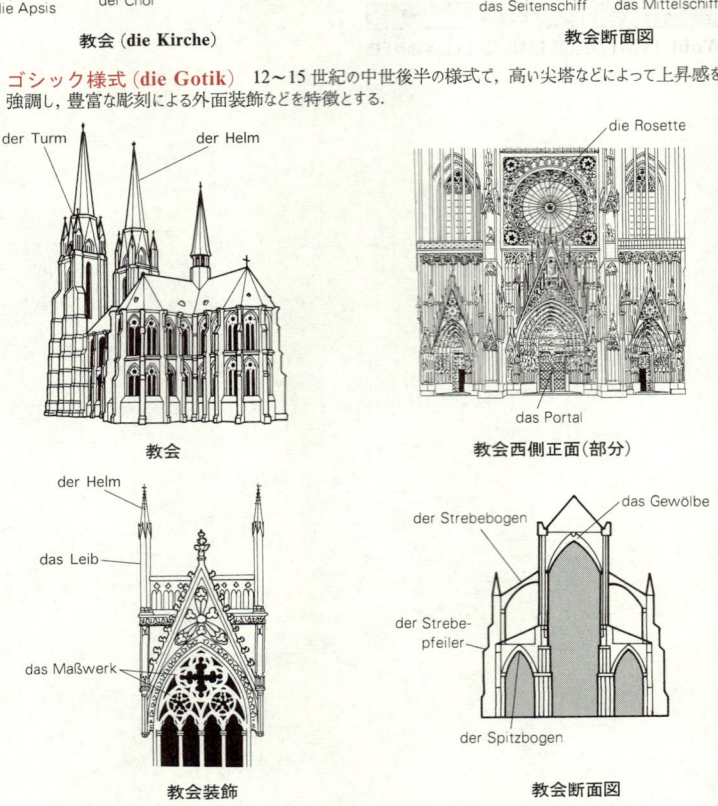

教会装飾　　　教会断面図

建築様式

(3) ルネサンス様式 (die Renaissance)
ゴシック様式の時代に続く, ギリシア・ローマの文化を復興しようとしたこの時期の建築では, 水平線が強調され, 安定と調和が目指された.

- der Giebel
- der Zwiebelturm

教会 　　市庁舎 (das Rathaus) 　　宮殿 (der Palast) (部分)

(4) バロック様式 (der Barock)
17世紀から18世紀中頃にかけての様式で, 動感の強調と華麗な装飾を特徴とする. 絶対主義王制の確立とともに, 壮麗な宮殿や広大な庭園も作られた.

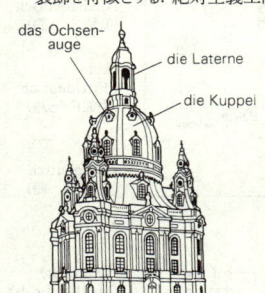

- das Ochsenauge
- die Laterne
- die Kuppel

教会 　　宮殿 (das Schloss) と庭園 (der Garten)

(5) ロココ様式 (das Rokoko)
18世紀の美術様式で, 優美な曲線的装飾を特徴とする.

(6) 新古典主義 (der Klassizismus)
19世紀になって, ギリシア・ローマの建築を模倣する様式が公共的建造物を中心に登場. 下図は当時建造された衛兵詰め所で, 現在はドイツ戦没者記念館として使われている.

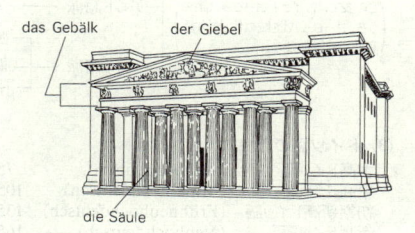

- das Gebälk
- der Giebel
- die Säule

あずまや (das Pavillon)　　„Neue Wache" (Berlin)

VI. ドイツの言語・政治機構・歴史

1. 言語
(1) 方言地図 (1900 年頃)

■ Friesisch (フリジア語)
■ Niederdeutsch (低地ドイツ語)
■ Mitteldeutsch (中部ドイツ語)
□ Oberdeutsch (上部ドイツ語)

(2) ドイツ語の系統

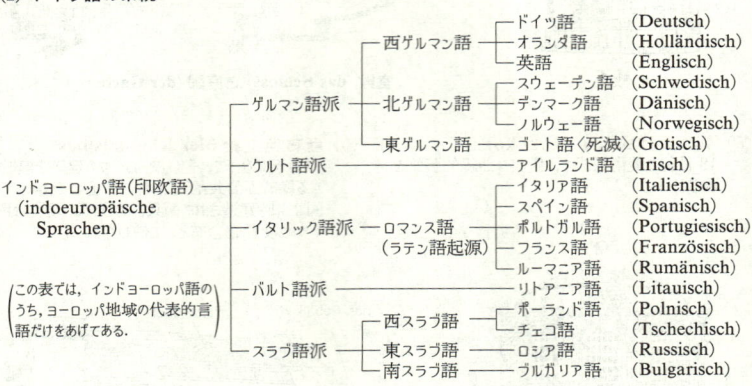

```
インドヨーロッパ語(印欧語) ─┬─ ゲルマン語派 ─┬─ 西ゲルマン語 ─┬─ ドイツ語    (Deutsch)
(indoeuropäische          │                │              ├─ オランダ語  (Holländisch)
 Sprachen)                │                │              └─ 英語        (Englisch)
                          │                ├─ 北ゲルマン語 ─┬─ スウェーデン語 (Schwedisch)
                          │                │              ├─ デンマーク語  (Dänisch)
                          │                │              └─ ノルウェー語  (Norwegisch)
                          │                └─ 東ゲルマン語 ─── ゴート語〈死滅〉(Gotisch)
                          ├─ ケルト語派 ───────────────── アイルランド語 (Irisch)
                          ├─ イタリック語派 ─ ロマンス語 ─┬─ イタリア語    (Italienisch)
                          │                (ラテン語起源) ├─ スペイン語    (Spanisch)
                          │                              ├─ ポルトガル語  (Portugiesisch)
                          │                              ├─ フランス語    (Französisch)
                          │                              └─ ルーマニア語  (Rumänisch)
                          ├─ バルト語派 ──────────────── リトアニア語    (Litauisch)
                          └─ スラブ語派 ─┬─ 西スラブ語 ─┬─ ポーランド語  (Polnisch)
                                        │              └─ チェコ語      (Tschechisch)
                                        ├─ 東スラブ語 ─── ロシア語      (Russisch)
                                        └─ 南スラブ語 ─── ブルガリア語  (Bulgarisch)
```

(この表では、インドヨーロッパ語のうち、ヨーロッパ地域の代表的言語だけをあげてある.)

(3) ドイツ語の歴史

古高ドイツ語	(Althochdeutsch)	750 年 – 1050 年
中高ドイツ語	(Mittelhochdeutsch)	1050 年 – 1350 年
初期新高ドイツ語	(Frühneuhochdeutsch)	1350 年 – 1650 年
新高ドイツ語	(Neuhochdeutsch)	1650 年 – 現代

2. 政治機構

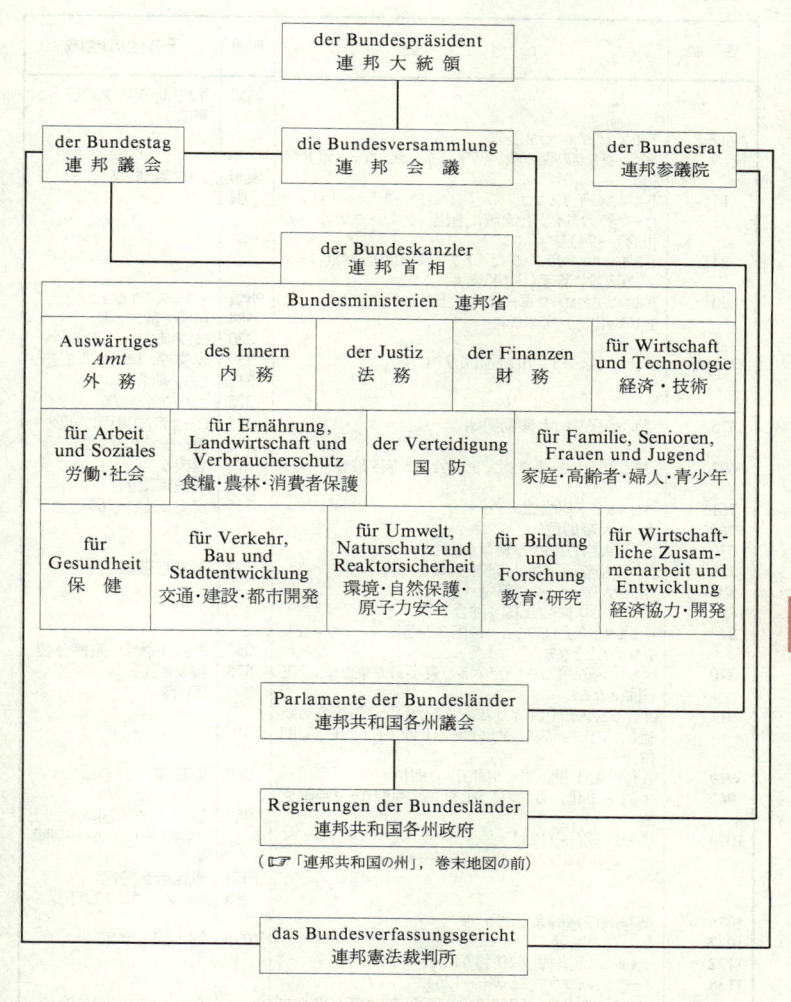

```
                    der Bundespräsident
                         連 邦 大 統 領
```

| der Bundestag
連邦議会 | die Bundesversammlung
連邦会議 | der Bundesrat
連邦参議院 |

```
                    der Bundeskanzler
                         連 邦 首 相
```

Bundesministerien　連邦省

Auswärtiges *Amt* 外　務	des Innern 内　務	der Justiz 法　務	der Finanzen 財　務	für Wirtschaft und Technologie 経済・技術
für Arbeit und Soziales 労働・社会	für Ernährung, Landwirtschaft und Verbraucherschutz 食糧・農林・消費者保護	der Verteidigung 国　防	für Familie, Senioren, Frauen und Jugend 家庭・高齢者・婦人・青少年	
für Gesundheit 保　健	für Verkehr, Bau und Stadtentwicklung 交通・建設・都市開発	für Umwelt, Naturschutz und Reaktorsicherheit 環境・自然保護・原子力安全	für Bildung und Forschung 教育・研究	für Wirtschaft- liche Zusam- menarbeit und Entwicklung 経済協力・開発

```
            Parlamente der Bundesländer
                連邦共和国各州議会

            Regierungen der Bundesländer
                連邦共和国各州政府
            (☞「連邦共和国の州」, 巻末地図の前)

            das Bundesverfassungsgericht
                  連邦憲法裁判所
```

ドイツ連邦共和国は16の州から構成される連邦制国家である. 連邦大統領は元首として国を代表し, 連邦首相は政府の政策方針を決定し, 連邦政府(内閣)を主宰・統括する. 主な政党としてはキリスト教民主同盟 (CDU), キリスト教社会同盟 (CSU), ドイツ社会民主党 (SPD), 自由民主党 (FDP), 緑の党 (die Grünen) などがある.

3. 歴 史
(1) 歴史年表

西暦	ドイツ史	西暦	その他の地域
		前52	カエサル『ガリア戦記』を完成
前12	ドルススのゲルマニア侵入		
後9	トイトブルクの森の戦い(ケルスキー族, ローマ軍を撃破)	後30頃	イエス処刑さる
14	ドルススの子ゲルマニクス, ゲルマニアに侵入(～16)		
73	ローマ勢力ライン上流域に進出, アグリ=デクマテスを併合(～74)		
84	ドミティアヌス帝, ライン・ドナウ両河間の長城(リーメス)の建設に着手(～145頃)		
90	ゲルマニアのローマ軍占領地, 上ゲルマニアと下ゲルマニアの二州に分けられる	98頃	タキツス『ゲルマニア』
		184	後漢で黄巾の乱
		220	後漢滅亡, 三国時代へ
253頃	フランク族, ライン川を越えガリアに侵入	239	卑弥呼, 魏に使者を送る
		313	ミラノ勅令
		325	ニケーア公会議
375	ゲルマン民族の大移動開始	395	ローマ帝国東西に分裂
		476	西ローマ帝国滅亡
497	フランク王クロートヴィヒ, アレマンネン族を破る	618	唐興る
		710	平城京遷都
751	カロリンガー朝成立	755	安史の乱(～763)
768	**カール大帝即位**		
772	カール大帝のザクセン戦争(～814)		
788	カール大帝, バイエルン部族公領を併合	794	平安京遷都
800	カール大帝, ローマで戴冠		
804	ザクセン, フランク王国に併合		
843	ヴェルダン条約でフランク帝国3分割, ルートヴィヒ東フランク王となる	867	キリスト教会, 東西分裂
870	メルセン条約(ロートリンゲンの東半分が東フランク王国領となる)	875	黄巣の乱
		907	唐滅ぶ
911	東フランク王国(ドイツ)におけるカロリンガー王家の断絶. フランク部族公のコンラート1世「ドイツ王」に即位		
919	ハインリヒ1世, 「ドイツ国王」に即位	960	宋建国
962	オットー1世, ローマ皇帝に就き, **神聖ローマ帝国成立**		
1024	ザーリア朝(～1125)	987	西フランク王国のカロリング朝断絶し, カペー朝興る
	この頃ロマネスク様式 (**Romanik**) 始まる	1054	東西教会分離
		1066	ノルマン・コンクエスト
1075	聖職叙任権闘争始まる		
1077	カノッサの屈辱	1096	第1回十字軍
1122	ヴォルムスの協約, 叙任権闘争終結		
1138	ホーエンシュタウフェン朝(～1254)		
	この頃ロマネスク様式, 宮廷・騎士文化の全盛期, ゴシック様式 (**Gotik**) 始まる		
1190	ドイツ騎士団成立	1192	源頼朝, 鎌倉に幕府を開く
1241	ヴァルシュタットの戦い / ハンザ同盟成立	1219	ジンギス・カン西方遠征開始
1248	ケルンの大聖堂定礎式		
1254	大空位時代はじまる(～73) / ライン都市同盟成立	1309	教皇のアビニョン幽囚
1347	ペスト(黒死病)大流行(～1351)	1338	室町幕府成立

1348	プラハにドイツ最初の大学創立 この頃から後期ゴシック様式（**Spätgotik**）始まる	1339	百年戦争起こる
1356	金印勅書の発布（選帝侯による皇帝選挙体制確立）		
1365	ウィーンに大学創立	1378	ローマ教会分裂（シスマ）
1386	ハイデルベルクに大学創立	1410	この頃イタリアでルネサンス（**Renaissance**）最盛期
1438	ハープスブルク家，皇帝を世襲（～1806）	1414	コンスタンツ公会議
1445頃	グーテンベルクの印刷術発明	1453	百年戦争終わる／東ローマ帝国滅亡
1471	アルブレヒト・デューラー（Albrecht Dürer）1528 没		
1483	マルティーン・ルター（Martin Luther）1546 没		
1494	ハンス・ザックス（Hans Sachs）1576 没		
1500	この頃職匠歌人の活躍／都市文化定着 この頃からルネサンス様式，それに引き続いてマニエリズム様式（**Manierismus**）		
1517	ルター，95 か条の論題を発表，宗教改革始まる	1518	ツヴィングリ宗教改革
1521	ヴォルムス帝国議会（新教禁止，ルター追放決議）		
1522	騎士戦争（～23）／ルターのドイツ語訳『新約聖書』		
1524	ドイツ農民戦争（～25）		
1526	第 1 回シュパイエル帝国議会（諸侯の信教の自由）		
1529	第 2 回シュパイエル帝国議会，「プロテスタント」の名称起こる		
1531	シュマルカルデン同盟成立	1534	イエズス会成立
		1541	カルバンの宗教改革
1555	アウクスブルク宗教和議	1562	ユグノー戦争（～98）
1583	この頃からバロック様式（**Barock**）始まる	1588	スペイン無敵艦隊敗北
		1600	関ケ原の戦い
1618	**30 年戦争（～48）**	1603	江戸幕府成立
		1628	イギリス議会，権利の請願提出
		1642	清教徒革命始まる（～60）
1648	ヴェストファーレン条約（30 年戦争終結），ドイツ領邦国家に分裂	1643	ルイ 14 世即位
1685	ヨーハン・ゼバスティアン・バッハ（Johann Sebastian Bach）1750 没		
1685	ゲーオルク・フリードリヒ・ヘンデル（Georg Friedrich Händel）1759 没	1688	名誉革命
1701	ブランデンブルク選帝侯，プロイセン王の称号獲得	1701	スペイン継承戦争（～14）
1720	この頃ロココ様式（**Rokoko**），啓蒙主義の時代始まる		
1724	イマーヌエール・カント（Immanuel Kant）1804 没		
1740	第 1 回シュレージエン戦争（～42）／オーストリア継承戦争（～48）		
1740	フリードリヒ大王（プロイセン）即位（～86） マリア・テレージア（オーストリア）即位（～80）		
1744	第 2 回シュレージエン戦争（～45）		
1749	ヨーハン・ヴォルフガング・フォン・ゲーテ（Johann Wolfgang von Goethe）1832 没		
1756	第 3 回シュレージエン戦争（～63）		
1756	ヴォルフガング・アマデーウス・モーツァルト（Wolfgang Amadeus Mozart）1791 没		
1759	フリードリヒ・シラー（Friedrich Schiller）1805 没		
1770	この頃から古典主義様式（**Klassizismus**）始まる，引き続いて，ロマン主義（**Romantik**）～1830 頃まで		
1770	ルートヴィヒ・ファン・ベートーヴェン（Ludwig van Beethoven）1827 没		

1750

1772	オーストリア，プロイセン，ロシアがポーランドを分割	1775	アメリカ独立戦争(〜83)
1785	ヤーコプ・グリム (Jacob Grimm) 1863 没		
1786	ヴィルヘルム・グリム (Wilhelm Grimm) 1859 没		
1793	第二次ポーランド分割	1789	フランス革命勃発
1795	第三次ポーランド分割		
1797	ハインリヒ・ハイネ (Heinrich Heine) 1856 没		
1797	フランツ・シューベルト (Franz Schubert) 1828 没		
1806 7.	ライン連邦成立 / 8. **神聖ローマ帝国解体**	1804	ナポレオン，皇帝に即位
1807 7.	ティルジットの和約(プロイセン，エルベ以西を失う)		
10.	プロイセンでシュタインの改革始まる		
1813 10.	ライプツィヒの戦い(プロイセン，オーストリア，ロシアの同盟軍，ナポレオン軍を撃破)		
1813	リヒャルト・ヴァーグナー (Richard Wagner) 1883 没		
1814 9.	ウィーン会議	1814	ナポレオン，退位
1815 6.	ドイツ連邦の成立		
1818	カール・マルクス (Karl Marx) 1883 没		
1833	ヨハネス・ブラームス (Johannes Brahms) 1897 没	1830	フランス，7 月革命
1834 1.	ドイツ関税同盟の発足	1837	大塩平八郎の乱(〜53)
1835 12.	ニュルンベルク・フュルト間にドイツ最初の鉄道開通	1840	アヘン戦争(〜42)
1844	フリードリヒ・ニーチェ (Friedrich Nietzsche) 1900 没		
1848 2.	マルクス，エンゲルスの『共産党宣言』公刊	1848	フランス，2 月革命
3.	3 月革命 / 5. フランクフルトで国民議会開催		
	フランツ・ヨーゼフ(オーストリア)即位(〜1916)		
1849 3–4	国民議会，ドイツ帝国憲法を可決しプロイセン国王を皇帝に選出するも，プロイセン国王これを拒否		
5.	プロイセン三級選挙法制定		
6.	国民議会解散		
1851 5.	ドイツ連邦復活	1850	太平天国の乱勃発
		1853	クリミア戦争 / ペリー来航
		1854	日米和親条約
		1858	日米修好通商条約
1856	ジークムント・フロイト (Sigmund Freud) 1939 没	1859	安政の大獄 / ダーウィン『種の起源』
1861 1.	ヴィルヘルム 1 世，プロイセン国王に即位	1861	イタリア王国成立 / ロシア，農奴解放令 / 南北戦争(〜65)
1862 9.	ビスマルク，プロイセン首相に就任		
1863 5.	ラサールの指導下，全ドイツ労働者協会創立	1863	リンカーン，奴隷解放宣言
1864	マックス・ヴェーバー (Max Weber) 1920 没	1864	第 1 インターナショナル結成
1866 6.	普墺戦争勃発	1867	大政奉還
1867	北ドイツ連邦成立	1868	明治維新
1870 7.	**普仏戦争勃発**		
1871 1.	プロイセン国王ヴィルヘルム 1 世，ドイツ皇帝に即位	1871	パリ・コミューン
3.	ドイツ帝国議会第 1 回選挙		
4.	ドイツ帝国憲法発布		
1872 9.	独墺露三帝会談		
1873 10.	独墺露三帝協定締結		
1875 5.	ドイツ社会主義労働者党(社会民主党の前身)結成		
1875	トーマス・マン (Thomas Mann) 1955 没	1877	露土戦争(〜78)
1878 6.	ベルリン会議		
10.	帝国議会，社会主義者鎮圧法可決		
1879 10.	独墺同盟成立		
1881 6.	独墺露三帝条約締結		
1882 5.	独墺伊三国同盟成立	1882	伊藤博文，独墺に憲法調査
1883	フランツ・カフカ (Franz Kafka) 1924 没		

1884		トーゴ, カメルーン, ドイツの保護支配下に入る		
1888	6.	ヴィルヘルム2世即位		
1889		マルティーン・ハイデガー (Martin Heidegger) 1976没	1889	大日本帝国憲法発布
1890	3.	ビスマルク, 宰相辞任		
	9.	社会主義鎮圧法失効	1894	日清戦争始まる(～95)
1895		レントゲン, X線発見	1894	ドレフュス事件(～99)
1897	11.	ドイツ軍青島を占領	1896	第1回オリンピック大会
1898	3.	膠州港租借条約		
1898		ベルトルト・ブレヒト (Bertolt Brecht) 1956没		
			1899	義和団の乱(～1901)
			1902	日英同盟締結
			1904	日露戦争(～05)
1905	3.	第一次モロッコ事件(ドイツ皇帝, モロッコに示威的訪問)	1905	ポーツマス条約
				ロシア第一革命
			1907	英仏露協商成立
1908	10.	オーストリア, ボスニア・ヘルツェゴビナ併合	1908	青年トルコ党の革命
			1910	日本, 韓国を併合
1911	7.	第二次モロッコ事件(ドイツの砲艦, アカディールに派遣)	1911	中国, 辛亥革命
			1912	中華民国成立
1914	**7.**	**第一次世界大戦始まる(～18)**	1914	パナマ運河完成
1915		アインシュタイン, 一般相対性原理発表		
1916	1.	スパルタクス団結成		
1917		無制限Uボート作戦実施によりアメリカの参戦	1917	ロシアで2月, 10月革命
1918	11.	キール軍港で水兵の反乱(ドイツ革命勃発)	1918	日本, シベリア出兵
		ヴィルヘルム2世亡命, パリ郊外で休戦条約調印		
1919	2.	ヴァイマルに国民会議召集	1919	コミンテルン結成
	6.	ベルサイユ条約調印		中国で5・4運動
	7.	国民議会, 新憲法採択		
1920	2.	ドイツ労働者党, 国民(国家)社会主義ドイツ労働者党(ナチス党)に改称	1920	国際連盟成立
	3.	カップ一揆勃発するも, ゼネストに会い失敗に終わる		
			1921	日英同盟廃棄
				中国共産党結党
1922	4.	ラパロ条約	1922	ムッソリーニのローマ進軍(ファシズム政権成立)
1923	1.	フランス, ベルギー軍ルール占領	1923	ソビエト社会主義共和国連邦成立
		経済大混乱に陥り, 天文学的インフレを記録		
	11.	ヒトラー, ミュンヘン一揆	1923	関東大震災
1924	8.	国会, ドーズ案(賠償軽減案)を承認		
1925	12.	ロカルノ条約締結(現状維持, 相互不可侵)		
1926	9.	ドイツ, 国際連盟加入		
1927頃		農業恐慌が29年の金融恐慌に先駆けて起こる		
1928	6.	ミュラー大連合内閣成立	1928	パリで不戦条約
1929	6.	ヤング案の調印	1929	ニューヨークで株の大暴落を契機として世界大恐慌起こる
	7.	ヤング案反対闘争にナチス参加		
1930	3.	ミュラー大連合内閣崩壊		
	3.	ブリューニング内閣成立		
	9.	国会選挙でナチス大躍進	1930	ロンドン軍縮会議
1931	10.	ナチスを含めた右翼が国民戦線を結成(「ハルツブルク戦線」)	1931	満州事変勃発
1932	6.	ローザンヌ賠償会議	1932	満州国建国宣言
	7.	国会選挙でナチス第一党になる		日本で5・15事件
1933	**1.**	**ヒトラー内閣成立**	1933	日本, 国際連盟脱退
	3.	全権委任法可決		
1934	6.	レーム事件	1934	中国共産党の長征開始
	8.	ヒンデンブルク死去に伴いヒトラー, 総統になる		
1935	9.	ニュルンベルク諸法布告	1935	イタリア, エチオピア侵入

1936	3.	ドイツ軍, 非武装地帯のラインラントに進駐	1936	スペイン内乱 (〜39)
	10.	ベルリン=ローマ枢軸成立		日本で2・26事件
	11.	日独防共協定の締結		
1937	11.	ヒトラーの歴史的会議 (ホスバッハ覚書)	1937	日中戦争勃発
		日独伊防共協定		
1938	3.	ドイツ軍, オーストリア併合	1938	日本, 国家総動員法施行
	9.	ミュンヒェン会談		
	11.	全ドイツにおけるユダヤ人への組織的迫害 (「クリスタルナハト」)		
1939	3.	ドイツ軍, プラハ占領	1939	ノモンハン事件でで日本軍, ソ連軍に惨敗
	8.	独ソ不可侵条約締結		
	9.	**ドイツ軍, ポーランド侵入 (第二次世界大戦勃発 〜45)**		
1940	4.	ドイツ軍, デンマークとノルウェー占領		
	5.	ドイツ軍, パリを無血占領		
	9.	日独伊三国同盟締結		
1941	4.	ドイツ軍, ユーゴスラビアとギリシアに侵入	1941	日本軍, 真珠湾を攻撃 (太平洋戦争起こる)
	6.	独ソ戦始まる		
	12.	ドイツ, アメリカに宣戦		
1942	1.	ヴァンゼー会議でユダヤ人問題の最終的解決を決定	1942	ミッドウェー海戦で日本敗退
1943	1.	スターリングラードでドイツ軍降伏	1943	カイロ会談 (米英中)
	2.	ショル兄妹, ゲシュタポに逮捕される		テヘラン会談 (米英ソ)
1944	6.	連合軍, ノルマンディー上陸		イタリア, 降伏
	7.	ヒトラー暗殺未遂事件		
1945	4.	ヒトラー自殺	1945	ヤルタ会談 (米英ソ)
	5.	**ドイツ降伏**		広島, 長崎に原爆投下
	11.	ニュルンベルク国際軍事法廷開廷		日本, 無条件降伏
				国際連合成立
1946	4.	ソ連邦占領地区でドイツ社会主義統一党 (SED) 成立	1946	中国で国共内戦
	9.	ニュルンベルク裁判判決	1947	日本国憲法施行
1947	3.	四国外相モスクワ会議 (ドイツ問題を討議)		マーシャル・プラン提案
1948	6.	ベルリン封鎖開始 / 西側・ソ連占領地域で通貨改革	1948	極東国際軍事裁判判決
				大韓民国成立 / 朝鮮民主主義人民共和国成立宣言
1949	5.	ニューヨーク協定によってベルリン封鎖解除	1949	中華人民共和国成立
		ドイツ連邦共和国 (西独) 成立, 首相アデナウアー		
	10.	人民評議会, ドイツ民主共和国 (東独) の成立を宣言		
1950	9.	東独, コメコンに加盟	1950	朝鮮戦争勃発
			1951	サンフランシスコ平和条約調印
				日米安全保障条約締結
1953	6.	東独全域でデモ・ストが展開 (「6月17日事件」)	1953	朝鮮戦争休戦 / スターリン死去
1955	5.	西独, 北大西洋条約機構 (NATO) に参加	1955	アジア・アフリカ会議
		東独, ワルシャワ条約機構に加盟	1956	ハンガリー動乱
1956	10.	ザールラント, 西独に復帰決定	1957	ソ連邦, 人工衛星打ち上げ成功
			1958	ヨーロッパ経済共同体 (EEC) 発足
1959	11.	西独社会民主党 (SPD), ゴーデスベルク綱領採択		
1961	8.	**ベルリンの壁構築**	1960	日米安全保障条約改定調印
			1962	キューバ危機
			1964	東京オリンピック
			1965	ベトナム戦争激化

1966 12.	西独2大政党、社会民主党（SPD）、キリスト教民主同盟（CDU）と社会同盟（CSU）による大連合内閣成立、首相にキージンガー	1966	中国でプロレタリア文化大革命始まる
		1967	ヨーロッパ共同体（EC）発足
		1968	チェコ事件
1969 10.	西独で社会民主党（SPD）と自由民主党（FDP）との連立内閣成立 西独首相ブラントの東方外交始まる	1969	アポロ11号月面着陸
1970 3.	両独首相、エアフルトで関係改善のための初会談		
1971 5.	東独ホネカー、ドイツ社会主義統一党（SED）第一書記に就任		
1972 9.	ミュンヘン・オリンピック	1972	沖縄、日本に復帰
12.	両独「関係の基礎に関する条約」調印		日中国交回復
1973 9.	両独国連に加盟	1973	ベトナム和平協定調印
			オイルショック
		1975	第1回先進国首脳会議（サミット）開催
1976 10.	東独ホネカー国家評議会議長兼党第一書記に就任	1976	日本、ロッキード事件
		1979	ソ連軍、アフガニスタン侵入
1980 1.	西独連邦レベルでの「緑の党」設立大会		
1981 5.	東独ホネカー訪日を契機としての「西方外交」開始	1981	ポーランド自主労組「連帯」弾圧さる
1982 10.	西独キリスト教民主同盟（CDU）、キリスト教社会同盟（CSU）、自由民主党（FDP）の連立内閣成立、首相にコール		
1984 5.	西独ヴァイツゼッカー、大統領に就任		
		1985	ゴルバチョフ、書記長就任
		1987	ペレストロイカ始まる
1989 9.	ハンガリーの国境開放に伴い、1.5万人の東独市民が西独に脱出／ライプツィヒ月曜デモ開始	1989	中国で天安門事件／東欧で民主化運動
10.	東独ホネカー解任		
11.	**ベルリンの壁崩壊**		
1990 3.	東独人民議会選挙、保守派の勝利	1990	イラク、クウェート侵攻
7.	両独通貨統合		
10.	**東西ドイツ統一**		
		1991	湾岸戦争勃発／ソ連邦で8月クーデター／カンボジアの和平協定パリで調印／ソ連邦崩壊、独立国家共同体に
		1992	ユーゴスラビア連邦制崩壊
		1993	チェコ・スロバキア分離・独立
1994 6.	ヘルツォーク、大統領に就任		
1998 10.	シュレーダー、連邦首相に就任		
1999 7.	ラウ、大統領に就任		
2002 1.	ユーロ紙幣・硬貨の流通を開始		
		2003	イラク戦争勃発
2004 7.	ケーラー、大統領に就任		
2005 11.	メルケル、連邦首相に就任（女性初）		
2010 6.	ヴルフ、大統領に就任		
2012 3.	ガウク、大統領に就任		
2012 12.	EUにノーベル平和賞		

ドイツの言語・政治機構・歴史　1754

(2) 歴史地図

(A) 1914年（第一次世界大戦直前）

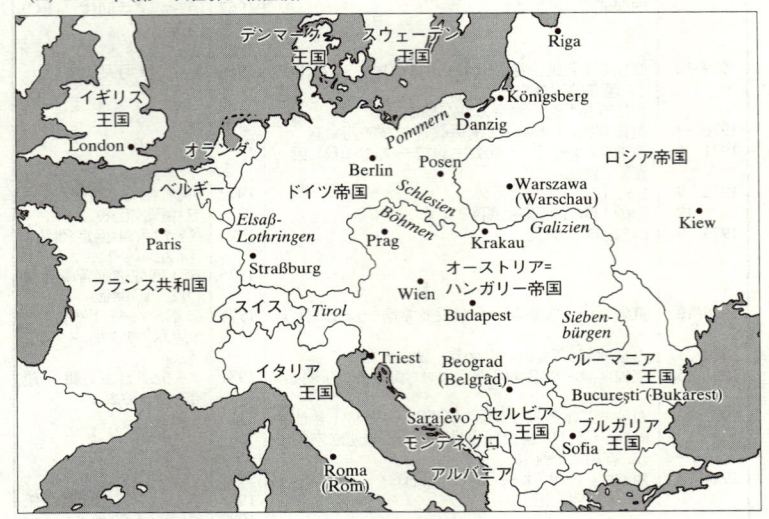

デンマーク王国、スウェーデン王国、Riga、イギリス王国、London、Königsberg、オランダ、Pommern、Danzig、ベルギー、Berlin、Posen、Warszawa (Warschau)、ロシア帝国、ドイツ帝国、Schlesien、Elsaß-Lothringen、Böhmen、Galizien、Prag、Krakau、Kiew、Paris、Straßburg、オーストリア＝ハンガリー帝国、フランス共和国、スイス、Tirol、Wien、Budapest、Siebenbürgen、Triest、Beograd (Belgrad)、ルーマニア王国、イタリア王国、Sarajevo、セルビア王国、București (Bukarest)、モンテネグロ、ブルガリア王国、Sofia、Roma (Rom)、アルバニア

(B) 1949～1990年

デンマーク王国、スウェーデン王国、Riga、イギリス王国、London、Kaliningrad (Königsberg)、オランダ、ドイツ民主共和国、Gdańsk (Danzig)、ポーランド共和国、ベルギー、Berlin、Poznań (Posen)、Warszawa (Warschau)、ソビエト連邦、Bonn、ドイツ連邦共和国、Praha (Prag)、Kraków (Krakau)、Kiew、Paris、Strasbourg (Straßburg)、チェコスロバキア共和国、フランス共和国、スイス、オーストリア共和国、Wien、Budapest、ハンガリー共和国、ルーマニア共和国、Trieste (Triest)、ユーゴスラビア共和国、Beograd (Belgrad)、București (Bukarest)、イタリア共和国、Sarajevo、ブルガリア共和国、Sofia、Roma (Rom)、アルバニア

※（　）はドイツ語名を表す．上段の地図 (A) ではドイツ帝国およびオーストリア＝ハンガリー帝国領内の都市はドイツ語名のみあげてある．斜体で示したのはドイツ語による地方名である．

VII. ヨーロッパ連合（EU）と欧州共通通貨ユーロ（Euro）

1. ヨーロッパ連合（Europäische Union）加盟国

面積: 4,385,000 km²　人口: 5億人あまり
議会所在地: ストラスブール（Straßburg）

注1) 以下の28か国の国名の下の段は、面積/人口を示す.
注2) 国名と首都名はドイツ語表記, 人口は概数.

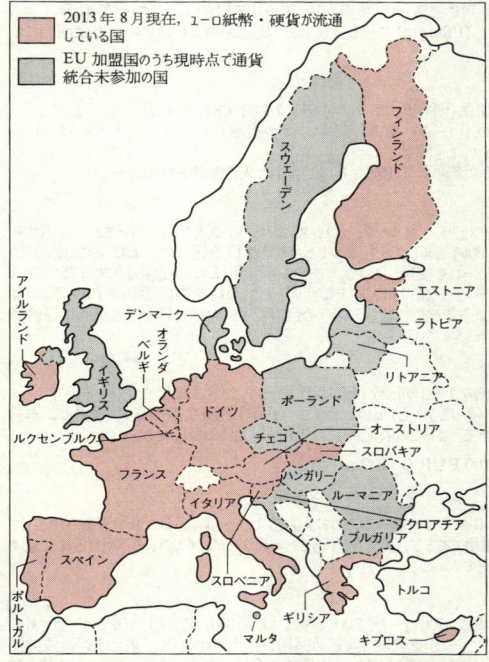

凡例:
- 2013年8月現在, ユーロ紙幣・硬貨が流通している国
- EU加盟国のうち現時点で通貨統合未参加の国

クロアチア（Kroatien）
56,542 km²/440万人
首都: ザグレブ（Zagreb）

スウェーデン（Schweden）
449,964 km²/888万人
首都: ストックホルム（Stockholm）

スペイン（Spanien）
504,782 km²/4,008万人
首都: マドリード（Madrid）

スロバキア（Slowakei）
49,012 km²/542万人
首都: ブラチスラバ（Bratislava）

スロベニア（Slowenien）
20,256 km²/193万人
首都: リュブリャナ（Ljubljana）

チェコ（Tschechien）
78,866 km²/1,026万人
首都: プラハ（Prag）

デンマーク（Dänemark）
43,094 km²/537万人
首都: コペンハーゲン（Kopenhagen）

ドイツ（Deutschland）
357,104 km²/8,227万人
首都: ベルリン（Berlin）

ハンガリー（Ungarn）
93,032 km²/1,008万人
首都: ブダペスト（Budapest）

フィンランド（Finnland）
338,144 km²/518万人
首都: ヘルシンキ（Helsinki）

フランス（Frankreich）
543,965 km²/5,977万人
首都: パリ（Paris）

ブルガリア（Bulgarien）
110,994 km²/770万人
首都: ソフィア（Sofia）

ベルギー（Belgien）
30,518 km²/1,027万人
首都: ブリュッセル（Brüssel）

アイルランド（Irland）
70,282 km²/388万人
首都: ダブリン（Dublin）

イギリス（Großbritannien）
241,752 km²/5,978万人
首都: ロンドン（London）

イタリア（Italien）
301,302 km²/5,772万人
首都: ローマ（Rom）

エストニア（Estland）
45,100 km²/142万人
首都: タリン（Tallinn）

オーストリア（Österreich）
83,845 km²/817万人
首都: ウィーン（Wien）

オランダ（Niederlande）
41,865 km²/1,607万人
首都: アムステルダム（Amsterdam）

キプロス（Zypern）
9,251 km²/77万人
首都: ニコシア（Nikosia）

ギリシア（Griechenland）
131,957 km²/1,065万人
首都: アテネ（Athen）

ドイツの言語・政治機構・歴史　1756

ポーランド (Polen)
323,250 km²/3,863 万人
首都: ワルシャワ (Warschau)

ポルトガル (Portugal)
92,270 km²/1,008 万人
首都: リスボン (Lissabon)

マルタ (Malta)
316 km²/40 万人
首都: バレッタ (Valletta)

ラトビア (Lettland)
64,600 km²/237 万人
首都: リガ (Riga)

リトアニア (Litauen)
65,200 km²/360 万人
首都: ビリニュス (Vilnius)

ルーマニア (Rumänien)
238,391 km²/2,170 万人
首都: ブカレスト (Bukarest)

ルクセンブルク (Luxemburg)
2,586 km²/45 万人
首都: ルクセンブルク (Luxemburg)

2. 欧州共通通貨ユーロ (**Euro**)

ユーロは 1999 年 1 月に銀行取り引き用に導入され, 為替などに限って使用された. その後 2002 年 1 月 1 日から, それまでのマルク (Mark) とペニヒ (Pfennig) に代わって,「ユーロ」と「セント」(Cent) が全面的に使われるようになった.

(1) 導入への経過
1998 年 6 月 1 日　欧州中央銀行設立 (所在地はドイツのフランクフルト・アム・マイン)
1999 年 1 月 1 日　通貨単位としての「ユーロ」導入, 交換レートの固定 (1 ユーロ=1.95583 マルク)
2002 年 1 月 1 日　ユーロ紙幣・硬貨の流通開始
2002 年 2 月 28 日　マルク紙幣・硬貨の流通終了 (銀行での交換は永久に保証される)

(2) ユーロ参加国 (**2013 年 8 月現在**)

アイルランド, イタリア, エストニア, オーストリア, オランダ, キプロス, ギリシア, スペイン, スロバキア, スロベニア, ドイツ, フィンランド, フランス, ベルギー, ポルトガル, マルタ, ルクセンブルクの 17 か国. また, EU 非加盟国のサンマリノ, バチカン, モナコも, 協定によりユーロを使用している. ヨーロッパ連合 (EU) 加盟国 (☞ 1755 ページ参照) のうち, イギリス, デンマーク, スウェーデンなど 11 か国は未参加. また, EU 非加盟国のスイスも不参加. 参加国の総人口は約 3 億 2,500 万人, 国内総生産 (GDP) の合計ではアメリカに匹敵する巨大な経済圏である.

(3) ユーロの記号

水平に横切る 2 本の平行線が特徴的なユーロの記号 (€) は, ギリシア文字のエプシロン (ε) を手本としており, ヨーロッパ文化発祥の地 '$E\lambda\lambda\alpha\varsigma$ (ギリシア) と, Europa (ヨーロッパ) の頭文字を表す. 水平の 2 本線は, 通貨としてのユーロの安定性を象徴する. ユーロの表記方法は Euro または EUR である.

表記例: €100, EUR 100 または 100 EUR (=100 ユーロ).

(4) 硬貨
硬貨は 8 種類の額面のものが発行される. 2 ユーロ, 1 ユーロおよび 50 セント, 以下 20, 10, 5, 2, 1 セントである. 各硬貨の表の図柄はそれぞれ一種類であるが, 裏は発行国ごとに異なるデザインのものが用いられる. どの国で発行された硬貨もユーロ圏全域で使える.

(5) 紙幣
紙幣は 7 種類の額面のものが発行される. 500 ユーロ, 200 ユーロ, 以下 100, 50, 20, 10, 5 ユーロである. 色と大きさはさまざまであるが, 表裏ともにユーロ圏全域で共通の図柄が採用されている. 表にはすべて架空の建造物の窓や門が描かれており, これらは EU 諸国の開放性と協力の象徴である. 裏はさまざまな時代の建築様式による橋をデザインしたもので, ヨーロッパ諸民族間の結びつき, ヨーロッパとそれ以外の世界との結びつきを象徴する.

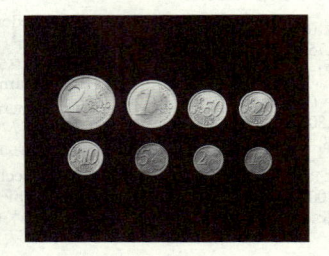

VIII. 発音について

本書では，原則としてすべての見出し語について仮名で発音を示します．また，基本的な単語の代表形，重要語などについては発音記号による表記も併せて示します．

1. 発音表記の原則

(1) 平仮名と片仮名

発音は基本的に片仮名で表します．日本語にはない音のうち，単語の意味を区別するのに特に重要な [f] と [l] についてのみ，平仮名の [ふ] および [らりる…] で表します．[h] または [x] の表記に使われる [フ]，および [r] を表す [ラリル…] と区別してください．

例： Fuß [ふース]; husten [フーステン]
　　 lachen [らッヘン]; Rachen [ラッヘン]

(2) 小　字

表記には小字が使われることがあります．ふつうの仮名遣いでも使う表記はそのとおりに読みます．(Hütte [ヒュッテ] など．)

ほかに，[ト]，[ド] は後ろに母音を伴わない単独の [t], [d] を表します．[to tɔ], [do dɔ] を表す [ト], [ド] と区別してください．

例： Trottel [トロッテる]; Torte [トルテ]

また，軽く添えるように発音する音も小字で表します．

例： Ring [リンｸ], sammeln [ザンメるン], Brunnen [ブルンネン],
　　 Bonbon [ボンボーン], Pfeife [プふァイふェ], Kur [クーァ],

すなわち，後ろに母音を伴わない ng の最後の [ｸ]，母音にはさまれた mm や nn の始めと鼻母音の終わりの [ン]，pf の [プ]，母音化した r の [ァ] です．

(3) 太字と [´], [`]

太字の仮名はそこにアクセントがあることを表します．発音記号ではその位置に [´] が付きます．分離動詞については発音記号の [`] によって第2アクセントを示します．

(4) [·] と [-]

仮名表記の [·] と発音記号の [-] は主な発音の区切りを示します．なお，発音記号の途中改行も発音の区切りで行い，行末に [-] を置きます．

(5) [..]

見出し語の第2の発音を表記する場合，第1の発音との共通部分は省略されて [..] となります．名詞の単数2格と複数形の発音表記においても同様に，見出し語の発音表記との共通部分は省略されて [..] となります．省略されずに明示された発音の仮名表記に太字が含まれる場合，[..] の部分にアクセントはないものとします．

例： außer-dem [アオサァ・デーム áusər-de:m または ..デーム]
　　 Professor [プロふェッソァ proféssɔr] 男 (単2) -s/(複) -en [..ソーレン]

(6) 枠囲みの例文の発音表記について

枠囲みの例文については仮名で発音を示します．文中で特に強く発音される部分のみを太字とし，個々の語のアクセントは示しません．また文中で発音が弱化する語については，弱化した発音を示します．

2. つづりの読み方

(1) 母音字の読み方の基本原則

(A) 単母音

a i u e o は [ア イ ウ エ オ] と読む. (長短については (C) 参照.)

ä ö ü y は [エ エ ユ ユ] と読む. (長短については (C) 参照.)

(例えば，次の語の頭文字はすべて [ア] と読みます: Apfel [アプふェる], all [アる], April [アプりる]. 英語の apple [アップる], all [オーる], April [エイプリる] と比較してみてください.)

(B) 二重母音

ai, ay, ei, ey は [アイ] と読む.

au は [アオ] と読む.

eu, äu は [オイ] と読む.

(C) 母音の長短

母音にアクセントがあり，続く子音字が少なければ，たいてい長母音になる.

　例: zu [ツー], Büro [ビュロー], Hut [フート], Name [ナーメ]

母音にアクセントがない場合や，続く子音字が多ければ，たいてい短母音になる.

　例: zusammen [ツザンメン], Romantik [ロマンティク]; Bett [ベット], Treppe [トレッペ]

aa ee oo や「母音+h」は，たいてい長母音になる.

　例: Haar [ハール], See [ゼー], Boot [ボート], Lohn [ローン]

ie は長母音 [イー] になる場合と，[イエ] と読む場合がある.

　例: Wien [ヴィーン]; Ferien [ふェーリエン]

(2) 子音字の読み方の基本原則

(A) 有声と無声

b d g は語頭で有声の [b d g] (=バ行, ダ行, ガ行の子音) となる. 語末では無声の [p t k] (=パ行, タ行, カ行の子音) となる.

　例: Dieb [ディープ], Bad [バート], Zug [ツーク], Abt [アプト], Stadt [シュタット]

s は母音の前で有声の [z] (=ザ行の子音) となる. 語末では無声の [s] (=サ行の子音) となる.

　例: Sarg [ザルク], Nase [ナーゼ], Gras [グラース]

v は基本的に無声の [ふ] だが，外来語で後ろに母音を伴う場合は有声の [ヴ] になることが多い.

　例: Vater [ふァーター]; Virus [ヴィールス], Alternative [アるテルナティーヴェ]

(B) r の母音化

r は長母音のあとで母音化して [ァ] となる. ただし [アー] のあとの r だけは [ル] と読む.

　例: Tier [ティーァ], Geburt [ゲブーァト], klar [クラール]

er.., ver.., zer.. の r も母音化して [ァ] となる. her.. の r も後ろの母音と結合しない限り，[ァ] となる.

　例: erlegen [エァ・れーゲン], verlegen [ふェァ・れーゲン], zerlegen [ツェァ・れーゲン], Herkunft [ヘーァ・クンふト]

アクセントのない語尾の ..er は母音化して [..ァァ] となる.

　例: Lehrer [れーラァ], anders [アンダァス]

(そのほか，本書では [r] と表記される r に対しても，滑らかな発音のために適当と判断される場合には [ァ] を充てています. 例: Doktor [ドクトァ dóktɔr], Urteil [ウァ・タイる úr-taɪl] など.)

(C) その他, 主要なつづりの読み方

..ch は [..ハ ..ヒ ..フ ..ホ] のどれかになる. おおむね前の母音と同じ口の構えで読む. ただし，前に e, ä または子音がある場合は [..ヒ] となる.

　例: Bach [バッハ], ich [イヒ], Buch [ブーフ], doch [ドッホ]; Pech [ペヒ], Milch [ミるヒ]

..chs は [..クス] と読む. 例: Fuchs [ふクス], Achse [アクセ]

..ig は [..イヒ] と読む. ただし母音が続くと g は本来の [g] (=ガ行の子音) に戻る.

例: König [ケーニヒ]; Könige [ケーニゲ], Königin [ケーニギン]
..ng は [..ング] と読む. 例: lang [らング], Angler [アングらァ]
j.. は後ろの母音と結合して [ヤ イェ ユ ヨ] となる. 例: Japan [ヤーパン], jung [ユング]
qu.. は [クヴ..] と読む. 例: Quelle [クヴェれ], Aquarium [アクヴァーリウム]
sch は [シュ] と読む. 例: schön [シェーン], hübsch [ヒュプシュ]
sp.., st.. は [シュプ..] [シュト..] と読む. 例: Sprache [シュプラーヘ], Student [シュトゥデント]
..ß は [..ス] と読む. 例: Fuß [ふース], beißen [バイセン]
..tion は [..ツィオーン] と読む. 例: Lektion [れクツィオーン]
tsch は [チュ] と読む. 例: Deutsch [ドイチュ], Gletscher [グれッチァァ], Tscheche [チェッヒェ]
w は [ヴ] と読む. 例: wie [ヴィー], etwas [エトヴァス], Wurst [ヴルスト]
z は [ツ] と読む. ..tz ..ts ..ds も同じ.
　例: Zeit [ツァイト], Hitze [ヒッツェ], nichts [ニヒツ], abends [アーベンツ]

(3) アクセントの基本原則
(A) 外来語を除き, 単一語は原則として最初の音節を強く読む.
　例: heu·te [ホイテ], wan·dern [ヴァンダァン]
(B) 合成語ではふつう初めの構成要素のアクセントが語全体のアクセントとなる.
　例: Auto⸗bahn [アオト・バーン], Musik⸗lehrer [ムズィーク・れーラァ]
(C) 分離動詞の前つづりにはアクセントがある. 非分離動詞の前つづりにはふつうアクセントがない. 特に be.., ge.., er.., ver.., zer.., emp.., ent.. は決してアクセントを持たない.
　例: auf|passen [アオふ・パッセン]; besitzen [ベ・ズィッツェン]

(4) つづりの読み方の一覧表
以下にドイツ語でふつう用いられるつづりの読み方の一覧表を掲げる. 読み方の欄には, 本書の仮名による発音表記の方法に従って, つづりそのものが表す発音に最も近い音の仮名, またはそのような音を含む仮名を示す.

つづり	読み方・発音		例
a	ア	a	alt [アるト ált], Saft [ザふト záft], an [アン án]
	アー	aː	Adel [アーデる áːdəl], Lage [らーゲ láːgə], Art [アールト áːrt]
ä	エ	ɛ	älter [エるタァ éltər], hält [へるト hélt]
	エー	ɛː	Ära [エーラ ɛ́ːra], Käse [ケーゼ kɛ́ːzə], nächst [ネーヒスト nɛ́ːçst]
aa	アー	aː	Aal [アーる áːl], Staat [シュタート ʃtáːt]
ah	アー	aː	ahnen [アーネン áːnən], Fahrt [ふァールト fáːrt]
äh	エー	ɛː	ähnlich [エーンりヒ ɛ́ːnlɪç], Fähre [ふェーレ fɛ́ːrə]
ai	アイ	aɪ	Mai [マイ máɪ], Laie [らイエ láɪə]
au	アオ	aʊ	auf [アオふ áʊf], kaum [カオム káʊm]
äu	オイ	ɔʏ	äußern [オイサァン ɔ́ʏsərn], täuschen [トイシェン tɔ́ʏʃən]
ay	アイ	aɪ	Bayern [バイアン báɪərn], Mayer [マイアァ máɪər]
b	ブ	b	Ball [バる bál], blau [ブらオ bláʊ], übrig [ユーブリヒ ýːbrɪç]
	プ	p	Laub [らオプ láʊp], Obst [オープスト óːpst]
ch	ハ	x	Dach [ダッハ dáx], nach [ナーハ náːx]
	ホ	x	Koch [コッホ kóx], hoch [ホーホ hóːx], Rauch [ラオホ ráʊx]
	フ	x	Bruch [ブルフ brúx], Besuch [ベ・ズーフ bəzúːx]
	ヒ	ç	ich [イヒ íç], Pech [ペヒ péç], welch [ヴェるヒ vélç], Echo [エヒョ éço]
	ク	k	Chlor [クろーァ klóːr], Chor [コーァ kóːr]
chs	クス	ks	sechs [ゼクス zéks], wachsen [ヴァクセン váksən]
ck	ク	k	dick [ディック dík], Ecke [エッケ ékə]
d	ド	d	da [ダー dáː], drei [ドライ dráɪ], Händler [ヘンドらァ héndlər]
	ト	t	Hand [ハント hánt], Mädchen [メーティヒェン mɛ́ːtçən]

発音について　　　　1760

つづり	読み方・発音		例
ds	ツ	ts	abends [アーベンツ á:bənts], eilends [アイれンツ áılənts]
dt	ト	t	Stadt [シュタット ʃtát], Verwandte [フェア・ヴァンテ fɛr-vántə]
e	エ	ɛ	Ende [エンデ éndə], gelb [ゲるプ gélp], es [エス és]
	エー	e:	ewig [エーヴィヒ é:vıç], legen [れーゲン lé:gən], Erde [エーァデ é:rdə]
	エ	e	Etat [エターeːtáː], Senat [ゼナート zenáːt]
	エ	ə	Bezug [ベ・ツーク bə-tsú:k], Dose [ドーゼ dó:zə]
ee	エー	e:	See [ゼー zé:], Beete [ベーテ bé:tə]
eh	エー	e:	Weh [ヴェー vé:], sehen [ゼーエン zé:ən]
ei	アイ	aı	ein [アイン áın], leihen [らイエン láıən]
..er	アァ	ər	Mauer [マオアァ máuər], Bücher [ビューヒァァ bý:çər]
eu	オイ	ɔy	euer [オイアァ ɔ́yər], Leute [ろイテ lɔ́ytə]
ey	アイ	aı	Speyer [シュパイアァ ʃpáıər], Meyer [マイアァ máıər]
f	ふ	f	Film [ふィるム fílm], Luft [るフト lúft]
g	グ	g	gut [グート gú:t], Grund [グルント grúnt], Wagner [ヴァーグナァ vá:gnər]
	ク	k	Zug [ツーク tsú:k], Jagd [ヤークト já:kt]
☞ ..ig, ng			
h	ハ	h	Haar [ハール há:r], Huhn [フーン hú:n], wohin [ヴォ・ヒン vo-hín]
	(長音化)		nah [ナー ná:], gehen [ゲーエン gé:ən]
	(無音)		Vieh [ふィー fí:], verzeihen [フェア・ツァイエン fɛr-tsáıən]
i	イ	ı	Insel [インぜる ínzəl], Bitte [ビッテ bítə], in [イン ín]
	イー	i:	Igel [イーゲる í:gəl], wider [ヴィーダァ ví:dər], Island [イース・らント í:s-lant]
	イ	i	Idiot [イディオート idió:t], Universität [ウニヴェルズィテート univɛrzité:t]
ie	イー	i:	wie [ヴィー ví:], Miete [ミーテ mí:tə], ziehen [ツィーエン tsí:ən]
	イ	i	vielleicht [ふィらイヒト filáıçt]
	イ	ı	Viertel [ふィァテる fírtəl], vierzig [ふィァツィヒ fírtsıç]
	イエ	iə	Familie [ふァミーリエ famí:liə], Ferien [ふェーリエン fé:riən]
..ig	イヒ	ıç	König [ケーニヒ kǿ:nıç], ledig [れーディヒ lé:dıç]
	イグ	ıg	Könige [ケーニゲ kǿ:nıgə], wenige [ヴェーニゲ vé:nıgə]
	イク	ık	königlich [ケーニクりヒ kǿ:nıklıç], Königreich [ケーニク・ライヒ kǿ:nık-raıç]
ih	イー	i:	ihnen [イーネン í:nən], ihr [イーァ í:r]
j	ユ	j	jeder [イェーダァ jé:dər], jung [ユング júŋ]
k	ク	k	knapp [クナップ knáp], Kiosk [キオスク kiósk]
l	る	l	Loch [ろッホ lɔ́x], Ziel [ツィーる tsí:l]
m	ム, ン	m	müssen [ミュッセン mýsən], Amt [アムト ámt], Komma [コンマ kɔ́ma]
n	ヌ, ン	n	nicht [ニヒト níçt], nun [ヌーン nú:n], Anna [アンナ ána]
	ン	ŋ	Bank [バンク báŋk], Onkel [オンケる ɔ́ŋkəl]
ng	ング	ŋ	lang [らング láŋ], Angst [アングスト áŋst], Zunge [ツンゲ tsúŋə]
	ング	ŋg	Tango [タンゴ táŋgo], Ungar [ウンガァ úŋgar]
o	オ	ɔ	oft [オふト ɔ́ft], Woche [ヴォッヘ vɔ́xə], ob [オップ ɔ́p]
	オー	o:	wo [ヴォー vó:], Not [ノート nó:t], Obst [オープスト ó:pst]
	オ	o	Orange [オランジェ orã:ʒə], woher [ヴォ・ヘーァ vo-hé:r]
ö	エ	œ	östlich [エストりヒ œ́stlıç], können [ケンネン kœ́nən]
	エー	ø:	Öl [エーる ǿ:l], Nöte [ネーテ nǿ:tə], trösten [トレーステン trǿ:stən]
	エ	ø	ökonomisch [エコノーミッシュ økonó:mıʃ], Ökologie [エコろギー økologí:]
oe	エー	ø:	Goethe [ゲーテ gǿ:tə]
oh	オー	o:	ohne [オーネ ó:nə], Sohn [ゾーン zó:n]
öh	エー	ø:	Öhr [エーァ ǿ:r], höhnisch [ヘーニッシュ hǿ:nıʃ]
oo	オー	o:	Boot [ボート bó:t], Moos [モース mó:s]

つづり	読み方・発音	例
p	プ p	Prinzip [プリンツィープ prɪntsíːp], Kapelle [カペレ kapélə]
pf	プふ pf	Pfund [プふント pfúnt], Kopf [コプふ kópf]
ph	ふ f	Philosoph [ふィろゾーふ filozóːf], Phase [ふァーゼ fáːzə]
qu	クヴ kv	Quelle [クヴェれ kvélə], Aquarium [アクヴァーリウム akváːriʊm]
r	ル r	Recht [レヒト réçt], lernen [れルネン lérnən], Gefahr [ゲ・ふァール gə-fáːr]
	ア r	erfinden [エァ・ふィンデン ɛr-fíndən], ungefähr [ウン・ゲふェーア ún-gəfɛːr]
☞ ..er		
rh	ル r	Rhein [ライン ráɪn], Rhythmus [リュトムス rýtmʊs]
s	ズ z	satt [ザット zát], Eisen [アイゼン áɪzən]
	ス s	Eis [アイス áɪs], fast [ふァスト fást]
☞ sp, ss, st		
sch	シュ ʃ	Schule [シューれ ʃúːlə], Tisch [ティッシュ tíʃ]
sp	シュプ ʃp	Spiel [シュピーる ʃpíːl], Gespenst [ゲ・シュペンスト gə-ʃpénst]
	スプ sp	Knospe [クノスペ knóspə], Wespe [ヴェスペ véspə]
ss	ス s	Wasser [ヴァッサァ vásər], Fluss [ふるス flús]
ß	ス s	Maß [マース máːs], außer [アオサァ áʊsər]
st	シュト ʃt	Stein [シュタイン ʃtáɪn], Gestein [ゲ・シュタイン gə-ʃtáɪn]
	スト st	Herbst [ヘルプスト hérpst], gestern [ゲスタァン géstərn]
t	ト t	Tor [トーr tóːr], Tritt [トリット trít]
th	ト t	Theater [テアータァ teáːtər], Hyazinthe [ヒュアツィンテ hyatsíntə]
ti	ツィ tsi	Nation [ナツィオーン natsióːn], Aktie [アクツィエ áktsiə]
ts	ツ ts	nichts [ニヒツ níçts], stets [シュテーツ ʃtéːts]
tsch	チュ tʃ	Deutsch [ドイチュ dóɪtʃ], Tscheche [チェヒェ tʃéçə]
tz	ツ ts	spitz [シュピッツ ʃpíts], Katze [カッツェ kátsə]
u	ウ ʊ	und [ウント únt], Suppe [ズッペ zúpə], Bus [ブス bús]
	ウー uː	Ufer [ウーふァ úːfər], Mut [ムート múːt], Buch [ブーフ búːx]
	ウ u	Uran [ウラーン uráːn], zurück [ツ・リュック tsu-rýk]
ü	ユ ʏ	üppig [ユピヒ ýpɪç], Fürst [ふュルスト fýrst]
	ユー yː	über [ユーバァ ýːbər], für [ふューr fýːr], Bücher [ビューヒャァ býːçər]
	ユ y	Büro [ビュロー byróː], amüsieren [アミュズィーレン amyzíːrən]
uh	ウー uː	Uhr [ウーr úːr], Kuh [クー kúː]
üh	ユー yː	führen [ふューレン fýːrən], Kühe [キューエ kýːə]
v	ふ f	Vater [ふァータァ fáːtər], Nerv [ネルふ nérf]
	ヴ v	Vase [ヴァーゼ váːzə], nervös [ネルヴェース nɛrvǿːs]
w	ヴ v	wann [ヴァン ván], Löwe [れーヴェ lǿːvə]
x	クス ks	Examen [エクサーメン ɛksáːmən], Text [テクスト tékst]
y	ユ ʏ	Gymnastik [ギュムナスティク gʏmnástɪk], Lymphe [リュムふェ lýmfə]
	ユー yː	Typ [テューブ týːp], Mythos [ミュートス mýːtɔs]
	ユ y	Dynamik [デュナーミク dynáːmɪk], Zypresse [ツュプレッセ tsyprésə]
z	ツ ts	Zoll [ツォる tsól], tanzen [タンツェン tántsən], Skizze [スキッツェ skítsə]

3. 発音の仕方

(1) 母音

[iː], [i]: 日本語の「イー, イ」とほぼ同じ. 舌の隆起がさらに高く, 唇の左右への張りが強い (☞ 図 1).

[ɪ]: [i] より舌の隆起の高さと前寄りの程度がやや低く, 唇の張りもやや弱い.

[eː], [e]: 日本語の「エー, エ」に近いが, あごの開きが狭く ([iː], [i] よりわずかに広い程度), 舌の隆起が高

発音について

	く, 唇の左右への張りが強い (☞ 図4).
[ɛː], [ɛ]:	日本語の「エー, エ」に近いが, あごの開きが広く, 舌の隆起が低く, 唇の左右への張りがやや強い.
[aː], [a]:	日本語の「アー, ア」とほぼ同じ.
[ɔ]:	日本語の「オ」に近いが, あごの開きが広く, 舌の隆起がさらに後方で低く, 唇の丸め方がやや強い.
[oː], [o]:	日本語の「オー, オ」に近いが, あごの開きが狭く ([uː], [u] よりわずかに広い程度), 舌の隆起がさらに後方で高く, 唇のすぼめ方が強い (☞ 図6).
[ʊ]:	次の [u] より舌の隆起の高さと後ろ寄りの程度がやや低く, 唇のすぼめ方もやや弱い.
[uː], [u]:	舌を後方にできるだけ高く隆起させ, 唇を円くすぼめて発音する. 日本語の「ウ」にやや近いが, 舌の隆起がはるかに後方で, 唇のすぼめを伴う点が異なる (☞ 図3).
[yː], [y]:	[iː], [i] とほぼ同じ舌の形を保ち, 唇を円くすぼめて発音する. 高い音で口笛を吹く場合の舌と唇の形に近い (☞ 図2). 日本語の「ユ」と異なり, 最後まで音色は変わらない (「ウ」にはならない).
[ʏ]:	[ɪ] をもとに [y] と同様に発音する. 唇のすぼめ方は [y] より弱い.
[øː], [ø]:	[eː], [e] とほぼ同じ舌の形を保ち, 唇を円くすぼめて発音する (☞ 図5). 日本語の「エー, エ」にやや近いが, 唇のすぼめを伴う点が異なる.
[œ]:	[ɛ] をもとに [ø] と同様に発音する. 唇のすぼめ方は [ø] より弱い.
[ə]:	あごを中くらいに開き, 舌の中程をやや隆起させ, 唇をゆるめて発音する. 日本語の「エ」にやや近いが, 舌の隆起の位置と高さが中間的で, 唇をゆるめて発音する点が異なる. [l], [m], [n] の前では発音されない場合がある.
[ər], [r]:	あごを [ə] よりやや大きく開き, 舌の中程をやや隆起させ, 唇をゆるめて発音する. 日本語の「ア」に近いが, あごの開きはそれほど大きくない.
[aɪ]: [aʊ]: [ɔʏ]:	それぞれ始めの要素から出発し, 連続的に終わりの要素に近づくように発音する. 始めの要素が強い. 日本語の「アイ」,「アオ」,「オイ」に近いが, 個々の要素を分けて発音することはない.
[ãː], [ã]: [ɛ̃ː], [ɛ̃]: [ɔ̃ː], [ɔ̃]: [œ̃]:	それぞれ口だけではなく鼻にも息が抜ける状態で [aː], [a], [ɛː], [ɛ], [ɔː], [ɔ], [œ] を発音する. 最初から鼻にかかった発音で, 終わりに [ŋ], [n] などの鼻音を伴わないなどの点で日本語の「アーン, アン」,「エーン, エン」,「オーン, オン」とは異なる.

(2) 子 音

[p]:	日本語の「パ」行の子音とほぼ同じ.
[b]:	日本語の「バ」行の子音とほぼ同じ.
[t]:	日本語の「タ, テ, ト」の子音とほぼ同じ.
[d]:	日本語の「ダ, デ, ド」の子音とほぼ同じ.
[k]:	日本語の「カ」行の子音とほぼ同じ.
[g]:	破裂音として発音した日本語の「ガ」行の子音とほぼ同じ. 語中でも [ŋ] にならない.
[m]:	日本語の「マ」行の子音とほぼ同じ. 語末でも唇をしっかり閉じて [m] の音色を響かせる (☞ 図10).
[n]:	日本語の「ナ」行の子音とほぼ同じ. 語末でも舌を上の歯茎にしっかりつけて閉鎖を作り, [n] の音色を響かせる (☞ 図11).
[ŋ]:	日本語の鼻濁音 (鼻にかけて発音する「ガ」行音) の子音とほぼ同じ.
[l]:	舌先を上前歯の歯茎につけ, 舌の両側または片側を空け, ここから声を響かせるようにして発音する (☞ 図7). 舌先と歯茎の接触が一定時間維持されることや, 舌先が歯茎から離れる際にこれをはじくような動作を伴わないことなどが日本語の「ラ」行の子音と異なる.
[r]:	基本的には舌先を上前歯の歯茎に当てるように呼気により数回「ルルル」と震わせて発音する有声音 (☞ 図8). 日本語ではべらんめえ調の話し方などに「ラ」行の子音の一変種として現れることが

ある. また [r] に代えて [ʀ] を用いてもよい. これは, 舌の後部を隆起させ, 軟口蓋（上あごの後半部分）の後部との間を狭め, そこで口蓋垂（軟口蓋後端の突起）を呼気により数回震わせて発音する有声音である（☞ 図 9）. [r], [ʀ] ともに日常的な発音では, 震えの減少から摩擦音化, さらには母音化（☞ 母音 [ər], [r]）にいたる, さまざまな程度の弱化を起こす.

[f]: 下唇を上前歯に軽く当て, そのすき間から息を押し出して発音する無声音. 両唇の間で発音する日本語の「フ」の子音とは異なる.

[v]: [f] の有声音. 息の流出を一定時間維持する. 唇を上前歯に強く当てて息をため, 瞬間的に離すと [b] に似た破裂的な発音になるので注意する.

[s]: 日本語の「サ, ス, セ, ソ」の子音と同じ. [スィ si, sɪ] が [シ ʃi, ʃɪ] などとならないように注意する.

[z]: 日本語の, 摩擦音として発音した「ザ, ズ, ゼ, ゾ」の子音と同じ. 日本語のように語頭で破裂を伴う [dz] に転じることはない. また [ズィ zi, zɪ], [ズュ zy, zʏ] が [ジ ʒi, ʒɪ], [ジュ ʒy, ʒʏ] などとならないように注意する.

[ʃ]: 上前歯の歯茎の後部に舌で狭めを作り, そこから息を押し出し, 唇を円くすぼめて発音する無声音. 日本語の「シ」の子音に近いが, 前舌部の側面が隆起し, 間に前後方向の溝が形成される点, また狭めの位置がやや前であるのと, 唇を円くすぼめる点が異なる.

[ʒ]: [ʃ] の有声音. 日本語の「ジ」の子音に近いが, [ʃ] と同様の前舌部における溝の形成がある点, また狭めの位置がやや前であるのと, 唇を円くすぼめる点, さらに日本語のように語頭で破裂を伴う [dʒ] に転じることがないという点が異なる.

[ç]: 日本語の「ヒ」の子音と同じ.

[j]: [ç] の有声音. 日本語の「ヤ」行の子音に近いが, 基本的には [ç] と同様の摩擦的な音を伴う.

[x]: 軟口蓋に舌で狭めを作り, そこから息を押し出して発音する無声音（☞ 図 12）. 舌は, 前の母音 a, o, u, および au 後半の舌の形状を受け継ぐ.「カ, コ, ク」をきわめてゆっくり発音すれば, 息が漏れ始めたあと, 声が出るまでの間にそれらに近い摩擦音が生じていることが観察される. [u:x, ʊx, aʊx] や [xʊ] の [x] が [f] や日本語の「フ」の子音にならないように注意する.

[h]: 日本語の「ハ, ヘ, ホ」の子音と同じ. [hi, hɪ, hy, hʏ] の [h] が [ç] に, [hu, hʊ] の [h] が [f] や日本語の「フ」の子音にならないように注意する.

[pf]: [f] の構えから [p] を発音する. 唇が開いた瞬間から [f] の音が出なければならない.

[ts]: 日本語の「ツ」の子音と同じ. [ツィ tsi, tsɪ], [ツュ tsy, tsʏ] が [チ tʃi, tʃɪ], [チュ tʃu, tʃʊ] などとならないように注意する.

[tʃ]: [ʃ] の構えから [t] を発音する. 日本語の「チュ」の子音に近いが, 前舌部における溝の形成（[ʃ] を参照）がある点, また狭めの位置がやや前であるのと, 唇を円くすぼめる点が異なる.

4. イントネーションなど

ドイツ語では, 文の種類によって文末のイントネーション（声の上がり下がり）が変わる. 叙述文, 要求文, 感嘆文ではしり下がり,「はい」,「いいえ」で答えられる疑問文ではしり上がりとなる. 疑問詞付きの疑問文は, 話のきっかけをつかもうとしたり, 親しみをこめて問いかける場合にはしり上がり, 単に事実を尋ねるだけであったり, 相手を問いつめる場合にはしり下がりとなる. 複文などで, 後ろにまだ文が続く場合は声の高さを保つ. なお, 文中で声を落とすと, そこで文が完結するかのような印象を与えるので注意する.

例: 彼女はいい子だ. Sie ist lieb. ↘

いい子にしなさい. Sei lieb! ↘

なんていい子なんでしょう. Wie lieb! ↘

彼女はいい子ですか. Ist sie lieb? ↗

映画はいつ始まるの. Wann beginnt der Film? ↗ または ↘

いい子にしていたら連れていってあげます. Wenn du lieb bist →, nehmen wir dich mit.

また相手に伝えたい情報が何であるかによって文の語り方が変わる. そのような情報を含む部分は, ふつう声が上がったり, 語調が強まったり, 話し方がゆっくりになったりして他の部分より引き立たせられる.

例: 私があすボンへ行きます. *Ich* fahre morgen nach Bonn. (← あすボンへ行くのは私です.)

発音について　　　　　　　　1764

私はあす**ボ**ンへ行きます。　Ich fahre *morgen* nach Bonn.　(← 私がボンへ行くのはあすです。)
私はあす**ボ**ンへ行きます。　Ich fahre morgen nach *Bonn*.　(← 私があす行くのはボンです。)

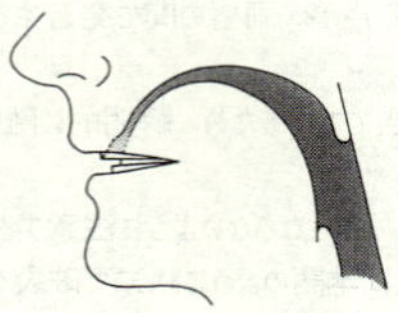

図 1. [iː], [i]

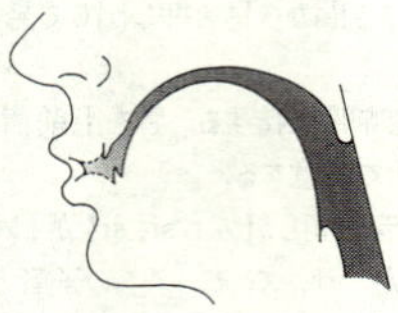

図 2. [yː], [y]

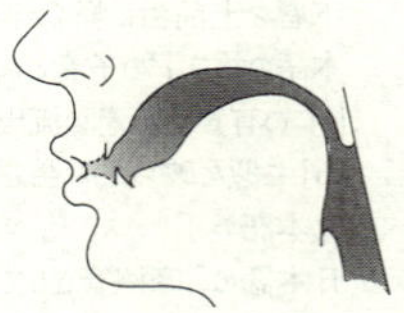

図 3. [uː], [u]

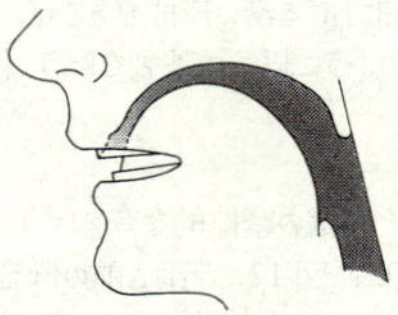

図 4. [eː], [e]

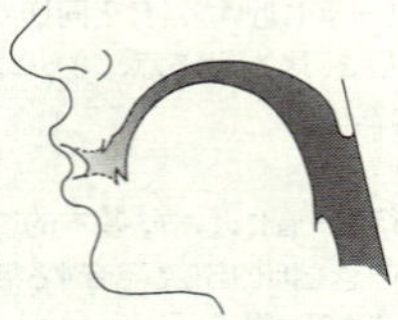

図 5. [øː], [ø]

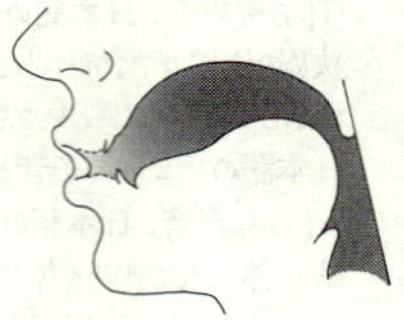

図 6. [oː], [o]

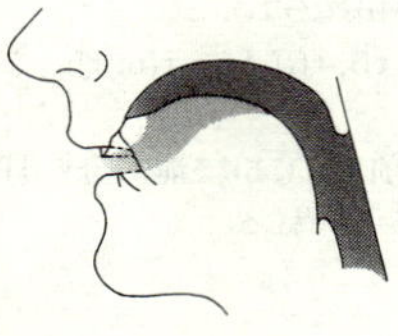

図 7. [l]

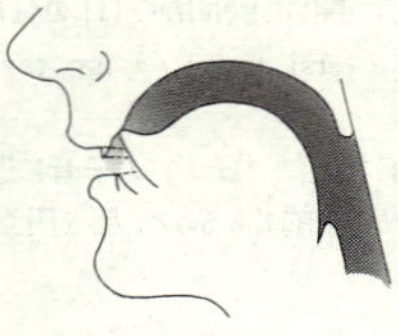

図 8. [r]

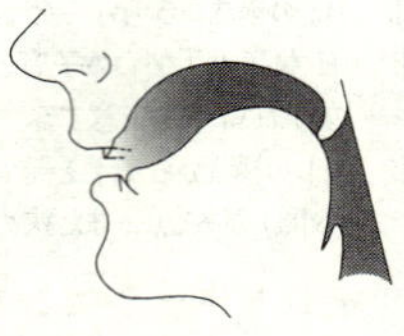

図 9. [ʀ]

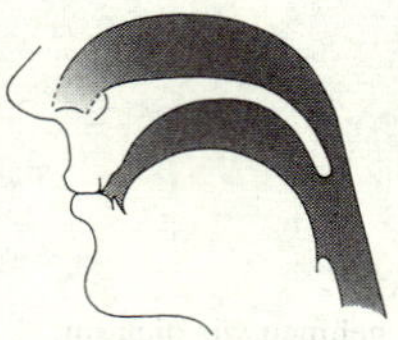

図 10. [m]

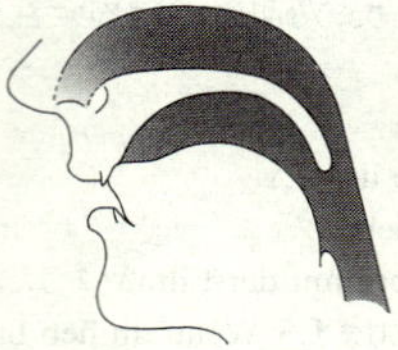

図 11. [n]

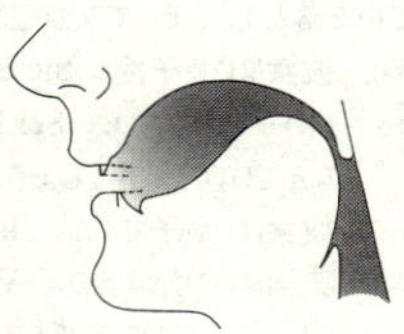

図 12. [x]

IX. 最新の正書法のポイント

今日のドイツ語は 2006 年 8 月 1 日施行の正書法(つづりとその分け方, 句読法などを定めた規則)に従って書かれることになっています. ここではその正書法の要点を説明します.

1. つづり方

（1） ß は長母音・二重母音の後ろに用いる. 短母音の後ろでは ss とつづる.
　　Straße [シュトラーセ]　　　道路
　　heißen [ハイセン]　　　　…という名前である
　　dass [ダス]　　　　　　　…ということ

（2） 語源と見なすつづりをなるべく維持する.
　　nummerieren　　　　　　（< Nummer) 番号を付ける
　　aufwändig, aufwendig　　（< Aufwand, auf|wenden) 費用のかかる
　　Zähheit　　　　　　　　（< zäh+heit) 強靱さ　(h が二つ続いてもよい)
　　Schifffahrt　　　　　　　（< Schiff+Fahrt) 航海　(同じ子音字が三つ続いてもよい)

（3） 特殊なつづり方はしない.
　　Känguru　　　　　　　　カンガルー　(Emu, Kakadu などにそろえ, Känguruh とはしない)
　　rau　　　　　　　　　　（表面が)粗い　(blau, grau などにそろえ, rauh とはしない)

（4） 外来語のつづりのドイツ語化を容認する(本来のつづりも引き続き使われる).
　　Fon　　　　　　　　　　フォーン　(本来は Phon)
　　Jogurt　　　　　　　　　ヨーグルト　(本来は Joghurt)
　　potenziell　　　　　　　可能性のある　(本来は potentiell)

2. 一語書きと分かち書き

（1） 2 語の組み合わせが, 全体として新しい意味を持つ場合は一語書きにする.
　　gerade|stehen　　　　　…に対して責任を負う
　　offen|bleiben　　　　　 未解決のままである
　　schwer|fallen　　　　　…にとって困難である

（2） 2 語の組み合わせで, 個々の語の意味から全体の意味がわかる場合は分かち書きにする.
　　gerade stehen　　　　　まっすぐに立っている
　　offen bleiben　　　　　 開いている

（3） 2 語の組み合わせで, 個々の語の意味から全体の意味が導き出されるのか, 全体として新しい意味を持つのか判別が難しい場合は, 一語書きでも分かち書きでもよい.
　　bekannt|machen, bekannt machen　　公表する, 知らせる, 紹介する
　　gut|gehen, gut gehen　　　　　　　　体調(調子)がいい, うまくいく
　　acht|geben, Acht geben　　　　　　　注意を払う
　　halt|machen, Halt machen　　　　　　休憩をする, 立ち止まる
　　danksagen, Dank sagen　　　　　　　礼を言う
　　gewährleisten, Gewähr leisten　　　　保証する
　　brustschwimmen, Brust schwimmen　　平泳ぎで泳ぐ
　　aufgrund, auf Grund　　　　　　　　…に基づいて

mithilfe, mit Hilfe	…の助けを借りて, …を使って

(4) 独立した語としての性格を失った副詞は後ろの動詞と一語書きにする.

abhanden|kommen	なくなる, 紛失する
beiseite|legen	中途で投げ出す, (お金を)別にとっておく
zunichte|machen	だいなしにする

(5) 名詞としての性格を失ったものは後ろの動詞と一語書きにする.

eis|laufen	アイススケートをする
leid|tun	残念がらせる; 気の毒に思わせる

逆に, 名詞としての性格を残すものは分かち書きにする(頭文字は大文字).

Auto fahren	車を運転する
Rad fahren	自転車に乗る

(6) 複合語である副詞と動詞の組み合わせも一語書きできる.

abwärts|gehen	下る, 悪化する
davor|stehen	その前に立っている
durcheinander|bringen	ごちゃごちゃにする

(7) 基になると考えられる句の中核の語だけを抜き出して, 後ろの形容詞や分詞と組み合わせる場合は一語書きにする.

butterweich	(< weich wie Butter) バターのように柔らかい
denkfaul	(< zu faul zum Denken) 考えることの嫌いな
selbstbewusst	(< seiner selbst bewusst) 自意識のある

(8) 元の不定詞が一語書きの分詞は, 一語書きにする.

irreführend	(< irre|führen) まぎらわしい
naheliegend	(< nahe|liegen) すぐに思いつく, 明白な

(9) 意味に強弱を添える語は後ろの形容詞などと一語書きにする.

bitterböse	ひどく怒っている
hochempfindlich	高感度の

(10) 個々の要素の意味が判別しにくい語は一語書きにする.

irgendetwas	何か[あるもの]
irgendjemand	だれか[ある人]

(11) 複合語なのか二語からなる熟語なのか判別が難しい分詞は, 一語書きでも分かち書きでもよい.

alleinerziehend, allein erziehend	シングルの(母親または父親); 子供を一人で養育している ☞(8)
selbstgemacht, selbst gemacht	自家製の; 自分で作った ☞(8)
infrage, in Frage (stellen)	疑わしく(思う) ☞(4)
zugrunde, zu Grunde (legen)	…を…の基礎に(する) ☞(4)

同様に, 「非…」を意味する nicht と後ろの形容詞は, 一語書きでも分かち書きでもよい.

nichtöffentlich, nicht öffentlich	非公開の

(12) 程度を表す意味を添える形容詞と形容詞または分詞は一語書きでも分かち書きでもよい.

halboffen, halb offen	半ば開いた
leichtverdaulich, leicht verdaulich	消化のよい
schwerverständlich, schwer verständlich	難解な

ただし, 比較変化したり副詞で修飾する場合は分かち書きにする.

leichter verdaulich	もっと消化のよい

| besonders schwer verständlich | とりわけ難解な |

(13) 結果を表す形容詞と動詞の組み合わせは一語書きでも分かち書きでもよい.
| fertig|machen, fertig machen | 仕上げる |
| gerade|biegen, gerade biegen | まっすぐに伸ばす |

ただし, 2語の組み合わせにより, 全体として新しい意味を持つ場合は一語書きにする.
| fertig|machen | けなす, 参らせる |
| gerade|biegen | (こじれた状態などを)元どおりにきちんとする |

例外的に fest, voll, tot と後ろの動詞は一語書きにする.
fest	nageln	くぎ付けにする; 責任を負わせる
voll	tanken	満タンにする; 酔っ払う
tot	schlagen	打ち殺す; (暇を)つぶす

(14) 動詞と動詞の組み合わせは原則として分かち書きにする.
sitzen bleiben	座ったままでいる
fallen lassen	落とす
schwimmen lernen	泳ぎを習う
spazieren gehen	散歩をする

ただし, bleiben または lassen との組み合わせにより, 全体として新しい意味を持つ場合は一語書きにしてもよい.
| sitzen|bleiben, sitzen bleiben | 留年(落第)する |
| fallen|lassen, fallen lassen | 放棄する |

例外的に kennen|lernen は一語書きでも分かち書きでもよい.
| kennen|lernen, kennen lernen | 知り合いになる; 知るようになる |

(15) sein との組み合わせは, 分かち書きにする.
da sein	いる, ある
fertig sein	出来上がっている
zusammen sein	いっしょにいる

(16) so, zu, wie が形容詞・副詞にかかる場合, それらは分かち書きにする.
so viel	そんなにたくさんの
zu wenig	少なすぎる
wie viel	どれだけ

(17) 英語から借用された形容詞と名詞の組み合わせで, 両方にアクセントがあれば分かち書きにする.
| Compact Disc | コンパクトディスク |
| Soft Drink | ソフトドリンク |

ただし, 形容詞だけにアクセントを置くことができれば, 一語書きにしてもよい.
| Softdrink | ソフトドリンク |

3. 頭文字の大文字・小文字

(1) 名詞の頭文字は大文字にする.
heute Abend	今晩
auf Deutsch	ドイツ語で
Angst machen	こわがらせる
Schuld geben	…のせいにする

(2) 名詞化した形容詞も頭文字を大文字にする.
| der Nächste | 次の人 |

im Allgemeinen	一般に
Alt und Jung	老いも若きも
aufs Herzlichste	心から （次項にならって小文字でもよい: aufs herzlichste）

ただし，am ..sten における形容詞最上級の頭文字は小文字にする．

am schnellsten	いちばん速い（速く）

（3）前置詞と無冠詞で語尾変化した形容詞の組み合わせで，形容詞の頭文字は小文字でも大文字でもよい．

von neuem, von Neuem	新たに
ohne weiteres, ohne Weiteres	無造作に，あっさり

（4）sein, bleiben, werden と結びついて述語形容詞として用いられる名詞の頭文字は小文字にする．

Mir ist angst.	私は不安だ．
Er war ihm feind.	彼はあの男に敵意を抱いていた．
Das ist klasse.	そいつはすごい．
Sie ist an allem schuld.	彼女に一切の責任がある．

（5）特定の形容詞と名詞の組み合わせが一つのまとまった概念を表す場合も，形容詞は原則として頭文字を小文字にする．

die höhere Schule	高等学校
das neue Jahr	新年

ただし，全体として新しい意味を持つ場合は形容詞の頭文字を大文字にしてもよい．

die erste Hilfe, die Erste Hilfe	応急手当て
das schwarze Brett, das Schwarze Brett	掲示板

固有名詞では形容詞の頭文字を大文字にする．

der Stille Ozean	太平洋

（6）behalten, bekommen, geben, haben, tun の目的語のようにして用いられる recht, unrecht は大文字にしてもよい．

recht haben, Recht haben	（言ったこと・考えたことが）正しい
unrecht bekommen, Unrecht bekommen	（他人から）間違っていると言われる

（7）手紙文では du, dir, dich, dein; ihr, euch, euer など，2人称親称の代名詞や冠詞の頭文字を大文字にしてもよい．

Lieber Thomas,
ich danke Dir für Deinen netten Brief! Du schreibst, Dein Vater kommt im August nach Japan. […]
親愛なるトーマス君
ごていねいなお手紙ありがとう．君のお父さんが8月に日本へいらっしゃるとか．［…］

（8）定冠詞付きの所有代名詞の頭文字は小文字でも大文字でもよい．

die unseren, die Unseren	私たちの家族(仲間)
die unsrigen, die Unsrigen	私たちの家族(仲間)

（9）本来の数ではなく，単に多いことを表す dutzend, hundert, tausend は頭文字を大文字にしてもよい．

ein paar dutzend Mal[e], ein paar Dutzend Mal[e]	何十回も
hunderte von Menschen, Hunderte von Menschen	何百人もの人々

4. 行末で改行する際のつづりの分け方

（1）複合語はその構成要素で分けるが，発音のまとまりで分けてもよい．

war·um, wa·rum	なぜ
dar·auf, da·rauf	その上で, その上へ
ein·an·der, ei·nan·der	互いに
in·ter·es·sant, in·te·res·sant	興味深い

（2）語頭・語末の母音一字だけを行末に残したり行頭に置いたりすることはない（複合語の中でも同様）.

oben 上に	(o- で切って改行してはならない)
Bio·müll 生ごみ, 有機ごみ	(Bi- で切り, 次の行を omüll で始めてはならない)

（3）語中の母音一字は, 前後どちらで分けてもよい.

Brau·e·rei	ビールの醸造[法]
The·a·ter	劇場

（4）ドイツ語固有語の語中の ..st.. は分けてつづることができる.

Kas·ten	箱
Mus·ter	ひな形

（5）語中の ..ck.. は c の前で分ける (..k·k.. とはしない).

Zu·cker	砂糖
le·cken	なめる

（6）ドイツ語固有語の語中で子音字が一つならば, その子音字の前で分ける. 異なる子音を表す子音字が連続する場合は, 最後の子音字の前で分ける.

Na·se	鼻
Far·be	色
Karp·fen	コイ（鯉）
zwan·zigs·tel	20 分の 1

（7）外来語の語中の pl, bl, fl, phl, kl, cl, gl, pr, br, fr, phr, vr, tr, dr, thr, kr, cr, gr, str, chth, kn, gn はその前で分けるが, 中で分けてもよい.

An·glis·tik, Ang·lis·tik	英語英文学
In·stru·ment, Ins·tru·ment, Inst·ru·ment	器具

5. コンマの使い方

（1）und, oder などの接続詞で結ばれたいくつかの文や語句が全体として一つのまとまった内容を表す場合, 接続詞の前にコンマは打たない.
Die Musik wird leiser und der Vorhang hebt sich und das Spiel beginnt. 音楽が静かになって幕が開いて芝居が始まる.

（2）und, oder などで結ばれたいくつかの文それぞれが独立した内容を表す場合, 接続詞の前にコンマを打ってもよい.
Das Feuer brannte endlich[,] und sie machten es sich gemütlich. 火がようやくおこって, 二人はくつろいだ.

（3）aber, sondern などの逆接の接続詞で結ばれた文や語句の場合, 接続詞の前にコンマを打つ.
Er ist sehr klug, aber unfreundlich. 彼はとても利口だが不親切だ.

（4）従属文はコンマで区切る.
Wenn Sie Lust haben, kommen Sie morgen zu uns. ご関心があれば, あすうちへお越しください.

（5）es＋zu 不定詞の構文では, zu 不定詞句の前にコンマを打つ (es が前置詞と結んで da[r].. となる場合も同様).

Es ist nicht leicht, ihn zu überzeugen. 彼を説得するのは容易ではない.
Ich denke daran, morgen zu verreisen. 私はあす旅に出るつもりだ.

(6) um, ohne, statt, anstatt, außer, als に導かれる zu 不定詞句はコンマで区切る.
Um sie abzuholen, ging er zum Bahnhof. 彼女を迎えに彼は駅へ行った.

(7) 名詞に付加される zu 不定詞句の前にはコンマを打つ.
der Plan, in Deutschland zu studieren ドイツに留学する計画

(8) 最後に疑問符や感嘆符がある引用文 („…?" „…!") に書き手自身の言葉が続くときは, 引用符のあとにコンマを打つ.
„Wann kommst du wieder?", fragte sie. 「こんどはいつ来るの」と彼女は尋ねた.
„Komm bald wieder!", rief sie. 「また近いうちに来てね」と彼女は叫んだ.

6. ハイフンの使い方

(1) 数字, アルファベット一字または略語と語からなる複合語では, 間にハイフンを挟む.
17-jährig　　　　　　　　　　17 歳の
A-Dur　　　　　　　　　　　イ長調
ABC-Waffen　　　　　　　　　ABC 兵器 (核・生物・化学兵器の総称)

(2) 接尾辞との間には, ハイフンは挟まない.
100%ig　　　　　　　　　　　100 パーセントの
ただし, 接尾辞の前がアルファベット一文字の場合, ハイフンを挟む.
zum x-ten Mal　　　　　　　　何度目かに

(3) 語の構成を明確にするために, ハイフンを挟んでもよい.
Schifffahrt, Schiff-Fahrt　　　　航海
Musiker-Leben　　　　　　　　音楽家の人生
Musik-Erleben　　　　　　　　音楽の体験

X. 文 法 表

目 次

1. 冠詞類 …………………………… 1771
　(1) 定冠詞・定冠詞類
　(2) 不定冠詞・不定冠詞類
2. 代名詞 …………………………… 1772
　(1) 人称代名詞　(2) 再帰代名詞
　(3) 指示代名詞　(4) 関係代名詞
　(5) 疑問代名詞　(6) 不定代名詞
3. 名詞 …………………………… 1774
　(1) 名詞の格変化と複数形のタイプ
　(2) 固有名詞　(3) 名詞の性の見分け方
4. 形容詞・副詞 …………………… 1777
　(1) 形容詞の格変化
　(2) 形容詞の名詞的用法
　(3) 形容詞の比較変化
　(4) 副詞の比較変化
5. 前置詞 …………………………… 1779
6. 接続詞 …………………………… 1779
　(1) 並列接続詞　(2) 従属接続詞
7. 動詞 …………………………… 1780
　(1) 直説法　(2) 接続法
8. 話法の助動詞 …………………… 1783
9. 数詞 …………………………… 1784
　(1) 基数　(2) 序数　(3) 分数　(4) 小数
　(5) 時刻　(6) 日付　(7) 電話番号
　(8) 金額　(9) 数式

1. 冠 詞 類

(1) 定冠詞・定冠詞類

	定　冠　詞				定　冠　詞　類			
格	男性	女性	中性	複数	男　性	女　性	中　性	複　数
1	der	die	das	die	dieser	diese	dieses	diese
2	des	der	des	der	dieses	dieser	dieses	dieser
3	dem	der	dem	den	diesem	dieser	diesem	diesen
4	den	die	das	die	diesen	diese	dieses	diese

※ jener「あの」, jeder「どの…も」(単数のみ), solcher「そのような」, mancher「幾人(いくつ)かの」, aller「すべての」, welcher「どの」も dieser「この」と同じ変化をする.

(2) 不定冠詞・不定冠詞類

	不　定　冠　詞				不　定　冠　詞　類			
格	男性	女性	中性	複数	男　性	女　性	中　性	複　数
1	ein	eine	ein	(なし)	mein	meine	mein	meine
2	eines	einer	eines		meines	meiner	meines	meiner
3	einem	einer	einem		meinem	meiner	meinem	meinen
4	einen	eine	ein		meinen	meine	mein	meine

※ 所有冠詞 dein「君の」, sein「彼(それ)の」, ihr「彼女(彼ら)の」, unser「私たちの」, euer「君たちの」, Ihr「あなた[がた]の」および否定冠詞 kein「一つ(一人)も…ない」も mein「私の」と同じ変化をする.

文 法 表　1772

2. 代名詞

(1) 人称代名詞

	格	1人称	2人称 親称	2人称 敬称	3人称 男性	3人称 女性	3人称 中性
単数	1	ich	du	Sie	er	sie	es
	2	meiner	deiner	Ihrer	seiner	ihrer	seiner
	3	mir	dir	Ihnen	ihm	ihr	ihm
	4	mich	dich	Sie	ihn	sie	es
複数	1	wir	ihr	Sie		sie	
	2	unser	euer	Ihrer		ihrer	
	3	uns	euch	Ihnen		ihnen	
	4	uns	euch	Sie		sie	

 2人称親称の du, ihr は家族・親友・若者どうしなど遠慮のいらない間柄，また子供・動物・神などに対して用いられ，その他の相手に対してはふつう敬称 Sie を用いる.

(2) 再帰代名詞

	格	1人称	2人称 親称	2人称 敬称	3人称 男性	3人称 女性	3人称 中性
単数		(ich)	(du)	(Sie)	(er)	(sie)	(es)
	3	mir	dir	sich	sich	sich	sich
	4	mich	dich	sich	sich	sich	sich
複数		(wir)	(ihr)	(Sie)		(sie)	
	3	uns	euch	sich		sich	
	4	uns	euch	sich		sich	

 再帰代名詞は文中の主語と同じものを指し，「自分に・自分を」の意味で用いられる．複数の再帰代名詞はしばしば「互いに・互いを」の意味に用いられ，これを特に相互代名詞という.

(3) 指示代名詞

	der (名詞的用法)				derselbe			
格	男性	女性	中性	複数	男性	女性	中性	複数
1	der	die	das	die	derselbe	dieselbe	dasselbe	dieselben
2	dessen	deren	dessen	deren (derer)	desselben	derselben	desselben	derselben
3	dem	der	dem	denen	demselben	derselben	demselben	denselben
4	den	die	das	die	denselben	dieselbe	dasselbe	dieselben

 1) der は付加語的用法の場合は定冠詞の変化と同じ．ただし強く発音する.
 2) 指示代名詞 dieser, jener, solcher は定冠詞類と同じ変化．⇒ 1. (1)
 3) derjenige も derselbe と同じ変化．der-selbe, der-jenige の der の部分は定冠詞の変化を，selbe, jenige の部分は定冠詞のあとの形容詞と同じ格変化をする.
 4) der の複数2格 derer は，関係代名詞の先行詞として用いられ，「人々」を意味する．derer, die ... 「…するところの人々」

(4) 関係代名詞

	der				welcher			
格	男性	女性	中性	複数	男性	女性	中性	複数
1	der	die	das	die	welcher	welche	welches	welche
2	dessen	deren	dessen	deren	(なし)	(なし)	(なし)	(なし)
3	dem	der	dem	denen	welchem	welcher	welchem	welchen
4	den	die	das	die	welchen	welche	welches	welchen

(メモ)
1) welcher は今日ではほとんど用いられない.
2) 不定関係代名詞 wer, was は疑問代名詞 wer, was の変化と同じ. ☞ 2. (5)

(5) 疑問代名詞

	wer	was	was für ein (付加語的用法)			
格	人について 単・複 共通	物について 単・複 共通	男性	女性	中性	複数
1	wer	was	was für ein	was für eine	was für ein	was für
2	wessen	(wessen)	was für eines	was für einer	was für eines	was für
3	wem	(なし)	was für einem	was für einer	was für einem	was für
4	wen	was	was für einen	was für eine	was für ein	was für

(メモ)
1) wer, was は疑問代名詞, 関係代名詞ともに同じ変化.
2) was für ein は「どんな[種類の]…?」の意味で用いられる. 名詞的用法の場合は, 男性 1 格は was für einer, 中性 1 格・4 格は was für ein[e]s となる. また, 複数は was für welche を用いる.
3) 疑問代名詞 welcher は定冠詞類と同じ変化. ☞ 1. (1)

(6) 不定代名詞

格	人[々]は	だれ(何)か	だれ(何)も …ない	だれか	だれも…ない	あるもの (こと)	何も…ない
1	man	einer	keiner	jemand	niemand	etwas	nichts
2	(eines)	(eines)	(keines)	jemand[e]s	niemand[e]s	(なし)	(なし)
3	einem	einem	keinem	jemand[em]	niemand[em]	etwas	nichts
4	einen	einen	keinen	jemand[en]	niemand[en]	etwas	nichts

(メモ)
1) 不定代名詞 aller, jeder (単数のみ), mancher は定冠詞類と同じ変化. ☞ 1. (1)
2) einer, keiner は男性単数の形. einer の女性・中性単数の格変化は ☞ 本文 332 ページ. keiner の女性・中性単数および複数の格変化は ☞ 本文 724 ページ.

3. 名　　詞

(1) 名詞の格変化と複数形のタイプ

	格	無語尾型		-e 型		-er 型	
		変音しない	変音する	変音しない	変音する	a, o, u, au は変音する	
単数	1	der Onkel	die Tochter	der Hund	die Hand	der Mann	das Kind
	2	des Onkels	der Tochter	des Hund[e]s	der Hand	des Mann[e]s	des Kind[e]s
	3	dem Onkel	der Tochter	dem Hund	der Hand	dem Mann	dem Kind
	4	den Onkel	die Tochter	den Hund	die Hand	den Mann	das Kind
複数	1	die Onkel	die Töchter	die Hunde	die Hände	die Männer	die Kinder
	2	der Onkel	der Töchter	der Hunde	der Hände	der Männer	der Kinder
	3	den Onkeln	den Töchtern	den Hunden	den Händen	den Männern	den Kindern
	4	die Onkel	die Töchter	die Hunde	die Hände	die Männer	die Kinder

	格	-[e]n 型			-s 型
		変音しない			変音しない
単数	1	der Student	die Frau	das Auge	das Auto
	2	des Studenten	der Frau	des Auges	des Autos
	3	dem Studenten	der Frau	dem Auge	dem Auto
	4	den Studenten	die Frau	das Auge	das Auto
複数	1	die Studenten	die Frauen	die Augen	die Autos
	2	der Studenten	der Frauen	der Augen	der Autos
	3	den Studenten	den Frauen	den Augen	den Autos
	4	die Studenten	die Frauen	die Augen	die Autos

	格	特殊な変化をする名詞		
単数	1	der Name	der Herr	das Herz
	2	des Namens	des Herrn	des Herzens
	3	dem Namen	dem Herrn	dem Herzen
	4	den Namen	den Herrn	das Herz
複数	1	die Namen	die Herren	die Herzen
	2	der Namen	der Herren	der Herzen
	3	den Namen	den Herren	den Herzen
	4	die Namen	die Herren	die Herzen

メモ
1) 男性名詞の中で, Student, Mensch, Junge, Herr などは単数 1 格を除くすべての格で -en または -n という語尾がつく. このような名詞は**男性弱変化名詞**と呼ばれる.
2) -in に終わる女性名詞の複数形は -innen. 例: Studentinnen.
3) 上記のパターン以外に特殊な複数形になる名詞もある. 例: Museum → Museen, Thema → Themen.

(2) 固有名詞
(A) 人　名

格	男子名	女子名	姓　　名	付加語を伴う場合	称号を伴う場合
1	Frank	Barbara	Friedrich Schiller	der kleine Fritz	Professor Schmidt
2	Franks	Barbaras	Friedrich Schillers	des kleinen Fritz	Professor Schmidts
3	Frank	Barbara	Friedrich Schiller	dem kleinen Fritz	Professor Schmidt
4	Frank	Barbara	Friedrich Schiller	den kleinen Fritz	Professor Schmidt

(B) 地　名

格	中性の国名・地名には冠詞をつけない	付加語があれば中性でも冠詞類をつける	山・川・湖・海の名：定冠詞をつける 単数	山・川・湖・海の名：定冠詞をつける 複数	男性・女性・複数の国名：定冠詞をつける 単数	男性・女性・複数の国名：定冠詞をつける 複数
1	Japan	das antike Rom	der Rhein	die Alpen	die Schweiz	die Vereinigten Staaten
2	Japans	des antiken Rom[s]	des Rheins	der Alpen	der Schweiz	der Vereinigten Staaten
3	Japan	dem antiken Rom	dem Rhein	den Alpen	der Schweiz	den Vereinigten Staaten
4	Japan	das antike Rom	den Rhein	die Alpen	die Schweiz	die Vereinigten Staaten

> メモ　s, ss, ß, x, z, tz などで終わる固有名詞が冠詞なしで用いられる場合，単数2格の語尾 -s は省略され，代りにアポストロフィーが付く: Fritz' Mutter「フリッツ君のお母さん」．冠詞を伴う場合は上の表のとおり．

(3) 名詞の性の見分け方
(A) 男性名詞
a) 自然の性と一致するもの
   der Mann 男, der Vater 父親, der Sohn 息子, der Hahn おんどり, der Ochse 雄牛
b) 曜日・月・四季・方向の名称の全部，気象現象を表す名詞の大部分
   der Sonntag 日曜日, der Januar 1月, der Sommer 夏, der Westen 西, der Regen 雨, der Blitz 稲光
c) 鉱石，宝石の名
   der Granit 花崗岩, der Kalk 石灰, der Diamant ダイヤモンド, der Saphir サファイア
d) 動詞の語幹や名詞に -er をつけたもの
   der Arbeiter 労働者, der Lehrer 教師, der Städter 都会人, der Fernseher テレビ[受像機]
e) 動詞の語幹からできた名詞の大部分
   der Befehl 命令, der Tanz ダンス, der Stoß 突くこと, der Schlag 一撃
f) -or, -eur, -ist, -ent, -et, -at に終わる名詞
   der Motor エンジン, der Chauffeur 運転手, der Jurist 法律家, der Student 大学生, der Prophet 予言者, der Soldat 兵士
g) -ig, -ich, -ing, -ling, -ismus に終わる名詞
   der König 王様, der Teppich じゅうたん, der Hering にしん, der Säugling 乳児, der Kapitalismus 資本主義
h) 山・山脈の名の大部分
   der Brocken ブロッケン山, der Olymp オリュンポス山, der Harz ハルツ山脈, der Himalaja ヒマラヤ山脈

(B) 女性名詞
a) 自然の性と一致するもの
   die Frau 女, die Mutter 母親, die Tochter 娘, die Henne めんどり, die Kuh 雌牛
b) 男性名詞に -in をつけたもの(幹母音が変音することがある)
   die Lehrerin [女性]教師, die Studentin [女子]学生, die Wölfin 雌のおおかみ
c) 樹木，草花の名の大部分
   die Buche ぶな, die Linde ぼだい樹, die Tanne もみの木, die Nelke なでしこ,

die Rose ばら, die Lilie ゆり
- d) **-e** で終わる名詞の大部分
  die Schule 学校, die Straße 通り, die Klage 嘆き, die Höhe 高さ
- e) 名詞としての数詞
  die Eins 1, die Zehn 10, die Tausend 1 000, die Million 1 000 000
- f) **-heit, -keit, -schaft, -ung, -ei** に終わる名詞
  die Schönheit 美, die Freundlichkeit 親切, die Gesellschaft 社会, die Wohnung 住まい, die Bäckerei パン屋
- g) **-tät, -ur, -ion, -ik, -ie** に終わる名詞
  die Universität 大学, die Natur 自然, die Nation 国民, die Politik 政治, die Melodie メロディー

(C) 中性名詞
- a) 幼少の人間・動物; 雌雄の総称
  das Kind 子供, das Kalb 子牛, das Lamm 子羊, das Huhn 鶏, das Rind 牛, das Pferd 馬
- b) **-chen, -lein** に終わる縮小名詞
  das Mädchen 女の子, das Häuschen 小さな家, das Vöglein 小鳥, das Röslein 小さいばら
- c) 動詞の不定詞および他の品詞をそのまま名詞として用いたもの
  das Leben 生命, das Essen 食事, das Ich 自己, das Nein 反対
- d) 地名・国名の大部分
  das alte Berlin 昔のベルリン, das schöne Italien 美しいイタリア, das Japan von heute 今日の日本
- e) 金属・化学物質名
  das Gold 金, das Silber 銀, das Uran ウラン, das Helium ヘリウム
- f) **Ge-** で始まる多くの名詞
  das Gebirge 山脈, das Gerede おしゃべり, das Gemälde 絵, das Gebäude 建物
- g) **-tum, -um, -ment** に終わるものの大部分
  das Königtum 王国, das Christentum キリスト教, das Studium （大学での）勉強, das Museum 博物館, das Element 要素, das Fundament 基礎

(D) 合成名詞の性と数: 次のように最後に置かれた名詞に従う
  例 1. Fenster (中 -s/-) 窓 + **Platz** (男 -es/Plätze) 席 → Fenster**platz** (男 -es/..plätze) 窓際の席
  例 2. Sommer (男 -s/-) 夏 + **Ferien** (複) 休み → Sommer**ferien** (複) 夏休み

4. 形容詞・副詞

(1) 形容詞の格変化

<table>
<tr><th>格</th><th colspan="2">男 性</th><th colspan="2">女 性</th><th colspan="2">中 性</th><th colspan="2">複 数</th></tr>
<tr><td rowspan="5">弱変化</td><td colspan="2">その年とった男</td><td colspan="2">その若い女</td><td colspan="2">その小さな子供</td><td colspan="2">それらの年とった人々</td></tr>
<tr><td>1</td><td>der alt*e* Mann</td><td>die jung*e* Frau</td><td></td><td>das klein*e* Kind</td><td></td><td>die alt*en* Leute</td><td></td></tr>
<tr><td>2</td><td>des alt*en* Mann[e]s</td><td>der jung*en* Frau</td><td></td><td>des klein*en* Kind[e]s</td><td></td><td>der alt*en* Leute</td><td></td></tr>
<tr><td>3</td><td>dem alt*en* Mann</td><td>der jung*en* Frau</td><td></td><td>dem klein*en* Kind</td><td></td><td>den alt*en* Leuten</td><td></td></tr>
<tr><td>4</td><td>den alt*en* Mann</td><td>die jung*e* Frau</td><td></td><td>das klein*e* Kind</td><td></td><td>die alt*en* Leute</td><td></td></tr>
<tr><td rowspan="5">混合変化</td><td colspan="2">ある年とった男</td><td colspan="2">ある若い女</td><td colspan="2">ある小さな子供</td><td colspan="2">私の年とった両親</td></tr>
<tr><td>1</td><td>ein alt*er* Mann</td><td>eine jung*e* Frau</td><td></td><td>ein klein*es* Kind</td><td></td><td>meine alt*en* Eltern</td><td></td></tr>
<tr><td>2</td><td>eines alt*en* Mann[e]s</td><td>einer jung*en* Frau</td><td></td><td>eines klein*en* Kind[e]s</td><td></td><td>meiner alt*en* Eltern</td><td></td></tr>
<tr><td>3</td><td>einem alt*en* Mann</td><td>einer jung*en* Frau</td><td></td><td>einem klein*en* Kind</td><td></td><td>meinen alt*en* Eltern</td><td></td></tr>
<tr><td>4</td><td>einen alt*en* Mann</td><td>eine jung*e* Frau</td><td></td><td>ein klein*es* Kind</td><td></td><td>meine alt*en* Eltern</td><td></td></tr>
<tr><td rowspan="5">強変化</td><td colspan="2">赤ワイン</td><td colspan="2">新鮮なミルク</td><td colspan="2">強いビール</td><td colspan="2">温かい飲み物</td></tr>
<tr><td>1</td><td>rot*er* Wein</td><td>frisch*e* Milch</td><td></td><td>stark*es* Bier</td><td></td><td>warm*e* Getränke</td><td></td></tr>
<tr><td>2</td><td>rot*en* Wein[e]s</td><td>frisch*er* Milch</td><td></td><td>stark*en* Biers</td><td></td><td>warm*er* Getränke</td><td></td></tr>
<tr><td>3</td><td>rot*em* Wein</td><td>frisch*er* Milch</td><td></td><td>stark*em* Bier</td><td></td><td>warm*en* Getränken</td><td></td></tr>
<tr><td>4</td><td>rot*en* Wein</td><td>frisch*e* Milch</td><td></td><td>stark*es* Bier</td><td></td><td>warm*e* Getränke</td><td></td></tr>
</table>

弱変化は形容詞の前に定冠詞[類]がある場合，混合変化は不定冠詞[類]がある場合，強変化は形容詞の前に冠詞[類]がない場合の変化．

(2) 形容詞の名詞的用法
(A) 人を表す場合（例: 老人）

格	男 性 単 数		女 性 単 数		複 数	
	その老人(男)	ある老人(男)	その老人(女)	ある老人(女)	その老人たち	老人たち
1	der Alt*e*	ein Alt*er*	die Alt*e*	eine Alt*e*	die Alt*en*	Alt*e*
2	des Alt*en*	eines Alt*en*	der Alt*en*	einer Alt*en*	der Alt*en*	Alt*er*
3	dem Alt*en*	einem Alt*en*	der Alt*en*	einer Alt*en*	den Alt*en*	Alt*en*
4	den Alt*en*	einen Alt*en*	die Alt*e*	eine Alt*e*	die Alt*en*	Alt*e*

(B) 事物を表す場合（例: 良いこと，良いもの）

	中 性 単 数	
格	良いこと(もの)	何か良いこと(もの)
1	das Gut*e*	etwas Gut*es*
2	des Gut*en*	(なし)
3	dem Gut*en*	etwas Gut*em*
4	das Gut*e*	etwas Gut*es*

(3) 形容詞の比較変化

規 則 変 化			不 規 則 変 化		
原 級	比較級	最上級	原 級	比較級	最上級
klar 澄んだ	klarer	klarst	groß 大きい	größer	größt
einsam 孤独な	einsamer	einsamst	gut 良い	besser	best
alt 年とった	älter	ältest	hoch 高い	höher	höchst
arm 貧乏な	ärmer	ärmst	nahe 近い	näher	nächst
dunkel 暗い	dunkler	dunkelst	viel 多い	mehr	meist
teuer 高価な	teu[e]rer	teuerst	wenig 少ない	{ weniger	weinigst
weise 賢い	weiser	weisest		{ minder	mindest

(メモ) a, o, u を含む1音節の形容詞は,比較級・最上級で変音するものが多い.形容詞を副詞的に用いる場合の最上級は **am ..sten**.

(4) 副詞の比較変化

原 級	比較級	最上級	原 級	比較級	最上級
bald まもなく	eher	am ehesten	sehr とても	mehr	am meisten
gern 好んで	lieber	am liebsten	wohl よく	besser	am besten
oft しばしば	öfter	am öftesten			

5. 前置詞

2格とともに用いられる	[an]statt …の代わりに, außerhalb …の外に, halber* …のために, innerhalb …の中に, oberhalb …の上方に, unterhalb …の下方に, diesseits …のこちら側に, jenseits …の向こう側に, infolge …のために, trotz …にもかかわらず, während …の間, wegen …のために など
3格とともに用いられる	aus …[の中]から, bei …の近くに, gegenüber* …の向かい側に, mit …と[いっしょに], nach …の方へ, …のあとで, seit …以来, von …から, …の, zu …に(へ) など
4格とともに用いられる	bis …まで, durch …を通って, entlang* …に沿って, für …のために, gegen …に反して, ohne …なしに, um …の回りに, wider …に逆らって など
3格・4格とともに用いられる	an …のきわに(へ), auf …の上に(へ), hinter …の後ろに(へ), in …の中に(へ), neben …の隣に(へ), über …の上方に(へ), unter …の下に(へ), vor …の前に(へ), zwischen …の間に(へ)

📝 *印がついたものはふつう名詞のあとに置かれる. また前置詞によっては, 上にあげたほかにもいろいろな意味があるので, 詳しくは本文を参照のこと.

6. 接 続 詞

(1) 並列接続詞

aber しかし, allein しかし, denn というのは, oder あるいは, und そして, nicht~, sondern … ~ではなくて… など

📝 語と語, 句と句, 文と文を対等の関係で結びつける.

(2) 従属接続詞

als …したとき, bis …するまで, da …だから, damit …するために, dass …ということ, ob …かどうか, obwohl …であるにもかかわらず, solange …するかぎり, während …している間, weil …だから, wenn …ならば など

📝 一つの文を他の文(主文)に従属させる形で結びつける. 従属接続詞に導かれる文(従属文または副文)の動詞の人称変化形は文末.

文 法 表

7. 動　　詞

(1) 直 説 法
(A) 能 動 態 (例: sagen 言う; fahren (乗り物で)行く)

	現在	過去	現在完了	過去完了	未　　来	未来完了
ich	sage	sagte	habe gesagt	hatte gesagt	werde sagen	werde gesagt haben
du	sagst	sagtest	hast　—	hattest　—	wirst　—	wirst　—
Sie	sagen	sagten	haben　—	hatten　—	werden　—	werden　—
er	sagt	sagte	hat　—	hatte　—	wird　—	wird　—
wir	sagen	sagten	haben　—	hatten　—	werden　—	werden　—
ihr	sagt	sagtet	habt　—	hattet　—	werdet　—	werdet　—
Sie	sagen	sagten	haben　—	hatten　—	werden　—	werden　—
sie	sagen	sagten	haben　—	hatten　—	werden　—	werden　—
ich	fahre	fuhr	bin gefahren	war gefahren	werde fahren	werde gefahren sein
du	fährst	fuhrst	bist　—	warst　—	wirst　—	wirst　—
Sie	fahren	fuhren	sind　—	waren　—	werden　—	werden　—
er	fährt	fuhr	ist　—	war　—	wird　—	wird　—
wir	fahren	fuhren	sind　—	waren　—	werden　—	werden　—
ihr	fahrt	fuhrt	seid　—	wart　—	werdet　—	werdet　—
Sie	fahren	fuhren	sind　—	waren　—	werden　—	werden　—
sie	fahren	fuhren	sind　—	waren　—	werden　—	werden　—

(B) 受 動 態 (例: gelobt werden ほめられる)

	現　在	過　去	現在完了	過去完了
ich	werde　gelobt	wurde　gelobt	bin　gelobt　worden	war　gelobt　worden
du	wirst　—	wurdest　—	bist　—　—	warst　—　—
Sie	werden　—	wurden　—	sind　—　—	waren　—　—
er	wird　—	wurde　—	ist　—　—	war　—　—
wir	werden　—	wurden　—	sind　—　—	waren　—　—
ihr	werdet　—	wurdet　—	seid　—　—	wart　—　—
Sie	werden　—	wurden　—	sind　—　—	waren　—　—
sie	werden　—	wurden　—	sind　—　—	waren　—　—

	未　　来	未　来　完　了
ich	werde　gelobt　werden	werde　gelobt　worden　sein
du	wirst　—　—	wirst　—　—　—
Sie	werden　—　—	werden　—　—　—
er	wird　—　—	wird　—　—　—
wir	werden　—　—	werden　—　—　—
ihr	werdet　—　—	werdet　—　—　—
Sie	werden　—　—	werden　—　—　—
sie	werden　—　—	werden　—　—　—

(2) 接続法
(A) 能動態 (例: sagen 言う; fahren (乗り物で)行く)

sagen		現在	過去	未来	未来完了
第1式	ich	sage	habe gesagt	werde sagen	werde gesagt haben
	du	sagest	habest —	werdest —	werdest — —
	Sie	sagen	haben —	werden —	werden — —
	er	sage	habe —	werde —	werde — —
	wir	sagen	haben —	werden —	werden — —
	ihr	saget	habet —	werdet —	werdet — —
	Sie	sagen	haben —	werden —	werden — —
	sie	sagen	haben —	werden —	werden — —
第2式	ich	sagte	hätte gesagt	würde sagen	würde gesagt haben
	du	sagtest	hättest —	würdest —	würdest — —
	Sie	sagten	hätten —	würden —	würden — —
	er	sagte	hätte —	würde —	würde — —
	wir	sagten	hätten —	würden —	würden — —
	ihr	sagtet	hättet —	würdet —	würdet — —
	Sie	sagten	hätten —	würden —	würden — —
	sie	sagten	hätten —	würden —	würden — —

fahren		現在	過去	未来	未来完了
第1式	ich	fahre	sei gefahren	werde fahren	werde gefahren sein
	du	fahrest	sei[e]st —	werdest —	werdest — —
	Sie	fahren	seien —	werden —	werden — —
	er	fahre	sei —	werde —	werde — —
	wir	fahren	seien —	werden —	werden — —
	ihr	fahret	seiet —	werdet —	werdet — —
	Sie	fahren	seien —	werden —	werden — —
	sie	fahren	seien —	werden —	werden — —
第2式	ich	führe	wäre gefahren	würde fahren	würde gefahren sein
	du	führest	wär[e]st —	würdest —	würdest — —
	Sie	führen	wären —	würden —	würden — —
	er	führe	wäre —	würde —	würde — —
	wir	führen	wären —	würden —	würden — —
	ihr	führet	wär[e]t —	würdet —	würdet — —
	Sie	führen	wären —	würden —	würden — —
	sie	führen	wären —	würden —	würden — —

文 法 表

(B) 受 動 態 (例: gelobt werden ほめられる)

		現 在	過 去	未 来	未 来 完 了
第1式	ich	werde gelobt	sei gelobt worden	werde gelobt werden	werde gelobt worden sein
	du	werdest —	sei[e]st — —	werdest — —	werdest — — —
	Sie	werden —	seien — —	werden — —	werden — — —
	er	werde —	sei — —	werde — —	werde — — —
	wir	werden —	seien — —	werden — —	werden — — —
	ihr	werdet —	seiet — —	werdet — —	werdet — — —
	Sie	werden —	seien — —	werden — —	werden — — —
	sie	werden —	seien — —	werden — —	werden — — —
第2式	ich	würde gelobt	wäre gelobt worden	würde gelobt werden	würde gelobt worden sein
	du	würdest —	wär[e]st — —	würdest — —	würdest — — —
	Sie	würden —	wären — —	würden — —	würden — — —
	er	würde —	wäre — —	würde — —	würde — — —
	wir	würden —	wären — —	würden — —	würden — — —
	ihr	würdet —	wär[e]t — —	würdet — —	würdet — — —
	Sie	würden —	wären — —	würden — —	würden — — —
	sie	würden —	wären — —	würden — —	würden — — —

8. 話法の助動詞

不定詞		können (…できる)	müssen (…しなければならない)	wollen (…するつもりだ)	sollen (…すべきだ)	dürfen (…してもよい)	mögen (…かもしれない)	möchte (…したい)
現在	ich	kann	muss	will	soll	darf	mag	möchte
	du	kannst	musst	willst	sollst	darfst	magst	möchtest
	Sie	können	müssen	wollen	sollen	dürfen	mögen	möchten
	er	kann	muss	will	soll	darf	mag	möchte
	wir	können	müssen	wollen	sollen	dürfen	mögen	möchten
	ihr	könnt	müsst	wollt	sollt	dürft	mögt	möchtet
	Sie	können	müssen	wollen	sollen	dürfen	mögen	möchten
	sie	können	müssen	wollen	sollen	dürfen	mögen	möchten
過去	ich	konnte	musste	wollte	sollte	durfte	mochte	「…したかった」はwollenの過去形で表現する
	du	konntest	musstest	wolltest	solltest	durftest	mochtest	
	Sie	konnten	mussten	wollten	sollten	durften	mochten	
	er	konnte	musste	wollte	sollte	durfte	mochte	
	wir	konnten	mussten	wollten	sollten	durften	mochten	
	ihr	konntet	musstet	wolltet	solltet	durftet	mochtet	
	Sie	konnten	mussten	wollten	sollten	durften	mochten	
	sie	konnten	mussten	wollten	sollten	durften	mochten	

文法表　　　　　　　1784

9. 数　詞

(1) 基　数

0 null	10 zehn	20 zwanzig		30 **dreißig**	
1 eins	11 elf	21 einundzwanzig		40 vierzig	
2 zwei	12 zwölf	22 zweiundzwanzig		50 fünfzig	
3 drei	13 dreizehn	23 dreiundzwanzig		60 **sechzig**	
4 vier	14 vierzehn	24 vierundzwanzig		70 **siebzig**	
5 fünf	15 fünfzehn	25 fünfundzwanzig		80 achtzig	
6 sechs	16 **sechzehn**	26 sechsundzwanzig		90 neunzig	
7 sieben	17 **siebzehn**	27 siebenundzwanzig		100 [ein]hundert	
8 acht	18 achtzehn	28 achtundzwanzig		101 hunderteins	
9 neun	19 neunzehn	29 neunundzwanzig		110 hundertzehn	

200 zweihundert	100 000 hunderttausend
300 dreihundert	1 000 000 eine Million
1 000 [ein]tausend	10 000 000 zehn Millionen
2 000 zweitausend	100 000 000 hundert Millionen
10 000 zehntausend	1 000 000 000 eine Milliarde

(2) 序　数

	10. zehnt	20. zwanzigst
1. **erst**	11. elft	21. einundzwanzigst
2. zweit	12. zwölft	22. zweiundzwanzigst
3. **dritt**	13. dreizehnt	23. dreiundzwanzigst
4. viert	14. vierzehnt	30. dreißigst
5. fünft	15. fünfzehnt	40. vierzigst
6. sechst	16. sechzehnt	50. fünfzigst
7. **sieb**[en]**t**	17. siebzehnt	60. sechzigst
8. **acht**	18. achtzehnt	70. siebzigst
9. neunt	19. neunzehnt	80. achtzigst

90. neunzigst	120. hundertzwanzigst
100. hundertst	212. zweihundertzwölft
101. hundert[und]erst	1 000. tausendst

1) 原則として 19. までは基数に **-t** を, 20. 以上は **-st** をつけてつくる.
2) 序数はふつう定冠詞または所有冠詞を伴い, 形容詞と同じ語尾変化をする.

(3) 分　数

$\frac{1}{2}$	[ein]halb	$1\frac{1}{2}$	ein[und]einhalb, anderthalb
$\frac{1}{3}$	ein drittel	$3\frac{1}{2}$	drei[und]einhalb
$\frac{1}{4}$	ein viertel	$6\frac{5}{8}$	sechs [und] fünf achtel
$\frac{1}{5}$	ein fünftel	$\frac{1}{20}$	ein zwanzigstel
$\frac{3}{5}$	drei fünftel	$\frac{1}{100}$	ein hundertstel

分数を名詞として用いる場合は分母を大文字で書く. 例: ein Drittel der Klasse「クラスの3分の1」. また $\frac{1}{2}$ は die Hälfte, $\frac{1}{100}$ は ein Prozent ともいう.

(4) 小 数
```
0,01      null Komma null eins
0,0001    null Komma drei Nullen eins
3,51      drei Komma fünf eins
```
👉 少数点以下が2桁の場合は, drei Komma einundfünfzig と読むことがある.

(5) 時 刻
(日常生活で:)   (交通機関・テレビ・ラジオなどで:)
```
7.00 Uhr=sieben Uhr                    sieben Uhr
7.05 Uhr=fünf [Minuten] nach sieben    sieben Uhr fünf [Minuten]
7.10 Uhr=zehn nach sieben              sieben Uhr zehn
7.15 Uhr=Viertel nach sieben           sieben Uhr fünfzehn
7.25 Uhr=fünf vor halb acht            sieben Uhr fünfundzwanzig
7.30 Uhr=halb acht                     sieben Uhr dreißig
7.35 Uhr=fünf nach halb acht           sieben Uhr fünfunddreißig
7.45 Uhr=Viertel vor acht              sieben Uhr fünfundvierzig
7.50 Uhr=zehn vor acht                 sieben Uhr fünfzig
7.55 Uhr=fünf vor acht                 sieben Uhr fünfundfünfzig
8.00 Uhr=acht Uhr                      acht Uhr
14.00 Uhr=zwei Uhr [nachmittags]       vierzehn Uhr
16.10 Uhr=zehn nach vier [nachmittags] sechzehn Uhr zehn
19.15 Uhr=Viertel nach sieben [abends] neunzehn Uhr fünfzehn
23.45 Uhr=Viertel vor zwölf [nachts]   dreiundzwanzig Uhr fünfundvierzig
0.05 Uhr=fünf nach zwölf [nachts]      null Uhr fünf
```

(6) 日 付
Heute haben wir den 15. (=fünfzehnten) Juni. または Heute ist der 15. (=fünfzehnte) Juni. きょうは6月15日です.
Ich bin am 25. (=fünfundzwanzigsten) März 1992 (=neunzehnhundertzweiundneunzig) geboren. 私は1992年3月25日生まれです.
Fukuoka, den 10. (=zehnten) 8. (=achten) 2010 (=zweitausendzehn) (手紙の日付で:)福岡, 2010年8月10日

(7) 電話番号
34 25 78=drei vier zwo fünf sieben acht または vierunddreißig fünfundzwanzig achtundsiebzig

👉 zwei は drei との混同を避けるため zwo ともいう.

(8) 金 額
125 EUR (125,00 EUR, 125,- EUR)=[ein]hundertfünfundzwanzig Euro
EUR 1,- (€1, -) =ein Euro
EUR -,65 =fünfundsechzig Cent
EUR 7,25 =sieben Euro fünfundzwanzig [Cent]

(9) 数 式
$2+3=5$　　Zwei **plus** (または **und**) drei ist fünf.
$9-4=5$　　Neun **minus** (または **weniger**) vier ist fünf.
$6 \cdot 8=48$
$6 \times 8=48$ 　Sechs **mal** acht ist achtundvierzig.
$14:7=2$　Vierzehn [**geteilt**] **durch** sieben ist zwei.
$7^2=49$　Sieben **hoch** zwei ist neunundvierzig.
$\sqrt{16}=4$　[**Quadrat**]**wurzel aus** sechzehn ist vier.

👉 ist の代わりに gleich, ist gleich, macht を用いることがある.

XI. 動詞変化表

i) 規則動詞の変化表には代表的な変化パターンを示した.
ii) 不規則動詞の変化表には個々の動詞の変化を示した.
iii) [ ]は省略可能であることを示す.
iv) 別形または補足説明は各動詞の表の下の( )内に示した.
v) この表にない複合動詞については前つづりを除いた基礎動詞の形で調べること.
　　(例: an|kommen ☞ kommen; besprechen ☞ sprechen)

1. 規則動詞

不定詞		直説法現在	命令	直説法過去	接続法第2式	過去分詞
規則動詞の基本的変化						
spielen 遊ぶ	ich du Sie er wir ihr Sie sie	spiele spielst spielen spielt spielen spielt spielen spielen	 spiel[e]! spielen Sie! spielt! spielen Sie!	**spielte** spieltest spielten spielte spielten spieltet spielten spielten	spielte spieltest spielten spielte spielten spieltet spielten spielten	**gespielt**
(du に対する 命令 の語尾 -e は, 語幹が -ig で終わる動詞を除き, しばしば省かれる)						
語幹が -d, -t, -chn, -ffn, -tm などで終わる規則動詞						
arbeiten 働く	ich du Sie er wir ihr Sie sie	arbeite arbeitest arbeiten arbeitet arbeiten arbeitet arbeiten arbeiten	 arbeite! arbeiten Sie! arbeitet! arbeiten Sie!	**arbeitete** arbeitetest arbeiteten arbeitete arbeiteten arbeitetet arbeiteten arbeiteten	arbeitete arbeitetest arbeiteten arbeitete arbeiteten arbeitetet arbeiteten arbeiteten	**gearbeitet**
(語幹が -d, -t で終わる動詞では, du に対する 命令 の語尾 -e が省かれることがある)						
語幹が -s, ss, -ß, -x, -z, tz などで終わる規則動詞						
grüßen あいさつ する	ich du Sie er wir ihr Sie sie	grüße grüßt grüßen grüßt grüßen grüßt grüßen grüßen	 grüß[e]! grüßen Sie! grüßt! grüßen Sie!	**grüßte** grüßtest grüßten grüßte grüßten grüßtet grüßten grüßten	grüßte grüßtest grüßten grüßte grüßten grüßtet grüßten grüßten	**gegrüßt**
(現在 の別形: 《古》du grüßest)						

不定詞	直説法現在	命令	直説法過去	接続法第2式	過去分詞
語幹が -el で終わる規則動詞					
handeln 行動する	ich **handle** {du handel*st* Sie handel*n* er handel*t* wir handel*n* {ihr handel*t* Sie handel*n* sie handel*n*	handle! handeln Sie! handelt! handeln Sie!	**handelte** handelte*st* handelte*n* handelte handelte*n* handelte*t* handelte*n* handelte*n*	handelte handelte*st* handelte*n* handelte handelte*n* handelte*t* handelte*n* handelte*n*	**gehandelt**
(現在の別形: ich handele; du に対する命令の別形: handele!)					
語幹が -er で終わる規則動詞					
ändern 変える	ich änd[e]*re* {du änder*st* Sie änder*n* er änder*t* wir änder*n* {ihr änder*t* Sie änder*n* sie änder*n*	änd[e]re! ändern Sie! ändert! ändern Sie!	**änderte** änderte*st* änderte*n* änderte änderte*n* änderte*t* änderte*n* änderte*n*	änderte änderte*st* änderte*n* änderte änderte*n* änderte*t* änderte*n* änderte*n*	**geändert**
不定詞が -ieren で終わる規則動詞					
studieren 大学で勉強する	ich studier*e* {du studier*st* Sie studier*en* er studier*t* wir studier*en* {ihr studier*t* Sie studier*en* sie studier*en*	studier[e]! studieren Sie! studiert! studieren Sie!	**studierte** studierte*st* studierte*n* studierte studierte*n* studierte*t* studierte*n* studierte*n*	studierte studierte*st* studierte*n* studierte studierte*n* studierte*t* studierte*n* studierte*n*	**studiert**
(過去分詞に ge- が付かない点を除き, 基本的変化と同じ)					

2. 不規則動詞

不定詞		直説法現在	命　令	直説法過去	接続法第2式	過去分詞
backen	ich	backe		**backte**	backte	**gebacken**
(パンなど	du	**bäckst**	back[e]!	backtest	backtest	
を)焼く	Sie	backen	backen Sie!	backten	backten	
	er	**bäckt**		backte	backte	
	wir	backen		backten	backten	
	ihr	backt	backt!	backtet	backtet	
	Sie	backen	backen Sie!	backten	backten	
	sie	backen		backten	backten	

(現在の別形: du backst, er backt; 過去の別形: buk; 接2の別形: büke.「くっつく」という意味の backen は規則変化する)

befehlen	ich	befehle		**befahl**	beföhle	**befohlen**
命令する	du	**befiehlst**	**befiehl!**	befahlst	beföhlest	
	Sie	befehlen	befehlen Sie!	befahlen	beföhlen	
	er	**befiehlt**		befahl	beföhle	
	wir	befehlen		befahlen	beföhlen	
	ihr	befehlt	befehlt!	befahlt	beföhlet	
	Sie	befehlen	befehlen Sie!	befahlen	beföhlen	
	sie	befehlen		befahlen	beföhlen	

(接2の別形: befähle)

beginnen	ich	beginne		**begann**	begänne	**begonnen**
始める	du	beginnst	beginn[e]!	begannst	begännest	
	Sie	beginnen	beginnen Sie!	begannen	begännen	
	er	beginnt		begann	begänne	
	wir	beginnen		begannen	begännen	
	ihr	beginnt	beginnt!	begannt	begännet	
	Sie	beginnen	beginnen Sie!	begannen	begännen	
	sie	beginnen		begannen	begännen	

(接2の別形: begönne)

beißen	ich	beiße		**biss**	bisse	**gebissen**
かむ	du	beißt	beiß[e]!	bissest	bissest	
	Sie	beißen	beißen Sie!	bissen	bissen	
	er	beißt		biss	bisse	
	wir	beißen		bissen	bissen	
	ihr	beißt	beißt!	bisst	bisset	
	Sie	beißen	beißen Sie!	bissen	bissen	
	sie	beißen		bissen	bissen	

(現在の別形:《古》du beißest)

bergen	ich	berge		**barg**	bärge	**geborgen**
救出する	du	**birgst**	**birg!**	bargst	bärgest	
	Sie	bergen	bergen Sie!	bargen	bärgen	
	er	**birgt**		barg	bärge	
	wir	bergen		bargen	bärgen	
	ihr	bergt	bergt!	bargt	bärget	
	Sie	bergen	bergen Sie!	bargen	bärgen	
	sie	bergen		bargen	bärgen	

bersten	ich	berste		**barst**	bärste	**geborsten**
破裂する	du	**birst**	**birst!**	barstest	bärstest	
	Sie	bersten	bersten Sie!	barsten	bärsten	
	er	**birst**		barst	bärste	
	wir	bersten		barsten	bärsten	
	ihr	berstet	berstet!	barstet	bärstet	
	Sie	bersten	bersten Sie!	barsten	bärsten	
	sie	bersten		barsten	bärsten	

不定詞		直説法現在	命　令	直説法過去	接続法第2式	過去分詞
bewegen …する気 にさせる	ich du Sie er wir ihr Sie sie	bewege bewegst bewegen bewegt bewegen bewegt bewegen bewegen	 beweg[e]! bewegen Sie! bewegt! bewegen Sie!	**bewog** bewogst bewogen bewog bewogen bewogt bewogen bewogen	bewöge bewögest bewögen bewöge bewögen bewöget bewögen bewögen	**bewogen**
(「動かす;動く」という意味の bewegen は規則変化する)						
biegen 曲げる	ich du Sie er wir ihr Sie sie	biege biegst biegen biegt biegen biegt biegen biegen	 bieg[e]! biegen Sie! biegt! biegen Sie!	**bog** bogst bogen bog bogen bogt bogen bogen	böge bögest bögen böge bögen böget bögen bögen	**gebogen**
bieten 提供しよ うと申し 出る	ich du Sie er wir ihr Sie sie	biete biet[e]st bieten bietet bieten bietet bieten bieten	 biet[e]! bieten Sie! bietet! bieten Sie!	**bot** bot[e]st boten bot boten botet boten boten	böte bötest böten böte böten bötet böten böten	**geboten**
binden 結ぶ	ich du Sie er wir ihr Sie sie	binde bindest binden bindet binden bindet binden binden	 bind[e]! binden Sie! bindet! binden Sie!	**band** band[e]st banden band banden bandet banden banden	bände bändest bänden bände bänden bändet bänden bänden	**gebunden**
bitten 頼む	ich du Sie er wir ihr Sie sie	bitte bittest bitten bittet bitten bittet bitten bitten	 bitt[e]! bitten Sie! bittet! bitten Sie!	**bat** bat[e]st baten bat baten batet baten baten	bäte bätest bäten bäte bäten bätet bäten bäten	**gebeten**
blasen 息を吹き かける	ich du Sie er wir ihr Sie sie	blase **bläst** blasen **bläst** blasen blast blasen blasen	 blas[e]! blasen Sie! blast! blasen Sie!	**blies** bliesest bliesen blies bliesen bliest bliesen bliesen	bliese bliesest bliesen bliese bliesen blieset bliesen bliesen	**geblasen**
(現在の別形:《古》du bläsest)						

不定詞		直説法現在	命 令	直説法過去	接続法第2式	過去分詞
bleiben とどまる	ich du Sie er wir ihr Sie sie	bleibe bleibst bleiben bleibt bleiben bleibt bleiben bleiben	bleib[e]! bleiben Sie! bleibt! bleiben Sie!	**blieb** blieb[e]st blieben blieb blieben bliebt blieben blieben	bliebe bliebest blieben bliebe blieben bliebet blieben blieben	**geblieben**
bleichen 色あせる	ich du Sie er wir ihr Sie sie	bleiche bleichst bleichen bleicht bleichen bleicht bleichen bleichen	bleich[e]! bleichen Sie! bleicht! bleichen Sie!	**blich** blichst blichen blich blichen blicht blichen blichen	bliche blichest blichen bliche blichen blichet blichen blichen	**geblichen**
(今日ではふつう規則変化する.「漂白する」という意味の bleichen は規則変化する)						
braten (肉などを)焼く	ich du Sie er wir ihr Sie sie	brate **brätst** braten **brät** braten bratet braten braten	brat[e]! braten Sie! bratet! braten Sie!	**briet** briet[e]st brieten briet brieten brietet brieten brieten	briete brietest brieten briete brieten brietet brieten brieten	**gebraten**
brechen 折る	ich du Sie er wir ihr Sie sie	breche **brichst** brechen **bricht** brechen brecht brechen brechen	**brich!** brechen Sie! brecht! brechen Sie!	**brach** brachst brachen brach brachen bracht brachen brachen	bräche brächest brächen bräche brächen brächet brächen brächen	**gebrochen**
(radebrechen は規則変化する)						
brennen 燃える	ich du Sie er wir ihr Sie sie	brenne brennst brennen brennt brennen brennt brennen brennen	brenn[e]! brennen Sie! brennt! brennen Sie!	**brannte** branntest brannten brannte brannten branntet brannten brannten	brennte brenntest brennten brennte brennten brenntet brennten brennten	**gebrannt**
bringen 持って来る	ich du Sie er wir ihr Sie sie	bringe bringst bringen bringt bringen bringt bringen bringen	bring[e]! bringen Sie! bringt! bringen Sie!	**brachte** brachtest brachten brachte brachten brachtet brachten brachten	brächte brächtest brächten brächte brächten brächtet brächten brächten	**gebracht**

不定詞		直説法現在	命　令	直説法過去	接続法第2式	過去分詞
denken 考える	ich du Sie er wir ihr Sie sie	denke denkst denken denkt denken denkt denken denken	 denk[e]! denken Sie! denkt! denken Sie!	**dachte** dachtest dachten dachte dachten dachtet dachten dachten	dächte dächtest dächten dächte dächten dächtet dächten dächten	**gedacht**
dingen 金(かね)で雇う	ich du Sie er wir ihr Sie sie	dinge dingst dingen dingt dingen dingt dingen dingen	 ding[e]! dingen Sie! dingt! dingen Sie!	**dingte** dingtest dingten dingte dingten dingtet dingten dingten	dingte dingtest dingten dingte dingten dingtet dingten dingten	**gedungen**
(過去の別形: まれに dang; 接2の別形: まれに dänge; 過分の別形: まれに gedingt)							
dreschen 脱穀する	ich du Sie er wir ihr Sie sie	dresche **drischst** dreschen **drischt** dreschen drescht dreschen dreschen	 **drisch!** dreschen Sie! drescht! dreschen Sie!	**drosch** drosch[e]st droschen drosch droschen droscht droschen droschen	drösche dröschest dröschen drösche dröschen dröschet dröschen dröschen	**gedroschen**
dringen 押し進む	ich du Sie er wir ihr Sie sie	dringe dringst dringen dringt dringen dringt dringen dringen	 dring[e]! dringen Sie! dringt! dringen Sie!	**drang** drang[e]st drangen drang drangen drangt drangen drangen	dränge drängest drängen dränge drängen dränget drängen drängen	**gedrungen**
dürfen …してもよい	ich du Sie er wir ihr Sie sie	**darf** **darfst** dürfen **darf** dürfen dürft dürfen dürfen	（なし）	**durfte** durftest durften durfte durften durftet durften durften	dürfte dürftest dürften dürfte dürften dürftet dürften dürften	**dürfen** (gedurft)
(不定詞を伴わないときの過分は gedurft)							
empfangen 受け取る	ich du Sie er wir ihr Sie sie	empfange **empfängst** empfangen **empfängt** empfangen empfangt empfangen empfangen	 empfang[e]! empfangen Sie! empfangt! empfangen Sie!	**empfing** empfingst empfingen empfing empfingen empfingt empfingen empfingen	empfinge empfingest empfingen empfinge empfingen empfinget empfingen empfingen	**empfangen**

不定詞		直説法現在	命 令	直説法過去	接続法第2式	過去分詞
empfehlen 勧める	ich	empfehle		**empfahl**	empföhle	**empfohlen**
	du	**empfiehlst**	**empfiehl!**	empfahlst	empföhlest	
	Sie	empfehlen	empfehlen Sie!	empfahlen	empföhlen	
	er	**empfiehlt**		empfahl	empföhle	
	wir	empfehlen		empfahlen	empföhlen	
	ihr	empfehlt	empfehlt!	empfahlt	empföhlet	
	Sie	empfehlen	empfehlen Sie!	empfahlen	empföhlen	
	sie	empfehlen		empfahlen	empföhlen	
(接2の別形: empfähle)						
empfinden 感じる	ich	empfinde		**empfand**	empfände	**empfunden**
	du	empfindest	empfind[e]!	empfand[e]st	empfändest	
	Sie	empfinden	empfinden Sie!	empfanden	empfänden	
	er	empfindet		empfand	empfände	
	wir	empfinden		empfanden	empfänden	
	ihr	empfindet	empfindet!	empfandet	empfändet	
	Sie	empfinden	empfinden Sie!	empfanden	empfänden	
	sie	empfinden		empfanden	empfänden	
erlöschen (火などが) 消える	es	**erlischt**	du に対して: erlisch!	**erlosch**	erlösche	**erloschen**
	sie	erlöschen	ihr に対して: erlöscht!	erloschen	erlöschen	
erschrecken 驚く	ich	erschrecke		**erschrak**	erschräke	**erschrocken**
	du	**erschrickst**	**erschrick!**	erschrak[e]st	erschräkest	
	Sie	erschrecken	erschrecken	erschraken	erschräken	
	er	**erschrickt**	Sie!	erschrak	erschräke	
	wir	erschrecken		erschraken	erschräken	
	ihr	erschreckt	erschreckt!	erschrakt	erschräket	
	Sie	erschrecken	erschrecken Sie!	erschraken	erschräken	
	sie	erschrecken		erschraken	erschräken	
(「驚かす」という意味の erschrecken は規則変化する)						
essen 食べる	ich	esse		**aß**	äße	**gegessen**
	du	**isst**	**iss!**	aßest	äßest	
	Sie	essen	essen Sie!	aßen	äßen	
	er	**isst**		aß	äße	
	wir	essen		aßen	äßen	
	ihr	esst	esst!	aßt	äßet	
	Sie	essen	essen Sie!	aßen	äßen	
	sie	essen		aßen	äßen	
(現在の別形: 《古》du issest)						
fahren (乗り物で) 行く	ich	fahre		**fuhr**	führe	**gefahren**
	du	**fährst**	fahr[e]!	fuhr[e]st	führest	
	Sie	fahren	fahren Sie!	fuhren	führen	
	er	**fährt**		fuhr	führe	
	wir	fahren		fuhren	führen	
	ihr	fahrt	fahrt!	fuhrt	führet	
	Sie	fahren	fahren Sie!	fuhren	führen	
	sie	fahren		fuhren	führen	
(wallfahren, willfahren は規則変化する)						

不定詞		直説法現在	命　令	直説法過去	接続法第2式	過去分詞
fallen 落ちる	ich	falle		**fiel**	fiele	**gefallen**
	du	**fällst**	fall[e]!	fielst	fielest	
	Sie	fallen	fallen Sie!	fielen	fielen	
	er	**fällt**		fiel	fiele	
	wir	fallen		fielen	fielen	
	ihr	fallt	fallt!	fielt	fielet	
	Sie	fallen	fallen Sie!	fielen	fielen	
	sie	fallen		fielen	fielen	
fangen 捕まえる	ich	fange		**fing**	finge	**gefangen**
	du	**fängst**	fang[e]!	fingst	fingest	
	Sie	fangen	fangen Sie!	fingen	fingen	
	er	**fängt**		fing	finge	
	wir	fangen		fingen	fingen	
	ihr	fangt	fangt!	fingt	finget	
	Sie	fangen	fangen Sie!	fingen	fingen	
	sie	fangen		fingen	fingen	
fechten (刀剣で)戦う	ich	fechte		**focht**	föchte	**gefochten**
	du	**fichtst**	**ficht!**	fochtest	föchtest	
	Sie	fechten	fechten Sie!	fochten	föchten	
	er	**ficht**		focht	föchte	
	wir	fechten		fochten	föchten	
	ihr	fechtet	fechtet!	fochtet	föchtet	
	Sie	fechten	fechten Sie!	fochten	föchten	
	sie	fechten		fochten	föchten	
finden 見つける	ich	finde		**fand**	fände	**gefunden**
	du	findest	find[e]!	fand[e]st	fändest	
	Sie	finden	finden Sie!	fanden	fänden	
	er	findet		fand	fände	
	wir	finden		fanden	fänden	
	ihr	findet	findet!	fandet	fändet	
	Sie	finden	finden Sie!	fanden	fänden	
	sie	finden		fanden	fänden	
flechten 編む	ich	flechte		**flocht**	flöchte	**geflochten**
	du	**flichtst**	**flicht!**	flochtest	flöchtest	
	Sie	flechten	flechten Sie!	flochten	flöchten	
	er	**flicht**		flocht	flöchte	
	wir	flechten		flochten	flöchten	
	ihr	flechtet	flechtet!	flochtet	flöchtet	
	Sie	flechten	flechten Sie!	flochten	flöchten	
	sie	flechten		flochten	flöchten	
fliegen 飛ぶ	ich	fliege		**flog**	flöge	**geflogen**
	du	fliegst	flieg[e]!	flog[e]st	flögest	
	Sie	fliegen	fliegen Sie!	flogen	flögen	
	er	fliegt		flog	flöge	
	wir	fliegen		flogen	flögen	
	ihr	fliegt	fliegt!	flogt	flöget	
	Sie	fliegen	fliegen Sie!	flogen	flögen	
	sie	fliegen		flogen	flögen	
fliehen 逃げる	ich	fliehe		**floh**	flöhe	**geflohen**
	du	fliehst	flieh[e]!	floh[e]st	flöhest	
	Sie	fliehen	fliehen Sie!	flohen	flöhen	
	er	flieht		floh	flöhe	
	wir	fliehen		flohen	flöhen	
	ihr	flieht	flieht!	floht	flöhet	
	Sie	fliehen	fliehen Sie!	flohen	flöhen	
	sie	fliehen		flohen	flöhen	

不定詞		直説法現在	命　令	直説法過去	接続法第2式	過去分詞
fließen 流れる	ich	fließe		**floss**	flösse	**geflossen**
	du	fließt	fließ[e]!	flossest	flössest	
	Sie	fließen	fließen Sie!	flossen	flössen	
	er	fließt		floss	flösse	
	wir	fließen		flossen	flössen	
	ihr	fließt	fließt!	flosst	flösset	
	Sie	fließen	fließen Sie!	flossen	flössen	
	sie	fließen		flossen	flössen	
(現在 の別形: 《古》du fließest)						
fressen (動物が) 食べる	ich	fresse		**fraß**	fräße	**gefressen**
	du	**frisst**	**friss!**	fraßest	fräßest	
	Sie	fressen	fressen Sie!	fraßen	fräßen	
	er	**frisst**		fraß	fräße	
	wir	fressen		fraßen	fräßen	
	ihr	fresst	fresst!	fraßt	fräßet	
	Sie	fressen	fressen Sie!	fraßen	fräßen	
	sie	fressen		fraßen	fräßen	
(現在 の別形: 《古》du frissest)						
frieren 寒がる	ich	friere		**fror**	fröre	**gefroren**
	du	frierst	frier[e]!	frorst	frörest	
	Sie	frieren	frieren Sie!	froren	frören	
	er	friert		fror	fröre	
	wir	frieren		froren	frören	
	ihr	friert	friert!	frort	fröret	
	Sie	frieren	frieren Sie!	froren	frören	
	sie	frieren		froren	frören	
gären 発酵する	es	gärt	(du に対して: gär[e]!) (ihr に対して: gärt!)	**gor**	göre	**gegoren**
	sie	gären		goren	gören	
(規則変化することもある。「(怒りなどが)煮えくりかえる」のような比喩的な意味ではふつう規則変化する)						
gebären 産む	ich	gebäre		**gebar**	gebäre	**geboren**
	du	gebärst	gebär[e]!	gebarst	gebärest	
	Sie	gebären	gebären Sie!	gebaren	gebären	
	sie	gebärt		gebar	gebäre	
	wir	gebären		gebaren	gebären	
	ihr	gebärt	gebärt!	gebart	gebäret	
	Sie	gebären	gebären Sie!	gebaren	gebären	
	sie	gebären		gebaren	gebären	
(現在 の別形:《雅》du gebierst, sie gebiert; du に対する 命令 の別形:《雅》gebier!)						
geben 与える	ich	gebe		**gab**	gäbe	**gegeben**
	du	**gibst**	**gib!**	gabst	gäbest	
	Sie	geben	geben Sie!	gaben	gäben	
	er	**gibt**		gab	gäbe	
	wir	geben		gaben	gäben	
	ihr	gebt	gebt!	gabt	gäbet	
	Sie	geben	geben Sie!	gaben	gäben	
	sie	geben		gaben	gäben	

不定詞		直説法現在	命 令	直説法過去	接続法第2式	過去分詞
gedeihen 成長する	ich du Sie er wir ihr Sie sie	gedeihe gedeihst gedeihen gedeiht gedeihen gedeiht gedeihen gedeihen	 gedeih[e]! gedeihen Sie! gedeiht! gedeihen Sie!	**gedieh** gediehst gediehen gedieh gediehen gedieht gediehen gediehen	gediehe gediehest gediehen gediehe gediehen gediehet gediehen gediehen	**gediehen**
gehen 行く	ich du Sie er wir ihr Sie sie	gehe gehst gehen geht gehen geht gehen gehen	 geh[e]! gehen Sie! geht! gehen Sie!	**ging** gingst gingen ging gingen gingt gingen gingen	ginge gingest gingen ginge gingen ginget gingen gingen	**gegangen**
gelingen うまくいく	es sie	gelingt gelingen	(du に対して: geling[e]!) (ihr に対して: gelingt!)	**gelang** gelangen	gelänge gelängen	**gelungen**
gelten 有効である	ich du Sie er wir ihr Sie sie	gelte **giltst** gelten **gilt** gelten geltet gelten gelten	 **gilt!** gelten Sie! geltet! gelten Sie!	**galt** galt[e]st galten galt galten galtet galten galten	gölte göltest gölten gölte gölten göltet gölten gölten	**gegolten**
(接2 の別形: gälte)						
genesen (病人などが)回復する	ich du Sie er wir ihr Sie sie	genese genest genesen genest genesen genest genesen genesen	 genese! genesen Sie! genest! genesen Sie!	**genas** genasest genasen genas genasen genast genasen genasen	genäse genäsest genäsen genäse genäsen genäset genäsen genäsen	**genesen**
(現在 の別形: 《古》 du genesest)						
genießen 楽しむ	ich du Sie er wir ihr Sie sie	genieße genießt genießen genießt genießen genießt genießen genießen	 genieß[e]! genießen Sie! genießt! genießen Sie!	**genoss** genossest genossen genoss genossen genosst genossen genossen	genösse genössest genössen genösse genössen genösset genössen genössen	**genossen**
(現在 の別形: 《古》 du genießest)						
geschehen 起こる	es sie	**geschieht** geschehen	(なし)	**geschah** geschahen	geschähe geschähen	**geschehen**

不定詞	直説法現在	命 令	直説法過去	接続法第2式	過去分詞
gewinnen 勝つ	ich gewinne du gewinnst Sie gewinnen er gewinnt wir gewinnen ihr gewinnt Sie gewinnen sie gewinnen	 gewinn[e]! gewinnen Sie! gewinnt! gewinnen Sie! 	**gewann** gewann[e]st gewannen gewann gewannen gewannt gewannen gewannen	gewönne gewönnest gewönnen gewönne gewönnen gewönnet gewönnen gewönnen	**gewonnen**
(腰2の別形: gewänne)					
gießen 注ぐ	ich gieße du gießt Sie gießen er gießt wir gießen ihr gießt Sie gießen sie gießen	 gieß[e]! gießen Sie! gießt! gießen Sie! 	**goss** gossest gossen goss gossen gosst gossen gossen	gösse gössest gössen gösse gössen gösset gössen gössen	**gegossen**
(現在の別形:《古》du gießest)					
gleichen 似ている	ich gleiche du gleichst Sie gleichen er gleicht wir gleichen ihr gleicht Sie gleichen sie gleichen	 gleich[e]! gleichen Sie! gleicht! gleichen Sie! 	**glich** glich[e]st glichen glich glichen glicht glichen glichen	gliche glichest glichen gliche glichen glichet glichen glichen	**geglichen**
gleiten 滑る	ich gleite du gleitest Sie gleiten er gleitet wir gleiten ihr gleitet Sie gleiten sie gleiten	 gleit[e]! gleiten Sie! gleitet! gleiten Sie! 	**glitt** glitt[e]st glitten glitt glitten glittet glitten glitten	glitte glittest glitten glitte glitten glittet glitten glitten	**geglitten**
glimmen かすかに 燃える	es glimmt sie glimmen	(du に対して: glimm[e]!) (ihr に対して: glimmt!)	**glomm** glommen	glömme glömmen	**geglommen**
(規則変化することもある)					
graben 掘る	ich grabe du **gräbst** Sie graben er **gräbt** wir graben ihr grabt Sie graben sie graben	 grab[e]! graben Sie! grabt! graben Sie! 	**grub** grub[e]st gruben grub gruben grubt gruben gruben	grübe grübest grüben grübe grüben grübet grüben grüben	**gegraben**
greifen つかむ	ich greife du greifst Sie greifen er greift wir greifen ihr greift Sie greifen sie greifen	 greif[e]! greifen Sie! greift! greifen Sie! 	**griff** griff[e]st griffen griff griffen grifft griffen griffen	griffe griffest griffen griffe griffen griffet griffen griffen	**gegriffen**

不定詞	直説法現在	命 令	直説法過去	接続法第2式	過去分詞
haben 持っている	ich habe {du **hast** Sie haben er **hat** wir haben {ihr habt Sie haben sie haben	 hab[e]! haben Sie! habt! haben Sie! 	**hatte** hattest hatten hatte hatten hattet hatten hatten	hätte hättest hätten hätte hätten hättet hätten hätten	**gehabt**

(handhaben は規則変化する)

不定詞	直説法現在	命 令	直説法過去	接続法第2式	過去分詞
halten (しっかり) 持っている	ich halte {du **hältst** Sie halten er **hält** wir halten {ihr haltet Sie halten sie halten	 halt[e]! halten Sie! haltet! halten Sie! 	**hielt** hielt[e]st hielten hielt hielten hieltet hielten hielten	hielte hieltest hielten hielte hielten hieltet hielten hielten	**gehalten**
hängen 掛かっている	ich hänge {du hängst Sie hängen er hängt wir hängen {ihr hängt Sie hängen sie hängen	 häng[e]! hängen Sie! hängt! hängen Sie! 	**hing** hing[e]st hingen hing hingen hingt hingen hingen	hinge hingest hingen hinge hingen hinget hingen hingen	**gehangen**

(「掛ける, ぶら下げる」という意味の hängen は規則変化する)

不定詞	直説法現在	命 令	直説法過去	接続法第2式	過去分詞
hauen たたく	ich haue {du haust Sie hauen er haut wir hauen {ihr haut Sie hauen sie hauen	 hau[e]! hauen Sie! haut! hauen Sie! 	**haute** hautest hauten haute hauten hautet hauten hauten	haute hautest hauten haute hauten hautet hauten hauten	**gehauen**

(過去の別形: hieb; 接2の別形: hiebe; 過分の別形:《方》gehaut)

不定詞	直説法現在	命 令	直説法過去	接続法第2式	過去分詞
heben 上げる	ich hebe {du hebst Sie heben er hebt wir heben {ihr hebt Sie heben sie heben	 heb[e]! heben Sie! hebt! heben Sie! 	**hob** hob[e]st hoben hob hoben hobt hoben hoben	höbe höbest höben höbe höben höbet höben höben	**gehoben**
heißen (…という) 名前である	ich heiße {du heißt Sie heißen er heißt wir heißen {ihr heißt Sie heißen sie heißen	 heiß[e]! heißen Sie! heißt! heißen Sie! 	**hieß** hießest hießen hieß hießen hießt hießen hießen	hieße hießest hießen hieße hießen hießet hießen hießen	**geheißen**

(現在の別形:《古》du heißest)

不定詞		直説法現在	命 令	直説法過去	接続法第2式	過去分詞
helfen 助ける	ich du Sie er wir ihr Sie sie	helfe **hilfst** helfen **hilft** helfen helft helfen helfen	**hilf!** helfen Sie! helft! helfen Sie!	**half** half[e]st halfen half halfen halft halfen halfen	hülfe hülfest hülfen hülfe hülfen hülfet hülfen hülfen	**geholfen**
(接2の別形: まれに hälfe)						
kennen 知っている	ich du Sie er wir ihr Sie sie	kenne kennst kennen kennt kennen kennt kennen kennen	kenn[e]! kennen Sie! kennt! kennen Sie!	**kannte** kanntest kannten kannte kannten kanntet kannten kannten	kennte kenntest kennten kennte kennten kenntet kennten kennten	**gekannt**
klimmen よじ登る	ich du Sie er wir ihr Sie sie	klimme klimmst klimmen klimmt klimmen klimmt klimmen klimmen	klimm[e]! klimmen Sie! klimmt! klimmen Sie!	**klomm** klomm[e]st klommen klomm klommen klommt klommen klommen	klömme klömmest klömmen klömme klömmen klömmet klömmen klömmen	**geklommen**
(規則変化することもある)						
klingen 鳴る	ich du Sie er wir ihr Sie sie	klinge klingst klingen klingt klingen klingt klingen klingen	kling[e]! klingen Sie! klingt! klingen Sie!	**klang** klang[e]st klangen klang klangen klangt klangen klangen	klänge klängest klängen klänge klängen klänget klängen klängen	**geklungen**
kneifen つねる	ich du Sie er wir ihr Sie sie	kneife kneifst kneifen kneift kneifen kneift kneifen kneifen	kneif[e]! kneifen Sie! kneift! kneifen Sie!	**kniff** kniffst kniffen kniff kniffen knifft kniffen kniffen	kniffe kniffest kniffen kniffe kniffen kniffet kniffen kniffen	**gekniffen**
kommen 来る	ich du Sie er wir ihr Sie sie	komme kommst kommen kommt kommen kommt kommen kommen	komm[e]! kommen Sie! kommt! kommen Sie!	**kam** kamst kamen kam kamen kamt kamen kamen	käme kämest kämen käme kämen kämet kämen kämen	**gekommen**

不定詞	直説法現在	命令	直説法過去	接続法第2式	過去分詞
können …できる	ich **kann** {du **kannst** {Sie können er **kann** wir können {ihr könnt {Sie können sie können	(なし)	**konnte** konntest konnten konnte konnten konntet konnten konnten	könnte könntest könnten könnte könnten könntet könnten könnten	**können** (gekonnt)
(不定詞を伴わないときの過分は gekonnt)					
kriechen はう	ich krieche {du kriechst {Sie kriechen er kriecht wir kriechen {ihr kriecht {Sie kriechen sie kriechen	kriech[e]! kriechen Sie! kriecht! kriechen Sie!	**kroch** krochst krochen kroch krochen krocht krochen krochen	kröche kröchest kröchen kröche kröchen kröchet kröchen kröchen	**gekrochen**
laden 積み込む	ich lade {du **lädst** {Sie laden er **lädt** wir laden {ihr ladet {Sie laden sie laden	lad[e]! laden Sie! ladet! laden Sie!	**lud** lud[e]st luden lud luden ludet luden luden	lüde lüdest lüden lüde lüden lüdet lüden lüden	**geladen**
lassen …させる	ich lasse {du **lässt** {Sie lassen er **lässt** wir lassen {ihr lasst {Sie lassen sie lassen	lass[e]! lassen Sie! lasst! lassen Sie!	**ließ** ließest ließen ließ ließen ließt ließen ließen	ließe ließest ließen ließe ließen ließet ließen ließen	**lassen** (gelassen)
(現在の別形:《古》du lässest. 不定詞を伴わないときの過分は gelassen. veranlassen は規則変化する)					
laufen 走る	ich laufe {du **läufst** {Sie laufen er **läuft** wir laufen {ihr lauft {Sie laufen sie laufen	lauf[e]! laufen Sie! lauft! laufen Sie!	**lief** lief[e]st liefen lief liefen lieft liefen liefen	liefe liefest liefen liefe liefen liefet liefen liefen	**gelaufen**
leiden 苦しむ	ich leide {du leidest {Sie leiden er leidet wir leiden {ihr leidet {Sie leiden sie leiden	leid[e]! leiden Sie! leidet! leiden Sie!	**litt** litt[e]st litten litt litten littet litten litten	litte littest litten litte litten littet litten litten	**gelitten**

不定詞	直説法現在	命令	直説法過去	接続法第2式	過去分詞
leihen 貸す	ich leihe du leihst Sie leihen er leiht wir leihen ihr leiht Sie leihen sie leihen	 leih[e]! leihen Sie! leiht! leihen Sie!	**lieh** lieh[e]st liehen lieh liehen lieht liehen liehen	liehe liehest liehen liehe liehen liehet liehen liehen	**geliehen**
lesen 読む	ich lese du **liest** Sie lesen er **liest** wir lesen ihr lest Sie lesen sie lesen	 **lies!** lesen Sie! lest! lesen Sie!	**las** lasest lasen las lasen last lasen lasen	läse läsest läsen läse läsen läset läsen läsen	**gelesen**
(現在の別形:《古》du liesest)					
liegen 横たわって いる	ich liege du liegst Sie liegen er liegt wir liegen ihr liegt Sie liegen sie liegen	 lieg[e]! liegen Sie! liegt! liegen Sie!	**lag** lagst lagen lag lagen lagt lagen lagen	läge lägest lägen läge lägen läget lägen lägen	**gelegen**
löschen 消す	(この動詞自体は規則変化するが，前つづりのついた複合動詞には不規則変化するものがある ☞ erlöschen)				
lügen うそをつく	ich lüge du lügst Sie lügen er lügt wir lügen ihr lügt Sie lügen sie lügen	 lüg[e]! lügen Sie! lügt! lügen Sie!	**log** logst logen log logen logt logen logen	löge lögest lögen löge lögen löget lögen lögen	**gelogen**
mahlen ひく	ich mahle du mahlst Sie mahlen er mahlt wir mahlen ihr mahlt Sie mahlen sie mahlen	 mahl[e]! mahlen Sie! mahlt! mahlen Sie!	**mahlte** mahltest mahlten mahlte mahlten mahltet mahlten mahlten	mahlte mahltest mahlten mahlte mahlten mahltet mahlten mahlten	**gemahlen**
meiden 避ける	ich meide du meidest Sie meiden er meidet wir meiden ihr meidet Sie meiden sie meiden	 meid[e]! meiden Sie! meidet! meiden Sie!	**mied** mied[e]st mieden mied mieden miedet mieden mieden	miede miedest mieden miede mieden miedet mieden mieden	**gemieden**

不定詞	直説法現在		命　令	直説法過去	接続法第2式	過去分詞
melken 乳を搾る	ich {du 　Sie er wir {ihr 　Sie sie	melke melkst melken melkt melken melkt melken melken	melk[e]! melken Sie! melkt! melken Sie!	**melkte** melktest melkten melkte melkten melktet melkten melkten	melkte melktest melkten melkte melkten melktet melkten melkten	**gemolken**

(現在の別形:《古》du milkst, er milkt; du に対する命令の別形:《古》milk!; 過去の別形: molk; 接2の別形: mölke; 過分の別形 : gemelkt)

messen 測る	ich {du 　Sie er wir {ihr 　Sie sie	messe **misst** messen **misst** messen messt messen messen	 miss! messen Sie! messt! messen Sie!	**maß** maßest maßen maß maßen maßt maßen maßen	mäße mäßest mäßen mäße mäßen mäßet mäßen mäßen	**gemessen**

(現在の別形:《古》du missest)

misslingen 失敗する	es sie	misslingt misslingen	（なし）	**misslang** misslangen	misslänge misslängen	**misslungen**

mögen …かもしれない	ich {du 　Sie er wir {ihr 　Sie sie	**mag** **magst** mögen **mag** mögen mögt mögen mögen	（なし）	**mochte** mochtest mochten mochte mochten mochtet mochten mochten	möchte möchtest möchten möchte möchten möchtet möchten möchten	**mögen** (**gemocht**)

(不定詞を伴わないときの過分は gemocht)

müssen …しなければならない	ich {du 　Sie er wir {ihr 　Sie sie	**muss** **musst** müssen **muss** müssen müsst müssen müssen	（なし）	**musste** musstest mussten musste mussten musstet mussten mussten	müsste müsstest müssten müsste müssten müsstet müssten müssten	**müssen** (**gemusst**)

(不定詞を伴わないときの過分は gemusst)

nehmen 取る	ich {du 　Sie er wir {ihr 　Sie sie	nehme **nimmst** nehmen **nimmt** nehmen nehmt nehmen nehmen	 **nimm!** nehmen Sie! nehmt! nehmen Sie!	**nahm** nahmst nahmen nahm nahmen nahmt nahmen nahmen	nähme nähmest nähmen nähme nähmen nähmet nähmen nähmen	**genommen**

不定詞		直説法現在	命　令	直説法過去	接続法第2式	過去分詞
nennen 名づける	ich {du 　Sie er wir {ihr 　Sie sie	nenne nennst nennen nennt nennen nennt nennen nennen	 nenn[e]! nennen Sie! nennt! nennen Sie!	**nannte** nanntest nannten nannte nannten nanntet nannten nannten	nennte nenntest nennten nennte nennten nenntet nennten nennten	**genannt**
pfeifen 口笛を吹く	ich {du 　Sie er wir {ihr 　Sie sie	pfeife pfeifst pfeifen pfeift pfeifen pfeift pfeifen pfeifen	 pfeif[e]! pfeifen Sie! pfeift! pfeifen Sie!	**pfiff** pfiff[e]st pfiffen pfiff pfiffen pfifft pfiffen pfiffen	pfiffe pfiffest pfiffen pfiffe pfiffen pfiffet pfiffen pfiffen	**gepfiffen**
pflegen (文化などを) はぐくむ	ich {du 　Sie er wir {ihr 　Sie sie	pflege pflegst pflegen pflegt pflegen pflegt pflegen pflegen	 pfleg[e]! pflegen Sie! pflegt! pflegen Sie!	**pflog** pflogst pflogen pflog pflogen pflogt pflogen pflogen	pflöge pflögest pflögen pflöge pflögen pflöget pflögen pflögen	**gepflogen**

(「はぐくむ; いそしむ」の意味で雅語のときのみ不規則変化する. それ以外はふつう規則変化する)

preisen 称賛する	ich {du 　Sie er wir {ihr 　Sie sie	preise preist preisen preist preisen preist preisen preisen	 preis[e]! preisen Sie! preist! preisen Sie!	**pries** priesest priesen pries priesen priest priesen priesen	priese priesest priesen priese priesen prieset priesen priesen	**gepriesen**

(現在の別形:《古》du preisest)

quellen わき出る	es sie	**quillt** quellen	(du に対して:) **quill**! (ihr に対して:) quellt!	**quoll** quollen	quölle quöllen	**gequollen**

(「(豆などを)ふくらませる」という意味の quellen は規則変化する)

raten 忠告する	ich {du 　Sie er wir {ihr 　Sie sie	rate **rätst** raten **rät** raten ratet raten raten	 rat[e]! raten Sie! ratet! raten Sie!	**riet** riet[e]st rieten riet rieten rietet rieten rieten	riete rietest rieten riete rieten rietet rieten rieten	**geraten**
reiben こする	ich {du 　Sie er wir {ihr 　Sie sie	reibe reibst reiben reibt reiben reibt reiben reiben	 reib[e]! reiben Sie! reibt! reiben Sie!	**rieb** rieb[e]st rieben rieb rieben riebt rieben rieben	riebe riebest rieben riebe rieben riebet rieben rieben	**gerieben**

不定詞		直説法現在	命　令	直説法過去	接続法第2式	過去分詞
reihen 仮縫いする	ich du Sie er wir ihr Sie sie	reihe reihst reihen reiht reihen reiht reihen reihen	 reih[e]! reihen Sie! reiht! reihen Sie! 	**rieh** riehst riehen rieh riehen rieht riehen riehen	riehe riehest riehen riehe riehen riehet riehen riehen	**geriehen**

(今日ではしばしば規則変化する。「連ねる; 連なる」という意味の reihen はつねに規則変化する)

不定詞		直説法現在	命　令	直説法過去	接続法第2式	過去分詞
reißen 引き裂く	ich du Sie er wir ihr Sie sie	reiße reißt reißen reißt reißen reißt reißen reißen	 reiß[e]! reißen Sie! reißt! reißen Sie! 	**riss** rissest rissen riss rissen risst rissen rissen	risse rissest rissen risse rissen risset rissen rissen	**gerissen**

(現在の別形:《古》du reißest)

不定詞		直説法現在	命　令	直説法過去	接続法第2式	過去分詞
reiten (馬などに) 乗る	ich du Sie er wir ihr Sie sie	reite reitest reiten reitet reiten reitet reiten reiten	 reit[e]! reiten Sie! reitet! reiten Sie! 	**ritt** ritt[e]st ritten ritt ritten rittet ritten ritten	ritte rittest ritten ritte ritten rittet ritten ritten	**geritten**
rennen 走る	ich du Sie er wir ihr Sie sie	renne rennst rennen rennt rennen rennt rennen rennen	 renn[e]! rennen Sie! rennt! rennen Sie! 	**rannte** ranntest rannten rannte rannten ranntet rannten rannten	rennte renntest rennten rennte rennten renntet rennten rennten	**gerannt**
riechen におう	ich du Sie er wir ihr Sie sie	rieche riechst riechen riecht riechen riecht riechen riechen	 riech[e]! riechen Sie! riecht! riechen Sie! 	**roch** rochst rochen roch rochen rocht rochen rochen	röche röchest röchen röche röchen röchet röchen röchen	**gerochen**
ringen 格闘する	ich du Sie er wir ihr Sie sie	ringe ringst ringen ringt ringen ringt ringen ringen	 ring[e]! ringen Sie! ringt! ringen Sie! 	**rang** rangst rangen rang rangen rangt rangen rangen	ränge rängest rängen ränge rängen ränget rängen rängen	**gerungen**

1804

不定詞	直説法現在		命　令	直説法過去	接続法第2式	過去分詞
rinnen 流れる	es	rinnt	(du に対して:) rinn[e]!	**rann**	ränne	**geronnen**
	sie	rinnen	(ihr に対して:) rinnt!	rannen	rännen	
(接2 の別形: まれに rönne)						
rufen 叫ぶ	ich	rufe		**rief**	riefe	**gerufen**
	du Sie	rufst rufen	ruf[e]! rufen Sie!	rief[e]st riefen	riefest riefen	
	er	ruft		rief	riefe	
	wir	rufen		riefen	riefen	
	ihr Sie	ruft rufen	ruft! rufen Sie!	rieft riefen	riefet riefen	
	sie	rufen		riefen	riefen	
salzen 塩味を つける	ich	salze		**salzte**	salzte	**gesalzen**
	du Sie	salzt salzen	salz[e]! salzen Sie!	salztest salzten	salztest salzten	
	er	salzt		salzte	salzte	
	wir	salzen		salzten	salzten	
	ihr Sie	salzt salzen	salzt! salzen Sie!	salztet salzten	salztet salzten	
	sie	salzen		salzten	salzten	
(現在 の別形:《古》du salzest; 過分 の別形: まれに gesalzt)						
saufen 飲む	ich	saufe		**soff**	söffe	**gesoffen**
	du Sie	**säufst** saufen	sauf[e]! saufen Sie!	soff[e]st soffen	söffest söffen	
	er	**säuft**		soff	söffe	
	wir	saufen		soffen	söffen	
	ihr Sie	sauft saufen	sauft! saufen Sie!	sofft soffen	söffet söffen	
	sie	saufen		soffen	söffen	
saugen 吸う	ich	sauge		**sog**	söge	**gesogen**
	du Sie	saugst saugen	saug[e]! saugen Sie!	sog[e]st sogen	sögest sögen	
	er	saugt		sog	söge	
	wir	saugen		sogen	sögen	
	ihr Sie	saugt saugen	saugt! saugen Sie!	sogt sogen	söget sögen	
	sie	saugen		sogen	sögen	
(今日ではしばしば規則変化する)						
schaffen 創造する	ich	schaffe		**schuf**	schüfe	**geschaffen**
	du Sie	schaffst schaffen	schaff[e]! schaffen Sie!	schuf[e]st schufen	schüfest schüfen	
	er	schafft		schuf	schüfe	
	wir	schaffen		schufen	schüfen	
	ihr Sie	schafft schaffen	schafft! schaffen Sie!	schuft schufen	schüfet schüfen	
	sie	schaffen		schufen	schüfen	
(「やり遂げる; 運ぶ; 働く」という意味の schaffen は規則変化する)						

不定詞	直説法現在		命 令	直説法過去	接続法第2式	過去分詞
schallen 響く	es	schallt	(du に対して:) schall[e]! (ihr に対して:) schallt!	**scholl**	schölle	**geschallt**
	sie	schallen		schollen	schöllen	
(今日では過去の別形 schallte, 接2の別形 schallte が用いられることが多い)						
scheiden 離婚させる	ich	scheide		**schied**	schiede	**geschieden**
	du	scheidest	scheid[e]!	schied[e]st	schiedest	
	Sie	scheiden	scheiden Sie!	schieden	schieden	
	er	scheidet		schied	schiede	
	wir	scheiden		schieden	schieden	
	ihr	scheidet	scheidet!	schiedet	schiedet	
	Sie	scheiden	scheiden Sie!	schieden	schieden	
	sie	scheiden		schieden	schieden	
scheinen 輝く	ich	scheine		**schien**	schiene	**geschienen**
	du	scheinst	schein[e]!	schien[e]st	schienest	
	Sie	scheinen	scheinen Sie!	schienen	schienen	
	er	scheint		schien	schiene	
	wir	scheinen		schienen	schienen	
	ihr	scheint	scheint!	schient	schienet	
	Sie	scheinen	scheinen Sie!	schienen	schienen	
	sie	scheinen		schienen	schienen	
scheißen くそをする	ich	scheiße		**schiss**	schisse	**geschissen**
	du	scheißt	scheiß[e]!	schissest	schissest	
	Sie	scheißen	scheißen Sie!	schissen	schissen	
	er	scheißt		schiss	schisse	
	wir	scheißen		schissen	schissen	
	ihr	scheißt	scheißt!	schisst	schisset	
	Sie	scheißen	scheißen Sie!	schissen	schissen	
	sie	scheißen		schissen	schissen	
(現在の別形: 《古》du scheißest)						
schelten しかる	ich	schelte		**schalt**	schölte	**gescholten**
	du	**schiltst**	**schilt!**	schalt[e]st	schöltest	
	Sie	schelten	schelten Sie!	schalten	schölten	
	er	**schilt**		schalt	schölte	
	wir	schelten		schalten	schölten	
	ihr	scheltet	scheltet!	schaltet	schöltet	
	Sie	schelten	schelten Sie!	schalten	schölten	
	sie	schelten		schalten	schölten	
scheren 刈る	ich	schere		**schor**	schöre	**geschoren**
	du	scherst	scher[e]!	schorst	schörest	
	Sie	scheren	scheren Sie!	schoren	schören	
	er	schert		schor	schöre	
	wir	scheren		schoren	schören	
	ihr	schert	schert!	schort	schöret	
	Sie	scheren	scheren Sie!	schoren	schören	
	sie	scheren		schoren	schören	
(現在の別形: まれに du schierst, er schiert. まれに規則変化することもある.「さっさと行く」という意味の scheren および「心をわずらわせる」という意味の scheren はつねに規則変化する)						

不定詞		直説法現在	命　令	直説法過去	接続法第2式	過去分詞
schieben 押す	ich {du {Sie er wir {ihr {Sie sie	schiebe schiebst schieben schiebt schieben schiebt schieben schieben	 schieb[e]! schieben Sie! schiebt! schieben Sie!	**schob** schob[e]st schoben schob schoben schobt schoben schoben	schöbe schöbest schöben schöbe schöben schöbet schöben schöben	**geschoben**
schießen 撃つ	ich {du {Sie er wir {ihr {Sie sie	schieße schießt schießen schießt schießen schießt schießen schießen	 schieß[e]! schießen Sie! schießt! schießen Sie!	**schoss** schossest schossen schoss schossen schosst schossen schossen	schösse schössest schössen schösse schössen schösset schössen schössen	**geschossen**
(現在の別形:《古》du schießest)						
schinden 酷使する	ich {du {Sie er wir {ihr {Sie sie	schinde schindest schinden schindet schinden schindet schinden schinden	 schind[e]! schinden Sie! schindet! schinden Sie!	**schindete** schindetest schindeten schindete schindeten schindetet schindeten schindeten	schindete schindetest schindeten schindete schindeten schindetet schindeten schindeten	**geschunden**
(過去の別形: まれに schund; 接2の別形: まれに schünde)						
schlafen 眠る	ich {du {Sie er wir {ihr {Sie sie	schlafe **schläfst** schlafen **schläft** schlafen schlaft schlafen schlafen	 schlaf[e]! schlafen Sie! schlaft! schlafen Sie!	**schlief** schlief[e]st schliefen schlief schliefen schlieft schliefen schliefen	schliefe schliefest schliefen schliefe schliefen schliefet schliefen schliefen	**geschlafen**
schlagen 打つ	ich {du {Sie er wir {ihr {Sie sie	schlage **schlägst** schlagen **schlägt** schlagen schlagt schlagen schlagen	 schlag[e]! schlagen Sie! schlagt! schlagen Sie!	**schlug** schlug[e]st schlugen schlug schlugen schlugt schlugen schlugen	schlüge schlügest schlügen schlüge schlügen schlüget schlügen schlügen	**geschlagen**
(beratschlagen, veranschlagen は規則変化する)						
schleichen 忍び足で歩く	ich {du {Sie er wir {ihr {Sie sie	schleiche schleichst schleichen schleicht schleichen schleicht schleichen schleichen	 schleich[e]! schleichen Sie! schleicht! schleichen Sie!	**schlich** schlich[e]st schlichen schlich schlichen schlicht schlichen schlichen	schliche schlichest schlichen schliche schlichen schlichet schlichen schlichen	**geschlichen**

不定詞		直説法現在	命　令	直説法過去	接続法第2式	過去分詞
schleifen 研ぐ	ich du Sie er wir ihr Sie sie	schleife schleifst schleifen schleift schleifen schleift schleifen schleifen	 schleif[e]! schleifen Sie! schleift! schleifen Sie! 	**schliff** schliff[e]st schliffen schliff schliffen schlifft schliffen schliffen	schliffe schliffest schliffen schliffe schliffen schliffet schliffen schliffen	**geschliffen**
(「引きずる」という意味の schleifen は規則変化する)						
schließen 閉める	ich du Sie er wir ihr Sie sie	schließe schließt schließen schließt schließen schließt schließen schließen	 schließ[e]! schließen Sie! schließt! schließen Sie! 	**schloss** schlossest schlossen schloss schlossen schlosst schlossen schlossen	schlösse schlössest schlössen schlösse schlössen schlösset schlössen schlössen	**geschlossen**
(現在の別形:《古》du schließest)						
schlingen 巻きつける	ich du Sie er wir ihr Sie sie	schlinge schlingst schlingen schlingt schlingen schlingt schlingen schlingen	 schling[e]! schlingen Sie! schlingt! schlingen Sie! 	**schlang** schlang[e]st schlangen schlang schlangen schlangt schlangen schlangen	schlänge schlängest schlängen schlänge schlängen schlänget schlängen schlängen	**geschlungen**
schmeißen 投げる	ich du Sie er wir ihr Sie sie	schmeiße schmeißt schmeißen schmeißt schmeißen schmeißt schmeißen schmeißen	 schmeiß[e]! schmeißen Sie! schmeißt! schmeißen Sie! 	**schmiss** schmissest schmissen schmiss schmissen schmisst schmissen schmissen	schmisse schmissest schmissen schmisse schmissen schmisset schmissen schmissen	**geschmissen**
(現在の別形:《古》du schmeißest)						
schmelzen 溶ける; 溶かす	ich du Sie er wir ihr Sie sie	schmelze **schmilzt** schmelzen **schmilzt** schmelzen schmelzt schmelzen schmelzen	 **schmilz!** schmelzen Sie! schmelzt! schmelzen Sie! 	**schmolz** schmolzest schmolzen schmolz schmolzen schmolzt schmolzen schmolzen	schmölze schmölzest schmölzen schmölze schmölzen schmölzet schmölzen schmölzen	**geschmolzen**
(現在の別形:《古》du schmilzest)						
schnauben 荒い鼻息をする	ich du Sie er wir ihr Sie sie	schnaube schnaubst schnauben schnaubt schnauben schnaubt schnauben schnauben	 schnaub[e]! schnauben Sie! schnaubt! schnauben Sie! 	**schnob** schnobst schnoben schnob schnoben schnobt schnoben schnoben	schnöbe schnöbest schnöben schnöbe schnöben schnöbet schnöben schnöben	**geschnoben**
(今日ではふつう規則変化する)						

不定詞	直説法現在	命　令	直説法過去	接続法第2式	過去分詞
schneiden 切る	ich schneide du schneidest Sie schneiden er schneidet wir schneiden ihr schneidet Sie schneiden	 schneid[e]! schneiden Sie! schneidet! schneiden Sie!	**schnitt** schnitt[e]st schnitten schnitt schnitten schnittet schnitten	schnitte schnittest schnitten schnitte schnitten schnittet schnitten	**geschnitten**
schrecken 驚かす	(この動詞自体は規則変化するが，前つづりのついた複合動詞には不規則変化するものがある　☞ erschrecken)				
schreiben 書く	ich schreibe du schreibst Sie schreiben er schreibt wir schreiben ihr schreibt Sie schreiben sie schreiben	 schreib[e]! schreiben Sie! schreibt! schreiben Sie!	**schrieb** schrieb[e]st schrieben schrieb schrieben schriebt schrieben schrieben	schriebe schriebest schrieben schriebe schrieben schriebet schrieben schrieben	**geschrieben**
schreien 叫ぶ	ich schreie du schreist Sie schreien er schreit wir schreien ihr schreit Sie schreien sie schreien	 schrei[e]! schreien Sie! schreit! schreien Sie!	**schrie** schriest schrie[e]n schrie schrie[e]n schriet schrie[e]n schrie[e]n	schriee schrieest schrieen schriee schrieen schrieet schrieen schrieen	**geschrie[e]n**
schreiten 歩く	ich schreite du schreitest Sie schreiten er schreitet wir schreiten ihr schreitet Sie schreiten sie schreiten	 schreit[e]! schreiten Sie! schreitet! schreiten Sie!	**schritt** schritt[e]st schritten schritt schritten schrittet schritten schritten	schritte schrittest schritten schritte schritten schrittet schritten schritten	**geschritten**
schweigen 黙っている	ich schweige du schweigst Sie schweigen er schweigt wir schweigen ihr schweigt Sie schweigen sie schweigen	 schweig[e]! schweigen Sie! schweigt! schweigen Sie!	**schwieg** schwieg[e]st schwiegen schwieg schwiegen schwiegt schwiegen schwiegen	schwiege schwiegest schwiegen schwiege schwiegen schwieget schwiegen schwiegen	**geschwiegen**
schwellen ふくれる	ich schwelle du **schwillst** Sie schwellen er **schwillt** wir schwellen ihr schwellt Sie schwellen sie schwellen	 **schwill!** schwellen Sie! schwellt! schwellen Sie!	**schwoll** schwoll[e]st schwollen schwoll schwollen schwollt schwollen schwollen	schwölle schwöllest schwöllen schwölle schwöllen schwöllet schwöllen schwöllen	**geschwollen**
(「ふくらませる」という意味の schwellen は規則変化する)					

不定詞	直説法現在		命　令	直説法過去	接続法第2式	過去分詞
schwimmen 泳ぐ	ich du Sie er wir ihr Sie sie	schwimme schwimmst schwimmen schwimmt schwimmen schwimmt schwimmen schwimmen	 schwimm[e]! schwimmen Sie! 　 　 schwimmt! schwimmen Sie!	**schwamm** schwamm[e]st schwammen schwamm schwammen schwammt schwammen schwammen	schwömme schwömmest schwömmen schwömme schwömmen schwömmet schwömmen schwömmen	**geschwommen**
(腰2の別形: schwämme)						
schwinden 減る	ich du Sie er wir ihr Sie sie	schwinde schwindest schwinden schwindet schwinden schwindet schwinden schwinden	 schwind[e]! schwinden Sie! 　 　 schwindet! schwinden Sie!	**schwand** schwand[e]st schwanden schwand schwanden schwandet schwanden schwanden	schwände schwändest schwänden schwände schwänden schwändet schwänden schwänden	**geschwunden**
schwingen 揺れる	ich du Sie er wir ihr Sie sie	schwinge schwingst schwingen schwingt schwingen schwingt schwingen schwingen	 schwing[e]! schwingen Sie! 　 　 schwingt! schwingen Sie!	**schwang** schwang[e]st schwangen schwang schwangen schwangt schwangen schwangen	schwänge schwängest schwängen schwänge schwängen schwänget schwängen schwängen	**geschwungen**
schwören 誓う	ich du Sie er wir ihr Sie sie	schwöre schwörst schwören schwört schwören schwört schwören schwören	 schwör[e]! schwören Sie! 　 　 schwört! schwören Sie!	**schwor** schworst schworen schwor schworen schwort schworen schworen	schwüre schwürest schwüren schwüre schwüren schwüret schwüren schwüren	**geschworen**
(過去の別形:《古》schwur)						
sehen 見える; 見る	ich du Sie er wir ihr Sie sie	sehe **siehst** sehen **sieht** sehen seht sehen sehen	 **sieh[e]!** sehen Sie! 　 　 seht! sehen Sie!	**sah** sahst sahen sah sahen saht sahen sahen	sähe sähest sähen sähe sähen sähet sähen sähen	**gesehen**

不定詞		直説法 現　在	接続法 第1式	命　令	直説法過去	接続法第2式	過去分詞
sein (…で)ある	ich du Sie er wir ihr Sie sie	**bin** **bist** **sind** **ist** **sind** **seid** **sind** **sind**	sei sei[e]st seien sei seien seiet seien seien	 sei! seien Sie! 　 　 seid! seien Sie!	**war** warst waren war waren wart waren waren	wäre wär[e]st wären wäre wären wär[e]t wären wären	**gewesen**

不定詞		直説法現在	命　令	直説法過去	接続法第2式	過去分詞
senden 送る	ich du Sie er wir ihr Sie sie	sende sendest senden sendet senden sendet senden senden	 send[e]! senden Sie! sendet! senden Sie!	**sandte** sandtest sandten sandte sandten sandtet sandten sandten	sendete sendetest sendeten sendete sendeten sendetet sendeten sendeten	**gesandt**
(「放送する」という意味では規則変化する)						
sieden 沸騰する	ich du Sie er wir ihr Sie sie	siede siedest sieden siedet sieden siedet sieden sieden	 sied[e]! sieden Sie! siedet! sieden Sie!	**sott** sottest sotten sott sotten sottet sotten sotten	sötte söttest sötten sötte sötten söttet sötten sötten	**gesotten**
(規則変化することもある)						
singen 歌う	ich du Sie er wir ihr Sie sie	singe singst singen singt singen singt singen singen	 sing[e]! singen Sie! singt! singen Sie!	**sang** sang[e]st sangen sang sangen sangt sangen sangen	sänge sängest sängen sänge sängen sänget sängen sängen	**gesungen**
sinken 沈む	ich du Sie er wir ihr Sie sie	sinke sinkst sinken sinkt sinken sinkt sinken sinken	 sink[e]! sinken Sie! sinkt! sinken Sie!	**sank** sank[e]st sanken sank sanken sankt sanken sanken	sänke sänkest sänken sänke sänken sänket sänken sänken	**gesunken**
sinnen 思案する	ich du Sie er wir ihr Sie sie	sinne sinnst sinnen sinnt sinnen sinnt sinnen sinnen	 sinn[e]! sinnen Sie! sinnt! sinnen Sie!	**sann** sann[e]st sannen sann sannen sannt sannen sannen	sänne sännest sännen sänne sännen sännet sännen sännen	**gesonnen**
(接2の別形:《古》sönne)						
sitzen 座っている	ich du Sie er wir ihr Sie sie	sitze sitzt sitzen sitzt sitzen sitzt sitzen sitzen	 sitz[e]! sitzen Sie! sitzt! sitzen Sie!	**saß** saßest saßen saß saßen saßt saßen saßen	säße säßest säßen säße säßen säßet säßen säßen	**gesessen**
(現在の別形:《古》du sitzest)						

不定詞		直説法現在	命令	直説法過去	接続法第2式	過去分詞
sollen …すべきだ	ich {du {Sie er wir {ihr {Sie sie	**soll** **sollst** sollen **soll** sollen sollt sollen sollen	(なし)	**sollte** solltest sollten sollte sollten solltet sollten sollten	sollte solltest sollten sollte sollten solltet sollten sollten	**sollen** **(gesollt)**
(不定詞を伴わないときの過分は gesollt)						
spalten 割る	ich {du {Sie er wir {ihr {Sie sie	spalte spaltest spalten spaltet spalten spaltet spalten spalten	 spalt[e]! spalten Sie! spaltet! spalten Sie!	**spaltete** spaltetest spalteten spaltete spalteten spaltetet spalteten spalteten	spaltete spaltetest spalteten spaltete spalteten spaltetet spalteten spalteten	**gespalten**
(過分の別形: gespaltet)						
speien 唾(つば)を吐く	ich {du {Sie er wir {ihr {Sie sie	speie speist speien speit speien speit speien speien	 spei[e]! speien Sie! speit! speien Sie!	**spie** spiest spie[e]n spie spie[e]n spiet spie[e]n spie[e]n	spiee spieest spieen spiee spieen spieet spieen spieen	**gespie[e]n**
spinnen 紡ぐ	ich {du {Sie er wir {ihr {Sie sie	spinne spinnst spinnen spinnt spinnen spinnt spinnen spinnen	 spinn[e]! spinnen Sie! spinnt! spinnen Sie!	**spann** spann[e]st spannen spann spannen spannt spannen spannen	spönne spönnest spönnen spönne spönnen spönnet spönnen spönnen	**gesponnen**
(接2の別形: spänne)						
sprechen 話す	ich {du {Sie er wir {ihr {Sie sie	spreche **sprichst** sprechen **spricht** sprechen sprecht sprechen sprechen	 **sprich!** sprechen Sie! sprecht! sprechen Sie!	**sprach** sprach[e]st sprachen sprach sprachen spracht sprachen sprachen	spräche sprächest sprächen spräche sprächen sprächet sprächen sprächen	**gesprochen**
sprießen 発芽する	es sie	sprießt sprießen	(du に対して:) sprieß[e]! (ihr に対して:) sprießt!	**spross** sprossen	sprösse sprössen	**gesprossen**

不定詞		直説法現在	命　令	直説法過去	接続法第2式	過去分詞
springen 跳ぶ	ich	springe		sprang	spränge	**gesprungen**
	du	springst	spring[e]!	sprang[e]st	sprängest	
	Sie	springen	springen Sie!	sprangen	sprängen	
	er	springt		sprang	spränge	
	wir	springen		sprangen	sprängen	
	ihr	springt	springt!	sprangt	spränget	
	Sie	springen	springen Sie!	sprangen	sprängen	
	sie	springen		sprangen	sprängen	
stechen 刺す	ich	steche		**stach**	stäche	**gestochen**
	du	**stichst**	**stich!**	stach[e]st	stächest	
	Sie	stechen	stechen Sie!	stachen	stächen	
	er	**sticht**		stach	stäche	
	wir	stechen		stachen	stächen	
	ihr	stecht	stecht!	stacht	stächet	
	Sie	stechen	stechen Sie!	stachen	stächen	
	sie	stechen		stachen	stächen	
stecken 差し込んである	ich	stecke		**stak**	stäke	**gesteckt**
	du	steckst	steck[e]!	stakst	stäkest	
	Sie	stecken	stecken Sie!	staken	stäken	
	er	steckt		stak	stäke	
	wir	stecken		staken	stäken	
	ihr	steckt	steckt!	stakt	stäket	
	Sie	stecken	stecken Sie!	staken	stäken	
	sie	stecken		staken	stäken	

（自動詞でもふつうは規則変化する．他動詞はつねに規則変化する）

stehen 立っている	ich	stehe		**stand**	stünde	**gestanden**
	du	stehst	steh[e]!	stand[e]st	stündest	
	Sie	stehen	stehen Sie!	standen	stünden	
	er	steht		stand	stünde	
	wir	stehen		standen	stünden	
	ihr	steht	steht!	standet	stündet	
	Sie	stehen	stehen Sie!	standen	stünden	
	sie	stehen		standen	stünden	

（接2の別形：まれに stände）

stehlen 盗む	ich	stehle		**stahl**	stähle	**gestohlen**
	du	**stiehlst**	**stiehl!**	stahlst	stählest	
	Sie	stehlen	stehlen Sie!	stahlen	stählen	
	er	**stiehlt**		stahl	stähle	
	wir	stehlen		stahlen	stählen	
	ihr	stehlt	stehlt!	stahlt	stählet	
	Sie	stehlen	stehlen Sie!	stahlen	stählen	
	sie	stehlen		stahlen	stählen	

（接2の別形：まれに stöhle）

steigen 登る	ich	steige		**stieg**	stiege	**gestiegen**
	du	steigst	steig[e]!	stieg[e]st	stiegest	
	Sie	steigen	steigen Sie!	stiegen	stiegen	
	er	steigt		stieg	stiege	
	wir	steigen		stiegen	stiegen	
	ihr	steigt	steigt!	stiegt	stieget	
	Sie	steigen	steigen Sie!	stiegen	stiegen	
	sie	steigen		stiegen	stiegen	

不定詞		直説法現在	命 令	直説法過去	接続法第2式	過去分詞
sterben 死ぬ	ich du Sie er wir ihr Sie sie	sterbe **stirbst** sterben **stirbt** sterben sterbt sterben sterben	**stirb!** sterben Sie! sterbt! sterben Sie!	**starb** starbst starben starb starben starbt starben starben	stürbe stürbest stürben stürbe stürben stürbet stürben stürben	**gestorben**
stieben 飛び散る	ich du Sie er wir ihr Sie sie	stiebe stiebst stieben stiebt stieben stiebt stieben stieben	stieb[e]! stieben Sie! stiebt! stieben Sie!	**stob** stob[e]st stoben stob stoben stobt stoben stoben	stöbe stöbest stöben stöbe stöben stöbet stöben stöben	**gestoben**

(規則変化することもある)

不定詞		直説法現在	命 令	直説法過去	接続法第2式	過去分詞
stinken 臭いにお いがする	ich du Sie er wir ihr Sie sie	stinke stinkst stinken stinkt stinken stinkt stinken stinken	stink[e]! stinken Sie! stinkt! stinken Sie!	**stank** stank[e]st stanken stank stanken stankt stanken stanken	stänke stänkest stänken stänke stänken stänket stänken stänken	**gestunken**
stoßen 突く	ich du Sie er wir ihr Sie sie	stoße **stößt** stoßen **stößt** stoßen stoßt stoßen stoßen	stoß[e]! stoßen Sie! stoßt! stoßen Sie!	**stieß** stießest stießen stieß stießen stießt stießen stießen	stieße stießest stießen stieße stießen stießet stießen stießen	**gestoßen**

(腰2の別形: du stößest)

不定詞		直説法現在	命 令	直説法過去	接続法第2式	過去分詞
streichen 塗る	ich du Sie er wir ihr Sie sie	streiche streichst streichen streicht streichen streicht streichen streichen	streich[e]! streichen Sie! streicht! streichen Sie!	**strich** strich[e]st strichen strich strichen stricht strichen strichen	striche strichest strichen striche strichen strichet strichen strichen	**gestrichen**
streiten 争う	ich du Sie er wir ihr Sie sie	streite streitest streiten streitet streiten streitet streiten streiten	streit[e]! streiten Sie! streitet! streiten Sie!	**stritt** stritt[e]st stritten stritt stritten strittet stritten stritten	stritte strittest stritten stritte stritten strittet stritten stritten	**gestritten**

不定詞		直説法現在	命　令	直説法過去	接続法第2式	過去分詞
tragen [持ち]運ぶ	ich {du {Sie er wir {ihr {Sie sie	trage **trägst** tragen **trägt** tragen tragt tragen tragen	 trag[e]! tragen Sie! tragt! tragen Sie!	**trug** trugst trugen trug trugen trugt trugen trugen	trüge trügest trügen trüge trügen trüget trügen trügen	**getragen**
(beantragen, beauftragen は規則変化する)						
treffen 会う	ich {du {Sie er wir {ihr {Sie sie	treffe **triffst** treffen **trifft** treffen trefft treffen treffen	 **triff!** treffen Sie! trefft! treffen Sie!	**traf** traf[e]st trafen traf trafen traft trafen trafen	träfe träfest träfen träfe träfen träfet träfen träfen	**getroffen**
treiben 追いたてる	ich {du {Sie er wir {ihr {Sie sie	treibe treibst treiben treibt treiben treibt treiben treiben	 treib[e]! treiben Sie! treibt! treiben Sie!	**trieb** triebst trieben trieb trieben triebt trieben trieben	triebe triebest trieben triebe trieben triebet trieben trieben	**getrieben**
treten 歩む	ich {du {Sie er wir {ihr {Sie sie	trete **trittst** treten **tritt** treten tretet treten treten	 **tritt!** treten Sie! tretet! treten Sie!	**trat** trat[e]st traten trat traten tratet traten traten	träte trätest träten träte träten trätet träten träten	**getreten**
triefen ぽたぽた 落ちる	ich {du {Sie er wir {ihr {Sie sie	triefe triefst triefen trieft triefen trieft triefen triefen	 trief[e]! triefen Sie! trieft! triefen Sie!	**troff** troff[e]st troffen troff troffen trofft troffen troffen	tröffe tröffest tröffen tröffe tröffen tröffet tröffen tröffen	**getroffen**
(今日ではふつう規則変化する)						
trinken 飲む	ich {du {Sie er wir {ihr {Sie sie	trinke trinkst trinken trinkt trinken trinkt trinken trinken	 trink[e]! trinken Sie! trinkt! trinken Sie!	**trank** trank[e]st tranken trank tranken trankt tranken tranken	tränke tränkest tränken tränke tränken tränket tränken tränken	**getrunken**

不　定　詞		直説法現在	命　　令	直説法過去	接続法第2式	過去分詞
trügen 欺く	ich du Sie er wir ihr Sie sie	trüge trügst trügen trügt trügen trügt trügen trügen	 trüg[e]! trügen Sie! trügt! trügen Sie!	**trog** trog[e]st trogen trog trogen trogt trogen trogen	tröge trögest trögen tröge trögen tröget trögen trögen	**getrogen**
tun する	ich du Sie er wir ihr Sie sie	tue tust tun tut tun tut tun tun	 tu[e]! tun Sie! tut! tun Sie!	**tat** tat[e]st taten tat taten tatet taten taten	täte tätest täten täte täten tätet täten täten	**getan**
verderben だいなしに なる	ich du Sie er wir ihr Sie sie	verderbe **verdirbst** verderben **verdirbt** verderben verderbt verderben verderben	 **verdirb!** verderben Sie! verderbt! verderben Sie!	**verdarb** verdarbst verdarben verdarb verdarben verdarbt verdarben verdarben	verdürbe verdürbest verdürben verdürbe verdürben verdürbet verdürben verdürben	**verdorben**
verdrießen 不愉快に させる	ich du Sie er wir ihr Sie sie	verdrieße verdrießt verdrießen verdrießt verdrießen verdrießt verdrießen verdrießen	 verdrieß[e]! verdrießen Sie! verdrießt! verdrießen Sie!	**verdross** verdrossest verdrossen verdross verdrossen verdrosst verdrossen verdrossen	verdrösse verdrössest verdrössen verdrösse verdrössen verdrösset verdrössen verdrössen	**verdrossen**

(現在の別形:《古》du verdrießest)

不　定　詞		直説法現在	命　　令	直説法過去	接続法第2式	過去分詞
vergessen 忘れる	ich du Sie er wir ihr Sie sie	vergesse **vergisst** vergessen **vergisst** vergessen vergesst vergessen vergessen	 **vergiss!** vergessen Sie! vergesst! vergessen Sie!	**vergaß** vergaßest vergaßen vergaß vergaßen vergaßt vergaßen vergaßen	vergäße vergäßest vergäßen vergäße vergäßen vergäßet vergäßen vergäßen	**vergessen**

(現在の別形:《古》du vergissest)

不　定　詞		直説法現在	命　　令	直説法過去	接続法第2式	過去分詞
verlieren なくす	ich du Sie er wir ihr Sie sie	verliere verlierst verlieren verliert verlieren verliert verlieren verlieren	 verlier[e]! verlieren Sie! verliert! verlieren Sie!	**verlor** verlorst verloren verlor verloren verlort verloren verloren	verlöre verlörest verlören verlöre verlören verlöret verlören verlören	**verloren**

不定詞		直説法現在	命令	直説法過去	接続法第2式	過去分詞
wachsen 成長する	ich	wachse		**wuchs**	wüchse	**gewachsen**
	du	**wächst**	wachs[e]!	wuchsest	wüchsest	
	Sie	wachsen	wachsen Sie!	wuchsen	wüchsen	
	er	**wächst**		wuchs	wüchse	
	wir	wachsen		wuchsen	wüchsen	
	ihr	wachst	wachst!	wuchst	wüchset	
	Sie	wachsen	wachsen Sie!	wuchsen	wüchsen	
	sie	wachsen		wuchsen	wüchsen	
(現在の別形：《古》du wächsest.「ワックスをかける」という意味の wachsen は規則変化する)						
wägen 重さを量る	ich	wäge		**wog**	wöge	**gewogen**
	du	wägst	wäg[e]!	wogst	wögest	
	Sie	wägen	wägen Sie!	wogen	wögen	
	er	wägt		wog	wöge	
	wir	wägen		wogen	wögen	
	ihr	wägt	wägt!	wogt	wöget	
	Sie	wägen	wägen Sie!	wogen	wögen	
	sie	wägen		wogen	wögen	
(規則変化することもある)						
waschen 洗う	ich	wasche		**wusch**	wüsche	**gewaschen**
	du	**wäschst**	wasch[e]!	wusch[e]st	wüschest	
	Sie	waschen	waschen Sie!	wuschen	wüschen	
	er	**wäscht**		wusch	wüsche	
	wir	waschen		wuschen	wüschen	
	ihr	wascht	wascht!	wuscht	wüschet	
	Sie	waschen	waschen Sie!	wuschen	wüschen	
	sie	waschen		wuschen	wüschen	
(現在の別形：《古》du wäschest)						
weben 織る	ich	webe		**wob**	wöbe	**gewoben**
	du	webst	web[e]!	wob[e]st	wöbest	
	Sie	weben	weben Sie!	woben	wöben	
	er	webt		wobt	wöbe	
	wir	weben		woben	wöben	
	ihr	webt	webt!	wobt	wöbet	
	Sie	weben	weben Sie!	woben	wöben	
	sie	weben		woben	wöben	
(今日ではふつう規則変化する)						
weichen 消え去る	ich	weiche		**wich**	wiche	**gewichen**
	du	weichst	weich[e]!	wich[e]st	wichest	
	Sie	weichen	weichen Sie!	wichen	wichen	
	er	weicht		wich	wiche	
	wir	weichen		wichen	wichen	
	ihr	weicht	weicht!	wicht	wichet	
	Sie	weichen	weichen Sie!	wichen	wichen	
	sie	weichen		wichen	wichen	
(「柔らかくなる；柔らかくする」という意味の weichen は規則変化する)						
weisen 指し示す	ich	weise		**wies**	wiese	**gewiesen**
	du	weist	weis[e]!	wiesest	wiesest	
	Sie	weisen	weisen Sie!	wiesen	wiesen	
	er	weist		wies	wiese	
	wir	weisen		wiesen	wiesen	
	ihr	weist	weist!	wiest	wieset	
	Sie	weisen	weisen Sie!	wiesen	wiesen	
	sie	weisen		wiesen	wiesen	
(現在の別形：《古》du weisest)						

不定詞		直説法現在	命　令	直説法過去	接続法第2式	過去分詞
wenden 向ける	ich	wende		**wandte**	wendete	**gewandt**
	du	wendest	wend[e]!	wandtest	wendetest	
	Sie	wenden	wenden Sie!	wandten	wendeten	
	er	wendet		wandte	wendete	
	wir	wenden		wandten	wendeten	
	ihr	wendet	wendet!	wandtet	wendetet	
	Sie	wenden	wenden Sie!	wandten	wendeten	
	sie	wenden		wandten	wendeten	
(「裏返す；方向転換する」という意味では規則変化する)						
werben 宣伝をする	ich	werbe		**warb**	würbe	**geworben**
	du	**wirbst**	**wirb!**	warbst	würbest	
	Sie	werben	werben Sie!	warben	würben	
	er	**wirbt**		warb	würbe	
	wir	werben		warben	würben	
	ihr	werbt	werbt!	warbt	würbet	
	Sie	werben	werben Sie!	warben	würben	
	sie	werben		warben	würben	
werden (…に)なる	ich	werde		**wurde**	würde	**geworden** (**worden**)
	du	**wirst**	werd[e]!	wurdest	würdest	
	Sie	werden	werden Sie!	wurden	würden	
	er	**wird**		wurde	würde	
	wir	werden		wurden	würden	
	ihr	werdet	werdet!	wurdet	würdet	
	Sie	werden	werden Sie!	wurden	würden	
	sie	werden		wurden	würden	
(過去の別形：《詩》ward. 動作受動の助動詞としての過分は worden)						
werfen 投げる	ich	werfe		**warf**	würfe	**geworfen**
	du	**wirfst**	**wirf!**	warf[e]st	würfest	
	Sie	werfen	werfen Sie!	warfen	würfen	
	er	**wirft**		warf	würfe	
	wir	werfen		warfen	würfen	
	ihr	werft	werft!	warft	würfet	
	Sie	werfen	werfen Sie!	warfen	würfen	
	sie	werfen		warfen	würfen	
wiegen 重さを量る	ich	wiege		**wog**	wöge	**gewogen**
	du	wiegst	wieg[e]!	wogst	wögest	
	Sie	wiegen	wiegen Sie!	wogen	wögen	
	er	wiegt		wog	wöge	
	wir	wiegen		wogen	wögen	
	ihr	wiegt	wiegt!	wogt	wöget	
	Sie	wiegen	wiegen Sie!	wogen	wögen	
	sie	wiegen		wogen	wögen	
(「揺り動かす」という意味の wiegen は規則変化する)						
winden (再帰で:) 身をくねら せる	ich	winde		**wand**	wände	**gewunden**
	du	windest	wind[e]!	wandest	wändest	
	Sie	winden	winden Sie!	wanden	wänden	
	er	windet		wand	wände	
	wir	winden		wanden	wänden	
	ihr	windet	windet!	wandet	wändet	
	Sie	winden	winden Sie!	wanden	wänden	
	sie	winden		wanden	wänden	

不定詞		直説法現在	命　令	直説法過去	接続法第2式	過去分詞
wissen 知っている	ich {du 　Sie er wir {ihr 　Sie sie	**weiß** **weißt** wissen **weiß** wissen wisst wissen wissen	 wisse! wissen Sie! wisst! wissen Sie!	**wusste** wusstest wussten wusste wussten wusstet wussten wussten	wüsste wüsstest wüssten wüsste wüssten wüsstet wüssten wüssten	**gewusst**
wollen …するつ もりだ	ich {du 　Sie er wir {ihr 　Sie sie	**will** **willst** wollen **will** wollen wollt wollen wollen	 wolle! wollen Sie! wollt! wollen Sie!	**wollte** wolltest wollten wollte wollten wolltet wollten wollten	wollte wolltest wollten wollte wollten wolltet wollten wollten	**wollen** **(gewollt)**
(不定詞を伴わないときの過分は gewollt)						
wringen 絞る	ich {du 　Sie er wir {ihr 　Sie sie	wringe wringst wringen wringt wringen wringt wringen wringen	 wring[e]! wringen Sie! wringt! wringen Sie!	**wrang** wrangst wrangen wrang wrangen wrangt wrangen wrangen	wränge wrängest wrängen wränge wrängen wränget wrängen wrängen	**gewrungen**
zeihen 責める	ich {du 　Sie er wir {ihr 　Sie sie	zeihe zeihst zeihen zeiht zeihen zeiht zeihen zeihen	 zeih[e]! zeihen Sie! zeiht! zeihen Sie!	**zieh** zieh[e]st ziehen zieh ziehen zieht ziehen ziehen	ziehe ziehest ziehen ziehe ziehen ziehet ziehen ziehen	**geziehen**
ziehen 引く	ich {du 　Sie er wir {ihr 　Sie sie	ziehe ziehst ziehen zieht ziehen zieht ziehen ziehen	 zieh[e]! ziehen Sie! zieht! ziehen Sie!	**zog** zog[e]st zogen zog zogen zogt zogen zogen	zöge zögest zögen zöge zögen zöget zögen zögen	**gezogen**
zwingen 強いる	ich {du 　Sie er wir {ihr 　Sie sie	zwinge zwingst zwingen zwingt zwingen zwingt zwingen zwingen	 zwing[e]! zwingen Sie! zwingt! zwingen Sie!	**zwang** zwang[e]st zwangen zwang zwangen zwangt zwangen zwangen	zwänge zwängest zwängen zwänge zwängen zwänget zwängen zwängen	**gezwungen**

1994年2月1日　アポロン独和辞典　初版発行
2000年4月1日　新アポロン独和辞典　初版発行

検印廃止

© アポロン独和辞典 [第3版]
APOLLON　Deutsch-Japanisches Wörterbuch
3., überarbeitete Auflage

2010年2月24日　第1刷発行
2014年3月1日　第3刷発行

責任編集執筆者	根本道也　恒吉良隆　吉中幸平
	成田克史　福元圭太　重竹芳江
編集執筆者	有村隆広　新保弼彬
	本田義昭　鈴木敦典
発 行 者	近藤孝夫
組版・印刷	研究社印刷株式会社
製　　本	株式会社 ブロケード
本文用紙	日本製紙パピリア株式会社

発 行 所　　株式会社 同 学 社

〒112-0005 東京都文京区水道 1-10-7
電話代表　(03) 3816-7011
振替口座　00150-7-166920
http://www.dogakusha.co.jp/

落丁・乱丁本はお取り替えいたします
許可なく複製・転載することを禁じます

ISBN978-4-8102-0006-5　　　　Printed in Japan

ドイツ連邦共和国の州（・印は州都）

Baden-Württemberg
（バーデン・ヴュルテンベルク）
面積：35,751km² 人口：1,049万人

Bayern（バイエルン）
面積：70,550km² 人口：1,240万人

Berlin（ベルリン）
面積：892km² 人口：350万人

Brandenburg（ブランデンブルク）
面積：29,483km² 人口：246万人

Bremen（ブレーメン）
面積：419km² 人口：65万人

Hamburg（ハンブルク）
面積：755km² 人口：171万人

Hessen（ヘッセン）
面積：21,115km² 人口：597万人

Mecklenburg-Vorpommern
（メークレンブルク・フォーアポンメルン）
面積：23,191km² 人口：161万人

Niedersachsen（ニーダーザクセン）
面積：47,613km² 人口：778万人

Nordrhein-Westfalen
（ノルトライン・ヴェストファーレン）
面積：34,092km² 人口：1,754万人

Rheinland-Pfalz（ラインラント・プファルツ）
面積：19,854km² 人口：399万人

Saarland（ザールランド）
面積：2,569km² 人口：100万人

Sachsen（ザクセン）
面積：18,420km² 人口：406万人

Sachsen-Anhalt（ザクセン・アンハルト）
面積：20,450km² 人口：229万人

Schleswig-Holstein
（シュレースヴィヒ・ホルシュタイン）
面積：15,799km² 人口：280万人

Thüringen（テューリンゲン）
面積：16,173km² 人口：219万人

ヨーロッパと日本

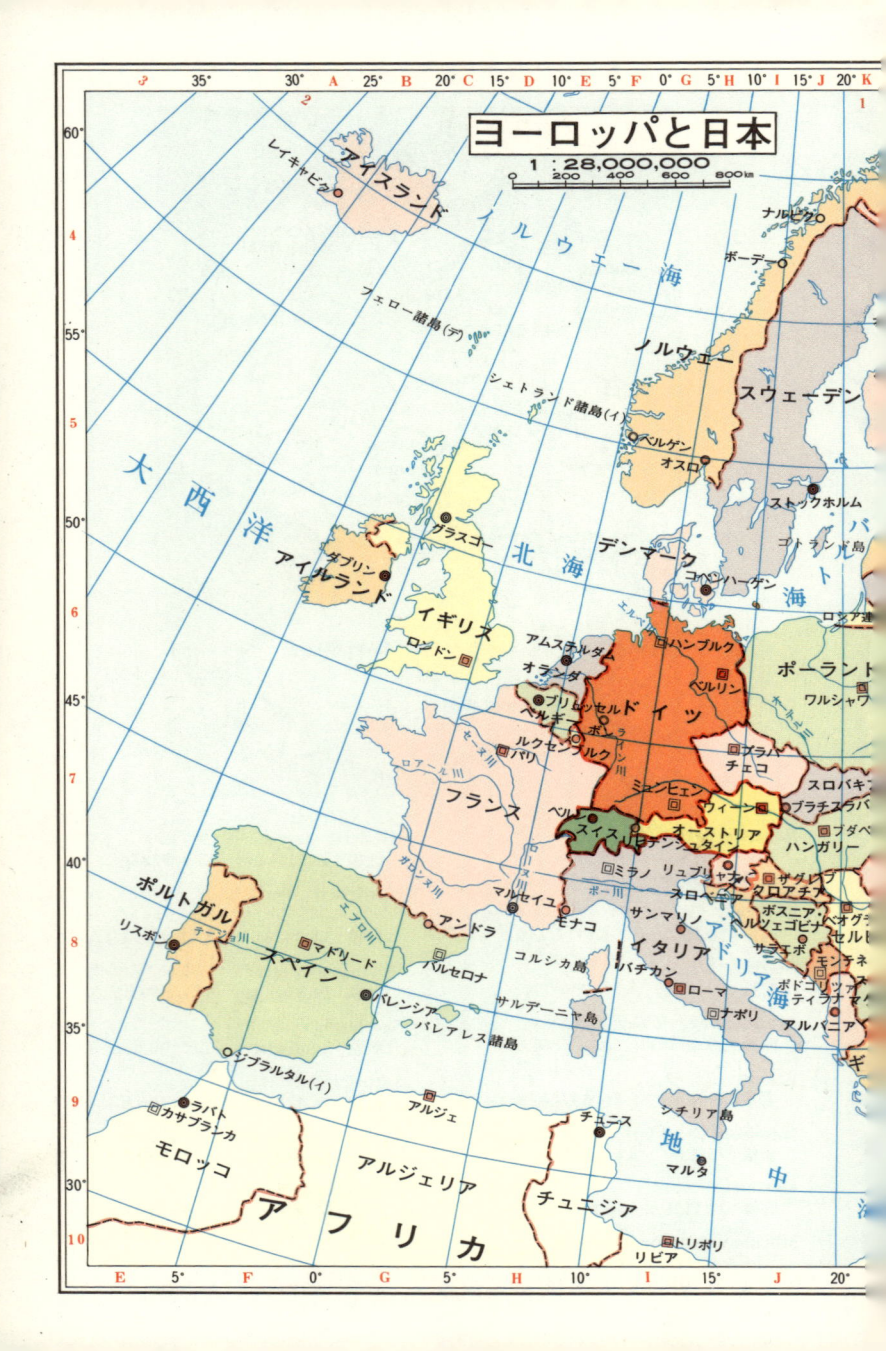

1:28,000,000

| 0 | 200 | 400 | 600 | 800km |

- レイキャビク
- アイスランド
- ナルビク
- ボーデー
- フェロー諸島(デ)
- ノルウェー海
- シェトランド諸島(イ)
- ノルウェー
- スウェーデン
- ベルゲン
- オスロ
- ストックホルム
- 大西洋
- グラスゴー
- ゴトランド島
- アイルランド
- ダブリン
- 北海
- デンマーク
- バルト海
- イギリス
- コペンハーゲン
- ロシア連
- ロンドン
- アムステルダム
- ハンブルク
- ポーランド
- オランダ
- ベルリン
- ワルシャワ
- ブリュッセル
- ドイツ
- ベルギー
- ルクセンブルク
- プラハ
- ロアール川
- パリ
- ライン川
- チェコ
- スロバキア
- フランス
- ミュンヘン
- ウィーン
- ブラチスラバ
- ベルン
- リヒテンシュタイン
- オーストリア
- ブダペスト
- スイス
- ハンガリー
- ミラノ
- リュブリャナ
- サグレブ
- ポルトガル
- エブロ川
- マルセイユ
- スロベニア
- クロアチア
- リスボン
- マドリード
- モナコ
- ポー川
- ボスニア・ヘルツェゴビナ
- セルビア
- テージョ川
- アンドラ
- サンマリノ
- サラエボ
- スペイン
- バルセロナ
- コルシカ島
- バチカン
- イタリア
- アドリア海
- ポドゴリッツァ
- モンテネグロ
- バレンシア
- ローマ
- ティラナ
- サルデーニャ島
- ナポリ
- アルバニア
- バレアレス諸島
- ジブラルタル(イ)
- カサブランカ
- ラバト
- アルジェ
- チュニス
- シチリア島
- モロッコ
- アルジェリア
- チュニジア
- マルタ
- 地中
- トリポリ
- リビア
- アフリカ